Lexipedia

Lexipedia

VOLUMEN II

H—Zworykin

ENCYCLOPAEDIA BRITANNICA DE MEXICO, S.A. DE C.V.

921151

Obra editada por Encyclopaedia Britannica de México, S.A. de C.V.

Director Editorial
Sergio Sarmiento

Jefe de redacción
Alfredo Ortiz Barili

Redacción
Alfredo Ortiz Barili
y

Armando Ortiz Barili	Alberto C. Blasetti
Jorge Ortiz Barili	Horacio A. Difrieri
Pedro Ortiz Barili	Alberto E.J. Fesquet
Enrique Ortiz Frágola	José María Gallardo
Jorge A. Pickenhayn	Adalberto Gentile
Jorge O. Pickenhayn	José Santos Gollan
Augusto Salvo	Marcelo J. Melero
Rafael Sánchez	Carlos A. Moyano
Ramón Villasuso	Enrique Moyano Llerena

Arte
Segundo J. Freire

*Selección de ilustraciones
y compaginación*
Sara S. Tamayo de Gibelli

Documentación Gráfica
Studio Pizzi- Chiari, Milán

© 1984, 1988, 1989, 1991, 1992.
por Encyclopaedia Britannica de México, S.A. de C.V.
Mariano Escobedo 752
11590 México, D.F.

Este libro se produjo en los talleres de R.R. Donnelley & Sons Inc.
en Willard, Ohio, Estados Unidos de América.
Se imprimieron 10.000 ejemplares.

ÍNDICES

BIBLIOGRAFÍA

ALFATEMÁTICA. Cuántica Editora. Buenos Aires.

ALMANAQUE MUNDIAL 1975-78. Nueva York.

APPLETON'S REVISED ENGLISH-SPANISH AND SPANISH-ENGLISH DICTIONARY, Nueva York.

ARTERAMA. Codex. Buenos Aires.

ATLANTE BIOLOGICO GARZANTI. Milán.

ATLANTE GARZANTI-ENCICLOPEDIA GEOGRAFICA. Milán.

ATLANTE GEOGRÁFICO DE AGOSTINI. Novara.

ATLANTE STORICO GARZANTI-CRONOLOGIA DELLA STORIA UNIVERSALE. Milán.

BOLETÍN DE LA ACADEMIA ARGENTINA DE LETRAS. Buenos Aires.

BOLETÍN MENSUAL DE ESTADÍSTICA 1975-78. Ministerio de Hacienda. Buenos Aires.

CALENDARIO ATLANTE DE AGOSTINI. Instituto Geográfico De Agostini. Novara.

COLLIER'S ENCYCLOPEDIA. Nueva York.

COLLINS SPANISH-ENGLISH AND ENGLISH-SPANISH DICTIONARY. Londres.

CONTINENTES Y PAISES. Luigi Visenti. Instituto De Agostini. Novara.

DAS GROSSE FISCHER LEXIKON IN FARBE. Wiesbaden.

DER GROSSE BROCKHAUS (20 vol.). Wiesbaden.

DICCIONARIO DE AMERICANISMOS. Augusto Malaret. Buenos Aires.

DICCIONARIO DE LA REAL ACADEMIA ESPAÑOLA. Madrid.

DICCIONARIO ENCICLOPÉDICO HISPANO-AMERICANO. Montaner y Simón. Barcelona.

DICCIONARIO ENCICLOPÉDICO SALVAT. Barcelona.

DICCIONARIO GENERAL DE AMERICANISMOS. F. J. Santamaría. México.

DICCIONARIO GENERAL ETIMOLÓGICO DE LA LENGUA ESPAÑOLA (5 volúmenes). Roque Barcia. Buenos Aires.

DICCIONARIO GEOGRÁFICO ARGENTINO. Instituto Geográfico Militar. Buenos Aires.

DICCIONARIO GRATES DE SINÓNIMOS CASTELLANOS. Buenos Aires.

DICCIONARIO IDEOLÓGICO DE LA LENGUA ESPAÑOLA. Julio Casares. Barcelona.

DICCIONARIO INTERNACIONAL DE LAS ARTES. Pierre Cabanne. París.

DICCIONARIO LAROUSSE DE CIENCIAS Y TÉCNICAS. París.

DICCIONARIO MAYOR. Codex. Buenos Aires.

DICCIONARIO MODERNO LANGENSCHEIDT ALEMÁN ESPAÑOL-ESPAÑOL ALEMÁN. Berlín y Munich.

DICCIONARIO PORRÚA (HISTORIA, BIOGRAFÍA Y GEOGRAFÍA DE MÉXICO). México.

DICCIONARIO SANTILLANA 2°. Madrid.

DICTIONNAIRE DES PEINTRES, SCULPTEURS, DESSINATEURS ET GRAVEURS. E. Benezit. París.

DIZIONARIO GARZANTI DELLA LINGUA ITALIANA. Milán.

ENCICLOPEDIA BARSA (16 vol.). 1975 México.

ENCICLOPEDIA ITALIANA DI SCIENZE, LETTERE ED ARTI. Treccaní. Roma.

ENCICLOPEDIA ESPASA CALPE (70 vol.). Madrid.

ENCICLOPEDIA SCIENTIFICA-TECNICA GARZANTI. Milán.

ENCICLOPEDIA UNIVERSAL ILUSTRADA. Hijos de Espasa. Barcelona.

ENCYCLOPAEDIA BRITANNICA (30 vol.). Chicago.

ENCYCLOPEDIA OF NATURE & SCIENCE. BAY BOOKS. Macdonald. Londres.

GRAMÁTICA DE LA LENGUA ESPAÑOLA. Real Academia. Madrid.

GRAND DICTIONNAIRE GARNIER. París.

GRANDE ENCICLOPEDIE LAROUSSE. París.

GRAN ENCICLOPEDIA ARGENTINA. Diego Abad de Santillán. Buenos Aires.

HERDERS VOLKS LEXIKON. Freiburg im Breisgau.

HISTORIA DE LA LITERATURA ARGENTINA, Ricardo Rojas, Buenos Aires.

HISTORIA DE LA NACIÓN ARGENTINA, Academia Nacional de la Historia dirigida por Ricardo Levene. Buenos Aires.

HISTORIA DE LA REPÚBLICA ARGENTINA. Vicente Fidel López. Buenos Aires.

HISTORIA DEL LIBERTADOR DON JOSÉ DE SAN MARTÍN. José Pacífico Otero. Buenos Aires.

HISTORIA DE SAN MARTÍN Y DE LA EMANCIPACIÓN SUDAMERICANA. Bartolomé Mitre. Buenos Aires.

HISTORIA UNIVERSAL. César Cantú. Buenos Aires.

LEXICON 2001. Fabbri. Milán

MEYERS GROSSERS HAND-LEXIKON. Mannheim.

NOVO DICIONARIO AURELIO. Río de Janerio.

NUOVO DIZIONARIO ITALIANO. Lucio Ambruzzi. Edit. Paravia. Turín.

SAPIENS ENCICLOPEDIA ILUSTRADA DE LA LENGUA CASTELLANA. Editorial Sopena. Buenos Aires.

THE INTERNATIONAL ATLAS. Westerman Rand McNally. 1974.

THE TIMES ATLAS OF THE WORLD. John Bartholomew & Son Limited and Times Newspapers Limited 1975.

WEBSTER INTERNATIONAL DICTIONARY. Nueva York.

WORTERBUCH DER SPANISCHEN UND DEUTSCHEN SPRACHE, Slabi & Grossman. Leipzig.

ABREVIATURAS

A

a y a. — área.
ablat. — ablativo.
abrev. — abreviatura.
acad. — académico.
acep. — acepción.
acus. — acusativo.
a. de C. — antes de Cristo.
adj. — adjetivo.
adv. — adverbio, adverbial.
adv. a. — adverbio de afirmación.
adv. c. — adverbio de cantidad.
adv. comp. — adverbio de comparación.
adv. d. — adverbio de duda.
adv. l. — adverbio de lugar.
adv. m. — adverbio de modo.
adv. n. — adverbio de negación.
adv. o. — adverbio de orden.
adv. t. — adverbio de tiempo.
afl. — afluente.
Agr. — Agricultura.
Agrim. — Agrimensura.
Agron. — Agronomía.
al. o alem. — alemán.
Albañ. — Albañilería.
Alg. — Algebra.
Alq. — Alquimia.
alt. — alto, altura.
amb. — ambiguo.
Amér. — América.
Amér. Central. — América Central.
Amér. del N. — América del Norte.
Amér. del S. — América del Sur.
Anat. — Anatomía.
And. — Andalucía.
anglic. — anglicismo.
ant. — anticuado, antiguo, antiguamente.
Ant. — Antillas.
antón. — antónimo.
Antrop. — Antropología.
Apic. — Apicultura.
Apl. o Aplic. — Aplicado, Aplícase.
apóc. — apócope.
aprox. — aproximadamente.
ár. — árabe.
Ar. — Aragón.
arauc. — araucano.
arc. — arcaísmo.
arch. — archipiélago.
arg. — argentino.
Arg. — Argentina.
Arit. — Aritmética.
arq. — arquitecto.
Arq. — Arquitectura.
arqueól. — arqueólogo.
Arqueol. — Arqueología.
art. — artículo.
Art. — Artillería.
arz. — arzobispo.
Ast. — Asturias.
Astrol. — Astrología.
astrón. — astrónomo.
Astron. — Astronomía.
aum. — aumentativo.
aust. — austríaco.
aux. — auxiliar.
Av. — Aviación.
Avic. — Avicultura.
A. y O. — Artes y Oficios.

B

b. — bajo.
B. A. — Bellas Artes.
barb. o barbar. — barbarismo.
báv. — bávaro.
berb. o berber. — berberisco.
Bibliog. — Bibliografía.
Biog. — Biografía.
biól. — biólogo.
Biol. — Biología.
Blas. — Blasón.
bol. — boliviano.
Bol. — Bolivia.
Bot. — Botánica.
bras. — brasileño.
Bs. As. — Buenos Aires.

C

c. — ciudad.
cab. — cabeza, cabecera.
C. Amér. — Centro América.
Can. — Canarias.
Cant. — Cantería.
cap. — capital.
Carp. — Carpintería.
cast. — castellano.
cat. — catalán.
Cat. — Cataluña.
Cat. — Catedrático.
c. c. — centímetro cúbico.
cél. — célebre.
célt. — céltico.
Cetr. — Cetrería.
Cin. — Cinematografía.
Cir. — Cirugía.

cl o cl. — centilitro.
cm o cm. — centímetro.
col. o colomb. — colombiano.
Col. — Colombia.
com. — género común.
Com. — Comercio.
comp. — comparativo.
comp. o compos. — compositor.
cond. — condicional.
confl. — confluencia.
Conj. o Conjug. — Conjúgase.
conj. — conjunción.
conj. advers. — conjunción adversativa.
conj. caus. — conjunción causal.
conj. comp. — conjunción comparativa.
conj. cond. — conjunción condicional.
conj. cont. — conjunción continuativa.
conj. cop. — conjunción copulativa.
conj. distr. — conjunción distributiva.
conj. disy. — conjunción disyuntiva.
conj. fin. — conjunción final.
conj. ilat. — conjunción ilativa.
cont. o contemp. — contemporáneo.
contrac. — contracción.
cost. — costarriqueño.
C. Rica. — Costa Rica.
crít. — crítico.
Cron. — Cronología.
cub. — cubano.

CH

chil. — chileno.

D

defect. — defectivo.
dem. — demostrativo.
dep. — departamento.
Dep. — Deporte.
Der. — Derecho.
deriv. — derivado.
des. — desagua, desemboca.
desp. o despec. — despectivo.
desus. — desusado.
dial. — dialectal.
Dial. — Dialéctica.
Díc. — Dícese.
dicotil. — dicotiledóneas; dicotiledóneo, a.
dim. — diminutivo.
din. — dinamarqués.
diplom. — diplomático.
dist. — distrito.
dom. — dominicano.
Dom. — República Dominicana.
dram. — dramaturgo.

E

E y E. — Este.
ec. o ecuat. — ecuatoriano.
Ec. o Ecuad. — Ecuador.
econ. — economista.
Econ. — Economía.
EE. UU. — Estados Unidos de América.
egip. — egipcio.
ej. — ejemplo.
Elec. o Electr. — Electricidad.
elípt. — elíptico.
emp. — emperador, emperatriz.
Ent o Entom. — Entomología.
Equit. — Equitación.
equiv. — equivale, equivalente.
esc. — escultor.
Esc. — Escultura.
escand. — escandinavo.
escr. — escritor.
Esgr. — Esgrima.
esp. o españ. — español.
est. — estadista.
Est. — Estado.
estad. — estadounidense.
etc. — etcétera.
Etn. — Etnografía.
Etnol. — Etnología.
excl. o exclam. — exclamación; exclamativa, va.
exp. o expr. — expresión.
ext. — extensión.
Extr. — Extremadura.

F

f. — femenino.
fam. — familiar.
Farm. — Farmacia.
F. C. — Ferrocarril.
fen. — fenicio.
fest. — festivo.
fig. — figurado.

fil. — filósofo.
Fil. — Filosofía.
filán. — filántropo.
Filip. — Filipinas.
filól. — filólogo.
Filol. — Filología.
fís. — físico.
Fís. — Física.
Fisiol. — Fisiología.
flam. — flamenco.
Fon. — Fonética.
For. — Forense.
Fort. — Fortificación.
Fot. — Fotografía.
fr. — francés.
frec. — frecuentativo.
Fren. — Frenología.
frs. — frase.
fund. — fundador.
fut. — futuro.

G

g y g. — gramo.
gal. o galic. — galicismo.
Gal. — Galicia.
gall. — gallego.
gén. — género.
Geneal. — Genealogía.
genit. — genitivo.
Gent. — Gentilicio.
Geod. — Geodesia.
geóg. — geógrafo.
Geog. — Geografía.
Geog. histór. — Geografía histórica.
geól. — geólogo.
Geol. — Geología.
geóm. — geómetra.
Geom. — Geometría.
ger. — gerundio.
germ. o germán. — germánico.
Germ. — Germania.
gob. — gobernación, gobernador, gobierno.
gót. — gótico.
gr. — griego.
grab. — grabador.
gral. — general.
gram. — gramático.
Gram. — Gramática.
guar. — guaraní.
guat. — guatemalteco.
Guat. — Guatemala.
Guay. — Guayanas.
Guip. — Guipúzcoa.

H

h. o hab. — habitantes.
ha, ha. o hect. — hectárea.
Hagiog. — Hagiografía.
hebr. — hebreo.
Hidr. — Hidráulica.
Hidrog. — Hidrografía.
hist. — historiador, histórico.
Hist. — Historia.
Hist. Nat. — Historia Natural.
Hist. Sagr. — Historia Sagrada.
hol. — holandés.
hom., homón. — homónimo.
hond. — hondureño.
Hond. — Honduras.
húng. — húngaro.

I

Icon. — Iconografía.
imp. o impers. — impersonal.
imp. o imperat. — imperativo.
imperf. — imperfecto.
import. — importante.
Impr. — Imprenta.
Ind. — Industria.
indef. — indefinido.
indep. — independencia.
indet. — indeterminado.
indic. — indicativo.
infinit. — infinitivo.
ing. — ingeniero.
ingl. — inglés.
insep. — inseparable.
int. o interj. — interjección.
intens. — intensivo.
interrogat. — interrogativo, va.
intr. — intransitivo.
inus. — inusitado.
irón. — irónico.
irreg. — irregular.
it. o ital. — italiano.

J

jes. — jesuita.
jurisc. — jurisconsulto

K

kg o kg. — kilogramo.
km o km. — kilómetros.
km². — kilómetros cuadrados.
KW o kw. — kilovatios.
KWh o kwh. — kilovatios-hora.

L

l y l. — litro.
lat. — latín, latino.
Ling. — Lingüística.
lit. — literato.
Lit. — Literatura.
liter. — literalmente.
loc. — locución.
Lóg. — Lógica.
long. — longitud.
lunf. — lunfardismo.

M

m. — masculino; muerto, murió.
m y m. — metro.
m. adv. — modo adverbial.
Mar. — Marina.
mat. — matemático.
Mat. — Matemática.
máx. — máximo.
m. conj. — modo conjuntivo.
Mec. — Mecánica.
méd. — médico.
Med. — Medicina;
merid. — meridiano, meridional.
Metal. — Metalurgia.
Meteor. — Meteorología.
Métr. — Métrica.
mex. o mexic. — mexicano, mexicanismo.
Méx. — México.
mil. — militar.
Mil. — Milicia.
Min. — Minería.
Miner. — Mineralogía.
Mit. — Mitología.
mod. — moderno.
monocotil. — monocotiledóneas.
Mont. — Montería.
m. or. — mismo origen.
mun. — municipio.
Murc. — Murcia.
mús. — músico.
Mús. — Música.

N

n. — nace, nacido nació; neutro; nominativo.
N y N. — Norte.
nac. — nacional.
n. atóm. — número atómico.
nav. — navegante.
Nav. — Navarra.
neerl. — neerlandés.
neg. — negación, negativo.
neol. — neologismo.
nic. o nicar. — nicaragüense.
Nic. o Nicar. — Nicaragua.
nominat. — nominativo.
nort. — norteamericano.
nov. — novelista.
n. p. — nombre propio.
núm. — número.
Num. — Numismática.

O

O y O. — Oeste, océano.
ob. — obispo.
Observ. — Observación.
Obst. — Obstetricia.
occ. — occidental.
Odont. — Odontología.
Onomat. — Onomatopeya; onomatopéyico, ca.
Ópt. — Óptica.
or. — oriental, origen.
org. — organismo.
Ortog. — Ortografía.

P

p. a. — participio activo.
Paleogr. — Paleografía.
Paleont. — Paleontología.
pan. — panameño.
Pan. — Panamá.
par. o parag. — paraguayo.
Par. o Parag. — Paraguay.
parón. — parónimo.
part. — partido, partícula participio.
Pat. — Patología.
p. atóm. o p. at. — peso atómico.
Pedag. — Pedagogía.
p. ej. — por ejemplo.
pen. — península.
per. — peruano.
Per. — Periodismo.
pers. — persona, personal.
Persp. — Perspectiva.
pert. o perten. — perteneciente.
pertin. — pertinente.
Pint. — Pintura.
pl. — plural.
pobl. — población.
poét. — poético.
Poét. — Poética.

pol. o polit. .... político.
Pol. o Polit. .... Política.
por anton. o por
antonom.. .... por antonomasia.
por ext. .... por extensión.
port. .... portugués.
portorr. .... portorriqueño.
poses. .... posesivo.
p. p. .... participio pasado.
pref. .... prefijo.
Prehist. .... Prehistoria.
prep. .... preposición.
pres. .... presente, presidente.
presid. .... presidente.
pret. o pretér. ... pretérito.
P. Rico. .... Puerto Rico.
princ. .... principal.
priv. .... privativo.
prnl. .... pronominal.
prod. .... producción.
prof. .... profesor.
pron. .... pronombre.
pronúnc. .... pronúnciase.
Pros. .... Prosodia.
Prót. .... Prótesis.
prov. .... provincia, provenzal.
proverb. .... proverbial, proverbio.
psicól. .... psicólogo.
Psicol. .... Psicología.
pto. .... puerto.
publ. o public. ... publicista.

p. us. .... poco usado.

Q

q y q. .... quintal.
quím. .... químico.
Quím. .... Química.

R

r. .... reflexivo.
R. de la Plata. ... Río de la Plata.
rec. .... recíproco.
ref. .... refrán.
reg. .... región.
relat. .... relativo.
relig. .... religioso.
Relig. .... Religión.
Rep. .... República.
Ret. .... Retórica.
R. F. S. S. R. .... República Federativa Socialista So-
viética Rusa.
riop. .... rioplatense.

S

s. .... substantivo, siglo.
S y S. .... Sur.
sac. .... sacerdote.
Sal. .... Salamanca.
salv. .... salvadoreño.
Salv. .... República de El Salvador.
sánsc. o sánscr. .. sánscrito.

Sant. .... Santander.
sent. .... sentido.
sept. .... septentrional.
seud. .... seudónimo.
simb. .... símbolo.
sing. .... singular.
sinón. .... sinónimo.
sit. .... situado.
sociól. .... sociólogo.
Sociol. .... Sociología.
subj. .... subjuntivo.
suf. .... sufijo.
sup. .... superficie.
super. o superl. .. superlativo.

T

t y t. .... tonelada.
Taurom. .... Tauromaquia.
Teat. .... Teatro.
Téc. ind. .... Técnica industrial.
Teleg. .... Telegrafía.
teól. .... teólogo.
Teol. .... Teología.
Ter. .... Terapéutica.
term. .... terminación.
territ. .... territorio.
t. f. .... terminación femeni-
na.
Tint. .... Tintorería.
ton. .... tonelada.
Topog. .... Topografía.
tr. .... transitivo.
Trig. .... Trigonometría.

U

Ú y ú. .... Úsase.
Ú. m. c. .... Úsase más como.
U. R. S. S. ...... Unión de Repúbli-
cas Socialistas
Soviéticas.
urug. .... uruguayo.
Urug. .... Uruguay.
Usáb. .... Usábase.
Ú. t. c. .... Úsase también como.

V

V. y v. .... Véase, villa.
v. .... verbo.
Val. .... Valencia.
var. .... variedad.
vasc. .... vascuence.
ven. o venez. ... venezolano.
Ven. o Venez. ... Venezuela.
Veter. .... Veterinaria.
v. gr. .... verbigracia.
Vitic. .... Viticultura.
Viz. .... Vizcaya.
voc. .... vocativo.
vol. .... volumen.
vulg. .... vulgar, vulgarismo.

Z

zoól. .... zoólogo.
Zool. .... Zoología.
Zoot. .... Zootecnia.

LÁMINAS

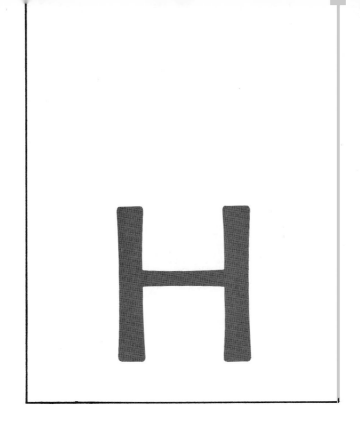

H. f. Novena letra del abecedario castellano, y séptima de sus consonantes. Su nombre es **hache**. y hoy no tiene sonido. Antiguamente se aspiraba en algunas palabras, y aún suele pronunciarse así en Andalucía y Extremadura. Fuera de estas regiones se aspira en muy pocas voces, como *holgorio*.

H. *Quím.* Símbolo del hidrógeno.

HA y ha. Símbolo de hectárea.

HAAKON. *Biog.* Nombre de siete reyes noruegos. ‖ — **VII.** Monarca dinamarqués que. al ser invadida su patria por Alemania, durante la segunda Guerra Mundial, instaló su gobierno en Gran Bretaña (1872-1957).

HAARLEM. *Geog.* Lago desecado de Holanda Septentrional. ‖ C. del N. O. de Holanda, capital de la prov. de Holanda Septentrional. 80.000 h. Cultivos de flores. Tejidos, colorantes artificiales.

HAARLEMMER. *Geog.* Ciudad de Holanda (Holanda Septentrional). 70.000 h. Está edificada sobre el antiguo lago Haarlem.

HABA. al. **Bohne.** fr. **Fève.** ingl. **Broad bean; bean.** ital. **Fava.** port. **Fava.** (Del ant. *faba*, y éste del lat. *faba*.) f. Planta herbácea anual, de flores amariposadas, olorosas y fruto en vaina, comestible. *Vicia faba*, leguminosa. ‖ Su fruto y semilla. ‖ Simiente de café, cacao y otros frutos. ‖ Cada una de las bolitas que se usan en algunas votaciones secretas en algunas instituciones. ‖ Gabarro de una piedra. ‖ Roncha, bultillo en la piel. ‖ *Min.* Trozo de mineral redondo, envuelto por la ganga. ‖ *Veter.* Tumor del paladar de las caballerías. ‖ — **caballar. Haba panosa.** ‖ — **de Egipto.** Colocasia. ‖ — **de las Indias.** Jabillo. ‖ — **de San Ignacio.** Arbusto de Filipinas, de flores blancas, en embudo, en panojas axilares, colgantes, con cápsulas de paredes duras, que contienen la semilla;

se usa en medicina. *Strychnos ignatii*, loganiácea. ‖ — **marina. Ombligo de Venus**, concha. ‖ — **panosa.** Variedad de haba usada para alimentar caballerías. ‖ Fruto de esta planta. ‖ — **tonca.** Simiente de la sarapia. ‖ **Son habas contadas.** expr. fam. Úsase para denotar que algo es cierto y claro. ‖ Dícese de cosas de número fijo y escaso.

HABACUC. *Hist. Sagr.* Uno de los doce profetas menores.

HABADO, DA. adj. Dícese del animal que tiene la enfermedad del haba. ‖ Aplícase al que tiene en la piel manchas en forma de habas. ‖ Dícese del ave cuyas plumas de varios colores forman pintas al entremezclarse.

HABANA, La. *Geog.* V. **La Habana.**

HABANERA. f. Danza propia de La Habana. ‖ Su música.

HABANERO, RA. adj. Natural de La Habana. Ú.t.c.s. ‖ Perteneciente a esta ciudad.

HABANO, NA. adj. Perteneciente a La Habana, y por ext a Cuba. ‖ Dícese del color del tabaco claro. ‖ De color **habano.** ‖ m. Cigarro puro elaborado en Cuba.

HABAR. m. Terreno sembrado de habas. *De los* HABARES *venía una suave fragancia.*

HÁBEAS CORPUS. m. Derecho de todo ciudadano detenido o preso a comparecer de inmediato y públicamente ante un juez o tribunal para que, oyéndole, resuelva si su arresto fue o no legal y si debe mantenerse.

HABER. m. Doctor entre los judíos.

HABER. m. Hacienda, caudal. ‖ Cantidad que se devenga periódicamente en retribución de servicios. *Hoy liquidarán los* HABERES; sinón.: **paga, sueldo.** ‖ En contabilidad, una de las dos partes en que se dividen las cuentas corrientes. antón.: **debe.** ‖ fig. Cualidades o méritos que se consideran en una persona o cosa. ‖ — **moneda-**

do. Moneda, dinero en especie.

HABER. al. **Haben; sein.** fr. **Avoir.** ingl. **To have;** ital. **Avere.** port. **Haver.** (Del lat. *habere*.) tr. Poseer, tener una cosa. ‖ Apoderarse de alguna persona o cosa. *Se apodera de cuanta cosa puede* HABER. ‖ Verbo auxiliar que sirve para conjugar otros verbos en los tiempos compuestos. *Yo* HE *pintado*. ‖ impers. Acaecer, sobrevenir. HUBO *un choque*. Es barbarismo muy corriente en América hacerlo personal en esta acepción. HUBIERON *festejos*. ‖ Verificarse, efectuarse. *Hoy* HAY *sesión*. ‖ En frases de sentido afirmativo, ser necesario o conveniente. HAY *que estudiar*. ‖ En frases de sentido negativo, ser inútil, inconveniente o imposible. *No* HAY *que ofender*. ‖ Estar realmente en alguna parte. HABER *poca gente en la calle*. ‖ Hallarse o existir. HAY *motivos para censurarlo*. ‖ Denotando transcurso de tiempo, hacer. HA *largo tiempo*. ‖ r. Proceder bien o mal. ‖ **Haber de.** Ser necesario que. HABRÁS *de conformarte*. ‖ **Habérselas con** uno. frs. fam. Disputar con él. ‖ irreg. **Conjugación.** INDIC. Pres.: *he, has, ha o hay, hemos o habemos, habéis, han*. Imperf.: *había, habías*, etc. Pret. indef.: *hube, hubiste hubo, hubimos, hubisteis, hubieron*. Fut. imperf.: *habré, habrás*, etc. POT.: *habría, habrías*, etc. SUBJ. Pres.: *haya, hayas, haya, hayamos, hayáis, hayan*. Imperf.: *hubiera o hubiese, hubieras o hubieses*, etc. Fut. imperf.: *hubiere, hubieres*, etc. IMPERAT.: *he, haya, hayamos, habed, hayan*. PARTIC.: *habido*. GER.: *habiendo*.

HABER, Federico. *Biog.* Químico al. que en 1918 obtuvo el premio Nobel de Química. Efectuó fundamentales experiencias sobre la síntesis del amoníaco, del aire y las posibilidades de su industrialización en gran escala. Durante la primera Guerra Mundial

colaboró con el gobierno de su país en la fabricación de gases (1868-1934).

HABERÍO. m. Bestia de carga o de labor. ‖ Ganado o conjunto de animales domésticos.

HABICHUELA. f. Judía, planta, fruto y semilla.

HABIENTE. p. a. de **Haber.** Que tiene. HABIENTE O HABIENTES *derecho*, o *derecho* HABIENTE O HABIENTES.

HÁBIL. al. **Geschickt; fähig.** fr. **Habile; adroit.** ingl. **Capable; skillful.** ital. **Abile.** port. **Hábil.** (Del lat. *hábilis*.) adj. Inteligente, y dispuesto para cualquier ejercicio, oficio o ministerio. *Marinero* HÁBIL; sinón.: **capaz, competente;** antón.: **inútil, torpe.** ‖ *Der.* Apto para una cosa. *Día* HÁBIL.

HABILIDAD. al. **Fähigkeit; Geschick.** fr. **Habilité.** ingl. **Ability; skill.** ital. **Abilità.** port. **Habilidade.** (Del lat. *habilitas, -atis*.) f. Capacidad y disposición para una cosa. *Juana tiene* HABILIDAD *para la costura*; sinón.: **facilidad.** ‖ Destreza en ejecutar algo que sirva de adorno al sujeto; como bailar, declamar, etc. ‖ Cada una de las cosas que una persona ejecuta con gracia y destreza. ‖ Enredo, tramoya.

HABILIDOSO, SA. adj. Que tiene habilidades. *Mujer* HABILIDOSA.

HABILITACIÓN. al. **Befähigung.** fr. **Habilitation.** ingl. **Habilitation; qualification.** ital. **Abilitazione.** port. **Habilitação.** f. Acción y efecto de habilitar. ‖ Cargo de habilitado. ‖ Oficina de éste. ‖ — **de bandera.** Concesión que se otorga a barcos extranjeros, para que comercien en aguas y puertos nacionales.

HABILITADO, DA. s. Persona que, por encargo de otros, gestiona y efectúa pagos de haberes, pensiones, etc. ‖ m. *Der.* Auxiliar especial de los secretarios judiciales que puede substituir al titular.

HABILITAR. al. **Befähigen.** fr. **Habiliter.** ingl. **To qualify; to enable.** ital. **Abilitare.** port.

Habilitar. tr. Hacer hábil o apto al que no lo era. *Estos estudios lo* HABILITAN *para la enseñanza;* sinón.: **capacitar, facultar.** ‖ Dar a alguien el capital necesario para negociar por sí. HABILITAR *con fondos*. ‖ En concursos a prebendas o curatos, declarar a uno por hábil y acreedor a plaza futura. ‖ Proveer a alguien de lo que ha menester. HABILITAR *de alimentos*. Ú.t.c.r. ‖ *Cuba*. Fastidiar. ‖ *Der.* Subsanar faltas de capacidad civil o representación u otras deficiencias. HABILITAR *para comparecer en juicio*. ‖ deriv.: **habilitador, ra.**

HÁBILMENTE. adv. m. Con habilidad. HÁBILMENTE *desenredó el nudo;* sinón.: **mañosamente.**

HABILOSO, SA. adj. *Chile*. Habilidoso, despierto.

HABILLA. f. dim. de **Haba.** ‖ *Cuba* y *Hond.* Jabillo, árbol euforbiáceo.

HABITABLE. al. **Bewohnbar.** fr. **Habitable.** ingl. **Apt to live in.** ital. **Abitabile.** port. **Habitável.** adj. Que puede habitarse. *Lugar* HABITABLE. ‖ deriv.: **habitabilidad.**

HABITACIÓN. al. **Wohnung; Zimmer.** fr. **Habitation; demeure; chambre.** ingl. **Dwelling; habitation; room.** ital. **Abitazione; dimora; stanza.** port. **Habitação; quarto.** (Del lat. *habitatio, -onis*.) f. Edificio o parte de él que se destina para habitarse. *La* HABITACIÓN *de los esquimales es el iglú;* sinón.: **casa, vivienda, hogar.** ‖ Cualquiera de los aposentos de la casa. HABITACIÓN *espaciosa;* sinón.: **cuarto, estancia.** ‖ Acción y efecto de habitar. ‖ *Der.* Servidumbre personal cuyo poseedor puede ocupar en casa ajena ciertas piezas. ‖ *Hist. Nat.* Región donde naturalmente se cría una especie vegetal o animal. ‖ IDEAS AFINES: *Choza, caseta, carpa, cabaña, morada, albergue, residencia, local, pieza, dormitorio, comedor, sala, chimenea, dirección, señas, mudanza, alquiler,* *hostería, hotel, huésped, veraneo, vacaciones, posada.*

HABITÁCULO. (Del lat. *habitáculum.*) m. Habitación, edificio para ser habitado. || Sitio o localidad de condiciones apropiadas para que viva una especie animal o vegetal.

HABITADOR, RA. adj. y s. Que vive o reside en un lugar.

HABITANTE. al. **Bewohner.** fr. **Habitant.** ingl. **Inhabitant.** ital. **Abitante.** port. **Habitante.** p. a. de **Habitar.** Que habita. *Los* HABITANTES *de aquella casa*; sinón.: **inquilino, residente.** || m. Cada una de las personas que constituyen la población de un pueblo, provincia o nación.

HABITAR. al. **Bewohnen.** fr. **Habiter; demeurer.** ingl. **To inhabit; to dwell.** ital. **Abitare; dimorare.** port. **Habitar.** (Del lat. *habitare.*) tr. Morar en un lugar o casa. Ú.t.c.intr. *Los pingüinos* HABITAN *en las costas oceánicas frías.* sinón.: **residir, vivir.**

HÁBITAT. m. *Biol.* Habitáculo, habitación o estación de una especie vegetal o animal.

HÁBITO. al. **Ordenskleid; Gewohnheit.** fr. **Habit; robe; habitude.** ingl. **Habit.** ital. **Abito; abitudine.** port. **Hábito.** (Del lat. *hábitus,* de *habere,* tener.) m. Vestido de que cada uno usa según su estado o nación. *El* HÁBITO *de los dominicos.* || Modo especial de proceder o conducirse adquirido por repetición de actos iguales o semejantes, u originado por tendencias instintivas. || Facilidad que se adquiere por la práctica en un mismo ejercicio. || Insignia de las órdenes militares. || fig. Cada una de estas órdenes. || pl. Vestido talar de los eclesiásticos. *Tomar los* HÁBITOS. || **Ahorcar, o colgar, los hábitos.** frs. fig. y fam. Dejar el traje eclesiástico para tomar otra profesión. || Cambiar de carrera o profesión. || IDEAS AFINES: *Clérigo, religioso, iglesia, catedral, sacerdote, monja, toga, clámide, taled, uso, rutina, estilo, destreza, habilidad, conocimiento, costumbre, ejercicio.*

● **HÁBITO.** *Fil.* y *Psicol.* Según Aristóteles, el hábito es la manera de ser personal y permanente, en oposición a los modos transitorios y accidentales sometidos al cambio y la variación. Pero actualmente esta palabra ha tomado un sentido psicológico y sirve para designar una aptitud cualquiera adquirida en el constante ejercicio de una actividad. Cuando la acción psíquica es orientada por la repetición de movimientos y circunstancias similares en un determinado sentido, surge el **hábito,** que puede ser también psicofisiológico y aun mecánico. No debe confundirse con la costumbre, cuya presencia hace surgir el **hábito,** que es algo más profundo que aquélla. El **hábito** implica una inteligencia inconsciente, un esfuerzo inteligente que por su repetición frecuente no necesita de la vigilancia de la conciencia para resultar efectivo y sólo es propio de los humanos, dotados de inteligencia y voluntad. Todo acto deja en la facultad que lo produce una disposición, cada vez mayor cuanto más repetido es el acto, para obrar en determinado sentido con menos resistencia; de tal manera se adquieren los **hábitos** como disposiciones e inclinaciones funcionales que economizan al cuerpo y a la mente tiempo y energías, además de fortificar la actividad. Con los **hábitos,** los actos pierden su contenido pasional; si son buenos contribuyen al perfeccionamiento del ser moral.

HABITUACIÓN. f. Acción y efecto de habituar.

HABITUADO. adj. Galicismo por aficionado, parroquiano.

HABITUAL. al. **Gewohnt; gewöhnlich.** fr. **Habituel.** ingl. **Habitual; customary.** ital. **Abituale.** port. **Habitual.** adj. Que se hace o posee por hábito. *Siesta* HABITUAL; sinón.: **común, corriente.** || deriv.: **habitualidad, habitualmente.**

HABITUAR. al. **Sich gewöhnen.** fr. **Habituer.** ingl. **To accuston; to habituate.** ital. **Abituare.** port. **Habituar.** (Del lat. *habituare.*) tr. y r. Acostumbrar o hacer que uno se acostumbre a una cosa. *Los europeos* SE HABITUARON *fácilmente al tabaco;* sinón.: **familiarizar.**

HABITUD. f. Relación de una cosa con otra.

HABIZ. (Del ár. *habiç.*) m. Donación de inmuebles hecha a una institución religiosa musulmana.

HABLA. al. **Sprache.** fr. **Le parler; parole.** ingl. **Speech.** ital. **Parola; favella.** port. **Fala.** (Del ant. *fabla.*) f. Facultad de hablar. *Quedarse sin* HABLA; sinón.: **palabra.** || Acción de hablar. || Idioma, dialecto. sinón.: **lenguaje.** || Razonamiento, oración, arenga. || **Al habla.** m. adv. *Mar.* A distancia propia para entenderse con la voz. || En trato acerca de algún asunto. *Estoy al* HABLA *con él para vender mi casa.* || **Entrar,** o **entrársele,** a uno **el habla.** frs. *Chile.* Acobardar, o acobardarse.

HABLADERA. f. *Cuba, Dom.* y *Guat.* Habladuría.

HABLADERO. m. *Chile* y *Dom.* Habladuría.

HABLADO, DA. adj. Con *bien* o *mal,* comedido o descomedido en el hablar. *Chico mal* HABLADO. || f. *Chile.* Habla. || *Méx.* Chisme. || **Echar habladas.** frs. fam. *Méx.* Echar indirectas. || Echar bravatas, insultar.

HABLADOR, RA. adj. y s. Que habla demasiado. || Que, por imprudencia o malicia, lo cuenta todo. *No le confíes nada, que es muy* HABLADOR; sinón.: **charlatán.** || *Dom.* y *Méx.* Mentiroso, chismoso. || *Méx.* Valentón, fanfarrón.

HABLADORZUELO, LA. adj. dim. de **Hablador.** Ú.t.c.s.

HABLADURÍA. al. **Geschwätz.** fr. **Commérages.** ingl. **Gossip.** ital. **Cicaleccio.** port. **Falatório.** f. Dicho inoportuno y desagradable. || Hablilla. || fam. Chisme. Ú.m. en pl. *No hagas caso de* HABLADURÍAS; sinón.: **cuento, murmuración.**

HABLANCHÍN, NA. adj. y s. fam. Hablador.

HABLANTE. p. a. de **Hablar.** Que habla.

HABLANTÍN, NA. adj. y s. fam. Hablanchín.

HABLAR. al. **Reden; sprechen.** fr. **Parler.** ingl. **To speak; to talk.** ital. **Parlare.** port. **Falar.** (Del ant. *fablar,* y éste del lat. *fabulare.*) intr. Articular palabras para darse a entender. *El niño tardó en* HABLAR. || Proferir palabras ciertas aves. *El loro* HABLA. || Conversar. HABLÉ *dos horas con ella.* || Perorar, pronunciar un discurso. *Hoy* HABLA *en el Congreso el ministro de Marina.* || Tratar, concertar. Ú.t.c.r. || Expresarse de uno u otro modo. HABLA *con mucha incorrección.* || Con los advs. *bien* o *mal,* manifestar cortesía y benevolencia, o al contrario, o emitir opiniones favorables o adversas. || Con la prep. *de,* razonar, o tratar de una cosa platicando. HABLAR *de deportes.* || Tratar de algo por escrito. *Ese autor no* HABLA *de China en su historia.* || Dirigir la palabra a una persona. *Le* HABLÉ *no bien llegó.* || fig. Tener relaciones amorosas. *Juan ya no* HABLA *con Ana.* || Murmurar o criticar. *No* HABLES, *que tienes el tejado de vidrio.* || Interceder por uno. HABLARÉ *por ti al capitán.* || fig. Explicarse o darse a entender por medio distinto del de la palabra. HABLAR *por señas.* || fig. Dar a entender algo de cualquier modo que sea. *En el universo todo* HABLA *del poder de Dios.* || Úsase para elogiar el modo de tañer un instrumento. *De tal modo maneja el arco que hace* HABLAR *a su violín.* || tr. Emplear uno u otro idioma. HABLA *el ruso.* || Decir, en locuciones como ésta: HABLAR *idioteces.* || *Ec.* Reprender. *Tu padre te* HABLARÁ *porque no estudias.* || rec. Comunicarse de palabra una persona con otra. *Juan y Pedro* SE HABLARON *hoy en el paseo.* || Con negación, no tratarse una persona con otra. || **Estar hablando.** frs. fig. con que se pondera la propiedad con que está ejecutada una cosa. *Tu retrato* ESTÁ HABLANDO. || **Hablar a tontas y a locas.** frs. fam. **Hablar** sin reflexión sobre cualquier tema. || **Hablar claro.** frs. Decir uno lo que siente desnudamente. || **Hablar por hablar.** frs. Decir una cosa sin fundamento y sin venir al caso. || **Quien mucho habla, mucho yerra.** frs. proverb. con que se denota el inconveniente de la demasía en hablar. || IDEAS AFINES: *Vocablo, sílaba, mudo, tartamudo; cuchichear, gritar, vocear, contar, balbucear, pronunciar, referirse; discursear, charla, conversación, perorata, conferencia, entrevista; silencio, calma; charlatán, ventrílocuo, interlocutor; facundia, laconismo, teléfono; enamorar, requebrar; idioma, traductor.*

HABLILLA. f. Rumor, mentira que corre en el vulgo.

HABLISTA. com. Persona que se distingue por la pureza, propiedad y elegancia del lenguaje. sinón.: **estilista.**

HABLISTÁN. adj. y s. fam. Hablanchín.

HABÓN. m. Haba, roncha grande.

HABSBURGO. *Hist.* Dinastía que ocupó el trono de Austria-Hungría desde el siglo X hasta 1918, en que fue desmembrada como consecuencia de su derrota en la primera Guerra Mundial.

HABÚS. m. En Marruecos, habiz.

HACA. f. Jaca.

HACÁN. (Del hebr. *hacam.*) m. Sabio o doctor entre los judíos.

HACANEA. f. Jaca.

HACECILLO. m. dim. de **Haz.** || *Bot.* Porción de flores en cabezuela, cuyos pedúnculos están erguidos y son de la misma altura.

HACEDERO, RA. adj. Que puede hacerse o es fácil de hacer. *Obra* HACEDERA; sinón.: **factible, realizable.**

HACEDOR, RA. adj. y s. Que hace alguna cosa. HACEDOR *de maravillas.* || m. Por antonomasia, Dios. *El divino* HACEDOR. || f. *Perú.* Mujer que hace y vende chicha.

HACENDADO, DA. al. **Gutsbesitzer; Farmer.** fr. **Propriétaire.** ingl. **Landholder; farmer; rancher.** ital. **Benestante; latifondista.** port. **Abastado; fazendeiro.** adj. y s. Que tiene hacienda en bienes raíces. || *Arg.* y *Chile.* Dícese del estanciero dedicado a la cría de ganados. *Un rico* HACENDADO. || *Cuba.* Dueño de un ingenio de azúcar.

HACENDAR. tr. Dar el dominio de haciendas. || r. Comprar hacienda una persona para arraigarse en algún lugar. || irreg. Conj. como **acertar.**

HACENDEJA. f. dim. de **Hacienda.**

HACENDERA. f. Trabajo de utilidad común, al que acude todo el vecindario.

HACENDERO, RA. adj. Que cuida con esmero de su casa y hacienda.

HACENDISTA. com. Persona versada en la administración o en la doctrina de la hacienda pública. || Rentista.

HACENDOSO, SA. adj. Diligente en las faenas domésticas. *Joven* HACENDOSA.

HACENDUELA. f. dim. de **Hacienda.**

HACER. al. **Machen; tun; lassen.** fr. **Faire.** ingl. **To make; to do.** ital. **Fare.** port. **Fazer.** (Del ant. *facer,* y éste del lat. *facere.*) tr. Producir una cosa; darle el primer ser. HIZO *Dios al hombre a imagen y semejanza suya;* sinón.: **crear, engendrar.** || Fabricar, formar. HIZO *la cuna del hijo menor;* sinón.: **elaborar.** || Ejecutar. HACER *milagros.* U.t.c.r. *No sabrá qué* HACERSE. || fig. Dar el ser intelectual. HACER *comentarios, una poesía.* || Caber, contener. *Este tonel* HACE *mil litros de vino.* || Causar, ocasionar. *Esta cocina* HACE *humo.* || Ejercitar los miembros, músculos, etc., para fomentar su desarrollo o agilidad. HACER *dedos un pianista.* || Disponer, aderezar. HACER *el puchero, las valijas.* || Componer, mejorar. *Esta pipa* HACE *buena sidra.* || Juntar, convocar. *Se echó al campo, a* HACER *gente.* || Habituar, acostumbrar. Ú.t.c.r. HACERSE *a las fatigas de la guerra.* || Cortar con arte. Ú.t.c.r. HACERSE *la barba.* || Junto con algunos nombres, significa la acción de los verbos que se forman de la misma raíz que dichos nombres; y así, HACER *aprecio,* es *apreciar.* || Reducir una cosa a lo que significan los nombres a que va unida. HACER *añicos.* || Usar o emplear lo que los nombres significan. HACER *muecas, ademanes.* || Con nombre o pronombre personal en acusativo, suponer. *No te* HACÍA *tan bobo.* || Con las preps. *con* o *de,* proveer. Ú.t.c.r. HACERSE *de ropa.* || Ejercer, actuar, representar. HACER *el galán.* Ú.t.c.intr. HACER *de médico.* || Tratándose de comedias u otros espectáculos, representarlos. || Componer un número. *Dos y tres* HACEN *cinco.* || Obligar a algo. *Nos* HICIERON *retroceder.* || Expeler del cuerpo las aguas mayores y menores. Ú.m.c.intr. HACER *de vientre.* || intr. Importar, convenir. *Esto no* HACE *al caso.* || Corresponder, concordar. *Esta mesilla no* HACE *juego con los sillones.* || Poner cuidado y diligencia. HARÉ *por acabar pronto.* || Fingirse uno lo que no es. Ú.t.c.r. HACERSE *el sordo.* || Aparentar, dar a entender lo contrario de lo cierto o verdadero. Ú., por lo común, seguido del adv. *como.* HIZO *como que no me había visto.* || Toma el significado de un verbo anterior, haciendo las veces de éste. *Jugó al billar, como lo acostumbraba* HACER. || *Mar.* Proveerse de efectos de consumo. HACER *petróleo, carbón, medicinas, víveres.* || r. Crecer, aumentarse. HACERSE *un hombre.* || Volverse, transformarse. HACERSE *cristiano el infiel.* || fam. Habituarse. *No me* HAGO *al campo.* || Hallarse, existir, situarse. || impers. Experimentarse o sobrevenir una cosa, que se refiere al buen o mal tiempo. HACE *mal día.* || Haber transcurrido cierto tiempo. *Hoy* HACE *quince días.* || **Haberla hecho buena.** frs. fam. irón. Haber realizado una cosa contraria o perjudicial a determinado fin. ¡BUENA LA HAS HECHO! || **Hacer buena** una cosa. frs. fig. y fam. Probarla o justificarla; **hacer** efectiva y real la cosa que se dice o se supone. || **Hacer** uno **de las suyas.** frs. fam. Proceder según su genio y costumbre. Tómase comúnmente en mala parte. || **Hacer por hacer.** frs. fam. con que se da a entender que se hace alguna cosa sin provecho o sin necesidad. || **Hacer saber.** frs. Poner en noticia de uno alguna cosa. || **Hacerse a** una parte. frs. Apartarse, retirarse a ella. HAZTE *atrás;* HACERSE *a un lado.* || **Hacérsele** una cosa a uno. frs. Figurársele, parecerle. *Se me* HIZO *corto el camino.* || **Hacerse rico.** frs. Adquirir riquezas. || **Hacerse tarde.** frs. Pasarse el tiempo oportuno para **hacer** una cosa. || **Hacer una que sea sonada.** frs. fam. con que, en son de amenaza, se anuncia un gran escarmiento o escándalo. || **Más hace el que quiere que no el que puede.** ref. que enseña que la voluntad tiene la principal parte en las acciones. || irreg. **Conjugación:** INDIC. Pres.: *hago, haces, hace, hacemos, hacéis, hacen.* Imperf.: *hacía, hacías,* etc. Pret. indef.: *hice, hiciste, hizo, hicimos, hicisteis, hicieron.* Fut. imperf. *haré, harás, hará, haremos, haréis, harán.* POT.: *haría, harías, haría, haríamos, haríais, harían.* SUBJ. Pres.: *haga, hagas, haga,* etc. Imperf.: *hiciera* o *hiciese, hicieras* o *hicieses,* etc. Fut. imperf.: *hiciere, hicieres,* etc. IMPERAT. *haz, haga, hagamos, haced, hagan.* PARTIC.: *hecho.* GER. *haciendo.*

HACERA. f. Acera.

HACEZUELO. m. dim. de **Haz.**

HACIA. al. **Gegen; nach; zu.** fr. **Vers.** ingl. **Toward.** ital. **Verso.** port. **Para.** (Del ant. *facia,* y éste del lat. *facie ad,* con la cara dirigida a tal sitio.) prep. que determina la dirección del movimiento con respecto al punto de su término. HACIA *la izquierda.* || prep. temporal. Alrededor de, cerca de. HACIA *las diez de la noche.*

HACIENDA. al. **Besitzung; Landgut; Viehzüchterei; Vermögen.** fr. **Proprieté rurale; richesse; bétail.** ingl. **Landed property; estate; cattle.** ital. **Tenuta; patrimonio; bestiame.** port. **Fazenda; gado.** (Del ant. *facienda,* y éste del lat. *facienda,* cosas que se han de hacer.) f. Finca agrícola. || Bienes y riqueza que uno posee. *Acrecentó su* HACIENDA; sinón.: **caudal.** || Faena casera. Ú.m. en pl. || *Arg.* y *Chile.* Ganado, especialmente vacuno. *Llevar la* HACIENDA *al mercado.* || **— pública.** Conjunto de haberes, rentas, etc., del Estado. || IDEAS AFINES: *Huerta, chacra, granja, sembrados, cosecha, recolección, capital, dinero, posesiones, reses, tropilla, manada, presupuesto, impuestos, deducciones.*

HACINA. f. Conjunto de haces colocados unos sobre otros. HACINA *de trigo, de leña.* || fig. Montón. *Una* HACINA *de libros;* sinón.: **cúmulo, rimero.**

HACINAR. al. **Anhäufen.** fr. **En-**

tasser. ingl. **To stack.** ital. **Affastellare.** port. **Amontoar.** tr. Formar hacinas. HACINAR *paja.* ‖ fig. Amontonar. HACINAR *papeles*; sinón.: **acumular, apilar.** ‖ deriv.: **hacinable, hacinación, hacinador, ra; hacinamiento.**

HACHA. (Del ant. *facha*, y éste del lat. vulg. *fáscula.*) f. Vela de cera, grande y gruesa, con cuatro pabilos. ‖ Mecha de esparto y alquitrán. ‖ *Chile.* Juego consistente en tirar a dar una bolita con otra, impulsándola con los dedos. ‖ **— de viento.** La de esparto y alquitrán. ‖ **Ser un hacha.** frs. fig. y fam. Ser sobresaliente en algo. *Fulano es un* HACHA *en química.* ‖ IDEAS AFINES: *Tea, antorcha, luz, procesión, homenaje.*

HACHA. al. **Axt; Beil.** fr. **Hache.** ingl. **Axe.** ital. **Ascia.** port. **Machado.** (Del germ. *hapya*, dalle.) f. Herramienta cortante, de pala acerada, con filo algo curvo y ojo para enastarla. sinón.: **segur.** ‖ **De hacha.** m. adv. fig. *Chile.* **De golpe y porrazo.** ‖ **De hacha y tiza.** frs. fig. y fam. *Arg.* **De pelo en pecho.** ‖ Dicho de contiendas o competiciones, enérgico, reñido, disputado. ‖ **Estar hacha.** loc. fig. *Méx.* Listo, bien preparado. ‖ **Ser hacha.** loc. fig. *Méx.* Que gasta o deteriora. ‖ IDEAS AFINES: *Hoz, cuchillo, lanza, espada, maza, escudo, guerra, armadura, caballero, torneo, lid, patíbulo, guillotina, tablado, armazón, matar, decapitar, degollar, ajusticiar, leñador.*

HACHA, Emilio. *Biog.* Pol. y jurista checoslovaco que de 1938 a 1939 ejerció la presidencia de la Rep. (1872-1945).

HACHADOR. m. *Arg., Cuba, Guat.* y *Ven.* Hachero, que corta con el hacha.

HACHAR. tr. Hachear.

HACHAZO. m. Golpe dado con el hacha. ‖ Golpe que el toro da lateralmente con un cuerno. ‖ *Col.* Reparada del caballo.

HACHE. f. Nombre de la letra *h.* ‖ **Llámele** o **llámele usted hache.** expr. fig. y fam. Lo mismo es una cosa que otra.

HACHEAR. tr. Desbastar y labrar un madero con el hacha. ‖ intr. Dar golpes con el hacha.

HACHERO. m. Candelero para poner el hacha.

HACHERO. m. El que trabaja con el hacha en cortar y labrar maderas. ‖ *Mil.* Gastador, soldado.

HACHETA. f. dim. de **Hacha.**

HACHO. m. Manojo de paja o esparto encendido o leño resinoso para alumbrar. ‖ *Geog.* Sitio elevado cerca de la costa, desde donde se descubre bien el mar. *El* HACHO *de Ceuta.*

HACHÓN. m. Hacha, vela grande de cera. ‖ Especie de brasero alto.

HACHOTE. m. aum. de **Hacha,** cirio o vela gruesa. ‖ m. *Mar.* Vela corta y gruesa.

HACHUDO. m. *Cuba.* Pez parecido a la sardina.

HACHUELA. f. dim. de **Hacha,** herramienta. ‖ *Chile.* Destral y también alcotana.

HADA. al. **Fee; Zauberin.** fr. **Fée.** ingl. **Fairy.** ital. **Fata.** port. **Fada.** (Del ant. *fada*, y éste del lat. *fata.*) f. Ser fantástico que se representaba bajo la forma de mujer y al cual se atribuía poder mágico y el don de adivinar lo futuro. *Perrault escribió cuentos de* HADAS.

● **HADA.** Concebida de distinta manera por los diferentes pueblos, el **hada** posee una naturaleza intermedia entre lo divino y lo humano, y participa de ambos. Como los humanos, tiene sus ocios, tareas, pasiones y deleites, e incluso, según algunas mitologías, se une a los hombres y tiene hijos. Como los dioses o los espíritus divinos, está dotada de poderes mágicos; puede tornarse invisible o hacer lo propio con cualquier mortal o con los objetos. Se le atribuye la inmortalidad y es capaz de infundir nuevas formas a capricho y comunicarlas a otros seres; se le reconoce también un gran conocimiento de los poderes de la naturaleza. En cuanto a su origen, aunque algunos la suponen descendiente de los ángeles rebeldes arrojados del cielo o almas de los druidas o de niños que murieron sin bautismo, la suposición más difundida la considera divinidad mítica a la que se ofrecen dones para ganar su benevolencia. Deriva de primitivas creencias en los espíritus de la naturaleza, como las ninfas y las dríadas griegas. Por lo común se concibe como benéfica a los humanos, a los que ayuda con sus artes de encantamiento y preside los actos solemnes en la vida de los hombres. La fantasía poética ha situado su reino en una isla legendaria del océano, llamada Avalón, donde tiene su corte el **hada** Morgana, en el interior de la tierra o en la espesura de los bosques.

HADADO, DA. adj. Propio del hado o relativo a él. ‖ Prodigioso, mágico, encantado.

HADAR. tr. Determinar el hado una cosa. ‖ Anunciar lo que está dispuesto por los hados. sinón.: **augurar, pronosticar.** ‖ Encantar.

HADES. *Mit.* Hijo de Cronos: rey del mundo subterráneo y de los muertos, de donde salió una sola vez para raptar a Perséfona, que por su unión con **Hades** se hizo la divinidad dispensadora de la riqueza agrícola (V. **Plutón**).

HADO. al. **Schicksal; Verhängnis.** fr. **Destin.** ingl. **Fate.** ital. **Fato.** port. **Fado.** (Del ant. *fado*, y éste del lat. *fátum.*) m. Divinidad o fuerza desconocida que, según los gentiles, obraba irresistiblemente sobre las demás divinidades y sobre los hombres y los sucesos. *Un* HADO *terrible pesaba sobre Edipo.* ‖ Destino, encadenamiento fatal de los sucesos. *Un* HADO *aciago*; sinón.: **fatalidad, sino.** ‖ Lo que nos sucede con el discurso del tiempo, conforme a lo dispuesto por Dios. ‖ Según los filósofos paganos, serie de causas de tal modo encadenadas que necesariamente producen su efecto.

HADO. *Mit.* Divinidad desconocida a cuyo poderío estaba sometido el Universo. Hija de la Noche y del Caos, era dueña del destino de todos los seres y de las otras divinidades.

HADRAMAUT. *Geog.* Región de la Rep. Democrática de Yemen. 155.000 km²; 450.000 h. C. principal: Mukalla.

HAEBERLIN, Carlos. *Biog.* Escr. suizo cont. que en *Fundamentos del psicoanálisis*, y otras obras, difundió las teorías de Freud.

HAECKEL, Ernesto E. *Biog.* Méd., biólogo y filósofo al. Discípulo de Darwin, cuyas teorías científicas estudió y amplió. Enunció la teoría de la evolución y la ley biogenética fundamental del desarrollo de las especies; estableció el origen de algunos animales y vegetales y proclamó el monismo. Obras: *Historia de la evolución humana; Los enigmas del Universo; Morfología general*, etc. (1834-1919).

HAEDO, Francisco. *Biog.* Religioso y lingüista mex., autor de una gramática de la lengua otomí (s. XVII).

HAEDO. *Geog.* Población de Argentina, en la prov. de Buenos Aires. 40.000 h. Actividad fabril. ‖ **Cuchilla de —.** Sierra del N.O. del Uruguay que se extiende desde la frontera brasileña hasta la confluencia del río Negro con el Uruguay.

HAENDEL, Jorge Federico. *Biog.* Compositor al., considerado el rival de Bach, ya que ambos fueron los máximos representantes del barroco musical. En 1752, después de una desafortunada operación de catarata, quedó totalmente ciego. Aunque compuso numerosas óperas, su mayor fuerza radica en sus hermosos oratorios, libremente inspirados en la Biblia. Obras: *El Mesías; Julio César; Israel en Egipto; Acis y Galatea; Ester; Saúl; Nerón; Dafne*, etc. (1685-1759).

HAFIZ. (Del ár. *hafid.*) m. Guarda, conservador.

HAFIZ, Mohamed. *Biog.* Poeta persa, conocido también como Lisan-Ul-Cheib. Su obra maestra es *Diván*, colección de composiciones líricas perfectas. Filósofo y erudito, se especializó en el estudio del Corán (1320-1389).

HAFNIO. m. Metal raro, de escasa importancia práctica. Elemento de símbolo Hf, número atómico 72 y p. atóm. 178,6.

HAGEN. *Geog.* Ciudad de la Rep. Federal de Alemania (Renania del Norte-Westfalia), en la cuenca industrial del Ruhr. 220.000 h. Fundiciones, tejidos.

HAGGARD, Enrique Rider. *Biog.* Escr. inglés, cultor de la novela fantasiosa y popular. Obras: *Las minas del rey Salomón; Ella*, etc. (1856-1925).

HAGIOGRAFÍA. f. Historia de las vidas de los santos. ‖ deriv.: **hagiográfico, ca.**

HAGIÓGRAFO. (Del lat. *hagiógraphus*, y éste del gr. *hagios*, santo, y *grapho*, escribir.) m. Autor de cualquiera de los libros de la Biblia. ‖ Escritor de vidas de santos. *San Gregorio de Tours es un* HAGIÓGRAFO.

HAGIÓGRAFOS. *Lit.* y *Relig.* Los once libros que constituyen el último grupo del *Antiguo Testamento*: 1º *Salmos*; 2º *Proverbios*; 3º *Libro de Job*; 4º *Cantar de los Cantares*; 5º *Libro de Ruth*; 6º *Lamentaciones*; 7º *Eclesiastés*; 8º *Libro de Esther*; 9º *Libro de Daniel*; 10º *Libros de Esdras y Nehemías*; 11º *Crónicas*. Habría que agregar, además, los libros denominados apócrifos: *Macabeos; de Judith; de Tobías; de Baruj; Epístola de Jeremías*, etc. V. **Salmos; Job, Libro de; Cantar de los Cantares.**

HAGIOLOGÍA. f. Ciencia de las cosas sagradas o religiosas. ‖ deriv.: **hagiológico, ca; hagiólogo.**

HAGIÓNIMO. m. Nombre de santo tomado como nombre propio.

HAGUENAU. *Geog.* Ciudad de Francia (Bajo Rin) al N. de Estrasburgo. 30.000 h. Tejidos.

HAHN, Otto. *Biog.* Químico, físico y radiólogo al. que descubrió la fisión del núcleo del átomo del uranio y varias sustancias, entre ellas el protoactinio y el mesotorio. En 1944 le fue otorgado el premio Nobel de Química (1879-1968). ‖ **—Reinaldo.** Músico venezolano que se radicó en Francia, donde llegó a ser director del teatro de la Ópera de París. Compuso obras para la escena y es el autor de melodías sobre temas de Verlaine: *Canciones grises* (1875-1947).

HAHNEMANN, Samuel. *Biog.* Médico al., creador de la homeopatía y autor de importantes obras científicas: *Organon; Materia médico-homeopática*, etc. (1755-1843).

HAIDERABAD. *Geog.* C. de la India, cap. del estado de Andhra Pradesh. 1.800.000 h. Tejidos. Centro universitario. ‖ C. del Pakistán, sobre el Indo, al NE. de Karachi. 1.150.000 h. Aceites vegetales.

HAIFA. *Geog.* Ciudad y puerto de Israel, en la bahía de Acre y al pie del monte Carmelo. 300.000 h. Es el primer centro industrial del país. Refinerías de petróleo, fábricas de cemento, tejidos, vidrios, dientes artificiales. Exportaciones de frutas cítricas.

HAILE SELASSIE I. *Biog.* Emperador de Abisinia. Asumió el gobierno como regente en 1928; dos años después fue consagrado emp. *Negus Neghesti* o *Rey de Reyes* de Etiopía. En 1936, derrotado por Italia, abandonó el trono, que recuperó en 1941, al ser ocupado su país por los ingleses. En 1974 fue derrocado por un golpe militar (1891-1975).

HAINÁN. *Geog.* Isla de China, perteneciente a la prov. de Kwangtung, sit. en la entrada del golfo de Tonkín y separada del continente por el estrecho hom. 36.200 km2; 5.500.000 h. Hulla.

HAINAUT. *Geog.* Provincia del SO. de Bélgica. 3.721 km2; 1.254.942 h. Cap. MONS. Hulla.

HAIPHONG. *Geog.* Ciudad y puerto de Vietnam (Tonkín). 200.000 h. Industrias mecánicas y navales, fábricas de vidrio; algodón; porcelana.

HAITÍ. *Geog.* Uno de los nombres de la isla de las Grandes Antillas situada al E. de Cuba (V. **Santo Domingo**). ‖ República independiente de las Antillas, situada en el sector occidental de la isla hom. Tiene una extensión de 27.750 km². **Aspecto físico.** País esencialmente montañoso, presenta pequeñas llanuras aluviales, de gran fertilidad, interpuestas entre los cordones orográficos. La cordillera septentrional y los macizos de la Hotte y de la Selle (2.880 m) en el sur llevan las mayores alturas. El clima depende de la altitud; es húmedo y ardiente en los valles y llanuras, y suave y templado en las montañas. El río Artibonite es el más importante y parte de su recorrido es navegable. **Aspecto humano.** La población de **Haití** se estima en 4.750.000 habitantes, de los cuales el 60% son negros y el 30% mulatos. La población blanca extranjera es de 5.600 h. Un 22% de los pobladores habita los centros urbanos. La religión predominante es la católica. La lengua oficial es el francés, pero habitualmente se habla un francés con mezcla de palabras españolas y africanas. Es una República dividida en cinco departamentos: Artibonite, cap. GONAÏVES; Norte, cap. CABO HAITIANO; Noroeste, cap. PORT-DE-PAIX; Oeste, cap. PORT-AU-PRINCE, y Sur, cap. AUX CAYES. La capital de la República es PORT-AU-PRINCE. 500.000 h. **Recursos económicos.** Los recursos principales del país proceden de la agricultura y de las industrias que de ella dependen. La base de su economía es el cultivo del café, considerado como uno de los mejores del mundo y que prospera en las colinas del interior del país. En segundo lugar se encuentran bananas y pita, de la que se obtiene el hilo sisal. Otros productos tropicales, como algodón, tabaco, caña de azúcar, cacao y ananás son también renglones importantes de las labores agrícolas. La elaboración de la caña de azúcar da lugar a la fabricación de ron, muy apreciado. Los bosques están poblados de pinos, palmeras, cedros, caobas, mimosas, de gran valor. La madera de campeche constituye un importante artículo de exportación. La ganadería está poco desarrollada. Equinos, porcinos y caprinos forman los rebaños más numerosos. La riqueza mineral es grande, pero sólo la bauxita se explota en alguna cantidad. La actividad industrial reposa en la agricultura: refinerías de azúcar, tejedurías de hilo sisal, elaboración de ron, etc. Las exportaciones consisten en café, azúcar, hilo sisal, banana, cacao, ron, etc. Importa maquinaria, combustibles, productos químicos y farmacéuticos, tejidos y toda clase de artículos manufacturados. Tiene 280 km de vías férreas y más de 3.500 km de carreteras. Las líneas aéreas ponen en comunicación al país con las islas vecinas y con el continente; hay 14 campos de aterrizaje en el país. Posee una flota mercante de 300 barcos pequeños. El tráfico es intenso, sobre todo con los EE. UU., Italia, Luxemburgo, Japón y Francia. Port-au-Prince es el puerto más importante del país y uno de los más bellos y mejor protegidos de América. **Hist. Descubrimiento y Colonización.** Originalmente habitada por cuatro grupos indígenas (lucayos, taínos, ciguayos y caribes), el actual territorio de **Haití** tenía dicha denominación, que significa "lugar montañoso" o "tierra alta" en lengua taína, antes del descubrimiento de América. La isla que ocupa con Santo Domingo, actual República Dominicana, fue descubierta por Cristóbal Colón, quien, en su primer viaje, arribó al cabo haitiano de San Nicolás el 6 de noviembre de 1492. La isla llegó a ser uno de los principales centros de la colonización del continente. En las primeras épocas de la conquista la historia de **Haití** es la misma que la de Santo Domingo e igualmente sus indígenas fueron sometidos por el sistema de las encomiendas. En el s. XVII Francia fomentó las incursiones de los piratas y filibusteros a la zona oriental, donde establecieron asientos y en 1697 España reconoció dicha ocupación. Los franceses hicieron del territorio uno de los más prósperos de las Antillas; producía azúcar, café, algodón, índigo y otros productos en gran escala, merced al trabajo de los esclavos negros introducidos primero por los españoles y luego por los ingleses, franceses, portugueses y holandeses. Hacia fines del s. XVIII la población negra superaba extraordinariamente a la blanca. En 1776 España y Francia se pusieron de acuerdo para fijar el límite de sus posesiones. **Independencia.** Los ideales de la Revolución Francesa penetraron en **Haití** y estimularon la idea de la libertad de los esclavos, resistida por los terratenientes; en 1794 Francia declaró abolida la esclavitud. En 1801 el general negro Toussaint Louverture convocó una asamblea de diez miembros, que lo nombró gobernador vitalicio y promulgó una constitución liberal. Napoleón envió al general Leclerc para sofocar el movimiento emancipador, pero fue derrotado por los haitianos, aunque su caudillo, Louverture, fue hecho prisionero y remitido a Francia, donde murió en 1803. El 1º de enero de 1804 el gral. Juan Jacobo Dessalines proclamó la independencia en Gonaïves; nombrado gobernador vitalicio, en setiembre del mismo año se coronó emperador; dos años más tarde fue asesinado. Posteriormente el país tuvo dos gobiernos, el de Christophe en el norte y el de Petión en el sur, de acuerdo con el senado. Desde 1818 hasta 1843 ocupó el poder Juan P. Boyer, durante cuyo gobierno Francia reconoció la independencia y fue anexada a **Haití** en 1822 la zona española, que se proclamó independiente en 1844. Nicolás Fabre Geffrard restableció la República en 1859 y así terminó el segundo imperio que Soulouque había establecido en 1849. El país continuó su marcha en medio de desavenencias políticas que crearon un clima anárquico e irregular, hasta que en 1915 los Estados Unidos lo intervinieron militar y económicamente. Las tropas estadounidenses se retiraron en 1934 y la función fiscalizadora que en lo financiero aún siguió manteniendo Estados Unidos cesó en 1947, al finalizar el pago del empréstito. **Gobernantes de Haití.** Juan Jacobo Dessalines (1804-1806); Enrique Christophe (1806-1820); Alejandro Sabes Petión (1806-1818); Juan Pedro Boyer (1818-1843); Carlos Herard (1843-1844); Felipe Guerrier (1844-1845); Alfredo N. Pierrot Deseilligny (1845-1846); Juan Bautista Riché (1846-1847); Faustino Soulouque (1847-1859); Nicolás Fabre Geffrard (1859-1867); Silvano Salnave (1867-1870); Nissage-Saget (1870-1874); Miguel Domingue (1874-1876); Boisrond-Canal (1876-1879); Luis Salomón (1879-1888); Francisco Legitimo (1888-1889); Florvil Hipólito (1889-1896); Tiresias Simón Sam (1896-1902); Alejo Nord (1902-1908); Antonio Simón (1908-1911); Cincinato Leconte (1911-1912); Tancredo Auguste (1912-1913); Miguel Oreste (1913-1914); Oreste Zamor (1914-1915); Davilmar Theodore (1915); Sam Vilbrún Guillaume (1915); Sudre Dartiguenave (1915-1922); Luis Bornc (1922-1930); Estenio J. Vincent (1930-1941); Elías Lescot (1941-1946); Dumarsais Estimé (1946-1950); Pablo Magloire (1950-1956); José N Pierre Louis (1956-1957) Franck Sylvain (1957); Leór Cantave (1957); Daniel Fignolé (1957); Antonio Kebreau (1957); Francisco Duvalier, elegido para el período 1957-1963, se hizo proclamar presidente vitalicio en 1964. Cuando murió, en 1971, heredó su puesto y el título su hijo Juan Claudio Duvalier, actual presidente de **Haití. Gobierno.** De acuerdo con la constitución promulgada en 1950, **Haití** es una democracia republicana, con tres poderes. Actualmente el Poder Ejecutivo lo ejerce el presidente de la República, considerado vitalicio aunque sujeto a la aprobación de la Asamblea Nacional. Dos cámaras forman el Poder Legislativo: la de Senadores y la de Diputados; excepcionalmente, ambas cámaras sesionan juntas, constituyendo la Asamblea General, cuya función primordial es la elección del presidente de la nación. La justicia reconoce su máxima autoridad en la Corte de Casación, de la cual dependen las cortes civiles y los juzgados departamentales. El sufragio es universal y secreto para los varones mayores de 21 años. **Símbolos Nacionales. Bandera.** Consta de dos bandas horizontales, azul la superior y roja la inferior, y en el centro lleva el escudo nacional. **Escudo.** Consiste en una palmera coronada por el gorro de la libertad, sobre un suelo de sinople, rodeada de banderas, cañones y armas, y en su base el lema "L'union fait la force" (La unión hace la fuerza). **Himno.** Data de 1903 y su letra pertenece al poeta Justino Lherisson. La música fue compuesta por Nicolás Geffrard. **Cultura. Literatura.** La literatura haitiana, escrita en francés, que es el idioma oficial del país, comenzó a adquirir vuelo a fines del s. XIX, en que se destacaron Fernando Hibbert, novelista de tendencia costumbrista, y Etzer Vilaire, delicada poetisa. De la generación posterior pueden citarse otros escritores de mérito: Juan F. Brierre, Coriolano Ardonin, Osvaldo Durand, Clemente Benoit, Alejandro Antoine, León Lateau, Roussan Camillet, poetas, y Gerardo de Catalogne, Susana Comhaire-Sylvain, Marcel Dauphin, Pedro Chauvet, prosistas. En el campo del ensayo histórico Jacobo Nicolás Leges es uno de los más preclaros precursores; continuó su labor, entre otros, Luis Dantés Bellegarde. Las obras de Antenor Firmin y de Juan Price Mars están consideradas entre las mejores de la antropología moderna. **Música.** En la música haitiana predominan los ritmos africanos y una expresión instintiva de probable origen ritual. La influencia europea se refleja en la música ciudadana y las canciones o danzas son mezcla de elementos africanos y franceses, entre ellas el meringue o merengue, que es la más difundida. Justin Elie, autor de *Aboriginal suite*, fue el primer compositor que trató de desarrollar musicalmente el primitivismo rítmico del folklore nativo. En cierto modo han sido sus continuadores Occide Jeanty, autor de numerosas marchas, y Ludovico Lamothe, llamado el "Chopin negro", que ha compuesto muchas obras pianísticas. Otros músicos importantes son Luis Astrée, Jorge Borno, Julio Courtois, Pablo Nicholas y José Duclos.

HAITIANO, NA. adj. Natural de Haití. Ú.t.c.s. *Los* HAITIANOS *hablan francés.* ‖ Perteneciente a este país. ‖ m. Idioma que hablaban los naturales de aquel país.

HAKODATE. *Geog.* Ciudad y puerto del Japón en la isla de Yeso. 250.000 h. Importante centro pesquero e industrial.

¡HALA! (Del ár. *hala.*) int. que se emplea para infundir aliento o meter prisa. ‖ int. para llamar. ‖ **¡Hala, hala!** frs. con que se denota la persistencia en una marcha.

HALACABUYAS. (De *halar* y *cabuya.*) m. Marinero principiante.

HALACUERDAS. m. *Mar.* Marinero que sólo entiende de aparejos.

HALAGAR. al. **Schmeicheen.** fr. **Flatter.** ingl. **To flatter.** ital. **Lusingare; adulare.** port. **Adular; lisonjear.** (De *falagar.*) tr. Dar a uno muestras de afecto. *Atenciones que lo* HALAGAN. ‖ Dar motivo de satisfacción o envanecimiento. *Esta distinción me* HALAGA; sinón.: **complacer.** ‖ Adular. *El zorro* HALAGÓ *al cuervo, encareciéndole las cualidades de su voz.* ‖ fig. Agradar, deleitar. *Dulce música* HALAGABA *sus oídos*; sinón.: **lisonjear.** ‖ deriv.: **halagador, ra.**

HALAGO. m. Acción y efecto de halagar. *Le gustaban los* HALAGOS; sinón.: **agasajo, mimo.** ‖ fig. Cosa que halaga.

HALAGÜEÑO, ÑA. adj. Que halaga. *Noticias* HALAGÜEÑAS; sinón.: **lisonjero.** ‖ deriv.: **halagüeñamente.**

HALAR. (Del ant. nórdico *hala*, tirar, arrastrar.) tr. *Mar.* Tirar de un cabo, de una lona o de un remo. HALAR *una embarcación.* ‖ *And.* y *Cuba.* Tirar hacia sí de una cosa.

HALBERSTADT. *Geog.* Ciudad de la Rep. Democrática Alemana (Sajonia-Anhalt). 46.000 h. Activo comercio. Industria papelera.

HALCÓN. al. **Falke.** fr. **Faucon.** ingl. **Falcon.** ital. **Falco.** port. **Falcão.** (De *falcón.*) m. Ave del orden de las rapaces diurnas, de unos cuarenta centímetros de largo desde la cabeza a la extremidad de la cola, cabeza pequeña, pico fuerte, curvo y dentado en la mandíbula superior; tiene uñas curvadas y robustas. Se presta con relativa facilidad a ser domesticado, y se empleaba antiguamente en la caza de cetrería. *El* HALCÓN *es ave muy voladora.* ‖ – **gentil.** Neblí. ‖**lanero.** Alfaneque. ‖ Borní. ‖ – **palumbario.** Azor, ave rapaz. ‖ – **peregrino.** Neblí.

HALCONADO, DA. adj. Que se asemeja al halcón.

HALCONEAR. (De *halcón.*) intr. fig. Dar muestra la mujer desenvuelta de andar a caza de hombres.

HALCONERA. f. Lugar donde se guardan los halcones.

HALCONERÍA. f. Caza que se hace con halcones.

HALCONERO, RA. al. **Falkner.** fr. **Fauconnier.** ingl. **Falconer.** ital. **Falconiere.** port. **Falcoeiro.** adj. Dícese de la mujer que halconea. ‖ m. El que cuidaba de los halcones. *El cargo de* HALCONERO *real era una dignidad muy importante en España.*

HALDA. f. Falda. ‖ Harpillera grande para envolver géneros. ‖ Haldada.

HALDADA. f. Lo que cabe en el halda.

HALDEAR. intr. Andar de prisa las personas que llevan faldas.

HALDETA. f. dim. de **Halda.** ‖ En el cuerpo de un traje, pieza corta que cuelga desde la cintura.

HALDUDO, DA. adj. Faldudo. *Los mexicanos usan sombrero* HALDUDO.

¡HALE! int. para animar o meter prisa. ‖ ¡Hala!

HALE, Jorge E. *Biog.* Astrónomo estad. que estudió el Sol y las nebulosas y construyó el grandioso telescopio que lleva su nombre, en California (1868-1939).

HALECHE. (Del lat. *hálex, -ecis.*) m. Boquerón, pez.

HALES, Esteban. *Biog.* Naturalista ingl., uno de los primeros en estudiar la circulación de la sangre en los animales y el movimiento de la savia en los vegetales (1677-1761).

HALEVY, Jacobo F. *Biog.* Compositor fr., autor de *La judía; El nabab*, etc. (1799-1862). ‖ – **Jehuda.** Poeta lírico y fil. judío esp. cuyas *Siónidas* cantan con encendido verbo su accidentado viaje a Jerusalén. *Cuzarí*, su principal obra de filosofía, es una polémica religiosa con ecos cabalísticos (1086-1143). ‖ – **Luis.** Escritor fr., sobrino de Jacobo Halevy, que escribió novelas, comedias y algunos libretos de operetas, en colaboración con el dramaturgo Enrique Meilhac.

HALFFTER, Ernesto. *Biog.* Músico esp., discípulo de Manuel de Falla, cuyo poema *La Atlántida*, inconcluso a la muerte del maestro, terminó. Obras: *Danza de la gitana; Muerte de Carmen*, etc. (n. 1905). ‖ – **Rodolfo.** Compositor esp., incorporado a la cultura mexicana. Obras: *La madrugada del panadero: Danza de Ávila*, etc. (n. 1900).

HALICARNASO. *Geog. histór.* C. de Asia Menor (Caria). Magnífico sepulcro del rey Mausolo.

HALIETO. m. Ave rapaz diurna que se alimenta de peces. *Pandion haliaetus*, falcónida. ‖ Águila marina, de Europa y N. de África. *Haliaetus albicilla*, falcónida.

HALIÉUTICO, CA. adj. Relativo a la pesca.

HALIFAX, Eduardo Federico Lindley Wood, conde de. *Biog.* Político ingl. que fue, desde 1926 a 1931, virrey de la India (1881-1959).

HALIFAX. *Geog.* C. de Gran Bretaña, en Inglaterra (York). 128.000 h. Hulla, hierro, paños. ‖ Ciudad y puerto del Canadá, cap. de la provincia de Nueva Escocia. 220.000 h. Astilleros. Industria pesquera.

HALITA. f. *Miner.* **Sal gema.** ‖ **Cloruro de sodio.**

HÁLITO. al. **Atem; Hauch.** fr. **Haleine; souffle.** ingl. **Breath.** ital. **Alito; fiato.** port. **Hálito.** (Del lat. *hálitus.*) m. Aliento que sale por la boca del animal. ‖ Vapor que una cosa emite. ‖ poét. Soplo suave del aire. *El* HÁLITO *de la brisa*; sinón.: **aura.** ‖ deriv.: **halitoso, sa; halituoso, sa.**

HALMAHERA. *Geog.* Isla volcánica al N. de las Molucas, en la Rep. de Indonesia. 17.215 km². 350.000 h. Café, cacao, azúcar. Se llama, también, **Gilolo.**

HALMSTAD. *Geog.* Ciudad de Suecia, cap. de la prefectura de Halland. 80.000 h. Industria textil.

HALO. al. **Hof.** fr. **Halo.** ingl. **Halo.** ital. **Alone; aureola.** port. **Halo** (Del lat. *halos*, y éste del gr. *halos.*) m. Cerco o serie de cercos, generalmente incompletos, que aparecen a veces alrededor del Sol, de la Luna o por refracción y reflexión de la luz en las nubes altas. ‖ Aureola que rodea la imagen fotográfica de un objeto brillante. ‖ *Anat.* Aréola que rodea el pezón.

HALOBIOS. (Del gr. *hals, halós*, mar, y *bíos*, vida.) m. pl. Nombre con que se designa la totalidad de los seres vivos del mar.

HALÓFILO, LA. adj. *Bot.* Dícese de las plantas que viven en terrenos salinos.

HALÓGENO, NA. adj. Que forma sales. ‖ Dícese de cualquiera de los elementos flúor, cloro, bromo y yodo que forman sales al combinarse directamente con un metal.

HALOGENURO. m. *Quím.* Combinación de un halógeno con otro elemento.

HALOIDEO, A. adj. *Quím.* Dícese de los ácidos binarios formados por el H y los halógenos, y de sus sales.

HALOLOGÍA. (De *hals, halós*, sal, y *logos*, tratado.) f. Estudio de las sales. ‖ deriv.: **halológico, ca.**

HALOMÓRFICO, CA. adj. Dícese de los suelos que han sido afectados en su formación y evolución por la presencia de sales.

HALÓN. m. Halo. ‖ *Cuba.* Acción y efecto de halar.

HALOQUE. (De *faluca.*) m. Embarcación pequeña usada antiguamente.

HALOTÉCNICA. f. *Quím.* Tratado sobre la extracción de las sales industriales.

HALOZA. f. Galocha, calzado.

HALS, Francisco. *Biog.* Pintor flamenco, autor de *Retrato de burgomaestre; El caballero de la lanza; Joven gitana; La bruja; Banquete de la guardia cívica de San Adrián; Caballero holandés*, etc. Fue uno de los mejores retratistas de la escuela holandesa; se le llamó *el Viejo*, para distinguirlo de sus hijos Francisco, Juan y Nicolás, también pintores (1580-1666).

HALSINGBORG. *Geog.* Ciudad y puerto de Suecia, sobre el Sund. 73.342 h. Productos químicos.

HALL. (Voz inglesa; pronúnc. *jol.*) m. Anglicismo por **vestíbulo.**

HALL, Arturo H. *Biog.* Méd. inglés, precursor de Koch en el estudio del cólera morbo asiático (1817-1894). ‖ – **Asaph.** Astrónomo estad., descubridor de dos satélites de Marte: Fobos y Deimos (1829-1907). ‖ – **Granville Stanley.** Educador y psicólogo estad. que introdujo en su país la psicología experimental moderna. Autor de varios libros sobre paidología (1846-1924). ‖ – **Guillermo.** Lit. guatemalteco, autor de *Al porvenir* y otras obras líricas (n. 1858). ‖ – **Pedro.** Director teatral inglés, n. en 1930, que estrenó, en su país, la obra de Becket *Esperando a Godot*. Estuvo al frente del Teatro de Arte y de la compañía que rinde permanente homenaje a la memoria de W. Shakespeare.

HALL. *Geog.* Ciudad de la Rep. Federal de Alemania (Baden-Württemberg), sobre el Kocher, afl. del Neckar. 22.000 h. Balneario de aguas salinas.

HALLADA. f. Hallazgo.

HALLADO, DA. p. p. de **Hallar.** ‖ adj. Con los advs. *bien, mal* o *tan*, avenido, familiarizado.

HALLADOR, RA. adj. y s. Que halla. ‖ *Mar.* Que recoge en el mar y salva despojos de naves.

HALLAND. *Geog.* Prefectura del S. de Suecia, sobre el Kattegat. 4.930 km²; 230.000 h. Cap. HALMSTAD.

HALLANTE. p. a. de **Hallar.** Que halla.

HALLAR. al. **Finden.** fr. **Trouver.** ingl. **To find.** ital. **Trovare.** port. **Achar.** (Del ant. *fallar*, y éste del lat. *affiare*, husmear.) tr. Dar con una persona o cosa, sin buscarla. *En el camino* HALLÉ *a María*; sinón.: **topar,**

tropezar. ‖ Encontrar lo que buscamos. HALLAMOS *la solución*; sinón.: **acertar, descubrir.** ‖ Inventar. ‖ Observar, notar. *Te* HALLO *muy cansado.* ‖ Averiguar. ‖ Dar con un país de que no se tenía noticia. *Fue Cook quien* HALLÓ *las islas Hawaii.* ‖ Entender en fuerza de una reflexión. ‖ r. Estar presente. ME HALLABA *en la fiesta.* ‖ Estar. HALLARSE *triste, sano, desorientado.* ‖ **No hallarse** uno. frs. No estar a gusto. ‖ IDEAS AFINES: *Pesquisa, detective, búsqueda, investigación, averiguación, sorpresivo, raro, esperado, lógico, darse cuenta, deducir, discurrir.*

HALLAZGO. al. **Fund.** fr. **Trouvaille.** ingl. **Found.** ital. **Scoperta; trovata.** port. **Achado.** m. Acción y efecto de hallar. *El* HALLAZGO *de un diamante de más de una libra asombró al mundo en enero de 1905;* sinón.: **descubrimiento, encuentro.** ‖ Cosa hallada. ‖ Lo que se da al que encuentra una cosa y la entrega a su dueño. ‖ *Der.* Encuentro casual de cosa mueble ajena.

HALLE. *Geog.* Ciudad de la Rep. Democrática Alemana cap. de la prov. de Sajonia-Anhalt, sobre el río Saale. 250.000 h. Centro industrial. Universidad.

HALLER, Alberto von. *Biog.* Poeta lírico y sabio naturalista suizo, famoso por sus trabajos sobre la circulación de la sangre (1708-1777).

HALLEY, Edmundo. *Biog.* Astrónomo y matemático ingl., descubridor del cometa de su nombre y creador de un método especial para medir la excentricidad de los planetas y el afelio. Obra famosa: *Tablas astronómicas* (1656-1742).

HALLSTADT. *Geog.* Población de Austria (Alta Austria). 5.000 h. El primer período de la Edad de Hierro lleva el nombre de esta pobl. por haberse encontrado en ella, en 1846, numerosos restos prehistóricos.

HALLULLA. f. Pan cocido en rescoldo o en piedras calientes. ‖ *Chile.* Pan de masa más fina y de forma más delgada que la común.

HALLULLO. m. Hallulla.

HAMA. *Geog.* Ciudad de Siria, al SO. de Alepo. 180.000 h. Refinerías de aceite, tejidos.

HAMACA. al. **Hängematte; Schaukel.** fr. **Hamac; Balançoire;** ingl. **Hammock; swing.** ital. **Amaca; altalena.** port. **Maca; balouco.** (Del caribe *amaca*, pita.) f. Red que, colgada por los extremos, sirve de cama o columpio. También se usa como vehículo, conducido por dos hombres. ‖ *Arg.* y *Urug.* Columpio. ‖ Mecedora. ‖ *P. Rico.* Salvavidas, especie de red metálica que va en la parte delantera del tranvía para barrer estorbos de la vía.

HAMACAR. tr. *Amér.* Hamaquear, mecer en hamaca. Ú.t.c.r.

HAMADÁN. *Geog.* Ciudad del O. del Irán, cap. de la provincia hom., al pie del monte Elvend. 150.000 h. Tapices, pieles, lacas.

HAMADRÍA, HAMADRÍADA o **HAMADRÍADE.** f. *Mit.* Dríade, ninfa de los bosques.

HAMAGO. m. Substancia correosa, amarga, que labran las abejas. ‖ fig. Fastidio o náusea.

HAMAQUEAR. tr. *Amér.* Mecer, columpiar. Ú.t.c.r. ‖ *Cuba.* fig. Marear a uno, traerle como un zarandillo. ‖ *P. Rico* y *Ven.* Zamarrear, bazucar. ‖ deriv.: **hamaqueo.**

HAMAQUERO. m. Fabricante de hamacas. ‖ Conductor de ellas. ‖ Gancho para sostenerlas.

HAMBORN. *Geog.* Ciudad industrial de la Rep. Federal Alemana, incorporada a la ciudad de Duisburg.

HAMBRE. al. **Hunger.** fr. **Faim.** ingl. **Hunger.** ital. **Fame.** port. **Fome.** (Del ant. *fambre*, y éste del lat. *faminem*, por *famem*.) f. Necesidad y gana de comer. ‖ Escasez de frutos. ‖ fig. Deseo ardiente de algo. HAMBRE *de viajar.* ‖ – **canina.** La excesiva. ‖ fig. Deseo muy vehemente. ‖ *Med.* Bulimia. ‖ **A buena hambre no hay pan duro.** ref. con que se da a entender que cuando aprieta la necesidad no se repara en delicadezas. ‖ **Juntarse el hambre con la gana de comer.** frs. fig. que se usa para indicar que coinciden las faltas, necesidades o aficiones de dos personas. ‖ **Matar de hambre.** frs. fig. Dar poco de comer, extenuar. ‖ **Matar el hambre.** frs. fig. Saciarla. ‖ **Matarse** uno **de hambre.** frs. fig. Tratarse mal por penitencia o por sobrada cicatería. ‖ **Morir,** o **morirse, de hambre.** frs. fig. Tener o padecer mucha penuria. ‖ **Sitiar** a uno **por hambre.** frs. fig. Aprovecharse de que esté en necesidad o apuro, para reducirlo a lo que se desea. ‖ IDEAS AFINES: *Apetito, hartazgo, gula, glotonería, ayuno, cuaresma, inanición, inapetencia, desgano, faquir, Gandhi, huelga, cena, comida, fiesta, almuerzo, convite, banquete, sed, pobre, pedigüeño, desesperación, aflicción, ansia, afán.*

● **HAMBRE.** *Fisiol.* Cuando en el cuerpo humano el medio interno sufre un empobrecimiento en substancias nutritivas, este estado repercute sobre todas las células, en especial sobre las nerviosas, y produce una sensación vaga y difusa que expresa la necesidad de comer, es decir, de restituir al cuerpo las reservas agotadas. El **hambre** es, pues, el signo de una necesidad periódica, que surge a intervalos proporcionados a la mayor o menor actividad de los tejidos. Por tal causa es más frecuente en los niños y jóvenes que en los viejos, en las mujeres encintas o en los enfermos de distrofias (como la diabetes), en los convalecientes de procesos infecciosos (como la gripe) o en los afectados de pérdidas orgánicas (como la azoturia y la fosfaturia) que en los estados normales, en los individuos que realizan gran esfuerzo muscular que en los dedicados a tareas intelectuales. El **hambre** disminuye cuando los cambios y la actividad del organismo se reducen por alguna causa. Se la confunde a menudo con el apetito, que es mucho menos imperioso que el **hambre** y sólo indica una necesidad producida a veces artificialmente por el recuerdo de ciertos manjares. La manifestación del **hambre** está en cierta forma dictada por la costumbre de cada persona y depende de las horas en que suele comer o de la cantidad de alimentos que ingiere diariamente. Para que el **hambre** se haga sentir de una manera angustiosa o irresistible es necesario que el adulto pierda alrededor de mil gramos de peso. La ingestión de alimentos nutritivos calma el **hambre** de inmediato, a veces con pequeñas cantidades, lo cual indica que el sistema nervioso obra modificando la sensación general, antes de que las materias hayan sido elaboradas por el aparato digestivo, para pasar a la circulación y llegar a los tejidos. **Hist. y Sociología.** Desde los albores de la humanidad el **hambre** ha sido uno de los grandes impulsores de la actividad del hombre. Su papel en la historia y desarrollo de los pueblos es tal que algunos han pretendido convertirla en el factor supremo de todos los cambios históricos. Un testimonio de su papel en la vida humana lo constituyen las representaciones míticas del **hambre**, producto de la fantasía popular como divinidad funesta. Hesíodo la llama hija de la Noche; Virgilio la sitúa en las puertas del infierno; Ovidio la describe y señala su residencia en el desierto de Escitia; los lacedemonios la representan como una mujer descarnada y lívida, o amarillenta y fláccida, con las manos atadas a la espalda. Existen testimonios de numerosas plagas de **hambre**, frecuentes en Asia y en África: en Argel, hacia 1868, murieron 300.000 seres por inanición; en la India, entre 1898 y 1900, el **hambre** y la miseria causaron millones de víctimas, etc. El **hambre** siempre acompaña a la miseria y arrastra una secuela de enfermedades, vicios, etc.

HAMBREAR. tr. Hacer padecer hambre. ‖ intr. Padecerla. ‖ Mostrar alguna necesidad, pidiendo remedio para ella.

HAMBRIENTO, TA. al. **Hungrig.** fr. **Affamé.** ingl. **Hungry.** ital. **Affamato.** port. **Faminto.** adj. Que tiene mucha hambre. Ú.t.c.s. *Perro* HAMBRIENTO; sinón.: **famélico.** ‖ fig. Deseoso. HAMBRIENTO *de poderío*; sinón.: **ávido.**

HAMBRÓN, NA. adj. y s. fam. Muy hambriento.

HAMBRUNA. f. *Amér. del S.* Hambre grande o extrema. *La expedición de Pedro de Mendoza padeció* HAMBRUNA *en el nuevo puerto de Buenos Aires.*

HAMBURGO. *Geog.* Estado del N. de la Rep. Federal de Alemania. 747 km²; 2.000.000 h. Cap. hom. sobre el río Elba, a 80 km de su desembocadura. 1.800.000 h. Es el principal puerto de la Rep. Astilleros, tejidos.

HAMBURGUÉS, SA. adj. Natural de Hamburgo. Ú.t.c.s. ‖ Perteneciente a esta ciudad de Alemania.

HAMELN. *Geog.* Ciudad de la Rep. Federal Alemana (Baja Sajonia). 35.000 h. Astilleros, productos químicos. Escenario de la conocida leyenda del flautista cazador de ratones, cantada, entre otros, por Goethe y Schiller.

HAMILTON, Alejandro. *Biog.* Mil. y político estad., gran colaborador de Jorge Washington y autor del famoso estudio constitucional *El federalista* (1757-1804). ‖ – **Emma Harte.** Dama ingl. cuyo verdadero nombre era Amy Lyon. De gran belleza, fueron célebres sus amores con Nelson, de quien tuvo una hija (1761-1815). ‖ – **Gordon.** Bailarín australiano que triunfó en Europa y terminó siendo maestro de ballet en la Ópera de Viena (1918-1959). ‖ – **Guillermo.** Diplomático y arqueólogo ingl. que intervino en las excavaciones de Pompeya y Herculano. En 1793 suscribió la alianza entre Inglaterra y Nápoles (1730-1803). ‖ – **Guillermo.** Filósofo ingl. que enunció el formulismo lógico. Obras: *Nueva Analítica; Literatura y Educación; Estudios de Filosofía*, etc. (1788-1856). ‖ – **Tomás.** Arquitecto escocés que diseñó varios edificios, de estilo neoclásico, en Edimburgo (1784-1858).

HAMILTON. *Geog.* Río de Canadá, en la pen. del Labrador. 600 km. Forma las cascadas de Grand Falls, de 610 m de altura. ‖ Pobl. de las Bermudas, cap. de las islas. 4.000 h. ‖ Ciudad del Canadá (Ontario), puerto sobre el lago Ontario. 315.000 h. Tejidos, máquinas agrícolas. ‖ C. de Gran Bretaña, en Escocia, cap. del condado de Lanark. 56.000 h. Tejidos de algodón, encajes.

HAMLET. *Biog.* Príncipe de Jutlandia, de probable existencia alrededor del siglo V. Ha sido inmortalizado en el drama homónimo de Shakespeare.

HAMLET. *Lit.* Cél. tragedia histórica de Shakespeare, estrenada en 1602. Basada en una leyenda danesa, es una de las obras máximas del teatro universal y la expresión de una filosofía vital, dominada por una concepción fatalista del hombre y del mundo.

HAMM. *Geog.* Ciudad de la Rep. Federal Alemana, sobre el río Lippe, en el extremo NE. de la cuenca industrial del Ruhr. 62.000 h. Fundiciones.

HAMMARSKJÖLD, Dagoberto. *Biog.* Político sueco, secretario general de la O.N.U. desde 1953 hasta 1961, año en que le fue acordado el premio Nobel de la Paz. Manejó los asuntos internacionales con una mezcla de sutileza y fuerza moral que le permitió conquistar la confianza pública en su persona y en la O.N.U. A su muerte, se lo consideró uno de los máximos exponentes de la lucha por la paz (1905-1961).

HAMMERFEST. *Geog.* Ciudad de Noruega; 5.000 h. Es el puerto más septentrional de Europa.

HAMMOND, Laurencio. *Biog.* Inventor nort. que ideó el órgano electrónico que lleva su nombre (1895-1973).

HAMO. (Del lat. *hamus.*) m. Anzuelo de pescar.

HAMPA. al. **Gesindel.** fr. **Pègre.** ingl. **Life of rogues.** ital. **Vita raminga.** port. **Malandragem.** f. Género de vida de ciertos hombres pícaros que se dedicaban a hacer robos y otros desafueros, y usaban de un lenguaje especial llamado jerigonza o germanía. ‖ Vida de holgazanería picaresca y maleante. *Gente del* HAMPA. ‖ IDEAS AFINES: *Truhán, apache, salteador, mal vivir, malhechor, compinche, bandido, crimen, asalto, venganza.*

HAMPESCO, CA. adj. Perteneciente al hampa.

HAMPO, PA. adj. Hampesco. ‖ m. Hampa.

HAMPÓN. adj. y s. Valentón, bribón, haragán.

HAMPSHIRE. *Geog.* Condado de Gran Bretaña, en el S. de Inglaterra. 3.772 km². 1.500.000 h. Ovinos, lanas. Cap. WINCHESTER. ‖ **Nueva –.** V. **Nueva Hampshire.**

HAMSTER. m. Roedor del hemisferio Norte, de unos 30 cm de longitud, de cuerpo rechoncho, orejas y cola cortas. Gén. *Cricetus. El* HAMSTER *se aletarga en el invierno.*

HAMSUN, Knut P. *Biog.* Nov. y poeta noruego que en 1920 fue honrado con el premio Nobel de Literatura. Extraordinario narrador, propugna el retorno a la naturaleza en *Los frutos de la tierra*; *Pan* y *Victoria*. Su obra más trascendente fue *Hambre* (1890), donde describe los efectos que puede producir la inanición (1859-1952). ▲

HAMUDÍ. adj. y s. Dícese de los descendientes de Alí ben Hamud, que a la caída del califato de Córdoba fundaron reinos en Málaga.

HAMÚN. *Geog.* Nombre de varios lagos y pantanos salobres de Afganistán, Irán y Beluchistán. El más importante es el Hamún-i-Hilmend, lago sit. entre el Irán y Afganistán, que los antiguos llamaron Aria Palus. Su forma y aspecto varían frecuentemente según el caudal de aguas que recibe.

HAMURABI. *Biog.* Rey de Babilonia, alrededor del año 2000 a. de C.

HAN. *Geog.* Río de China que des. en el Yang tsé al pasar por la ciudad de Hangchow. 1.440 km.

HÁNDICAP. (Voz inglesa; de *hand*, mano, *in*, en, y *cap*, sombrero.) m. Ventaja, especialmente en las carreras de caballos.

HANDY, Guillermo C. *Biog.* Compositor y cornetista estad., uno de los más notables creadores de "blues". *San Luis Blues* es una de sus páginas más difundidas (1873-1958).

HANEGA. f. Fanega. ‖ deriv.: **hanegada.**

HANGAR. al. **Flugzeugschuppen.** fr. **Hangar.** ingl. **Hangar.** ital. **Hangar.** port. **Hangar.** m. Cobertizo, barracón, en especial el destinado a guarecer los aviones. ‖ IDEAS AFINES: *Techado, tinglado, aeródromo, pista, aterrizaje, despegue, torre.*

HANGCHOW. *Geog.* Ciudad de China, cap. de la prov. de Chekiang, al SO. de Shangai. 850.000 h. Seda.

HANKOW. *Geog.* V. **Wuhan.**

HANLEY. *Geog.* Ciudad de Gran Bretaña (Inglaterra), en el condado de Stafford. 100.000 h. Porcelanas.

HANNÓN. *Biog.* Navegante cartaginés, autor de un *Periplo* o relación de su viaje al África (s. V a. de C.).

HANNÓVER. *Geog.* Antiguo reino de Alemania, que se extendía entre Holanda, el mar del Norte, el río Elba, Westfalia y Hesse. Corresponde al Est. de Baja Sajonia (Rep. Federal de Alemania). ‖ C. de la Rep. Federal de Alemania, capital del Est. de Baja Sajonia. 530.000 h. Industrias mecánicas, químicas, y textiles; instrumentos de precisión.

HANNOVERIANO, NA. adj. Natural de Hannóver. Ú.t.c.s. ‖ Perteneciente a esta ciudad y región de Alemania.

HANOI. *Geog.* Ciudad capital de la República de Vietnam. 1.443.500 h. con los suburbios. Cerámica, destilerías.

HANOVER. *Geog.* Isla del S. de Chile (Magallanes), al SE. de la isla Duque de York.

HANSA. (Del ant. alto al. *hansa*, compañía.) f. Ansa. ‖ deriv.: **hanseático, ca.**

HANSEN, Cristián Federico. *Biog.* Arquitecto danés de estilo neoclásico que realizó numerosas obras en Copenhague (1756-1845). ‖ – **Gerardo A.** Botánico y méd. noruego cuyas investigaciones culminaron en 1881 con el descubrimiento del bacilo de la lepra. Es valiosa su obra *La lepra: estudio, clínica y patología* (1841-1912). ‖ – **Mauricio Cristóbal.** Cuentista y poeta noruego, autor de *Otar en Bretaña*; *Poemas*, etc. (1794-

1842). ‖ – **Pedro Andrés.** Cél. astrónomo al. que estudió las alteraciones de cometas y planetas, y de la Luna (1795-1874).

HANSLICK, Eduardo. *Biog.* Famoso musicólogo n. en Praga, autor de *Sobre lo bello en música* y otras obras (1825-1904). ‖ – **HANSON, Howard.** *Biog.* Compositor estad., de vasta labor pedagógica. Autor de *Preludio sinfónico; Quinteto en fa menor* y otras obras. (n. 1896).

HANYANG. *Geog.* V **Wuhan.**

HAPLOLOGÍA. (Del gr. *haploos*, simple, y *logos*, palabra.) f. Simplificación de la estructura de una palabra, especialmente compuesta, como humedad por *humededad*, medieval por *medioeval*, o de varias palabras, como autobús por *automóvil ómnibus*.

HÁPTICO, CA. (Del gr. *haptikós*, que puede palparse.) adj. Táctil. ‖ f. Parte de la psicología experimental que estudia las sensaciones táctiles.

HARAGÁN, NA. al. **Faulenzer.** fr. **Fainéant.** ingl. **Idler; loafer.** ital. **Pigro; fanullone.** port. **Preguiçoso; vadio.** (Del ár. *faraga*, ociosidad.) adj. y s. Que rehúye el trabajo y vive ocioso. *La miseria ronda la casa del* HARAGÁN; sinón.: **holgazán, perezoso;** antón.: **trabajador.** ‖ deriv.: **Haraganamente; haraganazo, za; haragancico, ca, llo, lla, to, ta; haraganoso, sa.**

HARAGANEAR. intr. Pasar la vida en el ocio. sinón.: **gandulear, holgazanear;** antón.: **trabajar.**

HARAGANERÍA. f. Ociosidad. sinón.: **gandulería, holganza.**

HARAMBEL. (Del ár. *alhambel.*) m. Arambel.

HARAPIENTO, TA. adj. Haraposo.

HARAPO. al. **Fetzen; Lumpen.** fr. **Haillon.** ingl. **Tatter; rag.** ital. **Cencio; brandello.** port. **Farrapo.** m. Andrajo. sinón.: **guiñapo.** ‖ Aguardiente muy flojo que sale por la piquera del alambique cuando va terminándose la destilación del vino.

HARAPOSO, SA. al. **Zerlumpt.** fr. **Déguenillé.** ingl. **Ragged; tattered.** ital. **Lacero; stracciato.** port. **Esfarrapado.** adj. Andrajoso, roto. *Pordiosero* HARAPOSO. ‖ deriv.: **haraposamente; haraposillo, lla.**

HARAQUIRI. (Del japonés *hara*, vientre, y *kiri*, cortando.) m. Suicidio que practican los japoneses abriéndose el vientre, especialmente en los casos en que consideran vulnerado su honor.

HARAR. *Geog.* V. **Harrar.**

HARAS. (Voz francesa.) m. *R. de la Plata.* Acaballadero. ‖ Establecimiento de cría de caballos de raza, especialmente de carreras.

HARAUCOURT, Edmundo. *Biog.* Poeta lírico fr., autor de *La esperanza del mundo; Los vikingos*, etc. (1856-1941).

HARBIN. *Geog.* Ciudad de China, en Manchuria. 1.850.000 h. Industria aceitera, cemento, productos químicos. Importante centro ferroviario.

HARBULLAR. tr. Farfullar. ‖ deriv.: **harbullista.**

HARBURGO. *Geog.* Ciudad de la Rep. Federal de Alemania, a orillas del Elba, enfrente de Hamburgo. 135.000 h. Astilleros, refinerías de petróleo: productos químicos.

HARCA. (Del ár. *harca.*) f. Expedición militar de tropas irregulares marroquíes. ‖ Partido de rebeldes marroquíes.

HARDEN, Arturo. *Biog.* Famoso químico ingl., cuyas experiencias y conclusiones sobre la fermentación del azúcar le valieron en 1929 el premio Nobel de Química, en unión de Juan von Euler-Chelpin. Obras: *Fermentación alcohólica; Curso elemental de la química orgánica práctica*, etc. (1865-1940).

HARDENBERG, Federico L. de. *Biog.* V. **Novalis.**

HARDER, Juan Jacobo. *Biog.* Naturalista suizo, cél. por sus importantes trabajos sobre anatomía comparada (1656-1711).

HARDING, Carlos L. *Biog.* Astrónomo al., descubridor del asteroide Juno (1765-1834). ‖ – **Warren G.** Estadista nort., presidente de la Rep. desde 1920 hasta su muerte (1865-1923).

HARDT. *Geog.* Macizo montañoso de Alemania, al O. del Rin, prolongación de los Vosgos. Alt. máxima, 690 m.

HARDY, Tomás. *Biog.* Lit. inglés que en 1921 fue distinguido, en unión de Anatole France, con el premio Nobel de Literatura. Dramaturgo, nov. y poeta, su obra es de una diáfana unidad estilística, a veces impregnada de pesimismo. Obras: *Teresa de Uberville; Judas el oscuro; Remedios desesperados; Unos ojos azules*, etc. (1840-1927).

HAREM o **HARÉN.** al. **Harem.** fr. **Harem.** ingl. **Harem.** ital. **Arem; serraglio.** port. **Harém.** (Del ár. *haram*, vedado.) m. Departamento de las casas de los musulmanes en que viven las mujeres. ‖ Conjunto de las mujeres que viven bajo la dependencia de un jefe de familia entre los musulmanes. ‖ IDEAS AFINES: *Odalisca, velo, prohibición, oriental, exótico, favorita, sultán.*

HARGREAVES, Francisco. *Biog.* Compositor arg., el primer músico, nacido en Buenos Aires, que compuso óperas: *La gata blanca, El vampiro; El asedio de Livorno; Los estudiantes de Bolonia* (1897), etc. (1849-1900).

HARIJA. (Del lat. *far*, harina.) f. Polvillo que el aire levanta del grano cuando se muele, o de la harina cuando se cierne.

HARINA. al. **Mehl.** fr. **Farine.** ingl. **Flour.** ital. **Farina.** port. **Farinha.** (Del ant. *farina*, y éste del lat. *farina.*) f. Polvo que resulta de la molienda del trigo o de otras semillas. HARINA *de maíz.* ‖ Este mismo polvo despojado del salvado. ‖ Polvo procedente de algunos tubérculos y legumbres. HARINA *de arvejas.* ‖ fig. Polvo menudo a que se reducen algunas materias sólidas. ‖ – **abalada.** La que cae fuera de la artesa cuando se cierne con descuido. ‖ – **fósil.** Mineral blanco, pulverulento, y compuesto de envolturas silíceas de diatomeas. ‖ – **lacteada.** Polvo de leche concentrada en el vacío, pan tostado y azúcar. ‖ **Estar metido en harina.** frs. Aplícase al pan que no está esponjoso. ‖ fig. y fam. Estar uno gordo y macizo. ‖ Estar empeñado con ahínco en una obra. ‖ – **Ser** una cosa **harina de otro costal.** fr. fig. y fam. Ser muy distinta de otra con que se la compara. ‖ Ser una cosa completamente ajena al asunto de que se trata. ‖ IDEAS AFINES: *Molino, aspas, máquina, cebada, avena, centeno, gluten, albúmina, almidón, masa, tortas, pasteles.*

HARINADO. m. Harina disuelta en agua.

HARINEAR. intr. *Ven.* Lloviznar. ‖ deriv.: **harineo.**

HARINERO, RA. adj. Perteneciente a la harina. *Industria* HARINERA. ‖ m. Quien comercia en harinas. ‖ Arcón o lugar en que se guarda la harina.

HARINILLA. f. dim. de **Harina.** ‖ *Chile.* Soma, cabezuela.

HARINOSO, SA. al. **Mehlig.** fr. **Farineux.** ingl. **Mealy.** ital. **Farinoso.** port. **Farinoso.** adj. Que tiene mucha harina. *La masa está muy* HARINOSA. ‖ Farináceo.

HARLEM. *Geog.* Barrio de Nueva York, habitado principalmente por negros.

HARMA. f. Alharma.

HARMODIO. *Biog.* Ateniense que conspiró contra los hijos de Pisístrato (s. VI a. de C.).

HARMONÍA. f. Armonía.

HARMÓNICO, CA. adj. Armónico. ‖ deriv.: **harmónicamente.**

HARMONIO. m. *Mús.* Armonio.

HARMONIOSO, SA. adj. Armonioso. ‖ deriv.: **harmoniosamente.**

HARMONIZAR. tr. Armonizar. ‖ deriv.: **harmonizable; harmonización.**

HARNEAR. tr. *Col.* y *Chile.* Ahechar, cribar.

HARNERERO. m. Fabricante o vendedor de harneros.

HARNERO. al. **Sieb.** fr. **Van; crible.** ingl. **Sieve; sifter.** ital. **Vaglio.** port. **Crivo.** m. Criba. sinón.: **cedazo, zaranda.**

HARNERUELO. m. dim. de **Harnero.** ‖ *Arq.* Paño horizontal del centro de techos labrados.

HARO. *Geog.* Cabo de la costa mexicana (Sonora), sobre el golfo de California. Es el remate norte de la bahía de Guaymas.

HARÓN, NA. (Del ár. *harón*, caballo que se planta.) adj. Lerdo, holgazán. ‖ Que se resiste a trabajar. ‖ deriv.: **haronería.**

HARONEAR. intr. Emperezarse, andar flojo o tardo.

HARONÍA. f. Pereza, flojedad.

HARO Y SOTOMAYOR, Luis Méndez de. *Biog.* Político esp. que fue ministro de Felipe IV; negoció, con Mazarino, la Paz de los Pirineos (1598-1661).

HARPA. f. Arpa.

HARPADO, DA. adj. Arpado.

HARPÍA. f. Arpía. ‖ *Bol.* Ave de rapiña, parecida al águila, de un metro de longitud. *Harpya destructor.*

HARPILLERA. al. **Auflegebrett.** fr. **Serpillière.** ingl. **Burlap.** ital. **Invoglia.** port. **Sarapilheira.** (Del m. or. que *herpil.*) f. Tejido de estopa basta, para sacos y cubiertas. *Con la fibra del yute se fabrican bolsas de* HARPILLERA.

HARPÓCRATES. *Mit.* Entre los griegos, patrono del silencio.

HARRADO. m. *Arq.* Ángulo entrante de la bóveda esquifada. ‖ Enjuta.

HARRAR. *Geog.* Ciudad del E. de Etiopía. 49.000 h. Importante comercio de pieles, cueros y marfiles.

¡HARRE! (Del ár. *harr*, grito para estimular a los camellos.) int. y m. ¡Arre!

HARREAR. tr. Arrear.

HARRIA. f. Arria.

HARRIERO. m. Arriero. ‖ Ave trepadora de Cuba.

HARRIS, Lorenzo. *Biog.* Pintor canadiense cont., paisajista de estilo atrevido y moderno. Obras: *Parque de Fundy; Sol vespertino en el lago Superior*, etc. (1849-1919). ‖ – **Roy.** Compositor estadounidense, autor de *Suite del tiempo; Sinfonía de canciones populares*, y otras obras de estilo moderno (n. 1898).

HARRISBURG. *Geog.* Ciudad de los EE.UU., cap. del estado de Pensilvania. 480.000 h., con los suburbios. Importante centro industrial.

HARRISON, Benjamín. *Biog.* Pol. estadounidense, de 1889 a 1893 presidente de la Rep. (1833-1901). ‖ – **Guillermo Enrique.** Pol. y militar estad. que en 1841 fue elegido presid. de la República. Murió al mes de asumir el mando (1773-1841).

HARROGATE. *Geog.* Ciudad de Gran Bretaña, en Inglaterra (York). 60.000 h. Balneario de aguas sulfurosas.

HARROW. *Geog.* Ciudad de Gran Bretaña, en Inglaterra (Middlesex), sit. cerca de Londres. 50.000 h. Famoso colegio, fundado en 1571.

HARTADA. f. Acción y efecto de hartar o hartarse.

HARTAR. al. **Sättigen; befriedigen; übersättigen.** fr. **Rassasier; excéder.** ingl. **To satiate; to stuff; to fill; to excess.** ital. **Saziare; satollare; infastidire.** port. **Fartar.** (De *harto.*) tr. Saciar el hambre o la sed. Ú.t.c.r. y como intr. *Se* HARTARON *con fruta.* ‖ fig. Satisfacer el deseo de una cosa. ‖ Fastidiar, cansar. Ú.t.c.r. ME HARTÉ *de esperar.* ‖ Con algunos nombres y la prep. *de*, dar, causar, etc., en abundancia lo que significan estos nombres. HARTAR *a uno de insultos.*

HARTAZGO. m. Sensación molesta que resulta de comer o beber con exceso. *Un* HARTAZGO *de dulce*; sinón.: **atracón, hartada.** ‖ **Darse** uno **un hartazgo de** una cosa. frs. fig. y fam. Hacerla con exceso. *Darse un* HARTAZGO *de escribir, de charlar, de reír.*

HARTAZÓN. m. Hartazgo.

HARTFORD. *Geog.* Ciudad de los EE.UU., cap. del Estado de Connecticut. 700.000 h. con los suburbios. Centro industrial. Productos químicos.

HARTLEY, David. *Biog.* Filósofo y méd. inglés que en su obra *Observaciones sobre el hombre* anticipó aspectos de la moderna psicología fisiológica (1705-1757).

HARTLINE, Heriberto. *Biog.* Médico nort. que compartió el premio Nobel de Fisiología y Medicina de 1967 con su compatriota G. Wald y con el investigador sueco R. Granit (n. 1903).

HARTMANN, Eduardo von. *Biog.* Fil. idealista al., autor de *Filosofía de lo inconsciente; Doctrina de las categorías*, etc. (1842-1906).

HARTO, TA. (Del lat. *farctus*, saciado, henchido.) p. p. irreg. de **Hartar.** Ú.t.c.s. ‖ adj. Bastante o sobrado. *Habrá* HARTA *comida para todos;* antón.: **escaso.** adv. c. Bastante o sobrado. *Sin duda llegará* HARTO *cansado.* ‖ deriv.: **hartamente; hartísimo, ma.**

HARTÓN, NA. adj. *Amér. Central.* Glotón. ‖ *Méx.* Fastidioso.

HARTSOEKER, Nicolás. *Biog.* Físico y méd. holandés que mediante el microscopio descubrió los espermatozoides (1656-1725).

HARTURA. f. Repleción de alimento. ‖ Abundancia. ‖ fig. Logro de un deseo o apetito.

HARTZENBUSCH, Juan Eugenio. *Biog.* Dramaturgo esp. de vuelo romántico, autor de *Los amantes de Teruel; La madre de Pelayo; Doña Mencía*, etc. Fue un gran estudioso de los clásicos españoles (1806-1880).

HARÚN AL RASCHID. *Biog.* Califa abasida de Bagdad, protector de sabios y artistas (769-809).

HARVEY, Guillermo. *Biog.* Médico ingl. que hizo conocer en su totalidad el aparato circulatorio humano (1578-1658).

HARZ. *Geog.* Macizo montañoso del centro de Alemania, entre Sajonia y Turingia. Culmina en el cerro Brocken, a los 1.138 m de altura. Basándose en su aspecto sombrío y magnífico, la imaginación popular tejió fantásticas leyendas de aquelarres y espíritus malignos.

HASANÍ. adj. Dícese de la moneda marroquí.

HASSÁN I. *Biog.* Sultán de Marruecos que gobernó desde 1873 hasta 1894. ‖ – **II.** Rey de Marruecos, desde 1961.

HASSEL, Odilio. *Biog.* Científico estadounidense que realizó importantes investigaciones sobre la estructura molecular y la de los compuestos orgánicos halógenos. En 1969 compartió el premio Nobel de Química con el británico Derek Barton (n. en 1897).

HASSELT. *Geog.* Ciudad de Bélgica, cap. de la prov. de Limburgo. 40.000 h. Encajes, destilerías, productos alimenticios.

HASTA. al. **Bis** fr. **Jusqu'a.** ingl. **Til; until.** ital. **Fino; sino.** port. **Até.** (Del ant. *fasta*, y éste del ár. *hatta.*) prep. que sirve para expresar el término de lugares, acciones y cantidades. *Fuimos* HASTA *el arroyo; cuenta* HASTA *ciento.* ‖ Se usa como conjunción copulativa, y sirve para ponderar una cosa, y equivale a *también* o *aun. Los niños y* HASTA *los grandes se divirtieron mucho.* ‖ **Hasta después. Hasta luego.** expr. de despedida.

HASTIAL. (Del ant. *fastial*, y éste del lat. *fastigium.*) m. Fachada de un edificio que forma un ángulo determinado por las vertientes del tejado. ‖ fig. Hombrón rústico y grosero. Suele aspirarse la *h.* ‖ *Min.* Cara lateral de una excavación.

HASTIAR. al. **Langweilen; anekeln.** fr. **Ennuyer; excéder.** ingl. **To loathe; to disgust.** ital. **Annoiare; stufare.** port. **Enfastiar.** (Del lat. *fastidiare.*) tr. y r. Fastidiar. *Lo había* HASTIADO *con sus exigencias;* sinón.: **aburrir, cansar.**

HASTINGS. *Geog.* Ciudad de Gran Bretaña en Inglaterra (Sussex), sobre el canal de la Mancha. 77.000 h. Balneario, pesca. Construcciones navales.

HASTÍO. al. **Ekel; Widerwille.** fr. **Dégout; ennui.** ingl. **Loathing; disgust.** ital. **Tedio; disgusto.** port. **Fastio.** (Del ant. *fastío.*) m. Repugnancia. sinón.: **aburrimiento, fastidio.** ‖ IDEAS AFINES: *Esplín, cansancio, hartazgo, asco, misántropo, solitario, asceta, anacoreta, cenobita.*

HASTIOSO, SA. adj. Fastidioso. ‖ deriv.: **hastiosamente.**

HATACA. f. Cuchara grande de palo.

HATAJADOR. m. *Méx.* El que guía la recua.

HATAJAR. tr. y r. Dividir el ganado en hatajos.

HATAJO. m. Pequeño hato de ganado. *Un* HATAJO *de ovejas.* ‖ fig. y fam. Conjunto, copia. *Un* HATAJO *de ignorantes;* sinón.: **hato, cúmulo, montón.**

HATEAR. intr. Recoger uno el hato, cuando está de viaje. ‖ Dar la hatería a los pastores.

HATERÍA. f. Provisión de víveres que llevan los pastores cuando andan con el ganado, y también los jornaleros.

HATERO, RA. adj. Dícese de

las caballerías que llevan el ajuar de los pastores. ‖ m. El que lleva los víveres a los pastores. ‖ s. *Cuba.* Quien posee un hato o campo para la cría de ganado.

HATIJO. m. dim. de **Hato.** ‖ Cubierta de esparto para tapar bocas de colmenas, etc.

HATILLO. m. dim. de **Hato.** ‖ **Echar** uno **el hatillo al mar.** frs. fig. y fam. Enojarse. ‖ **Coger,** o **tomar, el hatillo.** frs. fig. y fam. Marcharse.

HATO. al. **Bündel.** fr. **Paquet de vêtements.** ingl. **Wearing apparel.** ital. **Fagotto.** port. **Fato.** (Del ant. *fato,* y éste del ant. alto al. *faz,* lío, ropa.) m. Ropa y pequeño ajuar para el uso preciso. ‖ Porción de ganado. *Un* HATO *de cerdos;* sinón.: **manada, rebaño.** ‖ Sitio donde comen y duermen los pastores cuando andan con el ganado. ‖ Hatería. ‖ *Cuba, Ec.* y *Ven.* Hacienda de campo para criar ganado. ‖ fig. Junta de gente ruin. *Un* HATO *de maleantes.* ‖ Hatajo, copia. *Un* HATO *de barbaridades.* ‖ fam. Junta o corrillo. ‖ **Andar** uno **con el hato a cuestas.** frs. fig. y fam. Mudar frecuentemente de habitación o vagar de lugar en lugar. ‖ **Liar** uno **el hato.** frs. fig. y fam. Prepararse para marchar. ‖ **Menear el hato** a uno. frs. fig. y fam. Zurrarle. ‖ **Revolver el hato.** frs. fig. y fam. Excitar discordias. ‖ IDEAS AFINES: *Alforja, linyera; piara, tropilla; estancia; malandrines, bandoleros; abundancia, cantidad.*

HATOR. *Mit.* Diosa egipcia que los griegos identificaron con Afrodita.

HATTERAS. *Geog.* Cabo del E. de los EE. UU. (Carolina del N.), muy peligroso para la navegación.

HATUEY. *Biog.* Indígena cubano que como cacique dirigió valientemente la resistencia contra los conquistadores; apresado, fue quemado vivo por orden de Velázquez, en 1512.

HAUPTMANN, Gerardo. *Biog.* Escritor al. que en 1912 recibió el premio Nobel de Literatura. Aunque escribió novelas como *El guardabarreras Tiel; Apóstol,* etc., debe su prestigio universal a dramas y comedias intensas, en las cuales planteó vigorosamente conflictos de ideas: *Los tejedores; La campana sumergida; La piel de castor; Antes del ocaso; Hombres solitarios,* etc. (1862-1946).

HAURÁN. *Geog.* Llanura montañosa de Siria, al E. del Jordán y al S. de Damasco. Fue una de las provincias más florecientes de la Siria romana.

HAUSA. adj. y s. Dícese del individuo de un pueblo negro de Nigeria. ‖ m. Idioma propio de dicho pueblo.

HAUTE. m. *Blas.* Escudo de armas adornado de cota, donde se pintan las armas de distintos linajes.

HAÜY, Renato J. *Biog.* Mineralogista fr. que descubrió y enunció las leyes de la cristalografía (1743-1822).

HAVAR o **HAVARA.** adj. Dícese del individuo de la tribu bereber de Havara, en el N de África. Ú.m.c.s. y en pl. ‖ Perteneciente a esta tribu.

HAVEL. *Geog.* Río de Alemania, afl. del Elba, que recibe las aguas del río Spree. 350 km.

HAVRE, El. *Geog.* V. **El Havre.**

HAWAIANO, NA. adj. Natural de Hawaii. Ú.t.c.s. ‖ Perteneciente o relativo a dicho archipiélago. *Volcanes* HAWAIANOS.

HAWAII. *Geog.* Archipiélago de la Polinesia (Oceanía), sobre el trópico de Cáncer. Comprende nueve islas habitadas y una cadena de islotes menores desiertos. 16.635 km². 790.000 h. Cap. HONOLULÚ. Caña de azúcar, ananás, bananas, café. En 1959 se constituyó en el 50º Estado de los Estados Unidos; también se llama **Sandwich.**

HAWKINS, Antonio. *Biog.* Escritor ingl., autor de novelas muy difundidas, como *El prisionero de Zenda* (1863-1933). ‖ **– Juan.** Corsario ingl. que peleó contra los españoles en América (1532-1595). ‖ **– Juan.** Musicólogo ingl., autor de *Historia general de la música como arte y como ciencia* (en cinco vol.) y de otras obras (1719-1780).

HAWORTH, Gualterio N. *Biog.* Químico ingl. que en unión de Pablo Karrer recibió en 1937 el premio Nobel de Química. Son de gran importancia sus estudios sobre la composición química y la economía orgánica del azúcar (1883-1950).

HAWTHORNE, Nataniel. *Biog.* Nov. estad., autor de *La letra escarlata; Nuestro viejo hogar; La casa de los siete tejados; Cuentos vueltos a contar; El fauno de mármol,* etc. (1804-1864).

HAXIX. (Del ár. *haxix,* hierba seca.) m. Composición de ciertas partes del cáñamo con diversas substancias, muy usada por los orientales, y que produce una embriaguez especial. *En Egipto el abuso del* HAXIX *causa muchas víctimas.*

HAYA. al. **Buche.** fr. **Hetre.** ingl. **Beech tree.** ital. **Faggio.** port. **Faia.** (Del lat. *fagus.*) f. Género de árboles del hemisferio Norte. El haya común europea es de hasta 30 m de alto, de madera blanca rojiza, liviana, resistente, hojas ovales y coriáceas, flores masculinas en amento, y femeninas en involucro. *Fagus silvatica,* fagácea. *El* HAYA *florece a los sesenta o setenta años.*

HAYA, La. *Geog.* V. **La Haya.**

HAYACA. f. Pastel de harina de maíz que se rellena de carne o pescado, y se envuelve en hojas de plátano, preparado en Venezuela. *La* HAYACA *es un plato muy sazonado.*

HAYA DE LA TORRE, Víctor Raúl. *Biog.* Pol. y escritor per., fundador y dirigente de la Alianza Popular Revolucionaria Americana y autor de *Por la emancipación de América latina; Ideario y acción aprista; Ex combatientes y desocupados,* etc. (1895-1979).

HAYAL o **HAYEDO.** m. Sitio poblado de hayas.

HAYDERABAD. *Geog.* V. **Haiderabad.**

HAYDN, Francisco José. *Biog.* Compositor austriaco, considerado el clásico más destacado de la escuela vienesa. Su música innovó técnicas y formas de la época, pero, lejos de concepciones revolucionarias, fue de un absoluto equilibrio y reflejó el espíritu cortesano del siglo XVIII. Compuso más de cien sinfonías, nocturnos, serenatas, obras diversas para instrumentos de cuerda y viento, conciertos, misas, oratorios, ofertorios, óperas, etc. Sus realizaciones más famosas: *La creación; El recuerdo de Tobías; Las cuatro estaciones,* etc. (1732-1809).

HAYEK, Federico A. von. *Biog.* Economista británico de origen austriaco, a quien se otorgó en 1974 el premio Nobel de Economía, compartido con el sueco Gunnar Myrdal, por sus estudios innovadores en teorías monetarias (n. en 1899).

HAYES, Rutherford B. *Biog.* Pol. estad., de 1877 a 1881 presid. de la República (1822-1893).

HAYO. m. Coca, árbol. ‖ Mezcla de hojas de coca y sales calizas o de sosa, que mascan los indios de Colombia.

HAYUCO. m. Fruto del haya.

HAZ. al. **Bündel; Garbe.** fr. **Gerbe; faisceau.** ingl. **Fagot; bunch.** ital. **Fascina; fascio.** port. **Feixe; molho.** (Del ant. *faz,* y éste del lat. *fascis.*) m. Porción atada de mieses, lino, leña, etc. sinón.: **atado, manojo.** ‖ Conjunto de rayos luminosos. ‖ *Méx.* Balaguero. ‖ pl. Fasces.

HAZ. (Del lat. *acies,* cuerpo de tropas ordenado.) m. Tropa formada en divisiones o en filas.

HAZ. (De *faz.*) f. Cara o rostro. ‖ fig. Cara de cualquier tela y de otras cosas, opuesta al revés. ‖ **– de la Tierra.** fig. Superficie de ella. ‖ **A dos haces.** m. adv. Con segunda intención. ‖ **Ser** uno **de dos haces.** frs. fig. Decir una cosa y sentir otra.

HAZA. (Del ant. *faza,* y éste del lat. *fascia,* faja, venda.) f. Porción de tierra labrantía o de sembradura. *Segar una* HAZA.

HAZALEJA. (Del ant. *fazaleja.*) f. Toalla.

HAZAÑA. al. **Heldentat.** fr. **Exploit.** ingl. **Feat; exploit.** ital. **Prodezza.** port. **Façanha.** (Del ant. *fazaña,* y éste de *facer.*) f. Hecho, especialmente el ilustre y heroico. *Las* HAZAÑAS *del Cid Campeador;* sinón.: **proeza.** ‖ IDEAS AFINES: *Conquista, descubrimiento; guerra, lid, caballero andante; victoria; esforzado, valiente, tenaz; estudioso, benefactor.*

HAZAÑERÍA. f. Demostración afectada de temor o entusiasmo.

HAZAÑERO, RA. adj. Que hace hazañerías. ‖ Perteneciente a la hazañería.

HAZAÑOSO, SA. adj. Que ejecuta hazañas. ‖ Heroico. ‖ deriv.: **hazañosamente.**

HAZMERREÍR. al. **Hanswurst.** fr. **Bouffon.** ingl. **Ridiculous person.** ital. **Zimbello.** port. **Bobalhão.** m. fam. Persona ridícula y extravagante. *Se había convertido en el* HAZMERREÍR *de la vecindad;* sinón.: **birria, mamarracho.** ‖ IDEAS AFINES: *Cómico, ingenuo, espantajo, monigote, chiflado, extraño; menospreciado, burlado; payaso, diversión, risa, sorpresa, gracia.*

HAZUELA. f. dim. de **Haza.**

HE. adv. demostrativo que junto con *aquí* y *allí* o con los pronombres *me, te, la, le, lo, las, los,* sirve para señalar alguna persona o cosa. HELOS *allá.* ‖ int. !Ce!

He. *Quím.* Símbolo del helio.

HEARN, Patricio Lafcadio. *Biog.* Escritor ingl., autor de estudios sobre el Japón, y de novelas de ambiente exótico, como *Recuerdos de Last Island; Youma; Chita,* etc. (1850-1904).

HEAVISIDE, Oliverio. Físico ingl. que descubrió la ionosfera y determinó sus características fundamentales (1850-1925).

HEBBEL, Federico. *Biog.* Poeta y dramaturgo al. Sus tragedias *María Magdalena; Judit; Genoveva; Giges y su anillo; Los Nibelungos,* etc., son elevadas construcciones teatrales en que los personajes adquieren relieve heroico y proyección metafísica (1813-1863).

HEBDÓMADA. (Del lat. *hebdómada,* y éste del gr. *hebdomás,* septenio.) f. Semana. ‖ Espacio de siete años. *Hebrón fue capital de Israel durante una* HEBDÓMADA.

HEBDOMADARIO, RIA. adj. Semanal. *Publicación* HEBDOMADARIA. Ú.t.c.s.m. ‖ s. En cabildos y órdenes religiosas, persona que cada semana oficia en el coro o en el altar. ‖ deriv.: **hebdomadariamente.**

HEBE. *Mit.* Patrona de los jóvenes, hija de Zeus y de Hera. Encargóle Júpiter que escanciara el néctar y la ambrosía a los dioses, en el Olimpo, hasta que la reemplazó Ganimedes. Casó con Heracles.

HEBÉN. adj. Dícese de una variedad de uva blanca, gorda y vellosa y también de la vid que la produce. ‖ fig. Dícese de la persona o cosa de poca substancia o fútil.

HÉBERT, Felipe. *Biog.* Escultor canadiense, autor de las figuras históricas colocadas en el Parlamento de Quebec y de otras notables obras (1850-1917).

HEBIJÓN. (De *hebilla,* por contaminación con *aguijón.*) m. Clavo o púa de la hebilla.

HEBILLA. al. **Schnalle.** fr. **Boucle.** ingl. **Buckle; clasp.** ital. **Fibbia.** port. **Fivela.** (Del ant. *fibiella.*) f. Pieza de metal, con una patilla y uno o más clavillos en medio, que sirve para ajustar y unir orejas de zapatos, correas, etc. ‖ deriv.: **hebilleta; hebillón; hebilluela.**

HEBILLAJE. m. Conjunto de hebillas que entran en un aderezo, vestido o adorno.

HEBILLERO, RA. s. Persona que hace o vende hebillas.

HEBRA. (Del ant. *febra,* y éste del lat. *fibra.*) f. Porción del hilo u otra materia hilada. ‖ Fibra de la carne. ‖ Filamento de las materias textiles. HEBRA *de algodón.* ‖ Parte de la madera que tiene flexibilidad suficiente para ser labrada o torcida sin quebrarse o saltar. ‖ Hilo que forman las materias muy viscosas. HEBRA *de almíbar.* ‖ Vena o filón. ‖ fig. Hilo del discurso. ‖ pl. poét. Los cabellos. Ú.t. en sing. HEBRAS *de oro.* ‖ **Cortar** a uno **la hebra de la vida.** frs. fig. Privarle de la vida. ‖ **De una hebra.** m. adv. fig. *Amér.* Sin pararse, sin detenerse. ‖ **Estar** uno **de buena hebra.** frs. fig. y fam. Tener complexión robusta. ‖ **Pegar la hebra.** frs. fig. y fam. Trabar conversación accidentalmente o prolongarla demasiado. ‖ IDEAS AFINES: *Aguja, carrete, costurero; coser, bordar, tejer; músculo, pelo.*

HEBRAICO, CA. adj. Hebreo.

HEBRAÍSMO. m. Profesión de la ley de Moisés. ‖ Giro o modo de hablar privativo de la lengua hebrea. ‖ Empleo de tales giros en otro idioma.

HEBRAÍSTA. com. Persona que cultiva la lengua y literatura hebreas.

HEBRAIZANTE. p. a. de **Hebraizar.** Que hebraíza. ‖ m. Hebraísta. ‖ Judaizante.

HEBRAIZAR. intr. Usar hebraísmos. ‖ Judaizar. ‖ deriv.: **hebraizadamente; hebraizador, ra.**

HEBREO, A. al. **Hebräisch; jüdisch; Jude.** fr. **Hébraique; hébreu.** ingl. **Hebrew.** ital. **Ebreo; ebraico.** port. **Hebreu.** (Del lat. *hebraeus,* y éste del hebr. *hibrí.*) adj. Aplícase al pueblo semítico, descendiente del patriarca *Heber,* que conquistó y habitó la Palestina, y que también se llama israelita y judío. Apl. a pers., ú.t.c.s. ‖ Perteneciente o relativo a este pueblo. *Los patriarcas* HEBREOS. ‖ Dícese del que aún profesa la ley de Moisés. Ú.t.c.s. ‖ Perteneciente a los que la profesan ‖ m. Lengua de los **hebreos.**

HEBREO, León. *Biog.* Escritor esp., uno de los judíos expulsados a fines del siglo XV, cuyo verdadero nombre era **Judá Abrabanel.** En Italia escribió sus célebres *Diálogos de amor,* obra de concepción platónica que influyó sensiblemente en la cultura europea de la época (aprox. 1460-1521).

HEBREOS. *Hist.* Primitivo nombre de los judíos, tomado de una de sus tribus semíticas, substituido luego por el de israelita (en homenaje a Israel o Jacobo) y, después del cautiverio de Babilonia, por el de judío (que deriva de Judá último de los reinos vencidos por los babilonios). Reconstruida Jerusalén, nunca volvieron a tener independencia política, hasta 1948 con la creación del Estado de Israel. Sometidos por Persia, Macedonia y Roma, se sublevaron varias veces. En el 132 comienza el segundo Éxodo (el primero fue cuando debieron abandonar Egipto); el s. XII señala el comienzo de la persecución organizada; en 1492 España los expulsó de su territorio. A pesar de todo, conservaron su unidad religiosa y espiritual creando positivas obras civilizadoras en los lugares donde vivieron. El s. XX señala una gran corriente de inmigración hebrea hacia América; la muerte de millones de **hebreos** a manos de los hitleristas y la instalación, en 1948, del soberano Estado de Israel, en Palestina.

HEBRERO. m. Herbero, esófago del rumiante.

HÉBRIDAS. *Geog.* Islas británicas, al N.O. de Escocia. Las princ. son las de Lewis, Skye, Islay y Mull. Montañosas y ásperas. 7.381 km². 90.000 h. ‖ **Nuevas –.** V. **Nuevas Hébridas.**

HEBRÓN. *Geog.* Ciudad de Jordania, al S. de Jerusalén. 45.000 h. Cap. del distrito hom. David la hizo cap. de su reino durante siete años, hasta la caída de Jerusalén.

HEBROSO, SA. (De *hebra.*) adj. Fibroso. *Carne* HEBROSA.

HEBRUDO, DA. adj. *And., C. Rica* y *León.* Hebroso.

HECATOMBE. al. **Hekatombe; Hundertopfer; blutbad.** fr. **Hécatombe.** ingl. **Hecatomb.** ital. **Ecatombe.** port. **Hecatombe.** (Del lat. *hecatombe,* y éste del gr. *hekatombe;* de *hekatón,* ciento, y *bus,* buey.) f. Sacrificio de 100 bueyes u otras víctimas, que hacían los gentiles a sus dioses. ‖ Sacrificio solemne de muchas víctimas. ‖ Gran mortandad de personas. *La* HECATOMBE *de la noche de San Bartolomé.* ‖ IDEAS AFINES: *Paganos, muerte, Baal, súplica, gracia; terremoto, maremoto, bombardeo, guerra, peste, plaga, epidemia, pandemia.*

HECELCHACÁN. *Geog.* Población de México, en el Est. de Campeche. 10.000 h. Centro agrícola-ganadero.

HECLA. *Geog.* Volcán del S.O. de Islandia, de 1.557 m de altura. Su actividad es continua y sus erupciones han sido frecuentemente devastadoras.

HECTÁREA. al. **Hektar.** fr. **Hectare.** ingl. **Hectare.** ital. **Ettaro.** port. **Hectare.** f. Medida de superficie de cien áreas (10.000 m2).

HÉCTICO, CA. adj. Hético. ‖ Dícese de la fiebre propia de las enfermedades consuntivas.

HECTIQUEZ. f. *Med.* Estado especial de enflaquecimiento y caquexia causado por la fiebre héctica; tisis.

HECTO – (contrac. irreg. del gr. *hekatón,* ciento.) Voz que sólo tiene uso como prefijo de vocablos compuestos, con la significación de cien. HECTOLITRO.

HECTÓGRAFO. m. Aparato para sacar muchas copias de un escrito o dibujo.

HECTOGRAMO. m. Medida de peso, que tiene cien gramos.

HECTOLITRO. m. Medida de capacidad, que tiene cien litros.

HECTÓMETRO. m. Medida de longitud, que tiene cien metros.

HÉCTOR. *Mit.* Defensor de Troya, hijo de Príamo y esposo de Andrómaca. Terror de los griegos, fue muerto por Aquiles.

HECTÓREO, A. adj. poét. Relativo a Héctor, o semejante a él.

HECTOVATIO. m. Potencia equivalente a 100 vatios.

HÉCUBA. *Mit.* Esposa de Príamo, que durante la guerra de Troya perdió casi todos sus hijos, que eran diecinueve, y a su marido.

HECHA. f. ant. Hecho o acción. ‖ **De esta hecha.** m. adv. Desde ahora. DE ESTA HECHA *saldremos adelante.*

HECHAZ. *Geog.* V. **Hedjaz.**

HECHICERESCO, CA. adj. Perteneciente a la hechicería.

HECHICERÍA. f. Arte supersticioso de hechizar. sinón.: **brujería, magia.** ‖ Hechizo que usan los hechiceros. ‖ Facilidad para cautivar los corazones. ‖ Acto supersticioso de hechizar.

● **HECHICERÍA.** *Hist.* Navegantes lusitanos del s. XVI dieron el nombre de hechizo a ciertos objetos considerados mágicos por los aborígenes de las costas de África occidental. Los franceses lo convirtieron en fetiche y comparando este fenómeno con manifestaciones similares comprobadas en la antigua religión egipcia, crearon el concepto de fetichismo como un estado primitivo del sentimiento religioso. Pero la **hechicería**, etimológicamente igual a fetichismo, no es un hecho meramente religioso, sino esencialmente mágico y no se manifiesta exclusivamente en las comunidades primitivas, ya que si se examina la civilización europea se comprueba que aparece en las etapas más avanzadas. La religión la admitió hasta cierto grado y prohibió o condenó algunas prácticas mágicas. Hoy se encuentra en las clases bajas y supersticiosas y a veces, veladamente, en las superiores. Sus objetos provienen de todos los reinos de la naturaleza (trozos de cuero, madera, piedra, etc.; animales, plantas, montañas, etc.), pero pueden ser de fabricación propia (muñecos, amuletos, etc.). Estos objetos son adorados por considerarse encantados, es decir dotados de fuerza mágica merced a conjuros especiales; no tienen valor en sí, como objetos, sino el que proviene del poder misterioso e invisible que se les adjudica. En las sociedades primitivas, los clanes o tribus poseen ritos, hechizos y maleficios propios que constituyen su privilegio y su secreto. La **hechicería** no se usa con fines prácticos inmediatos; se propone objetivos más elevados, empresas aventuradas y peligrosas: conservar y proteger a la familia y a la tribu, obtener protección, salud, fecundidad, riqueza, etc., o el maleficio, es decir, vengarse de los ofensores y seres odiados. Cualquier práctica de **hechicería** se ejecuta de acuerdo con un orden debido y con reglas generalmente invariables; de lo contrario, falla en sus efectos. No es tampoco un culto, sino una acción, y aunque en la mente del adepto existe la creencia de la intervención de fuerzas ocultas, de un espíritu o de una personalidad invocada, no se confunde con el poder de los dioses.

HECHICERO, RA. al. **Hexenmeister; Zauberer; Bezaubernd.** fr. **Sorcier; ensorceleur.** ingl. **Enchanter; bewitcher; bewitching.** ital. **Fattucchiero; incantatore.** port. **Feiticeiro.** adj. Que practica el supersticioso arte de hechizar. Ú.t.c.s. *Los* HECHICEROS *de la tribu;* sinón.: **brujo, mago.** ‖ fig. Que cautiva la voluntad y cariño de las gentes. *Beldad* HECHICERA; sinón.: **fascinante, seductor.** ‖ IDEAS AFINES: *Prestidigitador, magia negra, médium; quemar, Inquisición, brujo, auto de fe; sobrenatural, raro, extraño, sobrehumano; encantador, precioso, agradable.*

HECHIZAR. al. **Bezaubern; behexen.** fr. **Ensorceler,** ingl. **To bewitch.** ital. **Stregare; ammaliare.** port. **Enfeitiçar; encantar.** tr. Según el vulgo crédulo, privar a alguien de salud o vida, o causarle otro daño, en virtud de prácticas supersticiosas. sinón.: **embrujar, maleficiar.** ‖ fig. Despertar admiración, afecto o deseo. *Lo* HECHIZABAN *las luces de la ciudad.* ‖ deriv.: **hechizador, ra.**

HECHIZO, ZA. al. **Zauber.** fr **Ensorcellement; enchantement.** ingl. **Enchantment,** ital. **Sortilegio; stregoneria.** port. **Feitiço.** (Del lat. *factitus.*) adj. Artificioso o fingido. ‖ De quita y pon, postizo. ‖ Hecho según arte. ‖ *Amér.* Fabricado en el país; vernáculo. ‖ m. Cualquiera práctica supersticiosa que usan los hechiceros para intentar el logro de sus fines. ‖ Cosa u objeto que se emplean en tales prácticas. ‖ fig. Persona o cosa que embelesa nuestras potencias y sentidos. *El* HECHIZO *de su voz;* sinón.: **embeleso, seducción.**

HECHO, CHA. al. **Fertig; Vollendet; Tat.** fr. **Fait.** ingl. **Made; done; fact.** ital. **Falto.** port. **Feito.** (Del ant. *fecho,* y éste del lat. *factus.*) adj. Perfecto, maduro. *Queso* HECHO. ‖ Con algunos nombres, semejante a las cosas significadas por tales nombres. HECHO *una fiera.* ‖ Aplicado a nombres de cantidad con el adv. *bien,* denota que la cantidad es algo más de lo que se expresa. ‖ Aplicado a nombres de animales con los adv. *bien* o *mal,* significa la proporción o desproporción de sus miembros entre sí y la buena o mala formación de cada uno de ellos. *Un cuerpo mal* HECHO. ‖ Úsase en su terminación masculina para conceder o aceptar lo que se pide o propone. ‖ m. Acción u obra. *Relataré los* HECHOS *tal como ocurrieron.* ‖ Asunto o materia de que se trata. *Vamos al* HECHO. ‖ *Der.* Caso que da motivo a la causa o pleito. ‖ – **probado.** *Der.* El que como tal se declara en las sentencias por los tribunales de instancia, y es base para las apreciaciones jurídicas en casación, especialmente en lo criminal. ‖ – **de armas.** Acción notable en la guerra. ‖ **A hecho.** m. adv. Seguidamente, sin interrupción hasta concluir. ‖ Por junto, sin distinción. ‖ **A lo hecho, pecho.** ref. que aconseja tener fortaleza para arrostrar las consecuencias de una desgracia o de un error. ‖ – **jurídico.** El que tiene consecuencias jurídicas. ‖ **De hecho.** m. adv. Efectivamente. ‖ De veras, con eficacia. ‖ *Der.* Denota que en una causa se procede arbitrariamente. ‖ **De hecho y de derecho.** loc. Que legítimamente existe o procede. ‖ **Hecho y derecho.** loc. con que se afirma que una persona es cabal, o que se hizo una cosa cumplidamente. ‖ Real y verdadero.

HECHOR, RA. (Del lat. *factor, -oris,* factor.) s. *And.* y *Chile.* Malhechor. ‖ m. *Arg., Chile* y *Ven.* Garañón.

HECHOS DE LOS APÓSTOLES. m. pl. Quinto libro del Nuevo Testamento, escrito por San Lucas.

HECHURA. (Del lat. *fechura,* y éste del lat. *factura;* de *fácere,* hacer.) f. Acción y efecto de hacer. ‖ Cualquier cosa respecto del que la ha hecho. *Este estropicio es* HECHURA *de Juan;* sinón.: **obra, producto.** ‖ Composición, organización del cuerpo. ‖ Figura que se da a las cosas. ‖ Dinero pagado a algún oficial por hacer una obra. Ú.t. en pl. ‖ Imagen o figura de bulto. ‖ fig. Una persona con respecto a otra a quien debe su empleo o fortuna. *Ser* HECHURA *de un cacique.* ‖ *Chile.* Acción y efecto de incitar a uno a beber.

HECHUSGO. m. *Hond.* Hechura o forma exterior de una cosa.

HEDENTINA. f. Olor malo y penetrante. ‖ Lugar donde lo hay.

HEDER. al. **Stinken.** fr. **Puer.** ingl. **To stink.** ital. **Puzzare.** port. **Feder.** (Del ant. *feder,* y éste del lat. *foetere.*) intr. Arrojar de sí olor malo y penetrante. sinón.: **apestar;** antón.: **perfumar.** ‖ fig. Enfadar, ser intolerable. ‖ irreg. Conj. como **entender.**

HEDIENTO, TA. adj. Hediondo.

HEDÍN, Sven. *Biog.* Explorador sueco, que recorrió el Asia Central (1865-1952).

HEDIONDAMENTE. adv. m. Con hedor.

HEDIONDEZ. f. Cosa hedionda. ‖ Hedor. sinón.: **fetidez, pestilencia.**

HEDIONDO, DA. adj. Que arroja de sí hedor. *Huevos* HEDIONDOS; sinón.: **nauseabundo, pestilente.** ‖ fig. Molesto, insufrible. ‖ fig. Repugnante, sucio, obsceno. *Zorro* HEDIONDO. *Escena* HEDIONDA. ‖ m. Arbusto europeo de olor desagradable, cuyas hojas son empleadas como purgante. *Anagyris,* leguminosa.

HEDJAZ. *Geog.* Reino que forma parte de la Arabia Saudita. Abarca el N. de la franja costera del mar Rojo. 400.000 km². 3.400.000 h. Cap. LA MECA.

HEDÓNICO, CA. adj. Perteneciente o relativo al hedonismo o al hedonista. ‖ Que procura el placer o que se relaciona con el placer.

HEDONISMO. (Del gr. *hedoné,* placer.) m. Sistema filosófico de moral que hace consistir el bien en el placer, muy especialmente el sensorial e inmediato. *La escuela cirenaica es una forma del* HEDONISMO. ‖ deriv.: **hedonístico, ca.**

HEDONISTA. adj. Perteneciente o relativo al hedonismo. ‖ Partidario de este sistema. Ú.t.c.s. ‖ Que procura el placer.

HEDOR. al. **Gestank.** fr. **Puanteur.** ingl. **Stink.** ital. **Puzza.** port. **Fedor.** (Del ant. *fedor,* y éste del lat. *foetor.*) m. Olor muy desagradable que generalmente procede de substancias orgánicas en descomposición.

HEFESTOS. *Mit.* Dios gr. del fuego. **Vulcano,** de los latinos.

HEGEL, Jorge Guillermo Federico. *Biog.* Eminente fil. alemán, creador de uno de los sistemas que han ejercido mayor influencia en la cultura cont. La metodología dialéctica y el idealismo absoluto son los aspectos fundamentales de su doctrina, sustentada en la realidad de la materia y en la espiritualidad de la naturaleza, partiendo de que el espíritu y la naturaleza no proceden de lo absoluto, sino que son en sí mismos lo absoluto. Sus obras principales son *Fenomenología del espíritu; La ciencia de la lógica; Filosofía de la religión; Filosofía del derecho,* etc. (1770-1831).

HEGELIANISMO. m. Sistema filosófico fundado por Hegel, según el cual lo Absoluto, que él llama Idea, se manifiesta evolutivamente bajo las formas de naturaleza y de espíritu. En esta voz se aspira la *h,* y tiene la *g* sonido suave.

HEGELIANO, NA. adj. Que profesa el hegelianismo. Ú.t.c.s. ‖ Perteneciente a él. En esta voz se aspira la *h* y tiene la *g* sonido suave. *Lógica* HEGELIANA.

HEGEMONÍA. al. **Oberherrschaft.** fr. **Hégémonie.** ingl. **Hegemony.** ital. **Egemonia.** port. **Hegemonia.** (Del gr. *hegemonía, de hegemón,* guía.) f. Supremacía que un Estado ejerce sobre otros. ‖ sinón.: **predominio.**

HÉGIRA. f. Héjira.

HEGRILLA. f. *Méx.* Barbarismo por **higuerilla.**

HEGUEMONÍA. f. Hegemonía.

HEIDEGGER, Martín. *Biog.* Fil. alemán, iniciador de la moderna corriente filosófica de la existencia, que en la actualidad se considera como el más serio antecedente del existencialismo. Obras: *El ser y el tiempo; La esencia del fundamento; Kant y el problema de la metafísica,* etc. (1889-1976).

HEIDEL, Guillermo A. *Biog.* Ensayista estad., n. en 1868, que se ha especializado en el estudio de la fil. griega. Obras: *La lógica y la filosofía presocrática; Lo necesario y lo contingente en el sistema aristotélico,* etc.

HEIDELBERG. *Geog.* Ciudad de la Rep. Federal de Alemania (Baden), sobre el Neckar. 130.000 h. Célebre universidad. En sus proximidades, en 1907, fue hallada una mandíbula humana fosilizada, que sirvió para la reconstrucción de un antropoide hipotético (hombre de **Heidelberg**), al que se considera contemporáneo del pitecántropo.

HEIDENSTAM, Carlos Gustavo Werner von. *Biog.* Lit. sueco que en 1916 recibió el premio Nobel de Literatura. En la poesía y en la novela ha trasuntado una intensa personalidad creadora, que a veces se acerca al acento clásico de los griegos, pero que casi siempre se da en un sentido y personal lirismo. Obras: *Poemas; Años de andanzas y peregrinaciones; Pensamientos e imágenes; Endymión,* etc. (1859-1940).

HEILBRONN. *Geog.* Ciudad de la Rep. Federal de Alemania (Baden), a orillas del Neckar. 115.000 h. Gran centro industrial.

HEINE, Enrique. *Biog.* Poeta al. Esencialmente lírico, sufrió la influencia romántica en sus primeras composiciones, pero no tardó en emanciparse de ella para expresarse plenamente en un lirismo peculiar, unas veces melódico, otras majestuoso. Obras: *Libro de los cantares; Intermedio lírico; Romancero; Nuevas poesías,* etc. (1797-1856). ‖ – **Jacobo.** Médico alemán que tras paciente estudio logró reconocer, hacia 1840, la localización medular de las lesiones causadas por la poliomielitis (1800-1879).

HEISENBERG, Werner. *Biog.* Físico e ing. alemán que obtuvo en 1932 el premio Nobel de Física. Realizó notables investigaciones de la mecánica de los "cuantos" y descubrió el principio de la relación de indeterminación sobre la medida de la posición y la velocidad de los cuerpos atómicos (1901-1976).

HEJIRA. al. **Hedschra.** fr. **Hégire.** ingl. **Hegira.** ital. **Egira.** port. **Hégira.** (Del ár. *hichra,* huida.) f. Era de los mahometanos, que se cuenta desde la puesta del Sol del jueves 15 de julio de 622, día de la huida de Mahoma de La Meca a Medina, y que se compone de años lunares de 354 días, intercalando 11 de 355 en cada período de 30. El año 1976 de la era cristiana corresponde en su primera mitad al 1394 de la **héjira.**

HEKLA. *Geog.* V. **Hecla.**

HÉLADA. *Geog. histór.* Nombre primitivo de Grecia.

HELADA. al. **Frost.** fr. **Gelée.** ingl. **Frost.** ital. **Ghiaccio.** port. **Geada.** f. Congelación de los líquidos producida por la frialdad del tiempo. ‖ – **blanca.** Escarcha.

HÉLADE. *Geog. histór.* V. **Hélada.**

HELADERA. al. **Kühlschrank.** fr. **Glacière; réfrigérateur.** ingl. **Refrigerator.** ital. **Gelatieira; ghiacciaia.** port. **Sorveteira; refrigerador.** f. Nevera, heladora. ‖ *Chile.* Plato o vaso para servir helados.

HELADERÍA. f. Tienda donde se hacen y venden helados.

HELADERO. m. El que hace o vende helados.

HELADIZO, ZA. adj. Que se hiela fácilmente.

HELADO, DA. al. **Gefroren; (Speise) eis.** fr. **Gélé; glacé; glace.** ingl. **Frostbitten; icecream.** ital. **Gelato; ghiacciato.** port. **Gelado,** adj. Muy frío. *Viento* HELADO; *lago* HELADO; sinón.: **álgido gélido;** antón.: **cálido.** ‖ fig. Suspenso, pasmado. *Se quedó* HELADO *de su osadía.* ‖ Esquivo, desdeñoso. ‖ m. Bebida o manjar helado. ‖ Sorbete. *Un* HELADO *de crema.*

HELADOR, RA. adj. Que hiela. ‖ f. Máquina para hacer helados o producir hielo.

HELADURA. f. Atronadura producida por el frío. ‖ **Doble albura.**

HELAJE. m. *Col.* Frío intenso.

HELAMIENTO. m. Acción y efecto de helar o helarse.

HELAR. al. **Frieren.** fr. **Géler; glacer.** ingl. **To freeze.** ital. **Gelare.** port. **Gelar.** (Del lat. *gelare.*) tr. Congelar, cuajar, solidificar la acción del frío un líquido. Ú.m.c.intr. y c.r. *Los lagos de Canadá* SE HIELAN *en invierno;* antón.: **licuar.** ‖ fig. Dejar a uno suspenso, sobrecogerle. *Su ingratitud me* HIELA; sinón.: **pasmar, paralizar.** ‖ fig. Desalentar, acobardar a uno. || r. Ponerse una persona o cosa sumamente fría. SE ME HELARON *las manos de frío.* || Coagularse una cosa que se había liquidado, como la grasa. || Hablando de plantas o frutas, secarse a causa de la congelación de su savia y jugos, producida por el frío. sinón.: **pasmarse.** || irreg. Conj. como **acertar.** || deriv.: **helable; helamiento.** || IDEAS AFINES: *Nevar, escarchar, hielo, nieve, invierno, abrigo, calefacción; esquiador, trineo, tobogán; sorpresa, estupefacción, asombro; desconcertar, abatir.*

HELDER. *Geog.* Ciudad y puerto de Holanda Septentrional, a la entrada del Zuiderzee. 65.000 h. Fortificaciones militares.

HELEAR. tr. Ahelear.

HELECHAL. m. Lugar poblado de helechos.

HELECHO. al. **Farnkraut.** fr. **Fougère.** ingl. **Fern.** ital. **Felce.** port. **Feto.** (Del lat. *filictum*, de *filix.*) m. Planta que pertenece a las pteridofitas de la clase de las filicales, especialmente las terrestres, provistas de frondes generalmente muy desarrolladas, en cuyas caras inferiores se encuentran los esporangios reunidos en soros. *Enormes* HELECHOS *se desarrollaron en el período carbonífero.* || – **Hembra,** o **macho.** Nombre de diversas especies de **helechos.**

HELENA. (Del lat. *helena*, y éste del gr. *helene.*) f. Fuego de San Telmo, cuando se presenta con una llama sola.

HELENA. *Geog.* Ciudad de los EE.UU., capital del Est. de Montana. 25.000 h. Gran riqueza minera, fundiciones.

HELENA. *Mit.* V. **Elena.**

HELÉNICO, CA. al. **Hellenisch.** fr. **Hellénique.** ingl. **Hellenic.** ital. **Ellenico.** port. **Helenico.** adj. Griego, perteneciente a Grecia. *Península* HELÉNICA. || Perteneciente a la Hélade o a los antiguos helenos.

HELENIO. m. Planta de flores amarillas en cabezuelas terminales, fruto capsular y raíz amarga y aromática, usada en medicina. *Inula helenium*, compuesta.

HELENISMO. m. Giro o modo de hablar propio de la lengua griega. || Su uso en otro idioma. || Influencia de la cultura antigua griega en las modernas.

● **HELENISMO.** *Gram.* A menudo, cuando se carece en el idioma propio de una palabra para designar un nuevo objeto, se recurre al griego, tomando de él el término preciso o que pueda expresarlo con mayor corrección. Con frecuencia el uso excesivo de voces griegas responde a una falsa erudición, como ocurre en algunas épocas de afectación literaria, la del barroco español por ejemplo. Al transcribirse, los vocablos griegos sufren modificaciones propias de su adaptación a nuevas leyes de ortografía y fonética. Con el propósito de adoptar una nomenclatura universal, las ciencias y las artes tienden a formar su terminología técnica utilizando palabras tomadas del griego. || *Hist.* En la historia de la cultura griega, se da este nombre al período comprendido entre el reinado de Alejandro y el de Augusto, cuando se pretendió fundir todos los miembros del imperio en una unidad armoniosa. Alejandría se convirtió en centro de la civilización helénica, que pretendía infundir a la Hélada un nuevo espíritu por la incorporación de elementos no griegos. || *Lit.* La influencia de la cultura griega en las culturas de Occidente es muy amplia. Su espíritu equilibrado y armonioso, su tendencia a la regularización, su actitud racional e inquisidora, es una herencia que a través de Roma llegó hasta la actualidad. Los griegos inventaron y perfeccionaron artes eternas y legaron obras, tan perfectas en la forma y tan seductoras en el contenido, que deben considerarse e imitarse como verdaderos modelos. El **helenismo** es la conversión en escuela literaria de estas peculiaridades que conforman el clasicismo helénico. Por extensión, se llama también **helenismo** al estudio de las obras clásicas griegas, manifestado por la traducción o la investigación de las mismas. Esta investigación puede tener múltiples finalidades, como el análisis lingüístico, la anotación, el escolio o el comentario del texto, el estudio estilístico, la interpretación de la obra e inclusive su imitación literaria. Esta literatura, como escuela, está formada por los autores que imitaron a los maestros griegos (Virgilio a Homero, Horacio a Píndaro, Terencio a Menandro, Plauto a Aristófanes, etc.), por los sabios investigadores y comentaristas de las obras clásicas griegas, desde Aristarco hasta Boccaccio y otros, y por los meros traductores de obras clásicas que han respetado en ellas, más que la fidelidad lingüística, su espíritu original.

HELENISTA. m. Nombre dado a los judíos que hablaban la lengua y seguían las costumbres de los griegos, y a los griegos que se convertían al judaísmo. || com. Persona que cultiva la lengua y la literatura griegas.

HELENÍSTICO, CA. adj. Perteneciente o relativo a los helenistas. || Perteneciente o relativo a la historia, cultura y arte griegos del período que se desarrolló entre la conquista de Alejandro Magno y la romana. *Alejandría, Antioquía y Pérgamo fueron centros de la cultura* HELENÍSTICA. || Dícese especialmente de la lengua griega de este período.

HELENIZAR. (De *heleno.*) tr. p. us. Introducir las costumbres y cultura griegas en otra nación. HELENIZAR *a Macedonia.* || r. Adoptar las costumbres, literatura y arte griegos. || deriv.: **helenización; helenizante.**

HELENO, NA. (Del gr. *héllen, héllenos*), s. Individuo perteneciente a cualquiera de los pueblos (aqueos, dorios, jonios y eolios) cuya instalación en Grecia, islas del Egeo, Sicilia y diversas zonas del litoral mediterráneo dio principio a la gran civilización de la Hélade o Grecia antigua. || Natural de Grecia. Ú.t.c.adj. || adj. Perteneciente o relativo a este país.

HELENO. *Mit.* Hijo de Deucalión y Pirra, considerado el padre de los griegos o helenos.

HELERA. f. Granillo de las aves. || *Ec.* Helero.

HELERO. m. Glaciar.

HELESPÓNTICO, CA o **HELESPONTINO, NA.** adj. Perteneciente o relativo al Helesponto.

HELESPONTO. *Geog. histór.* Nombre antiguo del estrecho de los Dardanelos.

HELGADO, DA. (Del lat. *filicatus*, de *fili*, helecho) adj. De dientes ralos y desiguales.

HELGADURA. f. Hueco entre diente y diente. || Desigualdad de éstos.

HELÍACO, CA. adj. *Astron.* Dícese del orto o el ocaso de los astros que salen o se ponen, cuando más, una hora antes o después que el Sol. || Perteneciente o relativo al Sol. || f. pl. Fiestas que se celebraban antiguamente en honor del Sol.

HELÍADES. f. pl. *Mit.* Hijas del Sol, que fueron transformadas en álamos después de la muerte de Faetón, su hermano.

HELIANTEMO. m. Planta de flores amarillas, medicinal. *Gén. Helianthemum*, cistáceas.

HELIANTINA. f. Substancia colorante, anacarada, del alquitrán de hulla, que se vuelve anaranjada por la acción de los álcalis y roja por la de los ácidos.

HÉLICE. al. **Propeller; Schraube.** fr. **Hélice.** ingl. **Screw propeller.** ital. **Elice; elica.** port. **Hélice.** (Del lat. *hélix, -icis*, y éste del gr. *hélix, helicós*, espiral.) f. *Anat.* Hélix. || *Astron.* **Osa Mayor.** || *Geom.* Curva de longitud indefinida, que da vueltas en la superficie de un cilindro, formando ángulos iguales con todas las generatrices. || Espiral. || *Mec.* Conjunto de aletas helicoidales que giran alrededor de un eje, y al girar empujan el fluido ambiente y producen en él una fuerza de reacción; usada especialmente para hacer marchar naves, aviones, etc.

HELICOCENTRÍPETO, TA. adj. Dícese del tipo de turbina en la cual entra el agua en el rodete en forma centrípeta, saliendo en forma axial.

HELICOIDAL. adj. En figura de hélice. *Aspa* HELICOIDAL.

HELICOIDE. m. *Geom.* Superficie engendrada por una recta que se mueve apoyándose en una hélice y en el eje de su cilindro sostén, formando con él un ángulo constante.

HELICÓMETRO. m. Instrumento para medir la fuerza de la hélice en los buques de vapor.

HELICÓN. m. Nombre que se daba a un monte de Grecia dedicado a las Musas. || fig. Lugar de donde procede la inspiración poética. || Instrumento músico de metal, cuyo tubo circular permite colocarlo alrededor del cuerpo y apoyarlo sobre el hombro del que lo toca.

HELICONA. adj. f. Heliconia.

HELICÓNIDES. f. pl. Las musas, que moraban en el monte Helicón.

HELICONIO, NIA. adj. Perteneciente al Helicón o a las Helicónides.

HELICÓPTERO. al. **Hubschrauber; Helikopter.** fr. **Hélicoptère.** ingl. **Helicopter.** ital. **Elicottero.** port. **Helicóptero.** m. Aparato de aviación que se sostiene en el aire por la acción directa de hélices de eje vertical. Su ventaja con respecto al avión reside en la posibilidad de despegar verticalmente, sin necesidad de pistas extensas, debido a la disposición de su sistema propulsor. || IDEAS AFINES: *Autogiro, avión, aeroplano; hidroavión; aeródromo, hangar, descenso, despegue, aterrizaje; salvamento, observación; artillería, antiaéreo, guerra.*

HELIEO. *Hist.* Tribunal popular de Atenas, cuyos miembros (heliastas) eran designados por sorteo entre los ciudadanos.

HELIGOLAND. *Geog.* Isla alemana del mar del Norte, cerca de la des. del Elba. Perteneció mucho tiempo a los ingleses, quienes la cedieron en 1890 a los alemanes. Retenida nuevamente por los ingleses durante la segunda Guerra Mundial, fue devuelta a los alemanes en 1952, pero antes, en 1947, fueron voladas todas sus fortificaciones. Ocupa poco más de medio kilómetro cuadrado. 5.000 h.

HELIO. (Del gr. *helios*, sol.) m. Cuerpo simple, gaseoso, incoloro y de poca actividad. Fue descubierto en la atmósfera solar y posteriormente en la Tierra. Su símbolo es He, su número atóm., 2, y su p. atóm. 4. Es muy liviano y no inflamable; por ello se le emplea para llenar globos y dirigibles.

HELIOCÉNTRICO, CA. adj. *Astron.* Perteneciente o relativo al centro del Sol, o que tiene el Sol como centro. || Dícese del sistema de Copérnico, por contraposición al de Tolomeo, por el cual se suponía que la Tierra es el centro del Universo.

HELIODINÁMICA. f. Parte de la Física, que estudia la radiación solar y sus manifestaciones.

HELIÓFILO, LA. adj. Que ama y busca la luz solar. *Planta* HELIÓFILA.

HELIOFÍSICA. (Del gr. *helios*, sol, y *phýsis*, naturaleza.) *Astron.* Tratado de la naturaleza física del Sol. || deriv.: **heliofísico, ca.**

HELIOFOTÓMETRO. m. Instrumento para medir la intensidad de la luz solar.

HELIOGÁBALO. m. fig. Hombre dominado por la gula.

HELIOGÁBALO, Vario Avito Basiano. *Biog.* Emp. romano de 218 a 222, célebre por su crueldad y su glotonería. Fue asesinado por la guardia pretoriana (204-222).

HELIOGRABADO. m. Procedimiento para obtener grabados en relieve, por la acción de la luz solar. || Estampa así obtenida.

HELIOGRAFÍA. f. Descripción del Sol. || Su fotografía. || Sistema de transmisión de señales por medio del heliógrafo.

HELIOGRÁFICO, CA. adj. Referente a la heliografía o al heliógrafo.

HELIÓGRAFO. m. Instrumento para hacer señales telegráficas por medio de la reflexión de los rayos solares en un espejo plano.

HELIOGRAMA. m. Despacho telegráfico transmitido por heliógrafo.

HELIOLATRÍA. f. Culto del Sol en las primitivas religiones.

HELIÓMETRO. m. Instrumento para medición de distancias angulares entre dos astros, o de su diámetro aparente, especialmente del Sol. || deriv.: **heliometría; heliométrico, ca.**

HELIOMOTOR. m. Máquina utilizada para transformar energía solar en energía mecánica.

HELIÓN. m. Partícula alfa. Núcleo del átomo de helio.

HELIOPLASTIA. f. Arte de producir moldes para imprimir, con gelatina endurecida, en la que se ha obtenido una prueba fotográfica. || deriv.: **helioplástico, ca.**

HELIOS. *Mit.* Hombre y personificación del Sol entre los griegos.

HELIOSCOPIO. m. Instrumento para observar el Sol.

HELIOSIS. f. *Pat.* Insolación.

HELIÓSTATO. m. Instrumento para hacer señales a larga distancia reflejando un rayo de luz solar en dirección siempre fija.

HELIOTECNIA. f. Técnica de transformación de energía solar en energía eléctrica.

HELIOTELEGRAFÍA. f. Telegrafía por medio del heliógrafo.

HELIOTERAPIA. (Del gr. *helios*, sol, y *therapeia*, curación.) f. *Ter.* Método de tratamiento por los rayos solares.

HELIOTROPINA. f. *Quím.* Compuesto orgánico, de cristales blancos, que se halla asociado a la vainillina. Se emplea como perfume en jabonería.

HELIOTROPIO. m. Heliotropo.

HELIOTROPISMO. m. *Bot.* Tropismo consistente en dirigirse ciertas partes de las plantas hacia la luz solar.

HELIOTROPO. al. **Heliotrop.** fr. **Héliotrope.** ingl. **Heliotrope.** ital. **Eliotropio.** port. **Heliotrópio.** (Del gr. *heliótropos*; de *helios*, sol, y *trepo*, volver.) m. Planta originaria del Perú, cultivada en jardines, de flores pequeñas, azuladas, en cimas y fruto dividido en cuatro nuececillas, cada una con una semilla. *Heliotropium peruvianum*, borraginácea. || Calcedonia verde obscura, con manchas rojizas. || Helióstato en que el espejo es movido a mano, mediante tornillos.

HELIPUERTO. m. *Av.* Aeropuerto adaptado para el despegue vertical de helicópteros.

HÉLIX. m. *Anat.* Repliegue semicircular que forma el borde del pabellón de la oreja.

HELMEND. *Geog.* V. **Hilmend.**

HELMHOLTZ, Germán L. F. de. *Biog.* Fisiólogo y físico al., autor de importantes trabajos sobre electricidad y fisiología acústica, e inventor del oftalmoscopio. Obras: *Sobre correlaciones de las fuerzas de la naturaleza; Manual de óptica fisiológica; La teoría de las sensaciones*, etc. (1821-1894).

HELMINTIASIS. f. Nombre genérico de las enfermedades causadas por helmintos.

HELMÍNTICO, CA. adj. Relativo a los helmintos. || Dícese del medicamento usado contra los helmintos intestinales.

HELMINTO. (Del gr. *helmins, -intos*, gusano.) m. *Zool.* Gusano o lombriz. || m. pl. Gusanos que viven parásitos en el interior de los animales, y se dividen en *platelmintos* y *nematelmintos*, según tengan forma aplanada o redondeada.

HELMINTOLOGÍA. f. Estudio y descripción de los gusanos. || deriv.: **helmintológico, ca; helmintologista; helmintólogo, ga.**

HELMONT, Francisco van. *Biog.* Fil. panteísta belga. Parte de su obra se recopiló con el título de *Discursos paradójicos* (1618-1699). || – **Juan B. van.** Méd., químico y filósofo belga que combatió en numerosas obras las teorías escolásticas (1577-1644).

HELOS. *Geog. histór.* Ciudad de la ant. Laconia. Sus habitantes fueron reducidos a la esclavitud.

HELSINGBORG. *Geog.* V. **Hälsingborg.**

HELSINGFORS. *Geog.* V. **Helsinki.**

HELSINGÖR. *Geog.* Ciudad de Dinamarca (isla de Seiland). 58.000 h. Construcciones navales.

HELSINKI. *Geog.* Capital de Finlandia, sit. en el golfo de este nombre. 502.000 h. Es el principal puerto finés y uno de los mayores del Báltico. Su actividad industrial es muy intensa: construcciones mecánicas, productos alimenticios, porcelana, etc. Es el centro cultural de la nación y sede de la universidad más importante del país. Antes se llamó **Helsingfors.**

HELVECIA. *Geog. histór.* Provincia de las Galias, que comprendía aproximadamente el territorio de Suiza.

HELVECIENSE. m. *Geol.* Piso intermediario del mioceno, cuyos terrenos datan de 15 a 20 millones de años.

HELVECIO, CIA. adj. Natural de la Helvecia, hoy Suiza. Ú.t.c.s. ‖ Perteneciente a este país.

HELVECIO, Claudio Adriano. *Biog.* Escr. y filólogo fr., uno de los más ilustres voceros del racionalismo del siglo XVIII. Obras: *Del espíritu; Del hombre, de sus facultades y de su educación*, etc. (1715-1771).

HELVÉTICA, Confederación. *Geog.* V. **Suiza.**

HELVETICO, CA. adj. Helvecio *Confederación* HELVÉTICA. Apl. a pers., ú.t.c.s.

HELLER. m. Antigua moneda alemana de cobre. ‖ Moneda de cobre de escaso valor de Austria-Hungría y Checoslovaquia.

HELLIN. *Geog.* Ciudad de España (Albacete). 33.000 h.

HEMACRIMO. adj. *Zool.* Dícese del animal de sangre fría, o sea de temperatura poco diferente de la del medio.

HEMATEMESIS. (Del gr. *haima, -atos*, sangre, y *émesis*, vómito.) f. *Pat.* Vómito de sangre procedente del aparato digestivo. ‖ deriv.: **hematemético, ca.**

HEMATERMO, MA. adj. Dícese de todo animal de sangre caliente, o sea de temperatura constante, generalmente superior a la de su ambiente (mamíferos y aves).

HEMÁTICO, CA. adj. Perteneciente o relativo a la sangre.

HEMATIDROSIS. (Del gr. *haima*, sangre, e *idros*, sudor.) f. Sudación sanguínea debida a una hemorragia en las glándulas sudoríparas.

HEMATÍE. al. **Rotes Blutkörperchen.** fr. **Hématie.** ingl. **Red blood corpuscle.** ital. **Emasia.** port. **Hemácia.** (Del gr. *haima, -atos*, sangre.) m. *Biol.* Glóbulo rojo de la sangre.

HEMATINA. f. *Quím.* Substancia que se presenta en cristales negro-azulados, y que entra en la composición de la hemoglobina.

HEMATITA o **HEMATITES.** (Del lat. *haematites*, y éste del gr. *haimatites.*) f. *Miner.* Óxido férrico nativo, rojo o pardo, de estructura fibrosa o laminar; cristaliza en romboedros.

HEMATOCELE. m. *Pat.* Nombre genérico de los tumores sanguíneos.

HEMATOFAGO. adj. Dícese de todo animal que se alimenta de sangre. ‖ deriv.: **hematofagia.**

HEMATOFOBIA. f. Temor, emoción intensa o aversión a la vista de la sangre. ‖ deriv.: **hematofóbico, ca; hematófobo, ba.**

HEMATOLÍTICO, CA. adj. Hemolítico.

HEMATOLOGÍA. f. Tratado sobre la sangre. ‖ Parte de la medicina que se refiere a la sangre y sus alteraciones. ‖ deriv.: **hematológico, ca; hematólogo, ga.**

HEMATOMA. m. *Pat.* Tumefacción formada por sangre extravasada, y debido a una contusión.

HEMATOPOYESIS. (Del gr. *haima, -atos*, sangre, y *poieo*, hacer.) f. Producción de la sangre y muy en especial de los glóbulos sanguíneos. ‖ deriv.: **hematopoyético, ca.**

HEMATOSIS. (Del gr. *haimátosis*, de *haimatos*, cambiar la sangre.) f. Conversión de la sangre venosa en arterial.

HEMATOXILINA. f. *Quím.* Substancia colorante del palo campeche, muy usada en histología.

HEMATOZOARIO o **HEMATOZOO.** m. Animal parásito de la sangre, o que vive en ella. ‖ deriv.: **hematozoico, ca.**

HEMATURIA. (Del gr. *haima, -atos*, sangre, y *ureo*, orinar.) f. *Pat.* Presencia de sangre en la orina. ‖ deriv.: **hematúrico, ca.**

HEMBRA. al. **Weib.** fr. **Femelle.** ingl. **Female.** ital. **Femmina.** port. **Femea.** (Del ant. *fembra*, y éste del lat. *fémina.*) f. Animal del sexo femenino. *La tintorera es la* HEMBRA *del tiburón.* ‖ Persona del sexo femenino, mujer. ‖ En plantas de sexos distintos, la que da fruto. ‖ fig. En tornillos, llaves, etc., pieza que tiene un hueco por donde otra se introduce y encaja. ‖ Este mismo hueco. ‖ Molde hueco. ‖ Cola de caballo poco poblada. ‖ Delgado, fino, flojo. *Pelo* HEMBRA. ‖ *Cuba.* Racimo de plátanos.

HEMBRAJE. m. *Amér. del S.* Conjunto de las hembras de un ganado.

HEMBREAR. intr. Mostrar el macho inclinación a las hembras. ‖ Engendrar sólo hembras, o más hembras que machos.

HEMBRERÍA. f. *Ant.* Mujerío.

HEMBRERÍO. m. *Ant.* Hembrería.

HEMBRILLA. f. dim. de **Hembra.** ‖ En algunos artefactos, pieza en que otra se introduce y asegura. ‖ Armella.

HEMBRITA. f. *Hond.* Variedad de banano, de fruto pequeño.

HEMBRUCA. f. *Chile.* Hembra del jilguero.

HEMÉLITRO. (Del gr. *hemi*, mitad, y *élytron*, élitro.) m. *Zool.* Ala anterior de un insecto, cuya mitad es coriácea y la distal membranosa.

HEMERÁLOPE. (Del gr. *hemera*, día, y *opsis*, vista.) adj. *Pat.* Dícese de la persona que de noche pierde total o parcialmente la vista.

HEMERALOPÍA. f. *Pat.* Enfermedad caracterizada por dilatación pupilar y astenopia cuando comienza el crepúsculo vespertino; la visión de cerca es difícil y la acomodación casi imposible. ‖ deriv.: **hemeralópico, ca.**

HEMERALOPIA. f. *Pat.* Digase **hemeralopía.**

HEMEROTECA. (Del gr. *hemera*, día, y *theke*, caja, depósito.) f. Biblioteca en que se guardan y sirven diarios y otras publicaciones periódicas.

HEMICICLO. m. Semicírculo. ‖ Gradería semicircular.

HEMICRÁNEA. f. *Pat.* Jaqueca.

HEMIEDRÍA. f. *Miner.* Propiedad de los cristales en los cuales sólo existe simetría en la mitad de sus partes geométricamente iguales.

HEMINA. f. Medida antigua para líquidos (medio sextario). ‖ Cierta medida que se usaba para cobrar tributos. ‖ *Quím.* Substancia obtenida de la sangre. Se presenta en cristales negro-azulados, cuya formación permite reconocer las manchas de sangre.

HEMINGWAY, Ernesto. *Biog.* Escritor estad. a quien se otorgó en 1954 el premio Nobel de Literatura. Sus novelas y cuentos trasuntan el dinamismo de su personalidad, y en un estilo llano y recio, de admirable frescura, auscultan los valores humanos dentro de la realidad objetiva. Se consagró como novelista de fama con su libro *Adiós a las armas*, obra que lo convirtió en el portavoz de la generación posterior a la primera Guerra Mundial. Sintió especial atracción por España, África y Cuba. Otras obras: *En otro tiempo; Muerte en la tarde; Por quién doblan las campanas; El viejo y el mar*, etc. (1898-1961).

HEMIONO. m. Asno silvestre del Asia Occidental.

HEMIPLEJÍA. al. **Einseitige Lähmung.** fr. **Hémiplégie; hémiplexie.** ingl. **Hemiplegia.** ital. **Emimplegia.** port. **Hemiplegia.** (Del gr. *hemiplexia*, de *hemi*, medio, y *plesso*, herir, golpear.) f. Parálisis de un lado del cuerpo, debida a una lesión del hemisferio cerebral del lado opuesto al paralizado.

HEMIPLÉJICO, CA. adj. Perteneciente a la hemiplejía o propio de ella. ‖ Que padece esta enfermedad. Ú.t.c.s.

HEMÍPTERO, RA. (Del gr. *hemi*, medio y *pteron*, ala.) adj. *Zool.* Dícese de los insectos de metamorfosis sencilla, trompa chupadora y pico articulado, con hemélitros y alas posteriores membranosas, algunos ápteros, como la chinche doméstica. Ú.t.c.s. ‖ m. pl. *Zool.* Orden de estos insectos.

HEMISFÉRICO, CA. adj. Perteneciente o relativo al hemisferio *Un cuenco* HEMISFÉRICO.

HEMISFERIO. al. **Hemisphäre; Halbkugel.** fr. **Hémisphère.** ingl. **Hemisphere.** ital. **Emisfero.** port. **Hemisfério.** m. *Geom.* Cada una de las dos mitades de una esfera dividida por un plano que pase por su centro. HEMISFERIO *de Magdeburgo.* ‖ — **austral,** o **boreal.** *Astron.* El que, limitado por el Ecuador, comprende el polo austral, o boreal, respectivamente. *Australia está en el* HEMISFERIO AUSTRAL. ‖ — **del cerebro,** o **del cerebelo.** Cada una de las dos mitades laterales que se distinguen en estos órganos. ‖ — **oriental,** u **occidental.** El de la esfera celeste o terrestre, considerado al E. u O., respectivamente, del meridiano de origen. ‖ IDEAS AFINES: *Círculo, circunferencia, semiesfera, cono, pirámide, ángulo, triángulo; regla, compás; punto, recta, segmento; teorema, hipótesis, tesis, demostración; geometría, física, geografía; viajes, exploración, descubrimiento; anatomía, encéfalo, sistema nervioso.*

HEMISTIQUIO. al. **Halbvers.** fr. **Hémistiche.** ingl. **Hemistich.** ital. **Emistichio.** port. **Hemistíquio.** (Del lat. *hemistíchium*, y éste del gr. *hemistichion*; de *hemi*, medio, y *stikhos*, línea.) m. Cada una de las dos partes de un verso simple determinadas por la cesura. *Los* HEMISTIQUIOS *de un alejandrino.* ‖ Cada una de las partes que forman el verso compuesto separadas por una pausa.

HEMITROPÍA. f. *Miner.* Agrupación de cristales en torno a una superficie plana.

HEMOCIANINA. f. *Quím.* Pigmento del plasma sanguíneo de crustáceos y moluscos, de propiedades semejantes a las de la hemoglobina.

HEMOFILIA. (Del gr. *haima*, sangre, y *philos*, amigo.) f. Hemopatía hereditaria, caracterizada por dificultad en la coagulación de la sangre. Es padecida exclusivamente por los machos y sólo la transmiten las hembras.

HEMOFÍLICO, CA. adj. Perteneciente o relativo a la hemofilia. ‖ Que padece esta enfermedad. Ú.t.c.s.

HEMOGLOBINA. al. **Hämoglobin.** fr. **Hémoglobine.** ingl. **Hemoglobin.** ital. **Emoglobina.** port. **Hemoglobina.** f. *Quím.* Substancia rojiza, constituyente esencial de la sangre, que fija el oxígeno y lo transporta a los tejidos. Compuesta de una proteína y un pigmento.

HEMOLÍTICO, CA. adj. Dícese de las substancias que provocan la destrucción de los glóbulos rojos (arsénico, benzol, etc.) y de las enfermedades que presentan esta característica (anemia, ictericia, etc.).

HÉMON, Luis. *Biog.* Nov. fr., autor de *María Chapdelaine* y otras difundidas obras (1880-1913).

HEMOPATÍA. (Del gr. *haima*, sangre, y *pathos*, padecimiento.) f. *Pat.* Enfermedad de la sangre. ‖ deriv.: **hemopático, ca.**

HEMOPTISIS. (Del lat. *haemoptysis*, y éste del gr. *haimóptysis*; de *haima*, sangre, y *ptyo*, expectorar.) f. *Pat.* Expectoración de sangre, debida a hemorragia del aparato respiratorio. ‖ deriv.: **hemoptísico, ca; hemoptoico, ca.**

HEMORRAGIA. al. **Hämorrhagie; Bluterguss.** fr. **Hémorragie.** ingl. **Hemorrhage.** ital. **Emorragia.** port. **Hemorragia.** (Del lat. *haemorrhagia*, y éste del gr. *haimorrhagía*; de *haima*, sangre, y *rhégnym*, brotar.) f. Flujo de sangre. ‖ En patología, toda extravasación sanguínea. ‖ deriv.: **hemorrágico, ca.**

HEMORREA. f. *Pat.* Flujo copioso de sangre. ‖ Hemorragia pasiva. ‖ deriv.: **hemorreico, ca; hemorroico, ca.**

HEMORROIDA. f. *Pat.* Hemorroide.

HEMORROIDAL. adj. Relativo a las hemorroides o de su naturaleza.

HEMORROIDE. al. **Hämorrhoiden.** fr. **Hémorroïde.** ingl. **Piles; hemorrhoide.** ital. **Emorroide.** port. **Hemorróida.** (Del lat. *haemorrhois, -idis*, y éste del gr. *haimorrhoís*, de *haima*, sangre, y *rheo*, fluir.) f. *Pat.* Almorrana, tumores vasculares formados por las venas dilatadas del recto. ‖ deriv.: **hemorroidario, ria.**

HEMORROISA. f. Mujer que padece flujo de sangre.

HEMOSCOPIA. f. Examen microscópico de la sangre.

HEMOSTASIA. f. *Cir.* Cohibición de la hemorragia en las heridas.

HEMÓSTASIS o **HEMOSTASIS.** f. *Pat.* Estancamiento de sangre causada por la plétora.

HEMOSTÁTICO, CA. (Del gr. *haima*, sangre, y *statikós*, que detiene.) adj. *Med.* Dícese de todo agente que detiene o cohibe el flujo de sangre. *El alumbre es* HEMOSTÁTICO. Ú.t.c.s.m.

HEMOTACÓMETRO. (Del gr. *haima*, sangre, *takhos*, velocidad, y *metron*, medida.) m. Instrumento destinado a medir la velocidad de la sangre en las arterias.

HEMOTERAPIA. (Del gr. *haima*, sangre, y *therapeia*, curación.) f. Tratamiento de las enfermedades mediante el uso de sangre o suero sanguíneo.

HENAJE. m. Desecación del heno al aire libre.

HENAL. m. Henil.

HENAO. *Geog.* V. **Hainaut.**

HENAR. m. Lugar poblado de heno.

HENARES. *Geog.* Río de España, afl. del Jarama, tributario del Tajo. 150 km.

HENCH, Felipe Showalter. *Biog.* Médico estad. que se especializó en la terapéutica del reumatismo. Fue el principal colaborador de Eduardo Kendall en el descubrimiento de la cortisona y en 1950 recibió, con éste y con Tadeo Reichstein, el premio Nobel de Medicina y Fisiología (1896-1965).

HENCHIDOR, RA. adj. y s. Que hinche.

HENCHIDURA. f. Acción y efecto de henchir.

HENCHIMIENTO. m. Henchidura. ‖ En los molinos de papel, suelo de las pilas sobre el cual baten los mazos. ‖ *Mar.* Cualquier pieza de madera con que se rellenan huecos de otra pieza principal.

HENCHIR. (Del lat. *implere.*) tr. Llenar, colmar. *Los odres* HENCHIDOS *de vino;* antón.: **vaciar.** ‖ r. Hartarse de comida. ‖ irreg. Conj. como **pedir.**

HENDEDURA. f. Hendidura.

HENDER. al. **Spalten; schlitzen.** fr. **Fendre.** ingl. **To chink; to cleave.** ital. **Fendere.** port. **Fender.** (Del ant. *fender*, y éste del lat. *findere.*) tr. Hacer o causar una hendidura. *No* HIENDAS *el árbol con el cortaplumas;* sinón.: **agrietar, rajar.** ‖ fig. Atravesar un fluido. HENDIÓ *el aire un disparo*; sinón.: **cortar, rasgar.** ‖ Abrirse paso entre una muchedumbre. ‖ r. vulg. *P. Rico.* Emborracharse. ‖ irreg. Conj. como **entender.** ‖ deriv.: **hendedor, ra; hendible.**

HENDERSON, Archibaldo. *Biog.* Pensador y matemático estad. que publicó *G. B. Shaw, su vida y sus trabajos; Líneas sobre la superficie cúbica*, etc. (1877-1963). ‖ — **Arturo.** Pol. laborista ingl., parlamentario y varias veces ministro. Su actuación como presidente de la Conferencia del Desarme le valió en 1934 el premio Nobel de la Paz (1863-1935).

HENDIDOR, RA. adj. *Chile.* Hendedor.

HENDIDURA. al. **Spalt; Schlitz.** fr. **Fente.** ingl. **Fissure; cleft.** ital. **Fenditura.** port. **Fenda.** f. Abertura prolongada en un cuerpo sólido que no llega a dividirlo del todo.

HENDIENTE. m. Golpe que con una arma cortante se daba de alto a bajo.

HENDIJA. f. Rendija.

HENDIMIENTO. m. Acción y efecto de hender.

HENDRIX, Guillermo S. *Biog.* Hispanista estad., autor de *El tema de "La vida es sueño"; Tácticas militares en el "Poema del Cid"*, etc. (1887-1948).

HENEQUÉN. m. Pita, planta. *El* HENEQUÉN *es la principal riqueza de Yucatán.*

HENGELO. *Geog.* Ciudad de Holanda (Overijssel). 74.000 h. Industria textil y metalúrgica.

HÉNIDE. (De *heno.*) f. poét. Ninfa de los prados.

HENIFICAR. tr. Segar plantas forrajeras y secarlas al sol, para conservarlas como heno.

HENIL. m. Lugar donde se guarda el heno.

HENLEY, Guillermo Ernesto. *Biog.* Poeta lírico ingl., autor de obras muy celebradas: *Los voluntarios londinenses; Un libro de versos; El canto de la espada*, etc. (1849-1903).

HENNEBIQUE, Francisco. *Biog.* Arquitecto fr., considerado un innovador en el uso del hierro y del concreto (1842-1921).

HENO. al. **Heu.** fr. **Foin.** ingl.

Hay. ital. **Fieno.** port. **Feno.** (Del lat. *foénum.*) m. Planta de la familia de las gramíneas, con cañitas delgadas de unos veinte centímetros de largo. ‖ Hierba segada, seca, para alimento del ganado. ‖ – **blanco.** Planta perenne de la familia de las gramíneas, que tiene tallos de 50 a 80 centímetros.
HENOJIL. m. Cenojil.
HENOJO. m. *Méx.* Barbarismo por hinojo, planta.
HENRI, Roberto. *Biog.* Pintor nort. de tendencia realista, autor del libro *El espíritu del arte* (1865-1929).
HENRIO. m. Unidad de inductancia propia y de inductancia mutua en el sistema basado en el metro, el kilogramo, el segundo y el amperio. Equivale a la inductancia de un circuito cerrado en el que una variación uniforme de un amperio por segundo en la intensidad eléctrica produce una fuerza electromotriz inducida de un voltio.
HENRIQUE PAREJA, Carlos. *Biog.* V. **Latino, Simón.**
HENRÍQUEZ, Fray Camilo. *Biog.* Periodista y político chil. Fundador de "La Aurora" primer periódico de su país. Actuó en las luchas por la Independencia (1769-1824). ‖ – **Salomé Ureña de.** Escritora dominicana. Su producción literaria está compilada en un volumen: *Poesías* (1850-1897). ‖ – **UREÑA, Max.** Lit. dominicano autor de obras en prosa y en verso: *El ocaso del dogmatismo literario; Fosforescencias; Ánforas; Episodios,* etc. (1885-1968). ‖ – **UREÑA, Pedro.** Catedrático y escr. dominicano, Obras: *Plenitud de España; Seis ensayos en busca de nuestra expresión; Para la historia de los indigenismos,* etc. (1884-1946). ‖ – **Y CARVAJAL, Francisco.** Lit. y médico dominicano, en 1916 presidente de la Rep. (1859-1935).
HENRY. m. *Fís.* Nombre del henrio en la nomenclatura internacional.
HENRY, Guillermo. *Biog.* Químico ingl. que estableció la relación entre la solubilidad de un gas y su presión (1774-1836). ‖ – **José.** Físico estad. Descubrió la inducción electromagnética, independientemente de Faraday (1797-1878). – **O.** Seudónimo de Guillermo Sidney Porter, cuentista estad., autor de *Coles y reyes; El cuarto amueblado; Un informe municipal,* etc. (1862-1910).
HEÑIR. (Del lat. *fingere.*) tr. Sobar la masa con los puños. sinón.: **amasar, maznar.** ‖ irreg. Conj. como **ceñir.** ‖ deriv.: **heñidor, ra.**
HEPATALGIA. f. *Pat.* Dolor de hígado. ‖ deriv.: **hepatálgico, ca.**
HEPÁTICA. f. Hierba vivaz de hojas radicales. *Anemone hepatica,* ranunculácea. ‖ f. pl. *Bot.* Clase de briofitas, acuáticas o de lugares húmedos, generalmente sin hojas diferenciadas, y con el aspecto de laminillas verdes.
HEPÁTICO, CA. adj. Perteneciente o relativo al hígado. *Insuficiencia* HEPÁTICA. ‖ Que padece del hígado. Ú.t.c.s.
HEPATITA. f. Baritina.
HEPATITIS. (Del gr. *hépar, hépatos,* hígado, y el sufijo *itis.*) f. *Pat.* Inflamación del hígado.
HEPATIZACIÓN. f. *Pat.* Alteración de un tejido, especialmente el pulmonar, que le da un aspecto semejante al del hígado.
HEPATOCELE. f. *Pat.* Hernia del hígado.
HEPATOLOGÍA. f. *Med.* Tratado acerca del hígado y sus enfermedades. ‖ deriv.: **hepatológico, ca; hepatólogo, ga.**
HEPATOMEGALIA. f. *Pat.* Aumento anormal del volumen del hígado.
HEPTACORDIO. m. Heptacordo.
HEPTACORDO. (Del lat. *heptachordus,* y éste del gr. *heptákhordos;* de *heptá,* siete, y *khórdé,* cuerda.) m. *Mús.* Gama o escala usual compuesta de las siete notas do, re, mi, fa, sol, la, si. ‖ *Mús.* Intervalo de séptima en la escala musical.
HEPTAEDRO. m. *Geom.* Sólido que tiene siete caras. ‖ deriv.: **heptaédrico, ca.**
HEPTAGONAL. adj. De figura de heptágono o semejante a él. *Pirámide* HEPTAGONAL.
HEPTÁGONO, NA. (Del lat. *heptágonus,* y éste del gr. *heptágonos,* de *heptá,* siete y *gonía,* ángulo.) adj. *Geom.* Aplícase al polígono de siete lados. Ú.t.c.s.
HEPTANO. m. *Quím.* Carburo saturado que se encuentra en ciertos petróleos brutos.
HEPTARQUÍA. (Del gr. *heptá,* siete, y *arkhía,* gobierno.) f. País dividido en siete reinos. *La* HEPTARQUÍA *anglosajona desapareció en el siglo IX.* ‖ Gobierno de siete personas. ‖ deriv.: **heptarca; heptárquico, ca; heptarquino, na.**
HEPTARQUÍA ANGLOSAJONA. *Hist.* Nombre dado a los siete reinos fundados en Gran Bretaña por los sajones y los anglos, en el s. V. En 827 se reunieron en uno solo (Inglaterra), dirigido por Egberto.
HEPTASÍLABO, BA. (Del gr. *heptá,* siete, y *syllabé,* sílaba.) adj. Que consta de siete sílabas. ‖ m. Verso de siete sílabas. *Los* HEPTASÍLABOS *de una seguidilla.* ‖ deriv.: **heptasilábico, ca.**
HEPTATEUCO. (Del lat. *heptateuchus,* y éste del gr. *heptáteukhos;* de *heptá,* siete, y *teukhos,* libro.) m. Parte de la Biblia que comprende el Pentateuco y los dos siguientes libros de Josué y de los Jueces.
HEPTILENO. m. *Quím.* Carburo de etileno.
HEPTINO. m. *Quím.* Nombre de los hidrocarburos acetilénicos.
HÉPTODO. m. Válvula de siete electrodos que en el molde convertidor de frecuencias son: el cátodo, el ánodo y cinco rejillas.
HEQUET, Diógenes. *Biog.* Dibujante y pintor urug., autor de notables cuadros históricos y de motivos autóctonos (1866-1902).
HERA. *Mit.* Diosa del matrimonio en la mitología griega. V. **Juno.**
HERACLEA. *Geog. histór.* Nombre de varias ciudades antiguas de Europa y Asia, fundadas en homenaje a Heracles. ‖ Ciudad de la Magna Grecia, en Lucania, donde Pirro venció a los romanos en 230 a. de C. Hoy, Policoro.
HERACLES. *Mit.* Héroe griego, hijo de Zeus y de Alcmena. Es el Hércules de la mitología latina.
HERACLIDA. adj. Descendiente de Heracles.
HERACLIO I. *Biog.* Monarca del Imperio Romano Oriental (575-641).
HERÁCLITO. *Biog.* Filósofo gr. de la escuela Jónica, nacido y muerto en Éfeso. Los principios de su doctrina naturalista y determinista están expuestos en su obra *De la naturaleza* (s. V a. de C.).
HERÁLDICO, CA. al. **Heraldisch; Heraldik; Wappenkunde.** fr. **Héraldique.** ingl. **Heraldic; heraldry.** ital. **Araldico; araldica.** port. **Heráldico; heráldica.** adj. Perteneciente al blasón. ‖ Apl. a pers., ú.t.c.s. *Colores* HERÁLDICOS. ‖ f. Ciencia del blasón.
HERALDO. al. **Herold.** fr. **Héraut.** ingl. **Herald.** ital. **Araldo.** port. **Heraldo.** (Del ant. alto al. *heriwalto.*) m. **Rey de armas.**
HERARD, Carlos. *Biog.* Político haitiano, de 1843 a 1844 presidente de la República (1787-1850).
HERAS, Juan Gregorio de las. *Biog.* V. **Las Heras, Juan Gregorio de.**
HERAT. *Geog.* Ciudad del NO. del Afganistán. 110.000 h. Plaza comercial. Fue el centro del imperio de Tamerlán.
HÉRAULT. *Geog.* Dep. del S. de Francia, sobre el Mediterráneo. 6.113 km².; 640.000 h. Viñedos. Cap. MONTPELLIER.
HÉRAULT DE SEICHELLES, Juan. *Biog.* Pol. francés de actuación revolucionaria, autor de *Teoría de la ambición.* Condenado a muerte, fue ajusticiado junto con Dantón (1759-1794).
HERBÁCEO, A. adj. Que tiene la naturaleza o calidades de la hierba. *Planta* HERBÁCEA.
HERBADA. f. Jabonera, planta.
HERBAJAR. tr. Apacentar el ganado en prado o dehesa. HERBAJAR *vacunos;* sinón.: **pacer.** ‖ intr. Pastar el ganado. Ú.t.c.tr.
HERBAJE. (Del lat. *herbáticus.*) m. Conjunto de hierbas de prados y dehesas. sinón.: **pasto.** ‖ Derecho que se cobra por el arrendamiento de los pastos. ‖ Tela de lana impermeable usada principalmente por los marinos.
HERBAJEAR. tr. e intr. Herbajar.
HERBAJERO. m. El que arrienda un prado o dehesa.
HERBAR. tr. Adobar con hierbas las pieles o cueros. ‖ irreg. Conj. como **acertar.**
HERBARIO, RIA. (Del lat. *herbarius.*) adj. Perteneciente o relativo a las hierbas o plantas. ‖ m. Botánico, el que profesa la botánica. ‖ *Bot.* Colección de hierbas y plantas secas. ‖ *Zool.* Primera de las cuatro cavidades del estómago de los rumiantes.
HERBART, Juan Federico. *Biog.* Filósofo y pedagogo al. que preconizó la experiencia como base de la especulación. Obras: *Filosofía práctica general; Manual de psicología,* etc. (1776-1841).
HERBAZA. f. aum. de **Hierba.**
HERBAZAL. m. Sitio poblado de hierbas.
HERBECER. (Del lat. *herbéscere.*) intr. Empezar a nacer la hierba. *El valle* HERBECE. ‖ irreg. Conj. como **agradecer.**
HERBERO. m. Esófago de los rumiantes.
HERBERT, Eduardo. *Biog.* Escritor y filósofo ingl., autor de *Sobre la religión de los gentiles; Autobiografía,* etc. (1583-1618). ‖ – **Jorge.** Poeta ingl., de inspiración mística, hermano de Eduardo (1593-1633). ‖ – **Víctor.** Músico estad. de origen irlandés, autor de operetas y otras composiciones. Obras: *Marietta; Suite romántica,* etc. (1859-1924).
HERBICIDA. m. Producto para eliminar hierbas dañinas.
HERBIN, Augusto. *Biog.* Pintor fr. de tendencia abstracta. Escribió, en 1949, *El arte no-figurativo y no-objetivo* (1882-1960).
HERBÍVORO, RA. al. **Pflanzenfressend.** fr. **Herbivore.** ingl. **Herbivore.** ital. **Erbivoro.** port. **Herbívero.** (Del lat. *herba,* hierba, y *vorare,* comer.) adj. Dícese del animal que se alimenta de vegetales, y especialmente de hierbas. Ú.t.c.s.m. *Los* HERBÍVOROS *de las llanuras africanas son la presa favorita de los grandes carniceros.*
HERBOLAR. (Del lat. *hérbula,* aum. de *herba,* hierba, en la acep. de *veneno.*) tr. Enherbolar.
HERBOLARIO, RIA. al. **Kräutersammler.** fr. **Herboriste.** ingl. **Herbist; herbman.** ital. **Erborista.** port. **Herbolário.** adj. fig. y fam. Botarate, alocado. Ú.t.c.s. ‖ m. El que se dedica a recoger hierbas y plantas medicinales para venderlas. ‖ El que tiene tienda en que las vende. ‖ Tienda donde se venden hierbas medicinales.
HERBORISTA. s. Galicismo por **herbolario.** ‖ deriv.: **herboristería.**
HERBORIZAR. intr. *Bot.* Recoger plantas en montes y campos, para su estudio. ‖ deriv.: **herborización; herborizador, ra.**
HERBOSO, SA. adj. Poblado de hierba.
HERCIANO, NA. (De *hertziano.*) adj. V. **Onda herciana.** ‖ Perteneciente o relativo a esta clase de ondas.
HERCINIA. *Geog. histór.* Selva que cubría parte de Europa Central. Julio César denominó así a la selva que se extendía al N. del Danubio; otros escritores adjudican este nombre al bosque de Bohemia o de Turingia.
HERCINIANO, NA. adj. y s. *Geol.* Dícese del plegamiento orogénico acaecido a fines de la era paleozoica (período carbonífero), que se extendió desde el SO. de Irlanda, centro y sur de Gran Bretaña, norte y centro de Europa continental y Rusia meridional, hasta los Urales. Caracterizan a este plegamiento los enormes depósitos de hulla que se encuentran en el subsuelo.
HERCÍNICO. *Geol.* V. **Herciniano.**
HERCINIO, NIA. adj. Perteneciente a la selva Hercinia.
HERCIO. (De *hertz.*) m. *Fís.* Unidad de frecuencia. Es la frecuencia de un movimiento vibratorio que ejecuta una vibración cada segundo. Úsase más el kilohercio.
HERCULANO. *Geog. histór.* Ciudad de Italia antigua (Campania), sepultada bajo las cenizas del Vesubio en el año 79 y descubierta en 1711.
HERCULANO DE CARVALHO Y ARAUJO, Alejandro. *Biog.* Poeta lírico, dramaturgo y ensayista portugués, autor de *La voz del profeta; El arpa del creyente; Historia de Portugal,* etc. (1810-1877).
HERCÚLEO, A. adj. Perteneciente o relativo a Hércules o que se asemeja a él. *Trabajos* HERCÚLEOS.
HÉRCULES. m. fig. Hombre de mucha fuerza. ‖ *Astron.* Constelación boreal muy extensa, situada al occidente de la Lira, norte del Serpentario y oriente de la Corona boreal.
HÉRCULES. *Mit.* Héroe de la mitología latina, equivalente al Heracles griego. Dotado de fuerza y valor extraordinarios, ya en la cuna dio muerte a dos serpientes, que Juno había enviado para matarlo. Perseguido por las iras de Juno, fue condenado a cumplir una serie de pruebas, conocidas por "los doce trabajos de Hércules". Héroe por excelencia, atravesó el mundo combatiendo a los centauros, liberándolo de monstruos y de malhechores. Por fin se casó con Deyanira, a quien abandonó por una cautiva, y, apresado en la túnica del centauro Neso, murió arrojándose a una pira.
HERDER, Juan Godofredo. *Biog.* Escr. y filósofo al., uno de los más altos representantes del movimiento prerromántico en su país. Desdeñó la literatura libresca, la falsa retórica y las imitaciones, y auscultó la verdad en las expresiones auténticas de los pueblos. Su influencia en la cultura de su época fue muy sensible. Obras principales: *El más antiguo documento del género humano; Ideas sobre la filosofía de la historia de la humanidad; Espíritu de la poesía hebraica,* etc. (1744-1803).
HEREDABLE. adj. Que puede heredarse. *Distinción* HEREDABLE.
HEREDAD. f. Porción de terreno cultivado, perteneciente a un mismo dueño. ‖ Hacienda de campo o posesiones. sinón.: **predio.**
HEREDADO, DA. adj. Hacendado en bienes raíces. Ú.t.c.s. ‖ Que ha heredado.
HEREDAMIENTO. m. Hacienda de campo. ‖ *Der.* Pacto en que se promete la herencia o parte de ella.
HEREDAR. al. **Erben.** fr. **Hériter.** ingl. **To inherit.** ital. **Ereditare.** port. **Herdar.** (Del lat. *haereditare.*) tr. Suceder por disposición testamentaria o legal en los bienes y acciones que uno poseía al tiempo de su muerte. HEREDÓ *una fortuna de un pariente.* ‖ Dar a alguien bienes raíces. ‖ fig. Tener los hijos las inclinaciones o temperamentos de sus padres. *Pablo* HEREDA *la bondad de su madre.* ‖ Instituir uno a otro por heredero. ‖ IDEAS AFINES: *Parentesco, testamento, ley, abogado, juicio, tribunales, fallo, impugnar, impuesto a la herencia, riqueza, bienestar, preferencia, recompensa, parecerse, nombrar, beneficiar.*
HEREDERO, RA. al. **Erbe.** fr. **Héritier.** ingl. **Heir.** ital. **Erede.** port. **Herdeiro.** adj. Dícese de la persona a quien pertenece una herencia. Ú.t.c.s. HEREDERO *en línea recta;* sinón.: **legatario, sucesor.** ‖ Dueño de heredades. ‖ fig. Que sigue las inclinaciones de los padres. ‖ – **forzoso.** *Der.* El que tiene una parte de la herencia que el testador no le puede quitar sin causa legítima. ‖ **Instituir heredero** a uno. frs. *Der.* Nombrarle heredero en el testamento.
HEREDIA, Alejandro. *Biog.* Mil. argentino que intervino en las luchas de la Independencia. Participó en la campaña del Perú y en la sublevación de Arequito. Murió asesinado (1790-1838). ‖ – **Cayetano.** Méd. peruano, uno de los precursores de la educación popular en su patria (1787-1861). ‖ – **José María de.** Literato cub. Cultivó la poesía con melancólico sentido paisajista y muchas de sus composiciones lograron gran popularidad: *Al Niágara; En el teocali de Cholula; El desamor,* etc. (1803-1839). ‖ – **José María de.** Poeta fr. de origen cub., primo del anterior, depurado estilista del soneto. Su obra lírica, totalmente escrita en francés, está compilada en *Los trofeos* (1842-1905). ‖ – **José Ramón.** Poeta venezolano, n.

en 1900, autor de *Música de silencio.* ‖ — **Nicolás.** Nov. y crítico dominicano, autor de *Un hombre de negocios; La sensibilidad en la poesía castellana; Leonela,* etc. (1859-1901). ‖ — **Pedro de.** Conquistador esp. (1502-1574) que en 1533 fundó Cartagena (Colombia).

HEREDIA. *Geog.* Provincia de Costa Rica. 2.900 km².; 145.000 h. Café. Cap. hom. 42.000 h. Plaza comercial.

HEREDITARIO, RIA. adj. Perteneciente a la herencia o que se adquiere por ella. *Título* HEREDITARIO; sinón.: **patrimonial, sucesorio.** ‖ fig. Dícese de las inclinaciones, cualidades o enfermedades que pasan de padres a hijos. *Manía* HEREDITARIA.

HEREFORD. *Geog.* Condado de Gran Bretaña en el límite de Inglaterra con Gales. 2.182 km².; 140.000 h. Raza de bovinos, de amplia difusión en el mundo, conocida por el nombre del lugar. Cap. hom., a orillas del río Wye. 40.000 h.

HEREJE. al. **Ketzer.** fr. **Hérétique.** ingl. **Heretical.** ital. **Eretico.** port. **Herege.** (Del lat. *haeréticus.*) com. Quien sostiene una herejía. *El Santo Oficio juzgaba a los* HEREJES. ‖ fig. Desvergonzado, procaz. ‖ adj. *Chile* y *Ven.* Mucho o demasiado. *Tengo trabajo* HEREJE *en la casa.* ‖ IDEAS AFINES: *Apóstata, pagano, gentil, idólatra, Inquisición, autos de fe, hoguera, tormento, retractación, Cruzadas, Ricardo Corazón de León, San Luis de Francia, Pedro el Ermitaño, Jerusalén, Santo Sepulcro, Acre; Lutero, Calvino, protestantismo, guerra religiosa.*

HEREJÍA. al. **Ketzerei; Häresie.** fr. **Hérésie.** ingl. **Heresy.** ital. **Eresia.** port. **Heresia.** f. Error en materia de fe, sostenido con pertinacia. *La* HEREJÍA *albigense.* ‖ fig. Sentencia errónea contra los principios de una ciencia o arte. ‖ Palabra injuriosa. ‖ Daño grave.

HEREJOTE. m. aum. de **Hereje.**

HERÉN. f. Yeros.

HERENCIA. al. **Erbschaft; Esbe.** fr. **Héritage.** ingl. **Inheritance.** ital. **Eredità.** port. **Herança.** f. Derecho de heredar. ‖ Bienes y derechos que se heredan. *Reclamar una* HERENCIA; sinón.: **legado, sucesión.** ‖. Inclinaciones o temperamento que se heredan. ‖ — **yacente.** *Der.* Aquella en que no ha entrado aún el heredero, o cuyas particiones están por hacer. ‖ **Adir la herencia.** frs. *Der.* Admitirla.

● **HERENCIA.** *Biol.* La transmisión de los caracteres de los progenitores a los descendientes era, hasta hace relativamente poco tiempo, considerada como una fuerza fatal e inexorable que actuaba sobre los seres vivos y los conformaba, sin posibilidad de cambio, tal como debían ser. Esta concepción estrecha respondía al dogma de la fijeza de las especies, que negaba la influencia del medio y el fenómeno de la evolución. Pero en la actualidad, el proceso de la **herencia** permite distinguir en todo individuo dos clases de caracteres: los hereditarios, recibidos de los padres, es decir, innatos, y los adquiridos, producto del propio esfuerzo biológico. Se han formulado muchas teorías para interpretar los mecanismos de la **herencia**: la más aceptada es la de las partículas representativas (llamadas "gémulas", "determinantes", "genes", etc.), según la cual el espermatozoide y el óvulo, o en general la célula germinal, contiene elementos muy pequeños, portadores de los caracteres de los padres. Antes de la fecundación, el óvulo expulsa la mitad de su núcleo que contiene la mitad de los cromosomas, lo que explica que en el óvulo permanezca la mitad de los caracteres hereditarios portados por los genes, que se alinean en serie a lo largo de los cromosomas. El espermatozoide, después de haber perdido también la mitad de los cromosomas, penetra en el huevo y lo fecunda; en el curso de la segmentación de la célula germinal, los genes se distribuyen en las células del nuevo ser, donde reproduce cada uno el carácter del cual son portadores. Cuando la reproducción es asexual, sin gametas (por esporos, gajos, etc.), la **herencia** es más directa por intervenir en ella un solo progenitor; cuando es sexual, entran en juego caracteres provenientes del padre y la madre; entonces se produce un conflicto en el que triunfan y se imponen los caracteres más fuertes, algunos paternos y otros maternos. Se supone que todo individuo es portador de los genes de sus progenitores, pero hay algunos que se manifiestan exteriormente: son los caracteres dominantes, y otros que se mantienen latentes: los caracteres recesivos. El medio en que vive el individuo tiende constantemente a modificar su **herencia** atávica mudando sus caracteres innatos y confiriéndole otros nuevos: los caracteres adquiridos. Los hombres de ciencia se preguntan si estos últimos pueden ser transmitidos a la descendencia, es decir si son hereditarios. Lamarck lo afirma; Weisman y los neodarvinistas lo niegan. De no heredarse los caracteres adquiridos, la variación de las especies y el surgimiento de otras nuevas serían inexplicables, y aceptando, por otra parte, que los seres humanos derivan de especies muy simples, mediante una evolución progresiva, se tornaría difícil comprender cómo han arribado a su complejidad actual. De todos modos, ambas posiciones no son más que hipótesis, más o menos verosímiles, no corroboradas aún por experiencias definitivas. Los genes ejercen su influencia, ya sea de una manera inexorable, imponiendo a los descendientes características que se desarrollan fatalmente, ya como tendencias que se vuelven o no efectivas según las circunstancias del desarrollo o el medio. El sexo está ya determinado inevitablemente, desde la unión del óvulo con el espermatozoide. La debilidad mental, la hemofilia, la demencia, la sordomudez, son factores hereditarios; el cáncer, la hipertensión, la tuberculosis, etc., se transmiten sólo como tendencias; las condiciones del medio pueden favorecer o impedir su surgimiento; dichas condiciones actúan de igual modo con el vigor, la inteligencia, la voluntad, el juicio, etc. Las predisposiciones hereditarias determinan en gran parte la conformación física y espiritual de un individuo; su influencia entra en pugna con la del medio y el valor de cada una de ellas varía de un ser a otro. Sin embargo, en niños concebidos por los mismos progenitores, que reciben igual crianza y educación, existen diferencias marcadas en las facciones, en la estatura, en las predisposiciones intelectuales y morales, etc.; es evidente que estas diferencias tienen un origen atávico y casos iguales se encuentran entre los animales. Según las condiciones del medio, algunas características de origen hereditario se desarrollan y otras permanecen como potencialidades. Darwin sospechó la existencia de leyes que regulan la transmisión hereditaria; formuló la "ley del retorno", según la cual, cuando se cruzan individuos de distintas especies los descendientes poseen caracteres que se pierden, por la tendencia a regresar hacia uno de los tipos de los progenitores. Gregorio Mendel estableció leyes sobre la **herencia**, demostrando la dominación, la disyunción y la independencia de los factores hereditarios, y, según esos fenómenos, los distintos tipos de **herencia**. En general, no se puede distinguir entre lo heredado y lo adquirido, y es imposible predecir en qué medida las tendencias hereditarias son afectadas por la educación, el género de vida y el medio social. Sólo es posible afirmar que los factores químicos, fisiológicos y psicológicos del ambiente favorecen o dificultan el desarrollo de los caracteres heredados.

HERENCIA CEBALLOS, Mariano. *Biog.* Estadista y mil. per., en 1872 presidente de la Rep. (1820-1873).

HERENNIO, Cayo Poncio. *Biog.* General samnita que en 321 a. de C. venció en Caudio al ejército romano. Impuso a los vencidos los castigos conocidos como "horcas caudinas".

HERES, Tomás de. *Biog.* General venez. que fue secretario de Simón Bolívar (1795-1842).

HERESIARCA. al. **Häresiarch.** fr. **Hérésiarque.** ingl. **Heresiarch.** ital. **Eresiarca.** port. **Heresiarca.** (Del lat. *haeresiarcha*, y éste del gr. *hairesiárches*, de *hairesis*, herejía, y *archo*, ser el primero, mandar.) m. Autor de una herejía.

HERÉTICAL. adj. Herético.

HERÉTICO, CA. adj. Perteneciente a la herejía o al hereje. *San Anastasio luchó firmemente contra los* HERÉTICOS *arrianos.*

HERIDA. al. **Wunde; Verletzung.** fr. **Blessure.** ingl. **Wound.** ital. **Ferita.** port. **Ferida.** f. Solución de continuidad en las partes blandas producida violentamente. ‖ Golpe de las armas blancas al tiempo de herir con ellas. ‖ fig. Ofensa, agravio. *¿Qué secreta* HERIDA *lo trae pesaroso?* ‖ Lo que aflige y atormenta. ‖ — **contusa.** La causada por contusión. ‖ — **penetrante.** *Cir.* La que llega a lo interior de alguna de las cavidades del cuerpo. ‖ — **punzante.** La producida por instrumentos o arma agudos y delgados. ‖ **Resollar, o respirar por la herida.** fig. Dar a conocer con alguna ocasión el sentimiento que se tenía reservado. ‖ IDEAS AFINES: *Cortadura, lastimadura, desangrarse, desinfección, anestesia, sutura, transfusión, vendaje, antibiótico, tétano, gangrena, costra, cicatriz; batalla, guerra; ultraje, desdén, desesperación.*

HERIDO, DA. adj. Con el adv. *mal,* gravemente **herido.** Ú.t.c.s. ‖ m. *Chile.* Mal usado por zanja para los cimientos y también por canal pequeño para desagüe.

HERIDOR, RA. adj. Que hiere. Ú.t.c.s.

HERIL. (Del lat. *herilis*; de *herus*, amo.) adj. Perteneciente o relativo al amo.

HERIR. al. **Verwunden; verletzen.** fr. **Blesser.** ingl. **To wound.** ital. **Ferire.** port. **Ferir.** (Del ant. *ferir*, y éste del lat. *ferire.*) tr. Romper o abrir las carnes con una arma, instrumento, etc. Ú.t.c.r. HIRIÓ *al agresor en defensa propia.* ‖ Golpear, batir, un cuerpo contra otro. ‖ Hablando del sol, bañar una cosa sus rayos. HIRIÓ *el astro rey la faz de la tierra.* ‖ Refiriéndose a instrumentos de cuerda, tocarlos. HIERE *el arco las cuerdas.* ‖ Dicho del oído o de la vista, hacer los objetos impresión en estos sentidos. ‖ Hacer fuerza una letra sobre otra para formar sílaba o sinalefa con ella. ‖ fig. Mover, excitar algún efecto. ‖ Ofender, agraviar. *Palabras que* HIEREN. ‖ Acertar. HERIR *la dificultad.* ‖ irreg. Conj. como **sentir.**

HERISAU. *Geog.* Ciudad de Suiza, cap. del cantón de Appenzell Rhodes Exteriores. 15.000 h. Industrias del vestido. Bordados.

HERISTAL. *Geog.* V. **Herstal.**

HERMA. (Del lat. *herma* y *hermes*, éste del gr. *Hermés*, Mercurio.) m. Busto sin brazos colocado sobre un estípite.

HERMAFRODISMO. m. *Med.* **Hermafroditismo.**

HERMAFRODITA. al. **Zwitter; Hermaphrodit.** fr. **Hermaphrodite.** ital. **Ermafrodito.** port. **Hermafrodito.** adj. Que tiene los dos sexos. sinón.: **bisexual.** ‖ Dícese del individuo de la especie humana cuyas anomalías anatómicas dan la apariencia de reunir los dos sexos. Ú.t.c.s.com. ‖ *Bot.* Aplícase a los vegetales cuyas flores reúnen en sí los estambres y el pistilo; y también a estas flores. *El pensamiento y el tulipán son* HERMAFRODITAS. ‖ *Zool.* Dícese de ciertos animales de las clases inferiores que tienen ambos sexos.

HERMAFRODITISMO. m. Calidad de hermafrodita.

HERMAFRODITO. (Del lat. *hermaphroditus*, y éste del gr. *Hermaphróditos*, hijo de *Hermés*, Mercurio y *Aphrodite*, Venus, y que participaba de los dos sexos.) m. Hermafrodita.

HERMANABLE. adj. Perteneciente al hermano o que puede hermanarse. ‖ deriv.: **hermanablemente.**

HERMANADO, DA. adj. fig. Igual y uniforme en todo a una cosa. HERMANADOS *en el ideal.* ‖ deriv.: **hermanadamente.**

HERMANAL. adj. Fraternal.

HERMANAR. tr. y r. Unir, uniformar. HERMANAR *opiniones*; sinón.: **armonizar;** antón.: **desunir.** ‖ Hacer a uno hermano de otro en sentido espiritual. sinón.: **fraternizar.** ‖ deriv.: **hermanamiento.**

HERMANASTRO, TRA. (Despect. de *hermano.*) s. Hijo de uno de los dos consortes con respecto al hijo del otro.

HERMANAZGO. m. Hermandad.

HERMANDAD. (Del lat. *germánitas, -atis.*) f. Relación de parentesco que hay entre hermanos. ‖ fig. Amistad íntima. ‖ Correspondencia que guardan varias cosas entre sí. ‖ Cofradía, congregación de devotos. ‖ Liga o confederación.

HERMANEAR. intr. Dar el tratamiento de hermano; usar de este nombre hablando con uno.

HERMANECER. intr. Nacerle a uno un hermano.

HERMANNSTADT. *Geog.* V. **Sibiu.**

HERMANO, NA. al. **Bruder; Schwester.** fr. **Frère; soeur.** ingl. **Brother; sister.** ital. **Fratello; sorella.** port. **Irmão; irmã.** (Del lat. *germanus.*) s. Persona que con respecto a otra tiene los mismos padres, o solamente el mismo padre o la misma madre. ‖ Tratamiento que mutuamente se dan los cuñados. ‖ Lego o donado de una comunidad regular. *Los* HERMANOS *de un monasterio.* ‖ fig. Persona que respecto de otra tiene el mismo padre que ella en sentido moral. HERMANOS *en Cristo*, HERMANOS *de América.* ‖ Persona admitida por una comunidad religiosa a participar de ciertas gracias. HERMANO *de la Tercera Orden Franciscana.* ‖ Individuo de una hermandad o cofradía. *Los* HERMANOS *maristas.* ‖ Una cosa respecto de otra a que es semejante. *Dos perlas* HERMANAS. ‖ *C. Rica.* Aparecido, espectro. ‖ **Hermana de la caridad.** Religiosa de la congregación fundada por San Vicente de Paúl en el siglo XVII para la asistencia benéfica en hospitales, asilos, etc. ‖ **Hermano bastardo.** El habido fuera de matrimonio, respecto del legítimo. ‖ — **carnal.** El que lo es de padre y madre. ‖ — **consanguíneo. Hermano de padre.** ‖ — **de la Doctrina Cristiana.** Individuo de la congregación de la Doctrina Cristiana. ‖ — **de leche.** Hijo de una nodriza respecto del ajeno que ésta crió, y viceversa. ‖ — **de madre.** Persona que respecto de otra tiene la misma madre, pero no el mismo padre. ‖ — **de padre.** Persona que respecto de otra tiene el mismo padre, pero no la misma madre. ‖ — **mayor.** Nombre que se da en algunas asociaciones a su presidente. ‖ — **uterino. Hermano de madre.** ‖ **Medio hermano.** Una persona con respecto a otra que no tiene los mismos padres, sino solamente el mismo padre o la misma madre. ‖ **Hermanos siameses.** m. pl. Nombre dado a los casos de doble monstruosidad, semejantes al de los mellizos Chang y Eng, cuyos cuerpos estaban unidos por el pecho mediante una membrana cartilaginosa. ‖ IDEAS AFINES: *Pariente, deudo, consanguinidad, familia, relación, colateral, fraternal, fratricidio; cura, monja, convento; camaradas, compañeros; gemelos, mellizos.*

HERMANOS KARAMAZOV, Los. *Lit.* Cél. novela de Fedor Dostoievski, obra maestra del autor, publicada em 1880. Descripción de una familia dominada por la miseria moral, el crimen y, en uno de sus miembros, por problemas espirituales, es una subjetiva visión que profundiza la psicología humana.

HERMANT, Abel. *Biog.* Dramaturgo y novelista fr., cultor del humorismo. Obras: *El cetro; El carro del Estado; La hermosa señora Héber,* etc. (1862-1950).

HERMANUCO. m. desp. Donado.

HERMENEUTA. com. Persona que cultiva la hermenéutica.

HERMENÉUTICA. (Del gr. *hermeneutiké*, t. fem. de *-kos*, hermenéutico.) f. Arte de interpretar textos, y especialmente los sagrados. ‖ deriv.: **hermenéutico, ca.**

HERMES. *Mit.* Dios griego, hijo de Zeus y de Maya, mensajero de los dioses; asimilado al Mercurio latino.

HERMÉTICO, CA. al. **Hermetisch.** fr. **Hermétique.** ingl. **Hermetic.** ital. **Ermetico.** port. **Hermético.** adj. Dícese de especuladores, escritos y partidarios de varios libros de alquimia atribuidos a Hermes, un filósofo egipcio que se supone existió en el siglo XX a. de C. ‖ Dícese por alusión a lo abstruso de aquellos escritos, de cualquiera cosa impenetrable. ‖ Concerniente a lo que cierra una abertura de modo que no pase ningún cuerpo gaseoso. *Tapa* HERMÉTICA. ‖ fig. Impenetrable, cerrado. *Nadie penetra en su corazón* HERMÉTICO. ‖ deriv.: **herméticamente; hermeticidad; hermetismo; hermetista.**

HERMITE, Carlos. *Biog.* Matemático fr., autor de importantes trabajos sobre la teoría de los números y de las funciones elípticas (1822-1901).

HERMITE. *Geog.* Grupo insular del S. de Chile. En la isla más austral se encuentra el cabo de Hornos, extremo meridional de América del Sur.

HERMODÁTIL. m. Raíz de cólquico, que usábase contra la gota y el reumatismo.

HERMÓN. *Geog.* Macizo montañoso en el límite entre Siria y el Líbano, extremo S. de la cordillera del Antilíbano.

HERMÓPOLIS. *Geog. histór.* Nombre de dos ciudades del antiguo Egipto, donde Hermes era venerado.

HERMOSAMENTE. adv. m. Con hermosura. ‖ fig. Con perfección.

HERMOSEAR. al. **Verschönern.** fr. **Embellir.** ingl. **To beautify; to embellish.** ital. **Abbellire.** port. **Aformosear.** tr. y r. Volver hermoso. *La alegría le* HERMOSEABA *el rostro*; sinón.: **adornar, embellecer.** antón.: **afear.** ‖ deriv.: **hermoseador, ra; hermoseamiento; hermoseo.**

HERMOSILLA. r. Planta herbácea, de raíz carnosa y flores pequeñas, moradas o azules, en forma de largos embudos con el estilo saliente; cultivada en jardines. *Trachelium coeruleum*, campanulácea.

HERMOSILLENSE. adj. Natural de Hermosillo, capital del Estado mexicano de Sonora: Ú.t.c.s. ‖ Perteneciente o relativo a dicha capital.

HERMOSILLO. *Geog.* Ciudad de México, capital del Est. de Sonora. 43.516 h. Centro agrícola y minero.

HERMOSO, SA. al. **Schön.** fr. **Beau.** ingl. **Beautiful.** ital. **Bello.** port. **Formoso.** (De *fermoso*, y éste del lat. *formosus*.) adj. Dotado de hermosura. *Flor* HERMOSA; sinón. **bello, precioso;** antón.: **feo.** ‖ Grandioso, excelente, perfecto. *Acción* HERMOSA. ‖ Despejado, apacible. ¡ HERMOSA *tarde*!

HERMOSURA. al. **Schönheit.** fr. **Beauté.** ingl. **Beauty.** ital. **Bellezza.** port. **Formosura.** f. Belleza de las cosas que puede ser percibida por el oído o por la vista. *La* HERMOSURA *de una talla*; sinón.: **beldad;** antón.: **fealdad.** ‖ Por ext., lo agradable de una cosa. ‖ Proporción noble y perfecta de las partes con el todo. ‖ Mujer hermosa.

HERNANDARIAS. *Biog.* Explorador y mil. paraguayo cuyo verdadero nombre era **Hernando Arias de Saavedra.** A los quince años comenzó su vida militar y a los veinte acompañó a Garay hasta Buenos Aires y hasta más allá de las sierras del Tandil. Fue uno de los fundadores de las ciudades de Concepción y Corrientes y posteriormente gobernador de Asunción y del Río de la Plata. Primer gobernador nativo, su acción tendió a educar a los indígenas y mejorar sus condiciones de vida (1561-1634).

HERNANDARIAS. *Geog.* Población del Paraguay, cap. del departamento del Alto Paraná. 5.000 h.

HERNANDARIAS. Nombre del túnel subfluvial que une las ciudades argentinas de Paraná y Santa Fe, por debajo del río Paraná. Tiene 2.500 metros de largo.

HERNANDEZ, Daniel. *Biog* Pintor per. de formación europea. Autor de notables cuadros sobre temas históricos (1856-1932). ‖ – **Domingo R.** Poeta lírico ven., autor de celebradas composiciones: *Alas de mariposa; En la tumba de América; El llanero*; etc. (1829-1893). ‖ – **Efrén.** Escritor mex., autor de notables ensayos sobre temas históricos y literarios (1903-1958). ‖ – **Francisco.** Naturalista esp. que durante siete años realizó en México valiosas investigaciones sobre botánica y zoología. Obra fundamental: *Historia natural de las Indias* (1517-1587). ‖ – **Gaspar Octavio.** Poeta pan. de color, autor de *La copa de amatista; Melodías del pasado*, etc. (1893-1918). ‖ – **Gregorio.** Cél. escultor esp., uno de los mejores de la escuela castellana. Obras: *Cristo de El Pardo; La piedra; Cristo de la luz*, etc. (1576-1636). ‖ – **José.** Cél. poeta arg. Soldado, luchador político y periodista, combatió a las órdenes de Urquiza y luego se inició en la literatura con algunas composiciones poéticas cultas, sin mayor fortuna. Fue en la poesía gauchesca, de vigorosos perfiles y de tono genuinamente popular, donde encontraría su inspiración y legaría una obra genial: *Martín Fierro*, extenso poema nativo calificado por Menéndez y Pelayo de obra maestra en su género, cuya primera parte se publicó en 1872, con el título de *El gaucho Martín Fierro*, y fue completada en 1879 con *La vuelta de Martín Fierro*. Obra de interpretación sociológica de una época y de una sociedad, aúna lo lírico, lo descriptivo, lo satírico y lo épico, alcanzando los caracteres de una epopeya. Escribió también la descripción gaucha *Los treinta y tres orientales* y sus escritos dispersos fueron recopilados póstumamente en *Prosas del autor de Martín Fierro* (1834-1886). ‖ – **José A.** Poeta per., autor de *Sistema y sentido de la angustia* y otras obras líricas (n. 1910). ‖ – **José Manuel.** Militar y político ven., en 1898 fue elegido presidente de la República pero se le impidió asumir el poder (1844-1921). ‖ – **Julio A.** Compositor dom. Casi toda su producción musical está reunida en su *Album de Música Nacional* (n. 1900). ‖ – **Miguel.** Literato esp., autor de obras poéticas y teatrales: *Perito en lunas; Viento del pueblo; Sombra de lo que eres*, etc. (1910-1942). ‖ – **ARANA-XAYILA, Francisco.** Historiador guatemalteco, de raza indígena (siglo XVI). ‖ – **CATÁ, Alfonso.** Lit. cubano que cultivó la novela, el cuento y el drama. Obras: *La noche clara; Cuentos pasionales*, etc. (1885-1940). ‖ – **COLÓN, Rafael.** Gobernador de Puerto Rico, de 1973 a 1977. ‖ – **DE CÓRDOBA, Francisco.** Mil. y explorador esp. que llegó a Panamá con Pedrarias Dávila, quien luego ordenó su muerte (1475-1526). ‖ – **DE OVIEDO y VALDÉS, Gonzalo.** Mil., cronista e historiador esp., en 1526 gobernador de Cartagena. Intervino en varias acciones de la conquista en América, y como cronista de Indias escribió *Historia general y natural de Indias* (1478-1557). ‖ – **FRANCO, Tomás.** Poeta dominicano que cultivó la lírica afroantillana (1904-1952). ‖ – **GIRO, Juan E.** Pintor cub., retratista y acuarelista. Obras: *La muerte de Agramonte; El combate de Peralejo; Una estancia*, etc. (1882-1953). ‖ – **GUTIÉRREZ, Rafael.** Lit. venezolano, autor de *El collar de ámbar; Guzmán Blanco y su tiempo*, etc. (1840-1879). ‖ – **MARTÍNEZ, Maximiliano.** Pol. y militar salvadoreño, presidente de la Rep. de 1931 a 1944 (1882-1966). ‖ – **MIRAYES, Enrique.** Poeta cub., también conocido por el seudónimo de Hernán de Enríquez. Autor de *La hora verde; Tú y mi patria*, etc. (1859-1914). ‖ – **PÉREZ, Eusebio.** Médico cubano, especialista en ginecología y obstetricia, que publicó *Historia crítica de las pelviotomías* (1853-1937). ‖ – **PORTOCARRERO, Alonso.** Militar y explorador esp., primer alcalde de Veracruz (s. XVI).

HERNE. *Geog.* Ciudad de la Rep. Federal de Alemania, en la cuenca industrial del Ruhr. 150.000 h. Centro carbonífero y metalúrgico.

HERNIA. al. **Bruch; Hernie.** fr. **Hernie.** ingl. **Hernia.** ital. **Ernia.** port. **Hérnia.** (Del lat. *hernia*.) f. Tumor blando, elástico, sin mudanza de color en la piel, producido por la dislocación y salida total o parcial de una víscera u otra parte blanda, fuera de la cavidad en que se halla ordinariamente encerrada.

HERNIADO, DA. adj. Hernioso.

HERNIARIO, RIA. adj. Perteneciente o relativo a la hernia.

HERNIARSE. r. *Amér.* Quebrarse, formársele hernia a uno.

HÉRNICO, CA. adj. Dícese del individuo de un antiguo pueblo del Lacio. Ú.t.c.s. ‖ Perteneciente a este pueblo.

HERNIOSO, SA. adj. y s. Que padece hernia.

HERNISTA. m. Cirujano que se dedica a curar hernias.

HERNUTA. com. Individuo de una secta cristiana, en cuyo culto tiene una gran parte el canto.

HERODES I. *Biog.* Rey de Judea. Según la Biblia, en el año 1 de nuestra era, ordenó la "degollación de los inocentes" (62 a. J.C.-4.). ‖ – **ANTIPAS.** Tetrarca de Galilea que juzgó a Jesús y ordenó degollar a San Juan Bautista (4 a. de C.-39).

HERODIANO, NA. adj. Perteneciente o relativo a Herodes. *Crueldad* HERODIANA.

HERODÍAS. *Biog.* Esposa de Herodes Antipas. Se valió de su hija Salomé para lograr que Herodes ordenara la degollación de San Juan Bautista.

HERODOTO. *Biog.* Hist. griego, llamado "Padre de la Historia". Viajó por Asia Menor, Egipto y Grecia, recogiendo gran cantidad de datos sobre hechos, costumbres, religiones y leyendas. Condensó sus impresiones en *Historias*, divididas en nueve libros que llevan el nombre de cada una de las musas. Considera la historia como un inmenso drama que tiene por escenario el mundo y por actores a los hombres, y en el que la intervención divina establece el equilibrio entre el bien y el mal (aprox. 490-424 a. J.C.).

HÉROE. al. **Held.** fr. **Héros.** Ingl. **Hero.** ital. **Eroe.** port. **Herói.** (Del lat. *heros, -ois*, y éste del gr. *heros*.) m. Entre los antiguos paganos, el nacido de un dios o una diosa y de una persona humana, como Hércules. *Teseo era el* HÉROE *de los jonios*. ‖ Varón famoso por sus hazañas o virtudes. *Entre los* HÉROES *colombianos figura Caldas*. ‖ El que lleva a cabo una acción heroica. *Los* HÉROES *numantinos*. ‖ Persona principal de todo poema en que se representa una acción. ‖ Cualquiera de los personajes de carácter elevado en la epopeya. *Eneas es el* HÉROE *de la Eneida*. ‖ IDEAS AFINES: *Proeza, victoria, valentía, coraje, caballero, luchador, Cid, Don Quijote, Rolando, protagonista, actor, personaje*.

HÉROE. *Mit.* En grado inferior a los dioses, los griegos honraban a los héroes, hijos de un dios y de un mortal, como Hércules, Dionisos, Aquiles, etc. Estos semidioses se habían distinguido en vida por las hazañas que llevaron a cabo entre los hombres. Pero en el culto, también se consideraba héroes a personajes legendarios a los que se atribuían hechos maravillosos y a jefes que guiaron a colonos y fundaron ciudades, los cuales, transcurrido un tiempo, se convertían en héroes fundadores. Por extensión, eran considerados héroes algunas personalidades: hombres de guerra como Milcíades, legisladores como Licurgo, médicos como Hipócrates, poetas como Homero, etc. Los héroes no habitaban el Olimpo ni dirigían las fuerzas de la naturaleza; después de su muerte se reunían en las Islas de la Fortuna o en los Campos Elíseos, desde donde, dotados de poderes sobrehumanos, seguían interesándose por la vida de los hombres. Por tal causa eran objeto de culto venerable; se les ofrecían sacrificios y su festividad se celebraba regularmente en el santuario Herón, y se los invocaba en las circunstancias solemnes. Los héroes son, frecuentemente, personajes de epopeyas, dramas y poesías líricas; aparecen en vasos pintados, en estelas funerarias y en bajos relieves. En sus reapariciones, después de muertos, se muestran casi siempre acompañados de una serpiente, que es su símbolo.

HERÓFILO. *Biog.* Méd. griego, uno de los creadores de la anatomía. Describió varios órganos, descubrió los vasos quilíferos, etc. (335-280 a. de C.).

HEROICIDAD. f. Calidad de heroico. *La* HEROICIDAD *de los misioneros*; sinón.: **valentía;** antón.: **cobardía.** ‖ Acción heroica.

HEROICO, CA. (Del lat. *heroicus*, y éste del gr. *heroikós*.) adj. Aplícase a las personas famosas por sus hazañas o virtudes, y, por ext., dícese también de las acciones. sinón.: **hazañoso, intrépido.** ‖ Perteneciente a ellas. *Sacrificio* HEROICO. ‖ Aplícase también a la poesía en que se narran hechos memorables. ‖ deriv.: **heroicamente.**

HEROIDA. f. Composición poética en que el autor hace hablar o figurar a algún héroe.

HEROINA. f. *Méx.* Barbarismo por **heroína.**

HEROÍNA. f. Mujer famosa por sus grandes hechos. *Juana de Arco es la* HEROÍNA *de Francia*. ‖ La que lleva a cabo un hecho heroico. ‖ Protagonista del drama o de cualquier otro poema análogo. *La obra finaliza con la muerte de la* HEROÍNA.

HEROÍNA. f. *Quím.* Alcaloide, cuyo clorhidrato se emplea como sedante en afecciones de las vías respiratorias. Es un derivado de la morfina.

HEROÍSMO. al. **Heldenmut; Heroismus.** fr. **Héroisme.** ingl. **Heroism.** ital. **Eroismo.** port. **Heroísmo.** m. Esfuerzo de voluntad que lleva al hombre a realizar hechos extraordinarios. ‖ Conjunto de cualidades y acciones heroicas. ‖ Acción heroica.

HERPE. (Del lat. *herpes*, y éste del gr. *herpes*.) amb. Erupción de vesículas aglomeradas por grupos, generalmente pruriginosa, y que puede acompañarse de fiebre. Comprende un pequeño grupo de dermatosis, tales como el herpe febril o el genital o recidivante. Ú.m. en pl. ‖ deriv.: **herpetiforme.**

HERPÉTICO, CA. adj. *Pat.* Perteneciente al herpe. *Eczema* HERPÉTICA. ‖ Que padece esta enfermedad. Ú.t.c.s.

HERPETISMO. m. *Pat.* Diátesis herpética; predisposición a las enfermedades herpéticas.

HERPETOLOGÍA. (Del gr. *herpetón*, reptil, y *lego*, tratar.) f. Estudio de los reptiles. ‖ deriv.: **herpetológico, ca; herpetologista; herpetólogo, ga.**

HERPIL. (Del lat. *sirpículus*, nasa de juncos.) m. Saco de red de tomiza, con mallas anchas, destinado a portear paja, sandías, etc.

HERRADA. (Del lat. *ferrata*, t. f. de *-tus*, herrado.) f. Cubo de madera, con grandes aros de hierro, y más ancho por la base que por la boca.

HERRADERO. (De *herrar*.) m. Acción y efecto de marcar con el hierro los ganados. ‖ Sitio destinado para esta operación. ‖ Temporada en que se verifica.

HERRADO, DA. s. Operación de herrar a las caballerías.

HERRADOR. m. El que por oficio hierra las caballerías.

HERRADORA. f. fam. Mujer del herrador.

HERRADURA. al. **Hufeisen.** fr. **Fer à cheval.** ingl. **Horseshoe.** ital. **Ferro di cavallo.** port. **Ferradura.** f. Hierro casi semicircular que se clava a las caballerías en los cascos para protección de éstos. ‖ Resguardo de esparto o cáñamo, que se pone a las caballerías en pies o manos cuando se deshierran. ‖ Murciélago que tiene los orificios nasales rodeados por una membrana en forma de herradura. ‖ – **de la muerte.** fig. y fam. Ojeras lívidas que se ven en el rostro del moribundo. Ú.m. en pl. ‖ – **hechoza.** La grande y de clavo embutido. ‖ **Asentarse la herradura.** frs. Lastimarse el pie o mano de las caballerías por estar muy apretada la herradura. ‖ **Mostrar las herraduras.** frs. que se emplea para indicar que una caballería es falsa o que tira coces. ‖ fig. y fam. Huir. ‖ IDEAS AFINES: *Caballo, mula*.

clavo, carrera, hipódromo, disco, codo, recta, cabalgata, excursión, herrero, fragua, suerte, superstición.

HERRAJ. m. Erraj.

HERRAJE. al. **Eisenbescheag.** fr. **Ferrure; garniture de fer.** ingl. **Ironwork.** ital. **Ferramenta.** port. **Ferragem.** m. Conjunto de piezas de hierro o acero con que se guarnece un artefacto. HERRAJES *de un arcón.* ‖ Conjunto de herraduras y sus clavos.

HERRAJE. m. Herraj.

HERRAMENTAL. adj. Dícese de la bolsa en que se guardan las herramientas. Ú.t.c.s.m. ‖ m. Conjunto de herramientas de un oficio.

HERRAMIENTA. al. **Werkzeug.** fr. **Outil.** ingl. **Tool.** ital. **Strumenti.** port. **Ferramenta.** f. Instrumento, por lo común de hierro o acero, que utilizan los artesanos en las obras de sus oficios. ‖ Conjunto de estos instrumentos. *Las* HERRAMIENTAS *de zapatero.* ‖ V. **Máquina herramienta.** ‖ fig. y fam. Cornamenta. ‖ fig. y fam. Dentadura.

HERRÁN, Pedro Alcántara. *Biog.* Militar y político col., guerrero de la independencia. De 1841 a 1843 fue presidente de la República (1800-1872).

HERRANZA. f. *Col.* y *Perú.* Acción de herrar.

HERRAR. al. **Beschlagen.** fr. **Ferrer.** ingl. **To shoe.** ital. **Ferrare.** port. **Ferrar.** (Del ant. *ferrar*, y éste del lat. *ferrare.*) tr. Ajustar y clavar las herraduras a las caballerías, o los callos a los bueyes. ‖ Marcar con hierro encendido ganados, artefactos, etc., y ant. esclavos y delincuentes. ‖ Guarnecer de hierro un artefacto. ‖ irreg. Conj. como **acertar.**

HERRÉN. (Del lat. *farrago, -inis.*) m. Forraje que se da al ganado. ‖ Herrenal.

HERRENAL o **HERREÑAL.** m. Terreno en que se siembra el herrén. ‖ Lugar donde se guarda éste.

HERRERA. f. fam. Mujer del herrero.

HERRERA, Alfonso. *Biog.* Naturalista mex. que descubrió el método de preparación de estratos por medio de la congelación (1838-1901). ‖ **– Alfonso Luis.** Naturalista mex., especialista e iniciador de la plasmogenia, ciencia que estudia la vida en el protoplasma. Obras: *Una nueva ciencia, la plasmogenia; La vida en las altas mesetas; Protobios y reino protobial,* etc. (1868-1941). ‖ **– Ataliva.** Poeta arg. de acento nativo, autor de *Bamba: Las vírgenes del Sol; El poema nativo,* etc. (1888-1953). ‖ **– Carlos.** Pol. guatemalteco, de 1920 a 1922 presidente de la Rep. (1856-1930). ‖ **– Carlos M.** Pintor urug., introductor del impresionismo en su país. Cuadros: *Artigas sobre la meseta; La mañana de Asencio,* etc. (1875-1914). ‖ **– Darío.** Esc. panameño de tendencia modernista (1869-1914). ‖ **– Dionisio.** Estadista centroamericano que desempeñó la presid. de Honduras y Nicaragua (1781-1850). ‖ **– Ernesto.** Dramaturgo urug., uno de los autores más destacados del teatro rioplatense. Su obra se caracteriza por la intención crítica y la fijación de tipos y costumbres. Obras: *La moral de Misia Paca; El león ciego; El estanque; El pan nuestro,* etc. (1886-1917). ‖ **– Fernando de.** Poeta esp. en cuya obra se canta al honor y al patriotismo. Obras: *Canción por la victoria de Lepanto; Canción a don Juan de Austria; Canción por la pérdida del rey don Sebastián,* etc. (1534-1597). ‖ **– Flavio.** Escritor guat., autor de *Cosmos indio; El ala de las montañas,* y otros libros (1895-1968). ‖ **– Fortunato L.** Naturalista peruano de vasta producción, autor de *Botánica etnológica* y otras obras (n. 1874). ‖ **– Francisco.** Nombre de dos pintores españoles – padre e hijo – que actuaron en el siglo XVII; el segundo (1622-1685) actuó en la corte de Felipe IV. ‖ **– José de la Cruz.** Publicista e historiador pan., autor de *Educación y coeducación en Panamá; Influencia del cristianismo en la literatura española* y otras obras (1876-1961). ‖ **– José Joaquín.** Pol. y militar mex., en 1834 presid. del Consejo de Estado y de 1844 a 1851 presidente de la Rep. (1792-1854). ‖ **– Juan de.** Arquitecto esp. que intervino en la construcción del monasterio de El Escorial, del Alcázar de Toledo, del puente de Segovia, en Madrid, y de otras importantes obras (1530-1597). ‖ **– Justo José.** Pol. hondureño que, de 1837 a 1838, fue presid. de la República (s. XIX). ‖ **– Leopoldo.** Educador arg. que en su actuación de medio siglo fue uno de los más fervorosos propulsores de la pedagogía científica y moderna (1864-1937). ‖ **– Luis Alberto de.** Pensador y pol. uruguayo, autor de *La diplomacia oriental en el Paraguay; La tierra charrúa,* y otras obras (1873-1959). ‖ **– Nicolás.** Jurista y pol. uruguayo. Adversario político de Artigas, gestionó en Río de Janeiro el apoyo de los portugueses para enfrentar a los españoles (1775-1832). ‖ **– Pablo.** Crítico ec., autor de un importante *Ensayo sobre historia de la literatura ecuatoriana* (1820-1896). ‖ **– Rafaela.** Heroína nicaragüense que en 1762 defendió el castillo de Concepción contra los invasores ingleses (s. XVIII). ‖ **– Ramón.** Pol. per., presidente del sur del Perú al constituirse en 1838 la Confederación Peruanoboliviana (s. XIX). ‖ **– Tomás.** Mil. y político col., en 1853 presidente de la Rep. (1800-1854). ‖ **– Vicente.** Estadista costarricense, de 1876 a 1877 presid. interino de la Rep. (1821-1888). ‖ **– CAMPINS, Luis.** Pol. venezolano, elegido presid. de la República para el período 1979-1984 (n. en 1925). ‖ **– VEGAS, Rafael.** Méd. ven. que actuó en la Argentina (1834 - 1910). ‖ **– Y GUTIÉRREZ DE LA VEGA, Juan de.** Arquitecto esp. que dirigió las obras de El Escorial y de la catedral de Valladolid (1530-1597). ‖ **– Y OBES, Julio.** Estadista urug., de 1890 a 1894 presidente de la Rep. (1842-1912). ‖ **– Y OBES, Manuel.** Pol. uruguayo. Tuvo destacada actuación en la defensa de Montevideo, durante la Guerra Grande, y colaboró con Urquiza en la organización del ejército que derrotó a Rosas (1806-1890). ‖ **– Y OGAZÓN, Alba.** Compositora y escr. mex. de fina sensibilidad, autora de *El arte musical en México* y otras obras (n. 1891). ‖ **– Y REISSIG, Julio.** Poeta urug., uno de los introductores del modernismo en la literatura americana. Refinado talento lírico, su poesía tendió al simbolismo, a veces extravagante. Obras: *Aguas de Aqueronte; Pascuas del tiempo; Los maitines de la noche,* etc. (1873-1910). ‖ **– Y RIVERA, Rodrigo de.** Dramaturgo esp., figura destacada dentro del clasicismo (1592-1657). ‖ **– Y SOTOMAYOR, José de.** Pol. español que de 1682 a 1691 fue gobernador y capitán general del Río de la Plata. ‖ **– Y TORDESILLAS, Antonio de.** Historiador esp. que fue cronista de Indias, autor de una *Historia general del mundo en tiempos del rey don Felipe II* y otras obras (1559-1625).

HERRERA. *Geog.* Provincia de Panamá. 2.427 km². 80.000 h. Actividades agrícolas. Cap. CHITRÉ.

HERRERÍA. al. **Schmiedewerkstatt.** fr. **Forge; ferronnerie.** ingl. **Forge.** ital. **Ferriera.** port. **Ferraria.** f. Oficio de herrero. ‖ Oficina en que se funde y labra el hierro en grueso. *Las* HERRERÍAS *de Pittsburgh.* ‖ Taller o tienda de herrero. ‖ fig. Ruido acompañado de confusión y desorden. ‖ *Chile.* Banco de herrador.

HERRERILLO. (De *herrero*, por el chirrido metálico de su canto.) m. Nombre de dos pájaros insectívoros europeos, de unos 12 a 15 centímetros de largo. (*Parus major* y *Parus coeruleus.*)

HERRERO. al. **Schmied.** fr. **Forgeron.** ingl. **Blacksmith.** ital. **Fabbro.** port. **Ferreiro.** (Del ant. *ferrero*, y éste del lat. *ferrarius.*) m. El que tiene por oficio labrar el hierro. ‖ *Chile* y *P. Rico.* Mal usado por herrador. ‖ **– de grueso.** El que hace sólo obras gruesas, como balcones, arados, etc.

HERRERO DUCLOUX, Enrique. *Biog.* Químico y escr. arg.; (1877-1962), autor de vasta obra científica: *Evolución de las ciencias en la Argentina; Datos químicos sobre gases de guerra y sustancias auxiliares,* etc.

HERRERO MAYOR, Avelino. *Biog.* Filólogo y ensayista arg., autor de *Artesanía y prevaricación del castellano; La función estética del lenguaje,* etc. (n. 1891).

HERRERÓN. m. desp. Herrero que no sabe bien su oficio.

HERRERUELO. m. dim. de **Herrero.** ‖ Pájaro europeo de plumaje negro en el dorso, cabeza y cola, y blanco en la frente, pecho y vientre. *Parus ater,* párido.

HERRERUELO. m. Ferreruelo.

HERRETE. m. d. de **Hierro.** ‖ Cabo de metal, que se pone a las agujetas, cordones, etc., para que puedan entrar fácilmente por los ojetes. ‖ *Col.* Ferrete, instrumento.

HERRETEAR. tr. Poner herretes a los cordones, cintas, etc. ‖ deriv.: **herreteador, ra; herretero, ra.**

HERREZUELO. m. Pieza pequeña de hierro.

HERRIAL. adj. Dícese de una especie de uva gruesa y tinta, y también de la vid que la produce y del veduño de esta especie.

HERRÍN. (Del lat. *ferrugo, inis.*) m. Herrumbre.

HERRIOT, Eduardo. *Biog.* Político fr. que fue, varias veces, jefe del gobierno (1872-1957).

HERRÓN. (De *hierro.*) m. Tejo de hierro con un agujero en medio, que en el juego antiguo llamado también **herrón,** se tenía que embocar en un clavo hincado en tierra. ‖ Barra grande de hierro, usada para plantar álamos, vides, etc. ‖ *Col.* Hierro o púa del trompo.

HERRONADA. f. Golpe dado con herrón. ‖ fig. Golpe violento que dan algunas aves con el pico.

HERRUMBRAR. (Del lat. *ferruminare.*) tr. Aherrumbrar. ‖ r. Aherrumbrarse. *La carretilla* SE HERRUMBRÓ. ‖ deriv.: **herrumbrador, ra; herrumbramiento.**

HERRUMBRE. al. **Rost.** fr. **Rouille.** ingl. **Rust.** ital. **Ruggine.** port. **Ferrugem.** (Del lat. *ferrumen, -inis.*) f. Orín del hierro. *La pintura al óleo impide la formación de la* HERRUMBRE; sinón.: **herrín, moho.** ‖ Gusto o sabor que algunas cosas toman del hierro; como las aguas, etc. ‖ Roya, honguillo.

HERRUMBROSO, SA. adj. Que cría herrumbre o está tomado de ella. *Cancela* HERRUMBROSA; sinón.: **mohoso.**

HERSCHEL, Federico Guillermo. *Biog.* Cél. astrónomo al., descubridor del planeta Urano y sus satélites, de dos mil quinientas nebulosas y de dos satélites de Saturno. Fue uno de los propulsores de la astronomía estelar, a la que contribuyó además con diversas invenciones, entre ellas el método para la medición del diámetro de los planetas (1738-1822). ‖ **– Juan Federico Guillermo.** Astrónomo al., hijo del anterior y descubridor de numerosas nebulosas y estrellas dobles (1792-1871).

HERSHEY, Alfredo D. *Biog.* Médico estadounidense que obtuvo en 1969 el premio Nobel de Fisiología y Medicina, compartido con sus compatriotas Max Delbruck y Salvador Luria, por sus investigaciones sobre el mecanismo y estructura genética de los virus (n. en 1908).

HERSTAL. *Geog.* Ciudad de Bélgica (Lieja), sobre el Mosa. 32.000 h. Industria automovilística. Armas de fuego.

HERTFORD. *Geog.* Condado de Gran Bretaña, en Inglaterra. 1.637 km². 1.000.000 de h. Cap. hom. 26.000 h. Fabricación de guantes.

HERTOGENBOSCH. *Geog.* Ciudad de Holanda, capital del Brabante Septentrional. 86.000 h. Manufactura de tabacos.

HERTZ. m. *Fís.* Nombre del hercio en la nomenclatura internacional. ‖ Unidad de frecuencia de los movimientos vibratorios, expresada en ciclos por segundo. Su símbolo es *Hz.*

HERTZ, Enrique R. *Biog.* Físico al. que descubrió las ondas que llevan su nombre y que posibilitaron la telegrafía y la telefonía sin hilos (1857-1894). ‖ **– Enrique.** Escr. danés de obra valiosa: *La hija del rey René; Las hazañas del genio del amor,* etc. (1797-1870). ‖ **– Gustavo.** Físico al. que con Santiago Franck enunció las leyes que rigen el choque de un electrón y de un átomo de los gases y sus potenciales de resonancia. Con su colaborador obtuvo en 1925 el Premio Nobel de Física (1887-1975).

HERTZIANO, NA. (De *hertz.*) adj. *Fís.* Herciano.

HERTZOG, Enrique. *Biog.* Político boliviano, de 1947 a 1949 presidente de la República (n. 1897).

HÉRULO, LA. (Del lat. *heruli.*) adj. Dícese del individuo de una nación perteneciente a la gran confederación de los suevos, que fue una de las que invadieron el imperio romano en el s. V. Ú.t.c.s.m. y en pl. ‖ Perteneciente o relativo a los **hérulos.**

HERVÁS, José Gerardo de. *Biog.* Sacerdote y poeta satírico esp., m. en 1742, autor de una famosa *Sátira contra los malos escritores de este siglo.* ‖ **– Y PANDURO, Lorenzo.** Erudito y jesuita esp., autor de obras enciclopédicas: *Idea del Universo; Catálogo de las lenguas de las naciones conocidas, y numeración, división y clasificación de éstas, según la diversidad de sus idiomas y dialectos,* etc. (1735-1809).

HERVENCIA. (Del ant. *fervencia*, y éste del lat. *fervens, -entis.*) f. Suplicio antiguo consistente en cocer en calderas a los grandes criminales o sus miembros mutilados.

HERVENTAR. (Del lat. *fervens-entis,* hirviente.) tr. Dar un hervor a una cosa. HERVENTAR *acelgas.*

HERVEO, Mesa de. *Geog.* Cresta andina de la cordillera central colombiana (Tolima y Caldas). 3.930 m. de altura.

HERVER. intr. ant. Hervir. Ú. en *León* y *Méx.*

HERVIDERO. m. Movimiento y ruido que hacen los líquidos cuando hierven. ‖ fig. Manantial donde surge el agua con desprendimiento de burbujas gaseosas. ‖ Ruido que hacen los humores estancados en el pecho por la agitación del aire al tiempo de respirar. ‖ Muchedumbre de personas o de animales.

HERVIDO. m. *Amér. del Sur.* Cocido o puchero.

HERVIDOR. m. Utensilio de cocina para hervir líquidos. ‖ En termosifones, etc., caja de palastro por cuyo interior pasa el agua, y que recibe directamente la acción del fuego.

HERVIENTE. p. a. de **Hervir.** Hirviente.

HERVIEU, Pablo. *Biog.* Nov. y dramaturgo francés, autor entre otras obras de *El destino manda,* y *La carrera de las antorchas* (1857-1915).

HERVIR. al. **Kochen; wallen.** fr. **Bouillir; bouillonner.** ingl. **To boil.** ital. **Bollire.** port. **Ferver.** (Del ant. *fervir*, y éste del lat. *fervere.*) intr. Moverse un líquido agitadamente con desprendimiento de vapor, por elevación de temperatura, o de gases o por fermentación. *El alcohol* HIERVE *a 78º;* sinón.: **bullir.** ‖ fig. Hablando del mar, agitarse con mucho ruido y espuma. sinón.: **encresparse, picarse.** ‖ Con la prep. *en* y ciertos nombres, abundar en las cosas que ellos denotan. HERVIR *en rumores.* ‖ Tratándose de afectos y pasiones, indica su vehemencia. ‖ irreg. Conj. como **sentir.**

HERVITE. V. **Cochite hervite.**

HERVOR. m. Acción y efecto de hervir. *Dar un* HERVOR *a los tomates;* sinón.: **ebullición.** ‖ fig. Fogosidad y viveza de la juventud. ‖ **– de la sangre.** Nombre que se da a ciertas erupciones cutáneas pasajeras y benignas.

HERVOROSO, SA. adj. Fogoso, impetuoso. *Tribuno* HERVOROSO: sinón.: **vehemente;** antón.: **tranquilo.** ‖ Que hierve o parece que hierve.

HERZBERG, Gerardo. *Biog.* Físico canadiense de origen alemán, a quien se deben importantes investigaciones en espectroscopia molecular. Sus trabajos para la determinación de la estructura electrónica y la geometría de las moléculas, especialmente de los radicales libres, le valió en 1971 el premio Nobel de Química (n. en 1904).

HERZEGOVINA. *Geog.* Región de Yugoslavia limitada por Bosnia al N., Dalmacia al O., Montenegro al S. y el curso superior del río Drina, aproximadamente al E. Coincide casi totalmente con la cuenca del río Narenta. V. **Bosnia-Herzegovina.**

HERZEN, Alejandro Ivanovich. *Biog.* Escritor ruso que preconizó, para su patria, un socialismo derivado de las comunidades rurales cooperativistas (1812-1870)

HERZIANO, NA. adj. *Fís.* Perteneciente o relativo a las teorías de Hertz. ‖ Dícese de las ondas electromagnéticas descubiertas por dicho físico.

HERZL, Teodoro. *Biog.* Escr., periodista y pol. húngaro. Concibió y dio forma política al ideal judío de retorno a su tierra; despertó la conciencia nacional y la mundial sobre el problema de su pueblo y creó y presidió hasta su muerte la Organización Sionista Mundial. Autor de *El Estado judío; Vieja patria; Diario,* etc. (1860-1904).

HESÍODO. *Biog.* Poeta gr. que en su *Teogonía* funda una genealogía de los dioses. En *Los trabajos y los días* enalteció la agricultura y señaló los días funestos y favorables del año (s. VII a. de C.)

HESIONE. *Mit.* Hija de Laomedonte, libertada por Hércules del monstruo que quería devorarla.

HESITACIÓN. f. Duda. sinón.: **titubeo, vacilación.**

HESITAR. (Del lat. *haesitare.*) intr. Dudar, vacilar.

HESPÉRICO, CA. adj. Occidental. ‖ Dícese de cada una de las dos penínsulas, España e Italia. ‖ Perteneciente a ellas; hesperio.

HESPÉRIDE. (Del lat. *hespérides,* y éste del gr. *hesperides.*) adj. Perteneciente a las Hespérides. ‖ f. pl. Pléyades.

HESPÉRIDES. *Mit.* Ninfas, hijas de Atlas, a quienes fueron confiadas las manzanas de oro que Gea había dado a Hera cuando se unió a Zeus. Un dragón de cien cabezas custodiaba el Jardín de las **Hespérides;** Hércules mató al dragón y se apoderó de las manzanas.

HESPERIDIO. (Del lat. mod. *hesperidium,* y éste del clásico *hespérides.*) m. *Bot.* Fruto carnoso de corteza gruesa, dividido en varias celdas por telillas membranosas; como la naranja y el limón.

HESPÉRIDO, DA. adj. poét. Hespéride. ‖ Occidental.

HESPERIO, RIA. adj. Natural de una u otra Hesperia (España o Italia). Ú.t.c.s. ‖ Perteneciente a ellas.

HÉSPERO. (Del lat. *Hésperus,* y éste del gr. *Hésperos.*) m. El planeta Venus cuando a la tarde aparece en el Occidente.

HÉSPERO, RA. adj. Hesperio.

HESS, Gualterio Rodolfo. *Biog.* Catedrático y méd. suizo cuyas valiosas investigaciones sobre el cerebro humano le valieron en 1949 el premio Nobel de Fisiología y Medicina, en unión de Egas Moniz (1881-1973). ‖ **— Víctor Francisco.** Físico austriaco que se especializó en la radioactividad y la electricidad atmosférica, y descubrió los rayos cósmicos. Con Carlos Anderson compartió en 1936 el premio Nobel de Física. Obras: *El descubrimiento de los rayos cósmicos; La conductibilidad de la atmósfera y sus causas,* etc (1883-1964).

HESSE, Hermann. *Biog.* Escritor suizo de origen al., premio Nobel de Literatura en 1946. Sutil narrador, sus cuentos y novelas son de aguda exploración psicológica y auscultan en el individuo los conflictos de la sociedad contemporánea. *Demian,* una de sus obras más famosas, refleja su incursión personal por el mundo del psicoanálisis y la rica temática propia de esta disciplina. Otras obras: *El lobo estepario; El juego de abalorios,* etc. (1877-1962).

HESSE. *Geog.* Provincia de la Rep. Federal de Alemania, sobre la margen derecha del Rin medio. 21.102 km². 5.700.000 h. Cap. WIESBADEN.

HESTIA. *Mit.* Divinidad griega del hogar, identificada con la fiesta latina.

HETAIRA. f. Hetera.

HETANGIENSE. m. *Geol.* Uno de los pisos inferiores del jurásico que data de 145 millones de años.

HETEO, A. (Del lat. *hethaeus.*) adj. Dícese del individuo de un pueblo antiguo que habitó en la tierra de Canaán y formó parte de la tribu de Judá. Ú.m.c.s.m. y en pl. ‖ Perteneciente o relativo a este pueblo. ‖ Hitita, pueblo del Asia Menor.

HETERA. (Del gr. *hetaira.*) f. En la antigua Grecia, cortesana de elevada condición. ‖ Ramera.

HETERÍA. f. Cada una de las asociaciones secretas, de carácter político, que se constituyeron en la Grecia antigua y en la moderna. ‖ deriv.: **heteriarca.**

HETEROÁTOMO. m. *Quím.* Átomo que forma parte de la cadena cerrada de un compuesto cíclico que no es de carbono.

HETERÓCLITO, TA. (Del lat. *heteroclitus,* y éste del gr. *heteróklitos;* de *héteros,* otro, y *klino,* declinar.) adj. Aplícase al nombre que no se declina según la regla común, y en general a toda locución que se aparta de las reglas gramaticales. ‖ fig. Irregular, extraño. *Una vestimenta* HETERÓCLITA; sinón.: **raro, singular;** antón.. **común, corriente.**

HETERODINO. m. Pequeño oscilador de lámpara que induce una fuerza electromotriz cuya amplitud es invariable en un circuito radiofónico.

HETERODOXIA. al. **Irrglaube; Heterodoxie.** fr. **Hétérodoxie.** ingl. **Heterodoxy.** ital. **Eterodossia.** port. **Heterodoxia.** (Del gr. *heterodoxía,* de *heteródoxos,* heterodoxo.) f. Desconformidad con el dogma católico. sinón.: **herejía;** antón.: **ortodoxia.** ‖ Por ext., desconformidad con la doctrina de cualquier secta o sistema.

HETERODOXO, XA. (Del gr. *heteródoxos,* de *héteros,* otros, y *doxa,* opinión.) adj. y s. Hereje o que sustenta una doctrina no conforme con el dogma católico. *Autor* HETERODOXO; *creencia* HETERODOXA; antón.: **ortodoxo.** ‖ Por ext., no conforme con la doctrina de una secta o sistema.

HETERÓGAMO, MA. (Del gr. *héteros,* otro, y *gamós,* unión.) adj. *Bot.* Dícese de cada espiga o cabezuela, cuando contiene flores hermafroditas y unisexuales, o masculinas y femeninas.

HETEROGENEIDAD. f. Calidad de heterogéneo. ‖ Mezcla de partes de diversa naturaleza en un todo.

HETEROGÉNEO, A. adj. Compuesto de elementos de naturaleza diferente. ‖ Dícese de los reactores nucleares compuestos de elementos separados, por oposición de aquellos en los cuales una misma materia llena el cometido de varios elementos.

HETERÓNOMO, MA. (Del gr. *héteros,* otros, y *nomos,* ley, costumbre.) adj. Dícese del que se halla sometido a un poder extraño que no le permite el libre desarrollo de su naturaleza. *Motivo* HETERÓNOMO; antón.: **autónomo.** ‖ Anormal. ‖ deriv.: **heteronomía; heteronómico, ca.**

HETERÓPICO, CA. adj. Dícese de dos terrenos que datan de una época idéntica pero presentan aspecto físico diferente.

HETEROPLASTIA. f. Operación que consiste en substituir una parte enferma o que ha sido destruida de un individuo por otra sana o injerto, que se obtiene de individuo distinto.

HETERÓPSIDO, DA. (Del gr. *héteros,* otros, y *opsis,* vista, aspecto.) adj. Dícese de las substancias metálicas que no tienen el brillo propio del metal. ‖ Se dice de lo que presenta un aspecto distinto de lo que realmente es.

HETERÓPTEROS. m. pl. *Zool.* Nombre con que se designaba a un suborden de hemípteros, caído en desuso al darse a los homópteros categoría de orden y quedar los heterópteros como los verdaderos hemípteros.

HETEROSCIO, CIA. (Del gr. *heteroskios;* de *héteros,* otro, y *skiá,* sombra.) adj. *Geog.* Dícese del habitante de las zonas templadas, el cual a la hora del mediodía hace sombra siempre para un mismo lado. Ú.t.c.s. y m. en pl.

HÉTICO, CA. (De *héctico.*) adj. Tísico. Ú.t.c.s. ‖ Perteneciente a este enfermo. ‖ fig. Que está extremadamente flaco. Ú.t.c.s. *El ganado estaba* HÉTICO. ‖ **— confirmado.** El reconocido por tal.

HETIQUEZ. f. *Pat.* Hectiquez.

HEUREAUX, Ulises. *Biog.* Mil. dominicano que de 1882 a 1884 y de 1887 a 1899 ocupó la presidencia de la República (1844-1899).

HEURÍSTICA. f. Arte de inventar.

HEURÍSTICO, CA. (Del gr. *heurisko,* hallar, inventar.) adj. Perteneciente o relativo a la heurística.

HEUSS, Teodoro. *Biog.* Político al., presidente, al constituirse la República Federal Alemana, desde 1949 hasta 1965. Bajo su gobierno, se realizó el llamado "milagro alemán".

HEVE. m. o **HEVEA.** f. *Bot.* Jebe.

HEVELIUS, Juan. *Biog.* Cartógrafo y astrónomo al. que publicó, en el siglo XVII, un plano detallado de la Luna (1611-1687).

HEVESY DE HEVES, Jorge. *Biog.* Notable químico húngaro que en 1943 mereció el premio Nobel de Química por sus trabajos sobre el uso de los isótopos como elementos indicadores en el estudio de los procesos químicos y biológicos. Autor de notables obras de su especialidad (1885-1966).

HEVIA, Carlos. *Biog.* Pol. cubano, en 1934 presidente interino de la Rep. ‖ **— Jacinto.** Rel. y poeta ec., autor de *Romance pastoril; La gitana al niño Jesús,* y otras composiciones (s. XVIII).

HEWISH, Antonio. *Biog.* Científico británico a quien se otorgó en 1974 el premio Nobel de Física, compartido con su compatriota Martin Ryle, por sus importantes investigaciones radioastronómicas, que representaron positivos, avances en el conocimiento del universo (n. en 1924).

HEWITT, Abrahán S. *Biog.* Científico nort. que logró diversos métodos de fabricación del acero (1822-1903).

HEXACORDIO. (Del lat. *hexachordos,* y éste del gr. *hexakhordos;* de *hex,* seis, y *khordé,* cuerda.) m. *Mús.* Escala para canto llano compuesta de las seis primeras notas usuales, e inventada en el s. XI por Guido Aretino. ‖ Intervalo de sexta en la escala musical. ‖ **— mayor.** *Mús.* Intervalo formado por cuatro tonos y un semitono. ‖ **— menor.** *Mús.* Intervalo formado por tres tonos y dos semitonos.

HEXAEDRO. (Del gr. *hexédros;* de *hex,* seis, y *edra,* cara.) m. *Geom.* Sólido de seis caras. ‖ **— regular.** *Geom.* Cubo. ‖ deriv.: **hexaédrico, ca.**

HEXAGONAL. adj. De figura de hexágono o semejante a él. *Losas* HEXAGONALES.

HEXÁGONO, NA. (Del lat. *hexagonus,* y éste del gr. *hexágonos;* de *hex,* seis, y *gonía,* ángulo.) adj. *Geom.* Aplícase al polígono de seis ángulos y seis lados. Ú.t.c.s.m.

HEXÁMETRO. (Del lat. *hexámetrus,* y éste del gr. *hexámetros;* de *hex,* seis, y *metron,* medida.) adj. y s. Dícese del verso de la poesía griega y latina que tiene seis pies, los cuatro primeros dáctilos o espondeos, el quinto dáctilo y el sexto espondeo.

HEXÁNGULO, LA. adj. Hexágono.

HEXÁPEDA. (Del gr. *hexápedos;* de *hex,* seis, y *pus,* pie.) f. Toesa.

HEXAPÉTALO, LA. adj. *Bot.* Que tiene seis pétalos.

HEXÁPODO, DA. adj. Que tiene seis patas. Ú.t.c.s.m.

HEXASÍLABO, BA. adj. De seis sílabas. ‖ m. Verso que consta de seis sílabas.

HEYAZ. *Geog.* V. **Hedjaz.**

HEYDEN, Juan van der. *Biog.* Pintor hol., cultor de la pintura arquitectónica. Obra maestra: *Vista del Ayuntamiento de Amsterdam* (1637-1712).

HEYMANS, Cornelio. *Biog.* Médico belga que estudió el funcionamiento de la aorta para la regulación de la respiración. En 1938, premio Nobel de Fisiología y Medicina (1892-1968).

HEYROVSKY, Jaroslav. *Biog.* Químico checoslovaco; en 1959 obtuvo el premio Nobel de Química, por su creación del método polarográfico, análisis electrolítico de los productos metálicos (1890-1967).

HEYSE, Pablo Juan Luis. *Biog.* Literato alemán, autor entre otras obras de *Hans Lange; Kolberg; Im Paradise;* etc. Novelista, poeta y cuentista, en 1910 se hizo acreedor al premio Nobel de Literatura (1830 - 1914).

HEYWOOD, Tomás. *Biog.* Poeta y dramaturgo ingl. Escribió una *Apología de los actores* (1574-1641).

HEZ. al. **Hefe.** fr. **Lie.** ingl. **Lees.** ital. **Feccia.** port. **Fezes.** (Del ant. *fez,* y éste del lat. *faex.*) f. Poso o desperdicio en las preparaciones líquidas, que, por tener más peso, se deposita en el fondo de las vasijas. Ú.m. en pl. *Las* HECES *del aceite;* sinón.: **sedimento.** ‖ fig. Lo más vil y despreciable de cualquiera clase. *La* HEZ *de la sociedad.* ‖ pl. Excrementos que arroja el cuerpo por el ano.

Hf. *Quím.* Símbolo del hafnio.

Hg. *Quím.* Símbolo del mercurio, o hidrargirio.

HI. com. Hijo. Sólo tiene uso en la voz compuesta **hidalgo** y sus derivados, y en frases como éstas: Hi de puta; Hi de perro.

HÍADAS o **HÍADES.** f. pl. *Astron.* Grupo de estrellas en la constelación de Tauro.

HÍADES. *Mit.* Ninfas hijas de Atlas, que recogieron y criaron a Apolo.

HIALINO, NA. (Del lat. *hyalinus,* y éste del gr. *hyálinos,* de *hyalos,* vidrio.) adj. *Fís.* Diáfano como el vidrio o parecido a él. *Cristales* HIALINOS.

HIALITA. f. *Miner.* Variedad de ópalo vítreo y transparente.

HIALOGRAFÍA. f. Arte de grabar el cristal. ‖ Pintura sobre placa de cristal. ‖ Arte de usar el hialógrafo. ‖ deriv.: **hialográfico, ca.**

HIALÓGRAFO. m. Instrumento para copiar en perspectiva los objetos, utilizando su reflexión en un vidrio.

HIALOIDEO, A. adj. Que se parece al vidrio o tiene sus propiedades. ‖ *Anat.* Perteneciente o relativo a la hialoides. *Canal* HIALOIDEO.

HIALOIDES. adj. Hialoideo. ‖ f. *Anat.* Membrana del ojo que sirve de cubierta al humor vítreo.

HIALOTECNIA. f. Arte de fabricar y trabajar el vidrio. ‖ deriv.: **hialotécnico, ca.**

HIALURGIA. f. Hialotecnia. ‖ deriv.: **hialúrgico, ca.**

HIANTE. (Del lat. *hians, hiantis.*) adj. Dícese del verso que tiene hiatos.

HIATO. al. **Hiatus; Spalt.** fr. **Hiatus.** ingl. **Hiatus.** ital. **Iato.** port. **Hiato.** (Del lat. *hiatus.*) m. Cacofonía que resulta del encuentro de vocales en la pronunciación, muy perceptible en las combinaciones de a, e, o; como en *ya he objetado eso.* ‖ En versificación, encuentro de dos vocales que no forman sinalefa, la primera de las cuales es final de una palabra y la segunda inicial de la palabra siguiente. ‖ Abertura, grieta. ‖ *Anat.* Nombre de algunos agujeros o fisuras.

HIBBERT, Fernando. *Biog.* Escritor haitiano, autor de *Sena; Thazard,* y otras novelas de carácter costumbrista (1873-1929).

HIBERNACIÓN. f. Estado de sopor con disminución de las funciones vegetativas que experimentan durante el invierno algunos organismos animales. ‖ *Med.* Procedimiento anestésico-quirúrgico, consistente en llevar el organismo humano a un estado de enfriamiento de hasta 4 o 5 grados por debajo de la temperatura normal, para disminuir la sensibilidad y facilitar las intervenciones quirúrgicas.

HIBERNAL. (Del lat. *hibernalis.*) adj. Invernal.

HIBERNÉS, SA. adj. Natural de Hibernia, hoy Irlanda. Ú.t.c.s. ‖ Perteneciente a esta isla.

HIBERNIA. *Geog. histór.* Antiguo nombre de Irlanda.

HIBÉRNICO, CA. adj. Hibernés, perteneciente a Hibernia.

HIBERNIZO, ZA. adj. Hibernal.

HIBERNOTERAPIA. f. *Med.* Método curativo por medio de la hibernación.

HIBIERNO. (Del lat. *hibérnum.*) m. poét. Invierno.

HIBLEO, A. (Del lat. *hyblaeus.*) adj. Perteneciente a Hibla, monte y ciudad de Sicilia antigua. ‖ fig. poét. Muy dulce.

HIBRIDACIÓN. f. Producción de seres híbridos. *Por* HIBRIDACIÓN *se consiguen nuevos tipos de trigo.*

HIBRIDEZ. f. o **HIBRIDISMO.** m. Calidad de híbrido. ‖

Gram. Defecto de las palabras que consiste en formarlas de idiomas diferentes, como *neolatino.*

HÍBRIDO, DA. (Del lat. *hybrida*, y éste del gr. *hybris*, injuria.) adj. Aplícase al animal o al vegetal procreado por dos individuos de distinta especie. *El burdígano es un* HÍBRIDO *de caballo y burra.* ‖ fig. Dícese de lo que está formado de elementos de distinta naturaleza. ‖ deriv.: **híbridamente.** ‖ IDEAS AFINES: *Herencia, Mendel, simbiosis, castrado, eunuco, infecundo, mezcla, heterogéneo, extraño, raro.*

HIBUERO. m. Higüero.

HICACO. m. Arbusto de las Antillas, de tres a cuatro metros de altura, y fruto en drupa, rosáceo.

HICADURA. f. *Cuba.* Conjunto de los hicos que sostienen la hamaca.

HICKEN, Cristóbal M. *Biog.* Botánico arg. En sus investigaciones sobre la flora americana llegó a constituir un herbario de ciento cincuenta mil ejemplares. Obras: *Apuntes de geología; Evolución de las ciencias en la Argentina; Algunas plantas del altiplano del Perú*, etc. (1875-1933). ‖ — **Ricardo.** Comediógrafo argentino, autor de *La virgencita de madera; Un gran señor y El profesor Müller* (1886-1940).

HICKS, Eduardo S. *Biog.* Actor teatral y dramaturgo ingl., autor de *Compañeros del ensueño* y otras obras (1871-1949). ‖ — **Sir John Richard.** Economista británico a quien se otorgó en 1972 el premio Nobel de economía. Ha realizado importantes estudios sobre estabilidad, equilibrio y ciclos de la expansión económica (n. en 1904).

HICO. m. *Ant., Col., Pan.* y *Ven.* Cada uno de los cordeles que sostienen la hamaca; lazo de fique para colgar o amarrar.

HICOTEA. f. Tortuga de agua dulce de América; es comestible. ‖ fig. *Dom.* Empleo público.

HICSO, SA. adj. Aplícase al individuo de un pueblo sirio o cananeo que invadió Egipto hacia el año 2000 a. de C. y que fue expulsado por Amosis, fundador de la XVIII dinastía. Ú.t.c.s.m. y en pl. ‖ Perteneciente a dicho pueblo.

HIDALGAMENTE. adv. m. Con generosidad, con nobleza.

HIDALGO, GA. al. **Edelmann; Adliger.** fr. **Noble; gentilhomme.** ingl. **Nobleman.** ital. **Gentiluomo.** port. **Fidalgo.** (Del ant. *fidalgo*, hijo de algo.) s Persona que por su sangre es de clase noble. Llámase también hidalgo de sangre; sinón.: **aristócrata, caballero.** ‖ adj. Perteneciente a un hidalgo. *Solar* HIDALGO. ‖ fig. Dícese de la persona generosa y noble, y de lo perteneciente a ella. *Costumbres* HIDALGAS. ‖ *Méx.* Cierta moneda de oro. ‖ — **de bragueta.** Padre que por haber tenido siete hijos varones consecutivos en legítimo matrimonio, adquiría el derecho de hidalguía. ‖ — **de cuatro costados.** Aquel cuyos abuelos paternos y maternos son hidalgos. ‖ — **de gotera.** El que únicamente en un pueblo gozaba de los privilegios de su hidalguía perdiéndolos si se mudaba del mismo.

HIDALGO, Alberto. *Biog.* Poeta y prosista per., de expresión cambiante y original. Obras: *Diario de un sentimiento; Geografía del Cielo; Voces de colores*, etc. (1897-1967). ‖ — **Bartolomé.** Poeta arg. n. en Uruguay que inició en el poema y en el diálogo la literatura gauchesca. Obras: *Relación que hace el gaucho Ramón Contreras a Jacinto Chano, de todo lo que vio en las Fiestas Mayas de Buenos Aires, en el año 1822; Un gaucho de la Guardia del Monte*, etc. (1788-1823). ‖ — **DE CISNEROS Y LATORRE, Baltasar.** V. **Cisneros y Latorre, Baltasar Hidalgo de.** ‖ — **Y COSTILLA, Miguel.** *Biog.* Sacerdote y patriota mex., considerado el principal gestor de la independencia de su país. Era párroco de Dolores (Guanajuato), cuando se puso al frente de un movimiento revolucionario en Querétaro. Fracasado tal intento, pronunció el célebre *Grito de Dolores*, punto de partida de la revolución mexicana. Encabezó un pequeño ejército, que se fue haciendo cada vez más numeroso; se apoderó de Guanajuato y Valladolid y salió victorioso en Monte de las Cruces, pero fue derrotado por los realistas en Aculco y Puente de Calderón. Sometido a proceso, fue degradado como sacerdote y fusilado (1753-1811).

HIDALGO. *Geog.* Estado del centro de México. 20.987 km². 1.300.000 h. Agricultura. Minería: plata, cobre, mercurio, plomo. Cap. PACHUCA. ‖ — **del Parral.** Ciudad de México (Chihuahua). 60.000 h. Centro minero. Es comúnmente conocida con el nombre de El Parral.

HIDALGOTE, TA. s. aum. de Hidalgo.

HIDALGUEJO, JA. o **HIDALGÜELO, LA** o **HIDALGUETE, TA.** s. dim. desp. de Hidalgo.

HIDALGUENSE. adj. Natural del Estado mexicano de Hidalgo o de las poblaciones mexicanas de ese nombre. Ú.t.c.s. ‖ Perteneciente o relativo a dicho Estado.

HIDALGUEZ. f. Hidalguía.

HIDALGUÍA. al. **Adel; Edelmut.** fr. **Noblesse.** ingl. **Nobility.** ital. **Nobiltà.** port. **Fidalguia.** f. Calidad de hidalgo, o su estado y condición civil. ‖ fig. Generosidad y nobleza. *Reaccionó con* HIDALGUÍA; antón.: **vileza.**

HIDARTROSIS. f. *Pat.* Acumulación de líquido seroso en una articulación.

HIDASPES. *Geog. histór.* Antiguo nombre del río Yelam.

HIDÁTIDE. (Del gr. *hydatis, idos.*) f. Equinococo. ‖ Vesícula que lo contiene. ‖ Quiste hidatídico. ‖ deriv.: **hidático, ca; hidatídico, ca.**

HIDATIDOSIS. f. *Pat.* Enfermedad producida por el equinococo.

HIDATÓGENO, NA. adj. *Miner.* Que se ha formado por acción del agua.

HIDRA. (Del gr. *hydra.*) f. Serpiente acuática, venenosa, del Pacífico. *Hydrus bicolor.* ‖ Celenterado de agua dulce, pequeño, de cuerpo alargado, con tentáculos, que se reproduce por gemación. *Hydra viridis. Hydra fusca*, etc. ‖ *Astron.* Constelación austral, al sur de Virgo.

HIDRA. *Geog.* Isla griega del mar Egeo, sit. a 6 km. de la costa de Argólida. 55 km². Cap. hom. 10.000 h.

HIDRA. *Mit.* Monstruo con siete cabezas, que renacían a medida que se las cortaban; muerto por Heracles.

HIDRÁCIDO. m. *Quím.* Ácido formado por combinación del hidrógeno con un halógeno.

HIDRARGIRIO. m. Hidrargiro

HIDRARGIRISMO. m. *Pat.* Intoxicación crónica originada por la absorción de mercurio.

HIDRARGIRO. (Del lat. *hydrargyrus*, y éste del gr. *hydrárgyros*; de *hýdor*, agua, y *árgyros*, plata.) m. *Quím.* Mercurio. sinón.: **azogue.** ‖ deriv.: **hidrargírico, ca: hidrargirido.**

HIDRATACIÓN. al. **Hydratisierung.** fr. **Hydratation.** ingl. **Hydratation.** ital. **Idratazione.** port. **Hidratação.** f. Acción y efecto de hidratar.

wasserbaukunst. fr. **Hydraulique.** ingl. **Hydraulics.** ital.

HIDRATAR. al. **Hydratisieren.** fr. **Hydrater.** ingl. **To hydrate.** ital. **Idratare.** port. **Hidratar.** (Del gr. *hýdor, hýdatos*, agua.) tr. y r. *Quím.* Combinar un cuerpo con el agua. HIDRATAR *ácido sulfúrico.* ‖ deriv.: **hidratable.**

HIDRATO. al. **Hydrat.** fr. **Hydrate.** ingl. **Hydrate.** ital. **Idrato.** port. **Hidrato.** m. *Quím.* Compuesto que contiene agua de combinación, especialmente las sales con agua de cristalización. ‖ — **de carbono.** Nombre genérico de muchas substancias orgánicas formadas por carbono, hidrógeno y oxígeno, que comprenden los azúcares, el almidón; la celulosa y las gomas.

HIDRÁULICA. al. **Hydraulik; Idraulica.** port. **Hidráulica.** f. Parte de la mecánica, que estudia el equilibrio y el movimiento de los fluidos. ‖ Arte de conducir, contener y elevar las aguas.

HIDRÁULICO, CA. (Del lat. *hydráulicus*, y éste del gr. *hydraulikós*, de *hydraulís*, órgano hidráulico; de *hýdor*, agua, y *auleo*, tocar la flauta.) adj. Perteneciente a la hidráulica. ‖ Que se mueve por medio del agua. *Máquina* HIDRÁULICA. ‖ Dícese de las cales y cementos que se endurecen en contacto con el agua, y de las obras que se hacen con dichos materiales. ‖ m. El que profesa la hidráulica.

HIDREMIA. f. *Pat.* Barbarismo por hidrohemia.

HIDRIA. f. Vasija a modo de cántaro o tinaja que usaron los antiguos para contener agua.

HIDROAVIÓN. al. **Wasserflugzeug.** fr. **Hydroavion.** ingl. **Hydroplane; seaplane.** ital. **Idroaeroplano.** port. **Hidroavião.** m. Aeroplano que lleva en lugar de ruedas uno o varios flotadores para posarse sobre el agua.

HIDROBIOLOGÍA. f. Ciencia que estudia la vida de los animales que pueblan las aguas dulces.

HIDROCARBONADO, DA. adj. *Quím.* Compuesto de hidrógeno y carbono.

HIDROCARBURO. m. Carburo de hidrógeno. *El acetileno es un* HIDROCARBURO *gaseoso.*

HIDROCEFALIA. f. *Pat.* Digase **hidrocefalía.**

HIDROCEFALÍA. f. *Pat.* Hidropesía de la cabeza, derrames ya meníngeos, ya propiamente encefálicos. ‖ deriv.: **hidrocefálico, ca.**

HIDROCÉFALO, LA. (Del gr. *hydroképhalos*; de *hýdor*, agua, y *kephalé*, cabeza.) adj. Que padece hidrocefalía.

HIDROCELE. (Del lat. *hydrocele*, y éste del gr. *hydrokele*; de *hýdor*, agua, y *kele*, tumor.) f. *Pat.* Hidropesía de la túnica serosa o vaginal del testículo; también comprende los derrames del escroto y los del cordón espermático.

HIDROCLORATO. m. *Quím.* Clorhidrato.

HIDROCLÓRICO, CA. adj. *Quím.* Clorhídrico.

HIDRODINÁMICA. f. *Mec.* Estudio del movimiento, energía y presiones de las corrientes líquidas. ‖ deriv.: **hidrodinámico, ca.**

HIDROELÉCTRICO, CA. adj. Perteneciente a la energía eléctrica obtenida por transformación de la hidráulica. *Central* HIDROELÉCTRICA.

HIDRÓFANA. (Del gr. *hýdor*, agua, y *phaíno*, brillar.) f. Ópalo que se vuelve transparente dentro del agua.

HIDROFILACIO. (Del gr. *hýdor*, agua, y *philasso*, guardar.) m. Concavidad subterránea y llena de agua, de la que con frecuencia se alimentan los manantiales.

HIDRÓFILO, LA. al. **Hydrophil; wasseraufnehmend.** fr. **Hydrophile.** ingl. **Absorbent.** ital. **Idrofilo.** port. **Hidrófilo.** (Del gr. *hýdor*, agua, y *philos*, amigo.) adj. Dícese de la substancia que absorbe el agua con gran facilidad o es ávida de ella. *La esponja es* HIDRÓFILA. ‖ m. pl. Género de coleópteros acuáticos.

HIDROFOBIA. al. **Wasserscheu; Tollwut.** fr. **Hydrophobie.** ingl. **Hydrophobia.** ital. **Idrofobia.** port. **Hidrofobia.** f. Horror al agua. ‖ Rabia, enfermedad. *Los animales pueden transmitir al hombre la* HIDROFOBIA. ‖ deriv.: **hidrofóbico, ca.**

HIDRÓFOBO, BA. (Del lat. *hidrophobius*, y éste del gr. *hydrophóbos*; de *hýdor*, agua, y *phobos*, terror.) adj. y s. Que padece hidrofobia. *Perro* HIDRÓFOBO; sinón.: **rabioso.**

HIDRÓFONO. m. Micrófono que se emplea bajo el agua para captar las oscilaciones sonoras que se propagan por el elemento líquido.

HIDROFTALMÍA. f. Hidropesía del ojo. ‖ deriv.: **hidroftálmico, ca.**

HIDRÓFUGO, GA. adj. Dícese del cuerpo o agente que expele la humedad o que preserva de ella. *Con alquitrán se preparan productos* HIDRÓFUGOS. Ú.t.c.s.m.

HIDROGENAR. tr. *Quím.* Combinar un cuerpo con el hidrógeno. HIDROGENAR *cloro.* ‖ deriv.: **hidrogenación.**

HIDROGENIÓN. m. *Quím.* Ion de hidrógeno.

HIDRÓGENO. al. **Wasserstoff.** fr. **Hydrogène.** ingl. **Hydrogen.** ital. **Idrogeno.** port. **Hidrogenio.** m. Gas incoloro, inodoro, catorce veces más ligero que el aire, inflamable. Combinado con el oxígeno forma el agua. Es el elemento más simple, de símbolo H, y p. atóm. 1,008. *El* HIDRÓGENO *se obtiene en grandes cantidades del ácido sulfúrico.* ‖ — **sulfurado.** *Quím.* Ácido sulfhídrico.

HIDROGEOLOGÍA. f. Parte de la geología que trata de la búsqueda de agua subterránea.

HIDROGNOSIA. (Del gr. *hýdor*, agua, y *gnosis*, conocimiento.) f. Ciencia que estudia las calidades e historia de las aguas del globo terrestre.

HIDROGOGÍA. (Del gr. *hýdor*, agua, y *agoge*, conducto, canal.) f. Arte de canalizar aguas.

HIDROGRAFÍA. al. **Hydrographie; Gewässer-beschreibung.** fr. **Hydrographie.** ingl. **Hydrography.** ital. **Idrografia.** port. **Hidrografia.** f. Parte de la geografía física, que trata de la descripción de los mares y las corrientes de agua. ‖ deriv.: **hidrográfico, ca.**

HIDRÓGRAFO. m. El que ejerce o profesa la hidrografía. ‖ Hidrómetro registrador para medir el nivel de los cursos de agua.

HIDROHEMIA. f. *Pat.* Abundancia excesiva de serosidad en la sangre. ‖ deriv.: **hidrohémico, ca.**

HIDRÓLISIS. (Del gr. *hýdor*, agua, y *lysis*, disolución.) f. *Quím.* Desdoblamiento de la molécula de ciertos compuestos orgánicos, por acción del agua o por presencia de un fermento o ácido. ‖ HIDRÓLISIS *de sales.* ‖ deriv.: **hidrolítico, ca.**

HIDROLIZAR. tr. *Quím.* Efectuar la hidrólisis. ‖ deriv.: **hidrolizable, hidrolización.**

HIDROLOGÍA. f. Parte de las ciencias naturales, que trata de las aguas. ‖ — **médica.** Estudio de las aguas con aplicación al tratamiento de las enfermedades. ‖ deriv.: **hidrológico, ca; hidrólogo, ga.**

HIDRÓLOGO, GA. m. y f. Persona que profesa la hidrología o tiene en ella especial conocimiento. ‖ Técnico en aguas de riego.

HIDROMANCIA o **HIDROMANCÍA.** f. Arte supersticiosa de adivinar por las señales y observaciones del agua.

HIDROMÁNTICO, CA. adj. Perteneciente a la hidromancia. ‖ m. Persona que la profesa.

HIDROMEDUSA. f. Tortuga grande y aplanada de América del Sur. ‖ Medusa de la clase de los hidrozoarios.

HIDROMEL. al. **Honigwasser.** fr. **Hydromel.** ingl. **Hydromel.** ital. **Idromele.** port. **Hidromel.** m. Aguamiel, agua mezclada con miel.

HIDROMETEORO. m. Meteoro producido por el agua, en uno de sus tres estados.

HIDRÓMETRA. m. Quien profesa la hidrometría.

HIDROMETRÍA. f. Parte de la hidrodinámica, que trata de la medición del caudal, la velocidad o la fuerza de los líquidos en movimiento. ‖ deriv.: **hidrométrico, ca.**

HIDRÓMETRO. m. Instrumento para cálculos de hidrometría. ‖ Pluviómetro.

HIDROMIEL. m. Hidromel.

HIDRONIMIA. (De *hidrónimo.*) f. Parte de la toponimia que estudia el origen y significación de los nombres de los ríos, arroyos, lagos, etc.

HIDRONÍMICO, CA. adj. Perteneciente o relativo a la hidronimia.

HIDRÓNIMO. m. Nombre de río, arroyo, lago, etc.

HIDRÓPATA. m. *Med.* El que profesa la hidropatía.

HIDROPATÍA. (Del gr. *hýdor*, agua, y *pathos*, enfermedad.) f. *Ter.* Método curativo por medio del agua. ‖ deriv.: **hidropático, ca.**

HIDROPESÍA. al. **Wassersucht.** fr. **Hydropisie.** ingl. **Dropsy.** ital. **Idropisia.** port. **Hidropisia.** (Del lat. *hydrópisis*, y éste del gr. *hydrops*; de *hýdor*, agua, y *ops*, aspecto.) f. *Pat.* Derrame o acumulación anormal de humor seroso en cualquiera cavidad del cuerpo, o su infiltración en el tejido celular. Recibe nombres diversos según las regiones en que se manifiesta.

HIDROPICARSE. r. *Hond.* Estar hidrópico.

HIDRÓPICO, CA. adj. Que padece hidropesía, especialmente la abdominal o ascitis. Ú.t.c.s. ‖ fig. Insaciable. ‖ Sediento con exceso.

HIDROPLANO. m.Embarcación

que navega velozmente sostenida por el empuje que el agua ejerce sobre unos patines sumergidos y convenientemente inclinados. Su casco apenas toca el agua. II Hidroavión.

HIDROQUINONA. f. Substancia obtenida por destilación seca de la quinina; usada en fotografía como revelador.

HIDROSILICATO. m. *Quím.* Silicato hidratado.

HIDROSCOPIA. (Del gr. *hýdor*, agua, y *skopeo*, ver, examinar.) f. Arte de averiguar la existencia y condiciones de las aguas ocultas. II Adivinación por medio del agua. II deriv.:

HIDROSFERA. f. Conjunto de las partes líquidas del globo terráqueo. *La* HIDROSFERA *ocupa las grandes cavidades de la Tierra.* II deriv.: **hidrosférico, ca.**

HIDROSTÁTICA. al. **Hydrostatik.** fr. **Hydrostatique.** ingl. **Hydrostatics.** ital. **Idrostatica.** port. **Hidrostática.** f. Parte de la mecánica, que estudia el equilibrio de los fluidos.

HIDROSTÁTICO, CA. adj. Perteneciente o relativo a la hidrostática. *Balanza* HIDROSTÁTICA. II deriv.: **hidrostáticamente.**

HIDROSULFITO. m. *Quím.* Sal del ácido hidrosulfuroso, que se usa en el estampado de las telas.

HIDROSULFUROSO. m. *Quím.* Uno de los ácidos del azufre, combinación de éste con O e H. Reductor enérgico.

HIDROTECNIA o **HIDROTÉCNICA.** f. Arte de construir máquinas y aparatos hidráulicos.

HIDROTERAPIA. f. Hidropatía. II deriv.: **hidroterápico, ca.**

HIDROTERMAL. adj. Relativo a las aguas termales. II Rocas formadas por la precipitación de minerales arrastrados por aguas termales.

HIDROTÓRAX. m. *Pat.* Derrame seroso en la cavidad pleural, sin previa inflamación de ésta, sintomático de enfermedad del corazón, de obstrucción venosa, etc.

HIDROTROPISMO. m. *Bot.* Propiedad de las plantas por la cual buscan la humedad, como las raíces en tierra seca, o huyen de ella, como los esporangios de muchos mohos.

HIDRÓXIDO. al. **Hydroxid.** fr. **Hydroxyde.** ingl. **Hydroxid.** ital. **Idrossido.** port. **Hidróxido.** m. *Quím.* Compuesto en que entra el radical hidroxilo.

HIDROXILO. m. *Quím.* Radical monovalente, unión de un átomo de hidrógeno y uno de oxígeno (HO).

HIDROZOARIO, RIA. adj. *Zool.* Dícese de celentéreos nidarios, de cavidad gastrovascular sencilla, sin faringe, que comunica directamente al exterior por la boca. II m. pl. Clase de estos celentéreos.

HIEDRA. al. **Efeu.** fr. **Lierre.** ingl. **Ivy.** ital. **Edera.** port. **Hera.** (Del lat. *hédera.*) f. Planta trepadora, siempre verde, de tronco y ramas sarmentosas de que brotan raíces adventicias que se adhieren fuertemente. *Hedera helix*, araliácea. *La* HIEDRA *cubría el viejo muro.* II **— terrestre.** Planta de tallos duros, flores axilares, en grupos separados, y fruto en semillas menudas. *Glechoma hederacea*, labiada.

HIEL. al. **Galle.** fr. **Fiel; bile.** ingl. **Gall; bile.** ital. **Fiele; bile.** port. **Fel; bílis.** (Del lat. *fel.*) f. Bilis. II fig. Amargura, desabrimiento. *Probó la* HIEL *de los desengaños.* II pl. fig. Trabajos, disgustos. II **Hiel de la tierra.** Centaura menor. II **Echar uno la hiel.** fig. y fam. Trabajar con exceso. II **No tener uno hiel.** frs. fig. y fam. Ser sencillo y de genio suave.

HIELERO. m. Fabricante o proveedor de hielo.

HIELO. al. **Eis.** fr. **Glace.** ingl. **Ice.** ital. **Ghiaccio; gelo.** port. **Gelo.** (Del lat. *gelu.*) m. Agua convertida en cuerpo sólido y cristalino por un descenso suficiente de temperatura. II Acción de helar o helarse. II fig. Frialdad en los afectos o sensaciones. II Pasmo, suspensión del ánimo. II **— seco. Nieve carbónica.** IDEAS AFINES: *Fusión, solidificación, escarcha, nieve, frío, invierno, patinar, esquiador, tobogán, polo, Antártida, Ártico, iceberg, glaciar, helero, deshielo, glacial, témpano, granizo, escarcha, alud; sorbete, helado, refresco, heladera.*

HIEMACIÓN. f. Propiedad que tienen algunas plantas de crecer en el invierno. II Acción de pasar el invierno.

HIEMAL. (Del lat. *hiemalis.*) adj. Invernal. *Estación* HIEMAL.

HIENA. al. **Hyäne.** fr. **Hyène.** ingl. **Hyena.** ital. **Iena.** port. **Hiena.** (Del lat. *hyaena*, y éste del gr. *hyaina.*) f. Mamífero carnívoro de Asia y África, de la alzada de un mastín, necrófago, nocturno, digitígrado, de brazos más altos que las piernas, pies con cuatro dedos y uñas no retráctiles. Entre el ano y la cola tiene una bolsa que segrega un líquido espeso y nauseabundo. Gén. *Hyaena* y *Crocuta*, hiénidos. II deriv.: **hienino, na.**

HIENDA. (Del lat. *fímita*, por *fimeta*, pl. n. de *fimétum*, estiércol.) f. Estiércol. II Por ext., lodo.

HIÉNIDOS. m. pl. *Zool.* Familia de carnívoros, formada por las hienas.

HIERÁTICO, CA. al. **Hieratisch.** fr. **Hiératique.** ingl. **Hieratic.** ital. **Ieratico.** port. **Hierático.** (Del lat. *hieráticus*, y éste del gr. *hieratikós*, de *hierós*, sagrado.) adj. Perteneciente o relativo a las cosas sagradas o a los sacerdotes. Es término de la antigüedad gentílica. II Aplícase a cierta escritura de los egipcios, que era una abreviación de la jeroglífica. *La escritura* HIERÁTICA *estuvo en boga en la época del Nuevo Imperio.* II Dícese de cierta clase de papel que se traía de Egipto. II Dícese de la escultura y la pintura religiosas que reproducen formas tradicionales. II fig. Dícese del estilo o ademán que tiene solemnidad extrema. *Posición* HIERÁTICA. II deriv.: **hieráticamente.**

HIERATISMO. m. Calidad de hierático, tratándose de artes o estilo.

HIERBA. al. **Gras; Kraut.** fr. **Herbe.** ingl. **Grass.** ital. **Erba.** port. **Erva.** (Del lat. *herba.*) f. Toda planta pequeña cuyo tallo es tierno y perece, después de dar la simiente , en el mismo año, o a lo más al segundo. II Conjunto de muchas **hierbas** que nacen en un terreno. *La* HIERBA *cubría el campo.* II Veneno hecho con **hierbas venenosas.** Ú.m. en pl. II pl. Entre los religiosos, menestras y ensalada cocida para colación. II Pastos para los ganados. II Hablando de animales que pastan, años. *Esta potranca tiene dos* HIERBAS. II **— artética.** Pinillo, planta labiada. II **— ballestera,** o **de ballestero.** Eléboro. II **— belida.** Ranúnculo. II **— buena.** Hierbabuena. II **— callera.** Planta crasulácea, cuyas hojas emplea el vulgo para cicatrizar heridas y ablandar callos. II **— cana.** Planta herbácea de flores amarillas, tubulares, y fruto seco y con semillas coronadas de vilanos blancos. Se considera como emoliente. *Senecio vulgaris*, compuesta. II **— carmín.** Planta de flores en espiga y sin corola, y fruto en baya. Toda la planta es encarnada, tiene algún empleo en medicina, y de las semillas se extrae una laca roja. *Phytolacca decandra*, fitolacácea. II **— de cuajo.** Flor y pelusa del cardo comestible, con que se cuaja la leche. II **— de Guinea.** Planta de hasta cerca de un metro de altura, muy apreciada para pasto del ganado. *Panicum maximum*, gramínácea. II **— del ala.** Helenio. II **— de las coyunturas.** Belcho. II **— de la plata.** Planta ornamental. *Lunaria lienis*, crucífera. II **— de las golondrinas.** Celidonia. II **— del limón.** *Cuba.* Esquenanto. II **— de las siete sangrías.** Asperilla. II **— del maná.** Planta de medio metro a uno de largo, forrajera, usada para reemplazar al esparto. *Glyceria fluitans*, gramínácea. II **— de los lazarosos,** o **de los pordioseros.** Clemátide. II **— del Paraguay. Hierba mate.** II **— de punta.** Espiguilla, planta. II **— de San Juan.** Corazoncillo, planta. II **de Santa María.** Planta compuesta, con tallos de tres a cuatro decímetros; hojas grandes, fragantes y festoneadas, y flores en cabecillas. II **— de Santa María del Brasil.** Pazote. II **— de Túnez.** Servato. II **— doncella.** Planta con tallos de seis a ocho decímetros, hojas pedunculadas, en forma de corazón, flores grandes, de corola azul. Se usa en medicina como astringente. *Vinca major*, apocinácea. II **estrella.** Estrellamar. II **— fina.** Planta de cañas delgadas, de unos 25 centímetros de alto y flores rojizas dispuestas en panojas terminales. *Agrostis capillaris*, gramínácea. II **— giganta.** Acanto. II **— hormiguera.** Pazote. II **— impía.** Planta con tallos delgados, vestidos de hojas filiformes, y cabezuelas axilares y terminales. II **— jabonera.** Jabonera, planta. II **— lombriguera.** Planta con tallos herbáceos de seis a ocho decímetros de altura, hojas grandes, flores de cabezuelas amarillas en corimbos terminales. Tiene olor fuerte, sabor muy amargo, y se ha empleado como estomacal y vermífuga. *Tanacetum vulgare*, compuesta. II **— luisa.** Luisa. II **— mate. Yerba mate.** II **— melera.** Lengua de buey, planta. II **— meona.** Milenrama. II **— mora.** Planta con tallos de tres a cuatro decímetros de altura; hojas lanceoladas, flores axilares, en corimbos, de corola blanca, y fruto en baya negra. Se ha empleado en medicina como calmante. II *Filip.* Espicanardo, planta gramínea. II **— pastel.** Glasto. II **— pejiguera.** Duraznillo. II **— piojenta,** o **piojera.** Estafisagria. II **— pulguera.** Zaragatona. II **— puntera.** Siempreviva mayor. II **— romana o sarracena. Hierba de Santa María.** II **— sagrada.** Verbena, planta. II **— santa.** Hierbabuena. II **— tora.** Orobanca. II **Otras hierbas.** expr. jocosa para significar que a alguien le corresponde aún más de lo enumerado. *Juan es buen mozo, cortés, gracioso, docto y* OTRAS HIERBAS. II IDEAS AFINES: *Césped, prado, pradera, sabana, llanura, pampa, jardín, hoz, cortar, segar, heno, forraje, alimento, granos; camino, cancha, pista; herbívoro, pacer; herbario, Botánica.*

HIERBABUENA. f. Menta, planta de hojas vellosas y flores rojizas. Por su cualidad aromática, es usada como condimento. *Menta sativa*, labiada. II Nombre dado a otras labiadas semejantes a aquélla, como el mastranzo, el poleo y el sándalo.

HIERBAJO. m. desp. de **Hierba.**

HIERBAL. m. Herbazal.

HIERBATERO. adj. Yerbatero.

HIERBEZUELA. f. d. de **Hierba.**

HIEROFANTA o **HIEROFANTE.** (Del lat. *hierophantes*, y éste del gr. *hierophantes*; de *hierós*, sagrado, y *phaino*, mostrar, enseñar.) m. Sacerdote del templo de Ceres Eleusina y de otros de Grecia, que dirigía las ceremonias de la iniciación en los misterios sagrados. II Por ext., maestro de nociones recónditas.

HIEROGLÍFICO, CA. adj. y s. Jeroglífico.

HIEROGRAFÍA. f. Descripción de las cosas sagradas. II Historia de las religiones. II deriv.: **hierográfico, ca; hierógrafo.**

HIERÓN. *Biog.* Nombre de dos tiranos de Siracusa (s. IV y II a. de C.).

HIEROS. m. pl. Yeros.

HIEROSCOPIA. f. Aruspicina.

HIEROSOLIMITANO, NA. adj. Jerosolimitano.

HIERRA. f. *Amér.* Herradero acción de marcar con el hierro. *La* HIERRA *de los novillos.*

HIERREZUELO. m. dim. de **Hierro.**

HIERRO. al. **Eisen.** fr. **Fer.** ingl. **Iron.** ital. **Ferro.** port. **Ferro.** (De *fierro*, del lat. *ferrum.*) m. Metal blanco grisáceo, magnético, dúctil, maleable, muy tenaz y fácilmente oxidable. Siempre presenta impurezas, especialmente carbono, y en menor cantidad algunos metales, y sus propiedades dependen notablemente de la naturaleza y proporción de esas impurezas. Se obtiene a partir del óxido o del carbonato, calentándolos con coque y caliza en el alto horno. El producto obtenido, fundición, se utiliza fundamentalmente para la elaboración del **hierro** dulce y el acero. El **hierro,** en sus diversas formas, tiene vastas aplicaciones industriales, y sus sales son de gran valor medicinal. Es un elemento químico de símbolo Fe y p. atóm. 55,85. *La Unión Soviética es el primer productor de* HIERRO. II Marca que con **hierro** candente se ponía a los esclavos y delincuentes y hoy al ganado II En la lanza, y otros instrumentos, pieza de **hierro** o de acero que se pone en el extremo para herir. II fig. Arma, instrumento o pieza de **hierro** o acero; como la pica, la reja del arado, etc. II *Cuba.* Reja o labor de arado. II pl. Prisiones de **hierro;** como cadenas, grillos, etc. II **Hierro albo.** El candente. II **— arquero. Hierro cellar.** II **— cabilla.** El forjado en barras redondas más gruesas que las del **hierro varilla.** II **— carretil.** El forjado en barras de un decímetro de ancho y dos centímetros de grueso. II **— cellar.** El forjado en barras de unos cinco centímetros de ancho y uno de grueso, que sirve para cellos de pipa. II **— colado.** El que sale fundido de los hornos altos. II **— cuadradillo,** o **cuadrado.** Barra de **hierro** cuya sección transversal es un cuadrado de dos a tres centímetros de lado. II **— cuchillero. Hierro cellar.** II **— de doble T.** El forjado en barras en forma de dos de aquellas letras, opuestas por la base. II **— dulce.** El libre de impurezas. II **— espático.** Siderosa. II **— fundido. Hierro colado.** II **— pirofórico. Hierro** finísimamente dividido que se inflama espontáneamente en contacto con el aire. II **— planchuela. Hierro arquero.** II **— tocho.** El forjado en barras de sección cuadrada de siete centímetros de lado. II **— tochuelo.** El de sección cuadrada algo menor. II **— varilla.** El forjado en barras redondas de poco diámetro. II IDEAS AFINES: *Imán, atracción, magnetismo; ferroso, férrico; siderurgia, fragua, lanza, espada, armadura, coraza, blindaje, herrar, herradura; construcción, edificio; hojalata, lingote, chapa; férreo.*

HIERRO, Isla de. *Geog.* Isla de las Canarias, la más occidental, meridional y pequeña del archipiélago. 278 km². 15.000 h. Cap. VALVERDE. Hasta el descubrimiento de América se la consideró como la región más occidental del globo.

HIERRO, José. *Biog.* Poeta esp., autor de *Tierra sin nosotros* y otras obras (n. 1922).

HIFA. (Del gr. *hyphé*, filamento.) f. *Bot.* Cada uno de los filamentos, uni o pluricelulares, que forman el micelio de los hongos.

HIGA. (De *higo.*) f. Dije en figura de puño, que ponían a los niños para librarlos del mal de ojo. II Acción que se ejecuta cerrando el puño y mostrando el dedo pulgar por entre el dedo índice y el cordial, con el que se señalaba a las personas infames o se hacía desprecio de ellas. II fig. Burla o desprecio.

HIGADILLA. f. o **HIGADILLO.** m. Hígado de los animales pequeños, particularmente de las aves. II *Col.* y *Cuba.* Cierta enfermedad de las aves. II *Hond.* Riñonada o guisado de riñones e hígado de res.

HÍGADO. al. **Leber.** fr. **Foie.** ingl. **Liver.** ital. **Fegato.** port. **Fígado.** (Del lat. *ficátum*, de *ficus*, higo.) m. Glándula de secreción biliar y glucogénica, la mayor de la economía, situada en el abdomen, en la región del hipocondrio derecho. Su forma es de un segmento de ovoide; su color, rojo obscuro, su consistencia firme y elástica; su peso de 1.500 g y sus dimensiones de 24 a 28 cm de diámetro transversal por 18 a 20 en el anteroposterior. II fig. Ánimo, valentía. Ú.m. en pl. II adj. *Amér. Central* y *Cuba.* Fastidioso, impertinente. II **— de azufre.** Mezcla de azufre derretido con potasa, usada como insecticida. II **Malos hígados.** fig. Mala voluntad; índole dañina.

HIGADOSO, SA. adj. *Amér. Central* y *Cuba.* Majadero.

HIGATE. m. Potaje que se usaba antiguamente, y se hacía de higos con tocino, caldo de gallina, azúcar y especias.

HIGEA. *Mit.* Diosa de la salud, hija de Esculapio.

HIGEA. *Astron.* Uno de los principales asteroides del sistema solar.

HIGHLAND. *Geog.* Región montañosa de Escocia.

HIGHMORE, José. *Biog.* Pintor ingl., celebrado retratista (1692-1780).

HIGHS, Tomás. *Biog.* Mecánico ingl. que inventó la primera máquina para hilar algodón (s. XVIII).

HIGIENE. al. **Hygiene; gesundheitsflege.** fr. **Hygiène.** ingl. **Hygiene.** ital. **Igiene.** port. **Higiene.** (Del gr. *hygieiné*, t. f. de *hygieinós*, de *higiés*, sano.) f. Parte de la medicina que tiene por objeto la conservación de la salud, precaviendo enfermedades. *La* HIGIENE *dental evita las caries.* ‖ fig. Limpieza, aseo en las viviendas y poblaciones. antón.: **suciedad.** ‖ – **privada.** Aquella de cuya aplicación cuida el individuo. ‖ – **pública.** La que está a cargo de la autoridad. ‖ IDEAS AFINES: *Profilaxis, prevención, vacuna, asepsia, antisepsia, desinfección, salubridad, sanear, cuarentena, lazareto, sanatorio, cura, baño, agua, jabón, alcohol.*

HIGIÉNICO, CA. al. **Hygienisch.** fr. **Hygiénique.** ingl. **Hygienic.** ital. **Igienico.** port. **Higienico.** adj. Perteneciente o relativo a la higiene. *Lavado* HIGIÉNICO. ‖ deriv.: **higiénicamente.**

HIGIENISTA. adj. y s. Dícese de la persona dedicada al estudio de la higiene.

HIGIENIZAR. tr. Hacer higiénica una cosa, prepararla o disponer conforme a las prescripciones de la higiene. ‖ deriv.: **higienización.**

HIGINIO, San. *Hagiog.* Papa de 139 a 142 aprox.

HIGO. al. **Feige.** fr. **Figue.** ingl. **Fig.** ital. **Fico.** port. **Figo.** (Del ant. *figo*, y éste del lat. *ficus*.) m. Segundo fruto, o el más tardío, de la higuera. ‖ Excrecencia, que se forma alrededor del ano, y cuya figura es semejante a la de un **higo.** ‖ – **boñigar.** Variedad de **higo,** blanco, grande y chato. ‖ – **chumbo, de pala,** o **de tuna.** Fruto del nopal o higuera de Indias. ‖ – **melar.** Variedad de **higo,** pequeño, redondo, blanco y muy dulce. ‖ – **tuno.** *Col.* **Higo chumbo.** ‖ – **zafarí.** Variedad de **higo.** muy dulce y tierno. ‖ **De higos a brevas.** loc. adv. fig. y fam. De tarde en tarde. ‖ **No dársele** a uno **un higo.** frs. fig. y fam. No importarle nada una cosa.

HIGROMETRÍA. f. *Fís.* Estudio de la humedad atmosférica, y medida de sus variaciones.

HIGROMÉTRICO, CA. adj. Perteneciente o relativo a la higrometría o al higrómetro. *Tablas* HIGROMÉTRICAS. ‖ Dícese del cuerpo cuyas condiciones varían sensiblemente con el cambio de humedad de la atmósfera. *El cabello humano es* HIGROMÉTRICO. ‖ **Estado higrométrico.** *Fís.* V. **Humedad relativa.**

HIGRÓMETRO. m. Instrumento para medir la humedad del aire atmosférico.

HIGROSCOPIA. f. Higrometría.

HIGROSCOPICIDAD. f. Propiedad de algunos cuerpos inorgánicos, y de los orgánicos, de absorber la humedad.

HIGROSCÓPICO, CA. adj. Que tiene higroscopicidad. ‖ Perteneciente o relativo a la higroscopia o al higroscopio.

HIGROSCOPIO. (Del gr. *hygrós*, húmedo, y *skopeo*, examinar.) m. Instrumento para indicar el estado de humedad atmosférica.

HIGUANA. f. Iguana.

HIGÜELA o **HIGUELA.** f. *Cineg.* Arma blanca que usa el podenquero para rematar la res apresada por los perros.

HIGUERA. al. **Feigenbaum.** fr. **Figuier.** ingl. **Fig tree.** ital. **Fico.** port. **Figueira.** (De *higo*.) f. Árbol de savia láctea, amarga y astringente, hojas grandes y lobuladas, verdes, brillantes por la haz y grises y ásperas por el envés, y fruto piriforme (higo), originario del O. de Asia. Gén. *Ficus*, moráceas. ‖ – **breval.** Variedad de higuera, de hojas más grandes, que da brevas e higos. ‖ – **chumba** o **de Indias.** Nopal. ‖ – **de Egipto.** Cabrahigo. ‖ – **de Adán.** Planta de origen indomalayo, muy cultivada hoy en África tropical, cuyo fruto es el plátano grande. ‖ – **del infierno** o **infernal.** Ricino. ‖ – **loca, moral** o **silvestre.** Sicomoro. ‖ **Estar en la higuera.** frs. fig. y fam. Estar en Babia.

HIGÜERA. f. *Ant.* Fruto del higüero, y vasija que se hace con él. ‖ desp. *P. Rico.* Cholla, cabeza.

HIGUERAL. m. Sitio poblado de higueras.

HIGUERETA. f. Ricino.

HIGUERILLA. f. dim. de **Higuera.** ‖ Higuera infernal.

HIGUERILLO. m. *Guat.* Higuereta.

HIGÜERO. m. Güira.

HIGUERÓN. m. Árbol de tronco corpulento y madero fuerte, blancoamarillento, usado en América para construcciones. ‖ Aplícase en *Amér.* a diversas moráceas.

HIGUEROTE. m. Higuerón.

HIGUERUELA. f. dim. de **Higuera.** ‖ Planta de hojas partidas como las del trébol, semillas en legumbre, leguminosa.

¡HI, HI, HI! int. **¡Ji, ji, ji!**

HIJADALGO. f. Hidalga.

HIJA DEL REGIMIENTO, La. *Mús.* Ópera de Cayetano Donizetti, una de las más populares del autor, estrenada en 1840. Influida por la escuela francesa, es una obra plena de claridad y gracia.

HIJADO, DA. adj. *Méx.* Aféresis de ahijado.

HIJAS DEL CID, Las. *Lit.* Drama poético de Eduardo Marquina, estrenado en Madrid en 1908. Obra de riqueza lírica y decorativa, de versificación vibrante, entronca con la concepción del teatro español del Siglo de Oro.

HIJASTRO, TRA. al. **Stiefsohn.** fr. **Beau-fils.** ingl. **Stepchild.** ital. **Figliastro.** port. **Enteado.** s. Hijo o hija de uno de los cónyuges, respecto del otro que no los procreó.

HIJATO. m. Retoño.

HIJEAR. intr. *Amér. Central* y *Col.* Dígase ahijar, retoñar.

HIJILLO. m. *Hond.* Emanación de los cadáveres.

HIJO, JA. al. **Sohn; Tochter.** fr. **Fils; fille.** ingl. **Son; daughter.** ital. **Figlio,** port. **Filho.** (Del lat. *filius*.) s. Persona o animal respecto de su padre o de su madre. sinón.: **vástago.** ‖ fig. Cualquiera persona, respecto del pueblo o país de que es natural. *Los* HIJOS *de América.* ‖ Religioso, con relación al fundador de su orden y a su convento. *Los* HIJOS *de San Francisco.* ‖ Cualquier obra o producción del ingenio. *Su propia casa era* HIJA *de su industria*; sinón.: **fruto.** ‖ Nombre que se suele dar al yerno y a la nuera. ‖ Expresión de cariño. ‖ m. Lo que procede o sale de otra cosa por procreación; como los retoños que echa el árbol por el pie. ‖ Substancia esponjosa y blanca que forma lo interior del asta de los animales. ‖ m. pl. Descendientes. ‖ **Hijas de la caridad.** Orden religiosa fundada por San Vicente de Paúl para prestar asistencia en hospitales y asilos. ‖ **Hijo bastardo.** El nacido de unión ilícita. ‖ El de padres que no podían contraer matrimonio al tiempo de la concepción ni al del nacimiento. ‖ – **de algo.** Hidalgo. ‖ – **de bendición.** El de legítimo matrimonio. ‖ – **de confesión.** Cualquiera persona, con respecto al confesor que es director de su conciencia. ‖ – **de Dios.** *Teol.* El Verbo eterno, engendrado por su Padre. ‖ En sentido místico, el justo o el que está en gracia. ‖ – **de familia.** El que está bajo la autoridad paterna o tutelar. ‖ – **de ganancia. Hijo natural.** ‖ – **de la cuna.** El de la inclusa. ‖ – **de la piedra.** Expósito que se cría de limosna. ‖ – **del diablo.** El que es astuto y travieso. ‖ – **de leche.** El niño, con relación al ama que lo crió. ‖ – **del hombre.** Se llama así a Jesucristo, porque siendo Dios, se hizo hombre, descendiente de hombres. ‖ – **del Sol.** Título que se daba a los Incas peruanos. ‖ – **de puta.** expr. injuriosa y de desprecio. ‖ – **de su madre.** expr. que se usa para llamar a uno bastardo o **hijo de puta.** ‖ – **de su padre,** o **de su madre.** expr. fam. con que se denota la semejanza del **hijo** con su padre o su madre. ‖ – **espiritual. Hijo de confesión.** ‖ – **espurio. Hijo bastardo.** ‖ – **incestuoso.** El habido por incesto. ‖ – **legítimo.** El nacido de legítimo matrimonio. ‖ – **ilegítimo.** El de padre y madre no unidos entre sí por matrimonio. ‖ – **legitimado.** El natural que se equipara en todo al legítimo por subsiguiente matrimonio de los padres o parcialmente por concesión real. ‖ – **natural.** El que es habido de mujer soltera y padre libre, que podían casarse al tiempo de tenerle. ‖ – **sacrílego.** El procreado con quebrantamiento del voto de castidad que ligaba al padre, o a la madre. ‖ **Hacerle** a uno **un hijo macho.** frs. fig. *Amér.* Darle o pegarle un petardo, causarle un daño. ‖. IDEAS AFINES: *Filial, familia, parentela, deudos, hermano, primogénito, amor, respeto, consideración, compatriota, nativo, natural, indígena, sacerdote, monja, abadía, trabajo, afán, inspiración, resultado.*

HIJODALGO. m. Hidalgo.

HIJUCO, CA. s. desp. de **Hijo.**

HIJUELA. (Del lat. *filiola*.) f. dim. de **Hija.** ‖ Cosa anexa o subordinada a otra principal. ‖ Tira de tela que se pone en una prenda de vestir para ensancharla. ‖ Colchón angosto, que se pone debajo de los otros para levantar el hoyo que produce el cuerpo. ‖ Lienzo que se pone encima del cáliz para preservarlo. ‖ Cada uno de los canales pequeños que conducen el agua desde una acequia al campo que se ha de regar. ‖ Vereda que parte del camino real. ‖ Expedición postal a los pueblos que están fuera de la carrera. ‖ Documento donde se reseñan los bienes que tocan en una partición a uno de los partícipes en el caudal que dejó el difunto. ‖ Conjunto de dichos bienes. ‖ En las carnicerías, póliza que dan los que pesan la carne a los dueños para hacer la cuenta de la vendida. ‖ Simiente de las palmas y palmitos. ‖ *Chile* y *Perú.* Fundo rústico que se forma de la división de otro mayor.

HIJUELAR. tr. *Chile.* Dividir un fundo en hijuelas. ‖ Dar la legítima a un legitimario, en vida del ascendiente. ‖ deriv.: **hijuelación.**

HIJUELERO. m. Peatón, correo de a pie.

HIJUELO. m. dim. de **Hijo.** ‖ Retoño.

HILA. (Del latín *fila*.) f. Hilera, hilada. HILA *de casas.* ‖ Tripa delgada. ‖ Hebra que se saca de un trapo de lienzo y sirve, unida a otras, para curar llagas. Ú.m. en pl. ‖ – **de agua.** Cantidad de agua que se toma de una acequia por un boquete de un palmo cuadrado. ‖ **A la hila.** m. adv. Uno tras otro. ‖ **Irse a la hila.** frs. fig. *Ven.* Malograrse.

HILA. f. Acción de hilar. *El tiempo de la* HILA.

HILACHA. f. Pedazo de hila, desprendido de la tela. ‖ pl. *Méx.* Guiñapos. ‖ **Mostrar** uno **la hilacha.** frs. fig. Descubrir la hilaza.

HILACHENTO, TA. adj. *Amér.* Andrajoso. ‖ *Chile.* Hilachoso.

HILACHO. m. Hilacha. ‖ *Méx.* Harapo.

HILACHOSO, SA. adj. Que tiene muchas hilachas. *Trapo* HILACHOSO.

HILADA. f. Hilera, formación en línea. ‖ *Chile.* Mal usado por tendel o cuerda tendida entre dos regiones. ‖ *Arq.* Cada serie horizontal de ladrillos o piedras con que se van levantando los muros. ‖ *Mar.* Serie horizontal de tablones u otros objetos.

HILADILLO. m. Hilo que sale de la maraña de la seda. ‖ Cinta angosta de hilo o seda.

HILADIZO, ZA. adj. Que se puede hilar.

HILADO. m. Acción y efecto de hilar. *El* HILADO *se hacía antiguamente con el huso y la rueca.* ‖ Porción de cáñamo, lino, etc., reducida a hilo.

HILADOR, RA. s. Persona que hila.

HILANDERÍA. f. Arte de hilar ‖ Fábrica de hilados.

HILANDERO, RA. al. **Spinner** fr. **Fileur.** ingl. **Spinner.** ital. **Filandiere.** port. **Fiandeiro; fiadeiro.** s. Quien hila por oficio. ‖ m. Lugar donde se hila.

HILANDERUELO, LA. s. dim. de **Hilandero.**

HILANZA. f. Hilado.

HILAR. al. **Spinnen.** fr. **Filer.** ingl. **To spin.** ital. **Filare.** port. **Fiar.** (Del ant. *filar*, y éste del b. lat. *filare*.) tr. Reducir a hilo el lino, la lana, etc. ‖ Formar el gusano de seda la hebra con que hace su capullo. Dícese también de la araña y otros insectos. ‖ fig. Discurrir, inferir unas cosas de otras. ‖ **Hilar delgado.** frs. fig. Discurrir con sutileza, proceder con cuidado. ‖ deriv.: **hilable.**

HILARACHA. f. Hilacha.

HILARANTE. adj. Que produce alegría o risa. *Chascarrillo* HILARANTE; sinón.: **festivo, jocoso.**

HILARIDAD. al. **Heiterkeit.** fr. **Hilarité.** ingl. **Hilarity.** ital. **Ilarità.** port. **Hilaridade.** (Del lat. *hilaritas, -atis*.) f. Expresión plácida de gozo y satisfacción. ‖ Risa y algazara que excita en una reunión lo que se ve o se oye. *Sus ocurrencias provocaban* HILARIDAD; antón.: **llanto.** ‖ IDEAS AFINES: *Contento, vivacidad, carcajada, explosión, payaso, gracioso, bufón, arlequín, chiste, burla, chanza, chascarrillo, cómico, extravagante.*

HILARIO, San. *Hagiog.* Papa de 461 a 468.

HILATURA. f. Arte de hilar.

HILAZA. f. Hilado, porción de lino, cáñamo, etc., reducida a hilo. ‖ Hilo que sale gordo y desigual. ‖ Hilo con que se teje una tela. ‖ **Descubrir** uno **la hilaza.** frs. fig. y fam. Hacer patente el vicio o defecto que tenía y se ignoraba.

HILDEBRANDT, Juan Lucas von. *Biog.* Arquitecto austríaco que construyó la iglesia de San Lorenzo en Gabel, Bohemia, y el palacio de Belvedere, en Viena (1721), ejemplo notable de arte barroco (1668-1745).

HILERA. al. **Reihe.** fr. **File; rangée.** ingl. **Row; line; file.** ital. **Fila.** port. **Fileira; fila.** f. Formación en línea de personas o cosas. HILERA *de botones*; sinón.: **fila, ringla.** ‖ Hilo o hilaza fina. ‖ Instrumento para reducir los metales a hilos. ‖ *Arq.* Parhilera. ‖ *Mil.* Línea de soldados, uno tras otro. ‖ pl. *Zool.* Apéndices agrupados alrededor del ano de las arañas, con pequeñas glándulas que producen el líquido que, al secarse, constituye su hilo.

HILERO. m. Señal que forma la dirección de las corrientes en las aguas del mar o de los ríos. ‖ Corriente derivada de otra principal.

HILETE. m. dim. de **Hilo.**

HILIO. m. *Anat.* Fisura o depresión en una víscera por donde pasan los vasos y nervios. ‖ *Bot.* Pedúnculo que queda en los granos después de separados de la planta.

HILMEND. *Geog.* Río de Afganistán, el más importante del país. Desagua en el lago Hamún-i-Hilmend. 1.100 km.

HILO. al. **Faden; Leinen.** fr. **Fil; lin.** ingl. **Thread; yarn.** ital. **Filo; lino.** port. **Fio; linho.** (Del ant. *filo*, y éste del lat. *filum*.) m. Hebra larga y delgada que se forma retorciendo lino u otra materia textil. sinón.: **filamento.** ‖ Ropa blanca de lino o cáñamo. *El* HILO *es fresco.* ‖ Alambre muy delgado, que se saca de los metales con la hilera. HILO *de platino.* ‖ Hebras con que forman las arañas, gusanos de seda, etc., sus telas y capullos. ‖ Filo. *El* HILO *de un cuchillo.* ‖ fig. Chorro muy delgado de un líquido. HILO *de agua.* ‖ Continuación o serie del discurso. Dícese también de otras cosas. *El* HILO *del llanto.* ‖ – **bramante.** Bramante. ‖ – **de cajas.** El fino. ‖ – **de camello.** El hecho de pelo de camello y lana. ‖ – **de cartas.** El de cáñamo, más delgado que el bramante. ‖ – **de la muerte.** Término de la vida. ‖ – **de la vida.** fig. Curso de ella. ‖ – **de medianoche o de mediodía.** Momento que marca la mitad de la noche o el día. ‖ – **de perlas.** Cantidad de perlas enhebradas en un hilo. ‖ – **de uvas.** Colgajo de uvas. ‖ – **de velas o volatín.** *Mar.* El de cáñamo, grueso, con que se cosen las velas. ‖ – **primo.** El muy blanco y delicado. ‖ – **sisal.** El que se hace con las fibras del sisal. ‖ **A hilo.** m. adv. Sin interrupción. ‖ Según la dirección de una cosa. ‖ **Al hilo.** m. adv. con que se denota que el corte de las cosas que tienen hebras va en la dirección de éstas. ‖ **Colgar de un hilo. Pender de un hilo.** ‖ **De hilo.** m. adv. Directamente, sin detención. ‖ **Escapar** uno **con el hilo en una pata.** frs. fig. *Arg.* y *P. Rico.* Denota que escapó hábilmente de un trance. ‖ **Pender de un hilo.** expr. que indica el gran riesgo o amenaza de ruina de algo, o el temor de un suceso lamentable. ‖ **Perder el hilo.** frs. fig. Olvidarse del asunto de que se estaba tratando. ‖ **Por el hilo se saca el ovillo.** ref. que afirma que por la muestra y el principio de una cosa se conoce lo restante. ‖ **Tener el estómago en un hilo.** frs. fig. y fam. *Guat., Perú, P. Rico* y *Ven.* Sentir debilidad. ‖ IDEAS AFINES: *Filamento, fibra, hilacha, hilar, huso, rueca, aguja, ojo, enhebrar, carrete, madeja, ovillo, dedal, coser, bordar, zurcir, tejer, enredo, nudo, soga, piola, piolín, costura, sastre, modista, puntada, hilván, pespunte, sobrehilado, trama, desarrollo, desenlace, pista, pesquisa.*

HILOMORFISMO. m. Teoría de Aristóteles, adoptada por la mayoría de los escolásticos, que establece que todo cuerpo está constituido por dos principios esenciales, que son la materia y la forma.

HILVAN. al. **Heftnaht.** fr. **Faufilure.** ingl. **Basting.** ital. **Imbastitura.** port. **Alinhavo.** (De *hilo* y *vano.*) m. Costura de puntadas largas con que se une y prepara lo que se ha de coser después debidamente. ‖ *Chile.* Hilo para hilvanar.

HILVANAR. al. **Heften.** fr. **Faufiler.** ingl. **To baste.** ital. **Imbastire.** port. **Alinhavar.** tr. Unir con hilvanes. HILVANAR *un vestido*; sinón.: **embastar.** ‖ fam. Obrar o trabajar con precipitación; proyectar alguna cosa. ‖ deriv.: **hilvanador, ra.**

HILVERSUM. *Geog.* Ciudad de Holanda (Holanda Septentrional). 97.000 h. Tejidos, productos químicos.

HILL, Archibaldo Vivian. *Biog.* Fisiólogo y médico ingl., autor de notables trabajos sobre el calor muscular y el proceso del metabolismo en el trabajo de los músculos. Sus investigaciones fueron semejantes y simultáneas a las de Otto Meyerhof, en unión del cual le fue otorgado en 1922 el premio Nobel de Fisiología y Medicina (n. 1886). ‖ – **Eduardo.** Compositor estad. (1872-1960), autor de *Sinfonietta; Estudios de jazz; Concertino para orquesta* y otras obras. ‖ — **Rolando.** Educador ingl., uno de los que impusieron los sellos postales (1795-1879).

HILLA. *Geog.* Ciudad del Irak, sit. sobre el Éufrates. 90.000 h. Centro agrícola y comercial. En sus inmediaciones hay ruinas de la antigua Babilonia.

HILLARY, Edmundo P. *Biog.* Alpinista neozelandés cont. que en 29 de mayo de 1953 alcanzó la cumbre del monte Everest (n. 1919).

HILLIARD, Nicolás. *Biog.* Pintor ingl. que se destacó por sus retratos y miniaturas. También escribió un libro sobre su especialidad, titulado *El arte del retrato* (1547-1619).

HIMACHAL PRADESH. *Geog.* Estado del N. de la India. 27.451 km². 989.437 h. Cap. SIMLA.

HIMALAYA. *Geog.* Cadena de montañas del Asia, que se extiende del E. al O., entre los valles del Indo y Brahmaputra, con una longitud de 2.550 km. Separa el Indostán del Tibet. Tiene los montes más elevados del mundo: Everest, Dhaulagiri, etc., de más de 8.000 metros.

HIMEJI. *Geog.* Ciudad del Japón, en la isla de Hondo, al O. de Kobe. 425.000 h. Industria pesada, productos de hierro y acero.

HIMEN. (Del lat. *hymen*, y éste del gr. *hymén*, membrana.) m. *Anat.* Repliegue membranoso que reduce el orificio externo de la vagina. Es signo no muy seguro de virginidad. ‖ deriv.: **himenal; himénico, ca.**

HIMENEO. (Del lat. *hymenaeus*, y éste del gr. *hymenaios.*) m. Boda, casamiento. ‖ Epitalamio.

HIMENEO. *Mit.* Dios grecorromano del matrimonio, hijo de Venus y Baco.

HIMENIO. m. *Bot.* Capa de basidios que reviste las láminas radiales que forman la parte inferior del sombrerillo en ciertos hongos basidiomicetos.

HIMENÓPTERO, RA. (Del gr. *hymenópteros*, de *hymén*, membrana, y *pterón*, ala.) adj. *Zool.* Dícese de los insectos que tienen cuatro alas membranosas, con pocos nervios y grandes celdillas, como las abejas, avispas, etc. Ú.t.c.s.m. ‖ m. pl. Orden de estos insectos.

HIMETO. *Geog.* Monte del Ática, al S. de Atenas, célebre por su miel y su mármol.

HIMNARIO. m. Colección de himnos.

HIMNIA. *Mit.* Sobrenombre de Artemisa, como protectora del canto.

HIMNO. al. **Hymne; Hymnus.** fr. **Hymne.** ingl. **Hymn.** ital. **Inno.** port. **Hino.** (Del lat. *hymnus*, y éste del gr. *hymnos.*) m. Composición poética en alabanza de Dios, de la Virgen o de los santos. HIMNO *litúrgico*; sinón.: **cántico.** ‖ Entre los gentiles, composición poética en loor de sus dioses o de sus héroes. ‖ Canto nacional o popular. HIMNO *patriótico.* ‖ Poesía cuyo objeto es honrar a un grande hombre, celebrar un suceso memorable, o expresar júbilo o entusiasmo. ‖ Composición musical dirigida a cualquiera de los antedichos fines. ‖ deriv.: **hímnico, ca; himnista.** ‖ IDEAS AFINES: *Misa, oficio, sacrificio, ritual, religión, verso, estrofa, cuarteto, poema, canción, lírico, épico, Marsellesa.*

HIMNÓLOGO. m. Autor de himnos.

HIMPAR. (De la onomat. *himp* del sollozo.) int. Gemir con hipo.

HIMPLAR. intr. Emitir la onza o la pantera su voz natural.

HIN. Onomatopeya con que se representa la voz del caballo y de la mula.

HINCADA. f. *Col., Cuba, Perú, P. Rico* y *Ven.* Hincadura. ‖ *Chile* y *P. Rico.* Genuflexión. ‖ *Perú* y *P. Rico.* Dolor reumático semejante a una hincadura de alfiler.

HINCADURA. f. Acción y efecto de hincar o fijar una cosa.

HINCAPIÉ. m. Acción de hincar o afirmar el pie para sostenerse o para hacer fuerza. ‖ **Hacer** uno **hincapié.** frs. fig. y fam. Insistir con tesón en la propia opinión o en la solicitud de una cosa.

HINCAR. al. **Einschlagen.** fr. **Ficher.** ingl. **To plant.** ital. **Ficcare.** port. **Fincar.** (Del ant. *fincar*, y éste del lat. *figicare.*) tr. Introducir una cosa en otra. HINCAR *los dientes, un poste*; sinón.: **meter, plantar.** ‖ Apoyar una cosa en otra como para clavarla. ‖ *Cuba.* Picar con algún instrumento. ‖ r. Arrodillarse. *Se* HINCÓ *ante el Señor.*

HINCO. m. Poste, puntal hincado en tierra.

HINCÓN. m. Madero que se hinca en la margen del río y en el cual se asegura la maroma que sirve para conducir la barca.

HINCHA. f. fam. Odio, enemistad. ‖ com. vulg. *Arg.* y *Urug.* Partidario apasionado de un contendor o bando en cualquier deporte; defensor entusiasta.

HINCHADA. f. *Arg.* y *Urug.* Conjunto de hinchas.

HINCHADO, DA. adj. fig. Vano, presumido. ‖ Dícese del lenguaje o estilo abundante en expresiones redundantes o afectadas. sinón.: **ampuloso, pomposo.** ‖ deriv.: **hinchadamente.**

HINCHAMIENTO. m. Hinchazón.

HINCHAR. al. **Aufblasen; aufpumpen.** fr. **Enfler; gonfler.** ingl. **To swell.** ital. **Gonfiare; enfiare.** port. **Inchar.** (Del lat. *inflare.*) tr. Hacer que aumente de volumen algún objeto, llenándolo de aire u otra cosa. Ú.t.c.r. HINCHÓ *el viento las velas;* sinón.: **henchir, inflar.** ‖ fig. Exagerar una noticia o un suceso. ‖ r. Aumentar de volumen una parte del cuerpo, por herida o golpe o por la afluencia de algún humor. *Se le* HINCHÓ *la cara por el flemón.* ‖ fig. Envanecerse, ensoberbecerse.

HINCHAZÓN. f. Efecto de hincharse. sinón.: **abultamiento.** ‖ fig. Vanidad, soberbia, engreimiento. ‖ Vicio del estilo hinchado.

HINDEMITH, Pablo. *Biog.* Compositor al., autor de las óperas *La armonía del mundo* y *Cardillac;* el poema sinfónico *Matías el pintor;* el ballet *Nobilísima visión; Música de concierto para cuerdas y cobres* y las obras didácticas: *El arte de la composición musical* y *Armonía tradicional* (1895-1963).

HINDENBURG, Pablo von. *Biog.* Pol. y militar al., jefe máximo de las fuerzas armadas de su país durante la Primera Guerra Mundial. De 1925 a su muerte, presidente del Reich (1847-1934).

HINDENBURG. *Geog.* V. **Zabrze.**

HINDI. m. Indi.

HINDOSTÁN. *Geog.* V. **Indostán.**

HINDÚ. (Voz persa; de *Hindu*, el río Indo.) adj. y s. Indio, indostánico. *La pagoda es la más bella expresión del arte* HINDÚ. ‖ Indoísta.

HINDUI. m. Indui.

HINDUISMO. m. Indoísmo.

HINDUISTA. adj. Indoísta.

HINDU-KUSH. *Geog.* V. **Indo-Kush.**

HINIESTA. (Del lat. *genesta.*) f. Retama.

HINNIBLE. (Del lat. *hinnibilis*, de *hinnire*, relinchar.) adj. p. us. Capaz de relinchar.

HINOJAL o **HINOJEDO.** m. Lugar poblado de hinojos.

HINOJO. al. **Fenchel.** fr. **Fenouil.** ingl. **Fennel.** ital. **Finocchio.** port. **Funcho.** (Del lat. *feniculum.*) m. Planta de hojas muy divididas y pequeñas, aromáticas y muy usadas en condimentos. Gén. *Foeniculum*, umbelífera. ‖ *Cuba.* Planta silvestre, compuesta. ‖ — **marino.** Hierba de flores pequeñas blanquizcas. Es aromática y algo salada. *Crithum maritimum*, umbelífera.

HINOJO. (Del lat. *genículum.*) m. Rodilla. Ú. m. en pl. ‖ **De hinojos.** m. adv. De rodillas. DE HINOJOS *le suplico esta merced.*

HINOJOSA Y NAVEROS, Eduardo de. *Biog.* Jurista esp., autor de *Historia del Derecho español* (1852-1919).

HINSHELWOOD, Cirilo. *Biog.* Científico británico a quien se otorgó en 1956 el premio Nobel de Química, compartido con el investigador soviético Nicolás Semenov, por sus trabajos sobre los mecanismos de reacción del hidrógeno y oxígeno combinados para producir agua (1897-1967).

HINTERO. (Del lat. *finctum*, de *fingere*, heñir.) m. Mesa para heñir el pan.

HIOGLOSO, SA. adj. Perteneciente o relativo al hioides y a la lengua.

HIOIDEO, A. adj. *Anat.* Perteneciente al hueso hioides. *Astas* HIOIDEAS.

HIOIDES. (Del gr. *hioeidés*, que tiene la forma de la letra U.) adj. Que se asemeja a la U del alfabeto griego. ‖ m. Hueso situado entre la base de la lengua y la laringe, de figura parabólica, y formado por un cuerpo y cuatro astas.

HIPÁLAGE. f. Figura de construcción que consiste en trocar uno por otros dos casos dependientes de un verbo.

HIPAR. al. **Schlucksen; Den Schlucken haben.** fr. **Hoqueter.** ingl. **To hiccough.** ital. **Avere il singulto.** port. **Soluçar.** intr. Padecer hipo. ‖ Resollar los perros. ‖ Fatigarse por el excesivo trabajo. ‖ Gimotear. Pronúnciase aspirando la *h.* ‖ fig. Codiciar con ansia. HIPAR *por una designación*; sinón.: **ambicionar.**

HIPARCO. *Biog.* Sabio gr., creador de la astronomía matemática (160-124 a. de C.). ‖ Pol. griego que gobernó Atenas con su hermano Hipias (m. 514 a. de C.).

HIPATIA. *Biog.* Erudita griega, la primera mujer que ocupó la cátedra universitaria. Dirigió en Alejandría el movimiento filosófico neoplatónico (370-415).

HIPER. (Del gr. *hyper.*) prep. insep. que significa superioridad o exceso. HIPER*bóreo*, HIPER*emia.*

HIPERBÁTICO, CA. adj. Que tiene hipérbaton.

HIPÉRBATON. (Del lat. *hypérbaton*, y éste del gr. *hyperbatón*, transpuesto.) m. *Gram.* Inversión del orden de las palabras, con respecto a la sintaxis considerada regular. ‖ deriv.: **hiperbatónico, ca.**

HIPÉRBOLA. al. **Hyperbel.** fr. **Hyperbole.** ingl. **Hyperbola.** ital. **Iperbole.** port. **Hipérbole.** (Voz gr. de *bailein*, arrojar.) f. *Geom.* Curva simétrica respecto de dos ejes perpendiculares entre sí, compuesta de dos ramas abiertas, dirigidas en sentido opuesto, que se aproximan indefinidamente a dos asíntotas, y que se obtiene seccionando una superficie cónica circular con un plano paralelo a dos generatrices y que corte a las restantes y a sus prolongaciones. ‖ deriv.: **hiperboliforme.**

HIPÉRBOLE. al. **Übertreibung.** fr. **Hyperbole.** ingl. **Hyperbole.** ital. **Iperbole.** Port. **Hipérbole.** (Del lat. *hyperbole*, y éste del gr. *hyperbolé*; de *hyper*, más allá, y *ballo*, arrojar.) *Ret.* Figura que consiste en aumentar o disminuir excesivamente la verdad de aquello de que se habla.

HIPERBÓLICO, CA. adj. Perteneciente a la hipérbola. ‖ De figura de hipérbola. ‖ Perteneciente o relativo a la hipérbole; que la incluye. *Recomendación* HIPERBÓLICA; sinón.: **exagerado.** ‖ deriv.: **hiperbólicamente.**

HIPERBOLIZAR. intr. Usar de hipérboles.

HIPERBOLOIDE. m. *Geom.* Superficie cuyas secciones planas son elipses, círculos o hipérbolas y se extiende indefinidamente en dos sentidos opuestos. ‖ Sólido comprendido en parte de esa superficie.

HIPERBÓREO, A. (Del lat. *hyperboreus*, y éste del gr. *hiperbóreios*; de *hyper*, más allá, y *Boreas*, Norte.) adj. Aplícase a las regiones muy septentrionales y a los pueblos, animales y plantas que viven en ellas.

HIPERCLORHIDRIA. f. Exceso de ácido clorhídrico en el jugo gástrico.

HIPERCLORHÍDRICO, CA. adj. Que padece hiperclorhidria.

HIPERCRISIS. f. *Pat.* Crisis violenta.

HIPERCRÍTICA. f. Crítica exagerada.

HIPERCRÍTICO. adj. Propio de la hipercrítica o del hipercrítico. ‖ m. Censor rígido, crítico que no dispensa nada.

HIPERDULÍA. (Del gr. *hyper*, sobre, y *duleia*, servidumbre.) f. **Culto de hiperdulía.** ‖ deriv.: **hiperdúlico, ca.**

HIPERÉMESIS. f. *Med.* Vómitos muy intensos y prolongados, principalmente los del embarazo.

HIPEREMIA. (Del gr. *hyper*, sobre y *haima*, sangre.) f. *Pat.* Acumulación excesiva de sangre en una parte del cuerpo, ya por aflujo arterial, ya por detención venosa.

HIPEREMIADO, DA. adj. Que tiene hiperemia.

HIPERESTESIA. (Del gr. *hyper*, sobre, y *aísthesis*, sensibilidad.) f. Sensibilidad excesiva y dolorosa. ‖ deriv.: **hiperestesiar; hiperestético, ca.**

HIPERESTÉTICO, CA. adj. Perteneciente o relativo a la hiperestesia. ‖ s. Individuo de sensibilidad excesiva.

HIPERFUNCIÓN. f. Aumento de la función normal de un órgano, especialmente glandular.

HIPERFUNCIONAMENTO. m. Hiperfunción.

HIPERGOL. m. *Téc. ind.* Propergol que no requiere ningún sistema de encendido inicial y que se emplea en astronáutica.

HIPERICÁCEO, A. adj. *Bot.* Hiperícíneo.

HIPERICÍNEO, A. adj. *Bot.* Dícese de plantas incluidas hoy en la familia de las gutíferas. ‖ f. pl. Familia de estas plantas.

HIPÉRICO. m. Corazoncillo, planta.

HIPERMETAMORFOSIS. f. *Pat.* Rapidez excesiva del pensamiento, que conduce a la distracción mental y a un estado de confusión. ‖ *Zool.* Metamorfosis que consta de mayor número de fases que la ordinaria, como la de la cantárida.

HIPERMETRÍA. f. Figura poética que consiste en dividir una palabra para acabar con su primera parte un verso y empezar otro con la segunda.

HIPERMÉTROPE. adj. y s. Que padece hipermetropía.

HIPERMETROPÍA. (Del gr. *hypérmetros*, desmesurado, y la terminación *opía*, de *miopía.*) f. Vicio de refracción por el cual los rayos luminosos no convergen en la retina para formar en ella la imagen, por lo que la visión resulta confusa. Se corrige prácticamente con cristales convexos. Es contraria a la miopía, y no debe confundirse con la presbicia, aunque presenta los mismos signos clínicos.

HIPERMNESIA. f. *Pat.* Sobreactividad o excitación anormal de la memoria.

HIPERMNESTRA. *Mit.* Una de las danaides, la única que perdonó la vida a su esposo, Linceo. Mató a su padre Dánao.

HIPERODONTE. m. Mamífero marino, llamado también *ballena nariz de botella* por la forma especial de la extremidad anterior de la cabeza. Hay dos especies (una ártica y la otra antártica); se lo caza por el aceite que suministra. Gén. *Hyperoodon*, odontocetos. *Los esquimales comen la carne del* HIPERODONTE.

HIPEROXIA. f. *Med.* Estado que presenta un organismo sometido a un régimen respiratorio con exceso de oxígeno.

HIPERSECRECIÓN. f. *Pat.* Secreción excesiva.

HIPERTENSIÓN. f. Tensión excesivamente alta. Se aplica por antonomasia a la de la sangre en el aparato circulatorio. ‖ deriv.: **hipertensivo, va.**

HIPERTERMIA. (Del gr. *hyper*, sobre, y *therme*, calor.) f. *Pat.* Temperatura anormalmente alta. ‖ deriv.: **hipertérmico, ca.**

HIPERTIROIDEO, A. adj. Perteneciente o relativo al hipertiroidismo. ‖ s. Biotipo humano cuyo aspecto físico es consecuencia del hipertiroidismo funcional.

HIPERTIROIDISMO. m. *Pat.* Exceso de secreción tiroidea.

HIPERTONÍA. (Del gr. *hyper*, sobre, y *tonos*, vigor.) f. *Pat.* Tono, tensión o actividad excesivos.

HIPERTÓNICO, CA. adj. Caracterizado por hipertonía. ‖ Dícese de las soluciones salinas acuosas cuya concentración molecular es mayor que la del suero de la sangre.

HIPERTROFIA. (Del gr. *hyper*, sobre, y *trophé*, alimentación.) f. *Pat.* Aumento excesivo del volumen de un órgano. *El bocio es la* HIPERTROFIA *de la tiroides.*

HIPERTROFIARSE. (De *hipertrofia.*) r. *Med.* Aumentarse con exceso el volumen de un órgano. *En el paludismo, se* HIPERTROFIA *el bazo.*

HIPERTRÓFICO, CA. adj. Perteneciente o relativo a la hipertrofia.

HIPIATRA. m. Barbarismo por **hipiatro.**

HIPIÁTRICA. f. Veterinaria.

HIPIATRO. (Del gr. *hippos*, caballo, e *iatros*, médico.) m. Veterinario.

HÍPICO, CA. al. **Pferde.** fr. **Hippique.** ingl. **Equine.** ital. **Ippico.** port. **Hípico.** (Del gr. *hippykós*, de *hippos*, caballo,) adj. Perteneciente o relativo al caballo. *Fiesta* HÍPICA; sinón.: **ecuestre.**

HIPIDO. m. Acción y efecto de hipar o gimotear. Pronúnciase aspirando la *h.*

HIPIL. m. *Méx.* Huipil.

HIPISMO. m. Conjunto de conocimientos relativos a la cría y educación del caballo. ‖ Equitación.

HIPITO, TA. adj. *Ven.* Impaciente, maniático.

HIPNAL. (Del lat. *hypnele*, soñoliento, de *hipnos*, sueño.) m. Áspid que según los antiguos producía un sueño mortal con su mordedura. ‖ Droga que se usa como hipnótico.

HIPNIATRÍA. f. *Med.* Tratamiento de ciertas enfermedades por medio del hipnotismo.

HIPNOFOBIA. f. *Med.* Temor a los ensueños angustiosos y pesadillas.

HIPNOLOGÍA. f. Tratado acerca del sueño. ‖ Parte de la medicina que trata del sueño y la vigilia. ‖ Suma de conocimientos relativos al sueño o al hipnotismo. ‖ deriv.: **hipnológico, ca; hipnólogo.**

HIPNOS. *Mit.* Deidad gr. del sueño.

HIPNOSIS. al. **Hypnose.** fr. **Hypnose.** ingl. **Hypnosis.** ital. **Ipnosi.** port. **Hipnose.** (Del gr. *hipnoo*, adormecer.) f. Sueño producido por medios artificiales, especialmente la sugestión. *Los primeros descubrimientos del psicoanálisis estuvieron en relación con la* HIPNOSIS.

HIPNOTICO, CA. adj. Perteneciente o relativo al hipnotismo. Ú.t.c.s. *Poder* HIPNÓTICO. ‖ m. Medicamento que se da para producir el sueño.

HIPNOTISMO. al. **Hypnotismus.** fr. **Hypnotisme.** ingl. **Hypnotism.** ital. **Ipnotismo.** port. **Hipnotismo.** (Del gr. *hipnos*, sueño.) m. *Med.* Conjunto de teorías y fenómenos relativos a la hipnosis. ‖ Procedimiento para producirla.

HIPNOTIZAR. al. **Hypnotisieren.** fr. **Hypnotiser.** ingl. **To hypnotize.** ital. **Ipnotizzare.** port. **Hipnotizar.** tr. Producir la hipnosis. ‖ deriv.: **hipnotizable; hipnotización; hipnotizador, ra.**

HIPO. al. **Schluckauf.** fr. **Hoquet.** ingl. **Hiccough.** ital. **Singulto.** port. **Soluço.** (Voz imitativa.) m. Contracción espasmódica y súbita del diafragma, que produce una respiración interrumpida y violenta y causa algún ruido. ‖ fig. Ansia, deseo vehemente. ‖ Encono y rabia con alguno.

HIPO. (Del gr. *hypó.*) pref. insep. que significa inferioridad o subordinación. HIPO*condrio*, HIPO*taxis.*

HIPOBOSCO. m. Mosca caballar o borriqueña, insecto díptero.

HIPOCAMPO. (Del lat. *hippocampus*, y éste del gr. *hippókampos*, de *hippos*, caballo, y *kampe*, encorvado.) m. Pez teleósteo, cuya cabeza semeja la de un caballo. Gén. *Hippocampus.*

HIPOCASTANÁCEO, A. adj. *Bot.* Hipocastáneo.

HIPOCASTÁNEO, A. adj. *Bot.* Dícese de árboles y arbustos de hojas opuestas, palmeadas, flores en panoja cimosa y fruto capsular con semillas gruesas, como el castaño de Indias. Ú.t.c.s. ‖ f. pl. Familia de estas plantas.

HIPOCAUSTO. (Del lat. *hypocaústum*, y éste del gr. *hypokauston.*) m. Habitación que entre los griegos y los romanos se caldeaba por debajo de su pavimento.

HIPOCENTAURO. m. Centauro, monstruo.

HIPOCICLOIDE. f. *Geom.* Curva descripta por un punto de una circunferencia que rueda sin resbalar dentro de otra fija, conservándose tangentes.

HIPOCONDRÍA. al. **Hypochondrie; Schwermut.** fr. **Hypocondrie.** ingl. **Hypochondria.** ital. **Ipocondria.** port. **Hipocondria.** f. *Pat.* Forma delirante, común a diversas afecciones mentales, caracterizada por tristeza, angustia y obsesiones respecto a la propia salud, como padecer enfermedades imaginarias, carecer de partes del cuerpo, etc.

HIPOCONDRÍACO, CA. adj. Perteneciente a la hipocondría. *Depresión* HIPOCONDRÍACA; sinón.: **melancólico, neurasténico.** ‖ Que la padece. Ú.t.c.s.

HIPOCÓNDRICO, CA. adj. Perteneciente a los hipocondrios o a la hipocondría.

HIPOCONDRIO. (Del gr. *hypochondrion*; de *hypó*, debajo, y *khondrion*, cartílago.) m. *Anat.* Cada una de las dos partes laterales de la región epigástrica situadas debajo de las costillas falsas. Ú.m. en pl.

HIPOCORÍSTICO, CA. adj. Dícese de diminutivos o voces familiares y cariñosas.

HIPOCÓTILE. m. *Bot.* En el embrión vegetal, parte del talluelo situado bajo los cotiledones.

HIPOCRÁS. m. Bebida hecha con vino, azúcar, canela y otros ingredientes aromáticos.

HIPÓCRATES. *Biog.* Médico gr., uno de los primeros que realizaron un estudio científico del cuerpo humano, al que consideró un organismo. Dio una nueva dirección a la anatomía y fisiología, basó el diagnóstico de las enfermedades en la observación de la naturaleza y en el examen de los órganos, y su tratamiento en la comprensión de los diversos síntomas dentro de un solo concepto. Estableció el juramento profesional para los médicos, y dejó valiosas obras: *Tratado de las aguas, de los aires y de los lugares; Aforismos; Pronóstico*, etc. (460-357 a. de C.).

HIPOCRÁTICO, CA. adj. Perteneciente a Hipócrates o a sus doctrinas. *Juramento* HIPOCRÁTICO.

HIPOCRÉNIDES. f. pl. Las Musas.

HIPOCRESÍA. al. **Heuchelei; Scheinheiligkeit.** fr. **Hypocrisie.** ingl. **Hipocrisy.** ital. **Ipocrisia.** port. **Hipocrisia.** (Del gr. *hypokrisía.*) f. Fingimiento de sentimientos o cualidades diferentes a los que se tienen.

HIPOCRINIA. f. *Pat.* Secreción deficiente. ‖ deriv.: **hipocrínico, ca.**

HIPÓCRITA. al. **Scheinheilig; Scheinheiliger.** fr. **Hypocrite.** ingl. **Hypocrite.** ital. **Ipocrita.** port. **Hipócrita.** (Del gr. *hypocritēs*, comediante.) adj. y s. Que finge lo que no es o lo que no siente. Se dice comúnmente del que aparenta virtud o devoción. *Sonrisa* HIPÓCRITA; sinón.: **farsante, simulador;** antón.: **sincero.** ‖ deriv.: **hipócritamente; hipocritón, na.** ‖ IDEAS AFINES: *Falsedad, mentira, traición; taimado, meloso, infiel; caricia, carantoñas, mimo, ternura, arrumaco; mojigato, beato, santurrón, gazmoñero, doblez; nobleza, lealtad.*

HIPODÉRMICO, CA. (Del gr. *hypó*, debajo, y *derma*, piel.) adj. Que está debajo de la piel. *Inyección* HIPODÉRMICA.

HIPÓDROMO. al. **Hippodrom; Rennbahn.** fr. **Hippodrome.** ingl. **Hippodrome.** ital. **Ippodromo.** port. **Hipódromo.** (Del lat. *hippodromos*, y éste del gr. *hippódromos*; de *hippos*, caballo, y *dromos*, carrera.) m. Lugar destinado a carreras de caballos y carros.

HIPOFAGIA. f. Costumbre de comer carne de caballo. ‖ **hipofágico, ca.**

HIPÓFAGO, GA. (Del gr. *hippos*, caballo, y *phágomai*, comer.) adj. y s. Que practica la hipofagia.

HIPÓFISIS. (Del gr. *hypóphysis*, crecimiento por debajo.) f. Órgano de secreción interna, gris rojizo y ovalado, que ocupa la fosa del esfenoides llamada *silla turca*; está compuesto de dos lóbulos; uno anterior, glandular; y otro posterior, nervioso. Su función se refiere al crecimiento, desarrollo sexual, etc. ‖ deriv.: **hipofisario, ria.**

HIPOGÁSTRICO, CA. adj. Perteneciente al hipogastrio.

HIPOGASTRIO. (Del lat. *hypogástrium*, y éste del gr. *hipogastrion*; de *hypó*, debajo, y *gáster*, vientre, estómago.) m. *Anat.* Parte inferior del vientre.

HIPOGÉNICO, CA o **HIPÓGENO, NA.** adj. *Geol.* Dícese de las rocas y terrenos formados en el interior de la Tierra.

HIPOGEO. (Del lat. *hypogaeus*, y éste del gr. *hypogaíos*, subterráneos; de *hypó*, debajo, y *ge*, tierra.) m. Bóveda subterránea donde los griegos y otros pueblos antiguos conservaban los cadáveres sin quemarlos. *Los* HIPOGEOS *egipcios se extendían, a veces, a profundidades considerables.* ‖ Capilla o edificio subterráneo.

HIPÓGINO, NA. (Del gr. *hypó*, debajo, y *gyne*, hembra.) adj. *Bot.* Dícese de los órganos florales que nacen bajo el ovario.

HIPOGLOSO, SA. (Del gr. *hypo*, debajo, y *glossa*, lengua.) adj. *Anat.* Que está debajo de la lengua. *Nervios* HIPOGLOSOS.

HIPOGRIFO. m. *Mit.* Animal fabuloso con alas, mitad grifo y mitad caballo.

HIPÓLITO, Florvil. *Biog.* Mil. haitiano, de 1889 hasta su muerte presidente de la Rep. (m. 1896).

HIPÓLITO, San. *Hagiog.* Mártir romano, maestro de Orígenes y notable escritor religioso (s. III).

HIPÓLITO. *Mit.* Hijo de Teseo que, acusado injustamente por Fedra, fue castigado con la muerte por su padre.

HIPOLOGÍA. f. Estudio del caballo. ‖ deriv.: **hipológico, ca.**

HIPÓLOGO. m. Veterinario de caballos.

HIPOMANÍA. f. Pasión exacerbada por los caballos. ‖ *Vet.* Frenesí que ataca a los caballos.. ‖ deriv.: **hipomaníaco, ca; hipómano, na.**

HIPOMANÍA. f. *Pat.* Forma leve de excitación maniaca. ‖ deriv.: **hipomaníaco, ca.**

HIPÓMANES. m. *Veter.* Humor que se desprende de la vulva de la yegua cuando está en celo.

HIPÓMENES. *Mit.* Pretendiente de Atalanta, logró vencerla en la carrera echando ante ella, por inspiración de Afrodita, tres manzanas de oro, que aquélla se agachó para recoger; como premio, la obtuvo en matrimonio.

HIPÓMETRO. m. Instrumento para medir la alzada de los caballos.

HIPOMOCLIO o **HIPOMOCLION.** m. *Fís.* Fulcro.

HIPONA. *Geog. histór.* Antigua ciudad de Numidia, cerca de la actual Bona, destruida por los vándalos en 430. Fue sede episcopal de San Agustín.

HIPOPÓTAMO. al. **Nilpferd.** fr. **Hippopotame.** ingl. **Hippopotamus.** ital. **Ippopotamo.** port. **Hipopótamo.** (Del lat. *hippopótamos*, y éste del gr. *hippopótamos*, de *hippos*, caballo, y *potamós*, río.) m. Mamífero ungulado, que alcanza hasta cuatro metros de largo por dos de alto, de piel negruzca y casi desnuda, cabeza gorda, orejas y ojos pequeños, labios enormes, piernas cortas y cola fina y breve. Vive en los grandes ríos de África y suele salir de noche a pastar en las orillas. *Hippopotamus amphibius*, paquidermo.

HIPOPOTÁMIDO, DA. adj. Que se parece al hipopótamo. ‖ m. pl. *Zool.* Familia de mamíferos que sólo comprende los géneros vivientes, que son los llamados hipopótamos.

HIPOSISTOLIA. f. *Pat.* Disminución anormal de la sístole

HIPOSO, SA. adj. Que tiene hipo.

HIPÓSTASIS. (Del lat. *hypostasis*, y éste del gr. *hypóstasis*; de *hyphístemi*, soportar, subsistir.) f. *Teol.* Supuesto o persona. Ú. más hablando de las tres personas de la Santísima Trinidad.

HIPOSTÁTICO, CA. adj. *Teol.* Perteneciente a la hipóstasis. Dícese comúnmente de la unión de la naturaleza humana con el Verbo divino en una sola persona. ‖ deriv.: **hipostáticamente.**

HIPÓSTILO, LA. (De *hypó*, debajo, y *stylos*, columna.) adj. *Arq.* Sostenido por columnas. *Sala* HIPÓSTILA. ‖ m. Columnata. ‖ Plafón sostenido por dos columnas.

HIPOSULFATO. m. *Quím.* Tiosulfato.

HIPOSULFITO. m. *Quím.* Hidrosulfito.

HIPOSULFÚRICO. m. *Quím.* Tiosulfúrico.

HIPOSULFUROSO. m. *Quím.* Hidrosulfuroso.

HIPOTAXIS. f. *Gram.* Subordinación de oraciones. ‖ deriv.: **hipotáctico, ca.**

HIPOTECA. al. **Hypothek; Belastung.** fr. **Hypothèque.** ingl. **Mortgage; hypothec** ital. **Ipoteca.** port. **Hipoteca.** (Del lat. *hypotheca*, y éste del gr. *hypotheke*; de *hypotíthemi*, poner debajo.) f. Finca con que se garantiza el pago de un crédito. ‖ *Der.* Derecho real que grava bienes inmuebles o buques, para responder del cumplimiento de una obligación o del pago de una deuda.

HIPOTECABLE. adj. Que se puede hipotecar. *Terreno* HIPOTECABLE.

HIPOTECAR. al. **Mit Hypothek belasten.** fr. **Hypothéquer.** ingl. **To hypothecate; to mortgage.** ital. **Ipotecare**. port. **Hipotecar.** tr. Gravar bienes inmuebles con una o más hipotecas. HIPOTECAR *una casa.* ‖ deriv.: **hipotecación.**

HIPOTECARIO, RIA. adj. Perteneciente o relativo a la hipoteca. *Crédito* HIPOTECARIO. ‖ Que se asegura con hipoteca. ‖ deriv.: **hipotecariamente.**

HIPOTECNIA. f. Ciencia que trata de la crianza y educación del caballo. ‖ deriv.: **hipotécnicamente; hipotécnico, ca.**

HIPOTENSIÓN. f. *Pat.* Tensión baja o reducida. ‖ deriv.: **hipotensivo, va.**

HIPOTENSOR, RA. adj. *Ter.* Dícese del medicamento o del agente capaz de disminuir la tensión sanguínea. Ú.t.c.s.m.

HIPOTENUSA. al. **Hypothenuse.** fr. **Hypothénuse.** ingl. **Hypotenuse.** ital. **Ipotenusa.** port. **Hipotenusa.** (Del lat. *hypotenusa*, y éste del gr. *hypoteínusa*, debajo-tendida.) f. *Geom.* Lado opuesto al ángulo recto en un triángulo rectángulo.

HIPOTERMIA. (Del gr. *hypo*, debajo, y *therme*, calor.) f. *Pat.* Disminución de la temperatura del cuerpo por debajo de la normal. ‖ deriv.: **hipotérmico, ca.**

HIPÓTESI. f. Hipótesis.

HIPÓTESIS. al. **Hypothese; annahme.** fr. **Hypothèse.** ingl. **Hypothesis.** ital. **Ipotesi.** port. **Hipótese.** (Del lat. *hypothesis*, y éste del gr. *hipóthesis.*) f. Suposición de una cosa, sea posible o imposible, para deducir de ella una consecuencia. *La* HIPÓTESIS *de un teorema.*

● **HIPÓTESIS.** *Fil.* Inducción anticipada, la **hipótesis** es una anticipación o conjetura verosímil de los hechos, no como un mero andamiaje o un razonamiento mecánico, sino como una verdadera creación del espíritu donde intervienen todas las facultades, además del saber y la experiencia adquiridos. Es una interpretación de los hechos, pero no ateniéndose estrictamente a ellos, sino considerándolos como base de arranque para deducciones que pueden ir mucho más allá de ellos mismos, e inclusive llegar hasta las causas últimas. Sus consecuencias pueden ser directamente verificables, cuando se limita a experiencias que puedan realizarse; el caso contrario ocurre cuando se refiere a un conjunto muy grande de relaciones, como la estructura total de la realidad. Puede ser tanto una anticipación de la experiencia que dirige el trabajo científico, o una consecuencia de éste. Es imposible considerar a la ciencia como una colección de hechos; los hechos científicos están ligados por relaciones y clasificaciones, que no son más que ideas o **hipótesis,** y el encadenamiento de los vínculos puede conducir a supuestos indemostrables objetivamente. Detrás de cada **hipótesis** se perfila una concepción del mundo.

HIPOTÉTICO, CA. al. **Hypothetisch.** fr. **Hipothétique.** ingl. **Hypothetic.** ital. **Ipotetico.** port. **Hipotético.** adj. Perteneciente a la hipótesis o fundado sobre ella. *Ganancia* HIPOTÉTICA; sinón.: **problemático;** antón.: **seguro.** ‖ deriv.: **hipotéticamente.**

HIPOTIMIA. (Del gr. *hypó*, debajo, y *thymós*, pasión.) f. *Pat.* Disminución en el tono emocional.

HIPOTIPOSIS. f. *Ret.* Descripción viva de una persona o cosa por medio del lenguaje.

HIPOTIROIDEO, A. adj. Perteneciente o relativo al hipotiroidismo. ‖ Biotipo humano, cuyo aspecto físico es consecuencia del hipotiroidismo funcional.

HIPOTIROIDISMO. m. *Pat.* Actividad deficiente de la glándula tiroides.

HIPOTONÍA. f. *Pat.* Tono, actividad o vigor deficientes. ‖ deriv.: **hipotónico, ca.**

HIPOXANTITA. f. *Miner.* Óxido de hierro. Tierra de Siena; ocre.

HIPOXIA. f. *Med.* Estado que presenta un organismo sometido a un régimen respiratorio con déficit de oxígeno.

HIPSOGRÁFICO, CA. adj. *Geog.* Relativo a la distribución de las alturas.

HIPSOMETRÍA. f. Altimetría. ‖ deriv.: **hipsómetra; hipsométricamente; hipsométrico, ca.**

HIPSÓMETRO. m. Termómetro muy sensible, que sirve para medir la altitud de un lugar, observando a qué temperatura comienza allí a hervir el agua.

HIPÚRICO, CA. adj. Dícese de un ácido que se halla en la orina de los herbívoros.

HIRCANO, NA. (Del lat. *hyrcanus.*) adj. Natural de Hircania. Ú.t.c.s. ‖ Perteneciente a este país de Asia antigua. *Tigre* HIRCANO.

HIRCO. (Del lat. *hircus.*) m. Cabra montés.

HIRCOCERVO. m. Animal quimérico compuesto de macho cabrío y ciervo. ‖ fig. Quimera, creación de la fantasía.

HIRIENTE. p. a. de **Herir.** Que hiere. *Puñal, espina* HIRIENTE.

HIRMA. (Del lat. *fimbria.*) f. Orillo.

HIRMAR. tr. Afirmar, poner firme.

HIROHITO. *Biog.* Emperador del Japón desde 1926 (n. 1901).

HIROSHIGE, Motonaga. *Biog.* Pintor japonés, el primero que estudió la perspectiva en su país. Cultivó la xilografía en colores y adaptó el estampado con molde a la realización de paisajes. Influyó sobre los pintores europeos del siglo XIX. Obra maestra: *Nieve en Kiso* (1797-1858).

HIROSHIMA. *Geog.* Ciudad del Japón, al S. de la isla de Hondo 570.000 h. Industria textil. Fue casi aniquilada por una bomba atómica en 1945.

HIRSUTO, TA. al. **Haarig; struppig.** fr. **Hirsute.** ingl. **Hirsute.** ital. **Irsuto.** port. **Hirsuto.** (Del lat. *hirsutus.*). adj. Dícese del pelo disperso y duro, y de lo que está cubierto de él o de espinas. *Barba* HIRSUTA; sinón.: **enmarañado, híspido.**

HIRUNDINARIA. f. Celidonia.

HIRVICIÓN. f. *Ec.* Hervidero, abundancia.

HIRVIENTE. p. a. de **Hervir.** Que hierve. *Agua* HIRVIENTE.

HISCA. f. Liga, visco.

HISCAL. (Del lat. *fiscus*, cesta de esparto.) m. Cuerda de esparto de tres ramales.

HISOPADA o **HISOPADURA.** f. Rociada de agua echada con el hisopo.

HISOPAR. tr. Hisopear. sinón.: **asperjar.**

HISOPAZO. m. Hisopada. ‖ Golpe dado con el hisopo.

HISOPEAR. tr. Rociar con el hisopo.

HISOPILLO. m. Muñequilla de trapo que, empapada en líquido, se usa para hisopear la boca y la garganta. ‖ Mata aromática, usada para condimentos y en medicina. *Satureja montona*, labiada.

HISOPO. (Del lat. *hyssopus*; éste del gr. *hyssopos*, y éste del hebr. *ezob.*) m. Mata muy olorosa de la familia de las labiadas, que ha sido usada en medicina y perfumería. *Hyssopus officinalis.* ‖ Palo corto y redondo, en cuya extremidad se pone un manojito de cerdas o una bola de metal hueca con agujeros, y sirve en las iglesias para rociar con agua bendita. *El acólito llevaba el agua bendita y el* HISOPO. ‖ *Arg., Col.* y *Chile.* Mal usado por brocha, estropajo o escobón.

HISOPO HÚMEDO. m. *Farm.* Mugre que tiene la lana de las ovejas, de la que se obtiene una materia sólida y jugosa como si fuera ungüento.

HISPALENSE. adj. y s. Sevillano.

HISPANIA. f. Nombre que se daba a la península Ibérica en la época romana.

HISPÁNICO, CA. adj. Español, perteneciente a España. *Tradición* HISPÁNICA.

HISPANIDAD. f. Carácter genérico de todos los pueblos de lengua y cultura españolas. ‖ Conjunto y comunidad de los pueblos hispanos.

HISPANISMO. al. **Spanisch; Spracheigentümlichkeit.** fr. **Hispanisme.** ingl. **Hispanicism.** ital. **Spagnolismo.** port. **Hispanismo.** m. Vocablo, locución, giro o modo de hablar propio de la lengua española. ‖ Vocablo, giro, etc., de esta lengua empleado en otra. ‖ Empleo, en otro idioma, de vocablos, locuciones, etc., provenientes de la lengua española. ‖ Afición al estudio de la lengua y literatura españolas y de las cosas de España.

HISPANISTA. (Del lat. *Hispania*, España.) com. Persona versada en cultura hispánica.

HISPANIZAR. tr. Españolizar.

HISPANO, NA. (Del lat. *hispanus.*) adj. y s. Español. ‖ Hispanoamericano.

HISPANO, Cornelio. *Biog.* Poeta e historiador col. cuyo verdadero nombre era **Ismael López.** Obras: *Elegías caucanas; Leyenda de oro; Historia secreta de Bolívar*, etc. (1880-1962).

HISPANOAMÉRICA. *Geog.* Nombre que se da al conjunto de países americanos de habla castellana.

HISPANOAMERICANISMO. m. Doctrina que tiende a la unión espiritual de todos los pueblos hispanoamericanos.

● **HISPANOAMERICANISMO.** *Hist.* En los países de América colonizados por España se ha desarrollado una cultura cuya raigambre es principalmente hispánica. El **hispanoamericanismo** pretende salvaguardar ese patrimonio común heredado por estas repúblicas de la madre patria. Desde fines del s. XVIII las colonias españolas en América sintieron la necesidad de emanciparse política y económicamente de su metrópoli. Pero si bien fueron rotos los vínculos con España gracias a la acción de movimientos revolucionarios y libertadores, y se creó una especie de comunidad defensiva americana, quedaban aún y para siempre, una formación, una lengua y una cultura esencialmente hispánicas, que constituyen algo incorporado sustancialmente a la personalidad de las nuevas naciones, algo a lo que ya no es posible renunciar. Por otra parte, una fuerte colectividad de residentes españoles permaneció y se estableció en América, integrada desde los orígenes coloniales por tres elementos étnicos: los españoles, los indígenas y los mestizos o criollos. En este entretejimiento cultural, pesó más el aporte hispánico, no obstante la existencia, en países como México y Perú, de civilizaciones autóctonas muy desarrolladas. A fines del siglo pasado, las repúblicas americanas comenzaron a recibir poderosos contingentes de inmigrantes europeos, que introdujeron sus usos y costumbres nacionales, estableciéndose relaciones de todo tipo entre América y el resto del mundo. La cultura europea, principalmente francesa, luego inglesa, italiana y alemana, se introdujo en Hispanoamérica, contraponiéndose al carácter de la influencia española y conformando una nueva unidad cultural; España envió también una inmigración numerosa que vino a reforzar y defender los intereses culturales de antaño. Hoy, a pesar de que Latinoamérica tiene una forma y una actitud de vida propias, a pesar del cosmopolitismo de sus grandes urbes, se siente no sólo la vigencia y el valor del aporte hispánico, sino también la unidad cultural hispanoamericana, reforzada por un vehículo común de pensamiento y expresión: el castellano.

HISPANOAMERICANO, NA. adj. Perteneciente a españoles y americanos o compuesto de elementos propios de España y América. *Cultura* HISPANOAMERICANA. ‖ Dícese más comúnmente de las naciones de América en que se habla el español, y de los individuos de raza blanca nacidos o naturalizados en ellas. Ú.t.c.s.

HISPANÓFILO, LA. adj. y s. Dícese del extranjero aficionado a la cultura española.

HÍSPIDO, DA. (Del lat. *híspidus.*) adj. De pelo hirsuto erizado.

HISTAMINA. f. Nombre que se aplica a ciertas substancias que provocan afecciones y estados alérgicos. ‖ deriv.: **histamínico, ca.**

HISTERESIS. (Del gr. *hysteres*, retrasarse.) f. *Fís.* Atraso en las propiedades magnéticas, en hierros y aceros, con respecto a variaciones o supresión del campo magnético.

HISTERIA. (Del gr. *hystera*, matriz). f. Histerismo.

HISTÉRICO, CA. al. **Hysteriker.** fr. **Hystérique.** ingl. **Hysteric.** ital. **Isterico.** port. **Histérico.** adj. Perteneciente al útero. ‖ Perteneciente al histerismo. *Llanto* HISTÉRICO. ‖ m. Histerismo.

HISTERISMO. al. **Hysterie.** fr. **Hystérie.** ingl. **Hysteria.** ital. **Isterismo.** port. **Histeria.** m. *Pat.* Psiconeurosis de carácter degenerativo con síntomas ya convulsivos, ya paralíticos, ya de conciencia y personalidad. Es más común en la pubertad y en el sexo femenino.

HISTEROLOGÍA. f. *Ret.* Figura que consiste en invertir el orden lógico de las ideas, diciendo antes lo que debería decirse después.

HISTOGÉNESIS. f. Rama de la embriología que estudia el desarrollo de los tejidos.

HISTOLOGÍA. al. **Histologie.** fr. **Histologie.** ingl. **Histology.** ital. **Istologia.** port. **Histologia.** (Del gr. *histós*, tejido, y *logos*, tratado.) f. Parte de la anatomía, que trata del estudio de los tejidos orgánicos. ‖ deriv.: **histologista.**

HISTOLÓGICO, CA. adj. Perteneciente o relativo a la histología. ‖ deriv.: **histológicamente.**

HISTÓLOGO. m. Persona versada en histología.

HISTORIA. al. **Geschichte.** fr. **Histoire.** ingl. **History.** ital. **Storia.** port. **História.** (Del lat. *historia*, y éste del gr. *historía.*) f. Narración verdadera de los sucesos públicos y políticos de los pueblos y también de las manifestaciones de cualquiera actividad humana. HISTORIA *de la civilización;* HISTORIA *del arte.* ‖ Conjunto de los sucesos referidos por los historiadores. *Es muy entendido en* HISTORIA. ‖ Obra histórica compuesta por un escritor. *La* HISTORIA *de Mariana.* ‖ Obra histórica en que se refieren los acontecimientos de un pueblo o de un personaje. HISTORIA *de Napoleón.* ‖ fig. Relación de cualquier suceso, aunque sea de carácter privado. *Ésta es la* HISTORIA *de mis desventuras.* ‖ Narración inventada. *Te contaré la* HISTORIA *de Pulgarcito.* ‖ fig. y fam. Cuento, chisme, enredo. Ú.m. en pl. *¡Déjate de* HISTORIAS*!* ‖ *Pint.* Cuadro o tapiz que representa un caso histórico o fabuloso. ‖ – **natural.** Descripción de las producciones de la naturaleza en sus tres reinos: animal, vegetal y mineral. ‖ – **sacra,** o **sagrada.** Conjunto de narraciones contenidas en el Viejo y el Nuevo Testamento. ‖ – **universal.** La de todos los tiempos y pueblos del mundo. ‖ **¡Así se escribe la historia!** loc. con que se moteja al que falsea la verdad de un hecho al referirlo. ‖ **Dejarse de historias.** frs. fig. y fam. Omitir rodeos e ir a lo esencial de una cosa. ‖ **Pasar** una cosa **a la historia.** frs. fig. Perder su actualidad e interés por completo. ‖ IDEAS AFINES: *Hechos, sucedido; libro, tratado, tomo, manual; biografía, sueño, trama, fantasía, invención.*

● **HISTORIA.** *Fil.* En la antigüedad esta palabra designaba el conocimiento adquirido mediante una indagación inteligente. Aristóteles la oponía a las ciencias teóricas, considerando a la **historia** como un conjunto de hechos comprobados; así escribió su *Historia de los animales.* Bacon la considera como primer grado del conocimiento, por ser sólo un saber ordenado de hechos, que no necesita más que del auxilio de la memoria; existe, según él, una **historia** de la naturaleza, una **historia** del hombre y una **historia** sagrada. Restringida sucesivamente a los hechos mismos, lo histórico se contrapone a lo natural. La **historia** como ciencia cronológica o ciencia del pasado, se refiere a todos aquellos hechos en los que la singularidad es un carácter de esencial importancia. Mientras que las ciencias naturales investigan los fenómenos que se repiten de manera indefinida, independientemente del lugar y el tiempo en que se producen, la **historia** registra acontecimientos humanos verificados por el hombre en los diversos períodos de su civilización y que han influido en la formación, progreso, decadencia y destrucción de las naciones; estos acontecimientos son de imposible repetición. La **historia** puede ser general, cuando abarca varios pueblos, o nacional, cuando comprende a una sola nación. Puede tomar como objeto de investigación la vida de una provincia, una comarca, un hombre, etc. Puede enfocar los hechos desde un ángulo especial: **historia** de las regiones, de las instituciones políticas, sociales, económicas, etc.; diplomática, militar, marítima, etc.; de las costumbres, de las ciencias, literaria, etc.; puede también estudiar una sola institución, un organismo o un objeto en particular: **historia** del senado, del vestido o de la imprenta. Considerando que el pasado no se observa, sino que se reconstruye, el primer esfuerzo del historiador es revivir lo ya sucedido basándose en los testimonios conservados; la crítica histórica se encarga de determinar, mediante métodos adecuados, la validez o autenticidad de los recuerdos y vestigios; es lo que se llama la investigación de las fuentes. Para ello es necesario, a veces, descifrar inscripciones o reconstruir textos alterados o incompletos, a fin de interpretarlos; la **historia** se apoya entonces en sus ciencias auxiliares: arqueología, epigrafía, numismática, paleografía, diplomacia, cronología, filología, iconografía, heráldica, etc. Clasificados los hechos, comienza el trabajo de síntesis, a fin de llegar a la comprensión e interpretación del conjunto. Ésta es la verdadera resurrección del pasado, tarea en la que la imaginación y las hipótesis desempeñan también una importante función. Cuando la **historia** se eleva hasta la deducción de leyes, tendencias o direcciones que rigen la vida de los hombres o de las sociedades humanas, se convierte en filosofía de la **historia,** que es la dilucidación de lo que la **historia** significa como fundamento y raíz de la vida humana, la visión del destino del hombre en el universo.

HISTORIA DE BELGRANO Y DE LA INDEPENDENCIA ARGENTINA. *Lit.* Una de las obras fundamentales de Bartolomé Mitre; publicada en 1856, su edición definitiva data de 1887. Con gran claridad narrativa, en prosa serena, documenta e interpreta los acontecimientos históricos en que el prócer Manuel Belgrano actuó directa o indirectamente, además de trazar su notable biografía.

HISTORIA DE SAN MARTÍN Y DE LA EMANCIPACIÓN AMERICANA. *Lit.* Obra histórico-biográfica de Bartolomé Mitre, una de las principales de su autor, publicada entre 1887 y 1890. La más seria y documentada en torno al período de la historia americana que culmina con el cese de las guerras emancipadoras.

HISTORIA DE UNA PASIÓN ARGENTINA. *Lit.* Obra de Eduardo Mallea, publicada en 1937. Autobiografía de inquietudes y esperanzas en torno a la realidad espiritual de la Argentina.

HISTORIADO, DA. adj. fig. y fam. Recargado de adornos o de colores mal combinados. *Orla* HISTORIADA. ‖ *Pint.* Dícese del cuadro o dibujo compuesto de varias figuras convenientemente colocadas, respecto del suceso que representan.

HISTORIADOR, RA. al. **Geschichtschreiber; Historiker.** fr. **Historien.** ingl. **Historian.** ital. **Storico.** port. **Historiador.** s. Persona que escribe historias. *Sólo treinta y cinco libros se conservan del* HISTORIADOR *Tito Livio.*

HISTORIA EN DOS CIUDADES. *Lit.* Novela de Carlos Dickens, publicada en 1859. Muestra una tendencia inesperada en la obra del autor: la preocupación histórica, y como fondo del argumento novelado describe vivamente diversos aspectos de la Revolución Francesa.

HISTORIA GENERAL DEL PERÚ. *Lit.* Obra de Garcilaso de la Vega, el Inca, publicada en 1616 como segunda parte de sus *Comentarios reales.* En sus ocho libros narra con fidelidad histórica el descubrimiento de Perú y las guerras entre los conquistadores.

HISTORIAL. adj. Perteneciente a la historia. ‖ m. Reseña de los antecedentes de algún negocio, o de la carrera de algún funcionario. ‖ deriv.: **historialmente.**

HISTORIAR. tr. Escribir o componer historias. ‖ Exponer las vicisitudes por que ha pasado algo o alguien. HISTORIAR *una expedición a la selva.* ‖ *Pint.* Representar sucesos históricos y fabulosos en cuadros, estampas o tapices.

HISTÓRICAMENTE. adv. m. De un modo histórico.

HISTORICIDAD. f. Calidad de histórico. *Discutir la* HISTORICIDAD *de un hecho.*

HISTORICISMO. m. Doctrina filosófica que valora los hechos no según su condición propia, sino de acuerdo con el medio en que se producen, y sostiene que la lengua, el arte, el derecho, etc., son el producto de una creación colectiva inconsciente e involuntaria.

HISTORICISTA. adj. Perteneciente o relativo al historicismo.

HISTÓRICO, CA. al. **Historisch; geschichtlich.** fr. **Historique.** ingl. **Historical.** ital. **Storico.** port. **Histórico.** adj. Perteneciente a la historia. *Documentos* HISTÓRICOS. ‖ Comprobado, cierto. *Esto que le digo, es* HISTÓRICO; sinón.: **auténtico, positivo;** antón.: **falso.** ‖ Digno de figurar en la historia.

HISTORIETA. f. dim. de **Historia.** ‖ Relación breve de sucesos de poca monta. ‖ Relación, frecuentemente de carácter festivo, que se desarrolla en una serie de dibujos, acompañados de breves leyendas.

● **HISTORIETA.** *Hist.* Relación breve y sucinta de sucesos de apariencia trivial, la **historieta** es una de las formas de expresión gráfica más elocuentes del periodismo contemporáneo. Tiene su más antiguo antecedente en las aleluyas que comenzaron a difundirse en los países europeos, en España especialmente, desde el s. XVI. Las aleluyas representaban mediante dibujos muy sencillos, en un gran pliego dividido en estampas, escenas que glosaban juegos infantiles, hechos guerreros y políticos, etc., enfocados con una elemental faz cómica y con un propósito edificante, en términos semejantes a las moralejas de las fábulas; un pregonero las recitaba por calles y plazas. La inmensa popularidad de esas aleluyas motivó, hacia comienzos del s. XIX, su impresión en hojas reducidas, explicadas con breves leyendas en prosa o en verso al pie de cada dibujo. Esa práctica continuó hasta los primeros años del s. XX, en algunos pueblos europeos y americanos, y hay museos que conservan aleluyas impresas de cierto gusto artístico, como las del dibujante mexicano José Guadalupe Posada. Fueron esos modelos, en su mayoría anónimos, los inspiradores de los periodistas estadounidenses que impulsaron el moderno género de **historietas.** El verdadero creador de la historieta fue el caricaturista Federico B. Opper, que dio a conocer en 1902 *Las aventuras de Cocoliche,* primera **historieta** narrativa y dinámica que atrajo la atención del lector, acicateándola aún más con las leyendas y diálogos que por primera vez aparecían encerrados en círculos o "globos" dentro de los cuadros. Impuesto definitivamente el nuevo género periodístico, desde entonces no falta en ninguna publicación, al lado de las notas sobre los más variados aspectos de la realidad cotidiana. La **historieta** se ha convertido así en un factor preponderante e imprescindible en la recreación de niños y adultos. A veces, trasciende su aparente frivolidad para ofrecer una concepción casi filosófica de la vida, como en *Trifón y Sisebuta,* de Mc. Mannus, una colorida faz costumbrista, una insospechada fijación de psicologías representativas e, incluso, el absurdo casi surrealista. Por otra parte, su auge ha coincidido con el de los dibujos animados en el cinematógrafo; las **historietas** han pasado del periodismo a la pantalla, y los personajes creados por dibujantes cinematográficos como Disney o Max Fleischer se han convertido en protagonistas de apasionantes **historietas.**

HISTORIOGRAFÍA. al. **Geschichtschreiberkunst; historiographie.** fr. **Historiographie.** ingl. **Historiography.** ital. **Storiografia.** port. **Historiografia.** f. Arte de escribir la historia. ‖ deriv.: **historiográfico, ca.**

HISTORIÓGRAFO. m. Historiador.

HISTORIOLOGÍA. f. Ciencia que trata de la filosofía de la historia. ‖ deriv.: **historiológico, ca; historiólogo.**

HISTORISMO. m. Historicismo.

HISTRICOMORFO. adj. *Zool.* Dícese de los roedores que se caracterizan por tener el agujero infraorbitario muy grande, atravesado por el masetero. ‖ m. pl. *Zool.* Grupo formado por estos roedores.

HISTRIÓN. al. **Histrione Schauspieler.** fr. **Histrion.** ingl. **Player.** ital. **Istrione.** port. **Histrião.** (Del lat. *histrio, -onis.*) m. El que representaba disfrazado en la comedia o tragedia antigua. *El* HISTRIÓN *griego podía representar varios papeles;* sinón.: **actor, comediante.** ‖ Volatín, jugador de manos. ‖ desp. El que se conduce de manera teatral. ‖ deriv.: **histriónico, ca.**

HISTRIONISA. f. Mujer que representaba o bailaba en el teatro.

HISTRIONISMO. m. Oficio de histrión. ‖ Conjunto de los que se dedican a él. ‖ Afectación o exageración expresiva propia del histrión.

HITA. (Del lat. *ficta,* de *fígere,* clavar.) f. Clavo pequeño sin cabeza. ‖ Hito, mojón.

HITA, Arcipreste de. *Biog.* V **Ruiz, Juan.**

HITAR. tr. Amojonar. ‖ deriv.: **hitación.**

HITITA. adj. *Hist.* Heteo. Aplícase al individuo de un pueblo de Asia Menor, de raza caucásica, que desarrolló una cultura importante, luego dominado por un pueblo indoeuropeo, de 2000 a 700 a. de C. Es distinto del pueblo heteo de Siria. Ú.m.c.s.m. y en pl.

HITLER, Adolfo. *Biog.* Político al. n. en Austria; se afilió, en Munich, al Partido Nacional Socialista alemán, que pasó a dirigir. Preso, durante varios meses, por su labor subversiva, escribió, en la cárcel, *Mi lucha,* libro que completaría más tarde. Vista la importancia que había tomado el mencionado partido político, Hindenburg nombró a su jefe canciller, en 1933. Un año después, Hitler asumía el gobierno como Führer (caudillo). Dueño del poder, lo usó indiscriminadamente y, llevado por su política racista y sus desmedidas ambiciones, terminó por desencadenar la segunda Guerra Mundial. En 1945, se anunció su muerte. (1889-1945).

HITO, TA. (Del ant. *fito,* y éste del lat. *fictus,* de *figere,* fijar.) adj. Unido, inmediato. Sólo tiene uso en la locución *calle,* o *casa,* HITA. ‖ Fijo, firme. ‖ m. Mojón o poste de piedra que sirve para indicar la dirección de los caminos y para marcar los límites de un territorio. HITO *fronterizo;* sinón.: **cipo.** ‖ Juego que se ejecuta fijando en tierra un clavo, y tirando a él con tejos o herrones. ‖ fig. Punto adonde se dirige la puntería para **acertar el tiro.** ‖ **A hito.** m. adv. **Fijamente, con permanencia en un lugar.** ‖ **Dar en el hito.** frs. fig. Comprender o acertar el punto de la dificultad. ‖ **Mirar de hito, o de hito en hito.** frs. Fijar la vista en un objeto sin distraerla a otra parte. ‖ IDEAS AFINES: *Sólido, resistente; indicador, cartel, señalador, blanco, concurso, certamen.*

HITO, TA. adj. Negro; dícese del caballo sin pelo de otro color.

HITÓN. m. *Min.* Clavo grande cuadrado y sin cabeza.

HITTORF, Guillermo. *Biog.* Físico al., descubridor de los rayos catódicos (1824-1914).

HIXEM III. *Biog.* Califa de Córdoba bajo cuyo reinado desapareció el Califato y se disipó la hegemonía cordobesa sobre la península.

Ho. *Quím.* Símbolo del holmio.

HOANG-HO. *Geog.* Río de China. Atraviesa el N. del territorio y des. en el golfo de Petchili; 4.000 km. Sus aguas riegan una amplia y fértil llanura densamente poblada.

HOAZÍN. m. Pájaro americano de variados colores, voz fuerte y desagradable, por lo que los indígenas lo consideran como ave de mal agüero; su carne tiene olor fétido que la torna no comestible. *Opisthocomus cristatus.*

HOBACHO, CHA. (Del ár. *habáyach,* joven obeso y delicado.) adj. ant. Hobachón.

HOBACHÓN, NA. adj. Grueso y perezoso.

HOBACHONERÍA. f. Pereza, desidia, holgazanería.

HOBART. *Geog.* Capital de Tasmania (Australia). 170.000 h. Puerto exportador de frutas.

HOBBEMA, Meindert. *Biog.* Pintor hol., paisajista de escrupuloso sentido descriptivo. Obras: *La avenida Middelharnis; Camino cruzando una aldea; Molino,* etc. (1638-1709).

HOBBES, Tomás. *Biog.* Famoso fil. inglés, autor de *Leviathan; De corpore; De homine,* etc. Su sistema se basa en el utilitarismo de las acciones del hombre (1588-1679).

HOBBY. (Voz ingl.) m. Afición o manía. ‖ Pasatiempo u ocupación predilecta.

HOBLÓN. (Del fr. *honblon.*) m. *Chile.* Galicismo por lúpulo.

HOBO. (Voz caribe.) m. Jobo.

HOBOKEN. *Geog.* Ciudad de los EE.UU. (Nueva Jersey). 70.000 h. Puerto sobre el río Hudson. ‖ C. de Bélgica, suburbio de Amberes. 40.000 h. Centro industrial.

HOCES, Pasaje de. *Geog.* Estrecho situado al S. de América meridional, en la confluencia de los océanos Atlántico y Pacífico. Antes se llamó **Pasaje de Drake.**

HOCICADA. f. Golpe dado con el hocico o recibido en éste.

HOCICAR. tr. Hozar. ‖ intr. Dar de hocicos contra algo. *Fue a* HOCICAR *en el barro.* ‖ fig. y fam. Tropezar con dificultades insuperables. ‖ Besucar. ‖ *Mar.* Hundir o calar la proa.

HOCICO. al. **Rüssel; Schnauze.** fr. **Museau; groin.** ingl. **Snout; muzzle.** ital. **Muso.** port. **Focinho.** (De *hozar.*) m. Parte más o menos prolongada de la cabeza de muchos mamíferos, en la que están la boca y las narices. *El* HOCICO *del lobo;* sinón.: **morro.** ‖ Boca del hombre, cuando tiene labios muy abultados. ‖ fig. y fam. Cara. ‖ Gesto de enojo o desagrado. *Estar con* HOCICO *o de* HOCICO. ‖ **Caer, o dar, de hocicos.** frs. Dar con la cara en una parte.

HOCICÓN, NA. adj. Hocicudo.

HOCICUDO, DA. adj. Dícese del que tiene boca saliente. ‖ Dícese del mamífero de mucho hocico. ‖ *Guat., Perú* y *P. Rico.* Que muestra en el semblante mal humor o disgusto. ‖ m. *Amér. del S.* Nombre dado a diversas especies de ratones pequeños, de cabeza alargada y hocico puntiagudo, cuyo pelaje es corto e hirsuto, y que tienen hábitos cavadores; roedores.

HOCINO. (De *hoz,* instrumento.) m. Instrumento corvo de hierro acerado, con mango, de que se usa para cortar la leña. ‖ El que usan los hortelanos para trasplantar.

HOCINO. (De *hoz,* angostura.) m. Terreno que dejan las quebradas de las faldas de las montañas junto a los ríos. ‖ pl. Huertecillos que se forman en dichos lugares. ‖ Angostura de los ríos cuando se estrechan entre dos montañas.

HOCIQUEAR. tr. Hocicar.

HOCIQUERA. f. *Cuba* y *Perú.* Bozal de los animales.

HOCO. m. *Bol.* Calabacín, zapallo; ‖ **Hacerse el hoco.** frs. fig. *Bol.* Rastrear, arrastrarse.

HOCHE, Lázaro. *Biog.* General fr. que pacificó el territorio de la Vendée (1768-1797).

HO CHI MINH. *Biog.* Pol. indochino, durante la segunda Guerra Mundial jefe de la resistencia contra los japoneses. En 1945 fue presidente de la Rep. del Vietnam y caudillo del movimiento comunista. (1890-1969).

HODEIDA. *Geog.* Ciudad de Arabia, en el Yemen, puerto importante sobre el mar Rojo. 55.000 h. Exportaciones de café.

HODGKIN, Alan Lloyd. *Biog.* Científico británico que en 1963 compartió el premio Nobel de Fisiología y Medicina con su compatriota Andrew Huxley y el australiano John Eccles, por sus investigaciones sobre los procesos químicos que originan la propagación de impulsos nerviosos (n. en 1914). ‖ — **Dorotea.** Investigadora británica a quien se otorgó en 1964 el premio Nobel de Química por sus estudios para la determinación de la estructura de la vitamina B_{12} (n. en 1910).

HODÓMETRO. m. Odómetro.

HOF. *Geog.* Ciudad de la Rep. Federal de Alemania (Baviera). 62.000 h. Importante centro textil.

HOFF, Jacobo Enrique van't. *Biog.* Químico hol., premio Nobel de Química en 1901. En *Diez años de historia de una teoría* y *Estudios de dinámica química,* sentó las bases de la estereoquímica y amplió los conocimientos sobre los procesos quím. (1852-1911).

HOFFA, Alberto. *Biog.* Cirujano al. que inició el tratamiento de las deformidades mediante la ortopedia (1859-1907).

HÖFFDING, Haraldo. *Biog.* Fil. dinamarqués que se especializó en la filosofía teorética. Obras: *El pensamiento humano, sus formas y sus problemas; Historia de la filosofía moderna,* etc. (1843-1931).

HOFFMANN, Ernesto T. A. *Biog.* Nov. y compositor al., autor de los famosos *Cuentos* que sobresalen en el género fantástico (1776-1822). ‖ — **Federico.** Médico al., creador de la teoría organicista (1660-1742).

HOFMANN, Augusto Guillermo. *Biog.* Químico al. a quien se debe el descubrimiento de la rosanilina (1818-1892).

HOFMANNSTHAL, Hugo de. *Biog.* Poeta y dramaturgo al. de lírica impresionista y melancólica, autor de *Edipo y la Esfinge; La Torre; La muerte del rico,* etc. Varias óperas de Ricardo Strauss están basadas en libretos suyos: *Salomé; El caballero de la rosa,* etc. (1874-1931).

HOFSTADTER, Roberto. *Biog.* Científico estadounidense, de origen alemán, que en 1961 obtuvo el premio Nobel de Física, compartido con el alemán Rodolfo L. Mossbauer, por investigaciones sobre la estructura de las plantas (n. en 1915).

HOGAÑAZO. adv. t. fam. Hogaño.

HOGAÑO. al. **Heuer.** fr. **À présent.** ingl. **In these days; nowadays.** ital. **Oggidì.** port. **Agora.** (Del lat. *hoc anno.*) adv. t. En este año. ‖ Por ext., en esta época, en oposición a *antaño. Escuelas de antaño y* HOGAÑO.

HOGAR. al. **Herd; Feuerstelle; Heim.** fr. **Foyer.** ingl. **Heart; fireplace; home.** ital. **Focolare.** port. **Lar.** (Del ant. *fogar,* y éste del lat. *focaris,* de *focus.*) m. Lugar donde se enciende lumbre. *El* HOGAR *de una cocina;* sinón.: **fogón, horno.** ‖ Hoguera. ‖ fig. Casa, domicilio. *Arregló confortablemente su* HOGAR. ‖ Vida de familia. *Extrañaba el lejano* HOGAR. ‖ IDEAS AFINES: *Chimenea, fuego, calor, fogata, leña, brasa, tizón,* *atizador; habitación, vivienda, residencia, lares, penates; parentela, amistad, comodidad, tranquilidad.*

HOGAREÑO, ÑA. al. **Häuslich.** fr. **Familial.** ingl. **Homely.** ital. **Famigliare.** port. **Familiar.** adj. Amante del hogar y de la vida de familia. ‖ Perteneciente o relativo al hogar. *Tranquilidad* HOGAREÑA.

HOGARTH, Guillermo. *Biog.* Pintor y grabador ingl. En sus cuadros de temas populares fustigó las costumbres de su época: *Interior; El casamiento a la moda; Retrato de Mary Hogarth* (1697-1764).

HOGAZA. (Del lat. *focacia.*) f. Pan de más de dos libras. ‖ Pan de salvado o harina mal cernida, para la gente campesina.

HOGUERA. al. **Scheiterhaufen.** fr. **Bûcher.** ingl. **Bonfire.** ital. **Falò.** port. **Fogueira.** (Del ant. *foguera*, y éste del lat. *focaria*, de *focus*, fuego.) f. Conjunto de materias combustibles, que encendidas, levantan mucha llama. *Juan Hus fue condenado a la* HOGUERA; sinón.: **pira.**

HOHENHEIM, Teofrasto Bombasto de. *Biog.* V. **Paracelso.**

HOHENZOLLERN. *Geog. histór.* Antiguo principado alemán sobre el Danubio, al N. del lago Constanza.

HOHENZOLLERN. *Geneal.* Dinastía alemana, reinante hasta 1918, que tuvo su cuna en el principado de ese nombre, a orillas del Danubio. Sus soberanos fueron reyes de Prusia y emperadores de Alemania: Guillermo I (desde 1871 hasta 1888); Federico III (1888) y Guillermo II (1888-1918).

HOJA. al. **Blatt.** fr. **Feuille.** ingl. **Leaf; sheet.** ital. **Foglia; foglio.** port. **Folha.** (Del ant. *foja*, y éste del lat. *folia*, hojas.) f. Cada uno de los órganos laminares que se desarrollan por especialización de una parte del tallo de las plantas. Generalmente verdes, son exógenas, es decir, nacen de la cubierta externa del tallo y ramas. Realizan principalmente las funciones de asimilación y transformación de las substancias minerales en orgánicas. *Las* HOJAS *del sándalo son opuestas.* ‖ Pétalo. HOJA *de pensamiento.* ‖ Lámina delgada de cualquier materia. HOJA *de madera.* ‖ En libros y cuadernos, cada una de las partes iguales resultantes de doblar el papel, al formar el pliego. ‖ Laminilla delgada que se levanta en los metales al batirlos. ‖ Cuchilla de herramientas y armas blancas. *La* HOJA *de la espada.* ‖ Cada una de las capas delgadas en que se suele dividir la masa, como en los hojaldres. ‖ Porción de tierra labrantía, que se siembra o pasta un año, y se deja descansar otro. ‖ En puertas, ventanas, etc., cada una de las partes que se abren y cierran. *Deja una* HOJA *entornada.* ‖ Mitad de cada una de las partes principales de que se compone un vestido. ‖ Espada. ‖ – **abrazadora.** *Bot.* La sentada, que nace abrazando al tallo. ‖ – **acicular.** *Bot.* La linear, puntiaguda, y por lo común persistente. ‖ – **aovada.** *Bot.* La de figura redondeada, más ancha por la base que por la punta. ‖ – **aserrada.** *Bot.* La de bordes con dientes inclinados hacia la punta, como la de la violeta. ‖ – **berberisca.** Plancha de latón muy delgada, usada en medicina para cubrir ciertas llagas. ‖ – **compuesta.** *Bot.* La dividida en varias hojuelas separadas. ‖ – **de Flandes** o **de lata.** Hojalata. ‖ – **dentada.** La de bordes festoneados de puntas rectas. ‖ – **de parra.** fig. Aquello con que se procura cubrir alguna acción vergonzosa. ‖ – **de ruta.** Documento expedido por los jefes de estación, en que constan las mercancías, nombres de destinatarios, destino, etc. ‖ – **de servicios.** Documento en que constan los antecedentes de un funcionario. ‖ – **de tocino.** Mitad de la canal de puerco, partida a lo largo. ‖ – **digitada.** *Bot.* La compuesta, cuyas hojuelas nacen del peciolo común, separándose igual que los dedos de la mano abierta, como las del castaño de Indias. ‖ – **discolora.** *Bot.* Aquella cuyas dos caras son de color distinto. ‖ – **entera.** *Bot.* La que no tiene seno ni escotadura. ‖ – **enterísima.** *Bot.* La de margen sin dientes ni festón. ‖ – **envainadora.** *Bot.* La que envuelve el tallo, como las del trigo. ‖ – **escotada.** *Bot.* La que tiene escotadura en la punta. ‖ – **escurrida.** *Bot.* La sentada, cuya base se extiende por ambos lados hacia abajo, por el tallo, como la del girasol. ‖ – **nerviosa.** *Bot.* La que tiene nervios que no se dividen en ramillos. ‖ – **perfoliada.** *Bot.* La que por su base rodea el tallo aunque sin formar tubo. ‖ – **sentada.** *Bot.* La que carece de peciolo. ‖ – **suelta.** Impreso que sin ser cartel ni periódico, tiene menos páginas que el folleto. ‖ – **venosa.** *Bot.* La de vasillos sobresalientes de su superficie que se extienden desde el nervio hasta los bordes. ‖ – **volante.** Papel volante. ‖ **Batir hoja.** frs. Labrar metales, reduciéndolos a **hojas.** ‖ **Volver la hoja.** frs. fig. Mudar de parecer. ‖ Faltar a lo prometido. ‖ Mudar de conversación. ‖ IDEAS AFINES: *Raíz, flor, fruto, nervadura; follaje, hojarasca, bosque, frondosidad; jardín, pradera, maceta, almáciga; riego, lluvia, sol; clorofila; fitogeografía; filoxera; página, carilla, folleto; filo, acero, daga, puñal.*

HOJALATA. al. **Weissblech.** fr. **Fer-blanc.** ingl. **Tin plate.** ital. **Latta; lamiera stagnata.** port. **Folha de Flandres; lata.** (De *hoja de lata.*) f. Lámina de hierro o acero, estañada por ambas caras.

HOJALATERÍA. f. Taller en que se hacen piezas de hojalata. ‖ Tienda donde se venden.

HOJALATERO. m. Fabricante o vendedor de hojalata.

HOJALDA. f. *Col., Cuba, Chile* y *Hond.* Hojaldre.

HOJALDE. (Del lat. *foliátilis (panis)*, de *fólium*, hoja.) m. Hojaldre.

HOJALDRA. f. Hojaldre.

HOJALDRADO, DA. adj. Semejante a la hojaldre.

HOJALDRAR. tr. Dar a la masa forma de hojaldre.

HOJALDRE. al. **Blätterteig.** fr. **Feuilletage; pâte feuilletée.** ingl. **Pluff paste.** ital. **Sfogliata.** port. **Massa folhada; folhado.** (De *hojalde.*) amb. Masa que, por haberse sobado mucho con manteca, hace al cocerse en el horno muchas hojas delgadas y superpuestas. *Pastelillos de* HOJALDRE.

HOJALDRERO, RA. s. Hojaldrista.

HOJALDRISTA. com. Fabricante de hojaldres.

HOJARANZO. m. Ojaranzo, jara. ‖ Adelfa.

HOJARASCA. f. Conjunto de hojas caídas de los árboles. *Barres la* HOJARASCA; sinón.: **seroja.** ‖ Frondosidad excesiva. ‖ fig. Cosa inútil, sin substancia, especialmente en las palabras. *Pura* HOJARASCA *en ese libro*; sinón.: **pampanaje.**

HOJEAR. al. **Blättern.** fr. **Feuilleter.** ingl. **To turn the lives.** ital. **Sfogliazzare.** port. **Folhar.** tr. Pasar ligeramente las hojas de un libro o cuaderno. ‖ Pasar las hojas de un libro leyendo apresuradamente algunos trozos. ‖ Arrancar las hojas a una planta o flor. ‖ intr. Tener hoja un metal. ‖ Moverse las hojas de los árboles. ‖ *Col.* y *Guat.* Echar hojas las plantas. ‖ deriv.: **hojeable; hojeador, ra; hojeadura; hojeamiento.**

HOJEDA, Diego de. *Biog.* Poeta y relig. esp. que residió en Perú. Autor de *La Cristiada*, y otras obras (1570-1615).

HOJOSO, SA. adj. Que tiene muchas hojas. *El olmo es* HOJOSO.

HOJUDO, DA. adj. Hojoso.

HOJUELA. f. dim. de **Hoja.** ‖ Fruta de sartén, extensa y delgada. ‖ Hollejo de la aceituna molida que, separado, se vuelve a moler. ‖ Hoja angosta, larga y delgada de metal para galones, bordados, etc. ‖ *Cuba* y *Guat.* Hojaldre. ‖ *Bot.* Hoja pequeña que forma parte de otra compuesta. *Las* HOJUELAS *del jacarandá.*

HOKKAIDO. *Geog.* V. **Yeso.**

HOKUSAI, Katsuhika. *Biog.* Pintor japonés, autor de *Cien vistas del Fujiyama* y otras obras. Escribió e ilustró numerosos cuentos y novelas (1760-1840).

¡HOLA! (Del ár. *ualac*; de *ua*, int. admirativa, y *lac*, a ti.) interj. que se emplea para denotar extrañeza, para llamar a los inferiores, como saludo familiar y para advertir al que llama por teléfono que se está atento a lo que haya de decir. Ú.t. repetida.

HOLÁN. m. Holanda, lienzo. ‖ *Méx.* Faralá.

HOLANCINA. f. *Cuba.* Tela de algodón, ligera y transparente, para vestidos de mujer.

HOLANDA. f. Lienzo muy fino, de que se hacen camisas, sábanas, etc. ‖ Alcohol impuro de baja graduación.

HOLANDA, Sergio B. de. *Biog.* Escritor bras. cont., uno de los más destacados de la moderna literatura de su país.

HOLANDA. *Geog.* Reino independiente del N.O. de Europa, limitado por Bélgica, Alemania y el mar del Norte. 40.844 km². 13.850.000 h. Cap. AMSTERDAM. 996.221 h. El gobierno y la corte residen en La Haya. El suelo, llano, está recorrido por los ríos Rin y Mosa. El Escalda es holandés sólo en la desembocadura. Gran parte del territorio nacional (38%) está sit. bajo el nivel del mar. Mediante notables obras de ingeniería está siendo desecado, ganándose así nuevas tierras (*polders*) para la agricultura. El clima es templado y húmedo. Produce cereales, papas, remolacha azucarera, hortalizas, etc. Son muy importantes los cultivos de flores, especialmente jacintos, tulipanes y crisantemos. La ganadería da lugar a una rica industria lechera, siendo particularmente famosos los quesos. El subsuelo produce carbón y sal común. La industria holandesa ha alcanzado un notable grado de perfección: manufactura de tabaco, chocolate y azúcar, talla de diamantes, materiales químicos y eléctricos, porcelanas, bebidas y licores, astilleros, etc. La industria pesquera es, también, fuente importante de riqueza. De su vasto imperio colonial sólo conserva las Antillas Holandesas. ‖ *Hist.* Habitada primitivamente por pueblos germánicos, fue incorporada al Imperio carolingio hasta fines de la Edad Media en que pasó a depender de Austria y en el s. XVI, de España. Después de cruenta lucha logró su independencia, constituyéndose la Rep. de los Países Bajos, reconocida por el Congreso de Westfalia. Ampliado su dominio colonial, en 1795 fue conquistada por la Francia revolucionaria, creándose la Rep. Bátava, que subsistió hasta 1806, año en que se transformó en monarquía con Luis Bonaparte como rey. En 1813 se independizó de Francia y eligió rey a Guillermo I de Orange. El Congreso de Viena unió a **Holanda** con Bélgica, que se separaron en 1830, conservando el trono de **Holanda** el rey Guillermo I. Neutral durante la primera Guerra Mundial, fue invadida por Alemania durante la segunda, recuperando su independencia y su imperio colonial al finalizar ésta. En 1963 la colonia holandesa de Nueva Guinea fue traspasada a Indonesia, y en 1975 Surinam fue declarada independiente. En 1980 la reina Juliana abdicó en favor de su hija Beatriz. ‖ - **Meridional.** *Geog.* Provincia de Holanda. 2.867 km²; 3.100.000 h. Cap. LA HAYA. ‖ – **Septentrional.** Provincia de Holanda. 2.657 km². 2.350.000 h. Cap. HAARLEM.

HOLANDÉS, SA. adj. Natural de Holanda. Ú.t.c.s. ‖ Perteneciente a esta nación. ‖ m. Lengua que se habla en ella, constituida por tres dialectos germánicos occidentales: frisón, sajón y bajo alemán. **A la holandesa.** m. adv. Al uso de Holanda. ‖ *Impr.* Dícese de la encuadernación en que el cartón de la cubierta va forrado de papel o tela, y de piel el lomo.

HOLANDETA. f. Holandilla.

HOLANDILLA. f. Lienzo teñido y prensado, que se usa para forros de vestidos. ‖ Tabaco flojo de Holanda.

HOLBACH, Pablo E., barón de. *Biog.* Fil. materialista fr., autor de *Cartas filosóficas sobre el origen del dogma de la inmortalidad; El contagio sagrado o Historia natural de la superstición*, etc. (1723-1789).

HOLBEIN, Juan. *Biog.* Pintor al., llamado **el Joven**, uno de los grandes maestros del Renacimiento. Sus retratos: *Erasmo; Enrique VIII de Inglaterra*, etc. revelan la personalidad de la figura en su actitud característica (1497-1543). ‖ – **Juan.** Pintor al. llamado **el Viejo**, especializado en motivos religiosos: *La fuente de la vida; Políptico con escenas de la vida de la Virgen y de Santa Dorotea*, etc. (1460-1524).

HOLBERG, Luis, barón de. *Biog.* Comediógrafo y nov. dinamarqués, autor de *Metamorfosis; Pader Paars*, etc. Se le conoce por "El Plauto de Dinamarca" (1684-1754).

HOLCO. (Del lat. *holcus.*) m. Heno blanco.

HÖLDERLIN, Federico. *Biog.* Poeta al., autor de notables odas, del drama *Empédocles* (inconcluso), de la novela epistolar *Hyperion* y de otras obras (1770-1843).

HOLDING. (Voz ingl.) m. Sociedad que adquiere las acciones de otras empresas, las retira de la circulación y las substituye con sus propios valores.

HOLGACHÓN, NA. (De *holgar.*) adj. fam. Acostumbrado a pasarlo bien trabajando poco. sinón.: **comodón.**

HOLGADERO. m. Sitio donde regularmente se junta la gente para holgar.

HOLGADO, DA. adj. Desocupado. ‖ Sobrado para lo que ha de contener. *Traje* HOLGADO; sinón.: **ancho, desahogado;** antón.: **apretado, estrecho.** ‖ fig. Dícese del que tiene más de lo necesario para el gasto de su casa. ‖ deriv.: **holgadamente.**

HOLGANZA. f. Descanso, reposo. *Días de* HOLGANZA; antón.: **actividad.** ‖ Ociosidad. ‖ Regocijo, diversión. ‖ Asueto.

HOLGAR. al. **Müssig sein; feiern.** fr. **Reposer; s'amuser.** ingl. **To rest; to sport.** ital. **Riposare; divertirsi.** port. **Folgar.** (Del ant. *folgar*, y éste del lat. *follicare*, de *follis*, fuelle.) intr. Descansar, tomar aliento después de una fatiga. HOLGUEMOS *a la sombra de este árbol*; sinón.: **reposar.** ‖ Estar ocioso. ‖ Alegrarse de una cosa. Ú.t.c.r. ‖ Dicho de cosas, estar sin uso. ‖ r. Divertirse, entretenerse gustosamente. ‖ irreg. Conj. como **contar.**

HOLGAZÁN, NA. al. **Müssiggänger; faul.** fr. **Fainéant.** ingl. **Idler; loiterer.** ital. **Fannullone; vagabondo.** port. **Folgado.** adj. y s. Dícese de quien no quiere trabajar. sinón: **haragán, perezoso;** antón.: **trabajador.**

HOLGAZANEAR. al. **Faulenzen.** fr. **Fainéanter.** ingl. **To idle, to loiter.** ital. **Girandolare; oziare.** port. **Mandriar.** intr. Estar voluntariamente ocioso.

HOLGAZANERÍA. f. Ociosidad, aversión al trabajo. *La* HOLGAZANERÍA *es perniciosa*; antón.: **trabajo.**

HOLGÓN. adj. y s. Amigo de holgar y divertirse.

HOLGORIO. m. fam. Regocijo, diversión bulliciosa. Suele aspirarse la *h.*

HOLGUETA. f. fam. Holgura, regocijo.

HOLGUÍN, Carlos. *Biog.* Político y escritor col., de 1888 a 1892 presidente interino de la Rep. Obras: *Desbarreaux, su época y su soneto; La Independencia*, etc. (1832-1894). ‖ – **Jorge.** Pol. y militar col., en 1909 y de 1921 a 1922 presid. de la República (1848-1928). ‖ – **Y CARO, Hernando.** Escritor col. cuya obra está casi integramente compilada en *Escritos en prosa* (1871-1921).

HOLGUÍN. *Geog.* Provincia de Cuba (Oriente). 9.105 km², 777.262 h. Cap. hom. 178.958 h. Centro comercial e industrial.

HOLGURA. f. Regocijo, diversión entre muchos. ‖ Anchura. ‖ Desahogo, bienestar, disfrute de recursos suficientes para vivir sin estrechez.

HOLMBERG, Eduardo A. *Biog.* Escr. y educador arg., autor de *Viaje por la gobernación de los Andes; La vicuña*, etc. (1875-1924). ‖ – **Eduardo Kaillitz, barón de.** Militar arg. de origen austriaco. Luchó al lado de Belgrano y en la guerra con el Brasil (1778-1853). ‖ – **Eduardo Ladislao.** Médico y naturalista arg. Estudió la fauna y la flora de su país especializándose en la investigación de los himenópteros. Escritor fino e imaginativo en *La bolsa de huesos; Noche clásica de Walpurgis*, etc. (1854-1937).

HOLMES, Oliverio W. *Biog.* Hombre de ciencia y escr. estad., autor de *Vida de Erasmo; El autócrata en la mesa del desayuno*, etc. (1809-1894).

HOLMIO. (De *Holmia*, nombre lat. de Estocolmo.) m. Elemento perteneciente al grupo de las tierras raras, de símbolo Ho, n. atóm. 67 y p. atóm. 164.94.

HOLOCAUSTO. al. **Brandopfer.** fr. **Holocauste.** ingl. **Holocaust.** ital. **Olocausto.** port. **Holocausto.** (Del lat. *holocaustum*, y éste del gr. *holócaustos*; de *holos*, todo, y *kaustós*, quemado.) m. Sacrificio especial entre los israelitas, en que se quemaba toda la víctima. *Ofrecer un cordero en* HOLOCAUSTO; sinón.: **ofrenda.** ‖ fig. Sacrificio, acto de abnegación.

HOLOCENO. m. *Geol.* Período de la era cuaternaria comprendido entre el pleistoceno y el comienzo de los tiempos históricos.

HOLOCRISTALINO, NA. adj. Dícese de las rocas endógenas que, por haberse enfriado lentamente, han sido cristalizadas en forma completa. *El granito es* HOLOCRISTALINO.

HOLOÉDRICO, CA. adj. *Miner.* Dícese del cristal que tiene todos los elementos de simetría requeridos por su sistema.

HOLOFERNES. *Biog.* Mil. que por orden de Nabucodonosor invadió Palestina en 689 a. de C. Murió a manos de Judit.

HOLOGRAFÍA. f. *Ópt.* Procedimiento para lograr imágenes tridimensionales, basado en la utilización del rayo láser.

HOLÓGRAFO, FA. (Del lat. *hológraphus*, y éste del gr. *hológraphos*.) adj. *Der.* Ológrafo. Ú.t.c.s.m.

HOLÓMETRO. m. Instrumento para tomar la altura angular de un punto sobre el horizonte.

HOLOSTÉRICO. (Del gr. *holos*, todo, y *stereós*, sólido.) adj. Dícese del barómetro aneroide.

HOLOTURIA. (Del lat. *holothuria*, y éste del gr. *holothurion*; de *holos*, todo, y *taurios*, impúdico.) f. **Cohombro de mar.**

HOLOTÚRIDO, DA. adj. *Zool.* Holoturioideo. Ú.t.c.s. ‖ m. pl. *Zool.* Holoturioideos.

HOLOTURIOIDEO, A. adj. *Zool.* Dícese de equinodermos cuyo tipo es la holoturia o cohombro de mar. Ú.t.c.s. ‖ m. pl. *Zool.* Clase de estos equinodermos.

HOLSTEIN, Ducado de. *Geog. histór.* Antiguo estado de la Confederación Germánica, reunido en 1864 con Prusia, juntamente con Schleswig. V. **Schleswig-Holstein.**

HOLZMANN, Rodolfo. *Biog.* Compositor al. incorporado a la cultura peruana. Autor de páginas musicales de estilo neoclásico (n. 1910).

HOLLADERO, RA. adj. Dícese de la parte de un camino por la que se transita ordinariamente.

HOLLADURA. f. Acción y efecto de hollar.

HOLLAR. al. **Betreten.** fr. **Fouler.** ingl. **To tread upon.** ital. **Calcare.** port. **Calcar.** (Del ant. *follar*, y éste del lat. *fullare*, abatanar.) tr. Pisar con los pies. HOLLAR *el césped.* ‖ fig. Abatir, humillar. HOLLAR *al enemigo*; sinón.: **escarnecer, pisotear;** antón.: **levantar.** ‖ irreg. Conj. como **contar.** ‖ deriv.: **hollador, ra.**

HOLLECA. f. Herrerillo, pájaro insectívoro cuyo nido, construido con barro, semeja un puchero.

HOLLEJO. al. **Traubenschale.** fr. **Peau des fruits.** ingl. **Skin of a fruit.** ital. **Buccia.** port. **Folhelho.** (Del lat. *folliculus*.) m. Pellejo de algunas frutas y legumbres. *El* HOLLEJO *del garbanzo.*

HOLLEJUDO, DA. adj. *Chile.* Que tiene hollejo, muy duro o muy abundante.

HOLLEJUELO. m. dim. de **Hollejo.**

HOLLEY, Roberto W. *Biog.* Médico al. que obtuvo, en 1968, el premio Nobel de Fisiología y Medicina, compartido con Marshall Nirenberg y H. Gobind Khorana (n. 1922).

HOLLÍN. al. **Russ.** fr. **Suie.** ingl. **Soot.** ital. **Fulliggine.** port. **Fuligem.** (Del lat. *fuligo, –inis.*) m. Substancia crasa y negra que el humo deposita en la superficie de los cuerpos a que alcanza. ‖ fam. Jollín.

HOLLINAR. tr. *Chile.* Cubrir de hollín.

HOLLINIENTO, TA. adj. Que tiene hollín. *Chimenea* HOLLINIENTA.

HOLLYWOOD. *Geog.* Población de los EE. UU. unida con Los Ángeles desde el año 1910. Gran centro cinematográfico.

HOMARRACHE. m. Moharrache.

HOMBRACHO. m. Hombre grueso y fornido.

HOMBRADA. f. Acción propia de hombre esforzado o generoso.

HOMBRADÍA. f. Calidad de hombre. ‖ Esfuerzo, entereza.

HOMBRE. al. **Mann; Mensch.** fr. **Homme.** ingl. **Man.** ital. **Uomo.** port. **Homem.** (Del lat. *homo, –inis.*) m. Ser animado racional. Bajo esta acepción se comprende todo el género humano. ‖ Varón. ‖ El que ha llegado a la edad viril o adulta. *Cuando sea* HOMBRE *haré largos viajes.* ‖ Entre el vulgo, marido. ‖ El que en ciertos juegos de naipes dice que entra y juega contra los demás. ‖ Juego de naipes con elección de palo que sea triunfo. ‖ Junto con algunos substantivos, por medio de la prep. *de*, el que posee las calidades o cosas significadas por los substantivos. HOMBRE *de valor.* ‖ **– bueno.** *Der.* El mediador en los actos de conciliación. ‖ **– de armas tomar.** El de resolución o suficiencia para cualquier cosa. ‖ **– de bien.** El honrado que cumple puntualmente sus obligaciones. ‖ **– de cabeza.** El que tiene talento. ‖ **– de copete.** fig. El de estimación y autoridad. ‖ **– de corazón.** El valiente y magnánimo. ‖ **– de días.** El anciano. ‖ **– de dos caras.** fig. El que en presencia dice una cosa y en ausencia otra. ‖ **– de edad.** El viejo. ‖ **– de Estado.** El que dirige los negocios políticos de una nación. ‖ **Hombre** político, cortesano. ‖ Estadista. ‖ **– de hecho.** El que cumple su palabra. ‖ **– de iglesia.** Clérigo. ‖ **– de letras.** Literato. ‖ **– de mala digestión.** fig. y fam. El que tiene mal gesto y dura condición. ‖ **– de mundo.** El experto en el trato social y hábil en negocios. ‖ **– de nada.** El que es pobre y de obscuro nacimiento. ‖ **– de negocios.** El que tiene muchos a su cargo. ‖ **– de palabra.** El que cumple lo que promete. ‖ **– de pelo en pecho.** fig. y fam. El fuerte y osado. ‖ **– de pro, o de provecho.** El de bien. ‖ El sabio o útil al público. ‖ **– de punto.** Persona principal y de distinción. ‖ **– de puños.** fig. y fam. El robusto y valeroso. ‖ **– de verdad.** El que siempre la dice y tiene opinión y fama de eso. ‖ **– hecho.** El que ha llegado a la edad adulta. ‖ **– liso.** El de verdad, sincero. ‖ **– lleno.** fig. El que sabe mucho. ‖ **– para poco.** El pusilánime. ‖ **– público.** El que interviene públicamente en los negocios políticos. ‖ **Gentil hombre.** Gentilhombre. ‖ **Gran,** o **grande, hombre.** El ilustre. ‖ **Pobre hombre.** El de cortos talentos e instrucción. ‖ El de poca habilidad y sin resolución. ‖ **El hombre propone, y Dios dispone.** ref. que enseña que el logro de nuestras determinaciones pende de la voluntad de Dios. ‖ **¡Hombre!** int. que indica sorpresa o asombro. Ú. también repetida. ‖ **¡Hombre al agua!** expr. *Mar.* Ú. para advertir que ha caído alguno al mar. ‖ **Hombre prevenido vale por dos.** ref. que advierte la gran ventaja que lleva el que obra con prevención. ‖ **Ser uno hombre al agua.** frs. fig. y fam. No dar esperanza de remedio en su salud o en su conducta. ‖ **Ser uno otro hombre.** frs. fig. Haber cambiado mucho, física o moralmente. ‖ IDEAS AFINES: *Macho, Adán, progenitor, cabeza, razón, inteligencia, alma, pensamiento, responsabilidad, madurez.*

● **HOMBRE.** *Antrop.* Por la forma y la constitución de su organismo, el **hombre** es un animal del tipo de los vertebrados, clase de los mamíferos, subclase de los monodelfos unguiculados y orden de los primates superiores. Según este criterio, el **hombre,** considerado por el naturalista Linneo como "ápice de la serie de los vertebrados mamíferos", constituye la especie *homo* situada a la cabeza de la escala zoológica. Se distingue por la estación vertical y la marcha erecta; el equilibrio del cráneo, la forma de la cabeza, adecuada para albergar el cerebro mucho más desarrollado que en el resto de los animales; las transformaciones de la columna vertebral; su traslación, efectuada por los miembros inferiores, que reciben todo el peso del cuerpo, formando los pies ángulo recto con las piernas y apoyándose totalmente en el suelo; sus miembros superiores, terminados en manos sumamente articulables; las consecuencias de estas modificaciones (la mano, el pulgar oponible, el retroceso de la mandíbula y los dientes, etc.); el corazón, los vasos sanguíneos, los pulmones, el aparato digestivo y las glándulas endocrinas forman un conjunto funcional en el cual se mezclan todas las individualidades orgánicas. El cuerpo humano es una heterogeneidad anatómica y una homogeneidad fisiológica; actúa como si fuera simple, a pesar de su estructura compleja. El **hombre** actúa y responde siempre como un todo, es una unidad funcional y dinámica. Si se quiere fijar de una manera absoluta la época de la aparición del **hombre** sobre la tierra no se llega más que a hipótesis. Se cree que existe a partir del fin de la era terciaria. Pero es sobre todo durante la era cuaternaria cuando las pruebas de su existencia abundan. Aparecen **hombres** que pueden ser considerados antecesores directos del actual (razas de Grimaldi, Java, Pekín, etc.). Todos ellos pertenecen a los tiempos paleolíticos o de la piedra tallada. El perfeccionamiento de su industria sirve para diferenciar las edades por las que el **hombre** ha atravesado: de la piedra pulida, del cobre, del hierro, y por fin los tiempos históricos. El carácter de historicidad propio de lo humano, es decir la capacidad de progreso técnico y enriquecimiento espiritual al margen de la evolución biológica, distingue al **hombre** del resto del los seres. Además de la concepción científica naturalista, según la cual el **hombre** es un producto final de la evolución del planeta Tierra, un ser que sólo se distingue de sus precursores en el reino animal por el grado de complicación con que se combinan en él energías y facultades, que en sí ya existen en la naturaleza infrahumana, hay una concepción teológica del **hombre** y una filosófica. La primera afirma que todos los **hombres** son hijos de Dios, el creador de todo cuanto existe, a quien deben perpetua obediencia, y quien los ha creado a su semejanza. En esta doctrina, el **hombre** aparece como una dualidad alma-cuerpo, espíritu y materia. La concepción filosófica, que considera al **hombre** como conciencia del mundo y de sí mismo, capaz de objetivar su propia naturaleza psicofísica (es decir salir de ella y considerarla su objeto), agrupa doctrinas muy diversas. Existe una esfera específicamente humana, formada por todas las funciones y obras propias del **hombre:** el lenguaje, la conciencia moral, las herramientas, las armas, las ideas de justicia e injusticia, el Estado, la administración, la capacidad de simbolizar y representar propia de las artes, el mito, la religión y la ciencia, la historicidad, la sociabilidad, etc. ‖ **– de Grimaldi.** Hombre fósil de África y S. de Europa, tipo primitivo de la raza negroide. ‖ **– de Java.** Especie de primates fósiles, hallada en la isla de Java. Considérasele uno de los eslabones entre los antropoides y la especie humana (*Pithecanthropus erectus*). Esa misma condición de seres intermedios entre el hombre y el mono corresponde a los restos fósiles hallados en otros lugares: Heidelberg, Piltdown, Neanderthal y Cro-Magnon. ‖ **– de Pekín.** Hombre fósil, que ya usaba el fuego, pero, a juzgar por las dimensiones de sus lóbulos frontales, no poseía lenguaje articulado (circunvolución de Broca), y que por las características de sus huesos, es uno de los antepasados de la raza mogol. ‖ **– de Rodesia.** Especie de primates fósiles, extendida por el S. de África, intermedia entre los antropoides y la especie humana.

HOMBREAR. intr. Querer el joven parecer hombre hecho. HOMBREARSE *con los mayores.* ‖ fig. Querer igualarse a otros en cualidades. Ú.t.c.r. ‖ *Méx.* Dícese de la mujer a la que le gustan las ocupaciones u oficios de los hombres. ‖ tr. *Col.* y *Méx.* Proteger, ayudar.

HOMBREAR. intr. Hacer fuerza con los hombros para sostener o empujar alguna cosa.

HOMBRECILLO. m. dim. de **Hombre.** ‖ Lúpulo.

HOMBRECILLO DE LOS GANSOS, El. *Lit.* Novela de Jacobo Wassermann, publicada en 1915. Es la obra más importante del autor.

HOMBRE MEDIOCRE, El. *Lit.* Una de las obras más difundidas de José Ingenieros. Constituida por lecciones sobre la psicología del carácter, estigmatiza las lacras morales de la sociedad, en especial la rutina, la hipocresía y la mediocridad. Publicada en 1913.

HOMBRERA. f. Pieza de la armadura antigua, que cubría y defendía los hombros. ‖ Cordón o pieza de paño que, sobrepuesta a los hombros, es usada en uniformes como insignia o adorno. ‖ Pieza que se coloca bajo los hombros de los vestidos para realzarlos. ‖ *Hond.* Hombrillo de la camisa.

HOMBRETÓN. m. aum. de **Hombre.**

HOMBREZUELO. m. dim. de **Hombre.**

HOMBRÍA DE BIEN. f. Honradez.

HOMBRILLO. m. Lista de lienzo con que se refuerza la camisa por el hombro. ‖ Tejido puesto por adorno encima de los hombros.

HOMBRO. al. **Schulter.** fr. **Épaule.** ingl. **Shoulder.** ital. **Spalla.** port. **Ombro.** (Del lat. *humerus*.) m. Parte superior y lateral del tronco del hombre y de los cuadrumanos, de donde nace el brazo. ‖ *Impr.* Parte de la letra desde el remate del árbol hasta la base del ojo. ‖ **A hombros.** m. adv. con que se denota que se lleva alguna persona o cosa sobre los hombros. ‖ **Arrimar el hombro.** frs. fig. Ayudar al logro de un fin. ‖ **Encoger** uno **los hombros.** frs. fig. Llevar con paciencia una cosa desagradable. ‖ **Encogerse** uno **de hombros.** frs. fig. No saber uno, o no querer, responder a lo que se le pregunta. ‖ Mostrarse indiferente ante lo que oye o ve. ‖ **Mirar** a uno **por encima del hombro,** o **sobre el hombro.** frs. fig. y fam. Tenerle en menos, desdeñarle.

HOMBRUNO, NA. al. **Männlich.** fr. **Hommasse.** ingl. **Mannish.** ital. **Virile.** port. **Masculinizado.** adj. fam. Dícese de la mujer que en algo se asemeja al hombre, o de cada una de sus características. *Modales* HOMBRUNOS.

HOME. (De *homo*.) m. ant. *And., Ast.* y *Méx.* Hombre.

HOMENAJE. al. **Huldigung.** fr. **Hommage.** ingl. **Homage.** ital. **Omaggio.** port. **Homenagem.** (Del b. lat. *hominaticum*, y éste del lat. *homo, -minis*, hombre.) m. Juramento solemne de fidelidad hecho a un rey o señor. ‖ Acto o serie de ellos en honor de una persona. *La nación rindió* HOMENAJE *a su libertador.* ‖ fig. Sumisión, respeto hacia una persona. ‖ Galicismo por don, favor.

HOMENAJEAR. tr. Rendir homenaje a una persona o a su memoria.

HOMEÓPATA. al. **Homöopath.** fr. **Homéopathe.** ingl. **Homeopath.** ital. **Omeopatista.** port. **Homeopata.** adj. y s. Dícese del médico que profesa la homeopatía.

HOMEOPATÍA. al. **Homöopatie.** fr. **Homéopathie.** ingl. **Homeopathy.** ital. **Omeopatia.** port. **Homeopatia.** (Del gr. *hómoios*, parecido, y *pathos*, afección, enfermedad.) f. Sistema curativo que aplica a las enfermedades, en dosis mínimas, las mismas substancias que en mayores cantidades producirían al hombre sano síntomas iguales o parecidos a los que se trata de combatir. ‖ deriv.: **homeopatista; homeopatizar.**

HOMEOPÁTICO, CA. adj. Perteneciente o relativo a la homeopatía. *Píldora* HOMEOPÁTICA. ‖ fig. De tamaño o en cantidad muy diminutos. ‖ deriv.: **homeopáticamente.**

HOMER, Winslow. *Biog.* Pintor estad.; notable autodidacta. Su obra es de carácter paisajista y costumbrista. Así, *Prisioneros del frente; La granja de Gloucester; El salvavidas* (1836-1910).

HOMÉRICO, CA. al. **Homerisch.** fr. **Homérique.** ingl. **Ho-**

meric. ital. **Omerico.** port. **Homérico.** adj. Propio de Homero, o que tiene alguna de sus cualidades. *Grandiosidad* HOMÉRICA.

HOMERISTA. com. Persona especializada en el estudio de Homero.

HOMERO. m. Aliso, árbol.

HOMERO. *Biog.* Gran poeta gr cuyas epopeyas *La Ilíada* y *La Odisea* lo sitúan entre los más grandes épicos de todos los tiempos. Varias ciudades se disputaron el derecho de ser su cuna, y, por lo general, se lo creía un rapsoda ciego. Algunos críticos intentaron negar su existencia o la paternidad de estas obras, pero la unidad de estilo y lenguaje demuestran que fueron creadas por un mismo autor (s. VIII a. de C.).

HOMICIDA. al. **Mörder; Totschläger.** fr. **Homicide.** ingl. **Homicidal; murderer.** ital. **Omicida.** port. **Homicida.** (Del lat. *homicida;* de *homo*, hombre, y *caédere*, matar.) adj. Que ocasiona la muerte de una persona. *Arma* HOMICIDA. Apl. a pers., ú.t.c.s. sinón.: **asesino.**

HOMICIDIO. al. **Mord; Totschlag.** fr. **Homicide.** ingl. **Homicide; murder.** ital. **Omicidio.** port. **Homicídio.** (Del lat. *homicidium.*) m. Muerte causada a una persona por otra, especialmente la hecha con violencia.

HOMICILLO. (De *homicidio.*) m. *Der.* Multa que se imponía al que, habiendo muerto o herido gravemente a alguien, no comparecía ante el juez.

HOMILIA. (Del lat. *homilia*, y éste del gr. *homilía*, de *hómilos*, reunión.) f. Plática que se hace para explicar al pueblo las materias de religión. *Las* HOMILÍAS *de Orígenes son las más antiguas.* ‖ deriv.: **homiliasta; homilista.**

HOMILIARIO. m. Libro que contiene homilías.

HOMINAL. adj. *Zool.* Perteneciente o relativo al hombre.

HOMINICACO. m. fam. Hombre pusilánime y de mala traza.

HOMO. (Voz lat., de *humus*, tierra.) m. Nombre latino y científico del género humano.

HOMOCENTRO. m. *Geom.* Centro común a dos o más circunferencias. ‖ deriv.: **homocéntricamente; homocentricidad; homocéntrico, ca.**

HOMOFONÍA. f. Calidad de homófono. ‖ *Mús.* Conjunto de sonidos al unísono. ‖ deriv.: **homofónico, ca.**

HOMÓFONO, NA. (Del gr. *homóphonos*, de *homós*, parecido, y *phoné*, sonido.) adj. Dícese de las palabras que, con distinto significado, son pronunciadas de igual modo; p. ej.: *asta* y *hasta.* ‖ Dícese del canto o música en que todas las voces van al unísono.

HOMOGENEIDAD. al. **Gleichartigkeit; Homogenität.** fr. **Homogénéité.** ingl. **Homogeneity.** ital. **Omogeneità.** port. **Homogeneidade.** f. Calidad de homogéneo. antón.: **heterogeneidad.**

HOMOGÉNEO, A. al. **Gleichartig; homogen.** fr. **Homogène.** ingl. **Homogeneous.** ital. **Omogeneo.** port. **Homogeneo.** (Del b. lat. *homogeneus*, y éste del gr. *homogenés*, de la misma raza.) adj. Perteneciente a un mismo género. *Vegetación* HOMOGÉNEA; antón.: **heterogéneo.** ‖ Formado por elementos de igual naturaleza o condición. *Mezcla* HOMOGÉNEA. ‖ deriv.: **homogéneamente.**

HOMÓGRAFO, FA. (Del gr. *homós*, parecido, y *grapho*, escribir.) adj. Aplícase a las palabras de distinta significación que se escriben de igual manera; v. gr.: *velo*, sustantivo, y *velo*, del verbo *velar*. ‖ deriv.: **homografía.**

HOMOLOGAR. tr. Dar validez oficial a una hazaña deportiva. ‖ *Der.* Dar firmeza, las partes, al fallo de los árbitros, por haber dejado pasar el término legal para impugnarlo. ‖ Confirmar el juez ciertos actos y convenios de las partes. ‖ deriv.: **homologable; homologación; homologativo; homologeidad.**

HOMOLOGÍA. f. Calidad de homólogo.

HOMÓLOGO, GA. (Del lat. *homologus*, y éste del gr. *homólogos*; de *homós*, parecido, y *logos*, razón.) adj. *Anat.* Dícese de partes peculiares a uno de los dos sexos que, aunque diferentes, corresponden a otras propias del sexo contrario. sinón.: **análogo, equivalente.** ‖ *Geom.* Aplícase a los lados que en las figuras rectilíneas semejantes están opuestos a ángulos iguales. ‖ *Lóg.* Dícese de los términos sinónimos o que significan una misma cosa. *Almanaque y calendario son* HOMÓLOGOS. ‖ *Quím.* Dícese de las sustancias orgánicas pertenecientes a la misma serie **homóloga.**

HOMOMORFISMO. m. Identidad de estructura cristalina entre cuerpos de distinta composición química.

HOMONIMIA. f. Calidad de homónimo.

HOMÓNIMO, MA. al. **Homonym.** fr. **Homonyme.** ingl. **Homonymous.** ital. **Omonimo.** port. **Homonimo.** (Del lat. *homónymus*, y éste del gr. *homónymos*, de *homós*, parecido, y *ónoma*, nombre.) adj. Dícese de dos o más personas o cosas que llevan un mismo nombre, y de palabras que aunque iguales por su forma tienen distinto significado. *Holanda*, nación, y *holanda*, tela. Ú.t.c.s. y, si se trata de personas, equivale a tocayo. ‖ deriv.: **homonimidad.**

HOMOPÉTALO, LA. adj. *Bot.* Dícese de las flores de pétalos semejantes entre si.

HOMÓPTERO, RA. adj. Dícese de los insectos, antes comprendidos entre los hemípteros, cuyas alas anteriores son de textura uniforme y casi siempre membranosas; generalmente se alimentan de jugos vegetales, como las cigarras. ‖ m. pl. Orden de estos insectos.

HOMOSEXUAL. al. **Homosexuell.** fr. **Homosexuel.** ingl. **Homosexual.** ital. **Omosessuale.** port. **Homossexual.** adj. y s. Que comete sodomía.

HOMOSEXUALIDAD. f. Calidad de homosexual.

HOMÓSFERA. f. Capa de la atmósfera dentro de la cual las proporciones de oxígeno y nitrógeno son constantes. Se encuentra entre el suelo y los 100 km.

HOMOTERMO, MA. adj. *Fís.* Isotermo. ‖ *Fisiol.* Dícese de los animales (mamíferos y aves) cuyo cuerpo se mantiene a temperatura constante.

HOMS. *Geog.* Ciudad de Siria, cerca de la frontera libanesa. 220.000 h. Tejidos de seda.

HOMÚNCULO. m. d. desp. de **Hombre.**

HONCEJO. m. Hocino.

HONDA. al. **Schleuder.** fr. **Fronde.** ingl. **Sling.** ital. **Fionda.** port. **Funda.** (Del ant. *fonda*, y éste del lat. *funda.*) f. Tira de substancia flexible para arrojar piedras. Empleóse antiguamente en la guerra, pero hoy sólo tiene uso entre los pastores y los muchachos. *La* HONDA *de David.* ‖ Braga para suspender objetos en el aire.

HONDA. *Geog.* Bahía de la costa atlántica de Colombia, en la península de Guajira. Tiene, aproximadamente, 15 km. de extensión. ‖ Ciudad de Colombia (Tolima), puerto sobre el Magdalena. 35.000 h. Importante centro comercial.

HONDABLE. adj. Fondable.

HONDADA. f. Hondazo.

HONDAMENTE. adv. m. Con hondura. ‖ fig. Profundamente, elevadamente. *Sentimos* HONDAMENTE *su desgracia.*

HONDAZO. m. Tiro de honda.

HONDEAR. tr. Reconocer el fondo con la sonda. ‖ Sacar carga de una embarcación.

HONDEAR. intr. Disparar la honda.

HONDERO. m. Soldado que antiguamente usaba de honda en la guerra. sinón.: **pedrero.**

HONDIJO. m. Honda.

HONDILLOS. m. pl. Entrepiernas de los calzones.

HONDO, DA. al. **Tief.** fr. **Profond.** ingl. **Deep.** ital. **Profondo.** port. **Fundo; profundo.** (Del ant. *fondo*, y éste del lat. *fundus.*) adj. Que tiene profundidad. *El lago Nahuel Huapi es* HONDO. ‖ Dícese de la parte de un terreno más baja que las restantes. ‖ Profundo, recóndito. ‖ Tratándose de un sentimiento, extremado, intenso. *Un dolor muy* HONDO. ‖ *Cuba.* Se dice del río que está creciendo. *El río viene* HONDO. ‖ m. Parte inferior de una cosa hueca o cóncava. ‖ IDEAS AFINES: *Valle, sima, abismo, hondonada, subsuelo, mar, bucear, submarino, fondo, hondura.*

HONDO. *Geog.* La mayor y más importante de las islas del Japón. 231.319 km². 62.586.916 h. Ciudades principales: Tokio, Kioto, Osaka, Kobe. Se llama, también, **Honshu** o **Nipón.** ‖ Río de Argentina. V. **Dulce.**

HONDÓN. m. Suelo interior de cualquiera cosa hueca. ‖ Lugar profundo rodeado de terrenos altos. ‖ Ojo de la aguja. ‖ Parte del estribo donde se apoya el pie.

HONDONADA. f. Terreno hondo.

HONDURA. f. Profundidad. *La* HONDURA *de una zanja*; antón.: **altura.** ‖ **Meterse** uno **en honduras.** frs. fig. Tratar de cosas dificultosas, sin tener conocimientos suficientes.

HONDURAS. *Geog.* República de América Central que limita con el mar de las Antillas, Guatemala, El Salvador, el océano Pacífico y Nicaragua. Tiene una extensión de 112.088 km². **Aspecto físico.** El territorio es sumamente montañoso, y una meseta de 1.000 m. de altura media queda encerrada entre las cadenas del Pacífico y del mar de las Antillas. Las líneas orogénicas determinan, en general, una vertiente rápida y estrecha hacia el Pacífico, con litoral escarpado, y una vertiente atlántica con amplios valles y llanuras aluviales. A la primera pertenecen el Goascorán y el Choluteca; a la segunda el Ulúa, Aguán, Patuca, Coco, etc. El lago Yojoa es el depósito palustre más notable del interior del país. Las diferentes alturas del suelo modifican el clima tropical y aparecen así las tierras bajas o calientes, las tierras templadas y las tierras frías. Las regiones expuestas a los vientos alisios del Atlántico son las que reciben las mayores precipitaciones pluviales. **Aspecto humano.** La población de Honduras se estima en 2.830.000 h., de los cuales el 91% son mestizos, el 6% amerindios, el 1% blancos y el 2% negros y zambos. La religión predominante es la católica. La lengua oficial es el castellano. Constituye una República unitaria dividida en dieciséis departamentos: Atlántida (cap. LA CEIBA); Colón (cap. TRUJILLO); Comayagua (cap. hom.); Copán (cap. SANTA ROSA DE COPÁN); Cortés (cap. SAN PEDRO SULA); Choluteca (cap. hom.); El Paraíso (cap. YUSCARÁN); Gracias a Dios (cap. BRUS LAGUNA); Intibucá (cap. LA ESPERANZA); Islas de la Bahía (cap. ROATÁN); La Paz (cap. hom.); Lempira (cap. GRACIAS); Morazán (cap. TEGUCIGALPA); Ocotepeque (cap. NUEVA OCOTEPEQUE); Olancho (cap. JUTICALPA); Santa Bárbara (cap. hom.); Valle (cap. NACAOME), y Yoro (cap. hom.). La capital de la República es TEGUCIGALPA (317.000 h.). **Recursos económicos.** La economía del país es casi exclusivamente agrícola. Los plátanos o bananas constituyen su producción esencial y sus mayores exportaciones. Se cultivan también frijoles, café, nuez de coco, tabaco, henequén, caña de azúcar, algodón. La alimentación popular se basa en el maíz, el arroz y la papa. Los bosques —que cubren el 40% de la superficie territorial— brindan maderas valiosas, especialmente pino, caoba y cedro, que se exportan a los EE.UU. Vacunos, porcinos y equinos constituyen los ganados más numerosos. La riqueza minera es vasta pero sólo alcanzan verdadera importancia las extracciones de plata y oro. Hay yacimientos de azufre, cinc, cobre, hierro, manganeso, piedras preciosas, etc. La industria produce artículos que van preferentemente al consumo interno. Las manufacturas de tabaco elaboran cigarros y cigarrillos que se exportan en cantidad. En los departamentos de Santa Bárbara y Copán se fabrican sombreros de junco o panamás que son muy apreciados y se venden al exterior. Tejidos, calzados, artículos alimenticios, bebidas, etc., son muestras de la capacidad industrial de este país

El comercio de exportación se basa, aparte de las bananas, en las ventas de café, azúcar, sisal; el de importación consiste en combustibles, maquinarias y vehículos, productos químicos y farmacéuticos, etc. 1.481 km. de vías férreas y 9.000 km. de carreteras, unidos a líneas aéreas y marítimas de navegación regular, ponen en comunicación a todos los puntos del país y lo relacionan con el exterior. ‖ *Hist.* **Descubrimiento y Colonización. Honduras,** cuya denominación se cree derivada del golfo del mismo nombre, llamado "hondura" por los españoles a causa de su profundidad, estaba primitivamente habitada por tribus indígenas muy civilizadas y en la parte septentrional y occidental de su territorio había sido dominada por los mayas, de cuya cultura subsisten pruebas fehacientes en las ruinas de Copán. Presumiblemente habría sido explorada en la costa norte por Américo Vespucio, a fines del s. XV. Durante su cuarto y último viaje fue descubierta por Cristóbal Colón, que el 22 de agosto de 1502 desembarcó en el Cabo Honduras, isla de Pinos o Guanaja. Fue explorada posteriormente, entre otros, por Andrés Niño, Gil González Dávila, Hernández de Córdoba y Hernán Cortés; éste fundó, en 1525, la ciudad de Nuestra Señora en las proximidades del actual Puerto Cortés. Los españoles que quedaron en el territorio chocaron en sus ambiciones hasta que Pedro de Alvarado, gobernador de 1539 a 1541, puso paz; durante el gobierno de Alvarado, **Honduras** incorporóse a la Capitanía General de Guatemala y fue asiento de la Audiencia de los Confines hasta que ésta fue trasladada a Guatemala. En 1564 pasó a depender de Panamá y nuevamente de Guatemala en 1570. La colonización propiamente dicha comenzó al descubrirse las minas de plata de Comayagua en 1578. Los españoles debieron defender constantemente sus costas del ataque de los piratas franceses, ingleses y holandeses. Los ingleses llegaron a establecerse en el valle de Belice para cortar maderas y España les reconoció esa posesión en 1667 y 1670, pero sin renunciar a su soberanía territorial, siendo ése el origen de Honduras Británica o Belice. **Independencia. Honduras** se proclamó independiente de España el 15 de septiembre de 1821, según la declaración formulada por el prócer José Cecilio del Valle. En 1822 se unió al imperio mexicano de Iturbide y a la caída de éste entró a formar parte de la Confederación Centroamericana, en 1823, dictándose su propia constitución como Estado federal en 1824. El 26 de octubre de 1838 se separó de las Provincias Unidas de Centro América declarándose República independiente. En los años posteriores intervino en varios conflictos armados contra sus vecinos: con El Salvador en 1840, con Nicaragua en 1845, con Guatemala en 1853, nuevamente con Nicaragua en 1907, etc. Su vida política interna fue muy agitada, se sucedieron los golpes de Estado y sin éxito se intentó varias veces reconstruir la Confederación Centroamericana. En los últimos años el país se ha encauzado por la normalidad y la ley. **Gobernantes de Honduras.** Dionisio Herrera (1824-1827); Justo Mila (1827); Francisco Morazán (1827-1830); de 1830 a 1833, interinamente, Diego Vigil, Juan Ángel Frías, José Antonio Márquez y otros; Francisco Ferrera (1833-1834); Joaquín Rivera (1834-1836); José María Martínez (1837-1838); interinamente, de 1838 a 1841, Justo José Herrera, Luis Matute, Juan Francisco Molino, Felipe Neri Medina, José Alvarado y José María Guerrero; Francisco Ferrera (1841-1845); Coronado Chávez (1845-1847); Juan de Lindo Zelaya (1847-1851); José Trinidad Cabañas (1852-1855); Francisco Aguilar (1855-1856); Santos Guardiola (1856-1862); Francisco Montes (1862-1864); José M. Medina (1864-1872); Céleo Arias (1872-1874); Ponciano Leiva (1874-1876); Marco Aurelio Soto (1876-1883); Luis Bográn (1883-1891); Ponciano Leiva (1891-1892); Domingo Vázquez (1893-1894); Policarpo Bonilla (1895-1898); Terencio Sierra (1899-1903); Manuel Bonilla (1903-1908); Miguel R. Dávila (1908-1911); Manuel Bonilla (1912-1913); Francisco Bertrand (1913-1920); Rafael López Gutiérrez (1920-1924); Vicénte Tosta (1924-1926); Miguel Paz Barahona (1926-1929); Vicente Mejía Colindres (1929-1932); Tiburcio Carías Andino (1932-1949); Juan Manuel Gálvez (1949-1955); Julio Lozano Díaz (1955-1956); Junta militar (1956-1957); R. Villeda Morales (1957-1963); Osvaldo López (1963-1971); Ramón Ernesto Cruz (1971-1972); Osvaldo López (1972-1975) y Coronel Juan Alberto Melgar Castro (1975, en adelante). **Símbolos nacionales. Bandera.** Creada por un decreto de 1866, en 1949 un nuevo decreto fijó su tamaño y colores: tres franjas iguales y horizontales, la superior y la inferior de color azul turquesa, y la del centro blanca con cinco estrellas de cinco ángulos salientes del mismo color azul, formando con cuatro de ellas un cuadrilongo paralelo a las franjas, y la restante colocada en su centro. **Escudo.** Según un decreto de 1825, está formado por un círculo, en cuyo centro hay un triángulo equilátero bañado por dos mares. A sus lados, dos cuernos de la abundancia y en el círculo una inscripción que dice: "República de Honduras, Libre, Soberana e Independiente, 15 de septiembre de 1821". En la parte inferior hay tres pinos (árboles nacionales) y tres olivos, y más abajo los símbolos de la riqueza del país. **Himno.** Con letra del poeta Augusto C. Coello y música de Carlos Harling, consta de coro y siete estrofas, y fue adoptado oficialmente como himno nacional en 1915. **Gobierno.** La constitución hondureña, promulgada en 1936, adopta una forma de gobierno republicana y representativa. Los poderes del Estado son tres: Ejecutivo, Legislativo y Judicial. El Poder Ejecutivo lo ejerce el **Presidente de la República, elegido para un período de 6 años y que gobierna con un Consejo de Ministros. El Poder Legislativo reside en el Congreso Nacional, integrado por un diputado cada 25.000 habitantes. El Poder Judicial reconoce su más alto tribunal en la Corte Suprema, de la que dependen las Cortes de Apelación, y los Juzgados de Letras y de Paz. El sufragio es obligatorio para los varones mayores de 21 años; para los de 18 años, alfabetos, y para los de 18 años casados, aunque sean analfabetos. Iguales condiciones exigen para la mujer, con la diferencia de que el sufragio no es obligatorio, sino optativo. Cultura. Educación.** La enseñanza primaria, cuyo ciclo en los centros urbanos es de 6 años y en los rurales de 3, es obligatoria entre los 7 y 15 años. Actualmente existen, aproximadamente, 400.000 alumnos primarios, 60.000 secundarios, normales, técnicos y comerciales. Además, hay más de 2.000 escuelas especiales para adultos. La enseñanza superior está a cargo de la Universidad Nacional de Honduras y de varias escuelas especiales: la Nacional Vocacional, la Nacional de Bellas Artes, la Nacional de Comunicaciones, la de Industrias Textiles, etc. La matrícula de enseñanza superior excede los 10.000 estudiantes. Desde 1943 funciona en Zamorano la Escuela Agrícola Panamericana, solventada por capitales norteamericanos. El analfabetismo, que en 1930 se estimaba en un 70%, se ha reducido al 55% en los últimos años. **Literatura.** Aunque anteriormente se destacaron poetas (José Trinidad Reyes, Manuel Molina Vigil, Carlos F. Gutiérrez, Esteban Guardiola) y prosistas (José Cecilio del Valle, Ramón Sosa), la importancia literaria de **Honduras** arranca del modernismo, cuyo primer gran poeta fue Juan Ramón Molina y que en Miguel R. Ortega, Jorge Federico y Guillermo Bustilla Reina tuvo sus continuadores, todos con vestigios románticos. Antes de concretarse las corrientes ultraístas (Jacobo Cárcano, Ramón Ardón y Claudio Barrera, que usa el seudónimo de Vicente Alemán), resuena el tenue lirismo de otro gran poeta, Rafael Heliodoro Valle. Una nueva generación, la del cuarenta, tiene voces líricas personales en Eliseo Pérez Cadalso y Augusto Coello, y con posterioridad surge otro grupo renovador de la poesía con Raúl G. Tróchez y Jaime Fontana, entre otros. La prosa atiende generalmente a los problemas de la tierra, con intensidad menor que en otros países latinoamericanos; la excepción es Froilán Turcios, sombrío e imaginativo, en sus cuentos sobre todo. Arturo Mejía Nieto es el que más cerca está de la novela social; otros narradores de mérito son Marcos Carías Reyes, Carlos Izaguirre y Arturo Oquelí. En otras disciplinas intelectuales destácanse los mismos Rafael Heliodoro Valle y Arturo Mejía Nieto, atentos a la interpretación de la realidad continental. También el historiador Ernesto Alvarado García, el crítico y ensayista Carlos Izaguirre, etc. Luis Andrés Zúñiga sobresalió en la poesía, en la fábula y, especialmente, en el género dramático con *Los conspiradores*, obra en la cual es protagonista el Gral. Francisco Morazán. **Música.** El desarrollo y la difusión de la música en **Honduras** se ha iniciado en estos últimos tiempos. El ministerio de Educación y la Escuela Vocacional de Música realizan una amplia labor de divulgación de la música folklórica, para que ésta llegue al pueblo a través de los numerosos conjuntos musicales que existen en el país. En la primera mitad del s. XIX contribuyó a la educación musical el Obispo de **Honduras**, José Trinidad Reyes, al incluirla como asignatura en los programas oficiales. En este siglo, otro valioso aporte fue la fundación de una academia especializada en Tegucigalpa. Entre los compositores que han contribuido a elevar el nivel de la música hondureña destácanse Camilo Rivera, Francisco Díaz Zelaya e Ignacio Villanueva Galeano, cuya partitura *Pan American Union March* ha transpuesto los límites del país. **Pintura.** Entre los principales pintores de **Honduras** cabe citar a Arturo López Rodezno, A. Ruiz, Antonio Figueroa y otros

HONDURAS, Golfo de. *Geog.* Profunda escotadura de América Central, al S. de la pen. de Yucatán. Corresponde a Honduras, Guatemala y Honduras Británica. ‖ – **Británica.** Colonia de Gran Bretaña, también llamada Belice, sit. en América Central, entre el mar de las Antillas, México y Guatemala. 22.965 km^2. 150.000 h. Los bosques, que cubren el 90% del suelo, producen maderas finas que exporta en gran cantidad y constituyen su principal recurso. Guatemala no reconoce la soberanía británica y afirma sus derechos sobre este país. Cap. Belmopán.

HONDUREÑISMO. m. Vocablo, acepción, locución, giro o modo de hablar propio de los hondureños.

HONDUREÑO, ÑA. adj. Natural de Honduras. Ú.t.c.s. ‖ Perteneciente a esta nación.

HONEGGER, Arturo. *Biog.* Compos. suizo, uno de los maestros de la música cont. Su inspiración se volcó primero al naturalismo, con obras tan valiosas como *Pacific 231* y *Rugby*, los oratorios *Judith* y *El rey David*; y *Juana de Arco en la hoguera*, basada en la obra de P. Claudel (1892-1955).

HONESTAMENTE. adv. m. Con castidad. ‖ Con modestia o decoro. *Vivía* HONESTAMENTE. ‖ Barbarismo por **sinceramente.**

HONESTAR. tr. Honrar. ‖ Cohonestar. HONESTAR *un dolo.*

HONESTIDAD. al. **Ehrlichkeit; Keuschheit.** fr. **Honnêteté.** ingl. **Honesty; decorum.** ital. **Onestà.** port. **Honestidade.** (Del lat. *Honéstitas, -atis.*) f. Decencia y moderación en la persona, acciones y palabras. ‖ Recato, pudor. ‖ Urbanidad, decoro, modestia. ‖ IDEAS AFINES: *Honradez, justicia, cualidad, prenda, corrección, rectitud, humildad, moralidad, virtud.*

HONESTO, TA. al. **Ehrbar; Keusch.** fr. **Honnete.** ingl. **Honest.** ital. **Onesto.** port. **Honesto.** (Del lat. *honestus*, de *honor*, honor.) adj. Decente, decoroso. *Vida* HONESTA. ‖ Recatado, pudoroso. *Mujer* HONESTA. ‖ Razonable, justo. ‖ Honrado. *Comerciante* HONESTO.

HONGARINA. f. Anguarina.

HONGKONG. *Geog.* Colonia británica, en la bahía de Cantón (China), constituida por la isla hom. y la porción continental vecina. 1.046 km^2. 4.510.000 h. Cap. VICTORIA. Importantísimo centro comercial del Extremo Oriente. Industria naval, destilerías, metalurgia, fábricas de cemento, etc. El puerto de Victoria (llamado comúnmente Hongkong) es franco y es uno de los más hermosos y animados del mundo. Base naval y militar.

HONGO. al. **Pilz; steifer Hut.** fr. **Champignon; chapeau melon.** ingl. **Mushroom; slouch hat.** ital. **Fungo.** port. **Cogumelo.** (Del lat. *fungus.*) m. Cualquier vegetal desprovisto de clorofila, y especialmente de la clase de los hongos. *Los* HONGOS *son, en su mayor parte, terrestres.* ‖ Aparato esporífero de los hongos superiores, que sobresale del suelo en el momento de la reproducción, y es comestible en unas especies, y venenoso en otras. ‖ Sombrero de copa aovada o chata. ‖ Excrecencia fungosa que crece en las úlceras o llagas. ‖ m. pl. Clase de talofitas, sin clorofila, que viven sobre substancias orgánicas en descomposición, o parásitos de vegetales o animales, con micelio continuo (*Ficomicetos*) o tabicado (*Ascomicetos* y *Basidiomicetos*). ‖ **Hongo marino.** Anémona de mar.

HONOLULÚ. *Geog.* C. de Estados Unidos, capital del Est. de Hawaii (Oceanía) 650.000 h. con los suburbios. ‖ Puerto en la isla Oahu.

HONOR. al. **Ehre.** fr. **Honneur.** ingl. **Honor.** ital. **Onore.** port. **Honra.** (Del lat. *hónor.*) m. Cualidad moral que nos lleva al más severo cumplimiento de nuestros deberes respecto del prójimo y de nosotros mismos. *El* HONOR *es patrimonio del alma*; sinón.: **dignidad.** ‖ Gloria o buena reputación que sigue a la virtud, al mérito o a las acciones heroicas. *Volvió con* HONOR *de la lid*; sinón.: **renombre.** ‖ Honestidad y recato en las mujeres. sinón.: **honra.** ‖ Obsequio o celebridad de una cosa. ‖ Dignidad o cargo. Ú.m. en pl. *Alcanzó los más altos* HONORES *de la república.* ‖ pl. Concesión que se hace a uno para que goce de las preeminencias de un cargo como si realmente lo tuviera. *Fulano goza* HONORES *de presidente.* ‖ IDEAS AFINES: *Nobleza, pundonor, fama, jerarquía, prerrogativa, mérito, distinción, condecoración, insignia, laurel, homenaje, promoción, deshonra.*

HONORABLE. al. **Ehrenwert.** fr. **Honorable.** ingl. **Honorable.** ital. **Onorabile.** port. **Honrado** ; **respeitável.** adj. Digno de ser honrado. *Familia* HONORABLE; sinón.: **estimable, respetable**; antón.: **despreciable** ‖ deriv.: **honorabilidad; honorablemente.**

HONORAR. tr. poét. Honrar, ensalzar.

HONORARIO, RIA. adj. Que sirve para honrar a alguien. ‖ Dícese de quien tiene los honores de algún cargo, pero no la propiedad. *Lo nombraron socio* HONORARIO *de la institución.* ‖ Estipendio que se da a uno por su trabajo en una profesión liberal. Ú.m. en pl. *Los* HONORARIOS *de un abogado*; sinón.: **gaje, emolumento.**

HONORATO. *Biog.* Nombre de cinco monarcas del principado de Mónaco (s. XVI al XIX).

HONORÍFICAMENTE. adv. m. Con honor. ‖ Con carácter honorario.

HONORÍFICO, CA. adj. Que da honor. *Diploma* HONORÍFICO.

HONORIO. *Biog.* Nombre de cuatro Papas.

HONORIO, Flavio Augusto. Emperador romano de Occidente, de 395 a 423.

HONORIS CAUSA. loc. lat. que significa "por causa de honor". *Doctor* HONORIS CAUSA.

HONRA. (De *honrar.*) f. Estima y respeto de la dignidad propia. *El hombre sin* HONRA, *peor es que un muerto*; sinón.: **honor.** ‖ Buena fama, adquirida por la virtud y el mérito. ‖ Demostración de aprecio que se hace de uno. ‖ Pudor y recato de las mujeres. ‖ pl. Oficio solemne que se hace por los difuntos días después del entierro.

HONRADAMENTE. adv. m. Con honradez. *Proceder* HONRADAMENTE; sinón.: **moralmente, rectamente**; antón.: **deshonestamente.** ‖ Con honra.

HONRADEZ. al. **Ehrlichkeit.** fr. **Honnêteté.** ingl. **Honesty.** ital. **Onestà.** port. **Honradez.** f. Calidad de probo. *La* HONRADEZ *es cualidad indispensable de los magistrados*; sinón.: **honestidad, rectitud**; antón.: **inmoralidad.** ‖ Proceder propio del hombre probo.

HONRADO, DA. al. **Rechtschaffen; ehrlich.** fr. **Honnête.** ingl. **Honest.** ital. **Onesto.** port. **Honrado.** (Del lat. *honoratus.*) adj. Que procede con honradez. *Hombre* HONRADO; sinón.: **decente, probo**; antón.: **deshonesto.** ‖ Ejecutado honrosamente. *Trabajo* HONRADO.

HONRADOR, RA. adj. y s. Que honra.

HONRAR. al. **Ehren.** fr. **Honorer.** ingl. **To honor.** ital. **Onorare.** port. **Honrar.** (Del lat. *honorare.*) tr. Respetar a alguien. HONRARÁS *padre y madre*; sinón.: **reverenciar, venerar.** ‖ Enaltecer o premiar su mérito. *Esa actitud te* HONRA; sinón.: **distinguir, ennoblecer**; antón.: **envilecer.** ‖ r. Tener a honra ser algo o hacer algo. *Nos* HONRAREMOS *con su amistad.* ‖ deriv.: **honramiento.**

HONRILLA. f. dim. de **Honra.** Suele significar la vergüenza que nos impulsa a hacer o dejar de hacer algo por el qué dirán. *Por la negra* HONRILLA.

HONROSO, SA. adj. Que da honra. *Trabajo* HONROSO; *distinción* HONROSA. ‖ Decoroso. ‖ deriv.: **honrosamente.**

HONSHU. *Geog.* V. **Hondo.**

HONTANAL. adj. Fiestas que antiguamente se dedicaban a las fuentes.

HONTANAR. m. Lugar en que nacen fuentes.

HONTHEIM, Juan N. *Biog.* Religioso al. que usó el seudónimo de **Febronio.** Sostuvo que el Papa está sujeto al concilio, negando así la constitución monárquica de la Iglesia (1701-1790).

HONTHORST, Gerardo van. *Biog.* Pintor y retratista hol. que influyó en la técnica de Rembrandt (1590-1656). ‖ – **Guillermo van.** Pintor hol., hermano y discípulo de Gerardo y notable retratista (1604-1666).

HOOD. *Geog.* Monte de la cadena de las Cascadas, en EE.UU. (Oregón). 3.429 m.

HOOKE, Roberto. *Biog.* Astrónomo y físico ingl. que inventó un sistema de telegrafía óptica y perfeccionó varios instrumentos (1638-1703).

HOOPER, Ofelia. *Biog.* Poetisa panameña cont. Su obra tiende a una total ruptura con la tradición poética y a la implantación de nuevas formas.

HOORN, Felipe, conde de. *Biog.* Gobernador de Güeldres que encabezó una insurrección en Flandes, motivo por el cual fue detenido y ajusticiado (1522-1568).

HOORK. *Geog.* Ciudad de Holanda (prov. de Holanda septentrional). 20.000 h. Construcciones navales. Importante centro pesquero.

HOOVER, Herberto C. *Biog.* Pol. estad. de 1929 a 1933 presid. de su país (1874-1964).

HOPA. f. Especie de vestidura, al modo de túnica o sotana cerrada. ‖ Saco de los ajusticiados. ‖ *Méx.* Hopo.

¡HOPA! int. *Col., Guat.* y *Urug.* ¡Hola!

HOPALANDA. (Del b. lat. *hopelanda.*) f. Falda grande y pomposa, particularmente las que vestían los estudiantes. Ú.m. en pl. ‖ fam. Cualquier vestidura talar. ‖ fig. Capa, cubierta, afeite.

HOPE, Alec D. *Biog.* Poeta australiano, autor de *Las islas vagabundas* (n. 1907). ‖ – **Tomás.** Diseñador de muebles anglo-holandés, autor del libro *Moblaje doméstico y decoración de interiores* (1770-1831).

HOPEAR. (De *hopo.*) intr. Menear la cola. || Corretear. || deriv.: **hopeo.**

HOPKINS, Federico G. *Biog.* Quím. y médico ingl., premio Nobel de Medicina y Fisiología en 1929 con Cristian Eijkman, por sus notables investigaciones sobre la contracción muscular, la producción del ácido láctico y los factores accesorios de los alimentos o vitaminas (1861-1947). || — **Gerardo M.** Jesuita ingl., autor de *La grandeza de Dios; El naufragio del Deutschland* y otros poemas (1844-1889).

HOPLITA. (Del gr. *hoplon*, instrumento, arma.) m. Soldado griego que llevaba armas pesadas.

HOPLOTECA. f. Oploteca.

HOPO. (Del m. or. que el fr. *houppe.*) m. Copete o mechón de pelo. || Cola que tiene mucho pelo o lana. Suele aspirarse la *h.* || **¡Hopo!** int. **¡Afuera!** || **Sudar el hopo.** frs. fig. y fam. Costar mucho trabajo la consecución de una cosa. || IDEAS AFINES: *Cabello, peluca, postizo, peinado, bucle, patilla, flequillo, trenzas, aladar, tenacillas, calvicie, peine, peluquero.*

HOQUE. m. Alboroque.

HOQUIS. (De). m. adv. *Méx.* Gratis.

HORA. al. **Stunde; Uhr; Zeit.** fr. **Heure.** ingl. **Hour; time.** ital. **Ora.** port. **Hora.** (Del lat. *hora.*) f. Cada una de las 24 partes en que se divide el día solar. *La espera le hacía largas las* HORAS. || Tiempo oportuno para una cosa. *Es* HORA *de dormir.* || Últimos instantes de la vida. *Le llegó su* HORA. || En algunas partes, legua. || *Col., Cuba* y *P. Rico.* Cierta enfermedad de las aves de corral. || *Chile.* Cualquiera enfermedad nerviosa que produce muerte repentina. *Mi amigo murió de* HORA. || *Astron.* Cada una de las 24 partes iguales equivalentes a 15º, en que se considera dividida la línea equinocial. || adv. t. Ahora. || pl. Librito que contiene el oficio de la Virgen y otras devociones. || **Hora pico** o **punta.** Aquella en que se produce mayor aglomeración en los transportes urbanos por coincidir con la entrada o salida del trabajo. || En algunas industrias, como las que suministran electricidad y agua, parte del día en que el consumo es mayor. || — **santa.** Oración que se hace los jueves, de las 23 a las 24, en recuerdo de Jesús. || — **suprema.** La de la muerte. || **Cuarenta horas.** Festividad en memoria de las que estuvo Cristo en el sepulcro. || **Horas canónicas.** Las distintas partes del oficio divino que la Iglesia reza en determinadas **horas** del día. || — **muertas.** Las muchas perdidas en una sola ocupación. || **Dar hora.** frs. Señalar tiempo preciso para una cosa. || **Dar la hora.** Sonar en el reloj las campanadas que la indican. || En oficinas, clases, etc., indicar que ha llegado la **hora** de salida. || Ser cabal y perfecto. || **En buen,** o **buena hora.** m. adv. **Enhorabuena.** || **En hora mala,** o **en mal,** o **mala hora.** m. adv. **Enhoramala.** || IDEAS AFINES: *Tiempo, calendario, almanaque, año, mes, siglo, centuria, semana, minuto, segundo, reloj, aguja; oportunidad, ocasión, momento; final, muerte, fallecimiento.*

HORACIANO, NA. adj. Propio de Horacio o que tiene semejanza con sus cualidades.

HORACIO. *Biog.* Poeta latino llamado **Quinto Horacio Flaco.** Sobresalió en la oda, con la que introdujo las más bellas formas de la poesía gr. en la latina. Sus *Sátiras* critican las disolutas costumbres de la Roma imperial. Otras obras: *Arte poética; Odas,* etc. (65-8 a. de C.).

HORADA. adj. usado en la loc. **A la hora horada,** es decir, a la hora puntual, precisa.

HORADACIÓN. f. Acción de horadar.

HORADADO. m. Capullo del gusano de seda, que está agujereado por ambas partes.

HORADAR. al. **Durchbohren.** fr. **Percer.** ingl. **To perforate; to bore.** ital. **Forare; perforare.** port. **Furar; perfurar.** tr. Agujerear una cosa atravesándola de parte a parte. *Las ratas* HORADARON *el muro*; sinón.: **perforar, taladrar.** || deriv.: **horadable; horadador, ra; horadamiento.** || IDEAS AFINES: *Barrenar, sondar, punzón, soplete, trepanar, abrir, penetrar, ensartar, pasar, cortar, tirotear, clavar.*

HORADO. (Del ant. *forado*, y éste del lat. *foratus*, taladrado.) m. Agujero que atraviesa una cosa de parte a parte. || Por ext., caverna o concavidad subterránea.

HORAMBRE. (Del lat. *foramen, -inis,* agujero.) m. En molinos de aceite, cada uno de los horados de las guiaderas, por los cuales se mete el ventril.

HORARIO, RIA. al. **Stundenplan; studen.** fr. **Horaire.** ingl. **Horary; horal; time table.** ital. **Orario.** port. **Horário.** adj. Perteneciente a las horas. *Husos* HORARIOS. || m. Saetilla que en el reloj señala las horas, algo más corta que el minutero. || Reloj. || Cuadro indicador de las horas en que deben ejecutarse determinados actos. HORARIO *de clases, de trenes.*

HORAS. f. pl. *Mit.* Tres deidades gr., hijas de Júpiter, que custodiaban las puertas del cielo.

HORCA. al. **Galgen.** fr. **Gibet.** ingl. **Gallows; gibbet.** ital. **Forca.** port. **Forca.** (Del ant. *forca*, y este del lat. *furca.*) f. Armazón formada por tres maderos y una cuerda pendiente de uno de ellos, donde se ajusticiaba a los reos. *En la Edad Media, sólo los villanos eran condenados a la* HORCA. || Palo trabado por otro donde era metido el pescuezo de un condenado; hoy usado para hacerlo con puercos y perros. || Palo con dos o más púas hechas de la misma madera o sobrepuestas de hierro para hacinar las mieses, echarlas en el carro, revolverlas, etc. || Palo que remata en dos puntas y sirve para sostener las ramas de los árboles, armar los parrales, etc. || *P. Rico* y *Ven.* Cuelga o regalo que se hace a una persona en el día de su santo o de su cumpleaños. || — **de ajos, o de cebollas.** Ristra. || **Dejar horca y pendón.** frs. fig. dejar en el tronco de los árboles, cuando se podan, dos ramas principales. || **Pasar uno por las horcas caudinas.** frs. fig. Sufrir la vergüenza de hacer por fuerza lo que no quería. || IDEAS AFINES: *Juicio, condena, veredicto, populacho, suplicio, muerte, asesinato, verdugo, guillotina, tormento, tortura, decapitar, degollar, estrangular, asfixiar; criminal, acusado, asesino.*

HORCADO, DA. adj. En forma de horca.

HORCADURA. f. Parte del tronco de los árboles donde éste se divide en ramas. || Ángulo que forman dos ramas que nacen del mismo punto.

HORCAJA. f. *Chile.* Horcajadura.

HORCAJADA. f. *Sal.* Horcajadura. || **A horcajadas.** m. adv. Dícese de la postura del que va a caballo echando cada pierna por su lado.

HORCAJADILLAS (A). m. adv. A horcajadas.

HORCAJADURA. (De *horcajo.*) f. Ángulo que forman los dos muslos en su nacimiento.

HORCAJO. (De *horca.*) m. Horca de madera que se pone sobre el pescuezo de las mulas para trabajar. || Horquilla que forma la viga del molino de aceite en el extremo en que se cuelga el peso. || Confluencia de ríos o arroyos. || Punto de unión de montañas o cerros.

HORCAR. tr. *Chile* y *Méx.* Vulgarismo por ahorcar. || *Méx.* Hacer aprecio; hacer caso. *María ni te* HORCA.

HORCAS CAUDINAS. *Hist.* Desfiladero cercano a Caudio donde el ejército romano, cercado por los samnitas, debió pasar bajo un yugo (321 a. de C.).

HORCATE. (De *horca.*) m. Arco en forma de herradura que se pone al cuello de las caballerías y al cual se sujetan las correas del tiro.

HORCO. m. Horca, ristra.

HORCÓN. m. aum. de **Horca.** || Horca para sostener las ramas de los árboles, parrales, etc. || *Arg., Bol., Cuba* y *P. Rico.* Madero vertical que en las casas rústicas sirve como columna para sostener el tejado.

HORCONADA. f. Golpe dado con el horcón. || Porción de paja, heno, etc., que de una vez se coge y arroja con él.

HORCONADURA. f. Conjunto de horcones.

HORCHATA. (De *hordiate.*) f. Bebida que se hace de chufas, almendras, etc., machacadas y exprimidas con agua y azúcar.

HORCHATERÍA. f. Casa o sitio donde se hace o vende horchata.

HORCHATERO, RA. s. Fabricante o vendedor de horchata.

HORDA. al. **Horde.** fr. **Horde.** ingl. **Horde.** ital. **Orda.** port. **Horda.** (Del turco *ordu*, campamento.) f. Reunión de salvajes o bárbaros que forman comunidad y no tienen domicilio. || Grupo de gente armada que no pertenece a ejército regular. || Banda o turba de forajidos. || *Sociol.* Tribu en estado primitivo de organización social. || IDEAS AFINES: *Parcialidad, bandada, muchedumbre, malón, huestes, mercenario, ejército, guerra, invasión, depredar, asaltar, violar, latrocinio, crimen, robo, asesinato, Atila.*

HORDEIFORME. adj. *Bot.* Que se parece a la cebada.

HORDIATE. (Del ant. *hordio*, y éste del lat. *hordeum*, cebada.) m. Cebada mondada. || Bebida de cebada semejante a la tisana.

HORERO. m. vulg. *Bol., Ec., Guat.* y *Méx.* Horario del reloj.

HORIZONTAL. al. **Horizontal; waagerecht.** fr. **Horizontal.** ingl. **Horizontal.** ital. **Orizzontale.** port. **Horizontal.** adj. y s. Que está en el horizonte o paralelo a él. *Posición* HORIZONTAL; antón.: **vertical.** || deriv.: **horizontalidad; horizontalmente.**

HORIZONTE. al. **Horizont, Gesichtskreis.** fr. **Horizon.** ingl. **Horizon.** ital. **Orizzonte.** port. **Horizonte.** (Del lat. *horizon, -ontis,* y éste del gr. *horizo*, limitar.) m. Línea que limita la parte visible de la superficie terrestre, y donde parecen unirse la tierra y el cielo. *El jinete era un punto en el* HORIZONTE. || Espacio circular de la superficie del globo contenido en dicha línea. || fig. Límite, extensión de algo. *Se alejó en busca de nuevos* HORIZONTES. || — **artificial.** Cubeta llena de mercurio o espejo horizontal que se usan en algunas operaciones astronómicas. || — **de la mar.** *Mar.* Superficie cónica formada por las tangentes a la superficie terrestre, que parten del ojo del observador. || — **racional.** *Geog.* Círculo máximo de la esfera celeste, paralelo al **horizonte** sensible. || — **sensible. Horizonte** determinado por un círculo que pasa por el ojo del observador. || *Mar.* Horizonte de la mar.

HORMA. al. **Form.** fr. **Forme.** ingl. **Mold; last.** ital. **Forma.** port. **Forma.** (De *forma.*) f. Molde con que se fabrica o forma una cosa, especialmente el que se usa para hacer zapatos y el que sirve para formar la copa de los sombreros. || Pared de piedra seca. || *Cuba* y *Perú.* Vasija de barro en que se elabora el pan de azúcar. || **Hallar** uno **la horma de su zapato.** frs. fig. y fam. Encontrar lo deseado. || Encontrar con quien le entienda las mañas, o resista a sus propósitos.

HORMAZA. f. Horma, pared.

HORMAZO. m. Golpe dado con una horma.

HORMAZO. (Del lat. *formaceus,* de forma, molde.) m. Montón de piedras sueltas.

HORMERÍA. f. *Cuba.* Establecimiento en que se hacen o venden hormas.

HORMERO. m. Fabricante o vendedor de hormas.

HORMIGA. al. **Ameise.** fr. **Fourmi.** ingl. **Ant.** ital. **Formica.** port. **Formiga.** (Del lat. *formica.*) f. Insecto himenóptero, que por lo común vive socialmente formando túneles subterráneos con varias bocas a la superficie, o galerías en troncos de árboles. Su cabeza es gruesa, su tórax y abdomen aproximadamente iguales, y se caracteriza, como la abeja, por la notable diferencia entre los machos y hembras; numerosísimos géneros y especies en todo el mundo. || Aplícase a la enfermedad cutánea que causa comezón. || — **blanca.** Comején. || — **león.** Insecto cuya larva se alimenta de **hormigas.** Gén. *Myreleon,* neuróptero. || **Ser una hormiga.** frs. fig. que se aplica a la persona vividora y allegadora.

HORMIGANTE. adj. Que causa comezón.

HORMIGO. m. Ceniza que se mezclaba con el azogue para beneficiarlo. || Gachas. || pl. Plato de pan rallado, almendras y miel. || Partes más gruesas que quedan en el harnerillo al acribar la sémola o el trigo quebrantado.

HORMIGÓN. al. **Beton.** fr. **Béton.** ingl. **Concrete.** ital. **Cemento.** port. **Formigão.** (De *hormigo.*) m. Mezcla de piedras menudas y mortero. *Carretera de* HORMIGÓN. || — **armado.** Fábrica hecha con **hormigón hidráulico** sobre una armadura metálica. || — **hidráulico.** Aquel cuya cal es hidráulica.

HORMIGÓN. (De *hormiga.*) m. Enfermedad del ganado vacuno. || Enfermedad de algunas plantas, causada por un insecto. || *Chile.* Insecto parecido a la hormiga común. || *Méx.* Toro que tiene las puntas de las astas comidas por una especie de hormiguillo.

HORMIGONERA. f. Aparato para mezclar las piedras y mortero con que se hace el hormigón.

HORMIGOSO, SA. adj. Perteneciente a las hormigas. || Dañado de ellas.

HORMIGUEAR. intr. Experimentar en la piel la sensación de hormigas que corrieran por ella. || fig. Bullir, moverse. Dícese de la multitud de gente o animales. HORMIGUEABAN *los veraneantes en la playa*; sinón.: **popular.** || Galicismo por abundar. || deriv.: **hormigueamiento; hormigueante.**

HORMIGUELA. f. dim. de **Hormiga.**

HORMIGUEO. m. Acción y efecto de hormiguear. *Un* HORMIGUEO *de curiosos.* || fig. y fam. Desasosiego, inquietud.

HORMIGUERO, RA. al. **Ameisenhaufen.** fr. **Fourmilière.** ingl. **Ant nest.** ital. **Formicaio.** port. **Formigueiro.** adj. Perteneciente a la enfermedad vulgarmente llamada hormiga. || m. Lugar donde se crían y se recogen las hormigas. || Torcecuello. || fig. Lugar en que hay mucha gente en movimiento. *El mercado era un* HORMIGUERO; sinón.: **enjambre.** || *Agr.* Cada uno de los montoncillos de hierbas cubiertos con tierra que se hacen en los barbechos para pegarles fuego y abonar la heredad. || *Arg., Col.* y *Ec.* Hormiguillo, enfermedad.

HORMIGUESCO, CA. adj. Perteneciente o relativo a la hormiga.

HORMIGUILLA. f. dim. de **Hormiga.** || Cosquilleo, picazón.

HORMIGUILLAR. tr. Revolver el mineral argentífero hecho harina, con el magistral y la sal común.

HORMIGUILLO. (De *hormiga.*) m. Enfermedad que poco a poco va deshaciendo los cascos de las caballerías. || Línea de gente que se hace para ir pasando de mano en mano los materiales para las obras y otras cosas. || *Amér.* Movimiento que producen las reacciones entre el mineral y los ingredientes incorporados para el beneficio por amalgamación. || La misma unión o incorporación. || *Méx.* Bebida espesa que se hace hirviendo bizcocho molido, azúcar y especias.

HORMIGUITA. f. dim. de **Hormiga.** || **Ser** uno **una hormiguita para su casa.** frs. fig. y fam. **Ser una hormiga.**

HORMILLA. f. Horma circular que forrada forma un botón.

HORMISDAS, San. *Hagiog.* Papa de 514 a 523.

HORMÓN. (Del gr. *hormón*, p. a. de *hormao*, excitar, mover.) m. *Biol.* Hormona.

HORMONA. al. **Hormon.** fr. **Hormone.** ingl. **Hormone.** ital. **Ormona.** port. **Hormonio.** f. Producto de la secreción interna de ciertos órganos que, transportado por la sangre, estimula, disminuye o inhibe la función de otros.

HORMONAL. adj. Relativo a las hormonas.

HORNABEQUE. (Del al. *hornwerk*, obra con cuernos.) m. *Fort.* Fortificación exterior compuesta de dos medios baluartes trabados con una cortina.

HORNABLENDA. (Del alem. *hornblende*, blenda córnea.) f. *Min.* Anfíbol verdoso compuesto de silicatos de magnesio, hierro, calcio, aluminio, etc.

HORNACERO. m. Oficial que tiene a su cuidado la hornaza.

HORNACINA. al. **Mauernische.** fr. **Niche.** ingl. **Vaulted niche.** ital. **Nicchia.** port. **Fórnice.**

(De *horno*.) f. *Arq.* Hueco en forma de arco, que se suele dejar en el grueso de una pared, para poner en él jarrones o estatuas. sinón.: **nicho**.

HORNACHO. (De *horno*.) m. Excavación que se hace en las montañas, para extraer minerales o tierras

HORNACHUELA. f. ·Especie de covacha o choza.

HORNADA. al. **Backofenvoll**. fr. **Fournée**. ingl. **Batch**. ital. **Fornata**. port. **Fornada**. f. Cantidad de pan u otras cosas que se cuecen de una vez en el horno. II fig. y fam. Conjunto de individuos que acaban una carrera al mismo tiempo· o reciben a la vez su nombramiento.

HORNAGUEAR. tr. Cavar la tierra para sacar hornaguera. II deriv.: **hornagueo**.

HORNAGUERA. (Del lat. *fornacaria*.) f. Carbón de piedra.

HORNAGUERO, RA. adj. Flojo, espacioso. II Dícese del terreno en que hay hornaguera

HORNALLA. f. Horno pequeño, caja de hierro para asar o calentar viandas. II *Perú*. Horno grande. II *Ven*. Hogar, fogón.

HORNAZA. f. aum. desp. de **Horno**. II Horno pequeño de fundidores y plateros. II *Pint*. Color amarillo claro que se hace en los hornillos de los alfareros para vidriar.

HORNAZO. (De *fornazo*.) m. Torta guarnecida de huevos que se cuecen juntamente con ella en el horno. II Agasajo que se hace al predicador el día de Pascua.

HORNBLENDA. f. *Miner*. Hornablenda.

HORNEAR. al. **Backen**. fr. **Cuire au four**. ingl. **To bake**. ital. **Coucere al forno**. port. **Cozer ao forno**. intr. Ejercer el oficio de hornero. II *Amér*. Asar una vianda al horno. HORNEAR *un pavo*. II *Amér. Central*. Rabiar.

HORNECINO, NA. adj. Bastardo, adulterino.

HORNERA. f. Suelo del horno. II Esposa del hornero.

HORNERÍA. f. Oficio de hornero. II Paraje donde hay muchos hornos.

HORNERITO. m. *Arg.* Pájaro menor· que el hornero y con una pequeña cresta de plumas; furnárido.

HORNERO, RA. al. **Bäcker**. fr. **Fournier**. ingl. **Baker**. ital. **Fornaio**. port. **Forneiro**. s. Persona que por oficio cuece pan. II m. *Arg.* Pájaro insectívoro pardo, de pecho blanquecino y cola rojiza que hace su nido de barro en forma de horno. *Furnarius rufus*, furnárido. *El* HORNERO *camina airosamente*.

HORNIJA. f. Leña menuda, especialmente aquella con que se alimenta el fuego del horno.

HORNIJERO. m. El que acarrea la hornija.

HORNILLA. f. Hueco hecho en el macizo de los hogares, con una rejuela horizontal para sostener la lumbre y un respiradero inferior. II Hueco hecho en la pared del palomar para que sirva de nido.

HORNILLO. m. Horno manual de laboratorios, cocinas y usos industriales. *Un* HORNILLO *de alcohol*. II *Mil*. Concavidad que se hace en la mina y en la que se mete la pólvora para producir una voladura. II Cajón lleno de pólvora o bombas, enterrado en determinado lugar, y al cual se pega fuego cuando se aproxima el enemigo. II **– de atanor**. El usado por alquimistas, en el que el carbón era cargado por un tubo central, desde donde bajaba al hogar

para ir alimentando el fuego.

HORNITO. m. Cada una de las intumescencias que presentan las corrientes de lava emitidas por los volcanes. II *Méx*. Pequeño cono humeante, de naturaleza volcánica.

HORNO. al. **Ofen**. fr. **Four**. ingl. **Oven**. ital. **Forno**. port. **Forno**. (Del ant. *forno*, y éste del lat. *furnus*.) m. Fábrica para caldear generalmente abovedada con chimenea y bocas por donde se introduce lo que ha de someterse a la acción del fuego. II HORNO *para cocer yeso, alto* HORNO *para fundir hierro*. II Montón de leña, piedra o ladrillo para la calcinación o cochura. II Aparato con abertura en lo alto que sirve de boca y respiradero. II Boliche para fundir minerales de plomo. II Caja de hierro en los fogones de ciertas cocinas, para asar o calentar viandas. II Lugar en que crían las abejas fuera de las colmenas. II Cada uno de los horados en que se meten los vasos en el paredón del colmenar. II Cada uno de éstos vasos. II **– de calcinación**. El usado para calcinar minerales. II **– de fundir**. Carbonera, o pila de leña para el carboneo. II **– de copela**. El de reverbero de bóveda y plaza movible, en el cual se benefician los minerales de plata. II **– de cuba**. El de cavidad de forma de cuba, para fundir con aire impelido por máquinas, los minerales que se colocan mezclados con combustibles. II **– de pava**. El de cuba cuya máquina sopladora es una pava. II **Alto horno**. El de cuba muy prolongada. II **No estar el horno para bollos**, o **tortas**. frs. fig. y fam. No haber oportunidad o conveniencia para hacer una cosa.

HORNOS, Manuel. *Biog*. *Mil*. argentino de destacada actuación en la batalla de Caseros y en la guerra con el Paraguay (1807-1871).

HORNOS, Cabo de. *Geog*. Cabo extremo austral de Amér. del S. en la más meridional de las islas chilenas Hermite. Su nombre proviene del puerto holandés de Hoorn, de donde salió la expedición de Lemaire y Schouten que lo dobló por primera vez (1616).

HÖRNUNG, Ernesto G. *Biog*. Lit. ingl. autor de la famosa serie novelística *Raffles* (1866-1921).

HOROMETRÍA. f. Arte de medir el tiempo. II deriv.: **horométrico, ca**.

HORÓN. m. Serón grande y redondo.

HORONDO, DA. (De *horón*.) adj. Orondo.

HORÓPTER. (Del gr. *horos*, límite, y *óptér*, observador.) m. *Ópt*. Línea recta tirada por el punto en que concurren los dos ejes ópticos, paralelamente a la que une los centros de los ojos del observador.

HOROPTÉRICO, CA. adj. *Ópt*. Perteneciente o relativo al horópter. II Dícese del plano que pasando por el horópter, es perpendicular al eje óptico.

HORÓPTERO. m. *Ópt*. Horópter.

HORÓSCOPO. al. **Horoskop**. fr. **Horoscope**. ingl. **Horoscope**. ital. **Oroscopo**. port. **Horóscopo**. (Del lat. *horoscopus*, y éste del gr. *horóskopos*; de *hora* hora, y *skopeo*, examinar.) m. *Astrol*. Observación del estado del cielo al tiempo del nacimiento de uno para predecir los sucesos de su vida. *Un* HORÓSCOPO *favorable*. II Agorero que la realizaba. II deriv.: **horoscópico, ca**.

HOROZCO, Sebastián de. *Biog*.

Literato esp., uno de los primeros cultores del entremés. Equivocadamente se le atribuyó el *Lazarillo de Tormes* (1510-1580).

HORQUETA. f. dim. de **Horca**. II Horcón para sostener las ramas de los árboles, y para otros usos. II Parte del árbol donde se juntan el tronco y una rama, formando ángulo agudo. II *Arg*. Ángulo agudo del curso de algún arroyo; terreno comprendido en él. II *Cuba, Chile y Ven*. División de un camino en dos. II *Chile*. Bieldo, rastro o rastrillo.

HORQUETA. *Geog*. Población del Paraguay (Concepción). Sit. a 43 km. al N.E. de la ciudad de Concepción. 25.000 h. Centro yerbatero. II **La – V. La Horqueta**.

HORQUETEAR. intr. *Col*. Enramar, echar ramas en los árboles. II *Col. y Urug*. Ahorcajarse.

HORQUILLA. al. **Haarnadel**. fr. **Épingle à cheveux**. ingl. **Hairpin**. ital. **Forcella**. port. **Gancho**. f. dim. de **Horca**. II Horqueta, horcón. II Enfermedad que hiende las puntas del pelo, dividiéndolo en dos, y acaba por consumirlo. II Pieza de alambre doblada por el medio, con dos puntas iguales, que usan las mujeres para sujetar el pelo.

HORRAR. tr. ant. Ú. en *Col., Chile, Méx. y Salv*. Ahorrar. II r. *Col., Guat. Hond., P. Rico y Ven*. Quedarse horro. Dícese de las hembras de los animales cuando se les muere la cría. II *Col. y Chile*. Entre jugadores, devolverse el tanto apostado en la partida.

HORREAR. tr. Reunir en un hato todas las hembras horras.

HORRENDO, DA. al. **Fürchterlich**; **erschreckend**. fr. **Horrible**. ingl. **Hideous**; **awful**. ital. **Orrendo**. port. **Horrendo**. (Del lat. *horrendus*.) adj. Que causa horror. *Matanza* HORRENDA; sinón.: **pavoroso, tremebundo**. II deriv.: **horrendamente**. II IDEAS AFINES: *Terrible, catastrófico, sangriento, desgraciado, infausto, grave, cruel, carnicería, impresionante, espeluznante, terrorífico, horroroso, espantoso*.

HÓRREO. (Del lat. *horreum*.) m. Granero.

HORREO. m. El que tiene a su cuidado los trojes y el trigo.

HORRIBILIDAD. f. Calidad de horrible.

HORRIBILÍSIMO, MA. adj. super. de **Horrible**.

HORRIBLE. (Del lat. *horríbilis*.) adj. Horrendo. *Una pesadilla* HORRIBLE. II deriv.: **horriblemente**.

HORRIDEZ. f. Calidad de hórrido.

HÓRRIDO, DA. (Del lat. *hórridus*.) adj. Horrífico. II deriv.: **hórridamente**.

HORRÍFICO, CA. (Del lat. *horríficus*.) adj. Horrendo. II deriv.: **horríficamente**.

HORRIPILACIÓN. f. Acción de horripilar u horripilarse. II *Pat*. Escalofrío muy intenso, especialmente el que se experimenta en los ataques de paludismo.

HORRIPILAR. (Del lat. *horripilare*, de *horrere*, estar erizado, y *pilus*, pelo.) tr. y r. Hacer que se ericen los cabellos. *Ese chirrido me* HORRIPILA; sinón.: **espeluznar**. II fig. Causar horror. *Esa cinta de fantasmas* HORRIPILA *a cualquiera*; sinón.: **aterrar, espantar**. II deriv.: **horripilador, ra; horripilativo, va**.

HORRISONANTE. adj. Horrísono.

HORRÍSONO, NA. adj. Dícese de lo que causa horror con su

sonido. HORRISONOS *ruidos anunciaron la erupción*.

HORRO, RRA. (Del ár. *horr*, libre.) adj. Dícese del que habiendo sido esclavo es declarado libre. II Libre, desembarazado. *Un legado* HORRO *de impuesto*. II Aplícase a la yegua, oveja, etc., que no queda preñada. II Dícese de cualquiera de las cabezas de ganado que se conceden a los mayorales y pastores, mantenidas a costa de los dueños. II Dícese del tabaco y de los cigarrillos de baja calidad y que arden mal.

HORROCKS, Jeremías. *Biog*. Astrónomo ingl., el primero que logró observar a Venus en el disco solar (1619-1641).

HORROR. al. **Schrecken**; **Abscheu**. fr. **Horreur**. ital. **Orrore**. port. **Horror**. (Del lat. *hórror, -oris*.) m. Repulsión causada por algo terrible generalmente acompañada de estremecimiento y temor. *La crueldad inspira* HORROR; sinón.: **pavor**. II fig. Atrocidad, enormidad. Ú.m. en pl. *Cometió muchos* HORRORES. II IDEAS AFINES: *Asco, terror, espanto, miedo, odio, aversión, fobia, abominación, execración, detestable, monstruosidad, teratológico, trágico, pesadilla, sueño, delírium tremens, asustar, aterrorizar, ponérsele a uno los pelos de punta, petrificar*.

HORRORIZAR. tr. Causar horror. *El crimen* HORRORIZÓ *a la población*; sinón.: **espantar, horripilar**. II r. Tener horror o llenarse de espanto.

HORROROSO, SA. adj. Que causa horror. *Muerte* HORROROSA; sinón.: **espantoso, horrendo**. II fam. Muy feo. ¡*Qué moda* HORROROSA! II deriv.: **horrorosamente**.

HORRURA. f. Bascosidad y superfluidad que sale de una cosa. II Escoria, cosa despreciable. II pl. *Min*. Escorias de la primera fundición que aún admiten beneficio.

HORTA. *Geog*. Ciudad y puerto de las Azores, cap. de la isla de Fayal. 16.000 h. Renombrada estación invernal.

HORTALIZA. al. **Gemüse**; **Grünzeug**. fr. **Plante potagère**; **verdure**. ingl. **Vegetables**. ital. **Ortaggio**. port. **Hortaliça**. (Del ant. *hortal*, huerto, y éste del lat. *hortualis*.) f. Verduras y demás plantas comestibles cultivadas en las huertas.

HORTATORIO, RIA. (Del lat. *hortatorius*.) adj. Exhortatorio.

HORTECILLO. m. dim. de **Huerto**.

HORTELANA. f. Esposa del hortelano.

HORTELANO, NA. al. **Gärtner**. fr. **Jardinier**. ingl. **Horticulturist**. ital. **Ortolano**. port. **Hortelão**. (De *hortolano*.) adj. Perteneciente a huertas. II m. El que cuida y cultiva huertas. II Pájaro europeo de plumaje gris verdoso en la cabeza, pecho y espalda, y ceniciento en· las partes inferiores. *Emberiza hortulana*, fringílido.

HORTENSE. adj. Perteneciente a las huertas. *Plantas* HORTENSES.

HORTENSIA. al. **Hortensie**. fr. **Hortensia**. ingl. **Hydrangea**. ital. **Ortensia**. port. **Hortensia**. f. Arbusto de adorno, originario de China, con numerosas variedades de cultivo, de inflorescencias globulosas rosas o azuladas terminales. *Hydrangea hortensia*, saxifragácea. *La* HORTENSIA *necesita tierra húmeda*. II Su flor.

HORTENSIA. *Biog*. Reina de Holanda cuyo verdadero nombre era **Eugenia de Beau-**

harnais, madre de Napoleón III (1783-1838).

HORTENSIO, Quinto. *Biog* Orador romano, defensor de la causa africana y precursor de Cicerón en el arte de la palabra (114-50 a. de C.).

HORTERA. f. Escudilla o cazuela de palo. II m. fam. Dependiente de comercio.

HORTHY DE NAGYBANYA, Nicolás. *Biog*. Pol. húngaro, de 1919 a 1944 regente de su país (1868-1957).

HORTÍCOLA. adj. Perteneciente o relativo a la horticultura. *Ciencia* HORTÍCOLA. II m. Horticultor.

HORTICULTOR, RA. al. **Gärtner**. fr. **Horticulteur**. ingl. **Horticulturist**. ital. **Orticoltore**. port. **Horticultor**. s. Persona que se dedica a la horticultura.

HORTICULTURA. al. **Gärtnerei**. fr. **Horticulture**. ingl. **Horticulture**. ital. **Orticoltura**. port. **Horticultura**. f. Cultivo de las huertas. II Arte que lo enseña. II IDEAS AFINES: *Granja, chacra, jardín, estancia; hortelano; verdura, legumbre, hortaliza, frutal; cosecha, sembrado, recolección, surcos, arado, plagas, langosta, granizo*.

HORTOLANO. (Del lat. *hortulanus*.) m. Hortelano.

HORUS. *Mit*. Deidad egipcia, personificación del sol naciente.

HOSANNA. (Del lat. *hosanna*, y éste del hebr. *hosihanna*, sálvanos.) m. Exclamación de júbilo usada en la liturgia católica. II Himno que se canta el Domingo de Ramos.

HOSCO, CA. al. **Murrisch**; **finster**. fr. **Brun**; **sombre**. ingl. **Dark-colored**; **gloomy**; **sullen**. ital. **Fosco**. port. **Fusco**. (De *fosco*.) adj. Dícese del color moreno muy obscuro. *Un caballo de pelo* HOSCO. II Ceñudo, intratable. *Cara* HOSCA; sinón.: **áspero**; antón.: **simpático, suave**.

HOSCOSO, SA. adj. Erizado y áspero. II Dicho del pelo de los animales, barcino, bermejo.

HOSPEDADOR, RA. adj. y s. Que hospeda.

HOSPEDAJE. al. **Beherbergung**. fr. **Logement**; **hébergement**. ingl. **Lodging**. ital. **Ospitalità**. port. **Hospedagem**. f. Alojamiento y asistencia que se dan a una persona. *Le dieron* HOSPEDAJE *por una noche*; sinón.: **albergue**. II Cantidad que se paga por estar de huésped.

HOSPEDAR. al. **Beherbergen**. fr. **Loger**. ingl. **To lodge**. ital. **Albergare**. port. **Hospedar**. (Del lat. *hospitare*.) tr. Recibir uno en su casa huéspedes; darles alojamiento. Ú.t.c.r. HOSPEDARÉ *a unos amigos durante el verano*; sinón.: **albergar, alojar**. II intr. Pasar los colegiales a la hospedería, cumplido el término de su colegiatura. II deriv.: **hospedamiento; hospedante**.

HOSPEDERÍA. al. **Herberge**. fr. **Auberge**. ingl. **Inn**; **hostelry**. ital. **Albergo**; **locanda**. port. **Hospedaria**. f. Habitación destinada en las comunidades para recibir a los huéspedes. II Casa para alojamiento de visitantes o viandantes. II Hospedaje, alojamiento.

HOSPEDERO, RA. al. **Gastwirt**. fr. **Aubergiste**. ingl. **Host**; **innkeeper**. ital. **Locandiere**; **oste**. port. **Hospedeiro**. s. Persona que tiene a su cargo cuidar huéspedes.

HOSPICIANO, NA. s. Pobre que vive en hospicio.

HOSPICIANTE. com. *Col., Guat. y Méx*. Hospiciano.

HOSPICIO. al. **Hospiz**. fr. **Hospice**. ingl. **Hospice**; **asylum**.

ital. **Ospizio; ricovero.** port. **Hospício.** (Del lat. *hospítium*, hospedería.) m. Casa para albergar peregrinos y pobres. ‖ Asilo para ancianos, huérfanos, enfermos incurables, etc. ‖ Hospedaje, alojamiento. ‖ Hospedería.

HOSPITAL. al. **Hospital; krankenhaus.** fr. **Hôpital.** ingl. **Hospital.** ital. **Ospedale.** port. **Hospital.** (Del lat. *hospitalis*, albergue.) m. Establecimiento para curación de enfermos, especialmente los pobres. ‖ Casa para recoger pobres y peregrinos por tiempo limitado. ‖ – **de sangre.** *Mil.* Lugar que, estando en campaña, se destina para hacer la primera cura a los heridos. ‖ IDEAS AFINES: *Sanatorio, maternidad, clínica, nosocomio, Cruz Roja, médico, practicante, enfermero, revisión, análisis, transfusión, radiografía, vacunación, diagnóstico, pronóstico, operación, intervención, quirófano, ambulancia, auxilio, camilla, internación, medicinar, salvar, curar, dar de alta.*

HOSPITAL. *Geog.* Cuchilla del N. del Uruguay (Rivera y Tacuarembó), ramal de la cuchilla de Santa Ana.

HOSPITALARIO, RIA. adj. Aplícase a las órdenes religiosas que tienen por instituto el hospedaje; como la de Malta, la de San Juan de Dios, etc. ‖ Que socorre y alberga a los extranjeros y necesitados. *América es* HOSPITALARIA; sinón.: **acogedor.** ‖ Dícese del que acoge con agrado a quienes recibe en su casa, y también de la casa misma.

HOSPITALERO, RA. s. Persona encargada del cuidado de un hospital. ‖ Persona caritativa que hospeda en su casa.

HOSPITALET. *Geog.* Ciudad del N.E. de España (Barcelona). 250.000 h. Centro industrial muy importante que prácticamente está unido a Barcelona.

HOSPITALICIO, CIA. adj. Perteneciente a la hospitalidad.

HOSPITALIDAD. al. **Gastfreundschaft.** fr. **Hospitalité.** ingl. **Hospitality.** ital. **Ospitalità.** port. **Hospitalidade.** (Del lat. *hospitálitas, -atis.*) f. Calidad de hospitalario. ‖ Recibimiento hospitalario. *Agradecer la* HOSPITALIDAD *brindada*; sinón.: **acogida.** ‖ Estancia de los enfermos en el hospital.

HOSPITALIZAR. tr. Llevar a alguien al hospital para su curación. ‖ deriv.: **hospitalización.**

HOSPITALMENTE. adv. m. Con hospitalidad.

HOSPODAR. (Del ruso *gospodarj*, señor.) m. Título de los antiguos príncipes de Valaquia y Moldavia.

HOSQUEDAD. f. Calidad de hosco.

HOSTAL. (Del lat. *hospitale.*) m. Hostería.

HOSTE. *Geog.* Isla del sur de Chile, al S.O. del canal de Beagle y al oeste de la isla de Navarino.

HOSTELERÍA. f. Industria que se ocupa de proporcionar a huéspedes y viajeros alojamiento, comida y otros servicios, mediante pago.

HOSTELERO, RA. s. Encargado de una hostería.

HOSTERÍA. al. **Gasthaus.** fr. **Hôtellerie; auberge.** ingl. **Inn; hostelry.** ital. **Osteria.** port. **Hospedaria.** (De *hoste*, hospedador.) f. Casa donde, por dinero, se da de comer y alojamiento. sinón.. **parador, posada.**

HOSTIA. al. **Hostie.** fr. **Hostie.** ingl. **Host; wafer.** ital. **Ostia.** port. **Hóstia.** (Del lat. *hostia.*) f. Lo que se ofrece en sacrificio. ‖ Hoja redonda y delgada de pan ázimo, que se hace para el sacrificio de la misa. *Bendecir la* HOSTIA. ‖ Por ext., oblea de harina, huevo y azúcar.

HOSTIARIO. m. Caja en que se guardan hostias no consagradas. ‖ Molde en que se hacen.

HOSTIERO, RA. s. Persona que hace hostias. ‖ m. Hostiario.

HOSTIGAR. al. **Züchtigen.** fr. **Fouetter; harceler.** ingl. **To lash; to harass.** ital. **Frutare; perseguitare.** port. **Fustigar; acossar.** (Del lat. *fustigare.*) tr. Azotar. HOSTIGAR *al caballo.* ‖ fig. Perseguir, molestar. *Lo* HOSTIGABA *con burlas diariamente.* ‖ *Chile, Guat.* y *Méx.* Mal usado por empalagar. ‖ deriv.: **hostigador, ra; hostigamiento.** ‖ IDEAS AFINES: *Pegar, castigar, fustigar, lastimar; acosar, aburrir, embromar, burlar; guerrillas, avanzadas, choques, bloqueo.*

HOSTIGO. (De *hostigar.*) m. Latigazo. ‖ Parte de un muro expuesto a la intemperie. ‖ Golpe de viento o agua que hiere una pared.

HOSTIGOSO, SA. adj. *Col., Chile, Guat.* y *Perú.* Empalagoso.

HOSTIL. al. **Feindlich; feindselig.** fr. **Hostile.** ingl. **Hostile.** ital. **Ostile.** port. **Hostil.** (Del lat. *hostilis*, de *hostis*, enemigo.) adj. Contrario o enemigo. *El país* HOSTIL; sinón.: **adverso, desfavorable;** antón.: **amigo.**

HOSTILIDAD. f. Calidad de hostil. ‖ Acción hostil. ‖ Agresión armada de un pueblo o ejército. ‖ **Romper las hostilidades.** frs. *Mil.* Dar principio a la guerra atacando al enemigo.

HOSTILIZACIÓN. f. Neologismo por hostilidad.

HOSTILIZAR. tr. Hacer daño a enemigos. *La caballería* HOSTILIZABA *la retaguardia enemiga*; sinón.: **agredir, acometer.** ‖ deriv.: **hostilizador, ra.**

HOSTILMENTE. adv. m. Con hostilidad. *Fueron recibidos* HOSTILMENTE.

HOSTOS, Eugenio María de. *Biog.* Patriota, pedagogo y sociólogo portorr. que bregó por la independencia de su patria y propugnó la unión hispanoamericana. Autor de *Moral social; Meditando,* etc. (1839-1903).

HOTEL. al. **Hotel.** fr. **Hôtel.** ingl. **Hotel.** ital. **Albergo.** port. **Hotel.** (Del fr. *hôtel*, y éste del lat. *hospitalis.*) m. Establecimiento de hostelería. ‖ Casa aislada de las colindantes y habitada por una sola familia. ‖ *Méx.* Hostería. sinón.: *Parador, posada, hostal.*

HOTELERÍA. f. Hostelería.

HOTELERO, RA. al. **Hortelbesitzer; Hotelier.** fr. **Hôtelier.** ingl. **Hotel manager.** ital. **Albergatore.** port. **Hoteleiro.** s. El que tiene a su cargo un hotel.

HOTENTOTE, TA. adj. Dícese del individuo de una nación negra que habita cerca del cabo de Buena Esperanza. Ú.t.c.s.

HOTO. (Del lat. *fautus*, favorecido, protegido.) m. Confianza, esperanza.

HOTTE, Montañas de la. *Geog.* Macizo montañoso de Haití, en el dep. del Sur. Culmina a 2.400 m.

HOUDON, Juan Antonio. *Biog.* Escultor fr. que hizo los bustos de muchos personajes famosos, entre ellos Luis XVI, Voltaire y Diderot (1741-1828).

HOUNSFIELD, Godfrey N. *Biog.* Ingeniero británico, autor de importantes investigaciones para el desarrollo del tomógrafo. En 1979 le fue adjudicado el premio Nobel de Fisiología y Medicina, compartido con el estadounidense Allan Cormack (n. en 1919).

HOUSE, Guillermo. *Biog.* Seudónimo del escritor arg. **Agustín Guillermo Casá,** autor de cuentos y novelas de carácter autóctono: *El último perro; La tierra de todos,* etc. (1884-1962).

HOUSSAY, Bernardo A. *Biog.* Médico argentino, premio Nobel de Fisiología y Medicina en 1947 con Carlos Cori y Gerty Radnitz por sus fundamentales investigaciones sobre fisiología, endocrinología, etc. Fundó y dirigió desde 1946 el Instituto de Biología y Medicina Experimental de Buenos Aires, importante centro de investigaciones fisiológicas. Su libro más conocido es *Fisiología Humana* (1887-1971).

HOUSTON, Samuel. *Biog.* Militar y pol. estad. Al reconocer México la autonomía de Texas y constituirse ésta en República, fue elegido su primer presidente (1798-1863).

HOUSTON. *Geog.* Ciudad de los EE. UU. (Texas). 2.100.000 h. Gran mercado algodonero. Refinerías de petróleo. Central astronáutica.

HOVA. adj. Aplícase al individuo de una tribu, originaria de la Polinesia, que habita en Madagascar. Ú.t.c.s. ‖ Perteneciente o relativo a esta tribu. ‖ m. Su idioma.

HOVERCRAFT. (Voz inglesa.) m. Vehículo que se desplaza a corta distancia de la superficie, sobre un colchón de aire. Llámase también *aerodeslizador*

HOWARD, Carlos. *Biog.* Pintor nort. cuyas obras fluctúan entre el superrealismo y la abstracción (n. 1899). ‖ – **Carter.** V. **Carter, Howard.**

HOWELLS, Guillermo Dean. *Biog.* Literato estad., autor de *Una infancia de Nueva Inglaterra; Crítica y ficción; Viajes italianos,* etc. (1837-1920).

HOWRAH. *Geog.* Ciudad de la India, suburbio de Calcuta. 800.000 h. Importante plaza industrial.

HOXHA, Enver. *Biog.* Estadista albanés que desde 1944 es jefe del poder ejecutivo de su país (n. 1908).

HOY. al. **Heute.** fr. **Aujourd'hui.** ingl. **To-day.** ital. **Oggi.** port. **Hoje.** (Del lat. *hodie*, en este día.) adv. t. En el día presente. *¿Saldrás* HOY? ‖ En el tiempo presente. HOY, *los viajes se han reducido.* ‖ **De hoy a mañana.** m. adv. Indica que algo sucederá presto. ‖ **De hoy en adelante, o de hoy más.** m. adv. Desde este día. ‖ **Hoy por hoy.** m. adv. En este tiempo. ‖ **Por hoy.** m. adv. Por ahora. ‖ IDEAS AFINES: *Ahora, actualmente, antes, antediluviano, antigüedad, prehistórico, remoto, arcaico, antigualla, pasado, después, futuro, porvenir, eras, edades, calendario, almanaque, día, fecha, realidad, existencia.*

HOYA. (Del ant. *foya*, y éste del lat. *fovea.*) f. Concavidad grande formada en tierra. ‖ Huesa, sepultura. *Estar cerca de la* HOYA. ‖ Llano extenso rodeado de montañas. ‖ Almáciga. ‖ *Amér.* Cuenca de un río. *La* HOYA *del Amazonas.* ‖ **Plantar a hoya.** frs. *Agr.* Plantar haciendo hoyos.

HOYADA. f. Terreno bajo que no se descubre hasta estar cerca de él.

HOYADOR. m. *Col.* y *Cuba.* Instrumento para plantar a hoya.

HOYANCA. f. Fosa común de los cementerios.

HOYANCO. m. *Col.* y *Cuba.* Hoyo formado accidentalmente. ‖ *Dom.* Hoyo grande y profundo.

HOYAR. tr. *Cuba, Chile* y *P. Rico.* Abrir hoyos con el hoyador, para hacer ciertos plantíos.

HOYITA. f. *Hond.* y *Ven.* Hoyuela.

HOYITO. m. dim. de **Hoyo.** ‖ **Los (tres) hoyitos.** *Cuba, Chile* y *P. Rico.* Juego parecido al hoyuelo.

HOYO. al. **Grube.** fr. **Fosse.** ingl. **Hole; pit.** ital. **Fosso; fossa.** port. **Cova.** m. Concavidad formada naturalmente en la tierra o hecha de intento. *Los* HOYOS *para las plantas están listos.* ‖ Concavidad que se hace en algunas superficies; y así, se llaman **hoyos** las señales que dejan las viruelas. ‖ Huesa.

HOYOS, Enrique. *Biog.* Escritor salv., precursor de la literatura de su país. Se destacó como prosista al abordar temas morales y políticos, y también como poeta (1820-1859).

HOYOSO, SA. adj. Que tiene hoyos.

HOYUELA. f. dim. de **Hoya.** ‖ Hoyo en la parte inferior de la garganta donde comienza el pecho.

HOYUELO. m. dim. de **Hoyo.** ‖ Hoyo del centro de la barbilla, o el que se forma en la mejilla de las personas cuando se ríen. ‖ Hoyuela. ‖ Juego de muchachos, en que se procura meter monedas o bolitas en un hoyo pequeño que hacen en tierra, tirándolas desde determinada distancia.

HOZ. al. **Sichel.** fr. **Faucille.** ingl. **Sickle.** ital. **Falce.** port. **Foice.** (Del ant. *foz*, y éste del lat. *falx, -cis.*) f. Instrumento para segar mieses y hierbas, compuesto de una hoja acerada, corva, con dientes agudos y cortantes por la parte cóncava. ‖ **De hoz y de coz.** m. adv Sin miramientos. ‖ IDEAS AFINES: *Filo, espada, hacha, sable, machete, guillotina; guadaña, trillar, parva, cosecha, cultivo, arado.*

HOZ. (Del lat. *faux, faucis*, garganta.) f. Angostura de un valle profundo o la que forma un río que corre entre dos montañas.

HOZADA. f. Golpe dado con la hoz. ‖ Porción de hierba segada de una vez con la hoz.

HOZADERO. m. Lugar donde van a hozar puercos o jabalíes.

HOZADOR, RA. adj. Que hoza.

HOZADURA. f. Señal que deja el animal cuando hoza.

HOZAR. tr. Levantar y mover la tierra con el hocico. *El cerdo* HOZA; sinón.: **hociquear.**

HP o **H.P.** (Iniciales de la expresión inglesa *horse power.*) Abreviatura aceptada universalmente con la significación de **caballo de vapor.**

HRDLICKA, Ales. *Biog.* Antropólogo estad. de origen checoslovaco que sustentó la teoría del origen asiático del hombre americano (1869-1943).

HSINKING. *Geog.* V. **Changchun.**

¡HU! ¡HU! ¡HU! int. Triple grito con que la chusma de una galera saludaba a las personas principales que entraban en ella.

HUACA. f. Guaca.

HUACAL. f. Guacal.

HUACALÓN, NA. adj. *Méx.* Grueso, obeso. ‖ Gritón.

HUACAMOLE. m. *Méx.* Guacamole.

HUACATAY. m. *Perú.* Mata pequeña, de hojas menudas, aromática: reemplaza a la hierbabuena como condimento. *Tagetes minuta,* compuesta.

HUACO. m. Guaco. ‖ *Bol.* Surco o cavidad.

HUACHACHE. m. *Perú.* Mosquito muy molesto del Perú de color blanquecino.

HUACHAFO, FA. adj. *Perú.* El que aparenta lo que no es, incurriendo en ridiculeces y cursilerías. ‖ Por ext., se aplica a cualquier cosa de mucha apariencia y de mal gusto. ‖ deriv.: **huachafear: huachafería; huachafero.**

HUACHIPATO. *Geog.* Gran planta siderúrgica de Chile (Concepción), cerca de Talcahuano.

HUACHO. *Geog.* Ciudad y puerto del Perú (Lima). 30.000 h. Centro agrícola. En sus alrededores hay importantes minas de sal.

HUAHUA. com. Guagua. ‖ deriv.: **huahuito.**

HUAHUA. *Geog.* Río del N. de Nicaragua (Zelaya) que desagua en el mar de las Antillas.

HUA-HUM. *Geog.* Río de la Patagonia argentina, emisario del lago Lacar. Penetra en Chile, donde se incorpora a la cuenca del río Calle-Calle. Al cruzar la cordillera atraviesa el paso hom. situado a 673 m. de altura.

HUAICA. f. *Perú.* Venta hecha con rapidez.

HUAICO. m. *Perú.* Masa enorme de peñas que las lluvias torrenciales desprenden de los Andes. ‖ *Chile.* Hondonada.

HUAILLACA. f. Flauta mexicana de hueso, con varios agujeros.

HUAIRO. m. Árbol originario del Perú, de flores hermosas.

HUAIRONA. f. *Perú.* Horno de cal.

HUAIRURO. m. Fruto del huairo, de forma de garbanzo, muy usado por los indios, para collares y aretes. ‖ fig. *Perú.* Policía.

HUAITIQUINA. *Geog.* V. **Huaytiquina.**

HUAJUAPAN DE LEÓN. *Geog.* Población del S.O. de México (Oaxaca). 13.000 h. Explotación de carbón.

HUALLAGA. *Geog.* Río del Perú, afluente del Marañón. Recorre 1.120 km., de los cuales 600 son navegables.

HUALLATIRI. *Geog.* Cerro de los Andes bolivianos (Oruro). 6.060 m. de altura.

HUAMACHUCO. *Geog.* Población del Perú (La Libertad). 10.000 h. En sus alrededores se encuentran magníficas ruinas de los tiempos incásicos.

HUAMANTLA. *Geog.* Población de México (Tlaxcala). 17.500 h. Centro agrícola.

HUAMBRA. m. *Ec.* y *Perú.* Muchacho.

HUANABA. f. *Guat.* Guanábana.

HUANACACHE. *Geog.* V. **Guanacache.**

HUANACO. m. Guanaco, camélido.

HUANCA. f. *Ven.* Instrumento músico indio, especie de bocina hecha de caña.

HUÁNCAR. m. *Méx.* Instrumento de percusión parecido al bombo.

HUANCARA. f. *Bol.* Tamboril indio.

HUANCAVELICA. *Geog.* Departamento del Perú, al S. E. de Lima. 21.079 km². 350.000 h. Cap. hom. 14.000 h. Minas de plata.

HUANCAYO. *Geog.* Ciudad del Perú, capital del dep. de Junín. 52.000 h. Tejidos de lana cerámica.

HUANCHACA. *Geog.* Cerro culminante de la cordillera de Chichas, en Bolivia. 5.950 m. ‖ Centro minero de Bolivia, cerca de Uyuni (Potosí). 14.000 h.

HUANCHACO. m. Pájaro del Perú, de canto muy agradable.

HUANGANA. f. *Ec.* y *Perú.* Pécari de collar.

HUANGO. m. Peinado de las indias ecuatorianas, consistente en una sola trenza que cae por la espalda.

HUÁNUCO. *Geog.* Departamento del centro del Perú. 35.314 km². 434.000 h. Café, coca, frutas cítricas. Cap. hom. 38.000 h. Escuela de minería.

HUAPANGO. m. *Méx.* Fandango.

HUAQUEAR. tr. *Perú.* Excavar en los cementerios prehispánicos para extraer el contenido de las tumbas o huacas.

HUAQUERO. m. *Perú.* El que huaquea.

HUAQUI. *Hist.* Derrota sufrida por las armas argentinas frente a las realistas dirigidas por Goyeneche, en el Alto Perú, el 20 de junio de 1811. La historia la registra como el **Desastre de Huaqui.**

HUARACA. f. *Col.* y *Perú.* Cordel. ‖ *Perú.* Honda.

HUARACHE. m. Guarache.

HUARAHUA. f. *Guat.* Mentira, broma.

HUARÁS. *Geog.* V. **Huaraz.**

HUARAZ. *Geog.* Ciudad del Perú, capital del dep. de Áncash. 23.000 h. Centro minero.

HUARIZO. m. *Perú.* Híbrido de llama macho y alpaca hembra.

HUARO. m. *Ec.* y *Perú.* Andarivel para pasar ríos y hondonadas.

HUASCA. f. *Amér. del S.* Guasca.

HUÁSCAR. *Biog.* Inca del Perú, hijo de Huayna Cápac. Heredero de Tahuantinsuyo, fue asesinado por orden de su hermano Atahualpa (m. 1532).

HUASCARÁN. *Geog.* Cumbre nevada de los Andes peruanos (Áncash), al N.O. del cerro de Pasco. 6.767 m. de altura.

HUASCO. *Geog.* Río del N. de Chile (Atacama). Nace en los Andes y des. en el Pacífico, a la altura de la c. hom. ‖ Ciudad de Chile (Atacama). 7.000 h. Puerto sobre el Pacífico.

HUASIPUNGO. *Lit.* Novela social de Jorge Icaza, publicada en 1934. De estilo descuidado y violento, y tónica multitudinaria, es un valiente alegato del sobreviviente indígena.

HUASO, SA. s. Guaso.

HUATUSCO. *Geog.* Población del E. de México, en el Est. de Veracruz. 15.000 h. Café, arroz, tabaco.

HUAUCHINANGO. *Geog.* Población de México, en el Est. de Puebla. 12.000 h. Centro industrial y comercial.

HUAYNA CÁPAC. *Biog.* Inca del Perú, rey de 1475 a 1525, una de las épocas más gloriosas y progresistas del imperio.

HUAYTIQUINA. *Geog.* Paso de los Andes argentinochilenos por donde se proyectó hacer pasar el ferrocarril trasandino Salta-Antofagasta, que luego se trazó por Socompa.

HUBLI-DHARWAR. *Geog.* Ciudad de la India (Bombay) al S.E. de Sholapur. 400.000 h. Industria textil.

HÜBNER BEZANILLA, Jorge. *Biog.* Poeta chil. Aunque su obra está aún dispersa en publicaciones literarias y antologías, es uno de los poetas importantes dentro de la reacción modernista en su país (n. 1892).

HUCHA. (Del b. lat. *hútica,* arca, y éste del al. *hutte.*) f. Arca grande de los labradores. ‖ Alcancía. ‖ Dinero ahorrado y guardado. *Debe tener su buena* HUCHA; sinón.: **ahorros, economías.**

HUCHEAR. (De *hucho.*) intr. Dar grita. Ú.t.c. tr. ‖ Lanzar los perros a la caza, dando voces.

¡HUCHO! (Del b. lat. *hucciare,* llamar a voces, y éste del lat. *huc,* aquí.) int. ¡Huchohó!

¡HUCHOHÓ! int. De que se sirven los cazadores de cetrería para llamar al pájaro y cobrarle.

HUDDERS FIELD. *Geog.* Ciudad de Gran Bretaña, en Inglaterra (York), al S.O. de Leeds. 132.000 h. Industria textil y metalúrgica.

HUDSON, Enrique. *Biog.* Navegante ingl. Realizó dos expediciones buscando un paso directo hacia el Asia por los mares del N. En 1609 descubrió el río y en 1610 exploró el estrecho y la bahía de su nombre. Tuvo que invernar allí, y abandonado por sus marineros, desapareció en los hielos (1550-1611). ‖ — **Guillermo Enrique.** Escritor y naturalista arg. que residió muchos años en Inglaterra, donde murió. Estudió los pájaros del continente americano y diversos aspectos de las ciencias naturales. Sus obras, aunque escritas en inglés, se refieren generalmente al paisaje argentino y uruguayo, y son un modelo de estilo narrativo y hondura de observación: *El ombú; La tierra purpúrea; Allá lejos y hace tiempo,* etc. (1840-1922).

HUDSON. *Geog.* Río de los EE.UU. el de mayor actividad y tráfico comercial. Des. junto a la ciudad de Nueva York. Una serie de canales lo comunican con la cuenca de los Grandes Lagos. 520 km. ‖ **Bahía** o **mar de —.** Gran golfo que forma el Atlántico en el N. de Canadá, al O. de la península del Labrador. Sus aguas permanecen heladas durante ocho meses del año. ‖ **Estrecho de —.** Canal sit. entre la Tierra de Baffin y la pen. del Labrador, y que comunica la bahía homónima con el Atlántico.

HUE. *Geog.* Ciudad y puerto de Vietnam. Ant. cap. de Anam. 210.000 h. Astilleros. Fabricación de objetos de vidrio y marfil. Fue uno de los centros más activos en la Guerra de Indochina.

HUEBRA. (Del lat. *ópera,* obra.) f. Yugada, tierra que ara un par de bueyes por día. ‖ Par de mulas y mozo que se alquilan para trabajar un día entero. ‖ Barbecho.

HUEBRERO. m. Mozo que trabaja con la huebra. ‖ El que la da en alquiler.

HUECA. f. Muesca espiral que se hace al huso en la punta delgada para que trabe en ella la hebra que se va hilando.

HUECO, CA. al. **Hohl; locker.** fr. **Creux.** ingl. **Hollow.** ital. **Vuoto.** port. **Oco.** (Del lat. *vacuus,* vacío.) adj. Cóncavo o vacío. *Caña* HUECA; antón.: **lleno, macizo.** Ú.t.c.s. *Haz un* HUECO. ‖ fig. Presumido, vano. *Mujer* HUECA. ‖ fig. Dícese del lenguaje, estilo, etc., con que ostentosa y afectadamente se expresan conceptos vanos o triviales. ‖ Mullido y esponjoso. *Lana* HUECA. ‖ Dícese de lo que abulta mucho por estar extendida su superficie. ‖ m. Intervalo de tiempo o lugar. *Te haré un* HUECO *en cualquier parte.* ‖ fig. y fam. Empleo vacante. ‖ *Arq.* Abertura en un muro, para servir de puerta, ventana, etc. ‖ f. *Ven.* Azucarillo esponjado.

HUECOGRABADO. m. *Imp.* Procedimiento para obtener fotograbados que pueden tirarse en máquinas rotativas. ‖ Estampa así obtenida.

HUECÚ. m. Sitio cenagoso y cubierto de hierba en la cordillera del centro y sur de Chile, y en el que se hunden los hombres y animales que en él entran.

HUECHULAUFQUÉN. *Geog.* Lago de los Andes argentinos al N. del Nahuel Huapi. 82 km².

HUEHUETENANGO. *Geog.* Departamento de Guatemala. 7.400 km². 395.000 h. Agricultura, minería. Cap. hom. 33.000 h. Tejidos, cerámica.

HUELÁN. adj. *Chile.* Entre verde y seco. Dícese de la madera y de las plantas.

HUÉLFAGO. (Del lat. *follicare,* frec. de *follere,* de *follis,* fuelle.) m. Enfermedad de los animales manifestada con respiración fatigosa.

HUELGA. al. **Streik.** fr. **Grève; chomage.** ingl. **Strike.** ital. **Sciopero.** port. **Greve; parede.** (De *holgar.*) f. Tiempo en que alguien está sin trabajar. ‖ Cesación en el trabajo, hecha de común acuerdo entre personas empleadas en el mismo oficio, generalmente para imponer ciertas condiciones a sus patronos. *Declararse en* HUELGA; sinón.: **paro.** ‖ Tiempo que media sin labrarse la tierra. ‖ Recreación hecha comúnmente en el campo, o en algún lugar ameno. ‖ Lugar que convida a la recreación. ‖ Holgura. ‖ Huelgo, espacio vacío. ‖ — **de brazos caídos.** La que practican en su lugar habitual de trabajo los que se abstienen de realizarlo a la hora reglamentaria.

● **HUELGA.** *Econ. pol.* y *Der.* Concertada por los asalariados con diversos propósitos, la **huelga** es parcial, cuando afecta a un solo empresario; total, cuando abarca a todos los empresarios de una misma actividad y general, cuando comprende a toda la masa de trabajadores. La gravedad de una **huelga** depende del número de asalariados que abandonan el trabajo y de la importancia de las funciones que éstos cumplen; cuando ellas se refieren a necesidades primarias de la población, el Estado se ve impelido a adoptar medidas tendientes a evitar las consecuencias de la **huelga.** Ésta puede aspirar al mejoramiento de los salarios, reducidos por los empresarios en épocas de crisis, o insuficientes por el aumento del costo de la vida. La disminución del poder adquisitivo de la moneda redunda en una disminución de los salarios, cuyo aumento puede ser exigido por la masa de los asalariados mediante una **huelga.** Esta medida puede también pretender la disminución de la jornada de trabajo, la realización de las tareas en mejores condiciones de higiene, seguridad o comodidad, etc. La **huelga** de solidaridad se realiza cuando los obreros de una actividad acompañan con su actitud a los de otra distinta o igual, pero de otro empresario. Cuando todos los gremios se solidarizan con otro en conflicto con sus empresarios, una **huelga,** en un principio intrascendente, pone en peligro la estabilidad económica y social de un país. La **huelga** resulta, entonces, una verdadera movilización de asalariados, contra los empresarios. Cuando la **huelga** general responde a propósitos revolucionarios, que aspiran a cambiar la estructura económica y social de la colectividad, interviene el Estado con su capacidad restrictiva, a fin de restablecer el orden. El derecho de **huelga,** reconocido por los países de legislación más avanzada, afirma que nadie puede ser obligado a trabajar en contra de su voluntad; de ahí que la asociación de los asalariados para el abandono de su trabajo, a fin de obligar a los patrones a mejorar las condiciones de vida, es completamente lícita mientras resulte pacífica. Cuando existen contratos colectivos de trabajo, pactados entre sindicatos profesionales y asociaciones patronales, es posible la aplicación de sanciones a cualquiera de ambas partes que viole lo convenido.

HUELGO. (De *fuelgo.*) m. Aliento, respiración. ‖ Holgura, anchura. ‖ Espacio vacío que existe entre dos piezas que han de encajar una en otra. ‖ **Tomar huelgo.** frs. Parar un poco para descansar.

HUELGUISTA. al. **Streikender.** fr. **Gréviste; chomeur.** ingl. **Striker.** ital. **Scioperante.** port. **Grevista.** com. Obrero que participa en una huelga o paro en el trabajo.

HUELGUÍSTICO, CA. adj. Perteneciente o relativo a huelgas de los trabajadores.

HUELVA. *Geog.* Provincia de España (Andalucía). 10.085 km². 400.000 h. Cereales, vid, olivo, frutas. Cobre, hierro. Cap. hom. con 100.000 h. Puerto exportador de minerales.

HUELVEÑO, ÑA. adj. Natural de Huelva. Ú.t.c.s. sinón.: **onubense.** ‖ Perteneciente a esta ciudad de España.

HUELLA. al. **Spur; Fuss stapfe.** fr. **Trace.** ingl. **Footstep, footprint.** ital. **Orma; traccia.** port. **Pegada.** (De *hollar.*) f. Señal que el pie del hombre o del animal deja en la tierra por donde ha pasado. *Se veían las* HUELLAS *frescas del puma;* sinón.: **marca.** ‖ Por ext., señal que el paso de un carruaje deja en terreno blando. ‖ Señal, vestigio, indicio. ‖ Acción de hollar. ‖ Plano del escalón en que se asienta el pie. ‖ Señal dejada por una lámina o forma de imprenta en el papel u otra cosa en que se estampa. ‖ *Arg.* y *Bol.* Canto y baile popular actualmente casi en desuso. ‖ — **dactilar.** V. **Impresión dactilar.** ‖ **A la huella.** m. adv. **A la zaga.** ‖ **Seguir las huellas de uno.** frs. fig. Seguir su ejemplo. ‖ IDEAS AFINES: *Vestigio, pista, indicio, surco, estela, rastro, búsqueda, pesquisa, detective, policía, encontrar, descubrir, averiguar, seguir, despistar, burlar.*

HUELLO. (De *hollar.*) m. Terreno que se pisa. *Este camino tiene buen* HUELLO. ‖ Hablando de los caballos, acción de pisar. ‖ Parte inferior del casco del animal.

HUEMATZIN. *Biog.* Sabio mex. que vivió en el s. VII, supuesto autor de *Teoamaxtli* (libro divino).

HUEMUL. m. *Arg.* y *Chile.* Ciervo de los Andes australes, pardogrisáceo, de cuernas en horqueta. *Hippocamelus bisulcus,* cérvido. *El* HUEMUL *es el más hermoso de los cérvidos americanos.*

HUEÑI. (Voz araucana.) m. *Chile.* Niño hijo de araucanos. ‖ Muchacho empleado en el servicio doméstico. ‖ Término de cariño con que las mujeres rústicas designan a sus hombres.

HUERCO. (Del lat. *orcus.*) m. ant. Infierno. ‖ Muerte. ‖ El demonio. ‖ fig. El que se pasa el tiempo llorando, triste y apartado en la obscuridad.

HUÉRFAGO. m. Huélfago.

HUÉRFANO, NA. al. **Waise.** fr. **Orphelin.** ingl. **Orphan.** ital. **Orfano.** port. **Órfão.** (Del lat. *orphanus.*) adj. y s. Aplícase a la persona de menor edad a quien faltan sus padres o alguno de los dos. *Adoptar un* HUÉRFANO. ‖ ant. Expósito. Ú. en *Chile* y *Perú.* ‖ poét. Dícese de la persona a quien han faltado los hijos. ‖ Falto de algo, especialmente de amparo. *Se desconcertaron sus defensores y quedó* HUÉRFANA *la plaza.*

HUERGO, Delfín. *Biog.* Jurisconsulto arg. que en 1853 representó a San Luis en el Congreso General Constituyente (1824-1886). ‖ — **Luis A.** Ingeniero arg., constructor del puerto del Riachuelo (Buenos Aires), y autor de otras importantes obras de urbanismo, vialidad, hidráulica, etc. (1837-1913).

HUERO, RA. (Del gr. *hurion* [*hoón*], estéril [huevo].) adj. Podrido, dicho de los huevos. ‖ V. **Huevo huero.** ‖ fig. Vano, vacío y sin substancia. *Prosa* HUERA.

HUERTA. al. **Obstland; Gemüsegarten.** fr. **Jardin potager.** ingl. **Kitchen garden.** ital. **Orto.** port. **Horta.** (De *huerto.*) f. Terreno para cultivar legumbres y árboles frutales. Es de menor extensión que el huerto y menos arbolado. HUERTA *lozana.* ‖ En algunos lugares, toda la tierra de regadío. *La* HUERTA *de Valencia.* ‖ IDEAS AFINES: *chacra, jardín, granja, estancia; surcos, arado, plagas, filoxera, granizada, langosta, cosecha, recolección, trilla, campo, peón, verdura.*

HUERTA, Adolfo de la. *Biog.* Pol. mexicano, en 1920 presid. de la Rep. (1881-1955). ‖ — **Efraín.** Poeta mex., autor de versos sobre temas sociales (n. en 1914). ‖ — **José E.** Escritor panameño cont., autor de *Alma campesina* y otras novelas. (n. 1899). ‖ — **Victoriano.** Mil. y político mex., de 1913 a 1914 presid. de la Nación (1854-1916).

HUERTANO, NA. adj. y s. Dícese del habitante de ciertas comarcas de regadío llamadas huertas en algunas provincias.

HUERTERO, RA. s. ant. Hortelano. Ú. en *Arg., Sal.* y *Perú.* ‖ adj. *Chile.* Hortense.

HUERTEZUELA. f. dim. de **Huerta.**

HUERTEZUELO. m. dim. de **Huerto.**

HUERTO. al. **Baumgarten.** fr. **Jardin potager; verger.** ingl. **Orchard.** ital. **Orto.** port. **Horto.** (Del lat. *hortus.*) m. Terreno de corta extensión en que se cultivan verduras, legumbres y especialmente árboles frutales.

HUERVA. *Geog.* Río de España (Aragón) que des. en el Ebro, junto a Zaragoza. 145 km.

HUESA. (Del ant. *fuesa.*) f. Sepultura u hoyo, que se hace para enterrar un cadáver.

HUESCA. *Geog.* Provincia de España (Aragón). 15.680 km². 225.000 h. Cereales, vid. Maderas. Lanares. Cap. hom. con 35.000 h. Comercio agrícola ganadero.

HUESCARRÓN. m. aum. de **Hueso.**

HUESERA. (De *hueso.*) f. *Chile y León.* Osario.

HUESEZUELO. m. dim. de **Hueso.**

HUESILLO. m. dim. de **Hueso.** ‖ *Amér. del S.* Durazno secado al sol. ‖ *Cuba.* Árbol leguminoso de madera amarilla parduzca, dura y de grano fino.

HUESO. al. **Knochen; Bein.** fr. **Os.** ingl. **Bone.** ital. **Osso.** port. **Osso.** (Del lat. *óssum.*) m. Cualquiera de las piezas duras que forman el neuroesqueleto de los vertebrados. ‖ Parte dura y compacta que se halla dentro de algunas frutas, como la guinda, el melocotón, etc., y que contiene la semilla. sinón.: **carozo, cuesco.** ‖ Parte de la piedra de cal, que no se ha cocido y que sale cerniéndola. ‖ fig. Lo que causa trabajo o molestia. ‖ Lo inútil, de poco precio y mala calidad. ‖ Parte ingrata de un trabajo que se encarga a dos o más personas. *Nos tocó el* HUESO. ‖ fig. y fam. V. **Bocado, carne sin hueso.** ‖ *Pint.* V. **Sombra de hueso.** ‖ pl. fam. Mano, en locuciones como la siguiente: *Choca esos* HUESOS. ‖ **Hueso coronal.** *Anat.* **Hueso frontal.** ‖ **– cuboides.** *Anat.* **Hueso** del tarso, situado en el borde externo del pie. ‖ **– cuneiforme.** *Anat.* Cada uno de los tres de forma prismática, a manera de cuñas, situados en la parte anterior de la segunda fila del tarso. ‖ **– de santo.** Pasta de repostería de harina y huevo, frita en aceite. ‖ **– escafoides.** *Anat.* El más externo y grueso de la primera fila del carpo. ‖ *Anat.* **Hueso** del pie, que se halla delante del astrágalo en la parte interna media y un poco anterior del tarso ‖ **– esfenoides.** *Anat.* Esfenoides. ‖ **– etmoides.** *Anat.* Pequeño **hueso** cúbico encajado en la escotadura del **hueso** frontal, y que es parte en la formación de la base del cráneo, las cavidades nasales y la órbita. ‖ **– frontal.** El que forma la parte anterior y superior del cráneo, y que en la primera edad está compuesto de dos mitades que se sueldan después. ‖ **– hioides.** *Anat.* **Hueso** situado en la raíz de la lengua y encima de la laringe. ‖ **– innominado.** *Anat.* Cualquiera de los dos **huesos** colocados uno en cada cadera, que en unión del sacro y del cóccix forman la pelvis. ‖ **– intermaxilar.** *Anat.* El que se halla en la parte anterior, media e interna de la mandíbula superior en algunos animales: en la especie humana se suelda con los maxilares superiores, antes del nacimiento. ‖ **– maxilar.** *Anat.* Cualquiera de los tres que forman las mandíbulas; dos de ellos, la superior, y el otro, la inferior. ‖ **– pavicular.** *Anat.* **Hueso escafoides.** ‖ **– occipital.** *Anat.* **Hueso** del cráneo, correspondiente al occipucio. ‖ **– orbital.** *Anat.* Cada uno de los que constituyen la órbita del ojo. ‖ **– palomo.** Cóccix. ‖ **– parietal.** *Anat.* Cualquiera de los dos que se hallan en las partes media y laterales de la cabeza, los mayores entre los que forman el cráneo. ‖ **– piramidal.** *Anat.* Uno de los que hay en el carpo o muñeca, dicho así por su figura. ‖ **– plano.** *Anat.* Aquel cuyo largo y ancho son mayores que su espesor. ‖ **– sacro.** *Anat.* El que se halla en la parte inferior del espinazo y que está formado por cinco vértebras soldadas entre sí, en el hombre, por más o menos en otros animales, y que al articularse con los dos innominados forma la pelvis. ‖ **– temporal.** *Anat.* Cualquiera de los dos del cráneo que corresponden a las sienes. ‖ **– Dar** a uno **un hueso que roer.** frs. fig. Darle un empleo o trabajo engorroso y de poca utilidad. ‖ **Estar** uno **en los huesos.** frs. fig. y fam. Estar extremadamente flaco. ‖ **La sin hueso.** frs. La lengua. ‖ **No dejar** a uno **hueso sano.** frs. fig. y fam. Murmurar de él descubriendo sus defectos. ‖ **No poder** uno **con sus huesos.** frs. fig. y fam. Estar rendido de cansancio. ‖ **Podérsele contar** a uno **los huesos.** frs. fig. **Estar en los huesos.** ‖ **Ponerse,** o **quedarse** uno **en los huesos.** frs. fig. Llegar a estar sumamente flaco y extenuado. ‖ **Romperle** a uno **un hueso,** o **los huesos.** frs. fig. y fam. Golpearle fuertemente. ‖ **Ser** una cosa **un hueso.** frs. fig. y fam. Ser muy difícil de resolver. ‖ **Soltar la sin hueso. frs. fig.** y **fam. Hablar excesivamente.** ‖ **Prorrumpir en dicterios.** ‖ **Tener** uno **los huesos duros.** frs. fig. y fam. que suele usar el que no admite una ocupación impropia de su edad o circunstancias. ‖ **Tener** uno **los huesos molidos.** frs. fig. Estar muy fatigado por excesivo trabajo. ‖ IDEAS AFINES: *Osteología, osteomalacia, raquitismo, calcio, medula, tuétano, gelatina, cartílago, articulación, inserción, coyuntura, ligamento, músculo, calavera, diente, caries, luxación, dislocación, esguince, enyesar, osteotomía, cóndilo, cuello, epífisis.*

HUESOSO, SA. adj. Perteneciente o relativo al hueso. ‖ *Veter.* V. **Esparaván huesoso.**

HUÉSPED. al. **Gast.** fr. **Hôte.** ingl. **Guest; host.** ital. **Oste; ospite.** port. **Hóspede.** (Del lat. *hospes, -itis.*) s. Persona alojada en casa ajena. *Pieza de* HUÉSPEDES. ‖ Mesonero. ‖ Persona que hospeda a alguien en su casa. sinón.: **anfitrión.** ‖ **No contar con la huéspeda.** frs. fig. y fam. Lisonjearse prematuramente del buen éxito de un negocio sin haber tenido presente sus posibles inconvenientes. ‖ **Ser** uno **huésped en su casa.** frs. fig. y fam. Parar muy poco en ella. ‖ IDEAS AFINES: *Visita, pasajero, turista, invitado; posadero, dueño de casa; hotel, hostería, parada, habitación.*

HUÉSPEDE. m. fam. **Huésped.**

HUESTE. al. **Heerschar.** fr. **Armée; ost.** ingl. **Host; army.** ital. **Oste; esercito.** port. **Hoste.** (Del lat. *hostis,* enemigo, adversario.) f. Ejército en campaña. Ú.m. en pl. *Arengar las* HUESTES. ‖ fig. Conjunto de los partidarios de una persona o de una causa. ‖ IDEAS AFINES: *Tropa, horda, muchedumbre, cantidad; guerra, conquista, partida, guerrilleros, patrulla, pelotón.*

HUESTEAR. tr. *Hond.* Moler bien.

HUESUDO, DA. al. **Knochig.** fr. **Osseux.** ingl. **Bony.** ital. **Ossuto.** port. **Ossudo.** adj. Que tiene o muestra mucho hueso.

HUEVA. (Del lat. *ova,* huevos.) f. Masa que, encerrada en una bolsa oval, forman los huevecillos de ciertos peces.

HUEVAR. intr. Comenzar las aves a tener huevos.

HUEVERA. f. Mujer que trata en huevos. ‖ Esposa del huevero. ‖ Conducto membranoso de las aves, desde el ovario hasta cerca del ano, en el cual se forma la clara y la cáscara de los huevos. ‖ Especie de copa pequeña en que se pone para comerlo el huevo pasado por agua. ‖ Utensilio para servir los huevos pasados por agua.

HUEVERÍA. f. Tienda donde se venden huevos.

HUEVERO. m. El que trata en huevos. ‖ Huevera, utensilio.

HUEVEZUELO. m. dim. de **Huevo.**

HUÉVILL. m. Planta solanácea de Chile. De su palo y hojas es extraído un tinte amarillo, y la infusión de los mismos es empleada contra la disentería.

HUEVO. al. **Ei.** fr. **Oeuf.** ingl. **Egg.** ital. **Uovo.** port. **Ovo.** (Del lat. *óvum.*) m. Cuerpo de forma más o menos esférica que engendra la hembra del animal vertebrado y articulado para la reproducción de la especie. Los de las aves están compuestos de yema y clara, encerradas en una cáscara lisa. ‖ Pedazo de madera fuerte con un hueco en el medio, que usan los zapateros para amoldar en él la suela. ‖ Cápsula ovoidal de cera, que llena de agua de olor se tiraba por festejo en las carnestolendas. ‖ **– chimbo.** *Amér.* Almíbar hecho con **huevos** batidos. ‖ **– de Colón. Huevo de Juanelo.** ‖ **– de fraile.** *Méx.* Cabalonga. ‖ **– de gallo.** *Amér.* Arbusto apocináceo silvestre, de fruto pequeño con jugo lechoso y cáustico, eficaz contra hemorragias. ‖ *Arg.* y *Urug.* Hierba solanácea semileñosa, cuyo fruto es una baya blanca, comestible. *Salpichroa rhomboidea.* ‖ **– de Juanelo.** fig. Cosa que aparentemente tiene mucha dificultad, y es muy fácil después de sabido en qué consiste. ‖ **– de pulpo. Liebre de mar.** ‖ **– duro.** El cocido, con la cáscara, en agua hirviendo, hasta que se cuaja completamente yema y clara. ‖ **– en cáscara. Huevo pasado por agua.** ‖ **– encerado.** El pasado por agua que no está duro. ‖ **– estrellado.** El que se fríe con manteca o aceite, sin batirlo antes. ‖ **– huero.** El que por no estar fecundado por el macho no produce cría. ‖ Por ext., el que se pierde al incubarlo, por enfriamiento o por otra causa. ‖ **– mejido. Yema mejida.** ‖ **– pasado por agua.** El cocido ligeramente, con la cáscara, en agua hirviendo. ‖ **– quimbo.** *Amér.* **Huevo chimbo.** ‖ **– tibio.** *Amér. Central, Col.* y *Méx.* **Huevo pasado por agua.** ‖ **Huevos hilados.** Composición de **huevos** y azúcar formando hebras o hilos. ‖ **– moles.** Yemas de **huevo** batidas con azúcar. ‖ **– revueltos.** Los que se fríen en sartén y se revuelven para que no se unan como en la tortilla. ‖ **Cacarear y no poner huevo.** frs. fig. y fam. Prometer mucho y no dar nada. ‖ **Límpiate, que estás de huevo.** frs. fig. y fam. con que se tacha de ilusorio lo que otro dice o intenta. ‖ **No comer un huevo, por no perder la cáscara.** *Arg.* y *Chile.* frs. fig. y fam. que se dice del cicatero, sobre todo cuando lo es en la comida. ‖ **Parecerse como un huevo a otro.** frs. fig. Ser una cosa o persona en todo igual a otra. ‖ **Pisando huevos.** m. adv. fig. y fam. Con tiento y lentitud. Ú. con verbos de movimiento, como *andar, venir,* etc. ‖ **Sacar los huevos.** frs. Empollarlos o tenerlos en la estufa hasta que salgan los pollos. ‖ IDEAS AFINES: *Cascarón, vitelo, albúmina, germen, ovario, óvulo, ovíparo, gallina, simiente, herencia, genes, cromosomas, células, semen; nido, empollar, poner, incubación, nacer, nidada; tortilla.*

¡HUF! int. **¡Uf!**

HUFUF. *Geog.* Ciudad de Arabia Saudita, cerca del golfo Pérsico. 45.000 h. Importante centro comercial.

HUGGINS, Carlos B. *Biog.* Cancerólogo estadounidense que en 1966 obtuvo el premio Nobel de Fisiología y Medicina, compartido con su compatriota Francisco Rous, por sus aportes al tratamiento del cáncer de próstata con hormonas (n. en 1901).

HUGHES, Eduardo D. *Biog.* Hombre de ciencia ingl., inventor del primer telégrafo impresor, de la balanza de inducción y de un micrófono (1831-1900). ‖ **– Howard.** Productor y director cinematográfico estad. Entre sus películas, merecen recordarse *Ángeles del infierno, El proscripto* (1905-1976). ‖ **– Langston.** Poeta estad. de color, vigoroso lírico del folklore negro y ardiente defensor de su raza. Con *Mulato* abordó eficazmente el teatro. Obras principales: *Shakespeare en Harlem; Pero con risas; El inmenso mar* etc. (1902-1967).

HUGLI. *Geog.* Río de la India, brazo occidental del delta del Ganges. 195 km. En sus orillas está Calcuta.

HUGO, Víctor. *Biog.* Célebre escritor fr. Considerado jefe de la escuela romántica, proclamó el drama como el género literario más adecuado para su época y lo abordó con *Cromwell; Hernani; Ruy Blas,* etc. En su vasta producción poética fue, además, la voz de la democracia; su amor hacia la humanidad, su fe en el progreso, hicieron que su lirismo se convirtiera en expresión del alma colectiva: *Los castigos; Las contemplaciones; La leyenda de los siglos,* etc. Hizo resurgir el pasado en la novela histórica *Nuestra Señora de París,* dando vida alucinante al París del s. XV, y logró que el romanticismo se sobreviviera a sí mismo en *Los miserables,* novela que describe la redención del individuo por la expiación voluntaria (1802-1885).

HUGO CAPETO. *Biog.* Monarca fr., fundador de la dinastía de los Capetos (938-996).

HUGONOTE, TA. al. **Hugenotte.** fr. **Huguenot.** ingl. **Huguenot.** ital. **Ugonotto.** port. **Huguenote.** (Del fr. *huguenot,* y éste del al. *eidgenossen,* confederado.) adj. y s. Aplícase a los que en Francia seguían la secta de Calvino.

HUGUET, Jaime. *Biog.* Pintor esp. adicto a los temas religiosos: *Santa Catalina; San Bartolomé; La Piedad,* etc. (1415-1492).

HUICHAPAN. *Geog.* Población de México, en el Est. de Hidalgo. 9.000 h. Importante centro agrícola.

HUIDA. al. **Flucht.** fr. **Fuite.** ingl. **Flight; escape.** ital. **Fuga.** port. **Fuga; fugida.** f. Acción de huir. *La* HUIDA *a Egipto.* sinón.: **evasión, fuga.** ‖ Ensanche dejado en los mechinales para meter y sacar los maderos fácilmente. ‖ *Equit.* Acción de apartarse el caballo súbitamente de la dirección en que lo llevaba el jinete.

HUIDA A EGIPTO, La. *B. A.* Una de las grandes obras pictóricas del Giotto. En ella las figuras se suceden unas a continuación de las otras, enlazadas por los arabescos de las formas, persiguiendo una composición en sentido horizontal, y la luz, incorporada al color, trata de introducir la tercera dimensión.

HUIDERO, RA. adj. Huidizo, fugaz. ‖ m. Trabajador que en las minas de azogue abre huidas o agujeros en que son afirmados los maderos para entibar la mina. ‖ Lugar adonde se huyen reses.

HUIDIZO, ZA. adj. Que huye o tiende a huir.

HUIDOBRO, Vicente. *Biog.* Literato chil., autor de valiosos libros en prosa y en verso: *Ciudadano del olvido; Mío Cid Campeador; Ecuatorial,* etc. (1893-1948).

HUIDOR, RA. adj. y s. Que huye.

¡HUIJA! *Arg.* int. de alegría, usada especialmente para animar a los que bailan.

HUILA. *Geog.* Departamento de Colombia que abarca las nacientes del río Magdalena. 19.990 km². 475.000 h. Actividad agrícola-ganadera. Oro. Cap. NEIVA. ‖ **Nevado del –.** Cumbre de los Andes centrales de Colombia. 5.700 m. Está sit. entre los dep. de Tolima, Cauca y Huila.

HUILIENTO. adj. *Chile.* Andrajoso.

HUILÓN, NA. adj. *Amér.* Que huye, huidizo.

HUILTE. m. *Chile.* Tallo de cochayuyo, antes de ramificarse; comestible.

HUILLA. f. *Ven.* Tapón de corcho.

HUILLE. m. *Chile.* Planta liliácea de flores olorosas.

HUILLÍN. m. Nutria del sur de Chile y Argentina de piel muy estimada. *Lutra provocax,* mustélido.

HUINCA. (Voz araucana.) f. *Chile.* Nombre con que los araucanos designaban a los soldados españoles, y, en general, a los blancos. Actualmente aplícase, por lo común, a los forasteros.

HUINCHA. (Voz quichua.) f. *Amér.* Vincha. ‖ Cinta de hilo, metal, etc., para medir distancias cortas. ‖ *Chile* y *Perú.* En los hipódromos, punto de partida para las carreras.

HUINCHADA. f. *Chile.* Medida de cada huincha.

HUINCHE. m. *Amér.* Anglicismo por grúa. ‖ Guinche.

HUINCHERO. m. *Amér.* El que maneja el huinche.

HUIGÁN. (Voz quichua.) m. Arbusto terebintáceo de Chile, de frutos negruzcos y pequeños.

HUIÑA. m. *Chile.* Colocolo, gato de los pajonales. ‖ También en Chile se da este nombre a un gato pintado del gén. *Noctifelis,* felino. ‖ *Ec.* Nombre indígena del lobito de río incaico. *Lutra incarum.* mustélido.

HUIPIL. m. *Amér. Central* y *Méx.* Camisa de las indias. ‖ Camisa de mujer sin mangas.

HUIR. al. **Fliehen; flüchten.** fr. **Fuir.** ingl. **To flee; to escape; to run away.** ital. **Fuggire.** port. **Fugir.** (De *fuir.*) intr. Apartarse velozmente por miedo o por otra causa, de personas, animales o cosas, para evitar un daño o molestia. Ú.t.c.r. y raras veces como tr. HUIA *del ruido, de la epidemia;* sinón.: **escabullirse, escapar;** antón.: **permanecer.** ‖ fig. Con voces que expresen idea de tiempo; transcurrir o pasar de manera veloz. HUYEN *los años, la juventud.* ‖ Alejarse velozmente una cosa. *El avión* HUYE *del aeródromo.* ‖ Apartarse de una cosa mala o perjudicial. HUIR *de las malas compañías.* Ú.t.c.tr. ‖ irreg. **Conjugación:** INDIC.

Pres.: *huyo, huyes, huye, huimos, huís, huyen.* Imperf.: *huía, huías,* etc. Pret. indef.: *huí, huiste,* etc. Fut. imperf.: *huiré, huirás,* etc. POT. *huiría, huirías,* etc. SUBJ. *Pres.: huya, huyas, huya, huyamos, huyáis, huyan.* Imperf.: *huyera, huyeras* o *huyese, huyeses,* etc. IMPERAT.: *huye, huid.* PARTIC.: *huido.* GER.: *huyendo.* ‖ IDEAS AFINES: *Temor, cobardía, terror, sorpresa, retirada, escape; fugarse, tomar las de Villadiego, derrota, pérdida, valentón, jaque, matasiete.*

HUIRA. f. *Chile.* Corteza de maqui u otro árbol, que sirve para atar.

HUIRACOCHA. *Mit.* Viracocha

HUIRO. m. Nombre de varias algas marinas, abundantes en las costas de Chile.

HUISACHAR. intr. *Amér. Central.* Pleitear, litigar.

HUISACHE. m. *Amér. Central.* Picapleitos, tinterillo. ‖ *Méx.* Escribiente profesional.

HUISTORA. f. *Hond.* Tortuga.

HUITACA. *Mit.* Nombre que daban los chibchas al espíritu del mal.

HUITO. (Voz quichua.) adj. Sin cola.

HUITRÍN. m. *Chile.* Colgajo de choclos. ‖ Plato hecho con ellos.

HUITZILOPOCHTLI. *Mit.* Deidad azteca de la adivinación y de la guerra. Los conquistadores esp. la llamaron **Huichilobos.**

HUITZUCO. *Geog.* Población de México, en el Est. de Guerrero. 9.000 h. Explotación minera.

HUIZAR, Candelario. *Biog.* Compositor mex., autor de sinfonías folklóricas de audaz concepción. Obras: *Imágenes; Pueblerina,* etc. (1889-1970).

HUJIER. m. Ujier.

HULADO. m. *Amér. Central* y *Méx.* Encerado, lienzo.

HULE. al. **Wachstuch.** fr. **Toile cirée.** ingl. **Oilcloth.** ital. **Tela incerata.** port. **Oleado.** (Del mex. *ulli.*) m. Caucho o goma elástica. ‖ Tela pintada al óleo y barnizada.

HULE. (Del mex. *ulli.*) m. *Amér.* Nombre dado a árboles de gran tamaño, tronco liso y esbelto, y raíces superficiales desarrolladas, de los que se extrae caucho. Gén. *Castilloa,* moráceas. *El árbol del* HULE *crece formando bosques.*

HULEAR. tr. *Hond.* Extraer hule de los árboles.

HULERO. m. *Amér. Central.* Obrero que extrae el hule o caucho.

HULME, Tomás Ernesto. Filósofo y poeta ingl., fundador del llamado *imaginismo.* Su obra *Especulaciones* comprende una colección de ensayos (1883-1917).

HULL, Cordell. *Biog.* Jurista y pol. estad., secretario de Estado de 1933 a 1944. Consecuente colaborador del presidente Franklin Roosevelt en la pol. internacional de buena vecindad, mereció en 1945 el premio Nobel de la Paz (1871-1955).

HULL. *Geog.* Ciudad y puerto de Gran Bretaña, en Inglaterra, sobre el Humber (York). 330.000 h. Centro pesquero y carbonífero.

HULLA. al. **Steinkohle.** fr. **Houille.** ingl. **Mineral coal.** ital. **Carbone fossile.** port. **Hulha.** (Del b. lat. *hullae;* en fr. *houille.*) f. Carbón fósil, que tiene entre 75 y 90 por ciento de carbono, y se conglutina al arder. *Los yacimientos de* HULLA *se encuentran en la zona templada boreal.* ‖ – **blanca.** Corriente de agua, empleada como fuerza motriz.

HULLERO, RA. adj. Perteneciente o relativo a la hulla.

¡HUM!. int. ¡Uf!

HUMA. f. *Chile.* Humita.

HUMADA. f. *Ant.* y *Ven.* Ahumada.

HUMADERA. f. Vulgarismo por **humareda.**

HUMAHUACA. *Geog.* Quebrada del N.O. argentino (Jujuy), recorrida por el río Grande de Jujuy. Es el camino obligado entre la Argentina y Bolivia.

HUMAITÁ. *Geog.* Población del Paraguay (Ñeembucú), famosa por su heroica resistencia a las fuerzas de la Triple Alianza, a las que se rindió el 5 de agosto de 1868.

HUMANAL. adj. Humano.

HUMANAMENTE. adv. m. Con humanidad. *Considerar* HUMANAMENTE *los hechos.* ‖ Úsase también para denotar la dificultad o imposibilidad de hacer o creer alguna cosa. *Eso* HUMANAMENTE *no es posible.*

HUMANAR. tr. Hacer a uno más humano y familiar. Ú.m.c.r. HUMANAR *a un corazón insensible;* sinón.: **humanizar.** ‖ r. Volverse hombre. Dícese únicamente del Verbo divino.

HUMANIDAD. al. **Menschheit; Menschlichkeit.** fr. **Humanité.** ingl. **Mankind; humanity.** ital. **Umanità.** port. **Humanidade.** (Del lat. *humanitas, -atis.*) f. Naturaleza humana. *La razón es carácter distintivo de la* HUMANIDAD. ‖ Género humano. *Bienhechor de la* HUMANIDAD. ‖ Propensión a los halagos de la carne. ‖ Fragilidad o flaqueza propia del hombre. *La* HUMANIDAD *es débil.* ‖ Sensibilidad, compasión de las desgracias ajenas. *Demostró su* HUMANIDAD; sinón.: **caridad, piedad;** antón.: **dureza.** ‖ Benignidad, afabilidad. *Trató con* HUMANIDAD *a los culpables;* antón.: **rigor, severidad.** ‖ fam. Corpulencia, gordura. *Su grande* HUMANIDAD *le causaba fatiga.* ‖ pl. Letras humanas. *Facultad de* HUMANIDADES. ‖ IDEAS AFINES: *Mundo, hombres, hermandad, confraternidad, unión; conjunto, cantidad; debilidad, materialismo, espíritu, elevación, bondad.*

HUMANISMO. al. **Humanismus.** fr. **Humanisme.** ingl. **Humanism.** ital. **Umanismo.** port. **Humanismo.** m. Cultivo y conocimiento de las letras humanas. ‖ Movimiento desarrollado en Europa desde el s. XVI que, rompiendo las tradiciones escolásticas medievales y exaltando las cualidades humanas, comenzaba a dar sentido racional a la vida. ‖ Pragmatismo.

● **HUMANISMO.** *Hist.* y *Lit.* Las tentativas de resucitar la literatura clásica, en el s. IX en torno a Carlomagno y durante el s. XI, son los primeros antecedentes del **humanismo,** ahogados por los progresos de la filosofía escolástica. En el s. XIII el movimiento se perfila más nítidamente y aflora con ímpetu en los siglos XIV y XV, como revolución intelectual que rompe con costumbres e ideales medievales, señalando la era del Renacimiento y el comienzo de la Edad Moderna. Esta transformación es en gran parte obra de los humanistas, quienes se consagraron al estudio de los monumentos literarios griegos y romanos, seducidos no sólo por la permanencia de su contenido, sino en especial por la belleza de su lenguaje y la elegancia de la forma, elementos desdeñados por el medioevo. Los humanistas hicieron familiares a sus contemporáneos obras e ideas de la antigüedad; ellos mismos fueron escritores esforzados por imitar a los antiguos en el espíritu y en la forma; coleccionistas que hallaron numerosos manuscritos de obras antiguas, olvidados o perdidos durante la Edad Media; eruditos que restituyeron el texto exacto de los clásicos al librarlos de interpolaciones, falsificaciones, deficiencias y errores provocados por el descuido de los copistas. Ellos se convirtieron finalmente en pedagogos, para introducir como base de la enseñanza, las lenguas y la literatura antiguas, y crearon así las llamadas humanidades. Consideraban la cultura literaria fundamento de la educación, que debía tender al desarrollo de la personalidad, tomando como maestros y como ejemplos a los clásicos. Este retorno a la antigüedad señala la reencarnación del ideal humano de griegos y romanos como afirmación de la independencia del espíritu y el valor autónomo de la dignidad del hombre, y como aspiración a la racionalización de la vida por el equilibrio de las facultades y el desarrollo de las virtudes. Así, el **humanismo,** en sus orígenes movimiento filológico, forjó una nueva concepción vital, y convirtió al hombre en patrón y medida de todas las cosas. De ese modo, el **humanismo** significa el redescubrimiento del hombre en cuanto hombre y la refirmación de todo lo humano. Su expansión tuvo múltiples e importantes consecuencias; las nuevas ideas desplazaron la enseñanza tradicional y se desarrolló un espíritu nuevo, de libre investigación y libre examen: el espíritu moderno. Este movimiento gestó, además de un renacimiento literario por el retorno al clasicismo, un renacimiento científico, y adoptó como métodos la observación directa de la realidad y la experimentación, fundamentos de la ciencia moderna. En lo tocante a la fe, aunque muchos humanistas siguieron adictos a la Iglesia, la revisión efectuada en todos los órdenes del pensamiento condujo a algunos a rechazar esta autoridad, instaurando la Reforma o declarándose librepensadores. La imprenta, inventada en 1440, fue un poderoso vehículo para el **humanismo,** ya que puso los autores clásicos al alcance de todos. Las tendencias humanistas han subsistido hasta la actualidad, manifestándose en diferentes formas y entremezclándose a las corrientes de pensamiento de las distintas épocas, y aparecen hoy como **humanismo** cristiano, **humanismo** socialista, neo-**humanismo** liberal, **humanismo** pedagógico, etc., coincidiendo todas en la afirmación de la personalidad humana.

HUMANISTA. al. **Humanista.** fr. **Humaniste.** ingl. **Humanist.** ital. **Umanista.** port. **Humanista.** com. Persona instruida en letras humanas. *Maximiliano I protegió a los* HUMANISTAS *alemanes.*

HUMANÍSTICO, CA. adj. Perteneciente o relativo al humanismo o a las humanidades.

HUMANITARIO, RIA. al. **Menschenfreundlich; humanitär.** fr. **Humanitaire.** ingl. **Humanitarian.** ital. **Umanitario.** port. **Humanitário.** (Del lat. *humánitas,* humanidad.) adj. Que mira o se refiere al bien de la humanidad. ‖ Benigno, caritativo. *Sentimientos* HUMANITARIOS; sinón.: **compasivo, misericordioso.**

HUMANITARISMO. m. Humanidad, compasión de los infortunios ajenos.

HUMANIZAR. tr. Humanar, hacer humano. ‖ r. fig. Ablandarse, desenojarse.

HUMANO, NA. al. **Menschlich.** fr. **Humain.** ingl. **Human; humane.** ital. **Umano.** port. **Humano.** (Del lat. *humanus.*) adj. Perteneciente al hombre o propio de él. *Debilidad* HUMANA. ‖ V. **Letras humanas.** ‖ V. **Linaje humano.** ‖ V. **Naturaleza humana.** ‖ V. **Respetos humanos.** ‖ fig. Aplícase a la persona que se compadece de las desgracias ajenas. *Es muy* HUMANO.

HUMANTE. p. a. de **Humar.** Que huma.

HUMARADA. f. Humareda.

HUMARAZO. m. Humazo.

HUMAREDA. al. **Rauchwolke.** fr. **Fumée.** ingl. **A great deal of smoke.** ital. **Fumata.** port. **Fumarada.** f. Abundancia de humo. *La* HUMAREDA *asfixiaba.*

HUMAZA. f. Humazo.

HUMAZO. m. Humo denso y copioso. ‖ Humo de lana o papel encendido que por remedio y a veces por chasco, se aplica a las narices o a la boca. ‖ Humo sofocante que se hace en los barcos, cerrando las escotillas, para matar las ratas. ‖ Humo que se hace entrar en las madrigueras, para hacer salir a las alimañas.

HUMBER. *Geog.* Estuario de la costa E. de Gran Bretaña (Inglaterra), des. común de los ríos Ouse y Trent.

HUMBERTO I. *Biog.* Rey de Italia en 1878; hijo de Víctor Manuel II. Fue asesinado en Monza (1844-1900). ‖ – **II.** Hijo de Víctor Manuel III; rey de Italia en 1946; abdicó de inmediato, al proclamarse la República (n. 1904).

HUMBOLDT, Carlos G., barón de. *Biog.* Filólogo al. considerado fundador de la filología comparada (1767-1835). ‖ – **Alejandro, barón de.** Sabio alemán, creador de la geog. climatológica, de la fitogeografía y la física marítima. Llegó a Amér. con Bonpland, con quien visitó distintas regiones. De regreso en Europa, organizó estaciones de observaciones magnéticas y escribió obras técnicas (1769-1859).

HUMBOLDT. *Geog.* Pico de la Sierra Nevada de Mérida (Venezuela). 4.942 m. ‖ Lago salado de los EE. UU. (Nevada). Tiene aproximadamente 30 km. de largo por 15 de ancho. ‖ Río de los EE. UU. (Nevada) que des. en el lago hom. 300 km. ‖ **Corriente de –.** Corriente marina fría que recorre las costas de Chile y Perú hasta alcanzar el arch. de Colón (Galápagos).

HUME, David. *Biog.* Hist. y filósofo escéptico ingl., autor de *Historia natural de la religión; Tratado de la naturaleza humana,* y otras obras (1711-1776).

HUMEADA. f. *Arg.* Fumeada.

HUMEANTE. p. a. de **Humear.** Que humea. *Quito se asienta en las faldas del* HUMEANTE *Pichincha.*

HUMEAR. al. **Rauchen.** fr. **Fumer.** ingl. **To smoke.** ital. **Fumare.** port. **Fumegar.** (De *fumear.*) intr. Exhalar, arrojar y echar de sí humo. Ú.t.c.r. *La locomotora* HUMEA. ‖ Arrojar una cosa vaho o vapor parecido al humo. HUMEAR *la sangre, la bosta.* ‖ fig. Quedar reliquias de pendencia o enemistad que hubo en otro tiempo. ‖ fig. Altivecerse, presumir. ‖ tr. *Amér.* Fumigar.

HUMECTAR. (Del lat. *humectare.*) tr. Humedecer. ‖ deriv.: **humectación; humectativo, va; humectante.**

HUMEDAD. al. **Feuchtigkeit.** fr. **Humidité.** ingl. **Humidity; dampness.** ital. **Umidità.** port. **Umidade.** (De *húmedo.*) f. Calidad de húmedo. *La* HUMEDAD *de las habitaciones es insalubre.* ‖ Agua de que algún cuerpo está impregnado o que, vaporizada, se mezcla con el aire. ‖ – **absoluta.** *Meteor.* Peso del vapor de agua contenido en un metro cúbico de aire. ‖ – **relativa.** *Meteor.* Relación entre el peso del vapor contenido en un volumen determinado de aire y el que contendría en estado de saturación a la misma temperatura.

HUMEDAL. m. Terreno húmedo.

HUMEDECER. al. **Befeuchten.** fr. **Humidifier.** ingl. **To dampen.** ital. **Inumidire.** port. **umedecer.** tr. y r. Producir o causar humedad una cosa. HUMEDECER *un trapo.* ‖ irreg. Conj. como **agradecer.**

HÚMEDO, DA. (Del lat. *humidus.*) adj. Ácueo o que participa de la naturaleza del agua. *Aire* HÚMEDO; antón.: **seco.** ‖ Levemente impregnado de agua o de algún otro líquido. *La tierra está* HÚMEDA. ‖ *Farm.* V. **Hisopo húmedo.** ‖ *Quím.* V. **Vía húmeda.** ‖ **Húmedo radical.** *Med.* Entre los antiguos, humor linfático, dulce, sutil y balsámico del que se creía daba a las fibras del cuerpo flexibilidad y elasticidad.

HUMEÓN. m. *Bot.* Mata de ramas cubiertas de borra y flores en cabezuela, común en Europa. *Helicryson serotium,* compuesta.

HUMERA. (De *humo.*) f. fam. Borrachera. Se pronuncia aspirando la *h.*

HUMERAL. (Del lat. *humerale.*) adj. *Anat.* Perteneciente o relativo al húmero. *Cabeza* HUMERAL. ‖ m. Paño blanco que se pone el sacerdote sobre los hombros para coger la custodia o el copón. Ú.t.c.adj. *Custodia* HUMERAL.

HÚMERO. al. **Oberarmknochen; Humerus.** fr. **Humérus.** ingl. **Humerus.** ital. **Omero.** port. **Úmero.** (Del lat. *húmerus.*) m. *Anat.* Hueso del brazo, situado entre el hombro y el codo.

HUMERO. (De *fumero.*) m. Cañón de chimenea, por donde sale el humo.

HUMERO. m. Homero, aliso.

HÚMIDO, DA. adj. poét. Húmedo.

HUMIFICACIÓN. f. Transformación de la materia orgánica en humus.

HUMILDAD. al. **Demut; bescheidenheit.** fr. **Humilité.** ingl. **Humility; meekness.** ital. **Umilità.** port. **Humildade.** (Del lat. *humílitas, -atis.*) f. Virtud cristiana consistente en el conocimiento de nuestra bajeza y miseria y en obrar conforme a él. *Con* HUMILDAD *aceptó su cruz;* antón.: **soberbia.** ‖ Bajeza de nacimiento o de otra índole. ‖ Sumisión, rendimiento. ‖ IDEAS AFINES: *Suavidad, timidez, dulzura, modestia, santidad, reserva, bondad, sencillez, cariño, ternura; discreto, respetuoso, obediente, reservado, sumiso.*

HUMILDE. (Del lat. *humilis.*) adj. Que tiene humildad o la ejercita. Ú.t.c.s. HUMILDE *con los superiores;* sinón.: **modesto, sumiso;** antón.: **orgulloso, rebelde.** ‖ fig. Bajo y de poca altura. ‖ fig. Que carece de linaje. HUMILDE *cuna.*

HUMILDEMENTE. adv. m. Con humildad. *Pedir un favor* HUMILDEMENTE.

HUMILMENTE. adv. m. Humildemente.
HUMILLACIÓN. (Del lat. *humiliatio, -onis.*) f. Acción y efecto de humillar o humillarse. *Experimentar la* HUMILLACIÓN *de la derrota.*
HUMILLADERO. (De *humillar.*) m. Lugar devoto que suele haber a las entradas o salidas de los pueblos y cerca de los caminos, con una cruz o imagen. ‖ deriv.: **humillador, ra.**
HUMILLANTE. p. a. de **Humillar.** Que humilla. *No acepto imposiciones* HUMILLANTES. ‖ adj. Degradante, depresivo. *Situación* HUMILLANTE.
HUMILLAR. al. **Demütigen; erniedrigen.** fr. **Humilier.** ingl. **To humiliate.** ital. **Umiliare.** port. **Humilhar.** (Del lat. *humiliare.*) tr. Inclinar la cabeza o el cuerpo en señal de sumisión. ‖ fig. Abatir la altivez de alguien. HUMILLÓ *al fanfarrón.* ‖ r. Hacer actos de humildad. HUMILLARSE *ante Dios;* sinón.: **postrarse;** antón.: **rebelarse.** ‖ deriv.: **humillador, ra.** ‖ IDEAS AFINES: *Afrentar, escarnecer, avergonzar, rebajar, desairar, mortificar, despreciar; difamar, gritar, silbar, infamar; penitencia, perdón, castigo.*
HUMILLO. (dim. de *humo.*) m. fig. Vanidad; presunción y altanería. Ú.m. en pl. ‖ *Veter.* Enfermedad que suele dar a los cochinillos cuando la leche materna no es de buena calidad.
HUMITA. (Voz quichua.) f *Amér. del S.* Pasta compuesta de maíz tierno rallado, mezclado con ají y otros condimentos que, dividida en partes y envueltas cada una de ellas en sendas hojas de mazorca, se cuece en agua y luego se tuesta al rescoldo. ‖ Cierto guisado que se prepara con maíz tierno.
HUMITERO, RA. m. y f. Persona que hace y vende humitas.
HUMO. al. **Rauch.** fr. **Fumée.** ingl. **Smoke.** ital. **Fumo.** port. **Fumo.** (Del lat. *fumus.*) m. Producto gaseoso de combustión incompleta, compuesto esencialmente de vapor de agua y ácido carbónico, que la presencia de pequeñas partículas de carbón que arrastra hace visible. *Las ramas de eucalipto dan mucho* HUMO. ‖ Vapor exhalado por cualquiera substancia en fermentación. ‖ pl. Hogares o casas. ‖ fig. Vanidad, altivez. *Tiene muchos* HUMOS. ‖ **A humo de pajas.** m adv. fig. y fam. A la ligera. ‖ **Bajarle los humos a alguien.** frs. fig. y fam. Domar su altivez. ‖ **Hacer humo** a alguien. frs. fig. y fam. Hacerle mala cara para que se vaya. ‖ **Hacerse humo** alguien. frs. fig. y fam. *Arg.* Irse, desaparecer. ‖ **Irse al humo** uno. frs. fig. y fam. *Arg.* Acometer, atropellar. ‖ **Pesar el humo.** frs. fig. y fam. Sutilizar demasiado. ‖ IDEAS AFINES: *Tabaco, fumar, cigarrillo, fósforo, cerilla, fuego, fogata, incendio, ceniza, brasa, hollín, chimenea, vaho, efluvio, incienso, pebetero, emanación gas, asfixia, quemar, neblina polvo.*
HUMOR. al. **Humor; Laune; Stimmung.** fr. **Humeur.** ingl. **Humor; wit.** ital. **Umore.** port. **Humor.** (Del lat. *húmor.*) m Cualquiera de los líquidos que contiene el cuerpo del animal. ‖ fig. Genio, índole, condición, especialmente cuando se exterioriza. *Siempre está de buen* HUMOR. ‖ fig. Jovialidad, agudeza. *Gente de* HUMOR. ‖ Buena disposición para hacer una cosa. *Hoy no estoy de* HUMOR *para ver gente.* ‖ – **ácueo.** *Zool.* Líquido que se halla delante del cristalino en el globo del ojo. ‖ – **vítreo.** *Zool.* Masa gelatinosa que en el globo del ojo se halla detrás del cristalino. ‖ **Buen humor.** Propensión a mostrarse alegre y complaciente. ‖ **Mal humor.** Aversión a todo acto de alegría, y aun de urbanidad. ‖ **Seguirle** a uno **el humor.** frs. Convenir aparentemente con sus gustos o pensamientos para divertirse con él o para no exasperarle. ‖ IDEAS AFINES: *Sangre, linfa, plasma; carácter, ánimo, predisposición, temperamento, ceño; alegre, feliz, risa, llanto, tristeza, placidez.*
HUMORACHO. m. desp. de **Humor.**
HUMORADA. (De *humor,* jovialidad.) f. Dicho o hecho festivo o extravagante.
HUMORADAS. pl. *Lit.* Género de poesía lírica creado por Campoamor.
HUMORADO, DA. adj. Que tiene humores. Ú., por lo común, con los advs. *bien* o *mal.*
HUMORAL. adj. Perteneciente a los humores.
HUMORISMO. al. **Humor.** fr. **Humour.** ingl. **Humor.** ital. **Umorismo.** port. **Humorismo.** m. Estilo en que se une lo gracioso con lo irónico y lo alegre con lo triste. *El* HUMORISMO *inglés.* ‖ Doctrina médica según la cual todas las enfermedades resultan de la alteración de los humores. *Hipócrates definió el* HUMORISMO.
● **HUMORISMO.** *B. A.* y *Lit.* Manera especial y singularísima de ver las cosas, el **humorismo** contiene una mezcla de idealismo y sentido común, de fantasía, y realismo, de razón y extravagancia, de comicidad y tragedia, de hilaridad y patetismo. Contempla la incongruencia de las cosas, aquello que ellas tienen de cómico o ridículo, en busca del efecto divertido. Para ello el humorista posee una facultad especial que le permite captar ese aspecto de la realidad; hay siempre en él sutileza psicológica, fina observación y capacidad de expresión, que lo distinguen de sus semejantes. El humorista es un verdadero artista que no sólo ve el mundo y a los hombres de una manera especial, esencialmente humana, sino que también comunica esa visión a su prójimo, expresándola en símbolos, en obras de arte, que representan lo que desea transmitir. El **humorismo** nunca es caprichoso ni involuntario; se trata siempre de un esfuerzo creciente de alguien que frente a la realidad, a las acciones de los hombres, juzga y medita. Detrás del verdadero **humorismo** hay un pensador profundo, con una concepción del mundo y de las cosas. El **humorismo** nunca es liviano; posee una universalidad que lo hace imperecedero, porque muestra aspectos de los hombres, actitudes, vicios y virtudes que se dan en todo lugar y en todo tiempo. Como verdadero arte, no está sujeto a los caprichos de la moda o de una época determinada. Esta validez lo distingue de lo simplemente cómico, que causa hilaridad, pero que no deja enseñanzas ni incita a la meditación, o de lo meramente ingenioso, porque en el **humorismo** hay siempre un sentimiento de comprensión y humanismo; no debe confundirse tampoco con lo satírico, siempre hiriente, porque el **humorismo** es tolerante y vibra de simpatía hacia lo humano, además de ser poderoso y constructivo instrumento crítico que combate el convencionalismo, el prejuicio y el error. En artes plásticas, el **humorismo** se diferencia de la caricatura; el dibujo y la pintura lo hicieron un género desde tiempos remotos. Se manifiesta en capiteles, portadas y miniaturas medievales, y en la imaginación de Jerónimo Bosch, en las pinturas de Pedro Bruegel, etc. Es llevado al patetismo por Goya y reaparece dulce y agudo en Daumier. Toulouse-Lautrec y el contemporáneo Marc Chagall. En literatura, los escritores humoristas pertenecen a una tendencia que cuenta con dignos representantes a través de todos los tiempos. La literatura inglesa, creadora del vocablo, ofrece numerosos ejemplos de escritores humoristas: Chaucer, Swift, Dickens, Chesterton y Shaw, entre los principales, y Mark Twain en América. Pero el **humorismo** se da en todas las literaturas, antiguas y modernas; así lo atestiguan los diálogos de Luciano, el *Libro de buen amor* del Arcipreste de Hita, las obras de Boccacio y Rabelais y, sobre todo, el *Quijote,* de Cervantes.
HUMORISTA. adj. y s. Aplícase al escritor, dibujante, pintor, etc., en cuyas obras predomina el humorismo. *Mark Twain fue un* HUMORISTA. ‖ Médico partidario de la doctrina del humorismo.
HUMORÍSTICO, CA. adj. Perteneciente o relativo al humorismo. *Escritor* HUMORÍSTICO. ‖ deriv.: **humorísticamente.**
HUMOROSO, SA. (Del lat. *humorosus.*) adj. Que tiene humor. ‖ deriv.: **humorosidad.**
HUMOSIDAD. f. Fumosidad.
HUMOSO, SA. (De *fumoso.*) adj. Que arroja y exhala de sí humo. *Hojarasca* HUMOSA; sinón.: **fumífero, humeante.** ‖ Aplícase al lugar o sitio que contiene humo o donde se esparce. *Cocina* HUMOSA.
HUMPERDINCK, Engelberto. *Biog.* Compositor al., autor de *Hänsel y Gretel; Rapsodia morisca; El pájaro azul,* etc. (1854-1921).
HUMPHREYS, David. *Biog.* Poeta nort. de tendencia satírica (1752-1818).
HUMUS. (Del lat. *humus.*) m. *Agr.* Mantillo o capa superior del suelo. ‖ Componente importantísimo de las tierras agrícolas, productos de la descomposición de la materia orgánica vegetal y animal. Es de color negro y composición variable y constituye el elemento básico de la fertilidad de los suelos.
HUNCO. m. *Bol.* Poncho de lana sin flecos.
HUNDIMIENTO. al. **Versenken.** fr. **Enfoncement; écroulement.** ingl. **Sinking; fall.** ital. **Sprofondamento; affondamento.** port. **Afundamento.** m. Acción y efecto de hundir o hundirse. *El* HUNDIMIENTO *de un vapor.*
HUNDIR. al. **Versenken.** fr. **Enfoncer; abattre; couler.** ingl. **To submerge; to crush; to sink.** ital. **Affondare; sprofondare.** port. **Afundar.** (Del lat. *fundere,* derribar, echar por tierra.) tr. Sumir, meter en lo hondo. HUNDIR *la cabeza en el agua, el puñal;* sinón.: **enterrar, sumergir;** antón.: **erguir.** ‖ fig. Abrumar, abatir. SE HUNDÍA *en la desesperación.* ‖ Confundir a uno con razones. ‖ Destruir, arruinar. *La crisis* HUNDIÓ *a muchos.* ‖ r. Arruinarse un edificio, sumergirse alguna cosa. SE HUNDIÓ *la casa con gran estrépito; los pies* SE *le* HUNDÍAN *en el barro.* ‖ fig. Haber en alguna parte disensiones y alborotos. ‖ fig. y fam. Desaparecer algo de modo que no se sepa dónde está. ‖ deriv.: **hundible.**
HUNEEUS GANA, Antonio. *Biog.* Pol. y jurisconsulto chil., autor de *Derecho Comparado; La Constitución ante el Congreso,* etc. (n. 1870). ‖ – **Jorge.** Literato chil., autor de *Estudios sobre España; Plumadas,* y otras obras (n. 1866). ‖ – **Roberto.** Escr. y político chil., hermano de los anteriores; autor de *Estrofas; La calumnia; Tramas,* etc. (n. 1867)
HÚNGARO, RA. adj Natural de Hungría. Ú.t.c.s. ‖ Perteneciente a este país de Europa. ‖ m. Magiar, lengua **húngara.** ‖ **A la húngara.** m. adv. Al uso de Hungría.
HUNGRÍA. *Geog.* República del centro de Europa, limitada por Checoslovaquia, la U.R.S.S., Rumania, Yugoslavia y Austria. Tiene 93.030 km² de extensión. Su suelo constituye una vasta llanura sedimentaria que asciende, levemente, hacia el N. y el O. Es el fondo de un antiguo mar desecado, que luego se rellenó con depósitos eólicos. Posee dos grandes ríos que atraviesan su territorio de N. a S.: el Danubio y el Tisza. El lago Balatón, en el O. del país, es el mayor depósito de agua dulce de Europa central. Su clima ofrece inviernos fríos y veranos cálidos. La agricultura es la base de su riqueza. Cereales, papas, remolacha azucarera, morera, tabaco, vid, oleaginosas, frutas. Posee también ganado vacuno, caballar, ovino, aves de corral. Petróleo, lignito y hierro en poca cantidad. La industria textil en primer término, y la molinera después, concentran el mayor número de operarios. También, las industrias químicas, alimenticias, mecánicas, etc. Posee 8.900 km de vías férreas y 30.000 km de carreteras. Tiene 10.650.000 h. Cap. BUDAPEST (2.070.000 h.). C. princ.: MisKolc, Debrecen, Szeged, Pécs y Gyor. ‖ *Hist.* Habitada por pueblos eslavos y semieslavos, a fines del s. IX los magiares, procedentes del Asia, los dominaron. Fue independiente hasta el s. XIV, en que el gobierno comenzó a ser ejercido por príncipes de la casa de Austria. Incorporada a la nación austríaca, logró, después de la revolución de 1849, recuperar gran parte de su autonomía, con instituciones propias dentro del Imperio austrohúngaro que se constituyó y que fue desmembrado después de la guerra de 1914-18, declarándose **Hungría,** por breve tiempo, república. El almirante Horthy se apoderó del gobierno, como regente, hasta 1944. Aliada a la política alemana, con miras a recuperar territorios perdidos, formó parte del Eje desde 1940 y en 1941 Gran Bretaña le declaró la guerra. Fue ocupada por fuerzas alemanas en 1944 y después de vencida Alemania los soviéticos la liberaron en 1945. En 1946 se proclamó la república, con Zoltan Tildy como presidente, reemplazado en 1948 por Arpad Szakarits. Se adoptó una Constitución de tipo comunista, régimen contra el cual se rebeló el pueblo en 1956. Pero fue violentamente reprimido por tropas soviéticas que ocuparon el país. Desde 1967, gobierna Hungría el presidente Pal Losonczi, asesorado por Jorge Lazar, en calidad de primer ministro.
HUNO, NA. al. **Hunne.** fr. **Hun.** ingl. **Hun.** ital. **Uno.** port. **Huno.** adj. Dícese de un pueblo asiático de la región del río Amarillo; en el s. V, bajo el mando de Atila, invadió a Europa; derrotado por Aecio en los Campos Cataláunicos en 451, se dispersó al poco tiempo. Ú.t.c.s.
HUNSRÜCK. *Geog.* Monte de Alemania occidental, en la margen izquierda del Rin. 816 m. de altura.
HUNTINGTON, Archer M. *Biog.* Hispanista estad. cuya obra más notoria es una excelente edición crítica del *Poema del Cid.* Fundó la Sociedad Hispánica de América (1870-1955).
¡HUPA! int. ¡Upa! ‖ *Arg.* y *Chile.* ¡Ea! ¡Vamos!
HUPE. f. Descomposición de algunas maderas secas, que se convierten en una substancia blanda usada como yesca.
HURA. f. Carbunclo que sale en la cabeza y que suele ser peligroso. ‖ Agujero pequeño; madriguera.
HURACÁN. al. **Orkan.** fr. **Ouragan.** ingl. **Hurricane.** ital. **Uragano.** port. **Furacão.** (Voz caribe.) m. Viento extremadamente impetuoso y temible que, a manera de torbellino, gira en grandes círculos, cuyo diámetro crece a medida que en su avance se apartan de las zonas de calmas tropicales, donde suelen originarse. ‖ fig. Viento de fuerza extraordinaria. ‖ IDEAS AFINES: *Brisa, aire, ráfaga, tormenta, ciclón, tornado, precipitación, maremoto, inundación, peligro, aislamiento, socorro, auxilio.*
HURACANADO, DA. adj. Que tiene la fuerza o los caracteres propios del huracán. *Viento* HURACANADO.
HURACANARSE. r. Convertirse el viento en huracán.
HURACO. (Del lat. *forare,* agujerear.) m. Agujero.
HURAÑÍA. (De *huraño.*) f. Aversión al trato de gentes.
HURAÑO, ÑA. al. **Mürrisch; menschenscheu.** fr. **Ombrageux, solitaire.** ingl. **Unsodable, shy.** ital. **Poco socievole.** port. **Arredio.** (Del m. or. que *foráneo,* por influencia de hurón.) adj. Que huye y se esconde de las gentes. *Un chico* HURAÑO; sinón.: **hosco, insociable.**
HUREQUE. m. *Col.* Huraco.
HURERA. (De *hura.*) f. Agujero, huronera.
HURGADOR, RA. adj. Que hurga. ‖ m. Hurgón para la lumbre.
HURGAMIENTO. m. Acción de hurgar.
HURGANDILLA. f. *Hond.* Persona que menea o sacude algo.
HURGAR. (Del lat. *furca,* horca.) tr. Menear o remover alguna cosa. HURGAR *la basura;* sinón.: **revolver.** ‖ Tocar algo sin asirlo. ‖ fig. Incitar, conmover. ‖ **Peor es hurgallo.** fig. **Peor es meneallo.**
HURGÓN. (Del b. lat. *furco, -onis,* y éste del lat. *furca,* horca.) adj. Que hurga. ‖ m. Instrumento metálico para remover y atizar la lumbre. ‖ fam. Estoque.
HURGONADA. f. Acción de hurgonear. ‖ fam. Estocada.
HURGONEAR. tr. Remover y atizar la lumbre con hurgón. ‖ fam. Tirar estocadas.
HURGONERO. m. Hurgón para remover la lumbre.
HURGUETE. m. *Chile* y *R. de la Plata.* Hurón, escudriñador.

HURGUETEAR. tr. *Amér.* Huronear, hurgar.

HURGUILLAS. (De *hurgar*.) com. Persona bullidora y apremiante.

HURI. (Del ár. *hauarí*, mujer del paraíso.) f. Cada una de las mujeres bellísimas que la fantasía religiosa de los musulmanes creó para compañeras de los bienaventurados en el paraíso de Mahoma.

HURLINGHAM. *Geog.* Población de la Rep. Argentina, en el Gran Buenos Aires, al N.O. de la Capital Federal. 25.000 h. Actividad fabril.

HURÓN. al. **Frettchen.** fr. **Furet.** ingl. **Ferret.** ital. **Furetto.** port. **Furão.** (Del lat. *furo, -onis*.) m. Mamífero africano introducido en Europa cuyo largo es de treinta centímetros, incluyendo la cola, que tiene unos diez centímetros; de cuerpo muy flexible y prolongado, cabeza pequeña, patas cortas, pelaje gris y glándulas anales que despiden fuerte hedor; es usado para cazar conejos, a los que persigue tenazmente. *Putorius, furo*, mustélido. *Hay ejemplares de* HURÓN *albinos.* ‖ Mustélido americano del gén. *Galictis*, muy parecido al hurón verdadero. ‖ fig. Persona que todo lo averigua. ‖ Persona huraña. Ú.t.c.adj.

HURÓN, NA. adj. Aplícase al individuo de una tribu india de origen iroqués, que habitaba entre los lagos Hurón y Ontario. Ú.t.c.s. ‖ Relativo a estos indios. ‖ m. Lengua de los hurones.

HURÓN. *Geog.* Uno de los Grandes Lagos de Amér. del N., entre el Est. de Michigan (EE. UU.) y la prov. de Ontario (Canadá). 59.510 km².

HURONA. f. Hembra del hurón.

HURONCITO. m. *Arg.* Mamífero carnicero, mucho más pequeño que el hurón (al cual se parece), de hábitos nocturnos. *Lyncodon patagonicus*, mustélido.

HURONEAR. intr. Cazar con hurón. ‖ fig. y fam. Escudriñar cuanto pasa.

HURONERA. f. Lugar en que se mete el hurón. ‖ fig. Lugar en que alguien se esconde.

HURONERO. m. Cuidador de hurones.

¡HURRA! (Del ingl. *hurrah*.) int. que se usa para expresar alegría o excitar el entusiasmo. *Dieron tres* HURRAS *por el vencedor*.

HURRACA. (Del lat. *fúrax*, inclinado a robar.) f. Urraca.

HURSTMONCEUX. *Geog.* Población de Gran Bretaña, en Inglaterra (Sussex), sede del Observatorio Real de Greenwich.

HURTADILLAS (A). al. **Heimlich.** fr. **À la dérobée.** ingl. **On the sly.** ital. **Di nascosto, alla sordina.** port. **Às furtadelas.** adv. m. Furtivamente; sin notarlo nadie. *A* HURTADILLAS *salía de noche*.

HURTADO, Antonio. *Biog.* Poeta y comediógrafo esp., autor de una colección de leyendas y de varias obras teatrales (1825-1878). ‖ — **Ezequiel.** Militar y pol. col., en 1876 presidente interino de la Rep. (1828-1892). ‖ — **Leopoldo.** Escritor arg. Publicó *Espacio y tiempo en el arte actual; Estética de la música contemporánea*, y otras obras (n. 1894). ‖ — **DE MENDOZA, Andrés.** Noble esp., de 1556 a 1561 virrey del Perú (m. 1561). ‖ — **DE MENDOZA, Diego.** Pol., escritor y militar esp. exponente de su época. Equivocadamente se le atribuyó el *Lazarillo de Tormes*. Obras principales: *Guerra de Granada; Fábula de Adonis; A la primavera*, etc. (1503-1575). ‖ — **DE MENDOZA, García.** Noble esp. que de 1580 a 1596 estuvo al frente del Virreinato del Perú. Organizó definitivamente la enseñanza universitaria y obligó a retirarse a los piratas ingleses (1535-1609).

HURTADOR, RA. adj. y s. Que hurta.

HURTAR. al. **Stehlen.** fr. **Dérober; voler.** ingl. **To steal; to rob out.** ital. **Rubare.** port. **Furtar.** (De *furtar*.) tr. Tomar o retener bienes ajenos en contra de la voluntad de su dueño, sin que haya intimidación en las personas ni fuerza en las cosas. *Le* HURTARON *el reloj*; sinón.: **robar.** ‖ No dar el peso o medida cabal los que venden. ‖ fig. Dícese del mar y de los ríos cuando se adentran por las tierras y se las llevan. ‖ Apropiarse dichos, sentencias y versos ajenos. ‖ Desviar, apartar. HURTAR *el cuerpo*. ‖ r. fig. Ocultarse, desviarse. ‖ IDEAS AFINES: *Ladrón, caco, asaltante, carterista, afanar, sacar, quitar, procedimiento, castigo, condena, cárcel*.

HURTO. (De *furto*.) m. Acción de hurtar. sinón.: **robo.** ‖ Cosa hurtada. ‖ **A hurto.** m. adv. **A hurtadillas.**

HUS, Juan. *Biog.* Famoso reformador checo, precursor de la Reforma. Fue excomulgado dos veces y, como se negara a abjurar de sus ideas, fue quemado vivo, arrojándose sus cenizas al Danubio. Su ejecución provocó la Guerra de los Husitas. (1369-1415).

HUSADA. f. Porción ya hilada de lino, lana o estambre que cabe en el huso.

HUSAK, Gustavo. *Biog.* Político checoslovaco, presidente de su país desde 1975 (n. 1913).

HÚSAR. m. Soldado de ciertos cuerpos de caballería.

HUSERA. f. Bonetero, arbusto.

HUSERO. m. Cuerna recta del gamo del año.

HUSILLERO. m. El que en los molinos de aceite trabaja en husillos.

HUSILLO. (dim. de *huso*.) m. Tornillo para mover prensas y otras máquinas. ‖ *Chile.* Canilla con hilo sin lanzadera para tramar.

HUSILLO. m. Canal de desagüe cloacal o pluvial.

HUSITA. adj. y s. Aplícase al que sigue las doctrinas de Juan Hus.

HUSMA. (Del gr. *hosmé*, olor.) f. Husmeo. ‖ **Andar** uno **a la husma.** Andar inquiriendo cosas ocultas, sacándolas por conjeturas o indicios.

HUSMEAR. (De *husmo*.) tr. Rastrear una cosa con el olfato. ‖ fig. y fam. Andar indagando con disimulo, sinón.: **curiosear, fisgar.** ‖ intr. Empezar a oler mal una cosa, en especial la carne. ‖ deriv.: **husmeador, ra; husmeo.**

HUSMO. (De *husma*.) m. Olor que despide la carne que empieza a descomponerse.

HUSO. al. **Spindel.** fr. **Quenouille.** ingl. **Spindle.** ital. **Fuso.** port. **Fuso.** (De *fuso*.) m. Instrumento manual, por lo común de madera, de figura redondeada, que va adelgazándose desde el medio hacia los extremos, y sirve para hilar torciendo la hebra y devanando en él lo hilado. ‖ Instrumento que sirve para unir y retorcer dos o más hilos. ‖ Instrumento de hierro que tiene en la parte inferior una cabezuela, también de hierro, para que haga contrapeso a la mano, y sirve para devanar la seda. ‖ *Blas.* Losange largo y estrecho. ‖ *Min.* Cilindro de un torno. ‖ — **esférico.** *Geom.* Parte de la superficie de una esfera, comprendida entre las dos caras de un ángulo diedro que tiene por arista un diámetro de aquélla. ‖ — **horario.** *Geog.* Cada uno de los 24 husos esféricos que resultan de trazar sobre el globo terráqueo 24 meridianos equidistantes. La amplitud de cada huso es, por lo tanto, de 15º y como el movimiento de rotación de la Tierra (360º) tarda 24 horas, esa amplitud corresponde a una hora. ‖ **Ser más derecho que un huso.** frs. fig. y fam. que se emplea para ponderar que una persona o cosa es muy derecha o recta. ‖ IDEAS AFINES: *Bordar, coser, tejer, rueca, torno, hilandería*.

HUSSERL, Edmundo. *Biog.* Filósofo al. Su estudio de la conciencia en sí misma dio una nueva solución a los problemas del ser, de la conciencia y de la verdad. Obras: *La filosofía como ciencia exacta; Investigaciones lógicas; Lecciones sobre la fenomenología de la conciencia interna del tiempo*, etc. (1859-1938).

HUTA. (Del ant. alto al. *hutta*.) f. Choza en donde se ocultan los monteros para lanzar los perros a la caza cuando pasa por allí.

HÜTTEN, Felipe de. *Biog.* Conquistador al., gobernador de Venezuela en 1541 y explorador de la zona este de Colombia (m. 1546). ‖ — **Ubrico von.** Teólogo y humanista al. contrario al Sumo Pontífice (1488-1523).

HUXLEY, Aldo Leonardo. *Biog.* Nov. y ensayista ingl. de vasta erudición y aguda penetración intelectual. Obras: *Contrapunto; Limbo; Viejo muere el cisne; Un mundo feliz; La filosofía perenne*, etc. (1894-1963). ‖ — **Andrews Fielding.** Médico ingl. que, juntamente con su compatriota Alan Lloyd Hodgkin y el australiano John C. Eccles, obtuvo el premio Nobel de Fisiología y Medicina correspondiente al año 1963 (n. 1917). ‖ — **Julián.** Naturalista y catedrático ingl. que ha aplicado originales teorías a la filosofía y a la biología. Es autor de *Ensayos de un biólogo; El hombre está solo; La ciencia de la vida*, etc. (1887-1975). ‖ — **Tomás E.** Naturalista ingl. que propugnó la filosofía evolucionista como consecuencia de los fenómenos biológicos. Obras: *Confines entre los reinos animal y vegetal; El lugar del hombre en la naturaleza; Introducción al estudio de las ciencias*, etc. (1825-1895).

¡HUY! (Del lat. *hui*.) int. con que se denota dolor físico agudo. o melindre.

HUY. *Geog.* Ciudad de Bélgica (Lieja), sobre el Mosa. 22.000 h. Metalurgia, industria papelera.

HUYGENS, Cristián. *Biog.* Matemático, astrón. y físico hol. que descubrió el mayor satélite de Saturno. Inventó el reloj de péndulo, echó las bases científicas del cálculo de probabilidades y enunció importantes teorías de los conoides y esferoides (1629-1695).

HUYSMANS, Joris Karl. *Biog.* Novelista fr. que evolucionó del naturalismo a la literatura religiosa. Obras: *Marta; En familia; El barrio de Nuestra Señora*, etc. (1848-1907).

HYATT, Juan W. *Biog.* Quím. estad. que inventó el celuloide (1837-1920).

HYDE, Douglas. *Biog.* Político y lit. irlandés, en 1938 presidente de la Rep. (1860-1949).

HYDE. *Geog.* Ciudad de Gran Bretaña (Inglaterra), en el condado de Chester. 43.000 h. Hulla. hilados de algodón.

HYDERABAD. *Geog.* V. **Haiderabad.**

HYDRA. *Geog.* V. **Hidra.**

HYÈRES. *Geog.* Pequeño archipiélago francés del Mediterráneo. ‖ C. de Francia, sobre el Mediterráneo. 26.000 h. Su puerto complementa al de Tolón.

HYPPOLITE, Florvil. *Biog.* V. **Hipólito.**

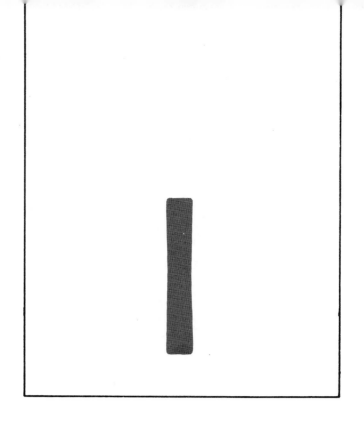

I. f. Décima letra del abecedario castellano, y tercera de sus vocales. ‖ Letra numeral cuyo valor es uno en la numeración romana. ‖ *Dial.* Signo de la proposición particular afirmativa.

I. *Quím.* Símbolo del yodo.

IATROGÉNICO, CA. (Del gr. *iatros*, médico, y *-geno*.) adj. Dícese de toda alteración del estado del paciente producida por el médico.

IATROQUÍMICA. f. *Quím.* Química médica medieval, difundida por Paracelso.

IB. m. *Méx. Bot.* Frijol pequeño.

IBADÁN. *Geog.* Ciudad de Nigeria, al N.E. de Lagos. Importantísima plaza comercial. 800.000 h.

IBAGUÉ. *Geog.* Ciudad de Colombia, capital del dep. de Tolima. 220.000 h. Centro agrícola-ganadero y minero. Industrias alimenticias. En 1854 fue cap. provisional del país.

IBÁÑEZ, Carlos. *Biog.* Mil. y político chil., de 1927 a 1931 presid. de su país; para el período 1952-1958, reelegido (1877-1960). ‖ — **Pedro M.** Historiador col., autor de *Crónicas de Bogotá* (1854-1919). ‖ — **Roberto.** Poeta uruguayo, n. en 1907, autor de *La danza de los horizontes; Mitología de la sangre*, y otras obras. ‖ — **Sara B.** Poetisa uruguaya, autora de *Canto* y otras obras (1910-1971). ‖ — **YORGA, Salomón.** Poeta nicar., autor de la letra del himno nacional de su país (s. XIX).

IBAPOI. m. *Arg.* Guapoi.

IBARBOUROU, Juana de. *Biog.* Poetisa urug., cuyo verdadero apellido es Fernández y que se conoce por Juana de América. Su vigorosa obra es una exaltación de los valores emocionales, de acento netamente americano: *Raíz salvaje; La rosa de los vientos; El cántaro fresco*, etc. (1895-1979).

IBARÓ. (Voz guaraní.) m. Árbol de la Argentina cuyo fruto, macerado, se emplea para lavar la ropa.

IBARRA, Andrés. *Biog.* Militar ven. que junto a Bolívar luchó por la independencia de su patria (1807-1875). ‖ — **Diego.** Militar ven. de destacada actuación en las filas republicanas (1798-1852). ‖ — **José.** Pintor mex. que mereció el nombre del Murillo mexicano. Obras: *Desposorios de San José; Asunción de la Virgen*, etc. (1688-1756).

IBARRA. *Geog.* Ciudad del Ecuador, capital de la prov. de Imbabura. 33.000 h. Fábricas de tejidos.

IBARRETA. *Geog.* Población de la Argentina en la actual prov. de Formosa. 7.000 h. Actividad agrícola-algodonera.

IBARZÁBAL, Federico de. *Biog.* Literato cub. que, en sus cuentos y novelas, describe ambientes portuarios y paisajes de mar (1894-1953).

IBATINGUI. m. Árbol tiliáceo de cuya corteza se extrae tanino.

IBERÁ. *Geog.* Laguna del N.E. de la prov. de Corrientes (Rep. Argentina). 360 km². El grupo de esteros que la rodea cubre 5.200 km².

IBERIA. *Geog. histór.* Antiguo nombre de España. Suele emplearse actualmente para designar la Península.

IBÉRICA. *Geog.* Península del S.O. de Europa que abarca a España y Portugal. ‖ **Cordillera —.** V. **Ibéricos, Montes.** ‖ **Meseta —.** Uno de los nombres de la meseta de Castilla. V. **Castilla.**

IBÉRICO, CA. (Del lat. *ibéricus*.) adj. y s. Ibero.

IBÉRICOS, Montes. *Geog.* Sistema montañoso del N.E. de España, que se extiende desde los montes Cantábricos hasta el golfo de Valencia. Culmina a los 2.315 m. en la cumbre del Moncayo.

IBERIO, RÍA. (Del lat. *iberius*.) adj. y s. Ibero.

IBERISMO. m. Carácter de ibero. ‖ Estudio de la antropología, historia, lenguas, arte, etc., de los iberos. ‖ m. Palabra o rasgo lingüístico propio de la lengua de los antiguos iberos y tomado por otra lengua. ‖ Doctrina que propugna la unión política o el mayor acercamiento de España y Portugal.

IBERO, RA o IBERO, RA. al. Iberisch; Iberer. fr. Ibérique; ibère. ingl. Iberian. ital. Iberico. port. Ibero. (Del lat. *iberus*.) adj. Originario de la Iberia europea, o de la Iberia asiática. Ú.t.c.s. ‖ En especial, individuo perteneciente a alguno de los pueblos establecidos antes de las colonizaciones fenicia y griega, desde el Sur de la península Ibérica hasta el Mediodía de la Francia actual, y especialmente en el levante peninsular. ‖ Perteneciente a cualquiera de estos dos países.

IBEROAMÉRICA. *Geog.* Nombre que se da al conjunto de países americanos colonizados por los españoles (México, Antillas, América Central y América del Sur) y portugueses (Brasil).

IBEROAMERICANO, NA. adj. y s. Natural de Iberoamérica. ‖ Perteneciente o relativo a cualquiera de los países que la componen.

IBICE. (Del lat. *íbex*, ibicis.) m. Cabra montés.

IBICENCO, CA. adj. Natural de Ibiza. Ú.t.c.s. ‖ Perteneciente a esta isla de las Baleares.

IBICO. *Biog.* Poeta lírico griego (s. VI a. de C.).

IBICUY. *Geog.* Nombre que toma el brazo norte del Delta del Paraná al recibir al río Gualeguay. ‖ Río del Brasil (Río Grande del Sur), afl. del Uruguay. 400 km. ‖ Pobl. de Argentina (Entre Ríos), sobre el río Paraná. 8.000 h. ‖ Ciudad del Paraguay. V. Ybycuí.

IBÍDEM. (Del lat. *ibidem*.) adv. lat. que se usa en índices, notas, etc., con su propia significación de: allí mismo, o en el mismo lugar.

IBIJARA. m. Reptil saurio de América.

IBIJO. m. *Perú.* Urutaú.

IBIRÁ. f. *Arg.* Planta textil de frutos grandes, comestibles.

IBIRAPERÉ. m. *Arg.* Árbol gigantesco de cuya corteza se extrae tanino.

IBIRAPITÁ. m. *Arg.* Árbol maderero de grandes dimensiones, cuyas raíces, hojas y frutos tienen propiedades medicinales (*Peltophorum vogelianum*).

IBIRAPUITÁ. m. Ibirapitá.

IBIS. (Del lat. *ibis*.) f. Ave zancuda de pico largo y plumaje blanco, excepto la cabeza, cuello, cola y extremidad de las alas, donde es negro. Se alimenta principalmente de moluscos fluviales, pero los antiguos egipcios creían que vivía de los reptiles que infestan el país después de las inundaciones periódicas del río Nilo, y por eso lo adoraban.

IBIYAÚ. m. Ave nocturna de la Argentina, de color pardo mezclado con negro. *Nyctidromus albicollis*, caprimúlgida.

IBIZA. *Geog.* Una de las islas Baleares (España). 596 km². 35.000 h. Cereales, olivo, vid, maderas, pesca. ‖ Cap. hom. 14.000 h.

IBN SAUD. *Biog.* Rey de Arabia Saudita (1880-1953).

IBSEN, Enrique. *Biog.* Dram. y poeta noruego, considerado como fundador del teatro de ideas y cuya obra, que influyó poderosamente en la renovación dramática cont., tiene honda raíz psicológica y social. *El pato silvestre; Peer Gynt, Casa de muñecas y Espectros* figuran entre sus dramas más difundidos (1828-1906).

ICA. *Geog.* Departamento de la costa del Perú, al S. de Lima. 21.251,4 km². 385.000 h. ‖ Cap. hom. con 65.000 h. Tejidos, bebidas, centro minero.

ICABAN. m. *Méx.* Haba de San Ignacio.

ICACO. m. Hicaco.

ICAREO, A o ICARIO, RIA. (Del lat. *icarius*.) adj. Perteneciente a Ícaro.

ÍCARO. *Mit.* Hijo de Dédalo, para quien éste fabricó un par de alas de cera que le permitieran salir del laberinto de Creta, donde ambos permanecían encerrados. En su vuelo se elevó demasiado, y derretidas sus alas por el calor del sol se precipitó en el mar.

ÍCARO. *Astron.* Asteroide de órbita excéntrica perteneciente al sistema solar.

ÍCARO. m. *P. Rico.* Especie de ñame.

ICÁSTICO. (Del gr. *eikastikós*, relativo a la representación de los objetos.) adj. Natural, sin disfraz ni adorno.

ICAZA, Carmen. *Biog.* Novelista esp., n. en 1899, autora de *Vestida de tul* y otras obras de gran difusión. ‖ — **Francisco A. de.** Lit. y diplomático mex., autor de estudios críticos y obras poéticas como *Efímeras; Lejanías*, etc. (1863-1925). ‖ — **Jorge.** Novelista ecuatoriano que aboga por las reivindicaciones indígenas. *Huasipungo*, de gran fuerza telúrica, es la epopeya de una clase social; *En las calles; Barro de la sierra; Cholos*, etc., son sus obras capitales (1906-1978). ‖ — **Xavier.** Escritor, jurista y político mex., autor de *Marxismo y antimarxismo; La revolución mexicana y la literatura; Panchito Chapopote*, etc. (1892-1969).

ICEBERG. (Del ingl. *iceberg*, y éste del sueco *is*, hielo, y *berg*, montaña.) m. Témpano o masa flotante de hielo en los mares polares, que sobresale de la superficie.

ICICA. f. *Bot.* Árbol burseráceo de Brasil, que suministra una resina llamada elemí.

ICIPÓ. m. *Arg.* Arbusto trepador que se utiliza para hacer sogas, cestas, etc.

ICNEUMÓN. (Del lat. *ichneumon*.) m. Mangosta. ‖ Género de himenópteros cuyas larvas son parásitas de las larvas de otros insectos.

ICNOGRAFÍA. (Del lat. *ichnographia*.) f. *Arq.* Delineación de la planta de un edificio. ‖ deriv.: icnográfico, ca.

ICONIO. *Geog. histór.* Nombre antiguo de la c. de Konia (Turquía Asiática).

ICONO. al. Ikone. fr. Icone. ingl.

Icon. ital. **Icono.** port. **Ícone.** (Del gr. *eikón*, imagen.) m. Representación devota de pincel, o de relieve, usada en las iglesias orientales unidas o cismáticas. Dícese de las tablas pintadas con técnica bizantina, llamadas en Castilla, en el siglo XV, "tablas de Grecia".

ICONOCLASTA. (Del gr. *eikonoklastes*, rompedor de imágenes.) adj. y s. Dícese del hereje que no rinde el culto debido a las imágenes sagradas. *León III el Isáurico incitó a los* ICONOCLASTAS.

ICONOGRAFÍA. (Del lat. *iconographia.*) f. Descripción de imágenes, estatuas, etc., especialmente de las antiguas. ‖ Tratado descriptivo, o colección de imágenes o retratos. ‖ deriv.: **iconográfico, ca.**

ICONÓGENO. (Del gr. *eikón*, imagen, y *gennao*, engendrar.) m. Substancia usada en fotografía para revelar imágenes.

ICONOLATRÍA. (Del gr. *eikón*, imagen, y *latreia*, adoración.) f. Veneración de las imágenes. ‖ deriv.: **iconólatra.**

ICONOLOGÍA. (Del gr. *eikonología*, de *eikón*, imagen, y *lego*, decir.) f. *Esc.* y *Pint.* Representación de las virtudes, vicios u otras cosas morales o naturales, con la figura o apariencia de personas.

ICONÓMACO. (Del gr. *eikonomakhos*, de *eikón*, imagen, y *mákhomai*, combatir.) adj. y s. Iconoclasta.

ICONOMANÍA. (Del gr. *eikón*, imagen, y *manía*, furor.) f. Pasión exagerada por las obras escultóricas o pictóricas. ‖ deriv.: **iconomaníaco, ca.**

ICONOSTASIO. m. Mampara con puertas adornada con imágenes pintadas, que en las iglesias griegas se pone delante del altar.

ICOR. (Del gr. *ikhor.*) m. *Cir.* Denominación dada por la antigua cirugía a un líquido seroso que exhalan determinadas úlceras malignas. ‖ deriv.: **icoroso, sa.**

ICOSAEDRO. (Del lat. *icosahedros*, y éste del gr. *éikosi*, veinte, y *hedra*, cara.) m. *Geom.* Sólido limitado por 20 caras. ‖ **– regular.** *Geom.* Aquel cuyas caras son todas triángulos equiláteros iguales.

ICTERICIA. al. **Gelbsucht; Ikterus.** fr. **Ictere; jaunisse.** ingl. **Icterus; jaundice.** ital. **Itterizia.** port. **Icterícia.** (De *ictérico.*) f. *Med.* Enfermedad producida por la absorción de bilis, que se caracteriza por la amarillez de la piel y de las conjuntivas. ‖ deriv.: **ictericiado, da.**

ICTÉRICO, CA. (Del lat. *ictéricus*, y éste del gr. *ikteros*, amarillez.) adj. *Med.* Perteneciente a la ictericia. ‖ *Med.* Que la padece. Ú.t.c.s.

ICTERODES. adj. *Med.* V. **Tifus icterodes.**

ICTÍNEO. (Del gr. *ikhthýs*, pez.) adj. Semejante a un pez. ‖ m. Buque submarino.

ICTINIA. f. Ave rapaz del grupo de las falcónidas, propia de América.

ICTIÓFAGO, GA. (Del gr. *ikhthyophagos*, de *ikhthýs*, pez, y *phágomai*, comer.) adj. y s. Que se alimenta de peces.

ICTIÓFAGOS. m. pl. *Hist.* Nombre dado antiguamente a varios pueblos del golfo Pérsico y la costa E. de África.

ICTIOGRAFÍA. (Del gr. *ikhthýs*, pez, y *grapho*, describir.) f. Parte de la zoología que trata de la descripción de los peces.

ICTIOL. (Del gr. *ikhthýs*, pez, y el lat. *óleum*, aceite.) m. Aceite que se extrae de la destilación de una roca sulfurosa formada por restos fosilizados de peces, y que se usa para tratar enfermedades de la piel, como antiséptico intestinal, etcétera.

ICTIOLOGÍA. (Del gr. *ikhthýs*, pez, y *logos*, discurso.) f. Parte de la zoología que estudia los peces. ‖ deriv.: **ictiológico, ca.**

ICTIÓLOGO. m. El que profesa la ictiología.

ICTIOSAURO. (Del gr. *ikhthýs*, pez, y *sauros*, lagarto.) m. Reptil fósil marino, gigantesco, de cráneo alargado, cuerpo pisciforme y miembros en forma de aleta, de la era secundaria.

ICTIOSIS. (Del gr. *ikhthýs*, pez.) f. Enfermedad cutánea que se caracteriza por la descamación de la epidermis.

ICHAL. m. Sitio en que hay muchos ichos.

ICHANG. *Geog.* Ciudad de China, sobre el Yang-tsé Kiang. 200.000 h. Importante puerto comercial.

ICHASO, Francisco. *Biog.* Escritor cubano, autor de *Defensa del hombre* y otras obras (1900-1962).

ICHILO. *Geog.* Río de Bolivia, 300 km. Corre entre los dep. de Cochabamba y Santa Cruz. Se llama, también, Mamorecillo.

ICHINTAL. m. *Guat.* Raíz de la chayotera.

ICHO. (Del quichua *ichu.*) m. Planta gramínea que se cría en los páramos de la cordillera de los Andes. *El* ICHO *es un pasto duro.*

IDA. (De *ido.*) f. Acción de ir de un lugar a otro. *La* IDA *fue muy accidentada.* ‖ fig. Ímpetu, acción irreflexiva. *Frecuentemente tiene* IDAS; sinón.: **arranque.** ‖ *Esgr.* Embate que hace uno de los competidores al otro después de presentar la espada. ‖ *Mont.* Señal o rastro que hace la caza en el suelo con los pies. ‖ **– y venida.** Partido o convenio en el juego de los cientos, en que se termina el juego en cada mano sin acabar de contar el ciento, pagando los tantos según las calidades de él.

IDAHO. *Geog.* Estado del noroeste de los EE.UU. 216.388 km².; 735.000 h. Cap. BOISE. Gran riqueza minera: plomo, plata, cinc, oro, etc.

IDALIO, LIA. adj. Perteneciente a Idalia, antigua ciudad de Chipre, consagrada a Venus; y por extensión, perteneciente a esta diosa de los gentiles.

IDEA. al. **Idee; Vorsteelung; Bild.** fr. **Idée.** ingl. **idea.** ital. **Idea.** port. **Idéia.** (Del lat. *idea.*) f. Acto del entendimiento que se reduce al simple conocimiento de una cosa. ‖ Imagen o representación del objeto percibido, que queda en el alma. *No tengo* IDEA *de cómo era el.* ‖ Conocimiento puro, racional, debido a las naturales condiciones de nuestro entendimiento. *La justicia es* IDEA *innata.* ‖ Plan que se organiza en la imaginación para la formación de una obra. *La* IDEA *de un cuadro.* ‖ Intención de hacer algo. *Tengo* IDEA *de estudiar.* ‖ Concepto u opinión formado de una persona o cosa. *Todavía no me he formado una* IDEA *de Mario.* ‖ Ingenio para inventar y trazar una cosa. *Es hombre de* IDEA. ‖ fam. Manía o imaginación extravagante. Ú.m. en pl. *Le torturaba una* IDEA. ‖ **– fija.** Obsesión, en particular, de un demente. ‖ **Ideas de Platón.** Ejemplares perpetuos e inmutables que de todas las cosas criadas existen, según este filósofo, en la mente divina. ‖ IDEAS AFINES: *Pensamiento, mente, chispa, cerebro, sugerencia, concentración, transmisión, penetración, orden, fijación, memoria, recuerdo, profundidad, originalidad, concepto, original, invención.*

IDEACIÓN. (De *idear.*) f. Génesis y proceso en la formación de las ideas.

IDEAL. al. **Ideal; Verbild.** fr. **Idéal.** ingl. **Ideal.** ital. **Ideale.** port. **Ideal.** (Del lat. *idealis.*) adj. Perteneciente o relativo a la idea. ‖ Que no es real y verdadero, sino que está en la fantasía. ‖ Excelente, perfecto en su especie. *Casa* IDEAL. ‖ m. Prototipo, modelo de perfección. *Un* IDEAL *inalcanzable.* ‖ IDEAS AFINES: *Soñador, pureza, ilusión, sentimiento, nobleza, generosidad, entusiasmo, aspiración, lucha, valor, coraje, política, imaginación, meta.*

IDEALIDAD. f. Calidad de ideal.

IDEALISMO. al. **Idealismus.** fr. **Idéalisme.** ingl. **Idealism.** ital. **Idealismo.** port. **Idealismo.** (De *ideal.*) m. Condición de los sistemas filosóficos que consideran la idea como principio del ser y del conocer. *Fichte es un representante del* IDEALISMO. ‖ Capacidad para elevar sobre la realidad sensible las cosas que se describen o se representan. ‖ Aptitud de la inteligencia para idealizar.

● **IDEALISMO.** *Fil.* El idealismo se perfila de una manera neta sólo a partir de la época moderna, con Descartes. Esta posición filosófica consiste en subordinar la realidad a la idea; el mundo de la materia es una ilusión porque nada es real fuera de la conciencia. En todo idealismo hay un rasgo común: una actitud de cautela frente a las posibilidades del conocimiento, una suspensión de todo juicio a fin de hallar una verdad indubitable. Esta búsqueda desemboca en la desconfianza frente al mundo de lo sensible que no resulta más que vana apariencia y en la afirmación de la verdad de lo inteligible. Existe un sujeto pensante frente al cual es imposible mantener la duda, la cautela y la desconfianza. Lo que resulta indudable de las cosas es que éstas son contenidos del pensamiento y que hay alguien que las piensa. El idealismo concluye siempre en la afirmación de este alguien que piensa, en el "yo" que contiene las cosas en cuanto contenidos de conciencia. El problema de la verdad se convierte en el del conocimiento de la verdad, sólo resulta verdadero aquello que puede ser conocido como tal. La verdad se identifica con el conocimiento. Reducida la realidad exterior al pensamiento, sólo restan dos clases de objetos: los de la conciencia (representaciones, sentimientos, etc.) y los ideales (objetos de la lógica y la matemática). De aquí resultan varias formas de idealismo: el subjetivo o psicológico de Berkeley y Fichte; el crítico o trascendental de Kant; el absoluto o lógico de Hegel; el teleológico de Lotze. Todas ellas tienden a encerrar el mundo en el sujeto y desconfiando de la realidad externa, refieren todo a la conciencia y a su actividad.

IDEALISTA. al. **Idealist.** fr. **Idéaliste.** ingl. **Idealist.** ital. **Idealista.** port. **Idealista.** adj. y s. Aplícase a la que profesa la doctrina del idealismo. ‖ Dícese de la que tiende a representarse las cosas de una manera ideal.

IDEALIZAR. al. **Idealisieren.** fr. **Idéaliser.** ingl. **To idealize.** ital. **Idealizzare.** port. **Idealizar.** (De *ideal.*) tr. Elevar las cosas sobre la realidad sensible por medio de la inteligencia o de la imaginación. ‖ deriv.: **idealización; idealizador, ra.**

IDEALMENTE. adv. m. En la idea o discurso.

IDEAR. al. **Sich ausdenken.** fr. **Concevoir; inventer.** ingl. **To conceive; to contrive.** ital. **Ideare.** port. **Idear.** tr. Formar idea de algo. ‖ Imaginar, inventar. IDEAR *travesuras.*

IDEARIO. m. Conjunto de las principales ideas de un autor, de una escuela, etc.

IDEÁTICO, CA. (De *idea.*) adj. *Amér.* Extravagante, maniático.

IDEM. (Del lat. *ídem*, el mismo, lo mismo.) pron. lat. que significa el mismo o lo mismo, y se usa para repetir las citas de un autor, y en las cuentas y listas para indicar distintas partidas de una sola especie. ‖ **Ídem per ídem.** loc. lat. que significa ello por ello, o lo mismo es lo uno que lo otro.

IDÉNTICO, CA. al. **Identisch.** fr. **Identique.** ingl. **Identic; identical.** ital. **Identico.** port. **Identico.** (De *ídem.*) adj. Dícese de lo que en esencia y accidentes resulta lo mismo que otra cosa con que se compara. Ú.t.c.s. *Conclusiones* IDÉNTICAS; sinón.: **igual;** antón.: **diferente, distinto.** ‖ Muy parecido. *Facciones* IDÉNTICAS. ‖ deriv.: **idénticamente.**

IDENTIDAD. al. **Identität.** fr. **Identité.** ingl. **Identity.** ital. **Identità.** port. **Identidade.** (Del lat. *idéntitas, -atis*, de idem, lo mismo.) f. Calidad de idéntico. IDENTIDAD *de propósitos.* ‖ *Der.* Hecho de ser algo o alguien lo mismo que se supone o se busca. ‖ *Mat.* Igualdad que se verifica siempre, cualquiera sea el valor de las variables que contiene su expresión.

IDENTIFICAR. (Del lat. escolástico *identificare.*) tr. Hacer que dos o más cosas que son distintas aparezcan y se consideren como una misma. Ú.m.c.r. ‖ *For.* Reconocer si algo o alguien es lo mismo que se supone o se busca. IDENTIFIQUÉ *al ladrón.* ‖ r. *Fil.* Aplícase a las cosas que la razón aprehende como distintas, aunque en la realidad sean una misma. ‖ **Identificarse** uno con otro. frs. Llegar a tener las mismas creencias, ambiciones, etc., que él. ‖ deriv.: **identificable; identificación; identificador, ra.**

IDEO, A. adj. Perteneciente a Troya o Frigia.

IDEOGRAFÍA. (Del gr. *idea*, idea, y *grapho*, describir.) f. Representación de las ideas por medio de imágenes o símbolos.

IDEOGRÁFICO, CA. (Del gr. *idea*, idea, y *graphikos*, que describe.) adj. Aplícase a la escritura en que se representan las ideas por medio de figuras o símbolos, por ejemplo, pintando un perro para expresar la idea de fidelidad. *Los jeroglíficos egipcios son fonéticos o* IDEOGRÁFICOS.

IDEOGRAMA. (Del gr. *idea*, idea y *gramma*, letra.) m. Cualquiera de los signos o elementos de la escritura ideográfica. IDEOGRAMA *chino.*

IDEOLOGÍA. al. **Ideologie; Denkart.** fr. **Idéologie.** ingl. **Ideology.** ital. **Ideologia.** port. **Ideologia.** (Del gr. *idea*, idea, y *logos*, discurso.) f. Rama de las ciencias filosóficas, que estudia el origen y clasificación de las ideas. ‖ Conjunto de ideas que caracterizan a una persona, escuela, etc. *La* IDEOLOGÍA *del materialismo.* ‖ deriv.: **ideológico, ca.**

IDEÓLOGO, GA. s. Persona que se dedica a la ideología. ‖ Persona ilusa, utópica.

IDEOSO, SA. adj. *Amér.* Ingenioso.

IDIARTE BORDA, Juan. *Biog.* Político uruguayo. En 1894 asumió la presidencia de la Rep. y tres años después fue asesinado (1844-1897).

IDIAZÁBAL. *Geog.* Población de Argentina (Córdoba), al S.O. de Bell Ville. 5.000 h.

IDILIO. al. **Idylle.** fr. **Idylle.** ingl. **Idyl.** ital. **Idillio.** port. **Idílio.** (Del lat. *idýlium*, y éste del gr. *eidyllion*, dim. de *eidos*, forma, imagen.) m. Composición poética, generalmente tierna y delicada, que trata de los asuntos del campo y de los sentimientos entre pastores. ‖ fig. Coloquio amoroso, y por ext., relaciones entre enamorados. ‖ deriv.: **idílico, ca.**

IDIOCIA. f. *Pat.* Estancamiento en la expresión lingual. ‖ Idiotez.

IDIOELÉCTRICO, CA. adj. *Fís.* Dícese del cuerpo capaz de electrizarse por frotamiento.

IDIOMA. al. **Sprache.** fr. **Langue.** ingl. **Tongue.** ital. **Lingua.** port. **Idioma.** (Del lat. *idioma*, y éste del gr. *idioma*, de *idios*, propio, especial.) m. Lengua de un pueblo o nación o común a varios. *En nuestro* IDIOMA *predominan las vocales.* ‖ Modo peculiar de hablar de algunos o en ciertas ocasiones. *En* IDIOMA *de estudiantes.*

IDIOMÁTICO, CA. al. **Idiomatisch.** fr. **Idiomatique.** ingl. **Idiomatic.** ital. **Idiomatico.** port. **Idiomático.** (Del gr. *idiomatikós*, especial.) adj. Propio y peculiar de una lengua determinada. *Giros* IDIOMÁTICOS.

IDIOSINCRASIA. al. **Idiosynkrasie; Wesensart.** fr. **Idiosyncrasie.** ingl. **Idiosyncrasy.** ital. **Idiosincrasia.** port. **Idiossincrasia.** (Del gr. *idiosynkrasía*; de *idio*, propio, especial, y *sinkrasis*, temperamento.) f. Índole del temperamento y carácter peculiar de cada individuo. ‖ deriv.: **idiosincrásico, ca.**

IDIOTA. al. **Idiot; Dummkopf.** fr. **Idiot.** ingl. **Idiot; idiotic.** ital. **Idiota.** port. **Idiota.** (Del lat. *idiota.*) adj. y s. Que padece idiotez. ‖ Carente de toda instrucción. ‖ IDEAS AFINES: *Retardado, subnormal, mente, cerebro, equilibrio, inteligencia, capacidad, educación, reeducación, escuela, preceptor, psicopedagogía, psicología, foniatría, cretino, tonto, ignorante, inepto, incapaz, herencia, alcoholismo, consanguinidad, enfermedad, demente, deficiente.*

IDIOTEZ. al. **Blödsinn; Dummheit.** fr. **Idiotie.** ingl. **Idiocy.** ital. **Idiotaggine.** port. **Idiotia; idiotice.** (De *idiota.*) f. Anomalía congénita, caracterizada por la imposibilidad de desarrollarse intelectualmente.

IDIOTISMO. al. **Spracheigentümlichkeit; Idiotismus.** fr. **Idiotisme.** ingl. **Idiom.** ital. **Idiotismo.** port. **Idiotismo.** (Del lat. *idiotismus*, lenguaje o estilo familiar.) m. Ignoracia, falta de instrucción. sinón.: **incultura.** ‖ *Gram.* Modo incorrecto de expresarse, característico de una lengua.

IDISH. (Del al. *jüdisch*, judío, judaico.) m. Lengua hablada por los judíos de Europa central, Rusia y América. Se escribe con caracteres hebreos y es una mezcla de vocablos germánicos y hebreos a los que se agregan términos locales rusos, polacos, rumanos, españoles, etc. Durante el s.

XIX surgió una rica literatura **idish.** Actualmente esta lengua está en franca declinación, ya que el nuevo Estado de Israel proclamó como lengua oficial el hebreo.

IDO, DA. adj. fam. Distraído. ‖ *Amér.* Calamocano, ebrio.

IDÓLATRA. al. **Götzenanbeter.** fr. **Idolâtre.** ingl. **Idolater.** ital. **Idolatra.** port. **Idólatra.** (Del lat. *idolatra,* y éste del gr. *eidolatres;* de *éidolon,* ídolo, y *latreia,* latría.) adj. y s. Que venera ídolos o falsas deidades. *Los aborígenes americanos eran* IDÓLATRAS. ‖ fig. Que ama excesivamente a una persona o cosa.

IDOLATRAR. (De *idólatra.*) tr. Venerar ídolos o falsas deidades. ‖ fig. Amar exageradamente a una persona o cosa. Ú.t.c.r. ‖ deriv.: **idolatrante.**

IDOLATRÍA. al. **Götzendienst.** fr. **Idolâtrie.** ingl. **Idolatry.** ital. **Idolatria.** port. **Idolatria.** (Del lat. *idolatria.*) f. Veneración que se da a los ídolos y falsas divinidades. ‖ fig. Amor vehemente a una persona o cosa.

IDOLEJO. m. dim. de **Ídolo.**

ÍDOLO. al. **Götze; Idol.** fr. **Idole.** ingl. **Idol.** ital. **Idolo.** port. **Ídolo.** (Del lat. *idólum.*) m. Figura de una falsa deidad a la que se venera. *Los* ÍDOLOS *paganos.* ‖ fig. Persona o cosa vehementemente amada. *Se convirtió en el* ÍDOLO *del pueblo.*

IDOLOLOGÍA. (Del gr. *éidolon,* ídolo, y *logos,* tratado.) f. Ciencia que trata de los ídolos.

IDOLOPEYA. (Del gr. *eidolopoiia;* de *éidolon,* imagen, y *poieoo,* representar.) f. *Ret.* Figura que consiste en poner un dicho o discurso en boca de un muerto.

IDONEIDAD. (Del lat. *idoneitas, -atis.*) f. Calidad de idóneo. sinón.: **capacidad, suficiencia.**

IDÓNEO, A. (Del lat. *idoneus.*) adj. Que tiene buena disposición o aptitud para algo. *Era* IDÓNEO *para el mando;* sinón.: **capaz, competente.** ‖ s. *Arg.* Persona sin título profesional, pero autorizada por la ley, en virtud de su práctica y conocimientos, para preparar y expender medicamentos bajo la responsabilidad de un farmacéutico.

IDOS o **IDUS.** (Del lat. *idus.*) m. pl. En el antiguo calendario romano y en el eclesiástico, el día 15 de marzo, mayo, julio y octubre, y el 13 de los demás meses.

IDRIALITA o **IDRIATINA.** f. Cera fósil, variedad de ozoquerita.

IDUARTE, Andrés. *Biog.* Escritor mex., autor de la trilogía *Sarmiento, Martí, Rodó* (n. 1907).

IDUMEA. *Geog. histor.* Antigua región de Asia, situada al S.E. del mar Muerto, en la actual Jordania, conocida también por **Edom.** Sus habitantes **-idumeos** o **edomitas-** fueron sometidos por David y Salomón.

IEISK. *Geog.* Ciudad de la Unión Soviética (R.S.F.S.R.), sobre el mar de Azov. 70.000 h. Tejidos de lana. curtidurías.

IEKATERINBURGO. *Geog.* V. **Sverdlovsk.**

IEKATERINODAR. *Geog.* V. **Krasnodar.**

IEKATERINOSLAV. *Geog.* V. **Dniepropetrovsk.**

IELISAVETGRADO. *Geog.* V. **Kirovgrad.**

IENA. *Geog.* V. **Jena.**

IENISEI. *Geog.* V. **Yenisei.**

IESI. *Geog.* Ciudad de Italia, en la prov. de Ancona, sit. al S.O. de la ciudad de este nombre. Industria textil muy importante. 43.000 h.

IFIGENIA. *Mit.* Hija de Agamenón y de Clitemnestra a quien su padre estuvo a punto de inmolar para aplacar la ira divina. Artemisa, apiadada, substituyóla en el ara por un animal, salvándole la vida.

IFNI. *Geog.* Territorio de la costa de África, enclavado en Marruecos, frente a las Canarias. 1.750 km². 60.000 h. Pesquerías. Cap. hom. 15.000 h.

IGA. m. Árbol de la América tropical, cuya madera se emplea en la construcción de barcos.

IGLESIA. al. **Kirche.** fr. **Église.** ingl. **Church.** ital. **Chiesa.** port. **Igreja.** (Del lat. *ecclesia,* y éste del gr. *ekklesía,* congregación.) f. Congregación de los fieles, regida por Cristo y el Papa. ‖ Conjunto del clero y pueblo de un país en donde el catolicismo tiene adherentes. IGLESIA *argentina.* ‖ Estado eclesiástico, que incluye a todos los ordenados. ‖ Gobierno eclesiástico general del Sumo Pontífice, concilios y prelados. ‖ Cabildo de las catedrales o colegiales. ‖ Diócesis, territorio y lugares de la jurisdicción de los prelados. ‖ Conjunto de sus súbditos. ‖ Templo cristiano. ‖ V. **Cabeza de la Iglesia.** ‖ – **catedral,** Iglesia principal en que reside el obispo o arzobispo con su cabildo. ‖ – **colegial.** La que se compone de abad y canónigos seculares, y en ella se celebran los oficios divinos como en las catedrales. ‖ – **conventual.** La de un convento. ‖ – **en cruz griega.** La que se compone de dos naves de igual longitud que se cruzan perpendicularmente por su parte media. ‖ – **en cruz latina.** La que se compone de dos naves, una más larga que otra, que se cruzan a escuadra. ‖ – **mayor.** La principal de cada pueblo. ‖ – **metropolitana.** La que es sede de un arzobispo. ‖ – **militante.** Congregación de los fieles que viven en la fe católica. ‖ – **oriental.** La que sigue el rito griego. ‖ – **papal.** Aquella en que el prelado provee todas las prebendas. ‖ – **purgante.** Congregación de los fieles que están en el purgatorio. ‖ – **triunfante.** Congregación de los fieles que están ya en la gloria. ‖ **Acogerse a la Iglesia.** frs. fam. Entrar en religión, hacerse eclesiástico. ‖ **Cumplir con la iglesia.** frs. Comulgar los fieles por Pascua florida o de Resurrección. ‖ IDEAS AFINES: *Basílica, capilla, oratorio, mezquita, sinagoga, atrio, coro, santuario, altar, tabernáculo, torre, cripta, bóveda, cúpula, arco, ojiva, pila, púlpito, confesionario, sacristía, atril, cardenal, nuncio, cura, casamiento, bautismo, comunión, confesar, comulgar.*

IGLESIA. *Geog.* Valle intermontañoso de la Argentina (San Juan), recorrido por el arroyo hom. tributario del río Jáchal. Reserva de vicuñas.

IGLESIAS, Ignacio. *Biog.* Poeta y dramaturgo esp. que escribió sus obras en catalán (1871-1928). ‖ – **Miguel.** Militar y político per., elegido presidente de la República en 1882 y depuesto en 1886 por una revolución (1822-1901). ‖ – **Pablo.** Político esp., notable orador e iniciador de la acción socialista y de la organización sindical de la clase trabajadora en su país (1850-1925). ‖ – **PAZ, César.** Comediógrafo arg. cuyo teatro abordó los problemas de la mujer. Obras: *La conquista; El vuelo nupcial; El complot del silencio,* etc. (1882-1922). ‖ – **VILLOUD, Héctor A.** Compositor arg., autor de obras de carácter autóctono; *El malón; Amancay,* etc. (n. 1913). ‖ – **Y CASTRO, Rafael.** Político costarricense, de 1894 a 1902 presidente de la República (1861-1924).

IGLESIETA. f. dim. de **Iglesia,** templo.

IGLÚ. m. Cabaña de hielo de los esquimales, de forma aproximadamente semiesférica y con una sola entrada. ‖ Excavación que las focas hacen en la nieve para defender sus crías.

IGNACIANO, NA. adj. Perteneciente a la doctrina de San Ignacio de Loyola y a las instituciones que él fundó.

IGNACIO, San. *Hagiog.* Padre de la Iglesia y patriarca de Constantinopla (799-878). ‖ – **DE LOYOLA, San.** Religioso esp. En su juventud abrazó la carrera militar, en la que se distinguió; más tarde recibió las órdenes sagradas, profundizó la ciencia teológica y fundó la milicia religiosa que se llama Compañía de Jesús. Obras: *Constituciones; Ejercicios espirituales,* etc. (1491-1556).

IGNARO, RA. (Del lat. *ignarus.*) adj. Ignorante. *La plebe* IGNARA; sinón.: **inculto, nesciente.**

IGNAVIA. (Del lat. *ignavia.*) f. Pereza, flojedad de ánimo.

IGNAVO, VA. (Del lat. *ignavus.*) adj. Indolente, cobarde.

ÍGNEO, A. (Del lat. *igneus,* de *ignis,* fuego.) adj. De fuego o que tiene alguna de sus propiedades. *Rayos* ÍGNEOS. ‖ De color de fuego. *Traje* ÍGNEO. ‖ Dícese de las rocas de origen magmático.

IGNICIÓN. (Del lat. *ignitus,* encendido.) f. Acción y efecto de estar un cuerpo encendido o enrojecido por un fuerte calor.

IGNÍCOLA. adj. y s. Que venera el fuego. *Los antiguos hindúes eran* IGNÍCOLAS.

IGNÍFERO, RA. (Del lat. *ignifer,* de *ignis,* fuego, y *ferre,* llevar.). adj. poét. Que arroja o contiene fuego.

IGNÍFUGO, GA. (Del lat. *ignis,* fuego, y *fúgere,* huir, evitar.) adj. Que protege del fuego.

IGNIPOTENTE. (Del lat. *ignipotens, -entis,* de *ignis,* fuego, y *potens,* poderoso.) adj. poét. Poderoso en el fuego.

IGNITO, TA. (Del lat. *ignitus.*) adj. Que tiene fuego o está encendido.

IGNÍVOMO, MA. (Del lat. *ignóvomus,* de *ignis,* fuego, y *vómere,* vomitar.) adj. poét. Que vomita fuego. *La fragua* IGNÍVOMA.

IGNOGRAFÍA. f. Icnografía.

IGNOMINIA. al. **Schmach; Schande.** fr. **Ignomine.** ingl. **Ignominy; infamy.** ital. **Ignominia.** port. **Ignomínia.** (Del lat. *ignominia.*) f. Afrenta pública. sinón.: **baldón, oprobio;** antón.: **dignidad, honor.**

IGNOMINIOSO, SA. (Del lat. *ignominiosus.*) adj. Que es ocasión o causa de ignominia. *Castigo* IGNOMINIOSO; sinón.: **afrentoso, infamante;** antón.: **digno, honroso.** ‖ deriv.: **ignominiosamente.**

IGNORANCIA. al. **Unwissenheit; Unkenntnis.** fr. **Ignorance.** ingl. **Ignorance.** ital. **Ignoranza.** port. **Ignorancia.** (Del lat. *ignorantia.*) f. Carencia general o particular de ciencia, de letras y noticias. *Ninguno debe aprovecharse de la* IGNORANCIA *ajena;* sinón.: **incompetencia, incultura;** antón.: **cultura, sabiduría.** ‖ – **de derecho.** *For.* Desconocimiento de la ley, el cual a nadie excusa, porque habiendo sido aquélla promulgada, todos deben conocerla. ‖ – **de hecho.** *For.* La que alguien tiene de hecho y puede ser estimada en las relaciones jurídicas. ‖ – **invencible.** La que tiene uno de algo, por no alcanzar razón que le haga dudar de ello. ‖ – **supina.** La que procede de negligencia en aprender o inquirir lo que se puede y se debe saber. ‖ **No pecar** uno **de ignorancia.** frs. Hacer algo sabiendo que no hay razón para hacerlo, o después de haber advertido que no se debía hacer. ‖ **Pretender** uno **ignorancia.** frs. Alegarla.

IGNORANTE. al. **Unwissend.** fr. **Ignorant.** ingl. **Ignorant.** ital. **Ignorante.** port. **Ignorante.** (Del lat. *ignorans, -antis.*) p. a. de **Ignorar.** Que ignora. sinón.: **inculto, nesciente.** ‖ adj. y s. Que no tiene noticia de las cosas. sinón.: **profano.** ‖ deriv.: **ignorantemente.** ‖ IDEAS AFINES: *Analfabeto, iliterato, inocente, ingenuo, olvidar, desconocer, incapacidad, ineptitud, inexperiencia, desconocimiento, bobo, tonto, necio, torpeza, indiferente, apático.*

IGNORAR. al. **Nicht wissen; ignorieren.** fr. **Ignorer.** ingl. **To ignore.** ital. **Ignorare.** port. **Ignorar.** (Del lat. *ignorare.*) tr. No saber una o muchas cosas, o no tener noticia de ellas. IGNORAMOS *mucho más que lo que sabemos;* sinón.: **desconocer;** antón.: **saber.**

IGNOTO, TA. (Del lat. *ignotus,* de *in,* priv., y *gnotus,* conocido.) adj. No conocido ni descubierto. *Mar* IGNOTO; sinón.: **desconocido, ignorado.**

IGORROTE. m. Indio de la isla de Luzón. ‖ Lengua de los igorrotes. ‖ adj. Perteneciente a estos indios o a su lengua.

IGRA. f. *Col.* Mochila grande hecha de cabuyas.

IGUAL. al. **Gleich.** fr. **Égal; pareil.** ingl. **Equal.** ital. **Uguale.** port. **Igual.** (Del lat. *aequalis.*) adj. De la misma naturaleza, cantidad o calidad de otra cosa. *Tenían* IGUAL *estatura;* sinón.: **exacto, idéntico.** ‖ Liso, sin relieve. *Camino* IGUAL; sinón.: **llano, parejo.** ‖ Muy parecido o semejante. *Estatua sin* IGUAL. ‖ Proporcionado, en conveniente relación. *Sus proyectos no eran* IGUALES *a sus fuerzas.* ‖ Constante, invariable. *Temperatura* IGUAL. ‖ Indiferente. *Para él es* IGUAL *trabajar o no.* ‖ De una misma clase o condición. Ú.t.c.s. ‖ *Geom.* Dícese de las figuras que se pueden superponer de modo que se confundan totalmente. ‖ m. *Mat.* Signo de la igualdad, formado por dos rayas horizontales y paralelas (=). ‖ **Al igual.** m. adv. Con igualdad. ‖ **Por igual,** o **por un igual.** m. adv. Igualmente. ‖ **Sin igual.** m. adv. Sin par. ‖ IDEAS AFINES: *Simétrico, equilibrio, equidistante, balancear, coincidir, nivel, ecuación, matemática, indiferente, mellizos, equidad, paridad, equilátero.*

IGUALA. f. Acción de igualar o igualarse. ‖ Composición o pacto en los tratos. ‖ Estipendio o cosa que se da en virtud de ajuste. ‖ Listón de madera que usan los albañiles para examinar la llanura de una superficie.

IGUALA. *Geog.* Población de México, en el Est. de Guerrero. 30.000 h. Centro comercial.

IGUALACIÓN. f. Acción de igualar o igualarse. ‖ fig. Ajuste, convenio o concordia.

IGUALADA. *Geog.* Ciudad de España (Barcelona). 17.000 h. Hilados, tejidos, fundiciones.

IGUALADO, DA. adj. Aplícase a determinadas aves, las cuales, una vez arrojado el plumón, tienen igual la pluma. ‖ *Guat.* y *Méx.* Aplícase a la persona que pretende igualarse con otras de clase social superior. ‖ *Méx.* Grosero. ‖ *Salv.* Astuto, taimado.

IGUALAR. al. **Ausgleichen.** fr. **Égaler.** ingl. **To equalize; to mate.** ital. **Uguagliare.** port. **Igualar.** tr. Poner al igual con otra a una persona o cosa. Ú.t.c.r. IGUALAR *ante la ley;* sinón.: **equiparar, nivelar.** ‖ Allanar. IGUALAR *los caminos;* sinón.: **aplanar.** ‖ Convenirse con pacto sobre una cosa. Ú.t.c.r. ‖ fig. Juzgar a alguien y tenerlo en la misma opinión o afecto que a otro. ‖ intr. Ser una cosa igual a otra. Ú.t.c.r. *Nadie lo* IGUALA *en bondad.* ‖ deriv.: **igualador, ra; igualamiento.**

IGUALDAD. al. **Gleichheit.** fr. **Égalité.** ingl. **Equality.** ital. **Eguaglianza.** port. **Igualdade.** (Del lat. *aequálitas, -atis.*) f. Conformidad de una cosa con otra en naturaleza, forma, calidad o cantidad. IGUALDAD *de fuerzas, de derechos;* sinón.: **exactitud, identidad.** ‖ Correspondencia y proporción entre muchas partes que uniformemente constituyen un todo. ‖ *Mat.* Expresión de la equivalencia de dos cantidades. ‖ – **ante la ley.** Principio por el que se admite que todos los ciudadanos están capacitados para tener los mismos derechos.

IGUALITARIO, RIA. adj. Que entraña igualdad o tiende a ella.

IGUALMENTE. adv. m. Con igualdad. ‖ Asimismo.

IGUALÓN, NA. adj. Dícese del pollo de la perdiz, cuando ya se asemeja a sus padres.

IGUANA. al. **Leguan.** fr. **Iguane.** ingl. **Iguana.** ital. **Iguana.** port. **Iguano.** (Del caribe *ihuana.*) f. Reptil saurio de un metro de largo aproximadamente; verdoso, con manchas amarillentas. Es originario de Amér. Central y del Sur. Tiene una gran papada y una cresta espinosa a lo largo del dorso. Su carne y sus huevos son comestibles. ‖ *Méx.* Instrumento musical rústico, similar a la guitarra.

IGUANA. *Geog.* Río de Venezuela (Guárico) que des. en el Orinoco.

IGUÁNIDO, DA. adj. *Zool.* Dícese de ciertos reptiles saurios, cuyo tipo es la iguana. ‖ m. pl. *Zool.* Familia de estos reptiles.

IGUANITA. f. *Cuba.* Mabuja.

IGUANODONTE. (De *iguana,* y el gr. *odón, odontos,* diente.) m. Reptil saurio, fósil gigantesco que vivió en la era secundaria; era herbívoro, alcanzaba hasta 12 metros de largo y tenía las patas anteriores mucho más cortas que las posteriores. Considerado como uno de los reptiles más grandes que se conocen, sus restos fósiles se hallaron en los terrenos secundarios del cretáceo inferior. Marchaba como el canguro, manteniéndose en pie sobre sus patas traseras y sirviéndose de su gran cola a modo de contrapeso. Las especies más conocidas son el *mantelli,* hallado en Inglaterra, y el *bornissartensis,* de Bélgica, donde en la excavación de una mina de carbón se encontraron veinte ejemplares.

IGUARASSÚ. *Geog.* Ciudad de Brasil (Pernambuco), situada a 10 km. del Atlántico. 35.000

h. Producción agrícola y ganadera.

IGUARIA. (Del port. *iguaria.*) f. Manjar delicado y apetitoso.

IGUAZÚ. *Geog.* Río de América del Sur. Nace en la sierra del Mar (Brasil), marca el límite con la Argentina y des. en el Paraná. 1.320 km. Las imponentes cataratas que forma, 23 km. antes de su desembocadura, tienen 70 m. de altura y constituyen un importante recurso turístico para Argentina y Brasil.

IGÜEDO. m. Cabrón, macho cabrío.

IHERING, Rodolfo von. *Biog.* Jurista al., autor de *La lucha por el derecho; El espíritu del derecho romano,* etc. (1818-1892).

I.H.S. Siglas de la expresión latina *Iesus hominum salvator* (Jesús, salvador de los hombres) que suele encontrarse en inscripciones cristianas.

IJADA. al. **Flanke; Weiche.** fr. **Flanc.** ingl. **Flank.** ital. **Ilio; fianco.** port. **Ilhal.** (De un deriv. del lat. *ilia,* ijares.) f. Cualquiera de las dos cavidades simétricamente dispuestas entre las costillas falsas y los huesos de las caderas. ‖ Parte anterior e inferior del cuerpo de los peces. ‖ Dolor o mal que se sufre en aquella parte.

IJADEAR. tr. Mover aceleradamente las ijadas, por efecto del cansancio.

IJAR. m. Ijada.

IJSSEL. *Geog.* V. **Yssel.**

IKENO, Seitiro. *Biog.* Botánico japonés a quien se considera como uno de los precursores de la genética (n. 1867).

ILACIÓN. (Del lat. *illatio, -onis.*) f. Acción y efecto de inferir una cosa de otra. ‖ Nexo razonable de las partes de un discurso. *Habló sin* ILACIÓN. ‖ Relación gramatical que establecen las conjunciones ilativas. ‖ *Lóg.* Trabazón entre antecedente y consecuente.

ILAGAN. *Geog.* Ciudad de las Filipinas, cap. de la provincia de Isabela. 35.384 h.

ILANG-ILANG. m. Alangilán. ‖ Esencia de las flores de este árbol.

ILAPSO. (Del lat. *illapesus,* p. p. de *illabi,* caer sobre, insinuarse.) m. Especie de éxtasis contemplativo, durante el cual se suspenden las sensaciones exteriores.

ILATIVO, VA. (Del lat. *illativus.*) adj. Que se infiere o puede inferirse. ‖ *Gram.* V. **Conjunción ilativa.**

ILDEFONSO, San. *Hagiog.* Arzobispo de Toledo, erudito sabio medieval que es doctor de la Iglesia (607-669).

ILÉCEBRA. (Del lat. *illécebra.*) f. Halago engañoso, cariñosa ficción que convence.

ILEGAL. al. **Gesetz widrig; illegal.** fr. **Illegal.** ingl. **Illegal; unlawful.** ital. **Illegale.** port. **Ilegal.** (Del pref. priv. *in* y *legal.*) adj. Que es contrario a la ley. *El paro fue declarado* ILEGAL; sinón.: **ilícito, indebido.**

ILEGALIDAD. f. Falta de legalidad.

ILEGALMENTE. adv. m. Sin legalidad. *Entró en el país* ILEGALMENTE.

ILEGIBLE. al. **Unleserlich.** fr. **Illisible.** ingl. **Illegible.** ital. **Illeggibile.** port. **Ilegível.** (Del pref. priv. *in* y *legible.*) adj. Que no puede leerse. *Firma* ILEGIBLE; sinón.: **indescifrable.**

ILEGISLABLE. adj. No legislable.

ILEGÍTIMAMENTE. adv. m. Sin legitimidad.

ILEGITIMAR. (De *ilegítimo.*) tr. Privar a uno de la legitimidad; hacer que se considere ilegítimo al que era o creía ser legítimo.

ILEGITIMIDAD. (De *ilegítimo.*) f. Carencia de alguna circunstancia para que sea legítima una cosa.

ILEGÍTIMO, MA. (Del lat. *illegítimus;* de *in,* priv., y de *legítimus.*) adj. No legítimo. *Hijo* ILEGÍTIMO; *aspiración* ILEGÍTIMA; sinón.: **bastardo, falso:** antón. **genuino.**

ILEÍBLE. adj. Dígase ilegible.

ÍLEO. (Del gr. *eileos,* cólico violento.) m. *Med.* Enfermedad causada por el retorcimiento de las asas intestinales, que produce cólico miserere.

ILEOCECAL. adj. *Anat.* Perteneciente a los intestinos íleon y ciego.

ÍLEON. (Del b. lat. *ileon.*) m. *Anat.* Tercer intestino delgado; empieza donde termina el yeyuno y acaba en el ciego.

ILEÓN. m. *Anat.* Ilion.

ILERDA. *Geog. histór.* Nombre antiguo de la ciudad española de Lérida, cuya existencia es anterior a la invasión de los cartagineses.

ILESO, SA. al. **Unverletzt.** fr. **Indemne.** ingl. **Unhurt.** ital. **Illeso.** port. **Ileso.** (Del lat. *illaesus.*) adj. Que no ha sufrido lesión o daño. sinón.: **incólume, intacto;** antón.: **herido.**

ILETRADO, DA. (De *in,* pref. priv., y *letrado.*) adj. y s. Carente de cultura.

ILFORD. *Geog.* Ciudad de Gran Bretaña, en Inglaterra (Essex), a 11 km. al N.E. de Londres. 190.000 h. Importante producción de artículos fotográficos.

ILHÉUS. *Geog.* Ciudad y puerto de Brasil (Bahía). Puerto exportador de cacao y azúcar. 100.000 h.

ILI. *Geog.* Río del Asia, afl. del lago Balkach. 1.500 km.

ILÍACO, CA. adj. *Anat.* Iliaco.

ILIACO, CA. adj. Anat. Perteneciente o relativo al íleon.

ILÍACO, CA. (Del gr. *iliakos,* de *Ilion,* Troya.) adj. Perteneciente o relativo a Ilión o Troya.

ILÍADA (LA). *Lit.* Poema épico griego compuesto por Homero hacia el s. IX o el VIII a. de C., que narra diversos acontecimientos de la guerra de Troya durante la Edad Heroica. Nada falta en su ingente mundo: patetismo, grandeza, profundidad, lirismo. Su inagotable variedad se ordena en torno al tema central de la cólera de Aquiles y muestra al hombre ocupado en grandes empresas, pero amenazado siempre por el destino inexorable.

ILIBERAL. (Del lat. *illiberalis.*) adj. No liberal.

ILICI. *Geog. histór.* Nombre antiguo de la c. de Elche, España.

ILICÍNEO, A. (Del lat. *ilex, ilicis,* encina.) adj. *Bot.* Aplícase a árboles y arbustos dicotiledóneos siempre verdes, con hojas alternas, flores axilares pequeñas y blancas, y frutos en drupas abayadas poco carnosas; como el acebo. Ú.t.c.s.f. ‖ f. pl. *Bot.* Familia de estas plantas.

ILÍCITAMENTE. adv. m. Contra razón, justicia o derecho. sinón.: **ilegalmente, indebidamente.**

ILÍCITO, TA. al. **Unerlaubt.** fr. **Illicite.** ingl. **Illicit.** ital. **Illecito.** port. **Ilícito.** (Del lat. *illícitus.*) adj. No permitido legal ni moralmente. *Trabajo* ILÍCITO; sinón.: **ilegal.**

ILICITUD. f. Calidad de ilícito.

ILIENSE. (Del lat. *iliensis.*) adj. Troyano. Apl. a pers., ú.t.c.s.

ILIMITABLE. (Del lat. *ilimitábilis.*) adj. Que no puede limitarse.

ILIMITADO, DA. al. **Unbeschränkt.** fr. **Illimité.** ingl. **Boundless.** ital. **Illimitado.** port. **Ilimitado.** (Del lat. *illimitatus.*) adj. Que no tiene límites. *Poder* ILIMITADO; sinón.: **indefinido, infinito.** ‖ deriv.: **ilimitadamente.**

ILINIO. (De *Illinois,* uno de los Estados de la Unión Norteamericana.) m. Prometio.

ILION. (Del fr. *ilion,* y éste del lat. *ílium.*) m. *Anat.* Parte lateral del hueso innominado.

ILIÓN. *Geog. histór.* Uno de los nombres de Troya.

ILÍQUIDO, DA. (De *in,* pref. priv., *líquido.*) adj. Dícese de la cuenta, deuda, etc., cuya liquidación está pendiente.

ILIRIA. *Geog. histór.* Región de Europa antigua, sobre el Adriático. Se extendía por el N. hasta Istria y por el S. penetraba en Albania. Sus límites se ampliaron durante el Imperio Romano.

ILÍRICO, CA. adj. Ilirio.

ILIRIO, RIA. adj. Natural de Iliria. Ú.t.c.s. ‖ Perteneciente o relativo a esta región europea.

ILITERATO, TA. (Del lat. *illiteratus.*) adj. Ignorante y no versado en ciencias ni letras humanas.

ILMEN. *Geog.* Lago de la Unión Soviética, al N.O. de la meseta de Valdai. 918 km². Sus aguas afluyen al lago Ladoga.

ILMENITA. f. *Miner.* Óxido de hierro y titanio.

ILO. *Mit.* Rey legendario de Troya, nieto de Dárdano, fundador de Ilión.

ILOBASCO. *Geog.* Ciudad de El Salvador (Cabañas). 6.000 h. (Con el municipio 25.000 h.) En sus inmediaciones hay importantes plantaciones de café y caña de azúcar. Trabajos en cerámica.

ILOCOS. *Geog.* Nombre de dos prov. de las Filipinas, en la isla de Luzón: – **Norte.** 3.287 km. 251.455 h. Cap. LAOAG. – **Sur.** 2.686 km. 276.278 h. Cap. VIGAN.

ILÓGICO, CA. al. **Unlogisch.** fr. **Illogique.** ingl. **Illogical.** ital. **Illogico.** port. **Ilógico.** (De *in,* pref. priv., y *lógico.*) adj. Carente de lógica, o que va contra sus reglas y doctrinas. *Deducción* ILÓGICA. sinón.: **desatinado, irrazonable.**

ILOILO. *Geog.* Provincia de las Filipinas en la isla de Panay 5.304 km². 1.250.000 h. Cap. hom. con 220.000 h. Puerto excelente, concentra el comercio de las regiones vecinas.

ILOPANGO. *Geog.* Lago de El Salvador, en el centro de la República, entre los dep. de San Salvador, Cuscatlán y La Paz. Tiene 65 km². Está situado a 12 km. de la ciudad de San Salvador. Se llama también lago de **Cojutepeque.**

ILORIN. *Geog.* Ciudad de Nigeria. sit. al. N. E. de Ibadán. 270.000 h. Centro agrícola y comercial.

ILOTA. (Del lat. *ilotae.*) com. Esclavo de los lacedemonios, originario de la ciudad de Helos. ‖ fig. El que se halla o se considera privado de los goces y derechos de ciudadano. ‖ deriv.: **ilotismo.**

ILUDIR. Del lat. *illúdere.*) tr. **Burlar.**

ILUMINACIÓN. al. **Beleuchtung.** fr. **Illumination; éclairage.** ingl. **Illumination; lighting.** ital. **Illuminazione.** port. **Iluminação.** (Del lat. *illuminatio, -onis.*) f. Acción y efecto de iluminar. ‖ Adorno de muchas luces. ‖ Alumbrado, conjunto de luces en un pueblo. ‖ Pintura al temple, que generalmente se ejecuta en vitela o papel terso. ‖ IDEAS AFINES: *Alumbrar, farol, linterna, lámpara, antorcha, vela, araña, proyector, faro, fogarata, sol, alegría, tristeza, color, fuego, electricidad, combustible, mecha, fósforo. Volta. Ampere.*

ILUMINADO, DA. adj. Alumbrado. Ú.m.c.s. y en pl. Dícese del individuo de una secta herética y secreta fundada en 1776 por Weishaupt, que procuraba establecer como ideal un sistema moral opuesto al orden existente en religión, propiedad y familia. Ú.m.c.s. y en pl.

ILUMINADOR, RA. (Del lat. *illuminátor.*) adj. Que ilumina. Ú.t.c.s. ‖ s. Persona que adorna libros, estampas, etc., con colores.

ILUMINAR. al. **Beleuchten; ausmalen; Kolorieren.** fr. **Illuminer; éclairer; enluminer.** ingl. **To illuminate, to light; to color.** ital. **Illuminare.** port. **Iluminar.** (Del lat. *illuminare.*) tr. Alumbrar, dar luz. ILUMINARÉ *el camino*; antón.: **obscurecer.** ‖ Adornar con muchas luces un edificio, lugar público, etc. ‖ Colorear figuras, letras, etc., de una estampa, libro, etc. ‖ Poner por detrás de las estampas tafetán o papel de color, después de haber cortado los blancos. ‖ fig. Ilustrar el entendimiento con ciencias o estudios. ILUMINAR *la mente.* ‖ Alumbrar, llevar a la superficie aguas subterráneas. ‖ *Teol.* Ilustrar interiormente Dios a la criatura. ‖ deriv.: **iluminante; iluminativo, va.**

ILUMINARIA. f. Luminaria en señal de fiesta pública. Ú.m. en pl.

ILUMINISMO. m. Sistema de los iluminados.

● **ILUMINISMO.** *Fil.* Caracterizado por su confianza en el poder de la razón y en la posibilidad de estructurar la sociedad mediante la aplicación de principios racionales, el **iluminismo** deriva del racionalismo del siglo XVII y del adelanto alcanzado en este siglo por las ciencias naturales, en cuyo conocimiento y en el del dominio de la naturaleza en beneficio del hombre y del espíritu, ve la tarea fundamental de la humanidad. Todos los errores y las experiencias trágicas que la historia muestra se deben, según este movimiento, a deficiencias en el uso de la razón. Para evitarlos es necesario adoptar una actitud crítica. El **iluminismo** abarca todos los aspectos del pensamiento y la actividad del hombre: en la esfera social y política, se manifiesta como "despotismo ilustrado"; en el plano filosófico y científico, como estudio e investigación de la naturaleza a fin de dominarla; frente a la moral y a la religión, como ilustración del origen de dogmas y leyes con el objeto de alcanzar una religión natural, fundada en la razón, que, sin negar la existencia de Dios, lo reduce a creador o primer motor. En cuanto a las posibilidades del conocimiento, el **iluminismo se** manifiesta contrario, a pesar de su racionalismo, a la lucubración pura, y exalta el valor de las sensaciones y de la experiencia. De ahí su sentido práctico de la filosofía como ciencia del bien vivir. Rasgos peculiares de este movimiento son, en primer término, el humanismo, el naturalismo y el criticismo, y en segundo lugar la oposición a las sutilezas retóricas, a otro criterio de autoridad que la razón y a la fijeza y estabilidad de la ciencia. Está representado, en Francia, por los enciclopedistas; en Inglaterra, por Locke y sus sucesores; en Alemania, donde apareció más tardíamente con el nombre de Filosofía de las luces, por Lessing y Herder.

ILUSAMENTE. adv. m. Falsa, engañosamente.

ILUSIÓN. al. **Täuschung; Illusion.** fr. **Illusion** ingl. **Illusion.** ital. **Illusione.** port. **Ilusão.** (Del lat. *illusio, -onis.*) f. Percepción falsa de algo, que se presenta a la conciencia distinto de como es realmente, debido a una interpretación anormal de los datos de los sentidos. ‖ Esperanza sin fundamento. sinón.: **ensueño, fantasía.** ‖ *Ret.* Ironía mordaz.

ILUSIONARSE. al. **Sich Illusionen mahchen.** fr. **S'illusioner.** ingl. **To have illusions.** ital. **Illudersi.** port. **Iludir-se.** r. Forjarse ilusiones. Ú.t.c.tr.

ILUSIONISTA. com. Prestidigitador.

ILUSIVO, VA. (De *iluso.*) adj. Falso, engañoso.

ILUSO, SA. (Del lat. *ilusus.* p. p. de *illúdere,* burlar.) adj. y s. Engañado, seducido. ‖ Propenso a ilusionarse, soñador. *El* ILUSO *vive feliz con sus sueños*; sinón.: **idealista.**

ILUSORIO, RIA. (Del lat. *illusorius.*) adj. Capaz de engañar. *Palabras* ILUSORIAS; sinón.: **especioso, falso;** antón.: **verdadero.** ‖ Carente de valor o efecto, nulo. *Amor, proyecto* ILUSORIO.

ILUSTRACIÓN. al. **Bildung; Aufklärung; Illustration.** fr. **Illustration, gravures.** ingl. **Illustration, enlightment.** ital. **Illustrazione.** port. **Ilustração.** (Del lat. *illustratio, -onis.*) f. Acción y efecto de ilustrar o ilustrarse. *Adquirir gran* ILUSTRACIÓN. sinón.: **cultura, saber.** ‖ Estampa, dibujo, etc., que adorna un libro. ‖ Publicación, generalmente periódica, que, además del texto, contiene láminas y dibujos. ‖ Espíritu que caracteriza la cultura del s. XVIII, y conjunto de artistas y científicos que lo representan.

ILUSTRADO, DA. adj. Aplícase a la persona docta. sinón.: **letrado, sabio.**

ILUSTRAR. (Del lat. *illustrare.*) tr. Dar luz al entendimiento. Ú.t.c.r. ‖ Aclarar un punto o materia. ILUSTRAR *con ejemplos*; sinón.: **dilucidar, esclarecer.** ‖ Adornar un impreso con láminas, dibujos, etc., alusivos al texto. *Un conocido artista* ILUSTRARÁ *el libro.* ‖ fig. Hacer ilustre a una persona o cosa. Ú.t.c.r. ‖ fig. Instruir, civilizar. Ú.t.c.r. ‖ *Teol.* Alumbrar Dios el espíritu de la criatura con luz sobrenatural. ‖ deriv.: **ilustrador, ra.**

ILUSTRATIVO, VA. adj. Que ilustra. *Conferencia, nota* ILUSTRATIVA.

ILUSTRE. al. **Berühmt.** fr. **Illustre.** ingl. **Illustrious, distinguished.** ital. **Illustre.** port. **Ilustre.** (Del lat. *illustris.*) adj. De distinguido linaje, casa, etc. ‖ Insigne, famoso. ILUSTRE *escritor*; antón.: **desconocido, obscuro.** ‖ Título de dignidad. ILUSTRE *caballero.* ‖ deriv.: **ilustremente.**

ILUSTRÍSIMA. f. Tratamiento que se da a los obispos, en vez de *Su Señoría* ILUSTRÍSIMA.

ILUSTRÍSIMO, MA. (Del lat. *illustríssimus.*) adj. sup. de **Ilustre,** que se aplica como tratamiento a los obispos y otras personas investidas de cierta dignidad.

ILL. *Geog.* Río del E. de Francia, el más importante de Alsacia. Nace en el Jura y des. en el Rin, después de pasar por Mulhouse, Colmar y Estrasburgo. 205 km.

ILLA. f. *Perú.* Guijarro, fruto o animal raros que se guardan supersticiosamente.

ILLAMPU. *Geog.* Cerro de los Andes orientales bolivianos. 6.650 m. Es la cumbre del país.

ILLAPEL. *Geog.* Población de Chile (Coquimbo) 8.000 h. Centro agrícola.

ILLER. *Geog.* Río del S. de Alemania. Separa a Baden-Württemberg de Baviera y des. en el Danubio. 165 km.

ILLE Y VILAINE. *Geog.* Departamento de Francia (Bretaña). 6.758 km², 690.000 h. Cereales, ostricultura. Cap. RENNES.

ILLIA, Arturo U. *Biog.* Médico y político arg., n. en 1900; elegido presidente de la Rep. para el período 1963-1969. Fue depuesto en 1966.

ILLIMANI. *Geog.* Cerro de los Andes orientales bolivianos, a unos 40 km. de la ciudad de La Paz. 6.457 m. de altura.

ILLINOIS. *Geog.* Río de los EE. UU. Atraviesa el estado hom. y desagua en el río Misisipi. 410 km. Enlaza, mediante un canal, a la c. de Chicago con la cuenca del golfo de México. Il Estado del centro este de los EE. UU. 146.076 km². 12.000.000 h. Cereales, forrajes, productos de granja. Maderas valiosas. Carbón, cinc, plomo. Cap. SPRINGFIELD.

ILLIPÉ. m. *Bot.* Árbol sapotáceo de Asia, cuyas semillas se emplean en la fabricación de jabón.

IMADA. f. *Mar.* Cada una de las plataformas que se ponen a uno y otro lado de la cuna que conduce al buque al agua.

IMAGEN. al. **Bild.** fr. **Image.** ingl. **Image.** ital. **Immagine.** port. **Imagem.** (Del lat. *imago, -inis.*) f. Figura, representación y aspecto de una cosa. *Eres la* IMAGEN *de tu padre.* Il Estatua efigie o pintura de Jesucristo, de la Santísima Virgen o de un santo. Il *Fís.* Reproducción de la figura de un objeto mediante la concurrencia de rayos luminosos, o de sus prolongaciones. Il *Ret.* Representación viva y eficaz de algo por medio del lenguaje. Il — **accidental.** *Fisiol.* La que persiste en el ojo con colores cambiados después de haber contemplado un objeto intensamente. Il — **real.** *Fís.* La que es producida por la concurrencia de los rayos de luz, en el foco real de un espejo cóncavo o de una lente convergente. Il — **virtual.** *Fís.* La que se forma aparentemente detrás de un espejo. Il **Quedar para vestir imágenes.** frs. fig. y fam. que se aplica a las mujeres cuando llegan a cierta edad y no se han casado. Il IDEAS AFINES: *Dibujo, grabado, estampa, ilustración; emblema, símbolo, crucifijo; proyección, película, reflexión, refracción, convergencia, fotografía, negativo, diapositiva; metáfora.*

IMAGINABLE. (Del lat. *imaginábilis.*) adj. Que se puede imaginar. *Paisaje* IMAGINABLE; sinón.: **concebible.**

IMAGINACIÓN. al. **Einbildung; Phantasie.** fr. **Imagination.** ingl. **Imagination.** ital. **Immaginazione.** port. **Imaginação.** (Del lat. *imaginatio, -onis.*) f. Facultad del alma, que representa las imágenes de las cosas reales o ideales. Il Aprensión falsa o juicio y discurso de una cosa que no existe en realidad o no tiene fundamento. *Eso es* IMAGINACIÓN *tuya.* Il Aptitud de combinar imáge-

nes, simultánea o sucesivamente, en series irreales o inexistentes. IMAGINACIÓN *creadora.* Il **Ni por imaginación.** loc. adv. y fam. **Ni por sueño.** Il **Ponérsele a uno en la imaginación alguna cosa.** frs. **Ponérsele en la cabeza.** Il IDEAS AFINES: *Fantasía, idealismo, ingenio, inspiración, inventiva, creación, figurarse, concebir, concepto, ensueño, novelesco, ficción, utopía, ilusión, visión, presentimiento, delirio, fantasma, cuento, mentira, intuición.*

IMAGINAR. al. **Erdenken.** fr. **Imaginer.** ingl. **To imagine.** ital. **Immaginare.** port. **Imaginar.** (Del lat. *imaginarius.*) intr. Representar idealmente una cosa; crearla en la imaginación. IMAGINAR *un argumento;* sinón.: **idear.** Il tr. Sospechar. IMAGINO *lo que está pensando;* sinón.: **conjeturar, suponer.** Il deriv.: **imaginante.**

IMAGINARIA. (De *imaginario.*) f. *Mil.* Guardia que ha sido nombrada para el caso de tener que ausentarse del cuartel la que está guardándolo. Il Soldado que por turno vela durante la noche en cada compañía o dormitorio de un cuartel. Il *Ven.* Cualquiera de las raciones o pagas ficticias que figuran en el presupuesto de un cuartel.

IMAGINARIO, RIA. (Del lat. *imaginarius.*) adj. Que sólo existe en la imaginación. *Ser mal* IMAGINARIO; sinón.: **fantástico, quimérico;** antón.: **real, verdadero.** Il Decíase del estatuario o pintor de imágenes. Il V. **Espacios imaginarios.** Il V. **Moneda imaginaria.** Il *Mat.* V. **Cantidad imaginaria.** Ú.t.c.s.f. Il deriv.: **imaginariamente.**

IMAGINATIVA. (Del lat. *imaginativa, vis.*) f. Potencia o facultad de imaginar. Il Sentido común.

IMAGINATIVO, VA. (De *imaginar.*) adj. Perteneciente o relativo a la imaginación. Il Que permanentemente imagina o piensa. *Riqueza* IMAGINATIVA.

IMAGINERÍA. (De *imagen.*) f. Bordado por lo general de seda, cuyo dibujo es de aves, flores y figuras, e imita en lo posible la pintura. Il Arte de realizar este bordado. Il Talla o pintura de imágenes sagradas. Il Conjunto de imágenes literarias usadas por un autor, escuela o época.

IMAGINERO. m. Estatuario o pintor de imágenes.

IMAGO. m. *Zool.* Insecto que ha experimentado su última metamorfosis y alcanzado su pleno desarrollo.

IMÁN. al. **Magnet.** fr. **Aimant.** ingl. **Magnet.** ital. **Calamita.** port. **Ímã.** (Del fr. *aimant,* y éste del lat. *ádamans, -antis,* diamante, piedra dura.) m. Mineral de hierro, negruzco, duro y pesado, que tiene la propiedad de atraer el hierro, el acero, y con menor intensidad otros cuerpos. Il fig. Atractivo. *El* IMÁN *de sus ojos.* Il — **artificial.** *Fís.* Hierro o acero imanado por contacto o eléctricamente.

● **IMÁN.** *Fís.* Al colocar un trozo de magnetita —que tiene la propiedad de atraer el hierro— entre limaduras de este metal, se observa que son atraídas por la piedra, que constituye un **imán** natural. Si se frota con la magnetita una aguja de acero, ésta se imanta y se convierte en un **imán** artificial, muy utilizado porque se le puede dar la forma y dimensiones deseadas, e incluso dotarlo de mayor fuerza magnética que la del **imán** natural.

Los **imanes** artificiales también pueden obtenerse mediante pasajes de corrientes eléctricas. El magnetismo de un **imán** se trasmite a través de pequeños trozos de hierro colocados uno a continuación de otro, formando la llamada cadena magnética. Según la imanación se conserve indefinidamente o desaparezca, una vez que se pierde la influencia externa, el **imán** es permanente, como el acero, o temporal, como el hierro dulce.

IMÁN. (Del ár. *imam.*) m. El que dirige y preside la oración del pueblo entre los mahometanos.

IMÁN, Sierra del. *Geog.* Cordón montañoso de la Argentina, en el S.O. de la prov. de Misiones.

IMANACIÓN. f. Acción y efecto de imanar o imanarse.

IMANAR. al. **Magnetisieren.** fr. **Aimanter.** ingl. **To magnetize.** ital. **Calamitare.** port. **Imanar.** (De *imán,* mineral.) tr. Magnetizar un cuerpo. Ú.t.c.r.

IMANTACIÓN. f. Imanación.

IMANTAR. tr. Imanar. Ú.t.c.r.

IMATACA. *Geog.* Sierra del macizo de Guayania en el E. de Venezuela, al S. del delta del Orinoco. Gran riqueza ferruginosa. Il Nombre del brazo S. del delta del Orinoco.

IMBABURA. *Geog.* Volcán del Ecuador en la provincia hom. 4.582 m. de altura. Il Provincia del Ecuador. 5.469 km². 235.000 h. Cap. IBARRA. Agricultura.

IMBABUREÑO, ÑA. adj. Natural de Imbabura, provincia ecuatoriana. Ú.t.c.s. Il Perteneciente o relativo a esa provincia.

IMBÉCIL. al. **Blödsinnig.** fr. **Imbécile.** ingl. **Imbecile.** ital. **Imbecille.** port. **Imbecil.** (Del lat. *imbecíllis.*) adj. Alelado, escaso de razón. Ú.t.c.s. *Pregunta* IMBÉCIL.

IMBECILIDAD. al. **Blödsinn.** fr. **Imbécilité.** ingl. **Imbecility.** ital. **Imbecillità.** port. **Imbecilidade.** (Del lat. *imbecillitas, -atis.*) f. Alelamiento, escasez de razón, idiotez.

IMBÉCILMENTE. adv. m. Con imbecilidad.

IMBELE. (Del lat. *imbellis.*) adj. Incapaz de guerrear; débil. Ú.m. en poesía.

IMBELLONI, José. *Biog.* Antropólogo arg. de origen ital. Autor de numerosos estudios y de una tesis sobre el origen asiático de los indios americanos (1885-1967).

IMBERBE. al. **Bartlos.** fr. **Imberbe.** ingl. **Beardless.** ital. **Imberbe.** port. **Imberbe.** (Del lat. *imberbis.*) adj. Aplícase al joven que no tiene barba. Ú.t.c.s. sinón.: **lampiño.**

IMBERT, Julio. *Biog.* Escritor arg., autor de varias obras teatrales y libros de poesías. (n. 1918).

IMBIBICIÓN. (Del lat. *imbíbere,* embeber.) f. Acción y efecto de embeber. *La* IMBIBICIÓN *de un algodón.*

IMBIRA. (Del tupi *imbir.*) m. *Arg.* Árbol anonáceo, de cuya corteza se sacan tiras para unir.

IMBOMBERA. f. *Ven.* Anemia.

IMBOMBO, BA. adj. *Ven.* Anémico, edematoso.

IMBORNAL. (De *embornal,* y éste del b. lat. *bornellus,* tubo.) m. Boca o agujero por donde se vacía el agua de lluvia de los terrados. Il *Mar.* Horado que se abre en las trancaniles para dar salida a las aguas que se depositan en las respectivas cubiertas.

IMBORRABLE. (De *in,* pref. priv., y *borrar.*) adj. Indeleble. *Original* IMBORRABLE.

IMBRICACIÓN. (Del lat. *imbricare,* cubrir con tejas.) f. *Arq.* Adorno que imita las escamas de los peces.

IMBRICADO, DA. (Del lat. *imbricatus,* en figura de teja.) adj. *Bot.* Dícese de las hojas y de las semillas que están sobrepuestas unas en otras, a manera de tejas o escamas. Il *Zool.* Aplícase a las conchas de superficie ondulada.

IMBROS. *Geog.* Isla del mar Egeo (Turquía), cerca de los Dardanelos. 225 km². 23.000 h. Región frutícola.

IMBUIR. (Del lat. *imbúere.*) tr. Infundir, persuadir. IMBUIR *en un error.*

IMBUNCHAR. (De *imbunche.*) tr. *Chile.* Hechizar, embrujar. Il Estafar con ingenio.

IMBUNCHE. (Del arauc. *ivumche.*) m. Brujo o ser maléfico que, según los araucanos, roba los niños de los seis meses y se los lleva a su cueva para transformarlos en monstruos. Il fig. *Chile.* Niño feo y rechoncho. Il Maleficio, hechicería. Il Asunto embrollado y de difícil o imposible solución.

IMIDA. f. *Quím.* Compuesto resultante de la deshidratación de los ácidos aminados.

IMILLA. f. *Bol.* Muchacha india al servicio de una casa. Il *Méx.* Moza india al servicio de un sacerdote.

IMITABLE. (Del lat. *imitábilis.*) adj. Que se puede imitar. *Jarrón* IMITABLE; sinón.: **remediable.** Il Digno de imitación. *Conducta* IMITABLE.

IMITACIÓN. al. **Nachahmung.** fr. **Imitation.** ingl. **Imitation.** ital. **Imitazione.** port. **Imitação.** (Del lat. *imitatio, -onis.*) f. Acción y efecto de imitar. Es barbarismo usar esta palabra en locuciones como *tela* IMITACIÓN *cuero, vidrio* IMITACIÓN *cristal, por tela que* IMITA *al cuero, vidrio que* IMITA *al cristal,* etc. Il *Mús.* Repetición de un inciso melódico en otra voz o parte del conjunto polifónico, como ocurre en el canon y en la fuga. IDEAS AFINES: *Copia, plagio, falsificación, mimetismo, caricatura, mímica, pantomima, parodia, reproducir, calco, repetir, eco, igualar, emulación, imagen.*

IMITADO, DA. adj. Hecho a imitación de otra cosa.

IMITAR. al. **Nachahmen.** fr. **Imiter.** ingl. **To imitate.** ital. **Imitare.** port. **Imitar.** (Del lat. *imitare.*) tr. Hacer una cosa a ejemplo o semejanza de otra. IMITAR *la voz de una persona;* sinón.: **copiar, remedar.** Il deriv.: **imitante, ra.**

IMITATIVO, VA o **IMITATORIO, RIA.** adj. Perteneciente a la imitación. *Facilidad* IMITATIVA.

IMOLA. *Geog.* Ciudad de Italia (Bolonia). 62.000 h. Artículos de loza.

IMOSCAPO. (Del lat. *imus,* inferior, y *scapus,* tronco.) m. *Arq.* Parte inferior del fuste de una columna.

IMPACCIÓN. (Del lat. *impactio, -onis.*) f. *Med.* Penetración y detención de un cuerpo extraño en el espesor de los tejidos. Il Especie de fractura en que unos trozos o astillas encajan en otros.

IMPACIENCIA. al. **Ungeduld.** fr. **Impatience.** ingl. **Impatience.** ital. **Impazienza.** port. **Impaciência.** (Del lat. *impatientía.*) f. Falta de paciencia. IDEAS AFINES: *Inquietud, desesperación, nerviosidad, retraso, lentitud, inexactitud.*

IMPACIENTAR. (De *impaciente.*) tr. Hacer que alguien pierda la paciencia. *La calma de su amigo lo* IMPACIENTABA; sinón.: **excitar, irritar;** antón.:

calmar, tranquilizar. Il r. Perder la paciencia. *Se* IMPACIENTABA *por poca cosa.*

IMPACIENTE. (Del lat. *impatiens, -entis.*) adj. Que no tiene paciencia. *Enfermo* IMPACIENTE. Il deriv.: **impacientemente.**

IMPACTO. (Del lat. *impactus.*) m. Choque de un proyectil contra un blanco. Il Señal que en él deja.

IMPAGABLE. adj. Que no se puede pagar. Il fig. Admirable. *Actor* IMPAGABLE; sinón.: **extraordinario.**

IMPAGO, GA. (De *in,* pref. priv., y *pago.*) adj. fam. *Arg.* y *Chile.* Dícese de la persona a quien no se le ha pagado. Apl. t. en América a cosas. *Deuda* IMPAGA.

IMPALPABLE. (De *in,* pref. priv., y *palpable.*) adj. Que no produce sensación al tacto, o la produce apenas. *Azúcar* IMPALPABLE; sinón.: **sutil, tenue.**

IMPAR. al. **Ungerade.** fr. **Impair.** ingl. **Odd.** ital. **Impare.** port. **Impar.** (Del lat. *ímpar.*) adj. Que no tiene par o igual. *Guante* IMPAR; sinón.: **desigual, único.** Il *Arit.* V. **Número impar.** Ú.t.c.s.

IMPARCIAL. al. **Unparteiisch.** fr. **Impartial.** ingl. **Impartial.** ital. **Imparziale.** port. **Imparcial.** (De *in,* pref. priv., y *parcial.*) adj. Que juzga o se conduce con imparcialidad. *Gobernante* IMPARCIAL. Ú.t.c.s. sinón.: **ecuánime, justo.** Il Que incluye o denota imparcialidad. *Crítica* IMPARCIAL. Il Que no se adhiere a ningún partido o no entra en ninguna parcialidad. Ú.t.c.s. Il deriv.: **imparcialmente.**

IMPARCIALIDAD. al. **Unparteilichkeit.** fr. **Impartialité.** ingl. **Impartiality.** ital. **Imparzialità.** port. **Imparcialidade.** (De *imparcial.*) f. Carencia de designio anticipado o de prevención en favor o en contra de personas o cosas. *Juzgar con* IMPARCIALIDAD; sinón.: **ecuanimidad, equidad;** antón.: **injusticia.**

IMPARIDIGITADO, DA. (Del lat. *ímpar, -aris,* impar, y *digitatus,* digitado.) adj. Dícese del animal cuyo número de dedos es impar. *El mono es* IMPARIDIGITADO.

IMPARISÍLABO, BA. adj. Dícese de los nombres griegos y latinos que tienen mayor número de sílabas en los casos oblicuos del singular que en el nominativo.

IMPARTIBLE. adj. Que no puede partirse.

IMPARTICIPABLE. adj. Dígase **incomunicable.**

IMPARTIR. (Del lat. *impartíre.*) tr. Repartir, comunicar. Il *Amér.* Referido a cosas inmateriales, dar, proporcionar. IMPARTIR *auxilio, la absolución.*

IMPASIBILIDAD. al. **Gleichmut; Unempfindlich Keit.** fr. **Impassibilité.** ingl. **Impassiveness.** ital. **Impassibilità.** port. **Impassibilidade.** (Del lat. *impassibílitas, -atis.*) f. Calidad de impasible.

IMPASIBLE. (Del lat. *impassíbilis.*) adj. Incapaz de padecer. Il Indiferente, imperturbable. *Permaneció* IMPASIBLE *ante las súplicas;* sinón.: **insensible;** antón.: **impresionable, tierno.** Il deriv.: **impávidamente.**

IMPAVIDEZ. (De *impávido.*) f. Denuedo, valor y serenidad de ánimo frente al peligro. Il *Amér.* Frescura, descaro.

IMPÁVIDO, DA. (Del lat. *impávidus.*) adj. Libre de pavor; sereno ante el peligro. sinón.: **imperterrito.** Il *Amér.* Fresco, descarado. Il deriv.: **impávidamente.**

IMPECABILIDAD. (De *impeca-*

ble.) f. Calidad de impecable. sinón.: **perfección.**

IMPECABLE. (Del lat. *impeccábilis.*) adj. Incapaz de pecar. ‖ fig. Libre de tacha. *Planchado* IMPECABLE; sinón.: **intachable, perfecto**; antón.: **reprochable.**

IMPEDANCIA. (Del lat. *impedire.*) f. *Fís.* Resistencia aparente de un circuito al flujo de la corriente alterna, equivalente a la resistencia efectiva cuando la corriente es continua.

IMPEDIDO, DA. adj. y s. Que no puede usar de sus miembros.

IMPEDIMENTA. (Del lat. *impedimenta.*) f. Bagaje que suele llevar la tropa, e impide la velocidad de las operaciones.

IMPEDIMENTO. al. **Hindernis; Hemmung.** fr. **Empêchement.** ingl. **Impediment; hindrance.** ital. **Impedimento.** port. **Impedimento.** (Del lat. *impediméntum.*) m. Obstáculo, embarazo, estorbo para una cosa. *Colón tropezó con muchos* IMPEDIMENTOS; sinón.: **inconveniente, traba**; antón.: **facilidad.** ‖ Cualquiera de las circunstancias que causan la ilicitud o nulidad del matrimonio. ‖ – **dirimente.** El que anula el matrimonio. ‖ – **impediente.** El que hace ilegítimo el matrimonio, pero no nulo. ‖ IDEAS AFINES: *Suspender, prohibir, parar, detener, imposibilidad, suprimir, postergar.*

IMPEDIR. al. **Hindern; hemmen.** fr. **Empêcher.** ingl. **To hinder; to prevent.** ital. **Impedire.** port. **Impedir.** (Del lat. *impedire.*) tr. Obstruir, imposibilitar la ejecución de una cosa. sinón.: **obstar, oponerse**; antón.: **ayudar, facilitar.** ‖ poét. Suspender, embargar. ‖ irreg. Conj. como **pedir.** ‖ deriv.: **impedidor, ra; impediente; impeditivo, va.**

IMPELENTE. p. a. de **Impeler.** Que impele. ‖ V. **Bomba impelente.**

IMPELER. al. **Antreiben.** fr. **Pousser.** ingl. **To push, to impel.** ital. **Impellere.** port. **Impelir.** (Del lat. *impéllere.*) tr. Dar empuje para producir movimiento. IMPELER *la hélice*; sinón.: **impulsar.** ‖ fig. Incitar, estimular. *El ejemplo de su hermano lo* IMPELIÓ *a estudiar.*

IMPENDER. (Del lat. *impéndere.*) tr. Gastar, invertir dinero.

IMPENETRABILIDAD. al. **Undurchdringlichkeit.** fr. **Impénétrabilité.** ingl. **Impenetrability.** ital. **Impenetrabilità.** port. **Impenetrabilidade.** (De *impenetrable.*) f. Propiedad de los cuerpos que hace imposible que uno este en el lugar que ocupa otro.

IMPENETRABLE. (Del lat. *impenetrábilis.*) adj. Que no se puede penetrar. *Selva* IMPENETRABLE; sinón.: **cerrado, hermético.** ‖ fig. Dícese de las sentencias, misterios, designios, etc., que sólo se comprenden con mucha dificultad o no se pueden descifrar. *Oráculo* IMPENETRABLE; sinón.: **inescrutable, insondable.**

IMPENITENCIA. (Del lat. *impoenitentia.*) f. Obstinación en el pecado. ‖ – **final.** Persistencia en la impenitencia hasta la muerte.

IMPENITENTE. (Del lat. *impoénitens, -entis.*) adj. Que persiste en el pecado sin arrepentirse. Ú.t.c.s. ‖ Porfiado, contumaz. *Toxicómano* IMPENITENTE.

IMPENSA. (Del lat. *impensa,* gasto.) f. *For.* Gasto que se hace en la cosa poseída. Ú.m. en pl.

IMPENSADO, DA. (De *in,* pref. priv., y *pensado.*) adj. Dícese de las cosas que acontecen sin pensar en ellas o sin esperarlas. ‖ deriv.: **impensadamente.**

IMPERADOR, RA. adj. Que impera.

IMPERANTE. p. a. de **Imperar.** Que impera. ‖ adj. *Astrol.* Dícese del signo que se consideraba como dominante en el año.

IMPERAR. al. **Herrschen.** fr. **Commander en qualité d'empéreur.** ingl. **To command.** ital. **Imperare.** port. **Imperar.** (Del lat. *imperare.*) intr. Ejercer la dignidad imperial. *Cuando nació Cristo* IMPERABA *Augusto.* ‖ Mandar, dominar.

IMPERATIVO, VA. (Del lat. *imperativus.*) adj. Que impera o manda. Ú.t.c.m. *Gesto* IMPERATIVO; sinón.: **autoritario, conminatorio.** ‖ V. **Mandato imperativo.** ‖ *Gram.* V. **Modo imperativo.** Ú.t.c.s. ‖ deriv.: **imperativamente.**

IMPERATORIA. (Del lat. *imperatoria.*) f. Planta herbácea de la familia de las umbelíferas, con tallo hueco de cuatro a seis decímetros de altura; hojas grandes, de peciolo muy largo; flores en umbela y fruto seco con semillas menudas.

IMPERATORIO, RIA. (Del lat *imperatorius.*) adj. Perteneciente al emperador o a la dignidad imperial.

IMPERCEPTIBLE. al. **Unmerklich.** fr. **Imperceptible.** ingl. **Imperceptible.** ital. **Impercettibile.** port. **Imperceptível.** (De *in,* pref. priv., y *perceptible.*) adj. Que no se puede percibir. *Falta* IMPERCEPTIBLE *a simple vista;* sinón.: **invisible**; antón.: **manifiesto, patente.** ‖ deriv.: **imperceptibilidad; imperceptiblemente.**

IMPERDIBLE. al. **Sicherheitsnadel.** fr. **Épingle de nourrice.** ingl. **Safety pin.** ital. **Spillo di sicurezza.** port. **Imperdível.** adj. Que no se puede perder. ‖ m. Alfiler que se abrocha de modo tal que no pueda abrirse fácilmente.

IMPERDONABLE. al. **Unverzeihlich.** fr. **Impardonnable.** ingl. **Unforgivable; unpardonable.** ital. **Imperdonabile.** port. **Imperdoável.** adj. Que no se debe o puede perdonar. *Agravio* IMPERDONABLE. ‖ deriv.: **imperdonablemente.**

IMPERECEDERO, RA. (De *in,* pref. priv., y *perecedero.*) adj. Que no perece. *El alma es* IMPERECEDERA; sinón.: **eterno**; antón.: **mortal.** ‖ fig. Aplícase a lo que hiperbólicamente se desea calificar de inmortal. *Amistad* IMPERECEDERA.

IMPERFECCIÓN. al. **Unvollkommenheit.** fr. **Imperfection.** ingl. **Imperfection.** ital. **Imperfezione.** port. **Imperfeição.** (Del lat. *imperfectio, -onis.*) f. Carencia de perfección. sinón.: **deficiencia.** ‖ Falta o defecto ligero en lo moral. *La* IMPERFECCIÓN *humana es general.*

IMPERFECTO, TA. al. **Unvollkommen; unvollendet.** fr. **Imparfait.** ingl. **Imperfect.** ital. **Imperfetto.** port. **Imperfeito.** (Del lat. *imperfectus.*) adj. No perfecto. *El ser humano es* IMPERFECTO. ‖ No concluido o perfeccionado. *Pulimento* IMPERFECTO; sinón.: **defectuoso, incompleto**; antón.: **acabado.** ‖ V. **Rima imperfecta.** ‖ *Gram.* V. **Futuro, pretérito imperfecto.** Ú.t.c.s.m. ‖ deriv.: **imperfectamente.**

IMPERFORACIÓN. (De *in,* pref. priv., y *perforación.*) f. *Med.* Defecto o vicio orgánico consistente en tener ocluidos o cerrados órganos o conductos que normalmente están abiertos.

IMPERIA. *Geog.* Provincia de Italia (Liguria). 1.155 km². 235.000 h. Olivo, vid. ‖ Cap. hom. con 43.500 h. Puerto sobre el mar de Liguria. Balneario.

IMPERIAL. al. **Kaiserlich.** fr. **Impérial.** ingl. **Imperial.** ital. **Imperiale.** port. **Imperial.** (Del lat. *imperialis.*) adj. Perteneciente al emperador o al imperio. ‖ V. **Ciruela imperial.** ‖ *Blas.* V. **Corona imperial.** ‖ f. Tejadillo de las carrozas. ‖ Sitio con asientos que tienen algunos carruajes sobre la cubierta. ‖ Especie de juego de naipes.

IMPERIAL. m. *Arg.* Vaso de cerveza, cuya capacidad es, aproximadamente, de medio litro. ‖ *Cuba.* Cigarro puro escogido.

IMPERIAL, Francisco. *Biog.* Poeta esp. de origen italiano, imitador de Dante. Autor de *Visión de los siete planetas* y otras obras de carácter alegórico que figuran en el *Cancionero de Baena* (s. XV).

IMPERIAL. *Geog.* V. **Cautín.**

IMPERIALISMO. al. **Imperialismus.** fr. **Impérialisme.** ingl. **Imperialism.** ital. **Imperialismo.** port. **Imperialismo.** m. Sistema y doctrina de los imperialistas.

● **IMPERIALISMO.** *Econ. Pol.* Según la concepción de Alejandro Magno, el **imperialismo** es la realización de una misión de origen divino por el emperador, intérprete de los designios de la Providencia. La idea moderna de **imperialismo** nace en el Renacimiento, después del desmembramiento del Sacro Imperio Romano y el resurgimiento de las conciencias nacionales. La superpoblación de las grandes ciudades, el desarrollo del comercio y de los capitales privados, etc., plantearon la necesidad de la expansión y de la colonización de nuevas tierras. El descubrimiento y la conquista de América hicieron surgir una nueva economía, con la intervención estatal. Como la colonización se dirigía a tierras habitadas por pueblos paganos, la idea de una misión sagrada y evangelizadora, reconocida por bula pontificia, constituyó el contenido espiritual del **imperialismo** de ultramar. El imperio colonial que España mantuvo en América durante más de tres siglos, fue la primera realización del **imperialismo** moderno. Portugal, Holanda, Francia e Inglaterra continuaron por ese camino. La concepción del **imperialismo** adquiere a fines del s. XIX marcado sentido económico, por la expansión del dominio comercial de las naciones europeas, necesitadas de nuevos mercados para la colocación de su producción. El **imperialismo** crea así super-Estados, para cuyo desarrollo se siguen dos sistemas: uno de expansión territorial, conquista y dominación, y otro que con adecuada política comercial establece zonas de influencia, protectorados financieros, etc.

IMPERIALISTA. (De *imperial.*) adj. Partidario de extender la dominación de un Estado sobre otro u otros. *Política* IMPERIALISTA. ‖ Partidario del sistema imperial en el Estado.

IMPERICIA. (Del lat. *imperitia.*) f. Falta de pericia.

IMPERIO. al. **Reich.; Imperium.** fr. **Empire.** ingl. **Empire.** ital. **Impero.** port. **Império.** (Del lat. *impérium.*) m. Acción de mandar con autoridad. *Ordenar con* IMPERIO. ‖ Dignidad de emperador. ‖ Espacio de tiempo que dura el gobierno de un emperador. ‖ Lapso durante el cual hubo emperadores en determinado país. *El* IMPERIO *subsistió en el Brasil hasta 1889.* ‖ Estados sujetos a algún emperador. ‖ Por ext., cualquier potencia de alguna importancia. ‖ Especie de lienzo que venía del **imperio** alemán. ‖ fig. Altanería, orgullo. ‖ **Mero imperio.** Potestad de ciertos magistrados para imponer penas a los delincuentes con conocimiento de causa. ‖ **Mixto imperio.** Facultad de los jueces para decidir las causas civiles y sentenciarlas. ‖ **Valer un imperio** una persona o cosa. frs. fig. y fam. Ser excelente. ‖ IDEAS AFINES: *Príncipe, reinado, palacio, riqueza, lujo, autocracia, despotismo, mandato, sometimiento, subyugación, aristocracia, dominio, colonias.*

● **IMPERIO.** *Hist.* En la Edad Antigua surgieron el **Imperio** asirio, el babilónico, el chino, el japonés, el macedónico, el medo, el menfita, el persa, el romano y el tebano. Durante la Edad Media aparecieron el **Imperio** carolingio, el alemán, los de Oriente y de Occidente, el otomano y otros. La Edad Moderna vio surgir el español, portugués, británico, austrohúngaro, alemán, francés, etc

IMPERIO, Estilo. *B. A.* Tendencia artística de la época napoleónica.

IMPERIOSO, SA. (Del lat. *imperiosus.*) adj. Que manda con imperio. *Carácter* IMPERIOSO; sinón.: **despótico.** ‖ Que implica exigencia o necesidad. *Sed* IMPERIOSA. ‖ deriv.: **imperiosamente.**

IMPERITO, TA. (Del lat. *imperitus.*) adj. Que carece de pericia. ‖ deriv.: **imperitamente.**

IMPERMEABILIDAD. al. **Undurchlässigkeit.** fr. **Imperméabilité.** ingl. **Impermeability.** ital. **Impermeabilità.** port. **Impermeabilidade.** f. Calidad de impermeable.

IMPERMEABILIZAR. tr. Hacer impermeable alguna cosa. IMPERMEABILIZAR *una tela.* ‖ deriv.: **impermeabilización.**

IMPERMEABLE. al. **Undurchlässig; Regenmantel.** fr. **Imperméable.** ingl. **Waterproof.** ital. **Impermeabile.** port. **Impermeável.** (Del lat. *impermeábilis*; de *in,* pref. priv., y *permeábilis,* penetrable.) adj. Impenetrable al agua o a otro fluido. *Capa de tierra* IMPERMEABLE. ‖ m. Sobretodo hecho con tela impermeable.

IMPERMUTABLE. (Del lat. *impermutábilis.*) adj. Que no puede permutarse. ‖ deriv.: **impermutabilidad.**

IMPERSCRUTABLE. (Del lat. *imperscrutábilis.*) adj. Inescrutable.

IMPERSONAL. al. **Unpersönlich.** fr. **Impersonnel.** ingl. **Impersonal.** ital. **Impersonale.** port. **Impessoal.** (Del lat. *impersonalis.*) adj. Que no posee o no denota personalidad. *Estilo* IMPERSONAL. ‖ V. **Tratamiento impersonal.** ‖ *Gram.* V. **Oración, verbo impersonal.**

IMPERSONALIDAD. f. Falta de personalidad.

IMPERSONALISMO. m. *Ven.* Desinterés.

IMPERSONALIZAR. (De *impersonal.*) tr. *Gram.* Usar como impersonales algunos verbos que generalmente no tienen esta condición; como SE HABLA *mucho de él.*

IMPERSONALMENTE. adv. m. Con tratamiento impersonal. ‖ *Gram.* Sin determinación de persona. Aplícase al modo de usarse un verbo cuando en tercera persona de plural o en la de singular, acompañada o no del pronombre *se,* no determina el agente de la acción. COMENTAN *que murió anoche.*

IMPERSUASIBLE. adj. No persuasible.

IMPERTÉRRITO, TA. (Del lat. *impertérritus.*) adj. Aplícase a aquel a quien nada intimida. sinón.: **impávido, intrépido.**

IMPERTINENCIA. al. **Dreistigkeit.; Frechheit.** fr. **Impertinence.** ingl. **Impertinence.** ital. **Impertinenza.** port. **Impertinencia.** (Del lat. *impértinens, -entis,* impertinente.) f. Dicho o hecho inoportuno. ‖ Susceptibilidad excesiva, propia del humor que suelen tener los enfermos. ‖ Importunidad molesta y desagradable. ‖ Curiosidad, nimio cuidado de algo. *Esto está pintado con* IMPERTINENCIA.

IMPERTINENTE. al. **Dreist.** fr. **Impertinent.; inopportun.** ingl. **Impertinent.** ital. **Impertinente.** port. **Impertinente.** (Del lat. *impértinens, -entis.*) adj. Que no viene al caso o que molesta de palabra o de obra. *Interrupción* IMPERTINENTE; sinón.: **inconveniente, inoportuno.** ‖ Nimiamente susceptible. Ú.t.c.s. ‖ m. pl. Anteojos con manija que suelen usar las señoras. ‖ deriv.: **impertinentemente.**

IMPERTIR. (Del lat. *impertire.*) tr. Impartir.

IMPERTURBABILIDAD. f. Calidad de imperturbable. sinón.: **inalterabilidad, serenidad.**

IMPERTURBABLE. (Del lat. *imperturbábilis.*) adj. Que no se perturba. *Serenidad* IMPERTURBABLE; sinón.: **inalterable, inmutable.** ‖ deriv.: **imperturbablemente.**

IMPESANTEZ. f. *Astron.* Ingravidez.

IMPÉTIGO o **IMPETIGO.** m. Dermatosis infecciosa, frecuente en los niños linfáticos, caracterizada por la aparición de pústulas aisladas y aglomeradas.

IMPETRA. (De *impetrar.*) f. Facultad, permiso. ‖ Bula en que se concede un beneficio dudoso, con obligación de aclararlo el que lo consigue por su propia cuenta y riesgo.

IMPETRAR. (Del lat. *impetrare.*) tr. Alcanzar una gracia que se ha pedido con ruegos. ‖ Solicitar una gracia con ahínco. IMPETRAR *perdón*; sinón.: **implorar, suplicar.** ‖ deriv.: **impetración; impetrador, ra; impetrante; impetratorio, ria.**

ÍMPETU. al. **Schwung; Ungestüm.** fr. **Impétuosité.** ingl. **Impetuosity.** ital. **Impeto.** port. **Ímpeto.** (Del lat. *ímpetus.*) m. Movimiento acelerado y violento. ‖ Fuerza o violencia. *El* ÍMPETU *del ataque*; sinón.: **ardor, fogosidad.**

IMPETUOSIDAD. (De *impetuoso.*) f. Ímpetu.

IMPETUOSO, SA. al. **Ungestüm.** fr. **Impétueux.** ingl. **Impetuous.** ital. **Impetuoso.** port. **Impetuoso.** (Del lat. *impetuosus.*) adj. Violento, precipitado. *Olas* IMPETUOSAS; sinón.: **vertiginoso**; antón.: **sereno, tranquilo.** ‖ deriv.: **impetuosamente.**

IMPHAL. *Geog.* Ciudad de la India, cap. del Est. de Manipur. 120.000. h. Se llama también Manipur.

IMPÍAMENTE. adv. m. Con impiedad, sin religión. ‖ Sin compasión; con perversidad.

IMPIEDAD. al. **Gottlosigkeit.** fr. **Impiété.** ingl. **Impiety; infidelity.** ital. **Empietà; empiezza; infidelità.** port. **Impiedade.** (Del lat. *impietas, -atis.*) f. Carencia de piedad o de religión. sinón.: **irreligiosidad.**

IMPIEDOSO, SA. (Del lat. *in,* pref. priv., y *pietosus,* piadoso.) adj. Impío, carente de piedad.

IMPÍO, A. al. **Gottlos.** fr. **Impie; infidèle.** ingl. **Impious; infidel; godless.** ital. **Empio; infidele.** port. **Ímpio; impiedoso.** (Del lat. *impius.*) adj. Carente de piedad. ‖ fig. Irreligioso. ‖ V. **Hierba impía.** Ú.t.c.s. ‖ IDEAS AFINES: *Ateo, descreído, incrédulo, antirreligioso, libertino, librepensador, infiel, pagano, renegado, hereje, pecador, sacrílego, apóstata, escéptico.*

IMPLA. f. Toca o velo de la cabeza que se usó antiguamente. ‖ Tela de que se hacía.

IMPLACABLE. al. **Unversöhnlich; unerbittlich.** fr. **Implacable.** ingl. **Implacable; inexorable.** ital. **Implacabile.** port. **Implacável.** (Del lat. *implacábilis.*) adj. Que no se puede aplacar o sosegar. *Furor* IMPLACABLE. ‖ deriv.: **implacablemente.**

IMPLANTAR. al. **Einführen.** fr. **Implanter.** ingl. **To implant.** ital. **Impiantare.** port. **Implantar.** (De *in,* pref. priv., y *plantar.*) tr. Establecer y poner en ejecución teorías nuevas, instituciones, costumbres, etc. IMPLANTAR *el seguro de vida obligatorio;* sinón.: **instituir;** antón.: **anular, derogar.** ‖ deriv.: **implantación; implantador, ra.**

IMPLATICABLE. (De *in,* pref. priv., y *platicable.*) adj. Que no admite plática o conversación.

IMPLEMENTO. (Del ingl. *implement.*) m. Herramienta, instrumento, utensilio; en particular, el que se emplea en tareas agrícolas. Ú.m. en pl.

IMPLICACIÓN. (Del lat. *implicatio, –onis.*) f. Contradicción, oposición de los términos entre sí.

IMPLICANCIA. f. *Arg.* y *Chile.* Incompatibilidad o impedimento legal.

IMPLICAR. (Del lat. *implicare.*) tr. Envolver, embrollar. Ú.t.c.r. ‖ fig. Contener, llevar en sí, significar. ‖ intr. Obstar, envolver contradicción. Ú.m. con adverbios de negación. ‖ deriv.: **implicante; implicatorio, ria.**

IMPLÍCITO, TA. (Del lat. *implícitus.*) adj. Aplícase a lo que se considera incluido en otra cosa, sin expresarlo. *Los derechos* IMPLÍCITOS *en una ley;* sinón.: **tácito, virtual;** antón.: **explícito.** ‖ deriv.: **implícitamente.**

IMPLORACIÓN. (Del lat. *imploratio, –onis.*) f. Acción y efecto de implorar. sinón.: **exhortación, súplica.**

IMPLORAR. al. **Anflehen.** fr. **Implorer.** ingl. **To implore; to beg.** ital. **Implorare.** port. **Implorar.** (Del lat. *implorare.*) tr. Pedir algo con ruegos o lágrimas. IMPLORABA *ayuda;* sinón.: **clamar, rogar.** ‖ deriv.: **implorador, ra.**

IMPLOSIÓN. f. Acción de romperse con estruendo las paredes de una cavidad en cuyo interior existe una presión inferior a la que hay fuera. ‖ Fenómeno cósmico que consiste en la disminución brusca del tamaño de un astro. ‖ *Fon.* Modo de articulación propio de las consonantes implosivas. ‖ Parte de las articulaciones oclusivas correspondiente al momento en que se forma la oclusión.

IMPLOSIVO, VA. adj. *Fon.* Dícese de la articulación o sonido oclusivo que por ser final de sílaba, como la *p* de apto, termina sin la apertura súbita de las consonantes explosivas. ‖ *Fon.* Dícese también de cualquier otra consonante situada en final de sílaba. ‖ Dícese de las letras que transcriben estos sonidos. Ú.t.c.s.f. ‖ Dícese de la articulación o sonido oclusivo que termina sin la apertura súbita de las consonantes explosivas, por estar colocado al final de sílaba. ‖ Dícese de la letra que la representa; como la *p* de *optar* y la *c* de *nocturno.* Ú.t.c.s.f.

IMPLUME. (Del lat. *implumis.*) adj. Que carece de plumas.

IMPLUVIO. (Del lat. *implúvium,* de *impluvere,* llover.) m. Abertura en medio del atrio de las casas romanas, por donde entraba el agua de la lluvia, que era recogida en un pequeño depósito.

IMPOLARIZABLE. adj. Que no puede polarizarse.

IMPOLÍTICA. (De *in,* pref. priv., y *política.*) f. Descortesía.

IMPOLÍTICO, CA. adj. Falto de política o contrario a ella. ‖ deriv.: **impolíticamente.**

IMPOLUTO, TA. (Del lat. *impollutus.*) adj. Limpio, inmaculado. *Nombre* IMPOLUTO; sinón.: **intachable, puro.**

IMPONDERABLE. (De *in,* pref. priv., y *ponderable.*) adj. Que no se puede pesar. *El calor es* IMPONDERABLE. ‖ fig. Que excede a toda ponderación. *Criado* IMPONDERABLE; sinón.: **ejemplar, insuperable.** ‖ *Fís.* V. **Fluido imponderable.** ‖ deriv.: **imponderabilidad; imponderablemente.**

IMPONENCIA. f. *Amér.* Grandeza, pompa.

IMPONENTE. al. **Imposant, gewaltig.** fr. **Imposant.** ingl. **Imposing.** ital. **Imponente.** port. **Imponente.** p. a. de **Imponer.** Que impone. Ú.t.c.s.

IMPONER. al. **Aufdrängen; durchsetzen.** fr. **Imposer.** ingl. **To impose.** ital. **Imporre.** port. **Impor.** (Del lat. *impónere.*) tr. Poner carga, obligación, etc. *El director* IMPUSO *castigos a los culpables;* sinón.: **asignar, dar.** ‖ Imputar, atribuir falsamente a alguien una cosa. ‖ Instruir a uno en una cosa; enseñársela o enterarle de ella. Ú.t.c.r. *Lo* IMPONDRÉ *de los sucesos.* ‖ Infundir respeto, miedo o asombro. Ú.t.c.intr. ‖ Colocar dinero a rédito o en depósito. IMPONER *en la Caja de Ahorros.* ‖ *Impr.* Llenar el espacio que separa las planas entre sí con cuadrados u otras piezas para que, una vez impresas, aparezcan con márgenes proporcionados. ‖ deriv.: **imponedor, ra.**

IMPONIBLE. (De *imponer.*) adj. Que se puede gravar con impuesto o tributo. *Renta* IMPONIBLE.

IMPOPULAR. (Del lat. *impopularis.*) adj. Que no es grato a la multitud. *Medidas de gobierno* IMPOPULARES. ‖ deriv.: **impopularidad.**

IMPORTACIÓN. al. **Import; Einfuhr.** fr. **Importation.** ingl. **Importation.** ital. **Importazione.** port. **Importação.** (De *importar.*) f. Acción de importar, o de introducir mercaderías extranjeras. antón.: **exportación.** ‖ Conjunto de cosas importadas.

IMPORTADOR, RA. al. **Importeur; Einfuhrhändler.** fr. **Importateur.** ingl. **Importer.** ital. **Importatore.** port. **Importador.** adj. y s. Que importa, o introduce mercaderías extranjeras. antón.: **exportador.**

IMPORTANCIA. al. **Bedeutung.** fr. **Importance.** ingl. **Importance.** ital. **Importanza.** port. **Importancia.** (Del lat. *importans, -antis,* importante.) f. Calidad de lo que es muy conveniente o interesante, o de mucho valor o consecuencias. *La edad moderna se inicia con descubrimientos de* IMPORTANCIA; sinón.: **magnitud, trascendencia.** ‖ Representación de una persona por su dignidad o calidades. *Político de* IMPORTANCIA. ‖ **Darse** uno **importancia.** frs. fig. y fam. Afectar superioridad. ‖ IDEAS AFINES: *Fuerza, poder, autoridad, ascendiente, influencia, apariencia, principal, dominante, fundamental, central, vital, personaje, notabilidad, esencial, influyente.*

IMPORTANTE. al. **Bedeutend; wichtig.** fr. **Important.** ingl. **Important.** ital. **Importante.** port. **Importante.** p. a. de **Importar.** Que importa. ‖ adj. Que es de importancia. *Negocio, ciudad* IMPORTANTE; sinón.: **poderoso, valioso.** ‖ deriv.: **importantemente.**

IMPORTANTIZARSE. r. fam. *Ven.* Hacerse el importante.

IMPORTAR. al. **Wichtig sein; betragen; einführen.** fr. **Importer; couter.** ingl. **To be important; to amount to; to imply; to import.** ital. **Importare.** port. **Importar.** (Del lat. *importare.*) intr. Convenir, interesar, hacer al caso, ser de mucho valor o consecuencia. *Nos* IMPORTA *que estés presente.* ‖ tr. Dicho del precio de las cosas, valer o alcanzar determinada cantidad la cosa comprada o ajustada. *Su compra* IMPORTA *cincuenta bolívares.* ‖ Llevar consigo. IMPORTAR *necesidad.* ‖ Introducir en un país géneros, artículos, costumbres, etc., extranjeros.

IMPORTE. al. **Betrag; summe.** fr. **Montant; valeur.** ingl. **Amount; value.** ital. **Importo; costo.** port. **Importe.** (De *importar.*) m. Cuantía de cualquier valor comercial. *Abonar el* IMPORTE; sinón.: **costo, precio.**

IMPORTUNACIÓN. (De *importunar.*) f. Insistencia porfiada y molesta.

IMPORTUNADAMENTE. adv. m. Con importunación, importunamente.

IMPORTUNAMENTE. adv. m. Con importunidad y tenacidad. ‖ Fuera de tiempo o de propósito.

IMPORTUNAR. al. **Belästigen.** fr. **Importuner.** ingl. **To importune.** ital. **Importunare.** port. **Importunar.** (De *importuno.*) tr. Incomodar con una pretensión o un pedido. sinón.: **molestar.**

IMPORTUNIDAD. (Del lat. *importúnitas, -atis.*) f. Calidad de importuno. ‖ Incomodidad producida por una pretensión o un pedido.

IMPORTUNO, NA. (Del lat. *importunus.*) adj. Inoportuno. *Pregunta* IMPORTUNA; sinón.: **impertinente, inconveniente;** antón.: **oportuno.** ‖ Molesto, enojoso.

IMPOSIBILIDAD. (Del lat. *impossibílitas, -atis.*) f. Falta de posibilidad para que algo exista o para hacerlo. IMPOSIBILIDAD *de ayudarlo.* ‖ – **física.** Absoluta repugnancia que hay para existir o verificarse algo en el orden natural. ‖ *For.* Enfermedad o defecto que estorba o excusa para una función pública. ‖ – **metafísica.** La que implica contradicción, como que una cosa esté y no esté a un mismo tiempo. ‖ – **moral.** Inverosimilitud de que pueda acontecer o ser una cosa.

IMPOSIBILITADO, DA. adj. Tullido.

IMPOSIBILITAR. (De *in,* pref. priv., y *posibilitar.*) tr. Quitar la posibilidad de realizar o conseguir una cosa. *La enfermedad lo* IMPOSIBILITA *para trabajar;* sinón.: **incapacitar, inhabilitar.**

IMPOSIBLE. (Del lat. *impossíbilis.*) adj. No posible. *Nos ha sido* IMPOSIBLE *terminar la tarea.* ‖ Estremadamente difícil. Ú.t.c.s.m. *Desear eso es desear un* IMPOSIBLE. ‖ Inaguantable, intratable. Ú. con los verbos *estar* y *ponerse. Este niño se ha puesto* IMPOSIBLE. ‖ fig. *Amér.* Sucio, desaseado. ‖ *For.* V. **Condición imposible de derecho,** y **de hecho.** ‖ m. *Ret.* Figura consistente en asegurar que antes que suceda o deje de suceder una cosa ha de acontecer otra de las que no están en lo posible. ‖ **Hacer lo imposible.** frs. fig. y fam. Recurrir a todos los medios para el logro de un fin. *Hicieron lo* IMPOSIBLE *para salvarlo.* ‖ deriv.: **imposiblemente.**

IMPOSICIÓN. al. **Auflage.** fr. **Imposition.** ingl. **Imposition.** ital. **Imposizione.** port. **Imposição** (Del lat. *impositio, -onis.*) f. Acción y efecto de imponer o imponerse. ‖ Carga, obligación, gravamen. ‖ Impostura, imputación falsa. ‖ *Impr.* Composición de cuadrados que separa las planas entre sí, para que, una vez impresas, aparezcan con los márgenes correspondientes. ‖ – **de manos.** Ceremonia que usa la Iglesia para transmitir la gracia del Espíritu Santo a quienes van a recibir ciertos sacramentos.

IMPOSITIVO, VA. adj. *Arg.* Perteneciente o relativo a los impuestos. *Dirección General* IMPOSITIVA. ‖ Que impone u obliga.

IMPOSITOR, RA. adj. Que impone. Ú.t.c.s. ‖ m. *Impr.* Obrero que impone en la imprenta.

IMPOSTA. (Del lat. *impósita,* puesta sobre.) f. *Arq.* Hilada de sillares, algo voladiza, sobre la cual va sentado un arco. ‖ Faja que corre horizontalmente en la fachada de los edificios, a la altura de los diversos pisos.

IMPOSTAR. Fijar la voz en las cuerdas vocales para emitir el sonido en su plenitud sin vacilación ni temblor.

IMPOSTERGABLE. adj. Que no se puede postergar. *Partida* IMPOSTERGABLE; sinón.: **inaplazable.**

IMPOSTOR, RA. al. **Betrüger.** fr. **Imposteur.** ingl. **Impostor.** ital. **Impostore.** port. **Impostor.** (Del lat. *impostor.*) adj. y s. Que atribuye falsamente a uno alguna cosa. ‖ Que engaña con apariencia de verdad.

IMPOSTURA. al. **Betrug.** fr. **Imposture.** ingl. **Imposture.** ital. **Impostura.** port. **Impostura.** (Del lat. *impostura.*) f. Imputación falsa y maliciosa. sinón.: **calumnia.** ‖ Engaño con apariencia de verdad.

IMPOTABLE. adj. Que no es potable.

IMPOTENCIA. al. **Unvermögen; Machtlosigkeit; Impotenz.** fr. **Impuissance.** ingl. **Impotence.** ital. **Impotenza.** port. **Impotencia.** (Del lat. *impotentia.*) f. Carencia de poder para hacer una cosa. sinón.: **imposibilidad.** ‖ Incapacidad de engendrar o concebir.

IMPOTENTE. (Del lat. *impotens, -entis.*) adj. Que no tiene potencia. *Se sentía* IMPOTENTE *contra la mala fortuna;* sinón.: **incapaz, inútil.** ‖ Incapaz de engendrar o concebir. Ú.t.c.s.

IMPRACTICABLE. (De *in,* pref. priv., y *practicable.*) adj. Que no se puede practicar. *Método* IMPRACTICABLE. ‖ Aplícase a los caminos y parajes intransitables, o por donde sólo se puede pasar con mucha incomodidad. ‖ deriv.: **impracticabilidad.**

IMPRECACIÓN. al. **Verwünschung.** fr. **Imprécation.** ingl. **Imprecation.** ital. **Imprecazione.** port. **Imprecação.** (Del lat. *imprecatio, -onis.*) f. Acción de imprecar. sinón.: **execración, maldición.** ‖ *Ret.* Figura consistente en imprecar.

IMPRECAR. al. **Verwünschen.** fr. **Proférer une imprécation.** ingl. **To imprecate.** ital. **Imprecare.** port. **Imprecar.** (Del lat. *imprecari.*) tr. Proferir palabras con que se pida o se manifieste deseo intenso de que alguien reciba mal o daño. sinón.: **anatematizar, maldecir.** ‖ deriv.: **imprecatorio, ria.**

IMPRECISIÓN. f. Falta de precisión. sinón.: **ambigüedad, indeterminación.**

IMPRECISO, SA. adj. No preciso, vago, indeterminado. *Plan* IMPRECISO; antón.: **claro, exacto.**

IMPREGNACIÓN. f. Acción y efecto de impregnar o impregnarse.

IMPREGNAR. al. **Imprägnieren, tränken.** fr. **Imprégner.** ingl. **To impregnate.** ital. **Impregnare.** port. **Impregnar.** (Del lat. *impraegnare.*) tr. Introducir entre las moléculas de un cuerpo las de otro sin que se combinen. Ú.m.c.r. ‖ deriv.: **impregnable.**

IMPREMEDITACIÓN. f. Falta de premeditación.

IMPREMEDITADO, DA. adj. No premeditado. ‖ Irreflexivo. ‖ deriv.: **impremeditadamente.**

IMPRENTA. al. **Druckerei; Druck.** fr. **Imprimerie.** ingl. **Printing; print.** ital. **Stamperia; tipografia.** port. **Imprensa.** (Del ant. *emprenta.*) f. Arte de imprimir libros, estampas, etc. *A Gutenberg le debemos la* IMPRENTA. ‖ Lugar donde se imprime. ‖ Impresión, forma de letra con que está impreso algo. ‖ V. **Letra, libertad, pie, tinta de imprenta.** ‖ fig. Lo que se publica impreso. *Leyes de* IMPRENTA. ‖ IDEAS AFINES: *Rotativa, publicación, editorial, tipografía, litografía, renglón, línea, espacio, párrafo, título, prueba, corrección, linotipia, monotipia, puntuación, columna, tipos, bastardilla, gótica, negrita, clisé, prensa.*

● **IMPRENTA.** *Hist.* Desde la invención de la escritura, surgió la necesidad de reproducirla para transmitirla o conservarla. Las primeras impresiones que se conocen fueron obtenidas haciendo rodar sobre arcilla o cera, sellos cilíndricos previamente grabados; este procedimiento es muy antiguo, algunos cilindros datan del s. XXVIII a. de C. y proceden de antiguas ciudades sumerias, mesopotámicas, etc. Las excavaciones realizadas en las inmediaciones de Nínive dieron a luz una biblioteca perteneciente al rey Sargón (s. VIII a. de C.), compuesta de tablillas de arcilla, previamente estampadas y luego cocidas. Desde tiempos remotos, China conocía la xilografía u obtención de impresos mediante una plancha de madera, sobre la cual se tallaban, invertidos, los rasgos de la escritura, luego se entintaba y se aplicaba sobre una hoja de papel de arroz, como se hace aún en las pagodas. En Europa, el xilógrafo más antiguo que se conoce data de 1423; este sistema presentaba el inconveniente, entre otros, de imprimir sólo en una cara del papel, porque a consecuencia de la fuerte presión de la tabla, quedaban también señalados los contornos en el reverso. El procedimiento resultaba costoso y exigía mucho tiempo. Las letras o caracteres eran inmóviles y no podían servir para la composición de otro libro. A principios del siglo XV, un holandés imaginó separar los caracteres y hacerlos movibles, lo cual permitía, una vez impreso un libro, componer otro con las mismas letras. Como los caracteres de madera se deterioraban muy pronto, Juan Gutenberg, oriundo de Maguncia y establecido en Estrasburgo, ensayó grabar los caracteres en hueco. Sus primeros intentos datan de 1436. Se fabricaron moldes o matrices en los que se vaciaba una aleación de plomo y antimonio para obtener letras móviles, en la cantidad deseada. Gutenberg inventó también la prensa de mano, lo cual permitió multiplicar fácilmente los libros; su primera edición fue el *Speculum humanae salvationis*; luego, en 1455, la famosa *Biblia latina*, que constaba de dos volúmenes en folio con 641 páginas de cuarenta y dos líneas cada una. El asalto de Maguncia, en 1462, provocó la dispersión de los obreros, lo que contribuyó a difundir la **imprenta** por toda Europa. La primera **imprenta** americana se estableció en México a partir de 1535. ‖ *Téc. ind.* La **imprenta,** desde la antigua prensa de mano hasta la rotativa de los grandes periódicos, ha sufrido numerosas modificaciones que la perfeccionaron paulatinamente. La impresión comprende dos operaciones principales: la composición y la tirada. Durante la primera, el impresor levanta en su caja las letras o tipos, para formar las palabras, separadas por un espacio más bajo que los caracteres. Cada línea es compuesta sobre un largo determinado y unas de otras van separadas por interlíneas según la altura de la página adoptada. Las páginas, sólidamente sujetas, se reúnen en un molde o forma, según las normas de la compaginación. La técnica moderna ha transformado la composición manual, sustituyéndola con máquinas de componer, linotipos, que funden líneas enteras, y monotipos, que funden caracteres sueltos. Una vez acabada la composición y luego de hechas las correcciones necesarias, comienza la tirada, primeramente con el entintado de la forma o molde y luego, con la impresión en las prensas. Cuando se imprime en rotativas, no va a éstas la composición en molde, sino un estereotipo curvo de aquél. Existen varios procedimientos de impresión –talla dulce, aguafuerte, litografía, heliograbado, etc.– que se aplican tanto a las impresiones monocromas, en negro, como a las policromas o en colores, que exigen clisés de fotograbados impecables.

IMPRENTAR. (Del ant. *emprentar.*) tr. *Chile.* Planchar cuellos y solapas, o perneras, a fin de darles la forma correspondiente. ‖ Coser una tira circular en la parte inferior de las perneras de los pantalones.

IMPRESCINDIBLE. (De *in,* pref. priv., y *prescindible.*) adj. Aplícase a aquello de que no se puede prescindir. *Gasto* IMPRESCINDIBLE; sinón.: **esencial, indispensable;** antón.: **superfluo.**

IMPRESCRIPTIBLE. (De *in,* pref. priv., y *prescriptible.*) adj. Que no puede prescribir. *Obligación* IMPRESCRIPTIBLE. ‖ deriv.: **imprescriptibilidad.**

IMPRESENTABLE. adj. Que no es digno de presentarse o de ser presentado.

IMPRESIÓN. al. **Druck; Eindruck.** fr. **Impression.** ingl. **Impress; impression.** ital. **Impressione.** port. **Impressão.** (Del lat. *impressio, -onis.*) f. Acción y efecto de imprimir. ‖ Marca que una cosa deja en otra al apretarla. IMPRESIÓN *digital.* ‖ Calidad o forma de letra con que está impresa una obra. IMPRESIÓN *clara.* ‖ Obra impresa. ‖ Efecto que causa en un cuerpo otro extraño. *Me* IMPRESIONA *el calor.* ‖ fig. Efecto que las cosas causan en el ánimo. *Las* IMPRESIONES *de la infancia perduran en nosotros.* ‖ – **dactilar** o **digital.** La que deja la yema del dedo en cada objeto que toca, o la que se obtiene impregnando previamente dicha yema con una substancia colorante. ‖ **Hacer impresión** una cosa. frs. fig. Fijarse en la imaginación o en el ánimo conmoviendo eficazmente.

IMPRESIONABLE. adj. Fácil de impresionarse o de recibir una impresión. *Los niños son* IMPRESIONABLES. ‖ deriv.: **impresionabilidad.**

IMPRESIONANTE. p. a. de **Impresionar.** Que impresiona.

IMPRESIONAR. al. **Eindruck machen aut.** fr. **Impressionner.** ingl. **To impress.** ital. **Impressionare.** port. **Impressionar.** (De *impresión.*) tr. Persuadir mediante un movimiento afectivo. Ú.t.c.r. ‖ Producir alteración la luz en la superficie de una placa fotográfica. ‖ Conmover el ánimo hondamente. *Aquella miseria lo* IMPRESIONÓ; sinón.: **emocionar.**

IMPRESIONISMO. m. Sistema artístico, originado en Francia, alrededor de 1874, que consiste en reproducir la naturaleza atendiendo más a la impresión particular que nos produce que a la realidad objetiva de la misma. ‖ deriv.: **impresionista.**

● **IMPRESIONISMO.** *B. A.* A fines del siglo XIX aparece en Francia, encabezada por Claudio Monet, una escuela de pintura que trajo nueva visión de la naturaleza y nueva técnica pictórica. Al presentarse por primera vez, en 1874, sus adeptos provocaron la más violenta resistencia pues transgredían todos los hábitos estéticos corrientes, tanto en las formas como en las coloraciones. En la exposición de 1874 presentó Monet un sorprendente efecto de luz producido por el sol a través de la niebla, y lo llamó *Impresión*; de aquí derivaría el nombre **impresionismo,** dado a todo el movimiento que siguió. Hasta 1900 fueron años de lucha, y la escuela impresionista agrupó a artistas que, aunque con grandes diferencias, tenían el rasgo común de rechazar el academicismo y el romanticismo. Hoy se ha delimitado el carácter del **impresionismo**: debe inspirarse en un modelo real, directamente observado por el pintor y ejecutado, casi siempre, al aire libre, conservar toda la frescura de una improvisación y optar técnicamente por yuxtaponer pinceladas en lugar de superponerlas, para dar lugar así a esas características pinceladas cortas y nerviosas a modo de comas en que la atmósfera y la luz dominan sobre las formas. El **impresionismo** empleó además exclusivamente los colores puros, prescindió del blanco y del negro, ya que no hay objeto que absorba o que refleje totalmente la luz y también de los colores terrosos que no tienen equivalentes en el espectro solar; en cambio usó los azules y celestes, verdes, lilas, anaranjados, amarillos, rojos y púrpuras, lo que dio por resultado los cuadros más coloridos vistos hasta entonces. El **impresionismo** se desentendió de toda creación imaginativa o sentimental, evitó los temas religiosos e históricos y se limitó a representar el paisaje, la naturaleza muerta y el retrato. Consideró que el color depende de la índole misma de la luz y de las variadísimas condiciones en que los cuerpos absorben o reflejan los rayos luminosos, de tal modo que el color absoluto de los objetos se ve constantemente modificado por lo circundante. La diferencia entre el claro y el oscuro no es tan grande, las sombras no son neutras sino coloreadas, los contornos se diluyen, las distancias se acortan y el paisaje se torna sutil, inmaterial y donde aparece más encantador es en la superficie ondulante del agua.

IMPRESO, SA. (Del lat. *impressus.*) p. p. irreg. de **Imprimir.** *Una circular* IMPRESA. ‖ m. Libro, folleto u hoja de impresos. ‖ Formulario impreso con espacios en blanco para llenar a mano o a máquina.

IMPRESOR, RA. al. **Drucker.** fr. **Imprimeur.** ingl. **Printer.** ital. **Stampatore; impressore.** port. **Impressor.** (De *impreso.*) s. Quien imprime. ‖ Propietario de una imprenta.

IMPRESTABLE. (Del lat. *impraestábilis.*) adj. Que no se puede prestar.

IMPREVISIBLE. adj. Que no se puede prever.

IMPREVISIÓN. f. Falta de previsión, irreflexión.

IMPREVISOR, RA. (De *in,* pref. priv., y *previsor.*) adj. Que no prevé.

IMPREVISTO, TA. adj. No previsto. *Complicación* IMPREVISTA; sinón.: **inesperado, impensado.** m. pl. En lenguaje administrativo, gastos para los cuales no existe crédito habilitado y distinto.

IMPRIMACIÓN. f. Acción y efecto de imprimar. ‖ Conjunto de ingredientes con que se imprima.

IMPRIMADERA. f. Instrumento en forma de cuchilla o media luna, con el cual se imprimían lienzos, paredes, etc.

IMPRIMAR. (Del lat. *in,* en, y *primus,* primero.) tr. Preparar con los ingredientes necesarios las cosas que se han de pintar o teñir. ‖ *Col.* Cubrir la superficie no pavimentada de una carretera con un material asfáltico, con el objeto de evitar el polvo y la erosión. ‖ deriv.: **imprimador, ra.**

IMPRIMÁTUR. (3ª pers. sing. del pres. de subj. del lat. *imprímere,* imprimir.) m. fig. Autorización que concede la autoridad eclesiástica para imprimir un escrito.

IMPRIMIR. al. **Drucken.** fr. **Imprimer.** ingl. **To print; to stamp.** ital. **Stampare; imprimere.** port. **Imprimir.** (Del lat. *imprímere.*) tr. Señalar en el papel u otro material las letras u otros caracteres, apretándolos. IMPRIMIR *un libro*; sinón.: **editar, publicar.** ‖ Estampar un sello u otra cosa en papel, tela, etc., mediante presión. ‖ fig. Fijar algún afecto o especie en el ánimo. IMPRIMÍA *el temor en los súbditos.* ‖ Impulsar, transmitir.

IMPROBABLE. (Del lat. *improbábilis.*) adj. No probable. *Visita* IMPROBABLE. ‖ deriv.: **improbabilidad; improbablemente.**

IMPROBAR. (Del lat. *improbare.*) tr. Desaprobar, reprobar una cosa.

IMPROBIDAD. (Del lat. *improbitas, -atis.*) adj. Falta de probidad; maldad.

ÍMPROBO, BA. (Del lat. *ímprobus.*) adj. Carente de probidad, perverso. *Empleado* ÍMPROBO. ‖ Aplícase al trabajo excesivo y continuado. sinón.: **abrumador, agotador.**

IMPROCEDENCIA. (De *in,* pref. priv., y *procedencia.*) f. Calidad de improcedente.

IMPROCEDENTE. (De *in,* pref. priv., y *procedente.*) adj. No conforme a derecho. *Exigencias* IMPROCEDENTES. ‖ Inadecuado, infundado.

IMPRODUCTIVO, VA. (De *in,* pref. priv., y *productivo.*) adj. Que no produce. *Tierra* IMPRODUCTIVA; sinón.: **estéril, infecundo;** antón.: **fértil, provechoso.** ‖ deriv.: **improductivamente.**

IMPROFANABLE. adj. Que no se puede profanar.

IMPROMPTU. m. Composición musical, casi siempre para instrumentos de teclado, que tiene carácter de improvisación.

IMPRONTA. (Del ital. *impronta,* y éste del lat. *imprímere,* imprimir.) f. Reproducción de imágenes en hueco o de relieve, en papel humedecido, cera, etc. ‖ *Geol.* Reproducción de seres extintos o de sus huellas en materiales que resistieron la erosión a través de los distintos tiempos geológicos.

IMPRONUNCIABLE. adj. Imposible de pronunciar, o de difícil pronunciación. ‖ Inefable. *Deleite* IMPRONUNCIABLE.

IMPROPERAR. (Del lat. *improperare.*) tr. Decir a alguien improperios.

IMPROPERIO. al. **Schmähung.** fr. **Injure.** ingl. **Insult.** ital. **Improperio.** port. **Impropério.** (Del lat. *impropérium.*) m. Injuria grave de palabra. sinón.: **denuesto, insolencia.**

IMPROPIAMENTE. adv. m. Con impropiedad.

IMPROPIEDAD. (Del lat. *impróprietas, -atis.*) f. Falta de propiedad en el lenguaje.

IMPROPIO, PIA. al. **Ungeeignet; nicht passend.** fr. **Inconvenant.** ingl. **Inappropriate; unbecoming.** ital. **Improprio.** port. **Impróprio.** (Del lat. *improprius.*) adj. Carente de las cualidades convenientes según las circunstancias. *Trabajo* IMPROPIO *para su edad*; sinón.: **inadecuado.** ‖ Extraño a una persona, cosa, etc. ‖ *Arit.* V. **Quebrado impropio.** ‖ *Mat.* V. **Fracción impropia.**

IMPROPORCIÓN. f. Desproporción.

IMPROPORCIONADO, DA. (De *in,* pref. priv., y *proporcionado.*) adj. Desproporcionado.

IMPRORROGABLE. adj. Que no se puede prorrogar. *Plazo* IMPRORROGABLE; sinón.: **inaplazable.**

IMPRÓSPERO, RA. (Del lat. *imprósper, -eri.*) adj. No próspero.

IMPROSULTO, TA. adj. fam. *Chile.* Desvergonzado, bribón. ‖ *Hond.* Malo, inútil.

IMPRÓVIDO, DA. (Del lat. *imprόvidus.*) adj. Desprevenido. ‖ deriv.: **impróvidamente.**

IMPROVISACIÓN. al. **Improvisation.** fr. **Improvisation.** ingl. **Improvisation.** ital. **Improvisazione.** port. **Improvisação.** f. Acción y efecto de improvisar. ‖ Obra improvisada. ‖ Progreso rápido, generalmente inmerecido, en la carrera o en la fortuna de una persona.

IMPROVISADAMENTE. adv. m. Improvisamente.

IMPROVISADOR, RA. adj. y s. Que improvisa. Dícese, en particular, de quien compone versos de repente.

IMPROVISAMENTE. adv. m. De repente, sin prevención.

IMPROVISAR. al. **Improvisieren.** fr. **Improviser.** ingl. **To improvise.** ital. **Improvisare.** port. **Improvisar.** (De *improviso.*) tr. Hacer algo de pronto, sin reflexión ni preparación previas. IMPROVISAR *una cama.* ‖ Componer de este modo discursos, poemas, etc. IMPROVISAR *un brindis.*

IMPROVISO, SA. (Del lat. *improvisus.*) adj. Que no se prevé o previene. ‖ **Al,** o **de, improviso.** m. adv. Improvisamente.

IMPROVISTO, TA. (De *in,* pref. priv., y *provisto.*) adj. Improviso.

IMPRUDENCIA. al. **Unklugheit; Unvorsichtigkeit.** fr. **Imprudence.** ingl. **Imprudence.** ital. **Imprudenza.** port. **Imprudencia.** (Del lat. *imprudentia.*) f. Carencia de prudencia. *La* IMPRUDENCIA *suele preceder casi siempre a la calamidad*; sinón.: **irreflexión, ligereza.** ‖ – **temeraria.** *For.* Negligencia punible e inexcusable que conduce a ejecutar hechos que, si mediara malicia por parte del autor, serían delitos.

IMPRUDENTE. (Del lat. *imprudens, -entis.*) adj. y s. Que no tiene prudencia. *Conductor* IMPRUDENTE; sinón.: **atolondrado, arriesgado.** ‖ deriv.: **imprudentemente.**

IMPÚBER. al. **Unmannbar; Unreifer.** fr. **Impubère.** ingl. **Immature.** ital. **Impube.** port. **Impúbere.** adj. y s. Que todavía no ha llegado a la pubertad.

IMPÚBERO, RA. (Del lat. *impubes, -eris.*) adj. y s. Impúber.

IMPUDENCIA. (Del lat. *impudentia.*) f. Descaro, impudor.

IMPUDENTE. (Del lat. *impudens, -entis.*) adj. Desvergonzado, sin pudor.

IMPUDICIA. (Síncopa de *impudicicia.*) f. Impudicicia.

IMPUDICICIA. al. **Schamlosigkeit.** fr. **Impudicité.** ingl. **Impudicity.** ital. **Impudicizia.** port. **Impudicícia.** (Del lat. *impudicitia.*) f. Deshonestidad.

IMPÚDICO, CA. (Del lat. *impúdicus.*) adj. Deshonesto, sin pudor. *Miradas* IMPÚDICAS; sinón.: **impuro, inmoral;** antón.: **pudoroso.** ‖ deriv.: **impúdicamente.**

IMPUDOR. m. Carencia de pudor y de honestidad. ‖ Cinismo en defender cosas censurables.

IMPUESTO, TA. al. **Stever; Abgabe.** fr. **Impôt; taxe.** ingl. **Tax; impost.** ital. **Tassa; imposta.** port. **Imposto.** (Del lat. *impósitus.*) p. p. irreg. de **Imponer.** ‖ m. Tributo, gravamen. IMPUESTOS *fiscales.* ‖ IDEAS AFINES: *Contribución, tasa, patente, fisco, aduana, multa, consumo, presupuesto, imposición, censo, comercio, rédito, negocio, ganancia.*

IMPUGNABLE. adj. Que se puede impugnar. *Teoría* IMPUGNABLE; sinón.: **discutible, rebatible.**

IMPUGNAR. al. **Anfechten; bestreiten.** fr. **Contester; attaquer.**

ingl. **To impugn.** ital. **Impugnare.** port. **Impugnar.** (Del lat. *impugnare.*) tr. Combatir, contradecir, rebatir. IMPUGNAR *una ley;* antón.: **apoyar, aprobar.** ‖ deriv.: **impugnación; impugnador, ra; impugnante; impugnativo, va.**

IMPULSAR. al. **Antreiben.** fr. **Pousser.** ingl. **To impel, to move.** ital. **Spingere; dare l'impulso.** port. **Impulsar.** (De *impulso.*) tr. Impeler. IMPULSAR *las industrias;* sinón.: **empujar, propulsar.**

IMPULSIÓN. (Del lat. *impulsio, -onis.*) f. Impulso.

IMPULSIVIDAD. f. Condición de impulsivo.

IMPULSIVO, VA. al. **Impulsiv; lebhaft.** fr. **Impulsif.** ingl. **Impulsive.** ital. **Impulsivo.** port. **Impulsivo.** (Del lat. *impulsivus.*) adj. Dícese de lo que impele o puede impeler. ‖ Aplícase al que habla o procede sin reflexión ni cautela. *Acto* IMPULSIVO; antón.: **reflexivo.** ‖ deriv.: **impulsivamente.**

IMPULSO. al. **Stoss; Antrieb.** fr. **Impulsion.** ingl. **Impulsion.** ital. **Impulso.** port. **Impulso.** (Del lat. *impulsus.*) m. Acción y efecto de impeler. sinón.: **empuje, ímpetu.** ‖ Instigación, sugestión. ‖ *Fís.* Producto de la intensidad de una fuerza por el tiempo durante el cual actúa.

IMPULSOR, RA. (Del lat. *impulsor.*) adj. y s. Que impele.

IMPUNE. (Del lat. *impunis.*) adj. Que queda sin castigo. *Ese delito no quedará* IMPUNE. ‖ deriv.: **impunemente.**

IMPUNIDAD. al. **Straflosigkeit.** fr. **Impunité.** ingl. **Impunity.** ital. **Impunità.** port. **Impunidade.** (Del lat. *impúnitas, -atis.*) f. Falta de castigo.

IMPURAMENTE. adv. m. De modo impuro.

IMPUREZA. al. **Unreinheit.** fr. **Impureté.** ingl. **Impurity.** ital. **Impurità.** port. **Impuridade.** (Del lat. *impuritia.*) f. Mezcla de partículas ajenas a un cuerpo o materia. *Las* IMPUREZAS *del aire.* ‖ Carencia de pureza o castidad.

IMPURIDAD. (Del lat. *impúritas, -atis.*) f. Impureza.

IMPURIFICAR. tr. Hacer impura a una persona o cosa. Ú.t.c.r. sinón.: **adulterar, viciar.** deriv.: **impurificación.**

IMPURO, RA. (Del lat. *impurus.*) adj. No puro. *Leche* IMPURA; sinón.: **adulterado, sucio;** antón.: **limpio.**

IMPUTABILIDAD. f. Calidad de imputable.

IMPUTABLE. adj. Que se puede imputar.

IMPUTACIÓN. al. **Anrechnung; Anschuldigung.** fr. **Imputation.** ingl. **Imputation.** ital. **Imputazione.** port. **Imputação.** (Del lat. *imputatio, -onis.*) f. Acción de imputar, sinón.: **acusación, inculpación.** ‖ Cosa que se imputa.

IMPUTAR. al. **Zuschreiben.** fr. **Imputer.** ingl. **To impute.** ital. **Imputare.** port. **Imputar.** (Del lat. *imputare.*) tr. Achacar a alguien una culpa delito o acción. IMPUTABA *a los demás la pérdida de su bienestar;* sinón.: **acusar, inculpar;** antón.: **defender.** ‖ Señalar la aplicación de una cantidad, al entregarla o al tomar razón de ella en cuenta. ‖ deriv.: **imputador, ra.**

IMPUTRESCIBLE. adj. Que no puede pudrirse o corromperse.

IN. (Del lat. *in.*) prep. insep. que se transforma en *im* delante de *b* o *p*; en *i*, por *il*, delante de *l*, y en *ir* delante de *r*. Generalmente equivale a *en.* IM*portar.* ‖ Posee oficio por sí sola en locuciones latinas usadas en nuestro idioma. IN*promptu.*

IN. Prefijo latino negativo o privativo, que con ese mismo significado usamos en castellano con adjetivos, verbos y substantivos abstractos; como en IN*seguro,* IN*comunicar,* IN*apetencia,* etc. La *n* final sufre las mismas modificaciones que la del prefijo anterior.

In. *Quím.* Símbolo del indio.

INABARCABLE. adj. Que no puede abarcarse.

INABORDABLE. adj. Que no se puede abordar. *Playa, cuestión* INABORDABLE; sinón.: **inaccesible.**

INACABABLE. al. **Endlos; unendlich.** fr. **Interminable.** ingl. **Endless; everlasting.** ital. **Inesauribile; interminabile.** port. **Inacabável.** adj. Que no se puede acabar, que no se le ve el fin. *Trabajo, cuenta* INACABABLE; sinón.: **interminable.**

INACCESIBILIDAD. (Del lat. *inaccessibílitas, -atis.*) f. Calidad de inaccesible.

INACCESIBLE. al. **Unzugänglich.** fr. **Inaccessible.** ingl. **Inaccessible.** ital. **Inaccessibile.** port. **Inacessível.** (Del lat. *inaccessíbilis.*) adj. Que no es accesible. *Acantilados* INACCESIBLES; sinón.: **inalcanzable;** antón.: **abordable, asequible.** ‖ *Topogr.* V. **Altura inaccesible.** ‖ deriv.: **inaccesiblemente.**

INACCESO, SA. (Del lat. *inaccessus.*) adj. Inaccesible.

INACCIÓN. f. Falta de acción, inercia; antón.: **actividad.**

INACENTUADO, DA. adj. *Gram.* Átono.

INACEPTABLE. adj. No aceptable. *Pretensión* INACEPTABLE; sinón.: **inadmisible.**

INACO. *Mit.* Primer rey de Argos, considerado por los griegos padre de la raza humana.

INACTIVIDAD. al. **Untätigkeit.** fr. **Inactivité.** ingl. **Inactivity.** ital. **Inattività.** port. **Inactividade.** f. Falta de actividad. *La* INACTIVIDAD *enervaba al ejército;* sinón.: **descanso, ociosidad.**

INACTIVO, VA. (De *in,* pref. priv., y *activo.*) adj. Carente de acción o movimiento; ocioso, inerte. *Volcán* INACTIVO.

INADAPTABLE. adj. No adaptable. ‖ deriv.: **inadaptabilidad.**

INADAPTACIÓN. f. Falta de adaptación.

INADAPTADO, DA. adj. y s. Dícese de quien no se adapta o aviene al medio ambiente, a ciertas circunstancias, etc.

INADECUACIÓN. f. Falta de adecuación.

INADECUADO, DA. adj. No adecuado. *Medios* INADECUADOS; sinón.: **impropio, inconveniente.**

INADMISIBLE. al. **Unzulässig.** fr. **Inadmissible.** ingl. **Inadmissible.** ital. **Inammissibile.** port. **Inadmissível.** adj. No admisible. *Explicación* INADMISIBLE; sinón.: **inaceptable.**

INADOPTABLE. adj. No adoptable.

INADVERTENCIA. al. **Unachtsamkeit.** fr. **Inadvertance.** ingl. **Inadvertency; oversight.** ital. **Inavvertenza.** port. **Inadvertencia.** f. Falta de advertencia. *La* INADVERTENCIA *ocasiona trastornos;* sinón.: **descuido, irreflexión.** ‖ pl. Cosas inadvertidas, desatenciones.

INADVERTIDAMENTE. adv. m. Con inadvertencia.

INADVERTIDO, DA. adj. Aplícase al que no advierte o repara lo que debiera. No advertido. *Su presencia pasó* INADVERTIDA.

INAFECTADO, DA. (Del lat. *inaffectatus.*) adj. No afectado.

INAGOTABLE. al. **Unerschöpflich.** fr. **Inépuisable.** ingl. **Inexhaustible.** ital. **Inesauribile.** port. **Inesgotável.** (De *in,* pref. priv., y *agotable.*) adj. Que no se puede agotar. *Fuente* INAGOTABLE.

INAGUA. *Geog.* Nombre de dos islas (Grande y Pequeña) del grupo de las Bahamas, en el extremo S.O. del archipiélago. 1.723 km². 1.350 h.

INAGUANTABLE. al. **Unerträglich.** fr. **Insupportable.** ingl. **Unbearable.** ital. **Insopportabile.** port. **Insuportável.** (De *in,* pref. priv., y *aguantable.*) adj. Que no se puede aguantar. *Carácter* INAGUANTABLE; sinón.: **insoportable, insufrible.**

INAJENABLE. (De *in,* pref. priv., y *ajenable.*) adj. Inalienable.

INALÁMBRICO, CA. adj. Dícese de todo sistema de comunicación eléctrica, sin alambres conductores.

IN ALBIS. (Del lat. *in,* en, y *albis,* de *albus,* blanco.) m. adv. **En blanco,** sin lograr lo esperado o sin comprender lo oído. Ú.m. con los verbos *dejar* y *quedarse.*

INALCANZABLE. adj. Que no se puede alcanzar. *Meta* INALCANZABLE; sinón.: **inasible.**

INALIENABLE. (De *in,* pref. priv., y *alienable.*) adj. Que no se puede enajenar. *Propiedad* INALIENABLE. ‖ deriv.: **inalienabilidad.**

INALTERABLE. (De *in,* pref. priv., y *alterable.*) adj. Que no se puede alterar. *Orden* INALTERABLE. sinón.: **fijo, invariable.** ‖ deriv.: **inalterabilidad; inalterablemente.**

INALTERADO, DA. adj. Que no tiene alteración.

INAMALGAMABLE. adj. *Chile.* Que no se puede amalgamar.

INAMBÚ. m. Ave sudamericana, de carne comestible y plumaje rojo. ‖ Género que comprende a las denominadas vulgarmente "perdices americanas"

INAMENO, NA. (Del lat. *inamoenus.*) adj. Carente de amenidad.

INAMISIBLE. (Del lat. *inamissíbilis.*) adj. Que no se puede perder.

INAMISTOSO, SA. adj. No amistoso.

INAMOVIBLE. adj. Que no es movible. *Juez* INAMOVIBLE. ‖ deriv.: **inamovilidad.**

INANALIZABLE. adj. No analizable.

INANE. (Del lat. *inanis.*) adj. Vano, fútil. INANE *preocupación;* sinón.: **baladí, vacuo.**

INANICIÓN. al. **Entkräftung.** fr. **Inanition.** ingl. **Inanition.** ital. **Inanizione.** port. **Inanição.** (Del lat. *inanitio, -onis.*) f. *Med.* Excesiva debilidad por falta de alimento o por otras causas. ‖ IDEAS AFINES: *Pobreza, escasez, guerra, comida, hambre, inapetencia, delgadez, enfermedad, anemia, raquitismo, avitaminosis.*

INANIDAD. (Del lat. *inánitas, -atis.*) f. Futilidad, inutilidad.

INANIMADO, DA. al. **Leblos.** fr. **Inanimé.** ingl. **Lifeless; inanimate.** ital. **Inanimato.** port. **Inanimado.** (Del lat. *inanimatus.*) adj. Que no tiene vida.

IN ÁNIMA VILI. loc. lat. que significa *en ánima vil.* Se usa en medicina para expresar que los experimentos deben hacerse en animales irracionales antes que en el hombre.

INÁNIME. (Del lat. *inánimis.*) adj. Exánime. ‖ Inanimado.

INAPAGABLE. (De *in,* pref. priv., y *apagable.*) adj. Que no puede apagarse. *Incendio* INAPAGABLE; sinón.: **inextinguible.**

INAPEABLE. adj. Que no se puede apear. ‖ fig. Que no se puede entender o conocer. ‖ Aplícase al que firmemente se aferra en su opinión.

INAPELABLE. (De *in,* pref. priv., y *apelable.*) adj. *Der.* Dícese de las sentencias, o fallos, de que no es posible apelar. ‖ fig. Inevitable. *La muerte* INAPELABLE.

INAPERCIBIDO, DA. adj. Galicismo por **inadvertido.**

INAPETENCIA. al. **Appetitlosigkeit.** fr. **Inappétence.** ingl. **Inappetence.** ital. **Inappetenza.** port. **Inapetencia.** (De *in,* pref. priv. y *apetencia.*) f. Falta de apetito. sinón.: **desgano;** antón.: **gana.**

INAPETENTE. (Del lat. *in,* pref. priv., y *appetens, -entis,* que apetece.) adj. Que no tiene apetito.

INAPLACABLE. adj. vulg. Implacable.

INAPLAZABLE. adj. Que no se puede aplazar. *Obra* INAPLAZABLE; sinón.: **improrrogable.**

INAPLICABLE. (De *in,* pref. priv., y *aplicable.*) adj. Que no se puede aplicar a algo, o en determinada ocasión. *Remedio* INAPLICABLE.

INAPLICACIÓN. f. Desaplicación.

INAPLICADO, DA. adj. Desaplicado.

INAPRECIABLE. (De *in,* pref. priv. y *apreciable.*) adj. Que no se puede apreciar, a causa de su valor, pequeñez, etc. *Amistad* INAPRECIABLE; sinón.: **inestimable.**

INAPRENSIBLE. (Del lat. *inaprehensibilis.*) adj. Que no se puede aprehender.

INAPRENSIVO, VA. adj. Que carece de aprensión.

INAPROPIABLE. adj. Que no puede ser apropiado.

INAPROVECHABLE. adj. Que no puede ser aprovechado.

INAPROVECHADO, DA. adj. No aprovechado.

INAPTITUD. f. Barbarismo por **ineptitud.**

INAPTO, TA. adj. Barbarismo por **inepto.**

INARMÓNICO, CA. (De *in,* pref. priv., y *armónico.*) adj. Falto de armonía.

INARTICULABLE. adj. Que no se puede articular.

INARTICULADO, DA. (Del lat. *inarticulatus.*) adj. No articulado. ‖ Dícese de los sonidos de la voz que no alcanzan a formar palabras.

IN ARTÍCULO MORTIS. expr. lat. *Der.* En el artículo de la muerte.

INARTIFICIOSO, SA. adj. Sin artificio.

INARTÍSTICO, CA. adj. No artístico.

INASEQUIBLE. adj. No asequible. *Comodidades* INASEQUIBLES; sinón.: **inalcanzable, inaccesible.**

INASIBLE. adj. Que no se puede asir.

INASISTENCIA. f. Falta de asistencia.

INASISTENTE. adj. Que no asiste. Ú.t.c.s.

INASTILLABLE. adj. Dícese de un vidrio cuya rotura no produce fragmentos cortantes.

INATACABLE. (De *in,* pref. priv., y *atacable.*) adj. Que no puede ser atacado.

INATENCIÓN. f. Falta de atención.

INATENDIBLE. adj. Que no merece atención. *Exigencias* INATENDIBLES.

INATENTO, TA. adj. Desatento, que no atiende.

INAUDI, Jacobo. *Biog.* Matemático ital., hábil calculista, autor de estudios sobre temas de su especialidad (1867-1950).

INAUDIBLE. al. **Unhörbar.** fr. **Inécoutable.** ingl. **Inaudible.** ital. **Inaudibile.** port. **Inaudível.** (Del lat. *inaudíbilis.*) adj. Que no debe o no puede ser oído.

INAUDITO, TA. al. **Unerhort.** fr. **Inouï.** ingl. **Unheard; extraordinary.** ital. **Inaudito.** port. **Inaudito.** (Del lat. *inauditus.*) adj. Nunca oído. *Historia* INAUDITA; sinón.: **desconocido, sorprendente;** antón.: **conocido.** ‖ fig. Monstruoso, censurable en alto grado. *Egoísmo* INAUDITO; sinón.: **atroz, vituperable.**

INAUGURACIÓN. al. **Einweihung; Eröffnung.** fr. **Inauguration.** ingl. **Inauguration; opening.** ital. **Innaugurazione.** port. **Inauguração.** (Del lat. *inauguratio, -onis.*) f. Acto de inaugurar. sinón.: **apertura.** ‖ IDEAS AFINES: *Estreno, presentación, iniciación, exposición, teatro, cine, casa, congreso, fiesta, convite, baile, multitud, discurso.*

INAUGURAL. adj. Perteneciente a la inauguración. *Acto* INAUGURAL.

INAUGURAR. al. **Einweihen; eröffnen.** fr. **Inaugurer.** ingl. **To inaugurate; to open.** ital. **Innaugurare.** port. **Inaugurar.** (Del lat. *inaugurare.*) tr. Profetizar por medio del vuelo, canto o movimiento de las aves. ‖ Comenzar algo con cierta pompa. INAUGURAR *la temporada veraniega;* antón.: **clausurar.** ‖ Abrir solemnemente un establecimiento público. INAUGURAR *un hospital.* ‖ Celebrar el estreno de una obra, edificio, etc., de utilidad pública. ‖ deriv.: **inaugurador, ra.**

INAVERIGUABLE. (De *in,* pref. priv., y *averiguable.*) adj. Que no se puede averiguar. *Paradero* INAVERIGUABLE.

INAVERIGUADO, DA. adj. No averiguado.

INCA. m. Rey, príncipe o varón de sangre real, entre los antiguos habitantes del Perú. *El* INCA *no permitía que quedara tierra sin cultivar.* ‖ Por extensión, llámase también así a los antiguos pobladores del Perú ‖ Moneda de oro del citado país, equivalente a 20 soles. ‖ adj. Incaico. ‖ IDEAS AFINES: *Imperio, civilización, indios, quichua, dinastía, manualidad, historia, palacio, templo, alfarería, tejeduría, plata, oro, politeísmo. Viracocha.*

INCA. *Geog.* Cerro volcánico de la Argentina (Catamarca.) 5.500 m. ‖ **Laguna del –.** Lago cordillerano de Chile (Aconcagua), sit. a 2.961 m. de altura. Centro turístico. ‖ **Puente del –.** V. **Puente del Inca.**

INCACHABLE. adj. *Hond.* Inútil, inservible.

INCAHUASI. *Geog.* Nevado de los Andes argentino-chilenos (Catamarca-Atacama). 6.620 m. ‖ Sierra de la puna jujeña (Argentina). ‖ Salar de la puna argentino-chilena (Salta-Antofagasta), a 3.790 m. de altura. 200 km².

● **INCAICA, Cultura.** *Hist.* Caracterizada por una organización militar y política –Estado militarista y netamente aristocrático– distinta de la de los otros pueblos americanos, la **cultura incaica** ha dado pruebas de su importancia en la arquitectura, la cerámica, las investigaciones astronómicas, la escritura rudimentaria o *quipo,* así como en su organización social y en la explotación de las riquezas naturales.

INCALIFICABLE. (De *in,* pref. priv., y *calificable.*) adj. Que no se puede calificar. ‖ Muy reprobable. *Conducta* INCALIFICABLE; sinón.: **censurable.**

INCALMABLE. adj. Que no se puede calmar.

INCALUMNIABLE. adj. Que no puede ser calumniado.

INCANDESCENCIA. al. **Glut; Glühen.** fr. **Incandescence.** ingl.

Incandescence. ital. **Incandescenza.** port. **Incandescencia.** f. Calidad de incandescente.

INCANDESCENTE. (Del lat. *incandescens, -entis.*) adj. Candente. *Las estrellas son astros* INCANDESCENTES.

INCANSABLE. adj. Incapaz o muy difícil de cansarse. *Mujer* INCANSABLE *en el trabajo*; sinón.: **infatigable, resistente**; antón.: **débil, flojo.** ‖ deriv.: **incansablemente.**

INCANTABLE. (Del *in*, pref. priv., y *cantable.*) adj. Que no se puede cantar.

INCAPACIDAD. f. Falta de capacidad. *Demostró* INCAPACIDAD *para el cargo*; sinón.: **incompetencia, ineptitud**; antón.: **idoneidad.** ‖ Falta de entendimiento. ‖ *Der.* Ineptitud legal para ejecutar determinados actos, u obtener ciertos cargos públicos.

INCAPACITADO, DA. adj. y s. Dícese particularmente en el orden civil de los que sufren pena de interdicción.

INCAPACITAR. (De *incapaz.*) tr. Decretar la falta de capacidad civil de una persona mayor de edad. ‖ Declarar la falta de condiciones, en una persona, para desempeñar algún cargo público. sinón.: **inhabilitar.**

INCAPAZ. (Del lat. *incápax.*) adj. Carente de capacidad o aptitud para una cosa. INCAPAZ *de reflexionar*; sinón.: **inepto, inhábil.** ‖ fig. Falto de talento. *Hombre* INCAPAZ; sinón.: **torpe.** ‖ *For.* Que carece de aptitud legal para una cosa determinada.

INCARDINAR. (Del b. lat. *incardinare.*) tr. Aceptar un obispo como súbdito propio a un eclesiástico de otra diócesis. Ú.t.c.r. ‖ deriv.: **incardinación.**

INCASABLE. adj. Que no puede casarse. ‖ Que tiene repugnancia al matrimonio. ‖ Dícese de la mujer que, por alguna razón, no puede hallar marido.

INCÁSICO, CA. adj. Incaico.

INCASTO, TA. (Del lat. *incastus*, de *in*, neg., y *castus*, casto.) adj. Que carece de castidad, deshonesto.

INCAUSTO. m. *Pint.* Encausto.

INCAUTACIÓN. f. Acción y efecto de incautarse.

INCAUTARSE. (Del lat. *in*, en, y *captare*, coger.) r. Tomar posesión una autoridad competente de dinero o bienes.

INCAUTO, TA. (Del lat. *incautus.*) adj. Carente de cautela, imprevisor. *Viajero* INCAUTO; sinón.: **inadvertido**; antón.: **previsor, prudente.** ‖ deriv.: **incautamente.**

INCENDAJA. f. Materia combustible a propósito para encender fuego. Ú.m. en pl.

INCENDIAR. al. **Anzünden, in Brand stecken.** fr. **Incendiar.** ingl. **To set on fire.** ital. **Incendiare.** port. **Incendiar.** (De *incendio.*) tr. y r. Poner fuego a lo que no está destinado a ese fin; como bosques casas, etc.

INCENDIARIO, RIA. al. **Brandstifter.** fr. **Incendiaire.** ingl. **Incendiary.** ital. **Incendiario.** port. **Incendiário.** (Del lat. *incendiarius.*) adj. Que incendia maliciosamente. Ú.t.c.s. ‖ Que puede causar incendio o que está destinado a ello. *Flechas* INCENDIARIAS. ‖ fig. Escandaloso, revolucionario. *Ideas* INCENDIARIAS. sinón.: **subversivo.**

INCENDIO. al. **Brand.** fr. **Incendie.** ingl. **Fire.** ital. **Incendio.** port. **Incendio.** (Del lat. *incéndium.*) m. Fuego que abrasa lo que no está destinado a arder. *Un rescoldo olvidado puede originar* INCENDIOS *en los bosques.* ‖ fig. Cualquier afecto ardiente; como el amor, el desprecio, etc. ‖ IDEAS AFINES: *Llamas, bomberos, cuartel, sirena, agua, manguera, careta, alarma, pánico, destrucción, desgracia, pérdida, muerte, quemadura, carbonizar, cenizas, humareda, ruinas, siniestro.*

INCENSADA. f. Cada uno de los vaivenes del incensario, al incensar. ‖ fig. Adulación, lisonja.

INCENSAR. al. **Räuchern (mit Weihrauch).** fr. **Encenser.** ingl. **To incense.** ital. **Incensare.** port. **Incensar.** (Del b. lat. *incensare*, de *incénsum*, incienso.) tr. Dirigir, con el incensario, el humo del incienso hacia una persona o cosa. INCENSAR *un féretro.* ‖ fig. Lisonjear. ‖ irreg. Conj. como **acertar.** ‖ deriv.: **incensación.**

INCENSARIO. al. **Weihrauch Kessel.** fr. **Encensoir.** ingl. **Incensory; thurible.** ital. **Incensiere.** port. **Incensário.** m. Braserillo con cadenillas y tapa, que se emplea para incensar.

INCENSURABLE. (De *in*, pref. priv., y *censurable.*) adj. Que no se puede censurar.

INCENTIVADO, DA. adj. Excitado, estimulado. *Trabajo* INCENTIVADO.

INCENTIVAR. tr. Mover, excitar, estimular.

INCENTIVO, VA. al. **Anreiz.** fr. **Stimulant; aiguillon.** ingl. **Incentive; inducement.** ital. **Incentivo.** port. **Incentivo.** (Del lat. *incentivus.*) adj. Que mueve a desear o hacer algo. Ú.m.c.s.m. sinón.: **aliciente.**

INCENTRO. m. Punto donde se cortan las tres bisectrices de los ángulos de un triángulo.

INCERTIDUMBRE. al. **Ungewissheit.** fr. **Incertitude.** ingl. **Uncertainly.** ital. **Incertezza.** port. **Incerteza.** f. Falta de certidumbre, duda. *La angustia de la* INCERTIDUMBRE; sinón.: **inseguridad, vacilación**; antón.: **certeza.**

INCERTÍSIMO, MA. adj. super. de **Incierto.**

INCESANTE. al. **Unaufhörlich.** fr. **Incessant.** ingl. **Unceasing.** ital. **Incessante.** port. **Incessante.** (De *in*, pref. priv., y *cesante.*) adj. Que no cesa. *Ruido* INCESANTE; sinón.: **continuo, constante.** ‖ deriv.: **incesantemente.**

INCESTO. al. **Blutschande; Inzest.** fr. **Inceste.** ingl. **Incest.** ital. **Incesto.** port. **Incesto.** (Del lat. *incestus.*) m. Pecado carnal cometido por parientes, dentro de los grados en que no es lícito el matrimonio.

INCESTUOSO, SA. (Del lat. *incestuosus.*) adj. Que comete incesto. Ú.t.c.s. ‖ Relativo a este pecado. ‖ deriv.: **incestuosamente.**

INCIDENCIA. al. **Einfall; Folge.** fr. **Incidence.** ingl. **Incidence.** ital. **Incidenza.** port. **Incidencia.** (Del lat. *incidentia.*) f. Lo que sobreviene en el discurso de un asunto o negocio, y guarda con él alguna conexión. ‖ *Amér.* Hecho desagradable; como riña, discusión airada, etc., que sobreviene inesperadamente. ‖ *Geom.* Caída de líneas, planos o cuerpos, sobre elementos similares. ‖ V. **Ángulo de incidencia.** ‖ *Ópt.* V. **Rayo de incidencia.** ‖ **Por incidencia.** m. adv. Accidentalmente.

INCIDENTAL. adj. Incidente. *Observación* INCIDENTAL.

INCIDENTALMENTE. adv. De modo incidental.

INCIDENTE. al. **Zwischenfall; Nebenumstand.** fr. **Incident.** ingl. **Incident.** ital. **Incidente.** port. **Incidente.** (Del lat. *incidens, -entis.*) adj. Que acontece en el curso de algún proceso o negocio, y tiene alguna relación con él. Ú.m.c.s. ‖ *Geom.* Que incide o cae. ‖ *Ópt.* V. **Rayo incidente.** ‖ m. Incidencia, hecho desagradable. *Tuvo un* INCIDENTE *violento.* ‖ *Der.* Cuestión distinta del asunto principal del juicio, pero relacionada con él, que se trata por separado. ‖ IDEAS AFINES: *Acontecimiento, riña, pelea, accidente, palabras, gritos, insultos, nerviosidad, altercado, enemistad, incomprensión, discordia, pleito, desacuerdo, provocación, escándalo.*

INCIDENTEMENTE. adv. m. **Por incidencia.**

INCIDIR. al. **Verfallen; einfallen.** fr. **Arriver; inciser.** ingl. **To fall into.** ital. **Cadere.** port. **Incidir.** (Del lat. *incídere.*) intr. Incurrir en algún delito, error, etc. ‖ *Amér.* Recaer, gravar. ‖ *Geom.* y *Ópt.* Caer una línea, rayo, etc., sobre un elemento similar. ‖ *Med.* Practicar una incisión o cortadura.

INCIENSO. al. **Weihrauch.** fr. **Encens.** ingl. **Incense.** ital. **Incenso.** port. **Incenso.** (Del lat. *incénsum.*) m. Gomorresina en forma de lágrimas, de sabor acre y olor aromático al arder, que se usa en las ceremonias del culto. ‖ Mezcla de substancias resinosas que al arder despiden perfume. ‖ fig. Lisonja. ‖ *Cuba.* Planta de adorno de olor semejante al del incienso. ‖ **– hembra.** El que por incisión se le hace destilar al árbol. ‖ **– macho.** El que naturalmente destila el árbol. ‖ **– marino** o **de playa.** *Cuba.* Arbusto borragíneo de hojas espatuladas y flores blancas.

INCIERTO, TA. (Del lat. *incertus.*) adj. No cierto o no verdadero. *Solución* INCIERTA; sinón.: **erróneo.** ‖ Inconstante, no seguro. ‖ Desconocido, ignorado. *Porvenir* INCIERTO; sinón.: **ignoto, obscuro.** deriv.: **inciertamente.**

INCINERABLE. adj. Que ha de incinerarse. Dícese especialmente de los billetes de banco retirados de la circulación para ser quemados.

INCINERACIÓN. al. **Einäscherung.** fr. **Incinération.** ingl. **Incineration.** ital. **Incinerazione.** port. **Incineração.** f. Acción y efecto de incinerar.

INCINERADOR, RA. adj. Que incinera. ‖ m. Especie de horno adecuado para incinerar. INCINERADOR *de residuos.*

INCINERAR. (Del lat. *incinerare*; de *in*, en, y *cinis, –eris*, ceniza.) tr. Reducir una cosa a cenizas. Dícese generalmente de los cadáveres.

INCIPIENTE. (Del lat. *incipiens, –entis.*) adj. Que empieza. *Barba* INCIPIENTE. sinón.: **naciente, principiante.**

INCIRCUNCISO, SA. (Del lat. *incircumcisus.*) adj. No circunciso.

INCIRCUNSCRIPTO, TA. (Del lat. *incircumscriptus*) adj. No comprendido dentro de determinados límites.

INCISIÓN. al. **Einschnitt.** fr. **Incision.** ingl. **Incision.** ital. **Incisione.** port. **Incisão.** (Del lat. *incisio, –onis.*) f. Hendidura hecha con un instrumento cortante. sinón.: **corte.** ‖ Cesura.

INCISIVO, VA. al. **Schneidend.** fr. **Incisive.** ingl. **Incisive.** ital. **Insisivo.** port. **Incisivo.** (Del lat. *incísum*, supino de *incídere*, cortar.) Adecuado para abrir o cortar. *Hoja* INCISIVA. ‖ V. **Diente incisivo.** Ú.t.c.s. ‖ fig. Punzante, mordaz. *Observación* INCISIVA; sinón.: **caústico, irónico.**

INCISO, SA. (Del lat. *incisus.*) adj. Cortado, dicho del estilo. ‖ m. *Gram.* Cualquiera de los miembros que tiene sentido parcial, en los periodos. ‖ Coma.

INCISORIO, RIA. (Del lat. *incisorius.*) adj. Que corta o puede cortar. Aplícase generalmente a los instrumentos quirúrgicos.

INCISURA. f. *Med.* Escotadura, fisura, hendidura.

INCITACIÓN. al. **Aufhetzung; Anreizung.** fr. **Incitation.** ingl. **Incitation.** ital. **Incitazione.** port. **Incitação.** (Del lat. *incitatio, -onis.*) f. Acción y efecto de incitar.

INCITANTE. p. a. de **Incitar.** Que incita.

INCITAR. al. **Aufreizen; anstiften.** fr. **Inciter.** ingl. **To incite.** ital. **Incitare.** port. **Incitar.** (Del lat. *incitare.*) tr. Estimular a alguien para que haga una cosa. El *día hermoso* INCITABA *a salir*; sinón.: **impeler, inducir.** ‖ deriv.: **incitador, ra; incitamento.**

INCITATIVO, VA. adj. Que incita o puede incitar. Ú.t.c.s.m.

INCITATO. *Hist.* Nombre del caballo de Calígula nombrado cónsul por éste y a quien dispuso se rindieran honores.

INCIVIL. (Del lat. *incivilis.*) adj. Carente de urbanidad o cultura. *Hombre* INCIVIL; sinón.: **grosero, zafio**; antón.: **cortés.** ‖ deriv.: **incivilidad; incivilmente.**

INCLÁN, Luis G. *Biog.* Escritor mex., autor de *Actucia, el jefe de los Hermanos de la Hoja* y otras novelas de aventuras (1816-1875).

INCLASIFICABLE. adj. Que no se puede clasificar.

INCLAUSTRACIÓN. (De *in*, en, y *claustro.*) f. Ingreso en una orden monástica.

INCLEMENCIA. al. **Unbarmherzigkeit.** fr. **Inclémence.** ingl. **Inclemency.** ital. **Inclemenza.** port. **Inclemencia.** (Del lat. *inclementia.*) f. Falta de clemencia. sinón.: **aspereza, rigor.** ‖ Rigor de la estación, particularmente en invierno. ‖ **A la inclemencia.** m. adv. **A la intemperie.**

INCLEMENTE. (Del lat. *inclemens, -entis.*) adj. Que no tiene clemencia. *Censor* INCLEMENTE; sinón.: **cruel, riguroso**; antón.: **bondadoso.**

INCLINACIÓN. al. **Neigung; Hang.** fr. **Inclination; inclinaison; penchant.** ingl. **Inclination; bent.** ital. **Inclinazione.** port. **Inclinação.** (Del lat. *inclinatio, -onis.*) f. Acción y efecto de inclinar o inclinarse. ‖ Reverencia hecha con la cabeza o cuerpo. ‖ fig. Afecto, propensión a algo. INCLINACIÓN *a la pintura.* ‖ *Geom.* Dirección que una línea o superficie tienen con relación a otra línea o superficie. ‖ **– de la aguja magnética.** *Fís.* Ángulo que, según el lugar, forma la aguja imanada con el plano horizontal. ‖ IDEAS AFINES: *Sentimiento, simpatía, capricho, preferencia, atractivo, afición, pasión, disposición, predisposición, tendencia, propensión, talento, facilidad, vocación, dotado, intuición, capacidad.*

INCLINAR. al. **Neigen; sich verbeugen.** fr. **Pencher; s'incliner.** ingl. **To incline; to bow.** ital. **Inclinare.** port. **Inclinar.** (Del lat. *inclinare.*) tr. Desviar una cosa de su posición perpendicular a otra o al horizonte. Ú.t.c.r. INCLINAR *las persianas*; se INCLINÓ *reverentemente.* ‖ fig. Persuadir a alguien que estaba en duda. *El maestro lo* INCLINÓ *al buen camino*; sinón.: **convencer.** ‖ intr. Parecerse un poco un objeto a otro. Ú.t.c.r. ‖ r. Propender a hacer, pensar o sentir algo. ME INCLINO *a pensar que está enfermo.* ‖ deriv.: **inclinador, ra; inclinante; inclinativo, va.**

INCLINÓMETRO. m. Instrumento para medir la inclinación magnética.

ÍNCLITO. (Del lat. *inclytus.*) adj. Ilustre, famoso. ÍNCLITO *varón*; sinón.: **insigne, preclaro.**

INCLUIR. al. **Eintegen; einschliessen.** fr. **Inclure.** ingl. **To include.** ital. **Includere.** port. **Incluir.** (Del lat. *inclúdere.*) tr. Poner una cosa dentro de otra o dentro de sus límites. *Lo* INCLUYÓ *entre los invitados*; antón.: **excluir.** ‖ Contener una cosa a otra o llevarla implícita. ‖ Comprender un número en otro mayor, o una parte en un todo. ‖ irreg. Conj. como **huir.**

INCLUSA. (Del nombre de Nuestra Señora de la *Inclusa*, dado a una imagen de la Virgen que en el siglo XVI fue trasladada, de la isla de *l'Ecluse*, en Holanda, a una casa de expósitos de Madrid.) f. Casa en donde se recogen y crían niños expósitos.

INCLUSERO, RA. adj. y s. fam. Que se cría o se ha criado en una inclusa. Ú.t.c.s.

INCLUSIÓN. al. **Einschluss.** fr. **Inclusion.** ingl. **Inclusion.** ital. **Inclusione.** port. **Inclusão.** (Del lat. *inclusio, -onis.*) f. Acción y efecto de incluir. ‖ Conexión o amistad entre dos personas.

INCLUSIVAMENTE. adv. m. Con inclusión.

INCLUSIVE. (Del lat. *inclusive.*) adv. m. Inclusivamente. Es barbarismo usar este adv. como adj. en casos como: *Las ediciones 1ª y 2ª inclusives.*

INCLUSIVO, VA. adj. Que incluye o tiene virtud para incluir una cosa.

INCLUSO, SA. (Del lat. *inclusus.*) p. p. irreg. de **incluir.** Ú. sólo como adj. *Recibo* INCLUSO. ‖ adv. m. Inclusive. ‖ prep. Hasta, también.

INCOACIÓN. (Del lat. *inchoatio, -onis.*) f. Acción de incoar.

INCOAGULABLE. adj. Que no se puede coagular.

INCOAR. (Del lat. *inchoare.*) tr. Empezar una cosa. Dícese generalmente de un proceso, pleito, etc.

INCOATIVO, VA. (Del lat. *inchoativus.*) adj. Que denota el principio de una cosa o acción. ‖ *Gram.* V. **Verbo incoativo.**

INCOBRABLE. (De *in*, pref. priv., y *cobrable.*) adj. Que no se puede cobrar. *Préstamo* INCOBRABLE.

INCOERCIBLE. (De *in*, pref. priv., y *coercible.*) adj. Que no puede ser coercido. *Rectitud* INCOERCIBLE. sinón.: **irreductible.**

INCÓGNITA. al. **Unbekannte Grösse; geheimer Grund.** fr. **Inconnue; mistère.** ingl. **Unknown.** ital. **Incognita.** port. **Incógnita.** (Del lat. *incógnita.*) f. *Mat.* Cantidad desconocida que se debe determinar en una ecuación o en un problema. *Despejar la* INCÓGNITA. ‖ fig. Causa o razón oculta de un hecho que se estudia.

INCÓGNITO, TA. (Del lat. *incógnitus.*) adj. No conocido. Ú.t.c.s.m. *El rey prefiere guardar el* INCÓGNITO. ‖ **De incógnito.** m. adv. que se usa para indicar que alguien constituido en dignidad quiere tenerse por desconocido para que no se lo trate con las ceremonias y etiqueta que le corresponden: *El emperador viajó* DE INCÓGNITO. ‖ IDEAS AFINES: *Anónimo, antifaz, disfrazado, timidez, cobardía, inseguridad, ficticio, fingido, simulación, impersonal.*

INCOGNOSCIBLE. (Del lat. *incognoscibilis.*) adj. Que no se puede conocer. *El hombre lucha por reducir el campo de lo* INCOGNOSCIBLE; sinón.: **desconocido, inasequible.** ‖ *Fil.* Para Spencer, como para el positivismo, lo incognoscible es el *Ser en sí.* Dios, las causas, todo el objeto de la metafísica tradicional. Lo **incognoscible** podría ser objeto de fe o de creencia, nunca de ciencia.

INCOHERENCIA. f. Falta de coherencia. *La* INCOHERENCIA *de un delirante;* sinón.: **inconexión.**

INCOHERENTE. al. **Unzusammenhängend.** fr. **Incohérent.** ingl. **Incoherent.** ital. **Incoerente.** port. Incoerente. (Del lat. *incohaerens, -entis.*) adj. No coherente. *Discurso* INCOHERENTE; sinón.: **desordenado, inconexo.** ‖ deriv.: **incoherentemente.**

ÍNCOLA. (Del lat. *íncola.*) m. Habitante de algún lugar.

INCOLORO, RA. al. **Farblos.** fr. **Incoloro.** ingl. **Colorless.** ital. **Incoloro.** port. **Incolor.** (Del lat. *incolor, -oris.*) adj. Carente de color. *La ginebra es* INCOLORA.

INCÓLUME. al. **Unversehrt; heil.** fr. **Sain et sauf.** ingl. **Sound; safe.** ital. **Incolume.** port. **Incólume.** (Del lat. *incólumis.*) adj. Sano, sin lesión ni mengua. *Honor* INCÓLUME; sinón.: **indemne, intacto;** antón.: **herido.** ‖ deriv.: **incolumidad.**

INCOMBINABLE. (De *in,* pref. priv., y *combinable.*) adj. Que no puede combinarse.

INCOMBUSTIBLE. (De *in,* pref. priv., y *combustible.*) adj. Que no se puede quemar. ‖ fig. Desapasionado. ‖ deriv.: **incombustibilidad.**

INCOMERCIABLE. (De *in,* pref. priv., y *comerciable.*) adj. Dícese de aquello con lo cual no se puede comerciar.

INCOMESTIBLE. adj. Que no es comestible. ‖ Incomible.

INCOMIBLE. (De *in,* pref. priv., y *comible.*) adj. Que no se puede comer. *Este guiso está* INCOMIBLE.

INCOMODADOR, RA. adj. y s. Molesto, enfadoso.

INCÓMODAMENTE. adv. m. Con incomodidad. *Viajar* INCÓMODAMENTE.

INCOMODAR. al. **Belästigen.; stören.** fr. **Gener.** ingl. **To disturb; to truble.** ital. **Disturbare; incomodare.** port. **Incomodar.** (Del lat. *incommodare.*) tr. y r. Causar incomodidad. *No se* INCOMODE *por mí;* sinón.: **fastidiar, molestar.**

INCOMODIDAD. (Del lat. *incommóditas, -atis.*) f. Falta de comodidad. ‖ Molestia, fatiga. *Una excursión llena de* INCOMODIDADES. ‖ Disgusto, enfado.

INCÓMODO, DA. (Del lat. *incómmodus.*) adj. Que incomoda. *Zapatos* INCÓMODOS; sinón.: **desagradable, molesto.** ‖ Carente de comodidad. *Casa* INCÓMODA. ‖ *Arg.* y *Chile.* Incomodado, disgustado.

INCOMPARABLE. m. incomodidad. (Del lat. *incomparábilis.*) adj. Que no tiene o no permite comparación. *La bondad* INCOMPARABLE *de mi madre;* sinón.: **singular, único.** ‖ deriv.: **incomparablemente.**

INCOMPARADO, DA. (Del lat. *incomparatus.*) adj. Incomparable.

INCOMPARTIBLE. adj. Que no puede ser compartido.

INCOMPASIBLE. (De *in,* pref. priv., y *compasible.*) adj. Incompasivo.

INCOMPASIVO, VA. (De *in,* pref. priv., y *compasivo.*) adj. Carente de compasión.

INCOMPATIBILIDAD. al. **Unvereinbarkeit.** fr. **Incompatibilité.** ingl. **Incompatibility.** ital. **Incompatibilità.** port. **Incompatibilidade.** (De *in,* pref. priv., y *compatibilidad.*) f. Aversión que tiene una cosa para unirse con otra, o de dos o más personas entre sí: INCOMPATIBILIDAD *de caracteres.* sinón.: **oposición, repugnancia;** antón.: **atracción.** ‖ Imposibilidad legal para ejercer dos o más cargos al mismo tiempo. ‖ Impedimento legal para ejercer determinada función.

INCOMPATIBLE. adj. No compatible con otra cosa. *Ese puesto es* INCOMPATIBLE *con el que usted tiene;* sinón.: **desacorde, inconciliable.**

INCOMPENSABLE. adj. No compensable.

INCOMPETENCIA. al. **Unzuständigkeit.** fr. **Incompétence.** ingl. **Incompetence.** ital. **Incompetenza.** port. **Incompetencia.** f. Falta de competencia o de jurisdicción.

INCOMPETENTE. (Del lat. *incompétens, -entis.*) adj. No competente. *Me juzgo* INCOMPETENTE *para dirimir esa cuestión;* sinón.: **inepto, incapaz.**

INCOMPLEJO, JA. adj. Incomplexo. ‖ *Arit.* V. **Número incomplejo.**

INCOMPLETO, TA. al. **Unvollständig.** fr. **Incomplet.** ingl. **Incomplete.** ital. **Incompleto.** port. **Incompleto.** (Del lat. *incompletus.*) adj. No completo. *Colección* INCOMPLETA. ‖ deriv.: **incompletamente.**

INCOMPLEXO, XA. (Del lat. *incomplexus.*) adj. Sin trabazón ni adherencia.

INCOMPONIBLE. adj. No componible.

INCOMPORTABLE. adj. No comportable.

INCOMPOSIBILIDAD. (De *incomposible.*) f. Imposibilidad de componerse una persona o cosa con otra.

INCOMPOSIBLE. (De *in,* pref. priv., y *composible.*) adj. Incomponible.

INCOMPOSICIÓN. f. Falta de composición o de proporción entre las partes de un conjunto.

INCOMPREHENSIBLE. (Del lat. *incomprehensíbilis.*) adj. Incomprensible. ‖ deriv.: **incomprehensibilidad.**

INCOMPRENDIDO, DA. adj. y s. Dícese de alguien cuyo valor no se reconoce, y especialmente de quien no es secundado en sus afanes.

INCOMPRENSIBILIDAD. f. Calidad de incomprensible.

INCOMPRENSIBLE. al. **Unverständlich.** fr. **incompréhensible.** ingl. **Incomprehensible.** ital. **Incomprensibile.** port. **Incompreensível.** (De *incomprehensible.*) adj. Que no se puede comprender. *Su actitud resultaba* INCOMPRENSIBLE *a todos;* sinón.: **indescifrable, inexplicable;** antón.: **claro.** ‖ deriv.: **incomprensiblemente.**

INCOMPRENSIÓN. f. Falta de comprensión.

INCOMPRESIBLE. (De *in,* pref. priv., y *compresible.*) adj. Que no se puede reducir a menor volumen. ‖ deriv.: **incompresibilidad.**

INCOMUNICABLE. (Del lat. *incommunicábilis.*) adj. No comunicable. ‖ deriv.: **incomunicabilidad.**

INCOMUNICACIÓN. f. Acción de incomunicar o incomunicarse. ‖ *Der.* Aislamiento temporal de procesados o testigos, que determinan los jueces. *Levantar la* INCOMUNICACIÓN.

INCOMUNICADO, DA. adj. Que no tiene comunicación. *Teléfono* INCOMUNICADO. ‖ Dícese de los presos cuando se les prohibe comunicarse, oralmente o por escrito, con cualquier persona. Ú.t.c.s.

INCOMUNICAR. (De *in,* pref. priv., y *comunicar.*) tr. Privar de comunicación. *Las nieves* INCOMUNICARON *varias poblaciones.* ‖ r. Aislarse, negarse a tratar con otras personas.

INCONCEBIBLE. (De *in,* pref. priv., y *concebible.*) adj. Que no puede ser concebido o comprendido; asombroso. *Valor* INCONCEBIBLE *para su edad;* sinón.: **increíble, sorprendente.**

INCONCILIABLE. (De *in,* pref. priv., y *conciliable.*) adj. Que no puede conciliarse. *Pareceres* INCONCILIABLES; sinón.: **incompatible.**

INCONCINO, NA. (Del lat. *inconcinnus.*) adj. Desordenado, descompuesto.

INCONCLUSO, SA. adj. No concluido. sinón.: **inacabado, incompleto.**

INCONCURRENTE. adj. *Chile.* Dícese, en lenguaje forense, del motivo que no concurre a la demostración de un hecho, o de las circunstancias atenuantes o agravantes de un delito. ‖ deriv.: **inconcurrencia.**

INCONCUSO, SA. (Del lat. *inconcussus.*) adj. Firme, con seguridad. *Pruebas* INCONCUSAS; sinón.: **claro, evidente.** ‖ deriv.: **inconcusamente.**

INCONDICIONAL. al. **Bedingungslos.** fr. **Inconditionnel.** ingl. **Unconditional.** ital. **Incondizionale.** port. **Incondicional.** (De *in,* pref. priv., y *condicional.*) adj. Absoluto, sin restricción ni requisito. *Permiso* INCONDICIONAL; sinón.: **ilimitado, total;** antón.: **relativo.** ‖ m. El partidario de una persona o idea, sin limitación o condición ninguna. Ú.t.c.s.f. ‖ deriv.: **incondicionalmente.**

INCONDICIONALISMO. m. *Arg., Ec.* y *P. Rico.* Servilismo.

INCONDUCENTE. adj. No conducente para un fin.

INCONDUCTA. (Del fr. *inconduite.*) f. Galicismo por mala conducta.

INCONEXIÓN. (Del lat. *inconnexio, -onis.*) f. Falta de conexión. sinón.: **incoherencia;** antón.: **trabazón.**

INCONEXO, XA. (Del lat. *inconnexus.*) adj. Que no tiene conexión con algo. *Capítulos* INCONEXOS; sinón.: **deshilvanado, discontinuo.**

INCONFESABLE. adj. Dícese de lo que no se puede confesar, por ser vergonzoso y vil. *Acción* INCONFESABLE.

INCONFESO, SA. (Del lat. *inconfessus.*) adj. Dícese del presunto reo que no confiesa el delito que se le imputa.

INCONFIDENCIA. (De *in,* pref. priv., y *confidencia.*) f. Desconfianza.

INCONFIDENTE. adj. No confidente; que no es de fiar.

INCONFUNDIBLE. adj. No confundible. *Estilo* INCONFUNDIBLE; sinón.: **peculiar, propio.**

INCONGRUAMENTE. adv. m. Incongruentemente.

INCONGRUENCIA. al. **Missverhältnis.** fr. **Incongruité.** ingl. **Incongruence.** ital. **Incongruenza.** port. **Incongruencia.** (Del lat. *incongruentia.*) f. Falta de congruencia.

INCONGRUENTE. (Del lat. *incongruens, -entis.*) adj. No congruente. sinón.: **inconveniente, inoportuno.**

INCONGRUENTEMENTE. adv. m. Con incongruencia.

INCONGRUIDAD. (Del lat. *incóngruitas.*) f. Incongruencia.

INCONGRUO, GRUA. (Del lat. *incóngruus.*) adj. Incongruente. ‖ Aplícase al eclesiástico que carece de congrua.

INCONMENSURABLE. (Del lat. *inconmensurábilis.*) adj. No conmensurable. *El espacio es* INCONMENSURABLE; sinón.: **infinito, inmenso;** antón.: **limitado.** ‖ deriv.: **inconmensurabilidad.**

INCONMOVIBLE. adj. Que no se puede conmover o modificar, sinón.: **firme, permanente.**

INCONMUTABLE. (Del lat. *incommutábilis.*) adj. Inmutable. ‖ No conmutable. ‖ deriv.: **inconmutabilidad.**

INCONOCIBLE. adj. *Chile, Ec.* y *Hond.* Desconocido por haber sufrido alteración.

INCONQUISTABLE. (De *in,* pref. priv., y *conquistable.*) adj. Que no se puede conquistar. *Pueblo* INCONQUISTABLE. ‖ fig. Que no se deja convencer con ruegos y dádivas.

INCONSCIENCIA. al. **Bewusstlosigkeit.** fr. **Inconscience.** ingl. **Unconsciousness.** ital. **Incoscienza.** port. **Inconsciência.** (Del lat. *inconscientia.*) f. Estado en que una persona no se da cuenta exacta del significado de sus palabras o acciones. antón.: **conciencia.**

INCONSCIENTE. adj. No consciente. Ú.t.c.s. *Deseo* INCONSCIENTE; sinón.: **irreflexivo.** ‖ deriv.: **inconscientemente.**

● **INCONSCIENTE.** *Psicología.* Tanto cuando designan estados que aún no han penetrado en el foco de la conciencia como cuando indican los que carecen de ella, los fenómenos de lo **inconsciente** se desarrollan en la vida psíquica sin que el sujeto los advierta. No todos los actos **inconscientes** llegan a ser aprehendidos por la conciencia; muchos se revelan y otros permanecen desconocidos, pero siempre, en todos los casos, ejercen sobre la conciencia una influencia decisiva, aprobando o censurando los actos del sujeto. La vida psíquica se desarrolla en los dos grandes planos de lo consciente y de lo **inconsciente.** A medida que los contenidos psíquicos ascienden a la conciencia, ganan en claridad, precisión, intensidad y vivacidad; al descender a lo **inconsciente** se vuelven difusos, imprecisos y oscuros. Ciertas capas de la vida infraconsciente pueden asociarse a las actividades conscientes e incorporarse a la vida consciente constituyendo la subconsciencia; otras, en cambio, permanecen disociadas y forman el dominio de la inconsciencia. En el dominio de lo **inconsciente** yace todo lo que no puede ser evocado, lo que no se recuerda ni se podría recordar en condiciones normales, lo que está enterrado en tales profundidades que es imposible evocar su recuerdo voluntariamente. Son genuinas experiencias psíquicas que quedaron al margen de la corriente dinámica de la vida del sujeto. Sólo en casos excepcionales llegan al plano de la conciencia, pero se advierte su presencia continua e indirecta en todo tipo de reacciones. El estudio de lo **inconsciente** permitió a Freud y otros investigadores dar una explicación a fenómenos aparentemente absurdos. En efecto, aun en los sujetos más normales hay aspectos contradictorios, atribuidos a procesos **inconscientes** que demuestran la perduración del pasado, y que siguen ejerciendo su influencia para aparecer, en ocasiones, con los más variados disfraces. La escuela psicoanalítica (V. **Psicoanálisis**) plantea la lucha entre los factores conscientes, que actúan como freno, y los **inconscientes**, de fuerte tonalidad afectiva y que pugnan por destruir la represión de la conciencia.

INCONSECUENCIA. (Del lat. *inconsequentia.*) f. Falta de consecuencia en aquello que se dice o hace. *La* INCONSECUENCIA *de un razonamiento.*

INCONSECUENTE. (Del lat. *inconsequens, -entis.*) adj. Inconsiguiente. ‖ Que actúa con inconsecuencia. Ú.t.c.s. *Diego es muy* INCONSECUENTE *con los amigos;* sinón.: **inconstante, informal.** ‖ deriv.: **inconsecuentemente.**

INCONSIGUIENTE. adj. No consiguiente.

INCONSIDERACIÓN. (Del lat. *inconsideratio, -onis.*) f. Falta de consideración y meditación. *Resolver con* INCONSIDERACIÓN; sinón.: **inadvertencia, ligereza.**

INCONSIDERADO, DA. (Del lat. *inconsideratus.*) adj. No considerado ni meditado. *Petición* INCONSIDERADA; sinón.: **ligero, precipitado.** ‖ Inadvertido, que no considera ni medita. Ú.t.c.s. ‖ deriv.: **inconsideradamente.**

INCONSISTENCIA. f. Falta de consistencia. sinón.: **endeblez, flojedad.**

INCONSISTENTE. (De *in,* pref. priv., y *consistente.*) adj. Sin consistencia. *Cimientos* INCONSISTENTES; sinón.: **endeble, flojo;** antón.: **duro, sólido.**

INCONSOLABLE. (Del lat. *inconsolábilis.*) adj. Que no puede consolarse. *Madre* INCONSOLABLE. ‖ fig. Que se consuela difícilmente. ‖ deriv.: **inconsolablemente.**

INCONSTANCIA. al. **Wankelmütigkeit; Unbeständigkeit.** fr. **Inconstance.** ingl. **Inconstancy.** ital. **Incostanza.** port. **Inconstancia.** (Del lat. *inconstantia.*) f. Inestabilidad; falta de permanencia de una cosa. ‖ Demasiada facilidad con que alguien cambia de proceder, opinión, etc. sinón.: **versatilidad, volubilidad.**

INCONSTANTE. (Del lat. *inconstans, -antis.*) adj. Carente de permanencia y estabilidad. *Tiempo* INCONSTANTE; sinón.: **inestable, variable;** antón.: **estable.** ‖ Que cambia muy fácilmente de pensamientos, opiniones, etc. sinón.: **versátil, voluble.** ‖ deriv.: **inconstantemente.**

INCONSTITUCIONAL. (De *in,* pref. priv., y *constitucional.*) adj. En desacuerdo con la constitución del Estado. *Decreto* INCONSTITUCIONAL. ‖ deriv.: **inconstitucionalidad; inconstitucionalmente.**

INCONSTRUIBLE. adj. Que no se puede construir.

INCONSÚTIL. (Del lat. *inconsutilis.*) adj. Sin costura. *Túnica* INCONSÚTIL.

INCONTABLE. (De *in,* pref. priv., y *contable.*) adj. Que no puede ser contado. *Las estrellas son* INCONTABLES; sinón.: **infinito.** ‖ Numerosísimo. *Errores* INCONTABLES; sinón.: **innumerable.**

INCONTAMINADO, DA. (Del lat. *incontaminatus.*) adj. No contaminado. *Agua* INCONTAMINADA.

INCONTENIBLE. adj. Que no puede contenerse. *La fuerza* INCONTENIBLE *de un torrente;* sinón.: **irrefrenable.**

INCONTESTABLE. (De *in,* pref. priv., y *contestable.*) adj. Que no se puede impugnar ni poner en duda con fundamento. *Demostración* INCONTESTABLE; sinón.: **indudable, irrefutable.** ‖ deriv.: **incontestabilidad.**

INCONTINENCIA. (Del lat. *incontinentia.*) f. Vicio opuesto a la continencia; antón.: **templanza.** ‖ – **de orina.** *Med.* Enfermedad que consiste en no poder retener la orina.

INCONTINENTE. (Del lat. *incóntinens, -entis.*) adj. Desenfrenado en las pasiones carnales; sinón.: **lascivo, lujurioso.** ‖ Que no se contiene. ‖ deriv.: **incontinentemente.**

INCONTINENTE. adv. t. Incontinenti.

INCONTINENTI. (De la loc. lat. *in continenti*, inmediatamente.) adv. t. Prontamente, al instante.

INCONTINUO, NUA. adj. No interrumpido.

INCONTRARRESTABLE. adj. Que no se puede contrarrestar. *Fuerza* INCONTRARRESTABLE; sinón.: **irreprimible, irresistible.**

INCONTRASTABLE. (De *in*, pref. priv., y *contrastable.*) adj. Que no puede ser vencido o conquistado. ‖ fig. Que no se puede refutar con fundamento. *Demostración* INCONTRASTABLE; sinón.: **irrebatible, irrefutable.** ‖ Aplícase a quien no se deja reducir o convencer. ‖ deriv.: **incontrastablemente.**

INCONTRATABLE. (De *in*, pref. priv., y *contratable.*) adj. Intratable.

INCONTRITO, TA. adj. No contrito.

INCONTROLABLE. adj. Que no se puede controlar.

INCONTROVERTIBLE. adj. Que no admite controversia.

INCONVENCIBLE. adj. Que no se deja convencer.

INCONVENIBLE. adj. No conveniente o convenible.

INCONVENIENCIA. (Del lat. *inconvenientia.*) f. Incomodidad. ‖ Desconformidad e inverosimilitud de una cosa. ‖ Despropósito.

INCONVENIENTE. al. **Hindernis; schwierigkeit.** fr. **Inconvénient.** ingl. **Difficulty.** ital. **Inconveniente.** port. **Inconveniente.** (Del lat. *inconveniens, -entis.*) adj. No conveniente. *Operación* INCONVENIENTE; sinón.: **inadecuado, inoportuno.** ‖ m. Impedimento que hay para hacer algo. *Serios* INCONVENIENTES *obstaron a la realización de su obra*; sinón.: **obstáculo.** ‖ Daño y perjuicio que resulta de su realización.

INCONVERSABLE. (De *in*, pref. priv., y *conversable.*) adj. Intratable por su carácter.

INCONVERTIBLE. (Del lat. *inconvertíbilis.*) adj. No convertible. *Moneda* INCONVERTIBLE. ‖ deriv.: **inconvertibilidad.**

INCORDINACIÓN. f. *Pat.* Carencia de relación entre los diferentes movimientos musculares cuyo objeto es cumplir un acto.

INCORDIO. (Del lat. *in*, en, y *chorda*, cuerda.) m. Bubas. ‖ fig. y fam. Persona o cosa molesta.

INCORPORACIÓN. (Del lat. *incorporatio, -onis.*) f. Acción y efecto de incorporar o incorporarse.

INCORPORAL. (Del lat. *incorporalis.*) adj. Incorpóreo. ‖ Aplícase a las cosas que no se pueden tocar. ‖ deriv.: **incorporalmente.**

INCORPORAR. al. **Einverleiben; eingliedern.** fr. **Incorporer.** ingl. **To incorporate; to embody.** ital. **Incorporare.** port. **Incorporar.** (Del lat. *incorporare.*) tr. Unir varias cosas para que hagan un solo cuerpo entre sí. INCORPORAR *levadura a la mezcla*; sinón.: **aunar, fusionar.** ‖ Sentar o reclinar el cuerpo que estaba echado. Ú.t.c.r. ‖ r. Agregarse una o más personas a otras, formando un cuerpo. *Muchos ingleses* SE INCORPORARON *al ejército de Bolívar*; sinón.: **alistar, ingresar**; antón.: **desertar, separarse.**

INCORPÓREO, A. al. **Unkörperlich.** fr. **Incorporel.** ingl. **Incorporeal.** ital. **Incorporeo.** port. **Incorpóreo.** (Del lat. *incorporeus.*) adj. No corpóreo. *Una aparición* INCORPÓREA; sinón.: **ideal, inmaterial**; antón.: **material.** ‖ deriv.: **incorporeidad.**

INCORPORO. m. Incorporación.

INCORRECCIÓN. al. **Unhöflichkelt.** fr. **Incorrection.** ingl. **Impropriety.** ital. **Scorrettezza.** port. **Incorreção.** (De *in*, pref. priv., y *corrección.*) f. Calidad de incorrecto. ‖ Dicho o hecho incorrecto. sinón.: **descortesía, grosería.**

INCORRECTO, TA. (Del lat. *incorrectus.*) adj. No correcto. *Lenguaje* INCORRECTO; sinón.: **inconveniente.** ‖ deriv.: **incorrectamente.**

INCORREGIBILIDAD. f. Calidad de incorregible.

INCORREGIBLE. al. **Unverbesserlich.** fr. **Incorrigible.** ingl. **Incorrigible.** ital. **Incorreggibile.** port. **Incorrigível.** (Del lat. *incorregíbilis.*) adj. No corregible. *Defecto* INCORREGIBLE. ‖ Dícese de quien no se quiere enmendar, por ser duro y obstinado. *Fulano es un jugador* INCORREGIBLE; sinón.: **impenitente, recalcitrante.** ‖ deriv.: **incorregiblemente.**

INCORRUPCIÓN. (Del lat. *incorruptio, -onis.*) f. Estado de algo incorruptible. ‖ fig. Pureza de vida y costumbres.

INCORRUPTIBILIDAD. (Del lat. *incorruptibilitas, -atis.*) f. Calidad de incorruptible.

INCORRUPTIBLE. al. **Unverderblich.** fr. **Incorruptible.** ingl. **Incorruptible.** ital. **Incorruttibile.** port. **Incorruptível.** (Del lat. *incorruptíbilis.*) adj. No corruptible. ‖ fig. Que no se puede pervertir. *Moral* INCORRUPTIBLE; sinón.: **íntegro, probo.**

INCORRUPTO, TA. (Del lat. *incorruptus.*) adj. No corrupto. ‖ fig. No dañado ni pervertido. *Alma* INCORRUPTA; sinón.: **puro, virginal.** ‖ Dícese de la mujer virgen. ‖ deriv.: **incorruptamente.**

INCRASAR. (Del lat. *incrassare.*) tr. *Med.* Engrasar. ‖ deriv.: **incrasante.**

INCREADO, DA. (Del lat. *increatus.*) adj. No creado.

INCREDIBILIDAD. (Del lat. *incredibilitas, -atis.*) f. Calidad de increíble.

INCRÉDULAMENTE. adv. m. Con incredulidad.

INCREDULIDAD. al. **Misstraven; Ungläubigkeit.** fr. **Incrédulité; mécroyance.** ingl. **Incredulity.** ital. **Incredulità.** port. **Incredulidade.** (Del lat. *incredúlitas, -atis.*) f. Resistencia para creer una cosa. *Escuchaba con* INCREDULIDAD *aquel relato*; sinón.: **recelo, suspicacia**; antón.: **confianza.** ‖ Falta de fe y de creencia religiosa. sinón.: **impiedad, irreligiosidad.**

INCRÉDULO, LA. al. **Misstrauisch; unglaubig.** fr. **Incrédule; mécroyant.** ingl. **Incredulous; umbeliever.** ital. **Incredulo.** port. **Incrédulo.** (Del lat. *incrédulus.*) adj. Que no cree en lo que debe, particularmente en los misterios de la religión Ú.t.c.s. sinón.: **descreído, escéptico**; antón.: **crédulo, creyente.** ‖ Que sólo cree con reflexión.

INCREÍBLE. al. **Unglaublich.** fr. **Incroyable.** ingl. **Unbelievable.** ital. **Incredibile.** port. **Incrível.** (Del lat. *incredíbilis.*) adj. Que no puede creerse. *Es* INCREÍBLE *que te hayas portado mal.* ‖ fig. Muy difícil de creer. *Aventuras* INCREÍBLES; sinón.: **inverosímil.** ‖ deriv.: **increíblemente.**

INCREMENTAR. (Del lat. *incrementare.*) tr. Dar incremento. sinón.: **acrecentar, desarrollar.**

INCREMENTO. al. **Zunahme; Zuwachs.** fr. **Augmentation; accroissement.** ingl. **Increment; increase.** ital. **Incremento.** port. **Incremento.** (Del lat. *increméntum.*) m. Aumento, acrecentamiento. *El* INCREMENTO *de la agricultura*; antón.: **disminución.** ‖ Aumento gradual de una cosa. ‖ *Gram.* Aumento de sílabas en algunos casos de las declinaciones y en algunos tiempos de verbos en lengua latina. ‖ Aumento de letras que tienen las voces derivadas con respecto a las primitivas. ‖ *Mat.* Variación en el valor de una cantidad.

INCREPACIÓN. (Del lat. *increpatio, -onis.*) f. Amonestación fuerte, agria y severa.

INCREPAR. al. **Zurechtweisen; rügen.** fr. **Réprimander.** ingl. **To chide; to reprehend.** ital. **Riprendere.** port. **Increspar.** (Del lat. *increpare.*) tr. Amonestar con dureza y severidad. ‖ deriv.: **increpador, ra; increpante.**

INCRIMINAR. (Del lat. *incriminare.*) tr. Acriminar con insistencia o fuerza. ‖ Exagerar un delito, defecto, etc. ‖ deriv.: **incriminación.**

INCRISTALIZABLE. (De *in*, pref. priv., y *cristalizable.*) adj. Que no se puede cristalizar.

INCRITICABLE. adj. Que no se puede criticar.

INCRUENTO, TA. al. **Unblutig.** fr. **Non sanglant.** ingl. **Bloodless.** ital. **Incruento.** port. **Incruento.** (Del lat. *incruentus.*) adj. No sangriento. Dícese, en particular, del sacrificio de la misa. ‖ deriv.: **incruentamente.**

INCRUSTACIÓN. (Del lat. *incrustatio, -onis.*) f. Acción de incrustar. ‖ Cosa incrustada. ‖ *Fís.* En las calderas, depósito arenoso de carbonato de calcio, magnesia y hierro, formado por ebullición de aguas duras. ‖ *Quím.* Calentamiento de partículas finas para que se ablanden y se suelden unas a otras.

INCRUSTAR. al. **Einlegen; einbetten.** fr. **Incruster.** ingl. **To encase; to inlay.** ital. **Incastrare.** port. **Incrustar.** (Del lat. *incrustare.*) tr. Embutir en una superficie lisa y dura, piedras, metales, etc., formando dibujos. ‖ Introducir violentamente un cuerpo en otro. Ú.t.c.r. ‖ Cubrir una superficie con una costra dura. ‖ deriv.: **incrustante.**

INCUBACIÓN. (Del lat. *incubatio, -onis.*) f. Acción y efecto de incubar. ‖ *Med.* Desarrollo de una enfermedad desde que comienza a actuar la causa morbosa hasta que se manifiestan sus efectos.

● **INCUBACIÓN.** *Biol.* Los huevos de los animales ovíparos, una vez fecundados, requieren determinadas condiciones para que sus gérmenes realicen las fases embrionarias y lleguen a la formación del individuo. En numerosas especies de aves y reptiles bastan para la **incubación** los rayos solares. Pero en general, es la hembra la que protege y calienta los huevos. Una excepción es el hipocampo macho que incuba los huevos en una bolsa abdominal. Cuando son los mismos animales los que proporcionan las condiciones adecuadas para la **incubación**, ésta se llama natural, a diferencia de la artificial, que utiliza, con el mismo fin, aparatos llamados incubadoras. Cuando la **incubación** es realizada por hembras de especie distinta a la de los huevos, se la llama mixta. El instinto de **incubación** varía de una especie a otra de animales; las palomas lo poseen en el más alto grado.

INCUBADORA. al. **Brutapparat.** fr. **Couveuse.** ingl. **Incubator.** ital. **Incubatrice.** port. **Incubadora.** (De *incubar.*) f. Aparato o local que sirve para la incubación artificial. ‖ Urna de cristal, acondicionada donde los niños nacidos antes de tiempo o en circunstancias anormales permanecen para facilitar al desarrollo de sus funciones orgánicas.

INCUBAR. al. **Brüten.** fr. **Couver.** ingl. **To incubate; to hatch.** ital. **Covare.** port. **Incubar.** (Del lat. *incubare.*) intr. Encobar. ‖ tr. Empollar el ave los huevos.

ÍNCUBO. al. **Alpdrücken.** fr. **Incube.** ingl. **Incubus.** ital. **Incubo.** port. **Incubo.** (Del lat. *íncubus.*) adj. y s. Dícese del demonio que, según el vulgo, tiene comercio carnal con una mujer, bajo apariencia de varón.

INCUESTIONABLE. adj. No cuestionable. sinón.: **incontestable, incontrovertible.** ‖ deriv.: **incuestionablemente.**

INCULCAR. al. **Beibringen; einprägen.** fr. **Inculquer.** ingl. **to inculcate.** ital. **Inculcare.** port. **Inculcar.** (Del lat. *inculcare.*) tr. Apretar una cosa contra otra. Ú.t.c.r. ‖ fig. Repetir con ahínco e insistencia una cosa a alguien. ‖ Infundir con empeño en el ánimo de uno una idea, un concepto, etc. ‖ *Impr.* Juntar demasiado unas letras con otras. ‖ r. fig. Obstinarse uno en lo que siente o prefiere. ‖ deriv.: **inculcación: inculcador, ra.**

INCULPABILIDAD. f. Exención de culpa, inocencia. ‖ V. **Veredicto de inculpabilidad.**

INCULPABLE. (Del lat. *inculpábilis.*) adj. Que carece de culpa o no puede ser inculpado. ‖ deriv.: **inculpablemente.**

INCULPADO, DA. p. p. de **inculpar.** Ú.t.c.s.

INCULPAR. al. **Beschuldigen.** fr. **Inculper.** ingl. **To inculpate.** ital. **Incolpare.** port. **Inculpar.** (Del lat. *inculpare.*) tr. Acusar a uno de una cosa. INCULPAR *de falso testimonio*; sinón.: **acriminar, imputar.** ‖ deriv.: **inculpación; inculpadamente; inculpado, da.**

INCULTAMENTE. adv. m. De modo inculto.

INCULTIVABLE. (De *in*, pref. priv., y *cultivable.*) adj. Que no puede ser cultivado.

INCULTO, TA. al. **Unkultiviert; ungebildet.** fr. **Inculte.** ingl. **Uncultivated; uncultured.** ital. **Incolto; incivile.** port. **Inculto.** (Del lat. *incultus.*) adj. Que carece de cultivo. *Campo* INCULTO. ‖ fig. De modales rústicos, o de instrucción escasa. sinón.: **grosero, ignorante.** ‖ Dícho del estilo, desaliñado y torpe.

INCULTURA. al. **Unbildung.** fr. **Inculture.** ingl. **Lack of culture.** ital. **Incoltura.** port. **Incultura.** f. Carencia de cultivo o de cultura.

INCUMBENCIA. al. **Zuständigkeit; obliegenheit.** fr. **Attribution.** ingl. **Incumbency.** ital. **Spettanza.** port. **Incumbencia.** (De *incumbir.*) f. Obligación de hacer una cosa.

INCUMBIR. (Del lat. *incúmbere.*) intr. Estar una cosa a cargo de alguien. *Ese trámite* INCUMBE *al abogado.*

INCUMPLIR. tr. No llevar a cabo, dejar de cumplir. ‖ deriv.: **incumplimiento.**

INCUNABLE. al. **Wiegendruck; Inkunabel.** fr. **Incunable.** ingl. **Incunabula.** ital. **Incunabolo.** port. **Incunábulo.** (Del lat. **incunábula,** cuna.) adj. y m. Dícese de las ediciones hechas desde la invención de la imprenta hasta comienzos del s. XVI.

INCURABLE. al. **Unheilbar.** fr. **Incurable.** ingl. **Incurable.** ital. **Incurabile.** port. **Incurável.** (Del lat. *incurábilis.*) adj. Que no se puede curar o no puede sanar. Apl. a pers., ú.t.c.s. *Enfermo* INCURABLE. ‖ Difícilmente curable. ‖ fig. Que no tiene enmienda ni remedio. *Embustero* INCURABLE. ‖ deriv.: **incurabilidad.**

INCURIA. (Del lat. *incuria.*) f. Negligencia, descuido.

INCURIOSO, SA. (Del lat. *incuriosus.*) adj. Descuidado, negligente.

INCURRIR. al. **Verfallen.** fr. **Encourir.** ingl. **To incur; to commit.** ital. **Incorrere.** port. **Incorrer.** (Del lat. *incúrrere.*) intr. Construido con la prep. *en* y substantivo que denote culpa, error o castigo, realizar la acción, o merecer lo expresado por el substantivo. ‖ Con la misma preposición y substantivo que denote sentimiento desfavorable, como odio, ira, etc. causarlo, acarrearlo. INCURRIR *en el desprecio de todos.* ‖ deriv.: **incurrimiento.**

INCURSIÓN. al. **Einfall.** fr. **Incursion.** ingl. **Incursion.** ital. **Incursione.** port. **Incursão.** (Del lat. *incursio, -onis.*) f. Acción de incurrir. ‖ *Mil.* Correría.

INCURSIONAR. intr. Llevar a cabo una incursión.

INCURSO, SA. (Del lat. *incursus.*) p. p. irreg. de **Incurrir.**

INCURVACIÓN. (Del lat. *incurvare*, encorvar.) f. Encorvadura.

INCUS. m. *Anat.* Yunque.

INCUSAR. (Del lat. *incusare.*) tr. Acusar, imputar.

INCUSO, SA. (Del lat. *incussus* de *incútere*, estampar.) adj. Dícese de monedas o medallas que tienen en hueco por una cara el mismo cuño que por la opuesta en relieve.

INCHAUSPE, Pedro. *Biog.* Educador y escritor arg., autor de *Diccionario del Martín Fierro; Voces y costumbres del campo argentino* y otras obras (1896-1957).

INDAGATORIO, RIA. adj. *Der.* Que tiende a indagar. ‖ f. Declaración que se toma al presunto culpable, acerca del delito que se está averiguando.

INDAMINA. f. *Quím.* Compuesto resultante de la oxidación de una diamina por una arilamina. Se emplea para fabricar colorantes.

INDAYÉ. (Voz guaraní.) m. *Amér.* Especie de gavilán inofensivo.

INDAYO. m. *Amér.* Indayé.

INDEBIDO, DA. (De *in*, pref. priv., y *debido*, p. p. de *deber.*) adj. Que no es obligatorio ni exigible. ‖ Ilícito, injusto. *Cobro* INDEBIDO; sinón.: **ilegal**; antón.: **legal, permitido.** ‖ deriv.: **indebidamente.**

INDECENCIA. (Del lat. *indecentia.*) f. Carencia de honestidad o de modestia. ‖ Hecho vituperable o vergonzoso.

INDECENTE. (Del lat. *indecens, -entis.*) adj. No decente, indecoroso, impudente. *Vestido* INDECENTE. ‖ deriv.: **indecentemente.**

INDECIBLE. (Del lat. *indecibilis.*) adj. Que no se puede o no se debe decir o explicar. *Alegría* INDECIBLE. ‖ deriv.: **indeciblemente.**

INDECISIÓN. (De *in,* pref. priv., y *decisión.*) f. Irresolución o dificultad en resolver algo. ‖ IDEAS AFINES: *Incertidumbre, perplejidad, duda, dubitación, vacilación, inseguridad, escrupulosidad, debilidad.*

INDECISO, SA. (Del lat. *in,* neg., y *decissus,* decidido.) adj. Dícese de aquello cuya resolución todavía está pendiente. *Partido* INDECISO; sinón.: **dudoso, incierto;** antón.: **definido.** ‖ Perplejo, irresoluto. *Elena es muy* INDECISA.

INDECISORIO. (De *in,* pref. priv., y *decisorio.*) adj. *Der.* V. **Juramento indecisorio.**

INDECLARABLE. adj. Que no se puede declarar.

INDECLINABLE. (Del lat. *indeclinábilis.*) adj. Que tiene que hacerse o cumplirse por fuerza. *Compromiso* INDECLINABLE. ‖ *Der.* Dícese de la jurisdicción que no se puede declinar. ‖ *Gram.* Dícese de las palabras que no se declinan.

INDECORO. m. Falta de decoro.

INDECOROSO, SA. (De *in,* pref. priv., y *decoroso.*) adj. Que carece de decoro, o que se opone a él. ‖ deriv.: **indecorosamente.**

INDEFECTIBLE. (De *in,* pref. priv., y *defectible.*) adj. Que no puede faltar o dejar de ser. *Presencia* INDEFECTIBLE; sinón.: **imprescindible, necesario.** ‖ deriv.: **indefectibilidad; indefectiblemente.**

INDEFENDIBLE. (De *in,* pref. priv., y *defendible.*) adj. Que no puede ser defendido. sinón.: **insostenible.**

INDEFENSABLE o INDEFENSIBLE. adj. Indefendible.

INDEFENSIÓN. f. Falta de defensa. ‖ fig. Abandono, desamparo.

INDEFENSO, SA. (Del lat. *indefensus.*) adj. Que carece de medios de defensa, o está sin ella.

INDEFICIENTE. (Del lat. *indeficiens, -entis.*) adj. Que no puede faltar.

INDEFINIBLE. (De *in,* pref. priv., y *definible.*) adj. Que no se puede definir. *Edad* INDEFINIBLE.

INDEFINIDO, DA. (Del lat. *indefinitus.*) adj. No definido. ‖ Que no tiene término conocido o señalado. *Plazo* INDEFINIDO; sinón.: **indeterminado, impreciso;** antón.: **delimitado.** ‖ *Gram.* V. **Artículo indefinido.** ‖ *Lóg.* Dícese de la proposición que no tiene signos que la determinen.

INDEFORMABLE. adj. Que no se puede deformar.

INDEHISCENCIA. f. *Bot.* Falta de dehiscencia.

INDEHISCENTE. adj. *Bot.* No dehiscente.

INDELEBLE. (Del lat. *indelébilis.*) adj. Que no se puede borrar o quitar. *Recuerdo, marca* INDELEBLE. ‖ deriv.: **indeleblemente.**

INDELEGABLE. adj. Que no se puede delegar. *El sacerdocio es* INDELEGABLE.

INDELIBERACIÓN. f. Falta de reflexión o deliberación.

INDELIBERADO, DA. (Del lat. *indeliberatus.*) adj. Hecho sin reflexión. *Alusión* INDELIBERADA; sinón.: **impensado, inconsciente;** antón.: **consciente, reflexivo.** ‖ deriv.: **indeliberadamente.**

INDELICADEZA. f. Falta de delicadeza, grosería.

INDELICADO, DA. adj. No delicado.

INDEMNE. (Del lat. *indemnis.*) adj. Libre o exento de daño. sinón.: **ileso, intacto.**

INDEMNIDAD. (Del lat. *indémnitas, -atis.*) f. Propiedad o estado del que está exento de sufrir daño o perjuicio.

INDEMNIZACIÓN. al. **Schadenersatz; Entschädigung.** fr. **Indemnisation.** ingl. **Indemnification; indemnity.** ital. **indennità.** port. **Indenização.** f. Acción y efecto de indemnizar o indemnizarse. ‖ Aquello con que se indemniza.

INDEMNIZAR. al. **Entschädigen.** fr. **Indemniser.** ingl. **Indemnify.** ital. **Indennizzare.** port. **Indenizar.** (De *indemne.*) tr. Resarcir de daños y perjuicios. Ú.t.c.r. INDEMNIZAR *por accidente de trabajo;* sinón.: **compensar.**

INDEMORABLE. adj. Que no puede demorarse.

INDEMOSTRABLE. (Del lat. *indemonstrábilis.*) adj. No demostrable. *Hay verdades* INDEMOSTRABLES.

INDEPENDENCIA. al. **Unabhängigkeit.** fr. **Indépendance.** ingl. **Independence.** ital. **Indipendenza.** port. **Independencia.** f. Calidad o condición de independiente. ‖ Libertad, autonomía, en particular la de un país. *La* INDEPENDENCIA *del Perú se proclamó solemnemente el 28 de julio de 1821;* sinón.: **emancipación;** antón.: **sometimiento.** ‖ Entereza, fortaleza de ánimo.

INDEPENDENCIA, Guerra de la. *Hist.* Lucha sostenida por las colonias inglesas de América del Norte desde 1775 a 1782 para emanciparse de la metrópoli. ‖ La realizada por los españoles para expulsar a las fuerzas napoleónicas del suelo patrio (1808-1813). ‖ La que mantuvieron las colonias españolas de América para independizarse de España desde 1808 a 1824.

INDEPENDENCIA. *Geog.* Provincia del S.O. de la Rep. Dominicana. 1.861 km². 36.000 h. Cap. JIMANÍ. ‖ Antiguo nombre de **Fray Bentos.**

INDEPENDENTISMO. m. En un país que no tiene independencia política, movimiento que la propugna o reclama.

INDEPENDENTISTA. adj. Partidario del independentismo. Ú.t.c.s.

INDEPENDIENTE. adj. No dependiente. ‖ Autónomo. *Ecuador inicia su vida* INDEPENDIENTE *en 1830;* sinón.: **libre, soberano.** ‖ fig. Dícese de quien sostiene sus derechos u opiniones, sin doblegarse ante halagos o amenazas. ‖ adv. m. Independientemente. INDEPENDIENTE *de eso.*

INDEPENDIENTEMENTE. adv. m. Con independencia.

INDEPENDIZAR. tr. Emancipar. Ú.t.c.r.

INDESCIFRABLE. (De *in,* pref. priv., y *descifrable.*) adj. Que no se puede descifrar. *Enigma* INDESCIFRABLE.

INDESCRIPTIBLE. (Del lat. *in,* priv., y *descriptum.*) adj. Que no se puede describir. *Región de belleza* INDESCRIPTIBLE.

INDESEABLE. (De *in,* pref. priv. y *deseable.*) adj. Aplícase a la persona, particularmente extranjera, cuya permanencia en un país es considerada peligrosa por las autoridades. Ú.t.c.s. *Expulsar a un* INDESEABLE. ‖ Por ext., dícese de la persona que consideramos indigna de nuestro trato, a causa de su moral deplorable. Ú.t.c.s.

INDESIGNABLE. (De *in,* pref. priv., y *designar.*) adj. Imposible o difícil de señalar.

INDESTRUCTIBLE. (Del lat. *in,* priv. y *destructíbilis.*) adj. Que no se puede destruir. *Unión* INDESTRUCTIBLE; sinón.: **inalterable, inconmovible;** antón.: **frágil.** ‖ deriv.: **indestructibilidad.**

INDETERMINABLE. (Del lat. *indeterminábilis.*) adj. Que no se puede determinar. ‖ Indeterminado, que no se resuelve.

INDETERMINACIÓN. f. Falta de determinación en los objetos o de resolución en las personas. sinón.: **indecisión, indistinción.** ‖ **Principio de –.** *Fís.* Principio, según el cual es imposible en microfísica determinar simultáneamente todos los aspectos de un mismo fenómeno con exactitud.

INDETERMINADAMENTE. adv. m. Sin determinación.

INDETERMINADO, DA. adj. No determinado, o que no implica determinación. *Fecha, cantidad* INDETERMINADA; sinón.: **impreciso, indefinido;** antón.: **preciso.** ‖ Dícese de quien no se resuelve a una cosa. ‖ *Álg.* V. **Ecuación indeterminada.** ‖ *Gram.* V. **Artículo, pronombre indeterminado.** ‖ *Mat.* V. **Cuestión indeterminada.** ‖ V. **Problema indeterminado.**

INDETERMINISMO. m. Sistema opuesto al determinismo, es decir, que admite el libre albedrío. ‖ deriv.: **indeterminista.**

INDEVOCIÓN. (Del lat. *indevotio, -onis.*) f. Falta de devoción.

INDEVOTO, TA. (Del lat. *indevotus.*) adj. Que carece de devoción. ‖ No afecto a una persona o cosa.

INDEX. m. **Índice expurgatorio.**

INDEXAR. tr. neol. Ajustar precios, deudas, intereses, alquileres, salarios, etc., de acuerdo con determinados índices o normas. ‖ deriv.: **Indexación.**

INDI. (De *induí.*) m. Lengua que se habla actualmente en el Indostán; deriva del induí.

INDIA. f. fig. Abundancia de riquezas. Ú.m. en pl.

INDIA. *Geog.* Indostan. ‖ República del S. de Asia, en la península hom., limitada por el mar Arábigo, Pakistán, Afganistán (v. **Cachemira**), China, Nepal, Bután, Bangla Desh, Birmania y el golfo de Bengala. Tiene 3.129.316 km². (sin Cachemira). Comprende tres grandes regiones naturales: Parte de la zona montañosa del N. (Himalaya); parte de las llanuras aluviales del Ganges y Brahmaputra, y la meseta del Decán al S. Es un país cálido y húmedo. Su gran riqueza reside en la agricultura: arroz, trigo, cebada, maíz; semillas oleaginosas: cacahuete, sésamo, lino, caña de azúcar, tabaco, opio, té. Maderas de ebanistería y aromáticas, caucho. Cría los mayores rebaños de bovinos del mundo, que son utilizados para el transporte y la producción de leche. Posee 35.000.000 ha. regadas, siendo las obras hidráulicas muy importantes. Hay yacimientos de carbón, hierro, manganeso, mica, bauxita, oro, cobre y petróleo. La industria textil, sobre todo algodón y yute, es la más importante. Otras industrias, como la mecánica, del papel, cemento, productos químicos, son de menor valor. Posee 60.067 km. de vías férreas de los cuales 4.000 son electrificados. Tiene 625.820.000 h. distribuidos en 21 estados y 9 territorios. Cap. NUEVA DELHI 3.834.000 h. con los suburbios. C. principales: Calcuta, Bombay, Madrás. Ex colonia británica, adquirió su independencia en agosto de 1947, proclamó la Rep. en enero de 1950 y pasó a formar parte del Commonwealth británico. Idioma oficial: indi. ‖ *Hist.* Primitivamente estaba habitada por los drávidas, que hacia el año 3.000 a. de C. ya poseían cierta organización política y que fueron dominados por tribus arias en el s. XV a. de C. Estos pueblos desarrollaron una vasta y profunda cultura: su religión, el brahmanismo, está expresada en el Código de Manú y su literatura en los Vedas. Entre los s. VI y V a. de C. predicó su doctrina Buda (V. **Buda**), combatida por los brahmanes, que en el s. XI consiguieron extirpar el budismo de la **India.** En el 327 a. de C. había sido invadida por los ejércitos de Alejandro Magno, en el s. II a. de C. por los escitas y en el 711 por los árabes, que fueron rechazados, pero que en el s. X lograron introducirse e imponer el islamismo entre gran parte de la población hindú; finalmente, en el s. XIV, por los mogoles, que implantaron una dinastía. A partir de este momento son los pueblos europeos los que se vuelcan hacia la **India;** los portugueses, holandeses, franceses e ingleses, que fundaron en 1600 la Compañía de las Indias Orientales, arma de conquista política que hizo a Gran Bretaña dueña de una rica colonia, al ser abolida la compañía en el s. XIX y pasar a depender la **India** directamente de la corona británica. El inglés Alan Hume en 1885 organizó el Congreso Panindio, que pronto se convirtió en el organismo de los movimientos nacionalistas cuya principal figura fue el Mahatma Gandhi (V. **Gandhi**), quien concurrió en 1930 a la conferencia llamada de la Tabla Redonda, celebrada en Londres, junto con algunos nacionalistas moderados. Los entendimientos logrados para dar a la **India** un gobierno propio fueron postergados al estallar la segunda Guerra Mundial, pero en 1947 fue aprobada la ley de independencia de la **India,** creándose los dominios de la **India** y de Pakistán. Sangrientas luchas entre hindúes y musulmanes y la invasión de Cachemira, asignada a la **India,** por fuerzas pakistanas, obligaron la intervención de las Naciones Unidas. Aprobada la constitución de una República, fue elegido presid., en 1950, Rajendra Prasad, reelegido para el período 1952-1957. En 1962, China atacó la frontera de la **India** y hubo acciones bélicas durante varias semanas. Estos choques armados se repitieron en 1967. Dos años antes, como ocurriera en 1948, **India** y Pakistán tuvieron incidentes por el territorio de Cachemira. Cuando se declaró la guerra civil en Pakistán, la **India** apoyó a los separatistas, situación que hizo crisis en diciembre de 1971, con la llamada "guerra de los diez días". En 1972, la primer ministro Indira Gandhi firmó la paz con el presidente pakistano Alí Bhutto y con el Estado de Bangla-Desh, por 25 años. En 1974 India detonó una bomba atómica, con lo cual pasó a ser la sexta potencia nuclear del mundo. En 1975, ocupó el territorio de Sikkim, un pequeño principado fronterizo.

INDIADA. f. *Amér.* Conjunto de indios. ‖ Dicho o acción propios de indios.

INDIA MUERTA. *Hist.* Combate librado durante la invasión brasileña de la Banda Oriental, en el que resultó derrotado el caudillo uruguayo Rivera, en 1817. ‖ Victoria del gral. Urquiza sobre las fuerzas urug. comandadas por Rivera en 1845.

INDIANA. (De *indiano.*) f. Tela de lino o algodón, pintada por un solo lado.

INDIANA. *Geog.* Estado del centro N. de los EE. UU. al S. del lago Michigan. 93.994 km². 5.400.000 h. Cap. INDIANÁPOLIS. Cereales, forrajes, hortalizas. Porcinos y lanares. Petróleo, carbón y rocas.

INDIANÁPOLIS. *Geog.* Ciudad de los EE. UU. cap. del Est. de Indiana 1.300.000 h. con los suburbios. Industrias agrícola-ganaderas. Centro automovilístico.

INDIANÉS, SA. adj. Indio.

INDIANISMO. m. Vocablo, acepción, locución, giro o modo de hablar propio de los indios americanos. ‖ Afición al estudio de la lengua, literatura, costumbre, etc., de las Indias Occidentales. ‖ Afición al estudio de las cosas de las Indias Orientales. ‖ deriv.: **indianista.**

INDIANO, NA. adj. Natural de las Indias Occidentales o América. Ú.t.c.s. ‖ Perteneciente o relativo a ellas. ‖ Perteneciente o relativo a las Indias Orientales. ‖ Dícese, en España, de quien vuelve rico de América. Ú.t.c.s. ‖ **– de hilo negro.** fig. y fam. Avaro, mezquino.

INDIAS, Compañía de. *Hist.* Nombre que tomaron las compañías comerciales de algunas naciones, a las que se les había concedido el monopolio del comercio y amplios poderes para ocupar y gobernar varias regiones. Las más importantes fueron: Compañía Inglesa de las Indias Orientales (1600-1850); Compañía Holandesa de las Indias Orientales (1602-1800); Compañía Holandesa de las Indias Occidentales (1617-1764); Compañía Francesa de las Indias Occidentales (1664-1673).

INDIAS, Mar de las. *Geog.* V. **Índico, Océano.** ‖ **– Neerlandesas** u **Orientales.** Nombre dado a las antiguas colonias holandesas de las islas de la Sonda que actualmente constituyen el Estado de Indonesia. V. **Indonesia.** ‖ **– Occidentales.** Nombre primitivo de América, por error de Colón, que creía haber llegado a la India.

INDICACIÓN. al. **Angabe.** fr. **Indication.** ingl. **Indication.** ital. **Indicazione.** port. **Indicação.** (Del lat. *indicatio, -onis.*) f. Acción y efecto de indicar. ‖ *Med.* Noción suministrada por el examen del enfermo y de la cual deriva el tratamiento adecuado. ‖ *Chile.* Consulta o propuesta sobre algo determinado. ‖ **– de procedencia.** *Econ.* Forma de propiedad industrial como derecho privativo de alguna zona, cuyos productos son famosos.

INDICADOR, RA. adj. Que indica o sirve para indicar. Ú.t.c.s. ‖ m. Ave trepadora de África que come la miel de las abejas. ‖ *Anat.* Dedo índice. ‖

Músculo extensor de ese dedo. ‖ *Quím.* Substancia que al variar de color indica una fase o punto preciso de una reacción química.

INDICAR. (Del lat. *indicare.*) tr. Dar a entender algo con indicios y señales. INDICAR *el camino.* ‖ Exponer o bosquejar brevemente. INDICAR *los resultados de una operación.* ‖ deriv.: **indicante.**

INDICATIVO, VA. (Del lat. *indicativus.*) adj. Indicador. *Poste* INDICATIVO. ‖ *Gram.* V. **Modo indicativo.** Ú.t.c.s.

INDICCIÓN. (Del lat. *indictio, -onis.*) f. Convocatoria para una junta, concilio, etc. ‖ *Cron.* Año de cada uno de los periodos de quince que se contaron desde el 315 de la era cristiana. ‖ – **romana.** *Cron.* Año de igual periodo que se utiliza en las bulas pontificiales.

ÍNDICE. al. **Zeigefinger; Inhaltsverzeichnis.** fr. **Index; table de matières.** ingl. **Forefinger; Index.** ital. **Indice.** port. **Índice.** (Del lat. *índex, -icis.*) adj. V. **Dedo índice.** Ú.t.c.s. ‖ m. Indicio, señal de algo. ‖ Lista ordenada de libros, etc. ‖ Catálogo de autores, materias, etc. ‖ En las bibliotecas públicas, pieza donde se halla el catálogo, etc. ‖ Cada manecilla de un reloj. o de cualquier elemento indicador de un instrumento graduado; como el barómetro, etc. ‖ Gnomon de cuadrante solar. ‖ Número o fórmula que expresa la relación entre dos cantidades. ‖ *Alg.* y *Arit.* Número o letra colocado en la abertura del signo radical para indicar el grado de la raíz. ‖ *Econ. polít.* Número que indica el estado o intensidad de un fenómeno económico en determinado momento o período, en relación a otros. ÍNDICE *de población.* ‖ – **cefálico.** *Anat.* Relación entre la anchura y la longitud máxima del cráneo. ‖ – **de refracción.** *Ópt.* Número que expresa la relación constante entre los senos de los ángulos de incidencia y de refracción. ‖ – **expurgatorio.** Catálogo de los libros que se prohiben o se mandan corregir por la Iglesia, y en el cual entiende la curia romana.

INDICIADO, DA. adj. y s. Sospechado de haber cometido un delito.

INDICIAR. tr. Dar indicios de algo. ‖ Sospechar algo, o conocerlo por indicios. ‖ Indicar. ‖ deriv.: **indicador, ra.**

INDICIARIO, RIA. adj. *Der.* Relativo a indicios o derivado de ellos.

INDICIO. al. **Anzeichen.** fr. **Indice.** ingl. **Indication; clue.** ital. **Indizio.** port. **Indício.** (Del lat. *indícium.*) m. Acción o señal por la que se conoce algo oculto. sinón.: **barrunto, vislumbre.** ‖ **Indicios vehementes.** *Der.* Los que hacen creer de tal modo algo, que equivale a prueba semiplena. ‖ deriv.: **Indicioso, sa.**

ÍNDICO, CA. (Del lat. *indicus.*) adj. Perteneciente a las Indias Orientales. *Océano* ÍNDICO.

ÍNDICO, Océano. *Geog.* También llamado **mar de las Indias,** está situado al S. de Asia, entre África, Australia y la Antártida. 74.817.000 km². Su profundidad media no llega a 4.000 m. y la máxima se registró al S. de la isla de Java: 7.000 m. ‖ **Archipiélago** –. V. **Malasia.**

INDIFERENCIA. al. **Gleichgültigkeit.** fr. **Indifférence.** ingl. **Indifference.** ital. **Indifferenza.** port. **indiferença.** (Del lat. *indifferentia.*) f. Estado anímico en que no se siente inclinación ni repugnancia por algo determinado. *Afectar* INDIFERENCIA. ‖ IDEAS AFINES: *Egoísmo, insensibilidad, impasibilidad, apatía, tranquilidad, resignación, despreocupación, neutralidad, imparcialidad, pasividad.*

INDIFERENTE. (Del lat. *indifferens, -entis.*) adj. Que no se determina a una cosa más que a otra. *Todo lo dejaba* INDIFERENTE. sinón.: **frío, impasible;** antón.: **sensible.** ‖ Que no importa si es hecho en una forma u otra. *Me es* INDIFERENTE *ir en tren o en avión.* ‖ deriv.: **indiferentemente.**

INDIFERENTISMO. (De *indiferente.*) m. Indiferencia en cuestiones políticas o religiosas.

INDÍGENA. al. **Eingeboren; Eingeborener.** fr. **Indigène.** ingl. **Indígenous; native.** ital. **indígeno.** port. **Indígena.** (Del lat. *indígena.*) adj. y s. Originario del país de que se trata. *El tabaco es planta* INDÍGENA *de América;* sinón.: **autóctono, originario.**

INDIGENCIA. al. **Armut; Bedürftigkeit.** fr. **Indigence.** ingl. **Indigence.** ital. **Indigenza.** port. **Indigença.** (Del lat. *indigentia.*) f. Falta de medios par atender las necesidades vitales. *Murió en la* INDIGENCIA; sinón.: **estrechez, miseria;** antón.: **riqueza.** ‖ IDEAS AFINES: *Pobreza, hambre, necesidad, frío, enfermedad, abandono, tristeza, desnudo, guerra, privación.*

INDIGENISMO. m. Condición de indígena. ‖ Vocablo, acepción, locución, giro o modo de hablar proveniente de lenguas indígenas de América. ‖ Afición al estudio de la lengua, costumbres, cultura, etc., de las razas indígenas, especialmente de las del continente americano.

INDIGENISTA. adj. Perteneciente o relativo al indigenismo. ‖ com. Persona que cultiva la lengua, literatura, costumbres, etc., de las razas indígenas, especialmente de las de América.

INDIGENTE. (Del lat. *indígena, -entis.*) adj. y s. Carente de recursos para sustentarse. *Anciano* INDIGENTE; sinón.: **pobre, mísero;** antón.: **poderoso, rico.**

INDIGERIBLE. (De *in,* pref. priv., y *digerible.*) adj. Indigestible.

INDIGESTARSE. (De *indigesto.*) r. No sentar bien una comida. ‖ fig. y fam. No agradar alguien a uno.

INDIGESTIBLE. (Del lat. *indigestíbilis.*) adj. Que no se puede digerir o es de difícil digestión.

INDIGESTIÓN. al. **Verdauungestörung.** fr. **Indigestion.** ingl. **Indigestion.** ital. **Indigestione.** port. **Indigestão.** (Del lat. *indigesto, -onis.*) f. Falta de digestión; empacho.

INDIGESTO, TA. (Del lat. *indígestus.*) adj. Que no se digiere o es digerido con dificultad. ‖ Que está sin digerir. ‖ fig. Confuso, sin orden. *Citas* INDIGESTAS. ‖ Áspero en el trato. ‖ deriv.: **indigestamente.**

INDIGIRKA. *Geog.* Río de Siberia oriental, que desemboca en el mar Glacial Ártico. 1.700 km.

INDIGNACIÓN. al. **Entrüstung; Empörung.** fr. **Indignation.** ingl. **Indignation.** ital. **Indignazione.** port. **Indignação.** (Del lat. *indignatio, -onis.*) f. Enojo, ira contra una persona o contra sus actos.

INDIGNAMENTE. adv. m. Con indignidad.

INDIGNAR. (Del lat. *indignari.*) tr. Enojar, enfadar vehementemente a uno. Ú.t.c.r. *La injusticia me* INDIGNA; SE INDIGNÓ *contra los explotadores.* ‖ deriv.: **indignante.**

INDIGNIDAD. (Del lat. *indignitas, -atis.*) f. Falta de mérito y de disposición para una cosa. ‖ Acción censurable, impropia de las circunstancias de la persona que la ejecuta. sinón.: **bajeza, deshonor.** ‖ *For.* Motivo de incapacidad sucesoria por mal comportamiento del heredero hacia el causante de la herencia o los parientes de éste.

INDIGNO, NA. (Del lat. *indignus.*) adj. Que no tiene méritos ni disposición para algo. *Usted es* INDIGNO *de que lo ayude;* antón.: **merecedor.** ‖ Que no corresponde a las circunstancias de alguien o es inferior a la categoría de la persona con quien se trata. ‖ Vil, ruin. *Un panfleto* INDIGNO.

ÍNDIGO. (Del lat. *indicus,* de la India.) adj. y s. Añil.

INDIGOTINA. f. *Quím.* Principio colorante del añil.

INDILIGENCIA. (Del lat. *indiligentia.*) f. Falta de diligencia y de cuidado.

INDINAR. tr. fam. Indignar. Ú.t.c.r.

INDINO, NA. adj. fam. Indigno. ‖ Travieso, descarado.

INDIO, DIA. al. **Indisch; indianisch; indianer.** fr. **Indien.** ingl. **Indian.** ital. **Indiano; indio.** port. **Índio.** adj. Natural de las Indias Orientales. Ú.t.c.s. ‖ Perteneciente a ellas. ‖ Dícese del antiguo poblador de América y del que hoy se considera como descendiente de aquél, sin mezcla de otra raza. Dícese también de las cosas. Apl. a pers. ú.t.c.s. *Lanza* INDIA. ‖ De color azul. ‖ *Cuba.* Dícese del color del gallo de plumas coloradas y pechuga negra. ‖ *Quím.* Metal blanco, ligero, descubierto en 1863, y llamado así por la raya azul que muestra al espectroscopio; su símbolo es In, su núm. atómico 49 y su p. atómico 114,76. ‖ – **de carga.** El que en América transportaba de una parte a otra las cargas.

● **INDIO.** *Etnol.* Los descubridores de América creyeron haber llegado a las Indias, de ahí el nombre de **indios** aplicado a los aborígenes de estas latitudes. Estos primitivos habitantes pertenecían a la raza esquimal o a la india propiamente dicha y se agrupaban en grupos étnicos afines, dispersos por todo el continente. En cuanto al origen de estas razas, datos aportados por la arqueología revelan que varios milenios a. de C. pescadores y cazadores de tipo mogólico, cuyos rasgos subsistieron en aborígenes americanos, pasaron el puente natural del Estrecho de Behring y emprendieron su peregrinación por el continente, en busca de tierras más propicias. Pertenecían al período paleolítico y es probable que sólo conocieran el fuego, el hacha de pedernal, el arco y la flecha. También se ha considerado la posibilidad de que primitivos habitantes de Melanesia y Polinesia llegaran con sus embarcaciones a las costas de Perú o Ecuador. En México hay indicios de culturas más antiguas, iniciadas en las labores agrícolas, la alfarería y escultura. El área andina de Perú, Ecuador y Bolivia, fue asiento de civilizaciones intermedias que anticipan las grandes culturas maya, inca y azteca. En general, el **indio** vivió abrumado por la naturaleza, que le inspiró terribles divinidades cosmológicas; en un mundo inseguro y escasamente tecnificado, expresó en símbolos y cantos la angustia de vivir. Las lenguas indígenas abarcan unas 175 familias, con ciertos rasgos comunes; se cree que no conocieron la escritura. Las precarias condiciones materiales de vida del **indio** mejoraron después de la conquista europea y el problema de su adaptación al nuevo tipo de civilización fue encarado por todas las naciones.

INDIO, Punta. *Geog.* Punta de la costa de la prov. de Buenos Aires (Argentina), sobre el río de la Plata, al N. de la ensenada de Samborombón.

INDIÓFILO, LA. (De *indio* y el gr. *philos,* amigo.) adj. Protector o amigo de los indios.

INDIRECTA. al. **Anspielung.** fr. **Insinuation; détour.** ingl. **Innuendo; hint.** ital. **Allusione.** port. **Indireta.** (Del lat. *indirecta.*) f. Medio indirecto de que uno se vale para no decir claramente una cosa y darla, sin embargo, a entender.

INDIRECTO, TA. al. **Indireckt.** fr. **Indirecte.** ingl. **Indirect.** ital. **Indiretto.** port. **Indireto.** (Del lat. *indirectus.*) adj. Que no va rectamente a un fin, aunque se encamine a él. *Método, viaje* INDIRECTO. ‖ *Gram.* V. **Complemento indirecto.** ‖ V. **Estilo indirecto.** ‖ deriv.: **indirectamente.**

INDISCIPLINA; (Del lat. *indisciplina.*) f. Falta de disciplina. *Corregir la* INDISCIPLINA; sinón.: **desobediencia, indocilidad;** antón.: **subordinación.**

INDISCIPLINABLE. (De *in,* pref. priv., y *disciplinable*) adj. Incapaz de disciplina.

INDISCIPLINADO, DA. adj. Falto de disciplina. *Clase* INDISCIPLINADA; sinón.: **desobediente.**

INDISCIPLINAR. tr. Causar indisciplina. *Su risa* INDISCIPLINÓ *a los alumnos.* ‖ r. Quebrantar la disciplina.

INDISCRECIÓN. al. **Indiskretion; Tatlosigkeit.** fr. **Indiscretion.** ingl. **Indiscretion.** ital. **Indiscrezione.** port. **Indiscrição.** f. Falta de discreción. ‖ fig. Dicho o hecho indiscreto. sinón.: **indelicadeza, inoportunidad;** antón.: **delicadeza.** ‖ IDEAS AFINES: *Curiosidad, charlatán, ingerencia, cargoso, instruso, molestia, imprudencia, compromiso.*

INDISCRETO, TA. (Del lat. *indiscretus.*) adj. Que actúa sin discreción. ‖ Que se hace sin discreción. *Pregunta* INDISCRETA; sinón.: **impertinente, imprudente.** ‖ deriv.: **indiscretamente.**

INDISCRIMINADO, DA. adj. Dígase **indistinto.**

INDISCULPABLE. adj. Que no tiene disculpa. ‖ fig. Difícilmente disculpable.

INDISCUTIBLE. adj. No discutible. *Propiedad* INDISCUTIBLE. ‖ deriv.: **indiscutiblemente.**

INDISOLUBILIDAD. f. Calidad de indisoluble.

INDISOLUBLE. (Del lat. *indissolubilis.*) adj. Que no puede disolver o desatar. *Amistad* INDISOLUBLE. ‖ deriv.: **indisolublemente.**

INDISPENSABLE. al. **Unerlässlich; unentbehrlich.** fr. **Indispensable.** ingl. **Indispensable.** ital. **Indispensabile.** port. **Indispensável.** adj. Que no se puede dispensar. ‖ Que es necesario. *Proporcionar los elementos* INDISPENSABLES *de trabajo;* sinón.: **esencial, preciso.** antón.: **accesorio, secundario.** ‖ deriv.: **indispensabilidad.**

INDISPENSABLEMENTE. adv. m. Forzosa y precisamente.

INDISPONER. (De *in,* pref. priv., y *disponer.*) tr. Privar de la disposición favorable. Ú.t.c.r. ‖ Malquistar. Ú.m.c.r. *Por culpa de terceros* SE INDISPUSO *conmigo;* sinón.: **desavenir, enemistar;** antón.: **amistar.** ‖ Causar indisposición fisiológica. ‖ r. Experimentarla. ‖ irreg. Conj. como **poner.**

INDISPOSICIÓN. al. **Unwohlsein; Unfähigkeit.** fr. **Indisposition.** ingl. **Indisposition.** ital. **Indisposizione.** port. **Indisposição.** f. Falta de disposición y de capacidad para una cosa. ‖ Quebranto leve de la salud.

INDISPUESTO, TA. p. p. irreg. de **Indisponer.** adj. Que se siente con alguna alteración en la salud.

INDISPUTABLE. (Del lat. *indisputabilis.*) adj. Que no admite disputa. *Superioridad* INDISPUTABLE; sinón.: **incontestable, indiscutible;** antón.: **negable.** ‖ deriv.: **indisputablemente.**

INDISTINCIÓN. f. Falta de distinción.

INDISTINGUIBLE. (De *in,* pref. priv., y *distinguible.*) adj. Que no se puede distinguir. ‖ Difícil de distinguir.

INDISTINTO, TA. (Del lat. *indistinctus.*) adj. Que no se distingue de otra cosa. ‖ Que no se percibe clara y distintamente. *Inscripción* INDISTINTA. ‖ deriv.: **indistintamente.**

INDIVIDUACIÓN. f. Acción y efecto de individuar.

INDIVIDUAL. al. **Individuell; einzeln.** fr. **Individuel.** ingl. **Individual.** ital. **Individuale.** port. **Individual.** adj. Perteneciente o relativo al individuo. ‖ Particular, característico de una cosa. ‖ *Amér.* Personal. *Intereses* INDIVIDUALES.

INDIVIDUALIDAD. (De *individual.*) f. Calidad propia y característica de una persona o cosa.

INDIVIDUALISMO. (De *individual.*) m. Aislamiento y egoísmo de cada cual, en los afectos, en los estudios, etc. ‖ Sistema filosófico, opuesto al colectivismo, que considera al individuo como fundamento y fin de todas las leyes y relaciones sociales. *El* INDIVIDUALISMO *domina en el siglo diecinueve.* ‖ Inclinación a obrar según el propio albedrío y no de acuerdo con la colectividad.

INDIVIDUALISTA. adj. Que practica el individualismo. Ú.t.c.s. ‖ Partidario del individualismo. Ú.t.c.s. ‖ Perteneciente o relativo al individualismo.

INDIVIDUALIZAR. (De *individual.*) tr. Individuar.

INDIVIDUALMENTE. adv. m. Con individualidad. ‖ De uno en uno.

INDIVIDUAMENTE. adv. m. Con unión profunda e inseparable.

INDIVIDUAR. (De *individuo.*) tr. Especificar. Tratar de una cosa detalladamente. ‖ Determinar individuos comprendidos en la especie.

INDIVIDUO, DUA. al. **Individuum; Einzelwesen.** fr. **Individu.** ingl. **Individual; person; specimen.** ital. **Individuo.** port. **Indivíduo.** (Del lat. *individuus.*) adj. Individual. ‖ Indivisible. ‖ m. Cada ser organizado, animal o vegetal, respecto de la especie a que pertenece. ‖ Persona que pertenece a una clase o corporación. INDIVIDUO *de la Academia de la Historia.* ‖ fam. La propia persona u otra, con abstracción de las demás. ‖ s. fam. Persona cuyo nombre y condición se desconocen o no se quieren decir.

INDIVISIBILIDAD. f. Calidad de indivisible.

INDIVISIBLE. (Del lat. *indivisíbilis.*) adj. Que no puede ser dividido. *Hebra* INDIVISIBLE. ‖ *For.* Dícese de aquello que no admite división; ya por ser impracticable, ya porque varíe su aptitud para el destino que tenía, ya porque desmerece mucho con la división. ‖ deriv.: **indivisiblemente.**

INDIVISIÓN. (Del lat. *indivisio, -onis.*) f. Carencia de división. ‖ *For.* Estado de condominio entre dos o más partícipes.

INDIVISO, SA. (Del lat. *indivisus.*) adj. No separado o dividido en partes. Ú.t.c.s. *Herencia* INDIVISA. ‖ deriv.: **indivisamente.**

INDO, DA. (Del lat. *indus.*) adj. Indio. Apl. a pers., ú.t.c.s.

INDO. *Geog.* Río de la península indostánica. Nace en el Tíbet, cruza Cachemira y el Pakistán Occidental y desagua en el mar Arábigo, al S. de Karachi. 3.200 km.

INDÓCIL. (Del lat. *indócilis.*) adj. Que carece de docilidad. *Caballo* INDÓCIL. ‖ deriv.: **indocilidad.**

INDOCTO, TA. al. **Ungebildet; ungelehst.** fr. **Indocte.** ingl. **Untaught; ignorant.** ital. **Indotto.** port. **Indouto.** (Del lat. *indoctus.*) adj. Carente de instrucción, inculto. ‖ deriv.: **indoctamente.**

INDOCUMENTADO, DA. adj. Dícese de quien no lleva documento de identificación personal, o carece de él. ‖ fig. Dícese de la persona sin arraigo ni respetabilidad. Ú.t.c.s.

INDOCHINA. *Geog.* La más oriental de las tres grandes pen. del S. de Asia. Comprende a Birmania, Thailandia, Vietnam, Laos, Camboya y la Federación Malaya. La recorren los grandes ríos Irawadi, Soluén, Menam y Mekong. ‖ – **Francesa** o **Federación Indochina.** Antiguo nombre de los tres Est. confederados de la pen. de **Indochina.** (Vietnam, Laos y Camboya) que constituyeron un dominio francés de 740.400 Km².

INDOCHINO, NA. adj. Originario de Indochina. Ú.t.c.s. ‖ Perteneciente a esta península.

INDOEUROPEO, A. adj. Dícese de cada una de las razas y lenguas de origen común, extendidas desde el O. de Europa hasta el centro y S. de Asia, cuyos primitivos propagadores parecen haber pertenecido a una raza llamada aria; se dividen en orientales (báltica, eslava, tocaria, ariana tracofrigia, hitita, griega, etc.) y occidentales (germánica, céltica, véneta, latina, etc.). ‖ Dícese de la raza, y también de la lengua, hoy reconstituida, que dio origen a todas ellas. Ú.t.c.s.

INDOGERMÁNICO, CA. (De *indo* y *germánico.*) adj. Indoeuropeo.

INDOÍSMO. m. Forma de brahmanismo, actualmente dominante en Indostán.

INDOÍSTA. adj. Relativo al indoísmo o perteneciente a él. ‖ Que practica esta religión. Ú.t.c.s.

INDO-KUSH. *Geog.* Elevada cadena montañosa del Asia central. Parte del nudo de Pamir roza el N. de la India y Pakistán y penetra en Afganistán, donde forma una serie de ramales. Su alt. máxima sobrepasa los 7.700 m.

ÍNDOLE. al. **Art; Veranlagung.** fr. **Naturel; caractère.** ingl. **Disposition; nature.** ital. **Indole.** port. **Índole.** (Del lat. *indoles.*) f. Condición e inclinación natural propia de cada uno. *Buena* ÍNDOLE. ‖ Naturaleza y condición de las cosas.

INDOLENCIA. al. **Trägheit; Indolenz.** fr. **Indolence; laisser faire.** ingl. **Indolence.** ital. **Indolenza.** port. **Indolencia.** (Del lat. *indolentia.*) f. Calidad de indolente.

INDOLENTE. (Del lat. *indolens, -entis.*) adj. Que no se conmueve. ‖ Flojo, haragán. *Pueblo* INDOLENTE. ‖ Que no duele. ‖ deriv.: **indolentemente.**

INDOLORO, RA. adj. Que no produce dolor.

INDOMABLE. (Del lat. *indomábilis.*) adj. Que no se puede domar. *Pasiones* INDOMABLES. ‖ deriv.: **indomabilidad.**

INDOMADO, DA. adj. Que está sin domar.

INDOMESTICABLE. (De *in*, pref. priv., y *domesticable.*) adj. Que no se puede domesticar. *Tigre* INDOMESTICABLE.

INDOMESTICADO, DA. adj. No domesticado.

INDOMÉSTICO, CA. (De *in*, pref. priv., y *doméstico.*) adj. Que está sin domesticar.

salvaje. ‖ Que no se puede domar. ‖ fig. Difícil de reprimir. *Pasiones* INDÓMITAS; sinón.: **irrefrenable.**

INDÓMITO, TA. al. **Widerspenstig; ungebärdig.** fr. **Indompté; indomptable.** ingl. **Untamed; unruly.** ital. **Indomito.** port. **Indomito.** (Del lat. *indómitus.*) adj. No domado. *Caballo* INDÓMITO; sinón.: **cerril,**

INDONESIA. *Geog.* V. **Malasia.** ‖ República insular del S.E. de Asia. Comprende las islas de Sumatra, Java, parte de Borneo, Timor, Célebes, Molucas, etc. y el territorio que antes perteneció a la Nueva Guinea Holandesa. 2.027.087 Km². Casi todas las islas están atravesadas por cadenas montañosas, muchas de ellas con intensa actividad volcánica. El sector N.O. del archipiélago se relaciona con la plataforma continental de Asia, en tanto que el S. está vinculado con Oceanía. Numerosos ríos recorren las islas. Los más extensos son el Barito, en Borneo; el Solo, en Java, y el Hari, en Sumatra. 143.280.000 h. Cap. JAKARTA. 5.900.000 h. Caucho, caña de azúcar, café, té, tabaco, arroz, maíz, copra. Maderas valiosísimas. Estaño, petróleo, carbón. Posee 7.000 km. de líneas férreas, 94.000 de carreteras y una flota mercante de 800.000 toneladas. El analfabetismo, que comprende al 40% de la población, constituye uno de sus mayores problemas. ‖ *Hist.* Posesión de la Compañía de las Indias Orientales, pasó en 1800 a ser gobernada por Holanda. En 1942 fue ocupada por los japoneses y liberada por los aliados en 1945. El movimiento nacionalista iba gestándose, con la oposición de ingleses y holandeses. En 1949, con la intervención de la ONU se creó la Rep. de **Indonesia,** que formó con Holanda la Unión Holandoindonésica. En 1954, **Indonesia** se separó de Holanda y adquirió su total independencia. En 1965, un golpe de Estado trató de deponer al presidente vitalicio, Ahmed Sukarno. Como consecuencia pasó a ejercer el poder el general Suharto, quien fue designado primer mandatario en 1968.

INDONÉSICO, CA. adj. y s. Indonesio.

INDONESIO, SIA. adj. Perteneciente o relativo a Indonesia. ‖ Natural de Indonesia. Ú.t.c.s.

INDORE. *Geog.* Ciudad de la India (Madhya Bharat.), 545.000 h. Importante plaza comercial.

INDORMIA. f. vulg. *Col.* y *Ven.* Maña, arbitrio.

INDOSTÁN. *Geog.* Península triangular del S. de Asia, limitada al N. por el Himalaya, al E. por el golfo de Bengala, al S. el océano Índico y al O. el mar Arábigo. V. **India.**

INDOSTANÉS, SA. adj. y s. Natural del Indostán.

INDOSTANÍ. m. Lengua moderna que se habla en el Indostán; es el más importante dialecto del indi.

INDOSTÁNICO, CA. adj. Perteneciente o relativo al Indostán.

INDOSTANO, NA. adj. y s. Indostanés.

INDOTACIÓN. f. Falta de dotación.

INDOTADO, DA. (Del lat. *indotatus.*) adj. Que está sin dotar.

INDRA. *Mit.* El más poderoso de los dioses védicos, en la primitiva mit. hindú.

INDRE. *Geog.* Río de Francia, afl. del Loira. 265 Km. ‖ Departamento del centro O. de Francia 6.777 Km². 250.000 h. Trigo, vid, frutas, ganado. Cap. CHATEAUROUX. ‖ – **y Loira.** Dep. del O. de Francia, sobre el Loira 6.158 Km². 475.000 h. Cap. TOURS. Cereales, frutas. Industria vitivinícola.

INDRI. m. Mamífero prosimio, propio de la isla de Madagascar.

INDUBITABLE. (Del lat. *indubitábilis.*) adj. Indudable. ‖ deriv.: **indubitablemente.**

INDUBITADO, DA. (Del lat. *indubitatus.*) adj. Que no admite duda. ‖ deriv.: **indubitadamente.**

INDUCCIÓN. al. **Anstiftung; Induktion.** fr. **Induction.** ingl. **Induction.** ital. **Induzione.** port. **Indução.** (Del lat. *inductio, -onis.*) f. Acción y efecto de inducir. ‖ – **eléctrica.** *Fís.* En un campo eléctrico es la carga que aparece en la unidad de área de cada una de las caras de una lámina conductora colocada perpendicularmente a las líneas de fuerza del campo. ‖ – **magnética.** *Fís.* Poder imanador de un campo magnético, excitación magnética.

INDUCIA. (Del lat. *inducia.*) f. Tregua, dilación.

INDUCIDO. m. *Fís.* En las dínamos, circuito en que se desarrolla una corriente inducida por rotación.

INDUCIR. al. **Verleiten; induzieren.** fr. **Induire.** ingl. **To induce.** ital. **Indurre.** port. **Induzir.** (Del lat. *indúcere.*) tr. Persuadir, mover a uno, INDUCIR *a trabajar*; sinón.: **catequizar, convencer.** ‖ *Fís.* Producir un cuerpo electrizado fenómenos eléctricos en otro situado a cierta distancia de él. ‖ *Lóg.* Razonar ascendiendo de lo particular a lo general, del fenómeno a la ley que lo rige o al principio que lo contiene. antón.: **deducir.** ‖ irreg. Conj. como **conducir.** ‖ deriv.: **inducidor, ra; inducimiento.**

INDUCTANCIA. f. Magnitud eléctrica que sirve para caracterizar los circuitos según su aptitud para engendrar corrientes inducidas. ‖ – **mutua.** En dos circuitos es la fuerza electromotriz inducida en uno cualquiera cuando la corriente que circula por el otro varía a razón de un amperio cada segundo. ‖ – **propia.** En un circuito es la fuerza contraelectromotriz inducida cuando la corriente que circula por él varía a razón de un amperio cada segundo.

INDUCTIVO, VA. (Del lat. *inductivus.*) adj. Hecho por inducción *Razonamiento* INDUCTIVO. ‖ Perteneciente a ella.

INDUCTÓMETRO. (De *inductor* y el gr. *metron*, medida.) m. *Elect.* Tubo de mercurio para investigar las corrientes magnéticas.

INDUCTOR, RA. (Del lat. *indúctor, -oris*, de *indúcere*, inducir.) adj. Que induce. ‖ m. *Fís.* Órgano de las máquinas eléctricas, para producir inducciones magnéticas.

INDUDABLE. al. **Zweifellos.** fr. **Indubitable.** ingl. **Indubitable.** ital. **Indubitabile.** port. **Indubitável.** (Del lat. *indubitábilis.*) adj. Que no puede dudarse. *Una labor de mérito* INDUDABLE; sinón.: **evidente, indiscutible;** antón.: **incierto.** ‖ deriv.: **indudablemente.**

INDUI. (De *indio.*) m. Idioma del Indostán, derivado del antiguo pracrito y origen del actual indi.

INDU-KUSH. *Geog.* V. **Indo-Kush.**

INDULGENCIA. al. **Nachsicht; Ablass.** fr. **Indulgence.** ingl. **Forbearance; indulgence.** ital. **Indulgenza.** port. **Indulgencia.** (Del lat. *indulgentia.*) f. Facilidad en perdonar o disimular las culpas, o en conceder favores. ‖ Remisión que concede la Iglesia de las penas debidas por los pecados. ‖ – **parcial.** Aquella por la cual se perdona parte de la pena. ‖ – **plenaria.** Aquella por la cual se perdona toda la pena. ‖ deriv.: **indulgenciar.**

INDULGENTE. (Del lat. *indulgens, -entis.*) adj. Fácil en perdonar o disimular yerros, o en conceder favores. *Es* INDULGENTE *con los errores ajenos.* ‖ deriv.: **indulgentemente.**

INDULTAR. al. **Begnadigen.** fr. **Pardonner; remettre la peine.** ingl. **To pardon.** ital. **Indulgere.** port. **Indultar.** (De *indulto.*) tr. Perdonar a uno, total o parcialmente, una pena, o conmutarla por otra. INDULTARON *al condenado de la pena de muerte.* ‖ Eximir de una obligación. ‖ r. *Bol.* Meterse alguien donde no lo llaman.

INDULTO. al. **Begnadigung.** fr. **Pardon; remise de peine.** ingl. **Pardon; forgiveness.** ital. **Indulto.** port. **Indulto.** (Del lat. *indultus.*) m. Privilegio concedido a uno para que pueda hacer lo que sin él no podría. ‖ Gracia por la cual el superior remite una pena, total o parcialmente, o la conmuta; o exceptúa y exime a uno de la ley o de cualquier otra obligación. ‖ IDEAS AFINES: *Reo, culpable, cárcel, abogado, juez, absolución, perdón, testigo, consideración, castigo, tribunal, acusado.*

INDUMENTARIA. al. **Kleidung.** fr. **Costume; habillement.** ingl. **Clothes; garnments.** ital. **Indumenti.** port. **Indumentária.** (De *indumento.*) f. Estudio histórico del traje. ‖ Vestido, conjunto de prendas de vestir.

INDUMENTARIO, RIA. adj. Perteneciente o relativo al vestido.

INDUMENTO. (Del lat. *indumentum*, de *indúere*, vestir.) m. Vestidura.

INDURAR. tr. *Med.* Endurecer. ‖ deriv.: **induración.**

INDUSIO. m. Excrecencia membranosa que protege los soros de algunos helechos.

INDUSTRIA. al. **Industrie; Gewerbe.** fr. **Industrie.** ingl. **Industry; manufacturing.** ital. **Industria.** port. **Indústria.** (Del lat. *industria.*) f. Destreza para hacer algo. ‖ Conjunto de operaciones realizadas para obtener, transformar o transportar uno o varios productos naturales. ‖ Suma de **industrias** de cada género o de cada país. ‖ IDEAS AFINES: *Profesión, oficio, fábrica, obreros, empleados, capataz, jefe, máquinas, materia prima, organización, comercio, intercambio, producción, elaboración, manufactura, engranaje.*

● **INDUSTRIA.** *Econ. pol.* Hasta llegar a su estado actual, la **industria** ha pasado por distintas etapas: la **industria** de familia, doméstica o patriarcal, propia de las sociedades primitivas y que subsistió hasta comienzos de la Edad Media; el oficio, ejercido por el artesano y en el que el productor no trabaja para sí sino por encargo, con materias primas y herramientas de su propiedad; la **industria** a domicilio, en la que el artesano produce por cuenta de grandes contratistas que le proporcionan las materias primas y a los cuales corresponde la propiedad del producto obtenido; la manufactura o taller, que aparece cuando los artesanos son concentrados en un local por el contratista o patrono y se convierten en asalariados, y la fábrica, fase propia de la **industria** actual. Se caracteriza por la producción en gran escala, el empleo de máquinas y motores, la concentración de masas obreras, la organización capitalista, etc. Ninguna de estas formas de **industria** moderna ha eliminado por completo a las anteriores. Según los elementos que intervienen, la **industria** puede ser agrícola, cuando utiliza la fertilidad del suelo para obtener directamente vegetales, e indirectamente animales; extractiva, dedicada a la caza, pesca, bosque y minas; manufacturera o fabril, cuando utiliza y transforma materias primas provistas por las industrias agrícolas y extractivas y las adapta a distintas necesidades humanas; de transporte, dedicada al traslado de personas, animales y bienes; comercial, cuando efectúa el cambio de los bienes y sirve de intermediaria entre productores y consumidores. En cualquiera de sus manifestaciones o alcances, la **industria** es uno de los más poderosos factores del progreso humano.

INDUSTRIAL. al. **Industrie; Gewerbetreibender.** fr. **Industriel.** ingl. **Industrial; manufacturing.** ital. **Industriale.** port. **Industrial.** adj. Perteneciente a la industria. *Desarrollo, centro* INDUSTRIAL. ‖ m. Quien vive del ejercicio de alguna industria.

INDUSTRIALISMO. (De *industrial.*) m. Inclinación al predominio indebido de los intereses industriales. ‖ Mercantilismo.

INDUSTRIALISTA. adj. y s. Partidario del industrialismo.

INDUSTRIALIZAR. tr. Hacer que algo sea objeto de industria o elaboración. INDUSTRIALIZAR *el maíz.* ‖ deriv.: **industrialización.**

INDUSTRIAR. (Del lat. *industriare.*) tr. Instruir, amaestrar. ‖ r. Ingeniarse, bandearse, sabérselas arreglar.

INDUSTRIOSO, SA. al. **Geschickt.** fr. **Industrieux.** ingl. **Industrious.** ital. **Industrioso.**

port. **Industrioso.** (Del lat. *industriosus.*) adj. Que obra con industria. ‖ Hecho con industria. ‖ Que se dedica al trabajo con empeño. ‖ deriv.: **industriosamente.**

INDY, Vicente d'. *Biog.* Compositor fr. que innovó la técnica musical con sus obras *Poema de las montañas; La selva encantada,* etc. (1851-1931).

INEBRIAR. (Del lat. *inebriare.*) tr. Embriagar.

INEDIA. (Del lat. *inedia.*) f. Estado de quien lleva más tiempo del normal sin alimentarse.

INÉDITO, TA. al. **Unveröffentlicht.** fr. **Inédit.** ingl. **Unpublished.** ital. **Inedito.** port. **Inédito.** (Del lat. *inéditus.*) adj. Dícese de lo escrito y no publicado, y por ext., del autor cuyas obras todavía no se han publicado. *Páginas* INÉDITAS.

INEDUCACIÓN. f. Carencia de educación.

INEDUCADO, DA. adj. No educado.

INEFABLE. al. **Unaussprechlich; unsagbar.** fr. **Ineffable.** ingl. **Ineffable.** ital. **Ineffabile.** port. **Inefável.** (Del lat. *ineffábilis;* de *in,* priv., y *affábilis,* que se puede decir.) adj. Que no se puede explicar con palabras. *Se sumió en éxtasis* INEFABLE. ‖ deriv.: **inefabilidad; inefablemente.**

INEFICACIA. (Del lat. *inefficacia.*) f. Falta de eficacia. *La* INEFICACIA *de la violencia;* sinón.: **esterilidad, ineptitud.**

INEFICAZ. (Del lat. *inéfficax.*) adj. No eficaz. *Lucha* INEFICAZ; sinón.: **infructuoso, inútil;** antón.: **apto, fructífero.** ‖ deriv. **ineficazmente.**

INEJECUCIÓN. f. *Chile.* Falta de ejecución.

INELEGANCIA. f. Falta de elegancia.

INELEGANTE. (Del lat. *inélegans, -antis.*) adj. No elegante.

INELEGIBLE. (De *in* pref. priv., y *elegible.*) adj. Que no se puede elegir.

INELUCTABLE. (Del lat. *ineluctábilis.*) adj. Inevitable, fatal. *La muerte* INELUCTABLE.

INELUDIBLE. (De *in,* pref. priv., y *eludible.*) adj. Que no se puede eludir. *Realizar una visita* INELUDIBLE. ‖ deriv.: **ineludiblemente.**

INEMBARGABLE. adj. Que no puede ser objeto de embargo.

INENARRABLE. (Del lat. *inenarrábilis.*) adj. Inefable.

INEPCIA. (Del lat. *ineptia.*) f. Necedad. ‖ *Hond.* Ineptitud.

INEPTITUD. (Del lat. *ineptitudo.*) f. Inhabilidad, carencia de capacidad.

INEPTO, TA. (Del lat. *ineptus.*) adj. Que carece de aptitud para algo. *Lo encontraron* INEPTO *para ingresar en la marina;* sinón.: **incompetente;** antón.: **apto.** ‖ Necio, incapaz. Ú.t.c.s. ‖ deriv.: **ineptamente.**

INEQUÍVOCO, CA. (De *in,* pref. priv., y *equívoco.*) adj. Que no admite duda. *Se veían las huellas* INEQUÍVOCAS *de su paso.* ‖ deriv.: **inequívocamente.**

INERCIA. al. **Untätigkeit; Beharrungsvermögen.** fr. **Inertie.** ingl. **Inactivity; inertia.** ingl. **Inerzia.** port. **Inércia.** (Del lat. *inertia.*) f. Negligencia, inacción. ‖ *Mec.* Propiedad general de los cuerpos consistente en su incapacidad para modificar el estado de reposo o de movimiento en que se encuentren, si no interviene una fuerza extraña.

● **INERCIA.** *Fís.* Propiedad de la materia vislumbrada por Leonardo de Vinci y enunciada por Galileo en forma de principio. Constituye una ley fundamental de la mecánica y afirma que si sobre un cuerpo no actúa ninguna fuerza y se halla en reposo, permanece quieto y si está en movimiento continúa moviéndose indefinidamente en línea recta y con movimiento uniforme. La tendencia de los cuerpos a perseverar en su estado de reposo o movimiento se manifiesta cuando un vehículo inicia la marcha y los pasajeros se sienten impulsados hacia atrás, como si quisieran conservar su estado anterior de reposo; si el vehículo se detiene bruscamente, sus ocupantes son empujados hacia adelante, tratando de permanecer en movimiento. Al no influir la materia sobre el estado dinámico de un cuerpo, el movimiento sólo depende de causas exteriores (fuerza de tracción, fuerzas de rozamiento, de resistencia del aire, del peso y de la reacción del suelo), cuya determinación permite conocer con exactitud la naturaleza de dicho movimiento. Cuando el trabajo motor o de impulsión se equilibra con las resistencias, el móvil marcha con velocidad constante debido a su **inercia.** En una curva, la **inercia** actúa sobre los cuerpos como una fuerza que tiende a alejarlos del centro de giro, lo cual se debe también a la persistencia por conservar la dirección de la velocidad.

INERCIAL. adj. *Fís.* Perteneciente o relativo a la inercia. ‖ *Fís.* V. **masa inercial.**

INERME. al. **Wehrlos.** fr. **Inerme.** ingl. **Unarmed; defenseless.** ital. **Inerme.** port. **Inerme.** (Del lat. *inermis.*) adj. Que está sin armas. ‖ *Bot.* y *Zool.* Desprovisto de espinas, aguijones, etc.

INERRABLE. (Del lat. *inerrábilis.*) adj. Que no se puede errar.

INERRANTE. (Del lat. *inerrans, -antis.*) adj. *Astron.* Fijo, sin movimiento.

INERTE. (Del lat. *iners, inertis.*) adj. Inactivo, ineficaz, estéril. ‖ Flojo, negligente. ‖ *Fís.* V. **masa inerte.**

INERVACIÓN. f. *Fisiol.* Conjunto de las acciones nerviosas. ‖ Acción del sistema nervioso en las funciones de los demás órganos. ‖ Distribución de los nervios en un órgano o región.

INERVADOR, RA. adj. Que produce la inervación.

INERVAR. tr. *Anat.* Hablando de un tronco nervioso, enviar nervios a un órgano o región determinada del cuerpo, e influir en sus funciones.

INESCRUPULOSO, SA. adj. Que carece de escrúpulos. ‖ Dicho o hecho sin escrúpulos.

INESCRUTABLE. (Del lat. *inescrutábilis.*) adj. Que no se puede averiguar. *Los designios de Dios son* INESCRUTABLES.

INESCUDRIÑABLE. (De *in,* pref. priv., y *escudriñable.*) adj. Inescrutable.

INÉS DE CASTRO. *Biog.* V. **Castro, Inés de.**

INÉS DE LA CRUZ. *Biog.* V. **Juana Inés de la Cruz, Sor.**

INESPERABLE. (De *in,* pref. priv., y *esperable.*) adj. Que no es de esperar.

INESPERADO, DA. al. **Unerwartet.** fr. **Inattendu; inespéré.** ingl. **Unexpected.** ital. **Inatteso; inaspettato.** port. **Inesperado.** (De *in,* pref. priv., y *esperado.*) adj. Que sucede sin esperarse. *Una invitación* INESPERADA. ‖ deriv.: **inesperadamente.**

INESTABLE. adj. Que no es estable. *Tiempo* INESTABLE. ‖ *Quím.* Que se descompone fácilmente. ‖ deriv.: **inestabilidad.**

INESTANCABLE. adj. Que no se puede estancar.

INESTIMABLE. (Del lat. *inaestimábilis.*) adj. Incapaz de ser estimado como se debiera. *Concurso* INESTIMABLE; sinón.: **inapreciable, valioso;** antón.: **desdeñable.** ‖ deriv.: **inestimabilidad.**

INESTIMADO, DA. (Del lat. *inaestimatus.*) adj. Que está sin tasar. ‖ Que no se estima como corresponde.

INEVITABLE. (Del lat. *inevitábilis.*) adj. Que no se puede evitar. *Choque* INEVITABLE. ‖ deriv.: **inevitablemente.**

INEXACTAMENTE. adv. m. Con inexactitud.

INEXACTITUD. al. **Ungenauigkeit; Unrichtigkeit.** fr. **Inexactitud.** ingl. **Inexactness.** ital. **Inesattezza.** port. **Inexatidão.** f. Falta de exactitud.

INEXACTO, TA. (De *in,* pref. priv., y *exacto.*) adj. Carente de exactitud. *Información* INEXACTA.

INEXCOGITABLE. adj. Que no se puede excogitar.

INEXCUSABLE. (Del lat. *inexcusábilis.*) adj. Que no se puede excusar. *Ausencia* INEXCUSABLE. ‖ deriv.: **inexcusablemente.**

INEXEQUIBLE. adj. No exequible, que no se puede hacer, conseguir o llevar a efecto.

INEXHAUSTO, TA. (Del lat. *inexhaustus.*) adj. Que no se agota. *Tesoro* INEXHAUSTO; sinón.: **inagotable.**

INEXISTENCIA. f. Falta de existencia.

INEXISTENTE. (De *in,* pref. priv., y *existente.*) adj. Que carece de existencia. *Las hadas son* INEXISTENTES; sinón.: **imaginario, irreal;** antón.: **real, verdadero.** ‖ fig. Dícese de aquello que, a pesar de que existe, se considera nulo. *Recursos* INEXISTENTES.

INEXORABLE. al. **Unerbittlich.** fr. **Inexorable.** ingl. **Inexorable; relentless.** ital. **Inesorabile.** port. **Inexorável.** (Del lat. *inexorábilis.*) adj. Que no se deja vencer por los ruegos. *Tribunal* INEXORABLE; sinón.: **inflexible, inquebrantable.** antón.: **blando, flexible.** ‖ deriv.: **inexorabilidad; inexorablemente.**

INEXPERIENCIA. (Del lat. *inexperientia.*) f. Falta de experiencia. sinón.: **impericia.**

INEXPERTO, TA. al. **Unerfahren.** fr. **Inexpérimenté.** ingl. **Inexperienced, unskilful.** ital. **Inesperto.** port. **Inexperto.** (Del lat. *inexpertus.*) adj. Falto de experiencia. Ú.t.c.s. *Nadador* INEXPERTO: sinón.: **inhábil, principiante;** antón.: **experimentado, hábil.**

INEXPIABLE. (Del lat. *inexpiábilis.*) adj. Que no se puede expiar.

INEXPLICABLE. (Del lat. *inexplicábilis.*) adj. Aplícase a lo que no se puede explicar. *Los milagros son* INEXPLICABLES. ‖ deriv.: **inexplicablemente.**

INEXPLICADO, DA. adj. Falto de la explicación correspondiente.

INEXPLORADO, DA. (Del lat. *inexploratus.*) adj. No explorado. *Aún hay lugares* INEXPLORADOS *en la selva amazónica.*

INEXPLOSIBLE. (De *in* y *explosión.*) adj. Que no puede estallar.

INEXPRESABLE. adj. Que no se puede expresar.

INEXPRESIVO, VA. (De *in,* pref. priv., y *expresivo.*) adj. Falto de expresión. *Cara* INEXPRESIVA.

INEXPUGNABLE. (Del lat. *inexpugnábilis.*) adj. Que no se puede conquistar por las armas. *Fortaleza* INEXPUGNABLE. ‖ fig. Que no se deja vencer ni persuadir. *Rectitud* INEXPUGNABLE; sinón.: **firme, inquebrantable;** antón.: **débil.**

INEXTENSIBLE. adj. *Fís.* Que no se puede extender.

INEXTENSO, SA. (De *in,* pref. priv., y *extenso.*) adj. Carente de extensión.

IN EXTENSO. fr. adv. lat. **por extenso,** circunstanciadamente.

INEXTINGUIBLE. (Del lat. *inextinguíbilis.*) adj. No extinguible. *Llama* INEXTINGUIBLE; sinón.: **inapagable.** ‖ fig. De larga duración. *Anhelo* INEXTINGUIBLE; sinón.: **inacabable, inagotable.**

IN EXTREMIS. loc. lat. En los últimos momentos de la existencia. ‖ V. **Matrimonio in extremis.**

INEXTRICABLE. (Del lat. *inextricábilis.*) adj. Difícil de desenredar; muy confuso. *Madeja* INEXTRICABLE.

INFACUNDO, DA. (Del lat. *infacundus.*) adj. No facundo.

INFALIBLE. al. **Unfehlbar.** fr. **Infaillible.** ingl. **Infallible.** ital. **Infallibile.** port. **Infalível.** (Del *in,* pref. priv., y *falible.*) adj. Que no puede engañar ni engañarse. *Los humanos no son* INFALIBLES. ‖ Seguro, indefectible. *Diagnóstico* INFALIBLE; antón.: **erróneo.** ‖ deriv.: **infalibilidad; infaliblemente.**

INFALSIFICABLE. adj. Que no puede ser falsificado.

INFAMACIÓN. (Del lat. *infamatio, -onis.*) f. Acción y efecto de infamar.

INFAMADAMENTE. adv. m. De modo infamante.

INFAMAR. (Del lat. *infamare.*) tr. Despojar a una persona o cosa personificada de su fama y honra. Ú.t.c.r. ‖ deriv.: **infamador, ra; infamante; infamativo, va.**

INFAMATORIO, RIA. adj. Aplícase a lo que infama. *Libelo* INFAMATORIO.

INFAME. al. **Ehrlos; Niederträchtig.** fr. **Infame.** ingl. **Infamous; vile.** ital. **Infame.** port. **Infame.** (Del lat. *infamis.*) adj. Carente de honra y crédito. Ú.t.c.s. *La calumnia es* INFAME. ‖ Extremadamente malo y vil en su especie. *Nos dieron una comida* INFAME. ‖ deriv.: **infamemente.**

INFAMIA. al. **Niederträchtigkeit; Ehrlosigkeit.** fr. **Infamie.** ingl. **Infamy; baseness.** ital. **Infamia.** port. **Infamia.** (Del lat. *infamia.*) f. Deshonra, descrédito. ‖ Vileza.

INFANCIA. al. **Kindheit.** fr. **Enfance.** ingl. **Infancy; childhood.** ital. **Infanzia.** port. **Infancia.** (Del lat. *infantia.*) f. Edad del niño desde su nacimiento hasta los siete años. ‖ fig. Conjunto de niños de dicha edad. ‖ Primer estado de una cosa. *La* INFANCIA *del mundo.*

INFANDO, DA. (Del lat. *infandus.*) adj. Indigno de que se trate de ello. INFANDO *atropello;* sinón.: **nefando, torpe.**

INFANTA. (De *infante.*) f. Niña menor de siete años de edad. ‖ Cualquiera de las hijas legítimas de los reyes de España y Portugal, nacidas después del príncipe o de la princesa. ‖ Esposa de un infante. ‖ Parienta de los reyes citados que obtenía este título por gracia real.

INFANTADO. m. Territorio de un infante o infanta, hijos de reyes.

INFANTE. (Del lat. *infans, -antis.*) m. Niño que aún no ha llegado a los 7 años. ‖ Cualquiera de los hijos legítimos de los reyes de España y Portugal, nacidos después del príncipe o de la princesa. ‖ Pariente de los reyes citados que, por privilegio, recibía ese título. ‖ Soldado que sirve a pie.

INFANTE, José Miguel. *Biog.* Estadista chil., de 1822 a 1823 miembro del Triunvirato que sucedió a O'Higgins (1778-1844). ‖ – **Manuel.** Compositor esp. que estilizó, en muchas de sus obras, el folklore andaluz (1883-1958).

INFANTEJO. m. dim. de **Infante.** ‖ Niño de coro.

INFANTERÍA. al. **Infanterie.** fr. **Infanterie.** ingl. **Infantry.** ital. **Infanteria.** port. **Infantaria.** (De *infante,* soldado de a pie.) f. Tropa que sirve a pie en la milicia. ‖ – **de línea.** La que combate comúnmente en masa y es el cuerpo principal de las batallas. ‖ – **de marina.** La que guarnece barcos de guerra y arsenales marítimos. ‖ – **ligera.** La que actúa en guerrillas y avanzadas.

● **INFANTERÍA.** *Mil.* Arma más antigua del ejército, la **infantería** fue conocida y organizada por los griegos, que fueron luego vencidos por las legiones romanas, cuerpos de **infantería** a su vez. Durante la Edad Media fue desplazada por la caballería, para volver a ocupar lugar importante en las guerras modernas, con la aparición de las armas de fuego. Considerados núcleo de un ejército, los soldados de **infantería** tienen gran libertad de acción, ya que no están sujetos a un animal o a un artefacto pesado. La **infantería** no debe actuar nunca sola, sino en colaboración con las demás armas. A partir de la primera Guerra Mundial, la mecanización creciente de los ejércitos y la creación de nuevas armas han modificado la estructura de la **infantería** y sus tácticas de combate.

INFANTICIDA. al. **Kindesmörder.** fr. **Infanticide.** ingl. **Infanticide; child murderer.** ital. **Infanticida.** port. **Infanticida.** (Del lat. *infanticida;* de *infans, -antis,* niño, y *coedere,* matar.) adj. Dícese de quien mata a un niño o infante. Ú.m.c.s.

INFANTICIDIO. al. **Kindesmord.** fr. **Infanticide.** ingl. **Infanticide.** ital. **Infanticidio.** port. **Infanticídio.** (Del lat. *infanticídium.*) m. Muerte causada violentamente a un niño, en particular si es recién nacido o está próximo a nacer. ‖ *For.* Muerte dada al recién nacido por la madre o ascendientes maternos para ocultar la deshonra de aquélla.

INFANTIL. al. **Kindisch; kindlich.** fr. **Infantile; enfantin.** ingl. **Infantile; childlike; childish.** ital. **Infantile.** port. **Infantil.** (Del lat. *infantilis.*) adj. Perteneciente a la infancia. *Juegos* INFANTILES. ‖ fig. Ingenuo, inofensivo. ‖ deriv.: **infantilmente.**

INFANTILISMO. m. Calidad de infantil. ‖ Candor, inocencia. ‖ *Pat.* Estado anómalo de quienes conservan en la adolescencia o edad adulta los caracteres orgánicos y psíquicos de la niñez.

INFANTINA. f. dim. de **Infanta.**

INFANTINO, NA. adj. Infantil.

INFANZÓN, NA. (Del b. lat. *infantio, -onis,* y éste del lat. *infans, -antis,* infante.) s. Hijodalgo o hijadalgo que en sus heredamientos tenía potestad y señorío limitados. ‖ deriv.: **infanzonado, da: infanzonazgo.**

INFARTAR. tr. Producir un infarto. Ú.t.c.r.

INFARTO. (Del lat. *infartus,* relleno.) m. *Med.* Porción de parénquima privada súbitamente de sangre, por obstrucción de la arteria correspondiente.

INFATIGABLE. (Del lat. *infatigábilis.*) adj. Incansable. ‖ deriv.: **infatigablemente.**

INFATUACIÓN. f. Acción y efecto de infatuar o infatuarse.

INFATUAR. (Del lat. *infatuare.*) tr. Volver a uno fatuo, envanecerlo. Ú.t.c.r. INFATUARSE *con los elogios.*

INFAUSTO, TA. al. **Unglücklich.** fr. **Malhereux.** ingl. **Unlucky.** ital. **Infausto.** port. **Infausto.** (Del lat. *infaustus.*) adj. Desgraciado, infeliz. INFAUSTO *día*; antón.: **dichoso.** ‖ deriv.: **infaustamente.**

INFEBRIL. (De *in,* pref. priv., y *febril.*) adj. Sin fiebre.

INFECCIÓN. al. **Ansteckung; Infektion.** fr. **Infection.** ingl. **Infection.** ital. **Infezione.** port. **Infecção.** (Del lat. *infectio, -onis.*) f. Acción y efecto de infectar. ‖ IDEAS AFINES: *Herida, cortadura, lastimadura, suciedad, microbio, germen, pus, supurar, sangre, coágulo, higiene, lavar, asepsia, antisepsia, antibiótico, gasa, venda, curación.*

INFECCIONAR. (De *infección.*) tr. Infectar.

INFECCIOSO, SA. adj. Que produce infección o tiene carácter de tal. *Fiebre* INFECCIOSA.

INFECTAR. al. **Anstecken; verseuchen.** fr. **Infecter.** ingl. **To infect.** ital. **Infettare.** port. **Infectar.** (Del lat. *infectare.*) tr. Contagiar con gérmenes de una enfermedad. Ú.t.c.r. ‖ fig. Corromper con malas enseñanzas o ejemplos. Ú.t.c.r.

INFECTIVO, VA. (Del lat. *infectivus.*) adj. Dícese de lo que infecta o puede infectar.

INFECTO, TA. (Del lat. *infectus.*) adj. Infectado, contagiado, corrompido. *Aguas* INFECTAS.

INFECUNDIDAD. (Del lat. *infecúnditas, -atis.*) f. Falta de fecundidad.

INFECUNDO, DA. al. **Unfruchtbar.** fr. **Inféconde.** ingl. **Infecund; sterile.** ital. **Infecondo.** port. **Infecundo.** (Del lat. *infecundus.*) adj. No fecundo. sinón.: **estéril, infructífero.**

INFELICE. adj. poét. Infeliz. ‖ deriv.: **infelicemente.**

INFELICIDAD. al. **Unglück; Unglückseligkeit.** fr. **Malheur.** ingl. **Unhappiness; infelicity.** ital. **Infelicità.** port. **Infelicidade.** (Del lat. *infelícitas, -atis.*) f. Desgracia, suerte adversa. sinón.: **desdicha, infortunio.**

INFELIZ. al. **Unglücklich; arm.** fr. **Malheureux.** ingl. **Unhappy; unfortunate.** ital. **Sfortunato; infelice.** port. **Infeliz.** (Del lat. *infelix, -icis.*) adj. Desgraciado. Ú.t.c.s. *Vida* INFELIZ; sinón.: **desdichado;** antón.: **dichoso, feliz.** ‖ fam. Bondadoso, sin carácter. Ú.t.c.s. ‖ deriv.: **infelizmente.**

INFERENCIA. (De *inferir.*) f. Ilación

INFERIOR. al. **Unterer; geringer;Untergeordneter.** fr. **Inférieur.** ingl. **Inferior.** ital. **Inferiore.** port. **Inferior.** (Del lat. *inférior.*) adj. Situado debajo de otra cosa o más bajo que ella. *Piso* INFERIOR; antón.: **superior.** ‖ Que es menos que otra cosa en calidad o en cantidad. *La producción de fruta fue* INFERIOR *este año.* ‖ Dícese de la persona sujeta o subordinada a otra. Ú.t.c.s. ‖ *Geog.* Dícese de algunos lugares o países situados, respecto de otros, a más bajo nivel.

INFERIORIDAD. al. **Unterlegenheit; Minderwertigkeit.** fr. **Infériorité.** ingl. **Inferiority.** ital. **Inferiorità.** port. **Inferioridade.** f. Calidad de inferior. *Luchó en* INFERIORIDAD *de condiciones;* antón.: **superioridad.** ‖ Situación de una cosa que está más baja que otra o debajo de ella.

INFERIR. (Del lat. *inferre.*) tr. Extraer consecuencia o inducir una cosa de otra. *De estas premisas* INFIERO *esta conclusión*; sinón.: **deducir, derivar.** ‖ Llevar consigo, conducir a una conclusión. ‖ Tratándose de ofensas, injurias, etc., hacerlas o causarlas. *Le* INFIRIÓ *un tajo a su rival.* ‖ irreg. Conj. como **sentir.**

INFERNÁCULO. m. Juego de niños que consiste en sacar de varias divisiones trazadas en el suelo un tejo al que se impulsa con un pie, llevando el otro en el aire y teniendo cuidado de no pisar las rayas y de que el tejo no se detenga en ellas.

INFERNAL. al. **Höllisch.** fr. **Infernal.** ingl. **Infernal; hellish.** ital. **Infernale.** port. **Infernal.** (Del lat. *infernalis.*) adj. Propio o característico del infierno. *Fuego* INFERNAL. ‖ fig. Sumamente malo, dañoso o perjudicial en su especie. *Peste* INFERNAL. ‖ fig. y fam. Se aplica hiperbólicamente a lo que causa sumo disgusto o enojo. *Barullo* INFERNAL.

INFERNAR. (Del lat. *infernus,* infierno.) tr. Ocasionar la condena de uno al infierno. Ú.t.c.r. ‖ fig. Perturbar, irritar. Ú.t.c.r. ‖ irreg. Conj. como **acertar.**

INFERNILLO. m. Cocinilla, aparato para calentar agua, etc.

INFERNO, NA. (Del lat. *infernus.*) adj. poét. Infernal.

ÍNFERO. (Del lat. *ínferus.*) adj. *Bot.* Dícese del ovario situado bajo la inserción de los demás verticilos.

INFESTAR. (Del lat. *infestare.*) tr. Infectar, apestar. Ú.t.c.r. ‖ Ocasionar estragos con hostilidades y correrías. ‖ Producir estragos y molestias los animales y las plantas advenedizas en los campos cultivados y aun en las casas. *Los tiburones* INFESTAN *estos mares.* ‖ deriv.: **infestación.**

INFESTO, TA. adj. Poét. Dañoso, perjudicial.

INFEUDAR. tr. Enfeudar. ‖ deriv.: **infeudación.**

INFIBULAR. tr. *Veter.* Poner a un animal un anillo o cualquier otro obstáculo en los órganos genitales. ‖ deriv.: **infibulación.**

INFICIONAR. (De *infición.*) tr. Infectar. Ú.t.c.r.

INFIDELIDAD. (Del lat. *infidélitas, -atis.*) f. Carencia de fidelidad; deslealtad. ‖ Falta de fe católica. ‖ Conjunto de los infieles que no conocen la fe católica.

INFIDELÍSIMO, MA. (Del lat. *infidelísimus.*) adj. sup. de **infiel.**

INFIDENCIA. (Del lat. *in,* priv., y *fidentia,* confianza.) f. Falta a la confianza y fe debidas a alguien, antón.: **lealtad.**

INFIDENTE. (Del lat. *in.* priv., y *fidens, -entis,* confiado.) adj. Que comete infidencia. Ú.t.c.s.

INFIEL. (Del lat. *infidelis.*) adj. Carente de fidelidad. *Fue* INFIEL *para con sus amigos;* sinón.: **desleal, pérfido.** ‖ Que no profesa la fe católica. Ú.t.c.s. *Evangelizar* INFIELES. ‖ Falto de puntualidad y exactitud. *Traductor* INFIEL. ‖ deriv.: **infielmente.**

IN FIERI. loc. lat. que significa en camino de hacerse o haciéndose.

INFIERNILLO. m. Infernillo.

INFIERNITO. m. *Cuba.* Cono de pólvora humedecida que se quema como si fuera una luz de Bengala. ‖ Infierno, juego de naipes.

INFIERNO. al. **Hölle.** fr. **Enfer.** ingl. **Hell.** ital. **Inferno.** port. **Inferno.** (Del lat. *infernus,* de *infer,* inferior, debajo de.) m. Lugar destinado por la justicia divina para eterno castigo de los malos. *Los que mueren en pecado mortal van al* INFIERNO. ‖ Tormento y castigo que sufren los precitos. ‖ Una de las cuatro postrimerías del hombre. ‖ Lugar donde creían los paganos que iban las almas de los muertos. Ú.t. en pl. ‖ Limbo o seno de Abrahán. ‖ En ciertas órdenes religiosas que deben por instituto comer de vigilia, refectorio donde se come de carne. ‖ Lugar subterráneo en que sienta la rueda y artificio con que se mueve la máquina de la tahona. ‖ Pilón adonde van las aguas utilizadas en escaldar la pasta de la aceituna. ‖ fig. Una de las divisiones que se trazan en el suelo, en el juego del infernáculo. ‖ fig. y fam. Lugar en que hay mucho alboroto y discordia. ‖ La misma discordia. *Su vida era un* INFIERNO. ‖ *Cuba.* fig. Cierto juego de naipes. ‖ **Anda,** o **vete, al infierno.** expr. fam. de ira con que se suele rechazar a quien importuna y molesta. ‖ **Los quintos infiernos.** loc. fig. Lugar muy profundo o muy lejano. ‖ IDEAS AFINES: *Suplicio, diablo, demonio, Satanás, Lucifer, condenado, sufrimiento, Dante, desorden, desastre, obscuridad, perpetuidad, juicio final.*

INFIGURABLE. (Del lat. *infigurábilis.*) adj. Que no puede tener figura corporal ni representarse con ella.

INFILTRACIÓN. f. Acción y efecto de infiltrar o infiltrarse.

INFILTRAR. (De *in,* prep., y *filtrar.*) tr. Entrar suavemente un líquido entre los poros de un sólido. Ú.t.c.r. ‖ fig. Infundir en el espíritu ideas, doctrinas, etc. Ú.t.c.r. ‖ r. Penetrar aisladamente las avanzadas en zonas enemigas.

ÍNFIMO, MA. al. **Niedrigst; unterst.** fr. **Infime.** ingl. **Lowest; least.** ital. **Infimo.** port. **Ínfimo.** (Del lat. *ínfimus* sup. de *ínferus,* inferior.) adj. Que está situado muy bajo. ‖ En el orden y graduación de las cosas, aplícase a la que es última y menos que las otras. *Un empleado de* ÍNFIMA *categoría*; sinón.: **insignificante.** ‖ Dícese de lo más vil y despreciable en cualquier especie.

INFINIBLE. (Del lat. *infiníbilis.*) adj. Que no termina o no puede tener fin.

INFINIDAD. (Del lat. *infínitas, -atis.*) f. Calidad de infinito. ‖ fig. Conjunto numeroso de cosas o personas. INFINIDAD *de mariposas, de luces*; sinón.: **cúmulo, montón.**

INFINITESIMAL. adj. *Mat.* Dícese de la cantidad infinitamente pequeña. ‖ V. **Cálculo infinitesimal.**

INFINITÉSIMO, MA. adj. *Mat.* Infinitesimal. ‖ m. *Mat.* Variable de límite cero.

INFINITIVO. al. **Infinitiv; Nennform.** fr. **Infinitif.** ingl. **Infinitive.** ital. **Infinito.** port. **Infinitivo.** (Del lat. *infinitivus.*) adj. *Gram.* V. **Modo infinitivo.** Ú.t.c.s. ‖ m. *Gram.* Presente de **infinitivo,** o sea voz que da nombre al verbo.

INFINITO, TA. al. **Unendlich; endlos.** fr. **Infini.** ingl. **Infinite; endless.** ital. **Infinito.** port. **Infinito.** (Del lat. *infinitus.*) adj. Que no tiene ni puede tener fin, ni término. ‖ Muy numeroso y muy grande en cualquier género. *Planicie* INFINITA; sinón.: **ilimitado, inmenso.** ‖ m. *Mat.* Signo en forma de un ocho horizontal (∞), que se utiliza para expresar un valor mayor que cualquier cantidad asignable. ‖ adv. m. Excesivamente, muchísimo. ‖ deriv.: **infinitamente.**

INFINITUD. (Del lat. *infinitudo.*) f. Infinidad, calidad de infinito.

INFIRMAR. (Del lat. *infirmare,* debilitar, anular.) tr. *For.* Invalidar.

INFLACIÓN. al. **Inflation.** fr. **Inflation.** Ingl. **Inflation.** ital. **Inflagione.** port. **Inflação.** (Del lat. *inflatio, -onis.*) f. Acción y efecto de inflar. ‖ fig. Engreimiento, vanidad, elación. Excesiva emisión de billetes en reemplazo de moneda, o exceso de dinero sobre la renta de la riqueza nacional. ‖ deriv.: **inflacionismo; inflacionista.**

● **INFLACIÓN.** *Econ. Pol.* Recurso que utilizan los Estados en momentos de crisis económicas, la **inflación** provoca una alteración del nivel general de los precios y sobreviene generalmente después de un conflicto bélico. Los enormes gastos que estas situaciones demandan, se suplen decretando el curso forzoso de los billetes, sin que sea posible hacer su conversión en metálico, ya que las reservas de oro y plata se destinan a garantizar empréstitos o pago de deudas. El aumento de la circulación monetaria trae las siguientes consecuencias: disminuye el poder adquisitivo de la moneda y aumenta el costo de la vida, en perjuicio de los salarios y asignaciones fijas que en la práctica se ven reducidas; perjudica a los acreedores en beneficio de los deudores, ya que mientras aquéllos entregaron moneda buena, se les devuelve otra depreciada; aumenta la tasa de descuento o interés por la inestabilidad de la moneda, ya que mientras se conoce el valor de la moneda prestada, se ignora el de la que se va a recibir en pago; además, la **inflación** provoca una desconfianza que perturba el normal desarrollo de las actividades comerciales. La **inflación** suele ser funesta para las finanzas, como lo prueban la provocada en Francia durante la revolución de 1789 y la del marco alemán, al término de la primera Guerra Mundial.

INFLACIONARIO, RIA. adj. Perteneciente o relativo a la inflación monetaria.

INFLACIONISTA. adj. **Inflacionario.**

INFLADOR. m. *Amér.* Aparato para inflar cámaras de automóviles, bicicletas, etc.

INFLAMABLE. al. **Entzündlich.** fr. **Inflammable.** ingl. **Inflammable.** ital. **Infiammabile.** port. **Inflamável.** adj. Fácil de inflamarse. *La nafta es* INFLAMABLE. ‖ deriv.: **inflamabilidad.**

INFLAMACIÓN. al. **Entzündung.** fr. **Inflammation.** ingl. **Inflammation.** ital. **Infiammazione.** port. **Inflamação.** (Del lat. *inflamatio, -onis.*) f. Acción y efecto de inflamar o inflamarse. ‖ *Pat.* Alteración orgánica local, caracterizada por trastornos de la circulación sanguínea, aumento de calor, enrojecimiento, hinchazón y dolor.

INFLAMAR. al. **Entzünden.** fr. **Enflammer.** ingl. **To inflame.** ital. **Infiammare.** port. **Inflamar.** (Del lat. *inflamare.*) tr. Encender algo levantando llama. Ú.t.c.r. SE INFLAMÓ *un tanque de petróleo;* sinón.: **incendiar.** ‖ fig. Avivar las pasiones y afectos del ánimo. Ú.t.c.r. ‖ r. Producirse inflamación orgánica. *La encía* SE INFLAMÓ. ‖ Enardecerse una parte del cuerpo del animal tomando un color encendido. ‖ deriv.: **inflamador, ra; inflamativo, va.**

INFLAMATORIO, RIA. adj. *Med.* Que causa inflamación. ‖ Que proviene del estado de inflamación.

INFLAMIENTO. (De *inflar.*) m. Inflación.

INFLAR. al. **Aufblasen; aufpumpen.** fr. **Enfler.** ingl. **To swell.** ital. **Gonfiare.** port. **Inflar.** (Del lat. *inflare;* de *in,* en, y *flare,* soplar.) tr. Hinchar una cosa con aire u otra substancia aeriforme. Ú.t.c.r. INFLAR *un neumático.* ‖ fig. Exagerar, agrandar hechos, noticias, etc. ‖ Envanecer, engreír. Ú.m.c.r. ‖ deriv.: **inflativo, va.**

INFLEXIBILIDAD. al. **Unbeugsamkeit.** fr. **Inflexibilité.** ingl. **Inflexibility.** ital. **Inflessibilità.** port. **Inflexibilidade.** f. Calidad de inflexible. ‖ fig. Perseverancia de ánimo.

INFLEXIBLE. (Del lat. *inflexíbilis.*) adj. Incapaz de torcerse o de doblarse. *Tirante* INFLEXIBLE; sinón.: **firme, rígido.** ‖ fig. Que por su perseverancia de ánimo no se perturba ni se doblega, ni desiste de su intención. *Será* INFLEXIBLE *a las súplicas*; sinón.: **inconmovible, inquebrantable.** ‖ deriv.: **inflexiblemente.**

INFLEXIÓN. (Del lat. *inflexio, -onis.*) f. Torcedura de una cosa que estaba recta o plana. INFLEXIÓN *de un alambre.* ‖ Dicho de la voz, elevación o atenuación que se hace con ella, quebrándola o pasando de un tono a otro. ‖ *Geom.* Punto de una curva en que cambia de sentido su curvatura. ‖ *Gram.* Cada una de las terminaciones que adquieren, en su flexión, las palabras variables.

INFLIGIR. (Del lat. *infligere,* herir, golpear.) tr. Refiriéndose a castigos y penas corporales, imponerlos, condenar a ellos.

INFLINGIR. tr. Barbarismo por **infligir.**

INFLORESCENCIA. (De *in,* prep., y *florescencia.*) f. *Bot.* Disposición con que aparecen colocadas las flores al brotar en las plantas. INFLORESCENCIA *en racimo.*

● **INFLORESCENCIA.** *Bot.* En la **inflorescencia** solitaria, el pedúnculo o eje floral termina en una sola flor; en caso de que lo haga en muchas, la **inflorescencia** se llama compleja. Esta última puede ser indefinida, cuando los capullos o botones se escalonan por edad en el pedúnculo, en forma de racimo, corimbo, espiga, amento, espádice y cabezuela. Se la llama así porque el eje floral continúa creciendo durante un tiempo relativamente largo, a diferencia de la **inflorescencia** definida o terminal, en la que el pedúnculo, pasado cierto tiempo, termina en una flor que limita su crecimiento. En la **inflorescencia** mixta se combinan las dos anteriores.

INFLUENCIA. al. **Einfluss.** fr. **Influence.** ingl. **Influence.** ital. **Influenza.** port. **Influencia.** (Del lat. *influens, -entis,* influyente.) f. Acción y efecto de influir. *La* INFLUENCIA *de la luz sobre las plantas;* sinón.: **efecto, poder.** ‖ fig. Poder, autoridad de una persona con respecto a otra u otras. *Tenía* *gran* INFLUENCIA *con el director*; sinón.: **ascendiente, prestigio.** ‖ Gracia e inspiración que Dios envía a las almas. ‖ IDEAS AFINES: *Dominio, preponderancia, manejar, impresionar, convencimiento, impresión, mando, formación, dictar, impulso, educación.*

INFLUENCIAR. tr. Barbarismo por **influir.**

INFLUENZA. f. Italianismo por trancazo o gripe.

INFLUIR. al. **Beeinflussen.** fr. **Influer; influencer.** ingl. **To influence.** ital. **Influire.** port. **Influir.** (Del lat. *inflúere.*) tr. Producir unas cosas sobre otras determinados efectos. ‖ fig. Ejercer una persona o cosa fuerza moral en el ánimo. ‖ Colaborar en el éxito de un negocio. ‖ Inspirar Dios algún efecto don de su gracia. ‖ irreg. Conj. como **huir.**

INFLUJO. (Del lat. *influxus.*) m. Influencia. ‖ Flujo del mar.

INFLUYENTE. p. a. de **Influir.** Que influye. *Una persona* INFLUYENTE; sinón.: **prestigioso.**

INFOLIO. m. Libro en folio.

INFORCIADO. (Del b. lat. *infortiátum*, reforzado.) m. Segunda parte del Digesto de Justiniano.

INFORMACIÓN. al. **Auskunft.** fr. **Information; renseignement.** ingl. **Information; report.** ital. **Informazione; rinsegnamento.** port. **Informação.** (Del lat. *informatio, -onis.*) f. Acción y efecto de informar o informarse. ‖ Indagación jurídica y legal de un hecho o delito. ‖ Pruebas de la calidad y circunstancias necesarias en un sujeto para un empleo u honor. ‖ – **de pobre,** o **de pobreza.** *For.* La que se hace ante los jueces y tribunales para obtener los beneficios de la defensa gratuita, y para otros fines.

INFORMAL. (De *in*, pref. priv., y *formal.*) adj. Que no guarda las normas y circunstancias prevenidas. *Inquilino* INFORMAL. ‖ Que en su porte y conducta no observa la gravedad y puntualidad debidas. Ú.t.c.s. ‖ deriv.: **informalidad; informalmente.**

INFORMAR. al. **Unterrichten; informieren.** fr. **Informer; renseigner.** ingl. **To inform; to report to.** ital. **Informare.** port. **Informar.** (Del lat *informare.*) tr. Dar noticia de algo. Ú.t.c.r. INFORMARÉ *a usted de los resultados*; sinón.: **comunicar, enterar.** ‖ *Fil.* Dotar de forma substancial a una cosa. ‖ intr. Dictaminar un cuerpo consultivo, un funcionario, etc., en asunto de su respectiva competencia. ‖ *For.* Hablar en estrados los fiscales y los abogados. ‖ deriv.: **informador, ra; informante.**

INFORMATIVO, VA. adj. Dícese de lo que informa o sirve para dar noticia de algo. Ú.t.c.s.m. *Boletín* INFORMATIVO. ‖ *Fil.* Que da forma a una cosa.

INFORME. al. **Auskunft; Bericht.** fr. **Information; rapport.** ingl. **Information; report.** ital. **Informazione.** port. **Informação.** (De *informar.*) m. Noticia que se da acerca de algo o alguien. *Solicitar* INFORMES *de una persona.* ‖ Acción y efecto de informar o dictaminar. ‖ *For.* Exposición hecha por el letrado o el fiscal ante el tribunal que ha de fallar el proceso.

INFORME. (Del lat. *informis*; de *in*, priv., y *forma*, figura.) adj. Que carece de la forma, figura y perfección que le corresponde. ‖ De forma vaga e indefinida. *Bultos* INFORMES; sinón.: **irregular.** ‖ deriv.: **informidad.**

INFORTIFICABLE. adj. Que no se puede fortificar.

INFORTUNA. (De *in*, pref. priv., y *fortuna.*) f. *Astrol.* Influjo adverso de los astros.

INFORTUNADO, DA. (Del lat. *infortunatus.*) adj. Desafortunado. Ú.t.c.s. antón.: **feliz.** ‖ deriv.: **infortunadamente.**

INFORTUNIO. (Del lat. *infortúnium.*) m. Suerte adversa. ‖ Estado desdichado en que se encuentra una persona. ‖ Hecho o suceso desgraciado. *Los* INFORTUNIOS *de unos viajeros.*

INFOSURA. f. *Veter.* Enfermedad de las caballerías que se manifiesta por dolores en los remos.

INFRA. (Del lat. *infra.*) prep. insep., que indica inferioridad. INFRA*humano*, INFRA*scrito.*

INFRACCIÓN. al. **Verletzung; straftat.** fr. **Infraction.** ingl. **Infraction; infringement.** ital. **Infrazione.** port. **Infração.** (Del lat. *infractio, -onis.*) f. Violación de una ley o tratado; o de una norma moral, lógica, etc., sinón.: **inobservancia, transgresión.**

INFRACONSCIENTE. adj. Subconsciente.

INFRACTO, TA. (Del lat. *in*, priv., y *fractus*, quebrantado, abatido.) adj. Tenaz, y que no se perturba con facilidad.

INFRACTOR, RA. (Del lat. *infráctor.*) adj. Transgresor. Ú.t.c.s. *Castigar a los* INFRACTORES.

INFRADOTADO, DA. adj. Dícese de la persona cuyas dotes intelectuales son inferiores a las corrientes. Ú.t.c.s. *Alumno* INFRADOTADO; antón.: **superdotado.**

INFRAESTRUCTURA. (Del lat. *infra*, debajo, y de *estructura.*) f. Conjunto de los trabajos subterráneos que sirven de fundamento a una construcción. ‖ Conjunto de instalaciones básicas que permiten el funcionamiento de una planta industrial o unidad de servicios. INFRAESTRUCTURA *ferroviaria.* ‖ Base material sobre la que se asienta algo. *La* INFRAESTRUCTURA *económica.*

IN FRAGANTI. m. adv. En flagrante.

INFRAHUMANO, NA. adj. Inferior a lo humano. *Pasiones* INFRAHUMANAS. *Condiciones de vida* INFRAHUMANAS.

INFRANGIBLE. (Del lat. *infrangíbilis.*) adj. Que no se puede quebrantar.

INFRANQUEABLE. (De *in*, pref. priv., y *franqueable.*) adj. Imposible o difícil de franquear o desembarazar de los obstáculos que estorban el paso. *Barrera* INFRANQUEABLE.

INFRAOCTAVA. Los seis días comprendidos entre el primero y el último de la octava de una fiesta de la Iglesia católica.

INFRAORBITARIO, RIA. adj. *Anat.* Dícese de lo que se halla en la parte inferior de la órbita del ojo, o inmediatamente debajo.

INFRARROJO, JA. adj. Ultrarrojo. ‖ V **Rayos infrarrojos.**

INFRASCRIPTO, TA. adj. Infrascrito. Ú.t.c.s.

INFRASCRITO, TA. (Del lat. *infra*, debajo de, y *scriptus*, escrito.) adj. Que firma al final de un escrito. Ú.t.c.s. sinón.: **firmante, suscrito.** ‖ Dicho abajo o después de un escrito.

INFRASONIDO. m. Vibración de muy baja frecuencia que no puede ser percibida por el oído humano.

INFRECUENTE. adj. Que no es frecuente, sinón.: **desusado, raro;** antón.: **común, corriente.** ‖ deriv.: **infrecuencia.**

INFRINGIR. al. **Übertreten.** fr. **Violer; transgresser.** ingl. **To infringe; to violate.** ital. **Infrangere.** port. **Infringir.** (Del lat. *infríngere.*) tr. Quebrantar normas, disposiciones, etc. sinón.: **transgredir, violar;** antón.: **obedecer, respetar.**

INFRUCTUOSO, SA. al. **Unnütz.** fr. **Infructueux.** ingl. **Unsuccessfull.** ital. **Infruttuoso.** port. **Infrutuoso.** (Del lat. *infructuosus.*) adj. Ineficaz, inútil para determinado fin. *Los trabajos para rescatar el barco han sido* INFRUCTUOSOS. ‖ deriv.: **infructuosamente, infructuosidad.**

INFRUGÍFERO, RA. adj. Infructífero.

INFRUTESCENCIA. f. *Bot.* Fructificación compuesta por agrupación de varios frutillos con aspecto de unidad; como la de la grosella.

ÍNFULA. (Del lat. *infula.*) f. Adorno de lana blanca que se ponían en la cabeza los sacerdotes paganos y los suplicantes, y que se ceñía también sobre la de las víctimas. Asimismo la usaban algunos reyes. Ú.m. en pl. ‖ Cada una de las dos cintas anchas que cuelgan, por la parte posterior, de la mitra episcopal. ‖ pl. fig. Presunción, engreimiento.

INFUMABLE. (De *in*, pref. priv., y *fumar.*) adj. Dícese del tabaco que es pésimo por su calidad o elaboración.

INFUNDADO, DA. (De *in*, pref. priv., y *fundado.*) adj. Carente de fundamento real o racional. *Celos* INFUNDADOS; sinón.: **irrazonable, inmotivado.** ‖ deriv.: **infundadamente.**

INFUNDIBULIFORME. (Del lat. *infundíbulum*, embudo, y *forma*, forma.) adj. En forma de embudo.

INFUNDIO. (De *infundado.*) m. Embuste, mentira. ‖ deriv.: **infundioso, sa.**

INFUNDIR. (Del lat. *infúndere.*) tr. p. us. Echar un líquido en un recipiente. ‖ fig. Comunicar Dios al alma un don o gracia. ‖ Producir en el ánimo un impulso moral o afectivo. INFUNDIR *temor*; sinón.: **inculcar, inspirar.**

INFURCIÓN. (De *in*, pref. priv., y *furción.*) f. Tributo que se pagaba al señor de un lugar por el solar de las casas. ‖ deriv.: **infurcioniego, ga.**

INFURTIR. tr. Enfurtir.

INFURTO, TA. p. p. irreg. de **Infurtir.**

INFUSIBLE. (De *in* y *fusible.*) adj. Que no se puede fundir o derretir. ‖ deriv.: **infusibilidad.**

INFUSIÓN. al. **Aufguss.** fr. **Infusion.** ingl. **Infusion.** ital. **Infusione.** port. **Infusão.** (Del lat. *infusío, -onis.*) f. Acción y efecto de infundir. ‖ Refiriéndose al sacramento del bautismo, acción de echar el agua sobre el que se bautiza. ‖ *Farm.* Acción de extraer de las substancias orgánicas los elementos solubles en agua, a una temperatura mayor que la del ambiente y menor que la de ebullición. ‖ Producto líquido así obtenido.

INFUSO, SA. (Del lat. *infusus.*) p. p. irreg. de **Infundir.** Actualmente sólo se usa refiriéndose a las gracias y dones que Dios infunde en el alma. *Ciencia* INFUSA.

INFUSORIO. al. **Infusorien.** fr. **Infusoire.** ingl. **Infusorian.** ital. **Infusorio.** port. **Infusório.** (Del lat. *infusórium.*) adj. Dícese de unos seres microscópicos, unicelulares y con cilias, que abundan en las aguas estancadas. Se los llama así porque desde muy antiguo se los observó en infusiones vegetales. Ú.t.c.s. ‖ m. pl. Clase de estos protozoos.

INGA. (Del quichua *inca.*) adj. *Zool.* V. **Piedra Inga.** ‖ m. Inca. ‖ Árbol tropical americano de la familia de las leguminosas y del género mimosa. Su madera es pesada y muy semejante a la del nogal.

INGAMELLS, Rex. *Biog.* Nov. y poeta australiano cuyas obras reflejan su amor a la tierra natal, especialmente su novela *Gran tierra del Sur* (n. 1913).

INGAVI. *Hist.* Triunfo de las fuerzas bolivianas comandadas por el presidente de la República, Ballivián, sobre las peruanas, en 1841.

INGELOW, Juana. *Biog.* Poetisa y novelista ingl., autora de *El sospechoso Jackdaw; Don Juan* y otras obras (1820-1897).

INGENERABLE. (Del lat. *ingenerábilis.*) adj. Que no puede ser engendrado.

INGENHOUSZ, Juan. *Biog.* Químico y físico holandés que hizo importantes trabajos sobre el calor y fue el primero en observar que las plantas exhalan oxígeno durante el día y sólo anhídrido carbónico por la noche (1730-1799).

INGENIAR. (De *ingenio.*) tr. Inventar ingeniosamente. ‖ r. Discurrir con ingenio la forma de conseguir o ejecutar algo.

INGENIATURA. (De *ingeniar.*) f. fam. Industria y arte con que se ingenia uno y procura su bien.

INGENIERÍA. al. **Ingenieurwissenschaft.** fr. **Art de l'ingénieur.** ingl. **Engineering.** ital. **Ingegneria.** port. **Engenharia.** f. Arte de aplicar los conocimientos científicos a la invención, perfeccionamiento o utilización de la técnica industrial en todos sus aspectos.

INGENIERO, RA. al. **Ingenieur.** fr. **Ingénieur.** ingl. **Engineer.** ital. **Ingegnere.** port. **Engenheiro.** m. y f. Persona que profesa o ejerce la ingeniería. ‖ – **agrónomo.** El que se especializa en todo lo que se refiere a la práctica de la agricultura y dirección de las construcciones rurales. ‖ – **civil.** El que pertenece a cualquiera de los cuerpos facultativos dedicados a trabajos y obras públicas. ‖ – **de minas.** El que se especializa en el laboreo de las minas y en la construcción y dirección de fábricas en que se benefician los minerales. ‖ – **industrial.** El que entiende en todo lo relativo a la industria fabril. ‖ – **militar.** El que pertenece al cuerpo de ingenieros del ejército.

INGENIERO IACOBACCI. *Geog.* Población de la Rep. Argentina, en la prov. de Río Negro. 4.000 h. Centro frutícola.

INGENIEROS, José. *Biog.* Méd., sociólogo positivista y pol. arg. cuya tesis doctoral *La simulación de la locura*, lo colocó tempranamente entre los primeros pensadores del país. Espíritu combativo, fue uno de los fundadores del partido socialista arg., colaboró en periódicos de toda América y publicó numerosas obras. En *El hombre mediocre* aboga por una ética idealista; en *Hacia una moral sin dogmas* acepta una moralidad natural en la que la educación mantiene viva la conciencia ética. Su influencia sobre su generación fue destacadísima (1877-1925).

INGENIO. al. **Geist; Genie; Zuckerfabrik.** fr. **Esprit; génie; sucrerie.** ingl. **Talent; wit; sugar mill.** ital. **Ingegno; genio; fabrica di zucchero.** port. **Engenho; genio.** (Del lat. *ingénium.*) m. Facultad humana para discurrir o inventar fácil y rápidamente. *Aguzar el* INGENIO; sinón.: **inventiva.** ‖ Persona dotada de esta facultad. *El Fénix de los* INGENIOS. ‖ Intuición, facultad artística. ‖ Maña y artificio de uno para obtener lo que desea. ‖ Máquina o artificio mecánico. ‖ Cualquier máquina o artificio de guerra. ‖ Instrumento que utilizan los encuadernadores para cortar los cantos de los libros. ‖ – **de azúcar.** Conjunto de aparatos que se utilizan para moler la caña y obtener el azúcar. ‖ Finca donde están situados el cañaveral y las instalaciones fabriles. ‖ **Afilar,** o **aguzar, uno el ingenio.** frs. fig. Aplicar atentamente la inteligencia para resolver una dificultad. ‖ IDEAS AFINES: *Imaginación, magín, chispa, gracia, espiritualidad, éxito, creación, fantasía, inspiración, habilidad, ficción, estro.*

INGENIOSIDAD. al. **Erfindungsgeist.** fr. **Ingéniosité.** ingl. **Ingeniousness.** ital. **Ingegnosità.** port. **Engenhosidade.** (Del lat. *ingeniósitas, -atis.*) f. Calidad de ingenioso. ‖ fig. Especie o idea artificiosa y sutil. Ú. por lo general en sentido despectivo.

INGENIOSO, SA. (Del lat. *ingeniosus.*) adj. Que tiene ingenio. *El* INGENIOSO *hidalgo*; sinón.: **inteligente, listo.** ‖ Hecho o dicho con ingenio. *Juguete* INGENIOSO. ‖ deriv.: **ingeniosamente.**

INGÉNITO, TA. (Del lat. *ingénitus.*) adj. No engendrado. ‖ Connatural. *Gracia* INGÉNITA.

INGENTE. (Del lat. *ingens, -entis.*) adj. Muy grande. *Se hicieron* INGENTES *esfuerzos para salvarlo.*

INGENUIDAD. al. **Treuherzigkeit.; Naivität.** fr. **Naïveté.** ingl. **Ingenuosness; candor.** ital. **Ingenuità.** port. **Ingenuidade.** (Del lat. *ingénuites, -atis.*) f. Sinceridad, candor en lo que se hace o se dice. *Creía con* INGENUIDAD *cuanto le decías.* ‖ *For.* Condición individual de haber nacido libre, en oposición a la del manumitido o liberto.

INGENUO, NUA. (Del lat. *ingenuus.*) adj. Candoroso, sin doblez. sinón.: **cándido, inocente.** ‖ *For.* Que nació libre y no ha perdido su libertad. Ú.t.c.s. ‖ deriv.: **ingenuamente.**

INGERENCIA. f. Injerencia.

INGERIDURA. f. Injeridura.

INGERIR. (Del lat. *ingérere.*) tr. Introducir por la boca en el estómago la comida, bebida o medicamentos.

INGESTIÓN. (Del lat. *ingestio, -onis.*) f. Acción de ingerir.

INGHIRAMI, Juan. *Biog.* Astrónomo ital. que realizó estudios sobre los planetas y asteroides y tablas astronómicas universales (1779-1851).

INGLATERRA. *Geog.* Región S.E. de la isla mayor de Gran Bretaña. 131.752 km. 43.744.924 h. Cereales, forrajes, frutas. Vacunos y porcinos de excelente calidad. Pesca. Carbón, hierro, cinc, sales. Industrias textil, metalúrgica, alimenticia. Porcelanas, cristales. Astilleros. Cap. LONDRES. Suele designarse con este nombre todo el reino. V. **Gran Bretaña e Irlanda del Norte. Reino Unido de.**

INGLE. al. **Leiste.** fr. **Aine.** ingl. **Groin.** ital. **Inguine.** port. **Virilha.** (Del lat. *inguen, -inis.*) f. Parte del cuerpo donde se juntan los muslos con el vientre.

INGLÉS, SA. adj. Natural de

Inglaterra. Ú.t.c.s. ‖ Perteneciente a esta nación. ‖ V. **Césped inglés.** ‖ V. **Letra, llave inglesa.** ‖ m. Lengua inglesa, derivada del antiguo sajón. ‖ Cierta tela usada antiguamente. ‖ fam. Acreedor, que puede reclamar el pago de una deuda. ‖ **A la inglesa.** m. adv. Al uso de Inglaterra. ‖ Dícese de la encuadernación cuyas tapas son flexibles y tienen las puntas redondeadas.

INGLESISMO. (De *inglés.*) m. Anglicismo.

INGLETE. (Del fr. *anglet.*) m. Ángulo de 45 grados que con cada uno de los catetos forma la hipotenusa del cartabón. ‖ Unión a escuadra de las partes de una moldura. ‖ deriv.: **ingletear.**

INGLEZ DE SOUZA, H.M. *Biog.* Escritor bras., autor de novelas de estilo naturalista, como *El misionero* (1853-1918).

INGLOSABLE. adj. Que no se puede glosar.

INGOBERNABLE. (De *in*, pref. priv., y *gobernable.*) adj. Que no se puede gobernar. *Nave* INGOBERNABLE.

INGRATITUD. al. **Undankbarkeit.** fr. **Ingratitude.** ingl. **Ingratitude; ungratefulness.** ital. **Ingratitudine.** port. **Ingratidão.** (Del lat. *ingratitudo.*) f. Desagradecimiento, olvido o menosprecio de los bienes recibidos. *De los grandes beneficios se forman las grandes* INGRATITUDES.

INGRATO, TA. (Del lat. *ingratus.*) adj. Desagradecido, que olvida o desprecia los beneficios recibidos. *Servidor* INGRATO; antón.: **reconocido.** ‖ Áspero, desagradable. *Música* INGRATA *al oído.* ‖ Dícese de lo que no corresponde al trabajo que requiere. ‖ deriv.: **ingratamente.**

INGRAVIDEZ. f. Estado del cuerpo que no se halla sometido a ninguna fuerza de gravedad.

INGRÁVIDO, DA. (De *in*, pref. priv., y *grave.*) adj. Ligero, tenue, sin peso. *Pie* INGRÁVIDO. ‖ deriv.: **ingravidez.**

INGREDIENTE. (Del lat. *ingrediens, -entis*, p. a. de *ingredi*, entrar en.) m. Cualquier cosa que entra en la composición de un medicamento, bebida, guisado, etc.

INGRES, Juan Augusto D. *Biog.* Pintor fr., jefe de la tendencia neoclásica. Sus desnudos alcanzan una perfección formal. Fue pintor de Napoleón I, de quien dejó muchos retratos. Autor de *La bañista; El serrallo; Edipo y la Esfinge; La fuente*, etc. (1780-1867).

INGRESAR. al. **Eintreten.** fr. **Entrer.** ingl. **To enter.** ital. **Ingressare; entrare.** port. **Ingressar.** (De *ingreso.*) intr. Entrar. Dícese, generalmente, del dinero. *Fuertes sumas* INGRESARON *en el país*; antón.: **egresar.** ‖ Entrar a formar parte de una corporación. INGRESAR *en una escuela.*

INGRESARSE. r. *Méx.* Alistarse.

INGRESO. al. **Eingang.; Eintritt.** fr. **Entrée.** ingl. **Entrance.** ital. **Ingresso.** port. **Ingresso.** (Del lat. *ingressus.*) m. Acción de ingresar. ‖ Entrada. ‖ Caudal que entra en poder de uno y del que se debe dar satisfacción en las cuentas. ‖ **Pie de altar.**

ÍNGRIMO, MA. (Del port. *íngrime.*) adj. *Amér.* Solitario, aislado, sin compañía.

INGUINAL. (Del lat. *inguinalis.*) adj. Inguinario.

INGUINARIO, RIA. (Del lat. *inguinarius.*) adj. Relativo a las ingles.

INGURGITAR. (Del lat. *ingurgitare*; de *in*, en, y *gurges, -itis*, abismo, sima.) tr. *Med.* Engullir. ‖ deriv.: **ingurgitación.**

INGUSTABLE. (Del lat. *ingustábilis.*) adj. Que no se puede gustar debido a su mal sabor.

INHÁBIL. (Del lat. *inhábilis.*) adj. Carente de habilidad. *Operario* INHÁBIL; sinón.: **incapaz, inexperto.** ‖ Que no reúne las calidades y condiciones imprescindibles para hacer algo. INHÁBIL *para esa tarea.* ‖ Que por carecer de algún requisito, o por una tacha o delito, no puede obtener o desempeñar un cargo, empleo o dignidad. ‖ Dícese también del proceder que es inadecuado para alcanzar el fin que se propone. INHÁBIL *en sus manejos.* ‖ *For.* Dícese del día feriado y también de las horas en que está puesto el sol, durante los cuales no se deben practicar actuaciones.

INHABILIDAD. f. Falta de habilidad, talento o instrucción. ‖ Defecto o impedimento para desempeñar u obtener un empleo u oficio.

INHABILITACIÓN. f. Acción y efecto de inhabilitar o inhabilitarse. sinón.: **incapacitación.** ‖ Pena aflictiva que priva de ciertos derechos o incapacita para algún empleo.

INHABILITAR. (De *in*, pref. priv., y *habilitar.*) tr. Declarar a uno inhábil para desempeñar u obtener cargos públicos, o para ejercitar determinados derechos. ‖ Imposibilitar para una cosa. Ú.t.c.r.

INHABITABLE. al. **Unbewohnbar.** fr. **Inhabitable.** ingl. **Uninhabitable.** ital. **Inabitabile.** port. **Inabitável.** (Del lat. *inhabitábilis.*) adj. No habitable.

INHABITADO, DA. adj. No habitado.

INHACEDERO, RA. adj. No hacedero.

INHALACIÓN. (Del lat. *inhalatio, -onis.*) f. Acción de inhalar.

INHALADOR. (De *inhalar.*) m. *Med.* Aparato para hacer inhalaciones.

INHALAR. al. **Einatmen.** fr. **Inhaler.** ingl. **To inhale.** ital. **Inalare.** port. **Inalar.** (Del lat. *inhalare.*) tr. *Med.* Aspirar determinados gases o líquidos pulverizados con fines terapéuticos. ‖ intr. Soplar en forma de cruz sobre cada una de las ánforas de los santos óleos cuando se consagran.

INHEREDITABLE. adj. Que no se puede heredar.

INHERENCIA. (Del lat. *in*, en, y *haerentia*, lo que se une o pega a otra cosa.) f. Calidad de inherente.

INHERENTE. (Del lat. *inhaerens, -entis*, p. a. de *inhaere*, estar unido.) adj. Dícese de toda determinación de un sujeto, que es afirmación de este sujeto y sólo existe por él. ‖ Dícese de toda determinación de un sujeto que constituye un modo de ser intrínseco a ese sujeto y no una relación con otra cosa. ‖ Que no se puede separar de otra cosa, pues está unido a ella por naturaleza. *El error es* INHERENTE *a la naturaleza humana*; sinón.: **constitutivo, consubstancial.**

INHESIÓN. (Del lat. *inhaesio, -onis.*) f. Inherencia.

INHESTAR. tr. Enhestar. ‖ irreg. Conj. como **acertar.**

INHIBICIÓN. al. **Untersagung; Hemmung.** fr. **Inhibition.** ingl. **Inhibition.** ital. **Inibizione.** port. **Inibição.** (Del lat. *inhibitio, -onis.*) f. Acción y efecto de inhibir o inhibirse.

INHIBIR. (Del lat. *inhibere.*) tr. *For.* Impedir que un juez intervenga o prosiga en el conocimiento de una causa. ‖ *Med.* Suspender transitoriamente una función del organismo mediante la acción de un estímulo. Ú.t.c.r. ‖ r. Abstenerse de entrar en un asunto o de tratarlo. *El juez* SE INHIBIÓ *en el conocimiento de esa causa.*

INHIBITORIO, RIA. adj. *For.* Dícese del despacho, decreto, etc., que inhiben al juez. Ú.t.c.s.f.

INHIESTO, TA. (De *inhestar.*) adj. Enhiesto.

INHONESTO, TA. (Del lat. *inhonestus.*) adj. Deshonesto. ‖ Indecente e indecoroso. ‖ deriv.: **inhonestidad.**

INHOSPEDABLE. (De *in*, pref. priv., y *hospedable.*) adj. Inhospitable.

INHOSPITABLE. adj. Inhospitalario.

INHOSPITAL. (Del lat. *inhospitalis.*) adj. Inhospitalario.

INHOSPITALARIO, RIA. (De *in*, pref. priv., y *hospitalario.*) adj. Falto de hospitalidad. ‖ Poco humano para con los extraños. ‖ Aplícase a lo que no brinda seguridad ni abrigo. *Isla* INHOSPITALARIA; sinón.: **inhóspito.**

INHOSPITALIDAD. (Del lat. *inhospitálitas, -atis.*) f. Falta de hospitalidad.

INHÓSPITO, TA. (Del lat. *inhóspitus.*) adj. Inhospitalario.

INHUMACIÓN. al. **Beerdigung.** fr. **Inhumation.** ingl. **Burying.** ital. **Inumazione.** port. **Inumação.** f. Acción y efecto de inhumar.

INHUMANIDAD. (Del lat. *inhumánitas, -atis.*) f. Perversidad, falta de humanidad. sinón.: **impiedad, inclemencia.**

INHUMANO, NA. al. **Unmenschlich.** fr. **Inhumain.** ingl. **Inhuman.** ital. **Inumano.** port. **Inumano.** (Del lat. *inhumanus.*) adj. Falto de humanidad, perverso. *Exigencias* INHUMANAS; sinón.: **cruel, despiadado;** antón.: **clemente, piadoso.** ‖ *Chile.* Muy sucio. ‖ deriv.: **inhumanamente; inhumanitario, ria.**

INHUMAR. (Del lat. *inhumare*; de *in*, en, y *humus*, tierra.) tr. Enterrar un cadáver. sinón.: **sepultar;** antón.: **exhumar.**

INIA. f. Cetáceo de agua dulce, de S. Amér., que alcanza hasta tres metros de largo, de cuerpo rechoncho y cabeza prolongada en forma de pico cilíndrico. Los indios del Amazonas creen que sabe cantar y que, con su canto, atrae peligrosamente a quien la escucha; también suponen que el que usa aceite de inia para encender una lámpara, queda ciego de inmediato. *Inia geoffroyensis* delfínido.

INICIACIÓN. al. **Einführung; Beginn.** fr. **Commencement; initiation.** ingl. **Initiation; introduction.** ital. **Iniziazione.** port. **Iniciação.** (Del lat. *initiatio, -onis.*) m. Acción y efecto de iniciar o iniciarse. sinón.: **comienzo, principio.**

INICIADOR, RA. (Del lat. *initiátor.*) adj. y s. Que inicia.

INICIAL. (Del lat. *initialis.*) adj. Relativo al origen de las cosas. *Pasos* INICIALES; antón.: **final.** ‖ V. **Letra inicial.** Ú.t.c.s.f.

INICIAR. (Del lat. *initiare*, de *initium*, principio.) tr. Hacer participar a alguien en una ceremonia o cosa secreta; enterarle de ella. ‖ fig. Instruir en cosas abstractas. INICIAR *en el aprendizaje de la pintura.* Ú.t.c.r. ‖ Empezar o promover algo. INICIAR *una discusión.* ‖ r. Recibir las primeras órdenes u órdenes menores.

INICIATIVA. al. **Anregung; Unternehmungsgeist.** fr. **Initiative.** ingl. **Initiative.** ital. **Iniziativa.** port. **Iniciativa.** (De *iniciativo.*) f. Derecho de hacer una proposición. ‖ Acto de ejercerlo. *El fracaso de una* INICIATIVA. ‖ Acción de anticiparse a los demás en hablar u obrar. ‖ Cualidad personal que inclina a esta acción. ‖ IDEAS AFINES: *Imaginación, ingenio, idea, creación, novedad, primacía, tomar la delantera.*

INICIATIVO, VA. (De *iniciar.*) adj. Que principia algo.

INICIO. m. Comienzo, principio.

INICUO, CUA. al. **Ungerecht.** fr. **Inique.** ingl. **Iniquitous.** ital. **Iniquo.** port. **Iníquo.** (Del lat. *iniquus.*) adj. Opuesto a la equidad. *Reparto* INICUO; sinón.: **arbitrario.** ‖ Malvado, injusto. ‖ deriv.: **inicuamente.**

ÍNIDO, DA. adj. *Zool.* Dícese de cetáceos odontocetos, como los delfines de agua dulce, la inia y la franciscana. Ú.t.c.s. ‖ m. pl. Familia de estos cetáceos.

INIGUALADO, DA. adj. Que no tiene igual.

IN ILLO TEMPORE. loc. lat. que significa en aquel tiempo. Ú. en el sentido de en otros tiempos o hace mucho tiempo.

INIMAGINABLE. adj. No imaginable. *Belleza* INIMAGINABLE.

INIMITABLE. (Del lat. *inimitábilis.*) adj. Que no se puede imitar. ‖ deriv.: **inimitablemente.**

ININFLAMABLE. adj. Que no se puede inflamar o no puede arder con llama.

ININTELIGIBLE. (Del lat. *inintelligíbilis.*) adj. No inteligible, sinón.: **incomprensible.**

ININTERRUMPIDO, DA. adj. Continuado, sin interrupción. *Trabajo* ININTERRUMPIDO. ‖ deriv.: **ininterrumpidamente.**

INIQUIDAD. (Del lat. *iníquitas, -atis.*) f. Perversidad, injusticia grande. antón.: **bondad, justicia.**

INIQUÍSIMO, MA. (Del lat. *iniquíssimus.*) adj. super. de **Inicuo.**

INÍRIDA. *Geog.* Río de Colombia (Vaupés), afl. del Guaviare. 620 km., de los cuales 500 son navegables por embarcaciones de poco calado.

INJERENCIA. f. Acción y efecto de injerirse.

INJERIDURA. (De *injerir.*) f. Parte por donde se ha injertado un árbol.

INJERIR. (Del lat. *insérere.*) tr. Introducir una cosa en otra. INJERIR *a púa.* ‖ fig. Incluir una cosa en otra, haciendo mención de ella. ‖ r. Inmiscuirse, introducirse en una dependencia o negocio. INJERIRSE *en asuntos ajenos.* ‖ irreg. Conj. como **sentir.**

INJERTA. f. Acción de injertar.

INJERTAR. al. **Pfropfen.** fr. **Greffer.** ingl. **To ingraft; to graft.** ital. **Innestare.** port. **Enxertar.** (Del lat. *insertare.*) tr. Introducir en la rama o tronco de un árbol un injerto. ‖ deriv.: **injertable; injertador, ra.**

INJERTERA. (De *injertar.*) f. Plantación de árboles sacados del almácigo.

INJERTO, TA. al. **Pfropfen.** fr. **Greffe.** ingl. **Graft.** ital. **Innesto.** port. **Enxerto.** (Del lat. *insertus*, introducido.) p. p. irreg. de **Injertar.** ‖ m. Parte de una planta con una o más yemas, que se aplica al patrón para que se suelde con él y brote. ‖ Acción de injertar. ‖ Planta injertada. ‖ **– de cañutillo.** El que se hace adaptando un rodete o cañuto de corteza con una o más yemas, sobre el tronco del patrón. ‖ **– de corona,** o **de coronilla.** El que consiste en introducir una o más púas entre la corteza y la albura del tronco del patrón. ‖ **– de escudete.** El que se hace aplicando una yema con parte de la corteza a que está unida, cortada ésta en forma de escudo, entre el liber y la albura del patrón.

● **INJERTO.** *Agric.* De gran utilidad práctica, el **injerto** puede mejorar la calidad de una planta, lograr su adaptación a climas diversos y perpetuar o propagar una nueva variedad. En especies dioicas, consigue reunir en un mismo individuo las flores masculinas y femeninas. Puede hacerse por aproximación, por ramos separados o por yemas, y su éxito es mayor en plantas de la misma especie. ‖ *Cir.* Como método quirúrgico, el **injerto** fue conocido en la India en tiempos muy remotos, y de allí introducido en Europa a fines del s. XVIII. La cirugía de **injerto** remedia la curación defectuosa de traumatismos, las malformaciones congénitas o las producidas por accidentes, etc. El hecho de que el tejido trasplantado continúe viviendo, depende de la afinidad biológica que éste posea con el ser que lo recibe, de la vitalidad de ambos organismos, de que el **injerto** se realice entre tejidos compatibles y del poder de cicatrización del organismo receptor.

INJUNDIA. f. Enjundia.

INJURIA. al. **Beleidigung; Beschimpfung.** fr. **Injure.** ingl. **Insult; affront.** ital. **Ingiuria.** port. **Injúria.** (Del lat. *iniuria.*) f. Agravio de obra o de palabra. sinón.: **afrenta, insulto.** ‖ Hecho o dicho injusto. ‖ fig. Daño o molestia que causa una cosa. ‖ IDEAS AFINES: *Maldición, calumnia, honor, orgullo, ultraje, difamación, gritos, herir, vilipendiar, palabras soeces, grosería, perversidad.*

INJURIADO, DA. adj. *Cuba.* Aplícase al tabaco de pésima clase.

INJURIAR. al. **Beleidigen; beschimpfen.** fr. **Injurier.** ingl. **To insult.** ital. **Ingiuriare.** port. **Injuriar.** (Del lat. *iniuriare.*) tr. Agraviar con obras o palabras. sinón.: **insultar, ofender;** antón.: **alabar.** ‖ Dañar o menoscabar. ‖ deriv.: **injuriador, ra; injuriante.**

INJURIOSO, SA. (Del lat. *iniuriosus.*) adj. Que injuria. *Le escribió una carta* INJURIOSA; sinón.: **insultante, ofensivo.** ‖ deriv.: **injuriosamente.**

INJUSTAMENTE. adv. m. Con injusticia; sin razón.

INJUSTICIA. al. **Ungerechtigkeit; Unrecht.** fr. **Injustice.** ingl. **Injustice.** ital. **Ingiustizia.** port. **Injustiça.** (Del lat. *iniustitia.*) f. Acción contraria a la justicia. *Es mejor ser víctima de una* INJUSTICIA *que hacerla a otro.* ‖ Falta de justicia.

INJUSTIFICABLE. (De *in*, pref. priv., y *justificable.*) adj. Que no se puede justificar. *Demora* INJUSTIFICABLE; sinón.: **indisculpable, inexcusable.**

INJUSTIFICADO, DA. adj. No justificado. *Un alza* INJUSTIFICADA *de los precios.* ‖ deriv.: **injustificadamente.**

INJUSTO, TA. (Del lat. *iniustus.*) adj. No justo. Apl. a pers., ú.t.c.s. *Sociedad* INJUSTA; sinón.: **arbitrario, inicuo.**

INLLEVABLE. (De *in*, pref. priv., y *llevar.*) adj. Que no se puede tolerar.

INMACULADA. (De *inmaculado.*) f. **Purísima.**

INMACULADO, DA. (Del lat. *inmaculatus.*) adj. Que no tiene mancha. *Manto* INMACULADO; sinón.: **impoluto, límpido**; antón.: **impuro.** ‖ deriv.: **inmaculadamente.**

INMADURO, RA. (De *in*, pref. priv., y *maduro.*) adj. Inmaturo. ‖ deriv.: **inmadurez.**

INMANCABLE. adj. *Col., Dom.* y *P. Rico.* Infalible, seguro.

INMANEJABLE. adj. No manejable.

INMANENCIA. f. Calidad de inmanente.

INMANENTE. (Del lat. *immanens, -entis*, p. a. de *immanere*, permanecer en.) adj. *Fil.* Dícese de lo que es inherente a algún ser o va unido de un modo indisoluble a su esencia, aunque racionalmente pueda distinguirse de ella. Lo inmanente se opone a lo trascendente.

INMARCESIBLE. (Del lat. *immarcescíbilis.*) adj. Que no se puede marchitar.

INMARCHITABLE. (De *in*, pref. priv., y *marchitar.*) adj. Inmarcesible. sinón.: **imperecedero, perpetuo**; antón.: **temporal.**

INMATERIAL. (Del lat. *immaterialis.*) adj. No material. *Daño* INMATERIAL; sinón.: **espiritual, ideal.** ‖ deriv.: **inmaterialidad.**

INMATURO, RA. (Del lat. *immaturus.*) adj. No maduro.

INMEDIACIÓN. f. Calidad de inmediato. sinón.: **cercanía, proximidad.** ‖ *For.* Conjunto de derechos asignados al sucesor inmediato en una vinculación. ‖ pl. Parajes que rodean determinado lugar.

INMEDIATAMENTE. al. **Unmittelbar.** fr. **Immédiatement.** ingl. **Inmediately.** ital. **Immediatamente.** port. **Imediatamente.** adv. m. Sin interposición de cosa alguna. ‖ adv. t. Al punto, al instante.

INMEDIATO, TA. (Del. lat. *inmediatus*; de *in*, priv., y *médium*, medio.) adj. Contiguo o próximo a otra cosa. INMEDIATO *al fuerte, estaba el cabildo*; sinón.: **próximo, vecino**; antón.: **lejano.** ‖ Que sucede en seguida, sin tardanza. *Llegada* INMEDIATA. ‖ **De inmediato.** m. adv. Inmediatamente. ‖ *Arg.* Inmediatamente, en seguida.

INMEDICABLE. (Del lat. *immedicábilis.*) adj. fig. Que no se puede remediar o curar.

INMEJORABLE. adj. Que no se puede mejorar. *Calidad* INMEJORABLE; sinón.: **excelente, perfecto.** ‖ deriv.: **inmejorablemente.**

INMEMORABLE. (Del lat. *immemorábilis.*) adj. Inmemorial. ‖ deriv.: **inmemorablemente.**

INMEMORIAL. (De *in*, pref. priv., y *memoria.*) adj. Tan antiguo que no se recuerda cuándo empezó. *Uso* INMEMORIAL; sinón.: **arcaico, remoto**; antón.: **moderno.** ‖ *For.* V. **Tiempo inmemorial.**

INMENSIDAD. al. **Unermesslichkeit.** fr. **Immensité.** ingl. **Immensity.** ital. **Immensità.** port. **Imensidade.** (Del lat. *imménsitas, -atis.*) f. Infinidad en la extensión. *La* INMENSIDAD *del cielo*; sinón.: **vastedad.** ‖ fig. Muchedumbre, número o extensión grande.

INMENSO, SA. (Del lat. *inmensus.*) adj. Infinito o ilimitado. *El universo es* INMENSO. ‖ fig. Muy grande, muy difícil de medirse o contarse. *Abismo* INMENSO. ‖ deriv.: **inmensamente.**

INMENSURABLE. (Del lat. *inmensurábilis.*) adj. Que no puede medirse. ‖ fig. Muy difícil de medir. *Océano* INMENSURABLE.

INMERECIDO, DA. adj. No merecido. *Ascenso* INMERECIDO. ‖ deriv.: **inmerecidamente.**

INMERGIR. tr. Dígase **sumergir.**

INMÉRITO, TA. (Del lat. *imméritus.*) adj. Inmerecido, injusto. ‖ deriv.: **inméritamente.**

INMERITORIO, RIA. adj. No meritorio.

INMERSIÓN. al. **Eintauchen.** fr. **Immersion.** ingl. **Immersion.** ital. **Immersione.** port. **Imersão.** (Del lat. *inmersio, -onis.*) f. Acción de introducir o introducirse algo en un líquido. *Darse un baño de* INMERSIÓN. ‖ *Astron.* Entrada de un astro en el cono de sombra que proyecta otro.

INMERSO, SA. (Del lat. *inmersus*, p. p. de *inmérgere*, sumergir.) adj. Sumergido, abismado. INMERSO *en la meditación;* sinón.: **hundido, sumido.**

INMIGRACIÓN. al. **Einwanderung.** fr. **Immigration.** ingl. **Immigration.** ital. **Immigrazione.** port. **Imigração.** f. Acción y efecto de inmigrar. *La Argentina es país de* INMIGRACIÓN.

INMIGRANTE. al. **Einwanderer.** fr. **Immigrant.** ingl. **Immigrant.** ital. **Immigrante.** port. **Imigrante.** p. a. de **Inmigrar.** Que inmigra. Ú.t.c.s.

INMIGRAR. al. **Einwandern.** fr. **Immigrer.** ingl. **To immigrate.** ital. **Immigrare.** port. **Imigrar.** (Del lat. *immigrare*; de *in*, en, y *migrare*, irse, pasar.) intr. Llegar a un país para establecerse en él quien vivía en otro.

INMIGRATORIO, RIA. adj. Perteneciente o relativo a la inmigración. *Movimiento* INMIGRATORIO.

INMINENCIA. (Del lat. *imminentia.*) f. Calidad de inminente. En particular, dícese de un peligro.

INMINENTE. al. **Nahe bevorstehend.** fr. **Imminent.** ingl. **Imminent.** ital. **Imminente.** port. **Iminente.** (Del lat. *imminens, -entis*, p. a. de *imminere*, amenazar.) adj. Que presagia o está para suceder de inmediato. *Tormenta* INMINENTE; sinón.: **cercano, próximo**; antón.: **lejano.** ‖ deriv.: **inminentemente.**

INMIRABLE. adj. *Chile.* Que no se puede mirar por sucio o deforme.

INMISCIBLE. adj. Dícese de las sustancias que no pueden mezclarse entre sí, como el aceite y el vinagre.

INMISCUIR. (Del lat. *inmiscui*, pret. perfecto de *immiscere*, mezclar.) tr. Poner una substancia en otra para mezclarlas. ‖ r. fig. Entremeterse, participar de un asunto o negocio, especialmente cuando no hay razón o autoridad que justifique esa intervención.

INMISIÓN. (Del lat. *immissio, -onis*, acción de echar.) f. Infusión o inspiración.

INMOBILIARIO, RIA. adj. Perteneciente a bienes inmuebles. *Tasación* INMOBILIARIA.

INMOBLE. (Del lat. *inmóbilis.*) adj. Que no puede ser movido. *Peñasco* INMOBLE. ‖ Que no se mueve. ‖ Constante y categórico en sus resoluciones o sentimientos.

INMODERACIÓN. (Del lat. *inmoderatio, -onis.*) f. Falta de moderación.

INMODERADO, DA. (Del lat. *immoderatus.*) adj. Que carece de moderación. *Desembolso* INMODERADO; sinón.: **desmedido, desenfrenado**; antón.: **templado.** ‖ deriv.: **inmoderadamente.**

INMODESTAMENTE. adv. m. Con inmodestia.

INMODESTIA. (Del lat. *immodestia.*) f. Falta de modestia. sinón.: **pedantería, presunción**; antón.: **humildad, sencillez.**

INMODESTO, TA. (Del lat. *immodestus.*) adj. Carente de modestia.

INMÓDICO, CA. (Del lat. *immódicus.*) adj. Excesivo, inmoderado.

INMOLACIÓN. (Del lat. *immolatio, -onis.*) f. Acción y efecto de inmolar.

INMOLAR. al. **Opfern.** fr. **Immoler.** ingl. **To immolate.** ital. **Immolare.** port. **Imolar.** (Del lat. *immolare.*) tr. Sacrificar una víctima, degollándola. INMOLAR *un cordero.* ‖ Sacrificar, hacer un sacrificio. ‖ r. fig. Dar la vida, la riqueza, la tranquilidad, etc., en beneficio u honor de algo o alguien. ‖ deriv.: **inmolador, ra.**

INMORAL. al. **Unsittlich.** fr. **Immoral.** ingl. **Immoral.** ital. **Immorale.** port. **Imoral.** (De *in*, pref. priv., y *moral.*) adj. Contrario a la moral o a las buenas costumbres. *Comedia* INMORAL; sinón.: **impúdico, indecoroso**; antón.: **digno, honesto.**

INMORALIDAD. al. **Unsittlichkeit; Immoralität.** fr. **Immoralité.** ingl. **Immorality.** ital. **Immoralità.** port. **Imoralidade.** f. Falta de moralidad, desarreglo en las costumbres. sinón.: **deshonestidad, indecencia**; antón.: **decoro.** ‖ Hecho inmoral.

INMORTAL. al. **Unsterblich.** fr. **Immortel.** ingl. **Immortal.** ital. **Immortale.** port. **Imortal.** (Del lat. *immortalis.*) adj. No mortal. *El espíritu es* INMORTAL. ‖ fig. Que perdura indefinidamente. *Recuerdo* INMORTAL; sinón.: **imperecedero, sempiterno**; antón.: **pasajero.**

INMORTALIDAD. (Del lat. *immortálitas, -atis.*) f. Calidad de inmortal. *Creer en la* INMORTALIDAD *del alma.* ‖ fig. Permanencia indefinida de una persona o cosa en la memoria de los hombres.

INMORTALIZAR. (De *inmortal.*) tr. Hacer imperecedero algo en la memoria de los hombres. Ú.t.c.r. *El Fausto* INMORTALIZÓ *a Goethe;* sinón.: **eternizar, perpetuar.**

INMORTALMENTE. adv. m. De modo inmortal.

INMORTIFICACIÓN. f. Falta de mortificación.

INMORTIFICADO, DA. adj. No mortificado.

INMOTIVADO, DA. (De *in*, pref. priv., y *motivado.*) adj. Sin motivo. *Enojo* INMOTIVADO. ‖ deriv.: **inmotivadamente.**

INMOTO, TA. (Del lat. *immotus;* de *in*, neg., y *motus*, movido.) adj. Que no se mueve.

INMOVIBLE. (De *in*, pref. priv., y *movible.*) adj. Inmoble. *Asiento* INMOVIBLE.

INMÓVIL. (De *in*, pref. priv., y *móvil.*) adj. Inmoble. *Permaneció* INMÓVIL *como una estatua;* sinón.: **fijo, quieto**; antón.: **movedizo.**

INMOVILIDAD. (Del lat. *immobílitas, -atis.*) f. Calidad de inmóvil. sinón.: **estabilidad, fijeza.** ‖ IDEAS AFINES: *Quieto, fijo, estancado, sedentario, tranquilidad, impasibilidad, firmeza, insensibilidad, inerte, inacción, inmutabilidad.*

INMOVILIZACIÓN. f. Acción y efecto de inmovilizar o inmovilizarse.

INMOVILIZAR. tr. Hacer que algo quede inmóvil. INMOVILIZAR *un miembro;* antón.: **mover.** ‖ *Com.* Invertir un caudal en bienes de realización difícil y lenta. ‖ *Der.* Limitar la libre enajenación de bienes. ‖ r. Quedarse o permanecer inmóvil.

INMUDABLE. (Del lat. *immutábilis.*) adj. Inmutable.

INMUEBLE. (Del lat. *immóbilis.*) adj. V. **Bienes inmuebles.** Ú.t.c.s.m.

INMUNDICIA. al. **Schmutz.** fr. **Immondice.** ingl. **Filth; refuse.** ital. **Immondizia.** port. **Imundície.** (Del lat. *immundítia.*) f. Suciedad, basura. ‖ fig. Impureza, indecoro.

INMUNDO, DA. (Del lat. *immundus;* de *in*, neg., y *mundus*, limpio.) adj. Sucio, asqueroso. *Choza* INMUNDA. ‖ fig. Impuro. *Anónimo* INMUNDO. ‖ Dícese de aquello cuyo uso estaba vedado a los judíos por su ley.

INMUNE. (Del lat. *ímmunis.*) adj. Exento de determinados cargos, penas, etc. ‖ No atacable por ciertas enfermedades.

INMUNIDAD. al. **Immunität.** fr. **Immunité.** ingl. **Immunity.** ital. **Immunità.** port. **Imunidade.** (Del lat. *immúnitas, -atis.*) f. Calidad de inmune. ‖ *Der.* Exención de ciertas obligaciones, de la que goza una persona individual o jurídica. ‖ Privilegio otorgado a determinados locales, a causa de la institución a la cual pertenecen. ‖ **– artificial.** *Med.* La obtenida mediante vacunas, sueros, etc. ‖ **– natural.** *Med.* La que poseen espontáneamente los organismos.

INMUNIZACIÓN. f. Acción y efecto de inmunizar.

INMUNIZAR. tr. Hacer inmune. INMUNIZAR *contra la difteria.* ‖ deriv.: **inmunizador, ra.**

INMUNOLOGÍA. f. *Biol.* Estudio de los fenómenos de hipersensibilidad biológica y de la capacidad de reacción de los tejidos.

INMUTABILIDAD. (Del lat. *immutabílitas, -atis.*) f. Calidad de inmutable. *La* INMUTABILIDAD *de un rostro;* sinón.: **inalterabilidad, invariabilidad.**

INMUTABLE. (Del lat. *immutábilis.*) adj. No mudable. *La marcha* INMUTABLE *del mundo;* sinón.: **inalterable, invariable.**

INMUTAR. (Del lat. *immutare.*) tr. Alterar una cosa. ‖ r. fig. Experimentar cierta conmoción repentina del ánimo, que se evidencia por un ademán, un gesto o una alteración de la voz. *El condenado no se* INMUTÓ *al oír la sentencia;* sinón.: **conturbarse.** ‖ deriv.: **inmutación, inmutativo, va.**

INN. *Geog.* Río de Europa central, afl. del Danubio. Nace en Suiza, pasa por Austria y Alemania. A sus orillas está la c. de Innsbruck. 510 km.

INNATISMO. m. *Fil.* Doctrina según la cual algunas de nuestras nociones son innatas, esto es, no adquiridas por la experiencia. Descartes, Malebranche, Leibnitz y Wolff son sus defensores principales.

INNATO, TA. al. **Angeboren.** fr. **Inné; né.** ingl. **Innate.** ital. **Innato.** port. **Inato.** (Del lat. *innatus*, p. p. de *innasci*, nacer en, producirse.) adj. Congénito; perteneciente a la naturaleza de un ser, es decir, que no es el resultado de lo que ese ser ha hecho, experimentado, etc., desde su nacimiento. *El instinto es* INNATO; sinón.: **connatural**; antón.: **adquirido.**.

INNATURAL (Del lat. *innaturalis.*) adj. Que no es natural.

INNAVEGABILIDAD. f. *Chile.* Imposibilidad de un barco para navegar.

INNAVEGABLE. adj. No navegable. *Río* INNAVEGABLE. ‖ Dícese del barco cuyo estado no permite ya navegar con él.

INNECESARIO, RIA. adj. No necesario. *Compras* INNECESARIAS; sinón.: **superfluo**; antón.: **indispensable.** ‖ deriv.: **innecesariamente.**

INNEGABLE. (De *in*, pref. neg., y *negable.*) adj. Que no se puede negar. *Culpa* INNEGABLE; sinón.: **indudable, evidente**; antón.: **dudoso, discutible.**

INNES, Jorge. *Biog.* Pintor estad. que residió muchos años en Francia e Italia. Sus cuadros captan notablemente el paisaje de su patria (1825-1894).

INNOBLE. (Del lat. *ignóbilis.*) adj. Que no es noble. Aplícase generalmente a lo que es despreciable y abyecto; sinón.: **indigno, infame.**

INNOCUO, CUA. (Del lat. *innocuus.*) adj. Que no produce daño. *Insecto* INNOCUO; sinón.: **inofensivo**; antón.: **dañino, nocivo.**

INNOMINADO, DA. (Del lat. *innominatus.*) adj. Que carece de nombre especial. ‖ *Anat.* V. **Hueso innominado.** Ú.t.c.s. y generalmente en pl.

INNOVACIÓN. al. **Neuerung; Neuheit.** fr. **Innovation.** ingl. **Innovation.** ital. **Innovazione.** port. **Inovação.** (Del. lat. *innovatio, -onis.*) f. Acción y efecto de innovar. *Aceptar una* INNOVACIÓN; sinón.: **novedad.**

INNOVAR. al. **Neuerungen einführen.** fr. **Innover.** ingl. **To innovate.** ital. **Innovare.** port. **Inovar.** (Del lat. *innovare.*) tr. Cambiar o alterar las cosas, introduciendo novedades. ‖ deriv.: **innovador, ra; innovamiento.**

INNSBRUCK. *Geog.* Ciudad de Austria, cap. del Tirol, sobre el Inn. 120.000 h. Centro de turismo para deportes de invierno.

INNUMERABILIDAD. (Del lat. *innumerabílitas, -atis.*) f. Muchedumbre grande.

INNUMERABLE. al. **Zahllos; Unzählbar.** fr. **Innombrable.** ingl. **Numberless.** ital. **Innumerabile.** port. **Inumerável.** (Del lat. *innumerábilis.*) adj. Que no se puede reducir a número. *Estrellas* INNUMERABLES; sinón.: **incontable.** ‖ deriv.: **innumerablemente.**

INNÚMERO, RA. (Del lat. *innúmerus.*) adj. Innumerable.

INO. *Mit.* Hija de Cadmo, transformada en divinidad del agua.

INOBEDIENCIA. (Del lat. *inobedientia.*) f. Condición de inobediente.

INOBEDIENTE. (Del lat. *inobédiens, -entis.*) adj. No obediente. sinón.: **indisciplinado, rebelde.**

INOBJETABLE. adj. Que no admite objeción. *Deducción* INOBJETABLE; sinón.: **correcto, perfecto.**

INOBSERVABLE. (Del lat. *inobservábilis.*) adj. Que no puede observarse.

INOBSERVANCIA. (Del lat. *inobservantia.*) f. Falta de observancia.

INOBSERVANTE. (Del lat. *inobservans, -antis.*) adj. No observante.

INOCENCIA. al. **Unschuld; Naivität.** fr. **Innocence; naïveté.** ingl. **Innocence.** ital. **Innocenza.** port. **Inocencia.** (Del lat. *innocentia.*) f. Estado del alma exenta de culpa. sinón.: **pureza.** ‖ Exención de toda culpa en un delito o falta. *El acusado alegaba su* INOCENCIA; sinón.: **inculpabilidad.** ‖ Ingenuidad, simplicidad, sencillez. ‖ IDEAS AFINES: *Candor, blancura, excusa, disculpa, perdón, justificación, absolución, juzgado, cárcel, rectitud.*

INOCENCIO. *Biog.* Nombre de trece Papas. El primero, Santo, reinó de 401 a 417 y contribuyó a afirmar el poder temporal de la monarquía pontificia (s. V). El tercero, que ocupó el solio pontificio entre 1198 y 1216, fue el promotor de la Cuarta cruzada a Tierra

Santa y de la expedición contra los albigenses. Cierra la nómina **Inocencio** XIII, Papa desde 1721 a 1724.

INOCENTADA. (De *inocente.*) f. fam. Acción o palabra ingenua o sencilla. ‖ Engaño ridículo en que se cae por no ser suspicaz.

INOCENTE. al. **Unschuldig; naiv.** fr. **Innocent, naïf.** ingl. **Innocent; harmless.** ital. **Innocente.** port. **Inocente.** (Del lat. *innocens, -entis.*) adj. Exento de culpa. Ú.t.c.s. INOCENTE *del crimen.* ‖ Aplícase también a los hechos y dichos carentes de culpa o malicia. *Juego* INOCENTE. ‖ Ingenuo, sin malicia, fácil de engañar. Ú.t.c.s. ‖ Inocuo. ‖ Dícese del niño que no ha llegado a la edad del raciocinio. Ú.t.c.s. *El 28 de diciembre es el día de los Santos* INOCENTES. ‖ deriv.: **inocentemente.**

INOCENTÓN, NA. adj. fig. y fam. aum. de **Inocente.** Cándido.

INOCUIDAD. f. Calidad de innocuo.

INOCULACIÓN. (Del. lat. *inoculatio, -onis.*) f. Acción y efecto de inocular. INOCULACIÓN *preventiva.*

INOCULAR. al. **Impfen.** fr. **Inoculer.** ingl. **To inoculate.** ital. **Inoculare.** port. **Inocular.** (Del lat. *inoculare.*) tr. y r. *Med.* Comunicar por medios artificiales los gérmenes de una enfermedad contagiosa. ‖ fig. Pervertir con malos ejemplos o falsas teorías. ‖ deriv.: **Inoculador, ra.**

INOCULTABLE. (De *in* y *ocultable.*) adj. Que no puede ser ocultado.

INOCUO, CUA. adj. Innocuo.

INODORO, RA. al. **Geruchlos; Klosett.** fr. **Inodore.** ingl. **Odorless.** ital. **Inodoro.** port. **Inodoro.** (Del lat. *inodorus.*) adj. Carente de olor. *La camelia es* INODORA. ‖ Dícese de los aparatos colocados en los retretes para evitar malos olores. Ú.m.c.s.m.

INOFENSIVO, VA. al. **Harmlos.** fr. **Inoffensif.** ingl. **Inoffensive; harmless.** ital. **Inoffensivo.** port. **Inofensivo.** (De *in,* pref. priv., y *ofensivo.*) adj. Incapaz de ofender. *La paloma es* INOFENSIVA; sinón.: **inocente.** antón.: **dañino, perjudicial.** ‖ fig. Inocuo. *Remedio* INOFENSIVO.

INOFICIOSO, SA. (Del lat. *inofficiosus.*) adj. *Amér.* Inútil, ineficaz. ‖ *Der.* Que perjudica los derechos de herencia forzosa.

INOLVIDABLE. adj. Que no puede o no debe olvidarse. *Consejos* INOLVIDABLES; sinón.: **imborrable, indeleble.**

INONECO, CA. adj. *Chile.* Bobo, simplón.

INONU, Ismet. *Biog.* Estadista turco, presid. de su país de 1938 a 1950 (1884-1973).

INOPE. (Del lat. *ínops, -opis.*) adj. Pobre, indigente.

INOPERABLE. (De *in* y *operable.*) adj. *Med.* Que no se puede operar. *Fractura* INOPERABLE.

INOPERANTE. adj. Ineficaz, que no opera o produce efecto. *Tratamiento* INOPERANTE.

INOPIA. (Del lat. *inopia.*) f. Indigencia, pobreza, antón.: **riqueza.**

INOPINABLE. (Del lat. *inopinábilis.*) adj. No opinable.

INOPINADO, DA. (Del lat. *inopinatus.*) adj. Que sucede sin esperarlo. *Un regalo* INOPINADO; sinón.: **impensado, inesperado;** antón.: **previsto.** ‖ deriv.: **inopinadamente.**

INOPORTUNIDAD. (Del lat. *inopportúnitas, -atis.*) f. Falta de oportunidad. sinón.: **inconveniencia.**

INOPORTUNO, NA. al. **Ungelegen.** fr. **Inopportun.** ingl. **Inopportune.** ital. **Inopportuno.** port. **Inoportuno.** (Del lat. *inopportunus.*) adj. Fuera de tiempo o de propósito. *Una llamada* INOPORTUNA; sinón.: **inconveniente, intempestivo.** ‖ deriv.: **inoportunamente.**

INORAR. tr. ant. Ignorar. Ú. en *And., Sal., Guat.* y *Méx.*

INORDENADO, DA. (De *in,* pref. priv., y *ordenado.*) adj. Desordenado. ‖ deriv.: **inordenadamente.**

INORDINADO, DA. (Del lat. *inordinatus.*) adj. Inordenado.

INORGÁNICO, CA. al. **Unorganisch.** fr. **Inorganique.** ingl. **Inorganic.** ital. **Inorganico.** port. **Inorganico.** (De *in,* pref. priv. y *orgánico.*) adj. Dícese de cualquier cuerpo carente de órganos para la vida, como son todos los minerales. ‖ fig. Falto de orden u organización. ‖ V. **Química inorgánica.**

INOWROCLAW. *Geog.* Ciudad de Polonia, sit. al S.O. de Torun. 60.000 h. Fabricación de máquinas agrícolas. Sal, piritas de hierro. Centro ferroviario.

INOXIDABLE. al. **Unoxydierbar; rostfrei.** fr. **Inoxydable.** ingl. **Inoxidizable; nonrusting.** ital. **Inossidabile.** port. **Inoxidável.** (De *in* pref. neg., y *oxidable.*) adj. Que no se puede oxidar. *El platino es* INOXIDABLE.

IN PACE. loc. lat. En paz. ‖ Mazmorra donde se encerraba antiguamente, en los monasterios, a los culpables de algún delito.

IN PÉCTORE. expr. lat. fig. y fam. con que se da a entender que se ha tomado una determinación que aún se mantiene reservada.

IN PERPÉTUUM. loc. lat. Perpetuamente, para siempre.

IN PETTO. V. **Cardenal in petto.**

IN PROMPTU. expr. lat. Dícese de las cosas que están al alcance de la mano o se hacen de repente.

IN PÚRIBUS. loc. fam. Desnudo, en cueros. Es corrupción vulgar de la frase técnica latina *in puris naturálibus,* que significa en estado puramente natural.

INQUEBRANTABLE. (De *in,* pref. neg., y *quebrantable.*) adj. Que no puede quebrantarse, o perdura sin quebranto. *Determinación* INQUEBRANTABLE; sinón.: **firme, inflexible;** antón.: **frágil.**

INQUIETANTE. p. a. de **Inquietar.** Que inquieta. *Noticias* INQUIETANTES; sinón.: **alarmante, amenazador;** antón.: **tranquilizador.**

INQUIETAR. (Del lat. *inquietare.*) tr. Turbar la tranquilidad. Ú.t.c.r. *Su tardanza me* INQUIETA; sinón.: **desazonar, intranquilizar;** antón.: **calmar, sosegar.** ‖ *For.* Tratar de despojar a alguien de la sosegada posesión de una cosa, o perturbarle en ella. ‖ deriv.: **inquietador, ra.**

INQUIETO, TA. (Del lat. *inquietus.*) adj. Que no está quieto; bullicioso. sinón.: **intranquilo, nervioso.** ‖ fig. Desasosegado por alguna pasión. ‖ Dícese de cosas en que no se ha tenido quietud. *Sueño* INQUIETO. ‖ *Hond.* Inclinado, propenso. ‖ deriv.: **inquietamente.**

INQUIETUD. (Del lat. *inquietudo.*) f. Falta de quietud, desasosiego. ‖ Alboroto, conmoción. ‖ IDEAS AFINES: *Preocupación, nerviosidad, indecisión, inseguridad, angustia, ansiedad, insomnio, miedo, temor, pesimismo, intranquilidad.*

INQUILINAJE. m. *Chile.* Inquilinato. ‖ Conjunto de inquilinos.

INQUILINATO. (Del lat. *inquilinatus.*) m. Alquiler de una casa o parte de ella. ‖ Derecho del inquilino en ella.

INQUILINO, NA. al. **Mieter.** fr. **Locataire.** ingl. **Tenant; lodger.** ital. **Locatario; inquilino.** port. **Inquilino.** (Del lat. *inquilinus.*) s. Persona que ha alquilado una casa o parte de ella para habitarla. ‖ *Chile.* Persona que vive en una finca rústica, con obligación de explotar un trozo de terreno por su cuenta y en beneficio del propietario. ‖ *For.* Arrendatario.

INQUINA. (Del lat. *iniquare,* de *iniquus,* injusto.) f. Aversión. sinón.: **animosidad, antipatía.**

INQUINAMIENTO. (Del lat. *inquinaméntum.*) m. Infección.

INQUINAR. (Del lat. *inquinare.*) tr. Manchar, contagiar.

INQUIRIR. al. **Nachforschen; untersuchen.** fr. **Rechercher; s'enquerir.** ingl. **To inquire.** ital. **Inquisire.** port. **Inquirir.** (Del lat. *inquírere.*) tr. Investigar, examinar escrupulosamente una cosa. ‖ deriv.: **Inquiridor, ra.**

INQUISICIÓN. al. **Inquisition.** fr. **Inquisition.** ingl. **Inquisition.** ital. **Inquisizione.** port. **Inquisição.** (Del lat. *inquisitio, -onis.*) f. Acción y efecto de inquirir. sinón.: **indagación, investigación.** ‖ Tribunal eclesiástico, creado para inquirir y penar los delitos contra la fe. ‖ Lugar donde se reunía el tribunal de la **Inquisición.** ‖ Prisión destinada para los reos juzgados por este tribunal.

● **INQUISICIÓN.** *Hist.* Fundada en el siglo XII como tribunal episcopal por el papa Lucio III, a fin de combatir las sectas herejes, tenía por jurisdicción todo lo referente a herejías, apostasías, supersticiones y escritos perjudiciales a la doctrina de la Iglesia. Más tarde, el papa Gregorio IX la convirtió en órgano pontificio y nombró en lugar de los obispos, inquisidores pontificios a los frailes de la orden de los Predicadores. En decadencia después de la desaparición de los albigenses, la **Inquisición** fue restablecida en España, donde, tras la expulsión de moros y judíos, los conversos fueron sometidos a una severa revisión. Los Reyes Católicos reorganizaron este tribunal en 1478, en dependencia directa de la Corona, gracias a una bula papal que les otorgó el privilegio de nombrar ellos mismos al Gran Inquisidor y a los miembros del Supremo, consejo superior y soberano en asuntos de **Inquisición.** Esta, con el pretexto de mantener incólume la fe, cometió excesos, a tal extremo que algunos papas, en especial Sixto V, intervinieron en contra de la acción de este tribunal, cuyo extremismo perturbó existencias tan devotas como las de Fray Luis de León, San Juan de la Cruz y Santa Teresa de Jesús. Si bien en 1542 Pablo III había instituido una Congregación de seis cardenales comisarios e inquisidores generales, encargados de proceder, con el auxilio de la justicia secular, contra los que se apartaban de la fe, la Inquisición sólo adquirió todo su rigor cuando, ante los progresos de la Reforma protestante, asumió el papado el cardenal Caraffa, en 1555, con el nombre de Pablo IV. Su acción fue particularmente efectiva en España e Italia. La **Inquisición,** casi desarmada durante el siglo XVII por la mesura del ministro Aranda, fue suprimida por Napoleón I. Aunque restablecida luego, en 1814, por Pío VII, desapareció definitivamente en 1859. En América, España creó, por real cédula de 1569, el Tribunal del Santo Oficio, que funcionó en Lima en 1570 y en México en 1571. Tenía delegaciones llamadas Comisarías de la Santa **Inquisición** en las ciudades que eran sede de obispado.

INQUISIDOR, RA. al. **Inquisitor.** fr. **Inquisiteur.** ingl. **Inquisitor.** ital. **Inquisitore.** port. **Inquisidor.** adj. Inquiridor. Ú.t.c.s. ‖ m. Juez eclesiástico de la Inquisición. ‖ Pesquisidor.

INQUISITIVO, VA. adj. Perteneciente a la indagación o averiguación.

INQUISITORIAL. adj. Perteneciente o relativo al inquisidor o a la Inquisición. *Castigo* INQUISITORIAL. ‖ fig. Dícese de los procedimientos semejantes a los de este tribunal.

INQUISITORIO, RIA. adj. Inquisitivo.

INQUISIVI. *Geog.* Población de Bolivia, en el dep. de La Paz. 7.000 h. Minas de plata, estaño y plomo.

INRI. m. Siglas de *Iesus Nazarenus Rex Iudaeórum* (Jesús Nazareno, Rey de los Judíos), rótulo de la cruz en que Jesús fue clavado. ‖ fig. Nota de afrenta o burla.

INSABIBLE. adj. Que no se puede saber.

INSACIABLE. adj. Que tiene apetitos o deseos que no puede saciar. *Sed* INSACIABLE; sinón.: **ambicioso, ávido.** ‖ deriv.: **insaciabilidad; insaciablemente.**

INSACULAR. (Del lat. *in,* en, y *sáculus,* saquito.) tr. Poner en un saco, cántaro, etc., cédulas o boletas con números o con nombres de personas para sortearlas. ‖ deriv.: **insaculación; insaculador.**

IN SAÉCULA, o **IN SAÉCULA SAECULÓRUM.** frs. adv. lat. Por los siglos de los siglos.

INSALIVACIÓN. f. Acción y efecto de insalivar.

INSALIVAR. (De *in,* pref. priv., y *saliva.*) tr. Mezclar los alimentos con saliva en la cavidad bucal.

INSALUBRE. (Del lat. *insalubris.*) adj. Malsano, perjudicial para la salud. *Los lugares bajos y pantanosos son* INSALUBRES.

INSALUBRIDAD. f. Falta de salubridad.

INSANABLE. (Del lat. *insanábilis.*) adj. Incurable.

INSANIA. (Del lat. *insania.*) f. Locura.

INSANIDAD. f. Dígase **Insania.**

INSANO, NA. (Del lat. *insanus.*) adj. Loco, furioso. *Deseo* INSANO.

INSATISFECHO, CHA. adj. No satisfecho, sinón.: **descontento.**

INSÁUSTEGUI, Rafael A. *Biog.* Poeta venezolano, n. 1916, autor de *Remolino; Desasosiego de horizontes,* y otras obras.

INSCRIBIBLE. adj. *Der.* Que puede inscribirse.

INSCRIBIR. al. **Einschreiben; eintragen.** fr. **Inscrire; enregistrer.** ingl. **To inscribe; to register.** ital. **Inscrivere.** port. **Inscrever.** (Del lat. *inscríbere.*) tr. Grabar letreros en metal, piedra, etc. INSCRIBIR *un epitafio.* ‖ Apuntar el nombre de una persona entre los de otras, con determinado fin. Ú.t.c.r. SE INSCRIBIÓ *en la lista de aspirantes;* sinón.: **anotar.** ‖ *Der.* Tomar razón, en un registro, de documentos o declaraciones. ‖ *Geom.* Trazar una figura dentro de otra, de manera que, sin confundirse ni cortarse, se toquen en varios de los puntos de sus perímetros. INSCRIBIR *un cuadrado dentro de otro cuadrado.*

INSCRIPCIÓN. al. **Inschrift; Eintragung.** fr. **Inscription; enregistrement.** ingl. **Inscription; record; register.** ital. **Inscrizione.** port. **Inscrição.** (Del lat. *inscriptio, -onis.*) f. Acción y efecto de inscribir o inscribirse. ‖ Escrito compendioso grabado en piedra, metal, etc., para memorar algo o a alguien. ‖ Anotación del gran libro de la deuda pública, en que el Estado reconoce la obligación de satisfacer una renta perpetua que corresponde a un capital recibido. ‖ Documento que otorga el Estado para acreditar esta obligación. ‖ *Num.* Letrero rectilíneo en las monedas y medallas. ‖ IDEAS AFINES: *Título, cartel, matrícula, nota, epigrafía, epitafio, marca, lista, nómina, monumento, letrero, padrón, lápida.*

INSCRIPTO, TA. (Del lat. *inscriptus.*) p. p. irreg. **Inscrito.**

INSCRITO, TA. (De *inscripto.*) p. p. irreg. de **Inscribir.**

INSCULPIR. (Del lat. *inscúlpere.*) tr. Esculpir.

INSECABLE. adj. fam. Que no se puede secar o es difícil de secarse.

INSECABLE. (Del lat. *insecábilis.*) adj. Que no se puede cortar o dividir.

INSECTICIDA. al. **Insektenpulver.** fr. **Insecticide.** ingl. **Insecticide.** ital. **Insetticida.** port. **Inseticida.** (Del lat. *inséctum,* insecto, y *caédere,* matar.) adj. Que sirve para matar insectos. Ú.t.c.s. *Fumigación* INSECTICIDA.

INSECTÍFUGO, GA. adj. Que tiene la virtud de ahuyentar a los insectos. Ú.t.c.s.m.

INSECTIL. adj. Perteneciente a los insectos.

INSECTÍVORO, RA. (Del lat. *inséctum,* insecto, y *vorare,* devorar.) adj. Dícese de los mamíferos unguiculados y plantígrados que principalmente se alimentan de insectos. Ú.t.c.s. ‖ Dícese también de algunas plantas que los aprisionan entre sus hojas y los digieren. ‖ m. pl. *Zool.* Orden de aquellos animales.

INSECTO. al. **Insekt.** fr. **Insecte.** ingl. **Insect.** ital. **Insetto.** port. **Inseto.** (Del lat. *inséctum.*) m. *Zool.* Artrópodo de respiración traqueal, con un par de antenas, tres pares de patas, y el cuerpo dividido en cabeza, tórax y abdomen. ‖ m. pl. *Zool.* Clase de estos animales. ‖ IDEAS AFINES: *Hexápodo, oruga, larva, crisálida, mariposa, capullo, trabajo, orden, colonia, afán, producción, rendimiento, destrucción, pérdida, perjuicio, daño.*

INSECTÓLOGO. s. Dígase **entomólogo.** ‖ deriv.: **Insectología; insectológico, ca.**

IN SÉCULA. fr. adv. lat. **para sécula,** para siempre jamás.

INSEGURIDAD. f. Falta de seguridad; sinón.: **inestabilidad.**

INSEGURO, RA. (De *in,* pref. priv., y *seguro.*) adj. Falto de seguridad. *Trabajo* INSEGURO; sinón.: **incierto;** antón.: **estable, fijo.** ‖ deriv.: **inseguramente.**

INSENESCENCIA. (Del lat. *in,* en, y *senéscere,* envejecer.) f. Calidad de lo que no envejece.

INSENSATEZ. al. **Unsinn.** fr. **Folie.** ingl. **Folly.** ital. **Insensa-**

tezza. port. **Insensatez.** (De *insensato.*) f. Imprudencia, necedad; antón.: **cordura, prudencia.** ‖ fig. Dicho o hecho insensato.

INSENSATO, TA. al. **Sinnlos; unsinnig.** fr. **Insensé.** ingl. **Insensate; mad.** ital. **Insensato.** port. **Insensato.** (Del lat. *insensatus.*) adj. Tonto, fatuo, imprudente. Ú.t.c.s. *Acto* INSENSATO; antón.: **cuerdo, prudente.**

INSENSIBILIDAD. al. **Unempfindlitchkeit; Gefühllosigkeit.** fr. **Insensibilité.** ingl. **Insensibility.** ital. **Insensibilità.** port. **Insensibilidade.** (De lat. *insensibílitas, -atis.*) f. Falta de sensibilidad. ‖ fig. Dureza de corazón. sinón.: **impasibilidad, indiferencia.** ‖ IDEAS AFINES: *Anestesia, analgésico, cloroformo, cocaína, éter, morfina, cloral, síncope, parálisis, inmóvil, apático, indiferente, inerte, imperturbable, inanimado.*

INSENSIBILIZAR. (Del lat. *in,* priv., y *sensíbilis,* sensible.) tr. y r. Privar de sensibilidad. *La cocaína* INSENSIBILIZA; sinón.: **adormecer.** ‖ deriv.: **insensibilizador, ra.**

INSENSIBLE. (Del lat. *insensibilis.*) adj. Carente de facultad sensitiva. ‖ Privado de sentido por dolencia, accidente u otra causa. *Dedos* INSENSIBLES. ‖ Imperceptible. *Disminución* INSENSIBLE; antón.: **visible.** ‖ fig. Que no siente las cosas que conmueven o apenan. *Se mostraba* INSENSIBLE *a los elogios*; sinón.: **impasible, indiferente**

INSENSIBLEMENTE. adv. m. De un modo insensible.

INSEPARABILIDAD. (Del lat. *inseparabílitas, -atis.*) f. Calidad de inseparable.

INSEPARABLE. al. **Untrennbar.** fr. **Inséparable.** ingl. **Inseparable.** ital. **Inseparabile.** port. **Inseparável.** (Del lat. *inseparábilis.*) adj. Que no se puede separar. *Hermanos* INSEPARABLES; sinón.: **ligado, unido.** ‖ V. **Preposición inseparable.** ‖ fig. Dícese de las cosas difíciles de separar. ‖ Dícese de las personas estrechamente unidas entre sí por el amor o la amistad. Ú.t.c.s. ‖ deriv.: **inseparablemente.**

INSEPULTO, TA. (Del lat. *insepultus.*) adj. No sepultado.

INSERCIÓN. (Del lat. *insertio, -onis.*) f. Acción y efecto de inserir. ‖ Acción y efecto de insertar.

INSERIR. (Del lat. *inserare.*) tr. Insertar. ‖ Injerir. ‖ Injertar.

INSERTAR. (Del lat. *insérere,* injerir.) tr. Incluir una cosa en otra. Dícese generalmente de la inclusión de algún texto o escrito en otro. ‖ r. *Bot.* y *Zool.* Introducirse un órgano, con cierta profundidad, entre las partes de otro, o adherirse a su superficie.

INSERTO, TA. (Del lat. *insertus,* p. p. de *insérere,* introducir, injerir.) p. p. irreg. de **Inserir.**

INSERVIBLE. adj. No servible, que no se halla en estado de servir. *Zapatos* INSERVIBLES; sinón.: **inútil;** antón.: **aprovechable.**

INSIDIA. (Del lat. *insidia.*) f. Asechanza.

INSIDIAR. (Del lat. *insidiare.*) tr. Poner asechanzas. ‖ deriv.: **insidiador, ra.**

INSIDIOSO, SA. adj. Que arma asechanzas. Ú.t.c.s. ‖ Hecho con ellas. *Alabanzas* INSIDIOSAS. ‖ Dañino con apariencia inofensiva. ‖ *Med.* Dícese de la enfermedad que bajo apariencia benigna oculta gravedad suma. ‖ deriv.: **insidiosamente.**

INSIGNE. al. **Berühmt; vorzüglich.** fr. **Insigne; remarquable.** ingl. **Famous; renowned.** ital. **Insigne; famoso.** port. **Insigne.** (Del lat. *insignis.*) adj. Célebre, famoso. INSIGNES *campañas*; sinón.: **esclarecido, preclaro;** antón.: **obscuro.** ‖ deriv.: **insignemente.**

INSIGNIA. al. **Abzeichen; Fahne.** fr. **Insigne.** ingl. **Device; badge.** ital. **Insegna.** port. **Insígnia.** (Del lat. *insignia.*) f. Señal o distintivo honorífico. *Lucía en su pecho valiosas* INSIGNIAS. ‖ Bandera de una legión romana. ‖ Pendón, imagen o medalla de una hermandad o cofradía. *La* INSIGNIA *gualda de los marineros.* ‖ *Mar.* Bandera que evidencia, en un barco, la graduación del jefe que lo dirige o de otro que navega en él. ‖ IDEAS AFINES: *Emblema, escudo, escarapela, símbolo, uniforme, soldado, guión, estandarte, condecoración, representación.*

INSIGNIFICANCIA. al. **Geringfügigkeit; Unbedeutendheit.** fr. **Insignificance.** ingl. **Insignificance; trifle.** ital. **Insignificanza.** port. **Insignificância.** (De *insignificante.*) f. Pequeñez, insuficiencia, inutilidad.

INSIGNIFICANTE. (De *in,* pref. neg., y *significante.*) adj. Pequeño, despreciable. *Obsequio* INSIGNIFICANTE; sinón.: **fútil, trivial;** antón.: **importante.**

INSINCERO, RA. (De *in* y *sincero.*) adj. Falso, no sincero. ‖ deriv.: **insinceridad.**

INSINUACIÓN. al. **Anspielung; Andeutung.** fr. **Insinuation.** ingl. **Hint; suggestion.** ital. **Insinuazione.** port. **Insinuação.** (Del lat. *insinuatio, -onis.*) f. Acción de insinuar o insinuarse. *Rechazar las* INSINUACIONES *malévolas*; sinón.: **sugerencia.** ‖ *Der.* Presentación de un instrumento público ante juez competente, para que éste interponga su decreto. ‖ *Ret.* Parte del exordio, en que el orador procura atraerse la benevolencia de los oyentes.

INSINUANTE. p. a. de **Insinuar.** Que insinúa o se insinúa.

INSINUAR. al. **Andeuten.** fr. **Insinuer; suggerer.** ingl. **To suggest.** ital. **Insinuare.** port. **Insinuar.** (Del lat. *insinuare.*) tr. Dar a entender una cosa indicándola ligeramente. INSINUAR *una petición*; sinón.: **sugerir.** ‖ *For.* Hacer insinuación ante un juez. ‖ fig. Introducirse imperceptiblemente en el ánimo un afecto, vicio, virtud, etc. ‖ deriv.: **insinuador, ra; insinuativo, va.**

INSÍPIDAMENTE. adv. m. Con insipidez.

INSIPIDEZ. f. Calidad de insípido; sinón.: **insulsez, sosería;** antón.: **gracia, sabor.**

INSÍPIDO, DA. al. **Fade; geschmackios.** fr. **Insipide.** ingl. **Insipid; tasteless.** ital. **Insipido.** port. **Insípido.** (Del lat. *insípidus.*) adj. Falto de sabor. ‖ Falto del sabor que debiera tener. *Sandía* INSÍPIDA; sinón.: **desabrido, soso;** antón.: **sabroso.** ‖ fig. Falto de gracia o sal. *Charla* INSÍPIDA; sinón.: **insulso;** antón.: **ameno, expresivo.**

INSIPIENCIA. (Del lat. *insipientia.*) Falta de sabiduría o ciencia. sinón.: **ignorancia, necedad.** ‖ Carencia de juicio.

INSIPIENTE. (Del lat. *insipiens, -entis.*) adj. y s. Carente de sabiduría o ciencia. sinón.: **ignorante, necio.** ‖ Falto de juicio.

INSISTENCIA. al. **Beharrliehkeit; Nachdruck.** fr. **Insistance.** ingl. **Persistence; insistence.** ital. **Insistenza.** port. **Insistencia.** (Del lat. *insistens, -entis,* insistente.) f. Porfía y perseverancia acerca de algo.

INSISTENTE. (Del lat. *insistens, -entis.*) p. a. de **Insistir.** Que insiste. *Campanilleo* INSISTENTE; sinón.: **pertinaz, porfiado.** ‖ deriv.: **insistentemente.**

INSISTIR. al. **Bestehen; dringen.** fr. **Insister.** ingl. **To insist; to persist.** ital. **Insistere.** port. **Insistir.** (Del lat. *insístire.*) intr. Descansar una cosa sobre otra. ‖ Instar reiteradamente; mantenerse firme en algo. INSISTO *en que aceptes.*

ÍNSITO, TA. (Del lat. *ínsitus,* p. p. de *insérere,* plantar, inculcar.) adj. Inherente a una cosa y como nacido con ella. sinón.: **ingénito, innato.**

IN SITU. loc. lat. En el sitio.

INSOBORNABLE. adj. Que no puede ser sobornado.

INSOCIABLE. al. **Ungesellig.** fr. **Insociable.** ingl. **Unsociable.** ital. **Insociabile.** port. **Insociável.** (Del lat. *insociábilis.*) adj. Hosco, intratable e incómodo en sociedad. *Persona* INSOCIABLE; sinón.: **esquivo, huraño.** ‖ deriv.: **insociabilidad.**

INSOCIAL. (Del lat. *insocialis.*) adj. Insociable.

INSOLACIÓN. al. **Sonnenstich.** fr. **Insolation.** ingl. **Sunstroke; insolation.** ital. **Insolazione.** port. **Insolação.** (Del lat. *insolatio, -onis.*) f. *Med.* Accidente producido por el excesivo ardor del sol o, por ext., de otra fuente de calor. *La* INSOLACIÓN *puede ocasionar la muerte.* ‖ *Meteor.* Tiempo en que, durante el día, el sol luce sin nubes.

INSOLAR. (Del lat. *insolare.*) tr. Poner al sol hierbas, hojas, etc., para facilitar su fermentación, o secarlas. ‖ r. Enfermar por el excesivo ardor del sol.

INSOLDABLE. adj. Que no se puede soldar.

INSOLENCIA. al. **Anmassung.** fr. **Insolence.** ingl. **Insolence.** ital. **Insolenza.** port. **Insolencia.** (Del lat. *insolentía.*) f. Acción temeraria e insólita. ‖ Atrevimiento, desvergüenza. ‖ Dicho o hecho ofensivo.

INSOLENTAR. tr. Hacer a uno insolente y descarado. Ú.m.c.r.

INSOLENTE. (Del lat. *ínsolens, -entis.*) adj. Que comete insolencias. Ú.t.c.s. ‖ Vanidoso, desvergonzado. ‖ deriv.: **insolentemente.**

IN SÓLIDUM. (Del lat. *in,* en, y *sólidum,* todo, total.) m. adv. *For:* Por entero. Ú.m. para expresar el derecho u obligación que, siendo común a dos o más personas, puede ejercerse o debe cumplirse íntegramente por cada una de ellas.

INSÓLITO, TA. al. **Ungewöhnlich.** fr. **Insolite.** ingl. **Unusual.** ital. **Insolito.** port. **Insólito.** (Del lat. *insólitus.*) adj. No común; desacostumbrado, desusado. *Suerte* INSÓLITA; sinón.: **inusitado;** antón.: **habitual, ordinario.**

INSOLUBILIDAD. (Del lat. *insolubílitas, -atis.*) f. Calidad de insoluble.

INSOLUBLE. (Del lat. *insolúbilis.*) adj. Que no puede disolverse ni diluirse. ‖ Que no se puede resolver. *Un conflicto* INSOLUBLE.

INSOLUTO, TA. (Del lat. *insolutus.*) adj. No pagado. *Una cuenta* INSOLUTA.

INSOLVENCIA. (De *in,* pref. priv., y *solvencia.*) f. Incapacidad de pagar una deuda.

INSOLVENTE. (De *in,* pref. priv., y *solvente.*) adj. Que no tiene con qué pagar las deudas. Ú.t.c.s. *Comerciante* INSOLVENTE.

INSOMNE. (Del lat. *insomnis;* de *in,* priv., y *somnuo,* sueño.) adj. Que no duerme, desvelado.

INSOMNIO. al. **Schlaflosigkeit.** fr. **Insomnie.** ingl. **Insomnia; sleeplessness.** ital. **Insomnia.** port. **Insonia.** (Del lat. *insómnium.*) m. Vigilia, desvelo. *Noches de* INSOMNIO. ‖ IDEAS AFINES: *Inquietud, preocupación, desesperación, enfermedad, nerviosidad, sueño, intranquilidad, sobresalto, sedante, sedativo.*

INSONDABLE. (De *in,* pref. priv., y *sondable.*) adj. Que no se puede sondear. Dícese del mar muy profundo, cuando no se puede encontrar el fondo con la sonda. ‖ fig. Que no se puede indagar, sondear o saber a fondo. *Corazón* INSONDABLE; sinón.: **indescifrable, inescrutable;** antón.: **claro, penetrable.**

INSONORO, RA. (Del lat. *insonorus.*) adj. Carente de sonoridad.

INSOPORTABLE. al. **Unerträglich.** fr. **Insupportable.** ingl. **Umbearable.** ital. **Insopportabile.** port. **Insuportável.** (De *in,* pref. priv., y *soportable.*) adj. Insufrible, inaguantable. *Humor* INSOPORTABLE; sinón.: **intolerable.** ‖ fig. Muy incómodo y enfadoso. *Una polvareda* INSOPORTABLE; sinón.: **enojoso, fastidioso.**

INSORIA. f. *Ven.* Pizca, pequeñez.

INSOSPECHABLE. adj. Que no puede considerarse sospechoso. *Conducta* INSOSPECHABLE.

INSOSPECHADO, DA. adj. No sospechoso. *Honradez* INSOSPECHADA.

INSOSTENIBLE. adj. Que no se puede sostener. ‖ fig. Que no se puede defender con argumentos razonables. *Afirmación* INSOSTENIBLE; sinón.: **rebatible, refutable.**

INSPECCIÓN. al. **Besichtigung; Aufsicht.** fr. **Inspection.** ingl. **Inspection.** ital. **Ispezione.** port. **Inspeção.** (Del lat. *inspectio, -onis.*) f. Acción y efecto de inspeccionar. sinón.: **registro.** ‖ Cargo de velar sobre algo. ‖ Casa o despacho del inspector. ‖ – **ocular.** *For.* Examen que hace el juez en persona, a veces con asistencia de los interesados y de peritos o testigos, de un lugar o de una cosa, a fin de consignar en acta o diligencia los resultados de sus observaciones.

INSPECCIONAR. (De *inspección.*) tr. Examinar, reconocer cuidadosamente una cosa. INSPECCIONAR *un barco;* sinón.: **registrar.**

INSPECTOR, RA. al. **Inspektor; Aufseher.** fr. **Inspecteur.** ingl. **Inspector.** ital. **Ispettore.** port. **Inspetor.** (Del lat. *inspéctor.*) adj. Que reconoce y examina una cosa. Ú.t.c.s. ‖ m. Empleado público o particular encargado de la inspección y vigilancia en el ramo a que pertenece. INSPECTOR *de policía.* ‖ – **general.** Funcionario de alta categoría encargado de vigilar la totalidad de un servicio del Estado y del personal que lo realiza.

INSPECTORÍA. f. *Chile.* Cargo y despacho del inspector. ‖ Cuerpo de policía a cargo de un inspector. ‖ Territorio que abarca la vigilancia de ese cuerpo.

INSPERSIÓN. (Del lat. *inspersio, -onis.*) f. Acto de esparcir o espolvorear.

INSPIRACIÓN. al. **Eingebung; Inspiration.** fr. **Inspiration.** ingl. **Inspiration.** ital. **Inspirazione.** port. **Inspiração.** (Del lat. *inspiratio, -onis.*) f. Acción y efecto de inspirar. ‖ fig. Conocimiento o movimiento sobrenatural que Dios infunde en la criatura. INSPIRACIÓN *de Josué.* ‖ Efecto de sentir el escritor el orador o el artista un particular y eficaz estímulo que le hace producir espontáneamente. ‖ Cosa inspirada, en cualquiera de las acepciones de **inspirar.** *Una* INSPIRACIÓN *genial.*

INSPIRADAMENTE. adv. m. Con inspiración.

INSPIRADOR, RA. (Del lat. *inspirátor.*) adj. Que inspira. Ú.t.c.s. ‖ *Anat.* Dícese de los músculos que intervienen en la inspiración.

INSPIRAR. al. **Einatmen; eingeben; begeistern.** fr. **Inspirer.** ingl. **To inhale; to inspire.** ital. **Inspirare; ispirare.** port. **Inspirar.** (Del lat. *inspirare.*) tr. Aspirar, llevar aire a los pulmones. antón.: **espirar.** ‖ fig. Infundir o engendrar en el ánimo o la mente sentimientos, ideas, etc. INSPIRAR *respeto, piedad.* ‖ En sentido menos genérico, sugerir ideas para la ejecución de una obra artística, o bien asesorar a los que dirigen o redactan publicaciones periódicas. ‖ Iluminar Dios el entendimiento o mover la voluntad. ‖ r. fig. Exaltarse y avivarse el genio del orador, del artista, etc., con el recuerdo o la presencia de una persona o cosa, o con el estudio de obras ajenas. INSPIRARSE *en los maestros de la antigüedad.* ‖ deriv.: **inspirante; inspirativo, va.** ‖ IDEAS AFINES: *Causar, admirar, querer, amar, odiar, simpatía, repulsión, cariño; aconsejar, informar, dirigir, copiar, imitar, musa, plagio, reproducción.*

INSTABLE. (Del lat. *instábilis.*) adj. Inestable. ‖ deriv.: **instabilidad.**

INSTALACIÓN. al. **Antage; Aufstellung; Einrichtung.** fr. **Installation.** ingl. **Installation; settling; system.** ital. **Installazione; impianto.** port. **Instalação.** f. Acción y efecto de instalar o instalarse. ‖ Conjunto de cosas instaladas. *Se venden las* INSTALACIONES.

INSTALAR. al. **Einrichten; aufstellen.** fr. **Installer.** ingl. **To install; to set up; to settle.** ital. **Installare; impiantare.** port. **Instalar.** (Del lat. *in,* en, y el germ. *stall,* mansión, estancia; en b. lat. *installare.*) tr. Poner en posesión de un empleo, cargo o beneficio. Ú.t.c.r. ‖ Colocar en el lugar correspondiente. Ú.t.c.r. *Lo* INSTALÉ *en un sillón*; sinón.: **acomodar.** ‖ Colocar en un lugar o edificio los enseres que se han de utilizar en él; como en una casa las cañerías para el agua, etc. ‖ r. Establecerse. *Nos* INSTALAREMOS *en la ciudad con librería.* ‖ deriv.: **instalador, ra.**

INSTANCIA. (Del lat. *instantia.*) f. Acción y efecto de instar. ‖ Memorial, solicitud. ‖ En las escuelas, refutación de la respuesta dada a un argumento. ‖ *For.* Cada uno de los grados jurisdiccionales que la ley ha establecido para ventilar y sentenciar, en los juicios y demás asuntos de justicia. ‖ V. **Juez de primera instancia.** ‖ **De primera instancia.** m. adv. Al primer ímpetu, de un golpe. ‖ Primeramente, en primer lugar. ‖ IDEAS AFINES: *Súplica, pedido, ruego, insistencia, continuación, proceso, alegato, réplica, pregunta, razonamiento, juicio, silogismo, metáfora, ironía, debate, discusión.*

INSTANTÁNEA. al. **Schnappschuss.** fr. **Instantanée.** ingl. **Snapshot.** ital. **Istantanea.** port. **Instantanea.** (De *instantáneo.*) f. Plancha fotográfica obtenida instantáneamente. ‖ Estampa de la plancha así obtenida.

INSTRUMENTOS MUSICALES

LÁMINA XXXIII

Guitarra Stradivarius.

Flauta hindú.

Tambor chino.

Piano Grotrian Steinweg.

Serpentón
del S. XVII.

Violín
Guarneri
(1708).

Cuerno en marfil del S. XI.

Órgano monumental de
la "Grote Kyrche", Holanda,
donde tocaron Haendel y Mozart.

Tuba contrabajo de 4 pistones

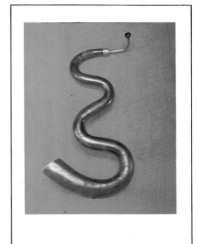
Archilaúd atribuido a Stradivarius

Clavicordio inglés del S. XVI.

Piano a jirafa
del S. XIX.

Arpa súmera
de Ur (2750 a.C.)

Utamaro: "Mujer ante el espejo".
Xilografía.

Panel bordado y pintado. Lyon,
Museo de Tejidos.

Bosatsu sobre elefante (S. XV-
XVI). Zurich, Museo Rietberg.

Kokusai: "Ola en Kanagawa".

Retrato de Yoshitsune
en traje de samurai.

Demonio empujando una rueda.
Marfil. Museo de Tokio.

Fénix. Kakemoto pintado.
Tokio, colección Nagao.

Espejo Kagamibako en laca negra,
roja y dorada. París, col. privada.

Antigua divinidad del
Templo Ninna. Kioto.

Jarrón de porcelana laqueada, oro
y color (c. 1750). Museo de Tokio.

Armadura japonesa del S. XVI.
Turín. Armería Real.

Monje sentado. Piedra y laca
roja del S. XIV. Museo de Tokio.

Templo de
las 1001
Estatuas. Kioto.

Caja para cartas
en madera, con
incrustaciones de oro
y nácar del S. XV.
Museo de Tokio.

INSTANTÁNEO, A. adj. Que sólo dura un instante. *Pinchazo* INSTANTÁNEO; sinón.: **fugaz, rápido**; antón.: **largo, lento.** ‖ deriv.: **instantáneamente.**

INSTANTE. al. **Augenblick.** fr. **Instant; moment.** ingl. **Instant; moment.** ital. **Instante; momento.** port. **Instante.** (Del lat. *instans, -antis.*) p. a. de **Instar.** Que insta. ‖ m. Segundo, tiempo sumamente breve. *Un* INSTANTE *duró mi ausencia;* sinón.: **relámpago, soplo.** ‖ **A cada instante,** o **cada instante.** m. adv. fig. Frecuentemente, a cada momento. *Lo encuentro a cada* INSTANTE. ‖ **Al instante.** m. adv. En seguida, al punto. *Vuelvo al* INSTANTE. ‖ **Por instantes.** m. adv. Sin cesar, continuamente. ‖ De un momento a otro. ‖ deriv.: **instantemente.**

INSTAR. (Del lat. *instare.*) tr. Rogar con ahinco, o reiterar insistentemente la petición. INSTÓ *a Juana a que regresara pronto*; sinón.: **solicitar, suplicar.** ‖ En las escuelas, rebatir la solución dada al argumento. ‖ intr. Constreñir o urgir la pronta ejecución de algo.

IN STATU QUO. expr. lat. que se utiliza para indicar que las cosas permanecen o deben permanecer en la misma situación en que antes estaban.

INSTAURACIÓN. (Del lat. *instauratio, -onis.*) f. Acción y efecto de instaurar. sinón.: **reposición.**

INSTAURAR. (Del lat. *instaurare.*) tr. Restablecer, restaurar. INSTAURÓ *el orden.* ‖ Establecer, instituir. ‖ *Arg.* Iniciar o instruir reclamaciones, procesos, etc. ‖ deriv.: **instaurador, ra; instaurativo, va.**

INSTIGACIÓN. (Del lat. *instigatio, -onis.*) f. Acción y efecto de instigar. sinón.: **incitación.**

INSTIGADOR, RA. (Del lat. *instigátor.*) adj. Que instiga. Ú.t.c.s.

INSTIGAR. al. **Anstiften; aufhetzen.** fr. **Instiguer; inciter.** ingl. **To instigate; to incite.** ital. **Istigare.** port. **Instigar.** (Del lat. *instigare.*) tr. Incitar, inducir a uno a obrar. *El deseo del lujo lo* INSTIGÓ *a robar.*

INSTILAR. (Del lat. *instilare;* de *in,* en, y *stilla,* gota.) tr. Verter gota a gota un líquido en otra cosa. ‖ fig. Infundir imperceptiblemente en el ánimo una doctrina, sentimiento, etc. sinón.: **infiltrar.** ‖ deriv.: **instilación.**

INSTINTIVO, VA. adj. Que es obra, efecto o resultado de un instinto, y no del juicio o la reflexión. *Defensa* INSTINTIVA; sinón.: **inconsciente, irreflexivo.** ‖ deriv.: **instintivamente.**

INSTINTO. al. **Instinkt; naturtrieb.** fr. **Instinct.** ingl. **Instinct.** ital. **Istinto.** port. **Instinto.** (Del lat. *instinctus.*) m. Cada tendencia o afectividad que se graba en el protoplasma viviente, constituyéndose en determinación hereditaria e imperiosa de la ejecución de acciones que la satisfacen. *Es maravilloso el* INSTINTO *de los insectos.* ‖ Su conjunto. ‖ Por ext., toda actividad, adaptada a una finalidad, que no es el resultado de la experiencia ni de la educación. INSTINTO *teatral.* ‖ **Por instinto.** m. adv. Por un impulso maquinal y espontáneo. ‖ IDEAS AFINES: *Congénito, natural, progenitores, casta, raza, especie, antecesores, Mendel, genes, cromosomas, reproducción; adquirido, instrucción, domeñar.*

INSTITOR. m. Factor, mandatario comercial.

INSTITUCIÓN. al. **Einrichtung; Anstalt; Stiftung.** fr. **Institution.** ingl. **Institution.** ital. **Istituzione.** port. **Instituição.** (Del lat. *institutio, -onis.*) f. Establecimiento o fundación de algo. ‖ Cosa establecida o fundada. ‖ Toda organización fundamental de un país o sociedad. *Velar por las* INSTITUCIONES. ‖ pl. Colección metódica de los principios de un arte, filosofía, ciencia, etc. INSTITUCIONES *de Justiniano.* ‖ Órganos constitucionales del poder estatal en una nación. ‖ – **de heredero.** *Der.* Nombramiento, en el testamento, de la persona que ha de heredar. ‖ Ser uno **una institución.** loc. fig. Tener en una ciudad, empresa, tertulia o cualquier otra agrupación humana el prestigio debido a la antigüedad o a poseer todos los caracteres representativos de aquélla.

INSTITUCIONAL. adj. Perteneciente o relativo a la institución.

INSTITUENTE. p. a. de **Instituir.** Instituyente.

INSTITUIDOR, RA. adj. Que instituye. Ú.t.c.s.

INSTITUIR. (Del lat. *institúere.*) tr. Fundar; establecer algo nuevo; comenzar una cosa. INSTITUIR *premios*; antón.: **abolir.** ‖ V. **Instituir heredero,** o **por heredero.** ‖ irreg. Conj. como **huir.**

INSTITUTA. (Del lat. *instituta,* instituciones.) f. Compendio del derecho civil de los romanos, hecho por orden de Justiniano en el año 533.

INSTITUTO. al. **Institut; Anstalt.** fr. **Institut.** ingl. **Institute.** ital. **Istituto.** port. **Instituto.** (Del lat. *institútum.*) m. Regla que prescribe determinado método de enseñanza, de vida, etc. ‖ Corporación religiosa, literaria, científica, etc. INSTITUTO *educacional.* ‖ Edificio en que funciona cualquiera de ellas.

INSTITUTOR, RA. adj. Instituidor. Ú.t.c.s. ‖ m. *Col.* Maestro, pedagogo.

INSTITUTRIZ. al. **Erzieherin; gouvernante.** fr. **Institutrice; gouvernante.** ingl. **Governess; instructress.** ital. **Institutrice.** port. **Institutriz.** f. Maestra encargada de la educación de niños, en el hogar doméstico.

INSTITUYENTE. p. a. de **Instituir.** Que instituye.

INSTRIDENTE. (Del lat. *instridens, -entis.*) adj. Estridente.

INSTRUCCIÓN. al. **Unterricht; Unterweisen.** fr. **Instruction.** ingl. **Instruction.** ital. **Istruzione.** port. **Instrução.** (Del lat. *instructio, -onis.*) f. Acción de instruir o instruirse. ‖ Caudal de conocimientos adquiridos. *Adquirió sólida* INSTRUCCIÓN; sinón.: **saber**; antón.: **ignorancia.** ‖ Tramitación que sigue un proceso o expediente que se está instruyendo. *Prosigue la* INSTRUCCIÓN *del sumario.* ‖ Conjunto de reglas o advertencias para un fin determinado. ‖ pl. Órdenes dictadas a los agentes diplomáticos, jefes de fuerzas navales, etc. *Abrir el pliego de* INSTRUCCIONES. ‖ Reglamento en que predominan las disposiciones técnicas o explicativas para el cumplimiento de un servicio administrativo. ‖ **Instrucción primaria. Primera enseñanza.** ‖ – **pública.** La que se dicta en establecimientos mantenidos por el Estado, y comprende la primera y segunda enseñanza, las facultades, las profesiones y las carreras especiales. ‖ IDEAS AFINES: *Educación, profesor, maestro, sabio, alumno, discípulo, docencia, aprender, estudiar, colegio, escuela, liceo, universidad, academia, instituto, cultura, ideales, conocimientos, razonamiento, pedagogía, psicología, preceptor, examen, oyente, catequizar, propaganda, vulgarización, pedagogo, instituir.*

INSTRUCTIVO, VA. (De *instructo.*) adj. Dícese de lo que instruye o sirve para instruir. *Lecturas* INSTRUCTIVAS. ‖ deriv.: **instructivamente.**

INSTRUCTOR, RA. (Del lat. *instrúctor.*) adj. y s. Que instruye.

INSTRUIDO, DA. al. **Gebildet.** fr. **Instruit.** ingl. **Learned.** ital. **Istruito.** port. **Instruído.** adj. Que ha adquirido un amplio caudal de conocimientos.

INSTRUIR. al. **Unterweisen; unterrichten.** fr. **Instruire.** ingl. **To instruct; to teach.** ital. **Istruire.** port. **Instruir.** (Del lat. *instrúere.*) tr. Enseñar, adoctrinar. *La lectura* INSTRUYE; sinón.: **ilustrar.** ‖ Comunicar sistemáticamente ideas, conocimientos o doctrinas. ‖ Dar a conocer a alguien el estado de una cosa, informarle acerca de ella, o comunicarle avisos o reglas de conducta. Ú.t.c.r. INSTRUYANOS *acerca de sus investigaciones*; sinón.: **enterar, informar.** ‖ Formalizar un proceso o expediente de acuerdo con las reglas de derecho.

INSTRUMENTACIÓN. f. Acción y efecto de instrumentar. ‖ *Mús.* Término que se aplica a la técnica de un instrumento y a su registro, timbre y posibilidades de combinar su sonoridad con la de otros.

INSTRUMENTAL. adj. Perteneciente a los instrumentos musicales. ‖ *Der.* Relativo a los instrumentos públicos. *Testigo* INSTRUMENTAL. ‖ m. Conjunto de instrumentos de una orquesta. ‖ Conjunto de instrumentos de un médico. ‖ *Ling.* En algunas lenguas, caso de la declinación con que se denota, en particular, la relación de instrumento o medio.

INSTRUMENTALMENTE. adv. m. Como instrumento.

INSTRUMENTAR. tr. *Mús.* Arreglar una composición para varios instrumentos.

INSTRUMENTISTA. com. Intérprete de un instrumento musical. ‖ Quien fabrica instrumentos musicales, quirúrgicos, etc. ‖ com. Ayudante del cirujano.

INSTRUMENTO. al. **Instrument; Werkzeug.** fr. **Instrument.** ingl. **Instrument; implement.** ital. **Istrumento.** port. **Instrumento.** (Del lat. *instruméntum.*) m. Conjunto de diferentes piezas combinadas adecuadamente para que cumpla determinada función en la práctica de artes y oficios. INSTRUMENTOS *de óptica, de precisión;* sinón.: **aparato, útil.** ‖ Ingenio o máquina. ‖ Aquello que utilizamos para hacer una cosa. ‖ Escritura, papel o documento con que se justifica o prueba alguna cosa. ‖ fig. Lo que sirve de medio para conseguir determinado fin o hacer algo. ‖ – **de cuerda.** *Mús.* El que lleva cuerdas que se hacen sonar pulsándolas, golpeándolas con macillos o rozándolas con un arco. ‖ – **de percusión.** *Mús.* El que se hace sonar golpeándolo con las manos o bien con baquetas, badajos, varillas, etc. ‖ – **de viento.** o **aerófono.** *Mús.* El que se hace sonar impeliendo aire dentro de el. ‖ – **musical.** Conjunto de piezas ordenadas de modo que sirvan para producir sonidos musicales. ‖ **Hacer** uno **hablar a un instrumento.** frs. fig. Tocarlo con mucha expresión y habilidad. ‖ IDEAS AFINES: *Trebejo, enseres, herramientas, forma, manera, treta, artimaña, artificio, estratagema, propósito, objetivo.*

INSÚA, Alberto. *Biog.* Novelista esp. nacido en Cuba cuyas obras *La sombra de Peter Wald* y *El negro que tenía el alma blanca* se caracterizan por su estilo sencillo y su acertado dibujo de caracteres (1885-1963).

INSUAVE. (Del lat. *insuavis.*) adj. Desapacible a los sentidos, o que produce una sensación áspera y desagradable. ‖ deriv.: **insuavidad.**

INSUBORDINACIÓN. f. Falta de subordinación. sinón.: **rebelión, sublevación**; antón.: **disciplina.**

INSUBORDINADO, DA. adj. Que falta a la subordinación. Ú.t.c.s. *Un inferior* INSUBORDINADO; sinón.: **insumiso, sublevado.**

INSUBORDINAR. (De *in,* pref. priv., y *subordinar.*) tr. Introducir u originar insubordinación; sinón.: **insurreccionar, rebelar.** ‖ r. Sublevarse, indisciplinarse. *Las tropas* SE INSUBORDINARON.

INSUBSANABLE. adj. Que no puede subsanarse.

INSUBSISTENCIA. f. Falta de subsistencia.

INSUBSISTENTE. adj. No subsistente. ‖ Falto de fundamento o razón.

INSUBSTANCIAL. (Del lat. *insubstantialis.*) adj. De escasa o ninguna substancia. *Argumento* INSUBSTANCIAL; sinón.: **huero, trivial.** ‖ deriv.: **insubstanciabilidad; insubstancialmente.**

INSUBSTITUIBLE. adj. Insustituible.

INSUDAR. (Del lat. *insudare.*) intr. Afanarse por alguna cosa.

INSUFICIENCIA. (Del lat. *insufficientía.*) f. Falta de suficiencia o de inteligencia. *Evidenció* INSUFICIENCIA *para ese cargo*; sinón.: **incapacidad, ignorancia**; antón.: **aptitud.** ‖ Cortedad o escasez de algo. *Hay* INSUFICIENCIA *de agua en el riego;* sinón.: **carencia, falta**; antón.: **abundancia, exceso.** ‖ – **cardíaca.** Término general de las afecciones cardíacas llegadas al período de hiposistolia.

INSUFICIENTE. (Del lat. *insufficiens, -entis.*) adj. No suficiente. *Luz* INSUFICIENTE; sinón.: **escaso, poco**; antón.: **abundante.** ‖ deriv.: **insuficientemente.**

INSUFLACIÓN. (Del lat. *insufflatio, -onis.*) f. *Med.* Acción y efecto de insuflar.

INSUFLAR. (Del lat. *insufflare.*) fr. *Med.* Introducir a soplos en un órgano o en una cavidad un gas, un líquido o una substancia pulverizada. ‖ deriv.: **insuflador, ra.**

INSUFRIBLE. (De *in,* pref. priv., y *sufrible.*) adj. Que no se puede sufrir o soportar. *Tormento* INSUFRIBLE; sinón.: **insoportable**; antón.: **llevadero.** ‖ fig. Muy difícil de sufrir. *Alejamiento* INSUFRIBLE. ‖ deriv.: **insufriblemente.** ‖ IDEAS AFINES: *Dolor, angustia, sufrimiento, pesar, remordimiento, pena, agonía, tortura; incontable, inenarrable, espantoso, terrible, agudísimo, hondo, tenaz, enorme.*

ÍNSULA. (Del lat. *ínsula.*) f. Isla. ‖ fig. Lugar pequeño o gobierno de poca importancia. Dícese por alusión a la que Cervantes, en *Don Quijote,* fingió haber sido dada a Sancho Panza.

INSULANO, NA. (Del lat. *insulanus.*) adj. Isleño. Apl. a pers., ú.t.c.s.

INSULAR. (Del lat. *insularis.*) adj. Isleño. Apl. a pers., ú.t.c.s.

INSULINA. f. Hormona segregada por el páncreas, que rige la cantidad de glucosa de la sangre. Obtenida en extracto, se usa para tratar a los diabéticos, quienes no la producen en cantidad suficiente.

INSULINDIA. *Geog.* V. **Malasia.**

INSULSAMENTE. adv. m. Con insulsez.

INSULSEZ. f. Calidad de insulso. sinón.: **desabrimiento, insipidez.** ‖ Dicho insulso. sinón.: **simpleza, sosería.**

INSULSO, SA. al. **Geschmacklos; fade.** fr. **Insipide; fade.** ingl. **Insipid; tasteless.** ital. **Insipido· insulso.** port. **Insulso.** (Del lat. *insulsus.*) adj. Insípido, sin sabor. *Pescado* INSULSO; sinón.: **desabrido, soso;** antón.: **apetitoso, sabroso.** ‖ fig. Carente de gracia y viveza. ¡*Qué anécdota* INSULSA! sinón.: **insubstancial, tonto.**

INSULTADA. f. *Amér.* Insulto. Serie de insultos.

INSULTAR. al. **Beleidigen.** fr. **Insulter.** ingl. **To insult.** ital. **Insultare.** port. **Insultar.** (Del lat. *insultare.*) tr. Ofender a uno provocándolo y excitándolo con palabras o acciones. sinón.: **agraviar, injuriar.** ‖ r. Accidentarse. ‖ deriv.: **insultador, ra; insultante.**

INSULTO. al. **Beleidigung; Beschimptung.** fr. **Insulte.** ingl. **Insult.** ital. **Insulto.** port. **Insulto.** (Del lat. *insultus.*) m. Acción y efecto de insultar. sinón.: **afrenta, agravio.** ‖ Acometimiento repentino e impetuoso. ‖ Accidente, desmayo.

INSUMABLE. adj. Que no se puede sumar, o es difícil de hacerlo; exorbitante.

INSUME. (Del lat. *insúmere,* gastar.) adj. Costoso, de mucho precio.

INSUMERGIBLE. adj. No sumergible. *Boya* INSUMERGIBLE.

INSUMIR. tr. *Econ.* Emplear, invertir dinero.

INSUMISIÓN. f. Falta de sumisión.

INSUMISO, SA. adj. Indisciplinado, rebelde.

INSUMO. (De *insumir.*) m. *Econ.* Bienes empleados en la producción de otros bienes.

INSUPERABLE. (Del lat. *insuperábilis.*) adj. No superable. *El champaña francés es* INSUPERABLE; sinón.: **inmejorable.**

INSURGENTE. (Del ant. *insurgir.*) adj. y s. Sublevado, insurrecto. sinón.: **rebelde, sedicioso.**

INSURRECCIÓN. al. **Aufstand.** fr. **Insurrection.** ingl. **Insurrection.** ital. **Insurrezione.** port. **Insurreição.** (Del lat. *insurrectio, -onis.*) f. Levantamiento, sublevación o rebelión de un pueblo, país, etc. ‖ IDEAS AFINES: *Motín, revolución, guerra, ataque, desobediencia, cañón, fusil, barricada, bombardeo, aviación, ametrallar, sitio, bloqueo, retirada, avance, libertad, impuestos, economía, opresión, tributos, diezmo, revuelta.*

INSURRECCIONAL. adj. Perteneciente o relativo a la insurrección. ‖ m. Galicismo por **insurrecto.**

INSURRECCIONAR. (De *insurrección.*) tr. Instigar a la gente para que se amotine. sinón.: **revolucionar.** antón.: **apaciguar.** ‖ r. Sublevarse, rebelarse contra alguna autoridad.

INSURRECTO, TA. (Del lat. *insurrectus.*) adj. Rebelde, amotinado. U.m.c.s.

INSUSTANCIAL. adj. Insubstancial. ‖ deriv.: **insustanciali-**

dad; insustancialmente.

INSUSTITUIBLE. (De *in,* pref. neg., y *sustituible.*) adj. Que no puede sustituirse.

INTACTO, TA. al. **Unberührt.** fr. **Intact.** ingl. **Intact.** ital. **Intatto.** port. **Intato.** (Del lat. *intactus.*) adj. No tocado o palpado. ‖ fig. Que no ha padecido alteración o deterioro. *Honor* INTACTO; sinón.: **entero, íntegro;** antón.: **dañado.** ‖ Sin mezcla, puro. ‖ Dícese de lo que no ha sido tratado. *Cuestión* INTACTA.

INTACHABLE. al. **Tadellos; einwandfrei.** fr. **Irréprochable.** ingl. **Irreproachable.** ital. **Incensurabile.** port. **Irrepreensível.** adj. Que no admite tacha. *Nombre* INTACHABLE; sinón.: **inmaculado, irreprochable.**

INTANGIBLE. al. **Unantastbar; Unberührbar.** fr. **Intangible.** ingl. **Intangible.** ital. **Intangibile.** port. **Intangível.** (De *in,* pref. neg., y *tangible.*) adj. Que no debe o no puede tocarse. ‖ deriv.: **intangibilidad.**

INTEGÉRRIMO, MA. (Del lat. *integérrimus.*) adj. super. de **íntegro.**

INTEGRABLE. adj. *Mat.* Que se puede integrar.

INTEGRACIÓN. (Del lat. *integratio, -onis.*) f. *Mat.* Acción y efecto de integrar.

INTEGRADOR, RA. adj. Que integra o sirve para integrar. ‖ Dispositivo cibernético que regula automáticamente una magnitud de entrada, proporcionalmente a otra magnitud de salida, o viceversa.

INTEGRAL. (Del lat. *integralis.*) adj. *Fil.* Aplícase a las partes que componen un todo. ‖ V. **Parte integral.** ‖ Completo, entero. ‖ *Mat.* V. **Cálculo integral.** ‖ Aplícase al signo (S) que se utiliza para indicar la integración. ‖ f. *Mat.* Resultado de integrar una expresión diferencial.

INTEGRALMENTE. adv. m. De un modo integral.

ÍNTEGRAMENTE. adv. m. Enteramente. ‖ Con integridad.

INTEGRANTE. p. a. de **Integrar.** Que integra. ‖ adj. Integral, dicho de las partes que componen un todo. ‖ V. **Parte integrante.**

INTEGRAR. al. **Integriesen; ausmachen.** fr. **Completer; intégrer.** ingl. **To integrate.** ital. **Integrare.** port. **Integrar.** (Del lat. *integrare.*) tr. Dar integridad a una cosa; constituir un todo con sus partes integrantes. Ú.t.c.r. *Cincuenta músicos* INTEGRABAN *la orquesta;* sinón.: **componer.** ‖ Reintegrar. ‖ *Mat.* Determinar mediante cálculo una cantidad de la que sólo se conoce la expresión diferencial.

INTEGRIDAD. al. **Vollständigkeit.** fr. **Intégrité.** ingl. **Wholeness; integrity.** ital. **Integrità.** port. **Integridade.** (Del lat. *intégritas, -atis.*) f. Calidad de íntegro. *La* INTEGRIDAD *de un candidato.* ‖ Virginidad.

INTEGRISMO. (De *íntegro.*) m. Partido político español basado en el mantenimiento de la integridad de la tradición española. ‖ deriv.: **integrista.**

ÍNTEGRO, GRA. (Del lat. *ínteger, -gri.*) adj. Dícese de lo que no carece de ninguna de sus partes. *Colección* INTEGRA; sinón.: **completo, entero.** ‖ fig. Probo, honrado. *Funcionario* INTEGRO; antón.: **deshonesto.**

INTEGUMENTO. (Del lat. *integuméntum.*) m. Envoltura, cobertura. ‖ fig. Disfraz, ficción.

INTELECCIÓN. (Del lat. *intellectio, -onis.*) f. Acción y efecto de entender.

INTELECTIVO, VA. (Del lat. *intellectivus.*) adj. Que tiene la capacidad de entender. ‖ f. Facultad de entender.

INTELECTO. al. **Verstand; Intellekt.** fr. **Intellect; entendement.** ingl. **Intellect; understanding.** ital. **Intelletto.** port. **Intelecto.** (Del lat. *intellectus.*) m. Entendimiento, inteligencia.

INTELECTUAL. al. **Geislig; intellektueller; gebildeter Mensch.** fr. **Intellectuel.** ingl. **Intellectual.** ital. **Intellettuale.** port. **Intelectual.** (Del lat. *intellectualis.*) adj. Perteneciente o relativo al entendimiento. *Actividad* INTELECTUAL; sinón.: **especulativo, mental.** ‖ Consagrado preferentemente al cultivo de las ciencias y letras. Ú.t.c.s. *Fulano es un* INTELECTUAL.

INTELECTUALIDAD. (Del lat. *intellectuálitas, -atis.*) f. Entendimiento, inteligencia. ‖ fig. Conjunto de personas cultas de un lugar, país, etc.

INTELECTUALISMO. al. **Intellektualismus.** fr. **Intellectualisme.** ingl. **Intellectualism.** ital. **Intellettualismo.** port. **Intelectualismo.** m. Doctrina filosófica que media entre el racionalismo y el empirismo, y sostiene el predominio del entendimiento sobre la sensibilidad y la voluntad. Aristóteles y Santo Tomás son sus principales representantes.

INTELECTUALMENTE. adv. m. De modo intelectual.

INTELIGENCIA. al. **Verstand.** fr. **Intelligence.** ingl. **Intelligence.** ital. **Intelligenza.** port. **Inteligencia.** (Del lat. *intelligentia.*) f. Facultad intelectiva. *La* INTELIGENCIA *trata de dominar la materia.* ‖ Facultad de conocer, la cual se manifiesta en diversas formas. *Posee* INTELIGENCIA *para las matemáticas.* ‖ Comprensión, acto de entender. *Leer con* INTELIGENCIA. ‖ Sentido en que se puede tomar un dicho, expresión, etc. ‖ Destreza y experiencia. ‖ Trato y correspondencia secreta de dos o más personas o naciones entre sí. ‖ Substancia puramente espiritual. ‖ IDEAS AFINES: *Intelecto, entendimiento, capacidad, viveza, intuición, percibir, meditar, concepto, juicio, razonamiento, intelectual, inferir, reflexión, abstracción, pensamiento, idea, imaginación, alma, espíritu, lucidez, perspicacia, lógica, deducción, hábil, astuto, listo.*

● **INTELIGENCIA.** *Psicol.* Proceso de síntesis, que unifica, coordina y sistematiza los elementos de la vida psíquica y capaz de disociarlos y analizarlos, la **inteligencia** comprende, en sentido amplio, tres funciones: una de adquisición intelectual, la percepción; otra de conservación, la memoria y el hábito, y otra de elaboración, el pensamiento o la **inteligencia** propiamente dicha, que constituye el mundo de las ideas, formado por tres operaciones fundamentales: concepto, juicio y razonamiento (V. **Concepto; Juicio; Razonamiento**). La principal característica de la **inteligencia** es el reconocimiento de relaciones; es además un proceso selectivo de aquellos elementos que necesita. Tiene bases biológicas y está vinculada a las funciones del organismo, en especial a la actividad nerviosa y glandular y actúa sobre ella en forma notable la influencia hereditaria y del medio ambiente. En su máximo desarrollo práctico, la **inteligencia** ha creado el mundo de la técnica; la **inteligencia** teórica crea mundos mentales: ciencia, literatura, religión, filosofía, etc.

INTELIGENCIADO, DA. adj. Informado, instruido.

INTELIGENTE. al. **Klug; intelligent.** fr. **Intelligent.** ingl. **Intelligent; clever.** ital. **Intelligente.** port. **Inteligente.** (Del lat. *intélligens, -entis.*) adj. Sabio, instruido. Ú.t.c.s. ‖ Dotado de facultad intelectiva.

INTELIGIBILIDAD. f. Calidad de inteligible. sinón.: **comprensibilidad.**

INTELIGIBLE. (Del lat. *intelligibilis.*) adj. Que puede ser entendido. *Explicación* INTELIGIBLE; sinón.: **claro, comprensible;** antón.: **impenetrable, obscuro.** ‖ Dícese de lo que es objeto de puro conocimiento, sin intervención de los sentidos. *Para Aristóteles, el primer motor es* INTELIGIBLE. ‖ Que se oye clara y distintamente. *Voz* INTELIGIBLE. ‖ deriv.: **inteligiblemente.** ‖ IDEAS AFINES: *Patente, lógico, razonable, fácil, sin dificultades, abierto, despejado, distinto, neto, evidente, manifiesto.*

INTEMPERANCIA. (Del lat. *intemperantia.*) f. Condición de intemperante. sinón.: **desenfreno, destemplanza;** antón.: **moderación.**

INTEMPERANTE. (Del lat. *intemperans, -antis.*) adj. Inmoderado. sinón.: **incontinente.**

INTEMPERIE. al. **Unter freiem Himmel.** fr. **À découvert.** ingl. **Outdoors.** ital. **All'aperto.** port. **Intempérie.** (Del lat. *intemperies.*) f. Destemplanza o desigualdad del tiempo. ‖ **A la intemperie.** m. adv. Al aire libre, a cielo descubierto, sin ningún reparo.

INTEMPESTA. (Del lat. *intempesta nox.*) adj. poét. V. **Noche intempesta.**

INTEMPESTIVO, VA. al. **Unzeltgemass.** fr. **Intempestif.** ingl. **Inopportune.** ital. **Intempestivo.** port. **Intempestivo.** (Del lat. *intempestivus.*) adj. Que es fuera de tiempo y razón. *Frío* INTEMPESTIVO; sinón.: **extemporáneo.** ‖ deriv.: **intempestivamente.** ‖ IDEAS AFINES: *Sorpresivo, repentino, inesperado, fortuito, casual, azar, violento, ilógico, irrazonable, difícil, dificultoso, raro.*

INTEMPORAL. adj. Independiente del curso del tiempo.

INTENCIÓN. al. **Absicht; vorhaben.** fr. **Intention.** ingl. **Intention; purpose.** ital. **Intenzione.** port. **Intenção.** (Del lat. *intentio, -onis.*) f. Determinación de la voluntad en cuanto a un fin. *Tenía la* INTENCIÓN *de llegarme hasta su casa.* ‖ fig. Instinto dañino de algunos animales. *Caballo de* INTENCIÓN. ‖ Advertencia cautelosa con que alguien habla o procede. ‖ **Primera intención.** fam. Modo de proceder franco y algo irreflexivo. ‖ **Segunda intención.** fam. Manera solapada de obrar. ‖ **De primera intención.** expr. Aplícase a las acciones no definitivas. ‖ IDEAS AFINES: *Propósito, deseo, deliberación, plan, idea, manifestación; peligro, consejo, ayuda, auxilio, conveniencia.*

INTENCIONADO, DA. adj. Que tiene alguna intención. Ú. en particular con los advs. *bien, mal, mejor* y *peor.* ‖ deriv.: **intencionadamente.**

INTENCIONAL. (De *intención.*) adj. Relativo a los actos interiores del alma. ‖ Deliberado, hecho a sabiendas. *Incendio* INTENCIONAL. ‖ deriv.: **intencionalmente.**

INTENDENCIA. al. **Verwaltung.** fr. **Intendance.** ingl. **Intendancy.** ital. **Intendenza.** port. **Intendencia.** f. Dirección, gobierno y administración de algo. ‖ Jurisdicción del intendente. ‖ Empleo de éste. ‖ Su casa u oficina.

INTENDENTA. f. Esposa del intendente.

INTENDENTE. al. **Verwalter; Bürgermeister.** fr. **Intendant.** ingl. **Intendant.** ital. **Intendente.** port. **Intendente.** (Del lat. *intendens, -entis,* p. a. de *inténdere,* dirigir, encaminar.) m. Jefe superior económico. ‖ Jefe de una fábrica o de otra empresa explotada por cuenta del erario. ‖ En el ejército y en la marina, jefe superior de los servicios de la administración militar. ‖ *Amér.* Alcalde. ‖ IDEAS AFINES: *Encargado, agente, responsable, capataz, cabo, mayordomo, mayoral, virrey, administrador, hacienda, dirección, gobierno.*

INTENDENTE ALVEAR. *Geog.* Población de Argentina (La Pampa). 6.000 h. Producción agropecuaria.

INTENSAMENTE. adv. m. Con intensión.

INTENSAR. tr. y r. Aumentar la intensidad de algo.

INTENSIDAD. al. **Intensität; Heftigkeit.** fr. **Intensité.** ingl. **Intensity; vehemence.** ital. **Intensità.** port. **Intensidade.** (De *intenso.*) f. Grado de energía de algún agente físico, de una cualidad, expresión, etc. *Un terremoto de gran* INTENSIDAD *destruyó a Caracas en 1812;* sinón.: **poder, vigor.** ‖ fig. Vehemencia de los sentimientos. ‖ **— del sonido** o **de la voz.** Propiedad de los mismos que depende de la amplitud de las ondas sonoras.

INTENSIFICAR. (De *intenso,* y el lat. *fácere,* hacer.) tr. y r. Intensar. INTENSIFICAR *la potencia de un reflector.* ‖ deriv.: **intensificación.**

INTENSIÓN. (Del lat. *intensio, -onis.*) f. Intensidad.

INTENSIVO, VA. (Del lat. *intensivus.*) adj. Que intensa. *Estudio* INTENSIVO. ‖ deriv.: **intensivamente.**

INTENSO, SA. (Del lat. *intensus.*) adj. Que posee intensión. *Trabajo* INTENSO. ‖ fig. Muy vivo y vehemente. *Odio* INTENSO; sinón.: **profundo, violento;** antón.: **débil.**

INTENTAR. al. **Vorhaben; beabsichtigen.** fr. **Tenter; prétendre.** ingl. **To attempt; to try.** ital. **Intentare; tentare.** port. **Intentar; tentar.** (Del lat. *intentare.*) tr. Tener propósito de hacer algo. ‖ Iniciar su ejecución. *¿Cuántos* INTENTARON, *antes de Peary, llegar al Polo Norte?;* sinón.: **ensayar, probar.** ‖ Procurar o pretender. INTENTARÉ *convencerlo.*

INTENTO. al. **Vorhaben; Absicht.** fr. **Intention; essai; tentative.** ingl. **Intent; purpose.** ital. **Intento.** port. **Intento.** (Del lat. *intentus.*) m. Propósito, designio. *Tenía el* INTENTO *de hablarte;* sinón.: **intención.** ‖ Cosa intentada. *Un* INTENTO *desdichado;* sinón.: **tentativa.** ‖ **De intento.** m. adv. De propósito.

INTENTONA. f. fam. Intento imprudente, y en particular si se ha malogrado.

ÍNTER. adv. t. Ínterin. Ú.t.c.s. con el art. *el. En el* ÍNTER.

ÍNTER. (Del lat. *ínter.*) prep. insep. que significa entre o en medio. INTER*cambio.* ‖ Ú.t. sola en locuciones latinas. ÍNTER *nos.*

INTERACCIÓN. (De *ínter,* prep., y *acción.*) f. Acción recíproca entre dos objetos.

INTERANDINO, NA. (De *ínter,* prep., y *Andes,* n. p.) adj. Referente a los Estados de uno y otro lado de los Andes.

INTERARTICULAR. adj. *Anat.* Que está ubicado en las articulaciones.

INTERATÓMICO, CA. adj. Situado entre átomos.

INTERCADENCIA. (De *ínter,* prep., y *cadencia.*) f. Volubilidad o inconstancia en la conducta o en los sentimientos. ‖ Desigualdad defectuosa en el lenguaje, estilo, etc. ‖ *Med.* Cierta irregularidad en el número de las pulsaciones.

INTERCADENTE. (Del lat. *ínter,* entre, y *cadens, -entis,* que cae.) adj. Que tiene intercadencias. ‖ deriv.: **intercadentemente.**

INTERCALACIÓN. (Del lat. *intercalatio, -onis.*) f. Acción y efecto de intercalar.

INTERCALADURA. f. Intercalación.

INTERCALAR. (Del lat. *intercalaris.*) adj. Que está interpuesto, injerido o agregado. ‖ V **Día intercalar.**

INTERCALAR. al. **Einschalten** fr. **Intercaler.** ingl. **To intercalate.** ital. **Intercalare.** port. **Intercalar.** (Del lat. *intercalare.*) tr. Injerir o poner una cosa entre otras. sinón.: **interpolar.**

INTERCAMBIABLE. (De *inter,* pref., y *cambiable.*) adj. Dícese de cada una de las piezas semejantes pertenecientes a objetos iguales que se pueden utilizar en cualquiera de ellos sin necesidad de ser modificadas.

INTERCAMBIO. al. **Austausch.** fr. **Échange.** ingl. **Interchange.** ital. **Intercambio.** port. **Intercambio.** (De *ínter,* pref., y *cambio.*) m. Reciprocidad de actuaciones entre corporaciones similares de diversos países. INTERCAMBIO *intelectual, comercial.*

INTERCEDER. al. **Sich verwenden.** fr. **Intercéder.** ingl. **To intercede.** ital. **Intercedere.** port. **Interceder.** (Del lat. *intercédere.*) intr. Pedir socorro o gracia a alguien, a favor de un tercero; sinón.: **abogar, mediar.**

INTERCELULAR. (De *ínter,* pref., y *célula.*) adj. *Anat.* Dícese de la materia orgánica situada entre las células.

INTERCEPTAR. al. **Unterbrechen.** fr. **Intercepter.** ingl. **To intercept.** ital. **Intercettare.** port. **Interceptar.** (Del lat. *intercípere,* interrumpir.) tr. Apoderarse de algo antes de que llegue a la persona o cosa a que se destina. INTERCEPTAR *un correo.* ‖ Detener algo en su camino. ‖ Obstruir una vía de comunicación. *Un árbol caído les* INTERCEPTABA *el paso;* sinón.: **entorpecer, estorbar.** ‖ deriv.: **interceptación.**

INTERCEPTOR. (Del lat. *interceptor, -oris.*) m. Interruptor.

INTERCESIÓN. (Del lat. *intercesio, -onis.*) f. Acción y efecto de interceder.

INTERCESOR, RA. (Del lat. *intercéssor.*) adj. y s. Que intercede. sinón.: **mediador.**

INTERCESORIAMENTE. adv. m. Con intercesión o por ella.

INTERCLASIFICADORA. f. Ordenadora electrónica encargada de la clasificación de tarjetas perforadas de acuerdo con un programa determinado.

INTERCOLUMNIO. (Del lat. *intercolúmnium.*) m. *Arq.* Espacio entre dos columnas.

INTERCOLUNIO. m. *Arq.* Intercolumnio.

INTERCOMUNICACIÓN. (De *inter-* y *comunicación.*) f. Comunicación recíproca. ‖ Comunicación telefónica entre las distintas dependencias de un edificio o recinto.

INTERCOMUNICADOR. m. Aparato destinado a la intercomunicación.

INTERCONTINENTAL. adj. Que está entre dos continentes. ‖ Dícese de lo relativo a dos o más continentes. *Comercio* INTERCONTINENTAL.

INTERCOSTAL. (Del lat. *ínter,* entre, y *costa,* costilla.) adj. *Anat.* Que está entre las costillas.

INTERCOTIDAL. adj. Dícese de las líneas empleadas en cartografía para unir los puntos de la costa donde ocurre la marea al mismo tiempo.

INTERCURRENTE. (Del lat. *intercurrens, -entis.*) adj. *Med.* Aplícase a la enfermedad que sobreviene durante el curso de otra.

INTERCUTÁNEO, A. (De *ínter,* pref., y *cutáneo.*) adj. Que está entre el cuero y la carne. Dícese, en general, de los humores.

INTERDECIR. (Del lat. *interdícere.*) tr. Vedar o prohibir.

INTERDENTAL. adj. Dícese del sonido o consonante que se articula aplicando el ápice de la lengua al borde de los incisivos superiores, y de las letras que los representan; como la *z.* Ú.t.c.s.f.

INTERDEPENDENCIA. f. Dependencia recíproca.

INTERDICCIÓN. (Del lat. *interdictio, -onis.*) f. Acción y efecto de interdecir. ‖ — **civil.** *Der.* Privación de derechos civiles, definida por ley. *En Roma se conocía la* INTERDICCIÓN *de agua y fuego.*

INTERDICTO, TA. (Del lat. *interdíctum.*) adj. *Amér.* Sujeto a interdicción. ‖ m. Entredicho. ‖ *Der.* Juicio posesorio muy sumario.

INTERDIGITAL. (Del lat. *ínter,* entre, y *dígitus,* dedo.) adj. *Anat.* Dícese de cualquiera de las membranas, músculos, etc., que están situados entre los dedos.

INTERÉS. al. **Interesse; zins.** fr. **Intérêt; profit.** ingl. **Interest.** ital. **Interesse.** port. **Interesse.** (Del lat. *interesse,* importar.) m. Provecho, utilidad, ganancia. ‖ Valor de una cosa en sí. ‖ Ganancia producida por el capital. *Capitalizar los* INTERESES. ‖ Inclinación hacia algún objeto, narración, etc. *Manifestó* INTERÉS *en conocerlo.* ‖ pl. Bienes de fortuna. ‖ Necesidad o conveniencia colectiva, en el orden moral o material. *Los* INTERESES *de la comunidad.* ‖ **Interés compuesto.** El de un capital al que se van acumulando sus réditos para que produzcan otros. ‖ — **legal.** El señalado por ley. ‖ — **simple.** El que produce un capital, sin agregado de réditos vencidos. ‖ **Intereses creados.** Ventajas, ilegítimas a veces, por las que determinadas personas establecen entre sí cierta solidaridad.

INTERESABLE. (De *interesar.*) adj. Interesado, codicioso.

INTERESADO, DA. adj. y s. Que tiene interés en algo. *Hay muchos* INTERESADOS *por esta propiedad.* ‖ Que se deja llevar por algún interés. *Amabilidad* INTERESADA. ‖ deriv.: **interesadamente.**

INTERESAL. adj. Interesable.

INTERESANTE. al. **Anziehend; interessant.** fr. **Intéressant.** ingl. **Interesting.** ital. **Interessante.** port. **Interessante.** adj. Que interesa. *Mujer, novela* INTERESANTE; sinón.: **atrayente, cautivante.**

INTERESAR. al. **Teilnehmen lassen; interessieren.** fr. **Intéresser.** ingl. **To interest.** ital. **Interessare.** port. **Interessar.** intr. Tener interés en algo. Ú.t.c.r. *Le* INTERESA *la aviación; me* INTERESO *por esta persona.* ‖ tr. Dar parte a alguien en un asunto lucrativo. INTERESÓ *a su amigo en la explotación.* ‖ Hacer tomar parte a alguien en negocios ajenos, como si fuesen propios. ‖ Cautivar la atención ajena con lo que se dice o escribe. *Un escritor que* INTERESA; sinón.: **atraer.** ‖ Inspirar afecto. ‖ Afectar algún órgano del cuerpo. *El proyectil le* INTERESÓ *los intestinos.*

INTERESENCIA. (De *interesente.*) f. Asistencia personal a un acto o función.

INTERESENTE. (Del lat. *interesse,* asistir.) adj. Que concurre a los actos en común para poder percibir una distribución que reclama asistencia personal.

INTERESTELAR. (Del lat. *ínter,* entre, y *stella,* estrella.) adj. Dícese del espacio comprendido entre dos o más astros.

INTERFECTO, TA. (Del lat. *interfectus,* muerto.) adj. *Der.* Dícese de la persona muerta violentamente. Ú.m.c.s.

INTERFERENCIA. (Del lat. *ínter,* entre, y *ferens, -entis,* p. a. de *ferre,* llevar.) Acción y efecto de interferir. ‖ f. fig. y fam. Interrupción, intromisión. ‖ *Fís.* Acción recíproca de las ondas, de la cual resulta un aumento, disminución o neutralización del movimiento ondulatorio.

INTERFERIR. Cruzar, interponer algo en el camino de una cosa, o en una acción. Ú.t.c.r. ‖ tr. e intr. Causar interferencia. INTERFERIR *una transmisión radiotelefónica.* ‖ irreg. Conj. como **sentir.**

INTERFERÓMETRO. (De *interferir,* y del gr. *metron,* medida.) m. *Fís.* Instrumento óptico fundado en la interferencia, que permite determinar diferencias muy pequeñas en el índice de refracción, o medir la longitud de las ondas luminosas.

INTERFOLIAR. (Del lat. *ínter,* entre, y *fólium,* hoja.) tr. Intercalar entre las hojas impresas de un libro otras en blanco.

INTERGALÁCTICO, CA. adj. *Astron.* Perteneciente o relativo a los espacios existentes entre las galaxias.

INTERGLACIAR. adj. Dícese del período comprendido entre dos glaciaciones sucesivas.

ÍNTERIM. *Hist.* Formulario doctrinal que proclamó Carlos V en 1548, para que se rigiesen por él los católicos y los luteranos, en tanto no diese el Concilio de Trento sentencia definitiva en las materias religiosas.

ÍNTERIN. (Del lat. *ínterim.*) m. Interinidad, tiempo que dura el desempeño interino de un empleo, cargo, etc. ‖ adv. t. Entretanto o mientras.

INTERÍN. m. y adv. t. Barbarismo por **ínterin.**

INTERINAMENTE. adv. t. Con interinidad; en el ínterin.

INTERINAR. tr. Desempeñar provisionalmente un cargo o empleo.

INTERINATO. m. *Arg.* Ínterin, interinidad, tiempo que dura el desempeño interino de un cargo. ‖ *Chile, Arg., Guat., P. Rico* y *Hond.* Empleo o cargo interino.

INTERINIDAD. f. Calidad de interino. ‖ Duración del desempeño interino de un cargo o empleo.

INTERINO, NA. (De *ínterin.*) adj. Que sirve durante un tiempo en sustitución de una cosa o persona. Apl. a pers., ú.t.c.s. *Director* INTERINO; sinón.: **provisional.**

INTERINSULAR. adj. Dícese del tráfico u otras relaciones entre dos o más islas.

INTERIOR. al. **Innerer; das Innere.** fr. **Intérieur.** ingl. **Interior; internal.** ital. **Interiore; interno.** port. **Interior.** (Del lat. *intérior.*) adj. Que está ubicado en la parte de adentro. *Ropa* INTERIOR; sinón.: **interno;** antón.: **exterior.** ‖ Dícese de la habitación sin vistas a la calle. ‖ fig. Perteneciente a la nación de que se habla, en oposición a lo exterior o extranjero. *Problemas* INTERIORES. ‖ Dícese de lo que sólo se siente en el plano psíquico. ‖ m. En los coches de tres compartimientos, el del medio. ‖ Ánimo o espíritu. ‖ Parte interior de algo. *Penetrar en el* INTERIOR *de una casa, de un país.* ‖ pl. Entrañas. ‖ Parte central de un país, en oposición a las zonas costeras o fronterizas. ‖ En algunos países de América, todo lo que en ellos no es la capital o las ciudades principales: p. ej., de la Argentina, lo que no es la ciudad de Buenos Aires y sus alrededores; de Panamá, lo que no son las ciudades de Panamá y Colón. ‖ IDEAS AFINES: *Oculto, velado, misterioso, escondido, atrás, posterior, obscuro, interno, nativo, nacional, propio, intelectual, psicología, alma, inteligencia.*

INTERIORANO, NA. adj. *Pan.* Natural del interior del país, no capitalino. Ú.t.c.s. ‖ *Pan.* Perteneciente o relativo al interior del país.

INTERIORIDAD. f. Calidad de interior. ‖ pl. Cosas privativas de corporaciones, personas, etc.

INTERIORIZAR. tr. Informar, enterar a alguien de algo detalladamente.

INTERIORMENTE. adv. l. En lo interior.

INTERJECCIÓN. al. **Interjektion; Empfindungswort.** fr. **Interjection.** ingl. **Interjection.** ital. **Interiezione.** port. **Interjeição.** (Del lat. *interiectio, -onis.*) f. *Gram.* Voz que constituye por sí sola una oración elíptica o abreviada y expresa una impresión repentina, como sorpresa, dolor, etc.

INTERJECTIVO, VA. adj. *Gram.* Perteneciente o relativo a la interjección.

INTERLÍNEA. f. Espacio entre dos líneas escritas o impresas. ‖ *Impr.* Regleta.

INTERLINEAL. (De *ínter,* pref., y *línea.*) adj. Escrito o impreso entre dos renglones o líneas. *Agregado* INTERLINEAL. ‖ Dícese de la traducción interpolada en el texto de la obra traducida, de manera que cada línea de la versión esté inmediata a la línea correspondiente de la obra original.

INTERLINEAR. (De *ínter,* pref., y *línea.*) tr. Entrerrenglonar. ‖ *Impr.* Regletear. ‖ deriv.: **interlineación.**

INTERLOCUCIÓN. (Del lat. *interlocutio, -onis.*) f. Diálogo entre dos o más personas.

INTERLOCUTOR, RA. al. **Gesprächspartner.** fr. **Interlocuteur.** ingl. **Interlocutor.** ital. **Interlocutore.** port. **Interlocutor.** (Del lat. *interlocútum,* supino de *interloquí,* dirigir preguntas, interrumpir.) s. Cada una de las personas que intervienen en un diálogo.

INTERLOCUTORIO, RIA. (De *interlocutor.*) adj. *For.* Aplícase al auto o sentencia que precede a la definitiva. Ú.t.c.s.m. ‖ deriv.: **interlocutoriamente.**

INTÉRLOPE. (Del b. alem. *enterlopen,* deslizarse fraudulentamente.) adj. Dícese del comercio clandestino de una nación con las colonias de otra, y de los barcos que lo efectúan. Aplícase también a la usurpación de privilegios otorgados a una compañía para las colonias.

INTERLUDIO. (Del lat. *ínter,* entre, y *ludus,* recreo.) m. *Mús.* Composición breve que se ejecuta como intermedio entre obras de mayor importancia.

INTERLUNIO. (Del lat. *interlúnium.*) m. *Astr.* Tiempo de la conjunción en que no se ve la Luna.

INTERMAXILAR. (Del lat. *ínter,* entre, y *praxilla,* quijada.) adj. *Anat.* Que está situado entre los huesos maxilares. ‖ V. **Hueso intermaxilar.** Ú.t.c.s.

INTERMEDIAR. (De *intermedio.*) intr. Mediar.

INTERMEDIARIO, RIA. al. **Vermittler; Zwischenhändler.** fr. **Intermédiaire.** ingl. **Intermediary; mediator.** ital. **Intermediario.** port. **Intermediário.** (De *intermediar.*) adj. y s. Que media entre dos o más personas, y particularmente entre productores y consumidores.

INTERMEDIO, DIA. (Del lat. *intermedius.*) adj. Que se halla en medio de los extremos de lugar o tiempo. *Estación* INTERMEDIA. ‖ m. Espacio que hay de un tiempo a otro o de una acción a otra. ‖ Música que se ejecuta entre los actos de una pieza de teatro. ‖ Espacio de tiempo durante el cual se interrumpe la representación de un espectáculo público, desde que termina cada uno de los actos o partes de la función hasta que comienza el acto o la parte siguiente. sinón.: **intervalo.**

INTERMINABLE. al. **Endlos.** fr. **Interminable.** ingl. **Interminable; endless.** ital. **Interminabile.** port. **Interminável.** (Del lat. *interminábilis.*) adj. Que carece de término o fin. *Cuenta* INTERMINABLE; sinón.: **inacabable, infinito;** antón.: **breve.**

INTERMINISTERIAL. adj. Que se refiere a varios ministerios o a las relaciones entre sí.

INTERMISIÓN. (Del lat. *intermissio, -onis.*) f. Interrupción transitoria de una labor o de cualquier otra cosa.

INTERMISO, SA. (Del lat. *intermissus.*) p. p. irreg. de **Intermitir.** ‖ adj. Interrumpido, suspendido.

INTERMITENCIA. (De *intermitente.*) f. Calidad de intermitente. ‖ *Med.* Discontinuación de la fiebre o de cualquier otro síntoma que cesa y vuelve.

INTERMITENTE. al. **Ausstzend.** fr. **Intermittent.** ingl. **Intermittent.** ital. **Intermittente.** port. **Intermitente.** (De *intermitir.*) adj. Que se interrumpe y prosigue. *Luz* INTERMITENTE; sinón.: **discontinuo, entrecortado.**

INTERMITIR. (Del lat. *intermíttere.*) tr. Suspender transitoriamente una cosa; impedir su continuación.

INTERMONTANO, NA. adj. Que está entre las montañas.

INTERMUSCULAR. (De *ínter,* pref., y *muscular.*) adj. *Anat.* Que se halla situado entre músculos.

INTERNACIÓN. f. Acción y efecto de internar o internarse.

INTERNACIONAL. al. **International; Zwischenstaatlich.** fr. **International.** ingl. **International.** ital. **Internazionale.** port. **Internacional.** (De *ínter,* pref., y *nacional.*) adj. Relativo a dos o más naciones. *Tratado, frontera* INTERNACIONAL. ‖ V. **Derecho internacional.** ‖ deriv.: **internacionalidad.**

INTERNACIONAL, La. *Hist.* Asociación de trabajadores de casi todas las naciones cuya finalidad es la lucha por las reivindicaciones gremiales y políticas de las clases asalariadas. La necesidad de su creación fue sugerida en 1843 por Flora Tristán; fundada en 1864, en Londres, sus estatutos fueron redactados por Carlos Marx. En 1889, el Congreso Internacional Socialista fundó la Segunda **Internacional** que, fraccionada después de la revolución rusa de 1917, dio nacimiento a la Tercera **Internacional, Internacional** Sindical Roja o **Internacional** Comunista.

INTERNACIONALISMO. m. Doctrina o actitud que antepone la consideración o estima de lo internacional a las de lo puramente nacional. ‖ Sistema socialista que preconiza la agrupación internacional de los obreros para obtener determinadas reivindicaciones. ‖ Cosmopolitismo.

INTERNACIONALISTA. adj. Partidario del internacionalismo. Ú.t.c.s.

INTERNACIONALIZAR. tr. Someter a la autoridad conjunta de varias naciones, o de un organismo que las representé, territorios o asuntos que estaban sujetos a la autoridad de un solo Estado.

INTERNADO, DA. al. **Internat.** fr. **Internat.** ingl. **Boarding-school.** ital. **Collegio convicttо.** port. **Internado.** p. p. de **internar.** ‖ Estado y régimen del alumno interno. ‖ Conjunto de alumnos internos. ‖ Estado y régimen de personas que viven internas en establecimientos sanitarios o benéficos. ‖ Establecimiento donde viven alumnos u otras personas internas. ‖ *Arg.* Sistema de organización que se practica en algunos establecimientos educativos, mediante el cual se admiten alumnos internos.

INTERNAMENTE. adv. l. Interiormente.

INTERNAR. (De *interno.*) tr. Conducir tierra adentro a una persona o cosa. ‖ intr. Penetrar, introducirse. Ú.t.c.r. ‖ r. Adentrarse por tierra o mar. *Gaboto* SE INTERNÓ *en el Mar de Solís, en contra de las reales instrucciones.* ‖ fig. Introducirse en los secretos y amistad de alguien, o profundizar una materia.

INTERNISTA. adj. y s. Dícese del médico especialista en enfermedades de los órganos internos que no suelen requerir intervención quirúrgica.

INTERNO, NA. (Del lat. *internus.*) adj. Interior. *Lesión* INTERNA. ‖ Dícese del alumno que mora dentro de un establecimiento docente. Ú.t.c.s.

INTERNODIO. (Del lat. *internódium;* de inter, entre, y *nodus,* nudo.) m. Espacio que hay entre dos *nudos.*

ÍNTER NOS. loc. lat. que significa entre nosotros. Se usa en el lenguaje familiar. ÍNTER NOS *te diré la verdad.*

INTERNUNCIO. (Del lat. *internuntius.*) m. El que habla en nombre de otro. ‖ Interlocutor. ‖ Ministro pontificio que suple al nuncio. ‖ deriv.: **internunciatura.**

INTEROCEÁNICO, CA. adj. Que pone en comunicación dos océanos. *El estrecho de Magallanes es* INTEROCEÁNICO.

INTERÓSEO, A. adj. *Anat.* Que

se halla situado entre los huesos.

INTERPAGINAR. (De *ínter*, pref., y *página*.) tr. Interfoliar.

INTERPARIETAL. adj. *Anat.* Que está situado entre los parietales.

INTERPARLAMENTARIO, RIA. (De *ínter* y *parlamentario*.) adj. Dícese de las organizaciones y comunicaciones que unen las actividades internacionales entre representaciones legislativas de diferentes países.

INTERPELACIÓN. (Del lat. *interpellatio, -onis*.) f. Acción y efecto de interpelar.

INTERPELAR. al. **Interpellieren; ausfragen.** fr. **Interpeller.** ingl. **To appeal to; to interpellate.** ital. **Interpellare.** port. **Interpelar.** (Del lat. *interpellare*.) tr. Recurrir a alguien para rogar su auxilio o amparo. ‖ Compeler a uno para que dé explicaciones sobre un hecho cualquiera. ‖ En las cámaras legislativas, usar un diputado o senador de la palabra para iniciar o plantear al gobierno una discusión extraña a los proyectos de ley y a las proposiciones. ‖ deriv.: **interpelante.** ‖ IDEAS AFINES: *Impetrar, solicitar, pedir, suplicar, mendigar, humillarse, ayuda, socorro, benevolencia, gracia; replicar, contestar, rebatir, preguntar, capcioso.*

INTERPLANETARIO, RIA. adj. Dícese del espacio o de las relaciones existentes entre dos o más planetas.

INTERPOLACIÓN. (Del lat. *interpolatio, -onis*.) f. Acción y efecto de interpolar.

INTERPOLADAMENTE. adv. m. Con interpolación.

INTERPOLAR. (Del lat. *interpolare*.) tr. Poner una cosa entre otras. sinón.: **intercalar.** ‖ Introducir palabras o frases en el texto de obras y escritos ajenos. ‖ Interrumpir momentáneamente la continuación de una cosa. ‖ *Mat.* Determinar los valores o términos de una serie, intermedios entre otros conocidos. ‖ *Fís.* Averiguar el valor de una magnitud en un intervalo cuando se conocen algunos de los valores que toma a uno y otro lado de dicho intervalo. ‖ deriv.: **interpolador, ra.** ‖ IDEAS AFINES: *Acomodar, cambiar, modificar, arreglar, corregir, mejorar, organizar, rehacer, perfeccionar, metodizar; traducir, plagiar, disimulo, estafa, conglomerado; suspender, finalizar, descanso, intervalo.*

INTERPONER. (Del lat. *interpónere*.) tr. Interpolar una cosa entre otras. ‖ fig. Poner a alguien por intercesor o medianero. Ú.t.c.r. INTERPUSO *su influencia.* ‖ *For.* Formalizar mediante un pedimento alguno de los recursos legales. ‖ irreg. Conj. como **poner.**

INTERPOSICIÓN. (Del lat. *interpositio, -onis*.) f. Acción y efecto de interponer o interponerse. sinón.: **intercalación, interpolación.**

INTERPÓSITA PERSONA. loc. lat. *Der.* El que interviene en un acto jurídico por encargo y en provecho de otro, aparentando actuar por cuenta propia.

INTERPRENDER. (Del lat. *ínter*, entre, y *prehéndere*, coger, sorprender.) tr. Tomar u ocupar por sorpresa una cosa.

INTERPRESA. (Del lat. *ínter*, entre, y *prehensa*, p. p. de *prehéndere*, sorprender.) f. Acción de interprender. ‖ Acción militar repentina e imprevista.

INTERPRETABLE. adj. Que se puede interpretar.

INTERPRETACIÓN. al. **Auslegung.** fr. **Interprétation.** ingl. **Interpretation.** ital. **Interpretazione.** port. **Interpretação.** (Del lat. *interpretatio, -onis*.) f. Acción y efecto de interpretar. ‖ – **auténtica.** *Der.* La que hace de una ley el mismo legislador. ‖ – **doctrinal.** *Der.* La que se apoya en opiniones de jurisconsultos. ‖ – **usual.** *Der.* La autorizada por la jurisprudencia de los tribunales.

INTERPRETAR. al. **Auslegen.** fr. **Interpréter.** ingl. **To interpret.** ital. **Interpretare.** port. **Interpretar.** (Del lat. *interpretare*.) tr. Aclarar o declarar el sentido de algo, y especialmente el de textos poco inteligibles. INTERPRETAR *las Sagradas Escrituras.* ‖ Traducir de una lengua a otra. ‖ Comprender o tomar en buen o mal sentido una acción o palabra. *No me* HA INTERPRETADO. ‖ Atribuir una acción a determinado fin o causa. ‖ Entender y expresar bien o mal el asunto o materia de que se trata. Dícese en particular de los actores o de los artistas en general. ‖ deriv.: **interpretador, ra; interpretante.** ‖ IDEAS AFINES: *Razonar, divulgar, descifrar, conocer, explicar, enseñar, instruir, comprender, enterar; representar, sentir.*

INTERPRETATIVO, VA. adj. Que sirve para interpretar una cosa. ‖ deriv.: **interpretativamente.**

INTÉRPRETE. al. **Dolmetscher; Interpret.** fr. **Interprète.** ingl. **Interpreter.** ital. **Interprete.** port. **Intérprete.** (Del lat. *interpres, -etis*.) com. Quien interpreta. *Un eximio* INTÉRPRETE *de Beethoven.* ‖ Quien se ocupa de explicar a otros, en lengua que comprenden, lo dicho en idioma desconocido. ‖ fig. Cosa que sirve para dar a conocer sentimientos.

INTERPUESTO, TA. p. p. irreg. de **Interponer.**

INTERREGNO. (Del lat. *interrégnum*.) m. Espacio de tiempo durante el cual un Estado no tiene soberano. ‖ *Arg.* Interrupción, suspensión.

INTERROGACIÓN. al. **Frage.** fr. **Interrogation.** ingl. **Interrogation.** ital. **Interrogazione.** port. **Interrogação.** (Del lat. *interrogatio, -onis*.) f. Pregunta. *Una* INTERROGACIÓN *incisiva.* ‖ Signo ortográfico (¿?) que se coloca, en castellano, al principio y fin de palabra o cláusula interrogativa. ‖ *Ret.* Figura consistente en interrogar, no para denotar duda o requerir respuesta, sino para expresar indirectamente la afirmación, o dar más fuerza y eficacia a lo que se dice.

INTERROGADOR, RA. adj. y s. Que interroga.

INTERROGANTE. p. a. de **Interrogar.** Que interroga. Ú.t.c.s. ‖ m. Signo de la interrogación. ‖ f. Pregunta, interrogación. U.t.c.m. ‖ Inquietud, duda, problema no aclarado, incógnita. Ú.t.c.m.

INTERROGAR. al. **Fragen; vernehmen.** fr. **Interroger; questionner.** ingl. **To question; to ask.** ital. **Interrogare.** port. **Interrogar.** (Del lat. *interrogare*.) tr. Preguntar. *El profesor* INTERROGARÁ *a los examinandos*; sinón.: **demandar, inquirir.**

INTERROGATIVAMENTE. adv. m. Con interrogación.

INTERROGATIVO, VA. (Del lat. *interrogativus*.) adj. *Gram.* Que encierra o denota interrogación. *Oración* INTERROGATIVA.

INTERROGATORIO. (Del lat. *interrogatorius*.) m. Serie de preguntas, hechas comúnmente por escrito. ‖ Papel o documento que las contiene. sinón.: **cuestionario.** ‖ Acto de dirigirlas a quien debe contestarlas. ‖ IDEAS AFINES: *Inquirir, examinar, averiguar, responder, solicitar, examen, compulsa, interrogar, reprender.*

INTERRUMPIDAMENTE. adv. m. Con interrupción. antón.: **continuadamente.**

INTERRUMPIR. al. **Unterbrechen.** fr. **Interrompre.** ingl. **To interrupt.** ital. **Interrompere.** port. **Interromper.** (Del lat. *interrúmpere*.) tr. Cortar la continuación de una acción en el lugar o en el tiempo. ‖ Cortar en el tiempo la continuación de algo. *La muerte de Rafael* INTERRUMPIÓ *la construcción de la basílica.* antón.: **proseguir.** ‖ Atravesarse uno con su palabra mientras otro habla. *Hijo, no* INTERRUMPAS *a tu padre.* ‖ IDEAS AFINES: *Parada, cesación, detención, tregua, descanso, armisticio, intervalo, ínterin, terminación, fin, límite, entreacto.*

INTERRUPCIÓN. al. **Unterbrechung.** fr. **Interruption.** ingl. **Interruption.** ital. **Interruzione.** port. **Interrupção.** (Del lat. *interruptio, -onis*.) f. Acción y efecto de interrumpir. INTERRUPCIÓN *del tránsito.*

INTERRUPTOR, RA. al. **Schalter.** fr. **Interrupteur.** ingl. **Switch; circuit-breaker.** ital. **Interruttore.** port. **Interruptor.** (Del lat. *interrúptor, -oris*.) adj. Que interrumpe. ‖ m. Mecanismo destinado a interrumpir o establecer un circuito eléctrico.

INTERSECARSE. (Del lat. *intersecare*.) rec. *Geom.* Cortarse dos líneas o dos superficies entre sí.

INTERSECCIÓN. al. **Schnittpunkt.** fr. **Intersection.** ingl. **Intersection.** ital. **Intersezione.** port. **Interseção.** (Del lat. *intersectio, -onis*.) f. *Geom.* Punto común a dos líneas que se cortan. ‖ Encuentro de dos sólidos, dos superficies o dos líneas que se cortan recíprocamente. *Camine hasta la* INTERSECCIÓN *de esta calle con la avenida;* sinón.: **cruce.**

INTERSIDERAL. adj. Situado entre los astros.

INTERSTICIAL. adj. Dícese de lo que ocupa intersticios.

INTERSTICIO. (Del lat. *interstítium*.) m. Hendidura o espacio, generalmente pequeño, que existe entre dos cuerpos o entre dos partes de un mismo cuerpo. *Por un* INTERSTICIO *del telón atisbaba la sala*; sinón.: **rendija, resquicio.** ‖ Intervalo de tiempo o lugar. ‖ IDEAS AFINES: *Hendija, agujero, rajadura, abertura, boquete, entrada, brecha, grieta, raja; ínterin, entreacto, descanso, separación, distancia, lejos.*

INTERTANTO. adv. t. *Amér.* Entretanto.

INTERTRIGO. m. *Med.* Inflamación erisipelatosa, producida por el roce de una parte contra otra.

INTERTROPICAL. (De *ínter*, pref., y *trópico*.) adj. Perteneciente o relativo a países situados entre los trópicos, y a sus habitantes.

INTERURBANO, NA. adj. Dícese de las relaciones y medios de comunicación entre distintos barrios de una ciudad o entre dos ciudades.

INTERUSURIO. (Del lat. *interusúrium*.) m. *Der.* Interés que se debe por la demora en la restitución de una cosa.

INTÉRVALO. m. Barbarismo por **intervalo.**

INTERVALO. al. **Zwischenzeit; Intervall.** fr. **Intervalle.** ingl. **Interval.** ital. **Intervallo.** port. **Intervalo.** (Del lat. *intervállum*.) m. Distancia entre un tiempo y otro, o entre un lugar y otro; sinón.: **intermedio, pausa.** ‖ Conjunto de los valores que toma una magnitud entre dos límites dados. INTERVALO *de temperatura, de energía,* etc. ‖ *Mús.* Distancia entre dos notas de diferente altura. ‖ – **claro** o **lúcido.** *Med.* Período en que los locos poseen cordura.

INTERVENCIÓN. (Del lat. *interventio, -onis*.) f. Acción y efecto de intervenir. ‖ Oficina del interventor.

INTERVENCIONISMO. m. Práctica habitual o reiterada de la intervención en asuntos internacionales. ‖ Sistema por el cual se procura dar a los organismos estatales intervención en la vida privada. ‖ deriv.: **intervencionista.**

INTERVENIDOR, RA. (De *intervenir*.) adj. y s. Interventor.

INTERVENIR. al. **Vermitteln.** fr. **Intervenir; faire part.** ingl. **To intervene.** ital. **Intervenire; far parte.** port. **Intervir.** (Del lat. *intervenire*.) intr. Tomar parte en un asunto. INTERVENIR *en una polémica;* sinón.: **participar.** ‖ Interponer alguien su autoridad. ‖ Interceder entre quienes riñen. INTERVINE *con el fin de calmarlos*; sinón.: **mediar.** ‖ Acaecer, suceder. ‖ tr. Relativo a letras de cambio, ofrecer un tercero aceptarlas o pagarlas. ‖ Dirigir, limitar o suspender una autoridad el libre ejercicio de actividades o funciones. ‖ Vigilar una autoridad la comunicación privada. ‖ En países de régimen federal, ejercer el gobierno central funciones propias de los estados o provincias. ‖ Relativo a aduanas, fiscalizar su administración. ‖ En las relaciones internacionales, dirigir, uno o varios Estados, asuntos interiores de otro. ‖ *Cir.* Operar. ‖ irreg. Conj. como **venir.** ‖ IDEAS AFINES: *Inmiscuirse, entremeterse, ayudar, auxiliar, socorrer, amparar, defender, mediador, árbitro, reconciliar, arreglar, pacificar, impedir.*

INTERVENTOR, RA. (Del lat. *interventor*.) adj. Que interviene. Ú.t.c.s. ‖ m. Funcionario que autoriza y fiscaliza determinadas operaciones, para que se efectúen legalmente. ‖ En elecciones para diputados, etc., elector designado oficialmente por un candidato para vigilar la regularidad de la votación.

INTERVIEW. f. Anglicismo por entrevista o conferencia. Pronúnciase **interviú.**

INTER VIVOS. (loc. lat. que significa *entre vivos*.) V. **Donación ínter vivos.**

INTERVOCÁLICO, CA. adj. Dícese de la consonante que está entre vocales.

INTERYACENTE. (Del lat. *interíacens, -entis*.) adj. Que yace en medio o entre dos o más cosas.

INTESTADO, DA. (Del lat. *intestatus*.) adj. *For.* Que muere sin haber hecho testamento válido. Ú.t.c.s. ‖ m. *For.* Caudal sucesorio acerca del cual no hay o no rigen disposiciones testamentarias.

INTESTINAL. adj. Perteneciente a los intestinos. *Vellosidades* INTESTINALES.

INTESTINO, NA. al. **Innerlich; Darm.** fr. **Intestin.** ingl. **Intestine.** ital. **Intestino.** port. **Intestino.** (Del lat. *intestinus*, de *intus*, dentro, interiormente.) adj. Interno, interior. ‖ fig. Civil, doméstico. *Querellas* INTESTINAS. ‖ m. Porción tubular del aparato digestivo, entre el estómago y el ano, donde se completa la digestión de los alimentos, se absorben los productos asimilables y se prepara la defecación. U.m. en pl. ‖ – **ciego.** Parte del intestino **grueso,** entre el íleon y el colon. ‖ – **delgado.** Parte del intestino de los mamíferos, de menor diámetro. ‖ – **grueso.** Parte del intestino de los mamíferos, de mayor diámetro.

INTIBUCÁ. *Geog.* Departamento del S.O. de Honduras. 3.072 km². 100.000 h. Cap. LA ESPERANZA. Actividades agrícola-ganaderas.

ÍNTICO, CA. adj. *Méx.* Barbarismo por **idéntico.**

INTIMA. (De *intimar*.) f. Intimación.

INTIMACIÓN. (Del lat. *intimatio, -onis*.) f. Acción y efecto de intimar.

ÍNTIMAMENTE. adv. m. Con intimidad.

INTIMAR. (Del lat. *intimare*.) tr. Notificar, hacer saber algo, en particular, con fuerza o autoridad para ser obedecido. INTIMAR *el pago de una deuda;* sinón.: **conminar, exigir.** ‖ r. Introducirse una cosa material por los poros, huecos, etc., de otra. ‖ fig. Introducirse en el afecto de alguien. Ú.t.c.intr. *Pronto* INTIMÉ *con aquella gente.* ‖ IDEAS AFINES: *Perentorio, enérgico, decidido, obligar, forzar, ultimátum, declaración, aviso, autoritario, mandón, jaque, valentón, matasiete, fanfarrón, alguacil; confianza, amistad, cariño, ternura.*

INTIMATORIO, RIA. adj. *Der.* Dícese de los escritos con que se intima un decreto o una orden. *Notificación* INTIMATORIA.

INTIMIDACIÓN. f. Acción y efecto de intimidar.

INTIMIDAD. al. **Vertraulichkeit; Intimität.** fr. **Intimité.** ingl. **Intimacy.** ital. **Intimità.** port. **Intimidade.** f. Amistad íntima. ‖ Parte muy personal, generalmente reservada, de los asuntos de una persona o familia.

INTIMIDAR. (Del lat. *intimidare*; de *in*, en, y *tímidus*, tímido.) tr. y r. Provocar o infundir miedo. sinón.: **asustar, atemorizar.**

INTIMISMO. m. Nombre que se aplica al arte o costumbres que reflejan sentimientos, escenas o situaciones de carácter íntimo. ‖ deriv.: **intimista.**

ÍNTIMO, MA. al. **Eng; innerster; vertraut.** fr. **Intime.** ingl. **Intimate.** ital. **Intimo.** port. **Íntimo.** (Del lat. *íntimus*.) adj. Más interior o interno. *Habitaciones* ÍNTIMAS. ‖ Dícese, además, de la amistad muy estrecha y del amigo muy querido y de confianza.

INTITULAR. al. **Betiteln.** fr. **Intituler.** ingl. **To entitle.** ital. **Intitolare.** port. **Intitular.** (Del lat. *intitulare*.) tr. Poner título a algún libro o escrito. ‖ Dar un título particular a algún objeto o persona. Ú.t.c.r. ‖ r. *Guat.* Llamarse. SE INTITULA *Carlos.*

INTOCABLE. (De *in*, pref. neg., y *tocar*.) adj. Intangible.

INTOLERABLE. (Del lat. *intolerábilis*.) adj. Que no se puede tolerar. *Es de una insolencia* INTOLERABLE; sinón.: **insoportable, insufrible.** ‖ deriv.: **intolerabilidad.**

INTOLERANCIA. al. **Unduldsamkeit; Intoleranz.** fr. **Intolérance.** ingl. **Intolerance.** ital. **Intolleranza.** port. **Intolerancia.** (Del lat. *intolerantia*.) f. Falta de tolerancia. *La* INTOLERANCIA *es hija, a veces, de la estrechez espiritual*; sinón.: **intransigencia, pertinacia.**

INTOLERANTE. (Del lat. *intó-*

lerans, -antis.) adj. No tolerante. Ú.t.c.s. *Ser* INTOLERANTE *en materia de religión*; sinón.: **intransigente.**

INTOMABLE. adj. Impotable.

INTONSO, SA. (Del lat. *intonsus.*) adj. Que no tiene cortado el pelo. ‖ fig. Iletrado, rústico. Ú.t.c.s. ‖ Dícese del libro encuadernado sin cortar las barbas a los pliegos de que se compone.

INTOXICACIÓN. al. **Vergiftung.** fr. **Intoxication.** ingl. **Intoxication.** ital. **Intossicazione.** port. **Intoxicação.** f. Acción y efecto de intoxicar o intoxicarse, sinón.: **envenenamiento.**

INTOXICAR. al. **Vergiften.** fr. **Intoxiquer.** ingl. **To poison.** ital. **Intossicare.** port. **Intoxicar.** (Del lat. *in*, en, y *tóxicum*, veneno.) tr. y r. Envenenar, emponzoñar.

INTRA- (Del lat. *intra.*) prep. insep. que significa interioridad. INTRA*muros*, INTRA*venoso*.

INTRAATÓMICO, CA. adj. Relativo al interior del átomo.

INTRACELULAR. adj. Que está situado u ocurre dentro de una célula o células.

INTRADÉRMICO, CA. adj. Comprendido o que se practica en el espesor de la dermis. *Inyección* INTRADÉRMICA.

INTRADÓS. (Del fr. *intrados*, y éste del lat. *intra*, dentro, y *dórsum*, dorso.) m. *Arq.* Superficie de un arco o bóveda que queda a la vista por la parte interior del edificio en que se halla. ‖ Cara de una dovela que corresponde a dicha superficie.

INTRADUCIBLE. (De *in*, pref. neg., y *traducible.*) adj. Que no puede ser traducido de un idioma a otro. ‖ deriv.: **intraducibilidad.**

INTRAHISTORIA. (De *intra-* e *historia.*) f. Voz introducida por el escritor don Miguel de Unamuno para la vida tradicional que sirve de fondo permanente a la historia cambiante y visible.

INTRAHISTÓRICO, CA. adj. Perteneciente o relativo a la intrahistoria.

INTRAMUROS. (Del lat. *intra*, dentro, y *muros*, murallas.) adv. l. Dentro de una ciudad, localidad, etc. *Vivir* INTRAMUROS; antón.: **extramuros.**

INTRAMUSCULAR. (Del lat. *intra*, dentro, y de *músculo.*) adj. Que está o se introduce dentro de los músculos.

INTRANQUILIDAD. f. Falta de tranquilidad; inquietud. sinón.: **ansiedad, desasosiego;** antón.: **calma, paz.**

INTRANQUILIZADOR, RA. adj. Que intranquiliza. *Nubes* INTRANQUILIZADORAS; sinón.: **alarmante, inquietante.**

INTRANQUILIZAR. (De *in*, pref. neg., y *tranquilizar.*) tr. Quitar la tranquilidad, desasosegar. sinón.: **alarmar, inquietar;** antón.: **calmar, serenar.**

INTRANQUILO, LA. (De *in*, pref. neg., y *tranquilo.*) adj. Carente de tranquilidad. *Sueño* INTRANQUILO; sinón.: **agitado, nervioso;** antón.: **sereno.**

INTRANSFERIBLE. adj. No transferible. *Documento* INTRANSFERIBLE; sinón.: **intransmisible.**

INTRANSIGENCIA. (De *intransigente.*) adj. Condición del que no transige con lo que se opone a sus costumbres, gustos, etc. sinón.: **intolerancia.**

INTRANSIGENTE. (De *in*, pref. neg., y *transigente.*) adj. Que no transige. sinón.: **intolerante, obstinado.** ‖ Que no se presta a transigir.

INTRANSITABLE. (De *in*, pref. neg., y *transitable.*) adj. Dícese del sitio o lugar por donde no se puede transitar. *Los caminos se han puesto* INTRANSITABLES.

INTRANSITIVO, VA. al. **Intransitiv; ziellos.** fr. **Intransitif.** ingl. **Intransitive.** ital. **Intransitivo.** port. **Intransitivo.** (Del lat. *intransitivus.*) adj. Que no es transitivo. ‖ *Gram.* V. **Verbo intransitivo.**

INTRANSMISIBLE. (De *in*, pref. neg., y *transmisible.*) adj. Que no puede ser transmitido, sinón.: **intransferible.**

INTRANSMUTABLE. (De *in*, pref. neg., y *transmutable.*) adj. Que no se puede transmutar. ‖ deriv.: **intransmutabilidad.**

INTRASMISIBLE. adj. Intransmisible.

INTRATABLE. (Del lat. *intractábilis.*) adj. No tratable ni manejable. ‖ fig. Insociable, huraño. ‖ deriv.: **intratabilidad.**

INTRAUTERINO, NA. adj. Dícese de lo que está o se verifica dentro del útero.

INTRÉPIDAMENTE. adv. m. Con intrepidez.

INTREPIDEZ. al. **Unerschrockenheit.** fr. **Intrépidité.** ingl. **Intrepidity; bravery.** ital. **Intrepidezza.** port. **Intrepidez.** (De *intrépido.*) f. Valor, osadía en el peligro. antón.: **cobardía, temor.** ‖ fig. Irreflexión, falta de deliberación. ‖ IDEAS AFINES: *Audacia, coraje, guerra, batalla, asalto, soldado, premio, ascenso, citación, condecoración, caballero andante, hazaña, aventura, agente de policía, vigilante, equilibrista, piloto.*

INTRÉPIDO, DA. (Del lat: *intrépidus.*) adj. Carente de temor en los peligros. *Explorador* INTREPIDO; sinón.: **osado, valiente;** antón.: **cobarde, pusilánime.** ‖ fig. Que obra o habla irreflexivamente.

INTRICAR. (Del lat. *intricare.*) tr. Intrincar. Ú.t.c.r.

INTRIGA. al. **Intrige.** fr. **Intrigue.** ingl. **Intrigue.** ital. **Intrigo.** port. **Intriga.** (De *intrigar.*) f. Acción ejecutada cautelosamente para alcanzar un fin determinado. sinón.: **asechanza, maquinación.** ‖ Embrollo, enredo. ‖ IDEAS AFINES: *Medio, manera, forma, subterfugio, astucia, artificio, treta, manejo, maña, ardid, rodeo, espionaje, lío, sabotaje, trampa, conspiración, atentado, motín, revolución, complot, conjuración, faccioso, revoltoso, camarilla, pandilla, maquinación.*

INTRIGANTE. al. **Intrigant.** fr. **Intrigant.** ingl. **Intriguer.** ital. **Intrigante.** port. **Intrigante.** p. a. de **Intrigar.** Que intriga o suele intrigar. Ú.m.c.s. *Palaciego* INTRIGANTE.

INTRIGAR. al. **Intrigieren.** fr. **Intriguer.** ingl. **To intrigue.** ital. **Intrigare.** port. **Intrigar.** (Del lat. *intricare*, embrollar, enredar.) intr. Utilizar intrigas. ‖ Producir viva curiosidad una cosa.

INTRINCACIÓN. f. Acción y efecto de intrincar.

INTRINCADO, DA. adj. Enmarañado, confuso. *Problema* INTRINCADO; sinón.: **enrevesado, inextricable.** ‖ deriv.: **intrincadamente.**

INTRINCAMIENTO. m. Intrincación.

INTRINCAR. (De *intricar.*) tr. Enredar o embrollar algo. Ú.t.c.r. ‖ fig. Confundir u obscurecer los pensamientos, conceptos o ideas. ‖ deriv.: **intrincable; intrincadamente.**

INTRÍNGULIS. (Del lat. *in*, en, y *trículis*, enredos.) m. fam. Intención solapada que se conjetura en una persona o acción. ‖ Quid, dificultad.

INTRÍNSECO, CA. al. **Innerlich; wesentlich.** fr. **Intrinsèque.** ingl. **Intrinsic; intrinsical.** ital. **Intrinseco.** port. **Intrínseco.** (Del lat. *intrínsecus*, interiormente.) adj. Íntimo, esencial. *Valor* INTRÍNSECO; antón.: **extrínseco.** ‖ deriv.: **intrínsecamente.**

INTRINSIQUEZA. f. Intimidad.

INTRODUCCIÓN. al. **Einführung.** fr. **Introduction.** ingl. **Introduction.** ital. **Introduzione.** port. **Introdução.** (Del lat. *introductio, -onis.*) f. Acción y efecto de introducir o introducirse. *La* INTRODUCCIÓN *de mercaderías*; sinón.: **entrada, penetración;** antón.: **extracción.** ‖ Preparación para alcanzar un fin que uno se ha propuesto. ‖ Exordio de una obra literaria; sinón.: **preámbulo, prefacio.** ‖ fig. Amistad y trato familiar e íntimo con alguien. ‖ *Mús.* Parte inicial por lo común breve de una obra instrumental, o de alguno de sus tiempos. ‖ Sinfonía, pieza musical que precede a óperas, etc.

INTRODUCIR. al. **Einführen.** fr. **Introduire.** ingl. **To introduce.** ital. **Introdurre.** port. **Introduzir.** (Del lat. *introdúcere.*) tr. Dar entrada a una persona en un lugar. *El portero me* INTRODUJO *en el salón.* ‖ Meter o hacer entrar una cosa en otra. INTRODUCIR *el reloj en el bolsillo, contrabando en un país.* ‖ fig. Hacer que alguien sea recibido o admitido en un lugar o granjearle la amistad, la gracia, etc. de otra persona. INTRODUCIR *a uno en la sociedad.* ‖ Hacer intervenir a un personaje en una tragedia, novela, cuento, etc. ‖ Hacer adoptar, poner en uso. INTRODUCIR *un producto en un país.* ‖ Atraer, provocar. INTRODUCIR *la indisciplina.* U.t.c.r. ‖ r. Meterse uno en lo que no le concierne. ‖ IDEAS AFINES: *Presentar, empujar, poner, colocar; visita, presentación, conocimiento, acostumbrar, boga, común.*

INTRODUCTOR, RA. (Del lat. *introdúctor.*) adj. Que introduce. U.t.c.s. ‖ **— de embajadores.** Funcionario encargado, en algunos Estados, de acompañar a los embajadores y ministros extranjeros en algunos actos de ceremonia.

INTROITO. (Del lat. *introitus.*) m. Comienzo de un escrito o de una oración. ‖ Lo primero que dice el sacerdote en el altar al empezar la misa. ‖ En el teatro antiguo, prólogo que explicaba el argumento del poema dramático al que antecedía.

INTROMISIÓN. al. **Einmischung.** fr. **Intromission.** ingl. **Intromission.** ital. **Intromissione.** port. **Intromissão.** f. Acción y efecto de entrometer o entrometerse. sinón.: **intrusión.**

INTROSPECCIÓN. al. **Selbstprufung; Innenschau.** fr. **Introspection.** ingl. **Introspection.** ital. **Introspezione.** port. **Introspecção.** (Del lat. *introspectio, —onis.*) f. Observación interna del alma o de sus actos, con fines especulativos.

INTROSPECTIVO, VA. (Del lat. *introspéctum*, de *introspícere*, mirar por dentro.) adj. Propio de la introspección o relativo a ella.

INTROVERSIÓN. (De *introverso.*) f. Acción y efecto de penetrar el alma humana dentro de sí misma, abstrayéndose de los sentidos.

INTROVERSO, SA. (Del lat. *introversus*, vuelto hacia dentro.) adj. Aplícase al espíritu que se abstrae de los sentidos y penetra dentro de sí para contemplarse.

INTROVERTIDO, DA. Persona habitualmente introversa, en quien el mundo externo sólo provoca algunos sentimientos.

INTRUSAMENTE. adv. m. Por intrusión.

INTRUSARSE. r. Apropiarse, sin razón ni derecho, algún cargo, jurisdicción, etc.

INTRUSIÓN. (Del lat. *intrusio, -onis.*) f. Acción de introducirse ilícitamente en una propiedad, oficio, etc. ‖ IDEAS AFINES: *Robo, escala, fractura, hurto, saquear, pillaje, asalto, ladrón, bandolero, caco, Mercurio, apache, salteador, entrometerse, intervenir.*

INTRUSISMO. m. Intrusión.

INTRUSO, SA. al. **Eindringling.** fr. **Intrus.** ingl. **intruded.** ital. **Intruso.** port. **Intruso.** (Del lat. *intrusus*, p. p. de *intrúdere*, introducirse.) adj. Que se ha introducido ilícitamente. ‖ Detentador de algo conseguido mediante intrusión. Ú.t.c.s. ‖ Que alterna con personas de rango superior.

INTUBACIÓN. f. *Med.* Procedimiento, utilizado en especial en el crup, consistente en la colocación de un tubo metálico dentro de la laringe para permitir el acceso del aire y evitar la asfixia del paciente.

INTUICIÓN. al. **Intuition; Einfühlungsvermögen.** fr. **Intuition.** ingl. **Intuition.** ital. **Intuizione.** port. **Intuição.** (Del lat. *intuitio, -onis.*) f. *Fil.* Percepción clara, íntima, instantánea de una idea o una verdad, con prescindencia del razonamiento. *La* INTUICIÓN *de Bergson.*

INTUICIONISMO. m. *Fil.* Doctrina epistemológica que admite un conocimiento intuitivo junto al racional. ‖ Característica principal del idealismo irracionalista, especialmente del de Bergson, consistente en considerar nuestras intuiciones como si fuesen producto de un entendimiento opuesto al proceso psíquico empírico, y por ende interpretar nuestras categorías morales como si fuesen perfectas, universales e inmutables.

INTUIR. (Del lat. *intúere.*) tr. Percibir instantánea y claramente una idea, prescindiendo del razonamiento. ‖ irreg. Conj. como **huir.**

INTUITIVO, VA. adj. Relativo a la intuición. *Conocimiento* INTUITIVO. ‖ deriv.: **intuitivamente.**

INTUITIVO. (Del lat. *intuitus.*) m. Vista, ojeada o mirada.

INTUMESCENCIA. (Del lat. *intumescens, —entis*, intumescente.) f. Hinchazón, efecto de hincharse.

INTUMESCENTE. (Del lat. *intumescens, -entis*, p. a. de *intuméscere*, hincharse.) adj. Que se va hinchando.

INTUSUSCEPCIÓN. (Del lat. *intus*, dentro, y *susceptio, -onis*, acción de recibir.) f. *Biol.* Modo de crecer los seres vivos por las substancias que asimilan interiormente.

INULTO, TA. (Del lat. *inultus.*) adj. poét. Impune o no vengado.

INUNDACIÓN. al. **Überschwemmung; Überflutung.** fr. **Inondation.** ingl. **Flood; inundation.** ital. **Inondazione.** port. **Inundação.** (Del lat. *inundatio, -onis.*) f. Acción y efecto de inundar o inundarse. *Las* INUNDACIONES *en el valle del Misisipi eran desastrosas.* ‖ fig. Multitud excesiva de algo.

INUNDAR. al. **Überschwemmen; überfluten.** fr. **Inonder.** ingl. **To flood; to inundate.** ital. **Inondare.** port. **Inundar.** (Del lat. *inundare.*) tr. y r. Cubrir el agua terrenos, poblaciones, etc. sinón.: **anegar.** ‖ *Mar.* Llenar de agua un tanque, compartimiento o buque. ‖ fig. Llenar un país de personas, cosas, etc. sinón.: **colmar.** ‖ deriv.: **inundante.** ‖ IDEAS AFINES: *Crecida, riada, río, lago, maremoto, lluvia, diluvio, dique, represa, arca de Noé, sumergir, anegar, torrente, avenida, catarata, salto, Niágara, Iguazú.*

INURBANIDAD. f. Falta de urbanidad; descortesía.

INURBANO, NA. (Del lat. *inurbanus.*) adj. Falto de urbanidad, sinón,: **descortés, insociable;** antón.: **educado.** ‖ deriv.: **inurbanamente.**

INURRIA, Mateo. *Biog.* Escultor esp. que, con otros, restauró la mezquita de Córdoba (1869-1924).

INUSITADAMENTE. adv. m. De manera inusitada.

INUSITADO, DA. (Del lat. *inusitatus.*) adj. No usado. *Demanda* INUSITADA; sinón.: **desacostumbrado, insólito;** antón.: **habitual.**

INUSUAL. adj. No usual. sinón.: **insólito; inusitado;** antón.: **habitual, ordinario.**

INÚTIL. al. **Unnütz; unbrauchbar.** fr. **Inutile.** ingl. **Useless.** ital. **Inutile.** port. **Inútil.** (Del lat. *inútilis.*) adj. No útil. *Todos los cuidados fueron* INÚTILES; sinón.: **inane, vano;** antón.: **eficaz, fecundo.**

INÚTIL. *Geog.* Bahía de la costa chilena de la isla de Tierra del Fuego, en el estrecho de Magallanes.

INUTILIDAD. (Del lat. *inutílitas, -atis.*) f. Calidad de inútil; sinón.: **inanidad, ineficacia.**

INUTILIZAR. tr. Hacer inútil o nulo algo. U.t.c.r.

INÚTILMENTE. adv. m. Sin utilidad; sinón.: **estérilmente, vanamente.**

INVADEABLE. (De *in*, pref. neg. y *vadeable.*) adj. Que no se puede vadear.

INVADIENTE. p. a. de **Invadir.** Que invade.

INVADIR. al. **Überfallen; einfallen in.** fr. **Envahir.** ingl. **To invade.** ital. **Invadere.** port. **Invadir.** (Del lat. *invádere.*) tr. Acometer, entrar a la fuerza en alguna parte. *Los turcos* INVADIERON *a Europa en el siglo XIV*; sinón.: **irrumpir.** ‖ fig. Entrar injustificadamente en funciones ajenas. ‖ IDEAS AFINES: *Ataque, bárbaros, Imperio Romano, Atila, destrucción, pillaje, guerra, batalla, defensa, muerte, acometida, victoria, mezcla, vencidos, esclavos, nación, estado, bloqueo, sitio, expedición, secreto, sigilo, espionaje.*

INVAGINACIÓN. f. Acción y efecto de invaginar. ‖ Introducción anormal de una parte del intestino en la que le precede o le sigue. ‖ Operación quirúrgica consistente en restablecer la continuidad del tubo intestinal, cuando éste se ha dividido.

INVAGINAR. (Del lat. *in*, en, y *vagina*, vaina.) tr. Plegar los bordes de la boca de un tubo, o de una vejiga, haciendo que se introduzcan en su interior. ‖ *Cir.* Introducir uno de los extremos de un intestino dividido dentro de otro, para restablecer la continuidad del tubo intestinal.

INVALIDACIÓN. f. Acción y efecto de invalidar. Inutilización.

INVÁLIDAMENTE. adv. m, Con invalidación.

INVALIDAR. al. **Ungültig machen.** fr. **Invalider.** ingl. **To invalidate.** ital. **Invalidare.** port. **Invalidar.** (De *inválido.*) tr. Hacer inválido o de ningún valor y efecto alguna cosa. sinón.: **abolir, anular.**

INVALIDEZ. f. Calidad de inválido. *La* INVALIDEZ *de un testamento.*

INVÁLIDO, DA. al. **Invalide; ungültig.** ingl. **Invalid.** Ital. **Invalido.** port. **Inválido.** (Del lat. *inválidus.*). adj. Que no tiene fuerza ni vigor. ‖ Dícese de la persona que adolece de un defecto físico o mental, ya sea congénito, ya adquirido, el cual le impide o dificulta alguna de sus actividades. Ú.t.c.s. ‖ Dícese en especial de los militares que en acto de servicio o a consecuencia de él han sufrido mutilación o pérdida de alguna facultad importante. Ú.t.c.s. ‖ fig. Nulo y de ningún valor, por no tener las condiciones que exigen las leyes. *Acuerdo* INVÁLIDO. *Resolución* INVÁLIDA. ‖ fig. Falto de vigor y de solidez en el entendimiento o en la razón. *Argumento* INVÁLIDO.

INVALORABLE. adj. Que no se puede valorar.

INVALUABLE. adj. Que no se puede valuar como corresponde, inestimable.

INVAR. m. Aleación de acero y níquel, que se dilata muy poco por los cambios de temperatura; se emplea para construir aparatos de precisión.

INVARIABLE. al. **Unveränderlich.** fr. **Invariable.** ingl. **Invariable.** ital. **Invariabile.** port. **Invariável.** (De *in*, pref. neg., y *variable.*) adj. Que no experimenta o no puede experimentar variación. *Nada altera la marcha* INVARIABLE *del tiempo*; sinón.: **constante, inalterable;** antón.: **cambiante, mudable.** ‖ deriv.: **invariabilidad; invariablemente.**

INVARIACIÓN. f. Permanencia invariable de una cosa o en una cosa.

INVARIADO, DA. adj. No variado. ‖ deriv.: **invariadamente.**

INVARIANTE. adj. Dícese de las distancias, ángulos, superficies y volúmenes que, después de haber sido sometidos a series de transformaciones, conservan su magnitud.

INVASIÓN. al. **Einfall.** fr. **Invasion.** ingl. **invasion.** ital. **Invasione.** port. **Invasão.** (Del lat. *invasio, -onis.*) f. Acción y efecto de invadir. *Las* INVASIONES *de los bárbaros; una* INVASIÓN *de langosta*; sinón.: **irrupción.**

INVASIONES INGLESAS. *Hist.* Las llevadas a cabo por Inglaterra para apoderarse de las colonias esp. del Río de la Plata. En la primera, realizada en 1806, las fuerzas ingl. comandadas por el gral. Beresford se apoderaron del fuerte de Buenos Aires; el virrey Sobremonte abandonó la ciudad, que fue reconquistada por Santiago de Liniers. En la segunda, de 1807, la escuadra ingl. se apoderó de Montevideo y logró entrar en Buenos Aires, heroicamente defendida por sus habitantes y ejército, al mando de Liniers, Pueyrredón y Álzaga, que obligaron a la rendición a los ingleses.

INVASOR, RA. (Del lat. *invásor.*) adj. y s. Que invade. INVASOR *arrogante.*

INVECTIVA. (Del lat. *invectiva.*) f. Discurso o escrito áspero y violento contra algo o alguien. sinón.: **diatriba, filípica.**

INVENCIBLE. (De *in*, pref. neg., y *vencible.*) adj. Que no puede ser vencido. *Cansancio* INVENCIBLE; sinón.: **indomable.** ‖ deriv.: **invencibilidad; invenciblemente.**

INVENCIÓN. al. **Erfindung.** fr. **Invention.** ingl. **Invention.** ital. **Invenzione.** port. **Invenção.** (Del lat. *inventio, -onis.*) f. Acción y efecto de inventar. ‖ Cosa inventada. *La* INVENCIÓN *de la máquina de vapor se atribuye a Jacobo Watt.* ‖ Hallazgo, acción de hallar. ‖ Engaño, ficción. ‖ *Ret.* Selección y ordenamiento de los temas e ideas del discurso oratorio. ‖ *Mús.* Nombre dado a una serie de obras instrumentales breves, de estilo contrapuntístico, similares a las homónimas, compuestas por Juan S. Bach.

INVENCIONERO, RA. (De *invención.*) adj. y s. Inventor. ‖ Embustero.

INVENDIBLE. (Del lat. *invendíbilis.*) adj. Que no se puede vender.

INVENTADOR, RA. (De *inventar.*) adj. y s. Inventor.

INVENTAR. al. **Sich Ausdenken; erfinden.** fr. **Inventer.** ingl. **To invent.** ital. **Inventare.** port. **Inventar.** (De *invento.*) tr. Hallar cosas nuevas o no conocidas, casual o razonadamente. ‖ Crear, imaginar una obra el artista. ‖ Fingir hechos falsos. INVENTAR *una enfermedad.*

INVENTARIAR. tr. Hacer inventario.

INVENTARIO. al. **Inventar; Inventur.** fr. **Inventaire.** ingl. **Inventory.** ital. **Inventario.** port. **Inventário.** (Del lat. *inventárium.*) m. Asiento de los bienes y demás cosas pertenecientes a personas o comunidades, hecho ordenadamente. *Hacer el* INVENTARIO *para un remate.* ‖ Papel en que se han escrito dichas cosas.

INVENTIVO, VA. adj. Que tiene disposición para inventar. ‖ Dícese de cosas inventadas. ‖ f. Aptitud y disposición para inventar.

INVENTO. (Del lat. *invéntum*) m. Invención.

INVENTOR, RA. al. **Erfinder.** fr. **Inventeur.** ingl. **Inventor.** ital. **Inventore.** port. **Inventor.** (Del lat. *invéntor.*) adj. y s. Que inventa. *Graham Bell fue el* INVENTOR *del teléfono.* ‖ Que finge o discurre infundada y caprichosamente.

INVERCARGILL. *Geog.* Ciudad de Nueva Zelanda, puerto en la costa S. de la isla meridional. 55.000 h. Industria molinera y frigorífica.

INVERECUNDIA. (Del lat. *inverecundia.*) f. Desvergüenza, descaro.

INVERECUNDO, DA. (Del lat. *inverecundus*; de *in*, priv., y *verecundia*, vergüenza.) adj. Que no tiene vergüenza. Ú.t.c.s. sinón.: **desvergonzado, impúdico.**

INVERISIMIL. (De *in*, pref. neg., y *verisímil.*) adj. Inverosímil.

INVERISIMILITUD. (De *in*, pref. neg., y *verisimilitud.*) f. Inverosimilitud.

INVERNA. f. *Perú.* Invernada del ganado.

INVERNACIÓN. f. *Med.* Hibernación.

INVERNÁCULO. al. **Treibhaus.** fr. **Serre.** ingl. **Hothouse; conservatory.** ital. **Serra.** port. **Invernadouro.** (Del lat. *hibernáculum.*) m. Lugar cubierto y calentado artificialmente para proteger las plantas de la acción del frío.

INVERNADA. (De *invernar.*) f. Estación de invierno. ‖ *Amér. del* S. Invernadero, campo para que paste el ganado. ‖ Permanencia del ganado en ese campo. ‖ *Ven.* Aguacero torrencial.

INVERNADERO. (De *invernar.*) m. Sitio apropiado para pasar el invierno, y destinado a ese fin. ‖ Lugar destinado al pastoreo en dicha estación. ‖ Invernáculo.

INVERNAL. al. **Winterlich.** fr. **Hivernal.** ingl. **Hibernal.** ital. **Invernale.** port. **Invernal.** (Del ant. *ivernal.*) adj. Perteneciente al invierno. *Aletargamiento* INVERNAL. ‖ m. Establo en los invernaderos para refugio del ganado.

INVERNAR. al. **Überwintern.** fr. **Hiverner.** ingl. **To winter; to pass the winter.** ital. **Svernare.** port. **Invernar.** (Del ant. *ivernar.*) intr. Tener o pasar el invierno en alguna parte. ‖ Pasar el invierno en un lugar donde no se reside habitualmente. *Magallanes* INVERNÓ *en la costa patagónica.* ‖ *Amér. del S.* Pastar el ganado en invernadas. ‖ irreg. Conj. como **acertar.**

INVERNAZO. aum. de **invierno.** ‖ m. *P. Rico* y *Sto. Dom.* Período de lluvias, de julio a septiembre. ‖ *P. Rico.* Período de inactividad en los ingenios de azúcar.

INVERNESS. *Geog.* C. de Gran Bretaña (Escocia), sobre el golfo de Moray. 36.000 h. Astilleros.

INVERNIZIO, Carolina. *Biog.* Novelista ital. autora de *Los misterios de Florencia; Crímenes sin castigo* y otras obras (1860-1916).

INVERNIZO, ZA. adj. Perteneciente al invierno o que tiene sus propiedades.

INVEROSÍMIL. (De *in*, pref. neg. y *verosímil.*) adj. Que no tiene aspecto de verdad. *Historia* INVEROSÍMIL. sinón.: **increíble.** ‖ deriv.: **inverosímilmente.**

INVEROSIMILITUD. (De *in*, pref. neg., y *verosimilitud.*) f. Calidad de inverosímil.

INVERSAMENTE. adv. m. **A la inversa.**

INVERSIÓN. (Del lat. *inversio, -onis.*) f. Acción y efecto de invertir. *Hacer una* INVERSIÓN *importante.* ‖ *Med.* Vuelta hacia dentro. INVERSIÓN *palpebral.*

INVERSO, SA. (Del lat. *inversus.*) p. p. irreg. de **Invertir.** ‖ adj. Alterado, trastornado. *Orden* INVERSO. ‖ **A,** o **por, la inversa.** loc. adv. **Al contrario.**

INVERSOR, RA. adj. Que invierte. Ú.m.c.s. ‖ V. **Capa inversora.** ‖ m. *Fís.* Aparato para cambiar el sentido de la corriente eléctrica en un circuito.

INVERTEBRADO, DA. al. **Wirbellos.** fr. **Invertébré.** ingl. **Invertebrate.** ital. **Invertebrato.** port. **Invertebrado.** (De *in*, pref. neg., y *vertebrado.*) adj. *Zool.* Dícese de los animales que carecen de columna vertebral. Ú.t.c.s.m. ‖ m. pl. *Zool.* Tipo de estos animales.

INVERTIDO, DA. adj. *Fort.* Dícese de la aspillera más ancha por fuera que por dentro. ‖ m. Homosexual.

INVERTINA. f. *Quím.* Fermento contenido en la levadura, que convierte la sacarosa en glucosa y levulosa.

INVERTIR. al. **Umkehren; Geldanlegen.** fr. **Invertir.** ingl. **To invert; to reverse.** ital. **Invertire.** port. **Inverter.** (Del lat. *invértere.*) tr. Trastornar las cosas o su ordenación. ‖ Emplear caudales en aplicaciones productivas. INVIRTIÓ *su dinero en acciones mineras.* ‖ Ocupar el tiempo en algo. *¿Cómo* INVERTIRÁS *tus vacaciones?* ‖ *Mat.* Cambiar la posición de los dos términos de cada razón en una proporción. ‖ irreg. Conj. como **sentir.** ‖ IDEAS AFINES: *Desarreglar, desordenar, marear, voltear; gastar, derrochar, dilapidar, ahorrar, reservar.*

INVESTIDURA. f. Acción y efecto de investir. ‖ Carácter adquirido con la toma de posesión de determinados cargos. *Gregorio VII recabó para la Iglesia la* INVESTIDURA *de los beneficios eclesiásticos.*

INVESTIDURAS, Querella de las. *Hist.* Lucha mantenida entre los Papas y los emperadores de Alemania durante los s. XI y XII, acerca de cómo habrían de conferirse los cargos eclesiásticos. Terminó admitiéndose que la investidura espiritual correspondía al Papa y la temporal al gobierno.

INVESTIGABLE. (Del lat. *investigábilis.*) adj. Que se puede investigar.

INVESTIGACIÓN. (Del lat. *investigatio, -onis.*) f. Acción y efecto de investigar. *Activar las* INVESTIGACIONES; sinón.: **indagación.**

INVESTIGADOR, RA. (Del lat. *investigátor.*) adj. y s. Que investiga. *Afán* INVESTIGADOR.

INVESTIGAR. al. **Untersuchen.** fr. **Faire des recherches; vérifier.** ingl. **To investigate; to inquire into.** ital. **Investigare.** port. **Investigar.** (Del lat. *investigare.*) tr. Hacer diligencias con el objeto de descubrir algo. INVESTIGAR *un homicidio*; sinón.: **indagar, inquirir.** ‖ IDEAS AFINES: *Averiguar, buscar, trabajar, seguir, estudiar, policía, detective, investigador, pesquisa, polizonte, vigilante, sospechoso, interrogatorio, detención, demora, juez, penal, juicio, condena, absuelto, inocente; sabio, laboratorio, antibiótico, vacuna.*

INVESTIMENTO. m. Inversión de dineros eclesiásticos en la adquisición de bienes inmuebles.

INVESTIR. al. **Ausstatten.** fr. **Investir.** ingl. **To invest.** ital. **Investire.** port. **Investir.** (Del lat. *investire.*) tr. Otorgar una dignidad o cargo importante. Ú. con las preps. *con* o *de.* ‖ irreg. Conj. como **pedir.**

INVETERADO, DA. (Del lat. *inveteratus.*) adj. Antiguo, arraigado. *Creencias* INVETERADAS; sinón.: **enraizado;** antón.: **extraño, nuevo.** ‖ deriv.: **inveteradamente.**

INVETERARSE. (Del lat. *inveterare.*) r. Envejecerse.

INVICTO, TA. al. **Unbesieg.** fr. **Invaincu.** ingl. **Invincible.** ital. **Invitto.** port. **Invicto.** (Del lat. *invictus.*) adj. Incontrastable; siempre victorioso. *Legiones* INVICTAS. ‖ deriv.: **invictamente.**

ÍNVIDO, DA. (Del lat. *ínvidus.*) adj. Envidioso.

INVIERNO. al. **Winter.** fr. **Hiver.** ingl. **Winter.** ital. **Inverno.** port. **Inverno.** (De *ivierno.*) m. Estación del año que, astronómicamente, comienza en el solsticio del mismo nombre y termina en el equinoccio de primavera. ‖ La época más fría de cada año; en el hemisferio austral abarca desde el 21 de junio hasta el 20 de septiembre; y en el septentrional, desde el 21 de diciembre hasta el 20 de marzo.

INVIGILAR. (Del lat. *invigilare.*) intr. Velar solícitamente por algo.

INVIOLABILIDAD. f. Calidad de inviolable. *La* INVIOLABILIDAD *de la correspondencia.* ‖ Prerrogativa personal de un monarca, declarada en la constitución del respectivo Estado. ‖ — **parlamentaria.** Prerrogativa personal de los senadores y diputados de un país, que los exime de responsabilidad por las exteriorizaciones que hagan y los votos que emitan en el respectivo cuerpo colegislador.

INVIOLABLE. al. **Unverletzlich.** fr. **Inviolable.** ingl. **Inviolable.** ital. **Inviolabile.** port. **Inviolável.** (Del lat. *inviolábilis.*) adj. Que no debe o no puede ser violado o profanado. *La confesión es* INVIOLABLE; sinón.: **sagrado.** ‖ Que goza la prerrogativa de inviolabilidad. *Fueros* INVIOLABLES.

INVIOLABLEMENTE. adv. m. Con inviolabilidad. ‖ Infaliblemente.

INVIOLADO, DA. (Del lat. *inviolatus.*) adj. Que conserva su integridad y pureza. sinón.: **incorrupto, puro.**

INVISIBILIDAD. (De lat. *invisibílitas, -atis.*) f. Calidad de invisible.

INVISIBLE. al. **Unsichtbar.** fr. **Invisible.** ingl. **Invisible.** ital. **Invisibile.** port. **Invisível.** (Del lat. *invisíbilis.*) adj. Que no puede ser visto. *Microbio* INVISIBLE. ‖ m. *Méx.* Albanega, cofia para el pelo. ‖ deriv.: **invisiblemente.**

INVITACIÓN. al. **Einladung.** fr. **Invitation.** ingl. **Invitation.** ital. **Invito.** port. **Invitação.** (Del lat. *invitatio, -onis.*) f. Acción y efecto de invitar. ‖ Tarjeta con que se invita.

INVITADO, DA. al. **Gast.** fr. **Invité.** ingl. **Guest.** ital. **Invitato.** port. **Convidado.** s. Persona que ha recibido invitación.

INVITADOR, RA. adj. y s. Que invita.

INVITANTE. p. a. de **Invitar.** Que invita. Ú.t.c.s.

INVITAR. al. **Einladen.** fr. **Inviter.** ingl. **To invite.** ital. **Invitare.** port. **Convidar.** (Del lat. *invitare.*) tr. Convidar, incitar. *Lo* INVITÉ *a la reunión.*

INVITATORIO. m. Antífona que se canta al principio de los maitines.

INVOCACIÓN. al. **Anrufung.** fr. **Invocation.** ingl. **Invocation.** ital. **Invocazione.** port. **Invocação.** (Del lat. *invocatio, -onis.*) f. Acción y efecto de invocar. ‖ Parte del poema en que se invoca a cualquier ser.

INVOCAR. al. **Anrufen.** fr. **Invoquer.** ingl. **To invoke.** ital. **Invocare.** port. **Invocar.** (Del lat. *invocare.*) tr. Llamar uno a otro solicitando su protección y auxilio. sinón.: **apelar.** ‖ Acogerse a una ley, costumbre o razón; exponerla, alegarla. ‖ deriv.: **invocador, ra; invocatorio, ria.**

INVOLUCIÓN. f. Fase regresiva de un proceso biológico, o modificación retrógrada de un órgano, en especial del útero, después del parto. ‖ — **senil.** Conjunto de fenómenos de esclerosis y atrofia característicos de la vejez.

INVOLUCRADO, DA. adj. *Bot.* Provisto de involucro. ‖ *Amér.* Implicado.

INVOLUCRAR. tr. Introducir en discursos o escritos asuntos extraños al objeto de aquéllos. ‖ *Amér.* Implicar, envolver, comprender. (Es barb.)

INVOLUCRO. (Del lat. *involúcrum.*) m. *Bot.* Verticilo de brácteas, ubicado en el arranque de una inflorescencia.

INVOLUNTARIAMENTE. adv. m. Sin voluntad ni consentimiento.

INVOLUNTARIO, RIA. (Del lat. *involuntarius.*) adj. No voluntario. *Error* INVOLUNTARIO; sinón.: **inconsciente, indeliberado;** antón.: **intencional, reflexivo.** ‖ deriv.: **involuntariedad.**

INVULNERABILIDAD. f. Calidad de invulnerable.

INVULNERABLE. (Del lat. *invulnerábilis.*) adj. Que no puede ser herido.

INWOOD, Guillermo. *Biog.* Arquitecto ingl., entre cuyas obras principales se destaca la iglesia de San Pancracio, en Londres, de estilo clásico (1771-1843).

INYECCIÓN. al. **Einspritzung; injektion.** fr. **Injection.** ingl. **Injection.** ital. **Iniezione; puntura.** port. **Injeção.** (Del lat. *iniectio, -onis.*) f. Acción y efecto de inyectar. ‖ Substancia inyectada.

INYECTABLE. adj. y s. Dícese de la substancia preparada para usarla en inyecciones.

INYECTADO, DA. adj. Tratándose de los ojos, dígase **encarnizado.**

INYECTAR. al. **Einspritzen.** fr. **Injecter.** ingl. **To inject.** ital. **Iniettare.** port. **Injetar.** (Del lat. *iniectare.*) tr. Introducir una substancia fluida en otro cuerpo por medio de algún instrumento.

INYECTOR. m. Aparato para introducir agua en las calderas o, en general, fluidos en otras máquinas. ‖ Sistema para inyectar combustible en motores de explosión sin carburador.

IÑIGUISTA. (De *San Iñigo* o Ignacio de Loyola, fundador de la Compañía de Jesús.) adj. Jesuita. Ú.t.c.s.

IO. *Mit.* Sacerdotisa griega amada por Zeus, quien, para liberarla de las persecuciones de que era objeto por parte de Hera, la convirtió en becerra y la puso al cuidado de Argos.

IO. *Astron.* Uno de los satélites de Júpiter.

IODO. m. Escríbase **yodo.**

ION. *Biog.* Poeta trágico gr., autor de *Agamenón; Alcmena; Recuerdos*, etc. (s. V a. de C.).

ION. *Mit.* Hijo de Apolo, patriarca ático.

ION. (Del gr. *ión*, el que va.) m. *Quím.* Radical con carga eléctrica que, al disolverse las substancias, se disocia de éstas y les da el carácter de la conductividad eléctrica.

● **ION.** *Quím.* Al disolverse en agua, las moléculas de ácidos, bases y sales se dividen, parcial o totalmente, en dos o más porciones, sin intervención alguna de la corriente eléctrica; esos **iones** llevan carga eléctrica positiva o negativa. Los de carga negativa se llaman aniones; los de carga positiva, cationes. La carga eléctrica total es algebraicamente nula. Los aniones se representan por el signo menos (-) o por un acento ('); los cationes, por el signo más (+) o por un punto (.), siempre a la derecha del símbolo: Cl–, H+, SO⁴TT, Cu+a, etc. Resultan de la pérdida o adquisición, en el átomo (V. **Átomo**), de uno o varios electrones de la órbita periférica, llamados electrones de valencia, que se separan con cierta facilidad en las reacciones químicas. Si el átomo recoge electrones se transforma en **ion** electronegativo o anión, mientras que si pierde electrones se obtiene un **ion** electropositivo o catión. El anión es un átomo que ha fijado 1, 2, 3 electrones suplementarios según sea anión mono, bi o trivalente. El catión es un átomo que ha abandonado 1, 2, 3 electrones según sea mono, bi o trivalente. En los gases, por la acción de rayos cósmicos, X, catódicos, etc., se forman también **iones**, llamados gasiones. Las propiedades de los **iones** son enteramente distintas de las de los átomos y moléculas. Por ejemplo, el hidrógeno es un gas casi insoluble en agua, insípido, que no actúa sobre el papel de tornasol; el catión de hidrógeno no existe sino en solución de ácidos, tiene sabor agrio y enrojece el tornasol.

IONESCO, Eugenio. *Biog.* Dramaturgo fr. de origen rumano, que adquirió renombre por sus obras: *El rinoceronte; Las sillas; Víctimas del deber; La lección*, etc. (n. 1912).

IONIO. m. *Quím.* Isótopo radiactivo del torio, cuya masa atómica es 230.

IONIZACIÓN. f. Acción y efecto de ionizar o ionizarse.

IONIZANTE. p. a. de **Ionizar.** Que ioniza.

IONIZAR. tr. Convertir un cuerpo, total o parcialmente, en iones. Ú.t.c.r.

IONOFORESIS. *Med.* Iontoforesis.

IONOSFERA. f. *Fís.* Capa de la atmósfera terrestre, fuertemente ionizada, situada a una altura de 100 a 150 km. y a la que se debe la posibilidad de recepción de las ondas de longitud media y corta a grandes distancias.

IONTOFORESIS. f. *Med.* Método terapéutico que consiste en la introducción de distintos medicamentos en los tejidos por medio de corrientes eléctricas. Se usa especialmente en el tratamiento de diversas afecciones del sistema neuromuscular y reumáticas.

IOTA. (Del gr. *iota.*) f. Novena letra del alfabeto griego correspondiente a nuestra *i* vocal.

IOTACISMO. m. Uso excesivo de la *i* en un idioma.

IOWA. adj. Dícese del indio de una tribu americana, actualmente casi desaparecida, cuyos descendientes viven en los estados norteamericanos de Kansas y de Oklahoma. Ú.t.c.s. ‖ Perteneciente a esta tribu.

IOWA. *Geog.* Estado del centro N. de los EE. UU., entre el Misisipí y el Misuri. 145.791 km². 3.000.000 h. Cap. DES MOINES. Actividades agrícolaganaderas. Carbones bituminosos, arcilla y rocas de aplicación.

IPACARAÍ. *Geog.* V. **Ypacaraí.**

IPALA. *Geog.* Población de Guatemala (Chiquimula). 10.500 h. Producción agropecuaria.

IPANÉ. *Geog.* Río del Paraguay. Nace en la sierra de Amambay y des. en el río Paraguay. 280 km.

IPÉ. m. *Bot.* Género de plantas bignoniáceas, cuyas especies crecen en el Brasil. Tienen propiedades medicinales.

IPECA. f. Ipecacuana.

IPECACUANA. f. Planta de Amér. del S., cuya raíz es usada como emética, purgante, tónica y sudorífica. *Uragoya ipecacuanha*, rubiácea. ‖ Su raíz. ‖ **– de las Antillas.** Arbusto asclepiadeo, cuya raíz es usada como emético. ‖ Raíz de esta planta.

IPEGÜE. m. *Salv.* Alipego, yapa.

IPERITA. f. *Quím.* Líquido aceitoso, volátil, de olor parecido al de la mostaza, venenoso, irritante, usado con fines bélicos. sinón.: **gas mostaza.**

IPIALES. *Geog.* Ciudad de Colombia (Nariño), en el límite con Ecuador. 38.000 h. Telas de algodón.

IPIL. (Del tagalo *ipil.*) m. Árbol de Filipinas, leguminoso; de madera dura y amarillenta, muy usada en ebanistería, que se obscurece con los años, como la del nogal europeo.

IPIL. m. *Méx.* Huipil.

IPIRANGA, Grito de. *Hist.* Hecho de armas con que en 1822 el príncipe Don Pedro proclamó la independencia del Brasil a orillas del río homónimo (San Pablo, Brasil).

IPOÁ. *Geog.* Laguna del Paraguay, al S. de Asunción y a 30 km. del río Paraguay.

IPPISCH, Francisco. *Biog.* Compositor austríaco incorporado a la cultura guatemalteca. Autor de *Sinfonía guatemalteca; Suite para orquesta de cuerdas*, etc. (n. 1883).

IPRESIENSE. m. *Geol.* Piso geológico del eoceno, cuyos terrenos datan de 60 millones de años.

ÍPSILON. (Del gr. *ypsilón*; literalmente, *y* pura y simple.) f. Vigésima letra del alfabeto griego, que corresponde a nuestra *i griega* o *ye*.

IPSO. *Geog. histór.* Pueblo de la antigua Frigia, donde tuvo lugar una encarnizada batalla entre los generales de Alejandro Magno (301 a. de C.).

IPSO FACTO. loc. lat. Inmediatamente, al momento; por el mismo hecho.

IPSO JURE. loc. lat. *Der.* Por ministerio de la ley.

IPSWICH. *Geog.* Ciudad de Gran Bretaña, en Inglaterra, cap. del condado de Suffolk. 128.000 h. Maquinaria agrícola, astilleros. ‖ C. de Australia (Queensland), al O. de Brisbane. 60.000 h. Centro carbonífero.

IPUCHE, Pedro L. *Biog.* Poeta urug., autor de *Tierra honda* y otras obras (1889-1976).

IQUIQUE. *Geog.* Ciudad y puerto de Chile. Cap. de la prov. de Tarapacá. 67.000 h. Exportaciones de nitrato de sodio.

IQUITEÑO, ÑA. adj. y s. De Iquitos.

IQUITOS. *Geog.* Ciudad del Perú, cap. del dep. de Loreto. 61.000 h. Importante puerto sobre el río Amazonas. Centro maderero.

IR. al. **Gehen.** fr. **Aller.** ingl. **To go.** ital. **Andare; ire.** port. **Ir.** (Del lat. *ire.*) intr. Moverse de una parte a otra. Ú.t.c.r. VOY *hasta la esquina.* ‖ Venir, acomodarse una cosa con otra. *Este sombrero no* VA *con tu peinado.* ‖ Caminar de acá para allá. IBA *de un lado a otro.* ‖ Diferir una persona o cosa de otra. *Lo que* VA *de ayer a hoy.* ‖ Úsase para indicar hacia dónde se dirige un camino. *Aquella carretera* VA *a la estación.* ‖ Extenderse algo desde un punto a otro. ‖ Actuar, proceder. ‖ Con la prep. *por*, declinarse o conjugarse un nombre o verbo como otro que sirve de modelo. ‖ En varios juegos de naipes, tomar sobre sí el empeño de ganar la apuesta. ‖ Considerar las cosas por un aspecto especial o encaminarlas hacia determinado fin. *Esta vez* VA *de veras.* ‖ Con los gerundios de algunos verbos, acrecienta la significación durativa de éstos. VA *amaneciendo.* ‖ Con el participio pasivo de verbos transitivos, padecer su acción; con el de los reflexivos, ejecutarla. IR *atemorizado,* IR *atenido.* ‖ En la acepción precedente, si el participio fuera el del verbo apostar, se omite. VAN *quince pesos a que termino antes que tú.* ‖ Con la prep. *a* y un infinitivo, indica la disposición para la acción que indica el verbo al cual acompaña. VA *a salir.* ‖ Con la prep. *con*, tener lo que el nombre significa. IR *con temor.* ‖ Con la prep. *contra*, perseguir, sentir o pensar lo contrario de lo que significa el nombre a que se aplica. IR *contra la ley.* ‖ Con la prep. *en*, importar, interesar. *En eso le* VA *el honor.* ‖ Con la prep. *por*, ir a traer algo. IR *por lana.* ‖ r. Morirse o estarse muriendo. ‖ Salirse imperceptiblemente un líquido del vaso o cosa que lo contiene. ‖ Aplícase también a dicho vaso o cosa. *Este vaso se* VA. ‖ Perder el equilibrio, deslizarse. IRSE *los pies.* ‖ Gastarse, consumirse algo. ‖ Desgarrarse o envejecerse una tela. ‖ Ventosear, orinar o defecar inadvertida o involuntariamente. ‖ **A eso voy**, o **vamos.** loc. fam. que utiliza aquel a quien recuerdan algo de lo cual parecía haberse olvidado, y que debía tratar en la conversación o discurso. ‖ **Ahí va,** o **ahí va eso.** expr. fam. **Allá va,** o **allá va eso.** expr. fam. que se usa al tirar algo que puede caer sobre quien esté cerca. ‖ También se emplea cuando de improviso, se dice a uno algo que ha de disgustarle. ‖ **Donde fueres, haz como vieres.** ref. que advierte que cada uno debe adaptarse a los usos y costumbres del país o lugar donde se halla. ‖ **Estar ido.** frs. fig. y fam. Estar loco o muy distraído. ‖ **Ir adelante.** frs. fig. y fam. No detenerse; proseguir en lo que se está diciendo o tratando. ‖ **Ir bien.** frs. fig. y fam. Encontrarse en buen estado. ‖ **Ir** uno **descaminado.** frs. Apartarse del camino. ‖ fig. Apartarse de la razón o de la verdad. ‖ **Ir mal.** frs. Encontrarse en mal estado. ‖ **Ir para largo.** frs. con que se indica que algo tardará en realizarse. ‖ **Irse abajo** una cosa. frs. Venir, o venirse, a tierra. ‖ **Ir tirando.** frs. fam. con que se manifiesta que la situación de uno se mantiene invariable, es decir, no ha experimentado adelanto ni mejora. ‖ **Ir** uno **tras** alguna cosa. frs. fig. **Andar tras ella.** ‖ **No irle ni venirle** a uno **nada** en una cosa. frs. fig. y fam. No importarle; no tener en ella ningún interés. ‖ **¿Quién va?,** o **¿quién va allá?** expr. que se emplea, generalmente por la noche, cuando se descubre un bulto o se siente un ruido y no se ve quién lo produce. ‖ **¡Vaya!** interj. fam. que se usa para expresar ligero enfado, para manifestar aprobación o para excitar o contener. Ú.t. repetida. ‖ **Vaya usted a saber.** frs. con que se denota que una cosa es difícil de averiguar. ‖ irreg. **Conjugación:** INDIC. Pres.: *voy, vas, va, vamos, vais, van.* Imperf.: *iba, ibas,* etc. Pret. indef.: *fui, fuiste, fue, fuimos, fuisteis, fueron.* Fut. imperf.: *iré, irás,* etc. ‖ POT.: *iría, irías,* etc. ‖ SUBJ. Pres.: *vaya, vayas,* etc. Imperf.: *fuera, fueras,* etc., o *fuese, fueses,* etc. Fut. imperf.: *fuere, fueres,* etc. ‖ IMPERAT.: *ve, id.* ‖ PARTIC.: *ido.* GER.: *yendo.*

Ir. *Quím.* Símbolo del iridio.

IRA. al. **Wut; Zorn.** fr. **Colère; furie.** ingl. **Anger; wrath.** ital. **Ira.** port. **Ira.** (Del lat. *ira.*) f. Pasión que mueve a indignación y enojo. *Tened cuidado con la* IRA *de un hombre paciente*; sinón.: **cólera, furia.** ‖ Deseo de injusta venganza. ‖ Deseo de venganza conforme a orden de justicia. ‖ fig. Furia o violencia de los elementos. ‖ pl. Repetición de actos de saña o venganza. ‖ **Descargar la ira en** uno. frs. fig. Manifestarla.

IRACA. f. *Amér.* Toquilla, especie de palmera.

IRACABA. f. Árbol de América parecido a la higuera.

IRACUNDIA. (Del lat. *iracundia.*) f. Inclinación a la ira. ‖ Enojo.

IRACUNDO, DA. al. **Zornig.** fr. **Colérique.** ingl. **Angry; enraged.** ital. **Iracondo.** port. **Iracundo.** (Del lat. *iracundus.*) adj. Inclinado a la ira. Ú.t.c.s. sinón.: **irascible, irritable.** ‖ fig. y poét. Aplícase a los elementos alterados.

IRAIZOZ VILLAR, Antonio. *Biog.* Diplom. y escritor cub., autor de *Las ideas pedagógicas de Martí; El sentimiento religioso en la literatura española; Lecturas cubanas*, etc. (1891-1976).

IRAK. *Geog.* Estado de la Mesopotamia, limitado por Turquía, Irán, el golfo Pérsico, Kuwait, Arabia Saudita, Jordania y Siria. 434.924 km². La monotonía y aridez de la llanura iraquesa es interrumpida por los fértiles valles de los ríos Tigris y Éufrates y por algunos eslabones montañosos –rebordes meridionales de la meseta armenia– en el N. del país. Su clima ofrece veranos muy calurosos, inviernos con grandes variaciones térmicas y lluvias insignificantes. Trigo, cebada, arroz, tabaco, lanares, bovinos, camellos, equinos y búfalos constituyen su mayor riqueza agrícola-ganadera. Las fuentes de riqueza más importantes son el petróleo y los depósitos de asfalto que bordean el golfo Pérsico y la frontera irania. Exporta lanas, cueros, dátiles. Además de las tradicionales industrias domésticas (tejidos a mano, curtidurías, objetos metálicos), tienen importancia las labores textiles, manufacturas de tabaco, productos químicos. 11.910.000 h. Cap. BAGDAD (2.800.000 h.) C. princ.: Mosul, Basora, Kirkuk. ‖ *Hist.* Antiguo dominio turco que en 1920, por el tratado de Sèvres, se declaró independiente de Turquía, bajo el mandato de Gran Bretaña y por plebiscito eligió rey al emir Faisal en 1921. Por otro acuerdo firmado con Gran Bretaña en 1927 adquirió su plena soberanía y se incorporó a la Sociedad de las Naciones en 1932. Durante la guerra de 1939-45 se produjo un levantamiento favorable a las potencias del Eje, pero fue sofocado, y el **Irak** entro en la contienda a favor de los aliados en enero de 1943. En 1945 se sumó a la Liga Árabe formada en El Cairo, e intervino tres años después en la invasión conjunta de Palestina. En 1958 se proclamó la República después de un golpe de estado en el que se dio muerte al rey Faisal II. Abdul Karim Kassen, líder de los rebeldes, fue fusilado al producirse una nueva revolución, en 1963. Cinco años después, nuevamente por las armas, los partidarios de Kassen se impusieron, tomando el poder el general Ahmed Hassan al Bakr.

IRALA, Domingo Martínez de. *Biog.* Marino esp. que participó de la expedición de Pedro de Mendoza. Exploró los ríos Paraná y Paraguay, y fue gobernador del Río de la Plata (1506-1557).

IRÁN. *Geog.* Vasta meseta, quebrada y montañosa, sit. entre el río Indo, el Tigris, el mar Caspio, el Turquestán ruso, el golfo Pérsico y el golfo de Omán. Comprende, además de la nación hom., a la mayor parte de Afganistán y Pakistán Occidental. ‖ Estado independiente de Asia, limitado por la U.R.S.S., el mar Caspio, Afganistán, Pakistán, el golfo de Omán, el golfo Pérsico, Irak y Turquía. Su territorio, de 1.648.000 km²., es una amplia meseta encerrada por grandes cordilleras marginales, y cruzada por ramales montañosos que separan distintos ambientes físicos. El clima es desértico, salvo en los montes Elburz, donde es más húmedo y templado. La mayoría de sus ríos se pierden en el interior del país. El más importante es el Araxes, que forma el límite con las Rep. soviéticas del Cáucaso. De los ríos íntegramente iranios, el Karun es el mayor. La actividad agrícola-ganadera sólo es posible en los valles y algunos oasis. Cultivan trigo, cebada, algodón, tabaco, remolacha y té. De gran importancia es la cría de ganado ovino, cuya lana se industrializa. Petróleo, hierro, níquel, cobre, plomo, etc. Las industrias más importantes son las textiles. 34.270.000 h. Cap. TEHERÁN. (4.171.000 h.). ‖ *Hist.* Cuna de la ant. civilización persa, su imperio se extendió hasta el Mediterráneo, pero fue vencido por los gr. en los s. V y IV a. de C. En el s. VII se apoderaron de Irán los ár.; en el s. XIII los mongoles y posteriormente los tártaros. En 1905 la Asamblea Nacional dictó la Constitución; en 1925 fue depuesto el cha y nombrado como tal Riza Kan Pahlevi que en 1941 abdicó en favor de su hijo, a causa de la intervención mil. anglo-soviética. Neutral en la primera guerra mundial, Irán firmó en 1942 un tratado de alianza con Gran Bretaña y la U.R.S.S. Graves disturbios sucedieron cuando el gobierno decretó la nacionalización del petróleo y obligaron al cha a huir a Roma, de donde regresó al perder el poder Mohamed Mossadegh. En febrero de 1979 triunfó una revolución dirigida desde París por el líder religioso Ruhollah Komeini, que abolió la monarquía e instauró una República islámica. El cha Mohamed Riza Pahlevi abandonó el país. En febrero de 1980 Abolhassan Bani-Sadr, ministro de finanzas de Komeini, fue elegido presidente de la República.

IRANIO, NIA. adj. Natural de Irán. Ú.t.c.s. ‖ Perteneciente a este país. ‖ m. Lengua de los iranios.

IRAPA, *Geog.* Población de Venezuela (Sucre), puerto a orillas del golfo de Paria. 8.000 habitantes.

IRAPUATO. *Geog.* Ciudad de México (Guanajuato). 122.000 h. Centro agrícola y ferroviario.

IRAQUÉS, SA. adj. y s. Del Irak.

IRARA. m. *Amér. del S.* Especie de hurón de cola muy larga. *Eira barbara*, mustélido.

IRASCIBILIDAD. f. Calidad de irascible.

IRASCIBLE. adj. Propenso a irritarse.

IRAWADI. *Geog.* Río de Indochina, el más importante de los que riegan Birmania. Des. en el golfo de Bengala formando un delta de 45.000 km². Tiene 2.000 km. de longitud.

IRAZÚ. *Geog.* Volcán activo de Costa Rica, desde cuya cumbre se ven los dos océanos. Está sit. al N.E. de San José. 3.432 m. de altura.

IRENARCA. (Del lat. *irenarcha*, y éste del gr. *eirenarkes*; de *eirene*, paz, y *arkho*, gobernar.) m. Entre los antiguos romanos, magistrado destinado a velar por la quietud y tranquilidad del pueblo.

IRIARTE, Tomás de. *Biog.* Fabulista y poeta esp.; en sus *Fábulas literarias* satirizó la sociedad de su época. Autor, además, del poema didáctico *La música* (1750-1791). ‖ – **Tomás de.** Mil. argentino de brillante actuación en las luchas por la independencia (1794-1876).

IRIBÚ. (Del guaraní *iribú*.) m. *Arg.* Ave de rapiña, negra. *Coragyps atratus*, falconiforme.

IRIDÁCEO, A. adj. *Bot.* Irídeo. Ú.t.c.s. ‖ pl. *Bot.* Irídeas.

IRIDE. (Del lat. *iris, -idos*, iris, a causa del color azul violado de las flores de esta planta.) f. Lirio hediondo.

IRIDECTOMÍA. f. *Cir.* Escisión de una parte del iris del ojo.

IRÍDEO, A. (Del lat. *iris, -idis*, lirio.) adj. *Bot.* Dícese de hierbas monocotiledóneas perennes, que se caracterizan por sus raíces tuberculosas o bulbosas comúnmente, hojas enteras y semillas con albumen córneo o carnoso; como el lirio cárdeno y el azafrán. Ú.t.c.s.f. ‖ pl. *Bot.* Familia de estas plantas.

IRIDIO. (Del lat. *iris, -idis.*) m. Metal blanco, duro, quebradizo, dificilmente fusible. Se presenta en la naturaleza unido al rodio y al platino. Sus aleaciones con éste y con el osmio son duras y anticorrosivas; con ellas se fabrican puntas de lapiceras fuentes, crisoles, etc. Símbolo: Ir; n. atóm. 77 y p. atóm. 193,1.

IRIDISCENCIA. f. Calidad de iridiscente.

IRIDISCENTE. (Del lat. *iris, -idis*, iris.) adj. Que muestra o refleja los colores del iris.

IRIDOTOMÍA. f. *Cir.* Incisión del iris del ojo. ‖ Formación de una pupila artificial por incisión del iris.

IRIGOYEN, Bernardo de. *Biog.* Pol. argentino, de gran actuación pública. Orador elocuente y autor de *Jurisprudencia nacional; La Patagonia*, etc. (1822-1906). ‖ – **Hipólito.** V. **Yrigoyen, Hipólito.** ‖ – **Matías.** Militar arg. que actuó en la Revolución de Mayo (1781-1839).

IRIRE. m. *Bol.* Calabaza ovoidea para beber chicha.

IRIREAR. intr. *Bol.* Beber chicha en irire.

IRIS. al. **Regenbogem; Iris.** fr. **Arc-en-ciel.** ingl. **Rainbow; iris.** ital. **Iride; arcobaleno.** port. **Íris; arco celeste.** (Del lat. *iris*, y éste del gr. *iris*.) m. Arco de colores que suele formarse en las nubes cuando el sol, a espaldas del espectador, refracta y refleja su luz en las gotas de la lluvia. También puede observarse este fenómeno en las cascadas y pulverizaciones de agua bañadas por el sol en determinadas posiciones. ‖ Ópalo noble. ‖ *Fís.* V. **Color del iris.** ‖ *Anat.* Diafragma muscular, coloreado, opaco y contráctil, que en los vertebrados se halla entre la córnea y el cristalino del ojo y que, por sus contracciones, hace variar el diámetro de la pupila. ‖ – **de paz.** fig. Persona que logra aquietar graves discordias. ‖ Suceso que influye para la terminación de algún disturbio.

IRIS. *Astron.* Uno de los principales asteroides del sistema solar. Tiene un diámetro de 284 km.

IRIS. *Mit.* Mensajera de los dioses, transformada por Juno en arco iris.

IRISACIÓN. f. Acción y efecto de irisar. ‖ pl. Vislumbre producida en las láminas metálicas cuando, candentes, se pasan por el agua.

IRISAR. intr. Presentar un cuerpo fajas o reflejos luminosos de colores variados.

IRISARRI, Antonio J. de. *Biog.* Político, filólogo y literato guat. Ocupó el Directorio Supremo de Chile durante la revolución de 1814 y más tarde se trasladó a Londres, donde prosiguió su campaña por la independencia de América. Obras: *El cristiano errante; Cuestiones filológicas; Poesías satíricas y burlescas; Historia del perínclito Epaminondas del Cauca*, etc. (1786-1868). ‖ – **Hermógenes.** Poeta y crítico chil., autor de *Cartas sobre el teatro moderno; El sol de setiembre*, etc. (1819-1886). ‖ – **José M.** Político cubano cont. que en 1933 integró la pentarquía que gobernó provisionalmente a su país.

IRITIS. f. *Med.* Inflamación del iris.

IRKUTSK. *Geog.* Ciudad de la Unión Soviética (R.S.F.S.R.) en Siberia sudoriental, cerca del lago Baikal. 400.000 h. Importante centro comercial. Universidad.

IRLANDA. (De *Irlanda*, país de donde proceden estas telas.) f. Cierto tejido de lana y algodón. ‖ Cierta tela fina de hilo.

IRLANDA. *Geog.* La más occidental de las dos islas británicas, limitada por el Atlántico, el canal del Norte, el mar de Irlanda y el canal de San Jorge. 84.420 km². El paisaje ofrece una gran llanura central, lacustre y pantanosa a veces, que se extiende entre rebordes montañosos que se elevan hacia el S. y el N. Su clima templado con nieblas persistentes, favorece la existencia y el caudal de sus numerosos lagos y ríos. La humedad, que obra sobre el suelo arcilloso y calizo, determinó la formación de turberas de gran valor económico. El río más importante es el Shannon, que des. en el Atlántico. La isla está dividida políticamente en dos regiones: **Irlanda del Norte,** que forma parte de Gran Bretaña, y la **Rep. de Irlanda,** soberana e independiente. ‖ – **del Norte.** Llamada también Ulster, está sit. en el N. de esta isla y pertenece a Gran Bretaña. Tiene una sup. de 14.138 km². y 1.500.000 h. Cap. BELFAST. Cultivos de avena, papas y lino. Bovinos, lanares y porcinos. La base de su prosperidad la constituyen la industria textil y las construcciones navales. Intensas luchas provocadas por el enfrentamiento entre católicos y protestantes dieron lugar a una cruenta guerra interna en la que también tiene intervención el ejército británico. ‖ **República de –.** Llamada también Eire. Su sup. es de 70.283 km². y está poblada por 3.190.000 h. Su cap. es DUBLIN. La ganadería es la mayor fuente de riqueza: bovinos, porcinos y lanares cubren los campos de pastoreo. Avena, trigo, cebada, papas, lino textil, remolacha azucarera son los cultivos más importantes. Las industrias cervecera, de artículos de goma y productos químicos tienen gran importancia. C. principales: Limerick y Cork. Posee 3.683 km. de vías férreas, 88.000 km. de carreteras y una flota de 215.000 toneladas. Además de las óptimas condiciones de navegabilidad del río Shannon, (241 km.) hay 188 km. de canales. ‖ **Mar de –.** Mar dependiente del Atlántico, al que lo unen el Canal del Norte y el de San Jorge. Está sit. entre las islas de Gran Bretaña e Irlanda. ‖ *Hist.* Poblada por los gaeles, del grupo de los celtas y conquistada en 1155 por Enrique II que la incorporó a Inglaterra, sostuvo sangrientas luchas por su emancipación; obtuvo en 1782 un parlamento independiente que sólo subsistió hasta 1801. En 1916 un movimiento armado proclamó la República, pero fue sofocado. En 1919 continuó la lucha, dirigida por el paladín nacionalista Eamon de Valera, y el parlamento irlandés, elegido en 1918, refirmó la independencia del país. En 1920 el parlamento inglés aprobó la constitución de dos legislaturas separadas en Irlanda: la del N. y la del S.; Esta última proclamó la República y en 1937 dio al país su actual Constitución. Durante la guerra de 1939-45 Irlanda se mantuvo neutral y en 1949 proclamó su total independencia, substituyendo sus nombres de Estado Libre de Irlanda y de Irlanda del Norte (Eire) por el de República de Irlanda, y eligió presid. a Tomás O'Ceallaigh. Desde 1973 Irlanda ingresó en el Mercado Común Europeo. En 1974 fue elegido presidente de la república Patricio Hillery.

IRLANDÉS, SA. adj. Natural de Irlanda. Ú.t.c.s. ‖ Perteneciente a esta isla. ‖ m. Lengua de los irlandeses, derivada del celta.

IRONÍA. al. **Ironie.** fr. **Ironie.** ingl. **Irony.** ital. **Ironia.** port. **Ironia.** (Del lat. *ironia.*) f. Burla fina y disimulada. ‖ *Ret.* Figura consistente en dar a entender lo contrario de lo que se dice.

IRÓNICO, CA. al. **Ironisch.** fr. **Ironique.** ingl. **Ironical.** ital. **Ironico.** port. **Ironico.** (Del lat. *irónicus.*) adj. Que denota o implica ironía o relativo a ella. *Sonrisa* IRÓNICA.

IRONISTA. com. Quien habla o escribe con ironía.

IRONIZAR. tr. Hablar con ironía; ridiculizar.

IROQUÉS, SA. adj. Dícese del individuo de una raza indígena de la América del N. Ú.t.c.s. ‖ Perteneciente a esta raza. ‖ m. Lengua iroquesa.

IRRACIONAL. al. **Unvernünftig; irrational.** fr. **Irrationnel.** ingl. **Irrational.** ital. **Irrazionale.** port. **irracional.** (Del lat. *irrationalis.*) adj. Carente de razón. Ú.t.c.s. ‖ Contrario a la razón o que va fuera de ella. *Propósito* IRRACIONAL; sinón.: **desatentado, descabellado.** antón.: **razonable.** ‖ *Mat.* Dícese de las raíces o cantidades radicales que no pueden expresarse exactamente con números enteros ni fraccionarios.

IRRACIONALIDAD. f. Calidad de irracional.

IRRACIONALMENTE. adv. m. Con irracionalidad, de modo irracional.

IRRADIACIÓN. al. **Ausstrahlung.** fr. **Irradiation.** ingl. **Radiation.** ital. **Irradiazione.** port. **Irradiação.** f. Acción y efecto de irradiar.

IRRADIAR. al. **Ausstrahlen.** fr. **Irradier.** ingl. **To radiate.** ital. **Irradiare.** port. **Irradiar.** (Del lat. *irradiare.*) tr. Despedir un cuerpo luz, calor, etc., en todas direcciones. *El sol* IRRADIA *luz y calor.* ‖ Difundir por intermedio de la telefonía o telegrafía sin hilos. IRRADIAR *un mensaje*.

IRRAZONABLE. adj. No razonable. *Precios* IRRAZONABLES.

IRREAL. al. **Unwirklich.** fr. **Irréel.** ingl. **Unreal.** ital. **Irreale.** port. **Irreal.** adj. No real; carente de realidad. sinón.: **inexistente, imaginario; ficticio.**

IRREALIDAD. f. Calidad o condición de lo que no es real. *La* IRREALIDAD *de un sueño.* sinón.: **inexistencia.**

IRREALIZABLE. (De *in*, pref. neg., y *realizable.*) adj. Que no se puede realizar. *Prueba* IRREALIZABLE; sinón.: **impracticable.**

IRREBATIBLE. (De *in*, pref. neg., y *rebatible.*) adj. Que no se puede refutar. *Conclusiones* IRREBATIBLES; sinón.: **irrefutable, incontrastable.**

IRRECONCILIABLE. (De *in*, pref. neg., y *reconciliable.*) adj. Dícese de quien no quiere reconciliarse con otro. *Eran antagonistas* IRRECONCILIABLES.

IRRECORDABLE. adj. Que no puede ser recordado.

IRRECUPERABLE. (Del lat. *irrecuperábilis.*) adj. Que no se puede recuperar.

IRRECUSABLE. (Del lat. *irrecusábilis.*) adj. Que no se puede recusar. *Fianza* IRRECUSABLE.

IRREDENTISMO. (De *irredento.*) m. Nombre dado a un partido político italiano que se creó alrededor del año 1878, y que quería incorporar a Italia algunas regiones sometidas al dominio extranjero. ‖ Doctrina de este partido. ‖ p. ext. Movimiento similar en cualquier otro país.

IRREDENTISTA. adj. Partidario del irredentismo. Ú.t.c.s. ‖ Perteneciente o relativo a esta doctrina.

IRREDENTO, TA. (Del lat. *in*, pref. neg., y *redemptus*, p. p. de *redímere*, redimir.) adj. Que permanece sin redimir. ‖ Dícese, en particular, del territorio que alguna nación procura anexionarse, aduciendo razones geográficas, históricas, etc.

IRREDIMIBLE. (De *in*, pref. neg., y *redimible.*) adj. Que no se puede redimir.

IRREDUCIBLE. (De *in*, pref. neg., y *reducible.*) adj. Que no se puede reducir. ‖ *Mat.* Aplícase a la fracción cuyos términos son primos entre sí.

IRREDUCTIBLE. (Del fr. *irréductible*, y éste del lat. *in*, priv., y *redúctum*, supino de *redúcere*, reducir.) adj. Irreducible. ‖ deriv.: **irreductibilidad, irreductiblemente.**

IRREEMPLAZABLE. adj. No reemplazable. *Empleado* IRREEMPLAZABLE.

IRREFLEXIÓN. f. Falta de reflexión.

IRREFLEXIBLEMENTE. adv. m. Con irreflexión, de modo irreflexivo.

IRREFLEXIVO, VA. (De *in*, pref. neg., y *reflexivo.*) adj. Que no reflexiona. *Joven* IRREFLEXIVO; sinón.: **impulsivo, insensato.** ‖ Dicho o hecho sin reflexionar. *Lectura* IRREFLEXIVA.

IRREFORMABLE. (Del lat. *irreformábilis.*) adj. Que no se puede reformar.

IRREFRAGABLE. (Del lat. *irrefragábilis.*) adj. Que no se puede contrarrestar. sinón.: **incontrarrestable.** ‖ deriv.: **irrefragablemente.**

IRREFRENABLE. (De *in*, pref. neg., y *refrenable.*) adj. Que no se puede refrenar. sinón.: **irreprimible.**

IRREFUTABLE. (Del lat. *irrefutábilis.*) adj. Que no se puede refutar. *Afirmación* IRREFUTABLE; sinón.: **incuestionable, irrebatible;** antón.: **controvertible.**

IRREGLAMENTABLE. adj. Que no se puede reglamentar.

IRREGULAR. al. **Unregeemässig.** fr. **Irrégulier.** ingl. **Irregular.** ital. **Irregolare.** port. **Irregular.** (De *in*, pref. neg., y *regular.*) adj. No conforme a la regla u opuesto a ella. *Procedimiento* IRREGULAR. ‖ Que no sucede común y ordinariamente. *Lluvias* IRREGULARES; sinón.: **raro, variable.** ‖ Que ha incurrido en una irregularidad canónica, o la tiene. ‖ *Geom.* Dícese del polígono y del poliedro que no son regulares. ‖ *Gram.* Aplícase a la palabra cuya formación no se ajusta a la regla seguida generalmente por las de su clase. *Verbo* IRREGULAR. ‖ *Gram.* V. **Participio, verbo irregular.** ‖ IDEAS AFINES: *Excepción, antónimo, deshonesto, ilícito, ilegal, al margen, mercado negro, agio, procedimiento, extraño, extravagante, exótico, inesperado, súbito.*

IRREGULARIDAD. al. **Unregelmässigkeit.** fr. **Irrégularité.** ingl. **Irregularity.** ital. **Irregolarità.** port. **Irregularidade.** f. Calidad de irregular. *La* IRREGULARIDAD *de una figura.* ‖ fig. y fam. Malversación, cohecho u otra inmoralidad semejante en la administración pública o privada. *Se descubrieron* IRREGULARIDADES *en la aduana.* ‖ Impedimento canónico para recibir o ejercer las órdenes, por defecto natural o delito.

IRREGULARMENTE. adv. m. Con irregularidad.

IRREIVINDICABLE. adj. No reivindicable.

IRRELEVANCIA. f. Calidad o condición de irrelevante.

IRRELEVANTE. (Del pref. neg. *in* y *relevante.*) adj. Que carece de importancia o significación.

IRRELIGIÓN. (Del lat. *irreligio, -onis.*) f. Carencia de religión.

IRRELIGIOSIDAD. (Del lat. *irreligiositas, -atis.*) f. Calidad de irreligioso.

IRRELIGIOSO, SA. (Del lat. *irreligiosus.*) adj. Falto de religión. Ú.t.c.s. ‖ Opuesto al espíritu de la religión. *Pensador* IRRELIGIOSO. ‖ deriv.: **irreligiosamente.**

IRREMEDIABLE. (Del lat. *irremediábilis.*) adj. Que no se puede remediar. *Perjuicio* IRREMEDIABLE; sinón.: **irreparable.**

IRREMEDIABLEMENTE. adv. m. Sin remedio.

IRREMISIBLE. (Del lat. *irremissíbilis.*) adj. Que no se puede remitir o perdonar. *Pecado* IRREMISIBLE. ‖ deriv.: **irremisiblemente.**

IRREMUNERADO, DA. (Del lat. *irremuneratus.*) adj. No remunerado.

IRRENUNCIABLE. (De *in,* pref. neg., y *renunciable.*) adj. Que no se puede renunciar.

IRREPARABLE. (Del lat. *irreparábilis.*) adj. Que no se puede reparar. *Ofensa* IRREPARABLE.

IRREPARABLEMENTE. adv. m. Sin arbitrio para reparar un perjuicio.

IRREPRENSIBLE. (De *irreprehensible.*) adj. Que no merece reprensión. *Actitud* IRREPRENSIBLE. ‖ deriv.: **irreprensiblemente.**

IRREPRESENTABLE. adj. Dícese de las obras dramáticas no aptas para ser representadas.

IRREPRIMIBLE. adj. Que no se puede reprimir. *Risa* IRREPRIMIBLE; sinón.: **incontenible, irrefrenable.**

IRREPROCHABLE. al. **Tadellos.** fr. **Irréprochable.** ingl. **Irreproachable.** ital. **Irriprovevole.** port. **Irreprochável.** adj. Que no puede ser reprochado. *Comportamiento* IRREPROCHABLE. ‖ deriv.: **irreprochabilidad.**

IRRESARCIBLE. adj. Que no se puede resarcir. *Pérdida* IRRESARCIBLE; sinón.: **irreparable.**

IRRESCINDIBLE. adj. Que no puede rescindirse.

IRRESISTIBLE. al. **Unwiderstehlich.** fr. **Irrésistible.** ingl. **Irresistible.** ital. **Irresistibile.** port. **Irresistível.** (Del lat. *irresistibilis.*) adj. Que no se puede resistir. *Encanto* IRRESISTIBLE. ‖ deriv.: **irresistiblemente.**

IRRESOLUBLE. (Del lat. *irresolúbilis.*) adj. Que no se puede resolver.

IRRESOLUCIÓN. f. Carencia de resolución. sinón.: **indecisión, vacilación.**

IRRESOLUTO, TA. al. **Unschlüssig; unentschlossen.** fr. **Irrésolu.** ingl. **Irresolute; wavering.** ital. **Irresoluto.** port. **Irresoluto.** (Del lat. *irresolutus.*) adj. y s. Carente de resolución. *Hombre* IRRESOLUTO. sinón.: **indeciso**; antón.: **resuelto, terminante.**

IRRESPETAR. tr. *Col.* No respetar, desacatar.

IRRESPETO. m. *Col.* Falta de respeto, desacato.

IRRESPETUOSO, SA. adj. No respetuoso. *Niño* IRRESPETUOSO; sinón.: **atrevido, irreverente**; antón.: **educado.**

IRRESPIRABLE. (Del lat. *irrespirábilis.*) adj. Que no puede respirarse. *En algunas grutas el aire es* IRRESPIRABLE; sinón.: **asfixiante.** ‖ Difícilmente respirable.

IRRESPONSABILIDAD. f. Calidad de irresponsable. ‖ Impunidad que resulta de no residenciar a quienes son responsables.

IRRESPONSABLE. (De *in,* pref. neg., y *responsable.*) adj. Dícese de aquel a quien no se puede exigir responsabilidad. Ú.t.c.s. *Los dementes son* IRRESPONSABLES.

IRRESTAÑABLE. adj. Que no puede ser restañado.

IRRESUELTO, TA. (De *in,* pref. neg., y *resuelto.*) adj. Irresoluto.

IRRETROACTIVIDAD. f. *Der.* Principio que rechaza el efecto retroactivo de las leyes, salvo declaración expresa de éstas, o cuando, en lo penal, es favorable al reo.

IRREVERENCIA. (Del lat. *irreverentia.*) f. Falta de reverencia. ‖ Dicho o hecho irreverente.

IRREVERENCIAR. tr. Tratar sin la debida reverencia, profanar.

IRREVERENTE. (Del lat. *irréverens, -entis.*) adj. Contrario a la reverencia o respeto debido. Ú.t.c.s. *Contestación* IRREVERENTE; sinón.: **irrespetuoso**; antón.: **cortés, deferente.** ‖ deriv.: **irreverentemente.**

IRREVERSIBLE. adj. Que no es reversible. ‖ deriv.: **irreversibilidad.**

IRREVOCABILIDAD. f. Calidad de irrevocable.

IRREVOCABLE. (Del lat. *irrevocábilis.*) adj. Que no se puede revocar. *Sentencia* IRREVOCABLE. ‖ deriv.: **irrevocablemente.**

IRRIGACIÓN. al. **Bewässerung.** fr. **Irrigation.** ingl. **Watering.** ital. **Irrigazione.** port. **Irrigação.** (Del lat. *irrigatio, -onis.*) f. Acción y efecto de irrigar. ‖ *Amér. del S.* Riego. *En la costa peruana la* IRRIGACIÓN *permite el cultivo del azúcar y del algodón.*

IRRIGADOR. (Del lat. *irrigátor.*) m. *Med.* Instrumento que sirve para irrigar.

IRRIGAR. (Del lat. *irrigare,* regar, rociar.) tr. Rociar con un líquido alguna parte del cuerpo, con fines terapéuticos. ‖ *Amér. del S.* Regar una superficie cualquiera. ‖ IDEAS AFINES: *Lluvia, sequía, tormento, calor, asfixia, pesadez, acequia, agua, aljibe, canilla, arroyo, lago, dique, represa, inundar, alimentar, vivificar, cosecha, madurar, manguera, jardinero, plantas.*

IRRISIBLE. (Del lat. *irrisíbilis.*) adj. Digno de desprecio y risa. *Presunción* IRRISIBLE; sinón.: **despreciable, ridículo.**

IRRISIÓN. (Del lat. *irrisio, onis.*) f. Burla con que se mueve a risa a costa de una persona o cosa. ‖ fam. Persona o cosa que es o puede ser objeto de esta burla. ‖ IDEAS AFINES: *Befa, mofa, chascarrillo, grosería, broma, chiste, cuento, carcajada, alegría, ridículo, extravagante, cómico, risueño, payaso.*

IRRISORIO, RIA. (Del lat. *irrisorius.*) adj. Que mueve a risa y burla. *Una figura* IRRISORIA; sinón.: **ridículo, risible.** ‖ deriv.: **irrisoriamente.**

IRRITABILIDAD. f. Tendencia a irritarse con violencia o facilidad. ‖ *Fisiol.* Propiedad de la substancia viva de reaccionar a las excitaciones.

IRRITABLE. adj. Susceptible de irritación. *La cobra es muy* IRRITABLE; sinón.: **irascible.**

IRRITABLE. (De *irritar,* anular.) adj. Que se puede anular o invalidar.

IRRITACIÓN. al. **Reizung.** fr. **Irritation.** ingl. **Irritation.** ital. **Irritazione.** port. **Irritação.** f. Acción y efecto de irritar o irritarse.

IRRITADOR, RA. (Del lat. *irritátor.*) adj. y s. Que provoca ira.

IRRITAMENTE. adv. m. Inválidamente.

IRRITAMIENTO. m. Irritación: ira, excitación.

IRRITANTE. p. a. de **Irritar.** Que irrita. *Las hojas de la ortiga son* IRRITANTES.

IRRITAR. al. **Reizen.** fr. **Irriter.** ingl. **To irritate.** ital. **Irritare.** port. **Irritar.** (Del lat. *irritare.*) tr. Provocar la ira. Ú.t.c.r. sinón.: **encrespar, enfurecer.** ‖ Excitar vivamente otras inclinaciones o afectos naturales. Ú.t.c.r. ‖ Causar excitación morbosa en una parte u órgano del cuerpo. Ú.t.c.r. ‖ IDEAS AFINES: *Exasperar, furia, lívido, encolerizado, sulfurarse, amostazarse, discusión, violencia, enemistad, incitar, aumentar, ayudar, solapado, convencer, persuadir.*

IRRITAR. (Del lat. *irritare,* de *irritus,* vano.) tr. *For.* Anular, invalidar.

ÍRRITO, TA. (Del lat. *írritus;* de *in,* priv., y *ratus,* válido.) adj. Inválido, sin obligación ni fuerza.

IRROGACIÓN. f. Acción y efecto de irrogar.

IRROGAR. (Del lat. *irrogare.*) tr. Dicho de perjuicios o daños, producir, causar. Ú.t.c.r.

IRROMPIBLE. al. **Bruchfest; unzerbrechlich.** fr. **Incassable.** ingl. **Unbreakable.** ital. **Irrompibile.** port. **Inquebrável.** (De *in,* pref. neg., y *rompible.*) adj. Que no se puede romper. *Muñeco* IRROMPIBLE.

IRRUIR. (Del lat. *irrúere.*) tr. Acometer con fuerza, invadir un lugar.

IRRUMPIR. (Del lat. *irrúmpere.*) intr. Entrar violentamente en un lugar.

IRRUPCIÓN. al. **Feindlicher Einfall; Einbruch.** fr. **Irruption.** ingl. **Irruption.** ital. **Irruzione.** port. **Irrupção.** (Del lat. *irruptio, -onis.*) f. Arremetida impetuosa y súbita. ‖ Invasión. *En el siglo XV Tamerlán hizo* IRRUPCIÓN *en Turquía.*

IRRUPTOR, RA. adj. Que irrumpe.

IRTYCH. *Geog.* Río de Rusia, en Siberia. Nace en los montes Altai (China) y des. en el río Ob. 4.500 km.

IRÚN. *Geog.* Ciudad de España (Guipúzcoa), sobre el río Bidasoa. 24.000 h. Destilerías, cerámica.

IRUPÉ. (Del guaraní *irupé.*) m. *Arg.* Planta acuática de grandes hojas flotantes; sus bayas son comestibles. *Victoria cruziana,* ninfeácea. *Las hojas del* IRUPÉ *pueden sostener el peso de una criatura.*

IRVING, Enrique. *Biog.* Actor inglés, muy renombrado en su época, que fue nombrado caballero en 1905. También fue director y escenógrafo (1838-1905). ‖ **– Washington.** Notable escr. nort., hispanista y crítico. Su obra *Historia de Nueva York de Diedrich Knickerbocker* es una aguda sátira de la realidad social de su época. *Vida y viajes de Cristóbal Colón; Cuentos de la Alhambra* y otros títulos ilustran sobre su fecunda labor literaria (1783-1859).

ISAAC. *Hist. Sagr.* Patriarca hebreo, hijo de Abraham y de Sara, padre de Esaú y de Jacob. Por mandato divino iba a ser sacrificado por su padre cuando fue reemplazado en el ara por un cordero.

ISAACS, Jorge. *Biog.* Lit. y político col. Sus obras de corte romántico reflejan ambientes típicos de la sociedad de su patria. Autor de *María,* novela muy difundida, y poemas y estudios diversos (1837-1895).

ISABEL, Santa. *Hagiog.* Mujer judía, madre de San Juan Bautista. ‖ **– Santa.** Hija del rey de Hungría, Andrés II, famosa por sus virtudes (1207-1231). ‖ **– Santa.** Reina de Portugal (m. 1336).

ISABEL I. *Biog.* Reina de España, llamada la **Católica.** Elevada al trono de Castilla en 1479, por su matrimonio con Fernando V de Aragón, realizó la unidad de España. Su reinado fue brillante; prestó ayuda económica a Cristóbal Colón; protegió la cultura, etc. Instituyó la Inquisición (1451-1504). ‖ **– II.** Reina de España; hija de Fernando VII y de María Cristina de Nápoles, cuyo advenimiento al trono fue origen de la primera Guerra Carlista; en 1868 fue destronada (1830-1904).

ISABEL I. *Biog.* Reina de Inglaterra que estableció el Imperio Británico, logró la supremacía de la armada inglesa y dio a su país la época cultural más brillante de su historia. Con ella, terminó la dinastía de los Tudor (1533-1603). ‖ **– II.** Reina de Inglaterra, elevada al trono en 1952 (n. 1926).

ISABEL. *Biog.* Soberana de Rumania, esposa del rey Carlos. Con el seudónimo de **Carmen Sylva** publicó inspiradas poesías (1843-1916).

ISABEL. *Biog.* Emperatriz de Rusia de 1741 a 1762, hija de Pedro el Grande.

ISABEL (de Portugal). *Biog.* Reina de Portugal. Por su boda con Carlos V, reina de España y emperatriz de Austria y Alemania. Fue madre de Felipe II (1503-1539).

ISABEL FARNESIO. *Biog.* Reina de España, segunda esposa de Felipe V (1692-1766).

ISABELA. *Geog.* Cabo y ensenada de la costa septentrional de la Rep. Dominicana, en la prov. de Puerto Plata, donde Colón fundó en 1493 la villa de **La Isabela.** ‖ Isla del Ecuador, la mayor del arch. de Colón. 4.300 km². ‖ Prov. de las Filipinas, en la isla de Luzón. 10.665 km². 690.000 h. Tabaco, maderas. Cap. ILAGAN. ‖ Pobl. del N.O. de Puerto Rico. 32.000 h. con el municipio. Producción agropecuaria. ‖ **La –.** V. **La Isabela.**

ISABELINO, NA. adj. Perteneciente o relativo a cualquiera de las reinas de Inglaterra o España que llevaron el nombre de Isabel. ‖ Dícese de la moneda que lleva el busto de Isabel II de España. ‖ Partidario de esta reina. Ú.t.c.s. ‖ Aplicado a caballos, de color de perla o entre blanco y amarillo.

ISABELITA. f. Pez acantopterigio de las Antillas.

ISAGOGE. (Del lat. *isagoge,* y éste del gr. *eisagogé,* de *eisago,* introducir.) f. Introducción, exordio. ‖ deriv.: **isagógico, ca.**

ISAÍAS. *Hist. Sagr.* El primero de los cuatro profetas mayores hebreos (770-690 a. de C.).

ISANGAS. f. pl. *Arg.* Espuertas para transportar mercaderías a lomo. ‖ *Perú.* Nasas para pescar camarones.

ISAR. *Geog.* Río de Alemania y Austria que pasa por Munich y des. en el Danubio. 350 km.

ISATIS. m. Zorro ártico, pequeño, de pelo espeso y largo, blanco en invierno y pardusco en verano. Hay una variedad que no cambia: el zorro azul.

ISAURIA. *Geog. histór.* Antigua región del Asia Menor en el Tauro. C. princ.: Seleucia.

ISAZA, Emiliano. *Biog.* Escritor col., autor de varios diccionarios; *Antología colombiana,* etc. (1850-1930).

ISBA. f. Vivienda de madera que construyen algunos pueblos del norte de Europa y Asia. IDEAS AFINES: *Choza, cabaña, iglú, casa, mansión, morada, hogar, domicilio, señas, albergue, refugio, defensa, departamento, rascacielos, propiedad horizontal, bosque, leña, hachar, maderos.*

ISCUANDÉ. *Geog.* Río de Colombia (Nariño). que des. en el océano Pacífico. 200 km.

ISCHIA. *Geog.* Isla volcánica de Italia, en el golfo de Nápoles. 46,4 km². 35.000 h. Vinos, frutas, pesca. Fue devastada por dos terremotos en 1881 y 1883.

ISCHILÍN. *Geog.* Sierra del N.O. de la prov. de Córdoba (Argentina).

ISEO. *Geog.* Lago del N. de Italia (Lombardía) atravesado por el río Oglio. 65,3 km². Profundidad: 251 m.

ISÈRE. *Geog.* Río de Francia; pasa por Grenoble y des. en el Ródano. 290 km. ‖ Dep. del S.E. de Francia. 7.474 km². 825.000 h. Vid, tabaco. Cap. GRENOBLE.

ISERLOHN. *Geog.* Ciudad de la Rep. Federal de Alemania, en la cuenca industrial del Ruhr. 42.000 h. Metalurgia.

ISFAHÁN. *Geog.* V. **Ispahán.**

ISHTAR. *Mit.* Diosa máxima de la antigua Caldea, protectora del amor y de la guerra.

ISÍACO, CA. adj. Isiaco.

ISIACO, CA. adj. Relativo a Isis o a su culto.

ISIDORIANO, NA. adj. Perteneciente a San Isidoro. ‖ Dícese de determinados monjes jerónimos, instituidos por fray Lope de Olmedo en el siglo XV.

ISIDORO, San. *Biog.* Escritor esp., doctor de la Iglesia. Sus obras *Crónica de los visigodos; Etimologías; Sinónimos,* etc., lo destacan como singular erudito (570-636).

ISIPÓ. m. *Amér. del S.* Icipó.

ISIS. *Mit.* Diosa egipcia, hermana y esposa de Osiris, madre de Horus. Muerto su compañero, Tifón dividió su cuerpo en catorce pedazos que **Isis** fue recogiendo y enterrando, levantando un templo en cada lugar.

ISISTINÉ. adj. Dícese del indio perteneciente a una antigua tribu que habitaba en las márgenes del río Salado del Norte en la República Argentina. Ú.t.c.s. ‖ Relativo o perteneciente a esta tribu.

ISKENDERÚN. *Geog.* V. **Alejandreta.**

ISLA. al. **Inset.** fr. **Île.** ingl. **Island; isle.** ital. **Isola.** port. **Ilha.** (Del lat. *insula.*) f. Porción de tierra rodeada enteramente de agua. *Colón llamó Juana a la* ISLA *de Cuba.* ‖ Manzana de casas. ‖ fig. Conjunto aislado de árboles que no está ubicado junto a un río. ‖ *Chile.* Terreno cercano a un río que haya sido o sea bañado por éste, en las crecidas. ‖ **En isla.** m. adv. Aisladamente. ‖ IDEAS AFINES: *Islote, isleño, archipiélago, mar, lago, solitaria, peñón, insular, atolón, cayo, delta, península, istmo, cabo, naufragio, Robinson Crusoe, excursión, viaje, paseo, observatorio, astronomía, Antártida; islario, mapa, carta, cartografía, meridiano, paralelo, latitud.*

ISLA, Francisco José de. *Biog.* Religioso y escritor esp. Autor de *Historia del famoso predicador fray Gerundio de Campazas, alias Zotes* y otras obras preferentemente satíricas (1703-1781).

ISLA. *Geog.* Río de Gran Bretaña, en Escocia, afl. del río Tay. 70 km. ‖ – **de Francia.** Antiguo nombre de la isla Mauricio. ‖ – **de Francia.** Antigua prov. de Francia, cuya cap. era París, y que abarcaba la región que circunda a dicha ciudad. ‖ – **Mala.** Población del Uruguay (Florida). 4.800 h. ‖ – **Verde.** Población de Argentina en el S.E. de Córdoba. 5.000 h.

ISLAM. (Del ár. *içlam,* salvación.) m. Islamismo. *Carlos Martel detuvo la expansión del* ISLAM *en Europa occidental.* ‖ Conjunto de los hombres y pueblos que han adoptado esta religión.

ISLAMABAD. *Geog.* C. capital de Pakistán. 77.318 h.

ISLÁMICO, CA. adj. Perteneciente o relativo al Islam. sinón.: **mahometano, musulmán.**

ISLAMISMO. (De *islam.*) m. Conjunto de dogmas y preceptos morales que constituyen la religión de Mahoma.

● **ISLAMISMO.** *Relig.* Surgido en el año 622, durante la Hégira que señala el comienzo de la era mulsumana, el **islamismo** es la doctrina con la que Mahoma pretendía restituir a su pureza original, la antigua religión de Abraham, padre de los pueblos hebreo y árabe. Doctrina de la resignación, el **islamismo** se basa en cuatro principios fundamentales: 1º) creencia en un solo Dios: Alá, expresada en la fórmula musulmana "Sólo Dios es Dios y Mahoma es su profeta"; 2º) la inmortalidad del alma, que, aun siendo libre, debe resignarse al mandato fatal e inevitable de Alá; 3º) la existencia de ángeles y demonios que atraen al hombre hacia el bien o el mal; 4º) el juicio final con la recompensa del cielo o el castigo del infierno. Además, el **islamismo** impone la práctica de la oración, el ayuno, la limosna, la peregrinación a la Meca y la guerra santa. El culto es sencillo; todos los viernes se concurre a la mezquita, desde cuyos alminares o minaretes, los almuédanos o muecines anuncian las horas de oración; en el interior, los doctores de la ley leen y comentan el Corán ante los creyentes. En el orden social, el **islamismo** introdujo reformas; impuso la familia, limitó la poligamia, declaró nobles sólo a los descendientes de Mahoma, y arrancó a los pueblos de Arabia de la idolatría.

ISLAMITA. adj. Que profesa el islamismo. Apl. a pers., u.t.c.s.

ISLAMIZAR. intr. y r. Adoptar la religión, costumbres, etc. islámicas.

ISLÁN. m. Velo con que se cubrían la cabeza las mujeres.

ISLANDÉS, SA. adj. Natural de Islandia. Ú.t.c.s. *Los* ISLANDESES *se dedican principalmente a la pesca del bacalao y del arenque.* ‖ Perteneciente a esta isla. ‖ m. Lengua de Islandia, del grupo escandinavo.

ISLANDIA. *Geog.* República europea que abarca la isla hom., situada en el Atlántico N., al S. del círculo polar ártico, y a 500 km. al N.O. de las islas Feroe. Su territorio, de 103.000 km², es volcánico y está, en gran parte, cubierto por vastos campos de hielo y glaciares. Son comunes los manantiales de agua caliente, ecos de una antigua actividad plutónica. Su principal actividad humana es la pesca y su industrialización; sólo la papa y la remolacha se pueden cultivar, y en pequeña escala. En sus praderas posee ovinos, vacunos, equinos, renos. En su suelo existen ricos yacimientos de bauxita y posee también reservas hidroeléctricas. Tiene 12.000 km. de carreteras y una flota mercante con una capacidad de 150.000 toneladas. 220.000 h. Cap. REYKJAVIK. 86.000 h. En junio de 1944 se desvinculó totalmente de Dinamarca y proclamó su independencia.

ISLÁNDICO, CA. adj. Islandés, perteneciente a Islandia.

ISLARIO. m. Descripción de las islas de un mar, continente, etc. ‖ Mapa en que están descritas.

ISLAS DE LA BAHIA. *Geog.* Departamento del N. de Honduras, constituido por tres islas mayores e islotes menores 261 km2 11.000 h. Cap. ROATÁN, en la isla hom. Cultivos tropicales.

ISLAY. *Geog.* Una de las islas Hébridas, sit. al N. E. de Irlanda 606 km². 10.000 h.

ISLEÑO, ÑA. adj. Natural de una isla. Ú.t.c.s. ‖ Perteneciente a una isla.

ISLEO. m. Isla pequeña próxima a otra mayor. ‖ Porción de terreno rodeada por otros de diferente clase.

ISLERO, RA. adj. y s. *Amér.* Dígase, **isleño.**

ISLETA. f. dim. de **Isla.**

ISLILLA. (Del ant. *aslilla.*) f. Sobaco. ‖ Clavícula.

ISLOTE. al. **Felseneiland.** fr. **Ilot.** ingl. **Key.** ital. **Isolotto.** port. **Ilhota.** m. Isla pequeña y deshabitada. ‖ Peñasco muy grande, rodeado de mar.

ISLUGA. *Geog.* Volcán de Chile (Tarapacá). 5.530 m. de altura.

ISMAEL. *Hist. Sagr.* Hijo de Abraham y de Agar, patriarca de los árabes o ismaelitas.

ISMAELITA. (Del lat. *ismaelita.*) adj. Descendiente de Ismael. Dícese de los árabes. Ú.t.c.s. ‖ Agareno o sarraceno. Apl. a pers., ú.t.c.s.

ISMAIL I. *Biog.* Rey de Persia, derrotado por el sultán turco Selim I (1487-1524). ‖ – **II.** Rey de Persia, desde 1576 hasta 1578.

ISMAIL BAJÁ. *Biog.* Jedive de Egipto, durante cuyo gobierno se abrió el canal de Suez. Como resultado de una fuerte presión internacional se vio obligado a abdicar (1830-1895).

ISMAIL. *Geog.* Ciudad de la Unión Soviética (Ucrania), puerto sobre el Danubio. 120.000 h. Comercio de cereales.

ISMAILIA. *Geog.* Ciudad de Egipto, sobre la margen occidental del canal de Suez. 159.000 h.

ISMID. *Geog.* V. **IZMO.**

ISO. *Geog. histór.* Antigua ciudad de Asia Menor (Cilicia), donde Darío Codomano fue vencido por Alejandro Magno, en 333 a. de C.

ISOBARA. (Del gr. *isos,* igual, y *baros,* pesadez.) adj. Aplícase a la línea imaginaria que une los lugares de la superficie terrestre que tienen la misma altura barométrica media, o cuya altura barométrica es la misma en un momento dado. Ú.m.c.s.f.

ISOBÁRICO, CA. adj. Dícese de dos o más lugares de igual presión atmosférica. ‖ Dícese de fenómenos efectuados a presión constante. ‖ Isobara. Ú.t.c.s.f.

ISOBATA. f. Línea imaginaria que une puntos de igual profundidad en el océano.

ISOCA. f. *Arg, Par.* y *Bol.* Larva u oruga de algunos lepidópteros, dañina para las plantas.

ISOCLINO, NA. (Del gr. *isos,* igual, y *klino,* inclinar.) adj. *Fís.* Dícese de la línea que une todos los lugares de igual inclinación magnética. Ú.m.c.s.f. ‖ *Geog.* Que tiene la misma inclinación.

ISÓCRATES. *Biog.* Famoso orador gr., cuyos discursos *Panegírico; Discurso a Filipo, rey de Macedonia* y otros, le conquistaron fama y honores (436-338 a. de C.).

ISOCROMÁTICO, CA. (Del gr. *isos,* igual, y de *cromático.*) adj. *Fís.* Que tiene un color igual o uniforme.

ISOCRONISMO. (De *isócrono.*) m. *Fís.* Igualdad de duración en los movimientos de un cuerpo.

ISÓCRONO, NA. (Del gr. *isókhronos;* de *isos,* igual, y *khronós,* tiempo.) adj. *Fís.* Dícese de los movimientos que se efectúan en tiempos de igual duración. *Rotación* ISÓCRONA.

ISODÁCTILO, LA. adj. *Zool.* Que tiene los dedos iguales.

ISODINÁMICO, CA. adj. *Fís.* Que tiene igual intensidad. ‖ Aplícase a la línea que une puntos del campo magnético terrestre que tienen la misma intensidad. Ú.m.c.s.f.

ISOGAMIA. f. *Biol.* Reproducción sexual en que los dos gametos son iguales.

ISÓGAMO, MA. adj. *Biol.* Que tiene iguales los gametos que intervienen en la conjugación.

ISOGLOSA. adj. Dícese de la línea que en un atlas lingüístico pasa por todos los puntos en que se produce un mismo fenómeno. Ú.t.c.s.f.

ISÓGONO, NA. (Del gr. *isos,* igual, y *gonía,* ángulo.) adj. *Fís.* Aplícase a los cuerpos cristalizados de ángulos iguales. ‖ Dícese de la línea que une puntos de la superficie terrestre de igual declinación magnética. Ú.m.c.s.f.

ISOHIETO, TA. adj. *Meteor.* Que recibe igual precipitación pluvial. ‖ Dícese de la línea imaginaria que une los puntos geográficos donde se registra idéntica precipitación pluvial. Ú.m.c.s.f.

ISOHIPSA. (Del gr. *isos,* igual, e *hypsos,* altura.) adj. Aplícase a la línea imaginaria que une los puntos de la superficie terrestre que tienen la misma altura. Ú.m.c.s.f.

ISOMERÍA. f. Calidad de isómero.

ISÓMERO, RA. (Del gr. *isomerés;* de *isos,* igual, y *meros,* parte.) adj. y s. Dícese de dos o más compuestos de igual fórmula, pero diferentes en algunas propiedades, a causa de su distinta estructura molecular.

ISOMORFISMO. (De *isomorfo.*) m. *Miner.* Calidad de isomorfo.

ISOMORFO, FA. adj. *Miner.* Dícese de los cuerpos de diferente composición química e igual forma cristalina a causa de su idéntica estructura molecular.

ISONDÚ. (Del guaraní *isondú.*) m. *R. de la Plata.* Especie de luciérnaga o gusano de luz.

ISONZO. *Geog.* Río de Yugoslavia e Italia, que pasa por Gorizia y desemboca en el golfo de Trieste. 136 km. Durante la primera Guerra Mundial fue escenario de importantes batallas.

ISOPERIMETRO, TRA. (Del gr. *isos,* igual, y *perímetros,* contorno.) adj. *Geom.* Dícese de figuras diferentes que tienen igual perímetro.

ISÓPODO, DA. (Del gr. *isos,* igual, y *pous, podós,* pie.) adj. *Zool.* Que tiene iguales todas las patas. ‖ Dícese de los crustáceos sin caparazón; cuerpo ancho y deprimido y cabeza soldada al primer segmento torácico. Ú.t.c.s.m. ‖ m. pl. Orden de estos animales.

ISOQUÍMENO, NA. (Del gr. *isos,* igual, y *kheimáinien,* sentir el frío del invierno.) adj. *Meteor.* Dícese de la línea imaginaria que une los puntos de la Tierra que tienen igual temperatura media en invierno. Ú.m.c.s.f.

ISÓSCELES (Del gr. *isóskeles;* de *isos,* igual, y *skelos,* pierna.) adj. *Geom.* V. **Triángulo isósceles.**

ISOSTASIA. f. Teoría según la cual la corteza terrestre flota sobre una capa de magma viscoso, lo que le permite alcanzar su propio equilibrio.

ISOTERAPIA. (Del gr. *isos,* igual, y *therapeia,* curación.) f. Terapéutica que emplea como medios las mismas causas provocadoras de la enfermedad.

ISOTERMO, MA adj. *Fís.* De igual temperatura. ‖ *Meteor* Dícese de la línea imaginaria que une todos los puntos terrestres de igual temperatura media. Ú.m.c.s.f.

ISÓTERO, RA. (Del gr. *isos,* igual, y *theros,* verano.) adj. *Meteor.* Dícese de la línea ideal que une todos los puntos terrestres que tienen igual temperatura media en el verano. Ú.m.c.s.f.

ISOTÓNICO, CA. adj. *Quím.* Dícese de las soluciones que a la misma temperatura tienen igual presión osmótica.

ISOTÓPICO, CA. adj. *Fís.* Perteneciente o relativo a un isótopo.

ISÓTOPO. (Del gr. *isos,* igual, y *topos,* lugar.) m. *Quím.* Variedad de un elemento químico de iguales propiedades y número atómico que éste, pero de diferente peso atómico.

ISOTROPÍA. f. *Fís.* Calidad de isótropo.

ISÓTROPO, PA. (Del gr. *isos,* igual, y *tropos,* dirección, vuelta.) adj. *Fís.* Dícese del cuerpo que posee iguales propiedades en todas sus direcciones.

ISOTRÓN. m. Aparato que permite efectuar la separación de los isótopos de un elemento.

ISOYETO, TA. adj. *Meteor.* Isohieto.

ISPACLE. m. Planta medicinal de México, que se emplea en el tratamiento de ciertas enfermedades del ojo.

ISPAHÁN. *Geog.* Ciudad del centro del Irán, antigua cap. del país. 435.000 h. Tapices.

ISQUIA. *Geog.* V. **Ischia.**

ISQUIÁTICO, CA. adj. Perteneciente o relativo al isquion.

ISQUIERDA. f. Árbol del Perú que alcanza enorme altura.

ISQUION. (Del gr. *iskhion.*) m. *Anat.* Porción posterior e inferior del hueso innominado.

ISRAEL. *Geog.* Estado republicano de Asia Menor que ocupa gran parte de Palestina. Está limitado por el Líbano, Siria, Jordania, Egipto y el mar Mediterráneo. Tiene una superficie de 20.700 km (sin incluir los territorios ocupados) y está poblado por 3.610.000 h., de los cuales 2.850.000 h. son hebreos. Cap. JERUSALÉN. (350.000 h.). La llanura de la región costera posee clima mediterráneo. Se cultiva trigo, cebada, vid, olivo, frutales, especialmente citros, tabaco, sésamo y papa. Yacimientos de azufre: salinas. La industria israelí ha alcanzado gran desarrollo, gracias a la inmigración y la maquinaria suministrada por los países de occidente: textil (algodón y lana), de construcciones aeronáuticas, automovilística, tabaco, vidrio, jabones y la talla del diamante. Las importaciones son mayores que las exportaciones. Las obras de irrigación realizadas han aumentado considerablemente el área cultivable. Posee 700 km. de vías férreas. Ciudades principales: Haifa, Tel Aviv. *Hist.* Proclamado como Est. soberano el 14 de mayo de 1948, hasta esa fecha su hist. se confunde con la de Palestina (V. **Palestina**). Desde entonces, debió librar sangrienta lucha contra las naciones de la Liga Árabe: Egipto, Jordania, Siria, Líbano, Arabia Saudita, Irak y Yemen. La U.N. designó mediadores en distintas oportunidades, los que sólo lograron armisticios transitorios. A pesar de ello, el país fue afianzándose cada vez más y recibiendo la inmigración de millares de refugiados del mundo entero. Al proclamarse la rep. fue elegido primer presid. Jaime Weizmann, a quien sucedió en 1952 Isaac Ben Zvi, reelegido en 1957, y en 1963, Zalman S. Shazar, reelegido para 1968-73. Le siguió Efraim Katzir (1973-78). En 1956 tropas israelíes invadieron la península de Sinaí, pero debieron retirarse luego de firmarse un armisticio en que intervinieron las Naciones Unidas. En 1967 se produjo un enfrentamiento bélico con Egipto, Siria y Jordania, que resultó favorable a **Israel,** que en seis días ocupó nuevamente Sinaí, la ciudad antigua de Jerusalén y otros territorios enemigos. Las hostilidades continuaron e hicieron crisis en 1973. Por mediación de los EE.UU. los israelíes se replegaron de la zona del canal de Suez y de las alturas de Golán, pero el conflicto no fue totalmente solucionado.

ISRAELÍ. adj. Natural del Estado de Israel. Ú.t.c.s. ‖ Perteneciente o relativo a este Estado.

ISRAELITA. al. **Israelit.** fr. **Israélite.** ingl. **Israelite.** ital. **Is-**

raelita. port. **Israelita.** (Del lat. *israelita.*) adj. Hebreo. Apl. a pers., ú.t.c.s. ‖ Natural del antiguo reino de Israel. Ú.t.c.s. ‖ Perteneciente o relativo a este reino.

ISRAELÍTICO, CA. (Del lat. *israelíticus.*) adj. Israelita, relativo al antiguo reino de Israel.

ISSEL. *Geog.* V. **Yssel.**

ISSYK-KUL. *Geog.* Lago de la U.R.S.S. en Kirghizistán, al N. de los montes Tian-Shan. 5.100 km². Está sit. a 1.350 m. de altura.

ISTACAYOTA. f. *Méx.* Variedad de calabaza.

ISTACUATE. m. *Méx.* Cierta serpiente venenosa.

ISTAMBUL. *Geog.* V. **Estambul.**

ISTAPACLE. m. *Méx.* Planta apocinácea, usada como purgante.

ISTAR. *Mit.* Diosa babilónica de la vegetación, esposa de Sin; protectora de la guerra para los asirios.

ISTER. *Geog. hist.* Nombre ant. del río Danubio.

ISTMEÑO, ÑA. adj. Natural de un istmo. Ú.t.c.s. ‖ Perteneciente o relativo a un istmo. ‖ Natural del Istmo de Tehuantepec, región del Estado mexicano de Oaxaca; perteneciente o relativo a dicha región. Ú.t.c.s. ‖ Natural del istmo de Panamá; perteneciente o relativo a este istmo. Ú.t.c.s.

ÍSTMICO, CA. adj. Perteneciente o relativo a un istmo.

ISTMINA. *Geog.* Población del O. de Colombia, en el dep. del Chocó. 2.754 h. Puerto sobre el río San Juan. Centro comercial.

ISTMO. al. **Landenge.** fr. **Isthme.** ingl. **Isthmus.** ital. **Istmo.** port. **Istmo.** (Del lat. *isthmus,* y éste del gr. *isthmós.*) m. *Geog.* Lengua de tierra que une dos continentes o una península con un continente. ISTMO *de Tehuantepec.* ‖ — **de las fauces.** *Anat.* Orificio que comunica la boca con la faringe. sinón.: **fauces.** ‖ — **del encéfalo.** *Anat.* Parte inferior y media del encéfalo, en que se unen el cerebro y el cerebelo. ‖ IDEAS AFINES: *Panamá, Suez, canal, Lesseps, construir, comunicar, vía, camino, trayecto, comercio, distancia, cercanía, próximo, lejano, cabo, bahía, golfo, enlace.*

ISTRATI, Panait. *Biog.* Novelista rumano, autor de *Kira Kyralina; Mi tío Anghel,* etc. (1884-1935).

ISTRIA. *Geog.* Península triangular de terrenos calizos, al sur del golfo de Trieste. Perteneció a Italia hasta 1946. Desde 1947 es casi totalmente yugoslava; sólo una pequeña extensión pertenece a Italia.

ISTRIAR. tr. Estriar.

ISTÚRIZ, Francisco Javier. *Biog.* Político esp. que, en 1838, 1846 y 1858, fue jefe del gobierno (1790-1871).

ISUATE. m. *Méx.* Palma cuya corteza se utiliza para hacer colchones.

ITA. adj. y s. Aeta.

ITA. f. *Arg.* Especie de piojo de algunas aves.

ITÁ. *Geog.* Ciudad del Paraguay, al S. E. de Asunción. 19.000 h. Importante centro agrícola.

ITABIRA. *Geog.* Ciudad del Brasil (Minas Geraes). 90.000 h. En sus alrededores se hallan los mayores yacimientos de hierro del Brasil.

ÍTACA o **ITACA.** *Geog.* Isla griega del grupo de las Jónicas. 95 km². 10.000 h. Patria de Ulises y escenario de algunos poemas homéricos.

ITACARUARE. *Geog.* Población de Argentina, en el S. de Misiones. 8.000 h. En sus inmediaciones hay extensas plantaciones de algodón.

ITACATE. m. *Méx.* Provisiones de boca que se llevan cuando se va de viaje.

ITAGÜÍ. *Geog.* Población de Colombia, en el dep. de Antioquia 71.000 h. Centro industrial.

ITAIPÚ. *Geog.* Nombre de una importante represa hidroeléctrica (Brasil-Paraguay) sobre el Paraná, a 14 km al N de Puerto Iguazú.

ITAJAHY. *Geog.* Río del Brasil (Sta. Catalina) que des. en el Atlántico. 300 km. ‖ Ciudad y puerto del Brasil (Santa Catalina) en la desembocadura del río hom. 50.000 h. Maderas.

ITAJUBÁ. *Geog.* Ciudad del Brasil (Minas Geraes), en la ladera occidental de la Sierra Mantiqueira. 40.000 h. Centro cafetero.

ITALIA. *Geog.* República independiente del sur de Europa, situada en una de las tres grandes penínsulas del mar Mediterráneo. Linda con Francia, Suiza, Austria, Yugoslavia y los mares Adriático, Jónico, Mediterráneo y Tirreno. Se extiende desde los 47º5' a los 36º38' de latitud norte y cubre una extensión de 301.225 km². Además de la península, recorrida por los montes Apeninos, abarca dos islas mayores (Sicilia y Cerdeña) y otras menores (Elba, Pantelleria, etc.). El relieve italiano presenta dos regiones montañosas bien definidas: al norte los Alpes, que enmarcan las llanuras de Lombardía, Piamonte y Venecia, y en dirección al S.E. los Apeninos, que recorren toda la península. La cumbre más elevada del país es el monte Rosa, de 4.638 m. La llanura situada entre ambos encadenamientos orográficos y recorrida por el río Po es de excepcional importancia en la vida económica del país. **Italia** tiene unos 6.600 km de costas, con gran cantidad de bahías y puertos naturales. El norte del territorio presenta las condiciones típicas del clima de montaña, con grandes amplitudes térmicas; el valle del Po soporta inviernos muy fríos y veranos cálidos y lluviosos. La península, en cambio, tiene las características propias del Mediterráneo: inviernos húmedos y veranos secos. Ríos caudalosos pero de difícil navegación (Po, Adigio, Arno, Tíber, etc.) riegan fértiles llanuras. Al pie de los Alpes completan el paisaje lagos maravillosos como el Mayor, Garda, Como, etc. Es el país de Europa que sufre más frecuentemente erupciones volcánicas. Los volcanes Vesubio, Estrómboli, Etna son famosos desde la antigüedad. La base de la economía italiana reside en la agricultura y la industria. Condiciones de suelo y de clima dan a **Italia** la posibilidad de dedicarse a un número muy variado de cultivos. A pesar de que el 39% del territorio es montañoso y el 40% está cubierto de colinas y, por lo tanto, las llanuras son escasas; la técnica evolucionada y la laboriosidad de sus pobladores han llevado a la agricultura al más alto nivel económico. Es la actividad que ocupa en **Italia** al mayor número de individuos. Se cultiva trigo, maíz, arroz, avena, cebada, centeno, papa, frutas, etc. Son muy importantes los cultivos industriales: remolacha azucarera, lino, algodón, vid, olivo, cáñamo, morera, etc. La ganadería produce vacunos, lanares, porcinos y equinos. Entre las producciones de origen animal se destacan muy especialmente la cría del gusano de seda y la pesca, favorecida ésta por el amplio litoral. Del subsuelo se extrae cinc, plomo, mercurio, hierro, manganeso, antimonio, etc. La escasez de combustibles ha favorecido el desarrollo de la energía hidroeléctrica, que representa el 30% de la electricidad producida en el país. Frente a inconvenientes de orden interno, como son la superpoblación, la escasez de materias primas y los estragos que causó la segunda Guerra Mundial, la industria italiana ha adquirido un vigor de producción superior al de otros países de más vieja tradición industrial. La alta capacidad técnica del obrero y del artesano ha podido manifestarse con toda la pujanza de un verdadero renacimiento económico. El panorama industrial italiano es variado: tejidos, productos químicos y alimenticios, vinos y aceites, maquinaria y automotores, instrumentos de precisión, aviones y bicicletas, cristales, porcelanas, material eléctrico, artículos de goma, construcciones navales, máquinas de escribir, de calcular y computadoras, dan muestras del potencial económico del país. Tiene **Italia** 295.000 km de carreteras y 20.174 km. de vías férreas, de las cuales 4.099 están electrificadas. La marina mercante y la aviación se han desarrollado intensamente después de la segunda Guerra Mundial. La población alcanza a 56.450.000 h. agrupados en las 95 provincias. La capital es ROMA. (3.000.000 de h.). Otras ciudades importantes son Génova, Turín, Milán, Nápoles, Florencia, etc. ‖ *Hist.* Hasta el año 476 en que Odoacro se proclamó rey de **Italia,** la historia de Roma fue la de toda la península. Los ostrogodos la dominaron en el 493; fue incorporada al Imperio de Oriente a la muerte de Teodosio y los lombardos se posesionaron de las comarcas norteñas en el 568, hasta que Pipino el Breve, rey de los francos, los venció en el 755 y dio a la Iglesia el exarcado de Ravena; se inició de esta manera la soberanía temporal del papado, que pronto aumentaría, y ha quedado, al fin, reducida a la ciudad del Vaticano, en 1929, por el Tratado de Letrán. La obra de Pipino fue completada por Carlomagno, coronado emperador romano en 800. Difícil resultó la tarea de fijar los límites y alcances precisos del Papado y el Imperio, hasta entonces tan estrechamente unidos. En el N. y centro de **Italia,** que pertenecían al imperio franco, imperaban las disposiciones constitucionales de éste; en Roma, sometida al Emperador, el Papado continuaba abarcando el poder espiritual y el temporal. Con la dominación de los francos, se instauró en **Italia** el feudalismo. Durante la Edad Media varias ciudades se organizaron como repúblicas: Florencia, poderosa y culta (V. **Florencia**), Venecia, etc., y Francia, Alemania y España se disputaron el predominio en la península. España fue la que triunfó e hizo sentir su influencia incluso en los pequeños Estados independientes, pero la casa de Saboya logró afianzarse en el N., en el Piamonte, Lombardía y en Cerdeña. Después de la Revolución Francesa, que desencadenó de nuevo la lucha por la soberanía en la Península, y realizadas las triunfales campañas napoleónicas de **Italia,** se creó en 1806 el reino de **Italia,** que a la caída de Napoleón fue dividido por el Congreso de Viena en nueve Estados. Las luchas por la unidad italiana, encabezadas por Mazzini y Garibaldi, culminaron en 1870 con el reconocimiento de Víctor Manuel II, de la casa de Saboya, como rey. **Italia** unificada se lanzó a una política expansionista y se hizo poseedora de un imperio colonial. Logró acercarse a las grandes potencias del orbe, se organizaron las posesiones africanas y se concertaron tratados comerciales y alianzas militares. En 1915 entró en la guerra del lado de los aliados después de denunciar los compromisos que la unían a los imperios centrales. Finalizada la contienda los malestares de postguerra favorecieron el surgimiento del fascismo, que en 1922 llegó al poder. Benito Mussolini se erigió en dictador y continuó en lo exterior con la política expansionista; constituyó con Alemania el Eje Roma-Berlín y en 1940 declaró la guerra a Francia y Gran Bretaña. En 1941 finaliza la guerra con Etiopía, que **Italia** debió abandonar. Después de algunos encuentros, los aliados avanzaron desde el S. **de Italia hasta** tomar a Ro**ma y el rey Víctor Manuel III destituyó** a Mussolini. Víctor Manuel abdicó en favor de su hijo Humberto en 1946, pero a los pocos meses el plebiscito popular decidió el fin de la monarquía y la instauración de la república. En 1947, **Italia** firmó un tratado de paz con los aliados. En diciembre de 1947 fue aprobada la nueva Constitución y elegido presidente Luis Einaudi para el período 1948-1955; para el nuevo período constitucional 1955-1962 fue elegido presidente Juan Gronchi. En 1957, **Italia** participó como miembro fundador de la Comunidad Económica Europea. Las elecciones de diciembre de 1971 consagraron presidente de la república a Giovanni Leone, que dimitió en 1978, y ese mismo año asumió la presidencia Sandro Pertini.

ITALIANISMO. al. **Italienische; Spracheigentümlichkeit.** fr. **Italianisme.** ingl. **Italianism.** ital. **Italianismo.** port. **Italianismo.** m. Giro o modo de hablar peculiar de la lengua italiana. ‖ Vocablo o giro de esta lengua, usado en otra. ‖ Uso de vocablos o giros italianos en otro idioma.

ITALIANIZAR. tr. Hacer tomar carácter italiano, o inclinación a las cosas italianas. Ú.t.c.r. ‖ Dar forma italiana a las voces de otras lenguas. ‖ Cometer italianismos.

ITALIANO, NA. adj. Natural de Italia. Ú.t.c.s. *Millones de* ITALIANOS *emigraron a América.* ‖ Perteneciente a esta nación. ‖ m. Lengua **italiana,** subdividida en varios grupos de dialectos. ‖ **A la italiana.** m. adv. Al estilo de Italia.

ITÁLICA. *Geog. histór.* Antigua ciudad de España, cercana a Sevilla, y de la que subsisten notables ruinas.

ITALICENSE. (Del lat. *italicensis.*) adj. Natural de Itálica Ú.t.c.s. ‖ Perteneciente a esta ciudad.

ITÁLICO, CA. (Del lat. *italus.*) adj. Italiano; en particular, perteneciente a la antigua Italia. ‖ Dícese de la letra bastardilla. ‖ Italicense. Apl. a pers., ú.t.c.s.

ITALIOTA. adj. Habitante de Italia antes de la dominación romana. Ú.t.c.s. ‖ Perteneciente o relativo a los **italiotas** o a la antigua Italia.

ÍTALO, LA. (Del lat. *ítalus.*) adj. Italiano. Apl. a pers. ú.t.c.s. y generalmente en poesía.

ÍTALO. *Mil.* Rey legendario de los sículos, habitantes del sur de Italia, que dio nombre a este país.

ITAMARACA. *Geog.* Isla del Brasil, cercana a la costa del Est. de Pernambuco, al N. de Recife. 50 km².

ÍTAMO. m. *Cuba.* Díctamo, especie de euforbio.

ITA PARICA, Fray Manuel de Santa María. *Biog.* Destacado poeta bras., autor de *Eustachidos* (s. XVIII).

ITAPÉ. *Geog.* Ciudad del Paraguay, al O. de Villarrica. 12.500 h. Centro agrícola-ganadero.

ITAPETINGA. *Geog.* Ciudad de Brasil (San Pablo) 25.000 h. Producción agrícola.

ITAPICURÚ. *Geog.* Sierra del N.E. de Brasil (Maranhão) situada entre el río hom. y el Parnaíba, 500 km. de largo y su altura no excede de 300 m. ‖ Río de Brasil (Maranhão). Nace en la sierra hom. y des. en el golfo de Maranhão. 1.650 km., en parte navegables. ‖ Río de Brasil (Bahía) que des. en el Atlántico. 1.000 km.

ITAPÚA. *Geog.* Departamento del S.E. del Paraguay. 16.525 km². 200.000 h. Cap. ENCARNACIÓN.

ITASCA. *Geog.* Lago de los EE.UU. (Minnesota), origen del río Misisipí.

ITATA. *Geog.* Río de Chile (Ñuble). Recibe las aguas del río Ñuble y des. en el Pacífico. 185 km.

ITATÍ. *Geog.* Población de Argentina (Corrientes) sobre el alto Paraná. 10.000 h. Famoso santuario de la Virgen.

ITATIAYA. *Geog.* Cerro del Brasil, en la sierra de Mantiqueira. Culmina a los 2.884 m. en el pico Agulhas Negras.

ITAUGUÁ. *Geog.* Ciudad del Paraguay (Paraguarí), al E. de Asunción. 20.000 h. Tejidos.

ITEA. f. Planta perteneciente al género de las saxifragáceas, que se cultiva en los jardines, de florecillas en glomérulos y fruto en cápsula.

ÍTEM. (Del lat. *ítem,* del mismo modo, también.) adv. lat. que se emplea para indicar distribución de artículos o capítulos en una escritura, o como señal de adición. Dícese también **ítem más.** ‖ m. fig. Cualquiera de estos artículos o capítulos. ‖ Añadidura.

ITERABLE. (Del lat. *iterábilis.*) adj. Capaz de repetirse.

ITERACIÓN. (Del lat. *interatio, -onis.*) f. Acción y efecto de iterar.

ITERAR. (Del lat. *iterare.*) tr. Repetir.

ITERATIVO, VA. (Del lat. *iterativus.*) adj. Que tiene la condición de repetirse o reiterarse.

ITERBIO. m. *Quím.* Elemento simple de n. atóm. 70, símbolo *Yb.* Es un metal raro del grupo de los lantánidos.

ITIBERÉ, Brasilio. *Biog.* Compositor bras., cultor del folklore en música instrumental y vocal (n. 1896).

ITINERARIO, RIA. al. **Reise-**

route. fr. **Itinéraire.** ingl. **Itinerary.** ital. **Itinerario.** port. **Itinerário.** (Del lat. *itinerarius,* de *íter, itíneris,* camino.) adj. Perteneciente a los caminos. *Mojón* ITINERARIO. ‖ m. Descripción de un camino, indicando los lugares por donde se debe transitar. ‖ *Mil.* Partida que precede a la tropa que va en marcha y prepara su alojamiento. ‖ IDEAS AFINES: *Ruta, viaje, carretera, sendero, tránsito, tráfico, circulación, paseo, caminata, plano, guía, cartel, indicación, peligro, prudencia, mapa, carta, escala, prevenirse, conocer.*

ITONAMAS. *Geog.* Laguna de Bolivia (Beni). ‖ Río de Bolivia (Beni). En su curso superior se llama San Miguel, nombre que cambia luego por Magdalena y por último, después de atravesar la laguna hom., toma su denominación definitiva. Desemboca en el río Guaporé tras un curso de 1.100 km.

ITRIA. (De *ítrio.*) f. Óxido de itrio, substancia terrosa y blanca que se extrae de ciertos minerales poco comunes.

ITRIO. (De *Itterby,* pueblo de Suecia.) m. Metal que forma un polvo brillante y negruzco. Se extrae de algunos minerales raros; es un elemento trivalente, de símbolo Y, n. atóm. 39 y p. atóm. 88,92. Las demás propiedades son poco conocidas.

ITU. *Geog.* Ciudad del Brasil (San Pablo). 30.000 h. Telas de algodón, artículos de cuero.

ITURBE, Vicente Ignacio. *Biog.* Patriota par. que en 1811 encabezó, con Fulgencio Yegros y Pedro Caballero, la rebelión que culminó con la declaración de la independencia.

ITURBI, José. *Biog.* Pianista, comp. y director de orquesta esp., radicado en los EE.UU. (n. 1895).

ITURBIDE, Agustín. *Biog.* Mil. y político mex. que en 1822 llegó a ser emperador de su país por un golpe de estado contra el virrey Juan Ruiz de Apodaca, al proclamar la independencia de México y la constitución de una monarquía autónoma con el apoyo de las fuerzas armadas a su mando. Al año siguiente el levantamiento del coronel Santa Anna, que proclamó la república, lo obligó a abdicar y

refugiarse en Europa. Vuelto a México, fue declarado traidor y condenado a la pena capital por la Junta de Tamaulipas (1783-1824).

ITUREA. *Geog. histór.* Región del Asia Menor sit. al este de Galilea. Sus habitantes, descendientes de Ismael, lucharon contra los israelitas.

ITURRIGARAY, José de. *Biog.* Militar esp., de 1803 a 1808 virrey de Nueva España (1774-1815).

ITUZAINGÓ. *Geog.* Localidad de la Rep. Argentina, en el Gran Buenos Aires, al O. de la Capital Federal. 15.000 h. ‖ Población de la Argentina, al N.E. de la prov. de Corrientes, puerto a orillas del Paraná. 6.000 h.

ITUZAINGÓ, Batalla de. *Hist.* Combate librado en un paraje situado al S.O. del Estado brasileño de Río Grande del Sur, durante la guerra entre Argentina y Brasil, que terminó con el triunfo de las armas republicanas mandadas por el general Alvear (20 de febrero de 1827).

ITZCÓATL. *Biog.* Rey azteca que gobernó en Tenochtitlán de 1427 a 1440.

IVAÍ. *Geog.* Río del Brasil, en el Est. de Paraná, des. en el río Paraná, 600 km. Sus numerosas cascadas impiden la navegación.

IVÁN I. *Biog.* Emperador de Rusia de 1328 a 1340, el primero que usó el título de **Gran príncipe de todas las Rusias** (m. 1340). ‖ **III, el Grande.** Gran príncipe de Rusia que reinó desde 1462 hasta 1505 y dio término a la dominación tártara (1440-1505). ‖ **IV, el Terrible.** Primero de los duques de Moscú que llevó el título de Zar; amplió las fronteras de su imperio y'es recordado por sus crueldades (1529-1584). ‖ **VI.** Zar de Rusia, destronado por Isabel, hija de Pedro el Grande, que murió asesinado durante el reinado de Catalina II (1740-1764).

IVÁN EL TERRIBLE. *B. A.* Film ruso, uno de los más notables de Sergio Eisenstein, estrenado en 1945. Reconstrucción histórica que apela a los recursos de la tragedia clásica, posee un notable acompañamiento musical de Sergio Prokofiev.

IVANISSEVICH, Oscar. *Biog.* Médico y prof. arg. Publicó *Nuevo procedimiento para la rinoplastia; Varicocele por reflujo, su concepto y su tratamiento* (1895-1976).

IVANOVO. *Geog.* Ciudad de la Unión Soviética (R.S.F.S.R.) al N.E. de Moscú. 425.000 h. Tejido de algodón, artículos de cáñamo, maquinarias.

IVARÍ. *Geog.* Río de Bolivia (Beni), afl. del Mamoré, 400 km.

IVES, Carlos. *Biog.* Compositor estad. cuya arte, estilísticamente apegada a las escuelas del s. XIX, es, sin embargo, de gran originalidad. Autor de la sinfonía *Vacaciones; Concord piano sonata,* dos cantatas, numerosas canciones, etc. (1874-1954).

IVIERNO. (Del lat. *hibérnum.*) m. Invierno.

IVORY, Jacobo. *Biog.* Matemático ingl., célebre por el teorema que lleva su nombre, por el cual se resuelve el problema de la atracción de los elipsoides (1765-1842).

IVREA. *Geog.* Ciudad de Italia, en el valle de Aosta, a orillas del Dora Baltea. 25.000 h. Centro textil, fabricaciones mecánicas.

IVRY-SUR-SEINE. *Geog.* Ciudad de Francia (Sena) a 6 km. de París. 65.000 h. Industrias químicas y metalúrgicas.

IWO. *Geog.* Isla del S. de Japón, en el norte del arch. de Riu-Kiu, donde desembarcaron las tropas de Mac Arthur el 2 de febrero de 1945, hecho que inició el ataque final al Japón. ‖ C. de Nigeria, cerca de Ibadán. 200.000 h. Centro comercial.

IWOJIMA. *Geog.* V. **Iwo.**

IWO-SHIMA. *Geog.* V. **Iwo.**

IXIÓN. *Mit.* Rey de los lapitas, a quien Júpiter dio asilo en el Olimpo. Habiendo faltado al respeto a Juno, fue precipitado al infierno y condenado a ser atado a una rueda inflamada que giraba continuamente.

IXMIQUILPÁN. *Geog.* Población de México (Hidalgo). 10.000 h. Centro agrícola y minero.

IXTLÁN. *Geog.* Población de México (Nayarit). 15.000 h. Centro minero.

IXTLE. m. *Méx.* Fibra textil que se obtiene de una variedad de pita.

IZABAL. *Geog.* Lago de Guatemala, en el departamento hom., que des. en el mar Caribe por el río Dulce. Tiene 48 km. de largo. Es el mayor de la república. ‖ Departamento del N. de Guatemala, 9.037 km². 178.000 h. Cap. PUERTO BARRIOS.

IZADA. f. Acción y efecto de izar.

IZADO, DA. p. p. de **izar.** ‖ m. Izada.

IZAGA. (Del vascuence *izaga.*) m. Paraje en donde hay muchos juncos.

IZAGUIRRE, Carlos. *Biog.* Escritor hond. cont. Su novela *Bajo el chubasco* es una de las obras más ambiciosas de la literatura de su país (1895-1956). ‖ — **José M.** *Pol.* y pedagogo cub. que intervino en las luchas por la independencia de su patria (1830-1905).

IZALCO. *Geog.* Volcán de El Salvador (Sonsonate), llamado el "faro de América Central" porque su permanente corona de humo se ve desde gran distancia. 1.885 m. ‖ C. de El Salvador (Sonsonate). 15.000 h. Centro agrícola.

IZAMAL. *Geog.* Población de México (Yucatán), al E. de Mérida. 19.000 h. Fue cap. del imperio maya.

IZAPÍ. m. Árbol de Misiones, en la Argentina; en verano despide de sus hojas un rocío abundante que refresca el suelo.

IZAR. al. **Hissen.** fr. **Hisser.** ingl. **To hoist; to rise.** ital. **Issare.** port. **Içar.** tr. Hacer subir algo tirando de la cuerda de la que está colgado, la cual pasa por un punto más elevado. *En los días de duelo, la bandera se* IZA *a media asta;* antón.: **arriar.** ‖ IDEAS AFINES: *Levantar, empinar, pendón, enseña, ceremonia, homenaje, himno, canción patria, fiesta nacional.*

IZCUE, José A. *Biog.* Historiador y periodista per., autor de *Historia de la independencia del Brasil; Los peruanos y su independencia,* etc. (n. 1872).

IZEVSK. *Geog.* V. **Izhevsk.**

IZHEVSK. *Geog.* Ciudad de la Unión Soviética (R.S.F.S.R.) al noroeste de Kazán. 250.000 h. Industrias metalúrgicas.

IZMIR. *Geog.* V. **Esmirna.**

IZMIT. *Geog.* Ciudad de Turquía asiática, en el golfo hom., al S.E. de Estambul.

42.000 h. Sedas. ‖ **Golfo de —.** Escotadura de la costa asiática del mar de Mármara, al S.E. del Bósforo.

IZOTE. m. Planta propia de Amér. Central, que crece en lugares áridos; de hojas estrechas y rígidas, de flores grandes, blancas y verdosas, reunidas en panículas que llegan a medir varios metros de altura. (*Yucca gloriosa*). Pertenece a la familia de las liliáceas.

IZQUIERDA. (De *izquierdo.*) f. **Mano izquierda.** ‖ En los parlamentos del s. XIX, el grupo de la oposición tenía generalmente banca a la **izquierda** del presidente de la asamblea; y como dicho grupo solía estar integrado por los partidos liberales, republicanos, etc., se denominó de **izquierda** como sinónimo de liberales por oposición al de derecha, que tenía tendencia conservadora.

IZQUIERDEAR. intr. fig. Desviarse de los dictados del juicio y la razón.

IZQUIERDISTA. adj. Partidario de doctrinas políticas **izquierdistas.** Ú.t.c.s. ‖ Perteneciente o relativo a opiniones, teorías, etc., de izquierda.

IZQUIERDO, DA. al. **Linke Hand; Linke.** fr. **Gauche.** ingl. **Left hand; left.** ital. **Sinistra.** port. **Esquerda.** (Del vascuence *esquerra.*) adj. Dícese de lo que se dirige hacia la mano **izquierda** o está en su lado. ‖ Aplícase a lo que desde tal eje de la vaguada de un río cae a mano **izquierda** de quien se coloca mirando hacia donde corren las aguas. ‖ Zurdo. ‖ Dícese de la caballería que, por mala formación, saca los pies o manos hacia fuera. ‖ fig. Torcido, no recto. ‖ **A izquierdas.** loc. adv. que se aplica a las formas y movimientos helicoidales que avanzan cuando giran en sentido contrario al de las manecillas de un reloj.

IZTACCIHUATI. *Geog.* Cerro volcánico nevado de México, al E. de la capital 5.286 m.

IZTAPALAPA. *Geog.* Población de México, en el Distrito Federal. 25.000 h. Horticultura y floricultura.

IZZO, Roque Anselmo. *Biog.* Médico y prof. arg., autor de *Tuberculinoterapia en la tuberculosis pulmonar; Semiología de la azoemia* y otras obras (1892-1967).

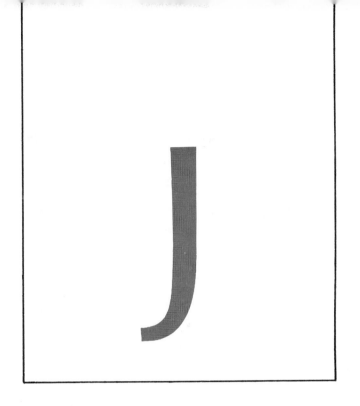

J. f. Undécima letra del abecedario castellano y octava de sus consonantes. ‖ Su nombre es jota y su sonido una fuerte aspiración.

JABA. (Voz caribe.) f. *Amér.* Especie de cajón de forma enrejada para el transporte de objetos. ‖ *Cuba.* Especie de cesta de junco o yagua. ‖ Mochila que usan los mendigos. ‖ *Chile.* Armazón de madera, rellenada con piedras, que se coloca junto al río para evitar que la corriente roa la ribera. ‖ *Ven.* Cabeza hueca.

JABADO, DA. adj. Habado, dicho de las aves. ‖ *Cuba.* Pintado de blanco y pardo o negro. Se dice de los gallos y gallinas. ‖ *Ven.* Dícese del gallo que lleva una especie de gargantilla de plumas.

JABALCÓN. (De *jabalón*.) m. *Arq.* Madero ensamblado en uno vertical con el fin de apear otro horizontal o inclinado.

JABALCÓN. m. *Col.* Barranco.

JABALCONAR. tr. Formar el tendido del tejado con jabalcones. ‖ Sostener con jabalcones un vano o voladizo.

JABALÍ. al. **Wildschwein.** fr. **Sanglier.** ingl. **Wild boar.** ital. **Cinghiale.** port. **Javali.** (Del ár., *chabalí*, montaraz.) m. Especie de cerdo salvaje europeo, de pelaje tupido y fuerte, hocico prolongado y colmillos salientes. *La caza del JABALÍ es emocionante.* ‖ — **alunado.** Aquel que, por ser muy viejo, le han crecido los colmillos hasta formar una media luna, de modo que no puede herir con ellos. ‖ IDEAS AFINES: *Paquidermo, fiera, jabato, puercoespín, pecarí, saíno, fuerza, ímpetu, monte, caza, persecución, batida, peligro, montería, jabalina, cerda, cuero, guantes, cartera, valija, colmillos, marfil.*

JABALINA. (Del ant. *jabalín*.) f. Hembra del jabalí.

JABALINA. al. **Saufeder;** **Wurfspeer.** fr. **Javeline; javelot.** ingl. **Javelin.** ital. **Chiaverina; partigiana.** port. **Azagaia.** (En fr. *javeline*.) f. Arma, especie de pica o venablo que se usaba más comúnmente en la caza mayor. ‖ IDEAS AFINES: *Dardo, lanza, flecha, cerbatana, carcaj, aljaba, tirador, cacería, arrojar, puntiagudo, deporte.*

JABALÓN. (Del ár. *chamalón*; de *chamal*, camello.) m. *Arq.* Jabalcón.

JABALÓN. *Geog.* Río de España (Castilla la Nueva) que des. en el Guadiana al S. de Ciudad Real. 171 km.

JABALONAR. tr. Jabalconar.

JABARDEAR. intr. Dar jabardos las colmenas.

JABARDILLO. (dim. de *jabardo*.) m. Bandada numerosa, susurradora y arremolinada, de insectos o avecillas. *Un JABARDILLO de gorriones.* ‖ fig. y fam. Remolino de mucha gente que causa confusión y ruido. sinón.: **enjambre.**

JABARDO. m. Enjambre pequeño producido por una colmena como segunda cría del año, como primera y única si está débil. ‖ fig. y fam. Jabardillo, remolino de gente.

JABATO. m. Cachorro de la jabalina. ‖ *Cuba.* Grosero, inculto. Ú.t.c.adj.

JABEAR. tr. *Guat.* Robar.

JABEBA. f. Ajabeba.

JÁBECA. (Del ár. *xabaca*, red.) f. Jábega, red.

JÁBEGA. (De *jábeca*.) f. Red muy larga, compuesta de un copo y dos bandas, de las cuales se tira desde tierra por medio de cabos.

JÁBEGA. (De *jabeque*.) f. Embarcación de pesca parecida al jabeque, pero más pequeña.

JABEGA. f. Jabeba.

JABEGOTE. m. Cada uno de los hombres que tiran de los cabos de la jábega.

JABEGUERO, RA. adj. Perteneciente a la jábega, red. ‖ m. Pescador de jábega.

JABEQUE. (Del ár. *chabec*.) m. Embarcación costanera de tres palos, con velas latinas. *El JABEQUE se usa mucho en el Mediterráneo.*

JABEQUE. (Tal vez del ár. *hibec*, raya de color distinto del fondo.) m. fig. y fam. Herida en el rostro, hecha con arma blanca corta.

JABERA. f. Especie de cante popular andaluz, compuesto de una introducción instrumental parecida a la malagueña, y de una copla.

JABÍ. (Del ár. *xabí*, cosa perteneciente a los renuevos.) adj. Aplícase a una especie de manzana silvestre y pequeña. Ú.t.c.s.m. ‖ Dícese también de cierta especie de uva pequeña que se cría en Granada. Ú.t.c.s.

JABÍ. (Voz amer.) m. Árbol leguminoso de América Central, de madera rojiza, dura y compacta, muy apreciada en la construcción naval.

JABILLO. (De un der, del lat. *sabulum*, arena, porque las cáscaras de sus frutos sirven para hacer salvaderas; en fr. *sablier*, de *sable*, arena.) m. Árbol euforbiáceo de la América tropical, muy ramoso, con hojas alternas, pecioladas, flores monoicas y fruto en caja que se abre ruidosamente al madurar. Su madera, fibrosa y de mucha duración, se usa para construir canoas. *Hura crepitans.*

JABÍN. m. *Méx.* Jabí, árbol.

JABINO. m. Variedad enana del enebro.

JABIRÚ. m. Especie de cigüeña americana. *Jabiru myctería.*

JABLE. (Del fr. *jable.*) m. Gárgol en que se encajan las tiestas de las tapas de toneles y botas.

JABLONSKY, Boleslao. *Biog.* Literato checo, autor de *Libro de la sabiduría* y *Cantos de amor* (1813-1881). ‖ — **Enrique.** Político polaco, presidente del Consejo de Estado de su país desde 1972.

JABÓN. al. **Seife.** fr. **Savon.** ingl. **Soap.** ital. **Sapone.** port. **Sabão.** (Del lat. *sapo, -onis.*) m. Pasta resultante de la combinación de un álcali con los ácidos grasos; es soluble en el agua, y por su propiedad de ligar sus moléculas se usa comúnmente para lavar. JABÓN *de tocador,* JABÓN *en polvo.* ‖ V. **Caldera, mano, palo de jabón.** ‖ fig. Cualquiera otra masa que tenga semejante uso. ‖ fig. y fam. *Arg.* y *P. Rico.* Susto, miedo. ‖ *Farm.* Compuesto medicinal resultante de la acción del amoníaco u otro álcali, o de un óxido metálico, sobre aceites, grasas o resinas. ‖ — **blando.** Aquel cuyo álcali es la potasa; es de color obscuro y tiene consistencia de ungüento. ‖ — **de olor.** Jaboncillo, jabón aromatizado. ‖ — **de Palencia.** fig. y fam. Pala con que las lavanderas golpean la ropa para gastar menos **jabón.** ‖ fig. y fam. Zurra de palos. ‖ — **de piedra. Jabón duro.** ‖ — **de sastre.** Esteatita blanca que usan los sastres para marcar en la tela el sitio por donde han de cortar o coser. ‖ — **duro.** El blanco o jaspeado y muy consistente, cuyo álcali es la sosa. ‖ **Dar jabón** a uno. frs. fig. y fam. Adularle. ‖ **Dar** a uno **un jabón.** frs. fig. y fam. Castigarle o amonestarlo acremente. ‖ IDEAS AFINES: *Emulsión, saponificar, desengrasar, limpiar, fregar, restregar, bañar, afeitar, burbujas, espuma, pompas, cepillo, resbaloso, aceitoso, glicerina, untura, sebo, jade.*

● **JABÓN.** *Ind.* Elaborado ya en los primeros siglos de la era cristiana, el **jabón** fue utilizado por los galos como cosmético y como artículo de limpieza por los romanos, que expandieron su uso por Inglaterra y Alemania. A partir del s. XIX, la producción de materias grasas a bajo precio dio gran incremento a la fabricación de **jabón.** Los tipos más usados son el **jabón** duro o de sodio y el **jabón** blando o de potasio. El **jabón** de tocador es más refinado: después de la saponificación de la grasa se le agrega cloruro de sodio y se lo somete a la cocción. Los **jabones** utilizados para lavar son obtenidos generalmente por saponificación de la grasa con el álcali, sin **saladura.** Sus propiedades como elemento de limpieza provienen de que, en contacto con el agua, el **jabón** se descompone en sales básicas de los álcalis, que hacen a las grasas solubles en agua, y sales ácidas de los ácidos grasos, que forman una emulsión con las substancias grasas y las separan del objeto o prenda lavados. Por otra parte, penetran en los poros o intersticios con más facilidad que el agua.

JABONADA. f. *Col. Chile* y *Perú.* Jabonadura.

JABONADO. m. Jabonadura, acción de jabonar. ‖ Conjunto de ropa blanca que se ha de jabonar o se ha jabonado.

JABONADOR, RA. adj. y s. Que jabona.

JABONADURA. f. Acción y efecto de jabonar. ‖ pl. Agua que queda mezclada con el jabón y su espuma. ‖ Espuma que se forma al jabonar. ‖ **Dar** a uno **una jabonadura.** frs. fig y fam. Dar a uno un jabón.

JABONAR. al. **Einseifen.** fr. **Savonner.** ingl. **To soap.** ital. **Insaponare.** port. **Ensaboar.** tr. Fregar las cosas con jabón y agua. ‖ Humedecer la barba con agua jabonosa para afeitarla. ‖ fig. y fam. **Dar un jabón.**

JABONCILLO. (dim. de *jabón*.) m. Pastilla de jabón aromatizada para los usos de tocador. ‖ Árbol sapindáceo de América de fruto parecido a la cereza, de cuya pulpa se hace jabón para lavar la ropa. ‖ Fruto de este árbol. ‖ *Cuba.* Barro ceniciento de algunos terrenos de mala calidad. ‖ Calalú, planta amartácea. ‖ *Chile.* Jabón en polvo. ‖ *Farm.* Jabón medicinal ‖ — **de sastre.** Jabón de sastre.

JABONERA. f. Mujer que hace o vende jabón. ‖ Caja que hay para el jabón en los lavabos y tocadores. JABONERA *de celuloide.* ‖ Planta herbácea de flores grandes, olorosas, de color blanco rosado, formando panojas, y fruto capsular con diversas semillas. El zumo de esta planta y su raíz hacen espuma con el agua y sirven, como el jabón, para lavar la ropa. *Saponaria calabrica,* cariofilácea. ‖ Planta de flores blancas, pequeñas, en corimbos muy apretados y fruto seco y capsular. Es frecuente en los sembrados. Llámase también **jabonera de la Mancha.** *Melandrium dicline*, cariofilácea.

JABONERÍA. al. **Seifensiederei.** fr. **Savonnerie.** ingl. **Soap manufactory.** ital. **Saponeria.** port. **Saboaria.** (De *jabonero.*) f. Fábrica de jabón. ‖ Tienda en que se vende.

JABONERO, RA. adj. Perteneciente o relativo al jabón. ‖ Dícese del toro de piel de color blanco sucio que tira a amarillento. ‖ *Ec.* Dícese de la bestia que resbala con facilidad al caminar. ‖ m. El que fabrica o vende jabón.

JABONETA. f. Jabonete.

JABONETE. m. Jaboncillo, pastilla de jabón aromatizado. Llámase también **jabonete de olor.**

JABONOSO, SA. adj. De jabón, o de su naturaleza.

JABORANDI. m. Árbol rutáceo del Brasil, cuyas hojas tienen olor y sabor semejantes a los del naranjo y su infusión es usada para favorecer la transpiración. *Pilocarpus pennatifolius.*

JABOTÍ. m. Especie de tortuga brasileña, de carne comestible.

JABUCO. m. *Cuba.* Jaba o cesta de boca más estrecha en el fondo.

JABUTÍ. m. *Arg.* y *Parag.* Tortuga de carne comestible, cuyo caparazón, manchado, alcanza a tener más de sesenta centímetros de largo. *Testudo denticulata*, quelonio.

JACA. (De *haca.*) f. Caballo de alzada menor de siete cuartas. ‖ *Perú.* Yegua de poca alzada. ‖ **– de dos cuerpos.** La que sin alcanzar siete cuartas, por su robustez sirve como el caballo de alzada.

JACACAIL. m. Cierta alondra del Brasil.

JACAL. m. *Guat., Méx.* y *Ven.* Choza.

JACALA. *Geog.* Población de México (Hidalgo). 17.000 h. con el municipio. Centro minero.

JACALEAR. intr. *Méx.* Ir de jacal en jacal.

JACALÓN. m. *Méx.* Cobertizo, destinado generalmente a alguna diversión.

JACAMARA. m. Ave trepadora de Brasil y Argentina. *Gabula rufo-viridis.*

JACANA. f. Gallito de agua, ave zancuda americana de plumaje castaño y negro, pico amarillo y patas verdes. *Jacana spinosa.*

JACAPA. f. Pájaro que vive en los bosques de América.

JACAPUCAYO. m. Juvia, árbol.

JÁCARA. (Como el port. *xácara*, quizá del ár. *xócar*, mentira.) f. Romance alegre en que por lo regular se narran sucesos de la vida airada. ‖ Cierta música para cantar o bailar. ‖ Especie de danza, formada al son propio de la **jácara.** ‖ Junta de personas que van de noche, metiendo ruido y cantando por las calles. ‖ fig. y fam. Molestia, enfado, por alusión a los que jacarean de noche. ‖ fam. Patraña. ‖ fig. y fam. Cuento, razonamiento. *Nos echó una* JÁCARA *muy divertida.*

JACARANDÁ. m. *Bot.* Género de árboles bignoniáceos de América tropical y subtropical, cuya madera, llamada palisandro, es usada en ebanistería. Gén. *Jacaranda.* ‖ Nombre dado a diversos árboles leguminosos de los géneros *Dalbergia* y *Machaerium*, cuya madera es también llamada palisandro y empleada para muebles finos.

JACARANDO, DA. adj. Propio de la jácara o relativo a ella. ‖ m. Jácaro, baladrón.

JACARANDOSO, SA. (De *jacarando.*) adj. fam. Donairoso, alegre.

JACAREAR. intr. Cantar frecuentemente jácaras. ‖ fig. y fam. Andar por las calles cantando y metiendo ruido. ‖ Molestar a alguien con palabras impertinentes.

JACARERO. m. Persona que anda por las calles cantando jácaras. ‖ fig. y fam. Alegre, chancero.

JACARISTA. m. Jacarero.

JÁCARO, RA. adj. Perteneciente o relativo al guapo y baladrón. *Traje* JÁCARO. ‖ m. El guapo y baladrón. ‖ **A lo jácaro.** m. adv. Con afectación y valentía en los modos o en el vestir.

JÁCENA. (Del ár. *chézena*, pl. de *cháiz*, viga.) f. *Arq.* **Viga maestra.**

JACERINA. f. Cota de malla. Ú.t.c.adj. *Cota* JACERINA.

JACILLA. (Del lat. *iacere*, estar acostado.) f. Señal dejada por una cosa sobre el terreno donde ha estado.

JACINTINO, NA. adj. Violado. Ú.m. en poesía.

JACINTO. al. **Hyazinthe.** fr. **Hyacinthe.** ingl. **Hyacinth.** ital. **Giacinto.** port. **Jacinto.** (Del lat. *hyacinthus*, y éste del gr. *hyákinthos.*) m. Planta anual bulbosa, de flores fragantes, en espiga, originaria del Asia Menor; hay más de dos mil variedades cultivadas como ornamentales. *Hyacinthus orientalis*, liliácea. ‖ Flor de esta planta. ‖ Circón. ‖ **– de Ceilán. Circón.** ‖ **– de Compostela.** Cuarzo cristalizado, rojo obscuro. ‖ **– del Cabo.** *Bot.* Especie originaria de África del S., cultivada, de flores blancas, *Hyacinthus candicans.* ‖ **– occidental.** Topacio. ‖ **– oriental.** Rubí.

JACKSON, Alejandro Y. *Biog.* Pintor canadiense n. 1882., vigoroso paisajista en cuyos cuadros predomina un colorido vivaz. Obras: *Algoma en noviembre; Paisaje norteño*, etc. ‖ **– Andrés.** Mil. y político estad., presidente de su país de 1829 a 1833 y de 1833 a 1837. Dirigió la guerra de Texas contra México (1767-1845). ‖ **– Carlos.** Méd. estad. a quien se atribuye la aplicación del éter como anestésico (1805-1880). ‖ **– Elena.** Escritora estad. Su novela *Ramona*, defensa de la raza indígena, alcanzó gran difusión (1830-1885). ‖ **– Tomás J.** Mil. estad., jefe de los ejércitos sureños en la Guerra de Secesión (1824-1863).

JACKSON. *Geog.* Ciudad de los EE.UU. cap. del estado de Misisipí. 120.000 h. Mercado algodonero.

JACKSONVILLE. *Geog.* Ciudad de los EE.UU. (Florida). 550.000 h. Puerto sobre el río Saint Johns. Gran plaza industrial y comercial.

JACMEL. *Geog.* Ciudad y puerto de la costa meridional de Haití. 20.000 h.

JACO. (Del ár. *xacc.*) m. Cota de malla de manga corta. ‖ Jubón de tela tosca hecha de pelo de cabra, usado antiguamente por los soldados.

JACO. (De *jaca.*) m. Caballo pequeño y ruin. sinón.: **jamelgo.**

JACOB. *Hist. Sagr.* Patriarca hebreo, hijo de Isaac y de Rebeca y padre de doce hijos que fueron los jefes de las doce tribus de Israel. Compró a su hermano Esaú el derecho de primogenitura por un plato de lentejas.

JACOB, Francisco. *Biog.* Biólogo fr., nacido en 1920, que obtuvo el premio Nobel de Fisiología y Medicina de 1965, junto con A. Lwoff y J. Monod, por sus investigaciones sobre el control genético de las enzimas. ‖ **– Gualterio.** Musicólogo y escritor al., radicado en la Argentina. Es autor de *La ópera*, y de un estudio sobre *Ricardo Wagner* (n. 1905). ‖ **– Max.** Poeta fr., autor de *El cubilete con dados* y otras obras (1876-1944).

JACOBEO, A. adj. Perteneciente o relativo al apóstol Santiago.

JACOBEOS. m. pl. Se dio este nombre en Portugal a una secta religiosa del s. XVIII, que sostenía que los penitentes podían revelar en la confesión los nombres de los cómplices de sus culpas.

JACOBI, Carlos. *Biog.* Matemático al. que explicó las funciones elípticas (1804-1851). ‖ **– Federico E.** Filósofo al. que propugnó el sentimiento como base filosófica (1743-1819). ‖ **– Juan Jorge.** Poeta al. que anticipó, en algunos aspectos, la obra de Goethe como poeta lírico (1740-1814). ‖ **– Mauricio H. de.** Físico al., inventor de la galvanoplastia (1801-1874).

JACOBÍNICO, CA. adj. Perteneciente o relativo a los jacobinos.

JACOBINISMO. m. Doctrina del partido más radical de la revolución francesa de 1789. Su teoría política se expresa en la declaración de los derechos del hombre; su teoría económica en la fisiocracia, su política internacional en el principio de las nacionalidades y su actitud hacia la Iglesia proclama la laicidad de la enseñanza y la separación de la Iglesia y el Estado.

JACOBINIZAR. intr. Volver a uno jacobino. ‖ Alardear de jacobinismo.

JACOBINO, NA. al. **Jakobiner.** fr. **Jacobin.** ingl. **Jacobin.** ital. **Giacobino.** port. **Jacobino.** (Del fr. *jacobin.*) adj. Dícese del individuo del partido más radical que surgió de la revolución francesa, y de este mismo partido, llamado así porque se reunía en un convento de dominicos, a quienes vulgarmente se les denominaba **jacobinos**, por haber tenido su primera vivienda en la calle parisiense de San Jacobo. Apl. a pers., ú.t.c.s. *Robespierre era el caudillo de los* JACOBINOS. ‖ Por ext., aplícase al demagogo partidario de esta doctrina revolucionaria. Ú.m.c.s.

JACOBITA. adj. Monofisita. Ú.t.c.s. ‖ Partidario de Jacobo II de Inglaterra y en general de los Estuardos. Ú.t.c.s. ‖ Perteneciente o relativo a la política de estos partidarios.

JACOBO. *Biog.* Nombre de seis soberanos de Escocia que reinaron en los s. XV y XVI.

JACOBO I. *Biog.* Rey de Inglaterra y Escocia, hijo de María Estuardo. Su reinado duró de 1603 a 1625, y se caracterizó por las persecuciones religiosas contra los disidentes ingleses (1566-1625). ‖ **– II.** Rey de Inglaterra, hijo de Carlos I y sucesor de su hermano Carlos II en 1685. Destronado tres años más tarde, se refugió en Francia (1633-1701).

JACOBS, Lucas Huygenz. *Biog.* V. **Leiden, Lucas de.**

JACOBSEN, Arne. *Biog.* Arquitecto danés, uno de los más conocidos cultores del estilo internacional en su patria (n. 1902). ‖ **– Juan Pedro.** Escritor naturalista danés, traductor de *El origen de las especies*, de Carlos Darwin; autor de poesías y de numerosos cuentos y novelas (1847-1885).

JACOBSSON, Oscar. *Biog.* Dibujante sueco. Las aventuras de un personaje caricaturesco de su creación. *Adamsom*, alcanzaron extraordinaria difusión en diarios y revistas de América y Europa (1889-1945).

JACONA. *Geog.* Población de México (Michoacán). 15.000 h. Centro agrícola.

JACONTA. f. *Bol.* Cierto puchero de tubérculos, carne y fruta.

JACOPONE DE TODI. *Biog.* Monje franciscano ital., autor de numerosas poesías místicas y del himno latino *Stabat Mater.*

JACOVELLA, Bruno. *Biog.* Escritor y periodista arg., autor de *Fiestas tradicionales argentinas; Folklore argentino*, y una biografía sobre *Juan Alfonso Carrizo* (n. 1910).

JACQUARD, José M. *Biog.* Mecánico fr., inventor de la máquina de tejer que lleva su nombre (1752-1834).

JACQUES, Amadeo. *Biog.* Pedagogo fr. establecido en la Argentina, donde desde 1863 cumplió una importante obra educativa. Autor entre otras obras de *Tratado de psicología* (1813-1865).

JACQUET, Alfredo. *Biog.* Poeta par. cont., autor de *Pétalos de una flor celestial* y otras obras influidas por el romanticismo.

JACTANCIA. al. **Prahlerei.** fr. **Jactance.** ingl. **Boasting.** ital. **Iattanza; millanteria.** port. **Jactancia.** (Del lat. *iactancia.*) f. Alabanza propia presuntuosa. JACTANCIA *es necedad;* sinón.: **fatuidad, pedantería.** ‖ IDEAS AFINES: *Alarde, vano, hueco, ampuloso, mundano, superficial, insustancial, hipérbole.*

JACTANCIOSO, SA. (De *jactancia.*) adj. y s. Que se jacta. *Espadachín* JACTANCIOSO; sinón.: **fatuo, pedante.** ‖ deriv.: **jactanciosamente.**

JACTARSE. (Del lat. *iactare*, de *iacere*, echar.) r. Alabarse uno presuntuosamente de sus propios dones y también de lo que se atribuye, y aun de acciones vituperables. SE JACTABA *de su riqueza;* sinón.: **engreírse, ufanarse.**

JACU. m. *Bol.* Pan, mandioca, plátano u otra vianda menuda con que se acompaña la comida.

JACULATORIO, RIA. (Del lat. *iaculatorius*, de *iaculari*, lanzar.) adj. Breve y fervoroso. *Ruego* JACULATORIO.

JACULATORIA. (Del lat. *iaculatoria*, term. f. de *-rius*, jaculatorio.) f. Oración breve pronunciada con hondo sentimiento. ‖ IDEAS AFINES: *Rosario, letanía, responso, bendición, vía crucis, procesión, votos, plegaria, unción, indulgencia, confesión, penitencia, escapulario, saeta, pregón, predicación, homilía, sentencia, locución, estribillo, monserga, soliloquio.*

JACUÍ. *Geog.* Río del Brasil, tributario de la laguna de los Patos. 600 km.

JÁCULO. (Del lat. *iáculum.*) m. Dardo, arma arrojadiza. sinón.: **azagaya, venablo.**

JACHADO, DA. (Corrupción de *hacheado*, p. p. de *hachear.*) adj. *Hond.* Dícese de quien tiene en la cara una cicatriz producida por herida de arma cortante.

JÁCHAL. *Geog.* Sierra de la precordillera de San Juan y Mendoza (Argentina), en el N. de la prov. de San Juan, al N.E. del río hom. ‖ Río de Argentina (San Juan), continuación del río Blanco. Cruza el valle hom. y con el nombre de **Zanjón** des. en el río Bermejo. El **Jáchal-Zanjón** recorre 250 km. ‖ Ciudad de la Argentina (San Juan), sobre el río hom. 10.000 h. Producción agropecuaria. Vinos.

JACHALÍ. (Voz americana.) m. Árbol anonáceo tropical, de fruto drupáceo, aromático y sabroso, y madera muy dura, apreciada para la ebanistería.

JACHE o **JACHI.** m. *Bol.* Afrecho o salvado.

JACHUDO, DA. adj. *Ec.* Fuerte, musculoso.

JADE. al. **Speckstein; Jade.** fr. **Jade.** ingl. **Jade; axetone.** ital. **Giado.** port. **Jade.** (Del chino *jud.*) m. Piedra dura, tenaz, de aspecto jabonoso, que puede ser pulida fácilmente, y por ello fue usada desde la prehistoria y se usa todavía en China para fabricar herramientas y objetos de adorno. Constituida por silicato de calcio y manganeso, es una variedad de la actinota. No debe confundirse con la jadeíta. *Amuleto de* JADE.

JADE. *Miner.* Muchos objetos hallados entre las ruinas de civilizaciones prehistóricas están fabricados con **jade.** Para los chinos fue siempre objeto sagrado; se lo llama piedra divina y simboliza virtudes humanas. Según su coloración representa el cielo, la tierra y los puntos cardinales y el polvo de **jade** pisado era aspirado por el Emperador durante sus ejercicios de purificación. Sus diversas variedades son igualmente valiosas y requeridas para la fabricación de objetos de arte.

JADE, Golfo de. *Geog.* Escotadura de la costa alemana, en el mar del Norte, al O. de la des. del río Weser

JADEANTE. p. a. de **Jadear.** Que jadea. *Perro* JADEANTE.

JADEAR. al. **Keuchen.** fr. **Haleter.** ingl. **To pant.** ital. **Ansare.** port. **Ofegar.** (De *ijadear.*) intr. Respirar anhelosamente por efecto de algún esfuerzo impetuoso. JADEABA *al subir la colina;* sinón.: **acezar.** ‖ IDEAS AFINES: *Ansia, disnea, hipar, estertor, asma, respiro, palpitación, aliento, dificultad, correr, trepar, huir, saltar.*

JADEO. m. Acción de jadear.

JADRAQUE. m. Tratamiento de respeto que se da entre musulmanes a los sultanes y príncipes.

JAECERO, RA. s. Persona que hace jaeces.

JAÉN. (De *Jaén*, de donde procede esta uva.) adj. Dícese de una uva blanca de hollejo grueso y duro. ‖ Dícese de la vid y del viduño que la produce.

JAÉN. *Geog.* Provincia de España (Andalucía). 13.492 km². 690.000 h. Es la mayor región olivarera de la pen. Vid, cereales. Yacimientos de galena argentífera, que son los más grandes del mundo. Cap. hom. con 85.000 h. ‖ Pobl. del Perú (Cajamarca). 5.000 h. Centro tabacalero.

JAENÉS, SA. adj. Natural de Jaén. Ú.t.c.s. ‖ Perteneciente a esta ciudad.

JAEZ. (Del ár. *chahez*, aparato.) m. Cualquier adorno que se pone a las caballerías. Ú.m. en pl. ‖ Adorno de cintas con que se enjaezan las crines del caballo en días de fiesta. ‖ fig.

Calidad o propiedad de una cosa. *Una revista del peor* JAEZ; sinón.: **índole, laya.**

JAEZAR. (De *jaez.*) tr. Enjaezar.

JAFA. *Geog.* Ciudad de la zona árabe de Palestina, ocupada por los israelíes. Antiguamente denominada **Jope,** hoy ha quedado prácticamente asimilada a Tel Aviv. Puerto sobre el Mediterráneo. 150.000 h. En sus alrededores hay cultivos de vid, olivo, citrus. Centro manufacturero y comercial.

JAFET. *Hist. Sagr.* Tercer hijo de Noé, del cual se suponía descendientes a los griegos, persas y medos.

JAFÉTICO, CA. adj. Dícese de los pueblos y razas descendientes de Jafet, tercer hijo de Noé, y que se cree se extendieron desde Asia Central y la India hasta las extremidades occidentales de Europa. ‖ Perteneciente a estos pueblos o razas.

JAFFA. *Geog.* V. **Jafa.**

JAFFNA. *Geog.* Ciudad y puerto del N.O. de Sri Lanka. 112.000 h. Centro comercial.

JAGUA. (Del mex. *xahualli.*) f. Árbol rubiáceo de la América intertropical, con tronco recto, ramas largas casi horizontales, hojas grandes, opuestas, lanceoladas; flores olorosas, blancas, amarillentas, en ramilletes colgantes; fruto semejante a un huevo de ganso, drupáceo, de corteza cenicienta y pulpa blanquecina agridulce, que contiene muchas semillas duras y negras. La madera, de color amarillento rojizo, es fuerte y elástica. ‖ Fruto de este árbol.

JAGUAL. m. *Cuba.* Lugar poblado de jaguas.

JAGUAPITANGA. m. *Brasil.* Zorro de campo común, uno de los cánidos más pequeños de América del Sur. Gén. *Lycalopex.*

JAGUAR. al. **Jaguar.** fr. **Jaguar.** ingl. **Jaguar.** ital. **Giaguaro.** port. **Jaguar.** (De *yaguar.*) m. Tigre americano, félido que llega a tener metro y medio o dos metros de largo y unos ochenta centímetros de alzada, de piel por lo general amarillenta con anillos negros. Vive en América del Norte y del Sur.

JAGUARETÉ. m. *Argent. Parag.* y *Urug.* **Jaguar.**

JAGUARIBE. *Geog.* Río del N.E. del Brasil (Ceará), que des. en el Atlántico. 760 km.

JAGUARZO. m. Arbusto cistáceo europeo, derecho, ramoso, con hojas algo viscosas; flores blancas en grupos terminales y fruto capsular globoso. *Cistus clusii,* cistáceo. ‖ Nombre dado a varias plantas cistáceas.

JAGUAY. m. Árbol de Cuba, de madera amarilla, muy útil en ebanistería. ‖ *Perú.* Jagüey, balsa. ‖ Aguada, en costa despoblada y arenosa.

JAGÜECILLO. m. Árbol móreo de Cuba, de color castaño y de madera dura.

JAGÜÉ. *Geog.* V. **Jagüel.**

JAGÜEL. m. *Amér.* Balsa o zanja para recibir y retener las aguas. ‖ IDEAS AFINES: *Ojo de agua, naciente, excavación, charca, cisterna, alberca, pocero, agujero, frescura, obscuridad, sed, beber, abrevar.*

JAGÜEL. *Geog.* Río de la Argentina (La Rioja), origen del río Vinchina. ‖ Sierra de la precordillera argentina (La Rioja).

JAGÜEY. m. Bejuco móreo de Cuba, que crece matando al árbol en que se enlaza. ‖ *Amér.* Jagüel. ‖ *Cuba.* Persona desleal.

JAGÜEY GRANDE. *Geog.* Población de Cuba (Matanzas). 5.500 h. Centro tabacalero y cafetero.

JAGÜILLA. f. *Ant.* Árbol rubiáceo de madera amarillenta empleada en la construcción. ‖ *Hond.* Variedad de puerco silvestre.

JAHARÍ. (Del ár. *xaarí.*) adj. y s. Aplícase a una especie de higos que se crían en Andalucía.

JAHARRAR. (Del ár. *hovara,* tierra blanca.) tr. Revocar paredes.

JAHARRO. m. Acción y efecto de jaharrar.

JAHDE, Golfo de. *Geog.* V. **Jade.**

JAHN, Federico L. *Biog.* Patriota al., promotor de la unidad al. Organizó los ejercicios físicos en su país (1778-1852).

JAHUEL. m. *Arg., Bol.* y *Chile.* Jagüel o jagüey, pozo o balsa de agua.

JAHVÉ. *Hist. Sagr.* Nombre hebreo de Jehová.

JAI ALAI. (En vasco, *fiesta alegre.*) m. V. **Jay Alay.**

JAIBA. adj. *Ant.* y *Méx.* Aplícase a la persona lista en negocios. Ú.t.c.s. ‖ Disimulado, astuto. Ú.t.c.s. ‖ m. *Cuba.* Cangrejo de río. ‖ *Chile.* Cámbaro.

JAIBERÍA. f. *P. Rico.* Habilidad, astucia.

JAIME I, el Conquistador. *Biog.* Rey de Aragón, hábil militar y político. Debe su apelativo a los conquistas que realizó de los reinos de Murcia y de Valencia y de las islas Baleares (1208-1276). ‖ **– II, el Justo.** Rey de Aragón, conquistador de Calabria (1259-1327).

JAIME de Borbón y Battenberg. *Biog.* **Duque de Anjou y de Segovia;** segundo hijo del rey de España Alfonso XII. Falleció en Suiza (1909-1975).

JAIMES FREYRE, Ricardo. *Biog.* Poeta e historiador bol., uno de los más valiosos representantes del modernismo. Se destacó también como teórico literario. Obras: *Castalia Bárbara*; *Los sueños son vida,* etc. (1868-1933).

JAIMIQUÍ. m. *Bot.* Árbol de Cuba, cuyo fruto es dado al ganado; sapotáceo.

JAIPUR. *Geog.* Ciudad de la India, capital del Est. de Rajasthan. 630.000 h. Importante centro industrial. Observatorio astronómico.

JAIQUE. (Del ár. *haic.*) m. Capa árabe, con capucha.

¡JA, JA, JA! int. con que se denota la risa.

¡JAJAY! interj. que expresa burla o risa.

JAKARTA. *Geog.* Ciudad del N.O. de Java, cap. de la Rep. de Indonesia. 5.900.000 h. Construida sobre una red de canales, es el principal centro comercial del país. Antes se llamó **Batavia.**

JAKOBSON, Román. *Biog.* Lingüista ruso que fundó, junto con N. Trubetskoi, la fonología (n. 1896).

JAL. (Del mex. *xalli.*) m. *Méx.* Trozos de piedra pómez que arrastran en su masa fragmentos de metales preciosos. Ú.m. en pl.

JALA. f. *Col.* Borrachera.

JALACINGO. *Geog.* Población de México (Veracruz) al N.O. de Jalapa. 8.000 h. Producción agrícola-ganadera.

JALAPA. (De *Jalapa,* ciudad de México, de donde procede esta planta.) f. Raíz de una planta vivaz convolvulácea americana parecida a la enredadera de campanillas, del tamaño y figura de una zanahoria, negruzca por fuera, blanca por dentro y con jugo resinoso. Se emplea en medicina como purgante enérgico.

JALAPA. *Geog.* Departamento del E. de Guatemala. 2.065 km². 125.000 h. Actividades agrícolas. Cap. hom. 45.000 h. Centro industrial. ‖ C. del este de México, capital del Est. de Veracruz. 128.000 h. Café, industria textil. Centro cultural.

JALAPEÑO, NA. adj. Natural de Jalapa, capital del Estado mexicano de Veracruz. Ú.t.c.s. ‖ Perteneciente o relativo a dicha capital.

JALAR. tr. fam. Halar. ‖ fam. Tirar, atraer. ‖ *Amér. Central.* Hacer el amor. *Ella y yo nos* JALAMOS. ‖ *Perú.* Desaprobar un examen. ‖ intr. *Bol., Méx., P. Rico* y *Ven.* Largarse, irse. *Enrique* JALÓ *para su casa.* ‖ *Dom.* Enflaquecer. ‖ r. Emborracharse.

JALBEGADOR, RA. adj. y s. Que jalbega.

JALBEGAR. (Del lat. *ex* y *albicare,* blanquear.) tr. Enjalbegar. sinón.: **encalar.** ‖ fig. Componer el rostro con afeites. Ú.t.c.r.

JALBEGUE. m. Blanqueo hecho con cal o arcilla blanca. sinón.: **encaladura.** ‖ Lechada de cal para blanquear o enjalbegar. ‖ fig. Afeite de que usan las mujeres.

JALCA. f. *Perú.* Llanura elevada que se extiende sobre la cima de los Andes.

JALDA. Falda, prenda de vestir. ‖ *P. Rico.* Halda o falda de un monte.

JALDADO, DA. adj. Jalde.

JALDE. (Del ant. fr. *jalne,* y éste del lat. *gálbinus,* de color verde claro.) adj. Amarillo subido.

JALDO, DA. adj. Jalde.

JALDRE. m. *Cetr.* Color jalde.

JALEA. al. **Gelee.** fr. **Gelée.** ingl. **Jelly.** ital. **Gelatina di frutti.** port. **Geléia.** (Del fr. *gelée,* helada.) f. Conserva transparente gelatinosa, hecha del zumo de algunas frutas. JALEA *de manzana.* ‖ *Farm.* Medicamento azucarado, cuya base es vegetal o animal, y que al enfriarse se vuelve gelatinoso. ‖ IDEAS AFINES: *Cristalino, pegajoso, semilíquido, aglutinante, viscoso, resina, mucílago, temblor, goma, cola de pescado, clara, caldo, mermelada, dulce, miel, melaza, almíbar; membrillo, pectina.*

JALEAR. (De *¡hala!*) tr. Llamar a los perros a voces para seguir la caza. ‖ Animar con palmadas y expresiones a los que bailan, cantan, etc. ‖ *Chile.* Molestar. ‖ Burlarse, mofarse. ‖ deriv.: **jaleador, ra.**

JALECO. (Del turco *yelec.*) m. Jubón de paño, de mangas cortas, puesto sobre la camisa, abierto por delante y con ojales y ojetes. Era, entre los turcos, prenda del traje servil.

JALEO. m. Acción y efecto de jalear. ‖ Cierto baile popular andaluz. ‖ Tonada y coplas de este baile. ‖ fam. Jarana; diversión; pendencia. *Estuvimos de* JALEO.

JALERA. f. *Cuba.* Borrachera.

JALETINA. f. Gelatina. ‖ Especie de jalea fina y transparente.

JALIFA. (Del m. or. que *califa.*) m. En Marruecos, representante del sultán o lugarteniente de un funcionario.

JALIFATO. m. Dignidad de jalifa. ‖ Territorio gobernado por el jalifa.

JALIFIANO, NA. adj. Que corresponde a la autoridad del jalifa o depende de ella.

JALISCIENSE. adj. Natural de Jalisco. Ú.t.c.s. ‖ Perteneciente a este Estado de la República Mexicana.

JALISCO, CA. adj. *Méx.* Ebrio, borracho. ‖ m. Sombrero de paja, que se hace en el Estado de Jalisco.

JALISCO. *Geog.* Estado del centro O. de México, sobre el Pacífico. 80.137 km². 3.500.000 h. Cereales, caña de azúcar, tabaco; plata. Cap. GUADALAJARA.

JALMA. (Del lat. *sagma,* y éste del gr. *sagma.*) f. Enjalma.

JALMERÍA. f. Arte u obra de los jalmeros.

JALMERO. m. Enjalmero.

JALÓN. (En fr. *jalon.*) m. *Topog.* Vara con regatón metálico para clavarla en tierra y determinar puntos fijos. ‖ IDEAS AFINES: *Mojón, hito, poste, piedra, laja, estaca, menhir, señal, guía, kilómetro, distancia, camino, propiedad, límite, alambrado, agrimensor.*

JALÓN. m. *Amér.* Trecho, jornada. ‖ Halón, tirón. ‖ fig. Avance parcial, etapa. ‖ *Amér. Central.* Novio, galán. ‖ *Guat.* y *Méx.* Trago de licor. ‖ **De un jalón.** m. adv. *Méx.* y *P. Rico.* De una vez.

JALÓN. *Geog.* Río de España, afl. del Ebro, que pasa por Calatayud. 234 km.

JALONA. adj. y s. *Amér. Central.* Coqueta, veleidosa.

JALONAR. tr. Alinear con jalones. JALONAR *una frontera.*

JALOQUE. (Del ár. *xoruc,* viento del Sudeste.) m. Viento del Sudeste.

JALPACAR. tr. *Méx.* Lavar la lama mineral en bateas.

JALLO, LLA. adj. y s. *Méx.* Presumido. ‖ Quisquilloso.

JAMA. f. *Hond.* Iguana pequeña.

JAMA. *Geog.* Salina de la puna argentina, en el O. de la prov. de Jujuy. Está sit. a 3.950 m. de altura y abarca unos 100 km².

JAMAICA. f. *Méx.* Feria o verbena que se celebra para reunir dinero con un fin benéfico.

JAMAICA. *Geog.* Estado independiente de América, en las Antillas Mayores, sit. en el mar Caribe, 128 km. al S. de Cuba y 160 km. al O. de Haití. Superficie: 10.962 km². Está atravesada de E. a O. por una cordillera que ocupa las dos terceras partes de su territorio. En el E. se encuentra su pico máximo, el monte Azul, de 2240 m. Hacia el O. hay una altiplanicie formada por piedra caliza y vegetación exuberante. El río Black es el único, navegable en 40 km. **Jamaica** goza de clima templado, de influencia oceánica, con lluvias preponderantes en la época estival. Población: 2.090.000 h. Cap. KINGSTON. *Hist.* Habitada primitivamente por aborígenes arahuacos, **Jamaica** fue descubierta por Colón en su segundo viaje, el 3 de mayo de 1494. Quince años más tarde fue nombrado gobernador Juan de Esquivel. La isla siguió en poder de los españoles hasta 1655. Atacada por piratas ingleses en esta fecha, pasó luego a poder de la corona británica, y España reconoció el hecho cinco años más tarde a condición de que se detuviese la actividad de los corsarios. Formó parte de la *Compañía Real Africana y Jamaica* y se constituyó en centro de la trata de negros para toda América. Desde 1866, **Jamaica** fue colonia de Gran Bretaña, y en ella la esclavitud quedó abolida. En 1958 pasó a integrar la Federación de las Antillas Británicas, que disuelta en 1961. Por acuerdo firmado en Londres el 9 de febrero de 1962, **Jamaica** proclamó su independencia. Actualmente es miembro de la Comunidad Británica de Naciones y de la O.E.A. y monarquía constitucional cuyo soberano nominal es el del Reino Unido. El jefe del gobierno es el primer ministro, nombrado por una cámara de representantes, de 53 miembros. Tanto la Cámara como el Senado, de 21 miembros, son elegidos por sufragio universal. La actividad económica se basa en la exportación de azúcar, plátanos, bauxita y aluminio; sus principales compradores son Gran Bretaña y EE. UU. También produce cítricos, maíz, maní, batata, café, cacao, arroz, cebolla y mandioca, así como ganado en general. Extracción de mármol, fosfatos, sal y yeso. Educación: enseñanza primaria, 435.000 alumnos; secundaria, 70.000; superior, 2.700. **Jamaica** cuenta con 16 puertos naturales y una flota mercante de 6.750 tn. Posee asimismo 12.500 km. de carreteras y 371 km. de vías férreas. El turismo constituye el 20% de los ingresos del país, por lo que se ha reforzado la capacidad hotelera en los últimos años.

JAMAICANO, NA. adj. Natural de Jamaica. Ú.t.c.s. ‖ Perteneciente a esta isla de América.

JAMAL BAJÁ. *Biog.* Político turco, uno de los jefes de su país durante la primera Guerra Mundial (1873-1922).

JAMÁN. m. *Méx.* Tela blanca, ruán.

JAMAPA. *Geog.* Río de México (Veracruz). Nace en las faldas del Citlaltépetl y des. en el golfo de México. 112 km.

JAMAR. tr. fam. Comer.

JAMÁS. al. **Niemals.** fr. **Jamais.** ingl. **Never.** ital. **Giammai; mai.** port. **Jamais.** (Del lat. *iam magis,* ya más.) adv. t. Nunca. Pospuesto a este adverbio y a siempre, hace más firme la expresión de una y otra voz. JAMÁS *olvidaré su bondad.* ‖ **Jamás** o **por jamás.** ms. advs. **Nunca jamás.** ‖ Ú.t.c.s. en las locuciones **jamás de los jamases** o **en jamás de los jamases,** que refuerzan enfáticamente la significación de este adverbio. ‖ IDEAS AFINES: *Negación, tiempo, ahora, ausencia, duración, eternidad, condenación, imposible, irremisible, cadena perpetua.*

JAMBA. al. **Türpfosten.** fr. **Jambe.** ingl. **Door jamb.** ital. **Stipite.** port. **Jamba.** (Del lat. *gamba,* pierna.) f. Cualquiera de las dos piezas que, verticalmente puestas a los lados de las puertas y ventanas, sostienen el dintel. ‖ *Guat.* Red para pescar camarones.

JAMBADO, DA. adj. *Méx.* Comilón, glotón.

JAMBAJE. m. *Arq.* Conjunto de las dos jambas y el dintel que forman el marco de una puerta o ventana. ‖ Todo lo perteneciente a su ornato.

JAMBAR. tr. *Hond.* y *Méx.* Jamar; comer con exceso.

JÁMBICO, CA. adj. Yámbico.

JAMELGO. al. **Schindmähre.** fr. **Rosse.** ingl. **Jade.** ital. **Rozza.** port. **Matungo.** (Del lat. *famélicus,* hambriento.) m. fam. Caballo flaco y desgarbado, por hambriento. sinón.: **jaco, rocín.**

JAMERDANA. (De *jamerdar.*) f. Lugar donde se arroja la inmundicia de los vientres de las reses en los mataderos.

JAMERDAR. (Del lat. *ex* y *merda*, excremento.) tr. Limpiar los vientres de las reses. ‖ fam. Lavar mal y apresuradamente.

JAMES, Enrique. *Biog.* Novelista estad. de brillante estilo y profundidad de concepto, autor de *Los bostonianos; Los embajadores, Los europeos; La edad ingrata; Las alas de la paloma; La copa dorada,* etc. (1843-1916). ‖ – **Guillermo.** Fil. y psicólogo estad. Adicto al pragmatismo, propugnó la búsqueda de la verdad como valor efectivo de utilidad vital. Obras: *Principios de psicología; El significado de la verdad,* etc. (1842-1910).

JAMES. *Geog.* Bahía del N. del Canadá, extremo S. del mar de Hudson. ‖ Río de los EE. UU. Baja de los Apalaches y des. en la bahía de Chesapeake. 720 km. ‖ – **Craik.** Pobl. de Argentina (Córdoba). 6.000 habitantes.

JAMETE. (Del gr. *hexámitos*, de seis lizos.) m. Tela fina de seda.

JAMICHE. m. *Col.* Conjunto de materiales destrozados. ‖ Cascajo o piedras menudas.

JAMILA. f. Alpechín.

JAMMU Y CACHEMIRA. *Geog.* Estado del N. de la India. V. **Cachemira.**

JAMO. m. *Cuba.* Red de manga, terminada en punta.

JAMÓN. al. **Schinken.** fr. **Jambon.** ingl. **Ham.** ital. **Prosciutto.** port. **Presunto.** (Del ant. *jambón*, y éste de *jamba*, pierna.) m. Carne curada de la pierna del cerdo. ‖ IDEAS AFINES: *Encurtido, fiambre, cecina, tasajo, chorizo, morcilla, lomo, glúteo, muslo, anca, corva, ahumar, salar, triquina.*

JAMONA. (De *jamón.*) adj. fam. Dícese de la mujer que ha pasado de la juventud, por lo común cuando es gruesa. Ú.m.c.s.

JAMONCILLO. m. *Méx.* Bocadillo de pasta de leche y azúcar.

JAMPA. f. *Ecuad.* Barbarismo por **umbral.**

JAMPARO. m. *Col.* Bote, canoa.

JAMPIRUNGO. m. *Perú.* Curandero ambulante.

JAMSHEDPUR. *Geog.* Ciudad de la India (Bihar). 350.000 h. Gran centro metalúrgico.

JAMUGA. f. Jamugas.

JAMUGAS. (Del vasc. *zamucac*, de *zamar*, bestia de carga.) f. pl. Silla de tijera, colocada sobre el aparejo de las caballerías para montar cómodamente a mujeriegas.

JAMURAR. tr. Achicar el agua.

JAN. m. *Cuba.* Estaca para cercas y otros usos.

JANACEK, León. *Biog.* Compos. checoslovaco, uno de los más sobresalientes de la escuela musical checa (1854-1928).

JANANO, NA. adj. *Guat.* y *Salv.* Labihendido.

JÁNDALO, LA. (De la palabra *andaluz*, pronunciada burlescamente.) adj. y s. fam. Dícese de los andaluces por su pronunciación gutural.

JANDINGA. f. *Dom.* Fiesta poco seria.

JANEAR. tr. *Cuba.* Clavar janes. ‖ Montar en una bestia de un salto. ‖ r. Estacionarse de pie en algún sitio. ‖ Contenerse súbitamente un cuerpo que estuvo en movimiento.

JANEIRO. m. *Ec.* Planta gramínea usada para alimentar el ganado.

JANET, Pablo A. *Biog.* Fil. y literato fr., autor de *Principios de metafísica y de psicología; El materialismo contemporáneo,* etc. (1823-1899). ‖ – **Pedro M.** Médico fr. que auspició en su país los estudios psiquiátricos y escribió varias obras sobre esos temas (1859-1947).

JANGADA. f. fam. Salida o idea necia e inoportuna. ‖ fam. Trastada. ‖ Balsa, embarcación tosca hecha con maderos unidos unos con otros. ‖ IDEAS AFINES: *Troncos, tablas, trabazón, armazón, almarbatar, almadía, río, bogar, boya, naufragio, muelle flotante, transportar.*

JANGUA. (Del chino *chun*, barco.) f. Embarcación pequeña armada en guerra, usada en Oriente.

JANÍCULO. *Geog.* Una de las siete colinas de Roma.

JANICHE. adj. *Hond.* y *Salv.* Janano.

JANINA. *Geog.* Nomarquía de Grecia. 4.990 km². 140.000 h. Cap. hom. con 41.000 h. Encajes.

JANÍPARA. f. Árbol rubiáceo del Brasil cuyo fruto es usado contra la disentería.

JAN MAYEN. *Geog.* Isla volcánica sit. en la zona de unión del Atlántico y el mar Glacial Ártico, al N.E. de Islandia. 374 km². Actividad pesquera. Pertenece a Noruega.

JANNINGS, Emil. *Biog.* Actor trágico al. de origen suizo, intérprete de *Tartufo; El ángel azul; Varieté; La última carcajada* y otras películas (1884-1950).

JANO. *Mit.* Uno de los más antiguos reyes del Lacio. Acogió hospitalariamente a Saturno, que había sido echado del cielo, y recibió de él la cualidad de conocer tanto lo porvenir como lo pasado. Por ello fue siempre representado con dos caras.

JANSENIO, Cornelio. *Biog.* Teólogo y sac. holandés, fundador del jansenismo. Comentó las opiniones de San Agustín sobre el libre albedrío y la gracia divina en su obra *Agustinus* (1585-1638).

JANSENISMO. al. **Jansenismus.** fr. **Jansénisme.** ingl. **Jansenism.** ital. **Giansenismo.** port. **Jansenismo.** m. Doctrina de Cornelio Jansenio, teólogo holandés del siglo XVII, que exageraba los conceptos de San Agustín relativos a la influencia de la gracia divina para obrar el bien, con mengua de la libertad humana. ‖ En el siglo XVIII, tendencia que propugnaba la autoridad de los obispos, las regalías de la Corona y la limitación de la intervención papal; solía favorecer la disciplina eclesiástica y las reformas ilustradas.

JANSENISTA. adj. Partidario del jansenismo. Ú.t.c.s. ‖ Perteneciente o relativo al jansenismo.

JANSSEN, Pedro Julio César. *Biog.* Astrónomo fr. que, en un eclipse de Sol, descubrió la corona solar (1824-1908).

JANTIPA. *Biog.* Mujer de Sócrates, cuyo mal carácter se hizo proverbial.

JANTIPO. *Biog.* General ateniense, padre de Pericles y vencedor de los persas en Mícala (s. V a. de C.).

JANUARIA. *Geog.* Población del Brasil (Minas Geraes), puerto sobre el río San Francisco. 15.000 h.

JAPÓN. n. p. V. **Barniz, níspero, zumaque del Japón.**

JAPÓN, NA. adj. Japonés. Apl. a pers., ú.t.c.s.

JAPÓN. *Geog.* Estado monárquico constitucional del Extremo Oriente, constituido por cuatro grandes islas: Hondo, Yeso, Shikoku y Kiu-Shiu, y otras menores. Está limitado por el mar del **Japón** al O. y el océano Pacífico al E. 372.313 km². Su suelo es montañoso y volcánico; el paisaje se presenta sin mesetas ni llanuras extensas que faciliten las comunicaciones. Los volcanes son muy numerosos y algunos están en actividad. Los terremotos son frecuentes y temibles. El pico más elevado es el Fujiyama (3.778 m.) No presenta verdaderos ríos debido a su extensión, pero los torrentes y los lagos son numerosos. Los ríos más importantes son el Tone-Gava y el Sinano-Gava, en la isla de Hondo. El lago Biwa es el mayor del país. Posee variedad de climas de N. a S., siendo riguroso al norte y sobtropical al sur; las corrientes marinas determinan variaciones en las costas E. y O. La vegetación es muy rica; en las zonas elevadas domina el bosque y en las zonas bajas la agricultura. Sólo se cultiva el 16,2% del suelo, con rendimientos elevadísimos: arroz de excelente calidad, trigo, cebada, maíz, soja, té, morera, tabaco, frutales (cerezas, mandarinas, kakis), caña de azúcar, bambú, alcanfor. La ganadería tiene importancia secundaria. Pesca, de la que es el primer país del mundo en cantidad; cerca de 2.000.000 de personas se dedican a estas tareas. Sardinas, atún, salmón, arenques, perlas, corales, ballenas y su industrialización constituyen un elemento básico de la economía japonesa. Tiene un subsuelo pobre: cobre, azufre, plomo, cinc, oro, plata, estaño. Industrialmente el **Japón** es una potencia mundial. Seda (primer productor mundial), algodón, fibras artificiales, construcciones navales y aeronáuticas; maquinarias, relojes, artículos de goma, celuloide, porcelanas, lacas, marfiles tallados, juguetes, productos alimenticios. La producción de energía eléctrica es muy elevada. Posee 28.000 km. de vías férreas y 150.000 km. de carreteras. Tiene una población de 113.860.000 h. Cap. TOKIO. 13.000.000 de h. C. princ.: Osaka, Nagoya, Kioto, Kobe, Yokohama, Nagasaki, Hakodate. ‖ *Hist.* Según la tradición, en el s. VII a. de C. el Emperador Jinmu Tenno se apoderó del país sometiendo a los ainos y fundó la dinastía que aún gobierna. La familia de los Minamoto, después de sangrientas guerras civiles, dominó a la de los Taira e impuso el shogunado; el shogún era una especie de intendente de palacio que ejercía el poder político secundado por los daimios, miembros de la nobleza feudal, y por los samurais, pertenecientes a la casta militar. Hasta el s. XVI, en que llegaron los primeros europeos, **Japón** comerció con China y Corea, pero a partir de 1600 la política aislacionista se acentuó hasta que en 1853 EE. UU. solicitó al Shogún el establecimiento de relaciones comerciales entre ambos países, actitud que siguieron Francia, Gran Bretaña y Rusia. Después de un período de guerras civiles, el emperador Mutsuhito, en 1867, recuperó la totalidad del poder que hasta entonces había ejercido el shogunado, y se inició una época de progreso; se promulgó una Constitución, se adoptaron los adelantos europeos y comenzó el auge expansionista **Japón**, que estuvo en guerra con China (1884-1885) y con Rusia (1904-1905), obtuvo de sus victorias beneficios territoriales. Durante la primera Guerra Mundial peleó en contra de Alemania y siguiendo su política imperialista expansionista se lanzó a la conquista de China en 1936, y se sumó a las potencias del Eje en la guerra de 1939-45. Derrotado por los aliados después de sufrir el primer bombardeo con bombas atómicas, contra las ciudades de Hiroshima y Nagasaki, en 1945, fue ocupado por tropas norteamericanas bajo la dirección del gral. Douglas MacArthur. El emperador renunció a su investidura divina y se organizó un régimen democrático llamándose a las primeras elecciones generales celebradas en el país. En 1951, el Japón firmó, con las potencias occidentales, un tratado de paz, en San Francisco y, en 1957, ingresó en la ONU. Siempre bajo el gobierno del emperador Hirohito, alcanzó un desarrollo industrial que lo coloca entre los países más progresistas del mundo.

JAPÓN, Mar del. Dependiente del Pacífico, en el Asia oriental, se halla comprendido entre el Japón por el E. y la U.R.S.S. y Corea, por el O.

JAPONENSE. adj. Japonés. Apl. a pers., ú.t.c.s.

JAPONES, SA. adj. Natural del Japón. Ú.t.c.s. Perteneciente a este país de Asia. *La influencia china en el arte* JAPONÉS *es muy considerable.* ‖ m. Idioma **japonés.**

JAPUTA. (Del ár. *xabbut*, nombre de varios peces, según los países.) f. Pez acantopterigio, de color plomizo, cabeza pequeña, boca redonda, armada de dientes finos, largos y apretados, cola en forma de media luna, y aleta pectoral muy larga. Es comestible apreciado.

JAPURÁ. *Geog.* V. **Caquetá.**

JAQUE. al. **Sechach.** fr. **Échec.** ingl. **Check.** ital. **Scacco.** port. **Xeque.** (Del persa *xah*, rey.) m. Lance del ajedrez, en que el rey o la reina de un jugador están amenazados por alguna pieza del contrario. *Es obligatorio avisar el* JAQUE *al rey.* ‖ Palabra con que se lo avisa. ‖ fam. Valentón. ‖ Ataque, amenaza, acción que perturba o inquieta a otro, o le impide realizar sus propósitos. Ú. especialmente con el verbo *dar* o en las frases *poner, tener, traer en* JAQUE. ‖ – **mate.** Mate, en el ajedrez. ‖ **¡Jaque!** int. para avisar a alguien que se aparte o se vaya. ‖ **Tener en jaque** a alguien. frs. fig. Tenerlo bajo una amenaza. ‖ IDEAS AFINES: *Asedio, asalto, ataque, peligro, alerta, defensa, ganar, perder, juego, damas, enroque, gambito, tablero.*

JAQUE. (Del ár. *xac*, cada uno de los lados de una carga.) m. Especie de peinado liso que usaban las mujeres.

JAQUÉ. m. *Méx.* Chaqué.

JAQUEAR. tr. Dar jaques en el ajedrez. ‖ Hostigar al enemigo. ‖ deriv.: **jaqueador, ra.**

JAQUECA. al. **Kopfweh; Migräne.** fr. **Migraine.** ingl. **Megrim; headache.** ital. **Emicrania.** port. **Enxaqueca.** (Del ár. *xaquica.*) f. Dolor de cabeza intermitente, que por lo común ataca sólo en una parte de ella. ‖ **Dar** a uno **una jaqueca.** frs. fig. y fam. Fastidiarlo con lo pesado de una conversación. ‖ IDEAS AFINES: *Meninges, neuralgia, cefalea, cefalalgia, insolación, resfrío, mareo, sufrimiento, queja, aspirina, comprimido, analgésico.*

JAQUECOSO, SA. (De *jaqueca.*) adj. fig. Fastidioso, cargante.

JAQUEL. (De *jaque*, en el ajedrez.) m. *Blas.* Escaque.

JAQUEL. adj. *Méx.* Cajel, dicho de la naranja.

JAQUELADO, DA. adj. Dícese de las piedras preciosas labradas con facetas cuadradas.

JAQUETA. f. ant. Chaqueta.

JAQUETILLA. f. Jaqueta corta.

JAQUETÓN. m. fam. aum. de **Jaque,** valentón.

JAQUETÓN. m. Jaqueta mayor que la común.

JÁQUIMA. (Del ár. *xákima.*) f. Cabezada de cordel para atar las bestias y llevarlas. ‖ *Amér. Central.* Borrachera. ‖ *C. Rica.* Estafa.

JAQUIMAZO. m. Golpe dado con la jáquima. ‖ fig. Chasco grave dado a alguien.

JAQUIMÓN. m. *Cuba.* Jáquima con argolla, a la que es atado el cabestro. ‖ *Chile.* Jáquima grande, con adornos de cuero.

JARA. (Del ár. *xara*, mata.) f. Arbusto cistíneo con ramas de color pardo rojizo, de dos metros de altura, hojas muy viscosas, opuestas, sentadas, estrechas, lanceoladas; flores grandes, pedunculadas, de corola blanca, por lo común con una mancha rojiza en la base de sus cinco pétalos, y fruto capsular, globoso, con diez divisiones, donde están las semillas. *Cistus ladaniferus.* ‖ Palo de punta aguzada y endurecido al fuego que se usa como arma arrojadiza. ‖ *Bol.* Alto en una marcha. ‖ *Guat.* y *Méx.* Flecha. ‖ *Méx.* Entre charros, la policía. ‖ – **blanca.** Estepilla. ‖ – **cerval,** o **cervuna.** Mata semejante a la **jara,** pero de hojas con pecíolo, acorazonadas, lampiñas y sin manchas en la base de los pétalos. ‖ – **estepa.** Mata parecida a la **jara,** pero más pequeña, muy ramosa, con hojas pecioladas, elípticas, vellosas; flores en largos pedúnculos, blancas, con bordes amarillos, y fruto en cápsula pentagonal. ‖ – **macho. Jara cerval.**

JARA, Albino. *Biog.* Político par., presidente de su país en 1911; derrocado ese mismo año, intervino en la guerra revolucionaria en la que halló la muerte (1878-1912). ‖ – **Max.** Poeta chil., autor de *Juventud; Azonantes,* y otras obras (1886-1965). ‖ – **Ramón Angel.** Prelado y pedagogo chil., notable orador sagrado (1852-1917). ‖ – **QUEMADA, Paula.** Patriota chil. que prestó grandes servicios a la causa de la independencia (1768-1831).

JARABACOA. *Geog.* Población de la Rep. Dominicana (La Vega). 12.000 h. Centro agrícola.

JARABE. al. **Sirup.** fr. **Sirop.** ingl. **Sirup.** ital. **Giulebbe; siroppo.** port. **Xarope.** (Del ár. *xarab*, bebida.) m. Bebida que se hace cociendo azúcar en agua, hasta que se espese sin formar hilos, y añadiendo zumos refrescantes o substancias medicinales. JARABE *de quino;* sinón.: **jarope.** ‖ fig. Cualquier bebida muy dulce. ‖ *Méx.* Baile popular, por el estilo del zapateado andaluz. ‖ – **de pico.** frs. fig. y fam. Palabras de poco contenido; promesas que no serán cumplidas. ‖ IDEAS AFINES: *Melaza, jugo, licor, miel, hidromiel, refresco, horchata, pegajoso, empalagoso, almíbar, néctar, potingue, medicamento, calmante, bálsamo.*

JARABEAR. tr. Tratar al enfermo con jarabes. ‖ r. Tomar jarabes.

JARACALLA. f. Alondra.

JARACATAL. m. Abundancia, multitud.

JARAGUA. f. Arbusto silvestre de Cuba, rubiáceo, de color blanco pardusco, y madera blanca.

JARAÍZ. (Del ár. *çaharich*, estanque.) m. Lagar. ‖ En algunas comarcas, lagar pequeño.

JARAL. m. Terreno poblado de jaras. ‖ fig. Lo que está muy enredado o enmarañado, por alusión a la espesura de los **jarales.**

JARAL. *Geog.* Población de México (Guanajuato). 10.000 h. Centro agrícola.

JARAMA. *Geog.* Río de España (Castilla), afl. del Tajo. 161 km. Recibe a los ríos Manzanares y Henares.

JARAMAGO. (Del ár. *çarmac*, todabuena.) m. Planta herbácea de flores amarillas, pequeñas, en espigas terminales largas y fruto en vainillas delgadas con muchas semillas. Es muy común entre los escombros. *Diplotaxis virgata*, crucífera.

JARAMEÑO, ÑA. adj. Perteneciente al río Jarama o a sus riberas. ‖ Aplícase a los toros que se crían en las riberas del Jarama, famosos por su bravura.

JARAMILLO ALVARADO, Pío. *Biog.* Literato y ensayista ec. cont., autor de *La presidencia de Quito*; *El indio ecuatoriano*, y otras obras.

JARAMUGO. (Del ant. *samarugo.*) m. Pececillo nuevo de cualquiera especie.

JARANA. al. **Lärm.** fr. **Tapage.** ingl. **Carousal.** ital. **Gazzarra.** port. **Algazarra.** (De *jacarandana.*) f. fam. Diversión bulliciosa de gente ordinaria. *Andar de* JARANA. sinón.: **jaleo, jolgorio.** ‖ fam. Pendencia, alboroto. ‖ fam. Engaño, burla. ‖ *Amér. Central.* Deuda. ‖ *Ant., Chile* y *Ven.* Chanza, broma. ‖ *Bol.* y *Perú.* Baile popular. ‖ *Col.* Embuste, cuento; molestia. ‖ *Col., Ec.* y *P. Rico.* Baile familiar. ‖ *Méx.* Guitarra pequeña de agradable sonido. ‖ IDEAS AFINES: *Alegría, farra, juerga, farándula, música, ruido, barullo, bulla, algazara, risa, movimiento, fiesta, diversión.*

JARANEAR. intr. fam. Andar en jaranas. ‖ *Amér. Central* y *Col.* Estafar. ‖ *Col.* Molestar. ‖ intr. *Bol., Perú,* y *P. Rico.* Tomar parte en bailes familiares. ‖ *Guat.* Endeudarse.

JARANERO, RA. adj. Aficionado a jaranas. sinón: **parrandero.**

JARANISTA. adj. *Perú.* Jaranero.

JARANO. adj. y s. Dícese del sombrero de fieltro blanco, ala ancha y bajo de copa.

JARATAR. tr. *Ec.* Cercar.

JARAZO. m. Golpe dado con la jara o herida hecha con ella.

JARCA. f. Acacia de Bolivia, de madera rojiza, usada en la construcción.

JARBIN. *Geog.* V. **Harbin.**

JARCIA. al. **Tauwerk.** fr. **Cordage.** ingl. **Tackle; rigging.** ital. **Sartie.** port. **Enxárcia.** (Del b. gr. *exartia*, pl. de *exartion*, *exartion*, y éste del gr. *exartizo*, equipar.). f. Carga de muchas cosas distintas y de uso vario. ‖ Aparejo y cabos de un barco. Ú.m. en pl. *Poner brea a las* JARCIAS. ‖ fig. y fam. Conjunto de cosas diversas o de igual especie, pero sin orden. ‖ *Cuba.* Cuerda gruesa de henequén. ‖ *Méx.* Cabuya, cordel. ‖ — **muerta.** *Mar.* La que está siempre fija, y es usada para la sujeción de los palos. ‖ IDEAS AFINES: *Cordaje, cable, velamen, lona, mástil, verga, obenque, trinquete, grumete, vigía, marinero, brisa, tifón.*

JARCIAR. tr. Enjarciar.

JARCIO, CIA. adj. *Méx.* Borracho.

JARDIEL PONCELA, Enrique. *Biog.* Humorista y comediógrafo esp., autor de las novelas *Amor se escribe sin hache; Espérame en Siberia, vida mía,* etc. y de las obras teatrales *Usted tiene ojos de mujer fatal; Angelina o el honor de un brigadier; Los ladrones somos gente honrada* y otras muchas. (1901-1952).

JARDÍN. al. **Garten.** fr. **Jardin.** ingl. **Garden.** ital. **Giardino.** port. **Jardim** (Del fr. *jardin*, y éste del al. *garten.*) m. Terreno en donde se cultivan plantas deleitosas por sus flores, matices o fragancia, y que además suele adornarse con árboles o arbustos de sombra, fuentes, estatuas, etc. *Los* JARDINES *de Versalles.* ‖ En los buques, retrete. ‖ Mancha que deslustra y afea la esmeralda. ‖ — **botánico.** Terreno donde se cultivan plantas que tienen por objeto el estudio de la botánica. ‖ — **de infantes.** *Arg.* Colegio para párvulos que no están todavía en edad escolar. ‖ — **de la infancia. Jardín de infantes.** ‖ — **zoológico. Parque zoológico.** ‖ IDEAS AFINES: *Huerto, prado, aroma, color, verdor, edén, pensil, glorieta, cenador, parterre, césped, invernadero, cantero, ramos, arboleda, vivero, mirador, hortelano, cultivo, guadaña, podadera, rastrillo, abono, riego, florecer, primavera.*

JARDINERA. f. La que cuida y cultiva jardines. ‖ Esposa del jardinero. ‖ Mueble para poner macetas con plantas de adorno. ‖ Carruaje de cuatro ruedas y cuatro asientos, descubierto. ‖ Coche abierto que se usa en verano en los tranvías. ‖ *Col.* Jubón o saco. ‖ *Chile.* Marquesina.

JARDINERÍA. (De *jardinero.*) f. Arte de cultivar los jardines.

JARDINERO. al. **Gärtner.** fr. **Jardinier.** ingl. **Gardner.** ital. **Giardiniere.** port. **Jardineiro.** m. Cuidador y cultivador de jardines. *Los japoneses son buenos* JARDINEROS.

JARDINES COLGANTES DE BABILONIA, Los. *B. A.* Una de las siete maravillas del mundo antiguo. Se cree que fueron construidos por Nabucodonosor, 600 años a. de C. Ruinas existentes hacen suponer que eran cinco terrazas, a 15 m. de altura una de otra, colmadas de árboles y flores de sorprendente belleza y colorido. También se atribuye su construcción a la reina Semíramis.

JARDINES DE LA REINA. *Geog.* Archipiélago cubano del mar Caribe, sit. al S. de la provincia de Camagüey.

JARDINES DEL REY. *Geog.* Archipiélago cubano sit. paralelamente a la costa N. de la prov. de Camagüey.

JAREA. f. *Méx.* Hambre.

JAREAR. intr. *Bol.* Hacer jaras o altos en una marcha. ‖ r. *Méx.* Morirse de hambre. ‖ Evadirse. ‖ Bambolearse.

JARETA. (Del ár. *xarita*, trenza.) f. Costura hecha en la ropa, doblando la orilla y cosiéndola por un lado, de modo que quede un hueco para meter por él un cordón o cinta. *La* JARETA *de una bolsa.* ‖ *Mar.* Red de cabos o enrejados de madera que para defensa cubría horizontalmente el alcázar. ‖ Cabo para asegurar los palos cuando la obencadura se ha aflojado en un temporal. ‖ *Ven.* Contratiempo, molestia.

JARETERA. f. Jarretera.

JARETÓN. (De *jareta.*) m. Dobladillo muy ancho.

JARÍ. *Geog.* Río del Brasil (Pará). Nace en los montes Tumuc-Humac y des. en el río Amazonas.

JARICO. m. *Cuba.* Macho de la jicotea.

JARIFE. m. Jerife.

JARIFIANO, NA. adj. Jerifiano.

JARIFO, FA. (Del ár. *xarif.* noble.) adj. Rozagante, bien compuesto o adornado. sinón.: **acicalado, peripuesto.**

JARILLA. f. Arbusto cistáceo europeo de lugares áridos. ‖ *Arg.* Arbusto xerófilo de hojas pequeñas. Gén. *Larrea*, cigofiláceo. *La* JARILLA *crece en la pampa occidental, con lluvias inferiores a 300 mm. anuales.*

JARILLO. (dim. de *jaro.*) m. Jaro, planta aroidea.

JARIPEO. m. *Bol.* y *Méx.* Diversión consistente en montar en pelo toros bravíos y realizar otros ejercicios propios de vaqueros.

JARKOV. *Geog.* V. **Kharkov.**

JARO. m. Aro, planta aroidea.

JARO. (De *jara.*) m. Mancha espesa de montes bajos.

JARO, RA. adj. y s. Dícese del animal de pelo rojizo, y en especial del cerdo y del jabalí.

JAROCHAR. intr. *Col.* Alborotar.

JAROCHO, CHA. m. En algunas partes, persona de modales bruscos y algo insolentes. Ú.t.c. adj. ‖ *Méx.* Campesino de la costa de Veracruz. ‖ adj. Arrogante, jarifo.

JAROPAR. tr. fam. Dar a uno muchos jaropes o medicamentos. ‖ fig. y fam. Dar en forma de jarope otra substancia que no sea de farmacia.

JAROPE. (Del ár. *xarob*, poción.) m. Jarabe. ‖ Trago amargo o bebida desabrida.

JAROPEAR. tr. fam. Jaropar.

JAROPEO. m. fam. Uso excesivo y frecuente de jaropes.

JAROSO, SA. adj. Lleno de jaras.

JARPA, Onofre. *Biog.* Pintor chil. Sus cuadros son una personal visión del paisaje de su patria (1849-1940).

JARRA. al. **Krug.** fr. **Cruche; pot.** ingl. **Jar.** ital. **Giara; bocca.** port. **Jarra.** (Del ár. *charra.*) f. Vasija con cuello y boca anchos y una o más asas. *Una* JARRA *de vidrio.* ‖ **De jarras, en jarra,** o **en jarras.** Con las manos en la cintura y los codos separados del cuerpo.

JARRAZO. m. aum. de **jarro.** ‖ Golpe dado con el jarro.

JARREAR. intr. fam. Sacar frecuentemente agua o vino con el jarro. ‖ Sacar frecuentemente agua de un pozo, a fin de que no se cieguen los veneros. ‖ fig. Llover copiosamente.

JARREAR. tr. Jaharrar.

JARRERO. m. Fabricante o vendedor de jarros. ‖ El que cuida de los líquidos que se ponen en ellos.

JARRETA. f. dim. de **Jarra.**

JARRETAR. (De *jarrete.*) tr. y r. fig. Enervar, quitar las fuerzas o el ánimo.

JARRETE. (Del fr. *jarret*, y éste del m. or. que *garra.*) m. Corva de la rodilla. ‖ Corvejón de los cuadrúpedos. ‖ Parte alta y carnuda de la pantorrilla hacia la corva.

JARRETERA. al. **Strumpfband.** fr. **Jarretière.** ingl. **Garter.** ital. **Giarrettiera.** port. **Jarreteira.** (Del fr. *jarretière* de *jarret*, jarrete.) f. Liga con que es atada la media o el calzón por el jarrete.

● **JARRETERA, Orden de la.** *Hist.* Instituida en 1348 por Eduardo III de Inglaterra como reacción contra la actitud maliciosa de varios aristócratas que presenciaron cómo el rey había alcanzado a una dama de la corte su liga perdida, la **Orden de la jarretera** está formada por veinticinco caballeros escogidos por su nobleza y méritos y el rey de Inglaterra es siempre el jefe supremo de la Orden.

JARRO. al. **Kanne.** fr. **Pot.** ingl. **Pot.** ital. **Brocca.** port. **Jarro.** (De *jarra.*) m. Vasija a manera de jarra, con una sola asa. *Un* JARRO *de aluminio.* ‖ Porción de líquido que cabe en ella. *Se bebió un* JARRO *de leche.* ‖ **A jarros.** m. adv. fig. y fam. **A cántaros.** ‖ IDEAS AFINES: *Jícara, garrafa, cuenco, bol, olla, porrón, tibor, ánfora, tanagra, florero, probeta, alambique, loza, cristal, cerámica, mayólica, terracota, alfarero, contenido, medida, vino, agua, bebida, sed.*

JARRÓN. al. **Blumenvase.** fr. **Vase.** ingl. **Vase.** ital. **Vaso.** port. **Jarrão.** (aum. de *jarro.*) m. Pieza arquitectónica en forma de jarro con que se adornan galerías, jardines, etc. ‖ Vaso labrado artísticamente, para adornar consolas, chimeneas, etc. JARRÓN *de cerámica.*

JARROW. *Geog.* Ciudad de Gran Bretaña, en Inglaterra, sobre el Tyne. 209.000 h. Astilleros. Centro industrial.

JARROPA. adj. Dícese de la res cabría de pelo castaño tostado.

JARTUM. *Geog.* V. **Khartum.**

JARUCO. *Geog.* Población de Cuba (La Habana). 7.000 h. Centro agrícola y minero.

JASA. (De *jasar.*) f. Sajadura.

JASAR. tr. Sajar. ‖ deriv.: **jasador; jasadura.**

JASÓN. *Mit.* Héroe griego. Educado por Quirón, reclamó de su tío el trono de Iolcos, que le había usurpado. Éste le prometió devolverlo si le traía el vellocino de oro, que Jasón fue a conquistar en la nave Argos. En Cólquida consiguió domar al toro de pies de bronce y le arrancó el vellocino. Casó con Medea, a quien abandonó. Volvió a Iolcos y se hizo nombrar rey.

JASPÁGATA. f. *Miner.* Piedra mixta de jaspe y ágata.

JASPE. al. **Jaspis.** fr. **Jaspe.** ingl. **Jasper.** ital. **Diaspro.** port. **Jaspe.** (Del lat. *jaspis*, y éste del gr. *jaspis.*) m. Piedra silícea de grano fino, textura homogénea, opaca, y de colores diversos, según la proporción de alúmina y hierro oxidado o carbono que contenga. *Columnas de* JASPE. ‖ Mármol veteado. ‖ IDEAS AFINES: *Dureza, alabastro, piedra, granito, pórfido, mineral, cantera, matices, vetas, abigarrado, alhaja, anillo, camafeo, medallón, grabado, sello, engarce.*

JASPEADO, DA. adj. Veteado o con pintas como el jaspe. *Piel* JASPEADA. ‖ m. Acción y efecto de jaspear.

JASPEAR. tr. Pintar imitando las vetas y salpicaduras del jaspe. JASPEAR *un papel.*

JASPEARSE. r. vulg. *Ven.* Amostazarse.

JASPERS, Carlos. *Biog.* Filósofo al. de la escuela existencialista. El objeto de su doctrina es la existencia, estudiada en sí misma y en sus relaciones con lo objetivo y lo trascendente. Obras: *Filosofía de la existencia; Leonardo filósofo; Razón y existencia,* etc. (1883-1969).

JASPÓN. m. Mármol de grano grueso.

JASSY. *Geog.* Ciudad de Rumania, cap. de Moldavia. 210.000 h. Centro comercial de gran importancia. Universidad.

JASZBERENY. *Geog.* Ciudad de Hungría. 34.000 h. Centro comercial.

JATA. f. Palma de Cuba, de la que son utilizadas las pencas, la madera y los frutos. *Coopernicia hospita*, palmácea.

JATATA. f. Palmiche de Bolivia, con el que es hecho un trenzado fino.

JATE. m. Planta de Honduras, de cuyas hojas se hace una tintura como la de árnica.

JATEAR. tr. *Guat.* y *Salv.* Estibar la leña. ‖ r. Empecinarse.

JATEO, A. adj. *Mont.* V. **Perro jateo.** Ú.t.c.s.

JATÍA. f. Árbol de América Central, de madera usada en ebanistería. ‖ *Ven.* Curiara, embarcación.

JATIBÉS, SA. adj. Setabense.

JATIBONICO. *Geog.* Nombre de dos ríos de Cuba (Jatibonico del N. y Jatibonico del S.) que señalan el límite entre las prov. de Las Villas y Camagüey.

JATICO. m. *Guat.* Canastillo para un recién nacido.

JÁTIVA. *Geog.* Ciudad de España (Valencia). 21.000 h. Fue la primera pobl. europea con fábricas de papel. Tejidos.

JATO, TA. s. Ternero.

¡JAU! int. para animar o incitar a algunos animales.

JAUJA. (Por alusión al pueblo y a la provincia de igual nombre en el Perú, célebres por la bondad del clima y riqueza del territorio.) f. Dícese de lo que es representado como tipo de prosperidad y abundancia.

JAUJA. *Geog.* Río del Perú que lleva al Apurímac las aguas del lago Junín. También se llama Mantaro. ‖ C. del Perú (Junín). 8.000 h.

JAULA. al. **Käfig; Vogelbauer.** fr. **Cage.** ingl. **Cage.** ital. **Gabbia.** port. **Gaiola; jaula.** (Del lat. *cavéola*, dim. de *cávea*, jaula.) f. Cesta hecha con maderos, mimbres, etc., preparada para encerrar animales pequeños. *La* JAULA *del canario.* ‖ Encierro hecho con rejas de hierro o de madera para asegurar a las fieras. *La* JAULA *de los leones.* ‖ Embalaje formado con tablas o listones. ‖ *Min.* Armazón usada en los pozos de las minas para subir y bajar los operarios y los materiales.

JAULÓN. m. aum. de Jaula.

JÁUREGUI, Juan de. *Biog.* Pintor y poeta esp. autor de *Santa Teresa; Luis de Granada* y otras obras pictóricas. Se distinguió por sus poemas en estilo clásico y como hábil traductor (1583-1641). ‖ — **Y ALDECOA, Agustín de.** Mil. español. Capitán general de Chile y virrey del Perú de 1780 a 1784; sofocó enérgicamente la rebelión de Túpac-Amaru (1712-1784).

JAURÈS, Juan. *Biog.* Pol. y sociólogo fr.; jefe del partido socialista de su país, bregó por la paz internacional. Murió a consecuencia de un atentado. Autor de *El socialismo y la patria; El ejército nuevo; Historia socialista de la Revolución francesa,* etc. (1859-1914).

JAURÍA. al. **Meute.** fr. **Meute.** ingl. **Pack of hounds.** ital. **Muta.** port. **Matilha.** f. Conjunto de perros que cazan dirigidos por un mismo perrero. ‖ IDEAS AFINES: *Canes, cacería, reunión, cantidad, tumulto, ladrido, aullido, cetrería, azor, cuerno, zorro, ciervo, manada, rebaño, tropel, traílla, trineo, lapón, perdiguero, sabueso, cinegética.*

JAVA. *Geog.* Isla de la Rep. de Indonesia, al E. de Sumatra y S. de Borneo. 125.900 km². 60.000.000 h. Cap. JAKARTA. Su suelo, volcánico, produce caña de azúcar, caucho, arroz, maíz, té, café, maderas. ‖ **Mar de** –. Mar dependiente del Pacífico sit. entre Borneo, Java, Sumatra y el mar de la Sonda.

JAVANÉS, SA. adj. Natural de Java. Ú.t.c.s. ‖ Perteneciente a esta isla de Indonesia. ‖ m. Lengua hablada por los javaneses.

JAVERA. f. Fabera.

JAVIER, San Francisco. *Hagiog.* V. **Francisco Javier, San.**

JAY, Juan. *Biog.* Pol. y jurisconsulto nort. que en 1794 negoció con Inglaterra el tratado que lleva su nombre, sobre la delimitación de las fronteras (1745-1829).

JAYABACANA. f. Árbol euforbiáceo de Cuba, cuyas hojas y corteza tienen savia cáustica, usada para curar erupciones cutáneas.

JAYAJABICO. m. Arbusto ramnáceo de Cuba, de corteza amarga y resinosa. ‖ Árbol rubiáceo de Cuba, de fruto diurético y astringente.

JAY ALAY. m. Juego de pelota.

JAYÁN. (Del prov. *jayán*, y éste del lat. *gigas, -antis*, gigante.) s. Persona de mucha estatura, robusta y de grandes fuerzas. sinón.: **hombracho.**

JAYAO. m. Pez del mar de las Antillas, de carne muy sabrosa.

JAYAQUE. *Geog.* Población de El Salvador (La Libertad). 6.000 h. Centro cerealista y cafetero.

JAYARO. adj. *Ec.* Rústico, mal educado.

JAÚN. m. *Cuba.* Especie de junco, planta.

JAYUYA. *Geog.* Población del centro de Puerto Rico. 15.000 con el municipio. Centro azucarero y tabacalero.

JAZARÁN. m. Jacerina.

JAZMÍN. al. **Jasmin.** fr. **Jasmin.** ingl. **Jasmine; jessamine.** ital. **Geisomino.** port. **Jasmim.** (Del persa *yacemín.*) m. Arbusto jazmíneo, con tallos verdes, flexibles, algo trepadores y de unos cinco metros de longitud; hojas alternas y compuestas de hojuelas estrechas enteras y lanceoladas; flores en el extremo de los tallos, pedunculadas, blancas, olorosas, de cinco pétalos y fruto en baya negra y esférica. Es originario de Persia y se cultiva en los jardines por la fragancia de sus flores. *Jasminun officinale.* ‖ Flor de este arbusto. ‖ – **amarillo.** Mata o arbustillo de la misma familia que el anterior, con ramas erguidas que alcanzan a poco más de un metro, hojas partidas en tres hojuelas, oblongas, obtusas y enteras; flores amarillas, olorosas, en grupos pequeños y fruto en baya globosa del tamaño de un guisante. *J. fraticans.* ‖ Flor de este arbusto. ‖ – **de España.** Planta de tallos derechos; hojas aladas o compuestas de muchos pares de hojuelas, que rematan en tres reunidas hasta cierto trecho por sus bases; las flores colorean algo por fuera y son blancas por dentro, y mayores, más hermosas y mucho más fragantes que las del jazmín común. ‖ – **del Cabo o de la India.** Gardenia. ‖ – **del Paraguay.** Arbusto solanáceo medicinal, de flor morada muy olorosa. gén. *Franciscaea.* ‖ Flor de este arbusto. ‖ – **real.** Jazmín de España.

JAZMÍNEO, A. (De *jazmín.*) adj. *Bot.* Aplícase a matas y arbustos dicotiledóneos, derechos o trepadores, con hojas opuestas y sencillas o alternas y compuestas, sin estípulas, con flores hermafroditas y regulares, cáliz persistente y fruto en baya con dos semillas; como el jazmín. Ú.t.c.s.f. ‖ f. pl. *Bot.* Familia de estas plantas.

JAZZ. (Voz nort.) m. Música originaria de Estados Unidos, en un principio cultivada por los negros, que se caracteriza por su ritmo fuertemente sincopado. ‖ f. Orquesta que ejecuta esta clase de música. ‖ IDEAS AFINES: *Estridencia, compás, ritmo, saxófono, clarinete, batería, África, nostalgia, canción, baile, disco.*

JEAN PAUL. *Biog.* V. **RICHTER, Juan Pablo Federico.**

JEAN RABEL. *Geog.* Ciudad de Haití, en el dep. de Noroeste. 18.000 h.

JEANS, Jaime H. *Biog.* Científico ingl., autor de varias obras sobre física y de un tratado sobre *Astronomía y Cosmogonía* (1877-1946).

JEANTY, Occide. *Biog.* Compositor haitiano que cultivó preferentemente la música militar. Autor de numerosas marchas muy populares en su país (1860-1936).

JEBE. (Del ár. *xeb.*) m. Alumbre. ‖ *Amér. del S.* Árbol de la región del Amazonas y el Orinoco, cultivado en regiones tropicales, que produce la mayor parte del caucho del comercio. Muy rico en látex, que se extrae del tronco, practicando incisiones en su corteza. *Hevea brasiliensis*, euforbiácea. ‖ Goma que se extrae de esta planta. *La producción de* JEBE *silvestre ha cedido el lugar al* JEBE *de plantación.* ‖ *Ven.* Garrote.

JEBUSEO, A. (Del lat. *iebusaeus*, y éste del hebr. *yebusí*, el de la gente o nación de Jebús.) adj. Dícese del individuo de un pueblo bíblico cuya capital era Jebús, depués llamada Jerusalén. Ú.t.c.s. ‖ Perteneciente a este pueblo.

JEDIVE. (Del persa *jedivi*, regio.) m. Título que llevaba el virrey de Egipto.

JEDREA. f. fam. Ajedrea.

JEEP. (Voz ingl., pronúnc. *yip.*). m. Automotor con tracción en ambos ejes, apropiado para exploración y transporte en todo camino, de mucho uso en la segunda Guerra Mundial. ‖ IDEAS AFINES: *Automóvil, camioneta, pantano, bache, barro, huellas, selva, tropas, tracción, locomoción.*

JEFA. (De *jefe.*) f. Superiora de algún oficio o cuerpo.

JEFATURA. f. Empleo o dignidad de jefe. ‖ Puesto de guardias dirigido por algún jefe.

JEFE. al. **Chef; Leiter.** fr. **Chef.** ingl. **Chief; leader.** ital. **Capo.** port. **Chefe.** (Del fr. *chef*, y éste del lat. *cáput*, cabeza.) m. Superior de un cuerpo u oficio. *El* JEFE *de la escuadrilla.* ‖ Adalid de un partido o corporación. *Un* JEFE *político*; sinón.: **caudillo.** ‖ En el ejército y en la marina de algunos países, categoría superior a la de capitán e inferior a la de general. ‖ V. **General en jefe.** ‖ *Blas.* Cabeza o parte alta del escudo de armas. ‖ – **de administración.** Funcionario de administración civil cuya categoría es inmediatamente superior a la de jefe de negociado. ‖ – **de día.** *Mil.* Cada uno de los que turnan por días en el servicio de vigilancia. ‖ – **de negociado.** Funcionario de categoría administrativa civil, inmediatamente superior a la de oficial. ‖ **Mandar** uno **en jefe.** frs. Mandar como cabeza principal. ‖ IDEAS AFINES: *Amo, dueño, conductor, señor, cacique, jeque, Papa, abad, cabecilla, rebelión, comando, poder, responsabilidad, jerarquía, guía, principal, importancia, prototipo.*

JEFFERSON, Tomás. *Biog.* Estadista nort. que fue el tercer presidente de su país. Paladín de los ideales democráticos, es autor de *Breve exposición de los derechos de la América inglesa*, que sirvió de base a la Declaración de Independencia que él mismo redactó y que fue aprobada en 1776. Favoreció el desarrollo económico y propugnó la compra de la Luisiana a Francia, durante su período presidencial, de 1801 a 1805. Reelegido para 1805-1809 su gestión fue altamente positiva. Elegido por tercera vez como presid. no aceptó el cargo, dedicándose a la vida educacional del país, que lo reverencia como uno de sus próceres (1743-1826).

JEGÜITE. m. *Méx.* Maleza.

JEHOVÁ. (Del hebr. *Youah*, el Ser absoluto y eterno.) m. Nombre de Dios en la lengua hebrea.

JEHÚ. *Hist. Sagr.* Hijo de Josafat y rey de Israel, de 843 a 815 a. de C.

JEITO. m. Red usada en el Cantábrico para la pesca de la anchoa y la sardina.

¡JE, JE, JE! int. con que se denota la risa.

JEJÉN. (Voz haitiana.) m. Insecto díptero, de picadura más irritante que la del mosquito; abunda en muchas regiones de América. ‖ *Méx.* Voz que significa abundancia. *Tener un* JEJÉN *de trajes.* ‖ IDEAS AFINES: *Comezón, paludismo, fiebre amarilla, tercianas, pantanos, juncos, estancamiento, larva, trópico.*

JEJUÍ. *Geog.* Río del N.E. del Paraguay. Pasa por San Pedro y des. en el río Paraguay. 350 km.

JELENGUE. m. *Cuba.* Riña, alboroto.

JELGAVA. *Geog.* Ciudad de la Unión Soviética (Letonia). 50.000 h. Centro comercial. Antes se llamaba Mitau.

JEMAL. adj. Que tiene la distancia y longitud del jeme.

JEME. (Del lat. *semis*, medio.) m. Distancia que hay desde la extremidad del dedo pulgar a la del índice, separando uno del otro todo lo posible. ‖ fig. y fam. Palmito, cara.

JEMIQUEAR. intr. *Chile.* Jeremiquear. ‖ deriv.: **jemiqueo.**

JENA. *Geog.* Ciudad de la Rep. Democrática Alemana (Turingia) sobre el Saale. 100.000 h. Instrumentos ópticos y de precisión. Universidad célebre.

JENABE. (Del lat. *sinapi.*) m. Mostaza.

JENABLE. m. Jenabe.

JENARO, San. *Hagiog.* Mártir cristiano, patrono de Nápoles (m. 305).

JENGIBRE. al. **Ingwer.** fr. **Gingembre.** ingl. **Ginger.** ital. **Zenzero.** port. **Gengibre.** (Del lat. *zingíberi*, y éste del gr. *ziggíberi.*) m. Planta zingiberácea originaria de Asia, cultivada, de rizoma aromático y de sabor picante, que se usa en medicina y como especia. *Zingiber officinale. Los españoles llevaron a México el* JENGIBRE. ‖ Rizoma de esta planta.

JENIQUÉN. m. *Cuba.* Henequén.

JENÍZARO, RA. (Del turco *yeni*, nueva, y *cheri*, milicia.) adj. fig. Mezclado de dos especies de cosas. ‖ *Méx.* Dícese del descendiente de cambujo y china, o de chino y cambuja. Ú.t.c.s. ‖ m. Soldado de infantería de la antigua guardia del emperador de los turcos. *La milicia de los* JENÍZAROS *se apoderó de Gallípoli en 1359.*

JENNER, Eduardo. *Biog.* Médico ingl. que descubrió la vacuna contra la viruela (1749-1823).

JENÓFANES. *Biog.* Filósofo gr., autor del poema *Sobre la naturaleza de las cosas*, del que se conservan fragmentos (s. VI a. de C.).

JENOFONTE. *Biog.* General e hist. ateniense que dirigió la llamada "Retirada de los diez mil". Escritor de extraordinaria pureza de lenguaje y estilo ágil y elegante, sus obras, entre las que figuran *Las Helénicas* y *Ciropedia*, constituyen importantes fuentes de información histórica (aprox. 445-352 a. de C.)

JENSEN, Juan D. *Biog.* Científico alemán a quien se otorgó en 1963 el premio Nobel de Física, compartido con María Goeppert-Mayer y Eugenio Wigner, por sus investigaciones sobre las características del núcleo atómico (n. en 1907). ‖ — **Juan G.** Lit. dinamarqués, premio Nobel de Literatura en 1944 por su obra de evocación histórica, vertida en lenguaje pintoresco y ameno y en la que se destacan *Largo viaje; Renacimiento gótico; Cuentos de Hummerland*, etc. (1873-1950).

JEQUE. (Del ár. *xej*, viejo.) m. Régulo que gobierna un territorio o provincia entre los musulmanes y otros pueblos orientales.

JEQUETEPEQUE. *Geog.* Río del Perú (Cajamarca y La Libertad) que des. en el Pacífico.

JEQUITINHONHA. *Geog.* Río del Brasil (Minas Geraes y Bahía) que des. en el océano Atlántico. 740 km.

JERA. f. Regalo.

JERAPELLINA. f. Vestido andrajoso.

JERARCA. (Del gr. *hierarches*, de *hierós*, santo, y *archo*, mandar.) m. Superior en la jerarquía eclesiástica. *El Papa es el* JERARCA *de la Iglesia Católica.* ‖ Por extensión, jefe, caudillo o individuo principal de una organización política, militar etcétera.

JERARQUÍA. al. **Hierarchie.** fr. **Hierarchie.** ingl. **Hierarchy.** ital. **Gerarchia.** port. **Hierarquia.** (De *hierarquía.*) f. Orden entre los diversos coros de los ángeles y los grados diversos de la Iglesia. ‖ Por ext., orden o grados de otras personas y cosas. JERARQUÍA *militar, masónica.*

JERÁRQUICO, CA. (Del gr. *hierarchikós.*) adj. Perteneciente o relativo a la jerarquía. *Atribuciones* JERÁRQUICAS. deriv.: **jerárquicamente.**

JERARQUIZAR. tr. Organizar algo jerárquicamente. ‖ Otorgar jerarquía.

JERBO. (Del ár. africano, *cherbo*, y éste del ár. literario *yerbo.*) m. Mamífero roedor, del tamaño de una rata, con pelaje leonado por encima y blanco por debajo, miembros anteriores cortos, y muy largos los posteriores, por lo cual, aunque por lo común camina sobre las cuatro patas, salta con rapidez al menor peligro; la cola es de doble longitud que el cuerpo. Vive en el norte de África.

JERÉCUARO. *Geog.* Población de México (Guanajuato). 2.500 h. Centro agropecuario.

JEREMIADA. (V. **Jeremías.**) f. Lamentación exagerada de dolor. sinón.: **plañido.**

JEREMÍAS. (Del nombre del profeta Jeremías, por alusión a sus célebres lamentaciones sobre la destrucción de Jerusalén.) com. fig. Persona que se lamenta continuamente. sinón.: **llorón.**

JEREMÍAS. *Hist. Sagr.* Uno de los profetas mayores; predijo la destrucción de Jerusalén y es autor de *Profecías* y *Lamentaciones*, obras de gran belleza expresiva y formal, incluidas en la Biblia. Murió lapidado hacia 590 a. de C.

JEREMÍAS (LAMENTACIONES DE). *Lit. y Relig.* También llamadas *Trenos*, forman la segunda parte del Libro de Jeremías y son cinco elegías sobre la destrucción de Jerusalén, atribuidas a Jeremías. La Iglesia católica las introdujo en la liturgia de los tres últimos días de Semana Santa.

JEREMIE. *Geog.* Población y puerto de Haití, en el dep. del Sur. 20.000 h.

JEREMIQUEAR. intr. *Amér.* Lloriquear. ‖ Rogar insistentemente.

JEREZ. m. Vino de Jerez de la Frontera.

JEREZ. *Geog.* Ciudad de México. (V. **Ciudad García.**) ‖ – **de la Frontera.** C. de España (Cádiz). 155.000 h. Vinos mundialmente famosos. ‖ – **de los Caballeros.** C. de España (Badajoz). 22.000 h. Importante industria del corcho.

JEREZANO, NA. adj. Natural de Jerez de la Frontera. Ú.t.c.s. ‖ Perteneciente a esta población.

JERGA. (Del lat. *sérica*, de seda.) f. Tela gruesa y tosca. ‖ Jergón, colchón.

JERGA. al. **Sondersprache; Jargon.** fr. **Jargon; argot.** ingl. **Jargon.** ital. **Gergo.** port. **Gíria.** (De la raíz onomatopéyica *garg-*, como el lat. *garrire*, charlar, gorjear.) f. Lenguaje cargado de modismos que usan entre sí los individuos de ciertas profesiones y oficios, como toreros, estudiantes, etc. ‖ Jerigonza, lenguaje difícil de entender. sinón.: **galimatías.**

JERGAL. adj. Propio de la jerga o jerigonza. *Modismos* JERGALES.

JERGÓN. al. **Strohsack.** fr. **Paillasse.** ingl. **Straw bed.** ital. **Saccone di paglia.** port. **Enxergão.** (aum. de *jerga*, tela o jergón.) m. Colchón de paja, esparto o yerbas y sin bastas. ‖ fig. y fam. Vestido mal hecho y amplio. ‖ Persona gruesa, tosca y perezosa. ‖ IDEAS AFINES: *Colchoneta, camastro, litera, relleno, chala, pesebre, cuadra, posada, pobreza, arriero, recado, montura.*

JERGÓN. (Del m. or. que *circón.*) m. Circón de color verdoso que suele usarse en joyería.

JERGUILLA. f. Tela delgada, semejante a la jerga.

JERIBEQUE. m. Guiño, contorsión. Ú.m. en pl.

JERICÓ. n. p. V. **Rosa de Jericó.**

JERICÓ. *Geog.* Ciudad de Colombia (Boyacá). 15.000 h. (con el municipio.) Es la c. más alta del país 3.138 m. ‖ Ciudad de Jordania sit. a 25 km al N.E. de Jerusalén, ocupada desde 1967 por Israel. 13.500 h. Narra la Biblia que sus murallas cayeron al son de las trompetas de Josué.

JÉRIDAS. *Geog.* Altiplanicie de

la cordillera oriental de Colombia (Santander). 1.350 m. de altura.

JERIFE. (Del ár. *xerif*, noble.) m. Descendiente de Mahoma, por su hija Fátima, esposa de Alí. ‖ Individuo de la dinastía reinante en Marruecos. ‖ Jefe superior de la ciudad de la Meca.

JERIFIANO, NA. adj. Perteneciente o relativo al jerife. ‖ Aplícase, en lenguaje diplomático, al sultán de Marruecos. *Su Majestad* JERIFIANA.

JERIGONZA. al. **Kauderwelsch.** fr. **Argot; jargon.** ingl. **Jargon; slang.** ital. **Gergo.** port. **Geringonça.** (De *jerga.*) f. Jerga, lenguaje peculiar y difícil de entender. sinón.: **algarabía, galimatías.** ‖ Acción ridícula. ‖ **Andar en jerigonzas.** frs. fig. y fam. Andar en rodeos o tergiversaciones maliciosas.

JERINGA. al. **Spritze.** fr. **Seringue.** ingl. **Syringe.** ital. **Siringa.** port. **Seringa.** (Del lat. *syringa*, del gr. *syrinx*, tubo.) f. Instrumento para aspirar e impeler líquidos, usado especialmente para echar ayudas o inyecciones. ‖ Instrumento de igual clase destinado a introducir materias no líquidas, pero blandas, como la masa de los embutidos. ‖ **Ser un jeringa.** vulg. Ser fastidioso y molesto. ‖ IDEAS AFINES: *Inoculación, succión, bomba, enfermera, suero, transfusión, medida, vacuna, antibiótico, vitamina, aguja, intramuscular, endovenosa, intradérmica, subcutánea, desinfección, análisis.*

JERINGACIÓN. f. fam. Acción de jeringar.

JERINGADOR, RA. adj. y s. fam. Que jeringa o molesta.

JERINGAR. tr. Arrojar con la jeringa el líquido a la parte que se destina. ‖ Introducir con la jeringa un líquido en el intestino para limpiarlo. Ú.t.c.r. ‖ fig. y fam. Enfadar, molestar. Ú.t.c.r.

JERINGATORIO. m. fam. Jeringación.

JERINGAZO. m. Acción de arrojar el líquido puesto en la jeringa. ‖ Licor así arrojado.

JERINGÓN, NA. adj. vulg. *Amér.* Fastidioso, jeringador.

JERINGUILLA. (De *jeringa*, porque los tallos de la planta se emplean para hacer flautas, jeringas, etc.) f. Arbusto filadelfo, con tallos de unos dos metros de altura, muy ramoso; flores dispuestas en racimos, con el tubo del cáliz aovado y la corola de cuatro o cinco pétalos, blancos y muy fragantes.

JERINGUILLA. f. dim. de **Jeringa.** ‖ *Med.* Jeringa pequeña en la que se enchufa una aguja hueca de punta aguda cortada a bisel. Se emplea para inyectar medicamentos en el interior de tejidos u órganos.

JERJÉN. m. *Chile.* Jején, mosquito.

JERJES I. *Hist.* Hijo de Darío I, rey de Persia de 485 a 465 a. de C. Sometió a Egipto, invadió el Ática e incendió Atenas. Vencido en la batalla naval de Salamina, huyó al Asia, donde murió asesinado.

JEROGLÍFICO, CA. al. **Hieroglyphe.** fr. **Hiéroglyphe.** ingl. **Hieroglyph.** ital. **Geroglifico.** port. **Hieroglífico; jeroglífico.** (De *hieroglífico.*) adj. Dícese de la escritura primitiva en que aún eran usados dibujos estilizados para indicar palabras. Utilizaron este género de escritura los caldeos, egipcios, chinos y otros pueblos. *Los aztecas combinaron el* JEROGLÍFICO *con la pictografía.* ‖ m. Cada figura usada en esta escritura. ‖ Conjunto de signos con que es expresada una frase, ordinariamente por pasatiempo. ‖ IDEAS AFINES: *Adivinanza, charada, cuneiforme, hierático, papiro, piedra, grabar, escriba, sacerdote, casta, templo, monumento, antigüedad, remoto, simbolismo, fonética, ideográfico, interpretar, descifrar, piedra de Roseta, arqueología, Champollion.*

● **JEROGLÍFICO.** *Hist.* Se supone que en los comienzos de la civilización egipcia la escritura era un accesorio de la decoración arquitectónica: emblemas grabados que por medio de imágenes designaron palabras, sílabas y letras. Así surgió el **jeroglífico.** Los usos de la vida corriente exigieron su reducción a formas cada vez más abreviadas: escrituras hierática y demótica, de las que los fenicios extrajeron su alfabeto. Durante siglos, el **jeroglífico** permaneció en el misterio, hasta que en 1822 Champollion halló la clave, con el descubrimiento de la piedra de Roseta. La lectura y traducción de los **jeroglíficos** permitió conocer la historia de Egipto y dio origen a la ciencia llamada egiptología. Se supo así que la escritura **jeroglífica** perduró hasta la segunda mitad del s. III y fue reemplazada por la cóptica, con caracteres griegos. En América, los mayas, y los antiguos mexicanos usaron el **jeroglífico**; la escritura maya, aún no descifrada totalmente, es la más perfecta y representa el paso de la escritura ideográfica a la fonética. Sus escritos contienen especialmente observaciones astronómicas y cronológicas.

JEROME, Jerónimo K. *Biog.* Humorista ingl. autor de *Tres hombres en un bote; Mi vida y mi tiempo*, etc. (1859-1927).

JERONIMIANO, NA. adj. Perteneciente a la orden de San Jerónimo.

JERÓNIMO, MA. adj. Dícese del religioso de la orden de San Jerónimo. Ú.t.c.s. ‖ Jeronimiano.

JERÓNIMO, San. *Biog.* Doctor de la Iglesia, erudito traductor de las Escrituras al latín y uno de sus más profundos conocedores (331-420).

JEROSOLIMITANO, NA. (De *hierosolimitano.*) adj. Natural de Jerusalén. Ú.t.c.s. ‖ Perteneciente a esta ciudad.

JERPA. (De *serpa.*) f. Sarmiento estéril que echan las vides junto al tronco.

JERRICOTE. m. Potaje de almendras, azúcar, salvia y jengibre, cocido todo en caldo de gallina.

JERRÓN. m. Varilla de hierro que se clava en los troncos y otros objetos de madera para asir sogas o cadenas que faciliten su acarreo.

JERSEY. (Voz ingl.) m. Tejido elástico por lo común de lana. ‖ Prenda de vestir, de punto, que cubre de los hombros a la cintura y se ciñe más o menos al cuerpo.

JERSEY. *Geog.* La mayor de las islas Normandas (Gran Bretaña). 117 km². 55.888 h. Cap. ST. HELIER. ‖ – **City.** Ciudad de los EE.UU. (Nueva Jersey). 290.000 h. Está unida a la c. de Nueva York por un túnel bajo el río Hudson. Construcciones mecánicas, material eléctrico. Puerto de gran movimiento comercial.

JERSON. *Geog.* V. **Kherson.**

JERUSALÉN. Cap. de Israel. Perteneció a Jordania, siendo posteriormente declarada libre por la O.N.U. La c. antigua fue ocupada por los israelitas en 1967, durante la Guerra de los Seis Días. 350.000 h.

JERUSALÉN, Concilio de. *Hist.* El formado por los Apóstoles en el año 50 o 52.

JERUSALÉN, Reino de. *Hist.* Fundado al finalizar la primera cruzada en 1099 y destruido por el sultán Saladino en 1187.

JERUSALÉN LIBERTADA. *Lit.* Grandiosa epopeya de Tasso, escrita en 1575; sobre el tema de la primera cruzada, es una obra universal, heroica y al mismo tiempo humana: imagen del mundo en toda su complejidad.

JERUGA. f. Vaina que contiene las simientes.

JERUZA. f. *Amér. Central.* Cárcel.

JERVILLA. f. Servilla.

JESUCRISTO. (De *Jesús* y *Cristo.*) m. Nombre del Hijo de Dios hecho hombre. ‖ V. **Vicario de Jesucristo.** ‖ **¡Jesucristo!** int. con que se manifiesta admiración y extrañeza.

JESUCRISTO. *Relig.* Anunciado como Salvador y Mesías por los profetas hebreos, **Jesucristo** vino al mundo para reconciliar a los hombres con el Padre Eterno, cuya gracia habían perdido por la desobediencia de Adán y Eva. Según los Evangelios, nació en Belén, entre los años 748 y 749 de la fundación de Roma, durante el reinado de Augusto. Su madre, la virgen María y José, su padre putativo, le pusieron el nombre de **Yehosuá,** común entre los judíos, convertido por los romanos en **Jesús.** Hacia los treinta años, aproximadamente, comenzó su vida pública. Residía en Nazaret cuando fue bautizado por Juan, a orillas del Jordán; reconociéndose hijo de Dios y el Mesías anunciado por las Sagradas Escrituras, comenzó su prédica por Palestina, especialmente la Judea y la Galilea. Después de realizar en Caná su primer milagro, se trasladó a Jerusalén, donde arrojó a los profanadores del Templo, y de allí se retiró a Galilea. Entre sus discípulos, escogió a los doce apóstoles, hombres leales y honrados –excepto Judas– que lo siguieron constantemente, ávidos de escuchar sus palabras y de dar testimonio de sus milagros. **Jesucristo** enseñaba en montes y riberas, en desiertos y plazas, y para exponer al pueblo su doctrina y darle las primeras nociones sobre la Iglesia, empleaba un método objetivo e intuitivo, expresándose por medio de parábolas. Sus enseñanzas eran corroboradas por sus milagros, que mantenían vivas la fe y la admiración de sus discípulos y de las gentes que le seguían. Lo esencial de su enseñanza está contenido en el *Sermón de la Montaña*, cuerpo completo de doctrina. La divinidad de **Jesucristo** –enviado de Dios, Cristo, Mesías, Hijo de Dios y verdadero Dios– es el fundamento de la religión cristiana (V. **Cristianismo**). Al proclamarse como Mesías, los fariseos y los escribas de la Ley lo creyeron un impostor y el Sanedrín lo denunció como perturbador político. Llegada la hora de dar término a su función divina, **Jesucristo** cenó con sus discípulos, instituyó la Eucaristía y se dejó prender en el Huerto de los Olivos. Caifás, el sumo sacerdote, le juzgó reo de muerte y Pilatos decretó la fatal sentencia. **Jesucristo,** coronado de espinas fue crucificado, a la edad de treinta y tres años, en el monte Gólgota; al tercer día, según había anunciado, resucitó gloriosamente, y esta resurrección es el fundamento de la fe cristiana. Se apareció varias veces a sus discípulos, les prometió la venida del Espíritu Santo y ascendió a los cielos, desde donde rige su Iglesia y gobierna al mundo. Cuando éste termine su carrera, volverá **Jesucristo** a la tierra, para juzgar a los vivos y a los muertos.

JESUITA. al. **Jesuit.** fr. **Jésuite.** ingl. **Jesuit.** ital. **Gesuita.** port. **Jesuíta.** adj. Dícese del religioso de la orden de clérigos regulares de la Compañía de Jesús que fundó San Ignacio de Loyola. Ú.t.c.s. *La primera imprenta argentina perteneció a los* JESUITAS *de Córdoba.* ‖ V. **Té de los jesuitas.** ‖ IDEAS AFINES: *Convento, monasterio, seminario, soldado, regla, contrarreforma, obediencia, disciplina, renunciación, poder, hábito, misionero, predicador, evangelista, indios, reducción.*

JESUÍTICO, CA. adj. Perteneciente a la Compañía de Jesús. *Las misiones* JESUÍTICAS.

JESÚS. (Del lat. *Iesus*: del hebr. *Yehosuá*, Salvador.) m. Nombre que se da a la **segunda** persona de la Santísima Trinidad, hecha hombre para redimir al género humano. sinón.: **Jesucristo.** ‖ – **Nazareno.** Jesús. ‖ **En un decir Jesús,** o **en un Jesús.** loc. adv. fig. y fam. En un instante. ‖ **¡Jesús!,** o **¡Jesús, María y José!** Exclamaciones con que se denota admiración, dolor, susto o lástima. ‖ **Sin decir Jesús.** loc. adv. fig. que se usa para ponderar lo instantáneo de la muerte de una persona.

JESÚS, VIDA DE. *Lit.* Obra de Renan, punto de partida de sus *Orígenes del Cristianismo*, publicada en 1863. Inspirada en el racionalismo, presenta a Jesús como hombre superdotado y estudia el ambiente, las pasiones y las luchas de la época.

JESUSEAR. intr. fam. Repetir muchas veces el nombre de Jesús. ‖ tr. *Guat.* Calumniar.

JESÚS EN EL MONTE DE LOS OLIVOS. *B. A.* Tela del Greco conservada en el Museo de Bellas Artes de Buenos Aires. En la parte inferior –lo terrenal– el choque de colores fríos y cálidos habla de caos y violencia, mientras en el plano medio las formas alargadas se espiritualizan y aclaran.

JESÚS MARÍA. *Geog.* Población de Argentina (Córdoba). 10.000 h. Centro agropecuario. ‖ Pobl. de Colombia (Santander). 20.000 h. (con el municipio). Centro agrícola. En sus inmediaciones hay yacimientos de mármol.

JET. m. *Av.* Voz inglesa que significa *chorro* y que se utiliza para designar a los aviones de reacción.

JETA. (Del ár. *jetam*, hocico.) f. Boca saliente, por su forma, o por los labios muy abultados. ‖ Hocico del cerdo. ‖ Grifo de una cañería, caldera, etc. ‖ fam. Cara o parte anterior de la cabeza. ‖ Estar uno **con tanta jeta.** frs. fig. y fam. Mostrar en el semblante enojo o mal humor.

JETÓN, NA. adj. Jetudo. ‖ *Chile.* Tonto.

JETUDO, DA. adj. Que tiene jeta.

JEZABEL. *Hist. Sagr.* Reina de Israel, esposa de Acab. sustituyó el antiguo culto de Jehová por el de Baal (s. VIII a. de C.).

JHANSI. *Geog.* Ciudad de la India central (Uttar Pradesh). 180.000 h. Centro industrial.

JI. (Del gr. *chi.*) f. Vigésima segunda letra del alfabeto griego. En el latín represéntase con *ch* y en los idiomas neolatinos de igual forma; o sólo con *c* o *qu*, como acontece en el español; p. ej.: *cátedra, arquitecto.*

JÍA. f. Arbusto rubiáceo de Cuba, espinoso, de hojas opuestas y flores amarillas.

JÍBARO, RA. adj. Dícese del individuo perteneciente a una tribu de indios que habitan principalmente en la región amazónica del Ecuador, conocidos como "cazadores de cabezas", que suelen reducir mediante procedimientos singulares. Ú.t.c.s. *Las cabezas preparadas por los* JÍBAROS *quedan muy arrugadas, pero se conservan indefinidamente.* ‖ Perteneciente a estos indios. ‖ Lengua de los **jíbaros.**

JÍBARO, RA. *Ant.* Campesino, silvestre. Apl. a pers., ú.t.c.s. *El sombrero* JÍBARO *se hace con hojas de palma.* ‖ *Méx.* Dícese del descendiente de albarazado y calpamulo, o de calpamulo y albarazada. Ú.t.c.s. ‖ V. **Perro jíbaro.** Ú.t.c.s. ‖ *Hond.* Hombre alto y vigoroso.

JIBE. m. *Cuba.* Esponja ordinaria. ‖ *Cuba* y *Dom.* Cedazo o tamiz. ‖ Criba usada principalmente por los obreros de la construcción.

JIBOA. *Geog.* Río de El Salvador, emisario del lago Ilopango, que des. en el océano Pacífico. 70 km.

JIBIA. (Del lat. *sepia.*) f. Molusco cefalópodo de cuerpo oval y con una aleta a los lados; tiene diez tentáculos, de los cuales ocho poseen ventosas en toda su longitud, mientras que los dos restantes sólo en las extremidades. En el dorso tiene una concha caliza, blanda y ligera, cubierta por la piel. Alcanza un pie de longitud y es comestible. ‖ Jibión.

JIBIÓN. m. Pieza caliza de la jibia, que se emplea en platería para hacer moldes, y tiene además otros usos industriales.

JIBRALTAR. *Geog.* V. **Gibraltar.**

JIBRALTAREÑO, NA. adj. Gibraltareño.

JIBUTI. *Geog.* V. **Djibouti.**

JÍCAMA. f. *Amér. Central* y *Méx.* Nombre de varias plantas tuberculosas comestibles y medicinales. ‖ Su tubérculo.

JICAQUE. *Guat.* y *Hond.* adj. Cerril, inculto.

JÍCARA. al. **Tässchen; tasse.** fr. **Tasse à chocolat.** ingl. **Chocolate cup.** ital. **Chicchera.** port. **xícara.** (Del mex. *xicalli*, vaso que se hace con la corteza del fruto de la güira.) f. Vasija pequeña de madera generalmente hecha con el fruto de la güira. ‖ Vasija pequeña, por lo común de loza, que se emplea para tomar chocolate. ‖ *Méx.* Arquilla en que se llevan frutos, panecillos, etc. ‖ La cabeza del calvo.

JICARAZO. m. Golpe dado con una jícara. ‖ Propinación alevosa de veneno. ‖ **Dar jicarazo.** loc. fig. y fam. Terminar rápidamente y de cualquier modo una cosa.

JÍCARO. (De *jícara.*) m. *Amér. Central* y *Cuba.* Güira, vasija.

JICARÓN. m. aum. de **Jícara.**

JICARÓN. *Geog.* Isla de Panamá, en el Pacífico, al S. de la isla de Coila.

JICO. m. *Ant.* **Hico.**

JICOTE. m. Avispa gruesa de Honduras. ‖ Su panal.

JICOTEA. f. *Cuba.* Hicotea, tortuga.

JIDDA. *Geog.* V. **Yedda.**

JIENNENSE. adj. Jaenés, de la ciudad o la provincia de Jaén. Apl. a pers. ú.t.c.s.

JIFA. (Del ár. *chifa,* carne mortecina.) f. Desperdicio tirado en matadero al descuartizar las reses.

JIFERADA. f. Golpe dado con el jifero.

JIFERÍA. (De *jifero.*) f. Acción de matar y desollar reses.

JIFERO, RA. (Del ár. *chafra,* cuchilla.) adj. Perteneciente al matadero. ‖ fig. y fam. Puerco y soez. ‖ m. Cuchillo con que son matadas las reses. ‖ Oficial que las mata. sinón.: **matarife.**

JIFIA. (Del lat. *xiphias,* y éste del gr. *xiphiás,* de *xiphos,* espada.) f. Pez espada.

JIGA. f. Giga.

JIGOTE. m. Gigote.

JIGRA. f. *Col.* y *Ven.* Mochila.

JIGUA. f. Árbol de Cuba, cuya pesada madera es usada en ebanistería.

JIGUAGUA. f. Pez del Mar de las Antillas, de carne poco apreciada.

JIGUANÍ. *Geog.* Ciudad de Cuba (Oriente). 10.000 h. Centro agrícola.

JIGÜE. m. Árbol l guminoso de Cuba. ‖ *Cuba.* Fantasma que se creía salía de los ríos.

JIGÜERA. f. *Cuba.* Vasija de güira.

JIGUILETE. m. Jiquilete.

JIJALLAR. m. Terreno poblado de jijallos.

JIJALLO. (De *sisallo.*) m. Caramillo, planta.

¡JI, JI, JI! int. con que es denotada la risa.

JIJÓN. m. Árbol de Cuba, de madera semejante a la caoba.

JIJONA. f. Variedad de álaga, trigo que se da en la Mancha y en Murcia. ‖ m. Turrón fabricado en la villa de Jijona.

JIJONA. *Geog.* Pobl. de España (Alicante). 12.000 h. Afamados turrones.

JILECO. m. Jaleco.

JILGUERA. f. Hembra del jilguero.

JILGUERO. al. **Distelfink.** fr. **Chardonneret.** ingl. **Linnet.** ital. **Cardellino.** port. **Pintassilgo.** (De *silguero.*) m. Pájaro europeo cantor, de plumaje pardo por el lomo, blanco con varias manchas rojas, y cola negruzca, que puede cruzarse con el canario. *Carduelis carduelis,* fringílido. *El* JILGUERO *es alegre e inquieto.* ‖ *Amér.* Nombre dado a diversos fringílidos, especialmente de los gén. *Silicalis* y *Spinus.*

JILÍBIOSO, SA. adj. *Chile.* Dengoso, melindroso. ‖ Dícese del caballo que está siempre moviendo alguna parte del cuerpo.

JILMAESTRE. (Del al. *Schirrmeister* maestro del arnés.) m. *Art.* Teniente mayoral que gobierna los caballos o mulas de transporte de las piezas.

JILOTE. (Del mex. *xilotl,* cabello.) m. *Amér. Central* y *Méx.* Mazorca de maíz cuyos granos no han cuajado todavía.

JILOTEAR. intr. *Amér. Central* y *Méx.* Empezar a cuajar el maíz.

JIMAGUA. adj. *Cuba.* Gemelo, mellizo.

JIMANÍ. *Geog.* Ciudad de la Rep. Dominicana, cap. de la provincia de Independencia. 3.000 h., con el municipio.

JIMBA. f. *Ec.* Cimba, trenza.

JIMELGA. f. *Mar.* Refuerzo de madera en forma de teja que se da a los palos, vergas, etc.

JIMÉNEZ, Enrique A. *Biog.* Pol. pan. (1888-1970), presid. provisional de su país de 1945 a 1948. ‖ – **Gustavo.** Mil. per., en 1931 presid. interino de la Nación. ‖ – **Jesús.** Estadista costarr. (1823-1897), dos veces presidente de su país, de 1863 a 1866 y de 1868 a 1870. ‖ – **Juan J.** Pol. dom. (1846-1897), presidente de su país de 1899 a 1902 y de 1914 a 1916. ‖ – **Juan Ramón.** Poeta esp. de fina sensibilidad, inspirado verbo e íntimo lirismo. En 1956 le fue otorgado el premio Nobel de literatura por su obra "que es modelo de belleza en lengua española", como dicen los fundamentos de la Academia que lo otorgó. La alada suavidad de su verso y la sencilla fuerza de su expresión se combinan en forma magistral en *Platero y yo,* obra de reminiscencias infantiles vertidas en páginas de íntima y concentrada belleza. Iniciador del posmodernismo, **Juan Ramón Jiménez** es símbolo de la poesía pura, sentida y lograda de la España eterna. Obras: *Almas de violeta; Elegías puras; Diario de un poeta recién casado; Elegías espirituales,* etc. (1881-1958). ‖ — **Luis Manuel.** Pol. dom., jefe del estado de 1848 a 1849. ‖ – **Max.** Poeta, pintor y escultor costarr., discípulo de Bourdelle. Autor de *Gleba; Sonajas,* y otros libros (1908-1947). ‖ – **ARANDA, José.** Pintor y dibujante esp., que logró fama como ilustrador: *Jugadores de ajedrez; Los pequeños naturalistas,* etc. (1837-1903). ‖ – **DE ASÚA, Felipe.** Médico esp., hematólogo destacado y autor de importantes trabajos científicos (1892-1973). ‖ – **DE ASÚA, Luis.** Criminalista esp., autor de *El nuevo código penal argentino; Libertad de amar y derecho a morir,* etc. (1889-1970). ‖ – **DE CISNEROS, Francisco.** Prelado esp., arzobispo de Toledo. Gobernador general del reino y cardenal, organizó una expedición mil. al África, logrando la conquista de Orán. Propendió a la difusión de la educación popular (1436-1517). ‖ – **DE ENCISO, Diego.** Poeta y dramaturgo esp., autor de dramas que se caracterizan por su pulcritud de composición. *El príncipe don Carlos* y *El encubierto* (1588-1634). ‖ – **DE QUESADA, Gonzalo.** Conquistador esp.; sometió al reino de Nueva Granada y fundó la ciudad de Santa Fe, la actual Bogotá. Hombre probo y de innegable humanidad no se vio favorecido por la corona española y después de organizar el nuevo reino regresó a su patria donde murió (1499-1579). – **MABARAK, Carlos.** Compositor mex., contemporáneo, nacido en 1916. ‖ – **OREAMUNO, Ricardo.** Jurista y pol. costarricense; de 1910 a 1914, de 1924 a 1928 y de 1932 a 1936 presid. de su país (1859-1945). ‖ – **RUEDA, Julio.** Escritor mex. autor de *Juan Ruiz de Alarcón y su tiempo; La silueta de humo; Herejías y supersticiones en la Nueva España,* etc. (1896-1960). ‖ – **ZAMORA, Jesús.** Pol. costarr., de 1863 a 1866 y de 1868 a 1870, pres. de su país (1823-1897).

JIMÉNEZ. *Geog.* Población de México (Chihuahua). 14.000 h. Centro agrícola.

JIMENOA. *Geog.* Río de la Rep. Dominicana (La Vega), afl. del Yaque del Norte. Forma en su curso una cascada de 30 m. de altura.

JIMERITO. m. *Hond.* Especie de abeja pequeña. ‖ Panal que fabrica.

JIMIA. f. Simia.

JIMILILE. m. *Hond.* Carrizo de cañas delgadas y flexibles.

JIMIO. m. Simio.

JIMPLAR. intr. Himplar.

JINDAMA. f. *Germ.* Miedo. ‖ *Cuba.* Borrachera.

JINESTA, Carlos. *Biog.* Ensayista costarr., n. en 1896, especializado en la crítica y el estudio literario.

JINESTADA. f. Salsa de leche, harina de arroz, especias, dátiles y otras cosas.

JINETA. (Del ár. *charneit.*) f. Mamífero carnívoro pequeño, de África y el sur de Europa, gris oscuro, de cola larga, listada transversalmente de blanco y negro. Los bereberes lo domestican para reemplazar ventajosamente al gato común. *Genetta genetta.*

JINETA. (De *jinete.*) f. Arte de montar a caballo consistente en llevar los estribos cortos y las piernas dobladas, pero en posición vertical desde la rodilla abajo. Ú. en el m. adv. **a la jineta.** ‖ Galón que como graduación o antigüedad llevan algunos miembros de ciertos cuerpos uniformados. JINETAS *de oficial.* ‖ Lanza corta que en lo antiguo usaron como insignia los capitanes de infantería. ‖ V. **Cincha de jineta.** ‖ Charretera de seda que usaban como divisa los sargentos. ‖ Tributo que en otro tiempo se imponía sobre los ganados.

JINETADA. (De *jinete.*) f. p. us. Acto de jactancia impropio del que lo ejecuta.

JINETE. al. **Reiter.** fr. **Cavalier.** ingl. **Rider.** ital. **Cavaliere.** port. **Ginete.** (Del gr. *gymnetes,* soldado armado a la ligera.) m. Soldado de a caballo que peleaba con lanza y adarga, y llevaba los estribos muy cortos. ‖ El que cabalga. *Llaneros y gauchos son diestros* JINETES. ‖ Caballo que sirve para montar a la jineta. ‖ Caballo generoso. ‖ *Cuba.* Sablista. ‖ IDEAS AFINES: *Caballero, caballería, ecuestre, amazona, centauro, caballero andante, escudero, gaucho, doma, picadero, rejoneador, arriero, arreos, rienda, fusta, espuela.*

JINETEAR. (De *jinete.*) intr. Andar a caballo, en especial por sitios públicos, alardeando de gala y primor. ‖ *Amér.* Montar bestias cerriles; domarlas. JINETEAR *un potro.* ‖ *Méx.* Disponer temporalmente de dinero ajeno. ‖ r. *Col.* Montarse, espetarse.

JINGLAR. intr. Balancearse como en el columpio estando colgado.

JINGO. (Voz ingl.) m. Nombre que se aplica en Estados Unidos e Inglaterra a los que se jactan de un excesivo e inoportuno patriotismo.

JINGOÍSMO. (Del ingl. *jingo.*) m. Nacionalismo exaltado que propugna la agresión contra otras naciones. ‖ deriv.: **jingoísta.**

JÍNJOL. (Del ant. *jinjo,* jinjolero.) m. Azufaifa.

JINJOLERO. (De *jínjol.*) m. Azufaifo.

JINNAH, Mohamed Alí. *Biog.* Estadista musulmán, fundador del Estado de Pakistán (1876-1948).

JINOCAL. m. *Méx.* Asiento de bejuco y palma.

JINOTEGA. *Geog.* Departamento del centro de Nicaragua. 15.200 km². 95.000 h. Café, caña de azúcar. Cap. hom. 12.000 h. Centro industrial.

JINOTEPE. *Geog.* Ciudad de Nicaragua, capital del dep. de Carazo. 20.000 h. (con el municipio). Centro agrícola.

JINQUETE. m. *P. Rico.* Puñetazo.

JIÑA. f. *Chile.* Pizca, nonada.

JIÑICUITE. m. Árbol de Honduras, usado para setos vivos.

JIOTE. m. *Amér. Central* y *Méx.* Empeine, enfermedad cutánea.

JIPA. f. *Col.* Sombrero de Jipijapa.

JIPAR. intr. Vulgarismo por **hipar.**

JIPATEARSE. r. Palidecer, acobardarse.

JIPATO, TA. adj. *Amér.* Dícese de la persona amarilla, pálida, anémica. ‖ *Cuba.* Se aplica a las frutas que han perdido su substancia característica. ‖ *Guat.* Borracho. ‖ *C. Rica.* Inútil, enclenque.

JIPE. m. *Méx.* Jipa.

JIPI. m. *Cuba* y *Méx.* Jipijapa.

JIPIAR. intr. Hipar, gemir, gimotear. ‖ Cantar con voz semejante a un gemido.

JIPIDO. m. Acción y efecto de jipiar.

JIPIJAPA. (De *Jipijapa,* pueblo de la república del Ecuador.) f. Tira fina, flexible y muy tenaz, que se saca de las hojas del bombonaje, y se utiliza en la población de aquel nombre y otras partes de América para tejer sombreros, petacas y otros objetos muy apreciados. ‖ m. Sombrero de **jipijapa.** *Varios meses se precisan para tejer un* JIPIJAPA *de excelente calidad.*

JIPIJAPA. *Geog.* Ciudad de Ecuador (Manabí). 14.000 h. Aguas sulfurosas. Sombreros de paja.

JIQUILETE. (Del mex. *xiul quilitl.*) m. Planta leguminosa del mismo género que el añil, común en las Antillas, con tallos ramosos de ocho a nueve decímetros de altura, flores amarillas y fruto en vainas estrechas, de seis a ocho centímetros de largo, y con varias semillas negras poco más grandes que lentejas. Macerando en agua las hojas de esta planta, y echando el líquido resultante en una disolución de cal, se obtiene añil excelente.

JIQUILISCO. *Geog.* Bahía de la costa de El Salvador, en el dep. de Usulután. ‖ Pobl. de El Salvador (Usulután). 12.000 h.

JIQUILPÁN. *Geog.* Población de México, en el N.O. de Michoacán. 14.000 h. Centro agrícola.

JIQUIMA. f. *Cuba.* y *Ecuad.* Jícama.

JIQUIPIL. m. *Méx.* Medida de áridos.

JIRA. (Del neerl. *scheuren,* desgarrar.) f. Pedazo largo y grande que se corta o rasga de una tela.

JIRA. f. Banquete o merienda, en especial campestre, que se hace entre amigos, con regocijo y bulla.

JIRAFA. al. **Giraffe.** fr. **Girafe.** ingl. **Giraffe.** ital. **Giraffa.** port. **Girafa.** (Del m. or. que *azorafa.*) f. Mamífero rumiante africano, de cinco metros de alto, cuello muy largo, cuernos cortos cubiertos de piel en los dos sexos, brazos más largos que las piernas, y pelaje color gris claro con manchas leonadas poligonales. *Giraffa camelopardalis,* jiráfido. *Cuando corre, la* JIRAFA *levanta los dos miembros del mismo lado.*

JIRÁFIDOS. m. pl. *Zool.* Familia de mamíferos rumiantes africanos, con cuernos persistentes y sin caninos superiores, como la jirafa y el okapi.

JIRAPLIEGA. f. *Farm.* Cierto electuario purgante.

JIRASAL. (Del persa *cherasiá.*) f. *Bot.* Fruto de la yaca, semejante a la chirimoya, con púas blandas.

JIREL. (Del ár. *chilel,* caparazón.) m. Gualdrapa lujosa de caballo.

JIRIDE. (Del lat. *xyris, -idis,* y éste del gr. *xyris,* lirio hediondo.) f. **Lirio hediondo.**

JIRIMIQUEAR. intr. *Amér.* Jeremiquear.

JIRIMIQUIENTO, TA. adj. *Guat.* Que jirimiquea.

JIROFINA. f. Salsa de bazo de carnero, pan tostado y otros ingredientes.

JIROFLÉ. m. *Bot.* Giroflé, clavero.

JIRÓN. al. **Fetzen.** fr. **Lambeau.** ingl. **Shred.** ital. **Strappo.** port. **Farrapo.** (De *jira,* pedazo de tela.) m. Faja echada en el ruedo del sayo. ‖ Pedazo desgarrado de cualquier ropa. *En el clavo quedó un* JIRÓN *de su manga;* sinón.: **desgarrón.** ‖ Pendón que remata en punta. ‖ Parte pequeña de un todo. ‖ *Blas.* Figura triangular que se apoya en el borde del escudo hasta el centro de éste. *Perú.* Vía urbana. ‖ IDEAS AFINES: *Rasgar, retazo, remanente, harapo, hilacha, fleco, andrajo, mendigo, herida, derrota, desechar, dañar, destruir, enganchar, siete, zurcido, remiendo.*

JIRONADO, DA. adj. Roto, hecho jiras o jirones. sinón.: **andrajoso, desgarrado.** ‖ Adornado con jirones. ‖ *Blas.* Dícese del escudo dividido en los ocho triángulos o jirones resultantes por la combinación de las armas partidas, cortadas, tajadas y tronchadas.

JIRPEAR. tr. *Agr.* Hacer alrededor de las vides un hoyo para detener el agua cuando se riegan o llueve.

JISCA. (Del célt. *sesca.*) f. Carrizo.

JITOMATE. m. *Méx.* Especie de tomate.

JITOMIR. *Geog.* Ciudad de la U.R.S.S. (Ucrania). 120.000 h. Comercio de cereales.

JIU. *Geog.* Río del S.O. de Rumania, en Valaquia. Baja de los Alpes de Transilvania al río Danubio. 300 km.

JIU-JITSU. m. Lucha de los japoneses, basada en observaciones anatómicas, con maniobras y golpes hábiles.

● **JIU-JITSU.** *Dep.* Sistema de lucha para la defensa y el ataque personal, el *jiu-jitsu* está basado, más que en la fuerza física, en la destreza, la agilidad, la sangre fría y la rapidez de los contrincantes. Consiste en el conocimiento de la vulnerabilidad y equilibrio de las distintas partes del cuerpo y en el aprovechamiento de los movimientos falsos. Así los golpes más utilizados son los del canto de la mano en ciertas partes de la cabeza, cuello o muslo; los de rodilla en el rostro, estómago, hipogastrio, etc. Se ejercen también presiones dolorosas, como la del trayecto de la carótida y se provocan pérdidas del equilibrio con golpes imprevistos. La práctica del **jiu-jitsu** requiere adiestramiento especial y ejercicio constante.

¡JO! interj. **¡So!**

JOAB. *Hist. Sagr.* Célebre general de David, muerto por orden de Salomón.

JOAJANA. f. *Ven.* Miedo.

JOÃO PESSOA. *Geog.* Ciudad del Brasil, capital del Est. de

Paraíba. 240.000 h. Comercio e industria importantes.

JOAQUÍN, San. *Hagiog.* Esposo de Santa Ana, padre de la Virgen María.

JOB. n. p. Por antonomasia, hombre de mucha paciencia.

JOB. *Hist. Sagr.* Patriarca idumeo, cuya vida es motivo de un hermoso libro de la *Biblia.*

JOB (LIBRO DE). *Lit.* y *Relig.* Uno de los libros de las Sagradas Escrituras y obra fundamental de la lit. hebrea. Escrita presumiblemente por Job alrededor del s. V a. de C., relata las tribulaciones del autor y el triunfo de la justicia divina.

JOBABO. *Geog.* Río de Cuba que des. en el Caribe. Sirve de límite entre las prov. de Camagüey y Oriente.

JOBSON. *Geog.* Población del N. de la prov. de Santa Fe (Rep. Argentina). 12.000 h. Agricultura y ganadería. Frigoríficos.

JOCOTÁN. *Geog.* Población de Guatemala (Chiquimula). 21.000 h. Centro agropecuario.

JOBEAR. intr. *P. Rico.* **Comer jobos, hacer novillos.**

JOBERO, RA. adj. *P. Rico.* Dícese del caballo de pelo blanco manchado de alazán y bayo. ‖ m. *Col.* Enfermedad de la piel caracterizada por manchas de colores.

JOBO. (De *hobo.*) m. Árbol terebintáceo americano con hojas alternas compuestas de un número impar de hojuelas aovadas y puntiagudas; flores hermafroditas en panojas, y fruto amarillo comestible parecido a la ciruela. ‖ Fruto de este árbol. ‖ *Col.* Madero o cepo con que se ata una res, un loco, etc. ‖ *Guat.* Especie de aguardiente. ‖ **Comer jobos.** frs. fam. No acudir a un lugar donde se debe asistir. Dícese especialmente de los chicos que faltan a clase.

JOCKEY. (Voz ingl.; pron. *yoki.*) m. Jinete de caballos de carrera.

JOCO, CA. (Del mex. *xococ,* agrio.) adj. Agrio, acre. Dícese de las frutas fermentadas. ‖ m. *Bol.* Calabaza.

JOCÓ. (Voz del Congo.) m. Orangután.

JOCOLOTE. m. *Hond.* Facal, choza.

JOCOMICO. m. *Hond.* Cierto árbol de fruta dulce y sabrosa.

JOCOQUE. m. *Méx.* Leche cortada, nata agria.

JOCOSAMENTE. adv. m. Con jocosidad, chistosamente.

JOCOSERIO, RIA. adj. Que participa de lo serio y de lo jocoso. *Estilo* JOCOSERIO.

JOCOSIDAD. al. **Schäckerei.** fr. **Jovialité.** ingl. **Jocosity; waggery.** ital. **Giocosità.** port. **Jocosidade.** f. Calidad de jocoso. ‖ Chiste.

JOCOSO, SA. (Del lat. *iocosus.*) adj. Gracioso, festivo, chistoso. *Cuento* JOCOSO; antón.: **grave, serio.** ‖ IDEAS AFINES: *Cómico, burla, jarana, payaso, saltimbanqui, sainete, chascarrillo, historieta, humorista, ingenio, chusco, jolgorio, grotesco, carnaval, sátira, parodia, ridículez, bufón, hazmerreír.*

JOCOTAL. m. Especie de jobo de América Central.

JOCOTE. m. *Amér. Central.* Fruto del jocotal.

JOCOYOTE. m. *Méx.* Benjamín, hijo menor.

JOCÚ. m. Pez de las Antillas, semejante al pagro.

JOCUMA AMARILLA. f. Árbol de Cuba, de madera gruesa y fuerte.

JOCUNDIDAD. (Del lat. *iucúnditas, -atis.*) f. Alegría, apacibilidad.

JOCUNDO, DA. (Del lat. *iucundus.*) adj. Plácido, alegre y agradable.

JOCHA. (Voz quichua.) f. *Ec.* Contribución que voluntariamente se da a un indio que hace una fiesta. ‖ **Dar jocha.** frs. *Ec.* Prestar un servicio.

JOCHATERO. m. *Bol.* Caudillo político.

JODELLE, Esteban. *Biog.* Poeta fr. que integró la Pléyade (1532-1573).

JODER. tr. vulg. Fastidiar. ‖ Perjudicar. Ú.t.c.r.

JODHPUR. *Geog.* Ciudad de la India, en el Est. de Rajasthan. 325.000 h. Plaza fuerte.

JOFAINA. al. **Waschbecken.** fr. **Cuvette.** ingl. **Wash-basin.** ital. **Catino; bacile.** port. **Bacia.** (Del ár. *chofaina,* dim. de *chafna,* escudilla.) f. Vasija en forma de taza, poco profunda y de gran diámetro, usada especialmente para lavarse la cara y las manos. sinón.: **palangana.**

JOFFRE, José Jacobo Cesáreo. *Biog.* Mariscal de Francia y generalísimo de los ejércitos de su país en la primera Guerra Mundial (1852-1931).

JOGJAKARTA. *Geog.* Ciudad de Indonesia, en el E. de la isla de Java. 355.000 h. Fue residencia del gobernador holandés. Centro tabacalero.

JOHANNESBURGO. *Geog.* Ciudad de la República de Sudáfrica (Transvaal). 1.500.000 h. Centro aurífero. Diamantes, siderurgia.

JOHNSON, Andrés. *Biog.* Pol. estad., de 1865 a 1869 presid. de su país (1808-1875) ‖ — **Eyvind.** Escritor sueco que obtuvo en 1974 el premio Nobel de Literatura, compartido con su compatriota Harry Martinson. Entre sus obras más conocidas figuran *Regreso a Itaca* y *Los días de gracia* (1900-1976). ‖ —**Lyndon Baines,** Político estad. (1908-1973), vicepresidente de la Rep. en 1961, que, a la muerte de John Kennedy, en 1963, ocupó la presidencia. Un año después fue elegido para ocupar la suprema magistratura nuevamente y lo hizo desde 1965 a 1969. ‖ — **Samuel.** Literato y filólogo ingl., autor de un *Diccionario de la lengua inglesa* y de novelas y poemas (1709-1784).

JOHNSTON, Francisco. *Biog.* Pintor canadiense cont. Su obra es una imaginativa interpretación del paisaje rural de su país.

JOHORE. *Geog.* Estado de la Federación Malaya, sit. al S. de la pen. de Malaca. 18.983 km². 1.350.000 h. Cap. hom. con 150.000 h. Oro, estaño, caucho.

JOINVILLE, Juan, Señor de. *Biog.* Hist. francés, autor de *Historia de San Luis* (1224-1318).

JOINVILLE. *Geog.* Ciudad del Brasil (Santa Catalina). 55.000 h. Molinos yerbateros.

JOJOTO, TA. *Cuba* y *Dom.* Dícese del fruto pasado de sazón, reseco o que no tiene gusto. ‖ *Dom.* Anémico. ‖ *Ven.* Aplícase al fruto tierno, no sazonado. ‖ m. Fruto del maíz en leche.

JOKAI, Mor. *Biog.* Novelista húngaro, cuyas obras fueron traducidas a varios idiomas, entre ellas: *Diamantes negros; Un nabab húngaro; Los pobres ricos,* etc. (1825-1904).

JOKJAKARTA. *Geog.* V. **Jogjakarta.**

JOLGORIO. m. fam. Holgorio.

JOLINO, NA. adj. *Méx.* Corto, sin cola.

JOLIOT, Federico. *Biog.* Físico francés a quien se otorgó en 1935 el premio Nobel de Química, compartido con su esposa Irene Curie, por su descubrimiento de la radiactividad artificial y su contribución al descubrimiento del neutrón (1900-1958).

JOLITO. (Del ital. *giolito.*) m. Calma, suspensión.

JOLÓ. *Geog.* Isla de Filipinas, en el arch. de Sulú, al S.O. de Mindanao. Cap. hom. con 35.000 h. Puerto en la costa sept. de la isla. Su nombre se suele aplicar a todo el arch. de Sulú.

JOLONGO. m. *Cuba.* Morral, mochila.

JOLOTE. m. *Guat.* Zuro. ‖ *Guat., Hond.* y *Méx.* Guajolote.

JOLLÍN. (De *hollín.*) m. fam. Gresca, jolgorio.

JOMA. f. *Méx.* Joroba.

JOMADO, DA. adj. *Méx.* Jorobado.

JOMAR. tr. *Méx.* Jorobar, encorvar.

JONDEAR. tr. *Amér. Central, Pan.* y *Dom.* Tirar, arrojar un objeto. ‖ r. *Col.* y *P. Rico.* Irse o caer al fondo. ‖ *Méx.* Acobardarse. ‖ Revelar un secreto.

JONÁS. *Hist. Sagr.* Uno de los doce profetas menores judíos. Según la Biblia vivió tres días en el vientre de una ballena (800-761 a. de C.).

JONAS, Francisco. *Biog.* Político austríaco que fue presidente de su país, desde 1971 hasta su muerte, en 1974.

JONATÁS. *Hist. Sagr.* Hijo de Saúl y amigo íntimo de David.

JONE. m. *Bol.* El barro endurecido.

JONES, Santiago. *Biog.* Novelista nort., autor de diversas obras, entre ellas *De aquí a la eternidad* (1921-1977).

JONGKIND, Juan B. *Biog.* Pintor holandés, uno de los primeros impresionistas. Pintó, antes que Monet, una misma escena a distintas horas del día para captar los diversos efectos lumínicos. Obras: *Claro de luna; Paisaje normando,* etc. (1819-1891).

JONIA. *Geog. histór.* Ática. ‖ Región de Asia Menor, desde la actual Esmirna hasta el río Meandro.

JÓNICAS, Islas. *Geog.* Archipiélago griego del mar Jónico, junto a las costas del Epiro. 2.237 km². 300.000 h. Las islas Corfú, Cefalonia y Zante son las principales.

JÓNICO, CA. (Del lat. *ionicus,* y éste del gr. *ionikós.*) adj. Natural de Jonia. Ú.t.c.s. ‖ Perteneciente o relativo a las regiones de este nombre de Grecia y Asia antiguas. *Esmirna, Éfeso y Mileto fueron colonias* JÓNICAS. ‖ *Arq.* V. **Columna jónica.** ‖ *Arq.* V. **Orden jónico.** ‖ m. Pie de la poesía griega y latina, compuesto de cuatro sílabas. Divídese en mayor o menor; el mayor tiene las dos primeras largas y las otras breves, y al contrario el menor. ‖ Dialecto **jónico,** uno de los cuatro principales de la lengua griega.

JÓNICO, Mar. *Geog.* Mar dependiente del Mediterráneo, sit. entre Grecia y el extremo S. de Italia. 570.000 km². Profundidad media: 2.100 m.

JONIO, NIA. (Del lat. *ionius,* y éste del gr. *ionía,* la Jonia.) adj. Jónico. Apl. a pers. ú.t.c.s.

JONJA. f. *Chile.* Burla, fisga.

JONJABAR. tr. fam. Engatusar, lisonjear.

JONJABERO, RA. adj. Zalamero, lisonjeador.

JONJEAR. tr. *Chile.* Hacer burla. ‖ deriv.: **jonjero, ra.**

JONJOLEAR. tr. *Col.* Mimar, cuidar.

JONSON, Benjamín. *Biog.* Dramaturgo ingl. de la época isabelina, uno de los clásicos precursores del drama en Gran Bretaña. De extraordinario talento dramático, es autor de *Historia de la vida y muerte del doctor Fausto; El alquimista; Volpone,* etc. (1573-1637).

JONUCO. m. *Méx.* Chiribitil

JOPO. m. *Arg.* Hopo, mechón de pelo. ‖ *Bol.* Alfiler grande para prender el pelo.

¡JOPO! int. fam. ¡Hopo!

JORA. f. *Amér. del S.* Maíz para hacer chicha.

JORDAENS, Jacobo. *Biog.* Pintor flamenco de rico colorido en sus obras de tendencia barroca: *La adoración de los pastores; Cuatro evangelistas,* etc. (1593-1678).

JORDÁN. (Por alusión al río *Jordán,* santificado por el bautismo del Salvador.) m. fig. Lo que remoza y purifica. ‖ **Ir** uno **al Jordán.** frs. fig. y fam. Remozarse o convalecer.

JORDÁN, Lucas. *Biog.* V. **Giordano, Lucas.**

JORDÁN. *Geog.* Río de Palestina; corre del Antilíbano al mar Muerto. 310 km. Es famoso en la historia del cristianismo por haber recibido Jesucristo en sus aguas el bautismo.

JORDANIA, Reino Hachemita de. *Geog.* Estado del Asia occidental, limitado por Israel, Siria, Irak, Arabia Saudita y el golfo de Akaba. 97.740 km²., de los cuales 72.500 km². son desiertos. 2.780.000 h. Cap. AMMÁN. Maíz, cebada, mijo, vid, olivo, tabaco. Ovinos, caprinos, camellos. Sales. ‖ *Hist.* En tiempos bíblicos Jordania formó parte de Palestina. Dominada sucesivamente por romanos, egipcios, árabes, turcos e ingleses, recuperó su condición de reino autónomo en 1946. En marzo de este año se concedió el título de rey al emir Abdullah. Este fue asesinado en 1951 y subió al trono su nieto, Hussein. En la guerra de 1967 con Israel, Jordania perdió la ciudad antigua de Jerusalén, pero se abstuvo de abrir un frente sobre el río Jordán, limitándose a enviar tropas de refuerzo a Siria.

JORFE. (Del ár. *chorf,* dique de piedra.) m. Muro para sostener tierras. ‖ Peñasco tajado que forma desfiladero.

JORGA. f. *Ec.* Grupo de gente de mal vivir.

JORGE. m. Abejorro, insecto coleóptero.

JORGE, San. *Hagiog.* Príncipe de Capadocia; mártir de la Iglesia que fue decapitado en el año 303.

JORGE. *Biog.* Nombre de seis reyes de Inglaterra, que reinaron entre 1714-1830 y entre 1910-1952: Jorge V, que gobernó desde 1910 hasta 1936, cambió el nombre de la dinastía, Sajonia-Coburgo, por el de Windsor. ‖ Nombre de dos reyes que gobernaron en Grecia: uno, desde 1863 hasta su muerte, en 1913, y el otro, Jorge II (1890-1947), rey desde 1922 hasta 1924, en que fue depuesto; restaurado en el trono (1935), tuvo que marchar al destierro en 1941, del que volvió en 1946.

JORGE, Santos. *Biog.* Compositor panameño, autor de la música del Himno Nacional de su país (1870-1941).

JÖRGENSEN, Juan. *Biog.* Escritor danés, autor de *Confesión; De lo profundo,* etc. (1866-1956).

JORGUÍN, NA. (Tal vez del vascuence *sorguina,* bruja.) s. Persona que practica hechicerías. sinón.: **hechicero, mago.**

JORGUINERÍA. (De *jorguín.*) f. Hechicería. sinón.: **magia.**

JORJA. f. *Méx.* Sombrero de paja.

JORNADA. al. **Tagereise; Tagewerk.** fr. **Étape; journée.** ingl. **Journey; working day.** ital. **Giornata.** port. **Jornada.** (Del lat. *diurnus,* propio del día.) f. Camino que, yendo de viaje, se anda ordinariamente en un día. ‖ Expedición militar. ‖ Tiempo que dura el trabajo diario de los obreros. ‖ Duración de la vida humana. *La* JORNADA *es breve; hagámosla útil, ejemplar.* ‖ Tránsito del alma de esta vida a la eterna. ‖ En el poema dramático español, acto.

JORNAL. al. **Tagelohn.** fr. **Salaire; journalier.** ingl. **Salary; day wages.** ital. **Salario.** port. **Jornal.** (Del lat. *diurnalis,* diario.) m. Sueldo pagado por el trabajo de cada día. *Solicitar aumento de* JORNAL. ‖ Este mismo trabajo. ‖ **A jornal.** m. adv. Mediante determinado salario por día. ‖ IDEAS AFINES: *Estipendio, salario, a destajo, aguinaldo, cotidiano, obrero, peón, faena, labor, semana, ciclo, turno.*

JORNALAR. intr. Ajornalar.

JORNALERO, RA. al. **Tagelöhner.** fr. **Journalier.** ingl. **Day laborer.** ital. **Giornaliere.** port. **Jornaleiro.** s. Persona que trabaja a jornal.

JOROBA. al. **Buckel.** fr. **Bosse.** ingl. **Hump.** ital. **Gobba.** port. **Corcunda.** (Del ár. *hadaba.*) f. Corcova. *El cebú tiene* JOROBA; sinón.: **giba.** ‖ fig. y fam. Impertinencia y molestia enfadosa. ‖ IDEAS AFINES: *Asimetría, excrecencia, loma, convexidad, protuberancia, escoliosis, estropeado, deformidad, fealdad, enano, bufón, patizambo, camello, dromedario, búfalo, yac.*

JOROBADO, DA. al. **Buckelig.** fr. **Bossu.** ingl. **Hunchback.** ital. **Gobbo.** port. **Corcovado.** adj. y s. Corcovado. sinón.: **contrahecho, giboso.**

JOROBAR. al. **Belästigen.** fr. **Ennuyer; vexer.** ingl. **To bother; to annoy.** ital. **Molestare.** port. **Importunar.** tr. y r. fig. Gibar, molestar. ‖ deriv.: **jorobadura.**

JOROBETA. adj. y s. com. Jorobado, corcovado.

JORONCHE. adj. *Méx.* Jorobado, corcovado.

JORONGO. m. *Méx.* Poncho. ‖ Colcha, frazada.

JOROPO. m. *Col.* y *Ven.* Baile típico de música alegre.

JORRO. (Del ár. *char,* arrastre.) m. V. **Red de jorro.** ‖ **A jorro.** m. adv. *Mar.* A remolque.

JORULLO. *Geog.* Volcán apagado de México (Michoacán), 1.300 m. Estuvo activo desde 1759 hasta 1860.

JORUNGAR. tr. *Ven.* Molestar.

JORUNGO, GA. adj. y s. *Cuba.* Fastidioso. ‖ *Ven.* Gringo, extranjero.

JOSA. (Del ár. *hox,* jardín.) f. Heredad sin cerca, plantada de árboles frutales y vides.

JOSAFAT. *Biog.* Rey de Judá de 870 a 830 a. de C.

JOSÉ. *Hist. Sagr.* Patriarca hebr., hijo de Jacob y de Raquel. Vendido por sus hermanos, fue llevado en cautiverio a Egipto, donde llegó a ser consejero del faraón. A él se debió que Jacob emigrase con su familia a Egipto (2113-2003 a. de C.). ‖ — **de Arimatea.** Ciudadano judío, que bajó a Jesús de la Cruz (s. I).

JOSÉ, San. *Hagiog.* Esposo de la Virgen María y padre putativo de Jesús.

JOSÉ I. *Biog.* Emperador de Alemania proclamado en 1705 rey de Hungría y Romania (1678-1711). ‖ — **II.** Emperador de Alemania, hijo de María Teresa de Austria. Proclamado en 1755, sólo gobernó a la muerte de ésta (1741-1790).

JOSÉ I. *Biog.* Rey de Portugal de 1750 a 1777.

JOSÉ C. PAZ. *Geog.* Población de la Argentina, próxima a la ciudad de Buenos Aires. 15.000 h.

JOSEFINA. *Biog.* Emperatriz de Francia, esposa de Napoleón I (1762-1814); su verdadero nombre era María Josefa Tascher. Viuda del vizconde de Beauharnais, casó con el general Bonaparte en 1796; pero éste se divorció de ella en 1809.

JOSEFINO, NA. adj. Perteneciente o relativo al individuo llamado José. ‖ Dícese especialmente de los miembros de las congregaciones devotas de San José. U.t.c.s.

JOSEFO, Flavio. *Biog.* Historiador y mil. judío; trató de impedir la sublevación de sus compatriotas contra la dominación romana, pero al cabo de infructuosas gestiones abrazó la causa de éstos, que lo nombraron gobernador de Galilea. Apresado por los romanos, ganó su favor. Su obra histórica es una de las más importantes de la antigüedad: *Guerra de los judíos; Antigüedades judías,* etc. (37-95).

JOSEPHSON, Brian. *Biog.* Científico británico que realizó importantes investigaciones sobre las propiedades y fenómenos de los conductores electrónicos. En 1973 obtuvo el premio Nobel de Física, compartido con el estadounidense Ivar Giaever y el japonés Leo Esaki (n. en 1940).

JOSÍAS. *Biog.* Rey de Judá de 639 a 608 a. de C.; persiguió a los idólatras.

JOSTRADO, DA. adj. Dícese del viroté guarnecido de un cerco metálico.

JOSUÉ. *Hist. Sagr.* Jefe de los hebreos después de Moisés, conquistador de Canaán. Se refiere que para ganar una batalla detuvo el curso de los astros durante un día (1534-1424 a. de C.).

JOSUÉ (LIBRO DE). *Lit.* y *Relig.* Colocado después de los cinco libros de Moisés en el Antiguo Testamento, el Libro de Josué relata la conquista y partición de Palestina. Se lo supone escrito durante el reinado de Salomón aunque utiliza documentos más antiguos.

JOTA. (Del lat. *iota,* y éste del gr. *iota.*) f. Nombre de la letra *j.* ‖ Con negación, cosa mínima. ‖ **No entender** uno, o **no saber jota,** o **una jota.** frs. fig. y fam. Ser muy ignorante en algo. ‖ **Sin faltar jota.** m. adv. fig. Sin faltar una coma.

JOTA. (Del lat. *saltare,* bailar.) f. Baile popular de varias regiones de España. JOTA *aragonesa.* ‖ Copla y música de dicho baile.

JOTA. (Del ár. *fotta.*) f. Potaje de bledos, borrajas y otras verduras, con hierbas olorosas y especias, rehogado todo en caldo.

JOTA. f. *Amér. del S.* Ojota.

JOTE. m. *Arg.* y *Chile.* Variedad de buitre de color negro, excepto la cabeza y cuello que son de color violáceo, y cola muy larga.

JOTO. adj. *Méx.* Afeminado. ‖ m. *Col.* Tercio, maleta, lío.

JOTURO. m. Pez de río, de Cuba. Vive entre las rocas y su carne es muy agradable.

JOTURO, RA. adj. *Cuba.* Se dice de la bestia que tiene prominente la parte frontal hacia el hocico.

JOUFFROY D'ABBANS, Claudio Francisco. *Biog.* Ingeniero fr. (1751-1832), uno de los primeros en utilizar el vapor en la navegación.

JOUHAUX, León. Estadista fr., premio Nobel de la Paz en 1951 y esforzado luchador por los derechos obreros (1879-1954).

JOULE. m. *Quím.* En la nomenclatura internacional, nombre del julio, unidad de medida del trabajo eléctrico.

JOULE, Jacobo Prescott. *Biog.* Fís. inglés. Determinó el equivalente mecánico del calor y descubrió la ley del calentamiento de los conductores por la corriente eléctrica (1818-1889).

JOURDAN, Juan Bautista. *Biog.* Mariscal de Francia que estuvo al frente del ejército de su país en la invasión de España (1762-1833).

JOUVET, Luis. *Biog.* Actor, director y teórico teatral fr., autor de *Reflexiones de un comediante; Testimonios sobre el teatro; Escucha, amigo mío,* etc. (1887-1951).

JOVELLANOS, Gaspar Melchor de. *Biog.* Escritor esp., fervoroso patriota y autor de estudios sobre economía y de *Epístolas; El delincuente honrado,* etc. (1744-1810). ‖ — **Salvador.** Pol. paraguayo (1833-1876); presid. de la Nación de 1871 a 1874.

JOVELLANOS. *Geog.* Ciudad de Cuba (Matanzas). 21.000 h. Producción agrícola e industrial.

JOVEN. al. **Jung; Jüngling; junger Mann.** fr. **Jeune; jeune homme.** ingl. **Young; youth; young man.** ital. **Giovane.** port. **Jovem.** (Del lat. *iúvenis.*) adj. De poca edad. U.t.c.s. *Mujer* JOVEN; sinón.: **mozo;** antón.: **viejo.** ‖ V. **Dama joven.** ‖ IDEAS AFINES: *Primavera, florecimiento, lozanía, belleza, fuerza, entusiasmo, idealismo, frescura, tersura, infante, doncel, mancebo, muchacho, desarrollo, pubertad, virginidad, deporte, aprendiz, incipiente, cachorro.*

JOVENETE. (dim. de joven.) m. Jovenzuelo osado o petulante.

JOVENZUELO, LA. adj. dim. de Joven.

JOVIAL. (Del lat. *iovialis.*) adj. Perteneciente a Jove o Júpiter. ‖ Alegre, festivo. *Persona* JOVIAL; sinón.: **divertido, risueño;** antón.: **apagado, triste.** ‖ deriv.: **jovialmente.**

JOVIALIDAD. al. **Heiterkeit.** fr. **Jovialité.** ingl. **Joviality.** ital. **Giovialità.** port. **Jovialidade.** (De *jovial.*) f. Alegría y apacibilidad de genio.

JOYA. al. **Juwel; Kleinod.** fr. **Joyau; bijou.** ingl. **Jewel; gem.** ital. **Gioiello.** port. **Jóia.** (Del lat. *gaudia,* pl. de *-ium,* gozo.) f. Pieza de oro, plata o platino, con perlas o piedras preciosas o sin ellas, que usan las personas como adorno. *Las* JOYAS *de la corona;* sinón.: **alhaja.** ‖ Agasajo hecho por gratitud o como premio de algún servicio. ‖ Brocamantón. ‖ fig. Cosa o persona de mucha valía. *La catedral de México,* JOYA *arquitectónica del siglo XVI, fue erigida por orden de Felipe II.* ‖ *Arq.* y *Art.* Astrágalo. ‖ pl. Conjunto de ropas y alhajas que lleva una mujer al contraer matrimonio. ‖ **Llevarse** uno **la joya.** frs. fig. **Llevarse la palma.** ‖ IDEAS AFINES: *Esmeralda, topacio, metal precioso, paladio, anillo, corona, diadema, reloj, engarce, artífice, orfebre, estuche, alhajero, cofre, taller, lujo, tesoro, oropel, reina, rajá, quilate, cincel, talla, regalo, presente, tasación, fino, ley.*

JOYABAJ. *Geog.* Población de Guatemala (El Quiché) 25.000 h. Centro agrícola.

JOYANTE. adj. V. **Seda joyante.**

JOYCE, Jaime. *Biog.* Lit. irlandés cuyas novelas, de corte psicológico y realista, le dieron fama mundial: *Ulises; El artista adolescente; El velorio de Finnegan,* etc. (1882-1941).

JOYEL. (De *joya.*) m. Joya pequeña.

JOYELERO. m. Guardajoyas, joyero.

JOYERÍA. al. **Juwelengeschäft.** fr. **Bijouterie.** ingl. **Jeweller's shop.** ital. **Gioielleria.** port. **Joalharia.** (De *joyero.*) f. Trato y comercio de joyas. ‖ Comercio donde se venden. ‖ Taller en que se construyen.

JOYERO, RA. al. **Juwelier.** fr. **Bijoutier.** ingl. **Jeweller.** ital. **Gioielliere.** port. **Joalheiro.** s. Persona que tiene tienda de joyería. ‖ m. Estuche o mueble para guardar joyas. ‖ Orífice. ‖ f. Mujer que hacía y bordaba adornos mujeriles.

JOYO. (Del lat. *lolium.*) m. Cizaña, planta gramínea.

JOYOLINA. f. fam. *Guat.* La cárcel.

JOYÓN. m. aum. de Joya.

JOYUELA. f. dim. de Joya.

JUAGAR. tr. *Ar., Col.* y *Méx.* Enjuagar.

JUAGARZO. m. Jaguarzo.

JUAGAZA. f. *Col.* En los trapiches, meloja.

JUAN. m. V. **Don Juan.** ‖ V. **Hierba de San Juan.** ‖ V. **Preste Juan.** ‖ — **Lanas.** fam. Hombre apocado, que se presta con docilidad a todo cuanto se quiere hacer de él. ‖ **Juan Palomo: yo me lo guiso y yo me lo como.** ref. con que se censura al egoísta que no cuenta con ninguna persona para partir el provecho de lo que hace.

JUAN. *Biog.* Nombre de veintitrés papas, de 523 a 1419 y en el s. XX. El último fue Juan XXIII (1851-1963), sucesor de Pío XII desde octubre de 1958.

JUAN. *Biog.* Nombre de ocho emperadores de Oriente, que reinaron de los s. X al XV.

JUAN. *Biog.* Nombre de dos reyes de Aragón (s. XIV y XV).

JUAN. *Biog.* Nombre de dos reyes de Castilla (s. XIV y XV).

JUAN. *Biog.* Nombre de dos reyes de Francia, en el s. XIV.

JUAN. *Biog.* Nombre de tres reyes de Polonia (s. XV y XVII).

JUAN. *Biog.* Nombre de seis reyes de Portugal, que reinaron en los s. XIV y XIX.

JUAN, Maestre. *Biog.* Médico esp., uno de los primeros que fueron traídos a América. Autor de una interesante crónica (s. XVI).

JUAN I, Nepomuceno. *Biog.* Rey de Sajonia de 1854 a 1873, año en que murió.

JUAN BAUTISTA, San. *Hagiog.* Profeta judío que predijo la llegada del Mesías y reconoció como tal a Jesucristo. Lo bautizó en el Jordán y, apresado por Herodes Antipas, fue decapitado, en el año 28, a pedido de Salomé.

JUAN CARLOS DE BORBÓN. *Biog.* Rey de España, nieto de Alfonso XIII. Ascendió al trono en 1975, a la muerte de Francisco Franco.

JUAN CRISÓSTOMO, San. *Hagiog.* Patriarca cristiano de Constantinopla y Padre de la Iglesia gr. Sus *Homilías de las estatuas* son compendios de la doctrina cristiana, vertida con singular belleza (344-407).

JUAN CRISTÓBAL. *Lit.* Cél. novela de Romain Rolland, escrita entre 1904 y 1912. Sus diez volúmenes son el reflejo de una generación debatiéndose, en distintos países de Europa, en la incertidumbre y el caos, pero que logra, finalmente, la paz y el equilibrio.

JUAN DE LA CRUZ, San. *Hagiog.* Teólogo y poeta esp., uno de los más inspirados místicos de su país. Autor de *Cántico espiritual; Llama de amor viva; Noche obscura del alma,* etc. (1542-1591).

JUAN EVANGELISTA, San. *Hagiog.* Apóstol cristiano, autor de uno de los cuatro Evangelios y del Apocalipsis (m. 101).

JUANA. f. *Col.* Mujerzuela. ‖ *Guat.* Policía. ‖ *Méx.* Mariguana.

JUANA. *Biog.* Persona legendaria denominada la papisa. Falsamente se creyó que había sido elegida para el pontificado (s. XIII).

JUANA. *Biog.* Reina de Castilla y León, esposa de Enrique IV. Al discutirse la legitimidad de su hija, apodada la Beltraneja, se inició una seria cuestión de sucesión.

JUANA. *Biog.* Reina de Castilla, hija de los Reyes Católicos, esposa de Felipe el Hermoso y madre de Carlos V. Apodada la Loca por el desvarío mental que le provocó la muerte de su marido (1479-1555).

JUANACATLÁN, Salto de. *Geog.* Catarata de 180 m. de ancho y 20 m. de altura que forma el río Grande de Santiago cerca de la c. de Guadalajara, México). Sus aguas proveen energía eléctrica.

JUANA DE ARCO. *Biog.* V. **Arco, Santa Juana de.**

JUANA DÍAZ. *Geog.* Población del S. de Puerto Rico. 20.000 h. Producción agrícola-ganadera.

JUANA INÉS DE LA CRUZ, Sor. *Biog.* Religiosa y poetisa mex. cuyo nombre en el siglo fue Juana de Asbaje. Su poesía, barroca y conceptista, está impregnada empero de honda pasión y humanidad. Es autora de autos sacramentales: *El Divino Narciso;* de comedias: *Los empeños de una casa* y, especialmente, de poemas (1651-1695).

JUANAS. f. pl. Palillos que emplean los guanteros para abrir los dedos de los guantes.

JUAN DE FUCA. *Geog.* Estrecho que separa a la isla de Vancouver del Est. de Washington (EE. UU.).

JUANES, Juan de. *Biog.* Pintor esp. de temas religiosos, cuyo verdadero nombre era **Vicente Juan Masip.** Sus obras, entre las que se destacan *Martirio de San Esteban* y *La coronación de la Virgen,* revelan la influencia de la escuela romana (1523-1579).

JUANETE. m. Pómulo muy abultado. ‖ Hueso del nacimiento del dedo grueso del pie, cuando sobresale demasiado. ‖ *Mar.* Cada una de las vergas que se cruzan sobre las gavias, y las velas que se envergan en ellas. ‖ *Veter.* Sobrehueso formado sobre la cara inferior del hueso que tienen dentro del casco las caballerías. ‖ pl. *Col.* y *Hond.* Cadera.

JUANETERO. m. *Mar.* Marinero que hace las maniobras de los juanetes.

JUANETUDO, DA. adj. Que tiene juanetes. *Pies* JUANETUDOS.

JUAN FERNÁNDEZ. *Geog.* Archipiélago chileno del Pacífico sur, sit. a 670 km al oeste de Valparaíso. Lo forman las islas Más Afuera, Más a Tierra y Santa Clara. 185 km². Allí vivió, entre 1701 y 1709, el marino escocés Alejandro Selkirk, que inspiró a De Foe su *Robinson Crusoe.*

JUAN GRIEGO. *Geog.* Población de Venezuela, puerto en la costa sept. de la isla Margarita (Nueva Esparta). 6.000 h.

JUANILLO. m. *Chile* y *Perú.* Soborno, propina.

JUAN LUIS. *Geog.* Grupo de cayos sit. al sur de la pen. de Zapata (Cuba).

JUAN MANUEL Infante, Don. *Biog.* Célebre escritor esp. cuyo *Libro de los ejemplos,* más conocido como *El Conde Lucanor,* es fiel reflejo de la sociedad de su época (1282-1348).

JUAN ORTIZ. *Geog.* V. **Capitán Bermúdez.**

JUAN PABLO I. *Biog.* Nombre adoptado por el cardenal Albino Luciani, Patriarca de Venecia, al ser ungido Sumo Pontífice en agosto de 1978, como veneración a la obra apostólica y personalidad de sus dos últimos predecesores, Juan XXIII y Paulo VI, cuya trayectoria evangelizadora prometió continuar. Murió repentinamente, tras 33 días de pontificado, el 28 de septiembre de dicho año (n. 1912).

JUAN PABLO II. *Biog.* Cardenal polaco, Karol Wojtyla, arzobispo de Cracovia, que fue elegido Papa el 16 de octubre de 1978, como sucesor de Juan Pablo I (n. 1920).

JUAN SIN TIERRA. *Biog.* Rey de Inglaterra de 1199 a 1216, concedió a su pueblo la Carta Magna por la que se instituyó la monarquía constitucional en su país. Fue llamado así por encontrarse desposeído de sus feudos franceses, que intentó, vanamente, reconquistar (1167-1216).

JUAN Y SANTACILIA, Jorge. *Biog.* Cosmógrafo esp. que con Ulloa realizó una expedición para medir el arco de un grado del meridiano en la línea equinoccial (1713-1773).

JUARDA. (Del lat. *sordes,* suciedad, inmundicia.) f. Suciedad que sacan el paño o la tela de seda cuando no se les va eliminando la grasa que tenían en el momento de su fabricación.

JUÁREZ, Benito. *Biog.* Político y estadista mex. (1806-1872), que fue gobernador de Oaxaca y presidente de la Suprema Corte. Cuando se produjo el pronunciamiento revolucionario de Zuloaga, se retiró a Veracruz, donde asumió la presidencia del gobierno libre allí constituido. Con la victoria liberal, entró en la capital de México, pero tuvo que abandonarla para dirigir la lucha contra la intervención francesa. Fusilado Maximiliano, Juárez fue nombrado presidente y gobernó el país en 1867 y en 1871. ‖ — **CELMAN, Miguel.** Pol. argentino (1847-1909), presid. de la República de 1886 a 1890.

JUÁREZ. *Geog.* Población de la Argentina, al S. de la prov. de Buenos Aires. 9.000 h. Centro agrícola. ‖ Ciudad de México. V. **Ciudad Juárez.**

JUAYÚA. *Geog.* Población de

El Salvador (Sonsonate). 6.000 h. Centro agrícola-ganadero.

JUBA. f. Aljuba.

JUBA. *Geog.* Río de África oriental. Lo forman varias ramas que bajan de Etiopía, atraviesa el S. de la Somalia merid. y desagua en el Índico sobre la línea del ecuador. 1.600 km.

JUBBULPORE. *Geog.* Ciudad de la India (Madhya Pradesh). 300.000 h. Tejidos, alfombras.

JUBEA. f. Planta de la familia de las palmáceas, propia de casi toda la cuenca del Amazonas. Es una especie de cocotero, de cuyos frutos se obtiene gran cantidad de aceite y una bebida alcohólica.

JUBETE. (Del m. or. que *jubón.*) m. Coleto cubierto de malla de hierro que hasta fines del siglo XV usaron los soldados españoles. ‖ deriv.: **jubetería, jubetero.**

JUBILACIÓN. al. **Pensionierung.** fr. **Retraite; pension.** ingl. **Pensioning.** ital. **Giubilazione; pensione.** port. **Jubilação.** (Del lat. *iubilatio, -onis.*) f. Acción y efecto de jubilar o jubilarse. *Acogerse a la* JUBILACIÓN. ‖ Haber pasivo que disfruta la persona jubilada. ‖ IDEAS AFINES: *Retiro, pensión, derechos, leyes, vejez, senil, sueldo, aguinaldo, despedida, emancipación, descanso, vacación, invalidez, cesación, impedimento, imposibilidad,*

JUBILADO, DA. adj. Dícese de la persona que ha sido jubilada. Ú.t.c.s. ‖ *Col.* Demente. ‖ Pobrete, infeliz. ‖ *Col.* y *Cuba.* Experto, sagaz.

JUBILAR. adj. Perteneciente al jubileo. *Año* JUBILAR.

JUBILAR. (Del lat. *iubilare.*) tr. Disponer que, por razón de vejez, largos servicios o imposibilidad, y por lo general con derecho a pensión, cese un funcionario civil en el ejercicio de su carrera o empleo. *En la Argentina se puede* JUBILAR *todo el que trabaje.* ‖ Por ext., dispensar a una persona, por razón de su edad o imposibilidad, de ejercicios o cuidados que practicaba o le incumbían. ‖ fig. y fam. Desechar por inútil una cosa. *Es hora de* JUBILAR *este traje.* ‖ intr. Alegrarse, regocijarse. Ú.t.c.r. ‖ r. Conseguir la jubilación. Úsab.t.c.intr. ‖ *Amér. Central* y *Ven.* Faltar al colegio los chicos. ‖ *Col.* Venir a menos. ‖ *Cuba* y *Méx.* Instruirse, adquirir práctica en alguna cosa.

JUBILEO. al. **Jubiläum; Jubelfest.** fr. **Jubilée.** ingl. **Jubilee.** ital. **Giubileo.** port. **Jubileu.** (Del lat. *iubilaeus;* del hebr. *yobel,* júbilo.) m. Fiesta pública que los israelitas celebraban un año cada cincuenta, en el cual no se sembraba ni segaba; todos los predios enajenados volvían a su antiguo dueño, y los esclavos hebreos recobraban su libertad. ‖ Entre los cristianos, indulgencia plenaria y universal que concede el Papa en algunas ocasiones. *La puerta, llamada santa, de cuatro basílicas romanas, se abre para el año del* JUBILEO. ‖ El tiempo que transcurría entre cada uno de estos jubileos. ‖ fig. Entrada y salida frecuente de muchas personas en algún lugar.

JÚBILO. al. **Jubel; Freude.** fr. **Jubilation; réjouissance.** ingl. **Merriment; rejoicing.** ital. **Giubilo.** port. **Júbilo.** (Del lat. *iúbilum.*) m. Viva alegría, y en especial la manifestada con signos exteriores. sinón.: **gozo.**

JUBILOSO, SA. (De *júbilo.*) adj. Alegre, lleno de júbilo.

JUBO. m. *Zool.* Culebra pequeña de Cuba, que vive entre las piedras y malezas.

JUBÓN. al. **Wams.** fr. **Pourpoint.** ingl. **Doublet.** ital. **Giubbone.** port. **Gibão.** (Del ár. *chubba,* aljuba, chupa.) m. Vestidura que, ciñendo y ajustando el cuerpo, cubre desde los hombros hasta la cintura. ‖ deriv.: **jubonero.**

JUBONES. *Geog.* Río del S. de Ecuador, que des. en el golfo de Guayaquil. 130 km.

JUBRE. m. *Bol.* Churre que forma el sudor en la lana de las ovejas.

JUBY. *Geog.* Cabo del N.O. de África (Río de Oro).

JÚCAR. *Geog.* Río de España, que desemboca en el golfo de Valencia. 498 km.

JÚCARO. m. Árbol combretáceo de las Antillas, con tronco liso y grueso, flores sin corola y en racimo, fruto parecido a la aceituna y madera muy dura.

JUCÓ. m. *C. Rica.* Vasija casi esférica de boca estrecha. ‖ Corteza en tiras con que se atan algunas cosas.

JUCUAPA. *Geog.* Volcán de El Salvador (Usulután). 1.380 m. de altura. ‖ Ciudad de El Salvador (Usulután). 2.000 h. Centro agrícola.

JUCHIPILA. *Geog.* Río de México que nace en las serranías del Est. de Zacatecas y des. en el río Grande de Santiago. 250 km. ‖ Pobl. de México (Zacatecas). 3.000 h. Centro agrícola.

JUCHITÁN. *Geog.* Población de México (Oaxaca). 28.000 h. Mercado agrícola.

JUDÁ. *Hist. Sagr.* Cuarto hijo de Jacob; dio su nombre a la más importante tribu de Israel.

JUDÁ, Reino de. *Hist.* Uno de los dos reinos en que se dividió Israel, a la muerte del rey Salomón. Subsistió de 930 a 586 a. de C.

JUDAICA. f. *Paleont.* Púa de equino fósil de figura globular o cilíndrica, con un piececillo que la unía a la concha del animal. Abundan en las rocas jurásicas y cretáceas y algunas, por su forma, se han empleado como amuleto.

JUDAICO, CA. (Del lat. *iudaicus.*) adj. Perteneciente a los judíos. *Historia* JUDAICA. ‖ V. **Betún judaico.**

JUDAÍSMO. al. **Judentum; Judaismus.** fr. **Judaïsme.** ingl. **Judaism.** ital. **Giudaismo.** port. **Judaísmo.** (Del lat. *iudaismus.*) m. Hebraísmo o profesión de la ley de Moisés.

● **JUDAÍSMO.** *Teol.* Formado con el aporte de diversas religiones del antiguo Oriente, el **judaísmo** pasó por distintos estados. Durante la organización patriarcal, propia del primer período de la historia del pueblo judío, antes de la unidad política, existió una firme unidad religiosa. Los hebreos adoraban ya a Elohim, repudiaban la idolatría de los pueblos vecinos, y sin ciudades ni templos, un vínculo exclusivamente espiritual, de orden moral y religioso, los unía a través de todas las vicisitudes. Su sencillo culto consistía en oraciones, votos, sacrificios en rústicos altares y la circuncisión. El advenimiento de Moisés señala un nuevo paso en la evolución del **judaísmo:** de él proceden la organización del culto, el comienzo de la legislación religiosa; él dio a los judíos la Ley o Torá, que recibiera de Dios. La alianza entre Jehová y el pueblo de Israel se expresa en los Diez Mandamientos (V. **Mandamientos, Diez**), inscriptos en las Tablas de la Ley, base religiosa, ética y moral del **judaísmo.** Al cundir entre los judíos la adoración de ídolos, durante su establecimiento en Canaán, surgieron los profetas, con la misión de retornar al pueblo al deber sagrado. Las tradiciones y las diversas interpretaciones de la Ley formaron la segunda codificación del **judaísmo,** continuación de la primera y llamada Misná. Complementada e interpretada por teólogos y eruditos, la Misná es la primera parte del grandioso cuerpo de legislación jurídico-religiosa denominado el Talmud. V. **Talmud.**

JUDAIZACIÓN. f. Acción y efecto de judaizar.

JUDAIZANTE. p. a. de **Judaizar.** Que judaiza. Ú.t.c.s.

JUDAIZAR. (Del lat. *iudaizare.*) intr. Aceptar la religión judía. ‖ Practicar ritos y ceremonias de la ley judaica.

JUDAS. (Por alusión a *Judas* Iscariote.) m. fig. Hombre alevoso, traidor. ‖ Gusano de seda que al subir al embojo queda enganchado y muere sin haber hecho su capullo. ‖ V. **Árbol, beso, pelo de Judas.** ‖ fig. Muñeco de paja que en ciertos lugares ponen en la calle durante la Semana Santa para quemarlo después. ‖ **Estar hecho** o **parecer** uno **un Judas.** frs. fig. y fam. Tener roto el vestido; ser desaseado.

JUDAS. *Geog.* Punta de la costa occidental de Costa Rica, en la prov. de Puntarenas.

JUDEA. n. p. V. **Bálsamo, betún de Judea.**

JUDEA. *Geog. histór.* Antigua región de Palestina situada entre el Mediterráneo y el mar Muerto, al N. de Idumea.

JUDEO. (Del lat. *judaeus,* judío.) adj. Judío. Ú. como primer elemento de adjetivos compuestos. *Literatura* JUDEO*española.* ‖ m. Nombre dado a la lengua castellana usada por los descendientes de los judíos que fueron expulsados de España en el siglo XV.

JUDERÍA. f. Barrio destinado a vivienda de los judíos. ‖ Cierta contribución que pagaban los judíos.

JUDERÍAS, Julián. *Biog.* Sociól. e hist. esp. autor de *La reconstrucción de la historia de España desde el punto de vista nacional; Un proceso político en tiempos de Carlos III,* etc. (1877-1918).

JUDI. *Geog.* Cordillera de la Turquía asiática, a la izquierda del Tigris. 4.000 m. Según la tradición allí encalló el arca de Noé.

JUDÍA. al. **Bohne.** fr. **Haricot.** ingl. **Bean.** ital. **Fagiolo.** port. **Feijão.** f. Planta herbácea anual leguminosa, con tallos endebles, volubles, de tres metros y medio de longitud; hojas grandes, compuestas de tres hojuelas acorazonadas unidas por la base; flores blancas en grupos axilares, y fruto en vainas aplastadas, acabadas en dos puntas, y con varias semillas arriñonadas. Se cultiva en las huertas por su fruto, comestible, así seco como verde. *Phaseolus vulgaris.* ‖ Fruto de esta planta. sinón.: **alubia, fréjol, habichuela, poroto.** ‖ Semilla de esta planta. ‖ En el juego del monte, cualquier naipe de figura. ‖ – **de careta.** Planta leguminosa originaria de China, semejante a la **judía,** pero con tallos más cortos, vainas muy estrechas y largas, y semillas pequeñas, blancas, con una manchita negra y redonda en uno de los extremos. ‖ Fruto de esta planta. ‖ Semilla de esta planta.

JUDIADA. f. Acción propia de judíos.

JUDIAR. m. Terreno sembrado de judías.

JUDICATURA. (Del lat. *iudicatura.*) f. Ejercicio de juzgar. ‖ Cargo de juez. ‖ Tiempo que dura. *Hubo trece* JUDICATURAS *en Israel.* ‖ Cuerpo de jueces.

JUDICIAL. al. **Gerichtlich.** fr. **Judiciaire.** ingl. **Judicial; juridical.** ital. **Giudizlale.** port. **Judicial.** (Del lat. *judicialis.*) adj. Perteneciente al juicio o a la judicatura. *Emplazamiento* JUDICIAL. ‖ deriv.: **judicialmente.**

JUDICIARIO, RIA. (Del lat. *indicrarius.*) adj. V. **Astrología judiciaria.** Ú.t.c.s. ‖ Perteneciente a ésta. ‖ m. El que profesa esta vana ciencia.

JUDIEGA. adj. Aplícase a una especie de aceituna, que sólo sirve para aceite, pero no para comerla.

JUDÍO, A. al. **Jüdisch; Jude.** fr. **Juif.** ingl. **Jew.** ital. **Giudeo; ebreo.** port. **Judeu.** (Del lat. *iudaeus,* y éste del hebr. *yehudí,* de la tribu de Judá.) adj. Hebreo. Apl. a pers., ú.t.c.s. *El Talmud fue el vínculo entre los* JUDÍOS *dispersos.* sinón.: **israelita.** ‖ Natural de Judea. Ú.t.c.s. ‖ Perteneciente a este país de Asia antigua. ‖ m. Judión. ‖ *Ant.* Garrapatero. ‖ *Méx.* Especie de chotacabras. ‖ IDEAS AFINES: *Moisés, Torá, Biblia, David, Arca de la Alianza, sionismo, Pascua, Palestina, sinagoga, rabino, sanedrín, patriarca, éxodo, circuncisión, creencia, tradición, semita, sefardí, jerosolimitano, Israel, Mesías.*

JUDÍO ERRANTE, El. *Lit.* Novela de Eugenio Sue publicada en 1845. Alude a una leyenda del siglo XIII, según la cual el Judío Ahasvero, que no permitió a Jesús descansar ante su puerta, fue condenado a errar por el mundo hasta la vuelta del Redentor. Este personaje legendario fue tomado como símbolo del pueblo de Israel.

JUDIÓN. m. Variedad de judía, de hoja mayor y más redonda, y de vainas más anchas, cortas y estoposas.

JUDIT. *Hist. Sagr.* Reina de Betulia, que para salvar su ciudad sitiada por los asirios, decapitó a Holofernes, su jefe.

JUDIT, LIBRO DE. *Lit.* y *Relig.* Inscripto entre los libros sagrados por la Iglesia católica, el **Libro de Judit** fue escrito originariamente en arameo, pero sólo se conserva el texto griego.

JUDO. m. **Yudo.** Deporte de origen japonés, semejante a la lucha y al jiu-jitsu.

JUDÚ. m. *Dom.* Baile popular haitiano, de procedencia africana.

JUECES. *Hist.* Jefes supremos de los hebreos, desde Moisés hasta la institución de la monarquía por Samuel.

JUECES, LIBRO DE LOS. *Relig.* Séptimo libro del Antiguo Testamento, de autor desconocido y escrito aproximadamente en 1050 a. de C.

JUEGO. al. **Spiel.** fr. **Jeu.** ingl. **Play; game.** ital. **Giuoco.** port. **Jogo.** (Del lat. *iocus.*) m. Acción y efecto de jugar. *La infancia se expresa en el* JUEGO. ‖ Ejercicio recreativo sujeto a reglas, y en el cual se gana o se pierde. JUEGO *de naipes, de dominó, de pelota.* ‖ En sentido absoluto, **juego** de naipes. ‖ En los **juegos** de naipes, conjunto de cartas que se dan a cada jugador. ‖ Disposición con que están unidas dos cosas, de modo que sin separarse puedan moverse; como las bisagras, los goznes, etc. sinón.: **articulación.** ‖ El mismo movimiento. ‖ Determinado número de cosas relacionadas entre sí y que tienen igual utilidad. JUEGO *de vasos, de servilletas, de té.* ‖ En los carruajes de cuatro ruedas, cada una de las dos armazones, compuestas de un par de aquéllas, su eje y demás piezas correspondientes. ‖ Visos y cambiantes que produce la rara disposición de algunas cosas. JUEGO *de luces, de aguas;* sinón.: **reflejos.** ‖ Seguido de la prep. *de* y de ciertos nombres, casa o lugar en donde se juega a lo que significan dichos nombres. *Habrá mucha gente en el* JUEGO *de pelota.* ‖ fig. Habilidad para lograr una cosa o para estorbarla. ‖ pl. Fiestas y espectáculos públicos que usaban en la antigüedad. ‖ – **carteado.** Cualquiera de los de naipes que no son de envite. ‖ – **de azar. Juego de suerte.** ‖ – **de billar.** Billar. ‖ – **de cartas. Juego de naipes.** ‖ – **de envite.** Cada uno de aquellos en que se apuesta dinero sobre un lance determinado. ‖ – **de ingenio.** Ejercicio del entendimiento, en que por pasatiempo se trata de resolver una cuestión propuesta en términos sujetos a determinadas reglas, como las charadas, los crucigramas y los acertijos de todos géneros. ‖ – **de la campana. Juego** infantil en que dos niños, colocándose de espaldas con los brazos enlazados, se suspenden alternativamente imitando el volteo de las campanas. ‖ – **de los cantillos.** El que juegan los niños con cinco piedrecitas realizando con ellas diversas combinaciones y arrojándolas a lo alto para recogerlas en el aire al caer; en algunos países de América, se le dice "payana". ‖ – **de manos.** Acción de darse palmadas unas personas a otras por pasatiempo o afecto. ‖ Agilidad de manos de que se sirven los titiriteros y otras personas para engañar y burlar la vista del público con diversos géneros de entretenimientos. ‖ fig. Acción ruin por la cual se hace desaparecer en poco tiempo una cosa que estaba a la vista. ‖ – **de naipes.** Cada uno de los que se juegan con ellos, y se distinguen por nombres especiales; como el truque o truco, el tute, el mus, etc. ‖ – **de niños.** Forma de proceder sin consecuencia ni formalidad. ‖ – **de pelota. Juego** entre dos o más personas, consistente en arrojar una pelota con la mano, con cesta o con pala, de unas a otras directamente o haciéndola rebotar en una pared. ‖ – **de prendas.** Diversión infantil y casera en que los concurrentes dicen o hacen una cosa, pagando prenda el que no lo hace bien. ‖ – **de suerte.** Cada uno de aquellos cuyo resultado no depende de la habilidad de los jugadores, sino del acaso o la suerte; como el de la ruleta o el de los dados. ‖ – **de tira y afloja.** Especie de **juego** de prendas. ‖ – **público.** Casa donde se juega públicamente con tolerancia de la autoridad ‖ **Juegos florales.** Concurso poético instituido por los trovadores en la Provenza, y por don Juan I de Aragón en Cataluña, y el cual aún suele celebrarse en algunas partes, en que se premia con flores simbólicas al poeta vencedor || — **malabares.** Ejercicios de agilidad y destreza consistentes en mantener diversos objetos en equilibrio inestable, lanzándolos a lo alto y recogiéndolos, etc. || fig. Combinaciones artificiosas y conceptos que se plantean para deslumbrar al público. || — **olímpicos.** Fiestas o juegos que se hacían antiguamente en la ciudad de Olimpia y los restablecidos en la actualidad (V. **Olimpíada**). || **Cerrar el juego.** frs. En el del dominó, hacer una jugada que impida su continuación. Ú.t. el verbo c.r. || **Conocerle a uno el juego.** frs. fig. Penetrar su intención. || **Dar juego.** frs. fig. y fam. con que se da a entender que un asunto o suceso tendrá más efecto del que se cree. || **Desgraciado en el juego, afortunado en amores.** frs. fam. que suele decirse a la persona que pierde en el juego, como para consolarla, o en sentido irónico. || **Hacer juego.** frs. Mantenerlo o perseverar en él. || Decir el jugador a quien le toca las calidades que tiene; como la de entrada, paso, etc. || fig. Convenir una cosa con otra en orden, proporción y simetría. || **Hacerle a uno el juego.** frs. fig. **Hacerle el caldo gordo.** || **Juego de manos, juego de villanos.** ref. que censura la excesiva familiaridad en jugar y tocarse con las manos unas personas a otras. || **Por juego.** loc. adv. Por burla, de chanza. || IDEAS AFINES: *Deporte, trampa, apuesta, adivinanza, retruécano, distracción, olimpíada, ajedrez, juguete, prestidigitador, icario, vicio, retozo.*

● **JUEGO.** *Pedag.* Práctica esencial durante la infancia, el **juego** aparece en los pueblos salvajes y en todas las civilizaciones históricas, aunque sus características especiales indican la idiosincrasia y el grado de evolución de un pueblo. El origen del **juego** ha sido explicado en distintas formas. Para algunos, indica una evasión de la realidad inmediata y el deseo de emplear parte del esfuerzo en actos que en sí mismos producen placer; para otros, en cambio, el **juego** es ante todo una necesidad de orden biológico. La pedagogía moderna atribuye al **juego** importante función educativa. Por medio del **juego**, actividad propia del niño, se trata de prepararlo para la vida, de desarrollar sus aptitudes, corregir sus defectos y adaptarlo a la vida social. El **juego** de movimientos es el que se practica al aire libre o en locales amplios y es el deporte o los ejercicios militares. El **juego** sedentario es el de salón o sociedad; el intelectual y el de ajedrez, damas, adivinanzas, etc.; el **juego** de azar comprende los de naipes, dados, etc.

JUEGOS PROHIBIDOS. *B. A.* Film francés dirigido por René Clement, estrenado en 1952. Hermosa narración cinematográfica en la que se aúnan un realismo sórdido y una tenue poesía infantil para expresar el mundo de los niños perturbado por las ideas de guerra y muerte.

JUEGUEZUELO. m. dim. de **Juego.**

JUERGA. al. **Kneiperei.** fr. **Ripaille.** ingl. **Spree; carousal.** ital. **Gozzovigila.** port. **Folguedo.** f. fam. Huelga, recreación en el campo o en cualquier lugar ameno.

JUERGUISTA. adj. y s. Aficionado a la juerga.

JUEVES. al. **Donnerstag.** fr. **Jeudi.** ingl. **Thursday.** ital. **Giovedì.** port. **Quinta-feira.** (Del lat. *Iovis dies*, día consagrado a Júpiter.) m. Quinto día de la semana.

JUEZ. al. **Richter.** fr. **Juge.** ingl. **Judge.** ital. **Giudice.** port. **Juiz.** (Del lat. *iudex, -icis.*) m. El que tiene autoridad para juzgar y sentenciar. *Un* JUEZ *competente.* || El que cuida de las reglas en justas y certámenes literarios. || El que es nombrado para resolver una duda. *Usted será buen* JUEZ *en la materia.* || Magistrado supremo del pueblo de Israel, desde su establecimiento en Palestina hasta el advenimiento de la monarquía. *Samuel fue el último* JUEZ *de Israel.* || — **arbitrador.** *Der.* Aquel en quien las partes entregan el ajuste de sus diferencias. || — **árbitro.** *Der.* El elegido por compromiso de las partes para primera instancia del pleito. || — **avenidor.** *Der.* Amigable componedor. || — **de palo.** fig. y fam. El que es torpe e ignorante. || — **de paz.** El que oía a las partes antes de consentir que litigasen, procurando reconciliarlas, y resolvía de plano las cuestiones de poca monta. En algunos países de América existe aún este cargo de juez, con igual denominación y función. || — **de primera instancia** y **de instrucción.** El ordinario de un partido o distrito, que conoce en primera instancia de los asuntos civiles no dados por la ley a los **jueces** municipales y dirige la instrucción de los sumarios en lo criminal. || — **de raya.** *Arg., Chile* y *Uruguay.* El que falla sobre el resultado de una carrera de caballos. || — **municipal.** El nombrado para un término municipal o su distrito, y es conocedor, solo, o con dos ciudadanos adjuntos, de los actos conciliatorios y de los juicios verbales y de falta. || — **ordinario.** El que conoce en primera instancia de las causas y pleitos. || **Juez** eclesiástico, vicario del obispo. || IDEAS AFINES: *Justicia, juicio, sentencia, apelación, equidad, balanza, proceso, sumario, censor, incólume, venal, ley, tribunal, cámara, fiscal, toga, birrete, abogado, jurisdicción, hábeas corpus, austeridad, condena, clemencia.*

JUEZA. f. Mujer que tiene autoridad para juzgar y sentenciar. || fam. Mujer del juez.

JUGADA. f. Acción de jugar el jugador cada vez que le toca hacerlo. || Lance de juego que origina este acto. || fig. Acción mala e imprevista contra uno. *Le prepararon una* JUGADA.

JUGADERA. (De *jugar.*) f. Lanzadera.

JUGADOR, RA. al. **Spieler.** fr. **Joueur.** ingl. **Player.** ital. **Giucatore.** port. **Jogador.** adj. y s. Que juega. || Que tiene el vicio de jugar. || Que tiene especial habilidad para jugar. *Es un gran* JUGADOR *de ajedrez.* || — **de manos.** El que hace juegos de manos. || — **de ventaja.** Fullero.

JUGADORES DE CARTAS (Los). *B. A.* Cuadro de Cézanne, pintado entre 1890 y 1892. Sobre una línea esquemática que le sirve de construcción, el autor encierra a los tres protagonistas en un centro de interés real, que es la mesa donde juegan.

JUGANTE. p. a. de **Jugar.** Que juega.

JUGAR. al. **Spielen.** fr. **Jouer.** ingl. **To play.** ital. **Giuocare.** port. **Jogar.** (Del lat. *iocari.*) intr. Hacer algo con el solo fin de divertirse. *Los niños* JUEGAN *en la playa.* || Travesear, retozar. || Divertirse tomando parte en juegos sometidos a reglas, ya medie o no el interés. || Participar, por inclinación viciosa o por ansia de ganar dinero, en juegos sometidos a reglas. JUGAR *a la ruleta.* || Realizar el jugador un acto propio del juego cada vez que interviene. || V. **Jugar a la baja, al alza.** || Con la prep. *con*, burlarse de alguien. || Ponerse en movimiento una cosa compuesta de piezas, desempeñando la función a que se destina. Ú.t.c. tr. || Dicho de armas, hacerse de ellas el uso a que están destinadas. *En tal encuentro* JUGARON *las ametralladoras*, o JUGÓ *la bayoneta.* || Hacer juego o convenir una cosa con otra. *Los accesorios no* JUEGAN *con el vestido.* || Tener parte en un negocio. *Los hijos también* JUEGAN *en el trato.* || tr. Llevar a cabo partidas de juego. JUGAR *un tute, una partida de billar.* || Hacer uso de cartas o piezas de algunos juegos. JUGAR *una ficha, una torre.* || Perder al juego. *Enrique* JUGÓ *todos sus ahorros.* || Refiriéndose a los miembros corporales, usar de ellos dándoles el movimiento normal. || Dicho de las armas, saberlas manejar. JUGAR *el cuchillo, el sable.* || Arriesgar, aventurar. JUGAR *el todo por el todo.* Ú.m.c.r. JUGARSE *la vida, la carrera.* || **Jugar fuerte**, o **grueso.** frs. Aventurar al juego grandes sumas. || **Jugar limpio.** frs. fig. Jugar sin trampas. || fig. y fam. Proceder en un negocio lealmente. || irreg. Conjugación. INDIC. Pres. *juego, juegas, juega, jugamos, jugáis, juegan.* Imperf.: *jugaba, jugabas,* etc. Pret. indef.: *jugué, jugaste,* etc. Fut. imperf.: *jugaré, jugarás,* etc. Pot.: *jugaría, jugarías,* etc. SUBJ. Pres.: *juegue, juegues, juegue, juguemos, juguéis, jueguen.* Imperf.: *jugara, jugaras,* etc. o *jugase, jugases,* etc. Fut. imperf.: *jugare, jugares,* etc. IMPERAT.: *juega, jugad.* PART. *jugado.* GER. *jugando.*

JUGARRETA. (De *jugar.*) f. fam. Jugada mal hecha y sin conocimiento del juego. || fig. y fam. Bribonada, mala pasada, sinón.: **picardía, trastada.**

JUGLANDÁCEO, A. adj. *Bot.* Juglándeo. Ú.t.c.s.f. || pl. *Bot.* Juglándeas.

JUGLÁNDEO, A. (Del lat. *iuglans, -andis*, nuez, nogal.) adj. *Bot.* Dícese de los árboles dicotiledóneos que se distinguen por sus hojas, compuestas de varias hojuelas, flores monoicas y fruto en drupa, cuyas semillas carecen de albumen; como el nogal y la pacana. Ú.t.c.s.f. || f. pl. *Bot.* Familia de estas plantas.

JUGLAR. al. **Gaukler.** fr. **Jongleur.** ingl. **Juggler.** ital. **Giullare.** port. **jogral.** (Del ant. *joglar*) adj. Chistoso, picaresco. || Juglaresco. || m. El que por dinero entretenía al pueblo, cantando, bailando o haciendo juegos y truhanerías. || El que mediante estipendio o dádivas recitaba o cantaba poesías de los trovadores, para solaz de los reyes y de los magnates. *El* JUGLAR *se acompañaba con instrumentos de viento y de cuerda, como la vihuela y el anafil.* || ant. Trovador, poeta. || IDEAS AFINES: *Bardo, aedo, arlequín, cómico, paje, bufón, histrión, comediante, malabarista, gitano, vagabundo, músico, payador, laúd, guzla, romance, cantar de gesta, ronda, serenata, castillo, medioevo, feudalismo.*

JUGLARA. f. Juglaresa.

JUGLARESA. f. Mujer juglar.

JUGLARESCO, CA. adj. Propio de juglar, o relativo a él. *Romances* JUGLARESCOS.

JUGLARÍA. f. Juglería. || V. **Mester de juglaría.**

JUGLERÍA. f. Ademán o modo peculiar de los juglares.

JUGO. al. **Brühe; Saft.** fr. **Suc; jus.** ingl. **Juice.** ital. **Sugo.** port. **Suco.** (Del lat. *succus.*) m. Zumo de las substancias animales o vegetales extraído por presión, cocción o destilación. JUGO *de uvas, de carne.* || fig. Lo útil y substancial de cualquiera cosa material o inmaterial. *Le sacaré* JUGO *al auto.* || — **celular.** *Fisiol.* Líquido acuoso del citoplasma. || — **gástrico.** *Fisiol.* Líquido ácido cuyo principal componente es la pepsina, y que en el acto de la digestión segregan ciertas glándulas situadas en la membrana mucosa del estómago. || — **pancreático.** *Fisiol.* Producto de la secreción del páncreas y cuya substancia activa obra en la digestión intestinal. || IDEAS AFINES: *Agua, jarabe, brebaje, bebida, esencia, extracto, savia, humor, licor, melaza, néctar, pulpa, mosto, chicha, limonada, exprimir, estrujar, licuadora, filtro, prenda, colar, clarificar, bilis, saliva.*

JUGOSIDAD. f. Calidad de jugoso.

JUGOSO, SA. adj. Que tiene jugo. *Sandía* JUGOSA; sinón.: **zumoso**; antón.: **seco.** || fig. Substancioso. *Operación* JUGOSA; sinón.: **fructífero, provechoso.** || *Pint.* Dícese del colorido exento de sequedad y del dibujo exento de rigidez y dureza.

JUGUETE. al. **Spielzeug.** fr. **Jouet.** ingl. **Toy.** ital. **Giocattolo.** port. **Juguete.** m. Objeto curioso y bonito con que se divierten los niños. *Habrá reparto de* JUGUETES. || Chanza, burla. || Composición musical o pieza teatral breve. JUGUETE *festivo, lírico, jocoserio.* || Persona o cosa dominada por fuerza material o moral que la maneja a su arbitrio. JUGUETE *del azar, de la borrasca, de los elementos.* || **Por juguete.** m. adv. fig. Por chanza o pasatiempo.

JUGUETEAR. (De *juguete.*) tr. Entretenerse jugando y retozando.

JUGUETEO. m. Acción de juguetear.

JUGUETERÍA. f. Comercio de juguetes. || Casa o tienda donde se venden.

JUGUETÓN, NA. (De *juguetear.*) adj. Que juega y retoza con frecuencia. *Un gatito* JUGUETÓN.

JUICIO. al. **Urteil.** fr. **Jugement.** ingl. **Judgement.** ital. **Giudizio.** port. **juízo.** (De *iudicio.*) m. Facultad del alma, en cuya virtud el hombre puede diferenciar el bien del mal y lo verdadero de lo falso. || *Lóg.* Operación del entendimiento, consistente en comparar dos ideas para conocer y precisar sus relaciones. *El* JUICIO *puede ser verdadero o falso.* || Estado de la sana razón como opuesto a locura o delirio. *Cuando lo hizo estaba en su* JUICIO; *la noticia lo puso fuera de* JUICIO. || Parecer o dictamen. *A* JUICIO, *debemos comenzar de nuevo*; sinón.: **opinión.** || V. **Día, muela del juicio.** || Pronóstico que los astrólogos hacen de los sucesos del año. || fig. Seso, cordura. *Persona de* JUICIO. || *Der.* Conocimiento de una causa, en la cual el juez ha de sentenciar. || *Teol.* El que Dios hace del alma en el instante en que se separa del cuerpo. || *Teol.* **Juicio final.** || — **contencioso.** *Der.* El que se sigue ante el juez sobre derechos o cosas que varias partes contrarias disputan. || — **declarativo.** El que, en materia civil, se sigue con plenas garantías procesales y concluye por sentencia que causa ejecutoria entre los litigantes, acerca del asunto controvertido. || — **de desahucio.** El sumario que tiene por fin el lanzamiento de quien como arrendatario, dependiente o precarista, posee bienes ajenos sin título o solamente por el de arriendo caducado o resuelto. || — **de Dios.** Cada una de ciertas pruebas que para averiguar la verdad se hacían antiguamente, como la del duelo, la de manejar hierros ardientes, etc. || — **de faltas.** *Der.* El que versa sobre infracciones de bandos de buen gobierno, o ligeras transgresiones del código penal de que antes conocían los jueces de paz y actualmente los municipales. || — **ejecutivo.** *Der.* **Vía ejecutiva.** || — **final.** *Teol.* Juicio universal, de Jesucristo. || — **oral.** *Der.* Período decisivo del proceso penal en que, terminado el sumario, se practican directamente las pruebas y alegatos ante el tribunal sentenciador. || — **ordinario. Juicio declarativo.** || — **plenario.** *Der.* El posesorio en que se trata ampliamente del derecho de las partes para declarar la posesión a favor de una de ellas. || — **posesorio.** *Der.* Aquel en que se controvierte la mera posesión de una cosa. || — **universal.** *Der.* El que tiene por fin la liquidación y partición de una herencia o la del caudal de un quebrado o concursado. || *Teol.* El que ha de hacer Jesucristo de todos los hombres en el fin del mundo, para dar a cada uno el premio o castigo de sus obras. || — **verbal.** El declarativo de grado inferior que se sigue ante la justicia municipal. || **Asentar el juicio.** frs. Empezar a tener juicio y cordura. || **Contender en juicio.** frs. Pleitear, litigar. || **Estar uno en su juicio.** frs. Tener cabal y entero su entendimiento para poder obrar con perfecto conocimiento. || **Estar uno fuera de juicio.** frs. Padecer la enfermedad de manía o locura. || Estar cegado o enajenado por alguna pasión o arrebato. || **Falto de juicio.** loc. Dícese del que padece una demencia, del que está poseído de algún arrebato o pasión que le embarga el entendimiento. || **Perder el juicio.** frs. fig. que se emplea para ponderar la extrañeza que causa una cosa. || **Quitar el juicio** alguna cosa. frs. fig. y fam. Causar grande extrañeza y admiración. || **Sacar de juicio** a uno. frs. fig. y fam. **Sacar de quicio.** || IDEAS AFINES: *Raciocinio, criterio, crítica, argumentación, inducción, deducción, análisis, síntesis, psicología, lógica, silogismo, sensatez, consejo, norma, ley, acusado, tribunal, audiencia, abogado, proceso.*

JUICIO FINAL (EL). *B. A.* Obra de Miguel Ángel en la que todas las figuras aparecen desnudas como expresión suprema de fuerza y belleza. Dios Cristo alza su brazo como para castigar, mientras su Madre se muestra implorante y grupos de ángeles le acercan los instrumentos de su pasión. La tierra se resquebraja con vívida fuerza, mientras todos los milagros del equilibrio se despliegan en atlética musculatura. Enriquece la bóveda de la Capilla Sixtina. || Fresco del Tintoretto de desbordante fuerza: Cristo y los santos, condenados y reos se muestran con trágico rostro en un reino de horror y llanto.

JUICIOSAMENTE. adv. m. Con juicio. *Portarse* JUICIOSAMENTE; sinón.: **prudentemente, sensatamente.**

JUICIOSO, SA. adj. Que tiene juicio u obra con madurez y cordura. Ú.t.c.s. *Desde niño fue muy* JUICIOSO; sinón.: **prudente, sensato;** antón.: **alocado, irreflexivo.** || Hecho con juicio. *Resolución* JUICIOSA.

JUIGALPA. *Geog.* Ciudad de Nicaragua, capital del dep. de Chontales. 10.000 h. Centro agrícola y minero.

JUIL. m. Trucha de México.

JUILLIN. m. *Guat.* y *Hond.* Pececillo de río.

JUIZ DE FORA. *Geog.* Ciudad del Brasil (Minas Gerais), al N. de Río de Janeiro. 250.000 h. Importante plaza industrial y comercial.

JUJEÑO, ÑA. adj. Natural de Jujuy. Ú.t.c.s. || Perteneciente a esta ciudad y provincia de la República Argentina. *Puna* JUJEÑA.

JUJUY. *Geog.* Provincia del extremo N.O. de la Argentina. 53.219 km². 320.000 h. Su suelo montañoso está cruzado por valles fluviales (quebrada de Humahuaca) que constituyen magníficas vías de comunicación. El N.O. de la provincia, seco y árido, corresponde a la región de la puna. Alfalfa, caña de azúcar, frutas cítricas. Lanares, bovinos, equinos. Maderas, petróleo, hierro, plomo, cobre, plata, estaño, cinc, aguas termales. Cap. SAN SALVADOR DE JUJUY.

JUKOVSKY, Basilio. *Biog.* Poeta ruso, autor de *El bardo en el campamento ruso* y otras obras. Consejero del zar Alejandro II, lo instó a que liberase a los esclavos (1783-1852).

JULEPE. (Del ár. *chuleo*, y éste del persa, *gul*, rosa, y *ab*, agua.) m. Poción compuesta de aguas destiladas, jarabes y otras substancias medicinales. || Juego de naipes en que se deposita un fondo y se señala triunfo volviendo una carta, después de repartir tres a cada jugador. Por cada baza hecha se gana la tercera parte del fondo, y el que no hace ninguna tiene que reponer el fondo. || Esfuerzo o trabajo excesivo de una persona; desgaste o uso excesivo de una cosa. || fig. y fam. Golpe, tunda, paliza. || *P. Rico.* fig. Lío, desorden. || fig. y fam. Reprimenda, castigo. || fig. *Amér. del S.* Susto, miedo. *¡Qué* JULEPE *me llevé!* || *Ant., Méx.* y *Ven.* Ajetreo, trabajo, fatiga. || Dar julepe a uno. frs. Dejarle sin baza. || **Llevar** uno **julepe.** frs. Quedarse sin baza.

JULEPEAR. intr. Jugar al julepe. || tr. *Arg.* y *Urug.* Asustar. Ú.t.c.r. || *Col.* Acelerar, urgir. || *Méx.* Atormentar, fatigar. || r. *Chile.* Olfatear un peligro. || *P. Rico.* Embromar.

JULIA. *Geneal.* Familia romana a la que pertenecieron Julio César, Augusto, Nerón, etc.

JULIA. *Biog.* Hija de Julio César y esposa de Pompeyo (m. 54 a. de C.). || – Hija de Augusto, célebre por su belleza. Esposa sucesivamente de Marcelo, Agripa y Tiberio (39 a. de C., m. 14 d. de C.).

JULIA O LA NUEVA ELOÍSA. *Lit.* Novela de Rousseau, escrita entre 1757 y 1759. De apasionado sentimentalismo, obtuvo en su época considerable éxito.

JULIACA. *Geog.* Población del Perú (Puno), cerca del lago Titicaca. 12.000 h. Centro ganadero y minero.

JULIANA. f. Planta herbácea europea, cultivada, de flores grandes, olorosas, blancas o moradas; fue usada como medicinal. *Hesperis matronalis*, crucífera.

JULIANA. *Biog.* Reina de Holanda 1948 a 1980 (n. 1909).

JULIANO, NA. adj. Perteneciente a Julio César o instituido por él. || V. **Calendario juliano.** || V. **Sopa juliana.**

JULIANO, Flavio Claudio. *Biog.* Emperador romano de 361 a 363. Educado en la religión cristiana, la abandonó para restablecer el paganismo. Murió en una batalla contra los persas. Pasó a la historia con el apodo de El Apóstata (331-363).

JULIO. al. **Juli.** fr. **Juillet.** ingl. **July.** ital. **Luglio.** port. **Julho.** (Del lat. *iulius*.) m. Séptimo mes del año; consta de treinta y un días. Los romanos llamaron julio a este mes en recuerdo de Julio César.

JULIO. (De *Joule*, nombre del célebre físico.) m. Unidad de trabajo en el sistema basado en el metro, el kilogramo, el segundo y el amperio. Vale 10 millones de ergios.

JULIO, San. *Hagiog.* Papa de 337 a 352.

JULIO. *Biog.* Nombre de tres papas. || – **II.** Papa de 1503 a 1513, de gran habilidad pol. y notable mecenas (1443-1513).

JULIO CÉSAR. *Biog.* V. **César, Julio.**

JULO. m. Res o caballería que va delante de las demás en el ganado o la recua.

JUMA. f. fam. Jumera.

JUMARSE. r. vulg. Embriagarse, emborracharse. Ú.m. en América.

JUMATAN. m. *Cuba.* Borracho empedernido.

JUMBARAYÚ. m. *Bol.* Excremento de la gallina.

JUME. m. *Arg.* Arbusto pequeño que se cría con preferencia en las salinas, y cuyas cenizas, abundantes en carbonato de sodio, se emplean para fabricar jabón. || Lejía que se fabrica con esta ceniza. || *Chile.* Pez selacio parecido al tiburón.

JUMEAL. m. *Arg.* Lugar poblado de jumes. || Conjunto de estos arbustos.

JUMENTA. (De *jumento*.) f. Asna, hembra del asno.

JUMENTAL. (Del lat. *iumentalis*.) adj. Perteneciente al jumento.

JUMENTIL. adj. Jumental.

JUMENTIZAR. tr. y r. *Col.* Embrutecer.

JUMENTO. al. **Esel.** fr. **Âne.** ingl. **Ass; donkey.** ital. **Asino.** port. **Jumento.** (Del lat. *iumentum*.) m. Asno.

JUMERA. f. fam. Humera.

JUMET. *Geog.* Ciudad de Bélgica (Hainaut). 34.000 h. Hulla, metalurgia, cristalerías.

JUMETREAR. tr. *Bol.* Fastidiar, molestar.

JUMNA. *Geog.* Río del N. de la India, el mayor de los afl. del Ganges. Baja del Himalaya y pasa por Delhi, Agra y Allahabad. 1.367 km.

JUNACATE. m. Cebolla de Honduras, que huele a ajo.

JUNCÁCEO, A. (De *junco*.) adj. *Bot.* Júnceo. U.t.c.s.f. || f. pl. *Bot.* Júnceas.

JUNCADA. f. Fruta de sartén, cilíndrica y larga. || Juncar. || *Veter.* Medicamento antiguo que se usó para la curación del muermo, compuesto de manteca de vaca, miel y cocimiento de adormideras, que se aplicaba en la parte afectada con un manojito de juncos.

JUNCAL. adj. Perteneciente o relativo al junco. || Dícese del cuerpo humano flexible, gallardo. || V. **Ajonjera juncal.** || m. Juncar.

JUNCAL. *Geog.* Cerro nevado de los Andes argentino-chilenos, entre Mendoza y Santiago. || Laguna de Argentina (Río Negro), cerca de la c. de Viedma. 130 km². || Río de Chile, uno de los brazos del río Aconcagua.

JUNCAL, Combate de. *Hist.* Triunfo de la escuadra naval argentina dirigida por el almirante Brown frente a la brasileña, en aguas del río Uruguay (8 de febrero de 1827).

JUNCAR. m. Sitio poblado de junqueras.

JÚNCEO, A. (Del lat. *iúnceus*.) adj. *Bot.* Aplícase a las plantas monocotiledóneas herbáceas, propias de terrenos húmedos, generalmente vivaces, provistas de rizoma, hojas alternas, flores poco aparentes y fruto capsular; como el junco. Ú.t.c.s.f. || f. pl. *Bot.* Familia de estas plantas.

JUNCIA. (Del lat. *júncea*, parecida al junco.) f. Planta herbácea europea, cuyo rizoma, oloroso y amargo, se emplea en perfumería y medicina. *Cyperus longus*, ciperácea. || Nombre dado a otras especies del Gén. *Cyperus*.

JUNCIAL. m. Sitio poblado de juncias.

JUNCIANA. f. fig. y fam. Jactancia vana y sin fundamento.

JUNCIERA. (De *juncia*.) f. Vaso de barro, con tapa agujereada, para que salga el olor de las hierbas o raíces aromáticas que se ponen dentro de él en infusión con vinagre.

JUNCINO, NA. (Del lat. *iuncinus*.) adj. De juncos o compuesto con ellos.

JUNCO. al. **Binse.** fr. **Jonc.** ingl. **Bush.** ital. **Giunco.** port. **Junco.** (Del lat. *iuncus*.) m. Planta júncea, con cañas o tallos de unos siete decímetros de largo, lisos, cilíndricos y flexibles; hojas radicales reducidas a una vainilla delgada, flores en cabezuelas verdosas próximas a la extremidad de las cañas, y fruto capsular con tres ventallas y muchas semillas en cada una de ellas. Se cría en lugares húmedos. *Iuncus effusus. Cortina de* JUNCO. || Cada uno de los tallos de esta planta. || Bastón, especialmente cuando es delgado. || V. **Rabo de junco.** || – **de Indias.** Rota, planta. || – **florido.** Arbusto de la familia de las butomeas, cuyas flores, dispuestas em umbela, tienen seis pétalos y sus frutos son cápsulas con seis divisiones y numerosas semillas. Se cría en Europa en parajes pantanosos; las hojas suelen usarse en medicina como aperitivas, y la raíz y las semillas contra la mordedura de las serpientes. *Butomus umbellatus.* || – **marinero, marino,** o **marítimo.** Planta júncea, con tallos verdes, rollizos, ásperos y medulosos; hojas radicales, muy puntiagudas, y flores en panoja apretada. || – **oloroso.** Esquenanto. || IDEAS AFINES: *Estero, pantano, filamento, esbeltez, vara, cañaveral, juncal, mimbre, cesto, entretejer, entrecruzar, esterilla, manojo, haz.*

JUNCO. (Del chino *chun*, barco.) m. Embarcación pequeña usada en las Indias Orientales y China.

JUNCOS. *Geog.* Población del E. de Puerto Rico. 25.000 h. con el municipio.

JUNCOSO, SA. (Del lat. *iuncosus*.) adj. Parecido al junco. || Dícese del terreno que produce juncos.

JUNDIAÍ. *Geog.* Ciudad del Brasil (San Pablo). 40.000 h. Industrias químicas, fabricación de papel, hilados de algodón.

JUNEAU. *Geog.* Ciudad del S. de Alaska, cap. del Estado. 6.500 h. Oro, pesquerías.

JUNG, Carlos G. *Biog.* Psiquiatra suizo, continuador y reformador del psicoanálisis de Freud, al que atenúa su procacidad erótica. El oprimido social, como consecuencia de su "protesta viril", tiene como única pasión su "adecuada reubicación" en el medio. Obras: *Demencia precoz; Lo inconsciente en los sanos y en los enfermos; Tipos psicológicos*, etc. (1875-1961). || – **Joaquín.** Naturalista al., uno de los creadores de la botánica científica (1587-1657).

JUNGFRAU. *Geog.* Cima de los Alpes Berneses (Suiza). 4.167 m. de altura.

JUNGLA. (Del indo *jangal*, bosque.) f. Terreno bajo y pantanoso de las llanuras indias, generalmente cubierto de vegetación intrincada y espesa. || IDEAS AFINES: *Monte, selva, silvestre, virgen, espesura, maraña, fronda, umbría, vegetación, árboles, bejucos, maleza, trópico, exuberancia, impenetrable, misterio, fieras, insectos, reptiles, alimañas.*

JUNGLADA. f. Lebrada.

JUNI, Juan de. *Biog.* Escultor fr. radicado en España, que también fue pintor y arquitecto. Autor de *Virgen de las Angustias* y *Entierro de Cristo* (1507-1577).

JUNÍN. *Geog.* Lago del Perú, en el departamento hom., origen del Marañón. Está sit. a 4.114 m de altura. Se llama, también, Lauricocha. || Dep. del centro del Perú. 28.921 km². 472.476 h. Cap. HUANCAYO. Gran riqueza minera. Café, coca, maíz. || C. de Argentina (Buenos Aires), sobre el río Salado. 40.000 h. Centro agrícola-ganadero. || C. del Perú, en el dep. de su nombre. 13.000 h. Producción agropecuaria y minera.

JUNÍN. *Hist.* Victoria obtenida por las fuerzas patriotas al mando de Bolívar sobre los realistas, en Perú, el 6 de agosto de 1824.

JUNIO. al. **Juni.** fr. **Juin.** ingl. **June.** ital. **Giugno.** port. **Junho.** (Del lat. *iunius*.) m. Sexto mes del año, que era el cuarto entre los antiguos romanos; consta de treinta días. *En el mes de* JUNIO *se celebraba en Roma una fiesta en honor de Juno.*

JÚNIOR. (Del lat. *iunior*, más joven.) m. Religioso joven que después de profesar está aún sujeto a la enseñanza y obediencia del maestro de novicios. || *Dep.* Dícese de los integrantes de divisiones juveniles.

JUNÍPERO. (Del lat. *iuníperus*.) m. Enebro. || *Col.* Zopenco. Ú.t.c.adj.

JUNO. f. *Astron.* Asteroide descubierto por Harding en 1804.

JUNO. *Mit.* Divinidad romana, esposa de Júpiter, identificada con la Hera de los griegos. Personificaba la luz del cielo y presidía el matrimonio.

JUNQUEIRA FREIRE, Luis José. *Biog.* Poeta brasileño, autor de *Inspiraciones del claustro; Contradicciones poéticas*, etc. (1832-1855).

JUNQUERA. f. Junco, planta.

JUNQUERAL. m. Juncar.

JUNQUILLAR. m. *Chile.* Juncar.

JUNQUILLO. m. Planta amarilídea de adorno, especie de narciso, de flores amarillas, pequeñas, muy fragantes. *Narcissus jonquilla.* || Junco de Indias. || Nombre dado a diversas plantas parecidas al junco. || *Arq.* Moldura redonda y más delgada que el bocel.

JUNTA. al. **Dichtung; Versammlung.** fr. **Réunion; conseil; jointure.** ingl. **Boarde; council.** ital. **Giunta; consiglio.** port. **Junta.** (De *juntar*.) f. Reunión de varias personas para tratar de un asunto. sinón.: **asamblea.** || Cada una de las conferencias que celebran. || Todo que forman varias cosas unidas unas a otras. || Unión de dos o más cosas. || Conjunto de los individuos nombrados para dirigir los negocios de una colectividad. *Nuestro primer gobierno fue una* JUNTA. || Juntura. || Pieza de cartón, cáñamo, amianto, caucho u otra materia compresible, que se pone en la unión de dos tubos u otras partes de un aparato o máquina, para evitar el escape del cuerpo fluido que contienen. || *Arq.* Espacio que queda entre las superficies de las piedras o ladrillos contiguos de una pared o muro. || Cada una de estas mismas superficies. || *Mar.* Empalme, costura. || – **municipal.** Reunión de concejales con un número igual de vocales asociados para la aprobación de presupuestos y otros asuntos importantes.

JUNTA, Primera. *Hist.* V. **Primera Junta.**

JUNTA DE ZITÁCUARO. *Hist.* La organizada por Ignacio López Rayón, el 19 de agosto de 1811, durante la revolución que había estallado contra el poder español en México.

JUNTA INSTITUYENTE. *Hist.* La convocada por Iturbide, que fue proclamado emperador de México (octubre de 1822).

JUNTA SUPREMA. *Hist.* La que se constituyó en Bogotá al producirse el movimiento emancipador de 1810.

JUNTAMENTE. adv. m. Con unión o concurrencia de dos o más cosas en un mismo sujeto o lugar. *Había allí lagos y montañas* JUNTAMENTE. || adv. t. A un mismo tiempo. JUNTAMENTE *lloraba y reía de emoción.*

JUNTAR. al. **Versammehn; Vereinigen.** fr. **Assembler; joindre.** ingl. **To join; to connect; to assemble.** ital. **Unire; congiungere.** port. **Juntar.** (De *junto*.) tr. Unir unas cosas con otras. JUNTAR *los pies*; anton.: **separar.** || Congregar. || Acopiar. JUNTAR *vituallas, municiones*; sinón.: **amontonar, concentrar.** || Refiriéndose a puertas o ventanas, entornar. || r. Arrimarse, acercarse mucho a uno. || Acompañarse. *Nos* JUNTAMOS *varios amigos y fuimos a pescar*; sinón.: **reunirse.** || Tener acto carnal. || IDEAS AFINES: *Agregar, injertar, pegar, ligar, incluir, doblar, superponer, ensamblar, machihembrar, atar, abrochar, hilvanar, adherir, afinidad, articulación, soldar, ahorrar, haz, ramo, colección, reunión, prefijo, recopilación, antología, par, mezcla, vínculo, yugo, lazo, nudo, aleación, amalgama, suma, asociación, grupo, bandada, enjambre, tropilla, muchedumbre, acoplar, aparear.*

JUNTAS, Las. *Geog.* V. **Las Juntas.**
JUNTERA. (De *junta*, empalme.) f. Garlopa que se emplea para cepillar el canto de las tablas.
JUNTERILLA. f. Juntera pequeña para principiar los rebajos.
JUNTO, TA. al. **Neben; zusammen.** fr. **Proche; prochain.** ingl. **Nexto; near.** ital. **Presso; vicino.** port. **Junto.** (Del lat. *iunctus.*) p. p. irreg. de Juntar. ‖ adj. Unido, cercano. *Andaban* JUNTOS *en bicicleta.* ‖ Que obra o que es juntamente con otro, a la vez o al mismo tiempo que él. Ú.m. en pl. ‖ adv. l. Seguido de la prep. *a*, cerca de. *Vivía* JUNTO *al río.* ‖ adv. m. Juntamente, a la vez. *Corrían, gritaban y disparaban, todo* JUNTO. ‖ **De por junto.** m. adv. **Por junto.** ‖ **En junto.** m. adv. En total. *Había en* JUNTO *dos mil hombres.* ‖ **Por junto.** m. adv. **Por mayor.** Usase refiriéndose al acopio de provisiones que suele hacerse en las casas. *Tengo por* JUNTO *el vino, el arroz.*
JUNTURA. (Del lat. *iunctura.*) f. Parte o lugar en que se juntan y unen dos o más cosas. *La* JUNTURA *de dos baldosas.* ‖ – **claval.** *Anat.* Unión de los huesos entrando el uno en el otro a modo de clavo. ‖ – **nodátil,** o **nudosa.** *Anat.* La que sirve para el movimiento, y que forman dos huesos entrando el uno en la cavidad del uno la cabeza o nudo del otro. ‖ – **serrátil.** *Anat.* La que tienen dos huesos en forma de dientes de sierra, de manera que las puntas que salen del uno entran en los huecos del otro.
JUPA. f. *Amér. Central.* Calabaza redonda. ‖ fig. Cabeza.
JUPE. (Voz *quichua.*) m. Planta gramínea cuya raíz molida se usa como jabón.
JÚPITER. m. Planeta conocido desde muy antiguo; el mayor de nuestro sistema solar. ‖ *Alq.* Estaño.
● **JÚPITER.** *Astron.* Situado, en relación con la Tierra, entre Marte y Saturno, Júpiter es el más grande de los planetas del sistema solar y el más brillante después de Venus. Lo separa del Sol una distancia aproximada de 778 millones de km.; completa su revolución alrededor del Sol en 11 años, 315 días, y gira sobre sí mismo en 9 horas, 50 minutos, 30 segundos. Tiene los polos notablemente achatados y su volumen equivale a unas 1.295 veces el de la Tierra, pero su densidad es de 0,25 en relación a la de ésta. Con telescopio, se ve su superficie atravesada por zonas claras y oscuras, que se atribuyen a perturbaciones y cataclismos en la espesa atmósfera que rodea a **Júpiter**. En 1609, Galileo y otros astrónomos descubrieron que **Júpiter** estaba escoltado por una serie de satélites, de los que hoy se conocen doce, y que ellos bautizaron como Mundus jovialis (Mundo de **Júpiter**).
JÚPITER. *Mit.* Principal divinidad romana, hijo de Saturno y esposo de Juno, identificado con el Zeus griego. Era el dios de los fenómenos celestes y fue venerado en soberbios templos.
JUPITERINO, NA. adj. Perteneciente o relativo al dios Júpiter.
JÚPITER OLÍMPICO. *B. A.* Estatua de Fidias, construida en mármol y adornada con oro y marfil, que data del s. V a. de C. y es considerada una de las siete maravillas del mundo antiguo. De legendaria belleza, esta obra de arte sólo era conocida por reproducciones, hasta que en 1955 se descubrieron en Olimpia (Grecia) algunos restos.
JUPÓN, NA. adj. *Amér. Central.* Cabezón.
JUQUE. m. *Amér. Central.* Zambomba de los indios.
JURA. (De *jurar.*) f. Acción de jurar solemnemente la sumisión a ciertos preceptos u obligaciones. ‖ Juramento, afirmación o negación de una cosa poniendo por testigo a Dios, o en sí mismo o en sus criaturas. ‖ Acto solemne en que los Estados y ciudades de un reino, en nombre de todo él, reconocían y juraban la obediencia a su príncipe. ‖ – **de bandera** (Col.) o **de la bandera** (Argent.) Promesa civil de lealtad y servicio a la nación. ‖ m. *Guat.* Guardia, policía.
JURA. *Geog.* Sistema de arcos montañosos paralelos de 250 km de largo, en el límite entre Francia y Suiza. Culmina a los 1.723 m en el cerro Crête de la Neige. ‖ Dep. del E. de Francia. 5.055 km². 245.000 h. Viñedos. Cap. LONS-LE-SAUNIER.
JURABAINA. f. *Cuba.* Frijolillo.
JURADO, DA. al. **Geschworener.** fr. **Jury.** ingl. **Jury.** ital. **Giurato.** port. **Jurado.** adj. V. **Enemigo, guarda jurado.** ‖ V. **Relación jurada.** ‖ Dícese del que ha prestado juramento al encargarse del desempeño de su cargo u oficio. ‖ m. Tribunal no profesional ni permanente, de origen inglés, introducido luego en otros países, cuyo esencial cometido es determinar el grado de culpabilidad del acusado, quedando al cuidado de los magistrados la imposición de la pena. ‖ Cada una de las personas que componen dicho tribunal. ‖ Cada una de las personas que forman el tribunal examinador en exposiciones, concursos, etc. ‖ Conjunto de estas personas. *El* JURADO *declaró desierto el concurso.*
● **JURADO.** *Der.* Con antecedentes entre los griegos y los romanos, el jurado propiamente dicho fue establecido en Inglaterra por la Carta Magna, aunque limitado en un principio a los señores, para que éstos fueran juzgados por hombres de su rango y jerarquía; sólo más tarde se hizo extensivo a todo el pueblo. El jurado tiene la finalidad democrática de otorgar al pueblo una participación directa en la administración de justicia; sus integrantes se eligen por sorteo y junto con los jueces constituyen un tribunal mixto: como jueces circunstanciales deben declarar si el acusado es o no culpable y los jueces, como magistrados fijos, deben imponer la sentencia. Corresponde así al jurado la esfera de los hechos y a los magistrados la aplicación del derecho; la delimitación de ambas jurisdicciones es la base de esta institución.
JURADO, Ramón H. *Biog.* Escritor panameño que, en *San Cristóbal* y otras novelas, describe vigorosamente a los obreros de la zona azucarera de su país (n. 1922).
JURADOR, RA. (Del lat. *iurator.*) adj. y s. Que tiene vicio de jurar. ‖ *Der.* Que declara en juicio con juramento.
JURADURÍA. f. Oficio y dignidad de jurado.
JURAMENTAR. tr. Tomar juramento a alguien. ‖ r. Obligarse con juramento.
JURAMENTO. al. **Eid; Schwur.** fr. **Serment.** ingl. **Oath.** ital. **Giuramento.** port. **Juramento.** (Del lat. *iuramentum.*) m. Afirmación o negación de algo, poniendo por testigo a Dios, en sí mismo o en sus criaturas. *Hizo solemne* JURAMENTO *de renunciar al mundo.* ‖ Voto o reniego. ‖ – **asertorio.** Aquel con que se afirma la verdad de algo presente o pasado. ‖ – **decisorio, o deferido.** *For.* Aquel que una parte exige de la otra en juicio o fuera de él, comprometiéndose a pasar por lo que ésta jurare. ‖ – **execratorio.** Maldición que uno se echa a sí mismo si fuere mentira lo que afirma. ‖ – **falso.** El que se hace con mentira. ‖ – **indecisorio.** Aquel en que las afirmaciones sólo son aceptadas como definitivas en cuanto perjudican al jurador. ‖ – **judicial.** *For.* El que el juez toma de oficio o a pedimento de la parte. ‖ – **supletorio.** *For.* El que se pide a la parte a falta de otras pruebas. ‖ **a la bandera.** *Mil.* **Jura de la bandera.** ‖ *Pan.* **Jura** de bandera o **de la bandera.** Promesa civil de lealtad y servicio a la nación. ‖ IDEAS AFINES: *Promesa, compromiso, imprecación, fe, verídico, asentimiento, atestiguar, responsabilidad, honor, fórmula, Biblia, Evangelios, tribunal, renegado, blasfemo, falsía, testimonio, maldición, insulto.*
JURAMENTO. *Geog.* Río de la Argentina. V. **Pasaje.**
JURANTE. p. a. de Jurar. Que jura.
JURAR. al. **Schwören.** fr. **Jurer.** ingl. **To swear.** ital. **Giurare.** port. **Jurar.** (Del lat. *iurare.*) tr. Afirmar o negar invocando el testimonio de Dios, de sí mismo, o de sus criaturas. JURÓ *por su honor que guardaría silencio.* ‖ Reconocer con juramento de fidelidad la soberanía de un príncipe. ‖ Someterse con igual juramento a los preceptos constitucionales de un país, deberes determinados por cargos, etc. *El presidente* JURARÁ *hoy.* ‖ intr. Echar votos y reniegos. ‖ **Jurar en falso.** frs. Asegurar con juramento lo que se sabe que es falso. ‖ **Jurársela** o **jurárselas** uno a otro. frs. fam. Asegurar que se ha de vengar de él.
JURÁSICO, CA. adj. *Geol.* Dícese del terreno sedimentario que en la región del Jura, en Francia, donde ha sido bien estudiado, sigue en edad al liásico. Se aplica, por extensión, para designar a este período geológico en el mundo entero. Corresponde a la segunda etapa de la era mesozoica y se caracteriza por la aparición de las primeras aves con dientes. Ú.t.c.s. ‖ Perteneciente a este terreno.
JURATORIA. (Del lat. *iuratoria*, t. f. de *-rius*, juratorio.) adj. *For.* V. **Caución juratoria.**
JURDÍA. (Tal vez del ár. *zirdia*, cosa hecha de mallas.) f. Especie de red para pescar.
JUREL. (Del gr. *sauros.*) m. Pez marino acantopterigio de lomo azulado y vientre plateado, con dos aletas espinosas en el dorso y cola ahorquillada. *Caranx trachurus.* ‖ *Cuba.* Miedo. ‖ Borrachera.
JURERO, RA. adj. y s. *Chile, Ec.* y *Perú.* Que jura en falso.
JURGINA o **JURGUINA.** f. Jorguina.
JURÍDICAMENTE. adv. m. En forma de juicio o de derecho. ‖ Por la vía judicial; por ante un juez. ‖ Con arreglo a lo que dispone la ley. ‖ En términos propios y rigurosos de derecho.
JURIDICIDAD. (De *jurídico.*) f. Tendencia o criterio favorable al predominio de las soluciones de estricto derecho en las cuestiones políticas y sociales.
JURÍDICO, CA. al. **Gerichtlich; juristisch.** fr. **Juridique.** ingl. **Juridical; legal.** ital. **Giuridico.** port. **Jurídico.** (Del lat. *iuridicus.*) adj. Que atañe al derecho, o se ajusta a él. *Biblioteca* JURÍDICA. ‖ V. **Acto, convenio, hecho, negocio jurídico.** ‖ V. **Culpa, persona jurídica.**
JURISCONSULTO. al. **Jurist.** fr. **Jurisconsulte.** ingl. **Jurist; lawyer.** ital. **Giureconsulto.** port. **Jurisconsulto.** (Del lat. *iurisconsultus.*) m. El que profesa con el debido título la ciencia del derecho, dedicándose preferentemente a escribir sobre él y solucionar las consultas legales que se le proponen. sinón.: **legista, letrado.** ‖ Jurisperito.
JURISDICCIÓN. al. **Gerichtsbarkeit; Rechtsprechung.** fr. **Jurisdiction.** ingl. **Jurisdiction; boundary.** ital. **Giurisdixione.** port. **Jurisdição.** (Del lat. *iurisdictio, -onis.*) f. Poder o autoridad que tiene uno para gobernar, ejecutar las leyes o aplicarlas en juicio. JURISDICCIÓN *municipal.* ‖ Término de un lugar o provincia. ‖ Territorio en que un juez ejerce sus facultades de tal. ‖ Autoridad o dominio sobre otro. ‖ – **acumulativa.** *Der.* Aquella por la cual puede un juez conocer de las mismas causas que otro. ‖ – **contenciosa.** La ejercida en forma de juicio sobre pretensiones o derechos contrapuestos de las partes litigantes. ‖ – **contencioso-administrativa.** La que conoce de los recursos contra las decisiones definitivas de la administración. ‖ – **forzosa.** *Der.* La que no se puede declinar. ‖ – **ordinaria.** *Der.* La que procede del fuero común, en contraposición a la privilegiada. ‖ – **voluntaria.** Aquella en que, sin juicio contradictorio, el juez o tribunal da solemnidad a actos jurídicos o dicta ciertas resoluciones rectificables en materia civil o mercantil. ‖ **Caer debajo de la jurisdicción de** uno. frs. fig. y fam. Caer debajo de su poder. ‖ IDEAS AFINES: *Municipio, ayuntamiento, circunscripción, tribunal, parroquia, registro civil, aduana, capitanía, virreinato,* **barrio,** *zona límite, frontera,* **autonomía,** *derechos, fueros,* **votación,** *distrito, comisaría.*
JURISDICCIONAL. adj. Perteneciente a la jurisdicción. *Competencia* JURISDICCIONAL. ‖ V. **Aguas jurisdiccionales.** ‖ V **Mar jurisdiccional.**
JURISPERICIA. (Del lat. *iurisperitia.*) f. Jurisprudencia.
JURISPERITO. (Del lat. *iurisperitus*, de *ius, iuris*, derecho, y *peritus*, perito.) m. El que conoce completamente el derecho civil y canónico, aunque no se ejercite en las tareas del foro.
JURISPRUDENCIA. al. **Rechtswissenschaft; Jurisprudenz.** fr. **Jurisprudence.** ingl. **Jurisprudence.** ital. **Giurisprudenza.** port. **Jurisprudencia.** (Del lat. *iurisprudentia.*) f. Ciencia del derecho. ‖ Enseñanza doctrinal que proviene de las decisiones o fallos de autoridades gubernativas o judiciales. ‖ Norma de juicio que suple omisiones de la ley, y que se basa en las prácticas seguidas en casos idénticos.
● **JURISPRUDENCIA.** *Der.* Hoy, como en la antigua Roma, la **jurisprudencia** es una de las principales fuentes del derecho. El fallo de un juez romano sentaba **jurisprudencia;** reiterado consecutivamente adquiría –junto a las leyes establecidas– valor de norma para legislar en casos similares. La verdadera **jurisprudencia** fue creada en Francia a fines del s. XVIII y prontamente imitada por otros países europeos. Las leyes son productos del derecho que responden a las exigencias de la época; la sociedad, al servicio de la cual está el juez, es un organismo dinámico, que exige una interpretación viva de la ley. Es menester, por ello, adaptar la letra a las necesidades del momento, y esa libertad es la que permite al juez interpretar o corregir la ley y sentar **jurisprudencia.**
JURISPRUDENTE. (Del lat. *iurisprudens, -entis.*) m. Jurisperito.
JURISTA. (Del lat. *ius, iuris*, derecho.) m. El que estudia o profesa la ciencia del derecho. sinón.: **abogado, letrado.** ‖ El que tiene juro o derecho a una cosa.
JURO. (Del lat. *ius, iuris.*) m. Derecho perpetuo de propiedad. ‖ Especie de pensión perpetua que se concedía sobre las rentas públicas. ‖ **A juro.** m. adv. *Col.* **De juro.** ‖ **De juro.** m. adv. Ciertamente, sin remedio, por fuerza. ‖ **De,** o **por, juro de heredad.** m. adv. Perpetuamente; para que pase de padres a hijos.
JURÓN. m. *Ec.* Serón, cesto.
JURUÁ. *Geog.* Río del Brasil, afl. del Amazonas por la margen derecha. 2.011 km., de los cuales 1.600 son navegables.
JURUENA. *Geog.* Río del Brasil (Mato Grosso y Amazonas), una de las fuentes del río Tapajoz. 700 km.
JURUNA. adj. Aplícase al individuo de una tribu india brasileña, que habita el Estado de Pará, en las márgenes de los ríos Xingu y Tapajoz. Ú.t.c.s. ‖ Perteneciente a estos indios.
JUSBARBA. (Del lat. *Jovis barba*, barba de Júpiter.) f. Brusco, planta.
JUSELLO. (Del lat. *iuscellum*, caldo, salsa.) m. Potaje hecho con caldo de carne, perejil, queso y huevos.
JUSI. m. Tela de Filipinas, semejante a la gasa y listada de colores fuertes, que se teje con seda o hilaza de China.
JUSSIEU, José. *Biog.* Botánico fr. que estuvo en América del Sur para realizar tareas de investigación (1704-1779).
JUSTA. al. **Turnier.** fr. **Joute.** ingl. **Joust.** ital. **Giostra.** port. **Justa.** (De *justar.*) f. Pelea o combate singular, a caballo y con lanza. ‖ Torneo en que demostraban los caballeros su destreza en el manejo de las armas. ‖ fig. Certamen o concurso en un ramo del saber. JUSTA *literaria.* ‖ IDEAS AFINES: *Lid, contienda, lidia, lance, ofensa, agravio, honor, desafío, paladín, campeón, caballero, feudalismo, cruzado, insignia, blasón, gallardete, yelmo, paramento, desarzonar, encuentro, choque, duelo, testigos, campo del honor, palestra.*
JUSTADOR. (De *justar.*) m. El que justa.
JUSTAMENTE. adv. m. Con justicia. ‖ Cabalmente, ni más ni menos. *La maniobra se hizo* JUSTAMENTE *como se había ordenado.* ‖ Ajustadamente. *Este collar viene* JUSTAMENTE *al cuello.* ‖ adv. con que se expresa la identidad de lugar o tiempo

en que sucede una cosa. *Mi batallón se halló* JUSTAMENTE *en aquella batalla.*

JUSTAR. (Del lat. *iuxta*, junto a, al lado de.) intr. Pelear o combatir en las justas.

JUSTEDAD. f. Calidad de justo. || Igualdad o correspondencia justa y exacta de una cosa.

JUSTEZA. f. **Justedad.**

JUSTICIA. al. **Gerechtigkeit; Recht.** fr. **Justice.** ingl. **Justice.** ital. **Giustizia.** port. **Justiça.** (Del lat. *iustitia.*) f. Virtud que inclina a dar a cada cual lo que le pertenece. *Repartir las ganancias con* JUSTICIA. || Atributo de Dios por el cual arregla todas las cosas en número, peso o medida. || Una de las cuatro virtudes cardinales, consistente en arreglarse a la suprema justicia y voluntad de Dios. || Derecho, razón. *Me asiste la* JUSTICIA. || Conjunto de todas las virtudes que hacen bueno al que las tiene. || Lo que debe hacerse según derecho o razón. *Hágase* JUSTICIA. || Pena o castigo público. || Ministro o tribunal que ejerce justicia. || Poder judicial. || V. **Administración, sala de justicia.** || V. **Ejecutor de la justicia.** || fam. Castigo de muerte. *En este año no hubo ninguna* JUSTICIA. || — **distributiva.** La que arregla la proporción con que deben ser distribuidas las recompensas y los castigos. || — **mayor de Aragón.** Magistrado supremo que hubo en ese reino, encargado de hacer justicia y velar por el cumplimiento de las leyes. || — **ordinaria.** For. La jurisdicción común, por contraposición a la de fuero y privilegio. || — **original.** Inocencia y gracia en que Dios crió a nuestros primeros padres. || **Administrar justicia.** frs. For. Aplicar las leyes en los juicios civiles o criminales y hacer cumplir las sentencias. || **De justicia.** m. adv. Debidamente, según justicia y razón. || **Justicia, mas no,** o **y no, por mi casa.** ref. que enseña que todos desean que se castiguen los delitos, pero no cuando ellos los cometen. || **Pedir en justicia.** frs. For. Poner demanda ante el juez competente.

JUSTICIABLE. adj. Que puede o debe someterse a la acción de los tribunales de justicia.

JUSTICIAR. (De *justicia.*) tr. Condenar, sentenciar.

JUSTICIAZGO. m. Empleo o dignidad del justicia.

JUSTICIERO, RA. adj. Que observa estrictamente la justicia o la hace observar. *Magistrado* JUSTICIERO. || Que observa estrictamente la justicia en el castigo de los delitos. *Dios* JUSTICIERO.

JUSTIFICABLE. adj. Que se puede justificar. *Olvido* JUSTIFICABLE.

JUSTIFICACIÓN. al. **Rechtfertigung.** fr. **Justification.** ingl. **Justification.** ital. **Giustificazione.** port. **Justificação.** (Del lat. *iustificatio, -onis.*) f. Conformidad con lo justo. || Probanza de la inocencia o bondad de alguien, de un acto o de una cosa. || Prueba convincente de algo. *Una* JUSTIFICACIÓN *irrefragable.* || Santificación interior del hombre por la gracia. || *Impr.* Justa medida del largo que han de tener los renglones que se forman en el componedor.

JUSTIFICADAMENTE. adv. m. Con justicia y rectitud. JUSTIFICADAMENTE, *lo declararon inocente.* || Con verdad y exactitud. *Pidió licencia,* JUSTIFICADAMENTE.

JUSTIFICADO, DA. adj. Conforme a justicia y razón. *Multa* JUSTIFICADA; sinón.: **justo.** || Que obra según justicia y razón.

JUSTIFICADOR, RA. adj. Que justifica. || m. Santificador.

JUSTIFICANTE. p. a. de **Justificar.** Que justifica.

JUSTIFICAR. al. **Rechtfertigen.** fr. **Justifier.** ingl. **To justify.** ital. **Giustificar.** port. **Justificar.** (Del lat. *iustificare.*) tr. Hacer Dios justo a alguien dándole gracia. *Dios* JUSTIFICA *al que cree de corazón.* || Probar una cosa con razones convincentes, documentos, testigos, etc. JUSTIFICÓ *su ausencia.* || Rectificar o hacer justo algo. || Arreglar exactamente una cosa. || Probar la inocencia de alguien en lo que se le imputa. SE JUSTIFICÓ *plenamente.* || *Impr.* Igualar el largo de las líneas según la medida que se ha dado al componedor.

JUSTIFICATIVO, VA. adj. Que sirve para justificar una cosa. *Documentos* JUSTIFICATIVOS; sinón.: **probatorio.**

JUSTILLO. (dim. de *justo.*) m. Vestido interior sin mangas, ceñido al cuerpo y que no pasa de la cintura.

JUSTINA. *Biog.* Emperatriz romana, esposa de Valentiniano I (m. 388).

JUSTINIÁNEO, A. adj. Aplícase a los cuerpos legales de la época del emperador Justiniano y al derecho contenido en los mismos.

JUSTINIANO I. *Biog.* Emperador de Oriente de 527 a 565. Venció a vándalos y persas; hizo compilar el *Digesto,* el *Código* y las *Novelas* (483-565). || — **II.** Emperador de Oriente de 685 a 695 y de 705 a 711.

JUSTINO, San. *Hagiog.* Mártir cristiano; uno de los más antiguos teólogos y autor de *Apologías y diálogos; Tratado sobre el alma,* etc. (102-165).

JUSTINO I. *Biog.* Emp. de Oriente que restableció la doctrina romana ortodoxa (450-527). || — **II.** Emp. de Oriente de 565 a 574.

JUSTIPRECIACIÓN. f. Acción y efecto de justipreciar.

JUSTIPRECIAR. (De *justo* y *precio.*) tr. Apreciar o tasar una cosa. sinón.: **valorar, valuar.**

JUSTIPRECIO. (De *justipreciar.*) m. Aprecio o tasación de una cosa.

JUSTO, TA. al. **Recht; genau; richtig.** fr. **Juste.** ingl. **Just.** ital. **Giusto.** port. **Justo.** (Del lat. *iustus.*) adj. Que obra conforme a justicia y razón. *Árbitro* JUSTO; sinón.: **ecuánime, imparcial.** || Arreglado a justicia y razón. *Castigo* JUSTO. || Que vive según la ley de Dios. Ú.t.c.s. *El* JUSTO *vive por la fe.* || Exacto, que tiene en número, peso o medida aquello que debe tener. *Faltan dos kilómetros* JUSTOS *para llegar.* || Apretado, que conviene o ajusta bien con otra cosa. *El cinturón me queda* JUSTO. || adv. m. Justamente, debidamente. *Procediste* JUSTO *como yo quería.* || Apretadamente, con estrechez. *Viven muy* JUSTO. || **Pagar justos por pecadores.** frs. Pagar los inocentes las culpas que otros han cometido. || IDEAS AFINES: *Bueno, santo, cabal, honorable, escrúpulo, conciencia, equidad, hidalguía, calibrado, medido, ponderado, sensato, recto, correcto, equilibrado.*

JUSTO, Agustín P. *Biog.* Militar y político arg., de 1932 a 1938 presidente de la República (1876-1943). || — **Alicia Moreau de.** Médica y política arg., defensora de los derechos de la mujer. Autora de *La mujer en la democracia; El socialismo según la definición de Juan B. Justo,* etc. (n. 1885). || — **Juan Bautista.** Méd., político y sociólogo arg., fundador en su país del partido socialista. Con *La teoría científica de la historia y de la política argentina* introdujo el método marxista en el estudio de la realidad arg., y desde el parlamento, el periódico o la tribuna propugnó leyes en beneficio de los trabajadores. Tradujo *El capital,* de Marx. Obras: *Teoría y práctica de la historia; Internacionalismo y patria; La moneda,* etc. (1865-1928).

JUSTO DARACT. *Geog.* Población de Argentina, en el este de la prov. de San Luis. 6.000 h.

JUTA. (Voz americana.) f. Ave palmípeda, variedad de ganso doméstico que crian los indios de Quito.

JUTAÍ. *Geog.* Rio del Brasil (Amazonas), afl. del rio Amazonas. 650 km.

JUTE. m. Molusco fluvial de Honduras y Guatemala.

JUTÍA. f. *Cuba.* Hutia.

JUTIAPA. *Geog.* Departamento del E. de Guatemala 3.220 km². 250.000 h. Caña de azúcar, café. Cap. hom. 50.000 h.

JUTICALPA. *Geog.* Población de Honduras, capital del dep. de Olancho 10.000 h. Producción agropecuaria y minera.

JUTLANDIA. *Geog.* Península del N. de Europa, sita entre el mar del Norte, el Skagerrak y el Kattegat. Constituye la región continental de Dinamarca. 3.200.000 h. Actividades agrícolas e industriales.

JUVENAL. (Del lat. *iuvenalis.*) adj. Juvenil. Dícese de los juegos instituidos por Nerón cuando se cortó la barba y la dedicó a Júpiter, y del día que agregó Calígula a las saturnales para que lo festejasen los jóvenes.

JUVENAL, Decio Junio. *Biog.* Poeta satírico latino que censuró vigorosamente los vicios de su tiempo. Sus dieciséis *Sátiras* son una obra maestra en su género (42-125).

JUVENIL. al. **Jugendlich.** fr. **Juvénile.** ingl. **Juvenile; youthful.** ital. **Giovanile.** port. **Juvenil.** (Del lat. *invenilis.*) adj. Perteneciente a la juventud. *Alegría* JUVENIL.

JUVENILIA. *Lit.* Obra autobiográfica de Miguel Cané. En prosa suavemente melancólica, el autor evoca la vida estudiantil en el Colegio Nacional de Buenos Aires.

JUVENTA. *Mit.* Ninfa que Júpiter transformó en fuente, a cuyas aguas transmitió la propiedad de rejuvenecer a los que se bañaban en ellas.

JUVENTUD. al. **Jugend.** fr. **Jeunesse.** ingl. **Youth.** ital. **Gioventù; giovenezza.** port. **Juventude.** (Del lat. *iuventus, -utis.*) f. Edad que media entre la niñez y la edad viril. *La* JUVENTUD *es el paraíso de la vida;* antón.: **vejez.** || Conjunto de jóvenes.

JUVIA. f. Árbol mirtáceo de Venezuela, que crece en la región del Orinoco y es uno de los más notables de América. Su tronco tiene un metro de diámetro, pero pasa de los treinta metros de longitud; a los 15 años da las primeras flores, y su fruto, que contiene una almendra muy sabrosa, con la que se prepara un excelente aceite, es del tamaño de un melón y sumamente pesado. || Fruto de este árbol.

JUYUYO, YA. adj. *Cuba.* Arisco, huraño.

JUZGADO. al. **Gericht.** fr. **Tribunal.** ingl. **Court of justice.** ital. **Tribunale.** port. **Julgado; tribunal.** (De *juzgar.*) m. Junta de jueces que concurren a sentenciar. || Tribunal de un solo juez. JUZGADO *del crimen.* || Término o territorio que comprende. || Sitio donde se juzga. || Judicatura, dignidad de juez.

JUZGADOR, RA. (De *juzgar.*) adj. Que juzga. Ú.t.c.s. || m. ant. Juez.

JUZGAMUNDOS. (De *juzgar* y *mundo.*) com. fig. y fam. Persona murmuradora; sinón.: **criticón, chismoso.**

JUZGANTE. p. a. de **Juzgar.** Que juzga.

JUZGAR. al. **Richten; ortellen.** fr. **Juger.** ingl. **To judge.** ital. **Giudicare.** port. **Julgar.** (Del ant. *judgar.*) tr. Deliberar quien tiene autoridad para ello, sobre la culpabilidad de uno o de la razón que le asiste en algún asunto, y sentenciar lo procedente. *La justicia* JUZGARÁ *su delito;* sinón.: **dictaminar, sentenciar.** || Persuadirse de una cosa, formar dictamen. *No* JUZGUES *sobre apariencias;* sinón.: **conceptuar, opinar.** || *Guat.* Mal empleado por espiar, observar. || *Fil.* Afirmar, comparando dos o más ideas, las relaciones existentes entre ellas.

K

K. f. Duodécima letra del abecedario castellano y novena de sus consonantes. Su nombre es *ka*. Es usada solamente en algunas voces de indudable origen extrajero y durante muchos años estuvo en desuso.

K. (Abreviatura de *kálium*, denominación latina del potasio.) *Quím.* Símbolo del potasio.

KA. f. Nombre de la letra *k*.

KAABA. *B. A.* V. **Caaba.**

KABARO. m. Instrumento músico de percusión, parecido al tambor, de Abisinia y Egipto.

KABILA. f. Dígase cabila.

KABUKI. m. Drama popular japonés, por lo general histórico o con partes musicales.

KABÚL. *Geog.* Río del Asia central. Nace en el Indo; Kush (Afganistán), pasa por la ciudad de Kabul, penetra en el Pakistán y des. en el río Indo. 450 km. ‖ Cap. de Afganistán. 534.000 h., incluidos los suburbios. Industria lanera.

KACHAPI-VINA. m. Instrumento músico de la India, que tiene de cinco a siete cuerdas.

KADIGA. *Biog.* Primera esposa de Mahoma, de quien tuvo tres hijos y cuatro hijas, entre ellas Fátima (563-628).

KADSURA. (Voz japonesa.) m. *Bot.* Género de arbustos sarmentosos del Japón y Java, de flores amarillentas y fruto abayado.

KAFFA. *Geog.* Región del S.O. de Etiopía. Posible zona de origen del café.

KAFKA, Franz. *Biog.* Novelista checoslovaco que escribió en idioma alemán. Por su estilo sencillo y diáfano, por su visión de la vida humana que demora, frustración y negativa perpetuas, y por la atmósfera de ensueño y desesperación que crea su obra, inauguró una de las corrientes literarias más importantes del siglo. Obras: *La metamorfosis; El proceso; El castillo; América*, etc. (1883-1924).

KAGOSHIMA. *Geog.* Ciudad y puerto del Japón, en la isla de Kiu-Shiu. 229.462 h. Porcelana.

KAGERA. *Geog.* Río del África. Nace en Ruanda y Urundi, y des. en el lago Victoria. Está considerado como la fuente del río Nilo.

KAHLO, Frida. *Biog.* Pintora mex. incorporada a las nuevas tendencias pictóricas de su patria. Obras: *Las dos Fridas* y otras (1910-1954).

KAHN, Luis. *Biog.* Arquitecto nort. que dio valor estético a los espacios útiles de sus edificios: pasillos, escaleras, etc. Realizó proyectos urbanísticos para la ciudad de Filadelfia (1901-1974). ‖ — **Rubén León.** Bacteriólogo estad., que introdujo una reacción para el diagnóstico de la sífilis (n. 1887).

KAIETEUR. *Geog.* Cascada del río Potaro, afl. del Essequibo, en Guyana. 281 m. de altura.

KAIFENG. *Geog.* Ciudad de China, a orillas del Hoang-Ho. 690.000 h. Fue cap. del imperio chino desde fines del siglo X hasta principios del siglo XII.

KAIRUÁN. *Geog.* Ciudad de Túnez, al O. de Susa. 50.000 h. Es uno de los lugares santos del Islam.

KAISARIA. *Geog.* Ciudad del centro de Turquía asiática. 175.000 h. Tapices.

KAISER. (Voz al.) m. Título que se dio al emperador de Alemania.

KAISER, Jorge. *Biog.* Dramaturgo al., innovador de la técnica escénica. Obras: *Gas; Los ciudadanos de Calais; De la mañana a la medianoche; Un día de octubre*, etc. (1878-1945).

KAISERINA. f. Título que se dio a la emperatriz de Alemania.

KAISERLAUTERN. *Geog.* Ciudad de la Rep. Federal Alemana (Renania-Palatinado). 68.000 h. Tejidos; acero.

KAKAPO. m. Ave trepadora nocturna de Nueva Zelandia, muy semejante al búho. *El KAKAPO anida en tierra.*

KALAHARI. *Geog.* Desierto del África meridional, sit. entre el río Orange por el sur y el lago Ngami por el norte. 300.000 km².

KALASASAYA. *Arqueol.* Ruinas de un antiguo palacio situado en las inmediaciones del lago Titicaca, en Bolivia.

KALEVALA, El. *Lit.* Epopeya finlandesa compuesta entre 1834 y 1847, de fragmentos recogidos entre los campesinos del país. Describe la lucha entre finlandeses y lapones y constituye una verdadera leyenda nacional.

KALGAN. *Geog.* V. **Changkiakow.**

KALIDASA. *Biog.* V. **Calidasa.**

KALININ, Miguel Ivánovich. *Biog. Pol.* ruso, de 1933 a 1946 presidente del Consejo Supremo de la U.R.S.S. (1875-1946).

KALININ. *Geog.* Ciudad de la Unión Soviética (R.S.F.S.R.), sobre el río Volga, al N.O. de Moscú. 350.000 h. Material ferroviario y aeronáutico, artículos de goma, tejidos de algodón. Antes se llamó Tver.

KALININGRADO. *Geog.* Ciudad de la Unión Soviética (R.S.F.S.R.), en la antigua Prusia Oriental alemana. 325.000 h. Centro industrial, comercial y universitario. Antes se llamó Königsberg.

KALISZ. *Geog.* Ciudad de Polonia, al O. de Lodz. 88.000 h. Tejidos.

KALMAN, Emérico. *Biog.* Músico aust., nacionalizado nort.; compositor de famosas operetas, como *La princesa de las czardas; La condesa Maritza*, etc. (1882-1953).

KALMAR. *Geog.* Ciudad del S.E. de Suecia, frente a la isla Oland. 55.000 h. Puerto sobre el mar Báltico.

KALMUCO, CA. adj. y s. Calmuco.

KALUGA. *Geog.* Ciudad de la Unión Soviética (R.S.F.S.R.), a orillas del Oka y al S. de Moscú. 221.000 h. Gran centro industrial.

KALLIO, Kijosti. *Biog. Pol.* finlandés, en 1937 presid. de la **Rep.** (1873-1940).

KAMA. *Geog.* Río de la Unión Soviética (R.S.F.S.R.), en el E. de Rusia europea. Nace en las estribaciones occidentales de los Urales y des. en el Volga. 1.880 km.

KAMCHATKA. *Geog.* Península montañosa de Siberia, entre los mares de Behring y Okhotsk. 270.500 km². 40.000 h.

KAMERLINGH ONNES, Heike. *Biog.* V. **Onnes, Heike Kamerlingh.**

KAMICHI. m. Ave zancuda sudamericana muy vistosa, con el lomo y las alas de color ocre obscuro con reflejos verdosos, cuello gris, vientre blanco y el pico corto y horadado. *El KAMICHI vive en los bosques del Amazonas.*

KAN. (Del persa *jam*, príncipe.) m. Entre tártaros, príncipe o jefe.

KANARIS, Constantino. *Biog.* Marino y patriota gr., célebre en la guerra por la independencia de su patria (1790-1877).

KANATO. m. Dignidad o cargo de kan. ‖ País o territorio regido por un kan.

KANAZAWA. *Geog.* Ciudad del Japón, en la isla de Hondo, sobre el mar del Japón. 389.000 h. Tejidos de seda y algodón, cerámica.

KANCHENJUNGA. *Geog.* V. **Kinchinchinga.**

KANDAHAR. *Geog.* Ciudad del sur del Afganistán. 150.000 h. Tejidos de lana.

KANDINSKY, Basilio. *Biog.* Pintor ruso de vanguardia, uno de los iniciadores de la pintura abstracta. Obras: *Improvisación; Composición Acorde recíproco*, etc. Escribió: *Lo espiritual en el arte; Punto y línea, en el plano*, etc. (1866-1944).

KANDY. *Geog.* Ciudad del centro de la isla de Sri Lanka (antes Ceilán). 80.000 h. Magnífico templo budista.

KANEITA. f. *Miner.* Arseniuro de manganeso, combinación natural del arsénico y el manganeso.

KANN. m. Medida sueca de capacidad, equivalente a poco más de dos litros y medio.

KANO. *Geog.* Ciudad del norte de Nigeria. 370.000 h. Mercado algodonero y tabacalero. Centro económico del Sudán central y occidental.

KANPUR. *Geog.* Ciudad de la India (Uttar Pradesh), a orillas del Ganges. 1.220.000 h. Tejidos de yute, lana y algodón; industrias químicas y alimenticias.

KANSARA. m. Instrumento indio parecido al tantán, que se emplea en los templos durante los actos religiosos.

KANSAS. *Geog.* Río de los EE. UU., afl. del Misuri por la margen derecha. 400 km. ‖ Estado del centro de los EE. UU. 213.095 km². 2.350.000 h. Cap. TOPEKA. Esencialmente cerealista, produce también petróleo y carbón. ‖ — **City.** Ciudad de los EE. UU. (Kansas). 210.000 h. Fundiciones. ‖ — **City.** Ciudad de los EE. UU. (Misuri). 520.000 h. Centro molinero.

KANT, Manuel. *Biog.* Filósofo al. cuya obra es una de las más importantes en la historia de la filosofía. El contenido del conocimiento procede de la experiencia, pero es ordenado por las categorías. El número o "cosa en sí" es incognoscible; sólo pueden ser aprehendidas sus manifestaciones o "fenómenos" Obras: *Crítica de la razón pura; Crítica de la razón práctica; Prolegómenos a toda metafísica futura; Crítica del juicio*, etc. (1724-1804).

KANTIANO, NA. adj Perteneciente o relativo al kantismo. *Influencia KANTIANA; método KANTIANO.* Ú.t.c.s.

KANTISMO. m. Conjunto de las tendencias filosóficas divulgadas por Kant a fines del siglo XVIII.

KANTISTA. com. Partidario de la filosofía de Kant.

KANTOROVICH, Leonid V. *Biog.* Matemático soviético, cuyas investigaciones ejercieron gran influencia en la determinación de las orientaciones económicas de su país. Por su contribución a la teoría de la utilización óptima de los recursos, mereció en 1975 el premio Nobel de Economía, que compartió con Tjalling Koopmans (n. en 1912).

KANUNA. m. Instrumento músico compuesto de treinta y seis cuerdas y que usan mucho los musulmanes de la India.

KAPITSA, Piotr. *Biog.* Científico soviético, que realizó importantes investigaciones en el campo del magnetismo y las bajas temperaturas. Como director del programa sputnik, los dos primeros satélites rusos fueron puestos en el espacio por él. En 1978 se le otorgó el premio Nobel de Física (n. en 1894).

KAPLAN, Víctor. *Biog.* Ingeniero austríaco, inventor de la turbina que lleva su nombre (1876-1934).

KAPPA. (Del gr. *kappa.*) f. Décima letra del alfabeto griego, correspondiente a la que en el castellano se llama *ka.* En el latín y en los idiomas neolatinos se ha substituido por regla general con la *c.* p. ej.: caligrafía, cefalalgia, címbalo.

KAPURTALA. *Geog.* Región del N. de la India, en el Est. de Punjab. 1.550 km². 1.000.000 de h. Cap. hom. 50.000 h.

KARA. Voz turca que significa negro, y entra en la composición de muchos nombres orientales.

KARA. *Geog.* Río de la U.R.S.S., considerado como límite septentrional entre Europa y Asia. Nace en los Urales y des. en el golfo hom. 266 km. ‖ **Golfo de –.** Escotadura de la costa ártica de la U.R.S.S., extremo austral del mar hom. ‖ **Mar de–.** Mar dependiente del Glacial Ártico, situado entre el continente y las islas de Nueva Zembla. ‖ **– Bogaz.** Gran golfo de la costa oriental del mar Caspio (U.R.S.S.), cuyos enormes depósitos de sal de Glauber se explotan económicamente.

KARACHI. *Geog.* Ciudad del Pakistán, cap. del territ. de Sind. 3.600.000 h. Industrias textiles y químicas; caucho. Puerto importante en el delta del Indo.

KARAFUTO. *Geog.* Nombre japonés de la parte meridional de la isla de Sakhalín

KARAGANDA. *Geog.* Ciudad de la U.R.S.S., en la Rep. de Kazakstán. 529.000 h. Centro carbonífero.

KARAKORUM. *Geog.* Cadena montañosa del Asia central, al N. O. del Himalaya. Culmina en el cerro Godwin Austen, a los 8.611 m. Constituye el límite físico entre Cachemira y el Turquestán oriental.

KARAMANLIS, Constantino. *Biog.* Pol. griego, primer ministro desde 1975.

KARIKAL. *Geog.* Antiguo establecimiento francés de la India, en la costa de Coromandel. 135,2 km². 150.000 h. Cap. hom. 50.000 h. En 1954 se incorporó a la India, a la que pertenece oficialmente desde 1956.

KARLFELDT, Erico Axel. *Biog.* Poeta sueco, de tendencia lírica e inspiración romántica, a quien se otorgó, en 1931, el premio Nobel de Literatura, póstumamente, ya que, en vida, lo rechazó. Obras: *Canciones de Fridolin; Flora y Pomona,* etc. (1864-1931).

KARL MARX STADT. *Geog.* C. de la Rep. Democrática Alemana (Sajonia). Industrias textil y metalúrgica. 315.000 h. Es la antigua Chemnitz.

KARLOVY VARY. *Geog.* Ciudad del O. de Checoslovaquia (Bohemia). 45.000 h. Cristalería, porcelana. Balneario de aguas medicinales. Festivales cinematográficos.

KARLSRUHE. *Geog.* Ciudad de la Rep. Federal de Alemania (Baden-Württemberg), antigua cap. del Estado de Baden. 262.000 h. Fundiciones.

KARLSTAD. *Geog.* Ciudad de Suecia, a orillas del lago Vener, cap. de la prefectura de Värmland. 75.000 h. Maquinarias para la industria maderera.

KARNATAKA. *Geog.* Estado del S.O. de la India. 191.773 km²; 30.000.000 de h. Cap. Bangalore.

KARPATHOS. *Geog.* V. **Scarpanto.**

KARRER, Pablo. *Biog.* Quím. suizo, notable por sus investigaciones sobre las vitaminas y la carotina. En 1937 compartió el premio Nobel de Química con Gualterio N. Haworth (1889-1971).

KARST. *Geog.* Región de mesetas calcáreas que abarca la pen. de Istria (Yugoslavia) y zonas vecinas.

KART. m. Coche pequeño y de estructura simple que se utiliza para competiciones deportivas. Es impulsado por un motor de dos tiempos.

KARTUM. *Geog.* V. **Khartum.**

KARUN. *Geog.* Río del Irán, que des. en el Chat-el-Arab. 700 km.

KASAI. *Geog.* Río de África (Angola y Zaire), afl. del río Congo. 1.920 km.

KASA-VINA. m. Instrumento músico compuesto de una calabaza, que sirve de caja sonora, una tabla y un mástil que tiene once cuerdas. Es de invención moderna y se usa en el Indostán.

KASHÁN. *Geog.* Ciudad del centro del Irán. 70.000 h. Tapices.

KÁSHGAR. *Geog.* Ciudad del Turquestán chino, en la prov. de Sinkiang. 150.000 h. (con los alrededores, 450.000 h.). Comercio importante. Se llama, también, Shufu.

KASSEL. *Geog.* Ciudad de la Rep. Federal de Alemania (Hesse). 225.000 h. Centro carbonífero e industrial.

KASSERINE. *Geog.* C. de Túnez, en el centro-oeste del país. 14.000 h.

KASTLER, Alfredo. *Biog.* Científico francés, premio Nobel se Física 1966 por sus estudios sobre las resonancias hertzianas en el interior de los átomos. Intervino también en el descubrimiento del principio teórico del rayo láser (n. en 1902).

KASTRO. *Geog.* Capital de la isla griega de Lemnos, sobre el mar Egeo. 5.200 h.

KATANGA. *Geog.* Antigua provincia del S. del Zaire cuando integraba el Congo Belga. Es la actual Shaba.

KATAR. *Geog.* V. **Catar.**

KATHIAVAR. *Geog.* Península del N.O. de la India, sobre el mar Arábigo, al N. del golfo de Cambay.

KATMAI. *Geog.* Volcán del N. de la península de Alaska. 2.135 m. de altura. Desde 1912, se extiende a su pie el Valle de los Diez Mil Humos, zona de pequeños volcanes, fumarolas, etc., que brindan un espectáculo de gran interés científico.

KATMANDÚ. *Geog.* Capital del Nepal. 350.000 h. Se levantan en ella más de seiscientos templos.

KATOWICE. *Geog.* Ciudad del S. de Polonia (Silesia). 325.000 h. Industrias metalúrgicas, químicas y eléctricas.

KATTEGAT. *Geog.* Estrecho escandinavo, entre Suecia y Dinamarca, que une el mar Báltico con el Skagerrak.

KATTERFELD. *Geog.* Cerro de los Andes argentino-chilenos, sit. entre la prov. argentina de Chubut y la prov. chilena de Aysen. 1.855 m. de altura.

KATZ, Bernardo. *Biog.* Científico británico de origen alemán que en 1970 obtuvo el premio Nobel de Fisiología y Medicina, compartido con Ulf Euler y Julio Axelrod, por sus estudios sobre la transmisión de los impulsos nerviosos (n. en 1911).

KAUFMAN, Jorge Simón. *Biog.* Autor teatral nort. que escribió en colaboración con Edna Ferber, Nunally Johnson y otros. Son recordadas sus comedias *El hombre que vino a cenar; Aquí durmió Jorge Washington,* etc. (1889-1961).

KAUNAS. *Geog.* Ciudad de la U.R.S.S. (Lituania), sobre el río Niemen. 154.100 h. Industria maderera y siderúrgica.

KAVALA. *Geog.* Nomarquía del N. de Grecia. 2.109 km². 125.000 h. Cap. hom. 52.000 h. Puerto sobre el Egeo, frente a la isla de Tasos. Es la antigua Neápolis.

KAWABATA, Yasunari. *Biog.* Novelista japonés, premio Nobel de Literatura en 1968. Entre sus obras más conocidas figuran *El país de la nieve; El sonido de la montaña; Mil grullas,* etc. Se suicidó (1899-1972).

KAZAKSTÁN. *Geog.* República de la U.R.S.S., sit. entre los Urales, Siberia, la frontera china y el Turquestán ruso. 2.753.800 km². 13.500.000 h. Cap. Alma-Ata. Grandes yacimientos de plomo. Carbón, petróleo, cobre.

KAZÁN. *Geog.* Ciudad de la Unión Soviética (R.S.F.S.R.), situada sobre el río Volga, al N. de su confluencia con el Kama. 600.000 h. Material ferroviario, artículos de cuero.

KAZANTZAKIS, Nikos. *Biog.* Escritor gr., autor de varias tragedias en verso y de las novelas *Cristo de nuevo crucificado; Libertad o muerte; Alexis el griego,* etc. (1885-1957).

KEATS, Juan. *Biog.* Poeta ingl. que, a pesar de su inspiración clásica, representa la cumbre de la poesía romántica de su patria. Pocos ejemplos hay en la historia literaria de un lírico tan puro y tan vigoroso. Obras: *Endimión; La víspera de Santa Inés; Hiperión; Oda a una urna griega,* etc. (1795-1821).

KEBNEKAISE. *Geog.* Cerro del N. de Suecia, en los montes Kiolen, cima culminante del país. 2.123 m. de altura.

KECSKEMET. *Geog.* Ciudad de Hungría, al S. de Budapest. 85.000 h. Centro agrícola-ganadero. Conservas de frutas.

KEDAH. *Geog.* Estado del extremo N.O. de la Federación Malaya, 9.478 km². 1.000.000 de h. Cap. Alor Star. Caucho, arroz.

KEDIVE o **KHEDIVE.** m. Barbarismo por jedive.

KEEWATIN. *Geog.* Distrito del Canadá, al S.E. de los Territorios del Noroeste, sobre la costa de la bahía de Hudson. 590.935 km².

KÉFIR. m. Leche fermentada artificialmente, que contiene ácido láctico, ácido carbónico y alcohol.

KEFRÉN. *Biog.* V. **Quefrén.**

KEISER, Reinardo. *Biog.* Compositor al., autor de más de setenta óperas de gran facilidad melódica y de pasiones, motetes, cantatas y oratorios (1674-1739).

KEITEL, Guillermo. *Biog.* Mariscal alemán, que firmó, en 1945, la capitulación de su país. Fue condenado a muerte por el tribunal de Nuremberg (1882-1946).

KEKULÉ, Federico Augusto. *Biog.* Químico al., famoso por sus estudios sobre las cadenas cíclicas del carbono (1829-1896).

KELANTÁN. *Geog.* Estado del N. de la Federación Malaya. 14.891 km². 700.000 h. Cap. Kota Bharu. Pimienta. Oro.

KELP. *Quím.* Nombre dado en Escocia a las cenizas de algas marinas de las que se extrae el yodo.

KELSEN, Juan. *Biog.* Jurisc. austríaco, naturalizado estad., cuyas doctrinas han creado escuela y promovido intensas polémicas. Obras: *Teoría general del Estado; Teoría pura del derecho; Sociedad y naturaleza,* etc. (1881-1973).

KELVIN, Guillermo Thomson, lord. *Biog.* V. **Thomson, Guillermo.**

KELLER, Elena Adams. *Biog.* Escritora estad., que a la edad de diecinueve meses quedó ciega y sordomuda. Merced a su capacidad, su entereza y un aprendizaje adecuado, llegó a doctorarse en filosofía y letras y en ciencias. Obras: *Historia de mi vida; Optimismo; Mi mundo por dentro,* etc. (1880-1968).

KELLOG, Frank B. *Biog.* Diplomático estad., autor del pacto de su nombre declarado vigente en 1929 para propender a la paz mundial. Premio Nobel de la Paz el mismo año (1856-1937)

KEMAL ATATURK, Mustafá. *Biog.* Estadista turco que promovió la rep. en su país, en 1923, y designado ese año su primer presid. organizó la nación con bases modernas (1880-1938).

KEMEROVO. *Geog.* Ciudad de la Unión Soviética (R.S.F.S.R.) en Siberia occidental 395.000 h. Fundiciones.

KEMPIS, Tomás de. *Biog.* Escritor místico al., supuesto autor de la *Imitación de Cristo,* una de las obras más importantes de la mística cristiana. Escribió, además: *Sermones devoti ad fratres; De bona pacifica vita,* etc. (1380-1471).

KENAI. *Geog.* Península del S. de Alaska, sit. al norte de la isla Kodiak.

KENDALL, Eduardo C. *Biog.* Bioquímico estad., a quien se deben notables descubrimientos acerca de las hormonas. En 1950 compartió con Felipe S. Hench y Tadeo Reichstein el premio Nobel de Medicina y Fisiología (1886-1972).

KENDREW, Juan Cowdrey. *Biog.* Científico británico que obtuvo el premio Nobel de Química en 1962, compartido con Maximiliano Perutz, por sus estudios sobre estructuras de proteínas musculares (n. en 1917)

KENIA. *Geog.* V. **Kenya.**

KENITRA. *Geog.* C. de Marruecos V. **Port Lyautey.**

KENNEDY, Juan Fitzgerald. *Biog.* Político estad., que fue presidente de los EE.UU. desde 1961 y murió, asesinado en 1963. Nació en 1917 y fue jefe del partido demócrata. Inició la *Alianza para el progreso,* institución que él bautizó con ese nombre, basada en principios de libertad individual y mutuo respeto entre los hombres y naciones. ‖ **– Robert.** Político estad., hermano de John. Senador y candidato a presidente de los EE.UU., murió, asesinado, en 1968. ‖ **– Margarita.** Escritora inglesa a quien dio celebridad su novela *La ninfa constante* (1896-1967).

KENNY, Isabel. *Biog.* Enfermera estad., autora de un método que lleva su nombre, para la curación de la poliomielitis (1886-1952).

KENT. *Geog.* Condado del S.E. de Gran Bretaña, en Inglaterra. 3.732 km². 1.500.000 h.

KENTUCKY. *Geog.* Río de los EE.UU., afluente del Ohio. 410 km. ‖ Estado del centro este de los EE.UU. 104.623 km². 3.400.000 h. Cap. Frankfort. Trigo, maíz, tabaco, frutas. Caballos, cerdos, lanares.

KENYA. *Geog.* Montaña del África oriental. 5.200 m., situada al N. del Kilimanjaro.

KENYA. *Geog.* Rep. del África oriental. 582.644 km². Limita con Somalia, Etiopía, Sudán, Uganda, Tanzania y el Océano Índico. Su territorio es llano en la costa y se eleva hacia el interior para culminar en el pico Kenya, de 5.200 m. Sus ríos principales son el Tana y el Sabaki. Los lagos de mayor importancia: Rodolfo y Victoria, este último en el límite con Uganda y Tanzania. Pobl.: 14.340.000 h. Cap. Nairobi. Habitado originariamente por tribus salvajes, el territorio de **Kenya** fue dominado por árabes y portugueses tratantes de esclavos. En 1822, Inglaterra obtuvo permiso para patrullar la costa e inició relaciones comerciales. A fines del siglo pasado la región fue dividida en áreas de influencia alemana y británica. En 1895 se le impuso el protectorado británico, esa situación se mantuvo hasta finalizar la segunda Guerra Mundial. Los ataques emprendidos por los Mau Mau precipitaron la conquista de la independencia, ocurrida en diciembre de 1963. Un año después se estableció la república. Las principales producciones de Kenya son la minería (oro y sal); agricultura (algodón, arroz, ñame, girasol, caña de azúcar, maíz, mijo y té); ganadería (bovinos, cerdos, ovinos, camellos y aves de corral) e industria (azúcar, cemento, cerveza y cigarrillos). También son importantes la pesca y la explotación de los bosques.

KENYATTA, Jomo. *Biog.* Pol. y estadista nativo de Kenya. Estudió ciencias económicas en Londres. Luchó contra la dominación británica en África Oriental. Asumió la presidencia de la República de Kenya desde 1964 hasta su muerte (1889-1978).

KEOPS. *Biog.* V. **Cheops.**

KEPIS. m. Quepis.

KEPLER, Juan. *Biog.* Astrónomo al., uno de los creadores de la astronomía moderna, y el descubridor de las leyes que rigen la rotación de los planetas alrededor del Sol (1571-1630).

KERAULOFONO. m. Juego de órgano inglés, cuyo sonido imita el que produce el roce del arco sobre las cuerdas.

KERCH. *Geog.* Ciudad de la U.R.S.S., en la pen. de Crimea, sobre el estrecho hom. 150.000 h. Hierro. ‖ **Estrecho de –.** Canal que une el mar de Azov con el mar Negro.

KEREN. m. Instrumento de viento, hecho de asta de buey, que según la Biblia usaron los hebreos.

KERENSKI, Alejandro. *Biog.*

Polít. ruso, jefe del partido obrero socialista y del gobierno surgido a raíz del destronamiento del zar Nicolás II. Fue derrocado por Lenin y Trotsky (1882-1970).

KERGUELEN. *Geog.* Archipiélago francés del S. del Océano Índico, sit. a 3.000 km. al S.E. de Madagascar. 8.500 km².

KERMADEC. *Geog.* Islas del Pacífico sur, sit. a 960 km al N.E. de Nueva Zelandia, a la que pertenecen. 34 km².

KERMÁN. *Geog.* Ciudad del S. del Irán. 100.000 h. Tapices.

KERMANCHA. *Geog.* Ciudad del O. de Irán. 150.000 h. Alfombras.

KERMES. (Del ár. *quermez.*) m. Quermes.

KERMESSE. f. Quermese.

KERN, Jerome D. *Biog.* Compositor estad., autor de *Show Boat* (1927), que incluye la famosa canción *Viejo hombre del río; Roberta; Sally* y otras obras (1885-1945).

KEROSÉN o **KEROSENE.** m. Dígase **querosén.**

KEROSOLENO. m. Líquido volátil anestésico, derivado del petróleo.

KERTCH. *Geog.* V. **Kerch.**

KESSEL, José. *Biog.* Escritor arg., radicado en París. Escribe en francés y ha publicado: *El equipaje; Noches de príncipes,* etc. (1898-1979).

KEYES, Sidney. *Biog.* Poeta ingl. brillante exponente de la joven generación literaria de su patria. Obras: *Solsticio cruel; Posturas de la muerte,* etc. (1922-1943).

KEYNES, Juan Maynard. *Biog.* Economista ingl. cuya doctrina influyó en las ideas de muchos gobiernos europeos. Conviene, según él, mantener el pleno empleo de la mano de obra, para que el poder adquisitivo de los consumidores aumente en proporción al mayor desarrollo de los medios de producción (1883-1946).

KEYSERLING, Germán Alejandro, conde de. *Biog.* Filósofo alemán, gran viajero y profundo conocedor de las culturas de Oriente. Obras: *Inmortalidad, Prolegómenos a la filosofía de la naturaleza,* etc. (1880-1946).

KEY WEST. *Geog.* Cayo de los EE. UU., en el extremo sur de la pen. de Florida. ‖ Ciudad de los EE. UU. en el cayo hom. (Florida), base naval e importante puerto comercial. 40.000 h.

KHABAROVSK. *Geog.* Ciudad de la Unión Soviética (R.S.F.S.R.), sobre el río Amur, en la frontera con Manchuria. 450.000 h. Refinerías de petróleo. Industrias mecánicas y químicas.

KHADAFI, Muammar El. *Biog.* Militar y político de Libia, pres. de la República desde 1969.

KHARKOV. *Geog.* Ciudad de la Unión Soviética, antigua cap. de Ucrania. 1.220.000 h. Industrias pesadas, material rodante, aviones.

KHARTUM. *Geog.* Capital de la Rep. de Sudán, sit. en la confluencia del Nilo Blanco con el Nilo Azul. 280.000 h. Centro comercial.

KHATCHATURIAN, Aram I. *Biog.* Compositor armenio, considerado uno de los músicos cont. más importantes de la Unión Soviética; de inspiración vernácula y audaz melodía en *Concierto; Sinfonía;* en los ballets *Espartaco* y *Gayane,* etc. (1903-1978).

KHERSON. *Geog.* Ciudad de la Unión Soviética (Ucrania), sobre el Dnieper. 150.000 h. Puerto comercial.

KHOMEINI o **KOMEINI, Ruhollah.** *Biog.* Líder religioso iraní que en febrero de 1979, desde París, dirigió una revolución contra el sha de Irán, Riza Pahlevi, que al triunfar abolió la monarquía e instauró una República islámica. (n. 1900).

KHORANA, Har Gobind. *Biog.* Investigador estadounidense, de origen hindú, a quien se adjudicó en 1968 el premio Nobel de Fisiología y Medicina, compartido con Roberto Holley y Marshall Nirenberg (n. en 1922).

KIBITKA. f. Carruaje ruso cuyas ruedas están substituidas por unos largueros para ser arrastrados sobre la nieve.

KICHENEV. *Geog.* V. **Kishinev.**

KIEL. *Geog.* Ciudad del N. de la Rep. Federal de Alemania. cap. de la provincia de Schleswig-Holstein. 270.000 h. Puerto sobre el mar Báltico. Importante base naval. Astilleros. ‖ **Bahía de —.** Escotadura ocupada por el mar Báltico en la costa N. de la Rep. Federal de Alemania (Schleswig-Holstein). ‖ **Canal de —.** Canal que une el mar Báltico con el mar del Norte, a través de la prov. alemana de Schleswig-Holstein. Tiene 98 km. de largo y 14 m. de profundidad. Gran valor estratégico y económico.

KIERKEGAARD, Sören Aaby. *Biog.* Filósofo danés, considerado el precursor de las corrientes existencialistas contemporáneas. Subjetivo y trágico, afirma la prioridad de la existencia sobre la esencia, niega la posibilidad de llegar a Dios por vía intelectual, y considera a la angustia y la soledad como caracteres propios del destino humano. Obras: *Temor y temblor; El concepto de la angustia; El momento,* etc. (1813-1855).

KIEV. *Geog.* C. de la Unión Soviética, cap. de Ucrania. 1.700.000 h. Sit. a orillas del Dnieper. Construcciones mecánicas, comercio. Universidad.

KILAJE. m. Peso de una cosa medido en kilogramos.

KILAUEA. *Geog.* Volcán de las islas Hawaii. 1.210 m. de altura. Su cráter, de más de 3 km. de diámetro, es el mayor de cuantos se hallan en actividad en el mundo.

KILIÁREA. (Del pref. *kili,* kilo, y *área.*) f. Extensión superficial de mil áreas.

KILIMANJARO. *Geog.* Volcán del E. de África (Rep. de Tanzania), el pico más elevado del continente. 6.038 m. Hoy *Uhuru.*

KILO- (Del gr. *khilioí,* mil.) Voz que con el significado de mil se usa como prefijo de vocablos compuestos.

KILO. m. Forma abreviada de **kilogramo.**

KILOCALORÍA. f. *Fís.* Unidad de calor, equivalente a mil calorías.

KILOCICLO. m. *Fís.* Medida de frecuencia (1.000 ciclos).

KILOGRÁMETRO. m. *Mec.* Unidad de trabajo que equivale al necesario para levantar un kilogramo a un metro de altura

KILOGRAMO. al. **Kilogramm.** fr. **Kilogramme.** ingl. **Kilogram.** ital. **Chilogramma.** port. **Quilograma.** (De *kilo* y *gramo.*) m. Unidad métrica fundamental de masa (y peso) igual a la masa o peso de un cilindro de platino-iridio guardado en la Oficina Internacional de Pesos y Medidas cerca de París, y aproximadamente igual a la masa (o peso) de mil centímetros cúbicos de agua a la temperatura de su máxima densidad (cuatro grados centígrados). ‖ **Kilogramo fuerza.** ‖ Pesa de un **kilogramo.** ‖ Cantidad de alguna materia, que pesa un kilogramo. ‖ **— fuerza.** *Fís.* Unidad de fuerza igual al peso de un **kilogramo** sometido a la gravedad normal. *Mil* KILOGRAMOS *equivalen a una tonelada métrica.* ‖ IDEAS AFINES: *Ponderable, estimable, metro, litro, quintal métrico, tonelada, capacidad, volumen, superficie, agio, especulación, pesas, balanza.*

KILOLITRO. m. Medida de capacidad equivalente a mil litros, o sea un metro cúbico.

KILOMETRAJE. m. Distancia que hay entre dos puntos, medida en kilómetros.

KILOMÉTRICO, CA. adj. Perteneciente o relativo al kilómetro. ‖ V. **Billete kilométrico.** ‖ De larga duración. *Viaje* KILOMÉTRICO.

KILÓMETRO. al. **Kilometer.** fr. **Kilomètre.** ingl. **Kilometer.** ital. **Chilometro.** port. **Quilometro.** (De *kilo* y *metro.*) m. Medida de longitud, que tiene mil metros. *El auto corría a más de cien* KILÓMETROS *por hora.* ‖ **— cuadrado.** Medida de superficie, que es un cuadrado de un **kilómetro** de lado. Tiene un millón de metros cuadrados, o sea cien hectáreas. ‖ IDEAS AFINES: *Distancia, recorrido, largo, legua, milla, nuto, pie, yarda, velocidad, aceleración, reloj, ligereza, carrera, tiempo, clasificación, superficie, límite.*

KILOPONDIO. m. *Fís.* **kilogramo fuerza.**

KILOTONELADA. f. Unidad empleada para expresar la potencia de una bomba atómica. Surge de la comparación de la energía de la misma con una carga de 1.000 toneladas de T.N.T.

KILOVATIO. m. *Fís.* Unidad de potencia que vale 1.000 vatios. ‖ **— hora.** Unidad de energía equivalente a 1.000 vatios-hora.

KILOVOLTIO. m. *Fís.* Unidad de fuerza electromotriz que vale 1.000 voltios.

KIMBERLEY. *Geog.* Ciudad de la República de Sudáfrica (prov. del Cabo). 80.000 h. Importante centro diamantífero.

KIMONA. f. *Cuba.* Quimono.

KIMONO. m. Quimono.

KÍMRICO. m. Dialecto céltico del País de Gales.

KIMRIS. V. **Belgas.**

KINCARDINE. *Geog.* Condado de Gran Bretaña, en el E. de Escocia. 989 km². 30.000 h. Actividades agrícolas. Pesca. Cap. STONEHAVEN.

KINCHINCHINGA. *Geog.* Monte del Himalaya, al E. del Everest, en la frontera entre India y Nepal. 8.584 m. de altura. Fue escalado por primera vez el 25 de mayo de 1955 por una expedición británica bajo la dirección de Charles Evans.

KINCHINKINGA. *Geog.* V. **Kinchinchinga.**

KINCHINYUNGA. *Geog.* V. **Kinchinchinga.**

KINDERGARTEN. m. Germanismo por colegio de niños o **jardín de infantes.** Vocablo creado por el educador Federico Froebel.

KINESIOLOGÍA. f. Kinestesia.

KINESIÓLOGO, GA. adj. y s. Especializado en kinestesia.

KINESITERAPIA. (Del gr. *kénesis,* movimiento, y *therapeia,* curación) f. Sistema curativo basado en la producción o aplicación de movimientos activos o pasivos, que comprenden los deportes, los masajes, etc.

KINESTESIA. f. Estudio de las reacciones musculares y del método adecuado para educarlas. ‖ deriv.: **kinestésico, ca.**

KING, J. Antonio. *Biog.* Viajero estad., que en 1817 arribó a la Argentina, en cuyo ejército obtuvo el grado de coronel. Es autor de *Veinticuatro años en la República Argentina,* relato histórico y de aventuras que publicó en 1846, en Londres. ‖ **— Juan.** Marino irlandés, que sirvió en la armada argentina, distinguiéndose en la campaña naval contra la flota brasileña (1800-1857). ‖ **— Martín Lutero.** Pastor protestante estad. de raza negra, que obtuvo, en 1964, el premio Nobel de la Paz. Murió asesinado (1929-1968).

KINGSTON. *Geog.* Cap. de Jamaica, en el S.E. de la isla. 515.000 h. Activo comercio de azúcar y ron. ‖ **— upon Hull.** V. **Hull.**

KINGSTOWN. *Geog.* V. **Dun Laoghaire.**

KIOLEN. *Geog.* Montes del N.O. de la península escandinava. Culminan en el Kelnekaise, a los 2.123 m. de altura.

KIOSCO. m. Quiosco.

KIOTO. *Geog.* Ciudad del Japón (Hondo), al N. de Osaka. 1.420.000 h. Porcelanas, sedas, lacas.

KIPLING, Rudyard. *Biog.* Escritor y poeta inglés de depurado critor y poeta inglés de depurado estilo, cuya obra es una magnífica pintura de la naturaleza y una constante exaltación de los hechos heroicos. En 1907 recibió el premio Nobel de Literatura. Sus numerosas colecciones de cuentos, muchos de ellos ya clásicos de la literatura infantil, constituyen lo mejor de su obra. Autor de: *El libro de las tierras vírgenes; Kim; Tres soldados; Cuentos de la colina,* etc. (1865-1936)

KIRCHHOFF, Gustavo Roberto. *Biog.* Físico al., descubridor, con Roberto G. Bunsen, del análisis espectral. Investigó sobre la electricidad, la mecánica del calor, etc., y estableció las leyes eléctricas que llevan su nombre (1824-1887).

KIRCHNER, Ernesto Luis. *Biog.* Pintor expresionista al., autor de *Mujer en el diván azul; Cinco mujeres en la calle; El artista y su modelo; Los amantes,* y otros cuadros de líneas violentas e instintivas (1880-1938).

KIRGHIZISTÁN, o **KIRGUICISTÁN** *Geog.* **República asiática de la U.R.S.S., situada en el límite con el Turquestán chino. 198.700 km². 2.955.000 h. Ganadería. Cap.** FRUNZE.

KIRIBATI. *Geog.* Rep. constituida en 1979 por las islas Gilbert, en la Micronesia. 258,9 km²; 70.000 h. Cap. TARAWA.

KIRIE. (Del gr. *Kyrie,* vocat. de *Kyrios,* Señor.) m. Deprecación que se hace al Señor, al principio de la misa, tras el introito, llamándole con esta palabra griega. Ú.m. en pl.

KIRIELEISÓN. (Del gr. *Kyrie* !oh Señor! y *eleison,* ten piedad) m. Kirie. ‖ fam. Canto de los entierros y oficio de difuntos. ‖ **Cantar el kirieleisón.** frs. fig. y fam. Implorar misericordia.

KIRÍN. *Geog.* Ciudad de la China, en la provincia hom. 600.000 h. Centro comercial.

KIRKPATRICK, Federico Alejo. *Biog.* Historiador inglés, autor de importantes libros de historia hispanoamericana, entre los que se destaca el titulado *Los conquistadores españoles.*

KIRKUK. *Geog.* Ciudad del N. del Irak. 170.000 h. Centro petrolífero.

KIROV. *Geog.* Ciudad de la Unión Soviética (R.S.F.S.R.), sobre el río Viatka. 300.000 h Industrias mecánicas. Antes se llamó **Viatka.**

KIROVOGRAD. *Geog.* Ciudad de la U.R.S.S. (Ucrania). 188.000 h. Industrias químicas y mecánicas. Antes se llamó **Elisavetgrado.**

KIRSCH. (Apócope del vocablo al. *Kirsche,* cereza.) m. Licor de cereza que se fabrica en Alemania y Suiza y que se ha generalizado ya en casi todas partes.

KISHINEV. *Geog.* Ciudad de la U.R.S.S., capital de la Rep. de Moldavia 356.000 h. Antes se llamó **Chishinau.**

KISSINGER, Henry. *Biog.* Político y diplomático estadounidense de origen alemán, que ejerció gran influencia en la orientación de la política exterior de los Estados Unidos entre 1969 y 1976. En 1973 inició el acuerdo para restaurar la paz en Vietnam y compartió el premio Nobel de la Paz con el nordvietnamita Le Duc Tho, que lo rechazó (n. en 1923).

KISTNA. *Geog.* Río del S. de la India. Nace en los montes Gates occidentales y des. en el golfo de Bengala. 1.360 km.

KITCHENER, Horacio Heriberto. *Biog.* Militar ingl. que puso fin a la guerra de los bóeres, se destacó en las campañas de Egipto y Transvaal, y fue ministro de guerra de su país durante la primera Guerra Mundial (1850-1916).

KITRA. f. Instrumento músico de Marruecos, semejante a la guitarra.

KIU-SHIU. *Geog.* La más meridional de las cuatro grandes islas del Japón. 40.553 km². 12.500.000 h. Ciudad princ.: Nagasaki. Hulla, tabaco, alcanfor.

KIVI o **KIWI.** (Voz indígena.) m. Ave de Nueva Zelandia, casi extinguida en la actualidad, del tamaño de una gallina, de alas y cola atrofiadas, plumas rudimentarias y pico largo y delgado. Gén. *Apteryx. El huevo de* KIVI *es de un tamaño enorme comparado con el del ave.*

KIZIL-IRMAK. *Geog.* Río de Turquía, el mayor del Asia Menor. Des. en el mar Negro. 960 km.

KJOELEN. *Geog.* V. **Kiolen.**

KLAGENFURT. *Geog.* Ciudad de Austria, capital de la prov. de Carintia. 70.000 h. Tejidos.

KLAGES, Luis. *Biog.* Filósofo al., que hizo notables estudios grafológicos y es uno de los representantes más destacados de la llamada "filosofía de la vida", corriente a que pertenecen Bergson y Dilthey (1872-1956).

KLAIPEDA. *Geog.* Ciudad y puerto de la U.R.S.S. (Lituania), sobre el Báltico. 145.000 h. Metalurgia. Antes se llamó **Memel.**

KLAPROTH, Martín Enrique. *Biog.* Quím. y mineralogista al., descubridor del titanio, el cerio, el uranio y el teluro. Es autor de *Contribuciones al conocimiento químico de los cuerpos minerales* (1743-1817).

KLAUSEMBURGO. *Geog.* V. **Cluj.**

KLEBER, Juan Bautista. *Biog.* General fr. que dirigió la campaña de Egipto, después de haber actuado allí Bonaparte. Murió asesinado (1753-1800).

KLEE, Pablo. *Biog.* Pintor y dibujante suizo, uno de los iniciadores del arte abstracto. Su obra refleja un mundo de formas misteriosas y símbolos extraños. Autor de *Fiesta oriental; El florero; Aventura de una joven*, etc. (1879-1940).

KLEIN, Abrahán M. *Biog.* Poeta canadiense cont. En *Poemas* y otras obras líricas y teatrales denota su religiosidad hebrea, a la vez que intenta una sutil fusión de elementos franceses e ingleses (n. 1909).

KLEIST, Enrique von. *Biog.* Poeta al. de gran intensidad lírica y talento dramático. Inquieto y atormentado, es una figura típica del romanticismo de su país. Escribió poemas, como su *Letanía de la Muerte;* dramas, como *Pentesilea; El príncipe de Homburgo;* comedias, como *El cántaro roto,* y novelas cortas, como *Miguel Kohlhass,* etc. (1777-1811).

KLISTRON. m. Generador de microondas en el que los electrones pasan, con grandes y variadas velocidades, entre dos rejillas muy próximas y llegan a una primera cavidad, o resonador de entrada, en la que forman grupos (oleadas) que se separan unos de otros al recorrer cierta distancia y son reforzados en una segunda cavidad, llamada resonador de salida. ‖ – **de reflector.** Aquel que, gracias a un electrodo polarizado negativamente que refleja los electrones hacia atrás, permite utilizar una sola cavidad resonante, que hace de resonador de entrada y de salida.

KLONDIKE. *Geog.* Río del Canadá, afl. del Yukón. ‖ Región N.O. de Canadá (Yukón) y del extremo E. de Alaska, cruzada por el río hom. A fines del siglo pasado sus yacimientos de oro atrajeron gran cantidad de aventureros, pero al agotarse rápidamente, el éxodo de la población fue casi total.

KLOPSTOCK, Federico. *Biog.* Poeta al., precursor del romanticismo en su patria. Ejerció gran influencia sobre la joven generación de literatos alemanes de su época. Sus obras más importantes son *El Mesías,* extenso poema épico, y las *Odas* (1724-1803).

KMER. adj. y s. Individuo de un antiguo pueblo indochino cuyo imperio alcanzó gran florecimiento cultural.

KNEF. *Mit.* Ser supremo, creador de todas las cosas, en la mitología egipcia.

KNEIPP, Sebastián. *Biog.* Sacerdote al. que propagó el sistema de la hidroterapia. Es autor de *Curaciones por el agua* y *Mi testamento* (1821-1897).

KNOX, Juan. *Biog.* Predicador y reformador relig. escocés, uno de los fundadores del presbiterianismo. Autor de *Historia de la Reforma escocesa* y otras obras (1505-1572).

KNOXVILLE. *Geog.* Ciudad de los EE.UU. (Tennessee). 200.000 h. Centro minero. Universidad.

KNUT. (Voz rusa.) m. Cierto látigo de varios ramales, y castigo que con él se infligía.

KO. *Geog.* V. **Cos.**

KOALA. m. Mamífero marsupial, trepador, que vive en Australia. *El* KOALA *es fungívoro.*

KOBE. *Geog.* Ciudad y puerto del Japón, en la isla de Hondo. 1.450.000 h. Astilleros, productos químicos, arsenales. Su puerto, el primero del país, exporta tejidos de algodón.

KOCH, Roberto. *Biog.* Méd. y bacteriólogo al. que realizó notables investigaciones sobre las enfermedades infecciosas. Renovó fundamentalmente las teorías sobre la desinfección; descubrió el bacilo de la tuberculosis y el bacilo coma, causante del cólera morbo. Obtuvo la tuberculina TR, raspando cuerpos desecados de bacilos de tuberculosis. Determinó la naturaleza de la malaria y propugnó la vacunación contra el tifus. En 1905 recibió el premio Nobel de Medicina y Fisiología. Escribió obras científicas como *Investigaciones sobre la etiología de la infección de las heridas; Remedios antituberculosos,* etc. (1843-1910).

KOCHANOWSKI, Juan. *Biog.* Poeta lírico polaco, cantor de la vida hogareña y del campo, considerado el poeta nacional de su patria. Obras: *Trenos; Salmos; El sátiro,* etc. (1532-1585).

KOCHER, Teodoro. *Biog.* Cirujano suizo, que inventó varios instrumentos quirúrgicos y escribió importantes tratados sobre su especialidad, como *El tratamiento antiséptico de las heridas; Teoría quirúrgica de las operaciones,* etc. En 1909 recibió el premio Nobel de Medicina y Fisiología (1841-1917).

KODALY, Zoltan. *Biog.* Compos. húngaro de inspiración popular, autor del *Salmo húngaro;* la suite *Nyari;* las *Danzas de Galanta;* la ópera bufa *Hary Janos,* etc. (1882-1967).

KODIAK. *Geog.* Isla de Alaska, sit. en el Pacífico, al S. de la ensenada de Cook.

KOENENKAMPF, Guillermo. *Biog.* Escritor chil. cont. autor de *Casa con tres patios* y otras novelas de ambiente ciudadano.

KOESTLER, Arturo. *Biog.* Escritor húngaro, autor de *Ladrones en la noche; Obscuridad a mediodía,* etc. (n. 1905).

KOKO-NOR. *Geog.* Gran lago salado del N.E. del Tíbet. 5.000 km².

KOKOSCHKA, Oscar. *Biog.* Pintor expresionista austríaco que en 1947 se hizo súbdito británico. Autor de *Mujer en azul; Prometeo; Retrato de Walden; Autorretrato,* y otros cuadros de vigorosa expresión (1886-1980).

KOLA. *Geog.* Península ondulada del N. de Rusia europea. Separa el mar Blanco del mar de Barentz.

KOLAROVGRAD. *Geog.* Ciudad del N.E. de Bulgaria. 38.500 h. Antes se llamó **Chumba** y, posteriormente, **Chumen.**

KOLGUEV. *Geog.* Isla de la U.R.S.S, situada en el mar de Barentz, al N.E. de la península de Kanin.

KOLIMA. *Geog.* Río de la Unión Soviética, en el N.E. de Siberia; desagua en el Ártico. 2.149 km. Permanece helado durante nueve meses del año.

KOLJOS. (Voz rusa.) m. Cada una de las granjas que forman el sistema económico agrario creado por el gobierno comunista ruso.

KOLONTAY, Alejandra. *Biog.* Escritora y revolucionaria rusa, autora de *La mujer nueva y la moral sexual,* etc. (1872-1952).

KOMENSKY, Juan Amós. *Biog.* Escritor y pedagogo eslovaco, más conocido por **Comenius** o **Comenio.** Autor de importantes obras sobre didáctica, entre ellas el famoso *Orbis pictus* (El mundo en imágenes) (1592-1670).

KOMINTERN. *Hist.* V. **Comintern.**

KONAKRY. *Geog.* Capital de la Rep. de Guinea. 560.000 h. Puerto exportador de productos tropicales.

KONIA. *Geog.* Ciudad de Turquía asiática. 220.000 h. Alfombras, tejidos de lana y algodón.

KONIEV, Iván. *Biog.* Mariscal soviético, n. en 1897, que se distinguió durante la segunda Guerra Mundial.

KONIGSBERG. *Geog.* V. **Kaliningrado.**

KONOYE, Fuminaro. *Biog.* Príncipe y pol. japonés, jefe del gobierno de su país durante la segunda Guerra Mundial (1891-1945).

KOOPMANS, Tjalling C. *Biog.* Economista estadounidense de origen holandés, radicado en EE. UU. desde 1940. Pionero en la investigación de problemas económicos relacionados con ingreso nacional, consumo e inversiones, mereció en 1975, junto con L. Kantorovich, el premio Nobel de Economía por sus aportes a la teoría de la utilización óptima de los recursos (n. en 1910).

KOOTENAY. *Geog.* Río del O. de América del Norte. Nace en Canadá (Columbia Británica), penetra en los EE.UU (Montana e Idaho) y des. en el río Columbia. 720 km. ‖ Lago del S.O. de Canadá (Columbia Británica). 570 km².

KOPPARBERG. *Geog.* Prefectura del centro de Suecia. 30.201 km². 281.000 h. Cap. FALUN.

KORASÁN. *Geog.* Provincia del N. del Irán. 314.288 km². 2.550.000 h. Cap. MECHED.

KORÇE. *Geog.* Prefectura del E de Albania. 2.181 km². 175.000 h. Cap. hom. 50.000 h. Mercado agrícola y textil, refinerías de azúcar. Antes se llamó **Koritza.**

KORDOFÁN. *Geog.* Provincia de la Rep. de Sudán. 380.505 km². 2.850.000 h. Goma arábiga, algodón, maderas. Cap. EL OBEID.

KORITZA. *Geog.* V. **Korçe.**

KORN, Alejandro. *Biog.* Méd. y filósofo arg. Obras: *La libertad creadora; Axiología,* etc (1860-1936)

KORNBERG, Arturo. *Biog.* Médico estad., ganador del premio Nobel de Medicina en 1959, juntamente con Severo Ochoa. Sus trabajos sobre síntesis de dos sustancias químicas, fundamentales para la vida, han abierto posibilidades insospechadas en el problema de la herencia (n. 1918).

KOROLENKO, Vladimiro. *Biog.* Nov. ruso, fiel intérprete de la psicología de su pueblo en *El sueño de Makar; El músico ciego,* etc. (1853-1921).

KORSI, Demetrio. *Biog.* Poeta pan. que cultiva especialmente los temas afroamericanos. Obras: *Tierras vírgenes; El viento en la montaña; Cumbia,* etc. (1899-1957).

KOSCIUSKO. *Geog.* Macizo montañoso de Australia (Nueva Gales del Sur). Culmina en el pico Townsend, a los 2.234 m.

KOSCIUSZKO, Tadeo. *Biog.* Patriota y general polaco, que participó en la guerra por la independencia nort. y dirigió en su patria los ejércitos contra la dominación rusa (1746-1817).

KOSHICE. *Geog.* Ciudad de Checoslovaquia (Eslovaquia Oriental). 169.000 h. Centro comercial.

KOSICE. *Geog.* V. **Koshice.**

KOSSEL, Alberto. *Biog.* Fisiólogo al. que realizó importantes investigaciones sobre los derivados del ácido nucleínico y en el campo de la quím. fisiológica. En 1910 recibió el premio Nobel de Medicina y Fisiología. Obras: *Los tejidos del cuerpo humano y su investigación microscópica,* etc. (1853-1927).

KOSTROMA. *Geog.* Río de la U.R.S.S. que desemboca en el Volga, junto a la c. homónima. 320 km. ‖ C. de la Unión Soviética (R.S.F.S.R.), situada sobre el Volga. 229.000 h. Industria textil y metalúrgica.

KOSYGUIN, Alejandro. *Biog.* Político soviético n. en 1904. Presidente del Consejo y jefe del gobierno de su país, desde 1964

KOTOR. *Geog.* V. **Cáttaro.**

KOTZEBUE, Augusto von. *Biog.* Dramaturgo al. n. en 1761. de vasto renombre en Europa. Hizo frecuentes viajes a Rusia, donde obtuvo la protección del zar. M. asesinado en 1819.

KOUSSEVITZKY, Sergio. *Biog.* Director de orquesta ruso de notable actuación en Europa y América (1874-1951).

KOVALEVSKY, Sofía V. *Biog.* Escritora y matemática rusa, autora de obras científicas (1850-1891).

KOVEN, Reginaldo de. *Biog.* Músico estad. cont., autor de la ópera *Robin Hood* y de numerosas composiciones ligeras.

KOVNO. *Geog.* V. **Kaunas.**

KOWEIT. *Geog.* V. **Kuwait.**

KOWLOON. *Geog.* **Puerto** británico de la China, perteneciente a la colonia de Hongkong. 780.000 h. ‖ **Nueva –.** Ampliación urbana de Kowloon. 1.500.000 h.

Kr. *Quím.* Símbolo del criptón.

KRAGLIEVICH, Lucas. *Biog.* Paleontólogo arg., especializado en las especies primitivas de aves y mamíferos de América (1886-1932).

KRAKATOA. *Geog.* Isla volcánica de Indonesia, sit. entre Java y Sumatra. En 1883, la tremenda erupción del volcán Rakata hizo estallar las dos terceras partes de la isla y causó la muerte a 35.000 personas.

KRASINSKI, Segismundo Napoleón, conde de. *Biog.* Poeta y escr. polaco, autor de poemas, novelas hist. y dramas cargados de misticismo. *Iridión,* etc. (1812-1859).

KRASNODAR. *Geog.* Ciudad de la Unión Soviética (R.S.F.S.R.), sobre el río Kubán. 300.000 h. Centro petrolero. Es la antigua **Ekaterinodar.**

KRASNOYARSK. *Geog.* Ciudad de la Unión Soviética (R.S.F.S.R.), en Siberia, a orillas del río Jenisei. 400.000 h. Tejidos de seda.

KRAUSE, Carlos Cristián Federico. *Biog.* Filósofo al., de tendencia idealista. Su pensamiento se aplica fundamentalmente a la ética y a la filosofía del derecho, rechazando la teoría absolutista del Estado, y acentuando la importancia de las asociaciones de finalidad universal (familia nación, humanidad) frente a las asociaciones limitadas, como la Iglesia o el Estado. Obras: *Sistema de la filosofía; El ideal de la humanidad,* etc. (1781-1832).

KRAUSISMO. m. *Fil.* Sistema de Krause, consistente en un idealismo panteístico semejante al de Schelling. Fue la filosofía de moda en la segunda mitad del s. XIX. En España fue sostenida por Sanz del Río.

KRAUSISTA. adj. Perteneciente o relativo al krausismo. *Sistema* KRAUSISTA. Apl. a pers., ú.t.c.s.

KRAVCHENKO, Víctor. *Biog.* Escritor ruso refugiado en EE. UU., autor de *Yo elegí la libertad* (1905-1966).

KREBS, Juan A. *Biog.* Bioquímico alemán n. 1900, cuyas investigaciones sobre la transformación de los alimentos en energía, le valieron en 1953 el premio Nobel de Medicina y Fisiología.

KREFELD. *Geog.* Ciudad de la Rep. Federal de Alemania, en la región del Ruhr. 230.000 h. Industrias químicas, explosivos, material fotográfico.

KREISLER, Fritz. *Biog.* Violinista y compositor aust., autor de operetas, como *Sissy;* piezas musicales, como *Capricho vienés;* un célebre *Cuarteto* en la menor, etc. (1875-1962).

KREMLIN. (Del ruso *krem,* fortaleza.) m. Fortaleza de Moscú, donde tuvieron residencia los zares, sede actual de los órganos supremos de la U.R.S.S. De forma triangular, ocupa una colina de 40 m. de altura y está rodeado por una sólida muralla, construida en 1487. ‖ fig. El gobierno ruso.

KRETSCHMER, Ernesto. *Biog.* Psiquiatra al. célebre por su clasificación de la estructura física del ser humano en tres tipos: leptosomático, atlético y pícnico (1888-1964).

KREUTZER, Rodolfo. *Biog.* Violinista y compositor al., uno de los ejecutantes más celebrados de su tiempo, a quien Beethoven dedicó la llamada *Sonata a Kreutzer.* Inspirado en ello, Tolstoi escribió su novela *La sonata a Kreutzer.* Es autor del *Método para violín* que lleva su nombre. Obras: *Estudios o caprichos; Variaciones; Conciertos,* etc. (1766-1831).

KRISHNAMURTI, Jiddu. *Biog.* Fil. hindú, cuya doctrina predica el conocimiento de sí mismo para alcanzar la libertad espiritual, transformando la meditación en acción para que dicha libertad sea real y efectiva. Obras: *La búsqueda; El sendero; Mensaje,* etc. (n. 1897).

KRISNA. *Relig.* Dios de los hindúes, principio conservador de la vida y octava encarnación de Visnú. Junto con Brahma y Siva, compone la tríada brahmánica, y es representado como un niño o como un adolescente.

KRIVOI ROG. *Geog.* Ciudad de la U.R.S.S. (Ucrania), al S.O. de Dniepropetrovsk. 595.000 h. Hierro. Industria siderúrgica.

KROGH, Augusto. *Biog.* Méd. danés, que en 1920 recibió el premio Nobel de Medicina y Fisiología. Obras: *Anatomía y fisiología de los capilares; Monografías de bioquímica,* etc. (1874-1949).

KROLEWSKA HUTA. *Geog.* Antiguo nombre de Chorzow.

KRONSTADT. *Geog.* Ciudad de Rumania (V. **Orasul Stalin.**) ‖ Ciudad y puerto de la Unión Soviética (R.S.F.S.R.), en el golfo de Finlandia. 80.000 h. Escenario del motín naval que precipitó la revolución rusa.

KROPOTKIN, Pedro Alexevich. *Biog.* Revolucionario y escr. ruso, uno de los más importantes teóricos del anarquismo. Destacóse como geógrafo y realizó activa propaganda doctrinaria. Obras: *Campos, fábricas y talleres; Memorias de un revolucionario,* etc. (1842-1921).

KRUGER, Pablo. *Biog.* Pol. sudafricano. en 1883, 1888, 1893

JOYAS

Corona de la emperatriz Farah Diba.

Diadema de la Reina Teresa
de Baviera, 1830.

Charles Ashbee: collar
de oro, perlas y
esmalte. Alrededor
de 1200.

Brazaletes de vidrio
provenientes de la
necrópolis de Giubiasco.
S. VI a.C. - S. II d.C.

Hebilla trabajada en hilos de oro y esmalte,
perteneciente a la emperatriz Giselle de Hungría. S. XI.

Restos de una corona.

Brazaletes en pasta de vidrio,
III dinastía egipcia. El Cairo, col. privada.

Lalique (1860-1945): Alfiler ''Liberty'' en forma
de pavo real, de oro y esmalte.

América precolombina.
Aretes existentes en
el Museo del Oro,
de Bogotá.
Miden 8,1 x 4,3

Collar y pectoral
con escarabajo,
en oro, cornalina
y lapislázuli.
S. XIV a.C.
Museo de El Cairo.

Aro de oro. Civilización Chimú,
América precolombina.

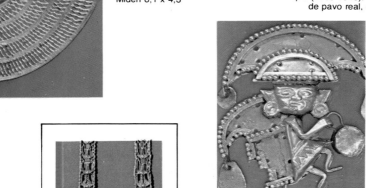

Anillo de oro itálico. S. IV a.C.
Museo Arqueológico Nacional, Taranto.

LÍQUENES

LÁMINA XXXVI

Liquen
del suelo
(Cladonia pyxidata)

Calophaca
elegans.

Líquenes
de las
rocas.

Líquenes de
los renos
*(Cladonia
rangiferina).*

Calophaca
calopisma.

Líquenes.

Barba
de viejo
(Usnea barbata).

y 1897, presid. de la Rep. del Transvaal (1825-1904).

KRUGER. Geog. Lago de los Andes patagónicos argentinos (Chubut).

KRUIF, Pablo de. *Biog.* Médico y escritor estadounidense cont., autor de conocidas obras de divulgación científica, como *Cazadores de microbios; La lucha por la vida; El combate del hombre y la muerte*, etc. (n. 1890).

KRUMM-HELLER, Arnoldo. *Biog.* Escritor mexicano cont., traductor de las obras de Amado Nervo al al. Autor de *Mi sistema; Humboldt; La ley de Karma*, etc.

KRUPP, Alfredo. *Biog.* Industrial al., fundador de las grandes empresas siderúrgicas que llevan su nombre (1812-1887).

KRUSCHEV, Nikita. *Biog.* Pol. soviético (1894-1971), presidente del Consejo de ministros de la U.R.S.S. en 1958.

KRYLOV, Juan. *Biog.* Escr. ruso, uno de los poetas más populares de su patria por sus *Fábulas*, de ingenio acre y satírico (1768-1844).

KUALA LUMPUR. Geog. Capital de la Federación Malaya y del Est. de Selangor. 480.000 h. Estaño y caucho.

KUBÁN. Geog. Rio del sur de la U.R.S.S. que desagua por varios brazos en los mares Negro y de Azov. Nace en el Cáucaso. 810 km.

KUBITSCHEK, Juscelino. *Biog.* Pol. brasileño (1902-1976), presidente de la Rep. por el periodo 1956-1961.

KUDMU. m. *Chile.* Colocolo, felino.

KUDÚ. m. Cudú.

KUEN-LUN. *Geog.* Cordillera asiática que nace en el nudo de Pamir y separa al Tíbet del Turquestán chino. Sus cumbres sobrepasan los 7.700 m.

KUHN, Ricardo. *Biog.* Científico alemán a quien se otorgó en 1938 el premio Nobel de Química por sus importantes investigaciones sobre las vitaminas Hitler le impuso el rechazo del premio, que recibió finalmente al concluir la segunda Guerra Mundial (1900-1967).

KUIBYSHEV. *Geog.* Ciudad de la Unión Soviética (R.S.F.S.R.) en la confluencia del Volga con el Samara. 1.100.000 h. Agricultura. Fábricas de aviones y automóviles. Antes se llamó Samara. Durante la segunda Guerra Mundial fue sede del gobierno soviético.

KUICHUA. m. Gato tigre común, felino de las Guayanas.

KU-KLUX-KLAN. *Hist.* Sociedad secreta de extrema derecha y de tendencia racista, famosa por la violencia de sus métodos, sobre todo contra los negros, fundada en Estados Unidos en 1866 y resurgida en 1915.

KUKU-NOR. *Geog.* V. **Koko-Nor.**

KULAK. (Voz rusa.) m. Campesino ruso dueño de la tierra que trabajaba, clase que desapareció al implantar el gobierno comunista el sistema de granjas colectivas llamadas koljoses.

KUMAMOTO. *Geog.* Ciudad del Japón en la isla de Kin-Shin. 445.000 h. Centro ferroviario.

KUMASI. *Geog.* V. **Cumasia.**

KUN, Bela. *Biog.* Revolucionario húngaro que se hizo cargo del poder en 1919. Derrocado, se refugió en la U.R.S.S., donde fue acusado y ejecutado (1886-1937).

KUNCKEL, Juan. *Biog.* Químico al., que descubrió el fósforo y realizó notables investigaciones sobre los rubíes artificiales, la fermentación, la putrefacción, etc. Obras: *Laboratorio de química; Arte de la vidriería*, y otras (aprox. 1638-aprox. 1702).

KUNENE. *Geog.* Río del S.O. de África; desagua en el Atlántico. 1.120 km.

KUNMING. *Geog.* Ciudad de China (Yunnan). 380.000 h.

KUPRIN, Alejandro. *Biog.* Cuentista y nov. ruso de crudo realismo, autor de *El duelo; El aderezo de rubíes; La tumba de las vírgenes*, etc. (1870-1938).

KUR. *Geog.* V. **Kura.**

KURA. *Geog.* Río de Asia que nace en el N. de la Armenia turca, penetra en la U.R.S.S. y desagua en el Caspio. 1.200 km.

KURDISTÁN. *Geog.* V. **Curdistán.**

KURDO, DA. adj. **Curdo.** Apl. a pers., ú.t.c.s.

KURILES. *Geog.* Arco insular del Asia nordoriental, sit. entre la península de Kamchatka (U.R.S.S.) y la isla de Sajalin. Comprende 36 islas volcánicas. 10.215 km². 45.000 h. Pertenecen a la U.R.S.S.

KURO-SHIVO. *Geog.* Corriente cálida del Pacífico, que baña las costas orientales del Japón. Su influencia alcanza las costas del Pacífico y Canadá y Alaska.

KURSK. *Geog.* Ciudad de la Unión Soviética (R.S.F.S.R.), situada al N. de Kharkov. 300.000 h. Centro frutícola y minero.

KUSCH, Plykarp. *Biog.* Fís. estadounidense cont., de origen alemán. En 1955 premio Nobel de Física con Willis E. Lamb por sus trabajos para determinar el momento magnético del electrón (n. 1911).

KUSKOKWIN. *Geog.* Bahía del mar de Behring, en la costa S.O. de Alaska. ‖ Río de Alaska, que desagua en la bahía hom. 1.300 km. Pesca del salmón.

KUTUZOV, Miguel. *Biog.* General ruso (1745-1813). Derrotó a Napoleón en 1812.

KUWAIT. *Geog.* Estado asiático de 17.818 km². También denominado **Koweit.** Es un emirato independiente que limita con Irán, Irak y Arabia Saudita, y con el Golfo Pérsico, donde posee varias islas. Junto con Arabia Saudita controla la zona neutral que se extiende al O. de su territorio. Su cap. es **Al Koweit.** Comprende una región desértica llana, donde los escasos ríos llegan excepcionalmente al mar. Sólo en marzo y abril hay lluvias de carácter torrencial. Población: 1.130.000 de h. La soberanía de este emirato fue reconocida en 1961, luego de 62 años de protectorado británico. Desde fines de la segunda Guerra Mundial, **Kuwait** ha desarrollado vertiginosamente su economía en virtud de sus enormes reservas de petróleo (1.000 millones de toneladas, aproximadamente). Su ingreso per cápita es actualmente superior al de los EE. UU.

KUZNETS, Simón. *Biog.* Economista estadounidense de origen ruso, premio Nobel de Economía 1971. En su obra *Desarrollo económico moderno* y otras Kuznets expone sus interpretaciones sobre los ciclos de desarrollo económico, basadas en métodos empíricos, que fueron el punto de partida para una comprensión moderna y profunda de la estructura económico-social (n. en 1901).

KWANTUNG. *Geog.* Región meridional de la pen. de Liaotung (China), al S. de Manchuria. Fue arrendada a Rusia en 1898. En 1905 los derechos rusos pasaron al Japón, que obtuvo la prolongación del acuerdo hasta 1947. En 1945, vencido el Japón, China ocupó nuevamente el territorio. 3.463 km². 2.500.000 h.

KYD, Tomás. *Biog.* Dramaturgo ingl., precursor del teatro en su país y de quien sólo se conserva una *Tragedia española* (1558-1594).

L. f. Decimotercia letra del abecedario castellano y décima de sus consonantes. Su nombre es ele. ‖ Letra numeral que equivale a 50 en la numeración romana.

LA. (Del lat. *illa.*) *Gram.* Artículo determinado en género femenino y número singular. Suele anteponerse a nombres propios de persona de este mismo género; v. gr.: La Carmen; La Dolores. ‖ *Gram.* Acusativo del pronombre personal de tercera persona en género femenino y número singular. No admite preposición y puede emplearse como sufijo: LA busqué; búscaLA. Esta forma, propia del acusativo, no debe usarse en dativo.

LA. m. *Mús.* Sexta voz de la escala musical.

La. *Quím.* Símbolo del lantano.

LAALAND o LOLLAND. *Geog.* Isla de Dinamarca, lacustre y pantanosa, sit. en el Báltico, al S. del Gran Belt. 1.281 km². 100.000 h. Cap. MARIBO. Cereales, frutas.

LA ALTAGRACIA, *Geog.* V. **Altagracia.**

LAAR, Pedro van. *Biog.* Pintor hol., llamado el Bamboccio, que alcanzó renombre por sus cuadros sobre escenas populares, conocidas como bambochadas. Obras: *Pagando a los vendimiadores; Paisaje con ruinas; El cantor,* etc. (1613-1673).

LA ASUNCIÓN. *Geog.* Ciudad del N. de Venezuela, cap. del estado de Nueva Esparta. 7.000 h.

LABÁN. *Hist. Sagr.* Patriarca hebr., padre de Lía y Raquel, y suegro de Jacob.

LABARCA HUBERTSON, Amanda. *Biog.* Escritora chil., conocida por sus estudios pedagógicos. Obras: *Historia de la enseñanza en Chile; Nuevas orientaciones de la enseñanza,* etc. (1886-1975). ‖ — **Guillermo.** Escritor chil., autor de *Al amor de la tierra* (cuentos); *Mirando al océano* (novela), etc. (1883-1954.)

LABARDEN, Manuel José de.

Biog. V. **Lavardén, Manuel José de.**

LÁBARO. (Del lat. *lábarum.*) m. Estandarte de los emperadores romanos al cual Constantino agregó la cruz y el monograma de Cristo, compuesto de las dos primeras letras de este nombre en griego. *Custodiaban el* LÁBARO *cincuenta hombres valientes y fieles.* ‖ Este mismo monograma. ‖ Por ext., la cruz sin el monograma.

LABERÍNTICO, CA (Del lat. *labyrinthicus.*) adj. Perteneciente o relativo al laberinto. ‖ fig. Enmarañado, a modo de laberinto. sinón.: **confuso, enredado.**

LABERINTO. al. *Labyrinth.* fr. **Labyrinthe.** ingl. **Labyrinth.** ital. **Laberinto.** port. **Labirinto.** (Del lat. *labyrinthus,* y éste del gr. *labýrinthos.*) m. Lugar artificiosamente hecho de calles, encrucijadas y plazuelas, para confundir al que lo recorre y que no pueda salir. sinón.: **dédalo.** ‖ fig. Cosa confusa y enredada. *El* LABERINTO *de los sueños;* sinón.: **caos, maraña.** ‖ Composición poética cuyos versos pueden ser leídos en diferentes direcciones sin perder la cadencia y el sentido. ‖ *Perú.* Escándalo, bullicio. ‖ *Anat.* Parte más interna y principal del oído. ‖ IDEAS AFINES: *Ocultación, ambigüedad, complejidad, embrollo, misterio, enigmático, incomprensible, peligroso, perderse, dudar, sospechar, optar, partida, llegada, camino, meta, guía, hilo; Ariadna, Creta, Dédalo, Minotauro, Teseo.*

LABERINTO. *Arqueol.* Inmenso palacio cuadrangular al E. del lago Meris (Egipto), compuesto de pequeñas habitaciones, unidas por complicados corredores. ‖ — **de Creta.** *Mit.* Laberinto egipcio en las cercanías de Cnosos, construido por Dédalo alrededor del año 1300 a. de C. y donde vivía el Minotauro, monstruo siempre sediento de sangre humana que fue muerto por Teseo, quien se sirvió del hilo de

Ariadna para encontrar la salida.

LABIA. (De *labio.*) f. fam. Verbosidad persuasiva y gracia en el hablar.

LABIADA. adj. *Bot.* Dícese de la corola dividida en dos partes o labios, el superior de dos pétalos y el inferior de tres y, por ext., de la flor que tiene esta corola.

LABIADO, DA. (De *labio.*) adj. *Bot.* Dícese de las plantas dicotiledóneas, arbustos, hierbas, matas que se caracterizan por sus hojas opuestas, cáliz persistente y corola en forma de labio; como el orégano, el tomillo, el romero, la salvia, la albahaca, la mejorana, el espliego y el cantueso. Ú.t.c.s.f. *Muchas* LABIADAS *se utilizan en medicina y perfumería.* ‖ f. pl. *Bot.* Familia de estas plantas.

LABIAL. adj. Perteneciente o relativo a los labios. *Comisura* LABIAL. ‖ Dícese de la vocal, consonante o sonido en cuya articulación intervienen principalmente los labios, y de las letras que los representan; como la *b* castellana. Ú.t.c.s.f.

LABIALIZAR. tr. *Fon.* Dar carácter labial a un sonido.

LABICHE, Eugenio. *Biog.* Comediógrafo fr., autor de *El sombrero de paja de Italia; El viaje de M. Lurichin,* etc. (1815-1888).

LABIÉRNAGO. (Del lat. *labúrnum.*) m. Arbusto o arbolillo oleáceo de dos o tres metros de altura, con ramas mimbreñas, hojas persistentes, opuestas, estrechas, de color verdinegro, enteras o aserradas y con pecíolo corto; flores de corola blanquecina en hacecillos axilares, y fruto en drupa negruzca, del tamaño de un guisante. *Phyllirea angustifolia.*

LABIHENDIDO, DA. adj. Que tiene hendido o partido el labio superior.

LÁBIL. (Del lat. *lábilis.*) adj. Que resbala o se desliza con facilidad. ‖ Frágil, caduco. ‖ *Quím.* Dícese del compuesto fácil de transformar en otro más estable. ‖ deriv.: **labilidad.**

LABIO. al. **Lippe.** fr. **Lèvre.** ingl. **Lip.** ital. **Labbro.** port. **Lábio.** (Del lat. *lábium.*) m. Cualquiera de las dos partes exteriores, carnosas y movibles de la boca, que cubren la dentadura, llamadas superior e inferior. ‖ fig. Borde de ciertas cosas. *Los* LABIOS *de una herida, de una taza.* ‖ fig. Órgano del habla. Ú. en sing. o en pl. *Mi* LABIO *enmudeció; sus* LABIOS *jamás me ofendieron.* ‖ — **leporino.** El superior del hombre cuando, por defecto congénito, está hendido en la forma que comúnmente lo tiene la liebre. ‖ **Cerrar los labios.** frs. fig. Callar. ‖ **Estar uno colgado, o pendiente, de los labios de otro.** frs. fig. Estar colgado, o pendiente de sus palabras. ‖ **Morderse uno los labios.** frs. fig. y fam. Morderse la lengua. Ú.t. con negación. ‖ fig. y fam. Violentarse para contener la risa, o el habla. ‖ **No descoser, o despegar, uno los labios, o sus labios.** frs. fig. Callar o no contestar. ‖ **Sellar el labio, o los labios.** frs. fig. Callar, enmudecer. ‖ IDEAS AFINES: *Belfo, hocico, rostro, comisura, bigote, sonrisa, conversación, mímica, rojo, besar, reír, fruncir, pintar.*

LABIODENTAL. adj. Dícese del sonido o consonante que se articula aplicando el labio inferior al borde de los incisivos superiores, y de las letras que los representan; como la *f* castellana. Ú.t.c.s.f.

LABIOSEAR. tr. *Amér. Central.* Lagotear.

LABIOSIDAD. f. *Amér. Central* y *Ec.* Zalamería.

LABOR. al. **Arbeit; Werk.** fr. **Travail; ouvrage.** ingl. **Labor; task; work.** ital. **Lavoro.** port. **Labor.** (Del lat. *labor.*) f. Trabajo. *La* LABOR *diaria;* antón.: **holganza.** ‖ Adorno tejido o manual en la tela, o hecho de otro modo en otras cosas. Ú.t. en pl. *Una* LABOR *primorosa.* ‖ Obra de coser, bordar, etc., propia de mujeres. ‖ Con el artículo *la,* colegio de niñas donde se enseña a hacer la-

bor. *No faltar a la* LABOR; *aprender todos los cursos de la* LABOR. ‖ Labranza, especialmente la de las tierras que se siembran. Hablando de las demás faenas agrícolas, ú.m. en pl. *Las* LABORES *del campo.* ‖ V. **Casa de labor.** ‖ Cualquiera vuelta de arado o de cava que se da a la tierra. ‖ Entre los fabricantes de teja y ladrillo, cada millar de esta obra. ‖ Cualquiera de los grupos de productos que se confeccionan en las fábricas de tabacos. ‖ En algunas comarcas, simiente de los gusanos de seda. ‖ *Guat.* y *Salv.* Finca rústica pequeña. ‖ *Mar.* V. **Cabo de labor.** ‖ *Min.* Excavación. Ú.m. en pl. ‖ — **blanca.** La que hacen las mujeres en lienzo. ‖ **Meter en labor la tierra.** frs. Labrarla, prepararla para la sementera. ‖ IDEAS AFINES: *Tarea, ocupación, profesión, estudio, ejercicio, empleo, agricultura, artesanía, cultivo, oficio, afán, esfuerzo, tesón, fatiga, servidumbre, esclavitud, sudor, jornada, destajo, obrero, aprendiz, jefe, equipo, cuadrilla, brazos, proletario, sindicato, huelga, salario.*

LABORABLE. adj. Que se puede labrar o trabajar. *Aleación* LABORABLE. ‖ V. **Día laborable.**

LABORAL. adj. Perteneciente o relativo a la labor o trabajo. *Contratos* LABORALES.

LABORANTE. Que labora. ‖ m. Conspirador que persigue algún empeño político.

LABORAR. (Del lat. *laborare.*) tr. Labrar. ‖ intr. Gestionar o intrigar con algún propósito.

LABORATORIO. al. **Laboratorium.** fr. **Laboratoire.** ingl. **Laboratory.** ital. **Laboratorio.** port. **Laboratório.** (De *laborar.*) m. Oficina en que los químicos hacen sus experimentos y los farmacéuticos preparan las medicinas. ‖ Por ext., oficina o taller donde se realizan trabajos técnicos o investigaciones científicas. ‖ IDEAS AFINES: *Alambique, filtro, retorta, probeta, catalizador, horno, fuego, prueba, hipó-*

tesis, ensayo, empirismo, búsqueda, descubrimiento, fórmula, combinación, medicamento, veneno, destilar, calcinar, analizar, disolver, mezclar, estallar, transmutar, sabio, alquimista.

LABOREAR. (De *labor.*) tr. Labrar o trabajar una cosa. ‖ *Min.* Hacer excavaciones en una mina. ‖ intr. *Mar.* Pasar un cabo por la roldana de un motón.

LABOREO. (De *laborear.*) m. Cultivo de la tierra o del campo. ‖ *Mar.* Orden y disposición de los cabos de labor, para el conveniente manejo de las vergas, masteleros y velamen. ‖ *Min.* Arte de explotar las minas, haciendo las labores necesarias. ‖ Conjunto de estas labores.

LABORERA. adj. Dícese de la mujer práctica en las labores de manos.

LABORERO. m. *Bol., Chile* y *Perú.* Capataz minero. ‖ *Chile.* Adobador.

LABORÍO. m. Labor, trabajo.

LABORIOSIDAD. al. **Arbeitsamkeit.** fr. **Laboriosité.** ingl. **Laboriosness.** ital. **Laboriosità.** port. **Laboriosidade.** (De *laborioso.*) f. Aplicación o inclinación al trabajo.

LABORIOSO, SA. (Del lat. *laboriosus.*) adj. Trabajador, amigo de trabajar. *Abeja* LABORIOSA; antón.: **haragán.** ‖ Trabajoso, penoso. *Un buceo* LABORIOSO; antón.: **fácil.** ‖ deriv.: **laboriosamente.**

LABORISMO. m. Sistema político y económico del partido laborista inglés, basado en el trabajo como productor de riqueza.

LABORISTA. adj. Dícese de un partido político de Gran Bretaña, fundado en 1900, que agrupa a la mayoría de los trabajadores y que ya ha ejercido el gobierno en varias ocasiones, la última desde 1976. En inglés, *Labour Party.* ‖ Partidario del laborismo. Ú.t.c.s. ‖ Perteneciente o relativo al laborismo o a los laboristas.

LABOULAYE. *Geog.* Ciudad de la Argentina, al S. de la prov. de Córdoba. 23.000 h. Centro agrícola ganadero.

LABRA. f. Acción y efecto de labrar piedras, maderas, etc.

LABRA, Rafael María de. *Biog.* Parlamentario y jurisc. esp., n. en Cuba, luchador por la abolición de la esclavitud. Obras: *La cuestión colonial; La emancipación de América; La abolición de la esclavitud en el orden económico,* etc. (1840-1918).

LABRADA. f. Tierra barbechada y dispuesta para sembrarla al año siguiente.

LABRADERO, RA. adj. Apropiado para la labor y que se puede sembrar.

LABRADÍO, A. (De *labrado.*) adj. Labrantío. Ú.t.c.s.m.

LABRADO, DA. adj. Dícese de las telas o géneros que tienen alguna labor, por oposición a los lisos. *Organdí* LABRADO. ‖ m. Labra. ‖ Campo labrado. Ú.m. en pl.

LABRADOR. n. p. V. **Piedra del Labrador.**

LABRADOR, RA. al. **Bauer; Landmann.** fr. **Laboureur.** ingl. **Farmer.** ital. **Lavoratore.** port. **Lavrador.** adj. Que labra la tierra. Ú.t.c.s. sinón.: **agricultor, labriego.** ‖ Que trabaja o sirve para trabajar. ‖ s. Persona que posee hacienda de campo y la cultiva por su cuenta. ‖ *Méx.* Huebrero. ‖ IDEAS AFINES: *Campesino, colono, gaucho, inmigrante, laboreo, arar, roturar, plantar, cosechar, emparvar, hoz, rastrillo, caballo, yunta, surco, semilla, abono, riego, sembrado, plantación, siega, fertilidad, rendimiento, granero, agropecuario.*

LABRADOR. *Geog.* Vasta pen. del N.E. de Canadá, situada entre la bahía y estrecho de Hudson y el Atlántico. 1.500.000 km². Su clima frío hace difícil la vida humana. ‖ Territorio del Canadá que abarca la zona atlántica de la pen. hom. y forma parte de la provincia de Terranova. 285.000 km². 12.000 h. Pesca de arenques, salmones, merluzas. Hierro, maderas. Cap. BATTLE HARBOUR.

LABRADOR RUIZ, Enrique. *Biog.* Cuentista y novelista cub., autor de *La sangre hambrienta; Los pinos; Antes; El gallo en el espejo, Laberinto,* etc. (n. 1902).

LABRADORESCO, CA. adj. Perteneciente al labrador o propio de él.

LABRADORIL. adj. Labradoresco.

LABRADORITA. (De Labrador, región de la América Septentrional, donde primeramente se halló este mineral.) f. Feldespato laminar de color gris, translúcido iridiscente y que entra en la composición de diversas rocas.

LABRANDERA. f. Mujer experta en labrar o hacer labores femeninas.

LABRANTÍN. m. Labrador pobre.

LABRANTÍO, A. (Del ant. *labrante.*) adj. Aplícase al campo o tierra de labor. Ú.t.c.s.m.

LABRANZA. al. **Ackerbau.** fr. **Labourage.** ingl. **Tillage.** ital. **Coltivazione.** port. **Lavoura.** (De *labrar.*) f. Cultivo de los campos. *Máquinas de* LABRANZA. ‖ Hacienda de campo o tierras de labor. ‖ Labor o trabajo de cualquier arte y oficio.

LABRAR. al. **Arbeiten; ackern.** fr. **Labourer.** ingl. **To farm.** ital. **Lavorare.** port. **Lavrar.** (Del lat. *laborare.*) tr. Trabajar en un oficio. ‖ Trabajar una materia reduciéndola al estado conveniente para ser usada. LABRAR *un mármol.* ‖ Cultivar la tierra. ‖ Arar. LABRAR *la besana.* ‖ Llevar una tierra en arrendamiento. ‖ Edificar, hacer un edificio. ‖ Hacer labores femeninas. ‖ fig. Formar, causar. LABRAR *la ruina, la felicidad de alguien.* ‖ intr. fig. Causar una cosa fuerte impresión en el ánimo.

LABRERO, RA. adj. Dícese de las redes de cazonal.

LABRIEGO, GA. al. **Bauer; Landmann.** fr. **Laboureur; paysan.** ingl. **Farmer; peasant.** ital. **Contadino.** port. **Labrego.** (Del lat. *labor, -oris.*) s. Labrador rústico.

LABRO. (Del lat. *lábrum.*) m. *Zool.* Labio superior de la boca de los insectos, muy notorio en los masticadores y confuso a veces o modificado en los demás.

LABRUSCA. (Del lat. *labrusca.*) f. Vid silvestre.

LA BRUYÈRE, Juan de. *Biog.* Escr. y moralista fr., autor de la célebre serie de sátiras *Los caracteres o las costumbres de este siglo,* considerada un modelo de agudeza, expresión y gusto artístico (1645-1696).

LABUÁN. *Geog.* Isla sit. en el mar de la China Meridional, al N. de Borneo. Es una dependencia de Malasia. 25.000 h. Cap. VICTORIA. Carbón.

LACA. al. **Lack.** fr. **Laque.** ingl. **Lac.** ital. **Lacca.** port. **Laca.** (Del persa *lak.*) f. Substancia resinosa, translúcida, quebradiza y encarnada, que se forma en las ramas de varios árboles de la India, con la exudación que producen las picaduras de unos insectos semejantes a la cochinilla, y los restos de estos animales muertos en el líquido que hacen fluir. ‖ Barniz duro y brillante que se fabrica con esta substancia resinosa. ‖ Por ext., objeto barnizado con laca. *Las* LACAS *son una verdadera industria nacional del Japón.* ‖ Color rojo obtenido de la raíz de la rubia, de la cochinilla o del palo de Pernambuco. ‖ Substancia aluminosa colorida usada en la pintura.

LA CANEA. *Geog.* Ciudad y puerto de Grecia, cap. de la isla de Creta. 41.500 h. Pesca.

LACAILLE, Nicolás Luis de. *Biog.* Astrónomo fr., que rectificó los catálogos de estrellas del hemisferio austral. Autor de una *Astronomía fundamental* (1713-1762).

LACANTÚN. *Geog.* Río de México (Chiapas). Recoge las aguas de varios ríos mexicanos y guatemaltecos y des. en el Usumacinta.

LÁCAR. *Geog.* Lago argentino, situado al S.O. de la prov. de Neuquén y al N. del lago Nahuel-Huapi; des. en el Pacífico por intermedio del río Calle-Calle.

LACARRA, Martín Paulino. *Biog.* Militar arg. que actuó en el sitio de Montevideo y en la revolución del sur de Buenos Aires contra Rosas (1777-1858).

LACAYA. f. *Bol.* Casa sin techo.

LACAYO, YA. al. **Lakai.** fr. **Laquais.** ingl. **Lackey; groom.** ital. **Lacchè.** port. **Lacaio.** adj., desus. Lacayuno. ‖ m. Cada uno de los dos soldados de a pie, armados de ballesta, que solían acompañar a los caballeros en la guerra. ‖ Criado de librea. ‖ Lazo colgante de cintas con que las mujeres adornaban el puño de la camisa o del jubón. ‖ IDEAS AFINES: *Sirviente, paje, escudero, séquito, uniforme, palacio, carroza, nobleza, riqueza, amo, jefe, salario, servidumbre, servilismo, bajeza, abyección, desprecio, humillación.*

LACAYUELO. m. dim. de Lacayo.

LACAYUNO, NA. adj. fam. desp. Propio de lacayos. ‖ Servil. *Lisonjas* LACAYUNAS.

LACEADOR. m. *Amér. del S.* Hombre que tiene por oficio lazar o manganear.

LACEAR. tr. Adornar con lazos. ‖ Atar con ellos. ‖ Disponer la caza para que venga al tiro, tomándole el aire. ‖ Coger con lazos la caza menor. ‖ *Arg.* Azotar con el lazo. ‖ *Chile.* Lazar.

LACEDEMONIA. *Geog. histór.* Nombre dado a la antigua Laconia y su cap. **Esparta.**

LACEDEMONIO, NIA. (Del lat. *lacedaemonius.*) adj. De Lacedemonia. Ú.t.c.s. ‖ Perteneciente a este país de la antigua Grecia.

LA CEIBA. *Geog.* Ciudad y puerto de Honduras; cap. del departamento de Atlántida. 50.000 h.

LACENA. f. Aféresis de **Alacena.**

LACEPÈDE, Esteban de. *Biog.* Naturalista fr., continuador de la *Historia Natural* de Buffon. Obras: *Historia natural del hombre; Historia general de Europa,* etc. (1756-1825).

LACERACIÓN. f. Acción y efecto de lacerar o lastimar.

LACERADO, DA. adj. Infeliz. desdichado. ‖ Lazarino Ú.t.c.s.

LACERANTE. p. a. de **Lacerar.** ‖ Que lacera. *Espina* LACERANTE.

LACERAR. al. **Verletzen; schädigen.** fr. **Lacérer; déchirer.** ingl. **To lacerate.** ital. **Lacerare.** port. **Lacerar.** (Del lat. *lacerare.*) tr. Lastimar, herir, magullar. Ú.t.c.r. ‖ Dañar, vulnerar. LACERAR *el honor, la honra.*

LACERAR. (De *lacería.*) intr. Padecer, pasar trabajos.

LACERIA. (De *lázaro.*) f. Miseria. ‖ Trabajo, molestia.

LACERÍA. f. Conjunto de lazos, especialmente en labores de ornato.

LACERÍO. m. *Arg.* Conjunto de lazos.

LACERIOSO, SA. adj. Que padece laceria; sinón.: **indigente, miserable.**

LACERO. m. Hombre diestro en manejar el lazo para apresar toros, caballos, etc. ‖ El que coge caza menor con lazos, por lo común furtivamente.

LACERTOSO, SA. (Del lat. *lacertosus.*) adj. Musculoso, fornido.

LACETANO, NA. (Del lat. *lacetanus.*) adj. Natural de la Lacetania. Ú.t.c.s. ‖ Perteneciente a esta región de la España Tarraconense, cuyo territorio comprendía parte de las provincias de Barcelona y Lérida.

LA CIERVA Y CODORNIÚ, Juan de. *Biog.* Ingeniero esp., inventor del autogiro que lleva su nombre (1895-1937).

LACINIA. (Del lat. *lacinia,* franja, tira.) *Bot.* Cada una de las tirillas largas y de figura irregular en que están divididas las hojas o los pétalos de algunas plantas.

LACINIADO, DA. adj. *Bot.* Que tiene lacinias.

LACIO, CIA. al. **Schaff; welk.** fr. **Flétri; flasque; plat.** ingl. **Faded; languid; straight.** ital. **Marcio; lasso; liscio.** port. **Murcho; frouxo; liso; escorrido.** (Del lat. *flaccidus.*) adj. Marchito, ajado. *Flor* LACIA; sinón.: **mustio.** ‖ Flojo, sin vigor. ‖ Dícese del cabello que cae sin formar ondas ni rizos.

LACIO. *Geog.* Región del centro O. de Italia, sit. entre Toscana y Campania. 17.203 km². 4.950.000 h. Comprende las prov. de Frosinone, Latina, Rieti, Roma y Viterbo. Papas, frutas, vid, olivo. Industrias varias.

LACÓN. (Voz gallega.) m. Brazuelo del cerdo, y en especial su carne curada.

LA CONDAMINE, Carlos María de. *Biog.* V. **Condamine, Carlos María de la.**

LA CONDAMINE. *Geog.* C. de Mónaco, la más populosa del territorio. 20.000 h. Centro turístico.

LACONIA. *Geog.* Nomarquía de Grecia, sit. en la región S.E. del Peloponeso. 3.636 km². 165.000 h. Cap. ESPARTA.

LACÓNICO, CA. al. **Lakonisch.** fr. **Laconique.** ingl. **Laconic.** ital. **Laconico.** port. **Laconico.** (Del lat. *lacónicus,* y éste del gr. *lakonikós,* espartano, lacedemonio.) adj. Laconio, perteneciente a Laconia. ‖ Breve, compendioso, conciso. *Informe* LACÓNICO; *contestación* LACÓNICA. ‖ Que habla o escribe de esta manera. *Crítico* LACÓNICO; *conferenciante* LACÓNICO. ‖ deriv.: **lacónicamente.**

LACONIO, NIA. (Del lat. *laconius.*) adj. Natural de Laconia. Ú.t.c.s. ‖ Perteneciente a esta región de Grecia.

LACONISMO. (Del lat. *laconismus,* y éste del gr. *lakonismós.*) m. Calidad de lacónico. *El* LACONISMO *de los espartanos;* antón.: **verbosidad.**

LA CORDILLERA. *Geog.* Departamento del Paraguay. 4.948 km². 200.000 h. Cap. CAACUPÉ.

LACORDAIRE, Juan Bautista Enrique. *Biog.* Relig. dominico fr., célebre orador sagrado y autor de *Vida de Santo Domingo; Cartas a los jóvenes,* etc. (1802-1861).

LA CORUÑA. *Geog.* Provincia del N.O. de España (Galicia). 7.876 km². 1.080.000 h. Cereales, hortalizas, frutales; porcinos, vacunos. Pesca. Cap. hom. con 190.000 h. Importante puerto y centro industrial. Balneario.

LACRA. al. **Gebrechen; Mangel.** fr. **Défaut.** ingl. **Defect.** ital. **Difetto.** port. **Defeito.** f. Reliquia o señal de una enfermedad o achaque. ‖ Defecto o vicio físico o moral, de una persona o cosa. ‖ *Arg., Perú* y *P. Rico.* Costra de llagas, heridas, etc. ‖ *Dom., Guat.* y *Ven.* Úlcera, llaga.

LACRAR. (De *lacra.*) tr. Dañar la salud de alguien, contagiarle una enfermedad. Ú.t.c.r. ‖ fig. Perjudicar a uno en sus intereses.

LACRAR. al. **Siegeln.** fr. **Cacheter à la cire.** ingl. **To seal.** ital. **Suggellare.** port. **Lacrar.** tr. Cerrar con lacre. LACRAR *encomiendas.*

LACRE. al. **Siegellack.** fr. **Cire à cacheter.** ingl. **Sealing wax.** ital. **Ceralacca.** port. **Lacre.** (De *laca.*) m. Pasta sólida, por lo común en barritas, compuesta de goma laca y trementina con agregado de bermellón o de otro color. Se emplea derretido, para cerrar y sellar cartas y en otros usos semejantes. ‖ fig. y desus. Color rojo. *Corbata de* LACRE. ‖ *Cuba.* Árbol de madera fibrosa y dura, cuya corteza exuda una resina parecida al lacre. ‖ Substancia que dentro del panal forman las abejas como parte de su cera, pero más dura y aromática. ‖ adj. fig. De color rojo. Ú.m. en *Amér.*

LACRETELLE, Jacobo de. *Biog.* Novelista fr., autor de *Silbermann; Amor nupcial; El pro y el contra; Los altos puentes,* etc. (n. 1888).

LÁCRIMA CHRISTI. m. Vino dulce y de sabor delicado, que se hace con una variedad de uva moscatel que se cultiva en Nápoles.

LACRIMAL. adj. Perteneciente a las lágrimas.

LACRIMATORIO, RIA. adj. V. **Vaso lacrimatorio.** Ú.t.c.s.

LACRIMÓGENO, NA. (Del lat. *lácrima,* lágrima, y el gr. *gennao,* engendrar.) adj. Que produce lagrimeo. Se dice particularmente de ciertos gases empleados en la represión incruenta de motines.

LACRIMOSO, SA. adj. Que tiene lágrimas. *Ojos* LACRIMOSOS. ‖ Que mueve a llanto. *Lo encontramos en un estado* LACRIMOSO; sinón.: **lastimero.** ‖ deriv.: **lacrimosamente.**

LACTACIÓN. (Del lat. *lactatio, -onis.*) f. Acción de mamar.

LACTANCIA. al. **Säugezeit.** fr. **Lactation; allaitement.** ingl. **Lactation.** ital. **Allattamento.** port. **Lactação.** (Del lat. *lactantia.*) f. Lactación. ‖ Período en que la criatura mama. sinón.: **amamantamiento, crianza.**

● **LACTANCIA.** *Med.* Durante el primer período de la lactancia, el niño se alimenta sólo de leche; en el segundo o destete, comienza a ingerir también otro alimento, según su peso, edad y talla. Para la especie humana existen tres tipos de lactancia: la natural

–materna o mercenaria–, la artificial y la mixta. La más completa y segura es, sin duda, la lactancia natural materna, porque la composición química de la leche materna está adaptada a la capacidad digestiva del lactante, es estéril, tiene la temperatura adecuada, no se altera por ebullición, y está ricamente constituida. Sólo se prohibe la lactancia natural en casos de infección, tuberculosis, peligros de contaminación, neuropatías, deficiencias maternas o del hijo, psicopatías, etc. La lactancia artificial se cumple con leche fresca de vaca, burra o cabra o por medio de leches o preparaciones lácteas elaboradas. La lactancia mixta, adoptada cuando la leche materna es insuficiente, permite aprovechar, aunque sea en parte, las diastasas y fermentos especiales contenidos en la leche materna.

LACTANCIO, Luis Cecilio Firmino. *Biog.* Retórico y apologista lat., llamado por sus virtudes de estilista el Cicerón cristiano. Obras: *Instituciones divinas; Sobre la ira de Dios; Sobre la obra de Dios*, etc. (250-330).

LACTANTE. al. **Säugling.** fr. **Nourrisson.** ingl. **Feeding on milk.** ital. **Lattante.** port. **Lactente.** (Del lat. *lactans, antis.*) p. a. de **Lactar.** Que lacta o mama. Ú.t.c.s.

LACTAR. (Del lat. *lactare*, de *lac, lactis*, leche.) tr. Amamantar. ‖ Criar con leche. ‖ intr. Nutrirse con leche.

LACTARIO, RIA. (Del lat. *lactarius.*) adj. p. us. Lechoso. ‖ m. Establecimiento de beneficencia que presta asistencia médico-farmacéutica y dietética a niños lactantes.

LACTATO. m. *Quím.* Cuerpo que resulta de la combinación del ácido láctico con un radical simple o compuesto.

LACTEADO, DA. (De *lácteo.*) adj. V. **Harina lacteada.**

LÁCTEO, A. (Del lat. *lácteus.*) adj. Perteneciente a la leche o semejante a ella. *Productos* LÁCTEOS. ‖ *Anat.* V. **Vena láctea.** ‖ *Astron.* V. **Vía Láctea.** ‖ IDEAS AFINES: *Suero, cuajada, caseína, crema, queso, nata, manteca, vaca, granja, cría, ordeñar, esterilizar, agriar, amamantar, alimento, consumo, dieta, régimen, lechero, bar, ama, nodriza, madre, bebé, biberón.*

LACTESCENCIA. f. Calidad de lactescente.

LACTESCENTE. (Del lat. *lactescens, -entis.*) adj. ‖ De aspecto de leche. *Emulsión* LACTESCENTE.

LACTICÍNEO, A. (Del lat. *lacticina*, de *lac, lactis*, leche.) adj. fig. Lácteo.

LACTICINIO. (Del lat. *lacticinium.*) m. Leche, o cualquier manjar preparado con ella.

LACTICINOSO, SA. (Del m. or. que *lacticinio.*) adj. Lechoso, lácteo.

LÁCTICO, CA. adj. *Quím.* Perteneciente o relativo a la leche. ‖ V. **Ácido láctico.**

LACTÍFERO, RA. (Del lat. *láctifer, -eri*; de *lac, lactis*, leche, y *ferre*, llevar.) adj. *Zool.* Dícese de los conductos por donde pasa la leche hasta llegar a los pezones de las mamas.

LACTINA. (Del lat. *lactina*, blanca como la leche.) f. *Quím.* Lactosa.

LACTOFLAVINA. f. *Quím.* Nombre que se da a la vitamina B2.

LACTÓMETRO. m. Galactómetro.

LACTONA. f. *Quím.* Nombre de compuestos líquidos, ésteres derivados de ciertos ácidos alcoholes.

LACTOSA. (Del lat. *lactosa*, lechosa.) f. *Quím.* Hidrato de carbono, blanco, cristalino, soluble en el agua, que existe en la leche y en ciertas semillas y se emplea como diurético y como excipiente.

LACTUCARIO. (Del lat. *lactucarius*, de *lactuca*, lechuga.) m. *Farm.* Jugo lechoso que se extrae del tallo de la lechuga espigada. Se usa como medicamento calmante.

LACTUMEN. (Del lat. *lac, lactis*, leche.) m. *Med.* Exantema que se caracteriza por ciertas llaguitas y costras en la cabeza y el cuerpo, que suelen padecer los niños lactantes, como consecuencia de trastornos digestivos.

LA CUMBRE. *Geog.* Pobl. de Córdoba (Arg.). Centro de turismo serrano. 4.000 h.

LACUNARIO. (Del lat. *lacunárium.*) m. *Arq.* Lagunar.

LACUSTRE. (Del lat. *lacus*, lago.) adj. Perteneciente a los lagos. *Managua es un puerto* LACUSTRE.

LACHA. f. Haleche.

LACHA. f. fam. Vergüenza, pundonor.

LA CHAUX-DE-FONDS. *Geog.* Ciudad de Suiza (Neuchatel). 44.000 h. Relojería.

LACHEAR. tr. *Chile.* Galantear.

LACHELIER, Julio. *Biog.* Filósofo fr., autor de *Fundamentos de inducción* (1832-1918).

LACHO, CHA. adj. *Chile.* Galante, enamorado. Ú.t.c.s. ‖ m. Pisaverde, galán.

LADA. (Del lat. *lada.*) f. Jara, arbusto.

LADANO. (Del lat. *ladanum.*) m. Producto resinoso de la jara.

LADEADO, DA. adj. *Bot.* Dícese de las hojas, flores y otras partes de una planta cuando miran todas a un solo lado. ‖ f. *Col., Chile.* y *Guat.* Ladeo.

LADEAR. al. **Schiefstellen; zur Seite neigen.** fr. **Incliner.** ingl. **To tilt; to incline.** ital. **Inclinare.** port. **Ladear.** tr. Inclinar y torcer una cosa hacia un lado. Ú.t.c. intr. y r. LADEAR *la cabeza.* ‖ intr. Andar por las laderas. ‖ fig. Declinar del camino derecho. ‖ r. fig. Inclinarse a una cosa. SE LADEÓ *al bando enemigo.* ‖ Estar una persona o cosa al igual de otra. ‖ fig. y fam. *Chile.* Enamorarse.

LADEO. m. Acción y efecto de ladear o ladearse.

LADERA. al. **Abhang; Berglehne.** fr. **Pente; versant.** ingl. **Slope; hillside.** ital. **Declivio; pendio.** port. **Ladeira.** f. Declive de un monte o de una altura. *La* LADERA *occidental de la Sierra Nevada es boscosa.*

LADERÍA. f. Llanura pequeña en la ladera de un monte.

LADERO, RA. (De *lado.*) adj. Lateral. ‖ *Amér. del S.* Aplícase a la caballería que, atada al costado de la vara, acompaña a otra en el tiro de un vehículo.

LADI. (Del ingl. *lady*, señora.) f. Tratamiento que se da a las damas inglesas.

LADIERNO. (Del lat. *alaternus.*) m. Aladierna.

LADILLA. (dim. del lat. *lens, lendis*, liendre.) f. Insecto anopluro de dos milímetros de largo, casi redondo, aplastado, y de color amarillento. Vive parásito en las partes vellosas del cuerpo humano, donde se adhiere firmemente con las pinzas con que terminan sus patas; sus picaduras son muy molestas. ‖ **Cebada ladilla.** ‖ **Pegarse** uno **como ladilla.** frs. fig. y fam. Arrimarse a otro con pesadez y fastidiándolo.

LADILLO. (dim. de *lado.*) m. Parte de la caja del coche, que está a los lados de las portezuelas. ‖ *Impr.* Composición breve que suele colocarse en el margen de las planas para indicar el contenido del texto.

LADINAMENTE. adv. m. De un modo ladino.

LADINO, NA. al. **Gerieben; schlau.** fr. **Adroit; rusé.** ingl. **Cunning; crafty.** ital. **Astuto; sagace.** port. **Ladino.** (De *latino.*) adj. Que habla con facilidad una o varias lenguas además de la propia. ‖ fig. Astuto, taimado. *Un viejo* LADINO. ‖ V. **Esclavo ladino.** ‖ *Amér.* Aplícase al indio que habla castellano. ‖ *Amér. Central.* Descendiente de español e india; mestizo. Ú.t.c.s. ‖ *Cuba.* Dícese del negro africano civilizado y experto.

LADO. al. **Seite.** fr. **Coté.** ingl. **Side.** ital. **Fianco; lato.** port. **Lado.** (Del lat. *latus.*) m. Costado o parte del cuerpo de la persona o del animal, entre el brazo y el hueso de la cadera. ‖ Lo que se halla a la derecha o a la izquierda de un todo. ‖ Costado o mitad del cuerpo del animal desde el pie hasta la cabeza. *Sufrió quemaduras en todo el* LADO *derecho.* ‖ Cualquiera de los parajes que están alrededor de un cuerpo. *El pueblo se inundó por todos* LADOS. *o por el* LADO *del castillo, o por el* LADO *de la carretera.* ‖ Estera que se pone junto a las estacas de los lados de los carros para que la carga no se salga por ellos. ‖ Anverso o reverso de una medalla. *Esta moneda tiene por un* LADO *el busto de un patricio, y por el otro el escudo nacional.* ‖ Cualquiera de las dos caras de una tela o de otra cosa que las tenga. ‖ Sitio, lugar. *Ponte en ese* LADO; *no está en ningún* LADO. ‖ Línea genealógica. *Por el* LADO *del padre, es noble.* ‖ Cualquiera de los aspectos por que se juzga o considera una persona o cosa. *Por un* LADO *me gusta el proyecto; mas por otro, me parece inadecuado.* ‖ Medio o camino que se toma para una cosa. *Para evitar confusiones, encaré el asunto por otro* LADO. ‖ *Geom.* Cada una de las dos líneas que forman un ángulo. ‖ Cualquiera de las líneas que forman o limitan un polígono. ‖ Arista de los poliedros regulares. ‖ Generatriz de la superficie lateral del cono y del cilindro. ‖ fig. Valimiento, protección. ‖ pl. fig. Personas que favorecen a otra. ‖ Personas que frecuentemente están cerca de otra a quien aconsejan influyendo en su ánimo. *Este gobernador tiene buenos* LADOS. ‖ **Al lado.** m. adv. Muy cerca, inmediato. *La casa de al* LADO. ‖ **A un lado.** loc. adv. que se emplea para advertir a uno o a varios que se aparten y dejen el paso libre. *Hágase a un* LADO. ‖ **Dar de lado** a uno. frs. fig. y fam. Dejar su trato o su compañía. ‖ **Dejar a un lado** a una cosa. frs. fig. Omitirla al conversar. ‖ **Hacerse** uno **a un lado.** frs. Apartarse, quitarse de en medio. ‖ **Mirar de lado** o **de medio lado.** frs. fig. Mirar con ceño y desprecio. ‖ fig. Mirar disimuladamente.

LADOGA. *Geog.* Gran lago de la U.R.S.S. situado al N.E. de Leningrado. Se comunica con el golfo de Finlandia por el río Neva. 18.130 km².

LADÓN. m. Lada.

LADRA. f. Acción de ladrar. ‖ Conjunto de ladridos que se oyen al encuentro de los perros con una res.

LADRADOR, RA. adj. Que ladra.

LADRAR. al. **Bellen.** fr. **Aboyer.** ingl. **To bark.** ital. **Abbaiare; latrare.** port. **Ladrar.** (Del lat. *latrare.*) intr. Dar ladridos el perro. *Los perros* LADRARON *al desconocido.* ‖ fig. y fam. Amenazar sin acometer. ‖ Impugnar, motejar. ‖ deriv.: **ladrante.**

LADRERÍA. f. Galicismo por leprosería. ‖ *Veter.* Cisticercosis.

LADRIDO. al. **Bellen; Gebell.** fr. **Aboiement.** ingl. **Barking.** ital. **Abbaiamento.** port. **Ladrido.** m. Voz propia del perro, semejante a la onomatopeya *guau.* ‖ fig. y fam. Censura, calumnia con que se zahiere a alguien. ‖ IDEAS AFINES: *Can, cancerbero, mastín, jauría, traílla, gruñido, amenaza, ataque, morder, cazar, anunciar, alarmar, vigilar, perseguir, intruso, delincuente, presa, reconocimiento, amistad.*

LADRILLADO. m. Solado de ladrillos.

LADRILLADOR. (De *ladrillar.*) m. Enladrillador.

LADRILLAR. m. Sitio o lugar donde son fabricados los ladrillos.

LADRILLAR. (De *ladrillo.*) tr. Enladrillar.

LADRILLAZO. m. Golpe dado con un ladrillo.

LADRILLEJO. m. dim. de Ladrillo. ‖ Juego que suelen hacer de noche los mozos y que consiste en colgar un ladrillo delante de la puerta de una casa y moverlo desde lejos para que golpee en la puerta y crean los de la casa que llaman a ella.

LADRILLERA. f. *Méx.* y *Murc.* Ladrillar.

LADRILLERÍA. f. *Chile.* Vulgarismo por gradilla.

LADRILLERO, RA. s. Persona que hace ladrillos. ‖ m. El que los vende.

LADRILLO. al. **Ziegel; Kunststein.** fr. **Brique.** ingl. **Brick.** ital. **Mattone.** port. **Ladrilho.** (Del lat. *laterellus.*) m. Masa de arcilla, de forma de paralelepípedo rectangular, que, después de cocida, es usada en la construcción de muros, solados de las habitaciones, etc. *Horno de* LADRILLOS. ‖ fig. Labor en forma de ladrillo que tienen algunos tejidos. ‖ **– azulejo.** Azulejo. ‖ **– de chocolate.** fig. Pasta de chocolate hecha en forma de ladrillo. ‖ IDEAS AFINES: *Adobe, baldosa, teja, ripio, cascote, piso, casa, edificación, mampostería, obrero, albañil, arquitecto.*

LADRILLOSO, SA. adj. Que es de ladrillo o se le asemeja.

LADRON, NA. al. **Dieb.** fr. **Larron; voleur.** ingl. **Thief; robber.** ital. **Ladro.** port. **Ladrão.** (Del lat. *latro, -onis.*) adj. Que hurta o roba. Ú.m.c.s. ‖ m. Portillo que se hace en un río para sangrarlo, o en las acequias para robar el agua por aquel conducto. ‖ Pavesa encendida que, al separarse del pabilo, se pega a la vela y la hace correrse. ‖ fig. V. **Cueva de ladrones.** ‖ *Impr.* Lardón, o pedacito de papel que a veces queda en la frasqueta. ‖ **– cuatrero.** Ladrón que hurta bestias. ‖ **El buen ladrón.** San Dimas, uno de los dos malhechores crucificados con Jesucristo y el cual, al arrepentirse, alcanzó la gloria. ‖ **El mal ladrón.** Uno de los dos malhechores crucificados con Jesucristo y el cual murió sin arrepentirse. ‖ **Piensa el ladrón que todos son de su condición.** ref. que enseña cuán propensos somos a sospechar de otro lo que nosotros hacemos. En Arg., y con significación parecida, existe esta variante: **Lo tuyo me dices, ladrón de perdices.** ‖ **Quien hurta al ladrón, gana,** o **ha, cien días** o **cien años, de perdón.** ref. con que se disculpa, al que hace una mala acción contra un malvado. ‖ IDEAS AFINES: *Asalto, ratería, estafa, malversación, cleptomanía, escamotear, desaparecer, bandido, pirata, delincuente, carterista, cómplice, delator, llave, ganzúa, linterna, antifaz, disfraz, arma, amenaza, botín, policía, persecución, captura, juicio, condena, prisión.*

LADRÓN DE GUEVARA, Diego. *Biog.* Sacerdote esp., virrey de Perú de 1710 a 1716.

LADRONAMENTE. adv. m. Astutamente, a hurtadillas.

LADRONEAR. intr. Vivir de robos y rapiñas.

LADRONERA. f. Lugar donde se recogen los ladrones. ‖ Ladrón de ríos o acequias. ‖ Ladronicio. *Aquello era una* LADRONERA. ‖ Alcancía, hucha. ‖ *Fort.* Matacán.

LADRONERÍA. (De *ladronicio.*) f. Ladronicio.

LADRONERÍO. m. *Arg.* y *Guat.* Ladronesca. ‖ Robos frecuentes.

LADRONES, Islas de los. *Geog.* V. **Marianas.**

LADRONESCA. f. fam. Conjunto de ladrones.

LADRONESCO, CA. adj. fam. Perteneciente o relativo a los ladrones.

LADRONICIO. m. Latrocinio. ‖ *Ec.* Refugio de ladrones.

LADRONZUELO, LA. s. dim. de **Ladrón.** ‖ Ratero.

LAENNEC, Renato Teófilo Jacinto. *Biog.* Médico fr., notable por sus estudios sobre anatomía patológica. Inventó el estetoscopio y es autor de un célebre *Tratado de la auscultación médica* (1781-1826).

LAERTES. *Mit.* Padre de Ulises rey de Itaca.

LA ESPERANZA. *Geog.* Población de Honduras, cap. del departamento de Intibucá. 2.000 h. Cría de ganado.

LA FALDA. *Geog.* Población de Argentina, al N.O. de Córdoba. 8.000 h. Centro turístico.

LAFARGUE, Pablo. *Biog.* Político y teorizador socialista fr., autor de *La propiedad y su origen; El materialismo de Marx y el idealismo de Kant; Lengua y revolución* etc. (1841-1911).

LA FAYETTE, María Magdalena, condesa de. *Biog.* Escritora fr., que, con *La princesa de Clèves*, inaugura el período de la novela clásica, psicológica y moral. Escribió, además, *La princesa de Montpensier; Máximas*, etc. (1634-1692). ‖ **– Mario, marqués de.** General y político fr., que participó en las luchas por la independencia de Estados Unidos y en la Revolución Francesa. Autor de una *Declaración europea de los derechos del hombre y del ciudadano* (1757-1834).

LAFERRERE, Alfonso de. *Biog.* Escr. y periodista argentino (1893-1978), autor de *Introducción crítica a "Páginas de Groussac"; Literatura y política*, etc. ‖ **– Germán de.** Escr. y periodista arg., autor de *Alto Paraná; Aguas turbias; Selva adentro*, etc. (1901-1958). ‖ **– Gregorio de.** Comediógrafo arg., uno de los iniciadores del teatro de su país. Cultivó con notable habilidad escénica la comedia urbana utilizando tipos, formas verbales y ambientes propios del Buenos Aires de su tiempo. Obras: *Jettatore; Locos de verano; Ba-*

jo la garra; *Las de Barranco*, etc. (1867-1913).

LAFINUR, Juan Crisóstomo. *Biog.* Poeta arg., autor de poesías patrióticas: *Canto elegíaco a Belgrano*; *Oda a la libertad de Lima*; *Oración fúnebre*; *A una rosa*, etc. También fue pianista, compositor y director de coros. Estrenó, en 1821, su melodrama *Clarisa y Betsy*, primer ensayo de teatro musical hecho por un argentino (1797-1824).

LAFONE QUEVEDO, Samuel A. *Biog.* Filólogo e historiador arg., nacido en Uruguay, autor de importantes trabajos sobre lingüística y arqueología americanas. Obras: *Etnología*; *Tesoro de catamarqueñismos*, etc. (1835-1920).

LAFONTAINE, Enrique. *Biog.* Jurisc. belga, que, en 1913, recibió el premio Nobel de la Paz. Obras: *Tratado de la falsificación*; *Bibliografía de la paz y el arbitraje*, etc. (1854-1943).

LA FONTAINE, Juan de. *Biog.* Poeta fr., uno de los ejemplos más depurados de la literatura clásica de su país. Sus *Fábulas*, de exquisito lirismo y sentido innato de la naturaleza, son notables por la composición y sobriedad. Obras: *Fábulas*; *Adonis*; *Cuentos*; *Psique* (novela), etc. (1621-1695).

LAFORET, Carmen. *Biog.* Novelista esp., autora de *Nada*; *La isla y los demonios*, etc. (n. 1921).

LAFORGUE, Julio. *Biog.* Poeta fr., nacido en el Uruguay, considerado uno de los creadores del verso libre. Obras: *El concilio feérico*; *Las quejas*; *Imitación de Nuestra Señora la Luna*, etc. (1860-1887).

LA FRAGUA, José María. *Biog.* Jurisc. y periodista mex., que redactó el *Código Civil* y el de *Procedimientos civiles* de su país (1813-1875).

LAFUENTE, Modesto. *Biog.* Hist. y escritor esp., fundador de la revista "Fray Gerundio" y autor de *Historia general de España*, en veintinueve tomos (1806-1866).

LAGAÑA. f. Legaña.

LAGAÑOSO, SA. adj. Legañoso.

LAGAR. al. **Weinkelter.** fr. **Pressoir.** ingl. **Winepress.** ital. **Torchio; tino.** port. **Lagar.** (De *lago.*) m. Recipiente donde se pisa la uva para obtener el mosto. ‖ Lugar donde se prensan las aceitunas, para extraer el aceite, o donde se machacan las manzanas para preparar la sidra. ‖ Edificio donde hay un lagar. ‖ Tierra de poca extensión, con olivar, edificio y artefactos para extraer el aceite.

LAGAREJO. m. dim. de **Lagar.** ‖ **Hacerse lagarejo.** frs. fig. y fam. Estrujarse la uva que se trae para comer.

LAGARERO. m. El que trabaja en lagares.

LAGARETA. f. Lagarejo. ‖ Charco de algún líquido.

LAGARTA. f. Hembra del lagarto. ‖ Insecto lepidóptero semejante al gusano de seda. ‖ fig. y fam. Mujer taimada. Ú.t.c. adj.

LAGARTADO, DA. adj. Alagartado.

LAGARTEAR. tr. *Chile.* Agarrar a uno por los lagartos con instrumento adecuado o con las manos, para impedirle el movimiento de los brazos. ‖ deriv.: **lagarteo.**

LAGARTERA. f. Madriguera del lagarto.

LAGARTERO, RA. adj. Dícese del animal que caza lagartos. ‖ m. *Guat.* Burdel.

LAGARTIJA. al. **Gemeine Eidechse.** fr. **Petit lézard.** ingl. **Small lizard.** ital. **Lucertolina.** port. **Lagartixa.** (dim. de *lagarta.*) f. Especie de lagarto de pequeña talla y veloces movimientos; es de color pardo, verdoso o rojizo por encima y blanco por debajo. Se alimenta de insectos y vive entre los escombros y en los orificios de los muros. *La* LAGARTIJA *gusta del sol.*

LAGARTIJERO, RA. adj. Dícese de algunos animales que se nutren con lagartijas.

LAGARTIJO. m. dim. de Lagarto. ‖ *Méx.* Petimetre.

LAGARTO. al. **Eidechse.** fr. **Lézard.** ingl. **Lizard.** ital. **Lucertolone.** Port. **Lagarto.** (Del lat. *lacertus.*) m. Reptil terrestre del orden de los saurios, de cinco a ocho decímetros de largo incluida la cola, con cuerpo casi cilíndrico, cola larga y cónica, brazos y piernas cortos y piel cubierta de laminillas escamosas blancas en el vientre y manchadas de verde, amarillo y azul en el resto del cuerpo; es insectívoro, en particular los del Gén. *Lacerta.* Se reproduce por huevos que la hembra entierra hasta que el sol los vivifica. ‖ Bíceps braquial. ‖ fig. y fam. Hombre taimado, pícaro. Ú.t.c. adj ‖ *Ec.* Comerciante muy carero. ‖ *Urug.* Cinturón para guardar las monedas. ‖ **– de Indias,** Caimán, reptil.

LAGARTO. *Astron.* Constelación boreal de la que son visibles cuarenta y ocho estrellas.

LAGARTOCOCHA. *Geog.* Río de América del Sur que sirve de límite entre Perú y Ecuador. Des. en el río Aguarico.

LA GASCA, Mariano. *Biog.* Botánico esp. que realizó importantes trabajos sobre la flora de su país (1776-1839). ‖ **– Pedro de.** Sacerdote esp. que presidió la Real Audiencia de Lima. En 1548 hizo ejecutar a Gonzalo Pizarro (1485-1567).

LAGE. *Geog.* Ciudad de Brasil (Bahía). 50.000 h. Centro agrícola, industria azucarera.

LAGEADO. *Geog.* Ciudad del Brasil (Río Grande del Sur). 75.000 h. Molinos harineros, fabricación de cerveza.

LAGERKVIST, Pedro Fabián. *Biog.* Escr. sueco, cuya obra, de intenso dramatismo, gira en torno al problema de la salvación humana y el destino del hombre. Autor de novelas, como *El enano* y *Barrabás*; poemas, como *El camino del hombre feliz*; *Canto y combate*, etc.; dramas, como *El hombre sin alma*; *Huésped de la realidad*; *El hombre que revivió su vida*, etc. En 1951 recibió el premio Nobel de Literatura (1891-1974).

LAGERLÖF, Selma. *Biog.* Nov. sueca, de delicado lirismo y maestría narrativa. Sin apartarse de la realidad, combina su amor al terruño con leyendas populares y elementos maravillosos. Escribió también diarios y obras de tono autobiográfico. En 1909 recibió el premio Nobel de Literatura, que por primera vez se adjudicó a una escritora sueca. Obras: *La leyenda de Gösta Berling*; *Jerusalén en Delecarlia*; *El viaje de Nils Holgersson*, etc. (1858-1940).

LAGO. al. **See.** fr. **Lac.** ingl. **Lake.** ital. **Lago.** port. **Lago.** (Del lat. *lacus.*) m. Gran masa permanente de agua depositada en hondonadas del terreno, con comunicación al mar o sin ella. *El río Grande de Santiago atraviesa el* LAGO *Chapala.* ‖ IDEAS AFINES: *Charca, estanque, pantano, estuario, mar, corriente, calma, limpidez, montaña, paisaje, vacaciones, pescar nadar, navegar, bote, velero, excursión, regata, represa, riego, aprovechamiento, energía, canalización.*

LA GOLETA. *Geog.* Población del N. de África, sobre el golfo de Túnez, que sirve de puerto a la c. de este nombre. 15.000 h.

LAGOPO. (Del lat. *lagopus*, y éste del gr. *lagopus*; de *lagos* liebre, y *pous*, pie.) m. *Bot.* **Pie** de liebre.

LAGOS, Alberto. *Biog.* Esc. y ceramista arg., autor de los monumentos a R. L. Falcón, al Inmigrante y al Perito Moreno; también de *Indio Tehuelche*; *De profundis*; *El ritmo*; *Dolorosa*, etc. (1885-1960). ‖ **– Hilario.** General arg. que, a las órdenes de Rosas, actuó en el sitio de Buenos Aires, en la campaña del Brasil y en la batalla de Caseros (1806-1860). ‖ **– CHÁZARO, Francisco.** Político y jurista mex., en 1915 presidente interino de su país (1879-1932). ‖ **– LISBOA, Jerónimo.** Poeta chileno autor de *Yo iba solo* y *Tiempo ausente* (1883-1958).

LAGOS. *Geog.* Ciudad y puerto de la Costa de los Esclavos, cap. de Nigeria. 920.000 h. ‖ C. de Portugal (Algarve). 13.000 h. Pesca. ‖ **– de Moreno.** C. de México, en el Est. de Jalisco. 35.000 h. Importante centro agrícola.

LAGOTEAR. intr. y tr. fam. Hacer lagoterías. sinón.: **adular, halagar.**

LAGOTERÍA. (De *lagotero.*) f. fam. Zalamería para congraciarse con una persona o conseguir una cosa. sinón.: **arrumaco, carantoña.**

LAGOTERO, RA. (De *lagotear.*) adj. y s. fam. Que hace lagoterías.

LAGRANGE, José Luis, conde. *Biog.* Geómetra fr., autor de importantes trabajos sobre cálculo de probabilidades, astronomía y mecánica. Fundó la teoría de las libraciones de la Luna y de Júpiter y sus satélites, la integración de la ecuación por la cual se calculan las perturbaciones planetarias, y delineó la forma actual de la mecánica. Obras: *Mecánica analítica*; *Teoría de las funciones analíticas*, etc. (1736-1813).

LÁGRIMA. al. **Träne.** fr. **Larme.** ingl. **Tear.** ital. **Lagrima; lacrima.** port. **Lágrima.** (Del lat. *lácrima.*) f. Cada una de las gotas del humor que segrega la glándula lagrimal, y que vierten los ojos por motivos morales y físicos. Ú.m. en pl. *Derramó* LÁGRIMAS *amargas.* ‖ fig. Gota de humor que después de la poda destilan las vides y otros árboles. ‖ fig. Porción muy corta de un licor. *Sírvame una* LÁGRIMA *de ron.* ‖ fig. **Vino de lágrima.** ‖ fig. V. **Paño, valle de lágrimas.** ‖ pl. fig. Adversidades, dolores. ‖ **Lágrimas de cocodrilo.** fig. Las que vierte una persona fingiendo un dolor que no siente. ‖ **– de David, o de Job.** Planta gramínea de caña elevada, hojas anchas, flores monoicas en espiga y fruto globoso, duro y de color gris claro. Proviene de la India, se cultiva en los jardines, y de las simientes se hacen rosarios y collares. ‖ **Correr las lágrimas.** frs. Caer por las mejillas de la persona que llora. ‖ **Deshacerse** uno **en lágrimas.** frs. fig. Llorar copiosa y dolorosamente. ‖ **Lo que no va en lágrimas va en suspiros.** expr. fig. y fam. con que se denota que unas cosas se compensan con otras. ‖ **Llorar** uno **a lágrima viva.** frs. Llorar abundantemente y con profunda pena. ‖ **Llorar** uno **lágrimas de sangre.** frs. fig. Sentir pena muy intensa y cruel. ‖ **Saltarle,** o **saltársele,** a uno **las lágrimas.** frs. Enternecerse, echar a llorar improvisamente. ‖ IDEAS AFINES: *Aflicción, llanto, emoción, lamentación, gemido, sollozo, gimoteo, plañido, rabieta, queja, desahogo, expiación, pérdida, muerte, humanidad, sufrimiento.*

LAGRIMABLE. (Del lat. *lacrimábilis.*) adj. Digno de ser llorado.

LAGRIMACER. intr. Lagrimar.

LAGRIMAL. (De *lágrima.*) adj. Dícese de los órganos de secreción y excreción de las lágrimas. *Glándula* LAGRIMAL. ‖ m. Extremidad del ojo, próxima a la nariz. ‖ *Agr.* Úlcera que a veces se forma en la axila de las ramas cuando éstas se desgajan algo del tronco.

LAGRIMAR. (De *lágrima.*) intr. Llorar, derramar lágrimas.

LAGRIMEAR. intr. Secretar lágrimas con frecuencia la persona que llora involuntaria o fácilmente. LAGRIMEABA *por el humo.*

LAGRIMEO. m. Acción de lagrimear. ‖ Flujo independiente de toda emotividad, por no poder pasar las lágrimas desde el lagrimal a las fosas nasales, o ser su secreción excesiva por irritación de los ojos.

LAGRIMÓN. m. aum. de **Lágrima.**

LAGRIMOSO, SA. (Del lat. *lacrimosus.*) adj. Dícese de los ojos tiernos y húmedos por vicio de la naturaleza, por enfermedad, por estar cercanos al llanto o por haber llorado. ‖ Dícese de la persona o animal que tiene los ojos en tal estado. ‖ Lacrimoso, que mueve a llanto. ‖ Que destila lágrimas.

LAGUA. f. *Bol.* y *Perú.* Sopa de harina con papas, ají y carne.

LA GUAIRA. *Geog.* Ciudad de Venezuela, al N. de Caracas. Es un importante puerto del país. Exportación de café. 32.000 h.

LAGUAT. *Geog.* Ciudad del S. de Argelia. 65.000 h. Palmeras, frutas, cereales.

LAGUERRE, Enrique. *Biog.* Novelista portorr. que describe con vigor el agro de su país y los tipos humanos insulares. Obras: *La llamarada*; *Solar Montoya*; *La resaca*, etc. (n. 1906).

LAGUNA. al. **Lagune.** fr. **Lagune.** ingl. **Lagoon.** ital. **Laguna.** port. **Laguna.** (Del lat. *lacuna.*) f. Depósito natural de agua, por lo común de menores dimensiones que el lago. *La* LAGUNA *de los Patos se comunica con el mar.* ‖ fig. En los manuscrito o impreso, hueco en que se dejó de poner algo o en que lo que había desapareció por la acción del tiempo o por otro motivo. ‖ Vacío o solución de continuidad en un conjunto o serie. *Noté muchas* LAGUNAS *en su disertación.*

LAGUNA, Andrés. *Biog.* Méd. y botánico esp., autor de *Pedazio dioscórides anazarbeo*, notable tratado sobre materia médica y venenos mortíferos (1499-1560).

LAGUNA. *Geog.* Ciudad del Brasil (Santa Catalina). 24.000 h. Producción agrícola. ‖ Prov. de Filipinas, al S de la isla de Luzón. 1.760 km². 710.000 h. Cap. SANTA CRUZ. ‖ **– Blanca.** Pobl. de Argentina, situada al N.E. de la provincia de Formosa. 6.000 h. ‖ **– Inferior.** Albufera del O. de México (Oaxaca). 190 km². ‖ **– Madre.** Gran albufera de México, en la costa del Atlántico (Tamaulipas). Tiene 220 km. de N. a S. y de 15 a 20 km. de ancho. Ostras. ‖ **– Paiva.** Pobl. de Argentina, situada al N. de la c. de Santa Fe. 12.000 h. Centro ferroviario. ‖ **– Superior.** Albufera de México (Oaxaca), sobre el Pacífico. 200 km². ‖ **– Verde.** Salina de la Argentina, en el O. de la prov. de Catamarca. 175 km².

LAGUNAJO. (Desp. de *laguna.*) m. Charco que se forma en el campo después de haber llovido o haberse inundado.

LAGUNAR. (Del lat. *lacunar, -aris.*) m. *Arq.* Cada hueco dejado por los maderos con que se forma el techo artesonado.

LAGUNATO. m. *Cuba* y *Hond.* Lagunajo, charco.

LAGUNAZO. m. Lagunajo.

LAGUNERO, RA. adj. Perteneciente a la laguna. ‖ m. *Chile* Cuidador de una laguna.

LAGUNILLAS. *Geog.* Ciudad de Bolivia, en el dep. de Santa Cruz. 9.000 h. ‖ Ciudad de Venezuela (Zulia), sobre el lago Maracaibo. 38.000 h. Importante centro petrolero.

LAGUNOSO, SA. (Del lat. *lacunosus.*) adj. Abundante en lagunas. *La costa del sur del Brasil es* LAGUNOSA.

LA HABANA. *Geog.* Provincia del N. de Cuba. 5.668 km². 524.001 h. Caña de azúcar, tabaco. ‖ Ciudad capital de Cuba. Véase **Ciudad de La Habana.**

LA HARPE, Juan Francisco de. *Biog.* Poeta, dram. y crítico literario fr., notable por su *Liceo, o Curso de literatura antigua y moderna*, amplio cuadro de géneros y escritores juzgados según los principios y el gusto clásicos (1739-1803).

LA HAYA. *Geog.* Ciudad de Holanda, cap. de la provincia de Holanda Meridional. 500.000 h. En ella residen el gobierno y la corte. Asiento de la Corte Internacional de Justicia de la Organización de Las Naciones Unidas (O.N.U.).

LAHORE. *Geog.* Ciudad del Pakistán, cap. del Punjab occid. 2.250.000 h. Universidad. Industria aceitera.

LA HORQUETA. *Geog.* Zona montañosa de Colombia (Magdalena), en la Sierra Nevada de Santa Marta, formada por varios picos que sobrepasan los 5.300 m. Culmina en el cerro Cristóbal Colón a 5.808 m. de altura.

LAHUE. m. *Bot.* Planta de Chile, de flor semejante a la del lirio, iridácea.

LAICAL. (Del lat. *laicalis.*) adj. Perteneciente a los legos.

LAICALIZAR. tr. *Chile.* Desamortizar. ‖ deriv.: **laicalización.**

LAICISMO. (De *laico.*) m. Doctrina que defiende la independencia del hombre, de la sociedad o del Estado, de toda influencia eclesiástica o religiosa.

LAICISTA. adj. Perteneciente o relativo al laicismo. ‖ com. Partidario de esta doctrina.

LAICIZACIÓN. f. Acción y efecto de laicizar.

LAICIZAR. tr. Hacer laico o independiente de toda influencia religiosa. LAICIZAR *la enseñanza.*

LAICO, CA. al. **Weltlich; Laienhaftl; Laie.** fr. **Laique; laic.** ingl. **Lay; laic.** ital. **Laico.** port. **Laico.** (Del lat. *laicus.*) adj. Lego, que no tiene órdenes clericales. Ú.t.c.s. ‖ Dícese de la escuela o enseñanza en que no se introduce ningún dogma religioso.

LAÍN ENTRALGO, Pedro. *Biog.* Médico y escritor esp., autor de *España como problema* y *Las generaciones en la Historia* (n. 1908).

LÁINEZ, Manuel. *Biog.* Escr. y político arg. que propició las escuelas que llevan su nombre y que cumplieron vasta labor educativa (1852-1924).

LAÍNEZ, Diego. *Biog.* Personaje legendario, padre del Cid. ‖ – **Diego.** Jesuita esp., compañero de Ignacio de Loyola y uno de los grandes teólogos de su tiempo (1512-1565).

LAIRÉN. adj. V. **Uva lairén.** ‖ Aplícase también a las cepas que la producen y al veduño de esta especie.

LA ISABELA. *Geog.* Población de Cuba (Las Villas). 6.000 h. Puerto comercial.

LAÍSMO. m. Vicio de los laístas.

LAÍSTA. adj. y s. *Gram.* Aplícase a la persona que dice *la* y *las*, tanto en el dativo como en el acusativo del pronombre ella. L*A regalé una polvera, por* LE *regalé una polvera.*

LAJA. (Del lat. epigráfico *lausia*; en b. lat. *lausa*, losa.) f. Lancha, piedra lisa. ‖ *Mar.* Bajo de piedra, a modo de meseta llana.

LAJA. f. *Col.* Cuerda de cabuya más fina que el lazo.

LAJA. *Geog.* Río de Chile, afl. del Bío-Bío, 100 km. Cerca de Los Ángeles forma una magnífica cascada. ‖ – **o Antuco.** Lago cordillerano de Chile (Bío-Bío) donde nace el río hom. ‖ **Río de la** –. Río de México (Guanajuato), afl. del Lerma. 180 km.

LAKAHUIRA. *Geog.* Río de Bolivia (Oruro), que une los lagos Poopó y Coipasa.

LAKE SUCCESS. *Geog.* Lugar de los EE.UU. en Long Island (Nueva York), sede de la Organización de las Naciones Unidas (O.N.U.).

LAKMÉ. *Mús.* Famosa ópera de Leo Délibes, estrenada en París en 1883. Obra de ambiciones dramáticas y hasta psicológicas, influida por el estilo de Massenet, distínguese por su armonía y por el virtuosismo de la orquestación.

LA LAGUNA. *Geog.* Ciudad de las Canarias en la isla de Tenerife. 70.000 h. Cereales, vinos, tejidos. Universidad.

LALANDE, José Jerónimo de. *Biog.* Astrónomo fr., que estudió la teoría de los planetas, en particular a Mercurio, y es autor de *Tratado de astronomía* (1732-1807).

LA LECHE, Río de. *Geog.* Río del N. del Perú que corre por el dep. de Lambayeque y des. en el Pacífico. 200 km.

LA LIBERTAD. *Geog.* Puerto del Ecuador (Guayas), en la pen. de Santa Elena. 9.000 h. Fertilizantes. ‖ Departamento de El Salvador. 1.662 km². 300.000 h. Café, tabaco, caña de azúcar. Cap. NUEVA SAN SALVADOR, llamada también **Santa Tecla.** ‖ C. y puerto de El Salvador en el departamento hom. 60.000 h. Importante puerto. ‖ Departamento del N.O. del Perú. 23.241 km². 800.000 h. Caña de azúcar, arroz. Cap. TRUJILLO.

LA LÍNEA. *Geog.* Ciudad de España (Cádiz), al N. de Gibraltar. 53.000 h. Su nombre proviene de una antigua línea de fortificaciones levantada frente al Peñón.

LALO, Eduardo Víctor Antonio. *Biog.* Compositor fr., notable por su ingenio melódico y el colorido de sus creaciones. Obras: *El rey de Is; Savonarola* (ópera); *Namouna* (ballet); *Sinfonía española*, etc. (1823-1892).

LAM, Wilfredo. *Biog.* Pintor cubano, n. en 1902, autor de *La jungla; Las nupcias; Zambezia-Zambezia*, y otras obras de expresión erótica y primitiva.

LAMA. (Del lat. *lama.*) f. Cieno de color obscuro, blando y pegajoso, que se halla en el fondo del mar o del río, y el del lugar donde hay o hubo agua largo tiempo. ‖ Ova. ‖ *Bol.* y *Col.* Moho, cardenillo. ‖ *Min.* Lodo de mineral molido que se deposita en los canales por donde corren las aguas.

LAMA. (Del provenzal *lama*, y éste del lat. *lámina.*) f. Tela formada por hilos de oro o plata que brillan por la haz sin pasar al envés. ‖ *Chile.* Tejido de lana con flecos en los bordes. ‖ Verdín que se forma en las aguas dulces. ‖ *Hond.* Musgo.

LAMA. (Del tibetano *blama.*) m. Sacerdote budista de tártaros y tibetanos. *Algunos* LAMAS *llevan una vida nómada; otros, viven en monasterios.*

LAMA, Miguel Antonio de la. *Biog.* Jurisc. y publicista per., autor de *Anotaciones al Código civil; Filosofía del derecho* y *Retórica forense* (s. XIX). ‖ – **Tomás.** Jurisconsulto per., autor de *Páginas históricas; Historia elemental de la guerra de la Independencia*, etc. (1815-aprox. 1906).

LAMADRID, Gregorio Aráoz de. *Biog.* Militar arg. que participó en la guerra de la Independencia de su país, secundó a los generales Paz y Lavalle en la lucha contra Rosas y los caudillos del interior y comandó una división del ejército de Urquiza en la batalla de Caseros. Sus *Memorias* son una fuente valiosa de historia arg. (1795-1857).

LAMAÍSMO. m. Secta del budismo en el Tibet. ‖ deriv.: **lamaísta.**

● **LAMAÍSMO.** *Relig.* Religión oficial del Tibet, el lamaísmo hace recaer la más alta dignidad sacerdotal en el Dalai Lama (jefe océano de sabiduría); los Lamas menores son los sacerdotes del culto. El Dalai Lama, encarnación del Buda, renace perpetuamente en la persona de un niño nacido a la misma hora en que él muere. Al consumarse la metempsicosis, siete hombres sabios y honestos seleccionados por el Kashag (Consejo) y el Slon (Regente) recorren el territorio en busca del nuevo Buda viviente. El culto del lamaísmo es sencillo: como les está prohibido derramar sangre, matan a los animales domésticos por asfixia y los ofrendan a la memoria de sus antepasados. Su devoción se manifiesta por medio de himnos, plegarias y rezos rigurosamente prescriptos por el culto. Practican además la poliandria y la poligamia.

LAMANTINO. m. Galic. por **manatí.**

LA MAR, José de. *Biog.* Militar ec. que se distinguió en la defensa de Zaragoza. En América abrazó la causa de Bolívar y tuvo lucida actuación en la batalla de Ayacucho. Presidente del Perú de 1827 a 1829, declaró la guerra a Colombia, pero fue vencido por Sucre (1788-1830).

LAMARCK, Juan Bautista, caballero de. *Biog.* Naturalista fr. que ideó el método dicotómico para la botánica y expuso una célebre teoría sobre la evolución de los animales y la transformación de las especies. Obras: *Diccionario de botánica; Historia de los animales sin vértebras; Filosofía zoológica*, etc. (1744-1829).

LA MARMORA, Alfonso F., marqués de. *Biog.* Pol. y militar ital., activo luchador por la independencia de su país (1804-1878).

LAMARQUE, Adolfo. *Biog.* Lit. y jurisconsulto arg., autor de *Elvira Contreras; Biografía de Mitre*, etc. (1852-1888).

LAMARTINE, Alfonso de. *Biog.* Poeta, escr. y político fr., que sobresale por su lirismo, su suave y profunda melancolía, su lenguaje sencillo y sublime, sus ideas elevadas, su acento patético y sus grandes y nobles imágenes. Obras: *Meditaciones poéticas; Armonías poéticas y religiosas; Jocelyn; La caída de un ángel*, etc. (1790-1869).

LAMAS, Andrés. *Biog.* Hist., jurisconsulto y político urug., autor de *Rivadavia; Génesis de la Revolución; La patria de Solís*, etc. (1817-1891). ‖ – **José Benito.** Sacerdote, escritor y educador urug. de intensa actuación en la época de la Independencia (1787-1857). ‖ – **Luis.** Jurista y pol. uruguayo en 1855 presidente interino de su país (1793-aprox. 1860).

LAMB, Carlos. *Biog.* Escr. y poeta ingl. que se distinguió por sus *Ensayos de Elia*, colección de recuerdos, confidencias, apuntes, reflexiones, etc. (1775-1834). ‖ – **Mariana.** Escritora ingl., autora, con su hermano Carlos, de los célebres *Cuentos de Shakespeare* (1764-1847). ‖ – **Willis E.** Físico estadounidense cont., premio Nobel de Física 1955 con Plykarp Kusch por sus investigaciones sobre el espectro del hidrógeno, que permitirían establecer las medidas del átomo y la aplicación de la energía nuclear a fines sociales.

LAMBARÉ. *Biog.* Cacique de la tribu que habitaba en la región de la actual Asunción del Paraguay, en la época de la conquista española.

LAMBARÉ. *Geog.* Cerro del Paraguay, cerca de Asunción.

LAMBARENÉ. *Geog.* C. del O. africano, en Gabón, cap. de la región de Medio Ogoué. 13.000 h. Es famoso su centro hospitalario, fundado por Albert Schweitzer.

LAMBAYEQUE. *Geog.* Río del Perú, que des. en el Pacífico, después de pasar por la ciudad hom. ‖ Departamento del N.O. del Perú. 16.585,9 km². 535.000 h. Caña de azúcar, arroz, algodón. Cap. CHICLAYO. ‖ C. del Perú en el departamento hom. 14.000 h. Puerto sobre el Pacífico.

LAMBDA. (Del gr. *lambda.*) f. Undécima letra del alfabeto griego, correspondiente a nuestra ele.

LAMBEL o LAMBEO. (Del fr. *lambel.*) m. *Blas.* Pieza que tiene la forma de una faja con tres caídas muy parecidas a las gotas de la arquitectura.

LAMBEPLATOS. m. *Amér.* Lameplatos.

LAMBER. tr. ant. Lamer. Ú. en *Amer., León* y *Sal.*

LAMBERT, Juan Enrique. *Biog.* Físico y matemático fr., autor de *Cartas cosmológicas* (1728-1777).

LAMBETA. adj. y s. *Arg.* Adulador.

LAMBETADA. f. *Amér.* Lambetazo.

LAMBETAZO. m. Lengüetada.

LAMBIDA. f. ant. Lamedura. Ú. en Chile.

LAMBIDO, DA. adj. *Amér. Central. Col.* y *Méx.* Relamido. ‖ *Ant., Col.* y *Ec.* Descarado.

LAMBISQUEAR. tr. Buscar los muchachos golosinas para comérselas.

LAMBÓN, NA. adj. *Col.* Soplón, chismoso.

LAMBREQUÍN. al. **Helmdecke.** fr. **Lambrequin.** ingl. **Mantelet.** ital. **Lambrecchino.** port. **Lambrequins.** (Del fr. *Lambrequin.*) m. *Blas.* Adorno por lo general en forma de hojas de acanto, que baja de lo alto del casco y rodea el escudo.

LAMBRICHE. adj. y s. *Méx.* Adulador.

LAMBRIJA. f. Lombriz. ‖ fig. y fam. Persona muy flaca.

LAMBRRÓN, NA. (De *lamerón.*) adj. Laminero, goloso.

LAMBRUCIO, CIA. adj. fam. Goloso, glotón.

LAMBRUSCA. f. Galic. por labrusca.

LAMBRUSCO, CA. adj. *Chile.* Glotón.

LAMBRUSQUEAR. intr. *Méx.* Golosinear.

LAMEC. *Biog.* Patriarca hebreo de la raza de Caín, hijo de Matusalén. Según la Biblia vivió setecientos setenta y siete años.

LA MECA. *Geog.* C. de Arabia Saudita, capital del Hedjaz. 380.000 h. Se centralizan en la c. los Consejos Generales Municipales. Cuna de Mahoma, es la más importante de las ciudades santas del islamismo y centro de afluencia anual de miles de peregrinos. Su mezquita de 7 torres, cuyo santuario principal es la Caaba, es el monumento más famoso del arte musulmán en Arabia.

LAMEDAL. m. Lugar donde abunda la lama o cieno. sinón.: **cenagal, lodazal.**

LAMEDOR, RA. adj. Que lame. Ú.t.c.s. ‖ m. Jarabe. ‖ fig. Halago fingido que se hace para suavizar el ánimo de alguien a quien se ha dado o se piensa dar un disgusto. ‖ **Dar lamedor.** fig. y fam. Entre jugadores, hacerse el perdedor, para luego ganar, al empicarse el contrario.

LAMEDURA. f. Acción y efecto de lamer.

LA MEJICANA. *Geog.* Cumbre del nevado de Famatina (La Rioja, Argentina). 6.250 m. Minas de cobre.

LAMELIBRÁNQUIO, A. (Del lat. *lamella*, dim de *lámina*, lámina, y *branchia*, branquia.) adj. *Zool.* Dícese del molusco marino o de agua dulce, de cabeza rudimentaria, branquias en forma de lámina, y cuerpo encerrado en un manto, que segrega una concha bivalva; como la almeja, el mejillón, la ostra, etc. ‖ m. pl. *Zool.* Clase de estos animales.

LAMENNAIS, Hugo Felicidad Roberto de. *Biog.* Sacerdote, escr. y filósofo fr., ardiente defensor de las doctrinas revolucionarias. Obras: *Ensayo sobre la indiferencia religiosa; Palabras de un creyente*, etc. (1782-1854).

LAMENTABLE. al. **Bedauerlich.** fr. **Lamentable.** ingl **Lamentable.** ital. **Lamentevole.** port. **Lamentável.** (Del lat. *lamentábilis.*) adj. Digno de ser llorado. *Muerte* LAMENTABLE; sinón.: **deplorable, lastimero.** ‖ Que infunde tristeza u horror. *Aspecto, figura, suceso* LAMENTABLE; sinón.: **horrible.**

LAMENTABLEMENTE. adv. m. Con lamentos, o de manera lamentable.

LAMENTACIÓN. (Del lat. *lamentatio, onis.*) f. Queja dolorosa, con llanto, suspiros y otras manifestaciones de dolor. sinón.: **clamor, gemido.** ‖ *Relig.* Cualquiera de las partes que comprende el canto lúgubre de Jeremías, llamadas trenos. ‖ IDEAS AFINES: *Plañido, quejido, sollozo, grito, desanogo, lástima, sufrimiento, desgracia, pérdida, tormento, muerte, víctima, llorona, rezongón, pesimista, jeremías.*

LAMENTAR. al. **Bedauern.** fr. **Regretter.** ingl **To lament; to regret.** ital. **Lamentare.** port. **Lamentar.** (Del lat. *lamentare.*) tr. intr. y r. Sentir una cosa con llanto, sollozos u otras manifestaciones de dolor. *Se* LAMENTABA *de su mala suerte;* sinón.: **gemir, llorar.** ‖ deriv.: **lamentador, ra.**

LAMENTO. al. **Wehklagen.** fr. **Lamentation; plainte.** ingl. **Lament; moan.** ital. **Lamento.** port. **Lamento.** (Del lat. *lamentum.*) m. Lamentación, queja. *Los* LAMENTOS *de los heridos.*

LAMENTOSO, SA. adj. Que prorrumpe en lamentos o quejas. ‖ Lamentable. *Accidente* LAMENTOSO.

LAMEPLATOS. (De *lamer* y *plato.*) com. fig. y fam. Persona golosa. ‖ Persona que se alimenta de sobras.

LAMER. al. **Lecken.** fr. **Lécher.** ingl. **To lick.** ital. **Leccare.** port. **Lamber.** (Del lat. *lambere.*) tr. Pasar la lengua repetidas veces por una cosa. Ú.t.c. adj. *El gato se* LAME. ‖ fig. Tocar suave y blandamente algo.

LAMERÓN, NA. adj. fam. Laminero, goloso.

LAMETÓN. m. Acción de lamer con ansia.

LA METTRIE, Julián de. *Biog.* Méd. y filósofo fr., notable exégeta de las teorías materialistas. Obras: *Historia natural del alma; El hombre máquina; El arte de gozar*, etc. (1709-1751).

LAMIA. (Del lat. *lamía*, y éste del gr. *lamía.*) f. Monstruo fabuloso con rostro de mujer y cuerpo de dragón. ‖ Especie de tiburón.

LAMÍA. *Geog.* Golfo de Grecia sit. frente al extremo N. de la isla de Eubea. En su costa S. está el desfiladero de las Termópilas. ‖ C. de Grecia, cap. de la nomarquía de Ftiótide. 40.000 h. Vid. olivo.

LAMIDO, DA. adj. fig. Aplícase a la persona flaca y a la muy pálida y limpia. ‖ fig. p. us. Que está gastado por el uso o el roce. ‖ Relamido. ‖ *Pint.* De aspecto muy terso y liso, por exceso de trabajo y esmero.

LAMIENTE. p. a. de **Lamer.** Que lame.

LAMILLA. f. *Chile.* Alga marina usada como abono.

LÁMINA. al. **Folie.; Bihtafel.** fr. **Lame; planche; gravure.** ingl. **Plate; sheet; picture.** ital. **Figura.** port. **Lamina.** (Del lat. *lámina.*) f. Plancha delgada de un metal. L*ÁMINA de acero.* sinón.: **hoja.** ‖ Plancha metálica en la cual está grabado un dibujo para estamparlo. ‖ Estampa, figura o grabado impreso. *Ilustrar un libro con* LÁMINAS. ‖ Pintura hecha en cobre. ‖ fig. Porción de cualquier materia extendida en superficie y de poco grosor. *Una* LÁMINA *de madera.* ‖ *Col.* y *Ec.* Pillo, bribón. ‖ *Anat.* Parte delgada y plana de los huesos, cartílagos, tejidos y membranas de los seres orgánicos. ‖ *Bot.* Parte ensanchada de las hojas, pétalos y sépalos. ‖ IDEAS AFINES: *Placa, película, ilustración, representación, colorido, imagen, retrato, diagrama, disposición, litografía, rotograbado, reproducción, serie, colección, belleza, arte.*

LAMINADO, DA. adj. Guarnecido de láminas o planchas de metal. ‖ m. Acción y efecto de laminar.

LAMINADOR. m. Máquina compuesta esencialmente de dos cilindros que giran en sentido contrario y comprimen masas de metales maleables, estirándolos en láminas. LAMINADORES *para carriles, de chapa fina.* ‖ Obrero que lamina.

LAMINAR. tr. Tirar láminas, planchas o barras con el laminador. ‖ Guarnecer con láminas.

LAMINAR. adj. De forma de lámina. ‖ Dícese de la estructura de un cuerpo cuando sus láminas están sobrepuestas y paralelas.

LAMINERO, RA. adj. y s. Que hace láminas. ‖ Que guarnece relicarios de metal.

LAMINERO, RA. (De *laminar, lamer* en *Ar.*) adj. y s. Goloso.

LAMINOSO, SA. adj. Dícese de cuerpos de estructura laminar. *La mica es* LAMINOSA.

LAMISCAR. tr. fam. Lamer aprisa y ansiosamente.

LAMOSO, SA. adj. Que tiene o cría lama.

LAMOTHE, Ludovico. *Biog.* Compositor haitiano de color, llamado "el Chopin negro". Autor de *Nibo; Billet,* etc. (1882-1952).

LAMPA. (Del quichua *llampa,* azadón.) f. *Amér. del S.* Azada, laya.

LAMPA. *Geog.* Ciudad del Perú (Puno). 15.000 h. Centro agropecuario y minero.

LAMPACEAR. tr. Enjugar con el lampazo.

LAMPACEO. m. *Mar.* Acción y efecto de lampacear.

LAMPADARIO. m. Candelabro que se sustenta sobre su pie y está provisto en su parte superior de dos o más brazos de los que penden sendas lámparas.

LAMPALAGUA. f. *Arg.* Ampalagua, boa acuática. ‖ *Chile.* Comilón, glotón. Ú.t.c. adj. ‖ m. Monstruo fabuloso que seca los ríos bebiéndose el agua.

LAMPAR. intr. y r. Alampar.

LÁMPARA. al. **Lampe.** fr. **Lampe.** ingl. **Lamp.** ital. **Lampada.** port. **Lampada.** (De *lámpada.*) f. Utensilio para dar luz, que se compone de uno o varios mecheros con un receptáculo para la substancia combustible, cuando es líquida; de una boquilla en que se quema un gas que llega a ella desde el depósito en que se produce; o de un globo de cristal, unas veces abierto y otras herméticamente cerrado, en cuyo interior hay un filamento de tungsteno que se pone candente al pasar por él una corriente eléctrica. ‖ Elemento de los aparatos de radio semejante, en su creación, a una lámpara incandescente y que er su forma más simple consta de tres electrodos metálicos. un filamento, una rejilla y una placa. ‖ Cuerpo que despide luz. ‖ Mancha de aceite caída en la ropa. ‖ Ramo de árbol que los mozos colocan a las puertas de las casas en demostración de sus regocijos y de sus amores. ‖ com. *Cuba.* Persona enfadosa. impertinente. ‖ **— de esmaltador.** Aquella con cuya llama, activada por la acción del soplete, los plateros y orífices funden los metales, para esmaltarlos, soldarlos, etc. ‖ **— de los mineros, o de seguridad.** Candileja cuya luz está cubierta con un cilindro de tela metálica de malla muy fina, con el objeto de impedir el paso de la llama y la inflamación de los gases explosivos existentes en las minas de hulla. ‖ **Atizar la lámpara.** frs. fig. y fam. Servir nuevamente vino en el vaso o los vasos para beber. ‖ **Quebrar la lámpara.** frs. fig. y fam. *Ven.* Echarlo todo a perder. ‖ IDEAS AFINES: *Tea, antorcha, vela, farol, candelabro, tubo, mecha, bomba, bujía, arco voltaico, neón, iluminar, avivar, reverberar, brillar, encender, apagar, alimentar, irradiar, reflejar, fuego, electricidad, obscuridad, tiniebla, noche, día, sol, faro, guía, claridad, calor.*

LAMPARERÍA. f. Taller donde se hacen lámparas. ‖ Tienda donde son vendidas. ‖ Almacén donde son guardadas y arregladas.

LAMPARERO, RA. s. Persona que hace o vende lámparas. ‖ Quien cuida de ellas, limpiándolas y encendiéndolas.

LAMPARILLA. f. dim. de **Lámpara.** ‖ Mariposa, candelilla que se pone a arder en un vaso con aceite. ‖ Plato o vaso en que es colocada. ‖ **Álamo temblón.**

LAMPARÍN. m. Cerco metálico donde se pone la lamparilla en la iglesia. ‖ *Chile.* Candil

LAMPARISTA. com. Lamparero.

LÁMPARO, RA. adj. y s. *Col.* Pelón, sin dinero.

LAMPARÓN. m. aum. de **Lámpara.** ‖ Mancha en la ropa. ‖ *Chile.* Ubrera, excoriación. ‖ *Med.* Escrófula en el cuello. ‖ *Veter.* Enfermedad que padecen los solípedos, caracterizada por tumores linfáticos en varias regiones.

LAMPATÁN. m. **China,** raíz medicinal.

LAMPAZO. (Del lat. *lappáceus.*) m. Planta compuesta, de hojas aovadas y flores purpúreas cuyo involucro tiene escamas con espinas en anzuelo, de raíz diurética. *Lappa major.* ‖ *Mar.* Manojo o borlón de filástica que se emplea para enjugar la humedad de las cubiertas y costados de las embarcaciones. ‖ *Miner.* Escobón de ramas verdes que, remojado, sirve para refrescar las paredes y dirigir la llama en los hornos.

LAMPEAR. tr. *Chile.* Escuadrar. ‖ *Chile* y *Perú.* Remover la tierra con la lampa.

LAMPEDUSA, José Tomás. *Biog.* Novelista ital., entre cuyas obras figuran *El gatopardo* y *Relatos* (1896-1973).

LAMPEDUSA. *Geog.* Isla italiana, sit. en el Mediterráneo, entre Malta y Túnez. 20,3 km². 4.000 h. Pesca, frutas, vino.

LAMPEÓN. m. Lampión.

LAMPERO. m. *Chile* y *Perú.* Labriego que lampea.

LAMPETO. *Mit.* Reina de las Amazonas, protegida o hija de Marte, que conquistó gran parte de Europa y numerosas ciudades de Asia, y fundó Éfeso.

LAMPINO, NA. adj. *Chile.* Lampiño.

LAMPIÑO, ÑA. al. **Haarlos; bartlos.** fr. **Imberbe.** ingl. **Beardless.** ital. **Imberbe.** port. **Lampinho.** adj. Dícese de quien carece de barba. *Joven* LAMPIÑO; sinón.: **imberbe.** ‖ De poco pelo o vello. ‖ *Bot.* Falto de pelos.

LAMPIÓN. (Del lat. *lampare,* brillar.) m. Farol.

LAMPISTA. com. Galicismo por lamparero.

LAMPISTERÍA. f. Galicismo por lamparería.

LAMPO. (Del lat. *lampare,* brillar.) m. poét. Resplandor o brillo fugaz, como el del relámpago.

LAMPREA. (Del lat. *lampetra.*) f. Pez marino cartilaginoso, de un metro o algo más de largo, de cuerpo casi cilíndrico, liso, viscoso y acabado en una cola puntiaguda; tiene el lomo verde con manchas azules y sobre él, dos aletas pardas con manchas amarillas, y otra de color azul, circundando la cola; a cada lado de la cabeza se ven siete agujeros branquiales. Vive asido a las peñas, a las que se prende fuertemente con la boca. Su carne es muy apreciada. *Petromyzon marinus.* ‖ Pez de río, semejante a la lamprea de mar, pero de tres a cuatro metros de longitud, con el lomo negruzco y el vientre plateado. Se cría en las aguas estancadas y en los ríos poco caudalosos, y su carne es comestible. *Lampetra fluviatilis.*

LAMPREA. f. *Ven.* Úlcera, llaga.

LAMPREADA. f. *Guat.* Tunda de lampreazos.

LAMPREADO. m. *Chile.* Guiso preparado con charqui y otros ingredientes.

LAMPREAR. (Del *lamprea,* por guisarse como se guisa generalmente este pescado.) tr. Guisar uma vianda, friéndola o asándola primero, y cociéndola después en vino o agua con azúcar o miel y especia fina, a lo cual se agrega un poco de agrio al tiempo de servirla. ‖ *Amér. Central.* Azotar.

LAMPREAZO, m. Latigazo. sinón.: **zurriagazo.**

LAMPREHUELA. f. dim. de **Lamprea.** ‖ Lampreílla.

LAMPREÍLLA. f. Pez de río, semejante a la lamprea de agua dulce en forma y color, pero que no puede adherirse por succión a los cuerpos sumergidos; su longitud no pasa de los doce centímetros ni su grosor de dos. Es comestible.

LAMPSA. (Del lat. *lampsana.*) f. Planta herbácea con tallo ramoso de cuatro a seis decímetros de altura; hojas pecioladas, divididas en lóbulos muy grandes, y flores amarillas en corimbos poco poblados. *Lampsana communis,* compuesta.

LAMPUGA. (En fr. *lampuge.*) f. Pez marino de cuerpo comprimido lateralmente y que llega a un metro de longitud. Es de color dorado con el lomo verde con manchas anaranjadas y el vientre plateado. Es comestible, pero poco estimado.

LAMURAGLIA, Nicolás. *Biog.* Compositor arg. autor de *Obertura para una farsa trágica; Cuatro impresiones sinfónicas; Cuarteto de cuerdas,* etc. (n. 1896).

LANA. al. **Wolle.** fr. **Laine.** ingl. **Wool.** ital. **Lana.** port. **Lã.** (Del lat. *lana.*) f. Pelo de las ovejas y carneros, que se hila y se usa para hacer paño y otros tejidos. *La Argentina es país exportador de* LANA. ‖ Pelo de otros animales, semejantes a la lana; como el de la vicuña. ‖ V. **Perro de lanas.** ‖ Tejido de lana, y vestido que de él se hace. *La* LANA *es abrigada.* ‖ V. **Juan Lanas.** ‖ m. *Guat.* y *Hond.* Persona de la ínfima plebe. ‖ **— de caídas.** La que se desprende del vellón, y la que el ganado lanar cría hacia el anca. ‖ **— en barro.** En las fábricas de paños, lana más pura que sale del peine antes de hilarse. ‖ **Ir por lana, y volver trasquilado.** ref. que se emplea para denotar que uno ha sufrido perjuicio en aquello en que creía hallar provecho. ‖ **Varear la lana.** frs. Sacudirla con varas, antes de hacer los colchones, para que se ahueque. ‖ **Venir por lana y salir trasquilado.** ref. **Ir por lana,** etc. ‖ IDEAS AFINES: *Vellón, lanolina, piel, vicuña, rebaño, esquilar, desgrasar, cardar, ovillar, tejer, copo, huso, hilo, tela, traje, poncho, manta, abrigo, protección, calor.*

● **LANA.** *Hist.* e *Ind.* Conocida desde tiempos inmemoriales, el hilado de la fibra de lana se cree que sucedió inmediatamente al uso de pieles de ovejas y carneros. La trasquila de los animales para obtener la lana aparece mencionada en varios pasajes del Antiguo Testamento; Herodoto refiere las habilidades de los escitas para fabricar paños de lana; Homero cita a mujeres griegas como Elena y Penélope hilando lana en la rueca. Se prefiere la fibra de lana a cualquier otra por su suavidad, la longitud de su hebra, su finura, elasticidad, resistencia y condiciones de abrigo. Sus filamentos son rizados y su estructura escamosa permite fieltrarlos con gran facilidad. Su longitud y finura dependen de la parte del cuerpo del que provienen, de la raza, del clima y de la alimentación del animal. Es superior la lana que se saca de la base del cuello, espalda y lomo. Se clasifica a la vista y al tacto por su blandura y color, que va del blanco al negro pasando por todos los matices; las preferidas son las lanas blancas porque se tiñen mejor y son más suaves. Por su procedencia se distinguen las lanas vivientes o de vellón, sacadas de animales vivos; las de blanquería o peladizas, extraídas de pieles venidas del matadero y las lanas muertas, que provienen de animales muertos por enfermedad. La lana merino es de fibra corta y fina, superior a la cruzada. Por su preparación, se distinguen las lanas en bruto, las lavadas en vivo, las lavadas en caliente y las lavadas a fondo.

LANADA. (De *lana.*) f. *Art.* Instrumento para limpiar el alma de las piezas de artillería después de haberlas disparado.

LANADO, DA. (Del lat. *lanatus.*) adj. Lanuginoso.

LANALHUE. *Geog.* Lago de Chile (Arauco). Tiene 66 km². y una profundidad de 16 m.

LANAO, Ulises. *Biog.* Compositor per., autor del esbozo sinfónico *Estampas del Cuzco* y de varias piezas cortas (n. 1913).

LANAO. *Geog.* Lago de la Filipiñas, en la isla Mindanao. ‖ Nombre de dos prov. de las Filipinas (Mindanao). ‖ **— del Norte.** 3.092 km². 360.000 h. Cap. ILIGAN. ‖ **— del Sur.** 3.873 km². 510.000 h. Cap. MARAWI.

LANAR. (Del lat. *lanaris.*) adj. Dícese del ganado o la res que tiene lana.

LANARIA. (Del lat. *lanaria herba,* hierba lanera, porque suele usarse en los lavaderos para limpiar la lana.) f. Jabonera, planta cariofílea.

LANARK. *Geog.* Condado de Gran Bretaña, en el centro S. de Escocia. 2.329 km². 1.550.000 h. Carbón. Cap. HAMILTON.

LANCÁN. m. Embarcación filipina que sólo se emplea para conducir carga y camina siempre a remolque.

LANCASHIRE. *Geog.* V. **Lancaster.**

LANCASTER, José. *Biog.* Pedagogo ingl., creador del sistema de enseñanza que lleva su nombre (1778-1838).

LANCASTER, Casa de. *Geneal.* Familia ingl., descendiente de Juan de Gante, que reinó de 1399 a 1471 y que rivalizó por el trono de Inglaterra con la de York, a la cual venció en la Guerra de las Dos Rosas.

LANCASTER. *Geog.* Estrecho del arch. polar americano, que separa la isla de Devon de la Tierra de Baffin. ‖ Condado del N.O. de Inglaterra (Gran Bretaña). 3.043 km². 1.400.000 h. Ganadería. Tejidos de algodón. Hulla. Cap. hom. 60.000 h. Astilleros, fundiciones.

LANCE. al. **Wurf; Abenteuer.** fr. **Jet; action.** ingl. **Cast; event** ital. **Avvenimento.** port. **Lance.** m. Acción y efecto de lanzar. ‖ Acción de echar la red, para pescar. ‖ Pesca sacada de una vez. ‖ Trance, ocasión crítica. *¡En qué* LANCE *me vi!* ‖ En obras literarias, suceso interesante o notable. ‖ Encuentro, riña. *Un* LANCE *de graves consecuencias.* ‖ En el juego, cada accidente notable que ocurre en él. ‖ Arma lanzada por la ballesta. ‖ *Chile.* Esguince, regate. ‖ *Taurom.* Suerte de capa. ‖ **— apretado.** Caso apretado. ‖ **— de fortuna.** Accidente inesperado. ‖ **— de honor.** Desafío. ‖ **De lance.** m. adv. Dícese de lo comprado barato, aprovechando una ocasión. ‖ IDEAS AFINES: *Duelo, reto, certamen, combate, lucha, esgrima, prueba, provocar, batirse, arrojar el guante, campo de honor, duelista, padrino, testigo, juez, arma, herida, caballerosidad, reconciliación, valor, sangre, Juicio de Dios.*

LANCEADO, DA. (Del lat. *lanceatus,* de *lancea,* lanza.) adj. *Bot.* Lanceolado.

LANCEAR. (Del lat. *lanceare.*) Alancear.

LANCÉOLA. (Del lat. *lancéola,* lancilla, por la forma de la hoja.) f. Llantén menor.

LANCEOLADO, DA. (Del lat. *lanceolatus.*) adj. *Bot.* De forma parecida al hierro de la lanza. ‖ Dícese de hojas y de sus lóbulos. *Las hojas del níspero son* LANCEOLADAS.

LANCERA. f. Armero para colocar las lanzas.

LANCERÍA. f. Conjunto de lanzas. ‖ Tropa de lanceros.

LANCERO. al. **Ulan; Lanzenseiter.** fr. **Lancier.** ingl. **Lancer.** ital. **Lanciere.** port. **Lanceiro.** (Del lat. *lancearius.*) m. Soldado que pelea con lanza. ‖ El que usa o lleva lanza, como los vaqueros y toreros. ‖ El que hace lanzas. ‖ pl. Baile de figuras, semejante al rigodón. ‖ Música de este baile.

LANCETA. al. **Lanzette; Schnepper.** fr. **Lancette.** ingl. **Lancet.** ital. **Lancetta.** port. **Lanceta.** f. *Cir.* Instrumento consistente en una hoja de acero de punta muy aguda y de filo agudísimo por ambos lados, que se usa para sangrar abriendo una cisura en las venas y también para abrir algunos tumores, etc.

LANCETADA. f. Acción de herir con la lanceta. ‖ Abertura hecha con ella.

LANCETAZO. m. Lancetada.

LANCETERO. m. Estuche en que se guardan las lancetas.

LANCINANTE. p. a. de **Lancinar.** adj. Dícese del dolor semejante al que produciría una herida de lanza.

LANCINAR. (Del lat. *lancinare.*) tr. y r. Punzar, desgarrar.

LANCO. m. *Chile.* Planta gramínacea usada como expectorante.

LANCRET, Nicolás. *Biog.* Pintor fr., notable colorista. Fue discípulo de Watteau y continuador de su estilo. Obras: *Las cuatro estaciones; La lección de música; Actores del Teatro Italiano,* etc. (1690-1743).

LANCURDIA. f. Trucha pequeña.
LANCHA. al. **Boot; Kahn.** fr. **Canot.** ingl. **Launch.** ital. **Lancia.** port. **Lancha.** (Del lat. *planca,* tabla plana.) f. Piedra naturalmente lisa, plana y fina. ‖ Bote grande que se emplea en las faenas marineras y para transportar cargas y pasajeros en el interior de los puertos. ‖ La mayor de las embarcaciones menores que llevan a bordo los grandes buques. ‖ Bote, barco pequeño. ‖ Barca. ‖ V. **Patrón de la lancha.** ‖ **– bombardera, cañonera** u **obusera** o **torpedera.** La que lleva un mortero, cañón u obús o torpedo, montado para batir de cerca alguna escuadra o fortificación terrestre. ‖ fam. *Ec.* Niebla. ‖ Helada, escarcha. ‖ IDEAS AFINES: *Canoa, góndola, proa, popa, borda, puente, remo, timón, río, mar, paseo, regata, salvamento, recorrido, carga, costa, marinero, navegación, pesca.*
LANCHADA. f. Carga que la lancha lleva cada vez.
LANCHAJE. m. Flete de embarcaciones menores.
LANCHAR. m. Cantera de donde se sacan lanchas de piedra. ‖ Sitio en que abundan.
LANCHAR. intr. *Ec.* Nublarse el cielo. ‖ Helar, encarchar. ‖ *Ven.* Lincear.
LANCHAZO. m. Golpe que se da con una lancha de piedra.
LANCHERO. m. Conductor o patrón de una lancha.
LANCHÓN. m. aum. de **Lancha.**
LANCHOW. *Geog.* Ciudad de la China, sobre el Hoang-Ho. 720.000 h. Tejidos, manufactura de tabacos.
LANCHUELA. f. dim. de **Lancha,** piedra.
LANDA. (Voz céltica.) f. Extensión grande de terreno, donde sólo crecen plantas silvestres.
LANDAETA, Juan José. *Biog.* Músico y patriota ven.; su composición *Gloria al bravo pueblo* fue proclamada, en 1811, Himno Nacional de Venezuela. Fue fusilado por los realistas (1780-1814).
LANDAS. *Geog.* Región del S.O. de Francia, sobre el golfo de Gascuña, que comprendía una franja de terreno arenoso y pantanoso, actualmente desecado y cubierto de pinos marítimos. ‖ Dep. del S. O. de Francia. 9.364 km². 248.943 h. Maderas. Cap. MONT-DE-MARSAN.
LANDAU, León Davidovich. Investigador soviético, premio Nobel de Física en 1962 por sus estudios sobre el helio líquido a temperaturas cercanas al cero absoluto. Contribuyó al desarrollo atómico y al de los satélites artificiales (1908-1968).
LANDER, Tomás. *Biog.* Político ven., activo defensor de la democracia en el período posterior a la Independencia de su país (1792-1845).
LANDGRAVE. (Del al. *landgraf;* de *land,* país, y *graf,* conde.) m. Título de honor y de dignidad que usaban algunos grandes señores de Alemania.
LANDGRAVIATO. m. Dignidad de landgrave. ‖ Territorio de landgrave.
LANDÍVAR, Rafael. *Biog.* Jesuita guat., autor del extenso poema *Rusticatio mexicana,* en latín, que canta la naturaleza del Nuevo Mundo (1731-1793).
LANDÓ. al. **Landauer.** fr. **Landau.** ingl. **Landau.** ital. **Lando.** port. **Lando.** (Del fr. *landau,* y éste de *Landau,* c. de Alemania.) m. Coche de cuatro ruedas, con capotas delantera y trasera, para usarlo descubierto o cerrado.
LANDOWSKA, Wanda. *Biog.* Pianista, clavecinista y comp. polaca, notable ejecutante a quien se debe, principalmente, el renacimiento actual del clave y de su música. Obras: *Bach y sus intérpretes; La música antigua,* etc. (1877-1959).
LANDRE. (Del lat. vulg. *glándine,* del clásico *glans,* bellota.) f. Tumor del tamaño de una bellota, formado en partes glandulosas, como el cuello, los sobacos y las ingles. ‖ Bolsa escondida en capas o vestidos para guardar el dinero.
LANDRECILLA. f. Pedacito redondo de carne que se forma en algunas partes del cuerpo.
LANDRERO, RA. adj. Dícese del mendigo que va guardando dinero en la landre.
LANDRILLA. (dim. de *landre.*) f. Larva de varios insectos dípteros que se fija debajo de la lengua y en las fosas nasales de varios mamíferos. sinón.: **lita.** ‖ Cada grano que levanta con su picadura.
LANDSKRONA. *Geog.* Ciudad de Suecia, sobre el Sund. 40.000 h. Construcciones navales.
LANDSTEINER, Carlos. *Biog.* Médico de origen aust., descubridor de los núcleos sanguíneos, que realizó importantes investigaciones sobre la avariosis, el quimismo de los antígenos, la etiología de la poliomielitis, etc. En 1930 obtuvo el premio Nobel de Medicina y Fisiología. Autor de *Estudios serológicos de la sangre de los antropoides,* y otras obras (1868-1943).
LANDSTING. m. Nombre del Senado, en Dinamarca.
LANDTAG. m. Cámara de diputados, en Prusia.
LANERÍA. (De *lanero.*) f. Tienda donde se vende lana.
LANERO, RA. (Del lat. *laniarius,* carnicero, de *laniare,* despedazar.) adj. *Cetr.* **Halcón lanero.**
LANERO, RA. (Del lat. *lanarius.*) adj. Perteneciente o relativo a la lana. *El primer país* LANERO *es Australia.* ‖ m. El que trata en lanas. ‖ Almacén donde se guarda la lana.
LANG, Fritz. *Biog.* Director cinematográfico al., realizador de *Metrópolis; El testamento del Dr. Mabuse; M. el vampiro negro; Furia; Más allá de la duda* (1890-1976).
LANGA. f. Truchuela, bacalao curado.
LÁNGARA. adj. *Méx.* Listo, astuto.
LANGARO, RA. adj. *Méx. Central.* Vagabundo. ‖ *Arg.* y *C. Rica.* Larguirucho, langaruto. Ú.t.c.s. ‖ *Méx.* Hambriento.
LANGARUCHO, CHA. adj *Hond.* y *Méx.* Larguirucho.
LANGARUTO, TA. (Despect. de largo.) adj. fam. Larguirucho.
LANGE, Francisco Curt. *Biog.* Musicógrafo urug. de origen al., colaborador de las principales publicaciones musicales europeas y americanas. Dirige el Instituto Interamericano de Musicología (n. en 1903). ‖ — **Cristián L.** Jurisconsulto noruego a quien se otorgó en 1921 el premio Nobel de la Paz, compartido con el sueco Carlos H. Branting. Secretario del Comité Nobel en Oslo, propugnó la creación de organismos internacionales para preservar la paz (1869-1938). ‖ — **Norah.** Escritora arg. (1906-1972), autora de novelas como *Los dos retratos,* y de poesías: *Cuadernos de infancia, La calle de la tarde,* etc.
LANGEVIN, Pablo. *Biog.* Físico fr., autor de notables estudios sobre magnetismo, los iones y la relatividad (1872-1948).
LANGHORNE CLEMENS, Samuel. *Biog.* V. **Clemens, Samuel Langhorne.**
LANGLEY, Samuel Pierpont. *Biog.* Físico nort. notable por sus estudios sobre los rayos solares. Inventó el bolómetro y un tipo de aeroplano (1834-1906).
LANGMUIR, Irving. *Biog.* Químico nort. conocido por sus experiencias en tubos donde se ha obtenido el vacío y por sus investigaciones sobre la estructura atómica. En 1932 recibió el premio Nobel de Química (1881-1957).
LANGOSTA. al. **Heuschrecke; Languste.** fr. **Sauterelle; Langouste.** ingl. **Locust; Lobster.** ital. **Cavalletta; locusta; arigusta.** port. **Gafanhoto; locusta.** (Del lat. *locusta.*) f. Insecto ortóptero de cuatro a seis centímetros de largo, de color gris amarillento, cabeza gruesa, ojos compuestos y prominentes, antenas finas y articuladas, alas membranosas y el tercer par de patas muy recio y adecuado para saltar. Vive de vegetales y en circunstancias dadas se multiplica profusamente, formando espesas nubes que arrasan regiones enteras. Hay varias especies. *La* LANGOSTA *es muy temida por los agricultores.* ‖ Crustáceo marino que alcanza hasta cincuenta centímetros de longitud, con cinco pares de patas terminadas en pinzas; cuatro antenas, dos centrales cortas y dos laterales; ojos prominentes, y cola larga y gruesa. Es de color fusco que pasa a rojo por la cocción, y su carne es comestible y muy estimada. ‖ fig. y fam. Lo que destruye o consume una cosa. ‖ IDEAS AFINES: *Saltamontes, plaga, peste, campo, cosecha, avidez, destrucción, proliferación.*
LANGOSTERO, RA. adj. Aplícase a la persona que pesca langosta y a la embarcación y útiles que emplea en ella.
LANGOSTICIDA. adj. Que mata la langosta. ‖ Perteneciente o relativo a la matanza de este insecto.
LANGOSTÍN. m. Langostino.
LANGOSTINO. al. **Garnele.** fr. **Langoustine.** ingl. **Crawfish.** ital. **Gamberetto.** port. **Langostim.** (De *langosta.*) m. Crustáceo marino de 12 a 14 centímetros de largo, patas pequeñas, cuerpo comprimido, cola muy prolongada, carapacho poco consistente y de color grisáceo que pasa a rosa subido por la cocción; su carne es muy apreciada.
LANGOSTÓN. (Aum. de *langosta.*) m. Insecto ortóptero semejante a la langosta, pero de mayor tamaño; es de color verde esmeralda, tiene las antenas muy largas y suele vivir en los árboles.
LANGREO. *Geog.* Región de España (Oviedo), de gran actividad industrial. Importante zona hullera y centro siderúrgico. 70.000 h.
LANGRES. *Geog.* Meseta del N.E. de Francia (Alto Marne), nudo orohidrográfico de la región. ‖ C. de Francia (Alto Marne). 12.000 h. Cuchillería.
LANGSNER, Jacobo. *Biog.* Autor teatral urug., que escribió *El hombre incompleto; Los ridículos* y otras piezas (n. 1924).
LANGUCIAR. tr. *Chile.* Gulusmear, golosear.
LANGUCIENTO, TA. adj. *Chile.* Hambrón. ‖ Flaco, encanijado.
LANGUEDOC. *Geog. histór.* Antigua prov. de Francia, sit. en la zona costera del Mediterráneo, entre los Pirineos y el Ródano. Comprendía los actuales dep. de Garona, Alto Loira, Ardèche, Aude, Gard, Hérault, Lozère y Tarn.
LANGUEDOCIANO, NA. adj. Perteneciente o relativo al Languedoc.
LÁNGUIDAMENTE. adv. m. Con languidez, con flojedad.
LANGUIDECER. al. **Dahinwelken.** fr. **Languir.** ingl. **To languish.** ital. **Languire.** port. **Languir.** intr. Adolecer de languidez; perder el ánimo o el vigor. LANGUIDECÍA *en aquel clima;* sinón.: **abatirse, desalentarse;** antón.: **animarse, fortalecerse.** ‖ irreg. Conj. como **agradecer.**
LANGUIDEZ. al. **Dahinwelken.** fr. **Langueur.** ingl. **Languor.** ital. **Languor.** port. **Languidez.** (De *lánguido.*) f. Flaqueza, debilidad. ‖ Falta de espíritu o energía.
LANGUIDEZA. f. Languidez.
LÁNGUIDO, DA. (Del lat. *lánguidus.*) adj. Flaco, débil. *Convaleciente* LÁNGUIDO. ‖ De poco espíritu o energía. *Ademán* LÁNGUIDO; sinón.: **desanimado, desmayado;** antón.: **activo, enérgico.**
LANGUOR. (Del lat. *languor.*) m. Languidez.
LANGUSO, SA. adj. *Méx.* Astuto, sagaz. ‖ *Méx.* Larguirucho.
LANÍFERO, RA. (Del lat. *lánifer, -eri;* de *lana,* lana, y *ferre,* llevar.) adj. poét. Que lleva o tiene lana.
LANIFICACIÓN. f. Lanificio.
LANIFICIO. (Del lat. *lanificium.*) m. Arte de labrar la lana. ‖ Obra hecha de lana.
LANILLA. (dim. de *lana.*) f. Pelillo que queda por la haz del paño. ‖ Tejido poco consistente, hecho con lana fina. *La* LANILLA *es adecuada para vestidos de entretiempo.* ‖ Especie de afeite que usaban las mujeres.
LANÍN. *Geog.* Volcán apagado, nevado y solitario de los Andes patagónicos argentino-chilenos (Neuquén-Cautín). 3.774 m. En Neuquén (Argentina) ha sido creado el Parque Nacional de Lanín, que comprende varios lagos. Tiene 395.000 Ha. cubiertas por magníficos bosques.
LANÍO, A. (De *lana.*) adj. Lanar.
LANNER, José. *Biog.* Compositor austríaco que dotó de originalidad y vuelo artístico al vals (1801-1843).
LANNOY, Carlos de. *Biog.* General esp. que fue virrey de Nápoles. Venció a Francisco I en la batalla de Pavía (1487-1527).
LANOLINA. f. Mezcla compuesta de cuerpos grasos, amarilla y sólida, que proviene de la lana ovina y se emplea como excipiente.
LANOSIDAD. (Del lat. *lanositas, -atis.*) f. Pelusa que tienen las hojas de algunas plantas, frutas, etc.
LANOSO, SA. al. **Wollig.** fr. **Laneux.** ingl. **Woolly.** ital. **Lanoso.** port. **Lanoso.** (Del lat. *lanosus.*) adj. Lanudo.
LANQUÍN. *Geog.* Población de Guatemala (Alto Verapaz). 25.000 h.
LANSING. *Geog.* Ciudad de los EE.UU., capital del Est. de Michigan. 390.000 h. con los suburbios. Fábricas de automóviles.
LANSQUENETE. (Del al. *landsknecht;* de *land,* tierra, país, y *knecht,* servidor.) m. Soldado de la infantería alemana que durante la dominación de la casa de Austria peleó también en España al lado de los tercios castellanos. *Un* LANSQUENETE *bávaro vino al Plata con don Pedro de Mendoza.*
LANTANA. f. *Bot.* Planta verbenácea medicinal.
LANTÁNIDOS. m. pl. Nombre genérico de 15 elementos químicos afines al lantano, cuyos números atómicos están comprendidos entre 57 y 71.
LANTANO. m. Metal del grupo de las tierras raras, de color gris, y actividad química muy similar a la de los elementos alcalinotérreos. Elemento de símbolo La, n. atóm. 57 y p. atóm. 138,92. *El* LANTANO *es muy brillante.*
LANTEJA. f. Lenteja.
LANTEJUELA. f. Lentejuela.
LANTÉN. m. *Méx.* Llantén.
LANUDO, DA. adj. Que tiene mucha lana o vello. *Oveja* LANUDA. ‖ *Ec.* y *Ven.* Dícese de la persona tosca y grosera.
LANUGINOSO, SA. (Del lat. *lanuginosus.*) adj. Que tiene lanosidad.
LANÚS. *Geog.* Ciudad de la Rep. Argentina, que forma parte del Gran Buenos Aires, sit. al S. de la Capital Federal. 350.000 h., con el partido. Gran centro fabril.
LANUSSE, Alejandro Agustín. *Biog.* Militar arg., nacido en 1918; fue pres. de la República desde 1971 hasta 1973.
LANUZA, Juan de. *Biog.* Justicia de Aragón que defendió los fueros aragoneses contra Felipe II, al amparar a Antonio Pérez (aprox. 1564-1591). ‖ – **José Luis.** Escritor argentino autor de *Morenada; Mitología para convalecientes,* etc. (1903-1978).
LANZA. al. **Lanze.** fr. **Lance.** ingl. **Lance; pole.** ital. **Lancia.** port. **Lança.** (Del lat. *lancea.*) f. Arma ofensiva consistente en una asta o palo largo en cuyo extremo está fijo un hierro puntiagudo y filoso a modo de cuchilla. ‖ Vara de madera que se une por uno de sus extremos al juego delantero de un carruaje y sirve para darle dirección. ‖ Soldado que usaba el arma del mismo nombre, fuese a pie o a caballo. ‖ Hombre de armas, provisto de dos cabalgaduras con que ciertos caballeros o escuderos servían en la guerra, disfrutando como remuneración de ello algunas tierras y ciertas franquicias. ‖ Tubo de metal con que terminan las mangas de las bombas para dirigir bien el chorro de agua. ‖ pl. Cierto servicio de dinero que, en lugar de los soldados que debían contribuir, pagaban al rey los grandes y títulos. ‖ **Quebrar lanzas.** frs. fig. Reñir o enemistarse dos o más personas. ‖ **Romper lanzas.** frs. fig. Quitar las dificultades que impiden la ejecución de una cosa. ‖ **Ser uno una lanza.** frs. fig. y fam. *Amér.* Ser hábil y despejado. ‖ IDEAS AFINES: *Pica, alabarda, bayoneta, lance, torneo, lucha, destreza, ristre, estandarte, escudo, arrojar, herir, guerrero, lancero, indio, blandengue.*
LANZA, Alcides. *Biog.* Compositor arg. radicado en los EE.UU., autor de música electrónica y de otras tendencias de vanguardia (n. 1929). ‖ – **José Miguel.** Militar per. que luchó por la Independencia de su patria (m. 1829).
LANZACOHETES. m. Arma destinada a disparar proyectiles autopropulsados, guiándolos en su trayectoria.
LANZADA. f. Golpe dado con

la lanza. *Matar a* LANZADAS. ‖ Herida hecha con ella.

LANZADERA. al. **Weberschiffchen.** fr. **Navette.** ingl. **Shuttle.** ital. **Spola.** port. **Lançadeira.** (De *lanzar.*) f. Instrumento en forma de barquichuelo, con una canilla dentro, con que traman los tejedores. ‖ Pieza de forma semejante que tienen las máquinas de coser. *Las máquinas modernas suelen tener* LANZADERA *circular.* ‖ Instrumento parecido, pero sin canilla, usado en varias labores femeninas.

LANZADO, DA. p. p. de **Lanzar.** ‖ adj. Dícese de lo muy veloz o emprendido con mucho ánimo. ‖ Impetuoso, fogoso, decidido, arrojado.

LANZADOR, RA. adj. y s. Que lanza o arroja.

LANZAFUEGO. (De *lanzar* y *fuego.*) m. *Mil.* Botafuego de cañones.

LANZALLAMAS. m. Aparato de guerra usado para lanzar a corta distancia un chorro de líquido inflamado.

LANZAMIENTO. m. Acción de lanzar o arrojar alguna cosa. *El* LANZAMIENTO *de una granada.* ‖ *Der.* Despojo de una posesión por fuerza judicial. ‖ *Mar.* Salida que tiene el codaste por la popa, y la roda por la proa, sobre la longitud de la quilla.

LANZAR. al. **Werfen; schleudern; austossen.** fr. **Lancer; jeter; rendre; vomir.** ingl. **To throw; to throw up; to vomit.** ital. **Lanciare; rendere; vomire.** port. **Lançar.** (Del lat. *lanceare.*) tr. Arrojar. Ú.t.c.r. LANZAR *una piedra.* ‖ Soltar, dejar libre. Ú. mucho en volatería refiriéndose a las aves. ‖ Vomitar lo que se tiene en el estómago. ‖ *Agr.* Echar, brotar. ‖ *Der.* Despojar a alguien de la posesión de algo.

LANZAROTE. *Geog.* Isla del arch. de las Canarias, la más oriental del grupo. 741 km^2. 35.000 h. C. principal: Arrecife. Pesca.

LANZATORPEDOS. adj. V. **Tubo lanzatorpedos.**

LANZAZO. m. Lanzada.

LANZÓN. m. aum. de Lanza.

LANZUELA. f. dim. de Lanza.

LANA. (Del lat. *lámina.*) f. Grapa que se emplea para unir dos piezas.

LAÑA. f. Coco verde.

LAÑADOR. m. El que con lañas o grapas compone objetos rotos, en especial de barro o loza.

LAÑAR. (De *laña.*) tr. Trabar, unir con lañas una cosa.

LAOAG. *Geog.* Ciudad de Filipinas, cap. de la provincia de Ilocos Norte (Luzón). 52.000 habitantes.

LAOCOONTE. *Mit.* Héroe troyano, hijo de Príamo y Hécuba y sacerdote de Apolo. Despertó la ira divina al negarse a que se introdujera en la ciudad el caballo de madera y dos serpientes lo ahogaron con sus dos hijos.

LAOCRACIA. (Del gr. *laós,* pueblo, y *krátos,* fuerza, poder, ingenio.) f. Influencia o poder de la plebe.

LAODICEA. *Geog. hist.* Ant. c. de Frigia (Asia Menor), cerca de la actual *Denizli* (Turquía). ‖ Ciudad de la ant. Siria, sobre el Mediterráneo, hoy *Latakia.*

LAODICENSE. (Del lat. *laodicensis.*) adj. Natural de Laodicea. Ú.t.c.s. ‖ Perteneciente a esta ciudad del Asia antigua.

LAOMEDONTE. *Mit.* Rey de Troya, padre de Príamo, muerto por Heracles al no satisfacer el precio ofrecido a Poseidón para levantar los muros de la ciudad.

LA OROYA. *Geog.* Ciudad del Perú (Junín), sit. al N.E. de Lima. 17.076 h. Explotaciones mineras.

LAOS. *Geog.* República Democrática popular de Indochina. Limita con Birmania, China, Vietnam, Camboya y Tailandia. Sup. 236.800 km^2. Se trata de un territorio montañoso, especialmente en el N., por influencia del reborde oriental del sistema del Himalaya. La humedad del clima favorece la implantación de bosques de maderas finas. Población: 3.460.000 h. (rural, en un 85%). Cap. VIENTIANE. *Hist.* En la edad antigua, Laos constituyó el reino de Nan Tehao. Durante el siglo XIX quedó dividido en los reinos de Vientiane y Luang Prabang, dominados por Siam. Ya en nuestro siglo, fue sucesivamente ocupado por franceses y japoneses. En 1949 obtuvo la autonomía, en 1955 la independencia y en diciembre de 1975 se proclamó la república. Arroz, tabaco, índigo, etc. Es uno de los países que riega el Mekong.

LAO-TSE. *Biog.* Fil. chino que en el *Tao-te-King* o *Libro de la razón suprema y de la virtud,* que se le atribuye, consignó las bases del taoísmo. Tao es el principio creador, que permanece inmutable, mientras todo lo que crea envejece y se sumerge en la nada (n. aprox. 604 a. de C.).

LAPA. (Del gr. *lape.*) f. Especie de nata que forman ciertos vegetales criptógamos en la superficie de algunos líquidos.

LAPA. (Del lat. *lepas, -adis.*) f. Molusco gasterópodo, de concha cónica, de base oblonga y de una sola pieza, lisa o con estrías, que vive adherido a las rocas marinas. Existen multitud de especies, todas comestibles, aunque de poco valor.

LAPA. (Del lat. *lappa.*) f. Lampazo, planta. ‖ *Ec.* Sombrero grande achatado en la copa. ‖ *Hond.* Guacamayo.

LAPACHAR. m. Terreno cenagoso y muy húmedo.

LAPACHO. m. Árbol bignoniáceo de la América del Sur, cuya madera, fuerte e incorruptible, se usa en construcción y en ebanistería. ‖ Madera de este árbol.

LAPADE. f. **Lapa,** molusco.

LAPALAPA. f. *Méx.* Llovizna.

LA PALMA. *Geog.* Isla española del arch. de las Canarias, al N. O. de la isla de Tenerife. 814 km^2. 80.000 h. Frutales, viñedos. ‖ Pobl. de Colombia (Cundinamarca). 30.000 h. Café. Aguas minerales. ‖ Población del S.O. de Panamá, cap. de la provincia de Darién. Puerto sobre el golfo de San Miguel, en el Pacífico. 3.000 habitantes.

LA PAMPA. *Geog.* Provincia de la Argentina, en el Oeste de la llanura pampeana. 144.183 km^2. 187.000 h. Su suelo, hacia el N. E., es fértil y cubierto de pastos, propicio para labores agrícola-ganaderas; hacia el O. y S. es árido y cubierto en parte por salinas y médanos. Su economía es agropecuaria y minera. Cap. SANTA ROSA. Hasta 1951 constituyó un territorio nacional.

LAPAROTOMÍA. (Del gr. *lapara,* epigastrio, y *tomé,* sección.) f. *Cir.* Operación consistente en abrir las paredes abdominales y el peritoneo.

LAPATAIA. *Geog.* Bahía del S. de Tierra del Fuego, en el límite argentino-chileno.

LA PAZ. *Geog.* Ciudad de la Argentina (Entre Ríos). 24.000 h. Importante puerto sobre el Paraná. ‖ Dep. del O. de Bolivia. 133.985 km^2. 1.600.000 h. Metales, maderas. ‖ C. de Bolivia, sit. al pie del Illimani, cap. del departamento. 620.000 h. Sede del gobierno boliviano. Centro industrial, comercial y cultural. ‖ Dep. de El Salvador. 202 km^2. 193.000 h. Agricultura. Cap. ZACATECOLUCA. ‖ Dep. del centro de Honduras. 2.331 km^2. 80.000 h. Ganadería. Cap. hom. 6.300 h. ‖ C. y puerto de México, cap. del territorio de Baja California del Sur. 58.000 h. con el municipio. ‖ C. del Uruguay (Colonia). 4.000 h. Producción agropecuaria.

LAPE. adj. *Chile.* Enredado, apelmazado, refiriéndose a lanas, hilos, etc. ‖ Muy alegre o animado, tratándose de fiestas.

LA PÉROUSE, Juan Francisco, Conde de. *Biog.* Navegante fr., que en 1785 intentó descubrir el paso al N. O. de América y recorrió el archipiélago japonés (1741-1789).

LAPESA, Rafael. *Biog.* Filólogo esp., secretario perpetuo de la Real Academia, autor de una *Historia de la lengua española* (n.1908).

LAPICERA. al. **Federhalter.** fr. **Plume; porteplume.** ingl. **Penholder; pen.** ital. **Portapenna.** port. **Porta-penas.** f. *Arg.* y *Chile.* Portaplumas. ‖ – **fuente.** Estilográfica.

LAPICERO. m. Instrumento en que se pone el lápiz. ‖ Lápiz. ‖ *Arg.* y *Perú.* Lapicera, portaplumas.

LÁPIDA. al. **Grabstein.** fr. **Stele.** ingl. **Gravestone.** ital. **Lapide.** port. **Lápide.** (Del lat. *lapis, -idis.*) f. Piedra llana en que, comúnmente, se pone alguna inscripción. *Una* LÁPIDA *de mármol.* ‖ IDEAS AFINES: *Tumba, cementerio, ataúd, cadáver, muerte, homenaje, panegírico, túmulo, monumento, estela, epitafio.*

LAPIDAR. al. **Steinigen.** fr. **Lapider.** ingl. **To stone.** ital. **Lapidare.** port. **Lapidar.** (Del lat. *lapidare.*) tr. Apedrear, matar a pedradas. ‖ *Amér.* Labrar piedras preciosas. ‖ deriv.: **lapidación.**

LAPIDARIO, RIA. (Del lat. *lapidarius.*) adj. Perteneciente a las piedras preciosas. ‖ Perteneciente o relativo a las inscripciones en lápidas. *Escritura* LAPIDARIA. ‖ m. El que por oficio labra piedras preciosas. *En Amsterdam han residido famosos* LAPIDARIOS. ‖ El que comercia con ellas. ‖ Nombre que se dio en la Edad Media al libro que trataba de las propiedades simbólicas atribuidas a las piedras preciosas.

LAPÍDEO, A. (Del lat. *lapideas.*) adj. De piedra o perteneciente a ella.

LAPIDIFICACIÓN. f. *Quím.* Acción y efecto de lapidificar o lapidificarse.

LAPIDIFICAR. (Del lat. *lapis, -idis,* piedra y *facere,* hacer.) tr. y r. *Quím.* Convertir en piedra.

LAPIDÍFICO, CA. adj. *Quím.* Que lapidifica.

LAPIDOSO, SA. (Del lat. *lapidosus.*) adj. Lapídeo.

LA PIEDAD. *Geog.* Población de México, en el Est. de Michoacán. 16.000 h. Centro agrícola.

LAPILLA. (Del lat. *lappa.*) f. Cinoglosa.

LAPISLÁZULI. (Del lat. *lapis,* piedra, y del ár. *lazurd,* corrupción del persa *lachuard,* azul.) m. Mineral azul, tan duro como el acero, que se considera constituido por silicato de aluminio y sodio con algo de azufre, usado en pintura y ornamentaciones. sinón.: **lazulita.**

LAPITA. (Del lat. *lapitha.*) m. Individuo de un pueblo de los tiempos heroicos de Grecia, que adquirió fama por su lucha con los centauros en las bodas de Piritoo; habitaba en Tesalia cerca del monte Olimpo.

LÁPIZ. al. **Bleistift.** fr. **Crayon.** ingl. **Pencil.** ital. **Matita; lapis.** port. **Lápis.** (Del lat. *lapis,* piedra.) m. Nombre genérico de varias substancias minerales, suaves y crasas al tacto, que se emplean por lo general para dibujar. *Retrato al* LÁPIZ. ‖ Barrita de grafito puesta dentro de un cilindro o prisma de madera y que se usa para escribir o dibujar. ‖ – **de color.** Pasta que se prepara con diversos colores dándole la figura de puntas de lápiz, y sirve para pintar al pastel. ‖ – **de plomo.** Grafito. ‖ – **encarnado.** Lápiz rojo. ‖ – **labial.** Lápiz rojizo usado por las mujeres para pintarse los labios. ‖ – **plomo.** Lápiz de plomo. ‖ – **rojo.** Almagre. ‖ IDEAS AFINES: *Mina, lapicera, caja, goma, borrar, color, cuaderno, caligrafía, pintura, trazo, renglón, papel, texto, corrección, jeroglífico, escolar, bosquejo, diseño, autógrafo, grafología.*

LAPIZAR. m. Mina o cantera de lápiz de plomo.

LAPLACE, Pedro Simón, Marqués de. *Biog.* Geómetra, fís. y astrónomo fr., autor del sistema cosmogónico que lleva su nombre y de notables estudios sobre Júpiter y sus satélites, Saturno, las mareas, etc. Obras: *El sistema del mundo; Mecánica celeste; Teoría analítica de las probabilidades,* etc. (1749-1827).

LA PLATA. *Geog.* Lago de los Andes patagónicos argentinos (Chubut), que comunica con el lago Fontana. 73 km^2. ‖ C. de la Argentina, cap. de la prov. de Buenos Aires. 400.000 h. con los suburbios. Situada a 54 km. de la cap. de la Rep., tiene un activo puerto y es asiento de importantes industrias. Universidad, hermosa catedral, observatorio astronómico, museos. Fue fundada por Dardo Rocha en 1882. Su diseño urbanístico es del tipo radioconcéntrico.

LAPO. (Del lat. *álapa.*) m. fam. Cintarazo, varazo o bastonazo. ‖ Golpe dado con la mano abierta. ‖ fig. Trago o chisguete. ‖ *Ar., Chile* y *Méx.* Bofetada. ‖ *Ven.* Sujeto simple y fácil de engañar.

LAPOLAPO. m. Árbol de Filipinas, combretáceo, cuya madera se emplea para hacer rodelas.

LAPÓN. adj. Natural de Laponia. Ú.t.c.s. *Los* LAPONES *tienen grandes rebaños de renos.* ‖ Perteneciente a este país de Europa. ‖ m. Lengua de los lapones.

LAPONIA. *Geog.* Región de Europa septentrional al N. del círculo polar ártico, compartida por Noruega, Suecia, Finlandia y la Unión Soviética. 400.000 km^2. 200.000 h.

LAPPARENT, Alberto A. *Biog.* Geólogo fr. cuyo *Tratado* descuella por la sistematización científica (1839-1908).

LAPRIDA, Francisco Narciso de. *Biog.* Político arg. que luchó por la emancipación de su patria y presidió en 1816 el Congreso de Tucumán que declaró la independencia de las Provincias Unidas del Río de la Plata (1786-1829).

LAPRIDA. *Geog.* Ciudad de la Argentina (Buenos Aires). 11.000 h. Producción agropecuaria.

LAPSO. (Del lat. *lapsus.*) m. Curso de un espacio de tiempo. ‖ Caída en una culpa o error.

LAPSUS. (Voz lat.) m. Lapso, caída en una culpa o error.

LA PUERTA, Luis. *Biog.* Mil. y político per., de 1867 a 1868 presid. interino de la Rep. (1811-1885).

LAQUEADO, DA. adj. Cubierto o barnizado de laca. *Mueble* LAQUEADO.

LAQUEAR. tr. Recubrir un objeto con barniz de laca.

LAQUEDIVAS. *Geog.* Archipiélago coralino de la India, sit. en el Índico, al S.O. del Decán. 200 km^2. 35.000 h.

LAQUES. (Voz araucana.) m. pl. *Arg.* y *Chile.* Boleadoras.

LAQUESIS. *Mit.* Una de las tres Parcas.

LA QUIACA. *Geog.* Ciudad de la Argentina (Jujuy). 14.000 h. Término del ferrocarril internacional a Villazón (Bolivia).

LAR. al. **Laren.** fr. **Lare.** ingl. **Lar.** ital. **Lare.** port. **Lar.** (Del lat. *lar.*) m. En mitología cada uno de los dioses de la casa u hogar. Ú.m. en pl. *Los* LARES *eran espíritus protectores.* ‖ Hogar. ‖ pl. fig. Casa propia u hogar.

LARA, Augustín. *Biog.* Compositor mexicano, autor de celebradas canciones y piezas típicas populares, como *Toledo; Granada; María Bonita,* etc. (1901-1970). ‖ – **Domingo Antonio de.** Patriota salv. que luchó activamente por la independencia de su país. ‖ – **Jesús.** Escr. boliviano, n. 1898, autor de *Harahay; La poesía quechua; Haranicu,* y otras obras. ‖ – **Juan Jacinto.** General ven. que intervino en la lucha por la emancipación de su patria (1779-1859). ‖ – **ZAMORA, Salvador.** Político cost., en 1881, pres. interino (1839-1912).

LARA. *Geog.* Estado del N.O. de Venezuela. 19.800 km^2. 720.000 h. Maíz, café, caña de azúcar. Caprinos, vacunos. Cap. BARQUISIMETO. ‖ Punta de la costa bonaerense del río de la Plata (Argentina), al N. del puerto de la Plata.

LARA, Los siete Infantes de. *Hist.* Siete hijos de Gonzalo Gustios que yendo a liberar a su padre, prisionero en Córdoba, fueron muertos por los moros en una emboscada preparada, en venganza de una ofensa, por su tío Ruy Velázquez (s. X).

LARACHE. *Geog.* Ciudad de Marruecos, puerto sobre el Atlántico. 60.000 h. Exporta cereales, cueros, pieles.

LA RAMADA. *Geog.* Cordillera de los Andes argentinos (San Juan). Culmina en el cerro Mercedario a los 6.770 m. ‖ Población del N.E. de Tucumán (Argentina). 10.000 h.

LARARIO. m. Entre los gentiles, lugar en que eran venerados los lares.

LARBAUD, Valerio. *Biog.* Escritor fr., autor de varias novelas, entre ellas *Fermina Márquez* (1881-1957).

LARCO, Jorge. *Biog.* Pintor, ilustrador y escenógrafo arg., autor de numerosas obras pictóricas, como *Las hortensias azules; San Martín; Venus porteña,* etc. Escribió también varias publicaciones sobre arte (1897-1968). ‖ – **HERRERA, Rafael.** Escr. y político per., autor de *Hacia el despertar del alma india; Civilización yunga; Cuzco arqueológico,* etc. (1872-1952).

LARDA. (De *lardo.*) f. Gordura de ballenas, cachalotes y de algunos otros animales.

LARDÁCEO, A. adj. Semejante al lardo.

LARDAR. tr. Lardear.

LARDEAR. tr. Untar con lardo o grasa lo que se pone a asar. sinón.: **engrasar.**

LARDO. al. **Speck.** fr. **Lard.** ingl. **Lard.** ital. **Lardo.** port. **Lardo.** (Del lat. *lárdum.*) m. La parte gorda del tocino. ‖ Grasa o unto de los animales.

LARDÓN. (De *ladrón.*) m. *Impr.* Pedacito de papel que, al tirar el pliego, se interpone entre éste y la forma, y hace que alguna parte de él no salga señalada. ‖ Adición que se hace al margen en el original y en las pruebas.

LARDOSO, SA. (De *lardo.*) adj. Grasiento, pringoso.

LAREDO. *Geog.* Ciudad de los EE.UU. (Texas) sobre el río Grande del Norte. 70.000 h. Petróleo, frutas. Gran movimiento comercial y de viajeros a través de la frontera.

LAREDO BRU, Federico. *Biog.* Jurisc. y estadista cub. que de 1936 a 1940 fue presid. de la República (1875-1946).

LARENSE. adj. Natural del Estado venezolano de Lara. Ú.t.c.s. ‖ Perteneciente o relativo a dicho Estado.

LARGA. f. Trozo de suela que los zapateros ponen en la parte posterior de la horma, para que el zapato salga más largo. ‖ El más largo de los tacos de billar. ‖ Dilación. Ú.m. en pl. y con el verbo dar. *Dar* LARGAS *a un asunto.* ‖ *Taurom.* Lance en que se saca al toro de la suerte de varas corriéndolo con el capote extendido a lo largo.

LARGADA. al. **Loslassen; start.** fr. **Départ.** ingl. **Start.** ital. **Partenza.** port. **Largada; partida.** f. *Chile* y *R. de la Plata.* Acción y efecto de largar en las carreras de caballos y otros deportes. ‖ Lugar desde donde se larga.

LARGAMENTE. adv. m. Extensamente, sin estrechez. *Con sus rentas vive* LARGAMENTE; sinón.: **holgadamente**; antón.: **apretadamente.** ‖ Con liberalidad. *Lo ayudaba* LARGAMENTE; sinón.: **generosamente**; antón.: **tacañamente.** ‖ adv. t. Por mucho tiempo.

LARGAR. al. **Loslassen.** fr. **Lâcher.** ingl. **To set free.** ital. **Sciogliere.** port. **Largar.** (De *largo.*) tr. Soltar, dejar libre. Dícese en especial de lo que es molesto y peligroso. ‖ Aflojar, soltar poco a poco. Ú. mucho en la marina. ‖ *Mar.* Desplegar, soltar algunas cosas. LARGAR *la bandera, las velas.* ‖ intr. *Chile* y *R. de la Plata.* En las carreras de caballos y ciertos deportes, iniciar la marcha. ‖ r. fam. Irse con rapidez o disimulo. *Se* LARGÓ *sin más ni más;* sinón.: **escabullirse.** ‖ *Amér. del S.* Decidirse a hacer una cosa; comenzar a suceder algo. *Se* LARGÓ *a gritar, a correr, a llover.* ‖ *Mar.* Hacerse la nave a la mar.

LARGILLIÈRE, Nicolás de *Biog.* Pintor fr., autor de célebres retratos como los de Carlos L. Brun, Jaime II de Inglaterra, Nicolás Coustou, Juan Bautista Rousseau, etc. (1656-1746).

LARGO, GA. al. **Lang.** fr. **Long.** ingl. **Long.** ital. **Lungo.** port. **Comprido; longo.** (Del lat. *largus.*) adj. Que tiene más o menos largor. *Pestañas* LARGAS. antón.: **corto.** ‖ De longitud excesiva. *Un* LARGO *recorrido.* ‖ V. **Anteojo de larga vista.** ‖ V. **Larga data, larga fecha.** ‖ fig. Liberal, generoso. antón.: **tacaño.** ‖ fig. Abundante, excesivo. ‖ fig. Dilatado, extenso. *Me tomaré un* LARGO *descanso.* ‖ fig. Pronto, expedito, que hace en abundancia lo que significa el verbo con que se une. *Ese linotipista es* LARGO *en teclear.* ‖ fig. Aplicado en plural a cualquiera división del tiempo, como días, meses, etc., se toma por muchos. *Su enfermedad duró* LARGOS *años.* ‖ fig. V. **Cuento largo.** ‖ *Mar.* Arriado, suelto. *Aquel cabo está* LARGO. ‖ *Mar.* V. **Boga, mar larga.** ‖ *Mar.* V. **Viento largo.** ‖ *Mil.* **Paso largo.** ‖ m. Largor. ‖ *Mús.* Uno de los movimientos básicos de la música, equivalente a despacio o lento. ‖ Composición escrita en este movimiento. *Ejecutar un* LARGO. ‖ adv. m. Sin escasez, con abundancia. ‖ **A la larga.** m. adv. Según el largo de una cosa. *Pusieron un árbol atravesado* A LA LARGA. ‖ Al cabo, después de mucho tiempo. A LA LARGA, *te dará la razón.* ‖ Con lentitud, poco a poco. ‖ Extensamente. ‖ **A lo largo.** m. adv. En sentido de longitud de una cosa. Seguido de la prep. *de* equivale a durante. A LO LARGO *de su vida.* ‖ A los lejos. ‖ A la larga, extensamente. ‖ **A lo más largo.** m. adv. A lo sumo. ‖ **De largo.** m. adv. Con hábitos o vestiduras talares. ‖ **De largo a largo.** m. adv. A toda su largura. ‖ **¡Largo!** o **¡Largo de ahí,** o **de aquí!** expr. que se emplea para ordenar a una o más personas que se vayan pronto. ‖ **Largo y tendido.** expr. fam. Con profusión, extensamente. *Conversaremos* LARGO Y TENDIDO. ‖ **Por largo.** m. adv. Por extenso.

LARGOMIRA. (De *largo* y *mirar.*) m. Catalejo.

LARGONA. f. *Chile.* Largas, dilación. ‖ **Darse** uno **una largona.** frs. *Chile.* Tomarse un descanso.

LARGOR. (De *largo.*) m. Longitud.

LARGUEADO, DA. adj. Adornado con listas.

LARGUERO, RA. (De *largo.*) adj. ant. Largo, liberal, dadivoso. Ú. en Chile. ‖ m. Cualquiera de los dos palos puestos a lo largo de una obra de carpintería, como los de las camas, ventanas, etc. ‖ Cabezal, almohada larga.

LARGUEZA. f. Largura. ‖ Liberalidad. *Ayudar con* LARGUEZA. sinón.: **esplendidez, munificencia, generosidad**; antón.: **mezquindad.**

LARGUIRUCHO, CHA. adj. fam. Dícese de las personas y objetos desproporcionadamente largos.

LARGURA. f. Largor.

LÁRICE. (Del lat. *lárix, -icis.*) m. Alerce.

LARICINO, NA. adj. Perteneciente al lárice.

LARIJE. adj. Alarije.

LARINGE. al. **Kehlkopf.** fr. **Larynx.** ingl. **Larynx.** ital. **Laringe.** port. **Laringe.** (Del gr. *larynx, -yngos.*) f. *Anat.* Conducto ternilloso en figura de caja, que se halla en las fauces delante del esófago, comunica por medio de una abertura con el fondo de la boca, y se une interiormente con la tráquea. Es el órgano de la voz. ‖ V. **Ventrículo de la laringe.** ‖ IDEAS AFINES: *Garganta, cuello, amígdalas, faringe, cuerdas vocales, ronquera, afonía, carraspeo, emisión, gutural, canto, gorjeo, afinación, entonación.*

LARÍNGEO, A. adj. Perteneciente o relativo a la laringe. *Cartílagos* LARÍNGEOS.

LARINGITIS. al. **Kehlkopfentzündung.** fr. **Laryngite.** ingl. **Laryngitis.** ital. **Laringite.** port. **Laringite.** (De *laringe* y el sufijo *itis,* inflamación.) f. Inflamación de la laringe. ‖ **– estridulosa.** Forma particular de la laringitis de la infancia, caracterizada por accesos súbitos de sofocación durante la noche, tos ronca, inspiración sibilante y cianosis.

LARINGOLOGÍA. (Del gr. *larynx,* laringe, y *logos,* tratado.) f. Parte de la patología que estudia las enfermedades de la laringe.

LARINGÓLOGO. m. Especialista que se dedica al estudio y tratamiento de las enfermedades de la laringe.

LARINGOSCOPIA. (De *laringoscopio.*) f. *Med.* Exploración de la laringe y de partes cercanas a ella.

LARINGOSCOPIO. (Del gr. *larynx,* laringe, y *skopeo,* examinar.) m. *Med.* Instrumento que sirve para la laringoscopia.

LARINGOTOMÍA. f. *Cir.* Incisión hecha en la laringe.

LA RIOJA. *Geog.* Provincia del N.O. de la Argentina. 92.331 km². 148.000 h. La región centrooccidental está cruzada por cordones montañosos con valles bien regados; al E. presenta una llanura árida con salinas. En la zona de riego se encuentra alfalfa, maíz, trigo, vinos, nueces y aceitunas. Ganado caprino, vacuno, ovino y caballar; yeso, plomo, oro, tungsteno. Cap. hom. con 45.000 h. Centro comercial, monumentos históricos. Fue fundada en 1591.

LARISSA. *Geog.* Nomarquía de Grecia (Tesalia). 7.623 km². 278.400 h. Cap. hom. 43.300 h.

LAROCHE, Ernesto. *Biog.* Pintor y grabador urug., vigoroso colorista. Obras: *Crepúsculo; Durazno en flor; La canción del silencio,* etc. (1879-1940).

LA ROCHEFOUCAULD, Francisco de. *Biog.* Literato fr., autor de las célebres *Máximas,* colección de pensamientos morales donde expresa con perfección clásica su decepción de la vida política y sentimental (1613-1680).

LA ROCHELA. *Geog.* Ciudad de Francia, capital del dep. de Charente Inferior. 75.000 h. Pesca. Ostricultura.

LA ROMIGUIÈRE, Pedro. *Biog.* Filósofo fr., uno de los fundadores del eclecticismo y autor de *Proyecto de elementos de metafísica; Paradojas de Condillac; Lecciones de filosofía,* etc. (1756-1837).

LAROUSSE, Pedro. *Biog.* Pedagogo fr. que preparó, entre los años 1866 y 1876, un *Diccionario Universal del siglo XIX,* en diecisiete volúmenes (1817-1875).

LARRA, Mariano José de. *Biog.* Escritor esp., conocido por el seudónimo de **Fígaro.** Poeta y dramaturgo, sobresalió principalmente por sus artículos críticos y satíricos, amargos, impetuosos e implacables. Obras: *El doncel de Don Enrique el doliente; Macías; Colección de artículos dramáticos, literarios, políticos y de costumbres,* etc. (1809-1837). Se suicidó.

LARRABURE Y UNANUE, Eugenio. *Biog.* Estadista, diplom. y escritor per., autor de *Estudios literarios; Monografías histórico-americanas* y otras obras (1844-1916).

LARRAINZAR, Manuel. *Biog.* Escr. y político mex., autor de *Biografía de Fray Bartolomé de las Casas,* y *Estudio sobre la historia de América, sus ruinas y sus antigüedades* (1809-1884).

LARRALDE, Pedro. *Biog.* Escritor arg. n. 1919, autor de varios tomos de poesía y de ensayos sobre literatura hispanoamericana. ‖ **– Trina.** Escritora venezolana cont., autora de la novela *Guátaro* y otras obras.

LARRAMENDI, Manuel. *Biog.* Filólogo esp., autor de un *Diccionario castellano, vascuence y latino* (1690-1766).

LARRAÑAGA, Dámaso Antonio. *Biog.* Sac. y naturalista urug., fundador de la Biblioteca pública de Montevideo y otras instituciones. Realizó estudios de la flora y la fauna americanas y es autor de unas memorias políticas (1771-1848). ‖ **– Enrique José de.** Pintor arg., autor de *La fuentecilla; Plaza del Ángel; Arrieros,* etc. Es de notable policromía su serie de cuadros de payasos (1900-1956).

LARRAVIDE, Manuel. *Biog.* Pintor urug., autor de cuadros sobre temas marinos (1871-1910).

LARRAZÁBAL, Felipe. *Biog.* Escr. y periodista ven., autor de *Vida del Libertador Simón Bolívar,* la primera y más extensa biografía del héroe (1817-1873).

LARREA, José M. *Biog.* Jurisc. y diplomático ec. que ejerció la presid. por ausencia del titular Flores (m. 1870). ‖ **– Juan.** Pol. argentino de origen esp. que apoyó la Revolución de Mayo y formó parte del primer gob. patrio de 1810 (1782-1847). ‖ **– Juan.** Poeta esp. que anticipó, en sus obras, la técnica del ultraísmo (n. 1895). ‖ **– ALBA, Luis.** Político ec. que en 1931 desempeñó provisionalmente la presid. de la Rep. (n. 1895).

LARREINAGA, Miguel. *Biog.* Patriota y jurisconsulto nicar., una de las figuras más sobresalientes de Centroamérica durante la época de su independencia. Famoso por su erudición forense, ocupó altos cargos gubernamentales y redactó el proyecto del Código Civil de Guatemala (1771-1847).

LARRETA, Enrique. *Biog.* Escritor arg., autor de *La gloria de Don Ramiro,* que le dio gran celebridad y donde describe la época de Felipe II en España y América. Estilista notable, de verbo castizo y sutil. Otras obras: *Zogoibi; Las dos fundaciones de Buenos Aires; La luciérnaga,* etc. (1875-1961).

LARRIVA, José Joaquín. *Biog.* Relig., poeta y periodista per. que participó en la causa de la independencia de su país. Escribió *Las profecías del cojo Pietro; La Angulada* y otras obras satíricas (1780-1832). ‖ **– DE LLONA, Lastenia de.** Escritora per., autora de *Fe, patria y hogar; Oro y escoria* y otras obras (1848-1924).

LARROQUE, Alberto. *Biog.* Educador arg. de origen fr., notable por su labor en la dirección del Colegio Nacional del Uruguay (Entre Ríos) que hizo del establecimiento uno de los principales del país (1819-1881). ‖ **– DE ROFFO, Elena.** Investigadora arg. del cáncer, que colaboró con su esposo Ángel H. Roffo en estos trabajos (1883-1924).

LARS, Claudia. *Biog.* Poetisa salv., autora de *Canción redonda; Tristes mirajes; Estrellas en el pozo,* etc. (1899-1974).

LARVA. al. **Larve.** fr. **Larve.** ingl. **Larva.** ital. **Larva.** port. **Larva.** (Del lat. *larva,* fantasma.) f. Primera forma en que aparecen después de salir del huevo los animales que sufren metamorfosis; la de las mariposas se llama oruga, y las demás son conocidas con el nombre vulgar de gusanos. Tienen generalmente forma alargada, cuerpo blando y anillado con la cabeza más o menos distinta, con patas o sin ellas y con antenas muy cortas. ‖ Batracio en la primera edad. ‖ deriv.: **larviforme.**

LARVADO, DA. (Del lat. *larvalus,* enmascarado.) adj. *Med.* Dícese de las enfermedades que se presentan con síntomas que no muestran su verdadera naturaleza.

LARVAL. (Del lat. *larvalis.*) adj. Perteneciente a la larva. *Estado* LARVAL.

LAS. Forma del artículo determinado en género femenino y número plural. LAS *sillas.* ‖ Acusativo del pronombre personal de tercera persona en género femenino y número plural. No admite preposición y puede emplearse como sufijo. LAS *encontré; encontré*LAS. Esta forma, propia del acusativo, no debe emplearse en dativo; por ej.: LAS *pregunté,* en vez de *Les pregunté.*

LA SALLE, San Juan Bautista de. *Hagiog.* Sacerdote fr. que fundó la congregación de Hermanos de las Escuelas Cristianas (1651-1719).

LASAÑA. (Del ital. *lasagna.*) f. **Oreja de abad,** fruta de sartén.

LASCA. (Del ant. alto al *laska.*) f. Trozo pequeño y delgado desprendido de una piedra.

LASCADURA. f. *Méx.* Lastimadura, rozamiento. ‖ *Mar.* Acción de lascar.

LASCAR. (Del lat. *laxare,* desenvolver, desatar.) tr. *Mar.* Arriar poco a poco un cabo.

LASCAR. tr. *Méx.* Lastimar, magullar.

LASCARIS, Andrés J. *Biog.* Erudito gr., autor de *Antología griega* y divulgador de la cultura helena en Europa (1445-1535).

LAS CASAS, Bartolomé de. *Biog.* Sac., misionero e hist. español dedicado, con ardor, a la evangelización pacífica de los indígenas. Según las investigaciones realizadas por varios historiadores cont., entre los cuales el mexicano Carlos Pereya y el argentino Rómulo D. Carbia, muchas de sus afirmaciones fueron exageradas o inciertas. Sin embargo, esos alegatos contribuyeron a mitigar, en algunos casos, el trato duro impuesto a los indígenas durante la colonización. Obras: *Historia de las Indias; Historia apologética de las Indias; Brevísima relación de la destrucción de las Indias,* etc. (1474-1566).

LAS CASES, Manuel, conde de. *Biog.* Historiador fr. que acompañó a Napoleón en su exilio de Santa Elena y redactó, al respecto, un memorial (1766-1842).

LASCIVAMENTE. adv. Con lascivia.

LASCIVIA. al. **Geilheit; Wollust.** fr. **Lasciveté.** ingl. **Lasciviousness.** ital. **Lascivia.** port. **Lascivia.** (Voz lat.) f. Propensión a los deleites carnales. sinón.: **lujuria, sensualidad**; antón.: **continencia, pureza.**

LASCIVO, VA. (Del lat. *lascivus.*) adj. Perteneciente a la lascivia o sensualidad. ‖ Que tiene este vicio. Ú.t.c.s. sinón.: **libidinoso, lujurioso.** ‖ De movimiento blando y libre; alegre, juguetón.

LAS CUEVAS. *Geog.* Última estación argentina del ferrocarril trasandino Mendoza (Arg.) – Santiago (Chile), situada a 3.151 m. de altura.

LASCURAIN PAREDES, Pedro. *Biog.* Jurista y pol. mexicano. El mismo día que asumió la presidencia de la Rep., en 1913, fue destituido.

LÁSER. m. Rayo de luz invisible, cuya energía horada los cuerpos más duros. ‖ Aparato que genera estos rayos.

LA SERENA. *Geog.* Ciudad de Chile, cap. de la provincia de Coquimbo. 65.000 h. Centro de explotación minera.

LA SERNA, Pedro Gómez de. *Biog.* V. **Gómez de la Serna, Pedro.** ‖ – **Ramón Gómez de.** V. **Gómez de la Serna, Ramón.** ‖ – **E HINOJOSA, José de.** Militar esp. y último virrey del Perú, depuesto por la revolución emancipadora. Comandó el ejército realista en la batalla de Ayacucho, donde fue derrotado por el general Sucre (1769-1833).

LASERPICIO. m. Planta herbácea, vivaz, de flores blancas y semillas pareadas, ovoideas, algo vellosas. *Laserpitium latifolium*, umbelífera. ‖ Semilla de esta planta.

LAS HERAS, Juan Gregorio de. *Biog.* Militar arg. que luchó por la independencia americana. Comandó una división del ejército de San Martín, intervino en la expedición a Lima, y fue gobernador de la prov. de Buenos Aires (1780-1866).

LAS HERAS. *Geog.* Ciudad de la Argentina (Mendoza), al N. de la cap. de la prov. 30.000 h. Vinos y aceites.

LASITUD. al. **Schlaffheit.** fr. **Lassitude.** ingl. **Lassitude.** ital. **Lassezza.** port. **Lassitude.** (Del lat. *lassitudo.*) f. Desfallecimiento, cansancio, falta de vigor. antón.: **ánimo, viveza.** ‖ IDEAS AFINES: *Fatiga, abandono, dejadez, desgano, enfermizo, apagado, convalecencia, anemia, abulia, indiferencia, inercia, desilusión, languidez, volver en sí, nostalgia, marasmo.*

LAS JUNTAS. *Geog.* Pobl. de Costa Rica (Guanacaste). 5.500 h.

LASKER, Manuel. *Biog.* Escr. y ajedrecista al. que de 1894 a 1921 fue campeón mundial, título que perdió jugando con Capablanca. Escribió *El manual del ajedrecista* y *El sentido común en el ajedrez* (1868-1950)

LASO, SA. (Del lat. *lassus.*) adj. Cansado, falto de fuerzas. ‖ Flojo y macilento. ‖ Dícese del hilo de lino o cáñamo y de la seda, sin torcer.

LASO, Francisco. *Biog.* Pintor per. de inspiración folklórica y religiosa. Obra: *Pascana en la Cordillera; Santa Rosa*, etc. (1823-1869). ‖ – **DE LA VEGA, Francisco.** Militar esp., gobernador de Chile (1590-1640).

LAS PALMAS. *Geog.* Provincia de España (Canarias), formada por las islas Gran Canaria, Fuerteventura y Lanzarote. 4.069 km². 595.000 h. Cap. hom. en la Gran Canaria. 295.000 h. Astilleros.

LA SPEZIA. *Geog.* Provincia del O. de Italia (Liguria), sobre el golfo de Génova. 885 km². 250.000 h. Cap. hom. con 127.000 h. Es un importante puerto militar. Posee también un arsenal. Construcciones navales. Maquinarias eléctricas.

LAS PIEDRAS. *Geog.* Población del Uruguay (Canelones). 12.000 h. Victoria de Artigas sobre los realistas en 1811.

LAS ROSAS. *Geog.* Población del E. de Argentina (Santa Fe). 20.000 h. Producción agropecuaria.

LASSALLE, Fernando. *Biog.* Escr. y orador al., destacado teórico del socialismo moderno. Obras: *Capital y trabajo; Sistema de los derechos adquiridos; El legado de Fichte y el momento presente*, etc. (1825-1864).

LASSELL, Guillermo. *Biog.* Astrónomo ingl., notable por sus estudios sobre medidas de estrellas, cometas, planetas y satélites. Descubrió el satélite de Neptuno y dos de los cuatro que tiene Urano (1799-1880).

LASSO DE LA VEGA, Gabriel. *Biog.* Poeta esp., autor de un famoso *Romancero* que imita con arte y maestría a los romances antiguos. Obras: *Tragedias y Mejicana* (1559-1615).

LASSO, Orlando o **Rolando.** *Biog.* Compos. belga, llamado también Orlandus Lassus, notable por su inspiración religiosa y su técnica de la polifonía vocal. Es uno de los más grandes maestros de la música sagrada. Obras: *Salmos penitenciales; Jesús es un dulce nombre; Magnificat*, etc. (m. 1594).

LAS TABLAS. *Geog.* Ciudad del O. de Panamá, cap. de la provincia de Los Santos. 5.000 habitantes.

LASTAR. (De *lasto.*) tr. Suplir lo que otro debe pagar, con el derecho de reintegrarse. ‖ fig. Sufrir en pago de una culpa.

LASTARRIA, José Victoriano. *Biog.* Jurisconsulto, diplom. y escritor chil., autor de estudios y ensayos sociales e históricos, y, cronológicamente, uno de los primeros cuentistas de su país. Obras: *Antaño y hogaño; Miscelánea histórica y literaria; Recuerdos literarios*, etc. (1817-1888). ‖ – **Miguel.** Jurisc. y escritor per., notable por su labor docente en Chile y por sus estudios sobre problemas americanos: *Carta corográfica del virreinato de Buenos Aires*, etc. (1758-1815).

LAS TERMAS. *Geog.* Población de la Argentina, sit. al N.O. de la prov. de Santiago del Estero. 7.000 h. Aguas termales, importante centro de turismo invernal.

LÁSTIMA. al. **Mittleid.** fr. **Pitié.** ingl. **Pity.** ital. **Compassione.** port. **lástima.** (De *lastimar.*) f. Enternecimiento y compasión que producen los males de otro. ‖ Objeto que excita la compasión. ‖ Quejido, expresión lastimera. ‖ Cualquiera cosa que cause disgusto. *Es* LÁSTIMA *que hayamos llegado tarde.* ‖ **Dar,** o **hacer, lástima.** frs. Causar lástima o compasión. ‖ **Llorar lástimas.** frs. fig. y fam. Exagerarlas.

LASTIMADOR, RA. adj. Que lastima o hace daño.

LASTIMADURA. f. Efecto de lastimarse, magulladura. ‖ IDEAS AFINES: *Herida, lesión, quemadura, sangre, linfa, hemorragia, matadura, rasponazo, rasguño, infección, sulfamida, desinfectante, ardor, apósito, esparadrapo, venda, algodón, compresa, travesura, accidente.*

LASTIMAR. al. **Verletzen; beleidigen.** fr. **Blesser; meurtrir.** ingl. **To hurt; to injure.** ital. **Ferire.** port. **Lastimar.** (Del lat. *blasphemare*, calumniar, blasfemar.) tr. Herir, hacer daño. Ú.t.c.r. *Se* LASTIMÓ *con una lata.* ‖ Compadecer. ‖ Agraviar, ofender. *El fracaso* LASTIMÓ *su orgullo.* ‖ r. Dolerse del mal de alguien. *Se* LASTIMÓ *de la enfermedad de su amiga.* ‖ Quejarse.

LASTIMERO, RA. adj. Dícese de los gemidos, lágrimas y otras demostraciones de dolor que producen lástima. sinón.: **plañidero, quejumbroso.** ‖ Que hiere o hace daño.

LASTIMOSO, SA. adj. Que mueve a lástima. *Una vida* LASTIMOSA; sinón.: **doloroso, lamentable.** ‖ deriv.: **lastimosamente.**

LASTIRI, Raúl Alberto. *Biog.* Político arg., que en 1973 fue presidente provisional de la nación (1915-1978).

LASTO. (Del ant. al. *last*, cargo.) m. Carta de pago o recibo que se da al que paga por otro, para que pueda cobrarse luego.

LASTÓN. m. *Bot.* Planta gramínácea cuya caña tiene seis decímetros de altura; sus hojas son muy largas, lo mismo que la panoja, cuyos ramos tienen muchas florecitas con cabillo y con arista. *Festuca granatensis.*

LASTRA. (Del ital. *lastra.*) f. Lancha, piedra lisa.

LASTRA, Domingo. *Biog.* Patriota arg., compañero de Castelli en la insurrección contra Rosas (1795-1839). ‖ – **Francisco de la.** Militar chil. que luchó por la independencia de su patria y desempeñó altos cargos públicos (1777-1852).

LASTRAR. tr. Poner lastre a la embarcación. ‖ tr. y r. fig. Afirmar una cosa, cargándola de peso.

LASTRE. (De *lastra.*) m. Piedra de mala calidad y en lajas resquebrajadas que se halla en la superficie de las canteras y que sólo se emplea en las obras de mampostería.

LASTRE. al. **Ballast.** fr. **Lest.** ingl. **Ballast.** ital. **Zavorra.** port. **Lastro.** (Del ant. al. *last*, peso.) m. Piedra, arena u otra cosa de peso que se coloca en el fondo de la embarcación para que ésta entre en el agua hasta el punto conveniente. *El* LASTRE *es necesario para la estabilidad del barco.* ‖ fig. Juicio, peso, madurez. ‖ *Mar.* V. **Buque en lastre.** ‖ Por extensión, todo peso que regule la estabilidad de un cuerpo móvil. ‖ IDEAS AFINES: *Bodega, carga, gravedad, flete, flotación, equilibrio, contrabalancear, hundir, inmersión, peligro, arrojadizo, inútil.*

LASTRÓN. m. aum. de **Lastre,** piedra.

LAS TUNAS. *Geog.* Prov. de Cuba. 6.373 km²; 381.831 h. Cap. hom. 90.141 h.

LASÚN. m. Locha.

LAS VILLAS. *Geog.* Antigua prov. de Cuba. V. **Villa Clara.**

LATA. (Del germ. *latta*, vigueta.) f. Madero, por lo general en rollo y sin pulir, menor que el cuartón.

LATA. al. **Weissblech; Büchse.** fr. **Fer-blanc; boite.** ingl. **Tin; iron plate; tin can.** ital. **Latta.** port. **Lata.** (Del m. or. que *latón.*) f. Hoja de lata. ‖ Envase hecho de hoja de lata, con su contenido o sin él. *Una* LATA *de atún, de duraznos.* ‖ Tabla delgada, sobre la que son aseguradas las tejas. ‖ vulg. *Arg.* Sable, chafarote. ‖ vulg. *Ven.* Vara de chaparro. ‖ **Dar lata.** frs. fig. *Ven.* Fustigar, castigar. ‖ **Estar en la lata.** frs. fig. *Amér. Central* y *Col.* Estar en la miseria. ‖ IDEAS AFINES: *Borde, filo, cortadura, herrumbre, aleación, latón, estaño cinc, cacharro, conserva, flexible, maleable, barato, hojalatero.*

LATA. (Del lat. *latus*, extenso.) f. fam. Discurso o conversación fastidiosa. ‖ **Dar la lata.** frs. fig. y fam. Molestar, fastidiar.

LATACUNGA. *Geog.* Ciudad del Ecuador, capital de la prov. de Cotopaxi. 30.000 h. Industria agrícola-ganadera.

LATAKIA. *Geog.* Ciudad y puerto del N. de Siria, sobre el Mediterráneo. 130.000 h. Zona tabacalera. Tejidos, aceites, pesca.

LATAMENTE. adv. m. Larga, difusamente. ‖ fig. Por ext., en sentido lato.

LATANIA. f. Palma de las Mascareñas, cultivada en Europa en invernáculos, con hojas en forma de abanico, de color verde claro y de metro y medio de longitud cuyos peciolos, de unos dos metros, tienen aguijones verdes hasta la mitad de su longitud.

LATASTRO. (Del lat. *láter*, ladrillo.) m. *Arq.* Plinto.

LATAZ. (Del gr. *latax*, nutria.) m. Nutria que vive a orillas del océano Pacífico septentrional.

LATCHAM CARTWRIGHT, Ricardo E. *Biog.* Arqueól. y antropólogo chil. de origen inglés, de extensa labor docente y de investigación. Obras: *Prehistoria chilena; Arqueología de la región atacameña; Los incas sus orígenes y sus ayllus*, etc. (1869-1943).

LATEAR. tr. *Arg.* y *Chile.* Molestar con charlas impertinentes.

LATEBRA. (Del lat. *látebra.*) f. Escondrijo, madriguera.

LATEBROSO, SA. (Del lat. *latebrosus.*) adj. Que se oculta y no se deja conocer.

LATENCIA. f. Cualidad o condición de latente.

LATENTE. (Del lat. *latens, -entis.*) adj. Oculto y escondido. *Mal* LATENTE; antón.: **manifiesto, visible.** ‖ *Fís.* V. **Calor latente.**

LATERAL. al. **Seitlich.** fr. **Latéral.** ingl. **Lateral.** ital. **Laterale.** port. **Lateral.** (Del lat. *lateralis.*) adj. Perteneciente o que está al lado de una cosa. *Camino, pared* LATERAL. ‖ fig. Lo que no viene por línea recta. *Descendencia* LATERAL. ‖ IDEAS AFINES: *Costado, borde, izquierda, derecha, bandas, babor, estribor, orilla, flanco, perfil, colateral, contiguo, adyacente, brazos, alas, remos, ladear.*

LATERALIZACIÓN. f. *Fon.* Acción y efecto de lateralizar o lateralizarse.

LATERALIZAR. tr. *Fon.* Transformar en consonante lateral la que no lo era.

LATERALMENTE. adv. m. De lado. ‖ De uno y otro lado.

LATERANENSE. (Del lat. *lateranensis.*) adj. Perteneciente al templo de San Juan de Letrán. *Concilio* LATERANENSE.

LATERÍA. f. Conjunto de latas de conserva. ‖ *Amér.* Hojalatería.

LATERITA. f. *Geol.* Suelo de color rojo intenso, debido a la presencia de óxidos de hierro y alúmina.

LATERO, RA. adj. Latoso. ‖ m. *Amér.* Hojalatero.

LÁTEX. (Del lat. *látex*, leche.) m. Jugo que contienen los vasos laticíferos de los vegetales, y del que se obtienen substancias tan diversas como el caucho, la gutapercha, etc. ‖ IDEAS AFINES: *Savia, goma, resina, leche, siringa, jebe, plantación, euforbiácea, trópico, elástico, impermeable, vulcanización, neumático, fajas, pelotas, guantes, chanclos; Amazonas, Sumatra.*

LATICÍFERO. adj. *Bot.* Dícese de los vasos de los vegetales que contienen látex.

LATIDO, DA. al. **Schlagen.** fr. **Battement.** ingl. **Beat; beating.** ital. **Battito; palpitazione.** port. **Latido.** p. p. de **Latir.** ‖ m. Ladrido entrecortado que da el perro cuando ve o persigue la caza o cuando repentinamente siente dolor. ‖ Movimiento alternado de contracción y dilatación del corazón y las arterias. ‖ Golpe doloroso que se siente en las arterias de las partes del cuerpo inflamadas. ‖ – **capilar.** El de algunos vasos capilares, causado por determinadas dolencias. ‖ – **venoso.** El de algunas venas, en casos patológicos. ‖ IDEAS AFINES: *Pulso, pulsación, agitación, ritmo, compás, periodicidad, intermitencia, sístole, diástole, sangre, glóbulo, circulación, cardiografía, cardiograma, cardiología, auscultación, cronómetro, estetoscopio, tac, tac.*

LATIENTE. p. a. de **latir.** Que late.

LATIFUNDIO. al. **Grossgrundbesitz.** fr. **Propriété rurale.** ingl. **Large estate.** ital. **Latifondo.** port. **Latifúndio.** (Del lat. *latifundium;* de *latus*, ancho, y *fundus*, finca rústica.) m. Finca rústica muy extensa. ‖ IDEAS AFINES: *Propiedad, campo, estancia, despoblado, virgen, agreste, improductivo, abandonado, ilimitado, indiviso, inexplotado, lotear, parcelar, repartir.*

● **LATIFUNDIO.** *Econ. Pol.* Los **latifundios** romanos provenían del uso abusivo que la clase patricia hizo de ciertos privilegios, de la usurpación de bienes del patrimonio público o de la apropiación de tierras pertenecientes a colonos morosos en el pago de sus deudas. El mismo origen tienen los **latifundios** de épocas posteriores. El feudalismo llevó el **latifundio** a su máximo desarrollo. (V. **Feudalismo**). La democracia, aunque atemperó sus efectos, no pudo impedir la existencia de **latifundios.** Las escuelas económicas actuales debaten la cuestión; por un lado se afirma la importancia de la pequeña propiedad en la que el dueño trabaja y evita al intermediario que retiene gran parte de los beneficios; por otro, sólo el **latifundio** permite la introducción de medios técnicos, químicos y mecánicos que reducen la mano de obra y aumentan el rendimiento. Frente a estas teorías se halla la del cooperativismo agrícola, reunión de pequeños propietarios que luchan por sus intereses comunes y permiten dotar al agro de las ventajas de la técnica actual

LATIFUNDISTA. com. Persona poseedora de uno o varios latifundios.

LATIGAZO. al. **Peitschenhieb.** fr. **Coup de fouet.** ingl. **Lash; whipping.** ital. **Frustata.** port. **Lategada.** m. Golpe dado con el látigo. sinón.: **lampreazo.** ‖ fig. Golpe semejante al latigazo. ‖ Chasquido del látigo. ‖ fig. Daño que se hace a alguien impensadamente. ‖ fig. Represión agria e inesperada. sinón.: **trallazo.**

LÁTIGO. al. **Peitsche.** fr. **Fouet.** ingl. **Whip.** ital. **Frusta.** port. **Látego: chicote.** m. Cordón, correa o cuerda de variada longitud, que, sujeta en un palo o mango, sirve para avivar o castigar a los animales, especialmente a las caballerías. *Restalló el* LÁTIGO; sinón.: **rebenque, zurriago.** ‖ Cordel que sirve para afianzar al peso lo que se ha de pesar. ‖ Cuerda o correa con que se aprieta la cincha. ‖ V. **Cordel de látigo.** ‖ *Chile.* En las carreras de caballos, meta c término ‖ IDEAS AFINES: *Fusta, knut, verga, azote, tralla, paliza, tormento, disciplina, chasquear, castigar, flagelar, jinete, cochero.*

LATIGUDO, DA. adj. *Amér. del S.* Aplícase a la fusta que tiene tiras de cuero. ‖ Correoso.

LATIGUEADA. f. *Amér.* Azotaina.

LATIGUEAR. intr. Dar chasquidos con el látigo. sinón.: **chasquear, restallar.** ‖ tr. *Amér.* Azotar. ‖ deriv.: **latigueo.**

LATIGUERA. f. Látigo con que se aprieta la cincha. ‖ *Perú.* Azotaina.

LATIGUERO. m. El que hace o vende látigos.

LATIGUILLO. m. d. de **Látigo.** ‖ Estolón, vástago que brota de la base del tallo. ‖ fig. y fam. Exceso declamatorio hecho por el actor o el orador exagerando la expresión de los afectos, para lograr un aplauso.

LATIMER, Hugo. *Biog.* Sacerdote ingl., uno de los que propiciaron la Reforma en su país (1475-1555).

LATÍN. al. **Latein.** fr. **Latin.** ingl. **Latin.** ital. **Latino.** port. **Latim.** (De *latino.*) m. Lengua del Lacio que hablaban los antiguos romanos, usada hoy por la Iglesia Católica, y de la cual se deriva la nuestra. Roma implantó el latín en Italia y en el occidente del imperio. ‖ Palabra o frase latina usada en escrito o discurso español. Suele tomarse en mala parte. Ú.m. en pl. *Harto con sus* LATINES. ‖ – **clásico.** El empleado por los escritores del siglo de oro de la literatura latina. ‖ – **moderno.** El usado en sus obras por los escritores de la Edad Moderna. ‖ – **rústico,** o **vulgar.** El que hablaba el vulgo de los pueblos latinos. ‖ **Bajo latín.** El que se escribió después de la caída del imperio romano y durante la Edad Media. ‖ **Decirle** o **echarle** a uno **los latines.** frs. fig. y fam. Casarle; echarle las bendiciones. ‖ **Saber latín,** o **mucho latín.** frs. fig. y fam. Ser vivaz o muy avisado. ‖ IDEAS AFINES: *Roma, idioma, madre, romance, antigüedad, dómine, liturgia, nomenclatura, notación, botánica, zoología, jurisprudencia, declinación, humanista, filología, etimología, griego, sánscrito.*

● **LATÍN.** *Filol.* Hablado primeramente en una estrecha faja de tierra al S. de la desembocadura del Tíber, el uso del latín fue extendiéndose por toda la península hasta invadir las regiones de los restantes idiomas itálicos: sabelio, volsco, marso, osco, etc., de los que muchos vocablos pasaron a formar parte del latín. El celta, el etrusco y el griego son también fuentes de numerosas palabras latinas. En su evolución se distinguen varios períodos: el del latín temprano, desde la fundación de Roma en 753 a. de C. hasta comienzos del s. I a. de C.; el del latín clásico, hasta el año 14; el del latín postclásico hasta alrededor del año 150 y un último período en el s. V, que señala la franca decadencia de la lengua. Convertido en lengua oficial de la Iglesia Católica, casi todas las obras de teología, moral, filosofía y ciencias naturales se escribieron en latín hasta mediados del s. XVIII. Mientras el latín culto permanecía estático e invariable, el latín vulgar hablado por el pueblo, más rico, flexible y sometido a influencias extrañas, evolucionaba y derivaba en dialectos no escritos, de los que provienen las lenguas neolatinas, romances o románicas: italiano, español, francés, portugués, valaco, provenzal, rumano, etc. El latín abunda en formas y flexiones gramaticales; su sintaxis es sólida y rigurosa y las palabras pueden ordenarse, en la oración, de manera más libre que en los idiomas modernos.

LATINA. *Geog.* Provincia de Italia (Lacio). 2.249 km^2. 4.000.000 h. Cap. hom., fundada en 1932, en una región antes cubierta por pantanos palúdicos. 90.000 h. Industrias alimenticias. Antes se llamó Littoria.

LATINAJO. m. fam. desp. Latín macarrónico. ‖ Voz o frase latina que se emplea en castellano.

LATINAMENTE. adv. m. En lengua latina.

LATINAR. intr. Hablar o escribir en latín.

LATINEAR. intr. Latinar. ‖ fam. Usar frecuentemente voces o frases latinas al hablar o escribir en castellano.

LATINI, Brunetto. *Biog.* Humanista florentino, contemporáneo de Dante; autor de la enciclopedia denominada *Libro del tesoro* (1212-1294).

LATINIDAD. (Del lat. *latinitas, -atis.*) f. Latín, lengua de los antiguos romanos. ‖ Conjunto de los pueblos latinos. ‖ Baja latinidad. Bajo latín.

LATINIPARLA. (De *latín* y *parlar.*) f. Lenguaje de los que usan voces latinas, aunque españolizadas, hablando o escribiendo en castellano.

LATINISMO. al. **Lateinische Redewendug; Latinismus.** fr. **Latinisme.** ingl. **Latinism.** ital. **Latinismo.** port. **Latinismo.** m. Giro o modo de hablar propio y privativo de la lengua latina. ‖ Uso de tales giros o construcciones en otra lengua.

LATINISTA. adj. com. Persona que cultiva la lengua y literatura latinas.

LATINIZAR. (Del lat. *latinizare.*) tr. Dar forma latina a voces de otra lengua. ‖ intr. fam. Latinear, emplear latinajos. ‖ deriv.: **latinización; latinizador, ra; latinizante.**

LATINO, NA. al. **Lateiner.** fr. **Latin.** ingl. **Latin.** ital. **Latino.** port. **Latino.** (Del lat. *latinus.*) adj. Natural del Lacio o de cualquiera de los pueblos italianos de que era metrópoli la Roma antigua. Ú.t.c.s. ‖ Perteneciente a ellos. ‖ Que sabe latín. Ú.t.c.s. ‖ Perteneciente a la lengua latina o propio de ella. *Alfabeto* LATINO. ‖ Dícese de la Iglesia de Occidente, en contraposición de la griega, y de lo perteneciente a ella. *Los preceptos de la Iglesia* LATINA. ‖ V. **Cruz latina.** ‖ Suele también decirse de los naturales de pueblos de Europa en que se hablan lenguas derivadas del latín, y de lo perteneciente a ellos. *Los* LATINOS *son más vehementes que los sajones.* ‖ *Mar.* V. **Vela latina.** ‖ Aplícase a las embarcaciones y aparejos de vela triangular.

LATINO, Juan. *Biog.* Humanista y poeta etíope, notable por su enseñanza de las lenguas clásicas en España y por su poema *La Austríada,* dedicado a don Juan de Austria (m. aprox. 1610). ‖ – **Simón.** Seudónimo del jurisc. y escritor col. Carlos Enrique Pareja, autor de *Canto a Cartagena de Indias; Antioquia para los antioqueños; Las obligaciones en derecho civil,* etc. (n. 1899).

LATINO. *Mit.* Rey legendario del Lacio.

LATINOAMERICANO, NA. adj. Perteneciente o relativo a los países de América que fueron colonizados por naciones latinas, esto es, por España, Portugal o Francia.

LATIR. al. **Klopfen; scheagen.** fr. **Battre.** ingl. **To beat.** ital. **Battere.** port. **Latir.** (Del lat. *glattire.*) intr. Dar latidos el perro. ‖ Ladrar. ‖ Dar latidos el corazón, las arterias, etc. sinón.: **palpitar, pulsar.** ‖ tr. *Ven.* Molestar, importunar.

LATÍSIMAMENTE. adv. m. Muy latamente.

LATITUD. al. **Breite.** fr. **Latitude.** ingl. **Latitude.** ital. **Latitudine.** port. **Latitude.** (Del lat. *latitudo.*) f. La menor de las dos dimensiones principales que tienen las cosas o figuras planas, en contraposición a la mayor o longitud. ‖ Toda la extensión tanto en ancho como en largo de una nación, provincia o distrito. sinón.: **amplitud.** ‖ *Astron.* Distancia angular de la eclíptica a un punto de la esfera celeste, tomada sobre el círculo máximo que pasa por el punto y es normal al plano de la eclíptica. ‖ *Geog.* Distancia angular del Ecuador a un punto de la superficie terrestre, tomada sobre su meridiano. *Todos los puntos que están sobre el mismo paralelo tienen igual* LATITUD. ‖ IDEAS AFINES: *Trópicos, coordenadas, grados, kilómetros, austral, boreal, puntos eardinales, situación ruta, navegación, constelación, brújula, sextante, mapa, globo terráqueo, hemisferio.*

LATITUDINAL. (Del lat. *latitudo, -inis,* latitud.) adj. Que se extiende a lo ancho.

LATITUDINARIO, RIA. (Del lat. *latitudo, -inis.*) adj. *Teol.* Dícese de la persona que sostiene que puede haber salvación fuera de la Iglesia Católica. Ú.t.c.s.

LATITUDINARISMO. m. *Teol.* Doctrina de los latitudinarios.

LATO, TA. (Del lat. *latus.*) adj. Dilatado, extendido. antón.: **breve, estrecho.** ‖ Dícese del sentido que por extensión se da a las palabras y no del que en rigor les corresponde.

LATÓN. al. **Messing.** fr. **Laiton.** ingl. **Brass.** ital. **Ottone.** port. **Latão.** (Del ár. *latun,* y éste del tártaro *altun,* oro.) m. Aleación de cobre y cinc, de color amarillo pálido, a la que puede darse gran brillo y pulimento. *Objetos de uso corriente, como los grifos, son de* LATÓN. ‖ vulg. *Bol.* y *Col.* Lata, sable, o chafarote. ‖ *Perú* y *P. Rico.* Cubo de hojalata para agua.

LATONA. *Mit.* Nombre latino de Leto.

LATONERÍA. (De *latonero.*) f. Taller donde se fabrican obras de latón. ‖ Tienda donde se venden.

LATONERO. m. El que hace o vende obras de latón.

LATORRE, Lorenzo. *Biog.* Pol. uruguayo, en 1879 presidente de la Nación (1840-1916). ‖ – **Mariano.** Escritor chil., inspirado cantor del alma y el paisaje de su pueblo. Obras: *Cuna de cóndores; La isla de los pájaros; Hombres y zorros; La literatura de Chile,* etc. (1886-1955).

LA TORTUGA. *Geog.* Isla de Venezuela. V. **Tortuga.**

LATOSO, SA. adj. Enfadoso, molesto.

LATOUR, Jorge. *Biog.* Pintor fr., nacido en Londres y radicado, desde niño, en Francia. Entre sus obras, de colorido austero, se destacan *Job, atormentado por su esposa; El recién nacido; Magdalena con la lámpara,* etc. (1593-1652). ‖ – **Mauricio Quentin de.** V. **Quentin de Latour, Mauricio.**

LATREILLE, Pedro Andrés. *Biog.* Naturalista fr., uno de los fundadores de la entomología moderna. Obras: *Consideraciones sobre el orden natural de los animales; Familias naturales del reino animal,* etc. (1762-1833).

LATRÍA. (Del lat. *latria,* y éste del gr. *latreia,* adoración.) f. Culto y adoración que sólo se debe a Dios. Ú.t.c.adj. ‖ Reverencia.

LATROCINANTE. p. a. de Latrocinar. Que latrocina.

LATROCINAR. (Del lat. *latrocinari.*) intr. p. us. Dedicarse al robo o latrocinio.

LATROCINIO. (Del lat. *latrocinium.*) m. Hurto o vicio de hurtar. sinón.: **robo.**

LATVIA. *Geog.* V. **Letonia.**

LATZINA, Francisco. *Biog.* Geógrafo austríaco, radicado en la Argentina, donde se nacionalizó (1843-1922). Publicó un *Diccionario geográfico argentino.*

LAUCA. f. *Chile.* Peladura o alopecia.

LAUCAR. tr. *Chile.* Pelar o quitar la lana.

LAUCO, CA. adj. *Chile.* Pelado, calvo.

LAUCHA. al. **Maus.** fr. **Souris.** ingl. **Mouse.** ital. **Topo.** port. **Rato.** (Voz araucana.) f. *Arg.* y *Chile.* Especie de ratón pequeño. ‖ *Arg., Chile* y *Urug.* Hombre listo. ‖ *Col.* Baquiano, práctico. ‖ *Chile.* Muchacho algo crecido y muy delgado.

LAÚD. al. **Laute.** fr. **Luth.** ingl. **Lute.** ital. **Liuto.** port. **Alaúde.** (Del ár. *alud.*) m. Instrumento musical compuesto por una caja armónica, convexa en su parte inferior, por un mango con trastes y por cinco o seis pares de cuerdas, algunas de las cuales vibran al ser punteadas y otras, por resonancia. Llegó a Europa durante la Edad Media y alcanzó su máxima importancia en los siglos XVI y XVII. Es de origen oriental. ‖ Embarcación pequeña del Mediterráneo, de un palo, con vela latina, una mesana a popa y botalón con un foque. ‖ Tortuga marina, de unos dos metros de longitud, con concha coriácea y siete líneas salientes, semejantes a las cuerdas del laúd, a lo largo del carapacho.

LAUD, Guillermo. *Biog.* Arzobispo anglicano de Cantorbery (1573-1645). Durante el reinado de Carlos I detentó poderes discrecionales. M. en el patíbulo.

LAUDA. f. Laude, lápida.

LAUDABLE. (Del lat. *laudábilis.*) adj. Digno de alabanza. *Acción* LAUDABLE; sinón.: **admirable, plausible**; antón.: **vituperable.** ‖ deriv.: **laudablemente.**

LÁUDANO. al. **Opiumtinktur; Laudanum.** fr. **Laudanum.** ingl. **Laudanum.** ital. **Laudano.** port. **Láudano.** (Del ár. *alaudan,* reblandecimiento, macerado.) m. *Ter.* Preparación compuesta de vino blanco, azafrán, opio y otras substancias. Úsase como calmante. *Tomar unas gotas de* LÁUDANO. ‖ Extracto de opio.

LAUDAR. (Del lat. *laudare.*) tr. *Der.* Fallar el juez árbitro o el amigable componedor.

LAUDATORIA. (Del lat. *laudatoria,* term. f. de *-rius,* laudatorio.) f. Escrito u oración que se hace en alabanza de personas o cosas.

LAUDATORIO, RIA. adj. Que alaba o implica alabanza.

LAUDE. (Del lat. *lapis, -idis.*) f. Lápida sepulcral, por lo común con inscripción.

LAUDE. (Del lat. *laus,* laudis.) f. pl. Una de las partes del oficio divino, que se dice después de maitines.

LAUDEMIO. (Del lat. *laudémium,* y éste de lat. *laus,* laudis.) m. *Der.* Lo pagado al poseedor de un dominio cuando son enajenadas las posesiones dadas a enfiteusis.

LAUDO. (De *laudar.*) m. *Der.* Fallo dictado por los árbitros o amigables componedores.

LAUE, Max von. *Biog.* Físico al., conocido por sus estudios sobre la relatividad, la desintegración de los átomos, el electromagnetismo y la difracción de los rayos. En 1914 obtuvo el premio Nobel de Física (1879-1960).

LAUGERUD GARCÍA, Kjull. *Biog.* Mil. y político guat., n. en 1930; presidente de la Rep. para el período 1974-1978.

LAUNA. (Del lat. *lámina.*) f. Lámina o plancha de metal.

LAUNCESTON. *Geog.* Ciudad de Tasmania (Australia). 65.000 h. Cerámica.

LA UNIÓN. *Geog.* Ciudad de Chile (Valdivia). 14.000 h. Centro agrícola ganadero. ‖ Dep. del E. de El Salvador. 1.995 km^2. 242.000 h. Cap. hom. 19.500 h. Es el puerto de mayor tráfico del país. ‖ C. de España (Murcia). 30.000 h. Centro minero. ‖ Prov. de las Filipinas, en la isla de Luzón. 1.493 km^2. 390.000 h. Cap. SAN FERNANDO.

LAURÁCEO, A. adj. Parecido al laurel. ‖ *Bot.* Dícese de plantas dicotiledóneas, comúnmente arbóreas, de hojas coriáceas persistentes, con un aceite especial en su parénquima, flores en umbela o panoja, y fruto en baya o drupa, de una semilla sin albumen; como el laurel, el canelo, el alcanforero y el aguacate. Ú.t.c.s.f. ‖ f. pl. *Bot.* Familia de estas plantas.

LAURA DE NOVES. *Biog.* Dama provenzal, célebre por su belleza, inmortalizada por Petrarca, que le dedicó su *Cancionero* (1308-1348).

LAUREADO, DA. adj. y s. Que ha sido recompensado con honor y gloria. *Sabio* LAUREADO.

LAUREANDO. Del lat. *laureandus,* el que ha de coronarse de laurel.) m. Graduando.

LAUREAR. (Del lat. *laureare.*) tr. Coronar con laurel. *El senado romano* LAUREABA *a los generales victoriosos.* ‖ fig. Premiar, honrar.

LAUREDAL. m. Terreno poblado de laureles.

LAUREL. al. **Lorbeer.** fr. **Laurier.** ingl. **Laurel.** ital. **Lauro.** port. **Louro.** (De *lauro.*) m. Árbol lauráceo siempre verde, de hasta seis o siete metros de altura, con hojas coriáceas, persistentes, aromáticas, de color verde obscuro; flores de color blanco verdoso, pequeñas, en grupillos axilares, y fruto en baya ovoidea y negruzca. Las hojas se emplean mucho para condimento y en ciertas preparaciones farmacéuticas, igualmente que los frutos. ‖ fig. Corona, triunfo, premio. REGRESÓ *a su patria lleno de* LAURELES. ‖ – **alejandrino.** Arbusto esmiláceo, simple verde, que crece hasta siete decímetros de altura, con hojas lanceoladas de color verde claro; flores pequeñas, verdosas, y fruto en baya esférica, roja. Proviene de Alejandría y se cultiva en los jardines. ‖ – **cerezo o real.** Lauroceraso. ‖ – **rosa.** Adelfa. ‖

IDEAS AFINES: *Laurear, gloria, olivo, guirnalda, palma, medalla, escudo, arco de triunfo, alegoría, especia, sazonar, tomillo, orégano, siempreviva, perenne.*

LAURENCIO. m. Elemento químico transuránico, producido artificialmente. N. atóm 103; p. atóm. 257. Descubierto en 1961.

LAURENTE. m. El que en los molinos de papel asiste a las tinas con las formas y hace los pliegos.

LAURÉNTICOS, Montes. *Geog* V. **Laurentinos, Montes.**

LAURENTINOS, Montes. *Geog.* Elevaciones del suelo canadiense, situadas al N.O. del lago Ontario y río San Lorenzo. Alcanzan los 800 m. de altura y son de estructura arcaica y cristalina.

LAURENZA, Roque. *Biog.* Literato panameño cont. Con Rogelio Sinán y un reducido grupo de escritores, inició la vanguardia poética en su país (n. 1910).

LÁUREO, A. (Del lat. *láureus.*) adj. de laurel, o de hoja de laurel. *Corona* LÁUREA.

LAURÉOLA. (Del lat. *lauréola.*) f. Corona de laurel con que se premiaban los actos heroicos o se coronaban los sacerdotes gentílicos. ‖ Adelfilla. ‖ – **hembra.** Mata timeleácea, con tallo ramoso de seis a ocho decímetros de altura; hojas lanceoladas, verdes por la haz y garzas por el envés; flores róseas, en hacecillos laterales, y fruto en baya roja. La infusión de la corteza y frutos de esta planta se ha empleado en medicina como purgante.

LAURÉOLA. f. Auréola.

LAUREOLA. f. Lauréola.

LAURETANO, NA. (Del lat. *Laurétum*, Loreto.) adj. Perteneciente a Loreto, ciudad de Italia.

LAURIA, Roger de. *Biog.* Marino ital. que, al frente de las naves de Aragón y Cataluña, fue uno de los más grandes almirantes de su época (1250-1305).

LAURICOCHA. *Geog.* V. **Junín.**

LAURIE. *Geog.* Isla argentina de las Órcadas del S., situada a 1.500 km. al. S.E. de Tierra del Fuego. En ella funciona el primer observatorio meteorológico argentino en tierras australes (1904).

LAURÍFERO, RA. adj. poét. Que produce o lleva laurel. LAURÍFERA *frente.*

LAURÍN. *Mit.* Rey de las hadas. Según la leyenda de los Nibelungos, era un enano y moraba en un jardín encantado.

LAURÍNEO, A. adj. *Bot.* Lauráceo. Ú.t.c.s.f.

LAURINO, NA. (Del lat. *laurinus.*) adj. Perteneciente al laurel.

LAURIO. *Geog.* Monte y pobl. de Grecia, en el S. del Ática, célebre en la antigüedad por sus minas de plata.

LAURO. (Del lat. *laurus.*) m. Laurel. ‖ fig. Gloria, triunfo. *Alcanzar nuevos* LAUROS.

LAUROCERASO. (Del lat. *laurus*, laurel, y *cerasus*, cereza.) m. Árbol rosáceo, con tronco ramoso que alcanza cuatro metros de altura, flores blancas y fruto parecido a la cereza. De sus hojas se obtiene, por destilación, un agua muy tóxica, usada en perfumería y medicina. *Prunus laurocerasus.*

LAUSANA. *Geog.* Ciudad de Suiza, cerca del lago Leman, cap. del cantón de Vaud. 144.000 h. Centro turístico. Fabricación de chocolate.

LAUTAMENTE. adv. m. p. us. Espléndidamente.

LAUTARO. *Biog.* Caudillo araucano que, apoyado por Caupolicán, venció a los españoles en Tucapel, donde pereció Valdivia. Fue derrotado y apresado por Francisco de Villagra (1535-1557).

LAUTARO, Logia. *Hist.* V. **Logia Lautaro.**

LAUTARO. *Geog.* Ciudad de Chile, sit. al S.E. de Concepción (Cautín). 18.000 h.

LAUTER. *Geog.* Nombre de varios ríos alemanes. El principal es el que baja de los montes Hardt y desagua en el Rin. 82 km.

LAUTO, TA. (Del lat. *lautus.*) adj. p. us. Rico, espléndido.

LAUTRÉAMONT, Conde de. *Biog.* Seudónimo del poeta fr., de origen uruguayo, Isidoro Luciano Ducasse, autor de *Los cantos de Maldoror*, de gran influencia en la literatura cont. de vanguardia (1846-1870).

LAVA. al. **Lava.** fr. **Lave.** ingl. **Lava.** ital. **Lava.** port. **Lava.** (Del ital. *lava*, y éste del lat. *lavare*, lavar.) f. Materias derretidas o en fusión que brotan de los volcanes al hacer erupción, formando arroyos encendidos. *En la meseta de Colombia hay inmensos campos de* LAVA. ‖ IDEAS AFINES: *Cráter, terremoto, emanación, ebullición, piedra pómez, betún, minerales, ceniza, asfalto, brea, alquitrán, petrificación, estéril, destrucción, devastación, sepultar, geología, Pompeya.*

LAVA. (De *lavar.*) f. *Min.* Operación de lavar los metales para limpiarlos de impurezas.

LAVABO. al. **Waschtisch.** fr. **Lavabo.** ingl. **Lavatory.** ital. **Lavabo.** port. **Lavabo.** (Del lat. *lavabo*, lavaré, primera palabra del versículo 6º del salmo XXV, que se dice en el ofertorio de la misa.) m. Mueble que contiene la jofaina y demás recado para la limpieza y aseo personal. ‖ Cuarto destinado para este aseo.

LAVACARA. f. *Col.* y *Ec.* Jofaina.

LAVACARAS. (De *lavar*, y *cara.*) com. fig. y fam. Persona aduladora.

LAVACIÓN. (Del lat. *lavatio, -onis.*) f. Lavadura o loción. Ú.m. en *Farm.*

LAVACOCHES. m. Empleado que en los garajes tiene a su cargo el lavado de los automóviles y otras labores.

LAVACOPAS. m. El que tiene por oficio lavar las copas o vasos en los bares, cafés, cervecerías, etc.

LAVADA. f. Lavado, acción y efecto de lavar o lavarse. ‖ *Chile.* Lava de metales.

LAVADERO. m. Lugar utilizado habitualmente para lavar. ‖ Sitio especialmente dispuesto para lavar la ropa. ‖ Pila de lavar la ropa. ‖ *Amér.* Paraje del lecho de un río donde se recogen y se lavan arenas auríferas.

LAVADIENTES. (De *lavar* y *dientes.*) m. p. us. Enjuague para los dientes.

LAVADO. al. **Waschen.** fr. **Lavage.** ingl. **Wash; washing.** ital. **Lavatura.** port. **Lavagem.** m. Lavadura, acción y efecto de lavar o lavarse. ‖ Pintura a la aguada de un solo color.

LAVADO, DA. adj. *Cuba.* Dícese del ganado bermejo claro.

LAVADOR, RA. adj. Que lava. Ú.t.c.s. ‖ m. Instrumento metálico para limpiar armas de fuego. ‖ *Guat.* Lavabo.

LAVADURA. f. Lavamiento, acción y efecto de lavar. ‖ Lavazas. ‖ Composición hecha con agua, aceite y huevo, para templar la piel de que se hacen los guantes.

LAVAFRUTAS. m. Recipiente con agua para lavar la fruta y enjuagarse los dedos, que se pone en la mesa al final de la comida.

LAVAJE. m. Lavado de las lanas. ‖ *Cir.* Lavado de heridas, cavidades, etc., generalmente con líquidos antisépticos.

LAVAJO. (De *navajo.*) m. Charca de agua llovediza.

LAVAL, Pedro. *Biog.* Político fr., presidente del Consejo y ministro varias veces. Con Petain, dirigió e integró el gobierno de Vichy (1883-1945). Un tribunal de postguerra lo condenó a muerte. ‖ – **Ramón.** Escritor chil., recopilador del arte popular de su país. Obras: *Cuentos chilenos; Del latín en el folklore chileno*, etc. (1864-1929).

LAVAL. *Geog.* Ciudad de Francia, capital del dep. de Mayenne. 32.544 h. Mármol.

LA VALETTA. *Geog.* Capital de la Rep. de Malta, en el Mediterráneo. 18.000 h.

LAVALLE, Juan. *Biog.* Militar arg. que participó en las guerras de la Independencia americana. Luchó, con valentía, en Chile y Perú; intervino en la guerra contra el Brasil y fue uno de los héroes de Ituzaingó. Depuso e hizo fusilar al gob. Manuel Dorrego; luego, combatió denodadamente contra Rosas (1797-1841). ‖ – **Juan Bautista de.** Jurisc. y escritor per., autor de *El concepto integral del derecho; El Perú y la gran guerra*, etc. (n. 1887).

LAVALLE. *Geog.* Ciudad de la Argentina (Mendoza), situada al N.E. de la cap. de esta provincia. 17.000 h. Producción agrícola.

LAVALLEJA, Juan Antonio. *Biog.* Mil. uruguayo, prócer de la Independencia y una de las figuras descollantes en la vida cívica del país. En 1825 comandó la célebre expedición de los Treinta y Tres Orientales que, al desembarcar en la costa oriental, debía provocar el levantamiento del país contra el invasor brasileño. Intervino en numerosas acciones guerreras y se cubrió de gloria en la batalla de Sarandí en 1825. Desavenencias políticas y errores militares lo alejaron momentáneamente de la vida pública, a la que retornó, en 1853, como integrante del Triunvirato de gobierno (1786-1853).

LAVALLEJA. *Geog.* Departamento del S. del Uruguay. 12.485 km². 80.000 h. Agricultura, ganadería. Cap. MINAS.

LAVAMANOS. m. Depósito de agua, con caño y pila, para lavarse las manos.

LAVAMIENTO. m. Acción y efecto de lavar o lavarse. ‖ Lavativa, ayuda.

LAVANCO. m. Pato salvaje.

LAVANDA, Agua de. f. Galicismo por **agua de espliego** o **de alhucema.**

LAVANDERÍA. f. ant. Lavadero, lugar en que se lava. Ú. en *Amér.*

LAVANDERO, RA. al. **Waschfrau.** fr. **Blanchisseuse.** ingl. **Laundress.** ital. **Lavandaia.** port. **Lavadeira.** s. Persona que lava la ropa por oficio. ‖ IDEAS AFINES: *Mancha, suciedad, limpiar, enjabonar, restregar, lejía, solvente, jabón, azul, almidón, enjuagar, batea, tina, tender, asolear, orear, blanquear, lavarropas, tintorería, planchadora.*

LAVANDINA. f. *Arg.* Lejía para lavar ropa.

LAVÁNDULA. (Del lat. *lavanda*, term. f. de *-ndus*, p. de fut. p. de *lavare.*) f. Espliego.

LAVAOJOS. m. Ojera, copita de cristal para lavar los ojos.

LAVAPLATOS. com. Persona que friega los platos. ‖ *Hond.* Planta cuyas hojas son usadas para lavar trastos pringosos.

LAVAR. al. **Waschen.** fr. **Laver.** ingl. **To wash.** ital. **Lavare.** port. **Lavar.** (Del lat. *lavare.*) tr. y r. Limpiar con algún líquido. LAVAR *el patio.* ‖ Dar los albañiles la última mano al blanqueo con un paño mojado. ‖ Dar color al dibujo con aguadas. ‖ fig. Quitar un defecto, mancha o descrédito. LAVAR *una ofensa con sangre.* ‖ *Min.* Purificar los minerales por medio del agua.

LAVARDÉN, Manuel José de. *Biog.* Poeta y dramaturgo arg., la personalidad literaria más destacada de su país durante el período colonial. Uno de los primeros en describir paisajes locales y tipos indígenas. Obras: *Oda al majestuoso río Paraná; Siripo* (tragedia); *Sátira*, etc. (1754-1809).

LAVARROPAS. al. **Waschmaschine.** fr. **Laveuse méchanique.** ingl. **Washing machine.** ital. **Macchina da lavare.** port. **Lavadora.** m. Máquina, generalmente eléctrica, que lava automáticamente la ropa.

LAVATER, Juan Gaspar. *Biog.* Fil. y escritor suizo, creador de la fisiognomía, o arte de conocer el carácter por el rostro. Obras: *Jesús y José de Arimatea; Fisiognomía*, etc. (1741-1801).

LAVATIVA. al. **Klistier.** fr. **Lavement; clystère.** ingl. **Clyster.** ital. **Lavativo.** port. **Lavativo.** f. Ayuda o medicamento líquido que se introduce por el ano. ‖ Instrumento para echar ayudas o clisteres. ‖ fam. Molestia, incomodidad.

LAVATORIO. (Del lat. *lavatorium.*) m. Acción de lavar o lavarse. ‖ Ceremonia que se hace el Jueves Santo consistente en lavar los pies a algunos pobres. ‖ Ceremonia que hace el sacerdote en la misa lavándose los dedos después de preparar el cáliz. ‖ Cocimiento medicinal para limpiar una parte externa del cuerpo. ‖ Lavamanos. ‖ *Amér.* Lavabo. *Amér.* Pieza de la casa dispuesta para el aseo.

LA VAULX, Enrique, conde de. *Biog.* Aeronauta y escr. fr., que realizó importantes vuelos científicos. Obras: *Dieciséis mil kilómetros en globo; Viaje a la Patagonia; La vuelta al mundo de dos pilletes*, etc. (1870-1930).

LAVAYÉN. *Geog.* Río de la Argentina que cruza el N. del valle de Lerma (Salta), y se une al río Grande para formar el San Francisco.

LAVAZAS. f. pl. Agua mezclada con las impurezas de lo que fue lavado en ella.

LAVE. (De *lavar.*) m. *Min.* Lava de los metales.

LA VEGA. *Geog.* Provincia de la región central de la Rep. Dominicana. 3.441 km². 300.000 h. Café, tabaco, explotación forestal. Cap. hom. con 34.000 h. Centro agrícola.

LA VELA. *Geog.* Ciudad y puerto de Venezuela (Falcón). 8.000 h. Centro comercial y ferroviario.

LAVERÁN, Carlos Luis Alfonso. *Biog.* Médico francés, premio Nobel de Fisiología y Medicina en 1907. Sus importantes investigaciones sobre las enfermedades tropicales determinaron la localización del parásito causante del paludismo (1845-1922).

LA VICTORIA. *Geog.* Población del N. de Venezuela (Aragua). 20.000 h. Centro agrícola.

LAVIGNE, Jacobo. *Biog.* Sociólogo y ensayista canadiense cont., autor de una de las más importantes obras filosóficas escritas en su país: *La inquietud humana.*

LAVINIA. *Mit.* Hija del rey Latino, esposa de Eneas.

LAVOISIER, Antonio Lorenzo. *Biog.* Químico fr., uno de los creadores de la química moderna. Fundó la nomenclatura química; descubrió la composición del aire y estableció la función del oxígeno en la respiración y en la combustión. Determinó la composición del ácido carbónico y confirmó la idea de Newton sobre la composición del diamante. Anunció que los cuerpos terrosos, cal, etc., debían ser óxidos, como luego lo probaría Davy. Enunció la ley de la conservación de la materia: "Nada se crea, nada se pierde; todo se transforma" (1743-1794).

LAVOTEAR. tr. y r. fam. Lavar aprisa mucho y mal. ‖ deriv.: **lavoteo.**

LAVRAS. *Geog.* Ciudad del S. de Brasil (Minas Gerais). 20.000 h. Café, caña de azúcar, industria textil y lechera.

LAW, Guillermo. *Biog.* Teólogo y escritor místico ingl., autor de *Serio llamado a una vida devota y santa* (1686-1761).

LAWRENCE, David Heriberto. *Biog.* Nov. y poeta ingl. de profunda originalidad y notable audacia expresiva. Obras: *Hijos y amantes; La serpiente emplumada; Mujeres enamoradas; El amante de lady Chatterley*, etc. (1885-1930). ‖ – **Ernesto Orlando.** Científico estadounidense, inventor del ciclotrón, primer acelerador de partículas subatómicas para lograr alta energía. En 1939 se le otorgó el premio Nobel de Física (1901-1958). ‖ – **Tomás Eduardo.** Mil., explorador y literato ingl. cuya vida aventurera se refleja en su obra *Rebelión en el desierto.* Otras obras: *La forja; Los siete pilares de la sabiduría*, etc. (1888-1935).

LAWRENCE. *Geog.* Ciudad de los EE.UU. (Massachusetts). 130.000 h. Industria textil.

LAWRENCIO. V. **Laurencio.**

LAXACIÓN. (Del lat. *laxatio, -onis.*) f. Acción y efecto de laxar.

LAXAMIENTO. (Del lat. *laxaméntum.*) m. Laxación, laxitud.

LAXANTE. al. **Abführend; Abführmittel.** fr. **Laxatif.** ingl. **Laxative.** ital. **Purgante; molificante.** port. **Laxante.** p. a. de Laxar. Que laxa. ‖ m. Medicamento para mover el vientre. sinón.: **purgante.**

LAXAR. (Del lat. *laxare.*) tr. y r. Aflojar, ablandar, disminuir la tensión de algo. LAXAR *un alambre;* antón.: **endurecer, estirar.**

LAXATIVO, VA. (Del lat. *laxativus.*) adj. Que laxa o tiene virtud de laxar. Ú.t.c.s.m.

LAXIDAD. f. Laxitud.

LAXISMO. m. Doctrina caracterizada por sostener la moral laxa o relajada. ‖ deriv.: **laxista.**

LAXITUD. f. Calidad de laxo. LAXITUD *de los músculos;* sinón.: **relajación.**

LAXNESS, Halldor Kiljan. *Biog.* Escr. islandés, premio Nobel de Literatura en 1955. Nov. y dramaturgo, su obra refleja sus inquietudes sociales y responde a los interrogantes teológicos y fil. en que se debate el hombre. *El gran tejedor de Cachemira; Gente independiente*, y la trilogía *Las campiñas de*

Islandia trasuntan su amor a la tierra natal (n. 1902).

LAXO, XA. (Del lat. *laxus.*) adj. Flojo, sin la tensión que naturalmente debe tener. *Cable* LAXO; antón.: **tenso.** ‖ Dícese de la moral relajada o poco sana. *Los conceptos* LAXOS *de algunos literatos.*

LAY. (Del fr. *lai,* y éste del irlandés *laid,* canción.) m. Composición poética de los provenzales y de los franceses en la que se relata una leyenda o historia de amores.

LAYA. (Del vascuence *laya.*) f. Pala con cabo de madera, que se usa para labrar la tierra y revolverla.

LAYA. (Del b. lat. *alaia,* ley de la moneda.) f. Calidad, género, especie, estofa, calaña. *No me trato con gente de esa* LAYA.

LAYAR. tr. Labrar la tierra con laya. ‖ deriv.: **layador, ra.**

LAYBACH. *Geog.* V. **Lubliana.**

LAYO. *Mit.* Rey de Tebas, esposo de Yocasta y padre de Edipo, quien lo mató, sin saber quién era, en una encrucijada.

LAZADA. f. Atadura o nudo, hecho con cinta, hilo, etc., de modo que al tirar de uno de los cabos pueda desatarse fácilmente. ‖ Lazo de adorno.

LAZADOR, RA. adj. *Hond.* Que sabe lazar.

LAZAR. tr. Coger o sujetar con lazo. ‖ *Méx.* Enlazar.

LAZARETO. al. **Lazarett.** fr. **Lazaret.** ingl. **Hospital.** ital. **Lazzaretto.** port. **Lazareto.** (De *lázaro.*) m. Hospital o paraje distante de poblado en que guardan la cuarentena los que vienen de lugares infestados o sospechosos de estarlo. ‖ Hospital de leprosos. sinón.: **leprosería.** ‖ *Chile.* Hospital de variolosos. ‖ IDEAS AFINES: *Cordón sanitario, aislamiento, seguridad, previsión, preservación, profilaxis, lepra, fiebre amarilla, peste bubónica, temor, peligro, contagio, refugio, asilo.*

LAZARILLO. m. El que guía a un ciego.

LAZARINO, NA. (De *lázaro.*) adj. y s. Que padece el mal de San Lázaro.

LAZARISTA. m. El que pertenece a la orden hospitalaria de San Lázaro, que asiste a los leprosos.

LAZARO. (De *Lázaro,* el mendigo de la parábola evangélica de San Lucas, XVI.) adj. ant. **Lazarino.** Ú.sab. t.c.s. U. en **Venez.** ‖ m. Pobre, andrajoso. ‖ **Estar hecho un Lázaro.** frs. Estar lleno de llagas.

LÁZARO, San. *Hagiog.* Hermano de Marta y de María, resucitado por Jesús.

LÁZARO E IBIZA, Blas. *Biog.* Naturalista esp., autor de un *Compendio de la flora española* y otras obras (1858-1921).

LAZAROSO, SA. adj. y s. Lazarino. ‖ V. **Hierba de los lazarosos.**

LAZO. al. **Schlinge; Schleife; Lasso.** fr. **Noeud, lasso.** ingl. **Bow: loop; lasso.** ital. **Laccio.** port. **Laço.** (Del lat. *láqueus.*) m. Atadura o nudo de cintas o cosa parecida que sirve de adorno. *Un gorro con* LAZOS. ‖ Emblema del que forma parte una cinta doblada en forma reglamentada y conveniente. LAZO *de la Orden de Isabel la Católica.* ‖ Adorno hecho de un metal imitando al lazo de la cinta. ‖ Dibujo que con boj, arrayán u otras plantas, se hace en los cuadros de los jardines. ‖ Cualquiera de los enlaces artificiosos que hacen los que bailan. ‖ Lazada, nudo corredizo. ‖ Cuerda de hilos de alambre retorcido con su lazada corrediza, que, asegurada en el suelo, se emplea para atrapar conejos. Se hace también de cerda para cazar perdices y otras aves. ‖ Cuerda o trenza con un lazo corredizo en uno de sus extremos, que sirve para sujetar toros, caballos, etc., arrojándosela a la cabeza o a los pies. *El gaucho maneja el* LAZO *con destreza.* ‖ Cordel con que se sujeta la carga. ‖ En la ballestería, rodeo que con los caballos se hace a la res para que se ponga a tiro del que la espera. ‖ fig. Ardid o artificio engañoso. *Eludió el* LAZO. ‖ fig. Vínculo, obligación. *Afirmar los* LAZOS *con la madre patria.* ‖ *Hond.* y *Méx.* Cuerda. ‖ *Arq.* Adorno de líneas y florones entrelazados. ‖ **Caer uno en el lazo.** frs. fig. y fam. Ser engañado con un ardid. ‖ **Tender** a uno **un lazo.** frs. fig. Atraerle con engaño para perjudicarlo. ‖ IDEAS AFINES: *Unión, cadena, liga, vínculo, enredo, tracción, enlazar; moño, perifollo, corbata, zapato; falsedad, trampa, añagaza; afecto, amor, simpatía, conyugal.*

LAZO, Agustín. *Biog.* Escenógrafo y pintor mex., autor de notables escenografías para obras célebres del teatro universal (n. 1900). ‖ — **BAEZA, Olegario.** Escritor chil., autor de volúmenes de cuentos sobre la vida militar de su país (1878-1960). ‖ — **BAYROLO, Raimundo.** Escritor cub., autor de *La personalidad de la literatura hispanoamericana; Martí y su obra literaria,* etc. (1864-1909). ‖ — **MARTÍ, Francisco.** Poeta ven., autor de composiciones de carácter vernáculo. Obras: *Silva criolla; Consuelo,* etc. (1864-1909)

LAZULITA. f. Lapizlázuli.

LE. Dativo del pronombre personal de tercera persona en género masculino o femenino y número singular. Empléase también como acusativo del mismo pronombre en igual número y sólo en género masculino.

LEE, Tsung Dao. *Biog.* Científico chino, que realizó en los EE.UU. importantes investigaciones en la física de las partículas. En 1957 se le concedió el premio Nobel de Física, que compartió con su compatriota Yang Chen Ning (n. en 1926).

LEAL. (Del lat. *legalis.*) adj. Que guarda la debida fidelidad a personas o cosas. Ú.t.c.s. *Esposo* LEAL. ‖ Dícese también de las acciones propias de un hombre fiel. ‖ Aplícase a algunos animales domésticos, como el perro y el caballo, y que muestran al hombre cierta especie de fidelidad.

LEAL, Fernando. *Biog.* Pintor mex., autor de *La fiesta del Señor de Chalma* y *El libertador Simón Bolívar* (1900-1965).

LEALMENTE. adv. m. Con lealtad. sinón.: **fielmente.** ‖ Con legalidad, con buena fe.

LEALTAD. al. **Ehrlichkeit; Loyalität.** fr. **Loyauté.** ingl. **Loyalty.** ital. **Lealtà.** port. **Lealdade.** (Del lat. *legalitas, -atis.*) f. Cumplimiento de lo que las leyes de la fidelidad y las del honor exigen. antón.: **traición.** ‖ Amor que manifiestan al hombre algunos animales; como el caballo y el perro. ‖ Legalidad, verdad.

LEANDRO, San. *Hagiog.* Arz. de Sevilla que, luego de establecer el rito mozárabe convirtió a los visigodos a la fe católica (m. 596).

LEBECHE. (Del lat. *libs,* libis, y éste del gr. *lips.*) m. En el litoral del Mediterráneo, viento sudeste.

LEBENI. (Del ár. *leben,* leche.) m. Bebida moruna preparada con leche agria.

LEBERQUISA. (Del al. *leberkies,* de *leber,* color de hígado, y *kies,* pirita.) f. Pirita magnética.

LEBLANC, Jorgelina. *Biog.* Actriz, cantante y escritora fr., esposa y colaboradora de Mauricio Maetterlinck. Obras: *El gusto de la vida; La máquina de la intrepidez; Viaje al país de Madame Bovary,* etc. (1869-1941). ‖ — **Mauricio.** Novelista fr.; sus obras de aventuras y detectivescas le dieron nombradía. Creó un personaje pintoresco, Arsenio Lupin (1886-1941). ‖ — **Nicolás.** Químico francés, a quien se debe un procedimiento para obtener el carbonato sódico (1742-1806).

LEBÓN, Felipe. *Biog.* Ing. y químico fr., inventor del alumbrado por gas. Realizó estudios sobre conducción de aeróstatos y sobre máquinas de vapor (1769-1804).

LE BON, Gustavo. *Biog.* Filósofo fr., autor de *Historia de las civilizaciones; Psicología de las multitudes,* etc. (1841-1931).

LEBRADA. f. Cierto guiso de liebre. sinón.: **junglada.**

LEBRANCHO. m. *Cuba.* Lisa, pez.

LEBRASTÓN. m. Lebrato.

LEBRATO. m. Liebre nueva o de poco tiempo.

LEBRATÓN. m. Lebrato.

LEBREL, LA. (De *lebrero.*) adj. V. **Perro lebrel.** Ú.t.c.s.

LEBRERO, RA. (Del lat. *leporarius,* de *lepus, -oris,* liebre.) adj. Aficionado a las cacerías o carreras de liebres. ‖ V. **Perro lebrero.** Ú.t.c.s. ‖ m. *Cuba.* Árbol con cuya madera se hacen mangos de instrumentos.

LEBRIJA. *Geog.* Río de Colombia (Santander), afl. del Magdalena. 192 km. ‖ C. de España (Sevilla). 18.000 h. Centro agrícola ganadero.

LEBRILLO. (Dim. del lat. *lábrum,* vasija de boca ancha, pila de una fuente.) m. Vasija más ancha por el borde que por el fondo, y que sirve para lavar ropa, para baños de pies y otros usos.

LEBRÓN. m. aum. de Liebre. ‖ fig. y fam. Hombre apocado y cobarde.

LEBRONCILLO. (De *lebrón.*) m. Lebrato.

LEBRUN, Alberto. *Biog.* Pol. e ingeniero fr. nombrado presid. de la Nación en 1932 y de 1939 a 1940 reelegido para el cargo (1871-1950).

LE BRUN, Carlos. *Biog.* Pintor fr., notable artista de la corte de Versalles. Obras: *Cristo de los ángeles; Batalla de Alejandro,* etc. (1619-1690).

LEBRUNO, NA. adj. Perteneciente a la liebre o semejante a ella.

LEBU. *Geog.* Ciudad de Chile, capital de la prov. de Arauco 13.000 h.

LECANOMANCIA o LEGANOMANCIA. (Del gr. *lekanomanteia;* de *lekane,* lebrillo, y *manteia,* adivinación.) f. Arte supersticioso de profetizar por el sonido que hacen ciertos objetos al caer en una jofaina.

LE CAP HAÏTIEN. *Geog.* Ciudad del N. de Haití, cap. del departamento Norte. 39.000 h.

LECCE. *Geog.* Provincia de Italia (Apulia). 2.759 km². 730.000 h. Cap. hom. con 88.000 h. Aceites.

LECCIÓN. al. **Lektion; Lehrstunde.** fr. **Lection.** ingl. **Lection.** ital. **Lezione.** port. **Lição.** (Del lat. *lectio, -onis.*) f. Lectura. ‖ Inteligencia de un texto, según parecer de quien lo lee, o según la manera en que está escrito. ‖ Cualquiera de los fragmentos de la Escritura, Santos Padres o de la vida de los santos, que se rezan o cantan en la misa de ciertos días y en los maitines. ‖ Conjunto de conocimientos teóricos o prácticos que en cada vez da el maestro a los discípulos o les indica para que los estudien. *Una* LECCIÓN *de física.* ‖ Cada uno de los capítulos o partes en que se dividen algunos escritos. ‖ Discurso que en las oposiciones a cátedras y en otros ejercicios literarios se compone dentro de un término prescrito. ‖ fig. Amonestación, ejemplo o acción ajena que nos enseña el modo de conducirnos. *Que este golpe le sirva de* LECCIÓN. ‖ **Dar la lección.** frs. Decirla el alumno al maestro. ‖ **Dar lección.** frs. Explicarla el maestro. ‖ **Dar** a uno **una lección.** frs. fig. Hacerle comprender la falta que ha cometido, corrigiéndole con habilidad o dureza. ‖ **Echar lección.** frs. Señalarla a los discípulos. ‖ **Tomar la lección.** frs. Oírsela el maestro al discípulo. ‖ IDEAS AFINES: *Tema, libro, apunte, teoría, tesis, raciocinio, discusión, explicación, exposición, calificación, prueba, examen, conferencia, experiencia, consejo, profesor, ejemplo, alumno, escuela, maestro.*

LECCIONARIO. m. Libro de coro que contiene las lecciones de maitines.

LECCIONISTA. com. Maestro o maestra que da lecciones en casas particulares.

LECLERC, Carlos V. *Biog.* Militar fr. que comandó las fuerzas enviadas por Napoleón para sofocar la emancipación de Santo Domingo (1772-1802). ‖ — **Felipe de Hauteclocque,** llamado Leclerc Mariscal fr. que sobresalió durante la segunda Guerra Mundial (1902-1947).

LECONTE, Cincinato. *Biog.* General y estadista haitiano que de 1911 a 1912 fue presid. de la República (1859-1912). ‖ — **DE LISLE, Carlos.** Poeta fr., jefe de la escuela del Parnaso. Por su esplendor de imágenes y su perfección formal, es uno de los más acabados poetas de todas las lenguas. Obras: *Poemas antiguos; Poemas bárbaros; Poemas trágicos,* etc. (1818-1894).

LECOR, Carlos Federico. *Biog.* General port. que invadió el Uruguay, se apoderó de Montevideo en 1817, y gobernó hasta 1828 toda la Banda Oriental (1764-1836).

LE CORBUSIER, Carlos Eduardo Jeanneret, llamado. *Biog.* Arq. suizo, creador de un nuevo estilo y una concepción arquitectónica que han revolucionado el urbanismo y la moderna edificación. Proyectó el edificio de las Naciones Unidas. Obras: *Urbanismo; Hacia una arquitectura,* etc. (1887-1965).

LE CREUSOT. *Geog.* Ciudad de Francia (Saona y Loira). 40.000 h. Siderurgia, armamentos.

LECTISTERNIO. (Del lat. *lectistérnium.*) m. Culto que los romanos gentiles tributaban a sus dioses, y que consistía en colocar dentro de un templo una mesa con manjares, y alrededor de ella unos bancos, donde ponían las estatuas de aquellas deidades que ellos suponían convidadas al banquete.

LECTIVO, VA. adj. Dícese del tiempo y días que se destinan para dar lección en los establecimientos de enseñanza.

LECTOR, RA. al. **Leser.** fr. **Lecteur.** ingl. **Reader.** ital. **Lettore.** port. **Leitor.** (Del lat. *lector.*) adj. Que lee. *Ser muy* LECTOR Ú.t.c.s. ‖ m. El que en las comunidades religiosas enseña filosofía, teología o moral.

LECTORÍA. f. Cargo de lector en las comunidades religiosas.

LECTURA. al. **Lekture; lesen.** fr. **Lecture.** ingl. **Reading.** ital. **Lettura.** port. **Leitura.** (Del lat. *lectura.*) f. Acción de leer. *Clase de* LECTURA. ‖ Obra o cosa leída. *Una* LECTURA *interesante.* ‖ En las universidades, tema que cada profesor explica a sus discípulos. ‖ Inteligencia de un texto. ‖ Discurso que se compone para una oposición o cátedra. ‖ Cultura de una persona. ‖ Letra de imprenta, mayor que la de entredós y menor que la atanasia.

LECUNA, Juan. *Biog.* Compositor venezolano de origen esp. Autor de *Suite Venezolana* para cuatro guitarras; canciones y piezas para piano, etc. (n. 1898-1954) ‖ — **Vicente.** Escritor venez. que fue director de la Acad. de la Historia 1872-1954).

LECUONA, Ernesto. *Biog.* Compositor cub., autor de conocidas zarzuelas, comedias musicales, canciones y piezas populares inspiradas en la música típica de su país. Obras: *El cafetal; El batey; María de la O,* etc. (1895-1963).

LECHA. (De *leche.*) f. Líquido seminal de los peces. ‖ Cada una de las dos bolsas que lo contienen.

LECHADA. (De *leche,* por el color.) f. Masa fina de cal o yeso, o de cal mezclada con arena, o de yeso con tierra, que se emplea para blanquear paredes y para unir piedras y ladrillos. ‖ Masa a que es reducido el trapo, para fabricar papel. ‖ Líquido que tiene en disolución cuerpos insolubles muy divididos. ‖ *Méx.* Rebaba.

LECHAL. adj. Dícese del animal de cría que mama. Ú.t.c.s. ‖ Aplícase a las plantas y frutos de zumo lechoso. ‖ m. Este mismo zumo.

LECHAR. (Del lat. *lactaris.*) adj. Lechal. ‖ Dícese de la hembra cuyos pechos tienen leche. ‖ Que cría o tiene virtud de criar leche en las hembras vivíparas. ‖ V. **Cardo lechar.**

LECHAR. tr. *Amér.* Ordeñar. ‖ *Amér. Central, Col.* y *Ec.* Manar o producir leche. ‖ *Amér. Central* y *Méx.* Enjalbegar, blanquear.

LECHAZA. f. Lecha.

LECHE. al. **Milch.** fr. **Lait.** ingl. **Milk.** ital. **Latte.** port. **Leite.** (Del lat. *lac, lactis.*) f. Licor blanco que se forma en los pechos de las mujeres y de las hembras vivíparas, y con el cual se nutren sus hijos o crías. ‖ Zumo blanco de ciertas plantas o frutos; como las higueras, lechugas, etc. ‖ Jugo blanco que se saca de algunas semillas exprimiéndolas; como de las almendras, cañamones, etc. ‖ Con la prep. *de* y algunos nombres de animales denota que éstos maman todavía. *Cordero, cabrito de* LECHE. ‖ Con la prep. *de* y algunos nombres de hembras vivíparas, denota que éstas se tienen para aprovecharse de la leche que dan. *Cabras, ovejas de* LECHE. ‖ V. **Ama, capón, diente, hermano, hijo, madre de leche.** ‖ V. **Mar en leche.** ‖ fig. Primera educación o enseñanza que se da a uno. ‖ fig. y fam. V. **Mosca en leche.** ‖ *Quím.* V. **Azúcar de leche.** ‖ —

de canela. Aceite de canela disuelto en vino. ‖ – **de gallina.** Planta herbácea, anual, con pedúnculos desiguales y corola por fuera verdosa y por dentro blanca como la leche, y fruto con algunas semillas globosas. *Ornithogalum umbellatum*, liliácea. ‖ – **de los viejos.** fig. y fam. Vino. ‖ – **de pájaro.** Leche de gallina. ‖ – **de tierra.** Magnesia. ‖ **Estar uno con la leche en los labios.** frs. y fam. Tener poca experiencia o conocimientos de la vida. ‖ fig. y fam. Hacer poco tiempo que dejó de ser discípulo en una facultad o profesión. ‖ **Estar en leche.** frs. fig. Refiriéndose a plantas o frutos, estar todavía formándose o cuajándose. ‖ **Mamar** uno una cosa **en la leche.** frs. fig. y fam. Aprenderla o adquirirla en la infancia. ‖ IDEAS AFINES: *Mamífero, líquido, blancura, lactancia, calostro, mamadera, biberón, caseína, crema, manteca, queso, yogurt, cuajada, pasterizar, lechería, ordeñar, amamantar, nodriza, galaxia.*

● **LECHE.** *Quím.* Opaca y un poco más densa que el agua, la **leche** tiene un ligero olor que la caracteriza, y un sabor algo azucarado. Está constituida en su mayor parte por agua, que contiene, en estado de disolución, lactosa o azúcar de **leche** y varios fosfatos, cloruros, sulfatos y carbonatos; albúminas en solución coloidal; materia grasa o manteca, y en suspensión, urea, alcohol, enzimas, vitaminas, gases del aire, etc. Tal riqueza hace de la **leche** el alimento más completo que se conoce. Las substancias constitutivas de la **leche** varían según la especie animal de la que proviene y dentro de ésta del ejemplar, su alimentación y cuidado. La **leche** de vaca contiene 5% de lactosa, 4% de caseína, 3,3% de manteca, 0,35% de fosfato de calcio y 0,4% de otras sales. La **leche** de cabra tiene menos lactosa pero más manteca y caseína que la de vaca; la de burra tiene más azúcar, pero menos manteca y caseína que la de vaca. Se aconseja no consumir **leche** sin hervir o sin someterla a un adecuado proceso de pasterización. (V. **Pasterización.**) Un método moderno de conservación de la **leche** consiste en hacer la concentración en vacío a menos de 70ºC., de una cantidad de **leche** a la que se le ha agregado de 12 a 13% de azúcar. Se forma una pasta ligeramente amarillenta que se disuelve bien en agua, que mantiene todas las condiciones de la **leche** fresca y que puede conservarse mucho tiempo; se la conoce como **leche** condensada. Llevando la desecación a su extremo, se obtiene la llamada **leche** en polvo. Por medio de fermentos especiales, el azúcar de la **leche** puede producir diversos artículos lácteos como el yogurt, kefir, etcétera. A temperatura favorable, la **leche** se cuaja y acidifica espontáneamente, proceso este que sirve de base para la obtención del ácido láctico que, como la lactosa, tiene gran aplicación industrial. Con la caseína que se extrae de la **leche** se fabrica un material plástico, la galactita, y fibras textiles que en algunas circunstancias reemplazan a la lana. Además del consumo directo y sus derivados, la **leche** es ingrediente obligado de preparados alimenticios de todo orden. Puede ser objeto de adulteraciones, las que se comprueban con lactómetros y lactodensímetros. V. **Manteca; queso.**

LECHECILLAS. (dim. de *leches.*) f. pl. Mollejas de cabrito, cordero, etc. ‖ Asadura, entrañas del animal.

LECHERA. (De *lechero.*) f. Vendedora de leche. ‖ Vasija en que ésta es guardada. ‖ Vasija en que es servida. ‖ – **amarga.** Polígala.

LECHERÍA. al. **Milchladen; Molkerei.** fr. **Crémerie.** ingl. **Dairy.** ital. **Latteria.** port. **Leiteria.** (De *lechero.*) f. Lugar o puesto donde se vende leche. ‖ *Arg.* Local donde se sirve al público leche, café y también viandas a la minuta.

LECHERO, RA. al. **Milchmann.** fr. **Crémier.** ingl. **Milkman.** ital. **Lattivendolo; lattaio.** port. **Leiteiro.** adj. Que contiene leche o posee alguna de sus propiedades. ‖ Dícese de las hembras de animales que se crían para aprovechar su leche; como vacas, cabras, etc. ‖ fam. Logrero, cicatero. ‖ *Amér.* Afortunado. ‖ m. Vendedor de leche. ‖ *Chile.* Ordeñador.

LECHETREZNA. f. Planta euforbiácea de hojas alternas, flores amarillentas en umbelas poco pobladas, fruto capsular con tres divisiones, y semillas menudas y parduscas. Su jugo es lechoso y acre y se ha usado en medicina. *Euphorbia helioscopia.*

LECHIGADA. (De *lechiga*, cama.) f. Conjunto de animalillos que han nacido de un parto y se crían juntos. *Una* LECHIGADA *de gatitos;* sinón.: **cría, ventregada.** ‖ fig. y fam. Cuadrilla de personas, por lo común gente baja o picaresca.

LECHIGUANA. f. *Arg.* y *Bol.* Avispa melera. *La* LECHIGUANA *construye nidos muy grandes.* ‖ Panal y miel que produce.

LECHIGUANAS. *Geog.* Islas argentinas, en el Delta del Paraná, sit. al sur del Paraná Ibicuy.

LECHÍN. adj. Dícese de una especie de olivo que da aceituna abundante y rica en aceite. Ú.t.c.s.m. ‖ Dícese de la aceituna de este olivo. ‖ m. Lechino, divieso.

LECHINO. (Del lat. *licínium.*) m. Clavo de hilas que se coloca en lo interior de úlceras y heridas, para que supuren. ‖ Divieso pequeño y puntiagudo que les sale sobre la piel a las caballerías.

LECHO. al. **Bett.** fr. **Lit; couche.** ingl. **Bed; couch.** ital. **Letto; giaciglio.** port. **Leito.** (Del lat. *léctum.*) m. Cama con colchones, almohadas, etc., para descansar y dormir. *Un* LECHO *mullido.* ‖ Especie de escaño en que los orientales y romanos se reclinaban para comer. ‖ fig. En los carros o carretas, cama sobre la cual se coloca la carga. ‖ fig. Madre de río o arroyo. *Rocas duras afloran en el* LECHO *del Paraná, en Apipé.* ‖ fig. Fondo del mar, de un lago. ‖ fig. Porción de algunas cosas, puestas horizontalmente sobre otras. ‖ *Arq.* Superficie de una piedra sobre la cual se ha de asegurar otra. ‖ *Geol.* **Estrato,** masa mineral.

LECHÓN. al. **Ferkel.** fr. **Cochon de lait.** ingl. **Suckling pig.** ital. **Porcellino.** port. **Leitão.** (De *leche.*) m. Cochinillo mamón. ‖ Puerco macho de cualquier edad. ‖ fig. y fam. Hombre puerco, desaseado. Ú.t.c.adj.

LECHONA. f. Hembra del lechón o puerco. ‖ fig. y fam. Mujer sucia o desaseada. Ú.t.c.adj.

LECHOSA. (De *leche.*) f. Papaya.

LECHOSO, SA. adj. Que tiene cualidades de leche o se parece a ella. *Mármol* LECHOSO. ‖ Aplícase a las plantas y frutos que poseen un jugo blanco parecido a la leche. ‖ m. Papayo.

LECHUGA. al. **Kopfsalat; Lattich.** fr. **Laitue.** ingl. **Lettuce.** ital. **Lattuga.** port. **Alface.** (Del lat. *lactuca.*) f. Planta herbácea originaria de la India con tallo ramoso que alcanza a seis decímetros de altura; hojas grandes, radicales, blandas, enteras o serradas; flores en muchas cabezuelas y de pétalos amarillentos, y fruto seco, gris, comprimido, con una sola semilla. Se cultiva en las huertas y hay de ella muchas variedades, como la repollada, la rizada, etc. Sus hojas se comen en ensalada, y otras formas, y del tronco se extrae un jugo lechoso, de sabor agradable, mientras la planta no entallece. *Lactuca sativa,* compuesta. ‖ **Lechuguilla,** cabezones o puños de camisa. Cualquiera de los fuellecillos formados en la tela a imitación de las hojas de lechuga. ‖ – **romana.** Variedad de la cultivada. ‖ – **silvestre.** Planta compuesta, semejante a la **lechuga**, pero con tallo que alcanza dos metros de altura y hojas largas, casi elípticas; flores muy amarillas, y frutos negros. Su jugo, que es amargo y de olor desagradable, se emplea en substitución del opio. ‖ **Como una lechuga.** frs. fig. y fam. que se aplica a la persona que está muy fresca y lozana. ‖ **Esa lechuga no es de su huerto.** exp. fig. y fam. Con que se moteja al que se apropia de las agudezas o invenciones de otro. ‖ **Ser más fresco que una lechuga.** frs. fig. Aplícase al que es muy descarado.

LECHUGADO, DA. adj. De forma o figura de hoja de lechuga. *Volantes* LECHUGADOS.

LECHUGUERO. s. Persona que vende lechugas.

LECHUGUILLA. (dim. de *lechuga.*) f. Lechuga silvestre. ‖ Cuello alechugado. ‖ Cierta clase de cabezones o puños de camisa, muy grandes, almidonados y moldeados en figura de hojas de lechuga, que se usaron durante el reinado de Felipe II.

LECHUGUINA. f. fig. y fam. Mujer joven que se compone mucho y sigue la moda rigurosamente. Ú.t.c.adj. sinón.: **currutaca.**

LECHUGUINO. m. Lechuga pequeña, antes de ser trasplantada. ‖ Plantel de lechuguinos. ‖ fig. y fam. Muchacho imberbe que galantea aparentando ser hombre hecho. ‖ fig. y fam. Joven que se compone mucho y sigue la moda rigurosamente. sinón.: **figurín.**

LECHUZA. al. **Kule; Kauz.** fr. **Chouette.** ingl. **Owl.** ital. **Civetta.** port. **Coruja.** f. Ave rapaz y nocturna de unos treinta y cinco centímetros de longitud desde la cabeza hasta el final de la cola, y casi el doble de envergadura, con plumaje amarillento, pintado de blanco, gris y negro en las partes superiores, y blanco en el pecho, vientre, patas y cara; cabeza redonda, pico corto y encorvado en la punta, ojos grandes y brillantes, cara circular, cola ancha y uñas negras. Cuando está parada resopla fuertemente, al volar emite un graznido estridente y lúgubre. Se alimenta por lo común de insectos y otros animales vertebrados. *La* LECHUZA *pampeana hace sus cuevas en la tierra;* sinón.: **coruja.** ‖ fig. Mujer que se parece a la lechuza en alguna de sus propiedades. Ú.t.c.adj. ‖ *Ven.* Carruaie desvenciiado.

LECHUZO. (De *lechuza.*) m. fig. y fam. El que cumple comisiones y es enviado a ejecutar despachos de apremios y otros semejantes. ‖ fig. y fam. Hombre que se asemeja en algo a la lechuza.

LECHUZO, ZA. (De *leche.*) adj. y s. Dícese del muleto menor de un año.

LEDA. *Mit.* Esposa de Tíndaro y madre de los Dióscuros, de Elena y de Clitemnestra, que tuvo de Zeus, quien, para seducirla se transformó en cisne.

LEDERBERG, Joshua. *Biog.* Médico estadounidense a quien se otorgó en 1958 el premio Nobel de Fisiología y Medicina, compartido con sus compatriotas G. Beadle y E. Tatum, por sus investigaciones sobre genética bacteriológica (n. en 1925).

LEDESMA, Alonso de. *Biog.* Poeta esp. autor de *Conceptos espirituales* (1562-1632). ‖ – **Roberto.** Poeta arg. autor de *La llama* y otras obras (1901-1966).

LEDESMA. *Geog.* Población de la Argentina (Jujuy). 20.000 h. Centro azucarero.

LEDO, DA. (Del lat. *laetus.*) adj. Alegre, plácido. Ú.m. en poesía. ‖ deriv.: **ledamente.**

LEE, Roberto Eduardo. *Biog.* General nort., jefe de los ejércitos del Sur durante la guerra de Secesión (1807-1870).

LEE, Tsung Dao. *Biog.* Científico chino, que realizó en los EE.UU. importantes investigaciones en la física de las partículas. En 1957 se le concedió el premio Nobel de Física, que compartió con su compatriota Yang Chen Ning (n. en 1926).

LEEDOR, RA. adj. y s. Lector que lee.

LEEDS. *Geog.* Ciudad de Gran Bretaña, en Inglaterra (York). 505.000 h. Tejidos de lana, fundiciones.

LEER. al. **Lesen.** fr. **Lire.** ingl. **To read.** ital. **Leggere.** port. **Ler.** (Del lat. *légere.*) tr. Pasar la vista por algo escrito o impreso, haciéndose cargo de su significado. LEER *una carta.* ‖ Enseñar o explicar el profesor a sus oyentes alguna materia. ‖ Interpretar de determinado modo un texto. ‖ Decir en público la lección de oposiciones u otros ejercicios literarios. LEER *de oposición.* ‖ Tratándose de música, pasar la vista por el papel en que está representada, interpretando su valor. ‖ fig. Penetrar el interior de alguien por aparencia exterior, o darse cuenta de alguna cosa oculta que le haya sucedido. LEO *en tu rostro que me mientes.* ‖ irreg. Conj. como **creer.**

LEEUWARDEN. *Geog.* Ciudad de Holanda, capital de la prov. de Frisia. 85.500 h. Tejidos, fundiciones, papel.

LEEUWENHOECK, Antonio van. *Biog.* Naturalista hol., que construyó los primeros microscopios de precisión, con los que realizó notables descubrimientos en microbiología. Es autor de *Secretos de la naturaleza descubiertos por los microscopios de precisión* (1632-1723).

LEFÈVRE, Ernesto T. *Biog.* Estadista pan. que en 1920 fue presid. provisional de la Rep. (1876-1922).

LEGACÍA. f. Cargo de legado. ‖ Negocio de que éste va encargado. ‖ Territorio dentro del cual un legado cumple su encargo o funciones. ‖ Tiempo que dura su cargo.

LEGACIÓN. al. **Gesandtschaft.** fr. **Légation.** ingl. **Legation.** ital. **Legazione.** port. **Legação.** (Del lat. *legatio, -onis.*) f. **Legacía.** ‖ Cargo que da un gobierno a un individuo para que le represente cerca de otro gobierno extranjero, como embajador, ministro plenipotenciario o encargado de negocios. ‖ Conjunto de los empleados que el legado tiene a sus órdenes. ‖ Casa u oficina del legado. ‖ IDEAS AFINES: *Consulado, embajada, nunciatura, vicaría, diplomacia, mediador, delegado, tratado, misión, prerrogativas, ministro, negociación, cónsul, agregado.*

LEGADO. (Del lat. *legatus.*) m. Manda que el testador hace en su testamento o codicilo. *Un* LEGADO *pío.* ‖ Por ext., lo dejado o transmitido a los sucesores. ‖ Sujeto que un gobierno envía a otro para tratar un negocio. ‖ Presidente de cada una de las provincias sujetas a los emperadores romanos. ‖ Socio que llevaba el procónsul a alguna provincia por asesor, consejero o substituto. ‖ En la milicia romana, jefe de cada legión. ‖ Persona eclesiástica que nombra el Papa para que lo represente en un concilio o en un país de la cristiandad. *Cardenal* LEGADO.

LEGADOR. (Del ant. *legar*, ligar, atar.) m. Sirviente que en las esquilas ata de pies y manos a las reses lanares para que las esquilen.

LEGADURA. (Del lat. *ligatura.*) f. Cuerda, tomiza, cinta u otra cosa adecuada para liar o atar.

LEGAJAR. tr. *Amér.* Enlegajar.

LEGAJO. al. **Aktenbündel.** fr. **Dossier.** ingl. **File; docket.** ital. **Fascicolo.** port. **Maço.** m. Atado de papeles o conjunto de los que se reúnen por tratar de un mismo asunto.

LEGAL. (Del lat. *legalis.*) adj. Prescrito por ley y conforme a ella. *Disposición* LEGAL; sinón.: **legítimo.** ‖ Que cumple fiel y rectamente las funciones a su cargo. ‖ V. **Interés, sociedad, trampa legal.** ‖ *Der.* V. **Ficción, medicina legal.** ‖ *Perú.* Excelente.

LEGALIDAD. al. **Gesetzlichkeit; Legalität.** fr. **Légalité.** ingl. **Legality, lawfulness.** ital. **Legalità.** port. **Legalidade.** (De *legal.*) f. Calidad de legal. *La* LEGALIDAD *de una prohibición.* ‖ Régimen político constituido por la ley fundamental del Estado. *Mi partido actúa dentro de la* LEGALIDAD.

LEGALISTA. adj. Que antepone la aplicación estricta de las leyes a cualquiera otra consideración.

LEGALIZACIÓN. f. Acción de legalizar. ‖ Certificado con firma y sello que acredita la autenticidad de algún documento o firma.

LEGALIZAR. al. **Beglaubigen; legalisieren.** fr. **Légaliser.** ingl. **To legalize.** ital. **Legalizzare.** port. **Legalizar.** tr. Dar estado legal a una cosa. ‖ Comprobar la autenticidad de algún documento o de alguna firma. LEGALIZAR *una escritura;* sinón.: **autenticar, legitimar.**

LEGALMENTE. adv. m. Según ley; conforme a derecho. LEGALMENTE, *usted no tiene derecho.* ‖ Lealmente.

LEGAMENTE. (De *lego.*) adv. m. Sin instrucción ni conocimientos.

LÉGAMO. (De *légano.*) m. Cieno, lodo. ‖ Parte arcillosa de las tierras de labor.–

LEGAMOSO, SA. adj. Que tiene légamo.

LEGANAL. m. Charca de légano.

LÉGANO. m. Légamo. ‖ deriv.: **leganoso, sa.**

LEGAÑA. al. **Augenbutter.** fr. **Chassie.** ingl. **Gummy secretion of the eyes.** ital. **Cispa.** port. **Remela.** (De un der. del lat. *lema.*) f. Humor que proviene de la mucosa y glándulas de los párpados y que se cuaja en el borde de éstos y en los ángulos de la abertura ocular.

LEGAR. al. **Vermachen.** fr. **Léguer.** ingl. **To bequeath.** ital. **Legare.** port. **Legar.** (Del lat. *legare.*) tr. Dejar a una persona alguna manda en su testamento o codicilo. LEGAR *bienes a una institución.* ‖ Enviar a alguien de legado o con una legacía.

LEGATARIO, RIA. s. Persona natural o jurídica favorecida con una o varias mandas por el testador. sinón.: **heredero.**

LEGAZPI, Miguel López de. *Biog.* V. **López de Legazpi, Miguel.**

LEGAZPI. *Geog.* Ciudad de Filipinas, cap. de la provincia de Albay (Luzón). 90.000 h.

LEGENDA. (Del lat. *legenda;* cosas que deben leerse.) f. Historia o actas de la vida de un santo.

LEGENDARIO, RIA. (De *legenda.*) adj. Perteneciente o relativo a las leyendas. *Gesta* LEGENDARIA; *romance* LEGENDARIO; sinón.: **fabuloso, quimérico.** ‖ m. Libro de vidas de santos.

LEGENDRE, Adriano María. *Biog.* Matemático fr., autor de *Ensayo sobre la teoría de los números; Elementos de Geometría,* etc. (1752-1833).

LÉGER, Fernando. *Biog.* Pintor fr., uno de los exponentes más destacados de la llamada "escuela de París". Se inició con Braque y Picasso, en las filas del cubismo, creando un estilo personal que tiende a representar figuras voluminosas y estructuras mecánicas. Obras: *Composición con áloes; La ciudad; Desnudos en un paisaje; Bañistas sobre un fondo amarillo; Los ocios,* etc. (1881-1955).

LÉGES, Jacobo N. *Biog.* Escritor haitiano, precursor en su país de los estudios históricos (n. 1859).

LEGIBLE. (Del lat. *legíbilis.*) adj. Que se puede leer. *Inscripción* LEGIBLE.

LEGIÓN. al. **Legion.** fr. **Légion.** ingl. **Legion.** ital. **Legione.** port. **Legião.** f. Tropa romana de infantería y caballería, compuesta de 10 cohortes. ‖ Nombre que suele darse a ciertos cuerpos de tropas. ‖ fig. Número indeterminado de personas o espíritus. *Una* LEGIÓN *de inmigrantes;* sinón.: **muchedumbre, multitud.** ‖ IDEAS AFINES: *Roma, falange, legionario, centuria, centurión, decuria, manípulo, cuadrilla, regimiento, orden, sección, soldadesca, guardia, cantidad, número, disciplina.*

LEGIONARIO, RIA. (Del lat. *legionarius.*) adj. Perteneciente a la legión. ‖ m. Soldado que servía en una legión romana.

LEGIONENSE. (Del lat. *legionensis.*) adj. Leonés. Apl. a pers., ú.t.c.s.

LEGISLABLE. adj. Que puede o debe legislarse.

LEGISLACIÓN. al. **Gesetzgebung.** fr. **Législation.** ingl. **Legislation.** ital. **Legislazione.** port. **Legislação.** (Del lat. *legislatio, -onis.*) f. Conjunto de leyes con arreglo a las cuales se gobierna un estado. LEGISLACIÓN *vigente.* ‖ Ciencia de las leyes.

LEGISLADOR, RA. al. **Gesetzgeber.** fr. **Législateur.** ingl. **Legislator.** ital. **Legislatore.** port. **Legislador.** (Del lat. *legislátor.*) adj. y s. Que legisla.

LEGISLAR. al. **Gesetze; erlassen.** fr. **Légiférer.** ingl. **To legislate.** ital. **Legiferare.** port. **Legislar.** (De *legislador.*) intr. Dar, hacer o implantar leyes.

LEGISLATIVO, VA. (De *legislar.*) adj. Dícese del derecho o potestad de hacer leyes. ‖ Dícese del cuerpo o código de leyes. ‖ V. **Poder legislativo.** ‖ Autorizado por una ley. *Cargo* LEGISLATIVO.

LEGISLATURA. f. Tiempo durante el cual funcionan los cuerpos legislativos. ‖ Período de sesiones de cortes en que subsisten las comisiones de cada cuerpo colegislador. ‖ *Amér.* Asamblea legislativa.

LEGISPERITO. (Del lat. *legisperitus.*) m. Jurisperito.

LEGISTA. (Del lat. *lex, legis,* ley.) m. Letrado o profesor de jurisprudencia. sinón.: **jurisprudente, jurista.** ‖ Quien la estudia.

LEGÍTIMA. (Del lat. *legítima,* term. f. de *-mus,* legítimo.) f. *Der.* Porción de una herencia, de que no puede disponer libremente el testador por ser asignada a determinados herederos. ‖ – **estricta.** *Der.* Parte de la total que debe ser dividida con absoluta igualdad entre los herederos.

LEGITIMACIÓN. Acción y efecto de legitimar.

LEGITIMADOR, RA. adj. Que legitima.

LEGÍTIMAMENTE. adv. m. Con legitimidad, con justicia. *Reclamó lo que* LEGÍTIMAMENTE *le pertenecía.*

LEGITIMAR. (De *legítimo.*) tr. Justificar legalmente la verdad de una cosa o la calidad de una persona o cosa. LEGITIMAR *una firma;* sinón.: **certificar.** ‖ Hacer legítimo al hijo que no lo era. ‖ Habilitar a una persona de suyo inhábil para un oficio o empleo.

LEGITIMARIO, RIA. (Del fr. *legitimaire.*) adj. Perteneciente a la legítima. ‖ *Der.* Que tiene derecho a la legítima. Ú.t.c.s.

LÉGITIME, Francisco Dionisio. *Biog.* V. **Legítimo, Francisco Dionisio.**

LEGITIMIDAD. al. **Rechtmässigkeit; Legitimität.** fr. **Légitimité.** ingl. **Legitimacy.** ital. **Legittimità.** port. **Legitimidade.** f. Calidad de legítimo. *La* LEGITIMIDAD *de una reclamación.*

LEGITIMISTA. adj. y s. Partidario de un príncipe o de una dinastía, por considerar que son quienes legítimamente deben reinar.

LEGÍTIMO, MA. al. **Gesetzlich; echt.** fr. **Légitime.** ingl. **Lawful; genuine.** ital. **Legittimo.** port. **Legítimo.** (Del lat. *legítimus.*) adj. Conforme a leyes. *Derecho* LEGÍTIMO. ‖ Genuino, verdadero. *Oro* LEGÍTIMO. antón.: **falso.** ‖ V. **Hijo legítimo.** ‖ *Der.* V. **Tutela legítima.** ‖ *Der.* V. **Tutor legítimo.**

LEGÍTIMO, Francisco Dionisio. *Biog.* Pol. haitiano que de 1888 a 1889 fue presid. de la República.

LEGNANO. *Geog.* Ciudad de Italia (Milán). 51.000 h. Maquinarias, tejidos.

LEGNICA. *Geog.* Ciudad de Polonia (Silesia). 82.000 h. Maquinarias. Tejidos. Instrumentos musicales.

LEGO, GA. al. **Weltlich; Laic.** fr. **Laïc.** ingl. **Lay; Laic.** ital. **Laico.** port. **Leigo.** (Del lat. *laicus,* y éste del gr. *laikós,* popular.) adj. Que carece de órdenes clericales. Ú.t.c.s. ‖ Falto de letras o noticias. ‖ m. En los conventos de religiosos, el que siendo profeso no tiene opción a las sagradas órdenes.

LEGON. (Del lat. *ligo, -onis.*) m. Especie de azadón.

LEGRA. (Del lat. *lígula.*) f. Herramienta que se emplea para ahuecar las almadreñas. ‖ *Cir.* Instrumento que se usa para legrar.

LEGRACIÓN. f. *Cir.* Acción de legrar.

LEGRADURA. f. *Cir.* **Legración.** ‖ Efecto de legrar.

LEGRAR. (De *legra.*) tr. *Cir.* Raer la superficie de los huesos.

LEGRÓN. m. aum. de **Legra.** ‖ Legra mayor que la común, de que usan los veterinarios.

LEGUA. (Del lat. *leuca.*) f. Medida itineraria equivalente a 5.572 metros y 7 decímetros. ‖ V. **Cómico, compañía de la legua.** ‖ V. **Tragador de leguas.** ‖ – **cuadrada.** Cuadrado de una **legua de lado.** ‖ – **de posta.** La de 4 kilómetros. ‖ – **de quince, de diecisiete y medio, de dieciocho y de veinticinco al grado.** La que respectivamente representa un 15, un 17 1/2, un 18 o un 25 avo del grado de un meridiano terrestre, el cual mide 111.111 metros y 11 centímetros. ‖ – **de veinte al grado, marina, o marítima.** La equivalente a 5.555 metros y 55 centímetros. ‖ **A la legua, a legua, a leguas, de cien leguas, de mil leguas, de muchas leguas, desde media legua.** m. advs. figs. Desde muy lejos, a gran distancia. ‖ IDEAS AFINES: *Longitud, kilómetro, milla, braza, campo, camino, carretera, galope, marcha, prolongar, lejanía, jornada.*

LEGUARIO, RIA. adj. Perteneciente o relativo a la legua. *Hito* LEGUARIO. ‖ m. *Bol.* y *Chile.* Piedra miliar.

LEGUÍA, Augusto B. *Biog.* Político per. que de 1908 a 1912 y de 1919 a 1930 fue presid. de la República (1863-1932). ‖ – **MARTÍNEZ, Germán.** Escritor y político per. (1861-1928).

LEGUIZAMÓN, Martiniano. *Biog.* Escritor arg., uno de los iniciadores del teatro rioplatense, autor de relatos y dramas gauchescos como *Calandria; La selva de Montiel; De cepa criolla,* etc. (1858-1935).

LEGULEYO, YA. (Del lat. *leguleius.*) s. El que trata de leyes conociéndolas sólo vulgar y escasamente.

LEGUMBRE. al. **Gemüse.** fr. **Légume.** ingl. **Pulse vegetables.** ital. **Legume.** port. **Legume.** (Del lat. *legumen, -inis.*) f. Todo género de fruto o simiente que se cría en vainas. *El haba y la arveja son* LEGUMBRES. ‖ Por ext. hortaliza. ‖ IDEAS AFINES: *Vegetal, verdura, hierba, leguminoso, quinta, huerto, cultivo, riego, azada, comestible, alimento, ensalada, vegetariano.*

LEGÚMINA. f. Substancia extraída de la semilla de ciertas legumbres.

LEGUMINOSO, SA. al. **Hülsenfrüchtler.** fr. **Légumineux.** ingl. **Leguminous.** ital. **Leguminoso.** port. **Leguminoso.** adj. *Bot.* De la naturaleza de las legumbres. ‖ Aplícase a hierbas, matas, arbustos y árboles dicotiledóneos, de hojas casi siempre alternas, flores de corola irregular, amariposada, y fruto en legumbre con varias semillas sin albumen; como la acacia, el garbanzo y el maní. Ú.t.c.s.f. ‖ f. pl. *Bot.* Familia de estas plantas.

LEHAR, Francisco. *Biog.* Compositor húng., autor de célebres operetas: *La viuda alegre; El conde de Luxemburgo; Eva,* etc. (1870-1948).

LEÍBLE. adj. Legible.

LEIBNIZ, Godofredo G. *Biog.* Fil. y matemático al. que estableció, como Newton, las bases del cálculo infinitesimal. Al convertir grandes sectores de la física en conocimiento racional puro, sentó el principio de la continuidad entre lo real y lo ideal, entre la verdad de hecho y la de razon. Las "mónadas" son los principios constitutivos de las cosas, organizadas por obra de Dios, "mónada" suprema. Obras: *Nuevos ensayos sobre el entendimiento humano; Monadalogía,* etc. (1646-1716).

LEICESTER. *Geog.* Condado de Gran Bretaña, en Inglaterra. 2.553 km². 850.000 h. Ganadería. Cap. hom. con 290.000 h. Tejidos, encajes.

LEÍDA. (De *leer.*) f. Lectura, acción de leer. *Dar una* LEIDA *al diario.*

LEIDEN. n. p. *Fís.* V. **Botella de Leiden.**

LEIDEN, Lucas de. *Biog.* V. **Leyden, Lucas de.**

LEIDEN. *Geog.* V. **Leyden.**

LEIDO, DA. Dícese de la persona erudita. ‖ **Leído** y **escribido.** loc. fam. Aplícase a la persona que presume de instruida.

LEILA. (Del ár. *leila,* noche.) f. Fiesta nocturna entre los moriscos.

LEIMA. (Del gr. *leimma.*) m. Uno de los semitonos usados en la música griega.

LEINSTER. *Geog.* Provincia del E. de Irlanda. 19.632 km². 1.500.000 h. Cap. DUBLIN.

LEIPZIG. *Geog.* Ciudad de la Rep. Democrática Alemana (Sajonia). 600.000 h. Famosa universidad. Industria editorial. maquinaria, aparatos de precisión, instrumentos musicales. Importante centro ferroviario.

LEISMANIOSIS. f. *Pat.* Grupo de enfermedades provocadas por parásitos del género *Leishmania,* como la uta.

LEÍSMO. m. Uso de la forma *le* del pronombre, como única, en el acusativo masculino singular.

LEÍSTA. adj. *Gram.* Dícese del que sostiene que *le* debe ser el único acusativo masculino del pronombre *él.* Ú.t.c.s.

LEITH. *Geog.* Ciudad de Gran Bretaña, en Escocia. 95.000 h Es el puerto de Edimburgo.

LEITMOTIV. (Voz al.) m. Tema o frase musical que frecuentemente se repite en la partitura, y se asocia a una idea, personaje o situación.

LEIVA, Luis C. *Biog.* Sac. y poeta col., autor de *El Crucifijo de Año Nuevo; Vuelo de cóndores,* etc. (n. 1891). ‖ – **Ponciano.** Estadista hond., presid. de la Rep. de 1874 a 1876 y de 1891 a 1892. ‖ – **Raúl.** Poeta guatemalteco, autor de *El deseo* y otras obras de inquietud vanguardista (n. 1916).

LEJANÍA. al. **Entfernung.** fr. **Lointaineté.** ingl. **Distance, remoteness.** ital. **Lontananza.** port. **Lonjura.** (De *lejano.*) f. Parte remota de un lugar o de un paisaje; sinón.: **lontananza.**

LEJANO, NA. (De *lejos.*) adj. Distante, apartado. *Países* LEJANOS; sinón.: **remoto, retirado;** antón.: **cercano, próximo.**

LEJAS. adj. pl. Lejanas. Empléase por lo general en la expresión de **lejas tierras.**

LEJÍA. al. **Lauge.** fr. **Lessive.** ingl. **Lye.** ital. **Liscivia.** port. **Lixívia.** (Del lat. *lixivia.*) f. Agua en que se han disuelto álcalis o sus carbonatos. ‖ fig. y fam. Reprensión fuerte o satírica.

LEJÍO. (Del lat. *lixívum.*) m. Lejía que usan los tintoreros.

LEJÍSIMOS. (sup. de *lejos.*) adv. l. y t. Muy lejos. *Se estableció* LEJÍSIMOS.

LEJITOS. (dim. de *lejos.*) adv. l. y t. Algo lejos.

LEJOS. al. **Weit, weg; fern.** fr. **Loin.** ingl. **Far away.** ital. **Lontano.** port. **Longe.** (Del lat. *laxus.*) adv. l. y. t. A gran distancia; en lugar o tiempo remoto. Ú.t. en sentido fig. *Está* LEJOS *de mi intención;* sinón.: **distante.** ‖ m. Aspecto de una persona o cosa mirada desde cierta distancia. ‖ fig. Apariencia; vislumbre de una cosa. ‖ *Pint.* Lo que en un cuadro es representado distante del motivo central. ‖ **A lo lejos, de lejos, de muy lejos, desde lejos.** ms. advs. A larga distancia, o desde larga distancia. ‖ **Lejos de.** Barbarismo por **en lugar de.** ‖ IDEAS AFINES: *Espacio, separación, apartamiento, horizonte, paisaje, perspectiva, confín, cielo, allá, telescopio, mapa, viaje, prehistoria, plazo, antaño.*

LEJUELOS. adv. l. y t. dim. de **Lejos.**

LELE. adj. *Amér. Central* y *Chile.* Lelo.

LELILÍ. (Del ár. *le ilah ile alah,* no hay divinidad sino Dios. Profesión de fe de los musulmanes.) m. Grita que hacen los moros al entrar en combate o en sus fiestas y zambras.

LELO, LA. (Tal vez del lat. *laevulus,* dim. de *laevus,* tonto.) adj. y s. Fatuo, tonto y como pasmado.

LE LOCLE. *Geog.* Ciudad del O. de Suiza (Neuchatel). 15.000 h. Importante industria de relojería.

LELOIR, Luis Federico. *Biog.* Bioquímico arg., nacido en París en 1906, premio Nobel de Química en 1970 por sus investigaciones sobre la biosíntesis de los hidratos. Después de trabajar en el Instituto de Fisiología de la Universidad de Buenos Aires, obtuvo apoyo financiero para fundar el Instituto de Investigaciones Bioquímicas, donde empezó a estudiar la manufactura de la lactosa, trabajo que lo llevó al descubrimiento de elementos claves en los procesos naturales de la síntesis de los carbohidratos.

LEMA. al. **Motto.** fr. **Devise.** ingl. **Motto; device.** ital. **Lemma.** port. **Lema.** (Del lat. *lemma,* y éste del gr. *lemma.*) f. Argumento que precede a ciertas obras literarias para indicar su asunto e inspiración. ‖ Letra o mote que se pone en los emblemas y empresas. *El tiempo es oro fue su* LEMA; sinón.: **divisa.** ‖ Tema de un discurso. ‖ Palabra o palabras que a modo de contraseña se ponen en los pliegos cerrados de certámenes y oposiciones para conocer a quién pertenece cada obra. ‖ *Mat.* Proposición que es preciso demostrar antes de establecer un teorema.

LEMAIRE, Jacobo. *Biog.* Navegante hol. que descubrió en Tierra del Fuego el estrecho que lleva su nombre, la isla de los Estados y el cabo de Hornos (1585-1616).

LEMAIRE, Estrecho de. *Geog.* Estrecho del extremo meridional de Amér. del S. que separa la isla de los Estados de la de Tierra del Fuego, en la Rep. Argentina.

LEMAITRE, Julio. *Biog.* Escritor fr., autor de novelas, cuentos y obras teatrales (1853-1914).

LEMAN, Lago de. *Geog.* V. **Ginebra, Lago de.**

LEMANITA. (De *lemanus*, nombre latino del lago de Ginebra, en cuyas cercanías se encontró el mineral.) f. **Jade.**

LE MANS. *Geog.* Ciudad de Francia, capital del dep. de Sarthe. 175.000 h. Productos químicos, maquinaria, tejidos, relojes. Centro deportivo del automovilismo.

LEMBÉ. m. *Dom.* Cuchillo ancho y largo.

LEMBERG. *Geog.* V. **Lvov.**

LEMERCIER, Jacobo. *Biog.* Arquitecto fr., constructor de uno de los pabellones del palacio del Louvre (1585-1654).

LE MERY, Nicolás. *Biog.* Químico fr. que introdujo la experimentación y la observación como métodos de estudio. Autor de *Curso de Química; Farmacopea universal*, etc. (1645-1715).

LEMNÁCEO, A. (Del gr. *lemna*, lenteja de agua.) adj. *Bot.* Dícese de cualquier planta acuática, monocotiledónea, natátil, de tallo y hojas transformados en fronda verde y en forma de disco, de inflorescencia en espádice. Ú.t.c.s.f. ‖ f. pl. *Bot.* Familia de estas plantas.

LEMNIO, NIA. (Del lat. *lemnius.*) adj. Natural de Lemnos. U.t.c.s. ‖ Perteneciente a esta isla del mar Egeo.

LEMNISCATA. (Del lat. *lemniscata*, adornada con la cinta llamada *lemnisco.*) f. *Geom.* Curva plana, de figura semejante a un 8.

LEMNISCO. (Del lat. *lemniscus*, y éste del gr. *lemnískós*.) m. Cinta que como trofeo honorífico se agregaba a las coronas y palmas de los atletas vencedores.

LEMNOS. *Geog.* Isla griega del N. del mar Egeo. 470 km². 35.000 h. Cap. KASTRO.

LEMONNIER, Antonio Luis *joven*, y otros cuadros finamente expresivos (1607-1677). **Camilo.** *Biog.* Nov. belga de tendencia naturalista, autor de *Un macho; Engullecarne*, etc. (1844-1913).

LEMOS, Conde de. *Biog.* V. **Fernández de Castro, Pedro.**

LEMOSÍN, NA. adj. Natural de Limoges o de la antigua provincia de Francia, de que esta ciudad era capital. U.t.c.s. ‖ Perteneciente a ellas. ‖ m. **Lengua de oc.** ‖ Lengua hablada por los lemosines.

LEMOSÍN. *Geog.* Antigua prov. de Francia, que ocupaba los actuales dep. del Alto Vienne y del Corrèze. Cap. LIMOGES.

LEMPA. *Geog.* Río de América Central; nace en Guatemala, sirve de límite entre Honduras y El Salvador y des. en el Pacífico. 300 km.

LEMPIRA. m. Unidad monetaria de Honduras; se divide en centavos.

LEMPIRA. *Geog.* Departamento del O. de Honduras. 4.290 km². 155.000 h. Tabaco, café, ganadería. Cap. GRACIAS.

LEMPIRA. *Biog.* Cacique indígena hondureño, que se destacó en la lucha contra los conquistadores españoles. Su obstinada negativa a someterse y las hazañas que se le atribuyen lo transformaron en un personaje legendario (hacia 1497-1537).

LÉMUR. (Del lat. *lémures.*) m. Género de mamíferos cuadrumanos que tienen los dientes incisivos de la mandíbula inferior inclinados hacia adelante, y las uñas planas, exceptuando la del índice de las extremidades torácicas y a veces la del medio, de las abdominales, que son ganchudas, y la cola, muy larga. ‖ pl. *Mit.* Genios que los romanos y etruscos consideraban generalmente como maléficos. ‖ fig. Fantasmas, duendes.

LEMURIAS. f. pl. Fiestas nocturnas que los romanos celebraban en honor de los lémures durante el mes de mayo.

LEMÚRIDO, DA. (De *lémur*, y el gr. *eidos*, forma, aspecto.) adj. *Zool.* Aplícase a mamíferos cuadrumanos de Madagascar y África, y cuyo tipo es el lémur. Ú.t.c.s. ‖ m. pl. *Zool.* Subfamilia de estos animales. *Alrededor de veinticinco especies de* LEMÚRIDOS *hay en Madagascar.*

LEMUS, José María. *Biog.* Mil. salvadoreño, n. 1911, elegido presid. de la República para el período 1956-1960.

LEN. (De *lene.*) adj. Dícese del hilo o seda cuyas hebras están blandas, por poco torcidas.

LENA. (Del cat. *alenar*, y éste del lat. *anhelare*, respirar con agitación.) f. Aliento, vigor.

LENA. *Geog.* Río de la U.R.S.S., en Siberia. Des. en el Océano Glacial Ártico por un amplio delta y recorre 4.600 km.

LE NAIN, Antonio. *Biog.* Pintor fr., autor de *Reunión de familia*; *Los jóvenes músicos*; *Baile de niños*, y otros cuadros de vivo colorido (1588-1648). ‖ — **Luis.** Pintor fr., notable captador de la vida rústica. Obras: *La carreta*; *Familia de paisanos*; *Paisaje con figuras*, etc. (1593-1648). ‖ — **Mateo.** Pintor fr., autor de *Grupo de hombres alrededor de una mesa*; *Lección de baile*; *Retrato de un joven*, y otros cuadros finamente expresivos (1607-1677).

LENARD, Felipe E. *Biog.* Científico alemán, premio Nobel de Física en 1905 por sus estudios sobre los rayos catódicos, que anticiparon el descubrimiento de los rayos X. Sus investigaciones contribuyeron al desarrollo de la física nuclear (1862-1947).

LENAU, Nicolás. *Biog.* Poeta al de origen húng., de tendencia romántica y tono melancólico. Obras: *Poesías*; *Fausto*; *Don Juan*, etc. (1802-1850).

LENCERA. f. Mujer que trata en lienzos o los vende. ‖ Esposa del lencero.

LENCERÍA. al. **Weisswaren.** fr. **Lingerie.** ingl. **Linen goods.** ital. **Biancheria.** port. **Lençaria.** (De *lencero.*) f. Conjunto de lienzos de diversos géneros, o tráfico que se hace con ellos. ‖ Tienda de lienzos. ‖ Paraje de una población donde abundan estas tiendas. ‖ Lugar donde en los colegios, hospitales, etc., se custodia la ropa blanca. ‖ *Amér.* Ropa blanca. ‖ Tienda de ropa blanca. ‖ IDEAS AFINES: *Batista, linón, puntilla, encaje, vainilla, bordado, ojal, festón, hilo, aguja, dedal, blusa, camisa, camisón.*

LENCERO. (Del lat. *lentearius.*) m. Mercader de lienzos; el que trata en ellos o los vende.

LENCLOS, Ninon de. *Biog.* Célebre cortesana francesa. De gran belleza e ingenio, en sus salones se reunían las principales personalidades políticas, artísticas y literarias de su tiempo. Legó a Voltaire una importante suma de dinero para comprar libros (1620-1705).

LENCO, CA. adj. *Hond.* Tartamudo.

LENDEL. (Del lat. *limitellus*, dim. de *limes, -itis*, senda, rastro.) m. Huella circular que deja en el suelo la caballería que da vueltas a una noria o impele otra máquina semejante.

LENDRERA. (De *liendre.*) f. Peine de púas finas y espesas, adecuado para limpiar la cabeza.

LENDRERO. m. Lugar abundante en liendres.

LENDROSO, SA. adj. Que tiene muchas liendres.

LENE. (Del lat. *lenis.*) adj. Suave o blando al tacto. ‖ Dulce, benévolo. ‖ Leve, ligero.

LENEAS. (Del lat. *lenaeas*, acus. pl. f. de *lenaeus.*) f. pl. Fiestas atenienses celebradas en honor de Baco, y durante las cuales se realizaban los concursos dramáticos.

L'ENFANT, Pedro Carlos. *Biog.* Arquitecto fr. radicado en los EE.UU. donde hizo los planos para la ciudad de Washington (1754-1825).

LENGA. f. *Arg.* y *Chile.* Especie de haya de los Andes australes.

LENGUA. al. **Zunge; Sprache.** fr. **Langue; langage.** ingl. **Tongue; language.** ital. **Lingua.** port. **língua.** (Del lat. *lingua.*) f. Órgano muscular que se halla en la cavidad de la boca y que sirve para gustar, para deglutir y para emitir los sonidos de la voz. ‖ Sistema de comunicación y expresión verbal, propio de un pueblo o nación o común a varios. *La mayor parte de las* LENGUAS *americanas son polisintéticas.* ‖ Intérprete. Ú.t.c.m. ‖ Noticia que se desea o procura para algún fin. ‖ Badajo de la campana. ‖ La tira dorsal de la larda de una ballena. ‖ Lengüeta del ingenio de encuadernadores. ‖ — **aglutinante.** Idioma en que prevalece la aglutinación. *El turco y el finés son lenguas* AGLUTINANTES. ‖ — **canina.** Cinoglosa. ‖ — **cerval, o cervina.** Planta de la familia de los helechos, con frondas pecioladas, enteras, cápsulas seminales en líneas oblicuas al nervio medio de la hoja, y raíces muy fibrosas. Se cría en lugares sombríos, y el cocimiento de las frondas, que es amargo y mucilaginoso, se ha usado como pectoral. *Scolopendrium officinale*, polipodiácea. ‖ — **de buey.** Planta anual muy vellosa; hojas lanceoladas, enteras, erizadas de pelos rígidos; flores en panojas de corola azul y forma de embudo y fruto seco con cuatro semillas rugosas. Sus flores forman parte de las cordiales. *Anchusa azurea*, borragínea. ‖ — **de ciervo.** Lengua cerval. ‖ — **de escorpión.** fig. Persona murmuradora y maldiciente. ‖ — **de estropajo.** fig. y fam. Persona que habla y pronuncia mal. ‖ — **de fuego.** Cada una de las llamas que se levantan en una hoguera o en un incendio. ‖ — **de gato.** Planta chilena de hojas aovadas y pedúnculos axilares con una, dos o tres flores, envueltas por cuatro brácteas. Sus raíces se usan en tintorería. *Thebetia nervifolia*, rubiácea. ‖ Bizcochito duro, alargado y muy delgado, cuya forma recuerda la lengua del gato. ‖ — **del agua.** Orilla de la tierra, que lame el agua del mar, de un río, etc. ‖ Línea horizontal adonde llega el agua de un cuerpo que está metido o flotando en ella. ‖ — **de oc.** La que se hablaba antiguamente en el mediodía de Francia y cultivaron los trovadores, denominada también provenzal y lemosín. ‖ — **de oíl.** Francés hablado antiguamente en Francia al norte del Loira. ‖ — **de perro. Lengua canina.** ‖ — **de sierpe.** fig. **Lengua de escorpión.** ‖ *Fort.* Construcción exterior que se hace delante de los ángulos salientes del camino cubierto. ‖ — **de tierra.** Pedazo largo y estrecho de tierra que entra en el mar, en un río, etc. ‖ — **de trapo.** fam. **Lengua de estropajo.** ‖ — **de víbora.** Diente fósil de tiburón. ‖ fig. **Lengua de escorpión.** ‖ — **franca.** La que es mezcla de varias y con la cual se entienden los naturales de pueblos diferentes. ‖ — **madre.** Aquella de que se han derivado otras; p. ej. el latín respecto de la lengua española. ‖ — **materna.** La que se habla en un país, respecto de los naturales de él. ‖ — **muerta.** La que se usó en la antigüedad y no se usa ya como propia y natural de un país o nación. ‖ — **natural, o popular. Lengua materna.** ‖ — **santa.** La hebrea. ‖ — **serpentina, o viperina.** fig. **Lengua de escorpión.** ‖ — **viva.** La que en la actualidad se emplea en un país o nación. ‖ **Lenguas hermanas.** Las que provienen de una misma **lengua madre**; p. ej., el español y el italiano, derivados del latín. ‖ **Mala lengua.** fig. Persona murmuradora o maldiciente. ‖ **Media lengua.** fig. y fam. Persona que por impedimento de la lengua pronuncia de modo imperfecto. *Era gracioso oír el relato de aquel media* LENGUA. ‖ fig. y fam. La misma pronunciación defectuosa. *Embrolló la conversación con su media* LENGUA. ‖ **Malas lenguas.** fig. y fam. El común de los murmuradores de las vidas ajenas. ‖ fig. y fam. El común de las gentes. *Según dicen* MALAS LENGUAS. ‖ **Andar en lenguas.** frs. fig. y fam. Hablarse mucho de una cosa. ‖ **Atar la lengua.** frs. fig. Impedir que se diga una cosa. ‖ **Buscar la lengua** a uno. frs. fig. y fam. Incitarle a disputas; provocarle a reñir. ‖ **De lengua en lengua.** loc. adv. fig. De unos en otros; de boca en boca. ‖ **Hacerse lenguas de algo** o **de alguien.** fig. y fam. Alabar a personas o cosas encarecidamente. ‖ **Irse,** o **írsele** a uno **la lengua.** frs. fig. y fam. Decir irreflexivamente lo que no quería o tendría que manifestar. ‖ **Largo de lengua.** loc. fig. Que habla desvergonzadamente o con imprudencia. ‖ **Ligero de lengua.** loc. fig. Que sin ningún miramiento dice cuanto se le viene a la boca. ‖ **Morderse** uno **la lengua.** frs. fig. Contenerse en hablar esforzándose por callar lo que quisiera decir. ‖ **Sacar la lengua** a uno. frs. fig. y fam. Mofarse de él. ‖ **Suelto de lengua.** loc. fig. **Ligero de lengua.** ‖ **Tener** uno **una cosa en la punta de la lengua.** frs. fig. y fam. Estar a punto de decirla. ‖ fig. y fam. Querer acordarse de una cosa, teniendo datos imprecisos de ella. ‖ **Tener** uno **mala lengua.** frs. fig. Ser jurador, blasfemo, murmurador o maldiciente. ‖ **Tener** uno **mucha lengua.** frs. fig. y fam. Ser muy hablador. ‖ **Tirar de la lengua** a uno. frs. fig. y fam. Incitarle a que diga alguna cosa que convendría callar. ‖ **Trabarse la lengua.** frs. fig. Embarazarse el uso natural de ella, entorpecida por un accidente o enfermedad. ‖ **Venírsele** a uno **a la lengua una cosa.** frs. fig. y fam. Ocurrírsele. ‖ IDEAS AFINES: *Fonación, boca, lamer, cuerdas vocales, papilas, frenillo, hioides, movilidad, sensibilidad, estrechez, camino, istmo, paso.*

LENGUADETA. f. Lenguado pequeño.

LENGUADO. al. **Seezunge.** fr. **Sole.** ingl. **Sole; flounder.** ital. **Sogliola.** port. **Linguado.** (De *lengua*, por la forma.) m. Pez malacopterigio subranquial, de cuerpo muy comprimido, casi aplanado, y boca lateral y torcida; tiene los dos ojos en el lado superior, que es obscuro, mientras el inferior, sobre el cual nada siempre, es claro. Su carne es comestible muy apreciado.

LENGUAJE. al. **Sprache.** fr. **Langage.** ingl. **Language; speech.** ital. **Linguaggio.** port. **Linguagem.** (De *lengua;* en b. lat. *linguágium.*) m. Conjunto de sonidos articulados mediante los cuales el hombre manifiesta lo que piensa o siente. ‖ Facultad de expresarse con estos sonidos. ‖ Idioma que habla un pueblo o nación o una parte de ella. sinón.: **lengua.** ‖ Modo de expresarse. LENGUAJE *docto, atildado, enfático, simple.* ‖ Estilo, manera de hablar y escribir de cada uno en particular. ‖ fig. Conjunto de ademanes o signos que dan a entender una cosa. *El* LENGUAJE *de los sordomudos; de las flores.* ‖ — **vulgar.** El usual por oposición al técnico y al literario. ‖ IDEAS AFINES: *Habla, voz, pronunciación, fonética, palabra, acento, dialecto, Babel, lingüística, diccionario, gramática, literatura, locución, onomatopeya, cláusula, oratoria, dicho, discurso, sermón, etimología, léxico, raíz, oral, verbal, desinencia, políglota, narrar, recitar, charlar, estilo, metáfora.*

● **LENGUAJE.** *Filol.* Auténtica manifestación de cultura, no hay lenguaje sin sociedad y éste se halla en relación directa con las características del ambiente en que se desarrolla el individuo. Varía en los distintos grupos sociales porque es una herencia histórica, producto de un hábito social mantenido durante largo tiempo y evoluciona como todo esfuerzo creador. Sistema convencional de símbolos sonoros, cada uno de ellos –palabra, vocablo, voz o término– es la objetivación o la representación de algo. Rudimentario y elemental en los pueblos primitivos, el lenguaje fue evolucionando con la sociedad, enriqueciéndose y diversificándose para adaptarse a las necesidades humanas. El lenguaje tiene una base psicofísica; sus elementos son especialmente auditivos y se apoyan en los órganos del habla, que se adaptan para cumplir con la necesidad espiritual del hombre de comunicar las ideas.

LENGUARADA. f. Lengüetada.

LENGUARAZ. adj. Hábil, inteligente en varias lenguas. Ú.t.c.s. ‖ Deslenguado, osado en el hablar.

LENGUARICO, CA. adj. y s. *Méx.* Lenguaraz.

● **LENGUAS NEOLATINAS.** *Filol.* Grupo de lenguas derivadas del latín vulgar, las lenguas neolatinas, sometidas a la influencia de las habladas en los territorios conquistados por Roma, son en la actualidad nueve: rumano, dálmata, rético, italiano, sardo, provenzal (que incluye al catalán), francés, español y portugués. Los caracteres distintivos de las lenguas neolatinas en relación con el latín clásico son, aparte de las diferencias fonéticas y morfológicas, la existencia del artículo, el frecuente empleo de verbos auxiliares en la formación de los tiempos pasados de la voz activa, la multiplicidad de preposiciones para señalar relaciones entre palabras, y el ordenamiento de los vocablos en la oración, menos libre que en latín.

LENGUAZ. (Del lat. *línguax, -acis.*) adj. Que habla mucho y neciamente.

LENGUAZA. (aum. de *lengua.*) f. Buglosa.

LENGUAZO. m. *Guat.* Chisme, calumnia.

LENGÜETA. f. dim. de **Lengua.** ‖ Epiglotis. ‖ Fiel de la balanza y más propiamente el de la romana. ‖ Cuchilla del ingenio de los encuadernadores. ‖ Laminilla movible de metal de ciertos instrumentos musicales de viento y algunas máquinas hidráulicas o de aire. ‖ Hierro en figura de anzuelo que tienen las garrochas, banderillas, etc. ‖ Horquilla que mantiene abierta la trampa de cazar pájaros. ‖ Cierta moldura denominada así por su forma. ‖ Barrena para ensanchar y terminar los agujeros empezados con el berbiquí. ‖ Tira de cuero que suelen tener los zapatos en la parte del cierre por debajo de los cordones. ‖ *Arg.* Tabique de ladrillo con que se fortifican las embocaduras de las bóvedas, o se separan los cañones de algunas chimeneas. ‖ *Carp.* Espiga prolongada a lo largo del canto de una tabla con el fin de encajarla en una ranura de otra pieza. ‖ *Cir.* Especie de compresa larga y estrecha que se aplica a las amputaciones, fracturas, etc.

LENGÜETADA. (De *lengüeta.*) f. Acción de tomar o lamer algo con la lengua.

LENGÜETAZO. m. **Lengüetada.**

LENGÜETEAR. intr. *Hond.* Hablar mucho e insubstancialmente.

LENGÜETERÍA. f. *Mús.* Conjunto de los registros del órgano que tienen lengüeta.

LENGÜEZUELA. f. dim. de **Lengua.**

LENGÜILARGO, GA. (De *lengua* y *largo.*) adj. fam. Lenguaraz, atrevido al hablar.

LENGUÓN, NA. adj. *Amér.* **Lengüilargo.**

LENIDAD. (Del lat. *lénitas, -atis.*) f. Blandura en exigir el cumplimiento de los deberes o en castigar las faltas. *La* LENIDAD *puede favorecer el vicio;* antón.: **rigor, severidad.**

LENIFICAR. (Del lat. *lenis*, suave, y *fácere*, hacer.) tr. Suavizar, ablandar. ‖ deriv.: **lenificación; lenificativo, va.**

LENÍN, N. *Biog.* Célebre político y revolucionario ruso, cuyo verdadero nombre era Vladimiro Ilyich Ulianov. Desde muy joven participó en los grupos de oposición al zarismo; incorporado al socialismo, no tardó en sumarse a la fracción de izquierda, de la que resultó el partido bolchevique o comunista, cuya jefatura asumió en 1903, luego de haber sido deportado a Siberia. Posteriormente huyó de Rusia y, exiliado en distintas ciudades europeas, siguió trabajando en el movimiento obrero internacional. Tras la caída del zarismo, en 1917, retornó a su patria y en octubre del mismo año encabezó la revolución que instauró la dictadura del proletariado. Jefe supremo de la U.R.S.S. hasta su muerte, fundó la Tercera Internacional y postuló la revolución mundial para derrotar al capitalismo. Notable exegeta del marxismo, escribió numerosas obras: *Materialismo y empirocriticismo; El imperialismo; ¿Qué hacer?*, etc. (1870-1924).

LENINGRADO. *Geog.* Ciudad de la U.R.S.S., sobre el golfo de Finlandia, a orillas del río Neva. 4.200.000 h. Industrias mecánicas, astilleros, tejidos. Universidad. Se llamó San Petersburgo hasta 1914 y luego Petrogrado hasta 1924.

LENITIVO, VA. (Del ant. *lenir.*) adj. Que es capaz de ablandar y suavizar. Ú.t.c.s. ‖ m. fig. Medio para mitigar los padecimientos del ánimo. *Sus dulces palabras fueron* LENITIVO *para su corazón;* sinón.: **consuelo.**

LENOCINIO. (Del lat. *lenocinium.*) m. Alcahuetería, acción del alcahuete y su oficio. sinón.: **rufianería.**

LENOIR, Esteban. *Biog.* Mat. e ingeniero fr., inventor de numerosos instrumentos de precisión, como el círculo astronómico repetidor, etc. (1744-1832). ‖ **– Juan José.** Inventor fr. que descubrió el esmalte blanco sin óxido de estaño, la galvanoplastia en relieve, etc. Ideó los motores de gas que llevan su nombre (1822-1900).

LENORMAND, Enrique Renato. *Biog.* Dramaturgo fr., uno de los más destacados del teatro cont. Creador de nuevos recursos escénicos, es notable por la hondura psicológica de sus personajes. Obras: *Los fracasados; La inocente; El hombre y sus fantasmas*, etc. (1882-1951).

LENTAMENTE. adv. m. Con lentitud. *Se reponía* LENTAMENTE. sinón.: **despaciosamente, pausadamente.**

LENTE. al. **Linse.** fr. **Lentille.** ingl. **Lens.** ital. **Lente.** port. **Lente.** (Del lat. *lens, lentis.*) amb. Cuerpo transparente, limitado por dos caras curvas, o una curva y otra plana, usado en instrumentos ópticos. Ú.m.c.m. LENTE *convergente, divergente.* ‖ Cristal para miopes o présbitas, con armadura que permite acercárselo cómodamente a un ojo. ‖ pl. Cristales de igual clase, con armadura que permite acercarlos fácilmente a los ojos o sujetarlos en la nariz. ‖ IDEAS AFINES: *Anteojos, gemelos, gafas, lupa, microscopio, telescopio, visión, corrección, aumento, refracción, prisma, luz, cóncavo, convexo.*

LENTECER. (Del lat. *lentécere.*) intr. y r. Reblandecerse. ‖ irreg. Conj. como **agradecer.**

LENTEJA. al. **Linse.** fr. **Lentille.** ingl. **Lentil.** ital. **Lenticchia.** port. **Lentilha.** (Del lat. *lentícula.*) f. Planta hortense, herbácea, anual, de tallos ramificados, hojas compuestas, con zarcillos, flores blancas, pequeñas, y fruto en legumbre aplanada que contiene semillas discoidales, ricas en proteínas. *Lens esculenta*, leguminosa. ‖ Su semilla. *Venderse por un plato de* LENTEJAS. ‖ Pesa en forma de lenteja en que remata la péndola del reloj. ‖ **– acuática, o de agua.** Planta lemnácea que flota en las aguas estancadas, y cuyas frondas tienen la figura y tamaño del fruto de la lenteja. *Lemna minor.*

LENTEJAR. m. Terreno sembrado de lentejas.

LENTEJUELA. al. **Limmerblättchen.** fr. **Paillette.** ingl. **Spangie.** ital. **Lustrino.** port. **Lantejoula.** f. dim. de Lenteja. ‖ Planchita redonda de plata u otra materia brillante, que se usa para bordar, sujetándola en la ropa con puntadas que pasan por un agujerito que tiene en medio.

LENTICULAR. (Del lat. *lenticularis.*) adj. Semejante en la forma a la semilla de la lenteja. *Botones* LENTICULARES. ‖ m. Hueso, el más pequeño de los cuatro que están detrás del tímpano. Ú.t.c.adj.

LENTIFICAR. tr. Imprimir lentitud a alguna operación o proceso, disminuir su velocidad.

LENTILLA. f. Lente muy pequeña que se adapta por contacto a la córnea del ojo.

LENTISCAL. m. Terreno montuoso poblado de lentiscos.

LENTISCO. (Del lat. *lentiscus.*) m. Mata o arbusto siempre verde, terebintáceo, con tallos leñosos que alcanzan a tres metros, hojas divididas en un número par de hojuelas coriáceas y ovaladas; flores pequeñas amarillentas o rojizas, en racimos axilares, y fruto en drupa casi esférica. La madera, rojiza y dura, se emplea en ebanistería. ‖ **– del Perú.** Turbinto.

LENTISQUINA. f. Fruto del lentisco.

LENTITUD. al. **Langsamkeit.** fr. **Lenteur.** ingl. **Slowness.** ital. **Lentezza.** port. **Lentidão.** (Del lat. *lentitudo.*) f. Tardanza con que se ejecuta alguna cosa. *La* LENTITUD *de una respuesta;* sinón.: **demora, dilación;** antón.: **presteza, prontitud.** ‖ Velocidad escasa en el movimiento. *El tren avanza con* LENTITUD; antón.: **rapidez.**

LENTO, TA. al. **Langsam.** fr. **Lent.** ingl. **Slow.** ital. **Lento.** port. **Lento.** (Del lat. *lentus*, de *lenire*, ablandar, calmar.) adj. Tardo y pausado en el movimiento o en la operación. *¡Qué* LENTO *eres para comprender!;* sinón.: **despacioso, lerdo;** antón.: **ligero, rápido.** ‖ Poco vigoroso y eficaz. *Una curación* LENTA. ‖ V. **Manjar lento.** ‖ *Farm.* y *Med.* Glutinoso, pegajoso. ‖ *Mil.* V. **Paso lento.** ‖ IDEAS AFINES: *Perezoso, tardío, dilatado, calma, tardanza, vagar, rezagado, apático, inerte, interminable, estancado, flemático, sentencioso, retaguardia, buey, tortuga, carreta.*

LENTOR. (Del lat. *léntor.*) m. *Med.* Viscosidad que cubre los dientes y la parte interna de los labios en los enfermos de calenturas tíficas.

LENZ, Enrique. *Biog.* Físico ruso; descubrió la ley de la inducción electromagnética (1804-1865). ‖ **– Rodolfo.** Filólogo chileno de origen al., notable por sus estudios sobre lenguas indígenas americanas. Escribió un *Diccionario etimológico de las voces chilenas derivadas de lenguas indígenas americanas* (1863-1945).

LENZI, Carlos César. V. **CUROTTO, Ángel.**

LENZUELO. (Del. lat. *lintéolum.*) m. Pieza de lienzo que en las faenas de la trilla se emplea para llevar la paja y para otros usos. ‖ p. us. Pañuelo de bolsillo.

LEÑA. al. **Holz; Brennholz.** fr. **Bois.** ingl. **Wood.** ital. **Legna.** port. **Lenha.** (Del lat. *ligna*, pl. de *lignum*, leño.) f. Parte de los árboles y matas que, cortada y troceada, es usada para la lumbre. LEÑA *de quebracho.* ‖ fig. y fam. Castigo, paliza. ‖ **– muerta.** La seca y caída de los árboles. ‖ **– rocera.** La que producen las rozas. ‖ **Echar leña al fuego.** fig. Poner medios para aumentar un mal. ‖ Dar incentivo a una pasión o vicio. ‖ IDEAS AFINES: *Tronco, ramas raja, astilla, tabla, hacha, sierra, aserrador, haz, leñera, fuego, chispa, calor, combustión, carbón, cocina, chimenea, resina, tea.*

LEÑADOR, RA. al. **Holzhacker.** fr. **Bûcheron.** ingl. **Woodman.** ital. **Legnaiolo.** port. **Lenhador.** (Del lat. *lignátor.*) s. Persona que tiene por oficio cortar leña. ‖ Leñero, el que vende leña.

LEÑAME. m. Madera. ‖ Provisión de leña.

LEÑATEAR. tr. *Col.* Cortar leña.

LEÑATERO. m. Leñador. ‖ *Cuba.* Especie de bejuco.

LEÑAZO. (De *leño.*) m. fam. Garrotazo.

LEÑERA. (Del lat. *lignaria*, term. f. de *-rius*, leñero.) f. Sitio destinado para guardar leña.

LEÑERO. (Del lat. *lagnarius.*) m. Vendedor de leña. ‖ El que está encargado de comprar la necesaria para alguna casa o comunidad. ‖ Leñera.

LEÑO. al. **Holzscheit.** fr. **Bûche; bois.** ingl. **Log.** ital. **Legno.** port. **Lenho.** (Del. lat. *lignum.*) m. Trozo de árbol, después de cortado y limpio de ramas. ‖ Madera. ‖ fig. y poét. Nave, barco. ‖ fig. y fam. Persona poco talentosa y hábil. ‖ *Bot.* Tejido vascular de las plantas, por el que asciende la savia. ‖ **– hediondo. Hediondo**, arbusto leguminoso.

LEÑOSO, SA. (Del. lat. *lignosus.*) adj. Aplícase a la parte más consistente de los vegetales. *Tronco* LEÑOSO. ‖ Refiriéndose a arbustos, plantas, frutos, etc., que tiene dureza y consistencia como la de la madera.

LEO o **LEÓN.** m. *Astron.* Quinto signo del Zodíaco. ‖ Constelación zodiacal, actualmente un poco al oriente del signo del mismo nombre.

LEOBEN. *Geog.* C. de Austria (Estiria). 40.000 h. Fundiciones.

LEÓN. al. **Löwe.** fr. **Lion.** ingl. **Lion.** ital. **Leone.** port. **Leão.** (Del lat. *leo, -onis.*) m. Mamífero carnicero de pelaje entre amarillento y rojizo, de un metro de altura próximamente hasta la cruz y cerca de dos metros desde el hocico hasta el arranque de la cola; tiene la cabeza grande, las orejas cortas y redondeadas, los dientes y las uñas muy fuertes y la cola larga, con un mechón de pelo negruzco en la punta, formando borla. El macho se distingue por una larga melena que le cubre la nuca y el cuello. ‖ **Hormiga león.** ‖ V. **Diente, pata, pie de león.** ‖ fig. Hombre audaz, imperioso y valiente. ‖ fig. *Chile.* Puma. ‖ Juego infantil parecido al del asalto. ‖ **– marino.** Mamífero pinnípedo de tres metros de longitud aproximadamente, con pelaje largo y espeso; tiene una especie de cresta carnosa y móvil en lo alto de la cabeza, y unas bolsas cerca de las narices, que el animal hincha a su arbitrio. ‖ **– miquero.** *Amér. Central.* **Eirá.** ‖ **– real. León,** mamífero carnicero. ‖ **No es tan bravo, o fiero, el león como lo pintan.** ref. con que se da a entender que una persona no es tan áspera y temible como se creía, o que un negocio no es tan arduo y difícil como se pensaba. ‖ IDEAS AFINES: *Fiera, fuerza, arrogancia, rey de la selva, cubil, rugido, felino, garra, cacería, trampa, cebo, zoológico, circo.*

LEÓN. *Hagiog.* Nombre de varios santos de la Iglesia Católica, entre ellos cinco papas. ‖ Nombre de trece papas, el último de los cuales, León XIII, es autor de la famosa encíclica *Rerum novarum*, donde condena al socialismo y declara la inviolabilidad de la propiedad privada (1810-1903).

LEÓN. *Biog.* Nombre de seis emperadores de Oriente, que reinaron de 457 a 912.

LEÓN, Antonio. *Biog.* General mex. que luchó por la independencia de su patria (1794-1847). ‖ **– Fray Luis de.** Erudito, escr. y poeta lírico esp., clásico por excelencia de la literatura en lengua castellana. Sus poemas son ejemplos de arquitectura, equilibrio, sencillez y profundidad. Notable prosista, es el humanista que mejor representa la España del Renacimiento. Obras: *Vida retirada: Noche serena; A Felipe Ruiz; En la Ascensión; Los nombres de Cristo; La perfecta casada*, etc. (1527-1591). ‖ **– Miguel Ángel.** Poeta ecuatoriano cuya lírica se inclina al dadaísmo. Autor de *Labios sonámbulos* y otras obras (1900-1942) ‖ **– Ricardo.** Poeta y novelista esp., autor de *Casta de hidalgos; Comedia sentimental; El amor de los amores*, etc. (1877-1943). ‖ **– DE LA BARRA, Francisco.** Jurisconsulto y pol. mexicano cont. que, a la caída de Porfirio Díaz, en 1911, fue interinamente presid. de la República. ‖ **– FELIPE.** V. **Camino, León Felipe.** ‖ **– GÓMEZ, Adolfo.** Escritor col. autor de fábulas, obras teatrales y poesías (1857-1927) ‖ **– HEBREO.** V. **Hebreo, León.** ‖ **– MERA, Juan.** V. **Mera, Juan León.** ‖ **– PINELO, Antonio de.** Escritor per. de origen esp., padre de la bibliografía hispanoamericana y autor de *Epítome de la biblioteca oriental y occidental* (aprox. 1509-1590). ‖ **– Y GAMA, Antonio de.** Arqueólogo y geógrafo mex. (1735-1802).

LEON. *Geog.* Río de Colombia (Antioquia). Des. en el golfo de Urabá. 135 km. ‖ Antiguo nombre de la prov. de Cotopaxi, Ecuador. ‖ Región del N.O. de España. 38.363 km². 1.200.000 h. Comprende las prov. de León, Zamora, Salamanca. ‖ Prov. de España, en la región del mismo nombre. 15.468 km². 600.000 h. Cereales, frutas, vinos. Ganado cabrío y vacuno. Hulla. Cap. hom. con 109.000 h. ‖ Ciudad de México (Guanajuato). 375.000 h. Centro agrícola e industrial. Metales. Su nombre completo es León de los Aldamas. ‖ Dep. del oeste de Nicaragua. 5.234 km². 190.000 h. Cap. hom. con 69.000 h. En su catedral reposan los restos de Rubén Darío. ‖ **El –.** Cumbre de la Sierra Nevada de Mérida (Venezuela). 4.743 m. ‖ **Golfo del –.** Golfo de Mediterráneo, en el S. de Francia, que se extiende desde la frontera española hasta la costa del dep. de Var.

LEONA. f. Hembra del león. ‖ fig. y fam. Mujer audaz y valiente.

LEONA. *Geog.* Río de la Patagonia argentina (Santa Cruz), emisario del lago Viedma. Desagua en el lago Argentino.

LEONADO, DA. adj. Rubio obscuro, similar al color del pelo del león. *Cabello* LEONADO.

LEONARDO DE ARGENSOLA, Bartolomé Juan. *Biog.* Escritor esp. Con su hermano Lupercio representa la tradición castiza frente al culteranismo, y su poesía trasunta la influencia latina. Composiciones famosas: *Sátira contra los vicios de la corte; Epístola a Fernando*, etc. Escribió también obras históricas: *Memorias de la gloriosa Santa Isabel; Historia de la conquista de las islas Molucas*, etc. (1562-1631). || – **Lupercio.** Notable poeta esp. Cultivó el teatro con poca fortuna, pero en la poesía destacó mayor elegancia lírica que su hermano Bartolomé. De sus poesías sobresalen *Octubre; Sátira contra la Marquesilla; El sueño*, etc. (1559-1613).

LEONARDO DE VINCI. *Biog.* V. **Vinci. Leonardo de.**

LEONCAVALLO, Ruggiero. *Biog.* Compositor ital., autor de la célebre ópera *I Pagliacci* (*Los payasos*), y otras obras del mismo género, como *Rolando de Berlín; Zazá* y otra versión de *La Bohème* (1858-1919).

LEONCITO. *Geog.* Sierra de la precordillera argentina, en el O. de la prov. de la Rioja.

LEONE, Juan. *Biog.* Político italiano, n. en 1908, pres. de la República en 1971.

LEONERA. f. Lugar en que se encierra a los leones. || fig. y fam. Casa de juego. || Habitación habitualmente desarreglada que suele haber en muchas casas.

LEONERÍA. (De *león*.) f. Bizarría, bravata.

LEONERO, RA. adj. *Chile.* Dícese del perro adiestrado en la caza de pumas. || m. El que cuida de los leones que están en la leonera. || fam. Garitero. || f. *Arg., Ec.* y *P. Rico.* En las cárceles y cuarteles de policía, cuarto donde hay muchos presos.

LEONES. *Geog.* Isla de la Argentina, sit. al N. del golfo de San Jorge. Depósito de guano. || Pobl. de la Argentina (Córdoba). 8.000 h. Centro agrícola.

LEONÉS, SA. adj. Natural de León. Ú.t.c.s. || Perteneciente a esta ciudad de España o a este antiguo reino. || Natural de alguna de las ciudades, distritos, provincias, etc., que en América tienen el nombre de León; perteneciente o relativo a ellos. Ú.t.c.s.

LEONI, Raúl. *Biog.* Estadista venez., n. en 1905, pres. de la República desde 1964 hasta 1969.

LEÓNICA. adj. *Zool.* V. **Vena leónica.** Ú.t.c.s.

LEÓNIDAS. *Biog.* Rey de Esparta de 491 a 480 a. de C. que defendió con trescientos hombres el paso de las Termópilas contra el ejército de Jerjes.

LEONINO, NA. adj. Perteneciente o relativo al león. *Melena* LEONINA. || *Der.* Dícese del contrato en que toda la ventaja es atribuida a una de las partes. || f. Especie de lepra en que la piel se asemeja a la del león. || Perteneciente o relativo a alguno de los Pontífices que llevaron el nombre de León.

LEONOR DE AQUITANIA. *Biog.* Reina de Francia y de Inglaterra, madre de Ricardo Corazón de León (1122-1204). || – **DE ARAGÓN.** Reina de Castilla (1358-1382). || – **DE AUSTRIA.** Hija de Felipe I y Juana de Aragón; reina de Portugal y de Francia (1498-1558). – **DE CASTILLA.** Reina de Navarra, por su boda con Carlos III (1350-1415). || – **DE INGLATERRA.** Hija de Enrique II de Inglaterra y esposa de Alfonso VIII.

LEONTIEFF, Basilio. *Biog.* Economista estadounidense, de origen ruso, que en 1973 obtuvo el premio Nobel de Economía. Estudió la interdependencia dentro del sistema de producción en la economía moderna y es autor, entre otras obras, de *Estructura de la economía americana, 1919-1929* (n. en 1906).

LEOPARDI. Jacobo. *Biog.* Poeta, prosista y polígrafo ital., uno de los líricos más insignes de todos los tiempos. Su obra poética se reduce a los *Cantos*, donde la pasión más vibrante se une a un arte depurado, sobrio y perfecto. Es un pesimista radical que, transido de dolor, medita serenamente sobre el destino humano. Escribió además *Opúsculos morales; Pensamientos*, etc. (1798-1837).

LEOPARDO. al. **Leopard.** fr. **Léopard.** ingl. **Leopard.** ital. **Leopardo.** port. **Leopardo.** (Del lat. *leopardus*.) m. Mamífero carnicero de casi dos metros de largo desde el hocico hasta el extremo de la cola. Su aspecto es el de un gato grande, con pelo blanco en el pecho y el vientre, y rojizo con machas redondas y regulares en el resto del cuerpo. Vive en los bosques de Asia y África, y trepa a los árboles para perseguir a los monos y otros animales. *Felis pardus*, félido.

LEOPOLDO. *Biog.* Nombre de dos emperadores de Alemania y de tres reyes de Bélgica.

LEOPOLDO I. *Biog.* Emp. de Alemania de 1658 a 1705. Comprometió a su país en la Guerra de Sucesión de España (1640-1705). || – **II.** Emp. de Alemania de 1790 a 1792, hermano de María Antonieta, reina de Francia (1747-1792).

LEOPOLDO I. *Biog.* Rey de Bélgica, elegido en 1831. Fue primero gen. al servicio de Rusia (1790-1865). || – **II.** Rey de Bélgica, elegido en 1865 y nombrado en 1885 soberano del Estado del Congo (1835-1909). || – **III.** Rey de Bélgica, coronado en 1934. En 1940 luchó contra la invasión alemana. En 1950 delegó el trono en su hijo Balduino y abdicó en 1951 (n. 1901).

LEOPOLDO II. *Geog.* Lago del Zaire que tiene más de 2.300 km^2 de superficie. Nombre actual. Maidombe.

LEOPOLDVILLE. *Geog.* Ciudad de África, cap. del ex Congo Belga, sit. sobre el río Congo. 1.000.000 de h. Tejidos. Hoy **Kinshasa.**

LEOVIGILDO. *Geog.* Rey visigodo de España, desde 571 hasta 586.

LE PAN, Douglas. *Biog.* Poeta canadiense cont., autor de *La red y la espada*, y otras composiciones poéticas de personal y compleja expresión (n. 1914).

LEPANTO. *Geog.* Ciudad marítima de Grecia (Etolia y Acarnania), puerto sobre el estrecho hom. 12.000 h. || **Estrecho de –.** Estrecho que comunica el golfo de Patrás con el de Corinto. || **Golfo de –.** Uno de los nombres del Golfo de Corinto. Allí obtuvo Juan de Austria una célebre victoria naval sobre los turcos, en 1571. En esa acción resultó herido Cervantes, llamado por ello "el manco de Lepanto".

LEPE. m. p. **Saber más que Lepe.** frs. proverb. Ser muy perspicaz y avisado. Dícese por alusión a don Pedro de Lepe, obispo y escritor español del siglo XVII, y autor de un *Catecismo Católico*.

LEPERADA. f. *Méx.* Villanía.

LÉPERO, RA. adj. Aplícase a la ínfima plebe de la ciudad de México. Apl. a pers., ú.t.c.s. || *Cuba.* Astuto, que sabe más que Lepe. || *Ec.* Arruinado. || *Hond.* Pícaro, bribón.

LEPERUZA. f. *Méx.* Pelandusca.

LEPIDIA. f. *Chile.* Indigestión, colerina.

LEPIDIO. (Del lat. *lepídium*, y éste del gr. *lepidion*.) m. Planta perenne de la familia de las crucíferas, con hojas de color verde azulado, pecioladas, con dientes agudos en el margen; fruto seco, con semillas negruzcas, menudas y elipsoidales. Abunda en los terrenos húmedos, y sus hojas, de sabor muy picante, suelen emplearse en medicina contra el escorbuto y el mal de piedra. *Lepidum latifolium.*

LEPIDO, Marco Emilio. *Biog.* Triunviro romano con Octavio y Antonio (m. 13 a. de C.).

LEPIDOLITA. f. *Miner.* Especie de mica de color blanco o rosado que constituye la mena principal del litio.

LEPIDÓPTERO, RA. (Del gr. *lepis, -idos*, escama, y *pterón*, ala.) adj. *Zool.* Aplícase a insectos chupadores que tienen los órganos bucales formando una trompa arrollable en espiral, y dos pares de alas cubiertas de finísimas escamas imbricadas. Tienen metamorfosis completa, y en el estado de larva llámaseles orugas; son masticadores; sus ninfas son las crisálidas, muchas de las cuales pasan esta fase evolutiva dentro de un capullo, como el gusano de la seda. Ú.t.c.s.m. || m. pl. *Zool.* Orden de estos insectos. || deriv.: **lepidopterología.**

LEPISMA. f. *Zool.* Género de insectos tisanuros que roen el azúcar, el papel y la tela; son nocturnos y originarios de América, pero extendidos ya por todo el mundo. El más común es el *Lepisma saccharina.*

LEPORINO, NA. (Del lat. *leporinus*.) adj. Perteneciente a la liebre. || V. **Labio leporino.**

LEPRA. al. **Aussatz; Lepra.** fr. **Lèpre.** ingl. **Leprosy.** ital. **Lebbra.** port. **Lepra.** (Del lat. *lepra*, y éste del gr. *lepra*.) f. Enfermedad producida por el bacilo de Hansen y caracterizada por manchas generalmente de color leonado, tubérculos, insensibilidad de la piel, ulceraciones y caquexia. Es transmisible por herencia o contagio. || Enfermedad, principalmente de los cerdos, producida por el cisticerco de la tenia común, y que aparece en los músculos de aquellos animales en forma de puntitos blancos. || – **blanca.** Albarazo. || IDEAS AFINES: *Erupción, pústula, escama, tiña, gangrena, padecimiento, horror, destrucción, leprosario, San Lázaro, impuro, intocable, paria, crónico, contagio.*

LEPROSERÍA. . Lazareto u hospital de leprosos.

LEPROSO, SA. al. **Aussätziger; leprös.** fr. **Lépreux.** ingl. **Leper.** ital. **Lebbroso.** port. **Leproso.** (Del lat. *leprosus*.) adj. y s. Que padece lepra.

LEPTORRINO, NA. (Del gr. *leptós*, fino, delgado, y *rhin, rhinós*, nariz.) adj. Que tiene la nariz larga y delgada. || *Zool.* Dícese de los animales de pico u hocico delgado y saliente.

LERA. f. Helera.

LERCHA. f. Junquillo en que se ensartan aves o peces muertos.

LERDA. (Del ár. *charad*.) f. *Veter.* Lerdón.

LERDEAR. intr. *Amér. Central* y *Arg.* Haronear.

LERDERA. f. *Amér. Central.* Pereza, pesadez.

LERDO, DA. (Del lat. *lúridus*, cárdeno; en b. lat. *lurdus*, pesado, embobado.) adj. Pesado y torpe en el andar. Aplícase por lo común a las bestias. *El buey es* LERDO. || fig. Tardo y torpe para comprender o hacer algo. *Este niño es muy* LERDO *para hablar.*

LERDO DE TEJADA, Sebastián. *Biog.* Político mex. que ayudó a Juárez en su lucha contra Maximiliano. En 1872 sucedió a aquél en la presidencia de la República. En 1876 fue derribado por Porfirio Díaz (1827-1889).

LERDÓN. (De *lerda*.) m. *Veter.* Tumor sinovial que padecen las caballerías cerca de las rodillas.

LERICHE, Renato. *Biog.* Méd. francés. Notable cirujano; atento a la lucha contra el dolor en el terreno quirúrgico y en las enfermedades donde no llega la acción de las drogas conocidas, consiguió anularlo por la intervención de ciertos sectores del sistema nervioso. En 1955 le fue conferido el premio América (1879-1955).

LÉRIDA. *Geog.* Provincia de España (Cataluña). 12.028 km^2. 350.000 h. Cereales, leguminosas, remolacha azucarera. Ganados lanar y equino. Cap. hom. con 92.500 h. Tejidos.

LERIDANO, NA. adj. Natural de Lérida. Ú.t.c.s. || Perteneciente a esta ciudad de España.

LERMA, Francisco de Sandoval y Rojas, duque de. *Biog.* Político esp., ministro de Felipe III. Con autoridad ilimitada, gobernó España durante veinte años, hasta que en 1618 perdió la privanza (1550-1625). || – **Hernando de.** Conquistador esp., gobernador de Tucumán y fundador de la ciudad de Salta (m. 1588).

LERMA. *Geog.* El más importante de los valles del N.O. argentino (Salta), sit. al este de la quebrada del Toro. En él está sit. la ciudad de Salta. || Río del N.O. de Argentina. V. **Toro.** || Río de México. Forma la laguna hom. y des. en la laguna de Chapala. 510 km.

LERMONTOV, Miguel Yurevich. *Biog.* Poeta lírico, nov. y dramaturgo ruso, figura descollante en la literatura de su patria y una de las glorias del romanticismo europeo. Vigoroso escr., infunde a su obra un acento profundamente melancólico. Escribió *El demonio; Canto de Iván el Terrible, Un héroe de nuestro tiempo*, etc. (1814-1841).

LEROUX, Gastón. *Biog.* Nov. y dramaturgo fr., que cultivó el género policiaco y de aventuras y alcanzó enorme popularidad. Obras: *El fantasma de la Ópera; El misterio del cuarto amarillo*, etc. (1868-1927).

LES. Dativo del pronombre personal de tercera persona en género masculino o femenino y número plural. No admite preposición y puede emplearse como sufijo: LES *pregunté; pregúnta*LES. Es incorrecto usar en este caso las formas *los* y *las*, propias del acusativo.

LESAGE, Alan Renato. *Biog.* Nov. y dramaturgo fr., autor de *Turcaret; Historia de Gil Blas de Santillana; El bachiller de Salamanca* y otras muchas imitaciones y traducciones de obras españolas. Es uno de los creadores de la novela de costumbres, psicológica y moral característica del s. XVIII (1668-1747).

LESBIANO, NA. adj. Lesbio. || V. **Amor lesbiano.** || f. Mujer homosexual.

LÉSBICO, CA. adj. V. **Amor lésbico.** || Perteneciente al amor lésbico.

LESBOS. *Geog.* Nombre antiguo de la isla griega de Mitilene.

LES CAYES. *Geog.* Ciudad de Haití, capital del dep. del Sur. 20.000 h. Industria azucarera. También conocida como Aux Cayes.

LESCAYO SACASA, Benjamín. *Biog.* Pol. nicaragüense cont., elegido en 1947 presid. provisional de la República.

LESCOT, Elías. *Biog.* Pol. haitiano, presid. de la República en 1941-1946. Reelegido hasta 1951, fue depuesto en 1946 (1883-1974). || – **Pedro.** Arquitecto fr. que intervino en la construcción del Louvre (1515-1578).

LESEAR. intr. *Chile.* Necear.

LESERA. f. *Chile* y *Perú.* Necedad, tontería.

LESIÓN. al. **Verletzung; Wunde.** fr. **Lésion.** ingl. **Lesion; wound.** ital. **Lesione.** port. **Lesão.** (Del lat. *laesio, -onis*.) f. Daño causado por herida, golpe o enfermedad. LESIÓN *pulmonar, cardíaca.* || fig. Cualquier daño o perjuicio. || *Der.* Daño causado en las ventas por no hacerlas en su justo precio. || – **grave.** *Der.* Lo que causa pérdida o inutilidad de un miembro, o incapacita para trabajar por más de un mes.

LESIONAR. tr. y r. Causar lesión. sinón.: **dañar, lastimar.** || deriv.: **lesionador, ra.**

LESIVO, VA. (Del lat. *lesivus*.) adj. Que causa o puede causar lesión. *Abuso* LESIVO.

LESKOV, Nicolás S. *Biog.* Novelista y cuentista ruso, autor de *Catedral de aldea; El parque de las liebres*, etc. (1831-1895).

LESLIE, Juan. *Biog.* Fís. y matemático ingl. que inventó el termómetro diferencial y un proceso para la fabricación de hielo (1766-1832).

LESNA. (De *alesna*.) f. Lezna.

LESNORDESTE. m. Viento medio entre el Este y Nordeste. || Parte de donde sopla.

LESO, SA. (Del lat. *laesus*. p. p. de *laédere*, dañar, ofender.) adj. Lastimado, ofendido. Dícese principalmente de la cosa que ha recibido el daño o la ofensa. LESA *nación;* LESO *derecho natural.* || V. **Delito de lesa majestad.** || Refiriéndose al juicio, al entendimiento o a la imaginación, pervertido, trastornado.

LESOTHO. *Geog.* Reino de Sudáfrica que constituía el ant. protectorado inglés de Basutolandia. 30.355 km^2. Su territorio es una meseta con elevaciones que pasan de 3.000 m. Lo atraviesa el río Orange. Limita en todo su perímetro con la Rep. de Sudáfrica. 1.040.000 h. Cap. MASERU (20.000 h.). El país se divide en 9 distritos. Diamantes, maíz, maní, cebada, ovinos, aves de corral, bovinos.

LESQUÍN. m. *Hond.* Liquidámbar.

LES SAINTES, Islas. *Geog.* Pequeño grupo de islas francesas, en el mar de las Antillas, que son dependencia de la Guadalupe. Tienen 14 km^2. 4.500 h.

LESSEPS, Fernando de. *Biog.* Ing. y diplomático fr. que proyectó y dirigió la apertura del canal de Suez e intentó la del canal de Panamá (1806-1894).

LESSING, Teófilo Efraín. *Biog.* Poeta, dram. y crítico al. considerado, por su obra literaria de inspiración clásica y sus estudios críticos y filosóficos, como el impulsor de la literatura de su patria. Obras: *Minna de Barnhelm; Laocoonte; Cartas sobre la literatura contemporánea*, etc. (1729-1781).

LESSUESTE. m. Viento medio entre el Este y el Sudeste. ‖ Región de donde sopla.

LESTE. m. *Mar.* Este, punto cardinal.

LETAL. (Del lat. *letalis*, de *letum*, muerte.) adj. Mortífero, capaz de producir la muerte. U.m. en poesía. *Frío* LETAL; sinón.: **deletéreo.**

LETAME. (Del lat. *laetamen.*) m. Tarquín y basura con que se abona la tierra.

LETANÍA. al. **Litanei.** fr. **Litanie.** ingl. **Litany.** ital. **Litania.** port. **Litania.** (Del lat. *litania*, y éste del gr. *litaneia.*) f. Súplica que se hace a Dios, invocando a la Santísima Trinidad y poniendo por medianeros a Jesucristo, la Virgen y los santos. U. en pl. en el mismo sentido. ‖ Procesión que se hace regularmente por una rogativa cantando las letanías. U. en pl. en el mismo sentido. ‖ fig. y fam. Lista retahíla de muchos nombres, locuciones o frases. *Una* LETANÍA *de encargos.* ‖ IDEAS AFINES: *Rezo, rosario, jaculatoria, Ave María, florilegio, cadencia, monotonía, beatas, novena, misterios, sarta, ristra.*

LETÁRGICO, CA. (Del lat. *lethárgicus*, y éste del gr. *lethargikós.*) adj. *Med.* Que padece letargo. ‖ *Med.* Perteneciente a este estado patológico. *Insensibilidad* LETÁRGICA.

LETARGO. al. **Lethargie; Schlafsucht.** fr. **Léthargie.** ingl. **Lethargy.** ital. **Letargo.** port. **Letargo.** (Del lat. *lethargus*, y éste del gr. *léthargos*; de *léthe*, olvido, y *argos*, inactivo.) m. Estado patológico de somnolencia profunda y prolongada; sinón.: **sopor.** ‖ fig. Torpeza, modorra. *Sacude ese* LETARGO; antón.: **viveza.** ‖ IDEAS AFINES: *Invierno, hibernación, sueño, reposo, insensibilidad, agotamiento, inerte, letal, ocioso, anestesia, catalepsia, marmota, lirón, reptil, tortuga, crisálida, somnífero, opio, adormilado.*

LETARGOSO, SA. (De *letargo.*) adj. Que aletarga.

LETE. *Mit.* V. **Leteo.**

LETELIER, Alfonso. *Biog.* Compositor chileno, n. en 1912, autor de la ópera *María Magdalena* y de obras sinfónicas y de cámara. ‖ – **Valentín.** Jurisconsulto chil., recopilador de documentos de la actividad legislativa en su país desde 1811 a 1845. Obras: *Filosofía de la educación; Génesis del Estado y de sus instituciones fundamentales*, etc. (1852-1919).

LETEO, A. (Del lat. *lethaeus*, y éste del gr. *lethaios*, que hace olvidar, de *léthe*, olvido.) adj. Perteneciente al Lete o Leteo, río del olvido, o que participa de alguna de las cualidades que la mitología atribuye a este río.

LETEO. *Mit.* Uno de los cuatro ríos del Infierno, llamado también río del Olvido. Sus aguas hacían olvidar pronto todo lo pasado a quien las bebía.

LETICIA. *Geog.* Población de Colombia, cap. de la comisaría de Amazonas. 27.000 h. Puerto sobre el Amazonas, de activo comercio con el Brasil.

LETIFICAR. (Del lat. *laetificare*; de *laetus*, alegre, y *fácere*, hacer.) tr. Alegrar, regocijar. ‖ Animar una reunión de gente o paraje. ‖ deriv.: **letificante.**

LETÍFICO, CA. (Del lat. *laetíficus.*) adj. Que alegra.

LETO. *Mit.* Madre de Apolo y Afrodita, que tuvo de Zeus.

LETÓN, NA. adj. Aplícase a un pueblo de raza lituana, al cual pertenecen en su mayoría los habitantes de Curlandia. ‖ Aplícase también a cada uno de sus individuos. U.t.c.s. ‖ Perteneciente o relativo a este pueblo del Báltico oriental. ‖ m. Lengua hablada en Curlandia.

LETONIA. *Geog.* República de la U.R.S.S., sobre el mar Báltico. 63.700 km². 2.450.000 h. Cap. RIGA. Su suelo es llano, levemente ondulado por colinas morénicas y su clima frío y riguroso. Su economía es esencialmente agrícola, ganadera y forestal.

LETRA. al. **Buchstabe; Text.** fr. **Lettre; paroles.** ingl. **Letter; words.** ital. **Lettera; parole.** port. **Letra.** (Del lat. *líttera.*) f. Cada uno de los signos o caracteres con que se representan los sonidos y articulaciones de un idioma. *En castellano la* LETRA *hache es muda.* ‖ Cualquiera de estos sonidos y articulaciones. ‖ Forma de la letra, o sea modo particular de escribir con que se distingue lo escrito por una persona o en países o épocas diferentes. *Tener fea* LETRA. ‖ Pieza metálica, aleada con plomo y antimonio y hecha en forma de prisma rectangular, con una letra u otra figura cualquiera relevada en una de las bases para que pueda estamparse. ‖ Conjunto de esas piezas. *Esta caja tiene poca* LETRA; *hay que fundir* LETRA. ‖ Sentido propio y exacto de las palabras empleadas en un texto, a diferencia del sentido figurado. *No apartarse de la* LETRA. ‖ Especie de romance corto, cuyos versos primeros se suelen glosar. ‖ Conjunto de las palabras que se ponen en música para ser cantadas, a diferencia de la misma música. *La* LETRA *de un tango, de una marcha, de una zarzuela.* ‖ Lema, mote que se pone en emblemas y empresas. ‖ **Letra de cambio.** ‖ fig. y fam. Habilidad y astucia para manejarse. *Matilde es mujer de mucha* LETRA. ‖ pl. Los diversos ramos del humano saber. *Es profesor en* LETRAS. ‖ Orden, provisión o rescripto. ‖ **Letra abierta.** Carta de crédito y orden que se expide a favor de alguien para que se le franquee el dinero que pida. ‖ – **aldina.** La cursiva de imprenta usada por Aldo Manucio y otros impresores de su familia. ‖ – **bastarda.** La de mano, que se escribe inclinándola hacia la derecha, es rotunda en las curvas y sus gruesos y perfiles son resultados del corte y posición de la pluma y no de la presión de la mano. ‖ – **bastardilla.** La de imprenta que imita a la bastarda. ‖ – **canina.** La *rr*, denominada así por la fuerza con que se pronuncia. ‖ – **capital. Letra mayúscula.** ‖ – **corrida.** Serie de **letras** trazadas con facilidad y soltura. ‖ *Impr.* La que está empastelada, lo cual suele ocurrir en los principios y finales de línea por descuido de los que imprimen. ‖ – **cursiva.** La de mano, que se liga mucho para escribir de prisa. ‖ **Letra bastardilla.** ‖ – **de caja alta.** *Impr.* **Letra mayúscula.** ‖ – **de caja baja.** *Impr.* **Letra minúscula.** ‖ – **de cambio.** *Com.* Documento mercantil que comprende el giro de cierta cantidad en efectivo que hace el librador a la orden del tomador. ‖ – **de dos puntos.** *Impr.* Mayúscula que se suele emplear en los carteles y principios de capítulo. ‖ – **de imprenta. Letra,** pieza metálica. ‖ – **de madera.** *Impr.* La grabada en esta materia, y que se emplea en los grandes títulos y carteles. ‖ – **de mano.** La que se hace al escribir con pluma, lápiz, etc., a diferencia de la de molde. ‖ – **de molde.** La impresa. ‖ – **doble.** Consonante que se representa con dos signos, como la *ll*, o que proviene de la unión de otras dos, como la *ñ*. ‖ – **egipcia. Letra negrilla.** ‖ – **florida.** La mayúscula abierta en lámina y a la que rodea algún adorno. ‖ – **gótica.** La de forma rectilínea y angulosa, que se empleó en la antigüedad, y que se usa aún, especialmente en Alemania. ‖ – **grifa. Letra aldina.** ‖ – **historiada.** Mayúscula con adornos y símbolos. ‖ – **inglesa.** Letra más inclinada que la bastarda y cuyos gruesos y perfiles son resultado de la mayor o menor presión de la pluma con que se escribe, que ha de ser muy fina. ‖ – **inicial.** Aquella con que principia una palabra, un verso, un capítulo, etc. ‖ – **itálica. Letra bastardilla.** ‖ – **magistral. Letra** bastarda de tamaño grande, hecha con todas las reglas caligráficas. ‖ – **mayúscula.** La que con tamaño mayor y figura diferente, por regla general, que la minúscula, se usa como inicial de todo nombre propio, en principio de período, después de punto final y en otros casos. ‖ – **menuda.** fig. y fam. Sagacidad, astucia. ‖ – **minúscula.** La que es menor y de figura diferente por regla general de la mayúscula y se usa en la escritura constantemente, con excepción de aquellos casos en que se debe emplear **letra** de esta última clase. ‖ – **muerta.** fig. Escrito, regla o máxima en que se previene algo que ya no se cumple o no tiene efecto. ‖ – **negrilla o negrita. Letra** especial gruesa que se destaca de los caracteres ordinarios. U.t.c.s. ‖ – **numeral.** La que representa número; como cualquiera de las que usaban en la numeración los romanos, y que aún se emplea. ‖ – **pancilla.** La redonda de los libros de coro. ‖ – **procesada.** La encadenada y enredada, de uso en los siglos XVI y XVII. ‖ – **redonda, redondilla** o **romanilla.** La de mano o de imprenta que es derecha y circular. ‖ – **sencilla.** Cualquiera de las que no se consideran como dobles. ‖ – **titular.** *Impr.* Mayúscula que se emplea en portadas, títulos, carteles, etc. ‖ – **versal.** *Impr.* **Letra mayúscula.** ‖ – **versalita.** *Impr.* Mayúscula igual en tamaño a la minúscula o de caja baja de la misma fundición. ‖ – **vocal.** Signo que representa gráficamente un sonido y articulación vocálicos. ‖ En la gramática tradicional, sonido y articulación vocálicos. ‖ **Letras divinas. La Sagrada Escritura.** ‖ – **gordas.** fig. Corta intrucción o talento. ‖ – **humanas.** Literatura, y especialmente la griega y la latina. ‖ – **sagradas, Letras divinas.** ‖ **Bellas,** o **buenas, letras.** Literatura. ‖ **Dos,** o **cuatro, letras.** fig. y fam. Escrito breve, en especial carta o esquela. ‖ **Primeras letras.** Arte de leer y escribir y rudimentos de aritmética y de otras materias. ‖ **A la letra.** m. adv. Literalmente; según significación natural de las palabras. ‖ Enteramente; sin añadir ni quitar nada. *Transcribir* A LA LETRA. ‖ fig. Sin ampliación ni restricción alguna. *Cumplir* A LA LETRA. ‖ **A letra vista.** m. adv. *Com.* **A la vista.** ‖ **La letra con sangre entra.** ref. que denota que para aprender lo que se ignora o adelantar en algo, no han de excusarse el estudio y el trabajo. ‖ **Letra por letra.** loc. adv. fig. Sin quitar ni añadir nada. ‖ **Levantar letra.** frs. *Impr.* Componer. ‖ **Protestar una letra.** frs. *Com.* Requerir ante notario a la persona que no quiere aceptarla o pagarla con el fin de recobrar su importe de alguno de los otros obligados al pago. ‖ **Seguir** uno **las letras.** frs. Estudiar, dedicarse a las ciencias. ‖ IDEAS AFINES: *Escritura, alfabeto, sílaba, nomenclatura, impresión, diarios, manuscrito, calígrafo, grafología, cifra, monograma, telegrama, ideograma, anagrama, jeroglífico, cuneiforme, deletrear, sigla.*

LETRADA. f. fam. Esposa del letrado o abogado.

LETRADO, DA. (Del lat. *litteratus.*) adj. Docto, instruido. ‖ fam. Que presume de discreto, y habla mucho sin fundamento. ‖ m. Abogado, perito en el derecho.

LETRA ESCARLATA, La. *Lit.* Novela de Nataniel Hawthorne, publicada en 1850. Por el equilibrio entre la forma y el contenido, entre los elementos dramáticos y el ambiente, entre el análisis psicológico y la agudeza de los conceptos, es probablemente la obra mejor realizada por su autor.

LETRÁN, Tratado de. *Hist.* Firmado por Italia y la Santa Sede en febrero de 1929 y por el cual la Santa Sede reconoció la unidad de Italia con Roma por capital y a la casa de Saboya como casa reinante, y el reino de Italia a su vez aceptó la independencia del papado y su soberanía temporal sobre la Ciudad del Vaticano.

LETRERO. al. **Aufschrift; schild.** fr. **Inscription; légende; enseigne; écriteau.** ingl. **Sign; poster.** ital. **Cartello; insegna.** port. **Letreiro.** (Del lat. *litterarius.*) m. Palabra o conjunto de palabras escritas para publicar algo. LETRERO *luminoso*; sinón.: **anuncio, cartel.** ‖ IDEAS AFINES: *Aviso, indicación, rótulo, etiqueta, leyenda, título, nombre, propaganda, reclamo, publicidad, periodístico, neón.*

LETRILLA. (dim. de *letra.*) f. Composición poética de versos cortos, que suele ponerse en música. ‖ Composición amorosa, festiva o satírica, dividida en estrofas que terminan con un estribillo que condensa el pensamiento de la composición.

LETRINA. (Del lat. *latrina.*) f. Lugar que se destina en las casas para defecar. ‖ **fig.** Cosa que parece asquerosa.

LETRISTA. com. Persona especializada en el dibujo y armonización de letras para carteles publicitarios, cartografía, etc.

LETRÓN. m. aum. de **Letra.**

LETRUDO, DA. adj. ant. Letrado. Usáb.t.c.s. U. en *Chile.*

LETUARIO. (Del lat. *electuárium.*) m. Especie de mermelada.

LEU. m. Moneda rumana. En pl., *Lei* y *Leus.*

LÉUCADA. *Geog.* Ciudad de Grecia, cap. de la isla de Santa Maura. 6.541 h. ‖ Isla griega del mar Jónico. V. **Santa Maura.**

LEUCEMIA. (Del gr. *leukós*, blanco, y *haima*, sangre.) f. *Pat.* Enfermedad de la sangre caracterizada por el aumento excesivo de los leucocitos y por alteraciones de los órganos hematopoyéticos.

LEUCIPO. *Biog.* Filósofo gr., fundador de la escuela atomista (s. V a. de C.).

LEUCOCITEMIA. (De *leucocito*, y el gr. *haima*, sangre.) f. *Pat.* Leucemia.

LEUCOCITO. al. **Weisses Blutkörperchen; Leukozyt.** fr. **Leucocyte.** ingl. **Leucocyte.** ital. **Leucocito.** port. **Leucócito.** (Del gr. *leukós*, blanco, y *kytos*, célula.) m. *Zool.* Glóbulo blanco de la sangre. ‖ IDEAS AFINES: *Linfa, humor, corazón, suero, hemoglobina, hematie, microscopio, análisis, fórmula, recuento, anemia, linfocitos, leucemia, transfusión, hemorragia.*

LEUCOCITOSIS. f. *Pat.* Aumento anormal del número de los glóbulos blancos.

LEUCOPLAQUIA o **LEUCOPLASIA.** (Del gr. *leukós*, blanco, y *pax, plakós*, placa.) f. Enfermedad que se caracteriza por unas manchas blancas que aparecen en las mucosas bucal y lingual.

LEUCORREA. (Del gr. *leukós*, blanco, y *rheo*, fluir.) f. *Pat.* Flujo por la vulva de un líquido blanquecino, amarillento o verdoso, proveniente de una irritación más o menos crónica de la membrana mucosa del útero y de la vagina. ‖ deriv.: **leucorreico, ca.**

LEUDAR. (De un deriv. del lat. *levare.*) tr. Dar fermento a la masa con la levadura. ‖ r. Fermentar la masa con la levadura.

LEUDO, DA. (De *leudar.*) adj. Dícese de la masa o pan fermentado con levadura.

LEUMANN, Carlos Alberto. *Biog.* Escr. y novelista arg., autor de importantes estudios sobre la vida y obra de José Hernández. Escribió además *Adriana Zumarán*; *Los gauchos a pie*, etc. (1888-1952).

LEV. m. Moneda búlgara. En pl., *Leva.*

LEVA. (De *levar.*) f. Partida de las embarcaciones del puerto. ‖ Recluta de gente para el servicio de un Estado. ‖ Acción de levarse o irse. ‖ Espeque, especie de palanca. ‖ *Amér.* Levita. ‖ *Amér Central* y *Col.* Treta, engaño. ‖ *Cuba.* Americana, chaqueta. ‖ *Mar.* V. **Mar, pieza de leva.** ‖ *Mec.* Álabe de una rueda. ‖ **Irse a leva y a monte.** frs. fig. y fam. Escaparse, huirse.

LEVADA. (De *levar.*) f. En la cría de los gusanos de seda, porción de éstos que se alza y muda de una parte a otra. ‖ *Esgr.* Molinete que se hace con las espadas, floretes, etc., antes de ponerse en guardia. ‖ Lance que de una vez y sin intermisión juegan los dos que esgrimen.

LEVADERO, RA. (De *levar.*) adj. Que ha de ser exigido o cobrado.

LEVADIZO, ZA. adj. Que se puede levantar. U.m. hablando de los puentes.

LEVADOR. (Del lat. *levátor.*) m. El que leva. ‖ Operario que en las fábricas de papel recibe el pliego al salir del molde, lo pone sobre un fieltro, lo tapa con otro y así va formando una pila para prensarla. ‖ *Mec.* Álabe de una rueda.

LEVADURA. al. **Hefe.** fr. **Levain.** ingl. **Leaven, yeast.** ital. **Lievito.** port. **Levedura.** (De *levar*, levantar.) f. Masa constituida principalmente por microorganismos que actúan como fermentos. ‖ Por ext., cualquiera substancia que hace fermentar el cuerpo con que se la mezcla. ‖ Tabla que se asierra de un madero para dejarlo en la medida requerida. ‖ IDEAS AFINES: *Levar, leudar, agrio, ácido, bicarbonato,* *cerveza, pan, ázimo, hostia, panadería, horno, calor.*

LEVALLE, Nicolás. *Biog.* Militar arg. que intervino en la Conquista del Desierto y desempeñó altos cargos públicos (1840-1902).

LEVALLOIS-PERRET. *Geog.* Ciudad de Francia (Sena). 82.000 h. Centro industrial.

LEVANTADA. f. Acción de levantarse o de dejar la cama.

LEVANTADO, DA. adj. fig. Elevado. *Ánimo, espíritu* LEVANTADO; sinón.: **excelso, noble.** || deriv.: **levantadamente**.

LEVANTADOR, RA. adj. y s. Que levanta. || Amotinador, sedicioso.

LEVANTAMIENTO. al. **Aufstand, Erhebung.** fr. **Élevation; soulèvement.** ingl. **Elevation; raising; uprising.** ital. **Innalzamento; sollevazione.** port. **Levantamento.** m. Acción y efecto de levantar o levantarse. || Sedición, alboroto popular. *El* LEVANTAMIENTO *de Túpac Amaru fue sofocado severamente*; sinón.: **insurrección, rebelión.** || Sublimidad, elevación.

LEVANTAR. al. **Heben, errichten.** fr. **Lever, élever.** ingl. **To raise to lift, to pick up.** ital. **Alzare, sollevare.** port. **Levantar.** (Del lat. *levans, -antis*, p. a. de *levare*, alzar, levantar.) tr. Mover de abajo hacia arriba una cosa. Ú.t.c.r. LEVANTAR *la mano;* sinón.: **elevar, izar;** antón.: **bajar.** || Poner algo en sitio más alto que el que antes tenía. Ú.t.c.r. LEVANTE *los papeles.* || Poner derecha a persona o cosa que esté inclinada, tendida, etc. Ú.t.c.r. LEVANTARSE *de la silla.* || Separar una cosa de otra sobre la cual descansa. Ú.t.c.r. || Refiriéndose a los ojos, la mirada, la puntería, etc., dirigirlos hacia arriba. || Recoger o quitar una cosa de donde está. LEVANTAR *el toldo, el tapete.* || Alzar, recoger la cosecha. *Es tiempo de* LEVANTAR *el maíz.* || Construir, edificar. LEVANTAR *monumentos conmemorativos.* || En los juegos de naipes, dividir la baraja en dos o más partes después de mezclarla, cambiando de lugar las porciones para evitar el fraude. || En ciertos juegos de naipes, cargar o echar carta de más valor que la que va jugada. || Abandonar un sitio, llevándose lo que en él hay para ponerlo en otro lugar. || Mover, ahuyentar la caza del sitio en que estaba. Ú.t.c.r. || Refiriéndose a ciertas cosas que forman bulto sobre otras, producirlas. LEVANTAR *una ampolla.* || fig. Erigir, instituir. || Dar mayor incremento o precio a una cosa. || Dicho de la voz, darle mayor fuerza. *No* LEVANTES *la voz, que te oigo.* || Hacer que cesen ciertas penas impuestas por autoridad competente. LEVANTAR *la incomunicación, el embargo, el arresto.* || Rebelar, sublevar. Ú.t.c.r. LEVANTARSE *en armas.* || Engrandecer, exaltar. || Impulsar hacia cosas altas. LEVANTAR *el pensamiento.* || Esforzar, vigorizar. LEVANTAR *el espíritu.* || Reclutar gente para el ejército. || Ocasionar, mover. Ú.t.c.r. || Imputar maliciosamente una cosa falsa. || *Chile.* Barbechar, arar. || *Equit.* Tratándose del caballo, llevarlo al galope. || Llevarlo sobre el cuarto trasero y engallado. || r. Elevarse sobre una superficie o plano. || Dejar la cama el que estaba acostado. ME LEVANTO *temprano.* || Dejar la cama el que estaba en ella por una enfermedad. *Hoy* SE LEVANTARÁ *un rato.* || Comenzar a alterarse el viento o la mar. || IDEAS AFINES: *Levitación, erección, fuerza, grúas, sublevar, altura, despertar, telón, viento, sol, globo, asunción, inspiración, ascensor.*

LEVANTE. al. **Sonnenaufgang, Osten.** fr. **Levant.** ingl. **Levant.** ital. **Levante.** port. **Levante.** (De *levar.*) m. Oriente o punto de salida del Sol. || Viento que sopla de la parte oriental. || Países de la parte oriental del Mediterráneo. || Nombre genérico de la costa y zona mediterránea de España. || IDEAS AFINES: *Aurora, principio, este, poniente, diana, maitines, claridad, calor, madrugar, matutino, temprano, piar, despertar.*

LEVANTE. (De *levantar.*) m. *Chile.* Derecho pagado al dueño de un terreno por cortar maderas en él. || *Hond.* Calumnia. || *P. Rico.* Motín. || *Min.* Operación de levantar las cañerías de los hornos, en las minas de mercurio, para limpiarlos y para recoger el azogue que contengan. || **De levante.** m. adv. En disposición próxima de hacer un viaje o mudanza. || **Dar a uno un levante.** frs. fig. y fam. *Arg.* Echarle a uno una reprimenda.

LEVANTINO, NA. adj. Natural de Levante. Ú.t.c.s. || Perteneciente a la parte oriental del Mediterráneo. *Puertos* LEVANTINOS. || *Med.* V. **Peste levantina.**

LEVANTISCO, CA. (De *levantar*, amotinar.) adj. fam. De genio inquieto y turbulento.

LEVAR. (Del lat. *levare.*) tr. *Mar.* Refiriéndose a las anclas, recoger la que está fondeada. sinón.: **desaferrar, zarpar.** || r. **Hacerse a la vela.**

LEVE. (Del lat. *levis.*) adj. Liviano, de poco peso. LEVES *copos de nieve*; sinón.: **ligero.** V. **Culpa leve.** || De poca importancia, venial. *Pecado* LEVE; sinón.: **insignificante.** || IDEAS AFINES: *Tenue, frágil, alígero, imponderable, paja, pluma, polvo, limadura, brizna, mariposa, gasa, espuma, pompa, copo, bruma, bagatela, diminuto, brisa.*

LEVEMENTE. adv. m. Ligeramente. LEVEMENTE *herido.* || fig. Venialmente.

LEVENE, Ricardo. *Biog.* Hist. y jurisconsulto arg., director de la *Historia de la Nación Argentina* publicada por la Academia Nacional de Historia de su país. Obras: *Los orígenes de la democracia; La Revolución de Mayo* y *Mariano Moreno*, etc. (1885-1959).

LEVENTE. (Del turco *levandi.*) m. Soldado turco de marina. || com. *Cuba.* Advenedizo de costumbres y origen desconocidos.

LEVERRIER, Urbano Juan José. *Biog.* Astrónomo fr. que descubrió junto con Adams, el planeta Neptuno, calculando las perturbaciones de Urano (1811-1877).

LEVI, Carlos. *Biog.* Escritor ital., autor de *Cristo se detuvo en Éboli; El reloj*, y otras obras (n. 1902).

LEVÍ. *Hist. Sagr.* Tercer hijo de Jacob y de Lía, que dio origen a la tribu de los levitas (2117-1960 a. de C.).

LEVI CIVITA, Tulio. *Biog.* Matemático ital., célebre por sus estudios sobre el cálculo diferencial (1873-1941).

LEVIATÁN. (Del lat. *Leviathan*; del hebr. *livyathán.*) m. Monstruo marino, descrito en el libro de Job, y que los Santos Padres entienden en el sentido moral de demonio.

LEVIGAR. (Del lat. *levigare.*) tr. Separar las partículas de una mezcla de dos sólidos de distinta densidad, finamente divididos, mediante una corriente de agua que arrastra las partículas del sólido más liviano. || deriv.: **levigación.**

LEVILLIER, Roberto. *Biog.* Hist. y diplomático arg., autor de *Orígenes argentinos; La reconstrucción del pasado colonial; Nueva crónica de la conquista de Tucumán*, etc. (1886-1969).

LEVINGSTON, Roberto Marcelo. *Biog.* General arg. que ocupó, desde 1970 hasta 1971, la pres. de la República (n.1920).

LEVIRATO. (Del b. lat. *levir*, cuñado.) m. *Relig.* Antiguo precepto de la ley mosaica, por el cual el hermano del que murió sin hijos debía casarse con la viuda.

LEVISA. f. *Cuba.* Pez casi circular que tiene los ojos, opérculos y narices en la parte superior, y en la parte inferior la boca y las hendiduras branquiales. Sus escamas, duras y ásperas, se emplean como lija.

LEVITA. al. **Gehrock.** fr. **Redingote.** ingl. **Frock coat.** ital. **Soprabito.** port. **Levita.** (Del fr. *lévite.*) f. Vestidura de hombre ceñida al cuerpo, cuyos faldones se cruzan por delante.

LEVITA. (Del lat. *levita.*) m. Israelita de la tribu de Leví, dedicado al servicio del templo. || Diácono.

LEVITACIÓN. f. Acción y efecto de levitar.

LEVITAR. intr. Levantarse el cuerpo, desprendiéndose del suelo por medios no naturales.

LEVÍTICO, CA. adj. Perteneciente a los levitas. || fig. Aficionado a la Iglesia, o supeditado a los eclesiásticos. || m. Tercer libro del Pentateuco de Moisés en que se trata de las ceremonias de los levitas. || fig. y fam. Ceremonial usado en una función.

LEVITÓN. (aum. de *levita.*) m. Levita más larga y de paño más grueso que la de vestir.

LEVÓGIRO, RA. (Del lat. *laevus*, izquierdo, y *gyrare*, girar.) adj. *Quím.* Dícese del cuerpo que desvía hacia la izquierda la luz polarizada. Ciertas soluciones, como las de goma arábiga, quinina, morfina, son levógiras; antón.: **dextrógiro.**

LEVOSA. f. fam. y fest. Levita, prenda de vestir.

LEVULOSA. (Del lat.) f. *Quím.* Fructosa, azúcar de frutas.

LEVY-BRUHL, Luciano. *Biog.* Sociólogo fr., notable por sus estudios sobre el hombre y los pueblos primitivos. Obras: *La moral y la ciencia de las costumbres; Las funciones mentales en las sociedades inferiores; La mentalidad primitiva*, etc.(1857-1939).

LEWES. *Geog.* Río del N.O. del Canadá, que baja de las montañas Rocosas y se une al río Pelly para formar el Yukón.

LEWIS, Arthur. *Biog.* Economista británico, autor de importantes estudios sobre las causas fundamentales de la pobreza, especialmente en los países en desarrollo. En 1979 se le otorgó el premio Nobel de Economía, compartido con el estadounidense Teodoro Schultz (n. en 1915). || **— Cecilio.** Poeta y nov. irlandés, cuyas obras son de tendencia social (n. 1904). || **— Mateo Gregorio.** Novelista ingl. amigo de Byron, autor de la famosa novela *El monje* (1775-1818). || **— Sinclair.** Novelista nort. que ha descollado en la descripción realista y acentuadamente satírica de ambientes provincianos y personales típicos de su país. *Babbit*, su obra maestra, ha dado a la lengua corriente el símbolo de un americano de la clase media. Obtuvo en 1930 el premio Nobel de Literatura, adjudicado por primera vez a un escritor americano. Sus novelas constituyen un vasto análisis psicológico-social de los Estados Unidos. Otras obras: *Calle Mayor; Dr. Arrowsmith*, etc. (1885-1951).

LEWIS. *Geog.* La más septentrional de las islas Hébridas. 2.000 km². 42.000 h. Pesca.

LÉXICO, CA. al. **Wörterbuch; Wortschatz.** fr. **Lexique.** ingl. **Lexicon.** ital. **Lessico.** port. **Léxico.** (Del gr. *lexikós*; de *lexis*, lenguaje, palabra.) adj. Perteneciente al léxico o vocabulario de una lengua. || m. Diccionario de la lengua griega. || Por ext., diccionario de cualquiera otra lengua. || Caudal de voces, giros y modismos de un autor. || IDEAS AFINES: *Glosario, acepción, gramática, pronunciación, jerga, flexión, neologismo, barbarismo, lingüística, purista, fonética, semántica.*

LEXICOGRAFÍA. (De *lexicógrafo.*) f. Arte de componer léxicos o diccionarios, o sea de coleccionar todos los vocablos de un idioma y descubrir y fijar el significado y uso de cada uno de ellos.

LEXICOGRÁFICO, CA. adj. Perteneciente o relativo a la lexicografía. *Observaciones* LEXICOGRÁFICAS.

LEXICÓGRAFO, FA. (Del gr. *lexikográphos*; del gr. *lexikós*, léxico, y *grapho*, escribir.) s. Colector de todos los vocablos que deben entrar en un léxico. || Persona versada en lexicografía.

LEXICOLOGÍA. (Del gr. *lexikós*, diccionario, y *logos*, tratado.) f. Estudio de lo relativo a la analogía o etimología de los vocablos, especialmente considerando su inclusión en un léxico o diccionario. || deriv.: **lexicológico, ca; lexicólogo, ga.**

LEXICÓN. m. Léxico.

LEXINGTON. *Geog.* Ciudad de los EE. UU. (Kentucky). 80.000 h. Centro tabacalero.

LEY. al. **Gesetz.** fr. **Loi.** ingl. **Law.** ital. **Legge.** port. **Lei.** (Del lat. *lex.*) f. Regla y norma constante e invariable de las cosas, nacida de la causa primera o de sus propias cualidades y condiciones. *La* LEY *eterna es suprema e inmutable.* || Precepto dictado por la suprema autoridad, en que se ordena o prohíbe algo en consonancia con la justicia y para el bien de los gobernados. *Donde la* LEY *acaba comienza la tiranía.* || Religión. || Fidelidad, amor. Ú. por lo general con los verbos tener y tomar. || Calidad, peso o medida que tienen los géneros, según las leyes. || Cantidad de oro o plata finos en las ligas de barras, alhajas o monedas de oro o plata, que fijan las leyes para estas últimas y la han fijado antes para todas. *Oro y plata de* LEY. || Cantidad de metal que contiene una mena. || Estatuto o condición que se establece para un acto particular. LEYES *de un concurso, del juego.* || Conjunto de leyes o cuerpo del derecho civil. || V. **Generales de la ley.** || *Der.* V. **Presunción de ley.** || *Fís.* Relación cuantitativa entre magnitudes físicas, establecida mediante observación y experimentación. || **— antigua.** Ley de Moisés. || **— de Dios.** Todo aquello que es arreglado a la voluntad divina y recta razón. || **— de duelo.** Máximas y reglas establecidas acerca de los desafíos. || **— de la trampa.** fam. Embuste, engaño. || **— del embudo.** fig. y fam. La que se ejerce con desigualdad, aplicándola rigurosamente a unos y ampliamente a otros. || **— de Moisés.** Preceptos y ceremonias que Dios dio al pueblo de Israel por medio de Moisés para su gobierno y para el culto divino. || **— escrita.** Preceptos que escribió Dios con su dedo en las dos tablas que dio a Moisés en el monte Sinaí. || **— marcial.** *For.* La de orden público, una vez declarado el estado de guerra. || Ley o bando de carácter penal y militar aplicados en tal situación. || **— natural.** Dictamen de la recta razón, que determina lo que se ha de hacer o lo que debe omitirse. || **— orgánica.** La que inmediatamente se deriva de la constitución de un Estado. || **— sálica.** La que excluía del trono a las hembras y sus descendientes. || **— seca.** La que prohíbe el tráfico y consumo de bebidas alcohólicas. || **Bajo de ley.** loc. Dícese del oro o plata que contiene mayor proporción de otros metales que la que determina la ley. || **Con todas las de la ley.** m. adv. Con todos los requisitos indispensables. || **De buena ley.** loc. fig. De perfectas condiciones morales o materiales. || **Hecha la ley, hecha la trampa.** expr. fam. con que se denota que la malicia humana halla pronto medios y excusas para quebrantar un precepto apenas se ha impuesto. || IDEAS AFINES: *Orden, disposición, código, legislación, edicto, bula, breve, mandamiento, legal, violar, proclamar, juzgar, derogar, sentencia, indulto, prescripción.*

● **LEY.** *Der.* e *Hist.* En sentido material, la ley es la manifestación de una sociedad determinada, por intermedio de sus representantes acreditados; rige para todos sus integrantes, y no puede ser derogada sino por el poder que la promulgó. La vigilancia de su cumplimiento corre a cargo de funcionarios judiciales y su aplicación corresponde al poder ejecutivo. El judaísmo vinculó el orden jurídico al religioso: la ley es la manifestación directa de la voluntad divina. Este criterio plantea la fundamentación filosófica de la ley: para los teólogos judíos y cristianos, se atiene a los principios eternos y universales de la razón. Kant ha distinguido la ley natural, que registra las relaciones constantes que se observan en la naturaleza, de la ley moral, lo que llama "imperativo categórico", fuerza racional que obliga a la voluntad a cumplir con los deberes sagrados del hombre. En el orden social, se distinguen la ley civil y la natural. La ley civil se fundamenta en leyes sociológicas naturales, que representan a toda colectividad humana. La ley natural es el objeto primordial de la ciencia. Cuando la ciencia puede determinar el porqué y el cómo de las cosas, surge la ley científica.

LEY, Salvador. *Biog.* Músico guat., cultor de un estilo moderno de percusión. Autor de *Pequeño concierto para piano y orquesta de cámara* y otras composiciones (n. 1907).

LEYDEN, Lucas de. *Biog.* Pintor hol., uno de los más ilustres en su siglo. Obras: *La Santa Cena; La Virgen y el Niño*, etc. (1494-1533).

LEYDEN. *Geog.* Ciudad de Holanda (Holanda Meridional), sobre el Rin. Tejidos. Célebre Universidad, bibliotecas, centros científicos y culturales. 170.000 h.

LEYENDA. al. **Legende; Sage; Text.** fr. **Légende.** ingl. **Legend; inscription.** ital. **Leggenda; iscrizione.** port. **Legenda, lenda.** (Del lat. *legenda.*) f. Acción de leer. || Obra que se lee. || Relación de sucesos que tienen más de tradicionales que de históricos. *Las* LEYENDAS *del Rey Arturo.* || Composición poética en que se narran algunos de estos sucesos. || Texto que en las historietas, películas cinematográficas, etc., explica el asunto. || *Núm.* Inscripción que rodea la figura en las monedas o medallas. *Una* LEYENDA *borrosa.* || IDEAS AFINES: *Narración, fábula, tradición, mitología, dioses, santos, héroes, pasado, vestigio, recuerdo, romance, historia, cantar de gesta, lírica, fantasía, legendario, inverosímil.*

● **LEYENDA.** *Lit.* Considerada como una de las manifestaciones del poder creador e imaginativo del hombre, la **leyenda** reconoce un oscuro y remoto origen. Multitudes anónimas, impresionadas por un personaje o un suceso, tejen –alrededor de un hecho histórico– detalles y minucias que, transmitidas a través del tiempo y la distancia, lo desfiguran hasta convertirlo en **leyenda.** El historiador de épocas posteriores que desee conocer la fuente original del relato, para aislar lo real de lo legendario, debe recorrer el camino inverso al de la fantasía anónima. A medida que se va gestando, la **leyenda** sufre un proceso de simplificación, conecta elementos aislados; olvida circunstancias de lugar y tiempo acercando sucesos y seres cronológica y geográficamente distantes; agiganta e idealiza al hombre hasta convertirlo en héroe. Puede ser de tema único o constituir un ciclo legendario como el de la conquista de Troya o el de la fundación de Roma. Muchas **leyendas** llegaron hasta la actualidad por testimonios literarios conservados, modificados o ampliados; otras, como la *Leyenda de Rodrigo* o la *Leyenda de los infantes de Lara,* son gestas medievales convertidas en **leyendas.**

LEYENDARIO, RIA. adj. Legendario.

LEYENTE. p. a. de Leer. Que lee. Ú.t.c.s.

LEYTE. *Geog.* Provincia de las Filipinas, sit. al norte de Mindanao; abarca la isla hom. y otras menores, en el grupo de las Visayas. 6.268 km². 1.250.000 h. Cap. TACLOBAN. Aceite de coco.

LEYTON. *Geog.* Ciudad de Gran Bretaña, en Inglaterra, suburbio de Londres. 180.000 h. Centro industrial.

LEYVA, Francisco. *Biog.* Poeta esp. que también escribió varias obras de teatro. Fue amigo de Calderón (1630-1676). || – **BALAGUER, Armando.** Escritor cub., autor de *Estampas del regreso; Las horas silenciosas,* etc. (1888-1942). || – **Y DE LA CERDA, Juan.** Militar esp., virrey de México de 1660 a 1664.

LEZAMA LIMA, José. *Biog.* Poeta y novelista cub., autor de *Muerte de Narciso; Paradiso* y otras obras (1912-1976).

LEZDA. f. Tributo, en especial el que se pagaba por las mercancías.

LEZDERO. m. El que cobraba la lezda.

LEZNA. al. **Ahle.** fr. **Alène.** ingl. **Awl.** ital. **Lesina.** port. **Sovela.** f. Instrumento para horadar, coser y pespuntear, usado especialmente por los zapateros.

LEZNE. adj. Deleznable.

LEZO, Blas de. *Biog.* Marino esp. célebre por sus hazañas, entre las que se destaca la victoria obtenida contra la flota inglesa en la defensa de Cartagena de Indias (1687-1741).

LHASA. *Geog.* C. de China, capital del Tíbet, al N. del Himalaya. 52.000 h. Es sede del jefe supremo del lamaísmo. Gran cantidad de templos y monasterios le dan un aspecto severo y misterioso.

LHASSA. *Geog.* Lhasa.

LHERISSON, Justino. *Biog.* Poeta haitiano. En ocasión de los festejos del centenario de la independencia, en 1903, escribió la canción patriótica que se aceptó como Himno Nacional (1873-1907).

L'HERMITTE, Francisco. *Biog.* Escritor fr., más conocido por **Tristán L'Hermitte,** que escribió novelas, tragedias y obras en verso (1601-1655).

L'HOSPITAL, Guillermo de. *Biog.* Matemático fr. que publicó un *Tratado analítico de las secciones cónicas* (1661-1704).

LHOTE, Andrés. *Biog.* Pintor y crítico de arte fr., autor de un notable *Tratado del paisaje.* Se inició en el cubismo, del que representa hoy la tendencia más moderada. Obras: *Desnudo con un espejo; El acordeonista,* etc. (1885-1962).

Li. *Quím.* Símbolo del litio.

LÍA. (De *liar.*) f. Soga de esparto para atar y asegurar los fardos y otras cosas.

LÍA. (Del b. lat. *lia,* y éste de la raíz celta *ligyacer.*) f. Heces. Ú.m. en pl. || **Estar** uno **hecho una lía.** frs. fig. y fam. Estar embriagado.

LÍA. *Hist. Sagr.* Hija mayor de Labán y esposa de Jacob.

LIADOV, Anatolio Constantinovich. *Biog.* Compos. ruso cuyas creaciones se inspiran en melodías y canciones populares de su patria. Se hizo famosa una página suya para piano, de seguro efecto: *Cajita de música.* Otras obras: *El lago encantado; Baba Yaga; Canciones populares rusas,* etc. (1855-1914).

LIAKURA. *Geog.* V. **Parnaso.**

LIANA. al. **Liane.** fr. **Liane.** ingl. **Liane.** ital. **Liana.** port. **Liana.** f. Nombre que se aplica a diversas plantas, generalmente sarmentosas, de la selva tropical, que tomando como soporte los árboles, se encaraman sobre ellos hasta alcanzar la parte alta y despejada, donde se ramifican con abundancia; a veces ahogan a las plantas que las sostienen. || Por ext., enredadera o planta trepadora de otros países. || *Amér.* Bejuco.

LIAOTUNG. *Geog.* Península del S. de Manchuria, sobre el mar Amarillo, sit. entre el golfo hom. y el de Corea. || **Golfo de –.** Golfo del mar Amarillo, al N. del golfo de Petchili.

LIAR. al. **Binden; Wickeln.** fr. **Lier; envelopper.** ingl. **To tie; to bind.** ital. **Legare; avvolgere.** port. **Ligar.** (De *ligar.*) tr. Atar y asegurar con lías los fardos y cargas. || Envolver algo sujetándolo, por lo común, con papeles, cuerdas, etc. LIÓ *sus enseres y se marchó;* sinón.: **empaquetar.** || fig. y fam. Engañar a alguien. Ú.t.c.r. || r. Envolverse, meterse entre otros. || **Liarlas.** fr. fig. y fam. Huir prestamente. || fig. y fam. Morir, acabar la vida.

LIARA. f. **Aliara.**

LIÁSICO, CA. (Del ingl. *layers,* estratos.) adj. *Geol.* Aplícase al terreno sedimentario que sigue inmediatamente en edad al triásico, y lleva este nombre porque en Inglaterra, donde se estudió primeramente, está formado por estratos o capas delgadas. Ú.t.c.s. || *Geol.* Perteneciente a este terreno.

LIATÓN. m. Soguilla de esparto.

LIAZA. f. Conjunto de lías, para atar corambres de vino, aceite, etc.

LIBACIÓN. al. **Trankopfer; Libation.** fr. **Libation.** ingl. **Libation.** ital. **Libazione.** port. **Libação.** (Del lat. *libatio, -onis.*) f. Acción de libar. || Ceremonia religiosa que hacían los antiguos en honor de los dioses y que consiste en llenar un vaso con algún licor y derramarlo después de haberlo probado.

LIBAMEN. (Del lat. *libamen.*) m. Ofrenda en el sacrificio.

LIBAMIENTO. m. Lo que se libaba en los sacrificios antiguos. || Libación.

LIBANÉS, SA. adj. Natural del Líbano. Ú.t.c.s. || Perteneciente a esta república o a la cordillera homónima.

LÍBANO. *Geog.* Montes que se extienden por la franja costera de Siria. Líbano y Palestina, antiguamente cubiertos por valiosísimos cedros. Pasan los 3.000 m. de altura. Son célebres el Monte Carmelo y Monte de los Olivos. || República de Asia Menor, limitada por Siria, Israel, la zona árabe de Palestina y el Mediterráneo. Su territorio de 10.400 km², que está cruzado de N. a S. por la cadena del Líbano, es típicamente montañoso. En su franja costera y en algunos valles interiores ofrece condiciones necesarias para las labores agrícola-ganaderas. Vid, olivo, frutas, tabaco, cereales, caprinos, equinos, lanares y bovinos. El gusano de seda da lugar a una importante industria. De su suelo se extrae hierro, hulla, petróleo. En general su industria es de índole doméstica. Su población es de 3.060.000 h. Cap. BEIRUT. Es república independiente desde 1944. Si bien este país fue neutral durante la guerra árabe-israelí, la actividad guerrillera de grupos palestinos la sumió en una enconada guerra civil. || C. de Colombia (Tolima). 21.000 h. Centro cafetero y productor de papa.

LIBAR. al. **Nippen.** fr. **Sucer.** ingl. **To suck; to sip.** ital. **Libare.** port. **Libar.** (Del lat. *libare.*) tr. Chupar suavemente el jugo de algo. *Las abejas* LIBAN *el néctar.* || Hacer libaciones en los sacrificios. || Probar o gustar un licor.

LIBATORIO. m. Vaso con que los antiguos paganos hacían las libaciones.

LIBAU. *Geog.* V. **Liepaja.**

LIBAVIUS, Andrés. *Biog.* Quím. y médico al., uno de los precursores de la química moderna. Descubrió el bicloruro de estaño; estudió las combinaciones del antimonio; investigó sobre la transfusión de sangre, recomendándola como método terapéutico. Escribió una *Alquimia,* el tratado de química general más antiguo que se conoce (1546-1616).

LIBBY, Willard F. *Biog.* Científico estadounidense, premio Nobel de Química en 1960. Realizó importantes investigaciones sobre los isótopos del uranio y sobre las aplicaciones del carbono 14 para verificar la antigüedad de objetos o restos minerales, vegetales o animales (n. en 1908).

LIBELA. (Del lat. *libellar.*) f. Moneda de plata, la más pequeña que usaron los romanos.

LIBELAR. t. *Der.* Hacer libelos o pedimentos.

LIBELISTA. m. Autor de uno o varios libelos o escritos infamatorios.

LIBELO. al. **Schmähschrift; Libell.** fr. **Libelle.** ingl. **Libel.** ital. **Libello.** port. **Libelo.** (Del lat. *libellus,* dim. de *liber,* libro.) m. Escrito en que se infama a personas o cosas. LIBELO *despreciable.* || *Der.* Petición o memorial. || – **de repudios.** Escritura con que el marido repudiaba a su esposa y dirimía el matrimonio.

LIBÉLULA. al. **Libelle.** fr. **Libellule.** ingl. **Libellula; dragon fly.** ital. **Libellula.** port. **Libélula.** (Del lat. *libéllulus,* librito, por la disposición de sus alas, como las hojas de un libro.) f. **Caballito del diablo.**

LÍBER. (Del lat. *liber,* película entre la corteza y la madera del árbol.) m. *Bot.* Conjunto de capas delgadas de tejido fibroso, que constituyen la parte interior de la corteza de vegetales dicotiledóneos.

LIBERACIÓN. (Del lat. *liberatio, -onis.*) f. Acción de poner en libertad. *La* LIBERACIÓN *de los cautivos;* sinón.: **emancipación, redención;** antón.: **sometimiento.** || Quitanza. || Cancelación de las cargas que gravan un inmueble. || *Chile.* Exención del pago de derechos de aduanas. || Galicismo por **parto.** || *Astron.* Acción que ejerce un cuerpo cuando logra vencer la atracción de un astro, alejándose definitivamente.

LIBERADO, DA. adj. *Com.* Dícese de la acción cuyo valor no es satisfecho en dinero, pues está cubierto por cosas aportadas.

LIBERADOR, RA. (Del lat. *liberátor.*) adj. y s. Libertador.

LIBERAL. (Del lat. *liberalis.*) adj. Que obra con liberalidad. *El* LIBERAL *aun para dar, busca ocasión;* sinón.: **caritativo, pródigo.** || Dícese de la cosa así hecha. || Expedito, pronto para hacer algo. || **Arte liberal.** || Que profesa doctrinas partidarias de la libertad política en los Estados. Ú.t.c.s.

LIBERALESCO, CA. adj. despect. de liberal, dicho de política.

LIBERALIDAD. al. **Freigebigkeit.** fr. **Libéralité.** ingl. **Liberality.** ital. **Liberalità.** port. **Liberalidade.** (Del lat. *liberálitas, -atis.*) f. Virtud moral consistente en distribuir uno desinteresadamente sus bienes. *La* LIBERALIDAD *consiste, sobre todo, en el afecto con que se da;* sinón.: **esplendidez, largueza.** || Generosidad, desprendimiento. || *For.* Disposición de bienes a favor de alguien sin ninguna prestación previa.

LIBERALISMO. m. Orden de ideas que sostienen los partidarios del sistema liberal. || Partido político que entre sí forman. || Sistema que proclama la total independencia del Estado, en su organización y funciones, de todas las religiones positivas.

LIBERALIZAR. tr. y r. Hacer liberal en el orden político a una persona o cosa.

LIBERALMENTE. adv. m. Con liberalidad. || Con presteza y brevedad.

LIBERAR. (Del lat. *liberare.*) tr. Libertar, eximir de una obligación a alguien. LIBERAR *de un tributo;* sinón.: **eximir, relevar.**

LIBERATORIO, RIA. adj. Que puede extinguir una obligación. *Declaración* LIBERATORIA. || V. **Fuerza liberatoria.** || Que tiene virtud de libertar o eximir.

LIBEREC. *Geog.* Ciudad del N. de Checoslovaquia (Bohemia). 77.000 h. Tejedurías de algodón.

LIBERIA. *Geog.* República independiente de África occidental que está limitada por Sierra Leona, Guinea, Costa de Marfil y el océano Atlántico. Tiene una sup. de 111.369 km². y una población de 1.800.000 h. Su suelo se eleva a medida que se aleja de la costa y presenta gran cantidad de ríos que bajan bruscamente y son poco navegables. Su clima es cálido y húmedo. Gran parte de su territorio, el 35 %, está cubierto por bosques ecuatoriales muy valiosos. Café, cacao, arroz, cocos, ananás; aceite de palma, caucho. Ovinos, caprinos. Oro. Cap. MONROVIA. (195.000 h.) || C. de Costa Rica, cap. de la provincia de Guanacaste. 23.000 h. Actividades ganaderas.

LIBERIANO, NA. adj. Natural de Liberia. Ú.t.c.s. || Perteneciente a esta nación del África occidental.

LIBERTAD. al. **Freiheit.** fr. **Liberté.** ingl. **Liberty; freedom.** ital. **Libertà.** port. **Liberdade.** (Del lat. *libertas, -atis.*) f. Facultad natural que posee el hombre de obrar de una manera o de otra, o de no obrar. || Estado o condición del que no es esclavo o que no está preso. *El amor de la* LIBERTAD *nos ha sido dado juntamente con la vida;* antón.: **esclavitud.** || Falta de sujeción y subordinación. *La* LIBERTAD *a veces daña a la juventud.* || Facultad de que se goza en los estados bien gobernados, de hacer y decir cuanto no sea opuesto a las leyes ni a las buenas costumbres. *La* LIBERTAD *es posible únicamente allí donde el derecho predomina sobre las pasiones.* || Privilegio, licencia. Ú.m. en pl. || Condición de las personas que por su estado no están obligadas al cumplimiento de ciertos deberes. || Desenfrenada contravención a las leyes y sanas costumbres. Ú.t. en pl. || Licencia u osada familiaridad. *Se toma mucha* LIBERTAD *conmigo;* sinón.: **atrevimiento.** || Exención de etiquetas. *En el casino se conversa con* LIBERTAD; *en los pueblos se trata la gente con más* LIBERTAD. || Franqueza, despejo. *Es muy joven para presentarse con tanta* LIBERTAD. || Soltura, disposición natural para hacer una cosa. || – **condicional.** Beneficio que se concede a los penados para abandonar la prisión en el último período de su condena, y que está sometido a la posterior observancia de buena conducta. || – **de comercio.** Facultad de comprar y vender sin impedimento alguno. || – **de conciencia.** Permiso de profesar cualquiera religión sin ser molestado por la autoridad pública. || – **de cultos.** Derecho de practicar públicamente los actos de la religión que cada uno profesa. || – **de imprenta.** Facultad de imprimir cuanto se quiera, sin previa censura, con observancia de la leyes. || – **provisional.** Beneficio de que pueden gozar con fianza o sin ella los procesados no sometiéndolos a prisión preventiva durante la causa. || IDEAS AFINES: *Independencia, albedrío, siervo, liberto, manumisión, rescate, redimir, salva-*

ción, autonomía, jubilación, salvoconducto, desligar, eximir, bula, amnistía, constitución, huida, desertor, libertino.

LIBERTAD, La. *Geog.* V. **La Libertad.**

LIBERTADAMENTE. adv. m. Con libertad, con descaro o desenfreno.

LIBERTADO, DA. adj. Osado, atrevido. ‖ Libre, sin trabas.

LIBERTADOR, RA. adj. y s. Que liberta. *Los dos* LIBERTADORES *se encontraron en Guayaquil.*

LIBERTADOR SAN MARTÍN (Orden del). Condecoración creada el 17 de agosto de 1943 por el gobierno argentino con el fin de premiar a los extranjeros que merezcan el honor y el agradecimiento de la nación.

LIBERTAR. al. **Befreien.** fr. **Libérer; délivrer; affranchir.** ingl. **To free; to liberate.** ital. **Liberare.** port. **Libertar.** (De *liberto.*) tr. Poner en libertad. Ú.t.c.r. LIBERTAR *pueblos, cautivos;* antón.: **esclavizar, someter.** ‖ Eximir a alguien de una obligación. Ú.t.c.r. ‖ Preservar. *Su abogado lo* LIBERTÓ *de la cárcel.*

LIBERTARIO, RIA. adj. Que defiende la libertad absoluta, con supresión de toda forma de gobierno o de ley.

LIBERTICIDA. (De *libertad,* y del lat. *caedere,* matar.) adj. Que anula la libertad. sinon.: **déspota, tirano.**

LIBERTINAJE. al. **Ausschweifung; Zügellosigkeit.** fr. **Libertinage.** ingl. **Libertinism; licentiousness.** ital. **Libertinaggio, scostumatezza.** port. **Libertinagem.** (De *libertino.*) m. Desenfreno en las obras y en las palabras. ‖ Falta de respeto a la religión.

LIBERTINO, NA. al. **Ausschweifend; zügellos.** fr. **Libertin.** ingl. **Libertine.** ital. **Libertino, scostumato.** port. **Libertino.** (Del lat. *libertinus.*) adj. Dícese de la persona que se entrega al libertinaje. Ú.t.c.s. sinón.: **disoluto, licencioso.** ‖ s. El hijo del liberto y más frecuentemente el liberto mismo.

LIBERTO, TA. al. **Freigelassener Sklave.** fr. **Affranchi.** ingl. **Freedman.** ital. **Liberto.** port. **Liberto.** (Del lat. *libertus.*) s. Esclavo a quien se ha dado libertad, respecto de su patrono. *El* LIBERTO *tenía obligaciones para con su antiguo dueño.*

LIBIA. *Geog.* Antigua colonia italiana de África septentrional, independiente desde 1951. Está limitada por el Mediterráneo, Egipto, Sudán, Chad, Níger, Argelia y Túnez. Su territorio, de 1.759.540 km², es sumamente árido y la agricultura puede desarrollarse gracias a la gran cantidad de aguas subterráneas, surgentes a veces. Es una república árabe de tipo socialista, dividida en 10 distritos administrativos. Cebada, trigo, avena, maíz, vid, olivo, almendros, palmera datilera; tabaco, citros, arroz. Ganado lanar, cabrio y dromedarios. Pesca de atún y esponjas. Petróleo, sal marina. Maderas. La industria es de escasas proporciones: tapices. Posee 360 km. de vías férreas y 17.000 km. de carreteras. Está dividida en tres regiones: Tripolitania, Cirenaica y Fezzán. 2.444.000 h. Cap. TRÍPOLI. ‖ **Desierto de** —. Vasta región desértica de África del N., continuación oriental del Sahara hasta el río Nilo.

LÍBICO, CA. (Del lat. *líbycus.*) adj. Perteneciente a la Libia.

LIBÍDINE. (Del lat. *libido, -inis.*) f. Lujuria, lascivia. antón.: **continencia, pureza.**

LIBIDINOSO, SA. adj. Lujurioso, lascivo. ‖ deriv.: **libidinosamente.**

LIBIDO. f. *Med.* y *Psicol.* Impulso sexual que se traduce en distintas manifestaciones psíquicas.

LIBIO, BIA. (Del lat. *libyus.*) adj. Natural de la Libia. Ú.t.c.s. ‖ Perteneciente a esta nación de África.

LIBIS. *Mit.* V. **Vientos.**

LIBRA. (Voz lat.) f. Unidad de peso variable; la de Castilla equivale a 460 gramos y la inglesa a 453,592 gramos aprox. ‖ En molinos de aceite, peso que oprime la pasta. ‖ Medida de capacidad, que contiene una **libra** de un líquido. ‖ *Cuba.* Hoja de tabaco, de calidad superior. ‖ *Astron.* Séptimo signo o parte del Zodíaco. ‖ Constelación zodiacal, entre Escorpión y Virgo. ‖ — **esterlina.** Moneda inglesa de oro.

LIBRACO. m. despect. Libro despreciable.

LIBRACHO. m. despect. Libraco.

LIBRADO, DA. p. p. de **Librar.** ‖ s. Persona contra la que se gira una letra de cambio.

LIBRADOR, RA. (Del lat. *liberátor.*) adj. adj. Que libra. Ú.t.c.s. ‖ Quien libra letras de cambio. ‖ m. Cogedor, por lo general de hojalata, con que en las tiendas ponen las mercancías en el peso.

LIBRAMIENTO. m. Acción y efecto de librar de un daño o peligro. ‖ Orden que se da por escrito para que determinada persona pague una suma de dinero u otro género.

LIBRANCISTA. m. El que tiene libranzas a su favor.

LIBRANTE. p. a. de **Librar.** Que libra.

LIBRANZA. (De *librar.*) f. Orden de pago que se da contra quien tiene fondos a disposición del que la expide. ‖ Libramiento, orden de pago.

LIBRAR. (Del lat. *liberare.*) tr. Sacar o preservar a uno de un trabajo o peligro. Ú.t.c.r. LIBRAR *de todo riesgo.* ‖ Refiriéndose a la confianza, ponerla en una persona o cosa. LIBRÉ *mi esperanza en aquel médico.* ‖ Construido con ciertos substantivos, dar o expedir lo que éstos significan. LIBRAR *sentencia, decretos, cheques.* ‖ *Com.* Expedir letras de cambio, libranzas, cheques, etc., a cargo de alguien que tenga fondos del librador. LIBRAR *letras sobre una plaza.* ‖ intr. Salir la religiosa a hablar al locutorio o a la red. Parir la mujer. ‖ *Cir.* Echar la placenta la mujer que está de parto.

LIBRATORIO. m. Locutorio de las cárceles y conventos.

LIBRAZO. m. Golpe dado con un libro.

LIBRE. al. **Frei; ungehindert.** fr. **Libre.** ingl. **Free; vacant.** ital. **Libero.** port. **Livre.** (Del lat. *liber.*) adj. Que tiene facultad para obrar o no obrar. ‖ Que no es esclavo. *Hombre* LIBRE. ‖ Que no está preso. *Pájaro* LIBRE. ‖ Licencioso, insubordinado. ‖ Osado, desenfrenado. ‖ Torpe, deshonesto. ‖ Suelto, no sujeto. ‖ Dícese del sitio, edificio, etc., que está solo y aislado. ‖ Exento, privilegiado. *Estoy* LIBRE *de ese gravamen.* ‖ **Soltero.** ‖ Independiente, que no está sujeto a opinión o mandato de otro. *Es* LIBRE *el que vive según su elección, dijo Epicteto.* ‖ Exento de un daño o peligro. *Estoy* LIBRE *de aprietos, de deudas.* ‖ Que tiene esfuerzo y ánimo para hablar lo que conviene a su situación. ‖ Aplícase a los sentidos y a los miembros del cuerpo que tienen expedito el ejercicio de sus funciones. ‖ Inocente, sin culpa. ‖ V. **Absolución, paso, verso, vientre libre.** ‖ V. **Manos, palabras libres.**

LIBREA. al. **Bediententracht; Livres.** fr. **Livrée.** ingl. **Livery.** ital. **Livrea.** port. **Libré.** (Del fr. *livrée,* lo que es dado, en especial vestido dado por el amo al criado, de *livrer,* y éste del lat. *liberare,* librar.) f. Traje que algunas personas o entidades dan a sus criados, por lo común uniforme y con distintivos. *Lacayo de* LIBREA. ‖ fig. Paje o criado que usa librea.

LIBREAR. tr. Vender o distribuir una cosa por libras.

LIBRECAMBIO. m. *Econ.* Sistema basado sobre el librecambismo. ‖ Régimen aduanero fundado en él.

LIBRECAMBISMO. m. *Econ.* Doctrina sobre la que se originó el liberalismo, según la cual la actividad económica debe ser desarrollada sin intervención del Estado, basada sobre el interés individual y la ley de oferta y demanda. Procura la libertad de comercio internacional y cree en la baja de precios causada por la división internacional del trabajo y en la solución automática de las crisis.

LIBRECAMBISTA. adj. Partidario del libre cambio. Ú.t.c.s. ‖ Perteneciente o relativo al libre cambio.

LIBREJO. m. d. de **Libro.** ‖ despect. Libraco.

LIBREMENTE. adv. m. Con libertad.

LIBREPENSADOR, RA. adj. y s. Partidario del libre pensamiento.

LIBREPENSAMIENTO. m. Doctrina que reclama para la razón individual la libertad de todo dogma religioso.

LIBRERÍA. al. **Bücherel; Buchhandel.** fr. **Librairie.** ingl. **Bookstore.** ital. **Libreria.** port. **Livraria.** f. Biblioteca, local en que se tienen libros; conjunto de éstos. ‖ Tienda donde se venden libros. *Una* LIBRERÍA *especializada.* ‖ Ejercicio o profesión de librero. ‖ Mueble con estantes para colocar libros.

LIBRERIL. adj. Perteneciente o relativo al comercio de libros.

LIBRERO, RA. al. **Buchhändler.** fr. **Libraire.** ingl. **Bookseller.** ital. **Libraio.** port. **Livreiro.** m. y f. Persona que tiene por oficio vender libros. ‖ *Méx.* Estante de libros.

LIBRESCO, CA. adj. Perteneciente o relativo al libro. ‖ Dícese del escrito o autor que se inspira en la lectura de los libros y no en la naturaleza o en la realidad de la vida.

LIBRETA. f. dim. de **Libra.** ‖ En algunas partes, pan de una libra.

LIBRETA. al. **Notizbuch.** fr. **Carnet.** ingl. **Notebook.** ital. **Taccuino.** port. **Livrete.** (De *libro.*) f. Cuaderno para anotaciones o cuentas. ‖ Añalejo.

LIBRETE. m. dim. de **Libro.** ‖ Maridillo.

LIBRETÍN. m. dim. de **Librete.**

LIBRETISTA. com. Autor de uno o más libretos.

LIBRETO. (Del ital. *libretto.*) m. Obra dramática escrita para ser puesta en música, y por ext., texto de una audición radiofónica o de televisión, obra teatral, etc.

LIBREVILLE. *Geog.* Capital de la Rep. de Gabón en África occidental. 100.000 h. Puerto sobre el estuario del río Gabón.

LIBRILLO. m. Lebrillo.

LIBRILLO. m. d. de **Libro.** ‖ Cuadernito de papel de fumar. ‖ Especie de bisagra diminuta para las cajas muy pequeñas. ‖ **Libro,** una de las partes del estómago de los rumiantes. ‖ — **de cera.** Porción de cerilla plegada en varias maneras, pero especialmente en forma parecida a un librillo, y sirve para llevar fácilmente luz a cualquier parte. ‖ — **de oro,** o **plata.** Aquel en que los batihojas colocan los panes de oro o plata entre hojas de papel empolvadas de minio, para que no se peguen a ellas las láminas de metal.

LIBRO. al. **Buch.** fr. **Livre.** ingl. **Book.** ital. **Libro.** port. **Livre.** (Del lat. *líber, libri.*) m. Conjunto de hojas de papel, vitela, etc., por lo común impresas que se cosen y encuadernan, formando al unirlas ordenadamente un volumen. *Un buen* LIBRO *es aquel que cerramos con fruto.* ‖ Obra científica o literaria de bastante extensión para formar volumen. ‖ Cada una de las partes esenciales en que suele dividirse la obra científica o literaria y los códigos y leyes de gran extensión. ‖ Libreto. ‖ Para los efectos legales, todo impreso no periódico que forma 200 páginas o más. ‖ fig. Contribución o impuesto. *Hay que pagar los* LIBROS: *comenzaron a cobrar los* LIBROS. ‖ *Zool.* Tercera de las cuatro cavidades que forman el estómago de los rumiantes. ‖ — **amarillo, azul, blanco, rojo,** etc. **Libro** que contiene documentos diplomáticos y que en ciertos casos publican los gobiernos. El color del libro permite reconocer la nación que lo publica. ‖ — **antifonal,** o **antifonario.** El de coro que contiene las antífonas de todo el año. ‖ — **borrador.** Borrador, libro de apuntes comerciales. ‖ — **copiador.** Aquel en que se copia la correspondencia en las casas de comercio. ‖ — **de asiento.** El que sirve para anotar lo que conviene tener presente. ‖ — **de caballerías.** Especie de novela antigua en que se cuentan hechos fabulosos de caballeros andantes. ‖ — **de caja.** El que tienen los hombres de negocios para anotar la entrada y salida del dinero. ‖ — **de inventarios.** *Com.* Aquel en que periódicamente se hacen constar todos los bienes y derechos del activo, y todas las deudas y obligaciones del pasivo de cada comerciante. ‖ — **de las cuarenta hojas.** fig. y fam. Baraja de naipes. ‖ — **de mano.** El que está manuscrito. ‖ — **de memoria.** El que sirve para apuntar en él lo que no se quiere fiar a la memoria. ‖ — **de música.** El que tiene escritas las notas para tocar y cantar las composiciones músicas. ‖ — **de texto.** El que sirve en las aulas para que por él estudien los escolares. ‖ — **diario.** *Com.* Aquel en que, diariamente y en forma ordenada, se van sentando todas las operaciones que realiza el comerciante. ‖ — **mayor.** *Com.* Aquel en que, por debe y haber y observando estricto orden de fechas, ha de llevar el comerciante las cuentas corrientes con las personas y objetos bajo cuyos nombres estén abiertas. ‖ El que contiene las oraciones que se deben cantar en las procesiones. ‖ — **sagrado.** Cada uno de los de la Sagrada Escritura recibidos por la Iglesia. Ú.m. en pl. ‖ — **talonario.** El que sólo contiene libranzas, recibos y otros documentos, de los cuales, al cortarlos, queda una parte encuadernada para constancia de su legitimidad o falsedad y para otros varios efectos. ‖ **Gran libro.** El que llevan las oficinas de la deuda pública para anotar las rentas perpetuas a cargo del Estado. ‖ **Hablar como un libro.** frs. fig. Hablar con corrección, elegancia y autoridad. ‖ **Meterse** uno **en libros de caballería.** frs. fig. Mezclarse en lo que no le importa o donde no le llaman. ‖ IDEAS AFINES: *Tomo, folleto, título, prefacio, epílogo, capítulo, índice, fe de erratas, colofón, ex libris, catálogo, biblioteca, librería, encuadernación, pasta española, forro, edición, incunable, imprenta, lector, conocimientos, cultura, ciencias, artes, vulgarización.*

● **LIBRO.** *Hist.* Creación espiritual por excelencia, el libro fue engendrado por el deseo, innato en el hombre, de transmitir sus sentimientos, sus opiniones e ideas. Nació casi con la escritura y su valor fue acrecentándose con el tiempo y la evolución humana, hasta convertirse en elemento primordial de la vida y la convivencia. Se cree que el **libro** más antiguo que se conoce es el *Papiro Prisse,* **libro** de moral escrito en Egipto. alrededor del año 4945 a. de C. La antigüedad cinceló sus **libros** en piedra: los rayó en tabletas de cera, arcilla o metal o los escribió en papiros, con cañas de Egipto y plumas de ibis y gansos. El pergamino, usado por vez primera en Pérgamo, fue adoptado luego por griegos y romanos que conservaban enrolladas las hojas del **libro,** formando volúmenes, sistema adoptado también por los hebreos para sus **libros** santos. Con el uso de las tablillas de boj pulimentadas que introdujeron los germanos, y los latinos llamaron codex, uniéndolas de a pares, el libro entra en una verdadera etapa de madurez. Comenzó a adoptarse la forma similar a la del **libro** actual: las tablillas aumentaron de número o el pergamino y el papiro se plegaron y cortaron formando cuadernos llamados códices. La difusión del papel, conocido en China desde la antigüedad más remota, señala para el **libro** su época de gloria. El **libro** más antiguo impreso en papel, data de 1109. Con el descubrimiento de la xilografía o grabado en planchas de madera, y especialmente con la invención de caracteres movibles, el arte del **libro** adquirió enorme impulso y adoptó, en cuanto a diagramación y encuadernación, características similares a las actuales. Superó todas las barreras, fue agregando continuos perfeccionamientos hasta convertirse en la más noble expresión de la inquietud y el adelanto humanos.

LIBRO DE BUEN AMOR. *Lit.* Célebre poema de Juan Ruiz, el Arcipreste de Hita, uno de los monumentos de la literatura medieval española, cuyos originales se conservan en tres manuscritos de fines del s. XIV. Tratado de amor en forma de narración autobiográfica, incluye relatos episódicos, ricas fábulas y copioso cancionero. Poema de extraordinaria originalidad, con elementos latinos e islámicos, su fuerza, su pujanza y sutil ironía, lo convierten en eterno exponente del alma española.

LIBROTE. m. aum. de **Libro.**

LICANCABUR. *Geog.* Volcán de los Andes bolivianochilenos, sit. entre Potosí y Antofagasta. 5.930 m. de altura. Se llama, también. **Atacama.**

LICANTROPÍA. (Del gr. *lykanthropía*, de *lykánthropos*, licántropo.) f. *Med.* Manía en la cual el enfermo se siente transformado en lobo, e imita los aullidos de este animal. ‖ *Pat.* **Zoantropía.**

LICÁNTROPO. (Del gr. *lykánthropos;* de *lykos*, lobo, y *ánthropos*, hombre.) m. El afectado de licantropía.

LICAÓN. *Mit.* Primer rey de Arcadia, padre de la ninfa Calisto, que fue amada por Júpiter. Juno, celosa, transformó a la ninfa en oso y a Licaón en lobo.

LICAS. *Mit.* Compañero de Hércules, a quien llevó la túnica envenenada del centauro Neso. Al ponérsela, aquél se enfureció y tomando a Licas por el pie, lo arrojó al mar Egeo, donde quedó convertido en roca.

LICEÍSTA. *com.* Socio de un liceo.

LICENCIA. al. **Erlaubinis; Urlaub.** fr. **Permission, licence.** ingl. **Permission, permit.** ital. **Licenza.** port. **Licença.** (Del lat. *licentia.*) f. Facultad o permiso para hacer algo. *Le concedieron* LICENCIA *por enfermedad;* sinón.: **autorización, venia.** ‖ Documento en que consta la **licencia.** ‖ Abusiva libertad en decir u obrar. ‖ Grado de licenciado. ‖ pl. Las que por tiempo indefinido se dan a los eclesiásticos por los superiores para celebrar, predicar, etc. ‖ **Licencia absoluta.** *Mil.* La que se concede a los militares, eximiéndolos completamente del servicio. ‖ – **poética.** Infracción de las leyes del lenguaje o del estilo que puede comelerse lícitamente en la poesía, por haberlas autorizado el uso.

LICENCIADO, DA. adj. Aplícase a la persona que se precia de entendida. sinón.: **sabihondo.** ‖ Dado por libre. ‖ s. Persona que ha obtenido en una facultad el grado que le permite ejercerla. ‖ m. El que viste hábitos largos o traje de estudiante. ‖ Tratamiento dado a los abogados. ‖ Soldado que ha recibido su licencia absoluta. ‖ – **Vidriera.** Persona muy delicada y tímida.

LICENCIAMIENTO. m. **Licenciatura,** acto de recibir el grado de licenciado. ‖ Acción y efecto de licenciar a los soldados.

LICENCIAR. (Del lat. *licentiare.*) tr. Dar permiso o licencia. LICENCIAR *a los criados.* ‖ Despedir a alguien. ‖ Conferir el grado de licenciado. ‖ Dar licencia absoluta a los soldados. ‖ r. Volverse licencioso. ‖ Tomar el grado de licenciado.

LICENCIATURA. (Del lat. *licentiátum*, supino de *licentiare*, licenciar.) f. Grado de licenciado. ‖ Acto de recibirlo. ‖ Estudios necesarios para obtener dicho grado.

LICENCIOSO, SA. (Del lat. *licentiosus.*) adj. Libre, disoluto. *Costumbres* LICENCIOSAS; sinón.: **depravado, vicioso.** ‖ deriv.: **licenciosamente.**

LICEO. (Del lat. *Lycéum*, y éste del gr. *Lykeion.*) m. Uno de los tres gimnasios de Atenas, donde enseñó Aristóteles. ‖ Escuela aristotélica. ‖ Nombre de ciertas sociedades literarias o de recreo. ‖ *Arg.* y *Chile.* Instituto de segunda enseñanza. ‖ *Méx.* Escuela de instrucción primaria.

LICINIO LICINIANO. *Biog.* Emperador romano de 307 a 324 (263-324).

LICIO, CIA. (Del lat. *lycius.*) adj. Natural de Licia. Ú.t.c.s. ‖ Perteneciente a este país de Asia antigua.

LICIÓN. f. ant. Lección. Ú. en *Col.* y *Méx.*

LICITACIÓN. al. **Versteigerung.** fr. **Licitation.** ingl. **Auction.** ital. **Licitazione.** port. **Licitação.** (Del lat. *licitari.*) f. *Der.* Acción y efecto de licitar. *Llamar a* LICITACIÓN. ‖ IDEAS AFINES: *Concurso, oposiciones, oferta, remate, venta, adjudicar, otorgar, obra, acreedores.*

LICITADOR. (Del lat. *licitátor.*) m. El que licita.

LÍCITAMENTE. adv. m. Con justicia y derecho.

LICITANTE. p. a. de **Licitar.** Que licita.

LICITAR. (Del lat. *licitari.*) tr. Ofrecer precio por una cosa en subasta.

LÍCITO, TA. (Del lat. *lícitus.*) adj. Justo, según justicia y razón. *Actividad* LÍCITA; sinón.: **legítimo.** ‖ Que es de la ley o calidad que se manda.

LICITUD. f. Calidad de lícito.

LICNOBIO, BIA. (Del gr. *lychnobíos;* de *lychnos*, lámpara, y *bios*, vida.) adj. y s. Aplícase a la persona que hace su vida habitual con luz artificial y duerme de día.

LICO. m. *Bol.* Barrilla, sosa.

LICOPERSINA. f. *Ter.* Tomatina.

LICOPODIO. (Del gr. *lykos*, lobo, y *pous, podós*, pie.) m. Planta criptógama, generalmente rastrera, de hojas simples, gruesas e imbricadas, que crece por lo común en sitios húmedos y sombríos. Por sus condiciones como hidrófugo, se la emplea en la industria farmacéutica y para realizar fuegos artificiales.

LICOR. al. **Likör.** fr. **Liqueur.** ingl. **Liquor.** ital. **Liquore.** port. **Licor.** (Del lat. *líquor.*) m. Cuerpo líquido. ‖ Bebida espiritosa obtenida por destilación, maceración o mezcla de diversas substancias. LICORES *famosos fueron y son preparados en monasterios.* ‖ IDEAS AFINES: *Alambique, fórmula, graduación, alcohol, aguardiente, caña, anís, elixir, beber, libar, embriagar, cartujo, benedictino, bar.*

LICORERA. f. Utensilio de mesa, donde se colocan las botellas de licor y a veces las copitas en que se sirve.

LICORISTA. com. Persona que fabrica o vende licores.

LICOROSO, SA. adj. Dícese del vino espiritoso y aromático.

LICOSA. *Geog.* Punta de la costa S.O. de Italia, sobre el mar Tirreno, extremo S. del golfo de Salerno.

LICTOR. (Del lat. *líctor.*) m. Ministro de justicia romano que precedía con las fasces a los cónsules y otros magistrados.

LICUACIÓN. (Del lat. *liquatio, -onis.*) f. Acción y efecto de licuar o licuarse.

LICUADOR, RA. adj. Que licua. ‖ f. Máquina para licuar.

LICUAR. al. **Verflüssigen.** fr. **Liquefier.** ingl. **To liquefy.** ital. **Liquefare.** port. **Liquefazer.** (Del lat. *licuare.*) tr. y r. Liquidar o hacer líquida una cosa sólida. LICUAR *hielo;* antón.: **solidificar.** ‖ *Min.* Fundir un metal sin que se derritan las materias restantes con que está combinado, a fin de separarlo de las mismas. ‖ deriv.: **licuable; licuante.** IDEAS AFINES: *Fusión, fluido, metal, calor, horno, crisol, colar, disolver.*

LICUEFACCIÓN. (Del lat. *licuefáctum*, supino de *liquefácere*, liquidar.) f. Acción y efecto de licuefacer o licuefacerse. *El helio es uno de los gases que más ha resistido a la* LICUEFACCIÓN.

LICUEFACER. (Del lat. *liquefácere.*) tr. y r. Licuar. ‖ irreg. Conj. como **hacer,** exceptuando el participio, que se forma **licuefacto.**

LICUEFACTIBLE. (De *licuefacer.*) adj. Licuable.

LICUEFACTIVO, VA. (Del m. or. que *licuefacción.*) adj. Que tiene virtud de licuar.

LICURGO. adj. fig. Inteligente, hábil, astuto. ‖ m. fig. Legislador.

LICURGO. *Biog.* Legislador gr. que dio a Esparta una notable constitución y fue venerado por su sabiduría y patriotismo (s. IX a. de C.).

LID. al. **Kampf.** fr. **Lutte.** ingl. **Fight.** ital. **Litigio.** port. **Lide.** (Del lat. *lis*, litis.) f. Combate, pelea. *La* LID *era encarnizada;* sinón.: **contienda, lucha.** ‖ fig. Disputa, discusión. *Terció en la* LID *con razones convincentes.* ‖ **En buena lid.** m. adv. Por buenos medios.

LÍDER. (Del ingl. *leader.*) m. Jefe, caudillo, adalid.

LIDERATO. m. Condición de líder o ejercicio de sus actividades.

LIDERAZGO. m. Liderato.

LIDIA. f. Acción y efecto de lidiar. *Toro de* LIDIA. ‖ IDEAS AFINES: *Torero, matador, picador, plaza, ruedo, tendido, arena, barrera, suertes, banderillas, estoque, capa, traje de luces, embestir, cogida, novillo, ganadero.*

LIDIA. *Geog. histór.* Antiguo reino de Asia Menor, sobre el mar Egeo, que sucumbió bajo los persas en 547 a. de C. Cap. SARDES.

LIDIADERO, RA. adj. Que puede lidiarse o correrse. ‖ f. *Guat.* y *Ec.* Altercado.

LIDIADOR, RA. (Del lat. *litigátor.*) s. Persona que lidia.

LIDIAR. (Del lat. *litigare.*) intr. Batallar, pelear. LIDIAR *contra infieles.* ‖ Oponerse a alguien. ‖ fig. Tratar con personas que causan molestia. ‖ tr. *Taurom.* Burlar al toro luchando con él y esquivando sus acometidas hasta darle muerte.

LIDITA. f. Explosivo derivado del ácido pícrico, empleado como carga para obuses de grueso calibre.

LIDO. *Geog.* Voz italiana con que se denomina a las lenguas de tierra que separan del mar a las lagunas litorales. ‖ – **de Roma.** Balneario italiano, creado por orden de Mussolini en la des. del Tíber. Su pobl., de 14.000 h., se multiplica notablemente en el verano. ‖ – **de Venecia.** El más famoso de los balnearios italianos, sobre una de las islas que cierran la laguna de Venecia.

LIE, Trygve. *Biog.* Pol. noruego de notable actuación pública; de 1946 a 1952 secretario general de la U.N. (1896-1968).

LIEBIG, Justo, barón de. *Biog.* Químico al., uno de los que más han contribuido al desarrollo de la química orgánica. Descubrió el cloroformo y el cloral, perfeccionó los métodos de análisis elemental, investigó sobre los compuestos del benzoilo, realizó notables estudios sobre agricultura, nutrición vegetal y animal, composición de las fibras musculares, etc. (1803-1873).

LIEBRASTÓN. (De *liebratón.*) m. Lebrato.

LIEBRÁTICO. m. Lebrato.

LIEBRATÓN. (De *liebre.*) m. Liebrastón.

LIEBRE. al. **Hase.** fr. **Lièvre.** ingl. **Hare.** ital. **Lepre.** port. **Lebre.** (Del lat. *lepus, -oris.*) f. Mamífero roedor, con pelaje suave y espeso de color negro rojizo en la cabeza y lomo, leonado en el cuello y patas, y blanco en el pecho y vientre; la cabeza pequeña con hocico estrecho y orejas muy largas; el cuerpo delgado, las extremidades posteriores más largas que las anteriores, y la cola corta. Es animal de veloz carrera; su carne es comestible apreciado y su piel más estimada que la del conejo. ‖ fig. y fam. Hombre tímido y cobarde. ‖ *Astron.* Pequeña constelación meridional debajo de Orión y al occidente del Can Mayor. ‖ – **de la Patagonia.** Mara. ‖ – **de mar,** o **marina.** Molusco gasterópodo con el cuerpo desnudo, pero provisto de una concha oculta en el manto. ‖ **Coger** uno **una liebre.** frs. fig. y fam. Caerse uno al suelo con poco daño. ‖ **Comer** uno **liebre.** frs. fig. y fam. Ser cobarde. ‖ **Correr la liebre.** frs. fig. y fam. *Arg.* Comer escasamente. *En aquel banquete corrimos la* LIEBRE. ‖ Estar sin trabajo y escaso de recursos. *Juan está corriendo la* LIEBRE. ‖ **Donde menos se piensa, salta la liebre.** ref. con que se denota el suceso repentino de las cosas que menos se esperaban.

LIEBRECILLA. f. dim. de **Liebre.**

LIEBREZUELA. f. dim. de **Liebre.**

LIECHTENSTEIN, Principado de. *Geog.* Pequeño estado independiente de Europa, sit. entre Suiza y Austria. Tiene 157 km². 20.000 h. Su cap. es VADUZ (4.100 h.). La base de su economía es netamente agrícola-ganadera. De las industrias, la textil ha prosperado mucho. Es centro de turismo. La moneda, el correo y la aduana son suizos. Su representación diplomática está en manos de Suiza. Sus habitantes son católicos y hablan alemán.

LIED. (Voz al.) m. Canción popular alemana, estilizada e incorporada al repertorio de la música de cámara en el siglo XIX. ‖ En pl., *lieder.*

LIEGNITZ. *Geog.* V. **Legnica.**

LIEGO, GA. adj. y s. Lleco.

LIEJA. *Geog.* Provincia del E. de Bélgica. 3.876 km². 1.100.000 h. Hulla, hierro. Cap. hom. sobre el Mosa. 155.000 h. Es un centro industrial importante: maquinaria, tejidos, armas. Su universidad y conservatorio musical son muy afamados.

LIENCILLO. m. *Amér. del S.* Tela burda de algodón.

LIENDO Y GOICOECHEA, Fray Antonio. *Biog.* Relig. y pedagogo cost., uno de los primeros maestros de literatura de su país (1753-1814).

LIENDRA. f. *Méx.* Liendre.

LIENDRE. (Del lat. *lens, lendis.*) f. Huevecillo del piojo. ‖ **Cascarle,** o **machacarle,** a uno **las liendres.** frs. fig. y fam. Aporrearle. ‖ Reprenderlo con vehemencia.

LIENTERA. f. *Med.* Lientería.

LIENTERÍA. (Del lat. *lientería*, y éste del gr. *leintería;* de *leios*, liso, y *enteron*, intestino.) f. *Med.* Diarrea de alimentos no digeridos.

LIENTÉRICO, CA. (Del lat. *lientéricus.*) adj. *Med.* Perteneciente a la lientería. ‖ *Med.* Que la padece. Ú.t.c.s.

LIENTO, TA. (Del lat. *lentus.*) adj. Húmedo, poco mojado.

LIENZA. (De *lienzo.*) f. Tira estrecha de tela. ‖ *Chile.* Cordón de hilo o algodón.

LIENZO. al. **Leinen; Malerleinwand.** fr. **Toile.** ingl. **Cloth; canvas.** ital. **Tela.** port. **Tecido, tela.** (Del lat. *línteum.*) m. Tela que se fabrica de lino, cáñamo o algodón. ‖ Pañuelo de lienzo que sirve para limpiar las narices y el sudor. ‖ Pintura hecha sobre lienzo. *Un* LIENZO *de Rubens.* ‖ Fachada del edificio, o pared, que se extiende de un lado a otro. ‖ *Fort.* Porción de muralla que corre en línea recta de baluarte a baluarte o de cubo a cubo.

LIEPAJA. *Geog.* Ciudad de la U.R.S.S. (Letonia), puerto sobre el Báltico. 120.000 h. Antes se llamó Libau.

LIFAR, Sergio. *Biog.* Bailarín y coreógrafo ruso, n. 1905, figura prominente de la danza cont. Entre sus creaciones famosas estaban los ballets *Prometeo; Alejandro el Grande, Ícaro,* etc. Se dio a conocer en la compañía de Sergio Diaghilev.

LIGA. al. **Sockenhalter; Bündnis.** fr. **Jarretière; alliance.** ingl. **Garter; league.** ital. **Legaccio; lega.** port. **Liga.** (De *ligar.*) f. Cinta, por lo general elástica, con que se aseguran las medias y los calcetines. ‖ Venda o faja. ‖ Muérdago. ‖ Substancia viscosa del muérdago y otras plantas, con la que se untan espartos o juncos para cazar pájaros. ‖ Unión, mezcla. LIGA *de tabacos.* ‖ Aleación. ‖ Confederación que hacen entre sí los estados para defensa mutua. ‖ Agrupación de personas o colectividades con alguna finalidad común. LIGA *antituberculosa.* ‖ Competición deportiva en que cada uno de los equipos admitidos ha de jugar con todos los demás de su categoría. ‖ Cantidad de cobre que se mezcla con el oro o la plata, al fabricar monedas o alhajas. ‖ *Arg.* Buena suerte en el juego. ‖ *Amér. Central* y *Cuba.* Ligación, acción de ligar. ‖ *Col.* Huerto. ‖ *Ec.* Amigo inseparable. ‖ **Hacer buena o mala liga.** Convenir con otro por sus condiciones.

LIGA AQUEA. *Hist.* V. **Aquea, Liga.**

LIGA, Santa. *Hist.* Confederación de los partidos católicos fundada en Francia por el duque de Guisa en 1576 contra los calvinistas.

LIGACIÓN. f. Acción y efecto de ligar. ‖ Liga, mezcla.

LIGADA. f. *Mar.* Ligadura, vuelta que se da para apretar algo.

LIGA DE NACIONES. *Hist.* V. **Sociedad de Naciones.**

LIGADO. m. Unión de las letras en la escritura. ‖ *Mús.* Unión de dos sonidos sumando su valor y nombrándose sólo al primero. ‖ Modo de ejecutar una serie de notas diferentes sin interrupción, por oposición al picado.

LIGADURA. (Del lat. *ligatura.*) f. Vuelta que se da apretando algo con liga u otra atadura. *Cortar las* LIGADURAS. ‖ Acción y efecto de ligar o unir. ‖ fig. Sujeción con que una cosa está unida a otra. ‖ *Cir.* Venda con que se aprieta y da garrote. ‖ Obliteración de un vaso con hilo constrictor reabsorbible. ‖ *Mús.* Signo mediante el cual se unen dos figuras, de igual o de distinto valor, para indicar que la segunda es prolongación de la primera.

LIGAMAZA. (De *ligar.*) f. Viscosidad, y en especial substancia pegajosa que envuelve las semillas de algunas plantas.

LIGAMEN. (Del lat. *ligamen*, atadura.) m. Maleficio supersticioso durante el cual se creía que quedaba ligada la facultad de la generación. ‖ *Der.* Impedimento que para nuevo matrimonio supone el anterior no disuelto legalmente.

LIGAMENTO. (Del lat. *ligaméntum.*) m. Ligación, acción de ligar. ‖ *Anat.* Cordón fibroso que liga los huesos de las articulaciones. ‖ Pliegue membranoso que enlaza cualquier órgano del cuerpo de un animal.

LIGAMENTOSO, SA. adj. Que tiene ligamentos.

LIGAMIENTO. m. Acción y efecto de ligar o atar. ‖ Unión, conformidad.

LIGAR. al. **Binden.** fr. **Lier.** ingl. **To tie; to bind.** ital. **Legare.** port. **Ligar.** (Del lat. *ligare.*) tr. Atar. *Le* LIGARON *pies y manos.* ‖ Alear metales. LIGAR *cobre con estaño.* ‖ Mezclar otro metal con el oro o con la plata al batir moneda o fabricar alhajas. ‖ Unir o enlazar. ‖ Emplear algún maleficio contra alguien para hacerle, según creencia supersticiosa, impotente para la generación. ‖ fig. Obligar. Ú.t.c.r. *Se* LIGÓ *por juramento.* ‖ *Arg.* y *Chile.* Tocarle a uno parte de algo destinado a otros. ‖ *Col.* Sisar, hurtar. ‖ *Cuba.* Contratar una cosecha antes de su recolección. ‖ *Ant.*, *Guat.* y *Perú.* Cumplirse un deseo. ‖ intr. Tener buena suerte en el juego. ‖ *Cuba* y *Méx.* Curiosear. ‖ r. Confederarse, unirse para algún fin.

LIGAZÓN. (Del lat. *ligatio, -onis.*) f. Unión, trabazón de una cosa y otra. ‖ *Mar.* Cualquiera de los maderos que se enlazan para componer cuadernas de un barco.

LIGERAMENTE. adv. m. Con ligereza. ‖ Levemente, de paso. ‖ De ligero.

LIGEREAR. intr. *Chile.* Andar de prisa.

LIGEREZA. al. **Leichtigkeit.** fr. **Rapidité.** ingl. **Swiftness.** ital. **Prestezza.** port. **Ligereza.** (De *ligero.*) f. Presteza, agilidad. *Se movía con* LIGEREZA; sinón.. **rapidez, viveza**; antón.: **lentitud, pesadez.** ‖ Levedad. ‖ fig. Inconstancia, instabilidad. *La* LIGEREZA *de sus opiniones.* ‖ fig. Hecho o dicho irreflexivo.

LIGERO, RA. adj. Que pesa poco. *Una maleta* LIGERA; sinón.: **liviano**; antón.: **pesado.** ‖ Ágil, veloz. *Este caballo es muy* LIGERO; antón.: **lento.** ‖ Dícese del sueño que fácilmente se interrumpe. ‖ Leve, de poca importancia. *Tiene un* LIGERO *resfrío.* ‖ V. **Artillería, fragata, infantería ligera.** ‖ V. **Caballo, perico ligero.** ‖ fig. Refiriéndose a alimentos, que pronto y fácilmente se digieren. *Tomamos una cena* LIGERA. ‖ Inconstante, que cambia de opinión con facilidad. ‖ *Mil.* V. **Paso ligero.** ‖ *Mil.* V. **Tropa ligera.** ‖ **A la ligera.** m. adv. De prisa. *Barrimos a la* LIGERA. ‖ Sin aparato. *Nos vestimos a la* LIGERA. ‖ **De ligero.** m. adv. Sin reflexión. ‖ IDEAS AFINES: *Rápido, aligerar, volátil, flotar, corcho, gas, pluma, frívolo, versátil, somero, liviano.*

LIGERUELO, LA. adj. dim. de **Ligero.**

LIGNARIO, RIA. (Del lat. *lignarius.*) adj. De madera o perteneciente a ella.

LIGNIFICACIÓN. f. *Bot.* Acción y efecto de lignificar o lignificarse.

LIGNIFICAR. (Del lat. *lignum*, leño, madero.) tr. *Bot.* Dar contextura de madera. ‖ r. *Bot.* Tomar consistencia de madera; en el proceso de desarrollo de muchas plantas, pasar de la consistencia herbácea a la leñosa.

LIGNINA. f. *Quím.* Substancia que impregna los tejidos de la madera y les da su consistencia.

LIGNITO. (Del lat. *lígnum*, leño.) m. Carbón mineral, negro parduzco, de origen más reciente que la hulla (eras secundaria y terciaria). Contiene mucha humedad y su poder calorífico es mediano.

LÍGNUM CRUCIS. (Del lat. *lígnum*, madero, y *crucis*, de la cruz.) m. Reliquia de la cruz de Jesucristo.

LIGÓN. (Del lat. *ligo, -onis.*) m. Especie de azada con mango largo, encorvado y hueco, en el que penetra el astil.

LIGORIO, San Alfonso María de. *Biog.* Obispo y teólogo ital., doctor de la Iglesia, orador y escr. notable. Fundó la orden de los Redentoristas (1696-1787).

LIGUA. Geog. Ciudad de Chile (Aconcagua). 8.000 h. Agricultura.

LIGUANO, NA. (De *ligua.*) adj. *Chile.* Dícese de una raza de carneros, de lana gruesa y larga, de lo concerniente a ellos, de su lana y de lo que se fabrica con ella.

LIGUERO, RA. adj. Perteneciente o relativo a una liga deportiva. *Partido* LIGUERO. ‖ m. Especie de cinturón o faja estrecha a la que se sujeta el extremo superior de las ligas de las mujeres.

LIGUILLA. (dim. de **Liga.**) f. Cierta clase de liga o venda estrecha.

LÍGULA. (Del lat. *lígula*, lengüeta.) f. *Bot.* Especie de estípula situada entre el limbo y el peciolo de las hojas de las gramíneas. ‖ *Med.* Epiglotis.

LIGULADO, DA. adj. *Bot.* En forma de lígula.

LIGUR. (Del lat. *lígur.*) adj. Ligurino, natural de Liguria. Ú.t.c.s.

LIGURIA. *Geog.* Región del N.O. de Italia, que comprende las prov. de Génova, Imperia, La Spezia y Savona. 5.417 km². 1.900.000 h. Cap. GÉNOVA. ‖ **Mar de–.** Parte del mar Mediterráneo que baña la costa del N.O. de Italia, desde la frontera de Francia hasta Toscana.

LIGURINO, NA. (Del lat. *ligurinus.*) adj. Natural de Liguria. Ú.t.c.s. ‖ Perteneciente a este país de la Italia antigua.

LIGÚSTICO, CA. adj. Ligurino, perteneciente a Liguria.

LIGUSTRE. m. Flor del ligustro.

LIGUSTRINO, NA. adj. Perteneciente al ligustro.

LIGUSTRO. al. **Reinweide.** fr. **Troene.** ingl. **Privet; prim.** ital. **Ligustro.** port. **Ligustro.** (Del lat. *ligústrum.*) m. Alheña, arbusto. *Cerco de* LIGUSTRO.

LIJA. al. **Engelhai; Schmirgelpapier.** fr. **Chien de mer; papier de verre.** ingl. **Dogfisch; Sandpaper.** ital. **Squalo; carta smeriglio.** port. **Lixa.** (De *lijar.*) f. Pez marino del orden de los selacios, de cuerpo casi cilíndrico que alcanza a un metro de longitud, cabeza pequeña y boca con muchos dientes de tres puntas; su piel no tiene escamas pero está cubierta de una especie de granillos córneos muy duros, que la hacen sumamente áspera. Es comestible, y además se utiliza la piel y el aceite que se saca de su hígado. ‖ Piel seca de este pez o de otro selacio, que por la aspereza de sus granillos se usa para limpiar y pulir metales y maderas. ‖ **Papel de lija.** ‖ **Darse lija.** fr. fig. y fam. *Cuba.* **Darse pisto.**

LIJAR. al. **Schleifen; ischmirgeln.** fr. **Polir.** ingl. **To sandpaper.** ital. **Smerigliare.** port. **Lixar.** (Del lat. *laevigare*, alisar.) tr. Alisar y pulir una cosa con lija o papel de lija. LIJAR *un yeso.* ‖ IDEAS AFINES: *Desbastar, raspar, rasurar, lima, esmeril, garlopa, rallador, pulimento, tersura, satinar, limadura.*

LIJOSAMENTE. adv. Suciamente.

LILA. al. **Flieder.** fr. **Lilas.** ingl. **Lilac.** ital. **Lilla.** port. **Lilá.** (Del ár. *lilac.*) adj. Dícese del color morado claro, similar al de la flor de la **lila.** U.t.c.s.m. ‖ De color **lila.** ‖ fam. Tonto. fatuo. Ú.t.c.s. ‖ f. Arbusto de jardín, originario de Persia, de flores olorosas, moradas, en racimos piramidales y fruto capsular, comprimido, con dos semillas. *Syringa vulgaris*, oleácea. ‖ Flor de este arbusto.

LILA. *Geog.* Ciudad de Francia, capital del dep. del Norte. 200.000 h. Centro textil y metalúrgico. Universidad.

LILAC. f. Lila, arbusto y su flor.

LILAILA. f. Lelilí. ‖ fam. Astucia, bellaquería. Ú.m. en pl.

LILALLAS. f. pl. *Méx.* Lilailas, tretas.

LILAO. m. fam. Ostentación, fatuidad.

LILE. adj. *Chile.* Débil, decaído.

LILEQUEAR. intr. *Chile.* Tiritar, retemblar.

LILIÁCEO, A. (Del lat. *liláceus*; parecido al lirio.) adj. *Bot.* Aplícase a plantas monocotiledóneas, por lo general herbáceas, de raíz bulbosa o tuberosa, con flores en bohordo, y fruto capsular, por lo común con muchas semillas de albumen carnoso; como el tulipán, la cebolla y el jacinto. Ú.t.c.s.f. ‖ f. pl. *Bot.* Familia de estas plantas.

LILIAL. (Del lat. *lilium*, lirio.) adj. Perteneciente, relativo o semejante al lirio.

LILIENFELD, Pablo de. *Biog.* Sociól. ruso que reduce la sociología a términos fisiológicos en sus obras: *Pensamientos sobre la ciencia social del porvenir; Patología social*, etc. (1828-1903).

LILIENTHAL, Otón. *Biog.* Ingeniero al., uno de los precursores de la aviación (1848-1896).

LILIPUTIENSE. (Por alusión a los fantásticos personajes de Lil-liput, imaginados por el novelista Swift en sus "Viajes de Gulliver".) adj. fig. Aplícase a la persona extremadamente pequeña y endeble. Ú.t.c.s. sinón.: **enano, pigmeo.**

LILLE. *Geog.* V. **Lila.**

LILLO, Baldomero. *Biog.* Escritor chil., cuentista notable y original. Narró con vigoroso realismo la vida de los trabajadores de las minas de carbón, el roto, el huaso, el indio y otros desamparados sociales, personajes típicos de su país. Obras: *Sub terra; Sub sole*, etc. (1867-1923). ‖ **– Eusebio.** Poeta chil., autor de la letra del himno nacional de su patria. Obras: *A Santiago; El junco*, etc. (1826-1910). **– Jorge.** Dramaturgo ingl., autor de *El mercader de Londres* y otras obras (1693-1739). ‖ **– Miguel.** Botánico arg. cuya labor permitió el conocimiento de la flora de su país (1862-1931). ‖ **– Samuel A.** Poeta chil., cantor de las tradiciones de su patria en *Chile heroico; Canciones de Arauco*, etc. (1870-1958).

LIMA. (Del m. or. que *limón*, fruto.) f. Fruto del limero, de forma esferoidal, corteza lisa y amarilla, y pulpa dividida en gajos, jugosa y de sabor algo dulce. ‖ Limero. árbol.

LIMA. (Del lat. *limus*, oblicuo.) f. *Arq.* Madero que se pone en el ángulo diedro formado por dos vertientes de una cubierta, y en el cual se afirman los pares cortos de la armadura. ‖ *Arq.* Este mismo ángulo. ‖ **– hoya.** *Arq.* Este mismo ángulo cuando es entrante. ‖ **– tesa.** *Arq.* Este mismo ángulo cuando es saliente.

LIMA. al. **Feile.** fr. **Lime.** ingl. **File.** ital. **Lima.** port. **Lima.** (Del lat. *limma.*) f. Instrumento de acero con la superficie estriada en uno o dos sentidos para desgastar y alisar metales y otros cuerpos duros. ‖ fig. Corrección y enmienda de las obras, en especial las de entendimiento. ‖ **– muza.** La que tiene granos más finos. ‖ **– sorda.** La que está embotada con plomo y al limar hace poco ruido. ‖ fig. Lo que va consumiendo gradualmente algo.

LIMA, Alceu Amoroso. *Biog.* Escritor bras. conocido por Tristán de Ataide (n. 1893). ‖ **Emirto de.** Compositor col., cultor de la música orquestal e instrumental al estilo nativo. Su obra *Folklore colombiano* estudia el cancionero de su patria (n. 1892). ‖ **– Jorge de.** Poeta modernista bras., autor de *Poemas negros; Tiempos y eternidad; Libros de sonetos*, etc. (n. 1893-1954). ‖ **– BARRETO, Alfonso Enrique de.** Escritor bras. autor de *Gonzaga de Sá; Historia y sueños*, etc. (1881-1922).

LIMA, Santa Rosa de. *Hagiog.* Dominica per. declarada patrona principal de Lima y en 1671 patrona principal de América. En 1677 fue canonizada (1586-1617).

LIMA. *Geog.* Departamento del centro oeste del Perú. 33.895 km². 4.550.000 h. Caña de azúcar, arroz, algodón. ‖ Ciudad del Perú, cap. del país y del departamento hom. Con los suburbios 4.000.000 de h. Situada a orillas del río Rímac, es sede de la universidad más antigua de Amér. del S. (1551). Posee una magnífica catedral, colegios, fábricas, etc., con activo movimiento comercial e industrial. Fue fundada por Pizarro en 1535 con el nombre de **Ciudad de los Reyes.**

LIMACHE. *Geog.* Ciudad de Chile (Valparaíso). 18.500 h. Lugar de veraneo.

LIMADOR. adj. Que lima. Aplícase en especial al operario cuyo oficio es limar Ú.t.c.s.

LIMADURA. (Del lat. *limatura.*) f. Acción y efecto de limar. ‖ pl. Partecillas menudas arrancadas al limar. LIMADURAS *de hierro.*

LIMALIA. (Del fr. *limaille.*) f. Conjunto de limaduras.

LIMANTOUR, José Yves. *Biog.* Político y economista mex. (1854-1935).

LIMAR. al. **Feilen.** fr. **Limer.** ingl. **To file.** ital. **Limare.** port. **Limar.** (Del lat. *limare.*) tr. Pulir o cortar con la lima. LIMAR *las uñas.* ‖ fig. Pulir una obra. LIMAR *un poema.* ‖ fig. Cercenar algo material o inmaterial.

LIMAR. m. *Guat.* Limero.

LIMARRO, Ricardo Ovidio. *Biog.* Escr. y lingüista ven., autor de un notable *Diccionario de galicismos, inglesismos y americanismos* (s. XIX).

LIMASSOL. Ciudad y puerto de Chipre. 65.000 h.

LIMATÓN. m. Lima de forma redonda, gruesa y áspera que emplean en sus labores los cerrajeros y otros artífices. ‖ *Amér.* Lima, madero que se pone en el ángulo de una cubierta.

LIMAY. *Geog.* Río de la Argentina. Nace en el lago Nahuel Huapi y se une al río Neuquén para formar el río Negro. 430 km.

LIMAZA. al. **Nacktschnecke.** fr. **Limace.** ingl. **Slug.** ital. **Lumaca.** port. **Lesma.** (Del lat. *limácea*, term. f. de *-eus*, limazo.) f. Babosa, molusco.

LIMAZO. (Del lat. *limaceux*, de *límax*, babosa.) m. Viscosidad, babaza.

LIMBO. al. **Limbus.** fr. **Limbe.** ingl. **Limbus.** ital. **Limbo.** port. **Limbo.** (Del lat. *limbus.*) m. Lugar en donde se encontraban las almas de santos y patriarcas antiguos antes de la redención del género humano. ‖ Lugar adonde van las almas de los que, antes del uso de la razón, mueren sin ser bautizados. ‖ Borde de algo y en especial orla de la vestidura. ‖ Corona graduada de los instrumentos destinados a medir ángulos. ‖ *Astron.* Contorno aparente de un astro. ‖ *Bot.* Lámina de las hojas, sépalos o pétalos. ‖ **Estar en el limbo.** fig. y fam. Estar distraído y como alelado.

LIMBURGO. *Geog.* Antigua prov. de los Países Bajos, dividida hoy entre Bélgica y Holanda. ‖ Prov. del N.E. de Bélgica. 2.408 km². 690.000 h. Labores agrícola-ganaderas. Hulla. Cap. HASSELT. ‖ Provincia del S.E. de Holanda. 2.165 km². 1.100.000 h. Frutas, cereales, ganadería. Hulla. Cap. MAASTRICHT.

LIMEN. (Del lat. *limen.*) m. poét. Umbral. ‖ deriv.: **liminal, liminar.**

LIMENSO. adj. *Chile.* Dícese del melón pequeño, anaranjado con rayas blanquecinas, y también de una variedad del ají.

LIMEÑO, ÑA. adj. Natural de Lima. Ú.t.c.s. ‖ Perteneciente a esta ciudad del Perú.

LIMERICK. *Geog.* Ciudad de la Rep. de Irlanda, en el estuario del río Shannon. 60.000 h. Centro industrial y comercial.

LIMERO, RA. m. f. Persona que vende limas, o frutos del limero. ‖ m. Árbol auranciáceo de cuatro o cinco metros de altura, con tronco liso y ramoso, copa abierta, hojas alternas, aovadas, persistentes, y flores blancas, pequeñas y olorosas. Es originario de Persia. Su fruto es la lima.

LIMETA. (Del ár. *limma*, y este del lat. *nimbus.*) f. Botella de vientre ancho y corto, y cuello largo.

LIMFJORD. *Geog.* Largo y estrecho brazo de mar que divide el N. de la pen. de Jutlandia (Dinamarca) y comunica al Kattegat con el mar del Norte.

LIMITABLE. (Del lat. *limitábilis.*) adj. Que puede limitarse.

LIMITACIÓN. al. **Beschränkung; Begrenzung.** fr. **Limitation.** ingl. **Limitation, limit.** ital. **Limitazione.** port. **Limitação.** (Del lat. *limitatio, -onis.*) f. Acción y efecto de limitar o limitarse. ‖ Término o distrito.

LIMITADAMENTE. adv. m. Con limitación. *Gastar* LIMITADAMENTE.

LIMITADO, DA. adj. Dícese de quien tiene poco entendimiento.

LIMITÁNEO, A. (Del lat. *limitáneus.*) adj. Perteneciente o inmediato a los límites de un país.

LIMITAR. al. **Begrenzen; beschränken.** fr. **Limiter, borner.**

ingl. **To limit, to bound.** ital. **Limitare.** port. **Limitar.** (Del lat. *limitare.*) tr. Poner límites a un terreno. LIMITAR *con alambrado;* sinón.: **demarcar, delinear.** || Acortar, ceñir. Ú.t.c.r. || fig. Fijar la mayor extensión que pueden tener la jurisdicción, autoridad o derechos y facultades de alguien. *La constitución* LIMITA *el poder de los gobernantes.* || intr. Lindar, confinar. *Chile* LIMITA *con Argentina.*

LIMITATIVO, VA. adj. Que limita, cercena o reduce. sinón.: **restrictivo.** || *Der.* Aplícase especialmente a los derechos reales que cercenan la plenitud del dominio.

LÍMITE. al. **Grenze.** fr. **Limite.** ingl. **Limit.** ital. **Limite.** port. **Limite.** (Del lat. *limes -itis.*) m. Término, lindero. *Los* LÍMITES *de una nación;* sinón.: **linde.** || fig. Fin, término. *Sus fuerzas habían llegado hasta el* LÍMITE. || *Mat.* Término del cual no puede pasar el valor de una cantidad. || Constante a la que se aproxima indefinidamente una cantidad variable. || IDEAS AFINES: *Frontera, demarcación, mojón, perímetro, borde, margen, barrera, alambrado, reducción, circunscrito, máximo, extremo, recinto, coto, remate, plazo, tope, circuito, horizonte, provincia, ilimitado.*

LIMÍTROFE. al. **Angrenzend.** fr. **Limitrophe.** ingl. **Bounding.** ital. **Limitrofo.** port. **Limítrofe.** (Del lat. *limítrophus.*) adj. Confinante, aledaño. *Propiedades* LIMÍTROFES; sinón.: **colindante, contiguo.**

LIMMAT. *Geog.* Río de Suiza, que pasa por Zurich y des. en el río Aar. 130 km.

LIMNOLOGÍA. f. Disciplina que estudia los aspectos físico y biológico de los lagos.

LIMO. (Del lat. *limus.*) m. Lodo o légamo.

LIMO. m. *Col* y *Chile.* Limero, árbol.

LIMOGES. *Geog.* Ciudad de Francia, cap. del departamento de Alto Vienne. 140.000 h. Afamadas porcelanas.

LIMÓN. al. **Zitrone.** fr. **Citron.** ingl. **Lemon.** ital. **Limone.** port. **Limão.** (Del ár. persa *leimón.*) m. Fruto del limonero, de forma ovoide, con corteza amarilla, pulpa amarillenta dividida en gajos, jugosa y de sabor ácido. || Limonero, árbol. || *Cuba.* V. **Hierba de limón.** || – **ceutí.** Variedad de **limón** muy olorosa. || IDEAS AFINES: *Cítrico, auranciáceo, zumo, limonada, azahar, cetrino, citrato, lima, toronja.*

LIMÓN. (De *lema.*) m. Limonera.

LIMÓN. *Geog.* Laguna del S.O. de la Rep. Dominicana, al S. del lago Enriquillo. || Prov. de Costa Rica, sobre el mar Caribe. 9.400 km². 118.000 h. Cacao, bananas. Cap. hom., 42.000 h., llamada comúnmente **Puerto Limón.** Es el primer puerto del país, con grandes exportaciones de bananas y café. || Río de Venezuela (Zulia). Nace en la sierra de Perijá y desagua en el lago de Maracaibo.

LIMONADA. al. **Zitronenlimonade.** fr. **Citronnade.** ingl. **Lemonade.** ital. **Limonata.** port. **Limonada.** f. Bebida hecha con agua, azúcar y zumo de limón. || – **de vino.** Sangría, o bebida de agua de limón y vino tinto. || – **purgante.** Citrato de magnesia diluido en agua azucarada. || – **seca.** Polvos de ácido cítrico y azúcar, con que se puede preparar una limonada disolviéndolos en agua.

LIMONADO, DA. adj. De color de limón.

LIMONAR. m. Terreno plantado de limones. || ant. Limonero, árbol. Ú. en *Guat.*

LIMONARIA. f. *Hond.* Arbusto de adorno, de flores olorosas.

LIMONCILLO. m. Árbol de América Central, de madera amarilla, que se emplea para hacer embutidos en los muebles.

LIMONERA. (De *limón,* y éste de *leme.*) f. Cada una de las dos varas en cuyo centro se coloca una caballería para tirar de un carruaje. || Conjunto de ambas varas.

LIMONERO, RA. al. **Zitronenbaum.** fr. **Citronnier.** ingl. **Lemon tree.** ital. **Limone.** port. **Limoeiro.** s. Persona que vende limones. || m. Árbol auranciáceo de cuatro a cinco metros de altura, siempre verde, con ramas delgadas, hojas alternas ovales, dentadas; flores olorosas, rosadas por fuera y blancas por dentro. Es originario de Asia. Su fruto es el limón. *Citrus limonum.*

LIMONERO, RA. (De *limón.* y éste de *leme.*) adj. Aplícase a la caballería que va colocada en el centro de las varas de un carro, calesa, etc. Ú.t.c.s.

LIMONITA. f. *Miner.* Óxido férrico hidratado.

LIMOSIDAD. f. Calidad de limoso. || Sarro de la dentadura.

LIMOSNA. al. **Almosen.** fr. **Aumône.** ingl. **Alms.** ital. **Elemosina.** port. **Esmola.** (Del ant. *alimosna,* y éste del lat. *eleemosyna.*) f. Dinero, alimento, etc., que se da a los necesitados. sinón.: **caridad, socorro.** || IDEAS AFINES: *Generosidad, dádiva, filantropía, compasión, limosnero, pordiosero, mendicante, harapos, hambre, miseria, frío, asilo, hospicio, auxilio, platillo, alcancía, cepillo, lisiado, ciego.*

LIMOSNEAR. intr. Pordiosear, mendigar.

LIMOSNERO, RA. al. **Almosenverteiler; Bettler.** fr. **Charitable; mendiant.** ingl. **Charitable; beggar.** ital. **Caritevole; mendicante.** port. **Esmoler; esmoleiro, mendigo.** adj. Que da frecuentemente limosna. || m. Encargado de recoger y distribuir limosnas. || f. Escarcela en que se llevaba dinero para dar limosnas. || s. *Amér.* Mendigo.

LIMOSO, SA. (Del lat. *limosus.*) adj. Lleno de limo o lodo. sinón.: **fangoso, legamoso.**

LIMOUSIN. *Geog.* V. **Lemosín.**

LIMPIA. (De *limpiar.*) f. Limpieza, acción de limpiar. *La* LIMPIA *de los aljibes.*

LIMPIABARROS. m. Utensilios que se pone a la entrada de las casas, para que los que llegan se limpien el barro del calzado.

LIMPIABOTAS. m. El que por oficio limpia y lustra el calzado.

LIMPIACHIMENEAS. m. El que por oficio deshollina chimeneas.

LIMPIADERA. f. Cepillo de carpintero. || Aguijada para limpiar el arado.

LIMPIADIENTES. m. Mondadientes. || *Hond.* Copalillo cuya resina es usada como el alcanfor. || Esta misma resina.

LIMPIADOR, RA. adj. y s. Que limpia.

LIMPIADURA. f. Limpia. || pl. Desperdicios o basura que se saca de una cosa cuando se limpia.

LIMPIAMANOS. m. *Guat.* y *Hond.* Toalla, servilleta.

LIMPIAMENTE. adv. m. Con limpieza. || fig. Tratándose de algunos juegos, con agilidad y destreza. || fig. Sinceramente, con candor. || fig. Con integridad. sin interés.

LIMPIAMENTO. (De *limpiar.*) m. Limpia.

LIMPIAPARABRISAS. m. Aparato que quita las gotas de lluvia del parabrisas de los automóviles para facilitar la visión del conductor.

LIMPIAPLUMAS. m. Paño o cepillito para limpiar plumas de escribir.

LIMPIAR. al. **Reinigen; putzen.** fr. **Nettoyer.** ingl. **To clean.** ital. **Pulire.** port. **Limpar.** (Del lat. *limpidare.*) tr. Quitar la suciedad de una cosa. Ú.t.c.r. LIMPIA *la casa con esmero;* sinón.: **asear, lavar;** antón.: **ensuciar.** || fig. Purificar. || Echar de un lugar a los que son perjudiciales en él. *La policía* LIMPIÓ *el barrio de vagabundos;* sinón.: **ahuyentar, expulsar.** || Quitar a los árboles las ramas pequeñas que se dañan entre sí. || fig. y fam. Hurtar. *Me* LIMPIARON *la cartera.* || En el juego, ganar. || *Arg.* y *Urug.* fig. y fam. Matar a una persona. || *Chile.* Escardar. || *Méx.* y *Pan.* fig. y fam. Castigar. || IDEAS AFINES: *Higienizar, barrer, frotar, bañar, filtrar, deterger, ablución, agua, jabón, esponja, quitamanchas, escoba, aspiradora, polvo, pulcro, acicalado, reluciente.*

LIMPIAUÑAS. m. Instrumento para limpiar las uñas.

LIMPIDEZ. f. poét. Calidad de límpido. LA LIMPIDEZ *de su mirada;* sinón.: **claridad, pureza.**

LÍMPIDO, DA. (Del lat. *límpidus.*) adj. poét. Limpio, puro, sin mancha. *Cielo* LÍMPIDO; sinón.: **inmaculado, impoluto.**

LIMPIEZA. al. **Reinheit; Reinigen.** fr. **Propreté; nettoyage.** ingl. **Cleanliness; cleaning.** ital. **Pulizia.** port. **Limpeza.** f. Calidad de limpio. *Resaltaba la* LIMPIEZA *de aquella casa;* antón. **suciedad.** || Acción y efecto de limpiar o limpiarse. *Hacer una* LIMPIEZA *a fondo;* sinón.: **aseo, higiene.** || fig. Pureza, castidad. || fig. Integridad con que se procede en los negocios. sinón.: **honradez.** || fig. Precisión, destreza con que se ejecutan ciertas cosas. *La* LIMPIEZA *de un cirujano.* || fig. En los juegos, observación estricta de sus reglas. || – **de corazón.** fig. Rectitud, sinceridad. || – **de manos.** fig. Limpieza, integridad. || – **de sangre.** ant. Calidad de no tener mezcla ni raza de moros, judíos, herejes ni penitenciados.

LIMPIO, PIA. al. **Rein; sauber.** fr. **Propre.** ingl. **Clean; neat.** ital. **Pulito.** port. **Limpo.** (Del lat. *límpidus.*) adj. Que no tiene mancha o suciedad. *Manos* LIMPIAS; sinón.: **aseado, pulcro;** antón.: **sucio.** || Que no tiene mezcla de otra cosa. Dícese por lo común de los granos. || Que tiene el hábito del aseo. || fig. V. **Manos limpias.** || fig. Libre de cosa que dañe o inficione. LIMPIO *de culpa.* || adv. m. Limpiamente. || **En limpio.** m. adv. En substancia. Ú. para expresar el valor neto que queda de una cosa. || En claro y sin enmienda.

LIMPIÓN. (De *limpiar.*) m. Limpiadura ligera. *Dar un* LIMPIÓN *al sombrero.* || fam. El que se encarga de la limpieza de una cosa. || *Col.* y *Ven.* Paño para limpiar y secar los platos.

LINA. f. *Chile.* Pelo de lana gruesa y basta.

LINÁCEO, A. (De *lino.*) adj. *Bot.* Aplícase a hierbas, matas o arbustos dicotiledóneos, de hojas alternas, rara vez opuestas, sencillas, enteras y estrechas; flores fugaces, regulares, y de cinco pétalos, y fruto seco, capsular, de cuatro a cinco divisiones y ocho o diez celdillas con otras tantas simientes; como el lino. Ú.t.c.s.f. || f. pl. *Bot.* Familia de estas plantas.

LINAJE. al. **Abstammung; Geschlecht.** fr. **Lignage.** ingl. **Lineage.** ital. **Lignaggio.** port. **Linhagem.** (De un deriv. del lat. *línea,* línea.) m. Ascendencia o descendencia de cualquier familia. *Ilustre* LINAJE; sinón.: **progenie, prosapia.** || fig. Clase o condición de una cosa. || Vecinos reconocidos por nobles o incorporados en el cuerpo de la nobleza. || – **humano.** Conjunto de todos los descendientes de Adán. || IDEAS AFINES: *Raza, familia, casta, estirpe, genealogía, continuidad, abolengo, antigüedad, antepasados, posteridad, blasón, herencia, consanguinidad.*

LINAJISTA. m. Quien sabe o escribe de linajes.

LINAJUDO, DA. adj. y s. Dícese del que es o se precia de linaje aristocrático. *Familia* LINAJUDA; sinón.: **encopetado.**

LINÁLOE. m. Áloe.

LINAO. m. Especie de juego de pelota que se usa en Chile.

LINAR. m. Terreno sembrado de lino.

LINARES, José María. *Biog.* Político bol., en 1857 presid. de la República (1810-1861). || – **ALCÁNTARA, Francisco.** General ven., de 1877 a 1879 presid. de la República (1827-1871). || – **RIVAS, Manuel.** Dramaturgo esp., autor de *El abolengo; La garra; Doña Desdenes,* obras todas de carácter costumbrista, etc. (1867-1938).

LINARES. *Geog.* Provincia del centro de Chile 9.414 km². 230.000 h. Agricultura. Cap. hom. 40.000 h. || C. de España (Jaén). 60.000 h. Es uno de los mayores centros productores de plomo del mundo y el principal de España. || Ciudad de México (Nuevo León). 30.000 h. Agricultura, maderas.

LINARIA. (De *lino.*) f. Planta herbácea con hojas parecidas a las del lino, flores amarillas en espigas, y fruto capsular, ovoide, de dos celdas y muchas semillas menudas. Se cría en terrenos áridos y se ha empleado en medicina como depurativo y purgante. *Linaria vulgaris,* escrofulariácea.

LINAZA. f. Semilla del lino, en figura de granillos elipsoidales, que molida es usada para cataplasma y exprimida da un aceite con el que se fabrican pinturas y barnices. || *Chile.* Lino.

LINCE. al. **Luchs.** fr. **Lynx.** ingl. **Lynx.** ital. **Lince.** port. **Lince.** (Del lat. *lynx, lyncis.*) m. Mamífero carnicero muy semejante al gato cerval, pero más grande, con el pelaje tirando a bermejo, y orejas puntiagudas terminadas en un pincel de pelos negros. Ataca a los ciervos y otros animales corpulentos, y los antiguos creían que su vista podía penetrar a través de las paredes. || fig. V. **Vista de lince.** || fig. Persona aguda, sagaz. Ú.t.c. adj. || Empleado como adjetivo y refiriéndose a la vista, perspicaz. *Ojos* LINCES.

LINCEAR. (De *lince,* sagaz, perspicaz.) tr. fig. y fam. Descubrir lo que difícilmente puede verse.

LINCEO, A. (Del lat. *lynceus.*) adj. Perteneciente al lince. || fig. y poét. Perspicaz. *Vista* LINCEA.

LINCEO. *Mit.* Uno de los argonautas, que se hizo célebre por su vista poderosa. || Uno de los cincuenta hijos de Egipto, esposo de Hipermnestra, la única de las Danaides que perdonó la vida a su marido.

LINCOLN, Abraham. *Biog* Estadista y pol. estadounidense, una de las personalidades más brillantes de la vida pública americana. Su nombre es sinónimo de rectitud, de insobornable fe en la democracia y en la libertad del hombre. Nacido y educado en humilde ambiente, hizo suyo el anhelo de liberación de los esclavos de su patria, y dedicó su vida a la lucha por la abolición de la esclavitud. Al poco tiempo, los estados esclavistas se unieron y desataron la guerra civil (V. **Secesión, Guerra de**) que asoló el territorio nacional durante cuatro años y en cuyo transcurso **Lincoln** emitió las solemnes proclamas de 1862 y 1863, que declaraban abolida la esclavitud en los Estados Unidos. Reelegido como presidente en 1865, al terminar su primer mandato, tuvo la dicha de ver el fin de la contienda civil y, rodeado del respeto de la nación, elaboró planes de realización política cuya ulterior ejecución habría de impedir su muerte por obra de un fanático partidario de los ejércitos del Sur. Tan grande y sereno en la paz como en la guerra, tan hondo en el pensamiento como en el ideal, deseó unir indisolublemente al pueblo norteamericano en la dignidad y la paz y aunque hubo de gobernar en circunstancias excepcionales, haciendo uso de facultades no comunes, en ningún momento desechó los principios republicanos y democráticos; por el contrario, los practicó con perseverancia y los exaltó con fe. Sus *Cartas* y *Discursos* son testimonio cabal de su lucha y de su genio (1809-1865).

LINCOLN. *Geog.* Ciudad de la Argentina, sit. al N.O. de la prov. de Buenos Aires. 20.000 h. Centro agrícola. || Ciudad de los EE.UU., capital del Est. de Nebraska. 98.884. h. Comercio agrícola. Industrias alimenticias. || Condado del S.E. de Gran Bretaña (Inglaterra) 6.898 km². 706.574 h. Cebada, ovinos, equinos. Cap. hom. 69.412 h. Fundiciones.

LINCURIO. (Del lat. *lyncúrium* y éste del gr. *lynkoúrion;* de *lynx,* lince, y *oúron,* orina.) m. Piedra que los antiguos suponían ser la orina de lince petrificada.

LINCHAMIENTO. m. Acción de linchar.

LINCHAR. al. **Lynchen.** fr. **Lyncher.** ingl. **To lynch.** ital. **Linciare.** port. **Linchar.** (De *Lynch,* magistrado de la Carolina del Sur en el siglo XVIII.) tr. Ejecutar a un criminal sin formarle proceso, en forma tumultuaria.

LINDAMENTE. adv. m. Con primor y perfección. *Cabalgaba* LINDAMENTE.

LINDANTE. p. a. de **Lindar.** Que linda. *Jardines* LINDANTES; sinón.: **contiguo, limítrofe.**

LINDAR. (Del lat. *limitare.*) intr. Estar contiguos dos territorios, terrenos o fincas. *Mi casa* LINDA *con una quinta;* sinón.: **confinar, limitar.**

LINDAZO. (Del lat. *limitatio.*) m. Linde, especialmente si está señalado con mojones o por medio de un ribazo.

LINDBERGH, Carlos. *Biog.* Aviador nort., el primero que realizó en 1927 el vuelo Nueva

York-París sin escala (1902-1974).

LINDE. (Del lat. *limes, -itis.*) amb. Límite. Término o línea que divide las propiedades. *El tren llegaba hasta el* LINDE *de la provincia.*

LINDE, Carlos. *Biog.* Ingeniero al., inventor de una máquina para la obtención de hielo artificial. Logró la licuefacción del aire atmosférico y otros gases (1842-1934).

LINDEL. m. Lintel.

LINDERA. f. Linde o conjunto de los lindes de un terreno.

LINDERÍA. f. Lindera.

LINDERO, RA. adj. Que linda con algo. TAPIA *lindera*; sinón.: **limítrofe.** ‖ m. Linde. *Los* LINDEROS *de la ciudad.* ‖ *Hond.* Hito, mojón. ‖ **Con linderos y arrabales.** m. adv. fig. y fam. Refiriendo algo con extrema prolijidad.

LINDESNES. *Geog.* Cabo del extremo sur de Noruega.

LINDEZA. f. Calidad de lindo. ‖ Hecho o dicho gracioso. ‖ pl. irón. Insultos. *¡Qué* LINDEZAS *para sus oídos!* sinón.: **improperios.**

LINDO, DA. al. **Hübsch; Schön.** fr. **Beau.** ingl. **Beautiful.** ital. **Bello.** port. **Lindo.** (Del lat. *legitimus,* completo, perfecto.) adj. Hermoso, grato a la vista. *Un* LINDO *paisaje.* ‖ fig. Bueno, perfecto, primoroso. *Un* LINDO *recibimiento.* ‖ m. fig. y fam. Hombre afeminado, que se acicala mucho y presume de hermoso. ‖ **De lo lindo.** m. adv. Lindamente, a las mil maravillas. ‖ Mucho, con exceso. *Bebió y comió* DE LO LINDO.

LINDO, Hugo. *Biog.* Escritor salv. n. 1917, presidente prov. de la República, autor de la novela *El anzuelo de Dios* y otras obras. ‖ **— Y ZELAYA, Juan N. Fernández.** *Biog.* Político hond., de 1841 a 1842 presidente de El Salvador y de 1847 a 1851 de Honduras (1790-1853).

LINDÓN. (De **lindo.**) m. Caballete que suelen usar los hortelanos para poner las esparragueras y otras plantas.

LINDURA. f. Lindeza.

LÍNEA. al. **Linie; Reihe; Zeile.** fr. **Ligne.** ingl. **Line.** ital. **Linea.** port. **Linha.** (Del lat. *línea.*) f. *Geom.* Extensión considerada en una sola de sus tres dimensiones: la longitud. *Camine en* LÍNEA *recta.* ‖ Medida longitudinal equivalente a dos milímetros aproximadamente. ‖ Raya. *Trazar una* LÍNEA. ‖ Renglón de un impreso o escrito. *Saltarse una* LÍNEA. ‖ Vía terrestre, marítima o aérea. LÍNEA *del sur;* LÍNEA *de Río Janeiro a Lisboa;* LÍNEA *de Buenos Aires-Madrid.* ‖ Clase, género, especie. ‖ Serie de personas o cosas situadas una detrás de otra o una al lado de otra. ‖ **— abierta.** *Geom.* la que posee extremos: aquella en la que es preciso retroceder para volver al punto de partida. ‖ **— cerrada.** *Geom.* La que carece de extremos: aquella en la que, sin retroceder, se puede llegar al punto de partida. ‖ **Línea equinoccial.** *Pronto pasaremos la* LÍNEA; *navegamos debajo de la* LÍNEA. ‖ Serie de personas enlazadas por parentesco. LÍNEA *paterna.* ‖ V. **Anteojo, infantería, navío, tropa de línea.** ‖ fig. Término, límite. ‖ Serie de trincheras construidas al frente de una posición militar. ‖ *Esgr.* Cada una de las diferentes posiciones que toman las espadas de un contendiente respecto a la del contrario. ‖ *Mil.* Formación de tropas en orden de batalla. ‖ **— abscisa.** *Geom.* **Abscisa.** ‖ **— colateral. Línea** transversal de parientes. ‖ **— coordenada.** *Geom.* Coordenada. ‖ **— curva.** *Geom.* La que no es recta en ninguna de sus porciones, por pequeñas que se tomen. ‖ **— de agua.** *Mar.* **Línea de flotación.** ‖ **— de circunvalación.** La férrea que enlaza una con otras, las de los ferrocarriles que convergen a diferentes estaciones de una misma población. ‖ **— de doble curvatura.** *Geom.* La que no se puede trazar en un plano; como la hélice. ‖ **— de flotación.** *Mar.* La que divide la parte sumergida del casco de un barco de la que no lo está. ‖ **— de la tierra.** Intersección de un plano horizontal de proyección con otro vertical. ‖ Intersección común del plano geométrico y del plano óptico. ‖ **— de los ápsides.** *Astron.* Eje mayor de la órbita de un planeta. ‖ **— del viento.** *Mar.* La de la dirección que éste lleva. ‖ **— de mira.** *Art.* Visual que por el ocular del alza y el punto de mira de las armas de fuego se dirige al blanco que se intenta batir. ‖ **— de puntos.** *Gram.* **Puntos suspensivos.** ‖ **— equinoccial.** *Geog.* **Ecuador terrestre.** ‖ **— férrea. Vía férrea.** ‖ **— geométrica.** *Geom.* Una de las que suelen señalarse en el pantómetro, con divisiones que indican los lados de los polígonos regulares (en tres líneas). ‖ **— maestra.** *Albañ.* Cada una de las fajas de yeso o de mezcla que se hacen en la pared y que sirven de guía para igualar después su superficie. ‖ **— media.** En el fútbol y otros deportes, la constituida por los jugadores que en la formación del equipo se sitúan entre la defensa y la línea delantera. ‖ **— meridiana.** *Astron.* Intersección del plano meridiano con otro horizontal, y que señala la orientación de Norte a Sur. ‖ **— neutra.** *Fís.* Sección media de un imán con relación a sus polos. ‖ **— ordenada.** *Geom.* Ordenada. ‖ **— quebrada.** *Geom.* La que sin ser recta se compone de varias rectas. ‖ **— recta.** Orden y sucesión de generaciones de padres a hijos. ‖ *Geom.* La más corta que se puede imaginar desde un punto a otro. ‖ **— telegráfica,** Conjunto de las estaciones y alambres conductores de un telégrafo. ‖ **— transversal.** Serie de parientes no nacidos unos de otros, sino enlazados por descender de un ascendiente común. ‖ *Geom.* La que atraviesa o cruza a otras, principalmente si son paralelas. ‖ **— trigonométrica.** *Geom.* Cualquiera de las rectas que se consideran en el círculo y sirven para resolver triángulos por el cálculo. ‖ **A línea tirada.** frs. *Impr.* Aplícase a la composición que ocupa todo el ancho de la plana. ‖ **Echar líneas.** frs. fig. Tomar las medidas para conseguir una cosa. ‖ **En toda la línea.** frs. fig. Completamente. Ú. con los verbos *ganar, derrotar, triunfar* y *vencer.* ‖ **Leer entre líneas.** frs. fig. **Leer entre renglones.** ‖ **Tirar líneas.** frs. **Echar líneas.** ‖ IDEAS AFINES: *Trazo, rasgo, surco, isoterma, pentagrama perpendicular, alambre, hilo, regla, circunferencia, fila, ristra, hilera, subrayar, alinear, perfil.*

LÍNEA, La. *Geog.* V. **La Línea.**

LINEAL. (Del lat. *linealis.*) adj. Perteneciente a la línea. ‖ Dícese del dibujo que se representa con líneas solamente. ‖ V. **Perspectiva lineal.** ‖ *Hist. Nat.* Largo y fino casi como una línea.

LINEAMENTO. (Del lat. *lineaméntum.*) m. Delineación de un cuerpo, por la cual se distingue su figura.

LINEAMIENTO. m. Lineamento.

LINEAR. (Del lat. *linearis.*) adj. *Hist. Nat.* Lineal.

LINEAR. (Del lat. *lineare.*) tr. **Tirar líneas.** ‖ Bosquejar.

LÍNEO, A. (Del lat. *lineus.*) adj. *Bot.* Lináceo. Ú.t.c.s.f.

LINERO, RA. adj. Perteneciente o relativo al lino.

LINFA. al. **Lymphe.** fr. **Lymphe.** ingl. **Lymph.** ital. **Linfa.** port. **Linfa.** (Del lat. *lympha.*) f. Humor acuoso que existe en diversas partes del cuerpo y corre por los vasos linfáticos. ‖ Virus usado para inoculaciones. ‖ poét. Agua. *Se miró en la clara* LINFA *del arroyo.* ‖ IDEAS AFINES: *Savia, jugo, sangre, ganglio, glóbulo, circulación, nutrición, fluido, apatía, palidez, capilaridad.*

LINFANGITIS. f. *Med.* Inflamación de los vasos linfáticos.

LINFÁTICO, CA. (Del lat. *lymphátìcus.*) adj. y s. Abundante en linfa. ‖ Pertenece a este humor. *Ganglios* LINFÁTICOS.

LINFATISMO. m. Tendencia a los infartos e inflamaciones de los ganglios, y disposición a la degeneración escrofulosa y tuberculosa.

LINFOCITO. (Del lat. *lympha,* linfa, y del gr. *kytos,* célula.) m. Leucocito diminuto que abunda en los ganglios linfáticos.

LING, Pedro Enrique. *Biog.* Poeta y deportista sueco, creador del mod. sistema gimnástico. Autor de *Cuadro de gimnasia pedagógica; El celoso; Fundamentos de la gimnasia,* etc. (1776-1839).

LINGAYEN. *Geog.* Ciudad de la Rep. de Filipinas, cap. de la prov. de Pangasinán (Luzón). 47.000 h.

LINGOTE. al. **Barren.** fr. **Lingot.** ingl. **Ingot.** ital. **Lingotto.** port. **Lingote.** (Del fr. *lingot.*) m. Trozo o barra de metal en bruto. *En el mundo antiguo, los* LINGOTES *servían para las operaciones comerciales.* ‖ Cada una de las barras de hierro que se emplean en los buques para balancear la estiba.

LINGUAL. (Del lat. *lengua,* lengua.) adj. Perteneciente o relativo a la lengua. *Mucosa* LINGUAL. ‖ Dícese de la vocal, consonante o sonido que se articula principalmente con la lengua, y de las letras que los representan; como la *l* castellana. Ú.t.c.s.

LINGUE. m. *Chile.* Árbol lauráceo cuya madera es usada en construcción y ebanistería, y su corteza para curtir cuero. ‖ Corteza de este árbol.

LINGUETE. (Del fr. *linguet.*) m. Barra metálica giratoria por uno de sus extremos y que por el otro se puede encajar en un hueco para impedir el movimiento de retroceso de un cabrestante u otra máquina.

LINGÜISTA. com. Persona versada en lingüística. sinón.: **filólogo, ga.**

LINGÜÍSTICA. al. **Sprachwissenschaft; Linguistik.** fr. **Linguistique.** ingl. **Linguistics.** ital. **Linguistica.** port. **Lingüística.** (De *lingüista.*) f. Estudio de las lenguas. ‖ Ciencia del lenguaje.

LINGÜÍSTICO, CA. adj. Perteneciente o relativo a la lingüística. *Investigación* LINGÜÍSTICA.

LINHARES, José. *Biog.* Político y jurista bras., en 1945 presidente provisional de la República (n. 1886).

LINIERS Y BREMOND, Santiago de. *Biog.* Marino esp. de origen fr., héroe de la Reconquista y de la defensa de Buenos Aires en las invasiones inglesas. Nombrado virrey del Río de la Plata, tres años después fue fusilado por orden de la Junta Militar revolucionaria al intentar restablecer el poder español (1753-1810).

LINIMENTO. Del lat. *liniméntum,* de *línere,* untar suavemente.) m. *Farm.* Preparación menos espesa que el ungüento, que se prepara con aceite o bálsamo y se aplica exteriormente en fricciones. ‖ IDEAS AFINES: *Óleo, masajista, cataplasma, emoliente, calmante, quemadura, artritismo, reuma, agujeta, músculo, adormecer, ablandar.*

LINIMIENTO; m. Linimento.

LINIO. m. Liño.

LINKÖPING. *Geog.* Ciudad de Suecia, situada al S.O. de Estocolmo. 110.000 h. Construcciones aeronáticas, automóviles.

LINNEO, Carlos de. *Biog.* Naturalista sueco, autor de la nomenclatura binaria y de una famosa clasificación de las plantas en veinticuatro clases, según el número y la disposición de los estambres. Estableció también una clasificación de los animales y es el creador del método científico en el estudio de la historia natural. Escribió una cél. *Filosofía botánica.* (1707-1778).

LINO. al. **Lein.** fr. **Lin.** ingl. **Flax; linen.** ital. **Lino.** port. **Linho.** (Del lat. *linum.*) m. Planta herbácea, anual, con raíz fibrosa, hojas lanceoladas, flores de cinco pétalos azules, y fruto en caja de diez celdillas, con una semilla aplanada y brillante en cada una. Las fibras paralelas que forman la corteza producen la hilaza. *Linum usitatissimun,* linácea. *Estados Unidos y la Argentina destinan el* LINO *a la producción de aceite.* ‖ Materia textil que se saca de los tallos de esta planta. ‖ Tela hecha de **lino.** ‖ fig. y poét. Vela de la nave. ‖ *Arg.* Linaza, semilla del **lino.** ‖ **— bayal.** Variedad de **lino;** tiene los tallos largos y la hilaza más fina y blanca. ‖ **— caliente.** Variedad de **lino** que tiene los tallos cortos y muy ramosos y da más hilaza, pero de calidad inferior. ‖ **— frío. Lino bayal.**

LINO. *Mit.* Hijo de Apolo y de Calíope, inventor del ritmo y de la melodía; encarnación gr. de una especie de cantos funerarios.

LINO, San. *Biog.* Papa que reinó de 66 a 68, sucesor de San Pedro.

LINÓGRAFO, FA. s. *Chile.* Linotipista.

LINÓLEO. al. **Linoleum.** fr. **Linoléum.** ingl. **Linoleum.** ital. **Linoleo.** port. **Linóleo.** (De *lino,* y el lat. *óleum,* aceite.) m. Tela fuerte e impermeable, formada por un tejido de yute cubierto con una capa de corcho en polvo amasado con aceite de linaza oxidado.

LINÓLEUM. m. Linóleo. Es barbarismo.

LINÓN. (De *lino.*) m. Tela de hilo muy liviana, clara y fuertemente engomada. *Una blusa de* LINÓN.

LINOS. *Mit.* V. **Lino.**

LINOTIPIA. al. **Linotype.** fr. **Linotype.** ingl. **Linotype.** ital. **Linotipia.** port. **Linotipia.** (Del ingl. *linotype.*) f. Máquina de componer provista de matrices, de la cual sale la línea en una sola pieza. Fue inventada por el mecánico nort. de origen al. Otomar Mergenthaler. ‖ Taller donde se trabaja con estas máquinas.

● **LINOTIPIA.** *Imp.* Inventada en 1884 y registrada con el nombre de *Linotype,* que en lo sucesivo designó a todas las máquinas de este tipo, la **linotipia** realiza mecánicamente la composición, justificación y distribución tipográficas. En la parte superior tiene un almacén de matrices; al presionar las letras de un teclado similar al de las máquinas de escribir, se hace que las matrices desciendan a un componedor, donde se va formando la línea, intercalándose entre las paredes, espacios fijos y móviles; la línea es transportada al molde, donde previamente se ha hecho la justificación con una palanca que, gracias a los espacios móviles, empuja las salientes para que los blancos queden repartidos por igual. Luego, el molde recibe un chorro de metal fundido en el crisol de la **linotipia;** las matrices son llevadas por un elevador hasta la barra de distribución, mientras que la línea fundida, enfriada instantáneamente mediante una corriente de agua, pasa por una cuchilla que la alisa por detrás, sale del molde impelida por un expulsador, y antes de ser colocada en el galerín es calibrada a los costados por otras dos cuchillas. La distribución de las matrices es automática.

LINOTÍPICO, CA. adj. Perteneciente o relativo a la linotipia. *Composición* LINOTÍPICA.

LINOTIPISTA. com. Persona que maneja una linotipia.

LINOTIPO. f. *Amér.* Linotipia, máquina.

LINS. *Geog.* Ciudad del S. de Brasil (San Pablo), 45.000 h. Café. Industrias.

LINS DO REGO, José. *Biog.* Novelista brasileño, autor de *Fuego muerto; Usina,* etc. (1901-1957).

LIN SEN. *Biog.* Est. chino, en 1932 y 1935 presid. del gobierno nacional de su país (1867-1943).

LINTEL. (Del lat. *limitellus,* dim. de *limes, -tis,* límite.) m. Dintel.

LINTERNA. al. **Laterne.** fr. **Lanterne.** ingl. **Lantern.** ital. **Lanterna.** port. **Lanterna.** (De *lanterna.*) f. Especie de farol portátil. *El esclavo alumbraba el camino con una* LINTERNA. ‖ *Arq.* Fábrica de figura varia más alta que ancha y con ventanas, que se pone como remate en algunos edificios e iglesias. *La* LINTERNA *de la Catedral de Valencia.* ‖ *Mar.* Faro. ‖ *Mec.* Rueda formada por dos discos paralelos fijos en el mismo eje y unidos en la circunferencia con barrotes cilíndricos en donde engranan los dientes de otra rueda. ‖ **— flamenca. Linterna sorda.** ‖ **— mágica.** Aparato óptico provisto de lentes, con el cual se ven amplificadas sobre un lienzo o pared figuras de vidrio iluminadas. ‖ **— sorda.** Aquella cuya luz va oculta por una opaca, que se corre a voluntad del portador. ‖ IDEAS AFINES: *Iluminar, enfocar, encandilar, foco, reflector, aumento, ladrón, minero, acomodador, laringólogo, tinieblas, túnel, cinematógrafo, Diógenes.*

LINTERNAZO. m. Golpe dado con linterna. ‖ fig. y fam. Golpe con otro instrumento.

LINTERNERO. m. El que hace linternas.

LINTERNÓN. m. aum. de **Linterna.** ‖ *Mar.* Farol de popa.

LINUDO, DA. adj. *Chile.* Dícese del animal que tiene lina, o del tejido hecho con ella.

LINUEZO. (De *lino.*) m. fam. Linaza.

LINYERA. (Del ital. *lingera.*) m. *Arg.* Hombre sin ocupación habitual, que ambula de una parte a otra viviendo generalmente del favor público. ‖ f. Especie de bolsa en que guarda sus bártulos el linyera.

LIN YUTANG. *Biog.* Escritor chino, autor de una serie de novelas de carácter filosófico, como *La importancia de vivir; Una hoja en la tormenta; Mi patria y mi pueblo*, etc. (1895-1976).

LINZ. *Geog.* Ciudad de Austria, sobre el Danubio, cap. de la provincia de Alta Austria. 210.000 h. Siderurgia, material ferroviario, tejidos.

LIÑÁN Y CISNEROS, Melchor. *Biog.* Prelado y político esp., de 1671 a 1674 gobernador de Nueva Granada, y de 1678 a 1681 virrey del Perú (m. 1708).

LIÑO. (Del *liña.*) m. Línea de árboles u otras plantas.

LIÑUELO. (Del lat. *lineolus*, dim. de *línum*, lino.) m. Ramal de una cuerda.

LÍO. al. **Bündel; Durcheinander.** fr. **Paquet; embrouillement.** ingl. **Bundle; fuss.** ital. **Fardello; imbroglio.** port. **Trouxa; enredo.** (De *liar.*) m. Porción de ropa o de otras cosas atadas. LÍO *de papeles.* ‖ fig. y fam. Embrollo. *¡En qué lío te has metido!* ‖ Amancebamiento. ‖ **Armar un lío.** frs. fig. y fam. Embrollar. ‖ **Hacerse uno un lío.** frs. fig. y fam. Embrollarse.

LIOFILIA. f. *Quím.* Propiedad de los coloides secos que se hinchan o disuelven en los líquidos.

LIOFILIZACIÓN. Acción y efecto de liofilizar.

LIOFILIZADOR, RA. adj. Que liofiliza. Ú.t.c.s.

LIOFILIZAR. tr. Desecar mediante el vacío productos o elementos orgánicos a fin de conservarlos.

LIONA. f. *Chile.* Barbarismo por **liorna.**

LIONÉS, SA. adj. Natural de Lyón. Ú.t.c.s. ‖ Perteneciente a esta ciudad de Francia.

LIORNA. (De *Liorna*, puerto y ciudad de Italia.) f. fig. y fam. Algazara, desorden, confusión.

LIORNA. *Geog.* Provincia de Italia (Toscana). 220 km². 348.000 h. Cap. hom. 180.000 h. Puerto importante al Sur de la des. del Arno. Construcciones navales, fundiciones, substancias químicas, porcelanas, conservas de pescado. (En ital. **Livorno.**)

LIOSO, SA. (De *lío.*) adj. fam. Embrollador. *Hombre* LIOSO. Aplícase también a las cosas.

LIOTARD, Juan Esteban. *Biog.* Pintor suizo que se especializó en retratos, aguafuertes y miniaturas (1702-1789).

LÍPARI, Islas. *Geog.* Archipiélago volcánico italiano, sit. al N. de Sicilia. 115 km². 30.000 h. Está formado por siete islas principales y otras menores. La más importante es la isla Lípari. 37,6 km². 15.000 h. Vinos, azufre.

LIPASA. f. *Fisiol.* Esteapsina. Enzima que hidroliza los ésteres de los ácidos grasos de mucho peso molecular.

LIPEGUE. m. *Amér. Central.* Alipego.

LIPEMANÍA. (Del gr. *lype*, tristeza, y *manía*, locura.) f. *Med.* Melancolía, especie de locura.

LIPEMANIACO, CA. adj. *Med.* Que padece de lipemanía. Ú.t.c.s.

LIPEO. *Geog.* Río de la Argentina (Salta), afl. del río Bermejo.

LIPES. (Del territorio de Bolivia del mismo nombre.) f. V. **Piedra lipes.**

LÍPEZ, Cordillera de. *Geog.* Cadena montañosa de la cordillera oriental de los Andes bolivianos. Se une con la cordillera occidental a la altura del volcán Licancabur y culmina a los 6.020 m. en el cerro Nuevo Mundo.

LIPIDIA. f. *Amér. Central.* Miseria. ‖ *Cuba* y *Méx.* Impertinencia. ‖ *Ec.* y *Perú.* Colerina. ‖ s. *Cuba* y *Méx.* Persona fastidiosa.

LIPIDIAR. tr. *Méx.* Importunar.

LIPIDIOSO, SA. adj. *Cuba* y *Méx.* Majadero.

LÍPIDO, DA. adj. *Quím.* Dícese de la substancia que integra el grupo de las grasas y los ésteres con propiedades análogas. Ú.t.c.s.m.

LIPIRIA. (Del gr. *leipyría*, de *leípo*, faltar, y *pyros*, fuego, ardor.) f. Fiebre continua o remitente, acompañada de excesivo calor por dentro, y de frío glacial por fuera, en especial en las extremidades.

LIPIS. f. Lipes.

LIPMANN, Fritz Alberto. *Biog.* Médico estadounidense a quien se otorgó en 1953 el premio Nobel de Fisiología y Medicina, compartido con el alemán Juan A. Krebs, por sus estudios sobre el metabolismo celular (n. en 1899).

LIPÓIDE. adj. Lipoideo. ‖ m. Miembro de una clase de componentes celulares distintos de las grasas líquidas, como la colesterina.

LIPOIDEO. (Del gr. *lipos*, grasa, y *eidos*, forma.) adj. Dícese de toda substancia que tiene aspecto de grasa.

LIPOMA. (Del gr. *lipos*, grasa, y del suf. *oma*, que en medicina significa tumor.) m. *Med.* Tumor formado de tejido adiposo.

LIPOTIMIA. (Del gr. *lipothymia*, de *leipo*, abandonar, y *thymós*, ánimo, sentido.) f. *Med.* Pérdida repentina y pasajera del sentido y del movimiento, con palidez del rostro y debilidad de la respiración y circulación.

LIPPE. *Geog.* Río de la Rep. Federal de Alemania, afl. del Rin por la margen derecha. 255 km. ‖ Antiguo principado, luego Estado de Alemania, entre la Prusia renana y Hannover. Su cap. era DETMOLD. Desde 1949 es parte de la prov. de Renania del Norte-Westfalia (Rep. Federal Alemana).

LIPPI, Filipino. *Biog.* Pintor ital., autor de *Aparición de la Virgen a San Bernardo* y de otras obras (1458-1504). ‖ – **Fray Filippo.** Pintor ital., autor de *La Virgen y el Niño; La Adoración de los Reyes Magos* y otros cuadros sobre temas religiosos (1406-1469).

LIPPMANN, Gabriel. *Biog.* Físico fr., inventor de la fotografía en colores y del electrómetro capilar. En 1908 recibió el premio Nobel de Física por sus investigaciones sobre electricidad, acústica, óptica y radiactividad (1845-1921).

LIPSCOMB, William. *Biog.* Científico norteamericano, premio Nobel de Química 1976, que realizó importantes descubrimientos en torno a la estructura molecular de los compuestos del boro. Desde 1960 sus investigaciones se orientan hacia la relación entre estructuras tridimensionales de las enzimas y la forma en que catalizan las reacciones (n. en 1919).

LIQUEFACCIÓN. f. Licuefacción. ‖ *Quím.* Transformación de un gas en un líquido.

LIQUEN. al. **Flechte.** fr. **Lichen.** ingl. **Lichen.** ital. **Lichene.** port. **Líquen.** (Del lat. *lichen.*) m. Vegetal constituido por la asociación simbiótica de un hongo y una alga. Crece en sitios húmedos sobre las rocas o las paredes y aun en las cortezas de los árboles. Hay liquenes que se emplean como alimento, otros se usan en tintes y otros en medicina; como el islándico. *En la tundra crecen* LIQUENES.

LIQUIDABLE. adj. Que se puede liquidar.

LIQUIDACIÓN. al. **Ausverkauf.** fr. **Liquidation.** ingl. **Liquidation; bargain sale.** ital. **Liquidazione.** port. **Liquidação.** f. Acción y efecto de liquidar o liquidarse. ‖ *Com.* Venta por menor, y con gran rebaja de precios, que hace una casa de comercio por cesación, quiebra, etc. LIQUIDACIÓN *total.*

LIQUIDADOR, RA. adj. Que liquida una cuenta o negocio. Ú.t.c.s.m.

LIQUIDÁMBAR. (De *líquido* y *ámbar.*) m. Bálsamo amarillo rojizo, de sabor acre, procedente del ocozol, de propiedades emolientes y detersivas.

LÍQUIDAMENTE. adv. m. Con liquidación.

LIQUIDAR. al. **Flüssigmachen.** fr. **Liquider.** ingl. **To liquidate.** ital. **Liquidare.** port. **Liquidar.** (Del lat. *liquidare.*) tr. Volver líquido algo sólido o gaseoso. Ú.t.c.r. sinón.: **licuar, licuefacer.** ‖ fig. Hacer el ajuste formal de una cuenta. LIQUIDARÉ *todas las deudas.* sinón.: **finiquitar, saldar.** ‖ fig. Poner término a algo; desistir de un negocio o empeño. ‖ *Com.* Hacer ajuste final de cuentas una casa comercial para cesar en su negocio. *Se vio obligado a* LIQUIDAR. ‖ Vender con rebaja determinadas mercancías hasta agotar las existencias.

LIQUIDEZ. f. Calidad de líquido. ‖ *Com.* Calidad del activo de un banco que puede fácilmente transformarse en dinero efectivo. ‖ *Com.* Relación entre el conjunto de dinero en caja y de bienes fácilmente convertibles en dinero, y el total del activo, de un banco u otra entidad.

LÍQUIDO, DA. al. **Füssig.** fr. **Liquide.** ingl. **Liquid.** ital. **Liquido.** port. **Líquido.** (Del lat. *liquidus.*) adj. Dícese del estado de la materia en que son equilibradas la atracción y la repulsión moleculares, por lo cual carece de forma propia y adopta la del recipiente que lo contiene, como el agua, el vino, etc. Ú.t.c.s. ‖ adj. Dícese del saldo de cuantía cierta, resultante de la comparación del cargo con la data. *Deuda* LÍQUIDA. Ú.t.c.s.m. ‖ *Amér.* del *S.* Barbarismo por solo, único, o exacto, sin mezcla. ‖ *Gram.* Dícese de la consonante que, precedida de otra y seguida de vocal, forma sílaba con ellas; como en *clamor* y *droga.* Ú.t.c.s.f. ‖ V. **Brea, mirra líquida.** ‖ V. **Maná líquido.** ‖ **Líquido imponible.** Cuantía que se fija oficialmente a la riqueza del contribuyente para señalar su tributo.

LIRA. al. **Leier.** fr. **Lyre.** ingl. **Lyre.** ital. **Lira.** port. **Lira.** (Del gr. *lyra.*) f. Instrumento musical de cuerda, usado por los griegos. *A Apolo se consideraba inventor de la* LIRA. ‖ Estrofa de cinco versos, heptasílabos el primero, tercero y cuarto y endecasílabos los otros dos, de los cuales riman el primero con el tercero y el segundo con el cuarto y quinto. *San Juan de la Cruz usó la* LIRA. ‖ Estrofa de seis versos de distinta medida, y en la cual riman los cuatro primeros alternadamente, y los dos últimos entre sí. ‖ Inspiración de un poeta determinado. *La* LIRA *de Virgilio, de Petrarca, de Garcilaso*; sinón.: **numen.** ‖ *Astron.* Constelación septentrional entre Hércules y el Cisne, cuya estrella principal es Vega.

LIRA. (Del ital. *lira*, y éste del lat. *libra.*) f. Moneda italiana de plata. ‖ Unidad monetaria de Italia.

LIRA, Armando. *Biog.* Pintor chileno cont. La mayoría de sus cuadros reflejan el paisaje de Santiago y sus alrededores (1903-1960). ‖ – **Carmen.** Seudónimo de la escritora cost. María Isabel Carvajal, notable cuentista que recoge tradiciones populares de su patria. Obras: *Los cuentos de la tía Panchita; Las fantasías de Juan Silvestre*, etc. (1888-1949). ‖ – **Luciano.** Escritor argentino, autor de la primera antología poética uruguaya: *El Parnaso Oriental* (s. XIX). ‖ – **Miguel N.** Poeta mexicano, autor de *La guayaba; México pregón*, etc. (1905-1961). ‖ – **Pedro.** Pintor chil., admirable retratista y paisajista, y uno de los más decididos precursores del arte plástico en su país. Cuadros: *La fundación de Santiago; Caín, Sísifo*, etc. (1846-1912). ‖ – **Roberto.** Jurisconsulto brasileño cont., uno de los más eruditos penalistas americanos. ‖ – **GIRÓN, Luis F.** Escritor bol., autor de *La balada de las siete inquietudes; Salomé*, etc. (n. 1903). ‖ – **LIRA, Alejandro.** Jurista chil., autor de *La legislación minera de Chile* y otras obras de su especialidad (n. 1873).

LIRADO, DA. adj. *Bot.* De forma de lira, instrumento músico.

LIRIA. f. Liga, materia viscosa.

LÍRICA. (Del lat. *lýrica*, term. f. de *-cus*, lírico.) f. Poesía lírica. *La* LÍRICA *alemana.*

LIRICIDAD. f. Calidad de lírico.

LÍRICO, CA. al. **Lyrisch.** fr. **Lyrique.** ingl. **Lyric.** ital. **Lirico.** port. **Lírico.** (Del lat. *lyricus.*) adj. Perteneciente a la lira o a la poesía propia para ser cantada. ‖ Dícese de uno de los tres principales géneros en que está dividida la poesía, y en el cual están comprendidas las composiciones en que el poeta canta sus propios afectos e ideas, y generalmente todas las obras en verso que no son épicas o dramáticas. ‖ Aplícase al poeta que cultiva este género en poesía. *Los poetas* LÍRICOS *del Renacimiento.* Ú.t.c.s. *Los* LÍRICOS *latinos.* ‖ Propio de la poesía lírica, o apto para ella. *Lenguaje, talento* LÍRICO.

LIRIO. al. **Lilie.** fr. **Lis.** ingl. **Lily.** ital. **Giglio.** port. **Lírio.** (Del lat. *lirion*, y éste del **gr.** *leírion.*) m. Planta herbácea, vivaz, irídea, con hojas radicales, ensiformes y envainadoras; tallo central ramoso; flores terminales, grandes, de seis pétalos azules o morados y a veces blancos; fruto capsular con muchas semillas. ‖ – **blanco.** Azucena. ‖ – **cárdeno. Lirio.** ‖ – **de agua.** Cala, planta airodea. ‖ – **de los valles.** Muguete. ‖ – **hediondo.** Planta semejante al lirio, del que se diferencia por tener el tallo sencillo y ser las flores de mal olor y con tres pétalos azules y otros tres amarillos.

LIRISMO. m. Cualidad de lírico, inspiración lírica. ‖ Abuso de las cualidades características de la poesía lírica. ‖ *Amér.* Fantasía, ilusiones. *Sus proyectos eran puro* LIRISMO. ‖ IDEAS AFINES: *Cantante, poeta, romántico, exagerado, sentimental, teatro, oda, madrigal, idilio, romanza, imaginación.*

LIRÓFORO. m. Poeta, portalira.

LIRÓN. (Del lat. *glis, gliris.*) m. Mamífero parecido al ratón, pero de unos treinta centímetros, incluyendo la cola, que mide casi la mitad, frugívoro, de cola velluda, y que trepa ágilmente a los árboles; pasa todo el invierno adormecido y oculto. *Myoxus glis*, roedor. ‖ fig. Persona dormilona. ‖ **Dormir** uno **como un lirón.** frs. fig. y fam. Dormir mucho o de continuo.

LIRÓN. (Del gr. *lyron.*) m. Alisma.

LIRONDO. adj. V. **Mondo y lirondo.**

LIS. (Del fr. *lis*, y éste del lat. *lílium.*) f. Lirio. ‖ *Blas.* Flor de lis.

LIS. m. *Chile.* Anglicismo por **sedimento, poso.**

LISA. f. Nombre dado a diversos peces marinos del Gén. *Múgil*, acantopterigios. ‖ Pez de río, europeo, de carne insípida. *Cobitis taenia*, malacopterigio. ‖ Mújol.

LISAMENTE. adv. m. Con lisura. ‖ Lisa y llanamente. loc. adv. Sin ambages ni rodeos. LISA Y LLANAMENTE *le diré lo que pienso.* ‖ *Der.* Sin interpretación; tal como suenan las palabras.

LISBOA. *Geog.* Capital de Portugal. Importante puerto sobre el estuario del Tajo. 1.612.000 h. Posee un clima suave y un paisaje maravilloso que la convierten en una de las ciudades más atractivas de Europa. Es el primer centro comercial, industrial, artístico e intelectual del país. Astilleros, productos químicos, tejidos. Universidad, museos, bibliotecas. Espectacular obra de ingeniería es su puente sobre el Tajo.

LISBOA, Antonio Francisco. *Biog.* Escultor bras. llamado el Aleijadinho por su deformidad física. Las iglesias de San Francisco de Asís, de Nuestra Señora del Carmen, y del Santuario del Buen Jesús de Matosinhos, en Brasil, fueron decoradas y adornadas por él con soberbias estatuas (1730-1814).

LISBONENSE. adj. Lisbonés. Apl. a pers. ú.t.c.s. sinón.: **Lisboeta.**

LISBONÉS, SA. (Del lat. *Lisbona*, Lisboa.) adj. Natural de Lisboa. Ú.t.c.s. ‖ Perteneciente a esta ciudad de Portugal.

LISERA. f. *Fort.* Berma.

LISIADO, DA. al. **Gebrechlich; Krüppel.** fr. **Estropié.** ingl. **Crippled.** ital. **Invalido.** port. **Aleijado.** adj. Aplícase a la persona que tiene alguna imperfección orgánica. ‖ Excesivamente aficionado a algo. ‖ IDEAS AFINES: *Tullido, impedido, accidente, jorobado, cojo, manco, tuerto, mutilación, defecto, desgracia, lástima, entablillar, muleta, ortopedia, recuperación.*

LISIAR. tr. y r. Producir lesión en alguna parte del cuerpo.

LISIAS. *Biog.* Orador ateniense, uno de los más notables de su patria. Su estilo depurado marca el apogeo de la prosa ática. Es cél. su discurso *Sobre el asesinato de Eratóstenes* (458-378 a. de C.).

LISIEUX. *Geog.* Ciudad de Francia (Calvados). 20.000 h. Centro industrial y de peregrinación religiosa.

LISÍMACO. *Biog.* Capitán de Alejandro, que fue después rey de Tracia y Macedonia (m. 281 a. de C.).

LISIMAQUIA. f. *Bot.* Planta herbácea de flores amarillas y fruto seco, capsular, con muchas semillas; crece en terrenos húmedos y fue usada contra las hemorragias. *Lysimachia vulgaris*, primulácea.

LISIPO. *Biog.* Escultor gr., uno de los más notables de la antigüedad. Fundía sus estatuas en bronce, y sus figuras de gimnastas y héroes señalan la culminación del naturalismo en la escultura de la antigua Grecia. Obras: *Apoxiómeno, Heracles*, etc. (s. IV a. de C.).

LISMER, Arturo. *Biog.* Pintor canadiense cont. Con abandono de los métodos académicos ha reflejado en sus cuadros el paisaje meridional de su patria.

LISO, SA. al. **Eben; glatt.** fr. **Lisse; poli.** ingl. **Smooth; flat.** ital. **Liscio.** port **Liso.** (Del gr. *lissós.*) adj. Igual, sin asperezas; sin adornos. *Suelo* LISO, *pared* LISA; antón.: **áspero, ornamentado.** ‖ Dícese de las telas que no están labradas y de los vestidos que no tienen guarnición ni otros adornos. ‖ *Amér.* Atrevido, desvergonzado. ‖ fam. *Perú.* Insolente, respondón. ‖ *Min.* Cara plana y extensa de una roca. ‖ **Liso y llano.** loc. que se aplica a los negocios en los que no hay dificultad. ‖ IDEAS AFINES: *Homogéneo, pulido, lustrar, aceitar, planchar, estirar, lijar, hielo, espátula, espejo, plato, lago, aplanadora, patinar.*

LISONJA. al. **Schmeichelei.** fr. **Flatterie.** ingl. **Flattery.** ital. **Lusinga.** port. **Lisonja.** (Del lat. *laus, laudis*, alabanza.) f. Alabanza afectada, para ganar la voluntad de alguien. sinón.: **adulación.**

LISONJA. f. *Blas.* Losange.

LISONJEAR. (De *lisonja*, alabanza.) tr. Adular. ‖ Dar motivo de envanecimiento. Ú.t.c.r. *Se* LISONJEABA *con esperanzas.* ‖ fig. Deleitar. Dícese de las cosas materiales; como la música, etc. Ú.t.c.r. sinón.: **complacer, regalar.** ‖ deriv.: **lisonjeador, ra; lisonjeante.**

LISONJERO, RA. adj. Que lisonjea. Ú.t.c.s. sinón.: **adulador.** ‖ Que agrada y deleita. *Cariños* LISONJEROS; sinón.: **deleitoso, grato.** ‖ deriv.: **lisonjeramente.**

LIST, Federico. *Biog.* Economista al., uno de los creadores del Zollverein, unión aduanera alemana. Obras: *Enciclopedia de ciencias políticas; Sistema nacional de economía política*, etc. (1789-1846). ‖ **– ARZUBIDE, Germán.** Escritor mex., autor de *Mueran los gachupines; Plebe*, y otras obras (n. 1898).

LISTA. al. **Liste; Verzeichnis.** fr. **Liste.** ingl. **List.** ital. **Lista.** port. **Lista.** (Del germ. *lista*, borde.) f. Tira de papel, tela, etc. ‖ Línea que, por combinación de un color con otro, se forma en un cuerpo cualquiera, y especialmente en telas o tejidos. *Las* LISTAS *de la cebra.* ‖ Catálogo. ‖ **– de correos.** Oficina en las casas de correos a la cual se dirigen cartas y paquetes, cuyos destinatarios deben ir a recogerlos. ‖ **– grande.** Relación completa de los números premiados en un sorteo de lotería. ‖ **– negra.** Relación secreta en la que uno inscribe los nombres de personas o entidades a las cuales considera enemigas o que pueden perjudicarle. ‖ **Pasar lista.** Llamar en voz alta, para que respondan aquellos cuyos nombres figuran en un catálogo o relación. ‖ IDEAS AFINES: *Nómina, orden, numeración, alfabeto, diccionario, padrón, índice, almanaque, archivo, fichero, guía, sucesión, columna, franja, cinta.*

LISTA, Ramón. *Biog.* Explorador arg., el primero entre sus compatriotas en atravesar la Tierra del Fuego de N. a S. Recorrió el territorio patagónico realizando importantes descubrimientos geográficos (1856-1897). ‖ **– Y ARAGÓN, Alberto.** Sac., escritor, poeta y matemático esp., notable por su ingenio, agudeza y fantasía retórica. Obras: *Lecciones de literatura dramática; Ensayos literarios y críticos*, etc. (1778-1848).

LISTADO, DA. adj. Que forma o tiene listas. *Lona* LISTADA.

LISTAR. (De *lista.*) tr. Alistar, sentar en lista.

LISTEADO, DA. adj. Listado.

LISTEL. (De *lista.*) m. *Arq.* Filete o miembro de moldura.

LISTER, José. *Biog.* Cirujano ingl. que introdujo la práctica de la antisepsia en las operaciones quirúrgicas. Escribió la cél. *Aportación a la teoría bacteriana sobre la putrefacción y otras causas fermentativas*, y otras obras (1827-1912).

LISTERO. m. El encargado de hacer una lista de los que asisten a una reunión o trabajan juntos.

LISTEZA. f. Calidad de listo; prontitud.

LISTÍN. m. Lista pequeña o sumaria.

LISTO, TA. al. **Bereit; schlau.** fr. **Prêt; debrouilland.** ingl. **Clever; ready.** ital. **Svelto; lesto; pronto.** port. **Pronto.** (Del al. *listig.*) adj. Diligente, pronto, expedito. *Un mandadero* LISTO; antón.: **lento, torpe.** ‖ Apercibido, dispuesto para hacer una cosa. *Los viajeros están* LISTOS; sinón.: **pronto.** ‖ Sagaz.

LISTÓN. (aum. de *lista.*) m. Cinta de seda. ‖ *Arq.* Listel. ‖ *Carp.* Pedazo angosto de tabla. ‖ adj. Dícese del toro que tiene una lista blanca a lo largo de la columna vertebral.

LISTONADO. m. *Carp.* Obra o entablado hecho de listones.

LISTONAR. tr. *Carp.* Hacer listonados.

LISTONERÍA. f. Conjunto de listones.

LISTONERO, RA. s. Persona que hace listones.

LISURA. (De *liso.*) f. Igualdad y tersura de una superficie. *La* LISURA *de una pista*; antón.: **aspereza.** ‖ fig. Ingenuidad, sinceridad. ‖ fig. *Amér.* Descaro, desvergüenza. ‖ *Perú.* Gracia, donaire.

LISZT, Francisco. *Biog.* Compos. y pianista húng., uno de los más destacados representantes de la escuela romántica. Notable por su brillantez y virtuosismo, es uno de los creadores del poema sinfónico. Obras: *Los preludios; Mazeppa; Sinfonía Fausto; Rapsodias húngaras*, etc. (1811-1886).

LITA. (Del lat. *lytta*, y éste del gr. *lytta*, rabia.) f. Landrilla, especialmente la del perro.

LITAR. (Del lat. *litare.*) tr. Hacer un sacrificio agradable a la Divinidad. ‖ deriv.: **litación.**

LITARGE. m. Litargirio.

LITARGIRIO. (Del lat. *lithárgyrum*, y éste del gr. *lithárgyros*; de *lithos*, piedra, y *gyros*, plata.) m. Óxido de plomo, fundido en láminas o escamas muy pequeñas, de color amarillo más o menos rojizo y con lustre vítreo. ‖ **– de oro.** El que tiene color y brillo semejantes a los de este metal. ‖ **– de plata.** El que contiene una cantidad de plata interpuesta y bastante para ser beneficiada.

LITE. (Del lat. *lis, litis.*) f. *Der.* Pleito, litigio judicial.

LITERA. al. **Sänfte.** fr. **Litière; chaise à porteur.** ingl. **Litter.** ital. **Lettiga.** port. **Liteira.** (Del lat. *lectuaria*, term. f. de *-rius*, de *lectus*, lecho.) f. Vehículo antiguo para una o dos personas, en forma de caja de coche y con dos varas laterales que se afianzaban en dos caballerías, puestas una delante y otra detrás. *Viajar en* LITERA. ‖ Cada una de las camas fijas que hay en los camarotes de los buques. ‖ *Méx.* Coche, carruaje.

LITERAL. (Del lat. *litteralis.*) adj. Conforme a la letra del texto o a su sentido propio. ‖ Dícese de la traducción en que son vertidas ordenadamente, en lo posible, las palabras del original. ‖ deriv.: **literalidad.**

LITERALMENTE. adv. m. Conforme a la letra o al sentido literal. *Repetir* LITERALMENTE *palabras ajenas.*

LITERARIAMENTE. adv. m. Según las reglas y preceptos literarios.

LITERARIO, RIA. al. **Literarisch.** fr. **Littéraire.** ingl. **Literary.** ital. **Letterario.** port. **Literário.** (Del lat. *litterarius.*) adj. Perteneciente o relativo a la literatura. *Sociedad* LITERARIA. ‖ V. **República literaria.**

LITERATEAR. intr. Tratar de cosas literarias; escribir sobre asuntos literarios.

LITERATO, TA. al. **Literat.** fr. **Littérateur.** ingl. **Litterateur; literate.** ital. **Letterato.** port. **Literato.** (Del lat. *literatus.*) adj. y s. Dícese de la persona versada en literatura, y de quien la profesa o cultiva.

LITERATURA. al. **Literatur; Schrifttum.** fr. **Littérature.** ingl. **Literature.** ital. **Letteratura.** port. **Literatura.** (Del lat. *litteratura.*) f. Arte bello que usa como instrumento la palabra. ‖ Teoría de las composiciones literarias. ‖ Conjunto de las creaciones literarias de una nación, de una época o de un género. *La* LITERATURA *romana; la* LITERATURA *del siglo XVIII.* ‖ Por ext., conjunto de obras que tratan sobre un arte o ciencia. LITERATURA *médica.* ‖ Suma de conocimientos que se adquieren con el estudio de las creaciones literarias. ‖ **– de cordel. Pliegos de cordel.** ‖ IDEAS AFINES: *Escritor, ensayista, novela, poesía, teatro, periodista, crítico, humanidades, cultura, lenguaje, estilo, preceptiva, libro, publicación, inventiva, argumento.*

LITERERO. m. Vendedor o alquilador de literas. ‖ Quien guía una litera.

LITIASIS. (Del gr. *lithíasis*, de *lithiao*, tener mal de piedra; de *lithos*, piedra.) f. **Mal de piedra.** ‖ **– biliar.** Formación de cálculos en las vías biliares.

LITIGAR. (Del lat. *litigare.*) tr. Pleitear, disputar en juicio sobre algo. LITIGAR *contra un pariente.* ‖ intr. fig. Altercar, contender. ‖ deriv.: **litigante.**

LITIGIO. (Del lat. *litígium.*) m. Pleito, altercación en juicio. *Un* LITIGIO *inacabable.* ‖ fig. Disputa, contienda.

LITIGIOSO, SA. adj. Dícese de lo que está en pleito y por ext., de lo que se disputa por estar en duda. *Campo* LITIGIOSO; sinón.: **contencioso.** ‖ Propenso a mover pleitos.

LITINA. f. Óxido de litio, parecido a la sosa.

LITIO. (Del gr. *lithion*, piedrecita.) m. Metal de color blanco de plata, tan poco denso, que flota sobre el agua, la nafta y el petróleo; combinado con el oxígeno forma la litina. Símb. Li; n. atóm. 3; p. atóm. 6,94.

LITIS. f. *Der.* Lite.

LITISCONSORTE. com. *Der.* Persona que litiga juntamente con otra por la misma causa.

LITISCONTESTACIÓN. (De *litis* y *contestación.*) f. *For.* Trabamiento de la contienda en juicio, por medio de la contestación a la demanda, de que resulta un especial estado jurídico del asunto litigioso y de los litigantes entre sí.

LITISEXPENSAS. (De *litis* y *expensas.*) f. pl. *Der.* Gastos causados o previstos en el seguimiento de un pleito. ‖ Por ext., fondos asignados a quienes no disponen libremente de su caudal, para atender a dichos gastos.

LITISPENDENCIA. (De *litis* y *pendencia.*) f. Estado del pleito antes de su terminación. ‖ *Der.* Estado litigioso ante otro juez o tribunal del asunto o cuestión que se pone o intenta poner sub iúdice.

LITOCÁLAMO. (Del gr. *lithos*, piedra, y *kálamos*, caña.) m. Caña fósil.

LITOCLASA. (Del gr. *lithos*, piedra, y *klasis*, rotura.) f. *Geol.* Quiebra o grieta de las rocas.

LITOCOLA. (Del gr. *lithokolla*; de *lithos*, piedra, y *kolla*, cola.) f. Betún para pegar piedra, compuesto de polvos de mármol, pez y clara de huevo.

LITOCROMÍA. f. Reproducción litográfica de pinturas al óleo.

LITÓFAGO, GA. (Del gr. *lithos*, piedra y *phágomai*, comer.) adj. Dícese de moluscos que perforan las rocas y viven en ellas.

LITOFOTOGRAFÍA. (Del gr. *lithos*, piedra, y de *fotografía.*) f. Fotolitografía. ‖ deriv.: **litofotográfico, ca; litofotográficamente.**

LITOFOTOGRAFIAR. tr. Fotolitografiar.

LITOGÉNESIA. (Del gr. *lithos*, piedra y *génesis*, origen.) f. Parte de la geología, que trata de las causas que han originado las rocas.

LITOGRAFÍA. al. **Steindruck, Lithographie.** fr. **Lithographie.** ingl. **Lithography.** ital. **Litografia.** port. **Litografia.** (Del gr. *lithos*, piedra, y *grapho*, dibujar.) f. Arte de dibujar o grabar en piedra, para multiplicar los ejemplares de un dibujo o escrito. ‖ Cada uno de estos ejemplares. ‖ Oficina donde este arte es ejecutado. ‖ IDEAS AFINES: *Aguafuerte, huecograbado, xilografía, fotografía, molde, buril, ácido, estampar, imprenta, plancha.*

LITOGRAFIAR. (De *litografía.*) tr. Grabar en piedra.

LITOGRÁFICO, CA. adj. Perteneciente a la litografía. *Prensa* LITOGRÁFICA. ‖ V. **Piedra litográfica.** ‖ deriv.: **litográficamente.**

LITÓGRAFO. m. El que se ejercita en la litografía.

LITOLOGÍA. (Del gr. *lithología*, de *lithologos*, litólogo.) f. Parte de la geología, que trata de las rocas. ‖ deriv.: **litológico, ca.**

LITÓLOGO. (Del gr. *lithologos*; de *lithos*, piedra y *logo*, tratar.) m. El que se especializa en litología.

LITORAL. al. **Küste.** fr. **Littoral.** ingl. **Littoral.** ital. **Litorale.** port. **Litoral.** (Del lat. *litoralis.*) adj. Perteneciente a la orilla o costa del mar. *Puertos* LITORALES; sinón.: **costero, ribereño.** ‖ *Arg.* Por ext., dícese de la región bañada por los ríos Paraná y Uruguay y de lo perteneciente o relativo a ella. Ú.t.c.s.m. *Las provincias del* LITORAL. ‖ m. Costa de un mar o territorio. *El* LITORAL *brasileño es extenso.* ‖ IDEAS AFINES: *Playa, barranca, ribera, marítimo, faro, humedad, ensenada, isla, hidrografía, cuenca, cabotaje, comercio.*

LITOSFERA. (Del gr. *lithos*, piedra, y *phaira*, esfera.) f. *Geol.* Conjunto de las partes sólidas del globo terráqueo.

LITOTE. (Del lat. *lítotes*, y éste del gr. *litotes*, de *litós*, tenue.) f. *Ret.* Atenuación, figura retórica.

LITOTOMÍA. (Del lat. *lithotomía*, y éste del gr. *lithotomía*, acción de cortar piedra.) f. *Cir.* Operación de la talla.

LITOTRICIA. (Del gr. *lithos*, piedra, y del lat. *trítum*, supino de *terere*, triturar.) f. *Cir.* Operación de pulverizar dentro de la vejiga de la orina los cálculos que haya en ella, para que puedan salir por la uretra.

LITRACEO, A. adj. *Bot.* Litrarieo. Ú.t.c.s.f. ‖ f. pl. *Bot.* Litrarieas.

LITRARIEO, A. (Del lat. *lýthrum*, nombre científico de la salicaria, derivado del gr. *lytron*, sangre empolvada, como parece ser el color de las flores.) adj. *Bot.* Aplícase a hierbas y arbustos dicotiledóneos, de hojas enteras, opuestas o en verticilos y sin estípulas; flores regulares, solitarias o en grupos formando a manera de espigas, y fruto capsular, membranoso, con semillas angulosas de tegumento coriáceo; como la salicaria. Ú.t.c.s.f. ‖ f. pl. *Bot.* Familia de estas plantas.

LITRE. (Del arauc. *lithe*, árbol de mala sombra.) m. Árbol chileno terebintáceo, de hojas enterísimas, flores amarillas en panoja, y frutos pequeños y dulces, de los cuales se hace chicha. Su sombra y el contacto de sus ramas causa salpullido. ‖ *Chile.* fam. Enfermedad que produce la sombra de este árbol.

LITRO. al. **Liter.** fr. **Litre.** ingl. **Liter; litre.** ital. **Litro.** port. **Litro.** (Del gr. *litra*, libra.) m. Unidad de capacidad del sistema métrico decimal equivalente a un decímetro cúbico. ‖ Cantidad de áridos o líquidos que cabe en ella. *Un* LITRO *de leche, de trigo.* ‖ IDEAS AFINES: *Medida, volumen, densidad, hectolitro, decilitro, agua, leche, harina, botella.*

LITRO. m. *Chile.* Tejido ordinario de lana, hecho en el país.

LITTLE ROCK. *Geog.* Ciudad de los EE. UU. capital del Est. de Arkansas. 325.000 h. con los suburbios. Industria algodonera.

LITTORIA. *Geog.* V. **Latina.**

LITTRÉ, Maximiliano Pablo Emilio. *Biog.* Filólogo y fil. positivista fr., autor de *Diccionario de la lengua francesa* (1801-1881).

LITUANIA. *Geog.* República de la U.R.S.S.; es el más meridional de los estados bálticos. 65.200 km². 3.300.000 h. Cap. VILNA. Su suelo es bajo y llano y su clima moderado. La agricultura es la base de su economía. Cereales, papas, maderas. Lanares, porcinos, vacunos, aves de corral. Su industria es modesta y está representada por la madera y sus derivados (celulosa, papel, etc.); tejidos, construcciones mecánicas.

LITUANO, NA. adj. Natural de Lituania. Ú.t.c.s. ‖ Perteneciente a este país de Europa. ‖ m. Lengua hablada en Lituania.

LITUO. (Del lat. *lítuus.*) m. Especie de trompeta, instrumento músico militar, que usaron los romanos. ‖ Cayado que como insignia de su dignidad usaban los augures.

LITURGIA. al. **Liturgie.** fr. **Liturgie.** ingl. **Liturgy.** ital. **Liturgia.** port. **Liturgia.** (Del lat. *liturgia,* y éste del gr. *leiturgía,* servicio público.) f. Orden y forma que ha aprobado la Iglesia para celebrar los oficios divinos. *La* LITURGIA *romana es la principal del mundo católico.* ‖ IDEAS AFINES: *Rito, breviario, misal, antífona, salmo, coro, órgano, responso, latín, sacerdote, celebrante, sacramentos, casulla, ornamentos, sagrado.*

● **LITURGIA.** *Relig.* Referida en especial a la Eucaristía, principal elemento del rito católico, la **liturgia** no estaba aún fijada de manera inamovible en los comienzos de la Iglesia: sólo se exigía respeto al orden y al sentido general de los oficios divinos. En 1570, el papa Pío V declaró a la **liturgia** romana, que había sido adoptada antes por Carlomagno, obligatoria para toda la Iglesia Católica de Occidente y abolió todas las **liturgias** con menos de dos siglos de antigüedad. Sólo se conservan por ello en la actualidad la ambrosiana, la mozárabe, la de la iglesia de Lyon y la de los dominicos, que difieren en algunos aspectos de la **liturgia** oficial. Los griegos, los sirios y los armenios obtuvieron la dispensa de conservar sus **liturgias** particulares.

LITÚRGICO, CA. (Del gr. *leiturgikós.*) adj. Perteneciente a la liturgia. *Oración* LITÚRGICA.

LITVINOV, Máximo. *Biog.* Pol. y diplom. ruso que actuó en la revolución de 1917. Representó a la U.R.S.S. en varios países, y fue hasta 1939 comisario de Relaciones Exteriores (1871-1956).

LIUDAR. intr. ant. Leudar. Ú. en *Col.* y *Chile.*

LIUDO, DA. adj. ant. Leudo. Ú. en *And., Col.* y *Chile.*

LIU-KIU. *Geog.* V. **Riu-Kiu.**

LIU SHAO CHI. *Biog.* Político chino, ex presidente de la Rep. Popular, depuesto en 1966, durante la "Revolución cultural" (1896-1974).

LIUTO. m. Planta amarilidácea de Chile.

LIUTPRANDO. *Biog.* Rey de los lombardos de 712 a 744. ‖ Hist. y prelado ital., uno de los hombres más doctos de su tiempo, autor de *Antapódosis* (920-972).

LIVADIA. *Geog.* C. de Grecia (Ática y Beocia), al N.O. de Atenas. 17.000 h. Tejidos. Es la antigua Lebadea.

LIVERPOOL. *Geog.* Ciudad y puerto del O. de Gran Bretaña, en Inglaterra (Lancaster). 1.280.000 h. con los suburbios. Gran centro industrial y comercial. Tejidos de algodón, cáñamo, lana, fundiciones, industrias mecánicas, refinerías de petróleo.

LIVIA DRUSILA. *Biog.* Emperatriz romana, esposa de Augusto (56 a. de C. -29).

LIVIANAMENTE. adv. m. Deshonestamente. ‖ Con ligereza. ‖ fig. Superficialmente.

LIVIANDAD. f. Calidad de liviano. ‖ fig. Acción liviana. *Te conduces con* LIVIANDAD; sinón.: **ligereza.**

LIVIANO, NA. al. **Leicht.** fr. **Léger.** ingl. **Light.** ital. **Leggero.** port. **Leve.** (De *leve.*) adj. Ligero, de poco peso. *El corcho es* LIVIANO; antón.: **pesado.** ‖ fig. Fácil, insconstante. ‖ Leve, de escasa importancia. *Un trabajo* LIVIANO; sinón.: **insignificante, somero;** antón.: **grave, importante.** ‖ Lascivo. ‖ m. Pulmón. ‖ Burro que guía a una recua.

LIVIDECER. intr. Ponerse lívido.

LIVIDEZ. al. **Fahle Farbe.** fr. **Lividité.** ingl. **Lividness.** ital. **Lividezza.** port. **Lividez.** f. Calidad de lívido. *La* LIVIDEZ *de una herida.*

LÍVIDO, DA. (Del lat. *lívidus.*) adj. Amoratado, que tira a morado. *Tenía las piernas* LÍVIDAS *a causa del golpe recibido.*

LIVING. (Voz ingl.) m. Habitación de estar, sala.

LIVINGSTON, Roberto. *Biog.* Pol. y escritor nort., uno de los cinco redactores de la declaración de la independencia de su país, por la que luchó activamente. Escribió *Ensayos sobre agricultura* y otras obras (1746-1813).

LIVINGSTON. *Geog.* Ciudad y puerto de Guatemala, sobre el golfo de Amatico (Izabal). 14.000 h. Exportación de café y bananas.

LIVINGSTONE, David. *Biog.* Viajero y misionero ingl., explorador del África. Descubrió el río Zambeze y su catarata Victoria, los lagos Moero y Bangüeolo, etc. Exploró el lago Nyasa y la zona del Tanganica. Buscó las fuentes del Nilo. Luchó por la educación de los negros y combatió la esclavitud (1813-1873).

LIVINGSTONE. *Geog.* Ciudad de África, antigua cap. de Rhodesia del Norte. 50.000 h. Hoy pertenece a Zambia. Aserraderos. ‖ **Cascada de —.** La mayor de las cataratas del río Congo, aguas abajo de Kinshasa.

LIVIO, Tito. *Biog.* V. **Tito Livio.**

LIVONIA. *Geog. histór.* Región de Rusia antigua que constituyó una de las tres prov. bálticas. (Estonia, Livonia y Curlandia.) Su cap. era Riga. ‖ **Golfo de —.** V. **Riga, Golfo de.**

LIVONIO, NIA. adj. Natural de Livonia. Ú.t.c.s. ‖ Perteneciente a este país de Rusia.

LIVOR. (Del lat. *livor.*) m. Color cárdeno. ‖ fig. Envidia, odio.

LIVORNO. *Geog.* V. **Liorna.**

LIXIVIAR. (Del lat. *lixivia,* lejía.) tr. *Quím.* Separar por medio del agua u otro disolvente una substancia soluble de una insoluble. ‖ deriv.: **lixiviación; lixiviador, ra.**

LIZA. (De *lisa.*) f. Mújol.

LIZA. al. **Kampfplatz.** fr. **Lice.** ingl. **Lists.** ital. **Lizza.** port. **Liça.** (Del lat. *licia,* pl. de *lícium,* hilo, porque con hilos se circundaba el campo.) f. Campo dispuesto para que lidien dos o más personas. sinón.: **palestra.**

LIZANA Y BEAUMONT, Francisco J. *Biog.* Arzobispo de México y de 1809 a 1810 enérgico virrey de Nueva España (1750-1811).

LIZARDI, José Joaquín Fernández de. *Biog.* V. **Fernández de Lizardi, José Joaquín.**

LIZASO, Félix. *Biog.* Escritor cubano cont. que cultivó especialmente la biografía y el ensayo. Obras: *Martí, místico del deber; Nuevo concepto de la biografía; El criollismo literario,* etc. (1891-1967).

LIZO. (Del lat. *lícium.*) m. Hilo fuerte, usado como urdimbre en ciertos tejidos. Ú.m. en pl. ‖ Cada hilo en que los tejedores dividen el estambre para que pase la lanzadera con la trama. ‖ *Chile.* Palito que reemplaza a la lanzadera en ciertos telares.

LJUBLJANA. *Geog.* V. **Lubliana.**

LJUNGSTRÖM, Birger. *Biog.* Ing. sueco que inventó la turbina de vapor (1872-1948).

LO. Artículo determinado, en género neutro. Lo *hermoso agrada.* ‖ Forma del pronombre personal de tercera persona, singular, con el complemento directo, o sea caso acusativo. Lo *pasó por alto.*

LOA. al. **Lob.** fr. **Louange.** ingl. **Praise.** ital. **Lode.** port. **Loa.** f. Acción y efecto de loar. ‖ En el teatro antiguo, prólogo, introito, discurso o diálogo con que se solía comenzar la función. ‖ Composición dramática breve que se representaba antes del poema dramático a que servía de introducción. ‖ Poema dramático breve en que se celebra a una persona ilustre o un acontecimiento grato.

LOA. *Geog.* Río del N. de Chile. Nace en los Andes (Antofagasta) y des. en el Pacífico (Tarapacá). 362 km. Sus aguas dulces en las nacientes, se vuelven salobres al atravesar el desierto de Atacama.

LOABLE. (Del lat. *laudábilis.*) adj. Laudable. LOABLE *desinterés;* sinón.: **encomiable, plausible;** antón.: **censurable.** ‖ deriv.: **loablemente.**

LOADOR, RA. adj. y s. Que loa.

LOAIZA, Félix. *Biog.* Escritor bol., autor de obras en prosa y verso (1866-1905).

LOÁN. m. Medida agraria usada en Filipinas, equivalente a 2 áreas y 79 centiáreas.

LOANDA. (De *Loanda* o *Luanda,* capital de Angola, donde es endémica esta enfermedad.) f. *Med.* Especie de escorbuto.

LOAR. (Del lat. *laudare.*) tr. Alabar. LOAR *hechos heroicos;* sinón.: **encomiar, ensalzar;** antón.: **censurar, vilipendiar.**

LOBA. (Del lat. *lupa.*) f. Hembra del lobo. ‖ V. **Cerradura, llave de loba.**

LOBA. (Del gr. *lope,* especie de manto de piel.) f. Sotana, vestidura de eclesiásticos y antiguamente de estudiantes. ‖ — **cerrada.** Manto o sotana de paño negro que, con el capirote y bonete, formaba el traje que fuera del colegio usaban los colegiales y otras personas autorizadas por su estado o ejercicio para el uso de esta vestidura.

LOBA. (Del lat. *lumbus,* lomo.) f. Lomo, entre surco y surco, no removido por el arado.

LOBADO. m. *Veter.* Tumor carbuncoso que padecen las caballerías en los encuentros, y el ganado vacuno, lanar y cabrío en el mismo sitio y en la papada.

LOBADO, DA. adj. *Bot.* y *Zool.* Lobulado.

LOBAGANTE. m. Bogavante, crustáceo.

LOBANILLO. (Del m. or. que *lobado.*) m. Tumor o bulto superficial por lo común indolente, que se forma en algunas partes del cuerpo. ‖ Excrecencia leñosa cubierta de corteza, que se forma en el tronco o ramas de un árbol.

LOBATO. al. **Junger Wolf.** fr. **Louveteau.** ingl. **Wolf cub.** ital. **Lupacchiotto.** port. **Lobato.** m. Cachorro del lobo.

LOBEAR. intr. En sentido figurado, andar, como los lobos, en persecución de alguien.

LOBELIA. f. Planta silvestre de Cuba, de hojas usadas como pectorales y antivenéreas.

LOBELIÁCEO, A. (De *lobelia,* nombre de un género de plantas dedicado al botánico *Lobel.*) adj. *Bot.* Aplícase a plantas dicotiledóneas, hierbas o matas lechosas, con hojas alternas y sin estípulas, flores axilares, solitarias o en racimo y por lo común azules, y fruto seco, con muchas semillas de albumen carnoso; como el quibey. Ú.t.c.s.f. ‖ f. pl. *Bot.* Familia de estas plantas.

LOBERA. f. Monte en que hacen guarida los lobos.

LOBERO, RA. adj. Perteneciente o relativo a los lobos. ‖ m. El que caza lobos por alguna remuneración.

LOBERÍA. f. *Arg.* y *Perú.* Lugar abundante en lobos marinos.

LOBERÍA. *Geog.* Pobl. de la Argentina, en el S.E. de la prov. de Buenos Aires. 12.000 h. Agricultura y ganadería.

LOBEZNO. m. Lobo pequeño. ‖ Lobato.

LOBINA. (De *lubina.*) f. Róbalo.

LOBINZÓN, LOBISÓN o **LOBIZÓN.** m. *Amér. del S.* Animal fabuloso al que la tradición campesina atribuye las más extrañas formas y los más raros maleficios.

LOB NOR. *Geog.* Lago del Asia, en el Turquestán oriental. 2.120 km².

LOBO. al. **Wolf.** fr. **Loup.** ingl. **Wolf.** ital. **Lupo.** port. **Lobo.** (Del lat. *lupus.*) m. Mamífero carnicero con aspecto de perro mastín, pelaje de color gris obscuro, cabeza aguzada, orejas tiesas y cola larga, péndula y con mucho pelo. En verano vive en parejas, y al llegar el invierno se reúnen manadas numerosas, que atacan al ganado. *Canis lupus,* cánido. *El* LOBO *vive en los bosques de Europa.* ‖ Locha de unos doce centímetros de largo. ‖ Garfio fuerte de hierro de que usaban los sitiados desde lo alto de la muralla para defenderse de los sitiadores. ‖ V. **Boca, diente de lobo.** ‖ Máquina usada en hilandería para limpiar y desenlazar el algodón. ‖ fig. y fam. Borrachera, embriaguez. ‖ *Astron.* Constelación austral debajo de Libra y al occidente de Escorpión. ‖ — **cebado.** *Blas.* El que lleva cordero u otra presa en la boca. ‖ — **cerval** o **cervario.** Lince, mamífero carnicero. ‖ **Gato cerval.** ‖ — **de mar.** fig. y fam. Marino viejo y práctico en su profesión. ‖ — **marino.** Foca. ‖ **Lobos de una camada.** expr. fig. y fam. Personas que, por ser afines sus intereses o inclinaciones, no se dañan unas a otras. Tómase, comúnmente, en mala parte.

LOBO. (Del gr. *lobos.*) m. *Bot.* y *Zool.* Lóbulo.

LOBO, BA. adj. *Chile.* Huraño, montaraz. ‖ *Dom.* Bisoño. ‖ *Méx.* Zambo, hijo de negro e india, o de indio y negra. Ú.t.c.s.

LOBO ESTEPARIO, El. *Lit.* Obra de Germán Hesse, jalón fundamental en la producción literaria del autor. Tácita protesta contra la mecanización de la vida humana, su personaje principal, que reconoce la decadencia de la burguesía sin poder sobreponerse a ella, ha sido calificado como el Werther del s. XX.

LOBOS. *Geog.* Isla uruguaya sit. frente a la costa del dep. de Maldonado. ‖ Arch. peruano sit. en el Pacífico, cerca de las costas del dep. de Lambayeque. Guano. ‖ C. de la Argentina, en el N. de la prov. de Bs. As. 16.000 h. Centro ganadero. ‖ **Barranca de los —.** Acantilado de la costa de la prov. de Bs. As. (Argentina), al S. de Mar del Plata. 35 m. de alt.

LOBOSO, SA. adj. Dícese del terreno en que crían muchos lobos.

LÓBREGO, GA. al. **Dunkel; finster.** fr. **Sombre.** ingl. **Obscure.** ital. **Cupo.** port. **Lobrego.** adj. Obscuro, tenebroso. LÓBREGO *callejón;* antón.: **claro.** ‖ fig. Triste, melancólico. *Un relato* LÓBREGO; antón.: **alegre.**

LOBREGUECER. tr. Hacer lóbrega una cosa. sinón.: **entenebrecer;** antón.: **iluminar.** ‖ intr. Anochecer. ‖ irreg. Conj. como **agradecer.**

LOBREGUEZ. f. Obscuridad. *La* LOBREGUEZ *de una cueva;* sinón.: **tenebrosidad.**

LOBREGURA. (De *lóbrega.*) f. Lobreguez.

LOBULADO, DA. adj. *Bot.* y *Zool.* En forma de lóbulo. ‖ *Bot.* y *Zool.* Que tiene lóbulos. *Las hojas del algodonero son* LOBULADAS.

LÓBULO. m. Cualquiera de las partes a modo de ondas, que sobresalen en el borde de una cosa; como la hoja de una planta o el intradós de un arco. *En la mezquita de Córdoba hay arcadas con* LÓBULOS. ‖ *Anat.* Perilla de la oreja. ‖ *Anat.* y *Bot.* Porción redondeada y saliente de cualquier órgano. *Los* LÓBULOS *del hígado, del pulmón.* ‖ IDEAS AFINES: *Redondez, convexidad, globo, protuberancia, cóndilo, riñones, cerebelo, cerebro, parietal, afasia, agrafia.*

LOBUNO, NA. adj. Perteneciente o relativo al lobo, mamífero carnicero. *Color* LOBUNO.

LOCACIÓN. (Del lat. *locatio, -onis.*) f. *Der.* Arrendamiento. ‖ **Locación y conducción.** *Der.* Contrato de arrendamiento.

LOCADOR, RA. (Del lat. *locátor,* de *locare,* logar, ant. alquilar.) s. *Amér. del S.* Persona que da una cosa en arrendamiento.

LOCAL. al. **Lokal, örtlich; Raum.** fr. **Local.** ingl. **Local; place; premises.** ital. **Locale.** port. **Local.** (Del lat. *localis.*) adj. Perteneciente al lugar. *Noticias* LOCALES. ‖ Municipal o provincial, por oposición a general o nacional. ‖ m. Lugar cercado o cubierto. *El* LOCAL *estaba colmado de mercaderías.* ‖ IDEAS AFINES: *Sitio, localidad, localizar, habitación, establecimiento, galpón, tienda, despensa, almacenar, instalar, alquilar, propietario, inquilino, renta.*

LOCALIDAD. (Del lat. *locálitas, -atis.*) f. Calidad de las cosas que las determina a lugar fijo. ‖ Lugar o pueblo. *Residía en la* LOCALIDAD *de X.* Local, sitio. ‖ Plaza o asiento en locales destinados para espectáculos públicos. ‖ Billete que da derecho a ocupar ese asiento. *Se agotaron las* LOCALIDADES.

LOCALISMO. (De *local.*) m. Excesivo amor al lugar en que uno ha nacido o vive. ‖ Vocablo o locución que sólo se emplea en determinada localidad.

LOCALIZAR. al. **Lokalisieren.** fr. **Localiser.** ingl. **To localize.** ital. **Localizzare.** port. **Localizar.** (De *local.*) tr. Fijar, encerrar en determinados límites. Ú.t.c.r. LOCALIZAR *un incendio;* sinón.: **circunscribir.** ‖ Determinar el lugar en que se halla alguien. *Por fin* LOCALI-

ZARON *a los andinistas desaparecidos*; sinón.: **situar.** || deriv.: **localización.**

LOCAMENTE. adv. m. Con locura. || Sin moderación ni prudencia. *Gastaba* LOCAMENTE.

LOCARNO. *Geog.* Ciudad de Suiza (Tesino). 12.000 h. En 1925 se firmó allí un pacto de paz y concordia entre varias potencias europeas.

LOCATARIO, RIA. (Del lat. *locatarius*, de *locare*, logar.) s. Arrendatario.

LOCATIVO, VA. (Del lat. *locare, logar*, ant. alquilar.) adj. Perteneciente o relativo al contrato de locación o arriendo. *Cláusulas* LOCATIVAS. || *Gram.* Dícese del caso de declinación, en que es expresada especialmente la relación del lugar en donde se hace u ocurre una cosa. Ú.t.c.s.m.

LOCERÍA. (De *loza.*) f. *Col., Chile. Hond.* y *Cuba.* Alfarería.

LOCERO, RA. (De *loza.*) s. fam. Ollero.

LOCIÓN. al. **Haarwasser; Lotion.** fr. **Lotion.** ingl. **Lotion.** ital. **Lozione.** port. **Loção.** (Del lat. *lotio, -onis.*) f. Lavadura, acción de lavar. Ú.m. en *Farm.* || Preparado para limpiar o perfumar el cabello. || Perfume de tocador preparado con agua, alcohol y esencias aromáticas. || IDEAS AFINES: *Colonia, destilación, fragancia, evaporación, pachulí, jazmín, refrescante, baño, peluquería, pulverizador, coquetería, lujo.*

LOCKE, Juan. *Biog.* Filósofo ingl., autor del *Ensayo sobre el entendimiento humano*, donde establece como fuente del conocimiento la experiencia y combate la teoría de las ideas innatas. Inicia la corriente empirista que caracteriza la filosofía de su patria. Obras: *Ensayo sobre el gobierno civil*; *Algunos pensamientos sobre educación*, etc. (1632-1704).

LOCKOUT. (Voz ingl.; pronúnciase *locáut.*) m. Paro impuesto por los patronos para anular requerimientos o mejoras reclamadas por los obreros.

LOCLE, Le. *Geog.* V. **Le Locle.**

LOCO. m. Marisco gasterópodo del Pacífico.

LOCO, CA. al. **Narr; verrückt; toll.** fr. **Fou.** ingl. **Mad; crazy.** ital. **Pazzo; matto.** port. **Louco.** (En port. *louco.*) adj. Que ha perdido la razón. Ú.t.c.s. *Encerrar a un* LOCO. sinón.: **demente, insano;** antón.: **cuerdo.** || De poco juicio, imprudente. Ú.t.c.s. *Nadie pudo disuadirlo de su* LOCO *intento.* || V. **aguja, avena, higuera, malva, manzanilla, pimienta loca.** || V. **algarrobo, pájaro, pimiento, tordo loco.** || V. **Casa de locos.** || fig. Que excede en mucho a lo ordinario, tomado siempre en buena parte. *Ganancia* LOCA. *suerte* LOCA. || Dicho de las ramas de los árboles, vicioso, pujante. || V. **Vena de loco.** || *Fís.* Dícese de la brújula cuando por motivos accidentales deja de indicar el norte magnético, y de las poleas u otras partes de las máquinas cuando giran libre e inútilmente. || *Med.* V. **Viruelas locas.** || – **de atar.** fig. y fam. Persona que en sus acciones procede como **loca.** || **A locas.** m. adv. **A tontas y a locas.** || **Cada loco con su tema.** ref. que da a entender el apego que cada uno tiene a su propio dictamen y opinión. || **Estar loco de contento.** frs. fig. y fam. Estar excesivamente alegre. || **Más sabe el loco en su casa que el cuerdo en la ajena.** ref. que enseña que en los negocios propios más sabe el que los posee por poco que entienda, que el que los juzga desde lejos y sin pleno conocimiento. || **Volverse loco de contento.** frs. fig. y fam. Estar loco de contento. || IDEAS AFINES: *Locura, manía, obsesión, depresión, alucinación, persecución, desequilibrado, delirante, alienista, mental, manicomio, sedante, chaleco de fuerza, internar, psiquiatría, psicopatología.*

LOCO CITATO. loc. lat. En el lugar citado. Ú. en citas, referencias, etc.

LOCOMOCIÓN. al. **Fortbewegung.** fr. **Locomotion.** ingl. **Locomotion.** ital. **Locomozione.** port. **Locomoção.** (Del lat. *locus*, lugar, y *motio, -onis*, movimiento.) Traslación de un lugar a otro. *Medios de* LOCOMOCIÓN.

LOCOMOTIVO, VA. adj. Locomotor.

LOCOMOTOR, RA. al. **Lokomotive.** fr. **Locomotive.** ingl. **Locomotive.** ital. **Locomotrice.** port. **Locomotiva.** (Del lat. *locus*, lugar, y *motor*, el que mueve.) adj. Propio para la locomoción. *Aparato* LOCOMOTOR. || f. Máquina que, montada sobre ruedas, arrastra los coches de un tren.

● **LOCOMOTORA.** *Mec.* Los principios en que se fundó la construcción de la **locomotora** de Jorge Stephenson, en 1829, no han variado hasta la actualidad a pesar de los progresos realizados en cuanto a su potencia y dimensiones. El desarrollo mecánico, en constante perfeccionamiento, ha hecho posible la construcción de **locomotoras** de más de 220 toneladas de peso, de aproximadamente 30 metros de longitud, y velocidad superior a los 200 kms. por hora, que pueden arrastrar hasta 180 vagones. La **locomotora** de vapor tiene una caldera tubular y horizontal, con cilindros de pistón a ambos costados, cuyos vástagos se comunican con el eje de las ruedas y le imprimen, por medio del cigüeñal, un movimiento rotatorio. Es alimentada mediante un hogar colocado en la parte posterior, y adelante, sobre la caldera, asoma una chimenea que elimina los humos de la combustión y una válvula que libera el vapor de escape de los cilindros. El conjunto descansa sobre tren rodante: un gran bastidor provisto de varios pares de ruedas que se conectan a diversos ejes. Los carros giratorios están unidos al bastidor por un eje vertical, sobre el cual giran en las curvas. Para grandes **locomotoras** y curvas de radio muy corto, se utilizan dispositivos especiales. Las ruedas poseen contrapesos que equilibran el efecto de los mecanismos excéntricos. La **locomotora** va acompañada de un vagón -el ténder- que lleva la provisión de agua y combustibles. También existen **locomotoras** que funcionan con aire comprimido a una presión mayor de 100 atmósferas. Se les han aplicado motores de gasolina, petróleo y aceite pesado; de transmisión mecánica o eléctrica y, dentro de estas últimas, con toma de corriente o con acumuladores.

LOCOMOTRIZ. adj. f. de Locomotor.

LOCOMOVIBLE. adj. Locomóvil. Ú.t.c.s.f.

LOCOMÓVIL. (Del lat. *locus*, lugar, y *movible.*) adj. Que puede llevarse de un lugar a otro. Aplícase especialmente a las máquinas de vapor Ú.t.c.s.f.

LÓCRIDA. *Geog. histór.* Región de Grecia antigua que estaba dividida por la Fócida en dos partes: la Lócrida Oriental, sobre el mar Egeo, y la Lócrida Occidental, sobre el golfo de Corinto.

LOCRO. (Voz *quichua.*) m. Guisado de carne, papas o maíz, etc.

LOCUACIDAD. al. **Geschwätzigkeit.** fr. **Loquacité.** ingl. **Loquacity; talkativeness.** ital. **Loquacità.** port. **Loquacidade.** (Del lat. *loquácitas, -atis.*) f. Calidad de locuaz. sinón.: **verbosidad.**

LOCUAZ. (Del lat. *loquax, -acis.*) adj. Que habla mucho o demasiado. *Me tocó un vecino de mesa* LOCUAZ. sinón.: **charlatán, gárrulo;** antón.: **callado, lacónico.**

LOCUCIÓN. al. **Ausdruck.** fr. **Locution.** ingl. **Locution.** ital. **Locuzione.** port. **Locução.** (Del lat. *locutio, -onis.*) f. Modo de hablar. LOCUCIÓN *correcta.* || Frase. || Conjunto de dos o más palabras, que, como los modos adverbiales, no forman oración perfecta.

LOCUELA. (Del lat. *loquela*, de *loqui*, hablar.) f. Modo y tono particular de hablar.

LOCUELO, LA. adj. dim. de **Loco.** Ú.t.c.s. || Dícese de la persona de corta edad, viva y atolondrada. Ú.t.c.s.

LOCUMBA. f. Aguardiente de uvas fabricado en Locumba, ciudad del Perú.

LOCURA. al. **Tollheit; Wahnsinn.** fr. **Folie.** ingl. **Madness.** ital. **Pazzia; follia.** port. **Loucura.** (De *loco.*) f. Privación del juicio o de la razón. *Le dio un ataque de* LOCURA. sinón.: **demencia, insania;** antón.: **cordura.** || Acción inconsiderada o gran desacierto. *Cometer una* LOCURA. || fig. Exaltación del ánimo, producida por algún efecto. LOCURA *de amor.*

LOCUTOR, RA. (Del lat. *locútor.*) s. Persona que habla ante el micrófono en estaciones de radiotelefonía para difundir programas, noticias, avisos, etc.

LOCUTORIO. al. **Sprechzimmer.** fr. **Parloir.** ingl. **Locutory.** ital. **Locutorio.** port. **Locutório.** (Del lat. *locútor*, el que habla.) m. Habitación dividida comúnmente por una reja, donde las monjas o los presos hablan con los visitantes. || En las estaciones telefónicas, departamento individual para el uso del teléfono por el público.

LOCHA. (De *leche.*) f. Pez malacopterigio abdominal, de unos treinta centímetros de longitud, cuerpo casi cilíndrico, aplastado hacia la cola, de color negruzco, con listas amarillentas, escamas pequeñas, piel viscosa y boca rodeada de diez barbillas. Se cría en los lagos y ríos de agua fría y su carne es muy fina.

LOCHE. m. Locha.

LOCHNER, Esteban. *Biog.* Pintor al., notable por la suavidad y gracia de su obra. Cuadros: *Retablo para la iglesia de San Lorenzo; La Virgen de los rosales; Dombildo*, etc. (1400-1454).

LOCHO, CHA. adj. *Col.* Taheño, bermejo.

LODACHAR. m. Lodazal.

LODAZAL. al. **Morast.** fr. **Bourbier.** ingl. **Quagmire.** ital. **Pantano.** port. **Lodaçal.** m. Lugar lleno de lodo. sinón.: **barrizal, fangal.**

LODAZAR. m. Lodazal.

LODGE, Oliverio José. *Biog.* Fís. y filósofo ingl. conocido por sus teorías sobre la naturaleza del éter y las ondas eléctricas. Obras: *El éter del espacio; Vida y materia*, etc. (1851-1940). || – **Tomás.** Dram. y novelista ingl., uno de los iniciadores del teatro en su país. Obras: *Mario y Sila; Rosalinda*, etc. (1558-1625).

LODI. *Geog.* Ciudad de Italia (Milán), sobre el río Adda. 40.000 h. Mayólicas.

LODO. al. **Schlamm.** fr. **Boue.** ingl. **Mud; mire.** ital. **Fango; loto.** port. **Lodo.** (Del lat. *lútum.*) m. Mezcla de tierra y agua, especialmente la resultante de las lluvias en el suelo *Venía con la ropa salpicada de* LODO; sinón.: **barro, fango.** || IDEAS AFINES: *Légamo, aluvión, huella. bache. barrial, pantano, tembladeral, lodazal, pasta, viscosidad, encharcar, regar, inundar, guardabarros.*

LODOÑERO. m. Guayaco.

LODOSO, SA. (Del lat. *lutosus.*) adj. Lleno de lodo. sinón.: **cenagoso, fangoso.**

LODZ. *Geog.* Ciudad de Polonia, al S.O. de Varsovia. 800.000 h. Es el mayor centro industrial del país. Tejidos, metalurgia.

LOEFFLER, Carlos M. *Biog.* Violinista y compositor estad. de origen alsaciano, autor de *Hora mística; Música para cuatro instrumentos cordófonos*, etc. (1861-1935). || – **Federico.** Higienista y bacteriólogo al. que investigó los problemas de la inmunidad y descubrió los bacilos del muermo y de la difteria (1852-1915).

LOENROT, Elías. *Biog.* Filólogo y poeta finlandés, autor de *Kalevala*, la epopeya nacional de su patria (1802-1884).

LOEWI, Otón. *Biog.* Méd. y farmacéutico aust. que en 1936 compartió con Enrique Hallet Dale el premio Nobel de Medicina y Fisiología (1873-1961).

LOEWY, Mauricio. *Biog.* Astrónomo fr. de origen aust. que realizó notables estudios sobre órbitas de planetas y cometas, estrellas fugaces, etc. (1833-1907).

LOFOBRANQUIOS. (Del gr. *lophos*, penacho, y *branchia*, branquia.) adj. *Zool.* Aplícase a los peces que tienen las branquias en forma de penacho; como el caballo marino. || m. pl. *Zool.* Orden de estos peces.

LOFODEN. *Geog.* V. **Lofoten.**

LOFOTEN. *Geog.* Archipiélago montañoso sit. frente a la costa septentrional de Noruega. 5.820 km². 43.000 h. Pesca del bacalao.

LOGAN. *Geog.* Monte del Canadá, junto a la frontera con Alaska, cima culminante de los montes de San Elías. 6.050 m. de altura.

LOGANIÁCEO, A. (De *logania*, nombre de un género de plantas dedicado a Logan, viajero inglés del siglo XVII.) adj. *Bot.* Aplícase a plantas exóticas, dicotiledóneas, hierbas, arbustos o arbolillos, que tienen hojas opuestas, enteras y con estípulas; flores en racimos o en corimbos y algunas veces solitarias, terminales o axilares, y fruto capsular con semilla de albumen carnoso o córiáceo; como el maracure. Ú.t.c.s.f. || f. pl. *Bot.* Familia de estas plantas.

LOGARISMO. m. Barbarismo por **Logaritmo.**

LOGARÍTMICO, CA. adj. *Mat.* Perteneciente a los logaritmos.

LOGARITMO. al. **Logarithmus.** fr. **Logarithme.** ingl. **Logarithm.** ital. **Logaritmo.** port. **Logaritmo.** (Del gr. *logos*, razón, y *arithmós*, número.) m. *Mat.* Exponente al que se debe elevar una cantidad positiva para que resulte un número determinado. *Juan Neper inventó los* LOGARITMOS. || IDEAS AFINES: *Matemáticas, astronomía, sistema, progresión, cálculo, simplificación, tabla, radical, característica, mantisa.*

● **LOGARITMO.** *Mat.* Exponente x a que hay que elevar un número b denominado base para obtener un tercer número conocido A. Se dice entonces que $x = \log. A$. Los **logaritmos** permiten hacer corresponder a una serie geométrica una serie aritmética, lo cual simplifica los cálculos, pues transforma las multiplicaciones en sumas, las divisiones en restas, las elevaciones a potencia en multiplicaciones y la extracción de raíces en divisiones. Fueron inventados en 1614 por Juan Neper, quien estableció como base el número e = 2,71828 . . . y los **logaritmos** correspondientes se denominan naturales o neperianos. En 1624, Briggs simplificó las operaciones introduciendo como base el número 10, de modo que a la serie 1, 10, 100, 1000, etc., le corresponde respectivamente por logaritmo la serie 0, 1, 2, 3, etc. Ej.: El **logaritmo** de un número comprendido entre 100 y 1000 será 2, . . . La parte entera se denomina característica y la decimal mantisa. Los números comprendidos entre 0 y 1 tienen característica negativa.

LOGEROT, Gabriela. *Biog.* V. **Reval, Gabriela.**

LOGIA. (Del ital. *loggia*, y éste del ant. alto al. *laubja*, cuna.) f. Local donde se efectúan asambleas de francmasones. || Asamblea de francmasones.

● **LOGIA LAUTARO.** *Hist.* Francisco Miranda, hallándose en Londres, decidió, junto con un núcleo de jóvenes americanos que anhelaban la emancipación de la colonias españolas, fundar una sociedad secreta, de acción y lucha inmediata; éste fue el origen de la "Logia de Los Caballeros Racionales" o "Gran Reunión Americana", comúnmente llamada **Logia Lautaro.** Organizada como una francmasonería, cada miembro estaba comprometido por un juramento de fidelidad y las traiciones eran severamente castigadas. Sus aspiraciones fundamentales fueron el logro de la independencia, el imperio de la democracia y la conquista de la constitucionalidad, con vistas a la creación de una Confederación Americana. De Londres, donde obtuvo muchos adeptos, la **Logia Lautaro** pasó a España; a la filial de Cádiz se incorporaron San Martín, Alvear y otros próceres. Más tarde lo haría, en Londres, Bolívar. La **Logia Lautaro** no sólo fue el motor de la gesta libertadora, sino que tuvo un papel trascendental en el período de organización que siguió a la independencia americana.

LÓGICA. al. **Logik.** fr. **Logique.** ingl. **Logic.** ital. **Logica.** port. **Lógica.** (Del lat. *lógica*, y éste del gr. *logiké*, term. f. de *-kós*, lógico.) f. Ciencia que expone las leyes, modos y formas del conocimiento científico. *Aristóteles es el padre de la* LÓGICA. || – **natural.** Disposición natural para discurrir acertadamente sin la ayuda de la ciencia. || – **parda.** fam. **Gramática parda.** || IDEAS AFINES: *Razón, juicio, exactitud, orden, regla, método, inducción, deducción, silogismo, premisa, demostración, argumentación, dis-*

LOCOMOTORAS

LÁMINA XXXVII

Tren 40160 Fiat.

Tren provisto de barrenieves. Alaska.

Monorriel y tren de turbina. en Tokio.

Tren de turbina.

Locomotora eléctrica del "Trans Europe Express".

Antiguo tren usado por los pioneros de Fort Lucinda, Nevada.

Locomotora de vapor, 1912.

Máquina de vapor alemana, 1926.

Alberta, Canadá: tren de la "Canadian Pacific Railways".

Locomotora de vapor Bayard.

LUIS XV

LÁMINA XXXVIII

Nancy, Francia:
Fuente en
la plaza Stanislas.

Duvivier:
Candelabro de plata,
Museo de Artes Decorativas.
París.

Hertaut: Lit a' la polonaise. Versalles.

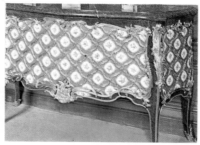

Vanzisenburgh: Cómoda con placas
de porcelana de Sèvres.

Reisner: Rinconera con decoración
floral (detalle). Museo Nissim de
Camondo, París.

Reloj. Museo Victoria
y Alberto. Londres.

Plato de Sèvres. Museo
de Artes Decorativas. París.

Castillo de Fontainebleau:
Sala del Cosejo.

Nancy, Francia: Palacio de Gob.
Plaza de la Carrière.

Cómoda Luis XV
revestida de laca.
Castillo de
Fontainebleau.

cusión, dialéctica, sofista, filosofía.

● **LOGICA.** *Fil.* Además de ser Aristóteles el primero que reconoció en la **lógica** autonomía de ciencia, sus estudios son de tal trascendencia, que se lo llama "el padre de la **lógica**". Objeto de diversas definiciones, se distinguen en su estudio la **lógica** formal o general, que estudia los principios que rigen el pensamiento en general, y **lógica** metodológica o especial, que estudia los pensamientos que se refieren a determinadas esferas particulares de objetos. La primera se ocupa del pensamiento en sus elementos formales más simples: concepto, juicio y razonamiento; la segunda, de las formas particulares que el pensamiento asume en cada ciencia: **lógica** de las matemáticas, de las ciencias de la naturaleza y de las ciencias del espíritu.

LÓGICAMENTE. adv. m. Según reglas de la lógica. *Llegó a dicha conclusión* LÓGICAMENTE.

LÓGICO, CA. (Del lat. *lógicus*, y éste del gr. *logikós*, de *logos*, razón, discurso.) adj. Perteneciente a la lógica. *Investigaciones* LÓGICAS. ‖ Que la estudia y sabe. Ú.t.c.s. ‖ Dícese comúnmente de toda consecuencia natural y legítima; del suceso cuyos antecedentes justifican lo sucedido, etc. antón.: **injusto, irracional.**

LOGÍSTICA. (Del gr. *logistiké.*) f. Parte del arte militar que comprende lo concerniente a las operaciones de guerra y el abastecimiento.

LOGOGRÍFICO, CA. adj. Perteneciente o relativo al logogrifo. ‖ Difícil de entender. sinón.: **confuso, obscuro.**

LOGOGRIFO. (Del gr. *logos*, palabra, lenguaje, y *griphos*, red.) m. Enigma consistente en hacer combinaciones con las letras de una palabra, de modo que resulten otras cuyo sentido, además del de la voz principal, se plantea con alguna obscuridad.

LOGOMAQUIA. (Del gr. *logomachía;* de *logos*, palabra, y *máchomai*, luchar.) f. Discusión en que se atiende a las palabras y no a lo substancial del asunto.

LOGÓMETRO. m. Instrumento que sirve para medir relaciones entre magnitudes eléctricas.

LOGOTIPO. m. Grupo de letras de uso corriente que se funden en un solo tipo a fin de agilizar la composición tipográfica.

LOGRAR. al. **Erreichen; gelingen.** fr. **Obtenir.** ingl. **To get; to obtain.** ital. **Ottenere.** port. **Lograr.** (Del lat. *lucrare*, ganar.) tr. Conseguir lo que se intenta o desea. LOGRAR *el premio;* sinón.: **alcanzar, obtener.** ‖ Disfrutar de algo. ‖ r. Llegar una cosa a su perfección. *Cervantes* SE LOGRÓ *en el Quijote.*

LOGREAR. intr. Emplearse en dar o recibir a logro.

LOGRERÍA. f. Ejercicio de logrero.

LOGRERISMO. m. *Chile.* Logrería del que saca dinero de otros, generalmente del fisco, por medios ilícitos.

LOGRERO, RA. s. Persona que da dinero a logro. ‖ Persona que compra o retiene los frutos, para venderlos después a precio excesivo. ‖ *Chile.* Gorrista.

LOGRO. (Del lat. *lúcrum.*) m. Acción y efecto de lograr. *No vería el* LOGRO *de sus afanes.* ‖ Lucro. ‖ Usura. ‖ **Dar a logro** una cosa. frs. Cederla con usura.

LOGROÑÉS, SA. adj. Natural de Logroño. Ú.t.c.s. ‖ Perteneciente a esta ciudad.

LOGROÑO. *Geog.* Provincia de España (Castilla la Vieja). 5.034 km². 245.000 h. Cereales, frutas, vinos. Cap. hom. sobre el río Ebro. 86.000 h. Conservas, productos químicos.

LOHENGRIN. *Mús.* Ópera en tres actos y cuatro cuadros, texto y música de Ricardo Wagner, estrenada en Weimar en 1850. Basada en la leyenda medieval alemana, no trasunta aún todos los elementos que caracterizarían con posterioridad al drama wagneriano. Desigual y por momentos influida por la música italiana, algunos fragmentos son dramática y musicalmente soberbios.

LOHMAN VILLENA, Guillermo. *Biog.* Ensayista peruano cont., autor de *El arte dramático en Lima durante el virreinato* y diversas obras de investigación.

LOICA. (Voz *araucana.*) f. Pájaro chileno algo mayor que el estornino, al cual se asemeja en el pico, pies y cola. Se domestica fácilmente y es muy estimado por su canto dulce y melodioso.

LOIR. *Geog.* Río de Francia, afl. del Sarthe. 312 km. ‖ – y **Cher.** Departamento del N. de Francia. 6.314 km². 480.000 h. Cereales, viñedos, frutas. Cap. BLOIS.

LOIRA. *Geog.* Río de Francia, el más largo del país. Nace en los Cevennes, pasa por Orleáns y Tours y des. en el Atlántico por un estuario de 15 km. 1.012 km. de longitud. ‖ Departamento del S.E. de Francia. 4.799 km². 750.000 h. Hulla. Industrias metalúrgica y textil muy importantes. Cap. SAINT ETIENNE. ‖ **Alto** –. V. **Alto Loira.** ‖ — **Atlántico.** Departamento del O. de Francia. 6.900 km². 920.000 h. Agricultura. Industrias. Cap. NANTES.

LOIRET. *Geog.* Departamento del Centro N. de Francia. 6.742 km². 470.000 h. Agricultura. Cap. ORLEÁNS.

LOISEAU, Juana. *Biog.* Escritora fr. que usó, también, el seudónimo de **Daniel Lesueur.** Dos de sus libros fueron premiados por la Academia Francesa: *Flores de abril* (poesía) y *El matrimonio de Gabriela* (1860-1921).

LOÍSMO. m. Vicio de usar la forma *lo* del pronombre de tercera persona en función de dativo. Lo *pegué un puñetazo,* por LE *pegué un puñetazo.*

LOÍSTA. adj. *Gram.* Dícese del que usa siempre el *lo* para el acusativo masculino del pronombre *él.* Ú.t.c.s.

LOJA. *Geog.* Provincia del S. de Ecuador. 9.926 km². 410.000 h. Cereales, caña de azúcar, cacao, quina, café. Cap. hom. 36.000 h. ‖ C. de España (Granada). Papel, lienzos. 28.000 h.

LOLOG. *Geog.* Lago de los Andes patagónicos argentinos (Neuquén), al S. del lago Huechulaufquén.

LOLLAND. *Geog.* V. **Laaland.**

LOMA. al. **Erhöhung.** fr. **Coteau.** ingl. **Hillock.** ital. **Collina.** port. **Lomba.** (De *lomo.*) f. Altura pequeña y alargada.

LOMADA. f. ant. Loma. Ú. en *Arg.* y *Perú.*

LOMAJE. m. *Chile.* Terreno formado de lomas.

LOMAS DE ZAMORA. *Geog.* Ciudad de la Argentina, en el Gran Buenos Aires, al S. de la Capital Federal. 120.000 h. Zona residencial.

LOMBARDA. f. Cañón antiguo de gran calibre, bombarda. ‖ Proyectil de forma esférica arrojado por esta clase de cañones.

LOMBARDA, Liga. *Hist.* Liga de Brescia. Cremona, Bérgamo y otras ciudades güelfas, patrocinada por el papa Alejandro III contra las pretensiones del emp. de Alemania Federico I Barbarroja (s. XII).

LOMBARDADA. f. Tiro de la lombarda.

LOMBARDEAR. tr. Disparar las lombardas contra un sitio o edificio.

LOMBARDERÍA. f. Conjunto de piezas de artillería denominadas lombardas.

LOMBARDÍA. *Geog.* Región del N. de Italia. 23.850 km². 8.950.000 h. Zona dedicada a la agricultura, ganadería e industrias, es una de las más ricas del país. Comprende las prov. de Bérgamo, Brescia, Como, Cremona, Mantua, Milán, Pavía, Sondrio y Varese. Cap. MILÁN.

LOMBÁRDICO, CA. adj. Lombardo, perteneciente a Lombardía.

LOMBARDINI, Manuel María. *Biog.* Militar mex., en 1853 presidente de la República (m. 1853).

LOMBARDO, DA. adj. Natural de Lombardía. Ú.t.c.s. ‖ Perteneciente a esta región de Italia. ‖ Longobardo. Apl. a pers., ú.t.c.s. y m. en pl. ‖ m. Banco de crédito que anticipa dinero sobre el valor de manufacturas entregadas para la venta. ‖ f. Variedad de berza, muy semejante al repollo, pero no tan cerrada, y de color encendido que tira a morado.

LOMBARDO, DA. adj. Aplícase al toro castaño, cuya parte superior y media del tronco es de color más claro.

LOMBOK. *Geog.* Isla de Indonesia, sit. al E. de Bali. 4.990 km². 1.100.000 h. Arroz.

LOMBOY, Reinaldo. *Biog.* Novelista chileno, n. en 1910, autor de relatos, entre ellos *Ranquil*, que se desarrolla en tierras australes.

LOMBRICERA. f. *Méx.* **Hierba lombriguera.**

LOMBRICIENTO, TA. adj. *Amér. del S.* Que tiene muchas lombrices.

LOMBRICIFORME. adj. *Hist. Nat.* De forma de lombriz.

LOMBRIGÓN. m. aum. de **Lombriz.**

LOMBRIGUERA. (De un der. del lat. *lumbricus*, lombriz.) adj. V. **Hierba lombriguera.** Ú.t.c.s.f. ‖ f. Agujero que hacen en la tierra las lombrices.

LOMBRIZ. al. **Wurm.** fr. **Ver de terre; lombric.** ingl. **Earthworm.** ital. **Lombrico; verme.** port. **Minhoca; lombriga.** (Del lat. *lumbricus.*) f. Animal anélido, de color blanco o rojizo, de cuerpo blando, cilíndrico, de unos treinta centímetros de longitud y seis a siete milímetros de diámetro, y compuesto de más de 100 anillos, los cuales llevan en la parte inferior varios pelos cortos, rígidos y algo encorvados, que sirven al animal para andar. Vive en los terrenos húmedos y ayuda a la formación del mantillo. ‖ – **intestinal.** Animal parásito de forma de **lombriz,** que vive en los intestinos del hombre y de los animales. ‖ – **solitaria. Tenia,** 1ª acep. ‖ IDEAS AFINES: *Gusano, viscosidad, resbaloso, sinuoso, escurridizo, ápodo, parásito, larva, angula, tierra, fruta, lombricida.*

LOMBROSO, César. *Biog.* Méd., antropólogo y criminalista ital., autor de una cél. teoría que atenúa la responsabilidad del criminal considerándolo un enfermo mental, en el que la herencia y los factores del medio juegan papel importantísimo. Obras: *El hombre delincuente; El crimen, sus causas y remedios,* etc. (1836-1909). ‖ – **Gina.** Escr. y pedagoga ital., hija de César, autora de *El despuntar de una vida; Vida de Lombroso,* etc. (1875-1944).

LOMEAR. intr. Mover el lomo los caballos, encorvándolo con violencia.

LOMÉ. *Geog.* Ciudad cap. de Togo. 200.000 h.

LOMERA. f. Correa que se acomoda en el lomo de la caballería para que se mantengan debidamente las piezas restantes de la guarnición. ‖ Tela o piel que se coloca en el lomo del libro encuadernado en media pasta. ‖ Caballete de un tejado.

LOMETA. f. Altozano, cerro poco elevado.

LOMIENHIESTO, TA. adj. Alto de lomos. ‖ fig. y fam. Engreído.

LOMILLERÍA. f. *Amér. del S.* Taller donde se hacen lomillos, riendas, etc. ‖ Tienda donde se venden. Conjunto del recado de montar.

LOMILLO. (dim. de *lomo.*) m. Labor de costura o bordado hecha con dos puntadas cruzadas. ‖ Parte superior de la albarda, en la que queda por lo interior un hueco proporcionado al lomo de la caballería. ‖ *Amér.* Pieza del recado de montar, formada por dos almohadas rellenas de junco, afianzadas a una lonja de suela, que se aplica sobre la carona. ‖ pl. Aparejo con dos almohadillas que dejan libre el lomo y que se pone a las caballerías de carga.

LOMINHIESTO, TA. adj. Lomienhiesto.

LOMO. al. **Lende; Rücken.** fr. **Lombes; dos.** ingl. **Loin; back.** ital. **Lombo; groppa; dorso.** port. **Lombo.** (Del lat. *lumbus.*) m. Parte inferior y central de la espalda. Ú.m. en pl. ‖ En los cuadrúpedos, todo el espinazo. *El animal arqueó el* LOMO. ‖ Carne del animal que forma esta región. ‖ Parte del libro opuesta al corte de las hojas. LOMO *de cuero.* ‖ Parte por donde doblan a lo largo de la pieza las pieles, tejidos y otras cosas. ‖ Tierra que levanta el arado entre surco y surco. *Después de sembrar, pasó el arado por el medio de los* LOMOS. ‖ En instrumentos cortantes, parte opuesta al filo. ‖ pl. Las costillas. ‖ **Agachar el lomo.** fr. fig. y fam. Trabajar duramente. ‖ Humillarse. ‖ **A lomo.** m. adv. que, anteponiéndole los verbos *traer, llevar*, etc., significa conducir cargas en bestias. *Transportar* A LOMO *de mula.*

LOMOND, Loch. *Geog.* Lago de Gran Bretaña, el más extenso de Escocia. Está situado al N.O. de Glasgow. 85 km².

LOMONOSOV, Miguel. V. *Biog.* Escr. y poeta ruso que realizó notables estudios sobre las lenguas eslavas y problemas de la física. Fue director de la Academia de Ciencias. Obras: *Antiguas historias rusas; Gramática rusa; Causas del calor y del frío*, etc. (1711-1765)

LOMUDO, DA. adj. De grandes lomos.

LONA. al. **Segeltuch.** fr. **Cotonnine.** ingl. **Canvas.** ital. **Olona.** port. **Lona.** (De *Olonne*, población marítima de Francia, donde se tejía esta clase de lienzo.) f. Tela fuerte de algodón o cáñamo, para velas de navío, toldos, tiendas de campaña, etc. ‖ Saco hecho de esta tela. ‖ IDEAS AFINES: *Bolsa, funda, carpa, circo, alpargata, mandil, impermeable, dril, brin, textil, resistente.*

LONA. f. Planta de Honduras, cuya raíz, cocida, sirve de alimento a los campesinos cuando escasean los cereales.

LONARDI, Eduardo. *Biog.* Mil. argentino, uno de los jefes de la revolución que en 1955 derrocó al presid. Perón. Elegido presid. provisional de la Nación, renunció antes de cumplir dos meses de gobierno (1896-1956).

LONCO. (Voz *araucana.*) m. *Chile.* Cuello, pescuezo. ‖ Redecilla de los rumiantes.

LONCOCHE. *Geog.* Población de la región central de Chile, al N.E. de Valdivia (Cautín). 5.200 h. Agricultura y ganadería.

LONCHA. f. Lancha, piedra lisa y plana. ‖ Lonja, cosa larga y ancha.

LÓNDIGA. f. Alhóndiga.

LONDINENSE. (Del lat. *londinensis.*) adj. Natural de Londres. Ú.t.c.s. *Los* LONDINENSES *están habituados a la niebla.* ‖ Perteneciente a esta ciudad de Inglaterra.

LONDON, Jack. *Biog.* Escritor nort., autor de cél. cuentos y novelas de aventuras: *El lobo marino; Colmillo blanco; La llamada de la selva*, etc. Su verdadero nombre era **Juan Griffith London** (1876-1916).

LONDON. *Geog.* Ciudad de Canadá (Ontario), al S.O. de Toronto. 239.000 h. Centro industrial.

LONDONDERRY. *Geog.* Condado de Irlanda del Norte. 387 km². 90.000 h. Cap. hom. con 52.500 h. Astilleros, destilerías, fundiciones, pesca.

LONDONENSE. adj. y s. Dígase **londinense.**

LONDRES. *Geog.* Capital del Reino Unido de Gran Bretaña e Irlanda del N. y metrópoli del Imperio Británico. Constituye uno de los mayores conglomerados urbanos de Europa. 7.300.000 h. Está sit. sobre ambas orillas del río Támesis y presenta cuatro distritos notablemente diferenciados: la City, centro bancario y bursátil; el O. o West End, barrio mercantil y aristocrático; el E. o East End, ocupado por gran cantidad de dársenas y almacenes, y el S. o Borough o Southwark, fabril e industrial. Es el primer puerto del reino y el núcleo cultural y artístico de la nación. Universidades, museos, bibliotecas, magníficos palacios y puentes colosales.

LONDRINA. *Geog.* Ciudad del S. de Brasil (Paraná). 240.000 h. Agricultura, ganadería, industrias.

LONETA. f. *Arg.* y *Chile.* Lona delgada. ‖ *Cuba.* Tejido blanco, grueso, usado para pantalones de obreros, etc.

LONGA. (Del lat. *longa.*) f. *Mús.* Nota de la música antigua, que valía cuatro compases o dos breves.

LONGANIMIDAD. (Del lat. *longanimitas, -atis.*) f. Grandeza y constancia de ánimo en las adversidades.

LONGÁNIMO, MA. (Del b. lat. *longanimis.*) adj. Magnánimo, constante. *Un protector* LONGÁNIMO.

LONGANIZA. (Del lat. *lóngano*, de *longus*, largo.) f. Pedazo largo de tripa estrecha rellena de carne de cerdo picada y adobada. ‖ fig. y fam. Persona muy alta y delgada.

LONGAR. (Del lat. *longus*, luengo.) adj. p. us. Largo. ‖ V. **Panal longar**.

LONGAZO, ZA. adj. aum. de **Luengo.**

LONG BEACH. *Geog.* Ciudad y puerto de los EE.UU. (California). 380.000 h. Metalurgia. Afamado balneario.

LONGEVIDAD. (Del lat. *longaévitas, -atis.*) f. Largo vivir.

LONGEVO, VA. al. **Langlebig.** fr. **Très vieux; très agé.** ingl. **Longeval.** ital. **Longevo.** port. **Longevo.** (Del lat. *longaevus;* de *longus*, largo y *aévum*, tiempo, edad.) adj. Muy anciano o de larga edad. *Los diez patriarcas bíblicos fueron* LONGEVOS.

LONGFELLOW, Enrique Wadsworth. *Biog.* Poeta y escritor nort., uno de los líricos más notables en la literatura de su patria. Se inspiró en leyendas coloniales, en la vida de la Nueva Inglaterra, en romances de guerra, etc. Estudió la poesía esp. y tradujo a Jorge Manrique. Obras: *Evangelina; Baladas; El estudiante español,* etc. (1807-1882).

LONGHI, Pedro. *Biog.* Seudónimo del pintor ital. **Pedro Falca,** que reflejó, en sus obras, los paisajes venecianos. (1702-1785).

LONGIMETRÍA. f. Medición efectuada entre puntos inaccesibles.

LONGINCUO, CUA. (Del lat. *longinquus.*) Distante, apartado. antón.: **cercano.**

LONGÍSIMO, MA. (Del lat. *longíssimus.*) adj. superl. de **Luengo.**

LONG ISLAND. *Geog.* Isla del Atlántico Norte, frente a la costa de los EE.UU., en el Est. de Nueva York. Su extremo occidental forma parte de la c. de Nueva York.

LONGITUD. al. **Länge.** fr. **Longueur; Longitude.** ingl. **Length; longitude.** ital. **Longitudine; lunghezza.** port. **Longitude; comprimento.** (Del lat. *longitudo.*) f. La mayor de las dos dimensiones principales que tienen las cosas o figuras planas, en contraposición a la menor, llamada latitud. *La* LONGITUD *de un terreno.* ‖ V. **Reloj de longitudes.** ‖ *Astron.* Arco de la Eclíptica, contando de occidente a oriente entre Aries y el círculo perpendicular a ella, que pasa por un punto de la esfera. ‖ *Geog.* Distancia de un lugar respecto al primer meridiano, contada por grados en el Ecuador. *Los puntos situados sobre el mismo meridiano tienen igual* LONGITUD. ‖ *Mar.* V. **Punto de longitud.** ‖ **– de onda.** *Fís.* Distancia entre dos puntos correspondientes a una misma fase en dos ondas consecutivas. ‖ IDEAS AFINES: *Largo, ancho, alto, prolongar, extensión, dilatación, dúctil, medida, metro, kilómetro, milla, vara, ilimitado, longitudinal.*

LONGITUDINAL. adj. Perteneciente a la longitud; hecho o colocado en su dirección. *Un corte* LONGITUDINAL. ‖ deriv.: **longitudinalmente.**

LONGO, GA. s. *Ec.* Indio o india joven.

LONGO. *Biog.* Escritor gr., autor de la cél. novela *Dafnis y Cloe*, idilio pastoral de intensa poesía y delicado naturalismo (s. III).

LONGOBARDO, DA. (Del lat. *longobardus.*) adj. Dícese del individuo de un pueblo que invadió a Italia el año 568 y habitó en el norte de la misma en la región que de ellos tomó el nombre de Lombardía. Ú.t.c.s. y m. en pl. ‖ Perteneciente a los longobardos. ‖ Lombardo, de Lombardía. Apl. a pers., ú.t.c.s.

LONGORÓN. m. Molusco marino de Cuba, que vive en el cieno.

LONGUERA. (De *luengo.*) f. Porción de tierra, larga y angosta.

LONGUERÍA. (De *luengo.*) f. Dilación, prolijidad.

LONGUETAS. (De *luengo.*) f. pl. *Cir.* Tiras de lienzo que se aplican en fracturas o amputaciones.

LONGUÍSIMO, MA. adj. superl. **Longísimo.**

LONJA. al. **Schnitte.** fr. **Tranche.** ingl. **Slice.** ital. **Fetta.** port. **Fatia.** (De *loncha*). f. Cualquier cosa larga, ancha y poco gruesa, que se corta o separa de otra. LONJA *de cuero.* ‖ Pieza de vaqueta con que en los coches se afianzan los balancines menores al mayor.

LONJA. (Del ital. *loggia.*) f. Edificio público donde se juntan mercaderes para sus tratos y comercios. ‖ En las casas de esquileo, almacén donde se pone la pila de lana. ‖ Tienda donde se vende cacao, azúcar y otras mercancías. ‖ Atrio algo levantado del piso de las calles, a que suelen salir las puertas de los templos y otros edificios.

LONJEAR. tr. *R. de la Plata.* Raer el pelo de un cuero para hacer lonjas. ‖ fig. y fam. Azotar, castigar con un chicote, o látigo.

LONJETA. f. dim. de **Lonja**, cosa larga y angosta. ‖ Cenador de jardines.

LONJISTA. com. Persona que tiene una lonja o tienda de cacao, azúcar, etc.

LONQUIMAY. *Geog.* Paso de los Andes patagónicos argentinochilenos (Neuquén-Malleco) a 1.800 m. de altura, por donde se proyectó trazar el ferrocarril trasandino del S.

LONS-LE-SAUNIER. *Geog.* Ciudad de Francia, capital del dep. del Jura. 19.500 h. Vinos. Salinas.

LONTANANZA. al. **Ferne.** fr. **Lointain.** ingl. **Distance.** ital. **Lontananza.** port. **Distancia; lonjura.** (Del ital. *lontananza* de *lontano*, y éste de un der del lat. *longus*, largo.) f. *Pint.* Términos de un cuadro más distantes del plano principal. ‖ **En lontananza.** m. adv. A lo lejos. Ú. sólo refiriéndose a cosas que por hallarse muy lejos se distinguen con dificultad.

LONTUÉ. *Geog.* Río de Chile (Talca) que atraviesa una afamada región vitivinícola. Es una de las ramas que originan el río Mataquito.

LOON, Enrique Guillermo van. *Biog.* Literato e historiador nort., de origen hol., autor de *Historia de la humanidad; La conquista de los mares*, etc. (1882-1944).

LOOR. (De *loar.*) m. Alabanza. *Berceo compuso los* LOORES *de Nuestra Señora;* sinón.: **loa, panegírico.**

LOPATKA. *Geog.* Cabo extremo S. de la pen. de Kamchatka (U.R.S.S.).

LOPE DE RUEDA. *Biog.* Dramaturgo esp., considerado el fundador del teatro de su patria. Con asuntos y técnica italianos, escribió comedias, diálogos y coloquios. Su originalidad se revela en escenas de intención burlesca y viva inspiración popular, llamadas "pasos". Obras: *Eufemia; Las aceitunas; El rufián cobarde* etc. (m. 1565).

LOPE DE VEGA CARPIO, Félix. *Biog.* Dram. y poeta esp., llamado por sus contemporáneos "el Fénix de los ingenios" y por Cervantes "Monstruo de la naturaleza" debido a su prodigiosa fecundidad. Escribió cerca de dos mil obras teatrales descollando en la comedia histórica, religiosa, mitológica, de costumbres, etc. Concentra los esfuerzos dispersos de sus predecesores y da al drama de su país su forma típica, convirtiéndolo en un género esencialmente popular. Por su inventiva, la vivacidad de la acción, la brillante elegancia del estilo, la variedad de asuntos y personajes, la entretenida complicación de la intriga es uno de los más grandes dramaturgos de todos los tiempos. Sobresale también como poeta lírico. Obras: *Fuenteovejuna; La Dorotea; Peribáñez*, etc. (1562-1635).

LOPES, Bernardino. *Biog.* Poeta bras., de tendencia parnasiana (1859-1916). ‖ **– Fernando.** Cronista portugués que hizo la historia de los reinados de Pedro I y otros monarcas de Portugal (1380-1460).

LOPEZ. n. patronímico. ‖ **Esos son otros López.** expr. fig. y fam. con que se da a entender que una cosa no tiene relación alguna con otra, aunque aparenten analogía.

LÓPEZ, Alfonso. *Biog.* Diplomático y pol. colombiano cont., presidente de la República de 1934 a 1938 y de 1942 a 1945 (1886-1959). ‖ **– Armando.** Literato dominicano cont., autor de *Línea noroeste* y otros libros sobre temas costumbristas y regionales. ‖ **– Cándido.** Pintor y militar arg. que describió en sus cuadros la guerra de la Triple Alianza (1839-1903). ‖ **– Carlos Antonio.** Político parag. que fue tres veces presid. de la República. Creó todos los servicios públicos de su país (1790-1862). ‖ **– Eduardo.** Explorador esp., el primer europeo que recorrió el Congo y otras partes del interior del África. Escribió *Relación del reino del Congo y de sus países vecinos* (s. XVI). ‖ **– Estanislao.** Militar arg. que luchó por la independencia de su patria. Aliado de Ramírez y de Rosas, combatió por la causa federal. Elegido en 1818 gobernador vitalicio de Santa Fe, ejerció este cargo hasta su muerte (1786-1838). ‖ **– Francisco Solano.** Militar y estadista paraguayo de notable actuación en la vida constitucional de su país. Iniciado en la diplomacia, cumplió destacadas misiones en Francia, España, Italia y otros países europeos. Al morir en 1862 el presidente Carlos A. López, su padre, convocó al Congreso, el cual lo eligió presidente de la República. Dirigió el ejército de su patria en la guerra contra las fuerzas de la Triple Alianza que integraron Argentina, Uruguay y Brasil. Derrotado, libró su última batalla en Cerro Corá, donde pereció (1827-1870). ‖ **– Gregorio.** Escritor esp., misionero en México, donde hizo estudios sobre plantas medicinales (1542-1596). ‖ **– Hermógenes.** Mil. y político ven. que de 1887 a 1888 fue interinamente presid. de la República. ‖ **– Ismael.** V. **Hispano, Cornelio.** ‖ **– José Hilario.** Mil. y estadista col. que luchó por la independencia de su patria. Presidente de la República en 1849, abolió la esclavitud (1798-1869). ‖ **– José Ramón.** Escritor dominicano que en *Cuentos puertoplateños* y otras obras ha cultivado temas costumbristas (1866-1922). ‖ **– José Venancio.** Político nicar. que en 1841 fue presid. de Guatemala. ‖ **– Lucio Vicente.** Escr. y político arg., autor de cuentos y de la cél. novela *La gran aldea*, donde pinta tipos y ambientes característicos del Buenos Aires de entonces (1848-1894). ‖ **– Luis Carlos.** Poeta col., autor de *De mi villorrio; Los hongos de la Riba; Por el atajo*, etc. Satiriza con fina ironía tipos y costumbres de la vida provincial (1885-1951). ‖ **– Narciso.** Militar esp., de origen ven., que dirigió la insurrección de Cuba y murió ejecutado (1797-1851). ‖ **– Rafael.** Poeta mex., autor de *Con los ojos abiertos* y otras obras (1873-1943). ‖ **– Tomás.** Geógrafo esp. (1730-1802). ‖ **– Venancio.** Político guat., de 1841 a 1842 jefe de estado de su país. ‖ **– Vicente Fidel.** Historiador y pol. argentino que integró con Alberdi y Echeverría la Asociación de Mayo y descolló por su patriótica labor educativa. Autor de *Acuerdos del extinguido Cabildo de Buenos Aires; El conflicto y la entrevista de Guayaquil; La novia del hereje* o la *Inquisición en Lima* (novela), etc. (1815-1903). ‖ **– ALBÚJAR, Enrique.** Escritor per. que describe la vida serrana. Obras: *Matalache; Mi casona*, etc. (1872-1966). ‖ **– ALDANA, Fernando.** Político per. que luchó por la independencia de su país. Ocupó durante seis meses la presidencia de la República (1784-1841). ‖ **– ARELLANO, Osvaldo.** Político hond. que de 1963 a 1971 y de 1972 a 1975 fue pres. de la República (n. 1921). ‖ **– BUCHARDO, Carlos.** Compositor arg., cuyas creaciones se inspiran en la música autóctona de su país: *El sueño de Alma* (ópera); *Escenas argentinas; Campera; Canción del carretero; Vidala*, etc. (1881-1948). ‖ **– CONTRERAS, Eleazar.** Mil. venezolano cont. que de 1936 a 1941 fue presid. de la República (1883-1973). ‖ **– DE AYALA, Adelardo.** Dramaturgo esp., autor de *El tejado de vidrio; El tanto por ciento; Consuelo*, etc. (1828-1879). ‖ **– DE AYALA, Pero.** Poeta, diplom. y guerrero esp., autor de cuatro *Crónicas* sobre otros tantos reyes de Castilla, desde Pedro el Cruel hasta Enrique II y de *Rimado de Palacio*, extenso poema donde condena los vicios de su siglo (1332-1407). ‖ **– DE GOMARA, Francisco.** Relig. e historiador esp., autor de una notable *Historia de las Indias y conquista de México* (1512-aprox. 1572). ‖ **– DE HARO, Rafael.** Novelista esp., autor de *Dominadoras; El salto de la novia; Floración*, etc. (1876-1967). ‖ **– DE JEREZ, Francisco.** Militar esp. que actuó en la conquista del Perú a las órdenes de Francisco Pizarro, por cuyo encargo escribió *Verdadero relato de la conquista del Perú* (n. 1449). ‖ **– DE LEGAZPI, Miguel.** Navegante esp., conquistador de las islas Filipinas (m. 1572). ‖ **– DE MENDOZA, Iñigo,** marqués de Santillana. Pol. y poeta esp., autor de las cél. *Serranillas*, breves y delicados poemas rústicos, entre ellas la popular *Vaquera de la Finojosa*. Su *Carta al condestable de Portugal* es el primer esbozo de historia literaria esp. Obras: *Refranes que dicen las viejas tras el fuego; Comedieta de Ponza; Doctrinal de Privados*, etc. (1398-1458). ‖ **– DE MESA, Luis.** Hist., novelista y político col., autor de *Introducción a la historia de la cultura en Colombia; De cómo se ha formado la nación colombiana*, etc. (1884-1967). ‖ **– DE ROMAÑA, Eduardo.** Político per., de 1899 a 1903 presidente de la República (1847-1912). ‖ **– DE SANTA ANNA, Antonio.** Presidente mex. enemigo de Juárez; durante su gob. se produjo la separación de Texas y en 1847 la guerra con EE.UU. (1790-1877). ‖ **– DE VILLALOBOS, Ruy.** Navegante esp. que visitó el archipiélago filipino y bautizó la isla de Leyte como Filipina, en homenaje a Felipe II (m. 1546). ‖ **– DE ZÚÑIGA, Diego.** Virrey del Perú de 1561 a 1564. ‖ **– DE ZÚÑIGA, Francisco.** Militar esp., gobernador de Chile (1599-1656). ‖ **– GUTIÉRREZ, Rafael.** Político hondureño, presidente de la República de 1920 a 1924 (1854-1924). ‖ **– JORDÁN, Ricardo.** Militar arg. jefe de los revolucionarios entrerrianos (1822-1889). ‖ **– MATEOS, Adolfo.** Político mex., de 1958 a 1964, pres. de la República (1910-1969). ‖ **– MICHELSEN, Alfonso.** Político col., pres. de la República desde 1974 hasta 1978. ‖ **– MINDREAU, Ernesto.** Músico per., autor de composiciones para piano y de la ópera histórica *Nueva Castilla* (n. 1890). ‖ **– NAGUIL, Gregorio.** Pintor y escenógrafo arg. (1894-1953). ‖ **– PACHECO, Diego.** Pol. español, virrey de México de 1640 a 1642. ‖ **– PENA, Marín H.** Escritor dominicano cont., autor de *La pandilla* y otras obras que captan costumbres y caracteres de su país. ‖ **– PORTILLO Y ROJAS, José.** Escritor mex. que cultivó el drama, la novela y la poesía. Obras: *Cuentos completos; Los precursores; La parcela*, etc. (1850-1923). ‖ **– PORTILLO, José.** Pol. mex. pres. de la República por el período 1976-1982. ‖ **– RAYÓN, Ignacio.** Héroe de la independencia mex., vencedor en Zitácuaro. En 1811 fue jefe supremo (1773-1832). ‖ **– RUIZ, Sebastián José.** Explorador esp. que recorrió regiones de Colombia realizando notables descubrimientos (1741-1823). ‖ **– SILVA, José.** Poeta y comediógrafo esp., autor de *Los barrios bajos; Los Madriles; Chulaperías*, etc. (1860-1925). ‖ **– VELARDE, Ramón.** Poeta mex., el más destacado en su patria de la generación posterior al modernismo. Lírico intenso, es notable su sentimiento por el paisaje natal. Obras: *La sangre devota; Zozobra; El son del corazón*, etc. (1888-1921). ‖ **– Y FUENTES, Gregorio.** Novelista mex., autor de *Campamento; El indio; Milpa, potrero y monte*, etc. Sus obras representan un profundo estudio social del México actual (1895-1966). ‖ **– Y PIQUER, Bernardo.** Pintor esp., autor de notables retratos de Fernando VII, Isabel II, etc. (1801-1874). ‖ **– Y PLANES, Vicente.** Poeta y político arg., autor de *Triunfo argentino* y de la letra del himno nacional de su patria (1785-1856). ‖ **– Y PORTAÑA, Vicente.** Pintor esp., autor de un famoso *Retrato de Goya* y de otras obras (1772-1850).

LÓPEZ. *Geog.* Cabo de África Ecuatorial Francesa (Gabón), extremo S. del golfo de Biafra. ‖ Cerro de los Andes argentinos (Río Negro), sobre el lago

Nahuel Huapi. 2.100 m. Hermoso lugar de turismo.

LOPIGIA. f. Alopecia.

LOPISTA. com. Persona versada en el conocimiento de la vida y obras de Lope de Vega.

LOP NOR. *Geog.* V. **Lob Nor.**

LOQUEAR. (De *loco.*) intr. Hacer o decir locuras. ‖ fig. Regocijarse con excesiva bulla y alboroto.

LOQUERA. f. La que por oficio cuida y guarda locas. ‖ Jaula para locos. ‖ fam. *Amér.* Locura, desacierto.

LOQUERÍA. f. *Chile* y *Perú.* Manicomio.

LOQUERO. m. El que por oficio cuida y guarda locos. ‖ fig. y fam. *R. de la Plata.* Bochinche, desorden. *La liquidación era un* LOQUERO.

LOQUESCO, CA. (De *loco.*) adj. Alocado. ‖ fig. Chancero. ‖ **A la loquesca.** loc. adv. A manera de locos.

LOQUIOS. (Del gr. *lócheias*, de *lochos*, parto.) m. Evacuación serosanguinolenta que tiene lugar por los genitales durante el puerperio.

LORA. f. *Amér.* Loro o papagayo. ‖ *Arg.* y *Chile.* Hembra del loro.

LORAN. m. Sistema de radionavegación que consiste en la emisión de una red de impulsiones sincronizadas.

LORANTÁCEO, A. (Del gr. *loron*, tira, y *anthos*, flor.) adj. *Bot.* Aplícase a plantas dicotiledóneas parásitas, siempre verdes. Tienen tallos articulados, hojas enteras, opuestas y sin estípulas; flores de ambos sexos separadas, las masculinas sin corola y con el cáliz partido en tiras; las femeninas con cuatro pétalos carnosos y cáliz unido, y fruto en baya mucilaginosa; como el muérdago. Ú.t.c.s.f. ‖ f. pl. *Bot.* Familia de estas plantas.

LORCA. *Geog.* Ciudad de España (Murcia). 85.000 h. Centro agrícola. Minas de hierro.

LORCHA. f. Barca ligera de vela y remo, que se emplea en la navegación de cabotaje en China.

LORD. (Del ingl. *lord*, señor.) m. Título de honor que se confiere en Inglaterra a los individuos de la primera nobleza, y también a los que desempeñan algunos altos cargos. ‖ En pl. lores.

LÓRDOSIS. (Del gr. *lórdosis.*) f. Encorvamiento de la columna vertebral de prominencia anterior.

LORELEI. *Mit.* Nombre de una sirena que habitaba a orillas del Rin, entre las rocas. Desde allí hechizaba a los navegantes y los hacía naufragar.

LORENA, Claudio. *Biog.* Pintor y grabador fr., uno de los grandes paisajistas de su tiempo. Obras: *Danza aldeana; Salida del sol; Minerva y las musas*, etc. (1600-1682).

LORENA. *Geog.* Antigua prov. de Francia, que comprendía los actuales dep. de Mosa, Mosela, Meurthe y Mosela, y Vosgos. Yacimientos de hierro y carbón. Su cap. era NANCY.

LORENA, Casa de. *Geneal.* Familia de la que descendía la última dinastía reinante en Austria.

LORENÉS, SA. adj. Natural de Lorena. Ú.t.c.s. ‖ Perteneciente a esta provincia francesa.

LORENTZ, Enrique Antón. *Biog.* Físico hol., autor de notables investigaciones sobre teorías de la luz y del electrón, fenómenos ópticos y la relatividad. En 1902 compartió con Pedro Zeeman el premio Nobel de Física por sus trabajos sobre los iones (1853-1928).

LORENZ, Adolfo. *Biog.* Méd. austríaco, considerado fundador de la moderna ortopedia (1855-1946). ‖ **— Konrad.** Médico y zoólogo austríaco. Sus investigaciones sobre los esquemas de conducta individual y social le valieron el premio Nobel de Fisiología y Medicina en 1973, junto con Nicolás Tinbergen y Karl von Frisch. Sus conclusiones científicas se hallan expuestas en *Estudios sobre el comportamiento animal y humano.* (n. en 1903).

LORENZETTI, Pedro. *Biog.* Pintor ital., autor, entre otras obras, de *La Anunciación y El nacimiento de la Virgen* (1280-1348).

LORENZINI, Carlos. *Biog.* Escritor ital., conocido también con el seud. de **Carlos Collodi,** autor de *Pinocho*, una de las obras más originales de la literatura infantil. Escribió además *Historias alegres; Los amigos de casa*, etc. (1826-1890). ‖ **— Carola.** Aviadora arg., precursora de la aviación femenina en su país. Murió, en 1943, en un accidente aéreo.

LORENZO, San. *Hagiog.* Mártir y diácono que por negarse a entregar los tesoros de la iglesia al prefecto de Roma fue quemado vivo en una parrilla en 258. ‖ **— Justiniano, San.** Patriarca de Venecia, llamado *el Filósofo* (1381-1455).

LORETO. *Geog.* Departamento del N. E. del Perú, el más extenso del país. 478.336,2 km². 510.000 h. Caucho, algodón, tabaco, coca. Cap. IQUITOS. ‖ C. de Italia (Ancona). 9.000 h. Célebre santuario y lugar de peregrinación.

LORIA, Mariano Sánchez de. *Biog.* Jurisconsulto bol., uno de los firmantes del Acta de la independencia arg. (1774-1842).

LORICA. *Geog.* Ciudad de Colombia (Córdoba). 13.000 h. Mercado ganadero.

LORIENT. *Geog.* Ciudad de Francia (Morbihan), puerto sobre el Atlántico. 69.000 h. Construcciones navales, conservas de pescado.

LORIGA. (Del lat. *lorica.*) f. Especie de coraza para defensa del cuerpo, hecha de láminas pequeñas e imbricadas, por lo común de acero. ‖ Armadura del caballo para el uso de la guerra. ‖ Pieza de hierro circular que se pone como refuerzo de los bujes de las ruedas de los carruajes. ‖ deriv.: **loriguero, ra.**

LORIGADO, DA. (Del lat. *loricatus.*) adj. Armado con loriga. Ú.t.c.s.

LORIGÓN. m. aum. de **Loriga.** ‖ Loriga grande con mangas que no pasaban del codo.

LORIGUILLO. m. **Lauréola hembra.**

LORO. al. **Papagei.** fr. **Perroquet.** ingl. **Parrot.** ital. **Pappagallo.** port. **Papagaio.** (Quizá del quichua *uritu*; con la *l* del art. *luritu*, y de éste *loro.*) m. **Papagayo,** y más especialmente el de plumaje con fondo de rojo. *El* LORO *imita la voz humana.* ‖ fig. y fam. Persona que habla mucho. ‖ Mujer vieja, fea y desgarbada. ‖ *Chile.* Individuo enviado disimuladamente para averiguar algo. ‖ Orinal de vidrio para los enfermos que no pueden incorporarse en el lecho. ‖ *Hond.* Papagayo más chico que la lora. ‖ **— barranquero.** Loro que habita en las barrancas próximas a los ríos. ‖ **— choclero.** *Arg.* El que acude a las chacras en el tiempo de los choclos. ‖ **— del Brasil.** Paraguay. ‖ **— manzanero.** *Arg.* El que frecuenta las plantaciones de manzanos y come su fruto.

LORO, RA. (Del lat. *laurus*, laurel, por el color obscuro de sus hojas y fruto.) adj. De color moreno que tira a negro. ‖ m. Lauroceraso.

LORRAIN, Claudio. *Biog.* V. **Lorena, Claudio.**

LORZA. f. Alforza.

LOS. Forma del artículo determinado en género masculino y número plural. Los *gatos.* ‖ Acusativo del pronombre personal de tercera persona en género masculino y número plural. Usar en este caso la forma *les*, propia del dativo, es grave incorrección. *Vayan caminando*, LOS *alcanzaré en seguida.*

LOSA. al. **Steinplatte; Fliese.** fr. **Dalle.** ingl. **Stab.** ital. **Lastra.** port. **Lousa.** (Del lat. epigráfico *lausia*, laja; en b. lat. *lausa.*) f. Piedra llana y de poco grueso, por lo general labrada, que sirve para solar y otros usos. *Las* LOSAS *de la acera.* ‖ Trampa hecha con losas pequeñas, para coger aves o ratones. ‖ fig. Sepulcro.

LOSADA, Diego de. *Biog.* Militar esp., conquistador de Venezuela, donde fundó en 1567 la ciudad de Santiago de León, hoy Caracas (1511-1569).

LOSADO. m. Enlosado, suelo cubierto de losas.

LOS ANDES. *Geog.* Antiguo territorio del N.O. de la Rep. Argentina que en el año 1943 fue dividido entre las prov. de Jujuy, Salta y Catamarca. ‖ C. de Chile (Aconcagua). 25.000 h. Punto inicial del ferrocarril transandino que va a la Argentina. Mercado agrícola.

LOSANGE. al. **Rhombus; Raute.** fr. **Losange.** ingl. **Rhomb; Lozenge.** ital. **Losange.** port. **Losango.** (Del fr. *losange*, y éste del lat. epigráfico *[lápides] leusiae*, losas.) m. Figura de rombo colocado de manera que uno de sus ángulos agudos quede por el pie y el otro por la cabeza.

LOS ÁNGELES. *Geog.* Ciudad de Chile, cap. de la provincia de Bío-Bío. 50.000 h. Mercado de cereales. Industria maderera. ‖ Ciudad de los EE. UU. (California). 9.900.000 h. con los suburbios. Importante centro cinematográfico. Industrias frutícolas, refinerías de petróleo, material aeronáutico.

LOSAR. (De *losa.*) tr. Enlosar.

LOSETA. f. dim. de **Losa.** ‖ Losa, trampa.

LOS GIGANTES. *Geog.* Cerro de la Argentina en el Oeste de la prov. de Córdoba. 2.380 m. de altura.

LOSILLA. f. dim. de **Losa.** ‖ Losa, trampa.

LOS PALACIOS. *Geog.* Población de Cuba (Pinar del Río). 7.000 h. Centro tabacalero y azucarero.

LOS RÍOS. *Geog.* Provincia del E. de Ecuador. 7.629 km². 395.000 h. Arroz, caña de azúcar, algodón, frutales. Cap. BABAHOYO.

LOSSADA, Jesús Enrique. *Biog.* Escritor venezolano (1895-1948). Su obra *La máquina de la felicidad* es un ensayo de narración fantástica.

LOS SANTOS. *Geog.* Provincia del S.O. de Panamá. 3.867 km². 78.000 h. Cap. LAS TABLAS. Actividades agrícolas. ‖ V. **Jéridas.**

LOS TEQUES. *Geog.* Ciudad de Venezuela, capital del Est. de Miranda. 68.500 h. Centro comercial.

LOT. *Hist. Sagr.* Sobrino de Abraham, padre de los amonitas y los moabitas. Su mujer convirtióse en estatua de sal.

LOT. *Geog.* Río de Francia. Nace en los Cevennes y des. en el Garona. 481 km. ‖ Dep. del sur de Francia. 5.226 km². 154.000 h. Cereales, ovinos, ocas. Cap. CAHORS. ‖ **— y Garona.** Departamento del S. O. de Francia, 5.358 km². 300.000 h. Cereales, vid, tabaco, aves de corral. Cap. AGEN.

LOTA. *Geog.* Ciudad y puerto de Chile (Concepción). 50.000 h. Minas de carbón.

LOTARIO. *Biog.* Rey de Francia, hijo de Luis IV (941-986).

LOTARIO I. *Biog.* Emperador de Occidente y en 820 rey de Italia (796-855).

LOTARIO II. *Biog.* Hijo del anterior, que fue rey de Lorena (826-869).

LOTARIO III. *Biog.* Emperador de Alemania que en 1132 repuso en la silla apostólica al Papa Inocencio III (1067-1137).

LOTE. al. **Anteil; Parzelle.** fr. **Lot; terrain.** ingl. **Share; lot; estate.** ital. **Lotto; terreno.** port. **Lote.** (Del ant. al. *laut.*) m. Cada parte en que se divide algo que se ha de distribuir entre varias personas. *Un* LOTE *de ropa.* ‖ Lo que corresponde a cada uno en la lotería o en juegos en que se sortean cantidades desiguales. ‖ En los juegos de naipes, dote. ‖ En exposiciones y ferias de ganados, grupo reducido de caballos, mulos, etc., que tienen ciertos caracteres comunes. ‖ *Amér. del S.* Cada una de las partes en que se divide una loteada. *Compré un* LOTE *arbolado.* ‖ Conjunto de objetos similares que se agrupan con un fin determinado. LOTE *de muebles, de libros.*

LOTEADA. f. *Amér. del S.* Acción y efecto de lotear.

LOTEAR. tr. *Amér. del S.* Dividir, separar en lotes. Dícese en particular de los terrenos que se venden en fracciones de poca extensión, apropiadas para vivienda o huerta. ‖ En el comercio, formar conjuntos de mercería o de otros artículos para venderlos por lotes, a veces en remate.

LOTERÍA. al. **Lotterie.** fr. **Loterie; loto.** ingl. **Lottery; lotto.** ital. **Lotteria; lotto.** port. **Loteria.** (De *lote.*) f. Especie de rifa hecha con mercaderías, billetes, dinero, etc., con autorización pública. ‖ Juego público en que eran sacados a la suerte cinco números de noventa y se premiaba a los que tenían alguno de tales números o sus combinaciones. ‖ Juego casero en que es imitada dicha **lotería** primitiva con números puestos en cartones, y extrayendo algunos de una bolsa o caja. ‖ Juego actual de azar, en que son premiados con diversas cantidades varios billetes sacados a la suerte entre numerosos de ellos que se ponen en venta. ‖ Casa en que se expenden esos billetes. ‖ **Caerle** o **tocarle** a uno **la lotería.** frs. fig. Tocarle uno de los mayores lotes de la misma. Úsase también en sentido irónico. ‖ IDEAS AFINES: *Pasatiempo, suerte, casualidad, sorteo, número, premio, terminación, fortuna, bolillero, extracto, entero, vigésimo, quinielas, prenda.*

● **LOTERÍA.** *Hist.* La idea de otorgar la pertenencia de un objeto por la suerte data de tiempos muy remotos, pero la **lotería**, tal como hoy se conoce, parece ser oriunda de Génova, donde se sorteaban ciertos cargos, en número de cinco, entre noventa senadores. Para ello se ponían en una caja 90 bolillas con cinco marcadas y el pueblo podía apostar sobre quiénes serían los favorecidos. Más tarde, el gobierno italiano permitió que los banqueros organizaran, con cierta asiduidad, juegos similares; nació así la **lotería** italiana llamada *lotto* que aún subsiste. Alrededor de 1533 pasó de Italia a Francia, donde se oficializó, pero fue suprimida por la Revolución Francesa. La **lotería** española, llamada también mexicana y la de clasificación u holandesa, son las más usuales en la actualidad.

LOTERO, RA. (De *lote.*) s. Persona que tiene a su cargo un despacho de billetes de la lotería.

LOTI, Pierre. *Biog.* Seud. del novelista fr. **Luis María Julián Viaud,** autor de novelas de costumbres marítimas o exóticas, notables por sus espléndidas descripciones y por su estilo sencillo, directo y conmovedor. Obras: *Aziyadé; Mi hermano Ives; El pescador de Islandia; Las desencantadas*, etc. (1850-1923).

LOTIFICAR. tr. *Guat.* Lotear un terreno.

LOTO. al. **Lotus.** fr. **Lotus.** ingl. **Lotus.** ital. **Loto.** port. **Lotus.** (Del lat. *lotus* y éste del gr. *lotós.*) m. Planta ninfeácea, de hojas grandes, coriáceas, con peciolo largo y delgado; flores terminales, solitarias, olorosas, de gran tamaño y color blanco azulado, y fruto globoso semejante al de la adormidera, con semillas que se comen después de tostadas y molidas. Es planta acuática, que abunda en las orillas del Nilo. *Nymphaea lotus.* ‖ Flor de esta planta. *Los egipcios utilizaron el* LOTO *como elemento decorativo.* ‖ Fruto de la misma. ‖ Árbol rámneo de África, parecido al azufaifo, y cuyo fruto, que es una drupa rojiza del tamaño de la ciruela, tiene la carne algo dulce. *Zazyphus lotus.* ‖ Fruto de este árbol.

LOTZE, Rodolfo Germán. *Biog.* Filósofo al., neokantiano. Pretendió acordar los resultados de la ciencia con la necesidad de una metafísica de valores absolutos, aprehendidos por el alma humana. Obras: *Metafísica; Microcosmos; Sistema de Filosofía*, etc. (1817-1881).

LOUDET, Enrique. Escritor y diplomático arg., autor de *Páginas de historia diplomática; La obra literaria de Ricardo Palma*, etc. (1890-196?). ‖ **— Osvaldo.** Escritor y médico arg. especializado en psiquiatría (n. 1889).

LOUISIANA. *Geog.* V. **Luisiana.**

LOUISVILLE. *Geog.* Ciudad de los EE. UU., sobre el Ohio (Kentucky). 390.000 h. Centro tabacalero. Industrias mecánicas y alimenticias.

LOURDES. *Geog.* Ciudad de Francia (Altos Pirineos). 13.974 h. Célebre gruta y fuente de la Virgen. Centro de peregrinación.

LOURENÇO MARQUES. *Geog.* Ciudad y puerto de África oriental. Cap. de la antigua colonia portuguesa de Mozambique, hoy República Popular de Mozambique. 350.000 h. Su nombre actual es Maputo.

LOUVERTURE, Santos. *Biog.* Pol. y militar haitiano de color, jefe de la insurrección de Haití contra los franceses en 1796. Promulgó la Constitución que lo declaraba gobernador vitalicio y ejerció el poder con gran energía. Prisionero de los franceses, fue llevado a Francia, donde murió (1743-1803).

LOUVRE. *B. A.* Palacio situado en París, sobre la orilla derecha del Sena, y convertido en museo. Las primeras construcciones datan del s. XII y paulatinamente se les fueron agregando galerías y salones. Sus colecciones artísticas comenzaron a formarse en tiempos de Francisco I, pero sólo después de la Revolución Francesa el **Louvre** se convirtió en el depósito de todos los tesoros artísticos esparcidos en las residencias reales. En la actualidad posee una de las más valiosas colecciones de arte del mundo.

LOUYS, Pedro. *Biog.* Literato fr., autor de *Las canciones de Bilitis*, que revivió con singular maestría la sensualidad lúcida y erótica del paganismo helénico. Obras: *Afrodita; La mujer y el pelele; Astarté*, etc. (1870-1925).

LOVAINA. *Geog.* Ciudad de Bélgica (Brabante). Célebre universidad. Industrias mecánicas 40.000 h.

LOVANIENSE. adj. Natural de Lovaina. Ú.t.c.s. ‖ Perteneciente a esta ciudad de Bélgica.

LOVATO, Carlos. *Biog.* Poeta salvadoreño cont. De estética vanguardista, en 1942 fue uno de los fundadores del llamado "Gruposeis", que reunió a los poetas post-ultraístas de su país.

LOVEIRA, Carlos. *Biog.* Escritor, pol. y sociólogo cub., autor de novelas, cuentos y crónicas de crítica social: *Los inmorales; Generales y doctores; Juan Criollo*, etc. (1882-1929).

LOWELL, Amy. *Biog.* Escr. y poetisa nort. autora de *Hojas de espada y semillas de amapola; Viento Este;* la biografía *John Keats*, etc. (1874-1925). ‖ **– Jaime Russell.** Escr. y poeta nort., uno de los más populares de su patria por sus poemas líricos y sus artículos contra la esclavitud. Obras: *Un año de vida; Poemas; Las ventanas de mi estudio; Ensayos de crítica*, etc. (1819-1891). ‖ **– Robert.** Poeta estadounidense, uno de los más destacados de su país (1917-1977).

LOWELL. *Geog.* Ciudad de los EE. UU. (Massachusetts), sit. al N. O. de Boston. 102.000 h. Industria textil.

LOXODROMIA. (Del gr. *loxós*, y *dromos*, carrera.) f. *Náut.* Curva que en la superficie terrestre forma un mismo ángulo en su intersección con todos los meridianos y sirve para navegar con rumbo constante. ‖ deriv.: **loxodrómico, ca.**

LOYALTY, Islas. *Geog.* Archipiélago francés de la Melanesia (Oceanía) al N. de Nueva Caledonia. 1.972 km². 12.000 h. Cocos, ñames, sándalo, plátanos.

LOYAUTI, Islas. *Geog.* V. **Loyalty, Islas.**

LOYO. m. *Chile.* Cierto hongo comestible.

LOYOLA, San Ignacio de. *Hagiog.* V. **Ignacio de Loyola, San.**

LOZA. al. **Steingut; Tonware.** fr. **Faience.** ingl. **Chinaware.** ital. **Terraglia; maiolica.** port. **Louça.** (Del lat. *lutea*, de barro.) f. Barro fino, cocido y barnizado, de que están hechos platos, tazas, etc. ‖ Conjunto de estos objetos, ajuar doméstico. ‖ **Ande la loza.** expr. fig. y fam. con que se denota el bullicio y algazara que suele haber en algún concurso cuando la gente está contenta y alegre. ‖ IDEAS AFINES: *Vajilla, fuente, porcelana, cerámica, arcilla, caolín, alfarero, horno, torno, modelar, bizcocho, cochura, esmalte, estampado, enlozado, frágil, vidriado, azulejo, decoración, filete, calcomanía.*

LOZANAMENTE. adv. m. Con lozanía.

LOZANEAR. (De *lozano.*) intr. Ostentar lozanía. Ú.t.c.r. ‖ Obrar con ella.

LOZANÍA. al. **Wuchern; Uppigkeit.** fr. **Exuberance.** ingl. **Vigor; lustiness.** ital. **Rigoglio.** port. **Louçania.** (De *lozano.*) f. El mucho verdor y frondosidad en las plantas. ‖ En los hombres y animales, viveza proveniente de su vigor y robustez. ‖ Orgullo, altivez. ‖ IDEAS AFINES: *Frescura, juventud, pujanza, salud, fuerza, rozagante, garrido, galano, primavera, exuberante, lujuriante.*

LOZANO, NA. (En port. *loução.*) adj. Que tiene lozanía. *Plantas* LOZANAS; sinón.: **galano, lujuriante.**

LOZANO, Abigail. *Biog.* Poeta y diplomático ven., una de las figuras más representativas de la primera generación romántica en su país. Obras: *Tristeza del alma; Horas de martirio*, etc. (1821-1866). ‖ **– Carlos.** Comediógrafo mex. que en colaboración con su hermano Lázaro escribió *El Chacho; Al fin mujer*, etc. (n. 1902). ‖ **– Cristóbal.** Escr. y sacerdote esp., autor de *David arrepentido, Soledades de la vida y desengaños del mundo*, etc. (1618-1662). ‖ **– Jorge Tadeo.** Naturalista y patriota col., autor de *La fauna cundinamarquesa.* Murió fusilado (1771-1816). ‖ **– Lázaro.** Autor teatral mex., autor de varias comedias en colaboración con su hermano Carlos (n. 1899). ‖ **– DÍAZ, Julio.** Político hondureño, de 1955 a 1956 presidente de la Rep. (1885-1957).

LOZERE. *Geog.* Departamento del S. de Francia. 5.180 km². 80.000 h. Economía agrícola-ganadera. Cap. MENDE.

LOZOYA. *Geog.* Río de España, afl. del Jarama. Abastece de agua a Madrid.

Lu. *Quím.* Símbolo del lutecio.

LÚA. (Del ant. *luva*, y éste del got. *lofa.*) f. Especie de guante de esparto, sin separaciones entre los dedos, que se emplea para limpiar las caballerías.

LUACES, Joaquín Lorenzo. *Biog.* Poeta y dramaturgo cub., precursor del romanticismo en su patria. Obras: *La caída de Missolonghi; El mendigo rojo; Aristodemo*, etc. (1826-1867).

LUALABA. *Geog.* Río del Zaire, una de las ramas que originan el río Congo. 660 km.

LUAN. adj. *Chile.* Dícese del color amarillento y del gris claro.

LUANDA. *Geog.* C. de África, cap. de la República Popular de Angola. 500.000 h.

LUANG-PRABANG. *Geog.* Ciudad de Laos (Indochina). 150.000 h. Centro de peregrinación budista. Sede de las autoridades del reino. Comercio de opio, lacas, marfil, etc.

LUBBOCK, Juan. *Biog.* Sociol., historiador y naturalista ingl., cél. por sus investigaciones sobre los insectos y sobre las condiciones y costumbres del hombre primitivo. Estudió las primeras sociedades humanas, tratando de establecer las leyes de su evolución histórica. Obras: *Tiempos prehistóricos; El origen de la civilización; Los placeres de la vida*, etc. (1834-1913).

LÜBECK. *Geog.* Ciudad de la Rep. Federal de Alemania (Schleswig-Holstein). 245.000 h. Importantísimo puerto sobre la bahía hom. Altos hornos, fundiciones, tejidos. ‖ **Bahía de –.** Escotadura de la costa alemana del mar Báltico al S. de la bahía de Kiel.

LUBIGANTE. m. Bogavante, crustáceo.

LUBINA. (Del lat. *lupa*, loba.) f. Róbalo.

LUBLIANA. *Geog.* Ciudad de Yugoslavia, cap. de Eslovenia. 145.000 h. Tejidos.

LUBLÍN. *Geog.* Ciudad de Polonia, al S.O. de Varsovia. 275.000 h. Tejidos, industrias alimenticias, destilerías.

LUBRICACIÓN. f. Acción y efecto de lubricar. sinón.: **engrase.**

LUBRICADOR, RA. adj Que lubrica.

LÚBRICAMENTE. adv. m. Con lubricidad.

LUBRICÁN. (Del lat. *lupus*, lobo, y *canis*, perro, aludiendo a la claridad crepuscular, en que estos animales no pueden ser bien distinguidos uno de otro por los pastores.) m. Crepúsculo.

LUBRICANTE. al. **Schmiermittel.** fr. **Lubrifiant.** ingl. **Lubricant.** ital. **Lubrificante.** port. **Lubrificante.** adj. Dícese de toda substancia útil para lubricar. Ú.t.c.s.m. *Del petróleo se obtienen aceites* LUBRICANTES. ‖ IDEAS AFINES: *Oleoso, viscoso, resbaladizo, alcuza, engrasar, engranaje, motor, rueda, fricción, conservación, barniz, pomada, glicerina, sinovia, articulación.*

●**LUBRICANTE.** *Ind.* Cuerpo de consistencia grasa o aceitosa que se extiende fácilmente en superficies metálicas, el **lubricante** se adhiere a ellas con fuerza, y posee gran viscosidad; por ello puede resistir la presión sin ser expulsado de los intersticios donde se lo deposita. Aunque su utilidad es conocida desde antaño, sólo en nuestro tiempo la física y la química determinaron sus propiedades y funciones. Se sabe que la adhesión aumenta con la homogeneidad y el volumen molecular del **lubricante.** La forma de las moléculas y su rigidez, también favorecen su efecto. Se utilizan principalmente como **lubricantes** industriales, los aceites pesados que se extraen del petróleo. De origen mineral son también el talco, el grafito, el amianto, la mica, etc., que se emulsionan con aceites de petróleo. Los de origen vegetal, como los aceites de ricino, oliva, colza, sésamo, etc., así como la mayor parte de los **lubricantes** de origen animal, sólo sirven para lubricar exteriores, ya que el vapor de agua los descompone.

LUBRICAR. al. **Schmieren; ölen.** fr. **Lubrifier.** ingl. **To lubricate.** ital. **Lubrificare.** port. **Lubricar.** (Del lat. *lubricare.*) tr. Hacer lúbrica o resbaladiza alguna cosa. LUBRICAR *una cerradura*; sinón.: **lubrificar, engrasar.** ‖ deriv.: **lubricativo, va.**

LUBRICIDAD. (Del lat. *lubrícitas, -atis.*) f. Calidad de lúbrico. sinón.: **lascivia, lujuria.**

LÚBRICO, CA. (Del lat. *lúbricus.*) adj. Resbaladizo. ‖ fig. Propenso a un vicio, y especialmente a la lujuria. ‖ Libidinoso, lascivo.

LUBRIFICAR. tr. Lubricar. deriv.: **lubrificación; lubrificante.**

LUCA, Esteban de. *Biog.* Poeta y patriota arg. que luchó por la independencia de su país. Autor de *Oda a la victoria de Chacabuco; Marcha patriótica*, primer canto a la emancipación de América; *Canto lírico a la libertad de Lima*, etc. Murió en un naufragio, trágico fin que el poeta Olegario Andrade evocaría en *El arpa perdida* (1786-1824). ‖ **– DE TENA, Juan Ignacio.** Escritor y comediógrafo esp. autor de *El huésped del sevillano; De lo pintado a lo vivo; Espuma del mar* (1897-1975).

LUCA. *Geog.* V. **Lucca.**

LUCANAS. *Geog.* Provincia del Perú (Ayacucho). Cap. PUQUIO.

LUCANIA. *Geog.* Antiguo nombre de la región italiana de Basilicata.

LUCANO, NA. adj. y s. De Luca.

LUCANO, Marco Anneo. *Biog.* Poeta lat., natural de Córdoba (España), autor de *Farsalia*, epopeya en diez cantos sobre la guerra civil entre César y Pompeyo (39-65).

LUCAS, San. *Hagiog.* Uno de los cuatro evangelistas, convertido por San Pablo, a quien siguió. Escribió un *Evangelio* y los *Hechos de los Apóstoles.* Padeció el martirio hacia el año 70.

LUCAYAS, Islas. *Geog.* V. **Bahamas.**

LUCAYO, YA. adj. y s. De las Lucayas.

LUCCA. *Geog.* Provincia de Italia (Toscana). 1.772 km². 390.000 h. Cap. hom. 95.000 h. Centro agrícola e industrial.

LUCENA. *Geog.* Ciudad de la Rep. de Filipinas, cap. de la prov. de Quezón (Luzón). 60.000 h. ‖ Ciudad española en la prov. de Córdoba. 40.000 h. Vinos, aceites. Catedral mozárabe.

LUCENSE. (Del lat. *lucensis.*) adj. Lugués. Apl. a pers., ú.t.c.s. ‖ Luqués. Apl. a pers., ú.t.c.s.

LUCENTÍSIMO, MA. adj. superl. de **Luciente.**

LUCERA. f. Ventana o claraboya, en la parte alta de los edificios.

LUCERNA. (Del lat. *lucerna.*) f. Araña grande para alumbrar. ‖ Lumbrera que proporciona luz o ventilación. ‖ Milano, pez marino. ‖ p. us. Luciérnaga.

LUCERNA. *Geog.* Cantón del centro de Suiza. 1.492 km². 300.000 h. Vacunos, maquinarias, tejidos, productos lácteos. Cap. hom. sobre el lago del mismo nombre. 70.000 h. Industria textil. ‖ **Lago de –.** V. **Cuatro Cantones, Lago de los.**

LUCÉRNULA. (Del lat. *lucérnula*, lamparilla.) f. Neguilla, planta.

LUCERO. (De *luz.*) m. El planeta Venus, llamado comúnmente la estrella de Venus. ‖ Cualquier astro de los que aparecen más grandes y brillantes. ‖ Postigo de las ventanas por donde penetra la luz. ‖ Lunar blanco y grande que tienen algunos cuadrúpedos en la frente. ‖ fig. Lustre, esplendor. ‖ fig. y poét. Cada uno de los ojos de la cara. Ú.m. en pl. ‖ **– del alba, de la mañana** o **de la tarde. Lucero,** planeta Venus.

LUCÍA, Santa. *Hagiog.* Virgen y mártir cristiana, patrona de la vista (281-304).

LUCÍA DE LAMMERMOOR. *Mús.* Ópera de Cayetano Donizetti, estrenada en París en 1839. Drama lírico condensado y vigoroso, de notable melodía, en su conjunto juegan los sentimientos del amor, el honor, el despecho y el dolor. Dos partes son especialmente celebradas: la del sexteto y la de la locura.

LUCIANO, San. *Hagiog.* Sacerdote y mártir de Antioquía (235-312).

LUCIANO DE SAMOSATA. *Biog.* Escritor satírico gr. Espíritu independiente y escéptico, ridiculiza con brillante fantasía las creencias y costumbres de su siglo. Obras: *Modo de escribir la historia; Diálogo de los muertos; Historias verídicas*, etc. (130-aprox. 200).

LUCIDAMENTE. adv. m. Con lucimiento.

LUCIDEZ. al. **Helle.** fr. **Lucidité.** ingl. **Brightness.** ital. **Lucidezza.** port. **Lucidez.** f. Calidad de lúcido. *Conservó su* LUCIDEZ *hasta el último momento*; sinón.: **claridad.** ‖ *Chile.* Lucimiento.

LÚCIDO, DA. (Del lat. *lúcidus.*) adj. poét. Luciente. LÚCIDA *estrella*; sinón.: **fulgente, resplandeciente.** ‖ fig. Claro en el razonamiento, en las expresiones, etc. *Una exposición* LÚCIDA; sinón.: **perspicaz, sutil.** ‖ V. **Cámara lúcida.** ‖ V. **Intervalo lúcido.**

LUCIDO, DA. adj. Que actúa con gracia, liberalidad y esplendor.

LUCIDOR, RA. adj. Que luce.

LUCIDURA. (De *lucir.*) f. Blanqueo que se da a las paredes.

LUCIENTE. al. **Strahlend.** fr. **Luisant.** ingl. **Shinning.** ital. **Lucente.** port. **Luzente.** (Del lat. *lucens, -entis.*) p. a. de **Lucir.** Que luce.

LUCIÉRNAGA. al. **Johanniswürmchen.** fr. **Verluisant.** ingl. **Firefly.** ital. **Lucciola.** port. **Vagalume.** (De *lucerna.*) f. Insecto coleóptero de unos doce milímetros de largo, de color amarillo pardusco, cabeza cubierta por el coselete, ojos voluminosos, alas tenues y élitros que cubren todo el abdomen. La hembra se parece a un gusano por carecer de alas y élitros, ser cortas sus patas y el abdomen muy prolongado y constituido por anillos negruzcos de borde amarillo que despiden, especialmente los tres últimos, una luz fosforescente de color blanco verdoso. sinón.: **cocuyo, gusano de luz, noctiluca.**

LUCIFER. (Del lat. *Lúcifer, -eri.*) m. El príncipe de los ángeles rebeldes. sinón.: **Luzbel, Satanás.** ‖ Lucífero, el lucero de la mañana. ‖ fig. Hombre soberbio, encolerizado y maligno.

LUCIFER. *Mit.* Hijo de Júpiter y de la Aurora, astro que anuncia el día.

LUCIFERINO, NA. adj. Perteneciente a Lucifer.

LUCIFERISMO. m. Culto hecho a Lucifer o Satanás.

LUCÍFERO, RA. (Del lat. *lúcifer*; de *lux, lucis*, luz, y *ferre*, llevar.) adj. poét. Resplandeciente, que da luz. *El cielo era un enjambre de puntos* LUCÍFEROS; sinón.: **luminoso, refulgente.** ‖ m. El lucero de la mañana.

LUCÍFUGO, GA. (Del lat. *lucífugus*; de *lux, lucis*, luz, y *fúgere*, huir.) adj. poét. Que huye de la luz. *El topo es* LUCÍFUGO.

LUCILINA. f. Petróleo.

LUCILO. m. Lucillo.

LUCILLO. (Del lat. *locellus*, cajita; de *locus*, lugar.) m. Urna o sepulcro de piedra en que se solía encerrar el cadáver de alguna persona de distinción.

LUCIMIENTO. m. Acción y efecto de lucir o lucirse. ‖ **Quedar uno con lucimiento** frs. fig. Salir airoso en cualquier empeño.

LUCINA. *Mit.* Divinidad romana que presidía los nacimientos.

LUCIO. (Del lat. *lucius.*) m. Pez semejante a la perca, de ríos y lagos, que se alimenta de peces y batracios. Su carne es grasa, blanca y muy estimada. *Esox lucius*, acantopterigio.

LUCIO, CIA. (Del lat. *lúcidus.*) adj. Lúcido, terso. ‖ m. Cada uno de los lagunajos que quedan en las marismas al retirarse las aguas.

LUCIO. *Biog.* Nombre de tres Papas que ocuparon el solio de 253 a 254; de 1144 a 1145, y de 1181 a 1185, respectivamente.

LUCIO I, San. *Hagiog.* Papa de 253 a 254.

LUCIO, Rafael. *Biog.* Médico mex. que investigó sobre los orígenes de la lepra (1819-1886). ‖ **– DE PATRAS.** Escritor gr., a quien se cree autor de la *Metamorfosis* o *El asno de oro*, novela imitada después por Apuleyo y otros autores (s. II).

LUCIÓN. m. Reptil saurio de color gris, con tres series de manchas negras en el lomo; no tiene extremidades, y al verse sorprendido pone tan rígido el cuerpo que se rompe con facilidad. *Anguis fragilis.*

LUCIR. al. **Leuchten; scheinen; glänzen.** fr. **Luire.** ingl. **To shine; to glow.** ital. **Brillare; risplendere.** port. **Luzir.** (Del lat. *lúcere.*) intr. Brillar, resplandecer. *El sol* LUCE *en el cielo.* ‖ fig. Sobresalir, aventajar. Ú.t.c.r. *Miguel se* LUCIÓ *en el examen*; sinón.: **descollar.** ‖ fig. Corresponder en una obra el provecho al trabajo. *A tu hermano le* LUCE *lo que gana.* ‖ tr. Comunicar luz y claridad. ‖ Manifestar el adelantamiento, la riqueza, la autoridad, etc. *Las jóvenes* LUCÍAN *su encanto*; sinón.: **ostentar.** ‖ Enlucir. ‖ r. Ataviarse con esmero. ‖ fig. *Quedar* LUCIDAMENTE. ‖ irreg. **Conjugación:** INDIC. Pres.: *Luzco, luces, luce, lucimos, lucís, lucen.* ‖ Imperf.: *Lucía, lucías, lucía,* etc. ‖ Pret. indef.: *Lucí, luciste,* etc. ‖ Fut. imperf.: *Luciré, lucirás,* etc. ‖ POT.: *Luciría, lucirías,* etc. ‖ SUBJ.: *Luzca, luzcas, luzca, luzcamos, luzcáis, luzcan.* ‖ Imperf.: *Luciera, lucieras,* etc., o *luciese, lucieses,* etc. ‖ Fut. imperf.: *Luciere, lucieres,* etc. ‖ IMPERAT.: *Luce, lucid.* ‖ PARTIC.: *Lucido.* ‖ GERUND.: *Luciendo.*

LUCKNOW. *Geog.* Ciudad de la India, cap. del estado de Uttar Pradesh. 850.000 h. Orfebrería. Universidad.

LUCRAR. al. **Nutzen ziehen.** fr. **Tirer profit.** ingl. **To take advantage.** ital. **Lucrare.** port. **Lucrar.** (Del lat. *lucrare.*) tr. Lograr lo que se desea. ‖ r. Sacar provecho de un negocio. sinón.: **beneficiarse.** ‖ IDEAS AFINES: *Ganar, medrar, extorsión, usura, logrero, prosperidad, ventaja, fraude, riqueza, oportunidad.*

LUCRATIVO, VA. (Del lat. *lucrativus.*) adj. Que produce utilidad y ganancia. *Comercio* LUCRATIVO; sinón.: **fructífero, provechoso.** ‖ V. **Causa lucrativa.** ‖ V. **Título lucrativo.**

LUCRECIA. *Biog.* Dama romana que se suicidó al ser violada por un hijo del rey de Roma, Tarquino el Soberbio, suceso que irritó al pueblo provocando la abolición de la monarquía y el establecimiento de la república (n. 510 a. de C.).

LUCRECIO CARO, Tito. *Biog.* Poeta lat., autor del poema didáctico *De la naturaleza de las cosas.* En sus libros expone la doctrina de Epicuro en versos hexámetros. Lucrecio hace de su tema el drama de su propio espíritu (n. aprox. 93-m. aprox. 55 a. de C.).

LUCRO. al. **Gewinn; Erwerb.** fr. **Profit.** ingl. **Profit; lucre.** ital. **Lucro.** port. **Lucro.** (Del lat. *lúcrum.*) m. Ganancia o provecho logrado en una cosa. sinón.: **beneficio, utilidad.** ‖ **– cesante.** *Der.* Ganancia que se regula por la que podría producir el dinero en el tiempo que ha estado dado en préstito. ‖ **Lucros y daños.** *Com.* **Ganancias y pérdidas.**

LUCRONIENSE. (Del lat. *Lucrónium*, Logroño.) adj. Logroñés. Apl. a pers., ú.t.c.s.

LUCROSO, SA. (Del lat. *lucrosus.*) adj. Que produce lucro.

LUCTUOSA. (Del lat. *luctuosa*, term. f. de *-sus.*) f. Derecho que se pagaba en algunas comarcas a los señores y prelados cuando morían sus súbditos, consistente en alguna alhaja del difunto.

LUCTUOSO, SA. (Del lat. *luctuosus*, de *luctus*, llanto.) adj. Triste y digno de llanto. *Suceso* LUCTUOSO; sinón.: **funesto, lamentable.** ‖ deriv.: **luctuosamente.**

LUCUBRACIÓN. (Del lat. *lucubratio, -onis.*) f. Acción y efecto de lucubrar. ‖ Vigilia y tarea dedicada al estudio. ‖ Producto de este trabajo. LUCUBRACIONES *filosóficas.*

LUCUBRAR. (Del lat. *lucubrare.*) tr. Trabajar velando y con aplicación en obras intelectuales.

LÚCULO, Lucio Licinio. *Biog.* General romano, vencedor de Mitrídates y cél. por su fastuosidad (109-57 a. de C.).

LÚCUMA. (Del quichua *rucma.*) f. Fruto del lúcumo. ‖ Lúcumo.

LÚCUMO. m. Árbol sapotáceo de Chile y Perú, cuyo fruto, del tamaño de una manzana pequeña, es guardado un tiempo en paja, antes de comerlo.

LUCHA. al. **Kampf.** fr. **Lutte.** ingl. **Fight.** ital. **Lotta.** port. **Luta.** (Del lat. *lucta.*) f. Pelea entre dos, en que ambos se abrazan intentando cada cual derribar a su contrario. ‖ Lid, combate. ‖ fig. Contienda. ‖ IDEAS AFINES: *Conflicto, conflagración, litigio, muerte, chocar, careo, antagonistas, antípoda, incompatibilidad, animadversión, contrario, vencido, vencedor, fallo, árbitro.*

LUCHAR. al. **Kämpfen.** fr. **Lutter.** ingl. **To fight.** ital. **Lottare.** port. **Lutar.** (Del lat. *luctare.*) intr. Contender a brazo partido dos personas. ‖ Pelear, combatir. LUCHAR *con ardor.* ‖ fig. Disputar, bregar. LUCHÓ *por el bienestar de su familia.*

LUCHARNIEGO, GA. (De *nocherniego.*) adj. V. **Perro lucharniego.**

LUCHE. m. *Chile.* Infernáculo. ‖ Alga marina comestible.

LUCHICÁN. m. *Chile.* Guisado constituido principalmente por luche.

LUDENDORFF, Erico von. *Biog.* General al. de destacada actuación durante la primera guerra mundial. En 1916 comandó con Hindenburg los ejércitos de su patria (1865-1937).

LUDHIANA. *Geog.* Ciudad de la India (Patiala y Punjab Oriental). 400.000 h. Mercado cerealista. Mantones de cachemira.

LUDIBRIO. (Del lat. *ludíbrium.*) m. Escarnio, mofa.

LÚDICRO, CRA. adj. Perteneciente o relativo al juego.

LUDIENSE. adj. *Geol.* Dícese de los terrenos que marcan el límite superior del Eoceno.

LUDIMIENTO. m. Acción y efecto de ludir.

LUDIÓN. m. Aparatito para observar el equilibrio de los cuerpos sumergidos en los líquidos.

LUDIR. (Quizá del lat. *lúdere*, jugar.) tr. Frotar, rozar una cosa con otra.

LUDO. m. *Arg.* Juego que se hace entre varios jugadores con fichas de diferentes colores que se van poniendo en las casillas de un tablero en el orden que marca el número de unos dados que cada jugador tira al azar, ganando el que llega primero a la casilla central.

LUDOVICO PÍO. *Biog.* V. **Luis I de Francia.**

LUDWIG, Carlos. *Biog.* Fisiólogo al., inventor del cimógrafo. Investigó acerca de la circulación de la sangre y la determinación de la tensión del gas sanguíneo (1816-1895). ‖ **– Emilio.** Escritor al., que en 1932 adquirió la nacionalidad suiza, autor de novelas, dramas y ensayos. Escribió biografías históricas que le dieron gran celebridad: *Genio y carácter; Napoleón; Bismarck*, etc. (1881-1948).

LUDWIGSHAFEN. *Geog.* Ciudad de la Rep. Federal de Alemania, sobre el Rin (Renania-Palatinado). 180.000 h. Productos químicos, fundiciones, tejidos.

LÚE o **LÚES.** (Del lat. *lues.*) f. Infección. ‖ Sífilis.

LUEBCKE, Enrique. *Biog.* Político al., presidente de la Rep. Federal en 1959. Ejerció ese cargo durante dos períodos consecutivos, hasta 1969.

LUEGO. al. **Nachher; sodann; also.** fr. **Après; donc.** ingl. **Afterwards; next; then.** ital. **Dopo; dunque.** port. **Logo.** (Del lat. *loco*, a la sazón.) adv. t. Prontamente, sin demora. ‖ Después. LUEGO *hablaremos.* ‖ conj. ilat. con que se denota la deducción o consecuencia inferida de un antecedente. *¿*LUEGO *era cierto lo que sospechaba?* ‖ **Desde luego.** m. adv. Inmediatamente, sin dilación. ‖ De conformidad, sin duda. *Desde* LUEGO, *iré a verte.* ‖ **Luego como,** o **que.** expr. Así que. ‖ **Luego luego.** m. adv. En seguida.

LUENGO, GA. (Del lat. *longus.*) adj. Largo. *Usaba* LUENGA *barba.*

LUÉTICO, CA. adj. Sifilítico.

LUGANO. (Del lat. *lucanus*, del bosque.) m. Pájaro del tamaño del jilguero, de plumaje verdoso, manchado de negro y ceniza, amarillo en el cuello, pecho y extremidades de las remeras y timoneras; color pardo negruzco en la cabeza y gris en el vientre. Se acomoda a la cautividad, y suele imitar el canto de otros pájaros. *Acanthis spinus*, fringílido.

LUGANO. *Geog.* Lago de Suiza e Italia (Tesino-Lombardía). 50,5 km². ‖ Ciudad de Suiza (Tesino). 25.000 h. Centro turístico.

LUGAR. al. **Ort; Platz; Sitz; Stelle.** fr. **Lieu; place.** ingl. **Place; site.** ital. **Luogo; posto.** port. **Lugar.** (Del. lat. *localis*, de *locus*, lugar.) m. Espacio ocupado o que puede ser ocupado por cualquier cuerpo. *No te muevas de tu* LUGAR. ‖ Sitio o paraje. *Buscaron un* LUGAR *fresco.* ‖ Ciudad, villa o aldea. *No goza de buena fama en el* LUGAR. ‖ Población pequeña. ‖ Pasaje, texto, expresión o conjunto de expresiones de un autor, o de un libro o escrito. *Señaló los* LUGARES *más interesantes.* ‖ Tiempo, ocasión. ‖ Puesto, empleo, dignidad. ‖ Causa u ocasión para hacer o no hacer una cosa. *Dio* LUGAR *a aquel alboroto.* ‖ Sitio que en una serie ordenada de nombres ocupa cada uno de ellos. ‖ V. **Unidad de lugar.** ‖ **– religioso.** Sitio donde está sepultada una persona. ‖ **Lugares comunes.** Principios generales de que se sacan las pruebas para los argumentos en los discursos. ‖ Expresiones triviales, o ya muy usadas en casos similares. ‖ **Dar lugar.** frs. **Hacer lugar.** ‖ **En lugar de.** m. adv. **En vez de.** EN LUGAR DE *Ana, irá Inés.* ‖ **En primer lugar.** m. adv. Primeramente. ‖ **En su lugar, descanso.** *Mil.* frs. con que se autoriza al soldado para que, sin salirse de la fila, adopte una posición más cómoda apoyando el arma en el suelo. ‖ **Hacer lugar.** frs. Desembarazar un sitio o dejar libre una parte de él. ‖ **No ha lugar.** *Der.* expr. con que se declara que no se concede lo que se solicita. ‖ IDEAS AFINES: *Región, latitud, posición, establecerse, topografía, solar, moradas, pueblo, lugareño, colocación, orientación.*

LUGAREJO. m. dim. de **Lugar.**

LUGAREÑO, ÑA. adj. Natural de un lugar o población pequeña. Ú.t.c.s. ‖ Perteneciente a los lugares o poblaciones pequeñas, o propio y característico de ellos. *Ambientes* LUGAREÑOS.

LUGARETE. m. dim. de **Lugar.**

LUGAROTE. m. aum. de **Lugar.**

LUGARTENENCIA. f. Cargo de lugarteniente.

LUGARTENIENTE. al. **Stellvertreter.** fr. **Lieutenant.** ingl. **Deputy.** ital. **Luogotenente.** port. **Lugar-tenente.** (De *lugar* y *teniente*, el que tiene el lugar, el puesto.) com Quien tiene autoridad para substituir a otro en algún cargo.

LUGDUNENSE. (Del lat. *lugdunensis.*) adj. Lionés.

LUGO, Alonso Luis de. *Biog.* Gobernante esp. que fue adelantado del Nuevo Reino de Granada, donde fundó varias ciudades (siglo XVI). ‖ **– Américo.** Escritor dominicano, autor de estudios sobre temas históricos y jurídicos (1870-1952).

LUGO. *Geog.* Provincia del N. O. de España (Galicia). 9.881 km². 420.000 h. Vacunos, porcinos, pesca. Cap. hom. sobre el Miño. 65.000 h. Fabricación de lienzos y fieltros. Monumentos históricos que datan de la época romana. ‖ C. de Italia (Ravena). 35.000 h. Aguardientes.

LUGONES, Leopoldo. *Biog.* Poeta y escritor arg., una de las plumas más inspiradas de América. Artífice notable de la forma y la expresión, representó al modernismo con sus obras que se caracterizan por su notable elaboración formal y su riqueza de imágenes y lexicográfica. Escribió novelas y ensayos por igual que varios libros de poesías: *La guerra gaucha; Odas seculares; El ángel de la sombra; El payador; Romances de Río Seco; Lunario sentimental; El libro de los paisajes; Las montañas del oro*, etc. (1874-1938).

LUGRE. (Del ingl. *lugger.*) m. Embarcación pequeña, con tres palos, velas al tercio y gavias volantes.

LÚGUBRE. al. **Düster.** fr. **Lugubre.** ingl. **Gloomy.** ital. **Lugubre.** port. **Lúgubre.** (Del lat. *lúgubris.*) adj. Triste, funesto. *El* LÚGUBRE *graznido del cuervo;* sinón.: **fúnebre, tétrico.** ‖ deriv.: **lúgubremente.** ‖ IDEAS AFINES: *Luctuoso, mortuorio, velatorio, cementerio, tragedia elegía, plañidera, cremación, autopsia, espectro, ruinas.*

LUGUÉS, SA. adj. Natural de Lugo. Ú.t.c.s. ‖ Perteneciente a esta ciudad. sinón.: **lucense.**

LUICHOW. *Geog.* Península de la costa S. de China, que separa al golfo de Tonkín del mar de la China Meridional.

LUINI, Bernardino. *Biog.* Pintor ital., discípulo de Leonardo da Vinci, notable por la belleza de sus frescos. Obras: *Jesús discutiendo entre los doctores; Los desposorios de la Virgen; Jesús en el templo*, etc. (aprox. 1475-aprox. 1532).

LUIR. (Del lat. *lúere*, desatar.) tr. Redimir censos. ‖ deriv.: **luición.**

LUIR. tr. *Chile.* Arrugar, ajar, rozar. Ú.t.c.r. ‖ Bruñir vasijas de hierro. ‖ *Mar.* y *Méx.* Ludir.

LUIS. (Del fr. *Louis*, de Louis XIII, en cuyo tiempo comenzaron a acuñarse estas monedas.) m. Moneda de oro francesa de 20 francos.

LUIS. *Biog.* Nombre de cuatro emperadores de Alemania que reinaron en los s. IX, X y XIV.

LUIS. *Biog.* Nombre de tres reyes de Baviera, que reinaron de 1825 a 1848; de 1864 a 1886, y de 1912 a 1918, respectivamente.

LUIS. *Biog.* Nombre de dieciocho reyes de Francia que reinaron entre los s. VIII y XIX. ‖ **– I.** Rey de Francia y emp. de Alemania, llamado el Piadoso y Ludovico Pío (778-840). ‖ **– IX, San.** V. **Luis, San.** ‖ **– XIII.** Rey de Francia de 1610 a 1643 que gobernó influido por el cardenal Richelieu y después por Mazarino. ‖ **– XIV.** Rey de Francia de 1643 a 1715, famoso por su absolutismo, sus costosas guerras y su despotismo religioso. Llamado el rey Sol. Era hijo de Luis XIII y de Ana de Austria; su esposa fue la infanta María Teresa, de España. Supo rodearse de excelentes colaboradores, como Colbert, Louvois y Vauban, con el aporte de quienes restableció la grandeza económica y política de Francia. Protegió las letras y las artes. Su reinado fue de los más gloriosos en la historia de su país. ‖ **– XV, el bien amado.** Rey de Francia de 1715 a 1774, primero bajo la regencia del duque de Orleáns. Su debilidad, de la que abusaron sus favoritos, la desastrosa guerra de los Siete Años y la corrupción de la corte fueron causas decisivas de la revolución de 1789. ‖ **– XVI.** Nieto del anterior, proclamado rey de Francia en 1774. Tornóse impopular por la influencia excesiva que su esposa María Antonieta y sus ministros ejercieron sobre él. Durante la Revolución, hasta su muerte, dio pruebas de gran entereza. Fue guillotinado, por igual que la reina, en 1793. ‖ **– XVII.** Hijo del anterior proclamado rey por los príncipes emigrados. Encerrado en la prisión del Temple, murió allí en 1795. ‖ **– XVIII.** Rey de Francia de 1814 a 1824. Subió al trono a la caída de Napoleón. ‖ **– FELIPE.** Rey de Francia de 1830 a 1848. Fue derrocado por la revolución que estableció la República (1773-1850).

LUIS I. *Biog.* Rey de España, hijo de Felipe V, que subió al trono en 1724 por abdicación de su padre y murió ese mismo año (n. 1707).

LUIS I. *Biog.* Rey de Portugal que subió al trono en 1861 (1838-1889).

LUIS I, el Grande. *Biog.* Rey de

Hungría y de Polonia de 1342 a 1382. ‖ – **II.** Rey de Hungría y de Bohemia de 1515 a 1526.

LUIS, San. *Hagiog.* Rey de Francia, hijo de Luis VIII y de Blanca de Castilla, que reinó de 1226 a 1270 y tomó parte en dos cruzadas. ‖ – **GONZAGA, San.** V. **Gonzaga, San Luis.**

LUISA. f. Cedrón, planta verbenácea.

LUISI, Luisa. *Biog.* Educadora y poetisa urug., autora de *Poemas de la inmovilidad; Polvo de días* y otras obras (1874-1940). ‖ – **Paulina.** Médica urug., hermana de Luisa, que publicó varios trabajos sobre temas de su especialidad. Obras: *Derechos de la mujer; Educación sexual,* etc. (1875-1950).

LUISIANA. *Geog.* Estado del sur de los EE. UU. sobre el golfo de México. 125.675 km². 3.800.000 h. Algodón, caña de azúcar, arroz; porcinos, vacunos. Petróleo. Cap. BATON ROUGE.

LUISMO. m. Laudemio.

LUJACIÓN. f. Luxación.

LUJÁN, Fernando. *Biog.* Escritor costarricense cont., autor de *Tierra marinera* y otras obras poéticas de audaz expresión (n. 1912).

LUJÁN. *Geog.* Río de la Argentina, en el N.E. de la provincia de Buenos Aires. afl. del río de la Plata. 130 km. En sus orillas fue descubierto en el s. XVIII el primer megaterio fósil. ‖ Ciudad del N.E. de la prov. de Buenos Aires (Argentina). 38.000 h. Magnífica basílica y notable museo histórico. ‖ – **de Cuyo.** Ciudad de Argentina (Mendoza), sit. sobre el río Mendoza. 25.000 h. Viñedos, frutales. Refinería de petróleo.

LUJAR. tr. *Álava* y *Hond.* Lustrar, dar lustre a los zapatos.

LUJO. al. **Pracht; Aufwand.** fr. **Luxe.** ingl. **Luxury.** ital. **Lusso.** Port. **Luxo.** (Del lat. *luxus.*) m. Exceso en la pompa, en el adorno y en el regalo. *El* LUJO *no estimula a la virtud;* sinón.: **fausto, suntuosidad;** antón.: **sencillez.** ‖ – **asiático.** El extremado. ‖ IDEAS AFINES: *Oropel, esplendor, magnate, nabab, oriente, riqueza, ostentación, deslumbrar, joyas, tapices, esencias.*

LUJOSO, SA. adj. Que tiene o gasta lujo. ‖ Dícese de la cosa con que se ostenta el lujo. *La corte de Luis XIV era muy* LUJOSA; sinón.: **espléndido, suntuoso.** ‖ deriv.: **lujosamente.**

LUJURIA. al. **Wollust; Unzucht.** fr. **Luxure.** ingl. **Lust; lewdness.** ital. **Lussuria.** port. **Luxúria.** (Del lat. *luxuria.*) f. Vicio consistente en el uso ilícito o apetito desordenado de los deleites carnales. sinón.: **lascivia, libídine.** ‖ Exceso o demasía en algunas cosas.

LUJURIANTE. (Del lat. *luxurians, -antis.*) p. a. de **Lujuriar.** Que lujuria. ‖ adj. Muy lozano y que tiene excesiva abundancia. *La vegetación de la selva es* LUJURIANTE.

LUJURIAR. intr. Incurrir en lujuria. ‖ Practicar los animales el acto de la generación.

LUJURIOSO, SA. adj. Dado o integrado a la lujuria. Ú.t.c.s.

LULEA. *Geog.* Río del N. de Suecia. Nace en los montes Kiolen y des. en el golfo de Botnia. 440 km. ‖ C. y puerto del N. de Suecia, sobre el golfo de Botnia. 33.000 h. Exportación de hierro.

LULES. m. pl. Tribu indígena que habitaba en la Argentina, en la región chaqueña y Tucumán.

LULES. *Geog.* Río de la Argentina (Tucumán), afl. del río Salí. Una represa aprovecha para energía eléctrica sus aguas. ‖ C. de Argentina (Tucumán). 15.000 h. Centro agrícola.

LULIANO, NA. adj. Perteneciente o relativo a Raimundo Lulio.

LULIO, Raimundo. *Biog.* Fil. y teólogo esp. llamado el Doctor Iluminado por su *Arte magna,* sistema de razonamiento formado por varias tablas que representan el poder de la razón, hasta en la demostración de la verdad de la fe (1253-1315).

LULISMO. m. Sistema filosófico de Raimundo Lulio. ‖ deriv.: **lulista.**

LULO. m. *Chile.* Lío, envoltorio cilíndrico.

LULLI, Juan Bautista de. *Biog.* Compositor ital., autor de cél. bailes, mascaradas, etc., muchos compuestos a manera de intermedios para las comedias de Molière. En Francia creó la ópera nacional apartándola de las tendencias italianas. Obras: *El triunfo del amor; Isis; Alcestes; Perseo,* etc. (1632-1687).

LULLIR. tr. *Col.* y *C. Rica.* Ludir, estregar.

LUMA. f. *Bot.* Árbol mirtáceo de Chile, de hasta 20 metros de altura, cuya madera, dura y pesada, es usada para ejes y camas de carretas, y su fruto para aderezar la chicha. ‖ Madera de este árbol.

LUMAQUELA. (Del ital. *lumachella,* caracolillo.) f. **Mármol lumaquela.**

LUMBAGO. al. **Lendenschmerz; Lumbago.** fr. **Lumbago.** ingl. **Lumbago.** ital. **Lombaggine.** port. **Lumbago.** (Del lat. *lumbago,* de *lumbus,* lomo.) m. Dolor reumático en los lomos.

LUMBAR. (Del lat. *lumbare,* de *lumbus,* lomo.) adj. *Zool.* Perteneciente a los lomos y caderas. *Plexo* LUMBAR.

LUMBERADA. (De *lumbrera.*) f. Lumbrarada.

LUMBETA. f. *Chile.* Plegadera de encuadernadores.

LUMBRADA. f. Cantidad grande de lumbre.

LUMBRAL. (Del lat. *luminare,* de *lumen,* luz.) m. Umbral.

LUMBRARADA. (De *lumbrerada.*) f. Lumbrada.

LUMBRE. al. **Holzfeuer.** fr. **Feu.** ingl. **Fire.** ital. **Fuoco.** port. **Fogo.** (Del lat. *lumen, -inis.*) f. Carbón, leña u otra substancia combustible encendida. *Aviva la* LUMBRE. ‖ En ciertas armas de fuego, parte del rastrillo que hiere al pedernal. ‖ Parte anterior de la herradura. ‖ Espacio de puertas, claraboyas, etc., por el cual pasa la luz. ‖ Luz de substancias en combustión. ‖ fig. Esplendor, lucimiento. ‖ pl. Conjunto de eslabón, yesca y pedernal, para encender lumbre.

LUMBRERA. (Del lat. *luminaria,* luminaria.) f. Cuerpo que despide luz. ‖ Abertura, tronera o caño que desde el techo de una habitación, o desde la bóveda de una galería, comunica con el exterior y proporciona luz o ventilación. ‖ Abertura que hay junto al hierro de los cepillos de carpintero, para que por ella salgan las virutas arrancadas al cepillar la madera. ‖ fig. Persona que con su virtud y doctrina ilumina a otros. ‖ *Méx.* Palco. ‖ *Mar.* Escotilla que proporciona luz y ventilación a determinados lugares del buque. ‖ pl. fig. Los ojos.

LUMBRERA. *Geog.* Sierra de la Argentina (Salta), sit. al E. del valle de Lerma.

LUMBRICAL. (Del lat. *lumbricus,* lombriz.) adj. V. **Músculo lumbrical.**

LUMBROSO, SA. (Del lat. *luminosus.*) adj. Luminoso.

LUMEN. (Del lat. *lumen,* luz.) m. *Fís.* Unidad de flujo luminoso, equivalente al emitido en un ángulo sólido de un estereorradián, procedente de un foco puntual cuya intensidad es de una candela.

LUMIA. f. Ramera.

LUMIÈRE, Augusto y **Luis Juan.** *Biog.* Químicos fr., considerados inventores del cinematógrafo y autores de notables innovaciones de luminotecnia y fotografía (1862-1954 y 1864-1948).

LUMILLA. f. *Chile.* Madero de luma quebrado.

LUMINAR. (Del lat. *luminare.*) m. Cualquiera de los astros luminosos. ‖ fig. Lumbrera, persona de talento.

LUMINARIA. (Del lat. *luminaria,* pl. de *-are,* luminar.) f. Luz que se pone en lugares públicos en señal de fiesta. ‖ Luz que arde constantemente en las iglesias delante del Santísimo Sacramento.

LUMÍNICO, CA. (Del lat. *lumen, -inis,* luz.) adj. Perteneciente o relativo a la luz. *Halo* LUMÍNICO. ‖ m. *Fís.* Principio o agente hipotético de los fenómenos de la luz.

LUMINISCENCIA. f. Propiedad de emitir luz sin elevación de temperatura y visible casi sólo en la obscuridad, como la que se observa en las luciérnagas, en los pescados putrefactos, en minerales de uranio, etc.

LUMINISTA. adj. *Chile.* Dícese del pintor que da buenos efectos de luz a sus cuadros.

LUMINOSAMENTE. adv. De manera luminosa.

LUMINOSO, SA. al. **Leuchtend.** fr. **Lumineux.** ingl. **Luminous.** ital. **Luminoso.** port. **Luminoso.** (Del lat. *luminosus.*) adj. Que despide luz. *Un foco* LUMINOSO; sinón.: **esplendente, rutilante.** ‖ deriv.: **luminosidad.**

LUMINOTECNIA. f. Arte de iluminar artificialmente con finalidades industriales o artísticas.

LUMITIPIA. f. Máquina de componer textos por métodos fotográficos, empleada en artes gráficas.

LUMMIS, Carlos Fletcher. *Biog.* Escr., hispanista y explorador nort., autor de obras notables sobre historia y arqueología americanas. Recorrió extensas zonas americanas y escribió *Los exploradores españoles del siglo XVI; Cantos españoles de la vieja California,* etc. (1859-1928).

LUNA. al. **Mond; Spiegelglas.** fr. **Lune; glace.** ingl. **Moon; glass plate.** ital. **Luna; luce.** port. **Lua.** (Del lat. *luna.*) f. Astro, satélite de la Tierra, que alumbra cuando está de noche sobre el horizonte. En esta acepción se escribe con mayúscula y lleva antepuesto generalmente el artículo **la.** *La* LUNA *carece de atmósfera.* ‖ Luz nocturna que este satélite nos refleja de la que le proporciona el Sol. *Noche de* LUNA. ‖ Lunación. ‖ Satélite. ‖ Tabla de cristal de que se forma el espejo azogándola por el reverso, o que se emplea en vidrieras, escaparates y otros usos. ‖ Luneta de los anteojos. ‖ **Pez luna.** ‖ fig. Supuesta influencia que ejerce la Luna en las personas, y más especialmente en los faltos de juicio y en otros enfermos. ‖ – **creciente.** *Astron.* La Luna desde su conjunción hasta el plenilunio. ‖ – **de miel.** fig. Temporada de intimidad conyugal subsiguiente al matrimonio. ‖ – **en lleno,** o **llena.** *Astron.* La Luna durante su oposición con el Sol, en que se ve iluminada toda la parte de su cuerpo que mira a la Tierra. ‖ – **menguante.** *Astron.* La Luna desde el plenilunio hasta su conjunción. ‖ – **nueva.** *Astron.* La Luna durante su conjunción con el Sol. ‖ **Media luna.** Figura que muestra la Luna al comenzar a crecer y al fin del cuarto menguante. ‖ Adorno o joya, que tiene esta figura. ‖ fig. Desjarretadera. ‖ Islamismo, mahometismo. ‖ Imperio turco. ‖ **A la luna de Paita.** m. adv. fig. y fam. *Ec., Chile* y *Perú.* **A la luna de Valencia.** ‖ **A la luna de Valencia.** m. adv. fig. y fam. Fracasadas las esperanzas de lo que se deseaba. Ú. con los verbos *dejar* y *quedarse.* ‖ **Estar uno de buena** o **de mala luna.** frs. Estar de buen o mal humor. ‖ **Estar en la luna.** frs. fig. y fam. Estar distraído, no enterarse de lo que se está tratando. ‖ Estar fuera de la realidad, no darse cuenta de lo que ocurre alrededor. ‖ **Ladrar a la luna.** frs. fig. y fam. Manifestar vanamente enojo contra persona o cosa a quien no se puede causar daño alguno. ‖ **Pedir la Luna.** frs. fam. Pedir cosa imposible o muy difícil de conseguir. ‖ IDEAS AFINES: *Fases, eclipse, marea, atracción, lunes, selenita, telescopio, valles, montañas, cráter.*

● **LUNA.** *Astron.* Globo sólido, opaco y obscuro de por sí, sin agua líquida, con grandes llanuras, altas montañas y numerosos cráteres de volcanes apagados, la **Luna** recibe su luz del Sol. Su volumen es aproximadamente 49 veces menor que el de la Tierra, de la cual dista unos 384.000 km, su diámetro es de unos 3.500 km, y su superficie, de 38 millones de km². Posee tres clases de movimientos: de rotación sobre sí misma; de revolución alrededor de la Tierra, y de doble traslación, alrededor del Sol en compañía de la Tierra, y con el Sol hacia la constelación de Hércules. Las fases de la **Luna** son los distintos aspectos que adopta durante la revolución sideral. **Luna** nueva o novilunio, cuando está en conjunción, es decir, entre la Tierra y el Sol, y muestra su parte obscura, no visible. Cuarto creciente, cuando después de recorrer 90°, en su órbita, aparece iluminada la mitad del disco lunar. **Luna** llena, o plenilunio, cuando hallándose a 180° del Sol, su cara está totalmente iluminada. Y cuarto menguante, cuando decrece paulatinamente y presenta iluminada la mitad inversa a la de cuarto creciente, hasta desaparecer totalmente. Entre dos novilunios hay 29 días, 12 horas, 44 minutos y 2 segundos. Si en el novilunio la **Luna** se interpone exactamente entre el Sol y la Tierra, se produce un eclipse de Sol; si en el plenilunio la Tierra hace lo mismo con el Sol y la **Luna,** se produce un eclipse de **Luna.** V. **Eclipse.** Juntamente con el Sol provoca las mareas terrestres. El 21 de julio de 1969, tras un vuelo histórico, el astronauta estadounidense Neil Armstrong, comandante de la misión espacial Apolo XI, pisó por primera vez el suelo lunar. V. **Astronáutica.**

LUNA, Álvaro de. *Biog.* Condestable de Castilla, favorito de Juan II. Notable por su riqueza y poderío, fue dueño de los destinos del reino. Escribió el *Libro de las claras e virtuosas mujeres* (1338-1453). ‖ – **Pedro de.** V. **Benedicto XIII.**

LUNACIÓN. (Del lat. *lunatio, -onis.*) f. *Astron.* Tiempo que invierte la Luna desde una conjunción con el Sol hasta la siguiente.

LUNADO, DA. adj. Que tiene figura o forma de media luna.

LUNANCO, CA. (Del m. or. que *lunada.*) adj. Dícese de los caballos y otros cuadrúpedos que tienen un anca más alta que la otra.

LUNAR. al. **Muttermal.** fr. **Grain de beauté.** ingl. **Mole; beauty spot.** ital. **Macchia.** port. **Lunar.** (De *luna.*) m. Pequeña mancha natural en el rostro u otra parte del cuerpo. ‖ fig. Nota o mancha que resulta a uno de haber hecho una cosa vituperable. ‖ fig. Defecto de poca importancia en comparación de la bondad de la cosa en que se advierte.

LUNAR. (Del lat. *lunaris.*) adj. Perteneciente a la Luna. ‖ *Astron.* y *Cronol.* V. **Año, ciclo, eclipse, mes lunar.**

LUNAREJO, JA. adj. *Amér.* Dícese del animal que tiene lunares en el pelo. ‖ *Col.* Dícese de quien tiene uno o más lunares.

LUNARIO, RIA. (De *luna.*) adj. Perteneciente o relativo a las lunaciones. ‖ m. Calendario.

LUNARIO SENTIMENTAL. *Lit.* Libro poético de Leopoldo Lugones, publicado en 1909. Es probablemente la obra del autor que más influencia ejerció sobre la literatura de la época. Caracterízase por la riqueza verbalista y la originalidad en los ritmos y conceptos; su estética modernista trasluce también elementos simbolistas.

LUNÁTICO, CA. al. **Mondsüchtig.** fr. **Lunatique.** ingl. **Lunatic; moonstruck.** ital. **Lunatico.** port. **Lunático.** (Del lat. *lunáticus.*) adj. y s. Que padece locura intermitente.

LUNCH. m. Anglicismo por merienda, refrigerio, etc.

LUND. *Geog.* Ciudad del S. de Suecia, 78.000 h. Famosa universidad fundada en el s. XVII.

LUNECILLA. f. Media luna, adorno o joya.

LUNEL. (Del fr. *lunel.*) m. *Blas.* Figura en forma de flor, compuesta de cuatro medias lunas unidas por sus puntas.

LUNES. al. **Montag.** fr. **Lundi.** ingl. **Monday.** ital. **Lunedì.** port. **Segunda-feira.** (De *Lunae dies,* día consagrado a la luna.) m. Segundo día de la semana.

LUNETA. (dim. de *luna.*) f. Cristal o vidrio pequeño que constituye la parte principal de los anteojos. ‖ Adorno en figura de media luna que usaban las mujeres en la cabeza y los niños en los zapatos. ‖ En los teatros, cada uno de los asientos con respaldo y brazos, puestos en filas frente al escenario en planta inferior. ‖ Sitio del teatro en que están colocadas las lunetas. ‖ *Arq.* Bocateja. ‖ Luneto. ‖ *Fort.* Baluarte pequeño y por lo general aislado. ‖ – **meridiana.** *Astron.* **Anteojo de pasos.**

LUNETO. m. *Arq.* Bovedilla en forma de media luna, que se abre en la bóveda principal, para que ésta reciba luz.

LUNEVILLE. *Geog.* Ciudad del N.E. de Francia, sit. al S.E. de Nancy. 32.000 h. Maquinaria, cerámicas.

LUNFARDISMO. m. Voz o giro propios del lunfardo.

LUNFARDO, DA. al. **Gaunersprache.** fr. **Argot.** ingl. **Slang.** ital. **Gergo.** port. **Calão.** adj. *Amér. del S.* Perteneciente o relativo a la gente de mal vivir. *Ambiente* LUNFARDO. ‖ Dícese del caló o jerga que usa la gente de mal vivir. Ú.m.c.s. *Voz* LUNFARDA; *en ese tango se emplea mucho el* LUNFARDO. ‖ *Arg.* Ratero, ladrón. ‖ Chulo, rufián.

LUNILLA. f. Lunecilla.

LUNULA. (Voz lat.) f. Blanco de la uña. ‖ *Geom.* Figura compuesta de dos arcos de círculo que se cortan volviendo la concavidad hacia el mismo lado.

LUPA. (Del fr. *loupe.*) f. Lente de aumento provista de un mango.

LUPANAR. al. **Bordell.** fr. **Lupanar.** ingl. **Brothel.** ital. **Lupanare.** port. **Lupanar.** (Del lat. *lupanar*, deriv. de *lupa*, ramera.) m. Mancebía. sinón.: **burdel, prostíbulo.**

LUPANARIO, RIA. (Del lat. *lupanarius.*) adj. Perteneciente al lupanar.

LUPERCALES. (Del lat. *lupercalia*, de *Lupercus*, el dios Pan.) f. pl. Fiestas que en honor del dios Pan celebraban los romanos en el mes de enero.

LUPERCO. (De *lupi*, lobos, y *arcere*, apartar.) *Mit.* Entre los romanos, dios patrono de los pastores, que protegía sus ganados.

LUPIA. (Del lat. *lupus*, lobo.) f. Lobanillo, tumor. ‖ com. *Hond.* Persona que cura con brebajes y palabras misteriosas.

LUPICIA. f. Alopecia.

LUPÍN. m. *Arg.* Dígase *lupino.*

LUPINO, NA. (Del lat. *lúpinus.*) adj. Perteneciente o relativo al lobo. ‖ m. Altramuz.

LUPULINO. m. Polvo resinoso amarillo y brillante que rodea los aquenios en los frutos del lúpulo, y se usa en medicina como tónico.

LÚPULO. al. **Hopfen.** fr. **Houblon.** ingl. **Hops.** ital. **Luppolo.** port. **Lúpulo.** (dim. del lat. *lupus*, lobito.) m. *Bot.* Planta trepadora de hojas parecidas a la vid y fruto en forma de piña globosa. Sus frutos, desecados, se usan actualmente para dar aroma y sabor amargo a la cerveza. Hay numerosas variedades cultivadas. *Humulus lupulus*, cañabínea.

LUQUE, Fernando de. *Biog.* Sacerdote esp., primer ob. del Perú, que contribuyó con Pizarro y Almagro a la conquista de este país (m. 1532).

LUQUE. *Geog.* Ciudad del Paraguay, al E. de Asunción. 38.000 h. Centro agrícola.

LUQUÉS, SA. adj. Natural de Luca. Ú.t.c.s. Perteneciente a esta ciudad de Italia.

LUQUETE. (Del ant. *aluquete*, y éste del ár. *aluqueid*, pajuelita.) m. Alguaquida. ‖ Rodaja de limón o naranja que se echa en el vino. ‖ *Chile.* Espacio que, por alopecia u otra causa, queda pelado en la cabeza. ‖ Tizne o agujero redondo en la ropa.

LUQUETE. m. *Arq.* Casquete esférico que cierra la bóveda vaída.

LURACATAO. *Geog.* Río de la Argentina (Salta). Es afluente del río Calchaquí por la margen derecha.

LURDES. *Geog.* V. **Lourdes.**

LURIA, Salvador. *Biog.* Médico estadounidense, de origen italiano, que realizó importantes investigaciones sobre el mecanismo y estructura genética de los virus. En 1969 obtuvo el premio Nobel de Fisiología y Medicina, compartido con sus compatriotas M. Delbrück y A. Hersey (n. en 1912).

LURISTÁN. *Geog.* Región montañosa del S.O. de Persia, en la frontera con Irak.

LUSARRETA, Pilar de. *Biog.* Escritora arg., autora de *Iconología de Manuelita; El espejo de acero* y otras obras (1908-1967).

LUSHUN. *Geog.* Nombre chino de Port Arthur.

LUSIADAS, OS. *Lit.* Poema épico de Camoes en diez cantos (1572).

LUSITANIA. *Geog. histór.* Nombre antiguo de la región occidental de la península Ibérica que comprendía todo Portugal al sur del río Duero, y parte de Extremadura. Sus habitantes, después de haber invadido Andalucía y el centro de España, fueron vencidos por los romanos (136 a. de C.).

LUSITÁNICO, CA. adj. Perteneciente o relativo a los lusitanos.

LUSITANISMO. (De *lusitano.*) m. Giro o modo de hablar propio de la lengua portuguesa. ‖ Vocablo o giro de este idioma usado en otro. ‖ Uso de vocablos o giros portugueses en otra lengua.

LUSITANO, NA. (Del lat. *lusitanus.*) adj. Natural de la Lusitania. Ú.t.c.s. ‖ Perteneciente a esta antigua región de la península Ibérica. ‖ Portugués. Apl. a pers., ú.t.c.s.

LUSO, SA. adj. Lusitano. Apl. a pers., ú.t.c.s.

LUSSICH, Antonio D. *Biog.* Poeta urug., autor de *Los tres gauchos orientales*; *El matrero Luciano Santos*, etc. (1848-1928).

LUSTRACIÓN. (Del lat. *lustratio, -onis.*) f. Acción y efecto de lustrar o purificar.

LUSTRAL. (Del lat. *lustralis.*) adj. Perteneciente a la lustración.

LUSTRAMIENTO. m. Acción de lustrar o dar lustre.

LUSTRAR. (Del lat. *lustrare.*) tr. Purificar los gentiles con sacrificios, ritos y ceremonias las cosas que creían impuras. ‖ Dar lustre y brillantez a una cosa. LUSTRAR *metales y piedras;* sinón.: **atezar, bruñir.** ‖ Peregrinar por un país o comarca.

LUSTRE. m. Brillo de cosas tersas o bruñidas; sinón.: **brillantez.** ‖ fig. Esplendor, gloria. ‖ **Darse lustre.** frs. fam. **Darse charol.** ‖ IDEAS AFINES: *Pulimento, lustrina, betún, barniz, cera, laca, frotar, limpiabotas, abrillantado, gastado, reflejo, esmalte, espejo, metal.*

LUSTREAR. tr. *Chile.* Lustrar, dar lustre.

LÚSTRICO, CA. (Del lat. *lústricus.*) adj. Perteneciente a la lustración. ‖ poét. Perteneciente al lustro.

LUSTRINA. (De *lustre.*) f. Tela vistosa, por lo común tejida de seda con oro o plata, que se ha empleado en ornamentos de iglesia. ‖ Tela lustrosa de seda, lana, algodón, etc., muy brillante y de textura parecida a la alpaca. ‖ *Chile.* Betún para el calzado.

LUSTRO. al. **Lustrum; Jahrfünft.** fr. **Lustre.** ingl. **Lustrum.** ital. **Lustro.** port. **Lustro.** (Del lat. *lústrum.*) m. Espacio de cinco años.

LUSTROSO, SA. adj. Que tiene lustre. *Pisos* LUSTROSOS; sinón.: **brillante;** antón.: **opaco.** ‖ deriv.: **lustrosamente.**

LUT. *Geog.* El mayor de los desiertos del Irán, situado al E. del país, junto a la frontera afgana.

LÚTEA. (Del lat. *lútea.*) f. Oropéndola.

LUTECIO. (Del lat. *Lutetia*, ciudad de la Galia.) m. Elemento químico de color rojo, separado del iterbio en 1907. Símb. Lu; n. atóm. 71; p. atóm. 174,99

LÚTEO, A. (Del lat. *lúteos.*) adj. De lodo.

LUTERANISMO. (De *luterano.*) m. Secta de Lutero. *El* LUTERANISMO *se propagó rápidamente por Alemania y países nórdicos.* ‖ Conjunto o comunidad de los sectarios de Lutero.

● **LUTERANISMO.** *Relig.* Surgido como intento de reformar la Iglesia Católica y conducirla a su sencillez primitiva mediante el retorno a la antigua y primera doctrina cristiana, el **luteranismo,** por boca de su creador, Lutero, proclamó que el Evangelio debía ser la única ley. Todo lo contrario a él, debe suprimirse; lo que no se opone a la Escritura y descansa sobre la tradición puede, en cambio, conservarse, por ejemplo, la institución del episcopado. El **luteranismo** afirma que la salvación del hombre sólo se logra por el camino de la fe. Sus dogmas son; la Ley o el Decálogo; la doctrina o el símbolo de los Apóstoles; la plegaria o la oración dominical y los sacramentos admitidos (bautismo, comunión y penitencia). En el Credo o Confesión de Augsburgo, primer testimonio de la fe luterana, presentado en la dieta reunida en 1530 por Carlos V, se desconocen las jerarquías eclesiásticas y el sacerdocio; se restringe el culto externo; se insiste en la doctrina que proclama la salud por la gracia de Dios, manifestada en Jesucristo y aprehendida por la fe. La organización de las iglesias luteranas varía con los lugares y el tiempo. En los países escandinavos son episcopales; en Francia presbiterianas y episcopales y en Alemania, desde 1817, luteranas y protestantes.

LUTERANO, NA. adj. Que profesa la doctrina de Lutero. Ú.t.c.s. ‖ Perteneciente o relativo a Lutero, heresiarca alemán de principios del siglo XVI. *Reforma* LUTERANA.

LUTERO, Martín. *Biog.* Rel. agustino al., promotor de la Reforma, movimiento religioso y social de profundas consecuencias. Las noventa y cinco proposiciones que propugnó, atacaron la organización y dogmas de la Iglesia Católica; sostuvo la salvación sólo por la fe; que la Biblia, libremente interpretada, es la única fuente de verdad; que no debe emplearse el latín en la liturgia, etc., y rechazó la confesión, la autoridad del Papa, el culto a la Virgen María y a los santos, etc. Excomulgado por el Papa, fue condenado por hereje en la dieta de Worms (1483-1546).

LUTHULI, Alberto Juan. *Biog.* Dirigente negro de la Unión Sudafricana, que en 1960 obtuvo el premio Nobel de la Paz. Discípulo de Gandhi, luchó incansablemente contra la segregación racial y durante muchos años fue confinado en su aldea natal (1898-1967).

LUTO. al. **Trauer.** fr. **Deuil.** ingl. **Mourning.** ital. **Lutto.** port. **Luto.** (Del lat. *luctus.*) m. Signo exterior de pena y duelo en ropas, adornos y otros objetos, por la muerte de una persona. *Orlas, cintas de* LUTO. ‖ Vestido negro que se lleva por la muerte de alguien. *Ponerse de* LUTO *riguroso.* ‖ Duelo, pena, aflicción. ‖ pl. Paños y bayetas negras y otros aparatos fúnebres que se llevan en las casas de los difuntos mientras está el cuerpo presente, y en la iglesia durante las exequias. ‖ **Aliviar el luto.** frs. Usarlo menos riguroso. ‖ **Medio luto.** El que no es totalmente negro.

LUTRIA. f. Nutria.

LUVIA. f. ant. Lluvia. Ú. en *Sal.* y *Méx.*

LUX. m. *Fís.* Unidad de intensidad de iluminación, que equivale a la de una superficie de un metro cuadrado que recibe un flujo luminoso de un lumen.

LUXACIÓN. (Del lat. *luxatio, -onis.*) f. *Cir.* Dislocación de un hueso. LUXACIÓN *de la rótula.*

LUXEMBURGO, Francisco Enrique. *Biog.* Mariscal de Francia que tuvo importante actuación en el siglo XVII (1628-1695). ‖ **– Rosa.** Política al. de origen polaco, militante y teórica del socialismo revolucionario. Obras: *La acumulación del capital; ¿Reforma o revolución?*, etc. (1870-1919).

LUXEMBURGO. *Geog.* Gran ducado, libre e independiente, de Europa occidental. Está limitado por Francia, Bélgica y la Rep. Federal de Alemania. 2.586 km². 360.000 h. Los 2/3 de su población desarrollan actividades en la industria siderúrgica, que es la base de su economía. Cereales, papas, vid, cultivo de rosas. Vacunos, porcinos, equinos. Cap. hom. con 79.000 h. ‖ Prov. del extremo S. de Bélgica. 4.418 km². 220.000 h. Cap. ARLON.

LUXEMBURGO, Museo de. *B.A.* Palacio de París situado sobre la ribera izquierda del Sena y hecho construir por María de Médicis. Abierto al público en 1750, a partir de 1818 se lo destinó a la exposición de artistas franceses vivientes, carácter que aún conserva.

LUXEMBURGUÉS, SA. adj. Natural de Luxemburgo. Ú.t.c.s. ‖ Perteneciente a esta ciudad o región de Europa.

LUZ. al. **Licht.** fr. **Lumière.** ingl. **Light.** ital. **Luce.** port. **Luz.** (Del lat. *lux, lucis.*) f. Lo que ilumina los objetos y los hace visibles. *La* LUZ *se propaga en línea recta.* ‖ Claridad que irradian los cuerpos en combustión, ignición o incandescencia. ‖ Araña, lámpara, vela u otro aparato, que sirve para alumbrar. *Apaga la* LUZ. ‖ V. **Bichito, gusano, vara de luz.** ‖ fig. Noticia o aviso. ‖ Modelo, persona o cosa, capaz de ilustrar o guiar. ‖ Día, tiempo que dura la claridad del Sol. *La* LUZ *dura doce horas en el ecuador durante todo el año.* ‖ *Arq.* Ventana o tronera por donde se da luz a un edificio. Ú.m. en pl. ‖ V. **Servidumbre de luces.** ‖ *Arq.* **Dimensión** horizontal interior de un vano o de una habitación. ‖ *Ópt.* V. **Rayo de luz.** ‖ *Pint.* Punto desde donde se ilumina toda la historia y objetos pintados en un lienzo. ‖ *Pint.* V. **Degradación de luz.** ‖ pl. fig. Ilustración, conocimientos. *Persona de muchas* LUCES. ‖ *Méx.* Fiestas nocturnas. ‖ **Luz artificial.** Aquella que no es producida por el Sol. ‖ **– cenicienta.** Claridad que ilumina la parte obscura del disco lunar antes y después del novilunio, y es debida a la luz que refleja la Tierra. ‖ **– central.** La que en una habitación, patio, iglesia u otro edificio se recibe por el techo. ‖ **– cinérea. Luz, cenicienta.** ‖ **– de Bengala.** Fuego artificial compuesto de diversas substancias y que despide claridad muy viva de diferentes colores. ‖ **– de la razón.** fig. Conocimiento que tenemos de las cosas por el natural discurso que nos diferencia de los brutos. ‖ **– de luz.** La que recibe una habitación por medio de otra. ‖ **– eléctrica.** La que se produce por medio de la electricidad. ‖ **– mala.** *Arg.* y *Urug.* Fuego fatuo que aparece sobre las sepulturas y que según creencia de los campesinos es el alma en pena de un muerto no enterrado en el cementerio. ‖ **– natural.** La que no es artificial; como la del Sol o la de un relámpago. ‖ **– zodiacal.** Vaga claridad de aspecto fusiforme que en algunas noches de la primavera y del otoño se observa poco después del ocaso, o poco antes del orto del Sol, inclinada sobre el horizonte. ‖ **Media luz.** La que es escasa y no se comunica directamente. ‖ **Primera luz.** La que recibe una habitación directamente del exterior. ‖ **A primera luz.** m. adv. fig. Al amanecer, al apuntar el día. ‖ **A toda luz,** o **a todas luces.** m. adv. fig. Por todas partes, de todos modos. ‖ **Dar a luz.** frs. Publicar una obra. ‖ Parir la mujer. ‖ **Dar luz.** frs. Alumbrar el cuerpo luminoso, o disponer paso para la **luz.** *Esta lámpara da poca* LUZ; *este luneto da bastante* LUZ. ‖ **Entre dos luces.** m. adv. fig. Al amanecer. ‖ **Sacar a luz.** frs. **Dar a luz** una obra. ‖ fig. Descubrir, manifestar lo que estaba oculto. ‖ **Salir a luz.** frs. fig. Ser producida una cosa. ‖ Imprimirse, publicarse una cosa. ‖ Descubrirse lo que estaba oculto. ‖ IDEAS AFINES: *Amanecer, astro, fulgor, haz, diáfano, claroscuro, sombra, espectro, irisación, aureola, halo, faro, fanal, foco, arco iris, centella, chispa, luciérnaga, noctiluca, quinqué, fuego, fósforo, linterna, gas, fluorescencia, fotografía, fotofobia, fotogénico, visión, proyectar, encender, cinematógrafo.*

● **LUZ.** *Fís.* Los agentes exteriores que provocan esta forma de energía y su naturaleza misma son aún hoy objetos de estudio para la Física. Se sabe que cuando se aumenta la temperatura de un cuerpo, éste emite irradiaciones que, por debajo de aproximadamente 500°C, son solo caloríficas, pero por encima de esa temperatura, se tornan luminosas. En la superficie de separación de dos medios transparentes como el agua y el aire, una parte de **luz** es reflejada sobre la superficie (reflexión), y la otra penetra en el interior con una dirección distinta a la de incidencia (refracción). Para nuestro planeta, el Sol es la fuente más importante de **luz;** ésta es blanca y al pasarla a través de un prisma refringente, se descompone en las numerosas radiaciones o colores que integran el espectro solar y que son los del arco iris. El ojo humano es sensible sólo a una parte de las radiaciones electromagnéticas, las llamadas ondas luminosas, que comprenden los colores entre el rojo y el violeta. Las radiaciones electromagnéticas que preceden al rojo se llaman infrarrojas; más allá del violeta, existe también una zona de radiaciones, las ultravioletas, que impresionan las placas fotográficas, excitan la fluorescencia de ciertas substancias, etc. Un cuerpo impresiona como de color blanco cuando refleja en igual proporción los distintos colores del espectro; si absorbe toda la **luz** de estos colores, aparecerá como negro.

LUZÁN, Ignacio. *Biog.* Escr. y poeta esp., autor de *Poética*, donde sienta los principios literarios del neoclasicismo en su patria. Obras: *La virtud coronada; Tratado de ortografía* *española*, etc. (1702-1754).

LUZBEL. m. Lucifer o Satanás.

LUZÓN. *Geog.* La mayor y más septentrional de las islas del archipiélago de Filipinas. Su suelo es montañoso, volcánico y muy fértil. Arroz, maíz, cáñamo de Manila, tabaco, café, hierro, cobre. 106.986 km². 20.000.000 de h. C. principales: Ciudad Quezón e Manila.

LUZURIAGA, Lorenzo. *Biog.* Pedagogo esp. radicado en la Argentina y autor de *Concepto y desarrollo de la nueva educación; La escuela única; La escuela activa*, etc. (1889-1959). ǁ — **Toribio de.** General arg., que combatió en la invasión inglesa de 1807, hizo la campaña del Alto Perú e integró el ejército de los Andes (1782-1842).

LUZ Y CABALLERO, José de la. *Biog.* Filósofo empirista cub., autor de *Aforismos; La*

polémica filosófica, etc. (1800-1862).

LUZZATI, Arturo. *Biog.* Compositor ital. radicado en la Argentina, autor de *Afrodita* (ópera); *Judith* (ballet); *Primera sinfonía en re*, etc. (1875-1959). ǁ — **Luis.** Escritor, pol. y economista ital., autor de *El trabajo; La libertad de la conciencia y de la ciencia*, etc. (1841-1927).

LVOV. *Geog.* Ciudad de la U.R.S.S. (Ucrania). 570.000 h. Mercado cerealista y petrolífero. Industrias varias. Antes se llamó **Lemberg** y también se la conoce con el nombre de **Leopoli**.

LWOFF, Andrés. *Biog.* Médico fr. que obtuvo el premio Nobel de Fisiología y Medicina de 1965 por sus investigaciones biológicas sobre el control de las enzimas y la síntesis de los virus. Compartió la citada

distinción con F. Jacob y J. Monod (n. 1902).

LWOW. *Geog.* V. **Lvov.**

LYAUTEY, Luis Humberto. *Biog.* Mariscal de Francia que organizó el protectorado de Marruecos (1854-1934).

LYELL. Carlos. *Biog.* Geólogo ingl., uno de los iniciadores de la geología moderna. En *Principios de geología* expuso sus teorías, oponiéndose a la explicación de las transformaciones geológicas por catástrofes. Estudió las migraciones de especies y estableció para la raza humana una edad mayor que la que se le atribuía hasta entonces (1797-1875).

LYLY, Juan. *Biog.* Escritor ingl., cuyos romances morales *Euphues: anatomía del ingenio* y *Euphues y su Inglaterra*, difundieron la moda del "eufuismo", estilo literario artificioso, que fue imitado por

prosistas y poetas (1554-1606).

LYNCH, Alberto. *Biog.* Pintor peruano que figura entre los más destacados de la plástica moderna en su país (1851-1905). ǁ — **Benito.** Escritor arg., autor de cuentos y novelas de ambiente rural. Artista consumado, pintó con vivacidad, en estilo sencillo y sin adornos heroicos, personajes y ambientes típicos del campo rioplatense. Obras: *Los caranchos de la Florida; El inglés de los güesos; El romance de un gaucho; De los campos porteños*, etc. (1885-1951). ǁ — **Justo.** Pintor arg. de tendencia miniaturista. Cuadros: *Veleros en Barracas; Calma y trabajo; Día gris en la Boca*, etc. (1870-1952). ǁ — **Patricio.** Marino chil. de relevante actuación en la guerra del Pacífico (s. XIX); n. en 1826.

LYNEN, Feodor. *Biog.* Bioquí-

mico alemán que en 1964 obtuvo el premio Nobel de Fisiología y Medicina, compartido con Konrad Bloch, por sus investigaciones sobre el metabolismo del colesterol y los ácidos grasos (1911-1970).

LYON. *Geog.* Ciudad de Francia, capital del dep. de Ródano, en la confluencia de los ríos Ródano y Saona. 534.000 h. Es el mayor centro productor de tejidos de seda del mundo. Perfumes, maquinaria, automotores. Universidad.

LYS. *Geog.* Río que nace en Francia (Paso de Calais) y des. en el Escalda, en Gante (Bélgica). 214 km.

LYTTON, Eduardo Jorge Earle Bulwer, lord. *Biog.* V. **Bulwer Lytton, Eduardo Jorge Earle.** ǁ — **Eduardo Roberto Bulwer, conde de.** V. **Bulwer Lytton, Eduardo Roberto.**

LL. f. Decimocuarta letra del abecedario castellano y undécima de sus consonantes. Por su figura es doble, pero sencilla por su sonido, y en la escritura, indivisible. Su nombre es *elle.*

LLACA. f. Zarigüeya de Chile y Argentina, de pelo ceniciento, con una mancha negra en cada ojo. *Marmosa elegans.* marsupial.

LLAGA. al. **Wunde.** fr. **Plaie.** ingl. **Sore.** ital. **Piaga.** port. **Chaga.** (Del lat. *plaga.*) f. Úlcera en el cuerpo del hombre o del animal. ‖ fig. Daño o infortunio que causa dolor y pesadumbre. ‖ *Albañ.* Junta entre dos ladrillos de una misma hilada. ‖ IDEAS AFINES: *Herida, médico, operación, cura, sanar; pesar, sufrimiento, sentimiento, congoja, tormento, suplicio.*

LLAGAR. tr. Hacer o causar llagas. *Las piedras le* LLAGARON *los pies.*

LLAGUERO. m. Herramienta que consta de un hierro cilíndrico y un puño de madera; se emplea para retundir las llagas o juntas de los ladrillos.

LLAIMA. *Geog.* Volcán activo de los Andes chilenos (Cautín) 3.124 m.

LLALLAGUA. *Geog.* Ciudad del S.O. de Bolivia (Potosí). 20.000 h. Importante centro minero.

LLAMA. al. **Flamme.** fr. **Flamme.** ingl. **Flame.** ital. **Fiamma.** port. **Chama; flama.** (Del lat. *flamma.*) f. Masa gaseosa en combustión, que se desprende de los cuerpos que arden, y despide luz de varios colores. *El zinc arde con* LLAMA *verde.* ‖ fig. Eficacia y fuerza de una pasión o deseo vehemente. ‖ IDEAS AFINES: *Fuego, calor, incendio, bomberos, manguera, apagar, peligro, oxígeno, mechero, calentar, hervir, fósforo, vela, lámpara, luz, combustión, quemar, llamarada, humareda, explosión.*

LLAMA. (Del lat. *lama.*) f. Terreno pantanoso en que se detiene el agua manantial que brota en él.

LLAMA. (Voz *quichua.*) f. Mamífero rumiante de la América del Sur, variedad doméstica del guanaco, del cual sólo se diferencia en el tamaño (el suyo es menor). Se aprovecha su leche, carne, cuero y pelo, que se esquila anualmente, como la lana de las ovejas. Sirve como bestia de carga. *La* LLAMA *hace largas jornadas y con pesos de cincuenta kilos.*

● **LLAMA.** *Zool.* La **llama** es el mayor de los representantes domésticos sudamericanos del género del camello. Créese que desciende del guanaco salvaje, pero desde tiempo inmemorial vive en domesticidad; los incas ya la usaban como bestia de carga. Por su seguridad para caminar por los ásperos despeñaderos andinos y por su resistencia al clima de altura, compite con caballos y mulos, a los que aventaja por su sobriedad, pues le basta un puñado diario de maíz y puede pasarse hasta cinco días sin beber. Por lo común es de color pardo rojizo aunque existen también ejemplares blancos o completamente negros. Alcanza 1,20 m. de alzada y puede cargar un peso de hasta 50 kg. Las **llamas** andan en fila, despacio, a razón de 15 a 18 km. diarios, y si se las carga excesivamente o se las apura, se tumban en el suelo y se niegan a seguir andando. En la época de la máxima explotación de las minas del Potosí, alrededor de 300.000 **llamas** eran utilizadas para el acarreo de los lingotes de plata. A diferencia de la vicuña y la alpaca, la lana que proporciona la **llama** sólo da tejidos bastos y ordinarios; no obstante los antiguos indígenas la aprovechaban, como también su leche, la carne, el cuero sin curtir (con el cual fabricaban las ojotas) y hasta los huesos, que utilizaban en la fabricación de diversos utensilios. La **llama** habita en el sur del Perú y en Bolivia, y al igual que la alpaca, no se la encuentra en estado salvaje.

LLAMADA. al. **Ruf; Zuruf; Verweisungszeichen.** fr. **Appel; renvoi.** ingl. **Call; reference mark.** ital. **Chiamata.** port. **Chamada.** (De *llamar.*) f. Llamamiento. ‖ Señal que se pone en impresos o manuscritos para llamar la atención desde una parte hacia otra en que se pone cita, nota, corrección o advertencia. ‖ Además o movimiento con que se llama la atención de alguien para engañarle o distraerle de otro objeto principal. ‖ Invitación para inmigrar, que se dirige a un futuro emigrante con pago del viaje y envío de billete que se denomina de **llamada.** ‖ *Mil.* Toque para que la tropa tome las armas y entre en formación. ‖ Señal que, tocando el clarín o la caja, se hace de un campo a otro para parlamentar.

LLAMADERA. f. Aguijada del boyero.

LLAMADO. m. Llamamiento, acción de llamar. *Un* LLAMADO *angustioso.*

LLAMADOR, RA. s. Persona que llama. ‖ m. Avisador, o el que lleva avisos. ‖ Aldaba para llamar. *Un* LLAMADOR *de bronce.* ‖ Aparato que en las estaciones telegráficas intermedias avisa las llamadas de otras. ‖ Botón del timbre eléctrico.

LLAMAMIENTO. m. Acción de llamar. *Se hizo un* LLAMAMIENTO *en favor de los necesitados.* ‖ Inspiración en que Dios mueve los corazones. sinón.: **vocación.** ‖ Acción de atraer algún humor de una parte del cuerpo a otra. ‖ *Der.* Designación legítima de personas o estirpe, para una sucesión, una liberalidad testamentaria, o un cargo, como el de patrono, tutor, etc.

LLAMANTE. p. a. de **Llamar.** ‖ adi. Que llama.

LLAMAR. al. **Rufen; nennen; läuten.** fr. **Appeler.** ingl. **To call.** ital. **Chiamare.** port. **Chamar.** (Del lat. *clamare.*) tr. Dar voces a uno o hacer ademanes para que venga o para advertirle algo. LLAMAR *por señas.* ‖ Pedir auxilio oral o mentalmente. ‖ Convocar, citar. LLAMAR *a asamblea.* ‖ Nombrar, apellidar. *Le* LLAMABAN *el Hermoso.* ‖ Inclinar hacia un lado una cosa. ‖ fig. Atraer una cosa hacia una parte. LLAMAR *la causa de la enfermedad a otro lado.* ‖ *Der.* Hacer llamamiento. ‖ intr. Excitar la sed. Dícese más generalmente de los manjares picantes y salados. ‖ Hacer sonar la aldaba, un timbre, etc., para que alguien abra la puerta de una casa o vaya al lugar donde se ha dado el aviso. LLAMAN *a la puerta.* ‖ r. Tener tal o cual nombre o apellido. *Se llama Pedro Peralta.* ‖ *Mar.* Refiriéndose al viento, cambiar de dirección hacia parte determinada. ‖ IDEAS AFINES: *Solicitar, clamar, gritar, silbar, advertir, mostrar, notificar; impetrar, rogar, solicitar; juntar, aglomerarse, reunión, sobrenombre, apodo, alias, conocido.*

LLAMARADA. al. **Flackerfeuer.** fr. **Flambée.** ingl. **Blase.** ital. **Fiammata.** port. **Labareda.** (Del lat. *flammare,* de *flamma,* llama.) f. Llama que se alza del fuego y se apaga pronto. ‖ fig. Encendimiento súbito y momentáneo del rostro. ‖ fig. Movimiento repentino del ánimo y de corta duración.

LLAMARGO. m. Llamazar.

LLAMARÓN. m. *Amér. Central, Col. y Chile.* Llamarada.

LLAMATIVO, VA. al. **Auffällig; grell.** fr. **Criard.** ingl. **Showy.** ital. **Vistoso.** port. **Espaventoso.** adj. Dícese del manjar que llama o excita la sed. U.m.c.s.m. ‖ fig. Que llama la atención exageradamente. *Colores, adornos* LLAMATIVOS.

LLAMAZAR. m. Terreno pantanoso.

LLAMBRIA. f. Parte de una peña que forma un plano muy inclinado y difícil de pasar.

LLAMEANTE. p. a. de **Llamear.** Que llamea.

LLAMEAR. intr. Echar llamas. *El cardal* LLAMEABA; sinón.: **arder.**

LLAMINGO. m. *Ec.* Llama, mamífero rumiante.

LLAMÓN, NA. adj. y s. *Méx.* Cobarde.

LLAMPO. (Del quichua *llampu,* suave.) m. *Chile.* Polvo metalífero que suele encontrarse en las oquedades de las minas.

LLANA. (Del lat. *plana.*) f. Herramienta compuesta de una plancha metálica o tabla con una manija, de que usan los albañiles para extender y allanar el yeso o la argamasa.

LLANA. (Del lat. *plana,* term. f. de *-nus,* llano.) f. Plana o haz de hojas de papel. ‖ Llanada.

LLANADA. (Del lat. *planata,* term. f. de *-tus,* allanado.) f. Llanura, campo sin altos ni bajos.

LLANAMENTE. adv. m. fig. Con ingenuidad y sencillez. ‖ fig. Con llaneza, sin ostentación. *Vestir* LLANAMENTE.

LLANCA. f. *Chile. Min.* Mineral de cobre, verde azulado. ‖ Pedrezuelas de este mineral que usan los araucanos para adornarse.

LLANCANELO. *Geog.* Salina y laguna de la Argentina (Mendoza) que ocupan una depresión de 480 km². En la laguna des. el río Malargüe.

LLANERO, RA. adj. Perteneciente o relativo a las llanuras o a sus habitantes. ‖ s. Habitante de las llanuras. *Los* LLA. 18.205 km². 230.000 h. Agricultura, maderas. Cap. PUERTO MONTT.

LLANTA. (De *planta.*) f. Berza que no repolla y es de hojas grandes y verdosas que se van arrancando a medida que crece la planta, y cuya recolección dura todo el año.

LLANTA. al. **Radreifen.** fr. **Jante.** ingl. **Rim.** ital. **Cerchio.** port. **Aro.** f. Aro metálico exterior de las ruedas de los coches, carros, bicicletas, etc. ‖ Pieza de hierro mucho. más ancha que gruesa. ‖ **— de goma.** Cerco de esta materia que cubre la rueda de los coches para suavizar el movimiento.

LLANTÉN. (Del lat. *plantago,* -

inis.) m. Planta herbácea, vivaz, con hojas radicales pecioladas, gruesas, anchas y ovaladas, flores pequeñas, verdosas, de corola tubular en la base y partida en cuatro pétalos en cruz; fruto capsular con dos divisiones, y semillas pardas elipsoidales. Abunda en los sitios húmedos, y el cocimiento de las hojas se usa en medicina. *Plantago major*, plantagináceа. ‖ – **de agua.** Alisma. ‖ – **mayor. Llantén.** ‖ – **menor.** Planta herbácea, vivaz, con hojas radicales, erguidas, largas, lanceoladas, y flores y frutos como el **llantén mayor**, al que substituye en medicina. Abunda en los prados. *Plantago lanceolata*, plantagináceа.

LLANTERA. f. fam. Llorera.

LLANTERÍA o **LLANTERÍO.** f. *Chile.* Llanto simultáneo de varias personas.

LLANTINA. f. fam. Llorera.

LLANTO. al. **Weinen; Klage.** fr. **Pleur; larmes.** ingl. **Weeping.** ital. **Pianto.** port. **Pranto.** (Del lat. *planctus.*) m. Efusión de lágrimas acompañada por lo común de lamentos y sollozos. *No podía retener el* LLANTO; sinón.: **lloro.** ‖ **Anegarse** uno **en llanto.** frs. fig. **Llorar a lágrima viva.**

LLANURA. al. **Ebene; Flachland.** fr. **Plaine.** ingl. **Plain.** ital. **Pianura.** port. **Planura; planície.** (De *llano.*) f. Igualdad de la superficie de una cosa. ‖ Terreno extenso, sin altos ni bajos.

LLAO-LLAO. *Geog.* Hermosa pen. que se interna en el lago Nahuel Huapi y domina el panorama del lago Moreno, en la prov. de Río Negro (Argentina). Turismo internacional.

LLAPA. f. *Amér.* Yapa. ‖ *Min.* Yapa, azogue que se añade al mineral.

LLAPANGO, GA. adj. *Ec.* Descalzo.

LLAPAR. intr. *Min.* Yapar.

LLAPINGACHO. m. *Perú.* Tortilla de queso.

LLAR. (Del lat. *lar,* lar.) m. Fogón de las cocinas. Ú. en *Ast.* y *Sant.* ‖ f. pl. Cadena de hierro colgada en el cañón de la chimenea, con un gancho en el extremo inferior para colgar la caldera, y otro a poca distancia para subirla o bajarla.

LLARETA. f. Planta de Chile, umbelífera, de hojas sencillas, enteras y oblongas; destila de su tallo una resina transparente que se usa como estimulante. NEROS *venezolanos son magníficos jinetes.*

LLANES. *Geog.* Ciudad y puerto de España (Oviedo). 35.000 h. Pesca, centro agrícola.

LLANEZA. (Del lat. *planitia.*) f. ant. Llanura. ‖ fig. Sencillez, moderación en el trato. ‖ Familiaridad en el trato de unos con otros. ‖ Sencillez notable en el estilo.

LLANO, NA. al. **Eben; flash; ebene.** fr. **Plat; uni; plaine.** ingl. **Even; level; plain.** ital. **Piano; liscio; pianura.** port. **Plano; planície.** (Del lat. *planus.*) adj. Igual y extendido parejamente. *Extensión* LLANA; sinón.: **liso, plano.** ‖ Allanado, conforme. ‖ fig. Accesible, sencillo. *Persona* LLANA. ‖ Libre, franco. *El camino está* LLANO. ‖ Dícese del vestido que no es precioso y carece de adornos. ‖ Claro, patente. ‖ Corriente, sin ninguna dificultad ni embarazo. ‖ Pechero o que no goza de fuero privilegiado. *Clase* LLANA. ‖ V. **Carnero, estado, número, verso llano.** ‖ Dícese del estilo simple y sin ornato. ‖ Dicho de las palabras, grave. ‖ *For.* Refiriéndose a fianzas, depósitos etc., dícese de la persona que no puede declinar la jurisdicción del juez a quien compete el conocimiento de estos actos. ‖ m. Llanada. ‖ pl. En las medias y calcetas de aguja, puntos en que no se crece ni se mengua. ‖ **A la llana.** m. adv. fig. Llanamente. ‖ fig. Sin ceremonia ni ostentación. ‖ Aplícase a la puja o licitación hecha abiertamente en que los postores oyen las respectivas ofertas. ‖ IDEAS AFINES: *Raso, pradera, llanura, montaña, colina, sierra; modesto, humilde, sincero; orgulloso, vanidoso; abierto, despejado, sin obstáculos; recatado, sencillo, fácil; pueblo, aristocracia; directo; rebuscado, culterano, conceptista, Góngora.*

LLANO ESTACADO. *Geog.* Vasta planicie desértica de los EE.UU., en el límite entre los estados de Nuevo México y Texas, al E. de la sierra de Sacramento.

LLANOS. *Geog.* Nombre dado a las tierras bajas de Venezuela y Colombia que forman la cuenca del río Orinoco y sus afl. Meta y Guaviare. ‖ Vastas planicies, de 300 a 400 m. de alt., que cubren el S. de La Rioja (Argentina). ‖ **Sierra de los –.** Sistema serrano de la Argentina, en el S. de La Rioja; culmina a los 1.700 m.

LLANOTE, TA. adj. aum. de **Llano.**

LLANO ZAPATA, José Eusebio de. *Biog.* Escr. y erudito per. autor de *Resolución físico-matemática sobre los cometas*, y de una historia natural titulada *Memorias físicas apologéticas de la América meridional* (s. XVIII).

LLANQUE. m. *Perú.* Especie de sandalia.

LLANQUIHUE. *Geog.* Lago del S. de Chile, en la prov. homónima. Des. en el Pacífico por medio del río Maullín, 600 km². Es el más grande del país. ‖ Prov. del sur de Chile. te estomacal, y también para curar heridas. ‖ *Bol.* y *Chile.* Estiércol de llama, que se emplea como combustible.

LLAUCANA. f. *Chile.* Barretilla con punta que se usa en minería para escarbar la superficie de una veta.

LLAU-LLAU. (Voz araucana.) m. Hongo que parasita los árboles de los Andes australes; comestible. Gén. *Cyttaria*, ascomiceto.

LLAUPANGUE. m. Planta cultivada en los jardines en Chile, cuya raíz contiene mucho tanino.

LLAVAZO. m. Golpe dado con una llave.

LLAVE. al. **Schlüssel.** fr. **Clef.** ingl. **Key.** ital. **Chiave.** port. **Chave.** (Del lat. *clavis.*) f. Instrumento por lo general de hierro, con guardas que coinciden con las de una cerradura, que sirve para abrirla o cerrarla, corriendo o descorriendo el pestillo. ‖ Instrumento que se usa para apretar o aflojar las tuercas en los tornillos que ajustan las partes de una máquina o de un mueble. ‖ Instrumento para facilitar o impedir el paso de un fluido por un conducto. *La* LLAVE *del gas.* ‖ Mecanismo de las armas portátiles que sirve para dispararlas. ‖ Instrumento metálico para dar cuerda a los relojes. ‖ Pistón que permite, en algunos instrumentos de viento, cambiar los sonidos, acortando o alargando el tubo. *Trombón de* LLAVES. ‖ Caña que afirma la unión de dos piezas de madera o de hierro, metida entre ellas. ‖ Instrumento que emplean los dentistas para arrancar las muelas. ‖ Corchete, en los impresos o manuscritos. ‖ V. **Ama, corneta de llaves.** ‖ fig. Medio para descubrir lo oculto o secreto. ‖ Principio que facilita el conocimiento de otras cosas. ‖ Cosa que resguarda o defiende a otra u otras. *Este puerto es* LLAVE *de la isla.* ‖ Resorte o medio para quitar los estorbos que impiden conseguir algo. ‖ *Méx.* Cran. ‖ *Min.* Porción de roca cortada en forma de arco que sirve de fortificación en las minas. ‖ Clave del pentagrama. ‖ pl. *Méx.* Cuernos del toro. ‖ – **de chispa.** La que produce la explosión de la pólvora, inflamando una pequeña cantidad de ella puesta en la cazoleta. ‖ – **de loba.** La correspondiente a la cerradura de loba. ‖ – **de la mano.** Anchura existente entre las extremidades del pulgar y del meñique estando la mano completamente abierta. ‖ – **del pie.** Distancia desde lo alto del empeine hasta el fin del talón. ‖ – **de percusión,** o **de pistón.** La que produce la explosión de la pólvora por medio de una cápsula fulminante que se inflama al golpe de un martillo pequeño. ‖ – **de tuerca.** Herramienta ahorquillada para apretar o aflojar las tuercas en los tornillos. ‖ – **falsa.** La que se hace furtivamente para abrir una cerradura. ‖ – **inglesa.** Instrumento de hierro en forma de martillo con una tuerca en el mango que al girar abre más o menos las dos partes que constituyen la cabeza, hasta que aquéllas se aplican a la pieza o tornillo que se quiere mover. ‖ Arma metálica en figura de eslabón, con agujeros por los que se introducen los dedos y que una vez cerrado el puño se usa para golpear. ‖ – **maestra.** La que está acondicionada para abrir y cerrar todas las cerraduras. ‖ **Debajo de llave,** expr. con que se da a entender que una cosa está guardada con llave. ‖ **Debajo de siete llaves.** expr. fig. que denota que una cosa está muy guardada. ‖ **Echar la llave.** frs. Cerrar con ella. ‖ IDEAS AFINES: *Puerta, San Pedro; candado, caja fuerte, combinación, violentar, falsear, ganzúa, ladrón, alarma, policía, música, ritmo, sonido; comienzo, entrada, importante, decisivo.*

LLAVERO, RA. al. **Schilusselring.** fr. **Porte-clefs.** ingl. **Key ring.** ital. **Anello per le chiavi.** port. **Chaveiro.** m. y f. Persona que tiene a su cargo la custodia de las llaves de una plaza, palacio, cárcel, arca de caudales, etc., y por lo común el abrir y cerrar con ellas. ‖ m. Aro de metal en que se portan llaves y se cierra con un muelle o encaje.

LLAVÍN. (De *llave.*) m. Llave pequeña con que se abre el picaporte.

LLAY-LLAY. *Geog.* Ciudad de Chile (Valparaíso). 15.000 h.

LLECO, CA. (Del b. lat. *froccus*, tierra inculta.) adj. Dícese de la tierra que nunca se ha labrado ni roto para sembrar. Ú.t.c.s. sinón.: **alijar, erial.**

LLEGADA. al. **Ankunft.** fr. **Arrivée.** ingl. **Arrival.** ital. **Arrivo.** port. **Chegada.** f. Acción y efecto de llegar a un sitio. antón.: **partida.**

LLEGAR. al. **Ankommen.** fr. **Arriver.** ingl. **To arrive.** ital. **Arrivare.** port. **Chegar.** (Del lat. *plicare*, plegar.) intr. Venir, arribar de un sitio a otro. LLEGÓ *un petrolero procedente de Aruba*; antón.: **partir.** ‖ Durar hasta época o tiempo determinado. LLEGÓ *hasta edad madura.* ‖ Venir por su orden o tocar por su turno una cosa o acción a alguien. ‖ Lograr el fin a que se aspira. LLEGÓ *a ser embajador.* ‖ Tocar, alcanzar una cosa. *El agua* LLEGA *hasta los bordes del malecón.* ‖ Venir el tiempo de ser o hacerse una cosa. LLEGÓ *el otoño.* ‖ Ascender, importar. *El presupuesto* LLEGÓ *a mil pesos.* ‖ Junto con algunos verbos tiene la significación del verbo a que se junta. LLEGÓ *a decir;* LLEGÓ *a juntar*, por dijo, juntó. ‖ tr. Allegar, juntar. ‖ Arrimar una cosa hacia otra. ‖ r. Acercarse una cosa a otra. ‖ Ir a lugar determinado que esté cercano. ME LLEGARÉ *hasta su casa.* ‖ Unirse, adherirse. ‖ **No llegar** una persona o cosa a otra. frs. fig. No igualarla o no tener las calidades de ella. ‖ IDEAS AFINES: *Volver, detenerse, partida, salida, esperar, viaje, estación, permanecer, conseguir, corresponder, obtener, triunfar.*

LLEIVÚN. m. *Chile.* Planta ciperácea, propia de terrenos húmedos, cuyos tallos son usados para hacer lazos, atar sarmientos, etc.

LLENA. (De *llenar.*) f. Crecida que hace salir de madre a un río o arroyo.

LLENADOR, RA. adj. *Chile.* Dícese del alimento o bebida que produce hartura.

LLENAMENTE. adv. m. Copiosa y abundantemente.

LLENAR. al. **Füllen.** fr. **Remplir.** ingl. **To fill.** ital. **Riempire.** port. **Encher.** (De *lleno.*) tr. Ocupar con alguna cosa un espacio vacío. Ú.t.c.r. *La gente* LLENÓ *la plaza;* sinón.: **colmar, henchir.** antón.: **vaciar.** ‖ fig. Ocupar dignamente un lugar o empleo. ‖ Parecer bien, satisfacer una cosa. *La promesa de Antonio me* LLENÓ. ‖ Fecundar el macho a la hembra. ‖ Colmar abundantemente. *Le* LLENÓ *de atenciones, de insultos.* ‖ intr. Refiriéndose a la Luna, llegar al plenilunio. ‖ r. fam. Hartarse de comida o bebida. ‖ fig. y fam. Irritarse después de haber aguantado por algún tiempo.

LLENERO, RA. (Del lat. *plenarius.*) adj. Cumplido, cabal.

LLENO, NA. (Del lat. *plenus.*) adj. Ocupado o henchido de otra cosa. *Un bolso* LLENO *de monedas.* ‖ antón.: **vacío.** ‖ fig. V. **Hombre lleno.** ‖ *Astron.* V. **Luna llena.** ‖ *Blas.* Aplícase al escudo o a la figura que ostenta un esmalte diferente del de su campo en dos tercios de su anchura. ‖ *Mar.* Dícese del casco o la cuaderna de mucha redondez o capacidad. ‖ *Med.* V. **Pulso lleno.** ‖ m. Refiriéndose a la Luna, plenilunio. ‖ Concurrencia que ocupa todas las localidades de un teatro, circo, etc. ‖ fam. Abundancia de una cosa. *Está* LLENO *de defectos.* ‖ fig. Perfección de una cosa. ‖ pl. *Mar.* Figura de los fondos del buque cuando se acerca a la redondez. ‖ Parte del casco comprendida entre los raceles. ‖ IDEAS AFINES: *Atestado, inflado, compacto, macizo, rellenar, cargar, apretar, ahíto, saturado, completo, saciado.*

LLENURA. (De *lleno.*) f. Abundancia grande, plenitud.

LLEÓ Y BALDASTRE, Vicente. *Biog.* Compositor esp. autor de las zarzuelas *La corte de Faraón; Mayo florido*, etc. (1870-1922).

LLERA. f. Glera.

LLERAS CAMARGO, Alberto. *Biog.* Político col., de 1945 a 1946 presid. de la nación. En 1958 fue elegido para el período 1958-1962 (n. 1906).

LLERÉN. m. *Cuba.* Planta amarantácea cuya raíz produce fécula alimenticia.

LLERENA, Cristóbal de. *Biog.* Organista y compositor dom., precursor de la música culta en América (1540-1610). ‖ – **José Alfredo.** Escritor ecuat., autor de novelas y poesías (n. 1912).

LLETA. f. Tallo recién nacido de la semilla o del bulbo de una planta.

LLEUDAR. tr. Leudar.

LLEULLE. adj. *Chile.* Inepto, inútil.

LLEVA. (De *llevar.*) f. Llevada.

LLEVADA. f. Acción y efecto de llevar.

LLEVADERO, RA. (De *llevar*, tolerar, sufrir.) adj. Fácil de sufrir, tolerable. *Una dolencia* LLEVADERA; sinón.: **soportable;** antón.: **insufrible.**

LLEVADOR, RA. adj. Que lleva. Ú.t.c.s.

LLEVANZA. f. Acción y efecto de llevar o tener en arrendamiento una finca.

LLEVAR. al. **Bringen; Tragen.** fr. **Porter.** ingl. **To take; to wear.** ital. **Portare.** port. **Levar.** (Del lat. *levare.*) tr. Conducir una cosa de un lugar a otro. *Ese tren* LLEVA *pasajeros y carga*; sinón.: **transportar, trasladar.** ‖ Percibir el precio o los derechos de una cosa. *¿Cuánto me* LLEVARÁ *por la instalación de la cañería?* sinón.: **cobrar.** ‖ Producir los terrenos o árboles. ‖ Cortar, separar violentamente una cosa de otra. *La granada le* LLEVÓ *una pierna.* ‖ Tolerar, sufrir. LLEVA *con resignación sus desgracias.* ‖ Inducir, persuadir a uno. *Lo* LLEVÓ *a su partido.* ‖ Guiar, indicar. *Esta avenida* LLEVA *al puerto.* ‖ Tener, estar provisto de algo. ‖ Traer puesto el vestido, la ropa, etc., o en los bolsillos dinero, papeles u otra cosa. LLEVABA *un suntuoso abrigo de piel.* ‖ Introducir a uno en el trato, favor o amistad de otra persona. ‖ Lograr, conseguir. ‖ Refiriéndose al caballo, manejarlo. ‖ En algunos juegos de naipes, ir a robar con un número determinado de puntos o cartas. ‖ Tener una finca en arrendamiento. ‖ Con nombres que significan tiempo, contar, pasar. LLEVABA *cuatro meses viajando;* LLEVAMOS *en esta ciudad diez años.* ‖ Junto con algunos participios, haber realizado la acción del verbo de esos participios. LLEVAR *sembrado, vendido.* ‖ Junto con la preposición *por* y algunos nombres, ejercitar lo que esos nombres significan. LLEVAR *por compromiso, por capricho, por norma.* ‖ Construido con un dativo de persona o cosa y un acusativo que determine medida de tiempo, distancia, tamaño, peso, etc., exceder una persona o cosa a otra en la cantidad que expresa dicho nombre. *El novio* LLEVA *a la novia cinco años; el tren al ómnibus, diez kilómetros; este edificio a aquél, ocho metros; mi vaca a la tuya, treinta kilos.* ‖ Con el complemento directo *la deuda, los gastos* y otros análogos, **correr con.** ‖ *Arit.* Reservar las decenas de una suma o multiplicación parcial para agregarlas a la suma o producto del orden superior inmediato. ‖ **Llevar** uno **adelante** una cosa. frs. Seguir lo que ha emprendido. ‖ **Llevar** uno **consigo.** frs. fig. Hacerse acompañar de una o varias personas. ‖ **Llevarla hecha.** frs. fam. Tener tramada de antemano con disimulo y arte la ejecución de algo. ‖ **Llevar las de perder.** frs. fam. Estar en caso desventajoso o desesperado. ‖ **Llevarse bien, o mal.** frs. fam. Congeniar o no. ‖ **Llevar a uno por delante.** frs. *Amér. del S.* Ofenderlo, atropellarlo. ‖ **Llevar y traer.** frs. fig. y fam. Andar en chismes y cuentos. ‖ IDEAS AFINES: *Cambiar, modificar; pagar, satisfacer; soportar, aguantar; convencer, mover, obligar; vestir, tener consigo.*

LLEWELLYN, Ricardo. *Biog.* Escritor ingl., autor de *Cuán verde era mi valle; La pluma envenenada,* etc. (n. 1907).

LLIGUES. m. pl. *Chile.* Habas teñidas, usadas en algunos juegos a la manera de dados. ‖ Estos juegos.

LLOBREGAT. *Geog.* Río de España que desemboca en el Mediterráneo, cerca de Barcelona 150 km.

LLOICA. f. fam. *Chile.* Loica.

LLONA, Numa Pompilio. *Biog.* Poeta ec., autor de admirables sonetos. De inspiración romántica, es considerado uno de los mejores literatos de su patria. Obras: *La odisea del alma; Los caballeros del Apocalipsis; Cantos americanos,* etc. (1832-1907).

LLORADERA. f. desp. Acción de llorar mucho con escasos motivos.

LLORADO. m. *Col.* y *Ven.* Canción del llanero.

LLORADOR, RA. (Del lat. *plorátor.*) adj. y s. Que llora.

LLORADUELOS. (De *llorar* y *duelos.*) com. fig. y fam. Persona que con frecuencia lamenta y llora sus infortunios.

LLORAMICO. m. dim. de Lloro.

LLORAR. al. **Weinen; beklagen.** fr. **Pleurer.** ingl. **To cry; to weep.** ital. **Piangere.** port. **Chorar.** (Del lat. *plorare.*) intr. Derramar lágrimas. Ú.t.c.r. LLORAR *lágrimas de arrepentimiento;* antón.: *reír.* ‖ Fluir un humor por los ojos. ‖ fig. Caer el licor gota a gota o destilar; como ocurre en las vides al comenzar la primavera. Ú.t.c.tr. ‖ tr. fig. Sentir vivamente una cosa. LLORAR *una desgracia, la muerte de un amigo.* ‖ Encarecer lástimas, infortunios o necesidades. Dícese más cuando se hace importuna o interesadamente. ‖ **El que no llora no mama.** ref. con que se denota que para lograr una cosa es conveniente pretenderla, y hasta pedirla importunadamente. ‖ IDEAS AFINES: *Llanto, dolor, sufrimiento, lástima, pesar, desdicha, adversidad, aflicción; cocodrilo, cínico, hipócrita; risa, carcajada, alegría, buen humor.*

LLOREDO. (Del lat. *laurétum.*) m. Lauredal.

LLORENS TORRES, Luis. *Biog.* Poeta portorr., autor de *Sonetos* y *La canción de las Antillas* (1878-1944). ‖ — **Y BARBA, Francisco Javier.** Filósofo esp., autor de una doctrina ecléctica que creó una corriente intelectual de gran prestigio en su país. Su obra principal es *Lecciones de filosofía* (1820-1872).

LLORENTE, Juan Antonio. *Biog.* Sac. e historiador esp., secretario general de la Inquisición, destituido por pretender introducir en ella reformas de carácter liberal. Escribió *Historia crítica de la Inquisición, desde Fernando V hasta Fernando VII* (1756-1823). ‖ — **Teodoro.** Poeta y escritor esp., notable traductor de Goethe, Byron y Víctor Hugo. Obras: *Florilegio; La alborada,* etc. (1836-1911).

LLORERA. f. Lloro fuerte y continuado.

LLORIQUEAR. al. **Wimmern.** fr. **Pleurnicher.** ingl. **To whine.** ital. **Piagnucolare.** port. **Choramingar.** (De *llorico,* dim. de *lloro.*) intr. Gimotear.

LLORISQUEAR. intr. *R. de la Plata* y *P. Rico.* Lloriquear.

LLORIQUEO. (De *lloriquear.*) m. Gimoteo.

LLORO. m. Acción de llorar. ‖ Llanto.

LLORON, NA. al. **Heulsuse; Weinerlich.** fr. **Pleurnicheur.** ingl. **Weeper.** ital. **Piagnucolone.** port. **Chorão.** adj. Perteneciente o relativo al llanto. ‖ Que llora mucho o fácilmente. Ú.t.c.s. ‖ s. Penacho de plumas largas y péndulas como las ramas de un sauce llorón. ‖ f. pl. *Arg., Urug.* y *Ven.* Nazarenas, espuelas grandes usadas por los gauchos.

LLORONA. (De *llorón.*) f. Plañidera.

LLOROSO, SA. (De *lloro.*) adj. Que tiene señales de haber llorado. *Ojos* LLOROSOS. ‖ Dícese de las cosas que producen llanto y tristeza. *Voz* LLOROSA.

LLOVEDIZO, ZA. adj. Dícese de las bóvedas, techos o cubiertas que, por defecto, permiten el paso del agua de lluvia. ‖ V. **Agua llovediza.**

LLOVER. al. **Regnen.** fr. **Pleuvoir.** ingl. **To rain.** ital. **Piovere.** port. **Chover.** (Del lat. *pluere.*) intr. Caer agua de las nubes. Ú.t.c.s. ‖ *En el norte de Chile* LLUEVE *muy poco.* ‖ fig. Caer sobre uno con abundancia una cosa; como trabajos, desgracias, etc. Ú. a veces como tr. LLOVIAN *los pedidos.* ‖ r. Calarse con las lluvias los techos o cubiertos. ‖ **Como llovido.** loc. adv. fig. De manera inesperada e imprevista. ‖ **Llover sobre mojado.** frs. fig. Venir trabajos sobre trabajos. Ú. a veces como tr. ‖ irreg. Conj. como **mover.** ‖ IDEAS AFINES: *Chubasco, chaparrón, tormenta, aguacero, turbión, diluvio, a cántaros, tromba; inundación, crecida, dique, desbordar; mojarse, paraguas, impermeable, piloto, capote, galochas, poncho; pluvial, pluviómetro; niebla, rayo, trueno.*

LLOVERA, José. *Biog.* Pintor esp., cuyos cuadros reflejan escenas costumbristas: *Un baile de candil* y *La comedia de maravillas* (1848-1896).

LLOVIDO. m. Polizón, el que se embarca clandestinamente.

LLOVIOSO, SA. adj. Lluvioso.

LLOVIZNA. al. **Sprühregen.** fr. **Petite pluie; bruine.** ingl. **Drizzle.** ital. **Pioggerella.** port. **Chuvisco.** f. Lluvia menuda que, a modo de niebla, cae blandamente; sinón.: **calabobos, mollizna.**

LLOVIZNAR. (De *llovizna.*) intr. Caer de las nubes gotas menudas.

LLOYD GEORGE, David. *Biog.* Político ingl., primer ministro del gobierno de su patria de 1916 a 1922. Fue una de las más destacadas personalidades políticas de la primera Guerra Mundial (1863-1945).

LLOYD WRIGHT, Frank. *Biog.* V. **WRIGHT, Frank Lloyd.**

LLUBINA. f. Lubina.

LLUECA. adj. y s. Clueca. ‖ **Echar una llueca.** frs. Hacer el nido a la gallina **llueca** y colocarla sobre los huevos.

LLULLAILLACO. *Geog.* Cumbre volcánica andina situada en el N. de la frontera argentino-chilena 6.723 m. ‖ Salar de la Puna argentino-chilena, sit. a 4.140 m. de altura. 150 km².

LLUQUI. adj. y s. *Ec.* Zurdo.

LLUVIA. al. **Regen.** fr. **Pluie.** ingl. **Rain.** ital. **Pioggia.** port. **Chuva.** (Del lat. *pluvia.*) f. Acción de llover. *La tierra esperaba, ansiosa, la* LLUVIA. ‖ V. **Agua llovediza.** ‖ V. **Agua lluvia** o **de lluvia.** ‖ fig. Abundancia de algo. LLUVIA *de gente, de palos.* ‖ — **de estrellas.** Aparición de muchas estrellas fugaces en determinada región del cielo.

● **LLUVIA.** *Meteor.* La **lluvia** y la nieve son las dos formas principales que asume la precipitación del agua atmosférica. La **lluvia** es, después de la temperatura, el factor primordial del clima. Está antecedida por la saturación de la atmósfera, la presencia de núcleos de condensación y distintos fenómenos químicos y eléctricos del aire. Cuando aumentan de tamaño, las gotas caen y dan lugar a la **lluvia,** pero si la temperatura es inferior a 0° la condensación se efectúa en forma de pequeños cristales de hielo que, agrupados, forman los copos de nieve. Para que la **lluvia** se produzca es necesario un movimiento ascendente que, al disminuir la temperatura, permita la condensación. La distribución de las **lluvias** sobre la superficie terrestre está condicionada por los movimientos de las masas aéreas y la cantidad disminuye de modo progresivo de la costa al interior continental. El máximo volumen de la **lluvia** se da en las regiones ecuatoriales y el mínimo en las subtropicales; existen regiones de sequía constante en las cuales sólo llueve merced a tempestades esporádicas, a veces con intervalos de años, como las regiones desérticas de Asia Central, sudoeste de África, cuencas occidentales de Norteamérica, etc. La cantidad de **lluvia** se mide por su caída en un pluviómetro y se expresa en milímetros de agua.

LLUVIOSO, SA. al. **Reguerisch.** fr. **Pluvieux.** ingl. **Rainy.** ital. **Piovoso.** port. **Chuvoso.** (Del lat. *pluviosus.*) adj. Dícese del tiempo o país en que llueve mucho. *La zona de Vancouver es* LLUVIOSA.

M. Decimoquinta letra del abecedario castellano, y duodécima de sus consonantes. Su nombre es *eme*. || Letra numeral que tiene el valor de mil en la numeración romana.

MAASTRICHT. *Geog.* Ciudad de Holanda, cap. de la provincia de Limburgo, sobre el Mosa. 120.000 h. Porcelanas, cristales.

MABÍ. m. *P. Rico* y *Sto. Dom.* Árbol pequeño de la familia de las ramnáceas, de corteza amarga.

MABINGA. f. *Cuba* y *Méx.* Estiércol. || Tabaco malo.

MABITA. f. *Ven.* Mal de ojo. || com. Persona que tiene mala suerte.

MABLY, Gabriel B. de. *Biog.* Fil. e historiador fr., autor de *Tratado de los derechos y de los deberes; Principios de moral; Observaciones sobre la historia de Francia*, etc. (1709-1785).

MABOLO. m. Árbol de Filipinas, ebenáceo, cuyo fruto es muy semejante al melocotón, pero de carne dura y desabrida.

MABUJA. f. *Cuba.* Lagartija nocturna, pequeña y de color ceniciento, que se alimenta principalmente de insectos. Suele llamársele también iguanita.

MABUSE. *Biog.* V. **Gossaert, Juan.**

MABUYA. f. *Cuba.* El diablo.

MAC. Voz céltica, que significa hijo, y forma parte de apellidos de irlandeses y escoceses, como Mac Kinley, Mac-Adam, Macdonald, etc. También se abrevia Mc. Suele escribirse separada del resto del apellido, unida a él por un guión, o formando una sola palabra.

MACA. (Del ant. *macar*, magullar.) f. Señal que queda en la fruta, por algún daño recibido. || Daño leve de algunas cosas, como lienzos, cuerdas, etc. || fig. y fam. Engaño, fraude. *Pedro tiene muchas* MACAS.

MACA. f. fam. Aféresis de **Hamaca.**

MACÁ. m. *Arg.* Nombre dado a diversas especies de aves colimbidas.

MACABEOS. *Hist.* Familia sacerdotal judía formada por Matatías y sus siete hijos, jefe de la rebelión contra Antíoco Epífanes, al prohibir éste la religión judía. Fundadores de la dinastía asmonea, dieron pruebas de singular heroísmo. Los siete fueron martirizados con sus padres por no querer abjurar de su religión.

MACABEOS, Libro de los. *Hist. Sagr.* Nombre de dos libros del Antiguo Testamento. Uno es la historia de los judíos de 174 a 135 a. de C., y el otro relata el martirio de los Macabeos.

MACABÍ. m. *Cuba.* Pez de cuerpo cilíndrico con muchas espinas. || fig. *Col.* Persona difícil de engañar y capaz de engañar a uno. || *Dom.* Bandolero.

MACABISA. f. *Bol.* Muchacha alegre.

MACABRO, BRA. al. **Makaber; Schaurig.** fr. **Macabre.** ingl. **Mourning.** ital. **Macabro.** port. **Macabro.** (Del ár. *macbora*, cementerio.) adj. Fúnebre, mortuorio, esquelético. *Cuadro* MACABRO.

MACACA. f. Hembra del macaco.

MACACINAS. f. pl. *Amér. Central.* Zapatos toscos de campo.

MACACO. m. *Hond.* Moneda macuquina del valor de un peso.

MACACO, CA. al. **Makak.** fr. **Macaque.** ingl. **Macaque.** ital. **Macaco.** port. **Macaco.** (Del port. *macaco*, voz del Congo, que designa una especie de mona.) adj. *Cuba, Chile* y *Méx.* Feo, deforme. || m. *Zool.* Nombre de varios monos catirrinos de cola corta con callosidades isquiáticas. Gén. *Macacus.*

MACACOA. f. *Ven.* Tristeza, murria. || *P. Rico.* Mala suerte.

MACACHÍN. m. *Arg.* Planta semiparásita sobre las raíces de otros vegetales. *Arjona patagónica*, santalácea. || *Arg.* y *Urug.* Hierba oxalidácea de hojas semejantes a las del trébol, con florecillas rosadas y tubérculo dulce. Gén. *Oxalis.*

MACADAM. (De *Mac-Adam*, su inventor.) m. Macadán. || En pl. macadames.

MAC-ADAM, Juan L. *Biog.* Ing. escocés, inventor del sistema de pavimentación que lleva su nombre y autor de *Notas sobre el estado actual de la construcción de carreteras*, etc. (1756-1836).

MACADAMIZAR. tr. Pavimentar con macadam.

MACADÁN. al. **Makadampflaster.** fr. **Macadam.** ingl. **Macadam.** ital. **Macadan.** port. **Macadame.** m. Pavimento de piedra machacada y comprimida con rodillos. || En pl. macadanes.

MACAGUA. (Voz caribe.) f. Ave rapaz diurna de América del Sur, con plumaje de color amarillo pardusco por el dorso y blanco por el pecho y el vientre. Se alimenta de cuadrúpedos pequeños y de reptiles. || Serpiente venenosa de las regiones cálidas de Venezuela que tiene cerca de dos metros de largo y la cabeza grande y algo achatada. || Árbol artocárpeo de Cuba, de flores blancas y fruto del tamaño y figura de la bellota, pero sin cáscara, que comen especialmente los cerdos. || — **terciopelo.** Serpiente venenosa de color negro aterciopelado, que se cría en las altas montañas de Venezuela.

MACAGUITA. f. Planta espinosa de Venezuela, cuyo fruto es un coquillo casi negro. || Fruto de este árbol.

MACAL. m. *Méx.* Tubérculo semejante a la yuca. || m. *Chile.* Sitio poblado de plantas de maqui.

MACANA. (Voz caribe., f. Especie de machete, hecho con madera dura y filo de pedernal, que usaban como arma los indios americanos. || fig. Artículo de comercio que por estar deteriorado o falto de novedad, es de difícil venta. || *Amér.* Garrote grueso de madera fuerte. || *Amér. Central.* y *Méx.* Especie de azada. || fig. *Amér. del S.* Embuste artificioso; disparate, tontería. *Decir* MACANAS. || fig. *Arg.* Cosa mal hecha; acción desacertada.

MACANAZO. m. Golpe dado con la macana. || *Chile* y *R. de la Plata.* Acción brusca o desacertada. || Embuste o disparate grande.

MACANEADOR, RA. adj. y s. *R. de la Plata.* Que macanea o dice embustes.

MACANEAR. tr. *Ant.* Pegar con la macana. || *Col.* y *Ven.* Rozar, desbrozar. || *Col.* y *Ven.* Manejar un asunto. || *Chile* y *R. de la Plata.* Decir macanas o embustes. || *Méx.* Trabajar con la macana o azada. || *Col.* y *Hond.* Trabajar asiduamente.

MACANERO, RA. adj. y s. *Chile.* Macaneador.

MACANO. m. *Chile.* Color obscuro que se emplea para teñir lana.

MACANUDO, DA. adj. fam. *Amér.* Bueno, magnífico, extraordinario, excelente, en sentido material y moral. || *Col.* y *Ec.* Arduo, laborioso. || Dícese de la persona robusta. || *Chile.* Vigoroso, robusto.
IDEAS AFINES: *Raro, extravagante, sospechoso, disparatado, magnífico, sobresaliente.*

MACAO. m. *Cuba.* Crustáceo semejante al ermitaño.

MACAO. *Geog.* Posesión portuguesa de la costa meridional de la China, sobre el estuario del río Sikiang, al S. de Cantón. Comprende a la pen. homónima y a las islas Taipa y Coloane. 16 km². 280.000 h. Té, seda. Pesca.

MACAÓN. m. Nombre vulgar de una mariposa de Europa, Asia y África, cuyo colorido combina el amarillo con el negro; es diurna. *Papilio machaon*, lepidóptero.

MACARELO. m. Hombre camorrista. sinón.: **pendenciero.**

MACARENO, NA. adj. y s. Del barrio de la Macarena, en Sevilla, España. || fam. Guapo, baladrón.

MACAREO. m. Intumescencia del mar que, impulsada por las mareas altas, sube estrepitosamente por la embocadura de los ríos.

MACARRO. m. Panecillo alargado. || Rollo angosto de pan de aceite.

MACARRÓN. al. **Makkaroni.** fr. **Macaroni.** ingl. **Macaroon.** ital. **Maccheroni.** port. **Macarrão.** (Del ital. *maccherone*.) m. Pasta de harina de trigo, en forma de tubos largos. Ú.m. en pl. || Mostachón. || *Mar.* Extremo de las cuadernas, que sale fuera de las bordas de la embarcación. Ú.m. en pl.

MACARRONEA. (Del ital. *maccheronea*.) f. Composición burlesca, generalmente en verso, en que se mezclan voces latinas con las de otra lengua a las que se da la terminación latina.

MACARRÓNICO, CA. adj. Dícese del estilo u obra en que se usa la macarronea. || deriv.: **macarrónicamente.**

MACARSE. (De *maca*.) f. Empezar a pudrirse la fruta por los golpes y magulladuras recibidos.

MAC ARTHUR, Douglas. *Biog.* Militar nort., jefe del ejército de las Naciones Unidas en el Pacífico sudoriental. Después de la capitulación japonesa, en 1945, fue comandante supremo de las fuerzas de ocupación y cooperó en la reorganización de Japón. Comandó los ejércitos aliados que en 1951 lucharon en Corea (1880-1964).

MACAS. *Geog.* Población del Ecuador, capital de la prov. de Morona-Santiago. 2.800 h.

MACASSAR. *Geog.* V. **Makassar.**

MACATRULLO, LLA. adj. *Ar.* y *Méx.* Tonto, torpe.

MACAULAY, Alejandro. *Biog.* Mil. estadounidense, héroe de la independencia colombiana (m. 1813). ‖ – **Rosa.** Novelista ingl., de estilo exuberante; escribió *Alfarería; Y ningún ingenio humano*, etc. (1881-1958). ‖ – **Tomás Babington, lord.** Pol. e historiador ingl., autor de *Historia de Inglaterra; Historia universal; Estudios históricos biográficos*, etc. (1800-1859).

MACAUREL. f. *Ven.* Serpiente parecida a la tragavenado, pero de menor tamaño.

MACAZ. m. *Perú.* Especie de paca, mamífero roedor.

MACAZUCHIL. m. Planta piperácea, cuyo fruto empleaban los mexicanos para perfumar el chocolate y otras bebidas.

MACBETH. *Biog.* Rey de Escocia de 1040 a 1057. Ocupó el trono, luego de asesinar a Duncan I (m. 1057).

MACBETH. *Lit.* Célebre drama en cinco actos y en verso, escrito por Shakespeare hacia 1606. Poema teatral de inconmensurable fuerza trágica, su tema gira en torno al sanguinario héroe escocés del s. XI y de su esposa, y es una acabada pintura de la ambición y la perfidia humanas. Probablemente sea, en la extensa producción del autor, el drama que logra mayor intensidad. mediante la exposición descarnada de caracteres rudos y primitivos.

MACBRIDE, Sean. *Biog.* Estadista irlandés que desplegó una intensa lucha en defensa de los derechos humanos, por lo cual le fue otorgado el premio Nobel de la Paz en 1974. Miembro activo de numerosas organizaciones relacionadas con el tema, fue comisionado de las Naciones Unidas en África sudoccidental (n. en 1904).

MAC CLURE, Roberto J. Le Mesurier. *Biog.* Nav. y explorador ingl., que descubrió entre la bahía de Hudson y el estrecho de Bering, el paso del Noroeste (1807-1873).

MACDONALD, Jaime Ramsay. *Biog.* Político inglés que en 1924, 1929 y 1935 fue presidente del consejo de ministros. En 1929 recibió el premio Nobel de la Paz (1850-1938). ‖ – **Juan E. H.** Pintor canadiense cont., notable colorista cuyos cuadros han captado con originalidad el paisaje de su país.

MAC DOWELL, Eduardo. *Biog.* Compositor estadounidense, iniciador de la escuela musical culta en su país. Autor de *Suite indiana; Lamia; Heroica*, y otras obras románticas, de tema frecuentemente indígena (1861-1908).

MACEAR. tr. Dar golpes con el mazo o la maza. ‖ intr. fig. Machacar, porfiar. ‖ deriv.: **maceador, ra.**

MACEDÓN, NA. (Del lat. *mácedon.*) adj. Macedonio. Apl. a pers., ú.t.c.s.

MACEDONIA. *Geog.* Región montañosa de la pen. Balcánica dividida entre Yugoslavia, Bulgaria y Grecia. Abarca unos 68.000 km², habitados por 2.800.000 h. Ciudad principal: Salónica. Fue país floreciente bajo el reinado de Filipo II y alcanzó su máximo esplendor durante el gobierno de Alejandro Magno.

MACEDONIO, NIA. (Del lat. *macedonius.*) adj. Natural de Macedonia. Ú.t.c.s. *Alejandro el Grande era* MACEDONIO. ‖ Perteneciente a aquel reino de la Grecia antigua. ‖ f. Ensalada de frutas. ‖ V. **Perejil macedonio.**

MACEIÓ. *Geog.* Ciudad y puerto del Brasil, cap. del Estado de Alagoas. 200.000 h. Industria azucarera, textil y tabacalera.

MACELO. (Del lat. *macellum*, mercado de carne.) m. Matadero, lugar donde se mata el ganado.

MACEO. m. Acción y efecto de macear.

MACEO, Antonio. *Biog.* Patriota cub., caudillo de la independencia de su patria. Muerto en el combate de Punta Brava (1845-1896). ‖ – **OSORIO, Francisco.** Patriota cub., uno de los revolucionarios de 1868. Fue secretario de Guerra de la República en armas (1828-1873).

MACERAR. al. **Einweichen.** fr. **Macérer.** ingl. **To macerate.** ital. **Macerare.** Port. **Macerar.** (Del lat. *macerare.*) tr. Ablandar una cosa, estrujándola o sumergiéndola en un líquido. ‖ fig. Mortificar la carne con penitencias. Ú.t.c.r. ‖ *Farm.* Sumergir en un líquido que está a la temperatura atmosférica una substancia, para extraer sus partes solubles. ‖ deriv.: **maceración; maceramiento.**

MACERATA. *Geog.* Provincia de Italia, en la región de las Marcas. 2.774 km². 295.000 h. Cereales, vid, olivo, cáñamo. Cap. hom. 48.000 h. Centro agrícola y cultural.

MACERINA. f. Mancerina.

MACERO. m. El que lleva la maza delante de los cuerpos o personas que usan esta señal de dignidad.

MACETA. f. dim. de **Maza.** ‖ Empuñadura o mango de algunas herramientas. ‖ Martillo con cabeza de dos bocas iguales y mango corto, que usan los canteros.

MACETA. al. **Blumentopf.** fr. **Pot à fleurs.** ingl. **Flowerpot.** ital. **Vaso da fiori.** port. **Vaso para flores.** (Del ital. *mazzeto*, mazo de flores.) f. Vaso de barro cocido que, lleno de tierra, se usa para criar plantas. *Rojas* MACETAS *adornaban el balcón.* ‖ Pie metálico o de madera pintada, donde se ponen ramilletes de flores artificiales. ‖ *Chile.* Ramillete de flores. ‖ fam. *Méx.* Cabeza. ‖ *Bot.* Corimbo. ‖ adj. *Bol., Chile* y *R. de la Plata.* Aplícase al caballo bichoco y sotreta. ‖ IDEAS AFINES: *Jardín, almácigo, hoja, regar, cuidar, plantar, cosechar.*

MACETERO. m. Aparato para colocar macetas de flores.

MACETÓN. m. aum. de **Maceta** (para flores).

MACETUDO, DA. adj. *Arg.* Que tiene piernas cortas y gruesas.

MACIA. f. Macis.

MACÍAS. *Biog.* Trovador gallego, conocido como *el Enamorado*, algunas de cuyas composiciones figuran en el *Cancionero de Baena* (s. XV). ‖ – **Silvio.** Escritor paraguayo cont., autor de *La selva, la metralla y la sed*, y otras obras de estilo realista.

MACICEZ. f. Calidad de macizo.

MACIEGA. f. Yerba de América del Sur, de hoja semejante a la de la espadaña. ‖ *Arg.* Terreno de yerbas altas.

MACILENTO, TA. al. **Abgezehrt.** fr. **Émacié.** ingl. **Emaciated.** ital. **Macilento.** port. **Macilento.** (Del lat. *macilentus.*) adj. Flaco, descolorido, triste. *Tez* MACILENTA; antón.: **gordo, fuerte.**

MACILLO. m. dim. de **Mazo.** ‖ Pieza del piano, a modo de mazo, con la que se hiere cada cuerda al ser impulsada por la tecla.

MACÍO. m. *Cuba.* Espadaña.

MACIS. (Del lat. *macis.*) f. Corteza olorosa en forma de red y de color rojo o rosado, que cubre la nuez moscada.

MACIZAMENTE. adv. m. Con macicez.

MACIZAR. (De *macizo.*) tr. Rellenar un hueco de modo que quede sólido. MACIZAR *las grietas.*

MACIZO, ZA. al. **Massiv.** fr. **Massif.** ingl. **Massive; flower bed.** ital. **Massiccio.** port. **Maciço.** (Del lat. *massa*, masa.) adj. Lleno, sin huecos; sólido. Ú.t.c.s.m. *Caña* MACIZA; antón.: **débil, hueco.** ‖ Sólido, bien fundado. *Argumento* MACIZO. ‖ m. Prominencia de terreno o grupo de alturas o montañas. ‖ Cebo que emplean los pescadores, consistente en una mezcla triturada de sardinas, boquerones, chicharros o desperdicios de estos y otros peces azules. ‖ fig. Conjunto de construcciones cercanas entre sí. ‖ Agrupación de plantas con que son decorados los cuadros de los jardines. ‖ *Arq.* Parte de una pared entre dos vanos. ‖ IDEAS AFINES: *Denso, pesado, ocupado, saturado, gordo, robusto, exacto, razonable, lógico, cadena, cordillera, colina, sierra; almácigo, flores, senderos.*

MACKAU, Ángel. *Biog.* Marino fr. que firmó con el gobierno de Rosas, en 1840, un tratado por el cual se levantó el bloqueo francés. Rosas se comprometía a respetar la independencia del Uruguay (1788-1855).

MACKENZIE, Alejandro. *Biog.* Explorador escocés que descubrió en Canadá el río que ahora lleva su nombre (1755-1820).

MAC KENZIE, Tali. *Biog.* Escultor canadiense cont. De su obra destácanse varias figuras de atletas y héroes de la antigüedad clásica, en tamaño natural.

MACKENZIE. *Geog.* Río del O. del Canadá que nace en las Montañas Rocosas y des. en el océano Glacial Ártico. 4.600 km. Entre su naciente y su desembocadura toma los sucesivos nombres de Athabasca, de los Esclavos y Mackenzie.

MAC KINLEY, Guillermo. *Biog.* Político nort., presidente de la Rep. de 1897 a 1901. Estableció un régimen proteccionista; durante su gob. estalló la guerra entre España y EE. UU. (1848-1901).

MAC KINLEY. *Geog.* Monte del S. de Alaska, el más alto de las Rocosas. 6.191 m.

MACKINTOSH, Carlos. *Biog.* Arquitecto escocés que diseñó edificios, muebles, adornos y pintó acuarelas (1868-1928). ‖ – **Jacobo.** Pol. e historiador ingl., autor de *Vindictae gallicae; Historia de la filosofía moral; Historia de Inglaterra*, etc. (1765-1832).

MACLA. f. *Min.* Asociación de dos o más cristales simples de una misma especie dispuestos simétricamente.

MAC LEOD, Juan J. Ricardo. *Biog.* Fisiólogo ingl.; por sus estudios sobre la insulina se le otorgó el premio Nobel de Medicina y Fisiología de 1923, que compartió con Banting (1876-1935).

MAC-MAHON, Mauricio de. *Biog.* Pol. y mariscal de Francia, de. 1873 a 1879 presid. de la República (1808-1893).

MACOLLA. f. Conjunto de vástagos, flores o espigas que nacen de un mismo pie.

MACOLLAR. intr. y r. Amacollar. ‖ tr. *Chile.* Atesorar.

MACOLLO. *Guat.* y *Hond.* Macolla.

MACÓN. m. Panal sin miel, reseco y de color obscuro. ‖ adj. *Col.* Grandote.

MACONA. f. Banasta grande.

MACONO. m. Ave canora de los bosques de Bolivia.

MAC ORLAN, Pedro. *Biog.* Seudónimo del escr. francés Pedro Dumarchais, autor de *El muelle de las brumas; Margarita de la noche; La bandera*, etc. (1883-1970).

MACPHERSON, Jacobo. *Biog.* Poeta escocés, autor de la célebre superchería literaria que atribuyó unos poemas de temas célticos y gaélicos compuestos por él, al poeta legendario Ossián (1738-1796).

MACQUER, Pedro J. *Biog.* Químico fr.; comprobó que el arsénico es un verdadero elemento; estudió las sales arsenicales y el biarseniato y los sulfatos de cal y amoníaco; encontró los disolventes del caucho, analizó la composición de la leche, etc. (1718-1784).

MACROBIO, BIA. (Del gr. *makrós*, largo, y *bios*, vida.) adj. Longevo.

MACROBIO, Aurelio Teodosio. *Biog.* Escr. latino, autor de las *Saturnales* y el *Comentario al Sueño de Escipión, de Cicerón*, en que se basó Colón para sostener la existencia de los antípodas (s. IV).

MACROBIÓTICA. (Del gr. *makrós*, largo, y *biotiké*, term. f. de *-ikos*, relativo a la vida.) f. Arte de prolongar la vida por medio de reglas higiénicas.

MACROCEFALIA. f. Calidad de macrocéfalo. antón.: **microcefalia.**

MACROCÉFALO, LA. (Del gr. *makroképhalos;* de *makrós*, grande, y *kephalé*, cabeza.) adj. Aplícase a todo animal que tiene la cabeza desproporcionada por lo grande, con relación al cuerpo, o a su especie. Ú.t.c.s.

MACROCOSMOS. (Del gr. *makrós*, grande, y *kosmos*, mundo.) m. Según la teoría sustentada por ciertos filósofos herméticos y místicos, el universo considerado como un ser animado semejante al hombre, y como él, compuesto de cuerpo y alma.

MACROGAMETO. m. *Biol.* Gameto femenino.

MACROMICRÓMETRO. m. Micrómetro empleado por los astrónomos para determinar las coordenadas de las estrellas y otros objetos celestes en las fotografías.

MACROMOLÉCULA. f. Molécula muy grande, formada, generalmente, por polimerización.

MACROPÓDIDO, DA. adj. *Zool.* Dícese de mamíferos marsupiales, de Oceanía, de patas traseras mucho más largas y fuertes que las delanteras, de cola larga y robusta, y bolsa marsupial grande, abierta por delante; como el canguro. Ú.t.c.s.m. ‖ m. pl. *Zool.* Familia de estos animales.

MACROSCÓPICO. (Del gr. *makrós*, grande, y *skopeo*, mirar, observar.) adj. Aplícase a los objetos que son visibles a simple vista, por oposición a microscópico.

MACROSMÁTICO, CA. adj. Dícese de los mamíferos de olfato muy fino, como los carnívoros y los ungulados.

MACRURO. (De *makrós*, grande, y *ourá*, cola.) adj Que tiene la cola larga. ‖ m. pl. Crustáceos decápodos, de abdomen grande y alargado, como el cangrejo de río y la langosta de mar.

MACSURA. (Del ár. *macçura*, separación.) f. Recinto reservado de una mezquita donde se sitúa el califa y el imán en las oraciones públicas y también donde se coloca el sepulcro de un personaje tenido en opinión de santidad.

MAC SWINEY, Terencio. *Biog.* Patriota y escr., irlandés que se dejó morir de hambre en holocausto a la independencia de su patria. Autor de *El revolucionario; Los principios de la libertad; Gritos de batalla*, etc. (1880-1920).

MACUACHE. m. Indio bozal mexicano carente de instrucción.

MACUBA. f. Tabaco aromático que se cultiva en Macuba, población de la Martinica. ‖ Insecto coleóptero de tres a cuatro centímetros de largo, cabeza puntiaguda y antenas de igual longitud que el cuerpo, que es estrecho y de color verde bronceado brillante. Se encuentra sobre los sauces y álamos blancos, y por el olor almizcleño que despide se ha usado para dar al rapé común un aroma semejante al del tabaco anteriormente descrito.

MACUCA. f. *Bot.* Planta perenne, de hojas laciniadas, flores blancas y fruto semejante al del anís. *Brunium macuca*, umbelífera. ‖ *Bot.* Arbusto rosáseo parecido al peral, de fruto rojizo, blanco e insípido. ‖ Fruto de este arbusto.

MACUCO, CA. adj. *Chile.* Cuco, taimado. ‖ m. *Arg., Bol.* y *Col.* Muchacho grandullón.

MACUELIRO. m. Árbol de Honduras de cuya madera se hacen yugos.

MACUENCO, CA. adj. *Ant.* Flaco, enclenque.

MÁCULA. (Del lat. *mácula.*) f. Mancha que ensucia un cuerpo. ‖ fig. Cosa que deslustra y mancilla. *Nombre sin* MÁCULA; sinón.: **desdoro, tacha.** ‖ fam. Engaño, trampa. ‖ *Astron.* Cada parte obscura que vemos sobre el disco solar o lunar.

MACULAR. (Del lat. *maculare.*) tr. Manchar, ensuciar una cosa; deslustrar el buen nombre. antón.: **honrar.**

MACULATURA. (Del lat. *maculatus*, manchado.) f. *Impr.* Pliego que se desecha por estar manchado.

MACUPA. f. Planta mirtácea de Filipinas, cultivada como frutal y medicinal.

MACUQUERO. m. El que sin autorización legal se dedica a extraer metales de las minas abandonadas.

MACUQUINO, NA. adj. Dícese de la moneda cortada, de oro o plata, usada hasta mediados del siglo pasado.

MACURCA. f. *Chile.* Agujetas, dolores en el cuerpo.

MACURIJE. m. *Cuba.* Árbol sapindáceo de madera dura y olorosa, de color amarillento.

MACUTO. (Voz caribe.) m. Cesto tejido de caña que suelen usar los pobres en Venezuela para recoger las limosnas. ‖ *Mil.* Mochila.

MACH, Ernesto. *Biog.* Fil. austriaco; llega a los problemas filosóficos por el camino de las ciencias físicas y naturales, y su doctrina se basa en un empirismo ametafísico que no reconoce otra realidad que la sensación. Obras: *Conocimiento y error; Lecciones científicas populares*, etc. (1838-1916).

MACH. m. Nombre internacional de una unidad de velocidad equivalente a la del sonido. Aplícase generalmente a los móviles (aviones, proyectiles, etc.).

MACHA. f. Cierto molusco marino comestible muy abundante en los mares de Chile. ‖ *Arg.* Borrachera. ‖ *Bol., Perú* y *Dom.* Mujer fuerte y varonil.

MACHACA. f. Instrumento para machacar. ‖ fig. Persona de conversación fastidiosa. ‖ **¡Dale, machaca!** expr. fam. con que se reprueba la terquedad de uno.

MACHACADERA. f. Machaca, instrumento.

MACHACANTE. m. Soldado que sirve a un sargento. ‖ fam. **Peso duro.**

MACHACAR. al. **Zerstückeln; aufdringlich sein.** fr. **Piler; broyer; insister.** ingl. **To crush; to importune.** ital. **Pestare; importunare.** port. **Machucar; maçar.** tr. Golpear algo para quebrantarlo o deformarlo. ‖ Reducir una cosa sólida a fragmentos relativamente pequeños, pero sin triturarla. MACHACAR *piedras*; sinón.: **moler, machucar.** ‖ intr. fig. Porfiar pesada e importunamente sobre una cosa. ‖ deriv.: **machacador, ra; machacamiento.**

MACHACÓN, NA. (De *machacar.*) adj. y s. Importuno, pesado, que repite las cosas.

MACHACONERÍA. f. fam. Insistencia, pesadez.

MACHADA. f. Hato de machos cabríos. ‖ fig. y fam. Necedad.

MACHADO. m. Hacha para cortar madera.

MACHADO, Antonio. *Biog.* Poeta esp., nacido en Andalucía, uno de los más eximios de la lengua castellana de todos los tiempos; en su obra cantó al hombre y al paisaje de Castilla en un monólogo íntimo de severa y melancólica grandeza: *Soledades; Campos de Castilla; Nuevas canciones*, etc. En colaboración con su hermano Manuel cultivó el teatro; *La Lola se va a los puertos* es una de sus obras más conocidas (1875-1939). ‖ – **Bernardino.** Pol. portugués, de 1915 a 1917 y de 1925 a 1926, presid. de su país (1851-1940). ‖ – **Gerardo.** Pol. y militar cub., presidente de la Rep. en 1925, reelegido en 1929, derrocado en 1933 (1871-1939). ‖ – **José E.** Lit. folklorista ven., autor de *Viejos cantos y viejos cantares; Cancionero popular venezolano*, etc. (1868-1933). ‖ – **Manuel.** Lit. español; colaboró con su hermano Antonio en varias obras teatrales y escribió *Cante hondo; Los cantares; Horas de oro; Castilla; Alma*, etc. (1874-1947). ‖ – **ÁLVAREZ, Antonio.** Escr. esp. tradicionalista, autor de *Biblioteca del folklore español* (1848-1893). ‖ – **DE ASSÍS, Joaquín M.** Lit. brasileño, autor de *Don Casmurro; Americanas; Cuentos fluminenses*, etc. (1839-1908). ‖ – **Y GÓMEZ, Eduardo.** Patriota y escritor cub., autor de *Cuba y la emancipación de sus esclavos; Plácido, poeta y mártir*, etc. (1838-1877).

MACHAJE. m. *Chile* y *R. de la Plata.* Conjunto de animales machos.

MACHALA. *Geog.* Ciudad del Ecuador, cap. de la prov. de El Oro. 55.000 h. Centro agrícola.

MACHANGA. f. *Cuba.* Mujer varonil. ‖ *Chile.* Machaquería.

MACHANGO, GA. adj. *Cuba.* Dícese de la persona de modales torpes. ‖ *Chile.* Machacón. Ú.t.c.s. ‖ m. *Cuba* y *Ven.* Especie de mono. ‖ *Hond.* Caballería mala.

MACHAQUEO. m. Acción y efecto de machacar.

MACHAQUERÍA. (De *machacar.*) f. Importunidad, pesadez.

MACHAR. (De *macho*, martillo.) tr. Machacar. ‖ *Cuba.* Machonear. ‖ r. *Arg., Bol.* y *Ec.* Emborracharse.

MACHEAR. intr. Engendrar los animales más machos que hembras. ‖ Fecundar las palmeras mediante el sacudimiento de las inflorescencias masculinas sobre los pies femeninos. ‖ *Col.* Machonear.

MACHETAZO. m. Golpe de machete. *Se abrió camino a* MACHETAZOS.

MACHETE. al. **Buschmesser; Machete.** fr. **Machette.** ingl. **Machete.** ital. **Daga.** port. **Machete.** (dim. de *mazo.*) m. Arma más corta que la espada; es ancha, pesada y de un solo filo. ‖ Cuchillo grande de diferentes formas, que sirve para desmontar, cortar la caña, etc. ‖ IDEAS AFINES: *Lanza, sable, yatagán, alfanje, guillotina, verdugo, monte, picada.*

MACHETEAR. (De *machete.*) tr. Amachetear. ‖ *Mar.* Clavar estacas. ‖ intr. *Col.* Porfiar. ‖ *Méx.* Trabajar.

MACHETERO. m. El que desmonta con machete los pasos embarazados con árboles. ‖ El que corta las cañas en los ingenios de azúcar. ‖ *Méx.* Trabajador. ‖ Entre impresores, cajista de imprenta.

MACHI. com. *Chile.* Curandero o curandera de oficio. ‖ m. Entre los araucanos, brujo que practica el exorcismo.

MACHÍ. com. *Arg.* Machi.

MACHICA. f. *Perú.* Harina de maíz tostado, que los indios comen mezclada con canela y azúcar.

MACHIEGA. (De *macho.*) adj. V. **Abeja machiega.**

MACHIGUA. f. *Hond.* Lavazas de maíz.

MACHIHEMBRADORA. f. Máquina de machihembrar.

MACHIHEMBRAR. al. **Spunden.** fr. **Assembler.** ingl. **To dovetail.** ital. **Caprugginare.** port. **Ensamblar.** (De *macho* y *hembra.*) tr. *Carp.* Ensamblar dos piezas de madera a ranura y lengüeta, o a caja y espiga. *Ropero* MACHIHEMBRADO.

MACHÍN. m. Cupido o el dios del Amor. ‖ *Col.* y *Ven.* Mico, mono.

MACHINA. (Del fr. *machine*, máquina.) f. Cabria o grúa que se emplea en puertos y arsenales. ‖ Martinete, mazo para batir.

MACHINGUEPA. f. *Méx.* Voltereta hecha poniendo la cabeza en el suelo y dejándose caer sobre la espalda.

MACHITÚN. m. *Chile.* Reunión y ceremonia de los machis.

MACHO. al. **Männchen.** fr. **Mâle.** ingl. **Male.** ital. **Maschio.** port. **Macho.** (Del lat. *másculus.*) m. Animal del sexo masculino. *Avestruz* MACHO. ‖ Mulo. ‖ Planta que con el polen de sus estambres fecunda a otra de su especie. ‖ Parte del corchete que se engancha en la hembra. ‖ En los aparatos, pieza que entra dentro de otra; como el tornillo en la tuerca. ‖ fig. Hombre necio. Ú.t.c. adj. ‖ Maslo de la cola de los cuadrúpedos. ‖ fig. y fam. *Col., Cuba* y *Guat.* Casulla, grano de arroz sin descascarar. ‖ *Arq.* Pilar de fábrica, que sostiene un techo o el arranque de un arco, o se injiere en una pared para fortalecerla. ‖ adj. fig. Fuerte, robusto. *Pelo* MACHO. ‖ V. **Helecho, jara, retama macho.** ‖ – **cabrío** o **de cabrío.** Cabrón, o macho de la cabra. ‖ – **de aterrajar.** Tornillo de acero, sin cabeza, que sirve para abrir tuercas. ‖ – **del timón.** *Mar.* Cada uno de los pinzotes fijos en la madre del timón, que encajan en las hembras existentes en el canto exterior del codaste. ‖ – **romo.** Burdégano. ‖ IDEAS AFINES: *Hombre, herencia, semen, genes, cromosomas, hembra, mujer, compañero, bien plantado, valiente, vigoroso, enérgico.*

MACHO. (Del lat. *marculus*, dim. de *marcus*, martillo.) m. Mazo grande de herrería para forjar el hierro. ‖ Banco en que los herreros afirman el yunque pequeño. ‖ Yunque cuadrado.

MACHO, Victorio. *Biog.* Escultor esp., cuyas obras ostentan líneas vigorosas (1887-1966).

MACHÓN. m. *Arq.* Macho o pilar de fábrica.

MACHÓN. adj. *P. Rico* y *Urug.* Grandullón.

MACHONA. (De *macho*, varón.) f. *Arg., Bol.* y *Ec.* Mujer o niña que gusta de los juegos o hábitos propios del varón.

MACHONEAR. intr. *R. de la Plata.* Refiriéndose a las niñas, andar entre varones, o gustarles los juegos o hábitos propios de varones.

MACHONGA. f. *Col.* Pirita de cobre o hierro.

MACHORRA. (De *machorro.*) f. Hembra estéril.

MACHORRO, RRA. adj. Estéril, infructífero. *Oveja* MACHORRA; antón.: **fecundo.**

MACHOTA. f. Machote, especie de mazo.

MACHOTA. f. fam. *And.* y *Méx.* Marimacho. ‖ *P. Rico.* Mujer garrida y lozana.

MACHOTE. m. aum. de **Macho.** ‖ Hombre vigoroso, bien plantado.

MACHUCADURA. f. Acción y efecto de machucar.

MACHUCANTE. m. fam. *Col.* Sujeto, individuo.

MACHUCAR. al. **Zerquetschen.** fr. **Meurtrir; bosseler.** ingl. **To pound; to bruise.** ital. **Ammaccare.** port. **Machucar.** tr. Golpear una cosa produciéndole alguna contusión. *Piel, fruta* MACHUCADA; sinón.: **magullar.** ‖ deriv.: **machucador, ra; machucamiento.**

MACHUCÓN. m. *Amér.* Machucadura.

MACHUCHO, CHA. adj. Sosegado, juicioso. ‖ Entrado en días.

MACHUELO. m. dim. de **Macho**, mulo. ‖ Germen de un organismo. ‖ *Chile.* Sábalo o alosa.

MACHU PICHU. *Geog. histór.* Antigua ciudad del Perú, en las cercanías del Cuzco. Famosas ruinas de una fortaleza incaica, descubiertas en 1911.

MADAGASCAR. *Geog.* Isla situada en el océano Índico y separada de África por el canal de Mozambique. Es la cuarta isla del mundo por su extensión. 587.041 km². 8.520.000 h. Su suelo es montañoso al E. y llano al O. y S. En la región oriental es apto para la agricultura, mientras que en la occidental el suelo es casi desértico. Cultivos de maíz, caña de azúcar, algodón, cacao, vainilla, arroz, mandioca, plátanos; maderas, ganado vacuno. Extracción de grafito, oro, mica, piedras preciosas. Importante industria frigorífica. Cap. TANANARIVE. Obtuvo su autonomía, dentro de la Comunidad francesa, en octubre de 1958, cambiando su nombre por el de República Malgache. En 1959 una constitución estableció las bases del sistema presidencialista. En 1972, este ordenamiento legal fue suprimido otorgándose plenos poderes al jefe del estado, a quien asesora un gabinete de civiles y militares.

MADAMA. (Del fr. *madame*, mi dama.) f. Título equivalente a señora. ‖ *Cuba.* Balsamina, planta cucurbitácea.

MADAME BOVARY. *Lit.* Novela de Gustavo Flaubert publicada en 1857, después de cinco años de labor. De estilo perfecto, participa de elementos románticos muy atenuados y de un realismo crudo, objetivo e impersonal, que le valió en su época muchas censuras morales.

MADAME BUTTERFLY. *Mús.* Famoso drama lírico en tres actos, original de Santiago Puccini, estrenado en Milán en 1904. Saturado de exotismo oriental, relata la historia amorosa de una geisha y de un americano, y desde sus suaves modulaciones presagia la desgarrante tragedia de su epílogo. Obra maestra del autor, posee una orquestación magistral.

MADAMISELA. (Del fr. *mademoiselle.*) f. Damisela.

MADAPOLÁN. (De *Madapolam*, pobl. de la India.) m. Tela de algodón, especie de percal blanco y fino. *Sábanas de* MADAPOLÁN.

MADARIAGA, Salvador de. *Biog.* Diplom. y escritor esp., autor de *Guía del lector del "Quijote"; Vida del muy magnífico señor Cristóbal Colón; Ingleses, franceses y españoles; ¡Ojo, vencedores!*, etc. (1886-1978).

MADEFACCIÓN. (Del lat. *madefactio, -onis.*) f. *Farm.* Acción de humedecer substancias para preparar algún medicamento.

MADEIRA. *Geog.* Río del Brasil, afl. del Amazonas por la margen meridional. Se forma en la frontera boliviana por los ríos Beni y Guaporé. 1.450 km. ‖ Arch. volcánico portugués del Atlántico, al N. de las Canarias y al S.E. de las Azores. 787 km². 295.000 h. Cap. FUNCHAL. Vinos, plátanos, azúcar de caña. Afamados encajes y bordados.

MADEJA. al. **Strähne.** fr. **Écheveau.** ingl. **Hank.** ital. **Matassa.** port. **Madeixa.** (Del lat. *mataxa.*) f. Hilo recogido en vueltas iguales sobre un torno o aspadera para ser fácilmente devanado. *Una* MADEJA *de lana.* ‖ fig. Mata de pelo. ‖ fam. Hombre dejado. ‖ **Enredar, o enredarse, la madeja.** frs. fig. Complicar o complicarse un estado de cosas. ‖ **Hacer madeja.** frs. fig. Dícese de líquidos o jarabes que, por estar muy coagulados, forman hebras. ‖ IDEAS AFINES: *Ovillo, coser, bordar, tejer, hilar, hebra, carrete.*

MADEJETA. f. dim. de **Madeja.**

MADEJUELA. f. dim. de **Madeja.**

MADERA. al. **Holz.** fr. **Bois.** ingl. **Wood.** ital. **Legno.** port. **Madeira.** (Del lat. *materia.*) f. Parte sólida de los árboles debajo de la corteza. ‖ Pieza de **madera** labrada. ‖ Materia de que está compuesto el casco de las caballerías. ‖ V. **Corral, mosaico de madera.** ‖ – **anegadiza.** La que, puesta en el agua, se va a fondo. ‖ – **borne.** La que es poco elástica, quebradiza y difícil de labrar. ‖ – **brava.** La dura y saltadiza. ‖ – **cañiza.** La que tiene la veta a lo largo. ‖ – **de hilo.** La que se labra a cuatro caras. ‖ – **del aire.** Asta o cuerno de cualquier animal. ‖ – **de raja.** La obtenida por desgaje en el sentido longitudinal de las fibras. ‖ – **de sierra.** La que se obtiene al subdividir con la sierra la enteriza. ‖ – **de trepa.** Aquella cuyas vetas forman ondas y otras figuras. ‖ – **en blanco.** La labrada y sin pintura ni barniz. ‖ – **en rollo.** La que no está labrada ni descortezada. ‖ – **enteriza.** El mayor madero escuadrado que se puede sacar del tronco de un árbol. ‖ – **fósil.** Lignito. ‖ – **pasmada.** La que tiene atronadura. ‖ – **serradiza. Madera de sierra.** ‖ **Aguar la madera.** frs. fig. Entre madereros, echarla al río para que la transporte la corriente. ‖ **Sangrar la madera.** frs. fig. Hacer incisiones en los pinos y otros árboles resinosos para que la resina salga por ellas. ‖ **Ser uno de mala madera** o **tener uno mala madera.** frs. fig. y fam. Rehuir el trabajo, ser perezoso. ‖ IDEAS AFINES: *Tronco, raíz, rama, savia, aserradero, nudo, veta, leñador, carcoma; leña, fuego, ceniza, hogar; palo, listón, mástil, tabla; hacha, serrucho, sierra, carpintero, aserrín, viruta, monte, bosque, selva.*

MADERABLE. adj. Dícese del árbol, bosque, etc., que da madera adecuada para construcciones.

MADERADA. f. Conjunto de maderas que se transporta por un río.

MADERAJE. m. Conjunto de maderas que entran en una construcción u obra determinada.

MADERAMEN. m. Maderaje. *Crujió el* MADERAMEN *del barco.*

MADERAMIENTO. (De *maderar.*) m. Enmaderamiento.

MADERERÍA. (De *maderero.*) f. Lugar donde se recoge la madera para ser vendida.

MADERERO, RA. adj. Perteneciente o relativo a la industria de la madera. *Tráfico* MADERERO. ‖ m. El que trata en maderas. ‖ El que conduce las maderas por los ríos. ‖ Carpintero.

MADERNO, Carlos. *Biog.* Arquitecto ital. que terminó la iglesia de San Pedro de Roma. ‖ – **Esteban.** Escultor ital, hermano de Carlos, autor de *Santa Cecilia, San Carlos Borromeo* y de otras estatuas y bajorrelieves (1576-1636).

MADERO. al. **Holzbalken.** fr. **Madrier.** ingl. **Beam.** ital. **Legno.** port. **Madeiro.** (De *madera.*) m. Pieza larga de madera escuadrada o rolliza. ‖ Pieza de madera de hilo que se destina a la construcción. ‖ fig. Nave, buque. *Las olas barrían la cubierta del frágil* MADERO. ‖ fig. y fam. Persona muy necia y torpe, o insensible. ‖ – **barcal.** El rollizo, de cualquier longitud, con doce o más pulgadas de diámetro. ‖ – **cachizo.** Madero grueso serradizo. ‖ – **de cuenta.** *Mar.* Cada pieza de madera sobre la que se funda el casco de un barco, como son: quilla, codaste, roda, etc. ‖ – **de suelo.** Viga o vigueta.

MADERO, Eduardo. *Biog.* Ingeniero y político arg., constructor del puerto de Buenos Aires (1833-1894). ‖ — **Francisco B.** Pol. argentino que participó en la insurrección del Sur contra Rosas y de 1880 a 1886 fue vicepresidente de la República (1816-1897). ‖ — **Francisco I.** Político mex. que en 1910 inició la revolución contra Porfirio Díaz. Proclamado presidente provisional por los grupos políticos antirreeleccionistas, en 1911 fue elegido presidente constitucional. En 1913 fue derrocado por una sublevación y asesinado (1873-1913).

MADERUELO. m. dim. de **Madero.**

MADHYA PRADESH. *Geog.* Estado del centro de la India. 442.841 km². 43.000.000 de h. Arroz, yute, algodón, etc. Riqueza minera. Industria textil. Cap. BHOPAL.

MADI. m. *Chile.* Madia.

MADIA. f. Planta herbácea, originaria de Chile, de cuyas semillas se extrae un aceite de olor semejante al de la nuez, que se emplea en lubricación, iluminación y fabricación de jabones. *Madia sativa*, compuesta.

MADIANITA. adj. Dícese del individuo de un pueblo bíblico. Ú.t.c.s. y en pl.

MADIEDO, Manuel María. *Biog.* Poeta colomb. autor de narraciones y ensayos (1815-1888).

MADISON, Jacobo. *Biog.* Político norteamericano, uno de los principales redactores de la Constitución de 1787 y presidente de la Rep. de 1809 a 1813 y de 1813 a 1817. Durante su gobierno debió afrontar, entre 1812 y 1815, la guerra con Inglaterra (1751-1836).

MADISON. *Geog.* Ciudad de los EE.UU., capital del Est. de Wisconsin. 300.000 h. con los suburbios. Máquinas agrícolas.

MADONA. (Del ital. *Madonna.*) f. Nombre dado a la Virgen. *Son famosas las* MADONAS *de Rafael.*

MADOR. (Del lat. *mador.*) m. Ligera humedad que cubre la superficie del cuerpo, sin que llegue a ser verdadero sudor. ‖ deriv.: **madoroso, sa.**

MADOZ, Pascual. *Biog.* Economista esp., autor de un *Diccionario geográfico, histórico y estadístico de España* (1806-1870).

MADRÁS. m. *Cuba.* Tela de algodón rayado.

MADRÁS. *Geog.* Estado del S.E. de la India, también llamado Tamil Nadu. 130.069 km². 44.500.000 h. Agricultura. Industria textil. Cap. hom., puerto sobre la costa de Coromandel. 2.700.000 h. Aceites, metales. Universidad.

MADRASTRA. al. **Stiefmutter.** fr. **Belle mère; marâtre.** ingl. **Stepmother.** ital. **Matrigna.** port. **Madrasta.** (desp. de *madre.*) f. Esposa del padre respecto de los hijos que éste trae de matrimonio anterior. ‖ fig. Cosa que incomoda o daña.

MADRAZA. f. fam. Madre que mima mucho a sus hijos.

MADRAZO Y AGUDO, José de. *Biog.* Pintor y retratista esp., jefe de una distinguida familia de artistas y autor de: *Amor divino y profano; La muerte de Lucrecia*, etc. (1781-1859).

MADRAZO Y GARRETA, Raimundo de. *Biog.* Pintor esp., autor de *Baile de máscaras; La mujer y el loro*, etc. (1841-1920).

MADRAZO Y KUNTZ, Federico. *Biog.* Pintor esp., el más distinguido de su familia; fue autor de *La contienda de Escipión; Aquiles en su tienda; Las tres Marías*, etc. (1815-1894).

MADRE. al. **Mutter.** fr. **Mère.** ingl. **Mother.** ital. **Madre.** port. **Mãe.** (Del lat. *mater, -tris.*) f. Hembra que ha parido. ‖ Hembra respecto de sus hijos. *Santa Mónica fue la* MADRE *de San Agustín.* ‖ Título dado a las religiosas. ‖ En los hospitales y casas de recogimiento, mujer a cuyo cargo está el gobierno en todo o en parte. ‖ fam. Mujer anciana del pueblo. ‖ Matriz, víscera de la mujer. ‖ fig. Causa u origen de donde proviene una cosa. ‖ Aquello en que figuradamente concurren circunstancias propias de la maternidad. *La* MADRE *patria.* ‖ Terreno por donde corren las aguas de un río o arroyo. *El río salió de* MADRE. ‖ Acequia principal de la que parten o donde desaguan las acequias secundarias. ‖ Alcantarilla o cloaca maestra. ‖ Heces del mosto, vino o vinagre que se asientan en el fondo de la cuba. ‖ Madero principal donde tienen su fundamento y sujeción otras partes de ciertas armazones, máquinas, etc., y también cuando sirve de eje. ‖ V. **Hermano, mal de madre.** ‖ **Lengua madre.** ‖ *Cuba.* Pila de leña para ser carbonizada. ‖ *Mar.* Cuartón grueso de madera, que va desde el alcázar al castillo por cada banda de crujía. ‖ — **de clavo.** Madreclavo. ‖ — **de familia,** o **familias.** Mujer casada o viuda, cabeza de su casa. ‖ — **de leche.** Nodriza. ‖ — **de niños.** *Med.* Enfermedad semejante a la alferecía o a la gota coral. ‖ — **patria.** Nombre dado en Hispanoamérica a España. ‖ — **política.** Suegra. ‖ Madrastra. ‖ **Esa es,** o **no es, la madre del borrego,** o **del cordero.** frs. proverb. con que se manifiesta ser, o no ser, una cosa la razón real de un hecho o suceso. ‖ **Sacar de madre** a uno. frs. fig. y fam. Inquietarle mucho; hacerle perder la paciencia. ‖ IDEAS AFINES: *Padre, progenitor, mujer, parto, hijos, mellizos, gemelos, maternidad; cariño, amor, ternura; monja, sor, hermana, religión; directora, superiora; ovario, feto, embrión; cauce, lecho, inundación, dique, represa.*

MADRE. *Geog.* Laguna litoral de México (Tamaulipas), al S. del río Grande. ‖ **Sierra —.** Nombre de tres cadenas montañosas de México: sierra Madre Oriental, paralela a la costa del golfo de México es prolongación de las montañas Rocosas (EE.UU.). Sierra Madre Occidental, reborde O. de la meseta mexicana, corre paralela a la costa del Pacífico. Sierra Madre del Sur, al S. de las anteriores, es continuación de las cadenas de la pen. de California. ‖ — **de Dios.** Isla del S. de Chile (Magallanes) sit. entre las islas Wellington y Duque de York. ‖ — **de Dios.** Río de Amér. del S. 1.500 km. N. en Perú, en el dep. hom., entra en Bolivia y des. en el Beni. ‖ — **de Dios.** Dep. del S.E. del Perú. 78.402 km². 25.000 h. Maderas, metales. Cap. PUERTO MALDONADO. ‖ — **Vieja.** Río del S. de Guatemala. Des. en el Pacífico. 140 km. Se llama también Patulul.

MADRE, La. *Lit.* Novela de Máximo Gorki. Escrita después de la participación del autor en las rebeliones obreras de Rusia, en 1904 y 1905; trasciende honda fe revolucionaria y su realismo no la exime de un cierto lirismo.

MADREAR. intr. Repetir los niños el vocablo madre. ‖ Parecerse a la madre.

MADREARSE. (De *madre*, heces del mosto.) r. Ahilarse la levadura, el vino, etc.

MADRECILLA. (dim. de *madre.*) f. Huevera de aves.

MADRECLAVO. (De *madre* y *clavo.*) m. Clavo de especia que ha estado dos años en el árbol.

MADRE E HIJO. *B. A.* Notable cuadro de Pablo Picasso, ejecutado en 1921. Inspirado en la tradición greco-romana y de extraordinaria fuerza expresiva en sus figuras geometrizadas, es una obra característica del período postcubista del autor.

MADREJÓN. m. *Arg.* Cauces de ríos y arroyos que juntan agua de lluvia.

MADREÑA. (De *madera.*) f. Almadreña.

MADREPERLA. al. **Perlmutter.** fr. **Huître perlière.** ingl. **Mother-of-pearl.** ital. **Madreperla.** port. **Madrepérola.** (De *madre* y *perla.*) f. Molusco lamelibranquio con la concha de color pardo oscuro y escabrosa por la parte exterior y lisa e iridiscente en lo interior. Se cría en el fondo de los mares, donde se pesca para recoger las perlas que suele contener. ‖ El nácar de la misma concha.

MADRÉPORA. (De *madre* y el gr. *poros*, piedra porosa.) f. Pólipo de mares intertropicales, que forma un polipero pétreo, arborescente y poroso. ‖ Este polipero, que llega a formar escollos e islas en el Pacífico.

MADREPORICO, CA. adj. Perteneciente o relativo a la madrépora. *Islas* MADREPÓRICAS.

MADRERO, RA. adj. fam. Dícese de quien está muy encariñado con su madre.

MADRESELVA. al. **Geissblatt.** fr. **Chèvrefeuille.** ingl. **Honeysuckle.** ital. **Caprifoglio.** port. **Madressilva.** (De *madre* y *selva.*) f. Planta voluble, trepadora, de hojas ovales y flores olorosas, en cabezuelas terminales con largo pedúnculo, de corola amarillenta, tubular y partida por el borde en cinco lóbulos, y fruto en baya pequeña y carnosa con varias semillas ovoides; cultivada y a veces invasora. Gén. *Lonicera*, caprifoliácea.

MADRID. *Geog.* Provincia de España (Castilla la Nueva). 8.002 km². 3.634.007 h. Cereales, viñedos, olivares, huertas. Ganado lanar, bovinos, equinos. Sales. ‖ C. de España, cap. del país y de la provincia hom. 3.210.000 h. Situada a orillas del Manzanares en el centro de la península. Centro industrial, artístico y cultural, es la sede del gobierno nacional. Ciudad moderna y bulliciosa, constituye el principal polo de atracción de España. Posee numerosos museos (el del Prado es el más célebre); plazas (Puerta del Sol, Plaza Mayor, etc.); magníficos palacios, como el de Oriente y el de las Cortes. Bibliotecas, colegios, Universidad Central.

MADRIGADO, DA. (Del lat. *matrix, -icis*, de *mater*, madre.) adj. Dícese de la mujer casada en segundas nupcias. ‖ Dícese del macho de ciertos animales, especialmente del toro, cuando ha padreado. ‖ fig. Dícese de la persona práctica y experimentada.

MADRIGAL. al. **Madrigal.** fr. **Madrigal.** ingl. **Madrigal.** ital. **Madrigale.** port. **Madrigal.** (Del ant. *mandrial*, madrigal.) m. Composición poética breve en que se expresa un afecto o pensamiento delicado; se escribe por lo común en la combinación métrica llamada silva. ‖ *Mús.* Canción para ser entonada a coro, casi siempre en forma polifónica. Alcanzó su auge durante los siglos XV y XVI con madrigalistas de la talla de Arcadelt, Palestrina y Monteverdi.

MADRIGAL, Alonso de. *Biog.* Teólogo esp., conocido por *el Tostado;* su extraordinaria fecundidad dio origen a la locución "Escribir más que *el Tostado.*" Su obra más conocida es *Suma de confesión* (1400-1454).

MADRIGALESCO, CA. (De *madrigal.*) adj. Perteneciente o relativo al madrigal. *Estilo* MADRIGALESCO. ‖ fig. Elegante y delicado en la expresión de los afectos.

MADRIGUERA. al. **Schlupfwinkel.** fr. **Tanière.** ingl. **Den.** ital. **Cova; tana.** port. **Madrigueira.** (Del lat. *matricaria*, term. f. de *rius;* de *mater*, madre.) f. Cuevecilla en que viven ciertos animales, en especial los conejos. *La* MADRIGUERA *del hurón; de la vizcacha.* ‖ fig. Lugar apartado y escondido donde se oculta la gente de mal vivir. *Una* MADRIGUERA *de contrabandistas;* sinón.: **guarida.**

MADRILEÑO, ÑA. adj. Natural de Madrid, provincia y capital de España. Ú.t.c.s. ‖ Perteneciente a esta ciudad y provincia. *Pronunciación* MADRILEÑA.

MADRINA. al. **Patin.** fr. **Marraine.** ingl. **Godmother.** ital. **Madrina.** port. **Madrinha.** (Del b. lat. *matrina*, y éste del lat. *mater, -tris*, madre.) f. Mujer que tiene, presenta o asiste a otra persona al recibir ésta el sacramento del bautismo, de la confirmación, del matrimonio, o del orden, si es varón, o al profesar, si se trata de una religiosa. ‖ La que presenta y acompaña a otra persona que recibe algún honor, grado, etc. ‖ fig. La que favorece o protege a otra persona en sus pretensiones. ‖ Poste o puntal de madera. ‖ Cuerda o correa con que se enlazan los bocados de las dos caballerías que forman pareja en un tiro. ‖ Yegua que sirve de guía a una manada de ganado caballar. En *Arg.* ú.t.c. adj. ‖ *Ven.* Manada pequeña de ganado manso que reúne o guía al bravío. ‖ *Mar.* Pieza de madera con que se refuerza o amadrina otra. ‖ IDEAS AFINES: *Testigo, presenciar, invitados, ceremonia, ahijado, protección, ayuda, auxilio, benefactora, bondad, gratitud, respeto, obediencia, cencerro, rienda, cincha.*

MADRINAZGO. m. Acto de asistir como madrina. ‖ Título o cargo de madrina.

MADRINERO, RA. adj. *Ven.* Dícese del ganado que sirve como madrina.

MADRIZ, José. *Biog.* Pol. nicaragüense, presid. de la República en 1909, derrocado en 1910 por una revolución (1865-1911).

MADRIZ. *Geog.* Departamento del N.O. de Nicaragua. 1.758 km². 60.000 h. Minería. Cap. SOMOTO.

MADRONA. f. Madre o cloaca maestra. ‖ fam. Madraza.

MADRONCILLO. (dim. de *madroño.*) m. Fresa, arbusto.

MADROÑAL. m. Terreno poblado de madroños.

MADROÑERA. f. Madroñal. ‖ Madroño, arbusto.

MADROÑO. m. Arbusto ericáceo, con hojas lanceoladas, persistentes y coriáceas, flores en panoja arracimada, de corola globosa, blanquecina o sonrosada, y fruto esférico, comestible, rojo exteriormente y amarillo en lo interior. ‖ Fruto de este arbusto. ‖ Borlita de forma parecida al fruto del madroño.

MADROÑUELO. m. dim. de **Madroño.**

MADRUGADA. al. **Früher Morgen.** fr. **Aube.** ingl. **Dawn; daybreak.** ital. **Alba.** port. **Madrugada.** (De *madrugar.*) f. Alba, principio del día. *El labrador se levanta a la* MADRUGADA; sinón.: **amanecer, aurora.** ‖ Acción de madrugar. ‖ **De madrugada.** m. adv. Al amanecer.

MADRUGADOR, RA. adj. y s. Que madruga, y especialmente que tiene hábito de hacerlo.

MADRUGAR. (Del ant. *madrugar.*) intr. Levantarse al amanecer. *Mañana* MADRUGAREMOS; sinón.: **mañanear.** ‖ fig. Ganar tiempo en una solicitud o empresa. ‖ fig. Anticiparse, adelantarse. ‖ **No por mucho madrugar amanece más temprano.** ref. que enseña que no por hacer diligencias antes de tiempo se apresura el logro de una cosa.

MADRUGÓN, NA. (De *madrugar.*) adj. Madrugador. ‖ m. fam. Madrugada muy temprana.

MADURA. *Geog.* Isla de Indonesia, situada al N.E. de Java. 6.274 km² 27.000.000 h. Café, cocos, arroz. Pesca. Cap. PAMIRASAN. ‖ C. de la India (Madrás). 600.000 h. Centro económico, cultural y religioso. Famoso templo.

MADURACIÓN. al. **Reifen.** fr. **Maturation; murissage.** ingl. **Maturity; ripening.** ital. **Maturazione.** port. **Maduração.** (Del lat. *maturatio, -onis*, acción de apresurarse.) f. Acción y efecto de madurar o madurarse.

MADURADERO. m. Lugar apropiado para madurar las frutas.

MADURADOR, RA. adj. y s. Que hace madurar.

MADURAR. al. **Reifen.** fr. **Mûrir.** ingl. **To ripe.** ital. **Maturare.** port. **Madurar.** (Del lat. *maturare.*) tr. Dar sazón a los frutos. ‖ fig. Poner en su debido punto con la reflexión una idea, un proyecto, etc. ‖ *Cir.* Activar la supuración en los tumores. ‖ intr. Ir sazonándose los frutos. *Ya* MADURAN *las ciruelas.* ‖ fig. Crecer en edad, juicio y prudencia. ‖ *Cir.* Ir formándose la supuración en un tumor. ‖ deriv.: **maduración; madurante.**

MADURATIVO, VA. adj. Que tiene virtud de madurar. *Medicamento* MADURATIVO. ‖ m. fig. Medio que se emplea para ablandar a quien no quiere hacer lo que se desea.

MADUREZ. al. **Reife.** fr. **Maturité.** ingl. **Ripeness.** ital. **Maturità.** port. **Madurez.** (De *maduro.*) f. Sazón de los frutos. ‖ fig. Buen juicio para gobernarse. ‖ Edad adulta.

MADUREZA. f. Madurez.

MADURO, RA. adj. Que está en sazón. *Racimos* MADUROS; antón.: **verde.** ‖ fig. Prudente, sesudo. *Juicio* MADURO; sinón.: **sensato;** antón.: **imprudente, irreflexivo.** ‖ Refiriéndose a personas, entrado en años. ‖ V. **Edad madura.**

MAELAR. *Geog.* V. **Malar.**
MAESA. f. ant. Maestra. ‖ **Abeja maesa.**
MAESE. m. ant. Maestro. ‖ – **Coral.** Juego de manos de los prestidigitadores.
MAESIL. (De *maese.*) m. Maestril.
MAESILLA. (dim. de *maesa.*) f. Cordel que se mueve sobre una garrucha, para subir o bajar los lizos de un par de bolillos de pasamanería. Ú.m. en pl.
MAESTRA. (Del lat. *magistra.*) f. Mujer que enseña un arte, oficio o labor. MAESTRA *de bordado.* ‖ Mujer que enseña a las niñas en una escuela o colegio. ‖ Mujer del maestro. ‖ Usado con el artículo *la,* escuela de niñas. *Ir a la* MAESTRA; *venir de la* MAESTRA. ‖ **Abeja maestra.** ‖ V. **Teta de maestra.** ‖ fig. Cosa que instruye o enseña. *La experiencia es* MAESTRA *de la ciencia.* ‖ *Albañ.* Listón de madera que colocado a plomo, sirve de guía al construir una pared. ‖ **Línea maestra.** ‖ Hilera de piedras para indicar la superficie que ha de cubrir el empedrado. ‖ – **de escuela.** Maestra, mujer que enseña. ‖ – **de primera enseñanza.** La que tiene título oficial para enseñar en escuela de primeras letras. ‖ – **de primeras letras.** Maestra de escuela.
MAESTRA, Sierra. *Geog.* Cordón montañoso de Cuba (Oriente) que culmina en el pico Turquino, de 2.909 m., el más alto del país.
MAESTRAL. (Del lat. *magistralis.*) adj. Perteneciente al maestro o al maestrazgo. ‖ Magistral. ‖ Maestril.
MAESTRAMENTE. adv. m. Con maestría, con destreza.
MAESTRANTE. (De *maestrar.*) m. Cada componente de una maestranza.
MAESTRANZA. (De *maestrante.*) f. Sociedad de caballeros destinada a ejercitarse en la equitación. ‖ Conjunto de los talleres y dependencias donde se construyen y recomponen los montajes para las piezas de artillería y demás útiles para su servicio. ‖ Conjunto de oficinas y talleres análogos para la artillería y efectos movibles de los buques de guerra. ‖ Local o edificio ocupado por unos y otros talleres. ‖ Conjunto de operarios que trabajan en ellos o en los demás de un arsenal. ‖ V. **Cabo, capitán de maestranza.**
MAESTRAZGO. m. Dignidad de maestre de una orden militar. ‖ Territorio de la jurisdicción del maestre.
MAESTRE. al. **Grossmeister.** fr. **Grand Maître.** ingl. **Grand master.** ital. **Maestro.** port. **Mestre.** (Del lat. *magister.*) m. Superior de una orden militar. *Gran* MAESTRE *de la orden del Temple.* ‖ *Mar.* Persona a quien después del capitán correspondía el gobierno económico de un barco mercante. ‖ – **Coral. Maese Coral.** ‖ – **de campo.** Oficial de grado superior en la milicia, que mandaba cierto número de tropas. ‖ – **de campo general.** Oficial superior en la milicia, a quien se confiaba el mando de los ejércitos. ‖ – **de jarcia.** *Mar.* El que se encarga de la jarcia y cabos en los buques. ‖ – **de raciones,** o **de víveres.** El que tiene a su cargo la provisión y distribución de los víveres para la marinería y tropa de los buques.
MAESTREAR. tr. Intervenir con otros, como maestro, en una operación. ‖ Podar la vid, dejando el sarmiento un palmo de largo para protegerlo de los hielos. ‖ *Albañ.* Hacer las maestras en una pared. ‖ intr. fam. Hacer o presumir de maestro.
MAESTREESCUELA. (De *maestre* y *escuela.*) m. Maestrescuela.
MAESTRESALA. m. Criado principal que presentaba y distribuía los manjares en la mesa. Solía usar con el señor la ceremonia de gustar lo que le servía, para preservarle de veneno.
MAESTRESCOLÍA. f. Cargo de maestrescuela.
MAESTRESCUELA. m. En algunas universidades, cancelario.
MAESTRÍA. al. **Meisterschaft.** fr. **Maîtrise.** ingl. **Mastery; skill.** ital. **Maestria.** port. **Maestria.** f. Arte y destreza en enseñar o ejecutar algo. *Dibujar con* MAESTRÍA; antón.: **inhabilidad, torpeza.** ‖ Título de maestro. ‖ En las órdenes regulares, dignidad o grado de maestro.
MAESTRICHT. *Geog.* V. **Maastricht.**
MAESTRIL. (De *maestra.*) m. Celdilla del panal de miel, dentro de la cual se transforma en insecto perfecto la larva de la abeja maestra.
MAESTRO, TRA. al. **Lehrer.** fr. **Maître.** ingl. **Teacher.** ital. **Maestro.** port. **Mestre.** (Del lat. *magister, -tri,* jefe, director; de *magis,* más.) adj. Aplícase a la obra de relevante mérito entre las de su clase. ‖ fig. Dícese del irracional adiestrado. *Oso* MAESTRO; *hurón* MAESTRO. ‖ V. **Abeja maestra.** Ú.t.c.s. ‖ V. **Canal, cincha, clavija, llave maestra.** ‖ *Albañ.* V. **Línea maestra.** ‖ *Arq.* V. **Pared, viga maestra.** ‖ *Mar.* V. **Cuaderna maestra.** ‖ m. El que enseña una ciencia, arte u oficio, o posee título para hacerlo. MAESTRO *de dibujo.* ‖ El que es muy práctico en una materia. *Aquel cirujano era un* MAESTRO. ‖ Título dado en las órdenes regulares a los religiosos encargados de enseñar. ‖ El que está aprobado en un oficio mecánico o lo ejerce. MAESTRO *carpintero, albañil.* ‖ Compositor de música. ‖ *Mar.* Palo mayor de una embarcación. ‖ – **aguañón. Maestro** constructor de obras hidráulicas. ‖ – **concertador.** *Mús.* El que enseña o repasa, comúnmente al piano, a cada cantante o instrumentista la parte musical que le corresponde, y organiza el conjunto antes de ejecutarse la obra. ‖ – **de armas.** El que enseña el arte de la esgrima. ‖ – **de balanza.** Balanzario. ‖ – **de capilla.** Profesor que compone y dirige la música que se canta en los templos. ‖ – **de ceremonias.** El que advierte las ceremonias que deben observarse con arreglo a usos autorizados. ‖ – **de cocina.** Cocinero mayor, que dirige a los dependientes en su oficio. ‖ – **de coches.** Constructor de coches. ‖ – **de escuela.** El que enseña a leer, escribir y contar, y rudimentos de otras materias. ‖ – **de esgrima. Maestro de armas.** ‖ – **de niños.** Maestro de escuela. ‖ **Maestros cantores.** Integrantes de ciertas corporaciones de músicos y poetas que cundieron, especialmente en Alemania, durante los siglos XV y XVI. El más representativo de todos ellos fue Juan Sachs, a quien el compositor Ricardo Wagner inmortalizó como protagonista de su ópera *Los maestros cantores de Nuremberg.* ‖ – **de novicios.** Religioso que en las comunidades dirige y enseña a los novicios. ‖ – **de obra prima.** Zapatero de nuevo. ‖ – **de obras.** Profesor que cuida de la construcción material de un edificio bajo el plan del arquitecto, y puede trazar por sí edificios privados de acuerdo con lo que prescriben las disposiciones vigentes. ‖ – **de postas.** Persona a cuyo cuidado o en cuya casa están las postas o caballos de posta. ‖ **Correo mayor.** ‖ – **de primera enseñanza.** El que tiene título oficial para enseñar en escuela de primeras letras. ‖ – **de primeras letras. Maestro de escuela.** ‖ – **de ribera. Maestro aguañón.** ‖ **El maestro ciruela, que no sabe leer y pone escuela.** frs. fig. y fam. con que se censura al que habla magistralmente de cosa que no entiende. ‖ IDEAS AFINES: *Superior, mejor, precedente, destacado, perfecto, alumno, colegio, liceo, facultad, universidad, alumnado, discípulos, enseñar, instruir, cultura, educación, saber, obediencia, magisterio, preceptor, celador, educador, docente.*
MAESTRO, Matías. *Biog.* Arq. español; trabajó en Perú durante el último período de la Colonia, dirigió las obras de reconstrucción del Panteón y la Catedral de Lima, etc. (1770-1835).
MAESTROS CANTORES DE NUREMBERG, Los. *Mús.* Ópera en tres actos de Ricardo Wagner, estrenada en Munich en 1868. Única concepción no trágica en la trayectoria wagneriana, es una fresca visión de la vida medieval y reúne elementos dispares en un gran conjunto armónico: filosofía sobre la vida y sobre el arte, sabiduría, lirismo, fino humor e intención crítica.
MAETERLINCK, Mauricio. *Biog.* Poeta y dram. belga. En 1911 le fue concedido el premio Nobel de Literatura "en reconocimiento a los múltiples aspectos de sus actividades literarias, y especialmente por sus obras dramáticas, señaladas por su riqueza imaginativa y su fantasía poética que, bajo la divisa de la leyenda, demuestran profunda penetración, reflejando misteriosamente las emociones no percibidas del lector". Obras más conocidas: *Monna Vanna; El pájaro azul; La vida de las abejas; Peleas y Melisandra,* etc. (1862-1949).
MAEZTU, María de. *Biog.* Pedagoga esp., autora de *Pedagogía social; Historia de la cultura europea,* etc. (1882-1948). ‖ – **Ramiro de.** Publicista esp., autor de *La crisis del humanismo; Defensa de la Hispanidad,* etc. (1875-1936).
MAFEKING. *Geog.* Ciudad de Botswana, África del Sur, antigua cap. de Bechuanalandia.
MAFIA. (Del ital. *maffia.*) f. Sociedad criminal originaria de Sicilia, en la que sus componentes, observando la más severa disciplina, se comprometían a prestarse mutua ayuda en sus hechos delictuosos. Fue severamente reprimida. ‖ *Arg.* Pandilla de malhechores. ‖ deriv.: **mafioso, sa.** ‖ IDEAS AFINES: *Hampa, apaches, bandoleros, asaltantes, ladrones, truhanes, malhechores; venganza, crimen, robo.*
MAGALHAES, Olintho. *Biog.* Político bras. que fomentó el pacto llamado A.B.C. V. **A.B.C., Pacto de.**
MAGALLANES, Hernando de. *Biog.* Nav. portugués al servicio de España que demostró que era posible llegar a la India por Occidente. Con cinco naves que Carlos V puso a su disposición, llegó en 1520 a la bahía de San Julián, descubrió la tierra que denominó de los Patagones, penetró en el estrecho que llamó De Todos los Santos, y al que luego se le dio su nombre; atravesó el primero, el océano Pacífico y descubrió las islas Marianas y Filipinas, donde murió en un combate. Juan Sebastián Elcano prosiguió la expedición. V. **Elcano** (1470-1521). ‖ – **Moure, Manuel.** Escritor chil., autor de novelas, cuentos, comedias y poesías (1878-1924).
MAGALLANES. *Geog.* Provincia del extremo S. de Chile. 135.418 km^2. 110.000 h. Ganadería, maderas, carbón. Cap. PUNTA ARENAS. ‖ **Estrecho de –.** Comunica a los océanos Atlántico y Pacífico en el extremo S. de América. Separa a la isla Grande de Tierra del Fuego del continente.
MAGALLÁNICO, CA. adj. Perteneciente o relativo al estrecho de Magallanes o a la región adyacente.
MAGANCEAR. intr. *Col.* Remolonear.
MAGANCERÍA. f. Engaño, trapacería.
MAGANCÉS. adj. fig. Traidor, avieso.
MAGANEL. (Del lat. *mangánum,* y éste del gr. *mágganon,* máquina de guerra.) m. Máquina militar que servía para batir murallas.
MAGANGUÉ. *Geog.* Ciudad de Colombia (Bolívar), a orillas del Magdalena. 30.000 h. Activo puerto.
MAGANTE. adj. *Chile.* Maganto.
MAGANTO, TA. adj. Triste, macilento.
MAGANZA. f. *Col.* y *Ec.* Holgazanería.
MAGANZÓN, NA. adj. y s. fam. *Amér. Central* y *Col.* Holgazán, remolón.
MAGANZONEAR. intr. *Col.* Haraganear. ‖ deriv. **maganzonería.**
MAGAÑA. f. Ardid, astucia. ‖ Defecto de fundición en el alma de un cañón de artillería.
MAGAÑA CAMACHO, Mardonio. *Biog.* Escultor mex., de tendencia renovadora (1866-1947).
MAGARIÑOS CERVANTES, Alejandro. *Biog.* Poeta y escr. urug., autor de *Ensayos históricos y políticos sobre el Río de la Plata; Celiar; Caramurú,* etc. (1825-1893).
MAGARZA. f. Matricaria.
MAGARZUELA. (dim. de *magarza.*) f. **Manzanilla hedionda.**
MAGAYA. f. *Amér. Central.* Colilla.
MAGAZINE. (Voz inglesa.) m. Publicación periódica que trata de los asuntos más diversos, generalmente con sus respectivas ilustraciones. (Es anglic.).
MAGDALA. *Geog. histór.* Antigua población de Palestina, en Galilea, sobre el lago Tiberíades. Cuna de santa María Magdalena.
MAGDALENA. f. Bollo en forma de lanzadera, hecho con los mismos materiales que el bizcocho de confitería. ‖ fig. Mujer penitente o muy arrepentida de sus pecados. ‖ **Estar hecha una Magdalena.** frs. fam. Estar desconsolada y lacrimosa.
MAGDALENA, Santa María. *Hist. Sagr.* Cortesana de Magdala convertida por Jesucristo.
MAGDALENA. *Geog.* Río de Colombia, el principal del país. Nace en la laguna hom., cruza el territorio de S. a N. entre las cordilleras de Quindío y Sumapaz y des. en el mar Caribe. 1.538 km., con una cuenca de 260.000 km^2. Su principal afl. es el Cauca. ‖ Dep. del N. de Colombia. 49.630 km^2. 511.400 h. Actividad agrícola-ganadera. Maderas. Salinas. Cap. SANTA MARTA. El 13 de junio de 1954 el extremo N.E. del departamento –que formaba la antigua prov. de Padilla– pasó a integrar la intendencia de Guajira. Queda así reducida su extensión a 42.993 km^2.
MAGDALENENSE. adj. *Col.* Perteneciente o relativo al departamento de Magdalena, en la República de Colombia.
MAGDALÉNICO, CA. adj. *Col.* Perteneciente o relativo al río Magdalena, en la República de Colombia.
MAGDALENO, Mauricio. *Biog.* Novelista y dramaturgo mex., autor de *Teatro revolucionario mexicano; El resplandor; Concha Bretón,* etc. (n. 1906).
MAGDALEON. (Del gr. *magdaliá,* miga de pan, masa.) m. *Farm.* Rollito largo y delgado que se hace de un emplasto.
MAGDEBURGO. *Geog.* Ciudad de la Rep. Democrática Alemana (Sajonia-Anhalt) sobre el Elba. 300.000 h. Industria metalúrgica, química y productos alimenticios.
MAGENDIE, Francisco. *Biog.* Méd. y fisiólogo fr.; dio la primera demostración experimental de la distinción de los nervios motores y los sensitivos. Autor de *Lecciones sobre los fenómenos físicos de la vida; Lecciones sobre las funciones y enfermedades del sistema nervioso,* etc. (1783-1855).
MAGENTA. *Geog.* Ciudad de Italia (Milán). 24.000 h. Victoria de los franceses sobre los austríacos en 1859, en la que se cubrió de gloria Mac-Mahon.
MAGIA. al. **Magie; Zauberkunst.** fr. **Magie.** ingl. **Magic.** ital. **Magia.** port. **Magia.** (Del lat. *magia,* de *magus,* mago.) f. Ciencia o arte que enseña a hacer cosas extraordinarias y admirables. Tómase comúnmente en mala parte. *Muchos pueblos practican aún la* MAGIA. ‖ fig. Encanto o atractivo con que una cosa deleita y suspende. *La* MAGIA *de su personalidad;* sinón.: **fascinación, seducción.** ‖ – **blanca,** o **natural.** La que por medio de causas naturales obra efectos que parecen sobrenaturales. ‖ – **negra.** Arte supersticiosa que pretende hacer cosas extraordinarias con ayuda del demonio. ‖ IDEAS AFINES: *Brujería, cábala, pase, conjuro, invocación, superstición, sortilegio, encantamiento, hechizo, maleficio, mal de ojo, oráculo, horóscopo, astrología, brujo, mago, pitonisa, vidente, aquelarre, prestidigitador, varita mágica, adivino, aparición, hada, duende, genio, gnomo, amuleto, filtro, talismán, lechuza, bola de cristal, por arte de birlibirloque.*
● **MAGIA.** *Hist.* Los antiguos dieron este nombre a la ciencia quimérica que pretendía someter las potencias superiores: espíritus, genios y demonios, a la voluntad humana, conjurándolos a realizar actos extraordinarios, así como los magos se atribuían también el poder de dominar los elemen-

tos y de variar la marcha de los astros. Se atribuye la invención de la **magia** a los sacerdotes de Zoroastro, admitiéndose que de Media se extendió a Persia, Caldea, Egipto, Grecia y Roma. En los países orientales la **magia** estuvo íntimamente ligada a las creencias religiosas; por eso fue exclusivamente practicada por castas sacerdotales, y su influencia, aun sobre los gobiernos, fue incalculable, según relata la Biblia en la lucha de Moisés contra el Faraón. Fueron los más hábiles los magos de Media y Persia y muchos viajaron a Grecia y Roma para ejercer su arte, pero cuando alcanzaron su máximo florecimiento fue bajo la influencia de los filósofos alejandrinos. Siguiendo el ejemplo de la ley mosaica, la Iglesia Católica prohibió con extrema severidad toda operación mágica, considerando que la invocación de espíritus independientes de Dios era un acto de politeísmo. Durante la Edad Media, la Iglesia vio en la **magia** la obra de Satanás y los hechiceros fueron condenados a la hoguera; sin embargo pululaban los alquimistas y todo gran señor tenía su astrólogo. Como el vulgo atribuía a los magos conocimientos extraordinarios, bastaba que alguien se elevara por su genio o por su ciencia para que fuera acusado de mago. De ahí que Alberto Magno, Santo Tomás y Rogerio Bacon pasaron durante largo tiempo por tales. Por otra parte, muchas veces la ciencia naciente ha estado muy unida a las artes mágicas; la astronomía con la astrología, la química con la alquimia y hasta los matemáticos hicieron en sus orígenes especulaciones místicas con los números y las figuras. Los autores del siglo XVI distinguieron entre la **magia** negra en que intervenían los demonios y la **magia** blanca, obra de los buenos genios. Varios eran los procedimientos empleados: los encantamientos con sus fórmulas de invocación; la necromancia, que permitía evocar los muertos; la adivinación, que en diferentes formas predecía el porvenir; los maleficios, que ocasionaban perjuicios a distancia; la fascinación, que impedía el crecimiento de los niños; los filtros empleados para inspirar pasiones culpables, etc. Entre los pueblos fetichistas, aún en nuestros días, la **magia** y los hechiceros conservan toda su importancia. V **Hechicería.**

MAGIAR. adj. Aplícase al individuo de un pueblo de lengua afín al finés, que vive en Hungría y Transilvania. Ú.m.c.s. ‖ Perteneciente a los **magiares.** ‖ m. Lengua hablada por los **magiares.**

MÁGICA. (Del lat. *magica*, term. f. de *-cus*, mágico.) f. Magia. ‖ Mujer que profesa y ejerce la magia. ‖ Encantadora.

MÁGICO, CA. (Del lat. *magicus*.) adj. Perteneciente a la magia. *Arte* MÁGICA. ‖ Maravilloso, estupendo. *Transformación* MÁGICA; sinón.: **extraordinario, sorprendente.** ‖ V. **Cuadrado mágico.** ‖ V. **Linterna mágica.** ‖ m. El que profesa y ejerce la magia. ‖ Encantador.

MAGÍN. m. fam. Imaginación.

MAGINOT, Andrés. *Biog.* Mil. y político fr. que ideó el sistema de fortificaciones subterráneas que lleva su nombre (1877-1932).

MAGISTERIAL. adj. Perteneciente al magisterio.

MAGISTERIO. (Del lat. *magistérium*.) m. Enseñanza y gobierno que el maestro ejerce con sus alumnos. ‖ Título o grado de maestro que se confería en una facultad. ‖ Cargo o profesión de maestro. *Dedicarse al* MAGISTERIO. ‖ Conjunto de los maestros de una nación, provincia, etc. ‖ En la química antigua, precipitado. ‖ fig. Gravedad afectada al hablar o al actuar.

MAGISTRADO. al. **Staatsanwalt; Richter.** fr. **Magistrat.** ingl. **Magistrate.** ital. **Magistrato.** port. **Magistrado.** (Del lat. *magistratus*.) m. Superior en el orden civil, y especialmente ministro de justicia. *Un* MAGISTRADO *de la Corte Suprema.* ‖ Dignidad o empleo de juez o ministro superior. ‖ Miembro de una sala de audiencia territorial o provincial, o del Tribunal Supremo de Justicia. ‖ IDEAS AFINES: *Jurado, fiscal, defensor, acusador, letrado, asesor, procurador, escribano, consejero, juzgado, juicio, responsabilidad, culpabilidad, inocencia, absolución.*

MAGISTRAL. (Del lat. *magistralis*.) adj. Perteneciente al ejercicio del magisterio. *Autoridad* MAGISTRAL. ‖ Dícese de algo hecho con maestría. *Expuso su método de un modo* MAGISTRAL. Aplicado a los accidentes externos, se toma en mal sentido. *Aire* MAGISTRAL; *ínfulas* MAGISTRALES. ‖ V. **Letra, reloj magistral.** ‖ Dícese de ciertos instrumentos que por su perfección sirven para apreciar las indicaciones de los ordinarios de su especie. ‖ m. *Farm.* Medicamento que sólo se prepara con receta. ‖ *Min.* Mezcla de óxido férrico y sulfato cúprico que se emplea en el procedimiento americano de amalgamación para beneficiar los minerales de plata.

MAGISTRALMENTE. adv. m. Con maestría. *El pianista tocó* MAGISTRALMENTE; sinón.: **magníficamente, perfectamente.** ‖ Con tono de maestro.

MAGISTRATURA. al. **Würde; Amt.** fr. **Magistrature.** ingl. **Magistracy.** ital. **Magistratura.** port. **Magistratura.** (Del lat. *magistratus*, magistrado.) f. Oficio y dignidad de magistrado. MAGISTRATURA *republicana.* ‖ Tiempo que dura. ‖ Conjunto de los magistrados.

MAGLOIRE, Pablo Eugenio. *Biog.* Mil. y político hait., de 1950 a 1956 presid. de su país. A la expiración de su mandato asumió poderes dictatoriales, pero se vio obligado a renunciar poco después (n. 1907).

MAGMA. (Del gr. *magma*, pasta.) m. Masa pastosa o semilíquida compuesta esencialmente por sílice y magnesio. *Debajo de la corteza terrestre, se encuentra el* MAGMA. ‖ Residuo que queda después de ser exprimido el jugo de una fruta substanciosa.

MAGNA GRECIA. *Geog. histór.* Nombre ant. dado al S. de Italia, debido a las posesiones griegas existentes en sus costas.

MAGNANIMIDAD. al. **Grossmut.** fr. **Magnanimité.** ingl. **Magnanimity.** ital. **Magnanimità.** port. **Magnanimidade.** (Del lat. *magnanimitas, -atis*.) f. Grandeza y elevación de ánimo. *La* MAGNANIMIDAD *del perdón.*

MAGNÁNIMO, MA. (Del lat. *magnánimus*; de *magnus*, grande, y *ánimus*, ánimo. adj. Que tiene magnanimidad. *Corazón* MAGNÁNIMO; sinón: **generoso, noble;** antón.: **mezquino.** ‖ deriv.: **magnánimamente.**

MAGNARD, Alberico. *Biog.* Compositor fr., autor de la ópera *Berenice* y de sonatas, poemas sinfónicos, etc. (1865-1914).

MAGNASCO, Osvaldo. *Biog.* Jurisc. arg. autor de *Lecciones de derecho romano; Los códigos militares*, etc. (1864-1920).

MAGNATE. al. **Magnat.** fr. **Magnat.** ingl. **Magnate.** ital. **Magnate.** port. **Magnata.** (Del lat. *magnatus*.) m. Persona muy ilustre y principal por el cargo y poder que ejerce. ‖ IDEAS AFINES: *Primero, superior, preceder, aventajar, jefe, rico, poderoso, millonario, fortuna, bienes, riqueza, autoridad.*

MAGNELLI, Alberto. *Biog.* Pintor ital. cont. que cultiva un estilo abstracto de formas geométricas. Obras: *Paredes en turbulencia; Confrontación*, etc.

MAGNESIA. al. **Magnesia.** fr. **Magnésie.** ingl. **Magnesia.** ital. **Magnesia.** port. **Magnésia.** (Del gr. *Magnesia*, comarca de Grecia.) f. Óxido de magnesio, substancia terrosa blanca, insípida, inodora e infusible, que, combinada con determinados ácidos, forma sales purgantes.

MAGNESIANO, NA. adj. *Quím.* Que contiene magnesia.

MAGNÉSICO, CA. adj. *Quím.* Perteneciente o relativo al magnesio.

MAGNESIO. al. **Magnesium.** fr. **Magnésium.** ingl. **Magnesium.** ital. **Magnesio.** port. **Magnésio.** (De *magnesia*.) m. Metal de aspecto semejante a la plata, maleable, y que arde fácilmente con luz clara y brillante. Se usa en aleaciones livianas, en fotografía, en señales para bombas incendiarias, etc. Elemento de símbolo Mg y p. atóm. 24,32.

MAGNESITA. f. *Mineral.* Carbonato de magnesio natural.

MAGNÉTICO, CA. (Del lat. *magnéticus*.) adj. Perteneciente a la piedra imán. *Atracción* MAGNÉTICA. ‖ Que tiene las propiedades del imán. *La barra* MAGNÉTICA *tiene dos polos.* ‖ Perteneciente o relativo al magnetismo animal. *Sueño* MAGNÉTICO. ‖ V. **Declinación, pirita, regla magnética.** ‖ V. **Campo, norte, polo magnético.**

MAGNETISMO. al. **Magnetismus.** fr. **Magnétisme.** ingl. **Magnetism.** ital. **Magnetismo.** port. **Magnetismo.** (Del lat. *magnes, -etis*, imán.) m. Propiedad atractiva de la piedra imán. *El* MAGNETISMO *se ejerce a distancia.* ‖ Conjunto de fenómenos producidos por cierto género de corrientes eléctricas. ‖ **— animal.** Acción que una persona ejerce sobre el sistema nervioso de otra en circunstancias dadas y mediante determinadas prácticas, infundiéndole un sueño especial, durante el cual llega a perder el dominio de la voluntad. sinón.: **hipnotismo.** ‖ **— terrestre.** Acción que ejerce nuestro planeta sobre las agujas imanadas, haciéndoles tomar una dirección próxima a la del Norte. ‖ IDEAS AFINES: *Atracción, física, polo, brújula, electroimán; crisis, éxtasis, sugestión, convencimiento.*

MAGNETITA. f. *Quím.* Óxido ferroso-férrico, llamado también **piedra imán.** Posee propiedades magnéticas.

MAGNETIZAR. al. **Magnetisieren.** fr. **Magnétiser.** ingl. **To magnetize.** ital. **Magnetizzare.** port. **Magnetizar.** (Del lat. *magnes, -etis*, la piedra imán.) tr. Comunicar la propiedad magnética a un cuerpo. MAGNETIZAR *un trozo de hierro*; sinón.: **imanar, imantar.** ‖ Producir intencionadamente en una persona los fenómenos del magnetismo animal. sinón.: **hipnotizar.** ‖ deriv.: **magnetización; magnetizador, ra.**

MAGNETO. al. **Zündmagnet.** fr. **Magnéto.** ingl. **Magneto.** ital. **Magnete.** port. **Magneto.** m. Generador de electricidad de alto potencial empleado especialmente en motores de explosión.

MAGNIFICADOR, RA. adj. Que magnifica.

MAGNÍFICAMENTE. adv. m. Con magnificencia. *Agasajar* MAGNÍFICAMENTE; sinón.: **espléndidamente, fastuosamente.** ‖ Perfectamente.

MAGNIFICAR. (Del lat. *magnificare*.) tr. y r. Engrandecer, ensalzar.

MAGNÍFICAT. (Del lat. *magnificate*, magnifica, alaba, primera palabra de este canto.) m. Cántico que dirigió al Señor la Virgen Santísima cuando visitó a la prima Santa Isabel. Se reza o canta al final de las vísperas.

MAGNIFICENCIA. al. **Grossartigkeit.** fr. **Magnificence.** ingl. **Magnificence.** ital. **Magnificenza.** port. **Magnificência.** (Del lat. *magnificentia*.) f. Liberalidad para grandes gastos y disposición para grandes obras. *La* MAGNIFICENCIA *de los Médicis*; sinón.: **esplendor, fausto.** ‖ Ostentación.

MAGNIFICENTE. adj. Lleno de magnificencia. *Una corte* MAGNIFICENTE.

MAGNIFICENTÍSIMO. (Del lat. *magnificentíssimus*.) adj. super. de **Magnífico.**

MAGNÍFICO, CA. al. **Prächtig; herrlich.** fr. **Magnifique.** ingl. **Magnificent.** ital. **Magnifico.** port. **Magnífico.** (Del lat. *magníficus*.) adj. Espléndido, suntuoso. *Dieron un* MAGNÍFICO *baile*; sinón.: **fastuoso, lujoso;** antón.: **pobre, sencillo.** ‖ Excelente, admirable. MAGNÍFICOS *resultados.* ‖ Título honorífico que suele darse a ciertas personas ilustres. ‖ IDEAS AFINES: *De campanillas, sonado, elegante, opulento, ostentoso, pompa, aparato, perfecto, extraordinario, bonísimo, hermoso, distinguido.*

MAGNITOGORSK. *Geog.* Ciudad de la U.R.S.S., sobre el río Ural. 400.000 h. Metalurgia, industria pesada.

MAGNITUD. al. **Grösse.** fr. **Grandeur; magnitude.** ingl. **Magnitude.** ital. **Grandezza.** port. **Magnitude.** (Del lat. *magnitudo*.) f. Tamaño de un cuerpo. ‖ fig. Grandeza o importancia de una cosa. *La* MAGNITUD *del acontecimiento.* ‖ *Astron.* Refiriéndose a las estrellas, su tamaño aparente según la mayor o menor intensidad de su brillo.

MAGNO, NA. al. **Gross.** fr. **Grand.** ingl. **Great.** ital. **Magno; grande.** port. **Magno; grande.** (Del lat. *magnus*.) adj. Grande. *Aula* MAGNA. ‖ Aplícase como epíteto a algunas personas ilustres. *Alejandro* MAGNO.

MAGNOL, Pedro. *Biog.* Méd. y botánico fr., considerado creador del sistema de clasificar las plantas por familias (1638-1715).

MAGNOLIA. al. **Magnolie.** fr. **Magnolia.** ingl. **Magnolia.** ital. **Magnolia.** port. **Magnólia.** (De Pedro *Magnol*, botánico francés.) f. Árbol de la familia de las magnoliáceas, de hojas grandes lanceoladas, enteras, persistentes; flores hermosas, terminales, solitarias, muy blancas, de olor excelente y forma globosa, y fruto seco, elipsoidal. Es planta originaria de América. ‖ Flor o fruto de este árbol.

MAGNOLIÁCEO, A. adj. *Bot.* Dícese de árboles y arbustos dicotiledóneos con hojas alternas, sencillas, por lo común enteras; flores terminales o axilares, grandes y fragantes, y frutos capsulares con semillas de albumen carnoso; como la magnolia y el badián. Ú.t.c.s.f. ‖ f. pl. *Bot.* Familia de estas plantas.

MAGNUS, Enrique Gustavo. *Biog.* Físico y químico al. que estudió la dilatación de los gases (1802-1870).

MAGO, GA. al. **Magier; zauberer.** fr. **Mage; magicien.** ingl. **Magus; magician.** ital. **Mago.** port. **Mago.** (Del lat. *magus*, y éste del gr. *magos*.) adj. y s. Individuo de la clase sacerdotal en la religión zoroástrica. ‖ Que ejerce la magia. ‖ Aplícase a los tres reyes que fueron a adorar a Jesús recién nacido.

MAGOSTO. (Del port. *magusto*.) m. Hoguera para asar castañas cuando se va de jira. ‖ Castañas asadas en tal ocasión.

MAGRA. (Del lat. *macra*, term. f. de *-cer*, magro.) f. Lonja de jamón.

MAGREZ. f. Calidad de magro.

MAGRITTE, René. *Biog.* Pintor fr., autor de *Perspectiva amorosa; Travesía difícil*, y otros cuadros de rara imaginación (n. 1898).

MAGRO, GRA. al. **Mager.** fr. **Maigre.** ingl. **Meager.** ital. **Magro.** port. **Magro.** (Del lat. *macer, macra*.) adj. Flaco, enjuto y con poca o ninguna grosura. *Almorzamos unas costillitas* MAGRAS; antón.: **gordo.** ‖ fig. Mezquino, insignificante o de poca monta. ‖ m. Carne **magra** del cerdo próxima al lomo.

MAGRURA. (De *magro*.) f. Magrez.

MAGSAYSAY, Ramón. *Biog.* Pol. filipino, elegido para el período 1954 a 1958 presid. de su país. Poco antes de terminar su mandato falleció en un accidente de aviación (1907-1957).

MAGUA. f. *Cuba.* Chasco, decepción. ‖ Tristeza.

MAGUARSE. r. *Ant.* y *Ven.* Llevarse chasco. ‖ Refiriéndose a fiestas, aguarse.

MAGUER. (Del gr. *makarie*, de *makarios*, feliz, dichoso.) conj. advers. Aunque. ‖ m. adv. **A pesar.**

MAGÜER. conj. Barbarismo por **maguer.**

MAGUERA. conj. Maguer.

MAGÜETO, TA. s. Novillo.

MAGUEY. (Voz caribe.) m. *Cuba* y *Méx.* Pita, planta amarilídea. *De las hojas del* MAGUEY *se saca el pulque.* ‖ *Ec.* Tallo delgado de la pita.

MAGUILLO. m. Manzano silvestre.

MAGÜIRA. f. *Cuba.* Güira cimarrona.

MAGUJO. m. *Mar.* Descalcador.

MAGULLADURA. f. Magullamiento.

MAGULLAMIENTO. m. Acción y efecto de magullar o magullarse.

MAGULLAR. al. **Quetschen.** fr. **Meurtrir.** ingl. **To mangle.** ital. **Ammaccare.** port. **Magoar.** (Del lat. *maculare*.) tr. y r. Causar contusión a un cuerpo, comprimiéndolo o golpeándolo violentamente. SE MAGULLÓ *los dedos con el martillo;* sinón.: **estropear, machucar.**

MAGULLÓN. m. *Amér.* Magulladura.

MAGUNCIA. *Geog.* Ciudad de la República Federal de Alemania (Renania-Palatinado), sobre el Rin 130.000 h. Vinos, cerveza, instrumentos musicales. En alemán se llama **Mainz.**

MAGUNTINO, NA. adj. Natural de Maguncia. Ú.t.c.s. ‖ Perteneciente a esta ciudad de Alemania.

MAHABARATA. (En sánscr. magna epopeya.) *Lit.* Poema atribuido a Viasa, con más de 200.000 versos, en que se relatan la Guerra de los Koravas con los Pandavas y las hazañas de Arjuna y Krishna.

MAHARRANA. (Del ár. *moharrama*, cosa prohibida.) f. *And.* Tocino fresco.

MAHATMA. (Del sánscr. *mahatman*, iluminado, sabio.) m. Título que dan los hindúes al hombre sabio y virtuoso. *El* MAHATMA *Gandhi trabajó incansablemente por la libertad de la India.*

MAHÉ. *Geog.* Antiguo establecimiento francés del S.O. de la India, sobre la costa de Malabar. 59,1 km². 60.000 h. Pesca muy importante, vainilla. Desde 1956 pertenece oficialmente a la India.

MAHERIR. (Del ant. *manferir.*) tr. Señalar, buscar, prevenir.

MAHLER, Gustavo. *Biog.* Compositor y director de orquesta aust., cuyas obras introdujeron novedades en el lenguaje musical: así, en sus nueve sinfonías y en *La canción de la tierra*; *Los argonautas; Sieder*, etc. (1860-1911).

MAHOMA. *Biog.* Fundador del islamismo. Nacido en La Meca, concibió en el retiro y la meditación la reforma religiosa y social de su pueblo. Predicó la creencia en un Dios único, Alá, cuyo Profeta era, y el islam, o sea el abandono, la sumisión a la voluntad divina. Rechazó la idolatría, lo que le atrajo la cólera de los politeístas, viéndose obligado a huir de La Meca a Medina en 622. Esta huida o "héjira" marca el principio de la era musulmana. Después de ocho años de lucha en que predicó la guerra santa contra los infieles de La Meca, logró entrar triunfante en dicha ciudad y acabar poco a poco con la resistencia de las demás tribus, que adoptaron sus doctrinas, recogidas en el *Corán*, palabras de Dios, que le fueran transmitidas por el ángel Gabriel (571-632).

MAHOMETANO, NA. al. **Mohammedanisch.** fr. **Mahométan.** ingl. **Mohammedan.** ital. **Maomettano.** port. **Maometano.** adj. Que profesa la religión de Mahoma. Ú.t.c.s. *Los turcos son* MAHOMETANOS; sinón.: **musulmán.** ‖ Perteneciente a Mahoma o a su secta. ‖ IDEAS AFINES: *Alá, héjira, islamismo, Alcorán, sura, La Meca, Medina, peregrinación, ayuno, ramadán, religión, ablución, oración, califa, imán, morabito, derviche, almuédano, ulema, muftí, árabe, mezquita, alminar.*

MAHOMÉTICO, CA. adj. Mahometano, perteneciente a Mahoma.

MAHOMETISMO. m. Religión de Mahoma.

MAHOMETISTA. adj. y s. Mahometano, que profesa la religión de Mahoma. ‖ Aplícase al mahometano bautizado que vuelve a su antigua religión. Ú.t.c.s.

MAHOMETIZAR. intr. Profesar el mahometismo.

MAHÓN. m. Tela fuerte de algodón escogido.

MAHÓN. *Geog.* Ciudad de España, cap. de la isla de Menorca. 30.000 h. Industria del calzado. Importante puerto.

MAHONA. (Del turco *maguna.*) f. Nave turca de transporte.

MAHONÉS, SA. adj. Natural de Mahón. Ú.t.c.s. ‖ Perteneciente a esta ciudad. ‖ V. **Salsa mahonesa.**

MAHONESA. (De *Mahón.* n. p.) f. Planta crucífera de flores pequeñas, moradas, pétalos escotados y cáliz cerrado, que tiene por fruto una silicua cilíndrica con semillas comprimidas. *Malcomia maritima.* ‖ Plato aderezado con la salsa **mahonesa.**

MAHRATAS. (Del sánscr. *maha-nahti*, gran reino.) m. pl. Pueblo guerrero del Indostán.

MAICEAR. tr. *Cuba* y *Guat.* Dar maíz a las aves o animales.

MAICENA. f. Harina muy fina de maíz. *Alfajores de* MAICENA.

MAICERÍA. f. *Cuba.* Establecimiento donde se vende maíz.

MAICERO. m. *Amér.* Vendedor de maíz. ‖ *Col.* Especie de ave trepadora.

MAICILLO. (De *maíz.*) m. Planta gramínea, semejante al mijo. ‖ *Min. Chile.* Granito en descomposición. ‖ *Hond.* Mijo.

MAÍDO. (De *mayar.*) m. Maullido.

MAIGUALIDA. *Geog.* Sierra del sistema de Guayania, en el Est. de Bolívar (Venezuela). Culmina en el cerro Pava a los 1.639 m.

MAIKOP. *Geog.* Ciudad de la Unión Soviética (R.S.F.S.R.), al sudeste de Krasnodar. 100.000 h. Centro petrolero. Oleoductos.

MAILER, Norman. *Biog.* Escritor estad. cont. cuya obra *Los desnudos y los muertos* es una descarnada visión novelística de la segunda Guerra Mundial.

MAÍLLA. f. Fruto del maíllo.

MAÍLLO. m. Maguillo, manzano silvestre.

MAILLOL, Arístides. *Biog.* Escultor fr.; inspirado en la escultura griega arcaica creó formas de equilibrio intenso y sano en que la gracia se une a la solidez: *Bañista recostada; Pomona; El pequeño ciclista*, etc. (1861-1944).

MAIMÓN. (Del turco *maimún*, mono.) adj. V. **Bollo maimón.** ‖ m. Mico, mono.

MAIMÓNIDES, Moisés ben Maimón, llamado. *Biog.* Fil. y escritor esp., figura cumbre del pensamiento judeo-hispano. Sistematizó el aristotelismo, matizándolo con elementos neoplatónicos, e influyó sobre la filosofía cristiana medieval. En su *Guía de los descarriados* intenta conciliar la razón con la fe, procurando volver a conducir al creyente al reconocimiento de la santidad y verdad de la Ley (manifestación de la voluntad de Dios a los hombres) por medio de la filosofía, ya que lo que ésta afirma es también, aunque de un modo distinto, lo sostenido por la Ley. Escribió además: *Aforismos de medicina; Resumen de los libros de Galeno*, etc. (1135-1204).

MAIMONISMO. m. Sistema filosófico profesado por Maimónides y sus discípulos en la Edad Media.

MAIN. *Geog.* V. **Meno.**

MAINA. *Geog.* La central de las tres penínsulas meridionales del Peloponeso (Grecia).

MAINE, Enrique S. *Biog.* Sociólogo ingl., autor de *Derecho antiguo* (1822-1888). ‖ — **DE BIRAN, Francisco P. G.** Filósofo fr. especializado en los problemas psicológicos de la libertad y autor de *Ensayos sobre los fundamentos de la psicología; Diario íntimo*, etc. (1766-1824). ‖ — **REID, Tomás.** Nov. ingl., autor de obras de aventuras: *Los cazadores de cabelleras; Los plantadores de Jamaica*, etc. (1818-1883).

MAINE. *Geog.* Río de Francia, afl. del Loira. Está formado por la unión del Mayenne y el Sarthe. ‖ Estado del N.E. de los Estados Unidos. 86.027 km². 1.000.000 de h. Actividad agrícola–ganadera. Maderas. Industria del papel. Cap. AUGUSTA. ‖ Antigua prov. de Francia. Su cap. era LE MANS. ‖ — **y Loira.** Dep. del N.O. de Francia. 7.218 km². 620.000 h. Vino, cereales. Cap. ANGERS.

MAINEL. m. *Arq.* Miembro arquitectónico largo que divide verticalmente un hueco en dos partes.

MAINTENON, Francisca d'Aubigné, marquesa de. *Biog.* Dama fr. encargada de la educación de los hijos del rey Luis XIV. Muerta la reina María Teresa, contrajo enlace con el monarca en 1664, secretamente (1635-1719).

MAIPO. *Geog.* Río de Chile (Santiago), nace al pie del volcán hom. y des. en el Pacífico. 250 km. ‖ Volcán de los Andes argentino-chilenos (Mendoza-Santiago), 5.323 m. de alt. ‖ *Hist.* Triunfo obtenido por el general José de San Martín, el 5 de abril de 1818, sobre las tropas españolas al mando de Osorio, en las márgenes del río hom. Afianzó la libertad de Chile. Se conoce también como **Maipú.**

MAIPÚ. *Geog.* Ciudad de la Argentina (Mendoza) al S.E. de la capital de la prov. 25.000 h. Vinos. ‖ C. de la Argentina en el E. de la prov. de Buenos Aires, 20.000 h. Centro agrícola-ganadero. ‖ V. **Maipo.**

MAIQUETÍA. *Geog.* Ciudad de Venezuela, en el Distrito Federal, cerca de La Guaira. 120.000 h. Centro Industrial.

MAIQUEZ, Isidoro. *Biog.* Actor dramático esp., que renovó la escena española adoptando la naturalidad como base de su actuación (1768-1820).

MAISI. *Geog.* Cabo extremo oriental de la isla de Cuba.

MAISTRE, Javier de. *Biog.* Escr. francés, autor de *Viaje alrededor de mi cuarto; Los prisioneros del Cáucaso*, etc. (1763-1852). ‖ — **José M.** Pol., escritor y fil. fr. hermano mayor de Javier; adversario de la revolución y defensor del principio de autoridad. Es autor de *Las veladas de San Petersburgo; El Papa*, etc. (1753-1821).

MAISUR. *Geog.* V. **Mysore.**

MAITÉN. (Del araucano *maghtén.*) m. Árbol celastríneo de los Andes australes y de la zona central de Chile, de flores purpúreas en forma de campanilla y hojas dentadas, usadas como forrajera vacuna. También su madera, dura y de color anaranjado, es aprovechada. Gén. *Maytenus.*

MAITENCITO. m. *Chile.* Juego de muchachos semejante a la gallina ciega.

MAITÍN, José A. *Biog.* Poeta romántico ven., autor de *Ecos de Choroní; Obras poéticas; El sereno*, etc. (1814-1874).

MAITINADA. (De *maitines.*) f. Alborada; tiempo de amanecer, y música con que, mientras dura, se festeja a una persona.

MAITINANTE. m. En las catedrales, clérigo que tiene la obligación de asistir a maitines.

MAITINES. (Del lat. *matutinus*, de la mañana.) m. pl. Primera de las horas canónicas que aún se reza en algunas iglesias antes de amanecer. *Llamar a* MAITINES.

MAÍZ. al. **Mais.** fr. **Maïs.** ingl. **Maize; Indian corn.** ital. **Mais; granturco.** port. **Maís.** (Del caribe *mahís.*) m. Planta gramínea originaria de América, monoica, de tallo macizo, con flores masculinas en racimos terminales y las femeninas en espigas axilares resguardadas por una vaina. Produce una mazorca con granos gruesos amarillos y muy nutritivos. *Zea mays. El* MAÍZ *constituía el principal alimento de los indios.* ‖ Grano de esta planta. *Con* MAÍZ, *leche y azúcar se prepara la mazamorra.* ‖ — **de Guinea. Maíz morocho.** ‖ Zahína. ‖ — **morocho.** Planta de hojas muy largas, flores en panojas apretadas y simientes gruesas, comestibles. *Andropogon sorghum*, gramínea. ‖ Fruto de esta planta. ‖ — **negro. Panizo de Daimiel.**

● **MAÍZ.** *Bot.* De origen americano, el **maíz** fue conocido en Europa al ser llevado por los conquistadores. Anual y herbáceo, alcanza de 2 a 3 m. de altura, según la variedad y el clima. Sus flores masculinas forman un racimo de espigas compuestas, situadas en la cúspide de la planta, en tanto que las femeninas brotan en las axilas de las hojas medianas; la inferior es siempre estéril; la superior, en cambio, da nacimiento a una cápsula de forma, color y grosor variables. Cada espiga, mazorca o panocha, que está encerrada en la chala, formación foliácea que deja salir en el extremo los estilos en sedoso penacho, contiene de 12 a 22 filas de granos y cada fila de 36 a 40 granos. Tiene raíces muy cortas, en forma de cabellera fibrosa, tallo en forma de caña, alto, cilíndrico, con nudos; las hojas muy grandes, uniformes, de bordes ásperos y cortantes. Extendido su cultivo a casi todo el mundo, es sin embargo en América donde sigue teniendo mayor importancia. Las numerosas variedades del **maíz** son susceptibles de ser atacadas por un ustilago que produce el carbón del **maíz**; la planta enferma se pone gris y luego negra, y debe ser extirpada. Otro mal frecuente es el cornezuelo, alteración del grano producida por un hongo. La harina de **maíz** es base alimenticia de muchos pueblos; en América es muy estimado el choclo. Del grano de **maíz** se obtiene aceite, contenido en el germen, y un aguardiente, la chicha; y con la chala se fabrica papel. Estadísticas recientes colocan entre los principales países productores de **maíz** a China, Brasil, EE.UU., U.R.S.S., Francia y Argentina.

MAIZAL. m. Terreno sembrado de maíz.

MAJA. (Voz caribe.) m. Culebra de Cuba, de hasta dos metros de largo, de color amarillento con manchas y pintas de color pardo rojizo. No es venenosa.

MAJADA. al. **Schafhürde.** fr. **Bergerie.** ingl. **Sheepcote.** ital. **Ovile.** port. **Malhada.** (Del ant. *mallada*, y éste del lat. *magalia*, cabaña.) f. Lugar donde se recoge el ganado y se albergan los pastores. ‖ Estiércol de los animales. ‖ Por ext. rebaño. *Una* MAJADA *de ovejas.*

MAJADAL. m. Lugar de pasto, apropiado para ovejas y ganado menor. ‖ Majada en que se recoge el ganado.

MAJADEAR. intr. Recogerse el ganado en una majada; albergarse en un paraje. ‖ Abonar la tierra con estiércol.

MAJADEREAR. tr. *Amér.* Molestar, incomodar uno a otra persona. Ú.t.c. intr. ‖ intr. *Amér.* Insistir con terquedad importuna en una pretensión o negativa.

MAJADERÍA. (De *majadero.*) f. fam. Dicho o hecho necio o imprudente. sinón.: **necedad, sandez.**

MAJADERICO, -ILLO, -ITO. m. Bolillo para encajes.

MAJADERO, RA. adj. fig. Necio, porfiado. U.t.c.s. ‖ m. Mano de almirez o de mortero. ‖ Maza o pértiga para majar. ‖ Majaderillo.

MAJA DESNUDA, La. *B. A.* Célebre cuadro de Goya, que se corresponde con otro, igualmente famoso: *La maja vestida.* Pintado a fines del s. XVIII, para él sirvió de modelo la Duquesa de Alba; sin embargo, la cabeza no es la de esa dama, pues el autor la cambió para evitar la maledicencia. Obra vital cuyas formas escapan al clasicismo, su colorido es extraordinariamente vigoroso. Su figura femenina, fascinadora y primorosamente retratada, es una cabal personificación de la mujer española.

MAJADO. adj. *Chile.* Dícese del trigo o maíz que, remojado en agua caliente, se tritura y se come guisado de distintos modos. Ú.t.c.s. ‖ m. Postre o guiso así preparado.

MAJADOR, RA. adj. y s. Que maja.

MAJADURA. f. Acción y efecto de majar.

MAJAGRANZAS. (De *majar* y *granzas.*) m. fig. y fam. Hombre pesado y necio.

MAJAGUA. (Voz caribe.) f. Árbol americano de la familia de las malváceas, con hojas grandes, alternas y acorazonadas, flores de cinco pétalos purpúreos, y fruto amarillo. Abunda en los terrenos anegadizos de la isla de Cuba; y su madera se emplea para lanzas y jalones, y del líber de los vástagos nuevos se hacen sogas de mucha duración. ‖ *Cuba.* Chaqueta. ‖ *Pan.* Fibra del tallo del plátano.

MAJAGUAL. m. Terreno poblado de majaguas.

MAJAGUERO. m. *Cuba.* El que saca tiras de la majagua, para hacer sogas.

MAJAGUILLA. f. *Cuba.* Nombre dado a árboles de varias familias, parecidos a la majagua, pero más pequeños.

MAJAL. m. Banco de peces.

MAJAMAMA. f. *Chile.* Enredo, engaño solapado, especialmente en cuentas y negocios.

MAJAMIENTO. (De *majar.*) m. Majadura.

MAJANO. m. Montón de guijarros o cantos sueltos que se forma en las tierras de labor y que se recoge para mejorarlas.

MAJAR. (Del b. lat. *malleare*, y éste del lat. *melleus*, maro.) tr. Machacar. MAJAR *nueces.* ‖ fig. Cansar, importunar.

MAJARETE. m. *P. Rico.* Desorden, barullo, confusión.

MAJARRACHO. m. *Méx.* Barbarismo por **moharracho.**

MAJA VESTIDA, La. *B. A.* Célebre cuadro de Goya. Su semejanza con la *Maja desnuda* es extraordinaria, ya que las dimensiones de ambos cuadros son las mismas, y también la modelo y su postura con la diferencia de que en éste aparece vestida con indumentaria típica de la época. Si como colorido supera a la otra obra, el conjunto de la pintura es menos vigoroso.

MAJENCIA. f. fam. Majeza.

MAJENCIO. *Hist.* Emp. romano de 306 a 312. Vencido por Constantino, se arrojó al Tíber.

MAJEÑO. m. *Bol.* Plátano de color morado, comestible.

MAJERÍA. f. Conjunto o reunión de majos.

MAJES. *Geog.* Río del Perú. V. **Colca.**

MAJESTAD. al. **Majestät.** fr. **Majesté.** ingl. **Majesty.** ital. **Maestà.** port. **Majestade.** (Del lat. *maiestas, -atis.*) f. Calidad que constituye una cosa grave, sublime y capaz de causar admiración y respeto. *La* MAJESTAD *de una ceremonia;* sinón.: **dignidad, grandeza.** ‖ Título o tratamiento que se da a Dios, y también a emperadores y reyes. *Su* MAJESTAD *Imperial Isabel de Inglaterra.* ‖ V. **Crimen, delito de lesa majestad.** ‖ **Su Divina Majestad.** Dios.

MAJESTOSO, SA. adj. Majestuoso.

MAJESTUOSO, SA. al. **Majestätisch.** fr. **Majesteux.** ingl **Majestic.** ital. **Maestoso.** port. **Majestoso.** adj. Que tiene majestad. *El Tupungato se eleva* MAJESTUOSO *hasta los 6.800 m.;* sinón.: **imponente, solemne.** deriv.: **majestuosamente, majestuosidad.**

MAJEZA. f. fam. Calidad de majo. ‖ fam. Ostentación de esta calidad.

MAJO, JA. adj. Aplícase a la persona que en su porte, modales y vestimenta afecta cierta rusticidad y guapeza. Ú.t.c.s. ‖ fam. Ataviado, lujoso. *¡Qué* MAJO *te has puesto!* ‖ fam. Lindo, vistoso. *Una mantilla muy* MAJA.

MAJOLAR. (Del lat. *malleolaris.*) m. Terreno poblado de majuelos.

MAJOLETA. f. Fruto del majoleto.

MAJOLETO. (dim. de *majuelo.*) m. Marjoleto.

MAJORCA. f. Mazorca.

MAJORERO, RA. adj. *Urug.* Altanero.

MAJUELA. f. Fruto del majuelo.

MAJUELA. f. Correa de cuero con que se ajustan y atan los zapatos.

MAJUELO. (De un dim. del lat. *myxa,* ciruelo silvestre.) m. Espino de flores blancas en corimbo y muy olorosas, y fruto rojo, dulce y de un solo huesecillo redondeado.

MAJUELO. (Del lat. *malléolus.*) m. Viña.

MAJUNGA. *Geog.* Ciudad del N.O. de la isla de Madagascar. 48.073 h. Importante puerto sobre el canal de Mozambique.

MAJZÉN. (Del ár. *majzén.*) m. En Marruecos, gobierno o autoridad suprema.

MAKASSAR. *Geog.* Estrecho de Indonesia que separa a la isla Célebes de la de Borneo. ‖ C. y puerto de Indonesia, cap. de la isla Célebes. 480.000 h. Comercio de café, arroz, madera de sándalo, etc. En la actualidad se la denomina Ujungpandang.

MAKHACH-KALA. *Geog.* Ciudad de la Unión Soviética (R.S.F.S.R.), capital de Daghestán. 260.000 h. Puerto sobre el mar Caspio.

MAKI. m. Nombre de varios lemúridos de Madagascar.

MAKRÁN. *Geog. histór.* V. **Gedrosia.**

MAL. al. **Schlecht; Übel.** fr. **Mal.** ingl. **Badly.** ital. **Male.** port. **Mal.** adj. Apócope de **Malo.** Se usa solamente antepuesto al substantivo masculino. MAL *genio.* ‖ V. **Mal bicho, mal nombre, mal recado.** ‖ V. **El mal ladrón.** ‖ m. Negación del bien; lo que se aparta de lo lícito y honesto. ‖ Perjuicio o menoscabo que alguien recibe en su persona o en sus intereses. ‖ Infortunio, calamidad. *Llovían los* MALES *sobre esa familia.* ‖ Enfermedad, dolencia. *Padecía un* MAL *incurable.* ‖ **– caduco. Mal de corazón.** ‖ **– de corazón.** Epilepsia. ‖ **– de la rosa.** Pelagra. ‖ **– de la tierra.** Nostalgia. ‖ **– de Loanda.** Loanda. ‖ **– de madre.** Histerismo. ‖ **– de ojo.** Influjo maléfico que, según vana creencia, puede una persona ejercer sobre otra mirándola de cierta manera, y particularmente sobre los niños. ‖ **– de orina.** Enfermedad en el aparato urinario, que causa dificultad o incontinencia en la excreción. ‖ **– de piedra.** El que resulta de la formación de cálculos en las vías urinarias. ‖ **– de San Antón. Fuego de San Antón.** ‖ **– de Pott.** *Pat.* Tuberculosis en la columna vertebral, más frecuentemente entre los jóvenes. ‖ **– de San Lázaro.** Elefancia. ‖ **– de San Vito. Baile de San Vito.** ‖ **– francés.** Gálico, sífilis. ‖ **Decir mal.** frs. Maldecir, denigrar. ‖ **Del mal, el menos.** expr. fam. que aconseja que entre dos males se escoja el menor. ‖ fam. Empléase también para resignarse, cuando la desgracia ocurrida no es de tanta magnitud como se temía. ‖ **De mal a mal.** m. adv. **Mal a mal.** ‖ **Hacer mal** a uno. frs. Dañarlo, molestarlo. ‖ **Hacer mal** una cosa. frs. Ser nociva y dañar o lastimar. ‖ **Mal a mal.** m. adv. **Por fuerza.** ‖ **Mal que bien.** m. adv. De cualquier manera; sea como fuere. ‖ **Mal de muchos, consuelo de tontos.** ref. con el cual se niega que sea más soportable una desgracia cuando comprende a muchas personas. Los que opinan contrariamente dicen: **Mal de muchos, consuelo de todos.** ‖ **¡Mal haya!** excl. imprecatoria. *¡*MAL *haya mi suerte!* ‖ **No hay mal que por bien no venga.** ref. con que se da a entender que un suceso infeliz suele dar lugar a otro venturoso. ‖ **Parar en mal.** frs. Tener un fin desgraciado. ‖ **Tomar uno a mal** una cosa. frs. Resentirse, formar queja de ella. TOMÓ A MAL *que no lo invitaran.*

MAL. (Del lat. *male.*) adv. m. Contrariamente a lo que es debido, de mala manera; sin razón, imperfectamente o sin acierto. *Su hijo se comporta* MAL; *Carlos hace* MAL *su trabajo.* ‖ De modo contrario a lo que se desea o conviene; de manera inadecuada para un fin. *El plan le salió* MAL; *el asunto va* MAL. ‖ Difícilmente. MAL *podré ayudarlo;* MAL *podrá llegar a tiempo.* ‖ Insuficientemente o poco. *Te has informado* MAL; *dormí* MAL; MAL *hemos recaudado esta semana.* ‖ **De mal en peor.** m. adv. Cada vez más desacertada e infortunadamente. ‖ **Mal que bien.** loc. adv. Bien o mal hecho; de cualquier manera.

MALA. (Del ant. alto al. *malha,* bolsa.) f. Valija del correo o posta ordinaria de Francia y de Inglaterra. ‖ Este mismo correo.

MALA. f. Malilla, carta que forma parte del estuche, en algunos juegos de naipes.

MALABAR. adj. Natural de Malabar. Ú.t.c.s. ‖ Perteneciente a este país del Indostán. ‖ V. **Juegos malabares.** ‖ Lengua de los malabares.

MALABAR, Costa de. *Geog.* Tramo costero del S.O. de la India, entre el cabo Comorín y la latitud de Goa.

MALABÁRICO, CA. adj. Malabar, perteneciente al Indostán.

MALABARISMO. al. **Jongleurkunststück.** fr. **Prestidigitation.** ingl. **Prestidigitation.** ital. **Prestidigitazione.** port. **Malabarismo.** m. Juegos malabares, en sentido figurado.

MALABARISTA. com. Persona que hace juegos malabares. sinón.: **equilibrista.** ‖ IDEAS AFINES: *Prestidigitador, mago, payaso, circo, acróbata, titiritero, equilibrio, agilidad, destreza, habilidad.*

MALABRANCA, Latino. *Biog.* Cardenal ital., llamado también **Frangipani,** que en 1284 restableció la concordia entre güellos y gibelinos (1210-1294).

MALACA. *Geog.* La más oriental de las tres penínsulas sit. al S. de Asia, entre el mar de la China y el golfo de Bengala. Es el Quersoneso de Oro de los antiguos. Se divide en dos partes: la siamesa y la Federación Malaya. ‖ Uno de los Estados de la Federación Malaya. 1.657 km². 420.000 h. Cap. hom. 95.000 h. Producción de caucho y estaño. ‖ **Estrecho de –.** Estrecho de Asia, entre la península de **Malaca** y la isla de Sumatra. ‖ Nombre fenicio de Málaga.

MALACARA. adj. y s. *R. de la Plata.* Dícese del caballo o yegua que tiene el pelaje de un color y la frente blanca.

MALACATE. (Del mex. *malacatl,* huso, cosa giratoria.) m. Máquina a manera de cabrestante, que mueven caballerías. Es muy usada en las minas para sacar minerales y agua. ‖ *Hond.* y *Méx.* Huso para hilar.

MALACIA. (Del lat. *malacia,* y éste del gr. *malakía,* blandura, debilidad.) f. *Med.* Perversión del apetito que consiste en el deseo de comer materias inadecuadas para la nutrición; como yeso, carbón, tierra u otras cosas.

MALACITANO, NA. (Del lat. *malacitanus.*) adj. Malagueño. Apl. a pers., ú.t.c.s.

MALACOLOGÍA. (Del gr. *malakós,* blando, y *logos,* tratado.) f. Parte de la zoología que se ocupa del estudio de los moluscos. ‖ deriv.: **malacológico,ca.**

MALACONSEJADO, DA. (De *mal* y *aconsejado.*) adj. Que obra desatinadamente llevado de malos consejos. Ú.t.c.s.

MALACOPTERIGIO, GIA. (Del gr. *malakós,* blando, y *pterygion,* aleta.) adj. *Zool.* Aplícase a los peces de esqueleto óseo, mandíbula superior móvil y branquias pectiniformes, que carecen de aletas abdominales, o las tienen detrás del abdomen o debajo de las branquias. Ú.t.c.s.m. ‖ **– abdominal.** *Zool.* El que posee un par de aletas detrás del abdomen; como el salmón. ‖ pl. *Zool.* Orden de estos peces. ‖ **– ápodo.** *Zool.* El que no tiene aletas abdominales; como el congrio. ‖ pl. *Zool.* Orden de estos peces. ‖ **– subranquial.** *Zool.* El que tiene las aletas abdominales debajo de las branquias y articuladas con la base de las torácicas; como el bacalao. ‖ pl. *Zool.* Orden de estos peces.

MALACOSTUMBRADO, DA. adj. De malos hábitos y costumbres. ‖ Mimado, consentido.

MALACRIANZA. *f. Amér.* Descortesía.

MALACUENDA. (De *mala* y *cuenda.*) f. Harpillera. ‖ Hilaza de estopa.

MALADETA. *Geog.* Macizo granítico de los Pirineos centrales. De él se destacan el pico de Aneto (3.404 m.), el Maladeta (3.312 m.) y el monte Perdido (3.352 m.).

MALAFA. f. Almalafa.

MÁLAGA. m. Vino de Málaga.

MÁLAGA. *Geog.* Provincia de España (Andalucía). 7.285 km². 895.000 h. Actividad agrícola-ganadera. Riqueza minera. Vinos, aceites. Cap. hom. sobre el Mediterráneo. 400.000 h. Importante puerto y centro industrial. Vinos, pasas. Textiles. Centro turístico de la Costa del Sol. ‖ C. de Colombia (Santander). 12.000 h. Vinos.

MALAGANA. (De *malo* y *gana.*) f. fam. Desmayo, desfallecimiento. ‖ *Ec.* Posma, persona lenta y pesada.

MALAGRADECIDO, DA. adj. Que agradece mal. ‖ Desagradecido.

MALAGUASTE (AL). m. adv. *Hond.* Modo de encender fuego, frotando un pedazo de madera con otro.

MALAGUEÑA. f. Aire popular propio y característico de la provincia de Málaga, algo parecido al fandango, con que se cantan coplas de cuatro versos octosílabos. La **malagueña** es, a la vez, canto y baile.

MALAGUEÑO, ÑA. adj. Natural de Málaga. Ú.t.c.s. ‖ Perteneciente a esta ciudad y provincia de España. *Vino* MALAGUEÑO.

MALAGUETA. (De *Malagueta,* costa de África, donde se comerciaba con esta semilla.) f. Fruto pequeño, aovado, de color de canela, aromático, usado como especia, de un árbol tropical de la familia de las mirtáceas. Gén. *Amomon.* ‖ Árbol que da este fruto.

MALAMBO. m. Árbol de Cuba, de corteza febrífuga. ‖ *Amér.* Cierto baile de los gauchos, consistente en mudanzas zapateadas, que bailan compitiendo alternadamente.

● **MALAMBO.** *B. A.* Esta danza pampeana debe su nombre a otra muy parecida bailada por indios colombianos, uno de cuyos caciques se llamó Malambo. Interviene un solo bailarín por vez, no actúa la mujer, y es una de las más antiguas del folklore, pues hay referencias de ella en escritos de las misiones jesuíticas. El buen bailarín de **malambo** debe saber coordinar el zapateo y los floreos, y pasar de una figura a otra sin fallas de ritmo. Los músicos deben amoldar la melodía a las figuras del **malambo,** que son muchas y variadas.

MALAMENTE. adv. m. Mal.

MALAMISTADO, DA. adj. *Chile.* Enemistado. ‖ Amancebado.

MALANDANTE. adj. Desafortunado, infeliz.

MALANDANZA. f. Condición de malandante.

MALANDAR. m. Cerdo no destinado para entrar en vara.

MALANDRÍN. (Del prov. *malandrin,* y éste del lat. *male,* mal, y el neerlandés *slenteren,* vagabundear.) adj. y s. Maligno, bellaco. ‖ IDEAS AFINES: *Salteador, apache, vagabundo, pillo, vago, atorrante, hampa, mafia.*

MALANGA. f. Planta arácea de Cuba, de tubérculos comestibles. ‖ adj. *Cuba.* Dícese de la persona inhábil. ‖ Cobarde, tímido.

MALANGAR. m. *Cuba.* Terreno sembrado de malangas.

MALAPARTE, Curzio. *Biog.* Seudónimo del escritor ital. Curzio Suckert, autor de *Técnica del golpe de Estado; Kaputt; La piel,* etc. (1898-1957).

MALAQUÍAS. *Hist Sagr.* Profeta hebreo que anunció la llegada del Mesías.

MALAQUITA. (Del lat. *malachites.*) f. *Miner.* Carbonato básico de cobre nativo, de hermoso tono verde, capaz de pulimento, y que suele emplearse en chapear objetos de lujo.

MALAR. (Del lat. *mala,* mejilla.) adj. *Zool.* Perteneciente a la mejilla. ‖ m. *Zool.* Pómulo.

MALAR. *Geog.* Lago del S.E. de Suecia. 1.140 km². Contiene más de 1.000 islas y en sus orillas está la c. de Estocolmo.

MALARET, Augusto. *Biog.* Jurisc., filólogo y escr. portorriqueño, autor de *Diccionario de americanismos; Desarrollo del derecho escrito en Puerto Rico,* etc. (1878-1967).

MALARGUE. *Geog.* Río de la Argentina (Mendoza) nace en los Andes y des. en la laguna Llancanelo. ‖ C. del O. de la Argentina (Mendoza). 20.000 h. Centro minero.

MALARIA. al. **Sumpffieber; Malaria.** fr. **Malaria.** ingl. **Malaria.** ital. **Malaria.** port. **Malária.** (Del ital. *mala aria,* mal aire.) f. Paludismo.

MALARRABIA. f. *Cuba.* Dulce de plátano o boniato en almíbar.

MALASIA. *Geog.* Archipiélago del S.E. de Asia. Comprende al arch. de la Sonda, Filipinas, Célebes, Molucas y Borneo. 2.100.000 km². 190.000.000 h. Plantaciones de caucho, arroz, café, caña de azúcar, etc. Riqueza minera.

MALASPINA, Alejandro. *Biog.* Marino ital. al servicio de España realizó viajes de circunnavegación, en uno de los cuales llegó por el cabo de Hornos a Lima (1754-1809).

MALASSEZ, Luis C. *Biog.* Fisiólogo fr., autor de notables estudios sobre el contenido de la sangre (1824-1909).

MALATERÍA. (De *malato.*) f. Edificio que se destinaba en otro tiempo para leprosos.

MALATESTA. *Geneal.* Familia ital. que durante largo tiempo dominó en Rímini.

MALATÍA. (De *malato.*) f. Gafedad, lepra.

MALATO, TA. (Del lat. *male hábitus.*) adj. y s. Gafo, leproso.

MALATOBO, BA. adj. *Ant., Chile* y *Perú.* Aplícase al gallo de color rojo claro, con las alas más obscuras y algunas plumas negras en la pechuga. Ú.t.c.s.

MALAVENIDO, DA. adj. Mal avenido.

MALAVENTURA. f. Desventura; infortunio. *Quiso su* MALAVENTURA *que tropezara;* sinón.: **desdicha, infelicidad;** antón.: **dicha, fortuna.**

MALAVENTURADO, DA. adj. Infeliz o de mala ventura. *Expedición* MALAVENTURADA; sinón.: **desdichado, desgraciado;** antón.: **afortunado, feliz.**

MALAVENTURANZA. (De

malaventura.) f. Infortunio.

MALAWI. *Geog.* Rep. independiente, integrante de la Comunidad Británica de Naciones. Sit. en África oriental a orillas del lago Nyasa, limita con Mozambique, Tanzania y Zambia. Sup. 118.484 km². 5.530.000 h. Malawi fue durante el siglo XVII una colonia portuguesa de trata de esclavos y posteriormente un protectorado británico hasta 1964, en que asumió su independencia. Desde entonces es jefe del Estado el doctor Hastings K. Banda. Cap. ZOMBA. (27.000 h.). Malawi, antiguamente llamada Nyasalandia, produce bovinos, ovinos, cebada, azúcar y cemento.

MALAYA. f. *Col.* Ligamento cervical del ganado vacuno. ‖ *Chile.* Caucara y guisado que se hace con esta carne. ‖ *Perú.* Falda de vaca a la parrilla.

MALAYA, Federación. *Geog.* Conjunto de trece Estados situados en la península de Malaca, Sabah y Sarawak, al O. de la isla de Borneo. 329.749 km². 12.600.000 h. Caucho, arroz, cocos, plantas textiles, estaño, tungsteno, manganeso. Bosques. Ganadería. Cap. KUALA LUMPUR (480.000 h.). En 1948 se organizó la Federación, bajo el protectorado de Gran Bretaña. En agosto de 1957 obtuvo su total independencia.

MALAYO, YA. adj. Dícese del individuo de piel muy morena, cabellos lisos, nariz aplastada y ojos grandes, perteneciente a una raza que se halla esparcida en la península de Malaca, en las islas de la Sonda, y sobre todo en la Oceanía Occidental. Ú.t.c.s. ‖ Perteneciente a los **malayos.** ‖ m. Lengua **malaya.**

MALAYSIA. *Geog.* V. **Malaya, Federación.**

MALBARATAR. al. **Vergeuden; verschwenden.** fr. **Vendre à bas prix; dissiper.** ingl. **To squander.** ital. **Vendere a basso prezzo; dissipare.** port. **Malbaratar.** tr. Vender la hacienda a bajo precio. MALBARATÓ *casa y muebles;* sinón.: **malvender.** ‖ Disipar. ‖ deriv.: **malbaratador, ra.**

MALBARATILLO. m. Baratillo, tienda.

MALBARATO. m. Acción de malbaratar. ‖ Despilfarro, derroche.

MALBRÁN, Carlos C. *Biog.* Médico arg., autor de *Patogenia del cólera; Apuntes sobre salud pública* y otros ensayos (1862-1940).

MALCARADO, DA. adj. De mala cara o aspecto repulsivo.

MALCASADO, DA. adj. Aplícase al consorte que falta a los deberes que le impone el matrimonio.

MALCASAR. tr. intr. y r. Casar a alguien sin las circunstancias requeridas.

MALCASO. m. Traición, acción infame.

MALCOCINADO. m. Menudo de las reses. ‖ Lugar donde se vende.

MALCOLM. *Biog.* Nombre de cuatro reyes de Escocia, de 942 a 1165.

MALCOMER. tr. Comer escasamente y con poco gusto por la calidad de los manjares. MALCOMIMOS *en una fonda.*

MALCOMIDO, DA. adj. Poco alimentado. *Un ejército* MALCOMIDO.

MALCONSIDERADO, DA. adj. Desconsiderado.

MALCONTENTADIZO, ZA. adj. Descontentadizo.

MALCONTENTO, TA. adj. Descontento, disgustado. ‖ Revoltoso, perturbador del orden público. ‖ m. Cierto juego de naipes.

MALCORAJE. m. Mercurial, planta.

MALCORAZÓN. adj. *Amér. Central.* Cruel.

MALCORTE. m. Acción de sacar madera de construcción o para leña de los montes altos, contraviniendo las ordenanzas.

MALCOTE. m. Árbol de Honduras, parecido al roble.

MALCRIADEZ. f. *Amér.* Grosería.

MALCRIADEZA. f. *Amér. Central, Col.* y *Ec.* Malcriadez.

MALCRIADO, DA. adj. Descortés, falto de buena educación. Aplícase, por lo general, al niño consentido y mal educado. ‖ *Arg.* Bebé, muñeco.

MALCRIAR. tr. Educar mal a los hijos, condescendiendo excesivamente en sus gustos y caprichos. sinón.: **consentir, mimar.**

MALDAD. al. **Bosheit.** fr. **Méchanceté.** ingl. **Wickedness; badness.** ital. **Malvagità; perversità.** port. **Maldade.** (Del b. lat. *malitas, -atis.*) f. Calidad de malo. antón.: **bondad.** ‖ Acción mala e injusta. *Los buenos tardan en sospechar de la* MALDAD *de los otros.*

MALDADOSO, SA. adj. Habituado a cometer maldades. Ú.t.c.s. ‖ Que tiene o implica maldad.

MALDECIDO, DA. adj. y s. Dícese de la persona de mala índole.

MALDECIDOR, RA. adj. y s. Que maldice o denigra.

MALDECIR. al. **Verfluchen.** fr. **Maudire.** ingl. **To damn; to curse.** ital. **Maledire.** port. **Maldizer.** (Del lat. *maldecire,* de *male,* mal, y *dícere,* decir.) tr. Echar maldiciones contra una persona o cosa. MALDIJO *su mala suerte;* antón.: **bendecir.** ‖ Hablar mordazmente de alguien, denigrándole. sinón.: **detractar, murmurar.** ‖ irreg. Conj. como **predecir.** Partic. reg. **maldecido;** irreg. **maldito,** usado como adj. y s.

MALDICIENTE. p. a. de **Maldecir.** Que maldice. ‖ adj. Detractor por hábito. Ú.t.c.s. *Lengua* MALDICIENTE; sinón.: **calumniador.**

MALDICIÓN. al. **Fluch.** fr. **Malédiction.** ingl. **Malediction; curse.** ital. **Maledizione.** port. **Maldição.** (Del lat. *maledictio, -onis.*) f. Imprecación que se dirige contra una persona o cosa, manifestando enojo y aversión hacia ella, y muy particularmente deseo de que al prójimo le venga algún daño. *Echar* MALDICIONES; sinón.: **anatema.** ‖ ant. Murmuración. ‖ **Caer la maldición** a uno. frs. fam. Cumplirse la que le han echado.

MALDISPUESTO, TA. adj. Indispuesto. ‖ Falto del ánimo necesario para una cosa.

MALDITA. f. fam. La lengua. ‖ **Soltar** uno **la maldita.** frs. fam. Decir con excesiva libertad y poco respeto lo que se siente.

MALDITAMENTE. adv. m. fam. Muy mal.

MALDITO, TA. (Del lat. *maledictus.*) p. p. irreg. de **Maldecir.** ‖ adj. Perverso y de mala intención. ‖ Condenado por la justicia divina. Ú.t.c.s. sinón.: **réprobo.** ‖ Ruin, miserable. *Hacía mucho frío en aquella* MALDITA *casa.* ‖ fam. Ninguno. *No tengo* MALDITA *la moneda.*

MALDIVAS, Islas, *Geog.* Archipiélago del océano Índico, situado al S.O. de la India. 298 km². 140.000 h. Componen una república autónoma, perten. al Commonwealth británico. Cap. MALE. Copra, cocos, pesca. Las Maldivas obtuvieron su independencia definitiva en 1965.

MALDONADO, Francisco Severo. *Biog.* Sacerdote, economista y político mex., autor de *El triunfo de la especie humana* y otras obras (s. XIX). ‖ **– Horacio.** Escritor urug., autor de *Mientras el viento calla; Los ladrones del fuego; El sueño de Alonso Quijano,* etc. (n. 1884). ‖ **– Máximo C.** Escultor arg., autor de *Pumas; Danza,* y otras obras. Sobresale como animalista y figurista (n. 1900). ‖ **– Pedro.** Geógrafo y cartógrafo ecuat. (1704-1748). ‖ **– Tomás.** Pintor arg. de estilo subjetivo, casi abstracto. Cuadros: *Sobre tres funciones secantes; Pintura constructiva,* etc. (n. 1922). ‖ **– CORRALES, Angel.** Científico per., erudito investigador en el campo de la medicina y de la química (n. 1890).

MALDONADO. *Geog.* Departamento del S.E. del Uruguay. 4.111 km². 70.000 h. Agricultura y ganadería. Turismo. Cap. hom. 18.000 h. Centro comercial. ‖ **Puerto –.** V. **Puerto Maldonado.**

MALDOSO, SA. adj. *Méx.* Maldadoso.

MALEABILIDAD. al. **Schmiedbarkeit; Geschmeidigkeit.** fr. **Malléabilité.** ingl. **Malleability.** ital. **Malleabilità.** port. **Maleabilidade.** f. Calidad de maleable.

MALEABLE. (Del lat. *malleus,* martillo.) adj. Dícese de los metales que pueden ser batidos y extendidos en planchas o láminas. *El estaño es* MALEABLE; sinón.: **flexible, plástico.** ‖ IDEAS AFINES: *Hojas, estratos, dócil, blando, ductilidad, moldeable, aplastar, forjar, oro.*

MALEADOR, RA. (De *malear.*) adj. y s. Maleante.

MALEANTE. p. a. de **Malear.** Que malea. ‖ adj. Burlador, maligno. Ú.t.c.s. ‖ m. Persona de mala conducta o con antecedentes policiales. *Los* MALEANTES *merodeaban por la ribera.*

MALEAR. (De *malo.*) tr. y r. Dañar, echar a perder. ‖ fig. Pervertir una persona a otra.

MALEBRANCHE, Nicolás. *Biog.* Sacerdote y fil. fr. cuya doctrina afirma la totalidad e independencia de Dios y la unión del alma con Él. Obras: *Búsqueda de la verdad; Tratado de moral,* etc. (1638-1715).

MALECÓN. al. **Damm; Mole.** fr. **Digue; Jetée.** ingl. **Dike; mole.** ital. **Muraglione.** port. **Muralhão.** m. Murallón o terraplén que se hace para defensa contra las aguas.

MALEDICENCIA. al. **Verleumdung.** fr. **Médisance.** ingl. **Slander; calumny.** ital. **Maldicenza.** port. **Maledicencia.** (Del lat. *maledicentia.*) f. Acción de maldecir o denigrar. sinón.: **habladuría, murmuración.**

MALEFICENCIA. (Del lat. *maleficentia.*) f. Hábito o costumbre de hacer mal.

MALEFICIAR. (De *maleficio.*) tr. Causar daño. ‖ Hechizar con prácticas supersticiosas.

MALEFICIO. al. **Hexerei.** fr. **Maléfice.** ingl. **Spell; witchcraft.** ital. **Maleficio; malia.** port. **Malefício.** (Del lat. *maleficium.*) m. Daño hecho por arte de hechicería, según vana creencia. ‖ Hechizo que se emplea para causarlo.

MALÉFICO, CA. (Del lat. *maléficus.*) adj. Que hace daño a otro con maleficios. ‖ Que causa daño. *Compañías* MALÉFICAS; sinón.: **nocivo, pernicioso;** antón.: **benéfico.** ‖ m. Hechicero.

MALEJO, JA. adj. dim. de **Malo.**

MALENKOV, Jorge M. *Biog.* Pol. ruso, n. 1902. Fue designado presid. del Consejo de ministros en 1953, pero renunció dos años más tarde.

MALENTENDER. tr. Entender o interpretar equivocadamente.

MALENTENDIDO. m. Mala interpretación, equivocación o desacuerdo en el entendimiento de una cosa.

MALEOLAR. adj. *Anat.* Perteneciente o relativo al maléolo.

MALÉOLO. (Del lat. *malleolus,* martillejo, por semejanza de forma.) m. *Anat.* Tobillo.

MALEOLO. m. *Anat.* Maléolo.

MALESHERBES, Cristián G. de Samoignon de. *Biog.* Pol. fr. defensor de Luis XVI (1721-1794).

MALESPÍN, Francisco. *Biog.* Político salv., de 1844 a 1845 presidente de la República (m. 1846).

MALESTAR. al. **Unwohesein.** fr. **Malaise.** ingl. **Malaise; indisposition.** ital. **Indisposizione.** port. **Indisposição.** (De *mal* y *estar.*) m. Desazón, incomodidad. *Su* MALESTAR *iba en aumento;* antón.: **bienestar.**

MALET, Emilio. *Biog.* Historiador y pedagogo fr., autor de numerosos textos de estudio de la historia (1862-1954).

MALETA. al. **Handkoffer.** fr. **Valise.** ingl. **Valise.** ital. **Valigia.** port. **Mala.** (dim. de *mala,* valija.) f. Cofre pequeño que sirve para guardar ropa u otras cosas y se puede llevar a mano. ‖ Manga, especie de maleta. ‖ *Arg., Chile* y *Guat.* Alforja. ‖ *Col.* y *Ec.* Lío de ropa. ‖ m. fam. El que practica torpemente la profesión que ejerce. Dícese principalmente de los malos toreros. ‖ *Chile.* Un cualquiera. ‖ adj. *Amér. Central, Méx.* y *Perú.* Perverso, bribón. ‖ **Hacer** uno **la maleta.** frs. fig. y fam. Disponer lo necesario para un viaje. ‖ Prepararse para irse de algún sitio o abandonar algún cargo o empleo. ‖ **Largar,** o **soltar,** uno **la maleta.** frs. fig. *Chile.* Morir. ‖ IDEAS AFINES: *Baúl, equipaje, vestidos, zapatos, enseres, viajero, etiqueta, aduana, changador, zorra, transportar, tren, barco, andén.*

MALETERA. f. *Col.* y *Ven.* Maleta pequeña.

MALETERO. m. El que por oficio hace o vende maletas. ‖ Mozo de estación que se dedica a llevar maletas. ‖ *Col.* y *Ec.* Maletín de grupa. ‖ *Chile.* Cortabolsas, ratero. ‖ *Hond.* Mozo que lleva la maleta en los viajes, y caballería en que éste monta.

MALETÍN. m. Maleta pequeña de viaje. ‖ **– de grupa.** El que usan los oficiales y soldados de caballería.

MALETÓN. m. aum. de **Maleta** de viaje. ‖ *Ec.* Almofrej. ‖ s. *Ven.* Becerro destetado.

MALETUDO, DA. adj. y s. *Col., Cuba, Ec.* y *Perú.* Jorobado.

MALEVAJE. m. *R. de la Plata.* Gremio de malevos o personas de mal vivir. *Barrio, café del* MALEVAJE.

MALEVICH, Casimiro. *Biog.* Pintor ruso influido por el futurismo y el cubismo que, en algunas obras, mantuvo el carácter folklórico nacional. Autor de *La portadora de agua; Composición suprematista; Un inglés en Moscú; Sensación del espacio del universo,* y otros cuadros (1878-1935).

MALEVO, VA. adj. y s. *Bol.* y *R. de la Plata.* Persona de mal vivir.

MALEVOLENCIA. (Del lat. *malevolentia.*) f. Mala voluntad.

MALÉVOLO, LA. (De *malévolus; de male,* mal, y *volo,* quiero.) adj. Inclinado a hacer mal. Ú.t.c.s. *Crítica* MALÉVOLA; antón.: **benévolo.**

MALEZA. (Del lat. *malitia.*) f. Abundancia de hierbas malas que dañan a los sembrados *Arrancar la* MALEZA; sinón.: **broza, maraña.** ‖ Espesura formada por la aglomeración de arbustos; como jarales, zarzales, etc. ‖ *Col.* y *Chile.* Cualquier hierba mala. ‖ *Nicar.* y *Sto. Dom.* Achaque, enfermedad. ‖ *Chile.* Pus. ‖ IDEAS AFINES: *Yuyos, vegetación, hojarasca, monte, perjudicial, carpir, arar, desbrozar, cizaña, ortiga, abrojo, matorral, azada, machete, alimaña, tupido, manigua.*

MALEZAL. f. *Arg., Chile* y *P. Rico.* Maleza.

MALFORMACIÓN. f. *Med.* Deformidad o defecto congénito. ‖ fig. Mala conformación.

MALGACHE. adj. Natural de la isla de Madagascar. Ú.t.c.s. ‖ Perteneciente a esta isla. *Fauna* MALGACHE.

MALGACHE, República. *Geog.* V. **Madagascar.**

MALGAMA. (Del lat. *malagma,* y éste del gr. *málagma,* de *malasso,* ablandar.) f. p. us. *Quím.* Amalgama.

MALGASTAR. al. **Verschwenden.** fr. **Dissiper; gaspiller.** ingl. **To misspend; to waste.** ital. **Dissipare; scialacquare.** port. **Malgastar.** tr. Disipar el dinero, gastándolo mala o inútilmente. Por ext., dícese de la paciencia, del tiempo. sinón.: **derrochar, dilapidar.** ‖ deriv.: **malgastador, ra.**

MALGENIADO, DA. adj. *Col.* y *Perú.* Iracundo.

MALGENIOSO, SA. adj. *Col., Chile* y *Méx.* Cascarrabias.

MALHABLADO, DA. adj. Desvergonzado o atrevido en el hablar. sinón.: **desbocado, deslenguado.**

MALHADADO, DA. (Del ant. *malfadado.*) adj. Infeliz, desventurado. MALHADADO *día, encuentro;* sinón.: **desdichado, desgraciado.** antón.: **feliz.**

MALHARRO, Martín A. *Biog.* Pintor impresionista arg., autor de *Las parvas; Nocturno; El crucero La Argentina,* etc. (1865-1911).

¡MALHAYA! int. *Amér.* ¡Mal haya!

MALHECHO, CHA. (Del ant. *malfecho.*) adj. Dícese de quien tiene cuerpo contrahecho. ‖ m. Acción mala.

MALHECHOR, RA. al. **Ubeltäter.** fr. **Malfaiteur.** ingl. **Malefactor.** ital. **Malfattore.** port. **Malfeitor.** (Del ant. *malfechor,* y éste del lat. *malefactor.*) adj. y s. Persona que comete un delito, y en especial la que está habituada a ello. *Aprehender al* MALHECHOR.

MALHERBE, Francisco de. *Biog.* Poeta fr.; formuló reglas de versificación que influyeron sobre la poesía de los siglos XVII y XVIII y depuró el lenguaje de su época. Realizó plenamente su ideal de perfección de la forma en las inmortales *Estancias a Du Perier sobre la muerte de su hija* (1555-1626).

MALHERIR. tr. Herir gravemente. ‖ irreg. Conj. como **sentir.**

MALHOJO. (Del lat. *malum folium*, hoja mala.) m. Desecho del follaje de las plantas.

MALHUMORADO, DA. adj. Que tiene malos humores. ‖ Que está de mal humor. *Hoy se levantó* MALHUMORADO.

MALHUMORAR. tr. y r. Poner de mal humor a alguien. *El menor contratiempo lo* MALHUMORA.

MALÍ. *Geog.* Rep. de África Occidental. 1.240.000 km² de sup. Limita con Mauritania, Níger, Alto Volta, Costa de Marfil, Guinea y Senegal. La Federación Malí se disoció en 1970 de la Comunidad Francesa. 5.990.000 h. Cap. BAMAKO. Produce maderas, sal, ovinos, bovinos, aceites vegetales, azúcar y cerveza.

MALIBRÁN, María Felicidad García. *Biog.* Cantante de origen esp. cuya prematura muerte inspiró a Alfredo de Musset las *Estancias a la Malibrán* (1808-1836).

MALICIA. al. **Boshaftigkeit.** fr. **Malice.** ingl. **Maliciousness.** ital. **Malizia.** port. **Malícia.** (Del lat. *malitia.*) f. Maldad, calidad de malo. ‖ Inclinación a lo malo. ‖ Perversidad del que peca por pura malignidad. *Ofender de* MALICIA. ‖ Cierta solapa y bellaquería con que se hace o dice una cosa, disfrazando la intención con que se procede. ‖ Interpretación siniestra y maliciosa; inclinación a pensar mal. *Esa acusación es* MALICIA *suya.* ‖ Calidad que hace una cosa perjudicial y maligna. *Esta fiebre tiene mucha* MALICIA. ‖ Penetración, sagacidad. *Ese joven tiene mucha* MALICIA. ‖ fam. Sospecha o recelo. *Ella tiene sus* MALICIAS *de tu difícil situación.*

MALICIAR. tr. y r. Sospechar, presumir algo maliciosamente. MALICIABA *que no me ayudarían.* ‖ deriv.: **maliciable; maliciador, ra.**

MALICIOSO, SA. (Del lat. *malitiosus.*) adj. y s. Que por malicia juzga las cosas malamente. Ú.t.c.s. ‖ Que contiene malicia. *Una alusión* MALICIOSA. ‖ deriv.: **maliciosamente.**

MALIGNAMENTE. adv. m. Con malignidad.

MALIGNAR. (Del b. lat. *malignare.*) tr. Viciar, inficionar. ‖ Volver malo algo. ‖ r. Corromperse, empeorarse. ‖ deriv.: **malignante.**

MALIGNIDAD. (Del lat. *malignitas, -atis.*) f. Propensión del ánimo a pensar u obrar mal. ‖ Calidad de maligno. *La* MALIGNIDAD *de un tumor.*

MALIGNO, NA. al. **Bösartig.** fr. **Malin.** ingl. **Malign.** ital. **Maligno.** port. **Maligno.** adj. Propenso a pensar u obrar mal. ‖ De índole dañina. *Animal* MALIGNO; sinón.: **perjudicial, pernicioso;** antón.: **benigno.**

MALILLA. f. Carta que en algunos juegos forma parte del estuche y es la de segundo valor. ‖ En el rentoy el dos de cada palo. ‖ fig. Comodín, lo que se usa para diversos fines, según conveniencia.

MALINAS. *Geog.* Ciudad de Bélgica (Amberes). 72.000 h. Industria textil. Famosa catedral.

MALINAS, Liga de. *Hist.* Formada en 1513 por el Papa León X, Enrique VIII de Inglaterra, Fernando V de España y Maximiliano I de Alemania, contra Luis XII de Francia.

MALINO, NA. adj. fam. Maligno.

MALINTENCIONADO, DA. adj. y s. Que tiene mala intención.

MALIPIERO, Juan Francisco. *Biog.* Compos. ital. autor de *Sinfonía del silencio y de la muerte; Sinfonía del mar; Preludio otoñal,* etc. (1882-1973). ‖**—Ricardo.** Compositor ital., sobrino del anterior, que cultiva la música dodecafónica (n.1914).

MALMANDADO, DA. adj. y s. Que no obedece u obra de mala gana.

MALMARIDADA. adj. y s. Dícese de la mujer que falta a los deberes conyugales.

MALMETER. tr. Malbaratar. ‖ Inducir a uno a obrar mal. ‖ Malquistar.

MALMIRADO, DA. adj. Malquisto. ‖ Descortés.

MALMÖ. Geog. Ciudad y puerto del S. de Suecia, sobre el Sund. 255.000 h. Tejidos, construcciones navales, substancias químicas.

MALO, LA. al. **Schlecht; böse; schlimm; übel.** fr. **Mauvais; méchant.** ingl. **Bad; evil.** ital. **Cattivo.** port. **Mau.** (Del lat. *malus.*) adj. Que carece de la bondad natural que debe tener. *Era* MALO *con su madre.* antón.: **bueno.** ‖ Dañoso o nocivo a la salud. *Es* MALO *acostumbrarse al alcohol;* sinón.: **perjudicial;** antón.: **beneficioso.** ‖ Que se opone a la razón o a la ley. ‖ V. **Ángel, pelo malo.** ‖ V. **Mala fe, mala noche, mala presa, mala sociedad, mala voluntad.** ‖ Que es de mala vida y costumbres. Ú.t.c.s. ‖ Enfermo. *Estuvo* MALO *largos días.* ‖ Dificultoso. *Enrique es* MALO *de contentar; este manuscrito es* MALO *de leer.* ‖ Desagradable, molesto. *¡Qué tiempo tan* MALO!; *¡qué* MALA *idea!* ‖ V. **Mala cabeza, mala lengua, mala paga.** ‖ fig. V. **Malos hígados.** ‖ fam. Travieso, enredador. ‖ Deslucido, deteriorado. *Este sombrero está ya muy* MALO. ‖ V. **Negocio de mala digestión.** ‖ V. **Malas lenguas.** ‖ *For.* V. **Dolo malo.** ‖ Empleado con el artículo neutro *lo* y el verbo *ser*, significa lo que puede presentar dificultad o servir de impedimento. *Yo lo propondría para ese cargo; pero* LO MALO ES *que me pondría en ridículo.* ‖ Usado como interjección, sirve para reprobar una cosa, o para significar que ocurre inoportunamente o infunde sospechas. ‖ m. **El malo.** El demonio. Ú.m. en pl. ‖ **A malas.** m. adv. Con enemistad. Ú. por lo general con el verbo *andar.* ‖ **De malas.** m. adv. Con desgracia, especialmente en el juego. Ú. con el verbo *estar.* ‖ Con mala intención. Ú. por lo común con el verbo *venir.* ‖ **Más vale malo conocido que bueno por conocer.** frs. proverb. que advierte las dificultades que pueden derivarse de substituir una persona o cosa ya experimentada con otra que no se conoce. ‖ **Por la mala, o por malas.** m. adv. **Mal a mal.** ‖ **Por malas o por buenas.** loc. adv. A la fuerza o por propia voluntad. ‖ IDEAS AFINES: *Maleante, maledicencia, malsano, malversar, malograr, peor, pésimo, endiablado, pillo, falso, infame, cruel, maligno, canalla, criminal, desagradecido.*

MALOCA. (Del arauc. *malocán.*) f. *Amér. del S.* Invasión en tierra de indios, con pillaje y exterminio. ‖ Malón, irrupción de indios. ‖ *Col.* Guarida o pueblo de indios salvajes.

MALOGRAMIENTO. (De *malograr.*) m. Malogro.

MALOGRAR. (De *mal* y *lograr.*) tr. No aprovechar una cosa; como la ocasión, el tiempo, etc. sinón.: **desperdiciar.** ‖ r. Frustrarse lo que se esperaba conseguir. *Se* MALOGRÓ *el paseo;* sinón.: **fracasar.** ‖ No llegar una persona o cosa a su natural desarrollo.

MALOGRO. m. Efecto de malograrse una cosa. sinón.: **fracaso, frustración.**

MALOJA. f. *Ant., Bol.* y *Méx.* Malojo.

MALOJAL. m. *Ven.* Plantío de malojos.

MALOJERO. m. *Cuba* y *Ven.* Vendedor de maloja.

MALOJO. m. *Ven.* Planta de maíz que, por no dar fruto o no llegar éste a la sazón, sólo sirve para forraje.

MALOLIENTE. al. **Übelriechend.** fr. **Puant.** ingl. **Bad smelling.** ital. **Puzzante.** port. **Fedente.** adj. Que exhala mal olor. *Una choza* MALOLIENTE.

MALOLOS. *Geog.* Ciudad de las Filipinas, cap. de la provincia de Bulacán, en la isla de Luzón. 50.000 h.

MALÓN. (Voz arauc.) m. *Amér. del S.* Irrupción o ataque inesperado de indios. ‖ fig. Felonía inesperada; mala partida. ‖ *Amér. del S.* Asalto, reunión o diversión inesperada de amigos en casa ajena.

MALOQUEAR. intr. Tratándose de indios, hacer correrías.

MALOQUERO. m. Salteador.

MALOT, Héctor. *Biog.* Escritor fr., autor de *Sin familia* y *Las víctimas del amor* (1830-1907).

MALPARADO, DA. adj. Que ha sufrido algún menoscabo notable. *Salió* MALPARADO *de la discusión;* sinón.: **estropeado, maltrecho.**

MALPARAR. tr. Maltratar.

MALPARIDA. f. Mujer que ha malparido recientemente.

MALPARIR. intr. Abortar la mujer.

MALPARTO. m. Aborto, acción de abortar.

MALPELO. *Geog.* Islote de Colombia, sit. en el Pacífico a 500 km. al O. de Buenaventura. 2 km².

MALPIGHI, Marcelo. *Biog.* Méd. y naturalista ital., uno de los primeros que utilizaron el microscopio en el estudio de los tejidos (1628-1694).

MALPIGIÁCEAS. (De *Malpighi*, naturalista ital.) adj. *Bot.* Dícese de plantas dicotiledóneas, arbustos o arbolillos de hojas generalmente opuestas con estípulas, flores hermosas en corimbo o racimo, fruto generalmente en triple aquenio con aletas y semillas sin albumen; como el chaparro. Ú.t.c.s.f. ‖ f. pl. *Bot.* Familia de estas plantas.

MALQUEDA. com. fam. Persona que no cumple su palabra.

MALQUERER. (De *mal* y *querer.*) tr. Tener mala voluntad a una persona o cosa. ‖ irreg. Conj. como **querer.**

MALQUERIDA, La. *Lit.* Drama de Jacinto Benavente, una de las obras máximas del autor y del teatro español moderno, estrenada en 1913. Tema de trágico desgarramiento, de ambiente rural vigorosamente descripto, es a la vez realista y costumbrista. Su personaje principal es uno de los caracteres femeninos más logrados de la dramaturgia española.

MALQUERIENTE. p. a. de **Malquerer.** Que quiere mal a otro.

MALQUISTAR. (De *malquisto.*) tr. y r. Poner mal a una persona con otra u otras. *Le* MALQUISTÓ *con el director;* sinón.: **indisponer;** antón.: **amistar.**

MALQUISTO, TA. adj. Que está mal con una persona o con varias. sinón.: **desavenido, discorde.**

MALRAUX, Andrés. *Biog.* Lit. fr. Hombre de acción a la par que escritor, planteó en sus obras de contenido social y avanzada ideología los grandes problemas que convulsionan a la humanidad: *La condición humana; Los conquistadores; Las voces del silencio,* etc. (1901-1976).

MALRO. m. fam. *Chile.* Maslo de la cola.

MALROTAR. (Del lat. *manurupta*, de mano rota, manirroto.) tr. Disipar, malgastar la hacienda; sinón.: **derrochar, despilfarrar;** antón.: **ahorrar.** ‖ deriv.: **malrotador, ra.**

MALSANO, NA. al. **Ungesund.** fr. **Malsain.** ingl. **Unhealthy; unhealthful.** ital. **Malsano; nocivo.** port. **Malsão.** adj. Dañoso a la salud. *Las regiones pantanosas son* MALSANAS; sinón.: **insalubre, nocivo.** ‖ Enfermizo.

MALSÍN. (De *malsinar*). m. El que habla mal de otro. ‖ Bellaco.

MALSONANTE. adj. Que suena mal. *Versos* MALSONANTES. ‖ Aplícase a la doctrina o palabra que ofende los oídos de personas piadosas u honestas.

MALSUFRIDO, DA. adj. Que tiene poco sufrimiento.

MALTA. al. **Malz.** fr. **Malt.** ingl. **Malt.** ital. **Malto; orzo.** port. **Mal.** (Del ingl. *malt.*) f. Cebada germinada que se emplea en la fabricación de la cerveza.

MALTA. n. p. V. **Fiebre de Malta**

MALTA. *Geog.* Isla del Mediterráneo sit. al sur de Sicilia. 316 km². Junto con las de Gozo y Comino forma un estado independiente de 330.000 h. Ex colonia británica, **Malta** es autónoma desde 1964. Importancia estratégica. Base aeronaval. Cap. LA VALETTA

MALTA, Orden Soberana y Militar de. *Hist.* Orden caballeresca internacional fundada en 1099, y que actualmente tiene su sede en Roma. Su misión es defender la religión católica, aliviar los males de la humanidad y amortiguar el dolor humano, con espíritu de caridad cristiana.

MALTASA. f. *Quím.* y *Fisiol.* Enzima que transforma la maltosa en glucosa.

MALTEADO, DA. adj. Preparado con malta. *Harina* MALTEADA.

MALTE-BRUN, Conrado. *Biog.* Geóg. dinamarqués, autor de *Geografía matemática, física y política de todas las partes del mundo; Manual de geografía universal,* etc. (1775-1826).

MALTÉS, SA. adj. Natural de Malta. Ú.t.c.s. ‖ Perteneciente a esta isla del Mediterráneo

MALTHUS, Tomás R. *Biog.* Economista ingl., autor de *Ensayo sobre el principio de la población* (1766-1834). V. **Maltusianismo.**

MALTÓN, NA. adj. *Amér. del S.* Grandullón, pero que aún no se ha desarrollado completamente.

MALTOSA. f. *Quím.* Substancia formada en la malta, cristalina, soluble, menos dulce que el azúcar de caña.

MALTRABAJA. com. fam. Persona haragana.

MALTRAER. tr. Maltratar, injuriar. ‖ Perseguir, reprender constantemente. Ú. aún en España y América. *El director me tiene a* MALTRAER.

MALTRAÍDO, DA. adj. *Bol., Chile* y *Perú.* Dícese de la persona mal vestida.

MALTRAPILLO. (De *malo* y *trapillo.*) m. Pilluelo mal vestido; golfo.

MALTRATAMIENTO. m. Acción y efecto de maltratar o maltratarse.

MALTRATAR. al. **Misshandeln.** fr. **Maltraiter.** ingl. **To abuse; to maltreat.** ital. **Maltrattare.** port. **Maltratar.** tr. Tratar mal a uno de palabra u obra. Ú.t.c.r. sinón.: **golpear, ofender.** ‖ Menoscabar, echar a perder. MALTRATABA *su ropa.*

MALTRATO. (De *maltratar.*) m. Maltratamiento.

MALTRECHO, CHA. (De *mal* y *trecho.*) adj. Maltratado, malparado.

MALTUSIANISMO. m. Teoría económica y sociológica de Malthus, según la cual la población tiende a crecer en progresión geométrica, en tanto que los alimentos sólo aumentan en progresión aritmética. Para hacer frente a esta situación, aconseja limitar el nacimiento de nuevos seres, que, mal atendidos, empobrecerían gradualmente la especie humana.

MALTUSIANO, NA. adj. Perteneciente o relativo al maltusianismo. ‖ Partidario de él. Ú.t.c.s.

MALUCAS, Islas. *Geog.* V. **Molucas, Islas.**

MALUCO, CA. adj. Natural de las islas Malucas. Ú.t.c.s. ‖ Perteneciente a estas islas de la Malasia.

MALUCO, CA. adj. Malucho.

MALUCHO, CHA. adj. fam. Que está algo malo.

MALUENDA, Rafael. *Biog.* Novelista y autor dramático chileno (1885-1963).

MALURA. f. *Chile.* Malestar, desazón.

MALUS, Esteban I. *Biog.* Físico fr., descubridor de la polarización de la luz, autor de *Tratado de óptica analítica; De la doble refracción de la luz en las sustancias cristalinas,* etc. (1775-1812).

MALVA. al. **Malve.** fr. **Mauve.** ingl. **Mallow.** ital. **Malva.** port. **Malva.** (Del lat. *malva.*) f. *Bot.* Planta malvácea de hojas lobuladas o partidas, flores axilares, generalmente de pétalos rosados o violetas, y fruto con muchas semillas secas. El mucílago de sus flores y hojas se usa como medicina. Gén. *Malva.* ‖ adj. invar. Dícese de lo que es de color morado pálido tirando a rosáceo, como la flor de la **malva.** ‖ m. Color **malva.** ‖ **— loca, real** o **rósea.** Planta malvácea de tallo recto y erguido, de flores grandes, encarnadas, blancas o róseas. *Althaea rosea.* ‖ **— rosa.** Geranio. ‖ **Haber nacido uno en las malvas.** fam. Haber tenido crianza humilde. ‖ **Ser uno como una, o una malva.** fam. Ser dócil y apacible.

MALVÁCEO, A. (Del lat. *malváceus.*) adj. *Bot.* Aplícase a plantas dicotiledóneas, hierbas, matas y a veces árboles, de hojas alternas con estípulas; flores axilares, regulares, con muchos estambres unidos tubularmente, y fruto seco dividido en muchas celdas con semillas sin albumen; como la malva, el algodonero y la majagua. Ú.t.c.s.f. ‖ f. pl. *Bot.* Familia de estas plantas.

MALVADO, DA. al. **Ruchlos; böse.** fr. **Méchant.** ingl. **Vilain.** ital. **Malvagio.** port. **Malvado.** adj. y s. Muy malo, perverso. MALVADO *crimen;* sinón.: **infame, ruin.** ‖ deriv.: **malvadamente.**

MALVALES. f. pl. *Bot.* Orden de dicotiledóneas, de flores hermafroditas y actinomorfas, con estambres generalmente numerosos, a veces soldados, y ovario gamocarpelar.

MALVAR. m. Terreno poblado de malvas.

MALVAR. (Del lat. *male elevare*, educar mal.) tr. y r. Corromper o hacer mala a una persona o cosa.

MALVARROSA. f. *Bot.* **Malva rósea.**

MALVASÍA. (De *Malvasía* [Monembasie], ciudad de la Morea, cerca de Argos.) f. Uva fragante y dulce, producida por una variedad de vid llevada por los catalanes de Grecia a España en tiempo de las cruzadas. ‖ Vino que se hace de esa uva.

MALVAVISCO. (Del lat. *malvaviscus.*) m. Planta perenne, malvácea, de hojas vellosas, ovaladas y dentadas por el margen; flores axilares de color blanco rojizo, fruto como el de la malva, y raíz gruesa, usada como emoliente.

MALVENDER. tr. Vender a bajo precio, con poca o ninguna utilidad.

MALVERSACIÓN. f. Acción y efecto de malversar. sinón.: **desfalco.** ‖ Peculado. sinón.: **concusión.**

MALVERSAR. (Del lat. *male*, mal, y *versare*, volver.) tr. Invertir ilícitamente caudales ajenos que uno tiene a su cargo. *El curador* MALVERSÓ *los bienes del huérfano.* ‖ deriv.: **malversador, ra.**

MALVEZAR. (De *mal* y *vezar.*) tr. y r. Acostumbrar mal.

MALVINAS. *Geog.* Archipiélago de la Argentina, en el Atlántico meridional, sit. a 500 km. de la costa patagónica y dentro del mar epicontinental argentino. Componen el arch. dos extensas islas: la Gran Malvina u Occidental y Soledad u Oriental, separadas por el estrecho de San Carlos, y un centenar de islas e islotes menores que cubren una sup. total de 11.718 km^2. 1.900 h. Cap. PUERTO STANLEY. Ganado lanar, centro ballenero. Ocupadas por Gran Bretaña, que las denomina islas Falkland, la Rep. Argentina renueva permanentemente sus protestas a fin de que no caduquen sus derechos sobre esas islas que forman parte de su territ. nacional.

MALVINENSE. adj. y s. Malvinero.

MALVINERO, RA. adj. y s. De las islas Malvinas.

MALVIS. m. Tordo europeo, de pico y patas negros y plumaje obscuro, manchado de negro y rojo. *Turdus musicus.*

MALVIVIR. intr. Vivir mal. ‖ Llevar mala vida.

MALVIZ. m. Malvis.

MALVÓN. m. *Amér.* Geranio.

MALLA. al. **Masche; badeanzug.** fr. **Maillot.** ingl. **Mesh; coat of mail.** ital. **Maglia.** port. **Malha.** (Del lat. *mácula.*) f. Cada uno de los cuadriláteros que forman el tejido de una red. ‖ Tejido de anillos o eslabones metálicos enlazados entre sí, de que se hacían cotas y armaduras, y se hacen en la actualidad portamonedas, bolsas y otros útiles. ‖ Traje de tejido de punto. ‖ Bañador, traje de baño. ‖ *Chile.* Papa de tubérculo pequeño. ‖ IDEAS AFINES: *Tul, trama, telar, puntilla, mosquitero, trampa, telaraña, reticulado, entrecruzar, esterilla, cuerda, hilo, seda, metal.*

MALLAR. intr. Hacer malla. ‖ Enmallarse.

MALLARINO, Manuel M. *Biog.* Jurisc., político y escr. col. de 1855 a 1857 presid. de la nación (1808-1872).

MALLARMÉ, Esteban. *Biog.* Poeta fr., uno de los creadores del simbolismo. Su obra quiere sugerir la realidad, no expresarla; usar la poesía como una música y renovar el verso: *La siesta de un fauno; La Herodíada; Verso y prosa,* etc. (1842-1898).

MALLEA, Eduardo. *Biog.* Escritor arg. cuya obra es una aguda y personal interpretación de "lo argentino". *La bahía de silencio* es uno de los esfuerzos más ambiciosos de la novelística rioplatense. *Historia de una pasión argentina,* marca la rebelión de las conciencias puras ante el espectáculo de un país en decadencia. *El sayal y la púrpura; Todo verdor perecerá; La ciudad junto al río inmóvil; La barca* y otras obras, jalonan su trayectoria literaria, una de las más vastas y severas de Hispanoamérica (n. 1903)

MALLECO. *Geog.* Río de Chile, en la prov. de igual nombre, subafluente del Bío-Bío. 90 km. ‖ Prov. del centro de Chile. 14.277 km^2. 215.000 h. Cereales, papas, ganadería, maderas. Cap. ANGOL.

MALLÉN DE RUEDA, Pedro. *Biog.* Gobernador de Guatemala que impulsó el progreso edilicio (s. XVI).

MALLERO. m. El que hace malla. ‖ Molde para hacer malla.

MALLETE. m. dim. de **Mallo.** ‖ *Mar.* Cuña para estabilizar la arboladura o la artillería en los barcos de guerra. ‖ Dado del eslabón de la cadena.

MALLETO. (De *mallo.*) m. Mazo con que es batido el papel en los molinos.

MALLICO. m. Planta ranunculácea de Chile.

MALLÍN. m. *Chile.* Vega, terreno bajo.

MALLO. (Del lat. *málleus.*) m. Mazo, martillo. ‖ Juego en que se hace correr por el suelo unas bolas de madera, dándoles con unos mazos. ‖ Terreno para ese juego.

MALLO. m. *Chile.* Guiso de papas.

MALLORCA. *Geog.* La mayor de las islas Baleares (España). 3.391 km^2. 400.000 h. Cap. PALMA DE MALLORCA. Actividad agrícola-ganadera. Encajes y bordados. Centro de turismo.

MALLORQUÍN, NA. adj. Natural de Mallorca. Ú.t.c.s. ‖ Perteneciente a esta isla. ‖ m. Dialecto que se habla en las islas Baleares, y es una de las variedades del catalán.

MAMA. al. **Euter.** fr. **Mamelon.** ingl. **Mammary gland.** ital. **Mammella; poppa.** port. **Mama.** (Del lat. *mamma.*) f. fam. Voz equivalente a madre, de que usan muchos, especialmente los niños. Modernamente es de más uso *mamá.* ‖ *Anat.* Teta de los mamíferos.

MAMÁ. al. **Mutter; Mama; Mutti.** fr. **Maman.** ingl. **Mam ma.** ital. **Mamma.** port. **Mamãe.** f. fam. Mama, madre.

MAMACALLOS. (De *mamar* y *callos.*) m. fig. y fam. Hombre tonto y apocado.

MAMACITA. f. fam. *Amér.* Mamaíta.

MAMACONA. f. Nombre dado a cada una de las vírgenes ancianas que en los templos de los antiguos incas cuidaban de las vírgenes del Sol. ‖ *Bol.* Jáquima de cuero para las caballerías.

MAMADA. f. fam. Acción de mamar. ‖ Cantidad que toma la criatura cada vez que mama. ‖ *Amér.* Ganga, ventaja.

MAMADERA. f. Instrumento que, en el período de la lactancia, sirve para descargar el pecho de las mujeres. ‖ *Arg., Chile, Nicar., Urug.* y *Ec.* Biberón. ‖ *Cuba* y *P. Rico.* Pezón de goma del biberón.

MAMADO, DA. adj. vulg. Ebrio, borracho. ‖ *Cuba.* Tonto.

MAMADOR, RA. adj. Que mama.

MAMAÍTA. f. fam. dim. de **Mamá.**

MAMALÓN, NA. adj. *Cuba.* Mangón, holgazán.

MAMANCONA. f. *Chile.* Mujer anciana y gorda.

MAMANDURRIA. f. *Amér. del S.* Sinecura, ganga permanente.

MAMANTE. p. a. de **Mamar.** Que mama.

MAMANTÓN, NA. (De *mamante.*) adj. Dícese del mamífero que aún mama. *Ternero* MAMANTÓN.

MAMAR. al. **Saugen.** fr. **Téter.** ingl. **To suck.** ital. **Poppare.** port. **Mamar.** (Del lat. *mammare.*) tr. Succionar la leche de los pechos. ‖ fam. Comer, engullir. ‖ fig. Adquirir una cualidad moral, o aprender algo en la infancia. MAMÓ *la valentía, la generosidad.* ‖ fig. y fam. Obtener, conseguir, por lo general sin méritos para ello. *Enrique ha* MAMADO, *o se ha* MAMADO *un buen puesto.* ‖ Con el pron. *la* como complemento directo, tragar el anzuelo, ser engañado astutamente. Úsase casi solamente en las terceras personas del indefinido: MAMÓLA, MAMÁRONLA. ‖ r. vulg. *Arg.* Emborracharse. ‖ **Mamar y gruñir.** frs. fig. y fam. con que se moteja al que con nada se contenta. ‖ **Mamarse** a uno. frs. fig. y fam. Vencerlo, aturrullarlo; engañarlo duramente. ‖ *Col., Chile* y *Méx.* Madrugarlo, aventajarle en la pelea.

MAMARIO, RIA. adj. *Anat.* Perteneciente a las mamas o tetas en las hembras o a las tetillas en los machos. *Glándula* MAMARIA. ‖ *Anat.* V. **Círculo mamario.**

MAMARRACHADA. f. fam. Conjunto de mamarrachos. ‖ fam. Acción ridícula. *La representación fue una* MAMARRACHADA.

MAMARRACHISTA. com. fam. Persona que hace mamarrachos. *Ese pintor es un* MAMARRACHISTA.

MAMARRACHO. (De *moharracho.*) m. fam. Figura defectuosa y ridícula. sinón.: **adefesio, birria.** ‖ Adorno mal hecho o mal pintado. ‖ Hombre informal, no merecedor de respeto.

MAMBLA. (Del lat. *mammula,* dim. de *mamma,* teta.) f. Montecillo aislado, en forma de teta de mujer.

MAMBORETÁ. m. *Arg.* Insecto ortóptero, grisáceo, delgado y largo. *El* MAMBORETÁ *toma, cuando se posa, la actitud de una persona arrodillada en oración.*

MAMBRÚ. m. *Mar.* Nombre vulgar de la chimenea del fogón de los buques.

MAMBRÚ. *Biog.* V. **Marlborough, Juan Churchill, duque de.**

MAMBULLITA. f. *Chile.* Gallina ciega, juego.

MAMELI, Gofredo. *Biog.* Poeta y patriota ital., autor de la canción *Hermanos de Italia,* adoptada en 1848 como himno nacional (1827-1849).

MAMELÓN. (De *mama,* teta.) m. Colina baja en forma de pezón de teta. ‖ Cumbre de esa forma. ‖ *Anat.* Pezón. ‖ *Cir.* Abultamiento carnoso parecido a un pezoncillo en el tejido cicatrizal de heridas y úlceras.

MAMELONADO, DA. adj. *Cir.* Que tiene mamelones.

MAMELUCA. f. *Chile.* Ramera.

MAMELUCO. (Del ár. *mamluc,* esclavo.) m. Soldado de una milicia de que se servían los soldanes de Egipto. ‖ fig. Hombre necio y bobo. ‖ *Arg.* Mono, traje enterizo de trabajo, compuesto de blusa y pantalón. ‖ *Arg., Cuba* y *Chile.* Vestido de niño con camiseta y calzón de una pieza. MAMELUCO *de franela.* ‖ *Hond.* Calzón bombacho. ‖ pl. *Hist.* V. **Bandeirantes.**

MAMELUCOS. m. pl. *Hist.* Antiguos esclavos traídos del Cáucaso y Circasia como soldados del cuerpo de guardia de los soberanos egipcios, que se adueñaron del poder en 1279. Fueron vencidos por Napoleón en la batalla de las Pirámides en 1798 y exterminados en 1811 por Mehemet Alí. Por alusión a los **mamelucos** de Egipto, diose en Argentina y Brasil ese nombre a las bandas de aventureros paulistas llamados también **bandeirantes.**

MAMELLA. (Del lat. *mamilla.*) f. Cada uno de los apéndices largos y ovalados que tienen a los lados de la parte anterior e inferior del cuello algunos animales; particularmente las cabras.

MAMELLADO, DA. adj. Que tiene mamellas.

MAMERTINOS. (Del osco *Mamert,* Marte.) m. pl. *Hist.* Aventureros del sur de Italia, establecidos en Sicilia, que llamaron a los romanos contra Hierón y los cartagineses en la primera guerra púnica.

MAMEY. (Voz caribe.) m. *Bot.* Árbol gutífero de América, de flores blancas, olorosas, y fruto casi esférico, de pulpa amarilla, aromática y sabrosa, y una o dos semillas semejantes a un riñón de carnero. *Mammea americana.* ‖ Fruto de este árbol. ‖ Árbol sapotáceo de América, de flores rosadas y fruto rojo, ovoide, dulce, con semilla elipsoidal de unos cinco centímetros de largo. ‖ Fruto de este árbol.

MAMÍFERO. al. **Säugetier.** fr. **Mammifère.** ingl. **Mammalian.** ital. **Mammifero.** port. **Mamífero.** (Del lat. *mamma,* teta, y *ferre,* llevar.) adj. *Zool.* Dícese de animales vertebrados, de respiración pulmonar y sangre caliente y roja, generalmente provistos de pelos, con el cráneo articulado sobre la columna vertebral por medio de dos cóndilos occipitales, con corazón de cuatro cavidades y separado, junto con los pulmones, de la cavidad abdominal por un diafragma muscular, y cuyas hembras poseen glándulas mamarias para alimentar a las crías. Ú.t.c.s. ‖ m. pl. *Zool.* Clase de estos animales.

MAMIFORME. adj. De figura de mama o teta.

MAMILA. (Del lat. *mamilla.*) f. *Zool.* Parte principal de la teta o pecho de la hembra, con excepción del pezón. ‖ *Zool.* Tetilla en el hombre.

MAMILAR. adj. *Zool.* Perteneciente a la mamila.

MAMITA. f. fam. *Amér.* Mamaíta.

MAMITIS. f. *Med.* Inflamación de las mamas.

MAMOLA. (De *mamar* y el pron. *la.*) f. Caricia o burla que se hace poniendo la mano debajo de la barba de otro. Hácese comúnmente a los niños. ‖ **Hacer** a uno **la mamola.** frs. Darle golpecitos debajo de la barba en señal de mofa o chacota. ‖ fig. y fam. Engañar con caricias fingidas.

MAMÓN, NA. adj. Que todavía mama. Ú.t.c.s. *Ternero* MAMÓN. ‖ Que mama mucho, o más tiempo del regular. Ú.t.c.s. ‖ V. **Diente mamón.** ‖ m. Chupón de árbol. ‖ Árbol sapindáceo de América intertropical, de fruto en drupa con pulpa acídula y comestible. ‖ Fruto de este árbol. ‖ *Arg.* Papayo. ‖ Fruto de este árbol. ‖ *Hond.* y *Guat.* Garrote, palo. ‖ *Méx.* Bizcocho de almidón y huevo.

MAMONA. f. Mamola.

MAMONCILLO. m. *Cuba.* Árbol de tronco corto y copa ancha, de fruto agridulce astringente. ‖ Fruto de este árbol.

MAMONEADA. f. *Guat.* y *Hond.* Acción de mamonear.

MAMONEAR. tr. *Guat.* y *Hond.* Dar golpes con un mamón o garrote.

MAMORÉ. *Geog.* Río del centro N. de Bolivia. Baja de los Andes orientales con el nombre de Grande o Guapay y, con una dirección S.N., des. en el río Guaporé. 1.800 km.

MAMOSO, SA. adj. Dícese de la criatura o cachorro que mama bien. ‖ Dícese de cierta especie de panizo.

MAMOTRETO. (Del gr. *mammóthreptos.*) m. Libro o cuaderno de apuntes. ‖ fig. y fam. Libro o legajo muy abultado, principalmente si es deforme. ‖ fam. Armatoste.

MAMPARA. (Del ant. *mamparar,* amparar, y éste del lat. *manu parare,* proteger con la mano.) f. Cancel movible, hecho con bastidor de madera, cubierto de piel o tela, y que sirve para cubrir las puertas y para otros usos. ‖ *Méx.* Puerta. ‖ IDEAS AFINES: *División, separación, tabique, biombo, pared, provisional, paramento, cerrar, ocultar, pantalla.*

MAMPARO. (De *mampara.*) m. *Mar.* Tabique con que se forman compartimientos en lo interior de un barco.

MAMPATO, TA. adj. *Chile.* Dícese del animal de piernas cortas.

MAMPORRO. (De *mano* y *porra.*) m. fam. Golpe o coscorrón que daña poco.

MAMPOSTEAR. (De *mampuesta.*) tr. *Arq.* Trabajar en mampostería.

MAMPOSTERÍA. (De *mampostero.*) f. Obra hecha con mampuestos colocados sin ordenación de hiladas o tamaños. *Un puente de* MAMPOSTERÍA. ‖ Oficio de mampostero. ‖ **— concertada.** Aquella en cuyos paramentos se colocan los mampuestos rudamente labrados sin sujeción a escuadra, para que ajusten mejor. ‖ **— en seco.** La que se hace colocando los mampuestos sin argamasa. ‖ **— ordinaria.** La que se hace con mezcla o argamasa.

MAMPOSTERO. m. El que trabaja en obras de mampostería. ‖ Recaudador o administrador de rentas y otras cosas.

MAMPRESAR. (Del lat. *manus,* mano, y *pressare,* oprimir.) tr. Empezar a domar las caballerías cerriles.

MAMPUESTA. (De *mampuesto.*) f. Hilada de mampuestos.

MAMPUESTO, TA. (De *mano* y *puesto.*) adj. Dícese del material usado en la obra de mampostería. ‖ m. Piedra sin labrar que se puede colocar con la mano en la obra. ‖ Reparo, parapeto. ‖ *Amér.* Cualquier objeto en que se apoya el arma de fuego para lograr puntería. ‖ **De mampuesto.** m. adv. De repuesto. ‖ Desde un parapeto, a cubierto.

MAMUJAR. tr. Mamar con desgano, dejando el pecho y volviéndolo o tomar.

MAMULLAR. tr. Comer o mascar con ademanes y gestos parecidos a los que hace el que mama. ‖ fig. y fam. Mascullar.

MAMUT. (Del ant. ruso *mammot.*) m. *Paleont.* Especie fósil del elefante, extendida por las regiones de clima frío a principios del cuaternario. *Elephas primigenius. En Siberia, se han encontrado algunos* MAMUTES *perfectamente conservados.* ‖ IDEAS AFINES: *Prehistoria, antediluviano, paquidermo, proboscidio, mastodonte, osamenta, musco, colmillo, marfil, trompa.*

MAN. f. ant. Apócope de **Mano.** ‖ **A man salva.** m. adv. **A mansalva.**

MAN. *Geog.* Isla británica del mar de Irlanda. 572 km². 60.000 h. Posee instituciones legislativas propias. Cap. DOUGLAS. Centro turístico.

MANA. f. *Amér. Central* y *Col.* Manantial. ‖ *Bol.* Dulce de maní.

MANÁ. al. **Manna.** fr. **Manne.** ingl. **Manna.** ital. **Manna.** port. **Maná.** (Del lat. *manna,* y éste del hebr. *man,* ¡que!, por la extrañeza de los hebreos cuando lo vieron por primera vez.) m. Manjar que les caía del cielo a los judíos que vagaron por el desierto durante cuarenta años después de la salida de Egipto. ‖ Substancia gomosa y azucarada que fluye de varios árboles, como el fresno y el eucalipto, usada como purgante. ‖ V. **Hierba del maná.** ‖ – **líquido.** Terebinto.

MANABÍ. *Geog.* Provincia del N.O. del Ecuador. 18.923 km². 895.000 h. Caña de azúcar, algodón, cacao, etc. Cap. PORTOVIEJO.

MANACA. f. *Cuba* y *Hond.* Palma de Centro América que se emplea para la construcción de cobertizos rústicos.

MANACO. m. *Guat.* Manaca.

MANACOR. *Geog.* Ciudad de España, en las islas Baleares (Mallorca). 20.500 h. Productos alimenticios. Centro turístico.

MANADA. al. **Herde.** fr. **Troupeau.** ingl. **Flock; herd.** ital. **Gregge.** port. **Manada.** (Del b. lat. *menata,* y éste del lat. *mínare,* conducir el ganado.) f. Hato de ganado de un pastor. ‖ Conjunto de ciertos animales de la misma especie que andan juntos. MANADA *de cabras, de ovejas, de pavos.* ‖ **A manadas.** m. adv. En gran número. ‖ IDEAS AFINES: *Reunión, tropa, recua, majada, zagal, redil, apacentar, lobos, aullido.*

MANADA. f. Porción de hierba, trigo, etc., que se puede coger de una vez con la mano.

MANADERO. m. Pastor de una manada de ganado.

MANADERO, RA. adj. Dícese de lo que mana. ‖ m. Manantial.

MANAGER. (Voz ingl.: pronúnc. *mánayer.*) m. Anglicismo por promotor, empresario, administrador, apoderado, director, etc., según los casos.

MANAGUA. *Geog.* Lago de Nicaragua, sit. al norte del lago de este nombre. 1.134 km². ‖ Departamento del O. de Nicaragua. 3.635 km². 490.000 h. Café, caña de azúcar. ‖ C. de Nicaragua, cap. del dep. homónimo y de la república, sit. a orillas del lago de igual nombre. 450.000 h. Es. el centro de actividades económicas, políticas y culturales del país. En 1972 fue semidestruida por un terremoto.

MANAGUACO, CA. adj. *Cuba.* Rústico, torpe. ‖ Dícese del animal manchado de blanco en las patas y en el hocico.

MANAJÚ. m. *Cuba.* Árbol espinoso, gutífero, de madera dura, del que se extrae una resina amarilla usada para curar heridas. *Rheedea aristata.*

MANANTE. (Del lat. *manans, -antis.*) p. a. de **Manar.** Que mana.

MANANTIAL. al. **Quelle.** fr. **Source.** ingl. **Spring; source.** ital. **Sorgente.** port. **Manancial.** (De *manante.*) adj. V. **Agua manantial.** ‖ m. Nacimiento de las aguas. ‖ fig. Origen y principio de una cosa. *Su corazón era* MANANTIAL *inagotable de bondades*; sinón.: **venero.** ‖ IDEAS AFINES: *Fuente, sed, frescura, pureza, cristalina, surgente, artesiano, brotar, napa, chorro, fluir, géiser, termas.*

MANANTÍO, A. (De *manante.*) adj. y s. Que mana.

MANAOS. *Geog.* C. y puerto del Brasil, capital del Est. de Amazonas, sobre el río Negro. 335.000 h. Comercio del caucho.

MANAPIRE. *Geog.* Río de Venezuela (Guárico) afl. del Orinoco. 315 km.

MANAR. al. **Quellen; rinnen.** fr. **Jaillir.** ingl. **To flow out.** ital. **Zampillare.** port. **Manar.** (Del lat. *manare.*) intr. Brotar de una parte un líquido. Ú.t.c.tr. *De la, fuente* MANABA *agua fresca;* sinón.: **nacer, surgir.** ‖ fig. Abundar una cosa. *La tierra* MANABA *en frutos.*

MANARE. m. Cedazo de palma usado en Venezuela para cerner el almidón de la yuca.

MANASÉS. *Hist. Sagr.* Patriarca judío, hijo mayor de José (s. XVIII a. de C.). ‖ Rey de Judá de 694 a 639 a. de C.

MANATÍ. (Voz caribe.) m. Mamífero sirenio de las costas orientales americanas, de unos cinco metros de longitud y de forma algo parecida a la de las focas; su piel es cenicienta, velluda, y de tres a cuatro centímetros de espesor, y los miembros torácicos tienen forma de aletas terminadas por manos, y tan desarrollados, que la hembra los utiliza para sostener a sus hijuelos mientras maman. Es animal herbívoro y su carne y grasa son muy estimadas. ‖ Tira de la piel de este animal con la que, después de seca, se hacen látigos y bastones.

MANAURE, Mateo. *Biog.* Pintor ven. cuyas audaces concepciones se dan casi siempre en cuadros de grandes dimensiones. Obras.: *Desnudo; Mural; Óleo,* etc. (n. 1926).

MANAZA. f. aum. de **Mano.**

MANCACABALLOS. m. Coleóptero de Chile que pica a los caballos en el casco.

MANCAMIENTO. m. Acción de mancar o mancarse. ‖ Falta, defecto de una cosa.

MANCAPERRO. m. Planta leñosa del sur de España, cultivada en los jardines. ‖ *Cuba.* Especie de ciempiés.

MANCAR. (De *manco.*) tr. Lisiar, herir a uno en las manos, impidiéndole el libre uso de ambas, o de una de ellas. Ú.t.c.r., y se suele extender a otros miembros. ‖ p. us. Hacer manco o defectuoso.

MANCARRÓN, NA. adj. aum. de **Manco.** ‖ Matalón. Ú.t.c.s. ‖ *Arg.* y *Chile.* Dícese de la persona que se ha inutilizado para el trabajo. ‖ m. *Chile* y *Perú.* Caballón para detener una corriente de agua.

MANCEBA. (De *mancebo.*) f. Concubina.

MANCEBETE. m. dim. de **Mancebo.**

MANCEBÍA. f. Casa pública de mujeres de vida airada. sinón.: **burdel, prostíbulo.** ‖ V. **Casa de mancebía.** ‖ Mocedad, travesura o diversión deshonesta.

MANCEBO. (Del lat. *mancipium,* servidor.) m. Mozo de pocos años. ‖ Hombre soltero. ‖ En algunos oficios y artes, el que trabaja por un salario, y en especial el ayudante del farmacéutico. ‖ Empleado de un establecimiento mercantil que no tiene categoría de factor.

MÁNCER. (Del lat. *manzer,* y éste del hebr. *mamzer.*) m. Hijo de mujer pública. Ú.t.c.adj.

MANCERA. (De un deriv. del lat. *mánica,* de *manus,* mano.) f. Esteva del arado. *Empuñar la* MANCERA.

MANCERINA. (Tomó nombre del marqués de *Mancera,* virrey del Perú desde 1639 a 1648.) f. Plato con una abrazadera circular en el centro, donde se coloca la jícara en que se sirve el chocolate.

MANCILLA. (Del lat. *mancella.*) f. fig. Mancha. desdoro.

MANCILLAR. tr. y r. fig. Amancillar, infamar, MANCILLASTE *tu buena fama;* sinón.: **deshonrar, empañar.** ‖ deriv.: **mancillado, da; mancillador, ra.**

MANCINI, Pascual E. *Biog.* Jurisc. y político ital., autor de *De la nacionalidad como fundamento del derecho de gentes; La Iglesia y el Estado,* etc. (1817-1888).

MANCIPACIÓN. (Del lat. *mancipatio, -onis.*) f. *Der.* Enajenación que los romanos hacían de una propiedad ante cinco testigos y con ciertas solemnidades. ‖ Venta y compra.

MANCIPAR. (Del lat. *mancipare,* de *manus,* mano y *cápere,* coger.) tr. y r. Sujetar. esclavizar a uno.

MANCISIDOR, José. *Biog.* Novelista mex. de inquietudes políticas, autor de *Frontera junto al mar; La ciudad roja* etc. (1894-1956).

MANCO, CA. al. **Einarmig.** fr **Manchot.** ingl. **One handed** ital. **Monco.** port. **Manco.** (Del lat. *mancus.*) adj. Dícese de la persona o animal a quien falta un brazo o mano, o tiene perdido el uso de cualquiera de ellos. Ú.t.c.s. *Caballo* MANCO ‖ fig. Defectuoso, falto de alguna parte necesaria. *Demostración* MANCA; sinón.: **incompleto.** ‖ *Mar.* Decíase del bajel sin remos. ‖ m. *Chile.* Caballo malo o flaco. ‖ **No ser uno manco.** frs. fig. y fam. **No ser cojo ni manco.** ‖ Ser poco escrupuloso para apropiarse de lo ajeno. ‖ Ser largo de manos. ‖ IDEAS AFINES: *Lisiado, invalidez, accidente, mancar, mutilar, amputar, zurdo, muñón, cabestrillo, ortopedia; Cervantes.*

MANCO CÁPAC I. *Biog.* Fundador del imperio incaico y primer inca. Hijo del Sol según la leyenda, llegó al Cuzco procedente de la región del lago Titicaca. Instituyó el culto del Sol, dio una legislación a su pueblo y le enseñó la agricultura (s. XII). ‖ – **II.** Último inca del Perú, hermano de Huáscar y Atahualpa, a quien sucedió ayudado por Pizarro. Sublevóse contra los españoles, y fue derrotado (aprox. 1500-1544).

MANCOMÚN (DE). (De *man,* mano y *común.*) m. adv. De acuerdo dos o más personas, o en unión de ellas. DE MANCOMÚN *decidieron vender.*

MANCOMUNADAMENTE. adv. m. **De mancomún.**

MANCOMUNAR. (De *mancomún.*) tr. Unir personas, fuerzas o bienes para algún fin. *Varias empresas* MANCOMUNARON *sus capitales;* sinón.: **aunar, asociar;** antón.: **desunir.** ‖ *Der.* Obligar a dos o más personas de mancomún a pagar o ejecutar algo entre todas y por partes. ‖ r. Asociarse, obligarse de mancomún.

MANCOMUNIDAD. (De *mancomún.*) f. Acción y efecto de mancomunar o mancomunarse. ‖ En España, corporación legalmente constituida por agrupación de municipios o provincias.

MANCORNA. f. *Amér.* Gemelos, o juego de dos botones iguales. ‖ *Méx.* Broche, presilla. ‖ pl. *Col.* y *Méx.* Mancuerna.

MANCORNAR. (De *mano* y *cuerno.*) tr. Poner a un novillo con los cuernos en la tierra, inmovilizándolo. ‖ Atar una cuerda a la mano y cuerno de un mismo lado de una res vacuna para evitar que huya. ‖ Colocar la mano de la res derribada en el suelo sobre el cuerno del mismo lado, para evitar que se levante. ‖ Atar dos reses por los cuernos para que anden juntas. ‖ fig. y fam. Unir dos cosas de una misma especie. ‖ irreg. Conj. como **contar.**

MANCORNERA. f. *Chile.* Correa para levantar o bajar los estribos cuando la ación es fija.

MANCUERDA. (De *man,* mano, y *cuerda.*) f. Tormento que consistía en atar al reo con ligaduras que se iban apretando por vueltas de una rueda.

MANCUERNA. (De *mancornar.*) f. Pareja de animales u objetos mancornados. MANCUERNA *de bueyes.* ‖ Correa para mancornar reses. ‖ *Cuba.* Porción de tallo de tabaco con un par de hojas adheridas.

MANCUERNILLAS. f. pl. *Hond.* Mancornas.

MANCHA. al. **Fleck.** fr. **Tâche.** ingl. **Stain; spot.** ital. **Macchia.** port. **Mancha..** (Del lat. *mácula.*) f. Señal hecha en un cuerpo por algo que lo ensucia o echa a perder. MANCHAS *de grasa.* ‖ Parte de una cosa de distinto color que el resto. MANCHAS *de la piel.* ‖ Pedazo de terreno que se distingue de los contiguos por alguna calidad. ‖ Conjunto de plantas de algún terreno, diferenciándolo de los colindantes. ‖ Banco de peces, majal, manjúa. ‖ fig. Deshonra. *Una* MANCHA *imborrable;* sinón.: **lacra.** ‖ Nombre dado por los astrónomos a los detalles más o menos oscuros que visualizan en los astros. ‖ *Arg.* Carbunco del ganado. ‖ Juego de niños en que uno corre a varios, y cuando consigue tocar a otro, éste debe seguir persiguiendo a los demás. ‖ *Ec.* Enfermedad del cacao. ‖ *Hond.* Círculo pequeño, señalado en el suelo, para cierto juego de trompos. ‖ *Astron.* Mácula solar. ‖ *Pint.* Pintura de estudio en boceto sin concluir. ‖ **Cundir como mancha de aceite.** frs. fig. y fam. Divulgarse mucho una noticia. ‖ **Salir la mancha.** frs. Quitarse de la ropa o sitio en que estaba. ‖ Volver a aparecer. ‖ IDEAS AFINES: *Suciedad, salpicadura, punto, marca, pinta, peca, sarampión; moteado, overo, tobiano, tigre; delantal, jabón, lejía, detergente, quitamanchas.*

MANCHA. *Geog.* Departamento de Francia (Baja Normandía). 5.947 km². 460.000 h. Producción agrícola-ganadera. Cap. SAINT LO. ‖ **Canal de la –.** Brazo de mar que separa a Gran Bretaña de Francia. Junto con el paso de Calais comunica al Atlántico con el mar del Norte. ‖ **La –.** Nombre de una región española que comprende casi toda la prov. de Ciudad Real, y parte de las de Toledo, Cuenca y Albacete. Llana y árida. Cereales, vid, olivo. Vinos de calidad. Cervantes la hizo famosa en *Don Quijote.*

MANCHADIZO, ZA. (De *manchado.*) adj. Que se mancha fácilmente.

MANCHADO, DA. adj. Que tiene manchas. *Piel* MANCHADA. ‖ V. **Picaza manchada.**

MANCHAO. *Geog.* Macizo de la Argentina (Catamarca) sit. al N.O. de la capital de la prov. 4.000 m. de altura.

MANCHAR. (De *mancha*) tr. Poner sucia una cosa, quitándole en alguna parte su color. Ú.t.c.r. SE MANCHÓ *los dedos con tinta;* antón.: **limpiar.** ‖ fig. Deslustrar la fama, deshonrar. ‖ *Pint.* Ir metiendo las masas de claro y obscuro, antes de unirlas y empastarlas. ‖ *Hond.* Jugar a los trompos con círculos o manchas.

MANCHEGO, GA. adj. Natural de la Mancha. Ú.t.c.s. *El caballero* MANCHEGO. ‖ Perteneciente a esta región de España. ‖ V. **Seguidillas manchegas.** Ú.t.c.s.

MANCHESTER. *Geog.* Ciudad de Gran Bretaña, en Inglaterra (Lancaster). Constituye un conglomerado urbano con 2.500.000 h. Un canal fluvial de 57 km. (a través del río Mersey) la une a Liverpool. Industria textil algodonera. Máquinas textiles, automóviles, locomotoras.

MANCHÓN. m. aum. de **Mancha.** ‖ Pedazo de terreno en sembrados y matorrales, en que las plantas nacen muy juntas. *La vegetación formaba* MANCHONES. ‖ Parte de una tierra de labor que se deja por un año para pastoreo.

MANCHONERO, RA. s. *Hond.* Persona que trabaja el añil.

MANCHOSO, SA. adj. Manchadizo.

MANCHÚ. adj. Natural de Manchuria. Ú.t.c.s. ‖ Perteneciente a esta región asiática. *Carbón* MANCHÚ.

MANCHUELA. f. dim de **Mancha.**

MANCHUKÚO. *Geog. histór.* Nombre con que se designó a Manchuria mientras fue Estado independiente (1932-1945).

MANCHURIA. *Geog.* Región del Asia oriental que fuera sucesivamente prov. china, república independiente, imperio y, desde 1945, integra la Rep. China. 1.058.814 km². 68.000.000 de h. Cap. CHANGCHÚN. Zona agrícola, minera e industrial. Carbón, hierro, cinc. Siderurgia. Sedas. Desde 1934 hasta 1945 se llamó Manchukúo.

MANDA. (De *mandar.*) f. Oferta que una persona hace a otra de darle alguna cosa. ‖ Legado en testamento o codicilo.

MANDADERA. f. La que hace mandados. ‖ Demandadera.

MANDADERO, RA. al. **Botengänger.** fr. **Chasseur.** ingl. **Porter.** ital. **Messaggero.** port. **Mandadeiro.** adj. Bienmandado. ‖ s. Demandadero.

MANDADO. (Del lat. *mandátum.*) m. Orden, mandamiento. || Comisión dada en lugar distinto de aquel en que ha de ser desempeñada.

MANDADOR. m. *Ven.* Arreador, látigo.

MANDALAY. *Geog.* Ciudad del centro de Birmania, ant. capital del país. 409.000 h. Importante centro budista.

MANDAMIENTO. m. Precepto u orden. || Cada uno de los preceptos del Decálogo y de la Iglesia. *Observar los* MANDAMIENTOS. || *Der.* Despacho escrito del juez, mandando hacer alguna cosa. || pl. fig. y fam. Los cinco dedos de la mano, en frases como éstas: *Come con los cinco* MANDAMIENTOS; *le puso en la cara los cinco* MANDAMIENTOS.

MANDANGA. f. Pachorra.

MANDANTE. p. a. de **Mandar.** || com. *Der.* Persona que nombra mandatario.

MANDAR. al. **Befehlen; senden.** fr. **Commander; envoyer.** ingl. **To command; to send.** ital. **Comandare; spedire; inviare.** port. **Mandar.** (Del lat. *mandare.*) tr. Ordenar el superior al súbdito; obligar a cumplir un precepto. *El juez le* MANDÓ *que pagara*; sinón.: **imponer.** || Legar. || Prometer una cosa. || Enviar. MANDAREMOS *un regalo.* || Encargar, encomendar. || vulg. *Amér.* Dar, tirar, arrojar. || Convidar a la ejecución de alguna cosa. MÁNDESE *entrar, y cuénteme cómo le ha ido.* || *Equit.* Dominar el caballo con destreza. || intr. Regir, gobernar. Ú.t.c.tr. || r. Moverse, manejarse uno por sí mismo. Dícese comúnmente de los enfermos. || En los edificios, tener una pieza comunicación con otra. || Servirse de una puerta, escalera u otra comunicación. || *Cuba.* Propasarse, desmandarse. || *Cuba* y *Chile.* Irse, marcharse. || *Chile.* Ofrecerse para una diligencia. || *Dom.* Huir. || **Bien mandado.** loc. **Bienmandado.** || **Mal mandado.** loc. **Malmandado.** || **Mandar cambiar** a uno. frs. fam. *Chile., Ec.* y *Perú.* Despedirlo. || **Mandarse cambiar,** o **mudar.** frs. fam. *Amér. del S.* Largarse, marcharse. *Al ver feo el asunto,* SE MANDÓ MUDAR. || IDEAS AFINES: *Exigir, intimar, forzar, sugerir, aconsejar, prescribir, determinar, tiranizar, capataz, jefe, gobernante, ley, ordenanza, edicto, bando, ultimátum, reglamento, decreto, decisión.*

MANDARÍN. (Del port. *mandarim.*) m. El que en la China y otros países asiáticos tiene a su cargo el gobierno de una ciudad, o la administración de justicia. || fig. y fam. Persona que ejerce un cargo y es tenida en poco.

MANDARÍN, El. *Lit.* Novela de José María Eça de Queiroz. Publicada en 1879, es un agudo estudio de las costumbres burguesas, y a la característica prosa naturalista del autor suma finos elementos de exotismo oriental.

MANDARINA. adj. Dícese de la lengua culta de China. Ú.t.c.s. || Dícese de una especie de naranja pequeña, de pulpa muy dulce y cáscara fácil de separar. Ú.t.c.s.

MANDARINATO. m. Cargo de mandarín. || Tiempo que dura.

MANDARINERO. m. Mandarino.

MANDARINO. m. Arbolillo semejante al naranjo, pero de hojas y flores más pequeñas, y cuyo fruto es la mandarina; es originario de China e Indochina. *Citrus nobilis,* rutáceo.

MANDARRIA. f. *Mar.* Maza de hierro que se emplea para meter o sacar pernos en los costados de las naves.

MANDATARIO. (Del lat. *mandatarius.*) m. *Amér. del S.* y *Guat.* Gobernante. Ú. especialmente para designar al jefe de Estado. *El primer* MANDATARIO. || *Der.* Persona que acepta la representación personal de un mandante, o el desempeño de negocios. || IDEAS AFINES: *Jefe, gobernador, presidente, comandante, estadista; encargado, comisionado, representante, agente, subordinado.*

MANDATO. (Del lat. *mandátum.*) m. Orden o precepto que el superior impone a los súbditos. || Ceremonia eclesiástica que se celebra el Jueves Santo lavando los pies a 12 personas, en memoria de haberlos lavado Jesucristo a los 12 apóstoles la noche de la cena. || Sermón que se predica en ese acto. || *Der.* Contrato consensual por el que una de las partes confía su representación personal, o la gestión de algún negocio a la otra, que lo toma a su cargo. || Representación que por la elección se confiere a los diputados, concejales, etc. *Terminación del* MANDATO. || – **imperativo.** Aquel en que los electores fijan el sentido en que los elegidos han de emitir su voto. || – **internacional.** Potestad tutelar que, conferida por un organismo internacional, ejerce un Estado sobre pueblos de cultura y capacidad política atrasadas. || IDEAS AFINES: *Ley, dictamen, prescripción, obligación, imposición; enviado, ministro, encargado, responsable, mediador.*

MANDERECHA. f. Mano derecha. || **Buena manderecha.** frs. fig. Buena suerte.

MANDEVILLE, Bernardo de. *Biog.* Filósofo ingl. de origen hol., cuya obra *La colmena zumbadora* influyó en el pensamiento del s. XIX (aprox. 1670-1733).

MANDI. m. *Arg.* Especie de bagre de unos sesenta centímetros de largo y de carne muy estimada.

MANDÍBULA. al. **Kinnlade.** fr. **Mâchoire.** ingl. **Jaw.** ital. **Mandibola.** port. **Mandíbula.** (Del lat. *mandíbula,* de *mándere,* mascar, comer.) f. Quijada. || *Zool.* Cada una de las dos piezas córneas que forman el pico de las aves; y también cada una de las piezas duras que los reptiles, anfibios, peces y algunos articulados tienen a los lados o alrededor de la boca, y les sirven para triturar los alimentos. *El chimpancé posee robustas* MANDÍBULAS. || **Reír a mandíbula batiente.** frs. fam. Dar rienda suelta a la risa.

MANDIBULAR. adj. Perteneciente a las mandíbulas.

MANDIL. (Del lat. *mantile.*) m. Prenda de cuero o tela fuerte, que, colgada del cuello, se usa en algunos oficios para preservar la ropa desde lo alto del pecho hasta por bajo de las rodillas. MANDIL *de herrero.* || Delantal. || Insignia de que usan los masones, en representación del **mandil** de los obreros. || Pedazo de bayeta con que se da al caballo la última mano de limpieza. || Red de pescar de mallas muy estrechas. || *Arg.* y *Chile.* Paño con que se cubre el lomo de la cabalgadura.

MANDILAR. tr. Limpiar el caballo con un paño o mandil.

MANDILEJO. m. dim. de **Mandil.**

MANDILETE. m. *Art.* Portezuela que cierra la tronera de una batería.

MANDILÓN. (aum. de *mandil.*) m. fam. Hombre cobarde y apocado. sinón.: **medroso, pusilánime.**

MANDINGA. adj. y s. Individuo de una raza de negros del alto Senegal y el alto Níger. || m. fam. *Amér.* Pateta, el diablo. || com. fig. y fam. *Arg.* Persona viva y traviesa. *Aquel chico es un* MANDINGA.

MANDIOCA. (Del guaraní *mandiog.*) f. Arbusto euforbiáceo de regiones subtropicales de América, anual, cultivado, de hojas palmeadas, flores unisexuales y fruto en cápsula. De su raíz tuberosa, amarillenta y gruesa, se extrae harina, almidón y tapioca. *Manihot utilissima.* || Harina que se extrae de la raíz de esta planta, empleada en alimentación.

MANDO. al. **Befehl.** fr. **Commandement.** ingl. **Command.** ital. **Comando.** port. **Mando.** (De *mandar.*) m. Autoridad, poder. *Tenía la ambición de* MANDO. || V. **Voz de mando.** || || **Tener** uno **el mando y el palo.** frs. fig. y fam. Tener absoluto poder y dominio.

MANDOBLE. (De *man,* mano, y *doble.*) m. Cuchillada o golpe que se da esgrimiendo el arma con ambas manos. || fam. Espada grande. || fig. Amonestación áspera.

MANDOLÍN. m. **MANDOLINA.** f. y **MANDOLINO.** m. Dígase **bandola** o **bandolín.**

MANDÓN, NA. adj. Que ostenta excesiva autoridad o manda más de lo debido. Ú.t.c.s. || m. Antiguamente, jefe de tropa irregular. || *Amér.* Capataz de mina. || *Chile.* El que da la voz de partida en ciertas carreras de caballos.

MANDRACHE. m. Mandracho.

MANDRACHERO. (De *mandracho.*) m. En algunas partes, garitero que tiene juego público en su casa.

MANDRACHO. (Desp. de *mandra.*) m. En algunas partes, casa de juego público.

MANDRÁGORA. (Voz gr.) f. Planta herbácea, sin tallo, de hojas anchas y rugosas y flores malolientes en forma de campanilla, blanquecinas y rojizas, fruto en baya semejante a una manzana, de olor fétido. Acerca de ella se han tejido muchas leyendas y supersticiones, la mayoria relacionadas con la forma semejante a la humana que se creía ver en su raíz bifurcada. *Mandragora officinarum.*

MANDRÁGULA. f. fam. Mandrágora.

MANDRIA. adj. y s. Apocado, inútil, pusilánime.

MANDRIL. (En fr. *mandril.*) m. Mono catirrino africano, de un metro aproximadamente de longitud, con la cabeza pequeña, hocico largo, pelaje espeso, pardo en la parte superior y azulado en las inferiores, nariz roja, chata, con alas largas, arrugadas, eréctiles y de color azul obscuro, y cola corta y levantada. *Mandrillus mormon.*

MANDRIL. (En fr. *mandrin*; en ingl. *mandrel.*) m. Pieza de forma cilíndrica, provista de mordazas, en que se asegura lo que se ha de tornear. || *Cir.* Vástago de madera, metal, etc., que, introducido en ciertos instrumentos huecos, sirve para facilitar la penetración de éstos en determinadas cavidades.

MANDRÓN. m. Bola grande, por lo común de piedra, que se arrojaba con la mano, como proyectil de guerra. || Máquina bélica que servía para arrojar piedras.

MANDUVÍ. (Voz guaraní.) m. *Arg.* y *Bol.* Maní, cacahuete.

MANDUCAR. (Del lat. *manducare.*) intr. fam. Comer, tomar alimento. || tr. fam. Comer, tomar algo por alimento. || deriv.: **manducación.**

MANDUCATORIA. (De *manducar.*) f. fam. Comida.

MANEA. (Del m. or. que *manear.*) f. Maniota.

MANEADOR. m. *Amér.* Tira de cuero que sirve para atar el caballo, apiolar animales, etc.

MANEAR. (De un deriv. del lat. *manus,* mano.) tr. Poner maneas a las caballerías. || Manejar. || r. *Chile.* Maniatarse; embarazarse en un negocio.

MANECILLA. al. **Zeiger.** fr. **Aiguille.** ingl. **Hand.** ital. **Lancetta.** port. **Agulha.** f. dim. de **Mano.** || Broche con que se cierran algunas cosas. MANECILLA *de una cartera.* || Signo en forma de mano, con el índice extendido, que suele ponerse en impresos y escritos para llamar la atención. || Saetilla que en el reloj y en otros instrumentos indica las horas, los grados, etc. || *Bot.* Zarcillo de las plantas trepadoras.

MANECITA. f. dim. de **Mano.**

MANEJABLE. adj. Que se maneja fácilmente.

MANEJADO, DA. adj. *Pint.* Con los adv. *bien* o *mal,* y otros semejantes, pintado con soltura o sin ella.

MANEJAR. al. **Bedienen; fahren.** fr. **Conduire; guider; employer.** ingl. **To handle; to drive.** ital. **Maneggiare; dirigere; condurre.** port. **Manejar.** (Del lat. *manica,* de *manus,* mano.) tr. Usar o traer entre las manos una cosa. MANEJAR *la pluma, la espada;* sinón.: **manipular.** || fig. Gobernar, dirigir. Ú.t.c.r. *Miguel se* MANEJÓ *bien en esas compras.* || r. Adquirir agilidad después de haber tenido algún impedimento. *¿Puedes* MANEJARTE *o quieres que te ayude?* || IDEAS AFINES: *Llevar, mover, servirse, tomar, conducir, comandar, pilotar, mandar, ordenar, conductor, chofer.*

MANEJO. m. Acción y efecto de manejar o manejarse. *El* MANEJO *de un automóvil.* || Arte de manejar los caballos. || fig. Dirección de un negocio. *El* MANEJO *de la hacienda*; sinón.: **gobierno.** || Intriga. *¡En qué* MANEJOS *andará!*

MANEOTA. (De *manea.*) f. Maniota.

MANEQUÍ. m. Dígase **maniquí.**

MANERA. al. **Art; Weise.** fr. **Manière; façon.** ingl. **Manner; way.** ital. **Maniera; modo.** port. **Maneira.** (Del lat. *manuaria,* term. f. de *-rius,* manero.) f. Modo con que se ejecuta o acaece una cosa. MANERA *de ordenar.* || Porte y modales de una persona. Ú.m. en pl. || Abertura lateral en las sayas de las mujeres, por la que pasan las manos hasta alcanzar las faltriqueras. || Bragueta. || Calidad o clase de las personas. || *Pint.* Modo y carácter que un pintor o escultor da a sus obras. *La* MANERA *de Rodin.* || **A la manera.** m. adv. **A semejanza.** || **A manera.** m. adv. Semejantemente. *El niño usaba la escoba* A MANERA *de caballo.* || **De esa manera.** m. adv. Según eso. || **De manera que.** m. conj. **De suerte que.** DE MANERA QUE *nos hemos entendido.* || **En gran manera.** m. adv. En alto grado, mucho, muy. || **Mal y de mala manera.** loc. adv. fam. De mala gana, torpe y atropelladamente. || **Sobre manera.** m. adv. Excesivamente, en extremo. *En ese campo abundan* SOBRE MANERA *los cardos.* || **De todas maneras, aguaderas.** ref. que expresa que un asunto no tiene solución satisfactoria, o que, aun en el caso menos favorable, el perjuicio posible no tiene importancia. || IDEAS AFINES: *Forma, disposición, costumbre, buena voluntad; carácter, personalidad, conducta, educación, distinción, propiedad, cultura, aristocracia, delicadeza, tino, naturalidad, afectación.*

MANERO, RA. (Del lat. *manuarius,* de *manus,* mano.) adj. *Cetr.* Dícese del azor o el halcón enseñados a venir a la mano.

MANES. (Del lat. *manes.*) m. pl. *Mit.* Dioses infernales que purifican las almas de diferentes maneras. || fig. Sombras o almas de los muertos. *Los* MANES *ancestrales.*

MANES o **MANI.** *Biog.* V. **Maniqueo.**

MANESSIER, Alfredo. *Biog.* Pintor fr., autor de *El velo de la Verónica; Corona de espinas,* y otros cuadros de formas abstractas (n. 1911).

MANET, Eduardo. *Biog.* Pintor fr.; su obra es considerada la unión entre el realismo y el impresionismo y la iniciación de la pintura moderna. Instinto de la luz y el color, eliminación de sombras opacas, yuxtaposición de tonos claros y contrastes son las características de su pincel. Obras: *El balcón; Olympia; Almuerzo en el atelier; El flautista; Fusilamiento del emperador Maximiliano; El almuerzo campestre,* etc. (1832-1883).

MANETO, TA. adj. *Amér. Central* y *Col.* Manco o lisiado de las manos. || *Col., Guat.* y *Ven.* Patizambo. || *Ec.* Chambón.

MANETÓN. *Biog.* Sac. e historiador egipcio, autor de una *Historia de Egipto,* en que agrupa a los faraones en treinta dinastías (s. III a. de C.).

MANEZUELA. f. dim. de **Mano.** || Manecilla, broche. || Manija, mango.

MANFLA. f. fam. Mujer con quien se tiene trato ilícito.

MANFLORA. m. *R. de la Plata.* Hermafrodita. || fig. y fam. Hombre afeminado en su voz o en sus modales y acciones. Ú.t.c. adj.

MANFLORITA. adj. *Amér.* Afeminado. Ú.t.c.s. || *Méx.* Barb. por **hermafrodita.**

MANFREDONIA. *Geog.* Golfo del S. E. de Italia (Foggia) sobre el mar Adriático.

MANGA. al. **Armel.** fr. **Manche.** ingl. **Sleeve.** ital. **Manica.** port. **Manga.** (Del lat. *mánica.*) f. Parte del vestido en que se mete el brazo. *Le tiraba de la* MANGA. || En algunos balandranes, tira de tela que cuelga de cada hombro y llega hasta los pies. || Parte del eje de un carruaje donde entra y gira la rueda. || Especie de maleta manual abierta por los extremos. || Tubo largo adaptado a las bombas o bocas de riego para aspirar o dirigir el agua. || Red cónica que se mantiene abierta con un aro que le sirve de boca. || Esparavel. || Tela cónica para colar líquidos. || Columna de agua elevada desde el mar con movimiento giratorio, por efecto de un torbellino atmosférico. || Tubo por el cual se comunica un recinto cerrado más bajo con el aire libre. || Partida de gente armada. || *Amér.* Partida comúnmente numerosa de gente o de animales de una misma especie. MANGA *de langostas.* ‖ *Arg., Cuba* y *Chile.* Espacio entre dos estacadas que convergen hasta la entrada de un corral o embarcadero. *En la* MANGA *se curan las ovejas.* ‖ *Col.* Dehesa o potrero. ‖ *Hond.* Manta de jerga con que se abrigan los pobres. ‖ *Méx.* **Capote de monte.** ‖ *Mar.* Anchura mayor de una nave. ‖ *Mont.* Gente que en las batidas forma línea para llevar la caza a un lugar determinado. ‖ pl. Adehalas, gajes. ‖ **Manga boba.** La ancha y abierta, sin puño. ‖ – **corta.** La que no llega al codo. ‖ – **de agua.** Turbión, aguacero. ‖ – **de viento.** Remolino de viento. ‖ – **perdida.** La abierta y pendiente del hombro. ‖ **Andar manga por hombro.** frs. fig. y fam. Haber abandono y desorden en las cosas domésticas. ‖ **En mangas de camisa.** loc. adv. Vestido de medio cuerpo abajo, y de la cintura arriba con sólo la camisa o con camisa y chaleco. ‖ **Estar en manga.** frs. fig. y fam. Estar convenidas varias personas para un mismo propósito. ‖ **Hacer mangas y capirotes.** frs. fig. y fam. Resolver y ejecutar algo con presteza y caprichosamente. ‖ **Pegar mangas.** frs. fig. y fam. Introducirse a participar de una cosa. ‖ **Ser de manga ancha.** fam. Dícese de la persona que no da mucha importancia a los errores ajenos o propios.

MANGA. f. Árbol intertropical, variedad del mango, con fruto sin escotadura. ‖ Fruto de este árbol.

MANGAJARRO. m. fam. Manga desaseada y que cae encima de las manos.

MANGAJO. m. *Ec.* y *Perú.* Badulaque.

MANGANA. (Del lat. *mánganum,* y éste del gr. *mágganon.*) f. Lazo que se arroja a las manos de un animal cuando va corriendo, para hacerlo caer y sujetarlo. ‖ *Méx.* Préstamo, estafa.

MANGANCIA. f. fam. Conducta o acción propia de un mangante.

MANGANEAR. tr. Echar manganas. ‖ *Guat.* y *Urug.* Robar. ‖ *Perú.* Fastidiar. ‖ *Ven.* Mangonear.

MANGANEO. m. Fiesta en que se reúnen varias personas para divertirse manganeando.

MANGANESA. (Del al. *Manganerz,* mineral de manganeso.) f. Bióxido de manganeso, mineral algo más duro que el yeso, usado para la fabricación de vidrio, acero, obtención de oxígeno, etc.

MANGANESIA. f. Manganesa.

MANGANESO. al. **Mangan.** fr. **Manganèse.** ingl. **Manganese.** ital. **Manganese.** port. **Manganes.** (De *manganesa.*) m. Metal muy refractario, de color y brillo acerados, quebradizo, casi tan pesado como el cobre, y tan oxidable que sólo se conserva sumergido en nafta o petróleo. Muy usado en aleaciones. Elemento de símbolo Mn y p. atóm. 54,93.

MANGANETA. (dim. de *mangana.*) f. *Arg.* Red para cazar pájaros. ‖ *Arg., Bol.* y *Hond.* Manganilla, treta de manos. ‖ *R. de la Plata.* Ardid, recurso para eludir algo.

MANGANGÁ. m. *Amér.* Abejón. *El* MANGANGÁ *produce picaduras dolorosas, con hinchazón y fiebre.*

MANGANILLA. f. (dim. de *mangana.*) f. Engaño, ardid de guerra, sutileza de manos. ‖ Almajaneque.

MANGANINA. f. Aleación de cobre, manganeso y níquel, utilizada para bobinas eléctricas.

MANGANTE. p. a. de **mangar.** Que manga. ‖ Sablista. ‖ m. Sinvergüenza, persona despreciable sin oficio ni beneficio.

MANGANZÓN, NA. adj. y s. *Amér.* Holgazán.

MANGAR. tr. vulg. *Arg.* Petardear, sablear.

MANGIN, Carlos María Manuel. *Biog.* General fr. que tuvo destacada actuación durante la primera Guerra Mundial (1866-1925).

MANGLAR. m. Terreno poblado de mangles. ‖ Formación vegetal de ensenadas y lagunas tropicales invadidas por la marea, donde crecen los árboles que viven en el agua salada.

MANGLE. (Voz caribe.) m. Arbusto rizofóreo de regiones cálidas e inundables, de raíces aéreas, cuyas hojas, corteza y frutos son usados en tenería. *Rhizophora mangle. Los* MANGLES *forman notables bosques en la desembocadura del Amazonas.* ‖ – **blanco.** Árbol verbenáceo americano de hojas semejantes a las del peral, cuyo fruto tiene pulpa algo amarga, pero comestible. *Avicennia tomentosa.*

MANGO. al. **Griff; Stiel.** fr. **Manche.** ingl. **Handle.** ital. **Manico.** port. **Cabo; asa.** (Del lat. *mánicas.*) m. Parte por donde se coge con la mano un instrumento o utensilio. *El* MANGO *del martillo, de la sartén*; sinón.: **astil, cabo.** ‖ vulg. *Arg.* Peso, moneda. ‖ – **de cuchillo.** Muergo.

MANGO. m. *Bot.* Árbol terebintáceo, originario de la India, cultivado en regiones cálidas, que alcanza hasta 15 metros de altura, con hojas alternas, lanceoladas, flores en inflorescencias terminales y fruto en drupa de piel verde, roja o amarilla y pulpa aromática y de sabor agradable. *Mangifera indica.* ‖ Fruto de este árbol.

MANGÓN. (Del lat. *mango, onis.*) m. Revendedor. ‖ *Arg., Bol.* y *Col.* Cerco para ganado.

MANGONADA. f. Golpe dado con brazo y manga.

MANGONEADOR, RA. adj. Que mangonea.

MANGONEAR. (Del lat. *mangonizare*; de *mango, -onis,* mangón, revendedor.) intr. fam. Andar un vagueando sin saber qué hacerse. ‖ fam. Entremeterse uno en cosas que no le incumben, alardeando de autoridad. ‖ tr. *Méx., Perú, P. Rico* y *Urug.* Hurtar.

MANGONEO. m. fam. Acción y efecto de mangonear o entremeterse. ‖ *Méx., Perú* y *P. Rico.* Chanchullo.

MANGONERO, RA. adj. fam. Aficionado a mangonear o entremeterse.

MANGORRERO, RA. (De *manga,* ler. art.) adj. fam. Que anda comúnmente entre las manos. ‖ fig. y fam. Inútil o de poca estimación.

MANGORRILLO. (De *mango.*) m. Mancera.

MANGOSTA. f. Mamífero carnívoro de climas cálidos, con pelaje color ceniciento; su cuerpo mide unos cuarenta centímetros y otro tanto la cola. Se alimenta de reptiles, avecillas y pequeños cuadrúpedos. Los antiguos egipcios consideraban sagrado a este animal, por ser principal destructor de los huevos de cocodrilo. Gén. *Herpestes,* vivérrido.

MANGOSTÁN. (Del malayo *manguistán.*) m. Arbusto de las Molucas, de fruto carnoso, comestible. *Garcinia mangostana,* gutífera.

MANGOTE. m. fam. Manga ancha y larga. ‖ Cada una de las mangas postizas usadas por algunos oficinistas en su trabajo para preservar la ropa.

MANGRULLO. m. *Arg.* Atalaya dispuesta entre el ramaje de un árbol. ‖ Palo alto en el que se encaraman los bomberos o vigías para otear. ‖ Cierto bagre, muy grande. ‖ deriv.: **mangrullero.**

MANGUARDIA. f. ant. Vanguardia. Ú. en *Méx.* ‖ *Arq.* Cada uno de los dos murallones que refuerzan por los costados los estribos de un puente.

MANGUEAR. tr. vulg. *Arg.* Mangar. ‖ *Arg.* y *Chile.* Acosar al ganado para que entre en la manga. ‖ Ojear la caza. ‖ intr. *Col., P. Rico* y *Ven.* Aparentar que se trabaja. ‖ Vagar.

MANGUERA. (De *manga.*) f. Manga, generalmente de goma, que se emplea para regar los jardines y otros usos. ‖ *Arg.* En las estancias, mataderos, etc., corral grande cercado para encerrar ganado. ‖ *Mar.* Pedazo de lona alquitranada, en figura de manga, que sirve para sacar el agua de las embarcaciones. ‖ *Mar.* Manga de agua y tubo de ventilación.

MANGUERO. m. El que por oficio maneja mangas de las bombas o de las bocas de riego. ‖ vulg. *Arg.* Sablista.

MANGUETA. f. Vejiga o bolsa de cuero con pitón para echar ayudas. ‖ Listón de madera en que se aseguran con goznes las puertas, vidrieras, celosías, etc. ‖ Madero para enlazar el par con el tirante, o con un puente, en la armadura del tejado. ‖ Instrumento que los fundidores emplean para evitar que la tijera vaya demasiado de prisa. ‖ Palanca para llevar entre dos un gran peso. ‖ Tubo que en los retretes inodoros une la parte inferior del bombillo con el conducto de bajada.

MANGUILLA. f. dim. de **Manga.** ‖ *Chile.* Mangote, manga postiza. ‖ Manguito, media manga.

MANGUILLERO. m. Portaplumas.

MANGUINDÓ. m. *Cuba.* Hombre holgazán.

MANGUITA. f. Funda.

MANGUITERÍA. (De *manguitero.*) f. Peletería.

MANGUITERO. (De *manguito.*) m. Peletero.

MANGUITO. al. **Muff.** fr. **Manchon.** ingl. **Muff.** ital. **Manicotto.** port. **Manguito.** (De *manga,* ler. art.) m. Rollo o bolsa, con aberturas en ambos lados, comúnmente de piel, de que usan las señoras para llevar abrigadas las manos. ‖ Media manga de punto que usan las mujeres, ajustada desde el codo a la muñeca. ‖ Bizcocho grande en forma de rosca. ‖ Mangote que usan los oficinistas. ‖ Anillo de hierro o acero con que se refuerzan los cañones, vergas, etc. ‖ *Mec.* Cilindro hueco que sirve para sostener o empalmar dos piezas cilíndricas iguales unidas al tope en una máquina.

MANGURUYÚ. m. Pez de río de la Argentina, el Brasil y el Paraguay, sin escamas, espinoso, pero de buen sabor. *Pseudopimeloxus zungaro.*

MANHATTAN. *Geog.* Isla de los EE.UU. (Nueva York) sobre el río Hudson, que forma parte de la c. de Nueva York. 56,6 km². 2.000.000 de h.

MANÍ. (Voz caribe.) m. Cacahuete.

MANÍA. al. **Manie; Sucht.** fr. **Manie.** ingl. **Mania.** ital. **Mania.** port. **Mania.** (Del lat. *mania,* y éste del gr. *manía.*) f. Especie de locura, caracterizada por delirio general y propensión al furor. ‖ Preocupación caprichosa por un tema o cosa determinada. ‖ *Cansaba con su* MANÍA *de los antepasados.* ‖ Afecto o deseo desordenado. *Tiene* MANÍA *por los relojes.* ‖ fam. Ojeriza. ‖ – **persecutoria.** Preocupación maniática de ser objeto de la mala voluntad de una o varias personas. ‖ IDEAS AFINES: *Obsesión, idea fija, frenesí, extravagancia, capricho, antojo, ridiculez, pasión, ira, vehemencia, hábito, furor.*

MANIABIERTO, TA. adj. *P. Rico* y *Dom.* Dadivoso.

MANÍACO, CA. adj. y s. Enajenado, que padece manía. *Irascibilidad* MANÍACA.

MANIALBO, BA. adj. Dícese del caballo o yegua calzado de ambas manos.

MANIATAR. tr. Atar las manos.

MANIATE. m. *Ec.* Maniota.

MANIÁTICO, CA. al. **Toll; Verrückter.** fr. **Maniaque.** ingl. **Maniac.** ital. **Maniaco.** port. **Maníaco.** adj. y s. Que tiene manías. *Es un* MANIÁTICO *incurable.*

MANIBLANCO, CA. (De *mano* y *blanco.*) adj. Manialbo.

MANICATO, TA. adj. *Cuba.* Esforzado, valiente.

MANICOMIO. al. **Irrenanstalt.** fr. **Hôpital de fous.** ingl. **Madhouse.** ital. **Manicomio.** port. **Hospício.** (Del gr. *manía,* locura, y *komeo,* cuidar.) m. Hospital y asilo para maniáticos y locos.

MANICORDIO. m. Monacordio.

MANICORTO, TA. (De *mano* y *corto.*) adj. y s. fig. y fam. Poco dadivoso.

MANICURISTA. com. *Ant., Col., Méx.* y *Pan.* Manicuro o manicura.

MANICURO, RA. al. **Handpfleger.** fr. **Manicure.** ingl. **Manicure.** ital. **Manicura.** port. **Manicura.** (De *mano* y *curar.*) s. Persona que ejerce el oficio de cuidar las manos y especialmente cortar y pulir las uñas. ‖ f. Cuidado de las manos y las uñas. *Hacerse la* MANICURA.

MANIDA. (Del lat. *manere,* parar, permanecer.) f. Lugar donde se recoge el hombre o el animal.

MANIDO, DA. (De *manir.*) adj. Sobado; pasado de sazón. ‖ Muy usado. ‖ Que está en descomposición. Dícese del pescado y de la carne.

MANIEGO, GA. (De *mano.*) adj. p. us. Ambidextro.

MANIERISMO. m. Nombre que se da a la exageración artificiosa de un estilo, especialmente en las obras de arte correspondientes al barroco.

MANIFACERO, RA. (Del lat. *manus,* mano, y *fácere,* hacer.) adj. y s. fam. Revoltoso y que se mete en todo.

MANIFACTURA. f. Manufactura. ‖ Hechura y forma de las cosas.

MANIFESTACIÓN. al. **Kundgebung; Offenbarung.** fr. **Manifestation.** ingl. **Manifestation.** ital. **Manifestazione.** port. **Manifestação.** (Del lat. *manifestatio, -onis.*) f. Acción de manifestar o manifestarse. MANIFESTACIÓN *de sentimientos*; sinón.: **demostración, expresión.** ‖ Reunión pública en que los concurrentes, sólo con su asistencia, dan a conocer sus deseos y sentimientos. *La* MANIFESTACIÓN *se realizó con orden.* ‖ – **naval.** Acto de presencia que las naves de guerra de una nación suelen hacer en tiempos de paz, por lo común con significado conminatorio para apoyar reclamaciones o gestiones diplomáticas.

MANIFESTADOR, RA. (Del lat. *manifestator.*) adj. Que manifiesta. Ú.t.c.s. ‖ m. Dosel donde se expone a la adoración de los fieles el Santísimo Sacramento.

MANIFESTANTE. (De *manifestar.*) com. Persona que toma parte en una manifestación o reunión pública. *Un* MANIFESTANTE *exaltado.*

MANIFESTAR. al. **Bekannigeben; offenbaren.** fr. **Manifester.** ingl. **To state; to manifest.** ital. **Manifestare.** port. **Manifestar.** (Del lat. *manifestare.*) tr. Declarar, dar a conocer. Ú.t.c.r. MANIFESTÓ *su opinión*; sinón.: **exponer, expresar;** antón.: **callar, esconder.** ‖ Descubrir, poner a la vista. Ú.t.c.r. ‖ Exponer públicamente a la adoración de los fieles el Santísimo Sacramento. ‖ irreg. Conj. como **acertar.** ‖ IDEAS AFINES: *Contar, decir, publicar, rebatir, discutir, explicar, razonar, vocear, informar, reclamar, contestar, interpelar, rechazar.*

MANIFESTATIVO, VA. adj. Que tiene virtud de manifestar.

MANIFIESTAMENTE. adv. m. Con claridad y evidencia.

MANIFIESTO, TA. al. **Offenkuntig.** fr. **Manifeste.** ingl. **Manifest.** ital. **Manifesto.** port. **Manifesto.** (Del lat. *manifestus.*) p. p. irreg. de **Manifestar.** ‖ adj. Patente, claro. *Verdad* MANIFIESTA; sinón.: **evidente, visible.** ‖ Dícese del Santísimo Sacramento cuando se halla expuesto a la adoración de los fieles. Ú.t.c.s. *Hoy asistí al* MANIFIESTO. ‖ m. Escrito en que se hace pública declaración de doctrinas o propósitos de interés general. *El presidente dirigió un* MANIFIESTO *al pueblo*; sinón.: **proclama.** ‖ Documento que presenta en la aduana del punto de llegada el capitán de todo buque procedente del extranjero, y en el cual expone el cargamento que conduce y demás circunstancias. ‖ **Poner de manifiesto** una cosa. frs. Exponerla al público. ‖ *For.* Dejar los autos sobre la mesa de secretaría para que las partes puedan informarse. ‖ IDEAS AFINES: *Lógico, razonable, esperado, sospechoso, dudoso, incierto, inseguro; discurso, artículo, publicación, explicación, razonamiento, reclamación, contestación, informe, bando, edicto.*

MANIGERO. (Del b. lat. *menagerius,* y éste del lat. *minare,* conducir.) m. Capataz de una cuadrilla de trabajadores del campo.

MANIGORDO. m. *C. Rica.* Ocelote.

MANIGUA. f. *Amér.* Terreno cubierto de malezas. ‖ fig. Abundancia desordenada de alguna cosa; confusión, cuestión intrincada.

MANIGUETA. (dim. de *manija.*) f. Manija, mango.

MANIJA. al. **Griff.** fr. **Poignée; manche.** ingl. **Handle; haft.** ital. **Maniglia.** port. **Manilha.** f. Mango, puño o manubrio de ciertas herramientas y utensilios. ‖ Maniota. ‖ Abrazadera metálica con que se asegura alguna cosa. ‖ Especie de guante de cuero que suelen ponerse los segadores sobre la mano izquierda para que la hoz no la hiera. ‖ *R. de la Plata.* Bola que sirve de **manija** de las boleadoras.

MANIJAR. tr. ant. Manejar. U. en *C. Rica* y *Chile.*

MANIJERO. (De *manijar.*) m. El encargado de contratar obreros campestres.

MANILA. n. p. V. **Cáñamo, mantón de Manila.**

MANILA. *Geog.* Ciudad y puerto del arch. de las Filipinas, en la isla Luzón. 1.454.352 h. Molinos de arroz, sombreros de paja. Comercio de café y azúcar. Universidad. En 1976 volvió a ser cap. del Estado.

MANILARGO, GA. adj. Que tiene largas las manos. ‖ fig. **Largo de manos.** ‖ Dadivoso.

MANILENSE. adj. Manileño. Apl. a pers., ú.t.c.s.

MANILEÑO, ÑA. adj. Natural de Manila. Ú.t.c.s. ‖ Perteneciente a esta ciudad.

MANILUVIO. (Del lat. *manus*, mano, y *lúere*, bañar.) m. Baño de la mano, tomado por medicina. Ú.m. en pl.

MANILLA. (Del lat. *monilia*, pl. de *-le*, por influencia de *manus*, mano.) f. Pulsera que se pone la mujer por adorno. ‖ Anillo metálico que por prisión se echa a la muñeca.

MANILLAR. m. Pieza de la bicicleta o motocicleta, formada por un tubo transversal encorvado, para apoyar las manos dirigiendo así la máquina.

MANIN, Daniel. *Biog.* Patriota ital., que expulsó a los austriacos de Venecia y de 1848 a 1849 fue presid. provisional de la República (1804-1857).

MANIOBRA. (De *mano* y *obra.*) f. Cualquiera operación material que se ejecuta con las manos. ‖ fig. Artificio y manejo que uno emplea en un negocio. Suele tomarse en mala parte. *Sus* MANIOBRAS *fracasaron.* ‖ *Mar.* Arte que enseña a gobernar las embarcaciones. ‖ Faena que se hace en los buques con su aparejo, velas, anclas, etc. ‖ Conjunto de cabos, aparejos y demás útiles que lleva una embarcación para sostener sus palos y vergas, manejar sus velas, etc. ‖ *Mil.* Evolución en que se ejercita la tropa. ‖ pl. Operaciones que se hacen en las estaciones y cruces de las vías férreas para la formación y división de los trenes. ‖ Operaciones que se hacen con otros vehículos para cambiar de rumbo. ‖ IDEAS AFINES: *Trabajo, obra, ocupación, manualidad; treta, tramoya, trampa, medio, manera, doblez.*

MANIOBRAR. intr. Ejecutar maniobras.

MANIOBRERO, RA. adj. Que maniobra. ‖ Aplícase en especial a la tropa que maniobra con soltura, y también al jefe que la manda.

MANIOBRISTA. adj. *Mar.* Dícese del que sabe y ejecuta maniobras. Ú.t.c.s.

MANIOTA. (De *maneota.*) f. Cuerda o cadena con que se atan las manos de las bestias para que no huyan.

MANIPULACIÓN. f. Acción y efecto de manipular.

MANIPULADOR, RA. adj. Que manipula. Ú.t.c.s. ‖ m. Aparato para abrir y cerrar el circuito en las líneas telegráficas, para transmitir así los signos convenidos. ‖ Nombre dado en electrónica a ciertos conmutadores, especialmente los combinadores y contactores de uso manual.

MANIPULAR. (Del lat. *manipulus*, de *manus*, mano.) tr. Operar con las manos. Ú. en varias ciencias, artes y oficios. ‖ Manejar aparatos científicos. MANIPULAR *un telescopio.* ‖ fig. Manejar uno los negocios a su modo o mezclarse en los ajenos. ‖ deriv.: **manipulante.**

MANIPULEAR. tr. *Arg., Col.* y *Chile.* Dígase **manipular.**

MANIPULEO. m. fig. y fam. Acción y efecto de manipular negocios.

MANÍPULO. (Del lat. *manípulus.*) m. Ornamento sagrado que por medio de un fiador se ciñe al antebrazo izquierdo sobre la manga del alba. *El* MANÍPULO *debe ser del mismo color que la casulla.* ‖ Enseña de los soldados romanos, que primeramente consistió en un haz de heno atado en la punta de un palo, y que después se substituyó por un estandarte con una mano abierta en lo alto del asta. ‖ Cada una de las veinticinco compañías en que se dividía la cohorte romana. ‖ *Med.* Puñado.

MANIPUR. *Geog.* Estado de la India, en el límite con Birmania. 22.323 km². 600.000 h. Arroz, algodón, frutas. Cap. IMPHAL.

MANIQUEÍSMO. m. Secta de los maniqueos, fundada en el s. III por Maniqueo o Manes, que continuaba la tesis del mazdeísmo, sobre el dualismo de cuerpo y espíritu, y atribuía la creación a dos principios opuestos: uno bueno, que es Dios, la luz, y otro malo, que es el diablo, las tinieblas.

MANIQUEO, A. adj. y s. Que profesa el maniqueísmo o pertenece a él.

MANIQUEO. *Biog.* Heresiarca babilonio, fundador del maniqueísmo. Intentó fusionar doctrinas cristianas con las de Zoroastro. Murió crucificado hacia 276.

MANIQUETE. (Del lat. *mánica*, manga.) m. Mitón, y especialmente el de tul negro con calados y labores. ‖ Manija con la que el segador se cubre la mano hasta la mitad de los dedos.

MANIQUÍ. al. **Phanton; Modellpuppe; Mannequin.** fr. **Mannequin.** ingl. **Manikin.** ital. **Manichino.** port. **Manequim.** (Del flamenco *mannekin*, hombrecito.) m. Figura de madera articulada que usan especialmente los pintores y escultores para el estudio del ropaje. ‖ Armazón en forma de cuerpo humano para probar y arreglar vestimentas. ‖ fig. y fam. Persona débil que se deja gobernar por los demás.

MANIR. (Del lat. *manere*, permanecer, estar detenido.) tr. Hacer que algunos manjares se ablanden y sazonen antes de condimentarlos o comerlos. MANIR *las perdices.*

MANIRROTO, TA. (De *mano* y *roto.*) adj. Pródigo, demasiado liberal. Ú.t.c.s. sinón.: **derrochador, despilfarrador**; antón.: **avaro, tacaño.**

MANISERO, RA. s. *Amér.* Vendedor ambulante de maní tostado.

MANITA. f. Principio azucarado que contiene el maná.

MANITA. f. **Manecita.**

MANITO. m. Maná que se da como purgante a los niños.

MANITO. f. *Arg., Chile* y *P. Rico.* Barbarismo por **manecita.**

MANITOBA. *Geog.* Lago glaciario del Canadá, al sur de la prov. hom. 4.700 km². ‖ Prov. del centro sur del Canadá. 638.392 km². 800.000 h. Cereales. Riqueza minera. Exportación de pieles y cereales. Cap. WINNIPEG.

MANIVACÍO, A. adj. fam. Que viene o se va con las manos vacías, sin llevar en ellas presente, don, ofrenda, etc.

MANIVELA. (Del fr. *manivelle.*) f. Manubrio, cigüeña.

MANIZALES. *Geog.* Ciudad de Colombia, capital del dep. de Caldas. Con el municipio, 250.000 h. Tejidos, licores, perfumes.

MANIZUELA. f. *Chile.* Piquera de tonel u odre.

MANJAR. (Del cat. *menjar*, y éste del lat. *manducare*, comer.) m. Cualquier comestible. MANJARES *apetitosos.* ‖ fig. Recreo o deleite que da vigor al espíritu. ‖ — **blanco.** Plato que se hace con pechuga de gallina cocida, deshecha y mezclada con azúcar, leche y harina de arroz. ‖ Postre compuesto de leche, almendras, azúcar y harina de arroz. ‖ — **lento.** Especie de plato hecho con leche, yemas de huevo batidas y azúcar. ‖ — **principal.** Plato compuesto de queso, leche colada, yemas de huevo batidas y pan rallado.

MANJAREJO. m. dim. de **Manjar.**

MANJARETE. m. dim. de **Manjar.** ‖ *Cuba.* Dulce de maíz tierno rallado, leche y azúcar.

MANJAURÍ. m. Pez de río de Cuba, de carne no comestible y de huevos venenosos.

MANJOLAR. (De *mano* y *jaula.*) tr. *Cetr.* Llevar el ave sujeta en jaula, en cesta o en la mano.

MANJORRADA. (De *manjar.*) f. desp. Gran cantidad de manjares ordinarios.

MANJÚA. f. *Sant.* Cardumen. ‖ *Cuba.* Pececillo malacopterigio abdominal, de color plateado y de boca muy abierta, que nada en cardumen.

MANLIEVA. (Del ant. *manlevar*, cargarse de deudas.) f. Tributo que se recogía de casa en casa o de mano en mano.

MANN, Enrique. *Biog.* Escritor al., autor de obras satíricas y realistas: *El ángel azul; La cabeza; Lídice*, etc. (1871-1950). ‖ — **Horacio.** Educador estad. que con avanzadas ideas reformistas promovió la enseñanza primaria, normal y universitaria en su país (1796-1859). ‖ — **Nicolás.** Escritor al., autor de *Ante la vida; Hoy y mañana; La danza piadosa*, etc. (1906-1949). ‖ — **Tomás.** Escr. al., que como uno de los personajes de su novela *La montaña mágica*, sostiene a través de su vida y su obra que "el artista debe mantenerse en contacto con la sociedad y no proseguir la tarea del arte aislado totalmente de la vida cotidiana de la humanidad". Escribió además *Los Buddenbroocks; Tristán; Félix Krull; Carlota en Weimar; La muerte en Venecia*, etc. En 1929 se le otorgó el premio Nobel de Literatura. (1875-1955).

MANNAR. *Geog.* Golfo del océano Índico, sit. entre la isla de Ceilán (Sri Lanka) y el territ. de la India. Pesquerías de perlas.

MANNERHEIM, Gustavo C. *Biog.* Estadista finlandés de origen sueco que en 1918 organizó un ejército para oponerse a los avances comunistas y al estallar la segunda Guerra Mundial dirigió la resistencia finesa a la U.R.S.S. De 1944 a 1946 fue presid. de la Rep. (1870-1951).

MANNHEIM. *Geog.* Ciudad de la Rep. Federal de Alemania (Baden-Württemberg), en la confluencia del Neckar y el Rin. 340.000 h. Importante puerto fluvial y centro industrial.

MANO. al. **Hand.** fr. **Main.** ingl. **Hand.** ital. **Mano.** port. **Mão.** (Del lat. *manus.*) f. Parte del cuerpo humano que comprende desde la muñeca inclusive hasta la extremidad de los dedos. *La* MANO *es instrumento de trabajo y de expresión.* ‖ En algunos animales, extremidad cuyo dedo pulgar puede oponerse a los demás. *El mono tiene cuatro* MANOS. ‖ En los cuadrúpedos, cualquiera de los dos pies delanteros. *Las* MANOS *del caballo.* ‖ En las reses de carnicería, cualquiera de los cuatro pies después de cortados. MANO *de vaca, de cerdo.* ‖ Trompa del elefante. ‖ Cada uno de los dos lados, derecho e izquierdo, a que cae o en que sucede una cosa respecto de otra. *La carretera pasa a* MANO *derecha del pueblo.* ‖ Manecilla del reloj. ‖ Instrumento de madera u otra materia que sirve para moler una cosa. ‖ Rodillo de piedra que sirve para desmenuzar el cacao, el maíz, etc. ‖ Capa de color, barniz, etc., que se da sobre lienzo, madera, pared, etc. *Con otra* MANO *de pintura quedará bien la pared.* ‖ En el obraje de paños, cardas juntas y aparejadas para cardarlos. ‖ En el arte de la seda, grupo de seis u ocho cadejos de pelo. ‖ Conjunto de cinco cuadernillos de papel, o vigésima parte de una resma. ‖ Partida en algunos juegos. ‖ En el juego, el primero en jugar. *Juan es* MANO. ‖ Vuelta que dan los cazadores buscando la caza. ‖ fig. Vez o vuelta en una labor material. *Le di la última* MANO *a mi labor.* ‖ Número de personas que se juntan con determinado objeto. ‖ Medio para realizar o lograr alguna cosa. ‖ Persona que ejecuta una cosa. *El asunto está en buenas* MANOS; *es buena* MANO *para los negocios.* ‖ Refiriéndose a casamiento, la mujer pretendida por esposa. *Pidió la* MANO *de Carmen.* ‖ Pericia, destreza. *Fulana tiene buena* MANO *para cocinar.* ‖ Poder, mando, facultades. Ú. comúnmente con los verbos *dar* y *tener.* ‖ Favor, piedad. ‖ Auxilio, socorro. *Le tendí la* MANO. ‖ Reprensión, castigo. *Por su mala conducta el padre le dio una* MANO. ‖ *Col.* Oportunidad, ocasión. *Creo que es* MANO *de hacerlo.* ‖ *Col.* y *P. Rico.* Pieza de baile. ‖ *Chile.* Conjunto de cuatro objetos de una misma clase. ‖ Chasco, caso adverso. ‖ *Ec.* Conjunto de seis objetos de igual especie. ‖ *Cant.* Cada uno de los asideros que se dejan en los paramentos de un sillar para poder levantarlo fácilmente, y que se cortan después de sentado. ‖ *Mús.* Escala de las notas. ‖ pl. Trabajo manual que se emplea para hacer una obra, exceptuados los materiales y la traza y dirección. ‖ **Mano apalmada.** *Blas.* **Mano** abierta, cuando muestra su palma. ‖ — **de azotes, coces,** etc. fig. Vuelta de azotes, coces, etc. ‖ — **de cazo.** fig. y fam. Persona zurda. ‖ — **de gato.** fig. y fam. Aliño y compostura del cutis. ‖ Corrección de una obra, hecha por persona más experta que el autor. *En este libro ha andado la* MANO DE GATO. ‖ Utensilio de tocador con que las mujeres se aplicaban al rostro ciertos afeites. ‖ — **de jabón.** Baño que se da a la ropa con agua de jabón para lavarla. ‖ — **de la brida. Mano de la rienda.** ‖ — **de la lanza,** o **de lanza.** En los caballos, la derecha que tiene una señal blanca. ‖ — **de la rienda. Mano de rienda.** ‖ — **de obra.** Mano o trabajo manual que se emplea en una obra. *La* MANO DE OBRA *está cara.* ‖ — **derecha.** La que corresponde a la parte del oriente cuando el cuerpo da frente al polo Norte. ‖ En pinturas, fotografías, impresos, etc., dirección o situación a la **mano derecha** del espectador o lector. ‖ — **de rienda.** En los caballos, la izquierda que tiene señal blanca. ‖ — **de santo.** fig. y fam. Remedio que consigue total o prontamente su efecto. ‖ — **diestra. Mano derecha.** ‖ — **izquierda.** La correspondiente al costado opuesto al de la derecha. ‖ — **larga. Manos largas.** ‖ — **oculta.** fig. Persona que interviene secretamente en un asunto. *Una* MANO OCULTA *enderezó las cosas.* ‖ — **perdida.** *Impr.* Perdido, o cierto número de ejemplares que se imprimen de más para suplir con ellos los que resultaren imperfectos. ‖ — **rienda. Mano de rienda.** ‖ — **siniestra, zoca,** o **zurda. Mano izquierda.** ‖ **Buena mano.** fig. Acierto, tino. *Tuvo buena* MANO *al comprar esas acciones.* ‖ **Mala mano.** fig. Falta de habilidad y destreza. ‖ Desacierto o desgracia. ‖ **Manos largas.** Persona que tiene propensión a golpear a otra. ‖ **Manos libres.** Emolumentos de algunas ocupaciones en que puede emplearse el que está asalariado por otro cargo. ‖ Poseedores de bienes no vinculados ni amortizados. ‖ — **limpias.** fig. y fam. Rectitud y pureza con que se administra un cargo. *Con* MANOS LIMPIAS *regenteó el país.* ‖ Ciertos emolumentos que se perciben en un empleo además del sueldo. ‖ — **muertas.** *Der.* Poseedores de una finca, en quienes se perpetúa el dominio por no poder enajenarla. ‖ — **puercas.** fig. y fam. Utilidades percibidas ilícitamente en un empleo. ‖ **Buenas manos.** fig. Habilidad, destreza. ‖ **Abrir la mano.** frs. fig. Admitir dádivas y regalos. ‖ Dar con liberalidad. ‖ Moderar el rigor. ‖ **Abrir la mano al caballo.** frs. *Equit.* Darle libertad aflojando las riendas. ‖ **A dos manos.** m. adv. fig. y fam. Con toda voluntad. *Aceptaría ese negocio* A DOS MANOS. ‖ **A la mano.** m. adv. fig. con que se denota ser una cosa fácil de entender o de lograr. ‖ Cerca. ‖ **Alargar la mano.** frs. Presentarla a otro, solicitando la suya. *Conciliatoriamente me* ALARGÓ LA MANO. ‖ **Alzar la mano** a uno. frs. Levantarla amenazándole. ‖ **Alzar las manos al cielo.** frs. fig. Levantarlas para pedir a Dios un beneficio. ‖ **A mano.** m. adv. Con la **mano,** sin otro instrumento ni auxilio. *Bordar* A MANO. ‖ fig. Cerca. ‖ Artificialmente. ‖ Dícese de las cosas hechas con estudio, aunque parecen casuales. ‖ **A mano abierta.** m. adv. fig. Con gran liberalidad. *Regalar* A MANO ABIERTA. ‖ **A mano airada.** m. adv. Violentamente. *Muerto* A MANO AIRADA. ‖ **A mano armada.** m. adv. fig. Con ánimo resuelto. ‖ **A manos abiertas.** m. adv. fig. **A mano abierta.** ‖ **A mano salva.** m. adv. **A salva mano.** ‖ **A manos llenas.** m. adv. fig. Liberalmente, con grande abundancia. ‖ **Andar** una cosa **en manos de todos.** frs. fig. Ser vulgar y común. ‖ **Apretar la mano.** frs. Estrechar la de una persona en señal de estimación. ‖ fig. y fam. Aumentar el rigor. *Si no te portas bien, te* APRETARÉ LA MANO. ‖ Apremiar para la pronta ejecución de algo. ‖ **A salva mano.** ‖ m. adv. **A mansalva.** ‖ **Asentar la mano.** frs. Dar golpes a uno; corregirle. ‖ **Atar**

las manos. frs. fig. Impedir que se haga una cosa. ‖ **Atarse** uno **las manos.** frs. Quitarse uno la libertad de obrar según le convenga, con una palabra que da. ‖ **A una mano.** m. adv. Con movimiento circular, siempre de derecha a izquierda, o siempre de izquierda a derecha. ‖ fig. De acuerdo. ‖ **Bajo mano.** m. adv. fig. Oculta o secretamente. ‖ **Besar la mano.** frs. que se emplea, de palabra o por escrito, en señal de urbanidad. ‖ **Caer en manos de** uno. frs. fig. y fam. Ser preso por él; quedar sometido a su arbitrio. ‖ **Cambiar de mano.** frs. *Equit.* Cambiar, hacer que el caballo mude la forma de galopar. ‖ **Cargar la mano.** frs. fig. Insistir con empeño sobre una cosa. ‖ Llevar por las cosas más del justo precio. ‖ Tener rigor con uno. ‖ **Cargar** uno **la mano** en una cosa. frs. fig. y fam. Echar con exceso algo en un guisado, medicamento u otra composición. ‖ **Con las manos cruzadas.** m. adv. fig. **Mano sobre mano.** ‖ **Con las manos en la cabeza.** loc. adv. fig. y fam. Con descalabro, pérdida o desaire en un encuentro, empeño o pretensión. Ú.m. con el verbo *salir.* ‖ **Con las manos en la masa.** loc. adv. fig. y fam. En el instante de estar haciendo una cosa. Ú.m. con los verbos *coger* y *estar. Lo sorprendieron* CON LAS MANOS EN LA MASA. ‖ **Con las manos vacías.** m. adv. fig. Junto con los verbos *irse, venirse* y *volverse,* no conseguir lo que uno quería. ‖ fig. Sin presentes ni dádivas. ‖ **Con mano armada.** m. adv. fig. **A mano armada.** ‖ **Con mano pesada.** m. adv. fig. Con dureza y rigor. ‖ **Corto de manos.** loc. fig. Dícese del oficial de acción lenta en el trabajo. ‖ **Cruzar** uno **las manos,** o **cruzarse** uno **de manos.** frs. fig. Estarse quieto. ‖ **Dar de mano a** una cosa. frs. Dejarla, rechazarla. ‖ Dicho de persona, desampararla. ‖ *Albañ.* Jaharrar. ‖ **Dar en manos de** uno. frs. fig. Caer, sin darse cuenta, bajo el poder de alguien. ‖ **Dar la mano a** uno. frs. fig. Alargársela. ‖ Ampararle, favorecerle. ‖ **Dar la última mano.** frs. fig. Repasar una obra para perfeccionarla. ‖ **Darse buena mano** en una cosa. frs. fig. y fam. Proceder en ella con presteza o eficacia. ‖ **Darse las manos.** frs. fig. Coligarse para un negocio dos o más personas. ‖ Reconciliarse. ‖ Guardar entre sí armonía las partes de un todo. ‖ **Dejar de la mano** una cosa. frs. fig. Abandonarla, no ocuparse en ella. ‖ **Dejar** una cosa **en manos de** uno. frs. fig. Encomendársela. DEJO *a mi hijo* EN SUS MANOS. *doctor.* ‖ **De las manos.** m. adv. Cogidos de la **mano.** ‖ **De mano a mano.** m. adv. fig. De uno a otro, sin ninguna otra injerencia. ‖ **De mano armada.** m. adv. fig. **A mano armada.** ‖ **De mano en mano.** m. adv. fig. De una persona en otra. Úsase para expresar que un objeto pasa consecutivamente por las **manos** de varias personas. *Los cubos de argamasa pasaban de* MANO EN MANO. ‖ Por tradición o noticia seguida de unos en otros. ‖ **De manos a boca.** m. adv. fig. y fam. De repente, inesperadamente, con proximidad. *Se encontró de* MANOS A BOCA *con el fin del plazo.* ‖ **De primera mano.** loc. fig. Del primer vendedor. *Compró, tomó* DE PRIMERA MANO. ‖ Tomado o aprendido directamente del original. *Traducción, edición* DE PRIMERA MANO. ‖ **Descargar la mano sobre** uno. frs. fig. y fam. Castigarle. ‖ **De segunda mano.** loc. fig. Del segundo vendedor. *Lo compré* DE SEGUNDA MANO. ‖ Tomado de un trabajo de primera **mano.** ‖ **Deshacerse** una cosa **entre las manos.** frs. fig. y fam. con que se da a entender la facilidad con que se malogra una cosa. ‖ **Echar la mano,** o **las manos,** o **mano,** a una persona o cosa. frs. Asirla, prenderla. ‖ **Echar mano a la bolsa.** frs. Sacar dinero de ella. ‖ **Echar mano a la espada.** frs. Hacer el ademán de sacarla. ‖ **Echar mano de** una persona o cosa. frs. Echar **mano** a una persona o cosa. ‖ fig. Valerse de ella para un propósito. ‖ **Echar mano a** una cosa. frs. fig. Ayudar a su realización. ‖ **Ensuciar,** o **ensuciarse,** uno **las manos.** frs. fig. y fam. Robar disimuladamente. ‖ Dejarse sobornar. ‖ **Entre las manos.** m. adv. fig. Improvisamente, sin saber cómo. ‖ **Escribir** uno **a la mano.** frs. Escribir al dictado. ‖ **Estar a mano** entre sí dos o más personas. frs. fig. *Amér.* Estar en paz, no deberse nada. ‖ **Estar con una mano atrás y otra adelante.** frs. *Amér.* Vivir en la mayor pobreza: estar sin recursos o sin trabajo. ‖ **Estar** uno **dejado de la mano de Dios.** frs. Dícese de la persona que incurre en enormes delitos o grandes desaciertos, sin temor de Dios. ‖ fig. Dícese de la persona que yerra en todo lo que emprende. ‖ **Estar** una cosa **en buenas manos.** frs. fig. Tenerla a su cargo persona capaz de manejarla bien. ‖ **Estar** una cosa **en la mano.** frs. fig. Ser fácil u obvia. ‖ **Estar** una cosa **en mano** de uno. frs. fig. Pender de su elección; poder disponer de ella. ‖ **Estrechar a** uno **la mano.** frs. Tomarla y apretarla en señal de saludo. ‖ **Ganar** a uno **por la mano.** frs. fig. Anticipársele en hacer o lograr una cosa. ‖ **Hablar con la mano,** o **con las manos.** frs. **Hablar por la mano.** ‖ **Hablar** uno **de manos.** frs. fig. y fam. Manotear mucho al hablar. ‖ Tenerlas prontas para castigar. ‖ **Hablar por la mano.** frs. Formar determinadas figuras con los dedos, representando con cada una de ellas una letra del abecedario, para darse a entender sin hablar. ‖ **Ir a la mano** a uno. frs. fig. y fam. Contenerle, apaciguarle. Ú.t.c.r. ‖ **Ir** uno **por su mano.** frs. Transitar por el lado de la vía que le corresponde. ‖ **Irse de la mano** una cosa. frs. Escaparse, caerse de ella. ‖ **Irsele** a uno **la mano.** frs. fig. Realizar con ella un acto involuntario. ‖ Excederse en la proporción o cantidad de una cosa que se da o que se mezcla con otra. *El pastel esta bien hecho, pero* SE TE FUE LA MANO *en el azúcar.* ‖ **Jugar de manos.** frs. fam. Retozar o enredar, dándose golpes con ellas. ‖ **Largo de manos.** loc. fig. Osado en ofender con ellas. ‖ **Lavarse** uno **las manos.** frs. fig. Justificarse, apartándose de un negocio o manifestando la repugnancia con que se interviene en él. *En este enredo* ME LAVO LAS MANOS. ‖ **Limpio de manos.** loc. fig. Íntegro, puro. ‖ **Listo de manos.** loc. fig. Diestro en hurtar o en sacar deshonesto beneficio de un cargo. ‖ **Llegar a las manos.** frs. fig. Reñir, pelear. ‖ **Llevar** uno **su mano.** frs. **Ir por su mano.** ‖ **Mano a mano.** m. adv. fig. En compañía, con familiaridad y confianza. *Hablar* MANO A MANO. ‖ Entre jugadores y luchadores, sin ventaja de uno a otro o con partido igual. ‖ **Manos a la labor,** o **a la obra.** expr. con que se alienta uno a sí mismo, o se incita a los demás, a comenzar o proseguir un trabajo. ‖ **Manos blancas no ofenden.** frs. proverb. con que se da a entender que las ofensas de las mujeres no menoscaban el honor de los hombres. ‖ **Mano sobre mano.** m. adv. fig. Ociosamente, sin hacer nada. ‖ **Meter la mano,** o **las manos, hasta el codo,** o **los codos,** en una cosa. frs. fig. Empeñarse, dedicarse a ella afanosamente. ‖ Apropiarse ilícitamente gran parte de ella. ‖ **Meter mano** a una cosa. frs. fig. y fam. Asirla; echar mano de ella. Dícese generalmente de la espada y otras armas. ‖ **Mudar de manos.** frs. fig. Pasar una cosa o negocio de una persona a otra. ‖ **No caérsele** a uno una cosa **de entre las manos.** frs. fig. Traerla siempre en ellas. ‖ **No dejar** una cosa **de la mano.** frs. fig. Seguir con ella empeñosamente y sin interrupción. ‖ **No saber** uno **cuál es,** o **dónde tiene, su mano derecha.** frs. fig. y fam. Ser incapaz y de escaso talento. ‖ **No saber** uno **lo que trae entre manos.** frs. fig. fam. No tener capacidad para aquello en que se ocupa. ‖ **Pasar la mano por el lomo.** frs. fig. y fam. Halagar, acariciar. ‖ **Poner** una cosa **en manos de** uno. frs. fig. Dejarla en sus **manos.** ‖ **Poner la mano** o **las manos en** uno. frs. Maltratarle de obra o castigarle. ‖ **Poner las manos en el fuego.** frs. fig. con que se afirma la verdad y certeza de algo. ‖ **Poner mano a la espada.** frs. **Echar mano a la espada.** ‖ **Poner** uno **mano en** una cosa. frs. fig. Dedicarse a ella, empezarla. ‖ **Ponerse en manos de** uno. frs. fig. Someterse confiadamente a su arbitrio. ‖ **Por segunda mano.** loc. fig. **Por tercera mano.** ‖ **Por su mano.** expr. fig. Por sí mismo o por su propia autoridad. *Decidió hacerse justicia* POR SU MANO. ‖ **Por tercera mano.** loc. fig. Por medio de otro. ‖ **Quedarse** uno **con las manos cruzadas.** frs. fig. **Cruzar las manos.** ‖ **Quitarse** unos a otros una cosa **de las manos.** frs. fig. y fam. Afanarse por adquirirla. ‖ **Sacarle** a uno **de entre las manos** una cosa. frs. fig. Quitarle lo que tenía más asegurado. ‖ **Sentar la mano** a uno. frs. fig. y fam. Castigarle con golpes. ‖ Amonestarle, castigarle severamente. ‖ **Ser** uno **la mano derecha** de otro. frs. Servirle de ayudante o de ejecutor indispensable. *El hijo mayor era la* MANO DERECHA *del padre.* ‖ **Si a mano viene.** expr. fig. Acaso, tal vez. ‖ **Si viene a mano.** expr. fig. **Si a mano viene.** ‖ **Soltar** uno **la mano.** frs. Agilizarla para un ejercicio. ‖ **Suelto de manos.** loc. fig. **Largo de manos.** ‖ **Tender** a uno **la mano,** o **una mano.** frs. Ofrecérsela para estrechar la suya o para ayudarle. ‖ fig. Socorrerle. ‖ **Tener a mano.** frs. fig. Refrenar, contener. ‖ **Tener** uno **atadas las manos.** frs. fig. Hallarse con un escollo o impedimento para hacer una cosa. ‖ **Tener** uno **en la mano,** o **en su mano,** una cosa. frs. fig. Poder alcanzarla, realizarla, o disponer de ella. ‖ **Tener** uno a otro **en su mano,** o **en sus manos.** frs. fig. Tenerle en su poder o sujeto a su arbitrio. ‖ **Tener** uno **entre manos** una cosa. frs. fig. **Traer entre manos** una cosa. ‖ **Tener** uno **la mano.** frs. fig. Contenerse, proceder con moderación. ‖ **Tener** uno **las manos largas.** frs. fig. y fam. Ser largo de **manos.** ‖ **Tener mano con** uno. frs. fig. Tener poder y valimiento con él. ‖ **Tener mano en** una cosa. frs. fig. Participar en ella. ‖ **Tomar la mano.** frs. fig. Empezar a razonar o discurrir sobre una materia. ‖ Emprender un negocio. ‖ **Traer entre manos** una cosa. frs. fig. Manejarla, ocuparse actualmente de ella. ‖ **Una mano lava la otra, y ambas la cara.** ref. con que se da a entender la dependencia que entre sí tienen las personas y la mutua ayuda que deben prestarse. ‖ **Untar la mano,** o **las manos,** a uno. frs. fig. y fam. Sobornarle. ‖ **Venir** a uno **a la mano, o a las manos,** una cosa. frs. fig. Conseguirla sin solicitarla. ‖ **Venir** algunos, o uno con otro, **a las manos.** frs. Reñir, pelear. ‖ **Venir,** o **venirse,** uno **con sus manos lavadas.** frs. fig. Pretender la utilidad de una cosa sin haber hecho nada para su logro. ‖ **Vivir** uno **de,** o **por, sus manos.** frs. fig. y fam. Mantenerse de su trabajo. ‖ IDEAS AFINES: *Zarpa, garra, pezuña; puño, dorso, nudillo, yema, tacto, palpar, impresión dactilar, uña, esmalte, manicura, panadizo, sabañón, guante, mitón, manguito, calor, caricia, puñetazo, bofetada, palmada, ademán, seña, mudo, ambidextro, manco, anillo, quiromancia, porvenir, destino.*

MANO. m. *Méx.* Aféresis de **hermano**; amigo, compañero.

MANOBRAR. tr. *Chile.* Maniobrar.

MANOBRERO. (De *mano* y *obrero.*) m. Operario que cuida de la limpieza de los brazales de las acequias.

MANOJEAR. tr. *Cuba* y *Chile.* Hacer manojos con las hojas del tabaco.

MANOJERA. f. Conjunto de manojos de sarmientos que se destinan para lumbre.

MANOJO. al. **Büschel: Bündel.** fr. **Faisceau.** ingl. **Bunch.** ital. **Manello; manciata.** port. **Manojo.** (Del lat. *manipulus.*) m. Hacecillo de hierbas u otras cosas, que se puede coger con la mano. *Un* MANOJO *de espigas.* ‖ *Cuba.* Atado de tabaco en rama, de dos libras. ‖ **A manojos.** m. adv. fig. Abundantemente.

MANOJUELO. m. dim. de **Manojo.**

MANOLO, LA. s. Mozo o moza del pueblo bajo de Madrid, que sobresalían por su vestimenta y desenfado.

MANÓMETRO. (Del gr. *manós,* ligero, poco denso, y *metrón,* medida.) m. *Fís.* Instrumento para medir la tensión de los gases y vapores. ‖ deriv.: **manométrico, ca.**

MANON. *Mús.* Célebre ópera cómica en cinco actos, música de Massenet, basada en el libro del abate Prevost y estrenada en París en 1834. Original, vivaz y de depurado romanticismo, de gran liberalidad con respecto a la obra en que se inspira, está plena de sentimiento y poesía. Musicalmente es una anticipación del impresionismo.

MANON LESCAUT. *Mús.* Ópera en cuatro actos, música de Santiago Puccini, estrenada en Turín en 1893. Basada en el libro del abate Prevost, que inspiró también la ópera homónima de Massenet, es de estilo muy diferente a ésta. Fue una de las primeras obras en donde el talento musical del autor apareció en toda su espontaneidad; técnicamente, la armonía es refinada y hasta audaz para la época, aunque la orquestación es demasiado formalista.

MANOPLA. (Del lat. *manúpula,* por *manípula,* term. f. de *-lus;* de *manus,* mano.) f. Pieza de la armadura antigua, con que se cubría la mano. ‖ Látigo corto que usan los postillones, para avivar a las mulas. ‖ **Llave inglesa,** arma.

MANOSCOPIO. m. *Fís.* Especie de barómetro que indica las variaciones de presión atmosférica.

MANOSEAR. al. **Befühlen; betasten.** fr. **Manier.** ingl. **To bandle; to touch.** ital. **Brancicare.** port. **Apalpar.** (De *mano.*) tr. Tentar o tocar repetidamente algo, a veces ajándolo. *No* MANOSEES *el vestido;* sinón.: **toquetear.** ‖ deriv.: **manoseador, ra.**

MANOSEO. m. Acción y efecto de manosear. sinón.: **toqueteo.**

MANOTA. f. aum. de **Mano.**

MANOTADA. (De *manota.*) f. Golpe dado con la mano.

MANOTAZO. (De *manota.*) m. Manotada.

MANOTEADO. m. Manoteo.

MANOTEAR. (De *manota.*) tr. Dar golpes con la mano. ‖ *Arg.* Robar, escamotear. ‖ intr. Mover la mano, para dar más expresión a lo que se dice. ‖ deriv.: **manoteador, ra.**

MANOTEO. m. Acción y efecto de manotear.

MANOTÓN. (De *manota.*) m. Manotada.

MANQUE. conj. advers. Vulgarismo por **aunque.**

MANQUEAR. (De *manco.*) intr. Mostrar alguien su manquedad o fingirla.

MANQUEDAD. (De *manco.*) f. Falta de mano o brazo, o impedimento en su uso. ‖ fig. Falta o defecto.

MANQUERA. (De *manco.*) f. Manquedad. *La humedad ocasiona la* MANQUERA *de los merinos.*

MANRESA. *Geog.* Ciudad de España (Barcelona). 60.000 h. Industria textil. Fundiciones.

MANRIQUE, Gómez. *Biog.* Poeta esp., en cuya obra predominan los temas filosóficos y morales tratados en forma alegórica: *Regimiento de príncipes; Batalla de amores; Consejos a Diego Arias Ávila,* etc. (1412-1490). ‖ – **José M.** Lit. y político ven., autor de *Preocupaciones vencidas; Los avaros,* etc. (1846-1907). ‖ – **Jorge.** Poeta esp., autor de las célebres *Coplas* a la muerte de su padre, en que recogió la filosofía popular sobre la vida y la muerte, y el eterno tema de lo efímero de las glorias mundanas (1440-1478). ‖ – **DE ZÚÑIGA, Álvaro.** Pol. esp. virrey de México de 1585 a 1590. ‖ – **TERÁN, Guillermo.** Escritor y jurisc. col., autor de *Apuntaciones sobre la Constitución; Cartagena de Indias,* etc. (n. 1890).

MANS, Le. *Geog.* V. **Le Mans.**

MANSALINO, NA. adj. *Chile.* Extraordinario.

MANSALVA (A). (De *mano* y *salva.*) m. adv. Sin peligro, sobre seguro. *Disparó* A MANSALVA.

MANSAMENTE. adv. m. Con mansedumbre. *Reaccionó* MANSAMENTE; sinón.: **suavemente.** ‖ fig. Lentamente. ‖ Quedito y sin hacer ruido; *Llueve* MANSAMENTE; sinón.: **calladamente.**

MANSARD, Francisco. *Biog.* Arq. fr., constructor del castillo de Berny, de la iglesia de Santa María de Chaillot, etc. (1598-1666). ‖ – **Julio Hardouin.** Arq. fr., constructor del palacio de Versalles; del

Gran Trianón; del domo de los Inválidos y de la plaza de Vendôme. Su estilo fue neoclásico. (1646-1708).

MANSARDA. f. Galicismo por **buharda** o **buhardilla.**

MANSEDUMBRE. (Del lat. *mansuetumen, -inis,* por *mansuetudo, -inis.*) f. Suavidad y benignidad en el carácter o en el trato. *La* MANSEDUMBRE *modera la ira.* ‖ fig. Apacibilidad. Aplícase a los irracionales y a las cosas insensibles. *La* MANSEDUMBRE *de la oveja.* ‖ IDEAS AFINES: *Bondad, cariño, ternura, tranquilidad, dulzura, compasivo, servicial, caritativo, benévolo, clemente.*

MANSEJÓN, NA. adj. Aplícase al animal muy manso.

MANSEQUE. m. Baile infantil de Chile.

MANSERICHE, Pongo de. *Geog.* Garganta del río Marañón, después de franquear las últimas cadenas andinas en el Perú. A partir de allí, el río se hace navegable.

MANSFIELD, Catalina. *Biog.* Escr. australiana, autora de *El garden-party; Beatitud; El nido de la paloma,* etc. (1890-1923).

MANSILLA, Lucio. *Biog.* Militar arg. que actuó en las luchas por la Independencia (1792-1871). ‖ – **Lucio V.** Militar y escritor arg., hijo del anterior, cuya obra *Una excursión a los indios ranqueles* es un relato autobiográfico de rico colorido sobre la vida de los indios y acontecimientos históricos de la época. Otras obras: *Entre nos; Rosas; Mis memorias* (1831-1913).

MANSIÓN. al. **Wohnsitz.** fr. **Demeure.** ingl. **Stay; mansion.** ital. **Stanza.** port. **Mansão.** (Del lat. *mansio, -onis.*) f. Detención o estancia en una parte. ‖ Albergue. *En el Olimpo estaba la* MANSIÓN *de los dioses;* sinón.: **morada.** ‖ **Hacer mansión.** Detenerse en alguna parte. ‖ IDEAS AFINES: *Parada, descanso, respiro, alto, permanencia, casa, residencia, hogar, hotel, hostería.*

MANSITO. adj. dim. de **Manso.** ‖ adv. m. Mansamente, quedito.

MANSO. (Del lat. *mansum,* term. neutra del p. p. de *manere,* habitar, permanecer.) m. Masada. ‖ Cada una de las tierras o bienes exentos de toda carga que poseían algunos curatos y monasterios.

MANSO, SA. al. **Sanft; zahm.** fr. **Docile.** ingl. **Tame; mild.** ital. **Docile.** port. **Manso.** (Del lat. *mansus,* p. p. de *manere,* permanecer.) adj. Benigno y suave en la condición. MANSO *de genio;* sinón.: **dócil, dulce;** antón.: **áspero.** ‖ Dícese de los animales que no son bravos. *Vaca* MANSA. ‖ fig. Apacible, suave. Aplícase a ciertas cosas insensibles. *Aire* MANSO; *corriente* MANSA. ‖ V. **Pino manso.** ‖ *Chile.* Vulgarismo por grande, extraordinario. ‖ m. En el ganado lanar, cabrío o vacuno, carnero, macho o buey que sirve de guía a los demás.

MANSO, Juana. *Biog.* Escr. y pedagoga arg., autora de *La Revolución de Mayo; La familia del comendador;* poesías; textos escolares, etc. (1819-1875). ‖ – **DE VELASCO, José.** Mil. esp., capitán general de Chile, y de 1745 a 1761, virrey del Perú. (1688-1765).

MANSO. *Geog.* Río de la Patagonia argentina. Nace al pie del cerro Tronador y des. en el río Puelo, en Chile. 145 km., de los cuales 100 están en territorio argentino.

MANSURA. *Geog.* Ciudad de Egipto, sobre el delta del Nilo. 200.000 h. Manufacturas de algodón.

MANSURRÓN, NA. adj. fam. Excesivamente manso.

MANTA. al. **Decke.** fr. **Couverture.** ingl. **Blanket; rug.** ital. **Coperta; coltre.** port. **Manta.** (De *manto.*) f. Prenda suelta de lana o algodón, que sirve para abrigarse en la cama. sinón.: **cobertor, frazada.** ‖ Pieza por lo general de lana, que sirve para abrigarse fuera de la cama. MANTA *de viaje.* ‖ Ropa suelta que suele emplear la gente del pueblo para abrigarse. ‖ Tela ordinaria de algodón, que se fabrica y usa en México. ‖ Cubierta que sirve de abrigo a las caballerías. ‖ Costal de pita que se emplea en las minas de América para transportar los minerales. ‖ Especie de juego del hombre. ‖ fig. Zurra de golpes que se da a alguien. ‖ MANTA *de azotes, de palos.* ‖ *Col., Méx.* y *Ven.* Cierta tela ordinaria de algodón. ‖ *Col.* Cierto baile popular. ‖ *Cuba.* Una clase de tasajo. ‖ *Chile.* Animal fabuloso de río. ‖ *Cetr.* Cada una de las doce plumas que tiene el ave de rapiña seguidamente de las aguaderas. ‖ *Mil.* Mantelete, tablero grueso para defensa. ‖ – **de algodón.** Porción de algodón en rama con un ligero baño de goma para que no se desparrame. ‖ **A manta.** m. adv. Aplícase a la forma de regar el terreno cubriéndolo con una capa de agua. ‖ **Dar una manta.** frs. fam. Mantear. ‖ **Liarse** uno **la manta a la cabeza.** frs. fig. Atropellar por todo.

MANTA. adj. Aplícase al indio perteneciente a una tribu del Ecuador que habitó la actual provincia de Manabí. Ú.t.c.s. ‖ Perteneciente a estos indios. ‖ m. Lengua de los **mantas.**

MANTA. *Geog.* Ciudad y puerto del Ecuador (Manabí). 20.000 h. Exportación de sombreros de paja.

MANTACA. f. *Chile.* Manta de hilos gruesos, usada para abrigo.

MANTADA. f. *Chile.* Lo que cabe en una manta.

MANTADRIL. m. *Hond.* Tela ordinaria de algodón.

MANTARO. *Geog.* V. **Jauja.**

MANTEADO. m. *Amér. Central* y *Méx.* Tienda de campaña.

MANTEAMIENTO. m. Acción y efecto de mantear.

MANTEAR. (De *manta.*) tr. Levantar violentamente en el aire a una persona, mamarracho o bruto puesto en una manta, tirando varios a un tiempo de sus orillas. MANTEAR *a un novato.* ‖ deriv.: **manteador, ra.**

MANTEARSE. (De *manto.*) r. *Chile.* Convertirse en manto una veta de metal.

MANTECA. al. **Butter.** fr. **Beurre.** ingl. **Butter.** ital. **Burro.** port. **Manteiga.** (De *manto.*) f. Gordura de los animales, especialmente la del cerdo. ‖ Substancia crasa de la leche. ‖ Pomada. ‖ Substancia crasa de ciertos frutos; como la del cacao. ‖ – **de vaca.** Mantequilla. ‖ **Como manteca.** expr. fig. con que se pondera la blandura o suavidad de algo. ‖ **El que asó la manteca.** Personaje proverbial que sirve de comparación para censurar al que obra o discurre neciamente. *Eso no se le ocurre ni* AL QUE ASÓ LA MANTECA. ‖ **Juntársele** a uno **las mantecas.** frs. fig. y fam. Estar en peligro de muerte por exceso de gordura.

● **MANTECA.** *Med.* y *Quím.* Conocida desde tiempos remotos, los antiguos hebreos ya usaban la **manteca** como medicamento, además de consumirla en sus comidas. Los glóbulos de grasa de la leche se encuentran en emulsión; si se deja el líquido en reposo, esos glóbulos suben a la superficie y forman la crema que, sometida al batido, se aglutina en una masa compacta, que es la **manteca.** Una buena **manteca** tiene que ser de consistencia semiblanda a la temperatura ambiente, contener escasa cantidad de agua, tener sabor dulce agradable; aplicada sobre la lengua debe fundirse con facilidad sin dejar grumos y su color debe ser blanco o ligeramente amarillento. Para darle el color amarillo con que se la conoce, se le añaden colorantes. La **manteca** contiene glicéridos, oleína, estearina, ácidos grasos, caseína y aceites minerales. Se altera con facilidad, especialmente en verano, por la acción de fermentos microbianos y diastasas, que transforman la caseína y la lactosa; el sabor y el olor se hacen desagradables, por liberación y desdoblamiento de los ácidos grasos; dícese entonces que la **manteca** está rancia y no puede ser consumida. La **manteca** contiene vitaminas A, D y E y su uso debe restringirse a los hepáticos, enfermos del estómago o intestino, etc.

MANTECADA. f. Rebanada de pan untada con manteca de vaca y azúcar. ‖ Bollo de harina de flor, huevos, azúcar y manteca de vaca.

MANTECADO. m. Bollo amasado con manteca de cerdo. ‖ Sorbete hecho con leche, huevos y azúcar.

MANTECÓN, NA. (De *manteca.*) s. fig. y fam. Persona regalona y delicada. Ú.t.c. adj.

MANTECOSO, SA. adj. Que tiene mucha manteca o se asemeja a ella. *Queso* MANTECOSO.

MANTEGAZZA, Pablo. *Biog.* Méd., antropólogo y escr. ital. fundador del primer laboratorio de patología general de Europa y autor de *Fisiología del placer; Fisiología del odio; Fisiología del amor,* etc. (1831-1910).

MANTEGNA, Andrés. *Biog.* Pintor y grabador ital., uno de los iniciadores del Renacimiento en Italia septentrional; sus obras se caracterizan por la grandeza y **austeridad de su concepción:** ***Cristo muerto; Triunfo de Julio César; Retablo,*** **etc. (1431-1506).**

MANTEHUELO. m. dim. de **Manto.**

MANTEÍSTA. m. El que asistía a las escuelas públicas con sotana y manteo. ‖ Alumno externo de un seminario conciliar.

MANTEL. al. **Tischtuch.** fr. **Nappe.** ingl. **Table cloth.** ital. **Tovaglia da tavola.** port. **Mantel.** (Del lat. *mantele.*) m. Tejido con que se cubre la mesa de comer. ‖ Lienzo mayor con que se cubre la mesa del altar. ‖ *Blas.* Pieza triangular del escudo cortinado. ‖ **A manteles.** m. adv. En mesa cubierta con **manteles.** ‖ **Sobre manteles.** m adv. **A manteles.**

MANTELERÍA. f. Conjunto de manteles y servilletas.

MANTELETA. (De *mantelete.*) f. Esclavina grande, a manera de chal, de que usan las mujeres para abrigarse o adornarse.

MANTELETE. (De *mantele.*) m Vestidura con dos aberturas para sacar los brazos, que usan los obispos y prelados encima del roquete. ‖ *Blas.* Adorno del escudo de armas que representa el pedazo de malla que, bajando desde lo alto del casco, protegía el cuello y parte de la espalda. ‖ *Mil.* Tabla gruesa con que se cubría la boca del petardo después de cargado, cuando se aplicaba contra la pared o puerta que se quería romper. ‖ *Mil.* Tablero grueso forrado de hoja de lata que servía de resguardo contra los tiros del enemigo.

MANTELO. (Del lat. *mantelum,* dim. de *mantum,* manto.) m. Especie de delantal de paño, sin vuelo ni pliegues, usado por las aldeanas de algunas provincias de España.

MANTELLINA. f. Mantilla de la cabeza.

MANTENCIÓN. f. fam. Manutención.

MANTENEDOR, RA. s. Quien mantiene torneos, juegos florales, etc.

MANTENENCIA. f. Acción y efecto de mantener o de sostener. ‖ Alimento, víveres.

MANTENER. al. **Halten; festhalten.** fr. **Maintenir.** ingl. **To support; to maintain.** ital. **Mantenere.** port. **Manter.** (De *manutener.*) tr. Proveer a uno del alimento necesario. Ú.t.c.r. *El padre* MANTIENE *a la familia; se* MANTIENE *con poco;* sinón.: **sustentar.** ‖ Conservar una cosa en su ser. MANTUVIMOS *la casa en buen estado.* ‖ Sostener una cosa para que no caiga o se tuerza. *Una estaca* MANTENDRÁ *el arbolito.* ‖ Proseguir en lo que se está ejecutando. *Tú* MANTUVISTE *la conversación.* ‖ Defender una idea o sistema. MANTENER *sus ideales.* ‖ Sostener un torneo, justa, etc. ‖ *For.* Amparar a uno en la posesión o goce de una cosa. ‖ r. No variar de estado o resolución. *Se* MANTUVO *firme.* ‖ fig. Fomentarse, alimentarse. ‖ irreg. Conj. como **tener.** ‖ IDEAS AFINES: *Alimentar, dar, ayudar, auxiliar, socorrer; cuidar, respetar, apoyo, defensa, apuntalar, columna, sostén.*

MANTENIDA. f. Querida que vive a expensas de un hombre.

MANTENIDO. m. *Méx.* El que vive del trabajo de su esposa.

MANTENIENTE (A). (De *mantener.*) m. adv. Con toda la fuerza de la mano. ‖ Con ambas manos.

MANTENIMIENTO. m. Efecto de mantener o mantenerse. *El* MANTENIMIENTO *de una familia;* sinón.: **sustentación.** ‖ Manjar. ‖ pl. Víveres.

MANTEO. (De *mantear.*) m. Manteamiento.

MANTEO. (Del lat. *mántelum.*) m. Capa larga con cuello que usan los eclesiásticos sobre la sotana. ‖ Ropa de bayeta o paño que llevaban las mujeres de la cintura abajo.

MANTEQUERA. f. La que hace o vende mantequilla. ‖ Vasija en que ésta se hace. ‖ Vasija en que se sirve a la mesa.

MANTEQUERÍA. f. Lugar donde se elabora o vende manteca.

MANTEQUERO, RA. adj. Perteneciente o relativo a la manteca. ‖ m. El que hace o vende manteca. ‖ Mantequera, vasija. ‖ Corojo.

MANTEQUILLA. f. dim. de **Manteca.** ‖ Pasta blanda y suave de manteca de vaca batida y mezclada con azúcar. ‖ Producto que se obtiene de la leche o de la crema por agitación o por batimiento, ya empleando máquinas adecuadas, ya mazando la leche en odres.

MANTEQUILLERA. f. *Amér.* Mantequera, vasija.

MANTEQUILLERO. m. Mantequero.

MANTERO, RA. s. Persona que fabrica mantas o las vende.

MANTÉS, SA. adj. y s. Pícaro, pillo.

MANTILLA. (dim. de *manta.*) f. Prenda con que las mujeres se cubren la cabeza. MANTILLA *de blonda.* ‖ Cualquiera de las piezas con que se envuelve por encima de los pañales a los niños desde que nacen hasta que comienzan a andar. Ú.m. en pl. ‖ Paño con que es cubierto el lomo de los caballos. ‖ *Impr.* Paño que, puesto en el tímpano de las prensas de mano o rodeando los cilindros de las máquinas de imprimir, sirve para que no se dañe la forma y salga bien la impresión. ‖ m. *Hond.* Hombre cobarde. ‖ **Estar en mantillas** una cosa. frs. fig. y fam. Estar en sus principios o poco adelantada. ‖ **Haber salido de mantillas** alguien. frs. fig. y fam. Tener ya conocimiento y edad para obrar por sí.

MANTILLO. (De *manta.*) m. Capa superior del suelo, formada principalmente por la descomposición de materias orgánicas. ‖ Abono resultante de la fermentación del estiércol.

MANTILLÓN, NA. adj. y s. Desaliñado. ‖ *Méx.* Sinvergüenza.

MANTIQUEIRA, Sierra de. *Geog.* Sierra del Brasil, sit. al O. de la c. de Río de Janeiro, al N. del río Paraíba del Sur. Culmina en el cerro Bandeira, a los 2.890 m.

MANTIS. m. *Zool.* Género de insectos ortópteros que comprende animales de cabeza triangular, pequeña; las primeras patas son prensoras, las demás, dispuestas para la marcha; carniceros. La posición que adoptan para cazar, con sus patas anteriores levantadas, ha hecho que se les atribuya la virtud de adivinar y también de indicar dónde está Dios. Una de las especies más conocida es la *Mantis religiosa.*

MANTISA. (Del lat. *mantissa,* añadidura.) f. *Mat.* Fracción decimal que sigue a la característica en un logaritmo.

MANTO. (Del lat. *mántum.*) m. Ropa suelta, a modo de capa, que llevaban las mujeres sobre el vestido, y con la cual se cubrían de pies a cabeza. ‖ Prenda que les cubría cabeza y cuerpo hasta la cintura, en la cual se ataba. ‖ Especie de mantilla grande sin guarnición. ‖ Capa que llevan algunos religiosos sobre la túnica. ‖ Rica vestidura de ceremonia. Es insignia de príncipes soberanos y de caballeros de las órdenes militares. MANTO *capitular.* ‖ Ropa talar de que usan en algunos colegios sus profesores y alumnos. ‖ Fachada de la campana de una chimenea. ‖ Manteca o sebo en que nace envuelto el niño. ‖ fig. Lo que encubre y oculta una cosa. ‖ *Min.* Capa de mineral, de poco espesor, que yace casi horizontalmente. ‖ *Zool.* Repliegue cutáneo que envuelve el cuerpo de los moluscos y de algunos gusanos. ‖ IDEAS AFINES: *Abrigo, capucha, vestido, traje, toga, clámide, taled, hábito, clérigo.*

MANTÓN. m. Pañuelo grande y, generalmente, de abrigo. ‖

– **de Manila.** fam. El de seda, bordado, procedente generalmente de China. *El* MANTÓN DE MANILA *es prenda que se luce en las corridas de toros y verbenas.*

MANTÓN, NA. adj. Mantudo.

MANTOVANI, Juan. *Biog.* Pedagogo y educador arg., autor de *Educación y plenitud humana*; *La adolescencia y los dominios de la cultura*; *Épocas y hombres de la educación argentina*, etc. (1898-1961).

MANTUA. *Geog.* Provincia de Italia (Lombardía). 2.339 km^2. 390.000 h. Agricultura y ganadería. Cap. hom. 70.000 h. Centro agrícola y comercial.

MANTUANO, NA. (Del lat. *mantuanus.*) adj. Natural de Mantua. Ú.t.c.s. ‖ Perteneciente a esta ciudad de Italia.

MANTUDO, DA. adj. Dícese del ave cuando tiene caídas las alas y está como arropada en ellas. ‖ s. *Hond.* Persona enmascarada.

MANÚ. *Mit.* En la mit. hindú, padre del género humano, primer hombre creado por Brahma. Dio a la India un conjunto de leyes, llamado *Código de Manú*.

MANÚ, Código de. *Rel.* Libro sagrado de la India, también llamado **Manava Dharma Sastra;** desarrolla la doctrina brahmánica y expone los deberes civiles y religiosos.

MANUABLE. adj. Fácil de manejar. *Cepillo* MANUABLE.

MANUAL. (Del lat. *manualis.*) adj. Que se ejecuta con las manos. *Ejercitación* MANUAL. ‖ Manuable. ‖ Casero, de fácil ejecución. ‖ Fácil de entender. ‖ Dícese de la persona dócil. ‖ m. Libro en que se resume lo más substancial de una materia. MANUAL *de historia.* ‖ Libro en que se anotan provisionalmente las partidas de cargo o data. ‖ Libro o cuaderno para apuntamientos. ‖ IDEAS AFINES: *Técnico, obrero, dactilógrafo, dedos; compendio, tratado, extracto.*

MANUALMENTE. adv. m. Con las manos. *Trabajar* MANUALMENTE.

MANUBRIO. al. **Kurbel.** fr. **Manubre.** ingl. **Handle.** ital. **Manubrio.** port. **Manúbrio.** (Del lat. *manúbrium.*) m. Empuñadura o manija de un instrumento. ‖ Empuñadura de algunas ruedas y otros mecanismos, con la cual se los hace girar. ‖ En las medusas, parte tubulosa del animal, que cuelga de la umbrela y de la cual salen los brazos.

MANUCIO, Aldo. *Biog.* Impresor y humanista ital., conocido como **el Viejo,** fundador de una imprenta consagrada a la reproducción de las obras maestras de la antigüedad, y de una Academia Aldina, a la que perteneció Erasmo. Creó caracteres inclinados, que se llamaron *itálicos* o *aldinos*. Escribió además un *Diccionario latino-griego;* una *Gramática latina*, etc. (1447-1516).

MANUCODIATA. (Del javanés *manuc diwata*, ave de los dioses.) f. **Ave del Paraíso.**

MANUEL I. *Biog.* Emp. de Constantinopla, denominado **Comneno** (1120-1180). ‖ – **II. Paleólogo.** Emp. de Constantinopla; se retiró a un claustro luego de ser derrotado por los turcos (1348-1425).

MANUEL I. *Biog.* Rey de Portugal que favoreció la expansión colonial (1469-1521). ‖ – **II.** Rey de Portugal; perdió el trono en 1910 por la revolución que proclamó la Rep. (1889-1932).

MANUELLA. (Del fr. *manuelle*, y éste del lat. *manualis*, manual.) f. Barra o palanca del cabrestante.

MANUFACTURA. al. **Manufaktur.** fr. **Manufacture.** ingl. **Manufacture.** ital. **Manufattura.** port. **Manufatura.** (Del b. lat. *manufactura*, y éste del lat. *manus*, mano, y *factura*, hechura.) f. Obra hecha a mano o con ayuda de máquina. ‖ Fábrica o lugar donde se fabrica. MANUFACTURA *de tabacos.*

MANUFACTURAR. tr. Fabricar, hacer trabajos de manufactura.

MANUFACTURERO, RA. adj. Perteneciente a la manufactura. *Establecimento* MANUFACTURERO.

MANUMISIÓN. (Del lat. *manumissio, -onis.*) f. Acción y efecto de manumitir.

MANUMISO, SA. (Del lat. *manumissus.*) p. p. irreg. de **manumitir.** ‖ adj. Horro, dicho del esclavo.

MANUMISOR. (Del lat. *manumissor.*) m. *Der.* El que manumite.

MANUMITIR. (Del lat. *manumíttere.*) tr. *Der.* Dar libertad al esclavo.

MANUSCRIBIR. (Del lat. *manus*, mano, y *scríbere*, escribir.) tr. Escribir a mano.

MANUSCRITO, TA. al. **Handschrift; Manuskript.** fr. **Manuscrit.** ingl. **Manuscript.** ital. **Manoscritto.** port. **Manuscrito.** (Del lat. *manus*, mano, y *scriptus*, escrito.) adj. Escrito a mano. *Una copia* MANUSCRITA. ‖ m. Papel o libro escrito a mano. ‖ Particularmente, el que tiene algún valor o antigüedad.

MANUTENCIÓN. (De *manutener.*) f. Acción y efecto de mantener o mantenerse. sinón.: **alimentación, sostenimiento.** ‖ Conservación y amparo.

MANUTENER. (Del lat. *manu*, en la mano, y *tenere*, guardar, defender.) tr. *Der.* Mantener o amparar.

MANUTIGIO. (Del lat. *manutigium.*) m. Fricción leve hecha con la mano.

MANUTISA. f. Minutisa.

MANVACÍO, A. adj. Manivacío.

MANZANA. al. **Apfel.** fr. **Pomme.** ingl. **Apple.** ital. **Mela.** port. **Maçã.** (Del ant. *mazana*, y éste del lat. *matiana mala*, una especie de manzana.) f. Fruto del manzano, de forma globosa, algo hundida por los extremos del eje; pulpa carnosa con sabor acídulo o ligeramente azucarado, y semillas pequeñas de color de caoba. *Son ricas las* MANZANAS *de California*; sinón.: **poma.** ‖ En las poblaciones, conjunto aislado de varias casas contiguas. ‖ Pomo de la espada. ‖ Manzanilla de las camas, balcones, etc. ‖ *Arg.* y *Chile.* Espacio cuadrado de terreno, con casas o sin ellas pero circunscrito por calles por sus cuatro lados. *Dar una vuelta a la* MANZANA. ‖ *Col.* y *Hond.* Nuez o prominencia de la garganta. ‖ – **asperiega.** La de forma aplastada, carne granulosa y sabor agrio que generalmente se emplea para hacer sidra. ‖ – **de Adán.** Prominencia de la garganta. ‖ – **de la discordia.** fig. Por alusión al juicio de Paris, lo que es objeto de discrepancia en los ánimos y opiniones. ‖ – **reineta.** La gruesa, aromosa, jugosa y de sabor muy grato. ‖ **Sano como una manzana.** loc. fig. y fam. con que se pondera la buena salud de una persona. ‖ IDEAS AFINES: *Sidra, compota, mermelada, discordia, hespérides, Atalanta, Hipómenes, Paris, Guillermo Tell.*

MANZANAL. m. Manzanar. ‖ Manzano.

MANZANAR. m. Terreno plantado de manzanos.

MANZANARES. *Geog.* Río de España (Madrid) que nace en la sierra de Guadarrama, pasa al O. de Madrid y des. en el Jarama. 85 km.

MANZANERA. (De *manzana.*) f. Maguillo.

MANZANERO. m. *Ec.* Manzano.

MANZANIL. adj. Díc. de varias frutas parecidas a la manzana.

MANZANILLA. (dim. de *manzana.*) f. Hierba compuesta de hojas abundantes partidas en segmentos lineales y flores olorosas en cabezuelas solitarias con centro amarillo y circunferencia blanca. *Matricaria chamomilla.* ‖ Flor de esta planta. ‖ Infusión de esta flor, que se usa mucho como estomacal. ‖ Especie de aceituna pequeña llamada **aceituna manzanilla.** ‖ Parte carnosa y saliente con que terminan por debajo las patas de los mamíferos carniceros. ‖ Cada uno de los remates, en figura de manzana, con que se suele adornar las camas, los balcones, etc. ‖ Parte inferior y redonda de la barba. ‖ Vino blanco, pálido, oloroso, que se hace en Andalucía. ‖ *Hond.* Planta que produce una almendra de la que se hace jabón. ‖ – **bastarda.** Planta compuesta de hojas partidas en segmentos finos que substituye en medicina a la **manzanilla** común. ‖ – **común. Manzanilla,** hierba. ‖ – **europea.** Planta de la misma familia y género que la **manzanilla** común, con hojas vellosas partidas en segmentos lineales de punta roma y con dos o tres dientes en el margen. ‖ – **fina.** Planta compuesta con hojas perfoliadas, partidas en segmentos filiformes y flores muy fragantes y de color amarillo fuerte. ‖ – **hedionda.** Planta de la misma familia y género que la **manzanilla** común con hojas partidas en tiras muy finas y puntiagudas y de olor desagradable. ‖ – **loca.** Planta compuesta, con hojas alternas, divididas en segmentos dentados, y flores en cabezuelas amarillas. Se utiliza en tintorería. ‖ **Ojo de buey,** planta. ‖ – **romana.** Manzanilla común.

MANZANILLO. m. V. **Olivo manzanillo.** Ú.t.c.s. ‖ m. Árbol americano, euforbiáceo, de flores blanquecinas y fruto semejante a una manzana. El jugo y el fruto de este árbol son venenosos. Exhala emanaciones tóxicas, por lo que existe la creencia de que su sombra es también venenosa.

MANZANILLO. *Geog.* Bahía de la costa N. de Haití y Rep. Dominicana. ‖ C. y puerto de Cuba (Oriente). 78.000 h., con el municipio 120.000 h. Centro industrial y comercial.

MANZANITA. f. dim. de **Manzana.**

MANZANO. al. **Apfelbaum.** fr. **Pommier.** ingl. **Apple tree.** ital. **Melo.** port. **Macieira.** (De *manzana.*) m. Árbol rosáceo de hojas sencillas, ovaladas, puntiagudas, dentadas, flores en umbela, blancas, sonrosadas por fuera y olorosas, y cuyo fruto es la manzana. *Pirus malus.* ‖ – **asperiego.** El que produce las manzanas asperiegas.

MANZONI, Alejandro. *Biog.* Lit. italiano; su novela histórica *Los novios*, obra maestra por el arte con que han sido trazados los caracteres y la belleza de sus descripciones, lo hizo jefe del movimiento romántico en Italia. Trabajó con pasión a favor de la unidad de lenguaje, y en todos sus escritos se suman la nobleza de los ideales con la maestría de la forma: *Himnos sacros; Cinco de Mayo* (a la muerte de Napoleón I), etc. (1785-1873).

MAÑA. (Del lat. *manus*, mano.) f. Destreza, habilidad. *Tiene* MAÑA *para desatar nudos*; antón.: **inhabilidad, torpeza.** ‖ Artificio o astucia. ‖ Vicio o mala costumbre. Ú.m. en pl. *Difícilmente perderá las* MAÑAS. ‖ Manojo pequeño; como de cáñamo, lino, etc. ‖ **Darse** uno **maña.** frs. Ingeniarse, llevar sus negocios hábilmente. ‖ **Más vale maña que fuerza.** ref. con que se denota que se saca mejor partido con la suavidad y destreza que con la violencia y el rigor.

MAÑACH, Jorge. *Biog.* Jurisc. y escritor cub., autor de *Martí, el Apóstol; Tiempo muerto; La pintura en Cuba desde sus orígenes hasta nuestros días*, etc. (1898-1961).

MAÑANA. al. **Morgen; Vormittag.** fr. **Matin; demain.** ingl. **Morning; to-morrow.** ital. **Mattino; domani.** port. **Manhã; amanhã.** (Del lat. *mane.*) f. Parte del día, desde que amanece hasta el mediodía. *Trabaja por la* MAÑANA; antón.: **tarde.** ‖ Espacio de tiempo que transcurre desde medianoche hasta mediodía. *Las dos de la* MAÑANA. ‖ m. Tiempo futuro. *No sabemos qué nos reserva el* MAÑANA. ‖ adv. t. En el día que vendrá inmediatamente al de hoy. *No dejes para* MAÑANA *lo que puedes hacer hoy.* ‖ En tiempo venidero. ‖ Presto o antes de mucho tiempo. ‖ **De mañana.** m. adv. En las primeras horas del día. ‖ **Muy de mañana.** m. adv. De madrugada. ‖ **Pasado mañana.** m. adv. En el día que seguirá al de mañana. ‖ **Tomar la mañana.** frs. Madrugar. ‖ IDEAS AFINES: *Alba, alborada, madrugada, aurora, matutino, sol, levantarse, despertador, diana, desayuno.*

MAÑANEAR. (De *mañana.*) intr. Madrugar habitualmente.

MAÑANERO, RA. (De *mañana.*) adj. Madrugador. *Gorriones* MAÑANEROS.

MAÑANICA, TA. f. Principio de la mañana.

MAÑANITA. f. Prenda de vestir, especie de blusa, que usan las mujeres principalmente para estar sentadas en la cama.

MAÑÉ, Pablo. *Biog.* Escultor urug., discípulo de Bourdelle. Autor de un monumento a Río Branco y de otras obras (n. 1880).

MAÑEAR. tr. Disponer una cosa maliciosamente. ‖ intr. Proceder con maña.

MAÑEREAR. intr. *Chile* y *R. de la Plata.* Mañear.

MAÑERÍA. (Del ant. *mañero*, estéril.) f. Esterilidad en las hembras o en las tierras. ‖ Derecho que tenían los reyes y señores de heredar los bienes de los que morían sin sucesión legítima.

MAÑERO, RA. (De *maña.*) adj. Sagaz, astuto. ‖ Fácil de ejecutarse o manejarse.

MAÑERUELO, LA. adj. dim. de **Mañero.**

MAÑIGAL. m. *Chile.* Terreno poblado de mañíus.

MAÑÍU. m. *Chile.* Árbol que llega hasta veinte metros y cuya madera es excelente.

MAÑO, ÑA. s. fig. y fam. Aragonés. ‖ *Ar.* y *Chile.* Hermano. ‖ Expresión de cariño.

MAÑOCO. m. Tapioca. ‖ Masa cruda de harina de maíz, que comían los indios de Venezuela.

MAÑOSEAR. intr. *Col.* y *Ven.* Resabiar. ‖ *Chile.* Mañear.

MAÑOSO, SA. adj. Que tiene maña. *Mujer* MAÑOSA; sinón.: **diestro, hábil.** ‖ Que se hace con maña. ‖ Que tiene mañas o resabios. *Caballo* MAÑOSO. ‖ deriv.: **mañosamente.**

MAÑUELA. f. Maña hecha con astucia y bellaquería. ‖ pl. com. fig. y fam. Persona cauta y astuta que maneja los negocios diestramente.

MAORÍ. adj. Dícese del habitante de las dos islas de Nueva Zelanda. Ú. más c.s.m. y en pl. *Se supone que los* MAORÍES *llegaron a Nueva Zelanda en el siglo XIV.*

MAOTSE-TUNG. *Biog.* Pol., revolucionario y mil. chino, jefe del movimiento comunista de su país. Unido a Chiang-Kai-shek para rechazar a los japoneses, dirigió luego la lucha contra él, hasta vencerlo e instaurar el gobierno comunista, actualmente imperante en China. En 1966 encabezó la "revolución cultural proletaria", de tendencia contraria a las ideas del presidente Liu Shao-chi, quien fue destituido (1893-1976).

MAPA. al. **Landkarte.** fr. **Carte géographique.** ingl. **Map; chart.** ital. **Mappa; carta geografica.** port. **Mapa; carta.** (Del lat. *mappa*, mantel, plano de una finca rústica.) m. Representación geográfica de la Tierra, o de un país o terreno en una superficie plana. sinón.: **carta.** ‖ f. fam. Lo que sobresale en un género, habilidad o producción. *Mendoza es la* MAPA *del vino.* ‖ – **celeste.** Carta plana de la bóveda del cielo, en la que se señalan las constelaciones. ‖ – **mudo.** El que no tiene escrito los nombres de las localidades. ‖ **No estar en el mapa** una cosa. frs. fig. y fam. Ser desusada y extraordinaria. ‖ IDEAS AFINES: *Cartografía, escala, planisferio, atlas, hemisferio, división política, globo terráqueo.*

MAPACHE. m. Nombre dado a los carnívoros prociónidos americanos del Gén. *Procyon*, mamífero del tamaño y aspecto del tejón.

MAPAMUNDI. (De *mapa*, y del lat. *mundi*, del mundo.) m. Mapa en que se representa la superficie de la Tierra dividida en dos hemisferios. ‖ fam. Posaderas, nalgas.

MAPANARE. f. *Ven.* Culebra muy venenosa y agresiva, de color negro y amarillo en el lomo y amarillo claro en el vientre.

MAPIMÍ, Bolsón de. *Geog.* Cuenca cerrada de México. sit. al sur del río Bravo, entre la sierra Madre Occidental y Oriental. Está recorrida por el río Nazas.

MAPIRE. m. *Col.* y *Ven.* Cesto de palma.

MAPLES ARCE, Manuel. *Biog.* Jurista y poeta mex. que inició en su país un nuevo movimiento literario llamado "estridentismo" Obras: *Urbe; Andamios interiores*, etc. (n. 1898).

MAPO. m. *Cuba.* Cierto pez de agua dulce y de carne poco apreciada.

MAPOCHO. *Geog.* Río de Chile (Santiago). Nace en los Andes y des. en el Maipo. Pasa por la c. de Santiago. Sus aguas son aprovechadas para riego y obtención de energía hidráulica. 245 km.

MAPOTECA. f. Mueble o lugar adecuado para guardar mapas. || Colección de mapas.

MAPUCHE. (Del arauc. *mapuche*, gente del llano.) adj. Araucano. Ú.t.c.s.

MAPUEY. m. *Amér. Central.* Planta comestible dioscórea.

MAPURITE. (Del caribe *maipurí.*) m. Especie de mofeta de la América Central.

MAPURITO. m. *Col.* Mapurite.

MAPUTO. *Geog.* Cap. de Mozambique. 370.000 h. Antes **Lourenço Marques.**

MAQUE. m. Laca, barniz. || **Zumaque del Japón.**

MAQUEAR. tr. Adornar muebles o utensilios con pintura o dorados, usando el maque.

MAQUEITÍA. *Geog.* Localidad de Venezuela. Aeropuerto de Caracas.

MAQUETA. (Del ital. *machietta.*) f. Modelo plástico, en tamaño reducido, de una obra escultórica o de un edificio.

MAQUI. (Voz araucana.) m. *Chile.* Arbusto liliáceo, de fruto redondo y dulce, usado en confituras, y con el cual los indígenas preparan también chicha. *Aristotelia maqui.*

MAQUIAVÉLICO, CA. adj. Perteneciente al maquiavelismo. *Planes* MAQUIAVÉLICOS; sinón.: **astuto, pérfido.** || Maquiavelista.

MAQUIAVELISMO. m. *Sociol.* Conjunto de las doctrinas expuestas por Maquiavelo en su obra fundamental *El Príncipe*, según las cuales toda grande acción tiene su propia ética y cada finalidad perseguida debe realizarse sin reparar en medios, etc. || fig. Modo de proceder con astucia, doblez y perfidia.

MAQUIAVELISTA. adj. Que sigue las máximas de Maquiavelo. Ú.t.c.s.

MAQUIAVELO, Nicolás B. de. *Biog.* Lit. y político ital.; en su tratado pol. *El Príncipe*, dedicado a Lorenzo II de Médicis, aboga por el poder absoluto, emancipando la ciencia política de la ética y la religión. Escribió además *La Mandrágora; Historia de Florencia*, etc. (1469-1527).

MAQUILA. f. Porción de grano, aceite o harina que corresponde al molinero por la molienda. || Medida con que se maquila. || Medio celemín. || *Hond.* Medida de peso de cinco arrobas.

MAQUILAR. tr. Cobrar la maquila.

MAQUILERO. m. El encargado de maquilar.

MAQUILLAJE. m. Afeite, retoque o caracterización.

MAQUILLAR. tr. y r. Poner afeites. || deriv.: **maquillador, ra.**

MÁQUINA. al. **Maschine.** fr. **Machine.** ingl. **Machine.** ital. **Macchina.** port. **Máquina.** (Del lat. *machina*, y éste del gr. *mechané.*) f. Artificio que aprovecha, dirige o regula la acción de una fuerza, o la produce. MÁQUINA *de vapor.* || fig. Agregado de diversas partes ordenadas entre sí y que forman un todo. || Proyecto de pura imaginación. MÁQUINA *humana.* || Intervención de lo sobrenatural en cualquier fábula poética. *La* MÁQUINA *de las tragedias griegas.* || fig. y fam. Edificio grande y suntuoso. *La gran* MÁQUINA *de la Alhambra.* || Multitud y abundancia. *Tengo una* MÁQUINA *de libros.* || Por anton., locomotora. || Tramoya de los teatros. || *Cuba.* Automóvil. || – **de vapor.** La que funciona por la fuerza expansiva del vapor de agua. || – **eléctrica.** Artificio destinado a producir electricidad o aprovecharla en usos industriales. || – **herramienta.** La que por procedimientos mecánicos hace funcionar una herramienta, sustituyendo la mano del operario. || – **hidráulica.** La que se mueve por la acción del agua. || La que sirve para elevar agua u otro líquido. || – **neumática.** Aparato para extraer de un espacio cerrado aire u otro gas. || IDEAS AFINES: *Palanca, manufactura, trabajo, energía, mecánico, maquinista, ingeniero, obrero, industrial, fábrica, engranaje, producción.*

MAQUINACIÓN. (Del lat. *machinatio, -onis.*) f. Asechanza artificiosa, dirigida por lo general a mal fin.

MAQUINADOR, RA. (Del lat. *machinator.*) adj. y s. Que maquina. MAQUINADOR *de embustes.*

MAQUINAL. (Del lat. *machinalis.*) adj. Perteneciente a los movimientos y efectos de la máquina. || Dícese de actos y movimientos efectuados por instinto. *Repetición* MAQUINAL; sinón.: **automático, indeliberado.**

MAQUINALMENTE. adv. m. fig. Indeliberadamente. *Responder* MAQUINALMENTE.

MAQUINAR. (Del lat. *machinari.*) tr. Urdir, tramar algo de manera oculta y artificiosa. MAQUINAR *una traición*; sinón.: **forjar, fraguar.** || deriv.: **maquinante.**

MAQUINARIA. f. Arte de fabricar máquinas. || Conjunto de máquinas para determinado fin. || Mecanismo para mover un artefacto. *La* MAQUINARIA *de un teatro.*

MAQUINISMO. m. *Econ.* Técnica de la producción moderna, por la que se sustituye con máquinas el trabajo muscular.

MAQUINISTA. com. Persona que inventa o fabrica máquinas. || La que las dirige o gobierna. MAQUINISTA *naval.*

MAQUINIZAR. tr. Emplear en la producción industrial, agrícola, etc., máquinas que sustituyen o mejoran el trabajo del hombre. || deriv.: **maquinización.**

MAQUIS. (Voz fr.; pronúnc. *maquí.*) m. Organización de resistencia contra la ocupación alemana, en Francia, durante la guerra de 1939-1945. || Miembro de esta organización.

MAR. al. **Meer; See.** fr. **Mer.** ingl. **Sea.** ital. **Mare.** port. **Mar.** (Del lat. *mare.*) amb. Masa de agua salada que cubre las 3/4 partes de la superficie de la Tierra. || Cualquiera de las partes en que se considera dividida. MAR *Caribe, Pacífico, de China.* || fig. Dase este nombre a algunos lagos, como el Caspio, el Muerto. || Marejada u oleaje alto que se mueve en el mar con los vientos fuertes. || Abundancia extraordinaria de alguna cosa. *Inventó la* MAR *de mentiras.* || – **ancha. Alta mar.** || – **bonanza.** *Mar.* **Mar en calma.** || – **cerrada.** La que comunica con el océano por un canal que puede ser defendido desde las orillas. || – **de fondo,** o **de leva.** *Mar.* Agitación de las aguas causada en alta **mar** por los temporales. || – **de leche. Mar en leche.** || – **en bonanza, en calma,** o **en leche.** El que está sosegado y sin agitación. || – **jurisdiccional.** Aguas jurisdiccionales. || – **larga.** *Mar.* **Mar ancha.** || – **tendida.** La formada por grandes olas de mucho seno y de movimiento lento que no llegan a reventar. || – **territorial. Mar jurisdiccional.** || **Alta mar.** Parte del **mar** que está muy distante de la costa. || **A mares.** m. adv. Abundantemente. Ú. con los verbos *llorar, llover* y *sudar.* || **Hacerse a la mar.** frs. *Mar.* Dejar la costa y entrar en **mar** ancha. || **La mar.** loc. adv. Mucho, con abundancia. || **La mar de.** loc. adv. Mucho. *Había* LA MAR DE *gente.* || **Picarse el mar,** o **la mar.** frs. Comenzar a alterarse. || **Quebrar** o **romperse el mar.** frs. Estrellarse las olas contra un peñasco, playa, etc. || IDEAS AFINES: *Hidrografía, río, desembocadura, estuario, delta, corriente, marea, orilla, costa, acantilado, rada, promontorio, cabo, golfo, estrecho, canal, bahía, abra, fiordo, fondeadero, puerto, dársena, dique, muelle, escollera, rompeolas, archipiélago, escollo, navegar, naufragio, Robinsón Crusoe, maremoto, barco, submarino, hidroavión, plataforma submarina, profundidad, sirena, ondina, Nereidas, Tritón, Neptuno.*

MAR, Sierra del. *Geog.* Sierra del Brasil que se extiende paralela a la costa atlántica desde el Est. de Río Grande del Sur al de Río de Janeiro. Culmina en el Pedra do Sino a los 2.263 m. || – **Chica.** Pequeño mar interior de Marruecos, a 5 km. de Melilla. 200 km². || – **Chiquita.** Laguna salada de la Argentina en el N.E. de la prov. de Córdoba. 200 km². || – **Chiquita.** Laguna salada de la Argentina en el N.O. de la prov. de Buenos Aires, en la cuenca del río Salado. || – **Chiquita.** Laguna litoral de la Argentina (Bs. As.) al norte de Mar del Plata. 45 km². Pesca. || – **de Ajó.** Población de la Argentina (Bs. As.) al sur de la bahía de Samborombón. 3.500 h. permanentes. Balneario sobre el Atlántico. || – **del Plata.** C. de la Argentina en el S.E. de la provincia de Bs. As. 250.000 h. permanentes. Sit. a orillas del Atlántico, es el balneario más importante de la Rep. Puerto de ultramar. Importante centro pesquero. Canteras de piedra para la construcción.

MARA. f. *Arg.* Roedor de la Patagonia, de cabeza redondeada, orejas anchas y algo largas, cola corta con el extremo pelado y romo, patas largas y delgadas, y pelaje grisáceo; por su tamaño y veloz carrera con grandes saltos, se le denomina **liebre de la Patagonia.** *Diolichotis australis*, histricomorfo. Ú.t.c.m.

MARABÚ. (Del ár. *marabut*, asceta, santo.) m. Ave zancuda de África, parecida a la cigüeña, de metro y medio de alto y tres y medio de envergadura; cabeza, cuello y buche desnudos. Se le considera muy útil porque devora multitud de insectos, reptiles y carroñas, y sus plumas blancas son muy apreciadas para adorno. *Leptotitus crumanifer*, cicónida. || Adorno hecho de esta pluma. || Planta leguminosa de Cuba, perjudicial a la agricultura.

MARARUTO. m. Morabito, ermita.

MARACA. (Del guar. *mbaracá.*) f. *Amér.* Instrumento de los guaraníes, consistente en una calabaza seca, con granos de maíz o piedrecillas dentro, para acompañar el canto. Se hace también de metal o materiales plásticos. || *Perú.* Juego de azar, que se juega con tres dados que, en lugar de puntos, tienen un sol, un oro, una copa, una estrella, una luna y un ancla. || fig. *Chile.* Ramera, prostituta.

MARACAIBERO, RA. adj. y s. De Maracaibo.

MARACAIBO. *Geog.* Golfo de Venezuela, al N. del lago hom., sobre el mar de las Antillas. Se le llama también **golfo de Venezuela.** || Lago del N. de Venezuela (Zulia). Es el mayor de Amér. del S. 12.000 km². || C. de Venezuela, cap. del Est. de Zulia, sobre el lago hom. 680.000 h. Puerto importante. Centro petrolero. Astilleros.

MARACANÁ. (Voz guar.) m. *Arg.* y *Brasil.* Nombre dado a ciertas especies de loros y guacamayos. || Nombre de un afamado estadio de R. de Janeiro.

MARACANÁ. *Geog.* C. de Brasil en el Estado de Pará. Con el mun., 40.000 h.

MARACAY. *Geog.* Ciudad de Venezuela, cap del estado de Aragua, cercana al lago de Valencia. 280.000 h. Tejidos. Importante base militar.

MARACAYÁ. m. *Amér.* Tigrillo.

MARACO, CA. s. *Ven.* Hijo menor.

MARACURE. m. *Bot.* Planta leñosa, trepadora, de S. Amér., de la que se extrae el curare. *Strychnos toxifera*, loganiácea.

MARAGALL Y GODINA, Juan. *Biog.* Lit. español que contribuyó al renacimiento de la poesía catalana. Obras: *Poesías; Visiones y cantos; Elogios*, etc. (1860-1911).

MARAGATO, TA. adj. y s. De la Maragatería, comarca de León (España).

MARAGUACA. *Geog.* Sierra del sistema de Guayania, en el territ. de Amazonas (Venezuela). Culmina a los 3.200 m. en el pico hom.

MARAJÓ. *Geog.* Isla del Brasil, sit. en la des. del Amazonas (Pará). 47.964 km². 130.000 h.

MARAMURES. *Geog.* Región de N. de Rumania, junto a la frontera húngara y rusa, al O. de los Cárpatos.

MARANHÃO. *Geog.* Estado del N.E. del Brasil. 334.809 km². 3.150.000 h. Actividad agrícola. Tabaco, algodón, arroz, etc. Ganadería. Cap. SÃO LUIZ. || Isla del Brasil, en el golfo hom., donde está sit. la c. de São Luiz. || **Golfo de** – Estuario de la costa N.E. de Brasil en el estado hom.

MARANTA. f. Género de plantas cingiberáceas de regiones tropicales, la mayoría americanas. Del rizoma de algunas de sus especies se extrae una fécula.

MARAÑA. f. Maleza o espesura de arbustos. *El zorro se escondió en la* MARAÑA. || Conjunto de hebras bastas y enredadas que forman la parte exterior de los capullos de seda. || Tejido hecho con esta **maraña.** || Coscoja, árbol. || fig. Enredo de los hilos o del cabello. || Embuste inventado para descomponer un negocio. || Lance intrincado.

MARAÑAL. (De *maraña.*) m. Coscojal.

MARAÑAR. (De *maraña.*) tr. y r. Enmarañar.

MARAÑENSE. adj. y s. De Marañón, Brasil.

MARAÑENTO, TA. adj. y s. *Chile.* Marañero.

MARAÑERO, RA. adj. y s. Amigo de marañas, enredador.

MARAÑÓN. m. Árbol de Antillas y C. América de la familia de las terebintáceas cuyo fruto es una nuez de cubierta cáustica y almendra comestible.

MARAÑÓN, Gregorio. *Biog.* Méd. y publicista esp., famoso por sus estudios de endocrinología, y por sus trabajos de crítica histórica y literaria: *Amiel; Don Juan: ensayos sobre el origen de su leyenda; Tres ensayos sobre la vida sexual*, etc. (1887-1960).

MARAÑÓN. *Geog.* Río del Perú, considerado origen del Amazonas. Nace en el lago Junín, corre entre las cordilleras occidental y central de los Andes peruanos, atraviesa el pongo de Manseriche y entra en la llanura. En Brasil cambia este nombre por el de Amazonas. 2.300 km. || Nombre español de **Maranhão.**

MARAÑOSO, SA. adj. y s. Marañero

MARAÑUELA. f. *Cuba.* Capuchina, planta. || Flor de esta planta.

MARAPA. f. *Méx.* Especie de ciruela, fruto del jobo.

MARAPA. *Geog.* Río de la Argentina (Tucumán), el más extenso de los afl. del Salí. 180 km.

MARAQUERO, RA. s. *Amér.* Tañedor de maracas.

MARASMO. (Del gr. *marasmós*; en b. lat. *marasmus.*) m. Último grado de enflaquecimiento humano, caracterizado por la desecación y hundimiento de las carnes y por el abultamiento de los huesos. || Suspensión, paralización, en lo moral o en lo físico.

MARASSO, Arturo. *Biog.* Lit. argentino, autor de *Poemas y coloquios; Hesíodo en la literatura castellana; Rubén Darío y su creación poética*, etc. (1890-1970).

MARAT, Juan Pablo. *Biog.* Méd. y político fr., activo revolucionario. Miembro de la Convención, votó la muerte de Luis XVI y desde "El Amigo del Pueblo" y "El Publicista de la República" persiguió implacablemente a los girondinos. Murió asesinado por Carlota Corday. Obras: ***Ensayo filosófico sobre el hombre; Elogio de Montesquieu; Proyecto de declaración de los derechos del hombre y del ciudadano.*** etc. (1743-1793).

MARATÓN. (De *Maratón*, c. griega.) f. *Dep.* Carrera pedestre que se corre sobre la distancia de 42.195 m. || Por. ext., aplícase a cualquier prueba pedestre de largo recorrido.

MARATÓN. *Geog. histór.* Población de Grecia, en el Ática, famosa por la victoria de Milcíades sobre los persas en 490 a. de C. Con esta batalla terminó la primera Guerra Médica. Cuenta la leyenda que un soldado griego corrió hasta Atenas para notificar el triunfo y tras anunciarlo en la plaza pública, cayó muerto por el esfuerzo realizado.

MARAVEDÍ. (Del ár. *morabití*, perteneciente a los almorávides.) m. Moneda española, efectiva unas veces y otras imaginaria, que ha tenido diferentes valores. En lo que respecta al plural, se han dado a este nombre tres formas distintas: **maravedís, maravedises** y **maravedíes.** Este último apenas tiene ya uso. || Tributo que cada siete años pagaban al rey los aragoneses cuya hacienda valiese 10 **maravedís** de oro.

MARAVILLA. al. **Wunder.** fr. **Merveille.** ingl. **Marvel.** ital. **Meraviglia.** port. **Maravilha.** (Del lat. *mirabilia*, cosas admirables.) f. Suceso o cosa extraordinarios que producen admiración. *Trajo de China una colección de* MARAVILLAS; sinón.: **prodigio.** || Admiración, acción de admirar. || Planta herbácea de flores terminales de color anaranjado, cuyo cocimiento ha sido usado como antiespasmódico. *Calendula officinalis*, compuesta. || Especie de enredadera originaria de América, con flor azul y listas purpúreas, que se cultiva en los jardines. || Dondiego. || **– del mundo.** Cada una de las siete obras de arquitectura o escultura que antiguamente eran más admiradas. *Las pirámides de Egipto figuraban entre las* MARAVILLAS *del mundo.* || **A las mil maravillas.** m. adv. fig. De modo primoroso; muy bien. || **A maravilla.** m. adv. Maravillosamente. || **Decir,** o **hacer maravillas.** frs. fig. y fam. Exponer algún concepto o realizar algo con gran primor. || **Por maravilla.** m. adv. Rara vez. || **Ser** una cosa **la octava maravilla.** frs. fig. Ser muy extraordinaria y perfecta. || **Ser** una cosa **una maravilla.** frs. fig. Ser singular y excelente.

MARAVILLAR. tr. y r. Admirar. *Me* MARAVILLA *tu sensatez*; sinón.: **asombrar, deslumbrar.**

MARAVILLAS DEL MUNDO, Las. *B. A.* Nombre con que se conocen las siete grandes obras arquitectónicas de la antigüedad, que expresaban el más alto grado del arte y la civilización. V. **Coloso de Rodas, El; Faro de Alejandría, El; Jardines colgantes de Babilonia, Los; Júpiter Olímpico; Mausoleo de Halicarnaso; Pirámides de Egipto, Las,** y **Templo de Diana, en Efeso, El.**

MARAVILLOSO, SA. adj. Extraordinario, admirable. *Los españoles buscaban una ciudad* MARAVILLOSA; sinón.: **estupendo, prodigioso.** || deriv.: **maravillosamente.**

MARAY. m. *Chile.* Cada una de las dos piedras del trapiche molinos, tahonas, etc.

MARBELLA. f. Ave acuática, negra, de Cuba.

MARBELLA. *Geog.* C. de Andalucía en la prov. de Málaga. Importante balneario. 20.000 h.

MARBETE. m. Cédula que, por lo común, se adhiere a las piezas de tela, cajas, botellas, etc., y en que se suele manuscribir o imprimir la marca de fábrica, o lo que dentro se contiene, y a veces sus cualidades, precio, etc. || Cédula que en los ferrocarriles se pega en los bultos de equipaje, fardos, etc., y en la cual van indicados el punto a que se mandan y el número del registro. || Orilla, filete.

MARCA. al. **Bezeichnung; Marke.** fr. **Marque.** ingl. **Mark.** ital. **Marca.** port. **Marca.** (Del medio alto al. *mark*, señal.) f. Provincia, distrito fronterizo. MARCA *de Brandeburgo.* || Instrumento para medir la estatura de las personas. || Medida cierta del tamaño que debe tener una cosa. *Caballo de* MARCA. || Instrumento con que se marca alguna cosa para diferenciarla de otra. || Acción de marcar. || Señal hecha en alguna cosa para diferenciarla de otra o denotar pertenencia *Puse una* MARCA *en mis útiles.* || En los deportes, cifra máxima que se alcanza en velocidad distancia, altura, etc. || *Mar* Punto fijo en la costa, población, etc., que sirve de señal para conocer la ubicación de la nave. || **– de fábrica.** Señal que el fabricante pone a sus productos. || **De marca.** expr. fig. que se aplica a lo que es sobresaliente en su género. || **De marca mayor.** expr. fig. con que se explica que una cosa sobrepuja a lo común.

MARCACIÓN. f. *Arg.* Yerra. || *Fís.* Detección de un elemento mediante el agregado al mismo de isótopos radiactivos. || *Mar.* Acción y efecto de marcar o marcarse. || Ángulo que la visual, dirigida a una marca o a un astro, forma con el rumbo que lleva la embarcación.

MARCADAMENTE. adv. m. Señaladamente.

MARCADO, DA. adj. Galicismo por notable, evidente, etc.

MARCADOR, RA. adj. y s. Que marca. || m. Muestra en cañamazo para labores. || Contraste, el que contrasta. || *Impr.* Operario que coloca los pliegos en las máquinas.

MARCANO, Gaspar. *Biog.* Médico ven. que hizo estudios sobre la bacteriología de la lepra (1850-1916).

MARCAPASO. m. *Med.* Nombre de una prótesis aplicada en casos de cardiopatías.

MARCAR. tr. Poner la marca a una cosa o persona para que se distinga de otras. MARCAR *las hojas, con hierro, a fuego.* || Bordar en la ropa las iniciales o los blasones de su dueño. || fig. Señalar a uno, o advertir en él una calidad digna de notarse. || Aplicar, destinar. || Galicismo por manifestar, indicar, acreditar, etc. || *Impr.* Ajustar el pliego a los tacones al imprimir el blanco y apuntarlo para la retiración. || *Mar.* Determinar una marcación. || intr. fig. En los deportes en que luchan equipos combinados, contrarrestar eficazmente un jugador el juego de su contrario respectivo. || r. *Mar.* Orientarse por las marcas de la tierra o costa del punto de situación de la nave. || IDEAS AFINES: *Señalar, distinguir, sellar, estampar, clasificar, distintivo, marbete, etiqueta, rótulo.*

MARCAS. *Geog.* Región del centro de Italia, sobre el Adriático. 9.692 km². 1.400.000 h. Cereales y forrajeras; ganadería. Comprende las prov. de Ancona, Ascoli Piceno, Macerata y Pesaro y Urbino. Cap. ANCONA.

MARCASITA. (Del ár. *marcaxita.*) f. Pirita.

MARCEAR. (De *marzo.*) tr. Esquilar las bestias, operación que suele hacerse en España durante el mes de marzo. || intr. Haber el clima propio de marzo. || deriv.: **marceador, ra.**

MARCEL, Gabriel. *Biog.* Escr. y filósofo fr., existencialista cristiano, autor de *La sed; Un hombre de Dios; Diario metafísico*, etc. (1889-1973).

MARCELA. f. Planta aromática y medicinal de la Argentina, compuesta.

MARCELIANISMO. m. Doctrina herética sustentada por Marcelo, obispo de Ancira, que confundía las tres personas de la Trinidad (s. IV). || deriv.: **marcelianista.**

MARCELINA. f. Mancerina.

MARCELO, Marco Claudio. *Biog.* Mil. romano, vencedor de los galos transalpinos. Se apoderó de Milán y sometió la Galia Cisalpina al dominio romano (m. 208 a. de C.).

MARCEÑO, ÑA. adj. Propio del mes de marzo.

MARCEO. (De *marcear.*) m. Corte de los panales en primavera, para limpiarlos.

MARCERO, RA. adj. Marceador.

MARCESCENTE. (Del lat. *marcescens, -entis*, que se deseca.) adj. *Bot.* Dícese de los cálices y corolas que después de marchitarse subsisten alrededor del ovario, y de las hojas que persisten secas en la planta hasta que brotan las nuevas.

MARCIAL. al. **Kriegerisch; martialisch.** fr. **Martial.** ingl. **Martial.** ital. **Marziale.** port. **Marcial.** (Del lat. *martialis*, de Marte.) adj. Perteneciente a la guerra. *Trompetas* MARCIALES; sinón.: **bélico, guerrero.** || fig. Bizarro, varonil. *Paso* MARCIAL; sinón.: **arrojado, intrépido.** || *Farm.* Dícese de medicamentos que incluyen hierro. || m. Polvos aromáticos con que se aderezan los guantes.

MARCIAL, Marco Valerio. *Biog.* Poeta satírico hispanolatino, autor de *Epigramas* y *Liber spectaculorum*, en que describe ingeniosamente la decadente sociedad romana de su época (42-104).

MARCIALIDAD. f. Calidad de marcial.

MARCIANO, NA. adj. Relativo al planeta Marte, o propio de él. || m. Habitante supuesto de ese planeta.

MARCIÓN. *Biog.* Heresiarca del Asia Menor que sostuvo la existencia de dos espíritus, uno bueno y otro malo, atribuyendo a este último la creación del mundo (s. II).

MARCIONISMO. m. Doctrina de Marción, heresiarca del Asia Menor, que sostiene el dualismo mazdeísta (s. II). V. **Maniqueísmo.** || deriv.: **marcionista.**

MARCO. al. **Rahmen.** fr. **Quadre.** ingl. **Frame.** ital. **Cornice.** port. **Cornija.** (Del germ. *mark.*) m. Peso de media libra, o 230 gramos, usado para el oro y la plata. || Patrón por el cual deben contrastarse las pesas y medidas. || Moneda alemana de plata. || Medida determinada que deben tener los maderos. || Cerco para ceñir o guarnecer algo o aquel en que se encaja una puerta, una ventana, etc. || Cartabón de zapateros. || Herramienta para hacer señales o marcas en los árboles. || **– hidráulico.** Arqueta sin tapa, con cañitos en las paredes, para que salga determinada cantidad de agua.

MARCO ANTONIO. *Biog.* V. **Antonio, Marco.**

MARCO AURELIO. *Biog.* Fil. y emperador romano de 161 a 180, sucesor de Antonio Pío. Sostuvo largas guerras contra los bárbaros, suavizó las leyes penales y mejoró la condición de los esclavos. Su obra *Pensamientos* es uno de los más elevados exponentes del pensamiento estoico (121-180).

MARCONI, Guillermo. *Biog.* Físico ital. que desde 1895 hizo experimentos con las ondas hertzianas; coordinó anteriores esfuerzos y los concretó en la idea de la antena y del detector magnético. Trabajó también en el proyecto de la telegrafía sin hilos, que perfeccionó en Inglaterra, logrando en 1897 transmisiones a dieciocho kilómetros de distancia. Dos años más tarde efectuó la primera comunicación entre Poldhu, Gran Bretaña, y San Juan de Terranova. Fundó la compañía para la explotación de la radio, adoptada luego universalmente. En 1909 se le concedió el premio Nobel de Física, compartido con Carlos F. Braun (1834-1937).

MARCONIGRAMA. m. Telegrama transmitido por telégrafo sin hilos inventado por el ingeniero Marconi.

MARCO POLO. *Biog.* V. **Polo, Marco.**

MARCOS, San. *Biog.* Evangelista y mártir, autor del segundo Evangelio; fundador de la iglesia de Alejandría (m. 68).

MARCOS, Ferdinando E. *Biog.* Político filipino, n. en 1917, pres. de la República en 1965 y reelegido en 1969.

MARCOS JUÁREZ. *Geog.* Ciudad de la Argentina, al E. de la prov. de Córdoba. 15.000 h. Centro agrícola ganadero.

MARCY. *Geog.* Cerro de los EE. UU. (Nueva York) cumbre de los montes Adirondack. 1629 m.

MARCH, Ausias. *Biog.* Poeta esp., cuyos *Cantos de amor* son de inspiración petrarquista (1395-1462).

MARCHA. al. **Marsch.** fr. **Marche.** ingl. **March.** ital. **Marcia.** port. **Marcha.** f. Acción de marchar. *Emprender la* MARCHA. || Grado de celeridad en el andar de un barco, locomotora, etc. || Actividad o funcionamiento de un mecanismo, órgano o entidad. || Desarrollo de un proyecto o empresa. || *Mil.* Toque de caja o de clarín para que marche la tropa o para ceremonias. || *Mús.* Pieza de música de ritmo muy determinado, destinada a regularizar el paso de la tropa o de un cortejo. MARCHA *nupcial.* || **– atrás.** Acción de retroceder un vehículo automóvil. || Mecanismo para el retroceso de estos vehículos. || **A largas marchas.** m. adv. fig. Con mucha celeridad. || **A marchas forzadas.** m. adv. *Mil.* Caminando en determinado tiempo más de lo acostumbrado o haciendo jornadas muy largas. || **Sobre la marcha.** m. adv. Inmediatamente, en el acto.

MARCHADOR, RA. adj. *Cuba y Chile.* Amblador. || *S. Amér.* Capaz de andar mucho sin cansarse.

MARCHAMAR. (De *marchamo.*) tr. Marcar los géneros o fardos en las aduanas.

MARCHAMERO. m. El que tiene por oficio marchamar.

MARCHAMO. (Del ár. *marxam*, marca.) m. Marca que se pone en los bultos en las aduanas, en prueba de que están reconocidos. || *Arg.* Impuesto que se cobra por cada res que se mata en los mataderos públicos.

MARCHAND, Juan Bautista. *Biog.* Mil. y explorador fr. que en 1908 atravesó el África desde el Sudán a Etiopía (1863-1934).

MARCHANTA (A LA.) loc. *Arg.* **A la rebatiña.**

MARCHANTE. (Del fr. *marchand*, y éste del m. or. que mercante.) adj. Mercantil. || m. Traficante. || *And. y Amér.* Parroquiano o persona que compra siempre en una misma tienda.

MARCHANTERÍA. f. *Cuba.* Clientela.

MARCHAPIÉ. (Del fr. *marchepied.*) m. *Mar.* Cabo pendiente a lo largo de las vergas, que se usa para sostener a quien trabaja en ellas.

MARCHAR. al. **Marschieren.** fr. **Marcher.** ingl. **To march.** ital. **Marciare.** port. **Marchar.** (Del fr. *marcher.*) intr. y r. Caminar, hacer viajes, partir de un lugar. MARCHAR *de noche;* ME MARCHO *a mi pueblo.* || intr. Andar, moverse un artefacto. *Este reloj* MARCHA. || *Cuba y Chile.* Amblar. || fig. Funcionar o desarrollarse una cosa. *El asunto* MARCHA; *esto* MARCHA *bien.* || *Mil.* Andar la tropa en determinado orden.

MARCHENA, Enrique de. *Biog.* Músico dominicano que ha cultivado diversos géneros. Obras: *Arco Iris: Suite de imágenes*, etc. (n. 1908). || **– Fray Antonio de.** Astrólogo y sacerdote esp., protector de Cristóbal Colón, al que conoció en el Convento de la Rábida. (s. XV). || **– José.** Sacerdote esp. que tomó parte en la Revolución Francesa; colaboró con Marat en "El Amigo del Pueblo" y escribió en "El Amigo de las Leyes"; "El Espectador Francés", etc. (1768-1821). || **– Julián.** Poeta costarricense, n. 1897. Sobresale en el moderno panorama literario de su país como notable versificador de romances.

MARCHENA. *Geog.* Isla del Ecuador, en el arch. de Colón, sit. al N.E. de la isla Isabella. 116 km².

MARCHITAR. al. **Verwelken.** fr. **Faner.** ingl. **To wither; to fade.** ital. **Appassire.** port. **Murchar.** (De un der. del lat. *marcidus*, marchito.) tr. y r. Ajar, quitar el jugo y frescura a las hierbas, flores y otras cosas, haciéndoles perder su lozanía. sinón.: **deslucir, enmustiar.** || fig. Enflaquecer, quitar la robustez, la hermosura. *Las penas la* MARCHITARON; sinón.: **debilitar, envejecer;** antón.: **fortalecer, rejuvenecer.** || deriv.: **marchitable, marchitamiento.**

MARCHITEZ. f. Calidad de marchito.

MARCHITO, TA. al. **Welk.** fr. **Fané.** ingl. **Faded; withered.** ital. **Appassito.** port. **Murcho.** (De *marchitar.*) adj. Ajado, falto de vigor y lozanía. *Rostro* MARCHITO; sinón.: **mustio.**

MARE. m. *Ven.* Instrumento músico indio, especie de gaita.

MAREA. al. **Ebbe; Flut.** fr. **Marée.** ingl. **Tide.** ital. **Marea.** port. **Maré.** f. Movimiento periódico y alternativo de ascenso y descenso de las aguas del mar, por atracción del Sol y de la Luna. *En la costa de Santa Cruz, se registran* MAREAS *muy altas.* || Parte de la ribera del mar que se inunda en el flujo o pleamar. || Viento suave que sopla del mar. || Por ext., el que sopla en las cuencas de los ríos, o en los barrancos. || Rocío, llovizna. || Conjunto de basuras que se barre de las calles y se lleva por ellas arrastrándolas por medio del agua.

MAREAJE. m. *Mar.* Arte o profesión de marear o navegar. || Rumbo que llevan los barcos en su navegación.

MAREAMIENTO. m. Acción y efecto de marear o marearse.

MAREANTE. p. a. de **Marear.** Que marea. || adj. y s. Que profesa la navegación.

MAREAR. tr. Poner en movimiento un navío en el mar; gobernarlo. || Vender en público o despachar las mercaderías. || fig. y fam. Enfadar, molestar. MAREA *con su porfía.* Ú.t.c. intr. y r.; sinón.: **fastidiar, importunar.** || r. Desazonarse, sentir mareo. SE MAREA *fácilmente.* || Averiarse los géneros en el mar.

MARECHAL, Leopoldo. *Biog.* Poeta arg., autor de *Laberinto*

MAMÍFEROS

LÁMINA XXXIX

Cudú, rumiante africano.

Ballena.

Joven chimpancé.

Cabeza de leopardo.

Canguro, mamífero
típico australiano.

Elefante.

Leona.

Bisonte europeo.

Dromedario.

Yak, animal lanudo del Tíbet.

MINERALES Y PIEDRAS PRECIOSAS

LÁMINA XL

Cuarzo salpicado de cristales
de turmalina verde, proveniente
de Minas Gerais, Brasil.

Antracita.

Topacios color ámbar
de las montañas
Thomas Utah.

Araginita.

Gneis.

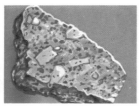

Pórfido.

Cristal de cuarzo.

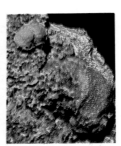

Cinabrio.

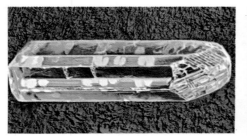

Aguamarina color azul verdoso, gema de berilo
de Minas Gerais, Brasil.

Grafito.

Diamante
tallado
como
brillante.

Plutónicas. Diorita.

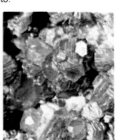

Clorita.

Lapislázuli en una placa pulida
proveniente de Afganistán.

Obsidiana.

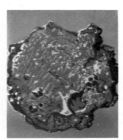

Basalto.

de amor; Cinco poemas australes; El banquete de Severo Arcángelo; Días como flechas; Adán Buenosayres, etc. (1900-1970).

MAREJADA. (De *marea.*) f. Movimiento tumultuoso de las olas. ‖ fig. Exaltación del ánimo y señal de disgusto manifestada sordamente por varias personas. *Dejemos pasar la* MAREJADA.

MAREMAGNO. m. fam. **Mare mágnum.**

MARE MÁGNUM. (*Mar grande.*) expr. lat. fig. y fam. Abundancia, grandeza o confusión. ‖ Muchedumbre confusa de personas o cosas.

MAREMOTO. m. Agitación violenta de las aguas del mar a consecuencia de un movimiento de su fondo.

MARENGO. *Geog.* Población de Italia (Alejandría). 3.500 h. ‖ *Hist.* Célebre batalla librada el 14 de junio de 1800 en las cercanías de la población hom., en la que Napoleón venció a los austriacos y reconquistó la Italia septentrional.

MAREO. m. *Pat.* Síndrome caracterizado por malestar general, náuseas y vómitos, pulso débil, etc. Se experimenta generalmente en la navegación. ‖ fig. y fam. Molestia, enfado.

● **MAREO.** *Med.* La fatiga, los excesos dietéticos y alcohólicos, las afecciones del aparato digestivo, las infecciones de las vías aéreas superiores, la irritación del aparato vestibular situado en el oído interno, la excitación nerviosa, son causas del **mareo**, así como el ambiente cálido y húmedo, la ventilación defectuosa, los malos olores y la visión de otras personas también afectadas por el **mareo**. Además de los medicamentos aconsejados por el facultativo, las personas sensibles a los efectos del movimiento deben elegir lugares donde las oscilaciones sean más reducidas, evitar excesos antes de un viaje, descansar acostadas o reclinadas. La contemplación prolongada del mar o del horizonte, lo mismo que la lectura cuando la embarcación se mueve mucho, son también frecuentes causas de **mareo**.

MAREOGRAFÍA. f. Descripción y estudio de las mareas, sus causas y sus efectos.

MAREÓGRAFO. (De *marea*, y el gr. *grapho.*) m. Instrumento que al ponerlo en comunicación con el mar va indicando la altura que en cada hora del día alcanza el nivel de las aguas por efecto de las mareas.

MAREOTÉRMICO, CA. adj. Relativo a la energía térmica de los mares y su aprovechamiento.

MAREOTIS. *Geog.* V. **Mariut.**

MARERO. adj. *Mar.* V. **Viento marero.**

MARETA. f. Movimiento de las olas del mar, cuando empiezan a levantarse con el viento, o a sosegarse después de la borrasca. ‖ fig. Rumor de muchedumbre que comienza a agitarse, o bien a sosegarse después de agitación violenta. ‖ Alteración, exaltación.

MARETAZO. m. **Golpe de mar.**

MAREY, Esteban J. *Biog.* Fisiólogo fr. que generalizó el uso de aparatos gráficos para estudiar los fenómenos fisiológicos. Obras: *Psicología experimental; Estudio de la locomoción animal por la cronofotografía*, etc. (1803-1904).

MÁRFAGA. (Del ár. *mírfaca*, cojín.) f. Marga, jerga.

MARFIL. al. **Elfenbein.** fr. **Ivoire.** ingl. **Ivory.** ital. **Avorio.** port. **Marfim.** (Del ár. *adm alfil*, hueso de elefante.) m. Substancia de que están formados, como los demás dientes de los mamíferos, los dos grandes que posee el elefante en la mandíbula superior. *La mayor parte del* MARFIL *procede del África.* ‖ Dentina de los dientes.

● **MARFIL.** *B. A.* e *Hist.* El más solicitado es el de elefante africano, por su mayor dureza y apretada textura; es más resistente que el mármol al labrado del cincel y es susceptible de ser teñido de diferentes colores, aunque pierde pronto su blancura y brillo, en contacto con el aire. Precioso adorno de objetos y muebles, puede reducirse a láminas muy delgadas. Existe también un **marfil** vegetal procedente de una semilla de palmera y de un arbusto del Perú. Conocido por los pueblos de la antigüedad, fue usado por Salomón para construir un trono y en los poemas homéricos se habla de un freno incrustado en **marfil** y del trono de Penélope, de plata y **marfil.** El gran tamaño de las estatuas griegas hechas de **marfil** prueba la abundancia de colmillos de elefantes que tenía el país, procedentes, sin duda, de su activo comercio con persas y egipcios. Fidias modeló la *Minerva* del Partenón y el *Júpiter* de Olimpia en tan extrañas y prodigiosas proporciones que hasta en el espesor de las suelas de las sandalias esculpió bajos relieves. En Grecia y en Roma se ablandaba el **marfil** para trabajarlo, suponiéndose que la raíz de la mandrágora poseía esa cualidad; también se inyectaba aceite de nuez en el interior de la estatua, para su mejor conservación. Después de una época de disfavor, en el s. XVI, el gusto por el **marfil** renació y volvió a ser utilizado por artistas y artesanos.

MARFILEÑO, ÑA. adj. De marfil. *Dientes* MARFILEÑOS. ‖ Perteneciente o semejante al marfil.

MARFILINA. f. Composición que imita al marfil en el color, usada para formar imágenes de relieve.

MARFUZ, ZA. (Del ár. *marfud*, despreciable.) adj. Repudiado, desechado. ‖ Falaz, engañoso.

MARGA. (Voz lat.) f. Roca compuesta de arcilla y carbonato de cal, usada como abono.

MARGA. (Del ár. *mirfaca*, cojín.) f. Jerga que se emplea para sacas, jergones, etc.

MARGAJITA. f. Marcasita.

MARGAL. m. Terreno en que abunda la marga.

MARGALLO. m. Palmito, planta (*Chamaerops humilis.*)

MARGALLÓN. m. Margallo. ‖ Fruto o tallo comestible de esta planta.

MARGAR. tr. Abonar las tierras con marga.

MARGARINA. (Del gr. *margaron*, perla, por el color.) f. *Quím.* Substancia obtenida a partir de algunos aceites y grasas, vegetales o animales, con adición de leche o queso y un colorante, para proporcionarle el olor y color característicos de la manteca, a la que sustituye.

MARGARITA. al. **Margerite.** fr. **Marguerite.** ingl. **Daisy.** ital. **Margherita.** port. **Margarita.** (Del lat. *margarita*, y éste del gr. *margarites.*) f. Perla de las conchas. ‖ Caracol marino muy convexo por encima, casi plano por debajo, rayado finamente al través, y por boca una rajita que corre a lo largo de la parte plana. ‖ Por ext., cualquier caracol chico, descortezado y anacarado. ‖ Planta herbácea, compuesta, muy común en los sembrados, de flores terminales de centro amarillo y circunferencia blanca. ‖ Maya, planta compuesta. ‖ **Echar margaritas a los puercos.** frs. fig. Emplear la generosidad o delicadeza en quien no sabe apreciarla.

MARGARITA, Santa. *Hagiog.* Mártir de Antioquía (255-275).

MARGARITA de Anjou. *Biog.* Reina de Inglaterra, esposa de Enrique VI, durante cuyo reinado estalló la guerra de las Dos Rosas. Murió en el destierro (1429-1482). ‖ **– de Dinamarca.** Hija de Federico II de Dinamarca que, al morir éste, en enero de 1972, ocupó el trono. Es en su país la primera mujer que, después de 600 años, alcanza ese rango. ‖ **– de Francia.** Reina de Inglaterra, hija de Felipe III de Francia. Su matrimonio con Eduardo I de Inglaterra puso término a la guerra entre ésta y Francia (1282-1318).

MARGARITA de Valois o de Angulema o de Orleáns. *Biog.* Reina de Navarra; cultivó las letras y las artes y escribió *Las margaritas de la margarita de las princesas;* del *Heptamerón*, que imitó del Decamerón de Bocaccio, etc. (1492-1549). ‖ **– de Valois o de Francia.** Reina de Navarra, hija de Enrique II de Francia y de Catalina de Médicis. Casóse por razones de Estado con Enrique de Navarra, luego Enrique IV de Francia, a quien salvó en la noche de San Bartolomé. Vivió desordenadamente, y fue repudiada por el rey. Escribió *Memorias* y poesías (1552-1615).

MARGARITA de Valdemar. *Biog.* Reina de Dinamarca, Noruega y Suecia, llamada **la Semíramis del Norte.** Hija de Valdemar VI de Dinamarca, casada con Haakón VI de Suecia y Noruega, unió los tres reinos (1353-1412).

MARGARITA. *Geog.* Isla del mar Caribe, junto a las costas de Venezuela (Sucre). Forma con la isla Coche el Est. venezolano de Nueva Esparta, 991 km². 90.000 h. Cap. LA ASUNCIÓN. Pesquerías de perlas.

MARGEN. al. **Rand.** fr. **Marge.** ingl. **Margin; edge.** ital. **Margine.** port. **Margen.** (Del lat. *margo, -inis.*) amb. Extremidad y orilla de una cosa. MARGEN *del río, de la vereda.* ‖ Espacio que queda en blanco a cada uno de los cuatro lados de una página manuscrita o impresa. ‖ Apostilla. ‖ Ocasión, motivo para un acto o suceso. ‖ *Com.* Cuantía del beneficio que se puede obtener en algún negocio, teniendo en cuenta los precios. ‖ **A media margen.** m. adv. Con espacio en blanco, que comprenda la mitad longitudinal de la página.

MARGENAR. (De *margen.*) tr. Marginar.

MARGESÍ. m. *Perú.* Inventario de los bienes de una corporación.

MARGIL DE JESÚS, Antonio. *Biog.* Misionero franciscano esp. que actuó en México y compuso un *Diccionario de idiomas indígenas* (1657-1726).

MARGINADO, DA. adj. *Bot.* Que tiene reborde.

MARGINAL. adj. Perteneciente al margen. ‖ Que está al margen. *Poblaciones* MARGINALES. ‖ fig. De poca importancia, intrascendente.

MARGINAR. (Del lat. *marginare.*) tr. Apostillar. ‖ Dejar márgenes en el papel u otra materia en que se escribe o imprime. ‖ fig. Prescindir de una persona o cosa, hacer caso omiso de ella.

MARGOSO, SA. adj. Dícese del terreno o de la roca en cuya composición entra la marga.

MARGRAF, Andrés S. *Biog.* Químico al., descubrió el azúcar en la remolacha; el manganeso; el ácido fosfórico, etc. (1709-1782).

MARGRAVE. (Del al. *markgraf*, de *mark*, marca, frontera, y *graf*, conde.) m. Título que tenían algunos príncipes de Alemania. ‖ deriv.: **margraviato.**

MARGUERA. f. Barrera o veta de marga. ‖ Lugar en que está depositada la marga.

MARGUERITTE, Pablo. *Biog.* Lit. francés, partidario de la escuela naturalista, de la que se apartó en sus últimas obras: *El carnaval de Niza; La tormenta; Casa abierta*, etc. (1860-1918). ‖ **– Víctor.** Nov. francés, hermano de Pablo, con quien colaboró publicando *La comuna; El desastre;* solo escribió *La machona*, etc. (1866-1942).

MARGULLAR. tr. *Cuba.* Acodar plantas.

MARGULLO. m. *Cuba* y *Ven.* Acodo o mugrón.

MARHOJO. m. Marojo.

MARÍA. (n. p.; del hebr. *Miriam; miri-am*, fuerte madre.) f. Moneda española de plata del siglo XVII, equivalente a 12 reales de vellón. ‖ V. **Baño de María.** ‖ fam. Vela blanca que se pone sobre el tenebrario. ‖ pl. **Las tres Marías.** Las tres estrellas alineadas en el centro de la constelación de Orión. ‖ *Arg.* Las boleadoras.

MARÍA. *Hist. Sagr.* Nombre de la Santísima Virgen, madre de Jesús. Descendiente de David y de la tribu de Judá (19 a. de C.-56). ‖ **– DE CLEOFÁS, Santa.** Prima de la Virgen y esposa de Cleofás. ‖ **– DE CÓRDOBA, Santa.** Religiosa esp. que murió martirizada, en el año 851. ‖ **– EGIPCÍACA, Santa.** Penitente que, para redimirse, vivió en el desierto durante quince años (378-431). ‖ **– MAGDALENA.** V. **Magdalena.**

MARÍA. *Biog.* Reina de Castilla. M. en 1445. ‖ **– Antonieta.** Reina de Francia, hija de Francisco I de Alemania y de María Teresa de Austria y esposa de Luis XVI de Francia. Estuvo prisionera en el Temple y pereció en la guillotina (1755-1793). ‖ **– CRISTINA, de Borbón.** Reina de España, esposa de Fernando VII; regente del reino de 1833 a 1840 durante la minoridad de Isabel II (1806-1878). ‖ **– de Habsburgo Lorena.** Reina de España, esposa de Alfonso XII; regente de 1885 a 1902 hasta la mayoría de Alfonso XIII. Durante ese período España perdió Cuba, Puerto Rico y Filipinas (1858-1929). ‖ **– de Médicis.** Reina de Francia, esposa de Enrique IV; regente de éste hasta la mayoría de Luis XIII, luchó contra Richelieu. Murió en el destierro (1573-1642). ‖ **– Estuardo.** Reina de Escocia y Francia, hija de Jacobo V; casó con el delfín de Francia, luego Francisco II. Viuda en 1560, volvió a Escocia donde luchó contra la Reforma y las intrigas de Isabel I de Inglaterra. De su matrimonio con Lord Darnley nació Jacobo VI, luego Jacobo I de Inglaterra y Escocia. Contrajo terceras nupcias con Bothwell, presunto asesino de su esposo. Obligada a abdicar, solicitó protección a Isabel, quien la retuvo cautiva diecinueve años. Fue condenada a muerte y decapitada, acusada de conspirar contra la soberana (1542-1587). ‖ **– Lesczinska.** Hija del rey de Polonia que por su matrimonio con Luis XV se convirtió en reina de Francia (1703-1768). ‖ **– LUISA.** Emperatriz de Francia, esposa de Napoleón I y madre de Napoleón II (1791-1847). ‖ **– TERESA.** Emperatriz de Austria y reina de Alemania y de Bohemia, esposa de Francisco I y madre de José II y de María Antonieta. Sostuvo la guerra de Sucesión que concluyó con el tratado de Aquisgrán, el cual la consolidó en el trono. Gobernó sabia y enérgicamente (1717-1780). ‖ **– Tudor.** Reina de Inglaterra, hija de Enrique VIII y de Catalina de Aragón; sucedió en el trono a su hermano Eduardo VI. Restableció la religión católica y persiguió a los protestantes. Casó con Felipe II de España (1516-1558).

MARÍA, Alcides de. *Biog.* Poeta gauchesco urug. cuya obra está compilada en *Cantos y apólogos patrióticos* (1858-1899).

MARÍA. *Lit.* Novela de Jorge Isaacs, publicada en 1867. Influida por Chateaubriand, en parte autobiográfica, desbordante de romanticismo y realzada por la descripción del paisaje que adquiere la categoría de un protagonista más. Es "un diálogo de inmortal amor dictado por la esperanza e interrumpido por la muerte" al decir de su propio autor. Pocos libros americanos han sido tan leídos como éste.

MARIACHE. m. *Méx.* Fandango, baile.

MARÍA GALANTE. *Geog.* Isla francesa, de las Pequeñas Antillas, al S. de la de Guadalupe. 150 km². 20.000 h. Cap. GRAND BOURG.

MARIAL. adj. y s. Dícese de algunos libros que contienen alabanzas de la Virgen María.

MARIANA, Juan de. *Biog.* Jesuita, teólogo e hist. español, autor de *Del rey y de la institución real*, en que aborda el problema del regicidio; *Historia general de España*, aparecida primero en latín, etc. (1536-1623).

MARIANA DE AUSTRIA. *Biog.* Princesa al., reina de España por su boda con Felipe IV. Viuda en 1665, gobernó hasta la mayor edad de su hijo, Carlos II (1634-1696).

MARIANA DE BAVIERA. *Biog.* Princesa al., reina de España por su boda con Carlos II (1667-1740).

MARIANAO. *Geog.* Ciudad de Cuba sit. en los suburbios de La Habana. 130.000 h. Balneario.

MARIANAS. *Geog.* Arch. volcánico y coralino de Oceanía (Micronesia), sit. al E. de las Filipinas. Comprende 14 islas (excluida Guam); 428 km². 15.000 h. Japonesas a partir de 1918, están, desde 1945, bajo administración fiduciaria de los EE.UU.

MARIANELA. *Lit.* Novela de Benito Pérez Galdós cuya primera edición data de 1878. Relato directo, de delicada ternura y fuerte emotividad, dentro del ciclo novelístico del autor configura una etapa de transición entre su inicial fase naturalista y el posterior realismo psicológico.

MARIANI, Roberto. *Biog.* Escritor arg., autor de relatos y obras teatrales (1893-1946).

MARIÁNICA, Cordillera. *Geog.* V. **Morena. Sierra.**

MARIANO, NA. adj. Perteneciente a la Virgen María y a su culto. ‖ deriv.: **marianista.**

MARIANO MORENO. *Geog.* Localidad de la Argentina, al O. de la Capital Federal. Forma parte del Gran Buenos Aires. 18.000 h.

MARÍAS, Julián. *Biog.* Fil. y ensayista esp., autor de *Miguel de Unamuno; Ortega y la idea de la razón vital; Historia de la filosofía; La estructura social; El tema del hombre*, etc. (n. 1914).

MARÍAS, Las Tres. *Geog.* Archipiélago mexicano sit. en el Pacífico, frente a las costas del Est. de Nayarit. Lo forman las islas María Madre, María Magdalena y María Cleofás.

MARIÁTEGUI, José C. *Biog.* Escr. y sociólogo per.; basó su doctrina ideológica en el estudio de los problemas indígenas. Publicó: *Siete ensayos sobre la realidad peruana* y *La escena contemporánea* (1897-1930).

MARIBOR. *Geog.* Ciudad del N. de Yugoslavia (Eslovenia) cercana a la frontera austriaca. 100.000 h. Industria molinera, textil. Mercado de vinos.

MARICA. n. p. fam. f. dim. de **María.** ‖ Urraca. ‖ En el truque, sota de oros. ‖ m. fig. fam. Hombre afeminado.

MARICASTAÑA. n. p. Personaje proverbial, símbolo de antigüedad muy remota. Empléase por lo general en las frases: **los tiempos de Maricastaña; en tiempo,** o **en tiempos de Maricastaña; ser del tiempo de Maricastaña.**

MARICELA. f. *Ven.* Aire y baile populares.

MARICÓN. m. y adj. fig. y fam. Marica, hombre afeminado. ‖ fig. y fam. Sodomita, que comete sodomía.

MARICHALAR, Antonio. *Biog.* Escr. español, autor de *Riesgo y ventura del duque de Osuna; Palma; Girola*, etc. (n. 1893).

MARIDABLE. adj. Aplícase a la vida y unión que debe haber entre marido y mujer, y a lo que a ellos corresponde. ‖ deriv.: **maridablemente.**

MARIDAJE. (De *maridar.*) m. Unión y conformidad de los casados. ‖ Buena correspondencia de cosas relacionadas entre sí. ‖ IDEAS AFINES: *Amor, cariño, ternura, respeto, consideración, concordia, celos, discordia, pelea, corresponder.*

MARIDAR. (Del lat. *maritare.*) intr. Casar, contraer matrimonio. ‖ Hacer vida marital. MARIDABAN *bien.* ‖ tr. fig. Unir, enlazar.

MARIDAZO. (aum. despect. de *marido.*) m. Marido demasiado condescendiente.

MARIDILLO. (dim. de *marido.*) m. Rejuela, braserito.

MARIDO. al. **Ehemann; Gatte.** fr. **Mari.** ingl. **Husband.** ital. **Marito.** port. **Marido.** (Del lat. *maritus.*) m. Hombre casado, con respecto a su mujer. sinón.: **esposo.**

MARIE, Pedro. *Biog.* Méd. francés; estudió las enfermedades del sistema nervioso y describió tipos morbosos que no habían sido clasificados (1853-1940).

MARIENBAD. *Geog.* Ciudad de Checoslovaquia (Bohemia). 10.000 h. Baños termales. Su nombre actual es **Marianske Lazne.**

MARIETTE, Augusto. *Biog.* Egiptólogo fr., descubridor del Serapeum o mausoleo de los Apis; autor de *Karnak; Las mastabas; Notas sobre la edad de piedra en Egipto*, etc. (1821-1881).

MARIGALANTE. *Geog.* V. **María Galante.**

MARIGNAC, Juan Carlos. *Biog* Químico suizo que descubrió el iterbio y el gadolinio (1817-1894).

MARIGUANA. f. Nombre del cáñamo índico, cuyas hojas, formadas como el tabaco, producen tremendo efecto narcótico. *Cannabis indica*, canabínea.

MARIGUAZA. f. *Chile.* Ceremonia de mano que hacen los curanderos. Ú. m. en pl. ‖ Gesto de burla. Ú. m. en pl. ‖ Pirueta y salto de ciertos bailes y otros ejercicios.

MARIHUANA. f. Mariguana.

MARIMACHO. (De *Mari*, apóc. de *María*, y de *macho.*) m. fam. Mujer que se asemeja por su corpulencia o acciones a un varón.

MARIMANDONA. f. Mujer mandona y dominante.

MARIMANTA. (De *Mari*, apóc. de *María*, y de *manta.*) f. fam. Fantasma o figura con que se asusta a los niños.

MARIMARICA. m. fam. Marica, hombre afeminado.

MARIMBA. (Voz africana.) f. Tambor de ciertos negros africanos. ‖ *Amér.* Tímpano, instrumento musical. ‖ *R. de la Plata.* Paliza.

MARIMOÑA. f. Francesilla, planta.

MARIMORENA. f. fam. Riña, pendencia, camorra. *Se armó una* MARIMORENA.

MARÍN, Escolástico. *Biog.* Político salvadoreño, en 1842 presidente de la Rep. ‖ — **José Gaspar.** Jurista chil., en 1810 secretario de la primera junta de gobierno (1772-1839). ‖ — **Juan.** Notable pintor estadounidense cuya obra trasunta majestuosa y sobria estructura cromática, con la preponderancia de la emoción sobre la faz intelectual de sus constantes búsquedas de tema y expresión. Obras: *Árbol y mar en Maine; Crepúsculo en Bahía Casco; El bajo Manhattan*, etc. (1870-1953). ‖ — **Juan.** Méd. y literato chil., autor de *Paralelo 53 Sur; Cuentos de viento y agua*, etc. (1897-1963). ‖ — **CAÑAS, José.** Nov. costarricense, autor de *El infierno verde* y otras obras de intención social (n. 1904). ‖ — **DE NEGRÓN, Diego.** Gobernador esp. de los territorios del Río de la Plata, autor de las ordenanzas que abolieron el servicio personal de los indígenas (s. XVII). ‖ — **DE POVEDA, Tomás.** Mil. español, gob. de Chile de 1692 a 1700. ‖ — **VARONA, José.** Compos. cubano, autor de *Tropicales; Cantos de la infancia*, etc. (1859-1912). ‖ — **DEL SOLAR, Mercedes.** Poetisa chil., autora de *Canto fúnebre a la muerte de Portales* (1804-1866).

MARINA. al. **Marine.** fr. **Marine.** ingl. **Marine; navy.** ital. **Marina.** port. **Marinha.** (Del lat. *marina*, term. f. de *-nus*, marino.) f. Parte de tierra junto al mar. ‖ Cuadro o pintura que representa el mar. ‖ Arte de la navegación. ‖ Conjunto de barcos de un país. ‖ Conjunto de las personas que sirven en la **marina** de guerra. ‖ Ministerio de **Marina.** ‖ *Chile.* Escuela naval. ‖ — **de guerra.** Armada. ‖ — **mercante.** Conjunto de barcos de una nación usados en el comercio. ‖ IDEAS AFINES: *Playa, costa, ribera, puerto, naval, navegar, desembarcar, flota, escuadra, buque, navío, corsario, cabotaje, intercambio, marinero, grumete, almirante.*

MARINA. *Biog.* Nombre cristiano de **Malinche,** india mex., amante de Hernán Cortés, a quien prestó grandes servicios como intérprete y consejera (aprox. 1505-1530).

MARINAJE. m. Ejercicio de la marinería. ‖ Conjunto de los marineros.

MARINAMO, MA. adj. y s. *Chile.* Dícese del pollo que tiene cinco dedos en las patas. ‖ Dícese de la persona que tiene un dedo de más.

MARINAR. (De *marino.*) tr. Sazonar el pescado para conservarlo. ‖ Poner marinos del barco apresador en el apresado. ‖ Tripular de nuevo un barco.

MARINDUQUE. *Geog.* Provincia de las Filipinas, formada por la isla hom. y otras adyacentes, al S. de Luzón. 919 km². 150.000 h. Cap. BOAC.

MARINEAR. intr. Ejercitar el oficio de marinero.

MARINELLO, Juan. *Biog.* Lit. y político cub., autor de *Liberación; Sobre la inquietud cubana; Americanismo y cubanismo literarios*, etc. (1898-1977).

MARINERA. f. Especie de blusa de los marineros. ‖ Baile popular de Ecuador y Perú.

MARINERADO, DA. (De *marinero.*) adj. Tripulado o equipado.

MARINERAZO. (aum. de *marinero.*) m. El muy práctico en las cosas de mar.

MARINERÍA. (De *marinero.*) f. Profesión o ejercicio de gente de mar. ‖ Conjunto de marineros.

MARINERO, RA. al. **Matrose.** fr. **Matelot.** ingl. **Sailor.** ital. **Marinaio.** port. **Marinheiro.** (De *marina.*) adj. Dícese del barco que obedece con facilidad a las maniobras. ‖ Dícese de lo perteneciente a la marina o a los marineros. *Canto* MARINERO. ‖ m. El que sirve en maniobras de embarcaciones. ‖ Persona inteligente en marinería. ‖ Argonauta, molusco. ‖ **A la marinera.** m. adv. **A la marinesca.**

MARINESCO, CA. (De *marino.*) adj. Perteneciente a los marineros. *Costumbres* MARINESCAS. ‖ **A la marinesca.** m. adv. Conforme a la costumbre de los marineros.

MARINETTI, Felipe T. *Biog.* Escr. italiano, creador del futurismo, autor de *Manifiestos del futurismo; Futurismo y fascismo; Mafarka el futurista*, etc. (1876-1944).

MARINI, Juan Bautista. *Biog.* Poeta ital., iniciador de un estilo literario llamado **marinismo,** conceptista y alambicado. Obras: *Adonis; La cucaña; Epitalamios*, etc. (1569-1625). ‖ — **Marino.** Escultor ital., n. 1901, especializado en figuras ecuestres. Obras: *Jinete; El milagro*, etc.

MARINISMO. m. Gusto poético conceptuoso y barroco, análogo al culteranismo, cuyo maestro fue el poeta italiano Marini.

MARINISTA. adj. y s. Dícese del pintor de marinas.

MARINO, NA. al. **Seemann.** fr. **Marin.** ingl. **Mariner.** ital. **Marinaro.** port. **Marinho; marino.** (Del lat. *marinus.*) adj. Perteneciente al mar. *Fauna* MARINA; *corrientes* MARINAS. ‖ V. **Perro marino.** ‖ *Blas.* Dícese de ciertos animales fabulosos que terminan en cola de pescado; como las sirenas. ‖ m. El que se ejercita en la náutica. ‖ El que sirve en la marina.

MARINO, San. *Hagiog.* Ermitaño y virtuoso ital. cuyo sepulcro fue visitado por peregrinaciones que originaron la actual República de San Marino.

MARINO DE TIRO. *Biog.* Geógrafo romano de fines del siglo I. Junto con Eratóstenes e Hiparco se lo considera el iniciador de la geografía matemática.

MARINONI, Hipólito. *Biog.* Tipógrafo fr. inventor de la máquina de reacción, de la de cuatro cilindros y de las rotativas (1823-1904).

MARIÑO, Santiago. *Biog.* Militar ven. colaborador de Bolívar y activo participante en las luchas por la Independencia. En 1836 fue presidente interino de la Rep. (1788-1854).

MARIO, Cayo. *Biog.* Mil. y político romano, vencedor del rey de los númidas, Yugurta, y de los cimbros y teutones. Como jefe del partido popular luchó contra Sila, quien puso su cabeza a precio, pero pudo evadirse y marchar luego sobre Roma tomando crueles represalias contra los partidarios de su rival. Murió poco después de su triunfo (156-86 a. de C.).

MARIÓN. m. Esturión.

MARIONETA. f. **Títere, fantoche.**

MARIOTTE, Edmundo. *Biog.* Físico fr., inventor del aparato empleado para comprobar las leyes del choque de los cuerpos elásticos y descubridor de la ley que lleva su nombre: una masa de gas a temperatura constante tiene un volumen que varía en razón inversa de la presión ejercida sobre ella (1620-1684).

MARIPÉREZ. (De *María* y *Pérez.*) f. Moza, pieza de las trébedes.

MARIPOSA. al. **Schmetterling.** fr. **Papillon.** ingl. **Butterfly.** ital. **Farfalla.** port. **Borboleta.** f. Insecto lepidóptero. Las mariposas son notables por la hermosura de sus formas y colores. ‖ Pájaro común en Cuba, donde se le cría por afecto a su belleza y a su canto. ‖ Especie de candelilla, sujeta en una rodaja de corcho, que se pone en un vaso con aceite, para conservar la luz durante la noche. ‖ Luz encendida de esta manera. ‖ Arbusto cingiberáceo de Cuba, cultivado por sus flores blancas, que parecen mariposas. ‖ Planta oxalidácea de Cuba que contiene un ácido que quita las manchas de tinta. ‖ *Col.* El juego de la gallina ciega. ‖ *Chile.* Arrequife. ‖ *Hond.* Tronera, juguete infantil.

● **MARIPOSA.** *Entom.* Se da vulgarmente este nombre a los lepidópteros en estado perfecto o imago. Seres esencialmente aéreos, viven del néctar de las flores que aspiran con su trompa larga y flexible y a excepción de los sericígenos como el *bombyx mori*, no prestan utilidad al hombre. Su vida es por lo general breve y en algunas especies sólo dura el tiempo indispensable para la reproducción y muere antes de llegar a tomar alimento alguno, en contraste con la vida de las larvas y ninfas, que es relativamente larga. Las orugas se alimentan no sólo de substancias vegetales sino también de materias animales transformadas, como sucede con las polillas; por su voracidad causan grandes perjuicios a la agricultura pese a que su difusión se ve muy disminuida por los muchos enemigos naturales con que cuentan: pájaros e insectos que devoran los huevos o cazan las orugas que servirán de alimento a sus larvas. Las **mariposas** cuentan con millares de especies repartidas en tan numerosos géneros que según algunos naturalistas alcanzarían a cien mil. La clasificación de Linneo en diurnas, crepusculares y nocturnas se conserva todavía en parte, aunque también se acepta la división en macro y microlepidópteros, pero la clasificación que parece más conforme a la naturaleza es la que se atiene a la forma de las antenas y a la posición de las dos generaciones en el transcurso de un año, notándose bastante diferencia entre los imagos de una y otra, diferencia debida principalmente a las distintas temperaturas a que la crisálida ha estado expuesta; esto ha permitido realizar experiencias tendientes a obtener modificaciones en los ejemplares. Si en ocasiones presentan formas minúsculas, en otras llegan a ser los más grandes de todos los insectos, como sucede con la falena americana. Las más grandes y bellas viven en las regiones tropicales: en Indochina y Malasia las espléndidas **mariposas** de alas verdes o amarillas, y la admirable *morpho* de un azul nacarado o metálico en las selvas húmedas del Brasil. Son también notables las colas en que a veces terminan las alas inferiores; a causa de ellas, se las llama caballeros y según que su cuerpo estuviera manchado de rojo o no, se las conocía como caballeros troyanos y caballeros griegos. Estos últimos las llamaron *psiché*, alma, y quedaron para siempre como símbolo de la inconstancia, de la ligereza y del amor.

MARIPOSEADOR, RA. adj. *Perú.* Que mariposea.

MARIPOSEAR. (De *mariposa*, por alusión a la veleidad de este insecto.) intr. fig. Variar frecuentemente de aficiones. ‖ Vagar insistentemente en torno de alguien.

MARIPOSÓN. adj. y s. Hombre muy galanteador. ‖ *Amér. del S.* Homosexual.

MARIQUITA. (dim. de *Marica.*) f. Insecto coleóptero, semiesférico, de color negruzco por debajo y encarnado brillante por encima, con tres puntos negros en cada uno de los élitros y otro en el centro del coselete. El insecto y su larva son beneficiosos para la agricultura, pues se alimentan de pulgones. ‖ Insecto hemíptero, sin alas membranosas; es por debajo de color pardo obscuro y por encima encarnado con tres manchitas negras. Se alimenta de plantas. ‖ Perico, ave trepadora. ‖ m. fam. Hombre afeminado. ‖ *Cuba.* Miel o almíbar mezclado con queso fresco.

MARISABIDILLA. (De *Mari*, contrac. de María, y de *sabidilla.*) f. fam. Mujer presumida de sabia.

MARISCA. f. *Hond.* Atracción entre los sexos.

MARISCADOR, RA. adj. Que marisca por oficio. Ú.m.c.s.

MARISCAL. al. **Marschall.** fr. **Maréchal.** ingl. **Marshal.** ital. **Maresciallo.** port. **Marechal.** (Del ant. al. *marah-skalk*, cuidador de caballos.) m. Oficial muy preeminente de la antigua milicia. ‖ Albéitar. ‖ – **de campo.** Oficial general, actualmente general de división.

MARISCAL, Federico. *Biog.* Arquitecto mex., nacido en 1899, iniciador del estudio sistematizado del arte colonial en su país. ‖ – **Ignacio.** Pol. y literato mex., autor de *San Nicolás Bravo* o *Clemencia mexicana* (1829-1910). ‖ – **Juan León.** Compositor mex., nacido en 1899, autor de *Fantasía mexicana*.

MARISCAL ESTIGARRIBIA. *Geog.* C. y distrito del N.O. del Paraguay, en el dep. de Boquerón. 26.000 h.

MARISCALA. f. Esposa del mariscal.

MARISCALATO. m. Mariscalía.

MARISCALÍA. f. Dignidad o empleo de mariscal.

MARISCAR. tr. Coger mariscos.

MARISCO. al. **Seemuschel.** fr. **Coquillage.** ingl. **Shellfish.** ital. **Frutto di mare.** port. **Marisco.** (Del lat. *mare, -is*, el mar.) m. Animal marino invertebrado, y en especial el molusco comestible. *Sopa de* MARISCOS.

MARISMA. (Del lat. *marítima*; de *mare*, el mar.) f. Terreno bajo y pantanoso inundado por las aguas del mar.

MARISMAS, Las. *Geog.* Región pantanosa e insalubre de Italia, que se extiende por las costas de Toscana hasta Civitavecchia. Hoy está desecada.

MARISMEÑO, ÑA. adj. Perteneciente o relativo a la marisma, o propio de ella.

MARISMO. (De *marisma.*) m. Orzaga.

MARISTA. (De *María.*) adj. Dícese del religioso perteneciente a una orden fundada en Francia en 1815, por Champagnat, que se consagra a la obra educativa y misionera. Ú.t.c.s. ‖ Aplicase a la persona que cursa sus estudios en esta institución. Ú.t.c.s. ‖ Perteneciente o relativo a dicha congregación.

MARITAIN, Jacques. *Biog.* Filósofo fr. de tendencia católica, autor de *Democracia y cristianismo; Arte y escolástica*, etc. (1882-1973).

MARITAL. (Del lat. *maritalis.*) adj. Perteneciente al marido o a la vida conyugal. *Derechos* MARITALES.

MARITATA. (Voz aimara.) f. *Chile.* Canal de ocho a diez metros de largo y unos cincuenta centímetros de ancho, con el fondo cubierto de pellejos de carnero sobre los que queda depositado el polvo metalífero del material triturado que arrastra una corriente de agua. ‖ Cedazo de tela metálica usado en los establecimientos mineros. ‖ pl. *And.*, *Guat.* y *Hond.* Trebejos, trastos, baratijas.

MARÍTIMO, MA. (Del lat. *maritimus.*) adj. Perteneciente al mar. *Aduana* MARÍTIMA.

MARITORNES. (Por alusión a la moza de venta del *Quijote.*) fig. y fam. Moza de servicio, ordinaria, fea y hombruna.

MARITSA. *Geog.* Río del S.E. de Europa. Recorre el S. de Bulgaria, limita a Turquía y Grecia y des. en el Egeo. 440 km.

MARIUPOL. *Geog.* Ciudad de la U.R.S.S. (Ucrania), puerto cerealista y carbonífero sobre el mar de Azov. 250.000 h.

MARIUT. *Geog.* Lago litoral del Egipto, al N.O. del delta del Nilo, separado del mar por una lengua de tierra en la que está edificada Alejandría. Es el ant. Mareotis.

MARIVAUX, Pedro Carlet de Chamblain de. *Biog.* Dramaturgo y novelista francés cuyas obras giran en torno al amor: *Mariana; El juego del amor y del azar*, etc. (1688-1763).

MARJAL. (Del ár. *march*, prado.) m. Terreno bajo y pantanoso.

MARJAL. (Del ár. *marchá.*) m. Medida agraria variable según las regiones.

MARJOLETA. f. Fruto del marjoleto.

MARJOLETO. (De *majoleto.*) m. Espino arbóreo, de ramas espinosas, hojas de borde velloso, flores en corimbos, fruto aovado y madera dura. ‖ Majuelo, espino.

MARKHAM, Alberto Hastings. *Biog.* Marino ingl., explorador del Polo N.; llegó más allá de los 83° de latitud (1841-1918). ‖ – **Clemente R.** Explorador y geóg. inglés; estudió en el Perú los restos de la civilización incaica y escribió *Trabajos en el Perú y en la India; Cuzco y Lima; Cristóbal Colón*, etc. (1830-1916).

MARKHAM. *Geog.* Monte de la Antártida, sit. junto a la costa occidental del mar de Ross. 4.600 m.

MARK TWAIN. *Biog.* V. **Clemens, Samuel Langhorne.**

MARLBOROUGH, Juan Churchill, duque de. *Biog.* Mil. y político ingl.; participó en la conquista de Irlanda, y en las guerras contra Francia. Es el Mambrú al que se refiere la popular canción burlesca (1650-1722).

MARLITT, Eugenia. *Biog.* Seudónimo de la escritora al. Eugenia John, autora de *La princesita de los brezos; La segunda esposa*, etc. (1825-1887).

MARLO. m. *Arg.*, *Col.* y *Ven.* Espiga, y particularmente la mazorca, que queda después de desgranado el maíz.

MARLOTA. (Del ár. *malota*, y éste del gr. *malloté*, lanuda.) f. Vestidura morisca, a modo de sayo vaquero.

MARLOWE, Christopher. *Biog.* Dram. y poeta ingl. considerado el creador de la tragedia inglesa y precursor de Shakespeare. Autor de *Trágica historia de la vida y muerte del doctor Fausto; El judío de Malta; Tamerlán el Grande; Eduardo II*, etc. (1564-1593).

MARMAJA. f. *Col.* y *Méx.* Marcasita. ‖ pl. *Hond.* Sulfuros que a veces contienen oro y plata.

MARMAJERA. f. *Méx.* Salvadera, arenero.

MÁRMARA, Mar de. *Geog.* Mar interior sit. entre la Turquía europea y la asiática. Está unido a los mares Egeo y Negro por los estrechos de los Dardanelos y del Bósforo. 11.472 km^2. Ant. Propóntide.

MARMATITA. f. *Miner.* Variedad de blenda ferrosa.

MARMELLA. f. Mamella.

MARMELLADO, DA. adj. Mamellado.

MARMITA. (Quizá del ár. *barma*, marmita, especialmente hecha de piedra.) f. Olla metálica de una o dos asas, con tapadera ajustada. ‖ – **de Papin.** *Fís.* Recipiente hermético, de paredes gruesas, provisto de válvula de seguridad, manómetro y termómetro, en el que puede tenerse agua sin hervir a temperaturas superiores a los 100°C. Una de sus aplicaciones es la autoclave (V. **Autoclave**).

MARMITÓN. (De *marmita.*) m. Pinche de cocina. sinón.: **galopillo, sollastre.**

MÁRMOL. al. **Marmor.** fr. **Marbre.** ingl. **Marble.** ital. **Marmo.** port. **Mármore.** (Del lat. *mármor.*) m. Piedra caliza metamórfica, compacta y cristalina, susceptible de hermoso pulimento. *El* MÁRMOL *de Carrara es blanco.* ‖ fig. Obra artística de mármol. *Soberbios* MÁRMOLES *del Partenón se encuentran en el Museo Británico.* ‖ En los hornos y fábricas de vidrio, plancha metálica en que se labran las piezas y se trabaja la materia para formarlas. ‖ Placa de fundición, rectangular, perfectamente plana, utilizada en los talleres mecánicos para el trazado. ‖ – **brocatel.** El que tiene vetas y manchas de colores variados. ‖ – **estatuario.** El blanco, que se emplea para hacer estatuas. ‖ – **lumaquela.** El que contiene multitud de fragmentos de conchas y otros fósiles, y al ser pulido toma mucho brillo. ‖ IDEAS AFINES: *Ónix, jaspe, ágata, alabastro, veta, escultura, modelo, artista, arquitectura, adorno, ornato, columna.*

● **MÁRMOL.** *B.A.* e *Hist.* Empleado en Grecia ya en el s. VIII a. de C., el **mármol** de Paros, blanco y translúcido, fue el elegido para la rica estatuaria griega. En la época de Alejandro comenzaron a usarse los **mármoles** veteados y los de colores. En Roma se embaldosaron mansiones con **mármoles** de Numidia, y tanto se lo usó que con razón Augusto se jactaba de haber construido una ciudad de **mármol.** Muy usado también en la decoración y en la industria del mueble, el **mármol** presenta las coloraciones más diversas, debidas a la presencia de óxidos metálicos y de materias orgánicas. Suele clasificárselo en simple y compuesto, según que la materia calcárea aparezca sola o mezclada. El **mármol** simple es de color uniforme o veteado, de grano regular y grueso, translúcido aun en placas de tres centímetros de espesor; todas las estatuas del Partenón fueron modeladas con **mármol** simple blanco, que es el más puro. Para reducirlo a placas, generalmente se sierra el **mármol** en el mismo sentido en que ha sido encontrado en la cantera, y para el pulido se comienza a frotar utilizando greda mojada, se taponan las cavidades que pudiera presentar, con cemento de color apropiado y se termina el lustre con piedra pómez y una mezcla pulverulenta de plomo y esmeril. Sometido a un tratamiento con grasas a alta presión y lustrándolo de manera especial, se obtiene un **mármol** translúcido, semejante a un cristal opaco, muy usado en la actualidad.

MÁRMOL, José. *Biog.* Poeta y escr. romántico arg., autor de violentas diatribas contra el gobierno de Rosas y de *Cantos del Peregrino*, evocación del paisaje americano; *Amalia*, novela histórico-política; dramas en verso, etc. (1817-1871). ‖ – **Luis Enrique.** Poeta venez., autor de *La locura del otro* (1897-1926).

MARMOLATA. *Geog.* Cumbre de los Alpes Dolomíticos (Italia), en el límite entre la Venecia Euganea y Tridentina. 3.342 m.

MARMOLEJO. (dim. de *mármol.*) m. Columna pequeña.

MARMOLEJO. *Geog.* Cerro de los Andes argentino-chilenos (Mendoza-Santiago). 6.070 m.

MARMOLEÑO, ÑA. adj. Marmóreo.

MARMOLERÍA. (De *mármol.*) f. Conjunto de mármoles de un edificio. ‖ Obra de mármol. ‖ Taller donde se trabaja.

MARMOLILLO. (dim. de *mármol.*) m. Guardacantón, poste de piedra. ‖ fig. Zote.

MARMOLINA. f. *Chile.* Marmoración.

MARMOLISTA. m. El que trabaja en mármoles o los vende.

MARMONTEL, José F. *Biog.* Lit. francés, autor de *Belisario; Cuentos morales; Memorias de un padre*, etc. (1723-1799).

MARMORACIÓN. (Del lat. *marmoratio, -onis*, obra de mármol.) f. Estuco.

MARMÓREO, A. (Del lat. *marmóreus.*) adj. Que es de mármol. *Placa* MARMÓREA. ‖ Semejante al mármol en alguna de sus cualidades. *Impasibilidad* MARMÓREA.

MARMORIZACIÓN. f. *Geol.* Transformación de las calizas en mármol por cristalización metamórfica.

MARMOROSO, SA. (Del lat. *marmorosus.*) adj. Marmóreo.

MARMOSA. f. *Zool.* Género de zarigüeya, marsupial, didélfido, americano, de pequeño tamaño, orejas grandes, redondeadas, y cola larga, prensil, ensanchada en su base y desnuda en su extremo; al nacer tiene el tamaño de un guisante.

MARMOSETE. (Tal vez del flamenco *marmouset*, monigote.) m. *Impr.* Grabado alegórico que se suele poner al final de un capítulo o libro.

MARMOTA. al. **Murmeltier.** fr. **Marmotte.** ingl. **Marmot.** ital. **Marmotta.** port. **Marmota.** f. Mamífero roedor de los altos montes de Europa, de unos cincuenta centímetros, con pelaje espeso, cabeza gruesa y orejas pequeñas. Pasa el invierno dormida en su madriguera y se la domestica con facilidad. ‖ fig. Persona que duerme mucho.

MARNE. *Geog.* Río de Francia, nace cerca de Langres y des. en el Sena cerca de París. 525 km. ‖ Dep. del N.E. de Francia. 8.163 km^2. 525.000 h. Vinos, cereales, lanares. Cap. CHALONS-SUR-MARNE. ‖ **Alto –.** V. **Alto Marne.**

MARO. (Del lat. *marum*, y éste del gr. *maron.*) m. Planta herbácea de olor fuerte y sabor amargo; flores de corola purpúrea en racimos axilares, y fruto seco con semillas menudas, usado en terapéutica. *Teucrium marum*, labiada. ‖ Amaro.

MAROCHA. f. *Hond.* Locuela.

MAROFF, Tristán. *Biog.* Escritor bol. cuyo verdadero nombre es Gustavo A. Navarro. Autor de *La tragedia del Altiplano; El ingenuo continente americano; México de frente y de perfil*, y otras obras de carácter social (n. 1898).

MAROJAL. m. Terreno poblado de marojos.

MAROJO. m. Hojas inútiles, que suelen disponerse para el ganado. ‖ *Bot.* Planta parásita parecida al muérdago. *Viscum cruciatum*, lorantácea. ‖ Melojo.

MAROLA. f. Marejada del mar.

MAROMA. (Del ár. *mabroma*, cosa retorcida como cuerda.) f. Cuerda gruesa de esparto, cáñamo o cualquier otra fibra vegetal o sintética. ‖ *Amér.* Función de volatines. ‖ *Arg.* fam. Marimba, paliza. ‖ **Andar** uno **en la maroma.** frs. fig. Tener partido o favor para algo. ‖ IDEAS AFINES: *Piola, trenza, cadena, soga, cabo, ancla, bramante, carrete, hilo; circo, equilibrista, cuerda floja, red, peligro, caída.*

MAROMEAR. intr. *C. Rica* y *Chile.* Bailar en la maroma, hacer en ella volatines. ‖ *Hond.* Columpiarse. ‖ *Chile.* fig. Hacer pruebas de equilibrio. ‖ *Perú.* Inclinarse, según las circunstancias, a uno u otro bando.

MAROMERO, RA. s. *Amér.* Acróbata, volatinero. ‖ adj. Dícese de la persona astuta. ‖ *Cuba, Méx.* y *Perú.* Aplícase al político versátil.

MARÓN. (Del lat. *mas, maris*, macho.) m. Morueco.

MARÓN. m. Esturión.

MARÓN, Publio Virgilio. *Biog.* V. **Virgilio.**

MARONI. *Geog.* Río del norte de América del S. Nace en la sierra de Tumuc-Humac, limita a la Guayana Francesa de Surinam y des. en el Atlántico. 680 km.

MARONITA. (Del lat. *maronita.*) adj. y s. Cristiano del Monte Líbano.

MAROS. *Geog.* Río de Europa oriental. Nace en Rumania (Transilvania), penetra en el extremo S.E. de Hungría y des. en el río Tisza. 650 km.

MAROT, Clemente. *Biog.* Poeta fr., autor de *El templo de Cupido; El infierno; El banquete de honor*, etc. (1495-1544).

MAROTA. f. *Méx.* Marimacho. ‖ *Ven.* Soga para enlazar bestias.

MAROTE. m. *Arg.* Baile popular antiguo.

MAROTO, Rafael. *Biog.* Mil. español, vencido por San Martín en la batalla de Chacabuco, triunfo que contibuyó a afianzar la libertad de Chile (1782-1847).

MARPLATENSE. adj. Natural de Mar del Plata, ciudad de la Argentina. Ú.t.c.s. ‖ Perteneciente o relativo a dicha ciudad. *Balneario* MARPLATENSE.

MARQUÉS. al. **Marquis; Markgraf.** fr. **Marquis.** ingl. **Marquis.** ital. **Marchese.** port. **Marques.** (De *marca*, distrito fronterizo.) m. Señor de una tierra que estaba en la comarca de un reino. ‖ Título de nobleza intermedio entre el de duque y el de conde.

MARQUÉS, Pedro M. *Biog.* Zarzuelista esp., autor de *Plato del día; El anillo de hierro*, etc. (1844-1918). ‖ – **René.** Dramaturgo y novelista portorr., autor de *Otro día nuestro* y otras obras (n. 1919).

MARQUESA. f. Esposa o viuda del marqués, o la que por sí goza tal título. ‖ Marquesina de la tienda de campaña. ‖ *Chile.* Catre. ‖ Marquesina, cobertizo.

MARQUESADO. m. Título de marqués. ‖ Territorio sobre que recae este título o en que ejercía jurisdicción un marqués.

MARQUESAS. *Geog.* Islas francesas de Polinesia (Oceanía), al N.E. del arch. de Tuamotú. 1.274 km^2. 6.000 h. Vainilla, copra, etc.

MARQUESINA. (De *marquesa.*) f. Cubierta que se coloca sobre la tienda de campaña para guarecerse de la lluvia. ‖ Cobertizo que avanza sobre una puerta, andén, etc., para resguardarlos de la lluvia.

MARQUESITA. f. Marcasita.
MARQUESOTA. f. Cuello alto de tela blanca que usaron los hombres como prenda de adorno.
MARQUESOTE. m. aum. desp. de **Marqués.** ‖ *Hond.* Torta de figura de rombo, hecha con harina de arroz o de maíz, con huevo, azúcar, etc.
MARQUETA. (De *marca.*) f. Pan o porción de cera sin labrar. ‖ *Chile.* Fardo de tabaco en rama. ‖ Pasta de chocolate sin labrar.
MARQUETERÍA. (Del fr. *marqueterie.*) f. Ebanistería. ‖ Taracea. *Escritorio de* MARQUETERÍA.
MARQUETTE, Jacobo. *Biog.* Sacerdote misionero fr.; remontó el curso del río Wisconsin hasta el Misisipí, que recorrió hasta el paralelo 34, y remontó el Illinois. Escribió *Descubrimiento de algunos países y naciones de América septentrional* (1637-1675).
MÁRQUEZ, Gregorio. *Biog.* Político guatemalteco, jefe de Estado de su país en 1830. ‖ – **José Antonio.** Pol. hondureño, uno de los gobernantes interinos de su país en el período 1830-1832. ‖ – **José Arnaldo.** Poeta per., autor de *Notas perdidas; Prosa y verso,* etc. (1830-1904). ‖ – **José Ignacio de.** Estadista col., en 1832 y de 1837 a 1841 presid. de la nación (1793-1880). ‖ – **Leonardo.** General mex., llamado "Tigre de Tacubaya", que defendió al emperador Maximiliano (1820-1913). ‖ – **BUSTILLOS, Victorino.** Pol. venezolano (1858-1941); desempeñó provisionalmente la pres. de la Rep., de 1914 a 1915 y en 1922. ‖ – **MIRANDA, Fernando.** Arqueólogo arg., autor de *Los aborígenes de América* y otras obras (1897-1961). ‖ – **SALAS, Antonio.** Cuentista venez., nacido en 1919. ‖ – **STERLING, Carlos.** Escritor y político cub., en 1934 presidente provisional de su país (n. 1899). ‖ – **STERLING, Manuel.** Escr. cubano, autor de *Los últimos días del presidente Madero; En la ciudad sin ruido,* etc. (1872-1934).
MARQUILLA. (dim. de *marca.*) f. V. **Papel de marquilla.**
MARQUINA, Eduardo. *Biog.* Poeta y dram. modernista esp., autor de *En Flandes se ha puesto el sol; Doña María la Brava; Las vendimias; Canciones del momento; Cuando florezcan los rosales,* etc. (1879-1946).
MARRA. (De *marrar.*) f. Falta de una cosa donde debiera estar.
MARRA. (Del lat. *marra.*) f. Almádena.
MARRA. f. *Arg.* Mara.
MÁRRAGA. f. Marga, jerga.
MARRAJO, JA. adj. Dícese del toro y buey malicioso que sólo arremete a golpe seguro. ‖ fig. Cauto, astuto, solapado. *Un viejo* MARRAJO. ‖ *Méx.* Tacaño, avaro. ‖ m. Tiburón.
MARRAKECH. *Geog.* Ciudad del O. de Marruecos, al N. del Gran Atlas. 268.000 h. Centro agrícola y minero.
MARRAMAO. m. Onomatopeya del grito del gato en el tiempo del celo.
MARRAMAU. m. Marramao.
MARRANA. f. Hembra del marrano. ‖ fig. y fam. Mujer sucia y desaseada. Ú.t.c. adj. ‖ fam. La que procede o se porta mal. Ú.t.c. adj.
MARRANA. (De *marrano,* madero.) f. Eje de la rueda de la noria.
MARRANADA. f. fig. y fam. Cochinada.
MARRANALLA. f. fig. y fam. Canalla, gente ruin.
MARRANCHÓN, NA. m. Marrano, lechón.
MARRANERÍA. f. fig. y fam. Marranada.
MARRANILLO. (dim. de *marrano.*) m. Cochinillo.
MARRANO. (Tal vez de *marrahana.*) m. Puerco. ‖ fig. y fam. Hombre sucio y desaseado. Ú.t.c. adj. ‖ El que se porta mal o bajamente. Ú.t.c. adj.
MARRANO. (Del b. lat. *marrenum.*) m. Cada uno de los maderos que, en las ruedas hidráulicas, traban con el eje la pieza circular en que están colocados los álabes. ‖ Cualquiera de los maderos que forman la cadena del fondo de un pozo. ‖ Pieza fuerte de madera, colocada sobre el tablero de las prensas de torre de los molinos de aceite, que sirve para igualar la presión.
MARRAQUETA. f. *Chile.* Pan semejante en su forma a la de la bizcochada.
MARRAR. (Del germ. *marrjan,* errar, frustrar.) intr. Faltar, errar. Ú.t.c.tr. MARRAR *el golpe.* ‖ fig. Desviarse de lo recto.
MARRAS. (Del ár. *marra,* una vez.) adv. t. Antaño, en tiempo antiguo. ‖ **De marras.** loc. que, cuando la precede un substantivo o el artículo *lo,* expresa que lo significado por éstos ocurrió en tiempo u ocasión pasada a la que se alude. *La batalla de* MARRAS; *¿ocurrirá lo de* MARRAS?
MARRASQUINO. (Del ital. *maraschino,* de *marasca,* cereza amarga, y éste del lat. *amarus,* amargo.) m. Licor hecho con el zumo de ciertas cerezas amargas y mucho azúcar.
MARRAZO. (De *marra,* almádena.) m. Hacha de dos bocas, que usaban los soldados para hacer leña.
MARREAR. tr. Dar golpes con la marra.
MARRILLO. (dim. de *marro.*) m. Palo corto y un poco grueso.
MARRO. (De *marrar.*) m. Juego que consiste en hincar en el suelo un bolo u otra cosa, y tirar con el marrón, ganando el que más lo arrime. ‖ Ladeo del cuerpo, que se hace para no ser sujeto y burlar al que persigue. ‖ Falta, yerro. *José cometió algunos* MARROS. ‖ Juego en que colocándose los jugadores en dos grupos, uno enfrente de otro y dejando suficiente espacio en medio, sale cada individuo hasta la mitad de él a asir a su contrario; y la habilidad consiste en huir el cuerpo, evitando ser retenido ni tocado, retirándose a su bando. Este juego se conoce con otros nombres. ‖ Palo con que se juega a la tala.
MARRÓN. m. Piedra con que se tira en el juego del marro.
MARRÓN. adj. Dígase castaño, de color de castaña. Ú.t.c.s. ‖ m. Galicismo por castaña confitada.
MARROQUÍ. adj. Natural de Marruecos. Ú.t.c.s. ‖ Perteneciente a este reino de África. ‖ m. Tafilete. *Billetera de* MARROQUÍ.
MARROQUÍ, Punta. *Geog.* V. **Tarifa.**
MARROQUÍN, NA. adj. Marroquí. Apl. a pers., ú.t.c.s.
MARROQUÍN, Francisco. *Biog.* Prelado esp., que fundó la primera escuela de América Central, en Guatemala, donde fue obispo (m. 1563). ‖ – **José Manuel.** Lit. y estadista col., presidente de la nación de 1900 a 1904. Autor, con los seudónimos de Gonzalo González de la Gonzalera y Pero Pérez de Perales, de artículos costumbristas: *El Moro; Tratado de ortografía y ortología,* etc. (1827-1908). ‖ – **Lorenzo.** Lit. colombiano, autor de *Pax; Estudio sobre el poema del Cid,* etc. (1856-1918). ‖ – **OSORIO, José Manuel.** Sac. e historiador col., autor de *Don José Manuel Marroquín íntimo; Las artes en Colombia;* etc. (n. 1874).
MARRUBIAL. m. Terreno cubierto de marrubios.
MARRUBIO. (Del lat. *marrúbium.*) m. Planta herbácea, con hojas ovaladas, rugosas, vellosas y más o menos pecioladas; flores blancas en espiga, y fruto seco con semillas menudas. Es planta muy abundante en parajes secos y sus flores se usan en medicina. *Marrúbium vulgare,* labiada.
MARRUECO, CA. adj. y s. Marroquí. ‖ m. *Chile.* Portañuela, bragueta.
MARRUECOS. *Geog.* Estado independiente de África; limita al N. con el Mediterráneo, el estrecho de Gibraltar y el Atlántico, al E. con Argelia y al S. con Mauritania, en la región del ant. Sahara Español, actualmente dividida con Mauritania. Su sup., sin los territorios del Sahara Español, es de 446.550 km². Su orografía está determinada por la cordillera del Atlas, siendo su altura máxima el Jabal Toubkal, de 4.180 m. Los ríos por lo general son de curso corto o se pierden en el desierto, que se extiende por el centro y sur del país. Los cauces más importantes son los del Muluya y el Sebú. Cuenta con una pob. de 18.240.000 h. y su cap. es RABAT. Integrante del imperio cartaginés en la edad antigua. **Marruecos** fue poblada por bereberes y árabes. Luego de diversas luchas tribales, fue colonizada por españoles y franceses. En 1956 se reconoció la independencia de **Marruecos.** Poco después asumió la soberanía de los territorios españoles (con excepción de Ceuta y Melilla) y de la zona internacional de Tánger. **Marruecos** produce algodón, aceitunas, almendras, avena, cebada, cebolla, papas, frutas, ganadería, antimonio, azufre, carbón, acero, hierro y plomo.
MARRULLA. f. Marrullería.
MARRULLERÍA. (De *marrullero.*) f. Astucia para alucinar halagando.
MARRULLERO, RA. adj. y s. Que usa de marrullerías.
MARSALA. m. Vino de Marsala, Sicilia.
MARSALA. *Geog.* Ciudad y puerto de Italia, en la prov. de Trápani (Sicilia). 82.000 h. Exportaciones de vino y frutas cítricas. En ella desembarcó Garibaldi al frente de los "Mil" y comenzó su campaña contra el reino de Nápoles (mayo de 1860).
MARSELLA. *Geog.* Ciudad de Francia, cap. del dep. de Bocas del Ródano y de la región de Provenza-Alpes-Costa Azul. 894.000 h. Puerto importante sobre el Mediterráneo. Industrias alimenticias, químicas, textiles. Construcciones navales.
MARSELLÉS, SA. adj. Natural de Marsella. Ú.t.c.s. ‖ Perteneciente a esta ciudad de Francia. *Astilleros* MARSELLESES. ‖ m. Chaquetón de paño burdo, con adornos sobrepuestos.
MARSELLESA, La. *Hist.* Himno nacional de Francia. Letra y música de Claude Joseph Rouget de Lisle, capitán de Ingenieros. Su nombre original fue *Canto de Guerra del Ejército del Rin,* pero un batallón de Marsella popularizó su nombre durante la Revolución Francesa.
MARSHALL, Jorge Catlett. *Biog.* Mil. estadounidense, jefe de Estado mayor en la segunda Guerra Mundial. Autor del plan de su nombre de ayuda económica a dieciséis países de Europa aprobado por EE.UU. en 1947, por el que se le otorgó en 1953 el premio Nobel de la Paz (1880-1959).
MARSHALL. *Geog.* Archipiélago de la Micronesia (Oceanía) compuesto por 34 atolones sit. al N.E. de las islas Carolinas. 181 km². 25.000 h. Cap. MAJURO, en la isla de Jaluit. Producto principal: copra. Japonesas hasta la segunda Guerra Mundial, están, desde 1947, bajo administración fiduciaria de los EE.UU. Se han realizado detonaciones atómicas experimentales en dos de sus islas: Eniwetok y Bikini.
MARSIAS. *Mit.* Sátiro que quiso rivalizar con Apolo en habilidad para tocar la flauta, con la condición de que el vencido quedaría a disposición del vencedor. Derrotado por el dios, fue sujetado por éste a un árbol y desollado vivo.
MARSIGLI, Luis F. de. *Biog.* Mil. y geógrafo ital., considerado fundador de la oceanografía; autor de *Breve resumen de los conocimientos y estudios acerca de la historia del mar* (1658-1730).
MARSOPA. (Del b. lat. *marsupa,* y éste del lat. *mare,* mar, y *sus,* cerdo.) f. Cetáceo semejante al delfín, que suele penetrar en los ríos persiguiendo a los salmones y lampreas; tiene metro y medio de largo aproximadamente, cabeza redondeada con ojos pequeños y las narices en la parte más alta; boca grande de hocico obtuso y 24 dientes en cada lado de las mandíbulas. *Las* MARSOPAS *siguen a los barcos largos trechos.*
MARSOPLA. f. Marsopa.
MARSUPIALES. (Del gr. *marsupión,* bolsa.) m. pl. *Zool.* Orden de mamíferos cuyas hembras, en casi todas las especies, tienen una bolsa abdominal formada por la piel, donde las crías terminan el desarrollo, como los canguros de Oceanía y las zarigüeyas de América.
MARTA. n. p. Mujer piadosa. ‖ fig. Mujer hipócrita y gazmoña. ‖ *Chile.* Mujer o niña piadosa que vive en una congregación de religiosas y ayuda a éstas en las tareas domésticas.
MARTA. al. **Marder.** fr. **Martre.** ingl. **Pine; marten.** ital. **Martora.** port. **Marta.** (Del germ. *martu.*) f. *Zool.* Mamífero de Europa y parte de Asia, de cabeza pequeña, cuerpo delgado, cola larga y pelaje espeso y suave. *Martes martes,* mustélido. *La* MARTA *es difícil de amansar.* ‖ Piel de este animal. ‖ – **cebellina.** Especie de marta menor que la común, que se cría en las regiones boreales y cuya piel es muy estimada. *Martes zibellina. La* MARTA *cebellina es astuta y sanguinaria.* ‖ Piel de este animal.
MARTA, Santa. *Hist. Sagr.* Hermana de María Magdalena y Lázaro.
MARTABÁN. *Geog.* Golfo del océano Índico, en las costas de Birmania, sobre el que se asienta la c. de Rangún.
MARTAGÓN. (En fr. *martagon;* en ital. *martagone.*) m. Planta herbácea con hojas radicales en verticilos, lanceoladas, casi pecioladas, y flores de color róseo con puntos purpúreos. Cultívase en los jardines, y su raíz, que es bulbosa, se emplea como emoliente. *Lilium martagon,* liliácea.
MARTAGÓN, NA. s. fam. Persona astuta y difícil de engañar.
MARTAJAR. tr. *Amér.* Quebrar el maíz en la piedra.
MARTE. (Del lat. *Mars, -itis.*) m. Planeta conocido de muy antiguo, situado entre la Tierra y Júpiter. Dista del Sol de 206 a 309 millones de km. y recorre su órbita en 687 días. Su diámetro ecuatorial es de 6.790 km. y posee dos satélites: Fobos y Deimas. Tiene brillo rojizo y una atmósfera enrarecida de aproximadamente 100 km. de espesor. La sonda espacial "Mariner IV" lanzada por los EE. UU., estableció una presión a nivel del suelo de 4 mm. de mercurio. El 20 de julio de 1976 descendió sobre la superficie del planeta el nódulo *Lander* provisto de un laboratorio de análisis bioquímico operado automáticamente desde el Centro espacial de Pasadena, California. La cápsula sideral *Viking I* viajó al efecto 345 millones de kilómetros desde la Tierra. Una segunda misión, encomendada a la *Viking II,* se posó en **Marte** en septiembre del mismo año. Ninguna de las experiencias ha despejado aún la incógnita científica sobre la existencia de condiciones compatibles con la vida animal o vegetal en **Marte.** ‖ Entre los antiguos romanos, el dios de la guerra. *Los salios eran los sacerdotes de* MARTE. ‖ Entre los alquimistas y los químicos antiguos, hierro. ‖ fig. La guerra. ‖ *Farm.* V. **Azafrán de Marte.** ‖ *Quím.* V. **Árbol de Marte.**
MARTE. *Mit.* Los más antiguos poetas le atribuyeron como progenitores a Juno y Júpiter y fue la personificación del poder divino, pero se le adoró especialmente como a dios de la guerra, cruel y sanguinario. Habitaba en las montañas de Tracia y salía de su palacio sólo para participar en las asambleas de los dioses, para bañarse en sangre, o para librar combates, adonde llegaba en carros conducidos por sus hijos –el temor y el miedo– y por su hermana, la discordia. Temido, pero adorado en Grecia bajo el nombre de Ares, su culto fue aún más notable en Roma, donde se lo consideró una de las divinidades tutelares de la ciudad.
MARTEL, Carlos. *Biog.* V. **Carlos Martel.** ‖ **Condesa Sibila Gabriela María Antonieta de Mirabeau de.** V. **Gyp.** ‖ – **Julián.** V. **Miró, José.**
MARTELLINA. f. Martillo con las dos bocas guarnecidas de dientes prismáticos que usan los canteros.
MARTES. al. **Dienstag.** fr. **Mardi.** ingl. **Tuesday.** ital. **Martedì.** port. **Terça-feira.** (Del lat. *martis dies,* día consagrado a Marte.) m. Tercer día de la semana. ‖ **Dar** a uno **con la del martes.** fam. Echar algo en cara. ‖ **En martes, ni te cases ni**

te embarques. refr. en que, por superstición, se considera el martes como día aciago.

MARTÍ, José. *Biog.* Ilustre poeta, pol. y escritor cub., apóstol de la independencia de su país y una de las más excelsas figuras de América. "Todo lo haré, todo lo noble haré sobre la tierra, para crear en mi país un pueblo de hombres, para salvar a mis compatriotas del peligro de no serlo". A esta misión consagró su vida desde el periódico, la tribuna y el libro. Desde muy joven participó en las luchas por la liberación nacional, fue sentenciado a prisión y deportado a España y residió luego en México, Guatemala, Venezuela y EE. UU., donde cumplió vasta labor civilizadora, publicó algunas obras e inició su extraordinaria labor de maestro de la juventud: crónicas, colaboraciones en periódicos americanos, discursos, etc. Sus prédicas despertaron la conciencia nacional y prepararon la organización de la guerra emancipadora de su patria, "guerra para el decoro y el bien de todos los cubanos", como él mismo decía. En su presuroso andar se enfrentó con realidades superiores a sus mismas fuerzas, que venció con inteligencia y decisión, asegurando un país libre a hombres buenos y justos. La patria inspiró también su obra literaria con la que anticipó el modernismo y en la que se destacan *Epistolario; Nuestra América; Versos sencillos*, etc. (1853-1895).

MARTILLADA. f. Golpe dado con el martillo.

MARTILLAR. al. **Hämmern.** fr. **Marteler.** ingl. **To hammer.** ital. **Martellare.** port. **Martelar.** tr. Batir y dar golpes con el martillo. MARTILLAR *clavos.* ‖ fig. Oprimir, atormentar. Ú.t.c.r. *Parecía que me* MARTILLABAN *los oídos.* ‖ deriv.: **martillador, ra.**

MARTILLAZO. m. Golpe fuerte dado con el martillo.

MARTILLEAR. tr. Martillar.

MARTILLEJO. m. dim. de **Martillo.**

MARTILLEO. m. Acción y efecto de martillar. *El* MARTILLEO *del zapatero.* ‖ fig. Ruido semejante al que hacen los golpes repetidos del martillo.

MARTILLERO. m. Dueño de un martillo (establecimiento de venta), o quien está al frente de él. ‖ *Arg.* Rematador; el que conduce las subastas.

MARTILLO. al. **Hammer.** fr. **Marteau.** ingl. **Hammer.** ital. **Martello.** port. **Martelo.** (Del lat. *martellus.*) m. Herramienta de percusión, compuesta de una cabeza, comúnmente de hierro, y mango. ‖ Templador de los instrumentos de cuerdas. ‖ fig. El que persigue algo, para acabar con ello. ‖ Establecimiento donde se venden efectos en subasta pública; y dícese así porque se suele dar un martillazo al efectuarse la venta. ‖ Ala de edificio que forma ángulo recto con el cuerpo principal. ‖ *Anat.* El primero de los cuatro huesecillos del oído medio. ‖ **A macha martillo.** m. adv. con que se expresa que algo está hecho con más solidez que primor. ‖ fig. Con firmeza. ‖ **A martillo.** m. adv. fig. A golpes de **martillo.** ‖ **De martillo.** Dícese de los metales labrados a golpes de **martillo.**. ‖ IDEAS AFINES: *Golpear, clavar, introducir, pegar, clavo, sonar, romper, cascar, moldear, comprimir, fraguar.*

MARTÍN. n. p. San Martín. fam. Temporada en que se matan los cerdos en España. ‖ **Llegarle,** o **venirle,** a uno **su San Martín.** frs. fig. y fam. con que se da a entender que al que vive en placeres le llegará el momento en que tenga que padecer.

MARTIN, Archer John Porter. *Biog.* Científico británico. En 1952 obtuvo el premio Nobel de Química, compartido con R. L. Synge, por sus investigaciones en cromatografía y en la separación de aminoácidos en proteínas de materia vital (n. en 1910). ‖ — **Luis.** Médico fr. que fue director del Instituto Pasteur y se distinguió en la lucha contra la difteria (1884-1946).

MARTÍN. *Biog.* Nombre de cinco Papas, de 664 a 1431.

MARTÍN, Juan Luis. *Biog.* Lit. y periodista cubano, n. 1899, autor de *Nueva psicología; Ecué; Cahngó Yamaya*, etc. ‖ — **DÍAZ, Juan.** Guerrillero esp., llamado **el Empecinado,** luchó contra las tropas napoleónicas (1775-1825).

MARTINA. f. Pez del Mediterráneo, especie de anguila de mar; comestible. *Ophidium barbatum*, malacopterigio ápodo.

MARTÍN DEL RÍO. m. Martinete, ave zancuda.

MARTÍN DE PORRES, San. *Hagiog.* Religioso per. que estableció en Lima el primer orfanato. En 1962 fue canonizado (1563-1639). ‖ — **DE TOURS, San.** *Hagiog.* Obispo de Tours, patrono de Buenos Aires (316-396).

MARTIN DU GARD, Rogelio. *Biog.* Lit. francés, premio Nobel de Literatura en 1937 "por el vigor artístico y la verdad en su novela-ciclo *Los Thibault*, al mismo tiempo que aclara los contrastes humanos y los aspectos esenciales de la vida contemporánea". Otras obras: *Juan Barois; Vieja Francia*, etc. (1881-1958).

MARTINETA. f. *Arg.* Ave tinamiforme de las pampas, provista de un copete. *Eudromia elegans.*

MARTINETE. m. Ave zancuda, semejante a la garza, migratoria. *Nycticorax nycticorax.* ‖ Penacho de plumas blancas de esta ave.

MARTINETE. (De *martillo.*) m. Macillo del piano. ‖ Mazo para batir algunos metales, abatanar los paños, etc. ‖ Edificio industrial en que hay estos mazos o martillos. ‖ Máquina para clavar estacas, especialmente en el mar y en los ríos. ‖ Cante de los gitanos andaluces que no necesita de acompañamiento de guitarra.

MARTÍNEZ, Bartolomé. *Biog.* Político nicaragüense, de 1923 a 1925 presidente provisional de su país. ‖ — **Enrique.** Político arg. que fue vicepres. de la República durante la segunda presidencia de Hipólito Yrigoyen (1889-1938). ‖ — **Enrique.** Militar urug. que luchó contra los invasores ingl. e intervino en el sitio de Montevideo (1789-1870). ‖ — **José Luis.** Escritor mex., autor, entre otras, de *Literatura mexicana, siglo XX* (1910-1949). ‖ — **José María.** Pol. hondureño, de 1837 a 1838 jefe de Estado de su país. ‖ — **Juan Antonio.** Pol. guatemalteco, presid. de la Rep. de 1848 a 1849. ‖ — **Juan.** Pol. venezolano que intervino en las luchas por la Independencia y actuó en la magistratura col. y ven. (1773-1847). ‖ — **Juan P.** Prelado urug. que en 1808, para celebrar el triunfo de los nativos frente a los invasores ingleses, escribió la obra teatral *La lealtad más acendrada* y *Buenos Aires vengada.* ‖ — **Tomás.** Mil. y estadista nicar. (1812-1873), presid. de la nación de 1857 a 1863 y de 1863 a 1867. ‖ — **ARSANZ Y VELA, Bartolomé.** Historiador y cronista esp. A él y a su hermano Nicolás se le atribuyen indistintamente dos obras: *Historia de la Villa Imperial de Potosí* y *Anales de la Villa Imperial de Potosí* (s. XVII). ‖ — **BARRIO, Diego.** Político esp. que fue jefe del gobierno en 1933 y 1936; posteriormente, presidente de la Rep. Española en el exilio (1883-1962). ‖ — **CUTIÑO, Vicente.** Dramaturgo arg.; abordó diversas estéticas en sus obras: *La fuerza ciega; Horizontes; El espectador o la cuarta realidad; El malón blanco; La venganza de la tierra*, etc. (1887-1964). ‖ — **DE CALLA, Elio Antonio.** V. **Nebrija, Antonio de.** ‖ — **DE CAMPOS, Antonio.** Mil. y político esp.; inició el pronunciamiento que llevó al trono a Alfonso XII de España (1831-1900). ‖ — **DE IRALA, Domingo.** V. **IRALA, Domingo Martínez de.** ‖ — **DE LA ROSA, Francisco.** Pol. y literato esp.; su obra es una transición entre el neoclasicismo y el romanticismo: *Aben Humeya; La conjuración de Venecia*, etc. (1787-1862). ‖ — **DE LA VEGA, Dionisio.** Noble esp., gobernador de Cuba de 1724 a 1734. ‖ — **DEL MAZO, Juan.** Pintor esp., discípulo y ayudante de Velázquez, autor de *Vista de Zaragoza; Vista de un puerto de mar; Vista del monasterio de El Escorial*, etc. (1612-1667). ‖ — **DEL RÍO, Pablo.** Antropólogo e historiador mex., autor de *Los orígenes americanos; Las pinturas rupestres del Cerro Blanco de Covadonga*, etc. (1892-1963). ‖ — **DE TOLEDO, Alfonso.** Lit. español, conocido también como el Arcipreste de Talavera, moralista satírico que en *El Corbacho*, o *Reprobación del amor mundano*, pinta las costumbres mundanas de su tiempo. Autor, además, de *Vidas de San Isidro* y *San Ildefonso*, y de una obra de historia: *Atalaya de las crónicas* (m. aprox. 1470). ‖ — **ESTRADA, Ezequiel.** Literato arg. cuyos ensayos son una interpretación crítica de la realidad social de su país: *Radiografía de la pampa; El mundo maravilloso de Guillermo Enrique Hudson; La cabeza de Goliat; Muerte y transfiguración de Martín Fierro*, etc. Autor, asimismo, de notables obras poéticas: *Motivos del cielo; Humorescas*, etc., y de obras teatrales (1895-1964). ‖ — **LEDESMA, Pedro Pablo.** Militar y escr. peruano, autor de *El libertador del Perú, don Simón Bolívar; El protector del Perú, generalísimo don José de San Martín; El gran mariscal de Ayacucho, don José Antonio de Sucre*, etc. (n. 1875). ‖ — **LÓPEZ, Eduardo.** Escritor hond., autor de obras históricas (n. 1867). ‖ — **MERA, Juan.** Esc. español de la escuela sevillana, una de las principales de la barroca. Sus tallas policromas y otras obras religiosas se caracterizan por su armonía: *Jesús del Gran Poder; La Inmaculada*, etc. (1568-1649). ‖ — **MUTIS, Aurelio.** Poeta col., autor de *La epopeya del cóndor* y del poema *La esfera conquistada* (1885-1954). ‖ — **PAYVA, Claudio.** Dramaturgo arg. autor de *La isla de Don Quijote; El rancho del hermano*, etc. (1887-1970). ‖ — **PEDRO, Luis.** Pintor cubano que tiende a las formas abstractas. Autor de *Opus I; Fecundidad*, y otros cuadros (n. 1910). ‖ — **RUIZ, José.** V. **AZORÍN.** ‖ — **SIERRA, Gregorio.** Poeta, nov. y dramaturgo esp., autor de obras románticas y populares: *Tú eres la paz; Canción de cuna;* el argumento para el ballet de Manuel de Falla *El amor brujo; Don Juan de España*, etc. (1881-1947). ‖ — **SILVA, Carlos.** Escritor col., autor de obras biográficas y pedagógicas (1847-1903). ‖ — **TRUEBA, Andrés.** *Biog.* Político uruguayo, de 1951 a 1952 presidente de la República y de 1952 a 1955 presidente del Consejo Nacional de Gobierno (1884-1959). ‖ — **VILLENA, Rubén.** Poeta y pol. cubano, autor de *La pupila insomne* (1899-1936). ‖ — **VILLERGAS, Juan.** Periodista, pol. y poeta esp., costumbrista satírico. Obras: *Poesías jocosas y satíricas; El baile de las brujas*, etc. (1816-1894). ‖ — **ZUVIRÍA, Gustavo.** Escritor arg., igualmente conocido por el seudónimo de Hugo Wast. Novelista de abundante producción, es autor de *Flor de durazno; La corbata celeste; La casa de los cuervos*, y otras obras. Fue ministro de Educación y durante largos años, director de la Biblioteca Nacional (1883-1962).

MARTÍNEZ. *Geog.* C. de la Argentina, en el N. del Gran Buenos Aires. 25.000 h. Zona residencial. Industria química.

MARTÍN FIERRO. *Lit.* Célebre obra de José Hernández. Formalmente consta de dos partes: la primera, *El gaucho Martín Fierro*, publicada en 1872, y la segunda, *La vuelta de Martín Fierro*, en 1879; sin embargo, su trama comprende tres fases: una, que narra la vida del gaucho en la frontera; la segunda, que describe la vida en la toldería indígena, y una tercera, o final, que cuenta el retorno de Fierro a sus lares. Extenso poema narrativo con el cual culmina la literatura gauchesca. Su significación en las letras americanas ha sido comparada con la del *Cantar del Mío Cid* en las españolas; recoge los más característicos recursos de la poesía nativa y a fuer de argentino y americano, entronca con la literatura castellana, especialmente con el romancero y la picaresca; está escrito en metro octosilábico, formando cuartetas, sextinas y romances. Elementos líricos, satíricos, costumbristas y épicos se entremezclan en él en perfecta unidad de forma y contenido. Su argumento es sencillo y tiene, por sobre todo, la virtud de representar magníficamente un tipo humano —el gaucho—, una época y un pueblo. Por otra parte, la superabundancia de matices e incidencias así como la naturalidad del lenguaje, lo hacen igualmente accesible a todas las culturas y gustos estéticos, de donde resulta que si la inmensa mayoría puede deleitarse con la belleza y la humanidad intrínsecas del poema, también críticos, investigadores y sociólogos pueden escrutar en él los rasgos histórico-sociales de una civilización. Aunque el éxito popular de *Martín Fierro* fue inmediato a su publicación, su consagración literaria data de los primeros años del s. XX; a elevarlo a la consideración crítica contribuyeron Ricardo Rojas y Leopoldo Lugones con fundamentales estudios, y Eleuterio F. Tiscornia con una notable edición comentada. En Europa le dieron definitivo espaldarazo las plumas de Unamuno y de Menéndez y Pelayo. Sus ediciones son innumerables y está traducido a casi todos los idiomas.

MARTINGALA. (Del fr. *martingale*, y éste del provenzal *martegalo*, de *Martigue*, ciudad de Provenza.) f. Cada una de las calzas que los militares llevaban debajo de los quijotes. Ú.m. en pl. ‖ Cierto lance, en el juego del monte. ‖ Artimaña, artificio para engañar.

MARTÍN GARCÍA. *Geog.* Isla argentina (Bs. As.) sit. en el río de la Plata, sobre la des. del río Uruguay. 2 km².

MARTINI, Juan Bautista. *Biog.* Músico ital. conocido como el **Padre Martini,** autor de composiciones sacras y de obras didácticas: *Tratado de contrapunto; Historia de la música*, etc. (1706-1784). ‖ — **Simón.** Pintor ital., cultor del arte gótico y bizantino, autor de *Anunciación; Majestad; Historia de San Martín*, etc. (1283-1344).

MARTINICA. *Geog.* Isla francesa de las Pequeñas Antillas, al S. de la isla Dominica. 1.106 km². 370.000 h. Caña de azúcar; plátanos, ron, cacao, café, etc. Cap. FORT-DE-FRANCE (100.000 h).

MARTINICO. m. fam. Duende.

MARTÍN PESCADOR. m. *Zool.* Ave de pico recto y prolongado, que se alimenta de pececillos, que coge con gran habilidad. Es de cuerpo y alas robustos, y colores metálicos. *El* MARTÍN PESCADOR *es voraz.* ‖ En pl. **martín pescadores.**

MARTINSON, Harry E. *Biog.* Novelista y poeta sueco, premio Nobel de Literatura en el año 1974. Su estilo oscila entre un realismo excerbado, con imágenes de fuerte carga sensual, y un expresionismo que entronca con su filosofía de tipo primitivista. Obras: *Viento alisio* (colección de poemas), *El camino* (novela), etc. (n. en 1904).

MARTINS PENA, Luis C. *Biog.* Comediógrafo bras., autor de obras costumbristas: *El juez de paz en el campo; Judas en el Sábado de Gloria*, etc. (1815-1848).

MÁRTIR. al. **Märtyrer.** fr. **Martyre.** ingl. **Martyr.** ital. **Martire.** port. **Mártir.** (Del lat. *martyr*, y éste del gr. *martyr.*) com. Persona que padece muerte en defensa de la religión católica. *Los* MÁRTIRES *sufrieron horribles suplicios.* ‖ Por ext., cada uno de los que padecen o mueren en defensa de cualquier otra clase de creencia u opiniones. *Un* MÁRTIR *de la libertad.* ‖ fig. Persona que padece grandes afanes.

MÁRTIR DE ANGLERÍA, Pedro. *Biog.* Hist. italiano; nombrado en 1510 cronista de Indias, obtuvo información de navegantes y conquistadores para escribir su obra más importante: *Décadas de orbe novo*, en que presenta a Colón como un héroe de la antigüedad y recoge además de datos históricos, noticias sobre fauna, flora, costumbres y religión indígenas (1457-1526).

MARTIRIAL. adj. Perteneciente o relativo a los mártires.

MARTIRIO. al. **Märtyrertod.** fr. **Martyre.** ingl. **Martyrdom.** ital. **Martirio.** port. **Martírio.** (Del lat. *martyrium.*) m. Muerte o tormentos padecidos por un mártir. *El* MARTIRIO *de San Lorenzo;* sinón.: **suplicio, tortura.** ‖ fig. Trabajo penoso, padecimiento. *Su vida fue un* MARTIRIO.

MARTIRIO DE SAN BARTOLOMÉ. *B. A.* Cuadro de José de Ribera, el **Españoleto.** Pintado hacia 1630, es una de las obras más célebres y también más discutidas del autor; algunos investigadores han llegado a afirmar que se trata de una imitación. Obra muy realista, técnicamente imperfecta y de notable colorido, destaca un sentido escenográfico extraordinario: los cuerpos y las ropas están distribuidos con técnica teatral, y los rojos y carmines semejan un fuego alrededor del santo, en tanto el cielo brillante, casi verde, cubre el suplicio.

MARTIRIZAR. al. **Martern.** fr. **Martyriser.** ingl. **To martyrize, to martyr.** ital. **Martirizzare.** port. **Martirizar.** tr. Hacer sufrir martirio. *Diocleciano ordenó que* MARTIRIZARAN *a San Sebastián.* ‖ fig. Afligir, atormentar. Ú.t.c.r. MARTIRIZABA *a su madre.* ‖ deriv.: **martirizador, ra.**

MARTIROLOGIO. (Del gr. *martyr,* mártir, y *logos,* tratado.) m. Catálogo de los mártires. ‖ Por ext., el de todos los santos.

MARTITA. f. *Miner.* Sesquióxido de hierro, variedad de oligisto.

MARUCHO. m. *Chile.* Capón que cría la pollada. ‖ Mozo que va montado en la yegua caponera.

MARUGA. f. *Cuba.* Maraca. ‖ Sonajero.

MARULLO. m. Mareta, movimiento de las olas del mar.

MARX, Carlos. *Biog.* Fil. y sociólogo al., fundador del marxismo y autor, con Federico Engels, del *Manifiesto comunista* (1848), base de esa posición ideológica. Escribió además *El capital, La miseria de la filosofía,* etc. (1818-1883).

MARXISMO. m. Doctrina de Carlos Marx y sus partidarios, que es base teórica del socialismo y del comunismo internacionalista. ‖ Movimiento político y social que, sustentando esa doctrina, pretende implantar en el mundo la dictadura proletaria.

● **MARXISMO.** *Fil.* y *Sociol.* El marxismo considera las relaciones económicas como factor determinante de la constelación histórica y de la evolución. La división de la sociedad en clases explotadoras y explotadas, origina la oposición, de donde surge el movimiento histórico. El comunismo prehistórico, las luchas de clases de la época histórica y el socialismo del porvenir son las etapas de la evolución social, que se relacionan entre sí como tesis, antítesis y síntesis.

MARXISTA. adj. Partidario de la doctrina de Carlos Marx. Ú.t.c.s. ‖ Perteneciente o relativo al marxismo.

MARYLAND. *Geog.* Estado del Este de los EE. UU. 27.394 km². 4.100.000 h. Cereales, tabaco. Pesca. Carbón, etc. Cap. ANNAPOLIS; c. principal: Baltimore.

MARZAL. adj. Perteneciente al mes de marzo.

MARZANTE. m. Mozo que canta marzas. Ú.m. en pl.

MARZAS. (De *marzo.*) f. pl. Coplas que cantan de noche los mozos santanderinos por las casas de las aldeas, en alabanza de la primavera. ‖ Obsequio de manteca, morcilla, etc., que se da a los marzantes.

MARZO. al. **März.** fr. **Mars.** ingl. **March.** ital. **Marzo.** port. **Março.** (Del lat. *Martius.*) m. Tercer mes del año; consta de treinta y un días.

MARZOLETA. f. Fruto del marzoleto.

MARZOLETO. m. Marjoleto, majuelo.

MAS. (Del cat. *mas,* del lat. *mansum.*) m. En algunas partes, masada.

MAS. al. **Aber.** fr. **Mais.** ingl. **But.** ital. **Ma; però.** port. **Mas.** (De *maes.*) conj. advers. Pero. *Quería llegar hasta el fin,* MAS *no pudo.*

MÁS. al. **Mehr.** fr. **Plus.** ingl. **More.** ital. **Più.** port. **Mais.** (De *maes.*) adv. comp. con que se da idea de exceso, aumento, ampliación o superioridad en comparación expresa o sobreentendida. *No corras* MÁS; *sé* MÁS *juicioso; ella es* MÁS *tranquila que él; hacer es* MÁS *que decir;* MÁS *cerca.* ‖ También se construye con el número determinado. *Carlos es el* MÁS *franco de todos; Adela es la* MÁS *cariñosa de mis hijas; eso es lo* MÁS *triste.* ‖ A veces denota aumento indeterminado de cantidad expresa. *En ese negocio perdió* MÁS *de cinco mil pesos; son* MÁS *de las once.* ‖ Denota también idea de preferencia. MÁS *quiero perder mi buena posición que perder mi buen nombre.* ‖ Empléase como substantivo. *El* MÁS *y el menos.* ‖ Signo de la suma o adición que se representa por una crucecita (+). ‖ **A lo más,** o **a lo más, más.** m. adv. A lo sumo, en el mayor grado posible. *En ese ómnibus cabrán a lo* MÁS *cincuenta personas.* ‖ **A más.** m. adv. que denota aumento o adición. *Tiene dos mil pesos de sueldo y* A MÁS *otros quinientos de gratificación.* ‖ **A más y mejor.** m. adv. con que se denota intensidad o plenitud de acción. *Comer* A MÁS Y MEJOR; *nevar* A MÁS Y MEJOR. ‖ **De más.** loc. adv. De sobra o en demasía. *Me dieron cien pesos* DE MÁS. ‖ **En más.** m. adv. En mayor grado o cantidad. *Aprecio mi honradez* EN MÁS *que mi fortuna; le resultó el gasto* EN MÁS *de dos mil pesos.* ‖ **Más bien.** m. adv. y conjunt. **Antes bien.** ‖ **Más que.** m. conjunt. Sino. *Nadie puede haberlo hecho* MÁS QUE *Juan.* ‖ Aunque. MÁS QUE *nunca me lo agradezca.* ‖ **Más tarde o más temprano.** loc. adv. Alguna vez, al cabo. MÁS TARDE O MÁS TEMPRANO, *pagará sus culpas.* ‖ **Más y más.** m. adv. con que se denota aumento progresivo. *Al ver que lo alcanzaba, corría* MÁS Y MÁS. ‖ **Ni más ni menos.** loc. adv. Justamente. Sin faltar, ni sobrar. *Esa es,* NI MÁS NI MENOS, *tu obligación; así procede,* NI MÁS NI MENOS, *un hombre recto.* ‖ **Por más que.** loc. adv. que se emplea para ponderar la dificultad de conseguir una cosa. POR MÁS QUE *corrió, no pudo alcanzarla.* ‖ Aunque. ‖ **Sin más ni más allá.** loc. adv. fam. Sin rebozo ni rodeos. ‖ Sin causa justa, atropelladamente. *Sin* MÁS ACÁ NI MÁS ALLÁ *lo increpó furiosamente.* ‖ **Sin más ni más.** m. adv. fam. Sin consideración; precipitadamente. SIN MÁS NI MÁS *firmó la condena.*

MASA. al. **Masse; Teig.** fr. **Masse; paste.** ingl. **Dough; mass.** ital. **Massa; pasta.** port. **Massa.** (Del lat. *massa.*) f. Mezcla consistente que se hace incorporando un líquido a una materia pulverizada. ‖ La que resulta de la harina con agua y levadura, para hacer el pan. ‖ Volumen, conjunto, reunión. *El peso en* MASA; *la* MASA *contribuyente; el pueblo en* MASA. ‖ fig. Cuerpo o todo de una hacienda u otra cosa tomada en grueso. MASA *de bienes.* ‖ Conjunto de algunas cosas. ‖ Natural apacible o genio suave. Ú. siempre con un epíteto que exprese esta calidad. *Ser de buena* MASA. ‖ *Arg.* Cualquier pastelillo de harina, huevo, dulce, etc. MASAS *de crema, de chocolate.* ‖ *Fís.* Cantidad de materia que contiene un cuerpo, sinónimo de peso atómico. Es la dieciseisava parte de la **masa** del átomo de oxígeno o también se toma como unidad la doceava parte de la del átomo de carbono. ‖ Medida de la relación entre la fuerza que obra sobre un cuerpo, y la aceleración que determina en el mismo. ‖ *Mil.* Masita. ‖ **– de claro,** o **de obscuro.** *Pint.* Conjunto del color claro, o del obscuro, que se nota en una figura pintada. ‖ **– de la sangre.** El todo de la sangre del cuerpo, encerrada en sus vasos.

MASACCIO, Tomás Guidi, llamado. *Biog.* Pintor ital. de la escuela florentina, autor de *Milagro de San Pedro; La crucifixión,* etc. (1401-1428).

MASACO. m. *Bol.* Amasijo de plátano asado, con queso o picadillo de carne.

MASACRAR. tr. Galicismo por **matar, asesinar.**

MASACRE. fr. Galicismo por **matanza, hecatombe.**

MASADA. (Del b. lat. *mansata.*) f. Casa de campo y de labor, con tierras y ganado. sinón.: **alquería, cortijo.**

MASADERO, RA. s. Colono de una masada.

MÁS AFUERA. *Geog.* Ant. nombre de **Alejandro Selkirk,** isla chilena del arch. de Juan Fernández.

MASAGETA. (Del lat. *massageta.*) adj. Aplícase al individuo de un antiguo pueblo de Escitia. Ú.m.c.s. y en pl.

MASAJE. al. **Massage.** fr. **Massage.** ingl. **Massage.** ital. **Massaggio.** port. **Massagem.** (Del fr. *massage,* de *masser,* amasar.) m. Operación consistente en hacer presión con intensidad adecuada en determinadas regiones del cuerpo, principalmente en las masas musculares, con fines terapéuticos.

MASAJEAR. tr. Dar masajes.

MASAJISTA. com. Persona que se dedica a hacer masajes.

MASANIELLO, Tomás Aniello, llamado. *Biog.* Jefe del movimiento revolucionario que estalló en 1647 en Nápoles (1623-1647).

MASAR. (Del lat. *massare.*) tr. Amasar.

MASARYK, Tomás Garrigue. *Biog.* Sociólogo y est. checo. Luchó por un estado nacional checoeslovaco contra la monarquía de los Habsburgo. Presidente de la República de 1918 a 1935, autor de *La nueva Europa; Los problemas de la democracia; Juan Hus,* etc. (1850-1937).

MASATO. (Voz cumanagota.) m. *Amér. del S.* Bebida de plátano fermentado. ‖ *Col.* Dulce de coco rallado, maíz y azúcar. ‖ *Perú.* Mazamorra de plátano, boniato o yuca.

MÁS A TIERRA. *Geog.* Ant. nombre de **Robinsón Crusoe,** isla chilena del arch. de Juan Fernández.

MASAUA. *Geog.* Ciudad de Etiopía, magnífico puerto sobre el mar Rojo. 16.000 h.

MASAYA. *Geog.* Departamento del O. de Nicaragua 543 km². 100.000 h. Café, tabaco, azúcar, etc. Cap. hom. 37.000 h. Plaza comercial.

MASBATE. *Geog.* Provincia de las Filipinas, al S. de Luzón, que abarca la isla hom. y otras adyacentes. 4.068 km². 520.000 h. Cap. hom. 34.000 h.

MASCABADO, DA. adj. Dícese del azúcar que se envasa junto con su melaza.

MASCADA. f. *Amér.* Alimento que cabe de una vez en la boca. ‖ *Méx.* Pañuelo de seda con que los hombres se cubren el cuello. ‖ *And.* Golpe de puño.

MASCADIJO. m. Substancia aromática usada para mascarla y perfumar el aliento.

MASCADOR, RA. adj. y s. Que masca.

MASCADURA. f. Acción de mascar. ‖ *Hond.* Bollo que se toma con el café o chocolate.

MASCAGNI, Pedro. *Biog.* Compos. italiano, autor de *Cavalleria rusticana; El amigo Fritz* etc. (1863-1945).

MASCAR. al. **Kauen.** fr. **Mâcher.** ingl. **To chew.** ital. **Masticare.** port. **Mascar.** (Del lat. *masticare,* masticar.) tr. Partir y desmenuzar con los dientes. MASCAR *tabaco.* ‖ fig. y fam. Mascullar. ‖ r. fig. Considerarse como inminente un hecho importante. ‖ *Mar.* Rozarse un cabo.

MÁSCARA. al. **Maske; Larve.** fr. **Masque.** ingl. **Mask.** ital. **Maschera.** port. **Máscara.** (Del ár. *maçjara,* bufón.) f. Figura de cartón, tela o alambre, por lo general ridícula, con que una persona puede taparse el rostro para no ser conocida. sinón.: **carátula, careta.** ‖ Traje extravagante con que alguno se disfraza. *Había muchos vestidos de* MÁSCARA. ‖ Careta de colmenero. ‖ Careta para impedir la entrada de gases nocivos. ‖ fig. Pretexto, disfraz. *Se escondía tras la* MÁSCARA *de la religión.* ‖ Persona enmascarada. *Había cinco* MÁSCARAS *muy bromistas.* ‖ pl. Reunión de personas vestidas de **máscara** y sitio en que se reúnen. ‖ Mojiganga; mascarada. ‖ **Quitarse la máscara.** frs. fig. Dejar el disimulo y hablar claro, o mostrarse como se es. ‖ IDEAS AFINES: *Carnaval, carnestolendas, baile, concurso, premio, antifaz, dominó, arlequín, polichinela, payaso, comparsa.*

MASCARA. *Geog.* Ciudad de Argelia (Orán). 37.500 h. Viñedos.

MASCARADA. f. Festín o sarao de personas enmascaradas. ‖ Comparsa de máscaras.

MASCAREÑAS. *Geog.* Grupo de tres islas del océano Índico, sit. al E. de Madagascar, compuesto por la isla de la Reunión (francesa) y las islas Rodríguez y Mauricio (británicas). 4.605 km². 701.000 h.

MASCARERO, RA. s. Persona que vende o alquila los vestidos de máscara.

MASCARETA. f. dim. de **Máscara.**

MASCARILLA. (dim. de *máscara.*) f. Máscara que sólo cubre la cara desde la frente hasta el labio superior. ‖ Vaciado que se saca sobre el rostro de personas o esculturas, y especialmente de cadáveres.

MASCARÓN. m. aum. de **Máscara.** ‖ Cara disforme o fantástica, usada como adorno arquitectónico. ‖ **– de proa.** Figura colocada como adorno en lo alto del tajamar de los barcos.

MASCATE. *Geog.* Ciudad de Arabia, puerto sobre el golfo de Omán, cap. del sultanato de Omán. 6.000 h. Dátiles, pasas de uva, etc. ‖ **– y Omán.** V. **Omán.**

MASCÓN, NA. adj. y s. *Ven.* Fanfarrón. ‖ m. *Hond.* Estropajo.

MASCOTA. al. **Amulett; Glücksfigur.** fr. **Portebonheur; mascotte.** ingl. **Mascot.** ital. **Portafortuna.** port. **Mascote.** f. Persona o cosa que, según creencia vulgar, da suerte. ‖ *Méx.* Tela de vestido de cuadros negros y blancos.

MASCUJADA. f. Acción de mascujar.

MASCUJAR. tr. fam. Mascar mal o difícilmente. ‖ fig. Mascullar. ‖ deriv.: **mascujador, ra.**

MASCULILLO. (De *más* y *culillo,* dim. de *culo.*) m. Cierto juego de muchachos. ‖ Porrazo, golpe.

MASCULINIDAD. f. Calidad del sexo masculino, o cosa propia de él.

MASCULINO, NA. al. **Männlich.** fr. **Masculin.** ingl. **Masculine.** ital. **Mascolino; maschile.** port. **Masculino.** (Del lat. *masculinus.*) adj. Dícese del ser que tiene órganos fecundantes. ‖ Perteneciente o relativo a este ser. ‖ Varonil, enérgico. ‖ *Gram.* V. **Género masculino.**

MASCULLAR. (desp. de *mascar.*) tr. fam. Hablar entre dientes o pronunciar tan mal las palabras que apenas puedan entenderse.

MASER. m. *Fís.* Sistema receptor de señales energéticas capaz de retransmitirlas extraordinariamente amplificadas. Amplificador de microondas radiotelefónicas.

MASERA. (De *masa.*) f. Artesa grande para amasar. ‖ Paño con que se abriga la masa para que fermente. ‖ Crustáceo marino, de cinco dientes redondeados y pinzas gruesas.

MASERÍA. f. Masada.

MASERU. *Geog.* Población del sur de África, capital de Lesotho. 20.000 h.

MASETERO. (Del gr. *maseter,* masticador.) m. *Anat.* Músculo elevador de la mandíbula inferior, situado en la parte posterior de la mejilla.

MASFERRER, Albert. *Biog.* Poeta modernista salv. autor de *Las siete cuerdas de la lira* y otras obras (1865-1932).

MASHORCA. V. **Mazorca.**

MASI. f. *Bol.* Especie de ardilla americana. Gén. *Leptosciurus,* roedores.

MASÍA (Del cat. *mas*). f. En Cataluña y Valencia, cierta finca rural explotada, generalmente, por una familia.

MASICOTE. (Del fr. *massicot.*) m. Óxido de plomo, amarillo, usado en pintura.

MASIENO, NA. (Del lat. *massienus.*) adj. Aplícase al individuo de un pueblo antiguo de la Bética. Ú.t.c.s. ‖ Perteneciente a este pueblo.

MASILICO, CA. adj. Perteneciente al país de los masilos o masilios. *Campos* MASÍLICOS.

MASILIENSE. (Del lat. *massiliensis.*) adj. Marsellés. Apl. a pers., ú.t.c.s.

MASILIO, LIA. (Del lat. *massylus.*) adj. Aplícase al individuo de un pueblo de África antigua. Ú.t.c.s. ‖ Perteneciente a este pueblo. ‖ Por ext., mauritano. Apl. a pers., ú.t.c.s.

MASILO, LA. adj. Masilio. Apl. a pers., ú.t.c.s.

MASILLA. al. **Kitt.** fr. **Mastic.** ingl. **Mastic.** ital. **Mastice.** port. **Mástique.** (dim. de *masa.*) f. Pasta de tiza y aceite de linaza, que usan los vidrieros para sujetar los cristales.

MASINISA. *Biog.* Rey de Numidia que, aliado con Escipión el Africano, tuvo decisiva actuación en la batalla de Zama contra los cartagineses (hacia 230-148 a. de C.).

MASITA. (dim. de *masa.*) f. *Mil.* Dinero que en algunas armas se retiene del haber de los soldados y los cabos para proveerlos de zapatos, ropa interior, etc.

MASITA. f. *Arg.* y *Urug.* dim. de **Masa**, pastelillo.

MASIVO, VA. adj. Dícese de la dosis de un medicamento cuando se aproxima al límite tolerable por el organismo. ‖ Que se aplica en gran cantidad. ‖ Perteneciente o relativo a las masas humanas. *Emigración* MASIVA.

MASLO. (Del lat. *másculus.*) m. Tronco de la cola de los cuadrúpedos. ‖ Tallo de una planta.

MASÓN. (aum. de *masa.*) m. Bollo de harina y agua, sin cocer, para cebar las aves.

MASÓN, NA. (Del fr. *maçon*, y éste del lat. *machio, -onis*, albañil.) s. Francmasón.

MASONERÍA. f. Francmasonería.

MASÓNICO, CA. adj. Perteneciente a la masonería. *Ritos* MASÓNICOS.

MASOQUISMO. m. Perversión sexual que consiste en gozar con verse humillado o maltratado por una persona del sexo opuesto.

MASOQUISTA. com. Persona que padece de masoquismo.

MASORA. (Del hebr. *ma Sorah*, tradición.) f. Doctrina crítica de los rabinos acerca del sagrado texto hebreo, para conservar su genuina significación.

MASORETA. (De *masora.*) m. Cada uno de los gramáticos hebreos que desde antes de la era cristiana se ocuparon en dividir y estudiar los libros del texto sagrado hebreo.

MASORÉTICO, CA. adj. Perteneciente a la masora o a los trabajos de los masoretas.

MASPERO, Gastón. *Biog.* Orientalista y egiptólogo fr., autor de *Historia antigua de los pueblos de Oriente; Estudios de mitología y de arqueología egipcias*, etc. (1846-1916).

MASSA, Juan Bautista. *Biog.* Compositor arg. autor de *El cometa; La Magdalena; La muerte del inca; Zoraida; Suite argentina*, y otras obras (1884-1938).

MASSA. *Geog.* Ciudad de Italia, cap. de la prov. de Massa y Carrara. 65.000 h. ‖ – **y Carrara.** Prov. de Italia (Toscana). 1.156 km². 203.500 h. Mármoles.

MASSACHUSETTS. *Geog.* Estado del noreste de los EE. UU. 21.383 km² 5.750.000 h. Cap. BOSTON. Su economía es esencialmente industrial: tejidos, maquinaria, artículos de cuero, etc. Las labores agrícola-ganaderas son también importantes: forrajes, frutas, tabaco, vacunos y porcinos.

MASSENA, Andrés. *Biog.* Militar fr., mariscal de Francia. Llamado por Napoleón **hijo dilecto de la Victoria**, tuvo brillante actuación en la conquista de Italia, en la batalla de Zurich, etc. (1756-1817).

MASSENET, Julio. *Biog.* Compositor fr. de rica inspiración en el género sacro, el dramático y el sinfónico: *Manon; El Cid; Thaïs*, etc. (1842-1912).

MASSILLON, Juan Bautista. *Biog.* Prelado y orador sagrado fr., autor de la *Oración fúnebre de Luis XIV; La Pequeña Cuaresma*, etc. (1663-1742).

MASSÓ, Bartolomé. *Biog.* Mil. y patriota cub., de 1897 a 1898 presid. de la República en armas (1830-1907).

MASSON, Federico. *Biog.* Hist. francés, especializado en estudios napoleónicos: *Napoleón y su familia; Napoleón desconocido*, etc. (1847-1923).

MASSYS, Quentin. *Biog.* Famoso pintor flamenco, autor de *Adoración de los Reyes Magos; Amortajamiento de Cristo; Magdalena*, y otros cuadros religiosos de exquisito colorido (aprox. 1466-1530).

MASTABA. f. Sepultura egipcia, en forma de pirámide truncada, cuya base superior tiene una abertura que conduce a una cámara mortuoria.

MASTATE. (Del mex. *maxtlatl*, taparrabos.) m. *Amér. Central* y *Méx.* Corteza fibrosa que usan los indios para hacer sus taparrabos, redes, toneletes, etc. ‖ Cualquiera de estos utensilios.

MÁSTEL. (Del ant. nórdico *masir.*) m. Palo derecho que se emplea para mantener una cosa.

MASTELERILLO. (d. de *mastelero.*) m. *Mar.* Palo menor o percha que se pone en muchas embarcaciones sobre los masteleros. ‖ – **de juanete.** *Mar.* Cualquiera de los dos que se colocan sobre los masteleros de gavia para sostener los juanetes. ‖ – **de juanete de popa.** *Mar.* El que va sobre el mastelero de gavia. ‖ – **de juanete de proa.** *Mar.* El que se pone sobre el mastelero de velacho. ‖ – **de perico.** *Mar.* El que se coloca sobre el mastelero de sobremesana y sostiene el perico.

MASTELERO. (De *mástel.*) m. *Mar.* Palo menor que se coloca en los navíos y demás embarcaciones de vela redonda sobre cada uno de los mayores, asegurado en la cabeza de éste. ‖ – **de gavia.** *Mar.* El que se pone sobre el palo mayor para sostener la verga y vela de gavia. ‖ – **de popa.** *Mar.* **Mastelero de gavia.** ‖ – **de proa.** *Mar.* **Mastelero de velacho.** ‖ – **de sobremesana.** *Mar.* El que se coloca sobre el palo mesana, y sostiene la verga y vela de sobremesana. ‖ – **de velacho.** *Mar.* El que se pone sobre el palo trinquete para sostener el velacho y su verga. ‖ – **mayor.** *Mar.* **Mastelero de gavia.** ‖ **Masteleros de gavia.** *Mar.* El de gavia y el de velacho.

MASTICACIÓN. m. Acción de masticar.

MASTICADOR. m. Mastigador. ‖ Instrumento para triturar la comida que se da a persona que tiene dificultad para masticarla.

MASTICAR. al. **Kauen.** fr. **Mâcher.** ingl. **To masticate.** ital. **Masticare.** port. **Mastigar.** (Del lat. *masticare.*) tr. Mascar. ‖ fig. Rumiar o meditar.

MASTICATORIO, RIA. adj. Dícese de lo que se mastica con fines medicinales. Ú.t.c.s.m. ‖ Que sirve para masticar.

MASTICINO, NA. (Del lat. *mastichinus.*) adj. Perteneciente o relativo al mástique.

MASTIGADOR. (Del ant. *mastigar*, masticar.) m. Filete de tres anillas sueltas, que se pone al caballo para excitarle la salivación y el apetito.

MÁSTIL. al. **Mast.** fr. **Mât.** ingl. **Mast.** ital. **Albero; stipite.** port. **Mastro.** (Del ant. *maste*, mástil.) m. Palo de una nave. ‖ Mastelero. ‖ Palo derecho que sirve para mantener algo, como coche, cama, etc. ‖ Pie o tallo de una planta, cuando se vuelve grueso y leñoso. ‖ Parte del astil de la pluma, en cuyos costados nacen las barbas. ‖ Faja ancha que usan los indios en lugar de calzones. ‖ Parte más estrecha del laúd, de la guitarra y de otros instrumentos de cuerda, donde están los trastes. ‖ IDEAS AFINES: *Trinquete, mesana, cangreja, bauprés, botalón, bordas, gavia, vela, viento, aparejos, jarcia, verga, cruceta, vigía, desarbolar, estay, cabo, obenque, cofa.*

MASTÍN, NA. al. **Schäferfund.** fr. **Mâtin.** ingl. **Mastiff.** ital. **Mastino.** port. **Mastim.** (Del lat. *mansuetinus*, de *masuetus*, domesticado.) adj. V. **Perro mastín.** Ú.t.c.s.

MASTINGAL. m. *Méx.* Galicismo por **gamarra.**

MÁSTIQUE. (Del lat. *mastiche.*) m. Almáciga, resina. ‖ Pasta compuesta de yeso mate y agua de cola que se emplea para igualar las partes que se han de pintar.

MASTODONTE. (Del gr. *mastós*, pezón, y *odús, odontos*, diente; dientes con pezones.) m. Mamífero fósil, parecido al elefante, con dos dientes incisivos en cada mandíbula, que llegan a tener más de un metro de longitud, y molares con puntas redondeadas a modo de pezones de teta. Se hallan sus restos en los terrenos terciarios.

MASTOIDES. (Del gr. *mastoeidés*, de *mastós*, pezón, y *eidos*, forma.) adj. De forma de pezón. Dícese de la apófisis del hueso temporal, situada detrás y debajo de la oreja. Ú.t.c.s.

MASTOIDITIS. f. *Pat.* Inflamación de la apófisis mastoides.

MASTRANTO. (Del lat. *mentástrum.*) m. Mastranzo.

MASTRANZO. (De *mastranto.*) m. *Bot.* Planta herbácea, de flores pequeñas, de corola blanca, rósea o violácea, aromática y medicinal, muy común en las orillas de los ríos. *Mentha rotundifolia*, labiada.

MASTRONARDI, Carlos. *Biog.* Escritor arg. que publicó *Formas de la realidad nacional; Conocimiento de la noche; Tierra amanecida; Tratado de la pena*, etc. (1900-1977).

MASTUERZO. (Del lat. *masturtium.*) m. *Bot.* Planta herbácea anual, hortense, de sabor picante, muy usada en ensalada. *Lepidium satirum*, crucífera. ‖ Berro. ‖ Nombre dado a varias plantas crucíferas. ‖ fig. Hombre necio y majadero.

MASTURBACIÓN. (Del lat. *masturbatio, -onis.*) f. Acción y efecto de masturbarse.

MASTURBARSE. (Del lat. *masturbare.*) r. Procurarse solitariamente goce sensual.

MASURIO. m. *Quím.* Nombre que se dio al tecnecio.

MASVALE. m. Malvasía.

MATA. f. Planta de tallo ramificado y leñoso, que vive varios años. ‖ Ramito de una hierba, como de la albahaca o la hierbabuena. ‖ Porción de terreno poblado de árboles de una misma especie. ‖ Lentisco. ‖ *Méx.* Monte pequeño. ‖ *Ven.* Grupo de árboles en una llanura. ‖ – **de la seda.** Arbustillo de África y Arabia, con flores blancas en umbela, que se abren en estío. *Gomphocarpus fruticosus*, asclepidáceo. ‖ – **de pelo.** Conjunto o gran porción de cabello suelto de la mujer. ‖ – **parda.** Chaparro de encina o roble. ‖ – **rubia.** Coscoja, árbol.

MATA. (Del fr. *matte.*) f. *Min.* Sulfuro múltiple que se forma al fundir menas azufrosas, crudas o incompletamente calcinadas.

MATA. f. Matarrata. ‖ *Ec.* Matadura.

MATA, Andrés. *Biog.* Poeta romántico ven., autor de *Pentélicas; Arias sentimentales*, etc. (1870-1931). ‖ – **Humberto.** Literato ecuatoriano, autor de *Sumag-Allpa-Sol Amarrado* y otras obras que reflejan fielmente las peculiaridades nativas (n. 1904). ‖ – **Julio.** Compositor costarricense que cultiva la música teatral. Obras: *Rosas de Norgaria; Suite abstracta* (1899-1969). ‖ – **Pedro.** Lit. español, autor de obras realistas: *Ganarás el pan; Un grito en la noche; Corazones sin rumbo*, etc. (1875-1946).

MATABUEY. (De *matar* y *buey.*) f. Amarguera. ‖ *Arg.* Guasca o lazo con que se ata por ambos lados el eje del carretón a cada una de las teleras próximas. ‖ Asiento del carretero, desde donde guía los bueyes.

MATABURROS. (De *matar* y *burro.*) m. fam. y fest. Diccionario de la lengua. ‖ *Amér. Central, Col.*, y *Ec.* Ron.

MATACABRAS. (De *matar* y *cabra.*) m. Bóreas, en especial cuando es fuerte y frío.

MATACALLOS. m. Planta de Chile, semejante a la siempreviva, cuyas hojas se usan para curar callos.

MATACÁN. (De *matar* y *can.*) m. Veneno para matar perros. ‖ **Nuez vómica.** ‖ Liebre que ya ha sido corrida por los perros. ‖ Piedra grande de ripio, que se puede coger cómodamente con la mano. ‖ Dos de bastos, en el juego de naipes llamado cuca y **matacán.** ‖ *Ec.* Entre cazadores, cervato. ‖ *Hond.* Ternero grande y gordo. ‖ *Fort.* Obra voladiza, en lo alto de muros o torres.

MATACANDELAS. (De *matar* y *candela.*) m. Instrumento en forma de cucurucho y puesto en el extremo de una caña, que sirve para apagar las velas o cirios que están en alto; sinón.: **apagavelas.**

MATACANDIL. (De *matar* y *candil.*) m. Planta herbácea anual, de flores pedunculadas, con pétalos pequeños y amarillos, propia de terrenos húmedos, que ha sido usada contra el escorbuto. *Sisumbrium irio*, crucífera.

MATACANDILES. (De *matacandil.*) m. Planta herbácea de flores olorosas, moradas y fruto capsular con semillas esféricas. Abunda en terrenos secos y sueltos. *Ornithogalum rutans*, liliácea.

MATACIÓN. f. p. us. Matanza.

MATACO. m. *Arg.* Armadillo de caparazón globoso, que se enrolla en forma de bola para defenderse. *Tolypeutes mataco*, desdentado.

MATACO, CA. adj. Aplícase al indio perteneciente a una tribu que vive en la región occidental del Chaco, a orillas del Pilcomayo y el Bermejo. Ú.t.c.s. ‖ Perteneciente a esta tribu. ‖ m. Lengua **mataca.**

MATACHÍN. (Del ár. *matauachihin*, enmascarados.) m. Antiguamente, hombre disfrazado de manera grotesca, con carátula y vestido de varios colores, ceñido al cuerpo desde la cabeza a los pies. Al son de un tañido alegre, hacían muecas y se daban golpes con espadas de palo y vejigas llenas de aire. ‖ Esta danza. ‖ Juego de movimientos y golpes usado entre los **matachines.**

MATACHÍN. (De *matar.*) m. Jifero, el que mata las reses. ‖ fig. Camorrista.

MATADERO. al. **Schlachthaus.** fr. **Abattoir.** ingl. **Slaughterhouse.** ital. **Macello.** port. **Matadoiro.** m. Lugar donde se mata y desuella el ganado para el consumo público. ‖ fig. y fam. Trabajo muy incómodo. ‖ **Ir,** o **venir,** uno, o **llevar** a otro, **al matadero.** frs. fig. y fam. Meterse o poner a otro en peligro inminente de perder la vida.

MATADERO, El. *Lit.* Notable cuento de Esteban Echeverría, probablemente escrito en 1838. Intenso cuadro de costumbres, que literariamente se destaca por un realismo descriptivo sin concesiones, inusitado en el estilo habitualmente romántico del autor.

MATADOR, RA. adj. y s. Que mata. ‖ m. En el juego del hombre, carta del estuche. ‖ Espada, torero.

MATADURA. (De *matar.*) f. Llaga que se hace la bestia por rozarle el aparejo.

MATAFUEGO. (De *matar* y *fuego.*) m. Instrumento para apagar el fuego. ‖ Oficial encargado de acudir a apagar incendios.

MATAGALPA. *Geog.* Dep. del centro de Nicaragua. 6.794 km². 186.000 h. Café, cacao, cereales; maderas tintóreas y medicinales. Cap. hom. 21.000 h.

MATAGALLEGOS. m. Arzolla, planta. ‖ *Cuba.* Panetela muy empalagosa.

MATAGALLOS. m. Aguavientos.

MATAGUSANO. m. *Guat.* y *Hond.* Conserva de corteza de naranja y miel de rapadura.

MATAHAMBRE. (De *matar* y *hambre.*) m. *Amér. del S.* Lonja de carne de entre el cuero y costillas de los vacunos. ‖ Fiambre que se prepara con esta carne. ‖ *Cuba.* Dulce de yuca, huevo y azúcar.

MATA-HARI. *Biog.* Bailarina javanesa, cuyo verdadero nombre era **Margarita Zelle.** Fusilada en Vincennes por los franceses, acusada de espionaje a favor de Alemania durante la primera Guerra Mundial (1876-1917).

MATAJUDÍO. (De *matar* y *judío.*) m. Mújol.

MATALAHÚGA. f. Matalahúva.

MATALAHÚVA. (Del ár. *habbata halúa*, anís.) f. Anís, la planta y su semilla.

MATALOBOS. (De *matar* y *lobo*) m. Acónito.

MATALÓN, NA. adj. y s. Dícese del caballo flaco y con mataduras.

MATALOTAJE. (Del fr. *matelotage*, marinería.) m. Prevención de comida para las naves. ‖ fig. y fam. Conjunto de cosas diversas y desordenadas. ‖ *Amér.* Equipajes y provisiones llevados a lomo.

MATALOTE. (Del fr. *matelot.*) m. *Mar.* Buque cabeza de una línea en una escuadra. ‖ Barco anterior y barco posterior a cada uno de los que forman una fila.

MATALOTE. adj. Matalón. Ú.t.c.s.

MATAMBRE. m. *Amer. del S.* Matahambre, lonja de carne.

MATAMOROS. (De *matar* y *moro.*) adj. y s. Valentón. sinón.: **bravucón.**

MATAMOROS, Mariano. *Biog.* Sac. y patriota mex. Lugarteniente de Morelos, luchó por la libertad de su patria, actuó en varios combates y obtuvo la victoria de San Agustín del Palmar. Aprehendido por los españoles, fue fusilado (m. 1814).

MATAMOROS. *Geog.* Población de México (Coahuilla). 20.000 h. Centro agrícola. ‖ C. de México (Tamaulipas), en la frontera con los EE.UU. 145.000 h.

MATAMOSCAS. m. Instrumento para matar moscas, formado por un enrejado de hilos metálicos con un mango.

MATANCERO. m. *Chile, Méx.* y *Perú.* Matarife.

MATANCERO, RA. adj. Natural de Matanzas. Ú.t.c.s. ‖ Perteneciente a esta ciudad de Cuba.

MATANGA. f. *Méx.* Juego consistente en quitar a otro el objeto que tiene en la mano, dándole un golpe en ella.

MATANZA. al. **Schlachten.** fr. **Tuerie.** ingl. **Slaughter.** ital. **Macello; massacro.** port. **Matança.** f. Acción y efecto de matar. ‖ Mortandad de personas hecha en una batalla, asalto, etc. ‖ Faena de matar los cerdos y preparar y adobar su carne. ‖ Época del año en que se suelen matar los cerdos. *Volveré para la* MATANZA. ‖ Porción de ganado de cerda destinada para matar. ‖ Conjunto de cosas del cerdo muerto y adobado para el consumo doméstico. ‖ fig. y fam. Porfía en una pretensión u otro negocio. ‖ *Amér. Central.* Carnicería, o lugar donde se vende carne por menor. ‖ *Ven.* Matadero, lugar para matar las reses.

MATANZA. *Geog.* Río de la Argentina (Buenos Aires). Nace en las proximidades de Cañuelas y des. en el río de la Plata. En su curso inferior toma el nombre de **Riachuelo** y sirve de límite entre la capital del país y la prov. de Buenos Aires. 80 km.

MATANZAS. *Geog.* Prov. del centro norte de Cuba. 11.668 km². 494.486 h. Caña de azúcar, café, arroz, maderas. Cap. hom., en la bahía del mismo nombre. 95.728 h. Industria azucarera. Puerto importante.

MATAOJO. m. Árbol sapotáceo sudamericano, cuyo humo irrita mucho los ojos.

MATAOJO. *Geog.* Población del Uruguay (Salto). 5.000 h.

MATAPALO. m. Nombre dado en América a plantas epífitas, de diversas familias, que ahogan y matan a los árboles sobre los que se desarrollan.

MATAPÁN. *Geog.* Cabo de la pen. de Morea, punto extremo austral de Grecia.

MATAPERICO. m. *Col.* y *Ven.* Capirotazo.

MATAPERRADA. f. fam. Acción propia del mataperros.

MATAPERREAR. intr. *Perú.* Travesear.

MATAPERROS. (De *matar* y *perro.*) m. fig. y fam. Muchacho callejero y travieso.

MATAPIOJOS. (De *matar* y *piojo.*) m. *Col.* y *Chile.* **Caballito del diablo.**

MATAPOLVO. m. Lluvia o riego que apenas llega a bañar la superficie del suelo.

MATAPULGAS. (De *matar* y *pulga.*) m. Mastranzo.

MATAQUITO. *Geog.* Río de Chile (Talca y Curicó) que des. en el Pacífico. 192 km.

MATAQUINTOS. (De *matar* y *quinto*, recluta.) fam. Cigarrillo de tabaco de inferior calidad, muy fuerte.

MATAR. al. **Töten; umbringen; schlachten.** fr. **Tuer.** ingl. **To kill.** ital. **Ammazzare; uccidere.** port. **Matar.** (Del lat. *mactare.*) tr. Quitar la vida. Ú.t.c.r. ‖ Apagar. MATAR *la luz.* ‖ Herir y llagar la bestia por ludirle el aparejo. Ú.t.c.r. ‖ Echar agua a la cal o al yeso. ‖ En los juegos de cartas, echar una superior a la que ha jugado el contrario. ‖ Señalar con las uñas el filo de algunos naipes para hacer fullerías. ‖ Apagar el brillo de los metales. ‖ Dicho de aristas, esquinas, etc., redondearlos o chaflanarlos. ‖ fig. Incomodar con necedades. *Me* MATA *con sus lamentaciones.* ‖ Violentar. ‖ Extinguir, aniquilar. ‖ *Pint.* Rebajar un color o tono fuerte. ‖ r. fig. Afligirse por no haber conseguido algo. ‖ Trabajar afanosamente. SE MATA *por sus hijos.* ‖ **Estar a matar con** uno. frs. fig. Estar muy enfadado con él. ‖ **Mátalas callando.** com. fig. y fam. Persona que con maña o secreto procura lograr algo. ‖ **Matarse por** una cosa. frs. fig. Hacer diligencias constantes para conseguirla. ‖ **¡Que me maten!** expresión que se usa para asegurar la verdad de algo *¡*QUE ME MATEN *si no es así!* ‖ **Todos la matamos.** expr. fig. y fam. con que se redarguye a quien nos reprende un defecto en que él mismo incurre. ‖ IDEAS AFINES: *Exterminar, sacrificar, inmolar, asesinar, asfixiar, envenenar, ajusticiar, verdugo, cadalso, guillotina, silla eléctrica, hoguera, horca, garrote, fusilamiento.*

MATARANI. *Geog.* Población del Perú (Arequipa), al N. de Mollendo. Puerto comercial sobre el Pacífico. 10.000 h.

MATARIFE. (De *matar.*) m. Jifero, el que mata las reses.

MATARÓ. *Geog.* Ciudad de España (Barcelona). 75.000 h. Centro comercial e industrial.

MATARRATA. f. Juego de naipes, especie de truque.

MATARRATAS. m. fam. Aguardiente de baja calidad y muy fuerte.

MATARRUBIA. f. **Mata rubia.**

MATASANO. m. *Hond.* y *Salv.* Cierta planta rutácea.

MATASANOS. (De *matar* y *sano.*) m. fig. y fam. Curandero o mal médico.

MATASARNA. m. Árbol leguminoso del Ecuador y Perú, cuya madera, cocida, sirve para curar la sarna.

MATASELLOS. (De *matar* y *sello.*) m. Estampilla con que se inutilizan los sellos postales.

MATASIETE. m. fig. y fam. Fanfarrón, hombre preciado de valiente.

MATASUELO. m. *Chile.* Costalada.

MATATE. m. *Hond.* Red en forma de bolsa.

MATATÍAS. m. Prestamista, usurero.

MATATÍAS. *Biog.* Padre de los Macabeos. V. **Macabeos.**

MATATUDO, DA. adj. *Bol.* De hocico muy largo. ‖ *Guat.* Valiente, hábil.

MATATÚS. m. *Hond.* Matanga.

MATAZÓN. f. *Cuba.* Matanza de animales para el consumo de una población.

MATCH. m. Anglicismo por lucha entre competidores deportivos. sinón.: **partido, partida, encuentro, combate.**

MATE. (Del persa *mata*, maravillado, sorprendido.) adj. Amortiguado, sin brillo. *Tez* MATE. ‖ m. Lance con que termina una partida de ajedrez, porque el rey de uno de los jugadores no puede salvarse de la pieza que le da jaque. ‖ En algunos juegos de naipes, cualquiera carta del estuche. ‖ **Dar mate** a alguno. frs. fig. Reírse de él. ‖ Ganarle una partida de ajedrez, mediante ese lance.

MATE. (Voz quichua.) m. *Amér. del S.* Zapallo o calabaza, que seca, vaciada y adecuadamente abierta, tiene diversa utilidad doméstica. ‖ Lo que cabe en uno de estos **mates.** ‖ Jícara o vasija de **mate,** o calabacín, y también de coco o de otro fruto semejante. ‖ Infusión de hojas de hierba del Paraguay, o yerba **mate,** que se prepara tostándolas y echándolas en un recipiente generalmente hecho con una cáscara de zapallito o **mate** con agua caliente y azúcar para sorber el líquido con una bombilla. Suele tomarse también en taza como el té, y en toda la América del Sur se le reconocen a esta bebida propiedades estomacales y nutritivas. ‖ fig. **Hierba del Paraguay.** ‖ *Cuba.* Bejuco de tallos trepadores. ‖ *Chile* y *R. de la Plata.* fig. y fam. La cabeza. *Está mal del* MATE. ‖ *Ec.* y *Perú.* fig. y fam. Calvatrueno. ‖ – **amargo.** *Arg.* Mate cimarrón. ‖ – **cimarrón.** *Amér. del S.* Bebida de yerba **mate** que se toma sin azúcar. ‖ **Cebar el mate.** Echar en el **mate,** una vez puestas en él la yerba y el azúcar, el agua caliente que se precisa para la infusión.

● **MATE.** *Bot.* Rica en estimulantes como la teína y la cafeína, la yerba **mate** es una bebida habitual entre las poblaciones de América. El *ilex paraguayensis,* "caá" para los guaraníes, que crece naturalmente en las selvas, empezó a ser cultivado en tiempos de las misiones jesuíticas y actualmente las plantaciones son tan importantes, que se industrializa casi exclusivamente el arbusto allí cultivado. Podadas las hojas y ramitas se las "zapeca", es decir, se las somete al fuego descubierto para evitar la oxidación que las tornaría negras, se las seca después en secaderos a unos 100° de calor, y ya muy quebradizas se "canchan", es decir, se muelen en forma gruesa, y se terminan más finamente en los molinos acopiadores. La yerba **mate** pertenece al género de los acebos *aquifolium,* tiene hojas cuneiformes con festones distantes, flores tetrámeras y pequeños frutos rojos arracimados. La infusión de las hojas secas es de color pardo amarillo claro y de sabor aromático. Se ha encontrado en el **mate:** grasa, cera, resina, fécula, glucosa y ácido cítrico. Los principales productores son Paraguay, Brasil y Argentina.

MATEAR. tr. Sembrar las simientes o plantar las matas dejando entre unas y otras cierta distancia. ‖ intr. Macollar el trigo y otros cereales. Ú.t.c.r. ‖ Registrar las matas el perro o el ojeado, en busca de la presa. ‖ *Amér. del S.* Tomar mate. ‖ tr. *Chile.* Mezclar líquidos. ‖ *Chile.* Dar mate en el ajedrez.

MATEMÁTICA. al. **Mathematik.** fr. **Mathématique.** ingl. **Mathematics.** ital. **Matematica.** port. **Matemática.** (Del lat. *mathematica,* y éste del gr. *mathematiké,* t. f. de *-kós,* matemático.) f. Ciencia que estudia la cantidad, haciendo abstracción de todas las cualidades de las cosas, excepto la de poder ser agrupadas según número (aritmética) o dimensión (geometría). Ú.m. en pl. ‖ **Matemáticas aplicadas** o **mixtas.** Estudio de la cantidad considerada en relación con ciertos fenómenos físicos. ‖ – **puras.** Estudio de la cantidad considerada en abstracto.

● **MATEMÁTICAS.** *Fil.* e *Hist.* Resultado del natural deseo del espíritu de hacer abstracciones y razonar lógicamente, las **matemáticas** son tan antiguas como el hombre. Se desarrollaron lentamente a través de caldeos, árabes y chinos, hasta llegar a los griegos, que reunieron los materiales y los ordenaron partiendo de bases científicas. Euclides creó la geometría que llevaría su nombre, cuyos principios le servirían de base durante dos mil años; los pitagóricos las consideraron ciencia por antonomasia, y para Platón, los seres matemáticos eran intermediarios entre lo sensible y lo inteligible. A partir de entonces, cada posición filosófica respondió de manera diferente a los problemas referentes a la naturaleza de las **matemáticas:** para el criticismo de Kant, la aritmética y la geometría derivan su validez y posibilidad del tiempo y del espacio, y sus juicios son sintéticos y anteriores a toda experiencia; el empirismo considera a las **matemáticas** como ciencia inductiva que incluye lo particular; el intuicionismo sostiene que los entes matemáticos son objetivaciones del espíritu, mientras que con Einstein, las **matemáticas** exploran el dominio científico. Las **matemáticas** trabajan con números abstractos y relaciones entre cantidades de naturaleza abstracta, así como con cualidades atribuidas a grupos de magnitudes según leyes determinadas.

MATEMÁTICAMENTE. adv. m. Conforme a reglas matemáticas. ‖ Exactamente. *Realizaba su trabajo* MATEMÁTICAMENTE.

MATEMÁTICO, CA. (Del lat. *mathematicus,* y éste del gr. *mathematikós,* de *mátema,* ciencia.) adj. Perteneciente o relativo a las matemáticas. ‖ fig. Exacto, preciso. *Orden* MATEMÁTICO; sinón.: **justo, riguroso.** ‖ s. Persona que profesa las matemáticas o tiene en ellas especiales conocimientos.

MATEMATISMO. m. Tendencia de algunos filósofos modernos a analizar los problemas filosóficos basándose en el espíritu y métodos propios de la matemática.

MATEO. (De un sainete de igual título.) m. *Arg.* Caballo que tira de un coche de plaza o de punto. ‖ Por ext., llámasele así a esta clase de coche y al cochero que lo guía.

MATEO, San. *Hist. Sagr.* Apóstol y evangelista; el primero que escribió el Evangelio.

MATEOS, Juan Antonio. *Biog.* Escritor mex., autor de *Los dramas de México* y otras obras (1831-1913).

MATERA. *Geog.* provincia de Italia (Basilicata). 3.442 km². 200.000 h. Cap. hom. 48.000 h. Grutas calcáreas.

MATERIA. al. **Materie; Stoff.** fr. **Matière.** ingl. **Matter; material; stuff.** ital. **Materia.** port. **Matéria.** (Del lat. *materia.*) f. Substancia extensa e impenetrable, capaz de recibir toda especie de formas, y que en porciones limitadas constituye los cuerpos. ‖ Substancia de las cosas, consideradas con relación a un determinado agente. *La madera es* MATERIA *del fuego.* ‖ Muestra de letra que para aprender a escribir imitan los niños en el colegio. ‖ Pus. ‖ fig. Cualquier punto o negocio de que se trata. *Ésa es* MATERIA *muy embrollada.* ‖ Asunto que se expone en una obra literaria, científica, etc. ‖ fig. Causa, ocasión, motivo. ‖ – **de Estado.** Todo lo perteneciente al gobierno, conservación, aumento y reputación de un Estado. ‖ – **médica.** Conjunto de los cuerpos orgánicos e inorgánicos de los que se extraen los medicamentos. ‖ Parte de la terapéutica, que trata de los medicamentos. ‖ – **parva.** Parvedad, reducida porción de alimento. ‖ – **prima. Primera materia.** *País vendedor de* MATERIAS PRIMAS. ‖ **Primera materia.** La que una industria precisa para sus labores, aunque provenga de otras operaciones industriales. ‖ **En materia de.** En asunto de, tratándose de. ‖ **Entrar en materia.** frs. Comenzar a tratar de ella después de algún preliminar.

● **MATERIA.** *Fil.* Posibilidad opuesta a la forma y carente de cualidades, la **materia** todo lo recibe y es susceptible de ser determinada por la idea. Forma y **materia** son la oposición entre la nada y el ser, entre lo perfecto y lo imperfecto. Interpretada de diversa manera por las distintas escuelas filosóficas, en la ciencia moderna la **materia** sigue siendo lo indeterminado, pero con ciertas propiedades. Es el substrato universal de todo lo real, no lo que se opone a la forma, sino que lleva en sí misma todas las formas; energía a la que se niega todo espíritu, pero que contiene todas las posibilidades de la vida espiritual.

MATERIAL. (Del. lat. *materialis.*) adj. Perteneciente o relativo a la materia. *Propiedad* MATERIAL. ‖ Opuesto a lo espiritual. *Alimento* MATERIAL. ‖ Opuesto a la forma. ‖ fig. Grosero, sin ingenio ni perspicacia. *Un hombre* MATERIAL. ‖ m. Ingrediente. ‖ Cualquiera de las materias que se precisan para la ejecución de una obra o el conjunto de ellas. Ú.m. en pl. *Emplear* MATERIALES *de calidad.* ‖ Conjunto de máquinas, herramientas u objetos de cualquier clase, preciso para el cumplimiento de un servicio o el ejercicio de una profesión. MATERIAL *quirúrgico.* ‖ **Es material.** expr. fam. Lo mismo da; es indiferente.

MATERIALIDAD. f. Calidad de material. ‖ Superficie exterior o apariencia de las cosas. ‖ Sonido de las palabras.

MATERIALISMO. m. Doctrina filosófica que atribuye realidad exclusivamente a la materia, de la cual trascendería la conciencia de sí misma. Según esta teoría, no existe, pues, ninguna substancia distinta de la materia; no hay substancia inextensa; los fenómenos psíquicos, aun los de más alta conciencia, son funciones del sistema nervioso.

MATERIALISTA. adj. y s. Aplícase al sectario del materialismo.

MATERIALIZAR. tr. Considerar como material una cosa que no lo es. MATERIALIZAR *el alma.* ‖ Realizar, llevar a cabo. MATERIALIZAR *el sueño de la casa propia.* ‖ r. Ir dejando uno que predomine en su interior la materia sobre el espíritu.

MATERIALMENTE. adv. m. Con materialidad.

MATERNAL. al. **Mütterlich.** fr. **Maternel.** ingl. **Maternal.** ital. **Maternale.** port. **Maternal.** adj. Materno. Aplícase generalmente a las cosas del espíritu. *Sacrificio* MATERNAL.

MATERNALMENTE. adv. m. Con afecto de madre. *Cuidó al enfermo* MATERNALMENTE.

MATERNIDAD. (De *materno.*) f. Estado o calidad de madre. *Los desvelos de la* MATERNIDAD. II V. **Casa de maternidad.**

MATERNO, NA. adj. Perteneciente a la madre. *Desvelo* MATERNO, *ternura* MATERNA. II V. **Lengua materna.**

MATERO, RA. adj. y s. *Amér. del S.* Aficionado a tomar mate.

MATETE. (Voz guar.; cosas muy unidas.) m. *Arg.* Reyerta. II *R. de la Plata.* Mezcla de substancias deshechas en un líquido.

MATHER, Cotton. *Biog.* Literato puritano estadounidense, autor de una extensa y notable obra: *Magnolia Cristi Americana o la historia eclesiástica de Nueva Inglaterra desde su primera fundación en 1620 hasta el año del Señor 1698* (1663-1728).

MATHEU, Domingo. *Biog.* Patriota arg., de origen esp. Contribuyó pecuniariamente al triunfo de la causa de la independencia americana. Tomó parte activa en el movimiento revolucionario de 1810, fue miembro de la Primera Junta gubernativa de Buenos Aires, y en 1811 su presidente (1766-1831).

MATÍAS, San. *Hist. Sagr.* Apóstol elegido luego de la muerte de Jesucristo para reemplazar a Judas Iscariote.

MÁTICO. m. Planta piperácea de América del Sur cuyas hojas tienen un aceite esencial, aromático y balsámico.

MATIDEZ. f. Calidad de mate. II *Med.* Sonido mate percibido al auscultar el pecho.

MATIENZO, Benjamín. *Biog.* Aviador arg.; murió en su tentativa de cruzar los Andes en vuelo (1891-1919). II – **José Nicolás.** Jurisc. argentino, autor de obras de importancia para el estudio del derecho constitucional arg.: *El gobierno representativo federal en la República Argentina; La doctrina de Monroe y la Constitución Argentina,* etc. (1860-1936).

MATIHUELO. m. Dominguillo.

MATINA. *Geog.* Río de Costa Rica (Limón) que des. en el mar de las Antillas. 150 km.

MATINAL. adj. Matutinal. *El frescor* MATINAL.

MATINÉE. f. Galicismo por **función teatral vespertina.**

MATIS, Francisco Javier. *Biog.* Pintor col., cuyo tema preferido son las flores y otros motivos de la naturaleza (1774-1851).

MATISSE, Enrique. *Biog.* Pintor fr., uno de los creadores del "fauvismo". Simplificó el dibujo y exaltó el color en *La odalisca del pantalón rojo; Alegría de vivir, La academia azul,* etc. En su libro *Notas de un pintor* (1908) señaló: "Lo que busco es un arte equilibrado, puro y sereno; desprovisto de temas perturbadores o deprimentes". (1869-1954).

MATIZ. al. **Färbung; Schattierung.** fr. **Nuance.** ingl. **Shade.** ital. **Gradazione.** port. **Matiz.** (En port. *matiz.*) m. Unión de diversos colores mezclados con proporción en las pinturas, bordados, etc. II Cada gradación que puede recibir un color sin que deje de distinguirse de los demás. *Los* MATICES *del azul.* II fig. Rasgo y tono de singular colorido y expresión en las obras literarias; y en lo inmaterial, grado o variedad que no cambia la esencia de una cosa.

MATIZAR. (De *matiz.*) tr. Juntar, casar con vistosa proporción diferentes colores. MATIZAR *las flores de un ramo.* II Dar a un color determinado matiz. II fig. Graduar delicadamente sonidos, o expresiones de conceptos espirituales.

MATO. m. Matorral. II *Ven.* Lagarto que suele andar empinado.

MATOCO. m. fam. *Chile.* El diablo.

MATOGROSENSE. adj. y s. De Mato Grosso, Estado del Brasil.

MATO GROSSO. *Geog.* Est. del centro oeste del Brasil. 1.231.549 km². 1.700.000 h. Cap. CUYABÁ. Es una vasta llanura ondulada cubierta en gran parte por la selva. Sus numerosas riquezas naturales (maderas, caucho, oro, diamantes) son escasamente explotadas debido a su alejamiento de los centros urbanos y a las dificultades de orden topográfico y climático.

MATOJO. m. desp. de **mata,** planta. II Mata europea barrillera, de flores solitarias en espiga terminal. *Haloxylon articulatum,* salsolácea.

MATÓN. (De *matar.*) m. fig. y fam. Espadachín, pendenciero.

MATONISMO. (De *matón.*) m. Conducta del que quiere imponerse por la amenaza o el terror.

MATORRAL. m. Campo inculto lleno de matas y malezas.

MATOSO, SA. adj. Lleno de matas.

MATRA. f. *R. de la Plata.* Manta burda de lana que se pone a la cabalgadura debajo del recado.

MATRACA. (Del ár. *mitraca,* martillo.) f. Rueda de tablas fijas en figura de aspa, entre las que cuelgan mazos que al girar ella causan ruido grande y desapacible. U. en Semana Santa en vez de campanas. II Carraca, instrumento. II fig. y fam. Burla y chasco con que se reprende. Ú. por lo general con el verbo *dar.* II fig. y fam. Insistencia molesta en una porfía o pretensión.

MATRACALADA. f. Confusa muchedumbre de gente.

MATRAQUEAR. intr. fam. Hacer ruido con la matraca. II fig. Dar matraca, importunar, chasquear. II deriv.: **matraqueo; matraquista.**

MATRAZ. (Del fr. *matras.*) m. Vasija de vidrio, esférica y de fondo plano, terminada en un tubo angosto y recto, de uso variado en los laboratorios químicos.

MATRERAMENTE. adv. m. Con matrería.

MATREREAR. intr. *R. de la Plata.* Andar por montes, perseguido; hacer vida de matrero.

MATRERÍA. (De *matrero.*) f. Perspicacia astuta.

MATRERO, RA. adj. Astuto, diestro y experimentado. II Suspicaz, receloso. II *Col., Ec.* y *Hond.* Marrajo, dicho del toro. II *R. de la Plata.* Dícese del que matrerea. Ú.t.c.s. *Gaucho* MATRERO.

MATRERO, El. *Mús.* Ópera de Felipe Boero, estrenada en Buenos Aires en 1929. Aunque de influencia musical italiana, es de tema e inspiración nativos y está considerada como una de las obras que han iniciado un estilo operístico argentino.

MATRIARCADO. (Del lat. *máter, -tris* y el gr. *arkho,* mandar.) m. Época y sistema de organización social primitivos, fundados principalmente en la primacía del parentesco por línea materna V. **Ginecocracia.**

MATRICARIA. (Del lat. *matricaris herba.*) f. Planta herbácea, anual, compuesta, con hojas en forma de corazón, flores de centro amarillo y circunferencia blanca en ramilletes terminales, y fruto seco y anguloso con una sola semilla. Es olorosa y el cocimiento de las flores suele usarse como antiespasmódico y emenagogo.

MATRICIDA. (Del lat. *matricida;* de *mater,* madre, y *caédere,* matar.) com. Persona que mata a su madre. *El* MATRICIDA *Orestes fue absuelto.*

MATRICIDIO. (Del lat. *matricidium.*) m. Delito de matar uno a su madre.

MATRÍCULA. al. **Matrikel, Stammrolle.** fr. **Matricule.** ingl. **Register; matricula.** ital. **Matricola.** port. **Matrícula.** (Del lat. *matrícula.*) f. Lista de los nombres de las personas que se asientan para un fin determinado por las leyes o reglamentos. MATRÍCULA *de automóviles, de comercio, universitaria.* II Documento en que se acredita este asiento. II – **de buques.** Registro llevado en las comandancias de marina, en el cual constan los dueños, clases, portes, dimensiones, etc., de las naves mercantes dependientes de ellas. II – **de mar.** Alistamiento de marineros y demás gente de mar que existe organizado en un territorio marítimo. II Conjunto de la gente matriculada.

MATRICULADO, DA. adj. y s. Aplícase al que está inscrito en una matrícula o registro, y en especial en la matrícula de mar.

MATRICULADOR. m. El que matricula.

MATRICULAR. tr. Inscribir o hacer inscribir el nombre de alguien en la matrícula. *La* MATRÍCULA *de un colegio;* sinón.: **alistar, anotar.** II *Mar.* Inscribir las embarcaciones mercantes en el registro del distrito marítimo que les corresponde. II r. Hacer uno que inscriban su nombre en la matrícula. SE MATRICULÓ *en la aviación.*

MATRIMONESCO, CA. adj. fest. Matrimonial.

MATRIMONIAL. adj. Perteneciente o relativo al matrimonio. *Vida* MATRIMONIAL.

MATRIMONIALMENTE. adv. m. Según costumbre de los casados.

MATRIMONIAR. intr. Casar o contraer matrimonio. En Chile ú. sólo como r.

MATRIMONIO. al. **Ehe.** fr. **Mariage.** ingl. **Mariage.** ital. **Matrimonio.** port. **Matrimonio.** (Del lat. *matrimonium,* de *matrem,* madre.) m. Unión legal del hombre y la mujer. sinón.: **casamiento.** II Sacramento de la Iglesia por el cual el hombre y la mujer se ligan perpetuamente. *Solamente el Papa puede anular el* MATRIMONIO. II V. **Palabra de matrimonio.** II fam. Marido y mujer. *Es un* MATRIMONIO *bien avenido.* II – **civil.** El celebrado ante la autoridad civil. II – **clandestino o a yuras.** El que se celebraba sin presencia del párroco y testigos. II – **de conciencia.** El que por motivos graves se celebra y tiene secreto con autorización del ordinario. II – **in artículo mortis,** o **in extremis.** El celebrado cuando uno de los contrayentes está en peligro de muerte. II – **morganático** o **de la mano izquierda.** El contraído entre un príncipe y una mujer de linaje inferior o viceversa. II – **rato.** El celebrado legítima y solemnemente, pero que no se ha consumado. II **Contraer matrimonio.** frs. Celebrar el contrato matrimonial. II **Matrimonio y mortaja del cielo bajan.** refr. con que se da a entender lo poco que valen los propósitos humanos en lo relativo al casamiento y a la muerte.

MATRIMOÑO. m. *Ecuad.* Matrimonio.

MATRITENSE. (De *Matrítum,* forma latina dada al nombre de Madrid.) adj. Madrileño. Apl. a pers., ú.t.c.s. *El museo* MATRITENSE.

MATRIZ. al. **Gebärmutter.** fr. **Matrice.** ingl. **Womb.** ital. **Matrice.** port. **Matriz.** (Del lat. *matrix, -icis.*) f. Víscera hueca, de forma de redoma, que se halla en el interior de la pelvis de la mujer y de las hembras de los mamíferos; en ella se desarrolla el feto hasta el instante del parto. II Molde en que se funden objetos de metal que han de ser iguales; como las letras para imprimir, los botones, ciertos cuños, etc. II Molde de cualquier clase con que se da forma a alguna cosa. II Tuerca. II **Rey de codornices.** II Parte del libro talonario que queda encuadernada al cortar los talones, cheques, etc., que lo forman. II *Min.* Roca en cuyo interior se ha formado un mineral. II adj. fig. Principal, materna. *Raza, lengua* MATRIZ. II fig. Dícese de la escritura que se archiva para que, en caso de duda, sea cotejada en el original y los traslados.

MATRONA. (Del lat. *matrona.*) f. Madre de familia, noble y virtuosa. II Comadre, y en especial la que está autorizada para asistir a las parturientas. II Mujer encargada de registrar a las mujeres en las aduanas y oficinas semejantes.

MATRONAL. (Del lat. *matronalis.*) adj. Perteneciente o relativo a la matrona.

MATRONAZA. (De *matrona.*) f. Madre de familia, corpulenta y grave.

MATROPA. f. *Hond.* **Mal de madre,** histerismo.

MATTA, Guillermo. *Biog.* Poeta chil.; en sus obras, de índole filosófica y social, se mostró como un valiente y sincero defensor de las ideas liberales: *A Manuel Rodríguez; Federación americana; Cuentos en verso,* etc. (1829-1899).

MATTEOTI, Giácomo. *Biog.* Pol. socialista ital., mártir de la lucha contra el régimen fascista de su país (1885-1924).

MATTHIS, Leonie. *Biog.* Pintora arg. de origen fr., especializada en temas del período colonial y en paisajes (1883-1952).

MATTO DE TURNER, Clorinda. *Biog.* Escr. peruana que llevó a la novela el problema del indio: *Aves sin nido; Índole; Herencia,* etc. (1854-1909).

MATTOS GUERRA, Eusebio de. *Biog.* Pintor brasileño, uno de los más notables artistas de la época colonial. Sus obras se han perdido (s. XVII y XVIII).

MATUASTO. m. Lagarto de la Argentina. Gén. *Leiosaurus.*

MATUCHO, CHA. adj. *Chile.* Hábil para negocios. II m. Matoco. II *Urug.* Matalón.

MATUFIA. f. fam. *Chile* y *R. de la Plata.* Engaño, superchería.

MATUFIAR. tr. fam. *Chile* y *R. de la Plata.* Engañar, embrollar.

MATUNGO, GA. adj. y s. *Arg.* y *Cuba.* Matalón.

MATURANA, José de. *Biog.* Poeta y dramaturgo arg., autor de *Cromos; Canción de invierno; Canción de primavera,* etc. (1884-1917).

MATURÍN. *Geog.* Ciudad de Venezuela, capital del Est. de Monagas. 125.000 h. Importante centro comercial.

MATURINÉS, SA. adj. y s. De Maturín.

MATURRANGA. f. Treta, marrullería. Ú. m. en pl.

MATURRANGO, GA. adj. *Chile* y *R. de la Plata.* Aplícase a la persona pesada en sus movimientos. II *Perú* y *R. de la Plata.* Dícese del mal jinete. U.t.c.s. II m. *Arg.* y *Perú.* Matalón.

MATURRANGUEAR. intr. *R. de la Plata.* Cabalgar.

MATUSALÉN. (Por alusión a la longevidad del patriarca de este nombre.) m. Hombre de mucha edad.

MATUSALÉN. *Hist. Sagr.* Patriarca bíblico, padre de Lamec y abuelo de Noé.

MATUTE. m. Introducción fraudulenta de géneros en una población. *Estas mercaderías entraron de* MATUTE; sinón.: **contrabando.** II Género así introducido. II Casa de juegos de azar.

MATUTE, Luis. *Biog.* Político hondureño, uno de los jefes interinos de Estado durante el período 1838-1841.

MATUTEAR. intr. Introducir matute. II deriv.: **matutero, ra.**

MATUTINAL. (Del lat. *matutinalis.*) adj. Matutino.

MATUTINO, NA. (Del lat. *matutinus.*) adj. Perteneciente o relativo a las horas de la mañana. *Fulgor* MATUTINO. II Que sucede o se hace por la mañana. *Paseo* MATUTINO. II m. Diario de la mañana.

MAUCHO, CHA. adj. y s. De Maule (Chile).

MAUGHAM, Guillermo Somerset. *Biog.* Nov. y dramaturgo ingl., autor de *Lluvia; La luna y seis peniques; Servidumbre humana; El filo de la navaja; El círculo,* etc. (1874-1965).

MAUI. *Geog.* Isla del arch. de Hawaii (Oceanía). 1.885 km². 165.000 h. Cap. LAHAINA. Algodón, caucho, caña de azúcar.

MAULA. f. Cosa despreciable o inútil. II Retal. II Engaño encubierto. II com. fig. y fam. Persona tramposa y mala pagadora. II Persona perezosa y que cumple mal sus obligaciones. II m. *Arg.* Cobarde. Ú.t.c.adj. II **Ser uno buena maula.** frs. fig. y fam. Ser taimado.

MAULAR. intr. Maullar.

MAULE. *Geog.* Río de Chile. Nace en los Andes, limita a las prov. de Linares, Maule y Talca, y des. en el Pacífico. 196 km. II Prov. del centro de Chile. 5.626 km². 100.000 h. Cereales. Cap. CAUQUENES.

MAULEAR. intr. *Chile* y *Urug.* Hacer maulerías en el juego.

MAULERÍA. (De *maulero.*) f. Puesto en que se venden retazos de diferentes telas. II Hábito del que emplea maulas o artificios para engañar.

MAULERO, RA. s. Quien vende retales de diferentes telas. II Persona embustera y engañadora.

MAULNIER, Thierry. *Biog.* Lit. francés de hondo sentimiento religioso en *El profanador; Juana y los jueces,* etc. (n. 1909).

MAULÓN. m. aum. de **Maula,** tramposo y perezoso.

MAULLAR. intr. Dar maullidos el gato. sinón.: **mayar.** deriv.: **maullador, ra.**

MAULLIDO. m. Voz del gato,

parecida a la voz miau.

MAULLÍN. *Geog.* Río de Chile (Llanquihue). Nace en el lago Llanquihue y des. en el Pacífico. 140 km.

MAÚLLO. m. Maullido.

MAUNA KEA. *Geog.* Volcán apagado de la isla Hawaii. 4.213 m. de altura.

MAUNA LOA. *Geog.* Volcán activo de Hawaii. 4.168 m.

MAUPASSANT, Guido de. *Biog.* Nov. y cuentista fr. de la escuela naturalista. Su obra maestra es el cuento *Bola de sebo* en que con rigurosa objetividad muestra la realidad tal como la ve, llegando así a fusionar el arte con la naturaleza. Otras obras: *Bel Ami; Una vida; Pedro y Juan; Fuerte como la muerte,* etc. (1850-1893).

MAUPERTUIS, Pedro Luis Moreau de. *Biog.* Fil. y físico fr.; encabezó una expedición para la medición de la Tierra y demostró el achatamiento de ésta. Obras: *Cartas filosóficas; Ensayo de filosofía moral,* etc. (1698-1759).

MAURE. m. Chumbe.

MAURIAC, François. *Biog.* Escritor fr., premio Nobel de Literatura en 1952 por sus obras *Nido de víboras; Teresa Desqueyroux; El desierto del amor; Los caminos del mar; Un beso al leproso,* etc., donde reflejó con sutileza psicológica su posición de católico frente a los conflictos de la pasión y de la fe. Vigoroso polemista, Mauriac fue uno de los grandes novelistas franceses de los últimos tiempos (1885-1970).

MAURICIO. *Geog.* Monarquía independiente sit. en un grupo de islas del océano Indico, en el arch. de las Mascarenas, a 830 km. al E. de Madagascar. 2.045 km². 880.000 h. Cap. PORT LOUIS (150.000 h.) Caña de azúcar, fibras vegetales, cocos, vainilla, tabaco, té, café, maderas, ron. En 1968 obtuvo la independencia de Gran Bretaña. Pertenece actualmente a la Comunidad Británica de Naciones.

MAURIER, Dafne du. *Biog.* Escritora inglesa de origen fr., (1907-1978), autora de las novelas *Jamaica Inn; Rebeca y Mi prima Raquel.*

MAURITANIA. *Geog.* República de África de Oeste, sit. al norte del río Senegal. 1.030.700 km². 1.318.000 h (no se incluye población de la zona meridional del Sahara Español que se le anexó en 1976). Cap. NUAKCHOTT. (60.000 h.). Limita con Marruecos, Argelia, Mali, Senegal y el océano Atlántico. Ocupa un suelo desértico, excepto el sector meridional, que se utiliza para la actividad agrícola. Perteneciente al África Occidental Francesa, **Mauritania** fue el último estado que logró su independencia total (1960). Lanares, bovinos, camellos, asnos, hierro. ‖ *Geog. histór.* Antigua región del norte de África, que comprendía los actuales territorios de Marruecos, Argelia y Tunez.

MAURITANO, NA. adj. Natural de Mauritania. Ú.t.c.s ‖ Perteneciente a esta región de África antigua.

MAUROIS, Andrés. *Biog.* Seudónimo del ensayista y nov. francés **Emilio Herzog,** autor de biografías noveladas donde aúna a su sólida erudición, elegancia de estilista: *Ariel o la vida de Shelley; Climas; El círculo de la familia; Byron,* etc. (1885-1967).

MAURRAS, Carlos. *Biog.* Fil. y escritor fr. de tendencias monárquicas y totalitarias; en 1946 condenado a reclusión perpetua por colaboración con el enemigo durante la segunda Guerra Mundial. Obras: *El Porvenir de la Inteligencia; Delante de la Noche,* etc. (1868-1952).

MAUSEOLO. m. Mausoleo.

MÁUSER. m. Especie de fusil de repetición, inventado por el armero alemán Guillermo Mauser.

MAUSOLEO. al. **Mausoleum.** fr. **Mausolée.** ingl. **Mausoleum.** ital. **Mausoleo.** port. **Mausoléo.** (Del lat. *mausoleum,* sepulcro de Mausolo.) m. Sepulcro magnífico y suntuoso. ‖ IDEAS AFINES: *Tumba, bóveda, monumento, pirámide, homenaje, funeral, lujo, fasto, rico; fosa, cementerio, necrópolis.*

MAUSOLEO DE HALICARNASO. *B.A.* Una de las siete maravillas del mundo antiguo Lo hizo construir, a mediados del s. IV a. de C., Artemisa, viuda del rey Mausolo de Caria. Obra monumental del arte griego, en su proyección y construcción participaron los mejores arquitectos y escultores de la escuela jónica; estaba constituido por tres cuerpos y coronado por una cuadriga con las grandes estatuas de Mausolo y Artemisa, y media alrededor de cuarenta y dos metros de altura. Destruido por un terremoto en el s. IV, algunos restos que se encontraron en excavaciones practicadas en el s. XIX se conservan actualmente en el Museo Británico.

MAUSOLO. *Biog.* Rey de Caria, esposo de Artemisa, quien a su muerte le hizo erigir un monumento funerario considerado una de las siete maravillas del mundo. Reinó de 377 a 353.

MAVORCIO, CIA. (Del lat. *mavortius.*) adj. *Poét.* Perteneciente a la guerra.

MAVORTE. (Del lat. *Mavors, -tis.*) m. *Poét.* Marte, dios de la guerra; y la guerra misma.

MAXILAR. al. **Kiefer.** fr. **Maxillaire.** ingl. **Maxillary.** ital. **Massilare.** port. **Maxilar.** adj. Perteneciente o relativo a la quijada o mandíbula. *Articulación* MAXILAR. ‖ V. **Hueso maxilar.** Ú.t.c.s.

MAXIM, Hiram Stevens. *Biog.* Ingeniero nort., inventor de varios sistemas de iluminación por el arco voltaico y de la ametralladora y el fusil automático que llevan su nombre (1840-1916).

MÁXIMA. (Del lat. *máxima.*) f. Regla o proposición generalmente admitida por todos los que profesan una facultad o ciencia. ‖ Sentencia o doctrina buena para guía de las acciones morales. *Las* MÁXIMAS *de Epicteto*; sinón.: **precepto.** ‖ Norma o designio a que se ajusta el modo de obrar. *Su* MÁXIMA *era: querer es poder.* ‖ *Mús.* Nota de la música antigua equivalente a dos longas.

MÁXIMAMENTE. adv. m. En primer lugar.

MÁXIME. (Del lat. *máxime.*) adv. m. Principalmente.

MAXIMILIANO, Fernando José. *Biog.* Archiduque de Austria coronado emperador de México en 1864. Derrotado por los republicanos, fue hecho prisionero y condenado a muerte (1832-1867).

MAXIMILIANO I. *Biog.* Emp. de Alemania, hijo de Federico III, padre de Felipe el Hermoso; preparó la unión con Bohemia y Hungría y cimentó el poderío de la casa de Austria (1459-1515).

MAXIMINO, Cayo Julio Vero. *Biog.* Emp. romano. Dio muerte a Alejandro Severo y fue asesinado por sus soldados (173-238). ‖ **— Galerio Valerio.** Emp. romano de 309 a 313. Derrotado por Licinio se quitó la vida (m. 314).

MAXIMIZAR. tr. *Mat.* Buscar el máximo de una función.

MÁXIMO, MA. (Del lat. *maximus.*) adj. superlativo de **grande.** MÁXIMO *esfuerzo*; antón.: **mínimo.** ‖ Dícese de lo que no tiene mayor en su género. *Autoridad* MÁXIMA. ‖ *Arit.* V. **Divisor, máximo común.** ‖ *Astrol.* V. **Conjunción máxima.** ‖ *Geom.* V. **Círculo máximo.** ‖ m. Límite superior o extremo a que puede llegar una cosa. *El* MÁXIMO *de velocidad.*

MÁXIMO. *Geog.* Río de Cuba (Camagüey) que des. en la bahía de Sabinal. En este punto toma el nombre de **Río de las Carabelas** porque se supone que es el lugar donde desembarcó Colón cuando descubrió a Cuba.

MÁXIMUM. (Voz lat.) m. Máximo, límite.

MAXVELIO. (De *maxwell.*) m *Fís.* Unidad de flujo de inducción magnética en el sistema magnético cegesimal.

MAXWELL. m. *Fís.* Nombre del maxvelio en la nomenclatura internacional.

MAXWELL, Jacobo Clerk. *Biog.* Fís. inglés que fundándose en especulaciones matemáticas, vinculó la luz al magnetismo y la electricidad y predijo la existencia de las ondas electromagnéticas, posteriormente descubiertas por Hertz (1831-1879)

MAYA. (De *mayo,* epoca de la floración.) f. Planta herbácea perenne, de la familia de las compuestas, con hojas radicales, gruesas y algo vellosas; flor única, terminal, con el centro amarillo y la circunferencia blanca o matizada de rojo por la cara inferior, y fruto seco, casi esférico, con una sola semilla. ‖ Planta papilionácea de Cuba, y fruto de ella. ‖ Persona que se vestía con cierto disfraz grotesco, para divertir al pueblo en las funciones públicas.

MAYA. adj. Dícese del individuo de un antiguo pueblo centroamericano que vive en el sur de México y en el territorio actual de Guatemala. Ú.t.c.s. *El calendario* MAYA, *como el gregoriano, constaba de trescientos sesenta y cinco días.* ‖ Perteneciente o relativo a este pueblo. ‖ m. Lengua de los **mayas.**

● **MAYA, Cultura.** *Hist.* Los mayas fueron los hombres de más dilatada cultura que en el Nuevo Mundo encontraron los conquistadores. Acaso los únicos que poseían escritura. Tenían edificios y templos de gran gusto artístico, un notable calendario y sus descubrimientos matemáticos y astronómicos, basados en un sistema de numeración vigesimal y en el uso del cero, llamaban la atención. Tan elevado grado cultural resulta aún llamativo si se tienen en cuenta sus escasos materiales técnicos y la limitación de los elementos de trabajo.

MAYA, Rafael. *Biog.* Poeta y crítico col., autor de *La vida en la sombra; Alabanzas del hombre y de la tierra; El rincón de las imágenes,* etc. (n. 1898).

MAYA. *Mit.* Hija de Atlas y la mayor de las Hespérides. Madre de Hermes. ‖ Diosa romana protectora del crecimiento. ‖ Divinidad hindú que representa el principio creador femenino.

MAYADOR, RA. (De *mayar.*) adj. Maullador.

MAYAGÜEZ. *Geog.* Ciudad y puerto del O. de Puerto Rico. 88.000 h. con el municipio. Exporta tabaco, cafe, azúcar, ananás, etc.

MAYAKOVSKY, Wladimiro. *Biog.* Poeta ruso; con técnica modernista intentó crear un nuevo arte poético social. Autor de *Lenin*; *Ciento cincuenta millones; Nuestra marcha,* etc. (1893-1930).

MAYAL. (De *majar.*) m. Palo del que tira la caballería que mueve los molinos de aceite, tahonas y malacates. ‖ Instrumento compuesto de dos palos, unidos por un juego de correas, con los cuales se golpea el centeno, desgranándolo.

MAYAL. m. *Cuba.* Terreno poblado de mayas. ‖ *Chile.* Bosques de mayus.

MAYANS Y SISCAR, Gregorio. *Biog.* Historiador y filólogo esp., autor de *Orígenes de la lengua española* y de una *Biografía de Cervantes* (1699-1781).

MAYAR. al. **Miauen.** fr. **Miauler.** ingl. **To mew.** ital. **Miagolare.** port. **Miar.** intr. Maullar.

MAYARÍ. *Geog.* Río de Cuba (Oriente) que des. en la bahía de Nipe. 110 km. ‖ Pobl. de Cuba (Oriente). 8.000 h.

MAYATE. m. *Méx.* Cierto coleóptero negro parecido al cocuyo.

MAYEAR. intr. Haber un clima propio del mes de mayo.

MAYÉN. m. *Ven.* **Mal de ojo.**

MAYENNE. *Geog.* Río del N. O. de Francia que, con el Sarthe, forma el Maine. 185 km ‖ Dep. del O. de Francia. 5.212 km². 255.000 h. Cap. LAVAL. Cereales, frutas; bovinos, equinos.

MAYER, Juan. *Biog.* Astronomo al. que realizó cálculos sobre los movimientos lunares (1723-1762). ‖ **— Julio Roberto.** Médico al. que enunció el principio de conservación de la energía calorífera (1814-1878).

MAYESTÁTICO, CA. adj. Propio de la majestad o relativo a ella. *Honor* MAYESTÁTICO.: sinón.: **augusto, majestuoso.**

MAYÉUTICA. (Del gr. *maieuo,* asistir a parturientas.) *Fil.* Método de Sócrates, aplicación de la dialéctica de los sofistas, en que se procuraba alumbrar la solución de cada problema en los interlocutores, preguntándoles y presentándoles contradicciones. ‖ deriv.: **mayéutico, ca.**

MAYFLOWER. *Hist.* Nombre del barco que en 1620 llevó a América a los primeros colonos ingleses.

MAYIDO. (De *mayar.*) m. Maullido.

MAYO. al. **Mai.** fr. **Mai.** ingl. **May.** ital. **Maggio.** port. **Maio.** (Del lat. *maius.*) m. Quinto mes del año; consta de treinta y un días. ‖ Palo adornado que se pone en los pueblos de España durante el mes de mayo en algún lugar público en que han de celebrarse diversos festejos. ‖ Enramada que ponen los novios a las puertas de sus novias. ‖ pl. Música y canto con que en la última noche de abril obsequian en los pueblos de España los mozos a las solteras. ‖ **Para mayo.** loc. fig. y fam. *Chile.* **Para las calendas griegas.**

MAYO, YA. adj. Perteneciente o relativo al mes de mayo. Ú.m.c. term. f. FIESTAS MAYAS.

MAYO, Carlos H. *Biog.* Méd. y cirujano estadounidense, fundador, con su padre y su hermano Guillermo, del instituto de su nombre, en Rochester (EE.UU.) (1865-1939).

MAYO, Revolución de. *Hist.* V. **Revolución de Mayo.**

MAYO. *Geog.* Río de la Argentina, en la prov. de Chubut, afl. del río Senguerr. 170 km. Es zona de perforaciones petroleras. ‖ Río de México. Nace en el Est. de Chihuahua, recorre el S. del de Sonora y des. en el golfo de California. 350 km.

MAYOCOL. m. *Méx.* Mayordomo, capataz.

MAYÓLICA. (Del ital. *majólica,* y éste del lat. *Majórica,* Mallorca, donde se comenzó esta manufactura.) f. Loza común con esmalte metálico.

MAYONESA. al. **Mayonnaise.** fr. **Mayonnaise.** ingl. **Mayonnaise.** ital. **Maionesa.** port. **Maionese.** f. Mahonesa, salsa. Ú.t.c.adj.

MAYOR. (Del lat. *maior, -oris.*) adj. comp. de **Grande.** Que excede a una cosa en cantidad o calidad. *Hoy hubo* MAYOR *concurrencia que ayer*; antón.: **menor.** ‖ m. Jefe de una comunidad o cuerpo. ‖ Oficial primero de una secretaría u oficina. ‖ pl. Abuelos y demás progenitores de una persona. *Respeta a tus* MAYORES. ‖ Antepasados, sean o no progenitores de una persona determinada. *Nuestros* MAYORES *nos legaron libertad y riqueza.* ‖ f. *Lóg.* Primera proposición del silogismo. ‖ Grado inmediatamente superior al de capitán, equivalente al de comandante en algunos ejércitos. ‖ *Mayor general.* Oficial de ejército, encargado del servicio. ‖ En la Marina, jefe de funciones semejantes a las del estado mayor de un ejército. ‖ **— que.** *Mat.* Signo (>) que, puesto entre dos cantidades, indica que la primera es **mayor** que la segunda. Úsase en lingüística entre dos vocablos o fonemas para indicar que el segundo es derivado del primero. ‖ **Alzarse** o **subirse a mayores.** frs. fig. Ensoberbecerse. ‖ **Por mayor,** o **al por mayor.** m. adv. Sumariamente o sin especificar las circunstancias. ‖ En cantidad grande. *Vender* POR MAYOR. ‖ IDEAS AFINES: *Superior, abundancia, exceso, sobrar, mejor, bueno, excelente, notable; antecesores, ascendencia, familia, padres.*

MAYOR. *Geog.* Lago del N. O. de Italia, en la frontera suiza, entre Lombardía y Piamonte. 212,2 km². Profundidad: 372 m. Su extremo norte pertenece a Suiza. ‖ **— PABLO LAGERENZA.** Distrito del N.O del Paraguay, en el dep. de Chaco. ‖ C. del Paraguay, Cap. del dep. antedicho y cab. del distrito homónimo.

MAYORAL. (De *mayor.*) m. Pastor principal que cuida de los rebaños o cabañas. ‖ En las diligencias y otros carruajes, el que gobierna el tiro de caballerías. ‖ En las cuadrillas de cavadores o de segadores, el que hace de capataz. ‖ En las labranzas y en las cabañas de mulas, capataz. ‖ Mampostero, recaudador de rentas. ‖ En los hospitales de San Lázaro, el que los administra.

MAYORALA. f. Esposa del mayoral.

MAYORANA. (Tal vez del lat. *amaracus;* en b. lat. *maioraca* y *maiorana.*) f. Mejorana.

MAYORAZGA. f. La que posee un mayorazgo, o sucesora de él. ‖ Esposa del mayorazgo.

MAYORAZGO. (Del ant. *mayoradgo.*) m. Institución del derecho civil, que tenía por objeto perpetuar en la familia la propiedad de ciertos bienes. *Las Cortes españolas abolieron los* MAYORAZGOS *en 1820.* ‖ Conjunto de estos bienes vinculados. ‖ Poseedor de los bienes vinculados. ‖ Hijo mayor de una persona que posee **mayorazgo.** ‖ fam. Hijo primogénito de cualquiera persona. ‖ fam. Primogenitura.

MAYORAZGÜELO, LA. s. dim. de **Mayorazgo.**

MAYORAZGUETE, TA. s. dim. desp. de **Mayorazgo.**

MAYORAZGUISTA. m. *Der.* Autor que escribe sobre mayorazgos.

MAYORDOMA. f. Esposa del mayordomo. ‖ Mujer que ejerce mayordomía.

MAYORDOMEAR. tr. Administrar una hacienda o cosa.

MAYORDOMÍA. f. Cargo de mayordomo. ‖ Su oficina.

MAYORDOMO. (Del lat. *maior,* mayor, y *domus,* de casa.) m. Criado principal encargado de administrar una casa o hacienda. ‖ *Chile.* Sobrestante. ‖ *Perú.* Sirviente. ‖ IDEAS AFINES: *Administrador, intendente, director, jefe, casero, responsable, capataz, mayoral.*

MAYORGA, Martín de. *Biog.* Mil. español, gobernador de Guatemala de 1773 a 1779 y virrey de Nueva España de 1779 a 1783.

MAYORÍA. f. Calidad de mayor. antón.: **minoridad.** ‖ **Mayor edad.** ‖ Fracción de cuerpo deliberante, opuesta a la minoría, que en una votación suele reunir mayor cantidad de votos. ‖ *La* MAYORÍA *aprobó el proyecto.* ‖ En juntas, asambleas, etc., conjunto de votos emitidos a favor de la opinión más generalizada. *El canciller obtuvo* MAYORÍA. ‖ Parte mayor de los individuos que constituyen una nación, pueblo o cuerpo. ‖ *Mar.* Oficina del mayor general. ‖ Oficina del sargento mayor. ‖ – **absoluta.** La que constituye más de la mitad de los votos. ‖ – **de cantidad.** Aquella en que los votos se computan de acuerdo con el interés que representa cada votante. ‖ – **relativa.** La que obtiene el mayor número de votos en relación a la cantidad que alcanza cada una de las personas o cuestiones que se votan a la vez.

MAYORIDAD. (Del lat. *mayoritas, -atis.*) f. Mayoría, calidad de mayor o mayor edad.

MAYORISTA. com. Comerciante que vende por mayor. ‖ adj. Dícese del comercio en que se compra o vende por mayor.

MAYORITARIO, RIA. adj. Perteneciente o relativo a la mayoría.

MAYORMENTE. adv. m. Principalmente, con especialidad. *Se dedica,* MAYORMENTE, *a la investigación.*

MAYU. m. *Chile.* Cierta planta leguminosa. *Sophora macrocarpa.* ‖ Árbol de madera fuerte, de la isla Juan Fernández.

MAYUATO. (En quichua, "zorro de agua".) m. *Amér. del S.* Mamífero carnívoro de formas rechonchas, cola gruesa y dedos separados, que frecuenta la ribera de los ríos. *Procyon cancrivorus,* prociónido.

MAYÚSCULO, LA. al. **Grossbuchstabe.** fr. **Majuscule.** ingl. **Capital letter.** ital. **Maiuscola.** port. **Maiúscula.** (Del lat. *majúsculus.*) adj. Algo mayor que lo común en su especie. *He tenido un trabajo* MAYÚSCULO; sinón.: **inmenso, máximo;** antón.: **minúsculo.** ‖ V. **Letra mayúscula.** Ú.t.c.s.

MAZA. (Del lat. *máttea.*) f. Arma antigua, hecha de palo guarnecido de hierro, con la cabeza gruesa. ‖ Insignia que llevan los maceros delante de las autoridades y en algunos actos públicos. ‖ Instrumento de madera dura que sirve para machacar el esparto y el lino. ‖ Pelota gruesa forrada de cuero y con mango de madera, que se usa para tocar el bombo. ‖ Pieza en el martinete que golpea sobre las cabezas de los pilotes. ‖ Tronco en que se asegura la cadena a los monos para que no se escapen. ‖ Palo, hueso u otra cosa que, atado a la cola de los perros se solía poner por diversión en las carnestolendas. ‖ Trapo u otra cosa que se prende en los vestidos para burlarse de los que los llevan. ‖ Extremo más grueso de los tacos de billar. ‖ ant. Cubo de la rueda. Ú. en Chile. ‖ fig. y fam. Persona pesada y fastidiosa en su conversación y trato. ‖ *Col., Cuba* y *P. Rico.* Cada uno de los tres cilindros horizontales que forman el trapiche en los ingenios de azúcar. ‖ – **de Fraga.** Martinete o máquina para clavar estacas. ‖ fig. y fam. Persona de grande autoridad en todo lo que dice. ‖ Ciertas palabras sentenciosas que causan grande impresión en el oyente. ‖ – **sorda.** Espadaña, planta tifácea. ‖ IDEAS AFINES: *Guerra, torneo, hacha, escudo, lanza, espada, alabarda, golpear; estrujar, destrozar, pulverizar.*

MAZA, Juan A. *Biog.* Pol. argentino, uno de los firmantes del acta de la Independencia (1784-1830). ‖ – **Manuel V.** Político arg., presid. de la Junta de Representantes de Buenos Aires y su gobernador interino (1779-1839).

MAZACOTE. (aum. desp. de *maza.*) m. Cenizas de barrilla ‖ Hormigón o mezcla de piedra y mortero. ‖ fig. Objeto de arte, sólido pero poco elegante. ‖ fig. y fam. Guisado u otra vianda o masa, dura y pegajosa. ‖ Hombre molesto y pesado. ‖ *Arg.* Pasta formada por los residuos del azúcar que al ser refinado quedan pegados al fondo y paredes de la caldera.

MAZACOTUDO, DA. adj. *Chile* y *Méx.* Amazacotado.

MAZACUATE. m. *Hond.* y *Méx.* Serpiente muy grande, especie de boa de la que se dice que atrae con el aliento a los animales para devorarlos.

MAZADA. f. Golpe que se da con maza o mazo.

MAZAGÁN. *Geog.* C. y puerto de Marruecos, al. S. de Casablanca. 47.000 h. Comercio de cereales y lanas.

MAZAMORRA. (Desp. de *masa.*) f. Comida preparada con harina de maíz y azúcar o miel, semejante a las poleadas, de que se usa mucho en el Perú. ‖ Bizcocho averiado. ‖ Galleta rota que queda en el fondo de los sacos de provisión. ‖ fig. Cosa desmoronada, aunque no sea comestible. ‖ *Arg.* Maíz partido y cocido que, después de frío, se come con leche o sin ella, y azúcar.

MAZAPÁN. al. **Marzipan.** fr. **Massepain.** ingl. **Marchpane.** ital. **Marzapane.** port. **Massapão.** (Del ant. *marzapán,* y éste del ital. *marzapane.*) m. Pasta preparada con almendras molidas y azúcar, y cocida al horno. ‖ Pedazo de miga de pan con que los obispos se enjugan los dedos untados de óleo después de bautizar a los príncipes.

MAZAR. (De *maza.*) tr. Batir la leche en un odre para separar la manteca.

MAZARÍ. (Del ár. granadino *macari,* por *miçri,* egipciaco.) adj. Dícese de la baldosa que se usa para solados. Ú.t.c.s.m.

MAZARINO, Julio. *Biog.* Cardenal ital. al servicio de Francia. Gozó de la confianza de Richelieu, cuya política prosiguió, como primer ministro, de Luis XIII, Ana de Austria y Luis XIV. Logró para Francia la hegemonía europea y extendió sus fronteras hasta el Rin y los Pirineos (1602-1661).

MAZAR-I-SHARIF. *Geog.* Ciudad del N. del Afganistán, cap. de la prov. de Balkh. 41.000 h. Ciudad santa musulmana, se supone que guarda la tumba de Alí, yerno de Mahoma.

MAZAROTA. (Del fr. *masselotte;* de *masse,* massa.) f. Masa de metal que, cuando se funden piezas en moldes verticales, queda sobrante en la parte superior.

MAZARUNI. *Geog.* Río de Guyana. Nace en la frontera brasileña y des. en el río Essequibo. 700 km.

MAZATENANGO. *Geog.* Ciudad de Guatemala, capital del dep. de Suchitepéquez. 39.500 h.

MAZATLÁN. *Geog.* Río de México. V. **Presidio.** ‖ C. y puerto de México (Sinaloa), en la entrada del golfo de California. 125.000 h. Exporta pieles, frutas, metales, etc.

MAZAZO. m. Mazada.

MAZDEÍSMO. m. Religión de los antiguos persas, fundada por Zoroastro, que prohibía todo ídolo, predicaba una alta moralidad y consideraba como origen de toda obra o cosa buena a Ahura Mazda (Ormuz), y de toda obra o cosa mala a Angra Minius (Ahrimán). Los preceptos e ideas de esta religión se expresan en el *Avesta,* en boca de Ahura Mazda.

MAZDEÍSTA. adj. Perteneciente o relativo al mazdeísmo. ‖ Partidario del mazdeísmo. Ú.t.c.s.

MAZMODINA. (Del ár. *mahmudí,* perteneciente a los masamudas.) f. Moneda de oro, acuñada por los almohades, y que se usó en los reinos cristianos.

MAZMORRA. (Del ár. *matmora,* cueva.) f. Prisión subterránea. ‖ IDEAS AFINES: *Guarida, escape, catacumba, celda, calabozo, encierro, cárcel, gayola.*

MAZNAR. tr. Amasar o estrujar entre las manos. ‖ Machacar el hierro cuando está caliente.

MAZO. (De *maza.*) m. Martillo grande de madera. ‖ Porción de mercaderías u otras cosas juntas o atadas. MAZO *de cintas, de plumas.* ‖ En el juego de la primera, suerte en que se reúnen el seis, el siete y el as de un palo, que vale cincuenta y cinco puntos. ‖ fig. Hombre fastidioso y pesado. ‖ – **rodero.** *Mar.* El de forma prismática y bocas redondeadas, con mango de un metro de largo, con el que se machacan los cabos para hacer estopa.

MAZONADO, DA. adj. *Blas.* Aplícase a la figura que representa la obra de sillería en el escudo.

MAZONEAR. tr. p. us. Macerar o apisonar.

MAZONERÍA. (Del ant. *mazonar,* y éste del lat. *machio, -onis,* albañil.) f. Fábrica de cal y canto. ‖ Obra de relieve.

MAZORCA. al. **Maiskolben.** fr. **Épi de maïs.** ingl. **Ear of corn.** ital. **Pannocchia.** port. **Maçaroca.** f. Husada. ‖ Espiga en que se crían los granos muy juntos; como la del maíz. ‖ Baya del cacao. ‖ Labor que tienen los balaustres de algunos balcones en la mitad. ‖ fig. *Amér. del S.* Junta de personas que constituyen un gobierno despótico.

MAZORCA. f. *Hist.* Nombre de la **Sociedad Popular Restauradora,** organización pol. creada en Buenos Aires durante el gob. de Rosas para perseguir a los adversarios del régimen rosista.

MAZORQUERO, RA. s. *Amér. del S.* Miembro de una mazorca.

MAZORRAL. adj. Grosero, rudo. *Tela* MAZORRAL. ‖ *Impr.* Dícese de la composición que carece de cuadrados o tiene escasos blancos en sus líneas.

MAZORRALMENTE. adv. m. Grosera, rudamente.

MAZUELO. m. dim. de **Mazo.** ‖ Mango o mano de almirez con que se toca el morterete.

MAZURCA. (Voz polaca.) f. Especie de polca que se baila al compás de tres por cuatro. ‖ Música de este baile que fue estilizada, entre otros compositores, por F. Chopin.

MAZZARINO. *Geog.* Ciudad de Italia (Caltanisetta), en Sicilia. 19.000 h. En sus cercanías hay importantes minas de azufre.

MAZZILLI, Rainieri. *Biog.* Político bras. (1910-1975), presidente interino de la Rep. en 1964.

MAZZINI, José. *Biog.* Patriota y pol. italiano que luchó toda su vida por la consolidación de la unidad de su país. Su programa político, que consistía en la fusión de todos los estados italianos en una sola república independiente de las potencias extranjeras, tenía por órgano la sociedad secreta "La joven Italia", de la que fue uno de los más caracterizados fundadores. Luchó constantemente, en su patria o en el destierro. Triunviro de la efímera república romana en 1849, organizó, otra vez en el exilio, la insurrección de Milán y el complot de Orsini (1805-1872).

MAZZONI, Ramón Francisco. *Biog.* Escritor uruguayo, n. en 1893, autor de *Senda y retorno de Maldonado; El médano florecido,* y *Los inválidos.*

MBARACAYÚ. *Geog.* Sierra sit. en la frontera de Paraguay y Brasil, continuación oriental de la sierra de Amambay, que al atravesar el río Paraná forma el salto del Guayrá o de Sete Quedas, de 30 a 40 m. de altura.

MBICURÉ. m. Micuré.

MBURUCUYÁ. (Voz guar.) *Amér. del S.* Murucuyá.

MBURUCUYÁ. *Geog.* Población de la Argentina (Corrientes). 5.000 h. Industria tabacalera y algodonera.

MCLAREN, Norman. *Biog.* Dibujante canadiense cont., que ha aplicado el dibujo y la pintura, preferentemente abstractos, al cinematógrafo. Películas: *Fiddlee-de-dee; Cantos populares; Vecinos,* etc. (n. 1914).

MCMANUS, Jorge. *Biog.* Dibujante y humorista estadounidense cuya historieta *Trifón y Sisebuta* alcanzó difusión mundial (1884-1954).

MCMILLAN, Edwin Mattison. *Biog.* Físico estadounidense a quien se adjudicó en 1951 el premio Nobel de Química, compartido con su compatriota G. Seaborg, por su descubrimiento del plutonio y sus investigaciones sobre la aceleración de partículas (n. en 1907).

ME. (Del lat. *me,* acus. de *ego,* yo.) Dativo o acusativo del pronombre personal de primera persona en género masculino o femenino y número singular. No admite preposición y puede emplearse como sufijo. ME*dio;* da*ME.*

MEAD, Margaret. *Biog.* Antropóloga estad., autora de *Adolescencia y Cultura en Samoa; Macho y Hembra,* etc. (1902-1978).

MEADA. (De *mear.*) f. Porción de orina expelida de una vez. ‖ Sitio que moja o señal que deja una **meada.** ‖ – **de araña.** *Chile.* Especie de herpes.

MEADE, James. *Biog.* Economista británico que obtuvo en 1977 el premio Nobel de Economía, compartido con el sueco Berthil Ohlin, por sus estudios sobre el comercio internacional, que abrieron nuevos horizontes a la economía (n. en 1907).

MEADERO. m. Lugar destinado para orinar.

MEADOS. (De *mear.*) m. pl. Orines.

MEAJA. (Del lat. *metalla,* de *metállum,* metal.) f. Antigua moneda de Castilla.

MEAJA. (De *miaja,* migaja.) f. Migaja. ‖ – **de huevo.** Galladura.

MEAJUELA. f. dim. de **Meaja.** ‖ Cada una de las piezas que se ponen pendientes en los sabores del freno, para que, al moverla, segregue más saliva el caballo.

MEANDRO. (Del lat. *Meandros,* y éste del gr. *Maiandros,* nombre de un río del Asia Menor, célebre por lo tortuoso de su curso.) m. Recoveco de un camino o río. *El río Paraguay forma numerosos* MEANDROS *por la escasa pendiente.* ‖ *Arq.* Adorno formado por enlaces sinuosos.

MEANDRO. *Geog.* Río de Turquía asiática. Nace en la meseta central de Anatolia y des. en el mar Egeo, al S. de la isla de Samos. 380 km. Su curso es sumamente tortuoso.

MEANGUERA. *Geog.* Isla de El Salvador en el golfo de Fonseca.

MEAR. (Del lat. *meiare.*) intr. Orinar. Ú.t.c.tr. y r.

MEARIM. *Geog.* Río de Brasil (Maranhão) que des. en la bahía de San Marcos. 1.000 km.

MEATO. (Del lat. *meatus.*) m. *Bot.* Cada uno de los espacios huecos que hay en el tejido celular de las plantas. ‖ *Anat.* Cada uno de ciertos orificios o conductos del cuerpo. MEATO *urinario, auditivo.*

MEAUCA. (Voz imitativa del sonido de su canto.) f. Especie de gaviota con plumaje agrisado en el dorso y las alas, y blanco en el pecho y vientre.

MECA. (Del araucano *meçan,* estercolar.) f. *Chile.* Excremento humano o de bestia. ‖ *Ec.* y *Perú.* Ramera.

MECA, La. *Geog.* V. **La Meca.**

MECACHIS! int. **¡Caramba!**

MECÁNICA. al. **Mechanik.** fr. **Mécanique.** ingl. **Mechanics.** ital. **Meccanica.** port. **Mecanica.** (Del lat. *mechánica,* y éste del gr. *mekhaniké,* sobrentendiéndose *tekhné,* arte.) f. Parte de la física que trata del movimiento y de las fuerzas que pueden producirlo, así como del efecto que producen en las máquinas. ‖ Aparato o resorte interior que da movimiento a un ingenio o artefacto. *La* MECÁNICA *de un reloj.* ‖ fig. y fam. Cosa despreciable y vil. ‖ Acción mezquina y grosera. ‖ *Mil.* Policía interior y manejo por menudo de los intereses y efectos de los soldados. ‖ IDEAS AFINES: *Estática, cinemática, dinámica, hidrostática, gravedad, peso, masa, equilibrio, balanza, polea, palanca, velocidad, aceleración, inercia, trabajo, energía, péndulo, Newton, Arquímedes.*

MECÁNICAMENTE. adv. m. De un modo mecánico. *Empaquetar* MECÁNICAMENTE.

MECANICISMO. m. Sistema biológico y médico que pretende explicar los fenómenos vitales por las leyes de la mecánica de los cuerpos inorgánicos. ‖ deriv.: **mecanicista.**

MECANICISMO. m. *Fil.* Doctrina materialista, esbozada por Descartes, consecuencia de la invención de relojes y aparatos semejantes, con apariencia de organismos, consistente en creer que éstos y sus fenómenos internos pueden ser explicados sólo con las leyes mecánicas. ‖ deriv.: **mecanicista.**

MECÁNICO, CA. al. **Mechaniker.** fr. **Mécanicien.** ingl. **Mechanician.** ital. **Meccanico** port. **Mecanico.** (Del lat. *mechanĭcus*, y éste del gr. *mechanikós*; de *mechané*, máquina.) adj. Perteneciente a la mecánica. *Principios* MECÁNICOS. ‖ Que se realiza por un mecanismo o máquina. *Corte* MECÁNICO. ‖ Perteneciente a los oficios u obras de los menestrales. ‖ fig. Bajo e indecoroso. ‖ m. El que profesa la mecánica. ‖ Obrero que se dedica al manejo y arreglo de las máquinas. *El taller de un* MECÁNICO.

MECANISMO. al. **Mechanismus.** fr. **Mécanisme.** ingl. **Mechanism.** ital. **Meccanismo.** port. **Mecanismo.** (Del lat. *mechanisma*, y éste del gr. *mechané*, máquina.) m. Artificio o estructura de un cuerpo artificial, o natural, y combinación de sus partes constitutivas. *El* MECANISMO *de una máquina de vapor.* ‖ Medios prácticos usados en las artes.

MECANIZAR. tr. Reemplazar la actividad humana por aparatos mecánicos. ‖ deriv.: **mecanizado, mecanización.** ‖ Motorizar.

MECANO, NA. adj. Natural de La Meca. Ú.t.c.s. ‖ Perteneciente a esta ciudad de Arabia.

MECANOGRAFÍA. al. **Maschinenschreiben.** fr. **Mécanographie.** ingl. **Typewriting.** ital. **Dattilografo.** port. **Datilógrafo.** (De *mecanógrafo*.) f. Arte de escribir con máquina. sinón.: **dactilografía.**

MECANOGRAFIAR. tr. Escribir con máquina.

MECANOGRÁFICO, CA. adj. Perteneciente o relativo a la mecanografía.

MECANÓGRAFO, FA. (Del gr. *mechané*, máquina, y *grapho*, escribir.) s. Persona diestra en la mecanografía, y en especial quien la tiene por oficio. sinón.: **dactilógrafo.**

MECANOTERAPIA. (Del gr. *mechané*, máquina, y *therapeia*, cuidado, curación.) f. Aplicación de aparatos especiales para crear movimientos activos o pasivos en el cuerpo humano, con el fin de curar o aliviar ciertas enfermedades.

MECAPAL. (Del mex. *mecapalli*.) m. *Méx.* Faja de cuero con dos cuerdas en las puntas de que se sirven los mozos de cordel y los indios para llevar carga a cuestas, colocando la faja de cuero en la frente y pasando las cuerdas por debajo de la carga.

MECATAZO. m. *Hond.* y *Méx.* Latigazo.

MECATE. m. *Amér. Central, Filip., Méx.* y *Ven.* Bramante, cordel o cuerda de pita.

MECATEADA. f. *Amér. Central.* Azotaina.

MECATEAR. tr. *Amér. Central.* Atar o zurrar con mecate. ‖ *Ven.* Adular.

MECEDERO. m. Mecedor para jabón, vino, etc.

MECEDO, María Rosa. *Biog.* Escritora peruana cont., autora de *Rastrojos; Rancho de Caña*, y otras obras de asunto nativo.

MECEDOR, RA. adj. Que mece o sirve para mecer. ‖ m. Instrumento para mecer el jabón en la caldera, o el vino en las cubas. ‖ Columpio.

MECEDORA. f. Silla de brazos, cuyos pies terminan en arcos, y en la cual puede mecerse el que se sienta.

MECEDURA. f. Acción de mecer o mecerse.

MECENAS. (Por alusión a Cayo Cilnio *Mecenas*, amigo de Augusto y protector de las letras y de los literatos.) m. fig. Persona poderosa que protege a los literatos o artistas.

MECENAS, Cayo. *Biog.* Est romano, ministro y consejero del emp. Augusto. Favoreció con su poder y sus riquezas las letras y las artes, protegiendo a Virgilio, Horacio, Propercio, etc. (69-8 a. de C.).

MECENAZGO. m. Calidad de Mecenas. ‖ Protección que dispensa una persona a un escritor o artista.

MECER. al. **Wiegen; schaukeln.** fr. **Bercer.** ingl. **To stir; to dandle.** ital. **Cullare; dondolare.** port. **Balançar.** (Del lat. *miscere*, mezclar.) tr. Menear un líquido de una parte a otra para que se mezcle. ‖ Mover una cosa acompasadamente de un lado a otro sin que cambie de lugar. Ú.t.c.r. MECER *la hamaca.* ‖ IDEAS AFINES: *Balancear, oscilar, palpitar, temblar, vibrar; balancín, péndulo, mecedora.*

MECKLEMBURGO. *Geog.* Región del N. de la Rep. Democrática Alemana. 23.000 km². Es una llanura baja y pantanosa, en parte desecada, de escaso valor económico. Fue una ant. provincia alemana cuya cap. era Schwerin. ‖ **Nuevo** – V. **Nuevo Mecklemburgo.**

MECO, CA. adj. *Méx.* Dícese de ciertos animales cuando tienen color bermejo mezclado de negro. ‖ *Amér. Central* y *Méx.* Grosero, inculto. Ú.t.c.s.

MECONIO. (Del lat. *mecōnium*, y éste del gr. *Mekonion*.) m. Alhorre de los recién nacidos. ‖ *Farm.* Jugo que se extrae de las cabezas de las adormideras.

MECOYA. *Geog.* Cerro de los Andes argentino-bolivianos (Salta-Tarija). 4.200 m.

MECHA. al. **Docht; Zündschnur.** fr. **Mèche.** ingl. **Wick.** ital. **Lucignolo; miccia.** port. **Mecha.** (Del lat. *myxa*.) f. Cuerda retorcida o cinta tejida hecha de filamentos combustibles, que se coloca en los mecheros de algunos aparatos del alumbrado y dentro de las velas y bujías. ‖ Tubo de algodón o papel, relleno de pólvora, y a propósito para dar fuego a minas y barrenos. ‖ Tejido de algodón que, empapado de una substancia química, arde fácilmente y suele emplearse para encender cigarros. ‖ Porción de hilas atadas por en medio, que se usa para la curación de enfermedades externas y operaciones quirúrgicas. ‖ Lonjilla de tocino gordo u otra substancia para mechar aves, carne, etc. ‖ Mechón de pelos. ‖ *Arg., Chile* y *Perú.* Espiga de vueltas en espiral que se adapta a los taladros, barrenos, etc. ‖ *Col., Ec.* y *Ven.* fam. Broma, chanza. ‖ *Méx.* fam. Miedo. ‖ *Mar.* Especie de espiga de forma prismático-cuadrangular en que terminan por su parte inferior los árboles y otras piezas, y que se encaja en la carlinga respectiva. ‖ – **de seguridad.** La de cáñamo embreado, con pólvora en su parte interior, y que, encendida por una punta, propaga lentamente el fuego a la otra, que se introduce en la carga del barreno. ‖ **Aguantar uno la mecha.** frs. fig. y fam. Sufrir o sobrellevar resignado una reprimenda o adversidad. ‖ **Alargar uno la mecha.** frs. fig. y fam. Aumentar la paga. ‖ Alargar una gestión o negocio con fines interesados. ‖ **Tener mecha.** frs. fig. y fam. *Col.* Tener gracia, chiste.

MECHAIN, Pedro F. A. *Biog.* Astrón. francés. Determinó con Delambre el arco de meridiano de Dunkerque a Barcelona, base del sistema métrico decimal (1744-1804).

MECHAR. tr. Introducir mechas de tocino gordo, ajo, u otro condimento, en las carnes que han de ser asadas o empanadas.

MECHAZO. m. *Min.* Combustión incompleta de una mecha, sin inflamar el barreno. *Dar* MECHAZO.

MECHED. *Geog.* V. **Meshed.**

MECHERA. (De *mechar*.) adj. Dícese de la aguja de mechar. Ú.t.c.s. ‖ f. Ladrona de tiendas.

MECHERO. m. Cañutillo en donde se pone la mecha para alumbrar o para encender lumbre. ‖ Cañón de los candeleros en donde se mete la vela. ‖ Boquilla de los aparatos de alumbrado. ‖ **Encendedor de bolsillo.**

MECHERO, RA. adj. y s. *Ven.* Bromista, amigo de mechas.

MECHIFICAR. intr. *Ecuad., Perú* y *Ven.* Burlar, embromar.

MECHINAL. m. Agujero cuadrado que se deja en los muros al edificar, para meter en él un palo horizontal del andamio. ‖ fig. Habitación muy reducida.

MECHOACÁN. (De *Michoacán*, Estado de México.) m. Raíz de una planta vivaz, convolvulácea, oriunda de México, parecida a la enredadera de campanillas; su fécula se ha usado en medicina como purgante ‖ – **negro.** Jalapa.

MECHÓN. al. **Büschel.** fr. **Touffe.** ingl. **Lock.** ital. **Ciocca.** port. **Guedelha.** m. aum. de **Mecha.** ‖ Porción de pelos, hebras o hilos, separada de un conjunto de igual clase. ‖ *Guat.* Hachón, tea.

MECHONEAR. tr. y r. *Arg., Col.* y *Chile.* Neologismo por mesar o desgreñarse.

MECHOSO, SA. adj. Que tiene abundantes mechas. ‖ *Col.* Haraposo.

MECHUDO, DA. adj. *Arg., Chile* y *Hond.* Mechoso.

MEDALLA. al. **Medaille.** fr. **Médaille.** ingl. **Medal.** ital. **Medaglia.** port. **Medalha.** (Del lat. *metállum*, metal.) f. Pieza de metal batida o acuñada, por lo general redonda, con alguna figura, inscripción o emblema. *Una* MEDALLA *conmemorativa.* ‖ Medallón, bajo relieve. ‖ Distinción honorífica o premio que se concede en exposiciones o certámenes. *Se le concedió la* MEDALLA *de plata.* ‖ *Num.* Moneda antigua fuera de uso. ‖ IDEAS AFINES: *Anverso, reverso, canto, banderín, copa, distintivo, triunfo, victoria, recompensa, galardón.*

MEDALLISTA. com. Persona que cincela medallas.

MEDALLÓN. m. aum. de **Medalla.** ‖ Bajo relieve de forma redonda o elíptica. ‖ Joya en forma de caja pequeña y chata donde suelen colocarse retratos, visos y otros objetos de recuerdo.

MEDAN. *Geog.* Ciudad de Indonesia, cap. de Sumatra Septentrional. 645.000 h. Centro tabacalero. Es núcleo de una extensa red de comunicaciones terrestres y aéreas.

MEDANAL. m. *Chile* y *Urug.* Terreno cenagoso.

MÉDANO. m. Duna. ‖ Montón de arena a flor de agua. ‖ deriv.: **medanoso, sa.**

MÉDANOS. *Geog.* Punta de la costa de Argentina (prov. de Buenos Aires), al S. del cabo San Antonio. ‖ **Istmo de los –.** Franja de tierra que une la pen. de Paranaguá con el continente, en Venezuela (Falcón). Tiene 32 km de largo.

MEDAÑO. m. Médano.

MEDAWAR, Pedro Brian. *Biog.* Médico ingl. n. en 1915; por sus trabajos sobre inmunidad y transformación celular, obtuvo el premio Nobel de Fisiología y Medicina de 1960, compartido con Francisco Macfarlane Burnet.

MEDEA. *Mit.* Maga enamorada de Jasón, jefe de los argonautas. Le ayudó a apoderarse del vellocino de oro y huyó con él. Abandonada por su amante, mató a sus hijos y a su rival.

MEDECINA. f. ant. Medicina. Ú. en *Chile* y *Méx.*

MEDELLÍN. *Geog.* Capital del dep. de Antioquia (Colombia), sit. a orillas del río Porce. 1.150.000 h. Por su población, comercio e industrias es la segunda c. del país. Tejidos, cemento, maquinaria, artículos alimenticios, etc. Magnífico aeropuerto. Centro universitario.

MEDIA. al. **Strumpf.** fr. **Bas.** ingl. **Stocking.** ital. **Calza.** port. **Meia.** (De *media*, calza.) f. Prenda de lana, algodón, seda, etc., que cubre el pie y la pierna. ‖ *Arg.* Calcetín. ‖ – **aritmética.** *Mat.* Cantidad que difiere igualmente de otras dos, y es igual a la semisuma de ellas. ‖ – **geométrica.** La que puede formar proporción con otras dos, y es igual a la raíz cuadrada del producto de ambas. ‖ **Tener medias.** loc. En el juego del mus, tener tres naipes de igual valor; como tres reyes, tres cincos, etc.

MEDIA. *Geog. histór.* Región del N.O. de la antigua Persia sit. entre el mar Caspio y el río Tigris. Constituyó un poderoso imperio que fue sometido por Ciro en el siglo VI. Cap. ECBATANA.

MEDIACAÑA. (De *media* y *caña*.) f. Moldura cóncava, cuyo perfil es, generalmente, un semicírculo. ‖ Listón de madera con algunas molduras con el que se guarnecen los bordes de las colgaduras de las salas, frisos, etc. ‖ Formón de boca arqueada. ‖ Lima de forma de medio cilindro macizo acabado en punta. ‖ Tenacillas para rizar el pelo. ‖ Taco de punta semicircular, que se usó en el juego de trucos. ‖ Pieza curva de la serreta, que se apoya encima de la nariz del caballo. ‖ *Arg.* Baile de antiguo origen, que se baila, todavía, en la campaña. ‖ Música de este baile. ‖ *Impr.* Filete de dos rayas, una gruesa y otra fina.

MEDIACIÓN. (Del lat. *mediatio, -onis*.) f. Acción y efecto de mediar. sinón.: **intervención.**

MEDIADO, DA. adj. Dícese de lo que sólo contiene, poco más o menos, la mitad de su cabida. *Damajuana* MEDIADA. ‖ **A mediados** del mes, del **año**, etc. loc. adv. Hacia la mitad del tiempo que se indica. *Partiré* A MEDIADOS *del mes, próximo.*

MEDIADOR, RA. (Del lat. *mediator*.) adj. y s. Que media. *Un* MEDIADOR *oficioso*; sinón.: **árbitro, intermediario.**

MEDIAGUA. f. *Amér.* Techo cuya superficie tiene un solo declive para la caída de las aguas. ‖ *Col.* y *Chile.* Edificio provisto de esta clase de techo.

MEDIAL. adj. Dícese de la consonante que se halla en el interior de una palabra.

MEDIANA. f. Taco de billar algo mayor que los comunes. ‖ Correa con que se ata el brazón al yugo de las yuntas. ‖ *Geom.* Segmento que une un vértice de un triángulo con el punto medio del lado opuesto.

MEDIANAMENTE. adv. m. Sin tocar en los extremos. ‖ De manera mediana. *Respondió* MEDIANAMENTE *en el examen.*

MEDIANEJO, JA. adj. fam. dim. de **Mediano.** Menos que mediano.

MEDIANERÍA. f. Pared común a dos casas contiguas. ‖ Cerca o seto vivo que deslinda dos propiedades rústicas.

MEDIANERO, RA. adj. Dícese de la cosa que está en medio de otras dos. ‖ V. **Pared medianera.** ‖ Dícese de la persona que intercede para que otra consiga algo, o para algún arreglo o trato. Ú.m.c.s. ‖ *Arg.* Colindante. ‖ m. Dueño de una casa que tiene medianería con otra u otras. ‖ Mediero que lleva a medias ganados, tierras, etc.

MEDIANÍA. f. Término medio entre los extremos. *La* MEDIANÍA *entre el ahorro y el despilfarro.* ‖ Persona carente de cualidades notables. *Fulano es una* MEDIANÍA; sinón.: **mediocridad.**

MEDIANIDAD. f. Medianía.

MEDIANIL. m. Parte de una haza de tierra entre la cabezada y la hondonada. ‖ Medianería. ‖ *Impr.* El crucero más angosto del molde o forma.

MEDIANO, NA. (Del lat. *medianus*, del medio.) adj. De calidad intermedia. *Arroz* MEDIANO; sinón.: **mediocre.** ‖ Moderado; ni muy grande ni pequeño. *Una jarra de tamaño* MEDIANO. ‖ fam. Casi nulo. *Rendimiento* MEDIANO.

MEDIANOCHE. (De *media* y *noche*.) f. Hora en que el Sol está en el punto opuesto al de mediodía. ‖ fig. Bollito relleno de carne.

MEDIANTE. (Del lat. *medians, -antis*.) p. a. de **Mediar.** Que media. *Dios* MEDIANTE, *todo saldrá bien.* ‖ adv. En atención, por razón. ‖ f. *Mús.* Tercera nota en las escalas diatónicas que determina el modo mayor o menor, en que está escrita una composición.

MEDIAR. (Del lat. *mediare*.)

intr. Llegar a la mitad de alguna cosa, real o figuradamente. MEDIA *el camino.* ‖ Interceder por alguien. MEDIAR *por un condenado.* ‖ Interponerse entre las que riñen o contienden, procurando conciliarlos. MEDIÉ *entre ambos.* ‖ Existir una cosa en medio de otras. ‖ Refiriéndose al tiempo, transcurrir. MEDIABA *el verano.* ‖ Ocurrir algo entre medias. MEDIARON *muchos inconvenientes.*

MEDIASTINO. (Del lat. *mediastinus*; de *medius*, en medio, y *stare*, estar.) m. *Anat.* Espacio irregular existente entre una y otra pleura y que divide el pecho en dos partes laterales.

MEDIATAMENTE. adv. l. y t. Con mediación de una cosa.

MEDIATIZACIÓN. f. Acción y efecto de mediatizar.

MEDIATIZAR. (De *mediato*.) tr. Privar al gobierno de un Estado de la autoridad máxima que pasa a otro Estado, pero manteniendo aquél la soberanía nominal.

MEDIATO, TA. (Del lat. *mediatus*, p. p. de *mediare*, mediar.) adj. Aplícase a lo que en tiempo, lugar o grado está próximo a una cosa, mediando otra entre las dos; como el nieto respecto del abuelo. *Conocimiento* MEDIATO; antón.: **inmediato.**

MEDIATOR. (Del b. lat. *mediator*, medidor.) m. Hombre, juego de naipes.

MÉDICA. f. Mujer que profesa y ejerce legalmente la medicina. ‖ fam. Esposa del médico.

MEDICABLE. (Del lat. *medicábilis*.) adj. Capaz de ser curado con medicinas.

MEDICACIÓN. (Del lat. *medicatio, -onis*.) f. Administración metódica de uno o más medicamentos con fines terapéuticos. ‖ *Med.* Conjunto de medicamentos y medios curativos tendientes a un mismo fin.

MEDICAL. adj. Galicismo por medicinal o médico.

MEDICAMENTACIÓN. f. Medicación.

MEDICAMENTAR. tr. y r. Medicinar.

MEDICAMENTO. (Del lat. *medicaméntum*.) m. Cualquiera substancia que, aplicada interior o exteriormente al cuerpo del hombre o del animal puede causar un efecto curativo. sinón.: **medicina.** ‖ – **heroico.** **Remedio heroico.**

● **MEDICAMENTO.** *Hist.* y *Med.* El hombre prehistórico ya usaba como **medicamentos** ciertos alimentos, plantas y substancia que aplicada inteparación estaba íntimamente unida a prácticas de hechicería y a influencias mágicas. Los pueblos primitivos fácilmente comprobaron la acción laxante, analgésica, sedante o afrodisíaca de ciertas substancias, que preparaban en infusiones, compresas, pomadas y emplastos. Los médicos de la época de Hipócrates registran ya infinidad de **medicamentos**: miel, vinagre, sal, jugo de col, cantárida, cebolla, mandrágora, adormidera, y compuestos metálicos. El arsenal terapéutico fue enriqueciéndose con Galeno, la medicina árabe, y especialmente a partir de Paracelso, en la Edad Media. A fines del siglo pasado, la química y la bacteriología permitieron grandes adelantos en la ciencia de la fabricación de **medicamentos** y durante el siglo actual, los antibióticos, las sulfanilamidas, los antihistamínicos, los productos hormonales, etc., abrieron nuevos caminos de esperanza en la lucha contra el dolor y la muerte. La vía bucal, la más antigua empleada para la administración de **medicamentos**, es también el medio más seguro, cómodo y económico, a pesar de que a veces su efecto es irregular. La inyección presenta la ventaja de su rapidez de acción y de la medición exacta de las dosis y además impide que el **medicamento** administrado pueda ser atacado por los jugos digestivos. Las fricciones, la ionoforesis, la vía rectal, son otros procedimientos de administración de **medicamentos.** Si bien los **medicamentos** se distribuyen por todo el medio interno del organismo, algunos de ellos muestran afinidad por ciertos tejidos, donde se acumulan en elevada proporción. Además, cada **medicamento** se elimina del organismo en forma característica, por los riñones, el intestino grueso, los pulmones y la piel. Son **medicamentos** oficinales aquellos cuya fórmula está inscripta en el formulario médico oficial de cada país; **medicamentos** magistrales, los que se preparan en la farmacia de acuerdo con la receta del médico, y **medicamentos** específicos, los que se indican preferentemente para una determinada enfermedad.

MEDICAMENTOSO, SA. adj. Que tiene virtud de medicamento. *La miel es una substancia* MEDICAMENTOSA.

MÉDICAS, Guerras. *Hist.* Las sostenidas por los gr. para rechazar las invasiones de los persas. Fueron tres: la primera, de 495 a 490 a. de C., fue iniciada por Darío y terminó con la victoria gr. de Maratón; la segunda, de 480 a 479 a. de C., fue iniciada por Jerjes y terminó con los triunfos gr. de Salamina y Platea; la tercera, de 479 a 449, concluyó con el tratado que prohibía a los persas acercarse a las costas y mares del Asia Menor.

MEDICASTRO. m. fam. Médico indocto. ‖ Curandero.

MEDICINA. al. **Arznei; Medizin.** fr. **Médecine.** ingl. **Medicine.** ital. **Medicina.** port. **Medicina.** (Del lat. *medicina*.) f. Ciencia y arte de prevenir y curar las enfermedades del cuerpo humano. ‖ Medicamento. ‖ – **legal.** Tratado de las condiciones en que debe ejercerse el arte de curar y del papel del médico en las causas criminales y civiles. ‖ IDEAS AFINES: ***Anatomía, patología, terapéutica, galeno, Hipócrates, cirujano, dentista, veterinario, facultad, hospital, sanatorio, clínica, dispensario, visita, diagnóstico, pronóstico, receta, consulta, convalecencia, sanar, consultorio.***

MEDICINAL. adj. Perteneciente a la medicina. Aplícase propiamente a lo que posee virtud saludable y contraria a un mal o achaque. *Drogas* MEDICINALES. ‖ deriv.: **medicinalmente.**

MEDICINAMIENTO. m. Acción y efecto de medicinar.

MEDICINANTE. (De *medicinar*.) m. Curandero. ‖ Estudiante de medicina que visita enfermos sin tener todavía el título.

MEDICINAR. (Del lat. *medicinare*.) tr. y r. Administrar o dar medicinas al enfermo. sinón.: **medicamentar.**

MEDICIÓN. f. Acción y efecto de medir. *La* MEDICIÓN *de un campo*; sinón.: **mensura.**

MÉDICIS. *Biog.* Familia florentina de destacada actuación en la hist. de Toscana, entre los s. XIV y XVIII. ‖ – **Alejandro.** Duque de Florencia (1510-1537). ‖ – **Cosme.** Primer gran duque de Toscana (1519-1574). ‖ – **Juan.** V. **León X.** ‖ – **Lorenzo el Magnífico.** Hombre de Estado florentino que protegió la cultura. En el "dolce stil nuovo", de Dante y Petrarca, escribió numerosos poemas, como sus *Triunfos y cantos carnales; Selvas del amor*, etc. Autor, también, de un drama religioso y de varias sátiras (1448-1492).

MÉDICO, CA. al. **Arzt.** fr. **Médecin.** ingl. **Physician.** ital. **Medico.** port. **Médico.** (Del lat. *médicus*.) adj. Perteneciente o relativo a la medicina. *Informe* MÉDICO. ‖ s. Persona que está legalmente autorizada para ejercer la medicina. sinón.: **galeno.** ‖ – **de apelación.** Aquel a quien se llama para cosas graves. ‖ – **de cabecera.** El que asiste de continuo al enfermo. ‖ – **forense.** El adscripto a un juzgado de instrucción.

MÉDICO, CA. (Del gr. *medikós*.) adj. Medo, perteneciente a la Media.

MEDICUCHO. (desp. de *médico*.) Medicastro.

MEDIDA. al. **Mass; Massnahme.** fr. **Mesure.** ingl. **Measure, size.** ital. **Misura.** port. **Medida.** (De *medir*.) f. Expresión comparativa de las dimensiones o cantidades. ‖ Lo que sirve para medir. ‖ Acción de medir. ‖ Número y clase de sílabas que debe tener el verso para que conste. *Los versos de esta poesía tienen igual* MEDIDA. ‖ Proporción de una cosa con otra. *Se remunera a* MEDIDA *del cumplimiento.* ‖ Grado, intensidad. ‖ Disposición, prevención. Ú.m. en pl. y con los verbos *tomar, adoptar*, etc. ‖ Cordura, prudencia. *Obra con* MEDIDA. ‖ – **común.** Cantidad que cabe con exactitud cierto número de veces en cada una de otras dos o más de igual especie que se comparan entre sí. ‖ **A medida del deseo.** m. adv. con que se da a entender que a uno le resultan las cosas según apetecía. ‖ **A medida de su paladar.** m. adv. fig. De acuerdo con el gusto o deseo de uno. ‖ **A medida que.** loc. ‖ **Al paso que.** ‖ **Colmarse la medida.** frs. fig. **Llenarse la medida.** ‖ **Henchir,** o **llenar, las medidas.** frs. fig. Exponer uno su sentimiento a otro claramente y sin rodeos. ‖ Adular excesivamente. ‖ **Llenarse la medida.** frs. fig. Agotarse el sufrimiento en quien recibe continuamente disgustos. ‖ **Tomar** uno **sus medidas.** frs. fig. Premeditar y tantear un asunto o negocio para el mayor acierto.

MEDIDAMENTE. adv. m. Con medida, con prevención.

MEDIDOR, RA. (Del lat. *metitor, -oris*.) adj. Que mide una cosa. Apl. a pers., ú.t.c.s. ‖ m. *Amér.* Contador de agua, luz eléctrica, gas, etc.

MEDIERO, RA. s. Persona que hace medias o las vende. ‖ Cada una de las personas que van a medias en tierras o granjerías del campo.

MEDIEVAL. al. **Mittelalterlich.** fr. **Médieval.** ingl. **Medieval.** ital. **Medievale.** port. **Medieval.** adj. Perteneciente o relativo a la Edad Media de la historia. *La religiosidad* MEDIEVAL.

MEDIEVALIDAD. f. Calidad o carácter de medieval.

MEDIEVALISMO. m. Característica del romanticismo, que tiende a renovar y revivir literariamente los valores del medievo cristiano.

MEDIEVALISTA. adj. Perteneciente o relativo al medievalismo. ‖ com. Persona versada en el conocimiento de lo medieval.

MEDIEVO. m. **Edad Media.**

MEDINA, José María. *Biog.* Mil. hondureño (1826-1878), presid. de la Nación de 1863 a 1872. ‖ – **José Ramón.** Poeta venezolano, n. en 1920. ‖ – **José Toribio.** Bibliógrafo e hist. chileno, cuyas obras son de fundamental importancia para el estudio de la historia de Hispanoamérica: *La Inquisición en Chile; Historia de la literatura colonial de Chile; Cartas de Pedro de Valdivia al emperador Carlos V*, etc. (1852-1930). ‖ – **Vicente.** Poeta regionalista esp., autor de *Aires murcianos; Canción de la huerta*, etc. (1866-1937). ‖ – **ANGARITA, Isaías.** Pol. y militar ven., de 1941 a 1945 presid. de la Nación (1897-1953).

MEDINA. *Geog.* Sierra del N. de Argentina (Tucumán), al E. del río Salí. ‖ Laguna de la Argentina, en el Norte de la prov. de Corrientes, en la zona de los esteros del Iberá. ‖ Río del N. de la Argentina (Tucumán), que a través del Chico des. en el Salí. 70 km. ‖ Ciudad de Arabia (Hedjaz). 30.000 h. Ciudad santa del islamismo; su mezquita principal guarda la tumba de Mahoma. ‖ – **del Campo.** Población de España (Valladolid). 13.850 h. Famoso castillo de la Mota, residencia de Isabel la Católica en sus últimos años. Salinas. ‖ – **Sidonia.** Pobl. de España (Cádiz). 13.000 h. Centro agrícola-ganadero.

MEDINACELLI, Carlos. *Biog.* Escritor bol., autor de trabajos de crítica y antológicos, como *El cuento en Bolivia* (1899-1949).

MEDINÉS, SA. adj. Natural de Medina. Ú.t.c.s. ‖ Perteneciente a cualquiera de las poblaciones así llamadas.

MEDINET-EL-FAYUM. *Geog.* V. **Fayum.**

MEDIO, DIA. al. **Halb.** fr. **Demi.** ingl. **Half.** ital. **Mezzo.** port. **Meio.** (Del lat. *medius*.) adj. Igual a la mitad de una cosa. MEDIO *kilo;* MEDIA *legua.* ‖ Que corresponde a los caracteres o condiciones más generales de un grupo social, pueblo, época, etc. ‖ Dic. del estilo exornado, pero no tan expresivo y elevado como el sublime. ‖ V. **Clase, edad media.** ‖ V. **Término medio.** ‖ m. Parte que en una cosa equidista de sus extremos. *El* MEDIO *de una fila.* ‖ En el fútbol y otros deportes, cada uno de los jugadores que en la formación del equipo se sitúan entre los defensas y los delanteros. ‖ Persona que en el magnetismo animal o en el espiritismo presume de tener condiciones a propósito para comunicarse con los espíritus. ‖ Corte o sesgo que se toma en un asunto. ‖ Acción conveniente para lograr una cosa. ‖ Elemento en que vive o se mueve una persona, animal o cosa. *Adaptarse al* MEDIO. ‖ Substancia fluida o sólida en que se desarrolla un fenómeno determinado. *La velocidad de la luz depende del índice refractivo del* MEDIO. ‖ p. us. Mellizo, gemelo. ‖ Moderación entre los extremos en lo físico o en lo moral. *Es difícil mantenerse en el justo* MEDIO. ‖ Moneda peruana equivalente a cinco centavos de sol. ‖ *Cuba* Moneda de cinco centavos. ‖ *Nicar.* Unidad de medida para granos; es de boca cuadrada y tiene de luz por cada lado veinticinco centímetros y de altura, doce centímetros. ‖ fig. Conjunto de circunstancias culturales, económicas y sociales en que vive una persona. ‖ Sector, círculo o ambiente social. MEDIOS *aristocráticos,* MEDIOS *bien informados.* ‖ *Arit.* Quebrado que tiene por denominador el número 2 y que supone la unidad dividida también en dos partes iguales. ‖ *Fís.* Ente material o bien el vacío, a través de los cuales se transmiten determinados fenómenos. ‖ *Lóg.* En el silogismo, razón con que se prueba una cosa. ‖ pl. Caudal rentas o hacienda que alguien posee o goza. ‖ adv. m. No del todo, no por completo. MEDIO *frito;* MEDIO *comido.* Con verbos en infinitivo va precedido de la preposición *a.* A MEDIO FREÍR. A MEDIO *comer.* ‖ **Medio de proporción.** *Esgr.* Distancia conveniente a que debe colocarse el contendor respecto de su contrario. ‖ V. **A media asta.** ‖ **A medias.** m. adv. Por mitad; tanto a uno como a otro. *Propietario* A MEDIAS; *negocio* A MEDIAS. ‖ Algo, pero no del todo, ni la mitad exactamente. *Dormido* A MEDIAS; *músico* A MEDIAS. ‖ **Atrasado de medios.** loc. Aplícase al que está pobre, y especialmente al que antes fue rico. ‖ **Coger en medio.** frs. fig. y fam. Tener en medio o estar dos o más cosas a los lados de otra. ‖ **Corto de medios.** loc. Escaso de caudal. ‖ **De medio a medio.** loc. adv. En la mitad o en el centro. *El proyectil le dio* DE MEDIO A MEDIO. ‖ Completamente, de todo punto. *Te engañas* DE MEDIO A MEDIO. ‖ **De por medio.** m. adv. **A medias.** ‖ En medio, o entre. *Poner un muro* DE POR MEDIO. ‖ **Echar por en medio.** frs. fig. y fam. Tomar una resolución para salir de una dificultad, sin reparar en obstáculos. ‖ **En medio.** m. adv. En lugar igualmente distante de los extremos, o entre dos cosas. ‖ No obstante, sin embargo. EN MEDIO de eso. ‖ Entre tanto. ‖ **Estar de por medio.** frs. Mediar en un negocio. ‖ **Meterse de por medio,** o **en medio.** frs. Interponerse para componer una pendencia. ‖ **Quitar de en medio** a uno. frs. fig. y fam. Apartarlo de delante, matándolo o dejándolo. ‖ **Quitarse** uno **de en medio.** frs. fig. y fam. Apartarse de un lugar o de un negocio para evitar un disgusto. ‖ **Tomar el medio** o **los medios.** frs. Usar de ellos para el logro de lo que se intenta.

MEDIO, Arroyo del. *Geog.* Curso de agua que limita a las prov. de Buenos Aires y Santa Fe (Argentina) y des. en el Paraná. ‖ Arroyo de la Argentina (Jujuy), afl. del río Grande de la quebrada de Humahuaca.

MEDIOCRE. (Del lat. *mediocris*.) adj. Mediano. *Escritor* MEDIOCRE; sinón.: **común, vulgar**: antón.: **excelente.** ‖ deriv.: **mediocremente.**

MEDIOCRIDAD. (Del lat. *mediocritas, -atis*.) f. Estado de algo, entre grande y pequeño o entre bueno y malo. *Vivir en la* MEDIOCRIDAD.

MEDIODÍA. al. **Mittag.** fr. **Midi.** ingl. **Noon.** ital. **Mezzogiorno.** port. **Meio-dia.** (De *medio* y *día*.) m. Hora en que está el Sol en su más alta elevación sobre el horizonte. *El sol de* MEDIODÍA *le caldeaba las espaldas*; antón.: **medianoche.** ‖

Geog. Sur (sólo respecto del hemisferio septentrional). ‖ **Hacer mediodía.** frs. Detenerse para comer en un paraje el que va de viaje.

MEDIOEVAL. adj. Medieval.

MEDIOEVO. m. Medievo.

MEDIOMUNDO. (De *medio* y *mundo.*) m. Velo, aparejo para pescar.

MEDIO ORIENTE. *Geog.* Nombre que se aplica a la región del Asia Central que abarca a Afganistán, Pakistán, India, Ceylán, Nepal, Bután y el Tibet. Por extensión suele incluirse en esta zona a Irán, Israel y los países árabes del Cercano Oriente.

MEDIOPAÑO. m. Tejido de lana, más delgado y de menor duración que el paño.

MEDIQUILLO. m. Medicucho. ‖ Indio de Filipinas habilitado para curar sin tener título médico.

MEDIR. al. **Messen.** fr. **Mésurer.** ingl. **To measure.** ital. **Misurare.** port. **Medir.** (Del lat. *metiri.*) tr. Determinar la longitud, extensión, volumen o capacidad de alguna cosa. MEDIR *una tela por metros.* ‖ Dicho de versos, examinar si tienen la medida que les corresponde a los de su clase. ‖ fig. Igualar y comparar una cosa inmaterial con otra. Ú.t.c.r. MEDIR *las fuerzas, el ingenio.* ‖ r. fig. Moderarse en decir o ejecutar una cosa. SE MEDIA *en los gastos*; sinón.: **contenerse.** ‖ **Medirse uno consigo mismo.** frs. fig. Conocerse bien y regular sus facultades.

MEDITABUNDO, DA. (Del b. lat. *meditabundus.*) adj. Que medita o reflexiona en silencio. sinón.: **cogitabundo, pensativo.**

MEDITACIÓN. (Del lat. *meditatio, -onis.*) f. Acción y efecto de meditar. *Se recogió en profunda* MEDITACIÓN; sinón.: **especulación. reflexión.**

MEDITAR. al. **Nachdenken; überlegen.** fr. **Méditer.** ingl. **To meditate; to muse.** ital. **Meditare.** port. **Meditar.** (Del lat. *meditari.*) tr. Aplicar atentamente el pensamiento a la consideración de alguna cosa. MEDITAR *sobre la creación del mundo*; sinón.: **discutir, reflexionar.** ‖ Discurrir con atención sobre la forma de conseguir una cosa. ‖ intr. Entregarse a la meditación. MEDITARON *largamente el asunto.* ‖ deriv.: **meditador, ra; meditativo. va.**

MEDITERRÁNEO, A. (Del lat. *mediterráneus*; de *medius*, medio, y *terra*, tierra.) adj. Aplícase a lo que está rodeado de tierra. *Mar* MEDITERRÁNEO. Ú.t.c.s.m. ‖ p. us. Aplícase también a lo que está en lo interior de un territorio. *Córdoba* MEDITERRÁNEA. ‖ Perteneciente al mar **Mediterráneo,** o a los territorios que baña.

MEDITERRANEO, Mar. *Geog.* Limitado al N. por Europa, al S. por África y al E. por Asia, es el tipo clásico de los mares continentales. Se comunica con el Atlántico por el estrecho de Gibraltar y con el mar Rojo por el canal de Suez. Tiene 2.970.000 km² con una profundidad media de 1.450 m. y máxima de 4.404 m. Numerosas penínsulas y grandes islas determinan varios mares secundarios.

MÉDIUM. (Del lat. *médium*, medio.) com. Medio en el espiritismo o magnetismo animal.

MEDO, DA. (Del lat. *medus.*) adj. Natural de Media. Ú.t.c.s. ‖ Perteneciente a esta antigua nación del Medio Oriente.

MEDOC. *Geog.* Región de Francia, en la Gironda. Vinos afamados.

MEDRA. (De *medrar.*) f. Aumento, mejora de una cosa.

MEDRANA. f. fam. Miedo, temor.

MEDRANO, Francisco de. *Biog.* Poeta español, autor de notables composiciones líricas; *Profecía del Tajo; A las ruinas de Itálica*, traducciones de Horacio, etc. (s. XVI). ‖ — **Pedro.** Est. y jurista arg. Participó en la redacción del Estatuto o Constitución de las Provincias Unidas del Río de la Plata de 1815; firmante del acta de Independencia (1769-1840)

MEDRAR. (Del lat. *meliorare*, mejorar, acrecentar.) intr. Crecer los animales y las plantas; antón.: **languidecer.** ‖ fig. Mejorar de fortuna, reputación, etc. ‖ sinón.: **prosperar**, antón.: **descender.** ‖ **¡Medrados estamos!** expr. irón. ¡Lucidos estamos! ¡Pues estamos bien! Se usa para significar el disgusto que nos causa un suceso inesperado.

MEDREGAL. m. *Cuba.* Pez acantopterigio, del que hay varias especies.

MEDRIÑAQUE. m. Tejido de Filipinas hecho con las fibras de ciertas plantas; se usa para forrar vestidos de mujer. ‖ Zagalejo corto.

MEDRO. m. Medra. ‖ pl. Progresos. adelantamientos.

MEDROSO, SA. (Del lat. *metus*, miedo.) adj. Miedoso, temeroso. U.t.c.s. antón.: **audaz, valiente.** ‖ Que infunde miedo. ‖ deriv.: **medrosamente.**

MÉDULA. f. Medula.

MEDULA. al. **Mark.** fr. **Moelle.** ingl. **Marrow.** ital. **Midollo.** port. **Medula.** (Del lat. *medulla.*) f. Substancia grasa, blanquecina o amarillenta que se encuentra en el interior de algunos huesos de los animales. sinón.: **meollo, tuétano.** ‖ Substancia esponjosa que se halla dentro de los troncos y tallos de diversas plantas. ‖ fig. Substancia primordial de una cosa no material. *Aprehender la* MEDULA *de un filósofo.* ‖ — **espinal.** *Biol.* Prolongación del encéfalo, la cual comprende el conducto vertebral. desde el agujero occipital hasta la región lumbar. ‖ — **oblonga,** u **oblongada.** *Anat.* **Bulbo raquídeo.**

MEDULAR. (Del lat. *medullaris.*) adj. Perteneciente o relativo a la medula. *Canal* MEDULAR, *arteria*, MEDULAR.

MEDULOSO, SA. (Del lat. *medullosus.*) adj. Que tiene medula. *Un escrito* MEDULOSO.

MEDUSA. (De *Medusa*, por la cabellera.) f. Animal celentéreo que flota libremente, de cuerpo blando en forma de campana o sombrilla, con un pedúnculo en la parte inferior en el cual está la boca; muchas son formas sexuadas de pólipos. sinón.: **aguamala, aguamar.**

MEDUSA. *Mit.* La única visible de las Gorgonas. Hermosa joven de tupida cabellera, que fue transformada en un haz de serpientes por haber profanado el templo de Atenea. Vencióla Perseo, que donó su cabeza a la diosa, quien la puso en su escudo.

MEDUSEO, A. (Del lat. *medusaeus.*) adj. Perteneciente o relativo a Medusa. *Cabellera* MEDUSEA.

MEER, Juan van der. *Biog.* V. **Vermeer.**

MEERANE. *Geog.* Ciudad de la Rep. Democrática Alemana (Sajonia), sit. al N. de Zwickau. 31.000 h. Tejidos.

MEERSCH, Majencio van der. *Biog.* Escr. belga, autor de *Cuerpos y almas; La casa de las Dunas; La huella de Dios*, etc. (1907-1951).

MEERUT. *Geog.* V. **Mirat.**

MEFISTÓFELES. *Lit.* Nombre del diablo en el *Fausto* de Goethe. ‖ m. fig. Hombre cínico y malvado.

MEFISTOFÉLICO, CA. adj. Perteneciente o relativo a Mefistófeles. ‖ Digno o propio de él. ‖ Diabólico, perverso. *Un ardid* MEFISTOFÉLICO; sinón.: **endemoniado, infernal.**

MEFÍTICO, CA. (Del lat. *mephiticus.*) adj. Dícese de lo que al ser respirado puede dañar, y en especial cuando es fétido. *Aire, gas* MEFÍTICO; *evaporación* MEFÍTICA; sinón.: **insalubre, malsano.**

MEGA-. Elemento compositivo inicial que con el significado de un millón se emplea para formar nombres de múltiplos de determinadas unidades. MEGA*ciclo*, MEGA*mperio*, MEGA*lumen*. MEGA*tón*.

MEGACÉFALO. (Del gr. *megas*, grande, y *kephalé*, cabeza.) adj. Que tiene la cabeza grande.

MEGACICLO. m. *Fís.* Unidad de la corriente eléctrica formada por un millón de ciclos o períodos.

MEGÁFONO. (Del gr. *megas*, grande, y *phoneo*, elevar.) m. Bocina usada para reforzar la voz cuando se habla a gran distancia.

MEGALÍTICO, CA. adj. Propio del megalito, o perteneciente a él. *En Bretaña abundan los monumentos* MEGALÍTICOS.

MEGALITO. (Del gr. *megas*, grande, y *lithos*, piedra.) m. Monumento de la antigüedad, construido con grandes piedras sin labrar.

MEGALOCÉFALO, LA. adj. Que tiene cráneo de dimensiones anormales.

MEGALOMANÍA. (Del gr. *megalos*, de *megas*, grande, y *manía*, locura.) f. Manía o delirio de grandezas.

MEGALÓMANO, NA. adj. y s. Que padece megalomanía.

MEGALÓPOLIS. f. Nombre dado por los urbanistas a las ciudades cuyo crecimiento desmesurado ha absorbido a las poblaciones vecinas y que no guardan una relación de equilibrio con su entorno rural.

MEGALÓPOLIS. *Geog. histór.* Antigua c. de Arcadia (Peloponeso), que compitió durante algún tiempo con Esparta. Cuna de Polibio.

MÉGANO. Médano.

MÉGARA o **MEGARA.** *Geog.* Ciudad de Grecia, sobre el golfo de Egina, al O. de Atenas. 16.000 h. Fue famosa en la antigüedad por su escuela filosófica fundada por Euclides.

MEGARA. *Mit.* Esposa de Hércules, asesinada por él, junto con sus hijos.

MEGARENSE. (Del lat. *megarensis.*) adj. Natural de Megara. Ú.t.c.s. ‖ Perteneciente a esta ciudad de Grecia.

MEGATERIO. (Del gr. *megas*, grande, y *therion*, bestia.) m. *Paleont.* Mamífero desdentado herbívoro, de unos seis metros de longitud y dos de altura, cabeza relativamente pequeña, sin dientes ni colmillos y con sólo cuatro muelas en cada lado de las dos mandíbulas; cuerpo muy grueso, patas cortas, pies grandísimos, con dedos armados de uñas fuertes y corvas, y cola de medio metro de diámetro en su arranque. Vivía en América al comenzar el período cuaternario, y en las pampas argentinas se hallaron los principales esqueletos conocidos.

MEGATÓN. (Del ingl. *megatón*, de *mega* y *ton*, tonelada.) m. Unidad empleada para comparar la fuerza explosiva de las bombas atómicas, y equivalente a la de un millón de toneladas de trilita.

MEGERA. *Mit.* Una de las Furias.

MEGO, GA. adj. Manso, apacible.

MEHALA. En Marruecos, cuerpo de ejército regular.

MEHEMET-ALÍ. *Biog.* Virrey de Egipto; tuvo destacada actuación en la campaña contra Bonaparte; hizo degollar a los mamelucos en 1811. Reformó la agricultura, la industria y el ejército (1763-1849).

MÉHUL, Esteban Nicolás. *Biog.* Compos. francés, autor de *El príncipe trovador; José en Egipto; Canto de la despedida*, etc. (1763-1817).

MEIBOM, Enrique. *Biog.* Méd. anatomista al., conocido también como **Meibonio**; le dio celebridad el descubrimiento y estudio de las glándulas palpebrales (1638-1700).

MEILHAC, Enrique. *Biog.* Autor dramático fr.; escribió solo o en colaboración con Luis Halevy libretos de operetas y comedias: *La bella Elena*, con música de Offenbach; *Barba Azul; Frou Frou*, etc. (1831-1897).

MEININGEN. *Geog.* Ciudad de la Rep. Democrática Alemana (Turingia), a orillas del río Werra, 25.000 h. Maquinaria; fabricación de cerveza.

MEISSEN. *Geog.* Ciudad de la Rep. Democrática Alemana (Sajonia), sobre el Elba, al N. de Dresde. 43.800 h. Porcelanas famosas que se fabrican según el proceso descubierto por J. F. Böttger, desde 1710, en que se fundó la primera fábrica europea. Fue la más importante del Viejo Mundo hasta la época de Federico el Grande de Prusia. Sèvres la reemplazaría más tarde.

MEISSNER, Jorge. *Biog.* Fisiól. alemán, descubridor de los corpúsculos del tacto (1829-1906).

MEISSONIER, Ernesto. *Biog.* Pintor fr.; se especializó en temas históricos y militares que llevó al lienzo con escrupulosa fidelidad: *La campaña de Francia; Los coraceros; Napoleón y su estado mayor*, etc. (1815-1891).

MEISTERSINGER. (Voz al., *maestro cantor.*) m. pl. Poetas y músicos menestrales alemanes agrupados en corporaciones y gremios que, a imitación de la lírica cortesana de los minnesinger, crearon un nuevo tipo de poesía burguesa y formulista, alegórica y religiosa.

MEITNER, Lisa. *Biog.* Científica austriaca, experta en física nuclear, que realizó investigaciones sobre la fisión del uranio (1878-1968).

MEJANA. (Del lat. *medianus*, lo que está en medio.) f. Isleta de un río.

MEJÍA, Adolfo. *Biog.* Compositor col., que ha cultivado diversos géneros musicales. *La danza ritual africana* es su obra más difundida (n. 1909). ‖ — **Epifanio.** Poeta col., autor de *Crepúsculos y auroras; Amelia; El arriero de Antioquia*, etc. (1838-1913). ‖ — **Liborio.** Mil. colombiano; luchó en la guerra de la Independencia. Elegido presid. de la República en 1816, fue fusilado ese año por los españoles. ‖ — **Pedro de.** Hist. español, autor de *Historia imperial y cesárea; Coloquios y diálogos; Historias del emperador Carlos V*, etc. (1497-1551). ‖ — **Tomás.** Mil. mexicano; participó en la guerra contra EE. UU. Sirvió a las órdenes del emp. Maximiliano, junto a quien fue fusilado (1815-1867). ‖ — **ARREDONDO, Enrique.** Compositor dom. de inspiración folklórica. Autor de *En el tiempo de Yocarí; Sinfonía de luz*, y otras obras (1901-1951). ‖ — **COLINDRES, Vicente.** Político hondureño (1878-1966), de 1929 a 1932 presidente de la República. ‖ — **NIETO, Arturo.** Escr. hondureño, autor de *Ensayo de interpretación de la realidad de Norteamérica e Hispanoamérica; El perfil americano*, etc. (1900-1972). ‖ — **SÁNCHEZ, Ernesto.** Ensayista y literato nicar., autor de *Romances y corridos nicaragüenses* y otras obras (n. 1923). ‖ — **VALLEJO, Manuel.** Escritor col., autor de la novela de ambiente rural *El día señalado* y de otras obras (n. 1923).

MEJICANA, LA. *Geog.* V. **La Mejicana.**

MEJICANISMO. m. Vocablo, acepción, locución, giro o modo de hablar propio de los mejicanos.

MEJICANO, NA. adj. Natural de Méjico. Ú.t.c.s. ‖ Perteneciente a esta república de América. ‖ m. Azteca, idioma azteca. sinón.: **mexicano.**

MÉJICO. *Geog.* **México.**

MEJIDO, DA. adj. V. **Huevo mejido.** ‖ V. **Yema mejida.**

MEJILLA. al. **Backe, Wange.** fr. **Joue.** ingl. **Cheek.** ital. **Gota, guancia.** port. **Maçã.** (Del lat. *maxilla.*) f. Cada una de las dos prominencias que tiene el rostro humano debajo de los ojos.

MEJILLÓN. (Del lat. *mytilus*, almeja.) m. Molusco acéfalo, con dos valvas simétricas, convexas, casi triangulares, de color negro azulado por fuera, algo anacaradas por dentro, y de cuatro a cinco centímetros de largo. Vive adherido a las piedras que cubre y descubre el mar, y es comestible. *Mytilus edulis*, lamelibranquio.

MEJILLONES. *Geog.* Bahía de la costa chilena septentrional (Antofagasta), al S. E. de la punta Angamos. ‖ Puerto chileno (Antofagasta) sit. en la bahía hom. 10.000 h. Exportación de guano y cobre.

MEJOR. al. **Besser; Beste.** fr. **Mieux; meilleur.** ingl. **Better; best.** ital. **Meglio; migliore.** port. **Melhor.** (Del lat. *melior.*) adj. comp. de **Bueno.** Superior a otra cosa en cualidad natural o moral. MEJOR *comportamiento*; antón.: **peor.** ‖ V. **Mejor postor.** ‖ adv. m. comp. de **Bien.** Más bien, de manera más conforme a lo bueno o lo conveniente. *Este obrero trabaja* MEJOR *que los otros.* ‖ **Antes** o **más**, significando preferencia. MEJOR *quiero pobreza digna que riqueza mal habida.* ‖ **A lo mejor.** loc. adv. fam. con que se anuncia un hecho o dicho inesperado y por lo común desagradable. A LO MEJOR *llueve y no podemos salir.* ‖ **En mejor.** m. adv. Más bueno, más bien. ‖ **Mejor que mejor.** expr. Mucho mejor. MEJOR QUE MEJOR *si te vas.* ‖ **Tanto mejor,** o **tanto que mejor.** expres. **Mejor** todavía.

MEJORA. (De *mejorar.*) f. Medra, adelantamiento de una cosa. *Introducir* MEJORAS *en una población.* ‖ Puja o aumento de precio sobre una cosa. ‖ *Der.* Porción dejada por el testador a alguno de sus herederos, además de la legítima. ‖ pl. *Der.* Gastos útiles que, con determinados efectos legales, hace en propiedad ajena quien tiene en ella algún derecho.

MEJORABLE. adj. Que se puede mejorar.

MEJORAMIENTO. m. Acción y efecto de mejorar.

MEJORANA. (De *mayorana.*) f. Hierba vivaz, de flores en espiga, hojas ovaladas y vellosas y fruto seco con semillas redondas y rojizas, usada como antiespasmódica. Se cultiva por su excelente fragancia. *Origanum majorana,* labiada ‖ *Pan.* Baile de conjunto en que, enfrentados los caballeros y las damas, cambian de lugar marcando el paso y zapateando. ‖ – **silvestre.** Planta de flores en grupos axilares, de cáliz velloso y corola blanca, de olor agradable. *Thymus mastichina,* labiada.

MEJORAR. (Del lat. *meliorare.*) tr. Acrecentar una cosa haciéndola pasar de un estado bueno a otro mejor. MEJORAR *el pan, un camino.* ‖ Hacer recobrar la salud perdida. ‖ Pujar, aumentar el precio de una cosa. ‖ *Der.* Dejar en el testamento mejora a uno o a varios de los hijos o nietos. MEJORÓ *al menor en un quinto.* ‖ intr. Restablecerse. Ú.t.c.r. ‖ Ponerse el tiempo más benigno. Ú.t.c.r. ‖ Ponerse en lugar o grado más ventajoso. Ú.t.c.r. ‖ IDEAS AFINES: *Embellecer, adornar, corregir, rectificar, cambiar, reformar, retocar, perfeccionar, educar, progresar, superar; enfermedad, convalecer, sanar, curar.*

MEJORÍA. (De *mejora.*) f. Mejora, medra. ‖ Alivio en una dolencia o enfermedad. *No siento ninguna* MEJORÍA; antón.: **atraso.** ‖ Ventaja en una cosa respecto de otra.

MEJUNJE. (Del ár. *mechún,* electuario.) m. Cosmético o medicamento constituido por mezcla de varios ingredientes. ‖ *Amér. del S.* Lío, enredo.

MEKNÉS. *Geog.* V. **Mequínez.**

MEKONG. *Geog.* El río más importante de Indochina; nace en el Tíbet y des. en el mar de la China en forma de delta. 4.500 km.

MELA, Pomponio. *Biog.* Geógrafo lat. autor de *De situ Orbis* o *De chorographia,* tratado que reúne los conocimientos geográficos de su tiempo. (s. I).

MELACONITA. f. *Miner.* Óxido de cobre.

MELADA. f. Rebanada de pan tostado mojada en miel. ‖ Pedazos de mermelada seca.

MELADO, DA. adj. Dícese del color similar al de la miel. ‖ De color **melado.** *Ojos* MELADOS. ‖ m. Zumo de la caña dulce concentrado al fuego sin que llegue al punto de cristalización. ‖ Torta pequeña de miel y cañamones.

MELADORA. f. *Cuba.* La última paila en que se termina de cocer el guarapo.

MELADUCHA. (De *melado.*) adj. y s. Dícese de una especie de manzana dulzona, pero poco substanciosa.

MELADURA. f. Melado ya preparado para hacer el papelón o el azúcar.

MELÁFIDO. (Del gr. *melas,* negro, y la terminación *fido,* de *pórfido.*) m. Roca eruptiva, de feldespato y augita, con hierro magnético, que se emplea en construcción. *El* MELÁFIDO *aflora en el lecho del alto Paraná.*

MELAMINA. f. *Quím.* Compuesto orgánico utilizado como materia prima en la elaboración de algunos plásticos artificiales.

MELAMPO. m. En el teatro, candelero con pantalla que usa el traspunte.

MELAMPO. *Mit.* Adivino y mago que introdujo en Grecia el arte de curar con remedios secretos y purificaciones. También llevó a ese país el culto dionisiaco.

MELANCOLÍA. al. **Schwermut; Melancholie.** fr. **Mélancholie.** ingl. **Melancholy.** ital. **Malinconia.** port. **Melancolia.** (Del lat. *melancholia,* y éste del gr. *melagcholía,* negra bilis.) f. Tristeza vaga y permanente nacida de causas físicas o morales. ‖ *Med.* Proceso frenopático de involución, caracterizado por depresión mental, angustia y concepciones delirantes, de carácter triste.

MELANCÓLICO, CA. (Del lat. *melanchólicus,* y éste del gr. *melagcholikós.*) adj. Perteneciente o relativo a la melancolía. ‖ Que tiene melancolía. Ú.t.c.s. *Con el atardecer se ponía* MELANCÓLICO; sinón.: **sombrío, tristón.** ‖ deriv.: **melancólicamente.**

MELANCOLIZAR. (De *melancólico.*) tr. y r. Entristecer a uno dándole una mala nueva, o haciendo cosa que le cause pena.

MELANCHTON, Felipe S. *Biog.* Teólogo protestante al., uno de los principales colaboradores de Lutero, de quien se constituyó defensor en la *Apología de Lutero.* Autor de la primera dogmática protestante en *Lugares comunes en materia teológica,* escribió además *Suma de la doctrina evangélica renovada*; *La confesión de Augsburgo,* junto con Camerario, etc. Intentó establecer, pese a los ataques de los intransigentes, una conciliación entre todas las fracciones de la Reforma y entre la Reforma y el catolicismo (1497-1560).

MELANESIA. *Geog.* Arco insular volcánico y coralino de Oceanía, sit. al N. E. de Australia, que constituye una de las divisiones geográficas y etnográficas del continente. Abarca las islas de Nueva Guinea, Bismarck, Salomón, Nuevas Hébridas, Nueva Caledonia y otras menores. 950.000 km². 3.500.000 h. de raza negra. Políticamente está repartido entre Gran Bretaña, Francia y Australia, existiendo asimismo estados independientes, como Papúa Guinea.

MELANINA. f. *Pat.* y *Quím* Pigmento amorfo, negro, que se halla normal o patológicamente en los organismos animales. ‖ deriv.: **melánico, ca.**

MELANITA. (Del gr. *melas, melanos,* negro.) f. Variedad de granate, brillante, negra y opaca.

MELANOSIS. (Del gr. *melánosis,* negrura.) f. *Pat.* Coloración negra de los tejidos por la presencia de la melanina. La pigmentación *melanosis* se origina por la acción solar, el embarazo, etc.

MELANURIA. (Del gr. *melas, mélanos,* negro, y *oureo,* orinar.) f. Expulsión de orina negra, que indica un tumor melánico en las vías urinarias.

MELAPIA. (Del lat. *melápium,* del gr. *melon,* manzana, y *apion,* pera.) f. Variedad de la manzana común, especie intermedia entre la camuesa y la asperiega.

MELAR. (Del lat. *mellarius.*) adj. Que sabe a miel. *Trigo* Ú.t.c.tr. ‖ tr. *Ec.* Ganar dinero fácilmente. ‖ irreg. Conj. como **acertar.**

MELAR. (Del lat. *mellare.*) intr. En ingenios de azúcar, dar la segunda cochura al zumo de la caña, hasta que toma consistencia de miel. ‖ Hacer las abejas la miel y ponerlas en los vasillos de los panales. Ú.t.c.tr. ‖ tr. *Ec.* Ganar dinero fácilmente. ‖ irreg. Conj. como **acertar.**

MELARCHÍA. f. *Amér. Central.* Tristeza.

MELAZA. al. **Melasse.** fr. **Mélasse.** ingl. **Molasses.** ital. **Melassa.** port. **Melaço.** (aum. desp. de *miel.*) f. Líquido pastoso, de color pardo obscuro y sabor muy dulce, que queda de la cristalización del azúcar de caña o de remolacha.

MELBOURNE. *Geog.* Ciudad y puerto de Australia, cap. del estado de Victoria. 2.650.000 h. con los suburbios. Metalurgia, industria automovilística, productos químicos. Exportación de lana. En 1956 fue escenario de los Juegos Olímpicos.

MELCA. f. **Zahína.**

MELCOCHA. (De *miel* y *cocha.*) f. Miel concentrada y caliente, que se echa en agua fría y queda muy correosa. ‖ Cualquier pasta comestible hecha de esta miel elaborada.

MELCOCHERO. m. El que prepara o vende melcocha.

MELCOCHO, CHA. adj. *Col.* y *Guat.* De color colorado negruzco.

MELDENSE. adj. Natural de Melde, hoy Meaux. Ú.t.c.s. ‖ Perteneciente a esta ciudad de las Galias.

MELEAGRO. *Mit.* Héroe etolio. Las Parcas predijeron que viviría mientras no se consumiese un leño que ardía en el hogar. Su madre retiró el tizón y lo guardó cuidadosamente. Después de participar en la expedición de los Argonautas, mató al jabalí que asolaba las tierras de su padre; en esa ocasión, a raíz de una disputa dio muerte a los hermanos de su madre. Desesperada, ésta recordó la predicción de las Parcas y arrojó al fuego aquel tizón que había ocultado. Cuando el tizón se consumió, Meleagro pereció de inmediato.

MELEAR. intr. *Bol.* Recoger miel.

MELECINA. f. ant. Medicina. Ú. en *León, Méx.* y *Salv.*

MELENA. al. **Schopf.** fr. **Chevelure.** ingl. **Loose hair.** ital. **Chioma.** port. **Melena.** f. Cabello que desciende por junto al rostro y en especial el que cae sobre los ojos. ‖ El que cuelga sobre los hombros. ‖ Cabello suelto. *Usar* MELENA. ‖ Crin del león. ‖ Melenera que se coloca a los bueyes. ‖ Yugo de la campana. ‖ **Andar a la melena.** frs. fig. y fam. **Andar a la greña.** ‖ IDEAS AFINES: *Crencha, rulo, rizo, flequillo, pelo, trenza, peine, tijera, peluquero, ondas, lacio.*

MELENA. (Del gr. *mélaina,* negra.) f. *Med.* Fenómeno morboso consistente en arrojar sangre negra por cámaras.

MELÉNDEZ, Carlos. *Biog.* Estadista salv. (1861-1919), presidente de la Nación de 1913 a 1914 y de 1915 a 1919. ‖ – **Concepción.** Escr. portorr., autora de *La novela indianista en Hispanoamérica* y otras obras (n. 1904). ‖ – **Jorge.** Est. salvadoreño, de 1919 a 1923 presid. de la República (1872-1953). ‖ – **VALDÉS, Juan.** Poeta esp., uno de los más grandes líricos del neoclasicismo español, autor de anacreónticas, romances, pastorales, odas, elegías, etc. (1754-1817).

MELENERA. f. Parte superior del testuz de los bueyes en la cual descansa el yugo. ‖ Almohadilla que se les pone a los bueyes en la frente al enyugarlos, para preservarlos del ludimiento.

MELENO. adj. Dícese del toro que tiene un mechón grande de pelo sobre la frente. ‖ m. fam. Payo, hombre campesino.

MELENUDO, DA. adj. Que tiene el pelo largo y abundante.

MELERA. f. Daño que sufren los melones por la lluvia o granizo, y que se manifiesta por manchas obscuras en la corteza. ‖ Lengua de buey, planta.

MELERO, RA. (Del lat. *mellarius,* colmenero.) adj. Perteneciente o relativo a la miel. *Productos* MELEROS; *industria, avispa* MELERA. ‖ s. Persona que vende miel. ‖ m. Lugar donde se guarda la miel.

MELFI DEMARCO, Domingo. *Biog.* Ensayista chil., autor de *Sin brújula*; *Pacífico-Atlántico*; *Estudio de literatura chilena,* etc. (1892-1946).

MELGA. f. *Amér.* Amelga. ‖ *Hond.* Parte pequeña de un trabajo inconcluso.

MELGACHO. m. Lija, pez.

MELGAR. m. Campo abundante en mielgas.

MELGAR. tr. *Chile.* Amelgar.

MELGAR, Mariano. *Biog.* Poeta y patriota per., autor de una traducción de los *Remedios de amor* de Ovidio, con el título de *Arte de olvidar*; de poemas de suave erotismo: *Carta a Silvia;* de sentimentales yaravíes que le dieron gran popularidad. Héroe de la independencia de su patria, murió fusilado por los españoles a raíz del levantamiento de Pumacahua, de quien fue secretario (1791-1815). ‖ – **CASTRO, Juan Alberto.** Político hond., presidente de la Rep. desde 1975.

MELGAREJO. m. Moneda de Bolivia.

MELGAREJO, Francisco Javier de. *Biog.* Marino esp. que luchó contra los ingleses en aguas del río de la Plata y luego en las islas Malvinas (m. 1820). ‖ – **Mariano.** Mil. boliviano, presidente de la Nación en 1866, después de derrocar al general Acha, hasta 1871, en que fue destituido por una revolución. Murió asesinado (1820-1871). ‖ – **MUÑOZ, Waldimiro W.** Pintor y grabador arg., autor de *Motivos del circo; Escapando a la tormenta*; *Maternidad,* etc. (n. 1908).

MELGO, GA. adj. Mielgo.

MELIÁCEO, A. (Del gr. *melía,* fresno.) adj. *Bot.* Dícese de árboles y arbustos dicotiledóneos de climas cálidos, con hojas alternas, rara vez sencillas, flores en panoja, generalmente axilares, y fruto capsular con semillas de albumen carnoso o sin él, como la caoba y el cinamomo. Ú.t.c.s.f. ‖ f. pl. *Bot.* Familia de estas plantas.

MELIÁN LAFINUR, Álvaro. *Biog.* Escr. argentino, autor de *Buenos Aires, imágenes y semblanzas; Figuras americanas, Sonetos y triolets,* etc. (1893-1958). ‖ – **Luis.** Pol. y escritor urug., autor de *Las mujeres de Shakespeare; La historia y la leyenda; Ecos del pasado,* etc. (1850-1939).

MÉLICO, CA. (Del lat. *melicus,* y éste del gr. *melikós.*) adj. Perteneciente al canto. ‖ Perteneciente a la poesía lírica.

MELIDA, José Ramón. *Biog.* Arqueól. español. Dirigió las excavaciones de Numancia y Mérida y publicó *Arqueología española; La escultura hispanocristiana de los primeros siglos de la Era,* etc. (1856-1933).

MELIES, Jorge. *Biog.* Cineasta fr., que creó la narración cinematográfica en filmes imaginativos y fantasmagóricos: *Viaje a la luna; La conquista del polo; Viaje a través de lo imposible,* etc. (1861-1938).

MELÍFERO, RA. (Del lat. *mellifer, -eri*; de *mel, mellis,* miel, y *ferre,* llevar.) adj. poét. Que lleva o tiene miel. *Las celdillas* MELÍFERAS.

MELIFICADO, DA. adj. Melifluo.

MELIFICADOR. m. *Chile.* Cajón de lata, con tapa de vidrio, que se usa para extraer la miel de abeja separada de la cera.

MELIFICAR. (Del lat. *mellificare*; de *mel, mellis,* miel, y *facere,* hacer.) tr. e intr. Hacer las abejas la miel o extraerla de las flores. ‖ deriv.: **melificación.**

MELÍFICO, CA. (Del lat. *mellíficus.*) adj. Que hace o produce miel.

MELIFLUAMENTE. adv. m. fig. Dulcemente, con delicadeza.

MELIFLUENCIA. f. Melifluidad.

MELIFLUIDAD. f. fig. Calidad de melifluo.

MELIFLUO, FLUA. (Del lat. *mellifluus;* de *mel, mellis,* miel, y *fluere,* fluir, destilar.) adj. Que tiene miel o se le asemeja en sus propiedades. ‖ fig. Dulce, delicado y tierno en el trato. *Voz* MELIFLUA; antón.: **áspero.**

MELILOTO. (Del lat. *melilotos,* y éste del gr. *melílotos.*) m. Planta leguminosa con hojas de tres en tres, lanceoladas, obtusas y dentadas; flores amarillentas y olorosas, y fruto en legumbre oval, que contiene de una a cuatro semillas. Su flores se usan en medicina como emolientes. *Melilotus officinalis.*

MELILOTO, TA. adj. y s. Aplícase a la persona poco juiciosa y abobada.

MELILLA. *Geog.* Ciudad del N. de África (Marruecos), plaza fuerte del Mediterráneo. 63.000 h. Junto con Ceuta y otras dependencias menores, es de soberanía española. Hierro, pesca.

MELILLENSE. adj. Natural de Melilla. Ú.t.c.s. ‖ Perteneciente a esta ciudad de África.

MELINCUÉ. *Geog.* Laguna de la Argentina (Santa Fe), al N.E. de Venado Zuerto. 32 km²

MELINDRE. (Del lat. *mellítulus,* dim. de *mellítus,* dulce como la miel.) m. Fruta de sartén hecha con miel y harina. ‖ Dulce de pasta de mazapán con caña de azúcar, por lo general en forma de rosquilla. ‖ Bocadillo, cinta. ‖ fig. Delicadeza afectada en palabras, modales o acciones. sinón.: **dengue, remilgo.**

MELINDREAR. intr. Hacer melindres en las acciones y ademanes.

MELINDRERÍA. (De *melindre-*

ro.) f. Hábito de melindrear.

MELINDRERO, RA. adj. y s. Melindroso.

MELINDRIZAR. intr. **Melindrear.**

MELINDROSO, SA. adj. y s. Que usa de melindres. *Joven* MELINDROSA. sinón.: **dengoso.** ‖ deriv.: **melindrosamente.**

MELINITA. (Del lat. *mélinus*, y éste del gr. *mélinos*, amarillento.) f. Substancia explosiva, cuyo principal componente es el ácido pícrico.

MELINO, NA. (Del lat. *melinus*.) adj. Natural de Melo, hoy Milo. Ú.t.c.s. ‖ Perteneciente a esta isla del Archipiélago (Egeo). ‖ Dícese de la tierra de alumbre que se extraía de la isla de Milo, y se usaba en la preparación de algunas pinturas.

MELIPILLA. *Geog.* Ciudad de Chile (Santiago). 12.000 h. Centro agrícola; cereales, frutas, legumbres.

MELIS. adj. V. **Pino melis.** Ú.t.c.s.

MELISA. (Del gr. *mélissa*, abeja, por ser planta de que gustan estos insectos.) f. Toronjil.

MELISMA. (Del gr. *mélisma*, canción.) m. *Mús.* Melodía breve. ‖ pl. *Mús.* Sucesión de notas, a modo de gorjeo.

MELITO. (Del gr. *melition*, bebida hecha con miel.) m. *Farm.* Jarabe preparado con miel y una substancia medicamentosa.

MELO, Francisco Manuel de. *Biog.* Hist. hispanoportugués; escribió en castellano *Historia de los movimientos, separación y guerra de Cataluña* (1608-1666). ‖ – **José María.** Mil. colombiano; dirigió una sublevación, en 1854 asumió la presid. de la República, y ese mismo año fue derrocado (1800-1861). ‖ – **DE PORTUGAL Y VILLENA, Pedro.** Marino y mil. español, de 1795 a 1797 virrey del Río de la Plata (1734-1797).

MELO. *Geog.* Ciudad del Uruguay, capital del dep. de Cerro Largo. 37.000 h. Lanas, cereales. Centro comercial.

MELOCOTÓN. (Del lat. *malum cotónium*, membrillo, en cuyo tronco suele injertarse el pérsico para obtener las mejores variedades del melocotonero.) m. Melocotonero. ‖ Fruto de este árbol. Es esférico, de siete a ocho centímetros de diámetro y de color amarillo con manchas encarnadas; pulpa jugosa, amarillenta, de sabor agradable, y adherida a un hueso pardo que contiene una almendra muy amarga. ‖ – **romano.** El muy grande y sabroso, de hueso colorado.

MELOCOTONAR. m. Campo plantado de melocotoneros.

MELOCOTONERO. m. Árbol, variedad del pérsico, y del duraznero, cuyo fruto es el melocotón.

MELODÍA. al. **Melodie.** fr. **Mélodie.** ingl. **Melody.** ital. **Melodia.** port. **Melodia.** (Del lat. *melodia*, y éste del gr. *melodía*; de *melos*, música, y *odé*, canto.) f. Dulzura y suavidad de la voz o del sonido de un instrumento músico. *La* MELODÍA *de aquellos versos.* ‖ *Mús.* Parte de la música, que presenta una sucesión determinada de sonidos. ‖ Composición en que se desarrolla una idea musical con independencia de su acompañamiento. Ú. en oposición a armonía. ‖ IDEAS AFINES: *Canción, musicalidad, ritmo, sonoridad, armonioso, cantarino, acompasado, bailable, sonidos, notas, arrullo.*

MELÓDICO, CA. adj. Perteneciente o relativo a la melodía. *Frase* MELÓDICA.

MELODIO. m. *Ec.* Galicismo por **armonio.**

MELODIOSO, SA. (De *melodía*.) adj. Agradable al oído. *Inflexiones* MELODIOSAS; sinón.: **armonioso, musical.** ‖ deriv.: **melodiosamente.**

MELODRAMA. (Del gr. *melos*, música, y *drama*, tragedia.) m. Drama puesto en música; ópera. ‖ Drama compuesto para este fin; letra de la ópera. ‖ Especie de drama, cuyo argumento tiene por principal motivo despertar en el auditorio cierta curiosidad y emoción de indudable vulgaridad.

MELODRAMÁTICO, CA. adj. Perteneciente o relativo al melodrama. ‖ Dícese de lo que en literatura o en la vida real participa de las malas cualidades del melodrama. *Personaje, énfasis, instante* MELODRAMÁTICO. ‖ deriv.: **melodramáticamente.**

MELODREÑA. adj. Dícese de la piedra de amolar.

MELOGRAFÍA. (Del gr. *melos*, música, y *grapho*, escribir.) f. Arte de escribir música.

MELOJA. f. Lavaduras de miel.

MELOJAR. m. Terreno poblado de melojos.

MELOJO. m. Árbol cupulífero europeo, semejante al roble albar, de tronco irregular y bajo, copa ancha, hojas aovadas, vellosas en el envés y con pelos en la haz, y bellota solitaria o en grupos de dos a cuatro.

MELOLONTA. (Del gr. *melolonthe*, especie de escarabajo.) m. Género de insectos coleópteros muy perjudicial para las plantas, pues sus larvas se alimentan de las raíces y, ya adultos, comen las hojas.

MELOMANÍA. (Del gr. *melos*, música, y *manía*, manía.) f. Amor desordenado a la música.

MELÓMANO, NA. (De *melomanía*.) adj. y s. Fanático de la música.

MELÓN. al. **Melone.** fr. **Melon.** ingl. **Melon.** ital. **Popone.** port. **Melão.** (Del lat. *melo, -onis*.) m. Planta herbácea anual, originaria de Oriente, con tallos tendidos que alcanzan cuatro metros de longitud; hojas pecioladas, flores solitarias de corola amarilla, y fruto elipsoidal de veinte a treinta centímetros de largo, con cáscara blanca, amarilla, verde o manchada de estos colores; carne olorosa, dulce, aguanosa, y en cuyo interior hay muchas pepitas de corteza amarilla y almendra blanca. Existen muchas variedades cultivadas. *Cucumis melo*, cucurbitáceas. ‖ Fruto de esta planta.

MELÓN. (Del lat. *meles*, tejón.) m. Meloncillo, mamífero.

MELONAR. m. Terreno sembrado de melones.

MELONCILLO. (De *melón*, mamífero.) m. Mamífero carnicero nocturno, del mismo género que la mangosta, de unos cuarenta centímetros de longitud, incluida la cola, la cual es tan larga como el cuerpo; cabeza redonda y de hocico saliente, orejas pequeñas y cuerpo rechoncho; pelaje largo, fuerte y de color ceniciento obscuro. Su cola termina en un mechón de pelos, de que se hacen pinceles. *Herpestes ichneumon*, vivérrido.

MELONERO, RA. s. Persona que vende melones, los siembra o los guarda.

MELONHUE. m. Marisco chileno, del que hay varias especies.

MELOPEA. f. Melopeya. ‖ fig. y fam. Borrachera.

MELOPEYA. (Del lat. *melopoeia*, y éste del gr. *melopoiía*, de *melopoiós*; de *melos*, canto, y *poiein*, hacer.) f. Arte de producir melodías. ‖ Entonación rítmica que puede emplearse al recitar algo en verso o en prosa.

MELOSA. f. *Chile.* Madia, planta herbácea.

MELOSIDAD. f. Calidad de meloso. ‖ Materia melosa. ‖ fig. Dulzura, suavidad de una cosa inmaterial. *La* MELOSIDAD *de una argumentación.*

MELOSILLA. f. Enfermedad de la encina, que produce la caída de las bellotas.

MELOSO, SA. (Del lat. *mallosus*.) adj. De calidad o naturaleza de miel. ‖ fig. Blando, suave y dulce. Dícese por lo general del razonamiento o discurso.

MELOTE. m. Residuo resultante de la cocción del guarapo.

MELPÓMENE. *Mit.* Musa de la tragedia.

MELQUÍADES, San. *Hagiog.* Papa de 311 a 314.

MELQUISEDEC. *Hist. Sagr.* Rey y sac. de Salem que bendijo a Abrahán.

MELQUISEDECIANO, NA. adj. Aplícase al individuo de una antigua secta que consideraba a Melquisedec superior a Jesucristo. Ú.t.c.s. ‖ Perteneciente a esta secta.

MELSENS, Luis Enrique Federico. *Biog.* Quím. y físico belga, inventor de los pararrayos de varias puntas (1814-1886).

MELTÓN. m. *Cuba.* Tejido burdo de lana, en colores.

MELUN. *Geog.* Ciudad de Francia a orillas del Sena, capital del dep. de Sena y Marne. 35.000 h. Industrias agrícolas.

MELUZA. f. Zumo de la caña de azúcar que se pega a las manos o a la ropa.

MELVA. f. Pez semejante al bonito.

MELVILLE, Germán. *Biog.* Novelista nort., autor de *Moby Dick; Omoo; Redburn*, etc. (1819-1891).

MELVILLE. *Geog.* Isla canadiense del Ártico, en el arch. de Parry, al N. de la isla Victoria. 41.923 km². ‖ Isla de Oceanía, junto a la costa N. de Australia, frente al puerto de Darwin. 4.350 km². ‖ Pen. del norte de Canadá (Territorios del N.O.), frente a la Tierra de Baffin. ‖ **Bahía de —.** Escotadura de la costa N.O. de Groenlandia, al N. del mar de Baffin. ‖ **Estrecho de —.** Canal del arch. polar canadiense, sit. entre la isla Victoria y la isla hom.

MELLA. (De *mellar*.) f. Rotura o hendedura en el filo de una arma o herramienta, o en el borde o en cualquier ángulo saliente de otro objeto. *El hacha tiene una* MELLA. ‖ Hueco que queda en una cosa por haber faltado lo que la ocupaba; como en la encía cuando falta un diente. ‖ fig. Menoscabo, merma, aun en cosa no material. *No encontraron* MELLA *en su honradez.* ‖ **Hacer mella.** frs. fig. Producir efecto en uno la represión, el consejo o la súplica. ‖ Causar pérdida o menoscabo. ‖ IDEAS AFINES: *Raspadura, aspereza, quiebra, grieta, discontinuidad, rajadura, arista, rotura; abertura, boquete, hueco, caverna, vacío, agujero.*

MELLA, Ramón. *Biog.* Mil. dominicano, que con Duarte y Sánchez encabezó el levantamiento contra los haitianos que dio independencia a su país (s. XIX).

MELLADO, DA. adj. Falto de uno o más dientes. Ú.t.c.s. *Boca* MELLADA.

MELLADURA. (De *mellar*.) f. Mella.

MELLAR. (Del lat. *malleare*, machacar.) tr. y r. Hacer mellas. MELLAR *el cuchillo, el vaso.* ‖ fig. Menoscabar, minorar una cosa no material. MELLAR *el honor, el prestigio*; sinón.: **mancillar.**

MELLIZA. (Del lat. *mel, mellis*, miel.) f. Cierto salchichón aderezado con miel.

MELLIZO, ZA. al. **Zwillingsbruder.** fr. **Jumeau.** ingl. **Twin.** ital. **Gemello.** port. **Gemeo.** (Del lat. *gemellus*.) adj. Gemelo, tratándose de hermanos. Ú.t.c.s. ‖ *Bot.* Hermanado.

MELLOCO. m. *Ec.* Planta de los Andes, de raíz con tubérculos feculentos, comestibles. *Ullucus tuberosus.* ‖ Tubérculo de esta planta.

MELLÓN. (Del lat. *malléolus*, manojo de esparto u otra materia inflamable untada con pez.) m. Manojo de paja encendida, a modo de hachón.

MELLONI, Macedonio. *Biog.* Físico ital., a quien se debe el conocimiento de las leyes del calor radiante. Autor de *La termocrosis o la coloración calorífica*, etc. (1798-1854).

MEMADA. (De *memo*.) f. fam. Necedad.

MEMBRADO, DA. (Del fr. *membré*, y éste del lat. *membrum*, miembro.) adj. *Blas.* Dícese de las piernas de las águilas y otras aves, que son de distinto esmalte que el cuerpo.

MEMBRANA. al. **Membran.** fr. **Membrane.** ingl. **Membrane.** ital. **Membrana.** port. **Membrana.** (Del lat. *membrana*.) f. Piel delgada, a modo de pergamino. ‖ *Anat.* y *Bot.* Tejido flexible y delgado, que en los seres orgánicos cubre vísceras, o absorbe y segrega humores. *Tres* MEMBRANAS *recubren el cerebro.* ‖ – **alantoides.** *Anat.* Una de las del feto de algunos animales. ‖ – **caduca.** Membrana blanda que en el período de la preñez tapiza la cavidad uterina y envuelve el feto. ‖ – **mucosa.** *Anat.* La que tapiza cavidades del cuerpo de los animales que se comunican con el exterior. ‖ – **nictitante.** Túnica casi transparente que constituye el tercer párpado de las aves. ‖ – **pituitaria.** La que reviste la cavidad de las fosas nasales y segrega el moco, y en la cual se produce la sensación del olfato. ‖ – **serosa.** La que reviste cavidades del cuerpo de los animales que están incomunicadas con el exterior. ‖ **Falsa membrana.** Producción patológica, no organizada, que cubre ciertos tejidos lesionados en contacto con el exterior; está formada, las más veces, de fibrina y detritos de elementos celulares.

MEMBRANÁCEO, A. (Del lat. *membranáceus*.) adj. *Bot.* y *Zool.* Membranoso, semejante a la membrana.

MEMBRANOSO, SA. adj. Compuesto de membranas. ‖ Parecido a la membrana. *Filamento* MEMBRANOSO.

MEMBREÑO, Alejandro. *Biog.* Est. y escritor hond., en 1915 presid. de su país. Autor de un *Diccionario de hondureñismos.* (1859-1921).

MEMBRETE. al. **Briefkopf.** fr. **En-tête.** ingl. **Heading.** ital. **Intestatura.** port. **Inscrição.** (Del ant. *membrar*, memorar.) m. Anotación que se hace de una cosa, poniendo sólo lo substancial, para copiarlo y extenderlo después. ‖ Aviso por escrito en que se hace un convite o se recuerda una pretensión. ‖ Nombre o título de una persona o corporación que se pone al pie del escrito que a esta misma persona o corporación se dirige. ‖ Este mismo nombre o título puesto a la cabeza de la primera plana. ‖ Nombre o título de una persona, corporación o casa comercial que se imprime a la izquierda de la cabecera del papel. ‖ IDEAS AFINES: *Memorándum, croquis, esbozo, plan, bosquejo, idea; dirección, señas, remitente, firma; distintivo, marca, señal, marbete, título, etiqueta.*

MEMBRILLA. f. Variedad de membrillo, achatado, con cáscara de color blanco amarillento cubierta de pelusa, y carne jugosa y dulce. Se cría en Murcia, España.

MEMBRILLADA. f. *Ec.* Membrillate.

MEMBRILLAR. m. Terreno plantado de membrillos. ‖ Membrillo, árbol.

MEMBRILLATE. m. **Carne de membrillo.**

MEMBRILLERO. m. Membrillo, arbusto.

MEMBRILLETE. m. Planta silvestre del Perú, de hoja semejante a la del membrillo.

MEMBRILLO. al. **Quitte.** fr. **Cognassier; coing.** ingl. **Quince.** ital. **Cotogna.** port. **Marmelo.** (Del lat. *melimelum*, pera dulce, y éste del gr. *melímelon*.) m. Arbusto o arbolillo originario de Asia Menor, muy ramoso, de hojas enteras y aovadas; flores solitarias, grandes, rosadas, de cáliz persistente, y fruto piriforme o en poma, amarillo, muy aromático, áspero y granujiento, con semillas mucilaginosas que sirven para hacer bandolina; diversas variedades cultivadas. *Cydonia vulgaris*, rosácea. ‖ Fruto de este arbusto. En muchas variedades es muy astringente cuando crudo, por lo que se lo consume principalmente cocido, o se lo emplea en la fabricación de jalea y del dulce o carne de **membrillo.** ‖ **Carne de membrillo.**

MEMBRIVES, Lola. *Biog.* Actriz arg., que fue destacada intérprete del teatro español (1888-1969).

MEMBRUDO, DA. adj. Fornido y robusto de cuerpo y miembros. *Un gañán* MEMBRUDO; sinón.: **recio, robusto.** ‖ deriv.: **membrudamente.**

MEMEL. *Geog.* Nombre alemán del río Niemen. ‖ V. **Klaipeda.**

MEMELA. f. *Guat.* y *Hond.* Tortilla de masa de maíz, con cuajada y canela, cocida entre hojas de plátanos. ‖ *Méx.* Tortilla de maíz de forma ovalada.

MEMENTO. (Del lat. *memento*, acuérdate.) m. Cada una de las dos oraciones del canon de la misa, en que se hace conmemoración de los fieles vivos y difuntos.

MEMEZ. f. Calidad de memo.

MEMLING, Juan. *Biog.* Pintor flamenco de origen al.; su obra se caracteriza por un suave idealismo no exento de observación realista: *El juicio final; Adoración de los Reyes; Matrimonio místico de Santa Catalina*, etc. (1433-1494).

MEMNÓN. *Mit.* Rey legendario de Etiopía, hijo de Aurora; murió a manos de Aquiles en el sitio de Troya y desde entonces su madre derrama lágrimas, que son el rocío, todas las mañanas. Se le atribuyó una estatua en Tebas, que dejaba escapar al amanecer sonidos armoniosos.

MEMO, MA. adj. y s. Tonto, simple.

MEMORABLE. (Del lat. *memorábilis*.) adj. Digno de memoria. *Acontecimiento* MEMORABLE; sinón.: **glorioso, notable.**

MEMORANDO. m. Memorándum.

MEMORANDO, DA. (Del lat. *memorandus*.) adj. Memorable.

MEMORÁNDUM. (Del lat. *memorandum*, cosa que debe tenerse en la memoria.) m. Librito o cartera en que se apuntan las cosas que se necesita recordar. ‖ Comunicación diplomática en que se recapitulan hechos y razones para que se tengan presentes en un asunto grave. ‖ Circular o comunicación recordatoria. ‖ *Chile*. En bancos, certificado del depósito de dinero dado al depositante. ‖ IDEAS AFINES: *Libreta, apuntes, notas, hechos, sucesos, memoria.*

MEMORAR. (Del lat. *memorare*.) tr. y r. Recordar algo; hacer memoria de ello. sinón.: **evocar;** antón.: **olvidar.**

MEMORATÍSIMO, MA. (Del lat. *memoratíssimus*.) adj. sup. Digno de eterna memoria.

MEMORATIVO, VA. adj. Conmemorativo.

MEMORIA. al. **Gedächtnis; Erinnerung.** fr. **Mémoire.** ingl. **Memory.** ital. **Memoria.** port. **Memória.** (Del lat. *memoria*.) f. Potencia del alma, mediante la cual se retiene y recuerda lo pasado. *No tiene* MEMORIA; sinón.: **retentiva.** ‖ Recuerdo. *Guardo grata* MEMORIA *de esa época*; sinón.: **remembranza.** ‖ Monumento que queda a la posteridad para recuerdo de una cosa. ‖ Obra pía que instituye uno y en que se conserva su **memoria.** ‖ Relación de gastos que se hacen en una dependencia o negociado, o apuntamiento de otras cosas. *Aprobar la* MEMORIA. ‖ Exposición de hechos, o motivos concernientes a determinado asunto. ‖ Estudio, o disertación escrita, sobre alguna materia. *Una* MEMORIA *científica*. Organo esencial de las computadoras en el que se registran en forma automática datos, informaciones, etc., que serán utilizados posteriormente para determinados trabajos. ‖ pl. Saludo o recado afectuoso que se envía a un ausente. *Dale mis* MEMORIAS. ‖ Libro o cuaderno en que se anota una cosa para tenerla presente. ‖ Relaciones de algunos sucesos íntimos, que se escriben para ilustrar la historia. *Las* MEMORIAS *de Napoleón*. ‖ Dos o más anillos que se traen y ponen en el dedo con el fin de recordar la ejecución de una cosa, dejando uno de ellos colgado del dedo. ‖ **Memoria artificial. Mnemotecnia.** ‖ **Memoria de gallo,** o **de grillo.** fig. y fam. Persona de frágil **memoria.** ‖ **Borrar,** o **borrarse, de la memoria** una cosa. frs. fig. Olvidarla completamente. ‖ **Caerse** una cosa **de la memoria.** frs. fig. Olvidarse uno de ella. ‖ **Conservar la memoria** de una cosa. frs. fig. Acordarse de ella. ‖ **De memoria.** m. adv. Reteniendo en ella cabalmente lo que se leyó y oyó. ‖ **Flaco de memoria.** loc. Olvidadizo. ‖ **Hablar de memoria.** frs. fig. y fam. Decir sin premeditación ni fundamento lo primero que ocurre. ‖ **Hacer memoria.** frs. Recordar, acordarse. ‖ **Huirse de la memoria** una cosa. frs. fig. Olvidarse totalmente de ella. ‖ **Irse,** o **pasársele** a uno una cosa **de la memoria.** frs. fig. Olvidarla. ‖ **Recorrer la memoria.** frs. Reflexionar para recordar lo que pasó. ‖ **Refrescar la memoria.** frs. fig. Renovar los hechos de algo que se tenía olvidado. ‖ **Traer a la memoria.** frs. **Hacer memoria.** ‖ **Venir a la memoria** una cosa. ‖ frs. fig. Recordarla.

● **MEMORIA.** *Fil.* El problema que presenta en Psicología es uno de los más difíciles y para el que se han hallado explicaciones diversas, desde las que la consideran como un producto de huellas orgánicas, hasta las que la reducen a un fluir psíquico. Bergson la clasifica en **memoria** hábito o psicofisiológica y **memoria** representativa o pura, que constituye la esencia misma de la conciencia, la continuidad de la persona, la conciencia de su duración. En este sentido, se la considera como el ser esencial del hombre, algo que lo diferencia de los demás seres y que hasta puede llegar a definirlo, que conserva el pasado y lo actualiza en el presente. Esta **memoria** no sólo representa los hechos pasados, sino que es un revivir como vivencia presente que lleva en sí el pasado. Cuando el acto de la **memoria** es completo, supone la reproducción espontánea o voluntaria, la noción del tiempo y la creencia de la continuación de la existencia desde el momento en que se percibe el objeto; esto la diferencia de la imaginación y de la percepción interna. La fijación de los recuerdos depende de la atención, de la repetición del acto, y de la asociación de ideas, condiciones intelectuales que se unen a la voluntad, de donde se infiere que la **memoria** puede perfeccionarse con el ejercicio.

MEMORIAL. (Del lat. *memorialis*.) m. Libro o cuaderno en que se anota una cosa para determinado fin. ‖ Papel o escrito en que se solicita alguna merced. *Presentar un* MEMORIAL *al presidente*. ‖ Boletín de algunas colectividades.

MEMORIALESCO, CA. adj. fest. Perteneciente o relativo al memorial. *Estilo* MEMORIALESCO.

MEMORIALISTA. m. El que tiene por oficio escribir memoriales y otros documentos.

MEMORIAS DE ULTRATUMBA. *Lit.* Obra de Chateaubriand, escrita entre 1811 y 1836; por expresa decisión del autor fue publicada después de su muerte, circunstancia que motiva su título. Se divide en cuatro partes que corresponden a otras tantas fases de la vida del escritor. Magnífico poema de la existencia de un ser de excepción, es más una obra de arte que una autobiografía verídica.

MEMORIÓN. m. aum. de **Memoria.** ‖ adj. y s. Memorioso.

MEMORIOSO, SA. adj. y s. Que tiene buena memoria.

MEMORISMO. m. Abuso de la memoria que se hace en la enseñanza.

MEMORISTA. adj. y s. Memorioso. *Enseñanza* MEMORISTA.

MEMORIZAR. tr. Aprender de memoria un discurso, un escrito, una poesía, etc.

MEMPHIS. *Geog.* Ciudad de los EE.UU. (Tennessee). 650.000 h. Centro algodonero, refinerías de aceite.

MENA. (Del m. or. que *mina*, 2º art.) f. *Min.* Mineral metalífero tal como se extrae del criadero y antes de limpiarse.

MENA. (Del lat. *maena*, anchoa, y éste del gr. *maíne*.) f. Pez marino acantopterigio, de quince centímetros de largo, de cuerpo comprimido por los lados, y muy convexo por el abdomen. Se halla en las costas del Mediterráneo y es comestible poco estimado.

MENA. f. *Filip.* Vitola de los cigarros puros. ‖ *Mar.* Grueso de un cabo medido por su circunferencia.

MENA, Juan de. *Biog.* Poeta esp., precursor de Góngora. Representó, junto con el marqués de Santillana, la poesía culta e italianizante en la corte del rey Juan II. Influido por Dante y Petrarca escribió su obra maestra: *Laberinto de fortuna* o *Las trescientas* (1411-1456). ‖ – **Luis E.** Compositor dom. que ha abordado música religiosa, sinfónica y popular. Obras: *Sinfonía de juguetes; Sinfonía Giocosa*, etc. (1895-1965). ‖ – **Pedro de.** Escultor esp., autor de tallas policromas de expresión mística: *San Francisco de Asís; San Pedro de Alcántara*, y otras (1628-1688).

MÉNADE. (Del lat. *maenas, -adis*, y éste del gr. *mainás*, furiosa.) f. Cada una de las sacerdotisas griegas de Baco que en la celebración de los misterios daban muestras de frenesí. ‖ fig. Mujer descompuesta y furiosa.

MENADO. *Geog.* Ciudad y puerto del extremo N. de la isla de Célebes (Indonesia). 60.000 h. Exportación de copra y café.

MENAJE. (Del fr. *ménage*.) m. Muebles de una casa. ‖ Material pedagógico de una escuela.

MENAM. *Geog.* El río más importante de Thailandia. Recorre el territorio de N. a S. y desagua en el golfo de Siam. 1.200 km.

MENANDRO. *Biog.* Poeta cómico gr., conocido por las imitaciones que de sus obras hicieron Plauto y Terencio. En 1958 fue descubierta y publicada una obra teatral suya que apareció completa: *Duskolos* (340-292 a. de C.).

MENANT, Joaquín. *Biog* Asiriólogo fr.; realizó numerosos estudios sobre el desciframiento de las escrituras cuneiformes: *Babilonia y Caldea; Las lenguas perdidas de Persia y Asiria; Las escrituras cuneiformes*, etc. (1820-1890).

MENAR. tr. Dar vueltas a la cuerda en el juego de la comba.

MENARD, Luis Nicolás. *Biog.* Escr. y químico fr., a quien se debe la obtención del colodión. Autor de *Ensueños de un pagano místico; Historia de los antiguos pueblos de Oriente; Simbolismo de las religiones antiguas y modernas*, etc. (1822-1901).

MENCIO. *Biog.* V. **Meng-Tse.**

MENCIÓN. (Del lat. *mentio, -onis*.) f. Recuerdo que se hace de una persona o cosa, nombrándola o refiriéndola. *Varias veces hizo mención de ti*. ‖ – **honorífica.** Distinción o recompensa de menos importancia que el premio y el accésit. ‖ **Hacer mención.** frs. Nombrar algo o a alguien, hablando o escribiendo.

MENCIONAR. tr. Hacer mención de alguien. *No* MENCIONÓ *ningún nombre*; sinón.: **citar.** antón.: **callar, omitir.** ‖ Referir, contar algo para que se tenga noticia de ello.

MENCKEN, Enrique L. *Biog.* Periodista y crítico nort., autor de *El lenguaje norteamericano; Prejuicios; Libro de burlescos; Libro de calumnias; Notas sobre las democracias*, etc. (1880-1956).

MENCHUCA. f. fam. *Chile*. Mentira, jácara.

MENDACIDAD. (Del lat. *mendacitas, -atis*.) f. Costumbre de mentir.

MENDAÑA DE NEIRA, Álvaro de. *Biog.* Nav. español, descubridor de las islas de Salomón y Marquesas (1541-1595).

MENDA. pron. pers. *Germ.* y *fam.* El que habla. Ú. con el verbo en 3ª persona. ‖ pron. indef. Uno, uno cualquiera.

MENDAZ. (Del lat. *mendax, -acis*.) adj. y s. Mentiroso. sinón.: **embustero.**

MENDEL, Gregorio. *Biog.* Relig. y botánico checoslovaco, autor de importantes investigaciones sobre la hibridación y la herencia en las plantas, que sirvieron de base para la formulación de leyes de la genética, conocidas con el nombre de **mendelismo.** V. (1822-1884).

MENDELEIEV, Demetrio Ivanovich. *Biog.* Quím. ruso, descubridor de la ley periódica de los elementos químicos. Escribió *La ley periódica de los elementos químicos*, obra donde se encuentra la famosa tabla que lleva su nombre; *Tratado de química*, etc. (1834-1907).

MENDELEVIO. Elemento químico transuránico, de n. atóm. 101, y símbolo *Mv*.

MENDELIANO, NA. adj. Perteneciente o relativo al mendelismo.

MENDELISMO. m. Conjunto de leyes referente a la herencia de los caracteres de los seres orgánicos, originadas por los experimentos del fraile agustino Mendel sobre el cruzamiento de variedades de guisantes.

MENDELSSOHN, Moisés. *Biog.* Fil. judío al. cuya obra está impregnada de religiosidad. Amigo y admirador de Lessing, lo defendió en páginas brillantes. Obras: *Conversaciones filosóficas; Las sensaciones*, etc. (1729-1786). ‖ – **BARTHOLDY, Félix.** Mús. alemán, una de las figuras de la escuela romántica. Contribuyó activamente a resucitar la música de Juan S. Bach. De su vasta producción sobresalen: *Sueño de una noche de verano; Romanzas sin palabras*, y numerosos conciertos (1809-1847).

MENDEREH. *Geog.* V. **Meandro.**

MENDES, Murilo. *Biog.* Poeta bras., autor de *Historia del Brasil en verso; Poemas* y otras obras (n. 1900-1976).

MENDÉS, Cátulo. *Biog.* Lit. francés, autor de *La leyenda del Parnaso contemporáneo; Hesperus*, etc. (1841-1909).

MENDES LEAL, José da Silva. *Biog.* Pol. y literato port., autor de *Quien quiere todo pierde todo; Los dos renegados; Historia de la guerra de Oriente*, etc. (1820-1866).

MÉNDEZ, Evar. *Biog.* Poeta arg.; dirigió el periódico de arte "Martín Fierro"; publicó *Palacio de ensueño; Canción de la vida en vano; Jardín secreto*, etc. (1888-1955). ‖ – **Francisco.** Poeta nicar., autor de *Romances de tierra verde; Los dedos en el barro*, etc. (1908-1940). ‖ – **Gervasio.** Poeta arg., fundador de "El Álbum del Hogar", en que publicó sus más celebradas poesías (1848-1898). ‖ – **Juan.** Militar mex. que, en 1876, fue pres. interino de su país (1820-1894). ‖ – **Manuel.** Político salv., en 1872 presidente de la República. ‖ – **Manuel I.** Escritor español cont. que reside en Cuba. Autor de *Martí* y otras obras. ‖ – **Timoteo.** Patriota salv., bajo la Confederación centroamericana, jefe del Estado de 1837 a 1839. ‖ – **BEJARANO, Mario.** Lit. y filólogo esp., autor de *Historia literaria; La ciencia del verso; Vida y obras de José María Blanco y Crespo*, etc. (1857-1931). ‖ – **CALZADA, Enrique.** Poeta, ensayista y narrador arg., autor de *El hombre que silba y aplaude; El jardín de Perogrullo; Vocaciones de Nuestra Señora la Poesía*, etc. (1898-1940). ‖ – **CAPOTE, Domingo.** Patriota cub., uno de los más populares oradores de la revolución, y primer presid. de la República de Cuba (1863-1933). ‖ – **MAGARIÑOS, Melchior.** Pintor urug., autor de *Éxodo del pueblo oriental; Eran tres comadres*, y otros cuadros (1885-1945). ‖ – **MONTENEGRO, Julio César.** Político guat.; en 1966, pres. de la República (n. 1915). ‖ – **PEREIRA, Octavio.** Lit. panameño, autor de *El tesoro del Dabaide; Fuerzas de unificación; Antología del Canal*, etc. (1887-1954). ‖ – **PINTO, Fernán.** Nav. portugués; recorrió el Asia, en especial la China y el Japón, y escribió un relato: *Peregrinación de Fernán Méndez Pinto* (1509-1583). ‖ – **PLANCARTE, Gabriel.** Escritor mexicano cont. de tendencia humanista, autor de *Horacio en México* y otras obras (1905-1949).

MENDICACIÓN. (Del lat. *mendicatio, -onis*.) f. Mendiguez.

MENDICANTE. (Del lat. *mendicans, -antis*, p. a. de *mendicare*, mendigar.) adj. Que mendiga de puerta en puerta. Ú.t.c.s. sinón.: **pordiosero.** ‖ Dícese de instituciones que se sostienen con limosnas. *Las órdenes* MENDICANTES *gozaron de grandes privilegios en otras épocas.*

MENDICIDAD. (Del lat. *mendicitas, -atis*.) f. Estado y situación de mendigo. ‖ Acción de mendigar.

MENDIETA, Carlos. *Biog.* Pol. cubano (1873-1960), de 1934 a 1935 presid. de la Nación. ‖ – **SALVADOR.** Jurisconsulto nic., autor de *La enfermedad de Centro América* (1882-1958).

MENDIGANTA. (De *mendigante*.) f. Mendiga.

MENDIGANTE. p. a. de **Mendigar.** Que mendiga. Ú.t.c.s. ‖ adj. y s. Mendicante.

MENDIGAR. (Del lat. *mendicare*.) tr. Pedir limosna. Ú.t.c.intr. sinón.: **pordiosear.** ‖ fig. Solicitar favores importunando y hasta con humillación. MENDIGAR *un ascenso.* ‖ IDEAS AFINES: *Pobre, pordiosero, pedigüeño, mísero, menesteroso, necesitado, indigente, falto, carente, inválido, impedido.*

MENDIGO, GA. al. **Bettler.** fr. **Mendiant.** ingl. **Beggar.** ital. **Mendico.** port. **Mendigo.** (Del lat. *mendicus*.) s. Persona que habitualmente pide limosna. *Un* MENDIGO *harapiento*; sinón.: **pordiosero.**

MENDIGUEZ. f. Mendicidad, acción de mendigar.

MENDILAHARSU, Julio Raúl. *Biog.* Poeta urug., autor de *Deshojando el silencio; Como las nubes; El alma de mis horas*, etc. (1887-1923).

MENDILAHARZU, Graciano. *Biog.* Pintor arg.; se destacó en la naturaleza muerta, el retrato y el cuadro de género: *Partida de taba; El poeta Gervasio Méndez; Las cebollas*, etc. (1856-1894).

MENDINUETA Y MUZQUIZ,

Pedro. *Biog.* Mil. español, virrey de Nueva Granada desde 1797 hasta 1803.

MENDIVE, Rafael. *Biog.* Poeta cub., autor de *Pasionarias; Cuatro laúdes; Por la patria,* etc. (1821-1886).

MENDOCINO, NA. adj. Natural de Mendoza. Ú.t.c.s. ‖ Perteneciente a esta ciudad y provincia de la República Argentina.

MENDOSO, SA. (Del lat. *mendosus.*) adj. Errado o mentiroso. deriv.: **mendosamente.**

MENDOZA, Alberto. *Biog.* Educador y compositor guat., autor de *Gloria al general García Granados* y otras obras pianísticas, militares, etc. (n. 1889). ‖ **– Alonso de.** Conquistador esp. que llegó a América con Hernán Cortés. En 1548 fundó la ciudad boliviana de La Paz con el nombre de Nuestra Señora de La Paz (s. XVI). ‖ **– Antonio de.** Mil. español, primer virrey de México de 1535 a 1550. Introdujo la imprenta, reglamentó y fomentó el trabajo de las minas, la agricultura, la educación y el arte. Posteriormente fue nombrado virrey del Perú (aprox. 1490-1552). ‖ **– Camilo.** Militar pan. de destacada actuación durante las luchas por la independencia nacional (1796-1854). ‖ **– Carlos A.** Estadista pan., en 1910 presid. de la Rep. (1856-1916). ‖ **– Cristóbal.** Pol. venezolano, protector de indios y el primero en llamar Libertador a Simón Bolívar (1772-1829). ‖ **– Daniel.** Esc. venez., autor de novelas, como *El llanero,* donde describe los ambientes típicos de su país (1823-1867). ‖ **– Diego Hurtado de.** V. **Hurtado de Mendoza, Diego de.** ‖ **– Fray Iñigo de.** Rel. y poeta esp., autor de *Vita Christi; Dictado en vituperio de las malas mujeres y alabanza de las buenas,* etc. (s. XV). ‖ **– Gonzalo de.** Conquistador esp. que en 1537 fundó, con Juan de Salazar, el fuerte de Nuestra Señora de la Asunción, base de la actual capital paraguaya (m. 1558). ‖ **– Jaime.** Literato boliviano, autor de *Los malos pensamientos; Páginas bárbaras; El lago enigmático,* etc. (1874-1940). ‖ **– Juan Antonio de.** Noble esp., virrey del Perú de 1736 a 1745. ‖ **– Pedro de.** Conquistador esp., nombrado por el emp. **Carlos V** primer adelantado, gobernador y capitán general de las tierras que conquistase en la region del Rio de la Plata. Fundó en 1536 una plaza fuerte que sería después la ciudad de Buenos Aires (1487-1537). ‖ **– Vicente T.** Compositor mex., nacido en 1894, que recopiló y estudió el folklore de su país. ‖ **– Y LUNA, Juan de.** Funcionario esp. (1571-1628), virrey de México de 1603 a 1607, y del Perú de 1607 a 1615.

MENDOZA. *Geog.* Río de Argentina, en la provincia hom.; es el más importante del sistema fluvial del Desaguadero. Nace en la cordillera, desciende por un amplio valle y se pierde en las lagunas de Guanacache. 400 km. La magnitud de su caudal ha dado lugar a la formación de la más importante aglomeración humana del pie oriental de los Andes. ‖ Prov. del oeste argentino. 150.839 km². 990.000 h. Sit. sobre la falda andina, presenta al N. y E. vastas llanuras áridas interrumpidas por fértiles oasis irrigados, de enorme valor económico. La vitivinicultura es la principal riqueza de la prov. Se cultivan también frutales, olivos, cereales, alfafa y legumbres, papas, etc. Caprinos, ovinos, vacunos. Petróleo, asfaltita, arcillas, mármoles son muestra de su gran riqueza minera. ‖ Cap. hom., sit. al N. de la provincia. 230.000 h. Presenta gran movimiento industrial, comercial, cultural; es el primer centro vinícola del país. Fue fundada en 1561.

MENDRUGO. al. **Krume; stück.** fr. **Crouton.** ingl. **Crumb.** ital. **Seccherello.** port. **Mendrugo.** m. Pedazo de pan duro o desechado. ‖ fam. Tonto, zoquete.

MENEAR. al. **Schütteln; rühren.** fr. **Remuer.** ingl. **To stir.** ital. **Menare, dimenare.** port. **Menear.** tr. Mover una cosa de una parte a otra. Ú.t.c.r. *El perro* MENEABA *la cola.* ‖ fig. Manejar, gobernar una dependencia o negocio. ‖ r. fig. y fam. Hacer algo con diligencia, o andar de prisa. ‖ **Peor es meneallo.** frs. fig. y fam. Expresión con que se denota ser peligroso comentar o recordar cosas que originaron disgustos. ‖ deriv.: **meneador, ra.**

MENE GRANDE. *Geog.* Población de Venezuela (Zulia), al E. del lago de Maracaibo. 20.000 h. Importante centro petrolífero cuyos 516 pozos sobrepasan la producción de 2.212.000 m³ anuales.

MENELAO. *Mit.* Hijo de Atreo y hermano de Agamenón. Al morir Atreo, ambos huyeron a Esparta, donde se casaron con Elena y Clitemnestra, hijas de Tíndaro. Más tarde rey de Lacedemonia, el rapto de su esposa Elena por Paris desencadenó la guerra de Troya. Vencidos los troyanos, al cabo de diez años, llevó a Elena nuevamente a Esparta.

MENELIK II. *Biog.* Negus o emp. de Abisinia; venció a los italianos en la batalla de Adua en 1896, con lo que obtuvo el reconocimiento de la independencia de su país por Italia (1842-1913).

MENÉNDEZ, Andrés Ignacio. *Biog.* Pol. y militar salvadoreño (n. 1879), presidente de la Nación en 1944. ‖ **– Francisco.** Estadista salv., de 1885 a 1890 presid. de la República (1830-1890). ‖ **– Manuel.** Pol. peruano, en 1842 y 1844 presid. de la República (1793-1847). ‖ **– Miguel A.** Escritor mexicano, autor de *Nayar* y otras novelas (n. 1905). ‖ **– DE AVILÉS Y MÁRQUEZ, Pedro.** Mil. y marino esp. Nombrado durante el reinado de Felipe II capitán general de la flota de Indias, fue gobernador de Cuba y adelantado de la Florida (1519-1574). ‖ **– PIDAL, Juan.** Lit. español, autor de *Leyendas del último rey godo; El conde de Muñazán; San Pedro de Cerdeña,* etc. (1859-1915). ‖ **– PIDAL, Ramón.** Filól., erudito y crítico esp., creador de la moderna escuela de filología española. Los profundos estudios que realizara sobre la épica nacional, cristalizaron en sus trabajos sobre el medioevo: *La España del Cid; Flor nueva de romances viejos; Orígenes del español,* etc. (1869-1968). ‖ **– Y PELAYO, Marcelino.** Polígrafo esp., una de las figuras más destacadas de la historia literaria española moderna. Renovó la crítica, dándole orientación científica: *Historia de los heterodoxos españoles; Ciencia española; Historia de las ideas estéticas en España; Historia de la poesía hispanoamericana,* etc. (1856-1912).

MENENIO AGRIPA. *Biog.* Cónsul romano, en 503 a. de C.; logró reconciliar con el Senado al pueblo que se había retirado al monte Aventino, relatándoles el apólogo *Los Miembros y el Estómago.*

MENEO. m. Acción y efecto de menear o menearse. ‖ fig. y fam. Vapuleo.

MENESES, Guillermo. *Biog* Novelista venez., autor entre otras obras, de *La balandra Isabel llegó esta tarde* (n. 1911). ‖ **– Y SARAVIA, Francisco.** Pol. chileno, gob. de Nueva Granada (1667-1716).

MENESTER. (Del lat. *ministerium.*) m. Necesidad o falta de algo. ‖ Ejercicio, empleo. *Atiende a tu* MENESTER; sinón.: **ocupación.** ‖ pl. Necesidades corporales. ‖ fam. Instrumentos necesarios para los oficios y otros usos. ‖ **Haber menester** una cosa. frs. Necesitarla. ‖ **Ser menester.** frs. Ser precisa una cosa. Es MENESTER *que reflexiones.*

MENESTEROSO, SA. (De *menester.*) adj. y s. Falto, necesitado, carente de una cosa o de muchas. *Apiadarse de los* MENESTEROSOS; sinón.: **indigente, mísero.**

MENESTRA. (Del lat. *ministrare,* servir a la mesa.) f. Guisado compuesto de hortalizas y trocitos de carne. ‖ Legumbre seca. Ú.m. en pl. ‖ Ración de legumbres secas, cocidas o guisadas, que se suministra a la tropa, a los presidiarios, etc.

MENESTRAL, LA. (Del lat. *ministerialis,* de *ministerium,* servicio.) s. Persona que gana el sustento en un oficio mecánico.

MENESTRALERÍA. f. Calidad de menestral

MENESTRALÍA. f. Conjunto de menestrales.

MENESTRETE. (De *ministro,* corchete.) m. *Mar.* Especie de tenazas.

MENFIS. *Geog. histór.* Antigua cap. del Imperio egipcio sit. a orillas del Nilo.

MENFITA. (Del lat. *memphites,* y éste del gr. *memphites.*) adj. y s. De Menfis. ‖ f. Ónice de capas blancas y negras, adecuado para camafeos.

MENFÍTICO, CA. adj. Perteneciente a Menfis.

MENGALA. f. *Amér. Central.* Mujer soltera y joven del pueblo.

MENGANO, NA. (Del ár. *man cana,* quien sea, quienquiera.) m. y f. Voz que se emplea en la misma acepción que *fulano* y *zutano,* pero siempre después del primero, y antes o después del segundo cuando se aplica a una tercera persona, ya sea existente, ya imaginaria.

MENGS, Rafael. *Biog.* Pintor al. de tendencia neoclásica, que actuó en la corte de Carlos III (1728-1779).

MENG-TSE. *Biog.* Fil. chino, autor de *El libro de Meng-Tse,* donde expone sus doctrinas: considera al pueblo como el factor más importante de una nación, siguiéndole el Estado y el gobernante, y sienta como principio de su ética la innata bondad de la naturaleza humana (s. IV a. de C.).

MENGUA. f. Acción y efecto de menguar. *Hay* MENGUA *en la producción;* sinón.: **disminución, merma.** ‖ Falta que padece una cosa para estar perfecta. ‖ Pobreza, escasez. ‖ fig. Descrédito, deshonra.

MENGUADO, DA. adj. y s. Cobarde, pusilánime. ‖ Tonto. ‖ Miserable, ruin. ‖ m. Cada uno de los puntos que las mujeres van embebiendo cuando hacen media. ‖ deriv.: **menguadamente.**

MENGUAMIENTO. (De *menguar.*) m. Mengua.

MENGUANTE. p. a. de **Menguar.** Que mengua. ‖ V. **Cuarto, luna menguante.** ‖ f. Mengua de ríos y arroyos, por calor o sequedad. ‖ Descenso del agua del mar, causado por la marea. ‖ Tiempo que dura. ‖ fig. Decadencia de una cosa. ‖ **– de la Luna.** Intervalo entre el plenilunio y el novilunio.

MENGUAR. (Del lat. *minuere,* disminuir.) intr. Disminuirse o irse consumiendo física o moralmente una cosa. *Sus fuerzas* MENGUABAN; sinón.: **decrecer, mermar;** antón.: **aumentar, crecer.** ‖ Hacer los menguados en las medias. ‖ Refiriéndose a la Luna, disminuir su parte iluminada, visible desde la Tierra. ‖ tr. Amenguar.

MENGUE. m. fam. Diablo.

MENHIR. (Del célt. *men,* piedra, e *hir,* larga.) m. Monumento megalítico, consistente en una piedra larga, hincada verticalmente. *El motivo de la erección de los* MENHIRES *es incierto.*

MENINA. (De *menino.*) f. Mujer joven que entraba a servir a la reina o a las infantas niñas en España.

MENINAS, Las. *B. A.* Célebre cuadro pintado por Velázquez, probablemente entre 1656 y 1657. Considerado por algunos críticos la obra capital del autor, actualmente se conserva en el Museo del Prado, de Madrid. Obra de plenitud, saturada de gracia y hermosura, en la que dominan los tonos grises y en la cual Velázquez dejó, además, su más auténtico autorretrato.

MENINGE. (Del lat. *meninga,* y éste del gr. *meninx, -ingos,* membrana.) f. *Anat.* Cada una de las tres membranas que envuelven el encéfalo y la médula espinal; o sea: la duramadre, la aracnoides y la piamadre.

MENÍNGEO, A. adj. Propio de las meninges, o perteneciente a ellas. Venas MENÍNGEAS.

MENINGITIS. al. **Hirnhautentzündung; Meningitis.** fr. **Méningite.** ingl. **Meningitis.** ital. **Meningite.** port. **Meningite.** (De *meninge* y el sufijo *itis,* inflamación.) f. *Med.* Inflamación de las meninges.

MENINGOCOCO. (De *meninge* y *coco.*) m. *Biol.* Microbio productor primordialmente de la meningitis, que aparece por lo general en globulillos de pus en las exudaciones meníngeas.

MENINO. (Del b. lat. *meninus,* de *minor,* menor.) m. Caballero que desde niño entraba a servir a la reina o a los príncipes niños, en España.

MENIQUE. adj. Meñique Ú.t.c.s.

MENISCO. (Del gr. *meniskos,* media luna, de *lune,* luna.) m. Lente cóncava por una cara y convexa por la otra. ‖ Superficie libre, cóncava o convexa, del líquido contenido en un tubo estrecho. ‖ *Anat.* Órgano fibroso, bicóncavo, delgado, de superficie lisa agujereado o no en su centro y revestido de una delgada cubierta de cartílago. Se halla en diversas articulaciones, especialmente en la de la rodilla.

MENISPERMÁCEO, A. (Del gr. *mene,* luna, y *sperma,* semilla, por la forma de la semilla de estas plantas.) adj. *Bot.* Aplícase a arbustos dicotiledóneos tropicales, dioicos, sarmentosos, flexibles, de hojas enteras o palmeadas, flores pequeñas y frutos capsulares en baya; como la coca de Levante. Ú.t.c.s.f. ‖ f. pl. *Bot.* Familia de estas plantas.

MENJUÍ. m. Benjuí.

MENJUNJE. m. Menjurje.

MENJURJE. m. Mejunje.

MENO. *Geog.* Río del S. O. de Alemania, afl. del Rin. 495 km. En sus orillas se halla la c. de Francfort. En al. **Main.**

MENOCAL, Armando. *Biog.* Pintor cub., autor de *Generosidad castellana; La muerte de Maceo,* etc. (1861-1942). ‖ **– Mario García.** Mil. y político cub., de 1913 a 1917 y de 1917 a 1921 presid. de la Nación (1866-1941).

MENOLOGIO. (Del gr. *menologion;* de *men,* mes, y *logion,* cuadro.) m. Martirologio de los cristianos griegos, ordenados por meses.

MENONITA. adj. Aplícase al hereje disidente de los anabaptistas que profesa la doctrina de Memnón, reformador holandés del siglo XVI.

MENOPAUSIA. (Del gr. *men,* mes, y *pausis,* cesación.) f. Cesación natural de la menstruación en la mujer, cuando ésta alcanza la edad crítica.

MENOR. al. **Geringer; Kleiner; minder.** fr. **Mineur.** ingl. **Smaller.** ital. **Minore.** port. **Menor.** (Del lat. *minor.*) adj. comp. de **Pequeño.** Que tiene menos cantidad que otra cosa de la misma especie. *La extensión de la Argentina es* MENOR *que la del Brasil;* antón.: **mayor.** ‖ Menor de edad. Ú.t.c.s. *Defensor de* MENORES. ‖ m. Religioso de la orden de San Francisco. ‖ V. **Clérigo de menores.** ‖ *Arq.* Sillar cuyo paramento es más corto que la entrega. ‖ pl. En los estudios de gramática, clase tercera, en que se enseñaban las partes más fáciles de la lengua latina. ‖ f. *Lóg.* Segunda proposición de un silogismo. ‖ **– que.** Signo matemático que tiene esta figura (<), y puesto entre dos cantidades, indica ser **menor** la primera que la segunda. ‖ **Por menor.** m. adv. que se emplea cuando las cosas se venden menudamente. ‖ Por partes, por extenso.

MENORCA. *Geog.* La más oriental de las islas Baleares (España). 669 km². 55.000 h. Cap. MAHÓN. Actividades agrícolas.

MENORETE. adj. fam. dim. de **Menor.** ‖ **A menorete.** m. adv. **A lo menos.** ‖ **Por el menorete.** m. adv. **Por lo menos.**

MENORÍA. (De *menor.*) f. Inferioridad y subordinación de uno a otro. ‖ **Menor edad.** ‖ Minoria. ‖ fig. Tiempo de la menor edad de una persona.

MENORISTA. m. En los estudios de gramática, el que estudiaba en la clase de menores.

MENORQUÍN, NA. adj. Natural de Menorca. Ú.t.c.s. ‖ Perteneciente a esta isla de las Baleares

MENORRAGIA. (Del gr. *men,* mes, y *rhégnymi,* romper, brotar.) f. Menstruación excesiva.

MENOS. al. **Weniger; minder.** fr. **Moins.** ingl. **Less; least.** ital. **Meno.** port. **Menos.** (Del lat. *minus.*) adv. comp. con que se denota idea de falta, disminución, restricción o inferioridad en comparación expresa o sobrentendida. *Fuma* MENOS; *seamos* MENOS *apasionados; ella tiene* MENOS *paciencia que él; María es* MENOS *juiciosa que su madre;* MENOS *distancia;*

MENOS *adecuado.* También se construye con el artículo determinado. *Jaime es el* MENOS *indicado para triunfar; entre ellas, Adela es la* MENOS *presumida; eso es lo* MENOS *que temo; las* MENOS *de las tardes; los* MENOS *de los meses.* ‖ A veces denota limitación indeterminada de cantidad expresa. *Ese trabajo puede hacerse con* MENOS *de cincuenta hombres; ellos son* MENOS *de cien.* ‖ Denota también idea contraria a la de preferencia. MENOS *querría perder el prestigio que perder los bienes.* ‖ Ú.t.c.s. *El más y el* MENOS. ‖ m. *Álg.* y *Arit.* Signo de substracción o resta, representado por una rayita horizontal (–). ‖ adv. m. Excepto. *Todo* MENOS *rendirnos.* ‖ **Al, a lo o por lo, menos.** m. adv. con que se denota una excepción o salvedad. *Nadie ha protestado,* AL, A LO, *o* POR LO, MENOS *así me han informado.* ‖ Ya que no sea otra cosa, o que no sea más. *Tengo derecho* A LO, *o* POR LO, MENOS *a exponer mi proyecto; habrá ahorrado* A LO, *o* POR LO, MENOS *diez mil pesos.* ‖ **A menos que.** m. adv. A no ser que. ‖ **De menos.** loc. adv. que denota falta de número, peso o medida. *En total, te dieron veinte kilos* DE MENOS. ‖ **En menos.** m. adv. En menor grado o cantidad. *Aprecio mi existencia* EN MENOS *que mi honor; lo multaron* EN MENOS *de mil pesos.* ‖ **Lo menos.** expr. Igualmente, tan o tanto, en comparación de otra persona o cosa.

MENOSCABAR. (De *menos* y *cabo.*) tr. y r. Mermar algo, quitándole una parte. sinón.: **disminuir, reducir.** ‖ tr. fig. Deteriorar y deslustrar alguna cosa, quitándole algo de la estimación o lucimiento que antes poseía. ‖ Causar mengua en la honra o en la fama. sinón.: **desacreditar, mancillar.** ‖ deriv.: **menoscabador, ra.** ‖ IDEAS AFINES: *Atenuar, rebajar, quitar, sacar, deficiencia, falta, menos, resta; ajar, romper, ensuciar, arrugar.*

MENOSCABO. m. Efecto de menoscabar o menoscabarse. *Esto irá en* MENOSCABO *de su nombre;* sinón.: **disminución, mengua.**

MENOSCUENTA. (De *menos* y *cuenta.*) f. Descuento, satisfacción parcial de una deuda.

MENOSPRECIABLE. adj. Digno de menosprecio. *Libelo* MENOSPRECIABLE; sinón.: **infame, odioso;** antón.: **laudable.** ‖ deriv.: **menospreciablemente.**

MENOSPRECIAR. (De *menos* y *preciar.*) tr. Tener algo o a alguien en menos de lo que merece. MENOSPRECIAR *un regalo;* sinón.: **desdeñar, desestimar;** antón.: **apreciar.** ‖ Despreciar. ‖ deriv.: **menospreciador, ra; menospreciativo, va.**

MENOSPRECIO. m. Poca estimación, poco aprecio. ‖ Desdén. *Mirar con* MENOSPRECIO; sinón.: **desdén, desestima;** antón.: **aprecio.**

MENOSTASIA. (Del gr. *men,* mes, y *stasis,* detención.) f. *Med.* Retención de la menstruación, por obstáculo mecánico a su salida.

MENOTTI, Juan Carlos. *Biog.* Compositor estadounidense cont., de origen italiano, autor, entre otras obras, de las óperas *La medium* y *El cónsul;* del poema sinfónico *Apocalipsis,* etc. (n. 1911).

MENSAJE. al. **Bolschaft.** fr. **Message.** ingl. **Message.** ital. **Messaggio.** port. **Mensagem.** (Del lat. *missus,* enviado; en b. lat. *misságium.*) m. Recado de palabra enviado por una persona a otra. ‖ Comunicación oficial entre dos asambleas legislativas, o entre el poder ejecutivo y el legislativo. *El* MENSAJE *inaugural.* ‖ Comunicación escrita, de carácter político, que una colectividad eleva al monarca o a elevados dignatarios. ‖ Aportación religiosa, moral, intelectual o estética de una persona, doctrina u obra; trasfondo o sentido profundo transmitido por una obra intelectual o artística. ‖ *Biol.* Ordenación molecular que, en el interior de la célula, un sistema bioquímico induce sobre otro.

MENSAJERÍA. f. Carruaje que hace viajes periódicos para servicio público. ‖ pl. Empresa que los establece. ‖ Buques que navegan periódicamente entre puertos determinados.

MENSAJERO, RA. al. **Bote.** fr. **Messager.** ingl. **Messenger.** ital. **Messaggiero.** port. **Mensageiro.** (De *mensaje.*) adj. V. **Paloma mensajera.** ‖ s. Persona que lleva un recado, despacho, noticia, etc. ‖ IDEAS AFINES: *Carta, telegrama, paquete, envío, invitación, reparto, remitente, destinatario, emisario, seguridad, confianza.*

MENSAL. adj. *Col.* y *Méx.* Mensual.

MENSCHIKOV, Alejandro Danilovich. *Biog.* Generalísimo del ejército ruso, favorito, sucesivamente, de Pedro el Grande, Catalina I y Pedro II, quien finalmente lo hizo deportar a Siberia, donde murió (1670-1729).

MENSO, SA. adj. fam. *Méx.* Tonto, torpe, necio.

MENSTRUACIÓN. al. **Menstruation.** fr. **Menstruation.** ingl. **Menstruation.** ital. **Mestruazione.** port. **Menstruação.** f. Acción de menstruar. ‖ Menstruo de la mujer.

MENSTRUAL. adj. Perteneciente o relativo al menstruo. ‖ deriv.: **menstrualmente.**

MENSTRUAR. (De *menstruo.*) intr. Evacuar el menstruo. ‖ deriv.: **menstruante.**

MENSTRUO, TRUA. (Del lat. *menstruus,* de *mensis,* mes.) adj. Menstruoso, o propio del menstruo. ‖ m. Menstruación, acción de menstruar. ‖ Sangre que todos los meses evacuan naturalmente las mujeres y las hembras de determinados animales. sinón.: **período, regla.** ‖ *Quím.* Disolvente o excipiente líquido.

MENSTRUOSO, SA. adj. Perteneciente o relativo al menstruo. ‖ Dícese de la mujer que está con el menstruo. Ú.t.c.s.

MENSÚ. m. *Arg.* y *Parag.* Peón o jornalero que trabaja en los verbales. En pl. *mensús.*

MENSUAL. al. **Monatlich.** fr. **Mensuel.** ingl. **Monthly.** ital. **Mensile.** port. **Mensual.** (Del lat. *mensualis.*) adj. Que sucede cada mes. *Pago* MENSUAL. ‖ Que dura un mes.

MENSUALIDAD. (De *mensual.*) f. Sueldo o asignación mensual. ‖ *Amér.* Mesada.

MENSUALMENTE. adv. m. Por meses o cada mes.

MÉNSULA. (Del lat. *ménsula,* mesita.) f. Apoyo o repisa para sustentar cualquier cosa. ‖ *Arq.* Miembro de arquitectura, con diversas molduras, que sobresale de un plano vertical.

MENSURA. (Del lat. *mensura.*) f. Medida. ‖ IDEAS AFINES: *Longitud, extensión, metro, hito, tierra, latifundio, agrimensor, teodolito, geodesia, topografía, plano, loteo, inconmensurable.*

MENSURABLE. (Del lat. *mensurábilis.*) adj. Que se puede medir. ‖ deriv.: **mensurabilidad.**

MENSURACIÓN. f. Dígase **mensura.**

MENSURADOR, RA. (Del lat. *mensurátor.*) adj. y s. Que mensura.

MENSURAL. (Del lat. *mensuralis.*) adj. Que sirve para medir.

MENSURAR. (Del. lat. *mensurare.*) tr. Medir.

MENTA. al. **Minze.** fr. **Menthe.** ingl. **Mint.** ital. **Menta.** port. **Menta.** (Del lat. *menta.*) f. Hierbabuena. ‖ Hierba labiácea cuya esencia se usa en perfumería, en farmacia y para elaborar bebidas alcohólicas.

MENTA. (De *mentar.*) f. *Arg.* y *Bol.* Fama, renombre.

MENTADO, DA. adj. Famoso, célebre. MENTADO *escritor, guerrillero.*

MENTAL. (Del lat. *mentalis.*) adj. Perteneciente o relativo a la mente. *Trabajo, esfuerzo* MENTAL. ‖ V. **Enajenación mental.**

MENTALIDAD. al. **Denkart; Mentalität.** fr. **Mentalité.** ingl. **Mentality.** ital. **Mentalità.** port. **Mentalidade.** f. Capacidad, actividad mental. *Poseía una* MENTALIDAD *fuera de lo común.* ‖ Cultura y manera de pensar propias de un individuo, pueblo, época, etc. *La* MENTALIDAD *del siglo pasado.*

MENTALMENTE. adv. m. Sólo con la mente. *Repasaba* MENTALMENTE *los hechos.*

MENTAR. (De *mente.*) tr. Nombrar, mencionar algo. *Ni una vez* MENTÓ *el suceso;* sinón.: **citar.** ‖ irreg. Conj. como **acertar.**

MENTASTRO. (Del lat. *mentástrum.*) m. Mastranzo.

MENTAWI. *Geog.* Archipiélago de Indonesia, sit. al oeste de Sumatra. Comprende las islas de Siberut, Pageh y otras menores. 5.095 km². 70.000 h. Maderas, nuez de coco.

MENTE. (Del lat. *mens, mentis.*) f. Potencia intelectual del alma. *Una* MENTE *sana rechaza los malos pensamientos;* sinón.: **entendimiento, razón.** ‖ Intención, designio, propósito. ‖ **Tener en la mente** una cosa. frs. Tenerla pensada o proyectada. ‖ IDEAS AFINES: *Inteligencia, memoria, facultad, cerebro, psiquis, idea, sabiduría, lucidez, conciencia, genio, frenología.*

MENTECATADA. f. Mentecatería.

MENTECATERÍA. (De *mentecato.*) f. Necedad, tontería.

MENTECATEZ. f. Mentecatería.

MENTECATO, TA. al. **Blöde; dumm.** fr. **Sol; bête.** ingl. **Silly.** ital. **Mentecatto.** port. **Mentecapto.** (Del lat. *mens, mentis,* entendimiento, y *captus,* tomado.) adj. y s. Tonto, carente de juicio o de razón. ‖ De escaso juicio y poca razón. *Portarse como un* MENTECATO; sinón.: **majadero.**

MENTIDERO. (De *mentir.*) m. fam. Lugar donde se juntan a conversar los ociosos.

MENTIDO, DA. adj. Mentiroso, engañoso. MENTIDAS *promesas.*

MENTIR. al. **Lügen.** fr. **Mentir.** ingl. **To lie.** ital. **Mentire.** port. **Mentir.** (Del lat. *mentiri.*) intr. Decir o manifestar algo opuesto a lo que se sabe o se piensa. MENTÍ *por piedad.* ‖ Inducir a error. ‖ Falsificar algo. ‖ Fingir, cambiar una cosa haciendo que por su exterior parezca otra. Ú. m. en poesía. ‖ Desdecir una cosa de otra. *Esta alfombra* MIENTE *con los muebles.* ‖ tr. Faltar a lo prometido. ‖ irreg. Conj. como **sentir.**

MENTIRA. al. **Lüge.** fr. **Mensonge.** ingl. **Lie.** ital. **Bugia; mensogna.** port. **Mentira.** (De *mentir.*) f. Expresión contraria a lo que se sabe o piensa. *Una sola* MENTIRA *origina muchas otras;* sinón.: **embuste, infundio;** antón.: **verdad.** ‖ Errata en impresos o escritos. ‖ fig. y fam. Manchita blanca que suele aparecer en las uñas. ‖ **Coger** a uno **en mentira.** frs. fam. Comprobar, ver que ha mentido. ‖ **Sacar de mentira, verdad.** frs. Fingir que se sabe una cosa, para hacer que otro, que la conoce, la manifieste. ‖ **Parece mentira.** Expresión hiperbólica con que se da a entender extrañeza o admiración. ‖ IDEAS AFINES: *Falsificar, ficción, falacia, fábula, engañar, inexacto, mala fe, doblez, tramposo, estafa, embaucador, sofisma, paralogismo.*

MENTIRIJILLAS (DE). m. adv. **De mentirillas.**

MENTIRILLA. f. dim. de **Mentira.** ‖ **De mentirillas.** m. adv. **De burlas.**

MENTIRÓN. m. aum. de **Mentira.**

MENTIROSAMENTE. adv. m. Fingidamente. sinón.: **falazmente.**

MENTIROSO, SA. (De *mentira.*) adj. y s. Que miente habitualmente. *En boca del* MENTIROSO, *lo cierto se hace dudoso;* sinón.: **embustero, mendaz.** ‖ Dícese del libro escrito con muchos errores. ‖ Engañoso, falso.

MENTÍS. (2ª pers. de pl. del pres. de indic. del verbo *mentir.*) m. Voz injuriosa con que se desmiente a alguien. ‖ Demostración o hecho que contradice o niega categóricamente un aserto. *Dar un* MENTÍS.

MENTOL. m. Parte sólida de la esencia de menta; considerado como un alcohol secundario, usado en medicina.

MENTOLADO, DA. adj. Que contiene mentol o está impregnado de él.

MENTÓN. al. **Kinn.** fr. **Menton.** ingl. **Chin.** ital. **Mento.** port. **Mento.** (Del fr. *menton,* y éste del lat. *méntum,* prominencia.) m. Barbilla, elevación de la mandíbula inferior.

MENTOR. (Por alusión a *Mentor,* personaje mitológico.) m. fig. Consejero o guía de otro. sinón.: **maestro.** ‖ fig. Quien sirve de ayo. *Los buenos libros fueron su* MENTOR.

MENTOR. *Mit.* Amigo de Ulises, a quien éste al marchar a la guerra de Troya dejó la custodia de su casa y de su hijo Telémaco.

MENU. (Del fr. *menú.*) m. Galicismo por minuta, lista de platos.

MENUDAMENTE. adv. m. Con suma pequeñez. *Escribir* MENUDAMENTE. ‖ Escrupulosamente. *Refirió* MENUDAMENTE *los hechos;* sinón.: **circunstanciadamente; prolijamente.**

MENUDEAR. (De *menudo.*) tr. Hacer algo reiterada y frecuentemente. *Desde ese día* MENUDEARON *las visitas.* ‖ intr. Suceder, caer, aparecer una cosa con frecuencia. MENUDEABAN *las invitaciones.* ‖ Componer o escribir con pormenores. ‖ Referir menudencias. ‖ *Col.* Vender por menor.

MENUDENCIA. (De *menudo.*) f. Pequeñez de algo. ‖ Cuidado y escrupulosidad con que se considera y reconoce algo. *La* MENUDENCIA *de un registro.* ‖ Cosa de poca estimación. *Preocuparse por* MENUDENCIAS; sinón.: **nadería, pequeñez.** ‖ pl. Despojos de las canales del tocino. ‖ Morcillas, longanizas y otros despojos del cerdo. ‖ *Col.* y *Méx.* Menudillos o menudos.

MENUDEO. m. Acción de menudear. ‖ Venta por menor. *Vender al* MENUDEO.

MENUDERO, RA. s. Persona que trata en menudos o los vende.

MENUDILLO. (dim. de *menudo.*) m. En los cuadrúpedos, articulación ubicada entre la caña y la cuartilla. ‖ pl. Interior de las aves, consistente en el higadillo, molleja, sangre, yemas y madrecilla.

MENUDO, DA. (Del lat. *minutus,* disminuido.) adj. Pequeño, chico. *Un niño* MENUDO. ‖ Despreciable, de escasa importancia. ‖ Vulgar, plebeyo. *Gente* MENUDA. ‖ Aplícase al dinero en monedas pequeñas. ‖ Exacto, cuidadoso. ‖ fig. y fam. V. **Gente menuda.** ‖ m. pl. Vientre, manos y sangre de reses faenadas. ‖ En aves, pescuezo, intestinos, hígado, molleja, etc. ‖ Diezmo de los frutos menores. ‖ Monedas de cobre que suelen traerse sueltas. ‖ **A menudo.** m. adv. Frecuentemente. *Nos vemos* A MENUDO. ‖ **Por menudo.** m. adv. Particularmente, con menudencia y distinción. ‖ En operaciones de compra y venta, al por menor. ‖ IDEAS AFINES: *Menguado, corto, meñique, menor, mínimo, insignificante, menudeo, minúscula, minuto, menudillos, mostacilla, semilla, grano, gragea, migaja, hormiga.*

MENUZO. (Del ant. *menuza.*) m. Pedazo menudo.

MENZALEH. *Geog.* La mayor de las lagunas costeras de Egipto. Está atravesada por el canal de Suez.

MENZEL, Adolfo von. *Biog.* pintor al., especializado en temas históricos (1815-1905).

MEÑIQUE. al. **Kleiner Finger.** fr. **Petit doigt.** ingl. **Little finger.** ital. **Mignolo.** port. **Mindinho.** (Del lat. *mínimus,* el menor de todos.) adj. V. **Dedo meñique.** Ú.t.c.s. ‖ fam. Sumamente pequeño.

MEOGUIL. (Del mex. *me-ocuilin;* de *metl,* maguey, v *ocuilin,* gusano.) m. *Méx.* Oruga comestible que se cría en las hojas del maguey.

MEOLLAR. (De *meollo.*) m. *Mar.* Cordel que se forma torciendo tres o más filásticas.

MEOLLO. (Del lat. *medulla.*) m. Seso, masa de la cavidad craneana. ‖ Medula. ‖ fig. Substancia o parte principal de algo. *Un discurso sin* MEOLLO. ‖ fig. Juicio, entendimiento.

MEOLLUDO, DA. adj. Que tiene mucho meollo.

MEÓN, NA. adj. Que mea mucho o frecuentemente. Ú.t.c.s. ‖ f. fam. Mujer, y especialmente niña recién nacida.

MEPENE. adj. Dícese del indio perteneciente a una tribu que vivía en el noreste de la República Argentina. Ú.t.c.s. ‖ Perteneciente o relativo a estos indios.

MEQUE. m. *Cuba.* Golpe dado con la mano, y especialmente con los nudillos.

MEQUETREFE. (Quizá del ár. *magatref,* petulante.) m. fam. Hombre entremetido, bullicioso y de poco provecho.

MEQUÍNEZ. *Geog.* Ciudad de Marruecos, al O. de Fez. 250.000 h. Antigua cap. del país, es residencia del sultán. Cultivos de vid y olivo.

MEQUIOTE. m. *Méx.* Bohordo del maguey.

MERA, Juan León. *Biog.* Pol. y literato ec., autor de la letra del himno nacional de su país y de *Ojeada históricocrítica so-*

bre la poesía ecuatoriana desde su época más remota hasta nuestros días; Cumandá, etc. (1832-1894).

MERAMENTE. adv. m. Solamente, sin mezcla. *Aquello era* MERAMENTE *agua*; sinón.: **puramente.**

MERANO. *Geog.* Ciudad de Italia (Bolzano) en el Tirol. 31.000 h. Centro turístico.

MERAR. (Del lat. *mérum*, vino puro.) tr. Mezclar un licor con otro o agregar a un líquido otro con el objeto de acrecentar su fuerza o diluirlo.

MERCA. (De *mercar.*) f. fam. Compra.

MERCACHIFLE. m. Buhonero. ‖ desp. Mercader de poca monta.

MERCADANTE. (Del ital. *mercadante.*) m. Mercader.

MERCADANTE, José Saverio Rafael. *Biog.* Compositor ital., autor de varias óperas, como *El juramento; Los bandidos; La vestal*, etc. (1795-1870).

MERCADEAR. (De *mercado.*) intr. Comerciar con mercancías.

MERCADER. al. **Händler; Kaufmann.** fr. **Marchand.** ingl. **Merchant.** ital. **Mercante.** port. **Mercador.** (Del ant. *mercadero.*) m. El que trata o comercia con géneros vendibles. sinón.: **comerciante, negociante.** ‖ IDEAS AFINES: *Tienda, mercado, mercancía, mostrador, vendedor, clientela, viajante, corredor, mayorista, minorista, ganancias, competencia, mercantil, mercante, importación, exportación.*

MERCADERA. f. Mujer que posee una tienda de comercio. ‖ Mujer del mercader.

MERCADER DE VENECIA, El. *Lit.* Célebre comedia de Shakespeare, en cinco actos, estrenada en 1596. En ella, la comicidad y la sátira se mezclan con la emoción y la violencia, y es una original galería de tipos humanos que han quedado como símbolos.

MERCADERÍA. al. **Ware.** fr. **Marchandise.** ingl. **Wares; merchandise.** ital. **Merce.** port. **Mercadoria.** (De *mercader.*) f. Mercancía.

MERCADERIL. adj. Perteneciente o relativo al mercader.

MERCADO. (Del lat. *mercatus.*) m. Contratación pública en día y lugar indicados. ‖ Sitio público para vender o permutar mercaderías. ‖ Concurrencia de gente a un **mercado.** ‖ Plaza o país de importancia especial en cualquier orden comercial. *Cartagena de Indias fue* MERCADO *de importancia.* ‖ Cosa o cantidad que se compra. ‖ – **negro.** Estraperlo.

MERCADO, Guillermo. *Biog.* Poeta per., nacido en 1904 autor de *Chullo de poemas; Al ba*, etc.

MERCADO. *Geog.* Cerro de México (Durango), situado a 3 km al norte de la ciudad de Durango. Explotación de hierro.

MERCADURÍA. f. Mercancía.

MERCAL. m. Metical.

MERCANCÍA. (De *mercar.*) f. Trato de comerciar. ‖ Cualquier género vendible. ‖ Cosa que se hace objeto de comercio.

MERCANTE. (Del lat. *mercans, -antis.*) p. a. de **Mercar.** Que merca. U.t.c.s. ‖ adj. Mercantil. *Flota* MERCANTE. ‖ m. Mercader.

MERCANTE, Víctor. *Biog.* Pedagogo arg., autor de *Paidología; Cultivo y desarrollo de la aptitud matemática en el niño*, etc. (1870-1934).

MERCANTIL. adj. Perteneciente o relativo al mercader, a la mercancía o al comercio. *Convenios* MERCANTILES.

MERCANTILISMO. m. Espíritu mercantil, aplicado a cosas no comerciales. ‖ Sistema económico, iniciado en el s. XVII, que atiende en primer término al desarrollo del comercio, en especial al de la exportación, y considera la posesión de metales preciosos como signos característicos de riqueza. ‖ *Sociol.* Tendencia, nacida de ese sistema, a considerar la economía como el factor predominante de todo progreso social.

MERCANTILISTA. adj. Partidario del mercantilismo. ‖ Experto en asuntos relativos al derecho mercantil. Ú.t.c.s.

MERCANTILIZAR. tr. Infundir el mercantilismo.

MERCANTILMENTE. adv. m. Según la forma, uso, etc., del comercio.

MERCANTIVO, VA. adj. Mercantil.

MERCAR. (Del lat. *mercare.*) tr. y r. intr. Comprar.

MERCATOR, Gerardo Kremer, llamado. *Biog.* Geóg. holandés, uno de los fundadores de la geografía matemática moderna. Lleva su nombre un sistema de proyección cartográfica cilíndrica en que los meridianos están representados por rectas paralelas (1512-1594).

MERCED. (Del lat. *merces, edis.*) f. Premio dado por el trabajo. ‖ Cualquier gracia o beneficio que se concede a alguien. *Le hizo* MERCED *de la vida*; sinón.: **dádiva, don.** ‖ Voluntad, arbitrio. *Está a* MERCED *de su padre.* ‖ Tratamiento de cortesía que se usaba con quienes no tenían grado o título que justificara otro título. ‖ *Der.* Renta o precio, en contratos de arrendamiento. ‖ **Merced a.** m. adv. **Gracias a.** MERCED A *la habilidad del conductor, no ocurrió el choque.* ‖ IDEAS AFINES: *Favor, permiso, bula, real, eclesiástica, perdón, conmutar, clemencia, dispensa, indulgencias, excepción, otorgar, reo, agraciado.*

MERCED, Orden de la. *Hist.* Orden religiosa militar, fundada en el s. XIII por San Pedro Nolasco, cuya misión principal era redimir cautivos cristianos.

MERCEDARIO, RIA. (Del lat. *mercedarius.*) adj. Aplícase al religioso o religiosa perteneciente a la Orden de la Merced. U.t.c.s.

MERCEDARIO. *Geog.* Cerro de los Andes argentinos (San Juan), cumbre de la cordillera de La Ramada. 6.770 m. También se lo llama **Pichiregua.** ‖ Río de la Argentina (San Juan), una de las corrientes que forman el río Blanco.

MERCEDES. *Geog.* Ciudad de la Argentina (Buenos Aires), a orillas del río Luján. 40.000 h. Centro agrícola-ganadero. ‖ C. de la Argentina (Corrientes). 15.047 h. ‖ C. de la Argentina (San Luis), a orillas del río Quinto. 38.000 h. Industria agropecuaria. Antes se llamó **Villa Mercedes.** ‖ C. del Uruguay, capital del dep. de Soriano, sit. a orillas del río Negro. 25.500 h. Centro industrial y ganadero.

MERCENARIO, RIA. al. **Söldner.** fr. **Mercennaire.** ingl. **Mercenary.** ital. **Mercenario.** port. **Mercenário.** (Del lat. *mercenarius.*) adj. Dícese de la tropa asalariada que sirve en la guerra a un jefe extranjero. *Julio César empleó tropas* MERCENARIAS. ‖ Mercedario. Ú.t.c.s. ‖ Asalariado. Ú.t.c.s. ‖ m. Jornalero del campo. ‖ El que sirve por estipendio. ‖ El que en un empleo substituye a otro por el salario que éste le da.

MERCEOLOGÍA. f. Estudio de las mercancías desde la materia prima hasta el producto elaborado.

MERCERÍA. (De *mercero.*) f. Trato de cosas menudas y de poco valor, como botones, agujas, etc. ‖ Conjunto de estos artículos. ‖ Negocio donde se venden.

MERCERIZAR. (Del nombre del químico inglés John *Mercer*, inventor de este procedimiento.) tr. Tratar los hilos y tejidos de algodón con soda cáustica, para que resulten brillantes.

MERCERO. (De lat. *merx, mercis*, mercadería.) m. El que comercia con artículos de mercería.

MERCURIAL. (Del lat. *mercurialis.*) adj. Perteneciente al dios o al planeta Mercurio. *Fases* MERCURIALES. ‖ Perteneciente al mercurio. *Pomada* MERCURIAL. ‖ f. Planta euforbiácea de hojas amarillentas y flores verdosas, cuyo zumo se usaba como purgante.

MERCÚRICO, CA. adj. Perteneciente o relativo al mercurio.

MERCURIESCO, CA. adj. Perteneciente o relativo al dios Mercurio.

MERCURIO. al. **Quecksilber.** fr. **Mercure.** ingl. **Mercury.** ital. **Mercurio.** port. **Mercúrio.** (Del lat. *mercurius.*) m. Uno de los planetas, conocido desde la antigüedad, el más próximo al Sol, que, como Venus, se ve a veces como lucero matutino, y a veces como vespertino. ‖ Azogue, metal. ‖ IDEAS AFINES: *Amalgama, espejo, sublimado, tóxico, hidrargirismo, calomel, termómetro, barómetro, plateado, brillante, líquido, cinabrio.*

● **MERCURIO.** *Astron.* Este pequeño planeta, presenta siempre la misma faz al Sol, de donde resulta una región tórrida y otra helada que originan una circulación de vientos muy intensa. Su luz y su calor se calculan siete veces mayores que en la Tierra, lo que hace suponer que las condiciones de vida son muy diferentes, aunque la fuerte evaporación puede proporcionarle una atmósfera espesa y protectora. Su diámetro ecuatorial es de 4.720 km (1/3 del de la Tierra). Se le atribuyen montañas dos veces más elevadas que las de la Tierra y su órbita presenta la mayor inclinación y excentricidad de todas las de los grandes planetas. Su volumen es veinte veces menor que el de la Tierra y su distancia del Sol oscila entre 46 y 70 millones de kilómetros.

MERCURIO. *Mit.* Hijo de Júpiter, el **Mercurio** latino se asimiló al Hermes griego y fue ante todo el dios del comercio, aunque también patrón de la mentira, del robo y de la elocuencia. En su calidad de mensajero de Júpiter, de los caminos y los viajeros, castigó a quienes no cumplían con las reglas de la hospitalidad, cerró los ojos de los moribundos y condujo sus almas a los infiernos. Además enseñó a los hombres la escritura, la gimnasia, la astronomía, las pesas y las medidas, fue genio tutelar de las invenciones y descubrimientos y padre de la civilización.

MERCHÁN, Rafael María. *Biog.* Lit. y patriota cub., redactor de "La Revolución" autor de *La honra de España en Cuba; Asuntos americanos*, etc. (1844-1905).

MERCHANTE. adj. Mercante. ‖ m. El que compra y vende sin tener tienda fija.

MERDELLÓN, NA. (De *mierda.*) s. fam. Doméstico que sirve desaseadamente.

MERDOSO, SA. (De *mierda.*) adj. Inmundo, sucio.

MERE. (Del lat. *mere.*) adv. m. Meramente.

MERECEDOR, RA. adj. Que merece. MERECEDOR *de recompensa*; sinón.: **acreedor, digno.**

MERECER. al. **Verdienen.** fr. **Mériter.** ingl. **To deserve; to merit.** ital. **Meritare.** port. **Merecer.** (Del lat. *merecere.*) tr. Hacerse digno de premio o de castigo. *Este alumno* MERECE *una felicitación.* ‖ Lograr, obtener. ‖ Tener cierta estimación una cosa. *Ese collar no* MERECE *mil pesos.* ‖ intr. Hacer méritos, ser digno de premio. ‖ **Merecer bien** de alguien. frs. Ser acreedor a su gratitud. ‖ irreg. Conj. como **agradecer.**

MERECIDAMENTE. adv. m. Dignamente; con razón y justicia. *Premiar* MERECIDAMENTE.

MERECIDO, DA. p. p. de **Merecer.** ‖ m. Castigo de que se juzga merecedor a alguien. *Ya tendrás tu* MERECIDO.

MERECIENTE. p. a. de **Merecer.** Que merece.

MERECIMIENTO. m. Acción y efecto de merecer. ‖ Mérito.

MEREDITH, Jorge. *Biog.* Poeta y nov. inglés, uno de los creadores de la novela psicológica en su país. Autor de *El egoísta; Las aventuras de Harry Richmond*, etc. (1828-1909).

MEREDITH. *Geog.* Cabo extremo S. de la isla occidental del arch de las Malvinas.

MEREJKOVSKI, Demetrio. *Biog.* Escr. ruso que se especializó en la novela histórica, a la que dio carácter filosófico-místico. Su obra maestra es la trilogía *Cristo y Anticristo*, que comprende: *La muerte de los dioses o Julián el Apóstata; Los dioses resucitados o Leonardo de Vinci y Anticristo o Pedro y Alexis.* Escribió además *Tolstoi y Dostoievski; Los compañeros eternos*, etc. (1865-1941).

MEREJO, JA. adj. *Ec.* Bobo, tonto. U.t.c.s.

MERENDAR. al. **Vespern.** fr. **Déjeuner.** ingl. **To lunch.** ital. **Merendare.** port. **Merendar.** (Del lat. *merendare*, comer al mediodía.) intr. Tomar la merienda. ‖ En algunos lugares, comer al mediodía. ‖ Registrar y acechar lo que otro hace. MERENDAR *las salidas de un vecino*; sinón.: **curiosear.** ‖ tr. Tomar algo en la merienda MERENDAR *jamón con huevos.* ‖ **Merendarse** uno algo. frs. fig. y fam. Lograrlo o hacerlo suyo. ‖ irreg. Conj. como **acertar.**

MERENDERO. m. Sitio donde se merienda. ‖ Establecimiento para merendar mediante pago.

MERENDILLA, ITA. f. dim. de **Merienda.**

MERENDONA. f. Merienda espléndida y abundante.

MERENGUE. al. **Baiser; Meringue.** fr. **Meringue.** ingl. **Meringue.** ital. **Meringa.** port. **Merengue.** (Del fr. *meringue.*) m. Dulce de claras de huevo batidas y azúcar, cocido al horno. ‖ fig. *Arg.* y *Chile.* Alfeñique, persona delicada.

MEREQUETÉN. m. fam. *Cuba.* Importancia; dificultad. ‖ adv. m. fam. Perfectamente, muy bien.

MERETRICIO, CIA. (Del lat. *meretricius.*) adj. Perteneciente o relativo a las rameras. ‖ m. Trato carnal con una ramera.

MERETRIZ. (Del lat. *méretrix, -icis.*) f. Ramera.

MEREY. m. Marañón.

MERGANSAR. (Del lat. *mergus anser.*) m. Mergo.

MERGENTHALER, Otomar. *Biog.* Mecánico al., inventor de la linotipia (1854-1899).

MERGO. (Del lat. *mergus.*) m. Cuervo marino, del orden de las palmípedas.

MÉRIDA, Carlos. *Biog.* Notable pintor y crítico de arte guat. que reside en México. Sus cuadros, de inspiración folklórica, tienen aspectos surrealistas. Obras: *Danzas de México; Imágenes de Guatemala; Tehuántepec*, etc. (n. 1893).

MÉRIDA. *Geog.* Ciudad de España (Badajoz), a orillas del Guadiana. 28.000 h. Centro agrícola-ganadero y gran nudo ferroviario. Es la **Emerita Augusta** de los romanos y aún conserva restos de su antiguo esplendor. ‖ C. de México, cap. del estado de Yucatán. 218.000 h., sit. a 36 km. del golfo de México. Es centro de los cultivos de henequén, que exporta a través del puerto de Progreso. Sede universitaria y próspero núcleo industrial. ‖ Estado del O. de Venezuela. 11.300 km²; 384.000 h. Es el único Est. venezolano que tiene cerros cubiertos de nieves perpetuas (Bolívar, Humboldt, etc.) Maíz, trigo, café, tabaco, papas. Cap. hom. 75.000 h. Universidad. ‖ **Sierra Nevada de –.** Sierra de los Andes venezolanos, situada al S. E. de la ciudad hom. Tiene las más altas cumbres del país. Culmina en el pico Bolívar, de 5.007 m.

MERIDEÑO, ÑA. adj. Natural de Mérida. U.t.c.s.

MERIDIANA. (Del lat. *meridiana.*) f. Camilla para estar tendido, a medio vestir. ‖ Especie de sofá, sin respaldo ni brazos, usado para sentarse o tenderse. ‖ Siesta que se hace después de comer.

MERIDIANO, NA. al. **Meridian.** fr. **Méridien.** ingl. **Meridian.** ital. **Meridiano.** port. **Meridiano.** (Del lat. *meridianus*, de *meridies*, el mediodía.) adj. Perteneciente o relativo al mediodía. *Sol, calor* MERIDIANO. ‖ fig. Clarísimo, muy luminoso. *Luz* MERIDIANA; sinón.: **diáfano.** ‖ m. *Astron.* Círculo máximo de la esfera celeste, que pasa por los polos del mundo, y por el cenit y nadir del punto de la Tierra al que se refiere. ‖ *Geog.* Cualquiera de los círculos máximos de la esfera terrestre que pasan por los polos. ‖ Cualquier semicírculo de la esfera terrestre, que va de polo a polo. ‖ *Geom.* Línea de intersección de una superficie de revolución con un plano que pasa por su eje. ‖ **Primer meridiano.** *Geog.* El establecido arbitrariamente como principio para contar sobre el Ecuador los grados de longitud geográfica de cualquier lugar de la Tierra. *Generalmente se toma como primer* MERIDIANO *el de Greenwich.* ‖ **A la meridiana.** m. adv. A la hora del mediodía. ‖ IDEAS AFINES: *Astronomía, paralelo, coordenadas, tró-*

picos, latitud, esfera armilar, mapa, situación, horario.

MERIDIEM. (*Ante,* o *post.*) Locs. advs. lats. usadas en América para significar de mañana o de tarde. *A las diez* POST MERIDIEM.

MERIDIONAL. (Del lat. *meridionalis.*) adj. Perteneciente o relativo al Mediodía o Sur. *El cabo de Hornos es la extremidad* MERIDIONAL *de América.* Apl. a pers. ú.t.c.s. sinón.: **austral;** antón.: **septentrional.**

MERIENDA. al. **Vesperbrot.** fr. **Goûter.** ingl. **Lunch.** ital. **Merenda.** port. **Merenda.** (Del lat. *merenda.*) f. Comida liviana que se hace antes de la cena, por la tarde. ‖ En algunos lugares, comida hecha al mediodía. ‖ fig. y fam. Corcova. ‖ – **de negros.** fig. y fam. Confusión y desorden.

MERIMÉE, Ernesto. *Biog.* Lit. e hispanista fr., promotor de la enseñanza de la lengua castellana en su país, y autor de *Ensayo sobre la vida y las obras de D. Francisco de Quevedo; Edición crítica de "Las mocedades del Cid", de Guillén de Castro; Manual de historia de la literatura española,* etc. (1846-1924). ‖ — **Próspero.** Escr. francés. Colocándose al margen del romanticismo, escribió con vigorosa concisión obras realistas y objetivas. *Colomba; Mosaico; Relatos* (uno de los cuales, *Carmen,* inspiró la ópera de Bizet.); *Crónica del reino de Carlos IX,* etc. (1803-1870).

MERÍN. *Geog.* V. **Mirim.**

MERINDAD. f. Territorio de la jurisdicción del merino. ‖ Oficio de merino. ‖ Distrito con una ciudad importante que defendía los intereses de los pueblos sitos en su demarcación.

MERINO, NA. (Del lat. *maiórinus,* algo mayor.) adj. Dícese de los carneros y ovejas de lana fina, corta y rizada, y de hocico grueso y ancho. Ú.t.c.s. ‖ m. Juez que ponía el rey en ciertos territorios. ‖ Cuidador de ganado y de sus pastos. ‖ Tejido de cordoncillo fino, hecho con lana seleccionada y peinada.

MERINO, Blanca. *Biog.* Escultora chilena cont., cultora de las tendencias plásticas modernas. ‖ – **IGNACIO.** Pintor per. de formación europea especialista en temas históricos. Sus cuadros integran la galería que lleva su nombre, en Lima (1817-1876). ‖ – **REYES, Luis.** Cinentista chil., autor, también, de poesías (n. 1912).

MERIÑAQUE. (De *medriñaque.*) m. Miriñaque.

MERIÑO, Fernando Arturo de. *Biog.* Sac. y escritor dom., de 1880 a 1881 presid. de la República (1833-1906).

MERIS. *Geog. histór.* Lago del antiguo Egipto que recibía las aguas de los desbordamientos del Nilo y servía de reserva en tiempos de sequía.

MERISTEMA. (Del gr. *meris,* parte, y *stema,* filamento.) m. *Bot.* En los vegetales superiores, tejido embrionario situado en los centros de crecimiento y formado por células que se dividen continuamente. ‖ deriv.: **meristemático, ca.**

MÉRITAMENTE. adv. m. Merecidamente.

MERITÍSIMO, MA. (Del lat. *meritíssimus.*) adj. sup. Dignísimo de algo.

MÉRITO. al. **Verdienst.** fr. **Mérit.** ingl. **Merit.** ital. **Merito.** port. **Mérito.** (Del lat. *méritum.*) m. Acción que hace al hombre merecedor de premio o castigo. *Pedro tiene* MÉRITOS *para ocupar ese cargo.* ‖ Resultado de las buenas acciones que hacen a alguien digno de aprecio. ‖ Dicho de las cosas, lo que les hace tener valor. *El* MÉRITO *de una porcelana.* ‖ – **del proceso.** *Der.* Conjunto de pruebas y razones resultantes del mismo que sirven para que el juez dé el fallo. ‖ **De mérito.** loc. Notable y recomendable. *Novela* DE MÉRITO. ‖ **Hacer mérito.** frs. fig. Hacer mención. ‖ **Hacer méritos.** frs. fig. Preparar el logro de algo que se pretende, mediante diligencias o servicios adecuados.

MERITORIAMENTE. adv. m. Merecidamente, por mérito.

MERITORIO, RIA. (Del lat. *meritorius.*) adj. Digno de premio. *Arrojo* MERITORIO. ‖ m. Empleado que trabaja sin sueldo, haciendo méritos para lograr una plaza remunerada.

MERLA. (Del lat. *mérula.*) f. Mirlo, pájaro.

MERLÁCHICO, CA. adj. *Méx.* Pálido, enfermo.

MERLÍN. (Del neerl. *marlijn.*) m. *Mar.* Cable delgado, de cáñamo alquitranado.

MERLÍN. n. p. **Saber más que Merlín.** frs. proverb. **Saber más que Lepe.** Dícese por alusión a **Merlín,** encantador legendario del s. VI.

MERLÍN. *Biog.* Sabio y poeta escocés, auxiliar del legendario rey Arturo. Se le atribuían dotes de profeta y hechicero. Con el nombre de **Merlín el Mago** es una de las figuras más populares de la literatura caballeresca (s. VI).

MERLINO, Adrián. *Biog.* Escritor y pintor arg., n. en 1911. Autor de *Diccionario de artistas plásticos en la Argentina.*

MERLO. (Del lat. *mérulus.*) m. **Zorzal marino.**

MERLO. *Geog.* Ciudad de la Argentina (Buenos Aires), al O. de la cap. del país. 18.000 h. Industrias varias. Forma parte del Gran Buenos Aires.

MERLÓN. (Del ital. *merlone.*) m. *Fort.* Cualquiera de los trozos de parapeto, entre dos cañoneras.

MERLUZA. al. **Seehecht.** fr. **Merluche.** ingl. **Merluce.** ital. **Merluzzo.** port. **Badejo.** (Del lat. *maris lucius.*) f. Pez malacopterigio, de escamas pequeñas y cuerpo alargado, con dos aletas dorsales y una anal; su carne es muy apreciada. Cuando joven se llama pescadilla. Salado y seco, se conoce con el nombre de bacalao de Escocia. ‖ fig. y fam. Borrachera, embriaguez.

MERMA. (De *mermar.*) f. Acción y efecto de mermar. sinón.: **disminución.** ‖ Porción que se consume naturalmente o se substrae de algo. sinón.: **consunción, sisa.** ‖ IDEAS AFINES: *Diezmar, evaporación, substracción, rebaja, reducción, contraer, abreviatura, menguado, extracto, desgaste, despilfarro.*

MERMAR. (Del lat. *minimus,* muy pequeño.) intr. Bajar o disminuir una cosa, o consumirse por efecto natural una parte de lo que antes tenía. Ú.t.c.r. MERMARON *las fuentes, aquel verano;* sinón.: **menguar, minorar;** antón.: **aumentar, crecer.** ‖ tr. Quitar a alguien parte de la cantidad que le corresponde. ‖ deriv.: **mermador, ra.**

MERMELADA. al. **Marmelade.** fr. **Marmelade.** ingl. **Marmalade.** ital. **Marmellata.** port. **Marmelada.** (Del lat. *melimélum,* membrillo.) f. Conserva de membrillos, o de otras frutas, con miel o azúcar.

MERMOZ, Juan. *Biog.* Aviador fr., primero en cruzar el Atlántico Sur en viaje de ida y vuelta (1901-1936).

MERO. (Del lat. *mérulus.*) m. Pez marino de un metro de largo; tiene la cabeza cubierta de escamas, y una aleta dorsal. Su carne es delicadísima. *Epinephelus gigas,* acantopterigio.

MERO. (Del araucano *meru,* pájaro del mal agüero.) m. *Chile.* Especie de zorzal, de color grisáceo.

MERO, RA. (Del lat. *merus.*) adj. Puro, simple, sin mezcla. MERA *consideración.* ‖ *Guat.* Verdadero. ‖ *Méx.* Propio, mismo. ‖ *Ven.* Solo.

MERODEADOR, RA. adj. Que merodea. Ú.t.c.s.

MERODEAR. (De *merodeo.*) intr. *Mil.* Apartarse algunos hombres armados del cuerpo en marcha para robar en los alrededores lo que puedan. Por ext., vagar por el campo viviendo de lo que se coge o roba. ‖ Por extensión, vagar por las inmediaciones de algún lugar, en general con malos fines. ‖ deriv.: **merodista.**

MERODEO. m. Acción y efecto de merodear.

MEROSTOMA. (Del gr. *meros,* y *stoma,* boca.) adj. *Zool.* Dícese de artrópodos marinos, que se caracterizan por tener el cefalotórax prolongado lateralmente y el abdomen terminado en una larga espina móvil. El cangrejo de las Molucas es el representante actual. Ú.t.c.s. ‖ m. pl. *Zool.* Clase de estos animales.

MEROVEO. *Biog.* Rey de los francos de 448 a 458. Derrotó a Atila en los Campos Cataláunicos. Dio su nombre a los reyes de la primera dinastía franca (s. V).

MEROVINGIO, GIA. adj. Perteneciente o relativo a la familia o a la dinastía de los primeros reyes de Francia, que reinó hasta 752. Aplicado a los reyes de esta dinastía, ú.t.c.s.

MERQUÉN. (Del araucano *medquén.*) m. *Chile.* Pimiento con sal para condimentar la comida.

MERSEBURGO. *Geog.* Ciudad de la Rep. Democrática Alemana (Sajonia). 55.000 h. Centro hullero e industrial.

MERSEY. *Geog.* Río de Inglaterra que des. en el mar de Irlanda, en un amplio estuario. 120 km. Una serie de canales lo han convertido en ruta magnífica entre Liverpool y Manchester y toda la zona algodonera de Lancashire.

MERSIN. *Geog.* Ciudad y puerto de Turquía, en la costa S. E. de Anatolia. 120.000 h. Exportaciones de frutas, algodón, cereales, etc.

MERTHYR-TYDFIL. *Geog.* Ciudad de Gran Bretaña (Gales) en el condado de Glamorgan. 100.000 h. Gran centro siderúrgico.

MERV. *Geog.* Ciudad de la U.R.S.S. (Turkmenistán). 50.000 h. Tapices, alfombras, orfebrería.

MES. al. **Monat.** fr. **Mois.** ingl **Month.** ital. **Mese.** port. **Mes.** (Del lat. *mensis.*) m. Cada una de las doce partes en que se divide el año. ‖ Número de días consecutivos desde uno dado hasta otro de igual fecha en el **mes** siguiente. *Tiene dos* MESES *de plazo, a partir del 10 de octubre.* ‖ Menstruo de la mujer. ‖ Mensualidad. ‖ – **anomalístico.** *Astron.* Tiempo que transcurre desde que la Luna está en su apogeo hasta que vuelve a él. ‖ – **lunar periódico.** Tiempo que emplea la Luna en dar una vuelta completa alrededor de la Tierra. ‖ – **lunar sinódico.** Tiempo que tarda la Luna desde una conjunción con el Sol hasta la siguiente. ‖ **Meses mayores.** Los últimos del embarazo de la mujer. ‖ IDEAS AFINES: *Semana, año, trimestre, almanaque, agenda, sueldo, periodicidad, ciclo, calendas.*

MESA. al. **Tisch.** fr. **Table.** ingl. **Table.** ital. **Tavola; mensa.** port. **Mesa.** (Del lat. *mensa.*) f. Mueble generalmente de madera, compuesto de una tabla lisa sostenida por uno o varios pies. MESA *de trabajo, de billar, de dibujo.* ‖ La sagrada Eucaristía que se administra en el altar. ‖ Conjunto de personas que dirigen una asamblea política, un colegio electoral, etc. ‖ En las secretarías y oficinas, conjunto de negocios que corresponden a un oficial. *Mi primo tiene la* MESA *de artillería.* ‖ Meseta. ‖ Cúmulo de las rentas de las iglesias, prelados, órdenes militares, etc. ‖ Plano principal de tallado de las piedras preciosas que ocupa la parte más visible al ser engastadas. ‖ Cualquiera de los planos que tienen las hojas de las armas blancas. ‖ Cada uno de los dos largueros que componen la armazón del ingenio de encuadernador. ‖ Partida del juego de trucos o de billar. ‖ Tanto que se paga por ella, en estos y otros juegos. ‖ fig. Comida o alimento que se ingiere diariamente. *Le gustaba la buena* MESA. ‖ – **de altar.** Altar donde se coloca el ara. ‖ – **de batalla.** En las oficinas de correos, la que se usa para clasificar y distribuir las cartas. ‖ — **de cambios. Banco de comercio.** ‖ — **del pellejo.** *Chile.* **Mesa** separada a la que se sienta la gente joven o de confianza. ‖ – **de guarnición.** *Mar.* Plataforma que se coloca en los costados del barco para afirmar las jarcias. ‖ — **de lajar** a uno **debajo de la mesa.** loc. fig. y fam. Empezar a comer sin esperarle. ‖ – **de lavar.** *Min.* Tablero inclinado en el cual se coloca el mineral para extraer de él la ganga mediante una corriente de agua. ‖ – **de luz. Mesa de noche.** ‖ – **de noche.** Mueble pequeño, con cajones, que se coloca al lado de la cama. ‖ – **franca.** Aquella en que se sirve de comer a todos cuantos llegan. ‖ – **redonda.** La que no tiene asientos de preferencia. ‖ En las fondas, aquella en que todos comen lo mismo y a horas fijas. ‖ *Lit.* La instituida por el rey Arturo y en torno de la cual se sentaban y eran servidos sin distintición los héroes por él reunidos. ‖ – **revuelta.** Dibujo caligráfico en que se representan varios objetos en estudiado desorden. ‖ – **traviesa.** La que en el refectorio y sala de juntas de una comunidad está ubicada en el frente. ‖ fig. Conjunto de los que se sientan en ella. ‖ **Alzar la mesa.** frs. fig. y fam. Levantar los manteles de la **mesa** después de haber comido. ‖ **A mesa puesta.** m. adv. Sin trabajo, gasto ni cuidado. Ú. m. con los verbos *estar, venir, vivir,* etc. ‖ **Estar** uno **a mesa** y **mantel de** otro. frs. Comer diariamente con él y a su costa. ‖ **Levantar la mesa.** frs. fig. **Alzar la mesa.** ‖ **Levantarse** uno **de la mesa.** frs. Abandonar el sitio que ocupaba a la **mesa** donde estaba comiendo. ‖ **Poner la mesa.** frs. Cubrirla con los manteles, poniendo sobre ellos los cubiertos, platos, etc. ‖ **Sentarse** uno **a la mesa.** frs. Sentarse para comer junto a la **mesa** destinada para ello. ‖ **Sobre mesa.** m. adv. **De sobremesa.** ‖ IDEAS AFINES: *Mesilla, velador, escritorio, carpeta, mostrador, taracea, ebanista, jugar, planchar, meseta.*

MESA, Cristóbal de. *Biog.* Poeta esp., autor de *La restauración de España; Valle de lágrimas y diversas rimas; Las Navas de Tolosa,* etc. (1564-1628). ‖ – **Enrique de.** Lit. español; sus poesías recogen motivos del folklore y el paisaje de Castilla: *Cancionero castellano; El silencio de la Cartuja; Tierra y alma,* etc. (1878-1929).

MESADA. f. Porción de dinero u otra cosa que se paga o da todos los meses. sinón.: **mensualidad.**

MESADURA. f. Acción de mesar o mesarse.

MESALA, Manio Valerio. *Biog.* Cónsul romano en 263 a. de C., libertador de la c. de Mesala.

MESALINA. (Por alusión a *Mesalina,* esposa de Claudio.) f. fig. Mujer poderosa y disoluta.

MESALINA, Valeria. *Biog.* Emperatriz romana, esposa de Claudio, célebre por su conducta licenciosa (15-48).

MESANA. (Del ital. *mezzana.*) amb. *Mar.* Mástil que está a popa en el barco de tres palos. ‖ f. Vela atravesada que se coloca en él.

MESAR. (Del lat. *méssum,* supino de *métere,* segar, cercenar.) tr. y r. Arrancar los cabellos o las barbas con las manos.

MESATICÉFALO. (Del gr. *mesatos,* mediano, y *kephalé,* cabeza.) adj. Dícese del cráneo cuyo índice cefálico es superior a 0,77 e inferior a 0,40, y de quien lo posee. U.t.c.s.

MESCAL. m. *Méx.* Mezcal. ‖ deriv.: **mescalería; mescalero, ra.**

MESCOLANZA. (Del ital. *mescolanza.*) f. fam. Mezcolanza.

MESEGUERÍA. (De *meseguero.*) f. Guarda de las mieses. ‖ Repartimiento hecho entre labradores, para pagar dicha guarda. ‖ Tanto que a cada uno de ellos corresponde.

MESEGUERO, RA. (Del lat. *messis,* mies.) adj. Perteneciente a las mieses. ‖ m. El que guarda las mieses.

MESENIA. *Geog.* Región antigua del Peloponeso que constituye actualmente una nomarquía griega. 2.991 km². 175.000 h. Cap. CALAMATA. Sus habitantes fueron sometidos por los espartanos en el siglo VII a. de C. y liberados por Epaminondas en el siglo IV a. de C. ‖ **Golfo de –.** Gran golfo de Grecia, en el S.O. de la pen. de Morea.

MESENQUIMA o **MESENQUIMA.** f. *Anat.* Tejido conjuntivo embrionario que forma la mayor parte del mesodermo, y del que derivan los vasos linfáticos y sanguíneos, tejidos conjuntivos, etc. ‖ deriv.: **mesenquimatoso, sa.**

MESENTÉRICO, CA. adj. Perteneciente o relativo al mesenterio.

MESENTERIO. (Del gr. *mesenterion;* de *mesus,* medio, y *énteron,* intestino.) m. *Anat.* Nombre que comprende los diversos repliegues peritoneales que fijan las distintas porciones del intestino a las paredes abdominales. ‖ Repliegue peritoneal, triangular, que fija el intestino delgado a la columna vertebral. sinón.: **entresijo.**

MESENTERITIS. (De *mesenterio*, y el sub. *itis*, inflamación.) f. *Pat.* Inflamación del mesenterio.

MESERAICO, CA. (Del gr. *mesos*, medio, y *eraia gaster*, intestino delgado.) adj. *Anat.* Mesentérico.

MESERO. (De *mes.*) m. El que pasa a trabajar de aprendiz a oficial, dándole el maestro comida y salario.

MESERO, RA. (De *mesa.*) m. y f. *Col.* y *Méx.* Camarero o camarera de café.

MESETA. al. **Hochebene; Tafelland.** fr. **Plateau.** ingl. **Tableland.** ital. **Altipiano.** port. **Tabuleiro.** (dim. de *mesa.*) f. Porción de piso horizontal en que termina un tramo de escalera. ‖ Mesa o llano en la cumbre de una altura. *Bogotá está situada en una* MESETA.

MESHED. *Geog.* Ciudad del N.E. del Irán. 420.000 h. Tapices. Ciudad santa musulmana.

MESIA. *Geog. histór.* Antigua región de Europa, sobre el Ponto Euxino. Comprendía a Bosnia y parte de Bulgaria y Servia.

MESIADO. m. Mesiazgo

MESIÁNICO, CA. adj. Perteneciente al Mesías, o Hijo de Dios. *En el libro de los Profetas hay muchos pasajes* MESIÁNICOS.

MESIANISMO. m. Doctrina relativa al Mesías o Hijo de Dios. ‖ fig. Confianza inmotivada en algún agente bienhechor que se aguarda.

MESIAS. (Del lat. *messias*, y este del hebr. *mashia*, ungido.) m. Nombre con el que se designaba en el Antiguo Testamento al Hijo de Dios, descendiente de David, enviado a la Tierra para redimir a los hombres. Los judíos que redactaron los Setenta (280 a. de C.) lo tradujeron por la palabra griega *Khristos*, el ungido, por haberse vertido sobre su cabeza un crisma, o aceite sagrado. ‖ fig. Sujeto real o imaginario en cuyo advenimiento se deposita confianza inmotivada o desmedida. ‖ IDEAS AFINES: *Promesa, profeta, Biblia, salvador, elegido, esperado, hebreos.*

MESIAZGO. m. Dignidad de Mesías.

MESIDOR. (Del fr. *messidor*, y éste del lat. *messis*, mies, y el gr. *doreo*, dar.) m. Décimo mes del calendario republicano francés, que abarcaba del 19 de junio al 18 de julio.

MESILLA. f. dim. de **Mesa.** ‖ fig. Reprensión dada con poca seriedad. ‖ *Arq.* Meseta de escalera. ‖ Losa que se asienta en la parte superior de antepechos de ventanas y encima de las balaustradas. ‖ – **corrida.** *Arq.* Mesa de escalera entre dos tramos paralelos. ‖ – **quebrantada.** *Arq.* La que está entre dos tramos contiguos de escalera, y es por lo general cuadrada.

MESILLO. (dim. de *mes.*) m. Primera menstruación de la mujer después del parto.

MESINA. *Geog.* Provincia de Italia, en Sicilia. 3.247 km². 665.000 h. Cap. hom. sobre el estrecho de su nombre. 265.000 h. Destruida por un terremoto en 1908, fue reconstruida totalmente y es hoy puerto importantísimo y centro comercial de primer orden. Universidad. ‖ **Estrecho de –.** Brazo de mar que separa a Sicilia de la pen. itálica, y comunica los mares Tirreno y Jónico. 42 km. de longitud.

MESINÉS, SA. adj. Natural de Mesina. Ú.t.c.s. ‖ Perteneciente a esta ciudad.

MESINO, NA. adj. y s. *Hond.* Sietemesino.

MESMEDAD. (De *mesmo.*) f. fam. Ú. sólo en la loc. **por su misma mesmedad,** indicando que algo llegará a determinado fin, sin intervención de nadie.

MESMER, Federico F. A. *Biog.* Médico al. creador del mesmerismo, método curativo por el magnetismo animal (1733-1815).

MESMERIANO, NA. adj. Perteneciente o relativo a Mesmer, o al mesmerismo. ‖ Partidario de esta doctrina. Ú.t.c.s.

MESMERISMO. m. Doctrina del magnetismo animal, expuesta por el médico alemán Mesmer en el siglo XVIII y continuada por otros investigadores. ‖ Método psicoterápico basado en el magnetismo animal.

MESMO, MA. (Del ant. *meísmo.*) adj. ant. y fam. Mismo. Ú. todavía entre la gente rústica.

MESNADA. (Del lat. *mansio, -onis*, habitación.) f. Compañía de gente de armas, que antiguamente prestaba servicio a las órdenes de un rey, caballero principal, etc. ‖ fig. Compañía, junta, congregación.

MESNADERÍA. f. Sueldo del mesnadero.

MESNADERO. m. El que servía en la mesnada. Usáb. t. c. adj.

MESOCARPIO. (Del gr. *mesokarpion*; de *mesos*, medio, y *karpós*, fruto.) m. *Bot.* Parte intermedia del pericarpio en los frutos carnosos.

MESOCÉFALO. (Del gr. *mesos*, medio, y *kephalé*, cabeza.) adj. Mesaticéfalo. Ú.t.c.s. ‖ m. *Anat.* Protuberancia situada en la parte inferior y media del cerebro, llamada también puente de Varolio.

MESOCRACIA. (Del gr. *mesos*, medio, y *kratos*, fuerza, poder.) f. *Sociol.* Forma de gobierno en que predomina la clase media. ‖ fig. Burguesía. ‖ deriv.: **mesocrático, ca.**

MESODERMO. m. *Anat.* Capa media del blastodermo de que derivan los tejidos conjuntivos, músculos, huesos, etc. ‖ deriv.: **mesodérmico, ca.**

MESOMERÍA. f. *Quím.* Caso particular de isomería en el que los compuestos difieren por el modo en que se hallan distribuidos los electrones de valencia.

MESÓN. al. **Gaststätte; Wirtshaus.** fr. **Hôtellerie.** ingl. **Hostelry.** ital. **Osteria.** port. **Estalagem.** (Del lat. *mansio, -onis.*) m. Casa pública donde por dinero se alberga a viajeros, caballerías y carruajes. sinón.: **hostería, posada.** ‖ deriv.: **mesonil.**

MESÓN. m. (Del gr. *meson*, medio.) m. Partícula electrizada positiva o negativamente, que tiene la misma carga que el electrón, pero una masa doscientas veces más grande. Fue descubierta por Hideki Yukawa en 1935.

MESÓN. m. *Chile.* Mostrador de tiendas.

MESONAJE. m. Lugar donde hay muchos mesones o albergues.

MESONERO, RA. adj. Perteneciente o relativo al mesón. ‖ s. Dueño de un mesón.

MESONERO ROMANOS, Ramón de. *Biog.* Escr. español; describió con fino humorismo las costumbres madrileñas de su tiempo y realizó refundiciones del teatro clásico español. Publicó *Memorias de un setentón; Panorama matritense; Rápida ojeada sobre la historia del teatro español*, etc. (1803-1882).

MESOPOTAMIA. *Geog.* Antigua región del Asia, sit. entre los ríos Tigris y Éufrates. La parte septentrional constituyó el reino de Asiria y la meridional el de Caldea. Hoy pertenece al Irak. ‖ – **Argentina.** Nombre que suele darse a la región argentina sit. entre los ríos Paraná, Uruguay e Iguazú, integrada por las prov. de Misiones, Corrientes y Entre Ríos.

MESOPOTÁMICO, CA. adj. Natural de la Mesopotamia. Ú.t.c.s. ‖ Perteneciente o relativo a la Mesopotamia asiática o a la argentina.

MESOSFERA. f. Capa atmosférica comprendida entre la estratosfera y la termosfera.

MESOTELIO. m. *Anat.* Parte del mesodermo de que derivan las cavidades serosas (cavidad pleural, peritoneal, etc.) y los músculos. ‖ deriv.: **mesotélico, ca.**

MESOTÓN. m. Mesón, partícula electrizada.

MESOTÓRAX. (Del gr. *mesos*, medio, y *thórax*, pecho.) m. *Anat.* Parte media del pecho. ‖ *Zool.* Segmento medio del coselete de los insectos.

MESOZOICO, CA. (Del gr. *mesos*, medio, y *zoón*, animal.) adj. *Geol.* Dícese de los terrenos de la era secundaria, y de lo perteneciente a ellos.

MESSAGER, Andrés. *Biog.* Compos. francés, autor de óperas cómicas, operetas, pantomimas y ballets: *Las dos palomas; El caballero de Harmental; Los dragones de la emperatriz*, etc. (1853-1929).

MESSÍA DE LA CERDA, Pedro. *Biog.* Mil. español, de 1761 a 1773 virrey de Nueva Granada (1700-1783).

MESSINA, Antonello de. *Biog.* Pintor ital., autor de notables cuadros: *Cristo bendiciendo; Ecce-Homo; Jesús atado a la columna*, etc. (1430-1479).

MESTA. (Del lat. *mixta*, p.p. de *miscere*, mezclar.) f. Reunión de dueños de ganados. *En tiempos de Alfonso el Sabio ya existía el Concejo de la* MESTA. ‖ pl. Aguas de dos o más corrientes, en el punto de confluencia.

MESTAL. m. Terreno poblado de mestos y otros arbustos.

MESTEÑO, ÑA. adj. Perteneciente o relativo a la mesta. ‖ Mostrenco.

MESTER. m. ant. Menester. ‖ **de clerecía.** Género literario cultivado por los poetas doctos de la Edad Media, opuesto al de juglaría. ‖ En particular, género de poesía de Gonzalo de Berceo y sus discípulos. ‖ – **de juglaría.** Poesía de los juglares, que se caracteriza por la versificación irregular y su sentido popular.

MESTICIA. (Del lat. *moestitia.*) f. Tristeza.

MESTIQUE. m. *Amér. Central.* Concreción petrea que se forma dentro del fruto de los cocoteros.

MESTIZA. f. *Col.* Acemita.

MESTIZACION. f. Acción y efecto de mestizar.

MESTIZAJE. m. *Arg.* Mestización.

MESTIZAR. (De *mestizo.*) tr. Corromper las castas por el ayuntamiento de individuos no pertenecientes a una misma. ‖ Mejorar una raza por el ayuntamiento de sus individuos con los de otra superior.

MESTIZO, ZA. (Del lat. *misticius*; de *mixtus*, mixto.) adj. Dícese del nacido de padre y madre de raza diferente, y en particular del hijo de un hombre blanco y de una india, o de un indio y de una mujer blanca. Ú.t.c.s. ‖ Dícese del animal o vegetal resultante de un cruzamiento. ‖ m. *Chile.* Acemita. ‖ IDEAS AFINES: *Híbrido, zambo, mulato, cuarterón, bastardo, mulo, raza, herencia.*

MESTO. (Del lat. *mistus*, mixto.) m. Árbol resultante del cruzamiento de alcornoque y encina. ‖ Rebollo, árbol cupulífero. ‖ Aladierna.

MESTO, TA. (Del lat. *maestus.*) adj. Triste, afligido.

MESTRE, José Manuel. *Biog.* Catedrático cubano, precursor de las corrientes filosóficas positivistas en su país (1832-1886).

MESTRES, Apeles. *Biog.* Dibujante y escr. español, uno de los representantes del renacimiento literario catalán, autor de *Baladas; Canciones ilustradas; Tradiciones catalanas*, etc. (1854-1936).

MESTRO, TRA. s. *Col., Chile* y *Méx.* Barbarismo por **maestro.**

MESTRONI, Valentín. *Biog.* Pedagogo arg., autor de *Los maestros que he tenido* y otras obras (1887-1976).

MESURA. (Del lat. *mensura.*) f. Gravedad y compostura en el semblante y la actitud. ‖ Reverencia, manifestación exterior de respeto y acatamiento. ‖ Moderación, comedimiento.

MESURADO, DA. adj. Moderado, circunspecto, prudente. *Es* MESURADO *en sus acciones.* sinón.: **circunspecto, prudente.** ‖ Reglado, parco. ‖ deriv.: **mesuradamente.**

MESURAR. (Del lat. *mensurare.*) tr. Infundir mesura. ‖ ant. Medir. Ú. en *Ecuad.* ‖ r. Contenerse, moderarse.

META. (Del gr. *metá.*) prep. insep. que con la significación de *junto a, después, entre* o *con* se usa para formar compuestos castellanos, como *metacentro, metatórax.*

META. al. **Ziel.** fr. **But.** ingl. **Aim.** ital. **Meta.** port. **Meta.** (Del lat. *meta.*) f. Pilar cónico que indicaba, en el circo romano, cada extremo de la espina. ‖ Término señalado a una carrera. *El coche número diez llegó primero a la* META. ‖ fig. Propósito, finalidad. *¿Alcanzará la* META *de sus aspiraciones?* ‖ *Méx.* Pilote. ‖ IDEAS AFINES: *Objetivo, blanco, apuntar, acertar, llegada, concluir, coronación, puerto, cima, muerte.*

META. *Geog.* Río de Colombia y Venezuela, eje físico y comercial de la cuenca colombiana del río Orinoco, en el que desemboca 1.200 km. ‖ Departamento del centro de Colombia. 85.770 km². 260.000 h. Cap. VILLAVICENCIO. Ganadería; arroz, plátanos, maíz, cacao; maderas.

METABOLISMO. (Del gr. *metabolé*, cambio.) m. Conjunto de cambios químicos y biológicos que se producen continuamente en los organismos vivos. ‖ Catálisis.

● **METABOLISMO.** *Med.* Las observaciones de Lavoisier sobre la producción del calor humano y animal por la oxidación del carbono, proceso en el que se consume oxígeno y se elabora anhídrido carbónico, fueron el punto de partida para los modernos estudios sobre **metabolismo.** El **metabolismo** basal es el consumo de energía de un organismo viviente en estado de reposo, y que varía según la superficie del cuerpo, medido con tablas especiales. La medición del **metabolismo** basal exige que el paciente esté en reposo absoluto, en una temperatura ambiente superior a los 16° y en ayunas desde 12 a 14 horas antes de la prueba. La digestión, el ejercicio, los temblores, la menstruación y el embarazo, modifican el **metabolismo.** Éste se nota aumentado en la leucemia, insuficiencia cardíaca y enfermedades endocrinas, como el hipertiroidismo; está en cambio disminuido en el hipotiroidismo.

METACARPIANO. adj. Dícese de cada uno de los cinco huesos del metacarpo.

METACARPO. (Del gr. *metakarpion;* de *metá*, después, y *karpós*, carpo.) m. *Anat.* Parte de la mano situada entre el carpo y los dedos.

METACENTRO. (Del gr. *metá*, más allá, *y kentron*, centro.) Punto en que la vertical que pasa por el centro de empuje de las aguas corta el plano de simetría longitudinal, en un cuerpo simétrico flotante, cuando éste se inclina un poco. ‖ deriv.: **metacéntrico, ca.**

METAFASE. (De *meta*, prep. insep., y de *fase.*) f. *Biol.* Segunda fase de la cariocinesis, en que la membrana nuclear desaparece, y los cromosomas se sitúan en el plano ecuatorial del huso acromático.

METAFÍSICA. (De la frase gr. *Metá Physiká*, "después del Tratado de la Física", por el orden en que Andrónico de Rodas situó a la *Metafísica* al clasificar las obras de Aristóteles.) f. Conjunto de problemas que Aristóteles dejó aparte de sus investigaciones, y que fueron organizadas en la Edad Media, como estudio especial, sobre la esencia del Universo, su formación, los seres, etc. Hoy se acostumbra llamar así a la conversión de las cualidades de las cosas (bueno, malo, tiempo, espacio, etc.) en categorías inmutables y eternas, de las que saldrían todas las variantes actuales, y a la reducción de todo a causas primeras. ‖ fig. Manera de discurrir con demasiada sutileza. ‖ Lo que así se discurre.

● **METAFÍSICA.** *Fil.* En el principio del pensar filosófico esta palabra designó los libros de Aristóteles que trataban de la "filosofía primera". Posteriormente constituyó un saber que pretende penetrar en lo que está situado más allá o detrás del ser físico. Mientras la física y la química estudian el cómo de las cosas y se limitan a revelar las leyes aparentes, la **metafísica** busca el porqué; mientras la biología revela las diversas manifestaciones de la vida, la **metafísica** pretende descubrir cuál es la esencia de la vida, y mientras la psicología describe las diversas manifestaciones de la actividad pensante, la **metafísica** busca cuál es la naturaleza de esta actividad. Investiga los primeros principios y los últimos fines, es decir, las razones más elevadas. Es el conocimiento de lo inteligible por antonomasia, de manera que la **metafísica** se ha convertido poco a poco en la ciencia de lo trascendente. La **metafísica** medieval basó su especulación en el poder intelectual auxiliado por la fe; la **metafísica** moderna trata de un saber basado en una verdad indudable, previamente conseguida.

METAFÍSICO, CA. adj. Perteneciente o relativo a la metafísica. ‖ fig. Abstracto y difícil de comprender. ‖ m. El que profesa la metafísica. *Los filósofos cristianos son* METAFÍSICOS. ‖ deriv.: **metafísicamente.**

METAFISIQUEAR. intr. neol. Sutilizar, discurrir sutilmente.

METÁFORA. al. **Metapher.** fr. **Métaphore.** ingl. **Metaphor.** ital. **Metafora.** port. **Metáfora.** (Del gr. *metaphorá*, traslación; de *metá*, más allá, y *phero*, llevar.) f. *Ret.* Tropo consistente en trasladar el sentido recto de una expresión a otro figurado, en virtud de una comparación tácita; p. ej. *las armas de la razón.* ‖ – **continuada.** *Ret.* Alegoría en que algunas palabras se toman en sentido recto y otras en sentido figurado.

● **METÁFORA.** *Lit.* Toda **metáfora** contiene necesariamente una comparación tácita que se presenta en forma rápida y viva y se realiza en el espíritu. Le ha cabido parte principalísima en la formación de las lenguas ya que solamente se ha llegado a la creación de palabras abstractas mediante el empleo metafórico de las que designan objetos y acciones materiales. Con la **metáfora** la significación de las palabras se extiende y se enriquece, da a la pintura de las cosas sensibles más relieve y vigor y el sentido propio se traslada y pasa a ser figurado al ser aplicado a otros objetos que los que designaba primitivamente. Es el más bello de los tropos de dicción y también el más frecuente, pues no solamente es la esencia de la poesía sino que vive en la naturaleza misma del hablar del pueblo. Los retóricos suelen considerar cuatro clases de **metáforas**: 1º) de lo animado por lo animado: *"a los bravos y dañosos, un león"* (Manrique, hablando de su padre); 2º) de lo inanimado por lo inanimado: *"De la alta campana, la lengua de hierro"* (Bécquer); 3º) de lo inanimado por lo animado: *los golpes del destino* y 4º) de lo animado por lo inanimado: *"nuestras vidas son los ríos"* (Manrique). Para conservar su elegancia y su fuerza debe la **metáfora** ser justa y verdadera y tomar la comparación de voces sensibles y naturales sin nada de forzado o incoherente, ni de cosas evidentemente tan prosaicas que sean contrarias a la poesía. Su abuso conduce a la oscuridad, como sucedió en el culteranismo en que Góngora parecía emplear **metáforas** de **metáforas** y que convirtió el lenguaje poético en una serie de acertijos difíciles de interpretar. Verdaderos modelos se encuentran en las Sagradas Escrituras, principalmente en el Cantar de los Cantares, bella y continuada **metáfora.**

METAFÓRICO, CA. (Del gr. *metaphorikós.*) adj. Relativo a la metáfora. *Términos* METAFÓRICOS. ‖ Que incluye una metáfora. ‖ Abundante en metáforas. ‖ deriv.: **metafóricamente.**

METAFORIZAR. tr. Usar de metáforas o alegorías.

METAGOGE. (Del gr. *metagogé*, traslación.) f. *Ret.* Tropo consistente en aplicar palabras que expresan cualidades propias de seres orgánicos a algo inorgánico; p. ej.: *la lluvia canta.*

METAL. al. **Metall.** fr. **Métal.** ingl. **Metal.** ital. **Metallo.** port. **Metal.** (Del lat. *metallum.*) m. Cualquiera de los elementos conductores del calor y la electricidad, de brillo característico, más o menos dúctiles y maleables, y sólidos a la temperatura ordinaria, excepto el mercurio; y que, con el oxígeno, forman óxidos básicos. ‖ Azófar o latón. ‖ fig. Timbre de la voz. ‖ Calidad o conjunto de algo. ‖ *Blas.* Oro o plata, generalmente representados por los colores amarillo y blanco. ‖ – **blanco.** Alpaca, aleación. ‖ – **de Babbitt.** *Quím.* Aleación que, en su origen, está compuesta principalmente de estaño, antimonio y cobre. ‖ – **machacado.** *Min.* Oro y plata nativos que, en hojas delgadas, suelen encontrarse entre las rocas. ‖ – **precioso.** Oro o plata. ‖ **El vil metal.** loc. fam. El dinero. ‖ IDEAS AFINES: *Dureza, metaloide, mineralogía, metalurgia, mina, hidratos, alhajas, cubiertos, instrumentos, armas, útiles, labrar, extraer, damasquinado.*

METAL. *Quím.* El conocimiento y empleo de estos cuerpos simples es tan antiguo, que dieron el nombre a edades de la prehistoria. Los alquimistas reconocieron solamente siete, formados bajo la influencia de los planetas: oro, plata, mercurio, plomo, estaño, hierro y cobre; los clasificaron en metales perfectos; oro y plata, e imperfectos, susceptibles de modificarse bajo la influencia del fuego o del aire y fácilmente atacables por los ácidos; sostenían además que todos ellos eran transformaciones del azufre y del mercurio. Los **metales** tienen brillo especial, son maleables y dúctiles, buenos conductores del calor y de la electricidad, y en combinación con el oxígeno forman óxidos; y con el agua bases. En oposición a los metaloides, son electropositivos; sólidos a la temperatura ordinaria, salvo el hidrógeno que es gaseoso y el mercurio que es líquido; reducidos a finas láminas, son atravesados por los rayos complementarios del color que presentan por reflexión; muchos son de un color blanco más o menos puro, otros son coloreados como el oro y el cobre; su densidad es casi siempre mucho mayor que la del agua y su dureza muy variable. Según su maleabilidad forman la siguiente escala decreciente: oro, plata, aluminio, cobre, estaño, plomo, cinc, platino, hierro, y según su ductilidad, oro, plata, platino, aluminio, hierro, cobre, cinc, plomo, considerándose al cobre el más tenaz de todos los **metales** usados. Sumergido en un líquido, emite iones en los que se funda el galvanismo, de donde procede la acción oligodinámica y bactericida de la plata, antimonio, níquel y cobalto. Los vapores del mercurio y del sodio tienen propiedades luminicas particulares; algunos, al recibir descargas eléctricas originan radiaciones tan importantes como los rayos X y finalmente, otros están dotados de radiactividad como el radio, el torio y el actinio. Rara vez se los encuentra en estado nativo o virgen, salvo los llamados **metales** nobles. Se combinan entre sí y con los metaloides en proporciones muy variables; de esto resulta que la afinidad de los unos con los otros difiere mucho, así como la constitución química de los compuestos resultantes. La combinación de dos **metales** forma una aleación, y la de un **metal** con el mercurio da lugar a una amalgama.

METALADO, DA. (De *metal.*) adj. fig. Mezclado, impuro. ‖ f. *Chile.* Cantidad de metal explotable contenida en una veta.

METALARIO. (Del lat. *metallarius.*) m. El que trata y trabaja en metales.

METALEPSIA. (Del gr. *metálepsis*, cambio.) f. *Quím.* Teoría que explica las substituciones atómicas o moleculares de los cuerpos.

METALEPSIS. (Del gr. *metalepsis*, cambio.) f. *Ret.* Tropo consistente en tomar el antecedente por el consiguiente, o viceversa, trasladando a veces el sentido de una creación entera; p. ej.: *Acuérdate de lo que prometiste*, por *cúmplelo.*

METALERO, RA. adj. *Bol., Chile* y *Perú.* Relativo a metales. ‖ m. Metalario.

METÁLICA. (De *metálico.*) f. Metalurgia.

METÁLICO, CA. (Del lat. *metallicus.*) adj. De metal, o perteneciente a él. *Lámina* METÁLICA. ‖ Perteneciente a medallas. *Museo* METÁLICO. ‖ m. Metalario. ‖ Dinero en oro, plata o metal, a diferencia de papel moneda. *Pagar en* METÁLICO. ‖ Dinero en general.

METÁLICOS, Montes. *Geog.* V. **Erzgebirge.**

METALÍFERO, RA. (Del lat. *metállifer, -eris*, de *metállum*, metal, y *ferre*, llevar.) adj. Que contiene metal. *Yacimientos* METALÍFEROS.

METALISTA. (De *metal.*) m. Metalario.

METALISTERÍA. (De *metalista.*) f. Arte de trabajar los metales.

METALIZACIÓN. f. Acción y efecto de metalizar o metalizarse.

METALIZAR. tr. *Arg.* Convertir mercaderías u otros bienes en dinero, mediante operaciones comerciales. Ú.t.c.r. ‖ *Quím.* Hacer que un cuerpo adquiera propiedades metálicas. METALIZAR *vidrio, cuero, madera.* ‖ r. Convertirse algo en metal, o impregnarse de él. ‖ fig. Transformarse alguien de modo que en él predomine el interés monetario sobre todos los demás.

METALOGÉNESIS. f. *Geol.* Formación de los yacimientos metalíferos.

METALOGRAFÍA. f. Procedimiento litográfico en que la piedra es reemplazada por una plancha graneada de cinc o aluminio. ‖ Estudio de la estructura, composición y propiedades de los metales y sus aleaciones.

METALOIDE. (De *metal*, y el gr. *eidos*, forma.) m. *Quím.* Cuerpo simple, mal conductor del calor y de la electricidad, y de poco peso específico en general, que combinado con el oxígeno produce anhídridos.

● **METALOIDE.** *Quím.* Los metaloides, mucho más abundantes en el globo terráqueo que los metales, poseen ciertos caracteres que los diferencian de éstos: en las soluciones acuosas no intervienen sino como iones negativos, contrariamente a los metales que forman iones positivos; las combinaciones con el oxígeno dan anhídridos y con el agua, ácidos; las combinaciones hidrogenadas son estables. De acuerdo con sus valencias se han formado cuatro grupos de **metaloides**: monovalentes, a los que pertenecen el flúor, el cloro, el bromo y el yodo, forman con el hidrógeno poderosos hidrácidos y constituyen la familia de los halógenos; divalentes que comprenden el oxígeno, azufre, selenio y el telurio, y forman con el hidrógeno compuestos, mientras el oxígeno forma el agua; los otros constituyen ácidos débiles; trivalentes, a los que pertenecen el nitrógeno, el fósforo, el arsénico y el antimonio, y tetravalentes, que comprenden al carbono, al silicio y al boro. Esta clasificación, aunque en forma diferente, se repite en la periódica de Mendeleieff.

METALOTERAPIA. (Del gr. *metallon*, metal, y *therapeia*, curación.) f. Aplicación externa de los metales con fines terapéuticos.

METALURGIA. al. **Metallurgie.** ingl. **Métallurgie.** ingl. **Metallurgy.** ital. **Metallurgia.** port. **Metalurgia.** (Del gr. *metallurgós*, minero; de *métallon*, metal, y *ergon*, trabajo.) f. Arte de beneficiar los minerales y de extraer los metales que contienen.

METALÚRGICO, CA. adj. Perteneciente a la metalurgia. ‖ m. El que la profesa. ‖ deriv.: **metalúrgicamente.**

METALLA. (Del lat. *metalla*, metales.) f. Conjunto de pedazos pequeños de oro para reparar en el dorado las partes que quedan descubiertas.

METÁMERO, RA. (Del gr. *metá*, después, y *meros*, parte.) adj. *Quím.* Dícese de los cuerpos isómeros formados por la asociación de muchos compuestos diferentes o idénticos. Ú.t.c.s. ‖ m. *Zool.* Cada anillo o segmento del cuerpo de los animales de simetría bilateral, fraccionado transversalmente, como en los gusanos o artrópodos.

METAMÓRFICO, CA. adj. *Geol.* Dícese del mineral o de la roca en que ha habido metamorfismo.

METAMORFISMO. (De *metamorfosis.*) m. *Geol.* Conjunto de cambios en la forma y estructura de rocas y minerales, debido a los agentes externos e internos.

METAMORFOSEAR. (De *metamorfosis.*) tr. y r. Transformar. sinón.: **transmutar.**

METAMÓRFOSIS. f. Metamorfosis.

METAMORFOSIS. (Del gr. *metamórphosis*; de *metamorphoo*, transformar.) f. Transformación de una cosa en otra. ‖ fig. Mudanza que hace una persona o cosa de un estado a otro. ‖ *Fisiol.* Mutación o cambio de los órganos de plantas o animales, especialmente insectos, que constituyen fases del ciclo evolutivo. *La* METAMORFOSIS *de la rana.* ‖ IDEAS AFINES: *Conversión, transfiguración, mimetismo, larva, renacuajo, magia, coagular, transubstanciar, eucaristía.*

METÁN. *Geog.* Pobl. de la Argentina (Salta). 10.000 h. Agricultura y ganadería.

METANO. m. *Quím.* Hidrocarburo gaseoso, incoloro, inodoro e inflamable, que forma con el aire una mezcla explosiva. Se produce por descomposición de substancias vegetales y abunda en los pantanos, minas de carbón, etc.

METAPA. *Geog.* V. **Ciudad Darío.**

METAPASO. m. *Col.* Cabrillas, juego de niños.

METAPIL. m. *Amér. Central.* Lingote de cobre para la amalgamación en caliente. Ú.m. en pl.

METAPLASMA. (De *meta*, prep. insep., y *plasma*, parte líquida de la sangre en circulación.) m. Parte del contenido de una célula que no es materia viva.

METAPLASMO. (Del gr. *metaplasmós*, transformación.) m. *Gram.* Nombre genérico de las figuras de dicción.

METAPSÍQUICA. (Del gr. *metá*, después, más allá, y *psychiké*, psíquica.) f. *Psicol.* Ciencia que estudia los fenómenos que exceden de los límites de la conciencia normal y común, como la telepatía, el espiritismo, etc.

METAPSÍQUICO, CA. adj. *Psicol.* Perteneciente o relativo a la metapsíquica.

METASTASIO, Pedro Buenaventura Trapassi. *Biog.* Poeta y dramaturgo ital., libretista de Mozart, Haendel, Pergolese y otros grandes músicos. Su teatro representó una transición entre el drama y la ópera (1698-1782).

METÁSTASIS. (Del gr. *metástasis*, cambio de lugar.) f. *Med.* Reproducción de un padecimiento en órganos distintos de aquel en que se presentó primeramente.

METATARSIANO. adj. Dícese de cada uno de los cinco huesos del metatarso.

METATARSO. (Del gr. *metá*, después, y *tarsos*, tarso.) m. *Anat.* Parte del pie comprendida entre el tarso y los dedos.

METATE. (Del méx. *metatl.*) m. Piedra cuadrada y ahuecada en la cara superior, sostenida en tres pies, para moler granos.

METÁTESIS. (Del gr. *metáthesis*; de *metá*, en otro lugar, y *thesis*, colocación.) f. *Gram.* Metaplasmo consistente en alterar la posición de los sonidos de una palabra. p. ej.: *metereología*, por *meteorología.* ‖ deriv.: **metatizar.**

METATÓRAX. (De *meta*, prep. insep., y *tórax.*) m. *Zool.* Parte posterior del coselete de los insectos, situado entre el mesotórax y el abdomen.

METAURO. *Geog.* Río de Italia central (Pesaro y Urbino.) que des. en el Adriático. 110 km. Célebre por la derrota que infligieron los romanos a los cartagineses, donde fue muerto Asdrúbal, hermano de Aníbal.

METAXAS, Juan. *Biog.* Mil. y político gr., presid. del Consejo desde 1935 con poderes dictatoriales. Dirigió en 1940 la guerra contra Italia (1871-1941).

METAZOARIO. m. Animal perteneciente al subreino de los pluricelulares constituidos por células asociadas y diferenciadas. ‖ m. pl. Subreino formado por estos animales.

METAZOO. m. Metazoario. ‖ m. pl. Metazoarios.

METCHNIKOFF, Elías. *Biog. Zool.* y biólogo ruso, autor de la teoría de la fagocitosis e investigador del origen patológico de la vejez. En 1908 compartió con Ehrlich el premio Nobel de Fisiología y Medicina. Publicó *La inmunidad en las enfermedades infecciosas; Estudios sobre la naturaleza humana; La vejez*, etc. (1845-1916).

METECO. (Del gr. *métoikos*, extranjero.) adj. y s. En la antigua Grecia, extranjero que se establecía en Atenas y estaba privado de muchos derechos de ciudadanía. ‖ Advenedizo.

METEDOR, RA. (De *meter.*) s. Quien introduce una cosa en otra. ‖ Quien mete contrabando. ‖ m. Paño de lienzo que suele ponerse bajo el pañal de los niños pequeños. ‖ *Impr.* Tablero donde se pone el papel que ha de imprimirse.

METEDURÍA. (De *metedor.*) f. Acción de meter contrabando.

METEJÓN. m. *Arg.* Pérdida en el juego. ‖ fam. Enamoramiento. ‖ *Arg.* y *Col.* Enredo, lío.

METELO, Cecilio. *Biog.* Cónsul romano llamado el **Macedónico,** conquistador de Macedonia (m. 115 a. de C.).

METELÓN, NA. adj. y s. fam. *Méx.* Entremetido.

METEMPSICOSIS. (Del gr. *metempsychosis,* de *metempsychoo,* hacer pasar un alma a distinto cuerpo.) f. Doctrina religiosa y filosófica, originada en Oriente, según la cual el espíritu del hombre o de los animales pasa después de la muerte a cuerpos más o menos perfectos que los anteriores según los méritos adquiridos en la existencia precedente. *Todos los pensadores cristianos rechazan la* METEMPSICOSIS. ‖ IDEAS AFINES: *Inmortalidad, circuito, traslación, purificación, expiar, resucitar, transmigración, budismo, reencarnar, transferencia, brahmán, faquir, hindú, vegetariano.*

● **METEMPSICOSIS.** *Fil.* y *Relig.* Originaria de la India, donde fue creencia moral y religiosa, la doctrina de la **metempsicosis** fue aceptada también en Egipto, donde se consideraba que el alma inmortal entraba después de la destrucción de la materia, en un ser nuevo, y una vez recorridos los elementos del agua, la tierra y el aire, volvía a reencarnarse en un cuerpo humano, completando el circuito calculado en unos mil años. Al pasar a Grecia, donde jamás constituyó un dogma religioso, la doctrina de la **metempsicosis** se transformó: en Platón se acepta la preexistencia del alma, que defendieron también Plotino y Filón. Lessing y Leibniz, en los tiempos modernos, aceptan también la doctrina de la **metempsicosis,** que es repudiada por el cristianismo al afirmar el libre albedrío del hombre y su responsabilidad frente a los destinos eternos, juntamente con la resurrección de cada alma con el que fue su propio cuerpo.

METEMUERTOS. (De *meter* y *muerto.*) m. Empleado que en los teatros retira los muebles en las mutaciones escénicas. ‖ fig. Entremetido, impertinente.

METEÓRICO, CA. adj. Perteneciente a los meteoros. *Agua* METEÓRICA.

METEORISMO. (De *meteoro.*) m. *Med.* Hinchazón flatulenta del tubo digestivo.

METEORITO. (De *meteoro.*) m. Aerolito.

METEORIZACIÓN. f. *Agr.* Acción y efecto de meteorizarse la tierra.

METEORIZAR. tr. *Pat.* Producir meteorismo. ‖ r. *Agr.* Recibir la tierra la influencia de los meteoros. ‖ *Med.* Padecer meteorismo.

METÉORO o **METEORO.** al. **Meteor.** fr. **Météore.** ingl. **Meteor.** ital. **Meteora.** port. **Meteoro.** (Del gr. *metéoros,* elevado, en el aire.) m. Cualquier fenómeno atmosférico, que puede ser aéreo, como los vientos; acuoso, como la lluvia; sólido, como el granizo; eléctrico, como el rayo; luminoso, como el arco iris; o de origen extraterrestre, como el aerolito.

METEOROLOGÍA. (Del gr. *meteorología.*) f. Ciencia que estudia los meteoros. ‖ IDEAS AFINES: *Aire, trueno, rayo, observatorio, sideral, telescopio, termómetro, barómetro, higrómetro, cosmografía, astronomía, predicción, estadística, diagramas.*

METEOROLÓGICO, CA. (Del gr. *meteorologikós.*) adj. Perteneciente a la meteorología, o a los meteoros. *Información* METEOROLÓGICA.

METEOROLOGISTA. com. Meteorólogo.

METEORÓLOGO, GA. m. y f. Persona que profesa la meteorología o tiene en ella especiales conocimientos.

METER. al. **Hineinbringen; stecken.** fr. **Mettre.** ingl. **To put in.** ital. **Mettere.** port. **Meter.** (Del lat. *mittere.*) tr. Introducir o incluir una cosa dentro de otra o en alguna parte. Ú.t.c.r. METIÓ los pies en el agua. ‖ Introducir algo de contrabando. ‖ Dicho de murmuraciones, enredos, etc., promoverlos o levantarlos. METER *cizaña.* ‖ Con voces como *miedo, ruido,* etc., ocasionar. ‖ Inducir a alguien a determinado fin. *Le* METIÓ *en ese asunto.* ‖ En el juego del hombre, atravesar triunfo. METIÓ *la malilla.* ‖ En cualquier juego, poner el dinero que se ha de jugar. ‖ Embeber o encoger en las costuras de una prenda de ropa la tela sobrante. ‖ Con las palabras *memorial, solicitud,* etc., presentarlos. ‖ Engañar o mentir. ‖ Estrechar las cosas de modo que en poco espacio quepa más de lo que comúnmente cabría. METER *letra, renglones.* ‖ Poner. ‖ *Arg., Chile* y *P. Rico.* Emprender, acometer una labor o empresa. ‖ *Mar.* Cargar las velas, o cargarlas y aferrarlas. ‖ r. Introducirse en un lugar sin ser llamado. SE METE *en todas partes.* ‖ Introducirse en el trato y comunión con una persona, frecuentando su casa y conversación. ‖ Dejarse llevar vehementemente de una cosa o complacerse en ella. METERSE *en enredos, en aventuras.* ‖ Aplicado a ríos y arroyos, desembocar uno en otro o en el mar. ‖ Arrojarse al contrario o a los enemigos con las armas en la mano. ‖ En el juego de cuatrillo, ceder la polla conviniéndose en reponerla antes de elegir palo. ‖ Junto con nombres que significan profesión, oficio o estado, seguirlo. METERSE *fraile, soldado.* ‖ Con la preposición *a* y algunos nombres que significan condición, estado o profesión, abrazarla o aparentarla en su conducta. METERSE *a monje, a redentor.* ‖ Hablando de un istmo o golfo, introducirse mucho en el mar o entrarse largo trecho por la tierra respectivamente. ‖ **Estar** uno **muy metido con** una persona. frs. fig. Tener gran intimidad con ella. ‖ **Estar** uno **muy metido en** una cosa. frs. fig. Estar muy afanado en su logro y consecución. ‖ **Meterse a** juzgar, enseñar, moralizar, etc., o a juez, maestro, moralizador, etc. frs. Atribuirse alguna capacidad o facultades que no se tienen. ‖ **Meterse** uno **con otro.** frs. Darle motivo de inquietud; armarle camorra. ‖ **Meterse** uno **donde no le llaman,** o **en lo que no le importa,** o **en lo que no le va ni le viene.** frs. fam. Entremeterse, mezclarse en lo que no es de su interés o incumbencia. ‖ **Meterse** uno **en sí,** o **en sí mismo.** frs. fig. Pensar o meditar individualmente las cosas, sin pedir consejo o explicar lo que siente. ‖ **Meterse** uno **en todo.** frs. fig. y fam. Introducirse inoportunamente en cualquier asunto dando su opinión sin que se le pida.

METEREOLOGÍA. f. Barbarismo por **meteorología.**

METEREOLÓGICO, CA. adj. Barbarismo por **meteorológico.**

METERETE. m. *R. de la Plata.* Entremetido. Ú.t.c.adj.

METETE. m. *Amér. Central, Chile* y *Perú.* Entremetido. Ú.t.c.adj.

METICULOSAMENTE. adv. m. De manera meticulosa.

METICULOSIDAD. f. Calidad de meticuloso.

METICULOSO, SA. (Del lat. *meticulosus.*) adj. Medroso. Ú.t.c.s. sinón.: **miedoso.** ‖ Escrupuloso, prolijo; muy puntual.

METICHE. m. *Méx.* Entremetido.

METIDA. f. Acción y efecto de meter. ‖ fam. Herida, puñalada. ‖ fam. Zurra, azotaina. ‖ Las yemas y brotes subsiguientes a cada período de actividad vital de una planta. ‖ fig. Impulso o avance que se da a una tarea. ‖ fig. Zurra, acometida que se da a una cosa en su uso o consumo. Úsase especialmente en la frase *dar una* METIDA.

METIDILLO. m. Metedor para niños.

METIDO, DA. adj. Abundante en ciertas cosas. METIDO *en carnes.* ‖ *Amér.* Entremetido. Ú.t.c.s. ‖ m. Golpe dado con el puño en el arca del cuerpo. ‖ Tela sobrante metida en las costuras de una ropa. ‖ Metidillo. ‖ fig. y fam. Represión o refutación enérgica o desconsiderada.

METÍLICO, CA. (De *metilo.*) adj. *Quím.* Dícese de los compuestos que tienen metilo. ‖ V. **Alcohol metílico.**

METILO. (Del gr. *methy,* vino, e *hyle,* madera.) m. *Quím.* Radical orgánico monovalente, derivado del metano por pérdida de un átomo de hidrógeno (CH_3-).

METIMIENTO. m. Acción y efecto de meterse o introducirse una cosa en otra. ‖ fam. Privanza, ascendiente.

METLAPIL. m. *Méx.* Cilindro con que se muele el maíz en el metate.

METÓDICO, CA. (Del lat. *methódicus.*) adj. Hecho con método. *Régimen* METÓDICO; sinón.: **reglado, sistemático.** ‖ Que hace uso de métodos. ‖ deriv.: **metódicamente.**

METODISMO. m. Doctrina de una secta protestante, fundada por John Wesley en 1729 y caracterizada por la rigidez de sus principios, que pretende haber descubierto un nuevo método para la salvación. ‖ *Med.* Sistema que descartaba la fuerza vital y explicaba todas las enfermedades por la estrechez o dilatación de los poros del cuerpo humano.

METODISTA. adj. Aplícase a quien profesa el metodismo. Ú.t.c.s. ‖ Perteneciente o relativo a él.

METODIZAR. tr. Poner método y orden en algo. METODIZAR *el trabajo;* sinón.: **sistematizar;** antón.: **desordenar.** ‖ deriv.: **metodizable, metodización.**

MÉTODO. al. **Methode.** fr. **Méthode.** ingl. **Method.** ital. **Metodo.** port. **Método.** (Del lat. *méthodus,* camino.) m. Modo de decir o hacer algo ordenadamente. *Exponer con* MÉTODO. ‖ Modo de obrar y proceder de cada uno; hábito o costumbre personal. *No se aparta de su* MÉTODO. ‖ *Fil.* Procedimiento para descubrir y discernir la verdad en los juicios; se divide en analítico y sintético. ‖ IDEAS AFINES: *Pedagogía, inducción, deducción, investigación, norma, camino, orden, ley, organización, rutina, disciplina, regularidad, educación, sistematizar.*

METODOLOGÍA. (Del gr. *méthodos,* método, y *logos,* tratado.) f. Parte de la lógica que estudia los métodos.

METONIMIA. (Del gr. *metonymía;* de *metá,* cambio y *ónoma,* nombre.) f. *Ret.* Tropo consistente en nombrar una cosa con el nombre de otra, tomando el autor por sus obras; el efecto por la causa, etc.; v. gr.: *el laurel* por *la gloria.*

METONÍMICO, CA. (Del gr. *metonymikós.*) adj. Perteneciente a la metonimia, que la contiene o la incluye.

MÉTOPA o **METOPA.** (Del gr. *metope;* de *metá,* entre, y *opé,* agujero.) f. *Arq.* Espacio comprendido entre triglifos en el friso dórico.

METOPOSCOPIA. (Del gr. *metoposkopos,* fisonomista; de *métopon,* frente, y *scopeo,* examinar.) fig. Arte de adivinar el porvenir por las líneas del rostro.

METRA. f. *Ven.* Bolita utilizada para jugar al hoyuelo. ‖ Noticia falsa.

METRALLA. al. **Schrapnell; Splitter.** fr. **Mitraille.** ingl. **Grapeshot.** ital. **Mitraglia.** port. **Metralha.** (Del fr. *mitraille.*) f. *Art.* Munición menuda con que se cargan las piezas de artillería. ‖ Conjunto de pedazos de hierro colado que saltan de los moldes al hacer lingotes.

METRALLAZO. m. Disparo de artillería hecho con metralla.

METRAUCÁN. m. *Chile.* Bazofia. ‖ Revoltillo, desorden.

METRETA. (Del gr. *metretés.*) f. Antigua medida para líquidos usada por los griegos y romanos equivalente a 12 congios (aproximadamente 36 l.). ‖ Vasija en que guardaban el vino o el aceite.

MÉTRICA. (Del lat. *métrica.*) f. Técnica de la versificación, que trata de la estructura y medida de los versos y de sus diferentes especies y combinaciones. ‖ IDEAS AFINES: *Poesía, vate, ritmo, cadencia, aconsonantar, endecasílabo, estrofa, décima, romance, soneto, silva, pie, acento, sílaba, yambo, hemistiquio, hiato, cesura.*

MÉTRICO, CA. (Del gr. *metrikós,* de *metron,* medida.) adj. Perteneciente o relativo al metro o medida. *Sistema* MÉTRICO *decimal.* ‖ Perteneciente al metro o medida del verso. *Arte* MÉTRICO. ‖ deriv.: **métricamente**

METRIFICAR. (Del lat. *metrum,* metro, verso, y *facere,* hacer.) intr. y tr. Versificar. ‖ deriv.: **metrificación. metrificador, ra.**

METRISTA. (De *metro.*) com. Metrificador.

METRITIS. (Del gr. *metra,* matriz, y el sufijo *itis,* inflamación.) f. *Med.* Inflamación del útero o matriz.

METRO. al. **Meter.** fr. **Mètre.** ingl. **Meter.** ital. **Metro.** port. **Metro.** (Del gr. *metron,* medida.) m. Verso, con referencia a la medida que corresponde a cada especie de versos. *Musicalidad de los* METROS. ‖ Unidad de longitud, equivalente aproximadamente a la diezmillonésima parte del cuadrante del meridiano terrestre que pasa por París. Hoy se toma como tal la longitud del **metro** patrón internacional, a 0º C. En los países adheridos a la convención del **metro,** tiene valor legal una definición en la que se fija la longitud de éste en función de la longitud de onda de determinada cara espectral del criptón. ‖ Instrumento que tiene marcada la longitud del **metro** y sus divisores, y que se emplea para medir. ‖ Cantidad de materia que tiene la longitud de un **metro.** ‖ **— cuadrado.** Cuadro cuyo lado mide un **metro.** ‖ Cantidad de una cosa cuya superficie mide un **metro cuadrado.** ‖ **— cúbico.** Cubo cuya arista mide un **metro.** ‖ Cantidad de alguna cosa cuyo volumen mide un **metro cúbico.** ‖ IDEAS AFINES: *Medida, dimensión, largo, ancho, distancia, lineal, vara, yarda, pulgada, centímetro, kilómetro, cartabón, módulo, regla, nonio.*

● **METRO.** *Geog.* e *Hist.* El **metro** patrón es una regla de platino e iridio en forma de X, a fin de preservar la mayor resistencia posible a las deformaciones. La barra es de mayor longitud que el **metro,** marcándose su exacta dimensión con dos finísimos trazos, para evitar que el roce de los extremos cambie la medida. Está depositado en los sótanos del pabellón de Breteuil, en Sèvres y se hicieron copias para todos los países que adoptaron el sistema métrico, acompañándolas con termómetros y microscopios como instrumentos de comprobación. El **metro** convencional equivale a 3 pies y 59 centésimas, marcados con la mayor precisión en los patrones, que sólo se emplean en raras ocasiones y con toda clase de precauciones.

METRO. m. fam. Apócope de **metropolitano,** tren subterráneo.

METROLOGÍA. (Del gr. *metron,* medida, y *logos,* tratado.) f. Ciencia que trata de los sistemas de pesas y medidas.

METRÓN. m. *Chile.* Hierba onagrariea, de grandes flores amarillas, usada para curar heridas y llagas.

METRONOMO. (Del gr. *metron,* medida, y *nomos,* regla.) m. Aparato mecánico que sirve para medir el tiempo y marcar el compás de composiciones musicales. *Un buen músico no precisa* METRÓNOMO.

METRÓPOLI. al. **Hauptstadt; Metropole.** fr. **Métropole.** ingl. **Metropolis.** ital. **Metropoli.** port. **Metrópole.** (Del gr. *metrópolis,* de *meter,* madre, y *polis,* ciudad.) f. Ciudad principal, capital de una provincia o de una nación. ‖ Iglesia principal de la que dependen otras. ‖ Cada nación con respecto a sus colonias. ‖ IDEAS AFINES: *Urbe, sede, dominio, virrey, imperio, cabeza, matriz.*

METRÓPOLIS. f. ant. **Metrópoli.**

METROPOLITANO, NA. (Del lat. *metropolitanus.*) adj. Perteneciente o relativo a la metrópoli. ‖ Arzobispal. *Palacio* METROPOLITANO. ‖ m. Arzobispo, respecto de los obispos. ‖ Tranvía o ferrocarril subterráneo o aéreo mediante el cual se establece comunicación entre los barrios extremos de las grandes ciudades.

METRORRAGIA. Del gr. *metra*, matriz, y *rhégnymi*, romper, brotar.) f. *Med.* Hemorragia de la matriz, fuera del período menstrual.

METSYS, Quentin. *Biog.* V **Massys, Quentin.**

METTERNICH-WINNEBURG, Clemente W., príncipe de. *Biog.* Est. austríaco; después de la caída del imperio fr. se convirtió en árbitro pol. de Europa y mantuvo los principios del despotismo (1773-1859).

METZ. *Geog.* Ciudad de Francia, capital del dep. del Mosela, a orillas de este río. 110.000 h. Siderurgia.

MEUCAR. intr. *Chile.* Cabecear, dormitar.

MEUCÓN. m. *Chile.* Cabezada, cabeceo.

MEUDON. *Geog.* Ciudad de Francia (Sena y Oise). 21.000 h. Industria aeronáutica.

MEUNIER, Constantino. *Biog.* Pintor y esc. belga que se inspiró en los obreros de su país para sus obras *Glorificación del trabajo; Trabajadores del mar*, etc. (1831-1905).

MEURTHE. *Geog.* Río de Francia. Nace en los Vosgos y se une al Mosela, al N. de Nancy. 170 km. || — **y Mosela.** Departamento del N.E. de Francia. 5.235 km². 730.000 h. Hierro, siderurgia, industrias químicas, textiles, etc. Cap. NANCY.

MEXIANA. *Geog.* Isla brasileña sit. en la desembocadura del río Amazonas, al N. de la isla de Marajó.

MEXICALI. *Geog.* Ciudad de México, cap. del Est. de Baja California Norte. 275.000 h. Centro agrícola ganadero.

MEXICANA, Revolución. *Hist.* V. **Revolución Mexicana.**

MEXICANISMO. m. Mejicanismo.

MEXICANO, NA. adj. Mejicano. Apl. a pers., ú.t.c.s.

MÉXICO. *Geog.* República de la zona meridional de América del Norte. La palabra México debería ser llana, y pronunciarse dando a la *x* el sonido de *sh* inglesa o *ch* francesa; esto no obstante, la costumbre hace que la *x* equivalga a la *j* española. Está limitada al Norte por los EE.UU., al Sur por Guatemala y el golfo de Tehuantepec; al Este por el golfo de México y golfo de Campeche y Belice, y al Oeste por el océano Pacífico. Se extiende entre los 14°28' y 32°43'30" de latitud norte, y los 86°46' y 117°8' de longitud oeste de Greenwich. Considerando a la isla de Guadalupe llega hasta los 118°23'. Su superficie es de 1.972.546 km². **Aspecto físico.** Las grandes cordilleras de la Sierra Madre constituyen el esqueleto orográfico del suelo mexicano. La parte continental presenta el aspecto de una vasta y elevada altiplanicie que se inclina hacia el Norte y el Nordeste. Semeja, a vista de pájaro, un enorme tronco de pirámide trapezoidal que se prolonga por el Norte en territorio de los Estados Unidos. Hacia el sudeste de la parte continental se juntan los diversos sistemas que sostienen la altiplanicie interior, y forman el intrincadísimo nudo mixteco. Ya unificada la Sierra Madre, disminuye su altura hasta llegar a poco más de 200 m en el istmo de Tehuantepec, después del cual vuelve a elevarse hasta alcanzar más de 4.000 m. en la frontera guatemalteca. A esta región está unida la baja península de Yucatán, que apenas alcanza en algunos puntos de 160 a 250 m. sobre el nivel del mar. Del extremo noroeste del país se desprende la montañosa y larga faja peninsular de la Baja California, que se prolonga hacia el sudeste en dirección casi paralela a la costa. La altiplanicie mexicana, situada entre la Sierra Madre Oriental y la Occidental, se extiende desde los EE.UU. hasta el sistema Tarasco-Nahua, y se divide en dos secciones: los llanos boreales y la mesa de Anáhuac. Los primeros ocupan la cuarta parte del país y su altura media es de 1.400 a 1.500 m. Encierra numerosos bolsones. La mesa de Anáhuac es la región más elevada, productiva y poblada de la República. La cumbre más alta del suelo mexicano es el pico de Orizaba o Citlaltépetl, en la Sierra Madre Oriental (Veracruz), que llega a 5.747 m. de altura. **Costas.** Dos tipos bien definidos presenta el litoral mexicano: uno, poco profundo y suavemente inclinado, y otro, profundo y de brusco descenso. El primero abarca las costas orientales (golfo de México y mar Caribe) y algunas occidentales, principalmente en los golfos de Tehuantepec y de California, y al oeste de esta península. El segundo es propio del Pacífico. En el golfo de México las costas son ordinariamente bajas y arenosas y ofrecen numerosos esteros y playas con lagunas litorales. En el Pacífico predominan los acantilados o terrenos altos y rocosos; las playas son excepcionales. **Clima.** El trópico de Cáncer cruza el país en su parte central. Así le correspondería un clima cálido bastante uniforme, pero la altitud y otros factores modifican mucho este clima general. Son tres las zonas climáticas características: las tierras calientes, templadas y frías. Las primeras se hallan al sur del trópico hasta una altura de 800 a 900 m. La temperatura media anual es de 28°. El clima es cálido y húmedo. Las tierras templadas se extienden al N. y al S. del trópico, en las cordilleras y en la altiplanicie desde los 1.700 m. hasta los 2.600. La temperatura media es de 20 a 25° y nunca el calor se hace excesivo. Las lluvias son abundantes durante el verano. Las tierras frías se hallan por encima de los 2.600 m. en cordilleras y sierras y alcanzan hasta el límite de las nieves perpetuas, es decir hasta 4.300 m. Por encima de este nivel, donde descuellan cimas nevadas, el clima es glacial. **Hidrografía.** La forma particular del relieve mexicano hace que carezca el país de grandes cuencas fluviales. Las elevadas cordilleras de la Sierra Madre determinan dos vertientes exteriores: una que se dirige al golfo de México y otra al Pacífico. Además en el interior del país, y especialmente en los llanos boreales, hay extensas depresiones cuyas aguas no pueden llegar al mar y forman cuencas cerradas. Existen también las vertientes particulares de Yucatán y de la Baja California. Los principales ríos que van al golfo son el Bravo, Pánuco, Usumacinta, Mezcalapa, etc. Al Pacífico llegan, entre otros, los ríos Sonora, Yaqui, Fuerte, San Pedro, Santiago-Lerma y Balsas o Mezcala. El río Colorado, que viene de los EE.UU., desagua en el golfo de California. En el Yucatán no hay corrientes de agua notables, y la pen. de Baja California habitualmente carece de ríos; sólo cuando llueve se forman algunos torrentes impetuosos. **Flora** y **Fauna.** Sufren naturalmente las consecuencias de las variaciones del clima. **México** es, desde este punto de vista, país de contrastes. La vegetación y los animales ofrecen una notable variedad de tipos. En Baja California y Yucatán aparece una fauna de tipo antillano: mariposas de vivos colores, loros, colibríes. En la costa hay médanos con vegetación densa, sin árboles, y praderas con gramíneas. A medida que se asciende en las tierras calientes surgen agaves, bambúes, cocoteros, ébanos, y caobas, etc. En las tierras templadas aparecen agaves, palmeras, helechos, orquídeas, y en zonas más secas los cactos. Los mamíferos son comunes en esta zona. Las tierras frías son la región de las praderas y de los bosques de encinas y coníferas. En las partes desérticas predomina una formación vegetal xerófila denominada "chaparral". Osos, venados, borregos salvajes son cazados en esta región. **Población. Religión. Lengua.** La población de **México** se estima en 64.590.000 h. El 15% de la población es de raza blanca, el 29% indígena, el 55% mestiza, y el 1% de otras razas. La religión predominante es la católica (96%). El idioma oficial es el castellano, que habla el 95% de los habitantes, pero los indios conservan idiomas o dialectos propios (nahuatlec, maya, otomí, zapoteco, mixteca, tarasca, totonaca, etc.). **División política. México** es una república federal dividida en treinta y un Estados, y un Distrito Federal. Los Estados son: Aguascalientes (cap. hom.); Baja California Norte (cap. MEXICALI); Baja California Sur (cap. LA PAZ); Campeche (cap. hom.); Coahuila (cap. SALTILLO); Colima (cap. hom.); Chiapas (cap. TUXTLA GUTIÉRREZ); Chihuahua (cap. hom.); Durango (cap. hom.); Guanajuato (cap. hom.); Guerrero (cap. CHILPANCINGO); Hidalgo (cap. PACHUCA); Jalisco (cap. GUADALAJARA); México (cap. TOLUCA; Michoacán (cap. MORELIA); Morelos (cap. CUERNAVACA); Nayarit (cap. TEPIC); Nuevo León (cap. MONTERREY); Oaxaca (cap. hom.); Puebla (cap. hom.); Querétaro (cap. hom.); Quintana Roo (cap. CHETUMAL); San Luis Potosí (cap. hom.); Sinaloa (cap. CULIACÁN); Sonora (cap. HERMOSILLO); Tabasco (cap. VILLAHERMOSA); Tamaulipas (cap. CIUDAD VICTORIA); Tlaxcala (cap. hom.); Veracruz (cap. JALAPA); Yucatán (cap. MÉRIDA); y Zacatecas (cap. hom.). En el Distrito Federal se encuentra la ciudad de **México,** la capital del país, que se ha extendido más allá de sus límites jurisdiccionales contando, con los suburbios, con 11.500.000 h. Otras ciudades importantes son: Guadalajara, Monterrey, Puebla, Mérida, Tampico, Veracruz, etc. **Recursos económicos.** La vastedad del territorio, la diversidad de sus climas, la fertilidad del suelo y la riqueza del subsuelo hacen de **México** uno de los países naturalmente mejor dotados del globo. **Agricultura.** Es la fuente primordial y básica de la riqueza mexicana. Existen 27.000.000 de hectáreas plantadas, que satisfacen casi totalmente las necesidades alimenticias de la población y dan ocupación a gran parte de la misma. Entre los cereales se destaca el cultivo del maíz, que prospera en los terrenos arenosos de aluvión y en los volcánicos. Crece desde el nivel del mar hasta los 3.000 m. de altura. Trigo, cebada, arroz, garbanzo, frijol, frutas, tabaco, vainilla, caña de azúcar, producen importantes cosechas. El cacao en las tierras calientes y el café en las templadas son cultivos de exportación. Es, asimismo, un importante productor de hilo sisal, extraído del henequén, que crece en Yucatán. El maguey proporciona el ixtle, fibra con la que se hacen cuerdas, y el pulque, la bebida nacional. Ramio, yute y algodón son otras plantas textiles de gran importancia. La explotación forestal comprende maderas de calidad: ébano, cedro, caoba, sándalo y coníferas. La producción de chicle es notable. **Ganadería.** Los Estados de la altiplanicie y los de Sonora y Veracruz son los que tienen el mayor número de cabezas de ganado equino y vacuno. Los carneros y las cabras abundan en la mesa de Anáhuac y en Coahuila y Nuevo León. El ganado porcino se encuentra en todo el país, pero muy especialmente en Jalisco, Michoacán, Guanajuato, Guerrero, Veracruz, Puebla e Hidalgo. La pesca en ambos litorales es muy variada. Perlas, esponjas, carey y peces de carne apreciada se extraen de sus aguas. **Minería.** Ha sido, tradicionalmente, la riqueza principal de **México.** Los indígenas, antes de que llegaran los españoles, explotaban el subsuelo, del que extraían principalmente los metales preciosos, cobre, estaño, etc. Realizada la conquista, llegó a ser **México** el primer productor mundial de plata, lugar que conservó hasta 1870 y que luego volvió a ocupar. Actualmente sigue siendo la minería una de las mayores riquezas nacionales, sólo sobrepasada por la producción industrial y la agrícola. Los metales preciosos ocupan el lugar más importante. **México,** al decir de Humboldt, es una "placa de plata que el Creador dejó caer sobre nuestro globo". Es el primer productor de plata en el mundo, seguido por Perú, Canadá, la Unión Soviética y los Estados Unidos. Pachuca, El Chico, Taxco y Sombrerete son los mayores distritos argentíferos. Es muy importante la producción de oro, que se obtiene de filones auríferos y del laboreo de otros metales. Los yacimientos se encuentran en la franja costera del Pacífico. Plomo y cinc se extraen en gran cantidad, especialmente en la mesa de Chihuahua. El cobre proviene de California y de Sonora y el manganeso de Jalisco. Del cerro Mercado se extrae hierro, se explota el azufre en el istmo de Tehuantepec y en el centro y norte del país y es muy notable la producción de antimonio en San Luis Potosí. La riqueza petrolífera del país es cuantiosa. Veracruz, Tamaulipas y San Luis Potosí son los estados que más producen. La producción petrolífera anual es de 28.000.000 de toneladas. **Industrias.** El desarrollo industrial de **México,** acelerándose continuamente, hace vislumbrar un brillante futuro para el país. En el campo metalúrgico son importantes los establecimientos siderúrgicos de Monterrey y Monclova, fundamento de la moderna industria automotriz y de construcciones navales. En Orizaba se fabrica material ferroviario. Muy notable es la industria textil algodonera, radicada en Puebla, Orizaba, Guadalajara y la capital. Las industrias alimentarias comprenden molinos harineros, ingenios azucareros, fábricas de alcohol y cerveza, conservas de pescado, etc. Numerosas destilerías de petróleo refinan el combustible. Hay, además, fábricas de vidrio, papel, cemento, cerámica, productos químicos y medicinales, manufacturas de tabaco, calzado, etc. La industria eléctrica se ha desarrollado y alcanzaba más de 30.420.000.000 de kilovatios hora en 1974. **Comercio** y **Comunicaciones. México** presenta cuatro frentes distintos al comercio internacional: el litoral del golfo de México, la frontera del Norte, el litoral del Pacífico y la frontera del Sudeste. La vía principal del comercio de importación es la frontera del Norte, por donde entran cuantiosas mercaderías estadounidenses. En cuanto a la exportación la vía del golfo es muchísimo más activa que las demás juntas, ya que por ella sale, por término medio, el 80% de los productos nacionales. **México** exporta minerales, particularmente plata, oro, plomo, cinc, cobre, arsénico, cadmio, petróleo; henequén, café, pieles, plátanos, legumbres, chicle, algodón, pescados y mariscos, ixtle, etc., e importa maquinaria y equipos industriales, caños de acero, tinturas y anilinas, productos químicos y medicinales, pasta de celulosa, papel de diario, etc. Los EE.UU. son su principal proveedor y comprador. De un tiempo a esta parte **México** se ha convertido en importante centro turístico mundial. Anualmente entran en **México** unos 3.000.000 de turistas. Los ferrocarriles mexicanos cuentan con unos 23.854 km. de vías que conectan al país incluso con las naciones vecinas. Los caminos unen la capital con los puntos extremos de la nación, a lo largo de unos 180.000 km. La aviación comercial cuenta con numerosos aeropuertos y las líneas de navegación con puertos tan importantes como Tampico, Veracruz, Progreso, Acapulco, Mazatlón. *Hist.* **Era precolombina.** El nombre de **México** deriva de *Mexitli* o simplemente *Mexi*, dios azteca de la guerra, y también de *mexica*, denominación que igualmente distinguía al pueblo azteca. Aunque no está perfectamente establecida la cronología ni tampoco el número de las diversas culturas que se sucedieron en el territorio mexicano, arqueólogos, etnógrafos, filólogos e historiadores están acordes en afirmar que éste fue el escenario de las más grandes civilizaciones indígenas de América, de las que, por lo demás, existen indicios fehacientes. Presumiblemente **México** comenzó a ser poblado hace de ocho a diez mil años por tribus nómadas que se asentaron a orillas del lago Texcoco. En los primeros tiempos de nuestra era habían predominado los otomíes, tarascos y mayas, sobre todo estos últimos, derivados como aquéllos de la expansión de los pueblos heliolíticos y llegados a la península de Yucatán, procedentes del Norte, en el año 242. Los mayas fundaron en Anáhuac un Estado que duró hasta comienzos del s. XIII; eran notables arquitectos, astrónomos y escultores, poseían una escritura jeroglífica, fundaron enormes ciudades (Copán, Tikal, Palenque) y construyeron templos y monumentos de magnas proporciones (V. **Maya, Cultura**). En el s. VII aparecieron los toltecas, que sojuzgaron a los otomíes, organizaron un imperio mayatolteca cuya influencia de varios siglos dejó huellas de culturas apreciables; a ellos se les atribuye las construcciones de Teotihuacán y Cholula, de las que existen restos. Tollán o Tula fue la capital de la monarquía tolteca, cuyo poderío desbarató en 1116 el pueblo guerrero chichimeca, que estableció su centro en Texcoco y que se alió a los nahuas, cuya cultura más evolucionada no tardó en predominar sobre la de los chichimecas. Los aztecas o mexicas, que constituían una de las siete tribus nahuatles, habitaban de largo tiempo atrás en el valle de Anáhuac y procedían de Aztlán, región de imprecisa ubicación, que según las más probables conjeturas pertenecía a la Alta California. Hostilizados y a veces esclavizados por tribus vecinas, los aztecas se establecieron en la costa meridional del lago principal, hacia 1325 aproximadamente. Sobre terraplenes y pilotes edificaron la actual ciudad de **México**, fundada con el nombre de Tenochtitlán y que fue la capital del imperio azteca. Los aztecas, que alcanzaron un alto grado de civilización (V. **Azteca, Cultura**), se gobernaron en un principio por un consejo que presidía un jefe militar, pero a partir de 1376 adoptaron la monarquía; sucesivamente subyugaron a las tribus hostiles del valle de **México**. En el momento de iniciarse la conquista española, el imperio azteca comprendía la mayor parte del territorio central de **México** y llegaba hasta las costas del golfo por el Este y hasta las del Pacífico por el Sur, y aglutinaba a diversos pueblos de avanzada organización político-social. Junto a estos pueblos existían, sin embargo, pequeños y medianos grupos humanos independientes, los tarascos y los tlaxcaltecas como los más importantes. La notable cultura indígena fue prácticamente eclipsada por la de los conquistadores, aunque no en la medida que no hiciera posible su estudio histórico. Se estima que a la llegada de Hernán Cortés la población de **México** era más o menos de 3 millones de habitantes, y pacientes investigaciones filológicas dan cuenta de que allí se hablaron antiguamente más de 100 lenguas diferentes. **Descubrimiento y Conquista.** Los primeros españoles que llegaron a **México** fueron los sobrevivientes de una expedición de Diego de Nicuesa, que en 1512 había naufragado en las costas del Yucatán. Cinco años después, Francisco Hernández de Córdoba y Antonio Alaminos tocaron el cabo Catoche, y de regreso a Cuba dieron una deslumbrante versión de lo que habían visto al gobernador Velázquez. Éste envió, en 1518, a Juan de Grijalva, que llegó a la isla de Cozumel, exploró la costa del Yucatán, descubrió el río que hoy lleva su nombre, navegó hasta la isleta de San Juan de Ulúa y bautizó a **México** con el nombre de Nueva España. Al retorno de Grijalva, Diego de Velázquez dispuso la expedición de Hernán Cortés, hasta entonces oscurecido en la colonización antillana. La expedición de Cortés constaba de alrededor de 10 naves, unos 600 hombres, alguna artillería y 16 caballos. Cortés desembarcó el 25 de marzo de 1519 en Tabasco, derrotó en varias oportunidades a los indígenas, y en el lugar donde se levanta la actual Veracruz empezó a construir una ciudad a la que denominó Villa Rica de la Vera Cruz. En esta ciudad dejó algunos hombres, al mando de Juan de Escalante, y tras de barrenar sus naves emprendió el camino de Tenochtitlán. Primero venció a los tlaxcaltecas y luego se alió con ellos, y entró triunfante en Tenochtitlán. En tanto, los indígenas habían atacado a Veracruz, circunstancia que aprovechó Cortés como pretexto para apoderarse de Moctezuma, el emperador azteca, y por otra parte el gobernador Velázques, desconfiando de Cortés, envió contra él una importante expedición comandada por Pánfilo de Narváez al frente de 1.500 hombres. Cortés hizo abandono de la capital, que quedó al mando de Alvarado, y le salió al encuentro en Zempoala, derrotándolo; al regresar a la ciudad se encontró con la sublevación de los nativos, indignados por la crueldad injustificada de Alvarado. Moctezuma, mientras hablaba a la multitud instado por Cortés, fue muerto de una pedrada. Su muerte no hizo, empero, que cesara la resistencia nativa; por el contrario, organizada la lucha, los indígenas infligieron a los españoles rudo castigo, obligándolos a retirarse en la llamada "noche triste" del 1º de julio de 1520. No obstante, mientras se batían en retirada lograron vencer en Otumba a 100.000 aztecas y con refuerzos recibidos pudieron emprender la reconquista. Tenochtitlán resistió heroicamente durante 75 días, al mando de Cuitláhuac, emperador a la muerte de Moctezuma. La lucha fue sangrienta y tuvo por escenario dilatados puntos del imperio; el ejército español, valeroso y bien equipado, a las órdenes de Cortés, logró vencer ampliamente y someter todo el país comprendido entre las montañas que rodean el Valle de **México** y las costas del Golfo, además de varios pueblos de Oaxaca. Mientras tanto, la viruela hacía numerosas víctimas, una de las cuales fue el emperador Cuitláhuac. A su muerte, los mexicanos eligieron emperador a Cuauhtémoc (Guatimozín), héroe del sitio de la ciudad de **México** que, a pesar de su valor, fue al fin rendido y apresado, con lo que quedó terminada la resistencia y la ciudad en poder de Cortés. Más tarde el conquistador afianzó su dominio. Nueva España se extendió hasta el golfo de México por el N. y hasta la actual Honduras y Guatemala por el S. A propósito de la proeza de Cortés un escritor español ha dicho que su genio cesáreo necesitaba para desplegarse un escenario y un tema genuinamente épicos, y que los encontró en el imperio azteca, agregando que si todavía se discuten los procedimientos de que se valió, reprochándosele su insaciable sed de oro, su hazaña produce estupor si se la considera serenamente, ya que incluso el valor español no basta para explicar la conquista, por cientos de soldados, de un país de millones de seres. Empero, Cortés tuvo a su favor el mito de Quetzalcoatl en que creían los nativos. Según la creencia, Quetzalcoatl vendría del Oriente a reconquistar el imperio, y las premoniciones aztecas vieron en los españoles a sus descendientes; de ahí la relativa resistencia que les opusieron y en algunos casos la sumisión con que los recibieron. **Colonización.** En 1522 Cortés fue nombrado gobernador y capitán general, pero en 1528 el Consejo de Indias le retiró el gobierno civil, dejándole tan sólo el militar. A los fines de gobierno se creó la Real Audiencia, y en 1535 el virreinato de Nueva España, que subsistió hasta 1821 y en el cual se sucedieron 63 virreyes y funcionaron 3 audiencias: las de México, Guadalajara y Guatemala. La colonización propiamente dicha se efectuó por el sistema de las encomiendas y el capítulo más intenso de la colonia fue la rivalidad de los encomenderos y los religiosos, que frecuentemente asumió el carácter de verdadera contienda. La infraestructura social que existía a la llegada de los españoles era virtualmente la organización de la esclavitud; las tierras estaban divididas en grandes latifundios pertenecientes al rey, a los nobles, a los dioses y al ejército, y los plebeyos no tenían acceso a la propiedad territorial. Sin embargo, cada familia o tribu recibía un lote de tierra que se llamaba *calpuli*, el cual pertenecía a la comunidad. Con las encomiendas la organización económica no cambió fundamentalmente de forma; no obstante que la legislación de Indias establecía la distribución de la tierra entre los indios, los encomenderos pasaron de simples administradores a propietarios. Culturalmente, en cambio, **México** fue ya entonces un foco de civilización que irradiaba sus luces al resto del continente; allí funcionó desde 1535 la primera imprenta americana; en 1551 se fundó la Universidad Real y Pontificia que estaba equiparada en prerrogativas y derechos a la de Salamanca y que fue una de las más prestigiosas de su tiempo; en 1792 se estableció el Real Colegio de Minería, etc. Las congregaciones religiosas cumplieron ponderable obra cultural al introducir la imprenta, fundar colegios, estudiar las lenguas indígenas, etc. En el s. XVII predominó la industria minera en detrimento de la agricultura, que fue descuidada, y ello provocó el hambre de muchísimas poblaciones indígenas, que en algunos casos llegaron a rebelarse contra la autoridad española. En 1776 el virreinato fue dividido en 12 intendencias y 3 provincias. **Independencia.** Anhelos políticos y económicos dieron nacimiento al ideal de la emancipación mexicana. La explotación de que era objeto el indígena y la imposibilidad de comerciar con otros pueblos en la naciente burguesía criolla, habían llevado a la población a un estado que no tenía otra salida que la independencia, cuyo ideal se veía fortalecido por la Revolución Francesa y la emancipación norteamericana y facilitado por la ocupación napoleónica de la península ibérica. El primer intento tuvo lugar en Dolores (por ello fue llamado el *Grito de Dolores*) el 15 de setiembre de 1810, acaudillado por el cura Miguel Hidalgo y Costilla y por Ignacio Allende, ambos víctimas de una traición y fusilados, con otros patriotas, el 30 de julio de 1811. La insurrección tiene nuevos abanderados, el principal de los cuales es otro prelado, José María Morelos, que el 6 de noviembre de 1813 proclama la independencia y que en su famoso *Sentimientos de la Nación* y *Medidas políticas* da a la revolución contenido de reforma agraria. Morelos triunfa sucesivamente en tres acciones militares, pero es derrotado por Agustín Iturbide en Valladolid (hoy Morelia) y fusilado en 1815. Los intentos rebeldes continúan en una constante guerra de guerrillas, con Vicente Guerrero, Guadalupe Victoria, Manuel Mier y Terán, Nicolás Bravo y el español Francisco Javier Mina. El virrey Juan Ruiz de Apodaca presta su apoyo a un plan, según el cual la colonia sería independiente mientras el rey Fernando VII estuviera preso; pero era necesario pacificar al país y tal misión se le encomienda al comandante Iturbide, que en 1821 proclama el Plan de Iguala recomendando una monarquía moderada con el nombre de Imperio Mexicano, plan cuyo reconocimiento por el nuevo virrey Juan O'Donojú equivalía al reconocimiento mismo de la independencia mexicana. En 1821 se reúne un Congreso integrado por representantes de las diversas tendencias y ante él presiona Iturbide mediante un levantamiento, se hace proclamar emperador, disuelve el Congreso y lo reemplaza por una Junta Instituyente. El imperio es de efímera duración, ya que la revolución de Veracruz hace insostenible la situación e Iturbide convoca nuevamente el Congreso y ante él abdica en 1823. Desterrado a Italia, Iturbide regresó secretamente a **México**, pero fue apresado y fusilado en 1824. El 4 de octubre de ese año, un Congreso Constituyente promulgó la Constitución de los Estados Unidos Mexicanos, inaugurando así la era republicana. El primer presidente constitucional fue Guadalupe Victoria. Tras un período de revueltas asumió el poder en 1833 el general Antonio López de Santa Anna, cuya influencia política fue casi dominante hasta el promediar del siglo. En 1845 a raíz de la anexión del Estado mexicano de Texas por EE. UU., estalló la guerra que duró tres años y que tras la ocupación de la capital por los norteamericanos epilogó con el tratado Guadalupe-Hidalgo, en que **México**, presionado por su poderoso vecino, le cedió Nuevo México y Alta California. Pero desde 1853 un pujante movimiento político comenzó a tomar cuerpo: la Reforma, de contenido liberal, contra la dictadura de Santa Anna en lo político y en pro de profundas transformaciones económicas. En 1857 se reunió otro Congreso Constituyente, inspirado por los liberales y se promulgó una nueva Constitución, que, desconocida por el presidente Comonfort, dio origen a una guerra civil entre conservadores y liberales. Éstos estaban acaudillados por Benito Juárez, una de las grandes figuras de la democracia americana y a quien proclamaron presidente de la República. Juárez, cuya gestión gubernativa comenzó a minar la influencia del clero, derrotó a los conservadores y se instaló en la capital en 1861. En tanto, Inglaterra, España y Francia, para asegurarse el cobro compulsivo de las deudas, enviaron tropas a las costas mexicanas. Juárez llegó a acuerdos con Inglaterra y España, que retiraron sus fuerzas, pero Francia persistió en su violenta actitud e invadió militarmente casi todo el territorio. Los elementos reaccionarios de la política mexicana resolvieron reimplantar la monarquía y ofrecieron el trono a Maximiliano, archiduque de Austria. Sin lograr nunca una estabilidad política, Maximiliano gobernó de 1864 a 1867; al retirarle Napoleón III el ejército, la resistencia dirigida por Juárez hizo cada vez más insostenible su situación. Por último Maximiliano cayó prisionero en Querétaro y fue fusilado. Juárez reasumió la presidencia; murió en 1872 y le sucedió Sebastián Lerdo de Tejada, quien, al pretender su reelección, fue derrotado en 1876 por la revolución que encabezó Porfirio Díaz. Díaz gobernó dictatorialmente hasta 1911, salvo un breve período (1880-1884), en que delegó el poder en un militar que le era incondicional, Manuel González. El pueblo trató de rebelarse reiteradamente contra Díaz desde los últimos años del s. XIX; sólo en 1910 maduraría el descontento popular, en coincidencia con el desprestigio cada vez más acentuado del oficialismo "porfirista". Al fin se produjo la revolución. **La Revolución.** El primer caudillo de la moderna revolución mexicana fue Francisco Madero, que enarboló la bandera de la reelección y del sufragio popular; a estos postulados agregó Emiliano Zapata la necesidad de la reforma agraria. La revolución estalló y Díaz debió salir de **México**. La reacción conservadora estaba alerta; en 1913 fue asesinado el presidente Madero. Victoriano Huerta, conservador, asumió el poder y originó una serie de luchas intestinas. Venustiano Carranza, gobernador de Coahuila y antiguo colaborador político de Madero, desconoció en su proclama del plan de Guadalupe la autoridad de Huerta, se levantó en armas y lo venció. Un período de anarquía se había iniciado ya en **México**. Se enfrentaron los partidarios de Carranza con los de Francisco Villa; éste y Zapata nombraron presidente a Eulalio Gutiérrez. Si al nacer con Madero la revolución tenía aparentemente un móvil exclusivamente político, después se evidenció que el pueblo mexicano anhelaba una revolución profunda en lo social y económico ("Tierra y libertad" era el grito de los guerrilleros de Zapata y luego el del pueblo en armas) y así lo interpretó el Congreso Constituyente reunido en Querétaro en 1917, que promulgó una Constitución que implicaba 57 reformas de fondo sobre la anterior y de la que resultó la nacionalización del subsuelo, la reforma agraria, la exclusión de la Iglesia Católica en la educación, los derechos obreros, etc. Carranza, primer presidente constitucional, fue asesinado en 1920. En ese año asumió la presidencia Álvaro Obregón, con quien finaliza el periodo anárquico y se inicia la obra constructiva de la revolución. Obregón asistió al recrudecimiento del problema religioso, inició la defensa de la industria petrolífera y a consecuencia de ello debió afrontar algunas diferencias con Estados Unidos. Tras la presidencia de Plutarco Elías Calles, fue reelegido Obregón, en 1928, pero antes de asumir el mando fue asesinado. La influencia política de Calles se prolongó con los presidentes Portes Gil, Ortiz Rubio y Abelardo Rodríguez, hasta 1934, año en que asume el gobierno otro de los grandes estadistas mexicanos: Lázaro Cárdenas. Acremente combatido por la reacción, al igual que Juárez y Obregón, Cárdenas impulsó extraordinariamente la educación, intensificó la reforma agraria mediante el reparto de tierras absorbidas por el latifundio, estimuló la organización sindical de la clase obrera, expropió y nacionalizó todas las fuentes del petróleo, cumplió una política internacional claramente democrática, etc.: consumó así, en la medida de sus inmediatas posibilidades, los ideales políticos y sociales de la Revolución. Después de Cárdenas, Manuel Ávila Camacho, Miguel Alemán, Adolfo Ruiz Cortines, López Mateos, Díaz Ordaz, Echeverría y López Portillo han sido sucesivamente, hasta la actualidad, presidentes constitucionales. "Democracia y progreso, normalidad institucional –escribe Germán Arciniegas– dan una magnífica perspectiva de la realidad mexicana". **Presidentes de México:** Guadalupe Victoria (1824-1829); Vicente Guerrero (1829); José María Bocanegra (1829); Triunvirato de Pedro Vélez, Luis Quintanar y Lucas Alemán (1829); Anastasio Bustamante (1830-1832); Melchor Múzquiz (1832); Manuel Gómez Pedraza (1832-1833); Valentín Gómez Farías (1833); Antonio López de Santa Anna (1833); Valentín Gómez Farías (1833-1834); Antonio López de Santa Anna (1834-1835); Miguel Barragán (1835-1836); José Justo Corro (1836-1837); Anastasio Bustamante (1837-1839); Antonio López de Santa Anna (1839); Nicolás Bravo (1839); Anastasio Bustamante (1839-1841); Francisco Javier Echeverría (1841); Antonio López de Santa Anna (1841-1842); Nicolás Bravo (1842-1843); Valentín Canalizo (1843-1844); Antonio López de Santa Anna (1844); José Joaquín Herrera (1844); Valentín Canalizo (1844); José Joaquín Herrera (1844-1845); Mariano Paredes y Arrillaga (1846); Nicolás Bravo (1846); Mariano Salas (1846); Valentín Gómez Farías (1846-1847); Antonio López de Santa Anna (1847); Pedro Anaya (1847); Manuel de la Peña y Peña (1847); Pedro Anaya (1847-1848); Manuel de la Peña y Peña (1848); José Joaquín Herrera (1848-1851); Mariano Arista (1851-1853); Juan Bautista Ceballos (1853); Manuel María Lombardini (1853); Antonio López de Santa Anna (1853-1855); Martín Carrera (1855); Rómulo Díaz de la Vega (1855); Juan Álvarez (1855); Ignacio Comonfort (1855-1858); Félix Zuloaga (1858); Manuel Pezuela (1858-1859); Féliz Zuloaga (1859); Miguel Miramón (1859-1860); José Ignacio Pavón (1860); Miguel Miramón (1860); Junta Superior (1860-1864); Maximiliano, emperador (1864-1867); Benito Juárez (1868-1872); Sebastián Lerdo de Tejada (1872-1876); Porfirio Díaz (1876-1880); Manuel González (1880-1884); Porfirio Díaz (1884-1911); Francisco León de la Barra (1911); Francisco Madero (1911-1913); Pedro Lescurain Paredes (1913); Victoriano Huerta (1913-1914); Francisco S. Carvajal (1914); Venustiano Carranza (1914); Eulalio Gutiérrez (1914-1915); Roque González Garza (1915); Francisco Lagos Cházaro (1915); Venustiano Carranza (1915-1920); Adolfo de la Huerta (1920); Álvaro Obregón (1920-1924); Plutarco Elías Calles (1924-1928); Emilio Portes Gil (1928-1930); Pascual Ortiz Rubio (1930-1932); Abelardo Rodríguez (1932-1934); Lázaro Cárdenas (1934-1940); Manuel Ávila Camacho (1940-1946); Miguel Alemán (1946-1952); Adolfo Ruiz Cortines (1952-1958); Adolfo López Mateos (1958-1964); Gustavo Díaz Ordaz (1964-1970); Luis Echeverría (1970-1976) y José López Portillo (1976-1982). **Símbolos nacionales.** El águila que preside los símbolos mexicanos tiene un origen que se remonta a 1325 aproximadamente, cuando los aztecas, al detenerse en las orillas del lago principal, junto a la futura ciudad de **México**, vieron sobre el tronco de un nopal que nacía de una peña bañada por el lago, un águila real de gran tamaño y belleza, abiertas sus anchas alas y con una serpiente en sus garras. Eso los decidió a echar los cimientos de la ciudad en aquel lugar. **Bandera.** Al declarar la independencia de **México** como monarquía, Iturbide adoptó el pabellón que se ha conservado hasta hoy, formado por tres fajas verticales verde, blanca y encarnada; en el centro de la segunda va dibujado el escudo; el blanco simboliza la pureza de la religión católica, el verde la independencia y el encarnado la fusión de lo español con lo nativo. **Escudo.** El Congreso de 1823 aprobó definitivamente, con una sola reforma, el escudo adoptado por Iturbide en 1821: "que el escudo sea el águila mexicana, parada en el pie izquierdo sobre un nopal que nazca de una peña entre las aguas de la laguna, y agarrando con el derecho una culebra en actitud de despedazarla con el pico, y que orlen este blasón dos ramas, la una de laurel y la otra de encina, conforme al diseño que usaba el gobierno de los primeros defensores de la Independencia". El mismo Congreso dispuso que el águila debía usarse sin corona; ésta fue reemplazada por la inscripción: "Estados Unidos Mexicanos". **Himno.** En el concurso efectuado en 1854 se eligió la música del compositor español incorporado a la cultura nacional, Jaime Nunó; la letra es del poeta Francisco González Bocanegra. **Gobierno.** De acuerdo con la Constitución de Querétaro, **México** es una república federal, representativa y democrática. El gobierno reside en tres poderes: Ejecutivo, Legislativo y Judicial. El Poder Ejecutivo lo ejerce el presidente de la República, elegido por voto directo para un periodo de seis años y que no puede ser reelegido; gobierna con 13 secretarios de Estado o ministros. El Poder Legislativo está integrado por la Cámara de Senadores (dos por cada Estado y el Distrito Federal) y la Cámara de Diputados (uno por cada 150.000 habitantes). Igualmente elegidos por voto directo, los senadores y diputados no pueden ser reelegidos en periodos consecutivos. La Suprema Corte de Justicia, los Tribunales de circuito y los Jueces de Distrito constituyen el Poder Judicial. La última reforma constitucional otorgó a la mujer el derecho de votar y ser elegida. Política y socialmente, la Constitución de **México** es una de las más avanzadas del derecho constitucional contemporáneo. **Educación.** A pesar de que el índice de analfabetismo es aún del 22%, **México** es uno de los países latinoamericanos que cualitativa y cuantitativamente más ha hecho por la educación popular. El problema de la enseñanza, ya previsto en 1861 por Juárez, fue descuidado durante el largo gobierno de Porfirio Díaz; la revolución de 1910 inició una transformación cultural y al servicio de la educación se pusieron coordinadamente, desde 1920, los recursos estatales y la obra de grandes pedagogos y educadores. El propulsor de la moderna obra educacional fue José Vasconcelos, en su breve actuación al frente de la Secretaría de Educación, durante el gobierno de Obregón. Bajo la presidencia de Cárdenas, finalmente, se multiplicaron las escuelas y se orientó la enseñanza hacia una reforma moderna y avanzada. "La educación que imparta el Estado –dice el artículo 3º de la Constitución, desde 1934– tenderá a desarrollar armónicamente todas las facultades del ser humano y fomentará en él, a la vez, el amor de la Patria y la conciencia de la solidaridad internacional, en la independencia y en la justicia; orientándose dicha educación por completo ajena a cualquier doctrina religiosa y, basada en los resultados del progreso científico, luchará contra la ignorancia y sus efectos, las servidumbres, los fanatismos y los prejuicios." La educación es, pues, laica y gratuita; en su faz primaria es obligatoria entre los 6 y 14 años, y comprende un ciclo de 6 años. Según estadísticas la matrícula anual en **México** es de 500.000 alumnos para la educación preescolar, 12.900.000 para la primaria, 1.600.000 para la enseñanza media básica, 500.000 para la enseñanza media superior, 75.000 para escuelas normales y 320.000 para la universidad. Hay más de 400.000 docentes y 65.000 establecimientos educativos para los diferentes niveles. La enseñanza superior se imparte en 45 universidades, de las cuales los más importantes son: la Universidad Nacional Autónoma (que actualmente funciona en la moderna Ciudad Universitaria), la Femenina, la Iberoamericana y la de Motolinía, la de Durango, la Autónoma y la oficial de Guadalajara; la de Guanajuato; la del Estado de México, en Toluca, la de Michoacán, en Morelia; la de Morelos, en Cuernavaca; la de Nuevo León, en Monterrey; la de Puebla; la de Querétaro; la de San Luis Potosí; la de Sinaloa, en Culiacán; la de Sonora, en Hermosillo; la de Veracruz, en Jalapa, y la de Yucatán, en Mérida. **Cultura. Literatura.** Desde el periodo colonial, **México** fue uno de los principales focos de irradiación cultural en America latina y contribuyó a las letras españolas con la excelsa obra de escritores como Bernardo de Balbuena, Sor Juana Inés de la Cruz y Juan Ruiz de Alarcón; además, literatos españoles de gran prestigio (Gutierre de Cetina, Mateo Alemán, Juan de la Cueva, entre otros) visitaron a **México** e impulsaron un intercambio intelectual que redundó en beneficio de la colonia. Paralelamente a la independencia política, nació una corriente literaria renovada, cuya primera manifestación importante fue la introducción del romanticismo en la poesía, que tuvo cultores de fina sensibilidad: Ignacio Rodríguez Galván, Francisco M. Sánchez de Tagle, Andrés Quintana Roo, etc. José Joaquín Fernández de Lizardi escribió la primera novela hispanoamericana, *El Periquillo Sarniento*, iniciadora de una tendencia indigenista que en la misma centuria continuaron Manuel Payno y Luis G. Inclán. Siguió un período de definidas inquietudes reformistas, principalmente representado por el novelista Juan Díaz Covarrubias, el poeta Manuel Acuña y el escritor Ignacio M. Altamirano. Aunque de autor anónimo, la novela histórica *Jicoténcal*, publicada en Filadelfia en 1826, debe citarse también como antecedente de las letras mexicanas, pues en ella aparece **México** como escenario y su argumento traduce aspectos de la conquista analizados con el criterio racionalista liberal que nacía en el continente americano. Sin embargo, fue en la segunda mitad del s. XIX cuando se gestó la futura grandeza de la literatura mexicana. Aparecen el poeta Ignacio Rodríguez Galván y el poeta y dramaturgo José Peón y Contreras, ambos de filiación romántica. Sobresale también un poeta de éxito popular: Juan de Dios Peza. Pero es a partir de Manuel Gutiérrez Nájera cuando se inicia la renovación de la poesía mexicana con su obra fluida y sonora, que anuncia el modernismo, junto a la de Manuel José Othon, con su notable descripción de la naturaleza, y la de Salvador Díaz Mirón, cuyo dominio de las formas poéticas lo llevó a efectos casi musicales, de resonancias íntimas. Otros grandes poetas de valor continental son Luis G. Urbina y Amado Nervo. Nervo simbolizó una espiritualidad romántica, que se dio con preferencia en temas amorosos y a veces místicos. En 1898 se funda la famosa *Revista Moderna*, a cuyo alrededor se agrupan los corifeos del modernismo. El siglo XX de las letras mexicanas puede decirse que comienza en 1910, simultáneamente con las transformaciones políticas. La revolución intelectual se trasluce en el "Ateneo de la Juventud" que agrupó a Alfonso Reyes, Jose Vasconcelos, Antonio Caso y otros pensadores de relieve continental. Poeta y humanista, Reyes es una vida entregada a un alto magisterio intelectual, como creador auténtico que ha auscultado en la tradición popular y en la culta a un mismo tiempo, y como estudioso y recreador de los clásicos del idioma. El modernismo tuvo importantes representantes en José Juan Tablada, Rafael López y Enrique González Martínez. La limpia obra poética de este último fue una reivindicación del mundo interior, una corriente de espiritualismo hacia una mayor serenidad. Con Ramón López Velarde llega la poesía mexicana a su mejor expresión nacionalista. Del grupo de *Contemporáneos* cabe citar a otros poetas: Carlos Pellicer, Xavier Villaurrutia, Jaime Torres Bodet, José Gorostiza, Griselda Alvarez, Guadalupe Amor, Jesús Arellano, José Carlos Becerra, Miguel Bustos, Manuel Carpio, Jaime García Torres, Ernesto Sánchez Mejía, Margarita Michelena, Oscar Oliva, José Emilio Pacheco, Jaime A. Shelley. Alrededor de 1920 nace la inquietud ultraísta, que impregna la poesía de Salvador Novo, Xavier Icaza, Germán List Arzubide, Bernardo Ortiz de Montellano y otros. Del ultraísmo parten igualmente otros poetas que abordaron estéticas más avanzadas, de influencia europea: Manuel Maples Arce, Genaro Estrada, Octavio Paz, Alfonso Gutiérrez, Hermosillo, Miguel Lira, etc. Con Francisco Alday resurgió después la poesía de inspiración religiosa y también mística. La lírica femenina está bien representada en la obra de Concha Urquiza, Guadalupe Amor y Margarita Paz Paredes. En la novela se advierte un panorama rico y variado. José López Portillo, Federico Gamboa, Emilio Rabasa y Rafael Delgado descuellan entre los más importantes, pero después del movimiento armado surgen otros valores, que dan un gran acento nacional a sus creaciones. Aparecen las novelas de la Revolución; son las novelas que describen la moderna gesta revolucionaria, la rebelión del pueblo, la lucha de los campesinos y de los obreros. Junto a Mariano Azuela están los nombres de Martín Luis Guzmán, Gregorio López y Fuentes, José Agustín, Armando Avala, Carlos Fuentes, Sergio Galindo, Carlos Valdez, Rafael Felipe Muñoz y Mauricio Magdaleno, entre otros novelistas cuya obra llega hasta la actualidad. Asimismo, los escritores contemporáneos no han descuidado los temas de la antigüedad, ya que la evocación de la vida colonial y de los primeros años de la independencia ha sido inspiración de Artemio de Valle Arizpe, Ermilio Abreu Gómez, Julio Jiménez Rueda, Genaro Estrada, Francisco Monterde, etc. Tampoco han faltado, pese a la preponderancia de los social y de lo folklórico o de lo regionalista, otras tendencias que sólo por excepción aparecen en las letras de América; así por ejemplo, la literatura picaresca de José Rubén Romero. Además, para completar un panorama actual deben citarse otros novelistas de importancia, que no siempre encuadran en las demarcaciones hechas: Francisco Rojas González, José Mancisidor, Fernando Benítez, Agustín Yáñez, Miguel Angel Menéndez, Teodoro Torres, José Revueltas, Juan José Arreda, Juan Rulfo, etc. El teatro, aletargado durante varias décadas, comenzó a resurgir con vigor en la tercera década del siglo, en que aparecen autores como Julio Jiménez Rueda, Lázaro y Carlos Lozano, Manuel Diez Barroso, Francisco Monterde, Carlos Díaz Dufoo y Amalia de Castillo Ledón, todos los cuales constituyen la generación precursora de un dramaturgo cuya obra ha excedido los límites patrios: Rodolfo Usigli, a cuyo lado deben citarse otros autores ponderables: Jorge I Bargüen Goitia, Emilio Carballido, Carlos Prieto, Alfonso Anaya, Ignacio Reyes, Xavier Villaurrutia, Rafael Solana, Salvador Novo, Hugo Argüelles, Miguel Barbachano, Antonio González, Sergio Magaña, Héctor Mendoza, Carlos Valdés, Agustín Lazo, Celestino Gorostiza, etc. El ensayo, la crítica, el estudio histórico y la investigación folklórica destacan nombres de indudable jerarquía: Manuel Toussaint, Gabriel Méndez Plancarte, Antonio Castro Leal, Alberto María Carreño, Vito Alessio Robles, Carlos González Peña, Julio Jiménez Rueda, Leopoldo Zea y otros, además de la ya citada personalidad continental de Alfonso Reyes. **Música.** La musicalidad innata del nativo, la tradición de un rico folklore, y la presencia de talentos individuales en la composición, hacen de **México** uno de los países latinoamericanos que más interesan musicalmente. Todavía hoy los indígenas entonan melodías muy antiguas que denotan la escala pentatónica precolombina; antes de la conquista, la música era un medio de comunicación entre los nativos y un complemento indispensable de las ceremonias religiosas o civiles. Con la conquista, el catolicismo se opuso al paganismo de las danzas y canciones, que, sin embargo, no desaparecieron. Las danzas y canciones modernas traducen una estructura española, asimilada y adaptada; así, el huapango, el jarabe, la jarana, el corrido, etc. Más que ninguna otra colonia española, **México** tuvo importante actividad musical desde el s. XVI, en que se imprimió allí el primer libro occidental conteniendo una notación musical, se fundó la primera escuela especializada y se introdujo el bailable europeo, además de que el prelado Sahagún escribió 365 composiciones en idioma azteca y el español Hernando Franco compuso, en el mismo idioma, un himno a la Virgen. En el s. XVIII Manuel Zumaya estrenó su ópera *Parténope*, la primera de tema nativo. El s. XIX fue el de la preponderancia del baile europeo, sobre todo el vals, y de las obras pianísticas de salón, Juventino Rosas compuso *Vals de las olas*, uno de los valses más difundidos en todo el mundo, y Aniceto Ortega, Melesio Morales y Felipe Villanueva sobresalieron en las composiciones para piano e incursionaron en la ópera de asunto nativo; Villanueva es uno de los iniciadores de un estilo nacional. Las nuevas expresiones que hicieron eclosión con la revolución hallaron en ella un magnífico vehículo, y de ahí resultó la búsqueda y el hallazgo de un estilo nuevo y peculiar, cuyo modernismo es paralelo a un sentido hondamente folklórico y nacional. Manuel M. Ponce, que había sido discípulo de Dukas en París, inauguró el moderno sinfonismo de ascendencia nativa, con una producción notable e inspirada; a su misma generación pertenecen José Rolón y Candelario Huizar, con inquietudes semejantes. La generación siguiente es una especie de equivalente de la pintura indigenista de Diego Rivera y está encabezada por otros dos talentos, Carlos Chávez y Silvestre Revueltas, cultivadores del folklore en la técnica contrapuntística y armónica ultramoderna. Actualmente, la escuela musical de **México** es un mosaico de variadas tendencias, desde lo académico hasta lo avanzado, y si los compositores citados resumen y representan, como figuras destacadas, la evolución del arte musical nacional, no es posible por ello dejar de mencionar a otros compositores notables: Miguel Bernal Jiménez, Rafael Adame, Salvador Contreras, Julián Carrillo, Rafael Tello, José Pomar, Gustavo Campa, Blas Galindo, Rodolfo Halffter, Pablo Moncayo, entre otros que han cultivado prácticamente todos los géneros. El florecimiento del arte lírico es muy grande en los últimos años, así como la investigación y la educación musical. La Orquesta Sinfónica de México es una de las más preciadas del continente; fuera de la capital existen otros conjuntos orquestales de importancia. **Pintura y escultura.** La extraordinaria civilización azteca (V. **Azteca, Cultura**) es hasta hoy motivo de admiración. El mexicano trabajó de manera perfecta la piedra, sin herramientas metálicas; con la fuerza de sus brazos transportó enormes bloques de piedra hacia los más elevados puntos de su país, para construir sus templos. El nervio principal de su arte radicó en el sentimiento religioso; no hubo además juego o combate, danza o fiesta que no tuviera una representación artística. Templos y santuarios de estructura diversa y características originales, esculturas saturadas de religiosidad o exaltación, retratos individuales como rasgos particulares distintivos de razas o de pueblos, colocan al primitivo arte de **México** entre los más notables de la cultura precolombina. Sobre los restos de muchos templos y edificios indígenas, con el mismo material y mano de obra de la misma raza, se erigieron los grandes monumentos del arte colonial mexicano, durante los s. XVI, XVII y XVIII. Mezcla de lo nacional y lo español, las catedrales de las ciudades de **México** y de Puebla son ejemplo de la arquitectura colonial influida por el estilo de Herrera. Junto a ellas se encuentran obras de influencia mudéjar, de reminiscencias platerescas o barrocas. En cuanto a la escultura sólo fue auxiliar de la arquitectura; no así la pintura, que a partir del s. XVI adquiere relieves propios y destaca nombres importantes. La época actual presenta un arte desarrollado, cultivado, en íntima relación con el proceso social que conmovió a **México** en el último medio siglo. Mientras José Clemente Orozco pintó los terribles dramas de la guerra con su estilo propio: "idea americana desarrollada en forma americana, en sentimiento americano, y como consecuencia en estilo americano", Diego Rivera revolucionó el sentido artístico y crea, con Siqueiros, un arte original y fuerte, nacido y alimentado en la historia de **México** aunque sin perder sentido universal. Sus murales adoptan al pueblo como protagonista, al indio como centro y a la revolución social mexicana. Los murales de Rivera son ejemplo de equilibrio entre forma y colorido, simplificación y vivacidad, frescura y movimiento. David Alfaro Siqueiros, con su obra heroica y sentimental, por su decidida actitud renovadora fue el tercer gran muralista mexicano. Toda su obra está inspirada en su ideal antiguerrero y socialista. Rufino Tamayo pertenece a la generación que siguió a la de los grandes muralistas y pintó lienzos pequeños, figuras inmóviles y naturalezas muertas, con intención y energía, en planos bidimensionales y geométricos. Con él se abrió un nuevo camino al arte mexicano, rico y vital como pocos en la América de hoy, que incluyó a Carlos Belaunzarán, Antonio Campuzano, Rafael Coronel, José Luis Cuevas, Antonio González Orozco, Leonardo Nierman, Miguel Ángel Oropeza, Luis Quintanilla, Juan Soriano, Cristóbal Torres, etc.

MÉXICO. *Geog.* Estado del centro de la República de México; 21.414 km², 6.000.000 de h. Cap. TOLUCA. Agricultura, industrias, minería. ‖ Ciudad capital de la República de México. 11.500.000 h. con los suburbios. En ella residen las autoridades supremas de la nación y es centro de todas las actividades políticas, sociales, culturales y económicas del país. Entre las ciudades hispanoamericanas es la primera en población y, por lo tanto, una de las grandes urbes del mundo. Magníficos edificios – como el Palacio Nacional, el Palacio de Justicia, la Catedral, Museos y Academias de Bellas Artes, el complejo de la Ciudad Universitaria –, paseos y monumentos, le confieren belleza e importancia arquitectónica. Fue fundada por los aztecas probablemente en 1325 en el lugar que, según la leyenda, les había sido indicado por su dios Huitzilo-Prochtli. ‖ **Distrito Federal de –.** Creado en 1824, a consecuencia de la adopción del sistema federal: 1.483 km². 9.000.000 de h. En él se halla la capital del país, que se extiende más allá de sus límites. ‖ **Golfo de –.** Vasta escotadura de la costa S.E. de América del Norte, formada por el océano Atlántico. Se extiende desde la pen. de Yucatán hasta la de Florida, y está cerrada al E. por la isla de Cuba. De allí parte la corriente marina cálida del golfo.

MÉXICO, Catedral de. *Arq.* Una de las obras más importantes del estilo herreriano en la arquitectura mexicana. Data del s. XVII y su proyecto definitivo es de Juan Gómez de Mora. Su interior es de cruz latina y de cinco naves. Sus dos portadas y la sillería de su coro son admirables expresiones del arte barroco.

MEYA. f. Noca.

MEYER, Augusto. *Biog.* Poeta brasileño, autor de *Literatura y poesía; Poemas de Bilú*, y otras obras (n. 1902).

MEYERBEER, Jacobo. *Biog.* Músico al. cuyo verdadero nombre era Jacobo Liebmann Beer; influido por Rossini compuso obras de resonancia popular: *La africana; Roberto el Diablo; El profeta*, etc. (1791-1864).

MEYERHOF, Otón. *Biog.* Fisiól. alemán; compartió en 1922 el premio Nobel de Medicina con A. Hill, por sus investigaciones sobre las reacciones de la enzima, la relación existente entre el consumo de oxígeno y la formación del ácido láctico, etc. Escribió *Respiración y fermentación de las células; Reacciones de la enzima; Transformación de la energía y química de los músculos*, etc. (1884-1951).

MEYERHOLD, Vsévolod. *Biog.* Director teatral ruso, cultor de una estética audaz en un teatro de marcada orientación política (1874-1942).

MEYRINCK, Gustavo. *Biog.* Lit. austríaco cuyos temas pertenecen al mundo del ocultismo y de la magia y reflejan las viejas leyendas de la judería de Praga: *El Golem; El rostro verde; La noche de Walpurgis*, etc. (1868-1932).

MEZA, Ladislao F. *Biog.* Dramaturgo per., autor de *La ciudad misteriosa; El tablado de los miserables*, etc. (1892-1925). ‖ **– FUENTES, Roberto.** Poeta chileno, n. en 1899, autor de *El jardín profanado; Palabras de amor*, etc. ‖ **– SUÁREZ INCLÁN, Ramón.** Escritor cub., autor de *Flores y calabazas; El duelo de mi vecino*, etc. (1861-1911).

MEZCAL. (Del mex. *mexcalli.*) m. Variedad de pita. ‖ Aguardiente que se extrae de ella. ‖ *Hond.* Fibra del **mezcal.**

MEZCALAPA. *Geog.* Río del S. de México. Proviene de Guatemala, penetra en el Est. de Chiapas, y al pasar por la ciudad de Chiapas cambia por éste su nombre. Retoma luego su denominación primitiva y des. por varios brazos en el golfo de México (Tabasco). 700 km.

MEZCLA. al. **Mischung.** fr. **Mélange.** ingl. **Mixture.** ital. **Miscuglio, mescolanza.** port. **Mistura, mescla.** f. Acción y efecto de mezclar. ‖ Agregación de varias substancias que no ejercen entre sí ninguna acción química y pueden separarse por medios físicos o mecánicos apropiados. *El pintor prepara la* MEZCLA *de colores.* ‖ Tejido de hilos de diferentes clases y colores. ‖ *Albañ.* Argamasa. ‖ IDEAS AFINES: *Combinación, aleación, amalgama, mixtura, juntar, heterogéneo, miscelánea, guiso, mestizo, mosaico, desorden, trabazón, mezcolanza.*

MEZCLABLE. adj. Que se puede mezclar.

MEZCLADAMENTE. adv. m. Con mezcla de unas y otras cosas.

MEZCLADO. m. Género de tela o paño que antiguamente se hacía con mezclas.

MEZCLADOR, RA. s. Quien mezcla, incorpora o une una cosa a otra. ‖ f. Máquina que se usa en numerosas industrias para mezclar homogéneamente algunos productos como arena, cemento y agua, harina y agua, pinturas, etc.

MEZCLADURA. (De *mezclar.*) f. Mezcla.

MEZCLAMIENTO. (De *mezclar.*) m. Mezcla.

MEZCLAR. al. **Mischen.** fr. **Meler.** ingl. **To mix.** ital. **Mescolare.** port. **Misturar, mesclar.** (Del ant. *mesclar*, del b. lat. *misculare.*) tr. Juntar, incorporar una cosa a otra. MEZCLAR *harina con huevo*; antón.: **separar.** ‖ r. fig. Introducirse uno entre otros. *Se* MEZCLA *con mala gente.* ‖ Cruzarse familias o razas. ‖ **Mezclarse** uno **en** una cosa. frs. fig. Introducirse o participar en su manejo y dirección.

MEZCLILLA. (dim. de mezcla.) f. Tejido hecho como la mezcla, pero de menos cuerpo.

MEZCOLANZA. (De *mescolanza.*) f. fam. Mezcla extraña y confusa que algunas veces es ridícula. *Una* MEZCOLANZA *de adornos*; sinón.: **baturrillo, revoltijo.**

MEZÖTUR. *Geog.* Ciudad del centro este de Hungría. 32.000 h. Vinos, centro maicero.

MEZQUINAMENTE. adv. m. Miserable, pobremente. ‖ Con avaricia.

MEZQUINAR. intr. *Amér. del S.* Obrar con mezquindad; escasear, negar. MEZQUINABA *la comida, los elogios.* ‖ tr. *Col.* Proteger, defender a alguien.

MEZQUINDAD. al. **Knickerei; Knauserei.** fr. **Mesquinerie.** ingl. **Niggardiness.** ital. **Meschinità.** port. **Mesquinharia.** f. Calidad de mezquino. ‖ Cosa mezquina.

MEZQUINO, NA. (Del ár. *mecquín*, pobre, desgraciado.) adj. Pobre, indigente. *Casa* MEZQUINA: antón.: **opulento, rico.** ‖ Avaro, miserable, antón.: **generoso.** ‖ Pequeño, menudo. *Planta* MEZQUINA; antón.: **lozano.** ‖ Desdichado, infeliz. ‖ m. *Col., Hond.* y *Méx.* Verruga.

MEZQUITA. al. **Moschee.** fr. **Mosquée.** ingl. **Mosque.** ital. **Moschea.** port. **Mesquita.** (Del ár. *necchid*, adoratorio.) f. Templo donde los mahometanos practican su culto. ‖ IDEAS AFINES: *Árabe, Mahoma, Alá, Corán, islamismo, minarete, mihrab, columnas, arcos, almuédano, imán, ramadán, ablución, plegaria, La Meca, peregrino, alcázar, Alhambra.*

● **MEZQUITA.** *Arq.* Generalmente de forma cúbica y rodeada de un recinto más o menos vasto, varían los caracteres arquitectónicos de la **mezquita** según los países, pero conservan algunos que les son siempre comunes: su pórtico se abre sobre un vasto patio plantado con árboles, en cuyo centro una fuente ofrece el agua destinada a las abluciones: los muros, blanqueados, tienen como única decoración inscripciones en letras doradas, generalmente versículos del Corán; exteriores simples y austeros que contrastan con los ricos interiores, llenos de columnas y arabescos, con sus lámparas siempre encendidas, suspendidas de la cúpula; el púlpito abierto al sudeste, destinado al imán que lee las plegarias, y un nicho orientado en dirección a la Meca, que sirve para marcar a los fieles el lugar hacia donde deben dirigir las oraciones. Al lado de las cúpulas de las **mezquitas** se alzan los minaretes, torres muy esbeltas, redondas o poligonales, divididas en varios pisos con miradores, desde donde el muecín llama cinco veces por día a oración. Algunos son de piedra, pero la mayoría están construidos de ladrillos revestidos de estuco. Se cree que la primera **mezquita** adornada con minaretes fue la que el califa Walid construyó en Damasco en 705, y que es una de las más célebres, junto con la de Omar y Ahmet en Jerusalén y las de Constantinopla, El Cairo, Córdoba, a Meca, y en Túnez la de Kairouan.

MEZQUITA DE OMAR. *Arq.* Uno de los más notables monumentos musulmanes de Jerusalén, erigido en el s. XVII por un general de Omar llamado Amr-ibn-el-As. En sus orígenes constaba de un patio central rectangular, festoneado en su perímetro por pórticos y salas; en la actualidad es irregular el número de serie de arcos de cada uno de los lados.

MEZQUITAL. m. Lugar poblado de mezquites.

MEZQUITAL. *Geog.* Río de México. V. **San Pedro.**

MEZQUITE. m. Árbol de las regiones secas de Amér. Central y del sur de América del Norte, parecido a la acacia, de cuyas hojas se saca un zumo que se usa en oftalmías. gén. *Prosopis*, leguminosa.

Mg. *Quím.* Símbolo del magnesio.

MI. m. Tercera voz de la escala musical.

MÍ. (Del lat. *mihi*, dativo del pron. pers. *ego*, yo.) Forma acentuada del pronombre personal de primera persona en ambos géneros que se usa en los casos genitivo, dativo y acusativo, y lleva siempre preposición, excepto *con*.

MI, MIS. pron. poses. Apócope de **mío** y **mía**, y de **míos** y **mías**, respectivamente, que sólo se usan antepuestos al nombre.

MÍA. (Del ár. *mía*, ciento.) f. Unidad de tropa marroquí, al servicio de España.

MIADOR, RA. (De *miar.*) adj. Maullador.

MIAJA. f. Migaja.

MIAJA, José. *Biog.* Mil. español, comandante de las fuerzas republicanas y jefe de la resistencia de Madrid durante la guerra civil española (1878-1958).

MIAJÓN. m. Migajón, pedazo de miga.

MIALGIA. (Del gr. *mys, myos*, músculo, y *algos*, dolor.) f. *Med.* Dolor muscular, miodinia.

MIAMI. *Geog.* Ciudad de los EE.UU. (Florida). 1.350.000 h. con los suburbios. Centro de turismo invernal, es también nudo importantísimo en las comunicaciones aéreas.

MIAÑAR. intr. Miar.

MIAR. (De *miau.*) intr. Maullar.

MIASMA. (Del gr. *míasma*, de *miaíno*, manchar.) m. Efluvio maligno que se desprende de organismos enfermos, substancias corruptas, aguas estancadas, etc. Ú.m. en pl. || IDEAS AFINES: *Microbio, toxina, mefítico, pantano, emanación, gases, descomposición, fermentación, enfermedad, fiebre.*

MIASMÁTICO, CA. adj. Que produce o contiene miasmas. *Zona* MIASMÁTICA. || Ocasionado por ellos. *Enfermedad* MIASMÁTICA.

MIAU. Onomatopeya del maullido del gato. || m. Maullido.

MICA. al. **Glimmer.** fr. **Mica.** ingl. **Mica, isinglass.** ital. **Mica.** port. **Mica.** (Del lat. *mica.*) f. Silicato nativo múltiple, de coloraciones variadas, formado por láminas transparentes elásticas y lustrosas, fácilmente separables. *La* MICA *reemplaza en muchos casos al vidrio.*

MICA. f. *C. Rica* y *Guat.* Borrachera, || *Guat.* Coqueta. || *Hond.* Serpiente venenosa.

MICÁCEO, A. adj. Que contiene mica, o se parece a ella.

MICACITA. f. *Min.* Roca pizarrosa, de colores verdosos compuesta de cuarzo y mica, que se utiliza en el afirmado de caminos y en techos de edificios.

MICADA. f. *Guat.* y *Hond.* Monada.

MICADO. (Del japonés *mi*, sublime, y *cado*, puerta.) m. Nombre dado al emperador del Japón.

MICALA. *Geog.* Promontorio de Jonia, frente a la isla de Samos, donde los griegos derrotaron a los persas en 479 a. de C.

MICAY. *Geog.* Río de Colombia (Cauca), que desagua en el Pacífico después de recorrer 235 km. Tiene importantes yacimientos auríferos en su cuenca.

MICCIÓN. (Del lat. *mictio, -onis.*) f. Acción de mear.

MICELA. (dim. lat. de *mica*, partícula.) f. *Quím.* Partícula incluida en las soluciones coloidales.

MICELIO. (Del gr. *myke*, hongo.) m. *Bot.* Aparato vegetativo de los hongos.

MICENAS. *Geog. histór.* Antigua ciudad de Argólida (Grecia), centro de una notable civilización prehelénica.

MICÉNICO, CA. adj. Perteneciente o relativo a Micenas, antigua ciudad de Argólida.

MICER. (Del ital. *messer*, mi señor.) m. Antiguo título honorífico de Aragón, usado también en las islas Baleares.

MICKIEWICZ, Adán. *Biog.* Poeta romántico polaco, cuya obra, de apasionado idealismo, fue un llamado a las reivindicaciones nacionales de su patria: *El señor Tadeo; Conrado Wallenrod; Los peregrinos polacos*, etc. (1798-1855).

MICO, CA. (Voz cumanagota.) s. Mono de cola larga. || m. fig. y fam. Hombre lujurioso. || – **capuchino.** *Col.* **Mono capuchino.** || – **malcero.** *Col.* Carablanca. || **Dejar hecho un mico** a alguien. frs. fig. y fam. Dejarle avergonzado. || **Quedarse** uno **hecho un mico.** frs. fig. y fam. Quedar avergonzado.

MICOATE. m. *Méx.* Especie de culebra que cae desde los árboles sobre su presa. || Culebra, flecha.

MICOLOGÍA. (Del gr. *myko*, hongo, y *logos*, tratado.) f. Parte de la botánica que estudia los hongos. || deriv.: **micólogo, ga.**

MICOSIS. (Del gr. *mikes*, hongo.) f. Nombre general de las enfermedades producidas por los hongos, caracterizadas por las excrecencias que causan en la piel y por las alteraciones graves que suelen provocar en el organismo.

MICRA. (Del gr. *mikrós*, pequeño.) f. Medida de longitud equivalente a la millonésima parte de un metro. Se usa generalmente en las observaciones microscópicas y se expresa con la letra griega μ.

MICRO. m. *Arg.* Apócope de **microómnibus.**

MICROATMÓSFERA. f. Atmósfera artificial creada en un recinto limitado para suministrar al hombre o los animales el oxígeno necesario para la respiración, a temperatura y presión adecuadas.

MICROBIANO, NA. adj. Micróbico.

MICRÓBICO, CA. adj. Perteneciente o relativo a los microbios.

MICROBIO. al. **Mikrobe.** fr. **Microbe.** ingl. **Microbe.** ital. **Microbio; microbo.** port. **Micróbio.** (Del gr. *mikrobios*; de *mikrós*, pequeño, y *bíos*, vida.) m. Nombre genérico dado a todos los seres organizados unicelulares y sólo visibles al microscopio, como bacterias, infusorios, etc. *Koch libró constante combate contra los* MICROBIOS *patógenos.*

● **MICROBIO.** *Biol.* Su estudio data sobre todo de los trabajos de Pasteur, que demostraron su importancia en las fermentaciones y en el origen de enfermedades contagiosas. Eberth descubre el **microbio** de la fiebre tifoidea en 1870-80; **Koch** el de la tuberculosis y el del cólera en 1878-82; Neisser el de la blenorragia en 1879; Friedländer el de la neumonía en 1882; Loeffler el de la difteria en 1884, Nicolaiev el del tétanos en el mismo año, etc. La mayor parte de los **microbios** han sido descubiertos y aislados gracias al microscopio, pero hay algunos que escapan a la observación, son los virus filtrables, capaces de atravesar los filtros de porcelana. Los **microbios** patógenos atacan al organismo pero como cada uno tiene diferente poder de reacción se explica la inmunidad natural o adquirida de algunos y por qué un mismo microorganismo es inofensivo o capaz de una terrible virulencia. Esto ha llevado a hacer una distinción entre terrenos favorables debilitados por algún motivo, y desfavorables, que disfrutan de inmunidad, la que puede en muchos casos adquirirse con las vacunas. Ciertos **microbios**, como las espiroquetas, están dotados de movimientos; la reproducción, en medio favorable, puede realizarse por simple división, modo tan rápido que en dos horas se forman dos nuevas bacterias y en tres días cuatro billones; otro sistema es el de la formación de esporas, originadas en un abultamiento del protoplasma celular que luego se recubre de una membrana espesa. Los **microbios**, seres vivos, necesitan oxígeno y lo toman directamente o descomponiéndolo en el medio mismo en que actúan. Algunos, como el bacilo del tétanos y el de la difteria, no son perjudiciales por sí mismos sino por los venenos que secretan: son las toxinas solubles.

MICROBIOLOGÍA. (De *microbio* y el gr. *logos*, tratado.) f. Estudio de los microbios. || deriv.: **microbiológico, ca.**

MICROBIÓLOGO, GA. s. Persona que profesa la microbiología o tiene en ella especiales conocimientos.

MICROCEFALIA. f. Condición de microcéfalo. || *Pat.* Idiotismo proveniente de la pequeñez del cerebro.

MICROCÉFALO, LA. (Del gr. *mikroképhalos*; de *mikrós*, pequeño y *kephalé*, cabeza.) adj. y s. Aplícase al hombre o animal cuya cabeza es más pequeña que la normal y, en general, a aquel cuya cabeza es pequeña y desproporcionada con relación al cuerpo.

MICROCLIMA. m. Clima propio de un sector reducido. || Clima que reina a pocos centímetros del suelo.

MICROCOCO. (Del gr. *mikrós*, pequeño, y *kokkos*, grano.) m. Género de bacterias esféricas, sin órganos de locomoción, como el gonococo, etc.

MICROCOSMO. (Del gr. *mikrókosmos*, de *mikrós*, pequeño, y *kosmos*, mundo.) m. Según cierta filosofía hermética y mística, el ser humano, considerado como resumen del universo o macrocosmo. || Mónada, ser indivisible completo.

MICROFARAD. m. *Fís.* En la nomenclatura internacional, denominación del microfaradio.

MICROFARADIO. (Del gr. *mikrós*, pequeño, y de *faradio.*) m. *Fís.* Unidad de capacidad eléctrica equivalente a la millonésima parte de un faradio.

MICROFILME. (De *micro-* y *filme.*) m. Película que se usa principalmente para fijar en ella, en tamaño reducido, imágenes de impresos, manuscritos, etc., de modo que permita ampliarlas después en proyección o fotografía.

MICROFITO. (Del gr. *mikrós*, pequeño, y *phytón*, planta.) m. Microbio vegetal.

MICRÓFONO. (Del gr. *mikrós*, pequeño, y *phoné*, voz.) m. Dispositivo que sirve para transformar las ondas sonoras en energía eléctrica, a efectos de aumentar su intensidad y transmitirlas por un conductor o por radio. || deriv.: **micrófonico, ca.**

MICROGAMETO. (Del gr. *mikrós*, pequeño, y *gamos*, unión sexual.) m. Gameto masculino.

MICROGRAFÍA. (De *micrógrafo.*) f. Descripción de objetos observados con el microscopio. || deriv.: **micrográfico, ca.**

MICRÓGRAFO. (Del gr. *mikrós*, pequeño, y *grapho*, describir.) m. El que profesa o estudia la micrografía.

MICROLITO. m. *Geol.* Cristal prismático o tubular microscópico que se encuentra presente en las rocas volcánicas.

MICROMÉTRICO. adj. Perteneciente o relativo al micrómetro. *Tornillo* MICROMÉTRICO.

MICRÓMETRO. (Del gr. *mikrós*, pequeño, y *metron*, medida.) m. Instrumento para medir pequeñas longitudes o ángulos.

MICROMILÍMETRO. (Del gr. *mikrós*, pequeño, y de *milímetro.*) m. Medida micrométrica equivalente a la milésima parte de un milímetro.

MICRÓN. (Del gr. *mikrón*, neutro de *mikrós*, pequeño.) m. Micromilímetro.

MICRONESIA. *Geog.* Archipiélago de Oceanía, al N. de la Melanesia. Comprende las islas Marianas, Palaos, Carolinas, Marshall y Gilbert. Su extensión no alcanza los 3.000 km². 350.000 h. Excepto las islas Gilbert, que pertenecen a Gran Bretaña, el resto está bajo administración fiduciaria de los EE.UU. La isla de Guam (Marianas), pertenece a los Estados Unidos.

MICRONESIA, Estados Federados de. *Geog.* Estado independiente constituido en 1979 por varios grupos de islas y atolones de las Marianas, en Oceanía. 900 km2; 65.000 h. Cap. PONAPE (24.000 h.).

MICROÓMNIBUS. m. *Arg.* Ómnibus pequeño que realiza el transporte, generalmente interurbano, de pasajeros.

MICROORGANISMOS. (Del gr. *mikrós*, pequeño, y de *organismo.*) m. Microbio.

MICRÓPILO. (Del gr. *mikrós*, pequeño, y *pyle*, puerta.) *Hist. Nat.* Abertura en el tegumento del óvulo, por donde penetra el semen o el polen durante la fecundación.

MICROSCOPIA. (De *micro-* y *scopia.*) f. Construcción y empleo del microscopio. || Conjunto de métodos para la investigación por medio del microscopio.

MICROSCÓPICO, CA. adj. Perteneciente o relativo al microscopio. || Hecho con ayuda del microscopio. *Pintura* MICROSCÓPICA. || Tan pequeño que sólo se puede ver con el microscopio y, por ext., sumamente pequeño.

MICROSCOPIO. al. **Mikroskop.** fr. **Microscope.** ingl. **Microscope.** ital. **Microscopio.** port. **Microscópio.** (Del gr. *mikrós*, pequeño, y *skopeo*, ver, examinar.) m. Instrumento óptico que mediante una combinación de lentes aumenta extraordinariamente lo que no es perceptible a simple vista. *El* MICROSCOPIO *es un invento del siglo* XVII. || – **simple.** Lente de aumento; lupa. Lente convergente utilizada para obtener una imagen mayor que el objeto observado con ella. || – **solar.** El que, mediante la luz solar, reproduce en un cuarto obscuro, sobre una pantalla blanca, la imagen muy agrandada de un objeto.

MICROSECCIÓN. f. Corte muy delgado para ser examinado con el microscopio.

MICRÓTOMO. (Del gr. *mikrós*, pequeño, y *temno*, cortar.) m. Instrumento para cortar los objetos que se han de observar con el microscopio. || deriv.: **microtomía.**

MICURÉ. m. Especie de zarigüeya de pelaje negruzco y amarillento, descubierta por Azara en el Paraguay a fines del siglo XVIII.

MICHA. (De *miza.*) f. fam. Gata, animal.

MICHATOYA. *Geog.* Río de Guatemala. Nace en el lago Amatitlán y des. en el Pacífico. 90 km.

MICHE. m. *C. Rica.* Riña, tumulto. || *Chile.* Juego de niños consistente en hacer saltar con una bolita, fuera de un círculo trazado en el suelo, una moneda puesta sobre otra bolita. || *Ven.* Aguardiente. || adj. *Bol.* Dícese de la oveja desorejada en señal de marca.

MICHELENA, Arturo. *Biog.* Pintor ven., notable retratista, autor de *Miranda en la Carraca; ¡Vuelvan caras!*, y otros cuadros (1873-1898). || – **Bernabé. Escultor urug., uno de los más destacados entre los plásticos modernos de su país (1888-1963).** || – **Margarita.** Escritora mex., autora de *El cántaro roto* y otros libros de poesía (n. 1917). || **Tomás.** Lit. ven. Escribió con vigoroso estilo novelas de tipo naturalista: *Débora; Margarita Rubinstein; Autoperfil*, etc. (n. 1835).

MICHELET, Julio. *Biog.* Lit. e historiador fr.; quiso hacer de la Historia la resurreción integra del pasado, y logró convertirla en un poema, cuyo héroe es el pueblo, grande y puro: *Historia de Francia; Historia de la Revolución; Historia del siglo XIX*, etc. (1798-1874).

MICHELSON, Alberto Abraham. *Biog.* Fís. estad., premio Nobel de Física en 1907. Sus estudios sobre la velocidad de la luz y óptica fís. tuvieron valor para la teoría de la relatividad de Einstein (1852-1931).

MICHI. m. *Chile.* Miche, juego de niños.

MICHIGAN. *Geog.* Lago de los EE.UU., que des. en el Atlántico a través del río San Lorenzo. 57.850 km². ‖ Estado del norte de los EE.UU. 150.779 km². 9.400.000 h. Cap. LANSING. Gran importancia agrícola y minera. La industria está notablemente desarrollada.

MICHINO, NA. s. fam. Gato, animal.

MICHO. (De *mizo.*) m. fam. Gato.

MICHOACÁN. *Geog.* Estado de México que linda con el océano Pacífico. 60.093 km². 2.500.000 h. Cap. MORELIA. Agricultura, ganadería y minería.

MIDA. (Del gr. *midas.*) m. Brugo.

MIDAS. *Mit.* Rey legendario de Frigia, a quien Baco dio el poder de trocar en oro cuanto tocaba, lo que también le sucedía con los alimentos. Para no morir de hambre suplicó al dios que lo librase del don. Actuando como juez en un concurso musical entre Pan y Apolo concedió el premio al primero, por lo que Apolo, en venganza, hizo que le salieran orejas de asno.

MIDDLESBROUGH. *Geog.* Ciudad de Gran Bretaña, en Inglaterra (York). 158.000 h. Industria metalúrgica, astilleros. Puerto exportador de carbón sit. en el estuario del Tees.

MIDDLESEX. *Geog.* Condado de Gran Bretaña, en Inglaterra. 602 km². 2.500.000 h. Comprende algunos suburbios de Londres. Cap. BRENTFORD. Industrias importantes.

MIDDLETON, Tomás. *Biog.* Escritor ingl., autor de *Mujeres, cuidaos de las mujeres; El niño cambiado; Una partida de ajedrez*, etc. (1580-1627).

MIDEROS, Víctor. *Biog.* Pintor ecuat., autor de notables frescos (1888-1972). ‖ **– ALMEIDA, Luis.** Escultor ecuat., realizador de diversos monumentos (n. 1898).

MIDLOTHIAN. *Geog.* Condado de Gran Bretaña, en Escocia, 948 km². 600.000 h. Cap. EDIMBURGO. Carbón. Pesca.

MIDRIASIS. (Del gr. *mydríasis.*) f. *Med.* Dilatación anormal de la pupila acompañada de inmovilidad del iris.

MIDRÍASIS. f. *Med.* Dígase **midriasis.**

MIDRIÁTICO, CA. adj. Perteneciente o relativo a la midriasis. ‖ Que padece midriasis. Ú.t.c.s. ‖ m. Substancia que puede producir la dilatación de las pupilas.

MIDWAY. *Geog.* Pequeñas islas coralinas de la Polinesia que constituyen el grupo más septentrional del arch. de Hawaii. Durante la segunda Guerra Mundial fueron escenario de una importante batalla en la que los japoneses perdieron 16 barcos (junio de 1942).

MIEDITIS. f. fam. Miedo.

MIEDO. al. **Angst; Furcht.** fr. **Peur.** ingl. **Fear; dread.** ital. **Paura.** port. **Medo.** (Del lat. *metus.*) m. Perturbación angustiosa del ánimo por algún peligro real o imaginario. *Tener* MIEDO *a las enfermedades.* sinón.: **temor.** ‖ Recelo de que suceda algo opuesto a lo deseado. *Tengo* MIEDO *de perder.* ‖ **– cerval.** fig. El grande o excesivo. ‖ **– insuperable.** *Der.* El que arrastra a ejecutar un delito; se considera circunstancia eximente de responsabilidad criminal. ‖ **Morirse** uno **de miedo.** frs. fig. y fam. Padecer **miedo** extremado, por recelo de cosa adversa o por ser pusilánime. ‖ **Mucho miedo** y **poca vergüenza.** expr. con que se amonesta a quien teme mucho el castigo y comete sin recelo la falta o delito que lo merece. ‖ IDEAS AFINES: *Temor, estremecimiento, horripilar, temblar, cobarde, susto, hidrofobia, claustrofobia, pánico.*

MIEDOSO, SA. al. **Ängstlich; furchtsam.** fr. **Peureux.** ingl. **Timorous.** ital. **Pauroso.** port. **Medroso.** (De *miedo.*) adj. fam. Medroso, pusilánime. Ú.t.c.s.

MIEL. al. **Honig.** fr. **Miel.** ingl. **Honey.** ital. **Miele.** port. **Mel.** (Del lat. *mel.*) f. Substancia viscosa y muy dulce que las abejas elaboran en una distensión del esófago, con el jugo de las flores, y, devolviéndolo por la boca, depositan en los panales. *La* MIEL *del Ática era la más apreciada.* ‖ En ingenios de azúcar, substancia que ha caído de las cañas al tiempo de molerlas, después de haberles dado la segunda cochura. ‖ V. **Luna de miel.** ‖ **– de barrillos.** La que sale del pan de azúcar después de haber puesto el barro para blanquearlo. ‖ **– de caña,** o **cañas.** Líquido que se destila del zumo de cañas dulces. ‖ **– de caras.** La última que destila el azúcar, una vez seco el barro. ‖ **– rosada.** Preparación farmacéutica de miel batida con agua de rosas que tiene la consistencia del jarabe. ‖ **– silvestre.** La que elaboran las abejas en los huecos de los árboles o en las hendeduras de las peñas. ‖ La que elaboran ciertas avispas negras de las Indias. ‖ **– virgen.** La más pura, que fluye sola de los panales que se sacan de las colmenas. ‖ **Dejar** a alguien **con la miel en los labios.** frs. fig. y fam. Privarle de lo que comenzaba a disfrutar. ‖ **Miel sobre hojuelas.** expr. fig. y fam. con la que se indica que algo viene muy bien sobre otra cosa. ‖ IDEAS AFINES: *Empalagosa, celdilla, cera, hidromel, melaza, libar, néctar, reina, obrera, zángano, enjambre, larva.*

MIELENCÉFALO, LA. (Del gr. *myelós*, médula, y de *encéfalo.*) m. *Anat.* Cerebro posterior.

MIELERO, RA. m. Dígase **melero.**

MIELGA. (Del lat. *medica herba.*) f. Planta leguminosa, de raíz larga y recia, vástagos de seis a ocho decímetros de altura, hojas aserradas, flores azules en espiga, y fruto en vaina en espiral. Abunda en los sembrados, sinón.: **alfalfa.** ‖ **– azafranada.** o **de flor amarilla.** Especie que se diferencia de la común principalmente en tener tallos rastreros, flores de color azafranado, y vainas en forma de media luna. ‖ **– marina.** Especie que se diferencia de la común por tener vástagos leñosos, hojas en forma de cuña y vainas con aguijones.

MIELGA. f. Pez selacio que alcanza hasta dos metros de longitud. La carne es comestible, aunque dura y fibrosa, y la piel se emplea como la de la lija.

MIELGA. (Del m. or. que *mielgo.*) f. *Agr.* Amelga. ‖ Bielgo.

MIELGO, GA. (Del lat. *geméllicus*, derivado de *gemellus*, gemelo.) adj. Mellizo.

MIELÍTICO, CA. adj. Que padece mielitis.

MIELITIS. (Del gr. *myelós*, medula, y el sufijo *itis*, inflamación.) f. *Med.* Inflamación de la médula espinal.

MIEMBRO. al. **Glied.** fr. **Membre.** ingl. **Member; limb.** ital. **Membro.** port. **Membro.** (Del lat. *mémbrum.*) m. Cualquiera de las extremidades del hombre o de los animales que se articulan con el tronco. *Sentía los* MIEMBROS *entumecidos por el frío.* ‖ En el hombre y en algunos animales, órgano de la generación. ‖ Individuo que integra una comunidad, sociedad, etc. ‖ Parte de un todo unida con él. ‖ Parte o pedazo de una cosa separada de ella. ‖ *Arq.* Cualquiera de las partes principales de un edificio. ‖ *Mat.* Cualquiera de las dos cantidades separadas por el signo de igualdad (=) en una ecuación, o por los signos **mayor que** (>) **o menor que** (<), en una desigualdad. ‖ **– viril.** En el hombre, órgano de la generación.

MIENTE. (Del lat. *mens, mentis.*) f. ant. Pensamiento. Ú. hoy en pl. en algunas frases. ‖ **Caer en mientes** o **en las mientes.** frs. Imaginarse algo. ‖ **Parar,** o **poner mientes en** algo. frs. Considerarlo, reflexionar cuidadosamente sobre ello. ‖ **Traer** algo **a las mientes.** frs. Recordarlo. ‖ **Venírsele** a uno algo **a las mientes.** frs. Ocurrírsele.

MIENTRA. (Del ant. *demientra.*) adv. t. Mientras.

MIENTRAS. (De *mientra.*) adv. t. y conj. Durante el tiempo en que. MIENTRAS *yo estudio, tú haraganeas.* Ú.t. antepuesto a la conjunción *que.* ‖ **Mientras más.** m. adv. **Cuanto más.** MIENTRAS MÁS *se envejece, más se comprende.* ‖ **Mientras tanto.** m. adv. Mientras.

MIER, Fray Servando Teresa de. *Biog.* Rel. y patriota mex. Desterrado a España por haber pronunciado un sermón contra las apariciones de la virgen de Guadalupe, huyó a Francia y luego a Inglaterra, donde conoció al guerrillero español Mina, con quien regresó a México, para luchar por la independencia nacional. Publicó *Cartas de un americano a un español; Revolución de Anáhuac; Apología y relaciones* (1763-1827). ‖ **– Y TERÁN, Manuel.** Mil. mex. guerrero de la independencia. En 1829 derrotó a las tropas realistas que intentaban volver a apoderarse de la capital de México (1789-1832).

MIERA. (Quizá del lat. *mel, mellis*, miel.) f. Aceite espeso y amargo, de color obscuro, que se obtiene de la destilación de bayas y ramas de enebro. Se emplea como sudorífero y depurativo. ‖ Trementina del pino.

MIÉRCOLES. al. **Mittwoch.** fr. **Mercredi.** ingl. **Wednesday.** ital. **Mercoledì.** port. **Quarta-feira.** (Del lat. *Mercurii dies*, día consagrado a Mercurio.) m. Cuarto día de la semana. ‖ **– corvillo.** fam. **Miércoles de ceniza.** ‖ **– de ceniza.** Primer día de la cuaresma y cuadragésimo sexto anterior al domingo de Pascua de Resurrección. Se llama así porque en él se toma la ceniza; cae entre el 4 de febrero y el 10 de marzo.

MIERDA. (Del lat. *merda.*) f. Excremento humano. ‖ Por ext., el de algunos animales. ‖ fig. y fam. Grasa o porquería que se adhiere a la ropa u otros objetos. ‖ com. fig. y fam. Persona incapaz de acciones generosas y nobles. ‖ Persona insignificante o despreciable.

MIERES. *Geog.* Ciudad de España (Oviedo). 62.000 h. Centro minero, fundiciones.

MIERRA. f. Narria de carro.

MIES. al. **Gertreide; Ernte.** fr. **Moisson.** ingl. **Harvest, time.** ital. **Messe.** port. **Messe.** (Del lat. *messis.*) f. Planta madura de cuya semilla se hace el pan. *Segar la* MIES. ‖ Época de la siega y cosecha de granos. ‖ fig. Muchedumbre de gente convertida a la fe católica, o pronta a su conversión. ‖ pl. Los sembrados. *Las* MIESES *doradas.* ‖ IDEAS AFINES: *Espiga, mazorca, trigo, maíz, cereal, trilla, molienda, sazón, choclo, gavilla.*

MIGA. al. **Krume.** fr. **Mie.** ingl. **Crumb.** ital. **Mollica.** port. **Miolo.** (Del lat. *mica.*) f. Migaja, porción de una cosa. ‖ Parte más blanda del pan, que está rodeada y cubierta de la corteza. *Guardaba las* MIGAS *para los pájaros.* ‖ fig. y fam. Substancia y virtud de las cosas físicas. ‖ fig. y fam. Substancia principal, entidad y gravedad de las cosas morales. *Discurso de* MIGA. ‖ pl. Pan desmenuzado, humedecido y frito. ‖ **Hacer buenas** o **malas migas** con alguien. frs. fig. y fam. Entenderse bien, o mal, con él.

MIGAJA. (dim. de *miga.*) f. Porción más pequeña y menuda del pan, que suele desprenderse al partirlo. ‖ Porción pequeña y menuda de cualquier cosa. ‖ fig. Parte pequeña de algo no material. *Una* MIGAJA *de buena voluntad.* ‖ Nada o casi nada. ‖ pl. Las de pan. ‖ fig. Desperdicios o sobras de uno de que aprovechan otros.

MIGAJADA. f. Migaja, porción pequeña de una cosa.

MIGAJÓN. (aum. de *migaja.*) m. Miga de pan o porción de ella. ‖ fig. y fam. Substancia y virtud interior de una cosa. ‖ *Chile.* Galladura.

MIGAJUELA. f. dim. de **Migaja.**

MIGAR. tr. Desmenuzar el pan en pedazos pequeños. ‖ Echar estos pedazos en un líquido. MIGAR *el caldo.*

MIGNONE, Francisco. *Biog.* Compositor bras. de gran expresividad emotiva, autor de *Fantasía brasileña; Suite brasileña; Cuadros amazónicos; El contratista de diamantes; Sueño de un niño travieso*, etc. (n. 1897).

MIGRACIÓN. al. **Wanderung; Zug.** fr. **Migration.** ingl. **Migration.** ital. **Migrazione.** port. **Migração.** (Del lat. *migratio, -onis.*) f. Emigración. ‖ Acción y efecto de pasar de un país a otro para radicarse en él. ‖ Viaje periódico de especies animales migratorias. *La* MIGRACIÓN *de las golondrinas.* ‖ IDEAS AFINES: *Nómada, bandada, inmigración, traslado, refugiado, errante.*

MIGRAÑA. (Del gr. *hemikranía*; de *hemi*, medio, y *kraníon*, cráneo.) f. Jaqueca.

MIGRATORIO, RIA. (Del lat. *migrátor*). adj. Que emigra. ‖ Perteneciente o relativo a la migración o emigración de personas. ‖ Perteneciente o relativo a los viajes periódicos de ciertos animales. ‖ Perteneciente o relativo a estos animales.

MIGUEL. *Hist. Sagr.* Arcángel jefe de la milicia celeste, según el profeta Daniel. En el *Apocalipsis* aparece acaudillando a los ángeles buenos en la lucha contra los malos dirigidos por Luzbel.

MIGUEL. *Biog.* Nombre de nueve emperadores de Grecia, entre 811 y 1320. ‖ **– VIII, Paleólogo.** Emp. de Grecia que recobró Constantinopla y restauró el Imperio bizantino (m. 1282).

MIGUEL. *Biog.* Rey de Polonia de 1669 a 1673.

MIGUEL. *Biog.* Rey de Portugal de 1828 a 1834.

MIGUEL, Alexandrovich. *Biog.* Gran duque ruso, en quien abdicó el zar Nicolás II en 1917. Los bolcheviques le dieron muerte (1870-1917). ‖ **– Feodorovitch.** Zar de Rusia de 1613 a 1645, fundador de la dinastía de los Romanov (1596-1645).

MIGUEL I. *Biog.* Rey de Rumania, que subió al trono en 1940 por abdicación de su padre Carlos II y a su vez abdicó en 1947 (n. 1921).

MIGUEL ÁNGEL. *Biog.* Pintor, poeta, arq., y por sobre todo genial escultor ital. Su concepción de la forma se funda en la anatomía; las imágenes adquieren realce no por los colores sino por el claroscuro, y su finalidad no es la representación de la acción o de la forma del cuerpo, sino de la expresión y la energía del movimiento. Durante cuatro años, a partir de 1508, decoró, con frescos, todo el cielo raso de la Capilla Sixtina, donde, en 1534, pintó sobre la pared que corresponde al altar mayor *El juicio final.* Otras obras: *Moisés*; estatuas y ornamentos para la tumba de los Médici; *David; Piedad*, etc. (1475-1564).

MIGUELEAR. tr. *Amér. Central.* Enamorar, cortejar.

MIGUELEÑO, ÑA. adj. *Hond.* Descomedido, descortés. Ú.t.c.s.

MIGUELETE. (De *miquelete.*) m. Fusilero de montaña, en Cataluña.

MIGUELETE. *Geog.* Población del Uruguay (Colonia). 3.500 h.

MIGUERO, RA. adj. Relativo a las migas.

MIGUES. *Geog.* Población del Uruguay (Canelones). 5.800 h.

MIGUÉZ, Leopoldo. *Biog.* Compositor bras. que cultivó la música orquestal y operística. Obras: *Prometeo; Por el amor; Parisina*, etc. (1850-1902).

MIHAILOVICH, Draja. *Biog.* Pol. y militar yugoslavo; durante la segunda Guerra Mundial organizó la resistencia contra las fuerzas italogermanas. Acusado de connivencia con el enemigo fue fusilado por el régimen de Tito (1893-1946).

MIHRAB. (Del ár. *mihrab.*) m. Nicho en las mezquitas que señala el sitio adonde han de mirar los que oran.

MIHURA, Miguel. *Biog.* Comediógrafo esp., nacido en 1906; autor de *El caso de la mujer asesinadita; Tres sombreros de copa*, etc.

MIJE. m. *Cuba.* Árbol mirtáceo de fruto semejante al de la grosella. ‖ *Méx.* Tabaco ordinario.

MIJO. (De *millo.*) m. Gramínea

originaria de la India, de hojas lineales y flores en panojas encorvadas en el ápice. ‖ Semilla de esta planta; es menuda, redonda y de color amarillento. ‖ En algunas zonas, maíz. ‖ – **ceburro. Trigo candeal.**

MIJO. *Geog.* Río de la Rep. Dominicana (Benefactor). Desagua, a través del río San Juan, en el Yaque del Sur, 95 km.

MIKLAS, Guillermo. *Biog.* Est. austriaco, de 1928 a 1938, presid. de la República. Cesó en su mandato al ser anexada Austria a Alemania (1872-1956).

MIL. (Del lat. *mille.*) adj. Diez veces ciento. ‖ Milésimo. *Año* MIL. ‖ fig. Dícese del número o cantidad indefinidamente grande. MIL *gracias.* ‖ m. Signo o conjunto de signos con que se representa el número mil. ‖ Millar. ‖ Ú.m. en pl. *Ganó varios* MILES *en la ruleta.* ‖ **Las mil y quinientas.** fig. y fam. Las lentejas, por la gran cantidad de ellas que hay en cada potaje. ‖ Hora demasiado tardía. *Se fue a* LAS MIL QUINIENTAS.

MILADI. (Del ingl. *my lady*, mi señora.) f. Tratamiento que se da a las damas inglesas, al dirigirse a ellas.

MILAGREAR. intr. Hacer milagros.

MILAGRERÍA. (De *milagrero.*) f. Narración de hechos maravillosos que el vulgo suele tomar como milagros.

MILAGRERO, RA. adj. Dícese de quien considera como milagros hechos que acaecen naturalmente. ‖ Dícese de quien finge milagros. ‖ fam. Milagroso, que hace milagros. *Llevaba el escapulario de la Virgen* MILAGRERA.

MILAGRO. al. **Wunder.** fr. **Miracle.** ingl. **Miracle.** ital. **Miracolo.** port. **Milagre.** (Del ant. *miraglo.*) m. Acto del poder divino, superior al orden natural y a la capacidad humana. *El* MILAGRO *de los panes y los peces.* ‖ Suceso o cosa rara y maravillosa. *Fue un* MILAGRO *que se quedara quieto*; sinón.: **portento, prodigio.** ‖ Exvoto. ‖ **Hacer** uno **milagros.** frs. fig. Hacer más de lo que comúnmente se puede. ‖ **Vivir de milagro.** frs. fig. Sustentarse con suma dificultad. ‖ Haberse librado de un grave peligro. ‖ IDEAS AFINES: *Sobrehumano, excepción, credulidad, santos, aparición, resurrección, estigmatización, curación, auto sacramental, fénix, magia, misterio.*

MILAGRÓN. (aum. de *milagro.*) m. fam. Aspaviento, extremo.

MILAGROSO, SA. adj. Que excede a las fuerzas de la naturaleza. ‖ Que obra milagros. *Santo* MILAGROSO. ‖ Maravilloso, asombroso. *Transformación* MILAGROSA; sinón.: **prodigioso.** ‖ deriv.: **milagrosamente.**

MILAMORES. (De *mil* y *amor.*) f. Hierba que crece naturalmente en algunos lugares pedregosos de Europa; suele también cultivarse en huertos y jardines. *Centranthus ruber*, valerianácea.

MILÁN. m. Tela de lino que se fabricaba antiguamente en la ciudad de Milán.

MILÁN. *Geog.* Provincia de Italia (Lombardía). 2.758 km². 4.150.000 h. Cereales. Cap. hom. 1.800.000 h. Importante centro industrial y comercial. Magnífica catedral gótica, cuya construcción fue iniciada en 1386 y terminada a fines del siglo XIX. Su teatro de la Scala constituye uno de los centros más notables de la lírica mundial. Inaugurado en 1778 fue destruido durante la segunda Guerra Mundial; completamente restaurado, se reabrió en 1946.

MILANÉS, José Jacinto. *Biog.* Poeta y dramaturgo romántico cub., autor de *El conde Alarcos; El expósito; Un poeta en la corte; De codos en el puente*, etc. (1814-1863).

MILANÉS, SA. adj. Natural de Milán. Ú.t.c.s. Perteneciente o relativo a esta ciudad de Italia. ‖ f. *Amér.* Filete de carne rebozada con huevo y pan rallado o harina, para freír.

MILANO. al. **Hühnergeir; Milan.** fr. **Milan.** ingl. **Kite, glede.** ital. **Nibbio.** port. **Milhafre; milhano.** (Del lat. *milvus.*) m. Ave rapaz diurna que tiene unos setenta centímetros desde el pico hasta la extremidad de la cola, y metro y medio de envergadura. Se alimenta preferentemente de roedores pequeños, insectos y carroñas. ‖ Azor, ave de rapiña. ‖ Pez acantopterigio de lomo rojizo y vientre blanquecino con manchas obscuras. Sus grandes aletas pectorales le permiten saltar y elevarse sobre la superficie del agua.

MILÁ y FONTANALS, Manuel. *Biog.* Lit. y erudito esp., maestro de Menéndez y Pelayo, autor de *Observaciones sobre la poesía popular; De la poesía heroico-popular castellana; De los trovadores en España*, etc. (1818-1884).

MILCÍADES. *Biog.* Guerrero ateniense, vencedor en la batalla de Maratón contra los persas (s. V a. de C.).

MILCAO. m. *Chile.* Guiso de papas.

MILDEU. (Del ingl. *mildew.*) m. Nombre dado a varias enfermedades producidas por hongos microscópicos en ciertas plantas; en la papa, por el *Phytophthora infestans*; en el tabaco, por el *Ph. nicotinianae*; en la vid, por el *Plasmopara viticola.*

MILENARIO, RIA. (Del lat. *millenarius.*) adj. Perteneciente al millar o al número mil. ‖ Creyente en el milenarismo. Ú.t.c.s. ‖ m. Espacio de mil años. ‖ Milésimo aniversario de algún importante hecho.

MILENARISMO. m. Primitiva teoría herética de los cristianos, según la cual una vez vencido al Anticristo, habría en la tierra un período de mil años, durante el cual reinaría Cristo acompañado de los justos resucitados. ‖ Doctrina de los que creían que el fin del mundo acaecería en el año 1000 de la era cristiana. ‖ deriv.: **milenarista.**

MILENIO. m. Período de mil años.

MILENO, NA. (Del lat. *millenus.*) adj. Dícese de las telas cuya urdimbre está compuesta de mil hilos.

MILENRAMA. (Del *mil, en* y *rama.*) f. Planta herbácea de 50 centímetros de altura aproximadamente; la tisana preparada con sus flores ha sido usada como tónico y astringente. *Achillea millefolium*, compuesta.

MILENTA. (Del lat. *mille.*) m. fam. Millar.

MILÉSIMA. (Del lat. *milésima.*) f. Milésima parte de la unidad monetaria.

MILÉSIMO, MA. (Del lat. *millésimus.*) adj. Dícese de cada una de las mil partes iguales en que dividimos un todo. Ú.t.c.s. ‖ adj. Que ocupa el último lugar en una serie ordenada de mil.

MILESIO, SIA. adj. y s. De Mileto.

MILETO. *Geog. histór.* Antigua ciudad jónica del Asia Menor, en la costa del mar Egeo. Fue un notable centro intelectual, con filósofos como Thales, Anaximandro y Anaxímenes; historiadores como Hecateo, novelistas como Arístides, etc.

MILGRANAR. (Del ant. *milgrana.*) m. Campo plantado de granados.

MILHAUD, Darío. *Biog.* Compos. francés que orientó la música de su país hacia tendencias nuevas; autor de *Cristóbal Colón; La creación del mundo; La Orestíada*, etc. (1892-1953).

MILHOJAS. (De *mil* y *hoja.*) f. Milenrama.

MILHOMBRES. m. fam. Apodo que suele darse al hombre pequeño y bullicioso, o al que sirve para poco.

MILI. (Del lat. *mille*, mil.) Voz que sólo se usa como prefijo de vocablos compuestos, con el sistema métrico decimal, con la significación de milésima parte; v. gr.: *Miligramo.*

MILIAR. (Del lat. *miliarius*; de *milium*, mijo.) adj. Del tamaño y forma de un grano de mijo. ‖ Dícese de una afección exantemática caracterizada por pápulas que se coronan de vesículas y también de la fiebre acompañada de erupción de este tipo. Ú.t.c.s.f.

MILIAR. (Del lat. *miliare*; de *mille*, mil.) adj. Aplícase a la columna, piedra, etc., que indicaba antiguamente la distancia de 1.000 pasos.

MILIARIO, RIA. (Del lat. *milliarius.*) adj. Perteneciente o relativo a la milla. ‖ Miliar, aplicado a columnas, piedras, etc.

MILIBAR. m. Unidad de medida de presión atmosférica, equivalente a un milésimo de bar.

MILICIA. al. **Miliz.** fr. **Milice.** ingl. **Soldiery.** ital. **Milizia.** port. **Milícia.** (Del lat. *milítia.*) f. Arte de hacer la guerra y de preparar a los soldados para que intervengan en ella. ‖ Servicio o profesión militar. *Entrar en la* MILICIA. ‖ Tropa, gente de guerra. ‖ Coros de los ángeles. MILICIA *celestial.* ‖ IDEAS AFINES: *Falange, ejército, guardia, defensa, asalto, ocupación, estrategia, armas, infantería, campamento, militante.*

MILICIANO, NA. adj. Perteneciente a la milicia. ‖ m. Componente de una milicia.

MÍLICO. m. desp. *Amér. del S.* Militar, soldado, y también vigilante.

MILIGRAMO. (De *mili* y *gramo.*) m. Milésima parte de un gramo.

MILILITRO. (De *mili* y *litro.*) m. Medida de capacidad equivalente a la milésima parte del litro.

MILIMÉTRICO, CA. adj. Graduado en milímetros. *Escuadra* MILIMÉTRICA.

MILÍMETRO. (De *mili* y *metro.*) m. Medida de longitud, equivalente a la milésima parte de un metro. *Una chapa de dos* MILÍMETROS *de espesor.*

MILITANTE. (Del lat. *militans, -antis.*) p. a. de **Militar.** Que milita. Ú.t.c.s. *Un católico* MILITANTE.

MILITAR. al. **Militärisch.** fr. **Militaire.** ingl. **Militar.** ital. **Militare.** port. **Militar.** (Del lat. *militaris.*) adj. Perteneciente o relativo a la milicia o a la guerra por contraposición a civil. *Seguir la carrera* MILITAR. ‖ m. El que profesa la milicia.

MILITAR. (Del lat. *militaris.*) intr. Servir en la guerra o profesar la milicia. MILITÓ *desde joven en el partido radical.* ‖ fig. Figurar en partidos o colectividades. ‖ Haber en algo una circunstancia o razón especial. *Una causa decisiva* MILITA *en su contra.*

MILITARA. f. fam. Esposa, viuda o hija de un **militar.**

MILITARISMO. m. Predominio del elemento militar en el gobierno de un país. ‖ deriv.: **militarista.**

MILITARIZAR. tr. Inculcar espíritu y organización militares. *Esparta* MILITARIZABA *a los jóvenes.* ‖ Someter a disciplina militar a individuos o agrupaciones civiles. ‖ deriv.: **militarización.**

MILITARMENTE. adv. m. Conforme al espíritu y la organización militares.

MILMILLONÉSIMO, MA. adj. y s. Dícese de cada una de las mil millones de partes iguales en que se divide un todo.

MILO. *Geog.* Isla griega del mar Egeo, en el grupo de las Cícladas. 148 km². 8.000 h. En ella se encontró, en 1820, la célebre estatua conocida con el nombre de *Venus de Milo.*

MILOCA. (desp. de *milano.*) f. Ave rapaz nocturna, semejante al búho; se alimenta de animales pequeños. Gén. *Aegolius*, estrígidas.

MILOCHA. f. Cometa, juego con que se divierten los niños.

MILODONTE. (Del gr. *mylos*, muela, y *odoús, odontos*, diente.) m. *Paleont.* Género de animales fósiles de gran tamaño, parecidos al oso negro actual, que vivieron en América del Sur.

MILOGUATE. m. *Méx.* La caña del maíz.

MILONGA. f. *Bol.* y *R. de la Plata.* Cierta canción popular que generalmente se acompaña en la guitarra. ‖ Música de esta canción, de ritmo sencillo y monótono. ‖ Danza bailada al compás de esta música. ‖ Por ext., cualquier baile público. ‖ *Chile.* Fiesta familiar, con baile, de poca categoría. ‖ *Chile* y *R. de la Plata.* Enredo, chisme. Ú.m. en pl.

MILONGUEAR. intr. fam. *R. de la Plata.* Bailar.

MILONGUERO, RA. s. *R. de la Plata.* Quien toca, canta o baila milongas, o es aficionado a ellas. ‖ fam. Persona muy aficionada al baile.

MILORD. (Del ingl. *my*, mi, y *lord*, señor.) m. Tratamiento que se da a los señores ingleses, al dirigirse a ellos. En pl. **milores.** ‖ Birlocho con capota, bajo y veloz.

MILPA. f. *Amér.* Maizal.

MILPEAR. intr. *C. Rica.* Hacer maizales. ‖ *Méx.* Empezar a brotar el maíz sembrado.

MILPESOS. m. *Col.* Fruto de una especie de ceiba, usado como salvadera.

MILPIES. (De *mil* y *pie.*) m. Cochinilla, crustáceo.

MILRÉIS. m. Moneda portuguesa, que fue reemplazada en 1911 por el escudo. ‖ Moneda brasileña, reemplazada en 1942 por el cruzeiro.

MILTON, Juan. *Biog.* Poeta ingl., fervoroso defensor de las libertades civiles y religiosas. Atacado por la ceguera, dictó *El Paraíso perdido*, su obra más famosa, epopeya cristiana de corte clásico en la que exalta al hombre y su supuesta debilidad. Escribió además *Poesías latinas e inglesas; Historia de Gran Bretaña*, etc. (1608-1674).

MILWAUKEE. *Geog.* Ciudad de los EE.UU. (Wisconsin), puerto importante a orillas del lago Michigan. 730.000 h. Maquinarias, alimentos envasados, comercio de cereales.

MILL, Juan Stuart. *Biog.* V. **Stuart Mill, Juan.**

MILLA. al. **Meile.** fr. **Mille.** ingl. **Mile.** ital. **Miglia.** port. **Milha.** (Del lat. *millis*, millar.) f. Medida itineraria, que usan generalmente los marinos, equivalente a 1.851,52 metros. ‖ Medida de longitud, equivalente a 1.609,30 metros, que se usa en Estados Unidos y en algunos países europeos. ‖ Antigua medida para las vías romanas, que equivale aproximadamente a un cuarto de legua.

MILLA, José. *Biog.* Político hond., jefe de estado de su país en 1827.

MILLACA. f. Cañota.

MILLÁN, Blas. *Biog.* Novelista ven. cont. Autor de *La virgen campesina* y otras obras.

MILLAR. (Del lat. *milliare.*) m. Conjunto de mil unidades. *Un* MILLAR *de pesos.* ‖ Signo usado (Ᵽ) para indicar que son **millares** los números colocados ante él. ‖ En las dehesas, terrenos en que se pueden mantener mil ovejas. ‖ Número grande indeterminado. Ú.m. en pl. MILLARES *de pañuelos que ondeaban.* ‖ IDEAS AFINES: *Cantidad, centena, millón, milenio, milésimo, legión, multitud, kilogramo, kilovatio.*

MILLARADA. f. Cantidad como de mil. Ú.m. por ostentación de bienes, hacienda, etc. *Echar* MILLARADAS. ‖ *A millaradas.* m. adv. fig. Innumerables veces.

MILLÁ y VIDAURRE, José. *Biog.* Literato e historiador guat., conocido con el seudónimo de **Salomé Jil**, autor de una inconclusa *Historia de la América Central* y de *Cuadros de costumbres; Los nazarenos*, etc. (1822-1882).

MILLER, Arthur. *Biog.* Dram. estad. En su obra estudia el conflicto entre el hombre y la comunidad y el fracaso de ideales e ilusiones que se desvanecen al chocar con la realidad; *La muerte de un viajante; Todos son mis hijos; Las brujas de Salem; Después de la caída; Los inadaptados*, etc. (n. 1915). ‖ – **Guillermo.** Mil. ingl. que se destacó durante la guerra de la independencia de Perú y Chile (1795-1861).

MILLERAND, Alejandro. *Biog.* Político fr., presidente de la República de 1920 a 1924 (1859-1943).

MILLET, Juan Francisco. *Biog.* Pintor fr. Paisajista y pintor del campesino, su obra, que refleja el trabajo humilde de la tierra, tiene la grandeza de lo eterno, por la majestad de sus formas y la emoción humana que suscita: *Las espigadoras; El Ángelus; La cosecha de papas*, etc. (1814-1875).

MILLIKAN, Roberto Andrés. *Biog.* Físico estad. En 1923 obtuvo el premio Nobel de Física por sus trabajos acerca de las unidades de carga eléctrica y los efectos fotoeléctricos. Publicó *El electrón; La electricidad, el sonido y la luz; Física práctica*, etc. (1868-1953).

MILLO. (Del lat. *milium.*) m. Mijo.

MILLÓN. al. **Million.** fr. **Milion.** ingl. **Million.** ital. **Milione.** port. **Milhão.** (Del ital. *milione*, y éste del lat. *mille*, mil.) m. Mil millares. *Un* MILLÓN *de* *pesos.* ‖ fig. Número muy grande de indeterminado. ‖ pl. Tributo antiguo concedido al rey sobre el consumo del vino, aceite, carne, jabón, etc.

MILLONADA. f. Cantidad como de un millón.

MILLONARIA. f. fam. y fest. *Arg.* y *Chile.* Firma, nombre y apellido al pie de un escrito.

MILLONARIO, RIA. al. **Millionär.** fr. **Millionnaire.** ingl. **Millionaire.** ital. **Milionario.** port. **Milionário.** (De *millón.*) adj. y s. Poderoso, muy rico. sinón.: **acaudalado, potentado.**

MILLONÉSIMO, MA. adj. Dícese de cada una del millón de partes iguales en que se divide un todo. Ú.t.c.s. ‖ Que ocupa el último lugar en una serie ordenada de un millón.

MIMAR. al. **Verwöhnen; Verhätscheln.** fr. **Gater.** ingl. **To spoil.** ital. **Vezzare.** port. **Mimar.** tr. Hacer caricias, adular, halagar. ‖ Tratar con excesiva condescendencia a alguien, en particular a los niños. ‖ deriv.: **mimador, ra.**

MIMBAR. m. Especie de púlpito que hay en las mezquitas.

MIMBRAL. (De *mimbre.*) m. Mimbreral.

MIMBRAR. (De *mimbre.*) tr. y r. Abrumar, humillar, enfadar.

MIMBRE. al. **Korbweide.** fr. **Osier.** ingl. **Osier; willow.** ital. **Vinco; vimine.** port. **Vime.** (De *vimbre.*) amb. Mimbrera, arbusto. ‖ Rama de la mimbrera, especialmente la desnuda, que se usa en cestería. *Las banastas son de* MIMBRE. ‖ IDEAS AFINES: *Caña, junco, esparto, varilla, flexible, cimbrar, trenzar, cruzar, esterilla, serón, canastería.*

MIMBREAR. intr. y r. Moverse con flexibilidad, como el mimbre.

MIMBREÑO, ÑA. adj. De la naturaleza del mimbre. *Tallo* MIMBREÑO.

MIMBRERA. (De *mimbre.*) f. Arbusto de ramas largas, rectas y flexibles; hojas estrechas, lanceoladas; flores dioicas, en amentos, y fruto capsular, cónico. Se lo cultiva para aprovechar sus ramas en la fabricación de cestas, muebles, etc. *Salix viminalis,* salicácea. *La* MIMBRERA *se da bien en terrenos húmedos.* ‖ Mimbreral. ‖ Nombre vulgar de varias especies de sauce.

MIMBRERAL. m. Terreno poblado de mimbreras.

MIMBRÓN. m. Mimbre, arbusto.

MIMBROSO, SA. adj. Perteneciente al mimbre. ‖ Hecho de mimbre. ‖ Abundante en mimbreras.

MIMEOGRAFÍA. f. Acción y efecto de mimeografiar. ‖ Copia mimeografiada.

MIMEOGRAFIADO, DA. p. p. de **mimeografiar.** ‖ Acción y efecto de mimeografiar, mimeografía.

MIMEOGRAFIAR. tr. Reproducir en copias por medio del mimeógrafo.

MIMEÓGRAFO. (Del ingl., *mimeograph,* y éste del gr. *miméomai,* imitar, y *grapho,* escribir.) m. Aparato que se usa para obtener copias de escritos, dibujos, etc., mediante un papel especial cubierto de parafina que se utiliza como patrón de estarcir. ‖ deriv.: **mimeográfico, ca.**

MIMESIS. (Del gr. *mímesis;* de *miméomai,* imitar, remedar.) f. *Ret.* Imitación burlona que se hace del vocabulario, manera de hablar y ademanes de una persona. ‖ deriv.: **mimético, ca.**

MIMETISMO. (Del gr. *miméomai.*) m. Propiedad que poseen algunos animales y vegetales de asemejarse a seres u objetos entre los cuales viven. *El* MIMETISMO *es frecuente en los insectos.* ‖ IDEAS AFINES: *Apariencia, transformación, defensa, ocultación, disfraz, engaño, imitación, adaptación, medusa, langosta, mantis religiosa, camaleón, bicho canasto, culebra.*

MÍMICA. al. **Mimik; Gebärdenspiel.** fr. **Mimique.** ingl. **Pantomime.** ital. **Mimica.** port. **Mímica.** (Del lat. *mímica.*) f. Arte de imitar, representar o darse a entender por medio de gestos o actitudes. *La* MÍMICA *tiene gran importancia en el arte dramático.* ‖ IDEAS AFINES: *Ademán, expresión, gracia, caracterizar, caricaturizar, copiar, teatro, comediante, actriz, payaso.*

MÍMICO, CA. (Del lat. *mimicus.*) adj. Perteneciente al mimo o a su arte. ‖ Perteneciente a la mímica. *Preceptos* MÍMICOS. ‖ Imitativo. *Gestos* MÍMICOS.

MIMO. al. **Mime.** fr. **Mime.** ingl. **Buffoon.** ital. **Mimo.** port. **Mimo.** (Del lat. *mimus.*) m. Entre griegos y romanos, bufón con habilidad para imitar a otros. *El* MIMO *llegó a ser personaje infaltable en las ceremonias públicas y funerales.* ‖ Entre griegos y romanos, representación teatral ligera, festiva y generalmente obscena. ‖ El que la representaba. ‖ fam. Cariño, halago o cualquier otra demostración expresiva de ternura. ‖ Condescendencia excesiva en el trato, en particular con los niños.

MIMODRAMA. (Del gr. *mimos,* mimo, y *drama,* drama.) m. Pantomima dramática. Tipo de comedia, basada en los medios de un intérprete para representarla empleando tan sólo gestos, ademanes y expresiones faciales.

MIMÓGRAFO. (Del lat. *mimógraphus.*) m. Autor de mimos o farsas.

MIMOSA. (Del lat. *mimus,* imitador, por la aparente sensibilidad de algunas de estas plantas al ser tocadas.) f. *Bot.* Género de plantas mimosáceas, leguminosas, de hojas generalmente bipinadas y flores amarillas. ‖ – **púdica** o **vergonzosa.** Sensitiva.

MIMOSÁCEA. adj. *Bot.* Dícese de las leguminosas cuyas hojas se pliegan al ponerse el sol; las flores son pequeñas y comúnmente en cabezuelas. Ú.t.c.s. ‖ f. pl. *Bot.* Subfamilia de estas plantas, cuyo tipo es la sensitiva.

MIMÓSEO, A. adj. *Bot.* Mimosácea. Ú.t.c.s. ‖ f. pl. *Bot.* Mimosáceas.

MIMOSO, SA. (De *mimo.*) adj. Melindroso, regalón. *Gato* MIMOSO. ‖ deriv.: **mimosamente.**

MINA. (Del lat. *mina,* y éste del gr. *mya.*) f. Antigua moneda griega equivalente a 100 dracmas.

MINA. al. **Mine.** fr. **Mine.** ingl. **Mine.** ital. **Mina.** port. **Mina.** (Del b. lat. *mina,* y éste tal vez del célt. *mein,* metal en bruto.) f. Criadero, agregado de substancias explotables. MINA *de carbón.* ‖ Excavación hecha para extraer un mineral. ‖ Paso subterráneo para alumbrar, conducir aguas, etc. ‖ Barrita de grafito, o de otra substancia similar, que llevan los lápices en su interior, y con la cual se escribe o dibuja. ‖ fig. Oficio del que con poco trabajo se obtiene mucha ganancia. *Ese negocio es una* MINA. ‖ Lo que abunda en cosas aprovechables o dignas de aprecio. *La ciudad le resultaba una* MINA *de curiosidades.* ‖ *Fort.* Galería subterránea que se construye en los sitios de las plazas. ‖ *Mar.* **Mina submarina.** ‖ – **submarina.** Torpedo fijo para defender puertos, canales, etc. ‖ **Encontrar** uno **una mina.** frs. fig. Hallar medios de vida con poco trabajo. ‖ **Volar la mina.** frs. fig. Descubrirse algo oculto y secreto. ‖ IDEAS AFINES: *Minero, linterna, pico, barreno, yacimiento, explosión, gas, cantera, napa, veta, ganga, sondear, horadar, minar.*

MINA. f. vulg. *Arg.* Mujer, en particular la joven, con quien se mantiene relaciones amorosas. Tómase generalmente en mala parte.

MINA, Francisco Javier. *Biog.* Mil. español, héroe de la independencia de España y América. Luchó contra la invasión napoleónica y por el establecimiento del régimen constitucional. Marchó a México para ayudar a la causa de la libertad (1789-1817).

MINA. *Geog.* Cerro de los Andes peruanos, en el dep. de Puno. 5.464 m. ‖ – **Clavero.** Pobl. serrana de la Argentina en el O. de la prov. de Córdoba. 3.500 h. Turismo. ‖ – **Pirquitas.** Pobl. de la Argentina, en el N. O. de la provincia de Jujuy. 3.200 h.

MINADO, DA. p. p. de **minar.** ‖ m. Acción y efecto de minar.

MINADOR, RA. adj. Que mina. ‖ Dícese del barco o submarino destinado a colocar minas submarinas. Ú.t.c.s.m. ‖ m. Ingeniero que abre minas.

MINAL. adj. Perteneciente a la mina.

MINAR. tr. Abrir caminos o galerías bajo tierra. ‖ fig. Hacer grandes diligencias para conseguir algo. ‖ Consumir, destruir paulatinamente. *El esfuerzo* MINABA *día a día su corazón.* sinón.: **arruinar.** ‖ *Mil.* Colocar minas o cargas explosivas en tierra o agua con fines ofensivos o defensivos.

MINARETE. (Del fr. *minaret.*) m. Alminar.

MINAS. *Geog.* Nombre antiguo del dep. uruguayo de Lavalleja. ‖ C. del Uruguay, capital del dep. de Lavalleja. 32.000 h. ‖ – **de Riotinto.** Pobl. de España (Huelva). 20.000 h. Sus famosas minas de cobre se explotan desde la época de la colonización fenicia. ‖ – **Gerais.** Estado del centro este del Brasil. 582.586 km². 12.000.000 de h. Cultivos de algodón, arroz, café, tabaco, caña de azúcar. Explotación forestal. Yacimientos de oro, plata, diamantes, manganeso, etc. Cap. BELLO HORIZONTE.

MINATITLÁN. *Geog.* Ciudad de México (Veracruz), en el valle del río Coatzacoalcos. 40.000 h. Centro agrícola y petrolífero.

MINCIO. *Geog.* Río de Italia septentrional, emisario del lago de Garda. Pasa por Mantua y desagua en el Po. 86 km.

MINDANAO. *Geog.* Isla de las Filipinas, la mayor después de Luzón. 99.311 km². 7.900.000 h. Cap. ZAMBOANGA. Arroz, café, tabaco, especias, cacao. Yacimientos de hierro.

MINDORO. *Geog.* Isla de las Filipinas, al S.O. de Luzón. 10.215 km². Se divide en dos provincias: – **Occidental.** 5.880 km² y 160.000 h. Cap. MAMBURAO, y – **Oriental.** 4.365 km² y 350.000 h. Cap. CALAPÁN. Arroz, café, carbón.

MINDSZENTY, José. *Biog.* Cardenal primado de Hungría, que estuvo asilado, durante muchos años, en la legación nort. de Budapest (1892-1975).

MINERAJE. m. Labor y beneficio de las minas.

MINERAL. al. **Mineral; Erz.** fr. **Minéral.** ingl. **Mineral.** ital. **Minerale.** port. **Mineral.** (De *minero.*) adj. Perteneciente al grupo de las substancias inorgánicas, o a alguna de sus partes. *Reino* MINERAL. ‖ m. Substancia inorgánica que se encuentra en la superficie o en las capas de la corteza terrestre. ‖ Origen y principio de las fuentes. ‖ Parte útil de la explotación mineral. ‖ fig. Origen y fundamento que produce algo abundantemente.

● **MINERAL.** *Miner.* Su estudio es tan antiguo como la humanidad, pero sólo en el siglo XIX se sistematizó como ciencia, con los progresos de la química y de los cálculos cristalográficos, agregándose luego la aplicación de los rayos X. Repartidos en la superficie y en las profundidades de la tierra, aparecen en forma de piedras, metales, sales y combustibles, sólidos, líquidos y gaseosos, y alcanzan a más de 5.000 los hoy conocidos. Sus diferencias estriban en la composición química, en el sistema de cristalización, en los caracteres físicos y en las propiedades magnéticas, eléctricas, etc. Se los clasifica generalmente siguiendo el ácido o la base si se emplea una clasificación química o según la manera de presentarse los yacimientos, cuando se sigue una clasificación geológica, útil en ingeniería. El origen de los **minerales** se atribuye a la solidificación de materias líquidas como consecuencia del enfriamiento de la superficie terrestre; a los materiales arrastrados por las aguas y depositados en cavidades y fisuras de las rocas; a la poca persistencia de los **minerales,** pues aunque los hay inalterables como el oro, el platino y las piedras preciosas, la mayoría son atacados por agentes atmosféricos y por pérdida de una o varias moléculas el **mineral** primitivo se transforma. Pocos existen en estado puro, pues casi todos aparecen formando sulfuros, óxidos, cloruros, carbonatos, silicatos, etc.; por ejemplo el cobre se encuentra combinado con numerosos **minerales;** el calcio formando carbonatos; el hierro, sulfuros, óxidos y carbonatos; la plata, sulfuros y cloruros, etc. Además todos están recubiertos o impregnados de substancias terrosas que en metalurgia se llaman ganga, y que se separan por medio de procedimientos mecánicos, químicos y electrolíticos. Casi todos los **minerales** han podido ser reproducidos artificialmente, pero los cristales así obtenidos son pequeños.

MINERALIZAR. tr. Comunicar a una substancia en el interior de la tierra, la condición de mineral. Ú.t.c.r. ‖ r. Cargarse de substancias minerales las aguas. ‖ deriv.: **mineralización.**

MINERALOGÍA. (De *mineral,* y el gr. *logos,* tratado.) f. Estudio de los minerales. deriv.: **mineralógico, ca.**

MINERALOGISTA. com. El que profesa la mineralogía.

MINERÍA. (De *minero.*) f. Arte de laborear las minas. ‖ Conjunto de personas que se dedican a ese trabajo. ‖ Conjunto de facultativos que se encargan de todo lo concerniente a dicho trabajo. ‖ Conjunto de minas y explotaciones mineras de un país o región. *La* MINERÍA *mexicana es muy rica.*

MINERO, RA. adj. Perteneciente a la minería. *La riqueza* MINERA *de los Estados Unidos es enorme.* ‖ m. El que trabaja en las minas. *Los* MINEROS *bolivianos.* ‖ El que las explota por su cuenta y especula con ellas. ‖ Mina, criadero, excavación. ‖ fig. Origen, nacimiento de algo. ‖ *Arg.* Ratón, mamífero roedor.

MINEROMEDICINAL. adj. Dícese del agua mineral usada para curar.

MINERVA. (Del lat. *Minerva.*) f. Mente, inteligencia. Ú. sólo en la locución **de propia Minerva,** de propia invención, y en frases latinas. ‖ Máquina pequeña para imprimir prospectos, facturas, membretes, etc.

MINERVA. *Mit.* Diosa de la sabiduría, de las artes y de la guerra, entre los romanos, identificada con Palas Atenea, nacida del cerebro de Zeus.

MINERVISTA. com. Tipógrafo que trabaja en una minerva.

MINESTRÓN. (Del ital. *minestrone.*) m. *Arg.* Menestra. ‖ Cierta sopa de legumbres.

MING. *Genealog.* Dinastía china que reinó de 1368 a 1644; durante ese período se establecieron las primeras relaciones comerciales directas entre Europa y China.

MINGA. (Del quichua *minc'ay,* alquilar gente.) f. *Amér. del S.* Mingaco. ‖ *Chile* y *Perú.* Chapuza hecha por los peones, a cambio de chicha o aguardiente.

MINGACO. (Del quichua *min'acuy,* alquilar para el trabajo.) m. *Chile.* Reunión de amigos para hacer un trabajo en común, sólo remunerado con la comida.

MINGAR. tr. *Arg.* Pedir, rogar, encargar. ‖ *Chile* y *Ec.* Acudir gratuitamente los trabajadores para una obra ocasional. ‖ Pedir la colaboración de los trabajadores para una minga.

MINGITORIO, RIA. (Del lat. *míngere,* mear.) adj. Perteneciente o relativo a la micción. ‖ m. Urinario en forma de columna.

MINGO. m. Bola que, al comenzar cada mano de billar, o cuando entra en una tronera, se coloca en el punto determinado de la cabecera de la mesa. ‖ *Cuba.* Cierto juego de niños, con bolitas. ‖ Individuo tímido que sirve de hazmerreír a otros. ‖ *Hond.* Objeto puesto como blanco para tirar sobre él. ‖ *R. de la Plata.* En el juego de bochas, bochín.

MINGON, NA. adj. *Ven.* Dícese del niño muy mimado.

MINGRELIA. *Geog.* Región de la Unión Soviética, en Georgia, al S. O. de los montes Cáucaso. 5.000 km².

MINGUI. m. *Hond.* Chicha, bebida.

MINHO. *Geog.* Ant. nombre de la prov. portuguesa de **Braga.** 2.730 km². 610.000 h. Cap. BRAGA (50.000 h.).

MINHOW. *Geog.* V. **Fuchow.**

MINIA. *Geog.* Ciudad de Egipto, a orillas del Nilo. 120.000 h. Centro comercial algodonero. En sus alrededores se encuentran las ruinas de la antigua Alabastron, que dio nombre al mármol que de allí se extraía.

MINIAR. (Del lat. *miniare,* pintar con minio o bermellón.) tr. *Pint.* Pintar miniaturas.

MINIATURA. al. **Miniaturbild; Kleinmalerei.** fr. **Miniature.** ingl. **Miniature.** ital. **Miniatura.** port. **Miniatura.** (De *miniar.*) f. Pintura pequeña hecha sobre una superficie delicada y con colores desleídos en agua de goma. *Las* MINIATURAS *de un libro de horas.* ‖ Pequeñez, tamaño pequeño o reducido. Ú. principalmente en la loc. adj. o adv. *en* MINIATURA.

● **MINIATURA.** *B. A.* Las más antiguas que se conocen aparecen adornando preciosos papiros egipcios del s. II a. de C. Numerosos son los manuscritos persas, hindúes y turcos adornados con **minuaturas** y en el s. IX adquieron gran relieve en el arte islámico, utilizándose en España en códices y escritos. Hasta el s. XIII predominaba en la **miniatura** el interés por la decoración propiamente dicha; más tarde, los espacios se llenaron con minuciosos ornamentos de flora y fauna. El s. XV fue el siglo de oro de la **miniatura.** Los reyes de Francia –artistas y bibliófilos– hicieron ejecutar **miniaturas** artísticas, que competían con las que adornaban templos y altares. El descubrimiento y difusión de la imprenta hizo que el libro iluminado fuera reemplazado por el ilustrado; la **miniatura** perdió su popularidad y pasó a ser paciente y delicada obra artística de excepción.

MINIATURISTA. com. Pintor de miniaturas.

MINIFUNDIO. (Contrac. del latín *mínimus*, mínimo, y *fundus*, heredad.) m. Finca rústica que no puede ser explotada en condiciones remuneradoras a causa de su pequeña extensión.

MINIMIZAR. tr. Achicar, reducir una cosa de volumen o quitarle importancia. ‖ *Mat.* Buscar el mínimo de una función.

MÍNIMO, MA. (Del lat. *mínimus.*) adj. Super. de **Pequeño.** ‖ Dícese de lo que es tan pequeño que no lo hay menor ni igual en su especie. *Le tocó una* MÍNIMA *porción*; sinón.: **menudo, minúsculo.** ‖ Minucioso. ‖ Aplícase al religioso o religiosa de la orden de San Francisco de Paula. Ú.t.c.s. ‖ *C. Rica.* Cobarde, flojo. ‖ m. Límite inferior a que algo puede ser reducido. ‖ f. Cosa o parte mínima. *Haz todo sin omitir una* MÍNIMA. ‖ *Mús.* Nota cuyo valor es la mitad de la semibreve.

MÍNIMUM. (Del lat. *mínimum*, la menor parte.) m. Mínimo, límite o extremo. antón.: **máximum.**

MININO, NA. s. fam. Gato, mamífero carnicero.

MINIO. al. **Mennige.** fr. **Minium.** ingl. **Minium.** ital. **Minio.** port. **Minio.** (Del lat. *mínium.*) m. *Quím.* Óxido de plomo, de color rojo anaranjado, muy usado en pintura.

MINISTERIAL. adj. Perteneciente a un ministerio o gobierno del Estado, o a cualquiera de sus ministros. Despacho MINISTERIAL. ‖ Dícese del que apoya habitualmente a un ministerio. Ú.t.c.s. ‖ V. **Crisis ministerial.**

MINISTERIALISMO. m. Condición de ministerial.

MINISTERIO. al. **Ministerium; Amt.** fr. **Ministère.** ingl. **Ministry.** ital. **Ministero.** port. **Ministério.** (Del lat. *ministérium.*) m. Cada uno de los departamentos en que se divide el gobierno de un Estado. MINISTERIO *de Obras Públicas.* ‖ Edificio donde funciona la oficina de cada departamento ministerial. ‖ Gobierno de un Estado, considerado en el conjunto de los varios departamentos que comprende. ‖ Empleo de ministro. ‖ Tiempo que dura su ejercicio. ‖ Cuerpo de ministros de un Estado. *Formar el* MINISTERIO. ‖ Empleo, ocupación. ‖ Destino dado a una cosa. ‖ – **público.** Representación de la ley y de la causa del bien público, atribuida al fiscal ante los tribunales de justicia.

MINISTRA. (Del lat. *ministra.*) f. La que ministra algo. ‖ Esposa del ministro. ‖ Prelada de las monjas trinitarias. ‖ Jefa de cualquiera de los departamentos en que se divide el gobierno del Estado.

MINISTRADOR, RA. (Del lat. *ministrátor.*) adj. y s. Que ministra.

MINISTRANTE. p. a. de **Ministrar.** Que ministra. ‖ m. Practicante de un hospital.

MINISTRAR. (Del lat. *ministrare.*) tr. Ejercer un empleo o ministerio, etc. U.t.c. intr. ‖ Dar, suministrar una cosa a alguien. MINISTRAR *víveres.*

MINISTRIL. m. Ministro de poca jerarquía que se encarga de los más ínfimos ministerios de justicia. ‖ El que en algunas solemnidades ejecutaba un instrumento de viento. ‖ El que por oficio tocaba instrumentos de cuerda o de viento.

MINISTRO. al. **Minister.** fr. **Ministre.** ingl. **Minister.** ital. **Ministro.** port. **Ministro.** (Del lat. *minister, -tri*, de *minus.*) m. El que ministra algo. ‖ Juez empleado en la administración de justicia. ‖ El empleado de gobierno cuya ocupación es resolver asuntos políticos y económicos. ‖ Jefe de cualquiera de los departamentos en que se divide el gobierno del Estado. MINISTRO *de justicia.* ‖ Enviado, comisionado. ‖ Cualquier representante o agente diplomático. *Presentar las credenciales de* MINISTRO. ‖ En determinadas comunidades, prelado ordinario de cada convento. ‖ En la compañía de Jesús, religioso encargado de la administración económica de los colegios y casas. ‖ Cualquiera de los oficiales inferiores que ejecuta los autos y mandatos del juez. ‖ El que ayuda en la misa. ‖ En las misas cantadas, el diácono y subdiácono. ‖ fig. Quien ejecuta lo que otro quiere o dispone. ‖ – **de Dios** o **del Señor.** Sacerdote. ‖ – **plenipotenciario.** El que ocupa la categoría siguiente a la de embajador. ‖ – **residente.** Agente diplomático cuya categoría es inmediatamente inferior a la de ministro plenipotenciario. ‖ – **sin cartera.** El que participa de la responsabilidad general del gobierno, sin dirigir ningún departamento. ‖ **Primer ministro.** En algunos países, el presidente del consejo de ministros. ‖ IDEAS AFINES: *Poder, secretario, consejero, ejecutivo, ministerio.*

MINKOWSKI, Germán. *Biog.* Mat. ruso, precursor de las teorías sobre el espacio cuatridimensional (1864-1909).

MINNEÁPOLIS. *Geog.* Ciudad de los EE. UU. (Minnesota), a orillas del río Misisipí. 2.100.000 h. con los suburbios. Molinos harineros, metalurgia, tejedurías, aserraderos. Centro universitario, industrial y comercial.

MINNESÄNGER. (Del al. antiguo *Minnesinger*; de *Minne*, amor, y *Singer* o *Sänger*, cantor y cantores.) m. sing. y pl. Poetas alemanes de los s. XII y XIII que se caracterizaron por dignificar el amor y cantar a la mujer. También puede decirse **Minnesinger,** tanto en singular como en plural.

MINNESOTA. *Geog.* Estado del centro norte de los EE. UU. en la frontera con Canadá. 217.736 km^2. 4.000.000 de h. Cap. SAINT PAUL. El suelo fértil y el subsuelo con abundantes minerales brindan variada riqueza: trigo, avena, lino, papas; vacunos, equinos, lanares y porcinos. Importantes yacimientos de hierro.

MINO. Voz usada para llamar al gato.

MINOANOS. (De *minos.*) m. pl. *Etn.* Pueblo cretense prehistórico.

MINO DE FIÉSOLE. *Biog.* Escultor ital. prerrenacentista, autor de los bustos de Pedro y Lorenzo de Médicis; el altar mayor de la catedral de Fiésole, y numerosos monumentos funerarios (1430-1484).

MINORAR. (Del lat. *minorare*, de *mínor*, menor.) tr. y r. Disminuir, reducir a menos algo. MINORAR *una ayuda*; sinón.: **amenguar, restringir;** antón.: **aumentar.** ‖ deriv.: **minoración.**

MINORATIVO, VA. adj. Que minora o tiene virtud de minorar. *Palanca* MINORATIVA. ‖ *Med.* Aplícase al medicamento que purga suavemente. Ú.t.c.s.m. y f.

MINORÍA. al. **Minderheit; Minorität.** fr. **Minorité.** ingl. **Minority.** ital. **Minoranza.** port. **Minoria.** (Del lat. *minor*, menor.) f. Fracción de cuerpo deliberante, opuesta a la mayoría, que en una votación suele reunir menor cantidad de votos. *La* MINORÍA *fundó su voto.* ‖ En juntas, asambleas, etc., conjunto de votos emitidos en contra de la opinión más generalizada. ‖ Parte menor de los componentes de una nación, ciudad o cuerpo. ‖ Menoría, menor edad. ‖ En materia internacional, parte de la población de un Estado que se diferencia de la mayoría de dicha población por la raza, lengua o religión.

MINORIDAD. (De *minoría.*) f. Minoría, menor edad.

MINORISTA. m. Clérigo de menores. ‖ Comerciante por menor.

MINORITARIO, A. adj. neol. Aplícase a la raza, partido, grupo, etc., que está en minoría.

MINOS. *Mit.* Rey de Creta, hijo de Zeus y Europa. Mandó construir el Laberinto para encerrar al Minotauro. Fue uno de los tres jueces de los infiernos.

MINOT, José Ricardo. *Biog.* Médico estad., que obtuvo en 1934 el premio Nobel de Medicina, junto con Murphy y Whipple, por sus trabajos sobre la anemia perniciosa (1885-1950).

MINOTAURO. *Mit.* Monstruo mitad hombre y mitad toro, hijo de Pasifae y un toro blanco enviado por Poseidón. Minos encargó a Dédalo la construcción del Laberinto de Creta para encerrarlo y exigió a los atenienses un tributo anual de siete mancebos y siete doncellas ofrecidos en sacrificio al Minotauro para que los devorase. Teseo, integrante de uno de estos grupos, con el auxilio de Ariadna, le dio muerte, liberando a Atenas del tributo.

MINSK. *Geog.* Ciudad de la Unión Soviética, cap. de Bielorrusia o Rusia Blanca. 950.000 h. Comercio de cueros y cereales. Metalurgia.

MINSTRAL. adj. y m. Maestral, dicho del viento.

MINUAN, NA. adj. Dícese del indio perteneciente a una tribu que habitaba antiguamente el litoral argentino y uruguayo. Ú.t.c.s. ‖ Perteneciente a estos indios. ‖ m. Lengua que hablaban los **minuanes.**

MINUCIA. (Del lat. *minutia*, de *minutus*, pequeño.) f. Menudencia, cosa de escaso valor y consideración. *Se fija en* MINUCIAS; sinón.: **insignificancia, pequeñez.** ‖ pl. Diezmo que se pagaba antiguamente de las frutas y productos de poca importancia.

MINUCIOSIDAD. f. Calidad de minucioso.

MINUCIOSO, SA. (De *minucia*, menudencia.) adj. Que se detiene en los pequeños detalles. *Corrección* MINUCIOSA; sinón.: **escrupuloso, puntilloso.** ‖ deriv.: **minuciosamente.**

MINUÉ o **MINUETE.** (Del fr. *menuet.*) m. Danza para dos personas, que se originó en Francia y estuvo de moda en el s. XVIII; se caracteriza por sus movimientos sencillos, lentos y elegantes. ‖ Composición musical con que se acompaña esta danza. ‖ IDEAS AFINES: *Baile, salón, reverencia, cortesía, aristocrático, miriñaque, peluca, pavana, gavota, clavicordio, sonata, cuarteto.*

MINUENDO. (Del lat. *minuendus*, que debe ser disminuido.) m. *Álg.* y *Arit.* Cantidad de la que otra debe ser restada.

MINÚSCULO, LA. al. **Kleinbuchstabe.** fr. **Minuscule.** ingl. **Small letter.** ital. **Minuscola.** port. **Minúscula.** (Del lat. *minúsculus.*) adj. De pequeñas dimensiones o de poca importancia. *Las chinas tienen pies* MINÚSCULOS; antón.: **mayúsculo.** ‖ V. **Letra minúscula.** Ú.t.c.s.

MINUTA. (Del lat. *minuta*, pequeña, ligera.) f. Borrador o extracto de contratos, etc., en que se anota lo esencial. ‖ Borrador de un oficio, orden, etc., que debe pasarse en limpio. ‖ Borrador original que queda en las oficinas de cada comunicación expedida por ellas. ‖ Apuntación hecha por escrito para tener presente alguna cosa. ‖ Cuenta de los honorarios de abogados. ‖ Lista o catálogo de personas o cosas, en particular la de los manjares que se han de servir en una comida. ‖ – **rubricada.** La que rubrica el funcionario que ordena extenderla y no es resultado de ningún trámite preparatorio. ‖ *Chile.* Comercio, donde se compran y venden objetos usados de poco valor. ‖ **A la minuta.** m. adv. Al momento, inmediatamente. Aplícase, en particular, a los platos de cocina que se preparan rápidamente para ser consumidos en el acto.

MINUTAR. (De *minuto.*) tr. Hacer el borrador de una consulta, o resumir contratos, documentos, etc.

MINUTARIO. m. Cuaderno en que el escribano pone los borradores de las escrituras otorgadas ante él.

MINUTERO. m. Manecilla del reloj que señala los minutos.

MINUTISA. (Del lat. *minutus*, pequeño, diminuto.) f. Planta de jardín, de hojas blandas, lanceoladas y flores fragantes de colores variados. *Dianthus barbatus*, cariofiláceas.

MINUTO, TA. al. **Minute.** fr. **Minute.** ingl. **Minute.** ital. **Minuto.** port. **Minuto.** (Del lat. *minutus*, pequeño.) adj. Menudo. ‖ m. Sexagésima parte de un grado de círculo. ‖ Sexagésima parte de una hora. ‖ IDEAS AFINES: *Segundo, minutero, reloj, circunferencia, tiempo, momento, pequeño, fugaz, división, fracción.*

MINVIELLE, Rafael. *Biog.* Dramaturgo chil., de origen esp., autor de *Ya no voy a California; Ernesto*, etc. (1800-1887).

MIÑAQUE. m. *Chile.* Encaje o randa.

MIÑARDÍ. *Chile.* Especie de randa.

MIÑO. *Geog.* Río de la pen. ibérica. Nace en Galicia y en su curso inferior sirve de límite entre España y Portugal. Desagua en el Atlántico después de recorrer 340 km.

MIÑÓN. (Del fr. *mignon.*) m. Soldado de tropa ligera destinado a la persecución de malhechores o a la custodia de los bosques.

MIÑONA. (Del fr. *mignonne.*) f. *Impr.* Carácter de letra de siete puntos tipográficos.

MÍO, MÍA, MÍOS, MÍAS. (Del lat. *meus.*) Pronombre posesivo de primera persona en número singular y plural, y en géneros masculino y femenino. Con la terminación del masculino en singular, ú.t.c.neutro. ‖ **Ésta es la mía.** frs. fig. y fam. Denota ocasión oportuna para lograr lo que se pretende. ‖ En frases como *delante mío* se comete solecismo; debe decirse *delante de mí.* Lo mismo ocurre en casos similares con los demás pronombres posesivos. ‖ IDEAS AFINES: *Yo, propiedad, pertenencia, egoísta, egolatría, personalismo, conmigo.*

MÍO. Voz con que se llama al gato.

MIOCARDIO. (Del gr. *mys, myós*, músculo, y *kardía*, corazón.) m. *Anat.* Parte musculosa del corazón.

MIOCARDITIS. f. *Med.* Inflamación del miocardio.

MIOCENO, NA. (Del gr. *meion*, menos, y *kainós*, reciente.) adj. *Geol.* Dícese del terreno intermedio del terciario posterior en edad al oligoceno y anterior al plioceno. Sus estratos datan de 10 a 25.000.000 de años. Ú.t.c.s. *Las abundantes gramíneas del* MIOCENO *favorecieron el desarrollo de los herbívoros.* ‖ Perteneciente a este terreno.

MIODINIA. (Del gr. *mys, myós*, músculo, y *odine*, dolor.) f. *Pat.* Dolor de los músculos.

MIOGRAFÍA. (Del gr. *mys, myós*, músculo, y *grapho*, describir.) f. Parte de la anatomía cuyo objeto es describir los músculos.

MIOLEMA. (Del gr. *mys, myós*, músculo, y *lemma*, túnica.) m. *Anat.* En la musculatura estriada de los vertebrados, envoltura delgada y transparente de las fibras musculares.

MIOLOGÍA. (Del gr. *mys, myós*, músculo, y *logos*, tratado.) f. Parte de la anatomía descriptiva que trata de los músculos.

MIOMA. (Del gr. *mys, myós*, músculo, y la terminación *oma*, que significa tumor.) m. *Pat.* Tumor formado por elementos musculares.

MIOMANDRE, Francisco de. *Biog.* Escritor fr., autor de *Escrito en el agua; La cabaña del amor*, etc. (1880-1959).

MIOMÍO. m. *Arg.* Hierba tóxica para el ganado. *Baccharis coridifolia*, compuesta.

MIONCILLO. m. *Chile.* Carne de animal, la parte inferior e interna del muslo.

MIOPE. (Del gr. *myops*; de *myo*, cerrar, y *ops*, ojo.) adj. Que por exceso de refracción de la luz en el ojo, necesita acercarse mucho a los objetos para verlos. Ú.t.c.s. ‖ fig. Dícese de la persona de poca penetración, que sólo considera el aspecto superficial de las cosas, sin llegar a captarlas en su totalidad o a prever sus consecuencias. ‖ IDEAS AFINES: *Defecto, oculista, óptica, présbita, gafas, cristal, lupa, bicóncavo, cerca, borroso, aumento, dioptría.*

MIOPÍA. al. **Kurzsichtigkeit.** fr. **Myopie.** ingl. **Myopia.** ital. **Miopia.** port. **Miopia.** f. Defecto o imperfección del miope. MIOPÍA *progresiva.*

MIOSIS. (Del gr. *myo*, guiñar los ojos.) f. *Med.* Contracción permanente de la pupila del ojo.

MIOSOTA. al. **Vergissmeinnicht.** fr. **Myosotis.** ingl. **Forget-me-not.** ital. **Miosotide.** port. **Miosotis.** (Del lat. *myosota*, y éste del gr. *myosoté*, oreja de ratón.) f. Raspilla.

MIOSOTIS. m. Dígase **miosota.**

MIÓTICO, CA. adj. Dícese de los agentes que provocan la contracción de la pupila. *La eserina es* MIÓTICA.

MIQUELETE. (dim. de *Miquelot de Brats*, antiguo jefe de esta tropa.) m. Miguelete.

MIQUELÓN. *Geog.* Isla francesa de América del Norte, al S. de Terranova, 216 km². 700 h. Comprende dos partes: **Grande** y **Pequeña Miquelón** unidas por el istmo de Langlade. Forma parte de la colonia de San Pedro y Miquelón, cuya cap. es SAN PEDRO.

MIQUERO. (De *mico*, porque trepa por las ramas de los árboles persiguiendo a los monos.) adj. V. **León miquero.**

MIQUILO. m. *Arg.* y *Bol.* Nutria.

MIRA. al. **Visier.** fr. **Mire.** ingl. **Sight.** ital. **Mira.** port. **Mira.** (De *mirar.*) f. Toda pieza que, en ciertos instrumentos, sirve para dirigir la vista o tirar visuales. ‖ En armas de fuego, pieza para asegurar la puntería. *Punto de* MIRA. ‖ Ángulo de la parte superior de la adarga. ‖ En las fortalezas antiguas, obra elevada que permitía ver bien el terreno. ‖ fig. Intención, reparo para arreglar uno su conducta o ejecutar algo. *Intervino en el asunto, con* MIRAS *deshonestas;* sinón.: **designio, propósito.** ‖ *Albañ.* Cada renglón que, al levantar muros, es fijado verticalmente para asegurar la cuerda que va indicando las hiladas. ‖ *Topog.* Regla graduada que se coloca verticalmente en puntos que se quiere nivelar. MIRA *de tablilla.* ‖ pl. *Mar.* Cañones que están a ambos lados del bauprés. ‖ **Andar, estar,** o **quedar** uno **a la mira.** frs. **Poner la mira en** algo. frs. fig. Hacer su elección, allegando los medios necesarios para lograrlo.

MIRA. (Del lat. *mira*, maravillosa.) f. *Astron.* Estrella variable que integra la constelación de la Ballena.

MIRA. *Geog.* Río de América del Sur. Nace en los Andes ecuatorianos en el nudo de Pasto, marca el límite con Colombia y des. en el Pacífico, al N. de la bahía de Ancón. Recorre aprox. 300 km, de los cuales 45 son navegables.

MIRABEAU, Honorato G. de Riqueti, conde de. *Biog.* Pol., escritor y orador fr., tribuno de la Revolución. Puso su extraordinaria elocuencia al servicio de la causa del pueblo; es famosa su respuesta ante quienes intentaban disolver la Asamblea: *Id a decir al rey que estamos aquí por la voluntad del pueblo y que sólo saldremos por la fuerza de las bayonetas.* Partidario de una monarquía constitucional, procuró establecer una política conciliatoria entre el pueblo y la corona, considerada como poder moderador entre los elementos políticos; pero fracasó (1749-1791). ‖ – **Víctor Riqueti, marqués de.** Economista fr., autor de *Sistema político de Francia; El amigo de los hombres o tratado de la población,* etc. (1715-1789).

MIRABEL. (Del fr. *mirabelle.*) m. *Bot.* Planta de jardín, de forma piramidal y de flores verdosas, menudas, en grupos axilares. ‖ Girasol, planta compuesta.

MIRABOLANO o **MIRABOLANOS.** m. Mirobálano.

MIRADA. al. **Blick.** fr. **Regard.** ingl. **Sight; look; glance.** ital. **Sguardo.** port. **Olhar.** f. Acción de mirar. *La siguió con la* MIRADA. ‖ Modo de mirar. MIRADA *dulce.*

MIRADERO. (De *mirada.*) m. Persona u objeto que atrae la atención pública. *Esa defraudación fue el* MIRADERO *general.* ‖ Lugar desde el cual se mira.

MIRADO, DA. adj. Dícese de la persona seria y reflexiva. Ú. generalmente con los adverbios *muy, tan, menos, más.* ‖ Merecedor de buen o mal concepto. En este sentido siempre está precedido de los adverbios *bien, mal, mejor, peor. Su actitud ha sido* BIEN MIRADA.

MIRADOR, RA. (Del lat. *mirátor.*) adj. Que mira. ‖ m. Corredor, galería, terrado, etc., para extender la vista. ‖ Balcón cerrado de cristales y cubierto con un tejadillo.

MIRADOR NACIONAL. *Geog.* V. **Ánimas, Cerro de las.**

MIRADURA. (De *mirar.*) f. Mirada.

MIRAFLORES. *Geog.* Población de Colombia (Boyacá). 2.500 h.

MIRAGOANE. *Geog.* Población de Haití, en el dep. del Sur. 12.000 h.

MIRAGUANO. m. Palmera de poca altura que crece en las regiones tropicales de América y Oceanía. Tiene hojas grandes en forma de abanico y flores axilares en racimo. ‖ Filamentos vegetales que se extraen de las bayas de este árbol y se usan para rellenar almohadas, colchones, etc.

MIRAHUEVOS. m. Aparato eléctrico que permite establecer, mediante un dispositivo luminoso, si los huevos están en buen o mal estado.

MIRAJE. m. Galicismo por **espejismo.**

MIRALLA, José Antonio. *Biog.* Poeta y patriota arg., paladín de las ideas libertarias de América. Traductor notable y autor de *La libertad; Ilusión,* etc. (1789-1825).

MIRAMAMOLÍN. (Del ár. *amir almuminín*, príncipe de los creyentes.) m. Título honorífico de algunos monarcas musulmanes, cuando a la autoridad civil unían la religiosa.

MIRAMAR. *Geog.* C. de la Argentina. V. **General Alvarado.** ‖ Pobl. de la Argentina (Córdoba), a orillas de la laguna Mar Chiquita. 4.000 h.

MIRAMELINDOS. m. Balsamina, planta geraniácea.

MIRAMICHI. *Geog.* Río del Canadá, en la prov. de Nuevo Brunswick, que desagua en la bahía hom. en el golfo de San Lorenzo. 350 km.

MIRAMIENTO. m. Acción de mirar o considerar algo. ‖ Respeto o atención que se observa al ejecutar una acción o se guarda a una persona. sinón.: **consideración, cuidado.**

MIRAMÓN, Miguel. *Biog.* Mil. mexicano, derribado de la presidencia de la República por Juárez. Provocador de la intervención francesa, murió fusilado junto a Maximiliano (1832-1867).

MIRANDA. (De *mirar.*) f. Paraje elevado desde el cual se descubre gran extensión de terreno.

MIRANDA, Francisco de. *Biog.* Mil. y patriota ven., gestor de la independencia sudamericana. Nacido en Caracas, sirvió en su juventud en el ejército español. Integró la expedición que participó en la guerra emancipadora de los EE. UU.; pasó a Londres, y sus condiciones personales le valieron el apoyo de grandes personalidades de la época, como Catalina II de Rusia, que protegió sus proyectos sobre la independencia venezolana. En Francia combatió bajo las banderas de la Revolución en la campaña de Bélgica; acusado de conspirar se refugió en Inglaterra, donde se dedicó a su único pensamiento: dar libertad a la América Hispana. Fundó sociedades secretas, a las que se afiliaron los futuros prohombres de la Revolución, entre ellos Bernardo O'Higgins. Fue el primero que llamó Colombia a las regiones libertadas, que dio el grito de independencia sudamericana y enarboló la bandera tricolor en la expedición de 1806. En 1811, cuando Venezuela declaró ante el mundo que se había constituido en nación independiente, fue nombrado dictador y generalísimo de las fuerzas de mar y tierra, hasta 1812 en que capituló en Valencia ante las tropas realistas y perdió su prestigio. Murió en Cádiz, tras cinco años de cautiverio (1750-1816). ‖ – **José del Rosario.** Magistrado y est. paraguayo, en 1870 presid. de la Convención Constituyente (s. XIX). ‖ – **Lucía.** Personaje legendario de la conquista española del Río de la Plata, cuya historia inventó el cronista Ruy Díaz de Guzmán en su poesía *La Argentina.*

MIRANDA. *Geog.* Población de Colombia (Cauca). 10.000 h. ‖ Estado del N. de Venezuela. 7.950 km². 900.000 h. Maíz, cacao. Cap. LOS TEQUES. ‖ Pobl. de Venezuela (Carabobo). 6.000 h.

MIRANDOLA, Juan Pico de la. *Biog.* V. **Pico de la Mirándola, Juan.**

MIRÁNDOLA. *Geog.* Población de Italia (Módena). 24.000 h. Sedas, vinos. Cuna de Pico de la Mirándola.

MIRANTE. p. a. de **Mirar.** Que mira.

MIRAÑA. adj. Dícese del indio perteneciente a una tribu sudamericana que vive en el Estado de Amazonas y en la intendencia colombiana del mismo nombre. Ú.t.c.s. ‖ Perteneciente a estos indios.

MIRAR. al. **Ansehen; anblicken; gucken; anschauen;** fr. **Regarder.** ingl. **To look; to see; to glance.** ital. **Guardare; mirare.** port. **Mirar; olhar.** (Del lat. *mirare.*) tr. Fijar la vista en algo. Ú.t.c.r. MIRAR *un libro de estampas;* sinón.: **contemplar, examinar.** ‖ Tener algún propósito en lo que se ejecuta. *Sólo* MIRA *a su utilidad.* ‖ Observar las acciones de alguien. ‖ Apreciar, estimar, atender una cosa. ‖ Concernir, pertenecer. ‖ fig. Pensar, juzgar. MIRA *bien lo que contestas.* ‖ Defender, amparar a una persona o cosa. MIRARÉ *por sus derechos como por los míos.* ‖ Inquirir, tomar informes acerca de una cosa. ‖ Estar situado un objeto frente a otro. *Mi ventana* MIRA *a la montaña.* ‖ **Bien mirado.** m. adv. Si se observa con detenimiento. *Bien* MIRADO, *no carece de verdad.* ‖ **¡Mira!** int. para avisar o amenazar. ‖ **Mira lo que haces,** expr. con que se llama la atención a quien va a hacer algo malo o peligroso, para que reflexione. ‖ **Mírame y no me toques.** expr. fig. y fam. Dícese de personas de genio irascible, o de escasa salud, y de objetos quebradizos. ‖ **¡Mira quién habla!** expr. con que se observa a alguien que él mismo tiene el defecto que censura en otro, o con que se le advierte que no debe hablar en las circunstancias o en la materia de que se trata. ‖ **Mirar bien** a uno. frs. fig. Tenerle afecto. ‖ **Mirar mal** a uno. frs. fig. Tenerle aversión. ‖ **Mirar** uno **para lo que ha nacido.** frs. fig. con que se le amenaza para que haga o deje de hacer una cosa. ‖ **Mirar por** una persona o cosa. frs. Protegerla, cuidar de ella. ‖ **Mirar** una cosa **por encima.** frs. fig. Mirarla ligeramente. ‖ **Mirarse** uno **en** otro. frs. fig. Complacerse en él por el gran cariño que se le profesa. ‖ **Mirarse unos a otros.** frs. fig. con que se explica el asombro que causa un asunto que obliga a semejante acción, como esperando cada uno la decisión que toman los demás. ‖ **¡Mire a quién se lo cuenta!** expr. con que se manifiesta que de un suceso sabe más quien lo oye que quien lo refiere. ‖ **Quien adelante no mira, atrás se queda.** ref. que advierte la conveniencia de premeditar o prevenir las contingencias posibles antes de emprender una cosa. ‖ **Quien más mira, menos ve.** ref. con que se advierte que muchas veces la excesiva suspicacia induce a error.

MIRASOL. al. **Sonnenblume.** fr. **Tournesol.** ingl. **Sunflower.** ital. **Girasole.** port. **Girassol.** (De *mirar* y *sol.*) m. Girasol, planta compuesta. ‖ *Arg.* y *Bol.* Ave zancuda, algo mayor que el flamenco, de color blanco.

MIRAT. *Geog.* Ciudad del N. de la India, al N. E. de Delhi. 300.000 h. Centro agrícola y comercial. Fue destruida por Tamerlán en 1398. En 1857 fue escenario de la rebelión de los cipayos.

MIRA y LÓPEZ, Emilio. *Biog.* Méd. psiquiatra esp., autor de *Psicología evolutiva del niño y el adolescente; Teoría y práctica del psicoanálisis; Problemas psicológicos actuales,* etc. (1896-1964).

MIRBEAU, Octavio. *Biog.* Nov. y dramaturgo fr. Sus novelas *Los veintiún días de un neurasténico; Dingo,* son crudamente realistas, mientras que su teatro es de tendencia social: *Los malos pastores; Los negocios son los negocios,* etc. (1850-1917).

MIREBALAIS. *Geog.* Población de Haití (Oeste). 15.000 h. Aguas termales.

MIRIA-. (Del gr. *myria*, pl. n. de *myríos*, diez mil.) Voz que sólo se usa como prefijo de vocablos compuestos con la significación de diez mil, en el sistema métrico decimal. MIRIÁ*metro.*

MIRÍADA. (Del gr. *myriás, -ados.*) f. Cantidad muy grande, pero indefinida. MIRÍADA *de chispas;* sinón.: **legión, multitud.**

MIRIÁGONO. m. Polígono de diez mil lados.

MIRIAM. *Hist. Sagr.* Nombre hebreo de la Virgen María, madre de Jesús. ‖ Profetisa hebrea, hermana de Moisés.

MIRIÁMETRO. (De *miria* y *metro.*) m. Medida de longitud, equivalente a 10.000 metros.

MIRIÁPODO. adj. *Zool.* Miriópodo, Ú.t.c.s. ‖ m. pl. *Zool.* Miriópodos.

MIRÍFICO, CA. (Del lat. *mirificus.*) adj. poét. Admirable. MIRÍFICO *encantamiento;* sinón.: **asombroso, maravilloso.**

MIRILLA. f. dim. de **Mira.** ‖ Abertura junto a una puerta, etc., para observar al que llama. ‖ Ventanilla de la puerta exterior de las casas. ‖ Pequeña abertura de algunos instrumentos topográficos para dirigir visuales.

MIRIM. *Geog.* Laguna de Amér. del S., en el límite de las Rep. de Uruguay y Brasil, cercana al océano Atlántico. Se comunica con la laguna de los Patos por un canal natural.

MIRIÑAQUE. m. Alhaja de poco valor que sirve como adorno o diversión.

MIRIÑAQUE. al. **Krinoline; Reifrock.** fr. **Panier; crinoline.** ingl. **Hoop-skirt; crinoline.** ital. **Crinolina.** port. **Crinolina.** (De *medriñaque.*) m. Saya interior de tela rígida, y a veces con aros, que se usaba antiguamente para dar vuelo a las faldas. ‖ Armadura de hierro que llevan algunas locomotoras en la parte anterior, casi a ras del suelo, para apartar los obstáculos que obstruyen su paso cuando no pueden detenerse inmediatamente.

MIRIÑAY. *Geog.* Río de la Argentina (Corrientes). Nace en la laguna Iberá y des. en el Uruguay. 150 km.

MIRIÓPODO. (Del gr. *myriopous, -podos;* de *myrioi*, innumerables, y *pous, podós*, pie.) adj. *Zool.* Aplícase al artrópodo terrestre, de respiración traqueal, con un par de antenas en la cabeza, cuerpo alargado y constituido por numerosos segmentos (de 10 a más de 170), cada uno de ellos provistos de uno o dos pares de patas articuladas, como los ciempiés y escolopendras. Ú.t.c.s.m. ‖ m. pl. Clase de estos animales.

MIRIQUINA. m. Mono domesticable de la América Meridional; es pequeño y de color pardo grisáceo.

MIRÍSTICA. (Del gr. *myristikós*, oloroso; de *myrizo*, perfumar.) f. Árbol de las Molucas, cultivado en regiones tropicales, de flores monoicas, blancas, inodoras, y baya globosa, cuya semilla es la nuez moscada. *Myristica fragans,* miristicácea.

MIRISTICÁCEO, A. adj. *Bot.* Aplícase a plantas dicotiledóneas, de tronco leñoso, dioicas, de hojas enteras, flores de perianto sencillo y fruto en baya. Ú.t.c.s. ‖ f. pl. *Bot.* Familia de estas plantas.

MIRLA. (Del ant. *mierla.*) f. Mirlo, pájaro.

MIRLARSE. (De *mirlo.*) r. fam. Afectar gravedad y señorío en el rostro. ‖ deriv.: **mirlamiento.**

MIRLIFLOR. com. Persona vanidosa o presumida.

MIRLO. al. **Amsel.** fr. **Merle.** ingl. **Blackbird.** ital. **Merlo.** port. **Melro.** (De *mirla*.) m. Pájaro de 25 centímetros de largo, aproximadamente, que aprende a imitar sonidos, y hasta la voz humana; se alimenta de frutos, semillas e insectos. *Turdus mérula*, túrdido. ‖ Nombre dado a varios pájaros de la familia de los túrdidos. ‖ fig. y fam. Gravedad y afectación en el rostro. ‖ **Ser** alguien o algo **un mirlo blanco.** frs. fig. y fam. Dícese de lo muy raro. ‖ **Soltar** uno **el mirlo.** frs. fig. y fam. Empezar a charlar.

MIRÓ, Gabriel. *Biog.* Lit. esp., fino y brillante prosista, autor de *Figuras de la pasión del Señor; El libro de Sigüenza; El obispo leproso*, etc. (1879-1930). ‖ **– José.** Escr. argentino, autor, bajo el seudónimo de **Julián Martel**, de *La bolsa*, novela que refleja la crisis económico-política de 1890 (1869-1896). ‖ **– Juan.** Pintor esp., cuya obra se caracteriza por un surrealismo no figurativo, de gran riqueza cromática y simplicidad de composición (n. 1893). ‖ **– Ricardo.** Poeta pan., autor de *Frisos; Caminos silenciosos*, etc. (1883-1940). ‖ **– Rodrigo.** Escritor pan., autor de *Teoría de la patria* y otras obras (n. 1912). ‖ **– CARDONA, José.** Político cub. que fue primer ministro al tomar el poder Fidel Castro (1903-1974). ‖ **– QUESADA, Aurelio.** Escritor per. cont., autor de *Costa, sierra, montaña* y otras obras. (1907-1950). ‖ **– QUESADA, Luis.** Periodista y escritor per., que obtuvo, en 1939, el premio Moors Cabot de periodismo; es autor de *Pedagogía universitaria; La moderna crisis social; El socialismo intervencionista* y otras obras. (1880-1976).

MIROBÁLANO o **MIROBÁLANOS.** (Del gr. *myrobálanos*; de *myron*, perfume, y *bálanos*, bellota.) m. Árbol de la India, cuyos frutos, parecidos a la ciruela, son usados en medicina y tintorería. *Terminglia chebula*, combretácea. ‖ Fruto de este árbol.

MIRÓN, NA. adj. Que mira, y en particular, con curiosidad o exceso. Ú.m.c.s. ‖ Dícese de quien presencia el desarrollo de un juego sin participar. Ú.t.c.s.

MIRÓN. *Biog.* Esc. griego, uno de los primeros que modelaron el cuerpo humano en movimiento. Sólo se conservan copias romanas de sus bronces: *El discóbolo; Marsias*, etc. (s. V a. de C.).

MIROTÓN. m. *Chile.* Mirada furtiva y generalmente con semblante airado.

MIRRA. al. **Myrrhe.** fr. **Myrrhe.** ingl. **Myrrh.** ital. **Mirra.** port. **Mirra.** (Del gr. *myrrha*.) f. Gomorresina procedente de un árbol terebintáceo de Etiopía y Arabia; es roja, aromática y amarga. *La* MIRRA *se usó, desde antiguo, en ceremonias religiosas y en medicina.* ‖ **– líquida.** Licor oloroso y gomoso que sale de los árboles nuevos que producen la **mirra** común.

MIRRA. *Ven.* Pizca, migaja.

MIRRADO, DA. (Del lat. *myrrhatus*.) adj. Compuesto o mezclado con mirra.

MIRRANGA. f. *Col.* y *Cuba.* Mirra, pizca.

MIRRIA. f. *Méx.* Migajón.

MIRRINGA. *Col.* y *Cuba.* Mirra, pizca.

MIRRINO, NA. (Del lat. *myrrhinus*.) adj. De mirra o parecido a ella.

MIRRUÑA. f. *Amér. Central* y *Méx.* Mirria.

MIRTÁCEO, A. (Del lat. *myrtáceus*.) adj. Bot. Dícese del árbol o arbusto dicotiledóneo de hojas persistentes, opuestas y coriáceas, que secretan substancias aromáticas, y de flores tetrámeras blancas o encarnadas, como el arrayán y el eucalipto. Ú.t.c.s. ‖ f. pl. *Bot.* Familia de estos árboles y arbustos.

MIRTIDANO. (Del lat. *myrtidáum*.) m. Pimpollo que nace al pie del mirto.

MIRTINO, NA. (Del lat. *myrtinus*.) adj. De mirto, o semejante a él.

MIRTO. al. **Myrthe.** fr. **Myrthe.** ingl. **Myrth.** ital. **Mirto.** port. **Mirto.** (Del lat. *myrtus*.) m. Arrayán.

MIRZÁ. m. Título honorífico de los persas, equivalente al de señor.

MIRZAPUR. *Geog.* Ciudad de la India, sit. a orillas del Ganges, en el Est. de Uttar Pradesh. 120.000 h. Tapices de lana. Centro de peregrinación religiosa.

MISA. al. **Messe.** fr. **Messe.** ingl. **Mass.** ital. **Messa.** port. **Missa.** (Del lat. *missa*.) f. Sacrificio incruento en el que el sacerdote ofrece al Eterno Padre el cuerpo y sangre de Jesucristo bajo las especies de pan y vino. *Celebrar la* MISA. ‖ Orden del presbiterado. ‖ **– cantada.** La que celebra un sacerdote con canto, sin diácono ni subdiácono. ‖ **– de campaña.** La celebrada al aire libre, para fuerzas armadas, y por ext. para una gran muchedumbre. ‖ **– de cuerpo presente.** La celebrada ante un cadáver. ‖ **– de gallo.** La celebrada en la medianoche de la víspera de Navidad ‖ **– en seco.** La dicha sin consagrar. ‖ **– mayor.** La que se canta a cierta hora del día, para que concurra la mayor cantidad posible de gente. ‖ **Misas gregorianas.** Las dichas durante 30 días seguidos en sufragio de un difunto. ‖ **Como en misa.** loc. fig. En profundo silencio. ‖ **Decir misa.** frs. Celebrar el sacerdote este santo sacrificio. ‖ **En qué pararán estas misas?** frs. fam. Expresión de temor por el presunto mal resultado de algo. ‖ **No saber** uno **de la misa la media.** frs. fig. y fam. Ignorar algo o no poder dar razón de ello. ‖ **Oír misa.** frs. Concurrir y estar presente en ella. ‖ IDEAS AFINES: *Oficio, obligación, mandamiento, acólito, misal, ofertorio, evangelio, cáliz, hostia, comunión, fieles, congregación, iglesia, altar, reliquia, vinajera, ornamentos.*

MISA. *Geog.* Laguna del Perú, en el dep. de Lima. 130 km².

MISACANTANO. (De *misa* y *cantar*.) m. Clérigo que celebra misa. ‖ Sacerdote que canta su primera misa.

MISAL. al. **Messbuch.** fr. **Missel.** ingl. **Missal.** ital. **Messale.** port. **Missal.** (Del b. lat. *missalis*, y éste del lat. *missa*, misa.) adj. Dícese del libro en que se contiene el orden y modo de celebrar la misa. Ú.m.c.s. ‖ m. *Imp.* Grado de letra, entre peticano y parangona.

MISAMIS. *Geog.* Nombre de dos prov. de las Filipinas en la isla de Mindanao. **Misamis Occidental.** 1.939 km². 340.000 h. Cap. OROQUIETA, y **Misamis Oriental.** 3.570 km². 495.000 h. Cap. CAGAYÁN.

MISANTROPÍA. (Del gr. *misanthropía*.) f. Calidad de misántropo. antón.: **filantropía.**

MISANTRÓPICO, CA. adj. Perteneciente o relativo a la misantropía. *Reclusión* MISANTRÓPICA.

MISÁNTROPO. al. **Menschenfeind; Misanthrop.** fr. **Misanthrope.** ingl. **Misanthrope.** ital. **Misantropo.** port. **Misantropo.** (Del gr. *misánthropos*; de *miseo*, odiar, y *ánthropos*, hombre.) m. El que odia a los hombres o siente aversión al género humano.

MISAR. intr. fam. **Decir misa.** ‖ **Oír misa.**

MISARIO. m. Acólito o muchacho que ayuda a misa.

MISCELÁNEO, A. (Del lat. *miscellaneus*.) adj. Mixto, compuesto de elementos diferentes. ‖ f. Mezcla de cosas diversas. ‖ Escrito u obra en que se trata de temas inconexos. MISCELÁNEA *literaria.*

MISCIBLE. (Del lat. *miscere*, mezclar.) adj. Que puede mezclarse.

MISE EN SCÈNE. (Literalmente, *puesta en escena*.) Loc. francesa que se usa en la terminología teatral para designar el conjunto de elementos escenográficos, técnicos, etc., de una representación.

MISENO. *Geog.* Cabo de la costa italiana, sit. en el N. O. del golfo de Nápoles.

MISERABILÍSIMO, MA. adj. super. de **Miserable.**

MISERABLE. al. **Armselig; elend.** fr. **Misérable.** ingl. **Miserable.** ital. **Miserabile.** port. **Miserável.** (Del lat. *miserábilis*.) adj. Desdichado, infeliz. *Llevaba una vida* MISERABLE; antón.: **dichoso, feliz.** ‖ Abatido, sin fuerza ni valor. ‖ Mezquino, avaro. Ú.t.c.s. *Se mostraba* MISERABLE *en los obsequios*; antón.: **generoso, pródigo.** ‖ Canalla, perverso. Ú.t.c.s. *Intenciones* MISERABLES; sinón.: **vil.**

MISERABLEMENTE. adv. m. Desdichada y lastimosamente. ‖ Con avaricia.

MISERABLES, Los. *Lit.* Célebre novela de Víctor Hugo, publicada en 1862. Extenso relato e imponente cuadro histórico en que se expone el hondo humanitarismo del autor, es una novela a la vez simbólica y filosófica; en ciertos momentos, como cuando describe la batalla de Waterloo o escenas de insurrecciones y barricadas, se eleva hasta la epopeya.

MISERACIÓN. (Del lat. *miseratio, -onis*.) f. Misericordia de los pesares y trabajos ajenos.

MISERAMENTE. adv. m. Miserablemente.

MISERANDO, DA. (Del lat. *miserandus*.) adj. Digno de miseración.

MISEREAR. (De *mísero*.) intr. fam. Portarse o gastar con mezquindad. ‖ tr. Regatear.

MISERERE. (Del lat. *miserere*, ten compasión.) m. Salmo 50, según el canon hebreo y anglicano, y 51, según la Vulgata, que comienza con esta palabra y concluye el oficio de Tinieblas. *El* MISERERE *fue compuesto por David, arrepentido.* ‖ Canto de este salmo hecho en ciertas solemnidades religiosas. ‖ Función de Cuaresma en que se canta ese salmo.

MISERIA. al. **Elend; Not.** fr. **Misère.** ingl. **Misery.** ital. **Miseria.** port. **Miséria.** (Del lat. *miseria*.) f. Desgracia, desdicha. *Las* MISERIAS *acabaron con él*; sinón.: **desventura, infortunio**; antón.: **fortuna.** ‖ Estrechez, pobreza extremada. *La* MISERIA *engendra muchos males*; sinón.: **indigencia, penuria**; antón.: **riqueza.** ‖ Avaricia. ‖ Plaga pedicular. ‖ fig. y fam. Cosa escasa. *¿Qué haré con esta* MISERIA? ‖ **Comerse** uno **de miseria.** frs. fig. y fam. Padecer mucha pobreza.

MISERICORDIA. al. **Barmherzigkeit; Erbasmen.** fr. **Miséricorde.** ingl. **Mercy; Mercifulness;** ital. **Misericordia.** port. **Misericórdia.** (Del lat. *misericordia*.) f. Virtud que inclina e ánimo a condolerse de las penalidades y miserias ajenas. sinón.: **piedad.** ‖ V. **Obra de misericordia.** ‖ Atributo de Dios, en cuya virtud perdona y remedia los pecados y miserias de sus criaturas. ‖ Porción pequeña de alguna cosa. ‖ Puñal que solían usar los caballeros medievales. ‖ Pieza en los asientos de los coros de las iglesias para descansar simuladamente cuando se debe estar en pie.

MISERICORDIOSO, SA. adj. y s. Dícese de quien se conduele de las penurias ajenas. *El perdón* MISERICORDIOSO *de Dios.* ‖ deriv.: **misericordiosamente.**

MÍSERO, RA. adj. Miserable. *Una* MÍSERA *choza*; sinón.: **desdichado; desventurado.**

MISERO, RA. adj. fam. Dícese de la persona que gusta de oír muchas misas.

MISÉRRIMO, MA. (Del lat. *misérrimus*.) adj. super. de **Mísero.** *Caserío* MISÉRRIMO.

MISIA o **MISIÁ.** f. Tratamiento que equivale a *mi señora* en algunas regiones españolas y americanas. También se escribe **mi seá** y **miseá.**

MISIA. *Geog. histór.* Antigua región del N. O. del Asia Menor, al sur de Frigia. Sus ciudades más importantes fueron Pérgamo y Troya.

MISIL o **MISIL.** (Del ingl. *missile*, y éste del lat. *missile*, arma arrojadiza.) m. Nombre que se aplica a las cabezas o cápsulas de los cohetes militares o espaciales.

MISION. al. **Mission; Auftrag; aufgabe.** fr. **Mission.** ingl. **Mission.** ital. **Missione.** port. **Missão.** (Del lat. *misio, -onis*.) f. Acción de enviar. ‖ Facultad concedida a una persona para que vaya a desempeñar algún cometido. *Misión apostólica*; sinón.: **delegación.** ‖ Peregrinación o salida que hacen los religiosos predicando el Evangelio. ‖ Serie de sermones que predican los misioneros en las peregrinaciones evangélicas. ‖ Cada uno de estos sermones. ‖ Comisión temporal concedida por un gobierno a un diplomático o agente especial para determinado fin. MISIÓN *secreta.* ‖ Ciudad, provincia o tierra en que predican los misioneros. *Los jesuitas fundaron la* MISIÓN *de Castro (Nahuel Huapi).* ‖ Ración alimenticia que se señala a los segadores por su trabajo. ‖ IDEAS AFINES: *Réducción, fe, propagación, conversión, infieles, misionero, mensajero, abnegación, apostolado, martirio.*

MISIONAL. adj. Perteneciente o relativo a los misioneros o a las misiones. *Fervor* MISIONAL.

MISIONAR. intr. Dar misiones o predicarlas.

MISIONARIO. m. Misionero. ‖ Persona enviada con un encargo.

MISIONERO. al. **Missionar.** fr. **Missionnaire.** ingl. **Missionary.** ital. **Missionario.** port. **Missionário.** m. Religioso que predica misiones. MISIONERO *budista.* ‖ Eclesiástico que en tierra de infieles enseña y predica el Evangelio. *Los* MISIONEROS *salesianos se establecieron en la Patagonia.*

MISIONERO, RA. adj. Natural de Misiones, provincia de la República Argentina. Ú.t.c.s. ‖ Perteneciente o relativo a esta provincia. *Selva* MISIONERA.

MISIONES. *Geog.* Provincia del extremo N. E. de la Argentina, limitada por la prov. de Corrientes, Brasil y Paraguay. Presenta un relieve de mesetas, con partes más elevadas que constituyen sierras. Su territorio está cubierto en gran parte por selvas. 29.801 km². 455.000 h. Su principal riqueza reside en la agricultura. Maderas. Industria yerbatera. Cap. POSADAS. ‖ Dep. del sur de Paraguay. 7.835 km². 78.000 h. Cap. SAN JUAN BAUTISTA.

MISISIPI. *Geog.* Río de los EE. UU. que nace en el lago Itasca, en el Est. de Minnesota, y des. en el golfo de México, formando un amplio delta. 4.120 km. Es uno de los más caudalosos del mundo y en sus orillas hay ciudades de gran importancia industrial; con su afluente el Misuri constituye el cauce fluvial más extenso del mundo. ‖ Est. del sureste de los EE. UU. 123.584 km². 2.300.000 h. Actividades agrícolas muy importantes. Manufacturas de algodón. Cap. JACKSON.

MISIVO, VA. (Del lat. *missum*, supino de *míttere*, enviar.) adj. Dícese del papel o carta que se envía a alguien. Ú.m.c.s.f.

MISKOLC. *Geog.* Ciudad de Hungría al N. E. de Budapest. 200.000 h. Centro industrial. Comercio de cereales y carnes.

MISMAMENTE. adv. m. fam. Precisamente.

MISMIDAD. (De *mismo*.) f. *Filos.* Condición de ser uno mismo. ‖ *Filos.* Aquello por lo cual se es uno mismo. ‖ *Filos.* La identidad personal.

MISMÍSIMO, MA. adj. super. de **Mismo.**

MISMITO, TA. adj. dim. de **Mismo.**

MISMO, MA. al. **Gleich; derselbe; selbst.** fr. **Même.** ingl. **Same.** ital. **Stesso.** port. **Mesmo.** (Del ant. *meísmo*.) adj. Que denota ser una persona o cosa la propia que se ha visto o de que se hace mérito, y no otra. *Ese hombre es el* MISMO *que vimos ayer.* ‖ Semejante o igual. *Tienes el* MISMO *carácter de tu padre.* ‖ Se agrega a los pronombres y a algunos adverbios para dar mayor énfasis; **yo mismo, aquí mismo,** etc. ‖ **Así mismo.** m. adv. Asimismo. ‖ **Por lo mismo.** m. adv. A causa de ello.

MISÓGAMO, MA. adj. Aplícase a la persona que tiene aversión al matrimonio. Ú.t.c.s. ‖ deriv.: **misogamia.**

MISOGINIA. (Del gr. *mysogynia*.) f. Condición de misógino.

MISÓGINO. (Del gr. *mysogynes*; de *myseo*, odiar, y *gyné*, mujer.) adj. y s. Que odia a las mujeres.

MISONEÍSMO. (Del gr. *miseo*, odiar y *neos*, nuevo.) m. Aversión a las cosas nuevas. ‖ deriv.: **misoneísta.**

MISRAIM. *Hist. Sagr.* Hijo de Cam y nieto de Noé. Padre de los egipcios.

MISS. f. Tratamiento dado a las señoritas inglesas. ‖ fam. Institutriz inglesa.

MISSILE. m. *Av.* Voz inglesa que se emplea para designar a los proyectiles autopropulsados.

MISSISSIPPI. *Geog.* V. **Misisipí.**

MISSOLONGHI. *Geog.* Población de Grecia, puerto al N.

del golfo de Patrás, sobre el mar Jónico. 12.500 h. Lugar donde murió el poeta inglés Byron (1824) durante la lucha por la independencia griega contra el poder turco.

MISTACOCETIDO, DA. adj. *Zool.* Mistacoceto. ‖ m. pl *Zool.* Mistacocetos.

MISTACOCETO, TA. (Del gr. *mystax, -akos*, bigote, y *ketos*, cetáceo.) adj. *Zool.* Dícese de los cetáceos con orificios nasales independientes, y el paladar provisto de barbas córneas en lugar de dientes, como la ballena. ‖ m. pl. Suborden de estos animales.

MISTAGÓGICO, CA. (Del lat. *mystagógicus.*) adj. Perteneciente al mistagogo. ‖ Dícese del escrito o discurso en que se procura revelar algo misterioso.

MISTAGOGO. (Del lat. *mystagogus.*) m. Sacerdote de Grecia y Roma que iniciaba en los misterios.

MISTAR. tr. **Musitar.** U.m. con negación.

MISTASSINI. *Geog.* Lago del Canadá (Quebec), sit. al N. del río San Lorenzo. 2.500 km². ‖ Río del Canadá (Quebec) subafluente del río San Lorenzo. 250 km.

MISTELA. f. Bebida hecha con aguardiente, agua, azúcar, etc. ‖ Líquido resultante de añadir alcohol al mosto en cantidad suficiente para que no se produzca fermentación.

MÍSTER. m. Tratamiento, equivalente a señor, que se da a los señores ingleses cuando no les corresponde un título de mayor categoría.

MISTERIO. al. **Geheimnis.** fr. **Mystère.** ingl. **Mystery.** ital. **Mistero.** port. **Mistério.** (Del lat. *mystérium.*) m. Arcano de una religión. ‖ En la religión cristiana, dogma inaccesible a la razón y que debe ser objeto de fe. *El* MISTERIO *de la Encarnación.* ‖ Cualquier cosa recóndita o incomprensible. ‖ Negocio muy reservado. *La entrevista permaneció en el* MISTERIO. ‖ Cualquiera de los episodios de la vida, pasión y muerte de Jesucristo, considerado aisladamente. ‖ Cada uno de estos episodios o de la Sagrada Escritura, cuando se representa con imágenes. ‖ Drama medieval de tema religioso. ‖ pl. Ceremonias secretas del culto de algunas falsas divinidades. MISTERIOS *dionisíacos, órficos.* ‖ IDEAS AFINES: *Incógnita, desconocido, esfinge, enigma, cábala, esotérico, magia, trinidad, revelación, develar, más allá.*

MISTERIOSO, SA. adj. Que incluye o encierra misterio. *Palabras* MISTERIOSAS; sinón. **impenetrable, incomprensible.** ‖ Dícese de quien da a entender cosas ocultas donde no las hay. ‖ deriv.: **misteriosamente.**

MISTI. *Geog.* Volcán de los Andes peruanos (Arequipa). 5.842 m. de altura. Estación meteorológica.

MÍSTICA. al. **Mystik.** fr. **Mystique.** ingl. **Study of contemplative life.** ital. **Mistica.** port. **Mística.** (Del lat. *mystica.*) f. Parte de la teología que trata de la unión del hombre con la divinidad y, en particular, de la vida contemplativa.

MÍSTICAMENTE. adv. m. De modo místico. ‖ Misteriosamente. ‖ Espiritualmente.

MISTICISMO. (De *místico.*) m. Estado de las personas dedicadas a Dios o a las cosas espirituales. ‖ Estado de perfección religiosa que consiste en cierta unión inefable del alma con Dios por el amor, que puede estar acompañado de éxtasis y revelaciones. ‖ Doctrina que enseña la comunicación directa entre el hombre y la divinidad en la visión intuitiva o en el éxtasis.

MÍSTICO. (Del ár. *moçatah*, barca armada.) m. Embarcación de velas latinas que se usa en las costas del Mediterráneo.

MÍSTICO, CA. (Del lat. *mysticus.*) adj. Que encierra misterio. ‖ Perteneciente a la mística. ‖ Que se dedica a la vida espiritual. Ú.t.c.s. ‖ Que escribe o trata de mística. Ú.t.c.s. *Los* MÍSTICOS *españoles.* ‖ fig. y fam. *Col., Ec.* y *P. Rico.* Afectado, pedante, remilgado.

MISTICÓN, NA. adj. fam. Que afecta misticismo y santidad Ú.t.c.s.

MISTIFICAR. tr. Engañar, mofar, falsificar, etc. ‖ deriv.: **mistificación; mistificador, ra.**

MISTIFORI. m. Mixtifori.

MISTILÍNEO, A. (De *misto* y *línea.*) adj. *Geom.* Mixtilíneo.

MISTINGUETTE. *Biog.* Seudónimo de la famosa cancionista y bailarina fr. Juana Bourgeois (1875-1956).

MISTIÓN. f. Mixtión.

MISTO, TA. (Del lat. *mistus.*) adj. Mixto. Ú.t.c.s

MISTOL. m. *Arg.* y *Perú.* Árbol de madera dura, fruto comestible, y corteza que se usa como jabón. *Zizyphus mistol,* ramnácea.

MISTONGO, GA. adj. vulg. *Arg.* y *Chile.* Sin animación, deslucido. ‖ Miserable, pobre. ‖ Mediocre.

MISTRAL, Federico. *Biog.* Poeta y filólogo provenzal. En 1904 compartió con Echegaray el premio Nobel de Literatura, que se le acordó en reconocimiento por la fresca originalidad y el verdadero genio artístico de su poesía, que refleja fielmente el espíritu nativo de su pueblo y por sus importantes trabajos en filología provenzal. Obras: *Mireya; Calendal; El tesoro de Felibrige,* etc. Escribió también numerosos cuentos, reunidos en tres volúmenes bajo el título de *Prose d'Armana* **(1830-1914).** ‖ **— Gabriela.** Seudónimo de la escr. y poetisa chilena Lucila Godoy. Nació a la celebridad literaria con *Sonetos de la Muerte* y desde entonces la divulgación de sus cantos abarcó toda América. Su fama se afianzó con *Desolación,* en que se dice "en estos cien poemas queda sangrando un pasado doloroso en el cual la canción se ensangrentó para aliviarme". Su obra, laureada con el premio Nobel de Literatura de 1945, no expresa sólo la densa angustia de su sentimiento amoroso; el fuerte aliento emocional de su poesía se convierte a veces en antema contra lo injusto, prevertido y egoísta de la humanidad; es piadosa y tierna, se conmueve de las vicisitudes infantiles y sueña con la redención de los humildes. *Rondas de niños; Taba; Lagar; La oración de la maestra; Vida de San Francisco de Asís,* etc. (1889-1957).

MISTURA. (Del lat. *mistura.*) f. Mixtura

MISTURAR. (De *mistura.*) tr. Mixturar.

MISTURERO, RA. (De *misturar.*) adj. y s. Mixturero.

MISURATA. *Geog.* Ciudad de Libia (Tripolitania) cercana al Mediterráneo. 70.000 h. Centro pesquero.

MISURI. *Geog.* Río de los EE. UU., afl. del Misisipí; nace en las montañas Rocosas a los 1.500 m. de alt. 4.837 km. ‖ Est. del centro de los EE. UU. 180.456 km². 4.900.000 h. Cereales, algodón, tabaco. Riqueza minera. Cap. JEFFERSON CITY.

MITA. f. Trabajo compulsivo y remunerado que, por turnos previamente sorteados, debían realizar los indios americanos en la época de la dominación hispana. ‖ Tributo que pagaban los indios del Perú. ‖ *Arg.* Tropa de ganado vacuno que se transporta por tierra, destinado generalmente a exportación. ‖ *Bol.* Cosecha de la hoja de coca.

MITACA. f. *Bol.* Cosecha.

MITAD. al. **Hälfte; Mitte.** fr. **Moitié; milieu.** ingl. **Half; middle.** ital. **Metà; mezzo.** port. **Metade.** (Del ant. *meitad.*) f. Cada una de las dos partes iguales en que se divide un todo. *La* MITAD *de una página.* ‖ Media parte que equidista de los extremos. *Estoy en la* MITAD *del trabajo.* ‖ **Cara mitad.** fam. Consorte, marido o mujer. Ú.m. con algún pronombre posesivo. ‖ **Mitad y mitad.** m. adv. Por partes iguales. ‖ **Plantar,** o **poner en mitad del arroyo** a alguien. frs. fig. y fam. Despedirlo de casa. ‖ IDEAS AFINES: *Medio, partición, bisectriz, mediana, diámetro, ecuador, semicírculo, hemisferio, media luna, medianera, dicotomía, mediodía.*

MITÁN. m. Holandilla, lienzo.

MITARE. *Geog.* Río de Venezuela (Falcón) que des. en el golfo de Coro.

MITAU. *Geog.* V. **Jelgava.**

MITAYERA. f. *Bol., Col.* y *Ven.* Canoa para transportar los víveres de una expedición fluvial.

MITAYO. (De *mita.*) m. Indio que trabajaba en una mita. ‖ Indio que llevaba lo recaudado de la mita.

MITCHELL, Margarita. *Biog.* Escritora estad., autora de *Lo que el viento se llevó,* popular novela que describe en forma romántica y amena la vida en los Estados del Sur durante la guerra de Secesión (1903-1949). ‖ **— Peter.** Científico nort., premio Nobel de Química de 1978 por sus investigaciones sobre la transferencia biológica de energía (n. 1920). ‖ **— Silas Wier.** Méd. y escritor estad.; destacóse en el estudio de la neurología, neurastenia y tuberculosis (1829-1914).

MITCHELL. *Geog.* Cerro de los EE. UU. (Carolina del Norte), cima culminante de los montes Apalaches. 2.046 m. Se llama también **Black Dome.** ‖ Río de Australia (Queensland) que des. en el golfo de Carpentaria. 475 km.

MÍTICO, CA. (Del lat. *mythicus.*) adj. Perteneciente o relativo al mito. *El robo* MÍTICO *del fuego.*

MITIGACIÓN. (Del lat. *mitigatio, -onis.*) f. Acción y efecto de mitigar o mitigarse.

MITIGADAMENTE. adv. m. De manera mitigada.

MITIGADOR, RA. (Del lat. *mitigátor.*) adj. y s. Que mitiga.

MITIGAR. (Del lat. *mitigare;* de *mitis*, apacible, suave, y *ágere*, hacer.) tr. y r. Moderar, suavizar. MITIGAR *un castigo;* sinón.: **atenuar, disminuir;** antón.: **aumentar.** ‖ deriv.: **mitigante; mitigativo, va; mitigatorio, ria.** ‖ IDEAS AFINES: *Amortiguar, aliviar, dolor, calmante, opio, linimento, analgésico, paliativo, indulto.*

MITILENE. *Geog.* Isla griega del mar Egeo próxima a la costa de Anatolia. 2.166 km². 175.000 h. Es la antigua Lesbos. Cap. hom. 40.000 h.

MITIN. (Del ingl. *meeting.*) m. Reunión pública donde se discuten asuntos sociales o políticos. *Un* MITIN *concurrido y entusiasta.* ‖ En pl. **mitines.** ‖ IDEAS AFINES: *Asamblea, concentración, democrático, dirigentes, orador, elecciones, protesta, credo, correligionario, propaganda.*

MITIQUERÍA. f. *Chile.* Hazañería.

MITIQUERO, RA. adj. *Chile.* Hazañero, gazmoño.

MITO. al. **Mythos.** fr. **Mythe.** ingl. **Myth.** ital. **Mito.** port. **Mito.** (Del gr. *mythos.*) m. Fábula, ficción alegórica, especialmente en materia religiosa. *El* MITO *de Edipo.* ‖ **fig.** Cosa fabulosa. ‖ *Arg.* Resina del algarrobo. ‖ IDEAS AFINES: *Leyenda, historia, simbolismo, tradición, mitología, semidioses, héroes, paganismo, politeísmo, fénix.*

MITOGRAFÍA. (Del gr. *mythographía*, de *mythos*, mito, y *grapho*, escribir.) f. Ciencia que estudia el origen y la explicación de los mitos.

MITÓGRAFO, FA. (Del gr. *mythos*, mito, y *grapho*, escribir.) s. Persona que se dedica a la mitografía. ‖ deriv.: **mitográfico, ca.**

MITOLOGÍA. al. **Mythologie; Götterlehre.** fr. **Mythologie.** ingl. **Mythology.** ital. **Mitologia.** port. **Mitologia.** (Del gr. *mythología*; de *mythos*, fábula, y *logos*, tratado.) f. Conjunto de mitos de un pueblo. ‖ Historia de los dioses y héroes de la gentilidad.

MITOLÓGICO, CA. (Del lat. *mythologicus.*) Perteneciente a la mitología. *Divinidades* MITOLÓGICAS. ‖ m. Mitologista.

MITOLOGISTA. com. Persona versada en mitología.

MITÓLOGO, GA. s. Mitologista.

MITOMANÍA. (Del gr. *mythos*, mito, y *mania*, locura.) f. *Pat.* Tendencia morbosa a mentir, exagerar o inventar hechos. ‖ deriv.: **mitomaníaco, ca.**

MITÓN. (Del fr. *miton.*) m. Especie de guante de punto que sólo cubre desde la muñeca hasta el nacimiento de los dedos. ‖ Especie de guante sin separaciones para los dedos, excepto para el pulgar.

MITOTE. (Del mex. *mitotl.*) m. Danza de indios americanos. ‖ *Amér.* Fiesta casera. ‖ Melindre, aspaviento. ‖ Bulla, alboroto. ‖ *Méx.* Enredo, chisme.

MITOTERO, RA. adj. fig. *Amér.* Melindroso. Ú.t.c.s. ‖ Bullanguero. Ú.t.c.s. ‖ *Méx.* Enredador, chismoso.

MITRA. al. **Mitra.** fr. **Mitre.** ingl. **Miter.** ital. **Mitra.** port. **Mitra.** (Del lat. *mitra.*) f. Adorno de la cabeza que usaban los persas, y que adoptaron otros países. ‖ Toca alta y apuntalada con que se cubren los obispos, arzobispos, etc., en las grandes solemnidades. MITRA *episcopal, abacial.* ‖ fig. Dignidad de obispo o arzobispo. ‖ Conjunto de rentas de una diócesis o archidiócesis. ‖ Obispillo de las aves. ‖ *Relig.* En el mazdeísmo, espíritu de la luz divina enviada a la tierra para salvar a los hombres.

MITRADO, DA. adj. Dícese de quien puede usar mitra. *Obispo* MITRADO. ‖ m. Arzobispo u obispo.

MITRAL. (De *mitra.*) adj. *Anat.* V. **Válvula mitral.**

MITRAR. (De *mitra.*) intr. fam. Obtener un obispado.

MITRE, Bartolomé. *Biog.* Mil., estadista, publ., poeta e historiador arg. Durante el gob. de Rosas vivió expatriado en Uruguay, Bolivia, Chile y Perú. Se incorporó al ejército de Urquiza y tomó parte en la batalla de Caseros, e intervino en las luchas civiles subsiguientes, hasta consolidarse la unidad nacional. De 1862 a 1868 fue presid. de la República; dirigió personalmente el ejército en la guerra contra el Paraguay. Fundó en 1869 el diario "La Nación", como tribuna de doctrina y expresión de la opinión pública, contribuyendo con su obra a afianzar la democracia y los destinos de la cultura nacional. Superior a su producción poética es su vasta labor de prosista. Se dedicó al estudio de las lenguas indígenas y escribió monografías y estudios bibliográficos que reunidos constituyeron el *Catálogo razonado de las lenguas americanas.* Fue uno de los primeros historiadores que indagaron el pasado americano, con sus obras: *Historia de Belgrano y de la independencia argentina; Historia de San Martín y de la emancipación sudamericana* (1821-1906). ‖ **— Emilio.** Militar arg., hermano de Bartolomé, que participó en el sitio de Montevideo, en Cepeda, en Pavón y en la guerra contra el Paraguay (1824-1893). ‖ **— Y VEDIA, Bartolomé.** Escritor arg. nacido en Montevideo, autor de novelas, relatos y ensayos. Fue director del diario "La Nación" de Buenos Aires (1845-1900).

MITRÍDATES VI, el Grande. *Biog.* Rey del Ponto, implacable enemigo de los romanos, contra quienes guerreó desde el año 88 hasta el 66 a. de C. Fue derrotado por Pompeyo (132-63 a. de C.).

MITRIDATISMO. (Por alusión a la inmunidad atribuida a **Mitrídates,** rey del Ponto.) m. *Med.* Resistencia a los efectos de un veneno, adquirida mediante la administración prolongada y progresiva del mismo, empezando por dosis mínimas.

MITSCHERLICH, Eilhard. *Biog.* Químico al., descubridor de la ley del isomorfismo (1794-1863).

MITÚ. m. *Arg.* Gallinácea silvestre del tamaño de un pavo, de color pardo amarillento y con copete.

MÍTULO. (Del lat. *mítulus.*) m. Mejillón.

MIXCO. *Geog.* Población de Guatemala, en el dep. de este nombre. 7.500 h. Actividad agrícola.

MIXE. adj. Dícese del indio perteneciente a una tribu mexicana que vive en el Estado de Oaxaca. Ú.t.c.s. ‖ Perteneciente a estos indios. ‖ m. **Lengua mixe.**

MIXOMICETO, TA. (Del gr. *myxa*, mucosidad, y *mikes*, hongo.) adj. *Bot.* Dícese de los hongos cuyo tallo se reduce a una masa de protoplasma, carente de cubierta de celulosa, con numerosos núcleos. Ú.t.c.s. ‖ m. pl. *Bot.* Orden de estos hongos.

MIXTAMENTE. (De *mixto.*) adv. m. De manera mixta. ‖ *Der.* Correspondiendo a los dos fueros, eclesiástico y civil.

MIXTECO, CA. adj. Dícese del indio perteneciente a una tribu mexicana que vive en los Estados de Guerrero y Oaxaca. Ú.t.c.s. ‖ Perteneciente a estos indios. ‖ m. **Lengua mixteca.**

MIXTELA. (De *mixto.*) f. Mistela.

MIXTIFICAR. tr. Mistificar. ‖

deriv.: **mixtificación; mixtificador, ra.**
MIXTIFORI. (De *mixti fori*, tribunal mezclado.) m. fam. Mezcla o embrollo de cosas heterogéneas.
MIXTILÍNEO, A. (De *mixto* y *línea.*) adj. *Geom.* Dícese de toda figura cuyos lados son rectos unos y curvos otros.
MIXTIÓN. (Del lat. *mixtio*, -*onis.*) f. Mezcla, mixtura. ‖ *Blas.* Púrpura, color heráldico.
MIXTO, TA. (Del lat. *mixtus.*) adj. Mezclado e incorporado con alguna cosa ‖ Compuesto de varios simples. Ú.t.c.s. ‖ Mestizo, aplicado a animales o vegetales. ‖ m. Fósforo, cerilla. ‖ *Art.* Cualquiera de las mezclas inflamables usadas para explosivos, etc. ‖ *Amér.* Pájaro pequeño, de canto agradable, que puede vivir en cautiverio; es de color pardo, excepto el cuello y vientre, que son amarillos. ‖ IDEAS AFINES: *Mixtura, combinación, batiborrillo, centón, promiscuidad, abigarrado.*
MIXTURA. (Del lat. *mixtura.*) f. Mezcla, juntura e incorporación de diversas cosas. ‖ Pan de varias semillas. ‖ *Perú.* Flores que se envían de regalo o se distribuyen en una fiesta. ‖ *Farm.* Poción compuesta de varios ingredientes.
MIXTURAR. (De *mixtura.*) tr. Mezclar, incorporar una cosa con otra.
MIXTURERO. adj. Que mixtura. Ú.t.c.s. ‖ f. *Perú.* Florista.
MIZ. Voz usada para llamar al gato. ‖ m. Mizo.
MIZAR. (Del ár. *mizar.*) f. *Astron.* Estrella doble perteneciente a la constelación de la Osa Mayor.
MÍZCALO. (De *almizcle.*) m. *Bot.* Hongo comestible muy jugoso, de sabor almizclado. *Lactarius deliciosus.*
MIZO, ZA. (De *miz.*) s. fam. Micho.
MIZQUE. m. *Arg.* y *Perú.* Alcohol que se prepara con una avena especial.
Mn. *Quím.* Símbolo del manganeso.
MNEMÓNICA. (Del lat. *mnemónica.*) f. Mnemotecnia.
MNEMÓNICO, CA. adj. Mnemotécnico.
MNEMOSINA. *Mit.* Diosa de la memoria, hija de la Tierra y del Cielo; fue una de las esposas de Zeus y madre de las nueve musas.
MNEMOTECNIA. (Del gr. ***mneme***, memoria, y ***techne***, arte.) f. Nemotecnia.
MNEMOTÉCNICO, CA. adj. Nemotécnico.
Mo. *Quím.* Símbolo del molibdeno.
MOA. *Geog.* Río del E. de Cuba (Oriente) que des. en el Atlántico después de formar una gran cascada.
MOAB. *Hist. Sagr.* Hijo de Lot, nacido del incesto entre éste y una de sus hijas; considerado tronco de los moabitas.
MOAB. *Geog.* Región montañosa de Jordania sit. al este del mar Muerto.
MOABITA. (Del lat. *moabita*, y éste del hebr. *Moabí*, perteneciente a *Moab*, hijo de Lot.) adj. Natural de la región de Moab. *Ruth era* MOABITA. ‖ Perteneciente a esta región.
MOARÉ. m. Muaré.
MOBILE. *Geog.* Río de los EE. UU. (Alabama) que resulta de la unión de los ríos Tombigdee y Alabama. Des. en la bahía hom. en el golfo de México. ‖ C. de los EE. UU. (Alabama) a orillas del río hom. 160.000 h. Astilleros, exportaciones de algodón.
MOBILIARIO, RIA. al. **Mobiliar; Möbeleinrichtung.** fr. **Mobiler.** ingl. **Furniture.** ital. **Mobilia.** port. **Mobiliário.** (Del fr. *mobiliaire.*) adj. Mueble. Aplícase generalmente a los efectos públicos al portador o transferibles por endoso. ‖ m. Moblaje.
MOBLAJE. m. Conjunto de muebles de una casa. MOBLAJE *de estilo Luis XV.*
MOBLAR. (De mueble.) tr. Amueblar.‖ irreg. Conj. como **contar.**
MOBLE. (Del lat. *móbilis.*) adj. Móvil.
MOCA. m. Café de excelente calidad que se lleva de los valles interiores de Arabia a la ciudad de Moka, desde donde se exporta. ‖ Infusión hecha con este café. ‖ *Ec.* Atascadero, ciénaga. ‖ *Méx.* Vaso que se usa para tomar vino.
MOCA. *Geog.* Ciudad de la Rep. Dominicana, cap. de la provincia de Espaillat. 14.000 h. ‖ Pobl. del N. O. de Puerto Rico. 5.000 h. ‖ V. **Moka.**
MOCADOR. (De *mocar.*) m. Moquero.
MOCAPRA. *Geog.* Río de Venezuela (Guárico) que se une al Guaritico para des. en el Apure.
MOCAR. (De *moco.*) tr. y r. Sonar, limpiar de mocos las narices.
MOCATÁN. *Geog.* V. **Belém de Umbría.**
MOCÁRABE. m. Almocárabe.
MOCARRA. com. fam. Mocoso, atrevido.
MOCARRO. m. fam. Moco que cuelga de las narices.
MOCASÍN. m. Calzado de cuero sin curtir que usan algunos indios de América del Norte. ‖ Cierto calzado moderno, muy flexible y cómodo.
MOCAYA. f. Palmera americana de cuyo fruto se extrae un aceite que se usa en pintura.
MOCEAR. intr. Ejecutar acciones propias de gente joven. ‖ Desmandarse en travesuras impúdicas.
MOCEDAD. (De *mozo.*) f. Época de la vida humana comprendida entre la pubertad y la edad adulta. *Quien viejo engorda, dos* MOCEDADES *goza.* ‖ Travesura o desorden con que suelen vivir los jóvenes. ‖ Diversión deshonesta y licenciosa.
MOCEJÓN. m. Molusco bivalvo, de conchas negruzcas y más largas que anchas, que vive adherido a las rocas de las costas.
MOCÉNIGO. *Geneal.* Familia veneciana a la que pertenecieron varios dux de la Rep.
MOCERIL. (De *mocero.*) adj. neol. Juvenil.
MOCERÍO. m. Conjunto de gente joven.
MOCERO. (De *moza.*) adj. y s. Dado a la lascivia y trato de las mujeres.
MOCETE. (De *mozo.*) m. Mozalbete.
MOCETÓN, NA. s. Persona joven, corpulenta y sana.
MOCEZUELO. m. *Méx.* y *Ven.* Tétanos de los recién nacidos.
MOCIL. adj. Propio de gente moza. *Expansión* MOCIL.
MOCIÑO, José Mariano. *Biog.* Naturalista mex.; acompañó en la expedición científica desde California hasta Costa Rica a Martín de Sessé, en colaboración con el cual escribió *Plantas de Nueva España; Flora mexicana*, etc. (aprox. 1750-1821).
MOCION. (Del lat. *motio, onis.*) f. Acción y efecto de moverse o ser movido. ‖ fig. Inclinación a una especie sugerida. ‖ Inspiración producida por Dios en el alma. ‖ Proposición hecha en una junta deliberante. *Aprobar una* MOCIÓN. ‖ Nombre de las vocales y otros signos en las lenguas semíticas.
MOCIONAR. tr. *Amér.* Dígase presentar una moción.
MOCITO, TA. (dim. de *mozo.*) adj. Que está en el principio de la mocedad. Ú.t.c.s.
MOCO. (Del lat. *muccus.*) m. Humor espeso y pegajoso que secretan las membranas mucosas, especialmente las de la nariz. ‖ Substancia medio fluida que forma grumos dentro de un líquido. ‖ Dilatación candente de la extremidad del pabilo, en una luz encendida. ‖ Escoria que sale del metal encendido en la fragua cuando se martilla y se apura. ‖ Porción derretida de la vela, que corre y se va solidificando a lo largo de ella. ‖ *Chile.* Candelilla o amento. ‖ *Mar.* Cada percha pequeña, pendiente de la cabeza del bauprés. ‖ – **de pavo.** Apéndice carnoso y eréctil que tiene esta ave sobre el pico. ‖ Planta de adorno, de flores dispuestas en espigas colgantes, alrededor de otra más larga. *Amaranthus caudatus*, amarantácea. ‖ *Méx.* Amaranto. *Celosia cristata.* ‖ **A moco de candil.** m. adv. A la luz del candil. ‖ **Caérsele el moco** a alguien. frs. fig. fam. Ser poco advertido. ‖ **Llorar a moco tendido.** frs. fig. y fam. Llorar sin tregua.
MOCOA. *Geog.* Población de Colombia, capital de la comisaría del Putumayo. 14.000 h. Centro agrícola.
MOCOCOA. f. *Col.* Murria, humor triste.
MOCORA. f. *Ec.* Palma pequeña de cuyas hojas se extraen fibras para tejer hamacas y sombreros.
MOCORETÁ. *Geog.* Río de la mesopotamia argentina, afl. del Uruguay. Forma parte del límite entre las prov. de Corrientes y Entre Ríos. 150 km.
MOCOSO, SA. adj. Que tiene las narices llenas de moco. ‖ fig. Dícese del niño atrevido o del mozo imprudente e inexperto. Ú.m.c.s. ‖ Insignificante.
MOCOSUELO, LA. adj. dim. de **Mocoso,** niño o joven inexperto. Ú.m.c.s.
MOCOSUENA. adv. m. fam. Atendiendo más al sonido que a la significación de las voces. *Escribir* MOCOSUENA.
MOCTEZUMA. *Biog.* Rey de los aztecas, de 1440 a 1469. Reinó en Tenochtitlán, y extendió sus estados hasta Oaxaca. Durante su reinado, al desbordarse las aguas del Texcoco, hizo levantar diques, que fueron los primeros trabajos realizados para intentar el desagüe de la ciudad de México. A su iniciativa se debe la construcción del acueducto de Chapultepec. ‖ – **II.** Emperador de los aztecas; durante su reinado, pese a no haber logrado derrotar a Tlaxcala, extendió considerablemente sus dominios, llegando a apoderarse de lo que es hoy Honduras y Nicaragua. Al llegar los conquistadores españoles, envió embajadores con suntuosos presentes a Hernán Cortés, quien no tardó en destronarlo y apresarlo como rehén. Al arengar a sus súbditos, que sitiaban a los españoles, fue herido a pedradas por los indígenas, muriendo al poco tiempo (1466-1520).
MOCHA. (De *mocho.*) f. Reverencia hecha bajando la cabeza. ‖ *Cuba.* Especie de machete del agricultor.
MOCHA. *Geog.* Isla chilena, sit. próxima a la costa de la prov. de Arauco.
MOCHADA. f. Topetada.
MOCHAR. (De *mocho.*) tr. Dar mochadas. ‖ Desmochar.
MOCHAZO. m. Golpe dado con el mocho de un arma.
MOCHE. V. **A troche y moche.**
MOCHE. *Geog.* Río del Perú (La Libertad) que des. en el Pacífico.
MOCHETA. (De *mocho.*) f. Extremo grueso y romo opuesto a la parte cortante, en hachas, etc. ‖ Rebajo en el marco de puertas y ventanas, donde encaja el renvalso. ‖ *Arq.* Ángulo entrante que se deja o se abre en la esquina de una pared, o resulta al encontrarse un plano superior con un paramento vertical. ‖ Telar del vano de puertas y ventanas.
MOCHETE. m. Cernícalo, ave de rapiña.
MOCHIL. (De *mocho.*) m. Muchacho que sirve a los labradores para llevar recados a los mozos del campo.
MOCHILA. al. **Ranzen; Rucksack.** fr. **Havresac.** ingl. **Haversack.** ital. **Bisaccia.** port. **Mochila.** (Del lat. *mutila*, cosa troncada.) f. Caparazón que, en la jineta, se lleva escotado de los dos arzones. ‖ Caja forrada de cuero y sujeta con correas a la espalda que usan los soldados para llevar equipos. ‖ Morral de cazadores, viandantes, etc. ‖ *Méx.* Maleta. ‖ IDEAS AFINES: *Saco, zurrón, tahalí, alforja, excursionista, alpinista, caminante, carga, enseres, vituallas, bandolera.*
MOCHILERO. m. Quien viaja a pie con mochila.
MOCHILLERO. m. Mochilero.
MOCHÍN. (De *mochar.*) m. Verdugo, ejecutor de la justicia.
MOCHO, CHA. (Del lat. *múticus.*) adj. Dícese de todo aquello a lo que le falta la punta o la terminación. *Árbol, lápiz, buey* MOCHO; sinón.: **romo.** ‖ fig. y fam. Pelado, o cortado el pelo. ‖ *Chile.* Aplícase al clérigo de órdenes menores. Ú.t.c.s. ‖ *Méx.* En política, conservador. ‖ m. Remate grueso y romo de utensilios o instrumentos.
MOCHONGADA. f. *Méx.* Payasada.
MOCHONGO. m. *Méx.* Hazmerreír.
MOCHUELO. (De *mocho.*) m. Ave rapaz, nocturna, de cabeza redonda y ojos grandes de iris amarillo, que se alimenta de roedores y reptiles. ‖ fig. y fam. Asunto enojoso o difícil del que nadie quiere encargarse. *Al final, Juan cargó con el* MOCHUELO. ‖ **Cada mochuelo a su olivo.** frs. con que se indica que ya es hora de recogerse o de estar cumpliendo determinado trabajo.
MOCHUELO. (Del lat. *modiolus*, herrada.) m. Vasija usada antiguamente en el servicio doméstico. ‖ *Impr.* Omisión de palabras, frases, etc., hecha por el cajista al componer.
MODA. al. **Mode.** fr. **Mode.** ingl. **Mode; fashion.** ital. **Moda.** port. **Moda.** (Del lat. *modus*, modo, manera.) f. Uso o costumbre que está en boga en determinada época o lugar. *La* MODA *es tiránica*; antón.: **desuso.** ‖ **Estar de moda** algo. frs. Usarse o estilarse. ‖ **Salir una moda.** frs. Empezar a usarse. ‖ **Ser moda, o de moda,** una cosa. frs. **Estar de moda.**
MODADO, DA. adj. *Col.* Con los advs. *bien* o *mal*, que tiene buenos o malos modales.
MODAL. adj. Que comprende o incluye determinado modo. ‖ m. pl. Acciones externas que denotan la buena o mala educación de alguien. *Corregir los* MODALES.
MODALIDAD. (De *modal.*) f. Modo de ser o de manifestarse algo. MODALIDAD *inconfundible.* ‖ IDEAS AFINES: *Manera, personalidad, conducta, sistema, individual, peculiar, idiosincrasia, estilo, originalidad, característica, típico.*
MODELADO, DA. m. Acción y efecto de modelar. MODELADO *en arcilla o cera.*
MODELADOR, RA. adj. Que modela.
MODELAR. al. **Modellieren; modeln.** fr. **Modeler.** ingl. **To model.** ital. **Modellare.** port. **Modelar.** (De *modelo.*) tr. Formar figuras o adornos de barro, cera u otra materia blanda. MODELAR *una cabeza.* ‖ *Pint.* Presentar con exactitud el relieve de las figuras. ‖ r. fig. Ajustarse a un modelo. ‖ IDEAS AFINES: *Plasma, formar, amasar, talla, arcilla, yeso, artista, escultor, alfarero, taller, reproducción, copia, busto, estatua, cincel, buril, torno, espátula.*
MODELISTA. m. El encargado de moldes para vaciar piezas metálicas, cemento, etc.
MODELO. al. **Modell; Vorbild.** fr. **Modèle.** ingl. **Model; pattern.** ital. **Modello.** port. **Modelo.** (Del ital. *modello*, y éste del lat. *módulus*, molde.) m. Ejemplar propuesto y seguido por alguien para ejecutar una cosa. ‖ Dechado para imitar, en obras de ingenio y en acciones morales. *Antígona es* MODELO *de amor filial*; sinón.: **prototipo.** ‖ Representación de algo en pequeño. *El* MODELO *de un buque.* ‖ *Esc.* Figura de barro, yeso, etc., para reproducir en mármol, madera, etc. ‖ – **vivo.** Persona que sirve de modelo a un pintor o escultor. ‖ IDEAS AFINES: *Tipo, arquetipo, muestra, patrón, plantilla, figurín, boceto, norma, paradigma, perfección, copia.*
MÓDENA. *Geog.* Provincia de Italia (Emilia). 2.690 km². 572.000 h. Cap. hom. 179.000 h. Tejidos, instrumentos ópticos, cristales. Centro agrícola-ganadero y universitario.
MÓDENA, Ducado de. *Geog. histór.* Antiguo Estado de la pen. itálica que abarcaba las actuales prov. de Reggio de Emilia, Módena y Massa y Carrara. Se fusionó con Italia en 1860.
MODENÉS, SA. adj. Natural de Módena. Ú.t.c.s. ‖ Perteneciente a esta ciudad de Italia.
MODERACIÓN. al. **Mässigung.** fr. **Modération.** ingl. **Moderation.** ital. **Moderazione.** port. **Moderação.** (Del lat. *moderatio, -onis.*) f. Acción de moderar o moderarse. ‖ Cordura, templanza. *Hablar con* MODERACIÓN. ‖ IDEAS AFINES: *Sobriedad, circunspección, abstinencia, frugalidad, castidad, transigir, morigerar, economía, comedido, ponderado, razonable.*
MODERADAMENTE. adv. m. Con moderación. *Beber* MODERADAMENTE. ‖ Razonablemente.
MODERADO, DA. adj. Que tiene moderación. *Luis es* MODERADO *en sus afectos*; sinón.: **mesurado, templado.** ‖ Que guarda el medio entre los extremos.
MODERADOR, RA. (Del lat. *moderátor.*) adj. y s. Que modera. ‖ m. Presidente de una reunión o asamblea en las iglesias protestantes. ‖ Perso-

na que preside o dirige un debate, asamblea, mesa redonda, etc. ‖ *Fís.* Substancia que reduce la energía cinética de los neutrones sin absorberlos.

MODERANTE. p. a. de **Moderar.** Que modera.

MODERANTISMO. (De *moderante.*) m. Costumbre de obrar con moderación.

MODERAR. (Del lat. *moderare.*) tr. Templar, evitar excesos. MODERAR *los arrebatos;* sinón.: **calmar, refrenar.** ‖ deriv.: **moderativo, va; moderatorio, ria.**

MODERNAMENTE. adv. m. Recientemente.

MODERNIDAD. f. Calidad de moderno.

MODERNISMO. m. Afición a los gustos, tendencias, etc., modernos, en particular en artes y literatura. ‖ Movimiento religioso de fines del siglo XIX y comienzos del XX que pretendió poner de acuerdo la doctrina cristiana con la filosofía y la ciencia de la época, en especial el intuicionismo, el pragmatismo, y la nueva exégesis bíblica, y favoreció la interpretación subjetiva, sentimental e histórica de muchos contenidos religiosos. Fue condenado por Pío X en la encíclica *Pascendi* (1907). ‖ Movimiento literario esp., nacido en América, y encabezado por Rubén Darío. Depuró los temas románticos, condicionándolos a la técnica de los simbolistas y parnasianos franceses, que, muchas veces, tomó como modelos. deriv.: **modernista.**

MODERNISTA. adj. Perteneciente o relativo al modernismo. Apl. a pers., ú.t.c.s.

MODERNIZAR. tr. Dar forma o aspecto moderno a las cosas antiguas. MODERNIZAR *un vestido, una ciudad;* sinón.: **rejuvenecer, renovar.** ‖ deriv.: **modernización; modernizador, ra.**

MODERNO, NA. al. **Neu; modern.** fr. **Moderne.** ingl. **Modern.** ital. **Moderno.** port. **Moderno.** (Del lat. *modernus;* de *modus,* modo.) adj. Que existe desde hace poco tiempo. *Edificio* MODERNO; sinón.: **nuevo, reciente;** anton.: **antiguo.** ‖ Que ha sucedido recientemente. *Convulsiones* MODERNAS. ‖ Que lleva poco tiempo ejerciendo un empleo. ‖ *Hond.* Tardío, lerdo. ‖ m. Los que viven en la actualidad, o han vivido hace poco. ‖ **A la moderna.** m. adv. Según costumbre o uso **moderno.** ‖ IDEAS AFINES: *Contemporáneo, avanzado, remozar, televisión, radar.*

MODESTAMENTE. adv. m. Con modestia. MODESTAMENTE *rehuyó los agasajos.*

MODESTIA. al. **Bescheidenheit.** fr. **Modestie.** ingl. **Modesty.** ital. **Modestia.** port. **Modéstia.** (Del lat. *modestia.*) f. Virtud que modera y regla las acciones externas. ‖ Recato, decencia en los dichos y las acciones. ‖ Moderación que observa una persona en su porte y en la estimación que denota de sí misma.

MODESTO, TA. al. **Bescheiden.** fr. **Modeste; humble.** ingl. **Modest; humble.** ital. **Modesto.** port. **Modesto.** (Del lat. *modestus.*) adj. y s. Que tiene modestia. *El sabio es* MODESTO; sinón.: **humilde, sencillo;** antón.: **presuntuoso.** ‖ Galicismo por moderado, escaso, etc., en expres. como *sueldo* MODESTO; *ambiciones* MODESTAS, etc.

MODICA. *Geog.* Ciudad de Italia, en Sicilia (Siracusa). 45.500 h. Pastas alimenticias, quesos, vinos.

MÓDICAMENTE. adv. m. Con escasez, con moderación.

MODICIDAD. (Del lat. *modicitas, -atis.*) f. Calidad de módico.

MÓDICO, CA. (Del lat. *modicus.*) adj. Moderado, limitado. *Precios* MÓDICOS. ‖ IDEAS AFINES: *Barato, económico, conveniente, modesto, accesible, saldos, liquidación, rebaja.*

MODIFICACIÓN. al. **Veränderung.** fr. **Modification.** ingl. **Modification.** ital. **Modificazione.** port. **Modificação.** (Del lat. *modificatio, -onis.*) f. Acción y efecto de modificar o modificarse. *El código ha sufrido varias* MODIFICACIONES; sinón.: **cambio, reforma.**

MODIFICADOR, RA. (Del lat. *modificátor.*) adj. Que modifica. Ú.t.c.s.

MODIFICAR. al. **Verändern.** fr. **Modifier.** ingl. **To modify.** ital. **Modificare.** port. **Modificar.** (Del lat. *modificare.*) tr. Cambiar la forma, la calidad, etc. ‖ Limitar, restringir las cosas a determinado estado o calidad. Ú.t.c.r. *¿No* MODIFICARÁS *tu carácter?;* sinón.: **cambiar.** ‖ Reducir las cosas a términos justos. Ú.t.c.r. MODIFICÓSE *el proyecto* ‖ *Fil.* Dar nueva forma de existir a la materia. ‖ deriv.: **modificable; modificante; modificativo, va; modificatorio, ria.** ‖ IDEAS AFINES: *Cambiar, evolucionar, reforma, ampliación, transformación, mutación, adecuar, corregir, retoque, rectificación, tachar, enmienda, restaurar.*

MODIGLIANI, Amadeo. *Biog.* Pintor ital., autor de figuras flexibles y alargadas, de expresión melancólica. *Retrato de Madame B.; Mujer con un abanico; Desnudo tendido sobre el diván; Novia y novio; El pequeño campesino,* etc. (1884-1920).

MODILLÓN. (Del ital. *modiglione.*) m. *Arq.* Saliente de la parte inferior del vuelo de una cornisa. *Un* MODILLÓN *de madera.*

MODIO. (Del lat. *modius.*) m. Medida para áridos usada en la antigua Roma, equivalente a un tercio de ánfora, o sea a poco más de 8 litros y medio.

MODISMO. al. **Spracheigentümlichkeit; Redewendung.** fr. **Idiotisme.** ingl. **Idiom.** ital. **Idiotismo.** port. **Modismo.** m. Modo de hablar peculiar de una lengua, que suele apartarse en algo de las reglas gramaticales.

MODISTA. al. **Modistin.** fr. **Modiste.** ingl. **Dressmaker, modist.** ital. **Modista.** port. **Modista.** (De *moda.*) com. Quien fabrica trajes y vestidos para señoras. ‖ f. Mujer que tiene tienda de modas.

MODISTERÍA. f. *Méx.* Tienda de modas.

MODISTILLA. f. fam. Modista de poco valer en su arte. ‖ fam. Oficiala o aprendiza de modista.

MODISTO. m. Neologismo por **modista** en género masculino.

MODO. al. **Art; Weise; Modus.** fr. **Mode; manière.** ingl. **Mode; way, manner.** ital. **Modo.** port. **Modo.** (Del lat. *modus.*) m. Forma variable de un ser que no altera la esencia del mismo. ‖ Templanza en acciones o palabras. ‖ Urbanidad en el trato o porte. *Tener buenos* MODOS. ‖ Forma de hacer algo. MODO *de pedir.* ‖ *For.* Encargo unido a una donación que obliga al adquirente. ‖ *Gram.* Cada manera general de manifestarse la significación del verbo. ‖ *Mús.* Disposición de los sonidos que forman una escala musical. ‖ – **adverbial.** *Gram.* Locución que hace oficio de adverbio; como *en efecto.* ‖ – **conjuntivo.** *Gram.* Locución que hace oficio de conjunción; p. ej.: *con tal que.* ‖ – **de adquirir.** *For.* Hecho jurídico por cuya virtud una persona adquiere el dominio u otro derecho real sobre una cosa. ‖ – **imperativo.** *Gram.* El que sirve para mandar, exhortar, rogar, disuadir, etc. ‖ – **indicativo.** *Gram.* El que expresa la significación del verbo como real y efectiva. ‖ – **infinitivo.** *Gram.* El que enuncia en abstracto la idea del verbo, sin expresar número ni persona. ‖ – **mayor.** *Mús.* Disposición de los sonidos en la escala diatónica, cuya tercera nota se diferencia en dos tonos de la primera. ‖ – **menor.** *Mús.* Disposición en que la tercera nota de la escala diatónica, se diferencia sólo en un tono y medio de la primera. ‖ – **optativo.** *Gram.* En la conjugación griega y sánscrita, el que indica deseo de que se verifique lo significado por el verbo. En latín se refundió con el subjuntivo. ‖ – **plagal.** *Mús.* Cada uno de los cuatro añadidos en el canto gregoriano, y cuya dominante era la tercera por bajo de la tónica. ‖ – **potencial.** *Gram.* El que expresa la acción del verbo como posible. ‖ – **subjuntivo.** *Gram.* El que expresando la significación del verbo como posible, necesita generalmente unirse a otro verbo para tener significación cabal. ‖ **Al,** o **a, modo.** m. adv. Como. ‖ **A** mí, tu, su, nuestro, vuestro, **modo.** loc. adv. Según puede o acostumbra la persona de que se trate. ‖ **De modo que.** m. conj. **De suerte que.** ‖ **Sobre modo.** m. adv. En extremo, sobremanera.

MODORRA. al. **Müdigkeit.** fr. **Engourdissement; assoupissement.** ingl. **Drowsiness.** ital. **Sopore.** port. **Modorra.** (De *modorro.*) f. Sueño muy pesado. *Caer en una* MODORRA; sinón.: **letargo.** ‖ *Veter.* Enfermedad del ganado lanar causada por la presencia de los huevos de cierto helmito en el cerebro de las reses. ‖ IDEAS AFINES: *Somnolencia, sopor, adormecido, hibernación, narcótico, fiebre, bostezo, indolencia, embotamiento.*

MODORRAR. tr. Causar modorra. ‖ r. Ablandarse y mudar de color la fruta, como para pudrirse.

MODORRILLA. f. fam. Tercera vela de la noche.

MODORRILLO. m. Cierta clase de vasija que se usaba antiguamente.

MODORRO, RRA. adj. Que padece modorra. ‖ Dícese de la fruta que se modorra. ‖ Dícese de operarios azogados en las minas. Ú.t.c.s. ‖ fig. Ignorante, torpe. Ú.t.c.s.

MODOSO, SA. adj. Que guarda compostura en su porte. *Una joven* MODOSA; sinón.: **circunspecto.**

MODREGO. (De *modorra.*) m. fam. Individuo inhábil y sin gracia para nada. sinón.: **desmañado, torpe.**

MODULACIÓN. (Del lat. *modulatio, -onis.*) f. *Mús.* Acción y efecto de modular.

MODULAR. (Del lat. *modulare.*) intr. Variar de modos en el habla o en la música, dando, con suavidad y afinación, los tonos correspondientes. ‖ *Fís.* Variar la amplitud o la frecuencia de una oscilación eléctrica. ‖ deriv.: **modulante.**

MÓDULO. (Del lat. *modulus.*) m. *Antrop.* Medida comparativa de las partes del cuerpo humano en los tipos étnicos de cada raza. MÓDULO *facial.* ‖ *Arq.* Medida para las proporciones de los cuerpos arquitectónicos que sirve, en la construcción de edificios, como unidad básica. ‖ *Fís.* Constante que indica la relación entre la magnitud de un esfuerzo físico y la de la fuerza que lo produce. ‖ *Hidr.* Aparato para regular la cantidad de agua que se introduce en un canal o pasa por un orificio. ‖ *Mat.* Cantidad usada para comparaciones en determinados cálculos. ‖ Razón constante entre los logaritmos de un mismo número tomados en bases diferentes. ‖ *Mús.* Modulación. ‖ *Num.* Diámetro de una medalla o moneda.

MODUS VIVENDI. loc. lat. Modo de vivir, arreglo o transacción entre dos partes. Dícese en particular de pactos internacionales o acuerdos diplomáticos de carácter interino.

MÖEN. *Geog.* Isla danesa del mar Báltico. 217 km². 24.000 h. Cap. STEGE.

MOER. m. Muaré.

MOERO. *Geog.* Lago del África, entre Zaire (Congo-Kinshasa) y Zambia. 4.920 km².

MOFA. al. **Spott; Hohn.** fr. **Persiflage; moquerie.** ingl. **Mockery.** ital. **Beffa.** port. **Mofa.** (De *mofar.*) f. Burla y escarnio que se hace de una persona o cosa con hechos o acciones. ‖ IDEAS AFINES: *Pifia, chanza, risa, broma, chasco, diversión, hazmerreír, zaherir, ridiculizar, remedar, caricatura.*

MOFAR. al. **Höhnen.** fr. **Railler.** ingl. **To mock.** ital. **Beffare.** port. **Mofar.** intr. y r. Hacer mofa. SE MOFABA *de los tontos.* ‖ deriv.: **mofador, ra; mofadura; mofante.**

MOFETA. (Del neerl. *muf,* que huele a moho.) f. Cualquiera de los gases tóxicos que se desprende de lugares subterráneos. *Las* MOFETAS *son frecuentes en Yellowstone.* ‖ Mamífero carnicero semejante a la comadreja; vive en la América del Sur y cuando se ve perseguido lanza un líquido hediondo que secretan dos glándulas situadas cerca del ano.

MOFLETE. m. fam. Carrillo grueso y carnoso. sinón.: **cachete.**

MOFLETUDO, DA. adj. Que tiene mofletes. *Niño* MOFLETUDO; sinón.: **cachetudo, carrilludo.**

MOFONGO. m. *P. Rico.* Comida hecha con plátano molido.

MOFRADO, DA. adj. *Hond.* Afeminado, sodomita.

MOGADISCIO. *Geog.* Ciudad y puerto del África oriental, cap. de la Rep. Democrática Somalí. 375.000 h. Industria textil y oleaginosa.

MOGADOR. *Geog.* Ciudad de Marruecos meridional, puerto sobre el océano Atlántico. 30.000 h.

MOGATAZ. (Del ár. *mogattaç,* bautizado.) m. Soldado moro al servicio de España en los presidios africanos. Ú.t.c.adj.

MOGATE. (Del ár. *mogatí,* lo que cubre.) m. Baño, barniz que cubre algo.

MOGATO, TA. adj. y s. Mojigato.

MOGILEV. *Geog.* Ciudad de la Unión Soviética, en Rusia Blanca, a orillas del río Dniéper. 80.000 h. Comercio agrícola.

MOGO. m. ant. Moho. Ú. en *Col.* y *Chile.*

MOGO. m. *Cuba.* Mogomogo.

MOGOL, LA. (Del turco *mugol.*) adj. **Mongol.** ‖ **Gran Mogol.** Título de los soberanos de una dinastía mahometana en la India.

MOGOLIA. *Geog.* V. **Mongolia.**

MOGÓLICO, CA. adj. **Mongólico.** ‖ Perteneciente al Gran Mogol.

MOGOLLA. f. *Arg.* y *P. Rico.* De mogollón. ‖ *Col.* Moyuelo. ‖ *Chile.* Acto de conseguir gratis un trabajo estimable.

MOGOLLAR. tr. *Bol.* Trampear.

MOGOLLÓN, NA. adj. Holgazán, gorrón. ‖ m. Entremetimiento de alguien donde no lo llaman. ‖ **De mogollón.** frs. fam. **De gorra.** ‖ De balde, gratuitamente.

MOGOMOGO. m. *Hond.* Fufú.

MOGÓN, NA. adj. Dícese de la res vacuna a la que le falta un asta, o la tiene rota por la punta.

MOGOSIAR. (De *mogo,* moho.) tr. fam. *Col.* Enmohecer.

MOGOSO, SA. (De *mogo,* moho.) adj. fam. *Col.* y *Chile.* Mohoso.

MOGOTE. m. Montículo aislado, cónico y romo. ‖ Hacina en forma piramidal. ‖ Cada una de las dos cuernas de gamos y venados, hasta que tienen un palmo de longitud.

MOGOTES. *Geog.* Población de Colombia (Santander). 6.000 h. ‖ **Punta –.** Cabo de la costa argentina (Buenos Aires), al S. de Mar del Plata.

MOGROLLO. (De *mogollón.*) m. Gorrista. ‖ fam. Persona tosca.

MOGROVEJO, Santo Toribio Alfonso de. *Biog.* Prelado esp., arzobispo de Lima, fundó el primer seminario americano en dicha ciudad y realizó fecunda labor de misionero y catequizador (1538-1606).

MOHAMED. *Biog.* Nombre de trece reyes árabes de Granada (s. XII a XV), el primero de los cuales, que reinó de 1231 a 1272, protegió a los artistas e inició la construcción del palacio de la Alhambra. ‖ – **XIII.** V. **Boabdil.** ‖ – **Ben Yusef.** Sultán de Marruecos desde 1927 a 1953 y desde 1955 hasta 1957 en que fue proclamado rey. Gobernó hasta 1961, fecha en que lo sucedió en el trono su hijo, Hassan II (1909-1961).

MOHARRA. (Del ár. *mohárrib,* aguzado.) f. Punta de la lanza, que comprende la cuchilla y el cubo con que se asegura en el asta.

MOHARRACHE. m. Moharracho.

MOHARRACHO. (Del ár. *moharrech.*) m. Persona que se disfraza ridículamente para entretener a los demás en una función. ‖ fig. y fam. Mamarracho.

MOHATO, TA. adj. *Cuba.* Aplícase generalmente a las caballerías de color negruzco.

MOHATRA. (Del ár. *mojátara,* cosa aventurada.) f. Venta fingida hecha fraudulentamente. ‖ Fraude, engaño.

MOHATRAR. intr. Hacer mohatras; sinón.: **estafar, timar.** ‖ deriv.: **mohatrante.**

MOHATRERO, RA. s. Quien hace mohatras.

MOHATRÓN, NA. m. Mohatrero.

MOHAWK. *Geog.* Río de los EE. UU. (Nueva York). Cruza los montes Apalaches y des. en el río Hudson. 280 km.

MOHECER. (De *moho.*) tr. y r.

Enmohecer. ‖ irreg. Conj. como **merecer.**

MOHEDA. (Del ár. *mogueida,* nombre de lugar; del verbo *gayada,* esconderse en la espesura.) f. Monte alto con maleza.

MOHEDAL. m. Moheda.

MOHEÑA. adj. V. **Ortiga moheña.**

MOHICANO, NA. adj. Dícese del indio perteneciente a una tribu de origen algonquino que habitaba en el Estado de Connecticut (EE. UU.). Ú.t.c.s. ‖ Perteneciente a esta tribu.

MOHIENTO, TA. adj. Mohoso.

MOHÍN. al. **Grimasse.** fr. **Moue, grimace.** ingl. **Grimace; gesture.** ital. **Smorfia.** port. **Gesto; trejeito.** (De *mofa.*) m. Mueca o gesto. *Hizo un* MOHÍN *de disgusto.*

MOHÍNA. (De *mohín.*) f. Enfado contra alguien.

MOHINDAD. f. Mohína.

MOHÍNO, NA. (De *mohín.*) adj. Triste, melancólico. ‖ Dícese del mulo o mula, hijos de caballo y burra. ‖ Dícese de las caballerías y las reses vacunas que tienen el pelo muy negro y especialmente el hocico. Ú.t.c.s. ‖ m. Rabilargo, pájaro. ‖ En el juego, aquel contra quien van los demás jugadores. ‖ IDEAS AFINES: *Cariacontecido, cabizbajo, enfurruñado, murria, enojo, decaimiento, decepción.*

MOHO. al. **Schimmel.** fr. **Moisissure; vert-et-gris.** ingl. **Moss; rust.** ital. **Muffa; ruggine.** port. **Mofo.** (Del alto al. *muff.*) m. Nombre de varias especies de hongos micofícetos, que se crían formando capas en la superficie de cuerpos orgánicos y los descomponen. ‖ Capa que se forma en la superficie de cuerpos metálicos por alteración química. *El* MOHO *del cobre.* ‖ fig. Desidia. ‖ **No criar moho** una cosa. frs. fig. y fam. Tenerla en constante actividad. ‖ IDEAS AFINES: *Humedad, oscuridad, penicilina, verdín, enmohecido, orín, cardenillo, parásito, liquen, alga, micología, fungicida.*

MOHOSEARSE. r. *Col.* y *Perú.* Enmohecerse.

MOHOSO, SA. adj. Cubierto de moho. *Llave* MOHOSA; sinón.: **herrumbroso, oxidado.**

MOIRAS. *Mit.* Parcas.

MOISÉS. m. Canastilla guarnecida de muselina, encajes, etc., que sirve de cama para los recién nacidos.

MOISÉS. *Hist. Sagr.* Profeta y legislador hebr. Según la Biblia fue depositado en una cesta en el Nilo para salvarlo del Faraón; hallado por una princesa egipcia, fue educado en la corte, pero se alejó de ella sintiendo el llamado de su pueblo, del que fue guía y libertador. Por mandato de Jehová solicitó al Faraón la liberación de los hebreos y al serle negada, Dios desató sobre Egipto las diez plagas. Antes de la última, el soberano aceptó la salida y **Moisés** condujo a su pueblo por el desierto, durante cuarenta años, hacia la Tierra Prometida. En ese lapso nació una nueva generación a la que dio los *Diez Mandamientos,* que le habían sido dictados por Jehová en el monte Sinaí y transformó a esos esclavos en un pueblo libre y organizado. A los ciento veinte años escribió la *Torá* o Ley, delegó su mando en Josué y murió por orden divina, sin ver la Tierra Prometida a la que había conducido a su pueblo y al que dio un código eterno de ética y justicia social.

MOISÉS. *B. A.* Magistral obra escultórica de Miguel Ángel, una de las cuarenta estatuas que su autor proyectó para la tumba del Papa Julio II. Emplazada en la iglesia San Pedro, de Roma, es la representación perfecta e ideal del legislador hebreo y una de las obras máximas del arte de todos los tiempos, en donde el genio creador del hombre se manifiesta con mayor fuerza y armonía.

MOISÉS VILLE. *Geog.* Localidad de la Argentina, en el centro oeste de la prov. de Santa Fe. 6.000 h. Centro agricolaganadero.

MOISSAN, Enrique. *Biog.* Quím. fr. que logró aislar el flúor y liquidarlo, e inventó hornos eléctricos para la producción de diamantes. Premio Nobel de Química en 1906. Publicó: *El flúor y sus compuestos; Clasificación de los elementos; El horno eléctrico,* etc. (1852-1907).

MOIVRE, Abrahán de. *Biog.* Geómetra fr., uno de los creadores de la trigonometría imaginaria. Se le debe la teoría de las series recurrentes, que halló en sus investigaciones sobre el cálculo de probabilidades, además de la fórmula que lleva su nombre (1667-1754).

MOJÁBANA. f. Almojábana.

MOJABOBOS. m. *Hond.* Calabobos.

MOJADA. f. Acción y efecto de mojar. ‖ fam. Herida hecha con arma punzante.

MOJADEDO. (De *mojar,* y *dedo.*) mojadedo. loc. adv. *Cineg.* Hablando de disparos, a corta distancia, a quemarropa.

MOJADO, DA. p. p. de **Mojar.** ‖ adj. fig. V. **Papel mojado.** ‖ *Gram.* Dícese del sonido pronunciado con un contacto relativamente amplio del dorso de la lengua contra el paladar.

MOJADOR, RA. adj. Que moja. Ú.t.c.s. ‖ m. Tacita con esponja, para mojarse los dedos quien cuenta billetes o maneja papeles, y para mojar sellos antes de pegarlos en los sobres. ‖ *Impr.* Depósito de agua en que se moja el papel antes de la impresión.

MOJADURA. f. Acción y efecto de mojar o mojarse.

MOJAMA. (Del ár. *almoxamma,* seco.) f. Cecina de atún.

MOJANDA. *Geog.* Nudo montañoso de los Andes del Ecuador (Pichincha). 4.171 m.

MOJAR. al. **Befeuchten; nassmachen.** fr. **Mouiller.** ingl. **To wet.** ital. **Bagnare.** port. **Molhar.** (Del lat. *mollire,* ablandar.) tr. Humedecer una cosa con agua u otro líquido. Ú.t.c.r. *Niños, no se* MOJEN *los pies;* antón.: **secar.** ‖ fig. y fam. Dar de puñaladas a alguien. ‖ intr. fig. Tomar parte en un negocio. ‖ IDEAS AFINES: *Lluvia, relente, rocío, regar, enjuagar, empapar, aspersión, hisopo, infiltración, calado, embebido, salpicar.*

MOJARRA. (De *moharra.*) f. Nombre dado a diversos peces, marinos y fluviales, de cuerpo breve y comprimido. ‖ *Amér.* Cuchillo ancho y corto.

MOJARRILLA. (dim. de *mojarra.*) com. fam. Persona que siempre está alegre.

MOJE. (De *mojar.*) m. Caldo de cualquier guisado.

MOJEL. (Del ital. *morsello,* rebenque.) m. *Mar.* Cajeta de meollar, para dar vueltas al cable y al virador al zarpar el ancla.

MOJERA. f. Mostajo.

MOJI. *Geog.* Ciudad y puerto del Japón, en el N. de la isla de Kiu-Shiu. 160.000 h. Exportaciones de carbón, cemento, maderas, azúcar, algodón y tejidos. Actualmente se halla anexada al conglomerado de **Kitakiushiu.**

MOJÍ. (Del ár. *mauxi,* p. p. de *uaxa,* assar.) m. Mojicón, golpe. ‖ pl. Mojíes.

MOJICÓN. m. Especie de bizcocho cortado en trozos y bañado. ‖ Bollo fino, para tomar chocolate. ‖ fam. Puñetazo dado en el rostro.

MOJIGANGA. f. Fiesta pública, con disfraces ridículos. ‖ Obrilla dramática, jocosa y muy breve. ‖ fig. Cualquier cosa ridícula con que uno parece burlarse de otro.

MOJIGATERÍA. f. Condición de mojigato. sinón.: **gazmoñería, hipocresía.** ‖ Acción propia de él.

MOJIGATEZ. f. Mojigatería, condición de mojigato.

MOJIGATO, TA. adj. y s. Disimulado, hipócrita. ‖ Beato hazareño.

MOJINETE. m. Albardilla, tejadillo. ‖ Caballete, línea de un tejado. ‖ *Arg.* Frontón o remate triangular de la fachada de un cobertizo, rancho, etc. ‖ *Chile.* Hastial de un edificio.

MOJINETE. *Geog.* Río de Bolivia (Potosí) que, al unirse con el río Grande de San Juan, señala el punto extremo norte del territorio argentino.

MOJO. (De *mojar.*) m. Moje.

MOJO, JA. adj. Dícese del indio perteneciente a una tribu cuyos restos viven en las orillas de los ríos bolivianos. Ú.t.c.s. ‖ Perteneciente a estos indios. ‖ m. Lengua hablada por los mojos.

MOJÓN. al. **Grenzstein.** fr. **Borne.** ingl. **Landmark.** ital. **Pietra limitare.** port. **Marco.** (Del b. lat. *mullio, -onis.*) m. Señal permanente, para fijar linderos de fronteras, etc. sinón.: **cipo, hito.** ‖ Por ext., señal colocada en despoblado para que sirva de guía. ‖ Chito que se usa en el juego del mismo nombre. ‖ Montón de objetos sin orden. ‖ Porción de excremento humano que se expele de una vez. ‖ IDEAS AFINES: *Límite, piedra, monolito, mensura, camino, distancia, separación, marca, amojonar.*

MOJON. (De *mojar.*) m. Catavinos.

MOJONA. (De *mojonar.*) f. Acción de mojonar o medir tierras.

MOJONAR. (De *mojón.*) tr. Amojonar. ‖ deriv.: **mojonación.**

MOJONERA. f. Lugar donde se colocan los mojones. ‖ Serie de mojones entre dos jurisdicciones.

MOJONERO. (De *mojón.*) m. Aforador.

MOJOSO. m. *R. de la Plata.* Facón del gaucho.

MOKA. *Geog.* Ciudad del Yemen, a orillas del mar Rojo, al N. del estrecho de Bab-el-Mandeb. 7.000 h. Famoso café de su nombre.

MOKPO. *Geog.* Ciudad y puerto de Corea del Sur. 185.000 h. Centro algodonero. Industria de la carne.

MOLA. (Del lat. *mola.*) f. Harina de cebada, tostada y mezclada con sal, que usaban los paganos en los sacrificios.

MOLA. (Del lat. *moles.*) f. Masa carnosa e informe que a veces se forma dentro de la matriz, ocasionando las apariencias de la preñez. Dícese también **mola matriz.**

MOLADA. f. Porción de color que se muele de una vez con la moleta.

MOLAR. al. **Backenzahn.** fr. **Molaire.** ingl. **Molar.** ital. **Molare.** port. **Molar.** (Del lat. *molaris.*) adj. Perteneciente o relativo a la muela. ‖ Apto para moler. ‖ V. **Diente molar.** Ú.m.c.s.

MOLAS, José D. *Biog.* Novelista par. cont., autor de *Polvareda de bronce* y otras obras. ‖ — **LÓPEZ, Felipe.** Político par. (1901-1954), que fue pres. provisional de la República en 1949.

MOLCAJETE. (Del mex. *mulcaxitl,* escudilla.) m. Mortero de piedra o de barro cocido, con tres pies.

MOLDAR. tr. Amoldar. ‖ Moldurar.

MOLDAU. *Geog.* Río de Checoslovaquia. V. **Moldava.**

MOLDAVA. *Geog.* Río de Checoslovaquia (Bohemia). Pasa por Praga y des. en el río Elba, 422 km. En checo se llama **Vltava.** ‖ Río de Rumania que atraviesa la región de Moldavia, a la que da nombre, y des. en el río Siret. 150 km.

MOLDAVIA. *Geog.* Antiguo principado danubiano que hoy forma parte de Rumania. Está sit. al N.E. del país en la frontera rusa. 38.058 km². 3.050.000 h. Cap. JASSY. Vinos. ‖ República del S.O. de la Unión Soviética. 33.800 km². 3.650.000 h. Cereales. Pesca. Cap. KISHINEV.

MOLDAVO, VA. adj. Natural de Moldavia. Ú.t.c.s. ‖ Perteneciente a este antiguo principado, que actualmente forma parte de Rumania.

MOLDE. al. **Form.** fr. **Moule.** ingl. **Mold.** ital. **Forma.** port. **Molde.** (Del lat. *módulus.*) m. Pieza en la que se hace en hueco la figura que en sólido quiere darse a la materia fundida que en él se vacía. MOLDE *metálico.* ‖ Cualquier instrumento para estampar o dar forma a algo. ‖ V. **Letra de molde.** ‖ fig. Persona que puede servir de dechado. ‖ *Amér.* Patrón que se usa para cortar prendas de vestir. ‖ *Impr.* Conjunto de letras, o forma preparada para imprimir. ‖ — **de tontos.** fig. Persona a quien cansan con impertinencias. ‖ **De molde.** loc. Aplícase a lo impreso, por oposición a manuscrito. ‖ m. adv. fig. A propósito. ‖ Bien, perfectamente. ‖ **Sácale el molde.** frs. fig. y fam. con que se censura o critica irónicamente una cosa. ‖ IDEAS AFINES: *Plantilla, troquel, moldura, vasija, reproducción, figurín, modista.*

MOLDEADO. m. Acción y efecto de moldear. MOLDEADO *en prensa.*

MOLDEAR. al. **Formen.** fr. **Mouler.** ingl. **To mold.** ital. **Moldellare.** port. **Moldar.** (De *molde.*) tr. Moldurar. ‖ Sacar el molde de una figura. ‖ Vaciar por medio de un molde. ‖ deriv.: **moldeador, ra; moldeamiento.**

MOLDES, José de. *Biog.* Mil. arg., de destacada actuación en las guerras de la independencia. Tomó parte en la batalla de Tucumán como ayudante del general Belgrano (1785-1824).

MOLDES. *Geog.* Población de la Argentina, en el S.O. de la prov. de Córdoba. 6.000 h. Centro agricolaganadero.

MOLDURA. al. **Sims.** fr. **Moulure.** ingl. **Molding.** ital. **Modanatura.** port. **Moldura.** (De *molde.*) f. Parte saliente, de perfil uniforme, usada para adornar obras de arquitectura, carpintería, etc. ‖ *Chile.* Pared o adorno de plantas tupidas, con que se forman calles y cuadros de jardines.

MOLDURAR. tr. Hacer molduras. MOLDURAR *una cornisa.*

MOLDURERA. f. *Chile.* Juntera.

MOLE. (Del lat. *mollis.*) adj. Muelle, blando.

MOLE. al. **Masse.** fr. **Masse.** ingl. **Mass, bluk.** ital. **Mole.** port. **Mole.** (Del lat. *moles.*) f. Cosa de gran corpulencia. *Una* MOLE *de piedra.* ‖ Bulto grande. ‖ IDEAS AFINES: *Magnitud, bloque, gigantesco, monumento, imponente, coloso, pirámides, rascacielos, paquidermo, cetáceo, montaña, iceberg.*

MOLE. (Del mex. *mulli.*) m. Guisado de carne, usado en México, que se hace con carne vacuna, salsa de chiles colorados, ajonjolí, etc. ‖ — **verde.** El hecho con salsa de chiles verdes y tomates.

MOLÉCULA. al. **Molekül.** fr. **Molécule.** ingl. **Molecule.** ital. **Mollecola.** port. **Molécula.** (dim. del lat. *moles,* mole.) f. *Fís.* Agrupación definitiva y ordenada de átomos, que constituye la menor porción que podemos separar de un cuerpo sin alterar su composición química. Durante las reacciones químicas, las **moléculas** puedan dividirse, unirse o cambiar una parte de sus átomos, lo cual da lugar a la formación de nuevas **moléculas** y, por consecuencia, de nuevos cuerpos. Hasta la actualidad se han catalogado así más de 500.000 diferentes compuestos químicos. ‖ — **gramo.** Medida que equivale al peso molecular que posee un cuerpo o compuesto determinado. ‖ — **marcada.** La que contiene un átomo de algún isótopo radiactivo empleado como índice en la experimentación. ‖ IDEAS AFINES: *Pequeño, partícula, imponderable, invisible, célula, corpúsculo, cohesión, afinidad, mota, microcosmos, micrón, infinitesimal.*

MOLECULAR. adj. Perteneciente o relativo a las moléculas. *Peso* MOLECULAR.

MOLEDERA. (De *moler.*) f. Piedra en que se muele. ‖ fig. y fam. Cansera, molestia.

MOLEDERO, RA. adj. Que se ha de moler o puede ser molido.

MOLEDOR, RA. adj. Que muele. Ú.t.c.s. ‖ fig. y fam. Dícese de quien molesta con su pesadez. Ú.t.c.s. ‖ m. Cada cilindro del trapiche en que se machacan las cañas para el azúcar.

MOLEDURA. (Del lat. *molitura.*) f. Molimiento.

MOLEIRO, Moisés. *Biog.* Compositor ven., cultor del folklore nativo en canciones y piezas breves para piano (n. 1905).

MOLEJÓN. (aum. del ant. *moleja.*) m. Mollejón; piedra de amolar. ‖ *Cuba.* Farallón, roca.

MOLENBEEK-SAINT-JEAN. *Geog.* Ciudad de Bélgica, cerca de Bruselas, en la prov. de Brabante. 70.000 h. Importante centro industrial.

MOLENDERO, RA. (Del lat. *molendarius.*) s. Quien muele o lleva que moler a los molinos. ‖ El que muele y labra el chocolate. ‖ m. *C. Rica.* Mesa de cocina donde se muele alguna cosa.

MOLEÑA. (De *moleño.*) f. Pedernal. variedad de cuarzo.

MOLEÑO, ÑA. (De *muela.*) adj. Dícese de la roca para hacer piedras de molino.

MOLER. al. **Mahlen.** fr. **Moudre.** ingl. **To grind, to mill.** ital. **Macinare.** port. **Moer.** (Del lat. *molere.*) tr. Quebrantar un cuerpo, reduciéndolo a partículas menudas o a polvo. MOLER *trigo, nueces*; sinón.: **machacar, triturar.** || Cansar, fatigar materialmente. *El viaje en coche me* HA MOLIDO. || fig. Destruir, maltratar. || Molestar impertinentemente. *Ya* MUELE *con sus llamados.* || *Cuba.* Exprimir la caña de azúcar en el trapiche. || irreg. Conj. como **mover.**

MOLERO. (Del lat. *molarius.*) m. Fabricante o vendedor de muelas de molino.

MOLE-SAINT-NICOLAS. *Geog.* Población de Haití, en el dep., del Noroeste. 12.000 h.

MOLESCHOTT, Jacobo. *Biog.* Filósofo holandés, de tendencia materialista (1822-1893).

MOLESTADOR, RA. adj. y s. Que molesta.

MOLESTAMENTE. adv. m. Con molestia, insistencia y terquedad.

MOLESTAR. al. **Belästigen; stören.** fr. **Incommoder; déranger.** ingl. **To disturb; to trouble.** ital. **Molestare; disturbare.** port. **Molestar.** (Del lat. *molestare.*) tr. y r. Causar molestia. *El ruido* ME MOLESTA; sinón.: **fastidiar, incomodar;** antón.: **agradar.**

MOLESTIA. al. **Belästigung; Mühe.** fr. **Incommodité; dérangement.** ingl. **Annoyance; trouble.** ital. **Molestia.** port. **Moléstia.** (Del lat. *molestia.*) f. Fatiga, extorsión. *Perdone la* MOLESTIA *que le causo*; sinón.: **incomodidad, trabajo.** || Fastidio, desazón del ánimo. || Perturbación originada por algún daño físico. || Falta de comodidad para los movimientos del cuerpo. *Viajar con* MOLESTIA.

MOLESTO, TA. (Del lat. *molestus.*) adj. Que causa molestia. *Ruidos* MOLESTOS; sinón.: **enojoso, fastidioso.** || fig. Que la siente. *Se encontraba* MOLESTO *en esa reunión.*

MOLESTOSO, SA. adj. *Amér.* y *And.* Molesto, que causa molestia.

MOLETA. f. dim. de **Muela.** || Piedra para moler drogas, colores, etc. || Aparato para alisar y pulir cristales. || *Blas.* Figura en forma de estrella con un círculo en su interior. || *Impr.* Instrumento para moler la tinta en el tintero.

MOLFETTA. *Geog.* Ciudad y puerto de Italia a orillas del Adriático (Bari). 60.000 h. Aceite de oliva, vinos, pastas alimenticias.

MOLIBDENO. (Del gr. *mólybdos*, plomo.) m. Metal blanco, de aspecto parecido al del platino, dúctil, difícilmente fusible, empleado en la fabricación de aceros especiales. Elemento de símbolo Mo, n. atóm. 42 y p. atóm. 95,95.

MOLICIE. al. **Weichheit; Verweichlichung.** fr. **Mollesse.** ingl. **Softness.** ital. **Mollezza; voluttà.** port. **Molície.** (Del lat. *mollities*; de *mollis*, blando.) f. Calidad de muelle, blando. || fig. Afeminación. *La* MOLICIE *perdió a Sodoma y Gomorra.*

MOLIDO, DA. adj. V. **Oro molido.**

MOLIENDA. (Del lat. *molenda*, cosas que se han de moler.) f. Acción de moler. || Porción de caña, trigo, etc., que se muele de una vez. *Una* MOLIENDA *de tabaco.* || El mismo molino. || Temporada que dura la operación de moler. *Se precisan hombres para la* MOLIENDA. || fig. y fam. Molimiento, molestia. || Cosa que molesta.

MOLIENTE. p. a. de **Moler.** Que muele. || **Moliente y corriente.** expr. **Corriente y moliente.**

MOLIÈRE. *Biog.* Seud. de **Juan Bautista Poquelin,** comediógrafo, actor y director fr., uno de los creadores de la comedia moderna extraída de la farsa, viejo género nacional. Reunió dos cosas al parecer inconciliables: alegría y dignidad. El objeto de su comedia era *"presentar en general los defectos de los hombres y principalmente de los hombres de nuestro siglo".* Base de su realismo psicológico era la pintura de caracteres: sus personajes son tipos eternos; su sátira social lleva implícita una sátira moral y viceversa. Obras principales: *El avaro*; *Tartufo*; *El misántropo*; *Don Juan*; *Las mujeres sabias*; *El enfermo imaginario*; *El médico a pesar suyo*, etc. (1622-1673).

MOLIFICACIÓN. f. Acción y efecto de molificar o molificarse.

MOLIFICAR. (Del lat. *mollificare.*) tr. y r. Ablandar o suavizar. || deriv.: **molificable; molificante.**

MOLIFICATIVO, VA. adj. Que molifica o puede molificar.

MOLIMIENTO. m. Acción de moler. || fig. Molestia, cansancio.

MOLINA, Alonso de. *Biog.* Franciscano esp. misionero en México; autor de *Vocabulario en lengua castellana y mexicana* (1496-1584). || – **Arturo.** Político salv., presidente de la República durante el período 1972-1977. || – **Cayetano.** Jefe de Estado de El Salvador de 1843 a 1844, bajo la Confederación Centroamericana. || – **Enrique.** Pedagogo y escritor chil., autor de *La educación contemporánea*; *Las democracias sudamericanas*; *La cultura y la educación general*, etc. (n. 1871). || – **Juan Francisco.** Pol. hond., uno de los gobernantes interinos de su país durante el período 1838-1841. || – **Juan Ignacio.** Naturalista y jesuita chil., autor de *Compendio de la historia geográfica natural y civil del reino de Chile* y otras de investigación (1740-1829). || – **Juan Ramón.** Poeta hond., notable figura del modernismo literario en su país. Su obra está compilada en *Tierras, mares y cielos* (1875-1908). || – **Marcelo.** Pol. centroamericano, de 1838 a 1840 presid. del Estado de los Altos, que separado de Guat., integró la Rep. Federal de Centro América. || – **Tirso de.** V. **Tirso de Molina.** || – **ARGÜELLO, Carlos.** *Biog.* Ensayista nicar. cont., autor de *El gobierno de Nicaragua en el siglo XIX* y otras obras. || – **CAMPOS, Florencio.** Dibujante y pintor arg. (1891-1959). || – **FLORES Pedro.** Pol. guatemalteco, en 1829 jefe de Estado; bregó por la independencia de su país, y contra la anexión a México (1777-1854). || – **PINILLO, José.** Compositor guat., autor de *Cromos nacionales*; *Rapsodias guatemaltecas* y otras obras folklóricas (n. 1889). || – **VIGIL, Manuel.** Poeta hond., precursor de un estilo nacional en la literatura de su país (1853-1883).

MOLINA. *Geog.* Ciudad de Chile (Talca). 10.000 h. Centro vinícola.

MOLINADA. (De *molino.*) f. fam. Molienda del trigo necesario para pasar una temporada en una casa.

MOLINAR. m. Lugar donde están los molinos.

MOLINARI, Ricardo. *Biog.* Poeta arg., nacido en 1898; autor de *El imaginero*; *Las sombras del pájaro tostado*; *El pez y la manzana*, etc.

MOLINEJO. m. dim. de **Molino.**

MOLINERA. f. Esposa del molinero. || La que tiene a su cargo un molino. || La que trabaja en él.

MOLINERÍA. f. Conjunto de molinos. || Industria molinera.

MOLINERO, RA. al. **Müller.** fr. **Meunier.** ingl. **Miller.** ital. **Mugnaio.** port. **Moleiro.** (Del lat. *molinarius.*) adj. Perteneciente al molino o a la molinería. *Fábrica* MOLINERA. || m. El que tiene un molino a su cargo. || El que trabaja en él.

MOLINETE. m. dim. de **Molino.** || Ruedecilla con aspas, puesta en vidrieras de habitaciones para que se renueve el aire. || Juguete consistente en una varilla con una estrella de papel en la punta, para que el viento la haga girar. || Cierta figura de baile. || Torniquete, especie de torno para pasar una a una las personas. || *Méx.* Girándula, rueda de cohetes. || *Esgr.* Movimiento circular hecho alrededor de la cabeza, con espada, etc., para detener los golpes del enemigo. || *Mar.* Torno dispuesto horizontalmente, a proa del trinquete.

MOLINILLO. (dim. de *molino.*) m. Instrumento pequeño para moler. MOLINILLO *para pan seco.* || Palillo con rueda gruesa y dentada, para batir el chocolate, café, etc.

MOLINISMO. m. Doctrina sobre la gracia y el libre albedrío, del jesuita Luis de Molinos. || deriv.: **molinista.**

MOLINO. al. **Mühle.** fr. **Moulin.** ingl. **Mill.** ital. **Molino.** port. **Moinho.** (Del lat. *molínum.*) m. Máquina para moler. MOLINO *de aceite, de cacao.* || Cualquier artefacto con que se quebranta, lamina o estruja algo. MOLINO *de la moneda.* || Edificio en que hay **molino.** || fig. Persona bulliciosa e inquieta. || La que molesta mucho. || fig. y fam. La boca, porque en ella se muelen los alimentos. || – **arrocero.** El que sirve para limpiar de su cáscara el grano de arroz. || – **de sangre.** El movido por fuerza animal. || – **de viento.** El impulsado por el viento. || **Molinos de viento.** fig. Enemigos imaginarios o fantásticos. || **Estar picado el molino.** frs. fig. y fam. Ser la ocasión oportuna para hacer algo. || IDEAS AFINES: *Machacar, triturar, girar, noria, muela, rueda, agua, aspas, granos, harina, salvado, tahona, saetín.*

MOLINO DE LA GALETTE, El. *B. A.* Célebre cuadro de Augusto Renoir que corresponde al período preimpresionista. En él, el autor aúna su búsqueda del color y la luz en la naturaleza, con su preferencia por los temas de su tiempo.

MOLINOS, Miguel de. *Biog.* Heresiarca esp. que fundó, en Roma, la secta del *quietismo* o *molinismo.* Es autor de *Tratado de la comunión cotidiana*; *La devoción de la buena muerte*, etc. (1628-1669).

MOLINOS. *Geog.* Población de la Argentina (Salta). 6.000 h. Curtidurías.

MOLINOSISMO. m. Especie de quietismo, doctrina herética de Miguel de Molinos. || deriv.: **molinosista.**

MOLITIVO, VA. (Del lat. *mollítum*, supino de *mollire*, ablandar, suavizar.) adj. Dícese de lo que molifica o tiene virtud de molificar.

MOLNAR, Francisco. *Biog.* Lit. húngaro, autor de novelas y obras teatrales. Así, *Liliom*; *El diablo*; *La encantadora*; *El cisne*, etc. (1878-1952).

MOLO. m. *Chile.* Malecón.

MOLO. m. *Ec.* Puré de patatas.

MOLOC. *Mit.* Divinidad fenicia, personificación del poder destructor, asimilada a Baal.

MOLOLOA. f. *Hond.* Conversación ruidosa.

MOLONDRO. m. fam. Hombre poltrón y mal educado.

MOLONDRÓN. m. fam. Molondro. || *Ven.* Herencia o suma considerable.

MOLOSO, SA. (Del lat. *molossus.*) adj. Natural de la antigua Molosia. Ú.t.c.s. || Perteneciente a esta ciudad. || Dícese de cierta casta de perros procedentes de Molosia. Ú.t.c.s. || m. Pie de la poesía clásica, compuesto de tres sílabas largas.

MOLOTE. m. *Amér. Central* y *Cuba.* Alboroto, bochinche. || *Méx.* Moño de pelo de la mujer. || Ovillo. || Tortilla de maíz enrollada y frita, rellena de carne, papas, etc.

MOLOTERA. f. *Guat.* y *Hond.* Molote, alboroto.

MÓLOTOV. *Geog.* Ciudad de la Unión Soviética, en la R.S.F.S.R. V. **Perm.**

MÓLOTOV, Venceslao Mikhaílovich. *Biog.* Est. ruso, cuyo verdadero apellido es **Scriabin.** A la muerte de Stalin en 1953, ocupó los cargos de vicepresidente de la U.R.S.S. y ministro de Asuntos Exteriores (n. 1890).

MOLTKE, Helmuth. *Biog.* General prusiano, uno de los principales artífices de la transformación de Alemania en una gran potencia económica y militar (1800-1891).

MOLTURA. (Del lat. *molitura.*) f. Molienda.

MOLTURAR. (De *moltura.*) tr. Moler. || deriv.: **molturación; molturador.**

MOLUCAS, Islas. *Geog.* Archipiélago de Indonesia sit. entre Nueva Guinea y Célebes, al N. de Timor. 83.675 km². 900.000 h. Producen petróleo, café, tabaco, cacao, hierro, estaño, etc. Son las antiguas **Islas de las Especias.**

MOLUCHE. adj. Araucano. Apl. a pers., ú.t.c.s.

MOLUQUÉS, SA. adj. Natural de las islas Molucas. Ú.t.c.s. || Perteneciente o relativo a estas islas.

MOLUSCO. al. **Molluske.** fr. **Molusque.** ingl. **Mollusc.** ital. **Mollusco.** port. **Molusco.** (Del lat. *molluscus*, blando, mollar.) adj. *Zool.* Dícese de los metazoos de simetría bilateral, cuerpo blando no segmentado, sin apéndices articulados, cubierto comúnmente por una concha calcárea. Ú.t.c.s.m. || m. pl. *Zool.* Una de las grandes divisiones o tipos zoológicos. || IDEAS AFINES: *Cefalópodo, lamelibranquio, marisco, valva, nácar, perla, ostra, caracol, mejillón, almeja, berberecho, viscosidad, rocas, mar.*

MOLL. *Geog.* Pobl. de la Argentina (Buenos Aires). 4.000 h.

MOLLA. (Del lat. *mollis*, blando.) f. Parte magra de la carne.

MOLLAR. (De *molle.*) adj. Blando, fácil de quebrantar. *Nuez* MOLLAR. || fig. Dícese de cosas que dan mucha utilidad con poco esfuerzo. || fig. y fam. Dícese de quien es fácil de engañar.

MOLLE. (Del quichua *molli.*) m. Árbol chileno, terebintáceo, cuya corteza y resina son estimadas como nervinas y antiespasmódicas. || Árbol de Bolivia, Ecuador y Perú con cuyos frutos se fabrica una especie de chicha.

MOLLEAR. (De *molla.*) intr. Ceder una cosa a la presión o fuerza. || Doblarse por la blandura.

MOLLEDO. (De *molla.*) m. Parte carnosa y redondeada de muslos, brazos, etc. || Miga del pan.

MOLLEJA. (Del ant. *moleja.*) f. Estómago muscular que tienen las aves, y que les sirve para triturar y ablandar por medio de una presión mecánica los alimentos.

MOLLEJA. f. (dim. de *molla.*) Apéndice carnoso, formado por infarto de las glándulas. || **Criar** uno **molleja.** frs. fig. y fam. Empezar a hacerse holgazán.

MOLLEJÓN. (De *molejón.*) m. Piedra de amolar.

MOLLEJÓN. (De *molleja.*) m. fam. Hombre muy gordo y flojo. || fig. y fam. Hombre muy flojo de genio.

MOLLEJUELA. f. dim. de **Molleja.**

MOLLENDO. *Geog.* Ciudad y puerto del Perú (Arequipa). 14.000 h. Exportaciones de cobre.

MOLLERA. (De *molla.*) f. Parte más alta del casco de la cabeza. || fig. Caletre, seso. || *Zool.* Fontanela situada en la parte más alta de la frente. || **Cerrado de mollera.** loc. fig. Tosco e incapaz. || **Cerrarse o tener** uno **cerrada la mollera.** frs. Endurecerse la fontanela mayor. fig. y fam. Tener ya juicio. || **Ser** uno **duro de mollera.** frs. fig. y fam. Ser porfiado o temoso. || Tener dificultad para aprender.

MOLLERO. m. fam. Molledo de muslos, brazos, etc.

MOLLETA. (De *mollete*, panecillo.) f. Torta de pan, de flor de harina.

MOLLETAS. (Del fr. *mouchettes.*) f. pl. Despabiladeras.

MOLLETE. (Del lat. *mollis*, blando, tierno.) m. Panecillo ovalado, esponjado y poco cocido. || Molledo del brazo. || Moflete.

MOLLETERO, RA. s. Fabricante o vendedor de molletes.

MOLLETUDO, DA. adj. Mofletudo.

MOLLICIO, CIA. (Del lat. *mollis.*) adj. Muelle, suave.

MOLLIFICAR. tr. Molificar.

MOLLINO, NA. (De *muelle*, suave) adj. Dícese del agua llovediza, que cae blanda y menudamente. || f. Mollizna.

MOLLIZNA. (De *mollina.*) f. Llovizna.

MOLLIZNAR. intr. Lloviznar.

MOLLIZNEAR. intr. Molliznar.

MOMA. f. *Méx.* Gallina ciega, juego. Ú.m. el dim. **momita.**

MOMBACHO. *Geog.* Volcán de Nicaragua (Granada). 1.400 m.

MOMBASA. *Geog.* Ciudad de Kenya. 260.000 h. Es el puerto principal del país, y punto de partida del ferrocarril que va a Uganda.

MOMEAR. intr. Hacer momos. || deriv.: **Momeador, ra.**

MOMENTÁNEO, A. (Del lat. *momentáneus.*) adj. Que no dura o no tiene permanencia. *Ausencia* MOMENTÁNEA; sinón.: **pasajero, transitorio;** antón.: **duradero, permanente.** || Que se ejecuta prontamente. || deriv.: **momentáneamente.**

MOMENTO. al. **Augenblick; Moment.** fr. **Moment.** ingl. **Moment.** ital. **Momento.** port. **Momento.** (Del lat. *momén-*

tum.) m. Mínimo espacio de tiempo. *Estuvo un* MOMENTO *con nosotros*; sinón.: **instante.** ‖ Por ext., importancia, entidad, o peso. *Operación de poco* MOMENTO. ‖ Galicismo por oportunidad, coyuntura. ‖ *Mec.* Producto de la intensidad de una fuerza por su distancia a un punto, o a una línea, o por la distancia de su punto de aplicación a un plano. ‖ – **de inercia.** *Mec.* Suma de los productos resultantes de multiplicar el volumen de cada elemento de un cuerpo, por el cuadrado de su distancia a una línea fija. ‖ – **de una fuerza, con respecto a un punto** o **a un eje.** *Mec.* Producto de la intensidad de la fuerza, por la distancia de su recta de acción al punto o al eje, respectivamente. ‖ **Al momento.** m. adv. Al instante. *Vuelvo* AL MOMENTO. ‖ **A cada momento,** o **cada momento.** m. adv. Con frecuencia. *Se asomaba a cada* MOMENTO. ‖ **De un momento a otro.** m. adv. Sin tardanza. Ú. con verbos que denotan una acción futura. *Sabremos el resultado* DE UN MOMENTO A OTRO. ‖ **Por momentos.** m. adv. Sucesivamente, sin intermisión. ‖ IDEAS AFINES: *Lapso, pronto, minuto, inmediatamente, al punto, en seguida, rapidez, brevedad.*

MOMERÍA. (De *momero.*) f. Ejecución de acciones burlescas con gestos o figuras.

MOMERO, RA. (De *momo.*) adj. Que hace momerías, gestos o figuras.

MOMIA. al. **Mumia.** fr. **Momie.** ingl. **Mummy.** ital. **Mummia.** port. **Múmia.** (Del ár. *mumía*, embetunada, y éste del persa *mum*, cera.) f. Cadáver que se deseca sin entrar en putrefacción. *Los egipcios sepultaban las* MOMIAS *en cámaras subterráneas.* ‖ fam. Persona muy seca y morena. ‖ IDEAS AFINES: *Faraón, sepulcro, pirámide, embalsamar, difunto, autopsia, conservación, arqueólogo, fosilizado, petrificado, sarcófago, mascarilla, vendaje.*

MOMIFICACIÓN. f. Acción y efecto de momificar o momificarse.

MOMIFICAR. tr. y r. Convertir un cadáver en momia. Ú.m.c.r. ‖ *Algunos pueblos polinesios* MOMIFICABAN *a los muertos.* ‖ r. Acecinarse, acartonarse.

MOMIO, MIA. (De *momia.*) adj. Magro. Ú.t.c.s.m. ‖ m. fig. Lo dado u obtenido sobre lo que corresponde legítimamente. ‖ Ganga, cosa que se adquiere a poca costa. ‖ **De momio.** m. adv. fig. **De balde.**

MOMMSEN, Teodoro. *Biog.* Hist. y arqueólogo al., que en 1902 obtuvo el premio Nobel de Literatura "por ser el más grande maestro viviente de la narración histórica, y en reconocimiento especial por su monumental *Historia de Roma,* que renovó los conocimientos de la antigüedad latina. Escribió además *Compendio del derecho público romano; Sobre la cronología de las constituciones de Diocleciano y sus corregentes,* etc. (1817-1903).

MOMO. (Del lat. *momus.*) m. Gesto, figura o mofa para divertir.

MOMO. *Mit.* Dios de la risa y de la burla. Presidía las fiestas del carnaval.

MOMÓRDIGA. (Del lat. *momordi*, pret. de *mórdere*, morder, por la escotadura que tiene la hoja.) f. Balsamina, planta.

MOMOSTENANGO. *Geog.* Población de Guatemala (Totonicapán). 12.000 h. Centro ganadero.

MOMPÓS. *Geog.* Isla de Colombia, formada por el río Magdalena, en el dep. de Bolívar. Es la mayor del río. 2.600 km². ‖ C. de Colombia (Bolívar) 20.000 h. Orfebrería, alfarería.

MONA. f. Hembra del mono. ‖ Primate de 60 cm. de alto aproximadamente, que vive en el norte de África y el peñón de Gibraltar; se domestica con facilidad. *Macada silvanus*, cercopitécido. ‖ fig. y fam. Persona que hace algo para imitar a otra. ‖ Borrachera, embriaguez. ‖ fam. Persona ebria. ‖ Cierto juego de naipes. ‖ Refuerzo que se ponen en la pierna derecha los picadores de a caballo. ‖ *Chile.* Maniquí para vestidos. ‖ *Hond.* Persona u objeto malo en su género. ‖ **Andar** una cosa **como la mona.** *Arg.* frs. fig. y fam. Andar mal. Ú. t. con los verbos. *salir, estar*, etc. ‖ **Corrido como una mona** o **hecho una mona.** loc. fig. y fam. Dícese de la persona que se encuentra burlada y avergonzada. ‖ **Dormir** uno **la mona.** frs. fig. y fam. Dormir estando borracho. ‖ **Pillar** uno **una mona.** fig. y fam. Emborracharse. ‖ **A freír monas.** loc. fig. y fam. A freír espárragos. Ú. m. con el verbo *mandar* o con los imperativos de *andar* o *irse.*

MONA. (Del ár. *muna*, provisión de víveres.) f. Hornazo, rosca de huevos.

MONA. *Geog.* Isla de las Antillas sit. entre Puerto Rico y Santo Domingo. 100 km². Producción de guano. Pertenece a EE. UU. ‖ **Canal de la –.** Estrecho que separa las islas de Puerto Rico y Santo Domingo y comunica el mar de las Antillas con el océano Atlántico.

MONACAL. (Del lat. *monachalis.*) adj. Perteneciente o relativo a los monjes. *Austeridad* MONACAL.

MONACATO. (Del lat. *monachus*, monje.) m. Estado o profesión de monje. ‖ Institución monástica.

MONACILLO. (dim. del lat. *monachus*, monje.) m. Monaguillo.

MONACITA. f. *Miner.* Fosfato de torio y otros metales que se presenta en cristales de color rojo.

MONACÍTICO, CA. adj. Relativo a la monacita o que la contiene.

MÓNACO, Alberto, príncipe de. *Biog.* Soberano de Mónaco, destacado hombre de ciencia (1848-1922).

MÓNACO. *Geog.* Pequeño estado europeo situado al S. E. de Francia sobre el mar Mediterráneo. 1,8 km². 30.000 h. Su cap. es MÓNACO. 4.000 h. Posee un famoso museo oceanográfico. Es de gran importancia su atractivo turístico, centralizado especialmente en el barrio de Montecarlo.

MONACORDIO. (De *monocordio.*) m. Instrumento músico semejante a la espineta.

MONADA. f. Acción propia de mono. ‖ Gesto o figura afectada. ‖ Cosa pequeña y primorosa. *Estas* MONADAS *las pondré en la vitrina.* ‖ fig. Acción impropia de persona formal. ‖ Halago, zalamería. ‖ Monería.

MÓNADA. (Del lat. *monas, -adis*, y éste del gr. *monás*, unidad.) f. *Fil.* Según Leibniz, cada ser indivisible completo, de naturaleza distinta, cuya esencia sería la fuerza que constituye una imagen del mundo. ‖ Infusorio, microscópico, redondeado, de aspecto gelatinoso.

MONADELFO, FA. (Del gr. *monos*, uno y *adelphós*, hermano.) adj. *Bot.* Dícese de los estambres unidos por sus filamentos en un solo cuerpo. ‖ Por ext., aplícase a las flores de estambres monadelfos y a las plantas que producen dichas flores.

MONADOLOGÍA. (De *mónada*, y del gr. *logos*, doctrina.) f. Teorías de las mónadas.

MONAGAS, Aquiles. *Biog.* Poeta ven. n. 1924. Con otros escritores integra el "grupo Pasos", que ha promovido una renovación lírica en su país. ‖ – **Jacinto.** Patriota ven., luchó por la independencia de su patria, junto con Bolívar y Miranda. Cayó mortalmente herido en el combate de Boyacá (1785-1819). ‖ – **José Gregorio.** Pol. venezolano, de 1851 a 1855 presid. de la Nación. Logró abolir la esclavitud (1795-1858). ‖ – **José Ruperto.** Político ven., en 1870 presidente interino de la República. ‖ – **José Tadeo.** Mil. y político venezolano, de 1847 a 1851, de 1855 a 1858 y en 1868 presidente de la República (1784-1868)

MONAGAS. *Geog.* Estado del E. de Venezuela. 28.900 km². 310.000 h. Ganado vacuno, café, cacao, tabaco. Explotaciones petrolíferas. Cap. MATURÍN.

MONAGO. (Del lat. *monachus.*) m. fam. Monaguillo.

MONAGUILLO. al. **Messknabe.** fr. **Enfant de choeur.** ingl. **Acolyte.** ital. **Chierichetto.** port. **Menino de coro.** (dim. de *monago.*) m. Niño que sirve para ayudar a misa y otros ministerios del altar.

MONAQUISMO. (Del lat. *monachus*, monje.) m. Monacato.

MONARCA. al. **Monarch.** fr. **Monarque.** ingl. **Monarch.** ital. **Monarca.** port. **Monarca.** (Del lat. *monarcha*, y éste del gr. *monarches*; de *monos*, único, y *archo*, reinar.) m. Príncipe soberano de un Estado. ‖ IDEAS AFINES: *Rey, emperador, zar, sultán, realeza, supremo, regio, dictador, jerarca, tiranía, dinastía, cetro, corona, trono, palio, regalía, palacio, majestad, reino, revolución, abdicación, destronar, regicida, realista, corte, valido.*

MONARDES, Nicolás. *Biog.* Méd. y botánico esp., uno de los primeros en descubrir la angina maligna o gangrenosa, hoy llamada diftérica. Encontró numerosos productos medicinales en las hierbas de Indias (1512-1588).

MONARQUÍA. (Del lat. *monarchia.*) f. Estado gobernado por un monarca. ‖ Forma de gobierno en que el poder supremo corresponde con carácter vitalicio a un príncipe. ‖ fig. Tiempo durante el cual perduró este régimen político en un país.

MONÁRQUICO, CA. (Del gr. *monarchikós.*) adj. Perteneciente o relativo al monarca o a la monarquía. *Absolutismo* MONÁRQUICO. ‖ Partidario de ella. Ú.t.c.s. *Los* MONÁRQUICOS *españoles.* ‖ deriv.: **monárquicamente.**

MONARQUISMO. m. Adhesión al sistema monárquico.

MONASTERIAL. (Del lat. *monasterialis.*) adj. Perteneciente al monasterio.

MONASTERIO. al. **Mönchskloster.** fr. **Monastère.** ingl. **Monastery.** ital. **Monastero.** port. **Mosteiro.** (Del gr. *monastérium.*) m. Convento en que los monjes viven en comunidad. *El* MONASTERIO *de Montserrat es benedictino.* ‖ Por ext., cualquier casa de religiosos o religiosas.

MONÁSTICO, CA. (Del lat. *monásticus.*) adj. Perteneciente al estado de los monjes o al monasterio. *Órdenes* MONÁSTICAS. ‖ deriv.: **monásticamente.**

MONASTIR. *Geog.* V. **Bitolj.**

MONCADA, José María. *Biog.* Pol. nicar., de 1929 a 1933 presid. de la Nación (1869-1945).

MONCAYO, Pablo. *Biog.* Compositor mex. de tendencia vanguardista, autor de *Amatzinac; Romanza; Sonatina*, etc. (1912-1958).

MONCAYO. *Geog.* Macizo montañoso de España, sit. entre Aragón y Castilla; es cumbre de los Montes Ibéricos.

MONCLOVA. *Geog.* Ciudad del N. de México (Coahuila). 40.000 h. Centro minero y agrícola.

MONCTON. *Geog.* Ciudad del N.E. de Canadá (Nueva Brunswick). 35.000 h. Industria textil.

MONDA. f. Acción y efecto de mondar. ‖ Tiempo adecuado para la limpieza de árboles. ‖ Mondadura. ‖ Exhumación de huesos que se hace conduciendo los restos humanos a la fosa o al osario. ‖ *Cuba.* y *P. Rico.* Zurra, castigo.

MONDACA, Carlos R. *Biog.* Poeta chil. autor de *Por los caminos; Recogimiento*, y otras obras de tono melancólico (1881-1928).

MONDADERAS. (De *mondar.*) f. pl. Despabiladeras.

MONDADIENTES. al. **Zahnstocher.** fr. **Curedent.** ingl. **Toothpick.** ital. **Stuzzicadenti.** port. **Palito.** (De *mondar* y *diente.*) m. Instrumento puntiagudo de metal, madera, etc., para sacar lo que se mete entre los dientes.

MONDADOR, RA. adj. y s. Que monda.

MONDADURA. (De *mondar.*) f. Monda, acción de mondar. ‖ Desperdicio de cosas mondadas. Ú.m. en pl. MONDADURA *de remolachas*; sinón.: **peladura.**

MONDAOÍDOS. (De *mondar* y *oído.*) m. Mondaorejas.

MONDAOREJAS. (De *mondar* y *oreja.*) m. Escarbaorejas.

MONDAPOZOS. m. El que limpia pozos.

MONDAR. al. **Schälen, bescheiden.** fr. **Émonder.** ingl. **To hull.** ital. **Mondare; pelare.** port. **Mondar.** (Del lat. *mundare.*) tr. Limpiar una cosa quitándole lo superfluo o lo extraño que está mezclado con ella. ‖ Limpiar el cauce de ríos, canales, etc. ‖ Podar, escamondar. ‖ Quitar la cáscara a las frutas, la corteza a los tubérculos, etc. MONDAR *papas, manzanas*; sinón.: **pelar.** ‖ Cortar el pelo a alguien. ‖ fig. y fam. Quitar a uno lo que tiene. ‖ *Col., Cuba* y *P. Rico.* Azotar, castigar. ‖ Lograr ganancia o victoria completa.

MONDARAJAS. (De *mondar.*) f. pl. fam. Mondaduras, hablando especialmente de patatas o de frutas.

MONDARIA. f. adj. **Mujer mundana.**

MONDAY. *Geog.* Río del Paraguay. Nace en la sierra de Caaguazú y des. en el Paraná. 165 km., en parte navegables.

MONDEGO. *Geog.* Río de Portugal. Nace en la sierra de Estrella, baña a Coimbra y des. en el Atlántico. 225 km., de los cuales 85 son navegables.

MONDEJO, JA. adj. *Méx.* Tonto, simple. ‖ m. Cierto relleno de la panza del cerdo o del carnero.

MONDINO, Luis P. *Biog.* Músico urug., autor de *Fiesta vasca* para cuarteto de laúdes, composiciones vocales, etc. (n. 1903).

MONDO, DA. (Del lat. *mundus.*) adj. Limpio, libre de cosas superfluas o añadidas. ‖ **Mondo y lirondo.** loc. fig. y fam. Limpio, sin añadidura.

MONDÓN. (De *mondar.*) m. Tronco de árbol sin corteza.

MONDONGA. f. desp. Criada grosera y torpe.

MONDONGO. al. **Kuttein.** fr. **Tripes.** ingl. **Tripe.** ital. **Budella.** port. **Mondrongo.** (De *mondejo.*) m. Intestinos y panza de reses. ‖ fam. Intestinos del hombre. ‖ *Amér.* Guisado de mondongo. ‖ fig. *Guat.* Adefesio, traje o adorno ridículo.

MONDONGUERO, RA. m. Vendedor de mondongos. ‖ Quien los compone o guisa. ‖ deriv.: **mondonguería.**

MONDONGUIL. adj. fam. Perteneciente o relativo al mondongo.

MONDRAGÓN, Magdalena. *Biog.* Escritora mex., n. en 1913; autora de novelas y obras de teatro.

MONDRIAN, Pedro Cornelio. *Biog.* Pintor holandés, de tendencia cubista que, luego, fue uno de los iniciadores del arte abstracto. Autor de *Desembarcadero y océano; Crisantemo moribundo; Naturaleza muerta con jarra* y una serie de *Composiciones.* También, de otras obras de concepción audaz. Su plástica se caracterizó por el uso del color puro y de las líneas rectas en oposiciones rectangulares (1872-1944).

MONEAR. intr. fam. Hacer monadas. ‖ *Arg.* y *Chile.* Alardear, presumir. ‖ r. *Hond.* Trabajar con ahinco. ‖ Darse de golpes.

MONEDA. al. **Münze; Geldstück.** fr. **Monnaie.** ingl. **Coin; money.** ital. **Moneta.** port. **Moeda.** (Del lat. *móneta.*) m. Pieza metálica, acuñada con algún sello, que sirve de medida común para el precio de las cosas y para facilitar los cambios. *Casa de* MONEDA. ‖ fig. y fam. **Moneda corriente.** ‖ fam. Hacienda, bienes. *Fulano tiene mucha* MONEDA. ‖ – **amonedada,** o **contante** y **sonante. Moneda metálica.** ‖ – **corriente.** La legal y usual. ‖ – **cortada.** La que carece de cordoncillo, adorno o leyenda en el canto. ‖ La que no es circular. ‖ – **divisionaria.** La equivalente a una fracción exacta de la unidad monetaria legal. ‖ – **fiduciaria.** La que presenta un valor que intrínsecamente no tiene, como el billete de banco. ‖ – **imaginaria.** La no existente, pero usada para algunos contratos y cambios. ‖ – **metálica.** Dinero en especie, para distinguirlo del papel representativo de valor. ‖ **sonante. Moneda metálica.** ‖ **Acuñar moneda.** frs. **Labrar moneda.** ‖ **Correr la moneda.** frs. fig. Pasar sin dificultad en el comercio. ‖ Haber abundancia de dinero en el público. ‖ **Labrar moneda.** frs. Fabricarla y acuñarla. ‖ **Pagar en buena moneda.** frs. fig. Dar entera satisfacción en cualquier materia. ‖ **Pagar en la misma moneda.** frs. fig. Ejecutar una acción por correspondencia a otra, o por venganza. ‖ **Ser** una cosa **moneda corriente.** frs. fig. y fam. Estar admitida o no causar ya sorpresa por ocurrir frecuentemente. ‖ IDEAS AFI-

NES: *Grabar, oro, plata, cobre, níquel, cotización, valor, pecunia, tesoro, troquel, cara, efigie, reverso; relieve, circulación, desvalorización.*

● **MONEDA.** *Econ. Pol.* Medida que permite fijar fácilmente el valor representativo de las cosas, la **moneda** de los pueblos primitivos consistió en objetos diversos, con los que se efectuaban trueques. En Grecia, y los primeros tiempos de Roma, el ganado ofició de **moneda** en el intercambio. Posteriormente se usaron los metales en forma de lingotes, hasta que más tarde se acuñaron las **monedas** propiamente dichas, en oro y plata por ser metales valiosos de por sí, inalterables y homogéneos. La más antigua **moneda** conocida data del s. VII a. de C., en el s. VI Creso hizo acuñar **monedas** de oro, con el modelo de las persas. Con el tiempo, la forma de la moneda fue variando, haciéndose más simple y plana. A principios del s. XVII comenzó a valorizarse la **moneda** de cobre, y al comenzar el s. XIX apareció la de níquel y el peso papel, moneda con valor puramente representativo, pero de muy fácil circulación. En la actualidad, la **moneda** de oro es base de todas las otras, que deben tener su respaldo en oro, o en oro y divisas. El valor de la **moneda** no corresponde al del material con que se la fabrica, ni depende exclusivamente de la voluntad del Estado emisor, sino también del poder adquisitivo que la **moneda** tenga y del intercambio internacional. Se ha fijado por ello el patrón oro como unidad monetaria, sin valor fijo, lo que produce la distinción entre **moneda** legal, que es la que tiene oficialmente poder liberatorio, y **moneda** de cambio, destinada a facilitar los cambios. La concordancia entre el valor real de la **moneda** y su valor nominal se hace precisa en el caso de las **monedas** fiduciarias, que sólo tienen valor real cuando están garantizadas por especies metálicas y que en casos de no concordancia –en momento de inflación, por ejemplo– producen disturbios económicos.

MONEDAJE. m. Derecho que se pagaba al soberano por la fabricación de dinero.

MONEDAR. (De *moneda.*) tr. Amonedar.

MONEDEAR. (De *moneda.*) tr. Amonedar.

MONEDERÍA. f. Oficio de monedero.

MONEDERO. al. **Geldbörse; Portemonnaie.** fr. **Porte-monnaie.** ingl. **Purse.** ital. **Portamonete.** port. **Porta-moedas.** m. Portamonedas. ‖ El que fabrica moneda. ‖ – **falso.** El que acuña moneda falsa o le da curso a sabiendas.

MÓNERA. (Del gr. *moneres*, de estructura sencilla, único.) f. Ser unicelular, sin núcleo aparente; rizópodo.

MONERÍA. f. Monada, acción de mono. ‖ fig. Gesto o acción graciosa de los niños. *Reír las* MONERÍAS *de los hijos.* ‖ Cosa de poca importancia, o que suele ser enfadosa en adultos.

MONESCO, CA. adj. fam. Propio de monos, o parecido a sus gestos.

MONESTEL, Alejandro. *Biog.* Compositor costarr. autor de *Rapsodia costarricense*, dos *Rapsodias guanacastecas*, páginas litúrgicas, canciones, etc. (1865-1951).

MONET, Claudio. *Biog.* Pintor fr., uno de los grandes maestros del impresionismo. Notable paisajista, se consagró a captar en su obra todas las variantes de la luz, reproduciendo el mismo motivo a través de las diversas horas del día y de las variaciones atmosféricas; el objeto representado pasa así a segundo término y el mundo entero parece una realidad luminosa: serie de *Las parvas; Ninfas; Las regatas de Argenteuil*, etc. El nombre de "*impresionistas*", con que un crítico calificó al grupo que Monet integraba derivó del título de uno de los cuadros del artista: *Impresión; amanecer* (1840-1926).

MONETA, Ernesto Teodoro. *Biog.* Publicista y patriota ital., que tomó parte en las luchas por la independencia de su país y expuso luego sus ideas de fervoroso demócrata y pacifista a través de su labor periodística y en *La guerra, la insurrección y la paz en el siglo XIX.* En 1907 compartió con Luis Renault el premio Nobel de la Paz (1833-1918).

MONETARIO, RIA. (Del lat. *monetarius.*) adj. Perteneciente o relativo a la moneda. *Unidad* MONETARIA. ‖ m. Colección de monedas y medallas. ‖ Conjunto de estantes o cajones en que se colocan ordenadamente las monedas y medallas. ‖ Habitación o lugar donde se hallan esos estantes o cajones.

MONETIZAR. (Del lat. *moneta*, moneda.) tr. Dar curso legal como moneda a billetes, etc. ‖ Amonedar. ‖ deriv.: **monetización.**

MONFALCONE. *Geog.* Ciudad del N.E. de Italia (Gorizia). 30.000 h. Tejidos de algodón, vinos.

MONFORTE TOLEDO, Mario. *Biog.* Escritor guat., n. en 1911, autor de la novela *Anaité*, de la obra poética *Entre la piedra y cruz*, y de otros libros.

MONGE, Carlos. *Biog.* Méd. per., autor de importantes estudios sobre fisiología de los habitantes de regiones andinas (n. 1884). ‖ – **Gaspar.** Geómetra fr., creador de la geom. descriptiva (1746-1818).

MONGO. m. Especie de judía cuya semilla es más pequeña que una lenteja.

MONGOL, LA. adj. Natural de Mongolia. Ú.t.c.s. ‖ Perteneciente a este país. *El desierto* MONGOL. ‖ Lengua de los mongoles.

MONGOLIA. *Geog.* Extensa región de Asia, sit. entre Siberia, Manchuria y el Turquestán. Se divide en **Mongolia exterior** y **Mongolia interior.** La primera es una república popular independiente con una extensión de 1.565.000 km² y una población de 1.530.000 h. La cap. es ULAN BATOR (320.000 h.). La mayor parte del territorio es un desierto (Gobi), pero en las estepas marginales se desarrolla la ganadería (bovinos, lanares, equinos y camellos). La **Mongolia interior** forma parte de la República China. Tiene 450.000 km² y 6.300.000 h. Constituye un territorio autónomo dentro de Manchuria. ‖ – **Buriata.** Rep. soviética anexa a la R.S.F.S.R. 350.400 km². 820.000 h. Cap. ULAN UDE.

MONGÓLICO, CA. adj. Mongol, de Mongolia. ‖ Que padece mongolismo.

MONGOLISMO. (De *mongol.*) m. *Pat.* Forma de idiotez infantil, combinada con aspecto mongólico de la cara.

MONI. m. fam. *Arg., Chile, Perú* y *P. Rico.* Dinero.

MONIATO. m. Boniato.

MÓNICA, Santa. *Biog.* Madre de San Agustín (332-387).

MONICACO. m. desp. Hominicaco.

MONICIÓN. (Del lat. *monitio, -onis.*) f. Admonición.

MONIFATO. (De *mono* y *fatuo.*) m. *Cuba* y *P. Rico.* Figura ridícula de persona o animal. ‖ *Ven.* Muchacho presuntuoso y vano.

MONIGOTE. (desp. deriv. del lat. *monachus*, monje.) m. Lego de convento. ‖ fig. y fam. Persona ignorante y de poco valer. ‖ fig. y fam. Muñeco de trapo, o cosa semejante. ‖ fig. y fam. Pintura o estatua mal hechas. ‖ *Bol., Chile* y *Perú.* Seminarista. ‖ *Cuba.* Boca de dragón, planta.

MONIGOTE. *Geog.* Cerro de la Argentina situado en las sierras de la prov. de San Luis. 2.150 m.

MONILLO. m. Jubón de mujer, sin mangas ni faldillas.

MONIMIÁCEO, A. adj. *Bot.* Dícese de plantas dicotiledóneas de países cálidos, leñosas, generalmente con hojas opuestas, flores aisladas o en cima, y que contienen glándulas secretoras de esencia. Ú.t.c.s. ‖ f. pl. *Bot.* Familia de estas plantas.

MONÍN, NA. adj. y s. dim. de **Mono.**

MONIPODIO. (De *monopolio.*) m. Convenio de personas asociadas para fines ilícitos. ‖ *Lit.* Personaje de la obra de Cervantes *Rinconete y Cortadillo.*

MONIQUIRÁ. *Geog.* Población de Colombia (Boyacá). 13.000 h., Centro agrícola.

MONÍS. f. Cosa pequeña o pulida. ‖ m. fam. Pecunias. Ú. m. en pl. *Tener* MONISES.

MONISMO. (Del gr. *monos*, solo, único.) m. Concepción común a todos los sistemas filosóficos que tratan de reducir las cosas y sus procesos a una substancia única, de la cual se derivan: *la idea* para los idealistas, y *la materia* para los materialistas.

MONISTA. m. Partidario del monismo.

MÓNITA. (Del libro apócrifo de advertimientos a los jesuitas, titulado *Monita privata Societatis Iesu.*) f. Artificio, astucia, con suavidad y halago.

MONITO DEL MONTE. m. *Chile.* Pequeño marsupial. *Dromiciops australis australis.*

MONITOR. (Del lat. *mónitor, -oris.*) m. El que amonesta o avisa. ‖ Barco de guerra, artillado y acorazado, inventado en EE. UU. y actualmente en desuso. ‖ Dispositivo visual o acústico que permite comprobar el funcionamiento de un aparato. Se usa especialmente en electrónica.

MONITORIA. f. Monitorio, monición.

MONITORIO, RIA. (Del lat. *monitorius.*) adj. Dícese de lo que sirve para amonestar o avisar y de quien lo hace. *Gesto* MONITORIO. ‖ m. Monición o advertencia que el Papa o los prelados dirigen a los fieles para señalarles normas de conducta o averiguar determinados hechos.

MONIZ, Antonio C. *Biog.* V. **EGAS MONIZ, Antonio C.**

MONJA. al. **Nonne.** fr. **Nonne.** ingl. **Nun.** ital. **Monaca.** port. **Monja.** (Del lat. *mónacha.*) f. Religiosa de alguna de las órdenes aprobadas por la Iglesia. ‖ *Méx.* Pan dulce de forma redonda, con piquitos por encima. ‖ pl. fig. Partículas encendidas que quedan cuando se quema un papel y se van apagando poco a poco.

MONJA ALFÉREZ, La. *Biog.* V. **Erauso, Catalina de.**

MONJE. al. **Mönch.** fr. **Moine.** ingl. **Monk.** ital. **Monaco.** port. **Monge.** (Del lat. *mónachus*, y éste del gr. *monachós*, solitario.) m. Anacoreta o solitario. ‖ Individuo de una orden religiosa, cuyos miembros viven en monasterios y observan una regla común. *Meterse* MONJE. ‖ Religioso de una orden monacal. ‖ **Paro carbonero.** ‖ IDEAS AFINES: *Convento, celda, clausura, cartujo, benedictino, vocación, votos, hábitos, novicio, lego, castidad, pobreza, obediencia, eremita, asceta, prior, abad, fraile, lama.*

MONJE GUTIÉRREZ, Tomás. *Biog.* Político bol., n. en 1884, que desempeñó la primera magistratura del país entre 1946 y 1947.

MONJÍA. (De *monje.*) f. Derecho, beneficio o plaza que el monje tiene en su monasterio.

MONJIL. adj. Propio de monjas, o relativo a ellas. ‖ m. Hábito o túnica de monja. ‖ Traje que usaban por luto las mujeres. ‖ Manga perdida propia de este traje.

MONJÍO. m. Estado de monja. ‖ Ingreso de una monja en religión.

MONJITA. f. dim. de **Monja.** ‖ Avecilla de la Argentina, de pecho blanco y cabeza negra. ‖ *Chile.* Planta voluble, de grandes flores amarillas.

MONLAU, Pedro Felipe. *Biog.* Médico y escr. español, autor de *Higiene del matrimonio; Diccionario etimológico de la lengua castellana; Las mil y una barbaridades*, etc. (1808-1871).

MONMOUTH. *Geog.* Condado de Gran Bretaña (Inglaterra). 1.403 km². 550.000 h. Carbón, hierro, agricultura. Cap. hom. 6.500 h. Industrias químicas.

MONNER SANS, José María. *Biog.* Ensayista, prof. y comediógrafo arg., autor de *Panorama del nuevo teatro; Estudios literarios; El teatro de Lenormand*, etc. (n. 1896). ‖ – **Ricardo.** Escritor, filólogo y educador esp. de larga actuación en la Argentina. Autor de *El castellano en la Argentina; La religión en el idioma; Fe y amor*, etc. (1853-1927).

MONO. (Del gr. *monos.*) Voz que usada como prefijo de vocablos compuestos, significa único o uno solo; como en MONO*sílabo.*

MONO, NA. al. **Affe.** fr. **Singe.** ingl. **Monkey.** ital. **Scimmia.** port. **Macaco, mono.** (Del turco *maimón.*) adj. fig. y fam. Pulido, gracioso. *¡Qué niño tan* MONO! sinón.: **bonito, primoroso.** ‖ *Col.* Dícho del pelo, bermejo. ‖ m. Nombre genérico de los primates, del suborden simios. ‖ fig. Persona que hace gestos parecidos a los del mono. ‖ Joven de poco seso y modales afectados. ‖ Figura de hombre o animal, pintada o dibujada. ‖ Traje de faena de ciertos operarios. ‖ *Chile.* Pila en que son expuestas las frutas, en los mercados o tiendas. ‖ – **araña.** Simio sudamericano de cuerpo delgado y miembros y cola muy largos. Gén. *Ateles*, cébidos. ‖ – **aullador. Garayá.** ‖ – **capuchino. Cai.** ‖ **Estar de monos** dos o más personas. frs. fig. y fam. Estar reñidas o enfadadas. ‖ **Meterle los monos** a alguien. frs. fig. *Col.* Atemorizarlos. ‖ **Quedarse** uno **hecho un mono.** frs. fig. Quedarse avergonzado. ‖ IDEAS AFINES: *Cuadrumano, orangután, chimpancé, gorila, antropoide, rinocéfalo, selva, agilidad, imitación, vivacidad.*

MONOATÓMICO, CA. adj. Dícese del cuerpo simple cuya molécula cuenta con un solo átomo.

MONOAURICULAR. adj. Perteneciente o relativo a un solo oído.

MONOCARRIL. m. Ferrocarril cuyos vagones corren por un solo riel.

MONOCARPELAR. adj. *Bot.* Formado por un solo carpelo.

MONOCERONTE. m. Monocerote.

MONOCEROTE. (Del gr. *monókeros*; de *monos*, único, y *keras*, cuerno.) m. Unicornio.

MONOCLAMÍDEA. (Del gr. *monos*, único, y *klamys, -ydos*, clámide, manto.) adj. *Bot.* Dícese de las plantas dicotiledóneas que tienen perigonio sencillo; como las urticáceas. Ú.t.c.s.f. ‖ f. pl. *Bot.* Clase de estas plantas.

MONOCLÍNICO, CA. (Del gr. *monos*, único, y *klino*, inclinar.) adj. *Min.* Dícese del sistema cristalino, cuyas formas holoédricas tienen un centro de simetría, un eje binario y un plano de simetría perpendicular. ‖ Dícese de las formas pertenecientes a este sistema.

MONOCORDE. adj. Dícese del instrumento musical que tiene una sola cuerda. ‖ Por ext., se dice del grito, canto u otra sucesión de sonidos que repiten una misma nota. ‖ Por ext., monótono, insistente sin variaciones.

MONOCORDIO. (Del gr. *monóchordon*; de *monos*, único, y *chordé*, cuerda.) m. Instrumento musical antiguo compuesto de una caja armónica y una sola cuerda. Mediante una ceja móvil se puede acortar o alargar la parte que vibra de dicha cuerda, modificándose, en consecuencia, el sonido. Se lo utiliza, también, en acústica, para realizar diversas experiencias.

MONOCOTILEDÓN. (Del gr. *monos*, único, y de *cotiledón.*) adj. *Bot.* Monocotiledóneo. Ú.t.c.s.m. ‖ m. pl. *Bot.* Monocotiledóneas.

MONOCOTILEDÓNEO, A. (De *monocotiledón.*) adj. *Bot.* Dícese de las plantas fanerógamas cuyos embriones poseen un solo cotiledón. Ú.t.c.s.f. ‖ f. pl. *Bot.* Una de las dos clases en que se dividen las plantas cotiledóneas.

MONOCROMO, MA. (Del gr. *monóchromos.*) adj. De un solo color. *Corolas* MONOCROMAS.

MONÓCULO, LA. (Del lat. *monóculus.*) adj. y s. Que tiene un solo ojo. Ú.t.c.s. ‖ m. Lente para un ojo solo. ‖ *Cir.* Vendaje aplicado a uno solo de los ojos.

MONOD, Jacques. *Biog.* Científico francés, premio Nobel de Fisiología y Medicina 1965, compartido con sus compatriotas A. Lwoff y F. Jacob, por sus investigaciones sobre metabolismo celular y biosíntesis de las enzimas. En su libro *El azar y la necesidad* sostiene que el origen de la vida y el proceso de la evolución dependen del azar (1910-1976).

MONODÁCTILO, LA. (Del gr. *monodáktilos*; de *monos*, único, y *daktilos*, dedo.) adj. Que tiene un solo dedo. Ú.t.c.s.m.

MONODELFO, FA. (Del gr. *monos*, solo, único, y *delphys*, matriz.) adj. De una sola matriz. Ú.t.c.s.m.

MONODIA. (Del gr. *monodía*; de *monos*, solo, único, y *odé*, canto.) f. *Mús.* Canto en que toma parte una sola voz; puede llevar, o no, acompañamiento instrumental.

MONODÍA. f. Dígase **monodia.**

MONÓDICO, CA. adj. Perteneciente o relativo a la monodia.

MONOFÁSICO, CA. (Del gr. *monos*, único, y de *fase*.) adj. *Fís.* Dícese de la corriente eléctrica alterna, es decir, que cambia periódicamente de sentido, alcanzando dos valores máximos opuestos en cada período.

MONOFILO, LA. (Del gr. *monóphyllos*; de *monos*, uno solo, y *phyllon*, hoja.) adj. *Bot.* Dícese de los órganos vegetales formados por una sola hojuela o por varias soldadas entre sí.

MONOFISISMO. m. Doctrina herética cristiana, sostenida por Eutiques, según la cual la naturaleza divina de Cristo absorbió la humana, fusionándola consigo. Subsiste entre los coptos egipcios, melquitas, jacobitas, armenios y abisinios. Hay un patriarcado en Antioquía (s. V).

MONOFISITA. (Del gr. *monos*, único, y *physis*, naturaleza.) adj. Partidario del monofisismo. Ú.t.c.s. ‖ Perteneciente o relativo a él.

MONOGAMIA. (Del lat. *monogamia*.) f. Condición de monógamo. ‖ Régimen familiar que prohíbe la pluralidad de esposas. ‖ deriv.: **monogámico, ca.**

MONÓGAMO, MA. (Del lat. *monógamus*, y éste del gr. *monógamos*; de *monos*, único, y *gamos*, matrimonio.) adj. Casado con una sola mujer. Ú.t.c.s. ‖ adj. Que se ha casado una sola vez. Ú.t.c.s. ‖ *Zool.* Dícese de los animales en que el macho sólo se aparea con una hembra.

MONOGENISMO. (Del gr. *monogenés*, de una sola especie; de *monos*, único, y *genós*, origen.) m. Doctrina antropológica según la cual todas las razas humanas descienden de un tipo único. ‖ deriv.: **monogenista.**

MONOGRAFÍA. (Del gr. *monos*, único, y *grapho*, describir.) f. Tratado o descripción de una parte de una ciencia o de cualquier asunto especial. *Una* MONOGRAFÍA *sobre la ética aristotélica.* ‖ deriv.: **monográfico, ca.**

MONOGRAFISTA. com. Persona que escribe monografías.

MONOGRAMA. (Del lat. *monogramma*, y éste del gr. *monos*, único, y *gramma*, letra.) m. Cifra, enlace de letras usadas como abreviatura en sellos, marcas, etc.

MONOICO, CA. (Del gr. *monos*, único, y *oikos*, casa.) adj. *Bot.* Dícese de las plantas cuyas flores son unisexuales, pero las masculinas y femeninas están en un mismo pie. *El maíz es* MONOICO.

MONOLÍTICO, CA. adj. Perteneciente o relativo al monolito. ‖ Que está hecho de una sola piedra. *Obelisco* MONOLÍTICO.

MONOLITO. (Del lat. *monólithus*, y éste del gr. *monólithos*, de *monos*, único, y *lithos*, piedra.) m. Monumento de piedra de una sola pieza. *Los menhires son* MONOLITOS.

MONOLOGAR. intr. Recitar monólogos.

MONÓLOGO. al. **Monolog.** fr. **Monologue.** ingl. **Monologue.** ital. **Monologo.** port. **Monólogo.** (Del gr. *monólogos*; de *monos*, único, y *logos*, discurso, narración.) m. Soliloquio. *Aprendí el* MONÓLOGO *de Segismundo.* ‖ Obra dramática en que habla un solo personaje. ‖ IDEAS AFINES: *Recitado, sermón, conferencia, discurrir, diálogo, aparte, oración, confesión, individualidad, actor, orador, locutor.*

MONOMANÍA. (Del gr. *monos*, único, y *manía*, manía.) f. Locura o delirio parcial sobre una sola idea o un solo orden de ideas. MONOMANÍA *del suicidio*; sinón.: **obsesión.** ‖ Preocupación o afición desmedida.

MONOMANÍACO, CA. adj. y s. Que padece monomanía.

MONOMANIÁTICO, CA. adj. y s. Monomaníaco.

MONOMAQUIA. (Del gr. *monomachia*.) f. Desafío o duelo singular, o de uno a uno.

MONOMETALISMO. (Del gr. *monos*, único, y de *metal*.) m. Sistema monetario en que rige un patrón único. ‖ deriv.: **monometalista.**

MONOMIO. (Del gr. *monos*, único, y *nomos*, división.) m. *Álg.* Expresión algebraica de un solo término.

MONOMOTAPA. *Geog. histór.* Antiguo imperio indígena de África austral sit., probablemente, en Mozambique. Perteneció a Portugal; aún hay ruinas en la región de Sofala.

MONONA. (De *mona*.) adj. y f. fam. Dícese de la niña o joven llena de donaire y gracia.

MONONGAHELA. *Geog.* Río de los EE. UU. (Virginia Occidental y Pensilvania). Se une al río Allegheny para formar el Ohio. 480 km.

MONOPASTOS. (De *monospastos*.) m. Garrucha, polea.

MONOPATÍN. m. Juguete consistente en una plancha montada sobre dos ruedas y armada en la parte delantera de un mástil con manillar en la extremidad. Se lo impulsa teniendo un pie sobre la plancha y el otro en el suelo, a fin de dar movimiento al aparato con una acción periódica.

MONOPÉTALO, LA. (Del gr. *monos*, único, y *pétalon*, pétalo.) adj. *Bot.* Gamopétalo. *La corola del floripondio es* MONOPÉTALA.

MONOPLANO. (Del gr. *monos*, único, y de *plano*.) m. Aeroplano de un solo par de alas, que forman un mismo plano.

MONOPOLIO. al. **Monopol.** fr. **Monopole.** ingl. **Monopoly.** ital. **Monopolio.** port. **Monopólio.** (Del gr. *monopolion*; de *monos*, único, y *poleo*, vender.) m. Aprovechamiento exclusivo de alguna industria o comercio. *En España, existía el* MONOPOLIO *de la sal.* ‖ Convenio hecho entre comerciantes para vender las mercaderías a un mismo precio.

MONOPOLISTA. com. Quien ejerce monopolio.

MONOPOLIZAR. al. **Monopolisieren.** fr. **Monopoliser.** ingl. **To monopolize.** ital. **Monopolizzare.** port. **Monopolizar.** (De *monopolio*.) tr. Adquirir o usurpar el exclusivo aprovechamiento de una industria, comercio o facultad. ‖ deriv.: **monopolización; monopolizador, ra.**

MONÓPTERO. (Del gr. *monópteros*; de *monos*, único, y *pterón*, ala.) adj. *Arq.* Dícese del edificio redondo, carente de muros, cuyo techo está sostenido por un círculo de columnas.

MONORQUIDIA. (Del gr. *mónorchis*; de *monos*, uno, y *orchis*, testículo.) f. *Med.* Existencia de un solo testículo en el escroto.

MONORRIEL. m. V. **Monocarril.**

MONORRIMO, MA. (Del gr. *monórrythmos*; de *monos*, único, y *rythmos*, ritmo.) adj. De una sola rima. *La primitiva versificación castellana era* MONORRIMA.

MONORRÍTMICO, CA. adj. De un solo ritmo.

MONOSÉPALO, LA. (Del gr. *monos*, único, y de *sépalo*.) adj. *Bot.* De un solo sépalo.

MONOSILÁBICO, CA. adj. *Gram.* Perteneciente o relativo al monosílabo.

MONOSILABISMO. (De *monosílabo*.) m. Manera o manía de hablar con monosílabos. ‖ Propiedad de las lenguas monosilábicas.

MONOSÍLABO, BA. al. **Einsilbig.** fr. **Monosyllabe.** ingl. **Monosyllable.** ital. **Monosillabo.** port. **Monossílabo.** (Del lat. *monosyllabus*, y éste del gr. *monosyllabos*; de *monos*, único, y *syllabé*, sílaba.) adj. *Gram.* Dícese de la palabra de una sola sílaba. Ú.t.c.s.m.

MONOSPASTOS. (Del gr. *monos*, único, y *spao*, trae, tirar.) m. Monopastos.

MONOSPERMO, MA. (Del gr. *monos*, único, y *sperma*, semilla.) adj. *Bot.* Dícese del fruto que sólo contiene una semilla.

MONÓSTROFE. (Del gr. *monóstrophos*; de *monos*, único, y *strophé*, estrofa.) f. Composición poética de una sola estrofa o estancia. ‖ deriv.: **monostrófico, ca.**

MONOTE. (De *mono*.) m. fam. Persona que parece no oír, ver ni entender y está inmóvil en un lugar.

MONOTEÍSMO. (Del gr. *monos*, único, y *Theos*, Dios.) m. Doctrina de los que creen en un solo Dios. ‖ deriv.: **monoteísta.**

MONOTELISMO. m. Herejía del siglo VII, que admitía en Cristo las dos naturalezas divina y humana, pero una sola voluntad divina. ‖ deriv.: **monotelita.**

MONOTIPIA. f. *Impr.* Procedimiento de composición tipográfica que se hace por medio del monotipo.

MONOTIPO. m. *Impr.* Máquina para componer que funde los caracteres uno a uno a medida que se necesitan. ‖ deriv.: **monotipista.** ‖ *B. A.* Pintura lograda mediante la impresión de un original, con materiales aceitosos, sobre una plancha de metal.

MONÓTONAMENTE. adv. m. Con monotonía. *Leía* MONÓTONAMENTE.

MONOTONÍA. al. **Eintönigkeit; Monotonie.** fr. **Monotonie.** ingl. **Monotony.** ital. **Monotonia.** port. **Monotonia.** (Del lat. *monotonia*.) f. Uniformidad, igualdad de tono en la música, en la voz, etc. ‖ fig. Falta de variedad. *La* MONOTONÍA *de un paisaje.*

MONÓTONO, NA. (Del lat. *monótonos*, y éste del gr. *monótonos*; de *monos*, único, y *tonos*, sonido.) adj. Que adolece de monotonía. *Conversación* MONÓTONA; sinón.: **igual, uniforme**; antón.: **ameno, variado.**

MONOTREMA. (Del gr. *monos*, único, y *trema*, orificio.) adj. *Zool.* Dícese del mamífero ovíparo, con cloaca y coracoides independiente del omóplato, como el ornitorrinco. Actualmente sólo quedan tres géneros de estos animales, en Australia e islas vecinas. Ú.t.c.s.m. ‖ m. pl. *Zool.* Orden de estos mamíferos.

MONOVALENTE. (Del gr. *monos*, único, y el lat. *valens, -entis*, que tiene fuerza o potencia.) adj. *Quím.* Dícese de los cuerpos simples o de los radicales que sólo tienen libre una valencia.

MONROE, Jacobo. *Biog.* Estadista nort., presid. de EE. UU. de 1817 a 1821 y de 1821 a 1825. Promulgó la famosa doctrina de su nombre (1758-1831).

MONROE, Doctrina de. *Hist.* La enunciada por el presid. de los EE. UU., Jacobo Monroe en 1823 que se expresa en la fórmula "América para los americanos".

MONRONRO, RA. s. fam. *Chile.* Término de cariño.

MONROVIA. *Geog.* Ciudad de África occidental, cap. de la Rep. de Liberia. 120.000 h. Puerto exportador de caucho y aceite de palma.

MONS. *Geog.* Ciudad de Bélgica, capital de la prov. de Hainaut. 30.000 h. Industria textil y metalúrgica. Cristalería.

MONSEÑOR. (Del ital. *monsignore*.) m. Título de honor que se da a los prelados eclesiásticos y de dignidad. En Francia se daba al delfín, y por extensión a otros sujetos de alta dignidad.

MONSERGA. f. fam. Lenguaje embrollado y confuso.

MONSERRATE. *Geog.* Cerro de los Andes orientales colombianos (Cundinamarca), próximo a Bogotá. 3.132 m. de altura.

MONSIEUR. m. Voz francesa que significa **señor.**

MONSIGNY, Pedro Alejandro. *Biog.* Compos. francés, uno de los fundadores de la ópera cómica, autor de *El desertor; Rosa y Colás; Félix o el Expósito*, etc. (1729-1817).

MONSTRUO. al. **Ungeheuer; Monstrum.** fr. **Monstre.** ingl. **Monster.** ital. **Mostro.** port. **Monstro.** (Del lat. *mónstrum*.) m. Producción contra el orden regular de la naturaleza. *La Hidra de Lerna era un* MONSTRUO *de siete cabezas.* ‖ Cosa excesivamente grande o extraordinaria. ‖ Persona u objeto muy feo. ‖ Persona muy cruel. ‖ Versos sin sentido, que el compositor escribe para indicar al libretista dónde ha de colocar los acentos en los cantables.

MONSTRUOSAMENTE. adv. m. Con monstruosidad. *Lo castigó* MONSTRUOSAMENTE.

MONSTRUOSIDAD. (De *monstruoso*.) f. Desorden grave en la proporción que deben tener las cosas, de acuerdo con lo natural o regular. ‖ Suma fealdad o desproporción física o moral.

MONSTRUOSO, SA. (Del lat. *monstruosis*.) adj. Que está contra el orden natural. *Ser* MONSTRUOSO. ‖ Extraordinario, muy grande. *Construcción* MONSTRUOSA. ‖ Sumamente vituperable. *Atentado* MONSTRUOSO; sinón.: **condenable, execrable.**

MONTA. f. Acción y efecto de montar. ‖ Acaballadero. ‖ Suma de varias partidas. ‖ Estimación intrínseca de algo. *Asunto de poca* MONTA. ‖ *R. de la Plata.* Jóquey. ‖ *Mil.* Señal para que la caballería monte.

MONTACARGAS. (De *montar* y *carga*, a imitación del fr. *monte-charge*.) m. Ascensor para elevar pesos.

MONTADA. (De *montar*.) f. Desveno.

MONTADERO. m. Montador, poyo.

MONTADO, DA. adj. Dícese del que sirve en la guerra a caballo. Ú.t.c.s. *Infantería* MONTADA. ‖ Dícese del caballo dispuesto, y con todos los arreos para que se lo pueda montar. Ú.t.c.s. ‖ *Amér.* Aplícase a la gendarmería de a caballo. Ú.t.c.s.f. *Policía* MONTADA.

MONTADOR. m. El que monta. ‖ Poyo para montar fácilmente en las cabalgaduras. ‖ Cualquier cosa usada con ese fin. ‖ Operario especializado en montajes. ‖ *Hond.* Amazona, traje de mujer.

MONTADURA. f. Acción y efecto de montar o montarse. ‖ Montura de una caballería de silla. ‖ Engaste, guarnición de metal.

MONTAIGNE, Miguel de. *Biog.* Moralista y fil. fr. cuyos *Ensayos*, magnífica adaptación del pensamiento clásico a las concepciones modernas, son un vasto estudio del alma humana con sus flaquezas y sus grandezas (1533-1592).

MONTAJE. m. Acción y efecto de montar. ‖ pl. *Mil.* Cureña o ajuste de piezas de artillería. ‖ Proceso por el cual se ordenan las distintas escenas filmadas para la realización de una película cinematográfica. ‖ Acción de colocar y ajustar películas en el proceso de cierto tipo de impresión.

MONTALBÁN. *Geog.* Población de Venezuela en el Estado de Carabobo. 6.000 h. Centro agrícola.

MONTALE, Eugenio. *Biog.* Poeta italiano, premio Nobel de Literatura en 1975. En la década del 30 su estilo hermético hacía de él un poeta simbolista, pero en su obra posterior expresa sus pensamientos en un lenguaje directo, puro y simple. Además de poeta y prosista, es excelente traductor. Obras: *Huesos de sepia; Las ocasiones; Xenia*, etc. (n. en 1896)

MONTALVÁN, Juan Pérez de. *Biog.* V. **Pérez de Montalván, Juan.**

MONTALVO, Abelardo. *Biog.* Político ec., en 1933 presidente provisional de su país. ‖ — **Francisco.** Pol. español, en 1816 virrey de Nueva Granada al restaurarse transitoriamente la dominación española. ‖ — **Juan.** Lit ec., notable estilista y uno de los más brillantes prosistas de la lengua castellana. Fervoroso defensor de las ideas liberales, escribió gran parte de su obra en el destierro: *Capítulos que se le olvidaron a Cervantes; Imitación de un libro inimitable; Los siete tratados; Geometría moral; Catilinarias*, etc. (1832-1889).

MONTANA. *Geog.* Estado del noroeste de los EE. UU. 381.087 km². 730.000 h. Actividades agricolaganaderas. Minería y riqueza forestal. Cap. HELENA.

MONTANEAR. intr. Pastar bellotas, o hayucos el ganado de cerda.

MONTANERA. (De *montaño*.) f. Pasto de bellota o hayuco que tiene el ganado de cerda en los montes u otros sitios. ‖ Tiempo en que está pastando.

MONTANERO. m. Guarda de monte o dehesa.

MONTANISMO. m. Doctrina herética de Montano, que se decía enviado por Dios para perfeccionar la religión y la moral. ‖ deriv.: **montanista.**

MONTANO, NA. (Del lat. *montanus*.) adj. Perteneciente o relativo al monte.

MONTANTADA. (De *montante*.) f. Jactancia vana o infundada. ‖ Muchedumbre.

MONTANTE. (De *montar*.) m. Espadón de grandes gavilanes, actualmente en desuso. ‖ Pie derecho de cualquier armazón. ‖ *Arq.* Listón que divide el vano de una ventana. ‖ Ventana hecha sobre la puerta de una habitación. ‖ *Mar.* Flujo, pleamar. ‖ *Hond.* Alboroto, asonada.

MONTANTEAR. intr. fig. Hablar jactanciosamente y manejar con superioridad las cosas de otros.

MONTAÑA. al. **Berg; Gebirge.** fr. **Montagne.** ingl. **Mountain.** ital. **Montagna.** port. **Montanha.** (De *monte.*) f. Monte, elevación del terreno. *Las* MONTAÑAS *andinas se formaron en la era terciaria.* ‖ Zona cubierta de montes. ‖ *Arg.* Montón elevado de cosas. *Una* MONTAÑA *de expedientes, de cachivaches.* ‖ *Chile* y *Perú.* Montes de árboles o arbustos. ‖ – **rusa.** Montículo en que se hace un camino ondulado, recto o tortuoso, por el cual se desliza sobre rieles un carrito ocupado por aquellos que gustan de esta diversión. ‖ IDEAS AFINES: *Sierra, volcán, cordillera, ladera, falda, pie, cima, paso, túnel, valle, altura, picacho, glaciar, meseta, orografía, alpinismo, guía, ascensión, funicular, otear, vertiente, cuesta.*

MONTAÑA, La. Nombre dado durante la Revolución Francesa al ala izquierda de la Asamblea, democrática y radical, de la que formaban parte Robespierre, Danton, Marat, Saint-Just, etc.

MONTAÑA MÁGICA, La. *Lit.* Novela de Tomás Mann, escrita entre 1912 y 1923, y publicada en 1924. Obra de insólitas dimensiones, en la cual el autor volcó su extraordinario acervo intelectual y su concepción filosófica de la existencia; es un fresco inmenso de la vida contemporánea. De ella se ha podido decir que "representa para la época moderna lo que el *Fausto* de Goethe representó para el s. XIX".

MONTAÑERO, RA. s. Quien practica el montañismo.

MONTAÑÉS, SA. adj. Natural de una montaña. Ú.t.c.s. ‖ Perteneciente o relativo a la montaña. ‖ De la Montaña, región comprendida en la provincia de Santander, España.

MONTAÑÉS, Juan Martínez. *Biog.* V. **Martínez Montañés, Juan.**

MONTAÑESISMO. m. Amor y apego a las cosas características de la montaña.

MONTAÑETA. f. dim. de **Montaña.**

MONTAÑISMO. m. Alpinismo.

MONTAÑOSA. *Geog.* Provincia de Filipinas, en la isla de Luzón. 14.135 km². 300.000 h. Cap. BONTOC. Arroz, maíz.

MONTAÑOSO, SA. (Del lat. *montaniosus.*) adj. Perteneciente o relativo a las montañas. *Picos* MONTAÑOSOS. ‖ Abundante en ellas. *Comarca* MONTAÑOSA.

MONTAÑUELA. f. dim. de **Montaña.**

MONTAR. al. **Reiten.** fr. **Monter.** ingl. **To mount; to ride.** ital. **Montare.** port. **Montar.** (Del lat. *mons, montis.*) intr. Ponerse encima de algo. Ú.t.c.r. *El improvisado orador* MONTÓ *en la mesa.* ‖ Subir en una cabalgadura. Ú.t.c.tr. y r. MONTÓ *en una mula,* MONTÓ *una jaca.* ‖ Cabalgar. Ú.t.c.tr. *Mi hermano* MONTA *muy bien a caballo.* ‖ fig. Ser una cosa de importancia o entidad. ‖ tr. Multa por haber entrado en un monte ganados, caballerías. ‖ Acaballar. ‖ En cuentas, importar una cantidad total. *Las obras* MONTAN *millones de pesos.* ‖ Armar piezas de aparatos. MONTAR *un teodolito.* ‖ Engastar piedras preciosas. MONTAR *una esmeralda.* ‖ Amartillar armas de fuego. ‖ fig. *Méx.* Humillar, avasallar. ‖ *Mar.* Mandar un buque. ‖ Tener un buque, en su batería, determinada cantidad de cañones. ‖ Doblar o pasar cabos, etc. ‖ **Tanto monta.** expr. para indicar que una cosa equivale a otra. ‖ IDEAS AFINES: *Montura, recado, arnés, espuela, riendas, rebenque, cincha, lomillería, carrera, gaucho, montonera, picador, domador, jinete.*

MONTARAZ. adj. Que anda por montes, está habituado a recorrerlos o ha sido criado en ellos. *Ganado* MONTARAZ. ‖ fig. Dícese del genio y propiedades agrestes y feroces. ‖ m. Guarda de montes.

MONTAUBAN. *Geog.* Ciudad de Francia, capital del dep. de Tarn y Garona. 46.500 h. Tejidos de seda; vinos.

MONTAZGAR. (Del ant. *montadgar.*) tr. Cobrar y percibir el montazgo.

MONTAZGO. (Del ant. *montadgo.*) m. Tributo pagado por el tránsito de ganado a través de un monte.

MONT-BLANC. *Geog.* V. **Blanco, Monte.**

MONTCEAU-LES-MINES. *Geog.* Ciudad de Francia, en el dep. de Saona y Loira. 35.000 h. Industria textil y metalúrgica.

MONTE. al. **Berg; Wald.** fr. **Mont; forêt;** ingl. **Mount; forest.** ital. **Monte; bosco.** port. **Monte.** (Del lat. *mons, montis.*) m. Gran elevación natural de terreno. *Los* MONTES *del Líbano eran famosos por los cedros.* ‖ Tierra inculta, cubierta de árboles o matas. ‖ *El bandido se refugió en el* MONTE. ‖ En ciertos juegos de naipes o en el dominó, cartas o fichas que quedan para robar después de repartidas a cada jugador las que le tocan. ‖ Cierto juego de envite y azar. ‖ Banca, juego. ‖ fig. Estorbo grave. ‖ fig. y fam. Cabellera espesa y desaseada. ‖ *Méx.* Hierba, pasto. ‖ – **alto.** El poblado de árboles grandes. ‖ Estos mismos árboles. ‖ – **bajo.** El poblado de matas o arbustos. ‖ Estas matas o arbustos. ‖ – **blanco.** El descuajado, para repoblación. ‖ – **cerrado.** Moheda. ‖ – **de piedad.** Establecimiento público que hace préstamos a módico interés sobre alhajas, ropas, etc. ‖ – **de Venus.** Pubis de la mujer. ‖ Pequeña protuberancia de la palma de la mano al nacimiento de cada uno de los dedos. ‖ – **hueco.** Oquedal. ‖ – **pardo.** Encinar. ‖ – **pío.** Montepío. ‖ **Andar uno a monte.** frs. fig. Andar huyendo perseguido por la justicia. ‖ fig. y fam. Dejar de concurrir por algún tiempo adonde se solía ir frecuentemente. ‖ Andar en malos pasos. ‖ **No todo el monte es orégano.** frs. fig. **No es orégano todo el monte.**

MONTE, Domingo del. *Biog.* Escritor venez. radicado en Cuba (1804-1854). ‖ – **Félix María del.** Poeta y dramaturgo dom. (1819-1899). ‖ – **Y TEJADA, Antonio del.** Escritor dom., autor de una *Historia de Santo Domingo* (1783-1861).

MONTE. *Geog.* Río del Brasil, en el Estado de Goyaz, subafluente del río Araguaya. ‖ **Laguna del –.** Laguna de la Argentina, al O. de la prov. de Buenos Aires, perteneciente a la depresión lacustre de Guamini. 150 km². ‖ – **Blanco.** V. **Blanco, Monte.** ‖ – **Buey.** Pobl. de la Argentina, en el E. de la prov. de Córdoba. 5.000 h. ‖ – **Caseros.** Pobl. de la Argentina, en el S. E. de la prov. de Corrientes, puerto a orillas del río Uruguay. 20.000 h. ‖ – **Comán.** Pobl. de Argentina (Mendoza), al E. de San Rafael. 3.100 h. ‖ – **Cristi.** Provincia de la Rep. Dominicana 2.083 km². 71.500 h. Cap. hom. 9.000 h. ‖ – **Grande.** V. **Esteban Echeverría.** ‖ – **Lindo.** Río del N. de la Argentina (Formosa) afl. del río Paraguay. ‖ – **Quemado.** Pobl. de la Argentina (Santiago del Estero). 5.000 h.

MONTEA. f. Acción de montear la caza. ‖ *Arq.* Dibujo de tamaño natural que, en el suelo o una pared, se hace de arcos, etc., para señalar los cortes. ‖ Estereotomía. ‖ Sagita de arco o bóveda.

MONTEADOR. m. El que montea. ‖ *Arq.* El que hace la montea de una obra.

MONTEAGUDO, Bernardo de. *Biog.* Patriota y est. argentino, prócer de la independencia. Fue uno de los principales dirigentes del movimiento revolucionario del Alto Perú. Vigoroso polemista, hizo del periodismo medio de expresión de sus ideas. *"Sostener con energía la majestad del pueblo, fomentar la ilustración"*, fue siempre su lema. Acompañó a San Martín a Chile y Perú y ocupó altos cargos públicos (1785-1825).

MONTEAGUDO. *Geog.* Población del S. de Bolivia, al S. E. de Sucre. 10.000 h.

MONTEALEGRE, José María. *Biog.* Pol. costarr. En 1859 asumió la presidencia de la Rep., a la que dotó de una Constitución liberal (1815-1887).

MONTEAR. tr. Buscar y perseguir la caza en montes, u ojearla. ‖ *Arq.* Trazar la montea de obras. ‖ Voltear o formar arcos.

MONTECARLO. *Geog.* Población y puerto de la Argentina (Misiones). 8.000 h. Aserraderos, centro frutícola. ‖ Villa del principado de Mónaco. 5.000 h. Centro turístico y famoso casino.

MONTECRISTI. *Geog.* Población del Ecuador (Manabí). 7000 h. Fabricación de sombreros de jipijapa. ‖ V. **Monte Cristi.**

MONTECRISTO. *Geog.* Isla desierta del arch. de Toscana, al S. de la isla de Elba, pertenece a la prov. de Liorna. 10,4 km². Alejandro Dumas la hizo célebre con su novela *El conde de Montecristo.*

MONTEFIORE, Sir Moisés. *Biog.* Filántropo judío ingl. Consagró su vida y su fortuna a aliviar la suerte de sus perseguidos hermanos de raza (1784-1885).

MONTEFURADO. *Geog.* Túnel de Galicia, en España, sit. entre las prov. de Lugo y Orense, que atraviesa el río Sil. Tiene 300 m. de largo y 14 m. de ancho y fue construido por los romanos para aprovechar las arenas auríferas.

MONTEGO BAY. *Geog.* Ciudad y puerto de Jamaica, sit. en la costa N. O. de la isla. 20.000 h.

MONTEIRO LOBATO, José B. *Biog.* Escr. bras., cuya obra está en su mayor parte dedicada a la infancia: *Don Quijote de los niños; Fábulas; Los cuentos de la negra Nastacia,* etc. (1883-1948).

MONTEJO, Francisco de. *Biog.* Conquistador esp., compañero de Cortés. Emprendió la conquista y colonización del Yucatán (1479-1548).

MONTELEVA. (De *montar* y *levar.*) f. V. **Almadraba de monteleva.**

MONTEMAYOR, Alonso de. *Biog.* Conquistador y poeta esp. que relató en *Historia general y natural de las Indias* sus experiencias en América (s. XVI). ‖ – **Jorge de.** Poeta port., autor de *Diana,* novela pastoril (1520-1561).

MONTEMORELOS. *Geog.* Ciudad de México (Nuevo León) 15.000 h. Centro frutícola.

MONTENEGRO, Carlos. *Biog.* Novelista y cuentista cub., autor de *Hombres sin mujer; El renuevo* y otras obras (n. 1900). ‖ – **Ernesto.** Novelista chil., autor de *Puritania* y otras obras (1895-1967). ‖ – **Roberto.** Pintor, grabador y escenógrafo mex. Se destaca en la pintura mural y de fuerte acento indoamericano. Obras: *Máscaras mexicanas; Veinte dibujos,* etc. (1887-1968).

MONTENEGRO. *Geog.* Población del Brasil (Río Grande del Sur) 14.000 h. ‖ Población de Colombia (Caldas) 11.000 h. Producción de cacao. ‖ Región de Yugoslavia que abarca el antiguo reino hom. 13.837 km². 580.000 h. Cap. TITOGRAD. En 1878 fue principado independiente; en 1910 reino; en 1916 fue ocupada por los austríacos, hasta que en 1918 se unió a Yugoslavia.

MONTEPIN, Xavier de. *Biog.* Nov. francés, dotado de extraordinaria fecundidad, y exuberante imaginación. Lo hicieron popular sus producciones folletinescas: *El médico de las locas; La panadera; El coche número 13,* etc. (1823-1902).

MONTEPÍO. (De *monte pío.*) m. Depósito de dinero, formado con descuentos hechos a los individuos de un cuerpo, para socorrer a viudas y huérfanos. ‖ Establecimiento fundado con ese objeto. ‖ Pensión que se recibe de un montepío.

MONTERA. (De *monte.*) f. Prenda de abrigo para la cabeza. *Una* MONTERA *tejida.* ‖ Cubierta de cristales sobre galerías, patios, etc. ‖ Cubierta convexa para tapar calderas de alambiques. ‖ *Mar.* Monterilla, vela.

MONTERA. f. Mujer del montero. ‖ *Hond.* Borrachera.

MONTERDE, Francisco. *Biog.* Literato y ensayista mex., autor de *Cuentos mexicanos; Bibliografía del teatro en México; Galería de espejos,* etc. (n. 1894).

MONTEREAU-FAUT-YONNE. *Geog.* Población de Francia, en el dep. de Sena y Marne. 15.000 h. Maquinarias agrícolas. Lugar donde fue asesinado en 1419 Juan Sin Miedo. Victoria de Napoleón sobre los aliados en 1814.

MONTERERO, RA. s. Fabricante o vendedor de monteras. ‖ deriv.: **montereria.**

MONTERÍA. (De *montero.*) f. Caza de jabalíes y otras fieras llamadas caza mayor. ‖ Arte de cazar. ‖ *Bol.* y *Ec.* Embarcación pequeña. ‖ *Cuba.* Guiso de carne que se ha asado el día anterior. ‖ IDEAS AFINES: *Batida, deporte, persecución, ojeo, pista, escopeta, cetrería, jauría, cuerno, ciervo.*

MONTERÍA. *Geog.* Ciudad de Colombia, capital del dep. de Córdoba. 30.000 h. Con el municipio 90.000 h. Puerto a orillas del río Sinú. Centro agricolaganadero.

MONTERILLA. f dim. de **Montera.** ‖ *Mar.* Vela triangular que, en tiempo bueno, se larga sobre los últimos juanetes.

MONTERO. m. *Cuba.* Persona encargada de recorrer los hatos para examinar el estado del ganado. ‖ Individuo que cuida un terreno donde se cría ganado.

MONTERO, RA. s. Quien busca y persigue la caza en el monte o la ojea.

MONTERO, José A. *Biog.* Músico ven., maestro de coro de la catedral de Caracas y autor de la primera ópera nativa: *Virginia* (1839-1887). ‖ – **José Pío.** Est. par., en 1919 y 1920 presid. de la Rep. (m. 1927). ‖ – **Juan Esteban.** Est. chil. en 1931 presidente de la Rep. (1879-1948). ‖ – **Lisardo.** Pol. y marino per., participó en la defensa del Callao, contra la armada española. En 1881 asumió la presidencia de la Rep. (1832-1905). ‖ – **Luis.** Pintor per., autor del célebre cuadro *Los funerales de Atahualpa* (1830-1868).

MONTERÓN. m. aum. de **Montera.**

MONTEROS. *Geog.* Población de la Argentina (Tucumán). 15.000 h. Actividades agrícolas. Minería.

MONTERREY. m. Especie de pastel de forma abarquillada.

MONTERREY, Conde de. *Biog.* V. **Zúñiga y Acevedo, Gaspar de.**

MONTERREY. *Geog.* Ciudad de México, cap. del Estado de Nuevo León. 900.000 h. Es una de las c. más importantes del país. Gran centro fabril: fundiciones, tejedurías, cristalerías, cervecerías, etc. Fue fundada en 1596 y concentra en sus alrededores más de la mitad de la pobl. del Estado.

MONTERUCA. f. desp. de **Montera.**

MONTES, Ismael. *Biog.* Político bol., de 1904 a 1909 y de 1913 a 1917 presid. de la Nación (1861-1933). ‖ – **José Francisco.** Est. hond., en 1863 presid. de la República. ‖ – **Victoriano E.** Lit. urug. a quien dieron popularidad sus poesías *La tejedora de ñandutí; El tambor de San Martín,* etc. (1855-1917). ‖ – **DE OCA, Francisco.** Cirujano y patriota mex. que luchó contra la invasión francesa (1837-1885). ‖ – **DE OCA, Manuel Augusto.** Méd. y pol. argentino de destacada actuación pública (1831-1882). ‖ – **DE OCA, Manuel Augusto.** Jurista y catedrático arg., autor de *Derecho constitucional* y otras obras de carácter jurídico (1867-1934).

MONTÉS. adj. Que anda, está o se cría en el monte. *El jabalí es* MONTÉS; sinón.: **salvaje.**

MONTESA. adj. f. poét. Montés.

MONTES CLAROS. *Geog.* Ciudad del Brasil (Minas Gerais). 40.000 h.

MONTESINO, NA. adj. Montés.

MONTESINOS. *Geog.* Cueva de la Mancha, en la prov. de Albacete (España). Allí situó Cervantes una de las aventuras de Don Quijote.

MONTESQUIEU, Carlos de Secondat, barón de. *Biog.* Escr., sociólogo, historiador y publ. fr. cuyas teorías, junto con la de Rousseau, influyeron sobre la ideología de los dirigentes de la Revolución Francesa. En su obra fundamental, *El espíritu de las leyes,* considera a éstas como *"relaciones necesarias que se derivan de la naturaleza de las cosas".* Base de su doctrina pol. es la división de los poderes estatales. Autor además de *Cartas persas; Pensamientos diversos*, etc. (1689-1755).

MONTESSORI, María. *Biog.* Pedagoga ital. que innovó la técnica educativa infantil (1870-1952).

MONTEVERDE, Julio. *Biog.* Escultor ital., autor de *Colón de niño; El ángel del dolor* y numerosas estatuas de próceres (1837-1917). ‖ – **Manuel de.** Botánico dom., autor de varios trabajos sobre temas de su especialidad (1793-1871). ‖ – **Victorio.** Médico y escritor arg., autor de *Avariosis y embarazo; Flebitis puerperales*, etc. (1880-1955).

MONTEVERDI, Claudio. *Biog.* Compos. ital., considerado padre de la moderna armonía por las innovaciones técnicas que introdujo en la tonalidad, una de las cuales consiste en el ataque de los acordes disonantes sin preparación. Autor de *Orfeo*; misas, etc. (1567-1643).

MONTEVIDEANO, NA. adj. y s. De Montevideo.

MONTEVIDEO. *Geog.* Departamento del Uruguay. 543 km^2. 1.350.000 h. ‖ C. del Uruguay, cap. del departamento hom. y del país. 1.500.000 h. Sit. en la bahía de su nombre, en la margen izquierda del río de la Plata, es un puerto activo, y una ciudad moderna con intensa vida industrial, comercial e intelectual. La belleza de sus playas la ha convertido en un balneario afamado universalmente. Fue fundado por Bruno Mauricio de Zabala el 24 de diciembre de 1726.

MONTFERRATO. *Geog.* Antigua región de Italia, en el Piamonte, que fue primero marquesado y luego ducado.

MONTFORT, Simón de. *Biog.* Guerrero fr. que dirigió la cruzada contra los albigenses y murió en el sitio de Tolosa (1150-1218).

MONTGOLFIER, Jacobo Esteban. *Biog.* Inventor fr. Perfeccionó los procedimientos de fabricación del papel y compartió con su hermano José Miguel la gloria de la invención del aeróstato (1745-1799). ‖ – **José Miguel.** Inventor fr. Construyó el primer aeróstato: un pequeño paralelepípedo de tafetán cuyo interior fue calentado con humo, lográndose que se levantara; más tarde se le dio forma esférica (1740-1810).

MONTGOMERY, Bernardo Law. *Biog.* Mil. inglés, durante la segunda Guerra Mundial generalísimo del ejército de África e Italia y jefe de las fuerzas británicas de ocupación en Alemania (1887-1976).

MONTGOMERY. *Geog.* Ciudad de los EE. UU., cap. del Estado de Alabama. 128.000 h. Centro maderero y algodonero. Universidad. ‖ Condado de Gran Bretaña (Gales). 2.064 km^2. 47.000 h. Actividades agrícolas. Cap. hom.

MONTHERLANT, Enrique de. *Biog.* Lit. francés que exalta en sus obras la fuerza y la vitalidad del hombre: *Los bestiarios; El maestre de Santiago; Malatesta*, etc. (1896-1972).

MONTÍCULO. (Del lat. *montículus*.) m. Monte pequeño, generalmente aislado.

MONTIEL BALLESTEROS, Adolfo. *Biog.* Lit. y cuentista urug., autor de obras de asunto y carácter americanos: *Cuentos uruguayos; Fábulas y cuentos populares*, etc. (1888-1971).

MONTIJO. *Geog.* Golfo de Panamá, formado por el océano Pacífico en la costa de la prov. de Veraguas.

MONTIJO, Eugenia de. *Biog.* V. **Eugenia de Montijo.**

MONTILLA. m. Vino de Montilla, población de España.

MONTILLA, Mariano. *Biog.* Militar venez.; intervino en la gesta por la emancipación de América (1782-1851).

MONTILLA. *Geog.* Ciudad de España (Córdoba). 20.000 h. Tejidos. Afamados vinos.

MONTLUCON. *Geog.* Ciudad de Francia (Allier). 51.000 h. Fundiciones.

MONTMORENCY. *Geneal.* Familia fr. a la que pertenecieron muchos hombres destacados en su país, entre ellos el duque **Anio** (1493-1567) que suscribió, en 1526, el Tratado de Madrid, y murió en la batalla de Saint-Denis.

MONTO. m. Monta, suma de caudales. ‖ IDEAS AFINES: *Adición, cómputo, balance, precio, dinero, descuento, capital, haber, herencia.*

MONTÓN. (De *monte*.) m. Conjunto de cosas apiladas sin orden. MONTÓN *de piedras*; sinón.: **acervo, cúmulo.** ‖ fig. y fam. Número considerable, en frases como la siguiente: *Sabe un* MONTÓN *de cosas.* ‖ *Chile.* Castillejo, juego. ‖ **A montón.** m. adv. fig. **A bulto.** ‖ **A, de o en montón.** m. adv. fig. y fam. Juntamente; sin distinción ni separación. ‖ **A montones.** m. adv. fig. y fam. Abundantemente. *Tiene dinero a montones.* ‖ **Ser** uno **del montón. frs. fig. y fam. Ser adocenado y vulgar.**

MONTONERA. (De *montón*.) f. Montón; gran cantidad de alguna cosa. ‖ Grupo de jinetes que guerreaban contra las tropas del gobierno en algunos Estados de América del Sur. ‖ *Amér.* Guerrilla. *Las* MONTONERAS *de Güemes.* ‖ *Col.* Almiar. ‖ *P. Rico.* Lío o montón de cosas.

MONTONERO. (De *montón*. m. El que provoca una lucha cuando está rodeado de partidarios. ‖ Individuo de la montonera. ‖ *Amér.* Guerrillero.

MONTORO, Antón de. *Biog.* Poeta satírico y festivo esp.; sus obras fueron reunidas en el *Cancionero de Antón de Montoro* (1404-aprox. 1480). ‖ – **Rafael.** Lit. y crítico cub., destacado pol. y orador que recopiló en un volumen sus *Discursos políticos* (1852-1933).

MONTORO. *Geog.* Ciudad de España (Córdoba). 26.000 h. Fabricación de aceite.

MONTOSO, SA. (Del lat. *montosus*.) adj. Montuoso.

MONTPELLIER. Geog. Ciudad de Francia, capital del dep. de Hérault. 103.000 h. Vinos, sedas. Famosa universidad.

MONTREAL. *Geog.* Ciudad de Canadá, a orillas del río San Lorenzo. 1.500.000 h. Con los suburbios. 2.900.000 h. Es el mayor centro comercial del país. Universidad.

MONTREUIL. *Geog.* Ciudad de Francia (Sena). 100.000 h. Centro manufacturero.

MONTREUX. *Geog.* Ciudad de Suiza (Vaud), a orillas del lago de Ginebra. 24.000 h. Centro de turismo de invierno.

MONTROSE, Ricardo Graham. *Biog.* Marino ingl. inventor del portaaviones; contribuyó al perfeccionamiento de varios tipos de embarcaciones (1878-1954).

MONTSENY. *Geog.* Sierra de España (Barcelona). 1.745 m.

MONTSERRAT, Joaquín de. *Biog.* Militar esp. (1700-1771); virrey de Nueva España de 1760 a 1766.

MONTSERRAT. *Geog.* Sierra de España (Barcelona). 1.236 m. Célebre monasterio. ‖ Isla de las Antillas Británicas, sit. al S.O. de la isla antigua. 84 km^2. 10.000 h. Cap. PLYMOUTH.

MONTT, Ambrosio. *Biog.* Jurisc. y escritor chil., autor de *Cartas a José Victoriano Lastarria; El gobierno y la revolución, Ensayo sobre el gobierno en Europa*, etc. (1830-1899). ‖ – **Jorge.** Marino y pol. chileno de 1891 a 1896 presid. de la Nación (1846-1922). ‖ – **Manuel.** Est. chileno, desde 1851 hasta 1861 presid. de la República (1809-1880). ‖ **-Pedro.** Est. chileno, de 1906 a 1910 presid. de la Nación. Durante su mandato se concluyó el túnel trasandino para el paso del ferrocarril que une Chile y Argentina y progresaron la instrucción pública y la industria.

MONTUBIO, BIA. adj. *Ec.* y *Perú.* Montaraz, agreste. ‖ Campesino de la costa. Ú.t.c.s.

MONTUCA. f. *Hond.* Tamal cuya masa es de maíz verde o elote.

MONTÚFAR, Carlos. *Biog.* Mil. y patriota ec. Estableció en Quito una Junta de Gobierno (1780-1816). ‖ – **Juan Pío.** Patriota ec., uno de los jefes del levantamiento de 1809; presidió la primera junta de gob. independiente (1759-1818).

MONTUNO, NA. adj. Perteneciente o relativo al monte. ‖ *Cuba* y *Ven.* Rústico, torpe.

MONTUOSIDAD. f. Calidad de montuoso.

MONTUOSO, SA. (Del lat. *montuosus*.) adj. Relativo a los montes. ‖ Abundantes en ellos. *Provincia* MONTUOSA; sinón.: **montañoso.**

MONTURA. al. **Reitzeug.** fr. **Selle.** ingl. **Saddle trappings.** ital. **Finimenti.** port. **Montagem.** (De *montar*.) f. Cabalgadura, animal en que se cabalga. ‖ Conjunto de arreos de una caballería de silla. ‖ Montaje, acción y efecto de montar. ‖ Soporte mecánico de instrumentos astronómicos.

MONTURIOL, Narciso. *Biog.* Hombre de ciencia esp., inventor del submarino "Ictíneo", autor de *Ensayo sobre el arte de navegar por debajo del agua*, etc. (1819-1885).

MONUELO, LA. adj. dim. de **Mono.** ‖ Dícese generalmente del mozo insensato. Ú.t.c.s.

MONUMENTAL. (Del lat. *monumentalis*.) adj. Perteneciente o relativo al monumento. *Piedras* MONUMENTALES. ‖ fig. y fam. Muy excelente.

MONUMENTO. al. **Denkmal.** fr. **Monument.** ingl. **Monument.** ital. **Monumento.** port. **Monumento.** (Del lat. *monuméntum*.) m. Obra pública y visible puesta en memoria de algún hecho importante. *Erigir un* MONUMENTO *al soldado desconocido.* ‖ Túmulo, altar o aparato que el Jueves Santo se forma en las iglesias. ‖ Objeto o documento de utilidad para la historia. ‖ Obra científica, artística o literaria que se hace memorable por su mérito excepcional. ‖ Sepulcro. ‖ IDEAS AFINES: *Escultura, ecuestre, sedente, estatua, mausoleo, panteón, obelisco, pirámide, pedestal, conmemoración, héroe, mármol, bronce, inscripción, historia.*

MONVOISIN, Raimundo. *Biog.* Pintor fr. Entre sus cuadros hay paisajes de la Argentina, Chile y Brasil (1790-1870).

MONZA. *Geog.* Ciudad de Italia (Milán). 120.000 h. Tejidos. ‖ Célebre circuito automovilístico.

MONZÓN. (Del ár. *maucim*, estación.) amb. Viento periódico de varios mares, especialmente del océano Índico, que sopla unos meses en una dirección y otros en la opuesta. *El* MONZÓN *terral sopla en invierno.* ‖ deriv.: **monzónico, ca.**

MONZÓN, Elfego H. *Biog.* Político guatemalteco cont. en 1954 presidente interino de su país.

MOÑA. f. Muñeca, figurilla o maniquí de mujer.

MOÑA. (De *moño*.) f. Lazo con que suelen adornarse la cabeza las mujeres. ‖ Adorno de cintas, plumas, etc., que suele colocarse en lo alto de la divisa de los toros. ‖ Lazo de cintas negras que se ponen los toreros en la parte posterior de la cabeza sujeto con la coleta.

MOÑA. (De *mohína*.) f. fig. y fam. Borrachera.

MOÑAJO. m. desp. de **Moño.**

MOÑIGA. f. Barbarismo por **boñiga.**

MOÑISTA. (De *moño*.) adj. fam. Presuntuoso.

MOÑO. (Del lat. *mundulus*, adorno femenino.) m. Castaña o rodete hecho en el cabello. ‖ Lazo de cintas. ‖ Grupo de plumas que sobresale en la cabeza de algunas aves. ‖ *Arg.* Corbata parecida a un **moño.** ‖ *Col.* Capricho. ‖ *Chile.* Copete del cabello. ‖ fig. Cima, cumbre. ‖ pl. Adornos superfluos. ‖ **Ponérsele** a una algo **en el moño.** frs. fig. y fam. Encapricharse. ‖ **Ponerse** uno **moños.** frs. Presumir.

MOÑÓN, NA. adj. Moñudo. ‖ *Col.* Caprichoso.

MOÑUDO, DA. adj. Que tiene moño. Aplícase generalmente a las aves.

MOÑUELO. m. *Méx.* Barbarismo por **buñuelo.**

MOOCK, Armando. *Biog.* Comediógrafo chil., que residió largo tiempo en la Argentina, autor de *Pueblecito; Del brazo y por la calle; La luna en el pozo*, etc. (1894-1942).

MOORE, Enrique. *Biog.* Escultor ingl., nacido en 1898, autor de *Figura reclinada; Virgen con niño; Rey y reina*, etc. ‖ — **Juan Guillermo.** Marino per. que murió heroicamente en Arequipa (1836-1879). ‖ — **Silvia.** Poetisa chilena cont., una de las más delicadas expresiones líricas de la nueva literatura de su país. ‖ — **Stanford.** Científico estadounidense a quien se otorgó en 1972 el premio Nobel de Química, compartido con sus compatriotas Cristián Anfinsen y Guillermo Stein, por sus investigaciones sobre la estructura molecular de las proteínas y sobre la cromatografía (n. en 1913). ‖ — **Tomás.** Poeta irlandés que fue, también inspirado músico (1779-1852).

MOPSO. *Mit.* Adivino griego, hijo de Apolo, que siguió a los argonautas en su expedición. Venció a Calcas en un certamen, por lo que éste murió de pena.

MOQUEAR. intr. Echar mocos.

MOQUEGUA. *Geog.* Río del Perú en el departamento hom. que des. en el Pacífico. ‖ Dep. del sur del Perú. 16.175 km^2. 76.000 h. Producción agrícola. Vinos. Cap. hom. 10.000 h.

MOQUEGUANO, NA. ad. y s. De Moquegua.

MOQUEO. (De *moquear*.) m. Secreción nasal abundante.

MOQUERO. m. Pañuelo para limpiarse los mocos.

MOQUETA. (Del fr. *moquette*.) f. Tela fuerte de lana, con trama de cáñamo, utilizada para hacer alfombras, etc.

MOQUETE. (De *moco*.) m. Puñetazo dado en el rostro, especialmente en las narices. sinón.: **mojicón.**

MOQUETEAR. intr. fam. Moquear frecuentemente. ‖ tr. Dar moquetes.

MOQUILLO. (dim. de *moco*.) m. Enfermedad catarral de determinados animales. ‖ Pepita de las gallinas. ‖ *Ec.* Nudo corredizo con que se sujeta el labio superior del caballo para domarlo.

MOQUITA. f. Moco claro que fluye de la nariz.

MOR. m. Aféresis de **amor.**

MORA. (Del lat. *mora*.) f. *Der.* Tardanza en cumplir una obligación. *El deudor incurrió en* MORA.

MORA. al. **Brombeere.** fr. **Mure.** ingl. **Blackberry.** ital. **Mora.** port. **Amora.** (Del lat. *mórum*.) f. Fruto del moral, formado por la agregación de globulillos carnosos, de color morado. ‖ Fruto de la morera, semejante al anterior. ‖ Zarzamora, fruto de la zarza. ‖ *Arg.*, *C. Rica* y *P. Rico.* Árbol de madera muy vistosa. ‖ *Hond.* Frambuesa. ‖ *Méx.* Morera o moral.

MORA, Dolores. *Biog.* Esc. argentina, conocida por **Lola Mora.** una de las primeras mujeres que cultivó esa especialidad artística en su país. Autora de *La fuente de las Nereidas*, grupo escultórico que adorna un paseo de Buenos Aires; *Apoteosis de la Argentina*, que figura en el monumento a Colón, etc. (1866-1936). ‖ – **Joaquín.** Político cost., en 1837 jefe del Estado. ‖ – **José de.** Célebre escultor esp., discípulo de Alfonso Cano. Autor de *La Concepción* y otras obras notables (1638-1725). ‖ – **José Joaquín de.** Publ. español que cumplió en la Argentina, Chile y Perú fervorosa labor docente (1783-1864). ‖ – **José M. Luis.** Escr., político y sac. mexicano, figura representativa del liberalismo mex., autor de *México y sus revoluciones; El catecismo político de la Federación Mexicana*, etc. (1794-1850). ‖ – **Juan.** Est. costarricense, primer presid. de la República de 1824 a 1833 (1784-1854). ‖ – **Juan Rafael.** Político cost., en 1853 jefe de Estado. Derrocado en 1859, al intentar recuperar la presidencia, fue fusilado (1814-1860). ‖ – **Luis María.** Lit. colombiano; sus poesías fueron reunidas en *Arpa de cinco cuerdas*; escribió en prosa *De la decadencia y el simbolismo; El alma nacional*, etc. (n. 1869).

MORABITO. (Del ár. *morábit*, ermitaño.) m. Especie de ermitaño mahometano. ‖ Especie de ermita en que habita un **morabito.**

MORABUTO. m. Morabito.

MORÁCEO, A. adj. *Bot.* Dícese de los árboles y arbustos dicotiledóneos, leñosos, con látex, flores pequeñas en inflorescencias densas con receptáculo común, frutos en aquenio o drupa en receptáculo carnoso, como la higuera y la morera. ‖ f. pl. *Bot.* Familia de estos árboles y arbustos.

MORACHO, CHA. (De *mora*,

fruto.) adj. Morado bajo. Ú.t.c.s.

MORADA. al. **Wohnung.** fr. **Demeure.** ingl. **Dwelling.** ital. **Dimora.** port. **Morada.** (De *morar.*) f. Casa o habitación. *Regresar a la* MORADA; sinón.: **hogar.** ‖ Estancia continuada en un lugar. ‖ IDEAS AFINES: *Vivienda, techo, abrigo, domicilio, lares, dirección, cobijar, familia, hospitalidad, huésped.*

MORADABAD. *Geog.* Ciudad de la India, al E. de Delhi. 270.000 h. Centro industrial.

MORADAS, Las. *Lit.* Obra cumbre de Santa Teresa de Jesús, exponente de las elevadas características de humildad, ternura y religiosidad que distinguen a su autora. Son siete, y corresponden a los grados de la oración.

MORADO. (De *mora.*) adj. Dícese del color entre carmín y azul. Ú.t.c.s.m.

MORADO, DA. adj. De color **morado.** ‖ fig. *Arg.* Cobarde, pusilámine. ‖ **Pasarlas moradas.** loc. fig. y fam. **Pasarlas negras.**

MORADOR, RA. al. **Einwohner.** fr. **Habitant.** ingl. **Inhabitant.** ital. **Abitante.** port. **Morador.** (Del lat. *morator.*) adj. Que vive o reside en un lugar.

MORADUX. m. Almoradux.

MORAES, Francisco de. *Biog.* Novelista port., autor de *Palmerín de Inglaterra* (1500-1572). ‖ – **BARROS, Prudencio J. de.** Pol. brasileño, de 1894 a 1898 presid. de la República (1841-1902).

MORAGA. (Del ár. *mohraca,* holocausto, combustión.) f. *And.* Asado al aire libre. MORAGA *de sardinas.* ‖ f. Manojo que forman las espigaderas.

MORAGO. m. Moraga.

MORAL. al. **Moral; Sittenlehre.** fr. **Morale.** ingl. **Morality.** ital. **Morale.** port. **Moral.** (Del lat. *moralis.*) adj. Perteneciente o relativo a la moral. *Ley* MORAL. ‖ Conforme con la **moral.** *Vida* MORAL. ‖ Que es de la apreciación de la conciencia o del entendimiento. *Prueba* MORAL. ‖ Que no concierne a lo jurídico sino al fuero interno o al respeto humano. *Sanción* MORAL. ‖ f. Ciencia que trata de la conducta y de las acciones humanas en orden a su bondad o malicia. ‖ Conjunto de facultades espirituales. ‖ Estado de ánimo individual o colectivo. En relación a tropas se refiere a su espíritu o a su confianza en la victoria. ‖ Temple, confianza en el buen resultado de una acción o empresa. *Levantar la* MORAL *de un amigo.* ‖ IDEAS AFINES: *Moralista, moraleja, inmoral, educación, ética, estoicismo, epicureísmo, virtud, vicio, íntegro, edificante, rigor, disoluto, desmoralizado, licencia.*

MORAL. (De *mora.*) m. Árbol monoico, de hojas pubescentes, acorazonadas, flores en amento, e infrutescencia en bayas moradas. *Morus nigra,* morácea. Su fruta es la mora. ‖ Árbol ecuatoriano tropical, cuya madera es muy usada en la construcción de casas.

MORALEDA. *Geog.* Canal que forma el océano Pacífico en la costa del sur de Chile. Se extiende desde el golfo de Corcovado hasta la pen. de Taitao.

MORALEJA. al. **Moral.** fr. **Moralité.** ingl. **Moral, lesson.** ital. **Morale.** port. **Moralidade.** (De *moral.*) f. Enseñanza moral, deducida de un cuento, fábula, etc.

MORALES, Agustín. *Biog.* Mil. boliviano; derrocó a Melgarejo, y fue proclamado en 1870 presid. de la República. Disolvió las cámaras que no estaban de acuerdo con su elección y se declaró dictador (1810-1872). ‖ – **Ambrosio de.** Hist. español, autor de *Conquista de Tierra Santa; Crónica general de España,* etc. (1513-1591). ‖ – **Andrés.** Nav. español que viajó con Colón, exploró las Antillas y estableció la teoría acerca de las corrientes del Atlántico, a las que llamó **torrentes del mar.** Notable cartógrafo, se le deben: *Carta marítima de la costa de Brasil; Carta de marear a las Indias Occidentales* (1477-1517). ‖ **Carlos F.** Pol. y militar dom. de 1904 a 1906 presid. de la República (1865-1914). ‖ – **Cristóbal,** Compositor esp., autor de obras polifónicas (aprox. 1500-1553). ‖ – **Ernesto.** Escr. argentino, autor de: *Leyendas guaraníes; Lírica popular rioplatense; Antología de poetas americanos,* etc. (1890-1949). ‖ – **Julio.** Poeta venezolano cont., autor de *Múcura y otras obras.* ‖ – **Luis de.** Pintor esp. llamado **el Divino,** de obra caracterizada por su fervor religioso: *Ecce Homo; Jesús en la columna; Virgen sosteniendo a Cristo muerto,* etc. (1509-1586). ‖ – **Melesio.** Compositor mex., cultor de la música operística. Obras: *Romeo y Julieta; Cleopatra; Gino Corsini,* etc. (1838-1908). ‖ - **BERMÚDEZ, Francisco.** Militar peruano cont., presidente de la Rep. desde 1975. ‖ - **BERMÚDEZ, Remigio.** Político peruano, en 1890 presidente de la República (1836-1894). ‖ – **GALAVIS, Antonio.** Mil. colombiano que asistió a la batalla de Pichincha al frente de las tropas de su país (1784-1851). ‖ – **LANGUASCO, Carlos.** General dom. (1867-1914), presidente de la Rep. de 1903 a 1906. ‖ – **LEMUS, José.** Político cub., autor de obras sobre jurisprudencia (1808-1870). ‖ – **OTERO, José A.** Diplomático urug. que fue secretario general de la OEA (1898-1975).

MORALES. *Geog.* Isla de Colombia (Bolívar), formada por el río Magdalena. Tiene 50 km de largo y 20 de ancho.

MORALIDAD. (Del lat. *moralitas, -atis.*) f. Conformidad con los preceptos de la moral. *Velar por la* MORALIDAD *pública.* ‖ Cualidad de las acciones humanas que las hace buenas. ‖ Moraleja.

MORALISTA. com. Profesor de moral. ‖ Autor de obras de moral. ‖ Persona que estudia moral.

MORALIZAR. (De *moral.*) tr. Corregir las malas costumbres enseñando las buenas. Ú.t.c.r. MORALIZAR *con el ejemplo.* ‖ intr. Hacer reflexiones morales. deriv.: **moralización, moralizador, ra.**

MORALMENTE. adv. m. Con moralidad. MORALMENTE *se rehusó a firmar.* ‖ Según el juicio general de los hombres.

MORAND, Pablo. *Biog.* Lit. francés, autor de *Cerrado de noche; Abierto de noche; Brotes tiernos; Magia negra,* etc. (1888-1978).

MORANZA. (De *morar.*) f. Morada.

MORAR. al. **Wohnen.** fr. **Demeurer.** ingl. **To dwell.** ital. **Dimorare.** port. **Morar.** (Del lat. *morare.*) intr. Habitar o residir en algún lugar. MORAR *en el campo, entre salvajes.*

MORATÍN, Leandro Fernández de. *Biog.* V. **Fernández de Moratín, Leandro.** ‖ – **Nicolás Fernández de.** V. **Fernández de Moratín, Nicolás.**

MORATINIANO, NA. adj. Propio y característico de Moratín con alguna de las características de sus obras.

MORATO. (De *moro.*) adj. Dícese de una variedad de trigo, cuyo grano es de color moreno.

MORATORIA. (Del lat. *moratoria,* dilatoria.) f. Plazo otorgado para solventar una deuda vencida. *Decretar* MORATORIA *para los préstamos hipotecarios.*

MORATORIO, Orosmán. *Biog.* Dram. uruguayo, autor de una de las primeras piezas del teatro gauchesco rioplatense: *Juan Soldao* (1852-1898).

MORAVA. *Geog.* Río de Checoslovaquia, afl. del Danubio. 378 km. Nace en los montes Sudetes y cruza Moravia, región a la que dio nombre.

MORAVIA, Alberto. *Biog.* Seudónimo de **Alberto Pincherle,** novelista ital., autor de *Agostino; Los indiferentes; El amor conyugal; Dos mujeres; La romana; Ambiciones defraudadas,* etc. (n. 1907).

MORAVIA. *Geog.* Ant. región de Checoslovaquia sit. entre Bohemia, Silesia, Eslovaquia y Austria. ‖ Nombre de dos prov. checoslovacas: – **Meridional,** 15.029 km² y 2.000.000 de h., y – **Septentrional,** 11.066 km² y 1.890.000 h.

MORAVO, VA. adj. y s. De Moravia.

MORAY. m. *Hond.* Roble.

MORAY. *Geog.* Condado de Gran Bretaña en Escocia. 1.234 km². 52.000 h. Cereales, pesca. Destilerías. Cap. ELGIN. ‖ **Golfo de –.** Profunda escotadura de la costa N.E. de Escocia, en el Mar del Norte.

MORAZÁN, Francisco. *Biog.* Mil. y estadista hond., campeón de la unidad americana, ideal al que dedicó su vida. Presid. de la República durante ocho años, sus ideas democráticas se concretaron en mejoras sociales y económicas, pero no pudo ver realizado su anhelo de una federación de las cinco naciones centroamericanas (1792-1842).

MORAZÁN. *Geog.* Departamento del noroeste de El Salvador. 1724 km², 165.000 h. Cap. SAN FRANCISCO GOTERA, Agricultura y minería. ‖ Departamento del S. de Honduras. 7.946 km². 500.000 h. Producción agrícola, riqueza forestal y minería. Cap. TEGUCIGALPA, que también es del país.

MORAZANIDO, DA. adj. y s. De Morazán.

MORBIDEZ. f. Calidad de mórbido, blando, delicado.

MORBIDIDAD. f. Número proporcional de personas que enferman en una población y tiempo determinados.

MÓRBIDO, DA. (Del lat. *mórbidus.*) adj. Que padece enfermedad o la origina. sinón.: **enfermizo, malsano;** antón.: **sano.** ‖ Blando, delicado.

MORBÍFICO, CA. (Del lat. *morbíficus,* de *morbus,* enfermedad, y *fácere,* hacer.) adj. Que lleva el germen de las enfermedades o las produce. *Insectos* MORBÍFICOS.

MORBIHAN. *Geog.* Departamento del N. O. de Francia. 6.763 km². 550.000 h. Cap. VANNES. Pesca de atún y sardinas. Vinos.

MORBILIDAD. f. Morbididad.

MORBO. (Del lat. *morbus.*) m. Enfermedad. ‖ – **comicial.** *Med.* Epilepsia. ‖ – **gálico.** *Med.* Bubas o gálico. ‖ – **regio.** *Med.* Ictericia.

MORBOSIDAD. f. Calidad de morboso. ‖ Conjunto de casos patológicos que determinan el estado sanitario de un país.

MORBOSO, SA. al. **Krankhaft; Kränklich.** fr. **Malade; morbide.** ingl. **Diseased; morbid.** ital. **Morboso.** port. **Morboso.** (Del lat. *morbosus.*) adj. Enfermo, enfermizo. *Ese temor es* MORBOSO. ‖ Que produce enfermedad o concierne a ella.

MORCAJO. (Del b. lat. *mercagium,* trigo marzal.) m. Tranquillón.

MORCEGUILLA. f. Excremento de murciélago.

MORCELLA. (De *moscella.*) f. Chispa que salta del pabilo de una luz.

MORCIGUILLO. m. **Murciélago.**

MORCILLA. al. **Blutwurst.** fr. **Boudin.** ingl. **Blood pudding.** ital. **Buristo, sanguinaccio.** port. **Morcilha, morcela.** (De *morcón.*) f. Trozo de tripa rellena de sangre y condimentada. *La* MORCILLA *se come ya asada, ya hervida.* ‖ fig. y fam. Agregado de palabras o cláusulas propias, que ciertos comediantes hacen al papel que representan. ‖ *Cuba.* Mentira ‖ – **ciega.** La preparada con la parte cerrada del ciego.

MORCILLERO, RA. s. Fabricante o vendedor de morcillas. ‖ fig. y fam. Comediante que añade morcillas. ‖ *Cuba.* Mentiroso. ‖ f. Sarta de morcillas.

MORCILLO. (De *murecillo.*) m. Parte carnosa del brazo, desde el hombro hasta cerca del codo.

MORCILLO, LLA. (Del b. lat. *mauricellus,* dim. de *maurus,* moro, con referencia al color negro.) adj. Dícese del caballo o yegua de color negro con viso rojizo.

MORCILLÓN. m. aum. de **Morcilla.** ‖ Estómago de res relleno como la morcilla.

MORCILLO RUBIO DE AUÑÓN, Diego. *Biog.* Obispo de Lima y en 1716 virrey del Perú (1642-1730).

MORCÓN. (Del vasco *morcoa,* tripa hinchada.) m. Morcilla hecha de las partes más gruesas de las tripas del animal. ‖ Bandujo, embutido. ‖ fig. y fam. Persona gruesa, menuda y floja. ‖ Persona sucia y desaseada.

MORCUERO. m. Majano.

MORDACIDAD. al. **Bissigkeit.** fr. **Mordacité.** ingl. **Mordancy.** ital. **Mordacità.** port. **Mordacidade.** (Del lat. *mordácitas, -atis.*) f. Calidad de mordaz. *La* MORDACIDAD *de la pluma*; sinón.: **causticidad.**

MORDAGA. f. fam. Borrachera.

MORDANTE. (Del fr. *mordant;* de *mordre,* morder.) m. *Impr.* Regla doble usada por los cajistas para sujetar el original en el divisorio, y señalar la línea que se estaba componiendo.

MORDAZ. (Del lat. *mordax, -acis.*) adj. Que corroe o tiene actividad corrosiva, *Ácido* MORDAZ; sinón.: **cáustico.** ‖ Áspero al paladar. ‖ fig. Que critica con malignidad. *Lengua* MORDAZ; sinón.: **incisivo; sarcástico.** ‖ Que ofende en forma punzante. ‖ Propenso a la mordacidad.

MORDAZA. al. **Knebel.** fr. **Baillon.** ingl. **Gag.** ital. **Mordacchia.** port. **Mordaça.** (De *morder.*) f. Instrumento puesto en la boca para impedir hablar. ‖ *Art.* Aparato para disminuir el retroceso de las piezas de artillería. ‖ *Mar.* Máquina para detener la salida de la cadena del ancla. ‖ *Veter.* Instrumento usado en la castración para evitar derrames. ‖ IDEAS AFINES: *Silencio, secreto, coacción, bozal, ligadura, sofocar, acallar, asaltante, censura, opresión.*

MORDAZMENTE. adv. m. Con mordacidad.

MORDEDOR, RA. adj. Que muerde. ‖ fig. Que satiriza o murmura.

MORDEDURA. al. **Biss; Beissen.** fr. **Morsure.** ingl. **Bite.** ital. **Morso.** port. **Mordedura.** f. Acción de morder. *La* MORDEDURA *de la serpiente puede ser mortal para el hombre.* ‖ Daño causado con ella.

MORDELÓN, NA. adj. *Col.* y *Ven.* Dicho de animales, inclinado a morder. ‖ *Méx.* Aplícase al policía que acepta dinero por permitir una infracción.

MORDENTE. (Del ital. *mordente;* de *mordere,* morder.) m. Mordiente para fijar los colores o panes de oro. ‖ *Mús.* Batimiento rápido de dos notas conjuntas. ‖ Quiebro.

MORDER. al. **Beissen.** fr. **Mordre.** ingl. **To bite.** ital. **Mordere.** port. **Morder.** (Del lat. *mórdere.*) tr. Asir con los dientes alguna cosa y clavarlos en ella. *El pez* MORDIÓ *el anzuelo.* ‖ Mordiscar. ‖ Asir una cosa a otra, haciendo presa en ella. ‖ Gastar imperceptible o paulatinamente, como la lima. ‖ Corroer el agua fuerte la parte dibujada de una lámina o plancha. ‖ fig. Murmurar o satirizar ofendiendo la reputación. ‖ fig. y fam. *Amér.* Engañar, estafar. ‖ irreg. Conj. como **mover.** ‖ IDEAS AFINES: *Bocado, dentellada, mascar, triscar, rumiar, despedazar, desgarrar, caninos, molares, mandíbulas, perro, víbora, piraña, roedor, hidrófobo.*

MORDICACIÓN. (Del lat. *mordicatio, -onis.*) f. Acción y efecto de mordiscar.

MORDICANTE. (Del lat. *mordicans, -antis.*) p. a. de **Mordicar.** Que mordica. ‖ adj. Acre, corrosivo. *Ortiga* MORDICANTE. ‖ fig. Dícese de la persona que suele morder en las costumbres, aficiones, etc.

MORDICAR. (Del lat. *mordicare.*) tr. Punzar como mordiendo. ‖ deriv.: **mordicativo, va.**

MORDIDA. (De *morder.*) f. fig. y fam. *Cuba.* Estafa, engaño. ‖ *Méx.* Lo que se paga por permitir una infracción.

MORDIDO, DA. adj. fig. Menoscabado, descabalado.

MORDIDURA. f. *Méx.* Mordedura.

MORDIENTE. p. a. de **Morder.** Que muerde. ‖ m. Substancia usada en algunas artes para fijar los colores o los panes de oro. ‖ Agua fuerte para morder láminas o planchas. ‖ *Mús.* En una melodía, adorno breve que lleva una nota.

MORDIHUÍ. (De *morder.*) m. Gorgojo, insecto.

MORDIMIENTO. (De *morder.*) m. Mordedura.

MORDISCAR. tr. Morder con frecuencia o ligeramente. ‖ Morder.

MORDISCO. al. **Biss, Bissen.** fr. **Morsure.** ingl. **Bite.** ital. **Morso.** port. **Mordisco.** m. Acción y efecto de mordiscar. ‖ Mordedura que no lesiona gravemente. ‖ Pedazo sacado de una cosa, al morderla.

MORDISCÓN. (aum. de *mordisco.*) m. *Amér.* Mordisco dentellada.

MORDISQUEAR. tr. Mordiscar. MOSDISQUEAR *un trozo de queso.*

MORDORÉ. (Del fr. *mordoré.*) adj. Galicismo por morado rojizo. Ú.t.c.s.m.

MORDUYO. m. *Méx.* Mordihui.

MOREA. *Geog.* Vasta región del S. de Grecia, antes península y ahora isla por la apertura del canal de Corinto. 21.566 km², 1.130.505 h. Hasta el siglo XII se llamó **Peloponeso.**

MOREAU, Gustavo. *Biog.* Pintor fr. de tradición académica, entre cuyos cuadros se destaca *Salomé.* (1826-1898).

MOREDA. f. Mora, árbol. ‖ Moreral.

MOREHOUSE, D. W. *Biog.* Astrónomo nort. contemporáneo, descubrió en 1908 el cometa que lleva su nombre.

MOREIRA, Delfín. *Biog.* Est. brasileño; siendo vicepresidente en 1918, a la muerte de Rodrigues Alves, ocupó la presid. hasta 1919. ‖ **– PENA, Alfonso Augusto.** Estadista bras., en 1906 presid. de la República. A su política abolicionista se debe la ley de 1885 por la que se concedía a libertad a los esclavos mayores de sesenta años (1847-1909).

MOREL, Carlos. *Biog.* Pintor y litógrafo arg. que sobresalió en el retrato y el cuadro de costumbres. Parte de su obra está reunida en la colección *Usos y costumbres del Río de la Plata* (1813-1894).

MOREL DE SAL. (De *mora,* fruto.) m. *Pint.* Color morado carmesí para pintar al fresco.

MORELENSE. adj. Natural del Estado mexicano de Morelos, o de diversas poblaciones del mismo nombre. Ú.t.c.s. ‖ Perteneciente o relativo a dicho Estado o poblaciones.

MORELIA. *Geog.* Ciudad de México, capital del Est. de Michoacán. 85.000 h. Fue fundada en 1541, con el nombre de Valladolid, por el virrey Antonio de Mendoza. Centro agrícola.

MORELIANO, NA. adj. Natural de Morelia, cap. del Est. mexicano de Michoacán. Ú.t.c.s. ‖ Perteneciente o relativo a dicha ciudad.

MORELOS, José María. *Biog.* Estadista y patriota mex. que dedicó su vida a la lucha por la independencia de su patria. Durante sus estudios eclesiásticos conoció y admiró al cura Hidalgo, secundándolo en sus proyectos. Inició su campaña con un puñado de voluntarios que fue aumentando hasta constituir un verdadero ejército con el que se enfrentó victoriosamente a los realistas. En 1813 convocó el primer Congreso Nacional que declaró la independencia, la forma republicana de gob., la abolición de la esclavitud y las diferencias de casta y adoptó medidas sociales que revelaban la visión pol. y humana de **Morelos.** Derrotado por los realistas, fue fusilado después de un proceso mil. y otro eclesiástico (1765-1815).

MORELOS. *Geog.* Estado de México sit. al sur de la capital de la Rep. 4.964 km². 630.000 h. Caña de azúcar, cereales, frutas. Cap. CUERNAVACA.

MORELLET, Andrés. *Biog.* Literato fr.; colaboró con Diderot en la *Enciclopedia* publicando artículos filosóficos y sobre economía política (1727-1819).

MORENA. f. Hogaza o pan.

MORENA. f. *Geol.* Material sedimentario de arrastre, especialmente rocas, trasladado por un helero. ‖ Montón de mieses hecho por los segadores en las tierras.

MORENA. (De *murena.*) f. Pez marino, de cuerpo cilíndrico alargado, con las aletas dorsal y anal unidas con la cola. *Muraena helena,* melacopterigio ápodo.

MORENA, Sierra. *Geog.* Cadena montañosa de España sit. entre la meseta de Castilla y el valle del río Guadalquivir. Culmina a los 1.798 m. en el nudo de Alcaraz.

MORENILLO. (De *moreno,* por el color.) m. Masa de carbón molido y vinagre, usada por los esquiladores para curar cortaduras.

MORENO. (De *moro.*) adj. Dícese del color obscuro que tira a negro. ‖ m. Morenillo.

MORENO, NA. al. **Dunkelbraun.** fr. **Brun.** ingl. **Dark.** ital. **Bruno.** port. **Moreno.** adj. De color **moreno.** *Azúcar* MORENA. ‖ Dicho del color de la piel, la menos clara en la raza blanca. ‖ fig. y fam. Negro o de piel negra. Ú.m.c.s. ‖ *Cuba.* Mulato. Apl. a pers., ú.t.c.s. ‖ IDEAS AFINES: *Cuarterón, pardo, cetrino, morocho, ennegrecer, negruzco, sepia, bronceado, cobrizo, tostar, atezar, curtido.*

MORENO, Francisco P. *Biog.* Geógrafo y paleontólogo arg., explorador de la Patagonia. Actuó como perito en las cuestiones de límites con Chile, fundó el Museo de La Plata y publicó relatos de sus viajes, como *Viaje a la región andina de Patagonia; La Patagonia del sur* y otros; se lo considera el fundador de los Parques Nacionales en la Argentina. (1852-1919). ‖ **– Gabriel René.** Historiador bol., autor de *Las matanzas de Yáñez; Últimos días coloniales del Alto Perú; Biblioteca boliviana,* etc. (1834-1908). ‖ **– José María.** Pol. y jurisconsulto arg. de actuación en las luchas por la organización nac. y autor de obras de su especialidad (1825-1882). ‖ **– Manuel.** Pol. y diplomático arg. Luchó en favor de la independencia nac. y escribió *Vida y memorias de Mariano Moreno* (1781-1857). ‖ **– Mariano.** Jurisc. y estadista arg., una de las más completas personalidades de la generación de Mayo. En su corta vida ocupó los más altos cargos públicos y puso su talento al servicio de la causa patriota desde la tribuna, la cátedra y el periódico. Su *Representación de los hacendados* es el primer grito de rebelión pol. y económica dado por un criollo; desde "La Gazeta de Buenos Aires", primer periódico oficial creado por él por orden de la Junta de Gob. de 1810, publicó artículos que orientaron la labor de diputados y representantes. Por diferencias conceptuales con Saavedra renunció en 1811 como miembro de la junta y se embarcó para Europa con el propósito de gestionar el apoyo ingl. a la nueva nación; falleció a bordo, obscureciendo el cielo patrio al que había dado singular brillo (1778-1811). ‖ **– Mario.** Actor cómico mex. que popularizó el seudónimo de **Cantinflas** (n. 1911). ‖ **– Segundo Luis.** Compositor ec., autor de obras folklóricas; *Suite ecuatoriana; Preludio,* etc. Ha escrito *El Ecuador en cien años de independencia* (1882-1972). ‖ **– CARBONERO, José.** Pintor esp. que se inspiró en motivos históricos y literarios. Cuadros: *Los dos amigos; Gil Blas; Fundación de Buenos Aires,* etc. (1880-1942). ‖ **– GONZÁLEZ, Juan Carlos.** Compositor par. autor de obras para piano y orquesta sobre motivos nativos (n. 1912). ‖ **– JIMÉNEZ, Domingo.** Poeta dom., autor de *Palabras sin tiempo* y otras obras de inquietud renovadora en la literatura de su país (n. 1894). ‖ **– TORROBA, Federico.** Compositor esp., autor de celebradas zarzuelas; *Luisa Fernanda; La ajorca de oro,* etc. (n. 1891).

MORENO. *Geog.* Ciudad de la Argentina. V. **Mariano Moreno.**

MORENOTE, TA. adj. aum. de **Moreno.**

MÓREO. adj. *Bot.* Moráceo. ‖ f. pl. *Bot.* Moráceas.

MORERA. (De *mora.*) f. Árbol originario de Asia cuyas hojas son usadas como alimento del gusano de seda. *Morus alba,* morácea. *La* MORERA *crece bien en la región de Valencia.* ‖ **– blanca. Morera.** ‖ **– negra.** Moral, árbol.

MORERAL. m. Terreno plantado de moreras.

MORERÍA. f. Barrio de moros. ‖ Territorio propio de ellos.

MORETE. m. *Hond.* y *Méx.* Moretón.

MORETEADO, DA. adj. Que tiene moretones. Amoratado.

MORETO Y CABAÑA, Agustín. *Biog.* Dramaturgo esp., autor de *El desdén con el desdén; Trampa adelante* y otras obras (1618-1669).

MORETÓN. (De *morado.*) m. fam. Equimosis.

MORFA. (De *morfea.*) f. *Bot.* Hongo parásito que ataca las ramas y las hojas de los naranjos y limoneros.

MORFEA. (De b. lat. *morphea.*) f. *Veter.* V. **Blanca morfea.**

MORFEMA. m. *Gram.* Sonido o agrupación de sonidos que, como los sufijos, prefijos, desinencias, artículos, etc., tienen valor morfológico.

MORFEO. *Mit.* Dios de los sueños en la mitología grecolatina, hijo del Sueño y de la Noche. Le bastaba tocar a los mortales con una planta de amapola para dejarlos dormidos.

MORFINA. al. **Morphium.** fr. **Morphine.** ingl. **Morphine.** ital. **Morfina.** port. **Morfina.** (De *Morfeo.*) f. Alcaloide del opio, sólido y venenoso cuyas sales son usadas como soporífero y anestésico. ‖ IDEAS AFINES: *Tóxico, envenenamiento, vicio, calmante, letargo, inyección, cápsula, adormidera, codeína, amapola, beleño, morfinómano.*

MORFINISMO. m. Estado morboso producido por la morfinomanía.

MORFINOMANÍA. f. Vicio del morfinómano.

MORFINÓMANO, NA. adj. Que tiene el hábito de abusar de la morfina o del opio. Ú.t.c.s.

MORFOLOGÍA. al. **Morphologie; Formenlehre.** fr. **Morphologie.** ingl. **Morphology.** ital. **Morfologia.** port. **Morfologia.** (Del gr. *morphé,* forma, y *logos,* tratado.) f. Parte de la historia natural que estudia la forma de los organismos, y sus graduales transformaciones. MORFOLOGÍA *animal.* ‖ *Gram.* Tratado de las formas de las palabras. ‖ deriv.: **morfológico, ca.**

MORGA. (Del lat. *amurca.*) f. Alpechín. ‖ **Coca de Levante.**

MORGAGNI, Juan Bautista. *Biog.* Médico ital., autor de notables estudios sobre anatomía patológica, que abrieron nuevos caminos a esa ciencia. Sus numerosas publicaciones están reunidas en *Obras completas* (1682-1771).

MORGAN, Carlos. *Biog.* Novelista ingl., autor de *El viaje; La fuente; Retrato en un espejo;* etc. (n. 1894). ‖ **– Enrique.** Pirata inglés cuya vida de aventuras y saqueos en las colonias españolas de América Central dio origen a numerosas leyendas (1635-1688). ‖ **– Luis Enrique.** Eminente sociólogo estadounidense. Sus estudios etnográficos son de fundamental importancia en el campo de la sociología contemporánea. En su obra máxima, *La sociedad primitiva,* estudió la primigenia organización colectivista de la humanidad. En *La coalición de los iroqueses,* otro de sus libros importantes, aplica también el método científico para interpretar los fenómenos humanos e históricos (1818-1881). ‖ **– Patricia.** Escritora chilena, n. en 1904. Cultiva preferentemente la poesía lírica y el drama. ‖ **– Tomás Hunt.** Méd. y biólogo estadounidense. Sus notables trabajos sobre embriología experimental le valieron en 1933 el premio Nobel de Fisiología y Medicina. Publicó varias obras: *Herencia y Sexo; Evolución y adaptación; Zoología experimental,* etc. (1866-1945).

MORGANÁTICO, CA. (Del gót. *morgjan,* restringir.) adj. V. **Matrimonio morganático.** ‖ Dícese de quien contrae este matrimonio.

MORGARTEN. *Geog.* Montaña de los Alpes suizos, en el cantón de Zug. Allí lograron su independencia los suizos al vencer a Leopoldo de Austria (1315).

MORGUE. f. Lugar o edificio donde se depositan los cadáveres para identificarlos o hacerles la autopsia.

MORIA, Monte. *Geog.* Colina de Jerusalén, donde estaba edificado el templo de Salomón. Hoy se levanta en ella la mezquita de Omar.

MORIBUNDO, DA. al. **Sterbend.** fr. **Moribonde.** ingl. **Moribund, near death.** ital. **Moribondo.** port. **Moribundo.** (Del lat. *moribundus.*) adj. Que está muriendo o cercano a morir. Apl. a pers., ú.t.c.s. *Administrar la extremaunción a un* MORIBUNDO; sinón.: **agonizante, expirante.**

MORICZ, Segismundo. *Biog.* Escritor húngaro, autor de *La antorcha; Fiel Hasta la muerte* y otras novelas y cuentos (1879-1942).

MORICHE. m. Palmera de la América intertropical, de cuyo tronco se extrae un líquido azucarado y una fécula alimenticia. Gén. *Mauritia,* palmáceas. *Con la fibra del* MORICHE *se tejen hamacas y redes.* ‖ Pájaro de América, domesticable, de plumaje negro y brillante.

MORICHAL. m. Terreno plantado de moriches.

MORIEGO, GA. (Del lat. *mauricus;* de *mauri,* los moros.) adj. Moruno.

MORIGERACIÓN. (Del lat. *morigeratio, -onis.*) f. Templanza en las costumbres y forma de vida. sinón.: **circunspección, mesura;** antón.: **incontinencia.**

MORIGERADO, DA. adj. Bien criado, de buenas costumbres. *Sociedad* MORIGERADA.

MORIGERAR. (Del lat. *morigerare,* de *mos, -moris,* costumbre, y *gerere,* hacer.) tr. y r. Moderar los excesos de los afectos y acciones. MORIGERAR *los impulsos;* sinón.: **mesurar, templar.**

MORILLA. (Del ant. alto al. *morhila.*) f. Cagarria.

MORILLERO. m. Mochil.

MORILLO. (dim. de *moro.*) m. Caballete de hierro para sustentar la leña en el hogar.

MORILLO, Pablo. *Biog.* Militar esp. de notable actuación en América, especialmente en Colombia, entre 1815 y 1820. Reprimió con excesiva severidad los movimientos de emancipación de las colonias hispanoamericanas (1778-1837).

MORIN, Arturo J. *Biog.* Mat. y físico fr., inventor de un aparato para demostrar las leyes de las caídas de los cuerpos (1795-1880). ‖ **– Simón.** Famoso hereje fr. Se proclamó elegido de Dios para continuar la obra de Jesús y fue condenado a la hoguera. (1623-1663).

MORINGA. f. *América.* Ben. ‖ *Cuba.* Coco, fantasma.

MORÍNIGO, Higinio. *Biog.* Mil. y político parag., nacido en 1897, de 1940 a 1943 presidente provisional de la Rep. y de 1943 a 1948 presidente constitucional. ‖ **– Marcos.** Político par. en 1894, presidente interino de la República.

MORIR. al. **Sterben; Umkommen.** fr. **Mourir.** ingl. **To die.** ital. **Morire.** port. **Morrer.** (Del lat. *morire.*) intr. Terminar la actividad vital. Ú.t.c.r. MORIR *en el* exilio; sinón.: **fallecer, fenecer;** antón.: **nacer.** ‖ fig. Terminar del todo cualquier cosa, aunque carezca de vida. *Su odio jamás* MORIRÁ. ‖ Sentir violentamente una pasión, sensación, etc. MORIR *de tristeza.* ‖ Apagarse el fuego, la luz, etc. Ú.t.c.r. Se MORÍAN *las últimas brasas.* ‖ Cesar algo en su curso o acción. ‖ En algunos juegos, dícese de los lances o manos que se dan por no ejecutados, por no saber quién los gana. ‖ fig. Entorpecerse un miembro del cuerpo. ‖ **Morir** o **morirse** uno **por** una persona o cosa. frs. fig. Amarla o desearla vehementemente. ‖ **Morir** uno **vestido.** frs. fam. **Morir** violentamente. ‖ **¡Muera!** int. con que se manifiesta aversión a una persona o cosa, o el propósito de acabar con ella. Ú.t.c.s. ‖ irreg. Conj. como **dormir.** ‖ IDEAS AFINES: *Expirar, fin, ocaso, difunto, óbito, eutanasia, exánime, agonía, extremaunción, cadáver, féretro, cremación, entierro, tumba, embalsamar, funerales, luto, necrología, suicidio, letal, yacer, póstumo.*

MORISCO, CA. adj. Moruno. ‖ Dícese de los moros que al tiempo de la restauración de España se quedaron en ella bautizados. Ú.t.c.s. ‖ Perteneciente a estos moros. ‖ *Chile.* Dícese del caballo que no engorda, aunque se alimente bien. ‖ fig. y fam. Dícese de la persona enjuta. ‖ *Méx.* Aplícase al descendiente de mulato y europea, o de mulata y europeo.

MORISMA. f. Multitud de moros. ‖ Secta de los moros.

MORISQUETA. f. Treta propia de moros. ‖ Arroz cocido con agua y sin sal. ‖ fig. y fam. Acción con que uno pretende engañar, burlar o despreciar a otro. ‖ *Amér.* Mueca, mohín.

MORITO. m. Falcinelo.

MORLACO, CA. adj. Que finge tontería o ignorancia. Ú.t.c.s. ‖ m. *Amér.* Patacón.

MORLAND, Samuel. *Biog.* Mecánico ingl. que adquirió fama con la proyección y construcción de máquinas hidráulicas (1625-1695).

MORLEY, Enrique. *Biog.* Lit. inglés, autor de una notable e inconclusa obra: *Escritores ingleses.* Otras obras: *Cuentos de*

hadas; Vida de Clemente Marot, etc. (1822-1894). || – **Tomás.** Músico ingl. cuya obra *Los triunfos de Oriana* es una compilación de madrigales dedicados a la reina Isabel (1557-1603).
MORLÓN, NA. adj. y s. Morlaco, tonto.
MORMADO, DA. adj. *Méx.* Amormado.
MORMÓN, NA. s. Quien profesa el mormonismo. *Los* MORMONES *se establecieron en la región del lago Salado.*
MORMÓNICO, CA. adj. Perteneciente o relativo al mormonismo. *La doctrina* MORMÓNICA *cuenta con un millón de adherentes.*
MORMONISMO. m. Secta religiosa del milenarismo, fundada en los EE.UU., en 1830, por José F. Smith. Predominante en el Estado de Utah, llamada Iglesia de Jesucristo de los Santos de los Útimos Días. || Conjunto de sentencias, ritos y costumbres de esta secta.
MORMULLAR. intr. Murmurar.
MORMULLO. m. Murmullo.
MORMURAR. intr. ant. Murmurar. U. en México.
MORNAY, Felipe Duplessis de. *Biog.* Teólogo fr., llamado **el Papa de los hugonotes.** Obras: *Tratado de la vida y de la muerte; Los misterios de la iniquidad*, etc. (1549-1623).
MORNINGTON. *Geog.* Isla de Chile (Magallanes), al N. de la isla Madre de Dios.
MORO, RA. al. **Maurisch; Maure.** fr. **Maure.** ingl. **Moorisch; moor.** ital. **Moro.** port. **Mouro.** (Del lat. *maurus.*) adj. Natural de la región del norte de África donde estaba la antigua provincia de la Mauritania. Ú.t.c.s. || Perteneciente a esta región o a sus naturales. || Por ext. mahometano. Ú.t.c.s. *Boabdil fue el último rey* MORO *en España.* || Dícese del indígena de Mindanao y de otras islas de la Malasia. Ú.m.c.m. || Dícese del caballo o yegua de pelo negro con una estrella o mancha blanca en la frente y calzado de una o de dos extremidades. Ú.t.c.s. || fig. y fam. Aplícase al vino que no está aguado. || Dícese del niño o adulto que no ha sido bautizado. || *Col., Hond.* y *Méx.* Dícese del caballo tordo. || *Cuba.* Dícese del caballo negro. || **Haber moros en la costa.** frs. fig. y fam. que se utiliza para recomendar precaución. || IDEAS AFINES: *Marroquí, sarraceno, infiel, mudéjar, mozárabe, morisma, bereber, suna, ulema, derviche.*
MORO, Santo Tomás. *Hagiog.* Teólogo y filósofo ingl., uno de los más eruditos pensadores del Renacimiento. En su *Utopía* describió un ilusorio Estado perfecto, de evidente influencia platónica. Por orden de Enrique VIII fue enjuiciado y decapitado (1478-1535).
MORO, Aldo. *Biog.* Político ital. líder del partido demócratacristiano y varias veces jefe del gobierno de su país. Secuestrado por un grupo terrorista denominado "Brigadas Rojas" fue asesinado tras casi dos meses de cautiverio.(1916-1978). || – **Antonio.** Pintor holandés, excelente retratista en cortes europeas y autor de *Felipe II; Guillermo de Nassau*, etc. (1519-1576).
MOROCADA. (De *morueco.*) f. Topetada de carnero.
MOROCOTA. f. *Col., P. Rico* y *Ven.* Onza de oro equivalente a veinte pesos.
MOROCOTO. m. *Ven.* Nombre de un pez orbicular de colores brillantes.
MOROCHO, CHA. (Del quichua *muruchu.*) adj. V. **Maíz morocho.** Ú.t.c.s. || fig. y fam. *Amér.* Dicho de personas, robusto, bien conservado. || fig. *Arg., Chile* y *Urug.* Moreno. Ú.t.c.s. || *Ven.* Gemelo, mellizo.
MOROJO. m. **Madroño,** fruto.
MOROLO, LA. adj. *Hond.* Simple, de cortos alcances.
MORÓN. m. Montecillo de tierra. || *Cuba* y *P. Rico.* Pez de agua dulce, sin espinas.
MORÓN. *Geog.* Ciudad de la Argentina, en el O. del Gran Buenos Aires. 40.000 h. Centro fabril. || Ciudad de Cuba (Camagüey). 25.000 h. Centro agrícola y maderero. || – **de la Frontera.** C. de Sevilla, España. 27.000 h. Aceite, cemento.
MORONA. (De *desmoronar.*) f. *Col.* Migaja de pan.
MORONA. *Geog.* Río del Ecuador y Perú, afl. del Amazonas. 730.000 km. || – **Santiago.** Prov. de Ecuador, que junto con Zamora-Chinchipe formaba la antigua prov. de Santiago-Zamora. 29.140 km²; 46.000 h. Cap. MACAS.
MORONAR. tr. *Méx.* Barbarismo por **desmoronar.**
MORONCHO, CHA. adj. Morondo.
MORONDANGA. (De *borondanga.*) f. Cosa inútil y de poca entidad. || Mezcla de cosas inútiles. || Enredo, confusión. || **De morondanga.** loc. adj. desp. Despreciable, de poco valor.
MORONDO, DA. adj. Pelado, mondado.
MORONGA. f. *Hond.* y *Méx.* Morcilla, salchicha.
MORONI, Juan Bautista. *Biog.* Pintor italiano (1525-1578). Uno de los maestros de la pintura naturalista lombarda. Obras: *Asunción; El sastre*, etc.
MORONÍA. f. Alboronía.
MOROPORÁN. m. *Hond.* Planta usada contra la epilepsia.
MOROSAMENTE. adv. m. Con tardanza. *Pagar* MOROSAMENTE.
MOROSIDAD. (Del lat. *morositas, -atis.*) f. Lentitud, demora. || Inactividad o falta de puntualidad.
MOROSO, SA. al. **Saumselig.** fr. **Morosif, retardataire.** ingl. **Slow, tardy.** ital. **Moroso.** port. **Moroso.** (Del lat. *morosus.*) adj. Que incurre en morosidad, Ú.t.c.s. *Deudor* MOROSO; sinón.: **tardo.** || Que la denota e implica. *Contemplación* MOROSA.
MOROSOLI, Juan José. *Biog.* Escritor urug., autor de novelas y cuentos para niños: *Perico; Los juegos; Muchachos*, etc. (1899-1957).
MORQUERA. f. Hisopillo, planta.
MORRA. f. Parte superior de la cabeza.
MORRA. (Del ital. *morra.*) f. Juego entre dos personas que dicen simultáneamente un número que no pasa de diez e indican otro con los dedos de la mano; gana la que ha dicho el número resultante de la suma de los indicados por los dedos. || El puño, que equivale a cero en este juego.
MORRADA. (De *morra*, parte de la cabeza.) f. Golpe dado con la cabeza, especialmente cuando se topan dos entre sí. || fig. Guantada, bofetada.
MORRAL. al. **Futterbeutel.** fr. **Musette, gibecière.** ingl. **Nose bag.** ital. **Sacco.** port. **Embornal.** (De *morro.*) m. Talego que contiene el pienso y se cuelga de la cabeza de las bestias para que éstas coman cuando no están en el pesebre. || Saco para provisiones o ropa usado por cazadores, soldados, etc. || fig. y fam. Hombre torpe y grosero. || *Mar.* Vela rastrera.
MORRALLA. f. Boliche, pescado menudo. || fig. Multitud de gente de poco valer. || Morondanga. || *Méx.* Dinero menudo.
MORRENA. f. *Geol.* Morena.
MORREO. (De *morro.*) m. Juego de niños por el cual, el que pierde queda obligado a sacar con la boca un palillo clavado en el suelo.
MORRILLO. (dim. de *morro.*) m. Porción carnosa de las reses, en la parte anterior y superior del cuello. || fam. Por ext., cogote abultado. || **Canto rodado.** || *Méx.* Madero cilíndrico
MORRIÑA. (De *murria*, tristeza.) f. Comalia. || fig. y fam. Tristeza o melancolía.
MORRIÑOSO, SA. adj. Que tiene morriña. || Raquítico, endeble.
MORRIÓN. (De *morra.*) m. Armadura de la parte superior de la cabeza en forma de casco, que suele tener un plumaje o adorno en lo alto. || Prenda del uniforme militar que se usaba para cubrir la cabeza. || IDEAS AFINES: *Yelmo, panoplia, cimera, celada, visera, llorón, lansquenete.*
MORRIONERA. f. Nombre de cierto arbusto caprifoliáceo.
MORRIS, Gouverneur. *Biog.* Político estadounidense, uno de los redactores de la Constitución de su patria. Su *Diario* es de gran valor histórico (1752-1815). || – **Guillermo.** Escr. y pintor ingl. del movimiento prerrafaelista, autor de delicadas composiciones líricas y de varios ensayos: *Esperanzas y temores para el arte; El día viene; La caída de los Nibelungos*, etc. (1834-1896). || – **Guillermo C.** Educador y pedagogo ingl. que desarrolló una vasta obra educativa en su patria y en la Argentina, basándose en una integración de artes y oficios. Escribió varios libros, entre los cuales *A los trabajadores de Inglaterra* y *El paraíso terrenal*. (1864-1932).
MORRO. (En port. *morro*, en ant. fr. *mourre.*) m. Cualquier cosa redonda de forma semejante a la cabeza. MORRO *de la pistola.* || Monte o peñasco pequeño y redondo. || Guijarro pequeño y redondo. || Monte escarpado situado en la costa, que sirve de señal a los navegantes. || Saliente que forman los labios gruesos.
MORRO. Voz que suele usarse para llamar al gato.
MORRO. *Geog.* Punta de la costa de Chile (Atacama). || **El –.** Famoso castillo sit. en la entrada del puerto de La Habana (Cuba). || **Canal del –.** Canal que separa la isla de Puná (Ecuador) del continente.
MORROCOTUDO, DA. adj. fam. De mucha importancia o dificultad. *Un problema* MORROCOTUDO. || *Col.* Rico, acaudalado. || *Chile.* Dicho de obras artísticas, falto de proporción o gracia. || *Méx.* Grande, formidable.
MORROCOY. (Voz *cumanagota.*) m. Morrocoyo. || *Ven.* El que es lento para hacer las cosas.
MORROCOYO. De *morrocoy.*) m. Galápago muy abundante en la isla de Cuba, su caparazón es de color obscuro con cuadros amarillos.
MORRÓN. m. (De *morro.*) adj. V. **Pimiento morrón.** || *Mar.* V. **Bandera morrón.**
MORRÓN. m. fam. Golpe o tropezón.
MORRONGUEAR. intr. *Amér.* Chupar, beber. || *Arg.* y *Chile.* Dormitar.
MORRONGO. m. fig. *Méx.* Hoja de tabaco enrollada para fumar.
MORRONGO, GA. s. fam. Gato, mamífero. || fig. *Méx.* Mozo, sirviente.
MORROÑO, ÑA. s. fam. Morrongo, gato.
MORROÑOSO, SA. adj. *Guat.* y *Hond.* Áspero, rugoso. || *Perú.* Débil, enclenque.
MORROSQUILLO, Golfo de. *Geog.* Golfo de la costa antillana de Colombia, entre los dep. de Córdoba y Bolívar.
MORRUDO, DA. adj. Que tiene morro. || Bezudo, hocicudo. || *Arg.* Musculoso, fornido. *Un chico* MORRUDO.
MORSA. al. **Walross.** fr. **Morse.** ingl. **Walrus.** ital. **Vacca marina.** port. **Morsa.** (Del dinamarqués *mor*, mar, y *ros*, caballo; caballo de mar.) f. Mamífero marino cuyos caninos superiores están muy prolongados. *Odobaenus rosmarus*, Pinnípedo. *La* MORSA *se mueve pesadamente, en tierra.* || IDEAS AFINES: *Foca, anfibio, colmillos, marfil, grasa, cuero, tafiletería, polar, natación, sumergir.*
MORSA. f. *A. y O.* Torno.
MORSANA. f. Arbolillo de Asia y África, cuyos brotes son usados como alimento. *Zygophyllum phabago*, cigofiláceа.
MORSE, Samuel Finley Breese. *Biog.* Pintor y físico estadounidense. Inventor del telégrafo y del alfabeto para la transmisión por medio del mismo. Construyó en 1835 el primer aparato y en 1844 dirigió la instalación e hizo funcionar la primera línea telegráfica submarina. Fue, asimismo, el introductor del daguerrotipo en su país. Como pintor adquirió renombre con su cuadro *Hércules moribundo* (1791-1872).
MORTADELA. (Del ital *mortadella.*) f. Especie de salchichón muy grueso.
MORTAJA. al. **Leichentuch; Totenhemd.** fr. **Linceul; suaire.** ingl. **Mortise.** ital. **Lenzuolo mortuario.** port. **Mortalha.** (Del lat. *mortualia; de mortuus*, muerto.) f. Vestidura o lienzo en que se envuelve el cadáver para sepultarlo. sinón.: **sudario.** || fig. *Amér.* Hoja de papel en que es liado el tabaco del cigarrillo. || – **de esparto.** Petate, esterilla. || IDEAS AFINES: *Sábana, amortajar, ataúd, inhumación, túmulo, reliquia, momia, cirios, coronas, crespones, responso.*
MORTAJA. (En fr. *mortaise.*) f. Muesca hecha para encajar una cosa en otra.
MORTAL. (Del lat. *mortalis.*) adj. Que ha de morir. antón.: **inmortal.** || Por antonomasia, dícese del hombre. Ú.m.c.s. || Que provoca o puede provocar muerte espiritual o corporal. *Accidente* MORTAL; sinón.: **fatal.** || V. **Pecado mortal.** || Dícese también de aquellas pasiones que mueven a desear a uno la muerte. *Aversión* MORTAL. || Que tiene apariencias de muerto. *Quedarse* MORTAL *del miedo.* || V. **Restos mortales.** || Muy cercano a morir. || fig. Fatigoso, cansador. *Espera* MORTAL. || Decisivo, terminante. *Contestación* MORTAL. || fig. V. **Salto mortal.**
MORTALIDAD. (Del lat. *mortalitas, -atis.*) f. Calidad de mortal. || Número proporcional de defunciones, en población o tiempo determinados. *Las tablas de* MORTALIDAD *son indispensables a las compañías de seguros.*
MORTALMENTE. adv. m. De muerte. *Cayó* MORTALMENTE *herido.* || Con deseo de ella.
MORTANDAD. (Del ant. *mortalidad.*) f. Multitud de muertes provocadas por desastres, epidemias, etc. || *Hond.* Res muerta en el campo y en estado de descomposición.
MORTECINO, NA. (Del lat. *mortecinus.*) adj. Dícese del animal muerto naturalmente, y de su carne. || fig. Apagado, sin vigor. *Luz* MORTECINA. || Que está apagándose o casi muriendo. *Mirada* MORTECINA; sinón.: **agonizante.**
MORTERA. f. Cuenco de madera para llevar la merienda o para beber.
MORTERADA. f. Porción de vianda o salsa preparada de una vez en el mortero. || *Art.* Porción de proyectiles disparados de una vez con el mortero.
MORTERETE. m. dim. de **Mortero.** || Antigua pieza pequeña de artillería. || Pieza pequeña usada en festividades, cuyo disparo imita la salva de artillería. || Pieza de cera con mecha que se pone en un vaso de agua y sirve para iluminar altares, etc.
MORTERITO. m. Pájaro fringílido de América del Sur. El macho tiene plumaje vistoso y canto agradable.
MORTERO. al. **Mörser; Mörtel.** fr. **Mortier.** ingl. **Mortar.** ital. **Mortaio.** port. **Morteiro.** (Del lat. *mortārium.*) m. Especie de vaso de madera, piedra o metal, para machacar especias, etc. sinón.: **almirez.** || Cañón corto para lanzar proyectiles explosivos. || Piedra plana y circular de molinos de aceite, sobre la que rueda el rulo. || *Albañ.* Conglomerado o masa constituida por arena, conglomerante y agua; puede contener además algún aditivo. || IDEAS AFINES: *Vasija, mano, pulverizar, triturar, descascarar, maíz, arroz; bombardeo, sitio, asedio, trinchera, ataque.*
MORTEROS. *Geog.* Población de la Argentina, en el N. E. de Córdoba. 9.000 h.
MORTERUELO. m. dim. de **Mortero.** || Juguete de niños consistente en media esferilla hueca que se pone en la palma de la mano y se hace sonar con un bolillo. || Guisado de hígado de cerdo machacado, con pan rallado y especias.
MORTÍFERO, RA. (Del lat. *mortiferus*; de *mors, mortis*, muerte, y *ferre*, llevar.) adj. Que provoca o puede provocar la muerte. *Gas* MORTÍFERO.
MORTIFICACIÓN. al. **Kasteiung; Abtötung.** fr. **Mortification.** ingl. **Mortification.** ital. **Mortificazione.** port. **Mortificação.** (Del lat. *mortificatio, -onis.*) f. Acción y efecto de mortificar o mortificarse. || Lo que mortifica.
MORTIFICAR. al. **Kasteien; abtöten.** fr. **Mortifier.** ingl. **To Mortify.** ital. **Mortificare.** port. **Mortificar.** (Del lat. *mortificare.*) tr. *Med.* Privar de vitalidad cualquier parte del cuerpo. Ú.t.c.r. || fig. Reprimir pasiones, refrenando la voluntad y castigando el cuerpo. Ú.t.c.r. MORTIFICARSE *con ayunos.* || Afligir, apesadumbrar. Ú.t.c.r. MORTIFICAS *a tu madre con tus mentiras.* || r. *Méx.* Avergonzarse. || deriv.: **mortificador, ra; mortificante.**
MORTIMER, Rogerio, conde

de. *Biog.* Estadista ingl., virrey de Irlanda. Hizo asesinar a Eduardo II para poner en el trono a Eduardo III pero éste, cansado de sus excesos, lo condenó a la horca (1287-1330). ‖ – **Rogerio, duque de.** Virrey de Irlanda proclamado heredero de Ricardo II (1374-1398).

MORTIÑO. m. *Col.* y *Ec.* Especie de arándano.

MORTIS CAUSA. (Loc. lat. que significa *por causa de muerte.*) *For.* Aplícase al testamento y a determinados actos de liberalidad, cuyo fin está determinado por la muerte y sucesión del causante.

MORTON, Jacobo Douglas, conde de. *Biog.* Regente de Escocia, durante el reinado de María Estuardo. Acusado de traición, murió decapitado (aprox. 1525-1581). ‖ – **Samuel J.** Paleontólogo estadounidense, autor de *Sinopsis de los restos orgánicos del grupo cretáceo de los Estados Unidos* y otras obras en donde sustenta la teoría de la pluralidad de origen de la especie humana (1799-1851). ‖ – **Tomás.** Dramaturgo ingl., autor de *Los invencibles; Arte de curar las penas del corazón* y otras obras (1764-1838).

MORTUAL. (Del lat. *mortualis,* perteneciente al muerto.) f. *Amér. Central.* Sucesión de bienes.

MORTUORIO, RIA. (Del lat. *mortuus,* muerto.) adj. Perteneciente o relativo a un muerto, o a las honras que se hacen por él. *Capilla* MORTUORIA. ‖ m. Actos realizados para enterrar a los muertos.

MORUCHO. m. Novillo que se embola para que lo lidien los aficionados.

MORUECO. m. Carnero utilizado para la reproducción.

MÓRULA. f. *Biol.* Período de segmentación del huevo durante el cual los blastómeros se agrupan formando una masa esférica.

MORULLA. f. *Méx.* Morcilla.

MORUNO, NA. adj. Moro. ‖ *Cuba.* Dícese de cierto calzado usado por los campesinos.

MORURO. m. Nombre dado a una especie de acacia de la isla de Cuba, cuya corteza se usa para curtir pieles.

MORUSA. f. fam. Dinero. ‖ *P. Rico* y *Ven.* Porción de cabello enmarañado.

MOSA. *Geog.* Río de Francia, Bélgica y Holanda. Desagua en el mar del Norte juntamente con los ríos Escalda y Rin. 925 km. ‖ Dep. del N. E. de Francia. 6.241 km². 205.000 h. Cap. BAR-LE-DUC. Cultivos de trigo, avena, papa. Frutas. Ganado. Industrias alimenticias.

MOSAICO, CA. (Del lat. *Moses,* Moisés.) adj. Perteneciente a Moisés. *El decálogo* MOSAICO.

MOSAICO, CA. al. **Mosaik.** fr. **Mosaïque.** ingl. **Mosaic.** ital. **Mosaico.** port. **Mosaico.** (Del gr. *museion,* propio de las musas.) adj. Dícese de la obra taraceada de colores diversos. Ú.t.c.s.m. ‖ *Arq.* Dicho de las columnas, salomónico. ‖ – **de madera** o **vegetal.** Taracea. ‖ Los romanos se valieron de la decoración con mosaicos, que también fue utilizada, en sus templos, por los primitivos cristianos. La tradición perduró durante la Edad Media y, bajo el imperio bizantino, alcanzó el punto más alto de su desarrollo. Paredes, pisos y techos fueron adornados con mosaicos policromados, hechos de mármol, de arcilla o de cristales. ‖ IDEAS AFINES: *Baldosa, azulejo, piso, acera, patio, cocina, cemento, cerámica, vítreo, geométrico, cuadriculado, enlosar.*

MOSAIQUISTA. m. *Arg.* Mosaísta, constructor de mosaicos.

MOSAÍSMO. m. **Ley de Moisés.** ‖ Civilización mosaica.

MOSAÍSTA. adj. Dícese de quien se dedica a la taracea o pintura de mosaicos. Ú.t.c.s. ‖ m. Constructor o colocador de mosaicos.

MOSCA. al. **Fliege.** fr. **Mouche.** ingl. **Fly.** ital. **Mosca.** port. **Mosca.** (Del lat. *musca.*) f. Insecto muy común, de alas transparentes y boca en forma de trompa, adaptada para chupar. *Musca doméstica,* díptero. *La* MOSCA *transmite los gérmenes de muchas enfermedades infecciosas.* ‖ Pelo que le nace al hombre entre el labio inferior y el comienzo de la barba. ‖ fam. Dinero. ‖ fig. y fam. Persona impertinente y molesta. ‖ Desazón, molestia. *Estar con* MOSCA. ‖ *Astron.* Constelación celeste cerca del polo antártico. ‖ pl. fig. y fam. Chispas que saltan de la lumbre. ‖ – **burro.** Insecto parásito de los solípedos. ‖ – **de la carne.** Moscarda. ‖ – **de Milán.** Parche de cantáridas. ‖ – **en leche.** fig. y fam. Morena vestida de blanco. ‖ – **muerta.** fig. y fam. Persona aparentemente de genio apagado, pero que no pierde ocasión de obrar. ‖ **Aflojar** o **soltar** uno **la mosca.** frs. fig. y fam. Dar dinero a disgusto. ‖ **Cazar moscas.** frs. fig. y fam. Estar embelesado o con la boca abierta. ‖ **Picarle la mosca** a alguien. frs. fig. y fam. Venirle a la memoria algo inquietante. ‖ **Sacudirse** uno **las moscas.** frs. fig. y fam. Apartar de sí los estorbos. ‖ **Ser una mosca blanca.** frs. **Ser un mirlo blanco.**

MOSCABADO, DA. adj. Mascabado.

MOSCADA. adj. (Del lat. *múscum,* almizcle.) adj. V. **Nuez moscada.**

MOSCARDA. f. Especie de mosca de ocho milímetros de largo aproximadamente, que se alimenta de carne muerta, sobre la cual deposita la hembra las larvas.

MOSCARDÓ, José. *Biog.* General esp. (1878-1956) que se distinguió en la defensa del Alcázar de Toledo, durante la guerra civil española.

MOSCARDÓN. al. **Schmeissfliege.** fr. **Gros taon; moucheron.** ingl. **Botfly.** ital. **Grosso tafano; moscone.** port. **Moscardo; moscão.** m. Especie de mosca de poco más de un centímetro de largo, que deposita sus huevos entre el pelo de los rumiantes y solípedos. ‖ Moscón, especie de mosca zumbadora. ‖ Avispón, especie de avispa. ‖ Abejón, juego. ‖ fig. y fam. Hombre impertinente y zumbón.

MOSCARETA. (De *mosca.*) f. Pájaro insectívoro, de canto agradable y vuelo corto, común en España. *Muscicapa striata.*

MOSCARRÓN. m. fam. Moscardón.

MOSCATEL. (Del lat. *múscum,* almizcle.) adj. V. **Uva moscatel.** Ú.t.c.s.m. ‖ Dícese del viñedo que la produce y del vino hecho con ella.

MOSCATEL. (De *mosca.*) m. fig. y fam. Hombre pesado e importuno. ‖ Persona crédula.

MOSCELLA. (Del lat. *muscella,* dim. de *musca,* mosca.) f. Morcella.

MOSCICKI, Ignacio. *Biog.* Quím. y estadista polaco, fervoroso luchador por la independencia de su país. De 1926 a 1939 desempeñó la presidencia de la Rep. Al producirse la invasión al. a su patria, trasladó el gobierno a París y dimitió (1867-1946).

MOSCO, CA. (De *mosca.*) adj. *Chile.* Dícese del caballo o yegua de color muy negro con uno que otro pelo blanco mezclado entre los negros. ‖ m. Mosquito. ‖ *P. Rico.* Moscón.

MOSCOSO DE ALVARADO, Luis de. *Biog.* Marino y guerrero esp. que participó en la conquista del Perú y de la Florida (1505-1561).

MOSCÓN. m. Especie de mosca algo mayor que la común, con alas manchadas de rojo. ‖ Especie de mosca zumbadora, de color azulado con reflejos brillantes, que deposita sus huevos en carne fresca. ‖ Arce. ‖ fig. y fam. Hombre que con porfía logra lo que desea. ‖ Mosca, persona impertinente.

MOSCONA. (De *moscón.*) f. fam. Mujer desvergonzada.

MOSCONEAR. (De *moscón.*) tr. Molestar con impertinencia. ‖ intr. Porfiar para lograr algo fingiendo ignorancia.

MOSCONEO. m. Acción de mosconear.

MOSCONI, Enrique. *Biog.* Militar e ing. argentino, propulsor y organizador de la industria petrolífera de su país. Autor de *Dichos y hechos; El petróleo argentino,* etc. (1877-1940.)

MOSCORROFIO. m. *Col.* y *Hond.* Persona muy fea. ‖ *Perú.* Aguardiente de uva.

MOSCOVA. *Geog.* Río de la Unión Soviética. Pasa por Moscú y desagua en el río Oka. 450 km. ‖ *Hist.* V. **Borodino.**

MOSCOVIA. f. *Cuba.* Piel entera de una res, curtida hasta que queda muy suave.

MOSCOVIA. *Geog. histór.* Nombre antiguo de la región rusa que tenía por centro a Moscú. También se aplicó a toda Rusia.

MOSCOVITA. adj. y s. De Moscovia. ‖ Ruso. ‖ *Geol.* Género de micas blancas, ricas en potasio, sal y agua.

MOSCOVÍTICO, CA. adj. Perteneciente o relativo a los moscovitas.

MOSCÚ. *Geog.* Ciudad de Rusia, cap. de la Unión Soviética y de la R.S.F.S.R. 7.635.000 h. Situada a orillas del río Moscova es centro comercial, industrial e intelectual de extraordinaria importancia. Entre sus magníficos edificios se levanta el Kremlin, antigua residencia de los zares y actual sede del gobierno. En 1812 fue incendiada por sus habitantes ante la amenaza de ocupación de las tropas napoleónicas.

MOSE BEN MOSCA, Jehuda bar. *Biog.* Astrón. judío, uno de los redactores de las cél. *Tablas alfonsinas* (s. XIII).

MOSELA. *Geog.* Río de Francia y Alemania. Nace en los Vosgos y des. en el río Rin. 514 km. ‖ Dep. del N. E. de Francia. 6.228 km². 1.100.000 h. Cap. METZ. Yacimientos de hierro y carbón.

MOSELEY, Enrique. *Biog.* Físico ingl. que descubrió la ley de su nombre, sobre la frecuencia de las radiaciones que un elemento emite al ser bombardeado con rayos catódicos (1887-1915).

MOSÉN. (Del cat. *mossen,* mi señor.) m. Título que se daba a los nobles de segunda clase del reino de Aragón. ‖ Título que se da a los clérigos, en algunas provincias de España.

MOSQUEADO, DA. (De *mosca.*) adj. Sembrado de pintas.

MOSQUEADOR. m. Instrumento para ahuyentar moscas. ‖ fig. y fam. Cola de una res vacuna o de una caballería.

MOSQUEAR. tr. Ahuyentar las moscas. Ú.t.c.r. ‖ fig. y fam. Responder uno como resentido. Azotar, zurrar. ‖ r. fig. Apartar violentamente los estorbos. ‖ Resentirse uno por el dicho de otro.

MOSQUEO. m. Acción de mosquear o mosquearse.

MOSQUERA, Joaquín. *Biog.* Mil., político y escr. colombiano. Luchó por la independencia y en 1830 fue elegido presidente de la Rep. Publicó *Memorias sobre la revolución de Colombia* y otras obras (1787-1877). ‖ – **Manuel José.** Religioso y escritor col., eximio orador y autor de *Defensa del celibato eclesiástico* y otras obras (1800-1853). ‖ – **Ruy García.** Marino y explorador esp. Con Caboto remontó el Río de la Plata y parte del Paraguay: construyó un fuerte en el Cabo Santa María y ayudó a Mendoza a resistir a los indios (1501-1555). ‖ – **Tomás Cipriano de.** Patriota col., colaborador de Bolívar y presidente de la Rep. durante tres períodos (1798-1878). ‖ – **CORDERO, Manuel José.** Poeta colombiano cont., autor de *América fraterna* y otras obras. ‖ – **NARVÁEZ, Aurelio.** Cat. y político ec., de 1938 hasta su muerte presidente de la Rep. (1884-1939).

MOSQUERÍO. m. Hervidero o gran muchedumbre de moscas.

MOSQUERO. (Del lat. *muscarium.*) m. Haz de hierba o conjunto de tiras de papel que se ata a la punta de un palo para espantar las moscas, o que se cuelga empegado del techo para recogerlas y matarlas. ‖ *Amér.* Mosquerío.

MOSQUEROLA. adj. y s. Mosqueruela.

MOSQUERUELA. (Del lat. *múscum,* almizcle.) adj. V. **Pera mosqueruela.**

MOSQUETA. (Del lat. *múscum,* almizcle.) f. Rosal de tallos flexibles, muy espinosos, y flores blancas de olor almizclado, en panojas espesas y terminales. ‖ *Pan.* Cualquiera de los pendientes de piedras preciosas que llevan las mujeres en el vestido típico nacional. ‖ – **silvestre.** Escaramujo.

MOSQUETAZO. m. Tiro de mosquete. ‖ Herida hecha con él.

MOSQUETE. al. **Muskete.** fr. **Mousquet.** ingl. **Musket.** ital. **Moschetto.** port. **Mosquete.** (Del fr. *mousquet,* dim. del lat. *musca,* mosca.) m. Arma de fuego antigua que se disparaba apoyándola sobre una horquilla. ‖ *Méx.* Patio del teatro.

MOSQUETEAR. (De *mosca.*) intr. fam. *Arg.* y *Bol.* Curiosear.

MOSQUETERÍA. f. Tropa de mosqueteros. ‖ En los antiguos corrales de comedias, conjunto de mosqueteros.

MOSQUETERIL. adj. fam. Perteneciente a la mosquetería de los antiguos corrales de comedia.

MOSQUETERO. al. **Musketier.** fr. **Mousquetaire.** ingl. **Musketeer.** ital. **Moschettiere.** port. **Mosqueteiro.** m. Soldado que iba armado de mosquete. ‖ En los antiguos corrales, quien veía de pie las comedias desde la parte posterior del patio.

MOSQUETÓN. (De *mosquete.*) m. Carabina corta usada antiguamente por algunos cuerpos militares. ‖ Anilla que se abre y cierra mediante un muelle.

MOSQUIL. adj. Perteneciente o relativo a la mosca.

MOSQUITA. (dim. de *mosca.*) f. Pájaro parecido a la curruca. ‖ adj. *Arg.* Dícese de la langosta que está en el primer período de su desarrollo. Ú.t.c.s. ‖ – **muerta.** fig. y fam. **Mosca muerta.**

MOSQUITERA. f. Mosquitero.

MOSQUITERO. m. Pabellón de cama hecho de gasa o tul, para impedir la entrada de los mosquitos.

MOSQUITIA. *Geog.* Región de América Central que abarca la costa antillana de Nicaragua y Honduras, entre los ríos Sico y Escondido.

MOSQUITO. al. **Mücke.** fr. **Moustique.** ingl. **Mosquito.** ital. **Zanzara.** port. **Mosquito.** (De *mosco.*) m. Insecto de cuerpo bicilíndrico, patas largas y finas, alas transparentes, cabeza con dos antenas y trompa armada con aguijón. El macho se alimenta del jugo de las flores y la hembra chupa la sangre a las personas y de los animales de piel fina. Al volar produce un zumbido característico. Gén. *Culex,* dípteros. ‖ Cualquiera de los insectos dípteros semejante al mosquito. ‖ Larva de la langosta. ‖ fig. y fam. El que frecuenta las tabernas. ‖ IDEAS AFINES: *Picadura, comezón, mosquitero, paludismo, fiebre amarilla, pulverización, pantano, zumbido.*

● **MOSQUITO.** *Entom.* Este género de dípteros, que comprende numerosas especies, se caracteriza por una minúscula glándula venenosa comunicada con la trompa destinada a picar. Sus larvas viven en las aguas estancadas y como de tiempo en tiempo deben subir a la superficie para respirar, es posible destruirlas cubriendo la superficie con una capa de aceite o de petróleo que las asfixia. También los peces se alimentan con ellas y ciertas regiones arroceras sólo han podido ser habitables poblándolas de peces rojos. El zumbido característico que produce se debe al movimiento de las alas y a una especie de cuerdas vocales situadas en los estigmas del tórax. Son crepusculares y nocturnos. El **mosquito** anofeles es muy peligroso pues la hembra, al picar, inocula el pequeño hematozoario del paludismo. Se lo reconoce por sus patas, tan largas como la trompa, y las pequeñas manchas negras sobre las alas. Absorbe el microbio, que se desarrolla en sus glándulas salivares y es inoculado por la hembra. Otro **mosquito,** el *stegomyia,* es vehículo del bacilo de la fiebre amarilla, gravísima enfermedad caracterizada por fiebre, hemorragias e ictericia y cuyas epidemias se cuentan entre las más mortíferas. Se reconoce al *stegomyia* por su dorso oscuro cruzado de líneas blancas y por sus patas también rayadas y muy separadas. Sólo pican las hembras, ya que la succión de la sangre obra como excitante necesario de las puestas. El agente causal propiamente dicho es un virus filtrable.

MOSQUITOS, Golfo de los. *Geog.* Golfo que forma el mar de las Antillas en la costa de las prov. panameñas de Bocas del Toro y Veraguas.

MOSSADEGH, Mohamed. *Biog.* Pol. persa. De 1951 a 1953 fue jefe de gobierno. Su política de independencia económica agravó las relaciones de su patria con Inglaterra, y al resistir su destitución, ordenada por el cha, fue procesado y condenado a tres años de prisión (1880-1967).

MOSSBAUER, Rodolfo. *Biog.* Científico alemán que obtuvo en 1961 el premio Nobel de Física, compartido con el estadounidense Roberto Hofstadter. Realizó importantes investigaciones sobre el campo magnético del núcleo atómico (n. en 1929).

MOSSO, Ángel. *Biog.* Fisiólogo ital., autor de notables investigaciones sobre la fatiga muscular y la influencia de los fenómenos psíquicos sobre los vasos sanguíneos (1846-1910).

MOSTACERA. f. Tarro en que la mostaza es preparada y servida.

MOSTACERO. m. Mostacera.

MOSTACILLA. (dim. de *mostaza.*) f. Munición del tamaño de la semilla de mostaza. ‖ Abalorio de cuentas menudas. ‖ *Arg.* Persona joven que se conduce como si fuera adulta.

MOSTACHO. (Del gr. *mystax*, el labio superior.) m. Bigote del hombre. *Atusarse el* MOSTACHO. ‖ fig. y fam. Mancha en el rostro. ‖ *Mar.* Cada uno de los cabos gruesos con que se asegura el bauprés.

MOSTACHÓN. m. Bollo de almendra, azúcar y especias.

MOSTACHO, SA. adj. Adornado de mostachos.

MOSTAGÁN. (De *mosto.*) m. fam. Vino.

MOSTAGANEM. *Geog.* Ciudad de Argelia, al N.E. de Orán. 65.000 h. Vinos.

MOSTAJO. (Del lat. *mustace.*) m. Mostellar.

MOSTAZA. al. **Senf.** fr. **Moutarde.** ingl. **Mustard.** ital. **Mostarda; senapa.** port. **Mostarda.** (De *mosto.*) f. Planta de hojas alternas, flores amarillas en espiga, y silicua de semillas negras y muy pequeñas, cuya harina se usa en medicina y como condimento. *Brassica nigra*, crucífera. sinón.: **jenabe.** ‖ Su semilla. ‖ Salsa hecha con ésta. ‖ **– blanca.** Planta semejante a la mostaza común, cuyas semillas son amarillentas. *Sinapis alba*, crucífera. ‖ **– negra. Mostaza** común. ‖ **– silvestre.** Planta parecida a la **mostaza**, con cuyas semillas es adulterada la mostaza negra. ‖ **Subírsele** a uno **la mostaza a las narices.** frs. fig. y fam. Irritarse, enfadarse.

MOSTAZAL. m. Terreno poblado de mostaza.

MOSTAZO. m. Mosto fuerte y pegajoso. ‖ Mostaza.

¡MOSTE! int. ¡Moxte!

MOSTEAR. intr. Destilar las uvas el mosto. ‖ Llevar el mosto a las cubas. ‖ Remostar el vino añejo.

MOSTELA. f. Haz o gavilla.

MOSTELERA. f. Sitio donde son hacinadas las mostelas.

MOSTELLAR. (De *mostajo.*) m. Árbol de fruto ovoide, rojo y dulce, y flores blancas, cuya madera se usa en ebanistería y tornería. *Sorbus aria*, rosácea.

MOSTILLO. (dim. de *mosto.*) m. Masa de mosto cocido, generalmente condimentada. ‖ **Mosto agustín.** ‖ Salsa de mosto y mostaza.

MOSTO. (Del lat. *mustum.*) m. Zumo de la uva exprimida, antes de fermentar. ‖ **– agustín.** Masa de **mosto** cocido con harina y especias. ‖ IDEAS AFINES: *Jugo, licor, vendimia, vid, cuba, lagar, trapiche, aguapié, melaza, vino, estacionar.*

MÓSTOLES. *Geog.* Villa cercana a Madrid (España) famosa por su alcalde, Andrés Torrejón, que levantó al pueblo contra los invasores franceses por medio de un bando en que declaraba la guerra a Napoleón (1808).

MOSTRABLE. (Del lat. *mostrabilis.*) adj. Que se puede mostrar.

MOSTRADO, DA. adj. Habituado a algo.

MOSTRADOR, RA. al. **Ladentisch.** fr. **Comptoir.** ingl. **Counter.** ital. **Banco.** port. **Mostrador.** (Del lat. *monstrátor.*) adj. Que muestra. Ú.t.c.s. ‖ m. Tablero de tiendas para presentar los géneros. ‖ Esfera de reloj. ‖ IDEAS AFINES: *Mesa, almacén, vendedor, cliente, mercadería, vitrina, exposición, desplegar, ofrecer.*

MOSTRAR. (Del lat. *mostrare.*) tr. Exponer algo a la vista, señalarlo para que se vea. MOSTRAR *una lámina;* sinón.: **enseñar;** antón.: **ocultar.** ‖ Explicar algo, convencer de su certidumbre. ‖ Hacer patente algún afecto. *Bien pronto,* MOSTRARÍA *su benevolencia;* sinón.: **exteriorizar, evidenciar.** ‖ Dar a entender alguna cualidad con las acciones. MOSTRAR *inteligencia.* ‖ r. Darse a conocer de alguna manera; portarse de la manera correspondiente. *Se* MOSTRÓ *muy egoísta.* ‖ irreg. Conj. como **contar.**

MOSTRENCO, CA. (Del ant. *mestenco.*) adj. V. **Bienes mostrencos.** ‖ fig. y fam. Dícese de quien no tiene hogar o amo conocido. *Ganado* MOSTRENCO. ‖ Ignorante, tardo en discurrir o aprender. Ú.t.c.s. ‖ Dícese de la persona muy gorda y pesada. Ú.t.c.s.

MOSUL. *Geog.* Ciudad del Irak, sobre el río Tigris. 250.000 h. Centro petrolífero y textil.

MOSZKOWSKI, Mauricio. *Biog.* Comp. y pianista al., autor de *Juana de Arco; Danzas españolas; Boabdil*, etc. (1854-1925).

MOTA. (En fr. *motte.*) f. Nudillo o granillo del paño. ‖ Partícula que se pega a los vestidos. ‖ fig. Defecto pequeño en las cosas inmateriales. ‖ Pella de tierra con que se cierra el paso del agua en una acequia. ‖ Montículo aislado. ‖ Ribazo con que se detiene el agua. ‖ *Arg.* y *Bol.* Cabello corto y muy ensortijado de los negros. ‖ *Chile.* Puñado de lana suelta y apelmazada. ‖ *Ven.* Pelusa contenida en la cápsula del algodonero y la cual está adherida a la simiente. ‖ IDEAS AFINES: *Polvo, ceniza, levedad, pequeñez, adherencia, impalpable.*

MOTA, Castillo de la. *Geog.* Fortaleza de Segovia (España).

MOTA, Félix. *Biog.* Patriota dom. que compuso inspiradas poesías. Murió fusilado (1822-1861).

MOTACILA. (Del lat. *motacilla.*) f. Aguzanieves.

MOTACÍLIDO, DA. adj. *Zool.* Dícese de pájaros dentirrostros, de largo dedo posterior, que andan veloz y fácilmente por el suelo como las cachirlas y aguzanieves. Ú.t.c.s. ‖ m. pl. *Zool.* Familia de estos pájaros.

MOTAGUA. *Geog.* Río de Guatemala que des. en el mar de las Antillas. 400 km.

MOTATÁN. *Geog.* Río de Venezuela que des. en el lago Maracaibo. 300 km. ‖ Pobl. de Venezuela (Trujillo) 7.000 h.

MOTATE. m. *Hond.* Planta semejante al maguey, cuyos frutos son usados para preparar chicha y vinagre.

MOTE. (Del fr. *mot.*) m. Sentencia breve que incluye un secreto que necesita explicación. ‖ La que llevaban como empresa los antiguos caballeros en las justas y torneos. ‖ Apodo dado a las personas. ‖ *Chile.* Error, equivocación. ‖ *Ec.* Epígrafe o título de un artículo.

MOTE. (Del quichua *mutti*, maíz cocido.) m. Maíz desgranado y cocido con sal usado como alimento en algunas regiones americanas. ‖ *Chile.* Guiso de trigo machacado.

MOTEAR. tr. Salpicar telas con motas para hermosearlas. ‖ intr. *Perú.* Comer mote.

MOTEJAR. tr. Criticar, censurar las acciones de uno con motes o apodos. *Lo* MOTEJÓ *de tacaño;* sinón.: **calificar.** ‖ deriv.: **motejador, ra; motejo.**

MOTEL. m. Hotel instalado junto a una carretera y destinado principalmente para albergue de automovilistas.

MOTERO, RA. adj. *Chile.* Que vende mote, guiso de trigo. Ú.t.c.s.m. ‖ Aficionado a comer mote. ‖ Perteneciente o relativo al mote.

MOTETE. (De *mote*, sentencia breve.) m. Breve composición musical para cantar en las iglesias. *La letra del* MOTETE *ha de estar en lengua latina.* ‖ Apodo, oprobio. ‖ *Amér. Central.* Atado, lío.

MOTIL. (Del lat. *mutilus.*) m. Mochil.

MOTILAR. (Del lat. *mutilare.*) tr. Cortar el pelo, raparlo.

MOTILIDAD. (Del lat. *motus*, movimiento.) f. Movilidad. ‖ Facultad de moverse de modo espontáneo.

MOTILÓN, NA. (De *motil.*) adj. Pelón, carente de pelo. Ú.t.c.s. ‖ m. fam. Lego, falto de noticias o letras.

MOTÍN. al. **Aufstand; Meuterei.** fr. **Émeute.** ingl. **Mutiny.** ital. **Ammutinamento.** port. **Motim.** (Del lat. *motus*, movimiento.) m. Tumulto sedicioso. *Hubo* MOTÍN *a bordo;* sinón.: **revuelta.** ‖ IDEAS AFINES: *Insurrección, rebelarse, amotinarse, rebelde, cabecilla, asonada, violencia, desobediencia, huelga, discordia.*

MOTIVACIÓN. f. Acción y efecto de motivar.

MOTIVAR. tr. Dar motivo para algo. MOTIVAR *una sanción;* sinón.: **originar.** ‖ Explicar la razón que se ha tenido para hacer algo. MOTIVAR *un decreto;* sinón.: **fundar.**

MOTIVO, VA. (Del lat. *motivus;* de *mótum*, supino de *movere*, mover.) adj. Que mueve o puede mover. ‖ m. Causa o razón que mueve para algo. *¿Cuál será el* MOTIVO *de su silencio?* ‖ *Mús.* Tema de una composición. ‖ *Chile.* Melindre mujeril. Ú.m. en pl. ‖ **De** mi, tu, su, nuestro, vuestro **motivo propio.** m. adv. Con resolución espontánea.

MOTO. (Tal vez de *mota.*) m. Hito o mojón.

MOTO. m. *Heráldica.* Lema.

MOTO. f. Apócope de **Motocicleta.**

MOTO, TA. adj. *Amér. Central.* Huérfano.

MOTOCICLETA. al. **Motorrad.** fr. **Motocyclette.** ingl. **Motocycle.** ital. **Motocicletta.** port. **Motocicleta.** (Del lat. *motus*, movido, y *cyclus*, círculo, con aféresis del gr. *autós*, mismo.) f. Vehículo automóvil de dos ruedas impulsado con un motor de explosión. Algunas suelen arrastrar un pequeño vehículo, llamado **sidecar,** colocado a un costado. ‖ IDEAS AFINES: *Velocípedo, vehículo, motor, explosión, locomoción, motoneta, carrera, carretera, accidente.*

MOTOCICLISMO. m. Deporte practicado por los aficionados a la motocicleta.

MOTOCICLISTA. com. Quien dirige motocicletas.

MOTOLITA. (De *motacila.*) f. Aguzanieves.

MOTOLITO, TA. adj. Dícese de la persona necia, boba. Ú.t.c.s.

MOTÓMETRO. (De *motor* y el gr. *metron*, medida.) m. Aparato usado para medir la velocidad de un vehículo.

MOTÓN. m. *Mar.* Polea cuya caja cubre enteramente la rueda.

MOTONÁUTICO, CA. adj. Relativo a la navegación en pequeñas embarcaciones de motor.

MOTONAVE. f. Buque de motor.

MOTONERÍA. (De *motón.*) f. *Mar.* Conjunto de cuadernales y motones.

MOTONETA. f. Especie de motocicleta, generalmente de menor potencia que ésta, y con ruedas más pequeñas.

MOTOR, RA. al. **Motor.** fr. **Moteur.** ingl. **Motor; engine.** ital. **Motore.** port. **Motor.** (Del lat. *mótor.*) adj. Que origina movimiento. Ú.t.c.s. ‖ m. Máquina que transforma en movimiento cualquier otra forma de energía. Es galicismo decir MOTOR *a gasolina, a vapor,* etc., por *de gasolina, de vapor,* etc. ‖ fig. Persona que inicia o gobierna una cosa. *El* MOTOR *de una reforma.* ‖ f. Embarcación menor provista de **motor.** ‖ **– de reacción.** Ingenio cuyo movimiento se obtiene mediante expulsión de un chorro de gases producido por él mismo. ‖ **El primer motor.** Por antonomasia, Dios. ‖ IDEAS AFINES: *Productor, fuerza motriz, dinámica, propulsión, explosión, compresión, cilindros, caballos, engranaje, fábrica, locomotora, hidráulico, nafta, diésel, mecánico, maquinista, taller, engrase.*

MOTORISMO. m. Deporte de los aficionados a los vehículos automóviles.

MOTORISTA. com. Persona que conduce un vehículo automóvil y cuida del motor. ‖ Persona aficionada al motorismo.

MOTORIZACIÓN. f. Acción y efecto de motorizar.

MOTORIZADO, DA. p. p. de **motorizar.**

MOTORIZAR. tr. Equipar de medios mecánicos de transporte o tracción a una industria, ejército, etc.

MÓTORMAN. (Voz inglesa; de *motor*, motor, y *man*, hombre.) m. *Arg.* Motorista o conductor de tranvías. (Es anglicismo).

MOTOSO, SA. adj. *Arg.* y *Col.* Dícese del cabello que forma motas. ‖ Aplícase a la persona que tiene cabello **motoso.** Ú.t.c.s. ‖ *Bol.* De punta roma. ‖ *Perú.* Aplícase al indio que chapurrea el castellano. Ú.t.c.s. ‖ Campesino, serrano. Ú.t.c.s.

MOTOVELERO. m. Buque de vela con motor auxiliar de propulsión.

MOTRICIDAD. (De *motriz.*) f. *Fisiol.* Acción del sistema nervioso central sobre los músculos, que motiva sus contracciones.

MOTRIL. (De *motil.*) m. Muchacho del servicio de una tienda. ‖ Mochil.

MOTRIL. *Geog.* Ciudad de España (Granada). 24.000 h. Puerto comercial sobre el Mediterráneo.

MOTRIZ. (De *motor.*) adj. f. Motora. *Fuerza* MOTRIZ.

MOTT, Juan Raleigh. *Biog.* Sociólogo y pacifista estadounidense que en 1946 compartió el premio Nobel de la Paz con Emilia Green Balch. Presidió diversas instituciones nacionales e internacionales en pro de la convivencia pacífica entre los hombres, y sus prédicas se han caracterizado por un noble contenido socialcristiano (1865-1955) ‖ **– Neville Francis.** Físico británico cont. Premio Nobel de Física 1977 (juntamente con los nort. Philip Anderson y John van Vleck) por sus investigaciones sobre la estructura electrónica de sistemas magnéticos.

MOTTA, Arturo. Ing. y prof. brasileño, n. en 1879, autor de una *Historia de la literatura brasileña.* ‖ **– DE CARVALLO, Vicente de la.** *Biog.* Dramaturgo port., autor de *La dicha en la desdicha; Indicios contra verdades*, etc. (s. XVII).

MOTTA SALAS, Julián. *Biog.* Literato col., autor de *Alonso Quijano el Bueno* y otras obras (n. 1891).

MOTTELSON, Ben Roy. *Biog.* Físico danés de origen norteamericano, cuyas investigaciones establecieron las bases para la teoría de las propiedades colectivas del núcleo como un todo, que abrió cauce a una intensa actividad en la exploración de la estructura nuclear. Premio Nobel de Física en 1975, que compartió con Aage Bohr y James Rainwater (n. en 1926).

MOTU PROPRIO. (Literalmente, *de motivo propio.*) m. adv. lat. Voluntariamente, por libre y espontánea voluntad. ‖ m. Bula pontificia o cédula real dada de este modo.

MOUCHEZ, Amadeo E. B. *Biog.* Astrón. y marino fr. que efectuó valiosos trabajos hidrográficos en las costas sudamericanas (1821-1892). Autor de *La fotografía astronómica y el mapa del cielo.*

MOULINS, Maestro de. *Biog.* Pintor fr., autor del tríptico *La Virgen y el Niño entre dos donadores; Pedro II de Borbón* y *Ana de Francia*, y otras obras de notable composición y serenidad expresiva (aprox. fines del s. XV o comienzos del s. XVI).

MOULIN ROUGE. *B. A.* Famoso cartel de Enrique de Toulouse-Lautrec, pintado en 1891.

MOULINS. *Geog.* Ciudad de Francia, cap. del dep. de Allier. 26.000 h. Hilanderías.

MOULMEIN. *Geog.* Ciudad de Birmania, puerto sobre el río Saluen. 180.000 h. Maderas.

MOUNTBATTEN, Felipe de. *Biog.* Príncipe de la casa alemana de Battenberg, nombre que, en 1917, fue traducido al inglés. En 1947, Felipe, duque de Edimburgo, casó con Isabel de Inglaterra, hoy Isabel II (n. 1921).

MOURA, Benito de. *Biog.* Físico portugués, encarcelado hasta su muerte por orden del marqués de Pombal. Fue llamado "el Newton portugués" (1702-1776).

MOURE, Manuel. Poeta chil. influido por el modernismo. Casi toda su obra está compilada en *Mejores poemas* (1878-1924).

MOUSSY, Víctor Martín de. *Biog.* Méd. y naturalista fr., residió varios años en Montevideo y a partir de 1855 exploró el Paraguay y gran parte del territorio argentino; publicó *Descripción geográfica y estadística de la Confederación Argentina* (1810-1869).

MOVEDIZO, ZA. adj. Fácil de moverse o ser movido. ‖ Inseguro, no firme. *Suelo* MOVEDIZO. ‖ fig. Inconstante, fácil en mudar de opinión o intento.

MOVEDOR, RA. adj. y s. Que mueve.

MOVEDURA. f. Aborto, acción de abortar.

MOVER. al. **Bewegen.** fr. **Mouvoir.** ingl. **To move.** ital. **Muovere.** port. **Mover.** (Del lat. *movere.*) tr. Hacer que un cuerpo varíe de posición. Ú.t.c.r. MOVER *un mueble.* ‖ Menear algo. MOVER *la cabeza.* ‖ fig. Dar motivo para algo, persuadir. ‖ Seguido de la prep. *a*, causar u originar. MOVER A *risa.* ‖ Alterar, conmover. ‖ Dar principio a alguna actitud. MOVER *discordia.* ‖ Abortar. Ú.t.c.intr. ‖ intr. *Agr.* Empezar a brotar las plantas en primavera. ‖ *Arq.* Arrancar un arco o bóveda. ‖ irreg. **Conjugación:** INDIC. Pres.: *muevo, mueves, mueve, movemos, movéis, mueven.* Imperf.: *movía, movías,* etc. Pret. indef.: *moví, moviste,* etc. Fut. imperf.: *moveré, moverás,* etc. POT.: *movería, moverías,* etc. SUBJ. Pres.: *mueva, muevas, mueva, movamos, mováis, muevan.* Imperf.: *moviera, movieras,* etc., o *moviese, movieses,* etc. Fut. imperf.: *moviere, movieres,* etc. IMPERAT.: *mueve, moved.* PART.: *movido.* GER.: *moviendo.*

MOVIBLE. adj. Que puede moverse por sí o por impulso ajeno. *Pantalla* MOVIBLE; antón.: **fijo, firme.** ‖ fig. Variable, voluble.

MOVICIÓN. f. fam. Acción de moverse; movimiento.

MOVIDO, DA. adj. Dícese del lapso en que se ha tenido ajetreo o diversidad apresurada y anormal de quehaceres. *He tenido un día muy* MOVIDO. ‖ adj. *Amér.* Raquítico, enclenque. ‖ *Chile.* Dícese del huevo que se pone en fárfara.

MOVIENTE. p. a. de **Mover.** Que mueve. ‖ adj. Dícese del territorio que antiguamente estaba bajo la potestad de otro.

MÓVIL. (Del lat. *mōbilis.*) adj. Movible, que puede moverse. *Respaldo* MÓVIL. ‖ Carente de estabilidad o permanencia. ‖ m. Lo que mueve material o moralmente una cosa. *¿Cuál fue el* MÓVIL *del crimen?*; sinón.: **causa, motivo.** ‖ *Mec.* Cuerpo en movimiento. deriv.: **movilidad.**

MOVILIZAR. (De *móvil.*) tr. y r. Poner tropas, etc., en movimiento o en actividad. ‖ Incorporar a filas, poner en pie de guerra tropas u otros elementos militares. ‖ deriv.: **movilización.**

MOVIMIENTO. al. **Bewegung.** fr. **Mouvement.** ingl. **Movement; move.** ital. **Movimento.** port. **Movimento.** (De *mover.*) m. Acción y efecto de mover. ‖ Estado de los cuerpos que cambian de lugar de modo continuado o sucesivo. *El* MOVIMIENTO *de la rueda.* ‖ En el dibujo, variedad bien realizada de líneas y tonos. ‖ Animación, circulación continua de gente. *Calle de mucho* MOVIMIENTO. ‖ fig. Alteración, inquietud. ‖ Primera manifestación de un sentido o afecto. MOVIMIENTO *de repulsión, de cólera.* ‖ Desarrollo y propagación de una tendencia religiosa, política, social, estética, etc., de carácter innovador. *El* MOVIMIENTO *socialista; el* MOVIMIENTO *romántico.* ‖ Conjunto de alteraciones o novedades ocurridas, durante un período de tiempo, en algunos campos de la actividad humana. MOVIMIENTO *bursátil; el* MOVIMIENTO *literario durante el año 1954.* ‖ Variedad y animación en el estilo. ‖ *Astron.* Adelanto o atraso del reloj, en intervalo fijo. ‖ *Esgr.* Cambio rápido en la posición del arma. ‖ *Mús.* Velocidad del compás. ‖ – **acelerado.** *Mec.* Aquel en que la velocidad aumenta con el transcurso de su duración. ‖ – **compuesto.** *Mec.* El de un cuerpo que se desplaza sobre otro también en movimiento. ‖ – **continuo.** Aquel que se pretende hacer durar indefinidamente sin gasto de fuerza motriz. ‖ – **de rotación.** Aquel en que los cuerpos se mueven alrededor de un eje. ‖ – **de traslación.** *Astron.* El que tienen los astros a lo largo de sus órbitas. ‖ *Mec.* El de los cuerpos cuyos puntos describen todos líneas paralelas. ‖ – **diurno.** *Astron.* El de rotación aparente de la bóveda celeste en el término de un día sidéreo. ‖ – **ondulatorio.** El que efectúa la superficie del agua, o las partículas de un medio elástico, al paso de las ondas. Hay transporte de energía, pero no de materia. ‖ – **oratorio.** Arrebato del orador, excitado por la pasión. ‖ – **primario.** *Astron.* Movimiento diurno. ‖ – **propio.** *Astron.* El de un astro cualquiera en su órbita o alrededor de su eje. ‖ – **retardado.** *Mec.* Aquel en que la velocidad va disminuyendo. ‖ – **simple.** *Mec.* El de un cuerpo respecto de otro supuesto inmóvil. ‖ – **uniforme.** *Mec.* Aquel cuya velocidad es igual y constante. ‖ – **variado.** Aquel cuya velocidad no es constante. ‖ **Primer movimiento.** fig. Repentino o involuntario ímpetu de una pasión. ‖ **Hacer movimiento.** *Arq.* frs. Dícese de una obra cuando una de sus partes o todo ella se aparta de su posición natural de equilibrio. ‖ IDEAS AFINES: *Transporte, mudanza, dinámica, motor, molino, veleta, oscilación, actividad, inmóvil.*

MOVIOLA. f. Máquina empleada para observar las secuencias de una película durante el montaje de sus escenas.

MOXA. (Del chino *mok-sa.*) f. *Med.* Mecha de substancia inflamable, para cauterizar. ‖ Cauterización hecha con **moxa,** hoy en desuso.

¡MOXTE! int. ¡Oxte!

MOYA. (De *Moya*, apellido español.) m. *Chile.* Fulano, o Perico el de los palotes. ‖ *Cuba.* Margarita, planta.

MOYA, Ismael. *Biog.* Escritor arg. nacido en 1900, especializado en el folklore literario de su país. Escribió *Didáctica del folklore; Orígenes del teatro y de la novela argentina* y otras obras. ‖ – **Rafael.** Pol. costarricense (1800-1864); en 1944 presid. de la Rep. ‖ – **DE CONTRERAS, Pedro.** Sac. español, virrey de México de 1584 a 1585. Falleció en 1592.

MOYANA. (Del fr. *moyenne.*) f. Pieza de artillería, usada antiguamente, similar a la culebrina pero de calibre mayor. ‖ fig. y fam. Mentira o ficción.

MOYANA. f. Pan de salvado que suele darse a los perros de ganado.

MOYANO, Carlos María. *Biog.* Explorador arg. Viajó por la Patagonia con Francisco P. Moreno y descubrió el lago San Martín. Exploró los ríos Deseado, Santa Cruz, Chubut, Gallegos, etc. y descubrió el lago Buenos Aires (1854-1910).

MOYO. (Del lat. *modius.*) m. Medida de capacidad, equivalente a 258 litros.

MOYOBAMBA. *Geog.* Ciudad del Perú, capital del dep. de San Martín. 9.000 h. Fabricación de sombreros de paja.

MOYOTE. (Del mex. *moyotl.*) m. *Méx.* Mosquito.

MOYUELO. m. Salvado muy fino.

MOZA. (De *mozo.*) f. Criada ocupada en menesteres humildes. ‖ Mujer que mantiene trato ilícito con alguien. ‖ Pala para golpear la ropa. ‖ Pieza de trébedes, en que se asegura el rabo de la sartén. ‖ En algunos juegos, última mano. ‖ – **de fortuna,** o **de partido.** Ramera. ‖ **Buena moza.** Mujer alta y gallarda.

MOZALBETE. m. dim. de **Mozo.** ‖ Mozo de poca edad, mozuelo.

MOZALBILLO. m. dim. de **Mozo.** ‖ Mozalbete.

MOZALLÓN, NA. s. Persona joven y robusta entre la gente obrera.

MOZAMBIQUE. *Geog.* Rep. del oriente africano, ex colonia portuguesa; limita con Tanzania, Malawi, Zambia, Rhodesia, la Rep. Sudafricana, Suazilandia y el océano Índico (canal de Mozambique). Sup. 786.700 km². 9.680.000 h. Cap. MAPUTO, ex LOURENÇO MARQUES (783.030 h.). Su territorio se asienta en una meseta, que desciende desde el continente (al O. se encuentra su pico máximo, el Binga, de 2.436 m.) hacia el océano, transformándose en una planicie costera. Más de 25 ríos surcan el país, siendo el Zambeze el más importante. **Mozambique** obtuvo la independencia de Portugal en junio de 1975. Cultivos tropicales (caña de azúcar, arroz, algodón, etc.). Bauxita, carbón, cobre y sal. Ácido sulfúrico, cerveza. ‖ **Canal de –.** Estrecho que separa la isla de Madagascar del territ. africano.

MOZANCÓN, NA. s. Persona joven, alta y fornida.

MOZANDERO, RA. adj. *Perú.* Enamoradizo.

MOZÁRABE. (Del ár. *moçtáreb,* arabizado.) adj. Dícese del cristiano que vivía mezclado con los moros de España. Ú.t.c.s. ‖ Perteneciente o relativo a los **mozárabes.** ‖ Aplícase al oficio y misa usado por los **mozárabes** y que todavía se conserva en una capilla de la catedral de Toledo y en otra de la de Salamanca.

MOZÁRABE, Arte. Conjunto de creaciones artísticas realizadas por los mozárabes, especialmente en la arquitectura (s. IX al XI).

MOZARABÍA. f. Gente mozárabe de alguna región.

MOZART, Leopoldo. *Biog.* Compositor y violinista al., padre de Wolfgang, quien estudió con él. Escribió numerosas partituras instrumentales y un célebre tratado sobre la enseñanza del violín (1719-1787). ‖ – **Wolfgang Amadeo.** Genial músico al. nacido en Salzburgo, uno de los niños prodigios más famosos en la historia de la música. Influido en su juventud por la escuela ital. de la primera mitad del s. XVIII, se independizó luego para expresarse en lenguaje musical propio, ejemplo perfecto de un arte universal lleno de elementos estéticos y expresivos, verdadero milagro de síntesis. Pianista notable –considerado el mejor de su época–, violinista y clavecinista, su caso es único en la historia de la música por su prodigiosa fecundidad, sus combinaciones orquestales y sus figuras melódicas. Antecesor de Beethoven y Weber; continuador de Bach y de Haydn y precursor del romanticismo musical, compuso misas de réquiem; sinfonías, sonatas, conciertos, música de cámara, comedias musicales como *Così fan tutte* y óperas como *Don Juan; La flauta mágica; Las bodas de Fígaro,* etc. (1756-1791).

MOZCORRA. (Del ár. *maxgorra,* abierta de piernas.) f. fam. Ramera.

MOZO, ZA. al. **Bursche; junger Mensch; Kellner.** fr. **Garçon.** ingl. **Young; lad; waiter.** ital. **Ragazzo; giovane; servo.** port. **Moço.** (Del m. or. que *mocho.*) adj. Joven. Ú.t.c.s. *Los años* MOZOS. ‖ Soltero, célibe. Ú.t.c.s. *La cortejaba un* MOZO *forastero.* ‖ Mocero. ‖ m. El que sirve en oficios humildes. MOZO *de café.* ‖ El sometido al servicio militar. ‖ Cuelgacapas. ‖ Gato, mamífero. ‖ Tentemozo, puntual. ‖ *Min.* Sostén sobre el cual gira la palanca de un fuelle. ‖ – **de caballos.** El que los cuida. ‖ – **de cordel, de cuerda** o **de esquina.** El que se dedica a llevar cargas o a hacer otros mandados. ‖ – **de mulas.** El que cuida de ellas. ‖ – **de paja y cebada.** El que lleva, en posadas y mesones, la cuenta de lo que cada pasajero toma para el ganado. ‖ **Buen mozo.** Hombre alto y gallardo; guapo. ‖ IDEAS AFINES: *Mancebo, remozar, muchachada, lozanía, vigor, juventud, adolescencia.*

MOZÓN, NA. adj. *Perú.* Bromista, burlón.

MOZONADA. f. *Ec.* Chiquillada. ‖ *Perú.* Burla graciosa.

MOZONEAR. intr. *Perú.* Hacer mozonadas, bromear.

MOZOTE. m. *C. Rica* y *Hond.* Hierba cuyo fruto se usa contra la ictericia.

MOZUELO, LA. s. dim. de **Mozo.** ‖ En algunas partes, muchacho.

MU. Onomatopeya con que se representa la voz del vacuno. ‖ m. Mugido. ‖ f. Sueño. Voz usada para llamar a dormir a los niños: *Vamos a la* MU.

MUARÉ. (Del fr. *moiré.*) m. Tela fuerte, labrada o tejida de modo que forma aguas.

MUAY. m. Mosca colorada de la Argentina, muy irritante.

MUCAMA. f. *Amér.* Sirvienta.

MUCAMO. al. **Diener.** fr. **Domestique; valet.** ingl. **Servant.** ital. **Cameriere.** port. **Servente.** m. *Amér.* Servidor, criado.

MÚCARA. f. *Mar.* Conjunto de bajos que no velan.

MUCEPO. m. *Hond.* Tristeza, decaimiento.

MUCETA. (Del ital. *mozzetta*, y éste del al. *Mütze*, bonete.) f. Esclavina abotonada por delante, que usan prelados, doctores, etc.

MUCILAGINOSO, SA. adj. Que contiene mucílago o posee alguna de sus propiedades.

MUCÍLAGO. m. Mucilago.

MUCILAGO. (Del lat. *mucílago.*) m. Substancia viscosa de algunos vegetales, o que se prepara disolviendo en agua substancias gomosas. *Las semillas de lino contienen* MUCILAGO. ‖ IDEAS AFINES: *Gelatinas, jalea, látex, transparente, pegajoso, péctico, aglutinante, emulsionado, mucosidad.*

MUCLE. m. *Hond.* Trastorno digestivo del recién nacido, debido a la leche.

MUCO, CA. adj. *Amér. Central.* Aplícase al buey o vaca mochos o desmochados. ‖ m. *Bol.* Maíz mascado que se hace fermentar para fabricar la chicha.

MUCOSIDAD. f. Materia glutinosa semejante al moco. ‖ Moco segregado por las membranas mucosas irritadas.

MUCOSO, SA. (Del lat. *muccosus.*) adj. Semejante al moco. ‖ Que tiene mucosidad o la produce. ‖ V. **Membrana mucosa.** Ú.t.c.s.f.

MUCRE. adj. *Chile.* Acre, áspero.

MUCRONATO, TA. (Del lat. *mucronatus*; de *mucro, -onis,* punta.) adj. Terminado en punta. Ú. en el tecnicismo de algunas ciencias. ‖ *Anat.* Xifoides.

MÚCURA. (Voz cumanagota.) m. Ánfora de barro usada en Venezuela para tomar agua de los ríos y conservarla fresca.

MUCURITAS, Batalla de. *Hist.* Librada en Venezuela (Apure) entre las fuerzas patriotas comandadas por el gral. Páez y las realistas, muy superiores en número, que fueron sin embargo derrotadas (28 de enero de 1817).

MUCUY. (Voz maya.) m. *Méx.* Tórtola.

MUCHACHADA. f. Acción propia de muchachos. ‖ *Antillas* y *Arg.* Muchachería, conjunto de muchachos.

MUCHACHEAR. intr. Hacer cosas propias de muchachos.

MUCHACHERÍA. f. Muchachada. ‖ Conjunto de muchachos bulliciosos.

MUCHACHEZ. f. Estado de muchacho.

MUCHACHIL. adj. De muchachos, o propio de ellos. *Broma* MUCHACHIL.

MUCHACHO, CHA. al. **Knabe.** fr. **Garçon.** ingl. **Boy.** ital. **Ragazzo.** port. **Rapaz.** (Del ant. *mochacho.*) s. Niño que mama. ‖ Niño que no ha llegado a la adolescencia. *Ésas son cosas de* MUCHACHOS. ‖ Mozo que sirve de criado. ‖ fam. Persona moza. Ú.t.c.adj. ‖ *Ec.* Repisa pequeña para colocar el candelero. ‖ *Perú.* Candelero portátil usado en las minas.

MUCHACHUELO, LA. s. dim. de **Muchacho.**

MUCHEDUMBRE. al. **Menge.** fr. **Foule.** ingl. **Crowd.** ital. **Folla.** port. **Multidão.** (Del lat. *multitumen, -minis*, por *multitudo, -inis.*) f. Abundancia, copia de personas o cosas. *¿Respondería a esa* MUCHEDUMBRE *de cartas?*; sinón.: **conjunto, multitud.** ‖ IDEAS AFINES: *Gentío, turba, aglomeración, enjambre, hormiguero, manifestación, afluencia, pulular, innumerable, hacinamiento.*

MUCHI. *Chile.* Voz para llamar al gato. ‖ m. Nombre que se da al gato.

MUCHIGAY. m. *Col.* Gente o ganado menudo.

MUCHITANGA. f. *Perú* y *P. Rico.* Populacho. ‖ Muchachería, multitud de muchachos.

MUCHO, CHA. al. **Viel.** fr. **Beaucoup.** ingl. **Much; many.** ital. **Molto.** port. **Muito.** (Del lat. *multus.*) adj. Abundante o que excede a lo común o preciso. MUCHOS *vasos.* MUCHAS *flores*; antón.: **poco.** ‖ adv. c. Con abundancia; más de lo regular o preciso. *Corrí* MUCHO. ‖ Antepónese a otros adverbios denotando idea de comparación. MUCHO *antes*; MU-

CHO *menos.* ‖ En estilo familiar equivale a *sí* o *ciertamente.* *¿Ha visto usted el eclipse?* MUCHO. ‖ Con los tiempos del verbo *ser*, o en cláusulas interrogativas, admirativas o exclamativas, precedido de la partícula *que*, o a veces seguido de la misma, denota idea de dificultad o extrañeza. MUCHO *será que no refresque.* ‖ Usado con verbos expresivos de tiempo, denota larga duración. *Aún tardará* MUCHO *terminarlo.* ‖ **Ni con mucho.** loc. que expresa la gran diferencia que hay de una cosa a otra. *El ingenio de Pedro no llega* NI CON MUCHO *al de Juan.* ‖ **Ni mucho menos.** loc. con que se niega una cosa o se encarece su inconveniencia. ‖ **Por mucho que.** loc. adv. Por más que. ‖ IDEAS AFINES: *Bastante, muy, montón, numeroso, multiplicar, multimillonario, poliedro, poligamia, archipiélago, superávit, colmo, superlativo, exceso.*

MUDA. f. Acción de mudar algo. ‖ Conjunto de ropa que se muda de una sola vez. ‖ Tiempo o acto de mudar las aves sus plumas, los reptiles su epidermis, o algunos mamíferos el pelo. ‖ Cámara donde se ponen las aves de caza para que muden sus plumas. ‖ Nido para estas aves. ‖ Tránsito de un timbre de voz a otro, en la pubertad.

MUDABLE. (Del lat. *mutábilis.*) adj. Que con gran facilidad se muda. *Los afectos humanos son* MUDABLES; sinón.: **modificable, variable;** antón.: **permanente.**

MUDADA. f. *Amér.* Mudanza, traslación de una casa o habitación a otra. ‖ *C. Rica, Ec.* y *Hond.* Muda de ropa.

MUDADIZO, ZA. adj. Mudable, inconstante.

MUDAMENTE. adv. Silenciosamente, sin decir palabra. *Se retiró* MUDAMENTE.

MUDAMIENTO. (De *mudar.*) m. Mudanza.

MUDANZA. (De *mudar.*) f. Acción y efecto de mudar o mudarse. ‖ Traslación que se hace de una casa o habitación a otra. ‖ Cierto número de movimientos hechos a compás en los bailes. ‖ Inconstancia en los afectos u opiniones. ‖ *Mús.* Cambio convencional de nombre de las notas en el solfeo antiguo. ‖ **Hacer mudanza o mudanzas.** frs. fig. Portarse con inconsecuencia; ser inconstante en amores.

MUDAR. m. Arbusto de la India, cuya raíz tiene un jugo que se usa como emético y contraveneno.

MUDAR. al. **Ändern; wechseln.** fr. **Changer.** ingl. **To mute; to change.** ital. **Mutare; cambiare.** port. **Mudar.** (Del lat. *mutare.*) tr. Cambiar de aspecto, estado, etc. MUDÓ *el cielo su color.* ‖ Dejar una cosa y tomar en su lugar otra. MUDÉ *la lectura por la música.* ‖ Remover de un lugar o empleo. ‖ Efectuar el ave la muda de su plumaje, u otros animales la de su epidermis o piel. *La serpiente* MUDA *su piel en veinticuatro horas.* ‖ Hacer un muchacho la muda de la voz. ‖ fig. Variar, cambiar. MUDAR *de opinión.* ‖ r. Variar el modo de vida o los afectos, trocándolos por otros. ‖ Cambiarse de ropa. ME MUDO *de prisa.* ‖ Dejar la casa que se habita y pasar a vivir en otra. NOS MUDAREMOS *mañana.* ‖ fam. Irse del lugar en que estaba. ‖ fam. Exonerar el vientre.

MUDAY. (Voz araucana.) m. *Chile.* Chicha de maíz o cebada.

MUDÉJAR. (Del ár. *mudechan*, tributario.) adj. Dícese del mahometano español vasallo de un rey cristiano. Ú.t.c.s. ‖ Perteneciente a los **mudéjares.** ‖ Dícese del estilo arquitectónico que floreció desde el s. XIII hasta el XVI, caracterizado por elementos de arte cristiano combinados con los arábigos.

MUDENCO, CA. adj. *Amér. Central.* Tartamudo. Ú.t.c.s. ‖ Tonto, bobo. Ú.t.c.s.

MUDEZ. (De *mudo.*) f. Condición de mudo. ‖ fig. Silencio deliberado y persistente.

MUDO, DA. al. **Stumm.** fr. **Muet.** ingl. **Dumb.** ital. **Muto.** port. **Mudo.** (Del lat. *mutus.*) adj. Privado físicamente de la facultad de hablar. Ú.t.c.s. *Hombre* MUDO *de asombro.* ‖ Muy silencioso. ‖ *Astrol.* Aplícase a los signos Cáncer, Escorpión y Piscis. ‖ Explosivo, que se articula con explosión. Ú.t.c.s.f. ‖ Dícese de la letra o signo que en lo escrito no se pronuncia, como la *h* de hombre. ‖ **A la muda.** m. adv. **A la sorda.** ‖ **Hacer** una cosa **hablar a los mudos.** frs. fig. con que se pondera la eficacia de una especie que obliga a responder a ella. ‖ IDEAS AFINES: *Mutismo, tácito, reserva, atrofia, palabra, sonido, afonía, sordo, mímica, alfabeto.*

MUÉ. m. Muaré.

MUEBLAJE. m. Moblaje.

MUEBLAR. tr. Amueblar.

MUEBLE. al. **Möbel.** fr. **Meuble.** ingl. **Piece of furniture.** ital. **Mobile.** port. **Móvel.** (Del lat. *móbilis*, movible.) adj. V. **Bienes muebles.** Ú.m.c.s. ‖ m. Cada uno de los enseres o efectos usados para comodidad o adorno en las casas. ‖ IDEAS AFINES: *Moblaje, mueblería, ebanista, decoración, estilo, utilidad, tapizar, lustrar, esterillar, restauración, mesa, armario, caoba, felpa, funda.*

MUEBLERÍA. f. Taller en que se hacen muebles. ‖ Tienda en que se venden.

MUEBLISTA. com. Persona que hace o vende muebles. Ú.t.c.adj.

MUECA. al. **Grimasse.** fr. **Grimace.** ingl. **Grimace; grin.** ital. **Smorfia.** port. **Careta.** (Como el fr. *moquer*; del b. lat. *muccare*, y éste del lat. *muccus*, moco.) f. Contorsión del rostro, por lo general burlesca. *Las* MUECAS *del payaso*; sinón.: **gesto, mohín.** ‖ IDEAS AFINES: *Visaje, mímica, expresión, semblante, gracia, dolor, disgusto, escepticismo.*

MUECÍN. m. Almuecín.

MUELA. al. **Backenzahn.** fr. **Dent molaire.** ingl. **Grinder; molar tooth.** ital. **Dente molare.** port. **Dente molar.** (Del lat. *mola.*) f. Disco de piedra que se hace girar sobre la solera, para moler lo que se pone entre ambas piedras. ‖ Piedra de asperón en forma de disco con que haciéndola girar se afilan herramientas. ‖ Cada uno de los dientes posteriores a los caninos. ‖ Cerro escarpado en lo alto y con cima plana. ‖ Cerro artificial. ‖ Almorta. ‖ Cantidad de agua suficiente para hacer andar una rueda de molino. ‖ Unidad de medida que sirve para apreciar la cantidad de agua que llevan las acequias. ‖ fig. Rueda o corro. ‖ *Ant.* Tramposo. ‖ *Hond.* Tacaño. ‖ – **cordal,** o **del juicio.** Cualquiera de las dos últimas, que salen en la edad viril. ‖ **Entre dos muelas cordales, o molares, nunca metas,** o **pongas, tus pulgares.** ref. que aconseja no meterse a poner paz entre parientes muy cercanos. ‖ **Haberle salido** a uno **la muela del juicio.** frs. fig. Ser prudente, medido en sus acciones. ‖ IDEAS AFINES: *Molar, incisivo, corona, raíz, esmalte, nervio; caries, ortodoncia, dentista, dentífrico, encía, maxilar, comer, triturar.*

MUELAR. m. Terreno sembrado de muelas o almortas.

MUELO. (De *muela.*) m. Montón en que es recogido el grano después de limpio en la era.

MUELLAJE. m. Impuesto que se cobra a los navíos que entran en un puerto.

MUELLE. al. **Weich; Sprungfeder.** fr. **Mol; ressort.** ingl. **Soft; spring.** ital. **Molle; molla.** port. **Mole; mola.** (Del lat. *mollis*, blando, suave.) adj. Delicado, suave. ‖ Voluptuoso. *Vida* MUELLE. ‖ m. Pieza elástica, ordinariamente metálica, puesta de manera que pueda utilizarse la fuerza que desarrolla al tornar a su posición natural. MUELLES *del asiento.* ‖ pl. Tenazas grandes que usan en las casas de moneda para agarrar las piezas que han de fundirse. ‖ – **real.** El que con su fuerza elástica mueve las ruedas de los relojes. ‖ Pieza de la llave de las armas de fuego, que accionando sobre las demás, hace caer el **pie de gato.** ‖ **Flojo de muelles,** loc. fig. y fam. Dícese de la persona o animal que no aguanta la necesidad de exonerar el vientre.

MUELLE. al. **Kai; mole.** fr. **Quai; jetée.** ingl. **Pier; wharf.** ital. **Banchina; scalo.** port. **Molhe; plataforma.** (Del lat. *moles*, dique, murallón.) m. Obra de piedra, hierro o madera, que se construye en la orilla del mar o de un río navegable para facilitar el embarque y desembarque de cosas y personas. *Atracar junto al* MUELLE. ‖ Andén alto, cubierto o descubierto, destinado para cargar y descargar las mercancías en las estaciones de ferrocarriles.

MUELLEMENTE. adv. m. Suavemente; con blandura. *Mecer* MUELLEMENTE.

MUENDA. f. *Col.* Zurra, paliza.

MUENGO, GA. adj. *Cuba* y *P. Rico.* Dícese de la persona o animal a quien falta una oreja, o la tiene caída.

MUER. m. Muaré.

MUÉRDAGO. al. **Mistel.** fr. **Gui.** ingl. **Mistletoe.** ital. **Vischio.** port. **Agárico.** (Del lat. *mórdere*, enlazar, fijar.) m. Planta parásita, siempre verde, que vive sobre los troncos y ramas de los árboles y tiene por fruto una baya pequeña, translúcida, de color blanco rosado, y llena, como toda la planta, de substancia viscosa. *Viscum album*, lorantácea.

MUERDO. m. fam. Acción o efecto de morder. ‖ fam. Bocado.

MUÉRGANO. m. Muergo. ‖ *Col.* Objeto inútil o invendible.

MUERGO. m. Molusco lamelibranquio de concha alargada, a manera de mango de cuchillo, cuyo manto está totalmente unido por sus bordes. Se oculta verticalmente en la arena de las playas.

MUERMERA. f. Planta ranunculácea de tallos largos y hojas opuestas.

MUERMO. (Del lat. *morbus*, enfermedad.) m. *Veter.* Enfermedad virulenta y contagiosa de los solípedos, transmisible al hombre, caracterizada por flujo y ulceración de las mucosas, especialmente de la nasal, y de la piel, y producción de tubérculos en los parénquimas. ‖ *Chile.* Nombre de un género de árboles rosáceos de madera muy apreciada.

MUERMOSO, SA. adj. Dícese del animal que tiene muermo.

MUERTE. al. **Tod.** fr. **Mort.** ingl. **Death.** ital. **Morte.** port. **Morte.** (Del lat. *mors, mortis.*) f. Cesación o término de la vida. MUERTE *súbita*; sinón.: **defunción, fallecimiento.** ‖ Separación del cuerpo y del alma que es uno de los cuatro novísimos del hombre. ‖ Homicidio. *Le atribuían varias* MUERTES. ‖ Figura del esqueleto humano como símbolo de la **muerte.** Suele representársela con una guadaña. ‖ fig. Destrucción, aniquilamiento. *La* MUERTE *de un pueblo.* ‖ – **a mano airada. Muerte violenta.** ‖ – **civil.** *Der.* Mutación de estado por la cual la persona a quien le afectaba se consideraba como si no existiese para el ejercicio de ciertos derechos. Actualmente tales efectos, muy atenuados, se conocen con el nombre de **interdicción civil.** ‖ – **chiquita.** fig. y fam. Convulsión instantánea que suele sobrevenir a algunas personas. ‖ – **natural.** La que se origina por enfermedad y no por lesión traumática. ‖ – **senil.** La que viene por pura vejez o decrepitud. ‖ – **violenta.** La que se ejecuta privando de la vida a uno con hierro, veneno u otra cosa. ‖ **Buena muerte.** La contrita y cristiana. ‖ **A muerte.** m. adv. Hasta morir uno de los contendientes. *Duelo* A MUERTE. ‖ Sin dar cuartel. *Lucha* A MUERTE. ‖ De muerte. ‖ **De mala muerte.** loc. fig. y fam. De poco valor e importancia. *Un teatrucho* DE MALA MUERTE. ‖ **De muerte.** m. adv. fig. Ferozmente, sin misericordia. Ú. con los verbos *odiar, perseguir*, etc. ‖ **Estar** uno **a la muerte.** frs. Hallarse en peligro de morir. ‖ **Hasta la muerte.** loc. con que se explica la firme resolución que se ha tomado de ejecutar una cosa. ‖ **Luchar** uno **con la muerte.** frs. fig. Estar por mucho tiempo en agonía. ‖ **Ser** una cosa **una muerte.** frs. fig. y fam. Ser en extremo insufrible o enfadosa. ‖ **Volver** uno **de la muerte a la vida.** frs. fig. Restablecerse de una enfermedad gravísima.

MUERTO, TA. al. **Tot.** fr. **Mort.** ingl. **Dead.** ital. **Morto.** port. **Morto.** (Del lat. *mortuus.*) p. p. irreg. de **Morir.** ‖ fam. Ú. con significación transitiva, como si proviniese del verbo matar. *He* MUERTO *una perdiz.* ‖ adj. Que está sin vida. Apl. a pers., ú.t.c.s. *Hombre* MUERTO, *perro* MUERTO, *hubo muchos* MUERTOS. ‖ Dícese del yeso o de la cal apagados con agua. ‖ Desvaído, poco activo o marchito. Dícese de los colores y de los genios. ‖ – **de las agujas.** *Mar.* Boya fondeada en adecuado paraje de una bahía o puerto, a la que amarran los buques para compensar las agujas. Suele hallarse rodeada de otras boyas menores fondeadas para facilitar, mediante amarras, la inmovilidad del barco a los rumbos necesarios. ‖ **Desenterrar los muertos.** frs. fig. y fam. Murmurar de ellos; descubrir las faltas que tuvieron. ‖ **Echarle** a uno **el muerto.** frs. fig. Atribuirle la culpa de una cosa. ‖ **El muerto al hoyo, y el vivo al bollo.** ref. que indica que, a pesar del sentimiento de la muerte de las personas más queridas, es necesario retornar a la vida normal. ‖ Ú. t. para criticar a los que se olvidan demasiado pronto del muerto. ‖ **Estar** uno **muerto por** una persona o cosa. frs. fig. y fam. Amarla o desearla con vehemencia. ‖ **Hacerse** uno **el muerto.** frs. fig. Permanecer inactivo o silencioso, para que no lo adviertan. ‖ **Levantar un muerto.** frs. fig. Dícese del que en el juego cobra una puesta que no ha hecho. ‖ **Más muerto que vivo.** loc. con que se explica el susto de uno, que le deja como impedido para obrar. Ú. con los verbos *estar, quedarse*, etc. ‖ **Ni muerto ni vivo.** loc. ponderativa que se usa para significar que una persona o cosa no aparece, a pesar del interés que se ha puesto para encontrarla.

MUERTO, Mar. *Geog.* Lago del Asia occidental sit. en la frontera de Jordania e Israel. Tiene 980 km² de superficie y está situado a 390 m. bajo el nivel del mar. Sus aguas, extremadamente saladas, reciben al río Jordán. Se llama, también, lago **Asfaltites.**

MUESCA. (Del lat. *morsus*, mordedura.) f. Concavidad que hay o se hace en una cosa para encajar otra. ‖ Corte semicircular que se hace a una res vacuna en la oreja como señal.

MUESO. (Del lat. *morsus.*) m. fig. y fam. Dolor de vientre frecuente en el puerperio.

MUESO, SA. (Del lat. *morsus*, p. p. *mordere*, morder.) adj. V. **Cordero mueso.**

MUESTRA. al. **Muster; Vorlage.** fr. **Échantillon.** ingl. **Specimen; sample.** ital. **Campione.** port. **Mostra.** (De *mostrar.*) f. Rótulo que, colocado sobre las puertas de las tiendas, anuncia la clase de mercancía que en cada una se despacha, o el oficio o profesión de los que las ocupan. ‖ Signo convencional que se coloca en una tienda, establecimiento, etc., para indicar lo que se vende. MUESTRA *de barbero.* ‖ Trozo de tela o porción de un producto o mercancía, con que se conoce la calidad del género. MUESTRA *de café.* ‖ Modelo que se ha de copiar o imitar; como el de escritura que copian los niños en los colegios. *Mire la* MUESTRA *del encerado.* ‖ Parte de una porción extraída de un conjunto por métodos que permiten considerarla como representativa del mismo. ‖ Parte extrema de una pieza de paño, donde va la marca de fábrica. ‖ Porte, ademán. ‖ Esfera del reloj. ‖ En ciertos juegos de naipes, carta que se enseña para indicar el palo de triunfo. ‖ fig. Señal o prueba de una cosa. *Esto es una* MUESTRA *de su mal carácter.* ‖ *Agr.* Primera señal de fruto que se nota en las plantas. ‖ *Mil.* Revista. ‖ *Mont.* Detención que hace el perro en acecho de la caza. ‖ **Hacer muestra.** frs. Manifestar, aparentar. ‖ **Para muestra, basta un botón.** frs. con que se denota que en prueba de lo que se dice, basta exponer un solo hecho o argumento de entre los muchos que se podrían citar. ‖ **Pasar muestra.** frs. *Mil.* Pasar revista. ‖ fig. Registrar una cosa para reconocerla. ‖ **Por la muestra se conoce el paño.** expr. fig. y fam. con que se expresa que una cosa sirve de indicio para saber cómo son las demás de su especie. ‖ fig. y fam. Aplícase a las personas cuando se las juzga sólo por alguno de sus actos.

MUESTRARIO. m. Colección de muestras de mercaderías. MUESTRARIO *de telas.*

MUESTREO. m. Acción de escoger muestras representativas de la calidad o de las condiciones medias de un todo. ‖ Técnica empleada para esta selección.

MUÉVEDO. (Del lat. vulg. *movitus*, de *móvere*, mover.) m. Feto abortado.

MUFLA. (En fr. *mouffle*.) f. Hornillo en forma de copa que se coloca dentro de un horno, para reconcentrar el calor necesario para la fusión de diversos cuerpos.

MUFTÍ. (Del ár. *muftí*, interpretador.) m. Jurista musulmán, cuyas decisiones son consideradas como leyes.

MUGA. f. Mojón, término o límite.

MUGA. f. Desove. ‖ Fecundación de las huevas, en los peces y anfibios.

MUGABE, Robert. *Biog.* Dirigente nacionalista negro que en marzo de 1980 fue designado primer ministro de Zimbabwe (Rhodesia). N. en 1925.

MUGAR. (De *muga*, desove.) intr. Desovar. ‖ Fecundar las huevas.

MUGIDO. al. **Gebrüll; Brüllen.** fr. **Mugissement.** ingl. **Moo.** ital. **Muggito.** port. **Mugido.** (Del lat. *mugitus*.) m. Voz del toro y de la vaca.

MUGIDOR, RA. adj. Que muge.

MÚGIL. (Del lat. *mugil*.) m. Mújol.

MUGIR. al. **Brüll.** fr. **Mugir.** ingl. **To Moo.** ital. **Muggire.** port. **Mugir.** (Del lat. *mugire*.) intr. Dar mugidos el animal vacuno. ‖ fig. Bramar.

MUGRE. (Del lat. *mucor, -oris*.) f. Grasa o suciedad de la lana, vestidos, etc. sinón.: **porquería, pringue.**

MUGRIENTO, TA. adj. Lleno de mugre.

MUGRÓN. (Del lat. *mucro, -onis*, extremidad, punta.) m. Sarmiento que, sin cortarlo de la vid, se entierra para que produzca nueva planta. ‖ Vástago de otras plantas.

MUGROSO, SA. adj. Mugriento.

MUGUETE. al. **Maiblume.** fr. **Muguet.** ingl. **Lily of the valley.** ital. **Mughetto.** port. **Lírio do vale.** (Del fr. *muguet*.) m. *Bot.* Planta vivaz, de sólo dos hojas radicales, elípticas, y un escapo que sostiene un racimo terminal de seis a diez flores blancas, de color almizclado. La infusión de sus hojas se emplea en medicina contra las enfermedades cardíacas. *Convallaria majalis*, liliácea.

MUHARRA. f. Moharra.

MUIÑO, Enrique. *Biog.* Actor arg. que interpretó papeles de importancia en el teatro y en la cinematografía de su país (1881-1956).

MUISCAS. m. pl. *Etn.* Parcialidad de los indios chibchas de la meseta colombiana.

MUJADA. f. Mojada, medida.

MUJALATA. (Del ár. *mojalata*.) f. En Marruecos, asociación agrícola.

MUJER. al. **Frau; Weib.** fr. **Femme.** ingl. **Woman.** ital. **Donna; femmina.** port. **Mulher.** (Del lat. *mulier, -eris*.) f. Persona del sexo femenino. ‖ La que está en la edad de la pubertad. *Es un libro para la niña que se hace* MUJER. ‖ La casada, con relación al marido. *Le presento a mi* MUJER; sinón.: **esposa.** ‖ Pez mujer. ‖ **– de digo y hago.** Mujer fuerte, resuelta y osada. ‖ **– de gobierno.** Criada que dirige la economía doméstica. ‖ **– del arte, de la vida airada, del partido, de mala vida, de mal vivir, o de punto.** Ramera. ‖ **– de su casa.** La que tiene, gobierna y cuida de su hacienda y familia con mucha exactitud y diligencia. ‖ **– mundana, perdida, o pública.** Ramera. ‖ **La mujer compuesta quita al marido de otra puerta.** ref. que aconseja a la mujer el aseo y aliño discretos. ‖ **La mujer honrada, la pierna quebrada, y en casa.** ref. que aconseja el recato y recogimiento con que deben obrar las mujeres. ‖ **La mujer y el vino sacan al hombre de tino.** ref. que recomienda no dejarse dominar por la liviandad ni por la embriaguez. ‖ **Ser mujer.** frs. Llegar una moza a estado de menstruar. ‖ **Tomar mujer.** frs. Contraer matrimonio con ella. ‖ IDEAS AFINES: *Virgen, matrona, señora, hembra, femineidad, feminista, mujeriego, maternidad, lactancia, Eva.*

MUJERCILLA. (dim. de *mujer*.) f. Mujer de poca estimación. Dícese de la que se ha echado al mundo.

MUJER CON BANDOLÍN. *B. A.* Cuadro cubista de Jorge Braque, una de las obras clásicas del vanguardismo pictórico de comienzos del s. XX. Integra el período del llamado "cubismo musical" y resalta el juego de ángulos, planos, volúmenes y líneas, y una impresión de infinitud acentuada por las tonalidades ocres y grises.

MUJERENGO. adj. y s. *Amér.* Afeminado.

MUJERERO. adj. *Amér.* Mujeriego.

MUJERES. *Geog.* Isla de México, perteneciente al territ. de Quintana Roo. Fue la primera tierra mexicana que descubrieron los españoles (1517).

MUJERIEGO, GA. adj. Mujeril. ‖ Dícese del hombre dado a mujeres. ‖ m. Conjunto de mujeres. ‖ **A la mujeriega, o a mujeriegas.** m. advs. Cabalgando como acostumbran hacerlo las mujeres, con las piernas de un solo lado.

MUJERIL. adj. Perteneciente o relativo a la mujer. *Labores* MUJERILES. ‖ Adamado, afeminado. ‖ deriv.: **mujerilmente.**

MUJERÍO. m. Conjunto de mujeres.

MUJERONA. f. aum. de **Mujer.** Dícese de la que es muy alta y corpulenta, y también de la matrona respetable.

MUJERUCA. f. desp. de **Mujer.**

MUJERZUELA. f. dim. de **Mujer.** ‖ Mujercilla.

MUJÍA, María Josefa. *Biog.* Escritora bol., ciega de nacimiento; autora de poesías románticas.(1820-1882).

MUJICA LÁINEZ, Manuel. *Biog.* Escr. argentino, autor de *Don Galaz de Buenos Aires; Vida de Aniceto el Gallo; Aquí vivieron; La casa; Bomarzo; El unicornio; Los ídolos*, etc. (n. 1910).

MÚJOL. (Del lat. *mugil*.) m. Pez acantopterigio de cuerpo casi cilíndrico, lomo pardusco, con dos aletas y vientre plateado. Su carne y sus huevas son muy estimadas. Gén. *Mugil.* sinón.: **lisa.**

MUKDEN. *Geog.* Ciudad de China, cap de la antigua Manchuria, hoy Liaoning. 2.500.000 h. También se la denomina **Shenyang.** Gran centro industrial. Escenario de la victoria japonesa sobre los rusos, en 1905.

MULA. al. **Maultier.** fr. **Mule.** ingl. **Mule.** ital. **Mula.** port. **Mula.** (Del lat. *mula*.) f. Hembra del mulo. ‖ *Guat.* y *Hond.* Vergüenza; enojo. ‖ *Méx.* Mercadería invendible. ‖ *R. de la Plata.* Fraude, engaño. ‖ **– cabañil.** La de cabaña. ‖ **– de paso.** La destinada a cabalgadura. ‖ **En la mula de San Francisco:** loc. adv. **A pie.** ‖ **Devolver la mula.** frs. fig. y fam. *Amér. Central.* Pagar con la misma moneda. ‖ **Hacer uno la mula.** frs. fig. y fam. Hacerse el remolón. ‖ **Írsele a uno la mula.** frs. fig. y fam. Írsele la lengua. ‖ **Meter la mula.** frs. fig. y fam. *R. de la Plata.* Engañar, falsear, estafar. ‖ IDEAS AFINES: *Asno, cruza, acémila, carga, seguridad, terquedad, resistencia, sobriedad, coz, muladar, arriero, labranza, tiro.*

MULA. f. Múleo. ‖ Calzado que usan hoy los papas, parecido al múleo.

MULADA. f. Hato de ganado mular.

MULADAR. (De *muradal*.) m. Basurero, lugar donde se echan basuras. ‖ fig. Lo que ensucia material o moralmente.

MULADÍ. (Del ár. *mualadí*, el que no es árabe puro.) adj. Dícese del cristiano que durante la dominación de los árabes en España abrazaba el islamismo. Ú.t.c.s.

MULAR. (Del lat. *mularis*.) adj. Perteneciente o relativo al mulo o a la mula. *Empaque* MULAR.

MULATA. f. Crustáceo negruzco que abunda en las costas del Cantábrico.

MULATAS, Archipiélago de las. *Geog.* Grupo de islas de Panamá, en el mar de las Antillas, frente al golfo de San Blas.

MULATEAR. (De *mulato*.) intr. *Chile.* Empezar a negrear la fruta que al madurar se pone negra.

MULATERO. m. El que alquila mulos. ‖ **Mozo de mulas.**

MULATIZAR. intr. Tener el color de mulato.

MULATO, TA. al. **Mulatte.** fr. **Mulatre.** ingl. **Mulatto.** ital. **Mulatto.** port. **Mulato.** (De *mulo*.) adj. Dícese del hijo de negro y blanca, o de negra y blanco. Ú.t.c.s. ‖ De color moreno. ‖ Por ext., aplícase a lo que es moreno en su género. ‖ m. *Amér.* Mineral de plata de color obscuro.

MULCAR. tr. *Chile.* Curar las vasijas de barro untándolas de grasa y poniéndolas al fuego.

MULCHÉN. *Geog.* Ciudad de Chile (Bio-Bio). 10.500 h. Agricultura.

MÚLEO. (Del lat. *mùlleus cálceus*.) m. Calzado de color purpúreo que usaban los patricios romanos. *El* MÚLEO *llegaba hasta la media pierna.*

MULEÓLO. (Del lat. *mulléolus*.) m. Múleo.

MULEQUE. m. *Cuba.* Negro bozal de siete a diez años.

MULERO. m. **Mozo de mulas.** ‖ *R. de la Plata.* Embustero, que mete la mula. Ú.t.c.s.

MULETA. al. **Krücke.** fr. **Béquille.** ingl. **Crutch.** ital. **Gruccia.** port. **Muleta.** (De *mula*.) f. Palo con un travesaño en uno de sus extremos, para apoyarse el que tiene dificultad de andar. ‖ Bastón que lleva pendiente a lo largo una capa, por lo general roja, de que usa el torero para engañar al toro y hacerle bajar la cabeza cuando va a matarlo. ‖ fig. Cosa que ayuda en parte a mantener otra. ‖ fig. Porción pequeña de alimento que se suele tomar antes de la comida regular. ‖ **Pasar de muleta al toro.** frs. Burlarle con la muleta. ‖ IDEAS AFINES: *Inválido, rengo, paralítico, báculo, ortopedia, convalecencia, matador.*

MULETADA. (De *muleto*.) f. Hato de ganado mular, por lo común cerril o de poca edad.

MULETERO. m. Mulatero.

MULETILLA. (De *muleto*.) f. Muleta de torero. ‖ Botón largo de pasamanería para sujetar la ropa. ‖ Bastón cuyo puño forma travesaño. ‖ fig. Bordón en la conversación. *Las* MULETILLAS *afean el lenguaje.* ‖ *Mín.* Clavo con cabeza en forma de cruz.

MULETILLERO, RA. s. Persona que usa de muletillas en la conversación.

MULETO, TA. s. Mulo de poca edad o cerril.

MULETÓN. (Del fr. *molleton*, y éste del lat. *mollis*, muelle.) m. Tela suave y afelpada.

MULEY. Voz árabe equivalente al *don* como tratamiento castellano. ‖ En Marruecos, título que precede al nombre de emperadores y príncipes.

MULEY ABD-EL-HAFID. *Biog.* Emperador de Marruecos de 1907 a 1912, año en que abdicó al establecerse el protectorado fr. en su país.

MULEY HACÉN. *Biog.* Rey moro de Granada que guerreó contra los cristianos, por los que fue derrotado, hecho que inicia el derrumbe del reino moro en Granada (m. 1484).

MULHACÉN. *Geog.* Pico de la Sierra Nevada, en Granada (España), cima culminante de la pen. Ibérica. 3.481 m.

MÜLHEIM DEL RUHR. *Geog.* Ciudad de la Rep. Federal de Alemania (Renania del Norte-Westfalia). 200.000 h. Tejidos, metalurgia.

MULILLA. f. Múleo.

MULITA. f. *Arg.* y *Urug.* Armadillo de orejas largas y echadas hacia atrás. Gén. *Dasypus.* *La* MULITA *es de hábito nocturno y vive en cuevas.* ‖ *Chile.* Insecto ortóptero que corre por la superficie del agua.

MULITO. m. *Méx.* Guajolote, pavo.

MULHOUSE. *Geog.* Ciudad de Francia (Alto Rin). 99.079 h. Tejidos.

MULO. (Del lat. *mulus*.) m. *Zool.* Animal resultante del cruzamiento entre el garañón y la yegua. Puede ser macho o hembra y casi siempre suele ser infecunda. Es menos ágil que el caballo y más que el asno y excede a ambos en fuerza y sufrimiento.

MULÓN, NA. adj. *Chile* y *Perú.* Dícese del niño que tarda mucho en hablar. ‖ Estropajoso de voz.

MULSO, SA. (Del lat. *mulsus*, p. p. de *múlcere*, endulzar.) adj. Mezclado con miel o azúcar. *Vino* MULSO.

MULTA. al. **Geldstrafe.** fr. **Amende.** ingl. **Fine.** ital. **Multa.** port. **Multa.** (Del lat. *multa*.) f. Pena pecuniaria que se aplica por una falta, exceso o delito. ‖ IDEAS AFINES: *Castigo, pago, oneroso, contravención, impuesto, indemnización, sanción, amnistía, condonación, prórroga, reducción.*

MULTAN. *Geog.* Ciudad del Pakistán en el Punjab. 500.000 h. Importante centro comercial.

MULTAR. tr. Imponer multas. MULTAR *por exceso de velocidad.*

MULTI. (Del lat. *multus*, mucho.) Voz que en castellano sólo se emplea como prefijo de vocablos compuestos, para denotar multiplicidad; como en MULTI*forme*.

MULTICAULE. (Del lat. *multicaulis*; de *multus*, mucho, y *caulis*, tallo.) adj. *Bot.* Aplícase a la planta que se amacolla mucho.

MULTICOLOR. al. **Vielfarbig.** fr. **Multicolore.** ingl. **Many-colored.** ital. **Multicolore.** port. **Multicor.** (Del lat. *multicolor, -oris*, de *multus*, mucho, y *color*, color.) adj. De muchos colores. *Plumaje* MULTICOLOR.

MULTICOPIADO, DA. p. p. de **multicopiar.** ‖ m. Acción y efecto de multicopiar.

MULTICOPIAR. tr. Reproducir en copias por medio de multicopista.

MULTICOPISTA. adj. Dícese de la máquina o aparato que reproduce en numerosas copias sobre lámina de papel la figura de textos impresos, mecanografiados o manuscritos, dibujos, grabados, etc., sirviéndose de diversos procedimientos. Ú.m.c.s.f.

MULTIFACÉTICO, CA. adj. Que tiene muchas facetas.

MULTIFLOR. f. *Chile.* Planta rosácea de muchas flores en cada rama. ‖ Flor de esta planta.

MULTIFLORO, RA. (Del lat. *multiflorus*; de *multus*, mucho, y *flos, floris*, flor.) adj. *Bot.* Que produce o contiene muchas flores.

MULTIFORME. (Del lat. *multiformis*; de *multus*, mucho, y *forma*, figura.) adj. De muchas y variadas figuras o formas. MULTIFORMES *nubes.*

MULTIGRADO. adj. Dícese de los aceites que conservan sus características aunque cambie la temperatura, pudiendo usarse indistintamente en verano y en invierno.

MULTÍGRAFO. m. Aparato reproductor de copias múltiples.

MULTILÁTERO, RA. (Del lat. *multiláterus*; de *multus*, mucho, y *latus, -eris*, lado.) adj. *Geom.* Aplícase a los polígonos de más de cuatro lados.

MULTIMILLONARIO, RIA. adj. y s. Dícese de la persona que posee muchos millones de pesos, pesetas, etc.

MULTÍPARA. (Del lat. *multum*, mucho, y *párere*, parir.) adj. Aplícase a las hembras que tienen varios hijos de un solo parto. *La gata es* MULTÍPARA. ‖ Aplícase a la mujer que ha tenido más de un parto.

MÚLTIPLE. al. **Vielfach; mehsfach.** fr. **Multiple.** ingl. **Multiple.** ital. **Multiplo.** port. **Múltiplo.** (Del lat. *multiplex*.) adj. Vario, de muchas maneras; opuesto a simple. *Desarrolla una actividad* MÚLTIPLE.

MULTIPLICABLE. (Del lat. *multiplicábilis*.) adj. Que se puede multiplicar.

MULTIPLICACIÓN. al. **Vervielfachung; Multiplikation.** fr. **Multiplication.** ingl. **Multiplication.** ital. **Moltiplicazione.** port. **Multiplicação.** (Del lat. *multiplicatio,- onis*.) f. Acción y efecto de multiplicar o multiplicarse. *La* MULTIPLICACIÓN *de una fortuna.* ‖ *Mat.* Operación de multiplicar.

MULTIPLICADOR, RA. (Del lat. *multiplicator*.) adj. Que multiplica. Ú.t.c.s. ‖ *Mat.* Aplícase al factor que indica las veces que el otro ha de ser tomado como sumando.

MULTIPLICANDO. adj. *Mat.* Aplícase al factor que ha de ser multiplicado. Ú.m.c.s.

MULTIPLICAR. al. **Vervielfachen; multiplizieren.** fr. **Multiplier.** ingl. **To multiply.** ital. **Moltiplicare.** port. **Multiplicare.** (Del lat. *multiplicare*.) tr. Aumentar en número considerable los individuos de una especie. Ú.t.c. intr. y r. *En poco tiempo, se* MULTIPLICÓ *la población*; sinón.: **crecer;** antón.: **disminuir, menguar.** ‖ *Alg.* y

Arit. Hallar el producto de dos factores, tomando uno de ellos llamado multiplicando tantas veces por sumando como unidades contiene el otro, que se llama multiplicador. ‖ r. Afanarse, desvelarse.

MULTIPLICATIVO, VA. adj. Que multiplica o aumenta. ‖ *Mat.* Múltiplo. Ú.t.c.s.

MULTÍPLICE. (Del lat. *múltiplex, -icis.*) adj. Múltiple.

MULTIPLICIDAD. (Del lat. *multiplícitas, -atis.*) f. Calidad de múltiple. ‖ Muchedumbre, abundancia excesiva. MULTIPLICIDAD *de detalles.*

MÚLTIPLO, PLA. (Del lat. *múltiplus.*) adj. *Mat.* Aplícase al número o cantidad que contiene a otro u otra varias veces exactamente. Ú.t.c.s. *Ocho es* MÚLTIPLO *de dos.*

MULTITUD. (Del lat. *multitudo.*) f. Gran cantidad de seres o cosas. *Una* MULTITUD *de pedidos;* sinón.: **muchedumbre.** ‖ fig. Vulgo. *Contener los excesos de la* MULTITUD

MULTITUDINARIO, RIA. adj. Propio de las multitudes.

MULTIVIBRADOR. m. Generador de corriente de dientes de sierra, usado en televisión.

MULULE. m. *Hond.* Arbusto cuyas hojas, cocidas, son usadas por los campesinos contra la morriña.

MULLER, Germán José. *Biog.* Biólogo estadounidense cuyas investigaciones demostraron que los rayos X producen alteraciones en los cromosomas. Sus estudios sobre genética merecieron en 1946 el premio Nobel de Fisiología y Medicina (1890-1967).

MÜLLER, Carlos Ottfried. *Biog.* Erudito al., autor de *Manual de la arqueología del arte; Los Etruscos; Historia de la literatura griega* (sin terminar), etc. (1797-1840). ‖ **— Eduardo.** Mil. y estadista suizo; ocupó en 1899, en 1907 y en 1913 la presidencia de la Confederación (1848-1919). ‖ **— Federico.** Naturalista al. que contribuyó con su obra a la difusión de la teoría darwiniana sobre la evolución. Formuló la ley biogenética: *La ontogenia o desarrollo del individuo es la recapitulación breve y rápida de la filogenia o desarrollo genealógico de la especie a la que pertenece* (1821-1897). ‖ **— Jorge Elías.** Fil. alemán, uno de los principales representantes de la psicofísica científica (1850-1934). ‖ **— Pablo Germán.** Quím. suizo; se le otorgó el premio Nobel de Medicina de 1948 "por su descubrimiento de la enérgica acción del D.D.T. como veneno de contacto contra numerosos artrópodos" (1899-1965).

MULLIDA. (De *mullir.*) f. Montón de paja, juncos, etc., que suele ponerse en los corrales para cama del ganado. Ú.t.c. adj.

MULLIDO. m. Acción de mullir. ‖ Cosa blanda que se puede mullir y que es apropiada para rellenar colchones, asientos, etc.

MULLIDOR, RA. adj. Que mulle.

MULLIKEN, Roberto. *Biog.* Científico estadounidense a quien se otorgó en 1966 el premio Nobel de Química por sus investigaciones sobre la estructura electrónica de las moléculas. Colaboró también en el desarrollo de la bomba atómica, en la Universidad de Chicago (n. en 1896).

MULLIR. (Del lat. *mollire,* ablandar.) tr. Esponjar una cosa para ablandarla. MULLIR *el relleno de un almohadón;* sinón.: **ahuecar.** ‖ fig. Disponer una cosa industriosamente para lograr un fin. ‖ *Agr.* Cavar la tierra, ahuecándola, al rededor de las cepas. ‖ **Haber quien se las mulla** a uno. frs. fig. y fam. **Hallar** uno **la horma de su zapato.** ‖ **Mullírselas** a uno. frs. fig. y fam. Castigarle, mortificarle. ‖ deriv.: **mullidor, ra.** ‖ irreg. **Conjugación:** INDIC. Pres.: *mullo, mulles,* etc. Imperf.: *mullía, mullías,* etc. Pret. Indef.: *mullí, mulliste, mulló, mullimos, mullisteis, mulleron.* Fut. imperf.: *mulliré, mullirás,* etc. POT.: *mulliría, mullirías,* etc. SUBJ. Pres.: *mulla, mullas,* etc. Pret. Imperf.: *mullera, mulleras, mullera, mulléramos, mullerais, mulleran;* o *mullese, mulleses, mullese, mullésemos, mulleseis, mullesen.* Fut. Imperf.: *mullere, mulleres, mullere, mulléremos, mullereis, mulleren.* IMPERAT.: *mulle, mullid.* PARTIC.: *mullido.* GER.: *mullendo.*

MULLO. (Del lat. *mullus.*) m. Salmonete.

MULLO. m. *Ecuad.* Abalorio, cuenta de rosario o collar.

MUMUGA. f. *Hond.* Desperdicios del tabaco.

MUNCH, Eduardo. *Biog.* Pintor noruego. Su obra más conocida es *El grito* (1863-1944).

MUNCHEN-GLADBACH. *Geog.* Ciudad de la Rep. Federal de Alemania (Renania del Norte-Westfalia). 160.000 h. Industrias mecánicas y textiles.

MUNCHO, CHA. adj. ant. Mucho. Ú. en *Méx.*

MUNDANAL. adj. Mundano. ‖ *Actividad* MUNDANAL. ‖ deriv.: **mundanalidad.**

MUNDANAMENTE. adv. m. De manera mundana.

MUNDANEAR. (De *mundano.*) intr. Atender excesivamente a las cosas del mundo, a sus pompas y placeres.

MUNDANERÍA. f. Calidad de mundano. ‖ Acción mundana.

MUNDANO, NA. (Del lat. *mundanus.*) adj. Perteneciente o relativo al mundo. ‖ Dícese de la persona que se ocupa demasiado de las cosas del mundo, de sus pompas y placeres. sinón.: **frívolo, vano.** ‖ V. **Mujer mundana.**

MUNDIAL. (Del lat. *mundialis.*) adj. Perteneciente o relativo a todo el mundo. *Un hecho de resonancia* MUNDIAL. sinón.: **universal.** ‖ deriv.: **mundialmente.**

MUNDICIA. (Del lat. *munditia.*) f. Limpieza.

MUNDIFICAR. (Del lat. *mundificare.*) tr. y r. Limpiar, purificar una cosa. MUNDIFICAR *una herida.* ‖ deriv.: **mundificación: mundificante.**

MUNDIFICATIVO, VA. adj. Dícese del medicamento que mundifica.

MUNDILLO. (dim. de *mundo,* por la forma) m. Enjugador que remata en arcos de madera. ‖ Almohadilla cilíndrica que usan las mujeres para hacer encaje. ‖ Arbusto caprifoliáceo muy ramoso, de flores blancas, agrupadas en globos y fruto en baya carnosa de color rojo. *Viburnum opulus.* ‖ Cada una de las inflorescencias de este arbusto.

MUNDINOVI. (Del ital. *mundi nuovi,* mundos nuevos.) m. Mundonuevo.

MUNDO. al. **Welt.** fr. **Monde.** ingl. **World.** ital. **Mondo.** port. **Mundo.** (Del lat. *mundus.*) m. Conjunto de todas las cosas creadas. *En el Génesis, se refiere la creación del* MUNDO; sinón.: **orbe, universo.** ‖ Tierra, planeta. *Recorrió el* MUNDO *entero;* sinón.: **globo.** ‖ Cada uno de los otros planetas y astros en general. *Millares de* MUNDOS *giran en el espacio.* ‖ Totalidad de los hombres; género humano. ‖ Sociedad humana. *Quería reformar el* MUNDO. ‖ Parte de la sociedad humana sobresaliente por alguna cualidad común a sus individuos. *El* MUNDO *cristiano, científico.* ‖ Vida secular, en contraposición a la monástica. *Dejar el* MUNDO. ‖ Uno de los enemigos del alma, que son las delicias, pompas y vanidades terrenas. *El* MUNDO *nos tiende sus asechanzas.* ‖ Esfera con que se representa la Tierra. ‖ **Baúl mundo.** ‖ *Bot.* Mundillo, arbusto y grupo de sus flores. ‖ **— antiguo.** Porción del globo que comprendía la mayor parte de Europa, Asia y África. ‖ Sociedad humana, durante la Edad Antigua. ‖ **— centrado.** *Blas.* Globo terrestre que lleva encima una cruz, signo de majestad. ‖ **— mayor.** Macrocosmo. ‖ **— menor.** Microcosmo. ‖ **El Nuevo Mundo.** Aquella parte del globo que comprende las dos Américas. ‖ **El otro mundo.** La otra vida que esperamos después de ésta. ‖ **Este mundo y el otro.** loc. fig. y fam. Abundancia grande de dinero, riquezas, etc. *Le convencieron prometiéndole* ESTE MUNDO Y EL OTRO. ‖ **Medio mundo.** loc. fig. y fam. Mucha gente. *Había allí* MEDIO MUNDO. ‖ **Todo el mundo.** loc. fig. La generalidad de las personas. TODO EL MUNDO *lo vio; la presencia de* TODO EL MUNDO. ‖ **Un mundo.** fig. y fam. Muchedumbre, multitud. *Llevaba aquel navío* UN MUNDO *de marineros.* ‖ **Andar el mundo al revés.** frs. fig. y fam. No estar las cosas en su forma debida. ‖ **Desde que el mundo es mundo.** expr. fig. y fam. para explicar la antigüedad de una cosa. ‖ **Echarse al mundo.** frs. fig. Seguir las malas costumbres y placeres. ‖ fig. Prostituirse la mujer. ‖ **Entrar** uno **en el mundo.** frs. Presentarse en la sociedad alternando en su trato. ‖ **Hundirse el mundo.** frs. fig. Ocurrir un cataclismo. *Parecía que* SE HUNDÍA EL MUNDO. ‖ **¿Qué mundo corre? expr. ¿Qué hay de nuevo?** ‖ **Rodar mundo,** o **por el mundo.** frs. fig. y fam. Caminar por muchas tierras sin residir en ninguna o sin causa determinada. ‖ **Salir** uno **de este mundo.** frs. Morir. ‖ **Tener mundo,** o **mucho mundo.** frs. fam. Saber por experiencia lo suficiente para no dejarse llevar de las primeras impresiones. ‖ **Venir** uno **al mundo.** frs. Nacer. ‖ **Ver mundo.** frs. fig. Viajar por diferentes tierras y países. ‖ IDEAS AFINES: *Mundial, mundanal, cosmopolita, planisferio, cosmografía, mares, continentes, esfera armilar.*

MUNDOLOGÍA. f. Experiencia, trato mundano. ‖ deriv. **mundólogo.**

MUNDONUEVO. (De *mundo* y *nuevo,* a semejanza de *mundinovi.*) m. Cajón con cosmorama portátil, para entretenimiento callejero.

MUNGUÍA, Clemente Jesús. *Biog.* Prelado mex., arzobispo de Michoacán, partidario del archiduque Maximiliano (1810-1868).

MUNI. *Geog.* Ant. territorio colonial español sit. en el O. de África entre Camerún y Gabón. Actualmente constituye el área continental de la Rep. de Guinea Ecuatorial y lleva el nombre de **Mbini.** 26.017 km². 190.000 h. cap. BATA. Café, cacao, maderas.

MUNICIÓN. (Del lat. *munitio, -onis.*) f. Conjunto de pertrechos de un ejército o de una plaza de guerra. *Agotarse las* MUNICIONES. ‖ Perdigones con que se cargan las escopetas. ‖ Carga de las armas de fuego. ‖ *Guat.* y *Hond.* Uniforme de soldado. ‖ **Municiones de boca.** *Mil.* Víveres y forrajes para hombres y caballerías. ‖ **— de guerra.** *Mil.* Conjunto de armas defensivas, pólvora, etc. ‖ **de munición.** *Mil.* Dícese de lo que la tropa recibe del Estado, a diferencia de lo que el soldado compra de su bolsillo. *Pan, zapatos* DE MUNICIÓN. ‖ Dícese de lo que está hecho de prisa y sin prolijidad. ‖ IDEAS AFINES: *Tiro, bala, cápsula, cartuchera, fusil, metralla, granos, plomo, estampido, cazar.*

MUNICIONAR. tr. *Mil.* Proveer y abastecer de municiones una plaza o a los soldados. ‖ deriv.: **municionamiento.**

MUNICIONERA. f. *Col.* y *Chile.* Perdigonera.

MUNICIONERO, RA. (De *munición.*) s. Proveedor.

MUNICIPAL. (Del lat. *municipalis.*) adj. Perteneciente o relativo al municipio. *Ordenanza, impuesto* MUNICIPAL. ‖ m. Individuo de la guardia municipal. ‖ *Chile.* Concejal.

MUNICIPALIDAD. f. Municipio, ayuntamiento de una población.

MUNICIPALIZAR. tr. Asignar al municipio un servicio público. ‖ deriv.: **municipalización.**

MUNÍCIPE. (Del lat. *municeps, -ipis.*) m. Vecino de un municipio. ‖ Concejal.

MUNICIPIO. (Del lat. *municípium.*) m. Entre los romanos, ciudad que se gobernaba por sus propias leyes y cuyos vecinos podían obtener los privilegios y derechos de los de Roma. ‖ Conjunto de habitantes regidos por una municipalidad o ayuntamiento. ‖ El mismo ayuntamiento. ‖ El término municipal.

MUNICH. *Geog.* Ciudad de la Rep. Federal de Alemania, capital del Est. de Baviera, sit. a orillas del Isar. 1.400.000 h. Centro cultural y artístico. Museo, Universidad. Industria cervecera.

MUNICH, Pacto de. *Hist.* Acuerdo firmado el 20 de noviembre de 1938 en dicha ciudad, por los jefes de los gobiernos de Inglaterra, Francia, Alemania e Italia, por el que se autorizaba a Alemania a ocupar el territorio checoslovaco de los Sudetes.

MUNIDO, DA. adj. ant. Defendido; prevenido armado; provisto. Ú. en *Arg.* y *Chile.* MUNIDO *de lápiz y papel.* ‖ Es galicismo

MUNIFICENCIA. (Del lat. *munificentia.*) f. Generosidad espléndida. ‖ Liberalidad. *Obsequiar con* MUNIFICENCIA.

MUNIFICENTE. adj. Dígase **munífico.**

MUNIFICENTÍSIMO, MA. (Del lat. *munificentíssimus.*) adj. Superlativo de **Munífico.**

MUNÍFICO, CA. (Del lat. *munificus.*) adj. Generoso, dadivoso. *Señor* MUNÍFICO; antón.: **tacaño.**

MUNIR. tr. *Arg.* y *Urug.* Proveer de lo necesario. Ú.t.c.r. MUNIR *de útiles de trabajo;* sinón.: **proporcionar.** Es galicismo. ‖ ant. *Mil.* Proveer, fortificar.

MUNITORIA. (Del lat. *munitum,* supino de *munire,* fortalecer, defender.) f. Arte de fortalecer una plaza, de modo que pueda resistir a las máquinas de guerra.

MUNKACSY, Miguel Lieb. *Biog.* Pintor húngaro, autor de *Milton ciego, dictando "El paraíso perdido" a sus hijas; El último día de un condenado a muerte,* etc. (1844-1900).

MUNRO. *Geog.* Ciudad de la Argentina (Buenos Aires), al N. de la capital del país. 30.000 h. Centro fabril.

MÜNSTER. *Geog.* Ciudad de la Rep. Federal Alemana (Renania Septentrional-Westfalia). 205.000 h. Importante centro comercial e industrial. Universidad.

MUNSTER. *Geog.* Prov. de Irlanda. 24.130 km². 885.000 h. Cap. LIMERICK. Ganadería.

MUNTHE, Axel. *Biog.* Méd. y escritor sueco, autor de *La historia de San Michele; Lo que no dije en San Michele; Hombres y bestias,* etc. (1857-1949).

MUNÚSCULO. (Del lat. *munusculum.*) m. Regalo pequeño e insignificante.

MUÑECA. f. Parte del cuerpo humano en donde se articula la mano con el antebrazo. *En la* MUÑECA *llevaba un reloj de oro.* ‖ Figurilla de mujer que sirve de juguete. *Lloraba la niña por su* MUÑECA *rota.* ‖ Maniquí para trajes de mujer. ‖ Pieza de trapo que contiene una substancia medicinal que no debe ser mezclada con el líquido en que se cuece o empapa. ‖ Lío de trapo, redondeado, que se embebe de un líquido para barnizar maderas, metales, etc. ‖ Hito, mojón. ‖ fig. y fam. Mozuela presumida. ‖ **Menear las muñecas.** fig. y fam. Trabajar mucho y con viveza. ‖ **Tener muñeca.** frs. fig. y fam. *Arg.* Tener influencia. ‖ Ser muy experto en algo.

MUÑECAS, Ildefonso Escolástico de las. *Biog.* Sac. y patriota arg., participó en la insurrección del Alto Perú contra los realistas (1776-1816).

MUÑECAS. *Geog.* Población de la Argentina (Tucumán). 7.000 h.

MUÑECO. (De *muñeca.*) m. Figurilla de hombre hecha de trapo, pasta, etc. ‖ fam. Mozuelo afeminado. ‖ **Tener muñecos en la cabeza.** frs. fig. Tener pretensiones exageradas. ‖ Forjarse excesivas ilusiones.

MUÑEIRA. (Del gallego *muiñeira,* molinera.) f. Baile popular de Galicia. ‖ Música con que se baila.

MUÑEQUEAR. intr. En esgrima, jugar las muñecas, meneando la mano. ‖ *Chile.* Empezar a echar la muñequilla los cereales. ‖ tr. *Arg.* Gestionar un negocio, poniendo los medios necesarios. ‖ *Col.* y *Urug.* Darse maña.

MUÑEQUERA. f. Manilla para sujetar relojes o apretar la muñeca.

MUÑEQUERÍA. (De *muñeca.*) f. fam. Exceso en los trajes y adornos afeminados.

MUÑEQUILLA. f. dim. de **Muñeca.** ‖ *Chile.* Mazorca tierna del maíz.

MUÑIDOR (De *muñir.*) m. Criado de cofradía que comunica a los hermanos los ejercicios a que deben asistir. ‖ Persona que gestiona activamente para concertar tratos o fraguar intrigas.

MUÑIR. (Del lat: *monere,* amonestar, avisar.) tr. Convocar a juntas o a otra cosa. ‖ Concertar, disponer, manejar. ‖ irreg. Conj. como **mullir.**

MUÑIZ, Francisco Javier. *Biog.* Hombre de ciencia arg. Médico, geól. y paleontólogo, fue uno de los iniciadores del progreso científico en la Argentina (1795-1871).

MUÑIZ. *Geog.* Población de la Argentina, al N. O. del Gran Buenos Aires. 8.000 h.

MUÑO. m. *Chile.* Bolsa de harina de trigo o maíz tostado que se lleva en viajes largos, para comerla con sal y pimienta. ‖ Harinado frío, sazonado con sal y ají, que los trabajadores toman como desayuno.

MUÑÓN. al. **Stummel.** fr. **Moignon.** ingl. **Stump.** ital. **Moncone.** port. **Coto.** (En fr. *moignon.*) m. Parte de um miembro amputado que permanece adherida al cuerpo. sinón.: **tocón.** ‖ El músculo deltoides y la región del hombro limitada por él. ‖ *Mil.* Cada pieza cilíndrica que tiene el cañón a uno y otro lado con las cuales se sostiene en la cureña.

MUÑONERA. f. *Mil.* Rebajo de cada gualdera de la cureña, para alojar el muñón correspondiente.

MUÑOZ, Alejandro. *Biog.* Músico salv. Notable director de orquesta, ha realizado adaptaciones de numerosas composiciones autóctonas (n. 1902). ‖ – **Basilio.** Mil. uruguayo que luchó contra la invasión brasileña (m. aprox. 1875). ‖ – **Gil.** Antipapa con el nombre de Clemente VIII. En 1492 renunció a la dignidad papal, concluyendo el cisma que había provocado. ‖ – **Jerónimo.** Mat., astrónomo y geógrafo esp., inventor del planisferio paralelográmico, autor de *Tratado de Astrología; Lectura geográfica,* etc. (s. XVI). ‖ – **Mariano.** Mil. ecuatoriano que participó como tambor en las campañas del Alto y Bajo Perú. Obtuvo la medalla del Libertador por su brillante comportamiento en la batalla de Ayacucho (1810-1890). ‖ – **Rafael.** Escr. mexicano, con equilibrio entre la contemplación poética y la acción novelesca escribió *Vámonos con Pancho Villa; El hombre malo,* etc. (1899-1972). ‖ – **CABRERA, Ramón.** Escritor y periodista bol. (1819-1869). ‖ – **DEGRAIN, Antonio.** Pintor esp., autor de *los amantes de Teruel; Chubasco en Granada,* etc. (1841-1924). ‖ – **GAMERO, Benjamín.** Marino chil. que se destacó en la guerra contra Perú y Bolivia (1820-1851). ‖ – **MARÍN, Luis.** Político portorr. nacido en 1898, gobernador desde 1948 hasta 1960. ‖ – **RIVERA, Luis.** Poeta portorr. autor de *Tropicales* (1859-1916). ‖ – **SECA, Pedro.** Comediógrafo esp. que cultivó el género cómico en *El verdugo de Sevilla; La venganza de don Mendo,* etc. (1881-1936).

MUÑOZ GAMERO. *Geog.* Península del sur de Chile (Magallanes) sit. al norte del estrecho de Magallanes y al N. O. de la pen. de Brunswick.

MUR. (Del lat. *mus, muris.*) m. ant. Ratón.

MURA. f. Aféresis de **Amura.**

MURADAL. (Del un deriv. de *murus,* muro.) m. Muladar.

MURAJES. (En fr. *mouron;* en cat. *morrons.*) m. pl. Hierba primulácea con hojas opuestas y aovadas, flores axilares, solitarias, de corolas rojas en una variedad y azules en otra, y fruto capsular, membranoso y con muchas semillas. Se usó en medicina contra la hidropesía, la rabia y las mordeduras de animales venenosos.

MURAL. (Del lat. *muralis.*) adj. Perteneciente o relativo al muro. ‖ Dícese de las cosas que, extendidas, ocupan parte de un muro o pared. *Mapas* MURALES. ‖ m. Cuadro o pintura **mural.**

MURALISTA. adj. Dícese del pintor de murales. Ú.t.c.s.

MURALLA. (Del lat. *muralia,* pl. n. de *muralis,* mural.) f. Muro que rodea una plaza fuerte o defiende un territorio. *Los chinos construyeron una* MURALLA *para contener a los mongoles y manchúes.* ‖ *Chile* y *Ec.* Pared. ‖ *Méx.* Casa de vecindad con una sola puerta a la calle.

MURALLÓN. m. aum. de **Muralla.** ‖ Muro fuerte.

MURAR. (Del lat. *murare.*) tr. Cercar con muros, una ciudad, fortaleza, etc.

MURAR. (De *mur.*) intr. Estar el gato en acecho de los ratones.

MURAT, Joaquín. *Biog.* Mil. francés, rey de Nápoles de 1808 a 1814. Cuando intentó reconquistar su reino fue condenado a muerte y fusilado por los austríacos (1771-1815).

MURATURE, José. *Biog.* Marino arg. que también fue un destacado pintor (1801-1880). ‖ – **José Luis.** Jurista, pol. y diplomático arg. En 1914, como ministro de Relaciones Exteriores expuso brillantemente la posición internacional de su país y medió, con la ayuda de Chile y Brasil, en la solución del conflicto entre México y Estados Unidos (1876-1929).

MURCEGUILLO. m. Murciélago.

MURCIA. *Mit.* Diosa romana de la pereza.

MURCIA. *Geog.* Región del S.E. de España. 26.179 Km². 1.165.000 h. Comprende dos provincias: Murcia y Albacete. ‖ Prov. de España en la región hom. 11.317 Km². 834.000 h. Importante zona agrícola-ganadera. Azufre, cinc, hierro, mármol. ‖ Cap. hom. 245.000 h. Situada a orillas del Segura, es centro fabril y universitario.

MURCIANO, NA. adj. Natural de Murcia. Ú.t.c.s. ‖ Perteneciente a esta ciudad y antiguo reino.

MURCIÉGALO. (Del lat. *mus, muris,* ratón, y *caeculus,* cieguecito.) m. Murciélago, morciguillo.

MURCIÉLAGO. al. **Fledermaus.** fr. **Chauve-souris.** ingl. **Bat.** ital. **Pipistrello.** port. **Morcego.** (De *murciégalo.*) m. Quiróptero por lo general insectívoro, muy parecido al ratón, pero provisto de alas membranosas en las extremidades anteriores; tiene fuertes caninos y los molares con puntas cónicas. Es nocturno y pasa el invierno dormido en cuevas y otros rincones. Hay varias especies. *El tacto y el oído están desarrollados extraordinariamente en el* MURCIÉLAGO.

MURCHISON. *Geog.* Cabo de la costa canadiense, en la pen. de Boothia, punto extremo norte de América, en tierra firme.

MURECILLO. (Del lat. *mus, muris,* ratón.) m. *Zool.* Músculo de un animal.

MURENA. (Del lat. *muraena.*) f. Morena, pez.

MURENA, Héctor. *Biog.* Escritor arg., hábil narrador, fallecido tempranamente (1923-1975).

MURETE. m. dim. de **Muro.**

MURGA. (Del lat. *amurca.*) f. Alpechín.

MURGA. f. Compañía de músicos callejeros. ‖ fam. Conjunto de músicos que toca mal. ‖ Música ramplona. ‖ **Dar murga.** frs. fam. Molestar. ‖ IDEAS AFINES: *Estudiantina, comparsa, serenata, carnaval, mascarada, banda, orfeón, algarabía, desafinación.*

MURGER, Enrique. *Biog.* Escritor fr. que adquirió celebridad mundial con su novela *Escenas de la vida bohemia,* colorida y detallada descripción de un medio y de una época (1822-1861).

MURGÓN. m. Esguín.

MURGUIA, Manuel M. *Biog.* Lit. e historiador esp., uno de los altos valores intelectuales de Galicia. Obras: *Diccionario de escritores gallegos; Historia de Galicia,* etc. (1833-1923).

MURGUISTA. m. Integrante de una murga.

MURIACITA. (Del m. or. de *muriato.*) f. Anhidrita.

MURIÁTICO, CA. (De *muriato.*) adj. *Quím.* Clorhídrico.

MURIATO. (Del lat. *muria,* salmuera.) m. *Quím.* Sal del ácido clorhídrico.

MÚRICE. (Del lat. *murex, -icis.*) m. Molusco marino univalvo, que segrega, como la púrpura, un líquido que antiguamente se usaba en tintorería. Es un gasterópodo de branquias pectiniformes.

MÚRIDOS. m. pl. *Zool.* Familia de mamíferos roedores con clavículas, los incisivos inferiores agudos y tres o cuatro molares tuberculosos y con raíces a cada lado de ambas mandíbulas, como el ratón.

MURILLO, Bartolomé Esteban. *Biog.* Cél. pintor esp., uno de los más notables exponentes del arte de su país. La admiración por Velázquez encauzó definitivamente su vocación, y comenzó destacándose en los temas religiosos hasta que se consagró pintando para la catedral de Sevilla su lienzo de mayores dimensiones: *Aparición del niño Dios a San Antonio de Padua.* Esencialmente barroco, dotó a la temática sagrada de una ternura casi ingenua y al mismo tiempo abordó el realismo en cuadros como *Muchachos comiendo melón* o una técnica suavemente vaporosa, como en su serie de *Purísimas.* El total de su obra abarca cerca de quinientos cuadros (1617-1682). ‖ – **Gerardo.** Pintor mex. que también escribió sobre temas de arte (1875-1964). ‖ – **Pedro Domingo.** Patriota boliviano, prócer mártir de la lucha por la emancipación de su patria. De muy humilde condición, impulsado por los más nobles ideales, abrazó la causa patriótica y desde 1805 militó activamente en el movimiento clandestino que preparaba la rebelión contra las autoridades coloniales. En 1809 fue el principal jefe de la revolución de La Paz y como presidente de la llamada Junta Tuitiva ocupó el gobierno por brevísimo período. Poco después debió enfrentar, con absoluta inferioridad de fuerzas, al ejército realista y, tras la derrota que sufrió en Chacaltaya, fue apresado y fusilado juntamente con otros patriotas (1758-1810). ‖ – **TORO, Manuel.** Pol. colombiano, presid. de la Rep. de 1864 a 1866 y de 1872 a 1874. Abolió la esclavitud (1816-1880).

MURMANSK. *Geog.* Ciudad de la Unión Soviética (R.S.F.S.R.), el más importante de los puertos del océano Glacial Ártico. 310.000 h.

MURMUJEAR. intr. fig. y fam. Murmurar o hablar quedo. Ú.t.c.tr.

MURMULLAR. (De *murmullo.*) intr. Murmurar.

MURMULLO. al. **Gemurmel.** fr. **Murmure.** ingl. **Murmur; whisper.** ital. **Mormorio.** port. **Murmúrio.** (De *murmurio.*) m. Ruido hecho hablando, en especial cuando no se percibe lo que se dice. ‖ Murmurio.

MURMURACIÓN. (Del lat. *murmuratio, -onis.*) f. Conversación en perjuicio de un ausente. *Acallar las* MURMURACIONES; sinón.: **habladuría, maledicencia.**

MURMURADOR, RA. (Del lat. *murmurator.*) adj. Que murmura. Ú.t.c.s.

MURMURAR. al. **Murmeln; rauschen.** fr. **Murmurer.** ingl. **To whisper; to murmur.** ital. **Mormorare.** port. **Murmurar.** (Del lat. *murmurare.*) intr. Hacer ruido suave y apacible el agua, el viento, las hojas de los árboles, etc.; sinón.: **susurrar.** ‖ fig. Hablar entre dientes, quejándose o manifestando disgusto. Ú.t.c.tr. ‖ *¡Siempre has de* MURMURAR*!;* sinón.: **rezongar.** ‖ fig. y fam. Conversar en perjuicio de un ausente, censurando sus acciones. Ú.t.c.tr. *Las viejas comadres* MURMURABAN *en el atrio;* sinón.: **criticar.** ‖ deriv.: **murmurante** ‖ IDEAS AFINES: *Habladuría, chisme, maledicencia, musitar, mascullar, secretear, tararear, zumbido, calumnia.*

MURMUREO. (De *murmurio.*) m. Murmullo continuado.

MURMURIO. (Del lat. *murmur.*) m. Acción y efecto de murmurar.

MURMURÓN, NA. adj. y s. *Chile* y *Ec.* Murmurador.

MURO. al. **Mauer; Wand.** fr. **Mur.** ingl. **Wall.** ital. **Muro.** port. **Muro.** (Del lat. *murus.*) m. Pared o tapia. ‖ Muralla. ‖ IDEAS AFINES: *Acantilado, baluarte, piedra, ladrillo, mural, fresco, plomada, enredadera, prisión, dique, separación, contención.*

MURPHY, Guillermo Parry. *Biog.* Eminente méd. estadounidense que se especializó en el estudio de la carencia vitamínica. Su método sobre el tratamiento de la anemia por el suministro de aceite de hígado de bacalao le valió en 1934 el premio Nobel de Fisiología y Medicina, en unión de Jorge Minot y Jorge H. Whipple (n. 1892).

MURQUE. m. *Chile.* Harina tostada.

MURRAY, Alejandro. *Biog.* Filól. estadounidense que intentó demostrar la unidad de origen de todas las lenguas, en obras especializadas (1775-1813). ‖ – **Jacobo Augusto.** Filólogo ingl. autor de un *Diccionario histórico de la lengua inglesa* (1837-1915). ‖ – **Jacobo Estuardo, conde de.** Regente de Escocia después de haber intrigado en contra de su hermana, la reina María Estuardo (1531-1570). ‖ – **BUTLER, Nicolás.** V. **Butler, Nicolás Murray.**

MURRAY. *Geog.* Río de Australia, el más importante del país. Des. en el océano Índico, al S.E. de Adelaida. 2.400 km.

MURRAYA. f. *Chile.* Planta de jardín, rutácea.

MURRIA. (De *murrio.*) f. fam. Tristeza.

MURRIA. (Del lat. *muria,* salmuera.) f. Medicamento compuesto de ajos, vinagre y sal, usado antiguamente para evitar la putrefacción de las aguas.

MURRINO, NA. (Del lat. *murrhinus.*) adj. Dícese de una especie de copa, taza o vaso muy apreciado antiguamente.

MURRIÑA. f. *Hond.* Morriña.

MURRIO, RRIA. adj. Que tiene murria o tristeza.

MURRO. m. *Chile.* Mohín de disgusto.

MURRUMBIDGEE. *Geog.* Río de Australia (Nueva Gales del Sur) que des. en el río Murray. 2.200 km.

MURRUZ. adj. *Hond.* Musuco.

MURTA. (Del lat. *murta* y *myrta.*) f. Arrayán. Murtón.

MURTAL. m. Terreno poblado de murtas.

MURTELA. f. Murtal.

MURTILLA. (dim. de *murta.*) f. Arbusto mirtáceo de Chile, de baya roja, fragante y de sabor grato. ‖ Fruto de este arbusto. ‖ Licor fermentado hecho con este fruto.

MURTINA. f. Murtilla.

MURTÓN. (De *murta.*) m. Fruto del arrayán.

MURUCUYÁ. (Del guar. *mburucuñá.*) f. Granadilla o pasionaria.

MURUECO. m. Morueco.

MURVIEDRO. *Geog.* V. **Sagunto.**

MUS. (Voz vasca.) m. Cierto juego de naipes y de envite. ‖ **No hay mus.** frs. con que se niega lo que se pide.

MUS. V. **Tus.**

MUSA. al. **Muse.** fr. **Muse.** ingl. **Muse.** ital. **Musa.** port. **Musa.** (Del lat. *musa.*) f. Cada una de las deidades mitológicas que protegían las ciencias y las artes liberales, en especial la poesía. ‖ fig. Numen o inspiración del poeta. ‖ fig. Ingenio poético propio de cada poeta *La* MUSA *de Horacio, de Camoens, de Garcilaso.* ‖ Poesía. *La* MUSA *latina.* ‖ pl. fig. Ciencias y artes liberales, en especial humanidades o poesías. ‖ IDEAS AFINES: *Diosa, leyenda, Grecia, museo, Terpsícore, Talía.*

● **MUSA** *Mit.* Entre los griegos, fueron las divinidades de la inspiración poética y musical. A veces se contaban tres, pero casi siempre se creyó en nueve, presidiendo cada una un arte determinado. Calíope la poesía épica y la elocuencia, Melpómene la tragedia, Talía la comedia, Polimnia la oda, Erato la poesía lírica, Clío la historia, Euterpe la música, Terpsícore la danza, Urania las ciencias. Se las creía hijas de Zeus, y según la Odisea, habitaron el Olimpo, con Apolo como corifeo. A partir de la época alejandrina cada **musa** adquirió su culto propio y fue representada por separado, con sus atributos particulares.

MUSÁCEO, A. (De *Musa,* médico de Augusto, a quien se ha dedicado estas plantas.) adj. *Bot.* Aplícase a plantas dicotiledóneas, herbáceas, perennes, tropicales, de hojas gigantescas, con pecíolos abrazadores, que forman un falso tallo, por cuyo interior pasa el escapo que lleva las flores del fruto, en baya o cápsula con semillas harinosas o carnosas, como el banano y el abacá. Ú.t.c.s.f. ‖ f. pl. *Bot.* Familia de estas plantas.

MUSARAÑA. (Del lat. *musaráneus.*) f. Musgaño. ‖ Por ext., cualquier sabandija o animal pequeño. ‖ fig. y fam. Figura contrahecha de una persona. ‖ Nubecilla que suele ponerse delante de los ojos. ‖ **Mirar** uno a **las musarañas.** frs. fig. y fam. Mirar, por distracción, a otra parte que a lo que debe.

MUSCARIA. f. Moscareta.
MUSCARINA. f. *Med.* Substancia tóxica contenida en la seta *Amanita muscaria*, que produce intoxicación aguda y grave del sistema nervioso.
MUSCICAPA. (Del lat. *musca*, mosca y *cápere*, coger.) f. Moscareta.
MUSCÍNEAS. (Del lat. *muscus*, musgo.) f. pl. *Bot.* Briofitas.
MUSCO. m. Musgo.
MUSCO, CA. (Del b. lat. *muscus*, y éste del persa *misque*, almizcle.) adj. De color pardo obscuro. ‖ m. ant. Almizcle, substancia odorífica.
MUSCULACIÓN. f. *Amer.* Musculatura.
MUSCULAR. adj. Perteneciente a los músculos. *Tensión* MUSCULAR.
MUSCULATURA. f. Conjunto y disposición de los músculos.
MÚSCULO. al. **Muskel.** fr. **Muscle.** ingl. **Muscle.** ital. **Muscolo.** port. **Músculo.** (Del lat. *musculus*.) m. Parte del cuerpo que está compuesta principalmente de fibras carnosas y es el instrumento inmediato del movimiento. MÚSCULOS *masticadores*. ‖ Rorcual. ‖ – **abductor.** El capaz de efectuar una abducción; como el que hace mover el ojo hacia la sien. ‖ – **aductor.** El capaz de efectuar una aducción; como el que produce el movimiento del ojo hacia la nariz. ‖ – **complexo.** Uno de los principales para el movimiento de la cabeza y que se compone de fibras y tendones entrelazados, que se extiende desde las apófisis transversas de las vértebras de la cerviz hasta el hueso occipital. ‖ – **gemelo.** Cada uno de los dos que concurren al movimiento de la pierna. Ú.m. en pl. ‖ – **glúteo.** Cada uno de los tres que componen la nalga. ‖ **lumbrical.** Cada uno de los cuatro de forma de lombriz, que en la mano y en el pie producen el movimiento de todos sus dedos menos el pulgar. ‖ – **sartorio. Uno de los del muslo, que se extiende oblicuamente a lo largo de sus caras anterior e interna.** ‖ – **serrato.** El que tiene dientes a manera de sierra. ‖ – **subescapular.** El que se halla debajo de la escápula y aprieta el brazo contra las costillas. ‖ IDEAS AFINES: *Aponeurosis, esfuerzo, fuerza, luxación, distensión, agujetas, calambre, contracción, bíceps, miocardio, atleta, gimnasia, masajista, miógrafo.*
● **MÚSCULO.** *Med.* El número de músculos existentes en el organismo es de alrededor de 400, distinguiéndose dos clases: los formados por fibras estriadas transversalmente y que están sometidos a la voluntad, como los **músculos** de la locomoción, el gesto, la deglución, etc., y los formados por fibras lisas, sobre los cuales la voluntad carece de acción, como los del estómago, intestino, útero, etc. Los **músculos** que forman el corazón, a pesar de ser estriados, no dependen de la voluntad. La propiedad fundamental del **músculo** es su contractibilidad, que le permite acortarse, o volver a la posición de reposo. Cuando un **músculo** se contrae, gana en espesor lo que pierde en longitud; al relajarse recobra su forma primitiva. El **músculo** puede atrofiarse cuando se encuentra en reposo durante un tiempo excesivo o hipertrofiarse por movimientos intensos y prolongados.
MUSCULOSO, SA. (Del lat. *muscullosus*.) adj. Dícese de la parte del cuerpo que tiene músculos. ‖ Que tiene muy abultados los músculos visibles. *Los boxeadores son* MUSCULOSOS.
MUSELINA. al. **Musselin.** fr. **Mousseline.** ingl. **Muslin.** ital. **Mussolina.** port. **Musselina.** (Del ár. *muceli*, de Mosul.) f. Tela de algodón, lana, seda, etc., fina y poco tupida.
MUSEO. al. **Museum.** fr. **Musée.** ingl. **Museum.** ital. **Museo.** port. **Museu.** (Del lat. *muséum*, y éste del gr. *mouseion*.) m. Casa o sitio destinado al estudio de las ciencias, letras humanas y artes liberales. ‖ Lugar en que se guardan objetos dignos de conservar pertenecientes a las ciencias y artes, como pinturas, armas, etc. MUSEO *etnográfico, histórico.* ‖ IDEAS AFINES: *Pinacoteca, galería, biblioteca, colección, exposición, cuadros, esculturas, arqueológico, historia natural, guía, catálogo, Louvre.*
MUSEROLA. (Del fr. *muserolle*.) f. Correa de la brida, que da vuelta al hocico del caballo por encima de la nariz, y sirve para afirmar el bocado.
MUSGAÑO. (De *musgo*, musco.) m. Mamífero europeo semejante al ratón, de unos seis a siete centímetros de largo; es de color grisáceo. *Crocidura russula*, insectívoro. ‖ Nombre dado a varios mamíferos del orden de los insectívoros.
MUSGO. al. **Moos.** fr. **Mousse.** ingl. **Moss.** ital. **Muschio.** port. **Musgo.** (Del lat. *muscus*.) m. Cada una de las plantas criptógamas, herbáceas, que crecen abundantemente en sitios húmedos sobre las piedras, cortezas de árboles, el suelo y también dentro del agua corriente o estancada. ‖ Conjunto de estas plantas que cubren cierta superficie. *Una muralla cubierta de* MUSGO. ‖ pl. *Bot.* Familia de estas plantas. ‖ **Musgo marino.** Coralina, alga.
MUSGO, GA. adj. Musco, de color pardo obscuro.
MUSGOSO, SA. (Del lat. *muscosus*.) adj. Perteneciente o relativo al musgo. ‖ Cubierto de musgo. *Pared* MUSGOSA.
MÚSICA. al. **Musik.** fr. **Musique.** ingl. **Music.** ital. **Musica.** port. **Música.** (Del lat. *música*, de *musa*, musa.) f. Melodía y armonía, y ambas combinadas. ‖ Sucesión de sonidos modulados para recrear el oído. ‖ Concierto de instrumentos o voces, o de ambos a la vez. ‖ Arte de combinar los sonidos para expresar sentimientos. ‖ Compañía de músicos que cantan o tocan juntos. *La* MÚSICA *del teatro Colón.* ‖ Composición musical. *La* MÚSICA *de esta zarzuela es muy alegre.* ‖ Partituras donde están escritas las composiciones musicales. ‖ Por antífrasis, ruido desagradable. ‖ fig. **Música celestial.** ‖ – **armónica.** Música vocal. ‖ – **celestial.** fig. y fam. Palabras elegantes y promesas vanas, sin contenido. ‖ – **instrumental.** La compuesta sólo para instrumentos. ‖ – **ratonera.** fig. y fam. La mal compuesta, mal cantada o mal ejecutada. ‖ – **rítmica.** La que, fundamentalmente, se ajusta a los tiempos y acentos del compás. ‖ – **vocal.** La compuesta para voces solas o con acompañamiento de instrumentos. ‖ **Con buena música se viene.** expr. fig. y fam. Denota que alguien pide algo que disgusta a quien es solicitado. ‖ **Con la música a otra parte.** fig. y fam. Expresión con que se despide y reprende a quien viene a incomodar. ‖ **Dar música a un sordo.** frs. fig. y fam. Luchar en vano para persuadir a alguno. ‖ IDEAS AFINES: *Orquesta, solista, director, batuta, atril, partitura, síncopa, ritmo, contrapunto, sinfonía, sonata, tenor, soprano, trío, claves, pentagrama, tonos, arpegio, acorde, escala, cuerdas, viento, percusión, teclado, arco, metrónomo, diapasón.*
MUSICAL. adj. Perteneciente o relativo a la música. *Acento, escala* MUSICAL. ‖ deriv.: **musicalidad; musicalmente.**
MUSICASTRO. m. desp. de **Músico.**
MÚSICO, CA. al. **Musiker.** fr. **Musicien.** ingl. **Musician.** ital. **Musicista.** port. **Músico.** (Del lat. *músicus*, y éste del gr. *mousikós*.) adj. Perteneciente o relativo a la música. *Instrumento* MÚSICO; *melodía* MÚSICA. ‖ s. Persona que profesa o sabe el arte de la música. ‖ Quien toca algún instrumento.
MUSICOGRAFÍA. f. Arte de escribir obras acerca de la música.
MUSICÓGRAFO, FA. (Del gr. *mousikós*, música, y *grafo*, escribir.) s. Persona que se dedica a escribir obras sobre la música.
MUSICOLOGÍA. f. Estudio de la teoría y la historia de la música.
MUSICÓLOGO, GA. s. Persona entendida en musicología.
MUSICOMANÍA. f. Melomanía.
MUSICÓMANO, NA. adj. y s. Melómano.
MUSICOTERAPIA. f. *Med.* Cura de ciertos trastornos nerviosos con ayuda de la música.
MUSIQUERO. m. Mueble adecuado para colocar obras y libros de música.
MUSITAR. (Del lat. *musitare*.) intr. Susurrar. MUSITAR *una plegaria.*
MUSIVO. (Del lat. *musivus*, de *mosaico*.) V. **Oro musivo.**
MUSIVO, VA. adj. Mosaico, 2º art. 1ª acep.
MUSLIME. (Del ár. *muçlim*, salvado.) adj. Musulmán. Apl. a pers., ú.t.c.s.
MUSLÍMICO, CA. adj. Perteneciente a los muslimes.
MUSLO. al. **Schenkel.** fr. **Cuisse.** ingl. **Thigh.** ital. **Coscia.** port. **Coxa.** (Contrac. de *músculo*.) m. Parte del miembro inferior desde la juntura de las caderas hasta la rodilla.
MUSMÓN. (Del lat. *musmól, -onis*.) m. Animal híbrido producto del carnero y la cabra. ‖ Carnero salvaje de Córcega y Cerdeña. *El* MUSMÓN *va desapareciendo.*
MUSOLINA. f. *C. Rica.* y *Méx.* Muselina.
MUSQUEROLA. adj. y s. Mosquerola.
MUSSCHEMBROEK, Pedro van. *Biog.* Físico hol. que descubrió la refracción de la luz e inventó el pirómetro y la botella de Leiden (1692-1761).
MUSSET, Alfredo de. *Biog.* Poeta, nov. y dramaturgo fr. Su obra: *Confesiones de un hijo del siglo* es una de las más señeras de la escuela romántica, a la que pertenecía. Cultivó la poesía lírica y la prosa con apasionado estilo sentimental, y el teatro con aguda ironía. Otras obras: *Noches; Fantasio; Mimí Pinson; Cuentos de España*, etc. (1810-1857).
MUSSOLINI, Benito. *Biog.* Estadista ital. Expulsado del socialismo, en 1919 fundó el partido Fascista y organizó en 1922 la marcha sobre Roma, después de la cual fue designado primer ministro por el rey. En 1924 se erigió en dictador; su régimen se prolongó hasta 1943, caracterizándose por la agresividad interna y externa, y por la política imperialista que lo llevó a la conquista de Abisinia. Aliado de Alemania y Japón en la segunda Guerra Mundial (V. **Guerra Mundial, segunda**), fue destituido al comenzar la invasión aliada de Sicilia y hecho prisionero. Libertado por los grupos fascistas, se trasladó a Alemania y retornó al norte de su país para proclamar la Rep. Social Fascista Italiana, pero fue apresado y ejecutado (1883-1945).
MUSSORGSKI, Modesto Petrovich. *Biog.* Compos. ruso que con Borodín, Cui, Balakirev y Rimsky-Korsakov integró el renovador "Grupo de los Cinco". Original y audaz temperamento musical, trató de incorporar lo popular a la música dramática y lo logró de modo especial en sus hermosas canciones; adicto al naturalismo, es un precursor del impresionismo y del expresionismo. Obras famosas: *Boris Godunov; Cuadros de una exposición; Escenas infantiles*, etc. (1835-1881).
MUSTACO. (De *mosto*.) m. Bollo y torta de harina amasada con mosto, manteca, etc.
MUSTAFÁ. *Biog.* Nombre de cuatro sultanes turcos. ‖ – **IV.** Sultán turco, vencedor de los ingl. en Egipto (m. 1808).
MUSTAFÁ KEMAL. *Biog.* V. **Kemal Ataturk.**
¡MUSTE! interj. ¡Oxte!
MUSTELA. (Del lat. *mústela*.) f. Pez marino de metro y medio de largo, cuerpo casi cilíndrico, aletas pectorales cortas y cola gruesa y escotada. Es comestible y su piel usada como lija. *Mustelus vulgaris*, selacio.
MUSTÉLIDO, DA. (Del lat. *mustela*.) adj. *Zool.* Dícese de mamíferos carnívoros, semiplantigrados, de cuello largo, cuerpo muy flexible, patas cortas y uñas algo retráctiles; como la nutria. Ú.t.c.s. ‖ m. pl. *Zool.* Familia de estos mamíferos.
MUSTERS, Jorge Chaworth. *Biog.* Explorador ingl. el primero que recorrió la Patagonia desde Santa Cruz hasta el río Negro. Su obra *Vida entre los patagones* documenta ese viaje (1841-1879).
MUSTERS. *Geog.* Lago de la Argentina en la prov. de Chubut. 434 km². Recibe las aguas del río Senguerr y se comunica con el lago Colhué Huapi. Su profundidad alcanza a 100 m.
MUSTIARSE. r. Marchitarse.
MUSTIO, TIA. al. **Traurig; welk.** fr. **Fané.** ingl. **Withered.** ital. **Languido.** port. **Murcho.** adj. Melancólico, triste. *Rostro* MUSTIO. ‖ Lánguido, marchito. Aplícase en especial a las plantas, flores y hojas. ‖ *Méx.* Hipócrita. ‖ deriv.: **mustiamente.**
MUSUCO, CA. adj. *Hond.* De pelo crespo.
MUSULMÁN, NA. al. **Muselman.** fr. **Musulman.** ingl. **Mussulman.** ital. **Mussulmano.** port. **Muçulmano.** (Del turco *moslemán*, y éste del ár. *muçlim*, muslime.) adj. Mahometano. Apl. a pers., ú.t.c.s. *El mundo* MUSULMÁN; sinón.: **islamita.**
MUTA. (Del fr. *meute*.) f. Jauría.
MUTABILIDAD. (Del lat. *mutabílitas, -atis*.) f. Calidad de mudable.
MUTACIÓN. (Del lat. *mutatio, -onis*.) f. Mudanza, acción de mudar, antón.: **estabilidad, permanencia.** ‖ Cada perspectiva que se forma en el teatro, variando el telón y los bastidores. ‖ Destemple de la estación en determinado tiempo del año. ‖ *Biol.* Cada uno de los cambios que, en los genes o en su conjunto cromosómico, se efectúan bruscamente en algunos individuos vegetales o animales.
MUTADOR. m. Rectificador a gas de mercurio usado para la alimentación de redes de tracción eléctrica.
MUTATIS MUTANDIS. loc. lat. Cambiando lo que se debe cambiar.
MUTE. m. *Col.* Maíz pelado y cocido con papas, etc. ‖ Carnero cocido con maíz.
MUTILACIÓN. (Del lat. *mutilatio, -onis*.) f. Acción y efecto de mutilar o mutilarse. *Sufrió la* MUTILACIÓN *de ambas piernas*; sinón.: **amputación.**
MUTILADO, DA. p. p. de **Mutilar.** Apl. a pers., ú.t.c.s. *Los* MUTILADOS *de guerra.*
MUTILAR. al. **Verstümmeln.** fr. **Mutiler.** ingl. **To mutilate.** ital. **Mutilare.** port. **Mutilar.** (Del lat. *mutilare*.) tr. Cortar un miembro o parte esencial del cuerpo. Ú.t.c.r. sinón.: **amputar, cercenar.** ‖ Quitar una porción de cualquier cosa. MUTILAR *una estatua, un árbol.* ‖ deriv.: **mutilador, ra.**
MÚTILO, LA. (Del lat. *mútilus*.) adj. Aplícase a lo que está mutilado.
MUTIS. (Del lat. *mutare*, mudar de lugar.) m. Voz que se usa en el teatro para que un actor se retire de la escena. ‖ El acto de retirarse. ‖ **Hacer mutis.** frs. Callar. ‖ En los teatros, desaparecer de escena.
MUTIS, José Celestino. *Biog.* Prelado, naturalista y médico esp. Fundó el observatorio astronómico de Bogotá y estudió notablemente las plantas americanas, en especial sus propiedades curativas. Obras: *Diario de observaciones; Flora de Nueva Granada; Geografía de las plantas*, etc. (1732-1808).
MUTISMO. (Del lat. *mutus*, mudo.) m. Silencio espontáneo o impuesto. *Desde ese instante, cayó en el* MUTISMO.
MUTRE. adj. *Chile.* Dícese del que pronuncia mal, y también del tartamudo. ‖ fig. *Chile.* Bobalicón, tonto.
MUTRO, TRA. adj. *Chile.* Mutre. ‖ Dícese del animal al que no le crecen los cuernos.
MUTSU HITO. *Biog.* Emp. del Japón de 1867 hasta su muerte. Política y culturalmente modernizó su país, introduciendo el régimen parlamentario y diversas manifestaciones de la civilización de Occidente. Sostuvo guerras con China y Rusia (1852-1912).
MUTUAL. adj. Mutuo ‖ f. Mutualidad.
MUTUALIDAD. f. Calidad de mutual. ‖ Régimen de prestaciones mutuas, que sirve de base a ciertas asociaciones. ‖ Denominación que a veces adoptan algunas de estas asociaciones. MUTUALIDAD *escolar*; MUTUALIDAD *ferroviaria.*
MUTUALISMO. m. Conjunto de asociaciones basadas sobre la mutualidad. ‖ Práctica de la mutualidad. ‖ Doctrina según la cual la humanidad es una asociación en que los servicios prestados y los recibidos deben equilibrarse. ‖ *Biol.* Simbiosis beneficiosa a ambos organismos asociados.
MUTUALISTA. adj. Perteneciente o relativo a la mutuali-

dad. || com. Accionista de una mutualidad.

MUTUAMENTE. adv. m. Recíprocamente.

MUTUANTE. (Del lat. *mutuans, -antis*, p. a. de *mutare*, prestar.) com. Persona que da el préstamo.

MUTUARIO, RIA. s. Mutuatario.

MUTUATARIO, RIA. (Del lat. *mutuatus*, p. p. de *mutuari*, tomar prestado.) s. Persona que recibe el préstamo.

MUTÚN. m. *Bol.* Gallinácea silvestre.

MUTUO. TUA. (Del lat. *mutuus*.) adj. Dícese de lo que se hace recíprocamente entre dos o más seres o cosas. *Sociedad de socorros* MUTUOS. || m. *Der.* Contrato en que es dada una cosa fungible, obligándose el que la recibe a restituir otra cantidad de igual número en día señalado.

MUY. al. **Sehr.** fr. **Très.** ingl. **Very.** ital. **Molto; assai.** port. **Muito.** (Del lat. *multum*.) adv. que denota grado superlativo, que se antepone a nombres adjetivados, adjetivos, participios, adverbios y modos adverbiales. MUY *niño;* MUY *discreto;* MUY *desamparado;* MUY *temprano;* MUY *de continuo.*

MUY MUY. *Geog.* Población de Nicaragua (Matagalpa). 5.000 h.

MUZ. (Del ital. *muso*, hocico.) m. *Mar.* Extremidad superior y más avanzada del tajamar.

MUZÁRABE. adj. Mozárabe. Apl. a pers., ú.t.c.s.

MUZIO, Claudia. *Biog.* Cantante ital., gran figura del arte lírico (1889-1936). || — **Sáenz Peña, Carlos.** Escritor y periodista arg., notable traductor de Omar Khayyam, de Rabindranath Tagore y de otros autores (1885-1954).

MUZO, ZA. (Quizá del lat. *morsus*, p. p. de *mórdere*, morder.) adj. V. **Lima muza.** Ú.t.c.s.f.

MUZO. *Geog.* Población de Colombia (Boyacá). 10.000 h. Importantísimo centro productor de esmeraldas.

MÚZQUIZ, Melchor. *Biog.* Mil. mexicano, héroe de las luchas por la Independencia. En 1832 ocupó la presidencia de la Rep. (1790-1844).

MÚZQUIZ. *Geog.* Población de México (Coahuila). 30.000 h. Centro productor de carbón.

MY. (Del gr. *my.*) f. Duodécima letra del alfabeto griego, correspondiente a la *eme* del nuestro.

MYRDAL, Gunnar. *Biog.* Economista y sociólogo sueco que obtuvo en 1974 el premio Nobel de Economía, compartido con Federico A. von Hayek. Uno de sus libros más conocidos, *An American Dilemma,* estudia la situación de los negros en EE. UU. (n. en 1898).

MYSORE. *Geog.* Ant. Estado del S. O. de la India. 76.287 km². Actualmente queda comprendido en Karnataka. Actividad agrícola. Riqueza minera. Cap. BANGALORE. || Ciudad de la India en el Est. de Karnataka. 367.000 h. Universidad.

N. f. Decimosexta letra del abecedario castellano y decimotercia de sus consonantes. Su nombre es *ene*. ‖ Signo con que se suple en lo escrito el nombre de una persona. ‖ *Mat.* Exponente de expresiones indeterminadas.

N. *Geog.* Abreviatura de Norte.

N. *Quím.* Símbolo del nitrógeno.

Na. *Quím.* Símbolo del sodio.

NAAB. *Geog.* Río de Alemania (Baviera), afl. del Danubio. 145 km.

NABA. (Del lat. *napa*, nabo.) f. Planta de raíz carnosa, muy grande, del género del nabo. Es forrajera y comestible. *Brassica rapa*, crucífera. ‖ Su raíz.

NABAB o **NABABO.** (Del ár. *nouab*, pl. de *naib*, teniente, príncipe.) m. Gobernador de una provincia de la India mahometana. ‖ fig. Hombre muy rico.

NABAL o **NABAR.** adj. Perteneciente a los nabos, o que se hace con ellos. ‖ m. Tierra sembrada de nabos.

NABATEO, A. (Del lat. *nabathaeus*.) adj. Dícese del individuo de un pueblo de Arabia, entre el mar Rojo y el Éufrates. Ú.t.c.s. ‖ Perteneciente a este pueblo.

NABERÍA. f. Conjunto de nabos. ‖ fig. Cosa hecho con ellos.

NABÍ. (Del ár. *nabí*.) m. Entre los moriscos, profeta.

NABICOL. (De *nabo* y *col*.) m. Especie de nabo, parecido a la remolacha. *Brassica campestris*, crucífera.

NABINA. f. Semilla del nabo, redonda, pardusca y muy oleaginosa.

NABIZA. f. Hoja tierna del nabo. Ú.m. en pl. ‖ Raicillas tiernas de la naba.

NABLA. (Del lat. *nabla*, y éste del gr. *nabla*.) f. Instrumento músico muy antiguo, semejante a la lira, pero de marco rectangular y 10 cuerdas de alambre que se pulsaban con ambas manos.

NABLUS. *Geog.* Ciudad del reino de Jordania, al N.E. de Jerusalén. 51.000 h. Es la antigua cap. de Samaria.

NABO. al. **Rübe.** fr. **Navet.** ingl. **Turnip.** ital. **Navone.** port. **Nabo.** (Del lat. *napus*.) m. Planta hortense anual, de raíz carnosa, ahusada, blanca y amarillenta. *Brassica napus*, crucífera. *Sopa de* NABOS. ‖ Su raíz. ‖ Cualquier raíz gruesa y principal. ‖ Tronco de la cola de las caballerías. ‖ *Mar.* Cebolla; corazón del madero acebollado. ‖ — **gallego.** Naba.

NABOKOV, Vladímiro. *Biog.* Novelista ruso, radicado en los EE.UU. Escribió *La defensa; La verdadera vida de Sebastián Knight*, etc. (1899-1971).

NABÓNIDES. *Biog.* Rey de Caldea desterrado por Ciro, quien destruyó su imperio (s. VI a. de C.).

NABOPOLASAR. *Biog.* Rey de Babilonia de 626 a 604 a. de C.; fundador del segundo imperio caldeo (m. 604 a. de C.).

NÁBORI. com. Indio libre que en América se empleaba en el servicio doméstico.

NABORÍA. f. Reparto que en América se hacía al comienzo de la conquista, adjudicando cierto número de indios, en calidad de criados.

NABUCO DE ARAUJO, Joaquín A. *Biog.* Escritor y orador antiesclavista bras., autor de *El abolicionismo; Mi formación*, etc. (1840-1910).

NABUCODONOSOR. *Biog.* Rey de Caldea de 1257 a 1240 a. de C. ‖ — **I.** Rey de Nínive de 667 a 647 a. de C. ‖ — **II.** Rey de Babilonia de 604 a 562 a. de C., período durante el cual luchó contra Egipto, Siria y Palestina; destruyó el reino de Judá y Jerusalén y conquistó territorios en Arabia.

NACAOME. *Geog.* Río de Honduras que des. en la bahía de Fonseca. ‖ C. de Honduras, capital del dep. de Valle. 5.000 h. Centro ganadero y minero.

NÁCAR. al. **Perlmutter.** fr. **Nacre.** ingl. **Mother-of-pearl.** ital. **Madreperla.** port. **Nácar.** (Del persa *nigar*, ornamento.) m. Substancia dura, blanca y argentina, con reflejos irisados, que se forma en el interior de ciertas conchas, constituida por carbonato cálcico. *El* NÁCAR *se usa en los trabajos de taracea.*

● **NÁCAR.** *Mineral.* Producto de la secreción del manto del molusco, cuando se produce normalmente dentro de la concha el espesor de la capa de nácar crece; cuando el depósito se hace en el mismo manto, alrededor de un cuerpo extraño, se forma la perla. El **nácar** está compuesto especialmente por carbonato de calcio; contiene además fosfato de calcio en la proporción de 1 por 100 y un mínimo de materia animal. La coloración de la concha está dada por substancias nitrogenadas y el espesor y la abundancia del **nácar** están en relación directa con la cantidad de cal que el medio proporciona al animal. El **nácar** industrial se obtiene puliendo las conchas; es muy sensible a la acción de los ácidos.

NÁCARA. f. Timbal usado en la antigua caballería.

NACARADO, DA. adj. Del color y el brillo del nácar. ‖ Adornado con nácar.

NACÁREO, A. adj. Nacarino.

NACARIGUE. m. *Hond.* Potaje de carne y piniole.

NACARINO, NA. adj. Propio del nácar o parecido a él. *Reflejos* NACARINOS.

NACARÓN. m. Nácar de inferior calidad.

NACASCOLO. (Del mex. *nacazcolotl.*) m. *Amér. Central.* Dividivi.

NACATAMAL. m. *Amér. Central* y *Méx.* Tamal relleno de carne de cerdo.

NACATAMALERA. f. *Hond.* La que hace y vende nacatamales.

NACATETE. m. *Méx.* Pollo que aún no ha echado la pluma.

NACELA. (Del lat. *navicella*, dim. de *navis*, nave.) f. *Arq.* Escocia, moldura cóncava.

NACENCIA. f. fig. Excrecencia o tumor que nace en la superficie de la piel.

NACER. al. **Geboren; Werden.** fr. **Naître.** ingl. **To born.** ital. **Nascere.** port. **Nascer.** (Del ant. *nascer*, y éste del lat. *nascere*.) intr. Salir el animal del vientre materno, antón.: **morir.** ‖ Salir del huevo un animal ovíparo. ‖ Empezar a salir un vegetal de su semilla. sinón.: **germinar.** ‖ Salir el pelo o la pluma en el cuerpo del animal, o aparecer las hojas, flores o frutos en la planta. NACEN *los pámpanos.* ‖ Descender de un linaje. ‖ fig. Empezar a dejarse ver un astro. *Ya* NACE *el sol por oriente.* ‖ Tomar principio una cosa de otra. NACERÍAN *de su voluntad millares de obras*; sinón.: **originarse.** ‖ Brotar. NACER *el manantial, nacer las fuentes, los ríos.* ‖ Criarse en una costumbre. ‖ Empezar una cosa desde otra, como saliendo de ella. ‖ Inferirse una cosa de otra. *De ahí* NACIÓ *mi primera duda.* ‖ Dejarse ver o sobrevenir de repente una cosa. *De pronto* NACIÓ *la luz para todos.* ‖ Junto con las preposiciones *a* o *para*, tener una cosa o persona propensión natural o estar destinada a un fin. NACIÓ *para sufrir.* ‖ r. Entallecerse una raíz o semilla al aire libre. ‖ Dícese de la ropa cuando se abre una costura y se desprenden los hilos de la orilla. ‖ **Haber nacido** uno en tal día. frs. fig. y fam. Haberse librado en aquel día de un peligro de muerte. ‖ **Haber nacido** uno **tarde.** frs. fig. y fam. con que se denota la falta de experiencia, inteligencia o noticias. ‖ irreg. **Conjugación:** INDIC. Pres.: *nazco, naces,* etc. Imperf.: *nacía, nacías,* etc. Pret. indef.: *nací, naciste,* etc. Fut. imperf.: *naceré, nacerás,* etc. POT.: *nacería, nacerías,* etc. SUBJ.: Pres.: *nazca, nazcas, nazca, nazcamos, nazcáis, nazcan.* Imperf.: *naciera, nacieras,* etc. o *naciese, nacieses,* etc. Fut. imperf.: *naciere, nacieres,* etc. IMPERAT.: *nace, naced.* PARTIC.: *nacido.* GER.: *naciendo.*

NACIDA. f. Nacencia o landre.

NACIDO, DA. adj. Connatural de una cosa. ‖ Apto para algo. ‖ Dícese de quienes han vivido, o de los que viven actualmente. Ú.m.c.s. y en pl. ‖ Dícese del feto de figura humana que vive por lo menos 24 horas después del nacimiento. ‖ m. Nacencia. ‖ **Bien nacido.** De noble linaje. ‖ **Mal nacido.** Dícese de quien manifiesta mala conducta.

NACIENTE. p. a. de Nacer. Que nace. ‖ adj. fig. Muy reciente; que comienza a manifestarse. *Descontento* NACIENTE: sinón.: **inicial, incipiente.** ‖ m. Oriente, punto cardinal. antón.: **poniente.**

NACIMIENTO. al. **Geburt, Weihnachtskrippe.** fr. **Naissance; crèche de Noël.** ingl. **Birth; Nativity scene.** ital. **Nascenza; presepio.** port. **Nascimento.** m. Acción y efecto de nacer. antón.: **muerte.** ‖ Por antón., el de Jesucristo. ‖ Lugar donde brota un manantial. *Remontamos el río hasta su* NACIMIENTO. ‖ El manantial mismo. ‖ Lugar donde tiene uno su origen. ‖ Principio de una cosa o tiempo en que empieza. *El* NACIMIENTO *de un proyecto*; sinón.: **origen.** ‖ Representación del de Jesucristo en el portal de Belén. ‖ Origen de una persona en orden a su calidad. NACIMIENTO *noble.* ‖ **De nacimiento.** expr. adv. que explica que se tiene un defecto porque se nació con él. *Sordo de* NACIMIENTO. ‖ IDEAS AFINES: *Innato, congénito, herencia, derecho, primogenitura, privilegio, casta, nativo, autóctono, embarazo, espera, parto, médico, bebé, cigüeña, hermanos, padres, familia, natalidad, incremento, crecimiento, vida, resurrección, metempsicosis, horóscopo, destino.*

NACIMIENTO. *Geog.* Población de Chile (Bío-Bío). 5.000 h. ‖ — **del Jagüé.** Cerro de los Andes argentinos, en el límite de Catamarca y La Rioja. 5.814 m.

NACIMIENTO DE UNA NACIÓN, El. *B. A.* Cél. filme estad. realizado por David W. Griffith en 1915. Cuadro épico de la Guerra de Secesión, fue una de las primeras obras de arquitectura y lenguaje realmente cinematográficos.

NACIÓN. al. **Nation; Volk.** fr. **Nation.** ingl. **Nation.** ital. **Nazione.** port. **Nação.** (Del lat. *natio, -onis.*) f. Conjunto de habitantes de un país regido por un mismo gobierno. *La* NACIÓN *chilena.* ‖ Territorio de ese país. *Los límites de una* NACIÓN. ‖ fam. Nacimiento. *Ciego de* NACIÓN. ‖ Conjunto de personas de un mismo origen étnico y que tienen una tradición común. ‖ m. ant. Extranjero, dicho de persona. Ú. en *Bol.* ‖ **De nación.** expr. que da a entender la naturaleza u origen de alguien. ‖ IDEAS AFINES: *Patria, terruño, pueblo, cuna, metrópoli, dominios, colonias, estado, potencia, imperio, monarquía, democracia, frontera, pabellón, población, nativo, ciudadanía, inmigración, emigración, costumbres, folklore, tradición, patriotismo, gesta.*

NACIONAL. adj. Perteneciente o relativo a una nación. *Territorio* NACIONAL. ‖ Natural de una nación, por oposición a extranjero. ‖ deriv.: **nacionalmente.**

NACIONALIDAD. al. **Nationalität.** fr. **Nationalité.** ingl. **Nationality.** ital. **Nazionalità.** port. **Nacionalidade.** f. Condición de nacional. *Adoptar otra* NACIONALIDAD. ‖ IDEAS AFINES: *Hijo, oriundo, habitante, compatriota, vecino, paisano, aborigen, extranjero, desterrar, renegar, patrio, cosmopolita, internacional.*

NACIONALISMO. m. Apego de los naturales de una nación a ella. ‖ Doctrina que exalta la personalidad nacional completa.

NACIONALISTA. adj. Partidario del nacionalismo. Ú.t.c.s.

NACIONALIZAR. al. **Naturalisieren.** fr. **Nationaliser.** ingl. **To naturalize.** ital. **Nazionalizzare.** port. **Nacionalizar.** tr. Naturalizar en un país personas o cosas de otro. ‖ Atribuir al Estado bienes o empresas particulares. NACIONALIZAR *los puertos.* ‖ Hacer que bienes que pertenecían a extranjeros pasen a manos nacionales. ‖ deriv.: **nacionalización.**

NACIONALSINDICALISMO. m. Doctrina política y social de la Falange Española.

NACIONALSINDICALISTA. adj. Perteneciente o relativo al nacionalsindicalismo. ‖ Partidario de este movimiento. Ú.t.c.s.

NACIONALSOCIALISMO. m. Movimiento político y social dirigido por Adolfo Hitler y caracterizado por su concepción de un Estado totalitario y jerárquico. ‖ Doctrina de este partido.

NACIONALSOCIALISTA. adj. Perteneciente o relativo al nacionalsocialismo. ‖ Partidario de este movimiento. Ú.t.c.s.

NACIONES UNIDAS, Organización de las. V. **O.N.U.**

NACO. m. *Amér. Central.* Hombre cobarde. ‖ *Arg.* Miedo, susto. ‖ *Arg., Bol.* y *Urug.* Andullo de tabaco. ‖ *Col.* Maíz cocido.

NACOZARI. *Geog.* Población de México, en el Est. de Sonora. 12.000 h. Minas de cobre y plata.

NACRITA. f. Variedad de talco, de brillo nacarino.

NACHET, Camilo. *Biog.* Científico fr. contemporáneo que, en colaboración con León Didier, halló un procedimiento para divulgar la fotografía en colores.

NACHTIGAL, Gustavo. *Biog.* Explorador al. que reconoció algunas regiones del continente africano (1834-1885).

NADA. al. **Nichts.** fr. **Néant; rien.** ingl. **Nothing.** ital. **Niente.** port. **Nada.** (Del ant. *nata,* del lat. *res nata,* cosa nacida.) f. El no ser, o la carencia absoluta de todo ser. ‖ pron. indet. Ninguna cosa. NADA *le interesa.* ‖ Poco o muy poco en cualquier línea. NADA *hace que llegó.* ‖ adv. n. De ninguna manera. ‖ **¡Ahí es nada!** expr. fig y fam **¡No es nada!** ‖ **En nada.** m. adv. fig. En muy poco. EN NADA *estuvo que le pegase.* ‖ **Nada más.** loc. No más. *No quiero* NADA MÁS. ‖ **Nada menos.** loc. No menos. ‖ **Nada menos,** o **nada menos que eso.** m. adv. con que se niega una cosa, encareciendo la negativa. ‖ **¡No es nada!** expr. fig. y fam. que se usa para ponderar una cosa que causa extrañeza o que se juzgaba más pequeña. ¡NO ES NADA *lo que pides*! ‖ **No ser nada.** frs. fig. con que se pretende minorar un daño. ‖ **Por nada.** loc. Por ninguna cosa. POR NADA *del mundo lo haré.* ‖ fig. Por cualquier cosa. *Te quejas* POR NADA. ‖ IDEAS AFINES: *Inexistencia, ausencia, vacío, cesación, supresión, destrucción, aniquilamiento, disolverse, apagarse, morir, nihilismo, ascetismo, Nirvana.*

NADADERA. f. Cada una de las calabazas o vejigas que se usan para aprender a nadar.

NADADERO. m. Lugar apropiado para nadar.

NADADOR, RA. al. **Schwimmer.** fr. **Nageur.** ingl. **Swimmer.** ital. **Nuotatore.** port. **Nadador.** (Del lat. *natátor.*) adj. Que nada. Ú.t.c.s. ‖ s. Persona diestra en nadar.

NADAL, Eugenio. *Biog.* Escritor esp., en cuyo homenaje se instituyó el premio que lleva su nombre (1916-1944).

NADAR. al. **Schwimmen.** fr. **Nager.** ingl. **To swim.** ital. **Nuotare.** port. **Nadar.** (Del lat. *natare.*) intr. Mantenerse sobre el agua, o avanzar por ella, sin tocar fondo. NADABA *de espaldas.* ‖ Flotar en un líquido cualquiera. *Unos cuantos fideos* NADABAN *en el caldo.* ‖ Sobrenadar. ‖ fig. Abundar en una cosa. NADAR *en riquezas.* ‖ fig. y fam. Estar una cosa muy holgada dentro de otra en que debiera estar ajustada. ‖ deriv.: **nadante.** ‖ IDEAS AFINES: *Bucear, sumergirse, zambullirse, ahogarse, respirar, bracear, baño, inmersión, hacer pie, hacer la plancha, estilo, rapidez, carrera, estanque, pileta, playa, mar, calambre, peligro, salvamento, acuático, deportista.*

NADERÍA. f. Cosa de poca importancia. sinón.: **bagatela, fruslería.**

NADIE. al. **Niemand.** fr. **Personne; nul.** ingl. **Nobody; no one.** ital. **Nessuno.** port. **Ninguém.** (Del ant. *nadi,* y éste del lat. *nati,* los nacidos.) pron. indet. Ninguna persona. NADIE *llamó.* ‖ m. fig. Persona insignificante.

NADIES. pron. indet. Barbarismo por **nadie.**

NADILLA. pron. indet. dim. fam. de **Nada.** ‖ m. fig. Hombre de nada.

NADIR. (Del ár. *nadir,* opuesto.) m. *Astron.* Punto de la esfera celeste opuesto al cenit. ‖ **— de Sol.** Punto de la esfera celeste diametralmente opuesto al que ocupa el centro del astro.

NADO (A). m. adv. Nadando. *Cruzar* A NADO *el canal de la Mancha.*

NAFTA. al. **Naphta; Benzin.** fr. **Naphte.** ingl. **Naphta; gasoline.** ital. **Nafta.** port. **Nafta.** (Del lat. *naphta;* éste del gr. *naphtha,* y éste del persa *nafts.*) f. Líquido incoloro, volátil, inflamable, compuesto de hidrocarburos de poco peso molecular. Se obtiene de la destilación del petróleo.

● **NAFTA.** *Quím.* Considerado el principal de los combustibles líquidos, la **nafta** tiene un altísimo nivel de consumo. Para extraerla, en la primera destilación del petróleo, se transforman parte de los hidrocarburos pesados que constituyen el gas oil y el fuel oil, y parte del querosene resultante de la destilación primaria, en hidrocarburos más livianos, característicos de la **nafta.** Este proceso se llama *cracking,* palabra inglesa que significa destilación destructiva, y consiste en someter a los productos pesados a altas temperaturas, bajo un régimen de presión elevada, en grandes alambiques. Antes de presentarse en el mercado, la **nafta** es sometida a refinamiento, a fin de eliminar los compuestos de azufre y algunos hidrocarburos no saturados, que en contacto con el oxígeno del aire, forman impurezas que originan gomas y carbón, perjudiciales para el funcionamiento de los motores. Entre las **naftas** para motores de combustión interna, se distinguen las livianas, para automóviles y aeroplanos, de las pesadas para tractores y motores agrícolas.

NAFTALENO. m. Hidrocarburo producido por pirogenación de la hulla. Comercialmente se lo conoce por su versión impura llamada naftalina.

NAFTALINA. al. **Naphtalin.** fr. **Naphtaline.** ingl. **Naphtalin.** ital. **Naftalina.** port. **Naftalina.** f. Hidrocarburo, presente en el alquitrán de hulla, sólido blanco, cristalino, de olor característico, usado para la fabricación de colorantes y contra la polilla.

NAFTAQUINONA. f. Factor vitamínico que se halla en la alfalfa, la espinaca, la zanahoria, el tomate, etc., y en el pescado en putrefacción.

NAGANO. *Geog.* Ciudad del Japón, en la isla de Hondo, al N.O. de Tokio. 295.000 h. Tejidos de seda.

NAGAROTE. *Geog.* Población de Nicaragua (León), al O. del lago Managua. 5.000 h.

NAGASAKI. *Geog.* Ciudad del Japón, en la isla de Kiu-Shiu. 500.000 h. Puerto importante. Durante la segunda Guerra Mundial fue destruida casi totalmente por una bomba atómica (1945).

NAGOYA. *Geog.* Ciudad del Japón, en el centro de la isla de Hondo. 2.120.000 h. Es el principal centro de la industria cerámica japonesa. Tejidos.

NAGPUR. *Geog.* Ciudad de la India, Est. de Madhya Pradesh. 885.000 h. Notables templos hindúes.

NAGUA. f. Enagua. Ú.m. en pl.

NAGUABO. *Geog.* Población de Puerto Rico. 5.300 h. Su puerto, **Playa de Naguabo,** en la costa oriental, fue el primer punto que tocó Colón en la isla.

NAGUAL. m. *Méx.* Brujo, hechicero. ‖ *Hond.* El animal que es compañero inseparable de una persona.

NAGUAPATE. m. *Hond.* Planta crucífera cuyo cocimiento se usa contra las enfermedades venéreas.

NAGUATLATO, TA. adj. y s. Dícese del indio mexicano que hablaba la lengua naguatle y servía de intérprete entre españoles e indígenas.

NAGUATLE. adj. y s. Nahuatle.

NAGUIB, Mohamed. *Biog.* Militar egipcio jefe de la revolución que destronó a Faruk I y proclamó la República, de la que fue, de 1953 a 1954, primer presidente (1901-1954).

NAHOA. o **NAHUA.** adj. y s. Nahuatle.

NAHUALATE. *Geog.* Río de Guatemala. Nace en el dep. de Solá y des. en el Pacífico. 150 km.

NAHUATLE. adj. Dícese del individuo de un gran grupo indígena mexicano al que pertenecieron diversos pueblos como el tolteca, el chichimeca, el azteca, etc. Ú.t.c.s. ‖ Aplícase a la lengua principalmente hablada por los indios mexicanos. Ú.t.c.s.m. *Los misioneros españoles escribieron en lengua* NAHUATLE.

NAHUATLISMO. m. Giro o modo de hablar propio y privativo de la lengua nahua. ‖ Vocablo, giro o elemento fonético de esta lengua empleado en otra.

NAHUELBUTA, Cordillera de. *Geog.* Cadena montañosa de la costa chilena, entre los ríos Bío-Bío e Imperial. Su altura llega a los 1.500 m.

NAHUEL HUAPI. *Geog.* Lago cordillerano de la Argentina sit. entre las prov. de Neuquén y Río Negro. Tiene 550 km² de extensión y una profundidad máxima de 438 m. La incomparable belleza de la región lo ha convertido en un afamado lugar de turismo. Es el centro de un parque nacional de 7.850 km².

NAHUIZALCO. *Geog.* Población de El Salvador (Sonsonate). 7.000 h.

NAIDE. pron. indet. ant. Nadie. Ú. entre el vulgo.

NAIDES. pron. indet. *Arg.* Barbarismo por **naide.**

NAIDU, Sarojini. *Biog.* Abogada y escritora india que luchó con Gandhi por la emancipación nacional, por lo que se la llama la **Juana de Arco de la India** (1879-1949).

NAIFE. m. Cierto diamante fino.

NAIGUATÁ. *Geog.* Pico de la cadena de la costa de Venezuela, muy cerca de Caracas. 2.765 m. ‖ Pobl. de Venezuela, en el Distrito Federal. 7.000 h

NAILON. m. Nilón.

NAIPE. al. **Spielkarte.** fr. **Carte à jouer.** ingl. **Playing card.** ital. **Carta de giuoco.** port. **Carta de baralho.** (Quizá del ár. *naib,* representante; en ital. ant. pl. *naibi.*) m. Cada una de las cartulinas rectangulares que, cubiertas de un dibujo uniforme por una cara, llevan pintados en la otra cierto número de objetos o una de las tres figuras correspondientes a cada uno de los cuatro palos de la baraja. *En el siglo XIV los europeos conocían el juego de* NAIPES. ‖ fig. Baraja de **naipes.** ‖ **Dar bien el naipe.** frs. Ser favorable la suerte. ‖ **Dar el naipe.** frs. Tener buena suerte en el juego. ‖ **Dar el naipe** a uno **para** una cosa. frs. fig. Tener habilidad para hacerla. ‖ **Dar mal el naipe.** frs. Ser contraria la suerte. ‖ **Florear el naipe.** frs. fig. Disponer la baraja para hacer fullerías. ‖ **Peinar los naipes.** frs. fig. Barajarlos cogiendo sucesivamente y a la vez el de encima y el de debajo de la baraja. ‖ **Tener buen,** o **mal, naipe.** frs. fig. Tener buena, o mala suerte en el juego. ‖ IDEAS AFINES: *Carta, mazo, as, punto, oros, copas, espadas, bastos, sota, rey, caballo, triunfo, comodín, descarte, escalera, barajar, cortar, robar, dar, alzar, matar, ganar, perder, trampear, banca, apuesta, tapete, jugador, garito, fullero, cartomancia, azar.*

NAIPESCO, CA. adj. Perteneciente o relativo a los naipes.

NAIRE. m. El que cuida los elefantes y los adiestra. ‖ Título de dignidad entre los malabares.

NAIRN. *Geog.* Condado de Gran Bretaña, en Escocia, 422 km². 11.500 h. Ganadería, pesca. Cap. hom. 8.100 h.

NAIROBI. *Geog.* Ciudad del África oriental, cap. de Kenya. 186.000 h. Centro ferroviario.

NAJA. (Voz sánscrita.) f. Género de ofidios venenosos, al que pertenece la cobra. Tienen los dientes con surco para la salida del veneno, la cabeza con placas y las primeras costillas dispuestas de modo que pueden dar al cuerpo, a continuación de la cabeza, forma de disco.

NALCA. f. *Chile.* Pecíolo del pangue.

NALÉ ROXLO, Conrado. *Biog.* Literato arg., cuya frescura lírica y agudo humorismo están presentes en su poesía, sus cuentos y su teatro. Autor de *El grillo; Claro desvelo; De otro cielo; Una viuda difícil; La cola de la sirena; Cuentos de Chamico,* etc. (1898-1971).

NALÓN. *Geog.* Río de España (Asturias), que des. en el mar Cantábrico. 140 km.

NALGA. al. **Hinterbacke.** fr. **Fesse.** ingl. **Buttock; rump.** ital. **Natica; coscia.** port. **Nalga.** (Del lat. *nática.*) f. Cada una de las dos porciones carnosas que forman el trasero, y constituida por los músculos glúteos. Ú.m. en pl.

NALGADA. f. Pernil del puerco. ‖ Golpe dado con las nalgas o recibido en ellas.

NALGAR. adj. Perteneciente o relativo a las nalgas.

NALGATORIO. m. fam. Conjunto de ambas nalgas.

NALGÓN, NA. adj. *Col., Guat., Hond.* y *Méx.* Nalgudo.

NALGUDO, DA. adj. Que tiene gruesas las nalgas.

NALGUEAR. intr. Mover exageradamente las nalgas al andar.

NAMANGAN. *Geog.* Ciudad de la Unión Soviética, en la Rep. de Uzbekistán. 180.000 h. Importante centro agrícola y fabril.

NAMBIMBA. f. *Méx.* Pozole muy espumoso, hecho de masa de maíz, miel, cacao y chile.

NAMBIRA. f. *Hond.* y *Nicar.* Mitad de una calabaza que, quitada la pulpa, es usada como recipiente.

NAM DINH. *Geog.* Ciudad del Vietnam, al S. de Hanoi. 90.000 h. Centro comercial.

NAMIBIA. *Geog.* Extenso territorio (824.295 km².) llamado también África del Sudoeste, que se extiende a lo largo de la costa atlántica. Desde 1920 es administrado por la Rep. Sudafricana, la que, contra el dictamen adverso de la corte de La Haya (1971) asimiló a **Namibia** a su régimen administrativo. 880.000 h. Cap. WINDHOEK. Bovinos, ovinos, diamantes, cobre, plomo, hierro y plata.

NAMUR. *Geog.* Provincia de Bélgica. 3.660 km². 385.000 h Hierro, maderas. Cap. hom. 33.000 h. Situada en la confluencia de los ríos Mosa y Sambre, es centro metalúrgico importante.

NAMURIENSE. m. *Geol.* Piso posterior al Dinantiense en el período Carbonífero.

NANA. (Del b. lat. *nanna.*) f.

fam. Abuela. || Canto con que se arrulla a los niños. || *Amér. Central* y *Méx.* Niñera. || Nodriza. || *Ant.* y *Hond.* Madre.

NANA. (Del quichua *nanay*, dolor.) f. *Arg.*, *Chile* y *Urug.* Pupa en los niños.

NANACATE. m. *Méx.* *Hongo, seta.*

NANA-SAHIB. *Biog.* Príncipe hindú, jefe de la insurrección de los cipayos en 1857 (1825-1863).

NANAY. *Geog.* Río del Perú (Loreto) que afluye al río Amazonas cerca de Iquitos. 200 km.

NANCE. m. *Hond.* Arbusto de fruto pequeño y sabroso. || Fruto de ese arbusto.

NANCEAR. intr. *Hond.* Coger.

NANCER. m. *Cuba.* Nance.

NANCY. *Geog.* Ciudad de Francia, capital del dep. de Meurthe y Mosela y antigua cap. de Lorena. Tejidos de lana y algodón, productos químicos. Universidad. 123.500 h.

NANCHANG. *Geog.* Ciudad de la China, al S. del Yang-tse-Kiang. 520.000 h. Comercio de té, algodón y arroz.

NANDA DEVI. *Geog.* Pico de los montes Himalaya, en la India, cerca de la frontera tibetana. 7.812 m.

NANDAIME. *Geog.* Ciudad de Nicaragua (Granada). 10.000 h. Centro agrícola.

NANDINO, Elías. *Biog.* Poeta mex., nacido en 1903, autor de *Sonetos* y otras obras.

NANEAR. intr. Anadear.

NANGA PARBAT. *Geog.* Pico de los montes Himalaya, en Cachemira (India). 8.114 m.

NANGO, GA. adj. *Méx.* Forastero. || Tonto.

NANJEA. f. Árbol de Filipinas, de madera amarilla; artocarpáceo.

NANKÍN. *Geog.* Ciudad de la China, a orillas del Yang-tse-Kiang. 1.650.000 h. Importantísimo puerto fluvial y centro productor de seda y porcelana. Universidad. Desde 1928 hasta 1949 fue cap. de la República.

NANO. Elemento compositivo inicial de nombres que significan la milmillonésima parte de las respectivas unidades. NANO*gramo*.

NANÓMETRO. (De *nano-* y *metro.*) m. Medida de longitud; milmillonésima parte del metro.

NANQUÍN. *Geog.* V. **Nankín.**

NANSA. f. Nasa. || Estanque pequeño para tener peces.

NANSEN, Fridtjof. *Biog.* Naturalista, explorador y filántropo noruego, que recorrió Groenlandia y los mares árticos. Su labor en auxilio de los refugiados de la primera Guerra Mundial le valió en 1922 el premio Nobel de la Paz (1861-1930).

NAN SHAN. *Geog.* Cadena montañosa de la China que limita por el N.E. con la meseta del Tibet. Culmina a 6.350 m.

NANSÚ. m. Tela fina de algodón que se usa para ropa interior, blusas, pañuelos, etc.

NANTES. *Geog.* Ciudad de Francia, capital del dep. de Loira Atlántico. 400.000 h. con los suburbios. Puerto fluvial. Pesca. Astilleros.

NANTES, Edicto de. *Hist.* Emitido por Enrique IV de Francia en 1598, permitía a los protestantes profesar su culto, tener universidad y poseer ciertos derechos políticos. En 1685 fue revocado por Luis XIV.

NANTUNG. *Geog.* Ciudad del E. de la China, al N. del estuario del Yang-tse-Kiang. 200.000 h.

NAO. f. Nave.

NAO, Cabo de la. *Geog.* Cabo del E. de España (Alicante), frente a las islas Baleares.

NAÓN, Rómulo S. *Biog.* Jurisc. y diplomático arg., autor de *Función y carácter constitucional de los ministros; Inviolabilidad de la propiedad minera*, etc. (1876-1941).

NAONATO, TA. adj. y s. Dícese de la persona nacida en un barco que navega.

NAPA. (Del fr. *nappe.*) f. *Geol.* Capa de líquido subterráneo. Ú. en *Amér.*

NAPALM. m. Palmitato de sodio y aluminio utilizado como agente de gelificación. || **Bomba de –.** Bomba incendiaria de alto poder, a base de gasolina gelificada.

NAPEA. (Del lat. *napaea*, y éste del gr. *napaios*, perteneciente a los bosques.) f. *Mit.* Cualquiera de las ninfas que, según los gentiles, residían en los bosques.

NAPELO. m. Anapelo.

NAPEO, A. adj. Propio de las napeas o relativo a ellas.

NAPIAS. f. pl. fam. Narices.

NAPIER, Juan. *Biog.* V. **Neper, Juan.**

NAPIPÍ. *Geog.* Río de Colombia (Chocó), afl. del Atrato. 130 km.

NAPO. *Geog.* Río de Ecuador, y Perú, caudaloso afl. del río Amazonas. 1.300 km. Fue descubierto en 1541 por Francisco de Orellana, que lo navegó hasta el Amazonas. || Prov. del este del Ecuador. 51.020 km². 42.000 h. Cap. TENA. Café, cacao, tabaco, frutas.

NAPOLEÓN. m. Moneda francesa de plata que valía cinco francos.

NAPOLEÓN I, Bonaparte. *Biog.* Emperador de Francia, uno de los más grandes genios militares y políticos que registra la historia. Comenzó a destacarse en el sitio de Tolón, conquistándose la admiración popular con su campaña de Italia y la expedición a Egipto. Tras el golpe de estado de 1799 constituyóse en el árbitro de la política francesa. En 1804 el Senado le confirió la dignidad imperial. Nuevas y victoriosas campañas militares en Europa, la redacción del Código Civil, el nuevo sistema rentístico, el concordato con Pío VII jalonan esos años de gloria para **Napoleón**, que culminan con la paz de Viena, en 1809. Pero, desgastado por la lucha incesante, su poder no pudo mantenerse. La guerra con España fue desastrosa y la campaña en Rusia marcó el principio del fin. En 1814, vencido por una de las coaliciones europeas formadas contra él, debió abdicar y fue desterrado a la isla de Elba, mas en 1815 volvió a desembarcar en Francia. Recibido con entusiasmo en París, reconstruyó su ejército, pero Wellington lo derrotó en Waterloo. Abdicó por segunda vez y fue confinado en la isla de Santa Elena, donde murió (1769-1821). || – **II, Francisco C.** Hijo de Napoleón I, proclamado Rey de Roma al nacer. Aunque reconocido como Emperador por las cámaras, nunca llegó a reinar y murió en Schoenbrunn (1811-1832). || – **III, Carlos Luis.** Sobrino de Napoléon I. En 1848 llegó a la presidencia de Francia y cuatro años después se proclamó Emperador. Conquistó Cochinchina, intervino torpemente en México y declaró la guerra a Prusia, debiendo capitular en Sedán en 1870. Fue destituido y murió en Inglaterra (1808-1873).

NAPOLEÓNICO, CA. adj. Perteneciente o relativo a Napoleón Bonaparte. *Imperio* NAPOLEÓNICO.

NÁPOLES. *Geog.* Golfo de la costa occidental de Italia, sobre el mar Tirreno, en la prov. hom. || Prov. de Italia (Campania). 1.171 km². 2.840.000 h. Cap. hom. 1.230.000 h. Puerto importante del mar Tirreno. Industrias mecánicas y alimenticias. Centro artístico notable. Sit. cerca del Vesubio, en medio de una región muy pintoresca, es un afamado centro de turismo. || *Geog. histór.* Antiguo reino de Europa que comprendía el S. de Italia y Sicilia. En 1861 se incorporó a la monarquía italiana. Se llamó, también, **Reino de las Dos Sicilias.**

NAPOLITANA. f. En naipes, conjunto de as, dos y tres del mismo palo, o de cuatro ases.

NAPOLITANO, NA. adj. Natural de Nápoles. Ú.t.c.s. || Dícese de una especie de higos de cáscara negra y de la higuera que los produce.

NAPOLITANO, Emilio Ángel. *Biog.* Compositor y violinista arg. Su obra más representativa es el ballet *Apurímac*, estrenado en el Colón (n.1907).

NAPOSTÁ GRANDE. *Geog.* Arroyo de la Argentina (Buenos Aires) que desagua en Bahía Blanca. 90 km.

NAQUE. m. Compañía antigua de cómicos que constaba de sólo dos hombres.

NARANGO. m. *Amér. Central.* Moringa.

NARANJA. al. **Apfelsine; Orange.** fr. **Orange.** ingl. **Orange.** ital. **Arancia.** port. **Laranja.** (Del ár. *naranch*, y éste del persa *narang.*) f. Fruto del naranjo. *Los gajos de la* NARANJA. || *Méx.* Toronja. || – **agria.** Variedad de gusto ácido. || – **china.** Variedad de piel lisa y fina. || – **mandarina** o **tangerina.** Mandarina, fruta. || **Media naranja.** fig. y fam. Dícese de la persona que se adapta perfectamente al gusto y carácter de otra. || Cónyuge. || *Arq.* Cúpula. || **¡Naranjas!** int. con que se denota asombro, extrañeza. etc., y que también sirve para negar.

NARANJADA. al. **Orangeade; Orangenlimonade.** fr. **Orangeade.** ingl. **Orangeade.** ital. **Aranciata.** port. **Laranjada.** f. Agua de naranja.

NARANJADO, DA. adj. Anaranjado.

NARANJAL. m. Lugar plantado de naranjos.

NARANJAZO. m. Golpe dado con una naranja.

NARANJERA. f. **Trabuco naranjero.**

NARANJERO, RA. adj. Perteneciente o relativo a la naranja. || Dícese del caño de diámetro interior de 8 a 10 cm. || s. Vendedor de naranjas. || m. En algunas partes, naranjo.

NARANJILLA. f. Naranja verde, de la que se suele hacer conserva. || Fruto del naranjillo.

NARANJILLADA. f. Bebida preparada con el jugo de la naranjilla.

NARANJILLO. m. *Ec.* Planta de fruto comestible, solanácea.

NARANJO. al. **Apfelsinenbaum.** fr. **Oranger.** ingl. **Orange tree.** ital. **Arancio.** port. **Laranjeira.** (De *naranja.*) m. Árbol originario del S. de Asia, de hojas coriáceas persistentes, flores blancas, aromáticas, y fruto en hesperidio. *Citrus sinensis*, rutácea. *El* NARANJO *se desarrolla bien en los terrenos arenosos silíceos.* || Su madera.

NARANJO. *Geog.* Río de Guatemala (San Marcos), que des. en el Pacífico. 80 km. || C. de Costa Rica (Alajuela). 10.000 h. Explotación forestal y agrícola.

NARAYAN, R. K. *Biog.* Novelista indio, autor de *Esperando al Mahatma; El comedor de hombres de Malgudi; El experto financiero* y otras obras (n.1906).

NARBADA. *Geog.* Río de la India que des. en el golfo de Cambay. 1.200 km.

NARBONA. *Geog.* Ciudad de Francia (Aude). 35.000 h. Destilerías, cerámica.

NARBONENSE. adj. Narbonés. *La catedral* NARBONENSE *fue comenzada en 1272.*

NARBONENSE. *Geog. histór.* Nombre que dieron los romanos a la Galia Meridional, conquistada en 125 a. de C.

NARBONÉS, SA. adj. Natural de Narbona. Ú.t.c.s. || Perteneciente a esta ciudad.

NARCEÍNA. f. Alcaloide hipnótico del opio.

NARCISISMO. m. Manía del que presume de Narciso. || deriv.: **narcisista.**

NARCISO. al. **Narzisse.** fr. **Narcisse.** ingl. **Narcissus.** ital. **Narciso.** port. **Narciso.** (Del lat. *narcissus*, y éste del gr. *narkissos.*) m. Planta de adorno, de hojas radicales y flores blancas o amarillas, olorosas, de perigonio, en seis lóbulos, y corona central acampanada. Gén. *Narcissus*, amarilidáceas.

NARCISO. m. fig. El que cuida demasiado de su adorno, presumiendo de hermoso y galán.

NARCISO. *Mit.* Joven griego, dotado de gran belleza, amado por la ninfa Eco, a quien despreció. Enamorado de su propia imagen reflejada en el agua de una fuente, murió de dolor al no poder poseerla y fue convertido en la flor de su nombre.

NARCOSIS. (Del gr. *nárkosis.*) f. Sueño artificial provocado por la administración de narcóticos.

NARCÓTICO, CA. al. **Betäubungsmitel; Narkotikum.** fr. **Narcotique.** ingl. **Narcotic.** ital. **Narcotico.** port. **Narcótico.** (Del gr. *narkotikós*, de *narkoo*, adormecer.) adj. *Med.* Que produce sopor o entorpecimiento, como el opio, disminuyendo la actividad vital del organismo. Ú.t.c.s.m. *La cocaína es un* NARCÓTICO; sinón.: **estupefaciente, soporífero.**

NARCOTINA. f. Alcaloide del opio, de escasa acción hipnótica.

NARCOTISMO. m. Estado de adormecimiento causado por el uso de narcóticos. || *Med.* Conjunto de efectos causados por el narcótico.

NARCOTIZAR. tr. y r. Producir narcotismo. || deriv.: **narcotizable; narcotización; narcotizador, ra.**

NARDINO, NA. adj. Compuesto con nardo, o que tiene sus propiedades.

NARDO. al. **Narde.** fr. **Nard.** ingl. **Spikenard; nard.** ital. **Nardo.** port. **Nardo.** (Del lat. *nardus*, y éste del gr. *nardos.*) m. Espicanardo. || Planta de jardín, de hojas radicales y flores blancas y muy fragantes, en espiga, con perigonio en embudo, dividido en seis lacinias. *Polianthes tuberosa*, amarilidácea. || – **índico.** Espicanardo.

NARENTA. *Geog.* Río de Yugoslavia, en Herzegovina, que desagua en el mar Adriático, 250 km.

NARES, Jorge Strong. *Biog.* Explorador escocés que recorrió las regiones árticas (1831-1915).

NAREV. *Geog.* Río de Polonia afl. del Bug. 450 km.

NARGUILE. (Voz persa.) m. Pipa de largo tubo, flexible, y vaso con agua perfumada, para aspirar el humo a través de ella.

NARGUILÉ. m. Dígase **narguile.**

NARIGÓN, NA. adj. Narigudo. Ú.t.c.s. || m. aum. de **Nariz.** || Agujero en la ternilla de la nariz.

NARIGUERA. f. Pendiente que se ponen algunos indios en la ternilla que separa las ventanas de la nariz.

NARIGUETA o **NARIGUILLA.** f. dim. de **Nariz.**

NARIGUDO, DA. adj. De nariz grande. Ú.t.c.s. || De forma de nariz.

NARIÑO, Antonio. *Biog.* Patriota col., militar, polít. y orador que consagró su vida a la independencia de su patria, la que logró proclamar en 1813. Su seudónimo literario fue *Enrique Samoyar* (1765-1823).

NARIÑO. *Geog.* Departamento del sur de Colombia. 31.045 km². 820.000 h. Cap. PASTO. Papas, cereales, tabaco, caña de azúcar; oro.

NARIZ. al. **Nase.** fr. **Nez.** ingl. **Nose.** ital. **Naso.** port. **Nariz.** (Del lat. *naris.*) f. Facción saliente del rostro humano, entre la frente y la boca, con dos orificios que comunican con la membrana pituitaria y el aparato de la respiración. Ú. frecuentemente en plural. || Parte de la cabeza de muchos vertebrados, poco o nada saliente, que tiene la misma situación y oficio que la **nariz** del hombre. || Cada uno de los dos orificios que hay en la base de la **nariz.** || fig. Sentido del olfato. *¿No tienes* NARIZ? || Olor fragante de los vinos generosos. *Este oporto tiene buena* NARIZ. || Hierro en donde encaja el picaporte o pestillo. || Extremidad aguda de las embarcaciones, los estribos de los puentes, etc. || Cañón del alambique, de la retorta y de otros aparatos. || – **aguileña.** La delgada y algo corva. || – **perfilada.** La bien formada. || – **respingona.** Aquella cuya punta tira hacia arriba. || **Narices remachadas.** Las llanas o chatas. || **Darle** a uno **en la nariz** una cosa. frs. fig. Percibir su olor. LE DIO EN LA NARIZ *lo que había de comer.* || fig. y fam. Sospechar lo que otro intenta. || **Hablar** uno **por las narices.** frs. fig. Ganguear. || **Hacerle** a uno **las narices.** frs. fig. y fam. Maltratarlo. || **Hacerse** uno **las narices.** frs. fig. y fam. Recibir un golpe grande en ellas. || Suceder una cosa contra lo que se pretende. || **Hinchársele** a uno **las narices.** frs. fig. y fam. Enojarse en demasía. || Dícese del mar o de los ríos, cuando éstos crecen mucho o aquél se altera. || **Meter** uno **las narices** en una cosa. frs. fig. y fam. Curiosear, entremeterse. || **No ver** uno **más allá de sus narices.** frs. fig. y fam. Ser poco avisado. || **Tener** a uno **montado en las narices.** frs. fig. y fam. Padecer constantemente sus impertinencias. || **Tener** uno a otro **agarrado por las narices.** frs. fig. y fam. Dominarle. || **Tener** uno **largas narices.** frs. fig. y fam. Tener olfato fino. || Prever una cosa próxima a suceder. || **Torcer** uno **las narices.** frs. fig. y fam. No admitir lo que se dice o se propone. || IDEAS AFINES: *Tabique, alas, mejillas, cara, perfil, belleza, aspirar, ahogarse, sonarse, estornudar, resfriado, pañuelo, aire, emana-*

ción, perfume, efluvio, golpe, hemorragia, tapón, boxeador, deformación, operación, cirugía estética.

NARIZÓN, NA. adj. fam. Narigudo.

NARIZOTA. f. aum. de **Nariz.**

NARIZUDO, DA. adj. fam. *Méx.* Narigudo.

NARODNAIA. *Geog.* Cerro de la Unión Soviética, cumbre de los montes Urales. 1.880 m.

NARRA. m. Árbol de Filipinas, cuya corteza y raíces producen un tinte rojizo, y cuya madera es usada para ebanistería; leguminoso. ‖ Su madera.

NARRABLE. (Del lat. *narrábilis.*) adj. Que puede ser narrado.

NARRACIÓN. al. **Erzählung.** fr. **Narration; récit.** ingl. **Narration; account.** ital. **Narrazione.** port. **Narração.** (Del lat. *narratio, -onis.*) f. Acción de narrar. ‖ Relato. ‖ *Ret.* Parte del discurso en que se refieren los hechos. ‖ IDEAS AFINES: *Cuento, historia, crónica, epopeya, odisea, descripción, leyenda, tradición, versión, habladuría, parábola, moraleja, final, peripecias, juglar, novelista, auditorio, leer, escribir, escuchar, tergiversar, transmitir, embellecer.*

NARRAR. al. **Erzählen.** fr. **Narrer; faire un récit.** ingl. **To narrate; to relate.** ital. **Narrare.** port. **Narrar.** (Del lat. *narrare.*) tr. Contar, referir lo sucedido. NARRAR *un viaje*; sinón.: **relatar.** ‖ deriv.: **narrador; ra; narratorio: ria.**

NARRATIVA. f. Narración, acción de narrar. ‖ Habilidad en referir las cosas. *Tiene gran* NARRATIVA.

NARRATIVO, VA. (Del lat. *narrativus.*) adj. Perteneciente o relativo a la narración. *Interés* NARRATIVO.

NARRIA. (Del vasco *narria.*) f. Cajón o escalera de carro para llevar arrastrando grandes pesos. ‖ fig. y fam. Mujer gruesa y pesada que se mueve con dificultad.

NARSÉS. *Biog.* Rey de Persia, conquistador de Armenia. Fue vencido por Diocleciano. (s. III-IV). ‖ ‖ –. Gral. de Justiniano, exarca de Italia (472-568).

NARVA. *Geog.* Ciudad de la U.R.S.S., en Estonia, cerca del golfo de Finlandia, 40.000 h. Victoria de Carlos XII de Suecia sobre los rusos, en 1700.

NARVÁEZ, Luis de. *Biog.* Músico esp., compositor, ejecutante y teórico de renombre (s. XVI). ‖ – **Pánfilo de.** Conquistador esp., enviado a México para someter a Cortés, por quien fue vencido. Exploró Florida y el Misisipí (1470-1528). ‖ – **Ramón M.** Político esp., fervoroso monárquico (1800-1868).

NARVAL. (Del sueco *narhval*, larga ballena.) m. Mamífero cetáceo de 6 m., que sólo conserva dos dientes; uno de ellos alargado horizontalmente hasta casi 3 m. *Monodon monoceros*, odontoceto. *En otras épocas atribuían al colmillo del* NARVAL *propiedades medicinales*

NARVIK. *Geog.* Ciudad y puerto del N. de Noruega. 13.000 h. Exportaciones de mineral de hierro. Escenario, en 1940, de un importante combate entre fuerzas aliadas y alemanas.

NASA. (Del lat. *nassa.*) f. Arte de pesca, formada por un cilindro de juncos entretejidos, con un embudo en una de las bases. ‖ Cesta de pescadores, de boca estrecha. ‖ Vasija para guardar pan, etc.

NASAL. adj. Perteneciente o relativo a la nariz. *Fosas* NASALES. ‖ Dícese de la vocal, consonante o sonido en cuya articulación el aire espirado sale total o parcialmente por la nariz, y de las letras que los representan; como la *n* de *confuso.* Ú.t.c.s.f. ‖ deriv.: **nasalmente.**

NASALIDAD. f. Calidad de nasal.

NASALIZAR. tr. Hacer nasal o pronunciar como tal algún sonido. ‖ deriv.: **nasalización.**

NASARDO. m. Registro del órgano que imita la voz nasal.

NASERÉ. *Mús.* Instrumento folklórico de viento; especie de silbato globular, con tres orificios, que usan los indios guaraníes.

NASH, Juan. *Biog.* Arquitecto ingl. Construyó el teatro Haymarket y el palacio de Buckingham, que fue modificado más tarde (1752-1835).

NASHE, Tomás. *Biog.* Dramaturgo ingl., colaborador de Marlowe y autor de agudas sátiras sociales. Escribió *Anatomía del absurdo; Testamento de verano; La isla de los perros*, etc. (1567-1601).

NASHVILLE. *Geog.* Ciudad de los EE. UU., capital del Est. de Tennessee. 200.000 h. Centro industrial y universitario.

NASO. (Del lat. *nasus.*) m. fam. y fest. Nariz grande.

NASOFARINGE. f. *Anat.* Porción de la faringe encima del velo del paladar. ‖ deriv.: **nasofaríngeo, a.**

NASÓN. m. aum. de **Nasa.**

NASSAU, Duque de. *Hist.* Nombre de varios príncipes de Holanda, de 1533 a 1560.

NASSAU. *Geog.* Golfo de la costa S. de Chile, entre las islas Navarino, Hoste y Hermite. ‖ C. de las Antillas, cap. de las Bahamas. 110.000 h. Centro turístico. ‖ *Geog. histór.* Antiguo ducado de Alemania, incorporado a Prusia en 1866, y que hoy forma parte del Est. de Hesse.

NASSER, Gamal Abdel. *Biog.* Militar egipcio (1918-1970), que participó en la revolución que proclamó la Rep. y se hizo cargo del poder en 1954, ante la renuncia del pres. Naguib. Presidió la República Árabe Unida, desde 1958 hasta su muerte.

NASTIA. f. *Bot.* Movimiento transitorio de curvatura o acodamiento de ciertas hojas y piezas florales, como reacción a agentes externos.

NASTUERZO. m. Mastuerzo.

NATA. al. **Rahm.** fr. **Crème.** ingl. **Skim.** ital. **Panna.** port. **Nata.** f. Substancia grasa, amarillenta, que forma una capa sobre la leche en reposo. Batida produce la manteca. ‖ Substancia espesa de algunos líquidos que sobrenada en ellos. ‖ fig. Lo principal y más estimado en cualquier línea. ‖ *Amér.* Escoria de la copelación. ‖ pl. **Nata** batida con azúcar. ‖ Natillas.

NATÁ. *Geog.* Población de Panamá (Coclé). 7.000 h. Centro agrícola.

NATACIÓN. al. **Schwimmen.** fr. **Natation.** ingl. **Swimming; natation.** ital. **Natazione.** port. **Natação.** (Del lat. *natatio, -onis.*) f. Acción y efecto de nadar. ‖ Arte de nadar.

NATAL. (Del lat. *natalis.*) adj. Perteneciente al nacimiento o al país en que uno ha nacido. *La casa* NATAL; sinón.: **nativo.** ‖ Nacimiento. ‖ Día del nacimiento de alguien.

NATAL. *Geog.* Ciudad y puerto del Brasil, capital del Est. de Río Grande del Norte. 280.000 h. Comercio de azúcar y algodón; tejidos. Importante aeropuerto. ‖ Prov. de la Rep. Sudafricana. 86.967 km². 4.400.000 h. Cap. PIETERMARITZBURG. Caña de azúcar, té, cereales, carbón.

NATALE, Amadeo. *Biog.* Oftalmólogo arg., autor de *Valor comparativo de los distintos procedimientos en el glaucoma* y otras obras (1887-1950).

NATALES, Puerto. *Geog.* V. **Puerto Natales.**

NATALICIO, CIA. al. **Geburtstag.** fr. **Jour de naissance.** ingl. **Nativity; birthday.** ital. **Natalizio.** port. **Natalício.** (Del lat. *natalitius.*) adj. Perteneciente al día del nacimiento y a las fiestas y regocijos con que ese día se celebra. Ú.t.c.s.m.

NATALIDAD. f. Número proporcional de nacimientos, en población y tiempos determinados.

NATÁN. *Hist. Sagr.* Profeta judío que osó reprochar al rey David su pasión por Betsabé.

NATÁTIL. adj. Capaz de nadar. *Hojas* NATÁTILES

NATATORIO, RIA. (Del lat. *natatorius.*) adj. Perteneciente a la natación. ‖ Que sirve para nadar. ‖ m. Lugar destinado para nadar o bañarse.

NATERÓN. m. Requesón.

NATHANS, Daniel. *Biog.* Científico nort., premio Nobel de Fisiología y Medicina de 1978 (n. 1929).

NATILLAS. f. pl. Dulce de yema de huevo, leche y azúcar.

NATÍO, A. (Del lat. *nativus.*) adj. Natural, nativo. ‖ m. Nacimiento, naturaleza. ‖ **De su natío.** m. adv. Naturalmente.

NATIVIDAD. al. **Geburt; Christfest.** fr. **Nativité.** ingl. **Nativity.** ital. **Natività.** port. **Natividade.** (Del lat. *nativitas, -atis.*) f. Nacimiento, en especial el de Jesucristo, la Virgen y San Juan Bautista. ‖ Tiempo inmediato al día de Navidad.

NATIVISMO. m. Innatismo. ‖ *Amér.* Cultivo y difusión de las artes y costumbres nativas. ‖ Práctica del folklore local. ‖ deriv.: **nativista.**

NATIVO, VA. (Del lat. *nativus.*) adj. Que nace naturalmente. ‖ Perteneciente al lugar o país en que se ha nacido. *Lengua, danza* NATIVA; antón.: **extranjero, extraño.** ‖ Natural, nacido. ‖ Innato, conforme a la naturaleza de cada cosa. ‖ Dícese de los minerales que se hallan en las minas sin combinación. *Oro* NATIVO.

NATO, TA. (Del lat. *natus.*) p.p. irreg. de **Nacer.** ‖ adj. Aplícase al título de honor o al cargo que está anejo a un empleo o a la calidad de un sujeto.

NATORP, Pablo. *Biog.* Filósofo neokantiano al., autor de *La religión en los límites de la humanidad*, etc. (1854-1924).

NATRAL. m. *Chile.* Terreno poblado de natris.

NATRI. (Voz araucana.) m. Arbusto de Chile, solanáceo; el cocimiento de sus hojas fue usado como febrífugo.

NATRÓN. (Del ár. *natrón*, y éste del gr. *nitron.*) m. Sal blanca, translúcida, cristalizable, que se halla en la naturaleza o se obtiene artificialmente. Es el carbonato sódico usado en las fábricas de jabón, vidrio y tintes. ‖ Cenizas de barrilla.

NATRONITA. f. *Miner.* Nitrato de sodio, que abunda en América del Sur.

NATTA, Julio. *Biog.* Químico italiano cuyas investigaciones sobre polímeros fueron de fundamental importancia para la creación de nuevas fibras textiles artificiales. En 1963 obtuvo el premio Nobel de Química, compartido con el alemán Carlos Ziegler (n. en 1903).

NATTIER, Juan Marcos. *Biog.* Pintor fr., notable retratista. Autor de *María Leczinska; Luisa Isabel de Francia; Luisa Enriqueta de Borbón* y otros cuadros (1685-1766).

NATURA. (Del lat. *natura.*) f. Naturaleza. ‖ Partes genitales. ‖ *Mús.* Escala natural del modo mayor. ‖ **A,** o **de, natura** m. adv. Naturalmente.

NATURAL. al. **Natürlich.** fr. **Naturel.** ingl. **Natural.** ital. **Naturale.** port. **Natural.** (Del lat. *naturalis.*) adj. Perteneciente a la naturaleza o conforme a la calidad o propiedad de las cosas. *Inteligencia* NATURAL. ‖ Originario de un pueblo o nación. Ú.t.c.s. sinón.: **nativo, oriundo.** ‖ Hecho sin artificio, mezcla ni composición. ‖ Sin doblez en el proceder. ‖ Dícese de las cosas que imitan a la naturaleza con propiedad. ‖ Que sucede común y regularmente. ‖ Que se produce por las fuerzas de la naturaleza, por oposición a lo milagroso. ‖ *Mús.* Dícese de la nota no modificada por sostenido ni bemol. ‖ m. Índole, temperamento. *Es de* NATURAL *nervioso.* ‖ Instinto animal. ‖ *Esc.* y *Pint.* Forma exterior de algo tomado como modelo. ‖ **Al natural.** m. adv. Sin pulimento ni variación. ‖ **Copiar del natural.** *Esc.* y *Pint.* Copiar el modelo vivo.

NATURALEZA. al. **Natur.** fr. **Nature.** ingl. **Nature.** ital. **Natura.** port. **Natureza.** f. Esencia y propiedad característica de cada ser. ‖ En teología, estado natural del hombre, por oposición al estado de gracia. ‖ Conjunto, orden y disposición de todo el universo. *Maravillas de la* NATURALEZA. ‖ Virtud, calidad o propiedad de las cosas. ‖ Propensión de las cosas con que tienden a su conservación y aumento. ‖ Fuerza o actividad natural, como contrapuesta a la milagrosa. ‖ Sexo, especialmente en las hembras. ‖ Origen que se tiene según el país o ciudad en que se ha nacido. ‖ Natural, índole. *Ser de* NATURALEZA *inquieta*; sinón.: **temperamento.** ‖ Calidad que da derecho a ser tenido por natural de un pueblo para determinados efectos civiles. ‖ Especie, género. *Este ejemplar es de* NATURALEZA *distinta.* ‖ *Esc.* y *Pint.* Modelo. ‖ – **humana.** Conjunto de todos los hombres. ‖ – **muerta.** *Pint.* Cuadro en que se representan animales muertos u objetos. ‖ IDEAS AFINES: *Mundo, orbe, cosmos, creación, elementos, tierra, cielo, reinos, animal, vegetal, mineral, humanidad, transmutación, misterio, devenir, arcano, destino, origen, cosmografía, divinidad.*

NATURALIDAD. al. **Natürlichkeit.** fr. **Naturalité.** ingl. **Naturalness.** ital. **Naturalità.** port. **Naturalidade.** f. Calidad de natural. ‖ Ingenuidad, sencillez. *Proceder con* NATURALIDAD; antón.: **afectación.** ‖ Conformidad de las cosas con las leyes ordinarias. ‖ Naturaleza u origen de uno según el lugar de su nacimiento. ‖ Derecho inherente a los naturales de un país.

NATURALISMO. m. Sistema filosófico que consiste en atribuir todas las cosas a la naturaleza como primer principio. ‖ Escuela literaria del siglo XIX, opuesta al romanticismo.

NATURALISTA. adj. Perteneciente o relativo al naturalismo. ‖ Que profesa este sistema filosófico. Ú.t.c.s. ‖ com. Persona que profesa la historia natural.

NATURALIZAR. tr. Admitir como natural en un país a persona extranjera. ‖ Conceder a un extranjero los derechos de los naturales del país. ‖ Introducir en un país, como si fueran naturales de él, cosas de otros países. Ú.t.c.r. NATURALIZAR *vocablos.* ‖ Aclimatar una especie. Ú.t.c.r. ‖ r. Vivir en un país persona extranjera como si de él fuera natural. ‖ Adquirir los derechos de los naturales de un país. ‖ deriv.: **naturalización.**

NATURALMENTE. adv. m. Probablemente, consecuentemente. *Deducir* NATURALMENTE. ‖ Por naturaleza. *Es* NATURALMENTE *interesado.* ‖ Con naturalidad. *Moverse* NATURALMENTE; sinón.: **llanamente.** ‖ De acuerdo con las leyes naturales.

NATURISMO. m. Doctrina que preconiza el empleo de los agentes naturales para conservar la salud y curar las enfermedades. ‖ deriv.: **naturista.**

NAUCÓRIDE. m. *Zool.* Género de insectos hemípteros acuáticos, que comprende especies que se alimentan de materias animales, nadan muy bien y de noche vuelan a otros charcos. Gén. *Naucoris.* ‖ deriv.: **naucórido, da.**

NAUFRAGAR. al. **Schiffbruch erleiden; scheitern.** fr. **Naufrager.** ingl. **To be shipwrecked.** ital. **Naufragare.** port. **Naufragar.** (Del lat. *naufragare.*) intr. Irse a pique la embarcación. Dícese también de las personas que van en ella. *La lancha* NAUFRAGÓ; sinón.: **zozobrar.** ‖ fig. Salir mal un negocio. *Sus planes* NAUFRAGARON; sinón.: **fracasar.** ‖ deriv.: **naufragante.**

NAUFRAGIO. al. **Schiffbruch; Scheitern.** fr. **Naufrage.** ingl. **Shipwreck.** ital. **Naufragio.** port. **Naufrágio.** (Del lat. *naufrágium.*) m. Pérdida o ruina de la embarcación en el mar o en río o lago. ‖ fig. Pérdida grande; desgracia. *El* NAUFRAGIO *de las esperanzas;* sinón.: **fracaso, ruina.** ‖ IDEAS AFINES: *Barco, nave, tempestad, avería, combate, bote salvavidas, tripulación, capitán, provisiones, brújula, horizonte, deriva, posición, S.O.S., esperanzas, sufrimiento, sed, búsqueda, localización, salvamento, isla, refugio, Robinson Crusoe.*

NÁUFRAGO, GA. al. **Schiffbrüchiger.** fr. **Naufragé.** ingl. **Shipwrecked.** ital. **Naufrago.** port. **Náufrago.** adj. y s. Que ha padecido naufragio. *Salvamento de* NÁUFRAGOS. ‖ m. Tiburón.

NAUMANN, Emilio. *Biog.* Compositor y crítico al., que publicó una notable *Historia de la música* (1827-1888).

NAUMAQUIA. (Del lat. *naumachia*, y éste del gr. *naumakhía.*) f. Combate naval que hacían los antiguos romanos como espectáculo. ‖ Lugar en que se hacía.

NAUPACTA. *Geog. histór.* Antigua ciudad y puerto de Grecia, en el golfo de Corinto, donde está hoy Lepanto.

NAUPLIA. *Geog.* Golfo de la costa oriental de la pen. de Morea (Grecia), sobre el mar Egeo.

NAURU. *Geog.* Rep. de Oceanía sit. en una isla coralina de la Polinesia, al sur de las islas Marshall. 21,3 km². 6.700 h. Fosfatos, copra. En enero de 1968 se independizó de Australia.

NÁUSEA. al. **Übelkeit.** fr. **Nausée.** ingl. **Nausea.** ital. **Nausea.** port. **Náusea.** (Del lat. *náusea.*) f. Basca, ansia de vomitar. Ú.m. en pl. ‖ fig. Repugnancia que causa una cosa. Ú.m. en pl.

NÁUSEA, La. *Lit.* Novela de Juan Pablo Sartre. Es una de las primigenias expresiones literarias de la nueva actitud existencialista contemporánea y está escrita como el diario íntimo de un hombre que parece complacerse en la frustración y el fracaso, como demostrando que la existencia humana es un absurdo. Aunque la primera edición data de 1938, su gran difusión es posterior a la segunda Guerra Mundial. En ella se insinúan casi todos los temas que los autores existencialistas abordarían con posterioridad.

NAUSEABUNDO, DA. adj. Que produce náuseas. *Emanaciones* NAUSEABUNDAS. ‖ Propenso a vómito.

NAUSEAR. (Del lat. *nauseare.*) intr. Tener bascas. ‖ deriv.: **nauseante; nauseativo, va; nauseoso, sa.**

NAUSÍCAA. *Mit.* Hija de Alcínoo, rey de los feacios, que acogió a Ulises después de su naufragio.

NAUTA. (Del lat. *nauta.*) m. Hombre de mar. sinón.: **navegante.**

NÁUTICA. al. **Schiffahrtskunde; Nautik.** fr. **Art nautique.** ingl. **Navigation.** ital. **Nautica.** port. **Náutica.** (Del lat. *náutica.*) f. Ciencia o arte de navegar.

NÁUTICO, CA. (Del lat. *nauticus.*) adj. Perteneciente o relativo a la navegación. *Fiesta* NÁUTICA.

NAUTILO. (Del lat. *nautilus*, y éste del gr. *nautilos.*) m. Argonauta, molusco.

NAUTLA. *Geog.* Río de México (Veracruz) que des. en el golfo de México. 88 km.

NAVA. (Del vasco *nava*, tierra llana.) f. Tierra baja y llana, a veces pantanosa, entre montañas.

NAVACERO, RA. s. Cultivador de navazos.

NAVAGERO, Andrés. *Biog.* Humanista y polít. veneciano, autor de poesías y de *Viaje por España y Francia* (1483-1529).

NAVAJA. al. **Taschenmesser; Rasiermesser.** fr. **Couteau; rasoir.** ingl. **Clasp knife; razor.** ital. **Coltello; rasolo.** port. **Navalha.** (Del lat. *novácula.*) f. Cuchillo cuya hoja puede doblarse sobre el mango, para que el filo quede entre las cachas. NAVAJAS *barberas.* ‖ Molusco acéfalo, de dos conchas simétricas, alargadas y abiertas por ambos extremos. *Solen siliqua*, lamelibranquio. ‖ Colmillo de jabalí. ‖ Aguijón cortante de algunos insectos. ‖ Lengua de los maldicientes. ‖ **— cabritera.** La que sirve para despellejar las reses. ‖ **— de afeitar.** La que sirve para rasurar.

NAVAJADA. f. Golpe dado con navaja. ‖ Herida resultante de él.

NAVAJAZO. m. Navajada.

NAVAJERO. m. Estuche para navajas de afeitar. ‖ Paño con que se las limpia, y taza para el mismo fin.

NAVAJO. adj. y s. Dícese del individuo de un pueblo indígena de la América Septentrional. ‖ m. Su lengua.

NAVAJÓN. m. aum. de **Navaja.**

NAVAJONAZO. m. Herida hecha con navajón.

NAVAJUDO, DA. adj. *Dom.* y *Méx.* Taimado, marrullero.

NAVAJUELA. f. dim. de **Navaja.**

NAVAL. (Del lat. *navalis.*) adj. Perteneciente o relativo a las naves y a la navegación. *Base* NAVAL.

NAVARCA. m. Jefe de armada griega. ‖ El de un barco romano.

NAVARINO. *Geog.* Isla austral de Chile sit. al sur del canal de Beagle. Tiene 35 km. de largo por 30 de ancho. ‖ C. y puerto de Grecia, en la costa S.O. de la pen. de Morea. En 1827, batalla naval en que los rusos, franceses e ingleses derrotaron a los turcos.

NAVARRA. *Geog.* Provincia del norte de España. 10.421 km^2. 485.000 h. Cereales, vinos, maderas. Cap. PAMPLONA. ‖ *Geog. histór.* Antiguo reino de Europa, que comprendía la Navarra española y la francesa. Fue gobernado por príncipes franceses hasta 1512 en que Fernando el Católico se apoderó de la parte española. ‖ **— Francesa.** Llamada también **Baja Navarra**, comprendía el territorio sit. al norte de los Pirineos, en la Galia. Hoy pertenece al dep. francés de los Pirineos.

NAVARRA Y ROCAFULL, Melchor de. *Biog.* Pol. español, de 1681 a 1689 virrey del Perú (1629-1691).

NAVARRO, RRA. adj. Natural de Navarra. Ú.t.c.s. ‖ Perteneciente a esta región de España.

NAVARRO, Gustavo A. *Biog.* V. **Maroff, Tristán.** ‖ **— Ernesto.** Escritor cubano cont. Autor de obras de peculiar concepción, es uno de los más destacados de su país. ‖ **— Nepomuceno.** Escritor col., autor de novelas de costumbres y de una *Historia de la fundación de la imprenta en América* (1834-1890). ‖ **— Pascual.** Pintor ven., n. en 1915. Adicto a la tendencia abstracta, sus cuadros buscan la expresión por medio de cuadros geométricos, vivamente coloreados: *La mujer del abanico; Composición*, etc. ‖ **— Pedro.** Mil. esp., autor de trabajos sobre la aplicación militar de explosivos (1460-1528). ‖ **— GONZALO, Eduardo.** Dramaturgo esp., autor de *Los bandos de Villafrita; Las grandes figuras; Madrid, puerto de mar*, etc. (1846-1902). ‖ **— LAMARCA, Carlos.** Historiador arg. cuya obra principal es la *Historia de América* (1868-1921). ‖ **— LUNA, Manuel.** Poeta y escritor cubano (1894-1966). ‖ **— MONZÓ, Julio.** Escritor arg., autor de *Principios básicos de la civilización moderna; La misión del arte en la cultura de América*, etc. (1882-1943). ‖ **— TOMÁS, Tomás.** Filólogo esp. que publicó obras sobre fonética (1884-1979). ‖ **— VIOLA, Alberto.** Historiador y poeta arg., fundador del *Anuario bibliográfico de la República Argentina* (1858-1885).

NAVARRO. *Geog.* Población de la Argentina, en el N. de la prov. de Buenos Aires. 4.000 h. En sus cercanías fue fusilado el coronel Dorrego por las tropas de Lavalle el 13 de diciembre de 1828.

NAVAS DE TOLOSA. *Geog.* Población de España (Jaén.) 1.100 h. Célebre victoria de los españoles sobre los moros, en 1212, que tuvo excepcional importancia en la Reconquista.

NAVAZO. m. Navajo.

NAVE. al. **Schiff.** fr. **Nef.** ingl. **Ship; vessel; nave.** ital. **Nave.** (Del lat. *navis.*) f. Barco, buque. ‖ *Arq.* Cada uno de los espacios que entre muros o filas de arcadas se extienden a lo largo de los templos u otros edificios. ‖ Por ext., cuerpo o crujía seguida de un edificio. ‖ *Col.* Hoja de puerta o ventana. ‖ **— de San Pedro.** fig. Iglesia Católica. ‖ **— principal.** *Arq.* La que ocupa el centro del templo. ‖ **Quemar las naves.** frs. fig. Tomar una determinación extrema. ‖ IDEAS AFINES: *Embarcación, aeroplano, dirigible, marítimo, aéreo, interplanetario, viaje, transporte, marinero, timonel, vela, máquina, ancla, cabo, carga, balanceo, bordo, avería, derrotero, crucero, transatlántico, costa, puerto, refugio.*

NAVECILLA. f. dim. de **Nave.** ‖ Naveta para incienso.

NAVEGABLE. adj. Dícese de ríos, canales, etc., donde se puede navegar. ‖ Que puede navegar. ‖ deriv.: **navegabilidad.**

NAVEGACIÓN. al. **Schiffahrt.** fr. **Navigation.** ingl. **Navigation.** ital. **Navigazione.** port. **Navegação.** f. Acción de navegar. NAVEGACIÓN *marítima.* ‖ Viaje hecho en alguna nave; su duración. *A los tres meses y nueve días de* NAVEGACIÓN, *Colón llegó a las Bahamas.* ‖ Náutica. ‖ **— aérea.** Acción de navegar por el aire en globo o avión. ‖ **— de altura.** La hecha por alta mar. ‖ IDEAS AFINES: *Barco, maniobra, cabotaje, circunnavegación, travesía, zarpar, fletar, tripular, bordear, surcar, virar, encallar, varar, recalar, atracar, zozobrar, transportar, cargar, fondear, procedencia, destino, instrumentos, sextante, carta marina, océano, aventura, comercio, descubrimientos.*

NAVEGADOR, RA. (Del lat. *navigátor.*) adj. y s. Que navega.

NAVEGANTE. al. **Seefahrer.** fr. **Navigateur.** ingl. **Navigator.** ital. **Navigatore.** port. **Navegador.** (Del lat. *návigans, -antis.*) p. a. de **Navegar.** Que navega. Ú.t.c.s. *Los* NAVEGANTES *portugueses llegaron al Asia por la ruta del Cabo;* sinón.: **marino, nauta.**

NAVEGAR. al. **Zur see fahren; segeln.** fr. **Naviguer.** ingl. **To sail; to navigate.** ital. **Navigare.** port. **Navegar.** (Del lat. *navigare.*) intr. Hacer viaje o andar por el agua con embarcación. Ú.t.c.tr. NAVEGAR *a toda vela;* NAVEGAR *contra la corriente.* ‖ Andar el buque. ‖ Por analogía, hacer viaje o andar por el aire en globo o en aeroplano. ‖ fig. Andar de una parte a otra comerciando. ‖ Transitar o trajinar de una parte a otra. *Todo el día* NAVEGA *por la casa.* ‖ *Méx.* Barbarismo por **padecer.**

NAVETA. f. dim. de **Nave.** ‖ Cajita que sirve en la iglesia para ministrar el incienso en la ceremonia de incensar. ‖ Gaveta de los escritorios.

NAVIA. *Geog.* Río de España. Atraviesa las prov. de Lugo y Oviedo y des. en el mar Cantábrico. 200 km.

NAVICERT. (Voz inglesa.) m. Salvoconducto o permiso de navegación comercial otorgado por un país beligerante en tiempo de guerra.

NAVÍCULA. (Del lat. *navícula.*) f. dim. de **Nave.** ‖ *Bot.* Alga microscópica en forma de navecilla.

NAVICULAR. adj. De forma abarquillada o de navecilla. ‖ V. **Hueso navicular.** Ú.t.c.s.

NAVICULARIO. m. Propietario o capitán de un buque mercante romano.

NAVICHUELA. f. dim. de **Nave.**

NAVICHUELO. m. Navichuela.

NAVIDAD. al. **Weihnachten.** fr. **Noël.** ingl. **Christmas.** ital. **Natale.** port. **Natal.** (Contrac. de *natividad.*) f. Natividad de Jesucristo. ‖ Día en que se celebra. ‖ Tiempo inmediato a este día. Ú.t. en pl. *Pasaré las* NAVIDADES *en mi pueblo natal.* ‖ fig. Año. Ú.m. en pl. *Juana tiene muchas* NAVIDADES. ‖ IDEAS AFINES: *Nacimiento, pesebre, pastores, Reyes Magos, festividad, cristianismo, iglesia, fe, árbol de* NAVIDAD, *Santa Claus, regalos, villancicos, estampas, nieve, tradición, hermandad, fraternidad, caridad, paz.*

NAVIDEÑO, ÑA. adj. Perteneciente al tiempo de Navidad. *Árbol* NAVIDEÑO. ‖ Dícese de algunas frutas que se conservan para ese tiempo.

NAVIERO, RA. adj. Relativo a naves o a navegación. *Empresa* NAVIERA. ‖ m. Dueño de navíos. ‖ El que avitualla barcos mercantes.

NAVÍO. al. **Schiff.** fr. **Vaisseau; navire.** ingl. **Warship.** ital. **Nave; bastimento.** port. **Navio.** (Del lat. *navígium.*) m. Bajel de guerra, de tres palos y velas cuadrangulares, con dos o tres cubiertas y otras tantas baterías. ‖ Bajel grande, de cubierta, con velas y muy fortificado. ‖ **— Argos.** *Astron.* Constelación del hemisferio austral, situada entre la Cruz y el Can Mayor. ‖ **— de alto bordo.** El que tiene muy altos los costados. ‖ **— de guerra. Navío,** primera acep. ‖ **— de línea.** El que por su fortaleza y armamento puede combatir con otros en batalla ordenada o en formaciones de escuadra. ‖ **— de transporte.** El que sólo sirve para conducir mercaderías, tropas, etc. ‖ **— mercante.** El que sirve para conducir mercaderías. ‖ **Montar un navío.** frs. Mandarlo.

NAVÍOS, Boca de. *Geog.* Caño de la desembocadura del río Orinoco, en Venezuela, que constituye un estuario de 28 km. de ancho. Se llama, también, **Grande.**

NAVISFERA. f. Instrumento de orientación de los navegantes, que representa la bóveda celeste.

NAXOS. *Geog.* Isla griega del mar Egeo, la mayor de las Cícladas. 441 km^2. 26.000 h. Cap. hom. Mármol.

NÁYADE. f. *Mit.* Ninfa de los ríos y las fuentes.

NAYARIT. *Geog.* Estado de México, sobre el océano Pacífico. 27.317 km^2. 590.000 h. Cap. TEPIC. Tabaco, caña de azúcar, algodón, café, maíz. Maderas finas.

NAYARITA. adj. y s. De Nayarit.

NAYARITENSE. adj. y s. Nayarita.

NAYURIBE. f. Planta cuyas cenizas se usan en tintorería; amarantácea.

NAZARENAS. f. pl. *Bol., Chile* y *R. de la Plata.* Espuelas grandes usadas por los gauchos. NAZARENAS *de plata.*

NAZARENO, NA. al. **Nazarener.** fr. **Nazaréen.** ingl. **Nazarene.** ital. **Nazzareno.** port. **Nazareno.** adj. Natural de Nazaret. Ú.t.c.s. ‖ Perteneciente a esta ciudad. ‖ Dícese del que entre los hebreos se consagraba particularmente al culto de Dios. Ú.t.c.s. ‖ fig. Cristiano. Ú.t.c.s. ‖ m. Penitente que en las procesiones de Semana Santa va vestido con túnica, por lo común morada. ‖ Árbol americano de la familia de las rámneas, cuya madera, cocida en agua, da un tinte amarillo muy duradero. ‖ **El Divino Nazareno.** Jesucristo. ‖ **El Nazareno.** Por anton., Jesucristo.

NAZÁREO, A. adj. Nazareno.

NAZARET. *Geog.* Población de Israel, en Galilea. 38.000 h. Lugar donde vivió la Sagrada Familia hasta el bautismo de Jesús.

NAZARETH, Ernesto. *Biog.* Compositor bras., músico autodidacto influido por Chopin, autor de numerosas piezas para piano en estilo nativo (1863-1937).

NAZARÍ. adj. Dícese de los descendientes de Yúsuf ben Názar, fundador de la dinastía musulmana que reinó en Granada desde el siglo XIII al XV. Ú.t.c.s. y m. en pl. ‖ Perteneciente o relativo a esta dinastía.

NAZARIÁN, Hrand. *Biog.* Poeta armenio, profundamente identificado con los problemas nacionales de su pueblo. Escribió *El gran canto de la tragedia cósmica; Los sueños crucificados; El espejo*, etc. (n.1880).

NAZARITA. adj. Nazarí.

NAZAS. *Geog.* Río de México, en los Est. de Durango y Coahuila. 420 km. Es el más largo y caudaloso de los ríos mexicanos de la vertiente interior. ‖ Pobl. de México (Durango). 6.000 h. Centro agrícola.

NAZCA. *Geog.* Población del Perú (Ica). 3.000 h. Centro de una floreciente civilización preincaica. Victoria de las tropas libertadoras sobre los realistas en octubre de 1820.

NAZI. (Abreviatura popular tomada de la pronunciación figurada de la expresión alemana *Nationalsozialist.*) adj. Nacionalsocialista. Aplic. a pers. Ú.t.c.s.

NAZISMO. (Del al. *Nazismus*, abreviatura popular de *Nationalsozialismus.*) m. Nacionalsocialismo.

Nb. *Quím.* Símbolo del niobio.

Nd. *Quím.* Símbolo del neodimio.

N'DJAMENA. *Geog.* Ciudad cap. de la Rep. de Chad. 190.000 h. (ex Fort Lamy).

NDOLA. *Geog.* Ciudad de Zambia en la frontera con Zaire. 245.000 h. Centro minero (cobre, plomo, cinc).

Ne. *Quím.* Símbolo del neón.

NEA. f. Aféresis de **Anea.**

NEAGH. *Geog.* Lago de Irlanda del Norte, el mayor de las islas Británicas. 389 km^2.

NEANDERTHAL, Hombre de. *Antrop.* El primer hallazgo que dio nombre a este tipo humano, llamado también *Homo primigenius*, ocurrió en 1856 en la gruta de Neanderthal cerca de la ciudad alemana de Düsseldorf. Los huesos se hallaban en estado de avanzada fosilización y se los ubicó en la cuarta época glacial. El **hombre de Neanderthal** media aproximadamente 160cm; tenía una voluminosa cabeza y caminaba erguido sobre sus piernas cortas, musculosas y algo arqueadas. Lo que lo diferencia de todos los tipos humanos posteriores a él, es la contextura de la cabeza. Cráneo grande y alargado, de paredes gruesas; frente aplanada; vértice bajo y occipucio alargado; asombroso arco supraorbital, daban al **hombre de Neanderthal** aspecto salvaje. La estructura craneana era menos fina que en las razas actuales; el cerebro, con sus lóbulos frontales poco desarrollados, no monta por completo sobre el cerebelo. A pesar de estas diferencias constitucionales, el **hombre de Neanderthal** es un verdadero ser humano, y no se le puede negar la facultad de un lenguaje articulado o de manifestaciones psíquicas superiores.

NEÁPOLIS. *Geog.* V. **Kevala.**

NEARCA. m. Navarca.

NEARCO. *Biog.* Almirante de

Alejandro Magno que exploró las costas asiáticas y narró sus viajes en *Periplo* (s. IV a. de C.).

NÉBEDA. f. Planta de sabor y olor semejantes a los de la menta. *Calamintha nepeta*, labiada.

NEBEL. m. Nabla.

NEBEL, Fernando. *Biog.* Poeta urug., n. en 1882, autor de *Canto a Francia; El color de las horas; Estampas*, etc.

NEBÍ. m. Neblí.

NEBLADURA. f. Daño que la niebla produce en los sembrados. ‖ Modorra del ganado lanar.

NEBLÍ. (Del ár. *neblí.*) m. Ave de rapiña originaria de los países del norte de Europa, donde anida durante el verano.

NEBLINA. al. **Bodennebel.** fr. **Brouillard.** ingl. **Mist; fog.** ital. **Nebbia.** port. **Neblina.** f. Niebla espesa y baja.

NEBLINEAR. intr. *Chile.* Garuar.

NEBLINOSO, SA. adj. Dícese del día o de la atmósfera en que la niebla abunda.

NEBRAL. m. Aféresis de **Enebral.**

NEBRASKA. *Geog.* Estado del centro norte de los EE. UU. 200.018 km² 1.540.000 h. Cap. LINCOLN. Ganados vacuno y porcino, productos lácteos, cereales.

NEBREDA. f. Enebral.

NEBRIJA, Elio Antonio de. *Biog.* Humanista esp., erudito y gran latinista, autor de la primera gramática impresa en lengua vulgar: *Arte de la lengua castellana; Diccionario latino-español y español-latino; Reglas de ortografía castellana* y otras obras (1444-1522).

NEBRINA. f. Fruto del enebro.

NEBRO. m. Aféresis de **Enebro.**

NEBULAR. adj. Perteneciente o relativo a las nebulosas.

NEBULÓN. (Del lat. *nebulo, onis.*) m. Hombre taimado e hipócrita.

NEBULOSA. al. **Nebelfleck.** fr. **Nébuleuse.** ingl. **Nebula.** ital. **Nebulosa.** port. **Nebulosa.** f. *Astron.* Masa de materia cósmica, difusa y luminosa. *Según Laplace, en un principio la tierra fue una* NEBULOSA. ‖ IDEAS AFINES: *Cielo, astronomía, estrellas, espirales, gases, rotación, expansión, concentración, origen, universo, distancia, tiempo, espacio, observatorio, telescopio, teorías, relatividad, sideral.*

NEBULOSAMENTE. adv. m. Con nebulosidad. sinón.: **brumosamente, confusamente.**

NEBULOSIDAD. f. Calidad de nebuloso; sinón.: **obscuridad;** antón.: **claridad, limpieza.** ‖ Pequeña obscuridad, sombra.

NEBULOSO, SA. (Del lat. *nebulosus.*) adj. Abundante en nieblas, o cubierto de ellas. *Atmósfera* NEBULOSA; sinón.: **brumoso;** antón.: **diáfano.** ‖ Obscurecido por las nubes. ‖ fig. Sombrío. ‖ Falto de claridad. *Actitud* NEBULOSA. sinón.: **confuso;** antón.: **claro.** ‖ Difícil de comprender. *Teoría* NEBULOSA.

NECEAR. intr. Decir necedades. ‖ Porfiar neciamente.

NECEDAD. al. **Dummheit; Albernheit.** fr. **Sottise.** ingl. **Stupidity.** ital. **Stupidità.** port. **Necedade.** f. Calidad de necio. ‖ Dicho o hecho necio. sinón.: **majadería, tontería.**

NECESARIAMENTE. adv. m. Con o por necesidad o precisión. NECESARIAMENTE *debo regresar hoy*; sinón.: **indefectiblemente, inevitablemente.**

NECESARIA. f. Letrina.

NECESARIO, RIA. al. **Nötig; notwendig.** fr. **Nécessaire.** ingl. **Necessary.** ital. **Necessario.** port. **Necessário.** (Del lat. *necessarius.*) adj. Que tiene que suceder forzosamente. *Consecuencias* NECESARIAS; sinón.: **fatal, inevitable;** antón.: **accidental.** ‖ Dícese de lo hecho en forma obligada, como opuesto a espontáneo. ‖ Que hace falta para algo. *El sol y el aire son* NECESARIOS *para la salud*: sinón.: **imprescindible, indispensable.** antón.: **superfluo.** ‖ **Hacerse** uno **el necesario.** frs. Hacerse de rogar o, afectando celo, persuadir que hace falta.

NECESER. (Del fr. *nécessaire*, y éste del lat. *necessarius.*) m. Estuche con objetos de tocador o de costura.

NECESIDAD. al. **Notwendigkeit; Not; Bedürinis.** fr. **Nécessité; besoin; indigeance.** ingl. **Necessity; need; want.** ital. **Necessità; bisogno; indigenza.** port. **Necessidade.** (Del lat. *necéssitas, -atis.*) f. Impulso irresistible que hace que las causas obren fatalmente en determinado sentido. ‖ Todo aquello que no puede ser resistido. *Obedecer a la* NECESIDAD. ‖ Falta continuada de lo que se necesita para la conservación de la vida. *Las* NECESIDADES *humanas son múltiples.* ‖ Falta de alimento. *Morir de* NECESIDAD. ‖ Peligro que necesita pronto auxilio. *Encontrábase en gran* NECESIDAD. ‖ Evacuación corporal por cámara u orina. ‖ **– extrema.** Estado en que se ha de perecer si no se es socorrido. ‖ **– mayor.** Evacuación por cámara. ‖ **– menor.** Evacuación por orina. ‖ **De,** o **por, necesidad.** m. adv. Necesariamente. *Trabaja* POR NECESIDAD.

NECESITADO, DA. adj. y s. Indigente, pobre. *Ayude a los* NECESITADOS; sinón.: **menesteroso.**

NECESITAR. al. **Benötigen; brauchen.** fr. **Nécessiter; avoir besoin.** ingl. **To need.** ital. **Necessitare; avere bisogno.** port. **Necessitar.** (Del lat. *necesse*, necesario.) tr. Obligar a ejecutar una cosa. ‖ intr. Tener precisión o necesidad de una persona o cosa. Ú.t.c.tr. NECESITO *de ti*; NECESITO *tu ayuda.*

NECEZUELO, LA. adj. dim. de **Necio.**

NECIAMENTE. adv m. Con necedad.

NECIO, CIA. al. **Albern; dumm.** fr. **Sot.** ingl. **Stupid; fool.** ital. **Sciocco; stúpido.** port. **Néscio.** (Del ant. *nescio*, y éste del lat. *nescius.*) adj. Ignorante, que no sabe lo que podía o debía saber. Ú.t.c.s. ‖ Imprudente, terco. Ú.t.c.s. ‖ Aplícase a las cosas ejecutadas con ignorancia, imprudencia o presunción. ‖ *Arg.* y *P. Rico.* Delicado, fácil de resentirse o enojarse. ‖ **A necias.** m. adv. Neciamente.

NECKAR. *Geog.* Río de Alemania, afl. del Rin junto a la c. de Mannheim. 370 km.

NECKER, Jacobo. *Biog.* Financiero y ministro fr. que intentó sanear el manejo de la hacienda pública. Su destitución fue uno de los motivos de la toma de la Bastilla (1732-1804).

NECOCHEA, Mariano. *Biog.* Militar arg. de brillante actuación en las guerras de la independencia. Héroe de la batalla de Junín (1792-1849).

NECOCHEA. *Geog.* Ciudad de la Argentina, en el S.E. de la prov. de Buenos Aires. 28.000 h. Afamado balneario de la costa atlántica.

NECRO. Forma prefija del gr. *nekrós*, muerto. NECROSIS; NECRÓ*polis.*

NECRÓFAGO, GA. (Del gr. *nekrós*, muerto, y *phágomai*, comer.) adj. Que se alimenta de cadáveres. ‖ deriv.: **necrofagia.**

NECROFILIA. f. *Pat.* Perversión sexual que lleva a realizar la cópula carnal con un cadáver.

NECROFOBIA. f. *Pat.* Temor morboso a los muertos, o a la muerte. ‖ deriv.: **necrofóbico, ca; necrófobo, ba.**

NECRÓFORO, RA. adj. Se aplica al coleóptero que deposita sus huevos en el cadáver de otro insecto.

NECROLOGÍA. f. Noticia o biografía de una persona notable muerta hace poco tiempo. ‖ Lista o noticia de muertos. ‖ deriv.: **necrológico, ca.**

NECROMANCÍA o **NECROMANCÍA.** f. Nigromancia.

NECRÓPOLIS. (Del gr. *nekrós*, muerto, y *polis*, ciudad.) f. Cementerio de gran extensión, en el que abundan los monumentos fúnebres.

NECROPSIA. f. Necroscopia.

NECROSCOPIA. f. Autopsia.

NECROSCOPÍA. f. Dígase **necroscopia.**

NECROSCÓPICO, CA. adj. Perteneciente o relativo a la necroscopia.

NECROSIS. (Del lat. *necrosis*, y éste del gr. *nékrosis*, mortificación.) f. *Pat.* Muerte local de las células y tejidos en el organismo vivo y especialmente del tejido óseo. Si es inmediata, se llama *directa*, y si es progresiva *necrobiosis.* ‖ deriv.: **necrosado, da; necrósico, ca; necrótico, ca.**

NÉCTAR. al. **Nektar.** fr. **Nectar.** ingl. **Nectar.** ital. **Nettare.** port. **Néctar.** (Del lat. *néctar*, y éste del gr. *néktar.*) m. Bebida de los dioses del gentilismo. ‖ fig. Cualquier licor suave y gustoso. *Paladeó aquel* NÉCTAR. ‖ Jugo azucarado de las flores. *Las abejas liban el* NÉCTAR. ‖ deriv.: **nectarífero, a.**

NECTÁREO, A. adj. Que destila néctar, o sabe a él.

NECTARÍFERO, RA. adj. *Bot.* Que contiene néctar; que segrega un licor azucarado. *Glándulas* NECTARÍFERAS.

NECTARINO, NA. adj. Nectáreo.

NECTARIO. m. *Bot.* Glándula de las flores de varias plantas, que segrega un líquido azucarado.

NECHED. *Geog.* V. **Nedjed.**

NECHÍ. *Geog.* Río de Colombia (Antioquia), afl. del Cauca.

NEDERLAND. *Geog.* V. **Holanda.**

NEDJED. *Geog.* Región sit. en el interior de Arabia, que constituye un sultanato de Arabia Saudita. 1.390.000 km². 3.650.000 h. Cap. RIAD.

NÉE, Luis. *Biog.* Botánico francés naturalizado en España, que acompañó en 1789 a Malaspina en su misión científica.

NÉEL, Luis E. *Biog.* Físico francés, premio Nobel de su especialidad en 1970 por sus estudios sobre las propiedades magnéticas de los sólidos. Sus investigaciones tuvieron especial aplicación en el perfeccionamiento de las computadoras (n. en 1904).

NEERLANDÉS, SA. adj. y s. Holandés.

NEERLANDIA. *Geog.* V. **Holanda.**

NEFANDARIO, RIA. adj. Dícese de quien comete pecado nefando.

NEFANDO, DA. (Del lat. *nefandus.*) adj. Torpe, de lo que no se puede hablar sin repugnancia u horror. *Traición* NEFANDA; sinón.: **ignominioso, infame.** ‖ deriv.: **nefandamente.**

NEFARIO, RIA. (Del lat. *nefarius.*) adj. Malvado, impío, indigno del trato humano. ‖ deriv.: **nefariamente.**

NEFAS. (Del lat. *nefas*, injusto.) V. **Por fas o por nefas.**

NEFASCOPIO. m. Instrumento para determinar la velocidad de cuerpos celestes, incluso de las nubes.

NEFASTO, TA. (Del lat. *nefastus.*) adj. Aplicado a día o a cualquier otra división del tiempo, triste, funesto, ominoso. ‖ Aplícase con igual sentido a personas o cosas desgraciadas o detestables.

NEFELISMO. (Del gr. *nephele*, nube.) m. Conjunto de caracteres que presentan las nubes.

NEFELÓMETRO. m. Instrumento para medir la trasparencia de un fluido o la concentración y tamaño de las partículas en suspensión.

NEFERTITI. *Biog.* Reina de Egipto, esposa del faraón Akhenatón, que instauró el culto monoteísta (s. XIV a. de C.). Una expedición arqueológica alemana encontró, en 1912, en la ciudad de Tel-el-Amarna, un busto en piedra caliza, pintada de vivos colores, que representa a la soberana egipcia.

NEFRIDIO. m. *Anat.* Cada uno de los órganos excretores de los mamíferos inferiores y de los embriones de los superiores, que en éstos se transforman en riñones.

NEFRÍTICO, CA. adj. Perteneciente o relativo a los riñones. *Cólico* NEFRÍTICO; sinón.: **renal.** ‖ Que padece de nefritis. Ú.t.c.s. ‖ m. **Palo nefrítico.** ‖ **Piedra nefrítica.**

NEFRITIS. al. **Nierenentzündung; Nephritis.** fr. **Néphrite.** ingl. **Nephritis.** ital. **Nefrite.** port. **Nefrite.** (Del lat. *nephritis*, y éste del gr. *nephritis*, de *nephrós*, riñón.) f. *Pat.* Inflamación del riñón.

NEFTALÍ. *Hist. Sagr.* Sexto hijo de Jacob, patriarca de la tribu israelita de su nombre.

NEGABLE. adj. Que se puede negar.

NEGACIÓN. al. **Verneinung.** fr. **Négation.** ingl. **Negation; denial.** ital. **Negazione.** port. **Negação.** f. Acción y efecto de negar. antón.: **afirmación.** ‖ Carencia o falta total de una cosa. ‖ *Gram.* Partícula o voz que sirve para negar. *La* NEGACIÓN *más usada es* no. ‖ IDEAS AFINES: *Nada, ninguno, jamás, nihilismo, nulo, nunca, imposible, rehusar, recusar, oposición, veto, excluir.*

NEGADO, DA. adj. Incapaz o inepto para una cosa. Ú.t.c.s. *Es* NEGADO *para los números*; antón.: **inteligente.**

NEGAR. al. **Verneinen; verleugnen.** fr. **Nier; dénier.** ingl. **To deny.** ital. **Negare.** port. **Negar.** (Del lat. *negare.*) tr. Decir que no es verdad algo acerca de lo cual se interroga. *No* NEGARÁS *que tengo razón*; antón.: **afirmar.** ‖ Decir que no a algo pedido o pretendido, o no concederlo. *Le* NEGÓ *la ayuda habitual*; sinón.: **rehusar;** antón.: **conceder.** ‖ Prohibir, vedar. ‖ Olvidarse o retirarse de lo que antes se estimaba o frecuentaba. NEGÓ *a sus antiguos amigos.* ‖ No confesar el delito de que se es acusado. *El detenido* NEGÓ *el crimen.* ‖ Esquivar algo o no reconocerlo como propio. ‖ Ocultar, disimular. ‖ r. Excusarse de hacer algo, repugnar mezclarse en ello. SE NEGÓ *a firmar.* ‖ No admitir uno al que va a buscarlo a casa, haciendo decir que no está en ella. ‖ **Negarse** uno **a sí mismo.** frs. No condescender con sus deseos y apetitos, gobernándose conforme a la buena doctrina. ‖ irreg. Conj. como **acertar.** ‖ deriv.: **negador, ra; negamiento; negante.**

NEGATIVA. f. Negación, o lo que la contiene. ‖ Repulsa, no concesión de lo que se pide. *Todos votaron por la* NEGATIVA; antón.: **afirmativa.**

NEGATIVISMO. m. *Pat.* Tendencia morbosa a hacer lo contrario de lo previsto o aconsejado.

NEGATIVO, VA. al. **Verneinend; Negativ.** fr. **Négatif.** ingl. **Negative.** ital. **Negativo.** port. **Negativo.** adj. Que incluye negación o contradicción. *Resultados* NEGATIVOS; antón.: **afirmativo, positivo.** ‖ Perteneciente a la negación. ‖ Dícese de las imágenes fotográficas, radiográficas, etc. en que aparecen invertidos los claros y obscuros, o los colores complementarios de aquello que reproducen. Ú.t.c.s.m. *Der.* Aplícase al reo o testigo que no confiesa el delito o niega lo que se le pregunta. ‖ m. *For.* **Prueba negativa.** ‖ deriv.: **negativamente.**

NEGATÓN. m. Nombre que se da al electrón dinario de carga negativa, por oposición al positrón.

NEGATOSCOPIO. Pantalla luminosa sobre la que se colocan las radiografías para observarlas por transparencia.

NEGLIGÉ. adj. Galicismo por descuidado, desaliñado. ‖ m. Galicismo por traje de casa, bata, peinador.

NEGLIGENCIA. al. **Nachlässigkeit.** fr. **Négligence.** ingl. **Negligence; neglect.** ital. **Negligenza.** port. **Negligencia.** f. Descuido, omisión. *Fue amonestado por su* NEGLIGENCIA; antón.: **cuidado.** ‖ Falta de aplicación. ‖ IDEAS AFINES: *Pereza, despreocupación, desidia, abandono, apatía, desorden, vagabundo.*

NEGLIGENTE. (Del lat. *négligens, -entis*, p. a. de *neglígere*, mirar con indiferencia) adj. y s. Descuidado, omiso. NEGLIGENTE *en el vestir.* ‖ Falto de aplicación. ‖ deriv.: **negligentemente.**

NEGOCIABLE. adj. Que se puede negociar. *Documento* NEGOCIABLE.

NEGOCIACIÓN. f. Acción y efecto de negociar.

NEGOCIADO. m. Cada una de las dependencias de la administración, destinada a despachar determinada clase de asuntos. ‖ Negocio. ‖ *Arg., Chile, Ec.* y *Perú.* Negocio ilícito.

NEGOCIADOR, RA. adj. y s. Que negocia. ‖ Dícese del agente diplomático que gestiona asuntos importantes. *Los* NEGOCIADORES *de la paz.*

NEGOCIANTE. p. a. de **Negociar.** Que negocia. Ú.m.c.s. ‖ m. Comerciante.

NEGOCIAR. al. **Handeln.** fr. **Négocier.** ingl. **To trade; to negotiate.** ital. **Negoziare.** port. **Negociar.** (Del lat. *negotiari.*) intr. Comerciar, comprando y vendiendo o cambiando mercaderías o valores. NEGOCIAR *con papel, en cueros.* ‖ Ajustar traspasos o endosos. ‖ Descontar valores. ‖ Tratar asuntos procurando su mejor logro. ‖ Tratar por la vía diplomática, de potencia a potencia, un asunto. NEGOCIAR *un convenio.*

NEGOCIO. al. **Geschäft.** fr. **Affaire; négoce.** ingl. **Affair; commerce; shop.** ital. **Affare; negozio.** port. **Negócio; casa de negócio.** (Del lat. *negótium.*) m. Cualquier empleo o trabajo. ‖ Dependencia, pretensión o

MONTES Y MONTAÑAS

LÁMINA XLI

Cadena del Himalaya anapuma.

El Cañón del Colorado.

Cook. Monte en Nueva Zelandia.

Vista aérea de Río de Janeiro y del Pan de Azúcar.

Aconcagua, Argentina. Vista aérea.

Apeninos. Italia. Al fondo, el Gran Sasso.

Abruzos. Parque Nacional.

Alpes. La cadena del Monte Blanco.

Ararat. Nubes sobre el monte Ararat.

Las Dolomitas (Italia) constituyen un grupo rocoso formado por sedimentos provenientes de oscilaciones del suelo.

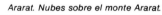

Típico paisaje chino de relieve ondulado. En el centro puede apreciarse un detalle de la Gran Muralla.

Cárpatos. Rumania.

Interior de la Alhambra,
Granada. S. XIII.

El Outb Minar.
Nueva Delhi, India.

La tumba de Tej Mahl. S. XVII.
Agra, India.

Vista de El Cairo
y de la Mezquita
del Sultán Hassan.
S. XIV.

Córdoba, España: Interior de la Mezquita.

Mezquita de Ispahan, con su
cúpula de cerámica esmaltada.

Interior de la Mezquita
de los Omeyas, Damasco.

NIDOS

LAMINA XLIII

Nido de
golondrina
(*Hirundo
rustica*).

Nido
pendular.

Nido de
ruiseñor
(*Luscinia
megarhynchos*).

Cigüeñas
europeas
(*Ciconia alba*)
sobre el nido.

Cormoranes
europeos
(*Phalacrocorax
carbo*)
con sus nidos.

Tejedor
(*Ploceus
castaneiceps*)
construyendo
su nido.

Nidos
colectivos del
republicano
(*Philetairus
socius*)
de Sudáfrica.

LÁMINA
XLIV

Leningrado, U.R.S.S.:
Palacio de Invierno.

PALACIOS FAMOSOS

Washington:
Capitolio.

Persépolis,
Irán:
Palacio
de Darío.

Taipur,
India:
Palacio
del maharajá.

Bangkok, Tailandia:
Palacio imperial.

San Pedro. Perú:
Ruinas del
Palacio
Viracocha.

Aviñón,
Francia:
Palacio de
los Papas.

Viena, Austria:
Palacio
Belvedere.

Londres,
Inglaterra:
Palacio de
Buckingham.

Ottawa, Canadá: Parlamento
con la Torre de la Paz.

Mitla, México:
Palacio de las Columnas.

Segovia, España: Alcázar.

agencia. ‖ Todo lo que es objeto de una ocupación lucrativa. *Es hombre de* NEGOCIOS. ‖ Negociación. ‖ Utilidad que se logra en lo que se trata, comercia o pretende. ‖ *Chile* y *R. de la Plata.* Tienda, comercio. ‖ – **de mala digestión.** fig. y fam. El que es dificultoso de componer. ‖ – **redondo.** fig. y fam. El muy ventajoso. ‖ **Evacuar** uno **un negocio.** frs. fam. Concluirlo. ‖ **Hacer** uno **su negocio.** frs. Sacar de un asunto el provecho que puede. ‖ Hacer un lucro indebido. ‖ IDEAS AFINES: *Comerciante, especulación, ganancia, traficar, balance, mercantil, patente, inventario, publicidad, acaparar, embargo, vender, comprar, flete, comisión.*

NEGOCIOSO, SA. adj. Diligente y cuidadoso de sus negocios.

NEGOMBO. *Geog.* Ciudad y puerto del O. de Sri Lanka. 55.000 h. Cueros.

NEGOZUELO. m. dim. de **Negocio.**

NEGRA. f. **Espada negra.** ‖ *Mús.* Semínima, nota musical.

NEGRADA. f. *Amér.* Conjunto de negros. ‖ Dicho o hecho propio de negros.

NEGRAL. adj. Que tira a negro.

NEGREAR. intr. Mostrar una cosa la negrura que tiene. antón.: **blanquear.** ‖ Tirar a negro. ‖ deriv.: **negreante.**

NEGRECER. intr. y r. Volverse negro. ‖ irreg. Conj. como **agradecer.**

NEGREGUEAR. intr. Negrear. ‖ deriv.: **negregueante.**

NEGREGURA. f. Negrura.

NEGRERÍA. f. Muchedumbre de negros.

NEGRERO, RA. adj. y s. Dedicado a la trata de negros. *Tráfico* NEGRERO. ‖ m. fig. Persona de condición dura, cruel para sus subordinados.

NEGRETA. f. Ave palmípeda del hemisferio boreal, que se alimenta de peces. *Oidemia nigra,* anátida.

NEGRETE, Miguel. *Biog.* Militar mex., que se distinguió en las luchas contra las intervenciones estadounidense y francesa en su país (1824-1897). ‖ – **Pedro C.** Militar mex. de origen esp. que en 1823 integró el gob. provisional (m. 1846).

NEGRI, Ada. *Biog.* Poetisa ital., autora de *Maternidad; Estrella matutina; Fatalidad* y otras obras (1870-1945).

NEGRILLA. f. Nombre dado a diversos hongos parásitos que atacan a los frutales, recubriéndolos de un polvillo negro. ‖ Especie de congrio de lomo obscuro.

NEGRILLERA. f. Terreno poblado de negrillos, olmos.

NEGRILLO, LLA. adj. dim. de **Negro.** ‖ m. Olmo. ‖ *Amér.* Mena de planta cuprífera o mineral de hierro de color muy obscuro. ‖ *Arg.* Especie de jilguero.

NEGRI SEMBILÁN. *Geog.* Estado de la Federación Malaya. 6.681 km². 500.000 h. Cap. SEREMBAN. Tabaco, caucho.

NEGRITO, TA. adj. Dícese del individuo perteneciente a una raza negra de las Filipinas. Ú.t.c.s. *Los* NEGRITOS *son de muy baja estatura.* ‖ m. Pájaro de Cuba de tamaño y canto semejantes a los del canario.

NEGRITOS. *Geog.* Pobl. del Perú, en el dep. de Piura. Importante centro petrolífero. 5.000 habitantes.

NEGRIZAL. m. Terreno negruzco y muy fértil.

NEGRIZCO, CA. adj. Negruzco.

NEGRO. (Del lat. *niger, nigri.*) adj. Dícese del color totalmente obscuro; no es propiamente un color, sino la ausencia de color, resultante de la absorción de todas las radiaciones luminosas. U.t.c.s.m. *El* NEGRO, *color del cuervo, es símbolo de muerte y desolación.* ‖ Junto con algunos substantivos, parecido al color de las cosas que éstos designan. NEGRO *azabache.* ‖ – **animal. Carbón animal.** ‖ – **de humo.** Polvo que se recoge de los humos de materias resinosas. ‖ – **de la uña.** Parte extrema de la uña cuando está sucia. ‖ fig. Lo mínimo de cualquier cosa.

NEGRO, GRA. al. **Schwarz; Neger.** fr. **Noir; nègre.** ingl. **Black; negro.** ital. **Nero; negro.** port. **Preto; negro.** adj. De color **negro,** ler. art. *La bandera belga es* NEGRA, *amarilla y roja.* ‖ Moreno. ‖ Que no tiene el color, brillo o blancura que le corresponde. *Nubes* NEGRAS. ‖ V. **Raza negra.** ‖ Perteneciente o relativo a la **raza negra.** Apl. a pers., ú.t.c.s. ‖ fig. Muy triste y melancólico. *Pensamientos* NEGROS. ‖ Infausto, desventurado. *¡Qué suerte* NEGRA! ‖ *Amér.* Voz de cariño. ‖ m. El que hace trabajos literarios que firma otro o que trabaja anónimamente para lucimiento y provecho de otro. ‖ **Ésa es más negra,** o **ésa sí que es negra.** frs. fig. y fam. con que se encarece la dificultad de una cosa. ‖ IDEAS AFINES: *Luto, ébano, betún, carbón, africano, sombras, tinieblas, nocturno, tiznado, atrabiliario, melanosis.*

● **NEGRO.** *Antrop.* Pocos son los rasgos y caracteres somáticos – color amarillento de la córnea, por ejemplo –, que permiten diferenciar netamente al **negro** del individuo perteneciente a otras razas humanas. En efecto, no pertenecen a la raza negra, desde un punto de vista estricto, todos los individuos que tienen piel negra y cabello lanoso, antes considerados como caracteres específicos del **negro.** Los bosquimanos, los pigmeos y los camitas no integran la raza negra; la nariz aplastada y baja, el índice nasal elevado, el prognatismo, la frente abombada, el grosor de los labios, etc., si bien son rasgos propios del **negro,** también aparecen en otras razas afines. Su grado de civilización original, es decir, antes de su contacto con la cultura europea, era, en general, rudimentario. Practicaba la metalurgia, la cerámica y el arte textil, de manera primitiva y con instrumentos elementales. Vivía de la pesca y la caza, así como del laboreo de la tierra. Su vivienda es sencilla, su indumentaria, de colores vivos, y muestran afición por los tatuajes y la deformación de algunas partes del cuerpo. Se agrupa en tribus, de las cuales algunas constituyen clanes; se divide en castas y clases sociales; generalmente adopta la monarquía como forma de gobierno. Existen entre los **negros** pueblos belicosos y algunos son antropófagos. Su religión es totémica; adoran ídolos y practican la magia y la hechicería, caracterizándose por su extremada superstición. Traídos originalmente a América como esclavos, los **negros** fueron aclimatándose a sus nuevas condiciones de vida, y elevaron considerablemente su nivel cultural, sin perder sus características raciales.

NEGRO. *Geog.* Volcán de la Argentina (Salta) 5.147 m. ‖ Cerro de los Andes, entre la prov. argentina de Jujuy y el dep. boliviano de Potosí. 5.029 m. ‖ Cerro de los Andes colombianos orientales, entre los dep. de Magdalena y norte de Santander. 3.783 m. ‖ Río de América Central que des. en el golfo de Fonseca. En parte de su recorrido marca el límite entre Honduras y Nicaragua. ‖ Río de la Argentina, el más importante de la Patagonia. Lo forman los ríos Neuquén y Limay, cruza la prov. de Río Negro, marca el límite con la prov. de Buenos Aires y des. en el océano Atlántico. 635 km. No tiene afluentes. Sus aguas se utilizan para riego y para la obtención de energía hidroeléctrica. ‖ Río de la Argentina (Chaco), afl. del Paraná. Sobre su margen derecha está edificada la c. de Resistencia. ‖ Río del Brasil. Nace en Colombia con el nombre de Guainía (V. **Guainía**) y desagua en el Amazonas, cerca de Manaos. 2.000 km. ‖ Río del Paraguay, afl. de la margen derecha del río Paraguay. ‖ Río de Uruguay. Nace en el Brasil y después de atravesar el territorio de N. E. a S. O. desagua en el río Uruguay. 600 km. ‖ **Mar –.** Mar interior sit. entre Europa y Asia. Lo forma el Mediterráneo entre Turquía, Rusia, Bulgaria y Rumania. 420.000 km². Su profundidad media es de 1.200 m. Es el antiguo **Ponto Euxino.** ‖ – **Muerto.** Cerro de la Argentina (Catamarca). 5.970 m. ‖ – **Overo.** Cerro de Argentina (La Rioja), en la sierra de Famatina. 6.050 m.

NEGRÓFILO, LA. adj. y s. Enemigo de la esclavitud y trata de negros. ‖ Amante y defensor de los negros.

NEGROIDE. adj. *Amér.* Se aplica a lo perteneciente o relativo a la raza negra. ‖ De caracteres somáticos o psíquicos pertenecientes a la raza negra.

NEGRÓN, Diego Marín de. V. **Marín de Negrón, Diego.**

NEGROPONTO. *Geog.* V. **Eubea.**

NEGROR. m. Negrura.

NEGROS. *Geog.* Isla de las Filipinas, en el grupo de las Bisayas. Comprende dos provincias: **Negros Occidental.** 7.926 km². 1.590.000 h. Cap. BACOLOD; y **Negros Oriental.** 5.745 km². 780.0000 h. Cap. DUMAGUETE.

NEGRURA. f. Calidad de negro. *La* NEGRURA *del escarabajo; de una cueva.*

NEGRUZCO, CA. adj. Muy moreno. *Piel* NEGRUZCA.

NEGUEV. *Geog.* Región al extremo sur de Israel, que constituye un triángulo desértico de 14.000 km². Ha adquirido valor agrícola gracias al riego y a la instalación de colonias. Yacimientos petrolíferos.

NEGUIJÓN. m. Enfermedad de los dientes, que los carcome y pone negros.

NEGUILLA. (Del lat. *nigella,* negruzca.) f. Planta lanuginosa, abundante en los sembrados. *Agrostema githago,* cariofilácea. ‖ Su semilla. ‖ Arañuela, planta. ‖ Mancha negra en la cavidad de los dientes de las caballerías, que indica la edad de éstas.

NEGUILLÓN. m. Neguilla, planta.

NEGUNDO. m. Árbol de América del Norte, a menudo plantado como ornamental, de flores dioicas y sin pétalos. *Acer negundo,* aceráceа.

NEGUS. m. Título del emperador de Etiopía.

NEHEMÍAS. *Hist. Sagr.* Piadoso judío que consiguió permiso de Artajerjes para levantar las murallas de Jerusalén.

NEHRU, Jawaharlal Pandit. *Biog.* Político indio, discípulo de Gandhi y figura de relieve en la lucha por la independencia de su patria. Escribió varios libros, entre ellos *India y el mundo; Antes y después de la Independencia* y *Autobiografía* (1889-1964).

NEIBA. *Geog.* Bahía de la Rep. Dominicana, en la prov. de Barahona. ‖ Río de la Rep. Dominicana. 200 km. Llámase también **Yaque del Sur.** ‖ C. de la Rep. Dominicana, capital de la prov. de Bahoruco. 2.137 h.

NEIRA, Juan José. *Biog.* Patriota y militar col., uno de los héroes de Boyacá (1793-1841).

NEIRA. *Geog.* Población de Colombia (Caldas). 5.060 h.

NEIS. m. Gneis.

NÉISICO, CA. adj. Gnéisico.

NEISSE. *Geog.* Río de Europa que sirve de límite entre Polonia y Alemania. Desagua en el río Oder después de recorrer 225 km.

NEISSER, Alberto. *Biog.* Médico al., que confirmó por medio de colorantes la existencia del bacilo de la lepra descubierto por Hansen. Aisló el gonococo de la blenorragia, llamado "bacilo de Neisser" (1855-1918).

NEITH. *Mit.* Diosa egipcia, madre de Ra, protectora de las artes y de la guerra.

NEIVA. *Geog.* Cerro de los Andes orientales de Colombia, en el dep. de Huila. 2.700 m. ‖ C. de Colombia, capital del dep. de Huila. 94.000 h. (con el municipio). Puerto importante sobre el Magdalena y centro agrícola y comercial de notable actividad.

NEJA. f. *Chile.* Nesga. ‖ *Méx.* Tortilla de maíz cocido.

NEJAYOTE. m. *Méx.* Agua amarillenta en que se ha cocido maíz.

NELA, Eda. *Biog.* Poetisa pan. cont. que con Rogelio Simón, Roque Laurenza y otros escritores encabezó en su país el movimiento del vanguardismo literario.

NELATON, Augusto. *Biog.* Notable cirujano francés (1807-1873).

NELDO. m. Aféresis de **Eneldo.**

NELSON, Horacio. *Biog.* Marino ingl. de brillante actuación en la hist. naval de su país. Destruyó en Abukir la flota que Napoleón había llevado a Egipto; en 1801 bombardeó Copenhague y destruyó la flota danesa y en 1805 infligió a la escuadra franco-española la derrota de Trafalgar, acción en la que perdió la vida (1758-1805).

NELSON. *Geog.* Río del Canadá que des. en la bahía de Hudson. 650 km.

NELUMBIO. m. Planta de flores blancas o amarillas y hojas aovadas, ninfeácea.

NELLIGAN, Emilio. *Biog.* Poeta canadiense de nerviosa y sutil expresión, influido por el simbolismo. Es célebre su *Romance del vino* (1882-1941).

NEMA. (Del lat. *nema,* y éste del gr. *nema,* hilo.) f. Cierre o sello de carta.

NEMATELMINTOS. m. pl. *Zool.* Clase de gusanos de cuerpo cilíndrico, no segmentado, con vasos sanguíneos. *Los* NEMATELMINTOS *parásitos son más largos que los libres.*

NEMATOCISTO. m. *Zool.* Cada vesícula urticante de los celentéreos.

NEME. m. *Col.* Betún o asfalto.

NEMEA. *Geog. histór.* Antigua región de Argólida (Grecia) famosa por los estragos que cometía el león que mató Hércules y por las fiestas que se celebraban en honor del héroe.

NEMEO, A. adj. Natural de Nemea. Ú.t.c.s. ‖ Perteneciente a dicha ciudad. ‖ Dícese de los juegos que los griegos celebraban en honor de Hércules, porque mató al león de Nemea.

NÉMESIS. *Mit.* Diosa griega que representaba la venganza y la justicia inexorable, siempre vigilante.

NEMI. *Geog.* Lago de Italia (Roma) sit. en un antiguo cráter, en cuya orillas se encuentran las ruinas de un famoso templo dedicado a Diana.

NÉMINE DISCREPANTE. expr. lat. Sin discordancia ni oposición alguna. ‖ Por unanimidad.

NEMÓNICA. f. Nemotecnia.

NEMÓNICO, CA. adj. Nemotécnico.

NEMOROSO, SA. (Del lat. *nemorosus;* de *nemus,* bosque.) adj. poét. Perteneciente o relativo al bosque. *Frescor* NEMOROSO. ‖ Cubierto de bosques. sinón.: **boscoso, selvoso.**

NEMOSINA. *Mit.* Mnemosina.

NEMOTECNIA. f. Arte de aumentar las facultades y alcance de la memoria, mediante determinadas reglas. ‖ Método para adquirir una memoria artificial.

NEMOTÉCNICO, CA. adj. Perteneciente a la nemotecnia. *Tratado* NEMOTÉCNICO. ‖ Que sirve para ayudar a la memoria. *Artificio* NEMOTÉCNICO. ‖ f. Nemotecnia.

NEMOURS, Luis C. de Orleáns, duque de. *Biog.* Príncipe fr., elegido rey belga en 1831, cargo que su padre, Luis Felipe, le impidió aceptar (1814-1896).

NEMROD. *Biog.* Según el Génesis, nieto de Cam y fundador del imperio babilónico.

NENE, NA. s. fam. Niño pequeño. ‖ Dícese cariñosamente de personas mayores. ‖ m. fig. irón. Facineroso.

NENEQUE. m. *Hond.* Persona muy débil.

NENIA. (Del lat. *nenia.*) f. Composición poética que en la antigüedad se cantaba en las exequias de alguien. ‖ La hecha en alabanza de algún difunto.

NENNIO. *Biog.* Historiador ingl. cuya *Historia Britonum* constituye una fuente de primer orden sobre la colonización de Bretaña (s. IX).

NENÚFAR. al. **Wasserlillie.** fr. **Nénufar.** ingl. **Water lily.** ital. **Ninfea.** port. **Nenúfar.** (Del ár. *nilúfar.*) m. Planta de flores blancas o amarillas y hojas enteras y casi redondas, rizoma largo y nudoso, y fruto capsular. *Nymphaea alba,* ninfeáceas. *En el estanque florecían los* NENÚFARES.

NEO. (Del gr. *neos,* nuevo.) Partícula inseparable que se usa como prefijo y significa reciente o nuevo. NEO*logismo;* NEO*plasia.*

NEO. m. Neón.

NEO. m. Apócope de **Neocatólico.** ‖ Ultramontano.

NEOCATOLICISMO. m. Doctrina política y religiosa que pretende restablecer en todo su rigor las tradiciones católicas en la vida social y en el gobierno del estado.

NEOCATÓLICO, CA. (Del gr. *neos,* nuevo, y de *católico.*) adj. Perteneciente o relativo al neocatolicismo. ‖ Partidario de esta doctrina. Ú.t.c.s.

NEOCELANDÉS, SA. adj. Natural de Nueva Zelanda.

Ú.t.c.s. ‖ Perteneciente a este país.

NEOCESAREA. *Geog. histór.* C. ant. del Ponto (Asia Menor). Hoy **Niksar.**

NEOCLASICISMO. m. Corriente literaria y artística, dominante en Europa en la segunda mitad del siglo XVIII y parte del siglo XIX, tendiente a restaurar las normas del clasicismo.

NEOCLASICISTA. adj. y s. neol. Neoclásico.

NEOCLÁSICO, CA. adj. Perteneciente o relativo al neoclasicismo. *La moda* NEOCLÁSICA. ‖ Partidario del neoclasicismo. Ú.t.c.s. *Nicolás de Moratín fue* NEOCLÁSICO.

NEOCRISTIANISMO. m. Filosofía cristiana con la que algunos escritores modernos han intentado reemplazar el credo católico.

NEOCRISTIANO, NA. adj. Perteneciente o relativo al neocristianismo. ‖ s. Partidario de esta doctrina.

NEOCRITICISMO. m. Renovación del criticismo kantiano.

NEODIMIO. m. Elemento químico del grupo de las tierras raras. Símbolo Nd. n. atóm. 60 y p. atóm. 144,27.

NEÓFITO, TA. al. **Neophyt; Neubekehrfer.** fr. **Néophyte.** ingl. **Neophyte.** ital. **Neofito.** port. **Neófito.** (Del lat. *neóphytus*, y éste del gr. *neóphitos*, de *neos*, nuevo, y *phýo*, hacer.) s. Persona recién convertida a una religión. *San Francisco Solano consiguió muchos* NEÓFITOS. ‖ Persona recién admitida al estado eclesiástico o religioso. ‖ Por ext., persona recientemente adherida a una causa, o incorporada a una agrupación o colectividad. ‖ IDEAS AFINES: *Novicio, nuevo, bautismo, catacumbas, iniciación, incipiente, discípulo, doctrina, estreno, balbuceo.*

NEOGRANADINO, NA. adj. Natural de Nueva Granada. Ú.t.c.s. ‖ Perteneciente a este país, hoy Colombia.

NEOLATINO, NA. adj. Que procede de los latinos o de su lengua.

NEOLECTOR, RA. s. Persona alfabetizada recientemente.

NEOLÍTICO, CA. adj. Perteneciente o relativo a la era de la piedra pulimentada. *Hacha* NEOLÍTICA.

NEOLOGÍA. f. Creación de voces nuevas.

NEOLÓGICO, CA. adj. Perteneciente o relativo al neologismo.

NEOLOGISMO. al. **Neologismus; Neuwort.** fr. **Néologisme.** ingl. **Neologism.** ital. **Neologismo.** port. **Neologismo.** (Del gr. *neos*, nuevo, y *logismós*, razonamiento.) m. Vocablo, acepción o giro nuevo en una lengua. *Diariamente se crean* NEOLOGISMOS *científicos.* ‖ Su uso.

NEÓLOGO, GA. s. Quien usa neologismos.

NEOMENIA. (Del lat. *neomenia*, y éste del gr. *neomenía*; de *neos*, nuevo, y *mene*, Luna.) f. Primer día de la Luna.

NEÓN. m. Gas raro, incoloro e inodoro, presente en pequeña proporción en la atmósfera. Utilizado en letreros luminosos. Elemento de símbolo Ne, n. atóm. 10 y p. atóm. 20,183.

NEOPLASIA. f. *Cir.* Restauración de tejidos; formación de otros nuevos. ‖ *Pat.* Formación de tejidos nuevos en estado mórbido. Aplícase generalmente a los tumores cancerosos. ‖ deriv.: **neoplásico, ca.**

NEOPLASMA. m. *Pat.* Tejido de nueva formación en el organismo.

NEOPLATONICISMO. m. Neoplatonismo.

NEOPLATÓNICO, CA. adj. Perteneciente o relativo al neoplatonismo. ‖ Dícese del que sigue esta doctrina. Ú.t.c.s.

NEOPLATONISMO. m. Cualquier sistema filosófico que se basa en las doctrinas de Platón. ‖ Escuela filosófica de los s. II y III, en que se procuraba conciliar las doctrinas de Platón con otros sistemas antiguos.

NEORAMA. (Del gr. *neos*, nuevo, y *hórama*, vista.) m. Especie de panorama, 1ª acep.

NEORREALISMO. *B. A.* Movimiento que caracterizó, en la década del 40, la obra de ciertos directores cinematográficos.

NEOYORQUINO, NA. adj. Natural de Nueva York. Ú.t.c.s. ‖ Perteneciente a esta ciudad. *Rascacielos* NEOYORQUINOS.

NEPAL. *Geog.* Reino independiente de Asia sit. al N. E. de la India 140.797 km² 13.140.000 h. Cap. KATMANDÚ. En su territorio, enclavado en la cordillera del Himalaya, se hallan los picos más altos del mundo, tales como el Everest, el Kanchenyunga y el Yhotse. Produce algodón, arroz, maderas, caña de azúcar, yute, ganado bovino y caballar, etc.

NEPENTE. (Del gr. *nepenthés*, exento de dolor.) m. Planta asiática, cuyas hojas encierran un líquido dulce. ‖ Bebida que los dioses de la gentilidad usaban para curarse las heridas o dolores y que además producía olvido.

NEPER, Juan. *Biog.* Matemático ingl., inventor de la tabla de logaritmos y autor de principios básicos del cálculo aritmético y trigonométrico (1550-1617).

NEPERIANO, NA. adj. Relativo a Neper.

NEPOCIANO, Flavio P. *Biog.* Emperador de Occidente en 350, muerto a los veintiocho días de su reinado.

NEPOMUCENO, Alberto. *Biog.* Compositor bras., autor de *Suite brasileña; Artemil y Abul*, y otras obras (1864-1920).

NEPOMUCENO, San Juan. *Biog.* Mártir de Bohemia (1330-1383).

NEPOTE. (Del ital. *nepote*, sobrino, y éste del lat. *nepos, -otis.*) m. Pariente y privado del Papa. *Ministro* NEPOTE.

NEPOTE, Cornelio. *Biog.* Escritor latino, autor de una famosa colección de biografías: *Vida de los capitanes ilustres de Grecia* (s. I a. de C.).

NEPOTISMO. (De *nepote.*) m. Desmedida preferencia que algunos dan a sus parientes para las gracias o empleos públicos.

NEPTÚNEO, A. adj. poét. Perteneciente o relativo a Neptuno o al mar. *Furor* NEPTÚNEO.

NEPTUNIANO, NA. adj. *Geol.* Neptúnico.

NEPTÚNICO, CA. adj. *Geol.* Dícese de los terrenos y de las rocas en formación sedimentaria.

NEPTUNIO. m. Elemento químico radiactivo, descubierto en 1940. Símb. Np; n. atóm. 93, p. atóm. 239.

NEPTUNISMO. m. *Geol.* Hipótesis que atribuye exclusivamente a la acción del agua la formación de la corteza terrestre. ‖ deriv.: **neptunista.**

NEPTUNO. m. Planeta descubierto en 1846 por Leverrier, de acuerdo con los cálculos realizados por Galle. Describe una órbita casi circular a 4.501.000.000 de km. del Sol y tarda en recorrerla 165 años. Su diámetro es 4,3 veces mayor que el de la Tierra. Tiene dos satélites: Tritón y Nereida. ‖ poét. El mar.

NEPTUNO. *Mit.* Uno de los principales dioses de la antigüedad latina. Obtuvo el imperio de las aguas de mares, ríos y fuentes, al ayudar a Júpiter a derrocar a Saturno.

NEQUÁQUAM. (Voz lat.) adv. n. fam. De ningún modo, en ninguna manera.

NEQUICIA. (Del lat. *nequitia.*) f. Maldad, perversidad.

NE QUID NIMIS. expr. lat. que significa *nada con demasía* y que se usa aconsejando moderación.

NERCASSEAUX Y MORÁN, Enrique. *Biog.* Escritor chil., autor de *Tratado de métrica castellana*; *Antología castellana arcaica*, y otras obras (1855-1925).

NEREIDA. (Del lat. *Nereides*, y éste del gr. *Nereis*, hija de Nereo.) f. *Mit.* Cualquiera de las ninfas que residían en el mar, jóvenes hermosas de medio cuerpo arriba y peces en lo restante.

NEREO. *Mit.* Dios marino, padre de las Nereidas. Representaba el mar en calma, propicio a las empresas humanas.

NERI, San Felipe. *Hagiog.* Religioso ital. consagrado al ejercicio de la caridad y a la ayuda de enfermos y desvalidos (1515-1595). Fue canonizado en 1622.

NERI MEDINA, Felipe. *Biog.* Político hond. Fue uno de los gobernantes interinos de su país durante el período 1838-1841.

NERITA. f. Género de moluscos gasterópodos marinos, de concha imperforada en espiral, con unas 200 especies en mares cálidos y templados; se conocen también especies fósiles.

NERNST, Gualterio. *Biog.* Físico y químico al. inventor de la lámpara eléctrica de su nombre y autor de notables trabajos sobre electrólisis, galvanismo y teoría de las disoluciones. Sus estudios de termoquímica le valieron en 1920 el premio Nobel de Química (1864-1941).

NERÓN. m. fig. Hombre muy cruel.

NERÓN. *Biog.* Emperador romano, famoso por su crueldad, cuyo nombre completo era **Lucio Domicio Nerón.** Se dice que hizo matar a su madre, a su esposa y a su maestro Séneca; que ordenó el incendio de Roma y las persecuciones a los cristianos. Se suicidó al ser derrocado por Galba (37-68).

NERONIANO, NA. adj. Perteneciente o relativo a Nerón. *Juegos* NERONIANOS. ‖ fig. Cruel, sanguinario.

NERUDA, Juan. *Biog.* Lit. checo, poeta, dram. y cuentista notable. Autor de *Cuentos de la Mala Strana; Cantos cósmicos; Motivos sencillos* y otras obras (1834-1891). ‖ **— Pablo.** Poeta chil., cuyo verdadero nombre era **Neftalí Ricardo Reyes.** Su obra –una de las más auténticas y personales de este siglo– ha evolucionado desde el romántico acento de *Veinte poemas de amor y una canción desesperada* hasta un estilo propio, punto de partida de una nueva tendencia para la poesía de habla española. Otras obras: *Tentativa del hombre infinito; Residencia en la tierra; Canto general de Chile*, etc. Obtuvo en 1971 el premio Nobel de Literatura (1904-1973).

NERVA, Marco. *Biog.* Emperador romano que terminó con la persecución a los cristianos (25-98).

NERVADURA. f. *Arq.* Moldura saliente. ‖ *Hist. Nat.* Conjunto de los nervios de las hojas o las alas de los insectos. ‖ IDEAS AFINES: *Limbo, pecíolo, vena, inervación, circulación, neuróptero, cordón.*

NERVAL, Gerardo de. *Biog.* Escritor fr., representante del romanticismo literario y precursor del simbolismo. Autor de *Sylvia; La bohemia galante; Las quimeras*, etc. (1808-1855).

NÉRVEO, A. adj. Perteneciente a los nervios. ‖ Semejante a ellos.

NERVEZUELO. m. dim. de **Nervio.**

NERVIECILLO. m. dim. de **Nervio.**

NERVINO, NA. (Del lat. *nervinus.*) adj. Que tonifica y estimula los nervios.

NERVIO. al. **Nerv.** fr. **Nerf.** ingl. **Nerve.** ital. **Nervo.** port. **Nervo.** (Del ant. *niervo*, y éste del lat. *nervus.*) m. Cada uno de los cordones blanquecinos, compuestos por fibras procedentes de neuronas, que parten do del cerebro, la medula espinal u otros centros, se distribuyen por todas las partes del cuerpo, y son los órganos de la sensibilidad y del movimiento. ‖ Aponeurosis, o cualquier tendón o tejido blanco, duro y resistente. ‖ Cuerda de los instrumentos músicos. ‖ Haz fibroso que corre a lo largo de las hojas de las plantas por su envés. ‖ Cada una de las cuerdas que se colocan al través en el lomo de un libro para encuadernarlo. ‖ fig. Fuerza y vigor. ‖ Eficacia o vigor de la razón. ‖ *Arq.* Arco saliente en el intradós de una bóveda. ‖ *Mar.* Cabo firme en la cara alta de una verga, y al cual se asegura la relinga de grátil de una vela. ‖ **— ciático.** El más grueso del cuerpo, terminación del plexo sacro, que se distribuye en los músculos posteriores del muslo, los de la pierna y el pie. ‖ **— de buey.** Vergajo. ‖ **— óptico.** *Anat.* El que desde el ojo transmite al cerebro las impresiones visuales. ‖ **— vago.** *Anat.* **Nervio** par que nace del bulbo de la medula espinal, desciende por las partes laterales del cuello, penetra en las cavidades del pecho y vientre, y termina en el estómago y plexo solar. ‖ IDEAS AFINES: *Neuralgia, neurastenia, cable, corriente, filamento, conducción, nervioso, excitabilidad.*

NERVIÓN. *Geog.* Río de España. Cruza las prov. de Álava y Vizcaya y des. en el mar Cantábrico formando una ría, en la que se encuentra el puerto de Bilbao. 72 km.

NERVIOSIDAD. f. Estado pasajero de excitación nerviosa. *Aguardaba con* NERVIOSIDAD *la decisión paterna*; antón.: **tranquilidad.** ‖ Nervosidad.

NERVIOSISMO. m. Nerviosidad.

NERVIOSO, SA. al. **Nervig; nervös.** fr. **Nerveux.** ingl. **Nerved; nervous.** ital. **Nervoso.** port. **Nervoso.** adj. Que tiene nervios. ‖ Perteneciente o relativo a los nervios. *Sistema* NERVIOSO. ‖ Dícese de la persona cuyos nervios se excitan con facilidad. ‖ fig. Fuerte y vigoroso. ‖ deriv.: **nerviosamente.**

NERVO, Amado. *Biog.* Literato mex. cuya extensa obra ejerció gran influencia sobre la poesía de lengua castellana. Recorrió el camino que va del opulento lirismo a un refinamiento místico y filosófico. Publicó *Perlas negras; La amada inmóvil; Los jardines interiores; Serenidad*, etc. (1870-1919).

NERVOSIDAD. (Del lat. *nervósitas-, -atis.*) f. Fuerza y actividad de los nervios. ‖ Propiedad de algunos metales de textura fibrosa de dejarse doblar sin romperse. ‖ fig. Eficacia de los argumentos y razones.

NERVOSISMO. m. Nerviosismo.

NERVOSO, SA. adj. Nervioso. ‖ deriv.: **nervosamente.**

NERVUDO, DA. adj. De nervios robustos.

NERVURA. f. Conjunto de las partes salientes que los nervios de un libro forman en éste.

NESCIENCIA. f. Ignorancia, falta de ciencia.

NESCIENTE. (Del lat. *nesciens, -entis.*) adj. Que no sabe. ‖ deriv.: **nescientemente.**

NESGA. (Quizá del ár. *nesch*, entretejedura.) f. Pieza de lienzo o paño, de forma triangular, que se añade a las ropas para darles el vuelo o el ancho que necesitan. ‖ fig. Pieza de cualquier cosa, de figura triangular, unida con otras.

NESGADO, DA. adj. Que tiene nesgas. *Falda* NESGADA.

NESGAR. (De *nesga.*) tr. Cortar una tela en dirección oblicua a la de sus hilos. sinón.: **sesgar.**

NESO. *Mit.* Centauro que intentó raptar a Deyanira y fue herido por Hércules, su esposo. Al morir, dio Neso su túnica a Deyanira, como talismán que debía enviar a su cónyuge si éste le era infiel, para avivar su amor. Esta túnica, que revestida por Hércules lo estrechó hasta el extremo de obligarlo a suicidarse, es el símbolo de las grandes pasiones.

NÉSPERA. f. Níspero, árbol.

NÉSTOR. *Mit.* Legendario rey de Pilos, el más anciano de los que asistieron al sitio de Troya; célebre por su sabiduría.

NESTORIANISMO. (De *nestoriano.*) m. Herejía del siglo V, que profesaba la división de la unidad del Redentor en dos personas, separando en Él la naturaleza divina de la humana.

NESTORIANO, NA. (Del lat. *nestorianus.*) adj. y s. Partidario del nestorianismo.

NESTORIO. *Biog.* Patriarca de Constantinopla depuesto por el Concilio de Éfeso por difundir la herejía llamada nestorianismo (s. V).

NETÁCEO, A. adj. *Bot.* Gnetáceo. ‖ f. pl. *Bot.* Gnetáceas.

NETALES. f. pl. *Bot.* Gnetales.

NETAMENTE. adv. m. Con limpieza y distinción. *Explicó el asunto* NETAMENTE.

NETEZUELO, LA. s. dim. de **Nieto.**

NETO, TA. al. **Netto.** fr. **Net.** ingl. **Neat; net.** ital. **Netto.** port. **Neto.** (Del lat. *nítidus.*) adj. Limpio y puro. *Un amigo* NETO. ‖ Que resulta líquido en cuenta, después de comparar el cargo con la data; o en el precio, después de descontar los gastos. ‖ m. *Arq.* Pedestal de la columna, considerándolo aparte de las molduras. ‖ **En neto.** m. adv. En limpio, líquidamente.

NETO, Vargas. *Biog.* Literato bras. contemporáneo, autor de *Tropilla criolla; Joã*, y otros libros.

NETZAHUALCOYÓTL. *Biog.* Rey de Texcoco que durante los cuarenta años de su reinado, fomentó las bellas artes (1402-1472).

NETZAHUALPILLI. *Biog.* Rey de Texcoco que hizo importantes correcciones al famoso calendario azteca (1462-1516).

NEUCHÂTEL. *Geog.* Lago del N.O. de Suiza, al pie del Jura. 240 km^2. ‖ Cantón del N.O. de Suiza. 799,6 km^2. 174.000 h. Cap. hom. 40.000 h. Industria relojera.

NEUILLY. *Geog.* Ciudad de Francia (Sena), próxima a París. 71.000 h. Perfumes, automóviles, barnices.

NEUMA. (Del gr. *pneuma*, espíritu, soplo.) m. *Mús.* Signo que se empleaba para escribir la música antes del sistema actual. ‖ Grupo de notas de adorno con que solían concluir las composiciones musicales de canto llano. Ú.m. en pl. ‖ IDEAS AFINES: *Notación, convención, gregoriano, misal, contrapunto, chantre, coro, abadía.*

NEUMA. (Del gr. *neuma*, movimiento de cabeza.) m. *Ret.* Declaración de lo que se siente o desea, por medio de movimientos, señas o interjecciones.

NEUMANE, Antonio. *Biog.* Compositor ec. de origen alemán, autor de la música del Himno Nacional de su país (1820-1895).

NEUMANN, Carlos. *Biog.* Historiador al., autor de *Los helenos en Escitia; Historia de Roma durante la caída de la República; La época de las guerras púnicas,* etc. (1823-1880). ‖ — **Carlos Godofredo.** Matemático al., autor de *Teoría de las fuerzas eléctricas; La rotación magnética del campo de polarización de la luz* y otras obras (1832-1925). ‖ — **Francisco Ernesto.** Físico al., cuyos estudios sobre calor y electrodinámica constituyeron un importante aporte a la teoría de la luz (1798-1895). ‖ — **Juan Baltasar.** Arquitecto al., considerado el mejor representante del estilo barroco en Alemania. Constructor del castillo de Wurtzburgo y de numerosos palacios e iglesias (1687-1753). ‖ — **Y GANDÍA, Eduardo.** Pedagogo portorr., autor de *Estudios astronómicos; Las escuelas de adultos; Cuba y su independencia* y otras obras (1852-1913).

NEUMÁTICO, CA. al. **Reifen; Pneu.** fr. **Pneumatique; pneu.** ingl. **Pneumatic; tire.** ital. **Pneumatico.** port. **Pneumático.** (Del lat. *pneumáticus*, y éste del gr. *pneumatikós*, relativo a la respiración.) adj. *Fís.* Dícese de varios aparatos para operar con el aire. *La máquina* NEUMÁTICA *sirve para enrarecer el aire.* ‖ m. Tubo de goma que lleno de aire comprimido sirve de llanta a las ruedas de los automóviles, bicicletas, etc.

NEUMATOTERAPIA. f. V. **Neumoterapia.**

NEUMOCOCO. (Del gr. *pneumon*, pulmón, y *kokkos*, grano.) m. *Med.* Microorganismo lanceolado, agente de la neumonía y otras manifestaciones patológicas, conocidas por neumococia.

NEUMOCONIOSIS. f. *Pat.* Grupo de enfermedades crónicas de los bronquios y los pulmones provocadas por la inhalación de polvillo de substancias minerales o vegetales (carbón, sílice, hierro, calcio, tabaco, etc.).

NEUMOGÁSTRICO. m. V. **Nervio vago.**

NEUMOLOGÍA. f. *Med.* Estudio o tratado de las enfermedades pulmonares o de las vías respiratorias en general.

NEUMONÍA. al. **Lungenentzündung, Pneumonie.** fr. **Pneumonie.** ingl. **Pneumonia.** ital. **Polmonia; polmonite.** port. **Pneumonia.** f. *Pat.* Enfermedad aguda producida por el neumococo, que se caracteriza anatómicamente por la consolidación de una porción más o menos extensa del tejido pulmonar, causada por la repleción de los alvéolos y bronquiolos por un exudado fibrinoso: comienza por un escalofrío intenso y único, seguido de fiebre, vómitos, dolor de costado, disnea, tos y expectoración sanguinolenta de color rojo de ladrillo; dura aproximadamente una semana, y termina generalmente, después de hacer crisis, en la curación.

NEUMÓNICO, CA. adj. *Med.* Perteneciente o relativo al pulmón. *Lesión* NEUMÓNICA. ‖ Que padece neumonía. Úsase t.c.s.

NEUMONITIS. f. Neumonía.

NEUMOPATÍA. f. *Pat.* Nombre genérico de las enfermedades del pulmón.

NEUMOTERAPIA. (Del gr. *pneuma*, aire, y *terapeía*, curación.) f. Tratamiento de las enfermedades de las vías respiratorias por el aire comprimido o enrarecido.

NEUMOTÓRAX. m. *Pat.* Infiltración gaseosa de la pleura. ‖ En terapéutica, la que se produce mediante inyecciones de aire u otro gas, con objeto de inmovilizar el pulmón.

NEUQUÉN. *Geog.* Río de la Argentina, en la prov. hom. Nace en los Andes y se une con el río Limay para formar el Negro. 510 km. ‖ Prov. del oeste de la Argentina, en la región patagónica. 94.078 km^2. 160.000 h. Es montañosa al Oeste y llana en la zona oriental; la parte sur del territorio está cubierta de numerosos lagos de incomparable belleza. La ganadería y la minería son sus actividades más valiosas. Produce petróleo, oro, plomo, lanas, maderas, forrajes, frutas, etc. La capital es la ciudad hom. 19.500 h.

NEUQUEÑO, ÑA. adj. y s. De Neuquén, ciudad y provincia de la Argentina.

NEUQUINO, NA. adj. y s. Neuqueño.

NEURALGIA. al. **Neuralgie.** fr. **Névralgie.** ingl. **Neuralgia.** ital. **Neuralgia; nevralgia.** port. **Nevralgia.** (Del gr. *neuron*, nervio, y *algos*, dolor.) f. *Pat.* Síndrome doloroso localizado en un nervio. NEURALGIA *intercostal.*

NEURÁLGICO, CA. adj. *Pat.* Perteneciente o relativo a la neuralgia.

NEURASTENIA. al. **Neurasthenie.** fr. **Neurasthénie.** ingl. **Neurasthenia.** ital. **Nevrastenia.** port. **Nevrastenia.** (Del gr. *neuron*, nervio, y *astheneia*, debilidad.) f. *Pat.* Enfermedad caracterizada por debilidad del sistema nervioso, con fatiga física y mental y trastornos subjetivos de sensibilidad, y sin lesión conocida.

NEURASTÉNICO, CA. adj. Perteneciente o relativo a la neurastenia. ‖ Que padece neurastenia. Ú.t.c.s.

NEURISMA. f. Aféresis de **Aneurisma.**

NEURITA. f. *Anat.* V. **Axón** y **cilindroeje.**

NEURITIS. f. *Pat.* Nombre que se da a los procesos inflamatorios o degenerativos de los nervios y que en clínica se aplica al que afecta a varios nervios periféricos.

NEUROCIRUGÍA. f. Cirugía del sistema nervioso y del cerebro.

NEUROCIRUJANO, NA. s. Persona que profesa la neurocirugía.

NEUROEJE. m. *Anat.* Encéfalo y medula espinal en conjunto.

NEUROESQUELETO. m. Conjunto de los huesos que rodean la porción céntrica del sistema nervioso.

NEUROGLIA. f. Tejido entremezclado con el nervioso en todo el sistema cerebroespinal, que constituye su sostén y aísla las células y fibras nerviosas. ‖ deriv.: **neuróglico, ca.**

NEUROLOGÍA. f. Estudio del sistema nervioso y de sus enfermedades.

NEURÓLOGO, GA. s. Persona que profesa la neurología.

NEUROMA. m. *Pat.* Tumor formado por tejido nervioso.

NEURONA. f. *Anat.* Célula nerviosa con sus prolongaciones protoplásmicas y su cilindro eje.

NEURÓPATA. com. Que padece una neuropatía.

NEUROPATÍA. f. Nombre general de las afecciones nerviosas. ‖ deriv.: **neuropático, ca.**

NEURÓPTERO, RA. adj. *Zool.* Dícese de los insectos masticadores, de metamorfosis complicada, de cuatro alas membranosas y reticulares, como la hormiga león. Ú.t.c.s. ‖ m. pl. *Zool.* Orden de estos insectos.

NEUROSIS. (Del gr. *neuron*, nervio.) f. *Pat.* Enfermedad puramente nerviosa, sin lesión conocida.

NEURÓTICO, CA. adj. Que padece neurosis. Ú.t.c.s. ‖ Perteneciente o relativo a la neurosis.

NEURÓTOMO. m. Cuchillo en forma de aguja para disecar nervios.

NEUSS. *Geog.* Ciudad de la Rep. Federal de Alemania (Renania del Norte-Westfalia). 120.000 h. Industrias metalúrgicas, químicas y textiles.

NEUSTRIA. *Geog. histór.* Antiguo reino de los francos, en tiempo de los merovingios. Comprendía los territ. situados entre el Loira, el Mosa y la Bretaña.

NEUTONIO. m. *Fís.* Unidad de fuerza.

NEUTRAL. al. **Neutral.** fr. **Neutre.** ingl. **Neutral, neuter.** ital. **Neutrale.** port. **Neutral.** (Del lat. *neutralis.*) adj. Que no es ni de uno ni de otro; que entre dos partes que contienden, no se inclina a ninguna de ellas. *Mantenerse* NEUTRAL. ‖ Hablando de un Estado o de sus súbditos, dícese de los que no toman parte en la guerra movida por otros.

NEUTRALIDAD. f. Calidad de neutral. ‖ deriv.: **neutralista.**

NEUTRALIZAR. al. **Neutralisieren.** fr. **Neutraliser.** ingl. **To neutralize.** ital. **Neutralizzare.** port. **Neutralizar.** tr. y r. Hacer neutral. NEUTRALIZAR *un territorio.* ‖ *Quím.* Hacer neutra una substancia. ‖ fig. Debilitar el efecto de una causa mediante otra diferente u opuesta. ‖ deriv.: **neutralización; neutralizador, ra.**

NEUTRINO. m. *Fís.* Partícula atómica de igual masa que el electrón, pero sin carga eléctrica.

NEUTRO, TRA. al. **Neutral; sächlich.** fr. **Neutre.** ingl. **Neutral; neuter.** ital. **Neutro.** port. **Neutro.** (Del lat. *néuter, neutra,* ni uno ni otro.) adj. *Gram.* Perteneciente al género neutro. ‖ Dícese del verbo intransitivo. ‖ *Elec.* Que no tiene carga positiva ni negativa. ‖ *Quím.* Dícese del compuesto que no es ni ácido ni alcalino. ‖ *Zool.* Dícese de los animales carentes de sexo.

NEUTRÓN. m. *Fís.* Partícula atómica de igual masa que el protón, pero sin carga eléctrica. ‖ deriv.: **neutrónico, ca.**

NEUTRONGRAFÍA. f. Procedimiento similar a la radiografía, en el que los rayos X son reemplazados por neutrones.

NEVA. *Geog.* Río de Rusia. Nace en el lago Ladoga, pasa por Leningrado y des. en el golfo de Finlandia. 65 km. Es muy caudaloso (2.950 m^3, por segundo).

NEVADA. al. **Schneefall.** fr. **Chute de neige.** ingl. **Snowfall.** ital. **Nevicata.** port. **Nevada.** f. Acción y efecto de nevar. ‖ Cantidad de nieve que ha caído de una vez sobre la tierra.

NEVADA. *Geog.* Estado del oeste de los EE. UU. 286.300 km^2. 515.000 h. Cap. CARSON CITY. El suelo, árido, produce cereales y forrajes que alimentan al ganado bovino y ovino. El cobre es el mineral que se extrae en mayor cantidad. ‖ **Sierra —.** Sierra de España, en la cordillera Penibética (Granada y Almería). Culmina en el pico Mulhacén, de 3.481 m. ‖ **Sierra —.** Sierra de los EE. UU. (California). Culmina en el monte Whitney, de 4.418 m. de altura.

NEVADILLA. f. Planta perenne, europea, de tallos rastreros, hojas opuestas y flores cubiertas por anchas brácteas; empleada en medicina casera. *Paronychia argentea.*

NEVADO, DA. adj. Cubierto de nieve. *Suelo* NEVADO. ‖ fig. Blanco como la nieve. *Cabello* NEVADO. ‖ *R. de la Plata.* Dícese del ganado caballar o vacuno de pelo colorado salpicado de blanco. Ú.t.c.s. ‖ Aplícase también a este color. ‖ m. *Amér.* Montaña cubierta de nieves perpetuas.

NEVAR. al. **Schneien.** fr. **Neiger.** ingl. **To snow.** ital. **Nevicare.** port. **Nevar.** (Del lat. *nivere.*) intr. Caer nieve. NIEVA *en la cordillera.* ‖ tr. fig. Poner blanca una cosa, o darle este color o esparcir en ella cosas blancas. *Los manzanos* NEVADOS. ‖ irreg. Conj. como **acertar.**

NEVASCA. f. Nevada. ‖ Ventisca.

NEVATILLA. f. Aguzanieves.

NEVAZO. m. Nevada.

NEVAZÓN. f. *Arg., Chile* y *Ec.* Nevasca, temporal de nieve.

NEVERA. al. **Eisschrank.** fr. **Glacière.** ingl. **Icebox; refrigerator.** ital. **Ghiacciaia.** port. **Neveira; geladeira.** (Del lat. *nivaria.*) f. La que vende nieve. ‖ Sitio en que se guarda nieve. ‖ Armario revestido con una materia aisladora y con depósito de hielo para el enfriamiento o conservación de alimentos y bebidas. sinón.: **heladera.** ‖ fig. Habitación muy fría.

NEVERETA. f. Nevatilla.

NEVERÍ. *Geog.* Río de Venezuela (Sucre y Anzoátegui) que des. en el mar de las Antillas.

NEVERÍA. f. Tienda donde se vende nieve o refrescos helados.

NEVERO. (Del lat. *nivarius.*) m. El que vende nieve o refrescos helados. ‖ Paraje de las montañas donde las nieves se conservan todo el año. ‖ Esta misma nieve. sinón.: **helero.**

NEVERS. *Geog.* Ciudad de Francia, capital del dep. de Nièvre. 44.000 h. Porcelanas, vinos, industrias metalúrgicas.

NEVILLE, Edgardo. *Biog.* Escritor esp., autor de obras de teatro y relatos humorísticos. Su comedia más recordada es *El baile* (1899-1967).

NEVIS. *Geog.* Isla de las Antillas Británicas. 128 km^2. 12.500 h. Cap. CHARLESTOWN.

NEVISCA. f. Nevada corta de copos menudos.

NEVISCAR. intr. Nevar ligeramente.

NEVO. (Del lat. *noevus.*) m. *Pat.* Lunar o angioma simple, especialmente de la cara y el cuello, que ocupa la dermis y el tejido celular subcutáneo. Frecuente en el recién nacido, se presenta en forma de mancha rojiza de eminencia achatada, o de elevación redondeada (verruga blanda).

NEVOSO, SA. (Del lat. *nivosus.*) adj. Que frecuentemente tiene nieve. *Picos* NEVOSOS. ‖ Dícese del temporal que está dispuesto para nevar.

NEWARK. *Geog.* Ciudad y puerto de los EE. UU. (Nueva Jersey). 2.180.000 h. con los suburbios. Activo movimiento comercial.

NEW BEDFORD. *Geog.* Ciudad y puerto de los EE. UU. (Massachusetts). 140.000 h. Industria pesquera y algodonera.

NEWBERY, Eduardo. *Biog.* Aviador arg. Desapareció en la ascensión efectuada con el globo "El Pampero", en 1908. ‖ — **Jorge.** Aviador arg., gran deportista y propulsor de la aviación civil y militar en su país. Murió en Los Tamarindos (Mendoza) al intentar el cruce de la cordillera de los Andes (1875-1914).

NEW BRUNSWICK. *Geog.* V. **Nueva Brunswick.**

NEWCASTLE. *Geog.* Ciudad de Australia (Nueva Gales del Sur). 353.000 h. con los suburbios. Gran centro carbonífero. ‖ — **upon Tyner.** C. de Gran Bretaña, en Inglaterra, cap. del condado de Northumberland. 320.000 h. Puerto exportador de carbón. Astilleros.

NEWCOMB, Simón. *Biog.* Astrónomo estad.; dirigió la construcción del telescopio del Observatorio de Washington, y publicó *Las estrellas, un estudio del universo; Acerca de las variaciones seculares de los asteroides,* y otros trabajos (1835-1909).

NEWCOMEN, Tomás. *Biog.* Mecánico ingl. que ideó una de las primeras máquinas de vapor (1663-1729).

NEW DELHI. *Geog.* V. **Nueva Delhi.**

NEW ENGLAND. *Geog.* V. **Nueva Inglaterra.**

NEWFOUNDLAND. *Geog.* V. **Terranova.**

NEW HAMPSHIRE. *Geog.* V. **Nueva Hampshire.**

NEW HAVEN. *Geog.* Ciudad de los EE. UU. (Connecticut). 180.000 h. Centro universitario.

NEW JERSEY. *Geog.* V. **Nueva Jersey.**

NEWMAN, Juan Enrique. *Biog.* Cardenal ingl. de la iglesia anglicana, que se convirtió al catolicismo. Notable orador religioso, fue también uno de los grandes maestros de la prosa inglesa. Publicó *Ensayo sobre el desarrollo de la doctrina cristiana; Apología pro vita sua; Del anglicanismo al catolicismo,* etc. (1801-1890).

NEWMARKET. *Geog.* Ciudad de Gran Bretaña, en Inglaterra (Cambridge). 23.500 h. Famosas carreras de caballos.

NEW ORLEANS. *Geog.* V. **Nueva Orleans.**

NEWPORT. *Geog.* Ciudad de

Gran Bretaña, en Inglaterra (Monmouth). 105.285 h. Astilleros, industrias químicas y mecánicas. Exportaciones de hierro y carbón.

NEWTON. m. *Fís.* Nombre del neutonio en la nomenclatura internacional.

NEWTON, Isaac. *Biog.* Ilustre físico, mat. y astrónomo ingl., famoso por su descubrimiento de las leyes de la gravitación universal. Fundamentó la teoría de la composición corpuscular de la luz y al mismo tiempo que Leibniz, creó las bases del cálculo diferencial (1642-1727).

NEW YORK. *Geog.* V. **Nueva York.**

NEXO. al. **Zusammenhang; Verknüpfung.** fr. **Noeud; connexion.** ingl. **Nexus; bond.** ital. **Nesso; connessione.** port. **Nexo.** (Del lat. *nexus.*) m. Nudo, unión o vínculo de una cosa con otra. ‖ IDEAS AFINES: *Conjunción, cópula, istmo, puente, lazo, anexar, eslabón, yugo, coyunda, uncir.*

NEY, Miguel. *Biog.* Mariscal fr. que se cubrió de gloria en las campañas napoleónicas y fue fusilado durante la segunda restauración borbónica (1769-1815).

NEYED. *Geog.* V. **Nedjed.**

NGAMI. *Geog.* Lago del S. de África, en Botswana. 500 km². Lo descubrió Livingstone en 1849.

NI. (Del lat. *nec.*) conj. cop. que enlaza vocablos o frases denotando negación, precedida o seguida de otra u otras. *No leo* NI *escribo; nada dijo* NI *dejó decir a los demás;* NI *lo veo* NI *lo quiero ver.* ‖ En cláusula que empieza con verbo precedido del adverbio *no* y en que hay que negar dos o más términos, igualmente puede omitirse o expresarse delante del primero esta conjunción. *No trabaja de día* NI *de noche; no trabaja* NI *de día* NI *de noche.* Si se pone el verbo al fin, no puede hacerse dicha omisión. NI *de día* NI *de noche trabaja.* ‖ Toma a veces el carácter de conjunción disyuntiva, equivalente a o *¿Te pegué yo* NI *te amenacé?* ‖ adv. neg. Y no. *Perdió los bienes y la salud,* NI *podía esperarse otra cosa de su vida disipada.* ‖ **Ni bien.** m. adv. No del todo, en frases de sentido contrapuesto. NI *bien de ciudad* NI *bien de campo.*

Ni. *Quím.* Símbolo del níquel.

NIÁGARA. *Geog.* Río de América del Norte, en el límite entre Canadá y los EE. UU. Comunica al lago Erie con el Ontario y forma grandiosas cataratas de 49 m. de altura que son aprovechadas para producir energía eléctrica. Tiene 54 km. de extensión. ‖ – **Falls.** Ciudad de los EE. UU. (Nueva York). 115.000 h. Industria metalúrgica y maderera.

NIAM-NIAM o **ÑAM-ÑAM.** adj. y s. Dícese de los individuos de un pueblo negro del Sudán oriental al S.O. del Darfur. Sus integrantes fueron antiguamente antropófagos.

NIARA. f. Pajar en el campo que se forma haciendo un montón de la paja y cubriéndola con retama.

NIASA. *Geog.* V. **Nyasa.**

NIBELUNGOS. m. pl. *Mit.* Según la mitología nórdica, enanos guardianes de las grandes riquezas del fondo de la tierra.

NÍCALO. m. Níscalo, mízcalo.

NICARAGUA. *Geog.* Estado independiente de América Central limitado por Honduras, el mar de las Antillas, Costa Rica y el océano Pacífico. Es la más extensa de las repúblicas centroamericanas, con 130.000 km². **Aspecto físico.** El relieve presenta hacia el sur y el oeste una zona cordillerana compuesta por dos cadenas paralelas orientadas de noroeste a sudeste. La más occidental tiene numerosos volcanes, algunos de ellos activos. Entre las dos cadenas se encuentra una región deprimida ocupada, hacia el sur, por los lagos Managua y Nicaragua. Al norte y al este de las montañas, y en dirección al mar de las Antillas, se extienden mesetas escalonadas que terminan en llanuras bajas y costas arenosas, sembradas de lagunas litorales y cayos peligrosos para la navegación. El clima, cálido y seco en la montaña, se torna fresco y húmedo en las mesetas. El litoral antillano es caluroso y húmedo. Dos son las vertientes hidrográficas: la del mar de las Antillas y la del Pacífico. A la primera pertenecen, entre otros, los ríos Coco, Prinzapolca, Grande de Matagalpa, Escondido y San Juan. En el Pacífico desagua el río Negro, en el límite con Honduras, y otras corrientes de agua pequeñas y breves. Los lagos Managua y Nicaragua son los mayores. **Aspecto humano.** La población de **Nicaragua** se estima en 2.310.000 h., de los cuales un 69% son mestizos, 17% son blancos, 9% negros y 5% indios. La religión dominante es la católica; el idioma oficial, el castellano. Constituye una República dividida en dieciséis departamentos: Boaco (cap. hom.); Carazo (cap. JINOTEPE); Chinandega (cap. hom.); Chontales (cap. JUIGALPA); Estelí (cap. hom.); Granada (cap. hom.); Jinotega (cap. hom.); León (cap. hom.); Madriz (cap. SOMOTO): Managua (cap. hom.); Masaya (cap. hom.); Matagalpa (cap. hom.); Nueva Segovia (cap. OCOTAL); Río San Juan (cap. SAN CARLOS); Rivas (cap. hom.) y Zelaya (cap. BLUEFIELDS). En este último dep. quedó comprendida la antigua comarca autónoma de Cabo Gracias a Dios (cap. CIUDAD GRACIAS). La capital de la República es MANAGUA que tiene 450.000 h. **Recursos económicos.** La economía de este país, el más extenso y el menos poblado de América Central, se basa especialmente en el café, que crece en los fértiles terrenos volcánicos del Pacífico. Caña de azúcar, cacao, algodón, maíz, plátanos, cocos, arroz, son los cultivos más difundidos. Los bosques, que cubren el 42% de la superficie del país, brindan maderas finas de gran valor; caoba, cedro, etc. Los ganados vacuno y ovino son los más numerosos. La minería, incipiente, produce oro y plata. Las industrias derivan de la agricultura. La fabricación de azúcar y los tejidos de algodón son los dos renglones capitales. Bebidas alcohólicas, cigarros, cemento, son otras manifestaciones de importancia de la industria nicaragüense. El comercio exterior se basa en las exportaciones de café, algodón, oro, maderas, sésamo, bovinos, arroz, azúcar, etc., y en las importaciones de toda clase de artículos manufacturados, maquinarias, automotores combustibles, productos químicos y farmacéuticos, artefactos eléctricos, etc. Su principal comprador y proveedor son los Estados Unidos. Cuenta con unos 410 km. de vías férreas y 13.300 km de carreteras, de los que 1.400 están pavimentados. Líneas aéreas nacionales y extranjeras hacen el servicio interior y exterior. Hay 25 aeropuertos. Los puertos de Bluefields, Puerto Cabezas, Corinto y San Juan del Sur son los principales. Posee una flota mercante de 35.000 toneladas. *Hist.* **Descubrimiento. Nicaragua.** cuya denominación deriva del nombre del cacique Nicarao, jefe de tribus indígenas oriundas de México y que poblaban el territorio a la llegada de los españoles, fue descubierta por Cristóbal Colón. En su último viaje, desviado del rumbo por una tempestad, Colón desembarcó en el cabo Gracias a Dios, así llamado por agradecimiento a su salvación del naufragio. **Conquista y colonización.** La conquista la inició Gil González Dávila en 1522; penetró por el istmo de Rivas y recorrió durante un año la costa del Pacífico, sin establecer ninguna población. En 1524, enviado por Pedrarias Dávila, Francisco Hernández de Córdoba fundó dos ciudades: Granada y Léon. En un principio **Nicaragua** dependió de la Audiencia de Santo Domingo; en 1539 fue trasladada a la jurisdicción de la de Panamá y en 1544 a la Capitanía General de Guatemala. Desvanecidas las esperanzas de los conquistadores de encontrar oro, los primeros españoles establecidos se dedicaron a la agricultura y a la ganadería; comerciaron además con México, Panamá y Perú. Los piratas y filibusteros holandeses, franceses e ingleses amenazaron frecuentemente la vida pacífica de las poblaciones. Los ingleses se establecieron en la costa occidental desde comienzos del s. XVII y aunque oficialmente la corona británica reconoció en 1786 los derechos de España sobre dicho territorio, en la práctica el dominio de esa región por parte de **Nicaragua** se consumó en los últimos años del s. XIX. **Independencia.** La primera tentativa de emancipación, en 1811, fue desbaratada por los españoles, pero el 15 de setiembre de 1821 la independencia de **Nicaragua** se hizo efectiva. Incorporada al efímero imperio mexicano de Iturbide, en 1823 ingresó como Estado federado en las Provincias Unidas de Centro América, y a partir de 1838 proclamó su independencia absoluta, transformándose en una de las cinco repúblicas independientes de Centro América. El confuso cuadro político de **Nicaragua** fue favorable al pirata Walker, que se hizo proclamar presidente en 1856 y fue desalojado en 1858 por la coalición de los países centroamericanos. Hasta 1893 se sucedieron gobiernos conservadores; ese año triunfó la revolución liberal encabezada por el general José Santos Zelaya, que gobernó dieciséis años y fue finalmente derrocado. Requeridas por el presidente Adolfo Díaz, fuerzas militares estadounidenses ocuparon a **Nicaragua** entre 1912 y 1925, y al producirse la guerra civil de 1927-1928 volvieron a intervenir el país hasta 1932. En 1928, apoyado por un sector de la opinión latinoamericana, se produjo un movimiento que llevó a las armas a los guerrilleros acaudillados por Sandino, finalmente vencidos por los norteamericanos. **Nicaragua** estuvo en guerra con Guatemala y Honduras en 1863 y 1885, y con Honduras en 1894 y 1907. **Presidentes de Nicaragua desde 1893:** José Santos Zelaya (1893-1909); José Madriz (1909-1910); Juan José Estrada (1910-1911); Adolfo Díaz (1911-1917); Emiliano Chamorro (1917-1921); Diego M. Chamorro (1921-1923); Bartolomé Martínez (1923-1925); Carlos Solórzano (1925-1926); Adolfo Díaz (1926-1929); José María Moncada (1929-1933); Juan B. Sacasa (1933-1936); Carlos Brenes Jarquín (1936); Anastasio Somoza (1937-1947); Leonardo Argüello (1947); Benjamín Lescayo Sacasa (1947); Víctor Román y Reyes (1947-1950); Anastasio Somoza (1951-1956); Luis Somoza, designado presidente provisional por la muerte de su padre para 1956-1957 y elegido para el período 1957-1963, que cumplió normalmente. Posteriormente actuaron René Schick (1963-1966), Lorenzo Guerrero (1966-1967), Anastasio Somoza Debayle (1967-1972), Triunvirato (1972-1974). Anastasio Somoza Debayle (1974-1979), Junta de Gobierno, de 1979 en adelante. Un violento terremoto destruyó el 60% de la capital, Managua, en diciembre de 1972. El saldo trágico del cataclismo fue de 15.000 muertos y 200.000 personas sin hogar. El fenómeno produjo asimismo serios perjuicios económicos. **Símbolos nacionales. Bandera.** Por ley de 1854, la bandera de **Nicaragua** es de forma rectangular y consta de dos franjas horizontales azules, separadas por una franja blanca con el escudo en el centro. **Himno.** En la música actual del himno de **Nicaragua** ha intervenido originariamente el compositor Antonio Zapata; posteriormente el músico contemporáneo Luis A. Delgadillo. La letra es del poeta Salomón Ibarra Mayorga. **Gobierno.** Conforme a la constitución promulgada en 1950. **Nicaragua** tiene un gobierno unitario, republicano y representativo. Los poderes del Estado son tres. El Poder Ejecutivo lo ejerce el presidente de la República, elegido para un período de seis años. El Poder Legislativo reside en el Senado (16 miembros) y la Cámara de Diputados (42 miembros). El Poder Judicial tiene su más alto tribunal en la Corte Suprema de Justicia, de la cual dependen 153 jueces de Primera Instancia y 5 Tribunales de Segunda Instancia. **Cultura. Educación.** Entre los 6 y 13 años de edad la enseñanza primaria es obligatoria. Existen alrededor de 2.150 escuelas primarias, colegios secundarios o institutos, y 40 escuelas comerciales entre establecimientos oficiales y privados. Funciona un Instituto Nacional Técnico Vocacional y la enseñanza superior está a cargo de la Universidad Nacional de **Nicaragua,** que tiene 5 facultades. En 1961 se estableció en Managua la Universidad Católica Centroamericana. Son muy importantes la Biblioteca Nacional y la Biblioteca Americana, ambas en Managua. **Literatura.** Hasta la aparición de Rubén Darío la literatura nicaragüense carece de un acento propio y está entremezclada, por razones históricas, a la guatemalteca. Darío, uno de los auténticos genios que ha tenido la poesía de habla española, encabezó a fines del s. XIX y principios del s. XX la revolución estética del modernismo en Latinoamérica. Pero si Rubén Darío es la aportación excepcional de **Nicaragua** a la literatura americana y española, es necesario, sin embargo, aquilatar la importancia de otros escritores en el panorama literario nicaragüense. Contemporáneo de Darío, Santiago Argüello es uno de los poetas precursores en el debilitamiento de ciertas características del modernismo, tarea en que le suceden Salvador Buitrago Díaz, Jerónimo Aguilar Cortés, Luis Avilés Ramírez, etc. La generación siguiente es la de los poetas rebeldes e innovadores, en las diferentes tendencias del ultraísmo, antiacademismo, surrealismo, etc.; Andrés Rivas Dávila, Maples Arce, Salomón de la Selva, Alfonso Cortés, Azarías Pallais, Agenor Argüello, Alí Vanegas, etc. Posteriormente sobresalieron: Ricardo Zeledón, Ernesto Cardenal, Pablo Antonio Cuadra, Ernesto Gutiérrez, Julio Icaza, Carlos Martínez, Ernesto Mejía y Fernando Silva. En la prosa el escritor más difundido fue Hernán Robleto, novelista. Jerónimo Aguilar Cortés, Pedro Joaquín Chamorro, Teodoro Díaz Medrano, Adolfo Calero Orozco y Anselmo Fletes Bolaños están orientados en la corriente nativista o regionalista, en tanto Fernando Antonio Pérez, juntamente con los citados Chamorro y Fletes Bolaños, cultivan los relatos históricos. En el ensayo crítico, la investigación folklórica y el estudio histórico, destácanse C. Molina Argüello, Ernesto Mejía Sánchez, José Coronel, Luis Cuadra y otros. **Música.** Herencia de ritmos y melodías indígenas que se entremezclaron con los ritos católicos de los conquistadores, la música nicaragüense encierra una riqueza folklórica que debe ser explotada por los compositores modernos. Entre las danzas nativas se hallan algunas muy peculiares y características. La vocación musical del pueblo no ha sido educada todavía mediante escuelas o conjuntos orquestales orgánicos. Entre los precursores de una corriente culta está José de la Cruz Mena, compositor leproso que vivió en el aislamiento, autor de partituras religiosas cuyos originales se han perdido. En el s. XX la figura más destacada fue Luis A. Delgadillo, que ha aplicado los temas nativos a la música orquestal y teatral; sus poemas sinfónicos, óperas, ballets, operetas, etc., además de sus romanzas para las poesías de Rubén Darío, denotan su talento musical. Delgadillo falleció en 1961 y, poco después, morían otros dos renombrados compositores: Gilberto Vega Miranda (1965) y José Arturo Medal (1971).

NICARAGUA. *Geog.* Lago del sur de la Rep. de Nicaragua, el más extenso de América Central. 7.700 km². El río San Juan lo comunica con el mar de las Antillas.

NICARAGUA. f. Balsamina, planta.

NICARAGÜENSE. adj. y s. Nicaragüeño. *Rubén Darío era* NICARAGÜENSE.

NICARAGÜEÑO, ÑA. adj. Natural de Nicaragua. Ú.t.c.s. ‖ Perteneciente a esta república.

NICARAO. *Biog.* Jefe indígena de las tribus que poblaban Nicaragua a la llegada de los españoles. La denominación de ese país deriva de su nombre.
NICARIA. *Geog.* Isla griega del mar Egeo, al S.O. de Samos. 268 km². 12.500 h. Es la antigua **Icaria.**
NICCODEMI, Darío. *Biog.* Novelista y dram. ital., autor de *Retazo; La enemiga; El alba, el día y la noche* y otras obras (1874-1934).
NICCOLINI, Juan Bautista. *Biog.* Patriota y lit. ital., autor de *Arnaldo de Brescia; Edipo; Cancionero civil,* etc. (1782-1861).
NICEA. *Mit.* Náyade, esposa de Baco y madre de los sátiros.
NICEA. *Geog. histór.* Ciudad antigua de Anatolia, cercana a la Propóntide. Sede de los concilios ecuménicos de 325, que condenó la herejía arriana, y de 787, que condenó a los iconoclastas. Fue cap. del imperio hom. fundado en 1204 y que duró hasta 1333.
NICÉFORO I. *Biog.* Emperador de Oriente; murió defendiendo el imperio contra las invasiones de los bárbaros (s. IX).
NICENO, NA. adj. y s. De Nicea.
NICIAS. *Biog.* General ateniense que firmó con Esparta el tratado de paz de su nombre (s. V a. de C.).
NICLE. m. Calcedonia con listas, unas más obscuras que las otras.
NICOBAR. *Geog.* Archipiélago del golfo de Bengala que comprende 21 islas. 1.650 km². 40.000 h. Pertenece a la India y forma, con las islas Andamán, una provincia hindú. V. **Andamán.**
NICOCIANA. (Del fr. *nicotiane.* de Juan *Nicot.*) f. Tabaco, planta.
NICODEMO, San. *Hagiog.* Fariseo convertido al cristianismo. Junto con José de Arimatea dio sepultura a Jesucristo.
NICOL, Guillermo. *Biog.* Físico ingl., inventor del prisma que lleva su nombre, destinado a la polarización y análisis de la luz (1786-1851).
NICOLA, Enrique De. *Biog.* Pol. ital., en 1946 presid. provisional y de 1947 a 1948 presid. efectivo de la Rep. (1878-1959).
NICOLAI, Jorge F. *Biog.* Médico y sociólogo al. cuyo estudio sobre la *Biología de la guerra* logró difusión mundial. Otras obras: ***Análisis del psicoanálisis; La eugenesia como gloriosa culminación de la medicina,*** etc. (1874-1964). ‖ – **Otón.** Músico al., cuya obra maestra es la ópera *Las alegres comadres de Windsor.* Escribió también música coral, sonatas, lieder, etc. (1810-1849).
NICOLAIEV. *Geog.* V. **Vernoleninsk.**
NICOLAS. *Biog.* Nombre de cinco Papas que ocuparon el solio de 858 a 1455.
NICOLÁS I. *Biog.* Zar de Rusia que llevó a cabo una política expansionista y sofocó duramente la insurrección polaca (1796-1855). ‖ – **II.** Zar de Rusia durante cuyo reinado se mantuvo la guerra con Japón que finalizó con la pérdida de Manchuria y Corea. Durante el transcurso de la primera Guerra Mundial –en que Rusia intervino como aliada de Francia– tuvo lugar la revolución que lo derrocó; fue muerto junto con su familia (1868-1918).
NICOLÁS I. *Biog.* Rey de Montenegro; después de la primera Guerra Mundial, su reino fue incorporado a Yugoslavia (1841-1921).
NICOLÁS DE BARI, San. *Hagiog.* Obispo de Licia, patrón de Rusia, protector de los niños y los navegantes. La tradición popular lo identifica con **Santa Claus,** que distribuye juguetes la víspera de Navidad.
NICOLE, Pedro. *Biog.* Filósofo fr., jansenista y autor –con Arnauld– de la *Lógica* llamada de Port-Royal. Escribió también *De la sumisión a la voluntad de Dios; Medios de conservar la paz entre los hombres,* etc. (1625-1695).
NICOLEÑO, ÑA. adj. y s. De San Nicolás, c. y partido de la prov. de Buenos Aires (Rep. Arg.).
NICOLLE, Carlos. *Biog.* Bacteriólogo francés cuyas investigaciones sobre el tifus y la fiebre de Malta le valieron en 1928 el premio Nobel de Fisiología y Medicina. Descubrió que el piojo es agente transmisor del tifus y realizó importantes estudios sobre brucelosis, sarampión, difteria y tuberculosis (1866-1936).
NICOMEDES. *Biog.* Nombre de tres reyes de Bitinia, de los cuales el último legó su reino a los romanos (278 a 74 a. de C.).
NICOMEDIA. *Geog. histór.* Antigua c. del Asia Menor, al E. de la Propóntide. Fue colonia romana importante durante el Imperio.
NICOMEDIENSE. adj. y s. De Nicomedia.
NICOSIA. *Geog.* Ciudad cap. de la Rep. de Chipre. 115.000 h. Comercio de vinos, algodón, seda.
NICOT, Juan. *Biog.* Diplomático francés, que importó el tabaco en Francia (1530-1600).
NICOTIBINA. f. *Quím.* Hidrácido antimicrobiano de uno de los compuestos isómeros del ácido nicotínico.
NICÓTICO, CA. adj. Referente al nicotismo.
NICOTINA. al. **Nikotin.** fr. **Nicotine.** ingl. **Nicotine.** ital. **Nicotina.** port. **Nicotina.** f. *Quím.* Alcaloide líquido, que se extrae de la nicociana y es un veneno violento. *La* NICOTINA *se encuentra en cantidades variables en el tabaco comercial.*
NICOTÍNICO, CA. adj. *Quím.* Dícese del ácido que resulta de la acción oxidante de una mezcla de ácido sulfúrico y ciertas sales de potasio sobre la nicotina.
NICOTINISMO. m. *Pat.* Nicotismo.
NICOTISMO. m. *Pat.* Trastornos morbosos causados por el abuso del tabaco.
NICOYA. *Geog.* Golfo de Costa Rica formado por el océano Pacífico entre la península hom. y el continente. ‖ Península de Costa Rica, sobre el océano Pacífico, que abarca las prov. de Guanacaste y Puntarenas.
NICROME. m. *Quím.* Aleación de níquel, hierro y cromo, empleada para fabricar resistencias de calentadores eléctricos.
NICTAGINÁCEO, A. adj. *Bot.* Dícese de plantas tropicales herbáceas o leñosas, de hojas opuestas, flores de periantio petaloideo, solitarias en glomérulo, y fruto en aquenio, como el dondiego. U.t.c.s. ‖ f. pl. *Bot.* Familia de estas plantas.
NICTAGÍNEO, A. adj. *Bot.* Nictagináceo.
NICTÁLOPE. (Del lat. *nyctálops, -onis,* y éste del gr. *nyktalóps,* de *nyktalós,* que desea la noche, y *ops,* vista.) adj. y s. Que padece de nictalopía. ‖ Dícese, erróneamente, del que ve mejor de noche que de día.
NICTALOPÍA. f. *Pat.* Hemeralopía. ‖ deriv.: **nictalópico, ca.**
NICTALOPIA. f. *Pat.* Digase **nictalopía.**
NICTHEROY. *Geog.* V. **Niterói.**
NICTITANTE. adj. Dícese de la membrana casi transparente que forma el tercer párpado de las aves.
NICUESA, Diego de. *Biog.* Conquistador esp. del Darién, expulsado por los colonos (m. aprox. 1512).
NICHO. al. **Nische.** fr. **Niche.** ingl. **Niche.** ital. **Nicchia.** port. **Nicho.** (Del fr. *niche.*) m. Concavidad en un muro, generalmente semicilíndrica, para colocar dentro una estatua, un jarrón, etc. sinón.: **hornacina.** ‖ Por ext., cualquier concavidad formada para colocar una cosa; como en los cementerios un cadáver.
NICHOLSON, Ben. *Biog.* Pintor ingl., nacido en 1894; primero cultivó el cubismo y, posteriormente, el arte abstracto. ‖ – **Guillermo.** Físico y químico ingl., inventor del areómetro de su nombre y autor de *Introducción a la filosofía natural y experimental; Diccionario de química* y otras obras (1753-1815).
NIDADA. f. Conjunto de huevos puestos en el nido. ‖ Conjunto de pajarillos mientras están en el nido.
NIDAL. (De nido.) m. Lugar donde la gallina u otra ave doméstica va a poner sus huevos. sinón.: **ponedero.** ‖ Huevo que se deja en un lugar para que la gallina acuda a poner allí. ‖ fig. Sitio que uno usa como acogida, o en donde esconde una cosa. ‖ Fundamento o motivo de que suceda o prosiga una cosa.
NIDARIOS o **CNIDARIOS.** m. pl. *Zool.* Subtipo de celenterados, con células urticantes, casi siempre unisexuales.
NIDIFICAR. intr. Hacer nidos las aves. ‖ deriv.: **nidificación.**
NIDO. al. **Nest.** fr. **Nid.** ingl. **Nest.** ital. **Nido.** port. **Nido.** (Del lat. *nidus.*) m. Especie de lecho que forman las aves con hierbas, pajas, etc., para poner sus huevos y criar pollos. *El* NIDO *del hornero es de barro.* ‖ Por ext., cavidad o conjunto de celdillas donde procrean ciertos animales. NIDO *de avispas, de ratas.* ‖ Nidal. ‖ fig. Patria o habitación de uno. ‖ Lugar donde se juntan gentes de mala conducta. *Esa casa es un* NIDO *de ladrones;* sinón.: **guarida, madriguera.** ‖ Lugar originario de ciertas cosas inmateriales. NIDO *de conspiraciones.* ‖ – **de urraca.** *Fort.* Trinchera circular que construye el sitiador de una plaza para proteger sus trabajos. ‖ **Patearle a uno el nido.** frs., fig. y fam. Desbaratarle sus planes. ‖ IDEAS AFINES: *Casa, morada, abrigo, colmena, hormiguero, pichones, larvas, árboles, ramas, briznas, plumas, calor, empollar, anidar.*
NIDWALDEN. *Geog.* Cantón de Suiza, una de las dos divisiones del antiguo cantón de Unterwalden. 274,8 km². 26.900 h. Cap. STANS.
NIEBLA. al. **Nebel.** fr. **Brouillard.** ingl. **Fog; mist.** ital. **Nebbia.** port. **Névoa.** (Del lat. *nebula.*) f. Nube en contacto con la Tierra. ‖ Nube, mancha en la córnea. ‖ Añublo. ‖ fig. Confusión y obscuridad que no deja percibir bien las cosas o negocios. ‖ Munición muy menuda para armas de caza. ‖ *Med.* Grumos que en ciertas enfermedades suele formar la orina después de fría y en reposo. ‖ – **meona.** Aquella de la cual se desprenden gotas menudas. ‖ IDEAS AFINES: *Vapor, neblina, caliginoso, humedad, sirena, radar, sombra, nebulosa, velas, brumazón, Brumario.*
NIEBUHR, Adolfo. *Biog.* Ingeniero arg., gran propulsor del aprovechamiento de la energía hidroeléctrica. Publicó *La electrificación de la Rep. Argentina; La electrificación de los territorios argentinos,* etc. (1872-1956). ‖ – **Bertoldo Jorge.** Hist. danés, cuya célebre *Historia romana* sigue siendo considerada una obra maestra en su género (1776-1831). ‖ – **Carsten.** Explorador al., que descubrió el lugar que ocupaba la antigua Babilonia (1733-1815).
NIEGO. (Del lat. *nidicus,* de *nidus.*) adj. Dícese del halcón cogido en el nido.
NIEL. (Del lat. *nigellus,* dim. de *níger,* negro.) m. Labor en hueco, sobre metales preciosos, rellena con esmalte negro de plata y plomo fundidos con azufre.
NIELADO. m. Acción y efecto de nielar.
NIELAR. tr. Adornar con nieles.
NIEMEYER, Oscar. *Biog.* Arquitecto bras., n. en 1907. Junto con su colaborador Lucio Costa, aplicó la técnica de Le Corbusier en la planificación de la ciudad de Brasilia.
NIEMEN. *Geog.* Río de la Unión Soviética. Nace en Rusia Blanca, cruza Lituania y des. en el Báltico. 880 km. En alemán se llama **Memel.**
NIEPCE, Claudio Félix. *Biog.* Químico fr. cuyos inventos contribuyeron al progreso de la fotografía y el grabado heliográfico (1805-1870). ‖ – **José N.** Químico fr. considerado el inventor de la fotografía; trabajó junto con Daguerre en los procesos que llevarían a comercializar tal invento (1765-1833).
NIÉSPERA. (Del lat. *néspilus.*) f. Níspola.
NIETASTRO, TRA. s. Hijo o hija del hijastro, o de la hijastra.
NIETECITO, TA. s. dim. de **Nieto.**
NIETO, TA. al. **Enkel.** fr. **Petit-fils.** ingl. **Grandson.** ital. **Nipote.** port. **Neto.** (Del lat. *nepos, -otis.*) Respecto de una persona, hijo o hija de su hijo o de su hija. ‖ Por ext., descendiente de una línea en las terceras, cuartas y demás generaciones. U.t. con los adjetivos *segundo, tercero,* etc.
NIETO, César. *Biog.* Compositor costar. de origen esp., autor del ballet *La piedra del Toxil* y varias obras de música popular (n. 1892). ‖ – **José Apolinario.** Bot. mex. que propagó el cultivo de la quina (1810-1873). ‖ – **Ricardo.** Poeta col., autor de *Tierra caucana; Romances del Cali viejo; Cantos de la noche,* etc. (1878-1952). ‖ – **CABALLERO, Luis Eduardo.** Escritor y diplomático col. autor de *Colombia joven; Libros colombianos; Vuelo al Amazonas* y otras obras (1888-1957).
NIETZSCHE, Federico Guillermo. *Biog.* Filósofo al. cuyas doctrinas ejercieron gran influencia sobre el pensamiento europeo. Elaboró su idea del "superhombre" y una concepción heroica y aristocrática de la vida como "voluntad de poderío". Autor de *Así hablaba Zaratustra; Más allá del Bien y del Mal; La voluntad de poder; El origen de la tragedia,* etc. (1844-1900).
NIEVE. al. **Schnee.** fr. **Neige.** ingl. **Snow.** ital. **Neve.** port. **Neve.** (Del lat. *nix, nivis.*) f. Agua helada que se desprende de las nubes en cristales pequeños hexagonales. *La* NIEVE *cubre las cimas elevadas.* ‖ Temporal en que nieva mucho. ‖ fig. Blancura suma. ‖ – **carbónica.** Anhídrido carbónico en estado sólido. Se llama también hielo seco porque no se derrite, sino que se sublima. IDEAS AFINES: *Níveo, frialdad, algodón, montaña, copo, alud, deslizarse, trineo, patín, esquí.*
● **NIEVE.** *Meteor.* Formada por pequeñas agujas cristalinas que se agrupan en infinitas combinaciones de figuras y por agujas sueltas, la **nieve** se produce en el seno de las nubes, a temperaturas inferiores a 0º. De color blanco brillante, ligeramente azulada, en tiempo borrascoso cae en granos compactos, convirtiéndose en nevisca, o se da en agujas sueltas, como en la ventisca, o se ve reducida a polvo, como en las regiones polares. Resiste largo tiempo la acción de los rayos solares cuando la temperatura del aire es inferior a 0º. El aire tibio y la niebla la funden rápidamente. No hay **nieve** en las zonas subtropicales; las circumpolares y las cumbres más elevadas del planeta, son regiones de **nieve** perpetua. Entre ambas zonas, se extiende una de nevadas invernales. Cuando la **nieve** se almacena en las cuencas de altas montañas, forma glaciares; amontonada por los vientos, ventisqueros; en grandes masas que ruedan y resbalan por las pendientes, constituye los aludes, y arrastrada por huracanes, forma las tormentas de **nieve.**
NIÈVRE. *Geog.* Departamento del centro de Francia. 6.888 km². 250.000 h. Cereales, vid, carbón, hierro. Cap. NEVERS.
NÍGER. *Geog.* Río del África Occidental. Nace en Sudán, cruza Nigeria y des. en el golfo de Guinea. 4.169 km.
NÍGER. *Geog.* Rep. independiente de África, limitada por el Alto Volta, Mali, Argelia, Libia, Chad y Nigeria. Sup. 1.267.000 km². Es un país mediterráneo recorrido por el río hom. En la parte N. se extiende el desierto de Sahara. Pobl. 4.860.000 h. Cap. NIAMEY. Formó parte del África Occidental Francesa, independizándose en 1960. Produce algodón, maíz, maní, mijo, sorgo, arroz, batatas, ñame, bovinos, ovinos, equinos, asnos, carbón, estaño, uranio y oro. Es importante asimismo su producción de cemento y pesquera.
NIGERIA. *Geog.* Rep. del O. de África, sobre el golfo de Guinea. Limita con Benin, Níger, Chad y Camerún. 923.768 km². 66.630.000 h. Cap. LAGOS. Desde el siglo XV **Nigeria** fue un centro de trata de esclavos. En 1861 Gran Bretaña se anexó el territorio, que fue su colonia y protectorado hasta octubre de 1960, año en que se declaró su independencia. Sucesivos enfrentamientos internos dieron origen a la separación de la Rep. de Biafra. En 1970, luego de una lucha sangrienta que duró 31 meses, Biafra capituló, lográndose la unidad nacional en Nigeria. En 1975 un golpe de Estado efectuado por militares depuso al vencedor en

Biafra y jefe del Estado, Jack Yabuku Gowon, instalándose un consejo supremo que ejerce los poderes ejecutivo y legislativo. Maderas, cacao, aceite de palma, maní, oro, carbón, estaño.

NIGHTINGALE, Florencia. *Biog.* Enfermera ingl. que dedicó todas sus energías al socorro de enfermos y desvalidos. Organizó el servicio hospitalario durante la guerra de Crimea y fue una de las fundadoras de la Cruz Roja Internacional (1820-1910).

NIGOLA. f. *Mar.* Flechaste.

NIGRICIA. *Geog.* V. **Sudán.**

NIGROMANCIA o **NIGROMANCÍA.** al. **Schwarze Künst; Nekromantie.** fr. **Nécromancie; magie noire.** ingl. **Necromancy; black magic.** ital. **Negromanzia.** port. **Nigromancia.** (Del lat. *necromantia,* y éste del gr. *nekromanteia;* de *nekrós,* muerto, y *manteia,* adivinación.) f. Arte supersticiosa de adivinar lo futuro evocando a los muertos. ‖ fam. Magia negra. ‖ IDEAS AFINES: *Brujería, predicción, hechicero, adivino, conjuro, oráculo, horóscopo, aruspicina.*

NIGROMANTE. m. Quien practica la nigromancia.

NIGROMÁNTICO, CA. adj. Perteneciente a la nigromancia. *Fórmulas* NIGROMÁNTICAS. ‖ m. Nigromante.

NIGUA. f. Insecto de América, parecido a la pulga, pero más pequeño y de trompa más larga. Las hembras fecundadas penetran bajo la piel de los animales y del hombre y depositan allí la cría, que produce picazón y úlceras. *Sarcopsylla penetrans, afaníptero. La* NIGUA *elige preferentemente los dedos del pie humano.* ‖ adj. *Guat.* Llorón, cobarde. ‖ deriv.: **niguatero, ra; niguatoso, sa; nigüero.**

NIHILIDAD. f. Condición de no ser nada.

NIHILISTA. adj. Que profesa el nihilismo. U.t.c.s. ‖ Perteneciente al nihilismo.

NIHILISMO. (Del lat. *nihil,* nada.) m. *Fil.* Negación de toda creencia o de todo principio religioso, político y social. *El* NIHILISMO *se propagó rápidamente en Rusia, en tiempos de Alejandro II.*

NIHUIL. *Geog.* Salto de agua que forma el río Atuel en la prov. de Mendoza (Argentina). Tiene una altura de 70 m. y se ha construido un complejo hidroeléctrico para su aprovechamiento.

NIIGATA. *Geog.* Ciudad y puerto del Japón en la costa noroccidental de la isla de Hondo. 220.901 h. Carbón, petróleo.

NIJINSKY, Vaslav. *Biog.* Bailarín y coreógrafo ruso de la compañía de Diaghilev, que alcanzó extraordinario relieve en el mundo del ballet. Sus interpretaciones más famosas fueron *La siesta de un fauno* y *Scherazada* (1890-1950).

NIJNI-NOVGOROD. *Geog.* V. **Gorki.**

NIKOPOL. *Geog.* Ciudad de la U. R. S. S., en Ucrania, a orillas del río Dnieper, 100.000 h. Gran centro productor de manganeso.

NILAD. (Voz tagala.) m. Arbusto de Filipinas, de la familia de las rubiáceas, de hojas aovadas y flores blancas en ramillete.

NILO. *Geog.* Gran río del N.E. de África, el más largo del mundo. Nace en Ruanda y Urundi con el nombre de Kagera; penetra en el lago Victoria, del que sale con el nombre de **Nilo Victoria,** se echa en el lago Alberto y sale de él con la denominación de **Nilo Alberto.** Se dirige hacia el norte y toma el nombre de **Nilo Blanco.** Recibe al Bahr-el-Gazal y al **Nilo Azul** que viene de Etiopía, y al norte de Khartum toma su nombre definitivo de **Nilo.** Recorre 6.500 km. y des. en el Mediterráneo por amplio delta. Atraviesa Nubia y Egipto y fertiliza a este último con sus desbordamientos anuales. Seis cataratas quiebran la continuidad de su cauce.

NILÓN. (Del ingl. *nylon.*) m. *Quím.* Material sintético, plástico, formado por moléculas orgánicas muy largas. Es elástico, resiste el calor y el agua, se tiñe bien, y se puede estirar en hilos muy delgados, más resistentes a la rotura que otras fibras naturales o artificiales. Tiene vastísimas aplicaciones, especialmente en la industria textil.

NIMBAR. tr. Circuir de nimbo o aureola una figura o imagen.

NIMBO. al. **Heiligenschein.** fr. **Nimbe.** ingl. **Halo.** ital. **Aureola.** port. **Nimbo.** (Del lat. *nimbus.*) m. Aureola de las imágenes. ‖ *Meteor.* Capa de nubes formada por cúmulos muy confundidos. *Los* NIMBOS *anunciaban lluvia.* ‖ *Num.* Círculo que rodea la cabeza de algunos emperadores en ciertas monedas y medallas, especialmente del Imperio griego. ‖ – **stratus.** *Meteor.* Capa de nubes bajas, amorfa y lluviosa. ‖ IDEAS AFINES: *Cerco, anillo, luz, halo, santo, efigie, astro, eclipse, gloria, corona.*

NIMEGA. *Geog.* Ciudad de Holanda (Güeldres). 220.000 h. En ella se firmaron los tratados de paz entre Francia, España y Holanda (1678), y entre Francia, España, Alemania y Suecia (1679).

NIMES. *Geog.* Ciudad de Francia, capital del dep. de Gard. 126.000 h. con los suburbios. Centro textil y vitivinícola. Antigüedades romanas.

NIMIEDAD. al. **Umständlichkeit; Kleinigkeit.** fr. **Politesse; bagatelle.** ingl. **Superfluity.** ital. **Minuzia.** port. **Nimiedade.** (Del lat. *nimietas, -atis.*) f. Exceso, demasía. ‖ Prolijidad, minuciosidad. ‖ Pequeñez, insignificancia.

NIMIO, MIA. (Del lat. *nimius.*) adj. Excesivo. *Era* NIMIO *en sus escrúpulos.* ‖ Prolijo, minucioso. ‖ Insignificante. ‖ deriv.: **nimiamente.**

NIMROD. *Geog. histór.* Ciudad de la antigua Asiria, que fuera residencia de los reyes antes que Nínive.

NINFA. al. **Nymphe; Puppe.** fr. **Nymphe.** ingl. **Nymph; pupa.** ital. **Ninfa.** port. **Ninfa.** (Del lat. *nympha,* y éste del gr. *nymphe.*) f. Cualquiera de las fabulosas deidades de las aguas, bosques, selvas, etc. *Las* NINFAS *tenían el don de la profecía.* ‖ fig. Joven hermosa. Tómase a veces en mala parte. ‖ *Zool.* Insecto que ha pasado ya del estado de larva y prepara su última metamorfosis. ‖ pl. Labios pequeños de la vulva. ‖ **Ninfa Egeria.** fig. Consejero secreto de una persona. Dícese por alusión a la **ninfa** que se supuso inspiraba a Numa Pompilio.

NINFAS. *Geog.* Punta de la costa patagónica argentina (Chubut), extremo S.E. del golfo Nuevo.

NINFEA. f. Nenúfar.

NINFEÁCEO, A. adj. *Bot.* Dícese de plantas dicotiledóneas acuáticas, de rizoma rastrero y carnoso, hojas grandes y flotantes, largo pecíolo, flores terminales y fruto globoso, como el nenúfar. U.t.c.s. ‖ f. pl. *Bot.* Familia de estas plantas.

NINFO. m. fig. y fam. Narciso, hombre bonito.

NINFOMANÍA. f. *Pat.* Hiperestesia sexual en la mujer. ‖ deriv.: **ninfomaníaco, ca.**

NIN FRÍAS, Alberto. *Biog.* Literato urug. autor de *El carácter argentino; El árbol; Alexis,* etc. (1879-1937).

NINGHSIEN. *Geog.* Ciudad de la China, al sur de Shanghai. 300.000 h. Tejidos.

NINGPÓ. *Geog.* V. **Ninghsien.**

NINGÚN. adj. Apócope de **Ninguno,** usado sólo ante nombres masculinos.

NINGUNO, NA. al. **Kein; Niemand.** fr. **Aucun; nul.** ingl. **No one.** ital. **Nessuno.** port. **Nenhum; ninguém.** (Del lat. *nec unus,* ni uno.) adj. Ni uno solo. ‖ pron. indef. Nulo y sin valor. *No tiene* NINGUNA *importancia.* ‖ Nadie. *No lo sabe* NINGUNO.

NÍNIVE. *Geog. histór.* Antigua capital de Asiria, sobre la orilla izquierda del Tigris. Fue destruida por los medos en 612.

NINIVITA. adj. Natural de Nínive. U.t.c.s. ‖ Perteneciente a esta ciudad.

NINO. *Biog.* Personaje legendario, a quien se atribuye la fundación de la ciudad de Nínive y la conquista de gran parte de Asia. Algunos historiadores ponen el reinado de **Nino** entre los 2200 y 2100 a. de C.

NIN Y CASTELLANOS, Joaquín. *Biog.* Compositor esp., radicado en Cuba; autor de numerosas obras para piano y canciones, de estilo francés (1883-1950).

NIÑA. al. **Augapfel.** fr. **Prunelle; punelle.** ingl. **Pupil.** ital. **Pupilla.** port. **Pupila; menina.** f. Pupila del ojo. ‖ **Niñas de los ojos.** fig. y fam. Persona o cosa del mayor aprecio de uno. ‖ **Tocar** a uno **en las niñas de los ojos.** frs. fig. Sentir extremadamente el daño causado a lo que se ama.

NIÑADA. f. Hecho o dicho pueril, impropio de la edad adulta.

NIÑATO. m. Feto que se halla en el vientre de la vaca cuando se la mata estando preñada.

NIÑEAR. intr. Ejecutar niñadas.

NIÑERA. al. **Kinderfrau.** fr. **Bonne d'enfants.** ingl. **Nurse girl.** ital. **Bambinaia.** port. **Ama-seca.** f. Criada que cuida niños.

NIÑERÍA. f. Acción de niños o propia de ellos. ‖ Poquedad de las cosas, que las hace poco estimadas. ‖ fig. Hecho o dicho de poca substancia. *No escucho* NIÑERÍAS.

NIÑERO, RA. adj. Que gusta de niños o de niñerías.

NIÑETA. f. Niña, pupila del ojo.

NIÑEZ. al. **Kindheit.** fr. **Enfance.** ingl. **Childhood.** ital. **Fanciullezza.** port. **Infancia; meninice.** f. Período de la vida humana, que se extiende desde el nacimiento hasta la adolescencia. ‖ fig. Primer tiempo de cualquier cosa. ‖ Niñería, acción de niños. Ú.m. en pl.

NIÑO, ÑA. al. **Kind.** fr. **Enfant.** ingl. **Child.** ital. **Fanciullo.** port. **Criança; menino.** (De *menino.*) adj. y s. Que se halla en la niñez. ‖ Por ext., que tiene pocos años. *Todavía es* NIÑO. ‖ fig. Que tiene poca experiencia. ‖ En sentido despectivo, que obra con poca reflexión y advertencia. *Se portó como un* NIÑO. ‖ s. En ciertas partes, tratamiento que se da a las personas de respeto, especialmente si son solteras. ‖ – **de coro.** El que en las catedrales canta con otros en los oficios divinos. ‖ – **de la bola.** Por anton., el **Niño Jesús** en alusión al globo terráqueo con que se lo representa. ‖ fig. y fam. El que es afortunado. ‖ – **de la doctrina.** Doctrino. ‖ – **de teta.** El que aún está en la lactancia. ‖ fig. y fam. El que es muy inferior en alguna de sus cualidades. ‖ – **Jesús.** Imagen que representa a Cristo en la edad de **niño;** y también se usa en esta expresión considerándole en dicha edad. ‖ – **zangolotino.** fam. Muchacho que quiere o a quien se quiere hacer pasar por **niño.** ‖ IDEAS AFINES: *infante, chiquillo, pichón, cachorro, mantillas, pañales, infantil, infancia, puericultura, balbuceo, pinino, cuna, andador.*

NIÑO, Andrés. *Biog.* Navegante esp. que exploró América Central buscando un paso entre el Atlántico y el Pacífico (1475-1532). ‖ – **Pero Alonso.** Explorador esp. que reconoció las costas africanas y acompañó a Colón en su primer viaje a América (1466-1505).

NIOBE. *Mit.* Esposa de Anfión y orgullosa madre de doce hijos; osó burlarse de la diosa Leto, que sólo tenía dos: Apolo y Artemisa. En venganza, éstos mataron a todos los hijos de **Niobe,** que desgarrada de dolor suplicó a Zeus que la convirtiera en roca.

NIOBIO. (De *Niobe.*) m. Metal raro, gris acerado, semejante al tantalio. Es un elemento de símbolo Nb, n. atóm. 41 y p. atóm. 92,91.

NIORT. *Geog.* Ciudad de Francia, capital del dep. de Deux-Sèvres. 35.000 h. Fabricación de guantes.

NIOTO. m. Cazón, pez.

NIPA. f. Palmera de Oceanía, con cuyas hojas se tejen esteras y con cuya savia se preparan bebidas De tronco recto y nudoso tiene hojas casi circulares, flores verdosas y fruto en drupa aovada. *Nipa fructicans,* palmácea. ‖ Su hoja.

NIPE. *Geog.* Bahía de la costa norte de Cuba, en la prov. de Oriente.

NIPIGON. *Geog.* Lago del Canadá (Ontario) que des., mediante el río hom., en el lago Superior. 4.500 km².

NIPIS. m. Tela fina, amarillenta, tejida en Filipinas con las fibras de los pecíolos de las hojas del abacá.

NIPÓN, NA. adj. y s. Japonés.

NIPÓN. *Geog.* V. **Hondo.**

NÍQUEL. al. **Nickel.** fr. **Nickel.** ingl. **Nickel.** ital. **Nichel; nichelio.** port. **Níquel.** (Del al. *nickel,* genio de las minas.) m. Metal de color y brillo semejantes a los de la plata, muy duro, magnético, difícil de fundir y de oxidar, pero fácil de forjar y laminar. Es un elemento de símbolo Ni, n. atóm. 28 y p. atóm. 58,69. *Canadá es rico en* NÍQUEL.

NIQUELADO. m. Acción y efecto de niquelar. NIQUELADO *electrolítico.*

NIQUELAR. tr. Cubrir un metal con baño de níquel. ‖ deriv.: **niquelador; niqueladura.**

NIQUELINA. f. Sulfoarseniuro natural de níquel rojo. ‖ Aleación de níquel, cobre y cinc, empleada en la fabricación de resistencias eléctricas.

NIQUELITA. f. Arseniuro de níquel.

NIQUERO. *Geog.* Población de Cuba, en la prov. de Oriente. 8.000 h. Puerto.

NIQUISCOCIO. m. fam. Negocio de poca importancia.

NIRENBERG, Marshall Warren. *Biog.* Bioquímico nort.; obtuvo, en 1968, el premio Nobel de Fisiología y Medicina, juntamente con R.W. Holley y K.G. Khorana (n. 1927).

NIRGUA. *Geog.* Población de Venezuela (Yaracuy). 8.000 h. Centro de una rica zona cafetera.

NIRVANA. (Voz sánscr.) m. Entre los budistas, suprema beatitud, consistente en una existencia despojada de todos sus atributos, aniquilamiento de todo deseo para identificarse con el principio supremo del universo. Este estado no se logra con la muerte, sino siguiendo una vía que comprende ocho etapas. La doctrina del Nirvana suele ser interpretada diferentemente.

NÍSCALO. m. Mízcalo.

NISCOME o **NISCÓMEL.** m. *Méx.* Olla en que se cuece el maíz para hacer tortillas.

NISH. *Geog.* Ciudad de Yugoslavia, en Servia. 138.000 h. Maquinaria agrícola.

NÍSPERO. al. **Mispelbaum.** fr. **Néflier.** ingl. **Medlar tree.** ital. **Nespolo.** port. **Nespereira.** (De *níespera.*) m. Árbol de unos tres m. de alto, de tronco tortuoso, ramas abiertas y algo espinosas, hojas duras, verdes por la faz y lanuginosas por el envés, flores blancas y fruto cerrado, comestible. *Mespilus germanica,* rosácea. ‖ Fruto de ese árbol. ‖ Níspola. ‖ *Cuba, P. Rico* y *Ven.* Chicozapote. ‖ – **del Japón.** Arbusto siempre verde, de hojas vellosas por el envés, flores blancas y fruto amarillento. *Eriobotrya japonica,* rosácea. ‖ – **espinoso** o **silvestre.** Espino, árbol.

NÍSPOLA. al. **Mispel.** fr. **Nèfle.** ingl. **Medlar.** ital. **Nespola.** port. **Nespera.** f. Fruto del níspero, aovado, rojizo, duro y agrio cuando se desprende del árbol, blando y dulce cuando está pasado.

NISSAGE-SAGET. *Biog.* Estadista haitiano, presid. de su país de 1870 a 1874.

NIT. m. Unidad de luminancia equivalente a la diezmilésima parte de un *stilb.*

NITERÓI. *Geog.* Ciudad del Brasil, antigua capital del Est. de Río de Janeiro, situada en la bahía de Guanabara. 340.000 h.

NITIDEZ. al. **Glanz; Reinheit.** fr. **Limpidité; netteté.** ingl. **Neatness; clarity.** ital. **Nitidezza.** port. **Nitidez.** f. Calidad de nítido. sinón.: **limpidez, pureza.**

NÍTIDO, DA. (Del lat. *nitidus.*) adj. Limpio, terso, claro, puro, resplandeciente. Ú. m. en poesía. *Imagen* NÍTIDA; antón.: **opaco.**

NITO. m. Helecho de Filipinas, de cuyo pecíolo se saca el filamento usado para fabricar sombreros y petacas. ‖ pl. fam. Ú. como respuesta para ocultar lo que se lleva o se come.

NITOKRIS. *Biog.* Reina egipcia a quien se atribuye la construcción de la tercera de las pirámides de Gizeh. Fue una de las mujeres más bellas de su tiempo y según la leyenda, su espíritu sigue apareciendo para seducir a los hombres (s. IV a. de C.).

NITÓN. m. V. **Radón.**

NITRAL. m. Criadero de nitro.

NITRATO. al. **Salpetersalz; Nitrat.** fr. **Nitrate.** ingl. **Nitrate; saltpeter.** ital. **Nitrato.** port. **Nitrato.** m. *Quím.* Cualquier sal o éster del ácido nítrico. ‖ – **de Chile.** Abono nitrogenado natural que se encuentra en yacimientos situados en la zona desértica del norte de Chile.

NITRERÍA. f. Sitio donde se coge y beneficia el nitro.

NITRICO, CA. adj. Perteneciente o relativo al nitro. ‖ *Quím.* V. **Ácido nítrico.**

NITRITO. m. *Quím.* Sal formada por combinación del ácido nitroso con una base.

NITRO. (Del lat. *nitrum*, y éste del gr. *nitron.*) m. Nitrato de potasio, que se halla en forma de agujas o polvillo en la superficie de terrenos húmedos o salados. ‖ **– cúbico, o de Chile.** Nitrato de sodio, sal semejante a la anterior.

NITROBENCENO. m. *Quím.* Cuerpo resultante de la combinación del ácido nítrico con el benceno. Es la materia principal para la fabricación industrial de la anilina.

NITROCELULOSA. f. *Quím.* Nitrato de celulosa. Grupo de diversos ésteres nítricos de la celulosa, como el colodión y el algodón pólvora, empleados en la fabricación de plásticos, barnices y explosivos.

NITROGENADO, DA. adj. Que contiene nitrógeno.

NITRÓGENO. al. **Stickstoff.** fr. **Nitrogène; azote.** ingl. **Nitrogen.** ital. **Nitrogeno.** port. **Nitrogenio.** (Del gr. *nitron*, nitro, y *gennao*, engendrar.) m. Gas incoloro, inodoro, químicamente inerte, que constituye aproximadamente las 4/5 partes del aire atmosférico. Componente esencial de las proteínas. Sus compuestos se emplean como abonos y en la obtención del ácido nítrico. Elemento de símbolo N, n. atóm. 7 y p. atóm. 14,008.

NITROGLICERINA. al. **Nitroglyzerin.** fr. **Nitroglycérine.** ingl. **Nitroglycerine.** ital. **Nitroglicerina.** port. **Nitroglicerina.** f. Líquido pesado, aceitoso y explosivo, resultante de la acción del ácido nítrico sobre la glicerina. Mezclado con un absorbente forma la dinamita.

● **NITROGLICERINA.** *Quím.* Obtenida por la acción de una mezcla de ácido nítrico y ácido sulfúrico sobre una cantidad equivalente de glicerina, la **nitroglicerina** es conocida también como *trinitroglicerina, trinitrina, peroglicerina, glonoína* y *triazoína*. Su densidad es 1,6; en pequeñas cantidades evapora a 50%. Al solidificarse resulta muy peligrosa, pues estalla espontáneamente y produce gases. En estado líquido no se presta para aplicaciones industriales y su uso está prohibido, ya que estalla al menor choque o por la acción del calor. Cuando se la mezcla con polvo de ladrillo, tierra de infusorios, yeso, arcilla seca, carbón, etc., se obtiene la dinamita (V. **Dinamita**).

NITRÓMETRO. m. *Quím.* Aparato que se utiliza para medir la cantidad de nitrógeno que contienen los nitratos y los ésteres nítricos.

NITROSO, SA. adj. Que tiene nitro o se le parece. *Suelo* NITROSO. ‖ *Quím.* Dícese de los compuestos oxidados del nitrógeno, cuya valencia es más baja que en los nítricos. Entre ellos, el ácido nitroso, poco estable, obtenido sólo en solución acuosa e impuro. Sus sales (nitritos) son más estables. ‖ deriv.: **nitrosidad.**

NITROSOBACTERIA. f. Bacteria que convierte el amoníaco en nitritos.

NITTI, Francisco Javier. *Biog.* Economista y político ital., autor de *Europa sin paz; La democracia; La decadencia de Europa* y otras obras (1868-1953).

NIVEL. al. **Niveau.** fr. **Niveau.** ingl. **Level.** ital. **Livello.** port. **Nível.** (Del lat. *libella.*) m. Instrumento para averiguar la diferencia de altura entre dos puntos o comprobar si tienen la misma. ‖ Horizontalidad. *El* NIVEL *de un terreno.* ‖ Altura a que llega la superficie de un líquido. *El* NIVEL *del mar.* ‖ fig. Altura que alcanza una cosa o a que está colocada. ‖ Grado o altura que alcanzan ciertos aspectos de la vida social. NIVEL *económico;* NIVEL *cultural.* ‖ Igualdad o equivalencia en cualquier línea o especie. ‖ **– de agua.** Tubo de latón dispuesto horizontalmente, con sendos tubos de vidrio, verticales, en sus extremos. Introduciendo agua, las superficies libres en los tubos verticales determinan un plano de **nivel.** ‖ **– de aire.** Tubo de vidrio ligeramente curvado, que contiene agua o alcohol con una pequeña burbuja de aire. Dispuesto sobre un soporte de base plana, con su cara convexa hacia arriba, indica la horizontalidad de dicha base, cuando la burbuja se encuentra entre dos trazos de tubo. ‖ **– de albañil.** Triángulo isósceles de listones, con una plomada cuyo hilo pasa por el punto medio de la hipotenusa cuando el instrumento se apoya en un plano horizontal. ‖ **– de vida.** Grado de bienestar alcanzado por la generalidad de los habitantes de un país, los componentes de una clase social, etc. ‖ **A nivel.** m. adv. En un plano horizontal. ‖ A cordel. ‖ IDEAS AFINES: *Balanza, fiel, equilibrio, aflorar, emparejar, ras, aplanar, allanar.*

NIVELACIÓN. f. Acción y efecto de nivelar.

NIVELADOR, RA. adj. y s. Que nivela.

NIVELAR. al. **Nivellieren.** fr. **Niveler; équilibrer.** ingl. **To level.** ital. **Livellare.** port. **Nivelar.** tr. Echar el nivel para reconocer si hay horizontalidad. ‖ Poner un plano en posición horizontal. ‖ Por ext., poner dos o más cosas a igual altura. ‖ fig. Igualar una cosa con otra. Ú.t.c.r. NIVELÓ *el trabajo;* SE NIVELABA *con los menos inteligentes;* sinón.: **equilibrar.** ‖ *Topog.* Hallar la diferencia de altura entre dos puntos de un terreno. ‖ deriv.: **nivelable; niveladamente.**

NÍVEO. (Del lat. *niveus.*) adj. poét. De nieve o semejante a ella. *Capa* NIVEA.

NIVERNAIS. *Geog.* Antigua prov. del centro de Francia, cuya cap. era NEVERS. Hoy pertenece al dep. de Nièvre.

NIVERNESADO. *Geog.* V. **Nivernais.**

NIVOSO, SA. (Del lat. *nivosus.*) adj. Nevoso, que tiene nieve. ‖ m. Cuarto mes del calendario republicano francés (21 de diciembre a 19 de enero).

NIXON, Ricardo. *Biog.* Político nort., nacido en 1913, vicepresidente de la República desde 1953 hasta 1961 y presidente, desde 1969 hasta 1974.

NIZA. *Geog.* Ciudad de Francia, sobre el Mediterráneo, capital del dep. de los Alpes Marítimos. 408.000 h. Afamada estación invernal. ‖ **Condado de–.** Antigua prov. del reino de Cerdeña, unida a Francia en 1860. Su cap. era la ciudad hom. Hoy pertenece al dep. de los Alpes Marítimos.

NIZAM. (Del ár. *nizam ul mulk*, ordenador del imperio.) m. *Hist.* Título dado por el emperador mogol al gobernador turcomano de Haiderabad, conservado por sus sucesores.

NIZAMI, Abú Mohamed Ben Yusuf. *Biog.* Poeta persa, autor de *Las siete bellezas y Almacén de secretos* (1140-1203).

NIZAO. *Geog.* Río de la Rep. Dominicana. Nace en la prov. de Peravia y des. en el mar de las Antillas.

NKRUMAH, Kwame. *Biog.* Político y caudillo nacionalista africano; desde 1960 hasta 1966, jefe de Estado de la nueva República de Ghana (n. 1909).

NO. al. **Nein; nicht.** fr. **Non.** ingl. **No; not.** ital. **No.** port. **Não.** (Del lat. *non.*) adv. neg. que se emplea principalmente respondiendo a pregunta, y en este caso equivale a una oración elíptica. *¿Compraste pan?* – No. ‖ En sentido interrogativo, suele emplearse como pidiendo contestación afirmativa. *¿No me quieres?* ‖ Antecede al verbo a que sigue un vocablo que expresa negación. No *importa nada;* NO *mira nadie.* ‖ Ú. a veces sólo para avivar una afirmación, poniendo de relieve una idea contrapuesta a otra. *Mejor es trabajar que* NO *mendigar.* ‖ En frases en que va seguido de la preposición *sin*, forma con ella sentido afirmativo. *Sirve,* NO *sin provecho propio, a sus amigos.* ‖ Ú. repetido para dar más fuerza a la negación. No, NO *lo diré;* NO *lo diré,* NO. ‖ En algunos casos toma carácter de substantivo. *Un* NO *podría resultar fatal.* ‖ **¿A que no?** frs. Reto que se dirige a uno, en sentido de que no puede contradecir a otro. ‖ **No bien.** m. adv. Tan luego como. NO BIEN *llegue.* ‖ **No más.** expr. Solamente. *Me dio las gracias* NO MÁS. ‖ Equivale a **basta de** en giros elípticos. NO MÁS *hablar al que no escucha.* ‖ **No menos.** expr. con que se pondera que alguna cosa conviene con otra. ‖ **No, que no.** loc. que se usa para afirmar lo que se dice y de que se duda. ‖ **No, sino.** loc. con que se da a entender que se tiene por mejor aquello de que se trata, que su contrario. ‖ **No tal.** expr. fam. con que se esfuerza la negación. ‖ **No ya.** m. adv. No solamente. ‖ **¿Pues no?** Modo de hablar con que se contradice o deshace la duda o sentir contrario.

NOAILLES, Ana, Condesa de. *Biog.* Poetisa fr. de origen rumano. Gran sensibilidad, refinamiento y lirismo en sus obras: *La nueva esperanza; El corazón innumerable; Libro de mi vida*, etc. (1876-1933).

NOBEL, Alfredo Bernardo. *Biog.* Químico sueco, inventor de la dinamita, la gelatina explosiva y diversos dispositivos de aplicación en la industria de los explosivos. Había reunido una gran fortuna, de la que dispuso en su testamento, creando cinco premios anuales para distribuir entre los benefactores de la humanidad que se distinguieran en las ciencias físico-químicas, fisiología y medicina, literatura o en la preservación de la paz y concordia entre los pueblos (1833-1896).

NOBEL, Premio. *Hist.* La elección de los honrados con el **premio Nobel** se hace entre los individuos que "durante el año anterior hubiesen prestado el mayor servicio a la humanidad" en el campo de la física, la química, la medicina o fisiología; a quien hubiese escrito la mejor obra literaria, y a quien hubiese prestado los más altos servicios a la paz mundial, bregando por la fraternidad de los pueblos y la desmilitarización. Desde 1969, se agregó, también anualmente, un **premio Nobel** de Economía. Los **premios Nobel** de Física y Química, Fisiología y Medicina y el de Literatura, son otorgados por la Academia Sueca de Ciencias, el Instituto Carolino de Medicina y la Academia de Suecia, respectivamente. El de la Paz, lo confiere un comité especial, integrado por cinco miembros designados por el Parlamento sueco. Entre los premiados latinoamericanos figuran Gabriela Mistral, Pablo Neruda y Miguel Ángel Asturias, en Literatura; Carlos Saavedra Lamas, el de la Paz; Luis Federico Leloir, en Química, y Bernardo Houssay, en Fisiología y Medicina.

NOBELIO. m. *Fís.* Elemento químico transuránico. Simb. No; p. at. 254.

NÓBILE, Humberto. *Biog.* Aviador ital. que participó en la expedición de Amundsen al Polo Norte y desapareció en otra, en el mar de Barentz, pero fue rescatado por el rompehielos Krassin (1885-1978).

NOBILI, Leopoldo. *Biog.* Físico ital., inventor de la pila termoeléctrica (1787-1835).

NOBILIARIO, RIA. adj. Perteneciente o relativo a la nobleza. *Título* NOBILIARIO. ‖ Dícese del libro que trata de la genealogía de las familias nobles. Ú.t.c.s.

NOBILÍSIMO, MA. (Del lat. *nobilíssimus.*) adj. super. de **Noble.** ‖ deriv.: **nobilísimamente.**

NOBLE. al. **Adelig; edel.** fr. **Noble.** ingl. **Noble.** ital. **Nóbile.** port. **Nobre.** (Del lat. *nóbilis*, contrac. de *noscíbilis*, de *nóscere*, conocer.) adj. Preclaro, ilustre, generoso. NOBLE *obra;* antón.: **indigno, ruin.** ‖ Principal o excelente en cualquier línea. ‖ Dícese en sentido restricto de la persona que usa algún título nobiliario; y por ext., de sus parientes. Ú.t.c.s. NOBLE *inglés*, NOBLE *de cuna.* ‖ Aplicado a lo irracional e insensible, singular o excelente en su especie. *Metal* NOBLE. ‖ Honroso, estimable. ‖ m. Moneda de oro que se usó en España.

NOBLEMENTE. adv. m. Con nobleza. *Perdonar* NOBLEMENTE; sinón.: **generosamente, hidalgamente.**

NOBLEZA. al. **Adel; Edelmut.** fr. **Noblesse.** ingl. **Nobility; nobleness.** ital. **Nobiltà.** port. **Nobreza.** f. Calidad de noble. Conjunto o cuerpo de los nobles de un Estado o de una región. *La* NOBLEZA *belga;* sinón.: **aristocracia.** ‖ Tela de seda, especie de damasco sin labores.

NOBLOTE, TA. adj. Que procede con nobleza.

NOBOA ARREDONDO, Ernesto. *Biog.* Narrador per. que se especializó en relatos fabulosos de su tierra (1839-1873).

NOBOA CAAMAÑO, Ernesto. Poeta ecuatoriano, autor de *La romanza de las horas* (1891-1927).

NOBOA Y ARTETA, Diego. *Biog.* Político ec., en 1851 presid. de su país (1789-1870).

NÓBREGA, Manuel de. *Biog.* Sacerdote portugués, misionero en el Brasil, donde murió en 1570. Escribió interesantes cartas sobre esa región.

NOCA. (De *nocla.*) f. Crustáceo marino, parecido a la centolla.

NOCEDA. f. Nocedal.

NOCEDAL. m. Nogueral.

NOCENTE. (Del lat. *nocens, entis.*) adj. Que daña. ‖ Culpado, que ha incurrido en culpa. Ú.t.c.s.

NOCIBLE. adj. Nocivo.

NOCIÓN. al. **Begriff.** fr. **Notion.** ingl. **Notion.** ital. **Nozione.** port. **Noção.** (Del lat. *notio, -onis.*) f. Conocimiento o idea que se tiene de una cosa. ‖ Conocimiento elemental. Ú. m. en pl. *Tener* NOCIONES *de química.* ‖ *Teol.* Cada una de las cinco propiedades por las cuales se nos dan a conocer como distintas las personas de la Santísima Trinidad.

NOCIONAL. adj. *Teol.* Perteneciente a la noción. *Actos* NOCIONALES.

NOCIVIDAD. f. Cualidad de dañoso o nocivo.

NOCIVO, VA. al. **Schädlich.** fr. **Nocif; nuisible.** ingl. **Noxious; injurious.** ital. **Nocivo.** port. **Nocivo.** (Del lat. *nocivus.*) adj. Dañoso, perjudicial u ofensivo. *El abuso del alcohol es* NOCIVO *para la salud;* antón.: **inofensivo, saludable.**

NOCLA. (Del lat. *naúcula*, por *navícula*, navecilla.) f. Noca.

NOCTAMBULAR. (Del lat. *nóctem*, noche, y *ambulare*, andar.) intr. Vagar de noche.

NOCTAMBULISMO. m. Cualidad de noctámbulo.

NOCTÁMBULO, LA. al. **Nachtwandler.** fr. **Noctambule.** ingl. **Wanderer at night.** ital. **Nottambulo.** port. **Noctambulo; sonambulo.** adj. Noctívago.

NOCTILUCA. (Del lat. *noctiluca*, de *nox, noctis*, noche, y *lúcere*, lucir.) f. Luciérnaga. ‖ Nombre de varios organismos microscópicos fosforescentes, abundantes en el mar y en substancias en descomposición.

NOCTILUCO, CA. adj. Que brilla o despide luz de noche o en la obscuridad. *Insecto* NOCTILUCO.

NOCTÍVAGO, GA. (Del lat. *noctivagus.*) adj. poét. Que anda vagando durante la noche. Ú.t.c.s. *Duendes* NOCTÍVAGOS.

NOCTURNAL. adj. Nocturno.

NOCTURNIDAD. f. *Der.* Circunstancia agravante, resultante de cometer de noche ciertos delitos.

NOCTURNO, NA. al. **Nächtlich.** fr. **Nocturne.** ingl. **Nocturnal.** ital. **Notturno.** port. **Noturno.** (Del lat. *nocturnus.*) adj. Perteneciente a la noche, o que se hace en ella. *Sombras* NOCTURNAS. ‖ fig. Que anda siempre solo y triste. ‖ *Bot.* y *Zool.* Aplícase a los animales que de día están ocultos y buscan el alimento durante la noche, y a las plantas que sólo de noche tienen abiertas sus flores. *La vizcacha es* NOCTURNA. ‖ m. Cada una de las tres partes del oficio de maitines. ‖ Composición poética de carácter triste. ‖ *Mús.* Preludio instrumental que pretende evocar las características de una noche determinada. La palabra *nocturno* fue usada, inicialmente, por el compositor J. Field y luego por F. Chopin. Debussy escribió tres nocturnos para orquesta (*Nubes, Fiesta* y *Sirenas*). ‖ Serenata en que se cantan o tocan composiciones sentimentales.

NOCHE. al. **Nacht.** fr. **Nuit.** ingl. **night.** ital. **Notte.** port. **Noite.** (Del lat. *nox, noctis.*) f. Tiempo en que falta sobre el horizonte la claridad del Sol. *En el Ecuador la* NOCHE *dura tanto como el día.* ‖ Tiempo que hace durante la **noche** o gran parte de ella. NOCHE *serena.* ‖ fig. Confusión, obscuridad o tristeza en cualquiera línea. ‖ **buena. Nochebuena.** ‖ **– intempesta. Noche** muy entrada. ‖ **– toledana.** fig. y fam. La que uno pasa sin dormir. ‖

Buena, o **mala, noche.** Además del sentido recto, se llama así a la que se ha pasado con diversión o sosiego; o al contrario, con desvelo o desazón. || **Media noche.** Medianoche. || **Primera noche.** Horas primeras de la **noche.** || **A buenas noches.** m. adv. fig. y fam. **A obscuras.** Ú. con los verbos *estar, dejar* y *quedarse.* || **A. la noche, chichirimoche, y a la mañana, chichirinada.** ref. que reprende la informalidad de los que a cada momento mudan de propósito. || **A prima noche.** m. adv. A primera **noche.** || **Ayer noche.** m. adv. Anoche. || **Buenas noches.** expr. fam. que se emplea como salutación y despedida durante la **noche** o al irse a acostar. || **Cerrar la noche.** frs. Pasar del crepúsculo vespertino. || **De la noche, la mañana.** frs. fig. Inopinadamente, en muy breve tiempo. DE LA NOCHE A LA MAÑANA *cambió de parecer.* || **De noche.** m. adv. Después del crepúsculo vespertino. *Trabaja* DE NOCHE. || **Hacer** uno **noche** alguna cosa. frs. fig. y fam. Hurtarla o hacerla desaparecer. || **Hacer** uno **noche en** alguna parte. frs. Detenerse en un lugar para dormir. || **Hacerse de noche.** frs. Anochecer. || **Hacerse noche** una cosa. frs. fig. Desaparecer. || **Noche y día.** expr. fig. Siempre o continuadamente. NOCHE Y DÍA *la recordamos.* || **Pasar de claro en claro,** o **en claro, la noche.** frs. fig. Pasarla sin dormir. || **Temprano es noche.** expr. fig. y fam. con que se denota que se hace o pide una cosa antes de tiempo. || IDEAS AFINES: *Luna, estrellas, trasnochar, pernoctar, velar, sueño, queda, nocturno, búho, murciélago, noctámbulo, noctiluca.*

NOCHEBUENA. al. **Christnacht.** fr. **Nuit de Noël.** ingl. **Christmas eve.** ital. **Notte di Natale.** port. **Vigília de Natal.** f. Noche de la vigilia de Navidad.

NOCHEBUENO. m. Torta grande de preparación especial para la colación de Nochebuena. || Leño grande que se pone en el fuego la noche de Navidad.

NOCHECITA. f. *Amér.* Crepúsculo vespertino.

NOCHERNIEGO, GA. adj. Que anda de noche.

NOCHERO, RA. s. *Col.* Persona que vigila de noche en hospitales, etc. || *Guat.* Peón o mozo que trabaja de noche. || Velador, mesita de noche. || adj. Nocherniego.

NOCHE TRISTE. *Hist.* Nombre con que se conoce la del 30 de junio de 1520, en que los aztecas derrotaron a los conquistadores esp. y en la que, según la tradición, Cortés lloró la muerte de sus compañeros, al pie de un ahuehuete, árbol que se conservó, como reliquia, hasta el año 1969.

NOCHISTLÁN. *Geog.* Población de México (Zacatecas). 11.000 h. Centro agrícola.

NOCHIZO. (Del lat. *nux, nucis.*) m. Avellano silvestre.

NODACIÓN. (Del lat. *nodatio, -onis.*) f. *Med.* Impedimento ocasionado por un nodo en el juego de una articulación.

NODAL. adj. Perteneciente o relativo al nodo. *Línea* NODAL. || Dícese de las líneas que permanecen fijas en las membranas o en las placas vibrantes.

NODÁTIL. adj. *Anat.* Dícese de la juntura de dos huesos en la cual la cabeza de uno entra en la cavidad del otro.

NODO. (Del lat. *nodus.*) m. *Astron.* Cada uno de los dos puntos opuestos en que la órbita de un astro corta la Eclíptica. || *Fís.* Cada uno de los puntos que permanecen fijos en un cuerpo vibrante. || *Pat.* Tumor duro, redondeado y poco voluminoso, que se forma sobre los huesos, tendones o ligamentos. || **– ascendente** o **boreal.** *Astron.* Aquel en que el planeta pasa de la parte austral a la boreal de la esfera celeste. || **– descendente.** *Astron.* Aquel en que el planeta pasa de la parte boreal a la austral de la esfera celeste.

NODRIZA. al. **Amme.** fr. **Nourrice.** ingl. **Wet nurse.** ital. **Balia; nutrice.** port. **Ama; nutriz.** (Del lat. *nútrix,-icis.*) f. **Ama de cría.** sinón.: **pasiega.** || Aparato del motor del coche automóvil que suministra combustible a los cilindros sin que sea necesario dar presión al depósito. || IDEAS AFINES: *Lactancia, leche, amamantar, puericultura, biberón, cuidado, cariño, hermanos de leche.*

NÓDULO. m. Concreción de poco volumen. || deriv.: **nodular.**

NOÉ *Hist. Sagr.* Patriarca bíblico que por mandato divino construyó el arca en que él, su familia y una pareja de cada especie animal se salvaron del diluvio universal.

NOEL, Papá. Personaje fabuloso que en Nochebuena distribuye regalos a los niños que se han comportado bien. Se lo representa con larga barba blanca. V. **Nicolás de Bari, San.**

NOEL, Carlos Martín. *Biog.* Escritor y político arg., autor de *La evolución económica de la República Argentina* y otras obras (1866-1941). || **– Martín S.** Arquitecto arg. Escribió *Teoría histórica de la arquitectura virreinal; Fundamentos para una estética nacional,* etc. (1888-1963). || **– BAKER, Felipe.** Político y escritor inglés, premio Nobel de la Paz en 1959, por su continuada labor antibélica y en apoyo del desarme mundial. Autor de *La fabricación privada de armamentos; Desarme; La carrera armamentista; Un programa para el desarme,* etc. (n. 1889).

NOEMÁTICO, CA. (Del gr. *noema,* idea, concepción.) adj. Perteneciente o relativo a la idea o intelecto.

NOÉTICO, CA. adj. Noemático. || Capaz de entendimiento.

NOETINGER. *Geog.* Población de la Argentina, al este de la prov. de Córdoba. 5.000 h. Centro agropecuario.

NOGADA. f. Salsa de nueces y especias con que se suelen guisar algunos pescados.

NOGAL. al. **Nussbaum.** fr. **Noyer.** ingl. **Walnut.** ital. **Noce.** port. **Nogueira.** (Del lat. *nucalis;* de *nux,* nuez.) m. Árbol frutal, de tronco corto y robusto, copa extensa, hojas grandes, flores masculinas en amento y femeninas solitarias, y drupa de epicarpio duro. *Iuglans regia,* juglandácea. || Su madera, muy usada en carpintería.

NOGALES, Avelino G. *Biog.* Artista plástico bol., autor de *Meditación; El aguador* y otros cuadros. Fue un notable retratista (n. 1875).

NOGALES. *Geog.* Ciudad de México (Sonora), en la frontera con los EE. UU. 36.000 h. Centro minero.

NOGALINA. f. Color de la cáscara de nuez, usado para pintar imitando el color de nogal.

NOGOYÁ. *Geog.* Arroyo de la Argentina (Entre Ríos). Desagua en el Paraná a través del río Victoria. 70 km. || C. de la Argentina (Entre Ríos), a orillas del arroyo hom. 20.000 h. Centro agrícola-ganadero y forestal.

NOGOYAENSE. adj. y s. De Nogoyá, c. y dep. de la prov. de Entre Ríos (Rep. Arg.).

NOGUCHI, Hideyo. *Biog.* Bacteriólogo japonés, autor de extraordinarios aportes al tratamiento de las enfermedades venéreas. Falleció víctima de la fiebre amarilla, mientras ayudaba a combatir una epidemia (1876-1928).

NOGUERA. f. Nogal.

NOGUERA, Pedro. *Biog.* Arquitecto esp. que actuó en Perú durante la época colonial. Su obra más representativa es la fachada de la catedral de Lima (s. XVII).

NOGUERADO, DA. adj. Dícese del color propio del nogal.

NOGUERAL. m. Terreno plantado de nogales.

NOGUERÓN. m. aum. de **Noguera.**

NOGUERUELA. f. Planta usada en medicina, *Euphorbia chamaesyce,* euforbiácea.

NOIRMOUTIER. *Geog.* Isla francesa del océano Atlántico, que pertenece al dep. de la Vendée. 450 km². 12.000 h. Cap. hom.

NOLA. *Geog.* Población de Italia, en la Campania (Nápoles). 20.000 h. En ella murió Augusto en el año 14.

NOLASCO, San Pedro. Religioso fr., cofundador de la orden de la Merced (1182-1256).

NOLI. m. *Col.* Yesca que se obtiene de una especie de liquen.

NOLI, Antonio de. *Biog.* Explorador genovés al servicio de Enrique el Navegante. Reconoció las costas africanas y descubrió las islas de Cabo Verde (s. XV).

NOLICIÓN. (Del lat. *nolle,* no querer.) f. *Fil.* Acto de no querer.

NOLI ME TÁNGERE. (frs. lat. que equivale a *nadie me toque.*) m. Cosa que se considera exenta de contradicción. || *Pat.* Nombre que se dio al cancroide o epitelioma cutáneo.

NOLUNTAD. f. *For.* Nolición.

NOLLET, Juan Antonio. *Biog.* Sacerdote fr. dedicado a la física; realizó notables estudios sobre los fenómenos eléctricos e inventó el electrómetro (1700-1770).

NOMA. f. *Pat.* Gangrena de la boca que se presenta principalmente en los niños débiles en el curso de las enfermedades infecciosas.

NÓMADA. al. **Wandernd; Nomade.** fr. **Nomade.** ingl. **Nomad.** ital. **Nomade.** port. **Nomada; nomade.** (Del lat. *nomas, -adis,* y éste del gr. *nomás;* de *nemo,* apacentar.) adj. Dícese de la familia, pueblo o especie animal que anda vagando sin domicilio estable, y también del individuo en quien concurren estas circunstancias. Apl. a pers., ú.t.c.s. *Aún subsisten en el Asia pueblos* NÓMADAS; sinón.: **ambulante;** antón.: **sedentario.** || IDEAS AFINES: *Tribu, errante, migración, viajero, aventurero, buhonero, gitano, trashumante, barzonear.*

NÓMADE. adj. y s. Nómada.

NOMADISMO. m. Estado social de los pueblos que, viviendo principalmente de la caza, fijaban residencias temporarias, o de los que dedicados a la agricultura y al pastoreo se instalan según el ciclo de las estaciones para cultivos, etc.

NOMARCA. (Del gr. *nomarkhes.*) m. Gobernador de un nomo en el antiguo Egipto.

NOMARQUÍA. f. Gobierno del nomo. || División administrativa en la Grecia actual.

NOMBRADAMENTE. adv. m. Con distinción del nombre, expresamente.

NOMBRADÍA. f. Nombre, reputación. *Alcanzó* NOMBRADÍA *por su valor;* sinón.: **celebridad, gloria.**

NOMBRADO, DA. adj. Célebre, famoso.

NOMBRAMIENTO. m. Acción y efecto de nombrar. || Documento en que se designa a uno para un empleo.

NOMBRAR. al. **Nennen.** fr. **Nommer.** ingl. **To name.** ital. **Nominare.** port. **Nomear.** (Del lat. *nominare.*) tr. Decir el nombre de una persona o cosa. || Hacer mención particular de una persona o cosa. *Varias veces te* NOMBRÓ *en la conversación.* || Elegir a uno para un empleo u otra cosa. *Ya* NOMBRARON *el director;* sinón.: **designar, escoger.**

NOMBRE. al. **Name.** fr. **Nom.** ingl. **Name.** ital. **Nome.** port. **Nome.** (Del lat. *nomen, -inis.*) m. Palabra con que distingue y se designa una persona o cosa. *No conozco el* NOMBRE *de su amigo; ¿cuál es el* NOMBRE *de esta plaza?; el* NOMBRE *de este poema es sugestivo.* || Título de una cosa por el cual es conocida. *El* NOMBRE *de un diario.* || Fama, opinión. *Gozaba de buen* NOMBRE. || Autoridad, poder con que uno ejecuta una cosa por otro. *Le di las gracias en* NOMBRE *de mi padre.* || Apodo, mote. || *Gram.* Parte de la oración con que se designa a los seres, tanto reales como imaginarios. || *Mil.* Palabra que se daba por señal secreta para reconocer por la noche a los amigos, haciéndosela decir. || **– adjetivo.** *Gram.* Parte de la oración que se junta al substantivo para calificarlo o para determinarlo. || **– apelativo.** Sobrenombre. *El Fénix de los Ingenios.* || *Gram.* El que conviene a todos los seres de una misma clase; como *paloma, ángel.* || **– colectivo.** *Gram.* El que en singular expresa número determinado de cosas de una misma especie, o muchedumbre o conjunto; como *decena, jauría.* || **– comercial.** Denominación registrada de un establecimiento. || **– común.** *Gram.* **Nombre apelativo.** || **– de pila.** El que se da a la criatura cuando se bautiza. || **– genérico.** *Gram.* **Nombre apelativo.** || **– numeral.** *Gram.* El que significa número; como *centena, millón.* || **– postizo.** Alias. || **– propio.** *Gram.* El que se da a persona o cosa determinada para distinguirla de las demás de su especie o clase; como *Juan, Córdoba.* || **– substantivo.** *Gram.* **Nombre,** parte de la oración. || **Mal nombre.** Apodo || **En el nombre.** m. adv. con que se implora el favor de Dios o de los santos para dar principio a una cosa. || **Lo firmaré de mi nombre.** Expr. con que uno encarece la seguridad que tiene en la verdad que ha dicho. || **No tener nombre** una cosa. frs. fam. Ser tan vituperable, que no se puede calificar. || **Poner nombre.** frs. fig. Señalar un precio en los ajustes o compras. || **Por nombre,** fulano. expr. elip. que equivale a decir que tiene por **nombre** fulano. || IDEAS AFINES: *Nominal, nominativo, apellido, patronímico, seudónimo, anónimo, firma, llamar, bautizar, sujeto.*

NOMBRE DE DIOS. *Geog.* Sierra de Honduras, en los dep. de Atlántida y Yoro. Culmina en el pico Bonito, a los 2.450 metros.

NOMENCLADOR. (Del lat. *nomenclátor.*) m. Catálogo de nombres, ya de pueblos, ya de sujetos, ya de voces técnicas. || El que contiene la nomenclatura de una ciencia.

NOMENCLÁTOR. m. Nomenclador.

NOMENCLATURA. (Del lat. *nomenclatura.*) f. Lista, catálogo. || Conjunto de las voces técnicas de una facultad. *Linneo implantó la* NOMENCLATURA *binaria.*

NOMENCLATORIO, RIA. adj. Perteneciente o relativo a la nomenclatura.

NOMEOLVIDES. f. Flor de la raspilla. || Nombre dado a varias plantas borragináceas, del gén. *Myosotis,* cultivadas en jardines por sus flores azules, rosadas, blancas, etc.

NÓMICO, CA. adj. Gnómico.

NÓMINA. (Del lat. *nómina,* nombres.) f. Lista, catálogo de nombres. *Hacer la* NÓMINA *de los socios.* || Relación nominal de quienes deben recibir haberes, justificándolo con sus firmas. || Antiguamente, reliquia en que estaban escritos los nombres de los santos. Hoy reciben este nombre ciertos amuletos supersticiosos.

NOMINACIÓN. f. Nombramiento.

NOMINADOR, RA. adj. y s. Que elige y nombra para algún empleo o comisión.

NOMINAL. (Del lat. *nominalis.*) adj. Perteneciente al nombre. || Que tiene nombre de una cosa y le falta la realidad de ella en todo o en parte. *Sueldo* NOMINAL. || Nominalista.

NOMINALISMO. (De *nominal.*) m. Sistema seguido en la Edad Media y adoptado por muchos materialistas, sensualistas y positivistas, que consiste en negar toda realidad a los términos genéricos, afirmando ser meras palabras, y sólo nombres, a diferencia de los términos particulares e individuales, que son los verdaderamente reales.

NOMINALISTA. adj. Partidario del nominalismo. Ú.t.c.s. || Perteneciente o relativo a este sistema.

NOMINALMENTE. adv. m. Por su nombre o por sus nombres. || Sólo de nombre, y no efectivamente.

NOMINAR. (Del lat. *nominare.*) tr. Nombrar.

NOMINATIM. *For.* adv. lat. con que se denota que están designadas por sus nombres las personas favorecidas en un testamento.

NOMINATIVO, VA. al. **Nenfall; Nominativ.** fr. **Nominatif.** ingl. **Nominative.** ital. **Nominativo.** port. **Nominativo.** adj. *Com.* Aplícase a los títulos e inscripciones que precisamente han de extenderse a nombre de uno en oposición a los que son al portador. || m. *Gram.* Caso de la declinación que designa el sujeto de la significación del verbo. || fig. y fam. Rudimentos de cualquier facultad o arte.

NOMINILLA. f. En oficinas, nota entregada a los que cobran como pasivos, para que la presenten para percibir su haber.

NÓMINO. m. Sujeto capaz de ejercer los empleos y cargos honoríficos por nominación que se hace para ellos de su persona.

NOMO. m. Gnomo.

NOMO. m. *Hist.* Circunscripción administrativa del antiguo Egipto, que tuvo origen al realizarse la unidad nacional y convertirse los pequeños Estados en provincias. || División política de Grecia equivalente a departamento o provincia. || deriv.: **nómico, ca.**

NOMON. m. Gnomon.

NOMÓNICA. f. Gnomónica.

NOMÓNICO, CA. adj. Gnomónico.

NOMOTÉTICO, CA. adj. Aplícase a las ciencias que tienen un cuadro de leyes generales mediante los cuales pueden preverse ciertos acontecimientos, especialmente sociales, o establecerse sus factores determinantes.

NOMPARELL. (Del frs. *nonpareille.*) m. *Impr* Carácter de letra de seis puntos tipográficos.

NON. (Del lat. *non*, no.) adj. y s. Impar. || m. pl. Negación repetida. Ú. frecuentemente con el verbo *decir. Dijo que* NONES. || **Andar de nones.** frs. fig. y fam. Carecer de oficio; andar desocupado. || **De non.** loc. adv. Sin pareja. || **Estar de non.** frs. fig. y fam. Carecer de pareja o ser único. || **Quedar de non.** frs. fam. Quedar sin compañero, en ocasión de ir apareados otros.

NONA. (Del lat. *nona hora.*) f. Última de las cuatro partes iguales en que dividían los romanos el día artificial; y comprendía desde el fin de la novena hora, a media tarde, hasta el fin de la duodécima y última, a la puesta del Sol. || En el rezo eclesiástico, última de las horas menores, que se dice antes de vísperas. || pl. En el antiguo cómputo romano y en el eclesiástico, el día 7 de marzo, mayo, julio y octubre, y el 5 de los demás meses.

NONADA. f. Poco o muy poco.

NONAGENARIO, RIA. adj. y s. Que ha cumplido la edad de 90 años y aún no llegó a ciento.

NONAGÉSIMO, MA. adj. Que sigue inmediatamente en orden al o a lo octogésimo nono. || Dícese de cada una de las 90 partes iguales en que se divide un todo. Ú.t.c.s. || — **de la Eclíptica.** *Astron.* Punto de ella que dista 90 grados del otro en que corta al horizonte.

NONAGONAL. adj. Perteneciente al nonágono.

NONÁGONO, NA. adj. *Geom.* Eneágono. Ú.t.c.s.m.

NONATO, TA. (Del lat. *non natus*, no nacido.) adj. No nacido naturalmente, sino mediante la operación cesárea. || fig. Dícese de la cosa no acaecida o no existente aún. || m. *Arg.* Niñato.

NONINGENTÉSIMO, MA. (Del lat. *noningentésimus.*) adj. Que sigue inmediatamente en orden al o a lo octingentésimo nonagésimo nono. || Dícese de cada una de las 900 partes iguales en que se divide un todo. Ú.t.c.s.

NONIO. (Del lat. *Nonius*, forma latinizada de *Núñez*, apellido del inventor.) m. *Fís.* Pieza móvil que, aplicada a una regla o limbo graduados, forma parte de numerosos instrumentos de medida, y permite apreciar fracciones pequeñas de las divisiones menores. Dispositivo ideado por Pedro Núñez y modificado posteriormente por Pedro Vernier.

NONO, NA. (Del lat. *nonus.*) adj. Noveno.

NONO, Luis. *Biog.* Compositor ital., autor de *El canto suspendido; Coro de Dido; Encuentros; Sobre el puente de Hiroshima*, etc. (n. 1924).

NON PLUS ULTRA. (Liter., *no más allá.*) expr. lat. que se usa en castellano como substantivo masculino para ponderar las cosas, levantándolas a lo más a que pueden llegar.

NON SANCTA. (Liter., *no santa.*) expr. fam. que se aplica a la gente de mal vivir.

NÓNUPLO, PLA. adj. Nueve veces mayor.

NOPAL. (Del mex. *nopalli.*) m. Planta de tallo formado por una serie de paletas ovales, espinosas, flores grandes de muchos pétalos, y baya verde amarillenta. *Opuntia ficus indica*, cactácea. || — **de la cochinilla.** Especie poco espinosa sobre la que crece la cochinilla. *Opuntia coccinillifera.*

NOPALEDA. f. Nopalera.

NOPALERA. f. Terreno poblado de nopales.

NOPALITO. m. *Méx.* Hoja tierna de tuna que suele comerse guisada.

NOQUE. (Del ár. *naca*, estanque.) m. Pequeño estanque o pozuelo en que se ponen a curtir las pieles. || En molinos de aceite, pie formado de capachos de aceituna molida, para cargar la viga. || *Arg., Bol.* y *Urug.* Bolsa de cuero para productos grasos. || Tronco de árbol ahuecado para que sirva de recipiente.

NOQUERO. m. Curtidor.

NORABUENA. f. Enhorabuena. || adv. m. Enhorabuena.

NORAMALA. adv. m. Enhoramala.

NORAY. m. *Mar.* Proís.

NORBERTO DE LA RIESTRA. *Geog.* Población de la Argentina (Buenos Aires), al S. E. de Chivilcoy. 3.100 h. Producción agropecuaria.

NORD, Alejo. *Biog.* Militar haitiano, de 1902 a 1908 presid. de la Rep. (1820-1910).

NORDAU, Max. *Biog.* Escritor, méd. y sociólogo húngaro, paladín de las reivindicaciones hebreas y autor de *Las mentiras convencionales de la civilización; El mal del siglo*, etc. (1849-1923).

NORDENSKJÖLD, Erland, Barón de. *Biog.* Etnólogo sueco que realizó importantes expediciones científicas a la Patagonia argentina y al Chaco argentino-boliviano. Publicó numerosos trabajos sobre las tribus indígenas de América del Sur; *Estudios etnográficos comparativos*, etc. (1877-1932). || — **Nicolás Adolfo E.** Explorador sueco que bordeó las costas septentrionales de Eurasia, con lo que demostró la navegabilidad del paso del N. E., que une a Europa con el Asia oriental, por los mares árticos (1832-1901). || — **Otón G.** Explorador sueco de las zonas polares y australes. En 1903 fue salvado por la corbeta argentina Uruguay, frente a la Tierra de Luis Felipe (1869-1928).

NORDESTAL. adj. Que está en el nordeste o viene de esa parte.

NORDESTE. m. Lugar equidistante del N. y el E. || Viento que de él sopla.

NORDESTEAR. intr. *Mar.* Declinar la brújula del Norte hacia el Este.

NÓRDICO, CA. adj. Perteneciente o relativo a los pueblos germánicos del Norte de Europa. || Nórtico. || m. Grupo de los idiomas germánicos del N. de Europa, como el danés, el noruego y el sueco.

NORESTE. m. Nordeste.

NORFOLK. *Geog.* Ciudad de los EE.UU. (Virginia). 300.000 h. Puerto importante, astilleros. || Condado de Gran Bretaña, en Inglaterra. 5.319 km^2. 600.000 h. Cap. NORWICH. Actividades agrícola-ganaderas. Pesca.

NORIA. al. **Schöpfrad.** fr. **Noria.** ingl. **Noria.** ital. **Noria.** port. **Nora.** (Del ár. *naora.*) f. Máquina compuesta de dos grandes ruedas, una horizontal, movida con una palanca de que tira una caballería, y otra vertical que engrana en la primera y lleva una maroma con arcaduces para sacar agua de un pozo. || Pozo del cual sacan el agua con la máquina. || fig. y fam. Cualquier cosa en que, sin progresar, se trabaja mucho y se anda como dando vueltas.

NORIAL. adj. Perteneciente a la noria.

NÓRICA. *Geog. histór.* Antigua prov. del Imperio romano sit. entre el Danubio, Panonia, Recia, los Alpes y el río Sava.

NORIEGA HOPE, Carlos. *Biog.* Novelista y dramaturgo mex. (1896-1934).

NORIS, Enrique. *Biog.* Cardenal ital., acusado varias veces ante la Inquisición por sus obras: *Opera omnia, Opera theologica, Opera varia*, etc. (1631-1704).

NORMA. al. **Norm; Regel.** fr. **Norme.** ingl. **Norm; rule.** ital. **Norma.** port. **Norma.** (Del lat. *norma.*) f. Escuadra para ajustar y arreglar maderas, piedras, etc. || fam. Regla que se debe seguir o a que se deben ajustar las operaciones y la conducta. *Decir la verdad era su* NORMA. || deriv.: **normador, ra.**

NORMA. *Mús.* Ópera en dos actos de Vicente Bellini, estrenada en Milán en 1831. De lograda expresión patética, aunque algo débil en su instrumentación y armonía, es una de las mejores óperas italianas del período anterior a Verdi.

NORMAL. al. **Normal.** fr. **Normal.** ingl. **Normal.** ital. **Normale.** port. **Normal.** (Del lat. *normalis.*) adj. Dícese de lo que se halla en su estado natural. *Presión* NORMAL; sinón.: **corriente, ordinario.** || Dícese de lo que se ajusta a normas fijadas de antemano. || *Geom.* Dícese de la línea o plano perpendiculares a otra línea o plano. || f. **Escuela normal.** || deriv.: **normalidad; normalmente.**

NORMALISTA. adj. Perteneciente o relativo a la escuela normal. || com. Alumno o alumna de escuela normal.

NORMALIZAR. tr. Regularizar o poner en buen orden lo que no lo estaba. NORMALIZAR *el tránsito*; sinón.: **regularizar, metodizar;** antón.: **desordenar.** || Hacer que una cosa sea normal. || deriv.: **normalización; normalizador, ra.**

NORMANDAS, Islas. *Geog.* Archipiélago inglés del canal de la Mancha. 194 km^2. 110.000 h. Cap. ST. HÉLIER, en la isla de Jersey.

NORMANDÍA. *Geog.* Antigua prov. del norte de Francia que hoy forma los dep. de Calvados, Eure, La Mancha, Orne y Sena Inferior. Su cap. era RUÁN.

NORMANDO, DA. (Del sajón *north-mann*, hombres del Norte.) adj. Dícese de ciertos pueblos del norte de Europa que en el siglo IX invadieron varios países del antiguo Imperio romano y se establecieron en ellos. Ú.t.c.s. || Natural de Normandía. Ú.t.c.s. || Perteneciente a esta antigua provincia de Francia.

NORMANDOS. *Hist.* Pueblos de origen escandinavo que con fines de pillaje primero y de conquista y emigración después, efectuaron numerosas incursiones por Europa y los mares circundantes. Fundadores del ducado de Normandía y del reino de las Dos Sicilias, en 1066 conquistaron Inglaterra y tuvieron gran participación en las Cruzadas.

NORMANO, NA. adj. y s. Normando.

NORMATIVA. f. Sistema o conjunto ordenado de normas y reglas teóricas o de aplicación práctica en un arte o ciencia. || Serie de normas que se deben seguir.

NORMATIVO, VA. adj. Normal, que sirve de norma. *Indicaciones* NORMATIVAS.

NORNA. *Mit.* Cada una de las tres deidades nórdicas que, representando el pasado, el presente y el futuro, dirigen el destino de los mortales.

NORNORDESTE. m. Lugar equidistante del Norte y el Nordeste. || Viento que de él sopla.

NORNOROESTE. m. Lugar equidistante del Norte y el Noroeste. || Viento que sopla de ese lugar.

NORNORUESTE. m. Nornoroeste.

NORODOM. *Biog.* Rey de Camboya, desde 1860 hasta su muerte (1835-1904).

NOROESTE. m. Punto del horizonte equidistante del Norte y el Oeste. || Viento que sopla de esta parte.

NOROESTE. *Geog.* Departamento de Haití. 2.355 km^2. 218.000 h. Cap. PORT-DE-PAIX. || **Frontera del —.** Provincia del Pakistán. 106.334 km^2. 8.000.000 de h. Cap. PESHAWAR. || **Territorios del —.** Territorio del Canadá. 3.379.307 km^2. 40.000 h. El gobierno reside en Ottawa.

NOROESTEAR. intr. *Mar.* Girar la brújula hacia el Noroeste, o inclinarse el viento en esa dirección.

NORONHA, Fernando de. *Biog.* Comerciante port., descubridor de la isla brasileña de su nombre (s. XVI).

NORONHA, Fernando de. *Geog.* V. **Fernando de Noronha.**

NORRISH, Ronaldo G. W. *Biog.* Químico británico a quien se adjudicó en 1967 el premio Nobel de su especialidad, compartido con Manfredo Eigen y Jorge Porter, por sus investigaciones sobre medición y análisis de ciertas reacciones químicas (1897-1978).

NORRKÖPING. *Geog.* Ciudad del S. E. de Suecia. 123.000 h. Centro textil y papelero.

NORTADA. f. Persistencia del viento del Norte.

NORTE. al. **Norden.** fr. **Nord.** ingl. **North.** ital. **Norte.** port. **Norte.** (Del anglosajón *nord.*) m. Polo ártico. antón.: **Sur.** || Lugar de la Tierra o de la esfera celeste del lado del polo ártico, respecto de otro. || Punto cardinal que queda a la izquierda del observador que mira hacia el oriente. *Caminamos hacia el* NORTE. || Viento que de allí sopla. || **Estrella polar.** fig. Por alusión a ella, dirección, guía. || — **magnético.** Dirección a que demora el polo del mismo nombre. || IDEAS AFINES: ***Brújula, veleta, orientación, septentrional, boreal, cierzo, nórdico, hiperbóreo, Osa Mayor.***

NORTE. *Geog.* Departamento de Haití. 4.223 km^2. 680.000 h. Cap. CABO HAITIANO. || Dep. de Francia. 5.744 km^2. 2.550.000 h. Cereales. Carbón y hierro. Cap. LILA. || **Cabo —.** Cabo de Noruega, en la isla Magerö, sobre el mar Glacial Ártico, considerado el punto más septentrional de Europa. || **Canal del —.** Estrecho sit. entre Escocia e Irlanda, que une al océano Atlántico con el mar de Irlanda. || **Mar del —.** Mar del N. O. de Europa, formado por el océano Atlántico entre las costas de Gran Bretaña, Noruega, Dinamarca, Alemania, Holanda, Bélgica y Francia. 572.000 km^2. || **Punta —.** Punta de la costa argentina, en la prov. de Buenos Aires, al S. de la bahía de Samborombón. || — **de Santander.** Departamento del N. de Colombia. 20.690 km^2. 450.000 h. Café, tabaco, petróleo. Cap. CÚCUTA.

NORTE AMÉRICA o **NORTEAMÉRICA.** *Geog.* América del Norte, y por anton. Estados Unidos de América del Norte.

NORTEAMERICANO, NA. adj. Natural de un país de la América del Norte, y especialmente de los Estados Unidos de ella. Ú.t.c.s. || Perteneciente a la América del Norte.

NORTEAR. tr. Observar el Norte para la dirección de un viaje. || intr. Declinar un viento hacia el Norte. || *Méx.* Desorientarse.

NORTEÑO, ÑA. adj. Perteneciente o relativo a gentes, tierras o cosas situadas hacia el Norte.

NORTHAMPTON. *Geog.* Condado de Gran Bretaña, en Inglaterra, 2.368 km^2. 510.000 h. Cap. hom. Es el mayor centro de la industria del calzado en Gran Bretaña.

NORTHROP, Juan Howard. *Biog.* Químico estad., autor de importantes estudios de quím. biológica. En 1946 recibió con Stanley y Sumner el premio Nobel de Química, por haber logrado la preparación de enzimas puras (n. 1891).

NORTHUMBERLAND. *Geog.* Condado de Gran Bretaña, en Inglaterra. 5.228 km^2. 300.000 h. Carbón, industrias químicas y mecánicas. Cap. NEWCASTLE.

NÓRTICO, CA. adj. Perteneciente o relativo al Norte.

NORTINO, NA. adj. y s. *Chile* y *Perú.* Habitante del Norte del país.

NORUEGA. *Geog.* Reino independiente del N. de Europa, en la parte occidental de la pen. escandinava. 324.219 km^2. 4.040.000 h. Cap. OSLO. 469.000 h. Es limítrofe con Suecia, Finlandia y la U.R.S.S. País montañoso y boscoso, su costa presenta numerosos y profundos fiordos y una infinidad de islas que facilitan la pesca y la vida marina. A lo largo de 1.400 km. se elevan los picos del Macizo Escandinavo. El sistema hidrográfico más importante es la red fluvial del río Glomma. Su clima, frío por la latitud, está notablemente atemperado por la influencia de la corriente marina del golfo. Su principal riqueza es la pesca, especialmente de bacalao, arenque y sardinas, que da lugar a importantes industrias conexas. Los bosques, que cubren una cuarta parte del país, alimentan a la industria nacional más importante: la fabricación de celulosa y de papel. La agricultura tiene escaso valor; la ganadería, en cambio, origina una valiosa industria lechera. Las extracciones mineras son pobres, y la escasez de combustibles dio impulso a la utilización de la energía hidroeléctrica. Las industrias más importantes después de la papelera, son las metalúrgicas, químicas, eléctricas, lácteas, y pesqueras. || *Hist.* Habitada en un principio por los vikingos, estaba constituida por pequeños estados independientes que se unieron sólo en 872. En 1319 se unió a Suecia, separándose de ella para volverse a unir, en 1362. En 1397 formó con Suecia y Dinamarca un solo Estado, del que luego se separó Suecia, continuando unidas **Noruega** y Dinamarca hasta 1814, año en que pasó a depender de Suecia. En 1905 **Noruega** se constituyó en Estado soberano bajo el cetro de Haakón VII y permaneció neutral durante la primera Guerra Mundial. En la segunda, fue invadida por las fuerzas alemanas y recuperó su independencia en 1945, con el triunfo aliado. Después de la muerte de Haakón VII, le sucedió en el trono su hijo Olaf V, quien gobierna desde el año 1957.

NORUEGO, GA. adj. Natural de Noruega. Ú.t.c.s. || Perteneciente a esta nación de Europa. *Los fiordos* NORUEGOS *son excelentes puertos.* || m. Lengua **noruega.**

NORUESTE. m. Noroeste.

NORUESTEAR. intr. *Mar.* Noroestear.

NORWALK. *Geog.* C. de los EE.UU., en el Estado de Connecticut. 80.000 h.

NORWICH. *Geog.* Ciudad de Gran Bretaña, en Inglaterra, cap. del condado de Norfolk. 121.850 h. Centro industrial.

NORWOOD. *Geog.* C. de los EE.UU. en el Estado de Ohio. 50.000 h.

NOR YUNGAS. *Geog.* Prov. del dep. de La Paz, en Bolivia, dividida en 2 secciones. Cap. COROICO.

NOS. (Del lat. *nos*, pl. de *ego*, yo.) Una de las dos formas del dativo y el acusativo del pronombre personal de primera persona en género masculino o femenino y número plural. No admite preposición y se puede usar como sufijo: Nos *habló; hábla*NOS. En las primeras personas de verbo en plural a que se pospone como sufijo, pierden estas personas su *s* final; v. gr.: *arrodillémo*NOS. Empleado en vez de **nosotros** puede estar en cualquier caso de la declinación, excepto el vocativo, y en los oblicuos pide preposición, como esta última palabra; v. gr.: *venga a* NOS *el tu reino; ruega por* NOS, *Santa Madre de Dios.* Este modo de hablar es anticuado; pero suele emplearse aún la forma **nos** con oficio diverso del que generalmente le corresponde, cuando por ficción, que el uso autoriza, se aplican a sí propias el número plural algunas personas de elevada categoría. NOS *el obispo.*

NOSEOLOGÍA. f. Gnoseología.

NOSEOLÓGICO, CA. adj. Gnoseológico.

NOSO. Forma prefija, del gr. *nosos*, enfermedad. Noso*genia*: NOSO*logía.*

NOSOCOMIO. (Del gr. *nosos*, enfermedad, y *komeo*, cuidar.) m. *Med.* Hospital. || deriv.: **nosocomial.**

NOSOGENIA. (Del gr. *nosos*, enfermedad, y *gennao*, engendrar.) f. *Med.* Origen y desarrollo de las enfermedades. || Parte de la nosología que las estudia. || deriv.: **nosogénico, ca.**

NOSOGRAFÍA. f. *Med.* Parte de la nosología, que trata de la descripción de las enfermedades. || deriv.: **nosográfico, ca.**

NOSOLOGÍA. f. *Med.* Parte de la patología, que trata de la enfermedad en general. || deriv.: **nosológico, ca; nosólogo.**

NOSOMÁNTICA. f. Modo de curar por encantamiento o ensalmo.

NOSOTROS, TRAS. al. **Wir.** fr. **Nous.** ingl. **We.** ital. **Noi.** port. **Nós.** (De *nos* y *otros.*) Nominativos masculino y femenino del pronombre personal de primera persona en número plural. Con preposición se emplea asimismo en los casos oblicuos. Por ficción, que el uso autoriza, suelen algunos escritores aplicarse el número plural, diciendo **nosotros,** en vez de **yo.**

NOSSI BÉ. *Geog.* Isla malgache, del océano Índico, al N. O. de Madagascar. 293 km². 14.000 h. Cap. HELVILLE. Arroz, café, tabaco.

NOSTALGIA. al. **Heimweh; Sehnsucht.** fr. **Nostalgie.** ingl. **Nostalgia; homesickness.** ital. **Nostalgía.** port. **Nostalgia.** (Del gr. *nostos*, regreso, y *algos*, dolor.) f. Pena de verse ausente de la patria y de los seres amados. || fig. Tristeza motivada por el recuerdo de un bien perdido. sinón.: **añoranza, morriña.**

NOSTÁLGICO, CA. adj. Perteneciente o relativo a la nostalgia. *Recuerdo* NOSTÁLGICO; sinón.: **triste, melancólico.** || Que padece de nostalgia. Ú.t.c.s.

NOSTICISMO. m. Gnosticismo.

NÓSTICO, CA. adj. Gnóstico.

NOSTRADAMUS, Miguel de. *Biog.* Médico y astrólogo fr., autor de famosas profecías, muchas de las cuales se cumplieron, asegurándole honores y riquezas durante su vida, y fama aún en la actualidad. Escribió *Almanaque; Singulares recetas para la salud del cuerpo humano*, etc. (1503-1566).

NOSTRAMO, MA. s. Nuestramo.

NOTA. (Del lat. *nota.*) f. Marca o señal que se pone en una cosa para hacerla conocer. *Una* NOTA *de felicitación.* || Reparo que se hace a algún libro o escrito, que suele ponerse en las márgenes. || Advertencia, comentario, etc., que en libros o manuscritos va fuera del texto. *Leer las* NOTAS *que van al pie de página;* sinón.: **aclaración, anotación.** || Censura o reparo que se hace de la conducta de una persona. || Fama, crédito. *Abogado de* NOTA. || Calificación en exámenes. *Obtuvo la* NOTA *más alta.* || Apuntamiento de algunas especies o materias, para extenderlas después o recordarlas. *Tomó algunas* NOTAS. || Comunicación diplomática. || *Der.* Especie de apuntamiento muy sucinto que se forma acerca de los recursos de casación civil por infracción de ley. || *Mús.* Cualquiera de los signos que representan los sonidos. || pl. Conjunto de los protocolos de un escribano. || **Nota marginal.** Uno de los asientos que, en los registros públicos, acreditan circunstancias que atañen a la inscripción principal o al instrumento matriz. || – **oficiosa.** Noticia de los proyectos o acuerdos del gobierno u otras autoridades que se comunica a la prensa antes de su publicación oficial. || – **verbal.** Comunicación diplomática sin requisitos dirigida para observación y recuerdo. || **Caer en nota.** frs. fam. Dar motivo de escándalo o murmuración. || *Amér.* Artículo periodístico. || IDEAS AFINES: *Observación, escolio, apostilla, acotación, llamada, asterisco, libreta, agenda, memento.*

NOTA BENE. (Liter., *observa bien.*) loc. lat. que se usa en impresos y manuscritos para llamar la atención hacia alguna particularidad.

NOTABILIDAD. f. Calidad de notable. || Persona muy notable. *Consultar a una* NOTABILIDAD *en medicina.*

NOTABILÍSIMO, MA. adj. super. de **Notable.**

NOTABLE. (Del lat. *notábilis.*) adj. Digno de nota, atención o cuidado. *Ejemplar* NOTABLE; antón.: **común, insignificante.** || Dícese de lo que se hace reparar por lo grande o excesivo. *Un error* NOTABLE. || Calificación empleada para los alumnos en los exámenes. || m. pl. Personas principales de una localidad o colectividad. || deriv.: **notablemente.**

NOTACIÓN. (Del lat. *notatio, onis.*) f. Anotación. || Escritura musical. || *Mat.* Sistema de signos convencionales, que representan números, cantidades, operaciones, o magnitudes cualesquiera.

NOTAR. (Del lat. *notare.*) tr. Señalar una cosa para que se conozca o se advierta. NOTÉ *las fallas del trabajo.* || Reparar, advertir. *La* NOTÉ *cansada.* || Apuntar brevemente una cosa para extenderla después de recordarla. || Poner notas a los escritos o libros. || Dictar uno para que otro escriba. || Censurar las acciones de uno. || Causar descrédito.

NOTARÍA. f. Oficio de notario. || Su oficina.

NOTARIADO, DA. adj. Dícese de lo que está autorizado ante notario. || m. Carrera, profesión o ejercicio de notario. || Colectividad de notarios.

NOTARIAL. adj. Perteneciente o relativo al notario. *Jurisdicción* NOTARIAL. || Hecho o autorizado por notario. *Acta* NOTARIAL.

NOTARIATO. m. Título o nombramiento de notario. || Ejercicio de este cargo.

NOTARIO. (Del lat. *notarius.*) m. Funcionario público autorizado para dar fe de contratos, testamentos y otros actos, conforme a las leyes. || Amanuense.

NOTICIA. al. **Nachricht.** fr. **Nouvelle.** ingl. **News.** ital. **Notizia.** port. **Notícia.** (Del lat. *notitia.*) f. Noción, conocimiento. || Divulgación o publicación de un hecho. || El hecho divulgado. || pl. Conocimientos diversos en artes, ciencias, filosofía, etc. || – **bomba.** La inesperada y sorprendente. || – **remota.** Recuerdo confuso de lo que sucedió o se supo. || **Atrasado de noticias.** loc. Que ignora lo que saben todos o lo que es muy común. || IDEAS AFINES: *Suceso, rumor, acontecimiento, carta, telegrama, diarios, radiotelefonía, crónicas, informaciones, sensacional.*

NOTICIAR. tr. Dar noticia o hacer saber una cosa. || deriv.: **noticiable; noticiador, ra.**

NOTICIARIO. al. **Wochenschau.** fr. **Informations.** ingl. **Newsreel.** ital. **Notiziare.** port. **Noticiário.** m. Película cinematográfica o sección de los periódicos, dedicada a dar noticias de actualidad. NOTICIARIO *radial, deportivo, artístico.* || Audición de radio o de televisión en la que se transmiten noticias.

NOTICIERO, RA. adj. Que da noticias. || s. Quien se dedica a darlas, especialmente el redactor de noticias. || m. Noticiario.

NOTICIÓN. m. aum. de **Noticia.** || fam. Noticia extraordinaria o poco digna de crédito.

NOTICIOSO, SA. adj. Que tiene noticia de algo. || Erudito. || m. *Arg.* Noticiario.

NOTIFICACIÓN. f. Acción y efecto de notificar. || Documento en que se hace constar.

NOTIFICADO, DA. adj. *Der.* Aplícase al sujeto a quien se ha hecho la notificación. *Darse por* NOTIFICADO.

NOTIFICAR. al. **Bekanntgeben; zustellen.** fr. **Notifier.** ingl. **To notify.** ital. **Notificare.** port. **Notificar.** (Del lat. *notificare;* de *notus*, conocido, y *fácere*, hacer.) tr. Hacer saber una resolución de la autoridad con las formalidades preceptuadas. || Por ext., dar noticia de una cosa. sinón.: **comunicar, informar.** || deriv.: **notificable; notificador, ra; notificante.**

NOTO, TA. (Del lat. *notus*, p. p. de *nóscere*, conocer.) adj. Sabido, notorio.

NOTO, TA. (Del lat. *nothus*, y éste del gr. *nothos.*) adj. Bastardo, ilegítimo. *Hijo* NOTO.

NOTO. *Geog.* Población de Italia, en Sicilia (Siracusa). 35.000 h. Vinos.

NOTOCORDIO. m. *Zool.* Cuerda dorsal de los animales del tipo cordados que, en los vertebrados, se ha ido transformando en columna vertebral.

NOTORIEDAD. f. Calidad de notorio. || Nombradía, fama. *La* NOTORIEDAD *de Pasteur es mundial.*

NOTORIO, RIA. (Del lat. *notorius.*) adj. Público y conocido de todos. *Desaparición* NOTORIA; sinón.: **patente, visible;** antón.: **ignorado.** || deriv.: **notoriamente.**

NÔTRE, Andrés Le. *Biog.* Arquitecto fr. que diseñó los jardines de Versalles (1613-1700).

NOTRO. m. *Arg.* y *Chile.* Arbolillo de los bosques de los Andes australes, de hojas oblongas y flores rojas en corimbos. *Embothrium coccineum*, proteácea.

NOTTINGHAM. *Geog.* Condado de Gran Bretaña, en Inglaterra. 2.185 km². 1.000.000 de h. Cap. hom. 209.000 h. Afamados encajes.

NOUEL, Adolfo A. *Biog.* Político y sacerdote dom., en 1913 presidente interino de su país (1862-1937).

NÓUMENO. (Del gr. *noúmenon*, cosa pensada.) m. *Fil.* Según Kant, la "cosa en sí", o el objeto como es, en oposición a lo que de él recibimos por los sentidos, o fenómenos.

NOVA. f. *Astron.* Estrella que estalla repentinamente, produciendo irradiaciones miles de veces mayores que en su estado normal, por lo cual, en ciertos casos, resulta visible aun de día y en corto tiempo torna a su condición anterior.

NOVACIANISMO. m. Doctrina de los novacianos.

NOVACIANO, NA. adj. Partidario de la herejía de Novato, que negaba a la Iglesia la facultad de remitir los pecados cometidos después del bautismo. Ú.m.c.s.

NOVACIÓN. (Del lat. *novatio, -onis.*) f. *Der.* Acción y efecto de novar.

NOVADOR, RA. (Del lat. *novátor.*) s. Persona que formula novedades, especialmente las peligrosas en materias de doctrina.

NOVA FRIBURGO. *Geog.* Ciudad del Brasil, en el Est. de Río de Janeiro. 35.000 h. Centro agrícola.

NOVA IGUAÇU. *Geog.* Ciudad del Brasil, en el Est. de Río de Janeiro. 750.000 h. con los suburbios.

NOVAL. (Del lat. *novalis.*) adj. Dícese de la tierra cultivada de nuevo, y de sus frutos.

NOVA LIMA. *Geog.* Población del Brasil, en el Est. de Minas Gerais. 20.000 h. Centro minero.

NOVALIS. *Biog.* Literato al. cuyo verdadero nombre era **Federico Leopoldo Hardenberg.** Su obra lírica, impregnada de preocupación mística y filosófica, tiene un sentido esotérico y musical visible aun en su única novela *Enrique de los Ofterdinger.* Escribió *Fragmentos; Himnos a la noche; La cristiandad en Europa*, etc. (1772-1801).

NOVAR. (Del lat. *novare.*) tr. *Der.* Substituir una obligación a otra otorgada anteriormente, la cual queda anulada en este acto.

NOVARA. *Geog.* Provincia de Italia (Piamonte). 3.059 km². 510.000 h. Cap. hom. 106.000 h. Centro industrial.

NOVÁS CALVO, Lino. *Biog.* Escritor cub., cuentista de inquietud social en *La luna nona* y otras obras (n. 1905).

NOVATADA. f. Molestias que causan los alumnos de colegios, academias, etc., a sus nuevos compañeros. || Contrariedad que proviene de inexperiencia en algún negocio.

NOVATO, TA. al. **Neuling; Anfänger.** fr. **Novice; apprenti.** ingl. **Beginner; novice.** ital. **Principiante; novizio.** port. **Novato.** (Del lat. *novatus.*) adj. y s. Nuevo, principiante en alguna facultad o materia.

NOVATOR, RA. s. Novador.

NOVECENTISMO. m. Término con que se designan las aspiraciones de renovación intelectual de la generación de artistas y escritores españoles de 1898. || deriv.: **novecentista.**

NOVECIENTOS, TAS. adj. Nueve veces ciento. || Noningentésimo. *Año* NOVECIENTOS. || m. Conjunto de signos con que se representa ese número.

NOVEDAD. al. **Neuheit.** fr. **Nouveauté; nouvelle.** ingl. **Novelty; news.** ital. **Novità.** port. **Novidade.** (Del lat. *nóvitas, -atis.*) f. Condición de nuevo. || Mutación de lo que se creía que debía estar fijo. || Ocurrencia reciente, noticia. *¿Escuchaste las* NOVEDADES*?* || Alteración de la salud. *No hay* NOVEDAD *en el estado del enfermo;* sinón.: **cambio, mudanza.** || fig. Extrañeza causada por las cosas no vistas ni oídas antes. || pl. Mercaderías o géneros adecuados a la moda. *Recibir las* NOVEDADES *de París.* || **Hacer novedad.** frs. Causar algo extrañeza por lo inesperado. || Innovar uno en algo lo que ya estaba en práctica. || IDEAS AFINES: *Inédito, reciente, inaudito, último, renovar, neologismo, neoplasma, neófito.*

NOVEDOSO, SA. adj. *Amér.* Nuevo, que contiene algún detalle o aspecto interesante o desconocido. *Mecanismo, juguete* NOVEDOSO. || *Arg., Chile, Méx.* y *Urug.* Novelero.

NOVEL. (Del lat. *novellus.*) adj. Nuevo, principiante. *Pintor* NOVEL.

NOVELA. al. **Roman.** fr. **Roman.** ingl. **Novel; fiction.** ital. **Romanzo.** port. **Novela.** (Del lat. *novella*, dim. de *nova*, nueva.) f. Obra literaria, en prosa y de considerable extensión en que generalmente se describen acciones fingidas, caracteres, etc., que imitan los de la vida real. || Género literario constituido por estas obras. *La* NOVELA *española se inicia en el Renacimiento.* || fig. Ficción o mentira. || *Der.* Cualquiera de las leyes nuevas o constituciones imperiales promulgadas después del Código de Teodosio. II IDEAS AFINES: *Relato, escritor, literatura, imaginación, interés, argumento, policial, histórica, pasión, estilo.*

● **NOVELA.** *Lit.* Considerada durante mucho tiempo como una ramificación de lo épico, como una degeneración del drama o la tragedia o como una superación de la comedia, la **novela** constituye, para el concepto literario moderno, un género propio, de personalidad y acento distintos, de perfiles característicos. En la **novela** caben la epopeya con su aparato exaltado, el drama y la tragedia con sus terrores, la comedia con su alegría, lo lírico, lo filosófico, lo mítico, y mucho más. Es el género que más cantidad de elementos psicológicos -conscientes o inconscientes- ha absorbido, y que resume o refleja con mayor precisión el aspecto subjetivo y el objetivo de la vida. Estudio de los caracteres y de la atmósfera, cuidado del estilo, unidad de acción y mantenimiento del interés, son algunas de las condiciones que debe reunir una **novela.** Existió en los pueblos orientales y en Roma; en la Edad Media fue diferenciándose en **novela** histórica, de caballería, pastoril, picaresca, religiosa o costumbrista; posteriormente surgió la **novela** erótica, la psicológica, fantástica, biográfica, científica, policial, etc. *Don Quijote de la Mancha,* la inmortal **novela** de Cervantes, representa la máxima expresión del género. En América se considera al *Periquillo Sarniento,* de Fernández de Lizardi, la primera **novela** publicada. En la actualidad, su ritmo vivo, las posibilidades temáticas y la infinita gama de argumentos, convierten a la **novela** en uno de los géneros literarios más populares.

NOVELADOR, RA. s. Novelista.

NOVELAR. intr. Componer o escribir novelas. II fig. Contar o publicar cuentos y patrañas.

NOVELAS EJEMPLARES. *Lit.* Magnífica colección de doce novelas cortas, de Cervantes. Su autor las calificó de ejemplares porque "no hay ninguna de la que no se pueda sacar algún ejemplo provechoso". Aunque ciertas características de estilo y concepción son comunes a todas, suelen agruparse en dos series diferenciadas: las que refieren casos de amor y fortuna, como *El amante liberal* o *La española inglesa,* y las que buscan visiones estáticas y minuciosas, al estilo de *Rinconete y Cortadillo* o *El celoso extremeño.* Éstas son las más notables y las que más denotan la innovación cervantina sobre la tradición novelística italiana y renacentista.

NOVELERÍA. (De *novelero.*) f. Afición a novedades. II Inclinación a leer o escribir novelas. II Cuentos, fábulas, o novedades fútiles.

NOVELERO, RA. adj. y s. Amigo de novedades, cuentos o ficciones. II Deseoso de novedades, o que las esparce. II Inconstante y vario en el proceder.

NOVELESCO, CA. adj. Propio o característico de las novelas. Tómase generalmente por fingido o de pura invención: *narración* NOVELESCA; por singular o interesante: *andanzas* NOVELESCAS; o por exaltado, soñador, sentimental, dado a lo ideal o fantástico: *inventiva, persona, composición* NOVELESCA.

NOVELISTA. al. **Romanschriftsteller.** fr. **Romancier.** ingl. **Novelist.** ital. **Romanziere.** port. **Novelista.** com. Escritor de novelas literarias.

NOVELÍSTICA. f. Tratado sobre la novela. II Literatura novelesca.

NOVELÍSTICO, CA. adj. Perteneciente o relativo a la novela.

NOVELIZAR. tr. Dar formas y condiciones novelescas a alguna narración.

NOVELÓN. m. Novela extensa y mal escrita.

NOVEMPOPULANIA. *Geog. histór.* Provincia romana de la Galia que comprendía la actual Gascuña.

NOVENA. f. Ejercicio devoto que se practica durante nueve días, con oraciones, letanías y otros actos piadosos, dirigidos a Dios, la Virgen o los santos. II Libro en que se contienen las oraciones de una **novena.** II Sufragios y ofrendas por los difuntos, aunque se cumpla en uno o dos días lo que se había de ejecutar en los nueve. II **Andar de novenas.** frs. Frecuentar este piadoso ejercicio.

NOVENARIO. m. Período de nueve días. II Espacio de nueve días que se emplea en los pésames y devociones entre los parientes inmediatos de un difunto. II El que se emplea en el culto de un santo. II Exequias celebradas generalmente en el noveno día después de una defunción.

NOVENDIAL. adj. Aplícase a cualquiera de los días del novenario celebrado por los difuntos.

NOVENO, NA. (Del lat. *novenus.*) adj. Que sigue inmediatamente en orden al o a lo octavo. II Dícese de cada una de las nueve partes iguales en que se divide un todo. Ú.t.c.s.

NOVENTA. adj. Nueve veces diez. II Nonagésimo. II m. Conjunto de signos con que se representa el número **noventa.**

NOVENTAVO, VA. adj. Nonagésimo.

NOVENTÓN, NA. adj. y s. Nonagenario.

NOVGOROD. *Geog.* C. de la U.R.S.S. en la R.S.F.S.R. a 150 km. de Leningrado y a orillas del Volkhov. Antiguo centro comercial. 130.500 h.

NOVIAR. intr. *Arg.* y *Urug.* Mantener relaciones amorosas, actuar como novio o novia.

NOVIA VENDIDA, La. *Mús.* Ópera cómica en tres actos, original de Federico Smetana, estrenada en 1868. Obra maestra del autor, trasciende magistralmente el folklore de su patria, a través de encantadoras melodías.

NOVIAZGO. al. **Brautzeilt.** fr. **Fiançailles.** ingl. **Engagement.** ital. **Fidanzamento.** port. **Noivado.** m. Estado o condición de novio o novia. II Tiempo que dura.

NOVICIADO. m. Tiempo destinado a la probación, antes de entrar en religión. II Lugar en que habitan los novicios. II Conjunto de novicios. II Régimen y ejercicio de los novicios. II fig. Tiempo de aprendizaje de una facultad u oficio.

NOVICIO, CIA. (Del lat. *novitius.*) s. Persona que aún no ha profesado en la religión donde ha tomado el hábito. II fig. Principiante en cualquier arte o facultad; sinón.: **inexperto, novato.** II Persona que por la compostura en sus acciones, especialmente en la modestia, parece un **novicio** religioso.

NOVICIOTE. m. fam. Novicio entrado en años o muy corpulento.

NOVIEMBRE. al. **November.** fr. **Novembre.** ingl. **November.** ital. **Novembre.** port. **Novembro.** (Del lat. *novembris,* de *nóvem,* nueve.) m. Noveno mes del año, según la cuenta de los antiguos romanos, y undécimo del calendario gregoriano; tiene treinta días.

NOVIERO, RA. adj. *Amér. Central* y *Méx.* Enamoradizo.

NOVIKOV, Jaime. *Biog.* Sociólogo ruso que interpreta el fenómeno social desde un punto de vista biológico en *Teoría orgánica de las sociedades; Conciencia y voluntad sociales,* etc. (1849-1917).

NOVI LIGURE. *Geog.* Ciudad de Italia (Alejandría.) 28.000 h. Sedas, vinos.

NOVILUNIO. (Del lat. *novilunium;* de *novus,* nuevo, y *Luna,* Luna.) m. Conjunción de la Luna con el Sol. antón.: **plenilunio.**

NOVILLADA. f. Conjunto de novillos. II Lidia de novillos.

NOVILLEJA. f. dim. de **Novilla.**

NOVILLEJO. m. dim. de **Novillo.**

NOVILLERO. m. El que cuida de los novillos. II Lidiador de novillos. II Corral donde se encierra a los novillos. II Parte muy herbosa de una dehesa, en la que pacen novillos. II fam. El que hace novillos o huye.

NOVILLO, LLA. al. **Jungstier; Jungkuh.** fr. **Jeune taureau; génisse.** ingl. **Young bull; heifer.** ital. **Vitello.** port. **Novilho.** (Del lat. *novellus, -lla,* nuevo, joven.) s. Toro o vaca de dos o tres años, en especial cuando no están domados. II m. fig. y fam. Sujeto a quien hace traición su mujer. II pl. Lidia de **novillos.** II **Hacer novillos.** frs. fam. Dejar uno de asistir a alguna parte contra lo debido o habitual.

NOVILLONA. f. *Col.* y *Ven.* Vaquillona.

NOVIO, VIA. al. **Brütigam;** fr. **Fiancé.** ingl. **Bridegroom; fiancé.** ital. **Fidanzato; promesso sposo.** port. **Noivo.** (De *novus -a, -um,* nuevo.) s. Persona recién casada. II La que está próxima a casarse. II La que mantiene relaciones amorosas en espera de futuro matrimonio. II m. fig. El que entra de nuevo en una dignidad o estado. II **Pedir** uno **la novia.** frs. Ir a pedirla a casa de sus padres. II **Quedarse** una **compuesta, y sin novio.** frs. fig. y fam. No lograr lo que esperaba, después de haber hecho preparativos.

NOVIÓN, Alberto. *Biog.* Escritor urug.; residió en la Argentina donde escribió populares sainetes como *En un burro tres baturros; Misia Pancha la Brava; El vasco de Olavarría,* etc. (1881-1937).

NOVIOS, Los. *Lit.* Célebre novela de Alejandro Manzoni. Cuadro histórico de fiel documentación, excelente pintura de ambiente y encendida protesta contra las injusticias de la sociedad, está escrita en una prosa muy pura, a la vez culta y popular. Su primera edición es de 1825.

NOVI SAD. *Geog.* Ciudad de Yugoslavia, sobre el Danubio. 145.000 h. Comercio de vinos y frutas.

NOVÍSIMO, MA. (Del lat. *novissimus.*) adj. super. de **Nuevo.** II Último en algún orden de cosas. II m. *Teol.* Cada una de las cuatro cosas definitivas que aguardan al hombre y que son muerte, juicio, infierno y gloria. Ú. m. en pl.

NOVO, Salvador. *Biog.* Lit. y crítico mex., autor de *La educación literaria de los adolescentes; Espejo; Nuevo amor,* etc. (1904-1974).

NOVOCHERKASK. *Geog.* Ciudad de la Unión Soviética, en la R.S.F.S.R., cerca de Rostov, 100.000 h. Centro ferroviario.

NOVOROSSISK. *Geog.* Ciudad de la Unión Soviética, en la R.S.F.S.R., puerto a orillas del mar Negro. 106.000 h. Petróleo.

NOVOSIBIRSK. *Geog.* Ciudad de la Unión Soviética, en la R.S.F.S.R., sobre el río Ob. 1.200.000 h. con los suburbios. Maquinarias agrícolas.

NOVY, Gregorio Efimovich. *Biog.* V. **Rasputín.**

NOYÓ. (Del fr. *noyau,* hueso de fruta.) m. Licor compuesto de aguardiente, azúcar y almendras amargas.

Np. *Quím.* Símbolo del neptunio.

NUBADA. f. Golpe abundante de agua en paraje poco extenso. II fig. Concurso abundante de cosas.

NUBADO, DA. adj. Nubarrado.

NUBARRADA. f. Nubada.

NUBARRADO, DA. adj. Dícese de telas coloridas en figura de nubes.

NUBARRÓN. m. Nube grande y espesa apartada de las restantes.

NUBE. al. **Wolke.** fr. **Nuage; nue.** ingl. **Cloud.** ital. **Nuvola; nube.** port. **Nuvem.** (Del lat. *nubes.*) f. Masa de vapor acuoso suspendida en la atmósfera. *El viento empujaba las* NUBES. II Agrupación de cosas, como polvo, humo, aves o insectos, que obscurece el Sol. *Una* NUBE *de langostas.* II fig. Cualquier cosa que obscurece u oculta otra. II Sombra que aparece en las piedras preciosas. II Especie de chal muy ligero. II Manchita blanquecina que se forma en la capa exterior de la córnea. II — **de lluvia.** Nimbo, o capa de **nubes** compacta. II — **de verano.** **Nube** tempestuosa que suele presentarse en verano con lluvia fuerte y fugaz. II fig. Disturbio o disgusto pasajero. II **Andar por las nubes.** frs. fig. **Estar por las nubes.** II **Como caído de las nubes.** expr. adv. fig. De súbito. II **Descargar la nube.** frs. Resolverse en agua o granizo. II fig. Desahogar uno su cólera. II **Estar por las nubes.** frs. fig. **Subir** una cosa **a las nubes.** II **Levantar a,** o **hasta, las nubes a** una persona o cosa. frs. fig. **Ponerla en,** o **sobre, las nubes.** II **Levantarse** uno **a las nubes.** frs. fig. Ensoberbecerse, irritarse. II **Poner en,** o **sobre las nubes** a una persona o cosa. frs. fig. Alabarla hasta más no poder. II **Ponerse** uno **por las nubes.** frs. fig. Estar sumamente enojado. II **Remontarse** uno **a las nubes.** frs. fig. Levantar muy alto el concepto o el estilo. II **Subir a,** o **hasta, las nubes** a una persona o cosa. frs. fig. **Ponerla en las nubes.** II **Subir** una cosa **a las nubes.** frs. fig. Aumentar mucho su precio. II IDEAS AFINES: *Nebulosa, cúmulo, cirro, cielo, estrato, niebla, nublado, humo, tormenta.*

NUBIA. *Geog.* Región del África nordoriental. Sit. al O. del mar Rojo, en el N.E. del Sudán. 250.000 km². Ciudad principal: Khartum. II **Desierto de —.** Desierto del África, en la región hom., al sur del desierto Arábigo. 228.000 km². Abarca desde el mar Rojo hasta el Nilo. Lo constituyen planicies de roca y arena con esporádicos oasis.

NUBIENSE. adj. Natural de Nubia. Ú.t.c.s. II Perteneciente a este país.

NUBÍFERO, RA. adj. poét. Que trae nubes.

NÚBIL. (Del lat. *núbilis.*) adj. Dícese de la persona que ha llegado a la edad en que es apta para el matrimonio, y con más propiedad de la mujer. II deriv.: **nubilidad.**

NUBILOSO, SA. adj. poét. Nubloso.

NUBIO, BIA. adj. y s. Nubiense.

NUBLADO. m. Nube, especialmente la tempestuosa. II fig. Suceso que produce riesgo inminente de daño, o cosa que causa turbación. II Multitud, copia excesiva de cosas reunidas. II **Descargar el nublado.** frs. Llover, nevar o granizar copiosamente. II fig. Desahogarse la cólera de uno con expresiones vehementes.

NUBLAZÓN. m. *Guat., Méx., Perú* y *P. Rico.* Nublado.

NUBLAR. (Del lat. *nubilare.*) tr. y r. Anublar.

NUBLO, BLA. (Del lat. *núbilus.*) adj. Nubloso. II m. Nublado. II Tizón de las plantas.

NUBLOSO, SA. (Del lat. *nubilosus.*) adj. Cubierto de nubes. *Cielo* NUBLOSO. II fig. Desgraciado, adverso. *Entreveía un porvenir* NUBLOSO.

NUBOSO, SA. adj. Nubloso. II deriv.: **nubosidad.**

NUCA. al. **Genick.** fr. **Nuque.** ingl. **Nape of the neck.** ital. **Nuca.** port. **Nuca.** (Del ár. *nujaa,* medula espinal; en b. lat. *nucha.*) f. Parte alta de la cerviz, correspondiente al lugar en que se une el espinazo con la cabeza.

NUCLEAR. adj. Relativo o perteneciente al núcleo. II **Energía nuclear.** V. **Energía atómica.**

NUCLEARIO, RIA. adj. Perteneciente o relativo al núcleo.

NUCLEICO, CA. adj. Dícese de los ácidos fosforados que resultan del desdoblamiento de los nucleoproteidos.

NÚCLEO. al. **Kern.** fr. **Noyau; nucléus.** ingl. **Nucleus.** ital. **Nocciolo.** port. **Núcleo.** (Del lat. *nucleus.*) m. Almendra o parte mollar de los frutos que tienen cáscara dura. II Hueso de las frutas. II fig. Elemento primordial al cual se van uniendo otros para constituir un todo. II Parte central de alguna cosa. *El* NÚCLEO *de la ciudad;* sinón.: **corazón.** II *Astron.* Parte más densa y luminosa de un astro. II *Biol.* Corpúsculo interior de la célula en el cual están los cromosomas que intervienen esencialmente en la reproducción. II *Fís.* Parte central del átomo en la que está contenida la mayor porción de su masa y que posee una carga eléctrica positiva correspondiente al número atómico del cuerpo simple respectivo. II IDEAS AFINES: *Semilla, foco, embrión, membrana, división, herencia.*

● **NÚCLEO.** *Biol.* Señalada su existencia por Leeuwenhoek y otros observadores, después de 1870 se valoró su función en los procesos vitales. Se comprobó que los fragmentos de amibas sólo pueden evolucionar ulteriormente cuando contienen el núcleo. Durante mucho tiempo se lo consideró como el elemento fundamental de la célula; hoy se cree que junto con el citoplasma, es indispensable para la vitalidad de la célula. En general, la mayoría de las células poseen un solo **núcleo,** pero hay algunas que tienen dos o más y las células gigantes de la medula ósea pueden tener hasta un centenar de **núcleos,** debido a que en las divisiones celulares se fragmenta el **núcleo** sin que termine la división de la célula. Por medio de colorantes especiales se pueden distinguir en el **núcleo,** la membrana exterior o nuclear; el jugo nuclear o enquilema y, en suspensión, una serie de filamentos y granulaciones, así como los nucléolos.

NUCLÉOLO. (De *núcleo.*) m. *Biol.* Corpúsculo interior del núcleo celular.

NUCLEÓN. m. Nombre dado al protón y neutrón componentes de los núcleos atómicos.

NUCO. (Del mapuche *ɳucu,* pájaro de mal agüero.) m. *Chile.* Ave de rapiña, nocturna, semejante a la lechuza.

NUCHE. m. *Col.* Larva que se introduce en la piel de otros animales.

NUDAMENTE. adv. m. Desnudamente.

NUDILLO. al. **Knöchel.** fr. **Jointure du doigt.** ingl. **Knuckle.** ital. **Nocchio.** port. **Nó.** (dim. de *nudo.*) m. Parte exterior de cualquiera de las junturas de los dedos. ‖ Cada uno de los puntos que forman la costura de las medias, los cuales se hacen dando una vuelta a la hebra del derecho y otra en sentido contrario. ‖ *Arq.* Zoquete de madera, que se empotra en la fábrica para clavar en él una cosa.

NUDO. al. **Knoten.** fr. **Noeud.** ingl. **Knot.** ital. **Nodo.** port. **Nó.** (Del lat. *nodus.*) m. Lazo que se estrecha y cierra de manera que sólo con dificultad se puede soltar. *Desatar un* NUDO. ‖ Parte del tronco por la cual salen las ramas, y en éstas, parte por donde brotan los vástagos. ‖ En los tallos o raíces de algunas plantas, parte que sobresale algo y por donde parecen que están unidas las partes de que se componen, como en las cañas. ‖ Bulto o tumor que suele producirse en los tendones o en los huesos, por enfermedad de aquéllos, o por rotura de éstos. ‖ En los animales, unión de unas partes con otras, especialmente de los huesos. ‖ Ligamen. ‖ Enlace de los sucesos que preceden al desenlace en los poemas y en la novela. ‖ fig. Principal dificultad en cualquier cosa. *Este es el* NUDO *del problema.* ‖ Unión, vínculo. *Romper el* NUDO *de la amistad.* ‖ *Geog.* Lugar en donde se cruzan dos o más sistemas de montañas. ‖ *Mar.* Cada uno de los puntos de división de la corredera. ‖ Trayecto de navegación que se mide con cada una de estas divisiones. ‖ Refiriéndose a la velocidad de una nave, equivale a milla. ‖ **– ciego.** El difícil de desatar. ‖ **– de tejedor.** El que se hace uniendo los dos cabos y formando con ellos dos lazos encontrados. ‖ **– de tripas.** Miserere, cólico. ‖ **– en la garganta.** Impedimento en ella. ‖ fig. Congoja que impide hablar. ‖ **– gordiano.** El que ataba al yugo la lanza del carro de Gordio, rey de Frigia, y el cual estaba hecho con tal artificio que no se veían sus cabos. Según el oráculo, la persona que lo deshiciese tendría el Imperio de Asia, profecía que se cumplió con Alejandro, que lo cortó con la espada. ‖ fig. Cierto juego de sortijas. ‖ Cualquier **nudo** muy enredado o imposible de desatar. ‖ Dificultad insoluble. ‖ **– marinero.** El muy seguro y fácil de deshacer a voluntad. **Atravesársele** a uno **un nudo en la garganta.** frs. No poder hablar por una intensa emoción. ‖ **Dar** o **echar otro nudo a la bolsa.** frs. con que se denota la resistencia para soltar dinero. ‖ IDEAS AFINES: *Atar, anudar, paquete, cordel, cordón, corredizo, apretar, torzal, zapato, corbata.*

NUDO, DA. (Del lat. *nudus.*) adj. Desnudo.

NUDOSIDAD. f. *Pat.* Tumefacción o induración circunscrita.

NUDOSO, SA. adj. Que tiene nudos o nudosidades. *Cuerda* NUDOSA.

NUECERO, RA. s. Vendedor de nueces.

NUÉGADO. (Del lat. *nux, nucis,* nuez.) m. Pasta de harina, miel y nueces, cocida al horno. ‖ Hormigo, plato de dulce. ‖ Hormigón, mezcla de piedras y argamasa.

NUERA. (Del lat. *nurus.*) f. Esposa del hijo, respecto de los padres de éste.

NUESTRAMO, MA. Contracción de *nuestro amo* y *nuestra ama.*

NUESTRA SEÑORA DE PARÍS. *Lit.* Popular novela de Víctor Hugo, cuya primera edición data de 1831. Notable descripción del París del s. XV, en ella la célebre catedral francesa homónima es a la vez escenario y protagonista.

NUESTRO, TRA, TROS, TRAS. (Del lat. *nóster, nostra.*) Pronombre posesivo de primera persona en género masculino y femenino. Con la terminación del primero de estos dos géneros en singular, empléase también como neutro. **Nuestro, nuestra,** conciertan en género con la persona o cosa poseída, la cual ha de estar en singular, y se refieren a dos o más poseedores. **Nuestros, nuestras** exigen sean dos o más, así los poseedores como las personas o cosas poseídas. Este pronombre se usa en vez de *mi* o *mis* cuando se los aplica a sí mismo un escritor a una persona de alta jerarquía ‖ **Los nuestros.** Los que son del mismo partido, profesión o naturaleza del que habla.

NUEVA. (Del lat. *nova,* t. f. de *-vus,* nuevo.) f. Noticia de una cosa que no se ha dicho o no se ha oído antes. *El mensajero traía malas* NUEVAS. ‖ **Cogerle** a uno **de nuevas** alguna cosa. frs. fam. Saberla inopinadamente. ‖ **Hacerse** uno **de nuevas.** frs. Dar a entender que no ha llegado a su noticia lo que le dice otro, siendo cierto que ya lo sabía.

NUEVA. *Geog.* Isla del Uruguay sit. en el río de la Plata, junto a la costa del dep. de Canelones. ‖ **– Andalucía.** Nombre que se dio a la región de Colombia que se extiende desde el golfo de Urabá hasta el cabo de la Vela. ‖ **– ASUNCIÓN.** Dep. del N.O. del Paraguay. 46.000 km². Cap. GRAL. EUGENIO A. GARAY. ‖ **– Bretaña.** Isla de Oceanía, la mayor del arch. de Bismarck. 37.812 km². 125.000 h. Cap. RABAUL. ‖ **– Brunswick.** Prov. del este del Canadá. 72.473 km². 660.000 h. Cap. FREDERICTON. ‖ **– Cádiz.** Nombre que se dio a la primera ciudad fundada en Venezuela, en la isla de Cubagua (1500). ‖ **– Caledonia.** Archipiélago fr. de Oceanía situado del S.O. de las islas Nuevas Hébridas. Abarca. con sus dependencias, 18.653 km². 140.000 h. Cap. NUMEA. Es un importante productor de níquel. El cromo y el cobalto forman también depósitos importantísimos ‖ **– Delhi.** Cap. de la India. 3.834.000 h. con el conurbano que la rodea. ‖ **– Écija.** Prov. de las Filipinas, en la isla de Luzón. 5.284 km². 880.000 h. Cap. CABANATUÁN. ‖ **– Escocia.** Prov. del Canadá que abarca una península sit. al sur del golfo de San Lorenzo. 54.560 km². 805.000 h. Cap. HALIFAX. Minería, pesca. ‖ **– España.** Nombre de México en la época del descubrimiento. Posteriormente constituyó el virreinato hom. ‖ **– Esparta.** Estado de Venezuela que comprende las islas de Margarita y Coche. 1.150 km². 125.000 h. Cap. LA ASUNCIÓN. Fueron famosos sus placeres de perlas. ‖ **– Gales del Sur.** Estado de Australia. 801.339 km². 4.880.000 h. Cap. SYDNEY. Zona cerealista y lanera. ‖ **– Gerona.** Pobl. de Cuba, cap. de la isla de Pinos. 5.000 h. Centro frutícola. ‖ **– Granada.** Nombre que dio a Colombia su conquistador Gonzalo Jiménez de Quesada y que, posteriormente, llevó el virreinato que abarcó también Ecuador y Panamá. ‖ **– Guinea.** Isla de Oceanía, en la Melanesia, al N. de Australia. 785.000 km². 3.230.000 h. Antes repartida entre Holanda, Alemania y Gran Bretaña, actualmente se divide en un sector de 240.900 km². en el N.E., administrado por Australia; **Papúa,** nación independiente desde 1975, en donde se encuentra el centro administrativo que también controla al sector australiano; y **Nueva Guinea** Occidental, administrada por Indonesia, al O. de la isla. Produce globalmente cocos, copra, café, nuez moscada, mandioca, arroz, oro, plata y petróleo. ‖ **– Hampshire.** Est. del noreste de los EE. UU. 24.097 km². 758.000 h. Cap. CONCORD. Zona agrícola y fabril. ‖ **– Helvecia.** Pobl. del Uruguay (Colonia). 5.000 h. ‖ **– Imperial.** Pobl. de Chile (Cautín). 13.500 h. Centro agrícola y minero. ‖ **– Inglaterra.** Nombre que se dio a los seis Estados que forman el extremo N.E. de los Estados Unidos de América del Norte. Sit. en la península hom: Maine, Nueva Hampshire, Vermont, Massachusetts, Rhode Island y Connecticut. ‖ **– Irlanda.** Isla australiana de la Melanesia, en el arch. de Bismarck. 7.252 km². 60.000 h. ‖ **– Jersey.** Est. del este de los EE. UU. 20.295 km². 7.350.000 h. Cap. TRENTON. Esencialmente industrial, produce también materias primas agrícolas, ganaderas y mineras. Importantes labores pesqueras. ‖ **– Orleáns.** Ciudad de los EE. UU. (Luisiana), puerto en el delta del río Misisipi. 1.150.000 h. con los suburbios. Es el mayor mercado algodonero de América, y un gran centro industrial y comercial. ‖ **– Palmira.** Pobl. del Uruguay (Colonia), puerto en la confluencia de los ríos Paraná y Uruguay. 5.000 h. ‖ **– Plymouth.** C. de Nueva Zelanda, en la isla septentrional. 40.000 h. Industria lechera. ‖ **– Pomerania.** Antiguo nombre de la isla de Nueva Bretaña. ‖ **– Providencia.** Isla de las Bahamas, la más importante del arch., porque en ella se encuentra NASSAU, la capital. 300 km². 60.000 h. ‖ **– Rosita.** Ciudad del N. de México (Coahuila). 40.000 h. Centro carbonífero importante. ‖ **– San Salvador.** C. de El Salvador, capital del dep. de La Libertad. 38.000 h. Centro agrícola e industrial. Se llama, también, **Santa Tecla.** ‖ **– Segovia.** Dep. de Nicaragua, en el límite con Honduras. 3.341 km². 59.000 h. Cap. OCOTAL. Agricultura y minería. ‖ **– Vizcaya.** Prov. de las Filipinas, en la isla de Luzón. 6.803 km². 229.000 h. Cap. BAYOMBONG. ‖ **– York.** Estado del este de los EE. UU. 128.402 km². 20.000.000 de h. Cap. ALBANY. Agrícola y minero, es también zona industrial y comercial de enorme importancia. ‖ **– York.** Ciudad de los EE. UU., situada en el Estado hom., sobre la desembocadura del río Hudson, en la costa atlántica. 17.500.000 h. con Northestem Nueva Jersey. Está formada por cinco distritos: Manhattan, Bronx, Brooklyn, Queens y Richmond, que suman en total 850 km². de superficie. Es el mayor centro financiero del mundo, y su puerto, el más activo del globo. Grandes industrias, núcleos científicos y culturales, edificios colosales, notables puentes colgantes, convierten a esta ciudad en una de las más extraordinarias del mundo. Fue fundada por los holandeses en 1626. ‖ **– Zelanda.** Archipiélago y dominio independiente de Oceanía sit. al S.E. de Australia. Lo forman dos islas mayores y otras menores. Con sus dependencias abarca 268.676 km²., poblados por 3.110.000 h. Cap. WELLINGTON. 142.700 h. La isla del Norte (114.736 km².) tiene actividad volcánica y abundantes fuentes termales; la isla del Sur (153.949 km².) presenta paisajes de tipo alpino, con magníficos lagos y glaciares. La lana y la industria lechera son la base de su economía. Produce cereales, frutas, maderas, oro, hierro, carbón, etc. Los ganados ovino y bovino son los más importantes. Constituyó, desde 1907, un dominio británico; después obtuvo su autonomía plena dentro de la Comunidad Británica de Naciones. Fue descubierto por Abel Tasman en 1642. ‖ **– Zembla.** Grupo de dos islas del mar Glacial Ártico sit. al norte de Rusia europea. 91.500 km². Pertenecen a la Unión Soviética y están casi deshabitadas.

NUEVA ELOÍSA, La. *Lit.* Una de las obras maestras de Juan Jacobo Rousseau, publicada en 1761. Novela epistolar de intención moral y estilo complejo, narra la historia de dos amantes separados por prejuicios sociales. Su tesis es la de otras obras del autor: afirmación de la inocencia original del hombre, crítica de la sociedad y condena de la desigualdad como fundamento de la organización social.

NUEVAMENTE. adv. m. De nuevo. *Harás esta plana* NUEVAMENTE. ‖ Recientemente.

NUEVAS HÉBRIDAS. *Geog.* Archipiélago de Oceanía, en la Melanesia, al S.E. de las islas Salomón administradas en condominio anglo-francés. 14.762 km². 100.000 h. Cap. VILA. Produce copra, cacao y café.

NUEVA ZELANDIA. *Geog.* V **Nueva Zelanda.**

NUEVE. (Del lat. *nóvem.*) adj. Ocho y uno. ‖ Noveno. ‖ m. Signo o cifra con que se representa esa cantidad. ‖ Carta o naipe de **nueve** señales.

NUEVE DE JULIO. *Geog.* Ciudad de la Argentina, en el N.O. de la prov. de Buenos Aires. 22.000 h. Centro agropecuario.

NUEVITAS. *Geog.* Bahía de la costa N. de Cuba, en la prov. de Camagüey, donde desembarcó Colón, en 1492, al descubrir la isla. ‖ C. de Cuba (Camagüey), 50.000 h. Puerto comercial.

NUEVO, VA. al. **Neu.** fr. **Neuf.** ingl. **New.** ital. **Nuovo.** port. **Novo.** (Del lat. *novus.*) adj. Recién hecho o fabricado. *Casa* NUEVA; antón.: **viejo.** ‖ Que se ve o se oye por la primera vez. *Esa noticia es* NUEVA *para mí.* ‖ Repetido para renovarlo. NUEVA *edición.* ‖ Distinto de lo que antes había o se tenía aprendido. ‖ Que se añade a una cosa que había antes. ‖ Recién llegado a un lugar. *Pablo es* NUEVO *en la clase.* ‖ Novicio, principiante. *Era* NUEVO *en aquellas faenas.* ‖ fig. Se dice de lo que está poco o nada usado. *Estilo* NUEVO.

NUEVO. *Geog.* Golfo formado por el océano Atlántico en la costa patagónica argentina (Chubut), al S.O. de la península Valdés. ‖ **– Laredo.** C. de México (Tamaulipas), en la frontera con los EE. UU. 155.000 h. Centro comercial. ‖ **– León.** Estado de México, en la frontera con los EE. UU. 65.103 km. 1.000.000 h. Cap. MONTERREY. Las labores agrícolas y mineras son muy activas. Las industrias metalúrgicas, textiles y alimenticias son las más importantes. ‖ **– Mecklemburgo.** Antiguo nombre de la isla de Nueva Irlanda. ‖ **– México.** Estado del sur de los EE. UU., en la frontera con México. 315.115 km². 1.100.000 h. Cap. SANTA FE. Produce trigo, algodón, bovinos, potasio, cobre, petróleo, etc. ‖ **– Mundo.** Cerro de Bolivia (Potosí), punto culminante de la cordillera de Lípez. 6.020 m.

NUEZ. al. **Nuss.** fr. **Noix.** ingl. **Nut; walnut.** ital. **Noce.** port. **Noz.** (Del lat. *nux, nucis.*) f. Fruto del nogal, ovoide, dividido en dos porciones simétricas en las que está la semilla, formada por cuatro gajos blandos y muy aceitosos. *El aceite de* NUEZ *se emplea en la fabricación de barnices.* ‖ Fruto de otros árboles que se asemeja a éste. ‖ Prominencia que forma la laringe en la garganta. sinón.: **manzana de Adán.** ‖ *Mús.* Pieza movible del arco del violín e intrumentos análogos, para dar determinada tensión a las crines, mediante un tornillo. ‖ **– de ciprés. Piña de ciprés.** ‖ **– de especia. Nuez moscada,** condimento. ‖ **– ferreña.** La muy dura. ‖ **– moscada.** Semilla de la mirística, ovoide, con almendra parduzca por fuera y blanquecina por dentro. Se emplea como condimento. ‖ **– vómica.** Semilla de un árbol del sur de Asia, loganiáceo, aplastada y dura, muy venenosa, usada como vomitivo. De ella se extrae estricnina. *La* NUEZ VÓMICA *es de sabor muy amargo.* ‖ **Apretar** a uno **la nuez.** frs. fig. y fam. Matarle ahogándole. ‖ **Cascarle** a uno **las nueces.** frs. fig. y fam. **Cascarle** a uno **las liendres.** ‖ IDEAS AFINES: *Almendra, avellana, coco, oleaginoso, cascanueces, quebrar, rancio, turrón.*

NUEZA. f. Planta trepadora dioica, de hojas en cinco gajos, flores verdosas y bayas rojizas. *Bryonia dioica,* cucurbitácea. ‖ **– blanca.** Especie de **nueza,** monoica, de flores blancas y bayas negras. *Bryonia alba.* ‖ **– negra.** Planta dioica, de hojas acorazonadas, flores verdosas y bayas rojizas. *Taninus communis,* dioscoreácea.

NUGATORIO, RIA. (Del lat. *nugatorius.*) adj. Engañoso, que burla la esperanza que se había concebido o el juicio que se tenía hecho.

NUKA-HIVA. *Geog.* Isla francesa del arch. de las Marquesas, la más importante del grupo. 482 km². 2.500 h. Durante el Segundo Imperio enviaban a ella a los deportados políticos.

NULAMENTE. adv. m. Sin valor ni efecto.

NULIFICAR. (Del lat. *nullus,* nulo, y *fácere,* hacer.) tr. Anular. ‖ Abolir. ‖ deriv.: **nulificación; nulificador, ra.**

NULIDAD. f. Calidad de nulo. *La* NULIDAD *de un convenio;* sinón.: **invalidación.** ‖ Vicio que disminuye o anula la estimación de una cosa. ‖ Incapacidad, ineptitud. ‖ Persona incapaz, inepta. *Juan es una* NULIDAD.

NULÍPARA. adj. Se aplica a la mujer que no ha tenido hijos. Ú.t.c.s.f. ‖ deriv.: **nuliparidad.**

NULO, LA. al. **Null.** fr. **Nul.** ingl. **Null.** ital. **Nullo.** port. **Nulo.** (Del lat. *nullus.*) adj. Falto de valor y fuerza para tener efecto, por ser contrario a las leyes. *Procedimiento* NULO. antón.: **válido.** ‖ Incapaz para una cosa. ‖ Ninguno, ni uno solo. ‖ *Mat.* Igual a cero.

NULLIUS. (Del lat. *nullus,* ninguno.) adj. *Der.* V. **Bienes nullius.**

NUMANCIA. *Geog. histór.* Antigua ciudad de España, en la actual prov. de Soria. Asediada en vano por los romanos durante diez años, fue destruida por Escipión en 133 a. de C. Es proverbial la heroicidad de sus habitantes, que prefirieron la muerte a la rendición.

NUMANTINO, NA. adj. y s. De Numancia. *Resistencia* NUMANTINA.

NUMA POMPILIO. *Biog.* Segundo rey de Roma, al que se atribuye la organización civil y religiosa de la ciudad (714-671 a. de C.).

NUMEA. *Geog.* Puerto y capital de Nueva Caledonia. 53.000 h. Centro exportador de metales, maderas, café y cacao.

NUMEN. (Del lat. *numen.*) m. Cualquiera de los dioses adorados por los gentiles. ‖ Inspiración del escritor o artista. sinón.: **estro, musa.**

NUMERABLE. (Del lat. *numerábilis.*) adj. Que se puede reducir a número.

NUMERACIÓN. al. **Numerierung; Zählen.** fr. **Numération.** ingl. **Numeration; numbering.** ital. **Numerazione.** port. **Numeração.** (Del lat. *numeratio, -onis.*) f. Acción y efecto de numerar. ‖ *Mat.* Arte de expresar todas las cantidades, con pocos vocablos y caracteres o guarismos. ‖ – **arábiga,** o **decimal.** Sistema de origen hindú, que introdujeron los árabes en España, hoy casi universal y que expresa los números mediante diez signos. ‖ – **romana.** La de los pueblos mediterráneos primitivos, que por medio de Roma se extendió hasta nosotros, y que expresa las cantidades por medio de las combinaciones de siete signos: I, V, X, L, C, D y M: que corresponden a 1, 5, 10, 50, 100, 500 y 1000 en la numeración arábiga.

NUMERADOR. m. *Mat.* Guarismo que señala el número de partes iguales de la unidad que contiene un quebrado. ‖ Aparato para marcar números sucesivos.

NUMERADORA. f. *Impr.* Máquina para numerar correlativamente los ejemplares de un modelo u obra.

NUMERAL. (Del lat. *numeralis.*) adj. Perteneciente o relativo al número. *Combinación* NUMERAL.

NUMERAR. al. **Numerieren; Zählen.** fr. **Nombrer; numéroter.** ingl. **To number.** ital. **Numerare.** port. **Numerar.** (Del lat. *numerare.*) tr. Hacer corresponder a cada número de la sucesión fundamental, comenzando por 1, los elementos de un conjunto, para determinar cuál de aquéllos corresponde al último elemento. ‖ Expresar numéricamente las cantidades. ‖ Marcar con números. NUMERAR *los folios.*

NUMERARIO, RIA. adj. Que es del número o perteneciente a él. ‖ m. Moneda acuñada o dinero en efectivo. *Pagar en* NUMERARIO.

NUMÉRICO, CA. adj. Perteneciente o relativo a los números. *Valor* NUMÉRICO. ‖ Compuesto con ellos.

NÚMERO. al. **Zahl; Ziffer.** fr. **Nombre.** ingl. **Number.** ital. **Numero.** port. **Número.** (Del lat. *númerus.*) m. Cada uno de los entes abstractos (expresado por un símbolo oral y otro escrito) que forman el conjunto tipo (sucesión fundamental) con que se compara todo conjunto finito para numerarlo. ‖ Signo o conjunto de signos con que se representa el **número.** *No distingo el* NÚMERO *del tranvía.* ‖ Cantidad de personas o cosas de determinada especie. ‖ Condición o clase de personas o cosas. ‖ Cada una de las hojas o cuadernos correspondientes a distinta fecha de edición, en una publicación periódica. *En el* NÚMERO *anterior decíamos . . .* ‖ Cadencia que hace armoniosos los períodos músicos y los de poesía y retórica. ‖ Verso, palabras sujetas a medida y cadencia. ‖ En los espectáculos públicos, cada una de las partes que forman el programa. ‖ *Gram.* Accidente gramatical que expresa, por medio de cierta diferencia en la terminación de las palabras, si éstas se refieren a una sola persona o cosa o a más de una. ‖ pl. Cuarto libro del Pentateuco. ‖ **Número abstracto.** ‖ *Arit.* El que no se refiere a unidad de especie determinada. ‖ – **arábigo.** Cifra perteneciente a la numeración arábiga. ‖ – **atómico. Número** de protones contenidos en el núcleo del átomo de un elemento químico. ‖ – **cardinal.** Cada uno de los **números** enteros en abstracto, como *ciento, mil.* ‖ – **complejo.** *Arit.* El que se compone de varios **números** concretos que son fracciones de diverso orden, de la unidad principal. ‖ El que consta de parte real y parte imaginaria. ‖ – **compuesto.** *Arit.* El que se expresa con dos o más guarismos. ‖ – **concreto.** *Arit.* El que expresa la especie que se numera. ‖ – **cósico.** *Arit.* El que es potencia exacta de otro. ‖ – **deficiente.** *Arit.* El inferior a la suma de sus partes alícuotas. ‖ – **de guarismo. Número arábigo.** ‖ – **denominado.** *Arit.* **Número complejo.** ‖ – **dígito.** *Arit.* El que puede expresarse con un solo guarismo (en su origen, con los dedos). ‖ – **dual.** *Gram.* El que, además del singular y del plural, tienen algunas lenguas para significar el conjunto de dos. ‖ – **entero.** *Arit.* El que consta exclusivamente de una o más unidades, a diferencia de los quebrados. ‖ Denominación común al **número** natural y al negativo. ‖ – **fraccionario.** *Arit.* **Número quebrado.** ‖ – **imaginario.** Raíz de índice par de un **número** negativo. ‖ – **impar.** *Arit.* El que no es exactamente divisible por dos. ‖ – **incomplejo. Número** concreto que expresa unidades de una sola especie. ‖ – **llano. Número romano.** ‖ – **mixto.** *Arit.* El compuesto de entero y de quebrado. ‖ – **negativo.** El creado para hacer posible la resta cuando el minuendo es menor que el sustraendo. ‖ – **ordinal.** *Arit.* El que expresa orden y sucesión; como *cuarto, octavo.* ‖ – **par.** *Arit.* El exactamente divisible por dos. ‖ – **perfecto.** *Arit.* El igual a la suma de sus partes alícuotas. ‖ – **plano.** *Arit.* El que procede de la multiplicación de dos **números** enteros. ‖ – **plural.** *Gram.* El de la palabra que se refiere a dos o más personas o cosas. ‖ – **primero,** o **primo.** *Arit.* El que sólo es exactamente divisible por sí mismo y por la unidad; como 3, 5 etc. ‖ – **quebrado.** *Arit.* El que expresa una o varias partes alícuotas de la unidad. ‖ – **redondo.** El aproximado que sólo expresa las unidades completas de determinado orden. ‖ – **romano.** Cada uno de los caracteres usados en la numeración romana. ‖ – **simple.** *Arit.* **Número primo.** ‖ El que se expresa con un solo guarismo. ‖ – **singular.** *Gram.* El de la palabra que se refiere a una sola persona o cosa. ‖ – **sólido.** *Arit.* El que procede de la multiplicación de tres **números** enteros. ‖ – **sordo.** *Arit.* El que no tiene raíz exacta. ‖ – **superante.** *Arit.* El que es superior a la suma de sus partes alícuotas. ‖ **Áureo número.** El que se escribía con caracteres de oro en los sitios públicos de Atenas. ‖ **Ciclo decemnovenal.** ‖ **Números congruentes.** *Mat.* Dícese del par de **números** enteros que divididos por un tercer **número** llamado módulo, dan restos iguales. ‖ **De número.** loc. Dícese de cada uno de los individuos de una corporación compuesta de limitado **número** de personas. ‖ *Arg.* El primero en su línea. ‖ **Hacer número** una persona o cosa. frs. No ser útil más que para aumentar el **número** de su especie. ‖ **Llenar el número** de una cosa. frs. Completarlo. *Juan* LLENÓ EL NÚMERO *de los jurados.* ‖ **Número uno.** expr. fig. y fam. Una persona o cosa, considerada con preferencia a todas las demás. ‖ **Sin número.** loc. fig. con que se significa una muchedumbre casi innumerable. *Pastaban vacas* SIN NÚMERO. ‖ IDEAS AFINES: *Impar, decimal, calcular, positivo, contar, cifra, enumeración, paginar, reloj, precio, horario, teléfono.*

NUMEROSAMENTE. adv. m. En gran número. ‖ Con cadencia.

NUMEROSIDAD. f. Multitud numerosa. ‖ Armonía, cadencia.

NUMEROSO, SA. (Del lat. *numerosus.*) adj. Que incluye gran número de cosas. *Público* NUMEROSO; sinón.: **abundante, copioso;** antón.: **escaso.** ‖ Armonioso, que tiene cadencia. *Versos* NUMEROSOS. ‖ pl. Muchos. Ú.m. ante s.

NÚMIDA. (Del lat. *númida.*) adj. Natural de Numidia. Ú.t.c.s. ‖ Perteneciente a esta región. *Caballería* NÚMIDA.

NUMIDIA. *Geog. histór.* Región del África antigua, que correspondía a la actual Argelia.

NUMÍDICO, CA. adj. Perteneciente a Numidia.

NUMISMA. (Del lat. *numisma,* y éste del gr. *nómisma.*) m. *Num.* Moneda. ‖ deriv.: **numismal.**

NUMISMÁTICA. al. **Münzkunde; Numismatik.** fr. **Numismatique.** ingl. **Numismatics.** ital. **Numismatica.** port. **Numismática.** (De *numisma.*) f. Estudio de las monedas y medallas, especialmente las antiguas.

NUMISMÁTICO, CA. adj. Perteneciente o relativo a la numismática. *Clasificación* NUMISMÁTICA. ‖ m. El que la profesa o tiene conocimientos especiales en ella.

NUMISMATOLOGÍA. f. Tratado de las monedas y medallas antiguas.

NUMO. (Del lat. *nummus.*) m. Moneda, dinero. ‖ deriv.: **numoso, sa.**

NUMULAR. adj. De forma de moneda. ‖ *Pat.* Dícese del esputo extendido y redondo como una moneda.

NUMULARIO. m. El que comercia con dinero.

NUMULITA. (Del lat. *nummus,* moneda, y del gr. *lithos,* piedra.) f. *Zool.* Género de protozoos rizópodos, foraminíferos, fósiles que caracterizan diversos niveles de los depósitos terciarios inferiores.

NUNCA. al. **Nie; Niemals.** fr. **Jamais.** ingl. **Never.** ital. **Mai; giammai.** port. **Nunca.** (Del lat. *núnquam.*) adv. t. En ningún tiempo. ‖ Ninguna vez. NUNCA *lo volví a ver.* ‖ **Nunca jamás.** m. adv. **Nunca,** con sentido enfático.

NUNCIATURA. f. Cargo o dignidad de nuncio. ‖ Tribunal de la Rota de la **nunciatura** apostólica en España. ‖ Casa en que vive el nuncio y está su tribunal.

NUNCIO. al. **Nuntius.** fr. **Nonce.** ingl. **Papal nuncio.** ital. **Nunzio.** port. **Núncio.** (Del lat. *nuncius.*) m. El que lleva aviso, noticia o encargo de un sujeto a otro, enviado a él para este efecto. ‖ Representante diplomático del Papa que también ejerce, como legado, ciertas facultades pontificias. ‖ fig. Anuncio o señal. *Los cirros son* NUNCIO *de buen tiempo.* ‖ – **apostólico. Nuncio** del Papa.

NUNCUPATIVO. adj. *Der.* Dícese del testamento abierto.

NUNCUPATORIO, RIA. (Del lat. *nuncupátor, -oris,* que da nombre a una cosa.) adj. Aplícase a las cartas o escritos con que se dedica una obra, o en que se nombra a uno por heredero o se le concede un empleo.

NUNES GARCÍA, José M. *Biog.* Compositor bras. precursor de la música culta en su país. Autor de la ópera *Los dos gemelos* y de obras de cámara (1767-1830).

NUNÓ, Jaime. *Biog.* Compositor esp. que residió en México. Autor de la música del Himno Nacional mexicano (1824-1908).

NÚÑEZ, Abelardo. *Biog.* Educador y pedagogo chil. que contribuyó a la extensión y mejoramiento de la enseñanza pública en su país (m. 1910). ‖ – **Carlos.** Militar ven. que a las órdenes de Bolívar, tuvo destacada actuación en las luchas por la independencia de su patria (1790-1877). ‖ – **Enrique B.** Escritor ven. autor de **Cubagua; Después da Ayacucho; Ensayos biográficos,** etc. (1895-1964). ‖ – **Ignacio,** Historiador, publ. y diplomático arg., secretario de Rivadavia y autor de *Noticias históricas, políticas y estadísticas de las Provincias del Río de la Plata, Efemérides americanas,* etc. (1792-1846). ‖ – **José.** Estadista nicar.; de 1834 a 1838 presid. de su país. ‖ – **Rafael.** Polít. y escritor col., presid. de su país de 1880 a 1882 y de 1884 a 1888. Publicó *La reforma política en Colombia; Ensayos de crítica social; Himno patriótico,* etc. (1825-1894). ‖ – **CABEZA DE VACA, Álvar.** Conquistador esp., que realizó viajes de exploración por América del Norte y del Sur y fue el segundo adelantado del Río de la Plata. Escribió *Naufragios y comentarios; Relación y comentario de lo acaecido en las dos jornadas a las Indias,* etc. (1507-1564). ‖ – **DE ARCE, Gaspar.** Poeta y dramaturgo esp. cuyas obras reflejan los problemas de su época: *Deudas de la honra, El vértigo, La visión de Fray Martín, Quien debe, paga* y otras obras. (1834-1903). ‖ – **DE BALBOA, Vasco.** Conquistador esp., que exploró América Central y descubrió el océano Pacífico. Nombrado por el rey Adelantado de los mares del Sur, preparaba una expedición al Perú cuando fue procesado y ejecutado por orden de Pedrarias Dávila (1475-1517)). ‖ – **DE CÁCERES, José.** Lit. y político dom. activo propulsor de la independencia de su patria (1772-1846). ‖ – **DE HARO Y PERALTA, Alonso.** Religioso esp., en 1787 virrey de México. Autor de *Ordenanza de intendentes* (1729-1800). ‖ – **DE TOLEDO Y GUZMÁN, Fernando.** Humanista y erudito esp., famoso por sus ediciones críticas de los clásicos latinos (1475-1533). ‖ – **DE VELA, Blasco.** Primer virrey del Perú, derrotado y muerto durante la rebelión de los encomenderos (m. 1546). ‖ – **RODRÍGUEZ, Emilio.** Militar y político cub., que fue gobernador de La Habana y vicepresidente de la República (1855-1922). ‖ – **SALACIENSE, Pedro.** Cosmógrafo port., inventor del nonio, llamado también vernier, y autor de importantes aportes científicos aplicados a la navegación. Escribió *Tratado sobre el astrolabio; Tratado de la esfera,* etc. (1492-1577). ‖ – **Y ACEVEDO, Gaspar de.** Virrey de México de 1595 a 1603 y del Perú desde 1604 hasta su muerte (1548-1606). ‖ – **Y DOMÍNGUEZ, José de Jesús.** Hist. y crítico mex., autor de *Los últimos descubrimientos del arte precolombino en México; Un virrey limeño en México; Martí en México,* etc. (1887-1959).

NUÑO. (Del arauc. *nuyu.*) m. *Chile.* Planta de raíces fibrosas, drásticas, con flores rosadas; iridácea.

NUORO. *Geog.* Provincia de Italia, en Cerdeña 7.272 km². 300.000 h. Cap. hom. 25.000 h.

NUPCIAL. (Del lat. *nuptialis.*) adj. Perteneciente o relativo a las bodas. *Banquete* NUPCIAL, *marcha* NUPCIAL.

NUPCIALIDAD. f. Número proporcional de nupcias en época y lugar determinados.

NUPCIAS. al. **Hochzeit.** fr. **Noces.** ingl. **Nuptials; wedding.** ital. **Nozze.** port. **Núpcias.** (Del lat. *nuptias.*) f. pl. Boda. sinón.: **casamiento, enlace.**

NUPE. *Geog.* Río del Perú (Huánuco), que des. en el lago Junín.

NUREMBERG. *Geog.* Ciudad de la Rep. Federal de Alemania, en Baviera. 450.000 h. Fue uno de los centros comerciales más importantes de la Edad Media y es hoy famosa por sus industrias mecánicas (automotores, radios, juguetes, aparatos de precisión, etc.) químicas, agrícolas, etc. En 1946 se reunió en ella el tribunal que condenó a los criminales de guerra nazis.

NURSE. (Voz inglesa). f. Niñera. (Es anglicismo).

NURSERY. (Del ingl. *nurse*, niñera.) f. Cuarto dispuesto para cuidar niños. (Es anglicismo).

NURSIA, San Benito de. *Hagiog.* Religioso ital., fundador de numerosos monasterios, como el famoso de Monte Casino, cuna de la orden benedictina. La notable *Regla* que dictó para esa congregación dio al monacato occidental una firme base que le permitió influir profundamente en la cultura europea del medioevo (480-543).

NUTACIÓN. (Del lat. *nutatio, -onis,* bamboleo.) f. *Astron.* Oscilación periódica del eje de la Tierra, causada principalmente por la atracción lunar. ‖ *Biol.* Cambio de dirección y posición de ciertos órganos de una planta, por causas inherentes a su crecimiento.

NUTRA. (Del lat. *lutra.*) f. Nutria.

NUTRIA. al. **Fischotter.** fr. **Loutre.** ingl. **Otter.** ital. **Lontra.**

port. **Nutria.** (Lat. *nutra.*) f. Mamífero carnívoro de Europa y Asia, de orejas pequeñas, cuerpo delgado, cola larga y gruesa, y pelaje fino. Vive a orillas de ríos y arroyos y se nutre de peces. *Lutra lutra,* mustélido. Especie muy estimada por su piel. ‖ — **de mar.** *Arg.* Nombre dado impropiamente al coipo, roedor.

NUTRICIO, CIA. (Del lat. *nutritius.*) adj. Nutritivo. ‖ Que procura alimento. *La tierra* NUTRICIA.

NUTRICIÓN. al. **Ernährung.** fr. **Nutrition.** ingl. **Nutrition.** ital. **Nutrizione.** port. **Nutrição.** (Del lat. *nutritio, -onis.*) f. Acción y efecto de nutrir o nutrirse. ‖ *Farm.* Preparación de los medicamentos, mezclándolos con otros para darles mayor fuerza. ‖ IDEAS AFINES: *Víveres, comestibles, mercado, compra, abasto, viático, ración, sustento, hambre, inanición, trófico, metabolismo, manutención, carnívoro, vegetariano, alimenticio.*

● **NUTRICIÓN.** *Biol.* Los seres vivos se hallan en constante equilibrio, puesto que mientras por un lado se desintegran las moléculas que los constituyen, por otro, esas

mismas moléculas se reponen, a expensas de substancias que ingresan desde el exterior. Así entendida, la **nutrición** consta de una fase de absorción, una de digestión, una de circulación, de asimilación, respiración, desasimilación y excreción. La incorporación de nuevas substancias es indispensable para la conservación de la materia, para proveer al desgaste vital y para permitir el crecimiento. El ser vivo se caracteriza justamente por este hecho fundamental: la constante asimilación de materia, a expensas de la cual vive y persiste.

NUTRIDO, DA. adj. Lleno, abundante. ‖ deriv.: **nutridamente.**

NUTRIMENTAL. (Del lat. *nutrimentalis.*) adj. Que sirve de sustento o alimento.

NUTRIMENTO. (del lat. *nutriméntum.*) m. Acción y efecto de nutrirse. ‖ Substancia de los alimentos. ‖ fig. Materia o causa del aumento o fuerza de una cosa.

NUTRIMIENTO. m. Nutrimento.

NUTRIR. al. **Nähren.** fr. **Nourrir.** ingl. **To nourish; to feed.** ital. **Nutrire.** port. **Nutrir.** (Del lat.

nutrire.) tr. Aumentar la substancia de un cuerpo vivo por medio del alimento, reparando la parte consumida por la actividad vital. Ú.t.c.r. *La savia* NUTRE *las plantas*; sinón.: **alimentar, sustentar.** ‖ fig. Dar nuevas fuerzas en cualquier línea, especialmente en lo moral. *Se* NUTRIÓ *del buen ejemplo de su hogar.* ‖ Llenar, colmar. ‖ deriv.: **nutrible; nutridor. ra.**

NUTRITIVO, VA. adj. Capaz de nutrir. *Substancias* NUTRITIVAS; sinón.: **alimenticio, fortificante.** ‖ deriv.: **nutritividad.**

NUTRIZ. (Del lat. *nútrix.*) f. Nodriza.

NUTUAL. (Del lat. *nutus,* voluntad.) adj. Dícese de cargos que son amovibles a voluntad del que los concede.

NUYTS, Pablo de. *Biog.* Navegante hol., descubridor del archipiélago que lleva su nombre, sit. al. S. de Australia. (s. XVII).

NY. f. Letra del alfabeto griego, que corresponde a nuestra *ene.*

NYASA. *Geog.* Lago del África sudoriental sit. entre Mozambique, Tanzania y Malawi. 30.800 km². Fue explorado por Livingstone en 1859; tam-

bién se lo conoce como lago Malawi.

NYASALANDIA. *Geog.* Nombre del ant. protectorado británico del África sudoriental, situado al O. del lago Nyasa. Desde 1953 constituyó una Federación de tres territorios británicos junto con Rhodesia del N. y Rhodesia del S. En junio de 1964 el territorio fue declarado independiente con el nombre de Rep. de Malawi.

NYBORG. *Geog.* Ciudad y puerto de Noruega, en la isla de Fionia. 15.000 h. Pesca.

NYIREGYHAZA. *Geog.* Ciudad del N.E. de Hungría. 88.000 h. Afamados vinos.

NYKÖBING. *Geog.* Ciudad y puerto de Dinamarca, en la isla de Falster. 30.000 h. Maquinaria eléctrica.

NYKÖPING. *Geog.* Ciudad y puerto de Suecia, al N.E. de Norrköping. 65.000 h. Durante los siglos XIII y XIV fue residencia de los reyes.

NYLON. m. Dígase **nilón.**

NYSSENS, Alberto. *Biog.* Político y sociólogo belga, autor de *El sufragio universal restringido; El voto plural,* etc. (1855-1901).

Ñ. f. Decimoséptima letra del abecedario castellano, y decimocuarta de sus consonantes. Su nombre es *eñe*.

ÑA. f. *Amér.* Doña, tratamiento.

ÑACANINA o **ÑACANINÁ.** f. Culebra de gran tamaño y peligrosa de la región del Chaco. *Cyclagras gigas.*

ÑACO. m. *Chile.* Gachas, puches.

ÑACUNDÁ. m. *Arg.* Ave nocturna de color pardo.

ÑACURUTÚ. m. *Arg. Parag.* y *Urug.* Búho de color amarillento y gris, con plumas erizadas a manera de cuernos. *Buho virginianus*, estrigido. *Los guaraníes creían que el ÑACURUTÚ podía contagiarles la pereza.*

ÑAGAZA. f. Añagaza.

ÑAME. (Voz del Congo.) m. Planta herbácea, de tallos endebles, hojas grandes, flores verdosas en espiga, raíz tuberculosa, de corteza negruzca y carne semejante a la de la batata, comestible. *Gén. Dioscorea*, dioscoreáceas. ‖ Su raíz. *El ÑAME es nutritivo.* ‖ Aje, planta.

ÑÁNCAY. *Geog.* Arroyo de la Argentina (Entre Ríos), afl. del río Uruguay. 130 km.

ÑANDÚ. m. Ave corredora sudamericana parecida al avestruz, pero con tres dedos en cada pie; de plumaje gris. *Rhea americana. El ÑANDÚ macho empolla los huevos.*

● **ÑANDÚ.** *Zool.* Por su tamaño, color, hábitos y facultades, el **ñandú** está singularmente adaptado para la vida en las dilatadas llanuras americanas. Su largo cuello y su vista desarrollada le permiten ver objetos muy lejanos; el color de su plumaje lo hace pasar inadvertido entre los altos pastizales y por la ligereza y agilidad de su carrera, puede eludir a sus enemigos. Antes de la Colonia, sólo el indio le daba caza, pero muy dificultosamente, y valiéndose de un disfraz de ramas y hojas. Antaño, el **ñandú** desempeñó importante papel en la economía del hombre de la llanura, del gaucho o del indio, quienes le daban caza por su carne y sus plumas. Además, la caza del **ñandú** dio origen a fiestas deportivas en las que el gaucho probaba su destreza en el manejo de las boleadoras. Vinculado estrechamente al folklore, muchas antiguas leyendas tienen como protagonista al **ñandú**, cuyo buche, desecado, pulverizado y disuelto en agua, es utilizado en la farmacopea campesina.

ÑANDUBAY. (Voz guaraní.) m. *Arg., Bol.* y *Parag.* Mimosa de madera rojiza, muy dura. *El ÑANDUBAY se usa para hacer postes.*

ÑANDUTÍ. m. *Amér. del S.* Encaje o tejido finísimo, que hacían principalmente las mujeres del Paraguay, y que se usa para toda clase de ropa blanca. *El ÑANDUTÍ imita una telaraña.*

ÑANGA. f. *Amér. Central.* Estero de fondo pantanoso. ‖ *Ec.* Pizca, porción pequeña. ‖ adv. m. *Col.* En balde, inútilmente.

ÑANGADA. f. *Amér. Central.* Tarascada, mordisco. ‖ Acción dañina y disparatada.

ÑANGADO, DA. adj. *Cuba.* De piernas torcidas o flojas. ‖ Inclinado, torcido.

ÑANGAPIRÉ. m. *R. de la Plata.* Árbol astringente de una fruta comestible de gusto ácido.

ÑÁNGARA. f. *Hond.* Úlcera, llaga.

ÑANGO, GA. adj. *Arg.* y *Urug.* Desairado. ‖ *Chile.* Chico, de patas cortas, hablando de aves. ‖ *Patojo.* ‖ *Méx.* Canijo, flaco. ‖ *P. Rico.* Ñangado. ‖ Quisquilloso. ‖ Mentecato. ‖ m. *Col.* El sacro o el cóccix.

ÑANGOTADO, DA. adj. *P. Rico.* Servil, adulador. ‖ Holgazán, perezoso.

ÑANGOTARSE. r. *Col.* y *P. Rico.* Ponerse en cuclillas. ‖ r. y tr. *P. Rico.* Acobardarse.

ÑANGUÉ. m. *Cuba.* Túnica de Cristo, planta.

ÑANGUERÍA. f. *P. Rico.* Necedad. ‖ Chanza.

ÑAÑA. f. *Arg.* y *Chile.* Hermana mayor. ‖ *Chile* y *P. Rico.* Niñera. ‖ Nodriza.

ÑÁÑIGO, GA. adj. y s. Dícese del individuo afiliado a una sociedad secreta de negros, de Cuba.

ÑAÑO, ÑA. adj. *Col.* Consentido, mimado. ‖ *Col., Chile, Ec.* y *Perú.* Muy amigo. ‖ *Chile.* Ñoño, tonto. ‖ m. *Arg., Chile* y *Ec.* Hermano. ‖ *Perú.* Niño, nene.

ÑAPA. f. *Amér.* Adehala, propina, yapa.

ÑAPANGO, GA. adj. *Col.* Mestizo, mulato.

ÑAPINDÁ. m. *Arg.* y *Urug. Bot.* Mimosa, especie de zarza.

ÑAPO. m. *Chile.* Especie de mimbre para tejer canastos.

ÑAQUE. m. Montón de objetos inútiles y ridículos. ‖ Naque.

ÑARRA. adj. *Ec.* Dícese de la persona o animal muy pequeños. ‖ f. pl. *Méx.* y *Ven.* Gangas, buscas para un empleo.

ÑARUSO, SA. adj. *Ec.* Picado de viruelas.

ÑATO, TA. al. **Stumpfnasig.** fr. **Camus.** ingl. **Pugnosed.** ital. **Dal naso piatto.** port. **Inhato; chimbé.** adj. *Amér.* Chato. ‖ *Arg.* Irregular, feo, mal hecho. *Clavo ÑATO; caja ÑATA.* ‖ Felón, perverso. ‖ *Col.* Gangoso. ‖ f. *Amér.* La nariz. Ú.t. en pl. ‖ *Perú.* La muerte.

ÑATUCHO, CHA. adj. *Chile.* Ñato, chato.

ÑAU. *Col., Chile., Ec., Perú* y *P. Rico.* Miau. ‖ m. *Cuba* y *P. Rico.* Miedo.

ÑAUAR. intr. *Chile.* Maullar.

ÑAUPA. *Arg.* V. **Ñaupas.**

ÑAUPÁN. *Geog.* Macizo de los Andes ecuatoriales, de 4.529 m. de altura. Es la cima culminante del nudo del Azuay.

ÑAUPAS. (Del quichua *ñaupaco*, antiguamente.) *Arg.* y *Ec.* Voz usada en la frase *En tiempo de ñaupas*, con el sentido de *en tiempo de Maricastaña.*

ÑAUSA. adj. *Perú.* Ciego.

ÑECLA. f. *Chile.* Cometa chica. ‖ Persona raquítica. ‖ Bagatela, chuchería.

ÑEEMBUCÚ. *Geog.* Departamento del sur del Paraguay. 13.868 km². 75.000 h. Cap. Pilar. Industria maderera.

ÑENCHEN TANGLA. *Geog.* Cordillera del S. del Tíbet, en China, sit. al norte del Himalaya. Sobrepasa los 7.000 m.

ÑEÑE. m. *Hond.* Materia fecal. ‖ adj. *P. Rico.* Idiota, bobo.

ÑEQUE. adj. *Amér. Central, Chile, Ec.* y *Ven.* Fuerte, vigoroso. ‖ *Amér. Central* y *Cuba,* Valiente. ‖ Persona que trae desgracia. ‖ m. *Amér.* Fuerza, vigor, coraje. ‖ *Amér. Central* y *Méx.* Golpe, bofetada.

ÑIFLE. int. *Chile.* No, nada.

ÑIPE. m. *Chile.* Arbusto cuyas ramas se emplean para teñir.

ÑIQUIÑAQUE. m. fam. Sujeto o cosa muy despreciable.

ÑIRE. (Voz araucana.) m. *Chile.* Árbol de hasta 20 m. de alto, flores solitarias, hojas elípticas, obtusas y aserradas. *Nothofagos antarctica,* fagáceo.

ÑISÑIL. m. *Chile.* Enea de los pantanos, con cuyas hojas se tejen canastillos y se cubren ranchos.

ÑIZCA o **ÑIZCÁ.** f. *Amér. Central* y *Col.* Excremento. ‖ *Amér. Central, Chile, Ec.* y *Perú.* Pizca, pedacito.

ÑO. m. *Amér.* Señor, tratamiento. *ÑO Pedro.*

ÑOCLO. m. Melindre de masa de harina, anís, etc., de que se hacen panecitos.

ÑOCO, CA. adj. *Col., Dom., P. Rico* y *Ven.* Dícese de la persona a quien falta algún dedo o toda una mano. ‖ m. *Col.* Tocón. ‖ *Chile.* Puñada.

ÑONGO, GA. adj. *Col.* y *Ven.* Contrahecho, lisiado. ‖ *Cuba* y *Chile.* Tonto, necio. ‖ *Ven.* Tramposo. ‖ De mal aspecto. ‖ Fatídico. ‖ Quisquilloso.

ÑOÑA. f. *Chile.* Estiércol.

ÑOÑERÍA. f. Acción o dicho propio de persona ñoña.

ÑOÑEZ. f. Calidad de ñoño. ‖ Ñoñería.

ÑOÑO, ÑA. adj. fam. Apocado, quejumbroso y asustadizo. Ú.t.c.s. ‖ Soso, de poca substancia. *Un libro ÑOÑO;* sinón.: **aburrido;** antón.: **ameno.** ‖ *Arg., Bol.* y *Chile.* Viejo, chocho. ‖ *Dom., Perú* y *P. Rico.* Engreído, mimoso.

ÑOQUI. (Del ital. *gnocchi.*) m. Bocadillo redondeado que se hace con harina amasada con papas hervidas. U.m. en pl.

ÑORBO. m. *Arg., Ec.* y *Perú.* Flor pequeña muy fragante, de una pasionaria muy común como adorno en las ventanas.

ÑU. m. Antílope del sur de África. *Connochoetes taurinus.*

ÑUBLAR. tr. ant. Nublar. Ú. en *Arg.* ‖ deriv.: **ñublado.**

ÑUBLE. *Geog.* Río de Chile, en la prov. hom. Nace en los Andes y des. en el río Itata. 130 km ‖ Prov. del centro de Chile. 14.211 km². 360.000 h. Cap. CHILLÁN. Economía agrícolaganadera.

ÑUDILLO. m. Nudillo.

ÑUDO. m. Nudo. ‖ **Al ñudo.** m. adv. fig. *Arg., Bol.* y *Chile.* **Al cohete.**

ÑUDOSO, SA. adj. Nudoso.

ÑUFLA. f. *Chile.* Cosa de ningún mérito o valor.

ÑUSTA. (Voz quichua.) f. *Perú.* Princesa del imperio incaico.

ÑUTO, TA. adj. *Ec.* y *Perú.* Molido, convertido en polvo. ‖ *Ec.* Se dice de la carne sin hueso.

O. f. *Gram.* Decimoctava letra del abecedario castellano y cuarta de sus vocales. Representa el sonido vocal velar. ‖ *Lóg.* Signo de la proposición particular negativa.

O. (Del lat. *aut.*) conj. disy. que denota diferencia, separación o alternativa entre dos o más personas, cosas e ideas. *Juan o Pedro*; *cerca o lejos*; *la bolsa o la vida.* ‖ Suele preceder a cada uno de dos o más términos contrapuestos. *Elige: o lo tomas o lo dejas.* ‖ Denota además idea de equivalencia, significando **o sea; o lo que es lo mismo.** *El culpable, o el que tramó toda la conjura, fue Diego.*

O. *Quím.* Símbolo del oxígeno.

O. *Geog.* Abreviatura de **Oeste.**

OAHU. *Geog.* Isla estadounidense de Polinesia (archipiélago de Hawaii). 1.548 km². 380.000 h. Cap. HONOLULU. Azúcar, ananás.

OAJACA. *Geog.* V. **Oaxaca.**

OAKLAND. *Geog.* Ciudad de los EE.UU. (California). 400.000 h. Automotores, astilleros, maquinarias eléctricas. Frutas.

OAK RIDGE. *Geog.* Población de los EE.UU. (Tennessee). 50.000 h. Desde el año 1942 posee instalaciones para la producción de energía atómica, las que permanecieron en secreto durante 3 años.

OASIS. al. **Oase.** fr. **Oasis.** ingl. **Oasis.** ital. **Oasi.** port. **Oásis.** (Del lat. *oasis*, y éste del gr. *óasis*.) m. Sitio cubierto de vegetación, con pozos, lagunas o manantiales, que se halla en un desierto. *Los* OASIS *producen ricos dátiles y otros frutos.* ‖ fig. Tregua, descanso, refugio en los males de la vida. *La capilla era un* OASIS *de paz.*

OAXACA. *Geog.* Estado del S.O. de México. 95.364 km². 2.200.000 h. Minería, agricultura, ganadería. Cap. hom. 70.000 h. Importante centro comercial.

OAXAQUEÑO, NA. adj. y s. De Oaxaca.

OB. (Del lat. *ob.*) prep. insep. que significa por causa o en virtud de; v. gr.: OB*tener.*

OB. *Geog.* Río de la Unión Soviética, en Siberia occidental, que nace en los montes Altai y des. en el mar Glacial Ártico. Con su principal afl., el Irtych, recorre 5.300 km.

OBALDÍA, José de. *Biog.* Político col. (1806-1889) que interinamente desempeñó la presidencia de la Rep. en 1851 y 1852. ‖ — **José Domingo de.** Estadista pan., de 1908 a 1910 presidente de la Rep. (1845-1910). ‖ — **María Olimpia de.** Lit. pan. autora de *Breviario lírico*; *Orquídeas* y otras obras poéticas (n. 1891).

OBANDO, Antonio. *Biog.* Mil. col. de destacada actuación en las luchas de la independencia (1790-1849). ‖ — **José María.** Pol. y militar col., en 1831 presidente de la Rep. Al ser reelegido en 1853, fue depuesto por el Congreso (1797-1861).

OBCECACIÓN. f. Ofuscación tenaz y persistente. sinón.: **obnubilación, obstinación.**

OBCECADAMENTE. adv. m. Con obcecación.

OBCECAR. (Del lat. *obcaecare.*) tr. y r. Cegar, deslumbrar u ofuscar. ‖ deriv.: **obcecable.**

OBDURACIÓN. (Del lat. *obduratio, -onis.*) f. Obstinación y terquedad. ‖ Endurecimiento.

OBEDECER. al. **Gehorchen.** fr. **Obéir.** ingl. **To obey.** ital. **Obbedire.** port. **Obedecer.** (Del lat. *obedire.*) tr. Cumplir la voluntad de quien manda. OBEDECE *a tus padres*; sinón.: **acatar.** antón.: **rebelarse.** ‖ Ceder un animal dócilmente a la dirección que se le da. *El caballo* OBEDECIÓ *al jinete.* ‖ fig. Ceder una cosa al esfuerzo que se hace para cambiar su forma o su estado. *El mármol* OBEDECE *al cincel.* ‖ intr. fig. Dimanar, provenir. ‖ fig. Conj. como **agradecer.** ‖ deriv.: **obedecedor, ra; obedecible; obedecimiento.**

OBEDIENCIA. al. **Gehorsam.** fr. **Obéissance.** ingl. **Obedience.** ital. **Obbedienza.** port. **Obediencia.** (Del lat. *obedientia.*) f. Acción de obedecer. sinón.: **acatamiento, cumplimiento.** ‖ Precepto del superior, especialmente en las órdenes regulares. ‖ — **ciega.** fig. La que se presta sin examinar las razones del que manda. ‖ — **debida.** *Der.* La que se rinde al superior y es circunstancia eximente. ‖ **Dar la obediencia** a uno. frs. Reconocerle por superior. IDEAS AFINES: *Autoridad, disciplina, reglamento, ley, orden, respeto, inferior, empleado, doméstico, jefe, jerarquía, humildad, maleabilidad, vasallo, esclavo, servidumbre, yugo, dominar, inclinarse, plegarse.*

OBEDIENCIAL. adj. Perteneciente o relativo a la obediencia.

OBEDIENTE. (Del lat. *obediens, -entis.*) p. a. de **Obedecer.** Que obedece. *Alumno* OBEDIENTE; sinón.: **dócil, sumiso;** antón.: **indócil, rebelde.** ‖ adj. Propenso a obedecer. ‖ deriv.: **obedientemente.**

OBEID-ALLAH. *Biog.* Caudillo musulmán que simuló ser el Mesías anunciado en el Corán, y pretendió conquistar a Egipto (siglo X).

OBEID, El. *Geog.* V. **El Obeid.**

OBELISCO. al. **Obelisk.** fr. **Obélisque.** ingl. **Obelisc.** ital. **Obelisco.** port. **Obelisco.** (Del lat. *obeliscus*, y éste del gr. *obeliskos.*) m. Pilar alto, de cuatro caras iguales, un poco convergentes, terminado por una punta piramidal, monumento muy común entre los egipcios. *El* OBELISCO *que adorna la plaza de la Concordia en París proviene de Luxor.* ‖ Señal que se ponía en la margen de los libros para anotar una cosa particular. ‖ deriv.: **obeliscal.**

OBELO. (Del gr. *obelós*, espetón.) m. Obelisco.

OBENCADURA. f. *Mar.* Conjunto de los obenques.

OBENQUE. (Del neerl. *hobant*; de *hoofd*, principal, y *bant*, cordaje.) m. *Mar.* Cada uno de los cabos gruesos que sujetan la cabeza de un palo o de un mastelero a la mesa de guarnición o a la cofa correspondiente. ‖ deriv.: **obenquería; obenquero.**

OBERÁ. *Geog.* Población del N.E. de la Argentina (Misiones). 8.000 h. Yerba mate, té, tabaco, explotación forestal.

OBERAMMERGAU. *Geog.* Población del sur de Alta Baviera, en la República Federal de Alemania. 7.000 h. Célebre por las representaciones de la Pasión, que se efectúan desde 1633.

OBERHAUSEN. *Geog.* Ciudad del E. de la Rep. Federal de Alemania (Renania del Norte-Westfalia). 250.000 h. Industrias metalúrgicas.

OBERMAIER, Hugo. *Biog.* Paleontólogo al. que descubrió en Santander (España) el yacimiento cuaternario más importante de Europa (1877-1948).

OBERÓN. *Mit.* Rey de los elfos, en la mitología escandinava.

OBERTH, Germán. *Biog.* Precursor al. de la navegación espacial. Publicó dos libros fundamentales: *El cohete en el espacio sideral* (1922), y *El camino hacia los viajes espaciales* (1929).

OBERTURA. al. **Ouvertüre.** fr. **Ouverture.** ingl. **Overture.** ital. **Introduzione.** port. **Abertura.** (Del fr. *ouverture*, abertura.) f. *Mús.* Composición que sirve de introducción a una ópera, opereta, oratorio, etc.

OBES, Lucas José. *Biog.* Jurista y pol. urug., promotor del nuevo delineamiento de Montevideo (m. 1838).

OBESIDAD. al. **Fettleibigkeit.** fr. **Obésité.** ingl. **Obesity; fatness.** ital. **Obesità.** port. **Obesidade.** f. Calidad de obeso.

OBESO, SA. (Del lat. *obesus.*) adj. Dícese de la persona muy gorda.

OBI. *Geog.* V. **Ob.**

ÓBICE. (Del lat. *óbex, óbicis.*) m. Obstáculo, estorbo, impedimento.

ÓBIDOS. *Geog.* Población del N.E. de Brasil (Pará), sit. sobre el río Amazonas. 30.000 h. Algodón, cacao.

OBISPADO. al. **Bistum; Bischofswürde.** fr. **Évêché; épiscopat.** ingl. **Bishopric; episcopate.** ital. **Vescovato.** port. **Bispado.** m. Dignidad de obispo. ‖ Territorio de su jurisdicción.

OBISPAL. adj. Episcopal.

OBISPALÍA. f. Casa del obispo. ‖ Obispado

OBISPAR. intr. Obtener un obispado, ser nombrado para él. ‖ fam. Morirse.

OBISPILLO. m. Morcilla gruesa de carne de puerco. ‖ Rabadilla de las aves.

OBISPO. al. **Bischof.** fr. **Évêque.** ingl. **Bishop.** ital. **Vescovo.** port. **Bispo.** (Del lat. *episcopus*, y éste del gr. *epískopos*, de *episképtomai*, inspeccionar.) m. Prelado superior de una diócesis, a cuyo cargo está la cura espiritual y el gobierno eclesiástico de los fieles de aquélla. ‖ Pez de hocico plano y prolongado, cabeza abultada, ojos prominentes y cola muy larga. *Myliobates bovina*, elasmobranquio. ‖ Obispillo, morcilla. ‖ — **auxiliar.** Prelado sin jurisdicción propia, que se nombra para que ayude en sus funciones a otro obispo. ‖ — **comprovincial.** Coepíscopo. ‖ — **in pártibus,** o **in pártibus infidélium.** El que toma título de territorio ocupado por los infieles y en el cual no reside. ‖ — **sufragáneo.** El de una diócesis que con otra u otras compone la provincia del metropolitano. ‖ **Trabajar para el obispo.** frs. fig. y fam. Trabajar sin recompensa. ‖ IDEAS AFINES: *Patriarca, primado, pontífice, metropolitano, catedral, capa, roquete, pectoral, báculo, anillo, amatista, cáligas, guante, tunicela, mitra.*

ÓBITO. (Del lat. *óbitus*, de *obi-*

re, morir.) m. Fallecimiento de una persona.

OBITUARIO. (De *óbito.*) m. Registro parroquial de partidas de defunción y entierro. ‖ Sección necrológica de periódicos.

OBIUBI. m. *Ven.* Mono de color negro, que duerme de día con la cabeza metida entre las piernas.

OBJECIÓN. al. **Einwurf; Einwand.** fr. **Objection.** ingl. **Objection.** ital. **Obiezione.** port. **Objeção.** (Del lat. *obiectio, -onis*). f. Razón que se propone o dificultad que se presenta, para impugnar una opinión o proposición. *Formular* OBJECIONES *a un proyecto*; sinón.: **observación, reparo.**

OBJETAR. al. **Einwenden.** fr. **Objecter.** ingl. **To object; to oppose.** ital. **Obiettare.** port. **Objetar.** (Del lat. *obiectare.*) tr. Oponer reparo a una opinión o propósito ; proponer una razón contraria a lo que se ha dicho o intentado. OBJETAR *un proyecto*; sinón.: **impugnar;** antón.: **asentir.** ‖ deriv.: **objetable; objetador, ra; objetante.**

OBJETIVAMENTE. adv. m. Con objetividad. *Juzgar* OBJETIVAMENTE.

OBJETIVAR. tr. Hacer comprensible una cosa por la aplicación de los sentidos a los objetos materiales. ‖ Considerar una cosa como objetiva, examinar su objetividad.

OBJETIVIDAD. f. Calidad de objetivo.

OBJETIVO, VA. al. **Objektiv.** fr. **Objectif.** ingl. **Objective.** ital. **Obiettivo.** port. **Objetivo.** adj. Perteneciente o relativo al objeto considerado en sí mismo. *Propiedades* OBJETIVAS. ‖ Desinteresado, desapasionado. *Crítica* OBJETIVA. antón.: **parcial, subjetivo.** ‖ *Fil.* Dícese de lo que existe realmente, fuera del sujeto que lo conoce. ‖ *Med.* Dícese del síntoma perceptible por los sentidos del médico. ‖ m. Lente o sistema de lentes, en los anteojos y otros aparatos de óptica que se coloca en la parte dirigida hacia los objetos. ‖ Objeto, fin o intento. *Hemos alcanzado nuestro* OBJETIVO.

OBJETO. al. **Objekt; Gegenstand; Ziel.** fr. **Objet; fin; but.** ingl. **Object; subject, matter; purpose.** ital. **Oggetto.** port. **Objeto.** (De lat. *obiectus.*) m. Todo lo que puede ser materia de conocimiento o sensibilidad de parte del sujeto. *Hay* OBJETOS *reales e ideales.* ‖ Lo que sirve de asunto al ejercicio de la mente. ‖ Cosa. *Rodearse de* OBJETOS *agradables.* ‖ Fin de los actos de las potencias. ‖ Fin o intento a que se dirige una acción. *¿Cuál es el* OBJETO *de su visita?*; sinón.: **propósito.** ‖ Materia y sujeto de una ciencia.

OBLACIÓN. (Del lat. *oblatio, -onis.*) f. Ofrenda que se hace a Dios.

OBLADA. (Del lat. *oblata*, oblata.) f. Ofrenda que se entrega en la iglesia y se da por los difuntos, que generalmente es un pan o rosca.

OBLATA. (Del lat. *oblata*, ofrecida.) f. Dinero que se da a la iglesia por razón del gasto de vino, hostias, etc. ‖ En la misa, la hostia puesta sobre la patena, y el vino en el cáliz, antes de ser consagrados. ‖ Religiosa de la congregación del Santísimo Redentor. Ú.t.c.adj.

OBLATIVO, VA. adj. Perteneciente o relativo a la oblación.

OBLATO. adj. y s. Dícese del individuo de la congregación fundada por San Carlos Borromeo, y también de otra institución de Francia.

OBLEA. al. **Oblate.** fr. **Pain à cacheter.** ingl. **Wafer.** ital. **Ostia.** port. **Obreia.** (De *oblada.*) f. Hoja muy delgada de masa de harina y agua, cuyos trozos servían para pegar sobres, etc. ‖ Cada uno de estos trozos. ‖ Trocito de goma arábiga preparada en láminas, para cerrar cartas. ‖ fig. y fam. Persona o animal extremadamente escuálidos.

OBLEERA. f. Vaso o caja para obleas.

OBLICUAMENTE. adv. m. Con oblicuidad. sinón.: **inclinadamente, sesgadamente.**

OBLICUÁNGULO. adj. *Geom.* Se dice de la figura o del poliedro en que no es recto ninguno de sus ángulos.

OBLICUAR. tr. Dar dirección oblicua. ‖ intr. *Mil.* Marchar con dirección diagonal, sin perder el frente de formación.

OBLICUIDAD. (Del lat. *obliquitas, -atis.*) f. Dirección al sesgo, con inclinación. ‖ *Geom.* Inclinación que aparta del ángulo recto la línea o el plano que se considera respecto de otra u otro. ‖ – **de la Eclíptica.** *Astron.* Ángulo que forma la Eclíptica con el Ecuador y que es de 23 grados y 27 minutos.

OBLICUO, CUA. al. **Schräg.** fr. **Oblique.** ingl. **Oblique; slanting.** ital. **Obliquo.** port. **Oblíquo.** (Del lat. *obliquus.*) adj. Sesgado, inclinado al través o desviado de la horizontal. *Rayos* OBLICUOS. ‖ *Geom.* Dícese del plano o línea que hace con otro u otra, ángulo que no es recto.

OBLIGACIÓN. al. **Verpflichtung; Pflicht.** fr. **Obligation; devoir.** ingl. **Obligation; duty.** ital. **Obbligazione.** port. **Obrigação.** (Del lat. *obligatio, -onis.*) f. Exigencia moral que debe regir la voluntad libre. sinón.: **deber.** ‖ Vínculo que sujeta a hacer o abstenerse de hacer una cosa. *Faltar a las* OBLIGACIONES *del cargo.* ‖ Correspondencia que uno debe tener al beneficio que ha recibido. ‖ Documento en que se reconoce una deuda o se promete su pago. ‖ Título al portador y con interés fijo, que representa una suma exigible a quien lo emitió. ‖ Casa donde el obligado vende el género que está de su cargo. ‖ Carga o incumbencia inherentes a la condición de una persona. ‖ pl. Familia que cada uno tiene que mantener. ‖ – **civil.** Aquella cuyo cumplimiento es exigible legalmente. ‖ – **mancomunada.** *Der.* Aquella cuyo cumplimiento es exigible a dos o más deudores, o por dos o más acreedores, cada uno en su parte correspondiente. ‖ – **natural.** *Der.* La que, siendo lícita en conciencia, no proviene de contrato legal. ‖ – **solidaria.** Aquella cuyo cumplimiento se puede exigir por entero a cualquiera de los deudores. ‖ **Constituirse** uno **en obligación** de una cosa. frs. Obligarse a ella. ‖ **Correr obligación** a uno. frs. Estar obligado. ‖ IDEAS AFINES: *Necesidad, coerción, coacción, dependencia, compromiso, sujeción, conciencia, imperioso, impuesto, fatal, cumplir, acatar.*

OBLIGACIONISTA. com. Portador o tenedor de una o varias obligaciones negociables.

OBLIGADO. m. El encargado de abastecer a una población de alimentos o artículos de otro género. ‖ *Mús.* Lo que canta o toca un músico, como principal, acompañándole las demás voces e instrumentos.

OBLIGADO, Pastor Servando. *Biog.* Escritor arg. que en *Tradiciones argentinas* documentó la vida de su época (1841-1924). ‖ – **Pedro Miguel.** Ensayista y poeta arg., autor de *Melancolía; La tristeza de Sancho*, etc. (1892-1967). ‖ – **Rafael.** Poeta arg. que cultivó lo gauchesco como lenguaje poético. Su obra maestra, *Santos Vega*, es una nueva visión del personaje legendario evocado por Ascasubi y Mitre y que él dotó de suave encanto simbólico y misterioso (1851-1920).

OBLIGADO, Combate de. *Hist.* El que tuvo lugar en aguas del río Paraná el 20 de noviembre de 1845 entre fuerzas arg. y la escuadra anglofrancesa, en la Vuelta de Obligado, al N. de la prov. argentina de Buenos Aires. Las fuerzas arg., muy inferiores en número y armas y dirigidas por Lucio Mansilla, no lograron impedir que las naves invasoras pasaran río arriba.

OBLIGAR. al. **Verpflichten; zwingen.** fr. **Obliger; contraindre.** ingl. **To obligate; to compel.** ital. **Obligare; costringere.** port. **Obrigar.** (Del lat. *obligare.*) tr. Impulsar a hacer o cumplir algo; compeler. *Nuestra conciencia nos* OBLIGABA *a ayudarlo*; sinón.: **compeler, exigir.** ‖ Ganar la voluntad de alguno con beneficios. ‖ Hacer fuerza en una cosa para lograr un efecto. ‖ *Bol.* y *Chile.* Invitar a beber licor en la misma copa de uno. Ú.t.c.r. ‖ *Der.* Sujetar los bienes al pago de deudas o al cumplimiento de otras prestaciones. ‖ r. Comprometerse a cumplir algo. ME OBLIGUÉ *a pagar en el año.* ‖ deriv.: **obligador, ra; obligante; obligativo, va.**

OBLIGATORIO, RIA. (Del lat. *obligatorius.*) adj. Dícese de lo que obliga a su cumplimiento o ejecución. *La fuerza* OBLIGATORIA *de una ley*; sinón.: **coactivo, imperativo.** ‖ deriv.: **obligatoriedad.**

OBLITAS, Arturo. *Biog.* Escritor bol., autor de poesías y novelas, entre las cuales figura *Marina* (1872-1922).

OBLITERACIÓN. (Del lat. *oblitteratio, -onis.*) f. *Med.* Acción y efecto de obliterar u obliterarse.

OBLITERAR. (Del lat. *oblitterare*, borrar, abolir.) tr. Obstruir un conducto o cavidad de un cuerpo organizado. Ú.t.c.r. OBLITERARSE *una arteria*; sinón.: **obturar.** ‖ Aplastar, destruir por presión. ‖ deriv.: **obliterador, ra; obliterante.**

OBLONGADA. adj. Dícese de la parte superior de la medula espinal.

OBLONGO, GA. al. **Länglich.** fr. **Oblong.** ingl. **Oblong.** ital. **Oblungo; bislungo.** port. **Oblongo.** (Del lat. *oblongus.*) adj. Más largo que ancho. ‖ Dícese de los libros que son más anchos que altos.

OBNUBILACIÓN. (Del lat. *obnubilatio*; de *ob*, por causa de, y *nubilatus*, anublado.) f. Ofuscamiento. ‖ *Pat.* Visión de los objetos como a través de una nube. ‖ Suspensión temporal de la inteligencia, la respiración y el movimiento, por detención del corazón.

OBNUBILAR. intr. y r. Obscurecer; ofuscar, turbar la vista.

OBOE. al. **Oboe.** fr. **Hautbois.** ingl. **Oboe.** ital. **Oboe.** port. **Oboé.** (Del fr. *hautbois*; de *haut*, alto, y *bois*, madera.) m. Instrumento musical de viento, de cinco a seis decímetros de largo, con seis orificios, una embocadura de doble lengüeta y desde dos hasta trece llaves. ‖ Persona que profesa el arte de tocar este instrumento. sinón.: **oboísta.**

● **OBOE.** *Mús.* Instrumento predilecto de las civilizaciones orientales más remotas, fue hallado un **oboe** en una tumba egipcia, que se supone data del año 3200 a. de C. En Grecia, su equivalente exacto fue el *aulós*, que no era una flauta, sino un oboe, a veces de doble tubo. Las cruzadas lo introdujeron en Europa. De difícil ejecución, posee un sonido agudo de timbre muy particular, apropiado para temas de índole pastoril o bucólica.

OBOÍSTA. s. **Oboe,** 2ª acep.

ÓBOLO. m. Peso usado por los antiguos griegos; era la sexta parte de la dracma, equivalente a cerca de seis decigramos. ‖ Moneda de plata que ellos usaban. ‖ fig. Cantidad pequeña con que se contribuye para determinado fin. *Depositar un* ÓBOLO *en el cepillo de la iglesia.* ‖ *Farm.* Medio escrúpulo, o sea doce granos.

OBRA. al. **Werk; Bau.** fr. **Ouvrage; oeuvre; chantier.** ingl. **Work; building.** ital. **Opera; fabbrica.** port. **Obra.** (Del lat. *ópera.*) f. Cosa hecha o producida por un agente. ‖ Cualquiera producción del entendimiento en ciencias, letras o artes. *La* OBRA *de un sabio.* ‖ Tratándose de libros, volumen o volúmenes que contienen un trabajo literario completo. *Compré las* OBRAS *de Shakespeare.* ‖ Edificio en construcción. *La* OBRA *no adelanta.* ‖ Compostura o innovación que se hace en un edificio. ‖ Medio o poder. *Lo logró por* OBRA *de sus favorecedores.* ‖ Trabajo que cuesta, o tiempo que requiere, la ejecución de una cosa. *Este vestido tiene mucha* OBRA. ‖ Labor que tiene que hacer un artesano. ‖ Acción moral. *Nuestras* OBRAS *nos acompañan siempre.* ‖ Derecho de fábrica. ‖ *Metal.* Parte estrecha y prismática de un horno alto situada encima del crisol. ‖ – **de caridad.** La que se hace en bien del prójimo. ‖ – **de fábrica.** Puente, alcantarilla o construcción semejante que se ejecutan en una vía de comunicación, acueducto, etc., diferentes de las explanaciones. ‖ – **de manos.** La que se ejecuta interviniendo principalmente el trabajo manual. ‖ – **de misericordia.** Cada uno de aquellos actos con que se socorre al prójimo. ‖ – **de romanos.** fig. Cualquier cosa que cuesta mucho trabajo y tiempo, o que es grande y acabada en su línea. ‖ – **exterior.** *Fort.* La que se hace de la contraescarpa afuera, para mayor defensa. ‖ – **muerta.** *Mar.* Parte del casco de un barco, que está por encima de la línea de flotación. ‖ fig. Acción buena en sí, pero que por estar en pecado mortal el que la ejecuta, no es meritoria de la vida eterna. ‖ – **pía.** Establecimiento para el culto de Dios o el ejercicio de la caridad. ‖ – **prima.** Obra de zapatería que se hace nueva. ‖ – **pública.** La que se destina a uso público; como camino, puerto, etc. ‖ – **viva.** fig. Acción buena que se ejecuta en estado de gracia. ‖ **Buena obra. Obra de caridad.** ‖ **Alzar de obras.** frs. Entre obreros y trabajadores, suspender el trabajo. ‖ **¡Es obra!** excl. con que se encarece la dificultad o trabajo de una cosa. ‖ **Hacer mala obra.** frs. Causar incomodidad o perjuicio. ‖ **Meter en obra** una cosa. frs. **Ponerla por obra.** ‖ **Obra de.** m. adv. que sirve para determinar una cantidad sobre poco más o menos. *En* OBRA *de una semana estará terminado el vestido.* ‖ **Obra empezada, medio acabada.** ref. que denota que la mayor dificultad en cualquier cosa suele estar en los principios. ‖ **Poner por obra** una cosa. frs. Dar principio a ella. ‖ **Sentarse la obra.** *Arg.* Enjugarse la humedad de la fábrica, adquiriendo firmeza. ‖ **¡Ya es obra!** excl. **¡Es obra!**

OBRADA. f. Labor que en un día hace un hombre cavando la tierra, o una yunta arándola.

OBRADOR, RA. adj. y s. Que obra. ‖ m. Taller, local en que se trabaja. OBRADOR *de carpintero.*

OBRADURA. f. Lo que de cada vez se exprime en el molino de aceite en cada prensa.

OBRAJE. m. Manufactura. ‖ Lugar donde se labran paños y otras cosas de uso común. ‖ *Amér.* Establecimiento de explotación forestal.

OBRAJERO. m. Capataz de obra.

OBRAR. al. **Tun; verrichten; wirken, handeln.** fr. **Faire; agir.** ingl. **To work; to execute.** ital. **Operare; agire.** port. **Obrar.** (Del lat. *operare.*) tr. Hacer una cosa, trabajar en ella. ‖ Ejecutar una cosa no material. OBRÓ *sin consultarme*; sinón.: **actuar.** ‖ Causar efecto una cosa. ‖ Edificar, hacer una obra. ‖ intr. Exonerar el vientre. ‖ Existir una cosa en sitio determinado. *Los títulos* OBRAN *en mi poder.* ‖ deriv.: **obrante.**

OBREGÓN. m. Cada uno de los miembros de la congregación de hospitalarios. Ú.m. en pl.

OBREGÓN, Álvaro. *Biog.* Mil. y político mex., una de las figuras descollantes del proceso revolucionario iniciado en 1910. De 1920 a 1924 ocupó la presidencia de la Rep. y promovió una importante reforma agraria en favor de los campesinos humildes. En 1927 asumió nuevamente el mando y fue asesinado poco después (1880-1928). ‖ – **Manuel María.** Militar venez. que, a principios del siglo XIX, luchó por la independencia de su patria. ‖ – **LIZANO, Miguel.** Pedagogo cost., especializado en geografía, que organizó las bibliotecas públicas en su país (1861-1935).

OBRENÓVICH. *Hist.* Dinastía que reinó en Servia de 1817 a 1842 y de 1858 a 1913.

OBREPCIÓN. (Del lat. *obreptio, -onis*, introducción furtiva.) f. *Der.* Falsa narración de un hecho, que se hace al superior para conseguir algo.

OBREPTICIO, CIA. adj. *Der.* Que se pretende o consigue mediante obrepción. ‖ deriv.: **obrepticiamente.**

OBRERÍA. f. Cargo de obrero. ‖ Renta para la fábrica de la iglesia. ‖ Cuidado de ella. ‖ Oficina para este despacho.

OBRERISMO. m. Régimen económico en que predomina el trabajo obrero como creador de riqueza. ‖ Conjunto de los obreros, considerado como entidad económica. ‖ deriv.: **obrerista.**

OBRERO, RA. al. **Arbeiter.** fr. **Ouvrier.** ingl. **Worker.** ital. **Operaio.** port. **Obreiro.** (Del lat. *operarius.*) adj. Que trabaja. Ú.t.c.s. *Abeja* OBRERA. ‖ s. Trabajador manual retribuido. *Conquistas* OBRERAS. ‖ m. El que cuida de las obras en las iglesias o comunidades. ‖ IDEAS AFINES: *Artesano, aprendiz, jornalero, contramaestre, manufactura, fábrica, taller, director, patrón, salario, rendimiento, producción, proletario, mutualidad, sindicato, huelga, desocupación.*

O'BRIEN, Juan. *Biog.* Militar arg. de origen irlandés. Acompañó a San Martín en la campaña libertadora de Chile y Perú (1796-1861).

OBRIZO. adj. Dícese del oro

muy puro y acendrado.
OBSCENIDAD. f. Calidad de obsceno. ‖ Cosa obscena.
OBSCENO, NA. al. **Unzüchtig; obszön.** fr. **Obscène.** ingl. **Obscene.** ital. **Osceno.** port. **Obsceno.** (Del lat. *obscenus.*) adj. Impúdico, lascivo, ofensivo al pudor. ‖ deriv.: **obscenamente.**
OBSCURACIÓN. f. Obscuridad.
OBSCURAMENTE. adv. m. Con obscuridad.
OBSCURANTISMO. m. Oposición sistemática a que se difunda la instrucción en el pueblo. ‖ deriv.: **obscurantista.**
OBSCURECER. al. **Verdunkeln.** fr. **Obscurcir; assombrir.** ingl. **To obscure; to darken.** ital. **Oscurare.** port. **Obscurecer.** tr. Privar de luz y claridad. *Los cortinajes* OBSCURECÍAN *el salón*; sinon.: **ensombrecer, entenebrecer;** antón.: **aclarar, iluminar.** ‖ fig. Disminuir el esplendor y estimación de las cosas. ‖ Ofuscar la razón confundiendo la realidad de las cosas. ‖ Dificultar la comprensión de los conceptos por vaguedad o impropiedad de la expresión. ‖ *Pint.* Dar mucha sombra a una parte de la composición para que resalten otras. ‖ intr. Ir anocheciendo. ‖ r. Nublarse. *El cielo* SE OBSCURECIÓ. ‖ fig. y fam. No aparecer algo por haber sido hurtado u ocultado. ‖ irreg. Conj. como **agradecer.** ‖ deriv.: **obscurecimiento.**
OBSCURIDAD. al. **Dunkelheit.** fr. **Obscurité.** ingl. **Obscurity; darkness.** ital. **Oscurità.** port. **Obscuridade.** (Del lat. *obscúritas, -atis.*) f. Calidad de obscuro. ‖ Densidad muy sombría, como la del bosque muy espeso. *La* OBSCURIDAD *de una mina*; sinón.: **lobreguez, negrura;** antón.: **claridad.** ‖ fig. Humildad, bajeza en la condición social. ‖ Falta de luz y conocimiento en las potencias del alma. sinón.: **confusión.** ‖ Falta de claridad en la expresión. ‖ Ignorancia acerca de hechos, circunstancias, etc. *Sigo en la* OBSCURIDAD *de lo sucedido.* ‖ IDEAS AFINES: *Noche, tinieblas, opacidad, penumbra, crepúsculo, bruma, eclipse, linterna, tantear, extraviarse, disipar.*
OBSCURO, RA. al. **Dunkel; finster.** fr. **Obscur; sombre; foncé.** ingl. **Obscure; dark.** ital. **Oscuro.** port. **Obscuro.** (Del lat. *obscurus.*) adj. Que carece de luz o claridad. *Habitación* OBSCURA; sinón.: **lóbrego, tenebroso;** antón.: **claro.** ‖ Dícese del color casi negro, y del que se contrapone a otro más claro de su clase. Ú.t.c.s. *Rojo* OBSCURO; *castaño* OBSCURO. ‖ fig. Humilde, bajo o poco conocido. *Linaje* OBSCURO. ‖ Confuso, poco inteligible. *Este párrafo es muy* OBSCURO. ‖ Incierto, peligroso. *Pronóstico* OBSCURO. ‖ m. *Pint.* Parte en que se representan las sombras. ‖ **A obscuras.** m. adv. Sin luz. *La ciudad quedó a* OBSCURAS. ‖ fig. Sin vista. ‖ Sin conocimiento de una cosa, sin comprender lo que se oye o se lee. ‖ **Estar,** o **hacer, obscuro.** frs. Faltar claridad en el cielo.
OBSECRACIÓN. (Del lat. *obsecratio*, deprecación.) f. Ruego, instancia.
OBSECUENCIA. f. Condición de obsecuente.
OBSECUENTE. (Del lat. *obséquens, -entis.*) adj. Obediente, sumiso, condescendiente. *Mostrarse* OBSECUENTE *con los superiores.*
OBSEQUIAR. tr. Agasajar con regalos o atenciones. OBSEQUIAR *a un visitante*; sinón.: **festejar, regalar.** ‖ Galantear, enamorar. ‖ deriv.: **obsequiable; obsequiador, ra; obsequiante.**
OBSEQUIO. al. **Geschenk.** fr. **Cadeau.** ingl. **Gift; present.** ital. **Ossequio.** port. **Obséquio.** (Del lat. *obséquium.*) m. Acción de obsequiar. ‖ Dádiva, regalo. *Agradecer un* OBSEQUIO. ‖ Deferencia, afabilidad.
OBSEQUIOSO, SA. adj. Rendido, dispuesto a hacer la voluntad de uno. *Súbdito* OBSEQUIOSO; sinón.: **complaciente.** ‖ deriv.: **obsequiosamente; obsequiosidad.**
OBSERVABLE. adj. Que se puede observar.
OBSERVACIÓN. al. **Beobachtung.** fr. **Observation.** ingl. **Observation; remark.** ital. **Osservazione.** port. **Observação.** f. Acción y efecto de observar. OBSERVACIÓN *meteorológica.* ‖ Nota aclaratoria en libros. ‖ Objeción, advertencia. *Tendré en cuenta las* OBSERVACIONES.
OBSERVADOR, RA. adj. y s. Que observa.
OBSERVANCIA. f. Cumplimiento riguroso de algún mandato o ley. ‖ Reverencia, acatamiento a los mayores y superiores.
OBSERVANTE. (Del lat. *observans, -antis.*) p. a. de **Observar.** Que observa o cumple lo mandado. ‖ Dícese de algunas órdenes religiosas, a diferencia de las reformadas. ‖ deriv.: **observantemente.**
OBSERVAR. al. **Beobachten; bemerken.** fr. **Observer; remarquer.** ingl. **To observe; to remark.** ital. **Osservare.** port. **Observar.** (Del lat. *observare.*) tr. Examinar atentamente. OBSERVAR *los movimientos de uno.* ‖ Cumplir exactamente lo que se manda. *El presidente juró* OBSERVAR *y hacer* OBSERVAR *la constitución*; sinón.: **acatar, obedecer.** ‖ Advertir, reparar. ‖ Atisbar. ‖ *Astron.* Contemplar atentamente los astros para obtener conocimientos acerca de ellos. ‖ Estudiar los fenómenos meteorológicos. ‖ deriv.: **observativo, va.**
OBSERVATORIO. al. **Warte; observatorium.** fr. **Observatoire.** ingl. **Observatory.** ital. **Osservatorio.** port. **Observatório.** m. Lugar para hacer observaciones. ‖ Edificio con instrumental apropiado para observaciones, principalmente astronómicas o meteorológicas.
OBSESIÓN. al. **Besessenheit.** fr. **Obsession.** ingl. **Obsession.** ital. **Ossessione.** port. **Obsessão.** (Del lat. *obsessio, -onis*, asedio.) f. Perturbación anímica producida por una idea fija. ‖ Idea que con persistencia tenaz asalta la mente.
● **OBSESIÓN.** *Med.* Caracteriza a la **obsesión** la aparición involuntaria y ansiosa en la conciencia, de sentimientos o ideas que tienden a imponerse al yo y que evolucionan lentamente en el espíritu, a pesar de los esfuerzos que el individuo haga para rechazarlos, y crean una disociación psíquica, con desdoblamiento de la personalidad. La idea obsesiva es irresistible e invade de tal modo el campo de la conciencia, que reduce a un mínimo toda la actividad intelectual voluntaria. Aun cuando el enfermo considere su **obsesión** como tonta e inútil, le resulta imposible librarse de ella. Además, la idea obsesiva va acompañada frecuentemente de sensación de angustia y de algunos síntomas físicos: molestias precordiales, cefaleas, palidez o enrojecimiento, sudores fríos, micciones frecuentes, etc. La terapéutica moderna ha incorporado al tratamiento de la **obsesión** el psicoanálisis, el electrochoque, el choque insulínico, etc.
OBSESIONAR. tr. Causar obsesión. ‖ deriv.: **obsesionante.**
OBSESIVO, VA. adj. Perteneciente o relativo a la obsesión.
OBSESO, SA. adj. Que padece obsesión.
OBSIDIANA. (Del lat. *obsidiánum vitrum.*) f. Mineral volcánico vítreo, negruzco o verde obscuro, compacto y de fractura concoidea.
OBSIDIONAL. (Del lat. *obsidionalis.*) adj. Perteneciente al sitio de una plaza.
OBSOLESCENCIA. (De *obsoleto.*) f. Reducción de la utilidad de una planta industrial o científica como consecuencia de la invención de nuevas máquinas o la aplicación de procesos más perfeccionados que convierten en anticuado el uso de la maquinaria utilizada en aquélla, aunque se halle en buen estado de conservación y rendimiento.
OBSOLESCENTE. adj. Que está volviéndose obsoleto.
OBSOLETO, TA. (Del lat. *obsoletus.*) adj. Anticuado o poco usado.
OBSTACULIZAR. tr. Obstruir, dificultar, poner obstáculo. ‖ deriv.: **obstaculizable; obstaculización; obstaculizador, ra.**
OBSTÁCULO. al. **Hindernis.** fr. **Obstacle.** ingl. **Obstacle.** ital. **Ostacolo.** port. **Obstáculo.** (Del lat. *obstáculum.*) m. Impedimento, inconveniente; embarazo. *No temía los* OBSTÁCULOS. ‖ IDEAS AFINES: *Barrera, valla, oposición, obstrucción, objeción, traba, lazo, ardid, dificultad, infranqueable, inevitable, detener, interrumpir, limitar, prohibir, inhibir, contrariar, perturbar, vetar.*
OBSTAR. (Del lat. *obstare*, estar enfrente.) intr. Impedir, estorbar, hacer contradicción. ‖ imp. Oponerse una cosa a otra.
OBSTETRICIA. al. **Geburtshilfe.** fr. **Obstétrique.** ingl. **Obstetrics.** ital. **Ostetricia.** port. **Obstetrícia.** (Del lat. *obstetricia.*) f. *Med.* Parte de la medicina que trata de la gestación, el parto y el puerperio y de sus accidentes patológicos.
OBSTÉTRICO, CA. adj. Relativo a la obstetricia. ‖ Que profesa la obstetricia. Ú.t.c.s.
OBSTINACIÓN. al. **Halsstarrigkeit; Eigensinn.** fr. **Obstination; entêtement.** ingl. **Obstinacy; stubbornness.** ital. **Ostinazione.** port. **Obstinação.** (Del lat. *obstinatio, -onis.*) f. Pertinacia, porfía, terquedad, tenacidad.
OBSTINADAMENTE. adv. m. Tercamente; con pertinacia y tenacidad.
OBSTINARSE. al. **Sich versteifen.** fr. **S'obstiner; s'entêter.** ingl. **To be obstinate; to last.** ital. **Ostinarsi.** port. **Obstinarse.** (Del lat. *obstinari.*) r. Mantenerse uno en su resolución y tema; porfiar con pertinacia. *Se* OBSTINÓ *en levantarse;* sinón.: **empecinarse.** ‖ Negarse el pecador a la persuasión cristiana.
OBSTRUCCIÓN. al. **Versperrung; Verstopfung.** fr. **Obstruction.** ingl. **Obstruction; stoppage.** ital. **Ostruzione.** port. **Obstrução.** (Del lat. *obstructio, -onis.*) f. Acción y efecto de obstruir u obstruirse. ‖ En cuerpos deliberantes, táctica para impedir o retardar acuerdos. ‖ *Pat.* Impedimento para el paso de las materias sólidas o fluidas en las vías del cuerpo, desaparición de la luz de un conducto.
OBSTRUCCIONAR. tr. Barbarismo por **obstruir.**
OBSTRUCCIONISMO. m. Ejercicio de la obstrucción en las asambleas deliberantes. ‖ deriv.: **obtruccionista.**
OBSTRUCTOR, RA. adj. Que obstruye. Ú.t.c.s.
OBSTRUIR. al. **Versperren; Verstopfen.** fr. **Obstruer.** ingl. **To obstruct; to block; to stop up.** ital. **Obstruire.** port. **Obstruir.** (Del lat. *obstrúere.*) tr. Estorbar el paso, cerrar un conducto, o camino. *Un árbol caído* OBSTRUÍA *el tránsito*; sinón.: **embarazar, entorpecer.** ‖ Impedir la acción. ‖ fig. Impedirse la operación de un agente. ‖ r. Taparse un agujero, conducto, etc. *Se* OBSTRUYERON *los desagües.* ‖ irreg. Conj. como **huir.** ‖ deriv.: **obstructivo, va; obstruible; obstruyente.**
OBTEMPERAR. (Del lat. *obtemperare.*) tr. Obedecer, asentir. ‖ deriv.: **obtemperante.**
OBTENCIÓN. f. Acción y efecto de obtener.
OBTENER. al. **Erlangen; erreichen; bekommen.** fr. **Obtenir.** ingl. **To got; to obtain.** ital. **Ottenere.** port. **Obter.** (Del lat. *obtinere.*) tr. Alcanzar, lograr una cosa. OBTENER *el triunfo*; sinón.: **conseguir;** antón.: **perder.** ‖ Tener, conservar. ‖ irreg. Conj. como **tener.** ‖ deriv.: **obtenedor, ra; obtenible.** ‖ IDEAS AFINES: *Procurar, adquirir, llegar, cosechar, adueñarse, asir, atrapar, conquistar, merecer, éxito, triunfo.*
OBTENTO. (Del lat. *obtentus*, poseído.) m. Renta eclesiástica que sirve de congrua.
OBTENTOR. adj. Dícese del que obtiene una cosa, y especialmente del que posee un beneficio eclesiástico.
OBTESTACIÓN. (Del lat. *obtestatio, -onis*, de *obtestare*, testificar.) f. *Ret.* Figura consistente en poner a alguien o algo como testigo de una cosa.
OBTURACIÓN. f. Acción y efecto de obturar.
OBTURADOR. m. Chapa u otro elemento empleado para cerrar una abertura. ‖ Dispositivo de los aparatos fotográficos, empleado para regular el tiempo de exposición de una placa sensible a la luz, al producirse la toma.
OBTURAR. al. **Verstopfen.** fr. **Obturer.** ingl. **To stop up; to plug.** ital. **Otturare.** port. **Obturar.** (Del lat. *obturare.*) tr. Cerrar una abertura o conducto, introduciendo o aplicando un cuerpo. Ú.t.c.r. OBTURAR *una cañería;* sinón.: **taponar;** antón.: **destapar.** ‖ deriv.: **obturable, obturatriz; obturante.**
OBTUSIÓN. f. Torpeza, confusión.
OBTUSÁNGULO. adj. *Geom.* Dícese del triángulo que tiene un ángulo obtuso.
OBTUSO, SA. al. **Stumpf.** fr. **Obtus.** ingl. **Obtuse; dull.** ital. **Ottuso.** port. **Obtuso.** (Del lat. *obtusus*, de *obtúndere*, embotar.) adj. Romo, sin punta. *Lápiz* OBTUSO; antón.: **agudo.** ‖ fig. Torpe, que comprende con dificultad. ‖ *Geom.* V. **Ángulo obtuso.**
OBUÉ. m. Oboe.
OBÚS. al. **Haubitze; Mörsergranate.** fr. **Obusier; obus.** ingl. **Howitzer; mortar.** ital. **Mortalo; obice.** port. **Obus.** (Del al. *haubitze*, de *haube*, casco.) m. *Mil.* Pieza de artillería para disparar granadas y cuya longitud es menor que la del cañón en relación a su calibre. ‖ deriv.: **obusería.**
OBUSERO, RA. adj. *Mil.* Dícese del cañón que puede lanzar proyectiles huecos. ‖ Dícese de la lancha que lleva un obús. Ú.t.c.s.
OBVENCIÓN. (Del lat. *obventio, -onis.*) f. Utilidad, fija o eventual, además del sueldo. Ú.m. en pl. ‖ deriv.: **obvencional.**
OBVIAR. (Del lat. *obviare*, quitar de la vía.) tr. Evitar o quitar obstáculos o inconvenientes. ‖ intr. p. us. Obstar, estorbar. ‖ deriv.: **obviable.**
OBVIO, VIA. (Del lat. *obvius.*) adj. Que se encuentra o pone delante de los ojos. ‖ fig. Muy claro, sin dificultad. *Las razones de mi proceder son* OBVIAS; sinón.: **manifiesto, notorio;** antón.: **obscuro.**
OBWALDEN. *Geog.* Cantón de la región central de Suiza. 492,9 km². 23.000 h. Cap. SARNEN.
OBYECTO, TA. (Del lat. *obiectus*, p. p. de *obiícere*, poner delante.) adj. ant. Interpuesto, puesto delante. ‖ m. Objeción o réplica.
OC. (Del provenzal *oc*, sí, y éste del lat. *hoc*, esto.) V. **Lengua de oc.**
OCA. al. **Gans.** fr. **Oie.** ingl. **Goose.** ital. **Oca.** port. **Oca.** (Del lat. *auca*, de *avis*, ave.) f. Ánsar. ‖ Juego hecho con dados y un cartón con 63 casillas numeradas que representan ocas, ríos, etc., y señalan accidentes.
OCA. f. Planta anual de América del Sur, de tallo herbáceo, erguido y ramoso, hojas compuestas, de tres hojuelas ovales, flores amarillas con estrías rojas y raíz de tubérculos feculentos. *Oxalis tuberosa*, oxalidácea. ‖ Raíz de esta planta.
OCAL. adj. Dícese de ciertas peras y manzanas muy gustosas, de otras frutas y de una especie de rosas. ‖ V. **Capullo ocal.** Ú.t.c.s.
OCALEAR. intr. Hacer los gusanos capullos ocales.
OCAMO. *Geog.* Río del S. de Venezuela (Amazonas), afl del río Amazonas. 300 km., de los cuales 150 km. son navegables.
OCAMPO, Francisco A. Ortiz de. *Biog.* V. **Ortiz de Ocampo, Francisco A.** ‖ – **Gabriel.** Jurista arg., redactor del Código Civil chil. (1798-1882). ‖ – **Gonzalo de.** Sacerdote esp. que residió en Venezuela. Autor de una obra histórica: *Del gobierno del Perú* (m. 1626). ‖ **María Luisa.** Escritora mex., autora de relatos, obras teatrales y poesías (n. 1907). ‖ – **Melchor.** Pol. mex. que subscribió el tratado que confería a EE. UU. el libre tránsito del istmo de Tehuantepec (m. 1861). ‖ – **Sebastián de.** Marino esp. que en 1509 circunnavegó la isla de Cuba. ‖ – **Silvina.** Escritora arg. nacida en 1905, autora de *Viaje olvidado; Autobiografía de Irene; Espacios métricos; La furia*, etc. ‖ – **Victoria.** Escritora arg. que fundó la revista *Sur* y publicó crónicas y ensayos, reunidos en los varios volúmenes de *Testimonios.* Hizo, también, una biografía sobre Lawrence de Arabia y relatos, de carácter muy personal, como *Domingos en Hyde Park; San Isidro.* etc. (1891-1979).
OCAMPO. *Geog.* Población del N.E. de México (Tamaulipas). 5.000 h. Ganadería.
OCANTOS, Carlos María. *Biog.* Dipl. y novelista arg. Obras: *Quilito; Misia Jeromita; La cola de paja*, etc. (1860-1949).
OCAÑA. *Geog.* Ciudad del N.E. de Colombia (Norte de Santander). 20.000 h. Importante centro agrícola, comercial e industrial.
OCAPÍ. m. **Okapí.**
OCARANZA, Fernando. *Biog.* Médico y catedrático mex., autor de *Lecciones de biología general; Establecimientos franciscanos en el misterioso reino*

de México; Fisiología general, etc. (n.1876).

OCARINA. (De la misma voz italiana.) f. Instrumento musical de forma ovoide, con ocho orificios que modifican el sonido según se tapen con los dedos. ‖ deriv.: **ocarinista.**

O'CASEY, Seen. *Biog.* Escritor irlandés, notable dramaturgo (1883-1964).

OCASIÓN. al. **Gelegenheit.** fr. **Occasion.** ingl. **Occasion; chance; opportunity.** ital. **Occasione.** port. **Ocasião.** (Del lat. *occasio, -onis.*) f. Oportunidad para ejecutar o conseguir una cosa. *Llegó la* OCASIÓN *de hablarle*; sinón.: **coyuntura, sazón.** ‖ Causa o motivo por que se hace o sucede una cosa. *No des* OCASIÓN *de que murmuren de ti.* ‖ Peligro, riesgo. ‖ – **próxima.** *Teol.* Aquella en que casi siempre se cae en la culpa. ‖ – **remota.** *Teol.* Aquella que de suyo no induce a pecado, por lo cual no hay obligación de evitarla. ‖ **A la ocasión la pintan calva.** ref. que recomienda aprovechar las buenas oportunidades. ‖ **Asir, o tomar, la ocasión por el copete, o por los cabellos.** frs. fig. y fam. Aprovechar con avidez una **ocasión** o coyuntura. ‖ **De ocasión.** m. adv. **De lance.** ‖ **La ocasión hace al ladrón.** ref. que significa que a veces se hacen cosas malas sólo por tener oportunidad de ejecutarlas. ‖ IDEAS AFINES: *Lugar, tiempo, momento, circunstancia, día, plazo, vez, caso, turno, trance, casualidad, pretexto.*

OCASIONADAMENTE. adv. m. Por ocasión.

OCASIONADO, DA. adj. Provocativo, molesto y mal acondicionado. ‖ Expuesto a contingencias y peligros.

OCASIONADOR, RA. adj. y s. Que ocasiona.

OCASIONAL. adj. Dícese de lo que ocasiona. ‖ Que sobreviene accidentalmente. *Daño* OCASIONAL. ‖ deriv.: **ocasionalmente.**

OCASIONALISMO. m. *Fil.* Sistema que afirma que los seres creados no son causas activas respecto de ningún efecto, sino causas ocasionales para que intervenga Dios, causa única de todo. ‖ deriv.: **ocasionalista.**

OCASIONAR. al. **Veranlassen.** fr. **Occasionner; causer.** ingl. **To cause; to occasion.** ital. **Occasionare.** port. **Ocasionar.** tr. Ser causa o motivo de que algo suceda. OCASIONAR *molestias, gastos*; sinón.: **causar, motivar.** ‖ Mover, excitar. ‖ Poner en peligro.

OCASO. al. **Untergang.** fr. **Crépuscule.** ingl. **Setting.** ital. **Occaso.** port. **Ocaso.** (Del lat. *occasus.*) m. Puesta del Sol, o de otro astro, al transponer el horizonte. ‖ Occidente, punto cardinal, sinón.: **oeste, poniente;** antón.: **este.** ‖ fig. Decadencia, acabamiento. *El* OCASO *de la vida, de un imperio.*

OCCAM, Guillermo de. *Biog.* Fil. franciscano ingl. autor de *Tratado de lógica; Cuestiones y soluciones sobre los cuatro libros de las sentencias*, etc. (aprox. 1300-1349).

OCCIDENTAL. adj. Perteneciente al Occidente. *Hemisferio* OCCIDENTAL; antón.: **oriental.** ‖ *Astron.* Dícese del planeta que se pone después del ocaso del Sol.

OCCIDENTE. al. **Westen; Abendland.** fr. **Occident.** ingl. **Occident; west.** ital. **Occidente.** port. **Ocidente.** (Del lat. *occidens, -entis*, p. a. de *occidere*, caer.) m. Punto cardinal del horizonte por donde se pone el Sol en los días equinocciales. antón.: **oriente.** ‖ Lugar de la Tierra o de la esfera celeste que, respecto de otro con el cual se compara, está hacia donde se pone el Sol. ‖ fig. Conjunto de naciones de la parte occidental de Europa.

OCCIDENTE, Imperio de. *Hist.* Uno de los dos en que se dividió el Imperio Romano después de la muerte de Teodosio. Existió de 395 a 476.

OCCIDUO, DUA. (Del lat. *occiduus.*) adj. Perteneciente o relativo al ocaso.

OCCIPITAL. (Del lat. *occiput, -itis*, nuca.) adj. Se dice del hueso del cráneo correspondiente al occipucio. Ú.t.c.s. ‖ Dícese del ángulo que tiene el vértice en el intervalo de los cóndilos **occipitales** y cuyos lados pasan respectivamente por el vértice de la cabeza y el borde inferior de la órbita.

OCCIPUCIO. al. **Hinterhaupt.** fr. **Occiput.** ingl. **Occiput.** ital. **Occipite.** port. **Occipício.** (Del lat. *occipitium.*) m. Parte de la cabeza por donde ésta se une con las vértebras del cuello.

OCCISIÓN. f. Muerte violenta.

OCCISO, SA. (Del lat. *occisus*, p. p. de *occidere*, morir.) adj. y s. Muerto violentamente.

OCCITANIA. *Geog. histór.* Nombre que durante la Edad Media se le dio a la región de la costa francesa sobre el Mediterráneo.

OCCITÁNICO, CA. adj. Perteneciente a Occitania.

OCCITANO, NA. adj. Natural de Occitania. Ú.t.c.s. ‖ Perteneciente a esta antigua región.

OCEANIA. *Geog.* Parte del globo terrestre que comprende la masa continental y territorios insulares sit. en el océano Pacífico, entre Asia y América, con excepción de las Kuriles, el archipiélago del Japón, Formosa y el archipiélago indo-malayo, que son considerados parte del continente asiático, y otras islas que pertenecen al continente americano. Unas son de origen volcánico, otras de origen coralino y otras han pertenecido, antiguamente, a continentes de los cuales se han desprendido. Las islas de **Oceanía** se dividen en cuatro grupos principales: **Australasia**, que está formada por Australia, Tasmania y Nueva Zelanda; **Melanesia**, que es el arco de islas formado por Nueva Guinea, Nueva Caledonia, archipiélago Bismarck y Salomón, etc; **Polinesia**, grupo de islas sit. al este de Australia, desde las islas Viti hasta Hawaii hacia el Norte y las islas Pascua y Sala y Gómez hacia el Este, y **Micronesia**, que es el arco septentrional de islas entre las cuales figuran las Gilbert, Marshall, Carolinas, Marianas, etcétera. Las tierras emergidas tienen 8.931.524 km². 25.000.000 de h. Su clima es, en general, cálido y húmedo, con lluvias abundantes. Se cultiva copra, azúcar, frutas, cacao, café, arroz, algodón; ganado en Nueva Caledonia, en la isla de Pascua y en Hawaii, donde existen campos con buenos pastos. La pesca se ha desarrollado intensamente. Maderas; oro, hierro, cobalto, cromo, manganeso, bauxita. Industria metalúrgica en Nueva Caledonia, y alimenticia en Hawaii. En **Oceanía** tienen posesiones Gran Bretaña, Francia, Indonesia y EE. UU., que han establecido importantes centros comerciales y bases navales. Las islas Pascua y Sala y Gómez son posesión chilena. Estados Unidos redujo sus posesiones, al declararse las islas Hawaii el quincuagésimo Estado de ese país.

OCEÁNICO, CA. adj. Perteneciente o relativo al océano. *La profundidad* OCEÁNICA *media es de unos 4.000 metros.* ‖ Perteneciente o relativo a Oceanía. Apl. a pers. ú.t.c.s.

OCEÁNIDAS. f. pl. *Mit.* Ninfas del mar, hijas del Océano.

OCÉANO. al. **Ozean.** fr. **Océan.** ingl. **Ocean.** ital. **Oceano.** port. **Oceano.** (Del lat. *oceănus.*) m. Mar que cubre la mayor parte de la superficie terrestre. ‖ Cada una de las grandes subdivisiones de este mar. *El* OCÉANO *Pacífico es el más extenso.* ‖ fig. Ú. para ponderar la extensión de ciertas cosas.

OCÉANO. *Mit.* El mayor de los titanes, hijo de Urano y de Gea.

OCEANOGRAFÍA. f. Ciencia que estudia los mares, la fauna y la flora marinas. ‖ deriv.: **oceanográfico, ca; oceanógrafo, fa.**

OCELADO, DA. adj. Que tiene ocelos. *Las plumas* OCELADAS *del pavo real.*

OCELO. (Del lat. *ocellus*, ojito.) m. Ojo simple de los insectos. ‖ Mancha redonda y bicolor en las alas de algunos insectos, en las plumas de algunas aves o en las pieles de mamíferos.

OCELOTE. (Del lat. *ocellus*, dim. de *óculus*, ojo.) m. Felino americano de hermoso pelaje manchado, de costumbres arborícolas y nocturnas. *Leopardus pardalis*, félido.

OCENA. (Del lat. *ozaena*, y éste del gr. *ózaina*, hedor.) f. Enfermedad de las fosas nasales caracterizada por costras verdosas y fétidas, trastornos de la secreción y atrofia de la mucosa.

OCIAR. (Del lat. *otiari.*) intr. Dejar el trabajo, darse al ocio. Ú.t.c.r.

OCIO. al. **Musse.** fr. **Loisir.** ingl. **Leisure; idleness.** ital. **Ozio.** port. **Ócio.** (Del lat. *ótium.*) m. Cesación del trabajo, inacción. *El* OCIO *no es buen consejero*; sinón.: **holgazanería.** ‖ Diversión u ocupación reposada. ‖ pl. Obras de ingenio, útiles para distraerse en ratos libres. ‖ IDEAS AFINES: *Descanso, respiro, tregua, recreación, relajación, vacación, licencia, asueto, domingo, vagabundo, inercia.*

OCIOSAMENTE. adv. m. Sin ocupación. ‖ Sin fruto ni utilidad. ‖ Sin necesidad.

OCIOSEAR. intr. *Arg., Bol., Chile* y *Ec.* Ociar.

OCIOSIDAD. (Del lat. *otiósitas, -atis.*) f. Vicio de no trabajar, perder el tiempo o gastarlo inútilmente; sinón.: **inercia, pereza;** antón.: **actividad, trabajo.** ‖ Efecto del ocio, como palabras ociosas, juegos, etc. ‖ **La ociosidad es madre de todos los vicios.** ref. que indica la conveniencia de no estar ocioso, para no contraer vicios.

OCIOSO, SA. al. **Müssig.** fr. **Oisif.** ingl. **Idle.** ital. **Ozioso.** port. **Ocioso.** adj. Dícese de la persona que no trabaja o que está sin hacer nada. Ú.t.c.s. sinón.: **indolente, perezoso;** antón.: **diligente, trabajador.** ‖ Que no tiene uso ni ejercicio en aquello a que está destinado. *Las máquinas permanecían* OCIOSAS. ‖ Exento de hacer algo que le obligue. Ú.t.c.s. ‖ Inútil, sin provecho. *Averiguación* OCIOSA.

OCLOCRACIA. (Del gr. *okhlokratía; de okhlos*, turba, multitud, y *krateo*, dominar.) f. Gobierno de la plebe. ‖ deriv.: **oclocrático, ca.**

OCLUIR. (Del lat. *occlúdere*, cerrar.) tr. y r. *Med.* Cerrar un conducto con algo que lo obstruya o un orificio de modo que no se pueda abrir naturalmente. sinón.: **obstruir, obturar.**

OCLUSIÓN. f. Acción y efecto de ocluir u ocluirse. sinón.: **obstrucción, obturación.** ‖ *Quím.* Propiedad de ciertos sólidos de absorber en su seno algunos gases.

OCLUSIVO, VA. adj. Perteneciente o relativo a la oclusión. ‖ Que la produce. ‖ Dícese del sonido o consonante que se articula impidiendo momentáneamente la salida del aire y espirándolo a continuación en forma explosiva o implosiva, y de las letras que los representan; como la *p, t, k*, castellanas. Ú.t.c.s.f.

OCOA. *Geog.* Río del S.O. de la Rep. Dominicana, que, después de recorrer 60 km., des. en la bahía hom. ‖ **Bahía de –.** Escotadura que presenta la costa S. de la Rep. Dominicana, sobre el mar de las Antillas.

O'CONNELL, . Daniel. *Biog.* Hist., político y orador irlandés, llamado **el Libertador.** Fue uno de los más decididos jefes del movimiento emancipador frente a Inglaterra, y publicó *Memorias históricas de Irlanda* y otras obras (1775-1847).

O'CONNOR, Andrés. *Biog.* Escultor nort., autor del monumento a *Lincoln* emplazado en Washington, y de varias obras religiosas (1874-1941). ‖ **– Francisco.** Militar irlandés que fue jefe del Estado Mayor en el Ejército Libertador de Bolívar (1785-1866).

OCÓN Y TRILLO, Juan de. *Biog.* Marino y político esp., en 1598 gobernador y capitán general de Costa Rica (s. XVI).

OCOÑA. *Geog.* Río del S.O. del Perú; nace en los Andes peruanos y des. en el Pacífico, regando los valles que atraviesa.

OCOSIAL. m. *Perú.* Terreno deprimido, húmedo y con alguna vegetación.

OCOSÍAS. *Hist. Sagr.* Rey de Israel de 888 a 886 a. de C.

OCOTAL. m. *Méx.* Sitio poblado de ocotes.

OCOTAL. *Geog.* Población del N. de Nicaragua, capital del dep. de Nueva Segovia. 2.807 h. Centro agrícola. Minería.

OCOTE. m. *Arg.* Tripa gorda de la res. ‖ *Méx.* Pino muy resinoso, cuya madera se usa para encender hornos y hacer luminarias.

OCOTEPEQUE. *Geog.* Departamento del N.O. de Honduras. 2.225 km² y 50.240 h. Cereales, café, caña de azúcar. Carbón. Cap. hom. 2.901 h.

OCOTLÁN. *Geog.* Ciudad del O. de México (Jalisco), situada al S.E. de Guadalajara. 25.000 h. Importante centro agrícola e industrial. ‖ Población del S.O. de México (Oaxaca). 6.000 h. Yacimientos de oro y plata.

OCOZOAL. m. *Méx.* Serpiente de cascabel, de lomo pardo con manchas negruzcas y vientre anaranjado.

OCOZOCOAUTLA. *Geog.* Población del S. de México (Chiapas). 11.000 h. Actividades ganaderas.

OCOZOL. m. Árbol de América del Norte, de 15 m. de alto, tronco grueso, copa grande, hojas en cinco lóbulos, flores verdosas y fruto capsular, cuyo tronco y ramas exudan el liquidámbar. *Liquidambar styraciflua.*

OCOZOTE. m. Ocozol, árbol.

OCRE. al. **Ocker.** fr. **Ocre.** ingl. **Ochre.** ital. **Ocre.** port. **OCRE.** (Del lat. *ochra*, y éste del gr. *okhrós*, amarillo.) m. Mineral terroso, amarillo, constituido por óxido de hierro hidratado, mezclado con arcilla, usado en pintura. ‖ Cualquier mineral terroso amarillento. ‖ – **calcinado,** o **quemado.** Aquel que, por la acción del fuego, se convierte en almagre artificial. ‖ – **rojo.** Almagre. ‖ deriv.: **ocráceo, a; ocreáceo, a.**

OCTACORDIO. (Del lat. *octachordos.*) m. Instrumento músico griego antiguo que tenía ocho cuerdas. ‖ Sistema musical compuesto de ocho sonidos.

OCTAÉDRICO, CA. adj. De figura de octaedro.

OCTAEDRO. m. *Geom.* Sólido de ocho caras triangulares.

OCTAGONAL. adj. Perteneciente al octágono.

OCTÁGONO, NA. adj. *Geom.* Dícese del polígono de ocho lados. Ú.t.c.s.m.

OCTANO. m. *Quím.* Hidrocarburo de la serie de las parafinas.

OCTANTE. (Del lat. *óctans, -antis.*) m. Instrumento astronómico semejante al sextante, cuyo sector comprende la octava parte del círculo.

OCTAVA. (Del lat. *octava.*) f. Espacio de ocho días, durante los cuales celebra la Iglesia una fiesta solemne. ‖ Último de los ocho días. ‖ Librito en que se contiene el rezo de una **octava.** ‖ *Mús.* Sonido que forma la consonancia más sencilla y perfecta con otro ubicado, a ocho grados de distancia, hacia el registro grave o agudo, de la escala diatónica. En la **octava superior** un sonido duplica el número de sus vibraciones y, en la **octava inferior,** las reduce a la mitad. ‖ Serie diatónica en que se incluyen los siete sonidos constitutivos de una escala y la repetición del primero de ellos. ‖ Estrofa de ocho versos, y más propiamente si éstos son de arte mayor, sobre todo endecasílabos, con varia disposición de la rima. ‖ – **de arte mayor.** V. **Copla de arte mayor.** ‖ – **italiana.** Estrofa de ocho versos, comúmnente endecasílabos u octosílabos, cuya característica esencial es que riman el cuarto verso con el octavo, con rima aguda. Los restantes suelen concertar así: segundo con tercero, sexto con séptimo, y primero con quinto, aunque es más frecuente que queden libres. ‖ – **real.** Estrofa de ocho versos endecasílabos, de los cuales riman entre sí el primero, tercero y quinto; el segundo, cuarto y sexto, y el séptimo y octavo.

OCTAVAR. intr. Deducir la octava parte de las especies sujetas al servicio de millones. ‖ *Mús.* Formar octavas como intervalos melódicos o armónicos, en los instrumentos de cuerda.

OCTAVARIO. m. Fiesta que se hace en los ocho días de una octava.

OCTAVIA. *Biog.* Dama romana, hermana del emp. Augusto y esposa de Marco Antonio (70-11 a. de C.). ‖ Emperatriz romana. Su esposo Nerón la hizo asesinar para casarse con Popea (42-62).

OCTAVIANO. *Biog.* Antipapa elegido por los imperiales con el nombre de Víctor IV, frente a Alejandro III (1095-1164).

OCTAVIANO, João. *Biog.* Pianista y compositor bras., autor de *Poema de vida; Batuquefantasía*, y otras obras (n. 1896).

OCTAVIANO, NA. adj. Perteneciente o relativo a Octavio.

OCTAVILLA. f. Octava parte

de un pliego de papel. ‖ Volante de propaganda política o social. ‖ *Poét.* Estrofa de ocho versos de arte menor, generalmente octosílabos, y rimados de diversas maneras.
OCTAVÍN. m. Flautín.
OCTAVIO. *Hist.* Nombre de Augusto, antes de su adopción por César.
OCTAVO, VA. (Del lat. *octavus.*) adj. Que sigue inmediatamente en orden al o a lo séptimo. ‖ Dícese de cada una de las ocho partes iguales en que se divide un todo. Ú.t.c.s. ‖ **Octavo de final.** Cada una de las ocho competiciones cuyos ganadores pasan a los cuartos de final de un torneo o concurso que se gana por eliminación del contrario y no por puntos. Ú.m. en pl. ‖ **En octavo.** loc. Dícese del libro, folleto, etc., cuyo tamaño iguala a la octava parte de un pliego de papel sellado.
OCTINGENTÉSIMO, MA. adj. Que sigue inmediatamente en orden al o a lo septingentésimo nonagésimo nono. ‖ Dícese de cada una de las ochocientas partes iguales en que se divide un todo. Ú.t.c.s.
OCTO. Voz que sólo tiene uso como prefijo de vocablos compuestos, con la significación de ocho. OCTO*silábico;* OCTÓ*stilo.*
OCTODÓNTIDOS. m. pl. Zool. Familia de roedores americanos, cuyos dientes presentan repliegues en forma de ocho.
OCTOGENARIO, RIA. (Del lat. *octogenarius.*) adj. y s. Que ha cumplido la edad de ochenta años y no ha llegado aún a los noventa.
OCTOGÉSIMO, MA. (Del lat. *octogésimus.*) adj. Que sigue inmediatamente en orden al o a lo septuagésimo nono. ‖ Dícese de cada una de las ochenta partes iguales en que se divide un todo. Ú.t.c.s.
OCTOGONAL. adj. Perteneciente o relativo al octógono.
OCTÓGONO, NA. adj. *Geom.* Octágono. Ú.t.c.s.m.
OCTONARIO. m. Verso de dieciséis sílabas.
OCTÓPODO, DA. adj. Que tiene ocho pies; dícese especialmente de los arácnidos.
OCTOSILÁBICO, CA. adj. De ocho sílabas.
OCTOSÍLABO, BA. m. (Del lat. *octosyllabus.*) adj. Octosílabo. ‖ m. Verso que tiene ocho sílabas.
OCTÓSTILO, LA. adj. Que tiene ocho columnas. *Pórtico* OCTÓSTILO.
OCTUBRE. al. **Oktober.** fr. **Octobre.** ingl. **October.** ital. **Ottobre.** Port. **Outubro.** (Del lat. *octóber, -bris.*) m. Octavo mes del año, según los antiguos romanos, y décimo del calendario gregoriano; tiene treinta y un días.
ÓCTUPLE. adj. Que contiene ocho veces una cantidad.
ÓCTUPLO, PLA. adj. Óctuple. Ú.t.c.s.m.
OCUJE. m. *Cuba.* Calambuco.
OCULAR. (Del lat. *ocularis,* de *óculus,* ojo.) adj. Perteneciente a los ojos, o que se hace por medio de ellos. *Músculo motor* OCULAR. ‖ m. Lente o sistema de lentes que, en instrumentos ópticos, se encuentra más próximo al ojo del observador, y por donde se observa la imagen dada por el objetivo ‖ – **del alza.** *Mil.* Pieza metálica, en el extremo superior del alza, con un taladro, en su parte media, por el cual se dirigen las visuales.
OCULARMENTE. adv. m. Con inspección material de la vista.
OCULISTA. al. **Augenarzt.** fr. **Oculiste.** ingl. **Oculist.** ital. **Oculista.** port. **Oculista.** com. Médico que se dedica especialmente a las enfermedades de los ojos.
OCULÍSTICO, CA. adj. Perteneciente o relativo a la medicina de los ojos. ‖ f. Oftalmología.
OCULTACIÓN. f. Acción y efecto de ocultar u ocultarse.
OCULTADOR, RA. adj. y s. Que oculta.
OCULTAMENTE. adv. m. Con secreto, y sin que se entienda ni perciba. ‖ Escondidamente, sin ser visto ni oído.
OCULTAR. al. **Verbergen; verdecken.** fr. **Cacher.** ingl. **To hide; to conceal.** ital. **Occultare.** port. **Ocultar.** (Del lat. *occultare.*) tr. Esconder, encubrir, disfrazar. Ú.t.c.r. ‖ Reservar, encubrir el Santísimo Sacramento, que estaba manifiesto. ‖ Callar a sabiendas lo que debiera manifestarse, o disfrazar la verdad. OCULTÓ *el delito.* ‖ deriv.: **ocultable.**
OCULTIS (De). m. adv. fam. Disimuladamente, en secreto.
OCULTISMO. al. **Okkultismus.** fr. **Occultisme.** ingl. **Occultism.** ital. **Occultismo.** port. **Ocultismo.** m. Conjunto de doctrinas y prácticas misteriosas, espiritistas y aun mágicas, que pretenden develar y someter al dominio del hombre los más inexplicados y recónditos fenómenos de la vida material y psíquica.
OCULTISTA. adj. Perteneciente o relativo al ocultismo. ‖ com. Persona que lo practica.
OCULTO, TA. (Del lat. *occultus.*) adj. Escondido, ignorado, que no se da a conocer. *Significado* OCULTO; sinón.: **recóndito, secreto;** antón.: **visible.** ‖ **De oculto.** m. adv. De incógnito. ‖ Ocultamente. ‖ **En oculto.** m. adv. En secreto, sin publicidad. ‖ IDEAS AFINES: *Encubierto, hondo, obscuro, misterioso, reservado, subrepticio, arcano, subterráneo, invisible, desconocido, enmascarado, confidencial, prohibido, clandestino, anónimo, velo, clave, profundidad, descubrir.*
OCUMARE DEL TUY. *Geog.* Población del N. de Venezuela (Miranda). 14.000 h. Importante centro agrícola.
OCUMO. m. *Ven.* Planta arácea, de tallo corto, hojas triangulares, flores amarillas y rizoma casi esférico.
OCUPACIÓN. al. **Besetzung; Arbeit.** fr. **Occupation; emploi.** ingl. **Occupation; business; job.** ital. **Occupazione.** port. **Ocupação.** f. Acción y efecto de ocupar. *La* OCUPACIÓN *de una casa.* ‖ Trabajo o cuidado que impide emplear el tiempo en otra cosa. *Las* OCUPACIONES DOMÉSTICAS. sinón.: **labor, quehacer.** ‖ Empleo, dignidad, etc. ‖ *Der.* Modo originario de adquirir la propiedad de cosas carentes de dueño. ‖ *Ret.* Anticipación. ‖ – **militar.** Permanencia en un territorio de tropas de otro Estado. ‖ IDEAS AFINES: *Puesto, función, oficio, negocio, obligación, deber, tarea, obra, empresa, actividad, laboriosidad.*
OCUPADA. adj. Dícese de la mujer preñada.
OCUPADOR, RA. adj. Que ocupa o toma una cosa. Ú.t.c.s.
OCUPANTE. p. a. de **Ocupar.** Que ocupa. Ú.t.c.s.
OCUPAR. al. **Besetzen; beschäftigen.** fr. **Occuper.** ingl. **To occupy.** ital. **Occupare.** port. **Ocupar.** (Del lat. *occupare.*) tr. Tomar posesión, apoderarse de una cosa. *El enemigo* OCUPÓ *la ciudad;* sinón.: **adueñarse, enseñorearse.** ‖ Obtener, gozar un empleo, dignidad, etc. OCUPA *un cargo importante.* ‖ Llenar un espacio o lugar. ‖ Habitar una casa. ‖ Dar en qué trabajar. *Lo* OCUPÉ *en mi escritorio.* ‖ Estorbar a uno. ‖ fig. Llamar la atención de uno; darle en qué pensar. ‖ r. Emplearse en un trabajo o ejercicio. OCUPARSE *en trabajar; de los demás.* ‖ Poner la consideración en un asunto o negocio. ‖ **Ocuparse de** alguna cosa, es solecismo; dígase **ocuparse en.**
OCURRENCIA. (De *ocurrir.*) f. Encuentro, suceso casual, ocasión. *Una* OCURRENCIA *feliz.* ‖ Especie inesperada, dicho agudo u original.
OCURRENTE. p. a. de **Ocurrir.** Que ocurre. ‖ adj. Dícese del que tiene ocurrencias o dichos agudos.
OCURRIDO, DA. adj. *Ec.* y *Perú.* Chistoso.
OCURRIR. al. **Vorkommen; geschehen.** fr. **Arriver.** ingl. **To occur; to happen.** ital. **Occorrere.** port. **Ocorrer.** (Del lat. *occúrrere.*) intr. Prevenir, salir al encuentro. ‖ Acaecer, suceder algo. OCURRIÓ *que me encontrase allí presente.* ‖ Acudir a un juez o autoridad con una demanda o petición. ‖ En el rezo eclesiástico, reunirse el mismo día dos fiestas. ‖ Presentarse de pronto a la mente una especie. Ú.t.c.r. *¿Por qué se te* OCURRE *esa idea absurda?;* sinón.: **asaltar.** ‖ tr. Acudir, concurrir.
OCHAR. intr. *Arg.* Ladrar. ‖ tr. *Arg.* y *Chile.* Provocar, azuzar. ‖ *Chile.* Asechar.
OCHAVA. (Del lat. *octava.*) f. Octava parte de un todo. ‖ Octava religiosa. ‖ Octava parte del marco de la plata, equivalente a 359 centigramos. ‖ *Arg.* y *Bol.* Chaflán de un edificio o de una esquina y espacio mayor de la acera de una esquina que no forma ángulo.
OCHAVADO, DA. adj. Dícese de toda figura con ocho ángulos iguales, cuyo contorno tiene ocho lados, cuatro alternados iguales y los otros cuatro también iguales entre sí.
OCHAVAR. tr. Dar figura ochavada. ‖ *Arg., Col., Chile* y *Guat.* Recortar un ángulo o esquina.
OCHAVO. (Del lat. *octavus.*) m. Antigua moneda española de cobre, que valía dos maravedís. ‖ Edificio o lugar de figura ochavada.
OCHAVÓN, NA. adj. *Cuba.* Dícese del nacido de blanco y cuarterona, o de cuarterón y blanca.
OCHENTA. (Del lat. *octoginta.*) adj. Ocho veces diez. ‖ Octogésimo ‖ m. Conjunto de signos con que se representa el número **ochenta.**
OCHENTAVO, VA. adj. y s. *Mat.* Octogésimo.
OCHENTEÑO, NA. adj. Octogésimo.
OCHENTÓN, NA. adj. y s. fam. Octogenario.
OCHO. al. **Acht.** fr. **Huit.** ingl. **Eight.** ital. **Otto.** port. **Oito.** (Del lat. *octo.*) adj. Siete y uno. ‖ Octavo. *El año* OCHO; *el* OCHO *de mayo.* ‖ m. Signo o cifra con que se representa el número **ocho.** ‖ Naipe que tiene **ocho** señales. *El* OCHO *de copas.*
OCHOA, Anastasio María. *Biog.* Humanista mex., autor de obras en prosa y verso (1783-1833). ‖ – **Severo.** Médico y bioquímico esp. residente en los Estados Unidos. Juntamente con Arthur Kornberg, obtuvo en 1959 el premio Nobel de Fisiología y Medicina por sus estudios sobre las substancias que intervienen en la producción de la proteínas y el descubrimiento de la síntesis biológica del ácido nucleínico (n. 1905).
OCHOCIENTOS, TAS. adj. Ocho veces ciento. ‖ Octingentésimo. ‖ m. Conjunto de signos con que se representa el número **ochocientos.**
OCHOTERENA, Isaac. *Biog.* Botánico y naturalista mex. autor de *Las cactáceas de México* (1885-1950).
ODA. al. **Ode; Preisliede.** fr. **Ode.** ingl. **Ode.** itál. **Ode.** port. **Ode.** (Del lat. *oda,* y éste del gr. *odé,* canto.) f. Composición poética del género lírico, comúnmente de grande elevación y arrebato, que admite asuntos muy diversos y se divide por lo general en estrofas.
ODALISCA. al. **Odaliske.** fr. **Odalisque.** ingl. **Odalisk.** ital. **Odalisca.** port. **Odalisca.** (Del turco *ódalic,* concubina.) f. Esclava dedicada al servicio del harén del Gran Turco. ‖ Concubina turca. ‖ Bailarina en los bailes escénicos. ‖ fig. Concubina.
ODAS. *Lit.* Nombre del conjunto de pequeñas canciones y odas atribuidas a Anacreonte, aunque se cree que la mayoría no son suyas.
ODAS SECULARES. *Lit.* Obra poética de Leopoldo Lugones. Publicada en 1910, en coincidencia con el centenario de la Revolución de Mayo, canta a los próceres, a las glorias de la nacionalidad, a las riquezas espirituales y materiales de la patria. Libro de plenitud, de acento profundamente nacional y americano, su poesía trasunta nobleza y belleza, y en su interpretación de la naturaleza recuerda a Virgilio. Su página más celebrada es la famosa *Oda a los ganados y las mieses.*
ODENSE. *Geog.* Ciudad principal de la isla de Fionia (Dinamarca). 170.000 h. Importante centro cultural y comercial. En ella nació Juan Cristián Andersen.
ODEÓN. m. *Arqueol.* Lugar o teatro destinado en Grecia para los espectáculos musicales. Por analogía se llaman así algunos teatros modernos de canto y conciertos.
ODER. *Geog.* Río de Polonia y Alemania; nace en los montes Sudetes, y desemboca en el Báltico después de recorrer 860 km.
ODERICO DE PORDEDONE. *Biog.* Misionero ital. que recorrió Ceilán, China y otras tierras convirtiendo gran número de infieles (1286-1331).
ODESA. *Geog.* Ciudad y puerto de la U.R.S.S., en Ucrania, situada sobre el mar Negro. 910.000 h. Importante centro comercial e industrial. Universidad.
ODETS, Clifford. *Biog.* Dramaturgo estadounidense, autor de: *¡Despierta y canta!; Esperando a Leftie; Hasta que me muera; Muchacho de oro,* y otras obras de original concepción (1906-1963).
ODIAR. al. **Hassen.** fr. **Haïr.** ingl. **To hate.** ital. **Odiare** port. **Odiar.** tr. Tener odio. ODIEMOS *la hipocresía;* sinón.: **aborrecer, detestar;** antón.: **amar, simpatizar.** ‖ rec. Profesarse odio recíprocamente. ‖ deriv.: **odiable; odiador, ra.**
ODÍN. *Mit.* Entre los escandinavos, dios de la elocuencia y de la sabiduría, inventor de la guerra, la escritura y la magia. Protegía y guiaba a los guerreros y los conducía a una muerte heroica.
ODIO. al. **Hass.** fr. **Haine.** ingl. **Hate.** ital. **Odio.** port. **Ódio.** (Del lat. *ódium.*) m. Antipatía y aversión hacia alguna cosa o persona cuyo mal se desea. sinón.: **aborrecimiento.** ‖ *Chile.* Molestia, fastidio. ‖ Persona que causa molestia. ‖ IDEAS AFINES: *Repulsión, horror, abominación, animosidad, execración, hostilidad, rivalidad, antagonismo, envidia, acrimonia, amargura, hiel, celos, malevolencia, rencor, cólera, desprecio, querella, disensión, irreconciliable, mortal, virulento, detestar, encarnizarse, perseguir, exasperar, indisponer, envenenar.*
ODIOSAMENTE. adv. m. Con odio. ‖ De modo que merece odio.
ODIOSEAR. tr. *Chile* y *Perú.* Fastidiar, cansar.
ODIOSIDAD. f. Calidad de odioso. ‖ Aversión procedente de causa determinada. ‖ *Arg., Chile, Dom.* y *Perú.* Fastidio, cansera.
ODIOSO, SA. al. **Verhasst; gehässig.** fr. **Odieux; haïssable.** ingl. **Odious; hateful.** ital. **Odioso.** port. **Odioso.** adj. Digno de odio. *El egoísmo es* ODIOSO; sinón.: **abominable, execrable.** ‖ Dícese de lo que contraría los designios que las leyes favorecen. ‖ *Arg., Chile* y *Perú.* Fastidioso, molesto. *Qué tiempo* ODIOSO!
ODISEA. (De *Odisea,* título de un poema homérico.) f. fig. Viaje largo y en el cual abundan las peripecias, especialmente adversas.
ODISEA, La. *Lit.* Célebre poema de Homero, una de las máximas expresiones del genio humano, probablemente escrita hacia el s. VIII a. de C. Epopeya heroica, narra el regreso de Odiseo (Ulises) a su hogar, después de padecimientos y aventuras; mata allí a los pretendientes que acosan a su esposa. Es la exaltación del espíritu de una generación muy antigua, cuyos ideales el poeta captó con portentosa perfección, y al mismo tiempo se señala la desaparición de la llamada Edad Heroica de la civilización griega, que abarca los siglos XIII y XII a. de C., y el nacimiento de una nueva época más íntima, de menos grandiosidad épica. Con *La Ilíada* tiene de común un mismo sentimiento de humanidad, igual conocimiento de la vida pastoril, del paisaje y de las virtudes guerreras. Ambas obras marcan el comienzo de la literatura griega.
ODOACRO. *Biog.* Jefe de los hérulos que reinó en Italia de 476 a 493. En el 476 derrotó al emperador Rómulo Augústulo, lo que causó el derrumbamiento del imperio romano de Occidente.
ODÓGRAFO. m. Instrumento que registra la posición de un objeto móvil a intervalos determinados de tiempo.
ODÓMETRO. m. Podómetro. ‖ Taxímetro.
ODONATOS. m. pl. *Zool.* Orden de insectos masticadores, de antenas cortas, alas membranosas y grandes, larvas acuáticas, y hábitos carniceros; como las libélulas y los caballitos del diablo.
O'DONNELL, Leopoldo. *Biog.* Militar esp., de 1843 a 1848 gobernador de Cuba. Actuó en la guerra carlista y en la de África (1809-1867).
O'DONOJÚ, Juan. *Biog.* Mil. español, último virrey de México (1762-1821).
ODONTALGIA. f. *Med.* Dolor de dientes o de muelas.
ODONTÁLGICO, CA. adj. Relativo a la odontalgia. ‖ m.

Agente o medicamento propio para combatirla.

ODONTOCETOS. m. pl. *Zool.* Suborden de cetáceos provistos de dientes, y cuyos orificios nasales están fundidos en uno solo; como el cachalote y el delfín.

ODONTOLOGÍA. al. **Zahnheilcunde.** fr. **Odontologie.** ingl. **Odontology.** ital. **Odontologia.** port. **Odontologia.** (Del gr. *odús, odontos*, diente, y *logos*, tratado.) f. Estudio científico de los dientes, de sus enfermedades y del tratamiento de éstas. ‖ deriv.: **odontológico, ca.**

ODONTÓLOGO, GA. al. **Zahnarzt; Odontolog.** fr. **Dentiste.** ingl. **Odontologist.** ital. **Odontologo.** port. **Odontologista.** s. Persona perita en odontología. ‖ Dentista.

ODONTOTECNIA. f. Práctica y arte dentales. ‖ deriv.: **odontotécnico, ca.**

ODORANTE. (Del lat. *odórans, -antis.*) adj. Oloroso, fragante. *El jazmín* ODORANTE.

ODORÍFERO, RA. (Del lat. *odórifer, -eri;* de *ódor*, olor, y *ferre*, llevar.) adj. Que huele bien, que tiene fragancia.

ODORÍFICO, CA. adj. Odorífero.

ODRE. al. **Schlauch.** fr. **Outre.** ingl. **Wine skin.** ital. **Otre.** port. **Odre.** (Del lat. *úter, utris.*) m. Cuero, generalmente de cabra, que cosido y empegado sirve para contener líquidos, comúnmente vino o aceite. ‖ fig. y fam. Persona muy bebedora.

ODRERÍA. f. Taller donde se hacen odres. ‖ Tienda donde se venden.

ODRERO. m. El que hace o vende odres.

ODREZUELO. m. dim. de **Odre.**

ODRÍA, Manuel. *Biog.* Mil. peruano, de 1948 a 1950 jefe del gobierno revolucionario y desde 1950 hasta 1956 presidente de la Rep. (1897-1974).

ODRINA. f. Odre hecho con el cuero de un buey.

ODRISIO, SIA. adj. Dícese del individuo de un antiguo pueblo de Tracia. Ú.t.c.s. ‖ Perteneciente a este pueblo. ‖ Tracio. Ú.t.c.s.

O'DWYER, José. *Biog.* Méd. estadounidense que inventó el tratamiento de la intubación para la cura de la difteria (1841-1898).

O. E. A. *Hist.* Sigla de la Organización de los Estados Americanos, entidad fundada en 1948 con propósitos de cooperación y entendimiento entre los países americanos. Dependen de su cuerpo ejecutivo permanente la Unión Panamericana y diversas organizaciones especializadas. Cada cinco años, auspicia una conferencia internacional americana y, para estudiar problemas urgentes, convoca reuniones de consulta entre los ministros de Relaciones Exteriores.

OEDUMBURGO. *Geog.* V. **Sopron.**

OELAND. *Geog.* V. **Öland.**

OERSTED. m. *Fís.* Nombre del oerstedio en la nomenclatura internacional.

OERSTED, Juan Cristián. *Biog.* Cél. físico danés que descubrió el electromagnetismo. Escribió, sobre ello, un notable informe (1777-1851).

OERSTEDIO. m. *Fís.* Unidad de excitación magnética.

OESNOROESTE. m. Lugar equidistante del Oeste y el Noroeste. ‖ Viento que sopla de este lugar.

OESNORUESTE. m. Oesnoroeste.

OESSUDOESTE. m. Lugar equidistante del Oeste y el Sudoeste. ‖ Viento que sopla de este lugar.

OESSUDUESTE. m. Oessudoeste.

OESTE. al. **Westen.** fr. **Ouest.** ingl. **West.** ital. **Ovest.** port. **Oeste.** (Del al. *West.*) m. Occidente, punto cardinal. antón.: **Este.** ‖ Viento que sopla de esta parte.

OESTE. *Geog.* Departamento del S.O. de Haití. 7.900 km². 1.330.000 h. Cap. PORT-AU-PRINCE, que es también cap. de la república.

OFANTO. *Geog.* Río de Italia meridional que desemboca en el Adriático. 160 km. Es el antiguo Anfidos.

OFENDER. al. **Beleidigen; verletzen.** fr. **Offenser; blesser.** ingl. **To offend; to hurt.** ital. **Offendere.** port. **Ofender.** (Del lat. *offéndere.*) tr. Hacer daño a uno físicamente. ‖ Injuriar de palabra. *Lo* OFENDIÓ *en lo que más quería;* sinón.: **agraviar, insultar.** ‖ Fastidiar y desplacer. *Los colores del cuadro son tan chillones que* OFENDEN *a la vista.* ‖ r. Enajenarse por un dicho o hecho. SE OFENDE *por todo.* ‖ deriv.: **ofendedor, ra; ofendente; ofendible.**

OFENDIDO, DA. adj. y s. Que ha recibido alguna ofensa.

OFENSA. al. **Beleidigung.** fr. **Offense; blessure.** ingl. **Offense.** ital. **Offesa.** port. **Ofensa.** (Del lat. *offensa.*) f. Acción y efecto de ofender u ofenderse. sinón.: **agravio, injuria.** ‖ IDEAS AFINES: *Afrenta, infamia, calumnia, difamación, grosería, insolencia, sarcasmo, escándalo, amenaza, ultraje, desprecio, burla, befa, maltrato, baldón, vilipendiar, blasfemar, maldecir, humillar, escarnecer.*

OFENSIÓN. f. Daño, molestia o agravio.

OFENSIVA. f. Situación o estado del que intenta ofender o atacar. OFENSIVA *inesperada.* ‖ **Tomar** uno **la ofensiva.** frs. Prepararse para acometer al enemigo, y acometerle. ‖ fig. Ser el primero en alguna competencia.

OFENSIVO, VA. adj. Que ofende o puede ofender. *Palabras* OFENSIVAS; sinón.: **injurioso, ultrajante.** ‖ deriv.: **ofensivamente.**

OFENSOR, RA. adj. y s. Que ofende.

OFERENTE. (Del lat. *ófferens, -entis*, p. a. de *offerre*, ofrecer.) adj. y s. Que ofrece.

OFERTA. (Del lat. *offerre*, ofrecer.) f. Promesa que se hace de dar, cumplir o ejecutar una cosa. ‖ Don que se ofrece a uno para que lo acepte. sinón.: **dádiva, regalo.** ‖ Propuesta de contratación. ‖ *Com.* Presentación de mercancías para lograr su venta. *La* OFERTA *superó a la demanda.*

OFERTAR. tr. *Com.* Dígase **ofrecer.**

OFERTORIO. al. **Offertorium; Darbringung.** fr. **Offertoire.** ingl. **Offertory.** ital. **Offertorio.** port. **Ofertório.** (Del lat. *offertórium*, acción de ofrecer.) m. Parte de la misa, en la cual el sacerdote ofrece a Dios la hostia y el vino del cáliz.

OFFENBACH, Jacobo. *Biog.* Músico francés, de origen al., cuyo verdadero nombre era **Jacobo Levy.** Se dedicó a la opereta cómica, a la ópera bufa y en general a la música frívola con gran estilo, originalidad y brillantez. Obras: *La bella Elena; Orfeo en los infiernos; Cuentos de Hoffman; Alegría parisiense*, etc. (1819-1880).

OFFENBACH. *Geog.* Ciudad de la Rep. Federal de Alemania (Hesse). 128.000 h. Industrias químicas, maquinarias.

OFFSET. m. Procedimiento de impresión derivado de la litografía. Las planchas entintadas se imprimen, según este sistema, en un cilindro de caucho, que luego transfiere la escritura y gráficos al papel.

OFICIAL. al. **Amtlich; offizier.** fr. **Officiel; officier.** ingl. **Official; officer.** ital. **Ufficiale.** port. **Oficial.** (Del lat. *officialis.*) adj. Que es de oficio, y no particular o privado. *Comunicado* OFICIAL. ‖ m. El que trabaja en un oficio. *Un* OFICIAL *de sastre.* ‖ El que en un oficio manual ha terminado el aprendizaje. ‖ Empleado que prepara el despacho de los negocios en una oficina. ‖ Verdugo, ejecutor de la justicia. ‖ En concejo, el que tiene cargo; como alcalde, regidor, etc. ‖ *Mil.* Militar que posee un grado desde segundo teniente, en adelante, hasta capitán inclusive. ‖ **— de la sala.** Auxiliar de los tribunales colegiados. ‖ **— de secretaría.** Empleado de un ministerio, que tiene a su cargo el despacho de un negociado. ‖ **— general.** Cada uno de los generales de brigada, de división o tenientes generales. ‖ **Ser** uno **buen oficial.** frs. fig. y fam. Estar ducho en cualquier materia.

OFICIALA. f. La que trabaja en un oficio. ‖ La que ha terminado el aprendizaje de un oficio. ‖ Empleada que prepara el despacho de negocios en una oficina.

OFICIALÍA. f. Empleo de oficial. ‖ Calidad de oficial que adquirían los artesanos.

OFICIALIDAD. f. Conjunto de oficiales de ejército. ‖ Carácter o calidad de lo que es oficial.

OFICIALIZAR. tr. Dar carácter o validez oficial a lo que antes no lo tenía.

OFICIALMENTE. adv. m. Con carácter oficial. ‖ fig. En el orden privado, autorizadamente.

OFICIANTE. p. a. de **Oficiar.** Que oficia. ‖ m. El que oficia en las iglesias; preste.

OFICIAR. (De *oficio.*) tr. Ayudar a cantar las misas y demás oficios divinos. ‖ Celebrar de preste la misa y demás oficios divinos. ‖ Comunicar una cosa oficialmente y por escrito. ‖ fig. y fam. Con la preposición *de*, obrar con el carácter que se indica. OFICIAR *de mediador.*

OFICINA. al. **Büro.** fr. **Bureau.** ingl. **Office; bureau.** ital. **Ufficio; studio.** port. **Oficina.** (Del lat. *officina.*) f. Sitio donde se hace, se ordena o trabaja una cosa. ‖ Departamento donde trabajan los empleados. ‖ Laboratorio de farmacia. ‖ fig. Parte donde se fragua y dispone una cosa no material. ‖ pl. Piezas bajas de las casas, como bóvedas y sótanos.

OFICINAL. adj. *Farm.* y *Ter.* Dícese de cualquier planta usada como medicina, o del medicamento preparado según reglas de la farmacopea.

OFICINESCO, CA. adj. Perteneciente a las oficinas del Estado, o característico de ellas. Suele tomarse en mala parte. ‖ deriv.: **oficinescamente.**

OFICINISTA. com. Persona empleada en una oficina.

OFICIO. al. **Handwerk; Amt.** fr. **Métier; office.** ingl. **Office; work.** ital. **Ufficio.** port. **Ofício.** (Del lat. *offícium.*) m. Ocupación habitual. *Un* OFICIO *liviano.* ‖ Cargo, ministerio. ‖ Profesión de algún arte mecánica. *Escuela de Artes y* OFICIOS. ‖ Función propia de alguna cosa. ‖ *El* OFICIO *de la máquina es aligerar el trabajo del hombre.* ‖ Gestión para beneficiar o dañar a alguien. ‖ Comunicación escrita en las dependencias del Estado, y por ext., la que dirige una corporación particular a otra. ‖ Oficina, lugar de trabajo de los empleados. ‖ Rezo diario de los eclesiásticos, compuesto de maitines, laudes, etc. ‖ pl Funciones de iglesia, especialmente las de Semana Santa. ‖ **Oficio de difuntos.** El que destina la Iglesia a rogar por los muertos. ‖ **— de escribano.** Cargo de tal. ‖ Su despacho. ‖ **— de república.** Cualquiera de los cargos municipales o provinciales que son electivos. ‖ **— mayor.** Oficio, rezo. ‖ **— parvo.** El que la Iglesia ha establecido en honra de la Virgen. ‖ **— servil.** El mecánico o bajo, en oposición a las artes liberales o nobles. ‖ **Santo Oficio.** Inquisición, tribunal. ‖ **Buenos oficios.** frs. Diligencias eficaces en pro de otro. ‖ **Correr bien el oficio.** frs. fam. Sacar el partido posible del cargo o profesión que se ejerce. Suele tomarse en mala parte. ‖ **— de oficio.** m. adv. Con carácter oficial. ‖ *Der.* Dícese de las diligencias que se practican judicialmente sin instancia de parte. ‖ **Estar** uno **sin oficio ni beneficio.** frs. fig. y fam. Estar ocioso, sin ocupación. ‖ **Haber aprendido buen oficio.** frs. fam. que se aplica irónicamente al que se dedica a alguno de más provecho que honra. ‖ **Hacer** uno **su oficio.** frs. Desempeñarlo bien. ‖ **No tener** uno **oficio ni beneficio.** frs. fig. y fam. Estar sin oficio ni beneficio. ‖ **Tomar** uno **por oficio una cosa.** frs. fig. y fam. Hacerla frecuentemente.

OFICIONARIO. m. Libro en que se contiene el oficio canónico.

OFICIOSAMENTE. adv. m. Con oficiosidad. ‖ Sin usar del carácter oficial propio del que actúa.

OFICIOSIDAD. f. Diligencia y aplicación al trabajo. ‖ Diligencia en los oficios de amistad. ‖ Importunidad de quien se mete en un negocio que no le incumbe.

OFICIOSO, SA. (Del lat. *officiosus.*) adj. Dícese del solícito en ejecutar lo que está a su cargo. *Empleado* OFICIOSO. ‖ Solícito en agradar a alguno. *Pretendiente* OFICIOSO. ‖ Que se entremete en negocio que no le incumbe. ‖ Provechoso, eficaz. ‖ Dícese en diplomacia de la mediación de una potencia que procura la armonía entre otras. ‖ Por contraposición a oficial, dícese de lo que hace o dice alguno sin formal ejercicio del cargo público que tiene. ‖ Dícese del periódico al que se atribuye cierta conexión con los gobernantes.

OFÍDICO, CA. adj. Perteneciente o relativo a los ofidios.

OFIDIO, DIA. al. **Schlange.** fr. **Ophidien.** ingl. **Ophidian.** ital. **Ofidio.** port. **Ofídio.** (Del gr. *ophidion*, dim. de *ophis*, serpiente.) adj. *Zool.* Dícese de las serpientes o reptiles plagiotremos, apodos, de cuerpo largo y estrecho, piel escamosa, sin cintura torácica, y con huesos maxilares y palatinos movibles que les permiten engullir grandes presas. ‖ m. pl. *Zool.* Orden de estos reptiles.

OFIOLATRÍA. f. Culto supersticioso de las serpientes.

OFIÓMACO. m. Especie de langosta.

OFIR. *Geog. histór.* Región de donde Salomón importaba oro. Era un pueblo que, según algunos, se hallaba en el O. de la India; y según otros, en la costa de Sofala, en África, o bien en el litoral de Arabia. Lo más probable es que quedase en la India.

OFITA. f. *Min.* Roca compuesta de feldespato, piroxena y nódulos calizos o cuarzosos.

OFIUCO. m. *Astron.* Serpentario, constelación.

OFQUI. *Geog.* Istmo del litoral chileno, en la prov. de Aysén, que une la pen. de Taitao al continente.

OFRECER. al. **Anbieten.** fr. **Offrir.** ingl. **To offer.** ital. **Offrire.** port. **Oferecer.** (De un deriv. del lat. *offerre.*) tr. Prometer, obligarse. OFRECIÓ *su ayuda.* ‖ Presentar y dar voluntariamente una cosa. OFRECER *una vela a San Antonio.* ‖ Poner patente una cosa para que todos la vean. *La casa* OFRECÍA *un aspecto abandonado;* sinón.: **mostrar.** ‖ Dedicar a Dios o a un santo la obra buena que se hace; un objeto piadoso, y también el daño que se padece. ‖ Dar una limosna, dedicándola a Dios en la misa o en otras funciones eclesiásticas. ‖ fig. y fam. Entrar a beber en la taberna. ‖ r. Venirse impensadamente una cosa a la imaginación. ‖ Sobrevenir. ‖ Entregarse voluntariamente a otro para ejecutar alguna cosa. ‖ irreg. Conj. como **agradecer.**

OFRENDAR. tr. Ofrecer dones y sacrificios a Dios. ‖ Contribuir con dinero y otros dones para un fin. ‖ deriv.: **ofrendador, ra.**

OFTALMÍA. (Del lat. *ophthalmia*, y éste del gr. *ophthalmía*, de *ophthalmós*, ojo.) f. *Pat.* Inflamación de los ojos. ‖ deriv.: **oftalmíaco, ca.**

OFTÁLMICO, CA. adj. *Anat.* Perteneciente o relativo a los ojos. ‖ Perteneciente o relativo a la oftalmía.

OFTALMOLOGÍA. (Del gr. *ophthalmós*, ojo, y *logos*, tratado.) f. *Med.* Parte de la patología, que trata de las enfermedades de los ojos. ‖ deriv.: **oftalmológico, ca; oftalmologista.**

OFTALMÓLOGO. m Oculista.

OFTALMOMETRÍA. f. Conjunto de procedimientos para medir la agudeza visual y reconocer los vicios de refracción. ‖ deriv.: **oftalmométrico, ca.**

OFTALMOPLEJÍA. (Del gr. *ophthalmós*, ojo, y *plesso*, golpear, herir.) f. Parálisis de los músculos oculares. ‖ deriv.: **oftalmopléjico, ca; oftalmoplético, ca.**

OFTALMOSCOPIA. f. *Med.* Exploración del interior del ojo por medio del oftalmoscopio. ‖ deriv.: **oftalmoscópico, ca.**

OFTALMOSCOPIO. (Del gr. *ophthalmós*, ojo, y *skopeo*, examinar.) m. *Med.* Instrumento para explorar el fondo del ojo.

OFUSCACIÓN. f. Ofuscamiento.

OFUSCAMIENTO. al. **Verdunkelung; Verblendung.** fr. **Éblouissement; trouble; aveuglement.** ingl. **Obfuscation; trouble.** ital. **Offuscamento.** port. **Ofuscação.** m. Turbación de la vista por un reflejo intenso de luz, o por vapores o fluxiones que dificultan el ver. ‖ fig. Obscuridad de la razón, que confunde las ideas.

OFUSCAR. al. **Verdunkein; Verblenden.** fr. **Offusquer.** ingl. **To obfuscate; to dazzie; to confuse.** ital. **Offuscare.** port. **Ofuscar.** (Del lat. *offuscare.*) tr. Deslumbrar, turbar la vista. Ú.t.c.r. sinón.: **cegar, encandilar, obscurecer, hacer sombra.** ‖ fig. Conturbar o confundir las ideas; alucinar. Ú.t.c.r. *La ira* OFUSCA. ‖ deriv.: **ofuscable; ofuscadamente; ofuscador, ra.**

OFUSQUE. m. *Col.* Ofuscamiento.
OGAÑO. adv. t. Hogaño.
OGAZÓN, Pedro. *Biog.* Mil. y político mex., brillante colaborador de Benito Juárez y del primer gobierno de Porfirio Díaz (1825-1890).
OGE, Vicente. *Biog.* Caudillo dom. de color. En 1790 logró que se sancionara la abolición de la esclavitud, pero como la ley no se cumplió, organizó un movimiento sedicioso. Derrotado, fue descuartizado (1750-1791).
OGIGES. *Mit.* Legendario rey y fundador de Tebas, hijo de Poseidón.
OGILVIE, Juan. *Biog.* Cél. jesuita escocés, llamado también **Ogilby**, que propagó la doctrina católica (1580-1615).
OGLIO. *Geog.* Río del N. de Italia (Lombardía); es afl. del Po. 280 km.
O'GORMAN, Juan. *Biog.* Arq. y pintor mex., autor de una valiosa serie de *Retratos* y obras murales. Es uno de los renovadores de la arquitectura en su país (n. 1905). ‖ — **Miguel.** Méd. irlandés que introdujo en la Argentina una moderna orientación didáctico-científica, mediante la fundación de una Escuela de Medicina (1736-1819).
OGOTAI KAN. *Biog.* Emperador de China desde 1229 hasta su muerte (1185-1241).
OGOUÉ. *Geog.* Río de África, que des. en el golfo de Guinea. 1.200 km.
O'GRAHAM, María. *Biog.* Pedagoga estadounidense, una de las colaboradoras de Sarmiento en la introducción de la educación normal moderna en la Argentina (1847-1902).
OGRO. al. **Werwolf.** fr. **Ogre.** ingl. **Ogre.** ital. **Orco.** port. **Ogro.** m. Gigante que, según las consejas de los pueblos del norte de Europa, se alimentaba de carne humana.
¡OH! int. que denota emoción, especialmente asombro, pena o alegría.
O'HIGGINS, Ambrosio. *Biog.* Pol. nacido en Irlanda que desarrolló fecunda labor en Hispanoamérica. Gobernador de Chile y virrey del Perú, en ambos países realizó obras de bien público. (1720-1801). ‖ — **Bernardo.** Militar y político chileno, prócer de la Independencia de su patria y figura relevante en la lucha por la libertad de América. Nació en la aldea chilena de Chillán Viejo y, después de hacer en su país sus primeros estudios, fue enviado a Lima, donde permaneció hasta 1794. De allí pasó a España, y luego a Londres, para continuar sus estudios. En contacto con las ideas revolucionarias que inflamaban a Europa y especialmente con las de Francisco Miranda, de quien fue discípulo predilecto y admirador fervoroso, se inició en la lucha para lograr la independencia de las colonias americanas. Regresó a su patria en 1801, y se dedicó a las tareas agrícolas, vinculándose secretamente con los más destacados revolucionarios americanos. Al estallar los movimientos libertadores de 1810, participó en ellos y fue elegido diputado al primer Congreso Nacional de 1811, cargo al que renunció en 1812 para ponerse al frente del ejército chileno que libró, entre otras, las acciones del Roble y Membrillar. Nombrado general en jefe, tuvo que hacer frente tanto al peligro exterior como a las disensiones intestinas provocadas por contrarios. Ante el peligro del avance realista, **O'Higgins** se dedicó a defender el territorio; después de algunos triunfos, se vio obligado a encerrarse en la plaza de Rancagua, en 1814, donde fuerzas militares muy superiores lo sitian y cercan, obligándolo a rendirse. En acto de singular heroísmo, logra abrirse paso a través de las líneas enemigas y llegar a Mendoza con el resto de su ejército y muchos civiles. En esa ciudad argentina colabora con el gral. José de San Martín en la organización del glorioso Ejército de los Andes que libertaría a Chile y Perú. Después de dos años -en 1817- el ejército patriota cruza los Andes en épica travesía, se enfrenta con los realistas en Chacabuco y obtiene una victoria que termina con el poderío español. **O'Higgins** es nombrado Director Supremo de la República e inicia de inmediato la reorganización administrativa del país, declara oficialmente la independencia y continúa la guerra con los realistas en diferentes puntos del territorio. En una de estas acciones fue sorprendido en Cancha Rayada, en 1818, y derrotado. Repuesto rápidamente, el ejército patriota al mando de San Martín, obtuvo en abril de 1818 la victoria de Maipú, que señaló la independencia definitiva de Chile. Desde ese momento hasta 1823 en que renunció al cargo, **O'Higgins** cumplió notable labor gubernamental. Para hacer realidad el sueño de San Martín de independizar el Virreinato del Perú, había que tener el dominio del mar; **O'Higgins** acometió la tarea de crear la marina nacional que permitió la organización de la primera expedición libertadora del Perú. En el orden interno, **O'Higgins** se dedicó activamente a la organización política, económica y cultural del país. Ante el descontento de algunos políticos y la presión popular de ciertos sectores, **O'Higgins,** para evitar una guerra civil, abandonó el poder en 1823 y se expatrió voluntariamente a Perú, donde vivió dedicado a la agricultura y rodeado del reconocimiento y la admiración de América libre (1776-1842).
O'HIGGINS. *Geog.* Provincia del centro de Chile. 7.112 km². 360.000 h. Actividades agrícolas. Cobre. Cap. RANCAGUA.
OHIO. *Geog.* Río de los EE. UU. que nace al norte de Pittsburgh y des. en el Misisipí, después de recorrer 1.556 km. ‖ Estado del noreste de los EE. UU. Tiene 106.765 km². 11.400.000 h. Agricultura, ganadería. Petróleo, industria pesada. Cap. COLUMBUS.
OHLIN, Bertil. *Biog.* Economista y político sueco cuyos estudios sobre intercambio comercial y movimientos de capital contribuyeron a establecer las bases de la moderna teoría del comercio internacional. En 1977 se le concedió el premio Nobel de Economía, compartido con el británico James Meade (n. en 1899).
OHM. m. *Fís.* Nombre internacional del ohmio.
OHM, Jorge Simón. *Biog.* Físico alemán que realizó investigaciones sobre la corriente eléctrica y descubrió la ley que lleva su nombre (1787-1854).
ÓHMICO, CA. adj. Perteneciente o relativo al ohmio.
OHMIO. m. *Fís.* Unidad de resistencia eléctrica, igual a la de un conductor por el que circula una corriente de un amperio, cuando entre sus extremos hay una diferencia de potencial de un voltio. El **ohmio** internacional es la resistencia que, a 0ºC., opone al paso de la corriente una columna de mercurio de 106,3 cm. de longitud y sección uniforme de 1 mm².
OHNET, Jorge. *Biog.* Literato fr. cuya tendencia folletinesca se manifestó en el drama y la novela. Obras: *Felipe Derblay, o el dueño de las herrerías, Martha; El vendedor de venenos; La hija del diputado,* etc. (1848-1918).
OÍBLE. (Del lat. *audibilis.*) adj. Que se puede oír.
OÍDA. f. Acción y efecto de oír. ‖ **De,** o **por, oídas.** m. adv. que se emplea refiriéndose a cosas que uno no ha visto pero que conoce por relación de otro.
OÍDIO. (Del lat. mod. *oídium,* y éste del gr. *oon,* huevo.) m. *Bot.* Nombre genérico de varios hongos ascomicetos, parásitos, especialmente el de la vid, cuyo micelio forma una red de filamentos blanquecinos. *Oidium tuckeri* o *Uncinula necator.* ‖ Enfermedad que estos hongos producen en las plantas (vid, cereales, manzanos, rosales, etc.).
OÍDO. al. **Gehör; ohr.** fr. **Ouïe; oreille.** ingl. **Hearing; ear.** ital. **Udito.** port. **Ouvido.** (Del lat. *auditus.*) m. Sentido del oír. ‖ Aparato de la audición que en el hombre y en los animales superiores consta de tres partes: la externa, que comprende la oreja y el conducto auditivo externo; la media, formada por la caja del tímpano y sus dependencias, y la interna, que comprende el vestíbulo, el caracol y los tres canales semicirculares. ‖ Parte interior del aparato auditivo. ‖ Agujero que tienen en la recámara algunas armas de fuego para que éste pase a la carga. ‖ Orificio que se deja en el taco de un barreno para poner la mecha. ‖ *Ec.* Ojo de la aguja. ‖ **Abrir** uno **los oídos.** frs. fig. Escuchar con atención. ‖ **Abrir** uno **tanto oído.** frs. fig. Escuchar con atención, curiosidad o asombro. ‖ **Aguzar** uno **los oídos.** frs. fig. Escuchar con atención. ‖ **Al oído.** loc. adv. Dícese de lo que se aprende oyendo sin otro estudio. ‖ Confidencialmente. ‖ **Aplicar** uno **el oído.** frs. Oír con atención. ‖ **Cerrarle a** uno **los oídos.** frs. fig. Alucinarle para que no oiga lo que le conviene. ‖ **Cerrar** uno **los oídos.** frs. fig. Negarse a oír razones. ‖ **Dar oídos.** frs. Dar crédito a lo que se dice, escucharlo con gusto. ‖ **De oído.** loc. Dícese del que toca un instrumento sin conocer el arte musical. ‖ **Duro de oído.** *Mús.* Dícese del que no percibe bien las diferencias del sonido para la armonía. ‖ **Entrar,** o **entrarle,** a uno una cosa **por un oído, y salir,** o **salirle, por el otro.** frs. fig. No hacer caso de lo que le dicen. ‖ **Hacer** uno **oídos de mercader.** frs. fig. No querer oír lo que le dicen. ‖ **Llegar** una cosa **a oídos** de uno. frs. fig. Venir a su noticia. ‖ **Negar** uno **los oídos. No dar oídos.** frs. figs. No permitir que se le hable para proponerle una cosa o para solicitarla de él. ‖ **¡Oídos que tal oyen!** expr. fam. que denota la extrañeza que causa lo que se oye, o el gusto que da. ‖ **Regalar** a uno **el oído.** frs. fig. y fam. Lisonjearle, diciéndole cosas agradables. ‖ **Taparse** uno **los oídos.** frs. fig. Tener repugnancia en escuchar una cosa. ‖ **Tener** uno **oído,** o **buen oído.** frs. Tener disposición para la música. ‖ **Tener** uno **oídos de mercader.** frs. fig. **Hacer oídos de mercader.**
OIDOR, RA. (Del lat. *auditor.*) adj. Que oye. Ú.t.c.s. ‖ m. Ministro togado que en las audiencias oía y sentenciaba las causas y pleitos.
OIDORÍA. f. Empleo o dignidad de oidor.
OÍL. (Del ant. fr. *oïl,* sí, y éste del lat. *hoc illud.*) V. **Lengua de oíl.**
OILEO. *Mit.* Padre de Áyax.
OÍR. al. **Hören.** fr. **Entendre, ouïr.** ingl. **To hear.** ital. **Udire; sentire.** port. **Ouvir.** (Del lat. *audire.*) tr. Percibir los sonidos. ‖ Acceder a los ruegos o avisos de uno. ‖ Hacerse uno cargo de aquello de que le hablan. ‖ Asistir el estudiante a la explicación que el maestro hace de una facultad. OYÓ *tres cursos de filosofía.* ‖ *For.* Admitir la autoridad peticiones o pruebas de las partes antes de resolver. ‖ **¡Ahora lo oigo!** expr. fam. con que se da a entender la extrañeza que causa una cosa que se dice y de la que nada se sabía. ‖ **Como quien oye llover.** expr. fig. y fam. con que se indica el poco aprecio que se hace de lo que se escucha u ocurre. ‖ **¡Oiga! ¡Oigan!** ints. que denotan extrañeza o enfado, y que también se usan para reprender. ‖ **Oír, ver y callar.** frs. con que se advierte a uno que no se entremeta en lo que no le concierne. ‖ **¡Oye!** int. **¡Oiga!** Ú.t. repetida. ‖ **¿Oyes? ¿Oye usted?** exprs. que se usan para llamar al que está distante y también para dar más fuerza a lo que se dice. ‖ irreg. Conjugación: INDIC. Pres.: *oigo, oyes, oye, oímos, oís, oyen.* Imperf.: *oía, oías,* etc. Pret. indef.: *oí, oíste,* etc. Fut. imperf.: *oiré, oirás,* etc. POT.: *oiría, oirías,* etc. SUBJ. Pres.: *oiga, oigas, oiga, oigamos, oigáis, oigan.* Imperf.: *oyera, oyeras,* etc.; *oyese, oyeses,* etc. Fut. imperf.: *oyere, oyeres,* etc. IMPERAT.: *oye, oiga, oigamos,* etc. PARTIC.: *oído.* GER.: *oyendo.*
OISE. *Geog.* Río del N. E. de Francia que es afl. del Sena. 300 km. ‖ Departamento del N. de Francia. 5.887 km². 595.000 h. Cereales, frutas. Hierro. Industria textil. Cap. BEAUVAIS.
OÍSLO. (De *oís,* 2ª pers. de pl. del pres. de indic. de *oír,* y el pron. *lo.*) com. fam. Persona muy allegada a uno, especialmente la esposa.
O.I.T. Organización Internacional del Trabajo, creada, en 1919, por el tratado de Versalles. Asociada a la O.N.U., su secretaría permanente está en Ginebra. Se le concedió, en 1969, el premio Nobel de la Paz.
OITA. *Geog.* Ciudad del Japón, en la isla de Kiu-Shiu. 270.000 h. Exportación de carbón.
OJADA. f. *Col.* Mechinal, agujero. ‖ Claraboya.
OJAL. al. **Knopfloch.** fr. **Boutonnière.** ingl. **Buttonhole.** ital. **Occhiello.** port. **Casa.** (De *ojo.*) m. Hendidura para abrochar botones, etc. ‖ Agujero que atraviesa una cosa de parte a parte. ‖ *Min.* Lazada en la punta del cintero de un torno para meter la pierna el que sube o baja colgado.
¡OJALÁ! al. **Wolle Gott; hoffentlich.** fr. **Plût à Dieu.** ingl. **Would please to God.** ital. **Magari.** port. **Oxalá.** (Del ár. *wa sa'Alla,* ¡quiera Dios!) int. con que se denota vivo deseo de que suceda una cosa. ‖ *Amér.* Barbarismo por **aunque.** OJALÁ *llueva, iré a verla.*
OJALADERA. f. Ojaladora.
OJALADO, DA. adj. *Veter.* Aplícase a la res vacuna que tiene alrededor de los ojos, formando líneas circulares, el pelo más obscuro que el resto de la cabeza.
OJALADOR, RA. s. Persona que por oficio hace ojales. ‖ m. Instrumento para hacerlos.
OJALADURA. f. Conjunto de ojales de un vestido.
OJALAR. tr. Hacer y formar ojales. OJALAR *un chaleco.* ‖ deriv.: **ojalable.**
OJALATERO. (De *¡ojalá!*) adj. fam. Aplícase al que, en las contiendas civiles, se limita a manifestar el deseo de que triunfe su partido. Ú.t.c.s.
OJANCO. (aum. desp. de *ojo.*) m. Cíclope.
OJARANZO. (Del ár. *jarinch,* brezo.) m. Árbol de hermoso aspecto que alcanza hasta 30 m. de altura, de tronco acanalado, corteza lisa grisácea y fruto en racimo. Su madera blanca se emplea para órganos de máquinas y dientes de engranajes. *Carpinus betulus,* betulácea. ‖ Rododendro.
OJEADA. f. Mirada pronta y ligera.
OJEADOR. m. El que ojea o espanta con voces la caza.
OJEAR. tr. Dirigir los ojos y mirar con atención a determinado lugar. ‖ Aojar, hacer mal de ojo.
OJEAR. (De *oxear.*) tr. Espantar la caza acosándola hasta que llega al lugar donde se le ha de tirar o coger con redes, lazos, etc. ‖ fig. Espantar y ahuyentar de cualquiera suerte. ‖ deriv.: **ojeante.**
OJEDA, Alonso de. *Biog.* Conquistador esp. Compañero de Colón en su segundo viaje a Santo Domingo, recorrió la provincia del Cibao, y en posteriores viajes descubrió las desembocaduras de los ríos Orinoco y Esequibo, la isla Curazao y las costas venezolanas (1466-1515).
OJÉN. (De *Ojén,* villa de Málaga.) m. Aguardiente preparado con anís y azúcar hasta la saturación.
OJEO. m. Acción y efecto de ojear la caza. ‖ **Echar un ojeo.** frs. Cazar ojeando. ‖ **Irse** uno **a ojeo.** frs. fig. y fam. Buscar con cuidado lo que pretende.
OJERA. f. Coloración más o menos lívida alrededor de la base del párpado inferior. Ú.m. en pl. ‖ Copita de cristal modelada de tal modo, que se ajusta a la cuenca del ojo y sirve para bañar a éste con algún líquido medicinal. ‖ Pieza de cuero que las caballerías de tiro llevan en cada sien para evitar que miren hacia los lados.
OJERIZA. f. Enojo y mala voluntad contra alguno. sinón.: **inquina, malquerencia.**
OJEROSO, SA. adj. Que tiene ojeras.
OJERUDO, DA. adj. Que tiene, habitualmente, grandes ojeras.
OJETE. dim. de **Ojo.** ‖ Abertura pequeña y redonda, generalmente reforzada en su contorno, para meter por ella un cordón u otra cosa que afiance. ‖ Agujero que sirve de adorno en algunos bordados. ‖ fam. Ano.
OJETEAR. tr. Hacer ojetes en alguna cosa. ‖ deriv.: **ojeteado; ojeteador, ra.**
OJETERA. f. Parte de un jubón o corsé donde van colocados los ojetes.
OJIALEGRE. adj. fam. Que tiene los ojos vivos y bulliciosos.
OJIENJUTO, TA. adj. Que tiene dificultad para llorar.
OJIGARZO, ZA. adj. Ojizarco.

OJIMEL. m. Ojimiel.
OJIMIEL. (Del lat. *oxymeli,* y éste del gr. *oxymel;* de *oxos,* vinagre, y *meli,* miel.) m. Antigua preparación farmacéutica de miel y vinagre.
OJIMORENO, NA. adj. fam. Que tiene ojos pardos.
OJINEGRO, GRA. adj. fam. Que tiene ojos negros.
OJIPRIETO, TA. adj. fam. Ojinegro.
OJITO. m. dim. de **Ojo.** ‖ **De ojito.** m. adv. fam. *Arg.* **De balde.**
OJITUERTO, TA. adj. Bisojo.
OJIVA. al. **Spitzbogen.** fr. **Ogive.** ingl. **Ogive.** ital. **Ogiva.** port. **Ogiva.** (Del b. lat. *augiva.*) f Figura formada por dos arcos menores de un cuarto de circunferencia, iguales y simétricos, que se cortan en uno de sus extremos, volviendo la concavidad el uno al otro. *El arte románico usó la* OJIVA. ‖ *Arq.* Arco que tiene esta figura.
OJIVAL. adj. De figura de ojiva. *Arquería* OJIVAL. ‖ *Arq.* Dícese del estilo que predominó en Europa durante los tres últimos siglos de la Edad Media, uno de cuyos fundamentos, aunque no esencial, es el empleo de la ojiva en la mayoría de los arcos.
OJIZAINO, NA. adj. fam. Que mira con malos ojos.
OJIZARCO, CA. adj. fam. Que tiene ojos azules.
OJO. al. **Auge.** fr. **Oeil.** ingl. **Eye.** ital. **Occhio.** port. **Olho.** (Del lat. *óculus.*) m. Órgano de la vista. ‖ Agujero que tiene la aguja para que entre el hilo. ‖ Agujero o abertura que atraviesa de parte a parte alguna cosa. ‖ Anillo de las herramientas para que entren por él los dedos o el mango. ‖ Anillo por donde se agarra la llave para mover el pestillo de la cerradura. ‖ Agujero por donde se mete la llave en la cerradura. ‖ Abertura de algunas letras cuando llevan una curva cerrada. ‖ Manantial que brota en un llano. OJO *de agua.* ‖ Cada una de las gotas de aceite o grasa que flotan en algún líquido. ‖ Círculo de colores que ostenta el pavo real en la extremidad de las plumas de la cola. ‖ Espacio entre dos estribos o pilares de un puente. ‖ Boca abierta en el muro de ciertos molinos para que entre el agua que mueve la rueda. ‖ Mano que se da a la ropa con el jabón cuando se lava. ‖ Palabra que se pone al margen de manuscritos o impresos para llamar la atención hacia una cosa. ‖ Cuidado o advertencia que se pone en una cosa. ‖ Cada una de las cavidades que presentan el pan, el queso y otras cosas esponjosas. ‖ Agujero que en la parte superior del pie tienen algunas balanzas y que permite observar la posición del fiel. ‖ Malla de la red. ‖ *Impr.* Grueso en los caracteres tipográficos. ‖ Relieve de los tipos, que entintado produce la impresión. ‖ pl. Anillos de la tijera en los cuales entran los dedos. ‖ Se toma por expresión de extremado cariño o por el objeto de él. OJOS *míos;* OJOS *de mi alma.* ‖ **Ojo clínico. Ojo médico.** ‖ – **de besugo.** fig. y fam. El que está medio vuelto. ‖ – **de boticario.** Sitio en las boticas, donde se guardan las drogas más valiosas. ‖ – **de breque.** fig. y fam. El legañoso y remellado. Con frecuencia envuelve desprecio. ‖ – **de buey.** Planta herbácea de la familia de las compuestas, de cuatro a seis decímetros de altura, con flores amarillas y fruto seco, menudo. Es común en los sembrados. ‖ *Mar.* Dígase **portilla.** ‖ – **de gallo.** Color de ciertos vinos, que recuerda el del **ojo** de dicha ave. ‖ **Ojo de pollo.** ‖ – **de gato.** Ágata orbicular, amarillenta, con fibras de asbesto. ‖ – **de la escalera.** Espacio vacío que queda entre las vueltas de los tramos, cuando los peldaños no están unidos a una alma central. ‖ – **de la tempestad.** Rotura de las nubes que cubren el vórtice de los ciclones y que permite ver el azul del cielo. ‖ – **de patio.** Hueco sin techumbres entre las paredes que forman el patio, y especialmente su abertura superior. ‖ – **de perdiz.** Labor de pasamanería que forma nudos lenticulares. ‖ Punto obscuro del centro de los nudos de las maderas, indicio de la existencia de la hupe. ‖ – **de pollo.** Callo de los dedos de los pies, redondeado y algo deprimido en el centro. ‖ – **médico.** fig. Perspicacia para diagnosticar las enfermedades. ‖ – **ñecle.** *Chile.* El que tiene alguna pinta de sangre. ‖ – **overo.** fam. El que, por resaltar mucho en él lo blanco, parece que no tiene niña. ‖ – **regañado.** fig. El que tiene un frunce que lo desfigura e impide que se cierre por completo. ‖ **Ojos blandos.** fig. y fam. **Ojos tiernos.** ‖ – **de bitoque.** fig. y fam. Los que miran atravesado. ‖ – **de gato.** fig. y fam. Persona que los tiene de color agrisado o incierto. ‖ – **de sapo.** fig. y fam. Persona que los tiene reventones y tiernos. ‖ – **rasgados.** Los que tienen muy prolongada la comisura de los párpados. ‖ – **reventones** o **saltones.** Los muy abultados que parecen que se salen de su órbita. ‖ – **tiernos.** fig. Los que padecen una fluxión ligera y continua. ‖ – **vivos.** Los muy brillantes y animados. ‖ **Cuatro ojos.** fig. y fam. Persona que lleva anteojos. ‖ **Abrir** uno **el ojo.** frs. fig. y fam. Estar alerta para que no le engañen. ‖ **Abrir** uno **los ojos.** frs. fig. Conocer las cosas como en realidad son, para sacar provecho de ellas y evitar las perjudiciales. ‖ **Abrir los ojos** a uno. frs. fig. Desengañarle en cosas que le importan. ‖ Descubrirle algo de que estaba ajeno. ‖ **Abrir** uno **tanto ojo.** frs. fig. y fam. Asentir con gozo a lo que se le promete, o ansiar aquello de que se le habla. ‖ Prestar gran atención. ‖ **A cierra ojos.** m. adv. A medio dormir. ‖ fig. Sin reparar en inconvenientes ni riesgos. ‖ Sin examen, precipitadamente. ‖ **Alegrársele** a uno **los ojos.** frs. Manifestar en ellos el gozo que le ha causado alguna cosa. ‖ **Al ojo.** m. adv. Cercanamente o a la vista. ‖ **Alzar** uno **los ojos al cielo.** frs. fig. Levantar el corazón a Dios implorando su auxilio. ‖ **Andar** uno **con cien ojos.** frs. fig. y fam. **Estar con cien ojos.** ‖ **A ojo.** m. adv. Sin peso ni medida, a bulto. *Echó la sal* A OJO. ‖ fig. A juicio de uno. ‖ **A ojo de buen cubero.** expr. fig. y fam. Sin medida, sin peso y a bulto. ‖ **A ojos cegarritas.** m. adv. fam. Entornándolos para dirigir la mirada. ‖ **A ojos cerrados.** m. adv. **A cierra ojos.** *Compré la finca* A OJOS CERRADOS. ‖ **A ojos vistas.** m. adv. Clara, patentemente. *Enriquecía* A OJOS VISTAS. ‖ **Arrasársele** a uno **los ojos de,** o **en, agua,** o **lágrimas.** frs. fig. Llenarse los **ojos** de lágrimas antes de romper a llorar. ‖ **Avivar** uno **los ojos.** frs. Andar con cuidado para no dejarse sorprender ni engañar. ‖ **Bailarle** a uno **los ojos.** frs. fig. Ser bullicioso y vivo. ‖ **Bajar** uno **los ojos.** frs. fig. Ruborizarse, y también humillarse y obedecer prontamente. ‖ **Cerrar** uno **el ojo.** frs. fig. y fam. Morir. ‖ **Cerrarle** a uno **los ojos.** No apartarse de un enfermo hasta que expire. ‖ **Cerrar** uno **los ojos.** frs. fig. Coger el sueño, dormir. U. frecuentemente con negación. ‖ Morir. ‖ Sujetar el entendimiento al dictamen de otro. ‖ Obedecer sin examen ni objeción. ‖ Arrojarse temerariamente a ejecutar una cosa. ‖ **Clavar** uno **los ojos en** una persona o cosa. frs. fig. Mirarla con concentrada atención. ‖ **Comer** uno **con los ojos.** frs. fig. y fam. Apetecer los manjares sólo cuando están presentados. ‖ **Comerse con los ojos** a una persona o cosa. frs. fig. y fam. Mostrar en las miradas el incentivo vehemente de una pasión. ‖ **Como los ojos de la cara.** expr. fam. que se usa para ponderar la estimación que se hace de una cosa o el cariño y cuidado con que se trata. ‖ **Costar** una cosa **los ojos,** o **un ojo, de la cara.** frs. fig. y fam. Haber costado muchísimo. ‖ **Dar** uno **de ojos.** frs. fig. y fam. Caer de bruces en el suelo. ‖ Encontrarse con una persona. ‖ Incurrir en un error. ‖ **Dar en los ojos** una cosa. frs. fig. Ser muy clara y patente. ‖ **Dar en los ojos con** una cosa. frs. fig. Ejecutarla con propósito de disgustar a uno. ‖ **Delante de los ojos de** uno. En su presencia. ‖ **De medio ojo.** adv. fig. y fam. No enteramente descubierto o en público. ‖ **Despabilar los ojos.** frs. fig. y fam. Vivir con cuidado. ‖ **Dichosos los ojos que ven** a uno. expr. que se usa cuando se encuentra a una persona después de largo tiempo que no se la ve. ‖ **Dormir** uno **con los ojos abiertos.** frs. fig. y fam. Estar o vivir con precaución y cuidado, para evitar sorpresas y engaños. ‖ **Echar el ojo,** o **tanto ojo,** a una cosa. frs. fig. y fam. Mirarla con atención, desearla. *Le había* ECHADO EL OJO *a aquel anillo.* ‖ **El ojo del amo engorda al caballo.** ref. que encarece la conveniencia de que uno cuide de su hacienda. ‖ **En los ojos de** uno. m. adv. **Delante de los ojos de** uno. ‖ **Entrar a ojos cerrados.** frs. fig. Meterse en un negocio o admitir una cosa sin reflexión. ‖ **En un abrir, o en un abrir y cerrar, o en un volver, de ojos.** frs. fig. y fam. En un instante. ‖ **Estar** uno **con cien ojos.** frs. fig. Vivir prevenido o receloso. ‖ **Hablar con los ojos.** frs. fig. Dar a entender con una mirada lo que se quiere decir. ‖ **Hacer del ojo.** frs. Hacer uno a otro señas guiñando el **ojo.** ‖ **Hacer los ojos telarañas.** frs. fig. Turbarse la vista. ‖ **Hacerse ojos.** uno. frs. fig. Estar solícito para conseguir o ejecutar una cosa o para verla. ‖ **Hasta los ojos.** m. adv. fig. para ponderar el exceso de algo en que uno está metido, o de una pasión. *Entrampado* HASTA LOS OJOS. ‖ **Írsele** a uno **los ojos por,** o **tras,** una cosa. frs. fig. Desearla con vehemencia. ‖ **Levantar** uno **los ojos al cielo.** frs. fig. **Alzar los ojos al cielo.** ‖ **Llenarle** a uno **el ojo** una cosa. frs. fig. y fam. Contentarle mucho. ‖ **Llevar,** o **llevarse,** una cosa **los ojos.** frs. fig. Atraer la atención. ‖ **Llevar** uno **los ojos clavados en el suelo.** frs. fig. y fam. de que se usa para encarecer la modestia y compostura de una persona. ‖ **Llorar** uno **con un ojo.** frs. fig. con que se moteja al que aparenta más sentimiento del que tiene. ‖ **Más ven cuatro ojos que dos.** frs. fig. con que se afirma que las resoluciones salen más acertadas cuando se tienen en cuenta varios dictámenes. ‖ **Mentir** a uno **el ojo.** frs. fig. y fam. Engañarse por fiarse de señales exteriores. ‖ **Meter** una cosa **por los ojos.** frs. fig. Encarecerla y brindar con ella insistentemente. ‖ **Meterse** uno **por el ojo de una aguja.** frs. fig. y fam. Ser muy entremetido; aprovechar cualquiera ocasión para lograr lo que desea. ‖ **Mirar con buenos,** o **malos, ojos** a una persona o cosa. frs. fig. Mirarla con cariño, o al contrario. ‖ **Mirar** a uno **con otros ojos.** frs. fig. Hacer de él diferente concepto del que antes se hacía o del que otros hacen. ‖ **Mirar de mal ojo.** frs. fig. Mostrar desafecto o desagrado. ‖ **¡Mucho ojo!** expr. de aviso, para que se mire bien o considere atentamente alguna cosa. ‖ **No decir** a uno **"buenos ojos tienes"** frs. fig. y fam. No hacerle caso. ‖ **No es nada lo del ojo, y lo llevaba en la mano.** ref. con que se significa que a veces no se da importancia a una cosa aunque tiene mucha. ‖ **No hay más que abrir ojos y mirar.** frs. con que se pondera la perfección de una cosa. ‖ **No levantar** uno **los ojos.** frs. fig. Mirar al suelo por humildad, modestia, etc. ‖ **No pegar el ojo,** o **los ojos.** frs. fig. y fam. No poder dormir en toda la noche. *El dolor no le dejó* PEGAR LOS OJOS. ‖ **No pegar ojo.** frs. fig. y fam. No poder dormir. ‖ **No quitar los ojos de** una persona o cosa. frs. fig. y fam. Poner en ella atención persistente. ‖ **No saber** uno **dónde tiene los ojos.** frs. fig. y fam. Ser muy ignorante o inhábil en las cosas claras y comunes. ‖ **No tener** uno **adonde volver los ojos.** frs. fig. y fam. que se usa hablando de la persona desvalida. ‖ **Ofender los ojos.** frs. fig. Servir de escándalo o dársele a una persona. ‖ **¡Ojo!** int. para llamar la atención sobre alguna cosa. ‖ **Ojo al cristo, que es de plata.** expr. fig. y fam. con que se advierte que se tenga cuidado con una cosa, para que no la hurten. ‖ **Ojo alerta.** expr. fam. con que se advierte a uno que esté con cuidado, para evitar engaños o riesgos. ‖ **Ojo avizor.** expr. Alerta, con cuidado. ‖ **Ojos que no ven, corazón que no siente.** ref. con que se da a entender que las lástimas lejanas conmueven poco. ‖ **Ojos que te vieron ir.** expr. con que se significa que la ocasión perdida no suele volver. ‖ excl. con que uno muestra el temor de no volver a ver a una persona querida que se ausentó, o de no recuperar algún bien perdido. ‖ **Pasar los ojos por** un escrito. frs. fig. Leerlo ligeramente. ‖ **Pasar por ojo.** frs. *Mar.* Embestir de proa un buque a otro y echarlo a pique. ‖ fig. Destruir a uno, arruinarle. ‖ **Poner** a uno **delante de los ojos** una cosa. frs. fig. y fam. Intentar convencerle con ejemplos o razones para que deponga un dictamen errado. ‖ **Poner los ojos en** una persona o cosa. frs. fig. Escogerla para algún propósito. ‖ Mostrarle afición o cariño. ‖ **Poner** uno **los ojos en blanco.** frs. Volverlos de modo que apenas se descubra más que lo blanco de ellos. ‖ **Quebrar el ojo al diablo.** frs. fig. y fam. Hacer lo más justo y razonable. ‖ **Quebrar los ojos** a uno. frs. fig. y fam. Desagradarle en lo que es de su gusto. ‖ Dícese de la luz cuando es tan viva que no se puede mirar. ‖ **Quebrarse** uno **los ojos.** frs. fig. Cansarse los **ojos** por forzarlos en un trabajo continuado. ‖ Dícese de los moribundos cuando se les turba la vista. ‖ **Revolver** uno **los ojos.** frs. Volver la vista en redondo, desatentadamente, por efecto de la violencia de una pasión o accidente. ‖ **Sacar los ojos** a uno. frs. fig. y fam. Hacerle gastar mucho dinero, en exceso. *Estos hijos* ME SACAN LOS OJOS. ‖ **Sacarse los ojos.** frs. fig. Altercar o reñir con gran cólera. ‖ **Salirle** a uno **a los ojos** alguna cosa. frs. fig. Conocérsele en el semblante. ‖ **Saltar a los ojos** una cosa. frs. fig. Ser muy clara. *El error* SALTABA A LOS OJOS. ‖ Ser vistosa. ‖ **Saltarle** uno **a los ojos** a otro. frs. fig. y fam. Tener contra él grande irritación. ‖ **Saltársele** a uno **los ojos.** frs. fig. con que se significa la grande ansia con que apetece una cosa. ‖ **Saltar** a uno **un ojo.** frs. Herírselo, cegárselo. ‖ **Ser** uno **el ojo derecho** de otro. frs. fig. y fam. Ser de su mayor confianza y cariño. ‖ **Sobre los ojos.** frs. fig. que con el verbo *poner* y otros se usa para encarecer el aprecio que se hace de una cosa. ‖ **Tener el ojo tan largo.** frs. fig. y fam. Observar con mucha atención. ‖ **Tener entre ojos,** o **sobre ojo,** a uno. frs. fig. y fam. Odiarle, tenerle mala voluntad. ‖ **Tener los ojos en** una cosa. frs. Mirarla con grande atención. ‖ **Tener ojo** a una cosa. frs. fig. Poner la mira en ella. ‖ **Torcer los ojos.** frs. Volverlos hacia un lado, apartándolos de la línea recta. ‖ **Traer entre ojos.** frs. fig. Tener recelo de alguno. ‖ **Un ojo a** una cosa y **otro a** otra. frs. fig. que denota la concurrencia de dos acciones o intenciones a un tiempo. UN OJO A *la labor* Y OTRO A *la calle.* ‖ **Valer** una cosa **un ojo de la cara.** frs. fig. y fam. Ser de mucho valor. ‖ **Vendarse** uno **los ojos.** frs. fig. No querer asentir ni sujetarse a ninguna razón. ‖ **Vidriarse los ojos.** frs. Tomar la apariencia del vidrio, señal de cercana muerte en los enfermos. ‖ **Volver los ojos a** uno. frs. fig. Interesarse por él. ‖ IDEAS AFINES: *Cuenca, globo, esclerótica, córnea, coroides, pupila, iris, cristalino, retina, conjuntiva, pestañas, lacrimal, guiñar, ver, cegar, présbita, miope, astigmatismo, daltonismo, estrabismo, óptica, monóculo, largavista, telescopio, lupa, gemelos, pata de gallo.*
OJOCALIENTE. *Geog.* Población del N.E. de México (Zacatecas). 4.000 h. Ganadería, minería.
OJOCHE. m. *C. Rica.* Árbol muy alto, moráceo, cuyo fruto se da al ganado.
OJÓN. adj. *Gol., Dom., Ec., Perú* y *P. Rico.* De ojos grandes.
OJOS DEL SALADO. *Geog.* Cerro de los Andes argentino-chilenos, entre las provincias da Catamarca y Atacama. Una expedición chilena realizada en febrero de 1956 le atribuyó una altura de 7.100 m. En diciembre del mismo año un grupo de técnicos estadounidenses y chilenos estableció que su elevación es de 6.885 m.
OJOSO, SA. Que tiene muchos ojos, como el queso, etc.
OJOTA. f. *Amér. del S.* Sandalia rústica hecha de cuero o de filamento vegetal. *Los collas calzan* OJOTAS. ‖ Cuero de piel curtido de la llama.

OJOTSK, Mar de. *Geog.* V. **Okhotsk, Mar de.**

OJUDO, DA. adj. *Chile.* Ojoso. ‖ *Dom.* y *Guat.* Ojón.

OJUELA. *Geog.* Población del N. O. de México (Durango). 9.000 h. Industria metalúrgica.

OJUELO. m. dim. de **Ojo.** Ú. frecuentemente en plural, por los ojos risueños y agraciados. ‖ pl. En algunas partes, anteojos para leer.

OKA. *Geog.* Río de la U.R.S.S. que es tributario del Volga y des. en él al oeste de la c. de Gorki. 1.500 km.

OKAPÍ. m. Mamífero africano, de menor talla que la jirafa, de pelaje pardo rojizo, con la cabeza clara y las patas listadas de blanco y negro. El macho tiene cuernos revestidos de piel, salvo en sus extremos, que son desnudos. *Okapia johnstoni*, jiráfido.

OKAYAMA. *Geog.* Ciudad del S.E. de Japón (Hondo). 390.000 h. Exportación de papel, minerales. Astilleros.

OKEECHOBEE. *Geog.* Lago del sur de los EE. UU. (Florida). 2.300 km².

OKEN, Lorenzo. *Biog.* Naturalista al., uno de los precursores del transformismo. Obras: *Historia natural general; Esbozo de un sistema biológico*, etc. (1779-1851).

OKHOTSK, Mar de. *Geog.* Dependencia del océano Pacífico norte sit. entre la pen. de Kamchatka y la isla de Sakhalin.

OKINAWA. *Geog.* Isla del Japón, que pertenece al archipiélago de Riu-Kiu, sit. al S. E. de la isla de Kiu-Shiu. Durante la segunda Guerra Mundial fue ocupada por los estadounidenses después de una cruenta lucha que duró ochenta y dos días (junio de 1945).

OKLAHOMA. *Geog.* Estado de la región central de los EE. UU. 181.090 km². 2.700.000 h. Cereales, algodón, frutas. Petróleo. ‖ – **City.** Ciudad de los EE. UU., capital del Estado de Oklahoma. 372.000 h. Importante centro agrícola, comercial y ferroviario.

OLA. al. **Welle; Woge.** fr. **Vague.** ingl. **Wave.** ital. **Onda.** port. **Onda; vaga.** (Del bretón *houl*, pl. de *houlenn*, onda.) f. Onda amplia que se forma en la superficie de las aguas. ‖ Fenómeno atmosférico que produce variación repentina en la temperatura. OLA *de calor.*

OLAF. *Biog.* Nombre de varios reyes de Noruega, el último de los cuales, Olaf V (n. 1903), asumió el trono en 1957, a la muerte de su padre Haakón VII.

OLAGUER Y FELIÚ, Antonio. *Biog.* Militar esp., en 1789 gobernador de Montevideo y de 1797 a 1799 virrey del Río de la Plata (1740-1810).

OLAJE. m. Oleaje.

OLAMBRILLA. f. Alambrilla.

OLANCHITO. *Geog.* Población del N. de Honduras (Yoro). 4.500 h. Cereales, bananas.

OLANCHO. *Geog.* Departamento del S. E. de Honduras. 24.351 km². 160.000 h. Actividades agrícola-ganaderas. Minería. Cap. JUTICALPA.

OLAND. *Geog.* Isla de Suecia, en el Báltico, 42.000 h. C. princ. Bergholm.

OLAÑETA, Antonio P. *Biog.* Mil. español que comandó fuerzas realistas en el Alto Perú (m. 1825). ‖ – **Casimiro.** Diplom. y publicista bol. cuya acción política contribuyó notablemente a la causa emancipadora (1796-1869).

OLARAN CHANS, Justo. *Biog.* Lit. uruguayo, autor de *Bodega lírica; Romancero uruguayo; El barquero sellado*, etc. (1884-1963).

OLASCOAGA. *Geog.* Población del N. de la prov. de Buenos Aires (Argentina). 2.358 h. Actividades agrícola-ganaderas.

OLAVARRÍA, José de. *Biog.* Mil. argentino que luchó en las guerras de la independencia. Tuvo heroica actuación al lado de San Martín en Chacabuco y Maipú, a las órdenes de Bolívar en Ayacucho, y en la guerra con el Brasil (1801-1845).

OLAVARRÍA. *Geog.* Ciudad del E. de la Argentina (Buenos Aires). 24.204 h. Actividades agrícola-ganaderas. Fábricas de cemento y explosivos.

OLAVIDE, Pablo de. *Biog.* Jurisconsulto, político y literato español, nacido en Lima. Liberal y enciclopedista, tuvo destacada actuación en España, donde realizó diversas reformas. Actuó también en Francia, durante la Revolución (1725-1802).

OLAYA HERRERA, Enrique. *Biog.* Estadista col., de 1930 a 1934 presidente de la Rep. (1880-1937).

OLAZÁBAL, Félix. *Biog.* Militar arg., guerrero de la independencia, que tuvo importante participación en las campañas de Chile y Perú, y en la guerra con el Brasil (1797-1841). ‖ – **Manuel de.** Mil. argentino, guerrero de la independencia y autor de documentados *Apuntes históricos* (1800-1872).

OLBERS, Matías G. *Biog.* Astrónomo al., descubridor de varios asteroides y del cometa que lleva su nombre (1758-1840).

OLDENBURGO. *Geog.* Ciudad del N. de la Rep. Federal Alemana (Baja Sajonia). 122.300 h. Instrumentos musicales.

OLDHAM. *Geog.* Ciudad de Gran Bretaña (Inglaterra), situada al S. E. de Manchester. 110.000 h. Industrias textiles de algodón y rayón. Fabricación de maquinarias.

¡OLE! u ¡OLÉ! (Del ár. *ualah*, ¡por Dios!) int. con que se anima y aplaude. ‖ m. Cierto baile andaluz. ‖ Son de este baile.

OLEÁCEO, A. adj. *Bot.* Dícese de árboles o arbustos dicotiledóneos, de hojas opuestas y flores algunas veces unisexuales, como el olivo. ‖ f. pl. *Bot.* Familia de estas plantas.

OLEADA. (De *óleo.*) f. Cosecha abundante de aceite.

OLEADA. f. Ola grande. ‖ Embate, golpe que da la ola. ‖ fig. Movimiento impetuoso de gente apiñada. ‖ Parecido de una persona con otra.

OLEAGINOSO, SA. (Del lat. *oleago, -inis*, de *olea*, aceituna.) adj. Aceitoso. *El girasol es una planta* OLEAGINOSA. ‖ deriv.: **oleaginosidad.**

OLEAJE. m. Sucesión de olas.

OLEAR. tr. Administrar el sacramento de la extremaunción.

OLEAR. intr. Hacer o producir olas, como el mar.

OLEARIO, RIA. adj. Oleoso.

O'LEARY, Daniel F. *Biog.* Mil. venezolano de origen irlandés, edecán y activo colaborador de Bolívar. Sus *Memorias* son de apreciable valor histórico (1800-1854). ‖ – **Juan E.** Diplom. y ensayista parag., autor de *Nuestra epopeya; El centauro de Ibycuy; El Paraguay en la unificación argentina*, etc. (1882-1969).

OLEASTRO. (Del lat. *oleástrum.*) m. Acebuche.

OLEDERO, RA. (De *oler.*) adj. Que despide olor.

OLEDOR, RA. adj. y s. Que exhala olor o lo percibe.

OLEFINAS. f. pl. Nombre dado a los carburos etilénicos.

OLEÍCOLA. adj. Perteneciente o relativo a la oleicultura.

OLEICULTURA. f. Arte de cultivar el olivo y de elaborar el aceite. ‖ deriv.: **oleicultor, ra.**

OLEÍFERO, RA. adj. Dícese de la planta que contiene aceite.

OLEÍNA. f. *Quím.* Substancia líquida, amarillenta, que entra en la composición de grasas, mantecas y aceites.

ÓLEO. al. **Öl; Ölgemälde.** fr. **Huile.** ingl. **Oil.** ital. **Olio.** port. **Óleo.** (Del lat. *óleum.*) m. Aceite de oliva. ‖ Por anton., el que usa la Iglesia en los sacramentos y otras ceremonias. Ú.m. en pl. ‖ Acción de olear. ‖ Cuadro pintado **al óleo.** ‖ **Santo óleo.** El de la extremaunción. ‖ **Al óleo.** m. adv. *Pint.* Con colores disueltos en aceite secante. ‖ **Andar al óleo.** frs. fig. y fam. Estar una cosa muy adornada. ‖ **¡Bueno va el óleo!** expr. fig. e irón., que se usa para explicar que una cosa no va como debe.

OLEODUCTO. m. Conducto que sirve para transportar el petróleo bruto o el producto de su refinación desde el lugar de producción hasta el de elaboración, comercialización o consumo.

OLEOGRAFÍA. f. Cromo que imita la pintura al óleo. ‖ deriv.: **oleográfico, ca; oleógrafo, fa.**

OLEOMARGARINA. f. *Quím.* Grasa líquida purificada, obtenida del sebo.

OLEÓMETRO. m. Instrumento para medir la densidad de los aceites.

OLEORRESINA. f. Jugo líquido procedente de varias plantas, formado por resina disuelta en aceite volátil. ‖ deriv.: **oleorresinoso, sa.**

OLEOSIDAD. f. Calidad de oleoso.

OLEOSO, SA. adj. Aceitoso. *Mancha* OLEOSA.

OLER. al. **Riechen; Wittern.** fr. **Sentir; flairer.** ingl. **To smell; to scent.** ital. **Odorare; fiutare; olezzare.** port. **Cheirar.** (Del lat. *olere.*) tr. Percibir los olores. ‖ fig. Conocer o adivinar una cosa que se creía oculta. OLER *las intenciones del adversario.* ‖ Inquirir con curiosidad lo que hacen otros. ‖ intr. Exhalar fragancia o hedor. OLER *a rosas.* ‖ fig. Parecerse o tener apariencia de una cosa, que por lo regular es mala. *Eso me* HUELE *a chanchullo.* ‖ **No oler bien** una cosa. frs. fig. Dar sospecha de que encubre daño o fraude. ‖ irreg. Conj. como **mover.**

OLERON, Isla de. *Geog.* Isla francesa sit. en el océano Atlántico al S. O. de La Rochela. 175 km². 21.000 h.

OLFACCIÓN. (Del lat. *olfactio, -onis.*) f. Acción de oler.

OLFATEAR. al. **Wittern; beriechen.** fr. **Flairer; subodorer.** ingl. **To smell; to sniff.** ital. **Fiutare.** port. **Farejar.** tr. Oler persistentemente. *El perro* OLFATEABA *el rastro.* sinón.: **husmear, oliscar.** ‖ fig. y fam. Indagar, averiguar con curiosidad y empeño. ‖ deriv.: **olfateable; olfateada; olfateador, ra.**

OLFATEO. m. Acción y efecto de olfatear.

OLFATIVO, VA. adj. Perteneciente o relativo al olfato.

OLFATO. al. **Geruchssinn.** fr. **Odorat.** ingl. **Olfaction.** ital. **Odorato; olfatto.** port. **Olfato.** (Del lat. *olfactus.*) m. Sentido con que se perciben los olores. ‖ fig. Sagacidad para descubrir o entender lo que está disimulado.

OLFATORIO, RIA. adj. Perteneciente al olfato.

OLÍBANO. (Del lat. *óleum líbani*, aceite del árbol del incienso.) m. Incienso, gomorresina.

OLIBRIO, Anicio. *Biog.* Emp. de Occidente que murió antes de los cien días de asumir el poder (m. 472).

OLID, Cristóbal de. *Biog.* Conquistador esp., compañero de Cortés. Habiéndose declarado independiente en Honduras, fue preso y decapitado (1488-1524).

OLIDEN, Manuel Luis de. *Biog.* Pol. y militar arg., jefe de las milicias de Chuquisaca en la insurrección de 1809. Fue colaborador militar de Belgrano y uno de los que suscribieron en Tucumán el Acta de la Independencia (1783-1868).

OLIENTE. p. a. de **Oler.** Que huele.

OLIERA. (De *olio.*) f. Vaso en que se guarda el santo óleo o crisma.

OLIGARCA. (Del gr. *oligarkhes*; de *oligos*, poco, y *arkhé*, mando, poder.) m. Cada uno de los individuos que componen una oligarquía. ‖ Por ext., persona que ejerce, junto con algunas otras, una influencia preponderante.

OLIGARQUÍA. al. **Oligarchie; Klüngelherrschaft.** fr. **Oligarchie.** ingl. **Oligarchy.** ital. **Oligarchia.** port. **Oligarquia.** (Del gr. *oligarkhía.*) f. Gobierno de pocos; el que constituyen algunos poderosos que se unen para que todos los negocios dependan de su arbitrio.

OLIGÁRQUICO, CA. adj. Perteneciente a la oligarquía. *Régimen* OLIGÁRQUICO.

OLIGISTO. m. *Min.* Mineral opaco, grisáceo rojizo, muy pesado. Es un óxido de hierro. ‖ – **rojo.** Hematites.

OLIGO. Voz de origen gr. que con la significación de *pequeño, poco, en corto número*, forma parte, como prefijo, de muchos términos técnicos. Pierde la *o* final si comienza con vocal la palabra a que se une. OLIGO*ceno*, OLIG*arca*.

OLIGOCENO. (Del gr. *oligos*, poco, y *kainós*, reciente.) adj. y s. *Geol.* Dícese del terreno de la era terciaria, posterior al eoceno y anterior al mioceno, y de su período. *En el* OLIGOCENO *se desarrollaron grandemente los árboles de hojas caducas.* ‖ Perteneciente a este terreno.

OLIGODINAMIA. (Del pref. *oligo*, y el gr. *dynamis*, fuerza.) f. Estado de un líquido que, aunque sólo contiene pequeñísimas cantidades de substancias nocivas, resulta tóxico para determinados organismos inferiores.

OLIMAR. *Geog.* Río del Uruguay (Treinta y Tres), nace en la cuchilla Grande y des. en el río Cebollatí. 158 km., en parte navegables.

OLIMPIA. *Biog.* Reina de Macedonia, madre de Alejandro Magno. Fue asesinada en 316 a. de C.

OLIMPIA. *Geog.* Población del S. E. de Brasil (San Pablo). 24.000 h. Algodón, café. ‖ *Geog. histór.* Ciudad de Grecia, famosa por los juegos olímpicos, que allí se celebraban. Posee un magnífico templo dedicado a Zeus.

OLIMPIADA. f. Olimpíada.

OLIMPÍADA. al. **Olympiade.** fr. **Olympiade.** ingl. **Olympiad.** ital. **Olimpiade.** port. **Olimpíada.** (Del lat. *olympias, -adis*, y éste del gr. *Olimpiás*, de *Olympia*, juegos olímpicos.) f. Fiesta o juego que se hacía cada cuatro años en la ciudad de Olimpia. *Todos los pueblos de Grecia estaban representados en las* OLIMPÍADAS. ‖ Competición universal de juegos atléticos que se hace cada cuatro años, en lugar convenido, excluyendo a los deportistas profesionales. ‖ Período de cuatro años comprendido entre dos celebraciones consecutivas de juegos olímpicos. Los griegos contaban el tiempo por **olimpíadas** a partir del solsticio de verano del año 776 antes de Jesucristo, en que se fijó la primera. ‖ IDEAS AFINES: *Estadio, hipódromo, atleta, gimnasio, carrera, lucha, pugilato, pancracio, disco, lanza, cuadriga, vencedor, adversario, premio, palma, corona, Júpiter.*

OLÍMPICO, CA. adj. Perteneciente al Olimpo. *Dioses* OLÍMPICOS. ‖ Perteneciente a la ciudad de Olimpia. ‖ Perteneciente a los juegos públicos que se celebraban en esta ciudad. ‖ V. **Corona olímpica.** ‖ fig. Altanero, soberbio.

OLIMPIO BRAGA, Domingo. *Biog.* Novelista brasileño, autor de novelas sobre temas folklóricos de su país. (1850-1906).

OLIMPO. (Del gr. *olympos.*) m. Morada de los dioses de los griegos.

OLIMPO. *Geog.* Monte de Grecia sit. al N.E. de la península Balcánica. Tiene 2.919 m. y los griegos de la antigüedad situaban en él la morada de sus dioses. ‖ Departamento del N. de Paraguay. Actualmente se denomina **Alto Paraguay.**

OLINDA. *Geog.* Ciudad del N. E. de Brasil (Pernambuco), sit. al N. de Recife. 38.981 h. Tabaco, azúcar, industrias.

OLINGO. m. *Hond.* Mono aullador, de voz potente. ‖ *Zool.* Pequeño carnívoro de América Central y del Sur, de cola larga, arborícola. *Bassaricyon*, prociónido.

OLINTO. *Geog. histór.* Ciudad de Macedonia, famosa por las *Olínticas* de Demóstenes.

OLIO. m. Óleo.

OLISCAR. tr. Oler cuidadosa y persistentemente, y buscar mediante el olfato una cosa. sinón.: **husmear, olfatear.** ‖ fig. Averiguar, inquirir un suceso o noticia. ‖ intr. Empezar a oler mal una cosa, especialmente la carne.

OLISCO, CA. adj. *Arg.* Suspicaz, delicado, que se ofende con facilidad. ‖ *Arg.* y *Chile.* Dícese de lo que empieza a oler.

OLISCOSO, SA. adj. *Cuba* y *Ec.* De mal olor.

OLISMEAR. (De *oler* y *husmear.*) tr. fig. Husmear noticias, curiosear.

OLISQUEAR. (De *oliscar.*) tr. Oler uno o un animal una cosa. ‖ Husmear uno, curiosear.

OLIVA. (Del lat. *oliva.*) f. Olivo. ‖ Aceituna. ‖ Lechuza, ave. ‖ fig. Paz.

OLIVA. *Geog.* Población de la Argentina sit. en la prov. de Córdoba. 8.701 h. Frigoríficos. ‖ Población del S. E. de España (Valencia). 19.000 h. Exportación de legumbres.

OLIVAR. al. **Ölbaumpflanzung.** fr. **Olivaie; olivette.** ingl. **Olive grove.** ital. **Oliveto.** port. **Olival.** m. Terreno plantado de olivos.

OLIVAR. tr. Podar las ramas bajas de los árboles para que las superiores formen copa, como se hace a los olivos.

OLIVARDA. (De *oliva*, por el color del ave.) f. Ave falcónida, de plumaje amarillo verdoso.

OLIVARDA. (Del neerl. *alants-*

wortel, énula campana.) Planta leñosa, de hojas cubiertas de pelillos glandulosos, que segregan una resina. *Inula viscosa,* compuesta.

OLIVARERO, RA. adj. Perteneciente al cultivo y aprovechamiento del olivo. ‖ Que se dedica a dicho cultivo. Ú.t.c.s.

OLIVARES, Gaspar de Guzmán; conde-duque de. *Biog.* V. **Guzmán, Gaspar de.** ‖ – **Juan M.** Músico venezolano, autor de composiciones religiosas que denotan la influencia de Haydn. (s. XVIII). ‖ – **FIGUEROA, Ramón.** Poeta venezolano cont., autor de *Espiga juvenil; Sátiras,* etc.

OLIVARES. *Geog.* Cordón montañoso de los Andes argentinos, sit. en San Juan, al N. del río Castaño. Culmina a los 6.215 m.

OLIVARI, Nicolás. *Biog.* Escritor arg., autor de *El gato escaldado; Diez poemas sin poesía; Dan tres vueltas y luego se van,* etc. (1900-1966).

OLIVARSE. r. Levantarse ampollas en el pan al ser cocido, por haberse enfriado la masa antes de ponerla en el horno.

OLIVASTRO DE RODAS. m. **Áloe,** planta liliácea.

OLIVEIRA, Alberto de. *Biog.* Poeta bras., autor de *Versos y rimas; Por amor de una lágrima; Meridionales,* etc. (1857-1937). ‖ – **Felipe de.** Poeta bras., autor de *Vida extinta; Linterna verde, etc.* (1891-1934). ‖ – **MARTINS, Joaquín de.** Escr. e historiador port., autor de *Historia de la civilización ibérica; Sistema de los mitos religiosos; El príncipe perfecto,* etc. (1845-1894). ‖ – **SALAZAR, Antonio de.** Pol. portugués, desde 1932 presidente del Consejo de Ministros y en 1951 presidente de la Rep., cargo que ocupó hasta 1968 (1889-1970).

OLIVEIRA. *Geog.* Población del E. de Brasil (Minas Gerais). 15.000 h. Café, caña de azúcar. Minería.

OLIVER, Federico. *Biog.* Dramaturgo esp., autor de *La muralla; Han matado a Don Juan,* y *Los semidioses,* (1873-1957). – **Pedro Juan.** Matemático y escritor esp., autor de *De la patria de Pomponio Mela a Andrés Escoto* y otras obras (s. XVI). ‖ – **Y TOLRÁ, Miguel.** Ensayista esp., autor de *Los españoles en la revolución francesa; Vida de Cervantes,* etc. (1864-1919).

OLIVERA. (Del lat. *olivaria.*) f. Olivo.

OLIVERO. m. Lugar donde se coloca la aceituna en la recolección.

OLIVÍCOLA. adj. Perteneciente o relativo a la olivicultura.

OLIVICULTOR, RA. s. Persona que se dedica a la olivicultura

OLIVICULTURA. f. Arte de cultivar el olivo.

OLIVIER, Laurence. *Biog.* Actor y director ingl., gran intérprete del repertorio de Shakespeare, que en parte trasladó al cinematógrafo; *Enrique V; Hamlet; Ricardo III,* etc. (n. 1907).

OLIVÍFERO, RA. (Del lat. *olivifer, -eri;* de *oliva,* oliva, y *ferre,* llevar.) adj. poét. Abundante en olivos. *Montes* OLIVÍFEROS.

OLIVILLO. m. Arbusto de hojas lustrosas y persistentes, flores amarillas y ramas rojizas. *Phillyrea angustifolia,* anacardiácea.

OLIVINA. f. Olivino.

OLIVINO. (De *oliva,* aceituna, por el color.) m. Peridoto.

OLIVO. al. **Olivenbaum.** fr. **Olivier.** ingl. **Olive tree.** ital. **Olivo.** port. **Oliveira.** (Del lat. *olivum.*) m. Árbol originario de Asia, de tronco corto, grueso y torcido, copa ancha y ramosa, hojas enteras, persistentes, verdes y lustrosas por el haz, y blanquecinas por el envés, flores blancas en racimos axilares, y drupa ovoide (aceituna). *Olea europea,* oleácea. *La rama de* OLIVO *simbolizaba la paz.* ‖ Su madera. ‖ – **acebucheno.** El que da fruto escaso y pequeño. ‖ – **manzanillo.** El que da aceituna manzanilla.

OLIVOS. *Geog.* Ciudad de la Rep. Argentina, sit. al norte de la cap. del país, que pertenece al Gran Buenos Aires. 40.000 h. ‖ **Monte de los –.** Monte de Palestina sit. al E. de Jerusalén. Tiene 820 m. y es célebre a través de los relatos bíblicos.

OLIVOSO, SA. adj. poét. Olivífero.

OLMA. f. Olmo muy corpulento y frondoso.

OLMEDA. al. **Ulmenwald.** fr. **Ormaie.** ingl. **Elm grove.** ital. **Olmaia.** port. **Olmedal; olmedo.** f. Terreno plantado de olmos.

OLMEDO. m. Olmeda.

OLMEDO, Fray Bartolomé de. *Biog.* Relig. mercedario esp., colaborador espiritual de Hernán Cortés en la conquista de México (s. XVI). ‖ – **José Joaquín de.** Pol. y poeta ec. Integró la Junta de Gobierno que se constituyó interinamente en 1820. Su obra literaria, compuesta de poemas sueltos, es de una lírica encendida y patriótica. Tradujo *Ensayo sobre el hombre* de Pope. Poemas famosos: *A la victoria de Junín; Canción indiana; Oda al General Flores, vencedor en Miñarica,* etc. (1780-1847).

OLMO. al. **Ulme.** fr. **Orme.** ingl. **Elm tree.** ital. **Olmo.** port. **Olmo; olmeiro.** m. Árbol de tronco robusto y derecho, copa ancha, hojas elípticas vellosas por el envés, flores blancas y fruto en sámara, de alas anchas. *Ulmus campestris,* ulmácea. *Con los nudos de la madera del* OLMO *se hacen pipas.*

OLMOS, Andrés. *Biog.* Relig. y erudito esp., de prolongada actuación en México. Obras: *Arte de la lengua mexicana; Arte y diccionario de la lengua totonaca,* etc. (m. 1571).

OLMOS. *Geog.* Laguna de la Argentina, en la prov. de Córdoba, 82 km². Recibe las aguas del río Cuarto y da origen al río Saladillo.

OLMÜTZ. *Geog.* V. **Olomouc.**

OLOCUILTA. *Geog.* Población de El Salvador (La Paz). 4.000 habitantes.

OLÓGRAFO, FA. (De *hológrafo.*) adj. Dícese del testamento de puño y letra del testador. Ú.t.c.s.m. ‖ Autógrafo. Úsase t.c.s.m.

OLOMINA. f. *C. Rica.* Pececillo no comestible, muy abundante en los ríos.

OLOMOUC. *Geog.* Ciudad de Checoslovaquia situada al S.O. de Ostrava, 84.300 h. Bebidas alcohólicas, destilerías. Universidad. Antiguamente se llamó **Olmütz.**

OLOPÁN. *Biog.* Misionero cristiano que predicó el Evangelio en China y fundó la Iglesia nestoriana en Extremo Oriente (s. VI).

OLOPOPO. m. *C. Rica.* Especie de mochuelo del Pacífico.

OLOR. al. **Geruch.** fr. **Odeur; senteur.** ingl. **Smell.** ital. **Odore.** port. **Olor.** (Del lat. *ólor.*) m. Sensación que ciertas emanaciones de los cuerpos producen en el olfato. ‖ Lo que es capaz de producir esa impresión. ‖ fig. Esperanza u oferta de una cosa. ‖ Lo que causa una sospecha en cosa que está oculta o por suceder. ‖ Fama, opinión. *Morir en* OLOR *de santidad.* ‖ *Chile* y *Méx.* Especia, condimento. ‖ IDEAS AFINES: *Nariz, aroma, perfume, flor, efluvio, exhalación, aliento, fragancia, impregnar, aspirar, fetidez, pestilencia, hedor.*

OLORIZAR. tr. Esparcir olor, perfumar.

OLOROSO, SA. adj. Que exhala fragancia. *El nardo es* OLOROSO; sinón.: **aromático, odorante.**

OLOTE. (Del mex. *olotl.*) m. Mazorca de maíz sin los granos.

OLÓZAGA, Salustiano de. *Biog.* Diplom., escritor y político esp., ministro de Estado y presidente del Consejo ministerial. Obras: *Historia y Moral; Estudios sobre elocuencia política,* etc. (1805-1873).

OLT. *Geog.* Río de Rumania que nace en los Alpes de Transilvania y des. en el Danubio. 556 km.

OLTEN. *Geog.* Ciudad del N. de Suiza (Soleure), situada al O. de Zurich. 17.800 h. Maquinarias.

OLVIDADIZO, ZA. adj. Que olvida con facilidad. sinón.: **desmemoriado.** ‖ Desagradecido.

OLVIDADO, DA. adj. Dícese del que olvida. ‖ Desagradecido.

OLVIDAR. al. **Vergessen.** fr. **Oublier.** ingl. **To forget.** ital. **Dimenticare; scordare.** port. **Esquecer.** tr. Dejar de tener en la memoria lo que se tenía o debía tener. ‖ Dejar de tener en el afecto o afición a una persona o cosa. ‖ No tener en cuenta alguna cosa. OLVIDA *los agravios que te hicieron.* Ú.t.c.r. ‖ deriv.: **olvidable.**

OLVIDO. al. **Vergessen.** fr. **Oubli.** ingl. **Forgetfulness; oblivion.** ital. **Dimenticanza.** port. **Olvido.** (Del lat. *oblitus,* p. p. de *oblivisci,* olvidarse.) m. Falta de memoria o cesación de la que se tenía de una cosa. ‖ Cesación del afecto que antes se tenía. *El* OLVIDO *cayó sobre él.* ‖ Descuido de algo que se debía tener presente. *Perdonar un* OLVIDO. ‖ **Dar,** o **echar, al olvido,** o **en olvido.** frs. Olvidar. ‖ **Enterrar en el olvido.** frs. fig. Olvidar para siempre. ‖ **Entregar al olvido.** frs. fig. Olvidar. ‖ **No tener en olvido** a una persona o cosa. frs. Tenerla presente. ‖ **Poner en olvido.** frs. Olvidar. ‖ Hacer olvidar. ‖ IDEAS AFINES: *Amnesia, confusión, laguna, omisión, negligencia, distracción, aturdimiento, inadvertencia, preterición, desatención; perdón, absolución, ingratitud.*

OLLA. al. **Topf.** fr. **Pot; marmite.** ingl. **Pot.** ital. **Pentola.** port. **Panela.** (Del lat. *olla.*) f. Vasija redonda de barro o metal, de boca ancha y con una o dos asas, la cual sirve para cocer manjares, calentar agua, etc. OLLA *de aluminio.* ‖ Vianda preparada con carne, tocino, legumbres y hortalizas. ‖ Remolino que forman las aguas de un río en ciertos parajes. ‖ – **carnicera.** Aquella en que, por su tamaño, se puede cocer mucha carne. ‖ – **ciega.** Alcancía, hucha. ‖ – **de campaña.** Marmita que sirve para cocer el rancho de la tropa. ‖ – **de cohetes.** fig. y fam. Grave riesgo. ‖ – **de grillos.** fig. y fam. Lugar en que hay gran desorden y nadie se entiende. ‖ – **de mono.** *Col., C. Rica* y *Ven.* Yacapucayo. ‖ – **podrida.** La que tiene, además de carne y legumbres, jamón, aves, embutidos, etc., en abundancia. ‖ **Las ollas de Egipto.** fig. Vida regalona que se tuvo en otro tiempo. ‖ **Estar uno a la olla de** otro. frs. Mantenerse a su costa. ‖ **No hay olla sin tocino.** frs. fig. que denota que una cosa no está perfecta si le falta algo de lo substancial. ‖ Sirve para motejar al que siempre habla de lo mismo.

OLLADO. (Del port. *olhado,* que tiene ojos.) m. *Mar.* Ollao.

OLLANTAITAMBO. *Geog.* Distrito del Perú (Cuzco), con importantes ruinas quichuas.

OLLAO. (De *ollado.*) m. *Mar.* Cualquiera de los ojetes que se abren en las velas, toldos, etc., y que sirven para que por ellos pasen cabos.

OLLAR. m. Cada uno de los dos orificios de la nariz de las caballerías.

OLLAR. (De *olla.*) adj. Se dice de una piedra, variedad de serpentina.

OLLAZA. f. aum. de **Olla.**

OLLER, Francisco. *Biog.* Pintor portorr., de tendencia impresionista (1833-1917).

OLLERA. f. Herrerillo, pájaro.

OLLERÍA. (De *ollero.*) f. Fábrica donde se hacen ollas y otras vasijas de barro. ‖ Tienda o barrio donde se venden. ‖ Conjunto de vasijas de barro.

OLLERO, RA. s. Fabricante y vendedor de vasijas de barro.

OLLEROS, Juan José. *Biog.* Militar arg. que actuó junto a San Martín en la campaña de Chile, y con Lavalle, Paz y Urquiza en las luchas contra Rosas (1794-1857).

OLLETA. adj. *Col.* Bobo. ‖ f. *Col.* Hornillo portátil. ‖ Hoyo en el cauce de un río. ‖ *Col.* y *Perú.* Chocolatera. ‖ *Ven.* Guiso de maíz.

OLLUCO. m. *Perú.* Cierta planta de tubérculo comestible.

OLLUELA. f. dim. de **Olla.**

OMAGUA. m. Nombre de una de las tribus de indios del Perú.

OMAHA. *Geog.* Ciudad de los EE. UU. (Nebraska), sit. sobre el río Misuri. 376.000 h. Industria de la carne. Minería.

OMÁN. *Geog.* Sultanato independiente situado en el extremo S. E. de la península arábiga. 212.457 km². 820.000 h. Cap. MASCATE. Petróleo, cítricos, dátiles y tabaco. ‖ **Golfo de –.** Golfo dependiente del mar Arábigo, sit. entre las costas de Arabia y Persia, al S. E. del estrecho de Ormuz. ‖ **Mar de –.** Nombre que suele darse al mar Arábigo.

OMAR, Abu Hafsah Ben Al-Jatab. *Biog.* Califa musulmán, el segundo de los que sucedieron a Mahoma (581-644). ‖ – **Ben Hafsún.** Guerrero esp. que fundó en Andalucía un reino independiente de los musulmanes (854-917). ‖ – **Khayyam.** Poeta persa, el literato de Oriente más difundido en el mundo occidental. Epicúreo, escéptico y sensual, reunió sus poemas, sobre los placeres de la vida y los encantos del amor, en el *Rubaiyat.* Fue, también, notable astrónomo y matemático (1040-1123).

OMBLIGADA. f. Parte que en los cueros corresponde al ombligo.

OMBLIGO. al. **Nabel.** fr. **Nombril.** ingl. **Navel.** ital. **Ombelico.** port. **Umbigo.** (Del lat. *umbilicus.*) m. Cicatriz que se forma en medio del vientre, después de romperse y secarse el cordón umbilical. ‖ Cordón umbilical. ‖ fig. Medio o centro de cualquier cosa. *El* OMBLIGO *del mundo.* ‖ – **de Venus.** Planta herbácea europea, con hojas carnosas, tallo de tres a cuatro decímetros, y flores amarillentas en espiga. Sus hojas se han empleado como emoliente. *Umbilicus pendulinus,* crasuláces. ‖ Concha plana y blanca por una cara, rugosa y de color entre rojo y dorado por la otra, que sirve de opérculo a ciertos múrices. Llevada en sortijas, pendientes o botones, tiénese vulgarmente como preservativo del dolor de cabeza. ‖ – **marino. Ombligo de Venus,** concha. ‖ **Encogérsele** a uno **el ombligo.** frs. fig. y fam. Amedrentarse o desalentarse.

OMBLIGUERO. m. Venda con que en los niños recién nacidos se sujeta el pañito que se coloca sobre el ombligo hasta que éste se seca. ‖ *Cuba.* Cercado intermedio que se hace en una dehesa para que en una parte de ella no paste el ganado.

OMBRÍA. f. Umbría.

OMBÚ. (Del guaraní *mbura,* igual al polinesio *mara,* árbol.) m. Planta arbórea de S. América, de madera fofa, copa muy densa, hojas elípticas y flores dioicas en racimos. *Phytolacca dioica,* fitolacácea. *El* OMBÚ *brinda plácida sombra al viajero.*

OMDURMÁN. *Geog.* Ciudad del Sudán, sobre el Nilo. 32.000 h. Marfil, goma arábiga, ganado y camellos.

O'MEARA, Barry Eduardo. *Biog.* Médico ingl. que acompañó a Napoleón durante su cautiverio en Santa Elena y relató el hecho en un libro (1786-1836).

OMEGA. (Del gr. *o mega,* o grande.) f. O larga y letra última del alfabeto griego.

OMENTAL. adj. Perteneciente al omento.

OMENTO. (Del lat. *oméntum.*) m. *Anat.* Redaño.

OMETEPE. *Geog.* Isla situada en el lago de Nicaragua, en la república de este nombre. 209 km². 8.000 h.

OMEYA. adj. Dícese de cada uno de los descendientes del jefe árabe de este nombre, fundadores del califato de Damasco. ‖ Perteneciente o relativo a este linaje y dinastía.

OMEYA. *Geneal.* Dinastía árabe que reinó en Damasco de 661 a 750. Destronada por los abasidas, pasó a España y estableció el Califato de Córdoba, extinguido en 1031.

ÓMICRON. (Del gr. *o micrón,* o pequeña.) f. O breve del alfabeto griego.

OMINAR. (Del lat. *ominari.*) tr. Agorar. ‖ deriv.: **ominación.**

OMINOSO, SA. (Del lat. *ominosus.*) adj. Azaroso, de mal agüero, abominable, vitando. OMINOSA *pasión, orden.* ‖ deriv.: **ominosamente.**

OMISIÓN. al. **Unterlassung.** fr. **Omission.** ingl. **Omission.** ital. **Omissione.** port. **Omissão.** (Del lat. *omissio, -onis.*) f. Abstención de hacer o decir. *En este documento hay* OMISIÓN *de fecha.* ‖ Falta por no haber realizado algo. ‖ Flojedad o descuido del encargado de un asunto. ‖ deriv.: **omisivo, va.**

OMISO, SA. (Del lat. *omissus.*) p. p. irreg. de **Omitir.** ‖ adj. Flojo y descuidado.

OMITIR. al. **Unterlassen.** fr. **Omettre.** ingl. **To omit.** ital. **Omettere.** port. **Omitir.** (Del lat. *omittere.*) tr. Dejar de hacer una cosa. OMITIÓ *la firma.* ‖ Pasar en silencio una cosa. Ú.t.c.r.

OMNI. Forma prefija del lat.

omnis, todo, cada uno. Denota suma o relación con todos. OMNÍ*modo;* OMNÍ*presencia;* OMNÍ*voro.*

ÓMNIBUS. (Del lat. *ómnibus*, para todos.) m. Carruaje adecuado para transportar muchas personas. ‖ Actualmente vehículo de motor con el mismo objeto.

OMNÍMODO, DA. (Del lat. *omnímodus;* de *omnis*, todo, y *modus*, modo.) adj. Que lo abraza y comprende todo. *Poder* OMNÍMODO. ‖ deriv.: **omnímodamente.**

OMNIPOTENCIA. (Del lat. *omnipotentia.*) f. Poder omnímodo, atributo de Dios. ‖ fig. Poder muy grande.

OMNIPOTENTE. al. **Allmächtig.** fr. **Tout-puissant; omnipotent.** ingl. **Almighty; omnipotent.** ital. **Omnipotente.** port. **Onipotente.** (Del lat. *omnípotens, -entis;* de *omnis*, todo, y *potens*, poderoso.) adj. Que todo lo puede. *Dios* OMNIPOTENTE; sinón.: **todopoderoso.** ‖ fig. Que puede muchísimo. ‖ deriv.: **omnipotentemente.**

OMNIPRESENCIA. (Del lat. *omnis*, todo, y *praesentia*, presencia.) f. Ubicuidad.

OMNIPRESENTE. adj. Ubicuo.

OMNISAPIENTE. (Del lat. *omnis*, todo, y *sapiens, -entis*, sabio.) adj. Omniscio.

OMNISCIENCIA. (Del lat. *omnis*, todo, y *scientia*, ciencia.) f. Atributo de Dios, que consiste en el conocimiento de todas las cosas reales y posibles.

OMNISCIENTE. (Del lat. *omnis*, todo, y *sciens, -entis*, que sabe.) adj. Omniscio.

OMNISCIO, CIA. adj. Que tiene omnisciencia. ‖ fig. Dícese del que tiene conocimiento de muchas cosas.

OMNÍVAGO, GA. adj. poét. Que anda vagando por todas partes. *Sombra* OMNÍVAGA.

OMNIVIDENTE. adj. neol. Que ve todo.

OMNÍVORO, RA. (Del lat. *omnívorus;* de *omnis*, todo, y *vorare*, comer.) adj. y s. *Zool.* Aplícase a los animales que se alimentan de substancias de origen vegetal y animal. *El cerdo es* OMNÍVORO.

OMOA. *Geog.* Población del N. O. de Honduras (Cortés). 5.000 h. Posee puerto sobre el mar de las Antillas.

OMÓPLATO u **OMOPLATO.** al. **Schulterblatt.** fr. **Omoplate.** ingl. **Scapula; shoulderblade.** ital. **Omoplata; scapola.** port. **Omoplata.** (Del gr. *omoplate;* de *omos*, espalda, y *plate*, llano.) m. Hueso par, plano y triangular, que forma la parte posterior del hombro y con el cual se articula el húmero.

OMSK. *Geog.* Ciudad de la U.R.S.S. sit. en Siberia. 550.000 h. Importante centro comercial.

OMS Y SANTA PAU, Manuel. *Biog.* Pol. español, de 1707 a 1710 virrey del Perú.

ON. Sufijo de significación varia. Añadido a substantivos y adjetivos, forma aumentativos: *hombr*ÓN, *gigant*ÓN. No obstante esto, puede tener carácter diminutivo: *verd*ÓN, *floj*ÓN. Indica carencia o negación: *rab*ÓN, *pel*ÓN. Se usa para formar los nombres de las crías de algunos animales: *lech*ÓN, *perdig*ÓN, *pich*ÓN. Denota desprecio: *bravuc*ÓN, *valent*ÓN, pero también cariño: *mimos*ÓN, y aun ambas cosas: *bonach*ÓN. Añádese a otros sufijos: *arro, acho, ajo, anco*, etc., para formar despectivos: *corpach*ÓN, *vejanc*ÓN. Indica semejanza: *mosc*ÓN, *ansar*ÓN. Expresa edad: *setent*ÓN. Añadido a verbos, forma adjetivos frecuentativos: *pregunt*ÓN, *acus*ÓN, y substantivos que indican una acción brusca: *empuj*ÓN, *apret*ÓN.

ONA. adj. Dícese del individuo de una tribu de indios que vive en Tierra del Fuego. Ú.t.c.s. ‖ Perteneciente a dichos indios. ‖ m. Su idioma.

ONAGRA. (Del gr. *oinagra;* de *oinos*, vino, y *agra*, caza.) f. Arbusto de hojas semejantes a las del almendro, flores de muchos pétalos y raíz blanca que, seca, huele a vino. *Onagra biennis*, onagrariácea. *La raíz de la* ONAGRA *es comestible.*

ONAGRARIÁCEAS. f. pl. *Bot.* Onagrarieas.

ONAGRARIEO, A. adj. *Bot.* Dícese de plantas dicotiledóneas, de hojas alternas sin estípulas y flores regulares, como la fucsia. Ú.t.c.s. ‖ f. pl. *Bot.* Familia de estas plantas.

ONAGRO. (Del gr. *ónagros;* de *onos*, asno, y *agrios*, silvestre.) m. Asno silvestre. ‖ Máquina antigua de guerra, parecida a la ballesta.

ONANISMO. (De *Onán*, personaje bíblico.) m. Masturbación.

ONCATIVO. *Geog.* Población de la Argentina (Córdoba). 4.591 h. Actividades agrícolas.

ONCATIVO, Batalla de. *Hist.* Encuentro que tuvo lugar en la planicie del mismo nombre, en Córdoba (Argentina), el 25 de febrero de 1830, entre las fuerzas de Facundo Quiroga y las de José María Paz, terminó con la victoria de éstas.

ONCE. (Del lat. *úndecim.*) adj. Diez más uno. ‖ Undécimo. *Año* ONCE. ‖ m. Conjunto de signos con que se representa este número. ‖ Equipo de jugadores de fútbol. ‖ f. pl. Refrigerio ligero que se toma entre **once** y doce de la mañana, o a diferentes horas de la tarde, según los países. Ú. principalmente en las frases *hacer* o *tomar las* ONCE.

ONCEAR. tr. Pesar o dar por onzas.

ONCEJERA. f. Lazo para cazar oncejos.

ONCEJO. m. Vencejo, pájaro.

ONCENO, NA. (De *once.*) adj. Undécimo. Ú.t.c.s. ‖ **El onceno, no estorbar.** expr. fam. con que se afirma, añadiendo un mandamiento a los diez del Decálogo, cuán importuno es estorbar a uno que haga lo que tiene que hacer.

ONCIJERA. f. Oncejera.

ONCKEN, Guillermo. *Biog.* Fil., historiador y filólogo al., autor de una difundida *Historia Universal* (1838-1905).

ONCOLOGÍA. (Del gr. *onkos*, tumor, y *logos*, discurso.) f. *Pat.* Estudio de los tumores.

ONCOLÓGICO, CA. adj. Perteneciente o relativo a la oncología.

ONCÓLOGO, GA. m. y f. Persona que profesa la oncología o tiene en ella especiales conocimientos.

ONDA. al. **Welle; Woge.** fr. **Onde; lame; ride.** ingl. **Wave; ripple.** ital. **Onda.** port. **Onda.** (Del lat. *unda.*) f. Cada una de las elevaciones que se forman al perturbar la superficie de un líquido. ‖ fig. Reverberación y movimiento de la llama. ‖ Cada una de las curvas que se forman en algunas cosas flexibles; como el pelo, las telas, etc. Ú.m. en pl. ‖ Cada uno de los recortes de figura semicircular con que se adornan las guarniciones de vestidos u otras prendas. ‖ *Méx.* Asiento de cordel de pista en el cual los mineros atados a una soga descienden al fondo de las minas. ‖ *Fís.* Toda perturbación mecánica, acústica, electromagnética, etc., que se propaga. ‖ **– electromagnética.** La que transporta energía electromagnética. Al paso de la onda se crean, transitoriamente, un campo eléctrico y un campo magnético perpendiculares entre sí, que son capaces de accionar diferentes tipos de receptores radiotelegráficos, radiofónicos, televisuales, etc. Los rayos gamma, los rayos X y la luz se asimilan las ondas electromagnéticas. ‖ **– herciana o hertziana. Onda** descubierta por Hertz, que transporta energía electromagnética y que tiene la propiedad de propagarse en el vacío a la misma velocidad que la luz. ‖ **– etérea.** *Fís.* La que se origina en el éter y produce los rayos X, los rayos luminosos y las radiaciones aplicadas en la telegrafía sin hilos. ‖ **– luminosa.** *Fís.* La que se origina de un cuerpo luminoso y transmite su luz. ‖ **– progresiva.** Es la que se propaga libremente en un medio. ‖ **– sinusoidal.** Es la onda plana cuya magnitud perturbada sigue la ley del seno de una variable. ‖ **– sonora.** *Fís.* La que se origina por vibración de los cuerpos y se propaga en medios elásticos. ‖ **Captar la onda.** fr. fig. Entender una indirecta, insinuación, etc. ‖ **Cortar las ondas.** frs. Cortar el agua.

ONDEADO. m. Cualquiera cosa hecha en ondas o que las tiene.

ONDEAR. intr. Hacer ondas el agua. ‖ Ondular. ‖ fig. Formar ondas los dobleces de la ropa, etc. *La bandera* ONDEABA. ‖ r. Mecerse en el aire sostenido de alguna cosa; columpiarse. ‖ deriv.: **ondeante; ondeo.**

ONDEGARDO, Juan Polo de. *Biog.* V. **Polo de Ondegardo, Juan.**

ONDINA. (De *onda.*) f. Ninfa, ser fantástico o espíritu elemental del agua según ciertas mitologías.

ONDISONANTE. adj. Undísono.

ONDOSO, SA. adj. Que tiene ondas, o las produce al moverse. *El mar* ONDOSO.

ONDULACIÓN. al. **Wellenbewegung.** fr. **Ondulation.** ingl. **Wave; wave motion.** ital. **Ondulazione.** port. **Ondulação.** f. Acción y efecto de ondular. ‖ *Fís.* Movimiento que adquiere un fluido al paso de una onda.

ONDULADO, DA. adj. Dícese de los cuerpos cuya superficie o perímetro forma ondas.

ONDULANTE. p. a. de **Ondular.** Que ondula. *Fiebre* ONDULANTE.

ONDULAR. al. **Kräuseln; ondulieren.** fr. **Ondoyer; friser.** ingl. **To ondulate; to ripple.** ital. **Ondoleggiare.** port. **Ondular.** (Del m. or. que *undular.*) intr. Moverse una cosa formando eses, como las culebras cuando reptan o como las banderas agitadas por el viento. ‖ tr. Hacer ondas en el pelo. sinón.: **ensortijar, rizar.**

ONDULATORIO, RIA. adj. Que se extiende en forma de ondulaciones. ‖ Ondulante.

ONEGA. *Geog.* Río del N. O. de Rusia que después de recorrer una zona baja des. en el mar Blanco. 430 km. ‖ Lago de la U.R.S.S. situado al S.O. del mar Blanco. 9.890 km².

O'NEILL, Eugenio G. *Biog.* Escr. estadounidense, premio Nobel de Literatura en 1936 por su obra, que pretende, como él lo dice, "*llevar el teatro al centro de la vida misma*". Su planteo del drama humano trasunta libertad de pensamiento y exalta las pasiones de sus personajes, que son seres comunes de la vida real. Renovó la técnica dramática y utilizó las máscaras y los monólogos como recursos teatrales. Obras: *El luto le sienta a Electra*, típica tragedia griega que transcurre en la época moderna; *Extraño interludio; El emperador Jones; El deseo bajo los olmos; Largo viaje de un día hacia la noche*; *Una luna para el bastardo*; *El gran dios Brown*; *Anna Christie*, etc. (1888-1953).

ONELLI, Clemente. *Biog.* Naturalista arg. de origen ital. Exploró y estudió la Patagonia, y publicó varios libros de divulgación científica (1864-1924).

ONERARIO, RIA. (Del lat. *onerarius*, de *onus, -eris*, carga.) adj. Dícese de las naves y bastimentos de carga que usaban los antiguos.

ONEROSO, SA. (Del lat. *onerosus.*) adj. Pesado, molesto o gravoso. *Contrato* ONEROSO. ‖ *Der.* Que incluye conmutación de prestaciones recíprocas, a diferencia de lo adquirido a título lucrativo.

ONESICRITO. *Biog.* Hist. griego que acompañó a Alejandro Magno en su campaña de la India, y escribió un notable informe de la expedición (s. IV).

ONÉSIMO, San. *Hagiog.* Esclavo romano convertido por San Pablo.

ONETTI, Juan Carlos. *Biog.* Novelista urug., nacido en 1909, autor de *El pozo*; *La vida breve*; *El astillero*; *Tierra de nadie*, etc.

ONFACINO. adj. Se dice del aceite que se extrae de la aceituna no madura y que se emplea en medicina.

ONFACOMELI. m. Bebida medicinal que se hacía con el zumo del agraz fermentado y miel.

ÓNFALA. *Mit.* Reina de Lidia que, en prueba de amor, durante tres años obligó a Hércules a hilar a sus pies, como una mujer.

ONFALITIS. (Del gr. *omphalós*, ombligo.) f. *Pat.* Inflamación del ombligo.

ONGANÍA, Juan Carlos. *Biog.* Militar arg. que, tras derrocar en 1966 al gobierno de Arturo Illia, ocupó la presidencia de la Nación hasta 1970, en que fue depuesto, a su vez, por un movimiento militar (n. 1914).

ÓNICE. al. **Onyx.** fr. **Onyx.** ingl. **Onyx.** ital. **Onice.** port. **Onix.** (Del lat. *ónyx*, y éste del gr. *ónyx.*) amb. Calcedonia listada de colores diversos. *Un camafeo de* ÓNICE.

ONICOFAGIA. (Del gr. *ónyx, -ykhos*, uña, y *phágomai*, comer.) f. Costumbre de roerse las uñas que tienen algunas personas.

ONICOMANCIA u **ONICOMANCÍA.** (Del lat. *ónyx*, uña, y *manteia*, adivinación.) f. Arte supersticioso de adivinar el porvenir de una persona por medio de los trazos que quedan en las uñas, que previamente han sido untadas con aceite y hollín. ‖ deriv.: **onicomántico. ca.**

ONICOSIS. f. *Pat.* Callosidad de las uñas, acompañada de inflamación de la matriz ungular.

ÓNIQUE. amb. Ónice.

ONIQUINA. adj. Dícese de la piedra ónice.

ONÍRICO, CA. (Del gr. *oneiros*, ensueño.) adj. Perteneciente o relativo a los ensueños. *Imágenes* ONÍRICAS.

ONIRISMO. m. *Med.* Conjunto de visiones en los sueños. ‖ Alucinación semejante a un ensueño.

ONIROLOGÍA. f. Ciencia que trata de los sueños. ‖ deriv.: **onirólogo, ga.**

ONIROMANCIA u **ONIROMANCÍA.** (Del gr. *oneiros*, ensueño, y *manteia*, adivinación.) f. Arte supersticioso de adivinar lo porvenir interpretando los sueños. ‖ deriv.: **oniromántico, ca.**

ONÍS, Federico de. *Biog.* Lit. y ensayista esp., autor de *El español en los Estados Unidos*; *El Martín Fierro y la poesía tradicional*; *Antología de la poesía española e hispanoamericana*, etc. (1885-1966).

ÓNIX. amb. Ónice.

ONIXIS. f. *Pat.* Afección inflamatoria de las uñas; uña encarnada.

ONNES, Heike Karmelingh. *Biog.* Cél. físico hol. que en 1913 obtuvo el premio Nobel de Física. Son notables sus investigaciones sobre la tensión de los vapores, la isoterma de los gases y la licuefacción del helio. Descubrió la supraconducción (1853-1926).

ONOCRÓTALO. m. Alcatraz, pelícano.

ONOMANCIA u **ONOMANCÍA.** (Del gr. *ónoma*, nombre, y *manteia*, adivinación.) f. Arte supersticioso de adivinar por el nombre de una persona lo que a ésta le ha de suceder. ‖ deriv.: **onomántico, ca.**

● **ONOMANCIA.** *Hist.* Judíos, egipcios y griegos aceptaron desde tiempos muy antiguos, las predicciones del porvenir y el conocimiento del carácter de una persona, por el significado de su nombre propio. Según Pitágoras, si en un nombre el número de vocales es impar, es un mal augurio y presagia a su poseedor un lamentable accidente. Roma recogió esta creencia y buscaba –para ceremonias religiosas o negocios– a las personas que tuviesen un nombre de feliz augurio: en los empadronamientos, reclutamientos y llamados de los colonos, se comenzaba con los nombres de *Valerius, Statorius*, y algunos otros, a los que se consideraba de buen augurio; la tribu de *Faucia*, por el contrario, era célebre por su mala influencia. Si por un azar votaba primero, eso significaba un mal presagio y señalaba la derrota.

ONOMÁSTICO, CA. (Del gr. *onomastikós*, de *ónoma*, nombre.) adj. Perteneciente o relativo a los nombres, y especialmente a los propios. ‖ m. Día del santo de una persona. ‖ f. Ciencia que trata de la catalogación y estudio de los nombres propios.

ONOMATOLOGÍA. f. Ciencia de las voces técnicas y propias de una facultad. ‖ deriv.: **onomatológico, ca; onomatólogo.**

ONOMATOPEYA. (Del lat. *onomatopoeia*, y éste del gr. *onomatopoiia*; de *ónoma*, nombre, y *poieo*, hacer.) f. Imitación del sonido de una cosa con la palabra con que se la nombra. ‖ El mismo vocablo que imita ese sonido: *tris, zas.* ‖ *Ret.* Uso de voces onomatopéyicas para imitar el sonido de algunas cosas.

ONOMATOPÉYICO, CA. adj. Perteneciente a la onomatopeya; formado por ella. *Voces* ONOMATOPÉYICAS.

ONOQUILES. (Del lat. *onochiles*, y éste del gr. *onokheilés*; de *onos*, asno, y *kheilos*, labio.)

f. Planta vellosa, de tallos gruesos y carnosos, hojas lanceoladas, flores purpúreas, fruto seco y raíz gruesa, de la cual se saca una tintura roja para perfumistas y confiteros. *Alkanna tinctoria*, borraginácea.

ONOSMA. (Del lat. *onosma*, y éste del gr. *ónosma*, olor de asno.) f. **Orcaneta amarilla.**

ONOTO. m. *Ven.* Bija.

ONSAGER, Lars. *Biog.* Científico estadounidense, de origen noruego, cuya teoría de los procesos químicos irreversibles mereció en 1968 el premio Nobel de Química. Son también muy importantes sus trabajos sobre termodinámica (n. en 1903).

ONTARIO. *Geog.* El menor de los Grandes Lagos de Amér. del N. situado entre el Est. de Nueva York (EE. UU.) y la provincia hom. (Canadá). 18.700 km^2. ‖ Provincia del S.E. de Canadá. 1.068.464 km^2. 8.000.000 de h. Actividades agrícolas, frutas, explotación forestal, minería. Industria del papel, maquinarias. Cap. TORONTO.

ONTENIENTE. *Geog.* Ciudad de España (Valencia). 14.000 h. Centro agrícola y ganadero. Fabricación de papel y tejidos.

ONTINA. f. Planta europea de tallos leñosos, hojas carnosas y flores amarillentas, en racimos. *Artemisia herba-alba*, compuesta.

ONTO. Forma prefija del gr. *on, ontos*, "el que es". ONTO*logía*; ONTO*genia*.

ONTOGENIA. (Del gr. *ontos*, el ser, y *genos*, origen.) f. Historia de la producción de los seres organizados de la Tierra. ‖ Formación y desarrollo de un organismo considerado con independencia de su especie. ‖ deriv.: **ontogénico, ca.**

ONTOLOGÍA. al. **Wesenlehre; ontologie.** fr. **Ontologie.** ingl. **Ontology.** ital. **Ontologia.** port. **Ontologia.** (Del gr. *on, ontos*, el ser, y *logos*, doctrina.) f. Parte de la metafísica, que trata del ser en general y de sus propiedades trascendentales. ‖ deriv.: **ontológico, ca.**

ONTOLOGISMO. m. *Fil.* Teoría que pretende explicar el origen de las ideas mediante la adecuada intuición del ser absoluto.

ONTÓLOGO. m. El que profesa o sabe la ontología.

O. N. U. *Hist.* Siglas de la **Organización de las Naciones Unidas,** entidad creada en San Francisco (Estados Unidos) en 1945, por los representantes de cincuenta naciones, con propósitos de solidaridad internacional semejantes a los de la ant. Liga de las Naciones. Posteriormente se agregaron otros países a esa Organización que obtuvo, en 1954, el Premio Nobel de la Paz.

ONUBENSE. adj. y s. De Huelva, ciudad de España.

ONZA. (Del lat. *uncia*.) f. Peso equivalente a 1/16 de libra (28,7 gramos). ‖ Duodécima parte del as o libra romana. ‖ – **de oro.** Moneda española, de los s. XVI al XIX (80 pesetas). ‖ **Por onzas.** m. adv. fig. y fam. Escasamente. *Se alimenta* POR ONZAS.

ONZA. al. **Unze.** fr. **Once.** ingl. **Ounce.** ital. **Oncia.** port. **Onça.** f. Mamífero carnicero de unos sesenta centímetros de alto y cerca de un metro de largo, sin contar la cola, que mide otro tanto, semejante a la pantera, con pelaje corto, denso y blando, similar al del leopardo. ‖ V. **Gato onza.**

ONZAVO, VA. adj. Undécimo, cada una de las once partes iguales de un todo. Ú.t.c.s.m.

OÑA, Pedro de. *Biog.* Poeta chil., autor de *Arauco domado*, poema inspirado en "La Araucana", de Ercilla. Otras obras: *El Vasauro; Ignacio de Cantabria*, etc. (1570-1643).

OÑEZ DE LOYOLA, Martín García. *Biog.* V. **García Oñez de Loyola, Martín.**

OOGONIO. m. *Bot.* Organo sexual femenino, donde se forman las oosferas de ciertas talofitas.

OOLITO. m. *Geog.* Caliza compuesta de concreciones semejantes a las huevas de pescado. ‖ deriv.: **oolítico, ca.**

OOSFERA. (Del gr. *oón*, huevo, y *pherein*, llevar.) f. *Bot.* Macrogameto de los vegetales.

OPA. (Del quichua *upa*.) adj. *Amér. del S.* Tonto, idiota. Ú.t.c.s.

¡OPA! int. *Amér. Central.* **¡Upa!** ‖ *Amér. Central, Col., Chile, Ec.* y *Ven.* **¡Hola!**

OPACAR. tr. Hacer opaca una cosa; obscurecer. ‖ r. *Col.* y *Guat.* Nublarse. ‖ *Guat.* Perder el brillo, ponerse opaca una cosa. ‖ *Méx.* Obscurecerse, ocultarse.

OPACIDAD. f. Calidad de opaco. antón.: **transparencia.**

OPACO, CA. al. **Undurchsichtig.** fr. **Opaque.** ingl. **Opaque.** ital. **Opaco.** port. **Opaco.** (Del lat. *opacus*.) adj. Que impide el paso a la luz. *La madera es* OPACA; antón.: **transparente.** ‖ Obscuro, sombrío. ‖ fig. Triste, melancólico. *Vida* OPACA.

OPADO, DA. adj. Hinchado. ‖ *Bol.* y *Ven.* Pálido, ojeroso.

OPALACA. *Geog.* Cordón montañoso del O. de Honduras que pertenece a la cordillera antillana. Culmina a los 2.065 m.

OPALESCENCIA. f. Reflejos de ópalo.

OPALESCENTE. adj. Que parece de ópalo, o irisado como él.

OPALINO, NA. al. **Opalartig.** fr. **Opalin.** ingl. **Opaline.** ital. **Opalino.** port. **Opalino.** adj. Perteneciente o relativo al ópalo. ‖ Dícese del color blanco azulado con reflejos irisados. ‖ De color **opalino.** *Pantalla* OPALINA.

OPALIZAR. tr. Dar a alguna cosa color opalino.

ÓPALO. al. **Opal.** fr. **Opale.** ingl. **Opal.** ital. **Opalo.** port. **Opalo.** (Del lat. *opalus*, y éste del gr. *opallios*.) m. Mineral silíceo, resinoso, quebradizo y de colores diversos. ‖ – **de fuego.** El de color rojo encendido. ‖ – **girasol.** El que amarillea. ‖ – **noble.** El casi transparente y de bellos colores.

OPAVA. *Geog.* Ciudad del N. de Checoslovaquia, situada al N. E. de Olomouc. 53.500 h. Industria textil y azucarera. Maquinarias.

OPCIÓN. (Del lat. *optio, -onis*.) f. Libertad de elegir. ‖ La elección misma. ‖ Derecho que se tiene a un oficio, dignidad, etc. ‖ *For.* Convenio en que se deja al arbitrio de una de las partes ejercitar un derecho o adquirir una cosa.

OPE. *Mit.* Esposa de Saturno, diosa de la abundancia.

OPEN DOOR. *Geog.* Población del N. E. de la prov. de Buenos Aires (Rep. Argentina). 9.000 h.

ÓPERA. al. **Oper.** fr. **Opéra.** ingl. **Opera.** ital. **Opera.** port. **Ópera.** (Del lat. *ópera*, obra.) f. Obra teatral, puesta en música. ‖ Poema dramático escrito con ese fin; letra de la **ópera.** *Escribir el libreto de una* ÓPERA. ‖ Música de la **ópera.** *Una* ÓPERA *de Wagner.*

OPERABLE. adj. Que puede obrarse o es factible. ‖ Que tiene virtud de operar o hace efecto. ‖ *Cir.* Que puede ser operado.

OPERACIÓN. al. **Operation.** fr. **Opération.** ingl. **Operation.** ital. **Operazione.** port. **Operação.** f. Acción y efecto de operar. ‖ Ejecución de alguna cosa. ‖ *Com.* Negociación sobre valores y mercancías. OPERACIONES *bursátiles.* ‖ – **cesárea.** *Cir.* **Cesárea.**

OPERACIONAL. adj. Relativo a las operaciones, y especialmente a las militares.

ÓPERA DE PARÍS. *Arq.* Uno de los más grandes y suntuosos teatros del mundo, construido entre 1862 y 1874, sobre un proyecto del arquitecto Carlos Garnier. Sus imponentes formas arquitectónicas y su decoración general, que destaca notables obras escultóricas, tienden a una fastuosidad portentosa.

OPERADOR, RA. adj. y s. *Cir.* Que opera.

OPERAR. al. **Operieren.** fr. **Opérer.** ingl. **To operate.** ital. **Operare.** port. **Operar.** (Del lat. *operare*.) tr. *Cir.* Ejecutar en el cuerpo animal vivo, con la mano o valiéndose de instrumentos, un trabajo de alguna importancia para curar una enfermedad, suplir la acción de la naturaleza o corregir un defecto físico. ‖ intr. Obrar una cosa, especialmente las medicinas, y hacer el efecto para que se destina. sinón.: **actuar.** ‖ Maniobrar. ‖ Especular sobre valores. ‖ deriv.: **operante.** IDEAS AFINES: *Cirujano, anestesiar, cloroformar, orinar, cortar, amputar, extirpar, desinfectar, trepanar, ligar, vendar, punción, inyección, transfusión, bisturí, pinzas, quirófano.*

OPERARIO, RIA. al. **Handwerker; Arbeiter.** fr. **Ouvrier.** ingl. **Workman.** ital. **Operaio.** port. **Operário.** (Del lat. *operarius*.) s. Obrero, trabajador manual. *Contratar* OPERARIOS; sinón.: **artesano.**

OPERATIVO, VA. adj. Dícese de lo que obra y hace su efecto. *Tratamiento* OPERATIVO. Ú.t.c.s. *Un* OPERATIVO *policial.*

OPERATORIO, RIA. adj. Que puede operar. ‖ Relativo a las operaciones quirúrgicas. ‖ Conjunto de reglas que deben seguirse en las operaciones quirúrgicas.

OPERCULAR. adj. Que sirve de opérculo. ‖ Relativo a un opérculo.

OPÉRCULO. (Del lat. *opérculum*, tapadera.) m. Pieza que cierra ciertas aberturas, como la concha de muchos moluscos. cápsulas de frutos, etc.

OPERETA. al. **Operette.** fr. **Opérette.** ingl. **Operetta.** ital. **Operetta.** port. **Opereta.** f. Opera cómica, frívola o burlesca que suele tener partes simplemente habladas.

OPERÍA. f. *Bol.* Estupidez.

OPERISTA. com. Actor de ópera.

OPERÍSTICO, CA. adj. Perteneciente o relativo a la ópera.

OPEROSO, SA. al. **Mühsam.** fr. **Laborieux.** ingl. **Laborious.** ital. **Laborioso.** port. **Operoso.** (Del lat. *operosus*.) adj. Dícese de la persona que trabaja afanosamente. ‖ Que cuesta mucho trabajo o fatiga. *Una* OPEROSA *búsqueda.* ‖ deriv.: **operosidad.**

OPIÁCEO, A. adj. Dícese de los compuestos de opio. ‖ fig. Que calma como el opio.

OPIADO, DA. adj. Compuesto con opio. ‖ fam. Aburrido.

OPIATA. f. Medicamento preparado con opio. ‖ Electuario.

OPIÁTICO, CA. adj. Propio del opio. ‖ Opiado. ‖ Narcótico, que produce sueño.

OPIATO, TA. adj. Opiado. ‖ m. Opiata.

OPILACIÓN. f. Obstrucción de una vía orgánica. ‖ Amenorrea. ‖ Hidropesía.

OPILADO, DA. adj. Pálido, amarillento. *Rostro* OPILADO.

OPILARSE. (Del lat. *oppilare*.) r. Contraer opilación las mujeres. ‖ *Arg.* Hartarse de agua.

OPILATIVO, VA. adj. Que opila u obstruye.

OPIMO, MA. (Del lat. *opimus*.) adj. Rico, fértil, abundante. *Valle* OPIMO; *cosecha* OPIMA; antón.: **escaso, estéril.**

OPINABLE. (Del lat. *opinábilis*.) adj. Que puede ser defendido en pro y en contra. sinón.: **cuestionable.**

OPINAR. al. **Meinen; glauben.** frs. **Opiner.** ingl. **To judge.** ital. **Opinare.** port. **Opinar.** (Del lat. *opinare*.) intr. Formar o tener opinión. OPINO *bien de José;* sinón.: **juzgar.** ‖ Expresarla. ‖ Hacer conjeturas acerca de una cosa. OPINO *que lloverá.* ‖ deriv.: **opinante; opinativo, va.**

OPINIÓN. al. **Meinung; Ansicht.** fr. **Opinion.** ingl. **Opinion.** ital. **Opinione.** port. **Opinião.** (Del lat. *opinio, -onis*.) f. Concepto que se forma de una cosa cuestionable. *Nuestras* OPINIONES *diferían;* sinón.: **juicio, parecer.** ‖ Fama o concepto en que se tiene a una persona o cosa. *Goza de buena* OPINIÓN. ‖ – **pública.** Estimación en que coincide la generalidad de las personas. ‖ **Andar** uno **en opiniones.** frs. Estar puesto en duda su crédito o estimación. ‖ **Casarse** uno **con su opinión.** frs. fig. y fam. Aferrarse al juicio propio. ‖ IDEAS AFINES: *Pensamiento, idea, reflexión, declaración, apreciación, creencia, convicción, juzgar, aconsejar, consultar, compartir, emitir.*

OPIO. al. **Opium.** fr. **Opium.** ingl. **Opium.** ital. **Oppio.** port. **Ópio.** (Del lat. *ópium*, y éste del gr. *opion*.) m. Droga que se obtiene desecando el jugo de las cabezas de adormideras verdes; es narcótica y analgésica; y contiene numerosos alcaloides, entre ellos, morfina, codeína y narcotina. *En Oriente están los principales países productores de* OPIO.

● **OPIO.** *Hist.* y *Med.* Empleado desde épocas muy antiguas, la primera referencia escrita sobre el uso del **opio** se encuentra en notas de Teofrasto, en el s. III a. de C. De Asia Menor había pasado a Grecia y a Roma; de allí a los países árabes, de donde se introdujo en todo el Oriente. Sólo en el s. XVIII se extendió por China el hábito de fumar **opio**, que, además de los perjuicios que trajo para la salud del pueblo, fue la causa de conflictos económicos tan serios, que incluso terminaron en encuentros armados. Desde el punto de vista médico, ya en el s. XVI se conocían bastante bien las indicaciones terapéuticas del **opio** y se preparaban derivados y compuestos. Hasta fines del s. XVIII sólo se utilizaron los extractos puros del **opio**; en 1805 se aisló la morfina, en 1832 la codeína y en 1848 la papaverina, tres de los alcaloides que se extraen del **opio** y que tienen mayor uso en la terapéutica. Aliado del médico para la supresión o disminución del dolor, el **opio** tiene el inconveniente de producir rápido acostumbramiento y síntomas molestos de intolerancia. Además, su uso reiterado e innecesario constituye uno de los vicios más perjudiciales para la salud del hombre.

OPIOMANÍA. f. Toxicomanía por el opio. ‖ deriv.: **opiomaníaco, ca.**

OPIÓMANO, NA. adj. y s. Que padece de opiomanía.

OPÍPARAMENTE. adv. m. De manera opípara.

OPÍPARO, RA. (Del lat. *opíparus*.) adj. Dícese de las comidas copiosas y espléndidas.

OPIS. *Geog. hist.* Ciudad de la antigua Asiria, probablemente sit. sobre el río Tigris. Por allí pasó Alejandro de regreso de su expedición a la India.

OPISTÓDOMO. m. Parte posterior del templo griego, destinada a guardar los exvotos.

OPITZ, Martín. *Biog.* Poeta al. que introdujo importantes reformas en la métrica (1597-1639).

OPLOTECA. f. Colección o museo de armas.

OPOBÁLSAMO. (Del lat. *opobálsamum*, y éste del gr. *opobálsamon;* de *opós*, zumo, y *bálsamon*, bálsamo.) m. Resina verde amarillenta, amarga, olorosa y astringente, que se extrae del árbol anacardiáceo *Balsamea meccaniensis.*

OPOLE. *Geog.* Ciudad del S.O. de Polonia, situada sobre el Oder y al N.O. de Katowice. 100.000 h. Minerales. Cueros.

OPÓN. *Geog.* Río de Colombia (Santander), afl. del Magdalena.

OPONER. al. **Entgegensetzen.** fr. **Opposer.** ingl. **To oppose.** ital. **Opporre.** port. **Opor.** (Del lat. *oppónere*.) tr. Poner una cosa contra otra para estorbarle o impedirle su efecto. Ú.t.c.r. OPONER *una pantalla a la luz.* ‖ Proponer una razón o discurso contra lo que otro dice o siente. OPUSIMOS *razones valederas.* ‖ r. Ser una cosa contraria o repugnante a otra. *Dos caracteres que* SE OPONEN. ‖ Estar una cosa situada enfrente de otra. ‖ Impugnar, estorbar, un designio. *Toda la familia* SE OPUSO *a que se marchara.* ‖ Pretender un cargo en concurso con otros aspirantes. OPONERSE *a una cátedra.* ‖ irreg. Conj. como **poner.**

OPONIBLE. adj. Que se puede oponer. *Argumento* OPONIBLE.

OPOPÁNAX. (Del lat. *opópanax*, y éste del gr. *opopánax;* de *opós*, zumo, y *pánax*, pastinaca.) m. Opopónaco.

OPOPÓNACE. f. Pánace.

OPOPÓNACO. (De *opopánax*.) m. Gomorresina rojiza por fuera y amarilla por dentro, que se extrae de la pánace y otras umbelíferas, y se usa en farmacia y perfumería.

OPORTO. m. Vino de Oporto.

OPORTO. *Geog.* Ciudad y puerto de Portugal sobre el Atlántico, en la des. del Duero. Cap. de la provincia de Duero Litoral. 310.000 h. Industria vitivinícola, textil, refinerías de azúcar. Pesca, cerámica.

OPORTUNIDAD. al. **Gelegenheit.** fr. **Opportunité.** ingl. **Opportunity.** ital. **Opportunità.** port. **Oportunidade.** (Del lat. *opportúnitas, -atis*.) f. Calidad de oportuno. *La* OPORTUNIDAD *de un consejo;* antón.: **improcedencia.** ‖ Circunstancia oportuna. *Nunca se le presentaba la* OPORTUNIDAD *de hablarle;* sinón.: **ocasión.**

OPORTUNISMO. (De *oportuno*.) m. Sistema político y económico de transigencia, que subordina en cierta medida los principios fundamentales a las oportunidades y circunstancias. *El* OPORTUNISMO *es más práctico que teórico.* ‖ Adaptación de una persona a cualesquiera situaciones, con el propósito de medrar. sinón.: **conveniencia.**

OPORTUNISTA. adj. Perteneciente o relativo al oportunismo. ‖ com. Partidario del oportunismo.

OPORTUNO, NA. al. **Gelegen.** fr. **Opportun.** ingl. **Opportune.** ital. **Opportuno.** port. **Oportuno.** (Del lat. *opportunus.*) adj. Que se hace o sucede en tiempo a propósito y conveniente. *Intervención* OPORTUNA. ‖ Dícese del que es ocurrente y pronto en la conversación.

OPOSICIÓN. al. **Gegenüberstellung; Opposition; Widerspruch.** fr. **Opposition.** ingl. **Opposition.** ital. **Opposizione.** port. **Oposição.** (Del lat. *oppositio, -onis.*) f. Acción y efecto de oponer u oponerse. ‖ Disposición de algunas cosas de modo que se hallen unas enfrente de otras. ‖ Contrariedad o repugnancia de una cosa con otra. ‖ Concurso de pretendientes a una cátedra u otro empleo. ‖ Contradicción o resistencia a lo que alguien hace o dice. ‖ Minoría en los cuerpos legislativos, que por lo general impugna los actos del gobierno. ‖ Por ext., minoría de otros cuerpos deliberantes. ‖ *Astrol.* Aspecto de dos astros que ocupan casas celestes diametralmente opuestas. ‖ *Astron.* Situación relativa de dos o más cuerpos celestes, cuando tienen longitudes que difieren en dos ángulos rectos.

OPOSICIONISTA. adj. Perteneciente o relativo a la oposición. ‖ m. Persona perteneciente o adicta a la oposición política.

OPOSITAR. tr. Barbarismo por oponerse, hacer oposiciones.

OPÓSITO, TA. (Del lat. *opósitus.*) p. p. irreg. de **Oponer.**

OPOSITOR, RA. (Del lat. *oppósitum.*) s. Quien se opone a otro. ‖ Pretendiente a un empleo que se provee por oposición.

OPOTERAPIA. (Del gr. *opós,* savia, y *therapeia,* curación.) f. Procedimiento curativo por el empleo de órganos animales crudos, de sus extractos o de las hormonas que producen las glándulas endocrinas. ‖ deriv.: **opoterápico, ca.**

OPPELN. *Geog.* V. **Opole.**

OPPENHEIMER, Jacobo R. *Biog.* Físico estadounidense que estudió la relatividad, los quanta, los rayos cósmicos, etc., y fue uno de los principales asesores en la construcción de la bomba atómica (1904-1967).

OPPER, Federico B. *Biog.* Dibujante estadounidense cont., incisivo caricaturista político y precursor de la historieta humorística con *La mula Maud; Aventuras de Cocoliche; Alfonso y Gastón,* etc. ‖ – **Julio.** Asiriólogo alemán, autor de trabajos importantes sobre la escritura cuneiforme (1825-1905).

OPRESIÓN. al. **Druck; Bedrückung.** fr. **Oppression.** ingl. **Oppression; pressure.** ital. **Oppressione.** port. **Opressão.** (Del lat. *oppressio, -onis.*) f. Acción y efecto de oprimir. ‖ – **de pecho.** Dificultad para respirar.

OPRESIVO, VA. adj. Que oprime. *Ligaduras* OPRESIVAS. ‖ deriv.: **opresivamente.**

OPRESO, SA. (Del lat. *oppressus.*) p. p. irreg. de **Oprimir.**

OPRESOR, RA. (Del lat. *opprésor.*) adj. y s. Que oprime a alguno. *Odiar al* OPRESOR.

OPRIMIR. al. **Bedrücken; unterdrücken.** fr. **Opprimer; accabler.** ingl. **To oppress.** ital. **Opprimere.** port. **Oprimir.** (Del lat. *opprímere.*) tr. Ejercer presión sobre una cosa. OPRIMIR *el botón del timbre;* sinón.: **apretar.** ‖ fig. Sujetar a alguno, vejándolo o tiranizándolo. OPRIMIR *al pueblo.* ‖ deriv.: **oprimible.** ‖ IDEAS AFINES: *Ahogar, asfixiar, ajustar, estrechar, comprimir, empujar, aplastar, contraer, ligadura, fuerza, peso, pinza, cinturón; esclavizar, humillar, perseguir, agobiar, aherrojar, someter, intolerancia, abuso, coerción, absolutismo, autocracia.*

OPROBIAR. tr. Infamar, causar oprobio.

OPROBIO. al. **Schmach; Schimpf.** fr. **Opprobre.** ingl. **Opprobrium; ignominy.** ital. **Obbrobrio.** port. **Opróbio.** (Del ant. *oprobrio,* y éste del lat. *oppróbrium.*) m. Ignominia, afrenta, deshonra. sinón.: **baldón.**

OPROBIOSO, SA. adj. Que causa oprobio. *Sujeción* OPROBIOSA; sinón.: **afrentoso, deshonroso.** ‖ deriv.: **oprobiosamente.**

OPTACIÓN. (Del lat. *optatio, -onis.*) f. Aceptación, acción de optar. ‖ *Ret.* Figura que consiste en manifestar vehemente deseo de lograr o de que suceda una cosa.

OPTAR. al. **Wählen.** fr. **Opter; choisir.** ingl. **To opt; to choose.** ital. **Optare.** port. **Optar.** (Del lat. *optare.*) tr. Entrar en un empleo u otra cosa a que se tiene derecho. OPTAR *a un cargo.* ‖ Elegir una cosa entre varias. OPTÉ *siempre por la verdad;* sinón.: **escoger.** ‖ deriv.: **optable; optante.**

OPTATIVO, VA. (Del lat. *optativus.*) adj. Que pende de opción o la admite. *Retiro* OPTATIVO. ‖ V. **Modo optativo.**

ÓPTICA. al. **Optik.** fr. **Optique.** ingl. **Optics.** ital. **Ottica.** port. **Óptica.** f. Parte de la física que estudia la luz. ‖ Aparato compuesto de lentes y espejos, para ver agrandados los objetos. ‖ IDEAS AFINES: *Fotometría, radiografía, espectro solar, aberración, astigmatismo, convergencia, desviación, incidencia, irradiación, polarización, reflexión, refracción, menisco, cóncavo, convexo, monóculo, anteojos, periscopio, cinematógrafo, caleidoscopio.*

ÓPTICO, CA. al. **Optisch; Optiker.** fr. **Optique; opticien.** ingl. **Optic, optical; optician.** ital. **Ottico.** port. **Óptico.** (Del gr. *optikós,* de *optós,* visible.) adj. Perteneciente o relativo a la óptica. *Eje* ÓPTICO. ‖ m. Comerciante de objetos de óptica, especialmente de anteojos. ‖ Óptica, aparato.

OPTIMACIÓN. f. Acción y efecto de optimar. ‖ Método matemático para determinar los valores de las variables que hacen máximo el rendimiento de un proceso o un sistema.

OPTIMAR. tr. Buscar la mejor manera de realizar una actividad.

OPTIMATE. (Del lat. *optimates.*) m. Prócer. Ú.m. en pl.

OPTIMISMO. al. **Optimismus.** fr. **Optimisme.** ingl. **Optimism.** ital. **Ottimismo.** port. **Optimismo.** (De *óptimo.*) m. Sistema filosófico que consiste en atribuir al universo la mayor perfección posible. antón.: **pesimismo.** ‖ Tendencia a ver y juzgar las cosas en su aspecto más favorable. ‖ IDEAS AFINES: *Confianza, seguridad, fe, alegría, esperanza, bondad, serenidad, satisfacción, placer.*

OPTIMISTA. adj. y s. Que profesa el optimismo. ‖ Que propende a ver y juzgar las cosas en su mejor aspecto. *La juventud es* OPTIMISTA.

OPTIMIZAR. tr. **Optimar.**

ÓPTIMO, MA. al. **Vortrefflich.** fr. **Excellent.** ingl. **Best.** ital. **Ottimo.** port. **Ótimo.** (Del lat. *óptimus.*) adj. super. de **Bueno.** Sumamente bueno; que no puede ser mejor. *Calificación* ÓPTIMA; sinón.: **excelente, perfecto.** ‖ deriv.: **óptimamente.**

OPTOMETRÍA. f. Ciencia que trata de la graduación de la vista. ‖ deriv.: **optómetra; optométrico, ca.**

OPTÓMETRO. (Del gr. *opteúo,* ver, y *metron,* medida.) m. Instrumento para medir los límites de la visión distinta y elegir cristales.

OPUESTAMENTE. adv. m. Con oposición y contrariedad.

OPUESTO, TA. (Del lat. *oppósitus.*) p. p. irreg. de **Oponer.** ‖ adj. Enemigo o contrario. *Bando* OPUESTO. sinón.: **adverso, rival.** ‖ *Bot.* Dícese de las hojas, flores, y otras partes de la planta, cuando las unas nacen enfrente de las otras. ‖ IDEAS AFINES: *Antagonismo, resistencia, obstrucción, obstáculo, dificultad, traba, inconveniente, detención, freno, lucha, reacción, conflicto, antípoda, incompatibilidad, objeción, rebelarse, protestar, contrariar, rehusar, controvertir.*

OPUGNACIÓN. f. Oposición con violencia. ‖ Contradicción por fuerza de razones.

OPUGNADOR, RA. adj. Que opugna. ‖ m. El que hace oposición con fuerza y violencia.

OPUGNAR. (Del lat. *oppugnare.*) tr. Hacer oposición con fuerza y violencia. ‖ Asaltar o combatir una plaza o ejército. ‖ Contradecir, repugnar. OPUGNAR *una disposición;* antón.: **admitir.** ‖ deriv.: **opugnante.**

OPULENCIA. al. **Grosser Reichtum; Überfluss.** fr. **Opulence.** ingl. **Opulence.** ital. **Opulenza.** port. **Opulencia.** (Del lat. *opulentia.*) f. Gran riqueza. ‖ fig. Sobreabundancia. *La* OPULENCIA *de adornos es de mal gusto;* sinón.: **exuberancia, profusión.**

OPULENTAMENTE. adv. m. Con opulencia.

OPULENTO, TA. (Del lat. *opulentus.*) adj. Que tiene opulencia. *Banquero* OPULENTO; sinón.: **acaudalado, rico.**

OPÚSCULO. al. **Opusculum.** fr. **Opuscule.** ingl. **Booklet.** ital. **Opuscolo.** port. **Opúsculo.** (Del lat. *opúsculum,* dim. de *opus,* obra.) m. Obra científica o literaria de corta extensión. ‖ deriv.: **opuscular.**

OQUE (De). m. adv. **De balde.**

OQUEDAD. (Del lat. *vacúitas, -atis,* vacío.) f. Espacio hueco en el interior de un cuerpo. *La* OQUEDAD *de un tronco;* sinón.: **cavidad.** ‖ fig. Insubstancialidad de lo que se habla o escribe.

OQUEDAL. (De *hueco.*) m. Monte de árboles altos, sin hierba ni matas.

OQUELI, Arturo. *Biog.* Escritor hondureño cont., autor de la obra satírica *El gringo Lerica* y otros libros en prosa.

OQUENDO, Antonio de. *Biog.* Célebre marino esp., que venció a los holandeses en Pernambuco (1577-1640). ‖ – **DE AMAT, Carlos.** Poeta peruano, autor de *Cinco metros de poemas* y otras obras de original expresión lírica (1909-1936).

OQUERUELA. f. Lazadilla que se forma en el hilo de coser cuando está muy retorcido.

OR. Sufijo de nombres abstractos, algunos de origen latino: *amOR, clangOR,* y otros derivados de adjetivos castellanos: *dulzOR, amargOR.*

ORA. conj. distr., aféresis de **Ahora.** ORA *hablando,* ORA *escribiendo.*

ORACIÓN. al. **Gebet; Satz.** fr. **Prière; proposition.** ingl. **Prayer; sentence.** ital. **Preghiera; orazione; proposizione.** port. **Oração.** (Del lat. *oratio, -onis.*) f. Obra de elocuencia, razonamiento pronunciado en público. ORACIÓN *inaugural.* ‖ Ruego que se hace a Dios y a los santos. *La* ORACIÓN *es un acto impetratorio;* sinón.: **plegaria, rezo.** ‖ Elevación de la mente a Dios para alabarle o pedirle mercedes. ‖ En la misa y en el rezo eclesiástico, deprecación que empieza o se distingue con la voz *Oremus* e incluye la conmemoración del santo o de la festividad del día. ‖ Hora de las **oraciones.** ‖ *Gram.* Palabra o conjunto de palabras con que se expresa un concepto cabal. ‖ pl. Primera parte de la doctrina cristiana (el padrenuestro, el avemaría, etc.). ‖ Hora del anochecer, porque en ella se toca en las iglesias la campana, para que recen los fieles el avemaría. ‖ El mismo toque de la campana, que en algunas partes se repite al amanecer y al mediodía. ‖ **Oración de ciego.** fig. Razonamiento dicho sin gracia ni calor. ‖ – **dominical.** La del padrenuestro. ‖ La que sin palabras se eleva a Dios desde el fondo del alma. ‖ – **impersonal.** *Gram.* La que no se atribuye a un sujeto determinado. ‖ – **vocal.** La que se hace a Dios con palabras. ‖ **Romper las oraciones.** frs. Interrumpir la plática con alguna impertinencia. ‖ IDEAS AFINES: *Devoción, piedad, misticismo, fervor, misa, rosario, liturgia, iglesia, altar, imagen, invocar, suplicar, implorar, recitar.*

ORACIONAL. adj. Relativo a la oración gramatical. ‖ m. Libro compuesto de oraciones o que trata de ellas.

ORÁCULO. al. **Orakel.** fr. **Oracle.** ingl. **Oracle.** ital. **Oracolo.** port. **Oráculo.** (Del lat. *oráculum.*) m. Respuesta que da Dios o por sí o por sus ministros. ‖ Contestación dada por las pitonisas y sacerdotes de la gentilidad en nombre de los dioses a las consultas que ante sus ídolos se hacían. *Consultar el* ORÁCULO. ‖ Lugar, estatua o simulacro que representaba la deidad cuyas respuestas se pedían. ORÁCULO *de Delfos.* ‖ fig. Persona a quien se escucha con veneración por su mucha sabiduría. ‖ deriv.: **oracular.**

ORADEA MARE. *Geog.* Ciudad del N. O. de Rumania. 92.943 h. Agricultura. Centro ferroviario.

ORADOR, RA. al. **Redner.** fr. **Orateur.** ingl. **Speaker; orator.** ital. **Oratore.** port. **Orador.** (Del lat. *orátor.*) s. Persona que ejerce la oratoria, que habla en público. ‖ Persona que pide y ruega. ‖ m. Predicador. ‖ IDEAS AFINES: *Tribuno, disertante, conferenciante, apologista, defensor, panegirista, relator, locuacidad, énfasis, improvisación, retórica, facundia, Demóstenes, Cicerón, Castelar.*

ORAJE. (De un deriv. del lat. *aura,* viento.) m. Tiempo muy crudo de lluvias, nieve o piedra, y vientos recios.

ORAL. al. **Mündlich.** fr. **Oral.** ingl. **Oral.** ital. **Orale.** port. **Oral.** (Del lat. *orare,* hablar, decir.) adj. Expresado con la boca o con la palabra, a diferencia de escrito. *Examen* ORAL. ‖ deriv.: **oralmente.**

ORAL. m. *Col.* Sitio abundante en oro. ‖ Cantidad de oro.

ORÁN. *Geog.* Ciudad y puerto de Argelia. 335.000 h. Cereales, vinos, tejidos. ‖ Pobl. de la Argentina (Salta). V. **San Ramón de la Nueva Orán.**

ORANÉS, SA. adj. y s. De Orán, Argelia.

ORANGE. *Geog.* Río que recorre parte de la Unión Sudafricana y des. en el Atlántico después de 2.306 km. ‖ Población del S. de Francia (Cluse), al N. de Aviñón. 20.000 h. Sedas, azúcar, frutas. ‖ Provincia autónoma de la Unión Sudafricana. 128.580 km². 1.700.000 h. Cap. BLOEMFONTEIN. Antiguamente fue Estado libre.

ORANGUTÁN. al. **Orang-Utan.** fr. **Orang-outan.** ingl. **Orang-outang.** ital. **Orangutano.** port. **Orangotango.** (Del malayo *orang hutan,* hombre de los bosques.) m. Mono de las selvas de Borneo y Sumatra, de unos dos metros de altura, frente estrecha, nariz chata, piernas cortas y brazos muy largos. *Simia satyrus,* primate. *El* ORANGUTÁN *se pone en dos pies para atacar.*

ORANTE. p. a. de **Orar.** Que ora. Dícese, por lo común, de la figura humana representada por pintores y escultores en actitud de orar.

ORARIO. (Del lat. *orarium,* de *ora,* fimbria.) m. Banda que los antiguos romanos se ponían al cuello, origen de las estolas. ‖ Estola grande y preciosa que usa el Papa.

ORASUL STALIN. *Geog.* Ciudad de Rumania, al pie de los Alpes de Transilvania. 200.000 h. Maquinaria agrícola, cemento. Antes se llamó **Kronstadt,** y luego **Brasov,** nombre que aún se utiliza.

ORATE. (Del gr. *oratés,* visionario.) com. Loco, que ha perdido la razón. ‖ fig. y fam. Persona de poco juicio.

ORÁTICO, CA. adj. *Amér. Central.* Venático, ideático.

ORATORIA. al. **Redekunst.** fr. **Oratoire.** ingl. **Oratory.** ital. **Oratoria.** port. **Oratória.** (Del lat. *oratoria.*) f. Arte de hablar con elocuencia; de deleitar, persuadir y conmover por medio de la palabra. ORATORIA *sagrada.*

ORATORIAMENTE. adv. m. Con estilo oratorio.

ORATORIO. (Del lat. *oratórium.*) m. Lugar destinado para orar. ‖ En casas particulares, pieza donde por privilegio se celebra la misa. ‖ Congregación de presbíteros fundada por San Felipe Neri. ‖ Composición dramática y musical, para voces e instrumentos, sobre asunto sagrado. El oratorio difiere de la ópera en que no comprende representación escénica; hay personajes, pero no hay acción, ni mímica, ni vestuario, ni decorados. ORATORIO *de Haydn.*

ORATORIO, RIA. (Del lat. *oratorius.*) adj. Perteneciente o relativo a la oratoria, a la elocuencia o al orador. *Elocución* ORATORIA.

ORBE. al. **Kreis; Welt.** fr. **Orbe.** ingl. **Orb; sphere.** ital. **Orbe.** port. **Orbe.** (Del lat. *orbis.*) m. Redondez o círculo. ‖ Esfera celeste o terrestre. *Por todo el* ORBE *se difundió su nombre.* ‖ Mundo, creación. ‖ Pez marino de los plectognatos, de forma casi esférica, con unos tres decímetros de diámetro, cubierto de espinas largas y fuertes. Vive en el mar de las Antillas y no es comestible. ‖ *Astron.* Cada una de las esferas cristalinas supuestas en los antiguos sistemas astronómicos, que servía de sustentáculo y vehículo a un planeta.

ORBEGOSO, Luis José. *Biog.* Pol. peruano, de 1833 a 1835 presidente de la Rep. Intentó la formación de una confederación entre su país y Bolivia (1795-1847).

ORBICULAR. (Del lat. *orbicularis.*) adj. Redondo o circular. *Estructura* ORBICULAR. ‖ deriv.: **orbicularmente.**

ORBIGNY, Alcides d'. *Biog.* Naturalista fr. que exploró y estudió varios países sudamericanos. Obras: *Viaje a la América Meridional*; *La distribución geográfica de los pájaros*; *Paleontología francesa*, etc. (1802-1857).

ÓRBITA. al. **Planetenbahn.** fr. **Orbite; sphère.** ingl. **Orbite; sphere.** ital. **Orbita.** port. **Órbita.** (Del lat. *órbita.*) f. Curva que cada astro describe en su movimiento de traslación. *Los cometas describen* ÓRBITAS *sumamente amplias.* ‖ fig. Esfera, ámbito, espacio. ‖ *Anat.* Cuenca del ojo.

ORBITAL. adj. Relativo a la órbita.

ORBITARIO, RIA. adj. Perteneciente o relativo a la órbita. *Cavidad* ORBITARIA.

ORBÓN, Julián. *Biog.* Compositor cub. de estilo neoclásico. Obras: *Capricho concertante*; *La gitanilla*, etc. (n. 1925).

ORCA. (Del lat. *orca*, puerco.) f. Mamífero cetáceo que llega a unos diez metros de largo, con cabeza redondeada, boca rasgada, aletas pectorales largas y aleta dorsal alta, negro por el lomo y blanco por el vientre. *Orcinus orca.*

ORCADAS. *Geog.* V. **Órcadas.**

ÓRCADAS. *Geog.* Archipiélago británico, sit. al N. de Escocia, en el mar del Norte. Está formado por 68 islas que tienen 975 km². y 17.000 h. Cap. KIRKWALL. Su principal isla es Pomona. ‖ – **del Sur.** Archipiélago argentino, sit. en el Atlántico, a 1.226 km. al S. E. de Tierra del Fuego. 1.064 km². Sus islas principales son Coronación y Laurie. En esta última hay un importante observatorio meteorológico instalado en 1904.

ORCAGNA, Andrés di Cione, llamado. *Biog.* Pintor, arq. y escultor ital. de la escuela florentina, el más serio rival de Giotto. Cuadros famosos: *Los réprobos*; *Infierno*; *Juicio final*, etc. (s. XIV).

ORCANETA. (Del ár. *ircán*, alheña.) f. Onoquiles. ‖ – **amarilla.** Planta herbácea, muy vellosa, de hojas lanceoladas y flores amarillas, fruto seco y raíz gruesa, borraginácea.

ORCINA. f. Substancia colorante de ciertos líquenes.

ORCO. m. Orca.

ORCO. (Del lat. *orcus.*) m. Infierno de los condenados. ‖ poét. Infierno pagano.

ORCZY, Montagu Barstow, baronesa de. *Biog.* Literata ingl. de origen húng., autora de obras muy difundidas: *La Pimpinela Escarlata*; *Lady Molly*; *Eldorado*, etc. (1867-1947).

ORCHILLA. f. *Ec.* Especie de liquen que produce la orcina.

ÓRDAGO. (Del vasco *or dago*, ahí está.) m. Envite del resto en el juego del mus. ‖ **De órdago.** loc. fam. Excelente, de superior calidad. *Una fiesta* DE ÓRDAGO.

ORDALÍAS. (Del b. lat. *ordalia*, y éste del anglosajón *ordal*, juicio.) f. pl. Pruebas a las que se sometía a los acusados de diversos delitos, para averiguar su culpabilidad. Se practicaron muy especialmente en la Edad Media y solían ser el duelo, el hierro candente, etc. Considerábase inocente al que quedaba victorioso.

ORDAS, Diego de. *Biog.* Militar esp. que acompañó a Hernán Cortés en la conquista de México. Volvió a España, donde el rey le encomendó la conquista de nuevas tierras, pero murió en alta mar, en 1532.

ORDEN. al. **Befehl; Order; Orden; Ordnung.** fr. **Ordre.** ingl. **Order.** ital. **Ordine.** port. **Ordem.** (Del lat. *ordo, -inis.*) amb. Colocación de las cosas en el lugar que les corresponde. *Respete el* ORDEN *de los libros.* ‖ Concierto, disposición regular de las cosas entre sí. *No hay* ORDEN *en esta habitación*; sinón.: **armonía.** ‖ Modo que se observa para hacer las cosas. ‖ Serie o sucesión de las cosas. *El* ORDEN *numérico*; sinón.: **gradación.** ‖ Sexto de los siete sacramentos de la Iglesia, por el cual son instituidos los sacerdotes y los ministros del culto. ÓRDENES *mayores.* ‖ En determinadas épocas, grupo o categoría social. ORDEN *senatorial.* ‖ Relación de una cosa a otra. ‖ Instituto religioso aprobado por el Papa y cuyos individuos viven bajo determinadas reglas. ORDEN *franciscana.* ‖ *Arq.* Cierta disposición y proporción de los cuerpos principales de que está formado un edificio. Así, en la antigua Grecia, se utilizaron tres órdenes, que pasaron a ser clásicos: *dórico, jónico* y *corintio.* ‖ *Geom.* Calificación que se da a una línea según el grado de la ecuación que la representa. ‖ *Hist. Nat.* Cada uno de los grupos en que se dividen las clases y que se subdividen en familias. ‖ f. Mandato que se debe obedecer. *Recibió* ORDEN *de partir.* ‖ Cada uno de los institutos civiles o militares creados para premiar por medio de condecoraciones a las personas beneméritas. *La* ORDEN *de Isabel la Católica.* ‖ *Teol.* Coro, espíritus angélicos. ‖ amb. Cada uno de los grados del sacramento de este nombre, que se van recibiendo sucesivamente. ‖ – **abierto.** *Mil.* Formación en que la tropa se dispersa para ofrecer menor blanco y cubrir mayor espacio. ‖ – **atlántico.** *Arq.* El que lleva atlantes para sostener los arquitrabes. ‖ – **cerrado.** *Mil.* Formación en que la tropa se agrupa para ocupar menor espacio. ‖ – **compuesto.** *Arq.* El que en el capitel de sus columnas reúne las volutas del jónico con las dos filas de hojas de acanto del corintio, observa las proporciones de éste y lleva en la cornisa dentículos y modillones sencillos. ‖ – **corintio.** *Arq.* El que tiene la columna de unos diez módulos, hojas de acanto en el capitel y modillones en la cornisa. ‖ – **de batalla.** *Mil.* y *Mar.* Formación de las tropas o de una escuadra del modo más favorable para el combate. ‖ – **de caballería.** Título de honor que con varias ceremonias y ritos se daba a los hombres nobles o a los esforzados guerreros. ‖ – **del día.** Fijación de lo que en determinado día deba ser objeto de discusiones de una asamblea o corporación. ‖ *Mil.* La que diariamente se da a un ejército o guarnición señalando el servicio que han de prestar. ‖ – **de marcha.** *Mar.* Disposición en que deben colocarse los buques de una escuadra para navegar. ‖ – **de parada.** *Mil.* Formación de la tropa con mucho frente y poco fondo, y las banderas y los oficiales adelantados. ‖ – **dórico.** *Arq.* El que tiene la columna de ocho módulos a lo más de altura, el capitel sencillo y el friso formado con metopas y triglifos. ‖ – **jónico.** *Arq.* El que tiene la columna de unos nueve módulos de altura, de capitel adornado con volutas, y dentículos en la cornisa. ‖ – **mayor.** Cada uno de los grados de subdiácono, diácono y sacerdote. Ú.m. en pl. ‖ – **menor.** Cada uno de los grados de ostiario, lector, exorcista y acólito. Ú.m. en pl. ‖ – **militar.** Cualquiera de las de caballería, las cuales se fundaron, por lo regular, para hacer la guerra a los infieles. En España hay cuatro: las de Santiago, Calatrava, Alcántara y Montesa. ‖ – **paranínfico.** *Arq.* El que emplea estatuas de ninfas reemplazando a las columnas. ‖ – **público.** Estado de legalidad en que las autoridades ejercen sus atribuciones propias y los ciudadanos las respetan y obedecen. ‖ – **sacerdotal.** Orden, sacramento. ‖ – **toscano.** *Arq.* El que se distingue por ser más sólido y sencillo que el dórico. ‖ **A la orden,** o **a las órdenes.** expr. de cortesía con que uno se pone a la disposición de otros. ‖ **A la orden.** *Com.* Expresión que denota ser transferible, por endoso, un valor comercial. ‖ **Consignar las órdenes.** frs. *Mil.* Dar al centinela la **orden** de lo que ha de hacer. ‖ **Dar órdenes.** frs. Conferir el obispo las **órdenes** sagradas a los eclesiásticos. ‖ **En orden.** m. adv. Ordenadamente. ‖ En cuanto o por lo que mira a una cosa. ‖ **Por su orden.** m. adv. Sucesivamente y como se van siguiendo las cosas.

ORDENACIÓN. f. Disposición, prevención. ‖ Acción y efecto de ordenar u ordenarse. ORDENACIÓN *de subdiáconos.* ‖ Orden, modo de colocar o de disponer las cosas, y regla que se debe observar para hacerlas. ‖ Mandato, precepto. ‖ Parte de la arquitectura que trata de la capacidad que debe tener cada habitación, según su destino. ‖ *Pint.* Parte de la composición de un cuadro, según la cual se arreglan las figuras del modo conveniente.

ORDENADA. adj. y s. *Geom.* Dícese de la coordenada vertical, en el sistema cartesiano.

ORDENADAMENTE. adv. m. Concertadamente, con método y proporción. *Colocó* ORDENADAMENTE *las fichas.*

ORDENADOR. adj. y s. Que ordena. ‖ Calculadora electrónica constituida por varias máquinas que funcionan coordinadamente.

ORDENAMIENTO. m. Acción y efecto de ordenar. ‖ Ley u ordenanza. ‖ Código de leyes promulgadas al mismo tiempo o colección de disposiciones referentes a determinada materia.

ORDENANCISTA. adj. Dícese del jefe u oficial que aplica con rigor la ordenanza. ‖ Aplícase por ext. a los superiores que exigen de los subordinados el riguroso cumplimiento de sus deberes.

ORDENANDO. m. El que está por recibir alguna de las órdenes sagradas.

ORDENANTE. p. a. de **Ordenar.** Que ordena. ‖ m. Ordenando.

ORDENANZA. f. Método, orden y concierto en las cosas que se ejecutan. ‖ Conjunto de preceptos referentes a una materia. Ú.m. en pl. ‖ ORDENANZA *de aduanas, municipal*; sinón.: **reglamento.** ‖ La dictada para el buen gobierno en las tropas o para el de una ciudad o comunidad. Ú.t. en pl. ‖ Mandato, disposición, arbitrio y voluntad de uno. ‖ *Mil.* Soldado que está a las órdenes de un oficial o de un jefe para los asuntos del servicio. Ú.m.c.s.m. ‖ m. Empleado subalterno en ciertas oficinas.

ORDENAR. al. **Ordnen; befehlen.** fr. **Ordonner; conférer les ordres.** ingl. **To arrange; to set in order; to order, to command; to ordain.** ital. **Ordinare.** port. **Ordenar.** (Del lat. *ordinare.*) tr. Poner en orden y buena disposición una cosa. ORDENAR *una biblioteca por autores*; sinón.: **arreglar, organizar.** ‖ Mandar que se haga una cosa. *Le* ORDENÉ *que callara.* ‖ Encaminar a un fin. ‖ Conferir las órdenes a uno. ‖ r. Recibir la tonsura, los grados o las órdenes sagradas. *Se* ORDENÓ *de sacerdote.* ‖ IDEAS AFINES: *Colocar, situar, alinear, numerar, repartir, coordinar, lugar, hilera, estante, clase, escala, cadena, gama, comienzo, principio, fin, estructura, organismo, simetría; jerarquía, reglamento, disciplina, jefe, voluntad, intimación, exigencia, obediencia.*

ORDEÑADERO. m. Receptáculo en que cae la leche cuando se ordeña. ‖ *Col., Perú* y *P. Rico.* Lugar en que se ordeña.

ORDEÑADOR, RA. adj. y s. Que ordeña.

ORDEÑAR. al. **Melken.** fr. **Traire.** ingl. **To milk.** ital. **Mungere.** port. **Ordenhar.** (Del lat. *ordiniare.*) tr. Extraer la leche exprimiendo la ubre. ORDEÑAR *cabras, vacas.* ‖ fig. Coger la aceituna o la hoja de ciertos árboles haciendo correr la mano a lo largo del tallo para que se vayan desprendiendo de éste.

ORDEÑO. m. Acción y efecto de ordeñar.

ORDINAL. (Del lat. *ordinalis.*) adj. Referente al orden.

ORDINARIAMENTE. adv. m. Regularmente, por lo común. ORDINARIAMENTE *tomo el tren de las ocho.* ‖ Sin cultura, groseramente. *Hablar* ORDINARIAMENTE.

ORDINARIEZ. f. Falta de urbanidad. sinón.: **grosería, tosquedad.**

ORDINARIO, RIA. (Del lat. *ordinarius.*) adj. Común, regular y que acontece las más veces. *Correo* ORDINARIO. ‖ Plebeyo. *Modales* ORDINARIOS; sinón.: **incorrecto, inculto.** ‖ Basto, vulgar. *Tela* ORDINARIA; sinón.: **tosco, burdo.** ‖ Falto de distinción en su línea. ‖ Dícese del gasto diario y de la comida habitual de una casa. Ú.t.c.s. ‖ Dícese del juez o tribunal de la justicia civil en oposición a los del fuero privilegiado, y también del obispo diocesano. Ú.t.c.s. ‖ m. Carretero o mensajero que habitualmente conduce personas o mercancías de un pueblo a otro. ‖ **De ordinario.** m. adv. Común y regularmente; con frecuencia.

ORDINATIVO, VA. adj. Perteneciente a la ordenación o arreglo de una cosa.

ORDO. m. Libro litúrgico en que se contienen las ceremonias y cantos del oficio divino de cada día.

ORDÓÑEZ, Bartolomé. *Biog.* Escultor esp., autor del notable sepulcro del Cardenal Cisneros (m. 1520). ‖ – **Ezequiel.** Geólogo mex. que dirigió la triangulación del territorio nac. (1867-1950). ‖ – **Rodrigo.** Marino esp. que acompañó a Diego de Almagro a Chile (s. XVI). ‖ – **CEVALLOS, Pedro.** Explorador esp., autor de una *Historia de viaje del mundo en las cinco partes* (s.XVI). ‖ – **DE MONTALVO, Garci.** Escritor esp., refundidor de los tres primeros libros del *Amadís de Gaula*, y autor del cuarto y de *Las sergas de Esplandián* (s. XV-XVI).

ORDOÑO. *Biog.* Nombre de varios reyes de Galicia, León y Asturias, entre los siglos IX y X.

ORDOVÍCICO. adj. y s. Dícese del terreno posterior al cámbrico, caracterizado por la abundancia de trilobites y algas. Pertenece a la era paleozoica.

ORÉADE. (Del lat. *oreas, -adis*, y éste del gr. *oreiás*, que vive en los montes.) f. *Mit.* Cualquiera de las ninfas que, según los antiguos, residían en los bosques y montes.

OREAMUNO, Francisco María. *Biog.* Pol. costarricense, en 1844 presidente de la Rep. (1800-1856).

OREAR. (Del lat. *aura*, aire.) tr. Dar el viento en una cosa. ‖ Dar en una cosa el aire para que se seque o se le quite el olor. Ú.m.c.r. sinón.: **airear, ventilar.** ‖ r. Salir uno a tomar el aire. ‖ deriv.: **oreante.**

ÖREBRO. *Geog.* Ciudad del S. de Suecia, sit. al O. de Estocolmo. 120.000 h. Fabricación de calzado.

ORÉGANO. al. **Dost.** fr. **Origan.** ingl. **Wild marjoram.** ital. **Origano.** port. **Oregão.** (Del lat. *origanus.*) m. Planta herbácea vivaz, aromática, de tallos vellosos, hojas pequeñas, flores purpúreas en espiga y fruto seco. *Origanum vulgare*, labiada. *El* ORÉGANO *se usa en medicina y como condimento.* ‖ **No es orégano todo el monte.** frs. fig. con que se denota que no todo es fácil y placentero en cualquier asunto. ‖ deriv.: **oreganal.**

OREGÓN. *Geog.* Estado del Noroeste de los EE. UU. 251.181 km². 2.650.000 h. Cereales, frutas, pesca. Minería. Cap. SALEM.

OREJA. al. **Ohr.** fr. **Oreille.** ingl. **Ear.** ital. **Orecchia.** port. **Orelha.** (Del lat. *aurícula.*) f. Oído, aparato de la audición y sentido del oír. ‖ Ternilla que en el hombre y en muchos animales forma la parte externa del órgano del oído. *El caballo irguió las* OREJAS. ‖ Parte del zapato que sirve para ajustarlo al empeine por medio de cintas, botones o hebillas. ‖ Cada una de las dos partes simétricas que suelen llevar en la punta o en la boca ciertas armas y herramientas. Ú.m. en pl. ‖ Asa de vasijas, cestas, etc. ‖ fig. Persona aduladora que lleva chismes y cuentos. ‖ *C. Rica.* Agalla de los árboles. ‖ *P. Rico.* Noticia interesante. ‖ – **de abad.** Fruta de sartén en forma de hojuela. ‖ **Ombligo de Venus,** planta. ‖ – **de fraile.** Ásaro. ‖ – **de mar.** Oreja marina. ‖ – **de monje.** **Ombligo de Venus,** planta. ‖ – **de oso.** Planta herbácea vivaz, con hojas grandes, casi redondas, carnosas, flores en umbela, amarillas, olorosas, y fruto capsular. *Primula auricula*, primulácea. ‖ – **de ratón.** Vellosilla. ‖ – **marina.** Molusco gasterópodo de concha ovalada, de espira arrugada y pardusca por fuera y brillantemente nacarada por dentro. ‖ **Aguzar las orejas.** frs. fig. Levantarlas las caballerías, poniéndolas tiesas. ‖ Prestar mucha atención. ‖ **Apearse uno por las orejas.** frs. fig. y fam. Caerse uno de la cabalgadura. ‖ **Bajar** uno **las orejas.** frs. fig. y fam. Ceder humildemente en una disputa. ‖ **Calentar a** uno **las orejas.** frs. fig. y fam. Reprenderle con severidad. ‖ **Con las orejas caídas,** o **gachas.** m. adv. fig. y fam. Con tristeza y sin haber conseguido lo que deseaba. ‖ **Con las orejas tan largas.** m. adv. fig. que significa la atención con que uno oye o desea oír una cosa. ‖

Descubrir, o **enseñar,** uno **la oreja.** frs. fig. y fam. Dejar ver su interior o el defecto de que adolece. ‖ **Hacer** uno **orejas de mercader.** frs. fig. Darse por desentendido, hacer que no oye. ‖ **Mojar la oreja.** frs. fig. Buscar pendencia, insultar. ‖ **Parar la oreja.** frs. fig. y fam. Aguzarla, escuchar con mucha atención. ‖ **Poner** a uno **las orejas coloradas.** frs. fig. y fam. Decirle palabras desagradables o darle una severa reprensión. ‖ **Retiñir las orejas.** frs. fig. Ser nocivo a un sujeto aquello que oye, de suerte que quisiera no haberlo oído. ‖ **Taparse las orejas.** frs. fig. con que se pondera la disonancia o escándalo que causa una cosa que se dice. ‖ **Tener** uno **de la oreja a otro.** frs. fig. Tenerle a su arbitrio. ‖ **Tirar** uno **la oreja,** o **las orejas.** frs. fig. y fam. Jugar a los naipes. Más comúnmente, dícese en este sentido: **Tirar de la oreja a Jorge.** ‖ **Ver** uno **las orejas al lobo.** frs. fig. Hallarse en gran riesgo próximo.

OREJANO, NA. adj. Orejisano. Ú.t.c.s. ‖ *Ant., Arg., Pan.* y *Urug.* Dícese del animal arisco y de la persona huraña. *Caballo* OREJANO. ‖ *Pan.* Dícese del campesino. Ú.t.c.s. ‖ *Ven.* Dícese de la res que anda sin dueño. sinón.: **mostrenco.**

OREJAR. tr. *Arg.* y *Urug.* Ir con chismes.

OREJEADA. f. *Arg.* Acción y efecto de orejear. ‖ *Guat.* y *Hond.* Tirón de orejas.

OREJEADO, DA. adj. Dícese de quien está avisado para que cuando otro le hable pueda responderle o no creer lo que diga.

OREJEAR. intr. Mover las orejas un animal. ‖ fig. Hacer una cosa de mala gana. ‖ *Bol., Cuba, Chile* y *P. Rico.* Desconfiar. ‖ tr. *Amér.* Escuchar con disimulo. ‖ *Arg.* Brujulear los naipes. ‖ *Arg., Guat.* y *Hond.* Dar tirones de oreja. ‖ deriv.: **orejeador, ra; orejeadura; orejeamiento.**

OREJERA. f. Cada una de las dos piezas de la gorra que cubren las orejas y se atan debajo de la barba. ‖ Cada pieza del arado a uno y otro lado del dental, para ensanchar el surco. ‖ Rodaja que se metían los indios en un agujero abierto en el pulpejo de la oreja.

OREJERO, RA. adj. fig. y fam. Chismoso, soplón. ‖ *Amér.* Receloso, malicioso. ‖ *Col.* Dícese de la bestia que empina las orejas.

OREJETA. f. dim. de **Oreja.**

OREJISANO, NA. adj. Dícese de la res que carece de marca en las orejas y, por ext., que tampoco la tiene en otra parte.

OREJÓN. (De *oreja.*) m. Pedazo de melocotón, albaricoque o pera secado al sol. Ú.m. en pl. ‖ Tirón de orejas. ‖ Entre los antiguos peruanos, persona noble que, después de varias ceremonias, una de las cuales consistía en ponerle orejeras, entraba en un cuerpo privilegiado y podía aspirar a los primeros puestos. ‖ Nombre que se dio en la conquista a varias tribus de América. ‖ *Col.* Sabanero de Bogotá. ‖ *Méx.* Bocio. ‖ *Fort.* Cuerpo que sale fuera del flanco de un baluarte cuyo frente se ha prolongado. ‖ adj. *Amér.* Orejudo. ‖ *Amér. Central, Col.* y *Méx.* Zafio, tosco, bobo.

OREJUDO, DA. adj. Que tiene orejas grandes. ‖ m. Especie de murciélago de enormes orejas.

OREJUELA. f. dim. de **Oreja.** ‖ Cada una de las dos asas de bandejas u otros utensilios semejantes. ‖ *C. Rica.* Hojuela, fruta de sartén.

OREL. *Geog.* Ciudad de la Unión Soviética, sit. sobre el río Oka y al S. O. de Moscú. 240.000 h. Fabricación de tejidos, jabones. Curtidurías. Durante la segunda Guerra Mundial fue escenario de sangrientos combates.

ORELIO, Antonio I. *Biog.* Aventurero fr. que en 1861 se hizo proclamar rey por los araucanos. Declaró la guerra a Chile y fue derrotado (1820-1878).

ORELLANA, Francisco de. *Biog.* Mil. español que tomó parte en la conquista del Perú. Hacia 1541 emprendió, de Oeste a Este, la primera exploración del río Amazonas, recorriéndolo hasta su desembocadura. Fundó por tercera vez la ciudad de Guayaquil (1511-1550). ‖ **– José María.** Mil. y político guat., de 1922 hasta su muerte presidente de la Rep. (1872-1926). ‖ **– Manuel.** Mil. guatemalteco, de 1930 a 1931 presid. de la República (m. 1940). ‖ **– Rodrigo Antonio de.** Religioso esp., uno de los jefes de la subversión contra la Revolución de Mayo que acaudilló Liniers, en Buenos Aires. En virtud de su investidura sacerdotal fue el único que se salvó del fusilamiento (1761-1821).

OREMBURGO. *Geog.* V. **Chkalov.**

ORENGA. f. *Mar.* Varenga. ‖ Cuaderna que encaja en la quilla.

ORENSANO, NA. adj. y s. De Orense.

ORENSE. *Geog.* Provincia del N. O. de España (Galicia). 7.821 km². 420.000 h. Cereales, frutas, ganado lanar, vacuno. Estaño. Cap. hom. sobre el río Miño. 75.000 h. Mercado agrícola. Industria vitivinícola muy importante.

OREO. m. Acción y efecto de orear. ‖ Soplo del aire que da suavemente en una cosa.

OREOSELINO. (Del lat. *oreosélinum,* y éste del gr. *oreosélinon;* de *oros,* montaña, y *sélinon,* perejil.) m. Planta herbácea con tallo estriado, de seis a ocho decímetros de altura, hojas grandes, divididas en gajos, flores en umbela, pequeñas y blanquecinas; umbelífera.

ORESTES, Miguel. *Biog.* Pol. haitiano, de 1913 a 1914 presidente de la Rep. (n. 1859).

ORESTES. *Mit.* Hijo de Agamenón y Clitemnestra. Ayudado por su hermana Electra vengó a su padre, dando muerte a Clitemnestra y a su amante Egisto. Perseguido por las Erinias, compareció ante el Areópago, que lo absolvió, y fue rey de Micenas. La picadura de una víbora provocó su muerte.

ORESTÍADA, La. Trilogía dramática compuesta, en el año 458 a. de C, por Esquilo, basada en el mito de Orestes.

ORETANA, Cordillera. *Geog.* Grupo de montañas de España que corta de E. a O. la meseta de Castilla la Nueva. Culmina a los 1.448 m.

ORETANO, NA. adj. Natural de la Oretania. Ú.t.c.s. ‖ Perteneciente a esta región de la España Tarraconense.

OREXIA. (Del gr. *órexis,* apetito.) f. *Pat.* Necesidad continua de tomar alimento.

ORFANATO. (Del lat. *órphanus,* huérfano.) m. Asilo de huérfanos.

ORFANDAD. (Del lat. *orphánitas, -atis.*) f. Estado en que quedan los hijos por la muerte de sus padres, o solamente del padre. ‖ Pensión que disfrutan algunos huérfanos. ‖ fig. Falta de ayuda o valimiento. sinón.: **abandono, desamparo.**

ORFANO. *Geog.* Golfo del mar Egeo, en el extremo N. E. de la península Calcídica (Grecia).

ORFEBRE. al. **Goldarbeiter.** fr. **Orfèvre.** ingl. **Goldsmith.** ital. **Orefice.** port. **Ourives.** (Del lat *auri fáber,* artífice de oro.) m. El que labra objetos artísticos de oro, plata y otros metales preciosos, o aleaciones de ellos.

ORFEBRERÍA. al. **Goldschmiedearbeit.** fr. **Orfèvrerie.** ingl. **Gold work.** ital. **Oreficeria.** port. **Ourivesaria.** f. Arte del orfebre. ‖ IDEAS AFINES: *Pedrería, esmalte, filigrana, camafeo, fundición, forja, cincel, suntuario, grabar, labrar, damasquinar, montar, engastar.*

ORFELINATO. m. Galicismo por **orfanato.**

ORFEO. *Mit.* Músico, hijo de Apolo y de la ninfa Calíope. Habiendo muerto Eurídice, su esposa, el día de las bodas, descendió a los infiernos para pedir que la dejasen retornar al mundo con vida. Pulsando su lira, logró que las divinidades accediesen a su súplica. Pero dispusieron que, en el camino de regreso, Orfeo debería preceder a su amada y no podría dar vuelta la cabeza para verla hasta que ambos estuviesen fuera de la mansión de la Muerte. A punto de lograrlo, Orfeo, impaciente, se volvió para mirarla y perdió así su derecho a obtener la felicidad.

ORFEÓN. Agrupación coral de cantantes que interpretan obras sin acompañamiento de instrumentos. ‖ deriv.: **orfeónico, ca.**

ORFEONISTA. m. Integrante de un orfeón.

ÓRFICO, CA. adj. Perteneciente o relativo a Orfeo. *Leyendas* ÓRFICAS. ‖ *Lit.* Aplícase a poemas griegos que se atribuyeron a Orfeo. ‖ Perteneciente o relativo al orfismo.

ORFILA, Alejandro. *Biog.* Diplomático arg., embajador en los EE.UU. y, desde 1975, secretario general de la O.E.A. (n. 1925). ‖ **– Mateo.** Médico y quím. francés de origen esp. que se distinguió por sus trabajos de toxicología (1787-1853).

ORFISMO. m. Religión de misterios de la antigua Grecia, cuya fundación se atribuía a Orfeo. Caracterizábanla principalmente la creencia en la vida de ultratumba y en la metempsicosis, así como el peculiar régimen de vida a que habían de someterse los que en ella se iniciaban.

ORFO. m. Besugo, pez.

ORGANDÍ. m. Tela de algodón muy fina y transparente. *Blusa de* ORGANDÍ.

ORGANERO. m. Fabricante y componedor y afinador de órganos. ‖ deriv.: **organería.**

ORGANICISMO. (De *orgánico.*) m. Doctrina médica que atribuye las enfermedades a lesiones materiales de los órganos. ‖ Doctrina filosófica que afirma que la vida es simplemente el resultado de la organización, de la disposición de los órganos y de sus propiedades.

ORGÁNICO, CA. al. **Organisch.** fr. **Organique.** ingl. **Organic.** ital. **Organico.** port. **Organico.** (Del lat. *orgánicus.*) adj. Perteneciente o relativo al organicismo. ‖ Que sigue esta doctrina. Ú.t.c.s. ‖ Dícese de los seres vivientes. ‖ Relativo a los órganos, al organismo o a los seres vivos. *Defecto* ORGÁNICO. ‖ fig. Dícese de lo que atañe a la constitución de entidades colectivas o a sus funciones. *Reglamento* ORGÁNICO. ‖ *Quím.* Dícese de las substancias cuyo componente constante es el carbono, en combinación aislada o conjunta con el hidrógeno, el nitrógeno y otros elementos, y de la parte de la química que estudia dichas substancias.

ORGANIGRAMA. (De *organización* y *grama.*) m. Sinopsis o esquema de la organización de una entidad, de una empresa o de una tarea.

ORGANILLERO, RA. s. Persona que se ocupa en tocar el organillo.

ORGANILLO. al. **Drehorgel.** fr. **Serinette; orgue de Barbarie.** ingl. **Barrel organ.** ital. **Organino.** port. **Realejo.** (dim. de *órgano.*) m. Órgano pequeño portátil, que se hace sonar por medio de un cilindro con púas movido por un manubrio.

ORGANISMO. al. **Organismus.** fr. **Organisme.** ingl. **Organism.** ital. **Organismo.** port. **Organismo.** m. Conjunto de los órganos de un ser viviente y de las leyes por que se rige. ORGANISMO *vegetal.* ‖ fig. Conjunto de leyes y usos por que se rige una institución social. ‖ fig. Conjunto de oficinas y empleos que forman una institución.

ORGANISTA. al. **Orgelspieler.** fr. **Organiste.** ingl. **Organist.** ital. **Organista.** port. **Organista.** com. Músico que toca el órgano.

ORGANIZACIÓN. al. **Einrichtung; Organisation.** fr. **Organization.** ingl. **Organization.** ital. **Organizzasione.** port. **Organização.** f. Acción y efecto de organizar u organizarse. ‖ Disposición de los órganos de la vida o manera de estar organizado el cuerpo viviente. ‖ fig. Disposición, orden. ORGANIZACIÓN *judicial.*

ORGANIZACIÓN de las Naciones Unidas. V. **O.N.U.** ‖ **– de los Estados Americanos.** V. **O.E.A.** ‖ **– Internacional del Trabajo.** V. **O.I.T.**

ORGANIZADO, DA. adj. Orgánico, con aptitud para la vida. ‖ *Biol.* Dícese de la substancia peculiar de los seres vivos. ‖ deriv.: **organizadamente.**

ORGANIZADOR, RA. adj. y s. Que organiza o tiene la aptitud de organizar.

ORGANIZAR. al. **Einrichten; organisieren.** fr. **Organiser.** ingl. **To organize; to set up.** ital. **Organizzare.** port. **Organizar.** tr. Disponer el órgano para que esté acorde y templado. ‖ fig. Establecer o reformar una cosa, sujetando a reglas las partes que la componen. U.t.c.r. ORGANIZAR *un país, un ejército;* antón.: **desordenar.** ‖ r. *Ven.* Enriquecerse de pronto. ‖ deriv.: **organizable.**

ÓRGANO. al. **Orgel; Organ.** fr. **Orgue; organe.** ingl. **Pipe organ; organ.** ital. **Organo.** port. **Órgão.** (Del lat. *órganum,* y éste del gr. *órganon.*) m. Instrumento musical de viento compuesto de tubos donde se produce el sonido mediante el aire impelido por fuelles. Dispone de uno o varios teclados y registros para modificar el timbre de las voces. *El* ÓRGANO *es el instrumento propio de las iglesias.* ‖ Antiguo aparato refrigerante formado con una serie de tubos. ‖ Cualquiera de las partes del cuerpo que ejercen una función. *Los* ÓRGANOS *de la respiración.* ‖ fig. Medio que pone en comunicación dos cosas. ‖ Persona o cosa que sirve para la ejecución de un acto. ‖ Periódico portavoz de una agrupación, partido, etc. ‖ **– de manubrio.** Organillo. ‖ **– expresivo.** *Mús.* Armonio.

• **ÓRGANO.** *Mús.* Remotos antepasados del **órgano** son el sicus indígena y la siringa griega. En los textos escritos, la primera cita del **órgano** está en la Biblia y se lo ubica en un templo, en el año 516 a. de C. En 1931 se encontró en las cercanías de Budapest un ejemplar de **órgano hidráulico** del 228 a. de C., movido por la presión del agua. Su uso fue frecuente en Roma y, perfeccionado, durante los primeros tiempos del cristianismo. Pero sólo traspuso las puertas de las iglesias en el s. IX, cuando el rey de Francia lo introdujo, como elemento de apoyo, para la música litúrgica. Desde el s. XVI el **órgano** sirvió también para interpretar música profana; de ese siglo data el primer documento de música para **órgano.** Con Frescobaldi, el **órgano** adquiere su temática instrumental propia, para culminar en la obra de Juan Sebastián Bach, que hizo de la música para **órgano,** la nota fundamental de su creación artística. Entre los **órganos de tubo,** algunos fueron hidráulicos y otros neumáticos. En los electrónicos, el sonido se produce de distinta manera. Todos pueden tener uno o varios teclados y una pedalera, para las notas graves.

ORGANOGENESIA. f. Organogenia.

ORGANOGENIA. f. Estudio de la formación y desarrollo de los órganos. ‖ deriv.: **organogénico, ca; organogenista.**

ORGANOGRAFÍA. (Del gr. *órganon,* órgano, y *grapho,* describir.) f. Descripción de los órganos animales y vegetales. ‖ Descripción de los intrumentos musicales. ‖ Arte de construir éstos. ‖ deriv.: **organográfico, ca; organógrafo, fa.**

ORGANOLÉPTICO, CA. adj. Que produce una impresión sensorial.

ORGANOLOGÍA. (Del gr. *órganon,* órgano, y *logos,* tratado.) f. Tratado de los órganos de los seres vivos. ‖ deriv.: **organológico, ca.**

ORGANOPLASTIA. (Del gr. *órganon,* órgano, y *plassein,* formar.) f. *Biol.* Generación o formación de los órganos. ‖ deriv.: **organoplástico, ca.**

ÓRGANOS, Sierra de los. *Geog.* Cordón montañoso del N.O. de Cuba. (Pinar del Río). Culmina a los 800 m.

ORGANOSOL. m. Disolución coloidal o suspensión de un coloide en un líquido orgánico.

ORGASMO. (Del gr. *orgasmós;* de *orgao,* estar lleno de ardor.) m. Culminación del placer sexual. ‖ Eretismo. ‖ deriv.: **orgástico, ca.**

ORGAZ, Alfredo. *Biog.* Jurisconsulto arg. nacido en 1900. Autor de *Incapacidad civil de los penados; Responsabilidad por el hecho ajeno,* etc. Presidió, desde 1955 hasta 1960, la Corte Suprema de Justicia de su país. ‖ **– Francisco.** Poeta cub. autor de *Tropicales* y *Preludios del arpa* (1810-1873).

ORGIA. (Del lat. *orgia,* y éste del gr. *orgia,* fiestas de Baco.) f. Orgía.

ORGÍA. al. **Orgie.** fr. **Orgie.** ingl. **Orgy.** ital. **Orgia.** port. **Orgia.** (De *orgia.*) f. Festín en que se come y bebe sin medida y se cometen otros excesos. sinón.: **bacanal.** ‖ fig. Satisfacción de pasiones y apetitos desenfrenados. ‖ deriv.: **orgíaco, ca.**

ORGIÁSTICO, CA. adj. Perteneciente o relativo a la orgía.

ORGULLO. al. **Stolz; Hochmut.** fr. **Orgueil.** ingl. **Pride.** ital. **Orgoglio.** port. **Orgulho.** (Del germ. *urgolí.*) m. Arrogancia, soberbia, exceso de estimación propia, que a veces nace de causas nobles. ‖ IDEAS AFINES: *Altanería, presunción, vanidad, fatuidad, jactancia, frialdad, superioridad, egoísmo, ostentación, suficiencia, seguridad, desdén.*

ORGULLOSO, SA. (De *orgullo.*) adj. y s. Que tiene orgullo; sinón.: **altivo, soberbio;** antón.: **humilde.** ‖ deriv.: **orgullosamente.**

ORÍA, José Antonio. *Biog.* Escritor arg. autor de *Cultura literaria* y otras obras. Fue presidente de la Academia Argentina de Letras y correspondiente de la Real Academia Española (1896-1970). ‖ – **Salvador.** Abogado y escritor arg., hermano del anterior. Autor de *El problema actual de la moneda y los bancos,* y de otras obras sobre economía (1883-1952).

ORIBASO DE PÉRGAMO. *Biog.* Méd. romano que por orden de Juliano recopiló los conocimientos medicinales de la época en una obra extensísima (s. IV).

ORIBE. m. Orífice. ‖ El que se ocupa en recoger las arenas auríferas.

ORIBE, Emilio. *Biog.* Lit. y catedrático urug. Inicialmente su poesía estuvo influida por la lírica parnasiana; luego se adhirió a lo nacional, con un acento intelectual y filosófico. Obras: *El nunca usado mar; La colina del pájaro rojo; La lámpara que anda; La teoría del nous; El grito; La transfiguración del cuerpo,* etc. (1893-1975). ‖ – **Manuel.** Mil. y político urug., que bajo las órdenes de Artigas luchó en la guerra de la independencia; fue uno de los treinta y tres orientales, y se distinguió en la guerra con el Brasil. De 1835 a 1838 fue el segundo presidente constitucional de su país (1792-1857).

ORICO, Osvaldo. *Biog.* Lit. y pedagogo bras., autor de *Imágenes de Río de Janeiro; Cuentos y leyendas del Brasil,* etc. (n. 1900).

ORICTEROPO. m. Mamífero africano de formas rechonchas, orejas largas, patas cortas con fuertes uñas, hocico largo y truncado, y dientes desprovistos de esmalte. Se alimenta de hormigas y llámasele también cerdo hormiguero. *Orycteropus capensis,* desdentado.

ORIENTACIÓN. al. **Orientierung; Richtung.** fr. **Orientation.** ingl. **Orientation.** ital. **Orientazione; orientamento.** port. **Orientação.** f. Acción y efecto de orientar u orientarse. *La brújula es el principal instrumento de* ORIENTACIÓN.

ORIENTADOR, RA. adj. Que orienta. *Astro* ORIENTADOR.

ORIENTAL. al. **Östlich; orientalisch.** fr. **Oriental.** ingl. **Oriental; eastern.** ital. **Orientale.** port. **Oriental.** adj. Perteneciente al Oriente. ‖ Natural de Oriente. Ú.t.c.s. ‖ Perteneciente a las regiones de Oriente. ‖ Uruguayo. Ú.t.c.s. *Lavalleja comandó a los treinta y tres* ORIENTALES. ‖ *Cuba.* Natural de la provincia de Oriente (antes Santiago de Cuba.) Ú.t.c.s. ‖ *Astron.* Aplícase al planeta Venus. ‖ deriv.: **orientalmente.**

ORIENTAL, Cabo. *Geog.* Cabo del N.E. de Siberia, sobre el mar de Behring, punto extremo oriental del Asia.

ORIENTALISMO. al. **Orientalismus.** fr. **Orientalisme.** ingl. **Orientalism.** ital. **Orientalismo.** port. **Orientalismo.** m. Conocimiento de culturas o costumbres orientales. ‖ Predilección por las cosas de Oriente. ‖ Carácter oriental.

ORIENTALISTA. (De *oriental.*) com. Persona que cultiva las lenguas, historias, etc., de los países de Oriente.

ORIENTAR. al. **Richten; orientieren.** fr. **Orienter.** ingl. **To orientate; to orient.** ital. **Orientare.** port. **Orientar.** (De *oriente.*) tr. Colocar una cosa en posición determinada respecto a los puntos cardinales. ORIENTAR *una carpa.* ‖ Determinar esta posición. ORIENTAR *un barco.* ‖ Informar a uno del estado de un asunto o negocio, para que sepa manejarse en él. Ú.t.c.r. ‖ fig. Dirigir una cosa hacia un fin determinado. *Lo* ORIENTARÁ *hacia el buen camino;* sinón.: **encauzar, guiar;** antón.: **descaminar.** ‖ *Geog.* Marcar en un mapa el punto septentrional, para conocer la situación de los objetos que comprende. ‖ *Mar.* Disponer las velas de un buque de modo que reciban el viento de la manera más conveniente.

ORIENTE. al. **Osten; Morgen; Morgenland; Orient.** fr. **Orient.** ingl. **East; orient.** ital. **Oriente.** port. **Oriente.** (Del lat. *oriens, -entis,* p. a. de *oriri,* aparecer, nacer.) m. Nacimiento de una cosa. ‖ Punto cardinal por donde sale el Sol en los equinoccios. sinón.: **este, levante;** antón.: **oeste, occidente.** ‖ Lugar de la Tierra o de la esfera celeste que, respecto de otro, está hacia donde sale el Sol. ‖ Asia y las regiones inmediatas a ella en Europa y África. *Visitar las comarcas de* ORIENTE. ‖ Viento que sopla del Este. ‖ Brillo peculiar de las perlas. ‖ fig. Mocedad o edad temprana. ‖ *Astrol.* Horóscopo o casa primera del tema celeste.

ORIENTE. *Geog.* Provincia del S.E. de Cuba. 36.602 km². 3.350.000 h. Agricultura. Cap. SANTIAGO DE CUBA.

ORIENTE, Cisma de. *Hist.* Separación de la Iglesia griega de la romana, provocada en 857 por Focio, patriarca de Constantinopla, y consumada definitivamente en 1053. ‖ – **Imperio de.** V. **Bizantino, Imperio.**

ORIFICADOR. m. Instrumento que sirve para orificar.

ORIFICAR. tr. Rellenar con oro la picadura de un diente o de una muela. ‖ deriv.: **orificable; orificación.**

ORÍFICE. al. **Goldschmied.** fr. **Orfèvre.** ingl. **Goldsmith.** ital. **Orefice.** port. **Ourives.** m. Artífice que trabaja en oro. sinón.: **oribe.**

ORIFICIO. al. **Öffnung; Loch.** fr. **Orifice.** ingl. **Hole; orifice.** ital. **Orifizio.** port. **Orifício.** (Del lat. *orificium.*) m. Boca o agujero. sinón.: **abertura.** ‖ *Zool.* Abertura de ciertos conductos, y especialmente ano.

ORIFLAMA. (Del lat. *áurum,* oro, y *flamma,* llama.) f. Pendón guerrero de los antiguos reyes de Francia. ‖ Por ext., cualquier estandarte o bandera de colores que se despliega al viento.

ORIFRÉS. (Del b. lat. *aurifressus.*) m. Galón de oro o plata.

ORIGEN. al. **Ursprung; Entstehung; Guelle.** fr. **Origine; source.** ingl. **Origin; source.** ital. **Origine.** port. **Origem.** (Del lat. *origo, -inis.*) m. Principio, nacimiento o causa y raíz de una cosa. *El* ORIGEN *de una fortuna;* antón.: **fin, término.** ‖ País donde uno ha nacido o tuvo principio la familia o de donde proviene una cosa. *Mercadería de* ORIGEN *francés;* sinón.: **procedencia.** ‖ Ascendencia o familia. sinón.: **cuna, estirpe.** ‖ fig. Principio o causa moral de una cosa. *A veces desconocemos el* ORIGEN *de nuestros actos.* ‖ – **de las coordenadas.** *Geom.* Punto de intersección de los ejes coordenados. ‖ IDEAS AFINES: *Fuente, razón, germen, base, fundamento, motivo, comienzo, partida, producir, provenir, salir, surgir, derivar, emanar.*

ORÍGENES. *Biog.* Erudito de Alejandría, cél. apologista del cristianismo. Obras: *Comentarios a la Biblia; Contra Celso; Exhortación al martirio,* etc. (185-254).

ORIGENISMO. m. Conjunto de las doctrinas heréticas que se atribuyen a Orígenes. ‖ Secta que las profesaba.

ORIGENISTA. adj. Partidario del origenismo. Apl. a pers., ú.t.c.s. ‖ Perteneciente o relativo a esta secta.

ORIGINAL. al. **Ursprünglich; Original.** fr. **Original.** ingl. **Original.** ital. **Originale.** port. **Original.** (Del lat. *originalis.*) adj. Perteneciente al origen. *Pecado* ORIGINAL. ‖ Dícese de la obra producida directamente por su autor sin ser copia, imitación o traducción de otra. Ú.t.c.s. ‖ Se dice de la lengua en que se escribió una obra, a diferencia del idioma a que se traduce. ‖ Dícese de lo que en letras y artes no denota imitación y se distingue de lo conocido por cierto carácter de novedad. ‖ Se aplica al escritor o al artista que da a sus obras carácter de novedad. ‖ Singular, extraño, contrario a lo acostumbrado o común. Apl. a pers., ú.t.c.s. *Vestimenta* ORIGINAL; sinón.: **insólito, raro;** antón.: **común, corriente.** ‖ m. Manuscrito o impreso que se da a la imprenta para que componga o imprima. ‖ Escrito que se tiene a la vista para sacar de él una copia. *Respetar el* ORIGINAL. ‖ Persona retratada, respecto del retrato.

ORIGINALIDAD. al. **Ursprünglichkeit; originalität.** fr. **Originalité.** ingl. **Originality.** ital. **Originalità.** port. **Originalidade.** f. Calidad de original. *La* ORIGINALIDAD *de un pintor.*

ORIGINALMENTE. adv. m. Radicalmente, desde su nacimiento. ‖ En su original o según el original. ‖ De un modo original.

ORIGINAR. al. **Veranlassen; verursachen.** fr. **Causer; produire; provenir.** ingl. **To originate.** ital. **Originare.** port. **Originar.** (De *origen.*) tr. Ser instrumento, motivo, u origen de una cosa. *La inundación* ORIGINÓ *serios perjuicios.* ‖ r. Traer una cosa su principio u origen de otra. sinón.: **causar, ocasionar.** ‖ deriv.: **originador, ra.**

ORIGINARIAMENTE. adv. m. Por origen y procedencia; originalmente.

ORIGINARIO, RIA. (Del lat. *originarius.*) adj. Que da origen a una persona o cosa. ‖ Que trae su origen de algún lugar, persona o cosa. *El cacao y la patata son* ORIGINARIOS *de América;* sinón.: **indígena, natural.** ‖ Que incluye origen de una cosa.

ORIHUELA. *Geog.* Ciudad del S. E. de España (Alicante). 50.000 h. Importante centro agrícola. Industria textil.

ORILLA. al. **Rand; Ufer.** fr. **Bord.** ingl. **Edge; bank.** ital. **Orlo; sponda.** port. **Borda; beira; margem.** (De un dim. del lat. *ora.*) f. Límite o extremo de la extensión superficial de algunas cosas. ORILLA *de la acera;* sinón.: **borde.** ‖ Extremo de una tela y de los vestidos. ‖ Límite de la tierra que la separa del mar, lago, río, etc., y faja de tierra inmediata al agua. ‖ Senda contigua a las casas de una calle, por la que se puede transitar sin enlodarse. ‖ fig. Límite o fin de una cosa no material. *Había llegado hasta la* ORILLA *de sus fuerzas.* ‖ pl. *Arg.* y *Méx.* Arrabales, afueras de una población. ‖ *And.* y *Ec.* Estado atmosférico del tiempo. ‖ **A la orilla.** m. adv. fig. Cercanamente o con inmediación. *Vivir* A LA ORILLA *del mar.* ‖ **Salir uno a la orilla.** frs. fig. Haber vencido las dificultades o riesgos de un negocio.

ORILLA. (De un dim. del lat. *aura,* aura.) f. Vientecillo fresco.

ORILLAR. tr. fig. Concluir, arreglar, ordenar un asunto. ‖ intr. Arrimarse a las orillas. Ú.t.c.r. ‖ Dejar orillas a una tela o ropa.

ORILLERO, RA. adj. *Amér. Central, Arg., Cuba* y *Ven.* Arrabalero Apl. a pers., ú.t.c.s. ‖ *Méx.* y *P. Rico.* Lo que está en la orilla. ‖ f. *Ec.* Viga que va en los extremos laterales de un edificio. ‖ m. El que caza junto a los límites exteriores de un coto.

ORILLO. m. Orilla de paño.

ORÍN. al. **Rost.** fr. **Rouille.** ingl. **Rust.** ital. **Ruggine.** port. **Ferrugem.** (Del lat. *aerugo, -inis,* de *aes, aeris,* metal.) m. *Quím.* Óxido rojizo que se forma en la superficie del hierro expuesto al aire húmedo. sinón.: **herrumbre, moho.** ‖ Mancha o defecto de una cosa no material. ‖ Roña.

ORÍN. m. Orina. Ú.m. en pl.

ORINA. al. **Urin; Harn.** fr. **Urine.** ingl. **Urine.** ital. **Orina.** port. **Urina.** (Del lat. *urina.*) f. Líquido excrementicio, por lo común de color amarillo de ámbar, que secretado en los riñones pasa a la vejiga, de donde es expelido por la uretra. ‖ pl. Orines.

ORINAL. m. Vaso para recoger la orina. ‖ – **del cielo.** fam. Región donde llueve muy frecuentemente. ‖ deriv.: **orinalazo.**

ORINAR. al. **Urinieren; harnen.** fr. **Uriner.** ingl. **To urinate.** ital. **Orinare.** port. **Urinar.** (Del lat. *urinare.*) intr. Expeler la orina. Ú.t.c.r. ‖ tr. Expeler por la uretra algún otro líquido. ORINAR *sangre.* ‖ r. Tomarse de orín un objeto.

ORINIENTO, TA. adj. Tomado de orín o moho. ‖ fig. Entorpecido por no ser usado.

ORINOCO. *Geog.* El más importante río de Venezuela; nace en las sierras de Parima, marca el límite con Colombia y des. en el Atlántico por medio de un delta de 20.000 km². Recorre 2.200 km.

ORINOQUIA. *Geog.* Nombre que se da a las llanuras colombianas situadas entre los ríos Arauca y Guaviare.

ORINQUE. (En b. bretón *orink,* en fr. *orin.*) m. *Mar.* Cabo que sujeta el ancla fondeada a una boya.

ORIOL. (Del lat. *aureolus,* de color de oro.) m. Oropéndola.

ORIOLANO, NA. adj. y s. De Orihuela.

ORIÓN. (Del lat. *Orion, -onis.*) m. *Astron.* Constelación ecuatorial, situada entre la del Toro y las del Can Mayor y Menor.

ORIÓN. *Mit.* Cazador convertido por Artemisa en constelación.

ORIÓNIDA. f. *Astron.* Cada una de las estrellas caracterizadas por su espectro de rayas obscuras, debido principalmente al helio.

ORISSA. *Geog.* Estado del N. E. de la India. 155.043 km². 23.500.000 h. Producción de arroz. Cap. BHUBANESWAR.

ORITUCO. *Geog.* Río de la región central de Venezuela que es afl. del Guárico. 390 km.

ORIUNDEZ. f. Origen, ascendencia.

ORIUNDO, DA. (Del lat. *oriundus,* de *oriri,* nacer.) adj. Originario, que tiene cierto origen. *El tabaco es* ORIUNDO *de América;* sinón.: **natural, primigenio.**

ORIZABA. *Geog.* Ciudad del S. E. de México (Veracruz). 90.000 h. Ganadería, agricultura. Industria azucarera y cervecera. ‖ **Pico de –.** Volcán del S. E. de México (Veracruz), que es la cumbre más elevada de la Sierra Madre Oriental y es, asimismo, el punto más elevado de la orografía mexicana. 5.747 m.

ORKAN-GHASI. *Biog.* Sultán de los turcos, de 1326 a 1360; organizador de los genízaros.

ORKNEY. *Geog.* V. **Orcadas.**

ORLA. al. **Rand; Saum.** fr. **Orle.** ingl. **List; border.** ital. **Orlo.** port. **Orla.** (Del lat. *orilla,* dim. de *ora,* borde.) f. Orilla de telas, vestidos u otras cosas, con algún adorno que la distingue. ‖ Adorno que se dibuja o graba en las orillas de una hoja de papel o pergamino en torno de lo escrito o impreso, o rodeando un retrato, viñeta, etc. ‖ Lámina de cartulina, papel, etc, en que se agrupan, orlados con adornos, los retratos de los condiscípulos de una promoción escolar o profesional cuando terminan sus estudios u obtienen el título correspondiente. ‖ *Blas.* Pieza en forma de filete puesta dentro del escudo, y separada de los bordes de éste por una distancia igual a su ancho.

ORLADOR, RA. adj. y s. Que hace orlas.

ORLADURA. f. Adorno de toda la orla. *La* ORLADURA *de un tapiz.* ‖ Orla de telas.

ORLANDO, Víctor Manuel. *Biog.* Pol. y jurista ital., de 1917 a 1919 presidente del Consejo de Ministros. Fue destacada su actuación en la Conferencia de la Paz de la primera Guerra Mundial (1860-1952).

ORLANDO FURIOSO. *Lit.* Célebre poema de Ariosto cuya primera edición definitiva data de 1532. En él se mezclan la novela de caballería y el poema caballeresco, y su tema es intrincado y vasto. Múltiple, de situaciones frondosas y argumentos paralelos y confluentes, es, sin embargo, de absoluta unidad, además de vívido, ágil, sensible y esplendoroso. Con *Jerusalén liberada,* de Tasso, señala la culminación de la poesía italiana de su siglo.

ORLAR. tr. Adornar una cosa con guarniciones al canto. ‖ Poner la orla en el escudo.

ORLEANESADO. *Geog.* Antigua provincia del N. de Francia que comprendía los actuales dep. de Loiret, Loira y Cher y parte de los de Eure y Loira. Cap. ORLEÁNS.

ORLEANISTA. adj. Partidario de la casa de Orleáns. Apl. a pers., ú.t.c.s. ‖ Perteneciente o relativo a esta casa.

ORLEÁNS, Casa de. *Geneal.* Nombre de cuatro familias de príncipes fr., a las que pertenecieron varios reyes y personajes de actuación pública. Mencionaremos, por un lado,

Cattleya.

ORQUÍDEAS

LÁMINA XLV

Cephalanthera rubra.

Paphiopedilum.

Orchis longicruris.

Cypridedium.

Orchis mascula.

Ngraecum sesquipedale.

Huntleya meleagris.

Dendrobium phalaenopsis.

ORIENTE

"Nacimiento de Mahavira". De un manuscrito de Kalpasutra.
Arte iaina del S. XV (1475-1500).

El templo de Todai-Ji: Naru, Japón. S. VII.

Kuan Yin con
dos bodhisattvas, bronce.
Época T'ang. China

Birmania. Pagoda
de Shwesandaw.

El templo Kinkaku Ji
o Pabellón de Oro,
del budismo zen.
Kioto, Japón
S. XV.

Pintura mural
(Padmapani)
de las
Cuevas de Ajanta,
India.

Guerrero
de Capestrano.
Museo
Arqueológico
de Chieti.

Templo
Toshogu.
Nikko.
Japón,
S. XVII.

Templo Muktesvara;
Bnuvaneswar,
India. S. IX.

Camboya,
Angkór:
Entrada al
templo de Vat.

Kuan Yin,
madera policromada.
Época Sung.
China. S. XIII.

Corea.
Templo Pulkuksa
en Kyongju,
Corea del Sur.

Buda.

Shiva Nataraja. Bronce de época Chola.
S. XII. Museo Nacional de Nueva Delhi.

Pintura sobre arcilla procedente de una tumba
en Lo-Yang. Época Han
(3000 a.C. a 220 d.C.).

"Gengis-Kan
cazando".
China.
S. XIV.

PECES DE MAR

Pez ángel
(*Pomacanthus anularis*).

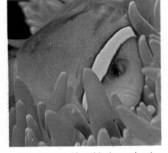

Pez payaso (*Amphiprion sebae*)
entre tentáculos de anémona.

Pez mariposa rayado
(*Chaetodon trifasciatus*).

Pez cordero
(*Pseudocromis pacagnellae*).

Platax orbicularis.

Pez escorpión
(*Pterois volitans*).

Pez ballesta
(*Aconthurus bahianus*).

Pez mariposa
(*Chaetodontopus melanosoma*).

Pez de los arrecifes
coralinos
(*Helocanthus ciliaris*).

Pez ballesta
(*Aconthurus bahianus*).

Pez pinza
(*Chelmon rostrato*).

Mero
gigante.

al rey **Luis XII** de Francia (1462-1515). Un hermano de Luis XIV, **Felipe II** (1640-1701), inició otra de estas dinastías; **Felipe III** (1674-1723), fue regente durante la minoría de Luis XV; **Luis Felipe,** más conocido por el seudónimo de **Felipe Igualdad** (1747-1793) compartió los ideales revolucionarios y votó la muerte de su primo Luis XVI, años después; también él moría en el cadalso. Un hijo suyo, **Luis Felipe I** (1773-1850) fue rey de Francia desde 1830 hasta 1848, en que, de nuevo, quedó establecida la República.

ORLEÁNS. *Geog.* Ciudad de Francia, cap. del departamento de Loiret, situada al S. O. de París. 100.000 h. (con los suburbios, 170.000 h.) Maquinarias agrícolas, afamados vinos.

ORLEÁNS, Nueva. *Geog.* V. **Nueva Orleáns.**

ORLEANSVILLE. *Geog.* Ciudad de Argelia, denominada actualmente **El Asnam,** situada al S.O. de Argel. 515.000 h. Actividades agrícolas. Fue devastada por un terremoto en 1954.

ORLICH, Francisco J. *Biog.* Militar cost., nacido en 1908, presidente de la República de 1962 a 1966.

ORLO. (Tal vez del al. *horn,* cuerno.) m. Oboe rústico, de los Alpes, de sonido intenso y monótono. ‖ Registro por el cual se imita en el órgano ese sonido.

ORLO. (De *orla.*) m. Plinto.

ORMESÍ. (Del ital. *ormesino.*) m. Tela fuerte de seda que hace visos y aguas.

ORMINO. (Del lat. *hormínum,* y éste del gr. *órminon.*) m. Gallocresta, especie de salvia.

ORMUZ. *Geog.* Estrecho situado al S. E. de la península arábiga que une el golfo Pérsico con el golfo de Omán.

ORMUZ. *Rel.* Deidad del bien en la religión de Zoroastro.

ORNAMENTACIÓN. al. **Ornamentierung; Verzierung.** fr. **Ornamentation.** ingl. **Ornamentation.** ital. **Ornamentazione.** port. **Ornamentação.** f. Acción y efecto de ornamentar. ‖ Arte de disponer los adornos. sinón.: **decoración.** ‖ IDEAS AFINES: *Dibujo, color, policromía, relieve, simbolismo, voluta, flor, arabesco, guirnalda, festón, medallón, dragón, triglifo.*

ORNAMENTAL. adj. Perteneciente o relativo a la ornamentación. *Florón* ORNAMENTAL.

ORNAMENTAR. tr. Adornar, engalanar con adornos. ORNAMENTAR *una vasija; un bronce.* ‖ deriv.: **ornamentador, ra; ornamentista.**

ORNAMENTO. (Del lat. *ornaméntum.*) m. Adorno, atavío que hace vistosa una cosa. ‖ fig. Calidades y prendas morales del sujeto, que le hacen más estimable. *La humildad es precioso* ORNAMENTO. ‖ *Arq.* y *Esc.* Ciertas piezas que se ponen para acompañar a las obras principales. ‖ pl. Vestiduras sagradas que se ponen los sacerdotes cuando celebran, y también los adornos del altar.

ORNAR. (Del lat. *ornare.*) tr. y r. Adornar. ‖ deriv.: **ornador, ra.**

ORNATO. m. Adorno, atavío, aparato.

ORNE. *Geog.* Río del N. O. de Francia en cuya des., sobre el mar del Norte, está la c. de Caen. 152 km. ‖ Departamento del N. O. de Francia. 6.144 km². 300.000 h. Agricultura. Industrias alimenticias. Cap. ALENZÓN.

ORNITODELFO, FA. (Del gr. *ornis, -itos,* pájaro, y *delphýs,* matriz.) adj. *Zool.* Monotrema. Ú.t.c.s.m.

ORNITÓFAGO, GA. adj. Que se alimenta de aves.

ORNITÓFILO, LA. adj. Que es aficionado a las aves.

ORNITOLOGÍA. al. **Ornithologie; Vogelkunde.** fr. **Ornithologie.** ingl. **Ornithology.** ital. **Ornitologia.** port. **Ornitologia.** (Del gr. *ornis, -ithos,* pájaro, y *logos,* tratado.) f. Parte de la zoología que estudia las aves. ‖ deriv.: **ornitológico, ca; ornitologista.**

ORNITÓLOGO, GA. s. Persona que se dedica a la ornitología.

ORNITOMANCIA u ORNITOMANCÍA. (Del gr. *ornis, -ithos,* pájaro, y *manteia,* adivinación.) f. Adivinación por el vuelo y canto de las aves. ‖ deriv.: **ornitomántico, ca.**

ORNITORRINCO. (Del gr. *ornis, -ithos,* pájaro, y *rynkhos,* pico.) m. Mamífero del tamaño de un conejo, de cabeza casi redonda y mandíbulas ensanchadas y cubiertas por una lámina córnea a manera de pico, pies palmeados, y pelaje gris, suave y espeso. Vive en Australia, Tasmania, y se alimenta de larvas de insectos y peces. Monotrema.

ORO. al. **Gold.** fr. **Or.** ingl. **Gold.** ital. **Oro.** port. **Ouro.** (Del lat. *áurum.*) m. Metal amarillo que existe libre en la naturaleza, uno de los más dúctiles y maleables. No es atacable por el oxígeno, ni por los ácidos, excepto el selénico; en cambio es soluble en las disoluciones de cloro, bromo, o yodo, y en el agua regia. ‖ Elemento de símbolo Au. n. atóm. 79 y p. atóm. 197,2. ‖ Color amarillo como el de este metal. Ú.t.c.adj. ‖ Moneda o monedas de **oro.** Los principales países productores de oro son: Rep. Sudafricana, U.R.S.S., Canadá, EE. UU., Japón, Australia y Ghana. ‖ Joyas y otros adornos de esta especie. ‖ Cualquiera de los naipes del palo de **oros.** ‖ fig. Riquezas, caudal. *Tiene mucho* ORO. ‖ *Blas.* Uno de los metales heráldicos. ‖ pl. Uno de los cuatro palos de la baraja española. ‖ **Oro batido.** El reducido a hojas sutilísimas, que sirve para dorar. ‖ **– coronario.** El muy fino. ‖ **– de copela.** El obtenido por copelación. ‖ **– de ley.** Aleación de **oro** y cobre en las proporciones que señala la ley. ‖ **– de tíbar.** El muy acendrado. ‖ **– en polvo.** El que se halla naturalmente en arenillas. ‖ fig. Cosa excelente en su línea. ‖ **– fulminante.** El precipitado del agua regia por la acción del amoníaco, y que por frotamiento o percusión causa explosión. ‖ **– mate.** El que no está bruñido. ‖ **– molido.** El que se preparaba para las iluminaciones de libros y miniaturas. ‖ El polvo de **oro** que resulta de quemar trapos empapados en la disolución del metal en agua regia. ‖ **– musivo.** Bisulfuro de estaño, de color de **oro.** ‖ **– nativo.** El que en estado natural y casi puro se halla en algunos terrenos. ‖ **– obrizo.** El muy acendrado. ‖ **– potable.** Cada una de las preparaciones líquidas del **oro** que hacían los alquimistas y se usaban como medicamento. ‖ **– verde.** Electro, aleación de **oro** y plata. ‖ **Como oro en paño.** loc. adv. fig. que explica el aprecio que se hace de una cosa por el cuidado con que se guarda. ‖ **Como un oro.** loc. adv. fig. que se emplea para ponderar la hermosura, aseo y limpieza de una persona o cosa. ‖ **De oro,** loc. fig. Precioso, floreciente. *Corazón* DE ORO; *edad de* ORO. ‖ **De oro y azul.** loc. fig. Dícese de una persona muy compuesta y adornada. ‖ **El oro y el moro.** loc. fig. y fam. con que se ponderan ciertas promesas ilusorias, y que expresa también la exagerada estimación de lo que se espera o posee. ‖ **Hacerse** uno **de oro.** frs. fig. Adquirir muchas riquezas. ‖ **No es oro todo lo que reluce.** ref. que aconseja no fiarse de apariencias. ‖ **Oro molido que fuese.** frs. fig. y fam. ponderativa de asentimiento o confianza. ‖ **Oros son triunfos.** frs. proverb. que denota la propensión a dejarse dominar por el interés. ‖ **Pesar** a uno **a,** o **en, oro.** frs. fig. Pagar espléndidamente a aquel de quien se ha recibido o se espera recibir algún servicio. ‖ **Poner a** uno **de oro y azul.** frs. fig. y fam. **Ponerle como un trapo.** ‖ **Valer** uno o una cosa **tanto oro como pesa.** frs. fig. y fam. con que se pondera su excelencia. ‖ IDEAS AFINES: *Pepita, criadero, arena, yacimiento, filón, ganga, lingote, lámina, aleación, ley, joyería, batea, criba, inalterable, amalgamar, dorar, Midas.*

ORO, Domingo de. *Biog.* Patriota y publicista arg., autor de *El tirano de los pueblos argentinos* y otras obras (1800-1879). ‖ **– Fray Justo Santa María de.** Rel. y patriota arg., miembro del Congreso de Tucumán, como representante de San Juan, donde se opuso tenazmente al sistema monárquico (1772-1836).

ORO, El. *Geog.* V. **El Oro.**

OROBANCA. (Del lat. *orobanche,* y éste del gr. *orobankhe;* de *órobos,* algarroba, y *ankho,* ahogar.) f. Hierba desprovista de clorofila, parásita de las raíces de otras plantas, de tallo grueso y escamoso, de unos cuarenta centímetros de alto, y flores en espiga terminal. Gén. *Orobanche,* orobancáceas.

OROBANCÁCEO, A. *Bot.* Dícese de plantas dicotiledóneas, herbáceas, parásitas, de hojas que semejan escamas, flores hermafroditas y fruto capsular de muchas semillas pequeñas, como la orobanca. Ú.t.c.s. ‖ f. pl. *Bot.* Familia de estas plantas.

OROBIAS. (Del lat. *orobias,* y éste del gr. *orobías,* de *órobos,* algarrobo.) m. Incienso en granos menudos.

ORODES, I. *Biog.* Rey de los partos, de 56 a 37 a. de C. Luchó contra los romanos. ‖ **– II.** Rey de los partos (s. I a. de C.).

OROGÉNESIS. f. Parte de la geología que trata del origen y la formación de los continentes y relieves terrestres, y de las grandes dislocaciones que han contribuido a ella.

OROGENIA. (Del gr. *oros,* montaña, y *genos,* origen.) f. Estudio de la formación de las montañas. ‖ deriv.: **orogénico, ca.**

OROGRAFÍA. al. **Gebirgsbeschreibung; Orographie.** fr. **Orographie.** ingl. **Orography.** ital. **Orografia.** port. **Orografia.** (Del gr. *oros,* montaña, y *grapho,* describir.) f. Parte de la geografía física, que trata de la descripción de las montañas. ‖ deriv.: **orográfico, ca.** ‖ IDEAS AFINES: *Cordillera, cadena, meseta, altiplano, sierra, cumbre, pico, ladera, precipicio, desfiladero, garganta, valle, volcán, nieve, glaciar, alud.*

ORONDO, DA. (De *horondo.*) adj. Aplícase a las vasijas de gran concavidad o barriga. ‖ fam. Hueco, hinchado. ‖ fig. y fam. Lleno de presunción y muy satisfecho de sí mismo.

ORONIMIA. f. Parte de la toponimia que estudia el origen y significación de los orónimos.

ORONÍMICO, CA. adj. Perteneciente o relativo a la oronimia.

ORÓNIMO. (Del gr. *oros,* montaña, y *ónoma,* nombre.) m. Nombre de cordillera, montaña, colina, etc.

ORONTES. *Geog.* Río de Siria y Turquía. Pasa por Antioquía y des. en el Mediterráneo. 500 km.

OROÑO, Nicasio. *Biog.* Mil. y político arg. contrario a Rosas. Autor de importantes proyectos de bien público (1825-1904).

OROPELAR. tr. Adornar con oropel. ‖ fig. Aparentar. ‖ r. Gastar mucho oropel. ‖ deriv.: **oropelador, ra; oropeladura; oropelamiento.**

OROPEL. al. **Flittergold.** fr. **Oripeau.** ingl. **Brass foil; glitter.** ital. **Orpello.** port. **Ouropel.** (Del lat. *auri pellis,* hoja de oro.) m. Lámina de latón muy fina que imita al oro. ‖ fig. Cosa de poco valor y mucha apariencia. *Creía engañarnos con tanto* OROPEL. ‖ Adorno o requisito de una persona. ‖ **Gastar** uno **mucho oropel.** frs. fig. y fam. Ostentar gran vanidad y fausto, sin tener caudal para ello. ‖ deriv.: **oropelesco, ca.**

OROPELERO. m. El que fabrica o vende oropel.

OROPÉNDOLA. al. **Pirol.** fr. **Loriot.** ingl. **Loriot.** ital. **Rigogolo.** port **Verdelhão.** (Del lat. *aeri,* en el aire, y *péndula,* colgante.) f. Pájaro de Europa, Asia y África, dentirrostro; de plumaje amarillo con las alas, cola y patas negras; se alimenta de insectos y frutas, y hace el nido colgándolo horizontalmente de las ramas. *Oriolus ariolus.* sinón.: **virio.**

OROPIMENTE. (Del lat. *auripigméntum.*) m. Sesquisulfuro nativo de arsénico, amarillo, de textura laminar o fibrosa, y brillo anacarado. Es venenoso y se usa en tintorería.

OROSHAZA. *Geog.* Ciudad del S. E. de Hungría. 35.000 h. Actividades agrícolas e importantes criaderos de cerdos.

OROSÍ. *Geog.* Volcán del N. O. de Costa Rica, en la cordillera de Guanacaste. 1.583 m.

OROSIO, Pablo. *Biog.* Humanista esp., discípulo de San Agustín. Escribió un ensayo de historia universal cristiana (390-418).

OROYA. f. Cesta o cajón del andarivel.

OROYA, La. *Geog.* V. **La Oroya.**

OROZCO, Alonso de. *Biog.* Escr. místico esp., autor de *Regimiento del alma; Monte de contemplación,* etc. (1500-1591). ‖ **– Francisco.** Conquistador esp., compañero de Cortés y fundador de Oaxaca (s. XVI). ‖ **– José.** Poeta ec., autor de *La conquista de Menorca* y otras obras (1733-1786). ‖ **– José Clemente.** Pintor mex., uno de los maestros de la plástica mural, a la que infundió un hondo carácter autóctono y social. Obras maestras: *Vuelta al campo de batalla; Trabajador indígena; Los hombres sedientos,* etc. Ha efectuado al óleo una serie de temas sobre el Nuevo Testamento (1883-1949). ‖ **– Pascual.** Caudillo mex., uno de los primeros que se levantaron contra Porfirio Díaz (1882-1915). ‖ **– ROMERO, Carlos.** Pintor mex., autor de *Abstracción; Vidas mexicanas* y otros cuadros (n. 1898). ‖ **– Y BERRA, Fernando.** Novelista mex., autor de *La guerra de treinta años* y otras obras (1822-1851). ‖ **– Y BERRA, Manuel.** Hist., geógrafo y pol. mexicano, autor de *La carta etnográfica de México; La geografía de las lenguas; Diccionario de Historia y Geografía,* etc. (1818-1881).

OROZUZ. al. **Süssholz.** fr. **Réglisse.** ingl. **Licorice.** ital. **Liquirizia.** port. **Alcaçuz.** (Del ár. *oroc çuç,* raíces de regaliz.) m. Arbusto vivaz, de hojas compuestas, flores pequeñas, violáceas, y fruto en legumbre, con pocas semillas; de su rizoma se extrae un jugo dulce y mucilaginoso, usado como emoliente. *Glycyrhiza glabra,* leguminosa.

ORQUESTA. al. **Oschester.** fr. **Orchestre.** ingl. **Orchestra.** ital. **Orchestra.** port. **Orquestra.** (De *orquestra.*) f. Conjunto de instrumentos que tocan concertadamente. ORQUESTA *sinfónica, de cámara.* ‖ Conjunto de músicos que tocan en un teatro o en una sala de conciertos. ‖ Lugar destinado a los músicos, y comprendido entre el escenario y las butacas. ‖ IDEAS AFINES: *Director, batuta, partitura, atril, compositor, coro, arco, cuerda, percusión, armonía, melodía, ritmo, baile, público, auditorio, aplausos.*

ORQUESTACIÓN. f. Acción y efecto de orquestar.

ORQUESTAL. adj. Perteneciente o relativo a la orquesta o a la orquestación. *Conjunto* ORQUESTAL.

ORQUESTAR. tr. Instrumentar para orquesta. ‖ deriv.: **orquestador, ra.**

ORQUESTINA. f. Orquesta de pocos y variados instrumentos dedicada por lo general a ejecutar música moderna bailable.

ORQUESTRA. (Del lat. *orchestra,* y éste del gr. *orkhestra.*) f. Orquesta.

ORQUIDÁCEO, A. adj. y s. Orquídeo.

ORQUÍDEO, A. al. **Orchidee.** fr. **Orchidée.** ingl. **Orchid.** ital. **Orchidea.** port. **Orquídea.** (Del lat. *orchis,* y éste del gr. *orkhis,* testículo, planta bulbosa.) adj. *Bot.* Dícese de plantas herbáceas, a menudo epífitas, de flores zigomorfas complicadas, generalmente con un solo estambre fértil y polen aglomerado, con unas 6.000 especies, como el satirión y la vainilla. Ú.t.c.s. ‖ f. Flor de estas plantas. *Algunas* ORQUÍDEAS *son de extraña belleza.* ‖ f. pl. *Bot.* Familia de estas plantas.

ORQUITIS. (Del gr. *orkhis,* testículo, y el sufijo *itis.*) f. *Pat.* Inflamación del testículo.

ORRE. m. Hórreo. ‖ **En orre.** m. adv. **A granel.**

ORREGO, Antenor. *Biog.* Lit. per. (1892-1960), autor de *Notas marginales* y otras obras. ‖ **– DE URIBE, Rosario.** Lit. chil., autora de las novelas *Los buscavidas; Alberto, el jugador,* etc., y de numerosas composiciones poéticas (1834-1879). ‖ **– LUCO, Luis.** Lit y jurista chil., especializado en derecho internacional. Como novelista publicó *Un idilio nuevo; El tronco herido,* etc. Otras obras: *Problemas internacionales de Chile; Páginas americanas,* etc. (1866-1949).

ORSINI, Félix. *Biog.* Patriota ital., colaborador de Mazzini, que atentó contra Napoleón III. Fue guillotinado (1819-1858).

ORSINI. *Geneal.* Famosa familia romana a la cual pertenecieron cinco Papas.

ORS Y ROVIRA, Eugenio d'. *Biog.* Escr. y pensador esp., conocido también con el seudónimo de Xenius. Sus obras literarias son de una prosa minuciosa y artística, y sus ensayos se ubican en la corriente ética del idealismo. Obras: *Glosario; El nuevo Glosario; La civilización en la Historia; Filosofía del hombre que juega y que trabaja*, etc. (1882-1954).

ORTEGA. Del lat. *órtyx, -ygis*, y éste del gr. *órtyx.*) f. Ave de África, Asia y Europa, poco mayor que la perdiz, de alas cortas, plumaje rojizo ceniciento, blanco en la garganta y en la punta de la cola y negro en el abdomen. *Pterocles arenarius*, gallinácea.

ORTEGA, Aniceto. *Biog.* Músico mex., autor de la marcha *Zaragoza*, considerada himno nacional de su país (1823-1875). ‖ **– Francisco.** Hist. y poeta mex., autor de *Historia antigua; Baluartes de México*, y otras obras (1793-1849). ‖ **– Miguel.** Dramaturgo arg., precursor del teatro de su patria con la transcripción escénica de la leyenda de *Lucía Miranda* (s. XIX). ‖ **– Miguel R.** Escritor hond. cuyas composiciones poéticas aúnan elementos modernistas y románticos (1885-1932). ‖ **– DÍAZ, Alfredo.** Ing. y escr. col., autor de *Historia de la arquitectura de Bogotá; Geografía económica de Cundinamarca*, etc. (n. 1874). ‖ **– MUNILLA, José.** Novelista y ensayista esp., autor de *Orgía de hambre; La cigarra; Sor Lucila*, etc. (1856-1922). ‖ **– NARIÑO, José Manuel.** Mil. col. de destacada actuación en las guerras de la independencia (1792-1860). ‖ **– TORRES, José J.** Religioso col., autor de *Historia de la literatura colombiana* y otras obras (n. 1908). ‖ **– Y FRÍAS, Ramón.** Nov. esp. de abundante obra, autor de *El amor de una negra; El duende en la corte; El diablo en palacio*, etc. (1825-1884). ‖ **– Y GASSET, José.** Lit., ensayista y filósofo esp., hijo de José Ortega Munilla y uno de los más sutiles intelectuales de su país. Partiendo de las renovaciones estilísticas de fines del siglo XIX, creó una nueva técnica de expresión y una nueva terminología filosófica, adherida a las mejores tradiciones del idioma. Pensador profundo, ha penetrado en la problemática de la época, analizándola a la luz de una original filosofía que intenta superar el realismo y el idealismo. Fundó la *Revista de Occidente*. Obras: *La rebelión de las masas; El espectador; Meditación del Quijote; El tema de nuestro tiempo; La deshumanización del arte e ideas sobre la novela*, etc. (1883-1955). ‖ **– Y MONTAÑÉS, Juan.** Religioso esp., de 1696 a 1697 y de 1701 a 1702 virrey de México (1627-1708).

ORTEGA. *Geog.* Población del centro oeste de Colombia (Tolima). 5.000 h. Producción minera.

ORTEGAL. *Geog.* Cabo de la costa N.O. de España, en la Coruña.

ORTIGA. al. **Nessel.** fr. **Ortie.** ingl. **Nettle.** ital. **Ortica.** port. **Ortiga.** (Del lat. *urtica.*) f. Planta herbácea de tallos prismáticos, hojas agudas cubiertas de pelos que segregan un líquido urente, flores verdosas en racimos colgantes, las masculinas en un pie y las femeninas en otro, y fruto seco y comprimido. Gén. *Urtica*; urticáceas. ‖ **– de mar.** Acalefo. ‖ **– de pelotillas. Ortiga romana.** ‖ **– moheña.** Variedad que se distingue por tener las hojas ovales y las flores masculinas y femeninas reunidas en un mismo pie. ‖ **– muerta.** Planta herbácea, labiada, que crece en lugares húmedos, de tallos vellosos, hojas puntiagudas y fruto seco con una semilla. ‖ **– romana.** Especie similar a la moheña, cuyas cabezuelas, de dos milímetros de diámetro, están formadas por las flores femeninas. ‖ **Ser uno como unas ortigas.** frs. fig. y fam. Ser áspero y desapacible.

ORTIGAL. m. Terreno cubierto de ortigas.

ORTIVO, VA. adj. *Astron.* Perteneciente o relativo al orto.

ORTIZ, Adalberto. *Biog.* Novelista ecuat., autor de *Yuyunga* y otras obras (n. 1914). ‖ **– Carlos.** Poeta arg., autor de *El poema de las mieses* y *Rosas del crepúsculo* (1870-1910). ‖ **– José Antonio.** Músico indio nacido en las misiones jesuíticas, que instaló un taller para fabricación de guitarras y violines, en Bs. Aires. También actuó como docente y compuso danzas y canciones (1764-1794). ‖ **– José Joaquín.** Poeta lírico, nov. y ensayista col., autor de *Al Tequendama; La bandera colombiana* y otras composiciones, y de *El oidor de Santa Fe* y otros libros en prosa (1814-1892). ‖ **– Juan L.** Poeta arg. (1896-1978), autor de *El ángel inclinado; De las raíces y del cielo; El alba sube*, etc. ‖ **– Juan Buenaventura.** Literato col., autor de *Lecciones de filosofía social y ciencia de la legislación* y otras obras (1840-1894). ‖ **– Roberto Mario.** Pol. arg. Jurisconsulto, legislador y ministro, fue elegido presidente de la Rep. por el período 1938-1944, pero en 1942 renunció (1886-1942). ‖ **– DE DOMÍNGUEZ, María Josefa.** Heroína mex., colaboradora de Hidalgo en las luchas de la Independencia. Se le llamó la **Corregidora de Querétaro** (1764-1829). ‖ **– DE MONTELLANO, Bernardo.** Crítico y escritor mex., autor de *La poesía indígena de México; Red; Antología de cuentos mexicanos*, etc. (1899-1949). ‖ **– DE OCAMPO, Francisco Antonio.** Militar arg. que tomó parte en la resistencia a las invasiones inglesas y en 1810 dirigió la expedición al interior (1771-1840). ‖ **– DE ROZAS, Domingo.** Militar esp., de 1742 a 1745 gobernador y capitán general de Buenos Aires (aprox. 1680-1756). ‖ **– DE VERGARA, Francisco.** Mil. español que fue gobernador, capitán general y justicia mayor del Río de la Plata (1524-1574). ‖ **– DE ZÁRATE, Juan.** Militar esp., compañero de Pizarro en la conquista del Perú y en 1567 Adelantado del Río de la Plata (1521-1576). ‖ **– DE ZEBALLOS, Ignacio.** Pol. per. de origen ec., miembro de la primera junta independiente constituida en Quito. Actuó posteriormente en el Perú, en donde redactó un proyecto de código civil y desempeñó altos cargos diplomáticos (1777-1843). ‖ **– GUERRERO, Manuel.** Poeta par. adicto al modernismo. Sus mejores composiciones son poemas escritos en guaraní (1899-1933). ‖ **– MONASTERIO, Luis.** Escultor mex. que cultiva la talla en piedra, en obras monumentales. Obra maestra: *La victoria* (n. 1906). ‖ **– RUBIO, Pascual.** Pol., escritor e ing. mex. de actuación revolucionaria desde 1910. Ha publicado *México, revolución de 1910; Memorias de un penitente*, etc. (1889-1963). ‖ **– SARALEGUI, Juvenal.** Poeta urug., autor de *Línea del Alba; Flor cerrada; Canto a Roosevelt*, etc. (1907-1959). ‖ **– Y FERNÁNDEZ, Fernando.** Literato y jurista cub. de abundante obra, autor de *La reconquista de América; Historia de la arqueología indocubana*, etc. (1881-1969).

ORTO. Forma prefija del gr. *orthós*, derecho, recto; se usa también con la significación de regular, correcto. ORTO*doncia*; ORTO*grafía*.

ORTO. (Del lat. *ortus.*) m. Aparición del Sol o de otro astro por el horizonte.

ORTOCEFÁLICO, CA. adj. Mesaticéfalo.

ORTOCROMÁTICO, CA. adj. Aplícase a la película fotográfica cubierta con una emulsión más sensible que la común a los rayos verdes y amarillos. ‖ En histología, que se colora o tiñe normalmente.

ORTODONCIA. (Del gr. *orthós*, recto, y *odontos*, genit. de *odús*, diente.) f. Situación regular de los dientes. ‖ Arte de corregir las deformaciones dentarias.

ORTODOXIA. al. **Rechtgläubigkeit; Orthodoxie.** fr. **Orthodoxie.** ingl. **Orthodoxy.** ital. **Ortodossia.** port. **Ortodoxia.** (Del lat. *orthodoxia*, y éste del gr. *orthodoxía.*) f. Rectitud dogmática o conformidad con el dogma católico. ‖ Por ext., calidad de ortodoxo en general.

ORTODOXO, XA. (Del lat. *orthodoxus*, y éste del gr. *orthódoxos*; de *orthós*, derecho, y *doxa*, opinión.) adj. Conforme con el dogma católico. Apl. a pers., ú.t.c.s. *Escritor* ORTODOXO; sinón.: **dogmático, fiel**; antón.: **heterodoxo.** ‖ Aplícase a la iglesia cismática griega y a sus fieles. Apl. a pers., ú.t.c.s. ‖ Por ext., conforme con la doctrina fundamental de cualquiera secta o sistema.

ORTODROMIA. (Del gr. *orthódromos*, que corre derechamente.) f. *Mar.* Arco de círculo máximo, camino más corto que puede seguirse en la navegación entre dos puntos. ‖ deriv.: **ortodrómico, ca.**

ORTOEPÍA. (Del gr. *orthoepeia.*) f. Ortología. ‖ deriv.: **ortoépico.**

ORTOFONÍA. f. Pronunciación normal. ‖ Arte de corregir la pronunciación defectuosa. ‖ deriv.: **ortofónico, ca.**

ORTOGONAL. adj. Que forma ángulo recto.

ORTOGONIO. adj. *Geom.* Dícese del triángulo rectángulo.

ORTOGRAFÍA. (Del lat. *orthographia*, y éste del gr. *orthographía*; de *orthós*, derecho, y *grapho*, escribir.) f. *Geom.* Delineación del alzado de un edificio u otro objeto. ‖ Escritura correcta de las palabras de un idioma. *Tener mala* ORTOGRAFÍA. ‖ Parte de la gramática que enseña a escribir correctamente por el adecuado empleo de las letras y signos auxiliares de la escritura. ‖ **– degradada,** o **en perspectiva.** *Geom.* **Ortografía proyecta.** ‖ **– geométrica.** *Geom.* Proyección ortogonal de un plano vertical. ‖ **– proyecta.** *Geom.* Perspectiva lineal.

ORTOGRÁFICO, CA. adj. Perteneciente o relativo a la ortografía. *Unificación* ORTOGRÁFICA. ‖ deriv.: **ortográficamente.**

ORTÓGRAFO, FA. s. Persona que sabe o profesa la ortografía.

ORTOLOGÍA. (Del gr. *orthología*; de *orthós*, derecho, justo y *logos*, lenguaje.) f. Arte de pronunciar bien. ‖ deriv.: **ortológico, ca.**

ORTÓLOGO, GA. s. Persona que sabe o profesa la ortología.

ORTON. *Geog.* V. **Tahuamanu.**

ORTOPEDIA. al. **Orthopädie.** fr. **Orthopédie.** ingl. **Orthopedics.** ital. **Ortopedia.** port. **Ortopedia.** (Del gr. *orthós*, derecho, y *pais, paidós*, niño.) f. Arte de corregir o de evitar las deformaciones del cuerpo humano, por medio de ejercicios o aparatos.

ORTOPÉDICO, CA. adj. Perteneciente o relativo a la ortopedia. *Cirugía* ORTOPÉDICA. ‖ s. Ortopedista. ‖ deriv.: **ortopédicamente.**

ORTOPEDISTA. com. Persona que ejerce o profesa la ortopedia.

ORTÓPTERO. al. **Geradflügler.** fr. **Orthoptère.** ingl. **Orthopterous.** ital. **Ortottero.** port. **Ortóptero.** adj. *Zool.* Aplícase a los insectos masticadores, de metamorfosis sencilla, con las alas del primer par endurecidas por quitina, y debajo de las cuales se pliegan las del segundo par; como el saltamontes. Ú.t.c.s. *Los* ORTÓPTEROS *se encuentran diseminados por todo el mundo.* ‖ m. pl. *Zool.* Orden de estos insectos.

ORTOSA. f. Variedad de feldespato, blanco o gris amarillento, silicato de aluminio y potasio.

ORTOTROPISMO. m. *Bot.* Tropismo en que la planta o el órgano, tiende a crecer en la dirección del excitante.

ORTÓTROPO, PA. adj. *Bot.* Que muestra ortotropismo.

ORUBA. *Geog.* V. **Aruba.**

ORUGA. al. **Raupe.** fr. **Chenille.** ingl. **Caterpillar.** ital. **Bruco.** port. **Eruca.** (Del lat. *eruca.*) f. Hierba europea de tallos vellosos, flores de pétalos blancos con venas moradas y hojas lanceoladas, picante, usada como condimento. *Eruca longirostris*, crucífera. ‖ Salsa de esta planta, con pan, miel y vinagre. ‖ Larva de los insectos lepidópteros o mariposas, de doce anillos, cabeza córnea y boca masticadora; se alimenta generalmente de hojas. ‖ Sistema de tracción en el que las ruedas están substituidas por llantas flexibles o bandas giratorias. Suele aplicarse a tanques de guerra, tractores, etcétera.

ORUJO. (Quizá de **borujo.**) m. Hollejo de la uva, después de exprimida. ‖ Residuo de la aceituna molida y prensada, del que se extrae aceite de calidad inferior.

ORUREÑO, ÑA. adj. y s. De Oruro.

ORURO. *Geog.* Departamento del O. de Bolivia. 53.588 km². 220.000 h. Riqueza minera. Cap. hom. 70.000 h. Centro minero.

ORVALLAR. intr. En algunas partes, lloviznar.

ORVALLE. (En fr. *orvale.*) m. Gallocresta u ormino.

ORVALLO. m. En algunas partes, llovizna.

ORVIETO. *Geog.* Ciudad de Italia, en Terni (Umbría), 26.000 h. Vinos, aceites, cereales. Antiguos monumentos etruscos.

ORWELL, Jorge. *Biog.* Seudónimo usado por el novelista británico Arturo Blair, autor de *El camino al muelle de Wigam; Homenaje a Cataluña; Rebelión en la granja*, etc. (1903-1950).

ORZA. (Del lat. *urceus.*) f. Vasija de barro vidriado, alta y sin asas.

ORZA. (En ital. *orza.*) f. *Mar.* Acción y efecto de orzar. ‖ Pieza suplementaria triangular que se asegura exteriormente a la quilla de los balandros. ‖ *P. Rico.* Narria o caja arrastrada por bueyes para transportar cosas pesadas por caminos angostos. ‖ *Perú.* int. empleada por los campesinos para estimular a las yuntas de labranza. ‖ **– a popa.** Cabo con que se lleva a popa el car de la entena. ‖ **– de avante** o **de novela.** *Mar.* **Orza** a popa del trinquete. ‖ **A orza.** m. adv. *Mar.* Dícese cuando el barco pone la proa hacia la parte de donde viene el viento, y, por extensión, de cualquier cosa ladeada.

ORZAGA. (Del ár. *oxaca*, y éste del lat. *oxálica*, de acederas.) f. Planta de tallos herbáceos, hojas blanquecinas, arrugadas, florecillas verdosas y frutos esféricos. *Atriplex halimus*, quenopodiácea.

ORZAR. intr. *Mar.* Poner la nave a orza.

ORZAYA. f. Niñera.

ORZOYO. m. Hebra de seda dispuesta para labrar el terciopelo.

ORZUELA. f. dim. de **Orza.** ‖ *Méx.* Horquilla, enfermedad del cabello.

ORZUELO. al. **Gersternkorn.** fr. **Orgelet.** ingl. **Sty.** ital. **Orzaiolo.** port. **Terçol.** (Del lat. *hordéolus*, dim. de *hordeus*, cebada.) m. Divieso en el borde del párpado.

ORZUELO. m. Trampa oscilante para coger perdices. ‖ Especie de cepo para cazar fieras prendiéndolas por los pies.

OS. Dativo y acusativo del pronombre de segunda persona en género masculino y femenino y número plural. No lleva preposición y puede usarse como sufijo. Os *miré; miraos.* En el tratamiento de *vos* hace indistintamente oficio de singular o plural. *Yo* os *amo* (dirigiéndose a una persona, o a varias). Cuando se emplea como sufijo con las segundas personas de plural del imperativo de los verbos, pierden estas personas su *d* final. *Hablaos*. Exceptúase únicamente *id. Idos.*

¡OS! int. ¡**Ox!**

Os. *Quím.* Símbolo del osmio.

OSA. (Del lat. *ursa.*) f. Hembra del oso. ‖ **– Mayor** o **Carro.** *Astron.* Constelación boreal, al norte del León, formada por siete estrellas. ‖ **– Menor.** *Astron.* Constelación boreal, rodeada por la del Dragón, cuya estrella principal es la Polar.

OSA. *Geog.* Península del S.O. de Costa Rica, sit. entre el golfo Dulce y el océano Pacífico. ‖ Monte de Grecia, situado al N.E. de la pen. Balcánica, en Tesalia. Tiene 1.985 m.

OSADAMENTE. adv. m. Atrevidamente, con intrepidez o sin reflexión. OSADAMENTE *escaló la muralla;* sinón.: **audazmente.**

OSADÍA. al. **Kühnheit; Wagemut.** fr. **Hardiesse.** ingl. **Audacity; boldness.** ital. **Audacia; ardimento.** port. **Ousadia.** f. Intrepidez, audacia, resolución. antón.: **cobardía, timidez.** ‖ Tomada en mala parte, atrevimiento, desvergüenza.

OSADO, DA. adj. Que tiene osadía. *Explorador* OSADO; sinón.: **arriesgado, arrojado.**

OSAGE. *Geog.* Río de los EE. UU. que atraviesa el Est. de Misuri y es afluente del río de este nombre. 800 km.

OSAKA. *Geog.* Ciudad y puerto del S.O. de Japón (Hondo). 3.200.000 h. Seda, algodón, astilleros, refinerías de azúcar.

Importante centro comercial.

OSAMBRE. m. Osamenta.

OSAMENTA. f. Esqueleto, armazón ósea. ‖ Conjunto de huesos de que se compone el esqueleto.

OSAR. m. Osario.

OSAR. (Del lat. *ausus*, atrevido.) intr. Atreverse; emprender alguna cosa con osadía. *¿Cómo* OSAS *replicar a tu padre?* ‖ r. *Ven.* Atreverse.

OSARIO. (Del lat. *ossárium.*) m. Lugar destinado para reunir los huesos que se sacan de las sepulturas. ‖ Lugar donde se hallan huesos.

OSBORN, Enrique F. *Biog.* Paleontólogo estad. que se especializó en anatomía comparada. Obras: *Origen y evolución de la vida; Evolución y religión de la educación*, etc. (1857-1935).

OSCAR I. *Biog.* Rey de Suecia y Noruega (1799-1859). ‖ – **II.** Rey de Suecia y Noruega. En 1905, durante su reinado, Noruega fue proclamada reino independiente (1829-1907).

OSCENSE. (Del lat. *oscensis.*) adj. y s. Natural de Huesca.

OSCEOLA. *Biog.* Jefe indio que defendió el territorio de la Florida contra las tropas estadounidenses. Murió heroicamente en el fuerte Moultrie (1804-1838).

OSCILACIÓN. al. **Schwingung.** fr. **Oscillation.** ingl. **Oscillation.** ital. **Oscillazione.** port. **Oscilação.** f. Acción y efecto de oscilar. *Registrar las* OSCILACIONES *de la corteza terrestre;* sinón.: **fluctuación.** ‖ Cada uno de los vaivenes de un movimiento oscilatorio. ‖ Trayecto que recorre el cuerpo oscilante entre sus posiciones extremas. ‖ – **eléctrica.** *Fís.* Corriente alterna producida en un circuito por acción de ondas electromagnéticas.

OSCILADOR. m. *Fís.* Aparato para producir oscilaciones eléctricas o mecánicas.

OSCILANTE. p. a. de **Oscilar.** Que oscila.

OSCILAR. al. **Schwingen; schwanken.** fr. **Osciller.** ingl. **To oscillate.** ital. **Oscillare.** port. **Oscilar.** (Del lat. *oscillare.*) intr. Efectuar movimiento de vaivén a la manera de un péndulo o de un cuerpo colgado de un resorte o movido por él. *El navío* OSCILA; sinón.. **bambolearse.** ‖ Estremecerse, agitarse trémulamente. *Las llamas* OSCILABAN; sinón.: **ondear, tremolar.** ‖ fig. Crecer y disminuir alternativamente, con más o menos regularidad, la intensidad de algunas manifestaciones o fenómenos. OSCILAR *el precio de las mercancías; la presión atmosférica;* sinón.: **fluctuar.** ‖ Vacilar, titubear. ‖ deriv.: **oscilable.** ‖ IDEAS AFINES: *Balanceo, péndulo, reflujo, cabeceo, hamaca, acunar, rolar.*

OSCILATORIO, RIA. adj. Dícese del movimiento de los cuerpos que oscilan y de su aptitud para hacerlo.

OSCILÓGRAFO. m. Aparato registrador de oscilaciones, empleado principalmente en física.

OSCINO, NA. (Del lat. *oscen*, ave que da agüeros con el canto.) adj. y s. Dícese de los pájaros cantores. ‖ f. pl. Grupo de estas aves.

OSCITANCIA. (Del lat. *óscitans, -antis*, descuidado, negligente.) f. Inadvertencia que proviene de descuido.

OSCITANTE. (Del lat. *óscitans, -antis*, p. a. de *oscitare*, bostezar.) adj. Que excita el bostezo. ‖ Se dice del estado patológico acompañado de frecuentes bostezos.

OSCO, CA. (Del lat. *oscus.*) adj. Dícese del individuo de un antiguo pueblo de la Italia central. Ú.t.c.s. *Los* OSCOS *se resistieron a los romanos.* ‖ Perteneciente a los **oscos.** ‖ m. **Lengua osca.**

OSCULATI, Cayetano. *Biog.* Explorador ital. que en reiterados viajes recorrió Europa, Asia y América. Como memoria de su itinerario americano publicó *Exploración de las regiones ecuatoriales a lo largo del Napo* (1808-1894).

OSCULATRIZ. (Del lat. *osculari*, besar.) adj. *Geom.* Dícese de la circunferencia que tiene con otra curva un contacto de segundo orden en el punto considerado, o sea cuando son iguales sus dos primeras derivadas. Ú.t.c.s.f.

ÓSCULO. al. **Kuss.** fr. **Baiser.** ingl. **Kiss.** ital. **Bacio.** port. **Ósculo.** (Del lat. *ósculum.*) m. Beso.

OSCURAMENTE. adv. m. Obscuramente.

OSCURANTISMO. m. Obscurantismo.

OSCURANTISTA. adj. y s. Obscurantista.

OSCURECER. tr. y r. Obscurecer.

OSCURECIMIENTO. m. Obscurecimiento.

OSCURIDAD. f. Obscuridad.

OSCURO, RA. adj. Obscuro. ‖ **A oscuras.** m. adv. **A obscuras.**

OSEAR. tr. Oxear.

OSEAR. intr. *Cuba.* Provocar con injurias la ira de una persona. ‖ Proceder como un oso o bravucón.

OSEAS. *Biog.* Profeta menor que predijo la destrucción del reino de Israel y la dispersión de sus habitantes (864-784 a. de C.). ‖ –. Último monarca de Israel que reinó de 726 a 718 a. de C.

OSECICO, LLO, TO. m. dim. de **Hueso.**

ÓSEO, A. al. **Knochig.** fr. **Osseux.** ingl. **Osseous; bony.** ital. **Osseo.** port. **Ósseo.** adj. De hueso. ‖ De la naturaleza del hueso. ‖ Que tiene huesos.

OSERA. f. Cueva donde se recogen los osos.

OSERO. m. Osario.

OSETA u OSETE. adj. y s. Dícese del individuo de un pueblo del Cáucaso, que se supone descendiente de los antiguos alanos.

OSEZNO. al. **Junger Bär.** fr. **Ourson.** ingl. **Young bear.** ital. **Orsacchiotto.** port. **Ursinho.** m. Cachorro del oso.

OSEZUELO. m. dim. de **Hueso.**

OSHAWA. *Geog.* Ciudad del S.E. de Canadá (Ontario). 98.000 h. Industria metalúrgica.

OSHOGBO. *Geog.* Ciudad del África, en Nigeria. 270.000 h.

OSIÁN. *Biog.* Poeta escocés de fama legendaria y existencia no comprobada. Se le atribuyen dos epopeyas románticas: *Fingal* y *Temora* (s. III).

OSIÁNICO, CA. adj. Perteneciente o relativo a Osián y a las poesías que se le atribuyen.

OSIANISMO. m. Imitación del estilo de los poemas atribuidos a Osián.

OSÍAS. *Biog.* Rey de Judá (m. 758 a. de C.).

OSIFICACIÓN. f. Acción y efecto de osificarse.

OSIFICARSE. (Del lat. *os, ossis*, hueso, y *fácere*, hacer.) r. Convertirse en hueso o adquirir la consistencia de tal una materia orgánica. ‖ deriv.: **osificable; osificador, ra; osificante.**

OSÍFRAGA. f. Osífrago.

OSÍFRAGO. (Del lat. *ossífragus;* de *os, ossis*, hueso, y *frángere*, quebrantar.) m. Quebrantahuesos, ave.

OSIJEK. *Geog.* Ciudad del norte de Yugoslavia, situada al N.O. de Belgrado. 95.000 h. Industria de la seda, algodón.

OSIMANDIAS. *Biog.* Rey legendario del ant. Egipto que, según la tradición, hizo edificar la primera biblioteca conocida.

OSIO. *Biog.* Rel. español, obispo de Córdoba, que presidió el concilio de Nicea y fue consejero de Constantino el Grande (256-357).

OSIPENKO. *Geog.* Ciudad y puerto de Ucrania (U.R.S.S.) sobre el mar de Azov. 80.000 h. Comercio de cereales.

OSIRIS. *Mit.* Dios egipcio, protector de los muertos, que dictó a los hombres normas morales y les enseñó el cultivo de las plantas, las propiedades de los metales y la elaboración del vino.

OSLO. *Geog.* Ciudad del S.E. de Noruega, cap. del país. 469.000 h. Es el puerto y centro comercial e industrial más importante de Noruega. Universidad fundada en 1811. Antiguamente se llamó **Cristianía.**

OSMANLÍ. (Del turco *otmanle.*) adj. Otomano. Apl. a pers., ú.t.c.s.

OSMAZOMO. (Del gr. *osmé*, olor, y *zomós*, jugo.) m. Mezcla de varias proteínas de la carne, a la cual se debe el olor característico del caldo.

OSMEÑA, Sergio. *Biog.* Jurisconsulto y pol. filipino que de 1944 a 1948 presidió la Confederación de las Filipinas (1878-1961).

OSMIO. (Del gr. *osmé*, olor.) m. Metal semejante al platino, atacable por los ácidos cuando está finamente dividido y cuya combinación con el oxígeno tiene un fuerte y desagradable olor. Es la sustancia más densa que se conoce. Úsase como catalizador, y en aleaciones con el platino y con el iridio. Es un elemento de símbolo Os, n. atóm. 76,2 y p. atóm. 190.2.

OSMIRIDIO. m. *Quím.* Aleación de osmio (27%), iridio (55%), y pequeñas proporciones de platino, rodio y rutenio.

OSMÓMETRO. m. *Fís.* Instrumento para medir la presión osmótica.

ÓSMOSIS u OSMOSIS. al. **Osmose.** fr. **Osmose.** ingl. **Osmosis.** ital. **Osmosi.** port. **Osmose.** (Del gr. *osmós*, empuje.) f. *Fís.* Paso del agua u otro solvente a través de una membrana semipermeable, es decir, que permite el paso del solvente pero no de la sustancia disuelta.

OSMÓTICO, CA. adj. Perteneciente o relativo a la ósmosis. *Presión* OSMÓTICA.

OSNABRÜCK. *Geog.* Ciudad de la Rep. Federal de Alemania (Baja Sajonia). 152.000 h. Centro industrial.

OSO. al. **Bär.** fr. **Ours.** ingl. **Bear.** ital. **Orso.** port. **Urso.** (Del lat. *ursus.*) m. Mamífero carnicero plantígrado, de pelaje pardo, largo y abundante; cabeza grande, ojos pequeños, extremidades fuertes y gruesas, cinco dedos en cada una, con uñas recias y ganchosas, y cola muy corta. Se alimenta con preferencia de vegetales; es de andar perezoso, trepa a los árboles y se pone en dos pies para acometer y defenderse. ‖ fig. Hombre huraño y retraído. ‖ *Cuba.* Bravucón, perdonavidas. ‖ – **blanco.** Especie mayor que la común, con cabeza aplastada, hocico puntiagudo y pelaje blanco y liso. Habita en las regiones marítimas más septentrionales, persigue y devora las focas, morsas y peces que puede coger zambulléndose en el mar. ‖ – **colmenero.** El que tiene por costumbre robar colmenas para comerse la miel. ‖ – **hormiguero.** Mamífero desdentado de América, que se alimenta de hormigas, recogiéndolas con su lengua larga, delgada y casi cilíndrica, cuando alarmadas acuden atropelladamente a la salida del hormiguero que el oso deshace con sus uñas. Su pelo es áspero y tieso, de color agrisado y con listas negras de bordes blancos que van desde la nuca a la pierna por los lados del pescuezo y del lomo. ‖ – **marino.** Especie de foca de dos metros de largo aproximadamente, cabeza parecida a la del **oso**, ojos prominentes, orejas puntiagudas y pelaje pardo rojizo muy suave. Habita en el Antártico. ‖ – **marítimo.** **Oso blanco.** ‖ – **marsupial.** Mamífero marsupial australiano semejante a un oso pequeño. No tiene cola, y su pelaje es muy tupido, blando, suave y de color ceniciento. ‖ – **negro.** Especie de oso mayor que el común, con el hocico más prolongado, pelaje más liso de color negro, y que se alimenta preferentemente de hormigas. ‖ – **pardo.** **Oso.** ‖ **Hacer** uno **el oso.** frs. fig. y fam. Exponerse a la burla o lástima de las gentes, haciendo o diciendo tonterías. ‖ Galantear, cortejar sin reparo ni disimulo

OSO, SA. (Del lat. *osus.*) Sufijo. Forma adjetivos derivados de substantivos, verbos y otros adjetivos. Denotan abundancia; *pringoso, oloroso.* En los derivados verbales tiene significación activa: *resbaloso.* En los compuestos químicos denota mínima valencia: *ácido nitroso.*

OSORIO, Alejandro. *Biog.* Patriota col. que combatió al lado de Bolívar y fue uno de los redactores de la constitución de su país (s. XIX). ‖ – **Diego.** Marino esp. que fundó Guanare y La Guayra, y fue gobernador y capitán general de Venezuela y presidente de Santo Domingo (s. XVI). ‖ – **Juan.** Marino esp. que intervino en la expedición de Pedro de Mendoza. Éste le delegó el mando al llegar a Río de Janeiro, pero denunciado por Juan de Ayolas de que intentaba traicionar a su jefe, Mendoza lo hizo matar a puñaladas (m. 1535). ‖ – **Juan.** Pintor per., admirable retratista y uno de los grandes plásticos de la escuela de Cuzco (s. XVII). ‖ – **Manuel Luis.** Militar bras., jefe máximo de las fuerzas armadas de su país en la Guerra del Paraguay (1808-1879). ‖ – **Oscar.** Político y mil. salv. de 1950 a 1956 presidente de la Rep. (1911-1969). ‖ – **BENÍTEZ, Miguel Ángel.** Poeta col. que usó el seudónimo de *Porfirio Barba Jacob*, autor de *Rosas negras*; *La parábola del retorno*, etc. (1883-1942). ‖ – **DE ACUÑA, Antonio.** Religioso esp., obispo de Zamora, uno de los principales comuneros de Castilla (m. 1521). ‖ – **DE ESCOBAR Y LLAMAS, Diego.** Religioso esp. que durante cuatro meses fue virrey de México (m. 1673). ‖ – **LIZARAZO, José Antonio.** Novelista col. autor de *La cosecha; La casa de vecindad*, etc. (1900-1964). ‖ – **Y RICAURTE, Juan C.** Compositor col., uno de los iniciadores de la música culta en su país (1836-1887).

OSORIO. *Geog.* Población del S. E. de Brasil (Río Grande del Sur), situada al N. E. de Porto Alegre. 7.000 h. Actividades agrícolas.

OSORNO. *Geog.* Volcán de los Andes chilenos, situado al N. E. del lago Llanquihue. 2.700 m. ‖ Provincia de Chile. 9.236 km². 182.000 h. Cap. hom. 55.000 h. Centro agrícola y maderero.

OSOS, Lago de los. *Geog.* Lago del N. O. de Canadá situado en los territorios del noroeste. 30.700 km². Sus aguas permanecen heladas gran parte del año.

OSOSO, SA. (Del lat. *ossuosus.*) adj. Perteneciente al hueso. ‖ Que tiene hueso o huesos. ‖ Óseo.

OSPINA, Eduardo. *Biog.* Religioso y crítico col., autor de *El romanticismo* y otros ensayos (1891-1965). ‖ – **Mariano.** Estadista col., de 1857 a 1860 presidente de la Rep. Durante su mandato se promulgó, hacia 1858, la Constitución de la llamada Confederación Granadina (1805-1875). ‖ – **Pedro Nel.** Pol. y militar col., de 1922 a 1926 presidente de la Rep. (1860-1927). ‖ – **Tulio.** Geólogo y escr. col., autor de *La cuestión moral de los pleitos sobre las ruinas de Marmato*; *El nuevo pleito sobre la ruina de Sucre*, etc. (n. 1857). ‖ – **CAMACHO, José D.** Pol. col., de intensa actuación en las contiendas cívicas de su patria (m. 1907). ‖ – **PÉREZ, Mariano.** Estadista e ing. col., de 1946 a 1949 presidente de la Rep. (n. 1891).

OSSA. *Geog.* Monte de Grecia V. **Osa.**

OSSENDOWSKI, Fernando. *Biog.* Científico y lit. polaco, autor de *El hombre y el misterio en Asia*; *Detrás de la muralla China*; *La sombra del sombrío Oriente*, etc. Elegido presidente de la Rep. del Extremo Oriente ruso, no asumió el cargo por el triunfo de la revolución comunista (1876-1945).

OSSIAN HOWARD, Léland. *Biog.* Hombre de ciencia estad. cont. Sus estudios y experiencias están condensados en una obra notable: *La amenaza de los insectos.*

OSSIETZKY, Carlos de. *Biog.* Publicista al. Finalizada la primera Guerra Mundial fundó los periódicos *Marzo* y *La Revolución*, desde los cuales emprendió una campaña antimilitarista de grandes proporciones, predicando la paz como única posibilidad de convivencia entre los hombres. Confinado en un campo de concentración, murió, tuberculoso. En 1935 le fue concedido el premio Nobel de la Paz (1898-1938).

OSSORIO, Gustavo. *Biog.* Poeta chil., autor de *Raíz de la huella; Sombra y paso* y otras composiciones (n. 1912). ‖ – **y GALLARDO, Ángel.** Jurisconsulto y ensayista esp. de vasta y calificada obra. Autor de *La crisis de la democracia en el derecho mercantil; El alma de la toga; Derecho y Estado*, etc. (1873-1946).

OSTA. f. *Mar.* Cabos o aparejos que mantienen firmes los picos cangrejos en los balances.

OSTAGA. f. *Mar.* Cabo que pasa por el motón de las vergas de gavia y por el de la cabeza del mastelero, y sirve para izar dichas vergas.

¡OSTE! int. ¡Oxte!

OSTEALGIA. f. *Pat.* Dolor de un hueso o de los huesos. ‖ deriv.: **osteálgico, ca.**

OSTEÍTIS. (Del gr. *osteon*, hueso, y del sufijo *itis*, adoptado para significar inflamación.) f.

Pat. Inflamación del tejido óseo.

OSTENDE. *Geog.* Ciudad y puerto de Bélgica (Flandes Occidental), sobre el mar del Norte. 57.500 h. Es una de las playas más famosas de Europa.

OSTENSIBLE. (Del lat. *osténsum*, supino de *osténdere*, mostrar.) adj. Que puede manifestarse o mostrarse. ‖ Manifiesto, patente. *Indiferencia* OSTENSIBLE; sinón.: **palpable.** ‖ deriv.: **ostensiblemente.**

OSTENSIÓN. (Del lat. *ostensio, -onis.*) f. Manifestación de una cosa.

OSTENSIVO, VA. adj. Que muestra u ostenta una cosa. ‖ Que incluye ostención. *Gastos* OSTENSIVOS.

OSTENTACIÓN. al. **Vorzeigung; Prahlerei.** fr. **Ostentation.** ingl. **Ostentation.** ital. **Ostentazione.** port. **Ostentação.** (Del lat. *ostentatio, -onis.*) f. Acción y efecto de ostentar. ‖ Jactancia y vanagloria. *Hacía* OSTENTACIÓN *de su saber.* ‖ Magnificencia exterior y visible.

OSTENTAR. (Del lat. *ostentare.*) tr. Mostrar, hacer patente una cosa. *Sobre su pecho* OSTENTABA *muchas condecoraciones.* ‖ Hacer gala de grandeza y boato. ‖ deriv.: **ostentador, ra; ostentativo, va.**

OSTENTO. (Del lat. *osténtum.*) m. Apariencia que denota algo prodigioso o monstruoso.

OSTENTOSO, SA. (Del lat. *ostentuosus.*) adj. Magnífico, suntuoso, aparatoso, que merece verse. *Presente* OSTENTOSO. ‖ deriv.: **ostentosamente; ostentosísimo, ma.**

OSTEO. (Del gr. *osteon*, hueso.) Prefijo que, con la significación de *hueso*, entra en la composición de voces técnicas. OSTEO*tomía*; OSTEO*mielitis*.

OSTEOBLASTO. (Del pref. *osteo*, hueso, y el gr. *blastós*, retoño, producción.) m. Célula embrionaria que produce hueso.

OSTEÓFONO. m. Aparato dotado de un vibrador excitable que sirve para mejorar la capacidad auditiva de los sordos.

OSTEOLITO. (Del gr. *osteon*, hueso, y *lithos*, piedra.) m. *Paleont.* Hueso fósil.

OSTEOLOGÍA. (Del gr. *osteología*, de *osteon*, hueso, y *logos*, tratado.) f. Parte de la anatomía, que trata de los huesos. ‖ deriv.: **osteológico, ca; osteólogo, ga.**

OSTEÓLOGO, GA. s. Especialista en las enfermedades de los huesos.

OSTEOMA. (Del gr. *osteon*, hueso, y el suf. *oma*, tumor.) m. *Pat.* Neoplasia formada de tejido óseo y medular.

OSTEOMALACIA. (Del lat. *osteomalacia*, y éste del gr. *osteon*, hueso, y *malakós*, blando.) f. *Pat.* Enfermedad ósea caracterizada por la reabsorción del tejido fundamental, lo que se traduce en reblandecimiento, deformaciones y fracturas de los huesos.

OSTEOMIELITIS. (Del gr. *osteon*, hueso, y *myelós*, medula.) f. Enfermedad debida generalmente a una infección medular estafilocócica, que comienza por el bulbo óseo y se irradia a otras partes del hueso.

OSTEOPLASTIA. (Del gr. *osteon*, hueso, y *plasso*, formar.) f. *Cir.* Procedimiento de restauración de los huesos mediante fragmentos óseos. ‖ deriv.: **osteoplástico, ca.**

OSTEOTOMÍA. (Del gr. *osteon*, hueso, y *tomé*, corte, incisión.) f. *Cir.* Sección o resección de un hueso. ‖ deriv.: **osteotómico, ca.**

OSTIA. (Del lat. *óstrea.*) f. Ostra.

OSTIA. (Del lat. *óstium*, puerta.) *Geog. histór.* Puerto de Roma ant., cerca de la desembocadura del Tíber, hoy cegado por los aluviones.

OSTIA. *Geog.* Población de Italia, situada al S.O. de Roma, cerca de la desembocadura del Tíber. 6.000 h. Al O. de ella estuvo sit. la primera colonia marítima de igual nombre, fundada por los romanos en el s. IV a. de C.

OSTIACO, CA. adj. Dícese del individuo de un pueblo finés del oeste de Siberia, que mora a orillas del Obi. Ú.t.c.s. ‖ Perteneciente o relativo a este pueblo. ‖ m. Su idioma.

OSTIAL. (Del lat. *óstium*, puerta.) m. Entrada de un puerto o canal.

OSTIAL. (De *ostia.*) m. Concha que cría la perla. ‖ Paraje en que se pescan las perlas.

OSTIARIO. (Del lat. *ostiarius*; de *óstium*, puerta.) m. Clérigo que había obtenido el primero de los grados menores, cuyas funciones eran abrir y cerrar la iglesia, admitir a los dignos y rechazar a los indignos y custodiar lo que se guardaba en la iglesia.

OSTIÓN. m. Ostrón.

OSTRA. al. **Auster.** fr. **Huître.** ingl. **Oyster.** ital. **Ostrica.** port. **Ostra.** (Del lat. *óstrea.*) f. Género de moluscos marinos, lamelibranquios, de conchas rugosas, pardo verdoso por fuera y algo anacarado por dentro, que viven adheridos a las rocas. Gén. *Ostrea.*

OSTRACISMO. al. **Ostrazismus.** fr. **Ostracisme.** ingl. **Ostracism.** ital. **Ostracismo.** port. **Ostracismo.** (Del lat. *ostracismus*, y éste del gr. *ostrakismós*; de *ostrakizo*, condenar a ostracismo; de *ostrakon*, concha, tejuelo en forma de concha en que los atenienses escribían el nombre del condenado a destierro.) m. Destierro político acostumbrado entre los atenienses. *Clístenes instituyó el* OSTRACISMO. ‖ fig. Emigración o forzada ausencia a que suelen dar ocasión los trastornos políticos. ‖ IDEAS AFINES: *Expulsar, exiliar, proscribir, deportar, excluir, partir, expatriarse, extranjero, asilo, refugio, nostalgia, amnistía, convicto.*

OSTRAL. m. Ostrero, lugar donde se crían ostras.

OSTRAVA. *Geog.* Ciudad del N.E. de Checoslovaquia, situada al S. E. de Praga. 300.000 h. Importante centro carbonífero.

OSTRERO, RA. adj. Perteneciente o relativo a las ostras. ‖ s. Persona que vende ostras. ‖ m. Lugar donde se crían las ostras y se conservan vivas. ‖ Lugar en que se crían las perlas. ‖ Ave zancuda del Gén. *Haematopus.*

OSTRIA GUTIÉRREZ, Alberto. *Biog.* Diplom., jurisconsulto y escr. bol., autor de *Una revolución tras los Andes; El traje de Arlequín; La casa de la abuela*, etc. (1897-1967).

OSTRÍCOLA. adj. Perteneciente o relativo a la cría y conservación de las ostras.

OSTRICULTOR, RA. s. Persona que se dedica a la cría de ostras.

OSTRICULTURA. (Del lat. *óstrea*, ostra, y *cultura*, cultivo.) f. Arte de criar ostras.

OSTRÍFERO, RA. (Del lat. *óstrifer*; de *óstrea*, ostra, y *ferre*, llevar.) adj. Que cría ostras o abunda en ellas.

OSTRO. (Del lat. *óstreum.*) m. Ostrón.

OSTRO. (Del lat. *óstrum.*) m. Cualquiera de los moluscos con cuya tinta se hacía púrpura. ‖ fig. Púrpura, tinte.

OSTRO. m. Austro. ‖ Sur, punto cardinal.

OSTROGODO, DA. (Del germ. *ost*, el oriente, y *got*, godo.) adj. y s. De la Gotia oriental. ‖ m. pl. Rama oriental de los godos que se estableció al este del Dniéper y fundó, en el s. IV, un imperio al norte del mar Negro, y en 493 un reino en Italia que duró hasta el 553.

OSTRÓN. m. Ostra más grande y basta que la común.

OSTROVSKY, Alejandro Nicolás. *Biog.* Dramaturgo ruso que escribió, entre otras obras. *La tempestad* (1823-1886).

OSTUGO. m. Rincón. ‖ Pizca.

OSTWALD, Guillermo. *Biog.* Cél. químico al. que en 1909 recibió el premio Nóbel de Química. Sus extraordinarias experiencias sobre los fenómenos de catálisis y de la disociación que engendran las corrientes eléctricas en las disoluciones, abrieron un notable campo a la teoría de la ionización. Asimismo, inventó un procedimiento de síntesis de los nitratos y estudió los índices de refracción, el equilibrio químico, etc. (1853-1932).

OSUDO, DA. adj. Huesudo.

OSUNA, Duque de. *Biog.* V. **Téllez Girón y Spontín, Mariano.** ‖ **– Francisco de.** Prelado esp., comisario general de Indias y autor de un *Abecedario espiritual* que tuvo mucha influencia en Santa Teresa (aprox. 1475 - aprox. 1572). ‖ **– VAN-DEN-HEEDE, Manuel.** Arqueólogo esp. que descubrió el grupo étnico guanche en la isla de Tenerife (n. 1845).

OSUNA. *Geog.* Ciudad del S. de España (Sevilla). 26.500 h. Cereales, vinos, aceites.

OSUNO, NA. adj. Perteneciente al oso.

OTACÚSTICO, CA. (Del gr. *otakustes*; de *us, otós*, oreja, y *akúo*, oír.) adj. Dícese del aparato que ayuda y perfecciona el oído.

OTALGIA. (Del lat. *otalgia*, y éste del gr. *otalgia*; de *us, otós*, oído, y *algos*, dolor.) f. *Pat.* Dolor de oídos. ‖ deriv.: **otálgico, ca.**

OTÁLORA, José Eusebio. *Biog.* Pol. col., que de 1882 a 1884 desempeñó la presidencia de la Rep. (1828-1884).

OTAMENDI, Fernando. *Biog.* Patriota arg. que en 1839 dirigió la revolución del Sur contra Rosas (1800-1866).

OTARIA. (Del gr. *otario*, orejita.) f. **León marino.**

OTÁRIDOS. m. pl. Familia de mamíferos pinnípedos, que vuelven hacia adelante los pies posteriores durante la marcha en tierra, y tienen oídos con pabellón externo; como los lobos y osos marinos.

OTARIO, RIA. adj. y s. *Arg.* y *Urug.* Tonto necio, fácil de embaucar.

OTARU. *Geog.* Ciudad y puerto del N.O. del Japón (Yeso). 200.000 h. Pesca, carbón, explotación forestal.

OTATE. m. *Méx.* Cierta caña gigantesca, gramínea. ‖ Bastón que se hace con esta caña.

OTAVALO. *Geog.* Ciudad del N.O. de Ecuador (Imbabura). 25.000 h. Industria textil muy importante.

OTE, TA. Sufijo aum. desp. *Muchachote.* A veces tiene valor diminutivo. *Islote.*

OTEAR. (Del ant. *otar*, y éste del lat. *optare*, escoger.) tr. Observar desde un lugar alto lo que existe alrededor. *El centinela* OTEABA *el campo.* sinón.: **atalayar.** ‖ Escudriñar, mirar con cuidado. ‖ deriv.: **oteador, ra.**

OTELO. *Mús.* Ópera en cuatro actos, adaptación de la tragedia de Shakespeare, música de Rossini, estrenada en Nápoles en 1816. Obra desigual e inspirada, su orquestación está hábilmente ligada a la acción. ‖ Ópera en cuatro actos, libro de Arrigo Boito sobre el tema de Shakespeare, música de Verdi, estrenada en Milán en 1887. Su progresión musical tiene fundamentos directamente dramáticos que trasuntan el espíritu del poema original y que introdujeron una nueva concepción, casi wagneriana, en la ópera italiana.

OTELO o EL MORO DE VENECIA. *Lit.* Célebre tragedia de Shakespeare, en cinco actos y en verso, probablemente estrenada en 1604. En ella resplandece el genio creador del poeta. Su protagonista es magistral ejemplo de los efectos que la pasión incontrolada produce en el corazón del hombre.

OTERO. (Del lat. *altárium*, altar.) m. Cerro aislado en un llano. sinón.: **altozano.**

OTERO, Alejandro. *Biog.* Pintor ven., autor de *Flores; Serie del pote azul*, y otros cuadros de formas deshumanizadas (n. 1921). ‖ **– Gustavo A.** Historiador bol., autor de *El honorable Poroto; Hombres célebres de Bolivia*, etc. (1896-1956). ‖ **– José Pacífico.** Historiador arg., que se especializó en el estudio de San Martín. Obras: *Vida del libertador José de San Martín; El padre Castañeda; Dos héroes de la conquista*, etc. (1871-1937). ‖ **– D'COSTA, Enrique.** Literato e historiador col., autor de *Vida del almirante José Padilla; Cronicón solariego*, etc. (1883-1964). ‖ **– MUÑOZ, Gustavo.** Historiador col., autor de *Bolívar y Monroe* (n. 1894). ‖ **– SILVA, Miguel.** Poeta y novelista, ven., autor de *Fiebre; Agua y Cauce*, etc. (n. 1908).

OTERUELO. m. dim. de **Otero.**

OTHON, Manuel José. *Biog.* Poeta mex., autor de *El himno de los bosques; Poemas rústicos*, y otras obras (1858-1906).

ÓTICO, CA. adj. Perteneciente o relativo a la oreja y al oído. ‖ Dícese de los medicamentos que se emplean contra las enfermedades del oído. Úsase t.c.s.m.

OTITIS. al. **Ohrenentzündung.** fr. **Otite.** ingl. **Otitis.** ital. **Otite.** port. **Otite.** (Del gr. *us, otós*, oído, y el sufijo *itis.*) f. *Pat.* Inflamación del órgano del oído. Puede ser *externa, media* o *interna*, correspondiendo respectivamente a cada una de las tres partes del oído. ‖ deriv.: **otítico, ca.**

OTMÁN I. *Biog.* Sultán turco, fundador del Imperio Otomano (1259-1326).

OTO. (Del lat. *otus*, búho.) m. Autillo, ave.

OTOBA. f. Árbol de América tropical, semejante a la mirística y de fruto parecido a la nuez moscada.

OTOCISTO. m. *Zool.* Órgano del oído en los invertebrados, consistente en una vesícula revestida de células sensoriales ciliadas, en conexión con las fibrillas del nervio acústico.

OTOLITO. m. Concreción que se encuentra en el interior del oído de ciertos animales.

OTOLOGÍA. (Del gr. *us, otós*, oído, y *logos*, tratado.) f. *Med.* Parte de la patología, que estudia las enfermedades del oído. ‖ deriv.: **otológico, ca.**

OTÓLOGO. m. Médico especialista de las enfermedades del oído.

OTOMÁN. m. Tela cuyo tejido forma cordoncito en sentido horizontal.

OTOMANA. f. Sofá otomano, especie de canapé.

OTOMANO, NA. (Del ár. *Otmán*, primer emperador de los turcos.) adj. y s. Turco. *Imperio* OTOMANO.

OTOMÍ. adj. Dícese del individuo de una raza indígena de México, que se extiende por varios Estados, principalmente los de Guanajuato y Querétaro. Ú.t.c.s. ‖ Perteneciente a estos indios. ‖ m. Su idioma.

OTÓN. *Biog.* Nombre de cinco emperadores de Alemania, de los s. X, XI y XIII. ‖ **– I.** Emp. de Alemania que fundó el Imperio romano germánico (913-973).

OTOÑADA. f. Tiempo del otoño. ‖ Otoño, estación. ‖ Sazón de la tierra y abundancia de pastos en el otoño.

OTOÑAL. al. **Herbstlich.** fr. **Automnal.** ingl. **Autumnal.** ital. **Autonnale.** port. **Outonal.** adj. Propio del otoño o perteneciente a él. ‖ fig. Aplícase a personas de edad madura. Ú.t.c.s. com.

OTOÑAR. (Del lat. *autumnare.*) intr. Pasar el otoño. ‖ Brotar la hierba en el otoño. ‖ r. Sazonarse la tierra debido a las lluvias de otoño.

OTOÑIZO, ZA. adj. Otoñal.

OTOÑO. al. **Herbst.** fr. **Automne.** ingl. **Autumn.** ital. **Autunno.** port. **Outono.** (Del lat. *autumnus.*) m. Estación del año que comienza en el equinoccio de su nombre, y termina en el solsticio de invierno. ‖ Época templada del año, siguiente a la del verano. ‖ Segunda hierba de los prados, crecida en otoño. ‖ Período de la vida humana en que ésta declina de la plenitud hacia la vejez.

OTORGADERO, RA. adj. Que se puede o debe otorgar.

OTORGADOR, RA. adj. y s. Que otorga.

OTORGAMIENTO. m. Permiso, parecer favorable. ‖ Acción de otorgar un documento. ‖ Escritura de contrato o de última voluntad. ‖ Parte final de un documento, en que éste es aprobado y cerrado.

OTORGAR. al. **Gewähren; ausfertigen.** fr. **Octroyer; concéder.** ingl. **To consent; to agree to.** ital. **Concedere.** port. **Outorgar.** (Del b. lat. *autoricare*, y éste del lat. *autocrare.*) tr. Consentir, conceder una cosa que se pide o se pregunta. OTORGAR *licencia*; sinón.: **acordar, dar;** antón.: **negar, prohibir.** ‖ Hacer merced y gracia de una cosa. ‖ *Der.* Disponer, estipular o prometer una cosa. Dícese por lo común cuando interviene la fe notarial. ‖ deriv.: **otorgable, otorgante.**

OTORGO. m. *Der.* Dábase este nombre al contrato esponsalicio.

OTORGUÉS, Fernando. *Biog.* Militar urug., que actuó en las luchas de la independencia. En 1815 fue gobernador de Montevideo (aprox. 1774-1831).

OTORREA. (Del gr. *us, otos*, oído, y *reo*, fluir.) f. *Pat.* Flujo mucoso o purulento procedente del conducto auditivo externo o de la caja del tambor. ‖ deriv.: **otorreico, ca.**

OTORRINOLARINGOLOGÍA. f. Parte de la patología, que

trata de las enfermedades del oído, nariz y laringe.

OTORRINOLARINGÓLOGO. m. Médico que se dedica especialmente a la otorrinolaringología.

OTOSCOPÍA. f. *Med.* Exploración del órgano del oído.

OTOSCOPIO. (Del gr. *us, otós*, oído, y *skopeo*, examinar.) m. *Med.* Instrumento para reconocer el órgano del oído.

OTRAMENTE. adv. m. De otra suerte.

OTRANTO. *Geog.* Ciudad del S.E. de Italia (Lecce), con puerto sobre el Adriático. 6.000 h. Pesca. ‖ **Canal de –.** Estrecho del S.E. de Italia que une los mares Adriático y Jónico.

OTRO, TRA. (Del lat. *álterum*, acus. de *álter*.) adj. Aplícase a la persona o cosa distinta de aquella de que se habla. Ú.t.c.s. ‖ Ú. para explicar la suma semejanza entre dos cosas o personas. *Es* OTRO *Salomón.* ‖ **¡Otra!** Voz con que se pide en espectáculos públicos la repetición de un pasaje, canto, etc. ‖ int. que denota la impaciencia causada por la pesadez o los errores del interlocutor. ‖ **Ésa es otra.** expr. con que se explica que lo que se dice es nuevo dislate, impertinencia o dificultad. ‖ **Otra, u otro, que tal.** expr. fam. con que se da a entender la semejanza de cualidades de algunas personas o cosas. Suele tomarse en mala parte.

OTRORA. adv. m. En otro tiempo.

OTROSÍ. (Del lat. *álterum*, otro, y *sic*, así.) adv. c. Demás de esto, además. Ú. por lo común en lenguaje forense. ‖ m. *Der.* Cada una de las peticiones que se ponen después de la principal.

OTTAWA. *Geog.* Río del Canadá que sirve de límite entre las prov. de Quebec y Ontario y des. en el río San Lorenzo después de recorrer 1.200 km. ‖ Cap. de Canadá. sit. sobre el río hom. 625.000 h. Industria maderera, metalúrgica, del papel, curtidurías. Centro de las instituciones políticas. Universidad.

OTUSCO. *Geog.* Población del N.O. de Perú (La Libertad). 19.000 h. Actividades agrícolas.

OTUZCO. *Geog.* V. **Otusco.**

OUABAÍNA. f. *Ter.* Principio activo extraído del estrofanto, enérgico tónico cardíaco.

OUESSANT. *Geog.* Isla del N.O. de Francia, en el Atlántico (Finisterre). 14 km². 4.000 h.

OUJDA. *Geog.* Ciudad del N. de África, en Marruecos. 185.000 h. Fosfatos.

OULU. *Geog.* Lago sit. en la región central de Finlandia. 984 km². Des. en el golfo de Botnia. Antes **Ulea.** ‖ Ciudad del N.O. de Finlandia. 90.000 h. Importante puerto sobre el golfo de Botnia.

OURICURÍ. *Geog.* Población del N.E. de Brasil (Pernambuco). 6.000 h. Algodón, tabaco, ganadería.

OURINHOS. *Geog.* Población del S.E. de Brasil (San Pablo). 25.000 h. Café, algodón, tabaco.

OURO PRETO. *Geog.* Ciudad del Brasil (Minas Gerais), al N. de Río de Janeiro. 23.000 h. Hierro, manganeso, oro. Café, frutas. Industria textil.

OUSE. *Geog.* Río de la región E. de Gran Bretaña (Inglaterra), que des. en el estuario del Humber después de recorrer 210 km.

OUTES, Félix Faustino. *Biog.* Etnógrafo y escritor arg., autor de *Estudios etnográficos* y *Las viejas razas argentinas* (1878-1939).

OUTREMONT. *Geog.* Ciudad del E. de Canadá (Quebec), sit. al norte de Montreal. 45.000 h. Centro industrial y comercial.

OVA. (Del lat. *ulva*.) f. Alga verde, formada por frondas filamentosas, sencillas o articuladas; las hay de mar y de río ‖ pl. *Arq.* Adorno de las molduras.

OVACIÓN. al. **Ovation.** fr. **Ovation.** ingl. **Ovation.** ital. **Ovazione.** port. **Ovação.** (Del lat. *ovatio, -onis*.) f. Triunfo menor que concedían los romanos al general que vencía al enemigo sin derramar sangre, o alcanzaba una victoria de no mucha importancia, y en el que se sacrificaba una oveja. ‖ fig. Aplauso ruidoso que se tributa colectivamente a una persona o cosa. *El público premió con una* OVACIÓN *a los actores.*

OVADO, DA. adj. Dícese del ave cuyos huevos han sido fecundados. ‖ Aovado. ‖ Ovalado.

OVACIONAR. tr. Tributar una ovación, aclamar, aplaudir. ‖ deriv.: **ovacionable; ovacionador, ra.**

OVAL. al. **Eiförmig; oval.** fr. **Ovale.** ingl. **Oval.** ital. **Ovale.** port. **Oval.** (Del lat. *óvum*, huevo.) adj. De figura de óvalo. *Espejo* OVAL.

OVALADO, DA. adj. Oval. *Marco* OVALADO. ‖ deriv.: **ovaladamente.**

OVALAR. tr. Dar figura de óvalo a una cosa. ‖ deriv.: **ovalador, ra.**

ÓVALO. al. **Oval.** fr. **Ovale.** ingl. **Oval.** ital. **Ovale.** port. **Óvalo.** (Del lat. *óvum*, huevo.) m. Cualquiera curva cerrada, con la convexidad vuelta hacia afuera, simétrica respecto de uno o de dos ejes. ‖ pl. *Arq.* Adornos en figura de huevo. ‖ deriv.: **ovālico. ca.**

OVALLE, Alonso de. *Biog.* Escr. religioso chil., autor de *Histórica relación del reino de Chile* (1601-1651). ‖ – **Jaime.** Compos. bras., autor de *Leyendas; Berimbau* y otros motivos del folklore negro (n. 1894). ‖ – **José Tomás.** Pol. chil. (1738-1831) en 1829 y 1830 presid. de la República. ‖ – **Juan Antonio.** Patriota chil. que en 1811 presidió el Primer Congreso Nacional.

OVALLE. *Geog.* Población de Chile (Coquimbo) situada al S. de La Serena. 33.000 h. Importante centro agrícola y ferroviario.

OVANDO, Alfredo. *Biog.* Militar bol. nacido en 1918; fue presidente de la Rep. desde 1969 hasta 1970. ‖ – **Nicolás de.** Político esp. Fue destituido como gobernador de las Indias Occidentales a raíz de su hostil actitud con Cristóbal Colón (1460-1518). ‖ – **Sor Leonor de.** Poetisa dom., probablemente la más ant. de América. Se conservan de ella cinco sonetos y varios versos (m. 1611).

OVANTE. adj. Dícese del que recibía en Roma el honor de la ovación. ‖ Victorioso.

OVAR. intr. Aovar.

OVÁRICO, CA. adj. Perteneciente o relativo al ovario.

OVARIO. al. **Eierstock.** fr. **Ovaire.** ingl. **Ovary.** ital. **Ovario.** port. **Ovário.** (Del lat. *ovarius*.) m. *Anat.* Glándula genital femenina destinada a la producción de los óvulos. ‖ *Arq.* Moldura adornada con óvalos. ‖ *Bot.* Parte inferior del pistilo, que contiene los óvulos.

OVARIOTOMÍA. (De *ovario*, y el gr. *tomé*, sección, corte.) f. *Cir.* Extirpación de uno o de ambos ovarios.

OVARITIS. f. *Pat.* Inflamación del ovario.

OVAS. f. pl. En algunas partes, hueva.

OVECICO, ILLO, ITO. m. dim. de **Huevo.**

OVEJA. al. **Schaf.** fr. **Brebis.** ingl. **Sheep.** ital. **Pécora.** port. **Ovelha.** (Del lat. *ovícula*, dim. de *ovis*.) f. Hembra del carnero. ‖ *Arg.* Mujer perdida, ramera. ‖ – **renil.** La machorra o castrada. ‖ **Cada oveja con su pareja.** ref. que enseña que cada uno debe igualarse sólo con los de su esfera. ‖ **Encomendar las ovejas al lobo.** frs. fig. Encargar la hacienda o los negocios a quien los pierda.

OVEJAS. *Geog.* Población del N. de Colombia (Bolívar). 5.300 h. Actividades agrícolaganaderas.

OVEJERÍA. f. *Amér.* Hacienda de ganado lanar. ‖ *Chile.* Crianza y tráfico de ovejas.

OVEJERO, RA. adj. Que cuida de las ovejas. ‖ V. **Perro ovejero.** Ú.t.c.s.

OVEJUELA. f. dim. de **Oveja.**

OVEJUNO, NA. adj. Perteneciente o relativo a las ovejas. ‖ *P. Rico.* Dícese del hombre que se deja crecer demasiado el cabello.

OVERA. f. Ovario de las aves.

OVEREAR. tr. *Arg., Bol.* y *Parag.* Tostar una cosa hasta que tome color overo o dorado.

OVERIJSSEL. *Geog.* Provincia del E. de Holanda. 3.802 km². 1.000.000 de h. Actividades agrícolas, industria textil. Cap. ZWOLLE.

OVERO, RA. adj. Dícese de los animales de color parecido al del melocotón. ‖ *Arg.* Dícese de los animales cuyo pelo o plumaje está formado por manchas blancas y negras. *Ternero* OVERO. ‖ *Cuba.* Aplícase a los mulatos que tienen manchas blancas en la piel. ‖ **Poner** a uno **overo.** frs. fig. y fam. *Arg.* **Poner** a uno **como un trapo.**

OVEROL. (Del ingl. *overall*.) m. Anglicismo por mono, mameluco, traje de faena.

OVERYSSEL. *Geog.* V. **Overijssel.**

OVETENSE. adj. y s. De Oviedo.

OVEZUELO. m. dim. de **Huevo.**

OVIDIANO, NA. adj. Propio y característico de Ovidio o que tiene semejanza con su estilo.

OVIDIO NASÓN, Publio. *Biog.* Cél. poeta latino, autor de *Metamorfosis; Fastos; Elegías* y otras obras, donde con belleza estilística trata temas a veces escabrosos. Ejerció gran influencia en la lit. renacentista (43 a. de C. -17).

ÓVIDOS. m. pl. *Zool.* Ovinos.

OVIDUCTO. m. Conducto que desde los ovarios lleva los huevos al exterior. En los mamíferos se llama *trompa de Falopio.*

OVIEDO, José Fernández de. *Biog.* Escr. esp. cronista de Indias, autor de *Historia natural de las Indias* y otras obras (1478-1557). ‖ – **Juan Antonio de.** Prelado col., autor de *Espejo de la juventud; La vida de la Virgen María*, etc. (1670-1757). ‖ – **y BAÑOS, José de.** Erudito ven., autor de una difundida *Historia de la conquista y población de la provincia de Venezuela* y otras obras (1670-1738). ‖ – **Y HERRERA ORDÓÑEZ, Luis.** Mil. y escritor esp., autor de una *Vida de Santa Rosa de Lima* y gobernador de Potosí (1636-1717).

OVIEDO. *Geog.* Provincia del norte de España (Asturias). 10.565 km². 1.150.000 h. Agricultura, ganadería. Vid. Industrias siderúrgicas. Cap. hom. 165.000 h. Centro industrial.

OVIL. (Del lat. *ovile*; de *ovis*, oveja.) m. Redil, aprisco.

OVILLAR. intr. Hacer ovillos. OVILLAR *hilo.* ‖ r. Encogerse haciéndose un ovillo. *El mendigo* SE OVILLÓ *en el portal.*

OVILLEJO. m. dim. de **Ovillo.** ‖ *Lit.* Décima en que alternan tres versos octosílabos con tres de pie quebrado, rimados dos a dos, y termina con una redondilla cuyo último verso recoge los tres quebrados. ‖ **Decir de ovillejo.** frs. Improvisar coplas dos o más sujetos, de suerte que con el último verso de la que uno de ellos dice forme consonante el primero de la que dice otro.

OVILLO. al. **Knäuel.** fr. **Pelote.** ingl. **Skein.** ital. **Gomitolo.** port. **Novelo.** (dim. del lat. *óvum*, huevo.) m. Bola que se forma devanando hilo. ‖ fig. Cosa enredada y de figura redonda. ‖ Montón o multitud confusa de cosas. *Un* OVILLO *de mentiras.* ‖ **Hacerse** uno **un ovillo.** frs. fig. y fam. Encogerse, acurrucarse por miedo, dolor u otra causa. ‖ Embrollarse, confundirse hablando o discurriendo.

OVINO, NA. (Del lat. *ovis*, oveja.) adj. Aplícase al ganado lanar. ‖ m. pl. *Zool.* Subfamilia de rumiantes bóvidos, pequeños, de hocico peludo y cuernos anillados, retorcidos en espiral en los machos, como el carnero. ‖ IDEAS AFINES: *Oveja, cordero, rebaño, pastor, perro, redil, aprisco, pastoreo, cencerro, trashumar, triscar, balar, esquilar.*

OVIO, VIA. adj. Obvio.

OVÍPARO, RA. al. **Eier legend.** fr. **Ovipare.** ingl. **Oviparous.** ital. **Oviparo.** port. **Ovíparo.** (Del lat. *oviparus*; de *óvum*, huevo, y *párere*, engendrar.) adj. y s. Aplícase a las especies animales cuyas hembras ponen huevos aún no fecundados, como en los peces, o ya fecundados, y conteniendo un embrión más o menos desarrollado, como en las aves. ‖ deriv.: **oviparidad; oviparismo.**

OVISCAPTO. m. *Anat.* Órgano de las hembras de ciertos insectos, con el cual abren horados en la tierra o en los tejidos orgánicos, para depositar en ellos sus huevos.

OVO. (Del lat. *óvum*, huevo.) m. *Arq.* Ornamento en forma de huevo.

OVOIDE. (Del lat. *óvum*, huevo, y el gr. *eidos*, forma.) adj. Aovado. ‖ m. Conglomerado de cualquier substancia que tiene esa forma.

OVOIDEO, A. adj. Aovado, de figura de huevo.

ÓVOLO. m. *Arq.* Cuarto bocel. ‖ Óvalo, adorno arquitectónico.

OVOSO, SA. adj. Que tiene ovas.

OVOVIVÍPARO, RA. adj. y s. Dícese de los animales en los cuales la ruptura del huevo se realiza en el trayecto de las vías uterinas, como la víbora. ‖ deriv.: **ovoviviparidad.**

OVULACIÓN. f. *Fisiol.* Formación y expulsión del óvulo, apto ya para ser fecundado.

ÓVULO. al. **Eizelle.** fr. **Ovule.** ingl. **Ovule.** ital. **Ovulo.** port. **Óvulo.** (Del lat. *óvum*, huevo.) m. *Biol.* Vesícula que contiene el germen de un nuevo ser orgánico, antes de la fecundación. ‖ deriv.: **ovular; ovuliforme.**

OWEN, Gilberto. *Biog.* Novelista mex., autor de *Cerrazón sobre Nicómaco; La llama fría*, etc. (1905-1952). ‖ – **Ricardo.** Naturalista ingl. que clasificó los fósiles arg. recogidos por Darwin y otros sabios. Obras: *Memoria sobre el megaterio; Anatomía comparada*, etc. (1804-1892). ‖ – **Roberto.** Sociólogo ingl., precursor del socialismo y del sistema económico de la cooperación, que ensayó en colonias especialmente establecidas en Inglaterra y Estados Unidos. Obras: *Revolución en el pensamiento y en la práctica; Cartas a la raza humana*, etc. (1771-1858).

¡OX! int. que se usa para espantar las aves domésticas.

OXALATO. m. *Quím.* Cualquier sal y éster del ácido oxálico. ‖ – **potásico.** Sal compuesta de ácido oxálico y de potasio.

OXÁLICO, CA. (Del lat. *oxalis*, acedera.) adj. Perteneciente o relativo a las acederas o productos análogos. ‖ **Ácido oxálico.** *Quím.* Sólido blanco, cristalino, soluble y tóxico. Es empleado como mordiente en tintorería, para limpiar metales y blanquear el cuero.

OXALIDÁCEO, A. (Del lat. *oxalis, -idis*, acedera, y éste del gr. *oxalís*.) adj. *Bot.* Dícese de plantas dicotiledóneas, de hojas compuestas, con foliolos inversamente acorazonados, flores axilares y frutos en cápsula o baya, como la aleluya y el carambolo. Ú.t.c.s. ‖ f. pl. *Bot.* Familia de estas plantas.

OXALÍDEO, A. adj. y s. *Bot.* Oxalidáceo.

OXALME. (Del lat. *oxalme*, y éste del gr. *oxalme*; de *oxýs*, ácido, y *alme*, salmuera.) m. Salmuera con vinagre.

¡Oxe! int. **¡Ox!**

OXEAR. (De *¡ox!*) tr. Espantar a las aves domésticas.

OXFORD. *Geog.* Condado del S. de Gran Bretaña (Inglaterra). 2.612 km². 1.050.000 h. Cereales, papel, maquinarias. Cap. hom. 112.000 h. Famosa universidad fundada en el siglo XIII.

OXI. Prefijo, del gr. *oxýs*, ácido, agudo. OXI*geno;* OXI*pétalo.*

OXIACANTO, TA. (Del gr. *oxyákantha*; de *oxýs*, agudo, y *akantha*, espina.) adj. *Bot.* Que tiene muchas púas o espinas. ‖ f. Espino, árbol.

OXIACETILÉNICO, CA. adj. Perteneciente o relativo a la mezcla de oxígeno y acetileno. Dícese de los sopletes que emplean dicha mezcla.

OXICORTE. m. Técnica de cortar metales con soplete oxiacetilénico.

OXIDACIÓN. al. **Oxydierung; Rosteng.** fr. **Oxydation;** ingl. **Oxidation; rust.** ital. **Ossidazione.** port. **Oxidação.** f. Acción y efecto de oxidar u oxidarse.

OXIDANTE. p. a. de **Oxidar.** Que oxida o sirve para oxidar. Ú.t.c.s.m. *El ácido nítrico es* OXIDANTE.

OXIDAR. al. **Oxydieren.** fr. **Oxyder.** ingl. **To oxidize.** ital. **Ossidare.** port. **Oxidar.** tr. Combinar una sustancia con oxígeno. Este concepto tiene actualmente una significación más amplia, cual es de aumentar la cantidad de los constituyentes electronegativos de un compuesto. Puede haber, así, oxidación, sin que intervenga el oxígeno. ‖ deriv.: **oxidable.**

OXIDASA. f. *Quím.* Nombre común de las enzimas que, en los tejidos animales y vegetales, catalizan la fijación del oxígeno que toman del ambiente. ‖ deriv.: **oxidásico, ca; oxidasis.**

ÓXIDO. al. **Oxyd.** fr. **Oxyde.**

ingl. **Oxide.** ital. **Ossido.** port. **Óxido.** (Del gr. *oxýs*, ácido.) m. *Quím.* Compuesto formado por oxígeno y otro elemento.

OXIDRILO. m. Hidroxilo.

OXIGENACIÓN. f. Acción y efecto de oxigenar u oxigenarse.

OXIGENADO, DA. adj. Que contiene oxígeno.

OXIGENAR. al. **Mit Sauerstoff sättigen.** fr. **Oxygéner.** ingl. **To oxygenate.** ital. **Ossigenare.** port. **Oxigenar.** tr. y r. En química, combinar el oxígeno formando óxidos. || r. fig. Airearse, respirar el aire libre. || deriv.: **oxigenable; oxigenante.**

OXÍGENO. al. **Sauerstoff.** fr. **Oxigène.** ingl. **Oxygen.** ital. **Ossigeno.** port. **Oxigenio.** (Del gr. *oxýs*, ácido, y *gennao*, engendrar.) m. Gas incoloro e inodoro, poco soluble en agua, que constituye aproximadamente la quinta parte del aire atmosférico. Se combina con la mayor parte de los elementos para dar óxidos, y es indispensable en toda combustión y en la respiración. Es el elemento más abundante en la superficie terrestre; forma parte del agua, la piedra caliza, la arena y de todas las rocas. Se produce industrialmente por destilación del aire líquido. Se emplea en medicina y para soldaduras. Es un elemento de símbolo O; n. atóm., 8; p. atóm., 16,000.

OXIGENOTERAPIA. f. Método curativo por medio del oxígeno.

OXIGONIO. adj. *Geom.* Dícese del triángulo acutángulo.

OXIHEMOGLOBINA. f. Cuerpo que resulta en la respiración de la combinación de la hemoglobina y el oxígeno.

OXIMEL. m. Oximiel.

OXIMIEL. m. Ojimiel.

OXIPÉTALO. (Del gr. *oxýs*, agudo, y *pétalon*, hoja.) m. Planta del Brasil, trepadora, de hojas acorazonadas y flores azules en racimos; asclepiadácea.

OXIRRINCOS. *Geog. histór.* Antigua c. de Egipto situada al S. O. de Menfis. Es célebre por las ruinas allí existentes y por haber sido un importante centro del cristianismo.

OXÍTONO, NA. (Del gr. *oxýtonos*; de *oxýs*, agudo, y *tonos*, tono.) adj. *Gram.* Dícese del vocablo que tiene acento prosódico en la última sílaba.

OXIURO. m. Gusano nematelminto, de cuerpo blanco y alargado como un hilo, de 9 a 10 mm. de longitud las hembras, y de 2 a 3 los machos; vive en la porción terminal del intestino de los mamíferos y de los reptiles. || pl. *Zool.* Género de estos gusanos.

OXIZACRE. (Del gr. *oxýs*, ácido, y *sakkhar*, azúcar.) m. Bebida que se hacía con zumo de granadas agrias y azúcar. || Cualquiera bebida agridulce.

OXONIENSE. (Del lat. *oxónium*.) adj. y s. De Oxford.

¡OXTE! int. que se emplea para rechazar a persona o cosa que molesta, ofende o daña. || **Sin decir oxte ni moxte.** expr. adv. fig. y fam. Sin pedir permiso, sin hablar palabra.

OYAMA, Ivao. *Biog.* Mariscal japonés, que estuvo al frente de los ejércitos de su patria en la guerra ruso-japonesa (1842-1916).

OYANEDEL, Abrahán. *Biog.* Jurista chil. que en 1932 desempeñó interinamente la presidencia de la Rep. (1874-1954).

OYAPOK. *Geog.* Río del S.E. de la Guayana Francesa que sirve de límite entre este país y el Brasil y des. en el Atlántico. 485 km.

OYA-SHIVO. *Geog.* Corriente de aguas frías del océano Pacífico que recorre las costas del Japón y se encuentra con la corriente marina de Kuro-Shivo.

OYENTE. al. **Hörer.** fr. **Auditeur.** ingl. **Hearer.** ital. **Uditore.** port. **Ouvinte.** p. a. de **Oír.** Que oye. Ú.t.c.s. || Asistente a una aula, no matriculado como alumno. Ú.t.c.s.

OYENTÓN, NA. adj. *Perú.* Bellaco, simple.

OYO. *Geog.* Ciudad del S.O. de Nigeria, en África 135,000 h.

OYUELA, Calixto. *Biog.* Catedrático, poeta y prosista arg., uno de los más ponderados críticos de su época. Obras: *Elementos de teoría literaria; Cantos de otoño; Cantos nocturnos; Crónicas dramáticas*, etc. (1857-1935).

OZAMA. *Geog.* Río de la Rep. Dominicana que des. en el mar de las Antillas después de recorrer 120 km.

OZANAM, Antonio F. *Biog.* Sociólogo fr. vocero del catolicismo. Obras: *Demostración de la verdad de la religión católica por la antigüedad de las creencias históricas, religiosas y morales; Los poetas franciscanos en Italia en el siglo XIII*, etc. (1813-1853).

OZONA. f. *Quím.* Ozono.

OZONAR. tr. Convertir el oxígeno en ozono. || deriv.: **ozonador, ra.**

OZONIZAR. tr. y r. Combinar con el ozono. || Ozonar. || deriv.: **ozonización; ozonizador, ra.**

OZONO. al. **Ozon.** fr. **Ozone.** ingl. **Ozone.** ital. **Ozono.** port. **Ozone.** (Del gr. *ozo*, tener olor.) m. *Quím.* Estado alotrópico del oxígeno, producido por la acción de la electricidad o la combustión lenta o fuerte a marisco y de color azul cuando se liquida. Se encuentra en muy pequeñas proporciones en la atmósfera, especialmente después de las tempestades. Se emplea para esterilizar el agua, purificar el aire y como agente blanqueador.

OZONÓMETRO. (De ozono, y del gr. *metron*, medida.) m. *Quím.* Reactivo o dispositivo para graduar el ozono existente en la atmósfera.

OZORIO DE ALMEIDA, Miguel. Hombre de ciencia y escr. bras., autor de *Vulgarización del saber; Ensayos, críticas y perfiles; Hombres y cosas de la ciencia*, etc. (1890-1953).

OZULUAMA. *Geog.* Población del E. de México (Veracruz), al S. de Tampico. 11.500 h. Actividades agrícolas.

P. Decimonovena letra del abecedario castellano y decimoquinta de sus consonantes. Su nombre es **pe.**

P. *Quím.* Símbolo del fósforo.

Pa. *Quím.* Símbolo del protoactinio.

PAASIKIVI, Juho Kusti. *Biog.* Estadista finlandés, elegido pres. de la Rep. en 1946 y reelegido en 1950 (1870-1957).

PABELLÓN. al. **Pavillon.** fr. **Pavillon.** ingl. **Pavilion.** ital. **Padiglione.** port. **Pavilhão.** (Del lat. *papílio, -onis.*) m. Tienda de campaña cónica, sostenida en su interior por un palo hincado en tierra, y sujeta al suelo alrededor de la base con cuerdas y estacas. ‖ Colgadura plegadiza que cobija una cama, un altar, etc. ‖ Bandera nacional. *Saludar el* PABELLÓN. ‖ Pirámide truncada que en las piedras preciosas forman las facetas del tallado. ‖ Ensanche cónico con que termina la boca de algunos instrumentos de viento. *El* PABELLÓN *del trombón.* ‖ Grupo de fusiles que se forma enlazándolos por las bayonetas y apoyando las culatas en el suelo. Edificio que constituye una dependencia de otro mayor, inmediato o próximo a él. ‖ Cada una de las construcciones o edificios que forman parte de un conjunto, como los de una exposición, ciudad universitaria, hospital, cuartel, etc. ‖ Cada una de las habitaciones que sirven de alojamiento en los cuarteles a jefes y oficiales. ‖ fig. Nación a que pertenecen los buques mercantes. ‖ Protección que se dispensa, o a la que uno se acoge. ‖ poét. fig. Cosa que cobija a modo de bóveda. ‖ *Arq.* Figura del pericón que se forma con los pañuelos blancos y celestes que llevan al cuello respectivamente los hombres y las mujeres. ‖ *Arq.* Resalto en una fachada que suele coronarse de ático o frontispicio. ‖ **– de la oreja.** Oreja. ‖ **El pabellón cubre la mercancía.** Norma del derecho de gentes que protegía el tráfico de los buques neutrales. ‖ frs. fig. con que se denota que una autoridad ampara cosas culpables.

PÁBILO. m. Pabilo.

PABILO. al. **Docht.** fr. **Mèche.** ingl. **Wick.** ital. **Lucignolo.** port. **Pavio.** (Del lat. *papyrus,* y éste del gr. *pápyrus.*) m. Torcida de hilo, algodón, etc., que está en el centro de la vela o antorcha, para alumbrar al ser encendida. ‖ Parte carbonizada de esta torcida.

PABILÓN. Mecha que pende algo separada del copo de la rueca.

PABJANICE. *Geog.* Ciudad de Polonia, al S. de Lodz. 65.500 h. Industria textil, maquinarias, papel.

PABLAR. intr. Parlar. Úsase en tono festivo y unido a hablar: *ni hablar ni pablar.*

PABLO. n. p. *Méx.* fest. Pagano, que paga. Ú.c.s.m. ‖ **¡ Guarda, Pablo!** expr. fam. con que se advierte un peligro.

PABLO, San. *Hagiog.* Apóstol cristiano, de origen judío, cuyo verdadero nombre era **Saulo.** Notable erudito, era enemigo de los cristianos pero la aparición de Jesucristo en el camino de Damasco determinó su conversión. Realizó numerosos viajes difundiendo la doctrina cristiana y en las catorce *Epístolas* que se conservan en el Nuevo Testamento volcó su interpretación de la fe, de las palabras del Maestro y de todos los problemas referentes a la religión. La influencia de su pensamiento se extendió hasta la filosofía platónica y la escolástica. Fue decapitado por orden de Nerón (aprox. 2-66). ‖ **– DE LA CRUZ, San.** Fundador de la Congregación de los Pasionistas; pasó su vida en la más severa penitencia (1694-1775).

PABLO I. *Biog.* Zar de Rusia, hijo de Pedro III y Catalina II. Pactó con los Borbones contra Napoleón y m. asesinado (1754-1801).

PABLO I. *Biog.* Soberano de Grecia, sucesor, en 1947, de Jorge II (1901-1964).

PABLO DIÁCONO. *Biog.* Monje benedictino, poeta, lit. e historiador, que actuó en la corte de Carlomagno. Su *De Gestis Longobardorum* es una de las fuentes más antiguas de la historia de Italia (730-797).

PABLO PÁEZ. *Geog.* Población del Uruguay (Cerro Largo). 3.500 h.

PABLOS, Juan. *Biog.* Impresor ital. que en 1536 imprimió el primer libro publicado en México: *Escala espiritual para llegar al cielo,* de Juan Clímaco (s. XVI).

PABLO Y VIRGINIA. *Lit.* Famosa novela de Bernardino de Saint-Pierre, publicada en 1787. Obra clásica del género idílico pastoril.

PABST, Jorge W. *Biog.* Escr. y director cinematográfico al. Películas notables: *Lulú; La tragedia de la mina; La ópera de cuatro centavos,* etc. (1885-1967).

PÁBULO. (Del lat. *pábulum,* de *pasco,* pacer.) m. Pasto, comida, alimento. ‖ fig. Cualquier sustento en las cosas inmateriales. ‖ **Dar pábulo.** ‖ **Echar leña al fuego.** ‖ deriv.: pabular; pabulatorio, ria; pabuloso, sa.

PACA. (Del quichua *paco,* rojizo.) f. Mamífero de América del Sur, pequeño, de pelaje espeso, pardo por el lomo y rojizo por el cuello, vientre y costados, hocico agudo, orejas pequeñas, gruñidor como el puerco, herbívoro. *Coelogenys paca,* roedor.

PACA. al. **Balle.** fr. **Balle.** ingl. **Pack.** ital. **Palla.** port. **Fardo.** (Del ingl. *pack.*) f. Fardo, en especial de lana o algodón en rama.

PACANA. f. Árbol de América del Norte, de hasta treinta metros de altura, tronco grueso, hojas compuestas, flores verdosas, y fruto seco, de almendra comestible; juglandácea. ‖ Su fruto.

PACANERO. m. *Méx.* Pacana, árbol.

PACANO. m. *Amér. Central.* Pacanero.

PACARAIMA. *Geog.* Sierra del macizo de las Guayanas, en el límite entre Venezuela y Brasil. Culmina en el cerro Maraguaca, a los 3.200 m.

PACASMAYO. *Geog.* Población del Perú (La Libertad), puerto a orillas del océano Pacífico. 12.000 h.

PACATO, TA. al. **Friedfertig.** fr. **Paisible.** ingl. **Peaceful.** ital. **Pacato.** port. **Socegado.** (Del lat. *pacatus,* p. p. de *pacare,* pacificar.) adj. De condición en exceso pacífica y moderada. ‖ deriv.: pacatería; pacatez.

PACAY. m. *Amér. del S.* Guamo. ‖ Su fruto. ‖ En pl., **pacayes o pacaes.**

PACAYA. f. *C. Rica, Nicar.* y *Hond.* Palma cuyas hojas se usan para adornar calles en festividades, y sus cogollos como alimento. ‖ fig. *Guat.* Disgusto o enojo oculto.

PACAYAL. m. *C. Rica y Nicar.* Lugar sembrado de pacayas.

PACAYAS. *Geog.* Población de Costa Rica (Cartago). 5.500 h.

PACAYAR. m. *Perú.* Plantío de pacayas.

PACCIOLI, Lucas. *Biog.* Matemático ital., autor de *La divina proporción* (1445-1514).

PACEDERO, RA. adj. Que tiene hierba apropiada para pasto.

PACEDURA. f. Apacentamiento del ganado.

PACELLI, Eugenio. *Biog.* V. Pío XII.

PACENSE. adj. y s. De Beja (Portugal).

PACENZA, Onofrio A. *Biog.* Pintor arg., autor de *Esquinas de 1800; Quinta González Gowland* y otros cuadros (1904-1971).

PACEÑO, ÑA. adj. y s. De La Paz (Bolivia).

PACER. al. **Weiden.** fr. **Paître.** ingl. **To pasture.** ital. **Pascere.** port. **Pastar.** (Del lat. *pascere.*) intr. Comer el ganado la hierba en los prados, montes, etc. Ú.t.c.tr. ‖ tr. Roer o gastar una cosa. ‖ Apacentar. dar pasto a los ganados. ‖ irreg. Conj. como **nacer.** ‖ IDEAS AFINES: *Pastura, verde, forraje, pienso, heno, paja, dehesa, estancia, pradera, montanera, majada, rebaño, hato, grey, mesta, repacer, ramonear; roedura, raspadura, erosión, corrosión, consumir, adelgazar; pastar, apacentar, cebar, alimentar, trashumar; pastor, rabadán, zagal, ganadero, ovejero, cabrero, porquero.*

PACIENCIA. al. **Geduld.** fr. **Patience.** ingl. **Patience.** ital. **Pazienza.** port. **Paciencia.** (Del lat. *patientia.*) f. Virtud que consiste en sufrir las adversidades y trabajos sin perturbarse el ánimo. *Job es el ejemplo de la* PACIENCIA. ‖ sinón.: **conformidad, resignación.** ‖ Virtud cristiana que se opone a la ira. ‖ Espera sosegada en las cosas que se desean mucho. ‖ Resalte inferior del asiento de una silla de coro, de modo que, levantado aquél, sirve de apoyo a quien está de pie. ‖ Lentitud en las cosas que se debían ejecutar prestamente. ‖ Bollo muy pequeño hecho con harina, huevo, almendra y azúcar. ‖ fig. Consentimiento en mengua del honor. ‖ **Acabar, consumir, o gastar,** a uno **la paciencia.** frs. Apurársela; hacerle sufrir mucho. ‖ **Paciencia y barajar.** frs. con que se exhorta a tener **paciencia,** sin dejar de perseverar en un propósito. ‖ **Probar** uno **la paciencia** a otro. frs. Ejecutar acciones que le disgustan, de suerte que llegue el caso de no poderlas sufrir. ‖ **Tentar de la, o la, paciencia** a uno. frs. Darle frecuentes motivos de enojo.

PACIENCIOSO, SA. adj. *Chile* y *Ec.* Pacienzudo.

PACIENTE. al. **Patient.** fr. **Patient.** ingl. **Patient.** ital. **Paziente.** port. **Paciente.** (Del lat. *patiens, -entis,* p. a. de *pati,* sufrir.) adj. Que sufre trabajos y adversidades sin perturbarse. ‖ fig. Que consiente que su mujer le ofenda. ‖ com. Persona que padece corporalmente; el enfermo. *El* PACIENTE *mejora.* ‖ m. *Fil.* Sujeto que recibe la acción del agente. ‖ *Gram.* **Persona paciente.**

PACIENTEMENTE. adv. m. Con paciencia. PACIENTEMENTE *esperó Penélope a su esposo.*

PACIENZUDO, DA. adj. Que tiene mucha paciencia. ‖ Que es muy calmoso. ‖ deriv.: **pacienzudamente.**

PACIFICACIÓN. f. Acción y efecto de pacificar. ‖ Paz, sosiego. *Alcanzar la* PACIFICACIÓN *del espíritu.* ‖ Ajuste de paces entre Estados.

PACIFICADOR, RA. al. **Friedensstifter.** fr. **Pacificateur.** ingl. **Pacifier.** ital. **Pacificatore.** port. **Pacificador.** (Del lat. *pacificātor.*) adj. y s. Que pacifica.

PACÍFICAMENTE. adv. m. Con paz y quietud; sin oposición o contradicción.

PACIFICAR. al. **Frieden stiften.** fr. **Pacifier.** ingl. **To pacify.** ital. **Pacificare.** port. **Pacificar.** (Del lat. *pacificare.*) tr. Establecer la paz donde hay guerra o discordia; reconciliar a los que están enemistados o discordes. PACIFICAR *los bandos*; sinón.: **componer, tranquilizar.** ‖ intr. Procurar asentar paces, pidiéndolas o deseándolas. ‖ r. fig. Aquietarse las cosas insensibles perturbadas. PACIFICARSE *el mar.* ‖ deriv.: **pacificable; pacificante.**

PACÍFICO, CA. al. **Friedlich.** fr. **Pacifique.** ingl. **Pacific.** ital. **Pacifico.** port. **Pacífico.** (Del lat. *pacíficus.*) adj. Quieto, sosegado y amigo de paz. *Pueblo* PACÍFICO. ‖ Que no tiene oposición, contradicción o alteración en su estado. ‖ Aplícase al sacrificio que ofrecían los gentiles por la paz y la salud; y por ext., al mismo sacrificio en la ley de Moisés. ‖ IDEAS AFINES: *Tranquilo, impasible, pasivo, paciente, apacible, resignado, sufrido, pacifista, apaciguador, pacificador, neutral, mansedumbre, moderación, aplacamiento, perdón, serenar, reconciliar, contemporizar; ofrenda, holocausto, inmolación, víctima, ara.*

PACÍFICO, Océano. *Geog.* El mayor océano del globo, situado entre América, Asia y Australia. Tiene una extensión de casi 180.000.000 de km²., y una profundidad media de 4.300 m. Fue descubierto por Vasco Núñez de Balboa en 1513.

PACÍFICO, Guerra del. *Hist.* La librada por Chile contra Bolivia y Perú, de 1879 a 1884, por la posesión de los salitrales de Atacama. Por el tratado de Ancón, de 1884, Tarapacá pasó a ser provincia chilena y Tacna y Arica quedaron bajo la autoridad chil. por diez años. En 1929 Arica pasó a ser chil. y Tacna per.

PACIFISMO. m. Doctrina que busca la supresión de la guerra,mediante una organización jurídica de la paz.

PACIFISTA. adj. Dícese del partidario del pacifismo. U.t.c.s. *Manifiesto* PACIFISTA.

PACIMONI. *Geog.* Río de Venezuela, en el territ. de Amazonas, afl. del Casiquiare. 290 km., en parte navegables.

PACIUOLO, Lucas. *Biog.* V. **Paccioli, Lucas.**

PACO. m. Marroquí que, solo y escondido, dispara sobre el enemigo y, por ext., el combatiente que dispara en igual forma. ‖ Francotirador.

PACO. (De *paca*, lío.) m. vulg. *R. de la Plata.* Rollo, fajo. ‖ Fajo de papeles que imitan billetes de banco y que utilizan los estafadores para cometer timos.

PACO, CA. (Del quichua *paco*, rojizo.) adj. *Arg.* y *Chile.* Dícese del color bayo, rojizo. ‖ m. Alpaca, animal. ‖ *Amér.* Mineral de plata con bandas ferruginosas. ‖ *Col., Chile, Ec.* y *Ven.* Gendarme. ‖ *Perú.* Afta, enfermedad.

PACOMIO, San. *Hagiog.* Anacoreta egipcio, creador del cenobitismo cristiano y fundador de órdenes monásticas, a las que impuso la regla del trabajo (276-349).

PACÓN. m. *Hond.* y *Nicar.* Árbol llamado también del jabón, porque sus raíces sirven de tal, que da unos frutos esféricos y negros con que juegan los muchachos. ‖ Fruto de este árbol.

PÁCORA. *Geog.* Población de Colombia (Caldas). 8.000 h.

PACORRA. f. *Ven.* Solterona.

PACOTILLA. al. **Pakotille; Ramschware.** fr. **Pacotille.** ingl. **Trumpery wares.** ital. **Paccottiglia.** port. **Pacotilha.** (De *paca*, lío.) f. Porción de géneros que los marineros u oficiales de un barco pueden embarcar libres de flete. ‖ *Chile, Ec.* y *Guat.* Chusma, caterva. ‖ **Hacer** uno **su pacotilla.** frs. fig. Reunir un caudal con una especulación o trabajo cualquiera. ‖ **Ser de pacotilla** una cosa. frs. fig. Ser de mala calidad; estar hecha sin esmero.

PACTAR. al. **Ausbedingen; Vereinbaren.** fr. **Convenir.** ingl. **To contract.** ital. **Patteggiare.** port. **Pactuar; pactar.** tr. Poner condiciones o hacer estipulaciones para concluir un negocio u otra cosa entre partes, obligándose mutuamente a su observancia. PACTAR *con el adversario.* ‖ Contemporizar una autoridad.

PACTO. al. **Vertrag; Pakt.** fr. **Convention; pacte.** ingl. **Agreement.** ital. **Patto.** port. **Pacto.** (Del lat. *páctum.*) m. Concierto en que se convienen dos o más personas o entidades que se obligan a su observancia. *Faltar al* PACTO. ‖ Lo estatuido por tal concierto. ‖ Convenio que se supone hecho con el demonio para obrar por medio de él cosas extraordinarias. *El* PACTO *de Fausto.* ‖ – **de retro.** Estipulación por la cual el comprador se obliga a devolver la cosa al vendedor por su precio. ‖ **Denunciar el pacto.** frs. Apartarse del que se supone hecho con el demonio. ‖ deriv.: **pacticio, cia.**

PACTO DEL ATLÁNTICO. *Hist.* V. **Atlántico, Pacto del.**

PACTOLO. *Geog. histór.* Pequeño río de la antigua Lidia donde, según la leyenda, se bañó el rey Midas. Arrastraba desde entonces pepitas de oro, y a él debió Creso sus riquezas.

PACÚ. m. *Arg.* Pez de río, muy grande y achatado. *Metynnis maculatus.*

PACUARE. *Geog.* Río de Costa Rica. Atraviesa las prov. de Cartago y de Limón, y des. en el mar de las Antillas.

PACUL. m. Plátano silvestre de Filipinas, textil.

PACHA. f. *Nicar.* Biberón. ‖ Botella pequeña y aplanada que se usa corrientemente para llevar licor.

PACHÁ. m. Galicismo por **bajá.**

PACHACÁMAC. *Geog.* Población de Perú, en el dep. de Lima, al S. de la cap. del país. 6.000 h. Ruinas arqueológicas.

PACHACÁMAC. *Mit.* Dios supremo de los antiguos pueblos del Perú, creador y conservador del mundo.

PACHACUTEC YUPANQUI. *Biog.* Inca del Perú; engrandeció el imperio con sus conquistas militares, construcción de ciudades y organización administrativa (fines s. XIV).

PACHACHO, CHA. adj. *Chile.* Dícese de la persona o animal que tiene las piernas demasiado cortas; rechoncho.

PACHAMAMA. *Mit.* Deidad máxima de los indígenas del noroeste argentino y el altiplano peruano-boliviano, que representa a la madre tierra.

PACHAMANCA. f. Carne que se asa entre piedras caldeadas o en un hoyo que se abre en la tierra y se tapa con piedras calientes. Condiméntase con ají y se usa en la América del Sur.

PACHANGA. *Arg.* fam. Jarana, holgorio, baile.

PACHANGO, GA. adj. *Hond.* y *Nicar.* Regordete.

PACHECO, Carlos M. *Biog.* Comediógrafo arg., sagaz captador de tipos y costumbres en *Los disfrazados; Los equilibristas; La vida inútil,* etc. (1881-1924). ‖ – **Francisco.** Pintor esp., maestro y suegro de Velázquez. Hizo retratos y escribió *Arte de la pintura* (1571-1654). ‖ – **Gregorio.** Estadista bol., presid. de su país de 1884 a 1888. Realizó importantes obras públicas e hizo explorar el Chaco (1823-1899). ‖ – **José Emilio.** Poeta mex. (n. 1939). ‖ – **Máximo.** Pintor mex., discípulo de Diego Rivera. Considerado uno de los más notables pintores de su país, es autor de numerosos paneles y frescos (n. 1907). ‖ – **Ramón.** Novelista chil., autor de obras sobre temas históricos (1845-1888). ‖ **ALTAMIRANO, Arturo.** *Biog.* Pintor chileno, autor de notables marinas (1905-1978). ‖ – **ARECO, Jorge.** Periodista y político urug., n. en 1920; vicepresidente de la Rep. en 1966 y presidente, en 1967, a la muerte de Oscar Gestido, hasta 1972. ‖ – **DE CÉSPEDES, Luis.** Compositor per., autor de *Himno al sol; Danza sobre un tema indio,* y otras obras (n. 1893). ‖ – **DE MELO, José A.** Sacerdote arg., signatario del Acta de la Independencia promulgada por el Congreso de Tucumán; fue presidente de éste en 1818 (aprox. 1760-1825). ‖ – **Y OSORIO, Rodrigo.** Virrey de México de 1624 a 1635. ‖ – **ZEGARRA, Gabino.** Poeta per.; que tradujo del quechua el drama *Ollantay*, atribuido a Antonio Valdés (siglo XVIII).

PACHITEA. *Geog.* Río del Perú. Nace en el dep. de Junín y des. en el Ucayali 500 km.

PACHO, CHA. adj. *Amér. Central.* Chato, en especial tratándose de sólidos aplanados. *Botella* PACHA. ‖ *Amér. Central* y *Chile.* Pachacho, rechoncho. ‖ *Cuba.* Calmoso, pachón. ‖ *Méx.* y *Nicar.* Flaco, aplastado.

PACHO. *Geog.* Población de Colombia (Cundinamarca). 7.000 h. En sus cercanías se explotan yacimientos de hierro.

PACHOCHA. f. *Amér. del S.* En el juego de la malilla, muchas cartas de un palo en una misma mano. ‖ *Cuba, Col., Chile, Panamá* y *Perú.* Vulgarismo por **pachorra.**

PACHÓN, NA. adj. V. **Perro pachón.** U.t.c.s. ‖ *Guat., Chile, Hond.* y *Méx.* Peludo, lanudo. *Manta* PACHONA. ‖ m. fam. Hombre pausado y flemático.

PACHORRA. al. **Trägheit.** fr. **Flegme.** ingl. **Sluggishness.** ital. **Flemma.** port. **Pachorra.** f. fam. Flema, tardanza, indolencia.

PACHORRENTO, TA. adj. Pachorrudo.

PACHORRIENTO, TA. adj. *Amér.* Pachorrento.

PACHORRUDO, DA. adj. fam. Que gasta mucha pachorra. ‖ deriv.: **pachorrudamente.**

PACHUCA. *Geog.* Ciudad de México, capital del Est. de Hidalgo. 95.000 h. Es centro de un importantísimo distrito argentífero.

PACHUCHO, CHA. adj. Pasado de puro maduro. ‖ fig. Flojo, desmadejado.

PACHULÍ. m. Planta perenne de Filipinas, muy olorosa, usada en perfumería. *Pogostemun patchouli,* labiada. ‖ Su perfume.

PACHUQUEÑO, ÑA. adj. Natural de Pachuca, capital del Estado mexicano de Hidalgo. U.t.c.s. ‖ Perteneciente o relativo a dicho estado.

PADAMO. *Geog.* Río de Venezuela, en el territ. de Amazonas, afl. del Orinoco. 200 km.

PADANG. *Geog.* Ciudad y puerto de Indonesia, en la isla de Sumatra. 200.000 h. Exportaciones de café, copra, goma y tabaco.

PADCAYA. *Geog.* Población de Bolivia (Tarija). 7.000 h. Centro agropecuario.

PADDOCK. (Voz inglesa.) m. En los hipódromos, lugar reservado a los caballos que se disponen a disputar la carrera. (Es anglicismo.) ‖ Espacio cercano al anterior destinado a cierta parte del público. (Es anglicismo.)

PADECER. al. **Leiden.** fr. **Souffrir.** ingl. **Tou suffer.** ital. **Patire.** port. **Sofrer.** (De un deriv. del lat. *pati.*) tr. Sentir corporalmente un daño, dolor, enfermedad o castigo. PADECÍA *un mal pasajero.* ‖ Sentir los agravios, pesares, etc., que se experimentan. ‖ Estar poseído de una cosa desventajosa. PADECER *error.* ‖ Soportar, tolerar. PADECIAMOS *sus impertinencias.* ‖ fig. Recibir daño las cosas. *El equipaje* PADECIÓ *mucho.* ‖ irreg. Conj. como **agradecer.**

PADECIMIENTO. al. **Leiden.** fr. **Souffrance.** ingl. **Suffering.** ital. **Patimento.** port. **Padecimento.** m. Acción de padecer o sufrir daño, injuria, etc. *Los* PADECIMIENTOS *purificaron su alma.*

PADEREWSKY, Ignacio Juan. *Biog.* Pianista, compos. y patriota polaco. Brillante ejecutante, autor de *Sakuntala; Cracoviana fantástica; Concierto* para piano y orquesta y otras obras, Colaboró en la liberación de su país, cuya presidencia desempeñó en 1919. Murió en los Estados Unidos, adonde se había trasladado al estallar la segunda Guerra Mundial (1860-1941).

PADILLA. (Del lat. *patella*, dim. de *patena.*) f. Sartén pequeña. ‖ Horno para cocer pan, con abertura en el centro de la plaza.

PADILLA, Diego. *Biog.* Sacerdote, lit. y político col., que puso su actividad al servicio de la causa americana y participó en la junta revolucionaria de 1810. Publicó *Necesidad del Congreso; El Montalván,* etc. (1754-1829). ‖ – **José.** Militar col. que luchó por la Independencia americana (1778-1828). ‖ – **José.** Compositor esp., autor de canciones muy populares como *El relicario; Valencia* y *La violetera,* y otras obras. (1889-1960). ‖ – **José Gualberto.** Poeta portorr. conocido por el seudónimo de **Caribe.** Autor de *Poesías Completas; En el combate; Rosas de pasión,* etc. (1829-1896). ‖ – **Juan de.** Caudillo esp., jefe de la rebelión de los comuneros contra Carlos V, por orden de quien fue decapitado (1490-1521). ‖ – **Juana Azurduy de.** V. **Azurduy de Padilla, Juana.** ‖ – **Manuel Asensio.** Patriota bol., casado con Juana Azurduy. Luchó en las guerras de la independencia; ayudado por su esposa logró sublevar a 4.000 indios, con los cuales batió a los realistas, que luego lo capturaron y decapitaron (1773-1816). ‖ – **ARANCIBIA, David.** Militar boliviano. En 1978 encabezó el golpe de Estado que derrocó a Pereda Asbún.

PADILLA. *Geog.* Población de Bolivia (Chuquisaca). 9.500 h. Centro agrícola. Minas de plata.

PADRASTRO. al. **Stiefvater.** fr. **Beau-père.** ingl. **Stepfather.** ital. **Patrigno.** port. **Padrasto.** (Del lat. *patráster, -tri*; desp. de *páter*, padre.) m. Marido de la madre, respecto de los hijos habidos antes por ella. ‖ fig. Mal padre. ‖ Cualquier obstáculo o inconveniente que estorba en una materia. ‖ Pedacito de pellejo que se levanta junto a las uñas de las manos. ‖ Dominación, monte o colina.

PADRAZO. m. fam. Padre muy indulgente con los hijos.

PADRE. al. **Vater.** fr. **Père.** ingl. **Father.** ital. **Padre.** port. **Pai.** (Del lat. *páter, -tris.*) m. Varón o macho que ha engendrado. ‖ Primera persona de la Santísima Trinidad. ‖ Varón o macho, respecto de sus hijos. ‖ Macho destinado en el ganado a la procreación. ‖ Cabeza de una familia o pueblo. *Noé fue elegido para ser el* PADRE *de las nuevas razas humanas.* ‖ Religioso o sacerdote. ‖ fig. Cualquier cosa de la que procede otra. ‖ Autor de una obra de ingenio o inventor de cualquier cosa. *Marconi es el* PADRE *de la telegrafía sin hilos.* ‖ El que ha creado o adelantado notablemente una ciencia o facultad. *Hipócrates es el* PADRE *de la medicina.* ‖ pl. El padre y la madre. ‖ Abuelos, antepasados. ‖ **Padre apostólico.** Cada uno de los **padres** de la Iglesia que conversaron con discípulos de Jesucristo. ‖ – **conscripto.** Entre los romanos, el que estaba anotado como **padre** en el Senado. ‖ – **de almas.** Eclesiástico a cuyo cargo está la dirección espiritual de sus feligreses. ‖ – **de familia** o **de familias.** Jefe o cabeza de una casa o familia. ‖ – **de la patria.** Sujeto venerable en ella por su calidad o por los servicios que hizo al pueblo. ‖ fam. Dictado que irónicamente suele darse a cada uno de los diputados a Cortes. ‖ – **de pobres.** fig. Sujeto muy caritativo. ‖ – **espiritual.** Confesor que dirige la conciencia del penitente. ‖ – **Eterno.** Primera persona de la Trinidad. ‖ – **nuestro.** Oración enseñada por Jesucristo, y que empieza con dichas palabras. ‖ Cada una de las cuentas del rosario distintas de las demás que indican cuándo se ha de rezar un **padre** nuestro. ‖ – **Santo.** Por anton., Sumo Pontífice. ‖ **Nuestros primeros padres.** Adán y Eva. ‖ **Santo Padre.** Cada uno de los primeros doctores de la Iglesia griega y latina, que escribieron sobre la doctrina de la religión. ‖ **De padre y muy señor mío.** frs. fam. con que se encarece la gran intensidad o magnitud de alguna cosa. *Recibió una reprimenda* DE PADRE Y MUY SEÑOR

MIO. ‖ **Hallar** uno **padre y madre.** frs. fig. Hallar quien le cuide y favorezca. ‖ **Mi padre es Dios.** expr. con que nos ponemos, en los trabajos, debajo de su protección. ‖ **Sin padre, ni madre, ni perro que me ladre.** loc. fig. y fam. de que se usa para manifestar la total independencia o desamparo en que se halla uno. ‖ **Tener el padre alcalde.** frs. fig. Contar en cualquier negocio con un poderoso protector. ‖ IDEAS AFINES: *Papá, padrazo, padrote, padrastro, suegro, padrino, patriarca, progenitor, yerno, familia, cuna, paternidad, descendencia, patria, patrimonio, patronímico, patrología, patrística, procrear, padrear, compadrar, empadrarse, engendrar.*

PADREAR. intr. Parecerse al padre en las facciones o en las costumbres. ‖ Ejercer el macho las funciones de la generación.

PADREJÓN. m. Histerismo en el hombre.

PADRENUESTRO. al. **Vaterunser.** fr. **Pater; Patenôtre.** ingl. **Lord's Prayer.** ital. **Padrenostro.** port. **Padre-nosso.** m. **Padre nuestro.**

PADRILLO. m. *Amér.* Caballo padre o semental.

PADRINA. f. Madrina.

PADRINAZGO. m. Acto de asistir como padrino a un bautismo o una función pública. ‖ Título o cargo de padrino. ‖ fig. Protección que uno dispensa a otro.

PADRINO. al. **Taufpate.** fr. **Parrain.** ingl. **Godfather.** ital. **Patrino.** port. **Padrinho.** (Del b. lat. *patrinus*, y éste del lat. *páter*, padre.) m. El que presenta o asiste a otra persona que recibe el sacramento del bautismo, de la confirmación, del matrimonio o del orden si es varón, o que profesa, si se trata de una religiosa. ‖ El que presenta a otro que recibe algún honor, grado, etc. ‖ El que asiste a otro para sostener sus derechos y evitar lo que no sea justo en actos como certámenes literarios, desafíos, etc. ‖ fig. El que protege a otro en cualquier negocio. ‖ pl. El **padrino** y la madrina.

PADRÓN. al. **Einwohner verzeichnis.** fr. **Recensement.** ingl. **Census.** ital. **Censimento.** port. **Padrão.** (Del lat. *patronus*; de *páter*, padre.) m. Nómina que se hace en los pueblos para conocer el número de moradores. PADRÓN *municipal, electoral.* ‖ Patrón o dechado. ‖ Columna o pilar con una lápida o inscripción que recuerda un hecho notable. ‖ Nota pública de infamia que queda en la memoria por una mala acción. ‖ fam. Padrazo. ‖ *Ant., Bol., Col.* y *Chile.* Padrillo. ‖ *Col.* Toro semental.

PADRON, Julián. *Biog.* Literato ven., autor de *La Guaricha*; *Madrugada*, y otras obras (1910-1954).

PADROTE. m. Padrazo. ‖ Animal que se destina a semental.

PADROTEAR. intr. *Méx.* Padrear, ejercer el macho las funciones de la generación. ‖ Andar con mujeres perdidas. ‖ *Ven.* Intimidar un hombre a otro.

PADUA. *Geog.* Provincia de Italia (Venecia Euganea). 2.142 km². 794.000 h. Cap. hom. 242.000 h. Maquinarias, productos químicos y textiles. Cuna de Tito Livio.

PADUA, San Antonio de. *Biog.* V. **Antonio de Padua, San.**

PADUANO, NA. adj. y s. De Padua.

PAELLA. (Del cat. *paella*, sartén, y éste del lat. *patella*, padilla.) f. Plato de arroz seco, con carne, legumbres, etc.

PAES, Sidonio Bernardino Cardoso de Silva. *Biog.* Pol. portugués, en 1918 presid. de la Rep. (1872-1918).

PÁEZ, Federico. *Biog.* Político ecuat. de 1935 a 1937 presidente de la República (n. 1877). ‖ – **José A.** Militar ven. de brillante actuación en las luchas por la independencia de su país. Trabajó por la separación de Venezuela de la Gran Colombia y de 1830 a 1834, de 1839 a 1847 y de 1860 a 1864 fue presid. de su patria. Escribió su *Autobiografía* (1790-1873). ‖ – **Miguel A.** Ensayista urug. que desarrolló una amplia labor americanista. Autor de *Bronces de América; Ensayos sobre Bolívar*, etc. (n. 1887). ‖ – **DE RIVERA, Ruy.** Poeta esp. de notable maestría, cuyas composiciones se conservan en el *Cancionero de Baena* (s. XV). ‖ – **VILARÓ, Carlos.** Pintor urug., muralista. Una de sus obras más importantes es *El éxodo del pueblo oriental* (n. 1923).

PÁEZ. *Geog.* Río de Colombia que nace en el nevado de Huila (Cauca) y es subafluente del Magdalena. 110 km.

¡PAF! Voz onomatopéyica con que se expresa el ruido hecho por una persona o cosa al caer o chocar contra algún objeto.

PAFLAGONIA. *Geog. histór.* Antigua región del norte de Asia Menor, situada al S. del Mar Negro. Su cap. era SINOPE.

PAFLÓN. (De *plafón.*) m. *Arq.* Sofito.

PAFOS. *Geog. histór.* Antigua ciudad de Chipre donde se veneraba a Afrodita.

PAGA. al. **Lohn; Löhnung.** fr. **Payement.** ingl. **Pay; payment.** ital. **Paga; pagamento.** port. **Paga.** f. Acción de pagar o satisfacer una cosa. ‖ Cantidad de dinero dada en pago. *Una* PAGA *insuficiente.* ‖ Satisfacción de la culpa, delito o yerro, por medio de una pena. ‖ Cantidad con que se paga la culpa, o pena con que se satisface. ‖ Sueldo de un mes. *Cobrar* PAGAS *atrasadas*; sinón.: **salario.** ‖ Correspondencia del amor o de un beneficio. ‖ – **indebida.** *Der.* Cuasicontrato dimanado de entregar erróneamente cantidad no debida ni exigible. ‖ – **viciosa.** La que tiene un defecto que la invalida. ‖ **Buena,** o **mala, paga.** fig. Persona que prontamente paga lo que debe, o al contrario.

PAGABLE. adj. Pagadero.

PAGADERO, RA. al. **Zahlbar.** fr. **Payable.** ingl. **Payable; to be paid.** ital. **Pagabile.** port. **Pagável.** adj. Que se ha de pagar a cierto tiempo señalado. *Préstamo* PAGADERO *a seis meses.* ‖ Que puede pagarse fácilmente. ‖ m. Tiempo o plazo en que se ha de pagar lo debido o satisfacer con la pena lo que se ha hecho.

PAGADO, DA. p. p. de pagar. ‖ adj. Ufano, satisfecho de alguna cosa.

PAGADOR, RA. al. **Zahler.** fr. **Payeur.** ingl. **Payer.** ital. **Pagatore.** port. **Pagador.** adj. Que paga. Ú.t.c.s. ‖ s. Persona encargada de satisfacer sueldos, créditos, etc. ‖ **Al buen pagador no le duelen prendas.** ref. que afirma que al que quiere cumplir con lo que debe, no le repugna dar las seguridades que le pidan.

PAGADURÍA. f. Lugar público donde se paga.

PAGAMENTO. m. Paga, acción de pagar.

PAGAMIENTO. m. Pagamento.

PAGANINI, Nicolás. *Biog.* Violinista y compositor ital., intérprete brillante y autor de *Concierto*; *Sonatas*; *Caprichos*, etc. (1782-1840).

PAGANISMO. al. **Heidentum.** fr. **Paganisme.** ingl. **Paganism.** ital. **Paganismo.** port. **Paganismo.** (Del lat. *paganismus.*) m. Gentilidad.

PAGANIZAR. intr. Profesar el paganismo el que no era pagano. ‖ tr. Conformar alguna cosa con el paganismo. ‖ deriv.: **paganización; paganizador, ra; paganizamiento; paganizante.**

PAGANO, NA. al. **Heide.** fr. **Païen.** ingl. **Pagan.** ital. **Pagano.** port. **Pagão.** (Del lat. *paganus.*) adj. y s. Aplícase a los idólatras y politeístas, especialmente a los antiguos griegos y romanos. *Los dioses* PAGANOS. ‖ Por ext., aplícase a todo infiel no bautizado. ‖ *Arg.* Ignorante de algo. ‖ m. fam. El que paga. Por lo común se da este nombre al pagador de quien otros abusan, y al que sufre perjuicio por culpa ajena. ‖ deriv.: **paganamente.** ‖ IDEAS AFINES: *Ateo, fariseo, heterodoxo, gentil, religión, secta, creencia, herejía, cisma, abjurar, renegar.*

PAGANO, Angelina. *Biog.* Actriz arg. de comedia y drama (1888-1962). ‖ – **José León.** Pintor, dramaturgo y crítico de arte arg., autor de *El arte de los argentinos*; *El santo, el filósofo y el artista*; *Lasalle*, etc. (1875-1964).

PAGAR. al. **Zahlen; bezahlen.** fr. **Payer.** ingl. **To pay.** ital. **Pagare.** port. **Pagar.** (Del lat. *pacare*, apaciguar, satisfacer.) tr. Dar uno a otro, o satisfacer, lo que le debe. PAGAR *fielmente las deudas.* ‖ Adeudar derechos los géneros que se introducen. *Los artículos de lujo* PAGAN *derechos elevados.* ‖ fig. Satisfacer el delito o yerro por medio de una pena. PAGÓ *muy cara su culpa.* ‖ Corresponder al afecto u otro beneficio. PAGÓ *a sus bienhechores.* ‖ r. Prendarse, aficionarse. ‖ Ufanarse de una cosa; hacer aprecio de ella. ‖ **A luego pagar.** m. adv. Al contado. ‖ **Estamos pagados.** expr. que se usa para denotar que se corresponde por una parte a lo que se merece de otra. ‖ **Pagarla,** o **pagarlas.** expr. fam. Sufrir el culpable condigno castigo o la venganza de que se hizo merecedor. Se usa para amenazar. *Me las* PAGARÁS. ‖ IDEAS AFINES: *Abonar, desembolsar, reembolsar, satisfacer, sufragar, costear, soltar, aflojar, apoquinar, solventar, contribuir, escotar, subvencionar, remunerar, ingresar, saldar, liquidar, integrar, reintegrar, antepagar, repagar, cancelar, gastar, prestar, cobrar, caja, estipendio, subsidio, vencimiento, cuota, comisión, precio, costo, señal, interés, recibo, contribución, descuento, pagano, pagadero, generoso, dadivoso, impagable, amortizable, al contado, a cuenta, a plazos.*

PAGARÉ. al. **Schuldschein; Wechsel.** fr. **Effet négociable.** ingl. **Promissory note.** ital. **Paghero.** port. **Letra promissória.** m. Papel de obligación por una cantidad que ha de pagarse en tiempo determinado. ‖ – **a la orden.** *Com.* El transmisible por endoso.

● **PAGARÉ.** *Com.* Promesa escrita por la cual una persona o una sociedad se obliga a pagar por sí misma una suma determinada de dinero; el pagaré puede ser nominativo, a la orden y al portador. El pagaré nominativo es el que exclusivamente puede cobrar aquel cuyo nombre figura en el documento como acreedor. El pagaré a la orden es transferible y se paga a la persona que ordene el endoso firmado por el último acreedor. El pagaré al portador es transferible por simple entrega. La legislación comercial de casi todos los países considera a los pagarés concebidos a la orden como letras de cambio y a los otros, promesas de pago, sujetas a la ley civil.

PAGAYA. f. Remo filipino de pala sobrepuesta y atada con bejuco.

PAGEL. (Del lat *pagellus*, dim. de *páger*, pagro.) m. Pez del Mediterráneo occidental; cabeza y ojos grandes, rojizo por el lomo, plateado por el vientre, y de aletas y cola encarnadas. *Pagellus mormyrus*, acantopterigio.

PAGÉS LARRAYA, Antonio. *Biog.* Ensayista y escritor arg., autor de *La iniciación intelectual de Mitre*; *Santos Vega, el payador*; *Vida de Tomás Godoy Cruz*, etc. (n. 1918).

PÁGINA. al. **Seite.** fr. **Page.** ingl. **Page.** ital. **Pagina.** port. **Página.** (Del lat. *página.*) f. Cada una de las dos planas de la hoja de un libro o cuaderno. ‖ Lo escrito o impreso en cada página. *He leído veinte* PÁGINAS. ‖ fig. Suceso o episodio en el curso de una vida o de una empresa. PÁGINAS *de gloria.* ‖ IDEAS AFINES: *Folio, foja, cara, carilla, anverso, recto, folio vuelto, paginación, foliación, línea, renglón, columna, margen, falsilla, signatura, compaginar.*

PAGINACIÓN. f. Acción y efecto de paginar. *Corregir la* PAGINACIÓN. ‖ Serie de páginas.

PAGINAR. tr. Numerar páginas o planas.

PÁGINAS LIBRES. *Lit.* Obra polémica y social del escr. per. Manuel González Prada, publicada en 1894. Una de las más notables expresiones del pensamiento americano en prosa modernista.

PAGLIACCI, I. *Mús.* Drama lírico en dos actos, texto y música de Leoncavallo, estrenado en Milán en 1892. Uno de los más representados mundialmente.

PAGNOL, Marcelo. *Biog.* Dramaturgo fr., fervoroso vanguardista en *Topaze*; *Marius*; *Ulises entre los fenicios*, etc. (1895-1974).

PAGO. al. **Zahlung.** fr. **Payement; paiement.** ingl. **Payment.** ital. **Pagamento.** port. **Paga; pagamento.** (De *pagar.*) m. Entrega de un dinero o especie que se debe. *Hoy es día de* PAGO. ‖ Satisfacción, premio o recompensa. *El* PAGO *de sus desvelos.* ‖ **En pago.** m. adv. fig. En satisfacción, descuento o recompensa. ‖ **Hacer pago.** frs. fig. Satisfacer, cumplir.

PAGO. (Del lat. *pagus.*) m. Distrito de tierra o heredades, en especial de viñas u olivares. ‖ Aldea. ‖ *Chile* y *R. de la Plata.* Lugar en el que ha nacido o está arraigada una persona y por ext., lugar, pueblo, región. U.m. en pl.

PAGO, GA. (Forma ant. del p. p. de pagar.) adj. fam. Dícese de aquel a quien se ha pagado. *Está usted* PAGO. En Amér. apl. también a las cosas. *Vacaciones* PAGAS.

PAGO. *Geog.* Isla yugoslava del mar Adriático, en el arch. dálmata. 290 km². 7.000 h.

PAGO CHICO, Cuentos de. *Lit.* Obra costumbrista de Roberto J. Payró, publicada en 1908 y que fue completada póstumamente con *Nuevos cuentos de Pago Chico.* Libro de plenitud, ya clásico de la literatura rioplatense, trasunta una época argentina, en brochazos rápidos, espontáneos e intensos.

PAGODA. al. **Pagode.** fr. **Pagode.** ingl. **Pagoda.** ital. **Pagoda.** port. **Pagode.** (Del persa *butcude*, templo de ídolos.) f. Templo de algunos pueblos idólatras de Oriente. *Las* PAGODAS *birmanas tienen forma cónica.* ‖ Cualquiera de los ídolos que en ellos se adoran.

PAGOTE. m. fam. Pagano, que paga.

PAGRO. (Del lat. *pagrus.*) m. Pez del Mediterráneo, semejante al pagel, pero mayor y de hocico obtuso. *Pagrus auriga*, acantopterigio.

PAGÜEY. *Geog.* Río de Venezuela (Barinas), afl. del Apure. 320 km.

PAGURO. (Del lat. *pagurus*, y éste del gr. *páguros.*) m. Ermitaño, crustáceo.

PAHANG. *Geog.* Estado de la Federación de Malasia, situado al E. de la península de Malaca. 35.790 km². 530.000 h. Explotación forestal. Cap. KUALA LIPIS.

PAHISSA, Jaime. *Biog.* Compositor esp., autor de las óperas *La princesa Margarita*; *Marianela*; *Gala Placidia* y otras obras. Escribió varios libros, entre ellos una biografía sobre M. de Falla (1880-1969).

PAHLEN, Kurt. *Biog.* Musicólogo austríaco, que vivió en Argentina y Uruguay; autor de *Historia gráfica universal de la música*, etc. (n. 1907).

PAHLEVI, Reza Sha. *Biog.* Emperador del Irán (1878-1944) que, en 1941, abdicó en favor de su hijo Mohamed Reza, nacido en 1919.

PAHLEVI. *Geog.* Ciudad del Irán, puerto importante a orillas del mar Caspio. 75.000 h. Antes, *Enzeli.*

PAHSIEN. *Geog.* V. **Chungking.**

PAICO. m. *Amér. del S.* Pazote.

PAIDOFILIA. f. Amor y protección de los niños. ‖ deriv.: **paidófilo, la.**

PAIDOLOGÍA. (Del gr. *paidos*, niño, y *logos*, discurso.) f. Estudio de lo relativo a la infancia y su buen desarrollo. ‖ deriv.: **paidológico, ca.**

PAILA. (Del lat. *patella*, padilla.) f. Vasija grande de metal, redonda y poco profunda. ‖ *Nicar.* Machete de hoja ancha y delgada, con mango de un pie de largo, que emplean los operarios para cortar la caña de azúcar.

PAILEBOT o **PAILEBOTE.** al. **Goelette.** fr. **Goelette.** ingl. **Pilot's boat.** ital. **Goleta.** port. **Palhabote.** (Del ingl. *pilot's boat*, bote de piloto.) m. Goleta pequeña, sin gavias.

PAILERO. m. *Col.* El que hace pailas y sartenes. ‖ *Cuba.* El que maneja las pailas en los ingenios. ‖ deriv.: **pailería.**

PAILÓN. m. aum. de **Paila.** ‖ *Bol., Ec.* y *Hond.* Hondonada de fondo redondeado. ‖ *Col.* y *Cuba.* Cazo o perol. ‖ *Ven.* Remolino.

PAINA. f. Fibra del miraguano. ‖ IDEAS AFINES: *Relleno, crin, algodón, vellón, copo, almohada, cojín, henchir, pelusa, cardar, colchonero, liviano, esponjoso.*

PAINE, Tomás. *Biog.* Lit. y político ingl. que luchó por la independencia de los Estados Unidos y la Revolución Francesa. Autor de *Sentido común* y *Los derechos del hombre*, etc. (1737-1809).

PAINEL. m. Panel.

PAINLEVÉ, Pablo. *Biog.* Matemático y pol. francés; ocupó importantes cargos en el gob. de su patria y en el campo científico se dedicó especialmente al cálculo diferencial. Autor de *Mecánica; Lecciones sobre el frotamiento*, etc. (1863-1933).

PAIPA. *Geog.* Población de Colombia (Boyacá). 4.000 h. Balneario de aguas medicinales.

PAIPAI o **PAIPÁI.** m. Abanico de palma en forma de pala y con mango.

PAIRAR. (Del port. *pairar*, y éste tal vez del lat. *parare*, parar.) intr. *Mar.* Estar quieta la nave, con las velas tendidas y largas las escotas.

PAIRO. m. *Mar.* Acción de pairar la nave. Ú. por lo común en el m. adv. **al pairo.**

PAÍS. al. **Land; Heimat.** fr. **Pays.** ingl. **Country; land.** ital. **Paese.** port. **País.** (Del lat. *pagensis*; de *pagus*, aldea, lugar.) m. Región, reino, provincia o territorio. *Recorrer los* PAÍSES *de América.* ‖ Pintura o dibujo que representa una extensión de terreno. ‖ Papel, piel, plumas o tela que cubre la parte superior del varillaje del abanico. ‖ **Vivir sobre el país.** frs. *Mil.* Mantenerse las tropas a expensas de los moradores del territorio que dominan. ‖ fig. Vivir a costa ajena, valiéndose de malas artes. ‖ IDEAS AFINES: *Nación, comarca, internacional, gobierno, clima, conciudadano, fronteras, súbdito, inmigrar, nostalgia, colonia, naturalizarse, expatriarse.*

PAISAJE. al. **Landschaft.** fr. **Paysage.** ingl. **Paysage; landscape.** ital. **Paesaggio.** port. **Paisagem.** m. País, pintura o dibujo. ‖ Porción de terreno considerada en su aspecto artístico.

PAISAJISTA. adj. Dícese del pintor de paisajes. Ú.t.c.s. ‖ Aplícase también a esta forma de arte.

PAISANA. f. Tañido y baile propio de campesinos.

PAISANAJE. m. Conjunto de paisanos. *La carrera había reunido a todo el* PAISANAJE. ‖ Circunstancia de ser de un mismo país dos o más personas.

PAISANO, NA. al. **Landsmann; Bauer.** fr. **Paysan.** ingl. **Countryman.** ital. **Paesano.** port. **Patrício.** adj. y s. Que es del mismo país, provincia o pueblo que otro. *Iré a esperar a mis* PAISANOS. ‖ s. Campesino, habitante del campo ‖ m. El que no es militar. *Vestía traje de* PAISANO.

PAÍSES BAJOS. *Geog.* V. **Holanda.** ‖ *Geog. histór.* Nombre que recibieron Bélgica, Holanda y parte de Francia desde 1548 hasta 1830.

PAISIELLO, Juan. *Biog.* Músico ital. que introdujo las grandes masas corales en la ópera ital. Autor de *El mundo al revés; La gitana en la feria; La sirvienta patrona; La molinera* y otras óperas, así como de obras religiosas (1741-1816).

PAISISTA. adj. y s. Paisajista.

PAISLEY. *Geog.* Ciudad de Gran Bretaña, en Escocia (Renfrew). 105.000 h. Centro textil y metalúrgico.

PAITA. *Geog.* Ciudad del Perú (Piura), a orillas del Pacífico. 10.000 h. Importante puerto pesquero.

PAIVA, Félix. *Biog.* Estadista y jurisc. paraguayo, presid. de su país de 1937 a 1939 y autor de *Estudio de la Constitución del Paraguay; Ensayo sobre el sufragio*, etc. (1877-1965).

PAJA. al. **Stroh.** fr. **Paille.** ingl. **Straw.** ital. **Paglia.** port. **Palha.** (Del lat. *palea.*) f. Caña de trigo, cebada, centeno y otras gramíneas, después de seca y separada del grano. ‖ Conjunto de estas cañas. ‖ Pajilla para sorber líquidos, especialmente refrescos. ‖ Arista o parte pequeña y delgada de una hierba o cosa semejante. ‖ fig. Cosa ligera, de poca consistencia o entidad. ‖ Lo desechado en cualquier materia. ‖ *Col., Guat.* y *Nic.* Grifo o llave de agua. ‖ – **brava.** Hierba de hojas casi cilíndricas como el esparto, amarillenta verdosa, de América del Sur, gramínácea. ‖ – **cebadaza.** La de cebada. ‖ – **centenaza.** La de centeno. ‖ – **de camello,** de **esquinanto,** o **de Meca.** Esquenanto. ‖ – **larga.** La de cebada que no se trilla, sino que se quebranta. ‖ fig. y fam. Persona muy alta, delgada y desgarbada. ‖ – **pelaza.** La de la cebada que se machaca en las eras con cilindros de piedra para que resulte larga y hebrosa. ‖ – **trigaza.** La de trigo. ‖ – **Echar pajas.** frs. que se refiere a un género de sorteo que se practica ocultando entre los dedos tantas pajas o palillos desiguales cuantos son los sujetos que sortean, y el que saca la más corta pierde la suerte. ‖ **En alza allá esas pajas. En un quítame allá esas pajas.** locs. fams. con que se da a entender la brevedad o facilidad con que se puede hacer una cosa. ‖ **No dormirse** uno **en las pajas.** frs. fig. y fam. Estar alerta y aprovecharse bien de las ocasiones. ‖ **No importar,** o **no montar,** una cosa **una paja.** frs. fig. con que se la desprecia. ‖ **No pesar** una cosa **una paja.** frs. fig. con que se da a entender su ligereza o poca importancia. ‖ **Por un quítame allá esas pajas.** loc. fig. y fam. Por cosa baladí, sin fundamento o razón. ‖ **Ver la paja en el ojo ajeno, y no la viga en el propio.** ref. que explica con cuánta facilidad advertimos los defectos ajenos y no los propios, aunque sean mucho mayores. ‖ IDEAS AFINES: *Pajuela, heno, hierba, pajón, pajar, almiar, granzas, tamo, arista, rastrojo, pajizo.*

PAJADA. f. Paja mojada y revuelta con salvado, que se da a las caballerías.

PAJADO, DA. adj. Pajizo, de color de paja.

PAJAR. al. **Strohschober.** fr. **Pailler.** ingl. **Barn.** ital. **Pagliaio.** port. **Palheiro.** (Del lat. *palédrium*) m. Lugar donde se encierra y conserva la paja.

PÁJARA. al. **Papierdrache.** fr. **Cerf-volant.** ingl. **Paper kite.** ital. **Aquilone.** port. **Pandorga.** f. Pájaro, ave pequeña. ‖ Cometa, juguete de niños. ‖ Papel cuadrado que doblado varias veces de cierta manera viene a quedar con figura de pájaro. ‖ fig. Mujer sagaz y cautelosa. Ú.t.c. adj. ‖ – **pinta.** Especie de juego de prendas.

PAJAREAR. al. **Vögel fangen.** fr. **Oiseler; flaner.** ingl. **To go birdcatching.** ital. **Uccellare; oziare.** port. **Passarinhar.** intr. Cazar pájaros. ‖ fig. Andar vagando sin ocuparse en cosa útil. ‖ *Col., Ec., Méx.* y *Perú.* Espantarse una caballería. ‖ *Chile.* Estar distraído o embobado. ‖ *Méx.* Advertir, poner atención. ‖ tr. *Amér.* Oxear, ahuyentar a los pájaros de los sembrados.

PAJAREL. m. Pardillo, ave.

PAJARERA. al. **Vogelhaus.** fr. **Volière.** ingl. **Aviary.** ital. **Uccelliera.** port. **Passareira; aviário.** f. Jaula grande o pieza donde se crían pájaros.

PAJARERÍA. al. **Vogelzucht.** fr. **Volée d'oiseaux; oiselerie.** ingl. **Cloud of birds.** ital. **Uccellame; uccellaia.** port. **Passarada.** f. Abundancia de pájaros. ‖ Tienda donde se venden. ‖ Arte de cazar, criar y educar los pájaros.

PAJARERO, RA. al. **Vogelfänger; Vogelhändler.** fr. **Oiseleur.** ingl. **Bird-catcher; bird-seller.** ital. **Uccellatore; venditore di uccelli.** port. **Passareiro.** adj. Perteneciente o relativo a los pájaros. ‖ fam. Dícese de la persona muy chancera. ‖ Dícese de telas, adornos, etc., cuyos colores son fuertes y mal casados. ‖ *Amér.* Asustadizo, receloso. Dícese especialmente de las caballerías. ‖ *Méx., Perú* y *P. Rico.* Dícese de la caballería briosa. ‖ *Ven.* Entremetido. ‖ m. El que caza, cría y vende pájaros. ‖ m. Muchacho encargado de espantar a los pájaros en los sembrados.

PAJARES. *Geog.* Puerto de los montes Cantábricos, que comunican a León con Asturias (España). Tiene una altura de 1.364 m.

PAJARETE. m. Vino licoroso, muy delicado.

PAJARIL (Hacer). frs. *Mar.* Amarrar el puño de la vela con un cabo y colgarlo hacia abajo para entesarla.

PAJARILLA. (dim. de pájara.) f. Aguileña. ‖ Bazo, y más particularmente el del cerdo. ‖ **Abrasarse las pajarillas.** frs. fig. y fam. Hacer mucho calor. ‖ **Alegrársele** a uno **la pajarilla,** o **las pajarillas.** frs. fig. y fam. Tener grandísimo gusto con la vista o el recuerdo de una cosa agradable. ‖ **Hacer temblar la pajarilla** a uno. frs. fig. Causarle miedo.

PAJARITA. f. Pájara de papel. ‖ – **de las nieves.** Aguzanieves.

PAJARITA. f. Ventana alta sobre la puerta de los pajares cubiertos, por la que después se termina de llenarlos, tapiándola luego.

PAJARITO. m. dim. de **Pájaro.** ‖ **Quedarse** uno **como un pajarito.** frs. fig. y fam. Morir con todo sosiego.

PÁJARO. al. **Vogel.** fr. **Oiseau.** ingl. **Bird.** ital. **Uccello.** port. **Pássaro.** (Del lat. *pásser, -eris.*) m. Nombre genérico que comprende toda especie de aves, aunque más especialmente se suele entender por las pequeñas. ‖ Perdigón, reclamo. ‖ fig. Hombre astuto, sagaz y cauteloso. Ú.t.c. adj. ‖ El que sobresale en una materia, particularmente en las de política. ‖ fig. y fam. *Arg.* y *Chile.* Embobado, distraído. Ú.t.c. adj. ‖ *Zool.* Cualquiera de las aves terrestres, voladoras, generalmente pequeñas, con pico recto, tarsos cortos y delgados, tres dedos dirigidos hacia adelante y uno hacia atrás. ‖ pl. *Zool.* Orden de estas aves. ‖ – **arañero.** Pequeña ave europea, de pico fino y arqueado y plumaje coloreado. Se alimenta de insectos y arañas. *Trichodroma muraria.* ‖ – **bitango.** Cometa, juguete. ‖ – **bobo.** Ave del orden de las palmípedas, antártica, de medio a un metro de altura, según la especie, con el pico negro, comprimido y alesnado, el lomo negro y el pecho y vientre blancos. Anida en las costas, y por sus malas condiciones para andar y volar se deja coger fácilmente. Es impropio llamarle pingüino. ‖ – **burro.** Rabihorcado. ‖ – **carpintero.** Ave del orden de las trepadoras, de plumaje negro, manchado de blanco en las alas y cuello, gris en el pecho y encarnado en lo alto de la cabeza; pico largo y muy fuerte. Se alimenta de insectos, habita en los bosques y anida en los agujeros que hace en los troncos viejos y dañados. ‖ – **de cuenta.** fig. y fam. Hombre a quien por sus condiciones o por su valer hay que tratar con cautela o con respeto. Ú. generalmente en mala parte. ‖ – **del sol. Ave del paraíso.** ‖ – **diablo.** Gallareta. ‖ – **gordo.** fig. y fam. Persona de mucha importancia o muy acaudalada. ‖ – **loco. Pájaro solitario.** ‖ – **mosca.** Colibrí. ‖ – **moscón.** Ave europea de pico pequeño y plumaje ceniciento, de unos doce centímetros de largo, que fabrica el nido en forma de bolsa. *Anthoscopus pendulinus*, párido. ‖ – **niño. Pájaro bobo.** ‖ – **polilla. Martín pescador.** ‖ – **resucitado. Pájaro mosca.** ‖ – **solitario.** Ave europea, de unos veinte centímetros de largo, con plumaje azulado obscuro y extremidades negras; su canto se asemeja al del mirlo. ‖ – **trapaza.** Ave europea de unos trece centímetros de largo, insectívora, que anida en tierra. ‖ **Chico pájaro para jaula tan grande.** expr. fig. y fam. con que se nota y zahiere al que fabrica o habita casa que no es correspondiente, por excesiva, a su estado o dignidad. ‖ Significa también el poco mérito o prendas de uno para el empleo o dignidad que posee o pretende. ‖ **El pájaro voló.** expr. fig. con que se da a entender que una cosa que se esperaba se escapó de las manos. ‖ **Matar dos pájaros de una pedrada,** o **de un tiro.** frs. fig. y fam. Hacer o lograr dos cosas con una sola diligencia. ‖ IDEAS AFINES: *Alado, nido, huevos, plumas, pichón, jaula, ornitología, empollar, piar, canora, liga, trampa, migración.*

PÁJARO DE FUEGO, EL. *Mús.* Ballet de Igor Stravinsky, estrenado por Sergio Diaghilev en 1910. Obra típica del primer periodo, intensamente eslavista, de la producción musical del autor.

PAJARÓN, NA. adj. y s. fam. *Arg.* Pájaro, embobado.

PAJAROTA, o **PAJAROTADA.** f. fam. Noticia que se reputa falsa y engañosa.

PAJAROTE. m. aum. de **Pájaro.**

PAJARRACO. m. desp. Pájaro grande desconocido, o cuyo nombre se ignora. ‖ fig. y fam. Hombre disimulado y astuto.

PAJARUCO. m. desp. Pajarraco.

PAJAZA. f. Desecho que los caballos dejan de la paja larga que comen.

PAJAZO. m. Mancha de la córnea transparente de las caballerías.

PAJE. al. **Edelknabe; Page.** fr. **Page.** ingl. **Page.** ital. **Paggio.** port. **Pagem.** (Del fr. *page.*) m. Criado que acompaña a sus amos, asiste en las antesalas, sirve a la mesa y hace otros trabajos domésticos. ‖ Cualquiera de los muchachos destinados en las embarcaciones para su limpieza y aseo. ‖ Familiar de un prelado. ‖ fig. Pinzas con que las señoras sujetaban la cola del vestido. ‖ Mueble formado por un espejo y una mesilla para utensilios de tocador. ‖ – **de armas.** El que llevaba las armas para servírselas a su amo cuando las necesitaba. ‖ – **de cámara.** El que sirve dentro de ella a su señor. ‖ – **de escoba.** Paje de barco. ‖ – **de hacha.** El que iba delante de las personas principales alumbrándoles el camino. ‖ – **de lanza.** Paje de armas.

PAJEA. f. Artemisa pegajosa. ‖ Mata leñosa de España, cistácea, del Gén. *Cistus.*

PAJECILLO. m. Palanganero.

PAJEL. m. Pagel.

PAJERA. al. **Strohboden.** fr. **Pailler.** ingl. **Strawloft.** ital. **Pagliaio.** port. **Palheiro.** f. Pajar pequeño que generalmente hay en las caballerizas para servirse de la paja con prontitud. ‖ Pajar.

PAJIL. adj. Perteneciente o relativo a los pajes.

PAJILLA. f. Cigarrillo hecho con una hoja de maíz. ‖ Caña delgada de avena, centeno u otras plantas gramíneas, o tubo artificial de forma semejante, que sirve para sorber líquidos, especialmente refrescos.

PAJIZO, ZA. al. **Strohgelb.** fr. **Couleur de paille.** ingl. **Strawyellow.** ital. **Paglierino.** port. **Palhiço; palhete.** adj. Hecho o cubierto de paja. *Lecho* PAJIZO. ‖ De color de paja. *Cabello* PAJIZO.

PAJO. m. Árbol de Filipinas, semejante al mango, pero de mayor altura y fruto más pequeño, usado para hacer confituras. *Mangifera altissima*, terebintácea. ‖ Su fruto.

PAJOLERO, RA. adj. Dícese de toda cosa despreciable y que molesta a quien habla. *¡Este* PAJOLERO *niño!*

PAJÓN. m. Caña alta y gruesa de las rastrojeras. ‖ *Cuba.* Especie de esparto fino silvestre.

PAJONAL. m. Terreno cubierto de pajón. ‖ *Arg.* Lugar poblado de paja, junco, totora y otras plantas que crecen en terrenos húmedos. ‖ *Ven.* Vida airada de las mujeres. *Tirarse al* PAJONAL.

PAJOSO, SA. adj. Que tiene mucha paja. ‖ De paja, o parecido a ella.

PAJOTE. m. Estera de cañas y paja con que se cubren ciertas plantas.

PAJOU, Agustín. *Biog.* Escultor fr., autor de *Psiquis abandonada; La bacante* y numerosas estatuas (1730-1800).

PAJUELA. al. **Schwefelhoizchen.** fr. **Paillette; meche soufrée.** ingl. **Sulphur match.** ital. **Pagliuzza; zolfanello.** port. **Palhinha; mecha enxofrada.** f. dim. de **Paja.** ‖ Paja de centeno, tira de cañaheja o torcida de algodón azufrada que si se arrima a una brasa arde con mucha llama.

PAJUERANO, NA. adj. y s. *Arg., Bol.* y *Urug.* Dícese de la persona que llega a la ciudad procedente del campo o de un pueblo pequeño.

PAJUIL. m. *Méx.* y *Dom.* Variedad de faisán. ‖ *Perú.* Árbol del que se extrae el bálsamo del Perú.

PAJUNCIO. m. desp. de **Paje.**

PAJUNO, NA. adj. Pajil.

PAKISTÁN. *Geog.* Rep. independiente del S. de Asia, lindante con Afganistán, China, India e Irán y con el mar Arábigo. 803.943 km².; 75.280.000 h. Cap., ISLAMABAD. 77.318 h.); otras ciudades importantes: Karachi (3.600.000), Lahore (2.250.000); Lyallpur (1.200.000), Haiderabad (1.150.000), Rawalpindi (615.000). Lengua oficial, el urdu; religión, el islamismo. País montañoso, con ramales del Himalaya y el Indo Kush; el río principal es el Indo, con los afluentes Sutlej y Chenab, que va al mar Arábigo. Clima seco en el S. y frío en el N. Hay sal gema, carbón y otros minerales, incluso petróleo. Se cultivan arroz y otros cereales, algodón y caña de azúcar, y se crian principalmente bovinos y ovinos. La industria textil es la más importante. Al proclamarse independiente en 1947, como Est. separado de la India, pero miembro del Commonwealth, comprendía dos secciones territoriales: la occidental, el **Pakistán** actual, y la oriental, Bengala, que se emancipó en 1971 con ayuda militar de la India y constituyó la rep. de Bangladesh. En 1956 se proclamó la rep., y se retiró del Commonwealth al reconocer Gran Bretaña la independencia de Bangladesh.

PAKISTANÍ. adj. y s. De Pakistán.

PAL. (Del fr. *pal.*) *Blas.* Palo, partición y mueble del escudo. ‖ *Mar.* Linguete grande, y en especial, el del cabrestante.

PALA. al. **Schaufel.** fr. **Pelle.** ingl. **Shovel; peel.** ital. **Pala.** port. **Pá.** (Del lat. *pala.*) f. Tabla de madera o plancha de hierro rectangular o redondeada, con un mango grueso, largo, que se usa para mover la tierra, echar carbón en los hogares y otros usos muy diversos. ‖ Hoja de hierro, por lo común trapezoidal, con filo por un lado y un ojo en el opuesto para enastarla, que forma parte de azadas, hachas y otras herramientas. ‖ Parte ancha de diversos objetos, siempre que tenga semejanza con las palas usadas en la industria. ‖ Tabla elíptica de madera provista de un mango y forrada de pergamino por una de sus caras, que se usa para jugar a la pelota. ‖ Especie de cucharón de madera con que se lanza la bola en el juego de la argolla. ‖ Raqueta que se emplea en el juego del volante. ‖ Parte ancha del remo, con la cual se hace fuerza en el agua. ‖ Asiento de metal en que el lapidario engasta las piedras. ‖ Cuchilla rectangular con mango corto y perpendicular al dorso con que los curtidores descarnan las pieles. ‖ Parte superior del calzado, que abraza el pie por encima. ‖ La parte ancha y plana de los dientes. ‖ Cada uno de los cuatro dientes que muda el potro a los treinta meses de edad. ‖ Cada una de las divisiones del tallo del nopal. ‖ Cada una de las chapas de que se compone una bisagra. ‖ Parte lisa de la charretera o capona, que se sujeta al hombro. ‖ Hombrera del uniforme, rígida o de paño, en la cual se ostentan las insignias del empleo o grado. ‖ *Mar.* Cada una de las aletas o partes activas de una hélice. ‖ fig. y fam. Astucia para conseguir o averiguar una cosa. ‖ Destreza de un sujeto, con alusión a los diestros jugadores de pelota. ‖ *Mar.* Ala, vela pequeña. ‖ *Mús.* En los instrumentos de viento, parte ancha y redondeada de las llaves que tapan los agujeros del aire. ‖ – **de cuchara,** o **del timón.** Pala, parte ancha de ellas. ‖ **Corta pala.** fig. y fam. Persona poco inteligente en una cosa. ‖ **Hacer pala.** frs. Entre los jugadores de pelota, poner la pala de firme para recibirla y que se rebata con su mismo impulso. ‖ **Meter la pala.** frs. fig. y fam. Engañar con habilidad. ‖ **Meter** uno **su media pala.** frs. fig. y fam. Concurrir en parte o con algún oficio a la consecución de un intento. ‖ IDEAS AFINES: *Laya, legón, plantar, enterrar, escardar, cavar, remover, carpir, hundir, profundizar, zanja, pozo, jardinero, sepulturero.*

PALABRA. al. **Wort.** fr. **Mot; parole.** ingl. **Word.** ital. **Parola.** port. **Palavra.** (Del lat. *parábola.*) f. Sonido o conjunto de sonidos articulados que expresan una idea. ‖ Representación gráfica de estos sonidos. ‖ Facultad de hablar. ‖ Aptitud oratoria. *Tenía facilidad de* PALABRA. ‖ Empeño que hace uno de su probidad en testimonio o prenda de la certeza de lo que se refiere o afirma. *Le doy mi* PALABRA *de que esto es verdad.* ‖ Promesa u oferta. ‖ Derecho, turno para hablar en las asambleas. *Pedir, conceder, tener, retirar, la* PALABRA; *usar de la* PALABRA. ‖ Unida esta voz a las partículas *no* o *ni* y un verbo, da más fuerza a la negación de lo que el verbo significa. *No escucho* PALABRA; *ni* PALABRA *escucho.* ‖ *Teol.* Verbo, segunda persona de la Santísima Trinidad. ‖ pl. Voces supersticiosas que usan los hechiceros. ‖ Pasaje o texto de un autor o escrito. ‖ Las que constituyen la forma de los sacramentos. ‖ **Palabra de Dios.** El Evangelio, los sermones de los predicadores. ‖ – **de honor.** Palabra, empeño o seguridad. ‖ – **de matrimonio.** La que se da recíprocamente de contraerlo. ‖ – **de rey.** fig. y fam. Ú. para encarecer la seguridad de la palabra que se da o de la oferta que se hace. ‖ – **divina. Palabra de Dios.** ‖ – **ociosa.** La que sólo se dice por pasatiempo o no conduce a ningún fin. ‖ – **pesada.** La injuriosa o sensible. Ú.m. en pl. ‖ – **picante.** La que mortifica a la persona a quien se dice. ‖ – **preñada.** fig. Dicho que incluye en sí más sentido que el que manifiesta. Ú. m. en pl. ‖ **Santa palabra.** Dicho u oferta que complace. ‖ **Palabras al aire** o **que se lleva el viento.** fig. y fam. Las que no merecen aprecio por su insubstancialidad. ‖ – **de buena crianza.** Expresiones de cortesía. ‖ – **de la ley,** o **del duelo.** Las que las leyes señalan por gravemente injuriosas. ‖ – **de oráculo.** fig. Las respuestas anfibológicas con que se disfraza el pensamiento. ‖ – **de presente.** Las que recíprocamente se dan los esposos en el acto de casarse. ‖ – **libres.** Las deshonestas. ‖ – **mayores.** Las ofensivas. ‖ **Las siete palabras.** Las que Cristo dijo en la cruz. ‖ **Medias palabras.** Las que no se pronuncian enteramente por defecto de la lengua. ‖ fig. Insinuación embozada, lo que se dice incompleta y confusamente. ‖ **A la primera palabra.** m. adv. fig. con que se explica la prontitud en la inteligencia de lo que se dice. ‖ Hablando de los mercaderes, dícese cuando de primera intención piden por lo que venden un precio excesivo. *A la primera* PALABRA *me pidió sesenta pesos por el metro de tela.* ‖ **Alzar la palabra.** frs. **Soltar la palabra.** ‖ **A media palabra.** m. adv. fig. con que se pondera la eficacia de persuadir. ‖ **Bajo su palabra.** m. adv. Sin otra seguridad que la palabra que uno da. ‖ **Beber las palabras** a uno. frs. Escucharle con sumo cuidado. ‖ fig. Servirle con esmero. ‖ **Coger la palabra.** frs. fig. Hacer prenda de ella, para obligar el cumplimiento de la oferta. ‖ **Coger las palabras.** frs. fig. Observar cuidadosamente las que uno dice, por impropias, o por lo que puedan importar. ‖ **Comerse las palabras.** frs. fig. y fam. Hablar precipitadamente o confusamente omitiendo algunos sonidos. ‖ Omitir en lo escrito alguna palabra o parte de ella. ‖ **Correr la palabra.** frs. *Mil.* Avisarse sucesivamente unos a otros los centinelas, para que estén alerta. ‖ **Cuatro palabras.** frs. Conversación corta. ‖ **Dar la palabra.** frs. fig. Conceder el uso de ella en un debate. ‖ **Dar** uno **palabra,** o **su palabra.** frs. Ofrecer, prometer. ‖ **Dejar** a uno **con la palabra en la boca.** frs. Volverle la espalda sin escuchar lo que va a decir. ‖ **De palabra.** m. adv. Por medio de la expresión oral. ‖ **De palabra en palabra.** m. adv. De un dicho en otro. Ú. para explicar que por grados se va encendiendo una disputa. ‖ **Empeñar** uno **la palabra.** frs. Dar palabra. ‖ **En dos palabras.** expr. fig. y fam. **En dos paletas.** ‖ **En dos,** o **en pocas, palabras. En una palabra.** exprs. figs. con que se significa la brevedad con que se dice una cosa. ‖ En síntesis. *En una* PALABRA: *que no quiere hacerlo.* ‖ **Escapársele,** o **írsele,** a uno **una palabra.** frs. Proferir, por descuido, una expresión disonante o que puede ser sensible. ‖ **Estar colgado,** o **pendiente, de las palabras** de uno. frs. fig. Oírle con suma atención. ‖ **Llevar la palabra.** frs. Hablar una persona en nombre de las que la acompañan. ‖ **Mantener** uno **su palabra.** frs. fig. Perseverar en lo ofrecido. ‖ **Medir** uno **las palabras.** frs. fig. Hablar con sumo cuidado. ‖ **Mi palabra es prenda de oro.** expr. fig. con que se pondera la seguridad de la oferta que se hace. ‖ **No decir** o **no hablar, palabra.** frs. Callar, o no contradecir. ‖ fig. No responder a propósito o no dar razón suficiente en lo que se habla. ‖ **No ser más que palabras** una cosa. frs. fig. No haber en una disputa cosa substancial ni que merezca atención. ‖ **No tener** uno **más que palabras.** frs. fig. Ser sólo un baladrón o jactancioso. ‖ **No tener** uno **más que una palabra.** frs. fig. Ser sincero en lo que se dice. ‖ **No tener** uno **palabra.** frs. fig. Faltar fácilmente a lo que ofrece o contrata. ‖ **¡Palabra!** Especie de interjección que se usa para llamar a uno a conversación. ‖ **Pasar la palabra.** frs. *Mil.* **Correr la palabra.** ‖ **Pedir la palabra.** frs. que usa el que solicita que se le permita hablar. ‖ Exigir que se cumpla lo prometido. ‖ **Quitarle** a uno **las palabras de la boca.** frs. fig. y fam. Tomar uno la palabra, interrumpiendo al que habla. ‖ **Remojar la palabra.** frs. fig. y fam. Echar un trago. ‖ **Ser la última palabra del credo.** loc. fig. y fam. Ser lo menos importante. ‖ **Sobre su palabra.** m. adv. Bajo su palabra. ‖ **Soltar la palabra.** frs. fig. Dispensar a uno de la obligación que se constituyó por la palabra. ‖ Compromiso de hacer una cosa. *Ya solté la* PALABRA, *y la tengo que cumplir.* ‖ **Tener palabras.** frs. fig. Decirse dos o más personas palabras desagradables. ‖ **Tomar la palabra.** frs. fig. **Coger la palabra.** ‖ Empezar a hablar. *Desde que tomó la* PALABRA *cautivó al auditorio.* ‖ **Torcer las palabras.** fig. Darles otro sentido del que propiamente tienen. ‖ **Trabarse de palabras.** frs. fig. **Tener palabras.** ‖ **Traer en palabras** a uno. frs. Entretenerle con promesas y no cumplirlas. ‖ **Última palabra.** loc. Decisión que se da como definitiva e inalterable. *He dicho mi última* PALABRA. *¿Es ésta su última* PALABRA? ‖ **¡Una palabra!** expr. **¡Palabra!** ‖ **Vender palabras.** frs. fig. Engañar o traer entretenido a uno con ellas. ‖ **Venir** uno **contra su palabra.** frs. fig. Faltar a ella. ‖ **Volverle** a uno **las palabras al cuerpo.** frs. fig. y fam. Obligarle a que se desdiga, o convencerle de que faltó a la verdad. ‖ IDEAS AFINES: *Vocablo, término, dicción, expresión, dicho, locución, habla, lengua, lenguaje, idioma, dialecto, caló, sermón, oración, frase, oratoria, conversación, sonido, acento, tono, pronunciación, fonética, onomatopeya, boca, letra, sílaba, acepción, significado, sentido, sinónimo, homónimo, nombre, verbo, gramática, diccionario, léxico, escritura, decir, parlar, orar.*

PALABRADA. f. Palabrota. ‖ Abundancia de palabras.

PALABREAR. intr. Hablar mucho y sin substancia. ‖ Apalabrar, dar palabra de matrimonio. Ú.t.c.r. ‖ *Chile.* Insultar.

PALABREJA. f. desp. Palabra de escasa importancia o interés.

PALABREO. m. Acción y efecto de hablar demasiado y vanamente.

PALABRERÍA. al. **Geschwatz.** fr. **Bavardage.** ingl. **Wordiness.** ital. **Ciarleria.** port. **Palavrório.** f. Abundancia de palabras ociosas.

PALABRERÍO. m. Palabrería.

PALABRERO, RA. adj. y s. Que habla mucho. ‖ Que ofrece fácilmente, sin cumplir.

PALABRIMUJER. adj. y s. Dícese del hombre que tiene voz afeminada.

PALABRISTA. adj. y s. Palabrero.

PALABRITA. f. Palabra sensible o de mucha intención. *Ya entenderá las* PALABRITAS *que le diré.* ‖ **Palabritas mansas.** fig. y fam. Persona que habla con suavidad, pero con segunda intención.

PALABRÓN, NA. adj. Palabrero.

PALABROTA. f. desp. Dicho ofensivo, indecente o grosero.

PALABRUDO, DA. adj. *Chile.* Mal hablado.

PALACÉ. *Geog.* Río de Colombia, en el dep. de Cauca, afl. del río de este nombre. En sus orillas los patriotas, al mando de Antonio Baraya, vencieron a los realistas, comandados por el gobernador Tacón (marzo de 1811).

PALACETE. m. dim. de **Palacio.** ‖ Casa de recreo, alhajada como palacio, pero más pequeña.

PALACIAL. adj. Perteneciente o relativo al palacio.

PALACIANO, NA. adj. Palaciego.

PALACIEGO, GA. al. **Hofmann.** fr. **Courtisan.** ingl. **Courtier.** ital. **Cortigiano.** port. **Palaciego.** adj. Perteneciente o relativo a palacio. *Traje* PALACIEGO. ‖ Dícese del que asiste en palacio y sabe sus estilos. Ú.t.c.s. ‖ fig. Cortesano. Ú.t.c.s.

PALACIO. al. **Palast.** fr. **Palais.** ingl. **Palace.** ital. **Palazzo.** port. **Palácio.** (Del lat. *palátium.*) m. Casa para residencia de los reyes. ‖ Cualquiera casa suntuosa. ‖ Casa solariega de una familia noble. ‖ **Dar palacio.** frs. Entre los tiradores de oro y plata, hacer pasar los alambres por alguno de los agujeros de la hilera. ‖ **Echar a palacio** una cosa. frs. fig. y fam. No hacer caso de ella. ‖ **Estar** uno **embargado para palacio.** frs. fig. y fam. con que se excusa de hacer una cosa por tener ineludible ocupación. ‖ **Hacer** uno **palacio.** frs. Hacer público lo secreto. ‖ **Hacer,** o **tener, palacio.** frs. Conversar festivamente por pasatiempo. ‖ IDEAS AFINES: *Mansión, castillo, princesa, infante, palaciego, palatino, corte, trono, Vaticano, museo.*

PALACIO, Ernesto. *Biog.* Historiador arg. autor de varias obras sobre la historia de su país (1900-1979). ‖ – **Esteban.** Político venezolano, en 1870 presidente interino de la Rep. ‖ – **Lino.** Dibujante arg., destacado humorista (n. 1903). ‖ – **Manuel.** Político ven. que integró el Congreso Constituyente (1784-1819). ‖ – **VALDÉS, Armando.** Escritor esp., autor de novelas realistas, de rico color local, en las que creó interesantes tipos femeninos: *La hermana San Sulpicio; La novela de un novelista; Marta y María,* etc. (1853-1938).

PALACIOS, Alfredo L. *Biog.* Político, ensayista y catedrático arg. Iniciador del derecho obrero en su patria, fue el primer parlamentario socialista de América, promovió la reforma universitaria y bregó incansablemente por las reivindicaciones hispanoamericanas. Obras: *El nuevo derecho; La Universidad nueva; La fatiga y sus proyecciones sociales; Esteban Echeverría,* etc. (1880-1965). ‖ – **Eustaquio.** Literato col. cuya novela *El alférez real* es una expresión típica del romanticismo (1830-1898). ‖ – **Fermín.** General salv., presidente interino de la Rep. en 1844, 1845 y 1846. ‖ – **Julio.** Físico esp., autor de valiosos aportes científicos (1891-1970). ‖ – **Lucila.** Escritora venezolana n. 1907, autora de *El corcel de las crines albas* y otras obras. ‖ – **Pablo.** Literato venezolano cont., autor de *La vida del ahorcado; Un muerto a puntapiés,* etc. ‖ – **Pedro B.** Poeta arg. que usó el seudónimo de *Almafuerte.* Vigoroso y complejo, de estilo muy personal y recio, escribió en prosa *Discursos* y *Evangélicas,* y en verso *Cristianas; El misionero; Milongas clásicas* y otras obras (1854-1917). ‖ – **COSTA, Nicanor.** Médico arg. especializado en obstetricia, autor de varias obras científicas (1887-1957). ‖ – **MENDOZA, Enrique J.** Historiador mex., autor de importantes estudios sobre arqueología precolombina. Obras: *El calendario y los jeroglíficos cronológicos mayas; Arqueología mexicana; Quetzalcoatl y la irradiación de su cultura,* etc. (n. 1881). ‖ – **Y SOJO, Pedro.** Sacerdote y músico ven., precursor en su país de la educación musical (s. XVIII).

PALACIOS, Los. *Geog.* V. **Los Palacios.**

PALACRA. (Voz ibérica.) f. Pepita de oro.

PALACRANA. f. Palacra.

PALADA. f. Porción que de una vez puede coger la pala. *Unas* PALADAS *de tierra.* ‖ Golpe que se da al agua con la pala del remo. ‖ *Mar.* Cada una de las revoluciones de la hélice.

PALADAR. al. **Gaumen.** fr. **Palais.** ingl. **Palate.** ital. **Palato.** port. **Paladar.** (Del lat. *palátum.*) m. Pared superior de la cavidad bucal. ‖ fig. Sabor que se percibe de los manjares. *Vino de exquisito* PALADAR. ‖ Gusto para discernir alguna cosa en lo inmaterial. *Ser de buen* PALADAR. ‖ – **blando.** Mucosa y velo del paladar. ‖ – **duro.** Porción ósea del paladar. ‖ **Hablar al paladar.** frs. fig. Hablar según el deseo del que oye. ‖ IDEAS AFINES: *Bóveda, techo, boca, glotis, fauces, paladear, catar, afta.*

PALADE, Jorge Emilio. *Biog.*

Científico estadounidense, de origen rumano, a quien se otorgó en 1974 el premio Nobel de Fisiología y Medicina, compartido con Alberto Claude y Cristián de Duve, por sus investigaciones sobre las estructuras celulares (n. en 1912).

PALADEAR. al. **Kosten.** fr. **Goûter.** ingl. **To relisch.** ital. **Assaporare.** port. **Degustar.** (De *paladar.*) tr. Tomar poco a poco el gusto de una cosa. Ú.t.c.r. PALADEAR *un manjar.* ‖ Limpiar la boca a los animales para que apetezcan el alimento. ‖ Poner en la boca al recién nacido una substancia dulce para que mame sin repugnancia. ‖ fig. Aficionar a una cosa o quitar el deseo de ella mediante otra que dé gusto. ‖ intr. Empezar el recién nacido a dar, con movimientos de los labios, señas de que quiere mamar.

PALADEO. m. Acción de paladear o paladearse.

PALADIAL. adj. Palatal.

PALADÍN. al. **Paladin; Vorkämpfer.** fr. **Paladin.** ingl. **Paladin.** ital. **Paladino.** port. **Paladino.** (De *paladino.*) m. Caballero que, voluntario en la guerra, se distingue por sus hazañas. ‖ fig. Defensor denodado de alguna persona o cosa. PALADÍN *de la verdad, de la libertad.*

PALADINAMENTE. adv. m. Públicamente, claramente, sin rebozo. PALADINAMENTE *expuso los hechos.*

PALADINO, NA. (Del lat. *palatinus;* de *palátium,* palacio.) adj. Público, claro y patente. *Lenguaje* PALADINO. ‖ m. Paladín.

PALADIO. al. **Palladium.** fr. **Palladium.** ingl. **Palladion.** ital. **Palladio.** port. **Paládio.** (Del lat. *Palládium,* del gr. *Palladion,* estatua de Palas que hubo en Troya.) m. Metal raro, semejante a la plata y al platino. Elemento de símbolo Pd., n. atóm. 46 y p. atóm. 106,7. Posee la propiedad de ocluir el hidrógeno. V. **Oclusión.**

PALADIÓN. (Del gr. *Palladion,* estatua de Palas Atenea, de cuya conservación dependía la suerte de Troya.) m. fig. Objeto en que estriba la defensa y seguridad de una cosa.

PALADO, DA. adj. *Blas.* Dícese del escudo y de las figuras cargadas de palos.

PALAFITO. (Del ital. *palafitta.*) m. Vivienda primitiva construida comúnmente dentro de un lago, sobre estacas o pies derechos. En Suiza se han descubierto palafitos correspondientes al período neolítico.

PALAFOX, José de. *Biog.* General esp. (1776-1847) que tuvo a su cargo la histórica defensa de Zaragoza durante la invasión napoleónica. ‖ – **Y MENDOZA, Juan de.** Religioso esp., virrey de México en 1642. Protector de los indios y propulsor de la instrucción pública; escribió *Historia real sagrada; Bocados espirituales, políticos, místicos y morales* y otras obras (1600-1659).

PALAFRÉN. al. **Paradepferd; Zelter.** fr. **Palefroi.** ingl. **Palfrey.** ital. **Palafreno.** port. **Palafrém.** (Del lat. *paraveredus,* caballo de posta.) m. Caballo manso en que solían montar las damas en las funciones públicas o en las cacerías y también los reyes y grandes personajes para hacer sus entradas. ‖ Caballo en que va montado el criado que acompaña a su amo cuando éste va a caballo.

PALAFRENERO. al. **Reitknecht.** fr. **Palefrenier.** ingl. **Hostler.** ital. **Palafreniere.** port. **Palafreneiro.** m. Criado que lleva del freno al caballo. ‖ Mozo de caballos. ‖ Criado que monta el palafrén.

PALAHIERRO. (De *palo* y *hierro.*) m. Tejuelo sobre el que gira el gorrón de la muela del molino.

PALAMALLO. (Del ital. *pala a maglio.*) m. Juego semejante al del mallo.

PALAMENTA. (De *pala.*) f. Conjunto de los remos de una embarcación. ‖ *Col.* Palizada, palenque. ‖ **Estar uno debajo de la palamenta.** frs. fig. Estar sujeto a que hagan de él lo que quisieren.

PALANCA. al. **Hebel.** fr. **Levier.** ingl. **Lever.** ital. **Leva.** port. **Alavanca.** (Del lat. *palanga,* y éste del gr. *phalange.*) f. Barra inflexible que se apoya y se puede girar sobre un punto, y sirve para levantar pesos. sinón.: **alzaprima.** ‖ Palo de que se sirven los palanquines para llevar entre dos un gran peso. ‖ fig. Valimiento o influencia que se emplea para lograr un fin. ‖ *Chile.* Mozo ayudante del matarife. ‖ *Fort.* Fortín construido de estacas y tierra. ‖ *Mar.* Palanquín, cabo. ‖ IDEAS AFINES: *Espeque, guimbalete, mongueta, pedal, manivela, cigüeña, fuerza, resistencia, punto de apoyo, fulcro, brazo.*

PALANCADA. f. Golpe dado con la palanca.

PALANCANA. f. Palangana.

PALANCÓN, NA. adj. *Arg.* Dícese del buey muy corpulento. ‖ *Bol.* y *Guat.* Dícese de la persona o animal, grande, o de piernas largas y delgadas. ‖ m. *Ec.* Azada de pala estrecha.

PALANGANA. al. **Waschtisch.** fr. **Bacin.** ingl. **Washbowl.** ital. **Catinella.** port. **Bacia.** f. Jofaina. ‖ *Amér. Central* y *Col.* Fuente o plato grande. ‖ *Chile.* Instrumento de madera para separar del trigo las malas semillas. ‖ com. fam. *Amér.* Persona charlatana y baladrona. Ú.m.c.m.pl. Ú.t.c. adj.

PALANGANADA. f. fam. *Amér. del S.* Jactancia, desfachatez; dicho o hecho propios del palangana.

PALANGANEAR. intr. *Amér. del S.* Fanfarronear, conducirse como un palangana.

PALANGANERO. m. Mueble donde se colocan la palangana y otros elementos de aseo.

PALANGRE. (En fr. y port. *palangre.*) m. Cordel del que cuelgan ramales con anzuelos, para pescar en lugares de mucho fondo.

PALANGRERO. m. Barco de pesca con palangre. ‖ Pescador que usa este aparejo.

PALANQUEAR. tr. *Amér.* Apalancar. ‖ fig. *Arg.* Apoyar una empresa dándole favorable impulso. ‖ Apoyar una persona con su influencia a otra en algún intento. ‖ Incitar a una persona para que haga alguna cosa. ‖ *Ec.* Buscar influencia para conseguir algo. ‖ Molestar.

PALANQUERA. f. Valla de madera.

PALANQUERO. m. El que apalanca. ‖ *Bol.* y *Chile.* Guardafrenos de un tren. ‖ fam. *Chile.* Ladrón que fuerza puertas.

PALANQUETA. f. dim. de **Palanca.** ‖ Barreta de hierro para forzar puertas o cerraduras. ‖ *Cuba.* y *Méx.* Dulce de harina de maíz y miel de cañas, o de azúcar con piñones o nueces. ‖ pl. *Arg.* Barreta con cabezas gruesas en sus extremos, que se usa para ejercicios gimnásticos.

PALANQUILLA. f. Dícese del hierro de sección cuadrada de cuatro centímetros de lado.

PALANQUÍN. (De *palanca.*) m. Ganapán que lleva cargas. ‖ *Mar.* Cada uno de los cabos que sirven para cargar los puños de las velas mayores, llevándolos a la cruz de sus vergas. ‖ Aparejo para meter los cañones en batería, después de hecha la carga.

PALANQUÍN. m. Especie de andas usadas en Oriente para llevar en ellas a las personas importantes.

PALAOS. *Geog.* Archipiélago volcánico de Oceanía, en la Micronesia, al E. de las Filipinas. Está compuesto por siete islas mayores y veinte menores. 487 km². 8.000 h. Yacimientos de bauxita y fosfatos. Perteneció al Japón hasta 1947, en que fue puesto bajo la administración fiduciaria de los EE. UU.

PALA PALA. *Geog.* Pobl. de la Argentina (Tucumán.) 3.000 h.

PALASAN. (Voz tagala.) m. Rota, planta.

PALAS ATENEA. *Mit.* Atenea.

PALASTRO. al. **Schwarzblech.** fr. **Palastre.** ingl. **Shee iron.** ital. **Piastra della toppa.** port. **Espelho de fechadura.** (De *pala.*) m. Chapa en que se coloca el pestillo de una cerradura. ‖ Acero o hierro laminado.

PALATABILIDAD. f. Cualidad de ser grato al paladar un alimento.

PALATAL. adj. Perteneciente o relativo al paladar. ‖ Dícese del sonido o consonante que se articula entre la lengua y el paladar duro, y de las letras que los representan; como la ll y la ch castellanas. Ú.t.c.s.f.

PALATALIZAR. tr. Palatizar. ‖ deriv.: **palatalización.**

PALATINA. (De la princesa Palatina, segunda esposa del duque de Orleáns, hermano de Luis XIV.) f. Especie de corbata, ancha y tendida, de piel o seda, plumas, etc., usada por las mujeres para cubrir y abrigar la garganta.

PALATINADO. m. Título de uno de los príncipes palatinos de Alemania. ‖ Territorio de los príncipes palatinos.

PALATINADO. *Geog.* Nombre de dos regiones del S.O. de la antigua Alemania, sit. entre el Rin y el Sarre, al N. de Alsacia. Comprendía el Alto Palatinado, con cap. RATISBONA, y el Bajo Palatinado, o Palatinado del Rin, con cap. ESPIRA. El primero pertenece actualmente al Est. de Baviera, y el segundo al de Renania-Palatinado (República Federal Alemana).

PALATINO, NA. (Del lat. *palatus,* paladar.) adj. Perteneciente al paladar. ‖ *Anat.* Dícese especialmente del hueso par que contribuye a formar la bóveda del paladar. Ú.t.c.s. ‖ *Zool.* V. **Bóveda palatina.**

PALATINO, NA. al. **Höfisch.** fr. **Palatin.** ingl. **Palatine.** ital. **Palatino.** port. **Palatino.** (Del lat. *palatinus.*) adj. Perteneciente a palacio o propio de él. *Guardia* PALATINA. ‖ Dícese de los que en varios países tenían oficio principal en los palacios de los príncipes, o de los que tuvieron cargo semejante al de virrey o capitán general.

PALATINO, Monte. *Geog histór.* Una de las siete colinas de la antigua Roma.

PALATIZAR. tr. *Fon.* Dar a un fonema o sonido articulación palatal.

PALAU. *Geog.* V. **Palaos.**

PALAWAN. *Geog.* Isla del S. O. del arch. filipino, que constituye una prov. de la Rep. de Filipinas. 14.741 km². 106.269 h. Cap. PUERTO PRINCESA.

PALAY. m. *Filip.* Arroz con cáscara.

PALAZO. m. Golpe dado con una pala o con un palo.

PALAZÓN. f. Conjunto de palos que constituyen una fábrica, como casa, nave, etc. ‖ *Col.* Palizada, estacada. ‖ m. *Ven.* Acción de darse repetidos palos o tragos de licor.

PALCA. f. *Bol.* Cruce de dos ríos o de dos caminos. ‖ Cualquiera de las tablas de las embarcaciones menores. ‖ *Bol.* y *Ec.* Horquilla formada por una rama.

PALCO. al. **Loge.** fr. **Loge.** ingl. **Box.** ital. **Palco.** port. **Camarote.** (Del germ. *balko.*) m. Localidad independiente con balcón, en los teatros y otros juglares de recreo.‖Tabladillo donde se coloca la gente para ver una función. ‖ *Arg.* Erupción que sale a los niños en la boca. ‖ – **de platea.** El que está casi al nivel del piso del teatro alrededor de la platea. ‖ – **escénico.** Escena, parte del teatro. ‖ IDEAS AFINES: *Espectáculo, proscenio, palenque, orquesta, sala, acomodador, butaca, paraíso, cazuela, decoración, telón, tramoyista, candilejas, bambalinas.*

PALCOS, Alberto. *Biog.* Escritor e historiador arg., autor de *La visión de Rivadavia; Sarmiento; La vida emotiva,* etc. (1894-1965).

PALDE. (Del arauc. *pal.*) m. *Chile.* Palo puntiagudo para sacar papas, mariscos, etc. ‖ Puñal.

PALEADOR. m. El que trabaja con la pala o usa de ella.

PALEAL. (Del lat. *pállium,* manto.) adj. *Anat.* Perteneciente o relativo al manto de los moluscos.

PALEAR. tr. Apalear, aventar el grano. ‖ Apalear, sacudir ropas, etc. ‖ Trabajar con la pala.

PALEÁRTICO, CA. adj. Perteneciente o relativo a la **región paleártica** o al **continente paleártico.** ‖ **Continente paleártico.** Conjunto de tierras inmediatas al Polo Norte. ‖ **Región paleártica.** En geografía zoológica, la que comprende Europa, Asia hasta el Himalaya y África hasta el Sahara.

PALEMBANG. *Geog.* Ciudad de Indonesia, en la isla de Sumatra. 580.000 h. Centro algodonero, cauchero y cafetero.

PALENA. *Geog.* Río de Chile. Nace en la Argentina con el nombre de **Carrenleufú** y des. en el golfo de Corcovado. Recorre, desde sus fuentes, 260 km.

PALENCIA. *Geog.* Provincia de España (Castilla La Vieja). 8.019 km². 200.000 h. Cereales, bres, ganadería, carbón. Cap. hom. 60.000 h. Universidad fundada por Alfonso VIII, la más antigua de España.

PALENQUE. al. **Verzäunung; Schranken.** fr. **Barrière.** ingl. **Paling.** ital. **Steccato.** port. **Estacada.** (Del b. lat. *pollanca,* y éste del lat. *palus,* palo). m. Estacada que se hace para la defensa de un puesto, para cerrar un terreno o para otros fines. ‖ Terreno cercado por una estacada para celebrar algún acto solemne. ‖ fig. Campo de batalla; sitio en que los contendientes sostienen una controversia o lucha de ingenio. ‖ *Arg.* Estacada para atar y ordeñar las vacas y para otros usos. ‖ *Arg., Bol.,* y *Urug.* Estaca para amarrar animales y otros usos. ‖ *C. Rica.* Rancho muy grande donde viven varias familias de indios. ‖ *C. Rica* y *Cuba.* Sitio escarpado en el que habitan fugitivos. ‖ *Chile.* Lugar donde hay barullo y peligro.

PALENQUEAR. tr. *Arg.* y *Urug.* Sujetar los animales al palenque. ‖ Quebrantar la bravura de un animal amarrándole al palenque y sobándolo.

PALENTINO, NA. adj. y s. De Palencia, ciudad y provincia de España.

PALEO. Forma prefija del gr. *palaiós,* antiguo. PALEO*grafía;* PALEO*zoico.*

PALEOANTROPOLOGÍA. f. Parte de la paleontología que trata de los restos humanos.

PALEOFITOLOGÍA. f. Paleontología vegetal. ‖ deriv.: **paleofitológico, ca; paleofitólogo.**

PALEOGEOGRAFÍA. f. Estudio geográfico de las épocas antiguas de la Tierra. ‖ deriv.: **paleogeográfico, ca; paleogeógrafo.**

PALEOGRAFÍA. f. Arte de leer la escritura y signos de los libros y documentos antiguos. ‖ deriv.: **paleográfico, ca.**

PALEÓGRAFO. (Del gr. *palaiós,* antiguo, y *grapho,* escribir.) m. El que profesa la paleografía.

PALEOLÍTICO, CA. (Del gr. *palaiós,* antiguo, y *lithos,* piedra.) adj. y s. Perteneciente o relativo al primer período de la edad de la piedra, en la cual los hombres la tallaban por percusión. *Cavernas* PALEOLÍTICAS.

PALEOLOGÍA. f. Estudio de las lenguas antiguas. ‖ deriv.: **paleológico, ca.**

PALEÓLOGO, GA. adj. y s. Persona versada en paleología.

PALEÓLOGO. *Geneal.* Familia bizantina a la que pertenecieron varios emperadores del Imperio de Oriente, entre 1261 y 1453.

PALEONTOGRAFÍA. (Del gr. *palaiós,* antiguo, *on, óntos,* ser, y *grapho,* describir.) f. Descripción de los seres orgánicos fósiles. ‖ deriv.: **paleontográfico, ca; paleontógrafo, fa.**

PALEONTOLOGÍA. f. Tratado de los seres orgánicos cuyos restos o vestigios se encuentran fósiles. ‖ deriv.: **paleontológico, ca; paleontólogo, ga.** ‖ IDEAS AFINES: *Geología, esqueleto, excavación, descubrimiento, plesiosauro, mamut, era, secundario, eoceno, paleozoico, paleolítico.*

● **PALEONTOLOGÍA.** *Hist. Nat.* Como ciencia independiente la **paleontología** apareció en los comienzos del s. XIX. Su trayectoria anterior fue extensa pero indecisa, pues los fósiles no habían sido objeto de estudios metodizados o profundos, si bien su conocimiento data de la antigüedad y en las obras de Aristóteles, Estrabón, etc., se encuentran interesantes referencias. Cuvier inició la **paleontología** como ciencia biológica y estratigráfica, es decir que por un lado estudia el desarrollo de los seres animales y vegetales, y por el otro establece la cronología de los sedimentos. Distínguense en la **paleontología** dos grandes divisiones: la paleozoología, que se refiere a los restos animales, y la paleofitología, que se refiere a los restos vegetales. A su vez, la paleozoología involucra a la paleoantropología, que se refiere a los restos humanos.

PALEOTERIO. (Del gr. *palaiós,* antiguo, y *theríon,* bestia.) m. *Paleont.* Mamífero perisodáctilo del eoceno, con características semejantes a las del caballo.

PALEOZOICO, CA. (Del gr. *palaiós,* antiguo, y *zoon,* animal.) adj. *Geol.* Dícese de la segunda de las grandes divisiones geológicas, o era primaria por ser la más antigua en que se han hallado fósiles. *La era* PALEOZOICA *se caracteriza por la gran variedad y riqueza de las criptógamas.*

PALEOZOOLOGÍA. f. Parte de la paleontología que trata de los animales fósiles.

PALERÍA. (De *palero.*) f. Arte u oficio de formar o limpiar las madres e hijuelas para desaguar las tierras bajas y húmedas.

PALERMITANO, NA. adj. y s. Panormitano.

PALERMO. *Geog.* Población de Colombia (Huila). 3.500 h. Centro del cultivo del anís. ‖ Prov. de Italia, en Sicilia. 4.977 km². 1.150.000 h. Afamados vinos, cereales, frutas. Cap. hom., puerto sobre el mar Tirreno. 660.000 h. Astilleros, tejidos.

PALERO. m. El que hace o vende palas. ‖ El que ejerce el arte u oficio de la palería. ‖ *Mil.* Soldado que trabaja con palas.

PALÉS MATOS, Luis. *Biog.* Poeta portorr., intérprete del alma de los negros en: *Tun-tun de pasa y grifería; Canciones de la vida media; El palacio en sombras,* etc. (1897-1959).

PALESTINA. *Geog.* Región geográfica de Asia Menor, políticamente dividida entre Israel y Jordania. Limitada al O. por el mar Mediterráneo, al N. por el Líbano y el Antilíbano, al E. por el desierto de Siria y al S. por la península de Sinaí. Tiene 26.300 km². 1.954.000 h. Presenta una región costera, que es llana, una región montañosa hacia el E., luego ofrece una depresión que es la Gran Fosa o El Ghor, que comienza en el N. a 2 m. sobre el nivel del mar, para continuar disminuyendo hacia el lago Tiberíades, el río Jordán y el mar Muerto, donde llega a 390 m. bajo el nivel del mar y continúa al E. con el reborde montañoso de Transjordania. La región occidental está ocupada por el Estado de Israel, que es independiente desde 1948 y la oriental por Jordania que se constituyó en reino en 1946. V. **Israel; Jordania.** ‖ *Hist.* La Biblia relata su desarrollo histórico del 2200 al 1452 a. de C. En ese año fue conquistada por las tribus hebr. que en el año 1050 a. de C. se unieron bajo el cetro del rey Saúl; con David dominaron todo el territorio y con Salomón lo unificaron por primera vez. En 937 a. de C. se dividió en dos reinos; Israel al N. y Judá al S. Los asirios destruyeron el de Israel y llevaron a los judíos en cautiverio a Babilonia, entre 605 y 586 a. de C. Éstos regresaron a Israel en tres expediciones sucesivas, pero en 331 a. de C. **Palestina** fue conquistada por Alejandro de Macedonia y en el año 63 a. de C. fue dominada por Roma y convertida en una de sus provincias. En el 70, el emp. Tito destruyó Jerusalén, que fue reconstruida en el 135. Luego **Palestina** integró el Califato de Omar, terminando la dominación ár. con su incorporación al Imperio Otomano, en 1517. Los turcos mantuvieron su soberanía hasta 1917, año en que Gran Bretaña se hizo cargo de la administración militar del país por medio de un gob. civil, según el mandato de la Sociedad de las Naciones, al que fue incorporada en 1920 la Declaración Balfour (V. **Balfour, Arturo**). Conflictos entre ár. y judíos movieron a la U.N. en 1947 a dividir el territorio de Palestina en un Estado ár. y otro judío, con exclusión de Jerusalén. Aceptada la solución por los judíos, fue resistida por los árabes en sangrienta lucha de oposición al Estado soberano de Israel, proclamado por los judíos el 14 de mayo de 1948. V. **Israel.**

PALESTINO, NA. adj. y s. De Palestina.

PALESTRA. al. **Palästra.** fr. **Palestre.** ingl. **Palaestra.** ital. **Palestra.** port. **Palestra.** (Del lat. *palaestra,* y éste del gr. *palaistra,* de *palaio,* luchar.) f. Sitio o lugar donde se lidia o lucha. ‖ fig. poét. La misma lucha. ‖ Lugar donde se celebran ejercicios literarios públicos o se discute sobre algún asunto. ‖ deriv.: **paléstrico, ca.**

PALESTRINA, Juan Pedro Luis Sante, llamado. *Biog.* Músico ital., nombrado compositor de la capilla Sixtina. Extraordinario autor de música sagrada, sus noventa y tres *Misas, Motetes, Himnos, Ofertorios,* etc., son la apoteosis del estilo polifónico. Los encantadores y profanos *Madrigales,* con los que se adelantó a su época, completan la gama de sus posibilidades (1525-1594).

PALESTRITA. (Del lat. *palaestrita.*) m. El que se ejercita en la palestra.

PALETA. al. **Farbenbrett; Palette.** fr. **Palette.** ingl. **Palette.** ital. **Paletta.** port. **Palheta.** f. dim. de **Pala.** ‖ Tabla pequeña sin mango y con un agujero por donde mete el pintor el dedo pulgar izquierdo para sostenerla, y en la cual tiene ordenados los colores. ‖ Instrumento de hierro formado por un platillo y un astil largo que sirve para repartir la vianda. ‖ Badil u otro instrumento semejante con que se remueve la lumbre. ‖ Utensilio de palastro, triangular, con mango de madera, que usan los albañiles para manejar el mortero. ‖ Paletilla, omóplato. ‖ Cada una de las tablas de madera o planchas metálicas que se fijan en las ruedas hidráulicas para recibir la acción del agua. ‖ Cada una de las piezas análogas de los ventiladores y de otros aparatos que utilizan la acción del aire, o lo mueven. ‖ Cada una de las piezas que, unidas a un núcleo central, constituyen la hélice marina. ‖ Vaso graduado para recibir la sangre de una sangría. ‖ Oficial de albañil. ‖ *Arg.* y *P. Rico.* Madero con que las lavanderas golpean la ropa al lavarla. ‖ *Amér.* Dulce, helado en forma de pala, que se chupa cogiéndolo por un palito que sirve de mango. ‖ *Chile.* Paletón de la llave. ‖ *Cuba.* Cada una de las piernas delanteras del cerdo. ‖ *P. Rico* y *Ven.* Artefacto de madera para remover la olla. ‖ *Dep.* **Pala,** tabla elíptica de madera usada en diversos juegos de pelota. ‖ **De paleta.** m. adv. fig. Oportunamente, a pedir de boca. ‖ **En dos paletas.** m. adv. fig. y fam. En un instante.

PALETADA. f. Porción que la paleta coge de una vez. *Una* PALETADA *de argamasa.* ‖ Golpe que se da con la paleta. ‖ Trabajo 'que' hace el albañil cada vez que aplica el material con la paleta. ‖ En dos **paletadas.** m. adv. fig. y fam. **En dos paletas.**

PALETAZO. (De *paleta.*) m. Varetazo.

PALETEAR. (De *paleta.*) intr. *Mar.* Remar mal, metiendo y sacando la pala del remo en el agua sin adelantar. ‖ Golpear el agua con las paletas de las ruedas sin arrancar del sitio el buque. ‖ tr. Golpear con la paleta las pieles en las tenerías.

PALETEO. m. Acción de paletear.

PALETERO. (De *paleto.*) m. *Mont.* Gamo de dos años.

PALETERO, RA. s. *Méx.* y *Nicar.* Persona que fabrica o vende paletas de dulce o helado.

PALETILLA. (dim. de *paleta.*) f. Omóplato. ‖ Ternilla en que termina el esternón. ‖ *Arg.* Muesca que se hace en la oreja de un animal. ‖ **Caerse la paletilla.** frs. fam. Relajarse esta ternilla. ‖ **Levantarle** a uno **la paletilla.** frs. fig. y fam. Darle una gran pesadumbre, o decirle palabras de sentimiento. ‖ **Ponerle** a uno **la paletilla en su lugar.** frs. fig. y fam. Reprenderle acerbamente.

PALETINA. f. Galatina, prenda de vestir.

PALETO. (De *pala,* por la que forman sus astas.) m. Gamo. ‖ fig. Persona rústica y zafia. sinón.: **palurdo.**

PALETÓ. (Del fr. *paletot.*) m. Gabán de paño grueso, largo y entallado, pero sin faldas como el levitón.

PALETÓN. m. Parte de la llave en que se forman los dientes y guardas de ella. ‖ *Col.* Dioste-dé.

PALETOQUE. (Del lat. *palla* y del celta *toc,* toca.) m. Género de capotillo de dos haldas, largo hasta las rodillas y sin mangas.

PALHUÉN. m. *Chile.* Arbusto muy espinoso, pailionoideo.

PALI. adj. Dícese de una lengua hermana de la sánscrita, pero menos antigua, y en la que predicó Buda su doctrina. Ú.t.c.s.m.

PALIA. (Del lat. *pallium,* cubierta, colgadura.) f. Lienzo con que se cubre el cáliz durante la misa. ‖ Cortina que se pone delante del sagrario. ‖ Hijuela de lienzo que se pone sobre el cáliz.

PALIADAMENTE. (De *paliar.*) adv. m. Disimulada o encubiertamente.

PALIAR. al. **Bemänteln.** fr. **Pallier.** ingl. **To palliate.** ital. **Palliare.** port. **Paliar.** (Del lat. *palliare,* de *pállium,* capa.) tr. Encubrir, disimular, cohonestar. PALIAR *un fraude;* antón.: **descubrir.** ‖ Mitigar la violencia de ciertas enfermedades. ‖ deriv.: **paliación.**

PALIATIVO, VA. al. **Beschönigung.** fr. **Palliatif.** ingl. **Palliative.** ital. **Palliativo.** port. **Paliativo.** adj. Dícese de los remedios que se aplican en las enfermedades incurables para mitigar su violencia o refrenar su rapidez. Ú.t.c.s.m. ‖ fig. Paliatorio. Ú.m.c.s. ‖ IDEAS AFINES: *Calmante, consuelo, lenitivo, aliviar, suavizar, dolor, mal, aflicción, sufrimiento.*

PALIATORIO, RIA. adj. Capaz de encubrir, disimular o cohonestar una cosa.

PALICARIO. m. Soldado de la milicia griega que en 1821 combatía por la independencia. Ú.m. en pl.

PALIDECER. al. **Erblassen.** fr. **Palir.** ingl. **To pale; to grow pale.** ital. **Impallidire.** port. **Empalidecer.** intr. Ponerse pálido. ‖ fig. Disminuir el esplendor o la importancia de una cosa. PALIDECIÓ *su belleza.* ‖ irreg. Conj. como **agradecer.**

PALIDEZ. al. **Blässe.** fr. **Paleur.** ingl. **Paleness.** ital. **Pallidezza.** port. **Palidez.** f. Amarillez, descaecimiento del color natural. sinón.: **palor.**

PÁLIDO, DA. al. **Blass.** fr. **Pale.** ingl. **Pale.** ital. **Pallido.** port. **Pálido.** (Del lat. *pállidus.*) adj. Amarillo, descaecido de su color natural. *Tez* PÁLIDA. ‖ Desvaído, descolorido. *Colores* PÁLIDOS. ‖ fig. Desanimado, falto de expresión y colorido. Dícese hablando de obras literarias. *Estilo* PÁLIDO. ‖ deriv.: **pálidamente.** ‖ IDEAS AFINES: *Apagado, bajo, débil, incoloro, anémico, clorótico, exangüe, palor, color quebrado, descoloración, descoloramiento, empalidecer, descolorar, despintar, perder, caer.*

PALIDUCHO, CHA. adj. Algo pálido, quebrado de color.

PALILOGIA. f. *Ret.* Figura que consiste en usar una misma palabra al fin de una sentencia o verso y al comienzo de la sentencia o verso siguiente. ‖ Repetición, figura. ‖ deriv.: **palilógico, ca.**

PALILLERO, RA. s. Persona que hace o vende palillos para mondar los dientes. ‖ m. Cañuto, cajita o pieza con muchos agujeritos en que se colocan dichos palillos. ‖ Mango de pluma. ‖ *Ec.* Cierto florero con su platillo. ‖ Cierto dulce en forma de palillo.

PALILLO. al. **Strickscheide; zahnstocher.** fr. **Affiquet.** ingl. **Toothpick.** ital. **Stuzzicadenti.** port. **Pauzinho.** (dim. de *palo.*) m. Varilla por la parte inferior aguda y por la superior redonda y hueca, donde se encaja la aguja para hacer media. ‖ Mondadientes de madera. ‖ Bolillo para hacer encajes. ‖ Cualquiera de las dos varitas rematadas en forma de perilla que sirven para tocar el tambor. ‖ Vena gruesa de la hoja del tabaco. ‖ Palique. ‖ *Bol., Chile* y *Perú.* Cierta planta mirtácea. ‖ pl. Bolillos que se ponen en el billar en ciertos juegos. ‖ Palitos de madera dura que emplean los escultores para modelar el barro. ‖ fig. y fam. Primeros principios o reglas menudas de las artes o ciencias. ‖ Lo insubstancial y poco importante o despreciable de una cosa. ‖ Castañuelas. ‖ **Palillo de barquillero.** Tablilla que, colocada en la tapa de la arquilla del barquillero, se hace girar e indica quién gana la suerte. ‖ **Como palillo de barquillero.** loc. adv. fig. y fam. Yendo y viniendo sin punto de reposo. ‖ **Tocar todos los palillos.** frs. fam. Tantear todos los medios para un fin.

PALIMPSESTO. (Del lat. *palimpsestus,* y éste del gr. *palimpsestos;* de *palin,* nuevamente, y *psao,* borrar.) m. Manuscrito antiguo que conserva huellas de una escritura anterior borrada artificialmente. *Uno de los* PALIMPSESTOS *más famosos es la República, de Cicerón.* ‖ Tablilla en que se podía borrar lo escrito para escribir de nuevo. ‖ IDEAS AFINES: *Documento, papiro, incunable, deleble, raspar, anular, descolorar, descifrar, descubrir, escriba, sacerdote, jeroglífico, antigüedad, colección.*

PALÍNDROMO, MA. adj. Dícese de los escritos que tienen el mismo sentido leídos de izquierda a derecha o a la inversa.

PALINGENESIA. (Del gr. *palin,* de nuevo, y *génesis,* nacimiento.) f. Regeneración, renacimiento de los seres. ‖ deriv.: **palingenésico, ca; palingenético, ca.**

PALINODIA. (Del lat. *palinodia,* y éste del gr. *palinodía.*) f. Retractación pública de lo que se había dicho. Ú. m. en la frs. **cantar la palinodia,** que significa retractarse en público, y por extensión, reconocer el yerro propio, aunque sea en privado. ‖ deriv.: **palinódico, ca; palinodista.**

PALIO. al. **Pallium.** fr. **Pallium.** ingl. **Pallium.** ital. **Pallio.** port. **Palio.** (Del lat. *pállium.*) m. Prenda principal, exterior, del traje griego, que a manera de manto, iba sujeta al pecho por una hebilla. ‖ Capa o balandrán. ‖ Insignia pontifical, la cual es como una faja blanca con cruces negras, que pende de los hombros sobre el pecho. ‖ Especie de dosel colocado sobre cuatro o más varas que sirve en las procesiones para que el sacerdote que lleva el Santísimo Sacramento, o una imagen, vaya debajo de él. Lo usan también los reyes y otras altas autoridades. *Llevar las varas del* PALIO *es un honor.* ‖ Cualquier cosa que forma una manera de dosel. ‖ **Recibir con,** o **bajo, palio.** frs. que se usa para significar la demostración que se hace con el papa, reyes y prelados cuando entran en una ciudad o en los templos. ‖ fig. Hacer singular estimación de la venida muy deseada de uno.

PALIQUE. al. **Plauderei.** fr. **Babillage.** ingl. **Chatter.** ital. **Chiacchiera.** port. **Cavaco.** (De *palo.*) m. fam. Conversación de poca importancia. sinón.: **charla.** ‖ deriv.: **paliquero, ra.**

PALIQUEAR. intr. Estar de palique, charlar. ‖ tr. Empalicar.

PALISANDRO. m. Nombre dado a diversas maderas de América, muy estimadas para muebles de lujo; en especial de árboles bignoniáceos del Gén. *Jacaranda* y leguminosos de los Gén. *Dalbergia* y *machaerium.*

PALITOQUE. m. Palitroque.

PALITROQUE. m. Palo pequeño, tosco o mal labrado. ‖ *Bol., Chile* y *Perú.* Juego de bolos. ‖ Lugar donde se juega. ‖ *Ven.* Trueque, cambio de objetos. ‖ *Taurom.* Banderilla.

PALIZA. al. **Prügelei.** fr. **Volée.** ingl. **Caning.** ital. **Bastonatura.** port. **Surra.** f. Zurra de golpes dados con palo. sinón.: **tunda.** ‖ fig. y fam. Disputa en que uno queda confundido o maltrecho.

PALIZADA. al. **Palisate; Pfahlwerk.** fr. **Palissade.** ingl. **Palisade.** ital. **Palizzata.** port. **Paliçada.** (De *palo.*) f. Sitio cercado de estacas. ‖ Defensa formada con estacas y terraplenada para impedir la salida de los ríos o dirigir su corriente. ‖ *Col.* y *Ec.* Conjunto de palos o troncos de árboles que arrastran los ríos. ‖ *Perú.* Reunión de gente divertida. ‖ *Blas.* Conjunto de piezas en forma de palos, o fajas agudas, encajadas las unas en las otras. ‖ *Fort.* Empalizada.

PALIZADA. *Geog.* Río de México (Campeche), que constituye el brazo oriental del río Usumacinta. Desagua en la laguna de Términos.

PALK, Estrecho de. *Geog.* Brazo de mar que separa a la India de la isla de Ceylán. Tiene un ancho de 100 km.

PALMA. al. **Palmblatt.** fr. **Palme.** ingl. **Palm.** ital. **Palma.** port. **Palma.** (Del lat. *palma.*) f. Palmera. ‖ Hoja de la palmera, principalmente si se ha conseguido que las lacinias queden juntas y que por falta de luz se vuelvan amarillas. *La* PALMA *era símbolo de triunfo y alegría entre los antiguos.* ‖ Datilera. ‖ Palmito, planta. ‖ Parte inferior de la mano, desde la muñeca hasta los dedos. ‖ fig. Mano, parte del cuerpo humano. ‖ Gloria, triunfo. *Recibir las* PALMAS *académicas.* ‖

Victoria del mártir contra las potestades infernales. ‖ *Bot.* Cualquiera de las plantas monocotiledóneas, siempre verdes, de tallo muy alto y leñoso, sin ramas, recto y coronado por un penacho de grandes hojas, como la palmera, el cocotero, etc. ‖ *Veter.* Parte inferior del casco de las caballerías. ‖ pl. Palmadas de aplausos. ‖ *Bot.* Familia de las plantas de este nombre. ‖ **Palma brava.** Árbol de Filipinas que tiene las hojas en forma de abanico y con pliegues puntiagudos. ‖ – **indiana.** Coco, árbol. ‖ – **real. Palma** de las Antillas, de tronco limpio y liso, flores blancas y menudas y fruto redondo. *Oreodoxa regia,* palmácea. ‖ **Andar** uno **en palmas.** frs. Ser estimado y aplaudido por todos. ‖ **Batir palmas.** Aplaudir, dar palmadas de aplausos. ‖ Seguir con palmadas un ritmo musical. ‖ **Enterrar con palma a** una persona. frs. fig. Enterrarla en estado de virginidad. ‖ **Ganar** uno **la palma.** frs. fig. **Llevarse la palma.** ‖ **Liso** o **llano, como la palma de la mano.** loc. adv. fig. y fam. con que se pondera que una cosa es muy llana y sin tropiezo. ‖ **Llevar,** o **traer, en palmas a** uno. frs. fig. Darle gusto en todo. ‖ **Llevarse** uno **la palma.** frs. fig. Sobresalir en competencia de otros, mereciendo el aplauso general. ‖ IDEAS AFINES: *Puño, rayas, impresiones digitales, quiromancia, palmípedo, palmeta, acariciar, palpar, palmear.*

PALMA, Angélica. *Biog.* Escritora per. que con el seudónimo de **Marianela** publicó obras históricas, de costumbres y de crítica, como *Fernán Caballero, la novelista novelable; Coloniaje romántico; Por senda propia,* etc. (1883-1935). ‖ – **Athos.** Músico arg.; desarrolló labor pedagógica y de composición. Autor de *Cantares de mi tierra; Los hijos del sol; Jardines* y otras obras (1891-1951). ‖ – **Baudilio.** Político guat. en 1930 presid. de su país. ‖ – **Clemente.** Escritor per., autor de *El porvenir de las razas en el Perú; Cuentos malévolos* y otras obras (1872-1946). ‖ – **Jacobo.** Pintor ital. llamado *el Viejo;* uno de los más destacados coloristas y retratistas de la escuela veneciana. Obras: *Ariosto; Cristo y la adúltera; Encuentro de Jacob y Raquel; Bella,* etc. (1480-1528). ‖ – **José Joaquín.** Patriota y poeta cub. de vasta actuación en los países centroamericanos. *Tinieblas del alma* es la más difundida de sus composiciones (1844-1911). ‖ – **Martín.** Novelista chil. (1821-1884). ‖ – **Ricardo.** Lit. peruano, una de las más destacadas figuras de las letras hispanoamericanas. Filólogo y bibliómano, abandonó el romanticismo, en el que se había iniciado literariamente y publicó *Tradiciones peruanas,* obra de costumbres y mensaje admirativo del panorama nacional y de su futuro promisorio. Crea en esta obra un nuevo género de literatura que sin ser cuento, novela, historia ni anécdota, participa de todas ellas. Por *Tradiciones peruanas* desfila el ant. virreinato del Perú desde los incas hasta la época de **Palma.** Otras obras: *Anales de la Inquisición en Lima; La poesía,* etc. (1833-1919).

PALMA. *Geog.* Ciudad y puerto de España, en la isla de Mallorca, capital de la prov. de las Baleares. 245.000 h. ‖ **La –.** V. **La Palma.** ‖ – **Soriano.** Pobl. de Cuba (Oriente). 20.000 h. Industrias agrícolas.

PALMÁCEAS. f. pl. *Bot.* Palmas.

PALMACRISTI. f. Ricino. ‖ m. *Chile.* Persona enfadosa. Ú.t.c. adj.

PALMADA. al. **Schlag mit der flachen Hand.** fr. **Claque.** ingl. **Slap.** ital. **Palmata.** port. **Palmada.** f. Golpe dado con la palma de la mano. ‖ Ruido que se hace golpeando una con otra las palmas de las manos. Ú.m. en pl. *Di unas cuantas* PALMADAS *para que me oyeran.* ‖ **Darse** uno **una palmada en la frente.** fig. Esfozarse por hacer memoria de una cosa.

PALMADILLA. f. Cierto baile.

PALMADO, DA. (De *palma.*) adj. Palmeado.

PALMAR. (Del lat. *palmaris.*) adj. Dícese de los objetos de palma. ‖ Perteneciente a la palma de la mano y a la palma del casco de los animales. ‖ Perteneciente al palmo o que consta de un palmo. ‖ fig. Claro, patente. ‖ m. Terreno donde se crían palmas. ‖ En la fábrica de paño, instrumento formado de la cabeza de la cardencha o la misma cardencha. ‖ **Ser más viejo que un palmar.** frs. fam. con que se pondera la vejez de una persona o la antigüedad de una cosa.

PALMAR. intr. fam. Morir, expirar.

PALMAR. *Geog.* Río de Venezuela (Zulia). Baja de la sierra de Perijá al lago Maracaibo.

PALMARIO, RIA. al. **Offensichtlich.** fr. **Palmaire.** ingl. **Obvious.** ital. **Evidente.** port. **Palmar.** (Del lat. *palmarius.*) adj. Claro, patente. *Conclusión* PALMARIA; sinón.: **evidente, manifiesto;** antón.: **obscuro, oculto.** ‖ deriv.: **palmariamente.**

PALMAROTE. m. *Ven.* Nombre simbólico del habitante de los llanos venezolanos. ‖ Rústico, zafio.

PALMAS, Las. *Geog.* V. **Las Palmas.**

PALMATORIA. al. **Handleuchter.** fr. **Bougeoir.** ingl. **Small candlestick.** ital. **Bugia.** port. **Palmatória.** (Del lat. *palmatoria.*) f. Palmeta de los maestros. ‖ Especie de candelero bajo, con mango y pie, comúnmente de forma de platillo. ‖ **Ganar** uno **la palmatoria.** frs. fig. **Ganar la palmeta.**

PALMEADO, DA. adj. De figura de palma. ‖ *Bot.* Aplícase a las hojas, raíces, etc., que parecen una mano abierta. *Las hojas del papayo son* PALMEADAS. ‖ *Zool.* Dícese de los dedos de los animales que los tienen ligados entre sí por una membrana. *El pato tiene los pies* PALMEADOS.

PALMEAR. intr. Dar golpes con las palmas de las manos una con otra especialmente en señal de regocijo o aplauso. ‖ *Impr.* Nivelar el molde o forma con el tamborilete y el mazo. ‖ *Mar.* Trasladar una embarcación tirando con las manos, aseguradas alternativamente en objetos fijos. ‖ r. *Mar.* Asirse de un cabo o cable fijo por sus dos extremos o pendiente de uno de ellos, y avanzar valiéndose de las manos. Ú.t.c. intr.

PALMEJAR. m. *Mar.* Tablón que corre de popa a proa y va endentado a las varengas del navío, para ligar entre sí las cuadernas, dando rigidez al casco.

PALMEO. m. Medida por palmos.

PALMERA. al. **Palmbaum.** fr. **Palmier.** ingl. **Palm-tree.** ital. **Palma.** port. **Palmeira.** (Del lat. *palmaria.*) f. Árbol de la familia de las palmas, de tronco áspero y cilíndrico, copa formada por hojas de tres a cuatro metros de largo, flores amarillentas, y por fruto los dátiles, que penden a los lados del tronco y debajo de las hojas en grandes racimos. *La* PALMERA *es propia de las regiones de clima cálido.*

PALMERAL. m. Bosque de palmeras.

PALMERO. m. Peregrino de Tierra Santa que traía palma. ‖ El que cuida de las palmas. ‖ *Arg., Ec.* y *Méx.* Palmera.

PALMERSTON, Enrique Juan Temple, lord. *Biog.* Político ingl., uno de los primeros estadistas de su época, durante la cual fomentó el movimiento liberal europeo (1784-1865).

PALMERSTON DEL NORTE. *Geog.* Ciudad de la isla septentrional de Nueva Zelanda. 40.000 h. Centro ganadero, lanas.

PALMESANO, NA. adj. y s. De Palma de Mallorca.

PALMETA. (dim. de *palma.*) f. Tabla pequeña, redonda, con unos agujeros o nudos y con mango, que servía a los maestros para dar golpes en la palma de la mano. sinón.: **férula.** ‖ Palmetazo, golpe dado con la palmeta. ‖ **Ganar la palmeta.** frs. fig. Llegar un niño a la escuela antes que los demás. ‖ Llegar una persona antes que otra a una parte, o anticiparse a ella en la ejecución de una cosa.

PALMETAZO. m. Golpe dado con la palmeta. ‖ fig. Corrección hecha con desabrimiento.

PALMICHE. m. **Palma real.** ‖ Su fruto. *Los cerdos comen el* PALMICHE. ‖ Aavora, palmera. ‖ Palma de montañas, de tronco muy delgado, cuyas astillas son usadas por los indios americanos como antorchas.

PALMICHE. f. *Cuba.* Tela ligera para trajes de hombre, en el verano.

PALMÍFERO, RA. adj. poét. Que lleva palmas o abunda en ellas.

PALMILLA. f. Plantilla del zapato.

PALMÍPEDO, DA. (Del lat. *pálmipes, -edis;* de *palma,* palma, y *pes,* pie.) adj. *Zool.* Dícese de las aves que tienen una membrana interdigital en las patas, a propósito para la natación; como el ganso, el pelícano, etc. ‖ f. pl. *Zool.* Orden de estas aves.

PALMIRA. *Geog.* Población de la Argentina (Mendoza), al S. E. de la capital de la prov. 5.700 h. Centro agrícola ganadero. ‖ C. de Colombia (Valle del Cauca.) al N. E. de Cali. 170.000 h. con el mun. Importante centro agrícola, pecuario e industrial. ‖ Pobl. de Cuba (Las Villas), al. N. de Cienfuegos. 6.800 h. ‖ *Geog. histór.* Antigua ciudad de Siria, sit. en un oasis al N. E. de Damasco. Fue fundada por Salomón y sus ruinas se hallaron en el siglo XVI. En árabe se llama **Tadmor.**

PALMISTA. adj. y s. Dícese de la persona que profesa la quiromancia.

PALMITA. f. dim. de **Palma.** ‖ **Llevar, recibir o traer** a uno **en palmitas.** frs. fig. Tratarlo con extremada consideración y agasajo.

PALMÍTICO. adj. *Quím.* Dícese de un ácido graso orgánico, sólido, presente en el aceite de palma y en muchas grasas naturales. Compuesto de la estearina, juntamente con el ácido esteárico.

PALMITIESO, SA. (De *palma* y *tieso.*) adj. Dícese de la caballería que tiene los cascos con la palma plana o convexa.

PALMITO. m. Planta europea de tronco subterráneo, o apenas saliente, hojas en abanico formadas por lacinias que parten de un peciolo casi leñoso, flores amarillentas en panoja ramosa, y fruto rojizo, elipsoidal. *Chamaerops humilis,* palmácea. ‖ Tallo blanco, casi cilíndrico, que se encuentra dentro del tronco de esta planta y corresponde a cada hoja no desarrollada. Es comestible. ‖ *Amér.* Nombre dado a diversas palmeras, algunas de ellas de cogollo comestible. ‖ **Como un palmito.** loc. fig. y fam. con que se da a entender que uno está bien vestido.

PALMITO. (dim. de *palmo.*) m. fig. y fam. Cara de mujer. *Lindo* PALMITO.

PALMO. al. **Spanne.** fr. **Empan.** ingl. **Span.** ital. **Palmo.** port. **Palmo.** (Del lat. *palmus.*) m. Medida de longitud, cuarta parte de la vara, equivalente a unos 21 centímetros, tomada del largo de la mano de un hombre abierta y extendida desde el extremo del pulgar hasta el del meñique. ‖ **Palmo menor.** ‖ Juego de muchachos en que se tira una moneda que debe caer a no más de un **palmo** de distancia de la del contrario. ‖ – **de tierra.** fig. Espacio muy pequeño de ella. ‖ – **menor.** Ancho que dan unidos los cuatros últimos dedos. ‖ Conocer palmo a palmo una cosa. frs. fig. y fam. Tener conocimiento práctico de ella. ‖ **Con un palmo de lengua,** o **con un palmo de lengua fuera.** m. adv. fig. y fam. Con gran anhelo o cansancio. ‖ **Crecer a palmos.** frs. fig. y fam. Crecer mucho una cosa en poco tiempo. ‖ **Dejar** a uno **con un palmo de narices.** frs. fig. y fam. Chasquearle, dejarle sin lo que esperaba conseguir. ‖ **Palmo a palmo.** m. adv. fig. con que se expresa la dificultad o lentitud en la consecución de algo.

PALMOTEAR. (De *palma.*) intr. Palmear, dar palmadas. *Los niños* PALMOTEABAN *de alegría;* sinón.: **aplaudir.** ‖ deriv.: **palmoteador, ra.**

PALMOTEO. m. Acción de palmotear. ‖ Acción de dar con la palmeta.

PALO. al. **Stab; Stock.** fr. **Baton.** ingl. **Stick.** ital. **Palo.** port. **Pau.** (Del lat. *palus.*) m. Trozo de madera largo y cilíndrico. ‖ Madera, árbol sin corteza. ‖ Cada uno de los maderos redondos y más gruesos por la parte inferior que por la superior, fijos en una embarcación, en sentido perpendicular, a los cuales se agregan los masteleros; todos destinados a sostener las vergas, a que están unidas las velas. *Un barco de vela de tres* PALOS. ‖ Golpe que se da con un **palo.** ‖ Último suplicio que se ejecuta en un instrumento de **palo;** como la horca, el garrote, etc. ‖ Cada una de las cuatro series en que se divide la baraja de naipes. *Cartas del mismo* PALO. ‖ Pezoncillo por donde una fruta pende del árbol. ‖ Trazo de algunas letras que sobresale de las demás por arriba o por abajo; como el de la *q* y la *b.* ‖ fig. y fam. Varapalo, daño o perjuicio. ‖ *Dom., P. Rico* y *Ven.* Trago de licor. ‖ *Blas.* Pieza heráldica rectangular que desciende desde el jefe a la punta del escudo. ‖ *Cetr.* Alcándara. ‖ pl. Palillos del billar. ‖ Suerte del billar, que consiste en derribar los **palos** con las bolas. ‖ *Med.* Nombre primitivo de la quina en España. ‖ **Palo áloe.** Madera del agáloco, muy resinosa, amarga y purgante, usada en farmacia. ‖ Madera del calambac, semejante a la anterior. ‖ – **a pique.** *Arg.* Poste clavado perpendicularmente en tierra. ‖ *Arg., Col., Urug.* y *Ven.* Empalizada o fila de maderos sujeta con alambre de púas. ‖ – **blanco.** *Cuba.* Árbol de corteza elástica y amarga, hojas oblongas y flores en panícula, con pétalos amarillos, medicinal. ‖ *Chile.* Falso postor en los remates. ‖ – **borracho.** *Arg.* Árbol de tronco voluminoso, del Gén. *Chorisia.* ‖ – **brasil.** Madera dura, compacta, muy roja, del árbol del mismo nombre. ‖ – **cajá.** *Cuba.* Árbol silvestre de hojas trifoliadas, elípticas, dentadas, flores de cuatro pétalos en racimos y madera anaranjada, usada en carpintería. ‖ – **Campeche. Palo de Campeche.** ‖ – **cochino.** *Cuba.* Árbol silvestre, de corteza blanquecina, flores de cuatro pétalos y fruto parecido a la aceituna, que segrega una resina rojiza. ‖ – **de bañón.** Aladierna. ‖ – **de Campeche.** Madera dura, negruzca, procedente de un árbol leguminoso de América. *Hematoxylon campechianum.* ‖ – **de ciego.** fig. Golpe que se da desatentadamente. ‖ Daño o injuria que se hace por desconocimiento o por irreflexión. ‖ – **de favor.** En algunos juegos de naipes el que se elige para que, cuando sea triunfo, tenga preferencia. ‖ – **de Fernambuco o de Pernambuco.** Especie de **palo** del Brasil, menos rojizo. ‖ – **de hule.** Uno de los árboles que producen la goma elástica o caucho. ‖ – **de jabón.** Líber de un árbol leguminoso de América tropical, rosáceo, *Quilloina saponaria,* blanquecino, fibroso, que da un líquido espumoso, usado para limpiar telas. ‖ – **del águila.** Madera de un árbol anacardiáceo, parecido al áloe. ‖ – **de rosa.** Madera de un árbol de América, muy compacta y olorosa. ‖ *Farm.* Parte leñosa de la raíz de una convolvulácea de Canarias. ‖ – **dulce.** Raíz de orozuz. ‖ – **enjabonado.** *R. de la Plata.* Cucaña. ‖ – **grueso.** *Chile.* Persona influyente, de mando. ‖ – **lucio.** *Nicar.* Cucaña. ‖ – **macho.** *Mar.* Cada una de las perchas principales que constituyen la arboladura de un buque: bauprés, trinquete, mayor y mesana. ‖ – **mayor.** *Mar.* El más alto del buque y que sostiene la vela principal. ‖ – **nefrítico.** Madera de color rosado, de una acacia americana, cuya infusión se empleó contra las enfermedades de las vías urinarias. ‖ – **santo.** Madera del guayaco. ‖ **A palo seco.** m. adv. *Mar.* Dícese de una embarcación cuando camina recogidas las velas. ‖ fig. Dícese de ciertos actos en que se omiten adornos o complementos usuales. ‖ **Caérsele** a uno **los palos del sombrajo.** frs. fig. y fam. Abatirse, desanimarse. ‖ **De tal palo, tal astilla.** frs. proverb. que da a entender que comúnmente todos tienen las inclinaciones conforme a su origen. ‖ **Estar del mismo palo.** frs. fig. con que se significa que uno está en el mismo estado o disposición que otro. ‖ **Meter el palo en candela.** frs. fig. y fam. Promover una especie de que puede resultar pendencia. ‖ **Poner** a uno **en un palo.** frs. fig.

Ahorcarle, darle otro género de muerte, o ponerle a la vergüenza, en la argolla. ‖ **Terciar** uno **el palo.** frs. Levantarlo en alto para dar un golpe con él.

PALODUZ. m. Palo dulce, orozuz.

PALOMA. al. **Taube.** fr. **Pigeon; colombe.** ingl. **Pidgeon; dove.** ital. **Colomba.** port. **Pomba.** (Del lat. *palumba,* paloma torcaz.) f. Ave domesticada que provino de la **paloma** silvestre. *La* PALOMA *simboliza el amor conyugal.* ‖ fig. Persona de genio apacible. ‖ *Cuba* y *Hond.* Cometa cuadrada. ‖ *Méx.* Canción típica del país. ‖ *Astron.* Constelación austral, entre Can y Eridano. ‖ *Mar.* Parte media o cruz de una verga, entre los galápagos, en la cual se fijan los cuadernales o motones de las drizas. ‖ *Zool.* Cualquiera de las aves que tienen la mandíbula superior abovedada en la punta y los dedos libres. ‖ pl. *Mar.* Ondas espumosas que se forman en el mar cuando empieza a soplar viento fresco. ‖ *Zool.* Orden de las **palomas.** ‖ **Paloma brava. Paloma silvestre.** ‖ – **calzada.** Variedad doméstica que tiene el tarso y los dedos cubiertos de pluma. ‖ – **de moño** o **moñuda.** La que tiene largas y vueltas en la punta las plumas del colodrillo. ‖ – **de toca** o **monjil.** Variedad blanca, con plumas largas a los costados de la cabeza. ‖ – **duenda.** La doméstica o casera. ‖ – **mensajera.** La que es usada para llevar mensajes, aprovechando su gran sentido de orientación. ‖ – **real.** La mayor de las domésticas, cuyo pico tiene un hermoso color azufre. ‖ – **rizada.** La doméstica de plumas rizadas. ‖ – **silvestre.** Dícese de las numerosas especies no domésticas. ‖ – **torcaz. Paloma** silvestre, de menor tamaño. ‖ – **tripolina.** Variedad pequeña, de pies calzados y cabeza con plumas en forma de diadema. ‖ – **zorita, zura, zurana** o **zurita. Paloma silvestre.** ‖ IDEAS AFINES: *Palomar, alero, colombófilo, arrullo, pichón, Espíritu Santo.*

● **PALOMA.** *Zool.* Desde tiempos muy antiguos fue la **paloma** el ave elegida por el hombre como emblema de la dulzura y la inocencia. Posteriormente, los cristianos la escogieron como símbolo representativo del Espíritu Santo, y de acuerdo con diferentes creencias religiosas, tradiciones y costumbres de los pueblos, sirvió para simbolizar el martirio, la fidelidad conyugal, la resurrección, la paz, etc. Zoológicamente, la **paloma** es una especie intermedia entre las gallináceas y los pájaros. Ave tímida, fácilmente adaptable a la vida doméstica, es víctima inerme de las aves de rapiña; su canto es un suave arrullo. Construye su nido en las rocas o en los árboles y generalmente se alimenta de frutos y de granos, con excepción de algunas especies que prefieren los insectos y las larvas. Existen más de 500 variedades o especies de **palomas,** que fundamentalmente se diferencian por el color o el tamaño. Se conocen dos especies de **palomas** silvestres: la torcaz y la zurita. La torcaz es más grande, su lomo es de color ceniciento azulado, el pecho violáceo, el cuello verdoso, el vientre blanco, la cola negra y las alas pardas con manchas blancas. La zurita tiene los mismos colores que la anterior, pero la cola es más corta; es la especie que ha dado origen a la **paloma** doméstica. Pero la especie probablemente más interesante es la **paloma** mensajera, obtenida mediante cruzamientos de varias especies de **palomas;** su velocidad de vuelo, que oscila entre los 50 y 100 kilómetros por hora, y su sentido de orientación, les permiten retornar a su punto de origen, no obstante haber sido trasladadas a regiones desconocidas, circunstancia por lo cual es utilizada ventajosamente para la transmisión de noticias o mensajes. La cría de **palomas** constituye un recurso interesante; se usan como alimento, permiten la utilización de la pluma y el plumón, y además la obtención de un abono valiosísimo, producto de su excremento, denominado palomina.

PALOMADURA. (De *palomar,* 2º art.) f. *Mar.* Ligadura con que se sujeta la relinga a su vela.

PALOMAR. al. **Taubenschlag.** fr. **Colombier.** ingl. **Pidgeon house.** ital. **Colombaia.** port. **Pombal.** m. Edificio donde se recogen y crían las palomas campesinas, o aposento donde se crían y tienen las caseras. ‖ **Alborotar el palomar.** frs. fig. y fam. **Alborotar el cortijo.**

PALOMAR. adj. Aplícase a una especie de hilo bramante más delgado y retorcido que el corriente.

PALOMAR. *Geog.* Monte de los EE. UU. (California), cerca de San Diego. 1.840 m. de altura. En él se ha instalado un observatorio astronómico provisto de un telescopio de cinco metros de diámetro, uno de los mayores del mundo. ‖ **El –.** V. **El Palomar.**

PALOMARIEGA. adj. Se dice de la paloma criada en el palomar.

PALOMEAR. intr. Andar a caza de palomas. ‖ Ocuparse mucho tiempo en cuidarlas. ‖ *Ec.* Combatir entre sí las avanzadas de ejércitos enemigos. ‖ tr. *Cuba.* Engañar. ‖ *Ec.* y *Perú.* Disparar a un blanco humano, matarlo. ‖ Cazar al enemigo de uno en uno. ‖ Matar a traición.

PALOMERA. f. Palomar pequeño de palomas domésticas. ‖ Páramo de corta extensión.

PALOMERÍA. f. Caza de las palomas que van de paso.

PALOMERO, RA. s. Persona que trata en la venta y compra de palomas. ‖ Colombófilo, persona aficionada a la cría de estas aves.

PALOMETA. f. *Amér.* Nombre dado a diversos peces fluviales y marinos parecidos al jurel, de cuerpo aplanado lateralmente, y por lo general muy voraces. ‖ **Palomilla,** armazón triangular para sostener algo. ‖ Roseta de maíz tostado.

PALOMILLA. f. Mariposa nocturna, que ataca los cereales, de un centímetro de largo, cenicienta, de alas horizontales y estrechas y antenas verticales. *Sitotroga cerealella.* ‖ Cualquier mariposa muy pequeña. ‖ Fumaria. ‖ Onoquiles. ‖ Parte anterior de la grupa de las caballerías. ‖ Caballo de color muy blanco. ‖ Punta que sobresale en el remate de algunas albardas. ‖ Armazón de tres piezas en forma de triángulo rectángulo, que sirve de sostén de tablas u otras cosas. ‖ Chumacera, pieza de maquinaria. ‖ En los coches de cuatro ruedas, cada uno de los dos trozos de hierro que van de la caja a las ballestas del juego trasero. ‖ Ninfa de insecto. ‖ *Amér. Central* y *Chile.* Vulgo, gentuza. ‖ *Guat., Méx.* y *Perú.* Grupo de personas que viven juntas o se reúnen para divertirse. ‖ pl. *Mar.* Palomas, ondas espumosas. ‖ **Palomilla de tintes.** Onoquiles.

PALOMINA. f. Excremento de las palomas. ‖ Fumaria.

PALOMINO. m. Pollo de la paloma brava. ‖ fam. Mancha de excremento en la parte posterior de la camisa.

PALOMITA. f. *Amér.* Roseta de maíz. ‖ Refresco de agua con algo de anís. ‖ *Col.* y *Ven.* Turno, alternativa. ‖ *Chile.* Juego que consiste en empujar con la punta del trompo, mientras baila, una moneda. ‖ pl. *Chile.* Juego de niños en que uno pone sus manos sobre las de otro y éste las golpea con las suyas.

PALOMO. al. **Täuberich.** fr. **Pigeon.** ingl. **Pidgeon.** ital. **Piccione.** port. **Pombo.** m. Macho de la paloma. ‖ Paloma torcaz. ‖ fig. Propagandista o muñidor muy hábil. ‖ adj. *Col., Méx., Perú* y *Ven.* Se dice del caballo blanco. ‖ *Perú* y *P. Rico.* Se dice del hombre vestido de blanco. ‖ – **ladrón.** El que con arrullos lleva las palomas ajenas al palomar propio.

PALÓN. (De *palo.*) m. *Ec.* Aporcadura. ‖ *Blas.* Insignia semejante a la bandera, una cuarta parte más larga que ancha y con cuatro puntas redondas en el extremo.

PALOR. (Del lat. *pállor.*) m. Palidez.

PALOS. *Geog.* Cabo de la costa española del mar Mediterráneo (Murcia). ‖ – **de la Frontera.** Pobl. de España (Huelva) 4.000 h. De su puerto, hoy cerrado por los aluviones del río Tinto, partió Colón el 3 de agosto de 1492 hacia el Nuevo Mundo. Se la conoce también con el nombre de **Palos de Moguer.**

PALOTADA. f. Golpe que se da con el palote o palillo. ‖ **No dar palotada** uno. frs. fig. y fam. No acertar en cosa alguna. ‖ No haber empezado aún a hacer lo que le habían encargado.

PALOTE. m. Palo mediano, como las baquetas con que se tocan los tambores. ‖ Cada uno de los trazos que los niños hacen en el papel pautado, como primer ejercicio para aprender a escribir. *Una plana de* PALOTES. ‖ *Arg.* y *Cuba.* Rodillo de madera para amasar. ‖ *Col.* Palo para mover alimentos en la olla. ‖ *Chile.* Sujeto flaco y de piernas largas. ‖ *Méx.* Horca que se pone a la caballería para trabajar.

PALOTEADO. m. Danza en que los bailarines hacen figuras paloteando a compás de la música. ‖ fig. y fam. Contienda ruidosa o en que hay golpes.

PALOTEAR. intr. Herir unos palos con otros o hacer ruido con ellos. ‖ fig. Hablar mucho y disputar en un asunto.

PALOTEO. (De *palotear.*) m. Paloteado.

PALPABLE. (Del lat. *palpábilis.*) adj. Que puede tocarse con las manos. *Rugosidad* PALPABLE; sinón.: **tangible.** ‖ fig. Patente, evidente y tan claro, que parece que se puede palpar. *Mentira* PALPABLE; antón.: **obscuro.**

PALPACIÓN. f. Palpamiento. ‖ *Med.* Método exploratorio que se ejecuta aplicando los dedos o la mano sobre las partes externas del cuerpo o las cavidades accesibles.

PALPADURA. f. Palpamiento.

PALPALÁ. *Geog.* Población sit. al sur de la c. de Jujuy, al. O. de la Rep. Argentina. Posee altos hornos donde se funde el hierro de Zapla y se une a estos yacimientos por medio de una red de cablecarril de 12 km. 1.500 h. Hoy se llama **General Savio.**

PALPALLÉN. m. *Chile.* Arbusto de hojas dentadas, cubierto con un vello blanquecino, y corimbos de cabezuelas radiadas y amarillas.

PALPAMIENTO. m. Acción de palpar.

PALPAR. al. **Betasten; befühlen.** fr. **Palper; Tâter.** ingl. **To touch.** ital. **Palpare; tastare.** port. **Apalpar.** (Del lat. *palpare.*) tr. Tocar con las manos una cosa para percibirla o reconocerla. ‖ Andar a tientas, valiéndose de las manos para no tropezar. ‖ fig. Conocer una cosa tan claramente como si se tocara. ‖ deriv.: **palpador, ra.**

PALPARIO, RIA. adj. Claro, evidente.

PÁLPEBRA. (Del lat. *palpebra.*) f. *Zool.* Párpado.

PALPEBRAL. (Del lat. *palpebralis.*) adj. *Anat.* Perteneciente o relativo a los párpados. *Inflamación* PALPEBRAL.

PALPI. m. *Chile.* Arbusto de hojas angostas, aserradas, y flores amarillas; escrofulariácea.

PALPITACIÓN. al. **Klopfen.** fr. **Palpitation.** ingl. **Palpitation.** ital. **Palpitazione.** port. **Palpitação.** (Del lat. *palpitatio, -onis.*) f. Acción y efecto de palpitar. ‖ Movimiento interior, involuntario y trémulo de algunas partes del cuerpo. ‖ Latido del corazón, sensible e incómodo para el enfermo, y más frecuente que el normal. ‖ fig. Viva emoción. ‖ IDEAS AFINES: *Arterias, pulso, reloj, circulación, vida, sístole, diástole, agitación, angustia, ritmo, taquicardia, cardiografía.*

PALPITANTE. (Del lat. *pálpitans, -antis.*) p. a. de **Palpitar.** Que palpita.

PALPITAR. al. **Klopfen; schlagen.** fr. **Palpiter.** ingl. **To palpitate.** ital. **Palpitare.** port. **Palpitar.** (Del lat. *palpitare.*) intr. Contraerse y dilatarse alternativamente el corazón. sinón.: **latir.** ‖ Aumentarse su palpitación normal. PALPITAR *de emoción.* ‖ Moverse una parte del cuerpo en forma trémula e involuntaria. ‖ fig. Manifestar con vehemencia un afecto. *El discípulo* PALPITABA *de admiración por el maestro.* ‖ tr. y r. fam. *Arg.* Presentir.

PÁLPITO. (Apócope de *palpitación.*) m. *Arg., Chile, Perú* y *Urug.* Presentimiento, corazonada. *Tengo el* PÁLPITO *de que ese billete resultará premiado.*

PALPO. (Del lat. *pálpum.*) m. *Zool.* Cada uno de los apéndices articulados y movibles que tienen los artrópodos alrededor de la boca para palpar y sujetar lo que comen.

PÁLQUI. m. Arbusto de América, de olor fétido, muchos tallos erguidos, hojas enteras, y flores en parejas, con brácteas, *Cestrum palqui,* solanácea.

PALTA. f. Aguacate, fruto.

PALTO. m. Aguacate, árbol.

PALUCHA. f. *Cuba.* Charla frívola. ‖ deriv.: **paluchear; paluchería; paluchero, ra.**

PALUDAMENTO. m. Manto de púrpura bordado de oro, que usaban en campaña los emperadores y caudillos romanos.

PALÚDICO, CA. (Del lat. *palus, -udis,* laguna.) adj. Perteneciente al pantano. ‖ Por ext., perteneciente a terreno pantanoso. ‖ Perteneciente al paludismo. *Fiebre* PALÚDICA. ‖ s. Persona que padece paludismo.

PALUDISMO. al. **Sumpffieber; Malaria.** fr. **Paludisme.** ingl. **Paludism; malaria.** ital. **Paludismo; malaria.** port. **Paludismo.** m. Enfermedad infecciosa, endémica en regiones pantanosas de la zona cálida y parte de la templada, causada por un protozoo, *Plasmodium malariae,* transmitido por la picadura de la hembra de un mosquito del Gén. *Anopheles. Los negros son más refractarios que los blancos al* PALUDISMO. ‖ IDEAS AFINES: *Fiebre, escalofrío, chucho, intermitente, remitente, terciana, temblor, quinina, febrífugo, pulverización, mosquitero.*

● **PALUDISMO.** *Med.* Uno de los motivos de la decadencia romana fue, según algunos historiadores, una enfermedad infecciosa y febril: él **paludismo.** Mal característico de las zonas pantanosas, en América ya era conocido en tiempos anteriores al descubrimiento y se pudo comprobar que los incas atemperaban sus consecuencias mediante una primitiva pero eficaz terapéutica. El mosquito cuya picadura produce el **paludismo** en el hombre fue aislado hacia 1880 por Alfonso Lapern. El área geográfica de esta enfermedad es muy extensa, ya que abarca toda la zona cálida con algunas excepciones (Australia, Nueva Zelanda y Nueva Caledonia) y gran parte de la zona templada boreal. Sin embargo, la desecación de pantanos y de lagunas estancadas, así como el uso del petróleo y de diversos insecticidas (anhidrido sulfuroso, ácido fénico, mentol, humo de tabaco, etc.) para la extinción de los mosquitos o de sus larvas, han contribuido notablemente a que el **paludismo** disminuya cada vez más. La inoculación de la afección palúdica se efectúa por la picadura del mosquito que chupa los gérmenes patógenos introduciéndolos en su saliva, o por la ingestión de huevos y larvas del protozoo, *Plasmodium malariae,* que luego pasan del tubo digestivo a la sangre; la anatomía patológica demuestra sobre todo lesiones hematológicas y viscerales, y la forma típica de la infección es la fiebre intermitente, acompañada a veces de fenómenos biliosos. En la casi totalidad de los casos, el acceso palúdico se desarrolla en tres fases; una primera, de frío, que partiendo del raquis, se irradia a los miembros y está acompañada de vómitos; una segunda, de calor, con agitación y ardor, a veces acompañada de delirio, y una tercera, de sudor y descenso térmico; el acceso completo dura por lo general seis horas término medio. El curso de la enfermedad es variable y el diagnóstico es fácil en las zonas típicamente palúdicas, pero dificultoso en los lugares indemnes. La curación se realiza mediante la quinina y los preparados arsenicales. En las regiones endémicas se previene el mal por la tonificación del organismo con medicaciones fosforadas o ferruginosas y con alimentos apropiados.

PALUDO, DA. adj. *Col.* Embelesado. ‖ Entontecido. ‖ *Méx.* Dícese de la persona flaca y tiesa como un palo.

PALUDOSO, SA. adj. Barbarismo por **pantanoso.**

PALUMBARIO. adj. V. **Halcón palumbario.**

PALURDO, DA. (Del fr. *balourd.*) adj. Tosco, grosero. Suele decirse de la gente del campo. Ú.t.c.s.

PALUS MAEOTIS. *Geog. histór.* Antiguo nombre del mar de Azov. Se llamó también **Palus Meótide.**

PALUSTRE. (De *pala.*) m. Paleta de albañil.

PALUSTRE. (Del lat. *palustri.*) adj. Perteneciente a laguna o pantano. *Vegetación* PALUSTRE.

PALLA. f. *Chile.* Paya. ‖ Selección de los minerales de una mina; pallaco. ‖ Cuento, broma, chascarrillo. ‖ *Perú.* Cuadrilla de bailarines que va de pueblo en pueblo, particularmente en Navidad.

PALLACO. m. *Chile.* Mineral bueno que se recoge entre los escombros de una mina.

PALLADA. f. *Amér. del S.* Payada.

PALLADIO, Andrés. *Biog.* Seudónimo usado por el arquitecto ital. Andrés di Pietro, que realizó en Venecia sus obras más logradas (1508-1580).

PALLADOR. (Del quichua *paclla,* campesino.) m. Payador.

PALLAIS, Azarías. *Biog.* Poeta nicar., influido por el ultraísmo. Obras: *Bellotono menor; A la sombra del agua,* etc. (1885-1956).

PALLANA. f. *Arg.* y *Chile.* Payana.

PALLAQUEAR. tr. *Arg., Chile* y *Péru.* Pallar.

PALLAR. m. Judía del Perú, gruesa como un haba y muy blanca. ‖ *Perú.* Pulpejo de la oreja.

PALLAR. tr. Entresacar o escoger la parte metálica o más rica de los minerales.

PALLAR. intr. *Bol., Col., Chile* y *Perú.* Payar.

PALLAS. (Del quichua *paclla,* campesino.) f. Baile de los indígenas del Perú.

PALLAS, Pedro Simón. *Biog.* Naturalista al., autor de importantes aportes a la etnografía. Publicó *Vocabulario de las lenguas del orbe; Sobre la formación de las montañas; Zoología de la Rusia asiática,* etc. (1741-1811).

PALLASA. f. *Chile* y *Perú.* Jergón de paja.

PALLASO. m. *Arg., Dom.* y *Ven.* Jergón de paja.

PALLIÈRE, Juan León. *Biog.* Pintor bras. de origen fr. Entre sus principales obras, de carácter costumbrista, figuran *La pisadora de maíz; La posta; La pulpería; Gaucho pialando,* etc. (1823-1887).

PALLÓN. (De *pallar.*) m. Esferilla de oro o plata que resulta en la copela al hacer el ensayo de menas auríferas o argentíferas. ‖ Ensaye de oro, después de haberle incorporado la plata en la copelación, y antes de apartarlo por el agua fuerte.

PAMANDABUÁN. m. Embarcación filipina semejante a la banca, pero mucho mayor.

PAMBIL. m. *Ec.* Palma pequeña, de tronco esbelto y follaje ancho.

PAMELA. (Nombre propio.) f. Sombrero de paja, bajo de copa y ancho de alas, que usaban las mujeres.

PAMEMA. f. fam. Hecho o dicho fútil, a que se ha querido dar una importancia que no tiene.

PAMIR. *Geog.* Nudo orográfico del Asia central sit. entre Rusia, Afganistán y China. Es una elevada meseta de 5.000 m. de altura media, que culmina a los 7.495 m., por lo que se la ha llamado "el techo del mundo".

PAMPA. (Del quichua *pampa,* campo raso.) f. *Amér. del S.* Llanura muy extensa sin vegetación arbórea. *La* PAMPA *argentina es un rico granero.* ‖ Meseta pequeña. ‖ adj. Dícese del indio de cada una de las varias tribus, las más de origen araucano, que ocupaban la Pampa, desde los Andes hasta el Atlántico y el río de la Plata. Ú.t.c.s. ‖ *Arg., Bol.* y *Urug.* Se aplica al animal caballar o vacuno que tiene la cabeza blanca y el cuerpo de otro color. *Toro* PAMPA. ‖ Dícese del negocio poco equitativo y de mala fe. *Trato* PAMPA. ‖ *Bol.* Flojo, débil. ‖ IDEAS AFINES: *Planicie, estepa, igualdad, monotonía, pastizal, horizonte, pradera, hacienda, pastoreo, pampero, gaucho, estancia, galopar, agricultura, ganadería.*

PAMPA, La. *Geog.* V. **La Pampa.**

PAMPACO. m. *Bol.* Colmena subterránea.

PAMPA DE OLAVARRÍA, La. *B. A.* Uno de los cuadros más difundidos de Eduardo Sívori. Muestra al autor sensible en el manejo de las pastas leves dentro de un naturalismo romántico.

PÁMPANA. (De *pámpano.*) f. Hoja de la vid. ‖ **Tocar,** o **zurrar, la pámpana** a uno. frs. fig. y fam. Golpearle, castigarle.

PAMPANADA. f. Zumo que se saca de los pámpanos para suplir el del agraz.

PAMPANAJE. m. Copia de pámpanos. ‖ fig. Hojarasca, cosa inútil.

PAMPANGA. *Geog.* Provincia de las Filipinas, en la isla de Luzón. 2.142 km². 1.007.000 h. Cap. SAN FERNANDO.

PAMPANILLA. f. Taparrabo.

PÁMPANO. al. **Weinblatt.** fr. **Pampre.** ingl. **Vine branch.** ital. **Pampano.** port. **Pampano.** (Del lat. *pámpinus.*) m. Sarmiento verde, o pimpollo de la vid. ‖ Pámpana. ‖ Salpa.

PAMPANOSO, SA. adj. Que tiene muchos pámpanos.

PAMPATAR. *Geog.* Población de Venezuela (Nueva Esparta), en la costa oriental de la isla Margarita. 3.000 h.

PAMPEANO, NA. adj. y s. De La Pampa, provincia de la República Argentina. ‖ Pampero.

PAMPEAR. intr. *Amér. del S.* Recorrer la pampa. ‖ *Col.* Palmear, o dar golpes con las palmas de la mano. ‖ *Chile.* Aventajar, especialmente en las carreras.

PAMPERO, RA. adj. y s. Perteneciente o relativo a las pampas. ‖ Dícese del viento impetuoso, procedente de las pampas, que suele soplar en el Río de la Plata y que sucede a las depresiones ciclónicas. *El* PAMPERO *barre las nubes.* ‖ m. *Cuba.* Petrel, ave nadadora.

PAMPINO, NA. adj. Perteneciente o relativo a la pampa. ‖ Dícese del habitante de las provincias septentrionales de Chile en que se trabaja el salitre, y particularmente del que se ocupa en la extracción del caliche.

PAMPIROLADA. f. Salsa de pan y ajos machacados y desleídos en agua. ‖ fig. y fam. Necedad o cosa insubstancial. sinón.: **majadería.**

PAMPLINA. al. **Lappenblume; Lappalie.** fr. **Mouron; baliverne.** ingl. **Chickweed; trifle.** ital. **Pamplina.** port. **Lentilha de água; bagatela.** f. Álsine. ‖ Planta herbácea anual, de hojas en lacinias, flores de cuatro pétalos amarillos y fruto seco en vainillas. *Hypecoum grandiflorum,* papaverácea. ‖ fig. y fam. Cosa sin importancia, fundamento o utilidad. *No andes con* PAMPLINAS. ‖ **– de agua.** Planta herbácea anual de flores blancas en panojas y fruto capsular. *Samoulus valerandi,* primulácea. ‖ **– de canarios.** Álsine.

PAMPLINADA. f. Pamplina, dicho o cosa fútil.

PAMPLINERO, RA. adj. Pamplinoso.

PAMPLINOSO, SA. adj. Propenso a decir pamplinas.

PAMPLONA. *Geog.* Ciudad de Colombia (Norte de Santander). 17.700 h. Importante plaza comercial y centro cultural del departamento. ‖ C. de España, capital de la prov. de Navarra. 155.000 h. Centro agrícola y comercial.

PAMPLONADA. f. *Amér. del S.* Pamplinada.

PAMPLONÉS, SA. adj. y s. De Pamplona.

PAMPLONICA. adj. y s. Pamplonés.

PAMPLONITA. *Geog.* Río de Colombia (Norte de Santander), afl. del Zulia.

PAMPO, PA. adj. Plano, extendido.

PAMPÓN. m. *Perú.* Corral grande.

PAMPORCINO. (De *pan* y *porcino.*) m. Planta herbácea vivaz, de rizoma grande, flores aisladas, corola con tubo que se arrolla después de la fecundación, escondiendo bajo tierra el fruto. Los puercos buscan y comen su rizoma, que también es usado como purgante. *Cyclamen europaeum,* primulácea. ‖ Fruto de esta planta.

PAMPOSADO, DA. (De *pan* y *posado.*) adj. Desidioso, flojo, poltrón.

PAMPRINGADA. f. Pringada. ‖ fig. y fam. Cosa de poca substancia o fuera de propósito.

PAMUE. adj. Se dice del indígena del África Occidental perteneciente a los territorios de la Guinea Ecuatorial y al norte de la República del Congo. Ú.t.c.s. ‖ m. Lengua de los pamues.

PAN. al. **Brot.** fr. **Pain.** ingl. **Bread.** ital. **Pane.** port. **Pão.** (Del lat. *panis.*) m. Porción de masa de harina y agua que después de fermentada y cocida en horno sirve de alimento al hombre, entendiéndose que es de trigo cuando no se indica el grano de que se hace. PAN *de centeno, de maíz.* ‖ Masa muy sobada y delicada, dispuesta con manteca o aceite, que se usa para pasteles y empanadas. ‖ fig. Masa de otras cosas, en figura de **pan.** PAN *de jabón.* ‖ Todo lo que en general sirve para el sustento diario. ‖ Trigo. *Este campo da un* PAN *excelente.* ‖ Hoja de harina cocida entre dos hierros a la llama, que sirve para hostias, y cosas semejantes. ‖ Hoja muy delicada que forman los batidores de oro, plata u otros metales a fuerza de martillo. ‖ pl. Los trigos, centenos, etc., desde que nacen hasta que se siegan. ‖ **Pan aflorado. Pan floreado.** ‖ **– agradecido.** fig. Persona agradecida al beneficio. ‖ **– ázimo.** El que se hace sin levadura. ‖ **– bazo.** El que se hace de moyuelo y una parte de salvado. ‖ **– bendito.** El que suele bendecirse en la misa y se reparte al pueblo. ‖ **– candeal.** El que se hace con harina de trigo candeal. ‖ **– cenceño. Pan ázimo.** ‖ **– de azúcar.** Pilón, **pan** de azúcar de forma cónica. ‖ **– de flor.** El que se hace con la flor de la harina de trigo. ‖ **– de la boda.** fig. Regalos, agasajos y alegrías de que gozan los recién casados. ‖ **– de munición.** El que se da a los soldados, presos, etc. ‖ **– de perro.** Perruna, **pan** de harina sin cerner. ‖ fig. Daño y castigo que se hace o da a uno. ‖ **– de proposición.** El que se ofrecía todos los sábados en la ley antigua, y se ponía en el tabernáculo. ‖ **– de tierra.** *Cuba.* Cazabe. ‖ **– de trastrigo.** fig. y fam. Ú. en la loc. **buscar pan de trastrigo,** que significa pretender uno cosas fuera de tiempo o mezclarse en las que únicamente pueden ocasionarle daño. ‖ **– eucarístico.** Hostia sagrada. ‖ **– fermentado. Pan** ordinario. ‖ **– floreado. Pan de flor.** ‖ **– mal conocido.** fig. Beneficio no agradecido. ‖ **– mollete.** Mollete. ‖ **– o vino.** Especie de juego, semejante al de las chapas. ‖ **– perdido.** fig. Persona que ha dejado su casa y se ha hecho vagabunda. ‖ **– pintado.** El que se hace para las bodas y otras funciones, adornándolo con unas labores. ‖ **– porcino.** Pamporcino. ‖ **– regañado.** El que se abre en el horno. ‖ **– seco. Pan** solo, sin otra vianda. ‖ **– sentado.** El muy metido en harina, cuando pasa un día después de su cochura y mientras permanece correoso. ‖ **– y quesillo.** Planta herbácea crucífera, con tallo de tres a cuatro decímetros de altura; hojas estrechas y flores blancas. ‖ **A pan y agua.** frs. Sin más alimento que **pan** y agua. ‖ **Comer pan con corteza.** frs. fig. y fam. Ser una persona adulta y valerse por sí misma. ‖ **Con su pan se lo coma.** expr. fig. con que uno da a entender la indiferencia con que mira lo que hace o consigue otra persona. ‖ **Contigo, pan y cebolla.** expr. fig. con que ponderan su desinterés los enamorados. ‖ **Del pan y del palo.** expr. fig. y fam. que enseña que no se debe usar de excesivo rigor, sino mezclar la suavidad y el agasajo con el castigo. ‖ También significa que con lo provechoso se suele recompensar el trabajo. ‖ **¡El pan de cada día!** expr. fig. con que se censura al que repite de continuo consejos, peticiones o quejas. ‖ **Al pan, pan, y al vino, vino.** ref. con que se denota que se debe proceder con franqueza. ‖ **Engañar el pan.** frs. fig. y fam. Comer con el **pan** una cosa de gusto, para que sepa mejor. ‖ **Hacer un pan como unas hostias.** frs. fig. y fam. con que se lamenta el desacierto de una acción. ‖ **¡Ni qué pan caliente!** frs. fig. y fam. *Amér. Central, Col., Ec.* y *P. Rico.* Se emplea para rechazar las excusas, propuestas, etc., de otro. ‖ **No cocérsele** a uno **el pan.** frs. fig. y fam. con que se explica la inquietud que se siente hasta hacer, decir o saber lo que se desea. ‖ **Repartir como pan bendito** una cosa. frs. fig. y fam. Distribuirla en porciones muy pequeñas. ‖ **Ser** una cosa **el pan nuestro de cada día.** frs. fig. y fam. Ocurrir cada día o frecuentemente. ‖ IDEAS AFINES: *Borona, acemita, molleta, morena, hogaza, panecillo, mendrugo, zoquete, rebanada, corteza, miga, migajón, artesa, hornada, tahona, panadería, panificación, rosca, galleta, bizcocho, bollo, torta, tostada, sopa; amasar, hornear, migar, ensopar.*

● **PAN.** *Hist.* e *Ind.* El **pan** es uno de los alimentos básicos del hombre desde épocas remotas. Está comprobado que en el mundo antiguo lo fabricaban precariamente los egipcios, griegos, romanos, hebreos, etc., y con anterioridad, el hombre comía los granos enteros de algunos cereales, costumbre a la que aún hoy son afectas ciertas tribus africanas y otros pueblos primitivos. Por otra parte, no son pocas las referencias bíblicas sobre el **pan.** En las regiones donde abunda el trigo, el **pan** se fabrica preferentemente con la harina de este cereal, pero el centeno, la cebada, la avena, el mijo y el maíz son también muy usados. La fabricación del **pan** comprende de distintos procesos, principalmente tres: la formación de la pasta, la fermentación y la cocción. La formación de la pasta se hace mediante la mezcla de la harina con el agua y la sal, en las artesas, por medio de máquinas o a mano. La levadura que se emplea puede ser levadura prensada, obtenida ex profeso, o masa ya fermentada que se reserva de anteriores operaciones. La masa se somete, dividida en porciones más o menos pequeñas, a una temperatura moderada para que se produzca la fermentación por la acción de las células que constituyen la levadura; la fermentación produce alcohol y ácido carbónico gaseoso, que hincha la masa. Finalmente, en la cocción se dilatan los gases de la masa, se desprenden los productos volátiles y se coagula el almidón de la harina convirtiéndose en la superficie en dextrina y formando la corteza del **pan.** También se fabrica el **pan** sin levadura, con prescindencia de la fermentación y mediante el empleo de substancias que desprendan gas carbónico, pero a este procedimiento se recurre sólo excepcionalmente. Cuando en la fabricación del **pan** se emplea la totalidad del grano de trigo, se obtiene el llamado **pan** integral, que, si contiene mayor proporción de substancias no digeribles, es también más rico en vitaminas que el **pan** común.

PAN. Forma prefija del griego *pan,* todo, entero.

PAN. *Mit.* Dios griego de los pastores, los rebaños y la naturaleza agreste, caprido y bicorne. Era hijo de Hermes, que lo puso en el Olimpo. Simbolizó el principio de la vida universal.

PANA. (Del lat. *pannus,* paño.) f. Tela gruesa, semejante al terciopelo. ‖ *Mar.* Cada una de las tablas levadizas que forman el suelo de una embarcación pequeña.

PANA. f. *Chile.* Hígado de los animales. ‖ fig. Sangre fría, valor.

PÁNACE. (Del lat. *pánaces,* y éste del gr. *panakés;* de *pan,* todo, y *akos,* remedio.) f. Planta herbácea vivaz, de tallo estriado, poco ramoso, hojas en lóbulos acorazonados, flores amarillas en umbelas, frutos aovados y raíz gruesa, de la que se saca el opopónaco. *Ovoponax chironium,* umbelífera.

PANACEA. (Del lat. *panacea,* y éste del gr. *panakeia;* de *panakés,* pánace.) f. Medicamento a que se atribuye eficacia para curar varias enfermedades. ‖ **– universal.** Remedio que buscaron los alquimistas para curar todas las enfermedades.

PANADEAR. tr. Hacer pan para venderlo.

PANADEO. m. Acción de panadear.

PANADERÍA. al. **Bäckerei.** fr.

Boulangerie. ingl. **Bakery.** ital. **Panatteria.** port. **Padaria.** f. Oficio de panadero. || Lugar donde se hace o vende el pan.

PANADERO, RA. al. **Bäcker.** fr. **Boulanger.** ingl. **Baker.** ital. **Panattiere.** port. **Padeiro.** (Del b. lat. *panaterius*, y éste del lat. *panis*, pan.) s. Persona que por oficio hace o vende pan. || m. *Arg.* Vilano, flor. || m. pl. Baile español semejante al zapateado. || adj. *Chile.* Adulador.

PANADIZO. al. **Panaritium.** fr. **Panaris.** ingl. **Panaris.** ital. **Patereccio.** port. **Panarício.** (De *panarizo.*) m. Inflamación aguda y séptica de los dedos. || fig. y fam. Persona que tiene el color muy pálido, y que anda continuamente enferma.

PANADO, DA. adj. Dícese del líquido en que se pone pan tostado en infusión.

PANAL. al. **Webe.** fr. **Rayon.** ingl. **Honeycomb.** ital. **Favo.** port. **Favo.** (De *pan.*) m. Conjunto de celdillas prismáticas hexagonales de cera que las abejas forman en la colmena, y en las cuales depositan la miel. || Cuerpo de estructura semejante fabricado por las avispas. || Azucarillo. || – **longar.** El que está trabajado a lo largo de la colmena. || – **saetero.** El labrado de través. || IDEAS AFINES: *Bresca, dulzura, hámago, propóleos, alvéolo, castradera, careta, colmenar, zángano, avispa, aguijón, enjambre; colmenero, castrar, catar, desmelar, descerar.*

PANAMÁ. m. Sombrero de pita, con el ala recogida o encorvada. *El* PANAMÁ *es muy liviano.* Este tipo de sombrero, usado en verano en casi todo el mundo, constituye una fuente de recursos para el Ecuador, donde se fabrica tradicionalmente.

PANAMÁ. *Geog.* Estado independiente de América Central limitado por el mar de las Antillas, Costa Rica, el océano Pacífico y Colombia. Está situado en el istmo hom., cortado por el canal del mismo nombre. Tiene una extensión de 75.650 km^2. **Aspecto físico.** Semeja la forma de una *S* acostada. El suelo, muy montañoso, se eleva más hacia el oeste, donde se encuentra el volcán Chiriquí, de 3.478 m., el más alto del país. La cordillera de Veraguas que cruza el territorio como su espina dorsal, va disminuyendo su altura hacia el este hasta llegar a sólo 87 m. en la parte donde se construyó el canal interoceánico. A continuación se levantan la cordillera de San Blas y las serranías de Darién. El paralelo de 9º de latitud atraviesa el país; consecuentemente el clima es tropical, cálido y húmedo. La ladera septentrional del territorio está cubierta por la selva virgen, mientras que en la meridional alternan bosques con sabanas. Los ríos son cortos y el más importante es el Chagres, que alimenta el lago artificial de Gatún. **Aspecto humano.** La población de la República de Panamá alcanza a 1.770.000 h., de los cuales un 52% son mestizos, 18% blancos, un 15% negros, un 10% amerindios y un 5% mulatos. La religión dominante es la católica (93%). El idioma oficial es el castellano. Constituye una República dividida en nueve provincias y dos comarcas. Las provincias son: Bocas del Toro (cap. hom); Coclé (cap. PENONOMÉ); Colón (cap. hom.); Chiriquí (cap. DAVID); Darién (cap. LA PALMA); Herrera (cap. CHITRÉ); Los Santos (cap. LAS TABLAS); Panamá (cap. hom.) y Veraguas (cap. SANTIAGO DE VERAGUAS). Las comarcas son San Blas y Barú. La capital de la República es la ciudad de PANAMÁ (502.000 h.) Ciudades importantes: Balboa, Colón, David, Chitré, etc. **Recursos económicos.** La agricultura constituye la principal ocupación de sus habitantes. Es necesario distinguir entre los productos de exportación, y aquellos que tienen valor puramente local. Entre los primeros están los plátanos, que se cosechan especialmente en la zona del lago de Gatún y se exportan a través del puerto de Colón, y junto a la laguna de Chiriquí y salen por Bocas del Toro. El litoral del Pacífico también tiene cultivos de plátanos que se exportan por Puerto Armuelles. El cacao sigue en orden de importancia a los plátanos. Crece, sobre todo, en Chiriquí y Bocas del Toro. En las mismas zonas se produce abacá. Entre los artículos de consumo netamente local se destacan los cereales, el café, la caña de azúcar, la nuez de coco, etc. Los bosques panameños contienen maderas muy valiosas, en creciente explotación; caucho, etc. La ganadería dispone de amplios campos de pastoreo. Los bovinos y porcinos constituyen los rebaños más numerosos. La pesca tiene gran importancia. Crustáceos y perlas son los dos renglones capitales de esta valiosa actividad. La minería no ha adquirido aún mayor desarrollo. Oro y sal gema son prácticamente los únicos minerales que extrae, aunque el descubrimiento de importantes yacimientos cupríferos en las montañas del Oeste contribuirá en breve a modificar el esquema económico panameño. La industria tiene importancia local. Se fabrica cemento, calzado, cigarros, bebidas alcohólicas, artículos alimenticios, etc. **Panamá** exporta plátanos, crustáceos, cacao, café, abacá, etc., e importa toda clase de productos manufacturados, maquinaria, combustibles, tejidos, productos químicos y farmacéuticos; metales, etc. Las comunicaciones se realizan por tierra, mar y aire. Los ferrocarriles unen el interior de la prov. de Chiriquí con los puertos de exportación. Las vías férreas sobrepasan los 500 km. Los caminos recorren 2.300 km. y una línea aérea nacional comunica los principales centros. La capital es frecuentada por numerosos aviones de los servicios internacionales. La marina mercante cuenta con buenos puertos sobre ambos litorales. **Hist. Descubrimiento y Conquista.** El istmo de **Panamá,** cuyo nombre indígena se refiere a un lugar de la costa del Pacífico donde abundan los peces, fue habitado en el período precolombino por diversos grupos indígenas procedentes de otras tantas corrientes migratorias, especialmente los mayas y los chibchas. Por ser obligado lugar de tránsito entre los pobladores de México y los de América Central y la zona septentrional de América del Sur, se produjeron en él interesantes manifestaciones culturales. En 1501 el español Rodrigo de Bastidas descubrió las costas panameñas desde el río Atrato a Puerto Escribano. Al año siguiente Colón fondeó en la bahía que se denominó del Almirante y navegó hacia el Este hasta el puerto natural que después se llamó Portobelo. Con el propósito de iniciar la colonización, fundó la población de Santa María de Belén, en la que quedaron ochenta hombres a las órdenes de Bartolomé Colón; sin embargo, la población fue atacada y destruida por los nativos. Hacia 1509 Diego de Nicuesa llegó a las costas de Veraguas y fundó la ciudad de Nombre de Dios. En 1510 Martín Fernández de Enciso y Vasco Núñez de Balboa, descubridor del Pacífico en 1513, fundaron otra ciudad, Santa María la Antigua, en las cercanías del río Atrato; a ella arribó, en 1514, Pedrarias Dávila, quien el 15 de agosto de 1519 fundó para capital de su gobierno la ciudad de **Panamá**, que se transformaría en la base de las operaciones en dirección al Norte y al Sur. Los indígenas no se sometieron fácilmente; acaudillados por el cacique Urraca resistieron heroicamente durante casi una década en las montañas de Veraguas. **Colonización.** En 1538 fue creada la Real Audiencia de **Panamá,** anexada en 1739 al virreinato de Santa Fe, juntamente con Nueva Granada, Venezuela y Quito. La corona española no dejó de advertir el valor estratégico del istmo, y ya en 1534, Pascual de Andagoya debió informar sobre las posibilidades de apertura de un canal interoceánico. Centro económico fue Portobelo, que abastecía a las colonias con las mercaderías enviadas por España. Reiteradamente, hasta fines del s. XVIII los corsarios ingleses o franceses, entre ellos Morgan, atacaron y se apoderaron de distintas poblaciones. Otro factor de intranquilidad para las autoridades coloniales lo constituyeron las rebeliones de los indígenas y de los negros; estos últimos se sublevaron en 1549, 1553 y 1555, y suscribieron en 1581 un tratado de paz que tuvo relativa validez. Las sublevaciones de indígenas y mestizos culminaron en el s. XVIII, a fines del cual fracasó, en la costa del Darién, un intento de colonización escocesa. **Independencia.** Desde comienzos del s. XIX se organizaron entidades políticas en distintos puntos del istmo; de ellas surgiría el ideal de la independencia. A partir de 1812, **Panamá** fue asiento del virrey de Nueva Granada y punto de partida de expediciones contra los patriotas sublevados en otras colonias; alrededor de 1820 las tendencias separatistas incitadas por su primer periódico "La Miscelánea", publicado por los patriotas panameños, adquirieron inusitado vuelo y sin derramamientos de sangre triunfaron en 1821. El istmo se incorporó entonces a la Gran Colombia y en 1830, al separarse de ella Venezuela y Ecuador, trató de hacerlo también. En 1831 repitió el intento sin éxito. En 1840, Tomás Herrera proclamó nuevamente la separación del istmo de **Panamá,** pero el nuevo Estado permaneció independiente tan sólo trece meses, tras los cuales volvió a unirse a Colombia. El fortalecimiento del sentimiento nacional panameño y los resultados nefastos de la quiebra de la compañía francesa que había iniciado en 1882 la construcción del canal interoceánico, determinaron, en 1903, la proclamación de la República de **Panamá.** Las obras del canal fueron terminadas por Estados Unidos e inauguradas en 1914. En 1936 **Panamá** firmó con Estados Unidos un tratado por el cual éstos pueden defender el canal en caso de guerra. **Presidentes de Panamá:** Manuel Amador Guerrero (1904-1907); Domingo de Obaldía (1908-1910); Carlos A. Mendoza y Federico Boyd (1910); Pablo Arosemena (1910-1912); Belisario Porrás (1912-1916); Ramón Valdés (1916-1918); Ciro Urriola (1918); Belisario Porrás (1918-1920); Ernesto T. Lefèvre (1920); Belisario Porrás (1920-1924); Rodolfo Chiari (1924-1928); Florencio H. Arosemena (1928-1931); Ricardo J. Alfaro (1931-1932); Harmodio Arias (1932-1936); Juan Demóstenes Arosemena (1936-1939); Augusto S. Boyd (1939-1940); Arnulfo Arias (1940-1941); Ricardo Adolfo de la Guardia (1941-1945); Enrique Adolfo Jiménez (1945-1948); Domingo Díaz Arosemena (1948-1949); Daniel Chanis (1949); Roberto J. Chiari (1949); Arnulfo Arias (1949-1951); Alcibiades Arosemena (1951); José Antonio Remón (1952-1955); José Ramón Guizado (1955); Ricardo Arias Espinoza (1955-1956); Ernesto de la Guardia (1956-1960), Roberto F. Chiari (1960-1964); Marco A. Robles (1964-1968); Arnulfo Arias (1968); Junta militar (1968-1969); Junta presidida por Demetrio B. Lakas (1969-1972, y 1972-1978). En 1978, Arístides Royo. El general Omar Torrijos Herrera ejerce la jefatura del gobierno con poderes excepcionales. **Símbolos nacionales. Bandera.** Está dividida en cuatro cuarteles: uno de los superiores, al lado del asta, es blanco y tiene en su centro una estrella azul; el otro es de color rojo; el inferior cercano al asta es azul, y el restante es blanco, con una estrella roja en su centro. **Escudo.** Es de forma ojival. Dividido en tres partes, el centro muestra el istmo con sus mares y su cielo, la luna que comienza a elevarse sobre las ondas y el sol que torna a esconderse, "marcando así la hora solemne del grito de nuestra independencia". En la parte superior, dividida en dos cuarteles, se ve a la derecha, en campo de plata, una espada y un fusil abandonados, que significan el cese de las guerras civiles y a la izquierda, como símbolo del trabajo, una pala y un azadón cruzados. La parte inferior está también dividida en dos; a la derecha, sobre fondo azul, la riqueza simbolizada por una cornucopia; a la izquierda, sobre fondo plateado, la rueda alada que simboliza el progreso. Detrás del escudo, cubriéndolo con sus alas abiertas, el águila con su cabeza hacia la izquierda representa la soberanía; de su pico pende una cinta de plata que cuelga a derecha e izquierda, y en la que se lee el lema *Pro mundi beneficio.* En forma de arco, sobre el águila, nueve estrellas doradas en representación de las provincias de la República. A ambos lados del escudo, van dos banderas nacionales recogidas en su parte inferior. **Himno.** El Himno Nacional de **Panamá** fue inicialmente una pieza para banda compuesta por el músico Santos Jorge, en 1897, con el nombre de Himno Istmeño. Fue proclamada canción patria en 1903. **Gobierno.** De acuerdo con la Constitución de 1972, **Panamá** es una república democrática. Tres Órganos ejercen el gobierno; el Ejecutivo (presidente y vicepresidente, elegidos por la Asamblea Nacional para un período de seis años); el Legislativo (una Asamblea Nacional, Representantes de Corregimientos y el Consejo Nacional de Legislación) y el Judicial (una Corte Suprema, y los Tribunales de Justicia subalternos a la misma). Ambos sexos gozan del derecho de elegir y ser elegidos y comparten el gobierno en los tres Órganos que lo forman. **Educación.** La educación primaria es obligatoria entre los 7 y 15 años, y su ciclo es de 6 años. Existen 54 jardines de infantes, 1.100 escuelas primarias, 76 escuelas secundarias, 1 escuela normal, 58 escuelas técnicas y la Universidad Nacional, de la cual dependen 6 facultades. Funcionan además, la Escuela Nacional de Agricultura y varias Estaciones Experimentales Agrícolas. **Cultura. Literatura.** Las letras panameñas comenzaron a tener fisonomía propia en el cruce de los siglos XIX y XX, en un modernismo no desentendido de elementos románticos. Dos poetas, Ricardo Miró y Demetrio Korsi, representaron notablemente ese surgimiento; en la misma tendencia se destacaron después Harmodio Guardia, Enrique Geenzier, Moisés Castillo, etc. Alrededor de 1930 Rogelio Sinán es el iniciador de la escuela vanguardista, que destaca hasta hoy indudables valores: Roque Javier Laurenza, Ofelia Hooper, Eda Nela, Gaspar O. Hernández, Stella Sierra y otros. Uno de los primeros escritores que sobresalieron en la prosa fue Salomón Ponce Aguilera, afecto al naturalismo; intensificando la búsqueda de un acento nacional, le siguieron otros cultores del cuento y la novela: Ignacio J. Valdés, José E. Huerta, Moisés Castillo. Más recientes aún, Rogelio Sinán, Roque Javier Laurenza y otros, han introducido nuevas estéticas. La última promoción literaria destaca a novelistas y cuentistas como José Cajar, Renato Ozores, Rodolfo Aguilera, Justo Arroyo, Eloy Benedetti, Gloria Guardia de Alfaro, Tristán Solarte, Carlos F. Changmarin, Ramón H. Jurado, Juan Díaz Lewis, Alfredo Cantón, Joaquín Beleño, etc., y ensayista y críticos: Octavio Méndez Pereira, Ángel Revilla Agüero, Luisa Aguilera Patiño, Miguel Amado y otros. En el campo de la Historia han sobresalido Ricardo J. Alfaro, José de la Cruz Herrera, Carlos Gasteazora, Ernesto J. Castillero Reyes, etc. **Música.** Indígena en el interior del país, con resabios precolombinos, e hispanoamericana en la costa, la música de **Panamá** ofrece gran variedad de danzas y canciones características, aunque también tienen gran difusión algunas danzas negras. Entre los precursores de la corriente musical culta sobresalió desde fines del s. XIX Santos Jorge; de su misma generación es Narciso Garay Díaz, compositor e investigador del folklore nativo. Con posterioridad se destacaron Herberto de Castro, Alberto Galimany, Eduardo

Charpentier, Jaime Ingram, Ricardo Fábrega, Roque Cordero y el violinista y compositor Alfredo de Saint-Malo. En la capital existe un conjunto sinfónico de gran prestigio. En los últimos años, ha sido preocupación oficial el cultivo y la jerarquización de la música nativa, que durante mucho tiempo estuvo casi exclusivamente en manos de los aficionados; a ese propósito respondió la fundación de un importante Conservatorio Nacional, en 1940.

PANAMÁ. *Geog.* Provincia de la Rep. de Panamá, situada al N. del golfo hom. 11.292 km², 670.000 h. Cap. homónima. ‖ Ciudad de Panamá, cap. del país y de la prov. hom., situada en las inmediaciones de la Zona del Canal, con puerto sobre el océano Pacífico. Centro industrial y comercial de gran importancia. Universidad. 502.000 h. ‖ **Canal de —.** Extraordinaria obra de ingeniería realizada en territorio panameño. Este canal une las aguas del mar de las Antillas con las del Pacífico. Tiene 81 km. de largo y su ancho varía entre 90 y 305 m. Está hecho con un sistema de esclusas para salvar las diferencias de nivel entre las aguas. Su travesía demora de 7 a 9 horas. Su construcción, que comenzó en 1882, estuvo a cargo de una compañía francesa al frente de la cual se encontraba el conde Fernando de Lesseps. Esta compañía quebró financieramente, y entonces EE. UU. se comprometió a terminar la obra, que se inauguró en 1914. ‖ **Golfo de —.** Profunda escotadura de la costa occidental de Panamá que abarca desde la pen. de Azuero hasta la punta Caracoles. ‖ **Istmo de—.** Angosta faja de territorio americano que abarca aproximadamente la extensión del país hom. y que une el continente de América del Norte con el de América del Sur. Está dividido en dos por el canal hom. ‖ **Zona del Canal de —.** Zona que abarca 8 km a cada lado del canal. Fue cedida por la Rep. de Panamá en usufructo perpetuo al gobierno de los EE. UU., en el año 1903. 1.676 km². 44.198 h. Dentro de esta zona no existe la propiedad privada y el gobierno lo ejerce un gobernador designado por el presidente de los EE. UU., que reside en BALBOA, la capital. En 1977, el general Torrijos Herrera y el presidente Carter suscribieron un nuevo tratado por el cual la soberanía sobre la **Zona del Canal** será restituida a la Rep. de Panamá en 31-XII-1999.

PANAMEÑO, ÑA. adj. Natural de Panamá. Ú.t.c.s. ‖ Perteneciente a esta república. *Istmo* PANAMEÑO.

PANAMERICANISMO. m. Tendencia a que las repúblicas del Nuevo Mundo se aúnen para resistir las influencias extrañas perjudiciales a sus intereses.

● **PANAMERICANISMO.** *Der. e Hist.* Definido por Tomás Woodrow Wilson como "la encarnación efectiva del espíritu de derecho, independencia, libertad y asistencia mutua" de las repúblicas americanas, el **panamericanismo** aboga por la colaboración cultural, política y económica de las repúblicas que constituyen el continente. Fórmula y doctrina de unión moral, de protección de intereses comunes, descarta, sin embargo, la idea del agrupamiento político y persigue como objetivo máximo una plena solidaridad democrática continental dentro de la cual los países actúen en un plano de absoluta igualdad y total independencia, sin estar sujetos a imposiciones extrañas. Los antecedentes históricos del **panamericanismo** arrancan del período colonial y se proyectan en los ideales revolucionarios de los próceres del continente. El Congreso de Panamá, convocado por Bolívar en 1826, aprobó un proyecto de creación de un organismo confederal cuya misión era abocarse a los problemas de la guerra y la paz; aunque este proyecto no fue ratificado, subsistió el ideal bolivariano y la labor del Congreso fue precioso rudimento del futuro **panamericanismo.** Nuevos pasos, aunque sin resultados prácticos, fueron dados en las conferencias de Lima (1848, 1864 y 1877-78), en la de Santiago de Chile (1856) y en la de Montevideo (1888-1889). En 1889, por iniciativa de EE. UU. se reunió la Primera Conferencia Panamericana, con representantes de todos los países americanos, menos de Santo Domingo, la que aprobó el arbitraje obligatorio, la creación de la Oficina Internacional de las Repúblicas Americanas y la celebración del Día de las Américas, el 14 de abril. Sucesivas conferencias fueron adaptando la idea del **panamericanismo** a las nuevas condiciones jurídico-sociales del continente. En 1936 se aprobó la "Declaración de Principios de solidaridad y cooperación interamericana", cuyos postulados establecen una comunidad de ideas democráticas republicanas, igualdad jurídica de los Estados, mutuo respeto del derecho de soberanía, proscripción de la conquista territorial y de la intervención de un Estado en los asuntos internos de otros, etc. La segunda Guerra Mundial desarrolló el concepto de **panamericanismo** y en sucesivas conferencias el continente adoptó una actitud primero neutral y luego de apoyo a EE. UU., aconsejando la ruptura de relaciones con los países del Eje. El Acta de Chapultepec y el Tratado Interamericano de Asistencia Recíproca de 1947, así como la creación, en Bogotá, de la Organización de los Estados Americanos, configuran el nuevo criterio del **panamericanismo,** atento a los problemas continentales.

PANAMERICANISTA. com. Persona que profesa ideas de panamericanismo.

PANAMERICANO, NA. adj. Perteneciente o relativo al panamericanismo. Ú.t.c.s. ‖ Perteneciente o relativo a toda América.

PANARIZO. (Del lat. *panarícium.*) m. Panadizo.

PANARRA. m. Hombre simple, flojo, perezoso y descuidado.

PANATELA. f. Especie de bizcocho grande y delgado.

PANATENEAS. f. pl. Fiestas que se celebraban en Atenas, en honor de Atenea, patrona de la ciudad. *Un friso del Partenón representa la procesión de las* PANATENEAS.

PANÁTICA. f. Provisión de pan en las naves.

PANATIER. m. Panetero.

PANAY. *Geog.* Isla de las Filipinas, al S. de Luzón. 11.520 km². 1.800.000 h. Algodón, arroz, azúcar, café.

PANCA. f. Canoa de Filipinas, que lleva realzadas las bordas con unas tablas; úsase comúnmente para pescar.

PANCA. f. *Arg., Bol.* y *Perú.* Perfolla.

PANCADA. (Del port. *pancada,* golpe, y éste del m. or. que *palanca.*) f. Contrato, muy usado en Indias, de vender las mercaderías por junto y en montón.

PANCARPIA. (Del lat. *pancárpiae* [coronae], y éste del gr. *pankarpios;* de *pan,* todo, y *karpós,* fruto.) f. Corona compuesta de diversas flores.

PANCARTA. (Del b. lat. *pancharta,* y éste del gr. *pan,* todo, y *khartes,* hoja, papel.) f. Pergamino que contiene copiados varios documentos. ‖ Cartelón de tela, cartón, etc., que sostenido adecuadamente en una o varias pértigas, se exhibe en reuniones públicas, y contiene letreros de grandes caracteres, con lemas, expresiones de deseos colectivos, consignas partidarias, peticiones, etc.

PANCELLAR. m. Pancera.

PANCERA. (De *panza.*) f. Pieza de la armadura antigua, que cubría el vientre.

PANCETA. f. *Arg.* Falda del cerdo.

PANCILLA. (dim. de *panza.*) f. V. **Letra pancilla.**

PANCISTA. (De *panza.*) adj. y s. fam. Dícese de quien, sirviendo sólo su interés personal, procura no pertenecer a ningún partido, para poder medrar, o estar en paz con todos.

PANCLASTITA. (Del gr. *pan,* todo, y *klastós,* roto.) f. Explosivo muy violento, derivado del ácido pícrico.

PANCO. m. Embarcación filipina de cabotaje, parecida al pontín.

PANCRACIASTA. m. Atleta que se ejercitaba en el pancracio.

PANCRACIO. (Del lat. *pancrátium,* y éste del gr. *pankration;* de *pan,* todo, y *kratos,* poder.) m. Combate gímnico de origen griego, con lucha y pugilato, y en el que se consideraban lícitos la zancadilla, los puntapiés y toda clase de medios.

PANCRÁTICO, CA. adj. Pancreático. ‖ *Ópt.* Aplícase al sistema óptico según el cual se obtienen aumentos variables, merced a una o varias lentes que pueden correrse dentro del eje óptico del instrumento usado.

PÁNCREAS. al. **Bauchspeicheldrüse; Pankreas.** fr. **Pancréas.** ingl. **Pancreas.** ital. **Pancrea; pancreas.** port. **Pancreas.** (Del gr. *pankreas,* de *pan,* todo, y *kréas,* carne.) m. Glándula situada en la cavidad abdominal de los mamíferos, anexa al duodeno, donde vierte un jugo semejante a la saliva, pero más complejo, que contribuye a la digestión, y produce también una secreción interna, la insulina, cuya ausencia origina la diabetes.

PANCREÁTICO, CA. adj. Perteneciente al páncreas. *Jugo* PANCREÁTICO.

PANCREATITIS. (De *páncreas* y el suf. *itis,* inflamación.) f. *Pat.* Inflamación del páncreas.

PANCREATOMÍA. (De *páncreas* y el gr. *tomé,* corte, incisión.) f. Incisión quirúrgica en el páncreas.

PANCROMÁTICO, CA. (Del gr. *pan,* todo y *khroma,* color.) adj. Que es igualmente sensible a todos los colores. Aplícase particularmente a las placas o películas fotográficas que tienen dicha propiedad. Ú.t.c.s.f.

PANCHIMALCO. *Geog.* Población de El Salvador, en el dep. de San Salvador. 4.000 h.

PANCHO. m. Cría del besugo. ‖ *Col.* y *Ven.* Tela de algodón, parecida a la zaraza. ‖ *Hond.* Mico, mono.

PANCHO. m. fam. Panza.

PANCHO, CHA. adj. *Col.* Se dice de lo que es ancho y aplastado. ‖ *Chile.* De color pardo.

PANCHO, El Viejo. *Biog.* V. **Alonso y Trelles, José.**

PANDA. (De *banda,* lado.) f. Cada una de las galerías o corredores de un claustro.

PANDÁN. m. Galicismo que se emplea en la frase **hacer pandán,** por formar pareja, tener correspondencia o correlación.

PANDANÁCEO, A. adj. *Bot.* Dícese de plantas monocotiledóneas de África, Asia y Oceanía, arborescentes, con raíces aéreas, hojas estrechas, flores unisexuales reunidas en inflorescencia espadiciforme, y fruto en baya o drupa; como el pandano. ‖ f. pl. *Bot.* Familia de estas plantas.

PANDANALES. f. pl. *Bot.* Orden de monocotiledóneas al que pertenecen las pandanáceas.

PANDÁNEO, A. adj. *Bot.* Pandanáceo.

PANDANO. (Voz malaya.) m. *Bot.* Género de plantas cuyas numerosas especies se cultivan por sus fibras textiles o por su fruto carnoso comestible. Gén. *Pandanus,* pandanáceas.

PANDANTIF. m. Galicismo por **pinjante.**

PANDATARIA. *Geog. histór.* Isla italiana del mar Tirreno, frente a la Campania. En ella estuvieron desterrados Julia, hija de Augusto; Agripina, viuda de Germánico, y Octavia, esposa de Nerón. Hoy se llama **Ventotene.**

PANDEAR. (De *pando.*) intr. y r. Torcerse una cosa encorvándose, especialmente en el medio. *Una tabla que* PANDEA; sinón.: **alabearse, combarse.** ‖ r. vulg. *Méx.* Retractarse.

PAN DE AZÚCAR. *Geog.* Cerro del Brasil (Río de Janeiro), en la entrada de la bahía de Guanabara. 390 m. de altura. ‖ Pobl. del Uruguay (Maldonado), a 106 km. al E. de Montevideo. 6.000 h.

PANDECTAS. (Del lat. *pandectae,* y éste del gr. *pandektes;* de *pan,* todo, y *dekhomai,* aceptar, comprender.) f. pl. Recopilación de varias obras, en especial las del derecho civil, que el emperador Justiniano puso en los cincuenta libros del Digesto. ‖ Código del mismo emperador, con las Novelas y otras constituciones que lo forman. ‖ Conjunto del Digesto y del Código. ‖ Cuaderno que utilizan los hombres de negocios y que es un índice alfabético de las personas con quienes mantienen correspondencia, con remisión a las respectivas cuentas.

PAN DE GUAJAIBÓN. *Geog.* Cerro de Cuba (Pinar del Río). 760 m.

PANDEMIA. (Del gr. *pandemia,* reunión del pueblo.) f. *Med.* Enfermedad epidémica que se extiende a varios países o que ataca a la mayor parte de los habitantes de uno solo. ‖ deriv.: **pandémico, ca.**

PANDEMÓNIUM. m. Capital imaginaria del reino infernal. ‖ fig. y fam. Lugar en que hay mucho ruido y confusión. *La estación era un* PANDEMÓNIUM. ‖ Cosa incoherente y confusa.

PANDEO. m. Acción y efecto de pandear o pandearse.

PANDERA. f. Pandero, instrumento.

PANDERADA. f. Conjunto de muchos panderos. ‖ fig. y fam. Necedad, dicho insubstancial o inoportuno.

PANDERAZO. m. Golpe dado con el pandero.

PANDERETA. f. dim. de **Pandera.** ‖ Pandero, instrumento.

PANDERETADA. f. Repique de pandereta. ‖ Panderetazo.

PANDERETAZO. m. Golpe dado con la pandereta.

PANDERETE. m. dim. de **Pandero.** ‖ Tabique de panderete.

PANDERETEAR. intr. Tocar el pandero o bailar al son de él. ‖ deriv.: **pandereteo.**

PANDERETERO, RA. s. Persona que toca el pandero. ‖ Persona que hace o vende panderos.

PANDERO. al. **Schellentrommel; Tamburin.** fr. **Tambour de basque.** ingl. **Tambourine.** ital. **Cemballo.** port. **Pandeiro.** (Del lat. *pandórium.*) m. Instrumento rústico formado por uno o dos aros superpuestos, con sonajas o cascabeles, y cuyo vano está cubierto por uno de sus cantos o por los dos con piel, muy lisa y estirada, la cual, para hacerla sonar, se golpea con los dedos o simplemente se hacen resbalar éstos sobre ella. ‖ fig. y fam. Persona necia y que habla mucho y sin substancia. ‖ Cometa, juguete.

PANDICULACIÓN. (Del lat. *pandiculari,* desperezarse.) f. Desperezo.

PANDILLA. al. **Bande.** fr. **Bande.** ingl. **Gang.** ital. **Comitiva; lega.** port. **Pandilha.** (De *banda.*) f. Trampa, fullería, especialmente la hecha juntando cartas. ‖ Liga o unión. ‖ La que forman algunos para dañar o engañar a otros. ‖ Bando, bandería. ‖ Grupo de amigos que suelen reunirse para conversar o solazarse. ‖ IDEAS AFINES: *Asociación, alianza, coalición, federación, grupo, gavilla, camarilla, compañía, sociedad, consorcio, colectividad; confabulación, conjuración, conspiración, complot, maquinación, contubernio, conciliábulo, connivencia, intriga, enredo.*

PANDILLAJE. m. Influjo de personas reunidas en pandilla para fines ilícitos.

PANDILLERO. m. Pandillista.

PANDILLISTA. m. El que forma o fomenta pandillas.

PANDIT o PANDITO. m. Título honorífico que se da en la India a brahamanes sabios, fundadores de secta, etc.

PANDO, DA. (Del lat. *pandus,* de *pandere,* extenderse.) adj. Que pandea. *Un tablero* PANDO. ‖ Dícese de lo que se mueve lentamente, como los ríos por tierra llana. ‖ Poco profundo, de poco fondo. Dícese principalmente de las aguas y de las concavidades que las contienen. ‖ Dícese de la caballería que por ser muy larga de cuartillas y débil, casi toca en el suelo con los menudillos. ‖ Dícese de la persona despaciosa. ‖ *Bol.* Llano, de poco fondo. ‖ *Col.* Jorobado, encorvado. ‖ *Guat.* Lleno, harto. ‖ *Méx.* Ebrio. ‖ m. Terreno casi llano, situado entre montañas.

PANDO, José Manuel. *Biog.* Militar bol., de 1899 a 1904 presid. de su país (1849-1917). ‖ – **José María.** Literato y polít. peruano que actuó en cargos públicos durante el gobierno de Bolívar y publicó traducciones de los clásicos latinos y *Epístola a Próspero* (1787-1840).

PANDO. *Geog.* Cerro de América Central, sit. en el límite entre Costa Rica y Panamá. 3.162 m. ‖ Dep. de Bolivia, en la frontera con Brasil y Perú. 63.827 km². 37.000 h. Cap. COBIJA. Cereales, caucho, azúcar, maderas. ‖ Pobl. del Uruguay (Canelones), a 32 km. al N.E. de Montevideo. 6.200 h.

PANDORA. f. Instrumento músico, entre guitarra y laúd, con cuerdas de latón.

PANDORA. *Mit.* Según los griegos, la primera mujer, adornada por los dioses de todas sus facultades. Fue enviada por Zeus a la Tierra con un cofre que no debía abrir. Llevada por su curiosidad, abrió la tapa y salieron de la caja todas las calamidades que desde entonces afligen a la humanidad. En el fondo sólo quedó la esperanza.

PANDORADA. (De *Pandora.*) f. Mal, desgracia. ‖ Esperanza oculta.

PANDORATADA. f. Acción reprobable. ‖ Alarde de esperanzas donosas.

PANDORGA. f. Figurón a manera de estafermo, que en antiguos juegos daba con el brazo al jugador poco diestro. ‖ Este juego. ‖ Cometa, juguete. ‖ fig. y fam. Mujer gorda y pesada, o muy floja en sus acciones. ‖ *Col.* Molestia. ‖ Embuste, superchería. ‖ *Col.* y *Méx.* Burla, broma. ‖ *Chile.* Cierto baile de naipes. ‖ Cierto baile antiguo.

PANDSCHATANTRA. *Lit.* Uno de los monumentos de la literatura hindú, de remoto origen. Compendio de sentencias, fábulas y cuentos, fue traducido al persa en el s. VI y ejerció sensible influencia en la literatura medieval.

PANE. (Del gr. *panne.*) f. Galicismo por detención en el mecanismo de un automóvil.

PANECILLO. m. Pan pequeño. ‖ Mollete esponjado. ‖ Lo que tiene forma de un pan pequeño.

PANEGÍRICO, CA. al. **Lobrede; Panegyrikus.** fr. **Panégyrique.** ingl. **Panegyric.** ital. **Panegirico.** port. **Panegírico.** (Del lat. *panegýricus*, y éste del gr. *panegyrikós.*) adj. Perteneciente o relativo al discurso en alabanza de una persona; laudatorio. ‖ m. Discurso o escrito en alabanza de una persona. antón.: **diatriba.** ‖ deriv.: **panegíricamente.** ‖ IDEAS AFINES: *Elogio, encomio, ditirambo, aplauso, apología, celebración, loa, ovación; panegirista, aclamador; enaltecer, ensalzar, proclamar, encarecer, exaltar, decantar, preconizar, engrandecer, glorificar, magnificar, vitorear.*

PANEGIRISTA. m. Orador que pronuncia un panegírico. ‖ fig. El que alaba a otro de palabra o por escrito. sinón.: **apologista, encomiasta.**

PANEGIRIZAR. tr. p. us. Hacer el panegírico de una persona. ‖ deriv.: **panegirizable.**

PANEL. al. **Füllung.** fr. **Panneau.** ingl. **Panel.** ital. **Pannello.** port. **Painel.** (Del b. lat. *panellus.*) m. Cada compartimiento en que se dividen lienzos de pared, hojas de puertas, etc. ‖ Tablero para dibujo. ‖ *Mar.* Cada una de las tablas que forman el suelo movible de algunas embarcaciones.

PANEL. (Del ingl. *panel.*) m. *Amér.* Lista de jurados. ‖ Grupo de personas que discuten un asunto en público.

PANELA. (De *pan.*) f. Bizcochuelo de figura prismática. ‖ *Amér.* Chancaca. ‖ *Col.* y *Ven.* Persona antipática e impertinente. ‖ adj. *Col.* y *Ven.* Zalamero, empalagoso.

PANE LUCRANDO. expr. lat. que, precedida de la preposición *de*, se aplica a las obras artísticas o literarias que se hacen descuidadamente y buscando sólo la ganancia.

PANENTEÍSMO. (Del gr. *pan*, todo, *en*, en y *Theós*, Dios.) *Fil.* Krausismo.

PANERA. al. **Brotkorb.** fr. **Grenier; corbeille à pain.** ingl. **Granary; bread basket.** ital. **Granaio; paniera.** port. **Paneiro.** (Del lat. *panaria.*) f. Troje donde se guardan cereales y otros frutos. ‖ Cesta grande sin asa, para transportar pan. ‖ Nasa, cesto.

PANERO. (Del lat. *panarius.*) m. Canasta redonda para echar el pan que se saca del horno. ‖ Ruedo, estera.

PANESLAVISMO. m. Tendencia a confederar a todos los pueblos de origen eslavo. ‖ deriv.: **paneslavista.**

PANETE. adj. *Arg.* Bobo, necio. Ú.t.c.s.m.

PANETELA. f. Especie de papas, hechas con caldo substancioso, pan rallado, etc. ‖ Cigarro puro largo y delgado. ‖ *Cuba* y *P. Rico.* Panatela. ‖ *Perú.* Cierto cocimiento de arroz para enfermos.

PANETERÍA. f. Lugar destinado en palacio para el pan y la ropa de mesa. ‖ deriv.: **panetero, ra.**

PANFILISMO. m. Benignidad extremada.

PÁNFILO, LA. (Del lat. *Pámphilus*, n. p., y éste del gr. *pámphilos*; de *pan*, todo, y *philos*, amigo.) adj. Muy pausado, desidioso. ‖ Cándido, simple. Ú.t.c.s. ‖ *Col.* Macilento, pálido. ‖ m. Juego de burla que consiste en soplar una cerilla encendida al tiempo que se dice la palabra **pánfilo.**

PANFLETISTA. m. Dígase **libelista.**

PANFLETO. m. Dígase **libelo, folleto.**

PAÑGAL. m. *Chile.* Terreno abundante en pangues.

PANGALOS, Teodoro. *Biog.* Pol. griego que de 1925 a 1927 se erigió en dictador de su país (1878-1952).

PANGARÉ. adj. *Arg., Chile* y *Urug.* Dícese del caballo de color de venado. Ú.t.c.s. ‖ *Bol.* Dícese del caballo de hocico blanco, que tiene fama de rápido y resistente.

PANGASINÁN. *Geog.* Provincia de las Filipinas, en la isla de Luzón. 5.234 km². 1.500.000 h. Cap. LINGAYEN.

PANGELÍN. m. Árbol del Brasil, de tronco recto, copa ancha, hojas semejantes a las del nogal, florecillas en racimos y almendras rojizas, usadas como antihelmíntico; leguminoso.

PANGE LINGUA. m. Himno que empieza con estas palabras y se canta en alabanza del Santísimo Sacramento.

PANGERMANISMO. m. Doctrina que proclama y procura la unión y predominio de todos los pueblos de origen germánico. ‖ deriv.: **pangermánico, ca; pangermanista.**

PANGLOSIA. f. Conjunto de libros escritos en distintos idiomas. ‖ Locuacidad, verborrea.

PANGO. m. Panco. ‖ *Arg.* y *Bol.* Enredo, confusión.

PANGOLÍN. (Del malayo *pangguling*, rodillo.) m. Mamífero de Asia y África, de cabeza, dorso y cola con escamas duras y puntiagudas, que eriza, especialmente cuando se arrolla en bola. Gén. *Manis*, desdentado.

PANGUE. (Del araucano *panque.*) m. *Chile.* Planta de lugares húmedos, de rizoma astringente; los peciolos de sus grandes hojas son comestibles. *Gunnera chilensis.*

PANGUIPULLI. *Geog.* Lago de Chile, en la prov. de Valdivia, atravesado por el río de este nombre.

PANIAGUA, Raúl. *Biog.* Compositor y pianista guat., autor de *La leyenda maya* y otras obras de cuidada técnica impresionista (n. 1898). ‖ – **MARTÍNEZ, Julián.** Músico guat., autor de danzas populares de extraordinaria difusión en su país (1856-1945).

PANIAGUADO. (De *pan* y *agua.*) m. Servidor de una casa, que recibe habitación, alimento y salario. ‖ fig. El allegado a una persona y favorecido por ella.

PÁNICO, CA. al. **Panik.** fr. **Panique.** ingl. **Panic.** ital. **Panico.** port. **Panico.** (Del lat. *pánicus*, del gr. *panikós*, de Pan.) adj. Dícese del miedo grande o temor excesivo. Ú.t.c.s.m. *Cundió el* PÁNICO *al sentirse el temblor.* ‖ Perteneciente o relativo al dios Pan.

PANÍCULA. f. *Bot.* Panoja o espiga de flores.

PANICULADO, DA. adj. En forma de panícula.

PANICULAR. adj. Perteneciente o relativo al panículo.

PANÍCULO. (Del lat. *pannículus*, tela fina.) m. Espiga que contiene muchas flores y semillas. ‖ *Zool.* Capa subcutánea formada por un tejido.

PANIEGO, GA. adj. Que come mucho pan, o es aficionado a él. ‖ Dícese del terreno que rinde mucho trigo.

PANIFICAR. (Del lat. *panis*, pan, y *fácere*, hacer.) tr. Hacer pan. ‖ Romper tierras eriales arándolas y cultivándolas. ‖ deriv.: **panificable; panificación.**

PANILLA. (Del b. lat. *panellus.*) f. Medida para aceite, equivalente a la cuarta parte de una libra.

PANIQUE. m. Murciélago de Oceanía, frugívoro, del tamaño del conejo, de cabeza semejante a la del perro, cola corta y pelo rojizo; es el quiróptero de mayor tamaño. Gén. *Pteropus* y *Acerodon.*

PANISLAMISMO. m. Moderna tendencia de los pueblos musulmanes a lograr, mediante su unión, la total independencia respecto de las demás naciones. ‖ deriv.: **panislámico, ca; panislamista.**

PANIZO. al. **Hirse.** fr. **Panic; panis.** ingl. **Panic grass.** ital. **Panico.** port. **Painço.** (Del lat. *panícium*, de *panis*, pan.) m. Planta anual originaria de Oriente, cultivada, de cuya raíz salen tallos con hojas planas y estrechas, y flores en panojas apretadas. *Setaria itálica*, gramínea. ‖ Su grano, usado como alimento. ‖ Maíz. ‖ *Chile.* Criadero de minerales. ‖ Abundancia de alguna cosa. ‖ Persona a la que se puede sacar dinero. ‖ Negocio fácil y lucrativo, ganga. ‖ – **de Daimiel.** Planta cultivada, de hojas planas, con nervios gruesos, flores en panoja y ramas ventriculadas. *Penicillaria spicata*, gramínea. ‖ – **negro.** Zahína. ‖ **Panizo de Daimiel.**

PANIZOS. *Geog.* Cerro de los Andes, entre la prov. argentina de Jujuy y el dep. boliviano de Potosí. 5.228 m.

PANIZZA, Héctor. *Biog.* Compositor y director de orquesta arg., autor de las óperas *Aurora; Medioevo latino; El prometido del mar*, etc., además de *Canciones*, piezas para piano y otras obras (1875-1967).

PANJÍ. m. **Árbol del Paraíso.**

PAN MUN JON. *Geog.* Villa de Corea del Sur, al N. de Seúl, sit. a unos 10 km. al sur del paralelo 38º. Lugar donde se firmó, el 27 de julio de 1953, el armisticio que puso fin a las hostilidades entre las dos repúblicas coreanas.

PANOCHA. f. Panoja. ‖ *C. Rica* y *Chile.* Torta grande de maíz y queso. ‖ *Méx.* Azúcar prieta.

PANOJA. al. **Maiskolben.** fr. **Épi de maïs.** ingl. **Ear of grain.** ital. **Panocchia.** port. **Maçaroca.** (Del lat. *panúcula*, dim. de *panus*, espiga.) f. Mazorca del maíz, del panizo o del mijo. ‖ Colgajo, racimo de uvas u otras frutas. ‖ Conjunto de boquerones que se fríen pegados por las colas. ‖ *Bot.* Inflorescencia compuesta, cuyos ejes laterales se ramifican en racimo, o en espiga. *Una* PANOJA *de avena.*

PAÑOL. (Del lat. *penarius*, de *penus*, víveres.) m. *Mar.* Pañol.

PANOLI. adj. y s. vulg. Dícese de la persona simple y sin voluntad.

PANONIA. *Geog. histór.* Antigua región de Europa central que comprendía, al sur y al oeste del Danubio, una parte de Austria, Hungría y Yugoslavia actuales.

PANONIO, NIA. adj. y s. De Panonia.

PANOPLIA. al. **Waffensammlung.** fr. **Panoplie.** ingl. **Panoply.** ital. **Panoplia.** port. **Panóplia.** (Del gr. *panoplia*, de *pan*, todo, y *hopla*, armas.) f. Armadura de todas piezas. ‖ Colección ordenada de armas. ‖ Parte de la arqueología que estudia las armas y armaduras antiguas. PANOPLIA *romana; de la Edad Media.* ‖ Tabla en que se colocan armas. ‖ IDEAS AFINES: *Yelmo, cota, coraza, espada, bruñido, repujar, cincelar, escudo, blasón, caballero, feudalismo, torneo, cruzada, trofeo, armería, ornamento.*

PANÓPTICO, CA. (Del gr. *pan*, todo, y *optkós*, óptico.) adj. Dícese del edificio construido de modo que toda su parte interior pueda ser vista desde un solo punto. Ú.t.c.s.m.

PANORAMA. al. **Panorama; Rundblick.** fr. **Panorame.** ingl. **Panorama.** ital. **Panorama.** port. **Panorama.** (Del gr. *pan*, todo, y *hórama*, visión.) m. Vista pintada en un cilindro hueco, con plataforma circular, aislada, en la que se colocan los espectadores. ‖ Por ext., vista de horizontes dilatados.

PANORÁMICO, CA. adj. Perteneciente o relativo al panorama. *Cámara* PANORÁMICA.

PANORMITANO, NA. adj. y s. De Palermo.

PANOSO, SA. adj. Harinoso. *Semilla* PANOSA.

PANQUE. m. *Chile.* Pangue.

PANQUEQUE. (Del ingl. *pancake.*) m. *Amér.* Manjar en forma de torta o arrollado, preparado con harina, manteca, huevos y azúcar, que contiene dulce o verdura.

PANSPERMIA. (Del gr. *panspermia*, mezcla de semillas de todas especies.) f. Doctrina según la cual están difundidos en todas partes los gérmenes de los organismos, que sólo se desarrollan en ambiente favorable. ‖ deriv.: **panspérmico, ca; panspermatista.**

PANTAGRUÉLICO, CA. (De *Pantagruel*, personaje y título de una obra de Rabelais.) adj. Dícese de las comidas en que hay excesiva abundancia de manjares. *Banquete, almuerzo* PANTAGRUÉLICO.

PANTALETA. f. *Col., Méx., Perú* y *Ven.* Pantalón, prenda de mujer.

PANTALÓN. al. **Hose.** fr. **Pantalon; culotte.** ingl. **Trousers.** ital. **Calzoi.** port. **Calças.** (Del fr. *pantalon.*) m. Prenda de vestir del hombre que se ciñe en la cintura y baja separadamente por cada pierna hasta el tobillo. Ú.m. en pl. ‖ Prenda interior del traje de la mujer, mucho más corta que la anterior. ‖ – **botinado.** Aquel cuyos perniles se estrechan en la parte inferior, ajustándose al calzado. ‖ **Ponerse** una mujer los **pantalones.** frs. fig. y fam. **Ponerse los calzones.**

PANTALONERA. f. Obrera dedicada a confeccionar pantalones. ‖ pl. *Méx.* Pantalones charros con botonadura.

PANTALLA. al. **Schirm; Leinwand.** fr. **Abat-jour; écran.** ingl. **Lamp shade; screen.** ital. **Paralume; schermo.** port. **Pantalha; tela.** f. Lámina que se sujeta delante de una luz artificial, para que no hiera la vista o para dirigirla hacia determinado lugar. PANTALLA *de pergamino, de seda.* ‖ Mampara puesta delante de las chimeneas, para resguardarse de la llama o del exceso de calor. ‖ En el cinematógrafo, telón en que se proyectan las imágenes. ‖ fig. Persona o cosa que oculta o hace sombra a otra. ‖ Persona que llama hacia sí la atención mientras otro realiza algo secretamente. Ú.m. en la frs. **servir de pantalla.** ‖ *Amér. del S.* Hoja de palma o cartón, plana y con mango, que se usa como abanico. *Avivó el fuego con la* PANTALLA. ‖ *Arg.* Cartelera de menor tamaño, que se coloca junto al borde de las aceras o en las esquinas de las calles. ‖ *C. Rica.* Candelero con respaldo de hojalata. ‖ *Guat.* Espejo grande de forma antigua. ‖ *Méx.* Estafermo. ‖ deriv.: **pantallazo.**

PANTALLEAR. tr. *Arg.* y *Urug.* Hacer aire con una pantalla.

PANTANA. f. Especie de calabacín de las islas Canarias.

PANTANAL. f. Tierra pantanosa. Ú.t.c.m.

PANTANO. al. **Sumpf; Morast.** fr. **Marécage.** ingl. **Marsh.** ital. **Pantano.** port. **Pantano.** (Del lat. *Pantanus*, cierto lago de Italia antigua.) m. Hondonada donde naturalmente se detienen las aguas, con fondo cenagoso. ‖ Gran depósito de agua, que se suele formar cerrando la boca de un valle, y sirve para alimentar las acequias de riego. ‖ fig. Dificultad, estorbo grande. *No sé cómo salir del* PANTANO. ‖ IDEAS AFINES: *Marisma, estero, encharcar, estancar, bache, barro, lluvia, mosquito, fiebre, sanear, desecar, tembladeral, anegadizo.*

PANTANO DE VARGAS, Combate del. *Hist.* Batalla librada cerca de Paipa, Colombia, por las fuerzas de Bolívar, que vencieron a los realistas tras muy reñida lucha (1819).

PANTANOSO, SA. adj. Dícese del terreno donde hay pantanos. *Costas* PANTANOSAS. ‖ Dícese del terreno abundante en charcos y cenagales. ‖ fig. Lleno de inconvenientes o dificultades.

PANTASANA. f. Arte de pesca, consistente en un cerco de redes caladas a plomo, rodeadas de otras horizontales.

PANTEÍSMO. al. **Pantheismus.** fr. **Panthéisme.** ingl. **Pantheism.** ital. **Panteismo.** port. **Panteísmo.** (Del gr. *pan*, todo, y *Theós*, Dios.) m. Sistema de los que creen que la totalidad del universo es el único Dios.

El PANTEÍSMO *hindú es el más antiguo que se conoce.*

● **PANTEÍSMO.** *Fil.* Doctrina según la cual Dios es todo, es decir consubstancial al mundo, el **panteísmo** es la teoría de la unidad de la substancia. Pero hay un **panteísmo** de emanación y un **panteísmo** de inmanencia. Según aquél, los seres, sin dejar de existir en Dios, se diferencian de él por la emanación, a la que sigue el retorno a Dios; es decir, las cosas salen del absoluto inalterable. Según el **panteísmo** de inmanencia, los seres son modos particulares de los atributos divinos, del pensamiento y de la extensión, y Dios es el principio inmanente, es decir Dios se diluye en las cosas. Si el **panteísmo** se entiende como que Dios no es más que la universalidad de los seres, se transforma en un ateísmo. Desde el punto de vista noseológico, se distinguen el **panteísmo** idealista y el **panteísmo** realista; éste atribuye las cosas a un ser independiente del pensamiento divino y el primero las reduce a un pensamiento de lo absoluto. Inspirado fundamentalmente por Spinoza, el **panteísmo** reapareció con formas nuevas en el idealismo alemán.

PANTEÍSTA. adj. Que sigue la doctrina del panteísmo. Ú.t.c.s. ‖ Panteístico.

PANTEÍSTICO, CA. adj. Perteneciente o relativo al panteísmo.

PANTELARIA. *Geog.* Isla italiana del mar Mediterráneo entre Sicilia y Túnez. 83 km². 13.000 h. Aguas termales, vinos. Base naval.

PANTELLERIA. *Geog.* V. **Pantelaria.**

PANTEOLOGÍA. (Del gr. *pan*, todo y de *teología*.) f. Tratado de los dioses del paganismo. ‖ deriv.: **panteológico, ca; panteólogo, ga; panteologista.**

PANTEÓN. al. **Pantheon.** fr. **Panthéon.** ingl. **Pantheon.** ital. **Panteon.** port. **Panteão.** (Del lat. *Pántheon*, y éste del gr. *Pantheon*; de *pan*, todo, y *Theós*, Dios.) m. Famoso templo de Roma, en el centro del Campo de Marte, consagrado a la veneración de todos los dioses. ‖ Cualquier monumento funerario para varios difuntos. ‖ *Chile, Ec., Hond.* y *Perú.* Cementerio. ‖ *Chile.* Entre mineros, mineral. ‖ IDEAS AFINES: *Sepulcro, mausoleo, catafalco, pirámide, sepelio, necrópolis, lápida, epitafio, inhumar, paz, muerte, reposo.*

● **PANTEÓN.** *B. A.* Construcción circular con cúpula artesonada, su diámetro de 43 metros igualaba a su altura. Fue construida en tiempo de Augusto y se conservan sus ruinas. ‖ Iglesia construida en París hacia fines del s. XVIII, hoy monumento nacional donde descansan los restos de los hombres ilustres de Francia.

PANTERA. al. **Panther.** fr. **Panthère.** ingl. **Panther.** ital. **Pantera.** port. **Pantera.** (Del lat. *panthera*, y éste del gr. *pánther*; de *pan*, todo, y *therion*, fiera.) f. Género de grandes felinos de pelaje amarillento con manchas circulares negras, al que pertenecen el leopardo y el jaguar. Gén. *Panthera.* A menudo se llama **pantera** sólo a la **pantera** negra de Java y Sumatra, considerada por algunos como una forma obscura del leopardo asiático, y por otros como una especie distinta; *Panthera melas.* ‖ *Miner.* Ágata amarilla, mosqueada de pardo o rojo, que recuerda la piel de la **pantera.** ‖ adj. y s. *Cuba* y *P. Rico.* Trapacero.

PANTIN. *Geog.* Ciudad de Francia (Sena), suburbio de París. 55.000 h. Industrias químicas, cristalería.

PANTO. Forma prefija del pronombre griego *pan, pantós*, todo. PANTÓ*grafo*: PANTÓ*metra.*

PANTOFAGIA f. Costumbre de comer toda clase de alimentos. ‖ Hambre devoradora. ‖ deriv.: **pantofágico, ca; pantófago, ga.**

PANTOFOBIA. f. Temor grande e infundado, que puede llegar a impedir la ejecución de los actos más insignificantes. ‖ deriv.: **pantófobo, ba.**

PANTÓGRAFO. (Del gr. *pan, pantós*, todo, y *grapho*, escribir.) m. Instrumento constituido por cuatro reglas que forman un paralelogramo articulado, para copiar, ampliar o reducir planos o dibujos. ‖ deriv.: **pantografía; pantográfico, ca.**

PANTÓMETRA. (Del gr. *pan, pantós*, todo, y *metron*, medida.) f. Especie de compás de proporción, cuyas piernas tienen escalas, usado en la resolución de algunos problemas matemáticos. ‖ *Topog.* Instrumento para medir ángulos horizontales. ‖ deriv.: **pantometría; pantométrico, ca.**

PANTOMIMA. al. **Gebärdenspiel; Pantomime.** fr. **Pantomime.** ingl. **Pantomime.** ital. **Pantomima.** port. **Pantomima.** (Del lat. *pantomima*.) f. Representación por figuras y gestos sin palabras. *Una* PANTOMIMA *china.* ‖ fig. Ficción, simulación. ‖ *Arg.* Zanco. ‖ *Chile.* Mujer bulliciosa o alocada. ‖ deriv.: **pantomímico, ca.**

PANTOMIMO. (Del lat. *pantomimus*, y éste del gr. *pantómimos*, que lo imita todo.) m. Bufón o representante que en los teatros imita diversas figuras.

PANTOQUE. m. *Mar.* Parte casi plana del casco de un barco, que forma el fondo, junto a la quilla.

PANTORRA. (En port. *panturra*.) f. fam. Pantorrilla. Ú. m. en pl.

PANTORRILLA. al. **Wade.** fr. **Mollet.** ingl. **Calf of the leg.** ital. **Polpaccio.** port. **Barriga da perna.** (De *pantorra*.) f. Parte carnosa y abultada de la pierna, por debajo de la corva. ‖ *Ec.* y *Perú.* Descaro, fachenda.

PANTORRILLERA. f. Calceta gruesa, para abultar las pantorrillas. ‖ *Chile.* Refuerzo de tela o cuero que se pone en el pantalón, en la parte vecina a la pantorrilla.

PANTORRILLUDO, DA. adj. Que tiene muy gruesas las pantorrillas. ‖ *Ec.* y *Perú.* Fanfarrón, vanidoso, descarado. Ú.t.c.s.

PANTUFLA. f. Pantuflo.

PANTUFLAZO. m. Golpe dado con pantuflo.

PANTUFLO. al. **Pantoffel.** fr. **Pantoufle.** ingl. **Slipper.** ital. **Pantofola.** port. **Pantufo.** (Del fr. *pantoufle*.) m. Especie de chinela, sin orejas ni talón, para usar en casa. ‖ deriv.: **pantuflero, ra.**

PANUCO. m. *Chile.* Puñado de harina tostada que se come a secas.

PÁNUCO. (Voz azteca que significa *lugar donde llegaron los que vinieron por la mar.*) *Geog.* Río de México, uno de los más navegables del país. Corre primero con los nombres de Tula y Moctezuma. Nace en el Estado de México y desagua en el golfo homónimo, después de un curso de más de 510 km. ‖ Municipio del Estado de Veracruz (México); 3.241 km². y 45.000 h. ‖ Ciudad cab. del mun.; 8.000 h. ‖ – **de Coronado.** Mun. del Estado de Durango (México); 1.090 km². y 15.000 h.

PANUCHO. m. *Méx.* Tortilla de maíz rellena con fréjoles y carne de cazón. ‖ *P. Rico.* Dulce de yuca rallada, leche de coco y azúcar. ‖ Empanada de yuca sin carne, leche de coco y sal.

PANUDO. adj. *Cuba.* Dícese del fruto del aguacate, cuando su pulpa es consistente.

PANUIRA. f. *Perú.* Flamenco, ave.

PANUL. m. *Chile.* Planta medicinal, umbelífera.

PANURGO. (Del nombre de un personaje de *Pantagruel.*) m. Persona hábil y desenvuelta.

PANZA. al. **Bauch.** fr. **Panse.** ingl. **Belly.** ital. **Pancia.** port. **Pança.** (Del lat. *pántex, -icis.*) f. Barriga o vientre. Dícese comúnmente del muy abultado. ‖ Parte convexa y más saliente de ciertas vasijas o de otras cosas. ‖ *Zool.* Primera de las cuatro cavidades en que se divide el estómago de los rumiantes. ‖ – **al trote.** fig. y fam. Persona que anda siempre comiendo a costa ajena y que ordinariamente padece hambre. ‖ – **de burra.** fig. y fam. Nombre que se da al cielo uniformemente entoldado y de color gris obscuro.

PANZADA. f. Golpe dado con la panza. ‖ fam. Hartazgo.

PANZAZO. m. Panzada, golpe.

PANZÓN, NA. adj. Panzudo. ‖ m. aum. de **Panza.**

PANZOS *Geog.* Población de Guatemala (Alta Verapaz). 5.000 h.

PANZUDO, DA. adj. Que tiene mucha panza. *Una tetera* PANZUDA.

PAÑAL. al. **Windel.** fr. **Lange.** ingl. **Swaddling cloth.** ital. **Pannolino.** port. **Fralda.** (De *paño*.) m. Lienzo en que se envuelve a los niños de teta. ‖ Faldón de la camisa del hombre. ‖ pl. Envoltura de los niños de teta. ‖ fig. Principios de la crianza y nacimiento, especialmente en lo que respecta a la calidad. ‖ **Estar** uno **en pañales.** frs. fig. y fam. Tener poco o ningún conocimiento de una cosa. ‖ **Haber salido** uno **de pañales.** frs. fig. y fam. **Haber salido de mantillas.** ‖ **Sacar de pañales a** uno. frs. fig. y fam. Libertarlo de la miseria o ponerlo en más próspera fortuna. ‖ IDEAS AFINES: *Babero, cuna, vagidos, mamar, recién nacido, nodriza, mudar, fajar.*

PAÑALÓN. m. fig. y fam. Persona que lleva colgando las caídas de la camisa.

PAÑERÍA. f. Comercio o tienda de paños. ‖ Conjunto de los mismos paños.

PAÑERO, RA. adj. Perteneciente o relativo a los paños. ‖ s. Persona que vende paños.

PAÑETE. m. dim. de **Paño.** ‖ Paño de inferior calidad. ‖ Paño de poco cuerpo. ‖ pl. Cierto género de calzoncillos que usan los pescadores y curtidores que trabajan desnudos y los religiosos que no traen camisa. ‖ Paño ceñido que ponen a las imágenes de Cristo desnudo. ‖ *Col.* y *Ven.* Enlucido, estuco.

PAÑI. m. *Chile.* Resolana de la casa.

PAÑIL. (Del araucano *pagil.*) m. *Chile.* Árbol de hojas grandes y arrugadas, con vello amarillento en su capa inferior, y flores en cabezuelas globosas. Sus hojas se usan en la curación de úlceras. *Buddleya globosa*, escrofulariácea.

PAÑIZUELO. m. Pañuelo.

PAÑO. al. **Tuch.** fr. **Drap.** ingl. **Cloth.** ital. **Panno.** port. **Pano.** (Del lat. *pannus*.) m. Tela de lana muy tupida y de pelo muy corto. *Levita de* PAÑO. ‖ Tela, obra tejida en el telar. ‖ Ancho de una tela cuando consta de varias piezas cosidas unas al lado de otras. ‖ Tapiz u otra colgadura. *Un* PAÑO *de asunto religioso.* ‖ Cualquier pedazo de tela, particularmente el que sirve para curar llagas. ‖ Mancha obscura de la piel, especialmente del rostro. ‖ Excrecencia membranosa que desde el ángulo interno del ojo se extiende a la córnea, interrumpiendo la visión. ‖ Accidente que disminuye el brillo o la transparencia de algunas cosas. ‖ Enlucido de paredes. ‖ Lienzo de pared. ‖ *Mar.* Velas que lleva desplegadas la nave. ‖ *Navega con mucho* PAÑO. ‖ pl. Cualquier clase de vestiduras. ‖ *Esc.* y *Pint.* Ropas amplias que forman pliegues. ‖ **Paño buriel. Paño** pardo del color natural de la lana. ‖ – **catorceno. Paño** basto, cuya urdimbre consta de 14 centenares de hilos. ‖ – **de altar.** Lienzo para cubrir la mesa del altar. ‖ – **de Arrás.** Tapiz hecho en esta ciudad. ‖ – **de cáliz.** Cuadrado de tela con que se cubre el cáliz. ‖ – **de lágrimas.** fig. Persona en quien se encuentra consuelo o ayuda. ‖ – **de lampazo.** Tapiz que sólo representa vegetales. ‖ – **de manos.** Toalla para secarse. ‖ – **de mesa.** Mantel. ‖ – **de púlpito.** Paramento con que se adorna el púlpito cuando se ha de predicar. ‖ – **de ras. Paño de Arrás.** ‖ – **de tumba.** Cubierta negra que se pone para las exequias. ‖ – **dieciocheno.** Aquel cuya urdimbre consta de 18 centenares de hilos. ‖ – **pardillo.** El más tosco que se hace, de color pardo. ‖ – **treintaidoseno.** Aquel cuya urdimbre consta de 32 centenares de hilos. ‖ – **veinteno.** Aquel cuya urdimbre consta de 20 centenares de hilos. ‖ – **veinticuatreno.** Aquel cuya urdimbre consta de 24 centenares de hilos. ‖ – **veintidoseno.** Aquel cuya urdimbre consta de 22 centenares de hilos. ‖ – **veintiocheno.** Aquel cuya urdimbre consta de 28 centenares de hilos. ‖ – **veintiseiseno.** Aquel cuya urdimbre consta de 26 centenares de hilos. ‖ **Paños calientes.** fig. y fam. Diligencias para templar el rigor con que se ha de proceder en una materia. ‖ Remedios paliativos e ineficaces. ‖ – **menores.** Vestidos que se ponen debajo de los exteriores. ‖ **Al paño.** loc. adv. En lenguaje teatral, detrás de un telón o bastidor. ‖ **Conocer** uno **el paño.** frs. fig. y fam. Estar muy enterado del asunto de que se trata. ‖ **Dar un paño.** frs. Decir el traspunte a un actor lo que éste ha de hablar al **paño.** ‖ **Haber paño de que cortar.** frs. fig. y fam. Haber mucha materia de que disponer o de que hablar. ‖ **Poner el paño al púlpito.** frs. fig. y fam. Hablar largamente y con afectada solemnidad. ‖ IDEAS AFINES: *Textil, fieltro, casimir, sarga, gabardina, orillo, muestra, pieza, corte, retal, capa, sobretodo, uniforme, boina, abrigar.*

PAÑOL. al. **Raum.** fr. **Soute.** ingl. **Storeroom.** ital. **Pagliolo.** port. **Paiol.** (De *panol.*) m. *Mar.* Cualquiera de los compartimientos del barco, para guardar víveres, herramientas, etcétera.

PAÑOLADA. f. Conjunto de cosas con que se llena un pañuelo.

PAÑOLERA. f. Vendedora de pañuelos.

PAÑOLERÍA. f. Tienda de pañuelos. ‖ Comercio o tráfico de pañuelos.

PAÑOLERO. m. Vendedor de pañuelos. ‖ *Mar.* Encargado de pañoles.

PAÑOLETA. f. Prenda triangular, a modo de medio pañuelo, que usan las mujeres al cuello y que baja de la cintura. ‖ Corbata que se ponen al cuello los toreros con el traje de luces.

PAÑOLITO. m. dim. de **Pañuelo.**

PAÑOLÓN. m. Mantón, pañuelo grande, de abrigo.

PAÑOSA. f. fam. Capa de paño.

PAÑOSO, SA. (Del lat. *pannosus.*) adj. Dícese de la persona sucia y vestida de remiendos y arambeles.

PAÑUELERA. f. *Arg., Chile* y *P. Rico.* Prenda para guardar pañuelos.

PAÑUELO. al. **Taschentuch.** fr. **Mouchoir.** ingl. **Handkerchief.** ital. **Fazzoletto.** port. **Lenço.** (dim. de *paño*.) m. Pedazo de tela cuadrado y de una sola pieza, con guarnición o sin ella, que se usa para limpiarse el sudor y las narices. ‖ – **de bolsillo,** o **de la mano. Pañuelo** para limpiarse. ‖ – **de hierbas.** El de tela basta, mayor que el ordinario y con dibujos estampados.

PAO. *Geog.* Río de Venezuela. Nace en la cordillera de la costa (Carabobo), cruza el Est. de Cojedes y des. en el río Portuguesa. 250 km. ‖ Río de Venezuela (Anzoátegui), afl. del río Orinoco.

PAOTING. *Geog.* V. **Tsingyuán.**

PAPA. al. **Papst.** fr. **Pape.** ingl. **Pope.** ital. **Papa.** port. **Papa.** (Del lat. *papa*, y éste del gr. *pappas*, padre venerable.) m. Sumo Pontífice romano, vicario de Cristo, sucesor de San Pedro en el gobierno universal de la Iglesia católica. *El* PAPA *reside en el Vaticano.* ‖ fam. Padre. ‖ **Ser** uno **más papista que el Papa.** frs. Mostrar más celo en un asunto que el directamente interesado en éste. ‖ IDEAS AFINES: *Santa Sede, concilio, sínodo, conclave, tiara, Santo Padre, Su Santidad, bula, breve, encíclica, infalibilidad, nuncio, camarlengo, antipapa, papisa.*

PAPA. al. **Kartoffel.** fr. **Pomme de terre.** ingl. **Potato.** ital. **Patata.** port. **Batata.** (Del quichua *papa*.) f. Planta herbácea anual, originaria de América, de tallos ramosos, hojas profundamente partidas, flores en corimbos terminales, fruto en baya, y raíces fibrosas, con tubérculo redondeado, feculento y muy alimenticio. *Solanum tuberosum*, solanácea. ‖ Cada uno de sus tubérculos, y por extensión de algunas otras plantas. ‖ fam. Tomate, rotura en las medias. ‖ *Arg.* y *Chile.* Cosa excelente, muy buena. ‖ – **de caña.** Pataca. ‖ **No saber ni papa** de una cosa. frs. fig. y fam. No saber nada de ella. ‖ **Quemar las papas.** frs. fig. y fam. *Arg.* y *Perú.* Tomar un asunto un carácter peligroso.

PAPA. (Del lat. *papa*, comida.) f. fam. Paparrucha. ‖ pl. fig. y fam. Cualquier especie de comida. ‖ Sopas blandas que se dan a los niños. ‖ Por ext., cualquier sopa muy blanda. ‖ Gachas, masa blanda.

PAPÁ. al. **Papa.** fr. **Papa.** ingl. **Papa; dad.** ital. **Papà; babbo.** port. **Papai; papá.** m. fam. Papa, padre.

PÁPABLE. (Del ital. *papabile.*) adj. Se dice del cardenal a

LISTA CRONOLÓGICA DE PAPAS (Los antipapas aparecen en **negrita**)

S. Pedro	67
S. Lino	67-79
S. Anacleto	79-90
S. Clemente I	90-99
S. Evaristo	99-107
S. Alejandro	107-116
S. Sixto I	116-125
S. Telesforo	125-136
S. Higinio	136-140
S. Pío I	140-154
S. Aniceto	154-165
S. Sotero	165-174
S. Eleuterio	174-189
S. Víctor I	189-198
S. Ceferino	198-217
S. Calixto I	217-222
S. Hipólito	217-235
S. Urbano I	222-230
S. Ponciano	230-235
S. Antero	235-236
S. Fabián	236-250
S. Cornelio	251-253
Novaciano	251-258
S. Lucio I	253-254
S. Esteban I	254-257
S. Sixto II	257-258
S. Dionisio	259-268
S. Félix I	269-274
S. Eutiquiano	275-283
S. Cayo	283-296
S. Marcelino	296-304
S. Marcelo	307-309
S. Eusebio	310
S. Melquíades	311-314
S. Silvestre	314-335
S. Marcos	336
S. Julio I	337-352
S. Liberio	352-366
Félix II	355-365
Ursino	366-367
S. Dámaso I	366-384
S. Siricio	384-398
S. Anastasio I	398-401
S. Inocencio I	402-417
S. Zósimo	417-418
S. Bonifacio I	418-422
Eulalio	418-419
S. Celestino I	422-432
S. Sixto III	432-440
S. León Magno	440-461
S. Hilario	461-468
S. Simplicio	468-483
S. Félix II	483-492
S. Gelasio	492-496
S. Anastasio II	496-498
S. Simaco	498-514
Lorenzo	498-505
S. Hormisdas	514-523
S. Juan I	523-526
S. Félix III (IV)	526-530
S. Bonifacio II	530-532
Dioscuro	530
S. Juan II	533-535
S. Agapito I	535-536
S. Silverio	536-537
Vigilio	537-555
Pelagio I	556-561
Juan III	561-574
Benedicto I	575-579
Pelagio II	579-590
S. Gregorio (Magno)	590-604
Sabiniano	604-606
Bonifacio III	607
S. Bonifacio IV	608-615
S. Deodato	615-618
Bonifacio V	619-625
Honorio I	625-638
Severino	640
Juan IV	640-642
Teodoro I	642-649
S. Martín I	649-653
S. Eugenio I	654-657
S. Vitaliano	657-672
Adeodato	672-676
Domno	676-678
S. Agatón	678-681
S. León II	682-683
S. Benedicto II	684-685
Juan V	685-686
Conón	686-687
Teodoro II	687
Pascual	687-692
S. Sergio I	687-701
Juan VI	701-705
Juan VII	705-707
Sisinio	708
Constantino I	708-715
S. Gregorio II	715-731
S. Gregorio III	731-740
S. Zacarías	741-752
Esteban	752
Esteban II	752-757
S. Paulo I	757-767
Constantino II	767-768
Esteban III	768-772
Adriano I	772-795
S. León III	795-816
Esteban IV	816-817
S. Pascual I	817-824
Eugenio II	824-827
Valentín	827
Gregorio IV	827-844
Sergio II	844-847
Juan	844
S. León IV	847-855
Benedicto III	855-858
Anastasio	855
Nicolás I	858-867
Adriano II	867-872
Juan VIII	872-882
Marino I	882-884
Adriano III	884-885
Esteban V	885-891
Formoso	891-896
Bonifacio VI	896
Esteban VI	896-897
Romano	897
Teodoro II	897
Juan IX	898-900
Benedicto IV	900-903
León V	903
Cristóbal	903-904
Sergio III	904-911
Anastasio III	911-913
Landón	913-914
Juan X	914-928
León VI	928-929
Esteban VII	929-931
Juan XI	931-935
León VII	936-939
Esteban VIII	939-942
Marino II	943-946
Agapito II	946-955
Juan XII	955-963
León VIII	963-964
Benedicto V	964
Juan XIII	965-972
Benedicto VI	973-974
Benedicto VII	974-983
Bonifacio VII	974
Juan XIV	983-984
Bonifacio VII	984-985
Juan XV	985-996
Gregorio V	996-999
Juan XVI	997-998
Silvestre II	999-1003
Juan XVII	1003
Juan XVIII	1003-1009
Sergio IV	1009-1012
Benedicto VIII	1012-1024
Gregorio	1012
Juan XIX	1024-1032
Benedicto IX	1032-1044
Silvestre III	1045
Gregorio VI	1045-1046
Clemente II	1048
Dámaso II	1048
S. León IX	1048-1054
Víctor II	1054-1057
Esteban IX	1057-1058
Benedicto X	1058-1059
Nicolás II	1059-1061
Alejandro II	1061-1073
Honorio II	1061-1072
S. Gregorio VII	1073-1085
Clemente III	1084-1100
Víctor III	1086-1087
Urbano II	1088-1099
Pascual II	1099-1118
Teodorico	1100
Alberto	1100-1102
Silvestre IV	1105-1111
Gelasio II	1118-1119
Gregorio VIII	1118-1121
Calixto II	1119-1124
Honorio II	1124-1130
Celestino II	1124
Inocencio II	1130-1143
Anacleto II	1130-1138
Víctor IV	1138
Celestino II	1143-1144
Lucio II	1144-1145
Eugenio III	1145-1153
Anastasio IV	1153-1154
Adriano IV	1154-1159
Alejandro III	1159-1181
Víctor IV	1159-1164
Pascual III	1164-1168
Calixto III	1168-1179
Inocencio III	1179-1180
Lucio III	1181-1185
Urbano III	1185-1187
Gregorio VIII	1187
Clemente III	1187-1191
Celestino III	1191-1198
Inocencio III	1198-1216
Honorio III	1216-1227
Gregorio IX	1227-1241
Celestino IV	1241
Inocencio IV	1243-1254
Alejandro IV	1254-1261
Urbano IV	1261-1264
Clemente IV	1265-1268
S. Gregorio X	1271-1276
Inocencio V	1276
Adriano V	1276
Juan XXI	1276-1277
Nicolás III	1277-1280
Martín IV	1281-1285
Honorio IV	1285-1287
Nicolás IV	1288-1292
S. Celestino V	1294
Bonifacio VIII	1294-1303
Benedicto XI	1303-1304
Clemente V	1305-1314
Juan XXII	1316-1334
Nicolás V	1328-1330
Benedicto XII	1334-1342
Clemente VI	1342-1352
Inocencio VI	1352-1362
Urbano V	1362-1370
Gregorio XI	1370-1378
Urbano VI	1378-1389
Clemente VII	1378-1394
Bonifacio IX	1389-1404
Benedicto XIII	1394-1424
Inocencio VII	1404-1406
Gregorio XII	1406-1415
Alejandro V	1409-1410
Juan XXIII	1410-1415
Martín V	1417-1431
Clemente VIII	1424-1429
Benedicto XIV	1424
Eugenio IV	1431-1447
Félix V	1439-1449
Nicolás V	1447-1455
Calixto III	1455-1458
Pío II	1458-1464
Paulo II	1464-1471
Sixto IV	1471-1484
Inocencio VIII	1484-1492
Alejandro VI	1492-1503
Pío III	1503
Julio II	1503-1513
León X	1513-1521
Adriano VI	1522-1523
Clemente VII	1523-1534
Paulo III	1534-1549
Julio III	1550-1555
Marcelo II	1555
Paulo IV	1555-1559
Pío IV	1559-1565
S. Pío V	1566-1572
Gregorio XIII	1572-1585
Sixto V	1585-1590
Urbano VII	1590
Gregorio XIV	1590-1591
Inocencio IX	1591
Clemente VIII	1592-1605
León XI	1605
Paulo V	1605-1621
Gregorio XV	1621-1623
Urbano VIII	1623-1644
Inocencio X	1644-1655
Alejandro VII	1655-1667
Clemente IX	1667-1669
Clemente X	1670-1676
Inocencio XI	1676-1689
Alejandro VIII	1689-1691
Inocencio XII	1691-1700
Clemente XI	1700-1721
Inocencio XIII	1721-1724
Benedicto XIII	1724-1730
Clemente XII	1730-1740
Benedicto XIV	1740-1758
Clemente XIII	1758-1768
Clemente XIV	1769-1774
Pío VI	1775-1799
Pío VII	1800-1823
León XII	1823-1829
Pío VIII	1829-1830
Gregorio XVI	1831-1846
Pío IX	1846-1878
León XIII	1878-1903
S. Pío X	1903-1914
Benedicto XV	1914-1922
Pío XI	1922-1939
Pío XII	1939-1958
Juan XXIII	1958-1963
Paulo VI	1963-1978
Juan Pablo I	1978
Juan Pablo II	1978-

quien se cree merecedor de la tiara. ‖ fig. Se aplica al que se designa como sujeto probable para alcanzar un empleo.

PAPACITO. m. *Amér.* Papaíto.

PAPACHAR. tr. *Méx.* Hacer papachos.

PAPACHO. m. *Méx.* Caricia, particularmente la que se hace con las manos.

PAPADA. (De *papo.*) f. Abultamiento carnoso que se forma debajo de la barba, o entre ella y el cuello. *Una abundosa* PAPADA; sinón.: **sobarba.** ‖ Pliegue cutáneo que sobresale en el borde inferior del cuello de ciertos animales, y baja hasta el pecho. ‖ *Guat.* y *Hond.* Bobada, necedad.

PAPADILLA. (dim. de *papada.*) f. Parte de carne que hay debajo de la barba.

PAPADO. al. **Papsttum.** fr. **Papauté.** ingl. **Papacy.** ital. **Papato.** port. **Papado.** m. Dignidad de papa. ‖ Tiempo que dura. ‖ Pontificado. *En otros tiempos fue grande el poder temporal del* PAPADO.

PAPAFIGO. (De *papar*, y el ant. *figo*, higo.) m. Nombre dado a varios pájaros frugívoros europeos. ‖ En algunas partes, oropéndola. ‖ *Mar.* Papahigo, vela.

PAPAGAYA. f. Hembra del papagayo.

PAPAGAYO. al. **Papagei.** fr. **Perroquet.** ingl. **Parrot.** ital. **Pappagallo.** port. **Papagaio.** (Del ár. *babagá.*) m. Nombre dado a las aves del orden de las psitaciformes, y especialmente a las de colores vivos y que aprenden a repetir palabras. *En la antigua Roma el precio de un* PAPAGAYO *solía superar al de un esclavo.* ‖ Pez marino de hocico saliente, dobles labios carnosos, cuerpo oblongo, coloreado, y una sola aleta dorsal. *Labrus bimaculatus*, acantopterigio. ‖ Planta de adorno, originaria de China, de tallo derecho y ramoso, hojas alternas de tres colores. *Amaranthus tricolor*, amarantácea. ‖ Planta americana, de hojas grandes en forma de escudo y colores muy vivos, espádice amarillento y fruto en baya rojiza. *Caladium bicolor*, arácea. ‖ *Ec.* Víbora verde, venenosa, que vive en los árboles. ‖ Orinal de cama para uso de los enfermos que no se pueden incorporar. ‖ *Arg., Cuba. Méx.* y *Ven.* Pandorga, cometa. ‖ – **de noche.** Guácharo, pájaro. ‖ **Hablar como el,** o **como un, papagayo.** frs. fig. Decir algunas cosas buenas, mas sin mostrar inteligencia ni conocimiento. ‖ Hablar mucho.

PAPAGAYO, Golfo del. *Geog.* Escotadura de la costa oeste de América Central, entre Nicaragua y Costa Rica, que forma las bahías de Salinas y de Santa Elena.

PAPAHÍGO. m. Gorro de paño que cubre el cuello y parte de la cara. ‖ Papafigo, ave. ‖ *Mar.* Cualquiera de las velas mayores, excepto la mesana, cuando se navega sólo con ellas.

PAPAHUEVOS. m. fig. y fam. Papanatas.

PAPAÍNA. f. *Quím.* Principio activo de la papaya, que, como el jugo gástrico, disuelve los albuminoides.

PAPAÍTO. m. dim. de **Papá.**

PAPAL. adj. Perteneciente o relativo al Papa. *Anillo* PAPAL. ‖ m. Terreno sembrado de papas.

PAPALINA. (De *papal.*) f. Gorra o birrete con dos puntas, que cubre las orejas. ‖ Cofia de mujer.

PAPALINA. (De *papelina.*) f. fam. Borrachera.

PAPALINO, NA. adj. Papal.

PAPALMENTE. adv. m. Como Papa; con autoridad y poder pontificios.

PAPALOAPAN. *Geog.* Río de México. Cruza los Est. de Oaxaca y Veracruz, y des. en el golfo de México, en la albufera de Alvarado. 432 km.

PAPALÓN, NA. (Del mexicano *papaloni*, relamido.) adj. *Méx.* Perezoso, sinvergüenza.

PAPALOTA. f. *Méx.* Mariposa.

PAPALOTE. (Del azteca *papalotli*, mariposa.) m. *Méx.* Especie de cometa de papel.

PAPAMOSCAS. al. **Fliegenschnäpper.** fr. **Gobemouches;** **niais.** ingl. **Fly-catcher.** ital. **Mangiamosche.** port. **Papamoscas.** (De *papar* y *mosca.*) m. Nombre dado a varios pájaros europeos, insectívoros, en especial de los Gén. *Muscipapa* y *Butalis.* ‖ fig. y fam. Papanatas.

PAPANATAS. (De *papar* y *nata.*) m. fig. y fam. Persona simple y crédula.

PAPANDUJO, JA. adj. fam. Blando o pasado de maduro. *Durazno* PAPANDUJO. ‖ f. Cosa vana, bagatela.

PAPANTLA. *Geog.* Población de México (Veracruz). 10.800 h. Producción agrícola.

PAPAR. (Del lat. *papare.*) tr. Comer cosas blandas sin mascar. ‖ fam. Comer. ‖ fig. y fam. Hacer poco caso de las cosas, no reparar en ellas. *No* PAPA *nada.* ‖ Se emplea en exclamaciones que llaman la atención de alguien sobre algo en lo que no repara debidamente, o para indicarle que recibe su merecido. ¡PÁPATE *ésa!* ‖ intr. Ser elegido Papa.

PÁPARO, RA. adj. y s. Dícese del individuo de una tribu, ya extinguida, del istmo de Panamá. ‖ m. Hombre rústico e ignorante, que de cualquier cosa queda pasmado.

PAPAROTE, TA. (De *páparo.*) s. Bobalicón.

PAPARRABIAS. com. fam. Cascarrabias.

PAPARRASOLLA. f. Ente imaginario con que se amedrenta a los niños para que dejen de llorar.

PAPARRESOLLO. m. Paparrasolla.

PAPARRUCHA. (desp. de *papa.*) f. fam. Noticia falsa y disparatada de un suceso, difundida entre el vulgo. ‖ Especie, obra literaria, etc., insubstancial y desatinada. *Esa novela es una* PAPARRUCHA. ‖ deriv.: **paparruchero, ra.**

PAPARRUCHADA. f. *Amér.* Paparrucha.

PAPARRUTA. adj. *Chile.* Dícese de la persona de poco valer pero presumida.

PAPAS, Páramo de las. *Geog.* Altura de la cordillera central de los Andes colombianos, en el límite entre los dep. del Cauca y del Huila. 3.900 m. de altura.

PAPASAL. m. Juego de niños, en que se hacen unas rayas en la ceniza, y al que yerra se le da un golpe debajo del papo o de la barba con un paño lleno de ceniza. ‖ Este mismo paño. ‖ fig. Bagatela, cosa insubstancial o que sirve de entretenimiento. ‖ *C. Rica.* Pelo crespo y revuelto.

PAPATOSTE. m. Papanatas.

PAPAVERÁCEO, A. (Del lat. *papáver*, adormidera.) adj. *Bot.* Dícese de plantas dicotiledóneas, generalmente herbáceas, de hojas alternas, a menudo con látex, flores regulares y fruto capsular, con semillas menudas, oleaginosas; como la amapola. Ú.t.c.s. ‖ f. pl. *Bot.* Familia de estas plantas.

PAPAVERINA. f. Alcaloide del opio, narcótico y sedante.

PAPAYA. f. Fruto del papayo. *El zumo de la* PAPAYA *se emplea como cosmético.*

PAPAYÁCEO, A. adj. *Bot.* Dicese de plantas dicotiledóneas de flores unisexuales, corola monopétala; fruto en baya, de carne apretada al exterior y pulposa en lo interior, y semillas semejantes a las de las cucurbitáceas; como el papayo. ‖ f. pl. *Bot.* Familia de estas plantas.

PAPAYAL. *Geog.* Isla de Colombia (Bolívar), formada por el río Magdalena.

PAPAYO. m. Arbolillo de América tropical, de grandes hojas palmeadas y fruto oblongo, comestible y muy dulce, semejante al melón; toda la planta segrega un jugo lechoso y amargo que se usa para ablandar la carne. *Carica papaya*, papayácea.

PAPAZ. (Del gr. mod. *papás*, presbítero.) m. Nombre dado por los moros del norte de África a los sacerdotes católicos.

PAPAZGO. m. Papado.

PAPEAR. (Voz onomatopéyica.) intr. Balbucir, tartamudear, hablar sin sentido.

PAPEETE. *Geog.* V. **Papeití.**

PAPEITÍ. *Geog.* Ciudad y puerto de la Polinesia, cap. de la isla de Tahití; 18.000 h.

PAPEL. al. **Papier.** fr. **Papier.** ingl. **Paper.** ital. **Carta.** port. **Papel.** (Del lat. *papyrus.*) m. Hoja delgada hecha con pasta de trapos molidos, pulpa de cáñamo, esparto, paja de arroz y madera de todas clases. ‖ Pliego, hoja o pedazo de **papel** en blanco, manuscrito o impreso. ‖ Conjunto de resmas, cuadernos o pliegos de **papel.** ‖ Carta, título, documento o manuscrito de cualquier clase. ‖ Impreso que no llega a formar libro. ‖ Envoltorio o atado de **papel** que contiene varias cosas. *Un* PAPEL *de horquillas.* ‖ Parte de la obra dramática que ha de representar cada actor. *Un* PAPEL *secundario.* ‖ Personaje de la obra dramática representado por el actor. PAPEL *de galán; el* PAPEL *de don Juan.* ‖ fam. Periódico, diario. Ú.m. en pl. ‖ fig. Carácter o representación con que se interviene en los negocios de la vida. *Hizo un* PAPEL *desairado.* ‖ *Com.* Documento que contiene una obligación de pago, como billete de banco, pagaré, etc. *Diez pesos en metálico y veinte en* PAPEL. ‖ Conjunto de valores mobiliarios que salen a negociación en el mercado. ‖ pl. Documentos con que se acredita el estado civil o la calidad de una persona. ‖ **Papel ahuesado.** El que imita el color del hueso. ‖ – **atlántico.** *Impr.* Folio grande que no se dobla por la mitad, sino que forma una hoja cada pliego. ‖ – **blanco.** El que no está escrito ni impreso. ‖ – **carbón,** o **carbónico.** El impregnado por una de sus caras con tinta de color, y que se usa para hacer copias, colocándolo sobre el papel blanco. ‖ – **continuo.** El que se hace a máquina en piezas de mucha longitud. ‖ – **copiativo. Papel carbón.** ‖ – **costero. Papel quebrado.** ‖ – **cuché.** El muy satinado y barnizado. ‖ – **de barbas.** El de tina, que no está recortado por los bordes. ‖ – **de calco,** o **de calcar.** El transparente que permite ver con claridad los dibujos que se ponen debajo y reproducirlos con exactitud. ‖ – **de cúrcuma.** *Quím.* El impregnado en tinta de cúrcuma, que sirve como reactivo para reconocer los álcalis. ‖ – **de China.** El que se fabrica con la parte interior de la corteza de la caña del bambú, muy consistente y delgado. ‖ – **de esmeril.** Hoja de **papel** muy fuerte con arena de esmeril encolada en una de sus caras, que se usa para pulir. ‖ – **de estaño.** Lámina muy delgada de este metal, que se usa para envolver productos que deben preservarse del aire. ‖ – **de estracilla.** Estracilla, papel. ‖ – **de estraza. Papel** muy basto, sin cola y sin blanquear. ‖ – **de filtro.** El poroso y sin cola, hecho con trapos de algodón y que se usa para filtrar. ‖ – **de fumar.** El que se usa para liar cigarrillos, muy fino y suave. ‖ – **del Estado.** Documentos que emite el Estado reconociendo créditos, a favor de sus tenedores. ‖ – **de lija.** Hoja de **papel** muy fuerte, con vidrio molido, arena cuarzosa o polvos de esmeril, encolados en una de sus caras, que se usa en lugar de la piel de lija. ‖ – **de luto.** El que lleva una orla negra en señal de duelo. ‖ – **de marca.** El de tina, del tamaño que tiene comúnmente el **papel sellado.** ‖ – **de marca mayor.** El de longitud y latitud dobles que el de marca. ‖ – **de marquilla.** El de tamaño medio entre el de marca y el de marca mayor. ‖ El de tina, grueso, lustroso y muy blanco, que suele usarse para dibujar. ‖ – **de música.** El rayado para escribir música. ‖ – **de oficio.** El que se usa por lo general en las comunicaciones llamadas oficios, y cuyas dimensiones son, aproximadamente, 16 cm. de ancho por 22 de alto. ‖ – **de pagos.** Hoja timbrada, para hacer pagos al Estado. ‖ – **de seda.** El muy fino, transparente y flexible que recuerda a la tela de seda. ‖ – **de tina.** El de hilo que se hace en molde pliego a pliego. ‖ – **de tornasol.** *Quím.* El impregnado en tintura de tornasol que sirve como reactivo para reconocer los ácidos. ‖ – **en blanco. Papel blanco.** ‖ – **en derecho.** *For.* Alegato extraordinario impreso con el cual, en ocasiones, se substituyen los informes orales de las partes litigantes. ‖ – **florete.** El de primera suerte, así llamado por ser más blanco y lustroso. ‖ – **higiénico.** Papel especial desinfectado, que se usa particularmente para la higiene individual después de las deposiciones. ‖ – **japonés.** El fabricado con la parte interior de la corteza del moral hecha pasta, a la que se añade harina de arroz. Es satinado, flexible y de color amarillento. ‖ – **mojado.** fig. El que poco o nada importa para un asunto. ‖ fig. y fam. Cualquier cosa inútil o inconsistente. ‖ – **moneda.** El que por autoridad pública substituye al dinero en metálico. ‖ – **pautado.** El que tiene pauta para aprender a escribir. ‖ – **picado.** Confeti. ‖ – **pintado.** El de varios colores y dibujos que se emplea para las paredes de las habitaciones y otros usos. ‖ – **pluma.** El fabricado con pasta muy ligera y esponjosa. ‖ – **quebrado.** El que se rompe o deteriora durante la fabricación, del cual se forman las costeras. ‖ – **rayado.** El que tiene rayas sutiles para escribir sobre ellas. ‖ – **secante.** El esponjoso y sin cola, que se emplea para enjugar lo escrito. ‖ – **sellado.** El que tiene estampado un sello nacional y el precio, como impuesto de timbre, y sirve para formalizar documentos y para otros usos oficiales. ‖ – **tela.** Tejido de algodón, muy fino, engomado y transparente, que se emplea para calcar dibujos. ‖ – **vergé, vergueteado,** o **verjurado.** El que lleva una filigrana de rayitas o puntizones muy menudos y otros más separados que los cortan perpendicularmente. ‖ – **volante.** Impreso de muy poca extensión, cuyos ejemplares se venden o distribuyen fácilmente. ‖ **El papel, que se rompa él.** ref. que aconseja no apresurarse a inutilizar cartas y otros escritos que pueden alguna vez ser de provecho. ‖ **Embadurnar,** o **embarrar,** o **emborronar, papel.** frs. fig. y fam. Escribir cosas inútiles o despreciables. ‖ **Hacer** uno **buen,** o **mal, papel.** frs. fig. Estar o salir lucida o desairadamente en algún acto o negocio. ‖ **Hacer el papel.** frs. fig. Fingir bien una cosa; representar al vivo. ‖ **Hacer papel.** frs. fig. Tener autoridad o representación en la sociedad o aparentarlo. ‖ **Hacer el papel.** ‖ **Hacer** uno **su papel.** frs. fig. Cumplir con su ministerio o ser de provecho para una cosa. ‖ **Manchar papel.** frs. fig. y fam. **Embadurnar papel.** ‖ **Tener** uno **buenos papeles.** frs. fig. Tener certificaciones que prueban su calidad o sus méritos. ‖ Tener razón en lo que propone o disputa. ‖ **Traer** uno **los papeles mojados.** frs. fig. y fam. Ser falsas o sin fundamento las noticias que da. ‖ IDEAS AFINES: *Pergamino, página, diario, cartón, cartulina, papirola, pajarita, lápiz, tinta, escribir, empapelar, traspapelar, engrudo, encuadernación.*

PAPEL. *Hist. e Ind.* Se cree que la fabricación del **papel** obtenido por fibras vegetales tuvo origen en la civilización china, hacia el s. II a. de C. Antes que los chinos, otros pueblos habían utilizado para escribir hojas de palmera, tablillas de cera, corteza de árbol y otros elementos, y se supone que los egipcios, 35 siglos a. de C., obtenían el papiro, lámina sacada del tallo de la planta lacustre del mismo nombre. Griegos y romanos utilizaron el papiro hasta que fue reemplazado por el pergamino. Al derrotar los árabes a los chinos en Samarcanda, en 751, tomaron prisioneros a artesanos especializados en la fabricación del **papel,** a mano, y de ellos aprendieron pacientemente la nueva industria, que a su vez difundieron por otros pueblos que se hallaban bajo su dominio. Alrededor del siglo X, la novedad penetró en la península ibérica y poco más de un siglo después ya existían en ella fábricas de importancia. Alemania, Inglaterra, Italia, Francia, etc., entraron a rivalizar casi en seguida y a partir de la invención de la imprenta, en el s. XV, la fabricación del **papel** asumió dimensiones extraordinarias e imprevistas, con el agregado de la industria del libro, cuyo definitivo espaldarazo es obra del movimiento intelectual del Renacimiento. Desde entonces, la fabricación del **papel** ha ido adquiriendo cada vez más importancia hasta constituir una de las industrias fundamentales, perfeccionada constantemente por los avances de la técnica. En 1798 se comenzó en Francia a fabricar el **papel** a máquina. En la actualidad el **papel** se prepara casi íntegramente con pasta de celulosa, procedente de la madera (coníferas en especial), sometida a diversos procesos físico-químicos de disgregación, pero también se emplean fibras de lino y algodón, trapos viejos y otros desperdicios. El proceso mecánico hace pasar la pasta por una serie de cilindros que la reducen a hojas. La cola, el almidón y otras materias minerales se mezclan a la pasta de celulosa para dar tersura y consistencia al **papel** y, además, para que en el mismo se pueda escribir e imprimir sin que se corra la tinta. Naturalmente, existen múltiples variedades de **papel** y en cada una de ellas varían los procedimientos químicos y sobre todo los materiales adicionales que se usan. Así, por ejemplo, se logra el **papel** impermeable mediante un tratamiento de ácido sulfúrico; el **papel** de filtro, utilizando en proporción mayor trapos de algodón lavados con determinados ácidos; el llamado **papel** de China, fabricado con la parte interior de la corteza de la caña de bambú, etc.

PAPELADA. f. Conjunto de papeles escritos. ‖ *Amér. Central, Ec.* y *Perú.* Farsa, apariencia burlesca, ficción.

PAPELEAR. intr. Revolver papeles buscando en ellos una noticia u otra cosa. ‖ **Hacer papel.**

PAPELEO. m. Acción y efecto de papelear o revolver papeles.

PAPELERA. f. Escritorio, mueble para guardar papeles. ‖ Abundancia o cantidad excesiva de papel escrito.

PAPELERÍA. al. **Schreibwarenhandlung.** fr. **Papeterie.** ingl. **Stationary shop.** ital. **Cartoleria.** port. **Papelería.** f. Conjunto de papeles esparcidos sin orden, y en especial rotos y desechados. ‖ Tienda en que se vende papel.

PAPELERÍO. m. *Arg., Guat., Méx.* y *Urug.* Abundancia o exceso de papeles. ‖ Multitud de papeles sueltos.

PAPELERO, RA. adj. Perteneciente o relativo al papel. *Industria* PAPELERA. ‖ Farolero, papelón. Ú.t.c.s. ‖ s. Persona que fabrica o vende papel. Ú.t.c.adj. ‖ *Chile.* Persona hipócrita o zalamera con fin interesado. ‖ *Méx.* Vendedor de periódicos.

PAPELETA. f. Cédula. ‖ fig. y fam. Asunto difícil de resolver. ‖ *Guat.* Tarjeta de visita. ‖ *Hond.* Hoja suelta en que se anuncia alguna cosa.

PAPELILLO. m. dim. de **Papel.** ‖ Cigarro de papel, con algún polvo medicinal. ‖ Paquetito de papel que contiene una dosis de un medicamento en polvo.

PAPELINA. (Del b. lat. *papelina.*) f. Vaso para beber, estrecho por el pie y ancho por la boca.

PAPELINA. (Del fr. *papeline*, y éste del ital. *papalina*, papal.) f. Tela muy delgada, de urdimbre de seda fina con trama de seda basta.

PAPELISTA. m. El que maneja papeles o entiende de ellos. ‖ Fabricante de papel. ‖ Almacenista de papel. ‖ El que empapela habitaciones. ‖ *Cuba, Perú* y *P. Rico.* Picapleitos.

PAPELÓN, NA. (De *papel.*) adj. fam. Dícese de la persona que ostenta y aparenta más de lo que es. Ú.t.c.s. ‖ m. Papel en que se ha escrito acerca de algún asunto y que se desprecia. ‖ Cartón delgado hecho de dos papeles pegados. ‖ *Amér.* Meladura ya cuajada en una horma cónica. ‖ *Arg., Cuba, Perú* y *Urug.* Ridiculez, acción desmañada o desairada. *Hacer un* PAPELÓN.

PAPELONADO. adj. *Blas.* Dícese del escudo ornado de varias filas superpuestas de medios aros.

PAPELONEAR. intr. fam. Ostentar vanamente autoridad o valimiento.

PAPELORIO. m. desp. Fárrago de papeles.

PAPELOTE. m. desp. Papelucho. ‖ Conjunto de papeles inútiles o recortes de papel. ‖ *Amér. Central, Bol., Méx.* y *Ven.* Papalote.

PAPELUCHO. m. desp. Papel o escrito despreciable.

PAPERA. (De *papo.*) f. Bocio. ‖ Parotiditis. ‖ *Veter.* Catarro infeccioso de las mucosas de las vías respiratorias, con supuración de los ganglios linfáticos, propio de los équidos ‖ pl. Escrófulas, lamparones.

PAPERO. m. Puchero en que se hacen las papas para los niños. ‖ Papilla para los niños. ‖ *R. de la Plata.* Vendedor de papas.

PAPIALBILLO. m. Jineta, mamífero.

PAPIAMENTO. m. Idioma o lengua criolla que el castellano ha producido, bajo la influencia de la raza negra, en la isla de Curazao. ‖ Jerigonza.

PAPILA. al. **Hautwärzchen; Papille.** fr. **Papille.** ingl. **Papilla.** ital. **Papilla.** port. **Papila.** (Del lat. *papilla*, pezón de la teta.) f. *Bot.* Cada una de las pequeñas prominencias cónicas que tienen ciertos órganos de algunos vegetales. ‖ *Zool.* Cada una de las pequeñas prominencias cónicas formadas en la piel y en las mucosas, especialmente de la lengua, por las ramificaciones de los nervios y de los vasos. ‖ – **óptica.** Punto de la retina que señala la entrada del nervio óptico. ‖ deriv.: **papilario, ria; papiliforme.**

PAPILAR. adj. Perteneciente o relativo a las papilas. ‖ Que tiene papilas.

PAPILIONÁCEO, A. (Del lat. *papiliónem*, mariposa.) adj. Amariposado. ‖ f. pl. *Bot.* Familia numerosa de plantas leguminosas, caracterizada por su corola amariposada.

PAPILIÓNIDO, DA. adj. *Zool.* Dícese de insectos lepidópteros, de cabeza voluminosa, ojos salientes y alas anchas y vigorosas. Habitan en regiones templadas. Ú.t.c.s. ‖ m. pl. *Zool.* Familia de estos insectos.

PAPILIONOIDEO, A. adj. Papilionáceo. ‖ f. pl. *Bot.* Papilionáceas.

PAPILOMA. m. *Pat.* Neoplasia epitelial tegumentaria que resulta de una hipertrofia circunscrita al cuerpo epitelial y su epitelio. Comprende dos variedades: el **duro,** que asienta en piel y mucosas e incluye las verrugas, cuernos y algunos huesos, y el **blando,** que radica en la mucosa sin capa córnea. ‖ *Veter.* Vegetación inflamatoria dependiente de la piel y las mucosas, vulgarmente llamada **verruga** o **higo.**

PAPILOSO, SA. adj. Que es abundante en papilas. *Erupción* PAPILOSA.

PAPILLA. al. **Brei.** fr. **Bouillie.** ingl. **Pap.** ital. **Pappa.** port. **Papa.** f. Papas que se dan a los niños. ‖ fig. Cautela o astucia halagüeña para engañar a uno. ‖ *Chile.* Cierta hierba de raíz carnosa. ‖ *Perú.* Dulce de batata con huevos y otros ingredientes. ‖ **Dar papilla** a uno. frs. fig. y fam. Engañarle con astucia. ‖ **Echar** uno **la primera papilla.** frs. fig. y fam. con que se encarece la intensidad del vómito.

PAPILLOTE. m. Rizo de pelo formado y sujeto con un papel. ‖ **A la papillote.** m. adv. Envolviendo en papel la carne o pescado que se ha de asar.

PAPIN, Dionisio. *Biog.* Físico fr., célebre por los trabajos realizados con Boyle y Huyghens para lograr la máquina de vapor, y los inventos de la marmita que lleva su nombre y del bote de vapor. Publicó *Experimentos de vacío con la descripción de las máquinas que sirven para producirlo* y otras obras (1647-1714).

PAPINI, Juan. *Biog.* Literato ital., crítico de la vida contemporánea. Publicó *Gog; Historia de Cristo; Diccionario del hombre salvaje,* etc. (1881-1956).

PAPINIANO, Emilio. *Biog.* Jurisc. romano llamado **Príncipe de la Jurisprudencia** por su talento en la interpretación y aplicación del derecho, con elevado sentido ético. Autor de numerosos trabajos, reunidos en *Digesto* (140-212).

PAPIÓN. m. Zambo, mono.

PAPIRO. al. **Papyrus.** fr. **Papyrus.** ingl. **Papyrus.** ital. **Papiro.** port. **Papiro.** (Del lat. *papyrus,* y éste del gr. *pápyros.*) m. Planta vivaz de África y Asia, de hojas largas y estrechas, tallos de dos a tres metros, lisos y terminados en un penacho de espigas pequeñas y verdosas. *Cyperus papyrus,* ciperácea. ‖ Lámina sacada del tallo de esta planta y que se usó para escribir. *En el siglo XI las bulas pontificias todavía se escribían en* PAPIRO.

PAPIROFLEXIA. f. Arte de formar pajaritas y otras figurillas de papel.

PAPIROGRAFÍA. f. Arte de imprimir litográficamente en papel o cartón piedra. ‖ deriv.: **papirográfico, ca.**

PAPIRÓGRAFO. (Del lat. *papyrus,* papel, y el gr. *grapho,* escribir.) m. El que profesa la papirografía. ‖ Clisé usado en papirografía.

PAPIROLA. f. Pajarita o figurilla de papel formada con las reglas de la papiroflexia.

PAPIROLADA. f. fam. Pampirolada.

PAPIROLOGÍA. (Del gr. *pápyros,* papiro, y *logos,* tratado.) f. Parte de la paleografía que estudia los papiros. ‖ deriv.: **papirológico, ca; papirólogo, ga.**

PAPIROTADA. f. Papirote. ‖ Sandez, tontería.

PAPIROTAZO. m. Papirote. ‖ *Ven.* Papirotada, necedad.

PAPIROTE. m. Capirote, capirotazo. ‖ fig. y fam. Tonto, mentecato.

PAPISA. f. Voz que quiere significar *mujer-papa,* y que se usa para designar a la fabulosa **papisa** Juana.

PAPISMO. m. Nombre que los protestantes y cismáticos dan a la Iglesia católica, a sus organismos y doctrinas.

PAPISTA. adj. y s. Nombre que herejes y cismáticos dan al católico romano porque obedece al Papa.

PAPITO. m. *Amér.* Papaíto.

PAPO. (De *papar.*) m. Parte abultada del animal entre la barba y el cuello. ‖ Buche de las aves. ‖ Nombre vulgar del bocio. ‖ — **de viento.** *Mar.* Seno formado por el viento en una vela que no está del todo extendida. ‖ **Estar** una cosa **en papo de buitre.** frs. fig. y fam. con que se explica que ha caído en poder de quien no la querrá soltar. ‖ **Hablar de papo.** frs. fig. y fam. Hablar con presunción o vanidad.

PAPO. (Del lat. *pappus.*) m. Vilano, flor del cardo.

PAPO, PA. adj. y s. *Amér. Central.* Tonto, mentecato.

PAPÓN. m. Bu, coco para asustar a los niños.

PAPORETA. f. *Amér. del S.* Paparrucha.

PAPORREAR. tr. Vapulear, azotar.

PAPP, Desiderio. *Biog.* Astrónomo checo, radicado en la Arg., autor de importantes estudios sobre meteoritos. Publicó *Porvenir de la Tierra* y otros trabajos sobre cosmobiología y astrofísica. (n. 1897).

PAPÚ o **PAPÚA.** (Del malayo *papua,* crespo.) adj. y s. De Papuasia.

PAPÚA-NUEVA GUINEA. *Geog.* Estado de Oceanía, que comprende la parte oriental de la isla de Nueva Guinea (la occidental pertenece al territorio de Indonesia), las islas D'Entrecasteaux, los arch. de las Lusiadas y de Bismarck, y las islas del Almirantazgo, Bougainville y Buka. 461.691 km²; 2.910.000 h. Cap., PORT MORESBY. Relieve sumamente montañoso y de origen volcánico. Punto culminante: monte Victoria (4.038 m). Ríos principales: Fly, Purari y Kikory. Clima ecuatorial, con altas temperaturas y abundantes lluvias. La agricultura es la actividad más importante. El país constituía dos áreas diferentes: Papuasia y Nueva Guinea. El 16 de septiembre de 1975 Papúa-Nueva Guinea obtuvo su independencia de Australia dentro de la Comunidad Británica de Naciones.

PAPUASIA. *Geog.* Antiguo nombre de la isla de Nueva Guinea.

PAPUDO, DA. adj. De papo abultado.

PAPUJADO, DA. adj. Dícese de las aves que tienen mucha pluma y carne en el papo. ‖ fig. Abultado, ahuecado.

PAPUJO, JA. adj. *Amér.* Papudo.

PÁPULA. f. *Pat.* Elevación sólida, circunscrita, diminuta y comúnmente superficial de la piel; es de carácter eruptivo y se resuelve sin dejar cicatriz.

PAPULOSO, SA. adj. Perteneciente o relativo a las pápulas; que tiene sus caracteres, o es abundante en ellas.

PAQUEAR. tr. Disparar como los moros pacos. ‖ deriv.: **paqueo.**

PAQUEBOT. m. Paquebote.

PAQUEBOTE. al. **Postdampfer.** fr. **Paquebot.** ingl. **Packet-boat.** ital. **Battello postale.** port. **Paquebote.** (Del ingl. *packet-boat.*) m. Nave que lleva correo y pasajeros.

PAQUETE. al. **Paket.** fr. **Paquet.** ingl. **Packet; parcel.** ital. **Pacchetto.** port. **Pacote.** (Del ingl. *packet.*) m. Lío o envoltorio bien dispuesto y no muy abultado. ‖ Conjunto de cartas o papeles que forman mazo o están contenidos en un mismo sobre o cubierta. ‖ Paquebote. ‖ fam. Individuo que sigue rigurosamente las modas y va muy compuesto. Ú.t.c.adj. ‖ *Impr.* Trozo de composición tipográfica en que entran unas mil letras. ‖ — **ciego.** El que contiene correspondencia que no se incluyó en el especial del punto a que va destinado. ‖ — **de acciones.** Conjunto grande de acciones de una compañía, pertenecientes a un solo titular. ‖ IDEAS AFINES: *Bulto, cubierto, oculto, rodear, encerrar, proteger, atar, equipaje, fardo, gavilla, embalar, mercaderías, compras, regalo, papel, cordel, precinto.*

PAQUETE, TA. adj. *Arg.* y *Urug.* Lujoso, compuesto, adornado o hecho con arte. *Casa* PAQUETA; *traje* PAQUETE.

PAQUETEAR. intr. *Arg.* y *Urug.* Vestir con elegancia, con lujo.

PAQUETERÍA. f. Género menudo de comercio, que se guarda o vende en paquetes. ‖ Comercio de este género. ‖ *Arg.* Lujo, adorno, esmero en el vestir.

PAQUETERO, RA. adj. Que hace paquetes. Ú.t.c.s. ‖ s. Persona que se encarga de los paquetes de los periódicos para repartirlos entre los vendedores. ‖ *Impr.* Tipógrafo dedicado en especial a componer texto a mano. ‖ Estante para colocar la letra.

PAQUIDERMO. al. **Dickhäuter.** fr. **Pachyderme.** ingl. **Pachyderm.** ital. **Pachidermo.** port. **Paquiderma.** (Del gr. *pachys,* denso, y *derma,* piel.) adj. *Zool.* Aplícase a los mamíferos ungulados, artiodáctilos, omnívoros, de piel gruesa y dura y tres o cuatro dedos en cada extremidad, como el hipopótamo y el puerco. Ú.t.c.s. ‖ m. pl. *Zool.* Suborden de estos animales.

PAQUISTÁN. *Geog.* V. **Pakistán.**

PAR. al. **Paar.** fr. **Pair.** ingl. **Pair.** ital. **Paio.** port. **Par.** (Del lat. *par.*) adj. Igual, totalmente semejante. ‖ *Anat.* Dícese del órgano que corresponde simétricamente a otro igual. ‖ m. Conjunto de dos personas o dos cosas de una misma especie. *Un* PAR *de hijos; de medias.* ‖ Conjunto de dos mulas o bueyes de labranza. *Dos* PARES *tiraban de la carreta.* ‖ Título de alta dignidad en algunas naciones. ‖ *Arq.* Cada uno de los dos maderos que en un cuchillo de armadura tienen la inclinación del tejado. ‖ *Fís.* Conjunto de dos cuerpos heterogéneos que en condiciones determinadas producen una corriente eléctrica. ‖ f. pl. Placenta. ‖ **Par termoeléctrico.** *Fís.* Circuito formado por la unión de dos metales diferentes, en el que se origina una corriente eléctrica al calentar una de las soldaduras. Empleado en la determinación de temperaturas. ‖ **A la par.** m. adv. Juntamente o a un tiempo. *Marchar* A LA PAR. ‖ Igualmente, sin distinción o separación. ‖ Tratándose de monedas, efectos públicos u otros negociables, igualdad entre su valor nominal y el de cambio. ‖ **Al par.** m. adv. **A la par.** ‖ **A par.** m. adv. Inmediatamente a una cosa o junto a ella. ‖ Con semejanza o igualdad. ‖ **A la par.** ‖ **A pares.** m. adv. que expresa que van apareadas personas o cosas. ‖ **De par en par.** m. adv. que indica que están abiertas enteramente las puertas o ventanas. ‖ fig. Sin impedimento que estorbe; patentemente. ‖ **Echar a pares y nones** una cosa. frs. **Jugarla a pares y nones.** ‖ **Ir a la par.** frs. En el juego o en el comercio ir de compañía a partir igualmente ganancias y pérdidas. ‖ **Jugar a pares y nones** una cosa. frs. Sortearla teniendo uno en el puño cerrado cierto número de cosas menudas y gana el que acierta si dicho número es **par** o **impar.** ‖ **Sentir a par de muerte.** frs. **Sentir de muerte.** ‖ **Sin par.** expr. fig. Singular, que no tiene igual o semejante. Ú. para ponderar la excelencia de alguna persona o cosa. *Hermosura* SIN PAR. ‖ IDEAS AFINES: *Doble, símil, retrato, calco, mellizo, sosia, gemelos, pareja, yunta, anteojos, tijeras, pantalones, guantes, parear, diálogo, dicotiledón.*

PAR. (Apócope de *para.*) prep. Por, en fórmulas de juramento, ¡PAR *Dios!*

PARA. al. **Für; zu.** fr. **Pour.** ingl. **For.** ital. **Per.** port. **Para.** (Del ant. *pora.*) prep. con que se denota el fin o término a que se encamina una acción. *Estudia* PARA *médico.* ‖ Hacia, denotando el lugar que es el término de un viaje o movimiento o la situación de aquél. *Marcho* PARA *Lima.* ‖ Se usa indicando el lugar o tiempo en que deberá ejecutarse una cosa o finalizarla. *Lo terminaré* PARA *Navidad.* ‖ Se usa también determinando el uso que conviene a una cosa. *Este encaje es bueno* PARA *el cuello.* ‖ Se usa como partícula adversativa, significando el estado en que se halla una cosa, contraponiéndolo a lo que se dice de ella. *¡Buena calma te gastas* PARA *la obra que tienes!* ‖ Denota la relación de una cosa con otra, o lo que es propio respecto de sí misma. *Poco me pagas* PARA *lo que trabajé.* ‖ Significando el motivo o causa de una cosa, por que, o por lo que. *¿*PARA *qué trabajas tanto?* ‖ Por, o a fin de. PARA *terminar la porfía le di la razón.* ‖ Significa la aptitud de un sujeto. *No sirves* PARA *nada.* ‖ Junto con verbo, significa unas veces la resolución o aptitud de hacer lo que el verbo denota, y otras la proximidad o inmediación a hacerlo, y en este último sentido se junta con el verbo *estar. En poco estuve* PARA *golpearle.* ‖ Junto con los pronombres personales *mí, sí,* etc., y con algunos verbos, denota la particularidad de la persona o que la acción del verbo no se comunica a otro. PARA *sí se afana; lee* PARA *sí.* ‖ Se usa supliendo el verbo *comprar. Toma un peso* PARA *caramelos.* ‖ Usado con la partícula *con,* explica la comparación de una cosa con otra. *¿Quién es usted* PARA *con ella?* ‖ **Para eso.** loc. que se usa despreciando una cosa. PARA ESO *no has debido molestarte.* ‖ **Para que.** m. conj. final que se usa en sentido interrogativo o afirmativo, y vale respectivamente: **para** cuál fin u objeto, y **para** el fin u objeto de que. *¿*PARA QUÉ *vale eso? Te lo digo* PARA QUE *lo tengas presente.*

PARA. (Del gr. *pará.*) prep. insep. que significa contigüidad, semejanza o apariencia. PARA*tiroides;* PARA*frasis.*

PARÁ. *Geog.* Río del Brasil, en el Est. de su nombre, al S.E. de la isla Marajó. Constituye el brazo oriental de la boca del río Amazonas. 320 km. ‖ Estado del N. del Brasil, en el límite con las Guayanas. 1.216.726 km²; 2.200.000 h. Cap. BELEM. Caucho, maderas, algodón, cacao. ‖ — **de Minas.** C. del Brasil (Minas Geraes). 50.000 h. (con el municipio).

PARABA. f. *Bol.* Especie de papagayo.

PARABIÉN. (De la frase *para bien sea,* que se suele dirigir al favorecido por algún suceso próspero.) m. Felicitación. sinón.: **enhorabuena.**

PARÁBOLA. al. **Gleichnis; Parabel.** fr. **Parabole.** ingl. **Parable; parabola.** ital. **Parabola.** port. **Parábola.** (Del lat. *parábola,* y éste del gr. *parabolé.*) f. Narración de un suceso fingido, del que dedúcese, por comparación o semejanza, una verdad importante o una enseñanza moral. ‖ *Geom.* Curva abierta, simétrica respecto de un eje, con un solo foco, resultante de cortar un cono circular recto por un plano paralelo a una generatriz.

PARABOLANO. (De *parábola.*) m. Clérigo de la primitiva iglesia oriental, que tenía por oficio asistir a los enfermos de los hospitales y cuidar del enterramiento de los fieles. ‖ El que usa de parábolas o ficciones. ‖ fig. y fam. El que inventa o difunde noticias falsas o exageradas. ‖ Embustero.

PARABÓLICO, CA. adj. Perteneciente o relativo a la parábola, o que incluye ficción doctrinal. ‖ *Geom.* Perteneciente a la parábola o parecido a ella. ‖ deriv.: **parabólicamente; parabolicidad.**

PARABOLIZAR. tr. e intr. Ejemplificar, simbolizar. ‖ deriv.: **parabolizador, ra.**

PARABOLOIDE. (De *parábola,* y del gr. *eidos,* forma.) m. *Geom.* Superficie engendrada por una parábola que se traslada manteniendo su vértice sobre otra cuyo plano es normal al de la primera. ‖ Sólido limitado por un **paraboloide** elíptico y un plano perpendicular a su eje. ‖ — **de revolución.** *Geom.* El que resulta del giro de una parábola alrededor de su eje. ‖ — **elíptico.** *Geom.* Superficie convexa y cerrada por una parte, abierta e indefinida por la opuesta, cuyas secciones planas son todas parábolas o elipses. ‖ — **hiperbólico.** *Geom.* Superficie alabeada, que se extiende indefinidamente en todos sentidos, de curvaturas contrarias como una silla de caballo, y cuyas secciones planas son todas parábolas e hipérbolas.

PARABRISA o **PARABRISAS.** m. Guardabrisa del automóvil.

PARACA. f. *Amér.* Brisa muy fuerte del Pacífico.

PARACAÍDAS. al. **Falischirm.** fr. **Parachute.** ingl. **Parachute.** ital. **Paracadute.** port. **Pára-quedas.** m. Artefacto de tela fuerte que al desplegarse en el aire forma una sombrilla grande y que es usado por los aeronautas para moderar la velocidad de la caída. ‖ Por ext., lo que sirve para evitar o disminuir el golpe en una caída desde un sitio elevado. ‖ IDEAS AFINES: *Avión, piloto, peligro, aterrizar, gravedad, estrellarse, vértigo, espacio, abrirse, salvarse.*

PARACAIDISMO. m. Práctica deportiva y militar del paracaídas.

PARACAIDISTA. com. El adiestrado en el manejo del paracaídas.

PARACAS. *Geog.* Península de la costa peruana, en el dep. de Ica, al S. de Pisco.

PARACATÚ. *Geog.* Río del Brasil, afl. del San Francisco (Minas Gerais). 630 km. ‖ C. del Brasil (Minas Gerais). 21.000 h. Lavaderos de oro.

PARACELSO. *Biog.* Nombre con que se conoce al alquimista y méd. suizo **Teofrasto Bombasto de Hohenheim.** Fue el primero en emplear la prescripción empírica de medicamentos quím., estudió laspropiedades de los metales y escribió *Cirugía magna; Acerca de la naturaleza de las cosas* y otras obras (1493-1541).

PARACENTESIS. (Del lat. *paracentesis,* y éste del gr. *parakéntesis.*) f. *Cir.* Punción evacuadora de una cavidad, especialmente la abdominal, en la que se acumula un líquido de secreción patológica.

PARACLETO. (Del lat. *paracletus,* y éste del gr. *paráklitos,* abogado, intercesor.) m. Paráclito.

PARÁCLITO. (Del lat. *paráclitus*, paracleto.) m. Nombre que se da al Espíritu Santo, enviado para consolación de los fieles.

PARACRONISMO. (Del gr. *pará*, contra, y *cronos*, tipo.) m. Anacronismo que consiste en suponer acaecido un hecho después del tiempo en que sucedió.

PARACHOQUES. m. Aparato de la parte anterior y posterior de los carruajes, para amortiguar los efectos del choque. ‖ Aparato que se coloca en las terminales de las vías férreas con idénticos fines.

PARADA. al. **Aufenthalt.** fr. **Arrêt.** ingl. **Stop.** ital. **Fermata.** port. **Parada.** f. Acción de parar o detenerse. ‖ Sitio donde se para. ‖ Término del movimiento de una cosa, especialmente de la carrera. ‖ Suspensión o pausa, especialmente en la música. ‖ Lugar donde se recogen las reses. ‖ Acaballadero. ‖ Tiro de mulas o caballos que se previenen a cierta distancia y se mudan para hacer el viaje con mayor brevedad. ‖ Punto en que los tiros de relevo están apostados. ‖ Azud, presa. ‖ Cantidad de dinero que en el juego se expone a una sola suerte. ‖ *Amér. Central, Méx.*, y *Perú.* Procesión cívica. ‖ *Arg., Bol., Chile, Urug.* y *Ven.* Empaque, apostura, porte vanidoso. ‖ Fanfarronada. *Antonio es pura* PARADA. ‖ *Chile.* Caldera para disolver el caliche. ‖ *Perú.* Conjunto de puestos de vendedores ambulantes. ‖ *Esgr.* Quite, movimiento defensivo. ‖ *Mil.* Formación de tropas para revistas o alardes. ‖ Reunión de la tropa que entra de guardia. ‖ Paraje donde esta tropa se reúne, para partir cada sección a su destino. ‖ – **de coches.** Lugar asignado para que en él se estacionen los coches de alquiler. ‖ – **en firme.** *Equit.* La del caballo que, refrenado en su carrera, se contiene de pronto, quedando como clavado en el sitio. ‖ fig. Suspensión súbita en un negocio o en un razonamiento. ‖ – **general.** *Esgr.* Movimiento circular y rapidísimo de la espada, que recorre todas las líneas. ‖ **Doblar la parada.** frs. En los juegos de envite, doblar la cantidad apostada. ‖ Pujar una cosa doblando la anterior licitación. ‖ **Llamar de parada.** frs. *Mont.* Dícese cuando el perro topa con el animal que se quiere cazar, y la pieza se está quieta. ‖ **Salirle a uno a la parada.** frs. fig. **Salirle al encuentro.**

PARADENTOSIS. f. *Pat.* Enfermedad infecciosa, llamada comúnmente piorrea alveolar; es muy frecuente y sólo un tratamiento precoz y enérgico evita la caída total de la dentadura.

PARADERA. f. Compuerta con que se quita el agua al caz del molino. ‖ Clase de red que está siempre dispuesta esperando la pesca.

PARADERO. al. **Aufenthaltsort.** fr. **Terme; demeure.** ingl. **Halting place; terminus.** ital. **Fermata; dimora.** port. **Paradeiro.** m. Lugar donde se para o se va a parar. *Dimos con el* PARADERO *de José.* ‖ fig. Fin, término. ‖ *Ant., Chile, Guat.* y *Perú.* Apeadero del ferrocarril. ‖ *Col.* Parada de autobuses.

PARADETA. f. dim. de **Parada.** ‖ pl. Especie de danza española, en que se hacían breves paradas.

PARADIÁSTOLE. f. *Ret.* Figura consistente en usar voces que parecen de significación semejante, dando a entender que la tienen diversa.

PARADIGMA. (Del lat. *paradígma*, y éste del gr. *paradeígma*, de *paradeíknymi*, mostrar, manifestar.) m. Ejemplo o ejemplar. *El* PARADIGMA *de la conjugación regular.* ‖ deriv.: **paradigmático, ca.** ‖ IDEAS AFINES: *Modelo, arquetipo, molde, dechado, perfección, pauta, reproducir, original, matriz.*

PARADINA. (Del b. lat. *pardina*, y éste tal vez de *prátum*, prado.) f. Monte bajo de pasto, donde suele haber corrales para el ganado lanar.

PARADISIACO, CA. al. **Paradiesisch.** fr. **Paradisiaque.** ingl. **Paradisiacal.** ital. **Paradisiaco.** port. **Paradisíaco.** (Del lat. *paradisíacus.*) adj. Perteneciente o relativo al Paraíso. *Goce* PARADISIACO; sinón.: **delicioso, celestial.**

PARADISLERO. m. Cazador a espera o a pie quedo. ‖ fig. El que anda a caza de noticias o las inventa.

PARADO, DA. adj. Remiso, tímido o flojo en palabras o acciones. ‖ Desocupado, o sin empleo. U.t.c.s.m. pl. ‖ *Amér.* Derecho o en pie. ‖ *Chile* y *P. Rico.* Orgulloso, vanidoso. ‖ **A lo bien parado.** expr. con que se nota que uno desecha lo que puede servir aún, por gustar de lo más nuevo. ‖ **Lo mejor parado.** frs. que denota lo más seguro o mejor.

PARADOJA. al. **Paradoxon; Widersinnigkeit.** fr. **Paradoxe.** ingl. **Paradox.** ital. **Paradosso.** port. **Paradoxo.** (Del lat. *paradoxa*, t. f. de *-xus*, paradojo.) f. Especie extraña u opuesta a la opinión y sentir comunes. ‖ Aserción inverosímil o absurda, con apariencias de verdadera. ‖ *Fil.* Proposición que, siendo verdadera, y debido a la forma en que se enuncia, parece inverosímil a primera vista. ‖ *Ret.* Figura de pensamiento que consiste en emplear expresiones que envuelven contradicción. *El* ZUMBIDO *del* SILENCIO.

● **PARADOJA.** *Lit.* y *Ret.* En la **paradoja** juega el artificio de amalgamar ideas de apariencia inverosímil y contradictoria, que son conciliables en la medida en que su propio contraste establece entre ellas un vínculo o que simplemente se avienen por la fuerza del ingenio. En la antigüedad se denominaban **paradojas** a las sentencias que exceden la opinión general de los hombres. Cicerón escribió un libro entero sobre **paradojas** y de él es el siguiente párrafo en sentido figurado y pleno de **paradojas**, que se refiere al valor de los buenos amigos: "Aunque se ausenten, están presentes; aunque sean pobres, abundan en riquezas; aunque sean desvalidos, tienen mucho poder; y lo que es más, aún después de muertos, viven." En la literatura española la **paradoja** fue largamente empleada y su uso, a menudo excesivo, es una de las características del estilo barroco. Gracián fue uno de sus más decididos partidarios.

PARADOJAL. adj. Paradójico. (Es galicismo.)

PARADÓJICO, CA. al. **Widersinning; paradox.** fr. **Paradoxal.** ingl. **Paradoxical.** ital. **Paradossale.** port. **Paradoxal.** adj. Que incluye paradoja o que usa de ella. *Escritor* PARADÓJICO. ‖ deriv.: **paradójicamente.**

PARADOJO, JA. (Del lat. *paradoxus*, y éste del gr. *parádoxos*; de *pará*, contra, y *doxa*, opinión, creencia.) adj. Paradójico.

PARADOR, RA. adj. Que para, o se para. ‖ Dícese del caballo que se para con facilidad, y del que lo hace bien quedando en buena postura. ‖ Dícese del jugador que para mucho. ‖ m. Mesón. *Descansamos en un* PARADOR *del camino*; sinón.: **hostería, posada, hostal.**

PARADOS. *Geog.* Cerro de los Andes colombianos, en la cordillera central (Antioquia). 3.600 m.

PARAENSE. adj. y s. De Pará, Estado de Brasil.

PARAFASIA. f. *Pat.* Enfermedad afásica en la que, conservándose el lenguaje voluntario, se emplean palabras impropias, se suprimen sílabas y se substituyen unas letras por otras. ‖ deriv.: **parafásico, ca.**

PARAFERNALES. (Del gr. *parápherna*; de *pará*, a un lado, y *pherne*, dote.) adj. pl. *Der.* Dícese de los bienes que la mujer lleva al matrimonio, fuera de la dote, y de los que adquiere durante su transcurso, por título lucrativo.

PARAFINA. al. **Paraffin.** fr. **Paraffine.** ingl. **Paraffin.** ital. **Paraffina.** port. **Parafina.** (Del lat. *párum affinis*, poco afín.) f. *Quím.* Substancia sólida, blanca, translúcida, inodora y fácilmente fusible. Es una mezcla de hidrocarburos, que se obtiene de la destilación del petróleo o de substancias bituminosas.

PARAFINAR. tr. Recubrir de parafina un objeto.

PARAFRASEADOR, RA. adj. Que parafrasea. U.t.c.s.

PARAFRASEAR. al. **Umschreiben.** fr. **Paraphraser.** ingl. **To paraphrase.** ital. **Parafrasare.** port. **Parafrasear.** tr. Hacer la paráfrasis de un texto o escrito.

PARÁFRASIS. al. **Umschreibung; Paraphrase.** fr. **Paraphrase.** ingl. **Paraphrase.** ital. **Parafrasi.** port. **Paráfrase.** (Del lat. *paráphrasis*, y éste del gr. *paráphrasis*, de *pará*, a un lado, y *phrasis*, elocución.) f. Explicación o interpretación amplificativa de un texto. sinón.: **glosa.** ‖ Traducción en verso en la que se imita el original, sin verterlo con exactitud. ‖ Por ext., traducción muy extensa. ‖ Escrito largo y difuso. ‖ fam. Comentario malicioso.

PARAFRASTE. m. Autor de paráfrasis. ‖ El que interpreta textos por medio de paráfrasis.

PARAFRÁSTICO, CA. (Del gr. *paraphrastikós.*) adj. Perteneciente a la paráfrasis; propio de ella, que la incluye. *Sermón* PARAFRÁSTICO. ‖ deriv.: **parafrásticamente.**

PARAGOGE. (Del lat. *paragoge*, y éste del gr. *paragogé.*) f. *Gram.* Metaplasmo que consiste en añadir una letra al fin de un vocablo; v. gr.: *infelice* por *infeliz*.

PARAGÓGICO, CA. adj. Que se añade por paragoge.

PARAGOLPES. m. Parachoques.

PARAGONAR. tr. Parangonar.

PARAGRAFO. (Del lat. *parágraphus*, y éste del gr. *parágraphos.*) m. Párrafo.

PARAGRANIZO. m. *Agr.* Cobertizo de tela basta o de hule que se coloca sobre ciertos sembrados o frutos, para protegerlos del granizo.

PARAGUA. *Geog.* Río de Venezuela (Bolívar). Nace en la sierra de Pacaraima y des. en el río Caroní. 700 km. ‖ V. **Palawan.**

PARAGUÁ. *Geog.* Río de Bolivia (Santa Cruz), afl. del Guaporé. 500 km.

PARAGUANÁ. *Geog.* Península del N.O. de Venezuela (Falcón). El istmo de Médanos la une al continente.

PARAGUARÍ. *Geog.* Departamento del Paraguay. 8.255 km². 212.000 h. Producción ganadera. Cap. hom. 7.500 h. Centro comercial.

PARAGUAS. al. **Regenschirm.** fr. **Parapluie.** ingl. **Umbrella.** ital. **Ombrello; paracqua.** port. **Guarda-chuva.** (De *parar* y *agua.*) m. Utensilio portátil para protegerse de la lluvia, compuesto de un bastón y un varillaje cubierto de tela que puede extenderse o plegarse. ‖ *Col.* Hongo, seta.

PARAGUASSÚ. *Geog.* Río del Brasil (Bahía), que desagua en la bahía de Todos los Santos. 500 km.

PARAGUATÁN. m. *Amér. Central.* Árbol de madera rosada, que admite pulimento, y de cuya corteza se hace una tinta roja. *Sickingia tinctoria*, rubiácea.

PARAGUAY. m. Papagayo del Paraguay, de plumaje verde, manchado de amarillo, azul y rojo. ‖ *Perú.* Penacho morado de la espiga del maíz.

PARAGUAY. *Geog.* República mediterránea de América del Sur, limitada por Brasil, Bolivia y Argentina. Se extiende entre los 19º 18' y 27º 36' de latitud sur y los 59º 19' y 62º 29' de longitud occidental de Greenwich. Está cruzada por el trópico de Capricornio. Aunque es un Estado interior, se halla en comunicación con el mar por medio de la doble arteria navegable del Paraguay–Paraná. Su extensión superficial es de 406.752 km². **Aspecto físico.** Dos grandes regiones perfectamente delimitadas componen el territorio paraguayo: la oriental y la occidental. La primera, situada entre los ríos Paraná y Paraguay, constituye el extremo occidental de la meseta brasileña cuyo reborde forman las cordilleras de Caaguazú, Amambay y Mbaracayú. Son lomas altas que alcanzan los 700 m. y sirven de línea divisoria de aguas entre los afluentes del Paraná y del Paraguay. De topografía variada, constituye una región llana donde alternan montes y campos, grandes selvas y zonas de cultivo, y pequeñas cadenas montañosas cubiertas de vegetación. La región occidental o Chaco está situada al oeste del río Paraguay. Es, en general, una planicie que se inclina suavemente hacia el río. Casi no posee accidentes orográficos y sólo hacia la costa del río Paraguay se elevan algunos cerros aislados. Alternan en el Chaco las llanuras con los espesos bosques donde abundan las maderas duras que alimentan la poderosa industria del extracto de quebracho. Es la región menos poblada del país. **Clima y Vegetación.** El **Paraguay** goza de clima tropical favorablemente modificado por la influencia de los bosques y la frescura de los vientos dominantes que producen una caída de agua proporcional a la temperatura reinante. El país está comprendido entre las isotermas de 21º y 24º de temperatura media anual, con un promedio general de 23º. Las precipitaciones pluviales son abundantes y oscilan entre 1.500 y 2.000 mm. anuales. Se registran todo el año, en el verano se producen con mayor intensidad. Los vientos dominantes son el norte, cálido y húmedo; y el sur, frío y seco. La vegetación en el **Paraguay** oriental es exuberante, con especies variadas cuyas maderas se emplean para construcción y ebanistería: cedro, peteribí, lapacho, palo rosa, etc. Los bosques alternan con hermosas praderas. Se destaca una típica flora acuática: camalotes, aguapés, irupés, etc. La caña tacuara alcanza muchos metros de altura a orillas de los ríos. En el Chaco extensas sabanas alternan con bosques xerófilos achaparrados. **Hidrografía.** El río Paraguay, que baja de Mato Grosso y desagua en el Paraná, es el más importante del país. Sus principales afluentes son el Apa, Aquidabán, Ipané, Jejuí, Tebicuary y Pilcomayo. El Paraná, que contornea el este y el sur del territorio nacional, sólo es navegable por embarcaciones de poco calado hasta las cataratas del Guairá. El sur del país está ocupado por lagos, lagunas y esteros. **Población. Religión. Lengua.** La población del Paraguay alcanza a 2.810.000 h., de los cuales la mayoría son mestizos. La población indígena no plantea problemas de raza. La religión predominante es la católica. La lengua oficial es el castellano, pero el guaraní se habla con la misma frecuencia. **División política.** Es una República unitaria dividida en diecinueve departamentos: Alto Paraguay (cap. FUERTE OLIMPO); Alto Paraná (cap. PUERTO PRESIDENTE STROESSNER). Amambay (cap. PEDRO JUAN CABALLERO); Boquerón (cap. DOCTOR PEDRO P. PEÑA); Caaguazú (cap. CORONEL OVIEDO); Caazapá (cap. hom.); Canendiyú (cap. SALTO DEL GUAIRÁ); Central (cap. IPACARAÍ); Concepción (cap. hom.); Chaco (cap. M. PABLO LAGERENZA); Guairá (cap. VILLARRICA); Itapúa (cap. ENCARNACIÓN); La Cordillera (cap. CAACUPÉ); Misiones (capital SAN JUAN BAUTISTA); Nueva Asunción (cap. EUGENIO A. GARAY); Ñeembucú (cap. PILAR); Paraguarí (cap. hom); Presidente Hayes (cap. POZO COLORADO) y San Pedro (cap. hom.). La capital de la República es la ciudad de ASUNCIÓN. **Recursos económicos.** País agrícola, ganadero y forestal, su situación interior que lo aleja del comercio internacional ha disminuido sus enormes posibilidades. **Agricultura.** La uniformidad del clima y la constitución del suelo hacen del **Paraguay** un país especialmente apto para los cultivos tropicales y subtropicales. Prospera la caña de azúcar, de la que se extraen –además del azúcar– alcohol, bebidas alcohólicas y miel. Importante producto de exportación es el tabaco, con el que se fabrican cigarros y cigarrillos, y la madera. Fibra y semilla de algodón son motivo, también, de una fuerte corriente exportadora. Maíz, mandioca, arroz, hortalizas, citros, vid, se hallan en profusión. El naranjo, que crece espontáneamente en casi todo el país, brinda no sólo el fruto sino también el extracto de naranjas amargas (esencia de *petit-grain*) del que provee el 70% del total del mundo. Los grandes bosques de yerba mate proporcionan abundantes cosechas. Se explota intensamiente el quebracho, que brinda su dura madera y el tanino. **Ganadería.** Los vacunos constituyen los mayores rebaños; siguen luego los equinos y los ovinos. Los cueros y las carnes conservadas son motivo de exportación. **Minería.** La riqueza mineral, aunque escasamente explotada, es importante. Hay hierro, manganeso, azufre, cobre, cinc, estaño, mármoles, petróleo, etc. **Industrias.** No han adquirido aún pleno desarrollo. Existen manufacturas de lana y algodón, ingenios azucareros, destilerías de alcohol y caña, molinos de yerba mate y arroz, fábricas de aceite de algodón, coco, maní y ricino, manufacturas de tabaco, industrias de la carne, fábricas de extracto de tanino y de esencia de naranjas amargas, aserraderos, etc. **Comercio y Comunicaciones.** Las exportaciones incluyen cueros, productos de frigoríficos, algodón, tanino, maderas, yerba mate, tabaco, frutas, aceites, extracto de naranjas amargas, etc. Las importaciones comprenden: tejidos, productos químicos y farmacéuticos, trigo, petróleo y sus derivados, material agrícola, productos manufacturados, artículos de hierro, maquinaria y vehículos, etc. El comercio más activo lo mantiene con Argentina, los EE.UU., Gran Bretaña, Brasil y el conjunto de países de Europa occidental. Las vías férreas paraguayas son escasas (1.143 km.) pero cuenta, en cambio, con magnífico sistema fluvial. Los caminos carreteros alcanzan los 6.000 km. de recorrido. Servicios regulares de aviones unen a Asunción con las principales ciudades de América y del mundo. ‖ *Hist.* **Nombre.** Los investigadores difieren con respecto al origen del vocablo **Paraguay** y dan, entre otras probables etimologías, las siguientes: "para cua-i", que significa agua del guacamayo; "paragua-i", que quiere decir río de los payaguas, y "paraguá", que se traduce por corona de palmas. **Descubrimiento.** En el período precolombino Paraguay fue escenario de la civilización guaraní, cuyo idioma se conserva hasta la actualidad. Los guaraníes eran agricultores, pescadores y guerreros y practicaban la poligamia. El primer europeo que llegó a territorio paraguayo fue el portugués Alejo García, náufrago de las huestes de Solís, entre 1524 y 1525; murió a manos de los nativos. En 1528 Sebastián Caboto llegó a la confluencia del Paraná y del Paraguay, y al ascender por este último río una de las embarcaciones, fueron muertos 18 tripulantes. **Conquista y Colonización.** La verdadera conquista y colonización se inició con los hombres de la expedición de don Pedro de Mendoza. Éste envió a Ayolas con la misión de buscar un camino hacia el Perú; ante la tardanza de Ayolas, Mendoza encomendó la misma tarea a otra expedición. Mientras tanto, Ayolas, que se propuso emprender una audaz expedición, dejó a Domingo Martínez de Irala en Candelaria; un año y medio después, al retornar Ayolas no halló a Irala ni a sus hombres, y fue sorprendido y muerto por los indígenas. El 15 de agosto de 1537 Juan de Salazar y Gonzalo de Mendoza fundaron el fuerte de Nuestra Señora de la Asunción, base de la ciudad que por muchos años fue la capital de la colonia del Río de la Plata. En 1542 entró en Asunción, nombrado por el rey, el gobernador Álvar Núñez Cabeza de Vaca, destituido dos años más tarde. Tomó el mando Domingo Martínez de Irala, confirmado luego por la corona; su gobierno, que duró de 1544 a 1557, fue eficaz y progresista. Le sucedieron Gonzalo de Mendoza, Francisco Ortiz de Vergara, Felipe de Cáceres, Juan Ortiz de Zárate, Martín Suárez de Toledo, Juan de Garay y Antonio de Vera. En 1597 ocupó el cargo Hernandarias, primer criollo que gobernó en América. Asunción fue, en los comienzos del período colonial, el centro de irradiación de expediciones de importancia; en 1617, por iniciativa de Hernandarias, se separaron las administraciones de Buenos Aires y de Asunción, que quedó subordinada al Perú hasta 1776 y posteriormente hasta 1811, al Virreinato del Río de la Plata. En los primeros años del s. XVII se fundaron las misiones jesuíticas o de la Compañía de Jesús; dichas misiones reunieron a los indios en las llamadas "reducciones", los convirtieron al catolicismo, respetaron el idioma guaraní y les enseñaron los secretos de la agricultura y de las industrias menores. Los jesuitas gozaron de plena autonomía y constituyeron un verdadero Estado de disciplina teocrática. La venta de los productos agrícolas de las reducciones dio a los jesuitas un poderío económico que motivó el descontento de los colonos y provocó, de 1717 a 1735, el levantamiento de los Comuneros, que fueron derrotados, imponiéndose entonces el régimen de los gobernadores nombrados por el virrey. Como resultado de la expulsión de los jesuitas en España, en 1767, las misiones pasaron a la autoridad secular y paulatinamente se desintegraron. **Independencia.** Si bien fue aplastado, el levantamiento de los Comuneros debe considerarse el primer antecedente trascendental del movimiento emancipador. En 1810 **Paraguay** no reconoció la autoridad de la Primera Junta de Gobierno constituida en Buenos Aires y en 1811 sus tropas derrotaron en Paraguarí y en Tacuarí a la expedición patriota dirigida por Manuel Belgrano. Fulgencio Yegros, Pedro Juan Caballero y Vicente Ignacio Iturbe encabezaron el movimiento que depuso a las autoridades españolas y proclamó la independencia el 15 de mayo de 1811. El sistema de gobierno elegido fue una junta o consulado cuyo primer presidente fue Yegros; pertenecía a ella, en calidad de vocal, José Gaspar Rodríguez de Francia, comúnmente llamado el doctor Francia, que en 1813 se declaró dictador perpetuo, gobernando hasta su muerte, que acaeció en 1840. El segundo consulado fue ejercido, de 1841 a 1862, por Carlos Antonio López, a quien sucedió Francisco Solano López, que de 1864 a 1870 sostuvo la guerra contra los países de la Triple Alianza (Argentina, Brasil y Uruguay), que desangró a la nación. En 1870 fue promulgada la Constitución que adoptó el régimen presidencial. La inestabilidad de la vida política paraguaya persistió durante largo tiempo, con gobiernos efímeros y reiterados golpes de estado. Cuestiones de límites suscitaron, de 1932 a 1935, un conflicto armado con Bolivia, cuya paz definitiva, con la delimitación de fronteras, se firmó en 1938. **Símbolos nacionales. Bandera.** De acuerdo con lo dispuesto por el soberano congreso del 25 de noviembre de 1842, la bandera paraguaya es de forma cuadrilonga, compuesta por tres fajas horizontales de iguales dimensiones de color rojo la superior, blanca la intermedia y azul la inferior. El escudo nacional se aplica en el centro de la franja blanca. **Escudo.** Decretado juntamente con la bandera, el escudo lleva a un costado una palma y al otro una oliva, ambas entrelazadas en la parte inferior con una cinta con los colores nacionales. En el centro del escudo, que está dividido en dos cuarteles (azul el superior, anaranjado el inferior), luce una estrella dorada de cinco puntas. La orla lleva la inscripción "República del **Paraguay**". **Himno.** La letra pertenece al notable poeta Francisco Acuña de Figueroa. La música, que se atribuye el músico francés Dupuy y al húngaro Francisco J. Debali, ha sido objeto de un arreglo oficial que se encomendó al compositor y educador Remberto Giménez. **Presidentes del Paraguay**: Cirilo Antonio Rivarola (1870-1871); Salvador Jovellanos (1871-1874); Juan B. Gil (1874-1877); Cándido Barreiro (1878-1880); Bernardino Caballero (1880-1886); Patricio Escobar (1886-1890); Juan B. González (1890-1894); Marcos Morínigo (1894); Juan B. Egusquiza (1894-1898); Emilio Acebal (1898-1902); Héctor Carvallo (1902); Juan B. Escurra (1902-1904); Juan Bautista Gaona (1904-1905); Cecilio Báez (1905-1906); Benigno Ferreira (1906-1908); Emiliano González Navero (1908-1910); Manuel Gondra (1910-1911); Albino Jara (1911); Emiliano González Navero (1911-1912); Eduardo Schaerer (1912-1916); Manuel Franco (1916-1920); Manuel Gondra (1920-1921); Eusebio Ayala (1921-1923); Eligio Ayala (1923-1928); José P. Guggiari (1928-1932); Eusebio Ayala (1932-1936); Rafael Franco (1936-1937); Félix Paiva (1937-1939); José F. Estigarribia (1939-1940); Higinio Morínigo (1940-1948); Juan M. Frutos (1948); Juan Natalicio González (1948-1949); Raimundo Rolón (1949); Felipe Molas López (1949); Federico Chaves (1949-1954); Tomás Romero Pereyra (1954); y Alfredo Stroessner, elegido para el período 1954-1959 y reelegido después para 1959-1963; 1963-1968; 1968-1973; 1973-1978 y 1978-1983. **Gobierno.** Según la Constitución de 1870, que por última vez fue reformada en 1967, **Paraguay** es una República unitaria, representativa y democrática, regida por tres poderes. El Ejecutivo lo ejerce el presidente de la República, elegido por un período de cinco años; lo acompaña un gabinete de once ministros. El Legislativo está constituido por una Cámara de Diputados, de 60 miembros, y una de Senadores, de 30, todos elegidos por voto directo. Integran el poder Judicial la Corte Suprema, el Tribunal de Cuentas, tres cortes de apelación, juzgados de primera instancia y juzgados de paz. **Educación.** La educación es gratuita y laica. En su faz primaria es obligatoria entre los 7 y 14 años; según estadística reciente, existen entre establecimientos oficiales y privados, 1.781 escuelas primarias, 72 escuelas secundarias, 173 escuelas profesionales y una Universidad, la Nacional de Asunción. **Literatura.** El desarrollo de la literatura paraguaya ha sido tardío con respecto al de otros países latinoamericanos. Ya avanzado el s. XX vivió el auge del modernismo, cuya influencia perduró hasta hace pocos años en varios poetas: Manuel Ortiz Guerrero, Leopoldo Ramos Jiménez, Ramón Riquelme Noguera, Juan Natalicio González, Luis Resquín Huerta y otros. Julio Correa y Herib Campos Cervera iniciaron la ruptura con el modernismo y posibilitaron la renovación poética que habría de continuarse, unas veces con maneras suprarrealistas, otras con acento social o simplemente con retorno a las tradicionales líricas de la literatura castellana, en Augusto Roa Bastos, Hugo Rodríguez Alcalá, Josefina Plá, Oscar Esculies, Alfredo Jacquet, hasta los poetas de la última promoción: Luis Appleyard, Rodrigo Díaz, Ramiro Domínguez, Aurelio González Canale, Ezequiel González Alsina, Luis María Martínez, Elvio Romero, Carlos Villagra, etc. La prosa no ha logrado la altura estética de la poesía, pero en el drama de la guerra del Chaco supo descubrir un tema renovado y vigoroso, motivo de las novelas de Arnaldo Valdovinos, José D. Molas, José P. Villarejo, Justo P. Benítez, Silvio Macías y otros autores con fervor de militancia. Juan Natalicio González, Julio César Chaves, Hipólito Sánchez, Carlos R. Centurión y otros han realizado una obra crítica de notable repercusión. El teatro destaca a José A. Alsina, Oca del Valle, Julio Correa, Josefina Plá y otros autores dramáticos. Capítulo aparte en las letras paraguayas merece el español Rafael Barret, que vivió en el **Paraguay** y consagró páginas de exasperada e intensa prosa a los problemas y a los hombres del país. **Música.** Originalmente lenta y melancólica, basada en la escala pentatónica, la música paraguaya es esencialmente guaraní y sufrió ciertas modificaciones al contacto de elementos españoles, principalmente la ampliación hasta la escala de siete tonos. La educación musical fue iniciada por los jesuitas en el s. XVI; el período colonial registra la obra de activos compositores e instrumentistas como Domingo Zipoli, Luis Berger y otros. En el s. XIX sobresale el compositor indígena Julián Atirahu y al mismo tiempo se opera la formación de ciertas modalidades híbridas en la melodía popular, coincidente con el auge del vals, la polca y la galopa. En la presente centuria renace una inquietud nativista elevada, que tiende a revivir en decorosas formas populares la espiritualidad del cancionero guaraní; a su vanguardia estuvo, hasta su muerte, en 1972, José Asunción Flores, inspirado compositor que creó el género de la *guarania*, balada lenta en tiempo de vals; Remberto Giménez, propulsor entusiasta de toda actividad musical y autor de una ambiciosa *Rapsodia paraguaya*; Juan Carlos Moreno González, espíritu romántico, que ha abordado las formas sinfónicas para los temas autóctonos; Félix Pérez Cardoso, instrumentista y autor que ennobleció el folklore popular, y, entre los más nuevos, Francisco Alvarenga. En Asunción funcionan dos escuelas especializadas, la Escuela Normal de Música y el Conservatorio; y el país cuenta, además, con la acreditada orquesta Sinfónica del **Paraguay.**

PARAGUAY. *Geog.* Río de América del Sur que nace en Mato Grosso (Brasil), atraviesa el territorio paraguayo y después de recorrer 2.600 km. vierte sus aguas en el Paraná. Por la uniformidad de su cauce y su ancho de perfecto río de llanura (350 a 600 m.) ofrece grandes facilidades para la navegación.

PARAGUAYANO, NA. adj. Paraguayo. Ú.t.c.s. ‖ Perteneciente a la república del Paraguay.

PARAGUAYO, YA. adj. Natural del Paraguay. Ú.t.c.s. ‖ m. *Bol.* Látigo del mayoral. ‖ *Cuba.* Machete de hoja larga y recta. ‖ f. Fruta aplastada, semejante al pérsico.

PARAGUAYO-BOLIVIANA Guerra. *Hist.* La librada de 1932 a 1935 por ant. pleitos de límites en la región del Chaco boreal. Los representantes de diecinueve naciones de América declararon que no reconocerían los territorios obtenidos por las armas y designaron un grupo mediador que propuso la suspensión de las hostilidades y el arbitraje de la Conferencia de la Paz. Aceptados los términos, se firmó el armisticio en 1935 y en 1939 se otorgó a Paraguay la mayor parte del Chaco y a Bolivia una salida al mar por el río Paraguay.

PARAGÜERÍA. f. Tienda de paraguas.

PARAGÜERO, RA. s. Fabricante o vendedor de paraguas. ‖ m. Mueble para poner paraguas y bastones. En algunos países de Amér. ú.t.c.f.

PARAGÜEY. m. *Ven.* Yugo de los bueyes de labranza.

PARAHUSAR. tr. Taladrar con el parahúso.

PARAHÚSO. m. Instrumento para taladrar, consistente en una barrena cilíndrica que recibe la rotación de correas que se arrollan y desenrollan alternativamente, al subir y bajar el travesaño al cual están atadas.

PARAÍBA. *Geog.* Río del Brasil, en el Est. de su nombre, que des. en el océano Atlántico. 500 km. ‖ Estado del N.E. del Brasil. 56.282 km². 2.446.000 h. Producción agrícola, maderas. Cap. JOÃO PESSOA. ‖ – **del Sur.** Río del Brasil. Atraviesa el Est. de Río de Janeiro y des. en el Atlántico. 1.053 km. ‖ – **del Sur.** C. del Brasil, en el Est. de Río de Janeiro. Tiene con el municipio 80.000 habitantes.

PARAÍSO. al. **Paradies; Galerie.** fr. **Paradis.** ingl. **Paradise; upper gallery.** ital. **Paradiso; loggione.** port. **Paraíso.** (Del lat. *paradisus*; éste del gr. *parádeisos*, y éste del persa *faradaica*, jardín.) m. Lugar amenísimo en donde Dios puso a Adán. sinón.: **edén.** ‖ Cielo, mansión de ángeles y santos. *Alcanzar el* PARAÍSO. ‖ Conjunto de asientos o localidades del piso más alto de algunos teatros. ‖ fig. Cualquier lugar muy ameno. *Aquel bosquecillo era un* PARAÍSO. ‖ *And.* y *Arg.* Árbol corpulento, originario de Asia. ‖ – **de los bobos.** fig. y fam. Imaginaciones alegres con que cada uno se finge conveniencias o gustos. ‖ – **terrenal.** Paraíso de Adán. ‖ IDEAS AFINES: *Bienaventuranza, gloria, salvación, infierno, limbo, Redentor, nirvana.*

PARAÍSO. *Geog.* Población de Costa Rica, en la prov. de Cartago. 4.500 h. Producción agrícola. ‖ **El–.** V. **El Paraíso.**

PARAÍSO PERDIDO, El. *Lit.* Cél. epopeya cristiana de Juan Milton, compuesta de doce cantos y más de diez mil versos. Con grandeza y fuerza relata la creación del mundo y la caída del linaje humano. Una de las joyas poéticas de la literatura inglesa y universal.

PARAJE. al. **Gegend.** fr. **Parage.** ingl. **Place.** ital. **Paraggio.** port. **Paragem.** (De *parar.*) m. Lugar, sitio o estancia. *Llegaron a un* PARAJE *encantador.* ‖ Estado, ocasión y disposición de una cosa.

PARAJISMERO, RA. adj. Gestero.

PARAJISMO. m. Mueca, visaje, gesticulación exagerada.

PARAL. m. Madero que sale de un mechinal y sostiene el extremo de un andamio. ‖ Madero que se aplica oblicuo a una pared para asegurar el puente de un andamio. ‖ *Mar.* Madero con una muesca en el medio, que se unta con sebo para que, encajada en ella la quilla de una nave, se deslice para botarla al agua.

PARALÁCTICO, CA. adj. *Astron.* Perteneciente a la paralaje. ‖ deriv.: **paralácticamente.**

PARALAJE. al. **Parallaxe.** fr. **Parallaxe.** ingl. **Parallax.** ital. **Parallasse.** port. **Paralaxe.** (Del gr. *parállaxis*, cambio, diferencia.) f. *Astron.* Diferencia entre las posiciones aparentes que, en la bóveda celeste, tiene cada astro según el punto desde donde se supone observado. ‖ – **anual.** *Astron.* Diferencia de los ángulos que, con el radio de la órbita terrestre, hacen dos líneas dirigidas a una estrella desde sus extremos. ‖ – **de altura.** *Astron.* Diferencia de los ángulos que forman con la vertical las visuales dirigidas a un astro, desde el punto de observación y desde el centro de la Tierra. ‖ – **horizontal.** *Astron.* La de altura cuando el astro está en el horizonte.

PARALASIS. f. Paralaje.

PARALAXE o **PARALAXI.** f. Paralaje.

PARALELA. f. *Fort.* Trinchera con parapeto, abierta paralelamente a las defensas de una plaza. ‖ *Min.* Galería de la mina paralela a la principal. ‖ pl. Barras **paralelas** que sirven para hacer ejercicios gimnásticos.

PARALELAMENTE. adv. m. Con paralelismo. *El camino correría* PARALELAMENTE *a la costa.*

PARALELAR. tr. Parangonar, comparar, hacer paralelo. ‖ deriv.: **paralelación; paralelador, ra; paralelamiento.**

PARALELEPÍPEDO. (Del lat. *parallelepípedus*, y éste del gr. *parallelepípedon*; de *parállelos*, paralelo, y *epípedon*, plano.) m. *Geom.* Sólido terminado por seis paralelogramos, siendo iguales y paralelos cada dos opuestos entre sí.

PARALELISMO. m. Calidad de paralelo o continuada igualdad de distancia entre líneas o planos. ‖ Modo de expresar un pensamiento desenvolviéndolo en dos ideas que corren como paralelas.

PARALELO, LA. al. **Parallel.** fr. **Parallèle.** ingl. **Parallel.** ital. **Paralelo.** port. **Paralelo.** (Del lat. *parallelus*, y éste del gr. *parállelos*; de *pará*, al lado, y *állelon*, uno de otro.) adj. *Geom.* Aplícase a las líneas o planos equidistantes entre sí y que por más que se prolonguen no pueden encontrarse. Ú.t.c.s.f. ‖ Correspondiente o semejante. ‖ m. Comparación de una cosa con otra. *Hacer un* PARALELO *entre la colonización inglesa y la española.* ‖ Comparación de una persona con otra, por escrito o de palabra. ‖ *Geog.* Cada uno de los círculos menores **paralelos** al Ecuador, que se suponen descritos en el globo terráqueo y que sirven para determinar la posición de un lugar cualquiera de su superficie. *Los puntos situados en el mismo* PARALELO *tienen igual latitud.* ‖ *Geom.* Cada uno de los círculos que en una superficie de revolución resultan de cortarla por planos perpendiculares a su eje. ‖ *Mús.* Movimiento de dos o más voces que marchan en el mismo sentido. ‖ IDEAS AFINES: *Paralelogramo, paralelepípedo, renglones, pentagrama, vías, alambrado, convergente, divergente, separación, exactitud, infinito.*

PARALELO 42. *Lit.* Novela de Juan Dos Passos, publicada en 1930. Con *1919* y *El gran dinero* integra una trilogía maestra sobre el complejo social estadounidense.

PARALELOGRAMO. (Del lat. *parallelográmmum*, y éste del gr. *parallelógrammos*; de *parállelos*, paralelo, y *grammé*, línea.) m. *Geom.* Cuadrilátero cuyos lados opuestos son paralelos entre sí. ‖ deriv.: **paralelogramático, ca.**

PARALIPÓMENOS. (Del lat. *paralipómena*, y éste del gr. *paraleipómena*, cosas omitidas.) m. pl. Dos libros canónicos del Antiguo Testamento, que son como el suplemento de los cuatro de los Reyes.

PARÁLISIS. al. **Lähmung.** fr. **Paralysie.** ingl. **Paralyse; paralysis.** ital. **Paralisi.** port. **Paralisia.** (Del lat. *parálysis*, y éste del gr. *parálysis*; de *paralýo*, disolver, aflojar.) f. Privación o disminución del movimiento y aun de la sensibilidad, de una o varias partes del cuerpo. ‖ – **infantil. Parálisis** que ataca generalmente a los niños y suele ser causa de deformidades permanentes. Es producida por la inflamación aguda de las prolongaciones anteriores de la substancia gris de la medula espinal y se caracteriza por síntomas febriles, y **parálisis** y atrofia de los músculos correspondientes a la lesión medular. Se la llama también **poliomielitis anterior aguda** y **enfermedad, o mal, de Heine-Medin.** ‖ IDEAS AFINES: *Baldado, inválido, hemiplejía, apoplejía, ataque, derrame, catalepsia, impedir, inmovilizar, impotente, petrificar, inerte, globulina, pulmotor.*

PARALITICADO, DA. adj. Impedido por la parálisis o tocado de ella.

PARALITICARSE. r. Ponerse paralítico, paralizarse. ‖ deriv.: **paraliticación; paraliticamiento.**

PARALÍTICO, CA. al. **Gelähmter; Paralytiker.** fr. **Paralytique.** ingl. **Paralytic.** ital. **Paralitico.** port. **Paralítico.** adj. y s. Enfermo de parálisis.

PARALIZACIÓN. f. fig. Detención que experimenta una cosa dotada de acción o de movimiento. *La nieve produjo la* PARALIZACIÓN *de los trenes*; sinón.: **suspensión;** antón.: **movimiento.**

PARALIZADOR, RA. adj. Que paraliza o sirve para paralizar. Ú.t.c.s.

PARALIZAR. al. **Lähmen.** fr. **Paralyser.** ingl. **To paralise.** ital. **Paralizzare.** port. **Paralisar.** tr. Causar parálisis. Ú.t.c.r. *El miedo* PARALIZÓ *sus piernas;* sinón.: **inmovilizar.** ‖ fig. Detener, entorpecer acciones y movimientos. Ú.t.c.r. ‖ r. Perder el vigor y la lucidez.

PARALOGISMO. al. **Trugschluss; Paralogie.** fr. **Paralogisme.** ingl. **Paralogism.** ital. **Paralogismo.** port. **Paralogismo.** (Del lat. *paralogismus*, y éste del gr. *paralogismós*; de *pará*, contra, y *logismós*, razonamiento.) m. Razonamiento falso.

PARALOGIZAR. tr. y r. Intentar persuadir con discursos falaces y razones aparentes. ‖ deriv.: **paralogización; paralogizador, ra.**

PARAMAGNÉTICO, CA. adj. *Fís.* Dícese de los cuerpos que, bajo la influencia de un campo magnético, tienden a desplazarse hacia las zonas de campo más intenso y a colocarse con su mayor dimensión paralela a las líneas de fuerza.

PARAMAR o **PARAMEAR.** intr. *Col., Ec.* y *Ven.* Lloviznar. ‖ *Ven.* Haber temporal de mucha nieve en los páramos.

PARAMARIBO. *Geog.* Ciudad capital de Surinam, a orillas del río de este último nombre. 111.000 h. con los suburbios. Puerto exportador de bauxita, maderas, caucho, etc.

PARAMECIO. m. Protozoario ciliado de forma alargada que vive en todas las aguas pero más especialmente en las estancadas.

PARAMENTAR. (De *paramentos.*) tr. Adornar o ataviar una cosa. ‖ deriv.: **paramentador, ra.**

PARAMENTO. al. **Zierat; Mauerfläche.** fr. **Parement.** ingl. **Ornament.** ital. **Paramento.** port. **Paramento.** (Del lat. *paraméntum.*) m. Adorno o atavío con que se cubre una cosa. ‖ Sobrecubiertas o mantillas del caballo. ‖ *Arq.* Cualquiera de las dos caras de una pared. ‖ *Cant.* Cualquiera de las seis caras de un sillar labrado. ‖ **Paramentos sacerdotales.** Vestiduras y demás adornos que usan los sacerdotes para celebrar misa y otros divinos oficios. ‖ Adornos del altar.

PARAMERA. f. Vasta extensión de territorio donde abundan los páramos.

PARÁMETRO. (Del gr. *pará*, contra, y *metron*, medida.) m. *Geom.* Línea constante e invariable que entra en la ecuación de algunas curvas, y señaladamente en la de la parábola. ‖ deriv.: **paramétrico, ca.**

PARAMILLO, Nudo de. *Geog.* Nudo orográfico de la cordillera occidental de los Andes colombianos, en el dep. de Antioquia. 4.000 m. de altura.

PARAMITO. *Geog.* Pico de los Andes venezolanos, en el Est. de Lara. 2.486 m. ‖ Cerro de Venezuela, en el Est. de Falcón. 1.600 m.

PARAMNESIA. (Del gr. *pará*, a un lado, y *mnesis*, memoria.) f. *Med.* Perturbación de la memoria, caracterizada principalmente por no poder recordar el sentido de las palabras, y tener ilusiones de recuerdo, por las cuales ante un hecho nuevo se tiene la impresión clara de haberlo conocido antes y, por el contrario, no se reconoce por tenida anteriormente la percepción ya experimentada.

PÁRAMO. al. **Ödland.** fr. **Lande.** ingl. **Paramo.** ital. **Landa.** port. **Páramo.** (Del lat. *páramus.*) m. Terreno yermo, raso y desabrigado. ‖ fig. Cualquier lugar muy frío y desamparado. ‖ IDEAS AFINES: *Desierto, desolación, soledad, vacío, abandono, estéril, estepa, meseta, inhospitalario.*

PARANÁ. *Geog.* Río de América del Sur que nace en Brasil, en la confluencia de los ríos Paranaiba y Grande. En su curso superior es río de meseta, corre profundo, encajonado y presenta algunos rápidos y cascadas. En su curso medio recorre gran parte del territorio argentino separando la mesopotamia de la llanura chacopampeana. A partir de Diamante comienza el curso inferior y se forma el delta. Las islas que lo constituyen poseen una vegetación exuberante y el río se abre en varios riachos y arroyos entre los que se puede distinguir el **Paraná Pavón** y **Paraná Ibicuy**, que, junto con el brazo principal del río encierran las islas Lechiguanas; el **Paraná Bravo** que des. en el río Uruguay y el **Paraná Guazú, Paraná Miní** y el **Paraná de las Palmas** que des. en el río de la Plata. Sirve de límite entre Paraguay y Brasil y entre Paraguay y la Argentina. Es navegable y tiene 4.500 km. de recorrido de los cuales 2.200 km. son argentinos. Sus principales afl. son el Paraguay, el Iguazú y el Salado. ‖ C. del este de la Argentina, cap. de la provincia de Entre Ríos. 130.000 h. Importante puerto sobre el río hom. Es centro de las principales actividades políticas, culturales y comerciales de la prov. ‖ Estado del S. del Brasil. 201.288 km². 6.670.000 h. Actividades agrícolas, explotación forestal, minería. Cap. CURITIBA.

PARANAENSE. adj. De Paraná, capital de la prov. de Entre Ríos (Rep. Arg.). Ú.t.c.s. ‖ Perteneciente o relativo al río Paraná. *Cuenca* PARANAENSE. ‖ Natural del Estado de Paraná (Brasil). Ú.t.c.s.

PARANAGUÁ. *Geog.* Bahía de la costa brasileña, en el Est. de Paraná. ‖ C. del Brasil, en el Est. de Paraná. 27.000 h. Puerto exportador de yerba mate, café, maderas, plátanos, etc.

PARANAHYBA. *Geog.* V. **Paranaíba.**

PARANAÍBA. *Geog.* Río del Brasil (Minas Geraes), una de las ramas que dan origen al río Paraná. 950 km.

PARANAPANEMA. *Geog.* Río del Brasil, afl. del Paraná. Marca el límite entre los Est. de San Pablo y Paraná. 900 km.

PARANCERO. (Del *paranza.*) m. El que caza con lazos, perchas, u otras invenciones.

PARANGÓN. al. **Vergleich.** fr. **Parangon.** ingl. **Parangon.** ital. **Paragone.** port. **Comparação.** m. Comparación, semejanza. *Establecer un* PARANGÓN. ‖ deriv.: **parangónico, ca.**

PARANGONA. (De *parangón.*) f. *Impr.* Grado de letra, la mayor después del gran canon, peticano y misal.

PARANGONAR. al. **Vergleichen.** fr. **Parangonner.** ingl. **To compare.** ital. **Paragonare.** port. **Comparar.** (De *parangón.*) tr. Hacer comparación de una cosa con otra. ‖ *Impr.* Justificar en una línea las letras, adornos, etc., de cuerpos desiguales. ‖ deriv.: **parangonable; parangonador, ra; parangonante.**

PARANINFICO. adj. *Arq.* V. **Orden paranínfico.**

PARANINFO. (Del lat. *paranymphus*, y éste del gr. *paránimphos*; de *pará*, al lado de, y *nynphé*, novia.) m. Padrino de las bodas. ‖ El que anuncia una felicidad. ‖ En universidades, el que anunciaba la entrada del curso. ‖ Salón de actos académicos en algunas universidades.

PARANOIA. (Voz gr. que significa *locura.*) f. *Pat.* Enfermedad mental caracterizada por concepciones delirantes fijas, de curso progresivo.

PARANOICO, CA. adj. Perteneciente o relativo a la paranoia. ‖ Que la padece. Ú.t.c.s.

PARANOMASIA. f. Paronomasia.

PARA NOSOTROS LA LIBERTAD. *B. A.* Filme francés, argumento y realización cinematográfica de René Clair, estrenado en 1931. Aguda sátira sobre la mecanización del obrero en la industria moderna.

PARANZA. (De *parar.*) f. Tollo o puesto en que el cazador se oculta para esperar y tirar a las reses.

PARAO. m. Embarcación grande de Filipinas.

PARAO. *Geog.* Arroyo del Uruguay, en los dep. de Cerro Largo y Treinta y Tres. Desagua en el río Cebollati.

PARAOPEBA. *Geog.* Río del Brasil (Minas Geraes), afl. del San Francisco. 448 km.

PARAPARA. f. *Ven.* Fruto del paraparo, negro y redondo.

PARAPARO. m. *Ven.* Árbol cuya corteza se usa en lugar del jabón; sapindáceo.

PARAPETARSE. r. *Fort.* Resguardarse con parapetos o cosa que los supla. ‖ Obstruir un paso con barreras, estacadas, etc. ‖ fig. Precaverse de un riesgo por algún medio de defensa. ‖ deriv.: **parapetable.**

PARAPETÍ. *Geog.* Río de Bolivia (Santa Cruz). 750 km.

PARAPETO. al. **Brustwehr.** fr. **Parapet.** ingl. **Parapet.** ital. **Parapetto.** port. **Parapeito.** (Del ital. *parapetto*, y éste del lat. *parare*, defender, y *pectus*, pecho.) m. Baranda que se pone para evitar caídas en los puentes, escaleras, etc. ‖ *Fort.* Terraplén corto, formado sobre el principal, para proteger el pecho de los soldados. ‖ IDEAS AFINES: *Pretil, muralla, trinchera, defensa, ocultación, barricada, talud, paramento, fortaleza, almena, tronera.*

PARAPLEJÍA. f. *Pat.* Parálisis de los miembros inferiores.

PARAPLÉJICO, CA. adj. Perteneciente o relativo a la paraplejía. ‖ Que la padece. Ú.t.c.s.

PARAPOCO. com. fig. y fam. Persona corta de genio y poco avisada.

PARAPSICOLOGÍA. f. Psicología de lo accesorio, desarrollada como una disciplina ya independiente del ocultismo.

PARAPSÍQUICO, CA. adj. Perteneciente o relativo a la parapsicología. Se aplica a fenómenos como la telepatía, la transmisión del pensamiento, el presentimiento, etc.

PARAR. m. Juego de cartas en que se saca una para los puntos y otra para el banquero y gana la primera que hace pareja con las que se van sacando de la baraja.

PARAR. al. **Aufhalten; stoppen.** fr. **Arrêter.** ingl. **To stop.** ital. **Fermare.** port. **Parar.** (Del lat. *parare.*) intr. Cesar en el movimiento o en la acción; no pasar adelante en ella. Ú.t.c.r.

PARO *la lluvia*; antón.: **continuar, seguir.** || Ir a dar a un término. *Si sigues derrochando* PARARÁS *en la miseria.* || Venir o estar en propiedad de alguna cosa, después de otros dueños que la han poseído. *El original vino a* PARAR *a mi poder.* || Convertirse una cosa en otra distinta de la que se juzgaba o esperaba. || Habitar, hospedarse. PARARÉ *en el hotel.* || tr. Detener el movimiento o acción de uno. || Prevenir o preparar. || Arriesgar dinero u otra cosa de valor a una suerte del juego. || Hablando de los perros de caza, mostrarla, parándose o haciendo cualquiera otra señal al descubrirla. || Poner a uno en estado diferente del que tenía. Ú.t.c.r. *Tal me han* PARADO *las enfermedades, que no podré volver a trabajar.* || *Esgr.* Quitar con la espada el golpe del contrario. Por ext. se dice en otros juegos y deportes. || r. fig. Detener o suspender la ejecución de un designio. *Amigos influyentes* PARARON *la investigación.* || Construido con la preposición *a* y el infinitivo de algunos verbos que significan acción del entendimiento, ejecutar dicha acción cuidadosamente. PARARSE *a considerar.* || *Amér.* Ponerse en pie. SE PARÓ *para ver mejor.* || fam. Prosperar, enriquecerse. || **No parar.** frs. fig. con que se pondera la eficacia o viveza con que se ejecuta una cosa o se solicita. *No* PARARÉ *hasta que lo encuentre.* || **Parar mal.** frs. Malparar. || **Parársele** uno **a otro.** frs. *Amér.* Asumir una actitud agresiva, hacer cara. || **Sin parar.** m. adv. Luego, al punto, sin tardanza o detención. *Llora sin* PARAR. || IDEAS AFINES: *Paro, huelga, tregua, armisticio, paralización, freno, alto, escala, meta, etapa, estación, solsticio, pararrayos, restañar, contener, inmovilizar.*

PARARRAYO. m. Pararrayos.

PARARRAYOS. al. **Blitzableiter.** fr. **Paratonnerre.** ingl. **Lightning rod.** ital. **Parafulmine.** port. **Pára-raios.** (De *parar*, detener, y *rayo*.) m. Artificio que se coloca en lo alto de los edificios y otras construcciones para protegerlos del rayo. Está formado por una barra metálica terminada en punta y puesta en comunicación con tierra o agua por medio de conductores metálicos.

● **PARARRAYOS.** *Fís.* A una valiosa experiencia de Benjamín Franklin se debe la invención del **pararrayos.** Aunque este sabio no descubrió la electricidad atmosférica, cuya existencia estaba comprobada y admitida en el mundo científico desde principios del s. XVIII, formuló el proyecto que hizo posible la comprobación de lo que hasta entonces no era más que una hipótesis. En 1753, durante el transcurso de una tormenta, Franklin lanzó una cometa hacia las nubes y recibió una fuerte descarga eléctrica. Comprobado así que el relámpago era un fenómeno eléctrico, concibió la idea de un aparato que hiciera dirigir la descarga a tierra, a fin de evitar incendios y víctimas. Dicho aparato fue llamado **pararrayos;** el primero lo construyó el mismo Franklin en 1760. Su uso alcanzó casi en seguida extraordinaria difusión en América y Europa, no obstante la oposición que le hacían algunos físicos de la época. El **pararrayos** se instala en el punto más alto de los edificios y consiste en una barra metálica captadora que se conecta a tierra por un conductor metálico aislado. En la actualidad se usan diversos sistemas perfeccionados de **pararrayos;** los más empleados son el **pararrayos** de aluminio o electrolítico, constituido por un cierto número de elementos electrolíticos en cubetas de aluminio, y el llamado **pararrayos** de cuernos, constituido por dos antenas metálicas.

PARASANGA. f. Medida itineraria equivalente a 5,25 metros usada por los persas desde tiempos remotos.

PARASCEVE. (Del lat. *parásceve*, y éste del gr. *paraskeué*, preparación.) f. Preparación; tómase por el día de Viernes Santo, que era el de la preparación para la pascua judaica.

PARASELENE. (Del gr. *pará*, al lado, y *Selene*, Luna.) f. *Meteor.* Imagen de la Luna, que se representa en una nube.

PARASEMO. (Del lat. *parasémum*, y éste del gr. *parásemon.*) f. Mascarón de proa de las galeras de los antiguos griegos y romanos.

PARASIMPÁTICO, CA. adj. *Anat.* Dícese de la parte del sistema nervioso compuesta de ganglios que se alojan en el mesocéfalo, el bulbo y la porción sacra de la médula y que es antagónica del simpático.

PARASÍNTESIS. f. *Gram.* Formación de vocablos en que interviene la composición y la derivación; como en *desalmado, misacantano.*

PARASINTÉTICO, CA. adj. Dícese de los vocablos compuestos de prefijo y sufijo a la vez.

PARASISMO. m. Paroxismo.

PARASITARIO, RIA. adj. Perteneciente o relativo a los parásitos.

PARASITICIDA. adj. y s. Dícese de la substancia usada para destruir parásitos.

PARASÍTICO, CA. adj. Parasitario.

PARASITISMO. m. Condición y cualidad de parásito.

PARÁSITO, TA. al. **Parasit; Schmarotzer.** fr. **Parasite.** ingl. **Parasite.** ital. **Parassito; parassita.** port. **Parasito; parasita.** (Del lat. *parasitus*, y éste del gr. *parásitos*; de *pará*, al lado, y *sitos*, comida.) adj. Dícese del vegetal o animal que mora dentro o en la superficie de otro, nutriéndose de su substancia. Ú.t.c.s. *La roya y el carbón son hongos* PARÁSITOS. || fig. Dícese de los ruidos que perturban una transmisión de radio. Ú.t.c.m.pl. || m. fig. El que vive a costa ajena. || IDEAS AFINES: *Muérdago, cuscuta, cochinilla, lombriz, tenia, nigua, saguaipé, aprovecharse, chupóptero, gorrón, sablazo.*

PARASITO, TA. adj. y s. Parásito.

PARASITOLOGÍA. f. Parte de la historia natural que trata de los parásitos. || deriv.: **parasitológico, ca; parasifólogo, ga.**

PARASOL. al. **Sonnenschirm.** fr. **Parasol.** ingl. **Parasol.** ital. **Parasole.** port. **Pára-sol.** m. Quitasol. || Umbela.

PARASTADE. (Del lat. *parastas, -adis.*) m. *Arq.* Pilastra colocada junto a una columna y detrás de ella para sostener mejor el peso de la techumbre.

PARATA. (Del lat. *parata*, t. f. de *-tus*, preparado.) f. Bancal pequeño y estrecho, que se forma cortando y allanando un terreno pendiente, para sembrar o hacer plantaciones en él.

PARATÍFICO, CA. adj. Perteneciente o relativo a la paratifoidea.

PARATIFOIDEA. f. *Pat.* Infección intestinal que ofrece la mayoría de los síntomas de la fiebre tifoidea y se diferencia de ella en originarse por los bacilos paratíficos.

PARATIROIDES. adj. *Anat.* Dícese de cada una o de todas las glándulas de secreción interna situadas en torno del tiroides, de muy pequeño tamaño y cuya lesión produce la tetania. Ú.t.c.s.f. || deriv.: **paratiroideo, a.**

PARAULATA. f. *Ven.* Ave semejante al tordo, pero de color más claro.

PARAZONIO. m. Espada ancha y sin punta que, como señal de distinción, llevaban los jefes de las milicias griegas y romanas.

PARCA. al. **Parge.** fr. **Parque.** ingl. **Fate; Death.** ital. **Parca.** port. **Parca.** (Del lat. *parca.*) f. *Mit.* Cada una de las tres hijas de Zeus: Cloto, Láquesis y Átropos, con figura de viejas, de las cuales la primera hilaba, la segunda devanaba y la tercera cortaba el hilo de la vida del hombre. || fig. poét. La muerte.

PARCAMENTE. adv. m. Con parquedad. sinón.: **escasamente, módicamente.**

PARCE. (Del lat. *parce*, perdóname.) m. Cédula que por premio daban los maestros de gramática a sus alumnos, la cual les servía para que les fuese perdonado el castigo a que se hicieron acreedores. || Oración ritual que comienza con esta palabra.

PARCELA. al. **Parzelle.** fr. **Parcelle.** ingl. **Parcel of land.** ital. **Particella; parcella.** port. **Parcela.** (Del b. lat. *parcella*, dim. del lat. *pars*, porción.) f. Porción pequeña de terreno, generalmente sobrante de otra mayor. || En el catastro, cada una de las tierras de distinto dueño que constituyen un pago o término. || Partícula, parte pequeña.

PARCELACIÓN. f. Acción y efecto de parcelar o dividir en parcelas.

PARCELAMIENTO. m. Acción y efecto de parcelar o señalar parcelas.

PARCELAR. tr. Señalar las parcelas para el catastro. || Dividir una finca en porciones más pequeñas.

PARCELARIO, RIA. adj. Perteneciente o relativo a la parcela de terreno.

PARCIAL. al. **Teilweise.** fr. **Partial.** ingl. **Partial.** ital. **Parziale.** port. **Parcial.** (Del lat. *partialis*; de *pars, partis*, parte.) adj. Relativo a una parte del todo. *Parálisis* PARCIAL. || No completo. *Obscuridad* PARCIAL. || Que juzga o procede con parcialidad, o que la incluye o denota. *Dictamen* PARCIAL. || Que sigue el partido de otro, o está siempre de su parte. Ú.t.c.s. || Partícipe. || V. **Indulgencia parcial.**

PARCIALIDAD. al. **Parteilichkeit.** fr. **Partialité.** ingl. **Partiality.** ital. **Parzialità.** port. **Parcialidade.** f. Unión de los que se confederan para un fin, separándose del común. || Conjunto de los que componen una facción separada del común. || Cada una de las agrupaciones en que se dividían o dividen los pueblos primitivos. || Amistad, familiaridad en el trato. || Designio o prevención en favor o en contra de alguien o algo, de que resulta falta de neutralidad o rectitud en el modo de proceder o juzgar.

PARCIALMENTE. adv. m. En cuanto a una o más partes. *El cielo está* PARCIALMENTE *cubierto.* || Sin la debida equidad. *Juzgar* PARCIALMENTE; sinón.: **injustamente;** antón.: **equitativamente.**

PARCIDAD. (Del lat. *párcitar, -atis.*) f. Parquedad.

PARCIONERO, RA. adj. y s. Partícipe.

PARCÍSIMO, MA. adj. super. de **Parco.** || deriv.: **parcísimamente.**

PARCO, CA. al. **Sparsam.** fr. **Sobre.** ingl. **Sober.** ital. **Parco.** port. **Parco.** (Del lat. *parcus.*) adj. Escaso o moderado en el uso o concesión de las cosas. *Fue* PARCO *en sus explicaciones*; antón.: **pródigo.** || Sobrio y moderado en la comida o bebida.

PARCHA. f. Nombre de varias plantas pasifloráceas de América. || – **granadilla.** Planta de América tropical, de tallos trepadores y frutos comestibles del tamaño de un huevo. *Passiflora edulis*, pasiflorácea.

PARCHAR. tr. *Arg., Chile, Méx.* y *Perú.* Emparchar, remendar.

PARCHAZO. (aum. de *parche.*) m. *Mar.* Golpazo que pega una vela contra su palo. || fig. y fam. Burla o chasco. || **Pegar un parchazo** a uno. frs. fig. y fam. **Pegarle un parche.**

PARCHE. al. **Pflaster; Flicken.** fr. **Emplâtre.** ingl. **Plaster.** ital. **Impiastro.** port. **Remendo.** m. Pedazo de lienzo u otra cosa, en que se pega un ungüento o bálsamo y se pone en una herida o parte enferma. || Pedazo de tela, papel, etc., que con un aglutinante se pega sobre una cosa. *Remendar el neumático con un* PARCHE. || Cada una de las dos pieles del tambor. || fig. Tambor, instrumento músico. || Cualquiera cosa sobrepuesta a otra, que desdice de ella. *Ese almohadón queda como un* PARCHE. || Pegote, retoque mal hecho. || **Pegar un parche** a alguno. frs. fig. y fam. Engañarle sacándole dinero u otra cosa, pidiéndoselo con el propósito de no devolverlo.

PARCHISTA. m. fig. y fam. Sablista.

PARCHO. m. *Ant.* y *Ven.* Parche.

PARDAL. (Del lat. *pardalis*, y éste del gr. *párdalis.*) adj. Dícese de los aldeanos porque generalmente visten de pardo. || m. Leopardo. || **Camello pardal.** || Gorrión. || Pardillo, ave. || Anapelo. || fig. y fam. Hombre bellaco, astuto.

PARDEAR. intr. Sobresalir o distinguirse el color pardo. || Obscurecer.

PARDEJÓN, NA. adj. Que tira a pardo.

PARDELA. f. Ave acuática, semejante a la gaviota, pero más pequeña, palmipeda.

¡PARDIEZ! (Del lat. *per Deum*, por Dios.) int. fam. ¡Por Dios!, juramento.

PARDILLA. f. Pardillo, ave.

PARDILLO, LLA. al. **Rotkenhlchen.** fr. **Linotte.** ingl. **Linne.** ital. **Fanello.** port. **Pintarroxo.** adj. Pardal, aldeano, rústico. Ú.t.c.s. || m. Pájaro europeo, de plumaje pardo rojizo y negruzco en las alas y cola, rojo en la parte superior de la cabeza y en el pecho, y blanco en la región ventral y garganta, y de pico gris azulado; granívoro. *Carduelis cannabina*, fringílido. || Color que tira a pardo.

PARDISCO, CA. adj. Pardusco.

PARDO, DA. al. **Braun.** fr. **Brun.** ingl. **Brown.** ital. **Bruno.** port. **Pardo.** (Del lat. *pardus*, leopardo, por el color.) adj. Dícese del color similar al de la tierra o al de la piel del oso común, intermedio entre negro y blanco, más obscuro que el gris y con tinte rojo amarillento. Ú.t.c.s.m. || m. Leopardo. || adj. De color pardo, 1er. art. || Obscuro, especialmente hablando de las nubes o del día nublado. || Aplícase a la voz que no tiene timbre claro y es poco vibrante. || *Amér.* Mulato, hijo de negra y blanco, o al contrario. Ú.m.c.s. || *Arg.* Dícese en general de toda la gente de color. Ú.t.c.s.

PARDO, Manuel. *Biog.* Estadista per.; de 1872 a 1876 presid. de la Rep. (1834-1878). || – **Miguel E.** Literato ven., autor de estudios críticos y narraciones realistas como *Todo un pueblo; Viajeros; Semblanzas*, etc. (1865-1905). || – **BARREDA, José.** Estadista per.; de 1904 a 1908 y de 1915 a 1919 presid. de su país (1864-1947). || – **BAZÁN, Emilia, condesa de.** Escritora esp., autora de novelas naturalistas y de análisis de caracteres, hermosos cuentos de ambiente gallego y una importante obra crítica. Publicó *Los pazos de Ulloa; Morriña; Doña Milagros; La cuestión palpitante*, etc. (1852-1921). || – **DE FIGUEROA, Mariano.** Erudito esp., conocido por Doctor Thebussem. Su gran cultura e ingenio pueden apreciarse en *Cosas y casas de hidalgos; Epístolas droapianas; Influencia del renacimiento del derecho en los pueblos de Europa*, etc. (1828-1918). || – **DE TAVERA, Félix.** Escultor arg. autor de *El secreto de la roca*, varios monumentos de próceres y otras obras (1859-1932). || – **DE TAVERA, Joaquín.** Jurisc. y político filipino, de activa participación en las luchas por la libertad de su país (1829-1883). || – **DE TAVERA, Trinidad.** Antropólogo, filólogo y méd. filipino, autor de *El sánscrito en la lengua tagala; Fundamento de la moderna ortografía tagala; Contribución para el estudio de los antiguos alfabetos filipinos; Reseña histórica de Filipinas*, etc. (n. 1857). || – **FARELO, Enrique.** Novelista col., autor de obras de ambiente provinciano y sátira política: *Tierra encantada; Una derrota sin batalla*, etc., que firmó con el seudónimo de Luis Tablanca (n. 1883). || – **GARCÍA, Germán.** Poeta colombiano, autor de *Los sonetos del convite; Los júbilos ilesos*, y otras obras (n. 1902). || – **Y ALIAGA, Felipe.** Escritor per., autor de *El espejo de mi tierra; El Perú*, etc. (1805-1869). || – **Y ALIAGA, José.** Poeta per. hermano del anterior, autor de una *Oda a la independencia*, etc. (1820-1873). || – **Y EZCURRA, Francisco G.** Jurisc. y poeta ven., autor de *El porvenir de América; La libertad*, etc. (1829-1882).

PARDO. *Geog.* Río del N.E. de Brasil, afl. del San Francisco. 440 km. || Río del Brasil, que recorre el Est. de Mato Grosso y des. en el Paraná después de recorrer 500 km. || Río del E. de Brasil que recorre los Est. de Bahía y Minas Geraes y des. en el Atlántico. 792 km. || Río del S.E. de Brasil (San Pablo) que des. en el río Grande. 495 km.

PARDOMONTE. m. Cierta clase de paño ordinario que en el siglo XVIII se usaba para capas de la gente artesana.

PARDUBICE. *Geog.* Ciudad de Checoslovaquia (Bohemia), a orillas del río Elba. 77.500 h. Aserraderos, destilerías.

PARDUSCO, CA. adj. Que tira a color pardo. *Pelaje* PARDUSCO.

PARÉ, Ambrosio. *Biog.* Cirujano fr., considerado el padre de la cirugía moderna por sus notables trabajos sobre anatomía, fisiol. y terapéutica. Sustituyó la cauterización por la ligadura de las arterias en las amputaciones y publicó gran cantidad de trabajos reunidos en sus *Obras completas* (aprox. 1510-1590).

PAREADO, DA. adj. Dícese de la estrofa o del conjunto de dos versos rimados entre sí, casi siempre aconsonantados. Ú.t.c.s.

PAREAR. (De *par.*) tr. Juntar, igualar dos cosas comparándolas entre sí. ‖ Formar pares con las cosas, poniéndolas de dos en dos. ‖ *Taurom.* Banderillear.

PARECENCIA. f. Parecido, semejanza.

PARECER. al. **Meinung; Ansicht.** fr. **Avis.** ingl. **Advice.** ital. **Parere.** port. **Parecer.** m. Opinión, dictamen. *Le pido su* PARECER. ‖ Orden de las facciones del rostro y disposición del cuerpo. ‖ **Arrimarse al parecer** de uno. frs. fig. Seguir su dictamen. ‖ **Casarse** uno **con su parecer.** frs. fig. **Casarse con su opinión.** ‖ **Tomar parecer** de uno. frs. Consultar con él un caso dudoso.

PARECER. al. **Scheinen.** fr. **Sembler.** ingl. **To look like.** ital. **Sembrare.** port. **Parecer.** (Del lat. *parere.*) intr. Aparecer o dejarse ver alguna cosa. *No* PARECIÓ *por ningún lado*; sinón.: **presentarse, surgir.** ‖ Opinar, creer. Ú.m.c.impers. PARECE *que se firmará el convenio*; sinón.: **juzgar.** ‖ Encontrarse lo que se tenía por perdido. ‖ Tener determinada apariencia. *El arroyo* PARECE *de cristal.* ‖ r. Asemejarse. *María se* PARECE *a su madre.* ‖ **A lo que parece. Al parecer.** ms. advs. con que se explica la opinión que se forma en una materia conforme a lo que ella misma muestra o la idea que suscita. ‖ **Parecer bien,** o **mal.** frs. Tener las cosas buena disposición y hermosura, de modo que ocasione gusto el mirarlas, o al contrario. ‖ Ser o no ser acertada o laudable una cosa. ‖ *Me* PARECIÓ MAL *tu contestación.* ‖ **Por el bien parecer.** loc. adv. con que se da a entender que uno obra por respeto a lo que pueden juzgar de él, y no según su propia inclinación. ‖ irreg. Conj. como **agradecer.**

PARECIDO, DA. adj. Dícese del que se parece a otro. *Estos mellizos son muy* PARECIDOS; sinón.: **semejante, similar.** antón.: **diferente.** ‖ Con los adverbios *bien* o *mal*, que tiene buena o mala disposición facial o corporal. ‖ Con el verbo *ser* y los adverbios *bien* o *mal*, bien o mal visto. ‖ m. Semejanza, calidad de semejante.

PARECIENTE. p. a. de **Parecer.** Que parece o se parece.

PARECIMIENTO. m. *Chile.* Comparecencia. ‖ *Perú.* Parecido, semejanza.

PARECÍS, Campos. *Geog.* Región del N.O. del Brasil, en el límite con Bolivia (Est. de Mato Grosso y territorio de Guaporé). En ella se eleva la sierra de los **Parecís** que alcanza 1.000 m. de altura.

PARED. al. **Wand; Mauer.** fr. **Mur; parol.** ingl. **Wall.** ital. **Parete; muro.** port. **Parede.** (Del lat. *paries, -etis.*) f. Obra de fábrica levantada a plomo para cerrar un espacio o sostener las techumbres. *La* PARED *se derrumbó.* ‖ Tabique. ‖ fig. Conjunto de cosas o personas que se unen estrechamente. ‖ *Fís.* Cara o superficie lateral de un cuerpo. ‖ **— maestra.** *Arq.* Cualquiera de las principales y más gruesas que sostienen el edificio. ‖ **— medianera.** Medianería, **pared** común a dos casas. ‖ **Andar a tienta paredes.** frs. fam. Andar a tientas. ‖ fig. y fam. Seguir una conducta vacilante. ‖ **Coserse** uno **con la pared.** frs. fig. y fam. Estar o andar muy junto a ella. ‖ **Darse** uno **contra una pared.** frs. fig. Tener gran despecho o cólera. ‖ **Darse** uno **contra,** o **por, las paredes.** frs. fig. y fam. Fatigarse sin dar con lo que desea. ‖ **Descargar las paredes.** frs. *Arq.* Aligerar su peso con arcos o estribos. ‖ **Entre cuatro paredes.** m. adv. fig. con que se explica que uno no tiene trato con las gentes, o está encerrado en su casa. ‖ **Hablar las paredes.** frs. fig. con que se denota la posibilidad de que se descubran cosas que se dicen o hacen con todo secreto. ‖ **Hasta la pared de enfrente.** frs. fig. y fam. Resueltamente, sin vacilación. ‖ **Las paredes oyen.** expr. fig. que aconseja tener muy en cuenta dónde y a quién se comunica una cosa que debe quedar secreta. ‖ **Las paredes tienen ojos.** expr. fig. con que se advierte que no se haga una cosa mala, fiándose en que no se descubrirá por lo retirado del sitio en que se ejecuta. ‖ **Pared en,** o **por, medio.** m. adv. con que se explica la inmediación de una habitación respecto de otra, cuando sólo las separa una **pared.** ‖ fig. Denota la inmediación de una cosa. ‖ **Pegado a la pared.** loc. fig. y fam. Avergonzado, privado de acción. Ú. con los verbos *dejar* y *quedarse.* ‖ IDEAS AFINES: *Muralla, pretil, farallón, paramento, construcción, plomada, casa, murar, tapiar, agrietarse, resquebrajarse, pandearse, apuntalar, emparedar, encalar, fresco.*

PAREDAÑO, ÑA. adj. Que está pared en medio del lugar de que se trata.

PAREDES, José Gregorio. *Biog.* Matemático y astrónomo per. (1778-1839). ‖ **— Mariano.** Mil. y político guat., de 1848 a 1849 presid. de su país (1800-1856). ‖ **— Y ARRILLAGA, Mariano.** Político mex., en 1846 presid. de la Rep. (1797-1849). ‖ **— Y FLORES, Mariana de Jesús.** Santa ecuat. (1618-1645) llamada **La Azucena de Quito,** canonizada en 1950.

PAREDÓN. m. aum. de **Pared.** ‖ **Pared** que queda en pie, como ruina de un edificio antiguo.

PAREJA. al. **Paar.** fr. **Pair; couple.** ingl. **Pair; couple.** ital. **Paio; coppia.** port. **Par; parelha.** (De *par.*) f. Conjunto de dos personas o cosas que tienen alguna correlación o semejanza. *Una* PAREJA *de coches.* ‖ En ciertas fiestas, unión de dos caballeros igualmente ataviados que corren juntos. ‖ Compañero o compañera en los bailes. *Cambiar de* PAREJA. ‖ pl. En el juego de dados, los dos números o puntos iguales que salen de una tirada. ‖ En los naipes, dos cartas iguales en número o en figura; como dos cuatros, dos sotas. ‖ *Equit.* Carrera que dan juntos dos jinetes y por lo común dándose las manos. ‖ **Correr parejas, o a las parejas.** frs. fig. Ir iguales o sobrevenir juntas algunas cosas, o asemejarse dos o más personas en algo. *Sus inteligencias corren* PAREJAS.

PAREJA DÍEZ CANSECO, Alfredo. *Biog.* Escritor ec. cuyas novelas reflejan la vida ciudadana de su país. Autor de *Muelle; Las tres ratas; Río arriba*, etc. (n. 1908).

PAREJERÍA. f. *Cuba, P. Rico* y *Ven.* Pedantería. ‖ Exceso de confianza.

PAREJERO, RA. (De *pareja.*) adj. Que corría parejas. ‖ Se aplicaba al caballo o yegua adiestrado para correrlas. ‖ *Amér.* Confianzudo, atrevido. ‖ *Amér. del S.* Dícese del caballo de carreras y en general de todo caballo muy bueno y veloz. Ú.t.c.s. ‖ *Cuba.* Confianzudo, que se toma excesiva confianza, atrevido. ‖ *Ven.* Dícese de quien procura andar siempre acompañado de alguna persona calificada. ‖ Amigo, compañero.

PAREJO, JA. (De *par*, igual.) adj. Igual o semejante. *Escribir con letra* PAREJA. ‖ Liso, llano. *Camino* PAREJO. ‖ m. *Amér. Central* y *Ant.* Pareja o compañero en los bailes. ‖ adv. m. *Ven.* Frecuentemente. ‖ **Por parejo,** o **por un parejo.** m. adv. Por igual, o de un mismo modo.

PAREJURA. f. Igualdad, semejanza.

PAREL. adj. *Mar.* Dícese del remo que forma par con otro de la banda opuesta o de su misma bancada.

PAREMIA. (Del gr. *paroimía*, proverbio.) f. Refrán, proverbio, sentencia, parábola. ‖ deriv.: **paremíaco, ca.**

PAREMIOLOGÍA. f. Tratado de los refranes. ‖ deriv.: **paremiológico, ca.**

PAREMIÓLOGO, GA. (Del gr. *paroimía*, proverbio, y *logos*, decir.) s. Persona que se dedica a la paremiología.

PARÉNESIS. f. Exhortación o amonestación. ‖ deriv.: **parenético, ca.**

PARÉNQUIMA. al. **Parenchym.** fr. **Parenchyme.** ingl. **Parenchyma.** ital. **Parenchima.** port. **Parenquima.** (Del gr. *parenkhyma*, substancia de los órganos.) m. *Anat.* Tejido esencial de un órgano. ‖ *Bot.* Tejido celular que rellena los intersticios dejados por los vasos. ‖ deriv.: **parenquimatoso, sa.**

PARENTACIÓN. (Del lat. *parentatio, -onis.*) f. p. us. Solemnidad fúnebre.

PARENTELA. al. **Verwandtschaft.** fr. **Parenté.** ingl. **Relations.** ital. **Parentela.** port. **Parentela.** (Del lat. *parentela.*) f. Conjunto de todo género de parientes. *Saludar a la* PARENTELA.

PARENTESCO. al. **Blutverwandtschaft.** fr. **Parenté.** ingl. **Relationship.** ital. **Parentesco.** port. **Parentesco.** (De *pariente.*) m. Vínculo, conexión por consanguinidad o afinidad. ‖ fig. Unión, vínculo que tienen las cosas. *Descubrir el* PARENTESCO *entre dos guerras.* ‖ **— espiritual.** Vínculo que contraen en los sacramentos del bautismo y de la confirmación el ministrante y los padrinos con el bautizado o confirmado. ‖ **Contraer parentesco.** frs. Emparentar con afinidad espiritual o legal.

PARÉNTESIS. al. **Klammer; Paránthese.** fr. **Parenthèse.** ingl. **Parenthesis.** ital. **Parentesi.** port. **Parentese.** (Del lat. *parénthesis*, y éste del gr. *parénthesis*, interposición, inserción.) m. Oración o frase incidental que interrumpe y no altera el sentido de los demás miembros del período. ‖ Signo ortográfico [( )] en que suele encerrarse esta oración o frase. ‖ fig. Suspensión o interrupción. *Se hizo un* PARÉNTESIS *en la conversación.* ‖ *Mat.* Signo empleado para encerrar operaciones que deben resolverse por separado de aquellas que la incluyen. ‖ **Abrir el paréntesis.** frs. *Gram.* Poner la primera mitad de este signo al principio de la oración o frase que se injiere. ‖ **Cerrar el paréntesis.** frs. *Gram.* Poner la segunda mitad de este signo al fin de dicha oración o frase. ‖ **Entre,** o **por, paréntesis.** expr. fig. que se usa para interrumpir el discurso o conversación, interponiendo una especie ajena a ellos. ‖ IDEAS AFINES: *Intercalar, explicar, digresión, aclaración, agregar, acotación, corchete, llave, ecuación.*

PAREO. m. Acción y efecto de parear o unir una cosa con otra.

PARERA, Blas. *Biog.* Músico esp. residente en Buenos Aires. Por encargo de la Asamblea General Constituyente compuso la música del Himno Nacional Argentino (1777-1840).

PARERGON. m. Aditamento que sirve de ornato a una cosa.

PARESA. f. Mujer de un par, dignidad.

PARESIA. (Del gr. *páresis*, debilitación.) f. *Pat.* Parálisis incompleta. ‖ deriv.: **parético, ca.**

PARESTESIA. (Del gr. *pará*, contra, y *aísthesis*, sensación.) f. *Pat.* Sensación falsa o alucinatoria de los sentidos. ‖ Sensación anormal táctil, térmica, etc. ‖ deriv.: **parestésico, ca; parestético, ca.**

PARETO, Wilfredo. *Biog.* Economista ital. que introdujo el método científico, propuesto por Descartes, en la economía política (1848-1923).

PARGO. m. Pagro.

PARHELIA. f. *Meteor.* Parhelio.

PARHELIO. (Del gr. *parelios*; de *pará*, a un lado, y *hélios*, Sol.) m. *Meteor.* Fenómeno luminoso poco común, consistente en la aparición simultánea de varias imágenes del Sol en las nubes. ‖ deriv.: **parhélico, ca.**

PARHILERA. f. *Arq.* Madero en que se afirman los pares y que forma el lomo de la armadura.

PARI. Forma prefija del lat. *par, paris*, igual. PARI*dígito*, PARI*sílabo.*

PARIA. (Del sánscr. *paráyatta*, sometido a la voluntad de otro.) com. Persona de la casta ínfima y despreciada, entre los brahmanes. *Un* PARIA *volvía impuro a quien lo tocaba.* ‖ fig. Persona a quien se tiene por vil y es excluida del trato social.

PARIA. *Geog.* Golfo de Venezuela sit. entre la península hom. y el delta del río Orinoco, frente a la isla de Trinidad. Se llama también golfo Triste. ‖ Pen. de la costa oriental de Venezuela, en el Est. de Sucre, que separa el mar de las Antillas del golfo hom. ‖ **Promontorio de —.** Cabo de la costa venezolana, extremo oriental de la pen. hom.

PARIAGUÁN. *Geog.* Población de Venezuela (Anzoátegui). 4.600 h. Centro agrícola.

PARIAMBO. m. Pirriquio. ‖ Pie de la poesía griega y latina que consta de una sílaba breve y dos largas, y también el que se forma con una larga y cuatro breves.

PARIAS. (Del lat. *paria*, pl. de *par*, igual, par.) f. pl. Placenta, pares. ‖ Tributo que pagaba un príncipe a otro en reconocimiento de superioridad. ‖ fig. Obsequio tributado al superior talento, virtud o poder. ‖ **Dar,** o **rendir, parias** a uno. frs. fig. Someterse a él, prestarle obsequio.

PARICIÓN. f. Época de parir el ganado, sobre todo el lanar. ‖ *R. de la Plata.* Parto.

PARICUTÍN. *Geog.* Volcán de México (Michoacán) que apareció súbitamente el 20 de febrero de 1943. Situado a 2.770 m. de altura, se eleva a unos 440 m. del nivel del suelo y su cráter tiene 330 m. de diámetro.

PARIDA. al. **Entbunden; Wöchnerin.** fr. **Accouchée.** ingl. **Delivered.** ital. **Figliata.** port. **Parida.** adj. y s. Dícese de la hembra que ha parido recientemente. ‖ **Salga la parida.** Juego de muchachos, consistente en arrimarse en hilera y apretarse hasta echar afuera a uno de sus componentes.

PARIDAD. al. **Gleichheit.** fr. **Parité.** ingl. **Parity.** ital. **Parità.** port. **Paridade.** (Del lat. *páritas, -atis.*) f. Comparación de una cosa con otra por ejemplo o símil. ‖ Igualdad o gran semejanza de las cosas entre sí. PARIDAD *de razonamiento*; sinón.: **coincidencia, similitud;** antón.: **desigualdad, diversidad.** ‖ **Correr la paridad.** frs. **Correr la comparación.**

PARIDERA. adj. Dícese de la hembra fecunda. ‖ f. Sitio en que pare el ganado, especialmente el lanar. ‖ Acción de parir el ganado. ‖ Tiempo en que pare.

PARIDÍGITO, TA. (Del lat. *par, paris*, igual, y *dígitus*, dedo.) adj. Se aplica al animal que tiene los dedos en número par.

PÁRIDO, DA. adj. *Zool.* Dícese de pájaros dentirrostros, de pico corto y aberturas nasales cubiertas por plumas rígidas, como el herrerillo. ‖ m. pl. *Zool.* Familia de estos pájaros.

PARIDORA. adj. Dícese de la mujer u otra hembra muy fecunda.

PARIENTE, TA. al. **Verwandter.** fr. **Parent.** ingl. **Relation.** ital. **Parente.** port. **Parente.** (Del lat. *parens, -entis.*) adj. Respecto de una persona, dícese de cada uno de los ascendientes, descendientes y colaterales de su familia, por consanguinidad o afinidad. Ú.m.c.s. *Eran* PARIENTES *en cuarto grado.* ‖ fig. y fam. Allegado, parecido. ‖ s. fam. El marido respecto de la mujer, y la mujer respecto del marido. ‖ **— mayor.** El que representa la línea principal de un linaje. ‖ IDEAS AFINES: *Deudos, antepasados, emparentar, árbol genealógico, posteridad, filiación, sangre, herencia, atavismo, clan, vínculo.*

PARIETAL. (Del lat. *parietalis*, de *paries, -etis*, pared.) adj. Perteneciente o relativo a la pared. ‖ *Anat.* Dícese del hueso par situado en las partes medias y laterales de la cabeza. Ú.m.c.s. ‖ *Bot.* Dícese de plantas dicotiledóneas, de flores con periantio doble y óvulos insertos en placentas situadas en las paredes del ovario. ‖ f. pl. *Bot.* Orden de estas plantas.

PARIETARIA. f. *Bot.* Género de plantas herbáceas, anuales, de tallos rojizos, hojas alternas lanceoladas, flores en grupos, verdosas, y fruto seco, que crece generalmente sobre las tapias; urticáceas.

PARIFICACIÓN. f. Acción y efecto de parificar.

PARIFICAR. (Del lat. *parificare*; de *par*, igual, y *fácere*, hacer.) tr. Probar o apoyar con una paridad o ejemplo lo que se ha dicho o propuesto. ‖ deriv.: **parificable; parificador, ra.**

PARIGUAL. adj. Igual o muy semejante.

PARIHUELA. al. **Tragbahre;** **trage.** fr. **Brancard.** ingl. **Handbarrow.** ital. **Barella.** port. **Padiola.** (dim. de *par.*) f. Artefacto compuesto de dos varas gruesas con unas tablas atravesadas en el cual se coloca la carga para llevarla entre dos. Ú.t. en pl. sinón.: **angarillas.** ‖ Camilla, cama portátil.

PARIMA. *Geog.* Cordón montañoso del sistema de Guayania, al S. E. de Venezuela. Es un desprendimiento del cordón de Pacaraima y sirve de límite natural entre Venezuela y Brasil. ‖ f. *Arg.* Garza grande y de color violado.

PARINACOCHAS. *Geog.* Lago del Perú, al S. E. del departamento de Ayacucho. Tiene 200 km².

PARINI, José. *Biog.* Poeta lírico ital., autor de una serie de *Odas* escritas a la manera de Horacio. Satirizó a la aristocracia en *El día* (1729-1799).

PARIÑAS. *Geog.* Cabo de la costa peruana, en el dep. de Piura, punto extremo occidental de América del Sur.

PARIO, RIA. adj. y s. De la isla de Paros.

PARIPÉ. (Voz gitana.) m. Entono, presunción, fingimiento de importancia, autoridad, saber, etc. ‖ **Dar el paripé.** frs. fam. Entretener o engañar con halagos. ‖ **Hacer el paripé.** frs. fam. Darse tono o importancia; fingir; engañar.

PARIPINADO, DA. adj. *Bot.* Dícese de la hoja pinada cuyos foliolos terminan, en el extremo del peciolo, en número par, como en las leguminosas papilionáceas.

PARIR. al. **Gebären; werfen.** fr. **Accoucher; mettre bas.** ingl. **To give birth.** ital. **Partorire; figliare.** port. **Parir.** (Del lat. *párere.*) intr. Expeler en tiempo oportuno la hembra vivípara el feto que tenía concebido. Ú.t.c.tr. ‖ Aovar. ‖ tr. fig. Producir o causar una cosa otra. ‖ Explicar bien el concepto del entendimiento. ‖ Salir a luz lo que estaba oculto o ignorado. ‖ **No parir.** frs. fig. No dar más de sí una cuenta, por más que se examine. ‖ **Parir a medias.** frs. fig. y fam. Ayudar uno a otro en un trabajo difícil.

PARIS. *Mit.* Héroe troyano, hijo de Príamo y de Hécuba. Decidió en favor de Afrodita la disputa sobre cuál de las diosas era más hermosa, si ella, Hera o Atenea, ofreciéndole la manzana que le había entregado Zeus. Como recompensa Afrodita le prometió la mujer más bella del mundo, que fue Elena, esposa de Menelao, que Paris raptó, provocando la Guerra de Troya. Causó la muerte de Aquiles, hiriéndolo en el talón por inspiración de Apolo y murió a su vez a manos del hijo de aquél. Con su muerte concluyó la Guerra de Troya, que determinó el triunfo de los griegos.

PARÍS. V. **Alfiler, punta de París.**

PARÍS, Bruno Paulino Gastón. *Biog.* Erudito, crítico y filólogo fr., autor de *La literatura francesa en la Edad Media; Pensadores y poetas; François Villon* y otras obras (1839-1903). ‖ – **Francisco.** Religioso fr., ardiente jansenista, autor de *Explicación de la epístola a los romanos; Ciencia de la verdad; Plan de la religión,* etc. (1690-1727). ‖ – **Luis Felipe Alberto de Orleáns, conde de.** Pretendiente al trono francés, exiliado en Inglaterra después de la revolución de 1848. Autor de *La situación de los obreros en Inglaterra; Historia de la guerra civil en América,* etc. (1838-1894).

PARÍS. *Geog.* Ciudad del N. de Francia, cap. de la República y del dep. del Sena, sit. sobre el río de este nombre. Tiene 2.920.000 h. y el Gran París 10.000.000 de h. Es el principal centro intelectual, artístico, comercial, industrial y ferroviario de Francia. Es, además, el centro de la moda femenina más importante del mundo. Fue ocupada por los alemanes durante la segunda Guerra Mundial, de 1940 a 1945.

PARISIÉN. adj. Galicismo por **parisiense.**

PARISIENA. (Del fr. *parisienne.*) f. *Impr.* Carácter de letra de cinco puntos.

PARISIENSE. al. **Pariser.** fr. **Parisien.** ingl. **Parisian.** ital. **Parigino.** port. **Parisiense.** adj. Natural de París. Ú.t.c.s. ‖ Perteneciente a esta ciudad.

PARISILÁBICO, CA. adj. Parisílabo.

PARISÍLABO, BA. (Del lat. *par, paris,* igual, y de *sílaba.*) adj. Dícese del vocablo o del verso de igual número de sílabas que otro.

PARISINO, NA. adj. Parisiense.

PARISMINA. *Geog.* Río de Costa Rica (Limón). Nace en las cercanías del volcán Turrialba y des. en el río Reventazón.

PARITA. *Geog.* Bahía de la costa austral de Panamá, formada por el golfo de Panamá, entre las prov. de Coclé y Herrera.

PARITARIO, RIA. (Del lat. *páritas, -atis.*) adj. Dícese principalmente de los organismos de carácter social formados por representantes de patronos y obreros en igual número y con los mismos derechos.

PARKER, Gilberto. *Biog.* Novelista canadiense, autor de *El sitial de los poderosos* y otras obras de depurado estilo (1862-1932).

PARKINSON, Jaime. *Biog.* Médico ingl. al que se deben importantes trabajos sobre la enfermedad que lleva su nombre, también denominada *parálisis agitante* y debida probablemente a una encefalitis letárgica gripal o palúdica.

PARKMAN, Francisco. *Biog.* Historiador estad., autor de *Historia de la conspiración de Pontiac; Francia e Inglaterra en el Nuevo Mundo; Medio siglo de conflicto,* etc. (1823-1893).

PARLA. f. Acción de parlar o hablar mucho. ‖ Labia. ‖ Verbosidad insubstancial. *Todo lo que dice no es más que* PARLA; sinón.: **cháchara.**

PARLADOR, RA. adj. y s. Hablador.

PARLADURÍA. f. Habladuría.

PARLAEMBALDE. com. fig. y fam. Persona que habla mucho y sin substancia.

PARLAMENTAR. al. **Unterhandeln; parlamentieren.** fr. **Parlementer.** ingl. **To parley.** ital. **Parlamentare.** port. **Parlamentar.** (De *parlamento.*) intr. Conversar unos con otros. ‖ Tratar de ajustes; capitular para la rendición de una fuerza o plaza o para un contrato.

PARLAMENTARIAMENTE. adv. m. En forma parlamentaria; según las prácticas del parlamento. ‖ Por medio de un parlamento o de un enviado para parlamentar.

PARLAMENTARIO, RIA. al. **Parlamentarisch.** fr. **Parlementaire.** ingl. **Parlamentarian.** ital. **Parlamentario.** port. **Parlamentário.** adj. Perteneciente al parlamento judicial o político. *Gobierno* PARLAMENTARIO. ‖ m. Persona que va a parlamentar. *Enviar un* PARLAMENTARIO *al campo enemigo.* ‖ Individuo de un parlamento.

PARLAMENTARISMO. m. Doctrina, sistema parlamentario. ‖ deriv.: **parlamentarista.**

PARLAMENTO. al. **Parlament.** fr. **Parlement.** ingl. **Parliament.** ital. **Parlamento.** port. **Parlamento.** (De *parlar.*) m. Asamblea de los grandes del país que bajo los primeros reyes de Francia se reunía para tratar negocios importantes. ‖ Cada uno de los tribunales superiores de justicia que en Francia tenían además atribuciones políticas y de policía. ‖ La Cámara de los Lores y la de los Comunes en Inglaterra. ‖ Por ext., asamblea legislativa. *El* PARLAMENTO *entró en receso.* ‖ Razonamiento que se dirigía a un congreso o junta. ‖ Entre actores, relación larga, especialmente en verso. ‖ Acción de parlamentar. ‖ IDEAS AFINES: *Diputados, senadores, debate, sesión, leyes, cortes, elección, sufragio, escrutinio, sancionar, legislatura, partidos, oposición, derecha, izquierda, cuarto intermedio.*

● **PARLAMENTO.** *Hist.* La institución parlamentaria se desarrolló en Europa como un cuerpo político cuyo objetivo inmediato fue moderar la autoridad monárquica. Aunque su verdadero origen es inglés, sus antecedentes pueden encontrarse en las cortes y los concilios españoles de la Edad Media, que, formados inicialmente por el clero y la nobleza, hubieron de ceder al avance del estado llano. En Inglaterra, bajo el reinado de Enrique III, se convocó a cuatro caballeros por cada condado, además de los más destacados terratenientes, para estudiar en común las necesidades nacionales; ésa fue la base de la Cámara popular británica, que a partir del s. XIV se dividió en las dos ramas que desde entonces contituirían el **parlamento** inglés: la Cámara de los Lores, que es la representación de la nobleza, y la Cámara de los Comunes, representación de los burgos y los condados. Desarrollada la institución parlamentaria en otros países europeos, a partir del s. XVI la anula el absolutismo, pero se la ve reaparecer luego de la Revolución Francesa, que eleva el **parlamento** al carácter de expresión de la soberanía del pueblo. Desde entonces, y sobre todo en los países republicanos, el **parlamento** ha adquirido un carácter activo; es el poder legislativo y no ya el mero cuerpo que tendía a moderar autoridades que estaban por encima de él. Con denominaciones diferentes (Cámara, Congreso, Corte, Dieta, etc.), el **parlamento** está incorporado a todas las constituciones democráticas.

PARLANCHÍN, NA. al. **Schwätzer.** fr. **Bavard.** ingl. **Chatterer.** ital. **Chiacchierino.** port. **Linguarudo.** (De *parlar.*) adj. y s. fam. Que habla mucho e inoportunamente, o que dice lo que debía callar. sinón.: **boquirrubio, charlatán.** ‖ deriv.: **parlanchinería.**

PARLANTE. p. a. de **Parlar.** Que parla. ‖ adj. *Blas.* Dícese de las armas que representan un objeto o animal cuyo nombre recuerda al de quien las usa; como las de Granada, Castilla, León, etc.

PARLAR. (Del b. lat. *parabolare,* y éste del lat. *parábola,* narración.) intr. Hablar con desembarazo. Ú.t.c.tr. ‖ Hablar mucho y sin substancia. ‖ Hablar algunas aves. ‖ tr. Decir lo que se debe callar o no es necesario que se sepa.

PARLATORIO. m. Acto de hablar o parlar con otros. ‖ Lugar para hablar y recibir visitas. ‖ Locutorio.

PARLERÍA. al. **Geschwätz.** fr. **Parlotterie.** ingl. **Garrulity.** ital. **Parlantina.** port. **Palavrório.** f. Flujo de hablar o parlar. ‖ Chisme, hablilla.

PARLERO, RA. adj. Que habla mucho. ‖ Que lleva chismes o cuentos de una parte a otra, o dice lo que debe callar, o guarda poco secreto. ‖ Aplícase al ave cantora. ‖ fig. Dícese de las cosas que dan a entender los afectos del ánimo o revelan lo que se ignoraba. *Ojos* PARLEROS. ‖ Dícese de cosas que producen un son armonioso. *Aura* PARLERA; *arroyuelo* PARLERO. ‖ deriv.: **parleramente; parlerón, na.**

PARLERUELO, LA. adj. dim. de **Parlero.**

PARLÓN, NA. adj. y s. Que habla mucho.

PARLOTEAR. (frec. de *parlar.*) intr. fam. Hablar mucho y sin substancia unos con otros, por pasatiempo. ‖ deriv.: **parlotería; parlotero, ra.**

PARLOTEO. m. Acción y efecto de parlotear.

PARMA. *Geog.* Río de Italia (Emilia). Nace en los Apeninos y des. en el río Po. 110 km. ‖ Prov. del N. de Italia (Emilia). 3.450 km². 398.000 h. Cap. hom., situada a orillas del río de igual nombre. 176.000 h. Importante centro industrial y universitario.

PARMÉNIDES. *Biog.* Filósofo presocrático nacido en Elea. Su sistema, basado en la inmutabilidad del ser, ejerció considerable influencia sobre el pensamiento filosófico posterior (s. VI-V a. de C.).

PARMENTIER, Antonio Agustín. *Biog.* Agrónomo fr., difundió el cultivo de la papa en su país y publicó *Las plantas alimenticias* y otras obras (1737-1813). ‖ – **Juan.** Marino fr. que, según afirman, fue el primero en llegar al Brasil (1494-1530).

PARMESANO, NA. adj. y s. De Parma.

PARNAÍBA. *Geog.* Río del N. E. de Brasil que forma el límite entre los Est. de Maranhão y Piauí y des. en el océano Atlántico. 1.440 km. ‖ Ciudad del N. E. de Brasil (Piauí). 29.000 h. Algodón y ganadería.

PARNASIANISMO. m. Escuela poética que floreció en Francia en el último tercio del siglo XIX.

PARNASIANO, NA. adj. Perteneciente o relativo al Parnaso. ‖ Perteneciente o relativo al parnasianismo. ‖ Partidario de éste. Ú.t.c.s.

PARNASO. al. **Parnass.** fr. **Parnasse.** ingl. **Parnassus.** ital. **Parnasso.** port. **Parnaso.** (Del lat. *Parnasus,* y éste del gr. *Parnasós,* monte de Fócida, morada de las musas.) m. fig. Conjunto de todos los poetas, o de los de un pueblo o tiempo determinado. ‖ fig. Colección de poesías de varios autores. PARNASO *americano.*

PARNASO. *Geog.* Cordón montañoso de Grecia situado al N. O. de Atenas y que culmina en el monte hom. a los 2.459 m. En la antigüedad este monte estaba consagrado a Apolo, Dionisios y las musas. Se consideraba símbolo de la inspiración poética. Actualmente se llama **Liakura.**

PARNELL, Carlos Stewart. *Biog.* Patriota irlandés, jefe del movimiento nacionalista y ardiente propulsor de la independencia de su patria (1846-1891).

PARNU. *Geog.* Ciudad y puerto de la U.R.S.S. (Estonia), a orillas del golfo de Riga. 27.800 h. Maderas, lanas.

PARO. (Del lat. *parus.*) m. Género de pájaros de la familia páridos, de pico recto y fuerte, cola larga y tarsos robustos. ‖ – **carbonero.** Herrerillo.

PARO. (De *parar.*) m. Suspensión o término de una jornada agrícola o industrial. ‖ Interrupción de una explotación o actividad, por parte de los empresarios o patronos, en contraposición a la huelga de los obreros. ‖ Huelga, cesación voluntaria en el trabajo por común acuerdo de obreros o empleados. ‖ *Arg., Col., Dom.* y *Guat.* Juego del parar. ‖ *Col., Dom.* y *Ven.* Una suerte del juego de dados. ‖ – **forzoso.** Carencia de trabajo por causa ajena a los propósitos de los patronos y operarios.

PARODI, Lorenzo Raimundo. *Biog.* Botánico arg., autor de numerosas obras sobre temas de su especialidad (1895-1966). ‖ — **TORRE, Antonio.** Aviador arg., el primero en realizar la doble travesía de los Andes (n. 1890).

PARODIA. al. **Parodie.** fr. **Parodie.** ingl. **Parody.** ital. **Parodia.** port. **Paródia.** (Del lat. *parodia,* y éste del gr. *parodía.*) f. Imitación burlesca, generalmente en verso, de una obra seria de literatura. La **parodia** puede también serlo del estilo de un escritor o de todo un género de poemas. ‖ Cualquier imitación burlesca de una cosa seria.

PARODIAR. al. **Parodieren.** fr. **Parodier.** ingl. **To parody.** ital. **Parodiare.** port. **Parodiar.** tr. Hacer una parodia; poner algo en parodia. *Aristófanes* PARODIÓ *a Esquilo y Eurípides.* ‖ Remedar, imitar. ‖ deriv.: **parodiable; parodiador, ra.**

PARÓDICO, CA. adj. Perteneciente o relativo a la parodia; que la incluye.

PARODISTA. com. Autor o autora de parodias.

PAROLA. (Del ital. *parola,* y éste del lat. *parábola.*) f. fam. Labia, verbosidad. ‖ fam. Conversación larga e insubstancial.

PAROLERO, RA. adj. fam. Parlanchín.

PAROLÍ o PAROLI. (Del ital. *paroli.*) m. En varios juegos, jugada que se hace no cobrando la suerte ganada, para cobrar triplicado si se gana por segunda vez.

PAROLINA. (Del ital. *parolina.*) f. fam. Parola.

PARONIMIA. (Del gr. *paronymía.*) f. Circunstancia de ser parónimos dos o más vocablos. ‖ deriv.: **paronímico, ca.**

PARÓNIMO, MA. (Del lat. *parónymus,* y éste del gr. *parónymo;* de *pará,* al lado, y *ónoma,* nombre.) adj. Aplícase al vocablo que tiene relación o semejanza con otro, o por su etimología o solamente por su forma o sonido, por ej.: *sólido* y *sueldo; secesión* y *sucesión.*

PARONIQUIÁCEO, A. adj. *Bot.* Paroniquieo. ‖ f. pl. *Bot.* Paroniquieas.

PARONIQUIEO, A. (Del lat. *paronychia,* y éste del gr. *paronykhía,* panadizo, porque la nevadilla, que corresponde a estas plantas, se usó para curar los panadizos.) adj. *Bot.*

Dícese de plantas dicotiledóneas, de estípulas grandes, membranosas, fruto seco, como la nevadilla, hoy incluidas entre las cariofiláceas. ‖ f. pl. *Bot.* Grupo de estas plantas.

PARONOMASIA. (Del lat. *paronomasia*, y éste del gr. *paronomasía*; de *pará*, al lado, y *ónoma*, nombre.) f. Semejanza entre dos o más vocablos que sólo se diferencian por la vocal acentuada en cada uno de ellos; v. gr.: *mana, mena, mina, mona* y *muna.* ‖ Semejanza de distinta clase que entre sí tienen otros vocablos; como *raptar* y *reptar*; *foca* y *foco.* ‖ Conjunto de dos o más vocablos que forman **paronomasia.** ‖ *Ret.* Figura que se comete usando en la cláusula voces de este género.

PARONOMÁSTICO, CA. adj. Perteneciente o relativo a la paronomasia. ‖ deriv.: **paronomásticamente.**

PAROS. *Geog.* Isla griega del archipiélago de las Cícladas, al O. de Naxos. 163 km². 15.000 h. Cap. hom. Afamados mármoles.

PARÓTIDA. (Del lat. *parotis, -idis*, y éste del gr. *parotís*; de *pará*, junto a, y *us, otós*, oreja.) f. *Anat.* Glándula par, situada debajo del oído y detrás de la mandíbula inferior, en el hombre y los animales mamíferos, que, mediante un conducto excretor, vierte en la boca la saliva que segrega. ‖ pl. *Pat.* Enfermedad general infecciosa y contagiosa que se localiza preferentemente en las glándulas salivares y accesoriamente en las demás del organismo. ‖ deriv.: **parotídeo, a; parotidio, dia.**

PAROTIDITIS. f. Inflamación de la parótida.

PAROXISMAL. adj. Perteneciente o relativo al paroxismo.

PAROXISMO. al. **Paroxysmus.** fr. **Paroxysme.** ingl. **Paroxysm.** ital. **Parossismo.** port. **Paroxismo.** (Del gr. *paroxismós*; de *paroxyno*, irritar.) m. Exacerbación de una enfermedad; acceso violento que puede privar de sentido al paciente y hacer peligrar su vida. ‖ En patología, momento culminante de la evolución sindrómica normal de una enfermedad. ‖ fig. Exaltación extrema de los afectos y pasiones. *El* PAROXISMO *de la desesperación*; sinón.: **fiebre, fogosidad.**

PAROXÍSTICO, CA. adj. Paroxismal.

PAROXITONISMO. m. Tendencia de un idioma al empleo frecuente de voces paroxítonas o graves.

PAROXÍTONO, NA. (Voz griega de igual sonido.) adj. *Gram.* Dícese del vocablo llano o grave, esto es, del que lleva su acento tónico en la penúltima sílaba.

PARPADEAR. al. **Blinzeln.** fr. **Cligner des yeux.** ingl. **To wink.** ital. **Battere le palpebre.** port. **Pestanejar.** intr. Abrir y cerrar repetidamente los párpados. sinón.: **pestañear.** ‖ deriv.: **parpadeante.**

PARPADEO. m. Acción de parpadear. ‖ fig. Lo que se asemeja al movimiento de los párpados o produce una impresión similar. ‖ Vacilación de la luminosidad.

PÁRPADO. al. **Augenlid.** fr. **Paupière.** ingl. **Eyelid.** ital. **Palpebra.** port. **Pálpebra.** (Del lat. *palpebra.*) m. Cada una de las membranas movibles, cubiertas de piel y con armazón cartilaginosa, que sirven para proteger el ojo en el hombre, los mamíferos, las aves y muchos reptiles. ‖ IDEAS AFINES: *Pestañas, lágrimas, abrir, cerrar, vibración, guiñar, dormir, obscuridad, conjuntivitis, tracoma, palpebral, blefaritis, ciliar, orzuelo.*

PARPALIA o **PARPALLOTA.** f. Moneda de cobre que valía dos cuartos.

PARPAR. intr. Gritar el pato.

PARQUE. al. **Park.** fr. **Parc.** ingl. **Park.** ital. **Parco.** port. **Parque.** (Del fr. *parc.*) m. Terreno cercado y con plantas, para caza o para recreo, generalmente inmediato a un palacio o a una población. ‖ Conjunto de instrumentos, aparatos o materiales destinados a un servicio público. ‖ PARQUE SANITARIO *de aviación.* ‖ *Mil.* Sitio donde se guardan las municiones de guerra en los campamentos, y también aquel en que se sitúan los víveres y vivanderos. ‖ – **de artillería.** Paraje en que se reúnen las piezas, carruajes, y demás efectos pertenecientes a la artillería. ‖ – **nacional.** Paraje extenso y agreste que el Estado acota para que en él se conserve la fauna y la flora y para evitar que las bellezas naturales sufran desmedro. ‖ – **zoológico.** Lugar en que se cuidan y a veces se crían fieras y otros animales no comunes. ‖ IDEAS AFINES: *Jardín, coto, arboleda, paseo, residencia, pabellón, guardabosque.*

PARQUÉ. (Del fr. *parquet.*) m. Pavimento de la habitación hecho de maderas ensambladas.

PARQUEDAD. (De *parco.*) f. Moderación económica y prudente en el uso de las cosas. ‖ Parsimonia, circunspección.

PARQUI. m. Palqui

PARRA. al. **Weinstock.** fr. **Treille.** ingl. **Grapevine.** ital. **Pergola.** port. **Parreira.** f. Vid, y en especial la que está levantada artificialmente y extiende mucho sus vástagos. ‖ *Amér. Central* y *Col.* Especie de bejuco que destila un agua que beben los caminantes. ‖ – **de Corinto.** Variedad de vid, cuya uva no tiene granillos y hecha pasa es muy apreciada. ‖ **Subirse** uno **a la parra.** frs. fig. y fam. **Montar en cólera.** ‖ IDEAS AFINES: *Viña, pámpano, sarmiento, trepadora, voluble, zarcillo, podar, glorieta, emparrado, filoxera.*

PARRA. f. Vaso de barro bajo y ancho, con dos asas, que suele usarse para echar miel.

PARRA, Aquileo. *Biog.* Estadista col., de 1876 a 1878 presid. de su país (1825-1900). ‖ – **Félix.** Pintor mex. (1845-1919). ‖ – **Manuel de la.** Poeta mex. de fina sensibilidad, autor de *Visiones lejanas*; *Momento musical*, etc. (1878-1930). ‖ – **Nicanor.** Poeta chil. nacido en 1914; autor de *Canciones sin nombre*; *La cueca larga*; *Versos de salón*, etc. ‖ – **Teresa de la.** Novelista ven. cuyo verdadero nombre era Ana Teresa Parra Samojo. Sus obras traen un fresco aliento a la lit. sudamericana: *Ifigenia*; *Las memorias de mamá Blanca*, etc. (1891-1936). ‖ – **DEL RIEGO, Juan.** Poeta per., cantor del industrialismo en composiciones polirrítmicas. Sus *Poesías completas* son de publicación póstuma (1894-1925). ‖ – **PÉREZ, Caracciolo.** Político e historiador ven., autor de *Historia de la primera República de Venezuela*; *Miranda y la Revolución Francesa*, etc. (1888-1964).

PARRADO, DA. adj. Aparrado, en forma de parra.

PARRAFADA. f. fam. Conversación detenida y confidencial. ‖ Período oratorio excesivamente largo, y en especial si se pronuncia sin pausas.

PARRAFEAR. intr. Hablar sin gran necesidad y con carácter confidencial. ‖ Borrajear, escribir por vía de ensayo o entretenimiento.

PARRAFEO. m. Conversación ligera y confidencial.

PÁRRAFO. al. **Paragraph; Abschnitt.** fr. **Paragraphe.** ingl. **Paragraph.** ital. **Paragrafo.** port. **Parágrafo.** (De *parágrafo.*) m. Cada una de las divisiones de un escrito señaladas por letra mayúscula al principio y punto aparte al final. *Comentar un* PÁRRAFO. ‖ *Gram.* Signo ortográfico (§) con que se indica cada una de estas divisiones. ‖ **Echar párrafos.** frs. fig. y fam. Hablar mucho, mezclando especies inoportunamente. ‖ **Echar un párrafo.** frs. fig. y fam. Conversar amigable y familiarmente. ‖ **Párrafo aparte.** expr. fig. y fam. de que se usa para cambiar de asunto en la conversación. ‖ IDEAS AFINES: *Cláusula, frase, oración, capítulo, período, composición, redacción, prosa, estrofa, elocución, retórica, escritor, estilo, cadencia.*

PARRAGÓN. m. Barra de plata de ley, que los ensayadores tienen para rayar en la piedra de toque y deducir la calidad de los objetos que han de contrastar.

PARRAL. m. Conjunto de parras sostenidas con una armazón. ‖ Lugar donde hay parras. ‖ Viña que ha quedado sin podar y cría muchos vástagos.

PARRAL. m. Vaso grande de barro, semejante a la parra, que se usa también para guardar miel.

PARRAL. *Geog.* Población de Chile (Linares). 12.000 h. Centro agropecuario. ‖ **Hidalgo del** –. V. **Hidalgo del Parral.**

PARRANDA. f. fam. Holgorio, diversión, jarana. Ú.m. en la frs. **andar de parranda.** *Eran compañeros de* PARRANDA. ‖ Cuadrilla de músicos o aficionados que sale de noche tocando instrumentos de música o cantando para divertirse. ‖ *Amér.* Borrachera. ‖ *Col.* Multitud de cosas.

PARRANDEAR. intr. **Andar de parranda.** ‖ deriv.: **parrandeo.**

PARRANDERO, RA. adj. y s. Que parrandea.

PARRANDISTA. m. Individuo de una parranda. ‖ Hombre de poco juicio, calavera.

PARRAR. intr. Extender mucho sus ramas las plantas al modo de las parras.

PARRAS. *Geog.* Ciudad del N. de México, en el Est. de Coahuila. 16.000 h. Vid. Tejidos de algodón.

PARRESIA. (Del gr. *parresía.*) f. *Ret.* Figura consistente en aparentar que se dicen cosas ofensivas, pero que son gratas.

PARRICIDA. al. **Vatermörder.** fr. **Parricide.** ingl. **Parricide.** ital. **Parricida.** port. **Parricida.** (Del lat. *parricida*; de *páter*, padre, y *caédere*, matar.) com. Persona que mata a su padre, o a su madre, o a su cónyuge. *Los egipcios quemaban a los* PARRICIDAS. ‖ Port ext., persona que mata a alguno de sus parientes o de los que son tenidos por padres. Se usa a veces como adj.: *mano* PARRICIDA.

PARRICIDIO. m. Muerte violenta que uno da a su ascendiente, descendiente o cónyuge.

PARRILLA. al. **Rost; Grill.** fr. **Grille.** ingl. **Grill.** ital. **Graticola.** port. **Grelha.** (dim. de *parra.*) f. Utensilio formado de una rejilla metálica, con mango y pies, para asar o tostar. *Asado a la* PARRILLA. Ú.m. en pl. ‖ Rejilla del hogar de los hornos de reverbero y de las máquinas de vapor.

PARRILLA. f. Botija ancha de asiento y estrecha de boca.

PARRILLADA. f. *R. de la Plata.* Plato popular hecho principalmente con menudos o achuras asados a la parrilla.

PARRIZA. f. Vid o parra silvestre.

PARRO. m. Pato.

PÁRROCO. al. **Pfarrer.** fr. **Curé de paroisse.** ingl. **Parson.** ital. **Parroco.** port. **Pároco.** (Del lat. *párochus*, y éste del gr. *párokhos*; de *parekho*, proveer.) m. Cura, sacerdote encargado de una feligresía. Ú.t.c.adj.

PARROCHA. f. Sardina chica.

PARRÓN. m. Parriza. ‖ *Chile.* Parral, conjunto de parras.

PARROQUIA. al. **Pfarre; Pfarrkirche.** fr. **Paroisse.** ingl. **Parish.** ital. **Parrocchia.** port. **Paróquia.** (Del lat. *parochia.*) f. Iglesia en que se administran los sacamentos y se brinda auxilio espiritual a los fieles de una feligresía. ‖ Feligresía, conjunto de feligreses. *Una* PARROQUIA *devota.* ‖ Territorio que está bajo la jurisdicción del párroco. ‖ Clero adscripto a una feligresía. ‖ Conjunto de parroquianos de una tienda, establecimiento público, etc. ‖ IDEAS AFINES: *Diócesis, distrito, barrio, vicario, cura, coadjutor, congregación, vecindario.*

PARROQUIAL. adj. Perteneciente o relativo a la parroquia. *Demarcación* PARROQUIAL.

PARROQUIALIDAD. f. Asignación o pertenencia a determinada parroquia.

PARROQUIANO, NA. al. **Kunde.** fr. **Client.** ingl. **Customer.** ital. **Avventore.** port. **Fregues.** adj. Perteneciente a determinada parroquia. Ú.t.c.s. ‖ s. Persona que se sirve de un comerciante o industrial con preferencia a otros.

PARRY, Guillermo Eduardo. *Biog.* Explorador ingl.; recorrió las zonas árticas, descubrió el archipiélago de su nombre y publicó *Narración de una tentativa de llegar al Polo Norte* (1790-1855).

PARRY, Archipiélago de. *Geog.* Grupo de islas canadienses sit. en el océano Glacial Ártico (Territorios del Noroeste). Sus principales islas, estériles e inhabitables, son las de Melville y Bathurst.

PARSEC. m. *Astron.* Unidad de longitud, igual a la distancia de un cuerpo celeste cuyo paralaje anual fuera de un segundo: aprox. 3,3 años de luz.

PARSI. (Del persa *parsi*, persa.) m. Pueblo de la antigua Persia que ocupaba la región llamada hoy Farsistán, de lengua, literatura y religión propias. ‖ Pueblo del mismo origen, que actualmente habita parte de la India. ‖ Lengua de estos pueblos, dialectos del antiguo iranio.

PARSIFAL. *Mús.* Ópera en tres actos, libreto y música de Ricardo Wagner, estrenada en Bayreuth, en 1882. Basada en un famoso poema medieval, es la última obra del autor y está sujeta a la misma concepción del drama musical de sus óperas anteriores.

PARSIMONIA. al. **Sparsamkeit.** fr. **Parsimonie.** ingl. **Frugality.** ital. **Parsimonia.** port. **Parcimonia.** (Del lat. *parsimonia.*) f. Frugalidad y moderación en los gastos. *Vivir con* PARSIMONIA; sinón.: **economía, parquedad.** ‖ Circunspección, templanza. *Con* PARSIMONIA *rechazó las impugnaciones.* ‖ deriv.: **parsimónico, ca.**

PARSIMONIOSO, SA. adj. Que procede con parsimonia. ‖ Escaso, cicatero, ahorrativo. ‖ deriv.: **parsimoniosamente.**

PARSISMO. m. Mazdeísmo de la India.

PARSONS, Carlos L. *Biog.* Químico nort., autor de investigaciones sobre el peso atómico del berilo (n. 1867).

PARTE. al. **Teil; Anteil.** fr. **Partie.** ingl. **Part.** ital. **Parte.** port. **Parte.** (Del lat. *pars, partis.*) f. Porción indeterminada de un todo. *Se perdió* PARTE *de la cosecha.* ‖ Cantidad o porción determinada de un agregado numeroso. ‖ Porción que se da a uno en repartimiento o cuota que le corresponde en cualquiera comunidad o distribución. *Le tocó la mejor* PARTE. ‖ Sitio o lugar. *Me sentaré en cualquier* PARTE. ‖ Dependencia, sección, subdivisión. ‖ Cada una de las divisiones principales, y que comprende otras menores, de una obra científica o literaria. *Esta obra consta de cuatro* PARTES. ‖ En ciertos géneros literarios, obra entera que se relaciona con otra u otras que también se llaman partes; v. gr.: una tetralogía. ‖ Cada uno de los ejércitos, facciones, sectas, etc., que se oponen o contienden. ‖ Cada uno de los que contratan entre sí o tienen participación en el mismo negocio. ‖ Cada una de las personas o de los grupos de ellas que disputan o dialogan. *Ambas* PARTES *se atribuían la razón.* ‖ Cada una de las palabras de que consta un renglón. ‖ Usado con la preposición *a* y el pronombre *esta*, significa el tiempo presente o la época de que se trata, con relación a tiempo pasado. *De un año a esta* PARTE, *recibe muchas visitas.* ‖ Lado a que uno se inclina o se opone en cuestión o pendencia. ‖ Papel representado por un actor en una obra dramática o cinematográfica. ‖ Cada uno de los actores o cantantes que forman una compañía. ‖ *Der.* Litigante. ‖ m. Despacho o cédula que se entregaba a los correos que iban de posta, en que se daba noticia del punto adonde se encaminaban, del día y hora de la partida y por orden de quién iban. ‖ Escrito comúnmente breve, que por el correo u otro medio se envía a una persona para darle aviso o noticia urgente. ‖ Comunicación telegráfica o telefónica. ‖ Usado como adverbio, sirve para distribuir en la oración los extremos de ella. ‖ f. pl. Prendas y dotes naturales que adornan a una persona. ‖ Facción o partido. ‖ Órganos de la generación. ‖ **Parte actora.** *Der.* Actor, demandante o acusador. ‖ – **alícuanta.** *Mat.* La que no divide exactamente a su todo, como 5 respecto de 12. ‖ – **alícuota.** La que divide exactamente a su todo, como 4 respecto de 12. ‖ – **de la oración.** *Gram.* Cada una de las clases de palabras que tienen en la oración diferente oficio. ‖ – **del león.** loc. fig. con que, aludiendo a una fábula de Esopo, se denotan el abuso de la fuerza y la falta de equidad en el reparto o en la ordenación de las cosas. ‖ – **del mundo.** Cada una de las grandes divisiones en que los geógrafos consideran comprendidos todos los continentes e islas. ‖ – **de por medio.** Actor que representa papeles de ínfima importancia. ‖ – **de rosario.** Cada una de las tres partes del salterio de la Virgen, y que consta de cinco dieces. ‖ – **esencial.** La que constituye la esencia de un compuesto sin la cual no existiría éste. ‖ – **inferior.** Hablando del hombre, el cuerpo, por contraposición al alma. ‖ – **integral,** o **integrante.** La que es necesaria para la integridad del compuesto, pero no su esencia. *La dentadura es* PARTE INTEGRANTE *del hombre.* ‖ – **superior.** Alma racional, por contraposición al cuerpo. ‖ **Media parte.** Porción del sueldo dada a cuenta a los cómicos por el empresario. ‖ **Partes naturales, pudendas,** o **vergonzosas.** Las de la generación. ‖ **A partes.** m. adv. **A trechos.** ‖ **Cargar a,** o **sobre, una parte.** frs. Dirigirse a ella. ‖ Aglomerarse, hacer peso de un lado. ‖ **Dar parte.** frs. Dar cuenta a uno de lo que ha sucedido; avisarle para que lo sepa. Por ext., se dice del aviso dado a la autoridad. ‖ Dar participación en un negocio. ‖ **Dar parte sin novedad.** frs. Decir a un superior que no ha ocurrido ninguna. ‖ **De mi parte.** m. adv. **Por mi parte.** ‖ **De parte a parte.** m. adv. Desde un lado al extremo opuesto. ‖ De una persona o de un partido a otro. *De* PARTE *a* PARTE *se lanzaron acusaciones.* ‖ **De parte de.** m. adv. **A favor de.** *La gente está* DE PARTE *de la novia.* ‖ Indica procedencia u origen. DE PARTE *de madre desciende de gitanos.* ‖ En nombre o de orden de. DE PARTE *del jefe.* ‖ **Echar a mala parte.** frs. Interpretar desfavorablemente las acciones ajenas. ‖ Interpretar o usar una palabra o frase en concepto desfavorable, contrariamente a la razón, a la justicia o a la decencia. ‖ **En parte.** m. adv. No enteramente. EN PARTE *aciertas.* ‖ **En partes.** m. adv. **A partes.** ‖ **Entrar** uno **a la parte.** frs. **Ir a la parte.** ‖ **Hacer** uno **de su parte.** frs. Aplicar los medios de que dispone para el logro de un fin. ‖ **Hacer las partes** de uno. frs. Ejecutar una cosa por él o en su nombre. ‖ **Ir** uno **a la parte.** frs. Interesarse o tener parte con otra u otras personas en un asunto, trato o comercio. ‖ **Llamarse** uno **a la parte.** frs. Reclamar participación en un asunto. ‖ **Llevar** uno **la mejor, o la peor, parte.** frs. Estar próximo a vencer, o ser vencido. ‖ **Mostrarse parte.** frs. *Der.* Apersonarse, comparecer. ‖ **No ser parte de la oración.** frs. fig. Estar uno excluido de lo que se trata, o no venir una cosa a propósito de ello. ‖ **Poner** uno **de su parte.** frs. **Hacer de su parte.** ‖ **Ponerse de parte** de uno. frs. Adherirse a su opinión o sentir. ‖ **Por la mayor parte.** m. adv. En el mayor número, o en lo más de una cosa, o comúnmente. ‖ **Por mi parte.** m. adv. Por lo que a mí toca o yo puedo hacer. Ú. con los demás pronombres posesivos o con nombres substantivos. ‖ **Por partes.** m. adv. Con separación de los puntos de la materia que se trata. ‖ **Saber** uno **de buena parte** una cosa. frs. **Saberla de buena tinta.** ‖ **Salva sea la parte.** expr. fam. con que se elude mencionar directamente la parte del cuerpo en la cual aconteció lo que se refiere. ‖ **Ser parte a,** o **para, que.** frs. Contribuir a dar ocasión a, o para, que. ‖ **Ser parte** en una cosa. frs. **Tener parte en** ella. ‖ **Tener parte con una mujer.** frs. Tener trato carnal con ella. ‖ **Tener parte en** una cosa. frs. Tener participación en ella. ‖ **Tomar en mala parte.** frs. Echar a mala parte. ‖ **Tomar parte en** una cosa. frs. Interesarse activamente en ella. ‖ IDEAS AFINES: *Partícula, parcela, lote, pedazo, fraccionar, hijuela, repartija, partitivo, dividendo, bisectriz, dicotomía.*

PARTEAR. tr. Asistir el facultativo o la partera a la mujer que está de parto.

PARTELUZ. m. Mainel o columna delgada que divide en dos un hueco de ventana, formando un ajimez.

PARTENCIA. f. Acto de partir, marcha.

PARTENOGÉNESIS. (Del gr. *parthenos,* virgen, y *génesis,* generación.) f. *Biol.* Reproducción de la especie, en que no interviene el gameto masculino para desarrollar el óvulo, como ocurre en algunos insectos, crustáceos y plantas inferiores. ‖ – **artificial.** Desarrollo del óvulo no fecundado obtenido por medios físicos o químicos. ‖ deriv.: **partenogenésico, ca; partenogenético, ca.**

PARTENOLOGÍA. (Del gr. *parthenos,* virgen, y *logos,* tratado.) f. Tratado médico sobre la virginidad de las mujeres. ‖ deriv.: **partenológico, ca.**

PARTENÓN. *Arq.* Templo construido en la Acrópolis de Atenas por orden de Pericles, entre los años 447 y 438 a. de C., y consagrado a la diosa doncella Atenea, cuya estatua en oro y marfil ejecutó Fidias. El mismo escultor lo decoró con notables relieves. Convertido en la iglesia de la Virgen María, posteriormente en mezquita y después en polvorín, voló parcialmente en 1687 y en 1926 fue restaurado, aunque no totalmente. Hay partes de su friso en el Museo Británico y en el Louvre.

PARTÉNOPE. *Geog. histór.* Antiguo nombre de la c. de Nápoles.

PARTENOPEA, República. *Hist.* Fundada por los franceses en el antiguo reino de Nápoles; duró sólo desde el 23 de enero al 4 de junio de 1799.

PARTENOPEO, A. adj. y s. De Nápoles, llamada antiguamente Parténope.

PARTERA. al. **Hebamme.** fr. **Accoucheuse.** ingl. **Midwife.** ital. **Levatrice.** port. **Parteira.** f. Mujer que tiene por oficio asistir a las parturientas. sinón.: **comadre.**

PARTERÍA. f. Oficio de partear.

PARTERO. m. Comadrón.

PARTERRE. (Del fr. *parterre.*) m. Jardín o parte de él con césped, flores y amplios paseos, generalmente dispuestos con simetría.

PARTESANA. (Del b. lat. *partessana,* y éste del lat. *partusus,* p. p. de *pertundere.*) f. Especie de alabarda, que tenía el hierro muy grande, ancho, cortante por ambos lados, adornado en la base con dos aletas en forma de media luna.

PARTIA. *Geog. histór.* Antiguo imperio de Asia Menor, situado al S.E. del mar Caspio, que formó parte del Imperio Persa. Abarcaba el actual territorio iranio de Korasán.

PARTIBLE. (Del lat. *partíbilis.*) adj. Que se puede o se debe partir.

PARTICIÓN. al. **Teilung.** fr. **Partage; partition.** ingl. **Partition.** ital. **Partizione.** port. **Partição.** (Del lat. *partitio, -onis.*) f. División o repartimiento que se hace entre varias personas, de hacienda, herencia o cosa semejante. ‖ *Mat.* División.

PARTICIONERO, RA. adj. Partícipe. ‖ *Cuba.* Aparcero.

PARTICIPACIÓN. al. **Teilnahme.** fr. **Participation.** ingl. **Participation.** ital. **Participazione.** port. **Participação.** f. Acción y efecto de participar. *Tiene* PARTICIPACIÓN *en las ganancias.* ‖ Aviso, parte o noticia que se da a uno. PARTICIPACIÓN *de casamiento.*

PARTICIPANTE. p. a. de **Participar.** Que participa. Ú.t.c.s. *Los* PARTICIPANTES *de un concurso.*

PARTICIPAR. al. **Teilnchmen; benachrichtigen.** fr. **Participer.** ingl. **To participe; to notifie.** ital. **Partecipare.** port. **Participar.** (Del lat. *participare.*) tr. Dar parte, noticiar, comunicar. PARTICIPÓ *a sus amigos el nacimiento de su hijo.* ‖ intr. Tener uno parte en una cosa. PARTICIPÓ *en expediciones científicas.* ‖ Tocar a uno algo de una cosa. PARTICIPAMOS *de las ganancias;* sinón.: **compartir, intervenir.** ‖ deriv.: **participativo, va.**

PARTÍCIPE. al. **Teilnchmer.** fr. **Participant.** ingl. **Participant; partner.** ital. **Partefice.** port. **Partícipe.** (Del lat. *párticeps, -ipis.*) adj. Que tiene parte en una cosa, o entra con otros a la parte en la distribución de ella. Ú.t.c.s. ‖ Que interviene en la realización de un hecho. ‖ Que coincide con otro en ideas. *Soy* PARTÍCIPE *de su opinión.*

PARTICIPIAL. adj. *Gram.* Perteneciente al participio.

PARTICIPIO. al. **Partizip; Mittelwort.** fr. **Participe.** ingl. **Participle.** ital. **Participio.** port. **Particípio.** (Del lat. *particípium.*) m. *Gram.* Forma no personal del verbo, llamada así porque participa ya de la índole del verbo, ya de la del adjetivo. Como tal hace a veces oficio de nombre. ‖ – **activo** o **de presente.** El que denota acción, y termina en *-ante, -ente,* o *-iente.* ‖ – **pasivo, pasado** o **de pretérito.** El que denota pasión, en sentido gramatical, y acaba en *-ado,* o *-ido,* si es regular, y en *to, so* u otra terminación, si es irregular. A veces toma significación activa, como *agradecido,* el que agradece, y también reflexiva.

PARTÍCULA. al. **Partikel.** fr. **Particule.** ingl. **Particle.** ital. **Particola.** port. **Partícula.** (Del lat. *partícula.*) f. Parte pequeña. ‖ *Gram.* Parte invariable de la oración o componente de vocablos. Suele llamarse así únicamente a la que es muy breve. ‖ – **adversativa.** *Gram.* La que expresa contraposición entre lo que significa rectamente y el sentido en que se usa. ‖ – **alfa.** *Fís.* Núcleo de helio emitido por átomos de elementos radiactivos. ‖ – **beta.** *Fís.* Electrón que se mueve con velocidad comparable a la de la luz, y es emitido por las sustancias radiactivas. ‖ – **prepositiva.** *Gram.* La que antepuesta a otra palabra forma con ésta un vocablo compuesto. SOBRE*entender,* SUB*teniente,* IN*civil.*

PARTICULAR. al. **Besonderer.** fr. **Particulier.** ingl. **Particular.** ital. **Particolare.** port. **Particular.** (Del lat. *particularis.*) adj. Propio de una cosa, o que le pertenece con singularidad. *La dureza es* CUALIDAD *particular del diamante.* ‖ Especial, extraordinario. *Posee una habilidad manual* PARTICULAR. ‖ Singular o individual, por oposición a universal o general. *Opinión, sentimiento* PARTICULAR. ‖ Dícese, en las comunidades y repúblicas, del que no tiene empleo que lo distinga de los demás. Ú.t.c.s. ‖ Dícese del acto extraoficial que ejecuta la persona que tiene oficio público. ‖ m. Representación que hacían los actores en una casa **particular** ‖ Punto o materia de que se trata. *Examinemos ese* PARTICULAR. ‖ **En particular.** m. adv. Separada; singular o especialmente. *Ese tema lo trataré* EN PARTICULAR *otro día.*

PARTICULARIDAD. al. **Besonderheit; Eigentümlichkeit.** fr. **Particularité.** ingl. **Particularity.** ital. **Particolarità.** port. **Particularidade.** (Del lat. *particuláritas, -atis.*) f. Calidad de particular. *La* PARTICULARIDAD *de su acento;* sinón.: **singularidad.** ‖ Distinción en trato o cariño que se hace de una persona respecto de otras. ‖ Cada una de las circunstancias o partes menudas de una cosa.

PARTICULARISMO. m. Preferencia excesiva que se concede al interés particular sobre el general. ‖ Individualismo. ‖ deriv.: **particularista.**

PARTICULARIZACIÓN. f. Acción y efecto de particularizar.

PARTICULARIZAR. al. **Aufzählen.** fr. **Particulariser.** ingl. **To particularize.** ital. **Particolarizzare.** port. **Particularizar.** tr. Expresar una cosa con todas sus particularidades. sinón.: **detallar.** ‖ Hacer distinción especial de una persona. ‖ r. Distinguirse, singularizarse. *Se* PARTICULARIZA *por su ingenio.* ‖ deriv.: **particularizadamente.**

PARTICULARMENTE. adv. m. Con particularidad. *Quería* PARTICULARMENTE *a Juan.*

PARTIDA. al. **Abreise; partie.** fr. **Départ; partie.** ingl. **Departure; game.** ital. **Partenza; partita.** port. **Partida.** (Del lat. *partita,* t. f. de *partitus,* partido.) f. Acción de partir o salir de un punto para ir a otro. *Llegó el día de la* PARTIDA. ‖ Asiento de bautismo, confirmación, matrimonio o entierro, en los libros de las parroquias o del registro civil. ‖ Copia certificada de alguno de estos asientos. ‖ Cada uno de los artículos y cantidades parciales que contiene una cuenta. ‖ Cantidad de un género de comercio; como trigo, madera, etc. ‖ Guerrilla, tropas o paisanos armados, no sujetos a un mando militar superior. ‖ Conjunto no muy numeroso de gente armada, con cierta organización militar. *Destacar una* PARTIDA. ‖ Cuadrilla, reunión de personas de un mismo oficio, o de bandidos. ‖ Cada una de las manos de un juego, o conjunto de ellas que se juegan en una sesión. *Una* PARTIDA *de póquer.* ‖ Cantidad de dinero que se atraviesa en ellas. ‖ Número de manos de un mismo juego necesarias para que cada jugador gane o pierda definitivamente. ‖ En lenguaje turfístico, corrida o carrera de ensayo. ‖ fam. Comportamiento o proceder. Ú. comúnmente con calificativo, o en tono exclamatorio. *Excelente* PARTIDA; *¡vaya una* PARTIDA! ‖ Parte o lugar. ‖ fig. Muerte. ‖ El juego del monte considerado con relación a cada mesa o banquero. ‖ – **de campo.** Excursión de varias personas para divertirse en el campo. ‖ – **de caza.** Excursión de varias personas para cazar. ‖ – **doble.** Método de contabilidad en que se establecen para cada operación un deudor y un acreedor, anotándose así dos veces cada suma en el libro mayor. ‖ – **serrana.** fig. y fam. Proceder injusto y desleal. ‖ **Las siete Partidas.** Las leyes compiladas por Alfonso el Sabio, que las dividió en siete partes. ‖ **Andar** uno **las siete partidas.** frs. fig. Andar mucho y por muchas partes. ‖ **Comerse,** o **tragarse,** uno **la partida.** frs. fig. y fam. Darse cuenta de la intención disimulada de otro, aparentando no haberla entendido. ‖ IDEAS AFINES: *Despedida, adiós, abrazo, separación, olvido, horario, tren, viajero, irse, alejarse, fuga, marcha.*

PARTIDAMENTE. adv. m. Separadamente, con división.

PARTIDARIO, RIA. al. **Parteigänger.** fr. **Partisan.** ingl. **Partisan.** ital. **Partigiano.** port. **Partidário.** adj. y s. Que sigue un partido, o entra en él. *Los demócratas contaban con muchos* PARTIDARIOS. ‖ Dícese del médico encargado de los enfermos de un partido. ‖ Adicto a una persona o idea. *Jaime es* PARTIDARIO *de las innovaciones.* ‖ m. Guerrillero. ‖ IDEAS AFINES: *Prosélito, adepto, doctrina, política, bando, voto, afiliarse, conjuración, facción, propagandista, satélite.*

PARTIDISMO. m. Tendencia exagerada en favor de un partido político, idea u opinión. ‖ Sectarismo. ‖ deriv.: **partidista.**

PARTIDO, DA. al. **Partei.** fr. **Parti.** ingl. **Party.** ital. **Partito.** port. **Partido.** adj. Liberal, que reparte con otros lo que tiene. ‖ *Blas.* Dícese del escudo o pieza divididos de arriba abajo en dos partes iguales. ‖ m. Parcialidad o coligación entre los que siguen una misma opinión o interés. ‖ Provecho o conveniencia. *Mirar por su* PARTIDO. ‖ Amparo o protección de que se goza. *Si tienes* PARTIDO *lo conseguirás.* ‖ En el juego, conjunto de varios que entran en él como compañeros, contra otros tantos. ‖ En el juego, ventaja que se da al que juega peor. ‖ Trato o convenio. ‖ Medio apto para conseguir una cosa. *En su apuro no se le ocurrió ningún* PARTIDO. ‖ Territorio de una jurisdicción o administración que tiene por cabeza un pueblo principal. ‖ Distrito en que el médico tiene la obligación de asistir a los enfermos por el sueldo estipulado. ‖ Conjunto de personas que siguen y defienden una misma facción, opinión o causa. PARTIDOS *políticos.* ‖ En ciertos juegos, competencia concertada entre los jugadores. PARTIDO *de fútbol.* ‖ Acción y efecto de partir o hacer partes. *El* PARTIDO *y plegado del papel.* ‖ Galicismo por persona que elegir para casarse. ‖ *Amér. del S.* División de minerales entre propietarios y buscones. ‖ Aparcería. ‖ *Arg.* y *Col.* Crencha, raya en el pelo. ‖ *Chile.* Mano, en el juego. ‖ – **judicial.** Territorio en que ejerce jurisdicción un juez de primera instancia. ‖ – **robado.** En los juegos, el que es tan ventajoso para un jugador, que no tiene defensa el contrario. ‖ **Darse** uno **a partido.** frs. fig. Ceder de su empeño u opinión. ‖ **Formar partido** uno. frs. Congregar a otros para que coadyuven a un fin. ‖ **Tomar partido.** frs. Alistarse para servir en un ejército los que eran del contrario. ‖ Hacerse de una bandería. ‖ Resolverse el que estaba dudoso en decidirse.

PARTIDOR. m. El que divide o reparte una cosa. ‖ El que parte una cosa, rompiéndola. PARTIDOR *de piedra.* ‖ Instrumento con que se parte o rompe. || Obra para repartir en diferentes conductos las aguas de un cauce. || Sitio donde se hace este repartimiento. || Púa que empleaban las mujeres para abrirse la raya del pelo. || *Arit.* Divisor.

PARTIDURA. f. Crencha, raya.

PARTIJA. (Del lat. *partícula.*) f. dim. de **Parte.** || Partición de bienes.

PARTIMENTO. m. Partimiento.

PARTIMIENTO. m. Partición.

PARTIQUINO, NA. (Del ital. *particina*, parte pequeña.) s. Cantante que ejecuta en las óperas partes breves o de muy poca importancia.

PARTIR. al. **Teilen; fortgehen.** fr. **Partir; diviser.** ingl. **To part; to divide.** ital. **Partire.** port. **Partir.** (Del lat. *partire.*) tr. Dividir una cosa en dos o más partes. Ú.t.c.r. PARTIR *una manzana*; sinón.: **cortar, separar;** antón.: **unir.** || Hender, rajar. Ú.t.c.r. PARTIR *un brazo.* || Repartir una cosa entre varios. PARTIÓ *el caudal entre los hijos*; sinón.: **distribuir.** || Distinguir o separar una cosa de otra, determinando lo que pertenece a cada uno. PARTIR *los términos en un lugar.* || Distribuir en clases. || Entre colmeneros, hacer de una colmena dos. || intr. Tomar un hecho, una fecha u otro antecedente como base para un razonamiento o cómputo. PARTIÓ *de una idea equivocada; lo negó a* PARTIR *de entonces.* || fig. Resolverse el que estaba dudoso. || Empezar a caminar, ponerse en camino. Usáb.t.c.r. PARTIMOS *con retraso.* || fig. y fam. Desconcertar, anonadar a uno. || r. Dividirse en opiniones o parcialidades.

PARTITIVO, VA. al. **Teilend; Partitiv.** fr. **Partitif.** ingl. **Partitive.** ital. **Partitivo.** port. **Partitivo.** (Del lat. *partítum*, supino de *partire*, partir.) adj. Que puede partirse o dividirse. || *Gram.* Dícese del nombre y del adjetivo numeral que expresan división de un todo en partes; como *mitad, medio.* Ú.t.c.s.

PARTITURA. (Del lat. *partitura.*) f. Versión escrita de una obra musical que contiene cada una de sus partes vocales e instrumentales, que manteniendo su independencia, aparecen superpuestas verticalmente para poder ser leídas con facilidad.

PARTO. al. **Geburt; Niederkunft.** fr. **Accouchement.** ingl. **Childbirth; parturition.** ital. **Parto.** port. **Parto.** (Del lat. *partus.*) m. Acción de parir. || El ser que ha nacido. || fig. Cualquier producción física. || Producción del entendimiento humano declarada o dada a luz. || Cualquier cosa especial que puede suceder y se espera que sea importante. || – **revesado.** El que es difícil o se aparta del modo regular. || **El parto de los montes.** fig. Cualquier cosa fútil que sucede cuando se esperaba o se anunciaba una de consideración. || **Venir el parto derecho.** frs. fig. Suceder una cosa favorablemente.

PARTO, TA. adj. y s. Dícese del individuo de un pueblo escita que se estableció al sur de Hircania y fundó el reino de Partia en el s. III. || deriv.: **pártico, ca.**

PARTURIENTA o **PARTURIENTE.** (Del lat. *parturiens, -entis*, p.a. de *parturire*, estar de parto.) adj. y s. Aplícase a la mujer que está de parto o recién parida.

PARULIA o **PÁRULIS.** (Del lat. *parulis*, y éste del gr. *paralís*; de *pará*, cerca de, y *ulis*, encía.) m. *Pat.* Absceso de la encía.

PARURO. *Geog.* Población del Perú (Cuzco).

PARVA. al. **Drusch; Haufen.** fr. **Airée.** ingl. **Heap.** ital. **Messe.** port. **Calcadouro.** (Del lat. *parva*, pequeña.) f. Parvedad, corta porción de alimento en los días de ayuno. || Mies tendida en la era para trillarla, o ya trillada, antes de separar el grano. || En *Amér.*, montón grande y apretado de mies, pastos forrajeros, etc., que se deja en los sembrados a la intemperie. || Desayuno, entre la gente trabajadora. || fig. Montón o cantidad grande de una cosa. || **Salirse** uno **de la parva.** frs. fig. y fam. Apartarse del intento o del asunto.

PARVADA. f. *Agr.* Conjunto de parvas. || Pollada, conjunto de pollos recién nacidos.

PARVATI. *Mit.* Diosa hindú, esposa de Siva y protectora de los nacimientos, a quien se dedicaban grandes fiestas domésticas y públicas en la India antigua.

PARVEDAD. (Del lat. *párvitas, -atis.*) f. Pequeñez, poquedad, cortedad o tenuidad. || Corta porción de alimento que se puede tomar por la mañana en los días de ayuno.

PARVERO. m. Montón largo que se forma de la parva para aventarla.

PARVIDAD. f. Parvedad.

PARVIFICAR. tr. Achicar, reducir el tamaño de una cosa. || Empequeñecer, escasear, atenuar. Ú.t.c.r.

PARVIFICENCIA. f. Escasez o cortedad en el porte y gasto.

PARVÍFICO, CA. adj. Escaso, miserable en el gastar.

PARVO, VA. (Del lat. *parvus.*) adj. Pequeño. PARVO *auxilio.*

PARVULEZ. f. Pequeñez. || Simplicidad, candor. || Cosa de poca importancia.

PÁRVULO, LA. (Del lat. *párvulus*, dim. de *parvus*, pequeño.) adj. Pequeño. || Niño, que se halla en la niñez. Ú.m.c.s. || En las escuelas, el menor de seis años. || fig. Inocente, que sabe poco o es fácil de engañar. || Humilde, cuitado.

PASA. (Del lat. *passa*, f. de *passus*, tendida, secada al sol.) f. Uva seca enjugada natural o artificialmente. U.t.c.adj. || Especie de afeite hecho de pasas, que usaron las mujeres. || fig. Cada uno de los mechones de cabellos crespos y ensortijados de los negros. || – **de Corinto.** La que procede de uvas de esta región y se distingue por su pequeñez. || – **gorrona.** La de gran tamaño, desecada al sol. || **Estar** uno **hecho una pasa,** o **quedarse como una pasa.** frs. fig. y fam. Estar o volverse una persona muy flaca y arrugada de rostro.

PASA. (De *pasar.*) f. Canalizo entre bajos por el cual pueden pasar los barcos.

PASABLE. adj. Pasadero, mediano, aceptable. || deriv.: **pasablemente.**

PASACABALLO. (De *pasar* y *caballo.*) m. Embarcación antigua, sin palos, muy aplanada en sus fondos.

PASACALLE. m. Acción de pasear por una calle. || *Mús.* Marcha popular de compás muy vivo, que se toca generalmente con guitarras o vihuelas.

PASACÓLICA. f. *Pat.* Cólica.

PASADA. f. Acción de pasar de una parte a otra. || **Paso geométrico.** || Congrua suficiente para mantenerse y pasar la vida. || Partida de juego. || fig. y fam. Mal proceder de una persona con otra. *Me jugó una mala* PASADA. || Paso, acción de pasar. || Puntada larga en el cosido. || *Amér. Central* y *Cuba.* Reprimenda. || *Col.* Vergüenza. || *Cuba.* Escarmiento. || **Dar pasada.** frs. Tolerar, dejar pasar una cosa. || **De pasada.** m. adv. **De paso.**

PASADENA. *Geog.* Ciudad del oeste de los EE. UU. (California), sit. al este de los Ángeles. 130.000 h. Centro de investigaciones espaciales. Famoso observatorio astronómico en el monte Wilson.

PASADERA. (De *pasar.*) f. Cada una de las piedras que se colocan para atravesar a pie enjuto charcos, arroyos, etc. || Cualquier cosa que se coloca para atravesar una corriente de agua. || Especie de colador. || *Chile.* Acción de pasarse de un partido a otro. || *Guat.* Acción de pasar muchas veces por una misma parte. || *Mar.* Meollar.

PASADERAMENTE. adv. m. Medianamente, de un modo pasadero.

PASADERO, RA. adj. Que se puede pasar con facilidad. || Medianamente bueno de salud. || Dícese de la cosa que es tolerable y puede pasar, aunque tenga tacha. *Alojamiento* PASADERO; sinón.: **tolerable;** antón.: **insoportable.** || m. Pasadera para atravesar sobre el agua. || *Arg.* y *Méx.* Acción de pasar repetidas veces por una parte. || Lugar por donde se pasa con frecuencia.

PASADÍA. f. Pasada, congrua, sustentación. || *Dom.* y *P. Rico.* Día de diversión en el campo.

PASADILLO. m. Bordadura que pasa por ambos lados de la tela.

PASADIZO. al. **Durchlass; Passage.** fr. **Couloir.** ingl. **Corridor.** ital. **Passaggio.** port. **Passadiço.** m. Paso estrecho que en las casas y calles lleva de una parte a otra acortando camino. sinón.: **callejón.** || fig. Cualquier otro medio para pasar de una parte a otra.

PASADO. al. **Vergangenheit.** fr. **Passé.** ingl. **Past.** ital. **Passato.** port. **Passado.** m. Tiempo que pasó; lo sucedido en él. antón.: **futuro.** || *Mil.* El que ha desertado y sirve en el ejército contrario. || pl. Antepasados o ascendientes. || IDEAS AFINES: *Antiguo, inmemorial, antaño, retrospectivo, recuerdo, nostalgia, terminado, transcurrido, ayer, víspera, anterior, pretérito, vencido.*

PASADOR, RA. al. **Riegel.** fr. **Goupille.** ingl. **Bolt-pin.** ital. **Caviglia.** port. **Passador.** adj. Que pasa de una parte a otra. Dícese frecuentemente del que pasa contrabando. Ú.t.c.s. || m. Flecha muy aguda, que se disparaba con ballesta. || Barreta de hierro sujeta a una hoja de puerta o ventana, o a una tapa, y que sirve para cerrar corriéndola hasta hacerla entrar en una hembrilla. || Varilla de metal que en las bisagras y piezas semejantes sirve de eje para el movimiento de estas piezas. || Aguja grande que usan las mujeres para sujetar el pelo recogido o algún adorno de la cabeza. || Sortija que se pasa por las puntas de una corbata para sujetar ésta. || Broche que se usó para mantener la falda en la cintura. || Imperdible que se usa para prender al pecho condecoraciones pequeñas y medallas. || Utensilio, comúnmente cónico y de hoja de lata, con fondo agujereado y que se usa para colar. || Coladero, manga, cedazo, etc., en que se cuela un líquido. || Botón suelto con que se abrochan dos o más ojales. || *Mar.* Especie de punzón para abrir los cordones de los cabos.

PASADURA. f. Tránsito o pasaje de una parte a otra. || fig. Llanto convulsivo de los niños.

PASAGONZALO. (De *pasar* y el n. p. *Gonzalo.*) m. fam. Pequeño golpe dado con la mano.

PASAJE. al. **Durchgang.** fr. **Passage.** ingl. **Passage.** ital. **Passaggio.** port. **Passagem.** m. Acción de pasar de una parte a otra. || Derecho que se paga para pasar por un lugar. || Lugar por donde se pasa. || Precio que se paga para realizar un viaje. *Sacar* PASAJE *de ida y vuelta.* || Totalidad de los pasajeros. *El* PASAJE *era numeroso.* || Estrecho entre dos islas, o entre una isla y tierra firme. || Trozo de un escrito, libro o discurso. *Comentó algunos* PASAJES *de su libro*; sinón.: **fragmento.** || Acogida que se hace a uno o trato que se le da. || Paso público entre dos calles. || *Amér.* Boleto o billete para un viaje. || *Col.* Casa de vecindad. || *Mús.* Mutación de un tono a otro; sucesión rápida de notas, en escalas, etc.

PASAJE. *Geog.* Río de la Argentina (Salta). Lo forman la unión de los ríos Arias y Guachipas. Al penetrar en la prov. de Santiago del Estero cambia su nombre por el de Salado. V. **Salado.** || Población del Ecuador (El Oro). 7.000 h. Producción agrícola. Minería.

PASAJERO, RA. al. **Vorübergehend; Reisender.** fr. **Passager.** ingl. **Transitory; passenger.** ital. **Passaggero; passegiere.** port. **Passageiro.** adj. Aplícase al lugar por donde pasa continuamente mucha gente. || Que pasa pronto o dura poco. *Felicidad* PASAJERA; sinón.: **efímero, fugaz;** antón.: **eterno.** || Que va de camino de un lugar a otro, sin tener cargo en el vehículo. Ú.t.c.s. *Los* PASAJEROS *del ómnibus.* || s. Huésped, persona que se aloja en un hotel, fonda, etc. || m. *Ven.* Ración de queso o mantequilla que se da a los trabajadores de una hacienda para su desayuno. || deriv.: **pasajeramente.** || IDEAS AFINES: *Viaje, turismo, equipaje, boleto, pasaje, aduana, pasaporte, tren, embarcar.*

PASAJUEGO. m. En el juego de pelota, rechazo que a ésta se le da desde el resto, lanzándola hasta el saque.

PASAMANAR. tr. Fabricar o disponer una cosa con pasamanos.

PASAMANERÍA. al. **Posamentierarbeit.** fr. **Passementerie.** ingl. **Passementerie.** ital. **Passamaneria.** port. **Passamanaria.** f. Obra o fábrica de pasamanos. || Oficio de pasamanero. || Lugar en que se fabrican o venden pasamanos.

PASAMANERO. m. Fabricante o vendedor de pasamanos, franjas, etc.

PASAMANO. al. **Geländer.** fr. **Rampe; balustrade.** ingl. **Banister.** ital. **Ringhiera.** port. **Corrimão.** (De *pasar* y *mano.*) m. Género de galón o trencilla, cordones, flecos, y otros adornos de oro, plata, seda, etc., que se usan para guarnecer y adornar los vestidos y otras cosas. || Barandal, listón que une por encima los balaustres. *El* PASAMANO *de la escalera.* || *Arg.* y *Chile.* Varilla que tienen los tranvías, ómnibus, etc., para que de ella puedan asirse los pasajeros. || *Chile.* Dinero que se da a uno por gratificación. || *Mar.* Paso que hay en los navíos de popa a proa, junto a la borda.

PASAMIENTO. m. Paso o tránsito.

PASANTE. p.a. de **Pasar.** Que pasa. || adj. *Blas.* Aplícase al animal que se pinta en el escudo en actitud de andar o pasar. || m. El que asiste al maestro de una facultad en el ejercicio de ella, para imponerse en su práctica. PASANTE *de abogado.* || Profesor, en algunas facultades, con quien van a estudiar los que están para examinarse. || El que pasa o explica la lección a otro. || – **de pluma.** El que pasa con un abogado y tiene la incumbencia de escribir lo que le dictare.

PASANTÍA. f. Ejercicio del pasante en las facultades y profesiones. || Tiempo que dura.

PASAPÁN. m. fam. Garguero.

PASAPERRO (Coser a). frs. fig. *Impr.* Encuadernar con pergamino, taladrando el lomo de libros y pasando correhuelas.

PASAPORTAR. tr. Dar o expedir pasaporte, en especial a los militares.

PASAPORTE. al. **Relsepass.** fr. **Passeport.** ingl. **Passport.** ital. **Passaporto.** port. **Passaporte.** (Del fr. *passeport.*) m. Licencia por escrito que se da para poder pasar libre y seguramente de un pueblo o país a otro. || Licencia que se da a los militares, con itinerario para que en los lugares se les asista con alojamiento y medios de locomoción. || fig. Licencia franca o libertad de ejecutar una cosa. || **Dar pasaporte** a uno. frs. fig. y fam. Despedirle, dejarle cesante. || Darle muerte.

PASAR. al. **Weitergehen.** fr. **Passer.** ingl. **To pass.** ital. **Passare.** port. **Passar.** (Del lat. *passus*; de *pándere*, tender, extender, abrir.) tr. Llevar, conducir de un lugar a otro. || Trasladar a uno de un lugar o de una clase a otros. Ú.t.c.intr. y c.r. *Lo* PASARON *al turno de la mañana.* || Atravesar, cruzar. PASAR *los montes.* || Enviar, transmitir. PASAR *un mensaje.* || Junto con nombres que indican un punto determinado, ir más allá de él. PASAR *el límite.* || Penetrar o traspasar. || Hablando de géneros prohibidos o que adeudan derechos, introducirlos o extraerlos sin registro. PASAR *marfiles.* || Exceder, superar. Ú.t.c.r. *¡Qué alto estás, ya* PASASTE *a tu padre!* || Transferir una cosa de un sujeto a otro. Ú.t.c.intr. *La casa* PASÓ *a manos ajenas.* || Sufrir, tolerar. PASABA *muchas angustias.* || Llevar una cosa por encima de otra, rozándola. PASAR *el peine, el plumero.* || Introducir una cosa por el hueco de otra. PASAR *el cordón por los ojales.* || Colar, echar un líquido en el colador para separarlo de la parte sólida. || Cerner por criba o tamiz. PASAR *arena, azúcar.* || Hablando de comida o bebida, tragar. || No poner reparo o tacha en una cosa. || Conceder el poder temporal el pase a los decretos pontificios. || Callar u omitir algo de lo que se debía decir o tratar. PASÓ *muchos puntos importantes.* || No darse por entendido de una cosa. *¡Cuántas te he* PASADO! || Estudiar privadamente con uno una ciencia o facultad. || Asistir al estudio, consultorio, etc., de un profesional para adiestrarse en la práctica. || Explicar en privado una facultad o ciencia a un discípulo. || Repasar el estudiante la lección, para decirla.

‖ Recorrer, leyendo o estudiando, un libro. ‖ Leer, estudiar o rezar sin atención. ‖ Desecar una cosa al sol, al aire, etc. PASAR *duraznos.* ‖ intr. Comunicarse una cosa de unos a otros, como en los contagios. *Le* PASÓ *el miedo.* ‖ Mudarse, convertirse una cosa en otra. ‖ Tener lo necesario para vivir. ‖ En algunos juegos de naipes, no entrar, y en el dominó, dejar de poner ficha. ‖ Conceder graciosamente alguna cosa por no embarazar el fin que se pretende. ‖ Hablando de cosas inmateriales, correr de una parte a otra. *El rumor* PASÓ *de boca en boca.* ‖ Con la preposición *a* y ciertos infinitivos y substantivos, proceder a la acción de lo que significan éstos. PASAR *a bailar;* PASAR *al cuarto de aseo.* ‖ Respecto al tiempo, ocuparle bien o mal. PASAR *el día en el café.* ‖ Morir. Júntase siempre con alguna otra voz que precisa la significación. PASAR *de este mundo.* ‖ Hablando de mercaderías, valer o tener precio. ‖ Vivir, tener salud. ‖ Hablando de la moneda, ser admitida sin reparo o por su valor. ‖ Durar aquellas cosas que se podrían gastar. *Este traje bien puede* PASAR *otra temporada.* ‖ Cesar una cosa. PASAR *el enfado.* Ú.t.c.r. ‖ Ser tratado o manejado por uno un asunto o negocio. ‖ fig. Ofrecerse ligeramente una cosa al discurso o a la imaginación. *Una duda* PASÓ *por su mente.* ‖ Seguido de la preposición *por*, tener opinión de. PASAR *por docto.* ‖ Con la preposición *sin* y algunos nombres, no necesitar la cosa significada por ellos. *Puedo* PASAR *sin la amistad.* Ú.t.c.r. ‖ Aprobar en un examen. PASARON *varios alumnos.* ‖ imp. Ocurrir, suceder. *No* PASÓ *nada.* ‖ r. Tomar un partido contrario al que antes se seguía o ponerse de la parte opuesta. *Se* PASÓ *al otro bando.* ‖ Acabarse o dejar de ser. ‖ Olvidarse o borrarse de la memoria una cosa. *Se nos* PASÓ *la fecha.* ‖ Empezar a pudrirse las frutas, carnes, etc. ‖ Perderse en algunas cosas la ocasión o el tiempo de que logren su actividad en el efecto. PASARSE *el arroz.* ‖ Hablando de la lumbre de carbón, encenderse bien. ‖ Exceder en una calidad o usar de ella con demasía. PASARSE *de amable;* PASARSE *de tolerante.* ‖ Filtrar, rezumar. PASARSE *el papel.* ‖ Entre los profesores de facultades, exponerse al examen o prueba. ‖ En ciertos juegos, hacer más puntos de los que se han fijado para ganar, y en consecuencia perder la partida. ‖ Hablando de aquellas cosas que encajan en otras, las aseguran o cierran, estar flojas o no alcanzar el efecto que se busca. PASARSE *de rosca.* ‖ **Lo pasado, pasado.** expr. con que se exhorta a olvidar los motivos de queja o de enojo. ‖ **Pasar de largo.** frs. Atravesar por una parte sin detenerse. ‖ fig. No hacer reparo en algo. ‖ **Pasar en blanco, o en claro,** una cosa. frs. Omitirla o dejar de advertirla. ‖ **Pasar** uno, o **pasarse, por una casa, oficina,** etc. frs. Ir al punto que se designa, para cumplir un encargo o enterarse de un asunto. ‖ **Pasar** uno **por** alguna cosa. frs. Sufrirla, tolerarla. ‖ **Pasar** uno **por alto** alguna cosa. frs. fig. Omitir una especie que se debió o se pudo tratar. ‖ **Pasar** uno **por encima.** frs. fig. Atropellar por los inconvenientes que ocurren en un intento. ‖ Anticiparse en un empleo el menos antiguo al que le correspondía ocuparlo. ‖ **Pasarlo.** frs. con que se denota el estado de salud o de fortuna de una persona. *¿Cómo lo* PASAS? ‖ **Pasarse de listo.** frs. fig. Errar por exceso de malicia. ‖ **Un buen pasar.** Modo de hablar con que se explica que uno goza de medianas comodidades. ‖ IDEAS AFINES: *Tránsito, pase, santo y seña, entrar, pasadizo, trasbordar, puente, vado, migración, cedazo, filtro, trasegar.*

PASARELA. (Del lat. *pasarella.*) f. Puente pequeño o provisional. ‖ En los vapores, puentecillo transversal colocado delante de la chimenea.

PASATIEMPO. al. **Seitvertreib.** fr. **Passetemps.** ingl. **Pastime.** ital. **Passatempo.** port. **Passatempo.** m. Diversión, entretenimiento.

PASATORO (A). m. adv. *Taurom.* Dícese de la manera de dar la estocada al pasar el toro.

PASAVANTE. m. *Mar.* Documento que da a un barco el jefe de las fuerzas navales enemigas para que no sea molestado. ‖ Documento provisional dado por un cónsul al barco mercante adquirido en el extranjero para que vaya a matricularse en un puerto nacional.

PASAVOLANTE. adj. Caduco, inestable. ‖ m. Acción ejecutada con ligereza o sin reparo. ‖ Antigua especie de culebrina de muy poco calibre.

PASAVOLEO. m. Lance del juego de pelota, en que aquel que vuelve la pelota la pasa más allá del saque.

PASCAL, Blas. *Biog.* Erudito fr., una de las más extraordinarias figuras intelectuales de su país. De precocidad genial, sentó las bases de la geom. proyectiva y el cálculo de probabilidades; inventó la prensa hidráulica y la máquina de calcular y enunció importantes leyes físicas. Llevado por su inquietud religiosa se retiró a Port Royal donde escribió *Pensamientos*, apología del cristianismo, y *Cartas provinciales*, crítica a los jesuitas, en estilo cuidadoso y armónico. Abandonó luego sus estudios y vivió en la pobreza y la caridad, "para merecer la entrada en el reino de Dios". (1623-1662).

PASCANA. f. *Amér. del S.* Etapa, descanso o parada en un viaje. ‖ Tambo, mesón.

PASCAR. (Del quichua *paskay*, viajar.) intr. *Bol.* Acampar.

PASCASIO. m. fig. y fam. En las universidades, estudiante que se iba a pasar las pascuas fuera de la ciudad.

PASCO. *Geog.* Departamento del centro del Perú. 36.184 km². 177.500 h. Producción agropecuaria; minería. Cap. CERRO DE PASCO. ‖ **Nudo de —.** Nudo orográfico de los Andes peruanos (Pasco), punto de reunión de las cadenas oriental, central y occidental del Perú.

PASCO, Batalla de. *Hist.* Triunfo de las tropas patriotas al mando del gral. Juan A. Álvarez de Arenales contra las realistas, el 6 de diciembre de 1820 en la pobl. peruana hom.

PASCOLI, Juan. *Biog.* Poeta ital., autor de *Pequeños poemas; Myricoe*, etc. (1855-1912).

PASCUA. al. **Ostern.** fr. **Pâques.** ingl. **Easter.** ital. **Pasqua.** port. **Páscoa.** (Del lat. *pascha*, y éste del hebr. *pésaj*, tránsito.) f. Fiesta la más solemne de los hebreos, en memoria de la libertad del cautiverio de Egipto. *El Señor ordenó a Moisés que celebrara la* PASCUA. ‖ En la Iglesia católica, fiesta de la Resurrección del Señor, que se celebra el domingo siguiente al plenilunio posterior al 20 de marzo. ‖ Cualquiera de las solemnidades del nacimiento de Cristo, de la adoración de los Reyes Magos y de la venida del Espíritu Santo. ‖ pl. Tiempo desde la Navidad hasta el día de Reyes inclusive. ‖ **Pascua de flores,** o **florida.** La de Resurrección. ‖ **— del Espíritu Santo.** Pentecostés, fiesta católica. ‖ **Dar las pascuas.** frs. Felicitar a uno en ellas. ‖ **De pascuas a Ramos.** loc. adv. fig. y fam. **De tarde en tarde.** ‖ **Estar** uno **como una pascua,** o **como unas pascuas.** frs. fig. y fam. Estar muy alegre. ‖ **Santas pascuas.** loc. fam. con que se da a entender que es preciso conformarse con lo que sucede, se hace o se dice. ‖ IDEAS AFINES: *Antiguo Testamento, éxodo, Tierra prometida, Nuevo Testamento, Epifanía, cuaresma, cordero, familia, enhorabuena, huevo.*

PASCUA. *Geog.* Isla chilena del océano Pacífico sit. a 3.760 km. al O. del puerto de la Caldera en la prov. de Atacama (Chile). 118 km². 830 h. Fue descubierta el 5 de abril de 1722, Pascua de Resurrección, por el marino holandés Roggeveen. El nombre indígena es Rapa-Nui. Importantes restos arqueológicos. ‖ Río de Chile (Aysén) que nace en el lago San Martín y des. en el fiordo Baker. ‖ **Río de la —.** Río de Venezuela (Guárico), afl. del río Manapire. ‖ **Valle de la —.** V. **Valle de la Pascua.**

PASCUAL. adj. Perteneciente o relativo a la pascua. *Fiesta* PASCUAL.

PASCUAL, San. *Hagiog.* Papa que ocupó el solio de 817 a 824. ‖ **— BAILÓN, San.** Franciscano esp. (1540-1592).

PASCUAL. *Biog.* Nombre de dos Papas. ‖ Nombre de dos antipapas.

PASCUILLA. (dim. de *pascua.*) f. Primer domingo después del de Pascua de Resurrección.

PASE. al. **Passierschein.** fr. **Passe.** ingl. **Permit.** ital. **Licenza.** port. **Licença.** (imper. del verbo **pasar.**) m. Permiso que da un tribunal o superior para que se use de un privilegio, licencia o gracia. ‖ Dado por escrito, se suele tomar por pasaporte en algunos países ultramarinos. ‖ Licencia por escrito, para pasar géneros de un lugar a otro; para transitar por algún lugar; para entrar en un local; para viajar gratuitamente, etc. ‖ Acción y efecto de pasar en el juego. ‖ Cada uno de los movimientos que hace con las manos el que oficia de magnetizador para influir sobre el que ha de ser magnetizado. ‖ Exequátur. ‖ En esgrima, finta. ‖ *Taurom.* Cada una de las veces que el torero deja pasar al toro rozando la muleta, sin intentar clavarle la espada. ‖ **— de muleta.** *Taurom.* Pase.

PASEADERO. m. Paseo, lugar para pasear.

PASEADOR, RA. adj. Que se pasea mucho y continuamente. ‖ m. Paseo, lugar para pasear.

PASEANDERO, RA. adj. Paseador.

PASEANTE. p. a. de **Pasear.** Que pasea o se pasea. Ú.t.c.s. ‖ **— en corte.** fig. y fam. El que no tiene destino ni ocupación útil u honesta.

PASEAR. al. **Spazierengehen.** fr. **Promener; se promener.** ingl. **To take a walk; to promenade.** ital. **Passeggiare.** port. **Passear.** (De *paso.*) intr. Andar por diversión o por hacer ejercicio. Ú.t.c.tr. y c.r. ‖ Ir con iguales fines a caballo, en carruajes, en una embarcación, etc. Ú.t.c.r. ‖ Andar el caballo con paso natural. ‖ tr. Hacer **pasear.** PASEAR *a un niño;* PASEAR *a un caballo.* ‖ Llevar una cosa de una parte a otra, o mostrarla acá y allá. ‖ r. fig. Discurrir acerca de una materia ligera o vagamente. *En una hora, se* PASEÓ *por los filósofos griegos.* ‖ Dicho de otras cosas que no son materiales, andar vagando. ‖ Estar ocioso. ‖ *Amér. Central.* Arruinar, echar a perder.

PASEATA. f. Paseo.

PASEO. al. **Spaziergang; Promenade.** fr. **Promenade.** ingl. **Walk; promenade.** ital. **Passeggiata.** port. **Passeio.** m. Acción de pasear o pasearse. ‖ Sitio público destinado para pasearse. *El* PASEO *estaba concurridísimo.* ‖ Acción de ir uno con pompa o séquito por determinada carrera. ‖ Distancia corta, que puede recorrerse paseando. ‖ *Amér. Central.* Mascarada que recorre las calles. ‖ **Anda,** o **andad, a paseo.** expr. fig. y fam. que se emplea para despedir a uno o varias personas con desprecio o disgusto, o por burla, o para denegar alguna cosa. ‖ **Dar un paseo.** frs. Pasear. ‖ **Echar,** o **enviar, a paseo** a uno. frs. fig. y fam. con que se manifiesta la desaprobación de lo que dice o hace. ‖ **Vete,** o **idos, a paseo.** expr. fig. y fam. **Anda,** o **andad, a paseo.** ‖ IDEAS AFINES: *Excursión, viaje, deambular, vagar, caminar, calle, parque, avenida, claustro, ejercicio, distracción, ronda.*

PASERA. f. Lugar donde se ponen a desecar las frutas para que se hagan pasas. ‖ Operación de pasar algunas frutas.

PASERO, RA. (De *paso.*) adj. Dícese de la caballería enseñada al paso. ‖ m. *Col.* Barquero que se ocupa en el paso de los ríos.

PASERO, RA. (De *pasa.*) s. Persona que vende pasas.

PASIBILIDAD. f. Calidad de pasible.

PASIBLE. (Del lat. *passíbilis.*) adj. Que puede o es capaz de padecer. ‖ *Amér.* Capaz de recibir o merecer pena o sanción. PASIBLE *de suspensión.* ‖ deriv.: **pasiblemente.**

PASICORTO, TA. adj. Que tiene corto el paso.

PASIEGO, GA. adj. y s. Del valle de Pas (Santander). ‖ f. Por ext., ama de cría.

PASIFLORA. m. Pasionaria.

PASIFLORÁCEO, A. adj. y s. *Bot.* Pasiflóreo. ‖ f. pl. *Bot.* Pasiflóreas.

PASIFLÓREO, A. adj. y s. Dícese de plantas dicotiledóneas de hojas alternas, flores complicadas y fruto en baya o cápsula, de muchas semillas, como la pasionaria. Ú.t.c.s. ‖ f. pl. *Bot.* Familia de estas plantas.

PASILARGO, GA. adj. Que tiene largo el paso.

PASILLO. al. **Korridor.** fr. **Couloir.** ingl. **Corridor.** ital. **Corridoio.** port. **Corredor.** (dim. de *paso.*) m. Pieza de paso, larga y angosta, de un edificio. sinón.: **corredor.** ‖ Cada una de las puntadas largas sobre que se forman los ojales y ciertos bordados. ‖ Cláusula de la Pasión de Cristo, cantada a muchas voces en los oficios de Semana Santa. ‖ Paso, pieza dramática breve. ‖ *Col.* y *Ec.* Cierta composición musical alegre y bailable. ‖ *Méx.* Estera larga y angosta.

PASILLO. *Mús.* Esta danza latinoamericana es una de las expresiones folklóricas en que más poderosa se muestra la influencia musical española. Se originó en toda la parte norte de la América del Sur y su tradición ha sido preferentemente conservada en Colombia y Ecuador, y en parte en Costa Rica y Venezuela. El pasillo posee una especie de distinción aristocrática que lo asemeja al vals; de ahí que en Colombia se le llame también "vals del país". De compás combinado, de tres por cuatro que alterna con seis por ocho, su ritmo se acentúa clásicamente en un primer tiempo, al que sucede un tiempo intermedio blando y tierno y epiloga brillantemente en un tercero muy alegre y movido. En Colombia el pasillo se da generalmente en tono mayor y en el Ecuador asume una tonalidad menor.

PASIÓN. al. **Leiden; Leidenschaft;** **Passion.** fr. **Passion.** ingl. **Passion.** ital. **Passione.** port. **Paixão.** (Del lat. *passio, -onis.*) f. Acción de padecer. ‖ Por anton., la de Jesucristo. ‖ Lo contrario a la acción. ‖ Estado pasivo en el sujeto. ‖ Cualquiera perturbación o afecto desordenado del ánimo. *Era juguete de las* PASIONES. ‖ Inclinación o preferencia muy vivas de una persona a otra. ‖ Afición vehemente a una cosa. *Sentir* PASIÓN *por la pintura.* ‖ Sermón sobre los tormentos y muerte de Jesucristo. ‖ Parte de cada uno de los cuatro Evangelios, que describe la Pasión de Cristo. *La* PASIÓN *según San Juan.* ‖ **— de ánimo.** Tristeza, depresión, abatimiento, desconsuelo. ‖ **Pasión no quita conocimiento.** frs. proverb. que suele emplearse cuando se declaran los defectos o faltas de una persona querida.

PASIÓN, La. *B. A.* Notable serie de grabados en madera realizados por Alberto Durero. Treinta y siete constituyen la Pequeña Pasión y otros doce la Gran Pasión. Es un conjunto de gran nobleza y vigor.

PASIÓN, Río de la. *Geog.* Río del N.O. de Guatemala, el afl. más importante del Usumacinta. Tiene 350 km., en parte navegables.

PASIONAL. adj. Perteneciente o relativo a la pasión, especialmente amorosa. *Exaltación* PASIONAL. ‖ deriv.: **pasionalidad.**

PASIONARIA. al. **Passionsblume.** fr. **Passionaire.** ingl. **Pasionaria.** ital. **Passione.** port. **Passiflora.** (De *pasión*, por la semejanza que se ha encontrado entre las partes de la flor y los atributos de la Pasión de Jesucristo.) f. Género de plantas, la mayoría americanas, de tallos trepadores, hojas verdes por el haz y glaucas por el envés, lobuladas, flores olorosas, solitarias, con las lacinias en forma de hierro de lanza, corola filamentosa, tres estigmas, y fruto de forma de huevo. Gén. *Passiflora*, pasifloráceas. ‖. Su flor.

PASIONARIO. m. Libro por el cual se canta la Pasión en Semana Santa. ‖ *Bol.* Gallo viejo de pelea.

PASIONCILLA. f. Pasión pasajera o leve. ‖ desp. Movimiento ruin del ánimo en contra de alguna persona.

PASIONERO. m. El que canta la Pasión en los oficios divinos de Semana Santa. ‖ Sacerdotes destinados en algunos hospitales a la asistencia espiritual de los enfermos.

PASIONISTA. m. Pasionero, el que canta la Pasión.

PASIÓN SEGÚN SAN MATEO. *Mús.* Célebre oratorio de Juan Sebastián Bach, una de las obras cumbres del genio musical de todos los tiempos. Composición grandiosa, tiene toda la majestuosidad de la música alemana, concebida para ejecutarse a través de dos coros, dos orquestas y dos órganos.

PASITAMENTE. adv. m. Pasito, con tiento.

PASITO. m. dim. de **Paso.** ‖ adv. m. Con gran tiento, despacio, en voz baja.

PASITROTE. m. Aire más rápido que el paso y más cómodo que el trote, que adoptan con frecuencia los asnos, y, raras veces, las demás caballerías.

PASIVAMENTE. adv. m. Con pasividad, sin operación ni acción de su parte. *Siguió* PASIVAMENTE *a sus compañeros;* antón.: **activamente.** ‖ fig. De un modo pasivo; dejando, el interesado en un asunto, obrar a los otros, sin hacer nada por sí. ‖ *Gram.* En sentido pasivo.

PASIVIDAD. al. **Passivität; Untätigkeit.** fr. **Passivité.** ingl. **Passivity.** ital. **Passività.** port. **Passividade.** f. Calidad de pasivo. antón.: **actividad.**

PASIVO, VA. al. **Passiv; untätig.** fr. **Passif.** ingl. **Passive.** ital. **Passivo.** port. **Passivo.** (Del lat. *passivus.*) adj. Aplícase al sujeto que recibe la acción del agente, sin cooperar a ella. antón.: **activo.** ‖ Aplícase al que deja que obren los otros, sin hacer por sí cosa alguna. *Era espectador* PASIVO *de los acontecimientos.* ‖ Aplícase al haber o pensión que tienen algunas personas en virtud de servicios que prestaron o del derecho ganado con ellos y que les ha sido transmitido. ‖ Aplícase a los juicios, con relación al reo o persona que es demandada. ‖ *Gram.* Que implica o denota pasión, en sentido gramatical. *Participio, verbo* PASIVO. ‖ m. *Com.* Importe total de los débitos y gravámenes que tiene contra sí una persona o entidad, y también el coste o riesgo que contrapesa los provechos de un negocio.

PASKIEVICH, Iván. *Biog.* Militar ruso que se distinguió en las acciones contra los turcos, los húngaros, los persas y los polacos (1782-1856).

PASMADO, DA. adj. *Blas.* Se dice de ciertos peces que se representan con la boca abierta y sin aletas.

PASMAR. al. **Verblüffen; erstaunen.** fr. **Épater.** ingl. **To astonish,** ital. **Sbalordire.** port. **Admirar-se.** (De *pasmo.*) tr. y r. Enfriar mucho o bruscamente. ‖ Helarse las plantas. ‖ Causar suspensión o pérdida de los sentidos y del movimiento. ‖ fig. Asombrar extremadamente. Ú.t.c.intr. PASMOSE *sobremanera de aquel invento;* sinón.: **maravillarse.** ‖ r. Contraer la enfermedad llamada pasmo. ‖ *Pint.* Empañarse los colores o los barnices.

PASMAROTA. f. fam. Cualquiera de los ademanes con que se aparenta la enfermedad del pasmo u otra. ‖ Cualquiera de los ademanes con que se aparenta admiración injustificada.

PASMAROTADA. f. Pasmarota.

PASMAROTE. m. fam. Estafermo, persona embobada.

PASMO. al. **Krampf.** fr. **Pamoison.** ingl. **Spasm.** ital. **Spasimo.** port. **Pasmo.** (Del lat. *spasmus,* y éste del gr. *spasmós.*) m. Efecto de un enfriamiento que se manifiesta por coriza, dolor de huesos y otras molestias. ‖ fig. Admiración y asombro extremados, que dejan como en suspenso la razón y el discurso. ‖ Objeto que ocasiona esta admiración. ‖ **De pasmo.** m. adv. Pasmosamente. ‖ deriv. **pasmillo, pasmito.**

PASMÓN, NA. s. Persona de poco entendimiento y voluntad, que parece estar en continua suspensión y asombro. Ú.t.c.adj.

PASMOSO, SA. adj. fig. Que causa pasmo o grande admiración y asombro. *Ignorancia* PASMOSA. ‖ deriv.: **pasmosamente.**

PASO. al. **Schritt; Tritt.** fr. **Pas.** ingl. **Step; pace.** ital. **Passo.** port. **Passo.** (Del lat. *passus.*) m. Movimiento de cada uno de los pies para trasladarse de una parte a otra. *Dar los primeros* PASOS. ‖ Espacio que comprende la longitud de un pie y la distancia entre éste y el talón del que se ha movido hacia adelante al andar. ‖ Peldaño. ‖ Movimiento cómodo con que camina todo cuadrúpedo, levantando sus extremidades una a una sin dar lugar a salto o suspensión alguna. ‖ Acción de pasar. *Observó el* PASO *de la bandada.* ‖ Lugar por donde se pasa de una parte a otra. *Los* PASOS *de la cordillera.* ‖ Diligencia que se hace en solicitud de una cosa. Ú.m. en pl. *Hice los* PASOS *necesarios para el ingreso.* ‖ Huella que queda impresa al andar. PASOS *en la nieve.* ‖ Licencia de poder pasar sin estorbo. ‖ Facultad de transferir a otro la merced, empleo o dignidad que uno tiene. ‖ Exequátur. ‖ En los estudios, ascenso de una clase a otra. ‖ Repaso o explicación que hace el pasante a sus discípulos. ‖ Suceso digno de reparo. ‖ Adelantamiento que se hace en cualquier especie, de ingenio, virtud, ocupación, etc. ‖ Movimiento seguido con que anda un ser animado. *Apretó el* PASO. ‖ Trance de la muerte o cualquier otro grave conflicto. ‖ Cualquiera de los sucesos más notables de la Pasión de Cristo. ‖ Efigie o grupo que representa un suceso de la Pasión de Cristo, y se saca en procesión en Semana Santa. ‖ Duelo o justa que en determinado lugar de tránsito se obligaban a mantener uno o más caballeros contra los que aceptaran su reto. ‖ Cada una de las mudanzas que se hacen en los bailes. ‖ Cláusula o pasaje de un libro o escrito. ‖ Puntada larga que se da en la ropa cuando está clara y próxima a romperse. ‖ Puntada larga que se da para apuntar o hilvanar. ‖ Acto de la vida o conducta del hombre. ‖ Pieza dramática muy breve de carácter cómico y popular. ‖ *Geog.* Estrecho de mar. ‖ *Mont.* Sitio del monte, por donde acostumbra pasar la caza. ‖ Tránsito de las aves de una región a otra con el cambio de estación. ‖ adv. m. Blandamente, quedo, en voz baja. ‖ **a nivel.** Sitio en que una vía férrea se cruza con otro camino al mismo nivel. ‖ — **atrás.** *Mil.* Movimiento retrógrado con la velocidad del paso ordinario y longitud de 33 centímetros. ‖ — **castellano.** En las bestias caballares, paso largo y sentado. ‖ — **corto.** *Mil.* El de la marcha a razón de 120 por minuto y longitud de 33 centímetros. ‖ — **de ambladura,** o **andadura.** En las caballerías, **portante.** ‖ — **de ataque,** o **de carga.** *Mil.* **Paso ligero.** ‖ — **de comedia.** Lance o pasaje de un poema dramático, y especialmente el elegido para representarlo suelto. ‖ fig. Suceso de la vida real, que divierte o causa extrañeza. ‖ — **de gallina.** fig. y fam. Diligencia insuficiente para el logro de un intento. ‖ — **de garganta.** Inflexión de la voz, o gorjeo, en el canto. Consiste en una contracción de los músculos, a fin de dar a las cuerdas vocales mayor excitabilidad. Es atributo del teatro lírico, y se generalizó en el siglo XIX. ‖ — **de la hélice.** Distancia entre las dos extremidades de una espira. ‖ — **de la madre.** fam. Pasitrote. ‖ — **doble.** *Mús.* Marcha a cuyo compás puede llevar la tropa el **paso** ordinario. ‖ — **geométrico.** Medida de cinco pies, equivalente a un metro y 393 milímetros. ‖ — **grave.** En la danza, aquel en que un pie se aparta del otro describiendo un semicírculo. ‖ — **largo.** *Mil.* El de la marcha con velocidad de 120 por minuto y longitud de 75 centímetros. ‖ — **lateral.** *Mil.* El que se da a derecha o a izquierda. ‖ — **lento.** *Mil.* El de la marcha a razón de 76 por minuto y longitud de 55 centímetros. ‖ — **libre.** El que está desembarazado de obstáculos o enemigos. *Se retiraron, dejándole el* PASO *libre.* ‖ — **ligero.** *Mil.* El de la marcha con velocidad de 180 por minuto y longitud de 83 centímetros. ‖ — **ordinario.** *Mil.* El de la marcha a razón de 120 por minuto y longitud de 65 centímetros. ‖ — **redoblado.** *Mil.* El ordinario, según la táctica moderna. ‖ **Buen paso.** fig. Vida regalada. ‖ **Abrir paso.** frs. **Abrir camino.** ‖ **A buen paso.** m. adv. De prisa. ‖ **A cada paso.** m. adv. fig. Repetida, frecuentemente. A CADA PASO *me lo encuentro.* ‖ **A ese paso.** m. adv. fig. Según eso, de ese modo. A ESE PASO *no terminarás tu carrera.* ‖ **A ese paso el día, o la vida, es un soplo.** expr. fig. con que se reprende al que gasta sin moderación. ‖ **Alargar el paso.** frs. fam. Andar de prisa. ‖ **Al paso.** m. adv. Sin detenerse. ‖ Al pasar por una parte yendo a otra. ‖ **Al paso que.** loc. fig. A imitación, como. ‖ Al mismo tiempo. AL PASO QUE *le mostraba el camino, le hurtaba la cartera.* ‖ **Andar en malos pasos.** frs. fig. Tener mala conducta. ‖ **A paso de carga.** m. adv. fig. Precipitadamente. ‖ **A paso largo.** m. adv. De prisa. ‖ **A paso llano.** m. adv. Sin dificultad. ‖ **Apretar,** o **avivar, el paso.** frs. fam. **Alargar el paso.** ‖ **Asentar** uno **el paso.** frs. fig. y fam. Vivir con quietud y prudencia. ‖ **Cada paso es un gazapo,** o **un tropiezo,** expr. fig. y fam. con que se alude a las continuadas faltas que uno comete en el desempeño de su cargo. ‖ **Ceder el paso.** frs. Dejar uno, por cortesía, que otro pase antes. ‖ **Cerrar el paso.** frs. Embarazarlo o cortarlo. ‖ fig. Impedir el progreso de un negocio. ‖ **Coger** a uno **al paso.** frs. fig. y fam. Encontrarle y pararle para tratar con él una cosa. ‖ **Coger los pasos.** frs. Ocupar los caminos por donde se teme que pueda llegar un daño o que alguien pueda escaparse. ‖ **Comer,** o **tomar, al paso.** frs. En el ajedrez, tomar con un peón al contrario que avanza dos casillas, desde la inicial, por la columna vecina. ‖ **Contar los pasos** a uno. frs. fig. Observar o averiguar todo lo que hace. ‖ **Cortar los pasos** a uno. frs. fig. Impedirle la ejecución de lo que intenta. ‖ **Dar pasos.** frs. fig. Gestionar. DARÉ LOS PASOS *para jubilarme.* ‖ **De paso** m. adv. Al ir a otra parte. ‖ fig. Al tratar de otro asunto. ‖ Sin detención, de corrida. ‖ **De paso en paso.** m. adv. **Paso a paso.** ‖ **Hacer** uno **el paso.** frs. fig. y fam. Quedar en ridículo. ‖ **Llevar el paso.** frs. Seguir en forma regular, o acomodarle al de otra persona. ‖ **Marcar el paso.** frs. *Mil.* Figurarlo, sin avanzar ni retroceder. ‖ **Marcar** uno **el paso.** frs. fig. y fam. *Amér.* Obedecer con sumisión. ‖ **Más que de paso.** m. adv. fig. De prisa, con violencia. ‖ **No dar paso.** frs. fig. No hacer gestiones para el despacho de un negocio. No poder andar o no poder adelantar en algún intento. ‖ **Para el paso en que estoy.** expr. **Por el paso en que estoy.** ‖ **¡Paso!** int. que se emplea para contener a uno o para apaciguar a los que riñen. ‖ **Paso a paso.** m. adv. Poco a poco, o por grados. *Enseñar* PASO A PASO. ‖ **Paso ante paso. Paso entre paso.** ms. advs. Lentamente, poco a poco. ‖ **Paso por paso.** m. adv. fig. Ú. para denotar la exactitud con que se mide un terreno o la lentitud con que se hace una cosa. ‖ **Por el paso en que estoy,** o **en que me hallo.** expr. con que uno asegura la verdad de sus palabras. ‖ **Por sus pasos contados.** m. adv. fig. Por su orden o curso regular. ‖ **Sacar de su paso** a uno. frs. fig. y fam. Hacerle obrar fuera de su costumbre. ‖ **Salir** uno **del paso.** frs. fig. y fam. Desembarazarse de cualquier manera de un asunto, compromiso o dificultad. ‖ **Salir** uno **de su paso.** frs. fig. y fam. Variar la costumbre en el modo de obrar. ‖ **Salirle** a uno, **al paso.** frs. Encontrarlo de improviso o deliberadamente, deteniéndolo en su marcha. ‖ fig. Contrariarle, atajarle en lo que dice o intenta. ‖ **Seguir los pasos** a uno. frs. fig. Observar su conducta para averiguar si es cierto lo que de él se sospecha. ‖ **Seguir los pasos de** uno. frs. fig. Imitarlo. ‖ **Sentar el paso.** frs. Hablando de las caballerías, caminar con paso sosegado. ‖ **Tomar los pasos.** frs. fig. **Coger los pasos.** ‖ **Tomar paso.** frs. Habituarse las caballerías, o a seguir el modo de andar que les enseñan, o a volver a éste dejando el que llevaban. ‖ **Tomar** uno **un paso.** frs. fig. con que se pondera la prisa con que se camina.

PASO, SA. (Del lat. *pansus* o *passus,* extendido.) adj. Dícese de la fruta desecada natural o artificialmente. *Higo* PASO; *uva* PASA.

PASO, Alfonso. *Biog.* Comediógrafo español (1926-1978), autor de *Usted puede ser un asesino; El canto de la cigarra,* etc. ‖ — **Antonio.** Comediógrafo esp., autor de sainetes y libretos de zarzuelas como *La alegría de la huerta* (1870-1958). ‖ — **Juan José.** Jurisconsulto arg., secretario de la Primera Junta de Gobierno en 1810; participó activamente en los congresos en que se consolidó la independencia patria (1757-1833). ‖ — **Y TRONCOSO, Francisco del.** Historiador mex., autor de estudios arqueológicos y etnográficos. Obras: *Botánica entre los nahuas; Espistolario de Nueva España,* etc. (1842-1916).

PASO DE CALAIS. *Geog.* Departamento del N. de Francia, 6.752 km². 1.551.000 h. Carbón, hierro, refinerías de azúcar. Cap. ARRAS.

PASO DE LOS LIBRES. *Geog.* Población de la Argentina (Corrientes); puerto a orillas del río Uruguay. 12.800 h. Un puente internacional, inaugurado en 1945, la une a la c. brasileña de Uruguayana.

PASOS, Joaquín. *Biog.* Poeta nic. de vanguardia (1915-1947).

PASOSO, SA. adj. *Amér. del S.* Poroso, permeable. *Papel* PASOSO. ‖ *Chile.* Tratándose de pies y manos, sudoroso. ‖ *Ec.* Contagioso.

PASPA. (Del quichua *paspa,* grieta.) f. *Arg., Bol., Ec.* y *Perú.* Efecto de pasparse la piel.

PASPADURA. f. *Arg.* Erosión o grietecilla de la piel, y especialmente de los labios. ‖ IDEAS AFINES: *Seco, resquebrajado, cortadura, escama, frío, epidermis, cutis, cosmético, óleo, glicerina.*

PASPAR. tr. *Arg., Bol., Ec.* y *Urug.* Agrietar o escoriar la piel, generalmente a causa del frío. Ú.m.c.r.

PASPARTÚ. m. Galicismo por orla o recuadro.

PASPIÉ. (Del fr. *passe-pied.*) m. Danza que tiene los pasos del minué, con variedad de mudanzas.

PASQUÍN. al. **Schmähschrift.** fr. **Pasquin.** ingl. **Pasquinade.** ital. **Pasquinata.** port. **Pasquim.** (Del ital. *Pasquino,* nombre de una estatua en Roma.) m. Escrito anónimo que se fija en público, con expresiones satíricas contra el gobierno o contra una corporación o una persona particular. ‖ *Amér. del S.* Periódico que tiene dicho carácter. ‖ deriv.: **pasquinero.**

PASQUINADA. (Del ital. *pasquinata.*) f. Dicho agudo y satírico que se divulga.

PASQUINAR. tr. Satirizar con pasquines o pasquinadas.

PASSIM. adv. lat. Aquí y allí, en lugares diversos. Úsase en las anotaciones de libros.

PASSO FUNDO. *Geog.* Ciudad del Brasil en el Est. de Río Grande del Sur. 29.600 h.

PASSY, Federico. *Biog.* Economista fr., que dedicó su vida a la propaganda pacifista. Fundador de la Sociedad Francesa de Arbitraje Internacional y de la Liga Internacional de la Paz; autor de *Las causas económicas de las guerras; Las máquinas y su influencia sobre el progreso social; La democracia y la instrucción* y otras obras, compartió con Juan Enrique Dunant, en 1901, el premio Nobel de la Paz (1822-1912).

PASTA. al. **Teig; Paste.** fr. **Pâte.** ingl. **Paste.** ital. **Pasta.** port. **Pasta.** (Del lat. *pasta,* y éste del gr. *paste.*) f. Masa hecha de una o diversas cosas machacadas. ‖ Masa trabajada con manteca o aceite y otras cosas, para hacer pasteles, hojaldres, etc. ‖ Masa de harina de trigo, de que se hacen fideos, tallarines, etc.; y también cada uno de estos productos. ‖ Porción de metal fundido y sin labrar. ‖ Cartón que se hace de papel machacado. ‖ Masa con que se hace el papel. ‖ Encuadernación de libros que se hace de cartones cubiertos con pieles bruñidas. ‖ *Pint.* Empaste, unión perfecta de los colores. ‖ — **española.** Encuadernación en piel de cordero teñida de color leonado o castaño y decorada generalmente en jaspe salpicado. ‖ – **italiana.** Encuadernación de libros que se hace de cartones cubiertos con pergamino muy fino. ‖ – **valenciana.** Encuadernación en piel de cordero que se arruga para teñirla; ofrece tonos más varios y jaspeado más caprichoso que los de la **pasta española.** ‖ **Buena pasta.** fig. Índole apacible; genio blando. ‖ **Media pasta.** Encuadernación a la holandesa.

PASTADERO. m. Terreno donde pasta el ganado.

PASTAFLORA. (Del ital. *pasta frolla.*) f. Pasta muy fina y delicada, que se hace con harina, azúcar y huevo. ‖ **Ser** uno **de pastaflora.** frs. fig. Ser de carácter demasiado condescendiente.

PASTAFROLA. f. Dígase **pastaflora.**

PASTAJE. m. Acción de pastar o comer pasto el ganado. ‖ Conjunto de los pastos que comen. ‖ *Arg.* Pasturaje, campo de pasto. ‖ Cantidad del pasto o hierba que comen los animales en el campo. ‖ Precio del pasto que consumen los animales.

PASTAL. m. Sitio en que pasta el ganado. ‖ *Amér.* Herbazal, pastizal.

PASTAR. tr. Conducir el ganado al pasto. ‖ intr. Pacer, comer el ganado la hierba en los prados. ‖ deriv.: **pasteo.**

PASTAZA. *Geog.* Río del Ecuador y Perú, afl. del Amazonas. 600 km.

PASTE. m. *C. Rica* y *Hond.* Planta cuyo fruto contiene un tejido poroso usado como esponja; cucurbitácea. ‖ *Hond.* Planta parásita de los árboles.

PASTEAR. tr. e intr. Pastar. ‖ deriv.: **pasteador, ra; pasteadura; pasteamiento.**

PASTECA. (En ital. *pastecca.*) f. *Mar.* Motón herrado, con una abertura lateral para que pase el cabo.

PASTEL. al. **Törtchen; Kuchen; Pastell.** fr. **Pâté; pastel.** ingl. **Pie; pastry.** ital. **Pasticcio; pastello.** port. **Pastel.** (De *pasta.*) m. Masa de harina y manteca, en que se envuelve crema, dulce, carne, etc., cociéndose después al horno. ‖ Pastelillo de dulce. ‖ **Hierba pastel.** ‖ Pasta hecha con las hojas verdes de la **hierba pastel,** que sirve para teñir. ‖ Lápiz compuesto de una materia colorante y agua de goma. ‖ **Pintura al pastel.** ‖ En el juego, fullería que consiste en disponer los naipes de modo que se tome los mejores el que los reparte. ‖ fig. y fam. Convenio secreto entre algunos con malos fines. ‖ Persona pequeña y muy gorda. ‖ *Fort.* Reducto irregular acomodado al terreno. ‖ *Impr.* Defecto que sale por haber exceso de tinta. ‖ Conjunto de letra inútil, que se funde de nuevo. ‖ Conjunto de líneas o planas desordenadas. ‖ *Arg.* Enredo, embrollo. ‖ Cierto guisado de pierna de carnero. ‖ **Descubrirse el pastel.** frs. fig. y fam. Hacerse pública una cosa que se procuraba ocultar.

PASTELEAR. intr. fig. y fam. Contemporizar por miras interesadas.

PASTELEJO. m. dim. de **Pastel.**

PASTELEO. m. Acción y efecto de pastelear.

PASTELERÍA. al. **Konditorel.** fr. **Pâtisserie.** ingl. **Pastry shop; pastry.** ital. **Pasticceria.** port. **Pastelaria.** f. Oficina donde se fabrican pasteles y pastas. ‖ Tienda donde se venden. ‖ Arte de trabajar pasteles, pastas, etc. ‖ Conjunto de pasteles o pastas.

PASTELERO, RA. al. **Konditor; Feinbäcker.** fr. **Pâtissier.** ingl. **Pastry cook.** ital. **Pasticciere.** port. **Pasteleiro.** s. Fabricante o vendedor de pasteles. ‖ fig. y fam. Persona acomodaticia, que elude las resoluciones vigorosas y directas.

PASTELILLO. m. Pastel pequeño de carne o pescado. ‖ Pastel pequeño de dulce.

PASTELISTA. com. Artista que practica la pintura al pastel.

PASTELÓN. m. Pastel con carne picada, pollo, menudos, etc.

PASTENACA. f. Dígase pastinaca.

PASTENCO, CA. adj. y s. Dícese de la res recién destetada, que se echa al pasto.

PASTENE, Juan Bautista. *Biog.* Conquistador esp. de origen ital., lugarteniente de Valdivia (1507-1582).

PASTERIANO, NA. adj. Perteneciente o relativo a Pasteur o a sus teorías.

PASTERIZACIÓN. f. Acción de pasterizar.

PASTERIZAR. tr. Esterilizar la leche, el vino y otros líquidos por el procedimiento de Pasteur, calentándolos hasta la temperatura necesaria para matar las bacterias.

PASTERNAK, Boris. *Biog.* Notable poeta y novelista ruso. En 1958 se le concedió el premio Nobel de Literatura, especialmente por su novela *Doctor Zhivago,* pero lo rechazó a causa de la violenta oposición que se le hizo en su país por tal motivo. La obra es una epopeya de amor y aislamiento espiritual en medio del ambiente áspero de la Revolución Rusa y sus consecuencias. Otras obras: *Mi hermana, la vida; Salvoconducto; El último verano; Temas y variaciones,* etc. Fue también traductor de Goethe, Shakespeare y otros escritores clásicos y modernos (1890-1960).

PASTERO. m. El que echa en los capachos la pasta de la aceituna molida.

PASTEUR, Luis. *Biog.* Químico y biólogo fr. cuyos estudios sobre las enfermedades infecciosas revolucionaron el arte de curar. Partiendo de investigaciones sobre la fermentación, pasó al estudio de los microorganismos y sentó las bases de la técnica experimental microbiológica. Solucionó problemas de química agrícola e industrial y abordó luego —con sus decisivos estudios sobre la rabia— el problema de las enfermedades infecciosas creando los métodos profilácticos y de vacunación que han eliminado de la tierra las grandes epidemias (1822-1895).

PASTEURIZACIÓN. f. Pasterización.

PASTEURIZAR. tr. Pasterizar.

PASTILLA. al. **Pastille.** fr. **Pastille.** ingl. **Tablet.** ital. **Pastiglia.** port. **Pastilha.** (dim. de *pasta.*) f. Porción de pasta, generalmente pequeña y cuadrangular o redonda. PASTILLA *de chocolate; de jabón.* ‖ Porción muy pequeña de pasta compuesta de azúcar y alguna substancia medicinal o simplemente agradable. PASTILLA *de menta.* ‖ **Gastar** uno **pastillas de boca.** frs. fig. y fam. Hablar con suavidad, ofrecer mucho y cumplir poco. ‖ deriv.: **pastillera; pastillería; pastillero.**

PASTINACA. (Del lat. *pastinaca.*) f. Chirivía, planta. ‖ Pez marino de cabeza puntiaguda, cuerpo aplastado, redondo, amarillento, con manchas obscuras en el lomo y blanquecino por el vientre, y cola delgada, cónica, con aguijón. *Trygon pastinac,* selacio. ‖ desus. Zanahoria.

PASTIZAL. m. Terreno de abundante pasto para ganado.

PASTO. al. **Weide; Futter.** fr. **Pâture.** ingl. **Pasture.** ital. **Pasto; pascolo.** port. **Pasto.** (Del lat. *pastus.*) m. Acción de pastar. ‖ Hierba que el ganado pace en el mismo terreno donde se cría. ‖ Todo lo que sirve para el sustento del animal. ‖ Lugar en que pasta el ganado. Ú.m. en pl. *La Pampa tiene buenos* PASTOS. ‖ fig. Materia que sirve a la actividad de los agentes que consumen las cosas. *La casa fue* PASTO *del fuego.* ‖ – **borla.** *Arg.* Planta gramínea, que suministra excelente forraje. ‖ – **espiritual.** Enseñanza que se da a los fieles. ‖ – **seco.** El que se da en invierno al ganado, y que consiste en paja o frutos secos. ‖ – **verde.** El que se da al ganado o lo toma directamente cuando los campos están verdes. ‖ **A pasto.** m. adv. Hablando de la comida o bebida, hasta saciarse. ‖ **A todo pasto.** m. adv. con que se da a entender que el uso de una cosa se hace o puede hacer sin restricciones. ‖ **De pasto.** loc. De uso diario. *Vino de* PASTO. ‖ IDEAS AFINES: *Césped, pradera, campo, jardín, heno, rumiante, herbívoro, pienso, apacentar, segar, guadaña, riego.*

PASTO, TA. adj. Dícese del indio de una tribu de Colombia, que habitaba en el departamento de Nariño. Ú.t.c.s. ‖ Relativo a estos indios.

PASTO. *Geog.* Ciudad de Colombia, cap. del departamento de Nariño. 113.000 h. Fue fundada en 1539 al pie del volcán Galeras. ‖ **Nudo de –.** V. **Pastos, Nudo de los.**

PASTOFORIO. m. Habitación que tenían en los templos los sumos sacerdotes de la gentilidad.

PASTOR, RA. al. **Hirt; Seelsorger.** fr. **Berger; pasteur.** ingl. **Shepherd; pastor.** ital. **Pastore.** port. **Pastor.** (Del lat. *pastor.*) s. Persona que guarda y apacienta el ganado. Por lo común se entiende el de ovejas. ‖ m. Prelado u otro eclesiástico que tiene súbditos y obligación de cuidarlos. ‖ – **protestante.** Sacerdote de esta iglesia. ‖ **El Buen Pastor.** Atributo que se da a Cristo. ‖ **El pastor sumo,** o **universal.** El Sumo Pontífice. ‖ IDEAS AFINES: *Zagal, boyero, porquerizo, aprisco, redil, rebaño, triscar, dehesa, prado, cayado, zampoña, caramillo, chirimía, trashumar, pastoral, bucólica, égloga, Arcadia, Virgilio.*

PASTORAL. al. **Hirtendichtung; Hirtenbrief.** fr. **Pastoral; pastorale.** ingl. **Pastoral.** ital. **Pastorale.** port. **Pastoral.** adj. Pastoril. ‖ Perteneciente o relativo a la poesía bucólica. ‖ Perteneciente a los prelados. *Teología* PASTORAL. ‖ f. Drama bucólico, cuyos interlocutores son pastores. ‖ **Carta pastoral.**

PASTORALMENTE. adv. m. Como pastor, al modo o manera de los pastores.

PASTOREAR. tr. Llevar los ganados al campo y cuidarlos mientras pacen. ‖ fig. Cuidar los prelados de sus súbditos; dirigirlos y gobernarlos. ‖ fig. y fam. *Amér. Central.* Mimar. ‖ *Amér. Central* y *Urug.* Acechar, atisbar. ‖ *Arg.* y *Urug.* Cortejar a una mujer.

PASTORELA. (Del ital. *pastorella.*) f. Tañido y canto sencillo y alegre, al modo de los pastores. ‖ Especie de égloga provenzal, usada aún entre los gallegos.

PASTOREO. m. Ejercicio o acción de pastorear el ganado.

PASTORI, Luis. *Biog.* Poeta ven., autor de *Poemas del olvido* (n. 1921).

PASTORÍA. f. Oficio de pastor. ‖ Pastoreo. ‖ Conjunto de pastores.

PASTORICIO, CIA. adj. Pastoril.

PASTORIL. al. **Hirtenmässig.** fr. **Pastoral.** ingl. **Pastoral.** ital. **Pastorizio.** port. **Pastoril.** adj. Propio de los pastores. *Música* PASTORIL. ‖ deriv.: **pastorilmente.**

PASTOS, Nudo de los. *Geog.* Nudo orográfico del S. de los Andes colombianos, punto de origen de las cordilleras occidental y central de Colombia. En él se eleva la mesa de Túquerres, de 3.100 m. de altura y el volcán Cumbal de 4.890 m.

PASTOS GRANDES. *Geog.* Sierra de la Argentina (Salta) sit. al oeste del curso superior del río Calchaquí. ‖ Salar de la puna argentina (Salta).

PASTOSIDAD. f. Calidad de pastoso.

PASTOSO, SA. al. **Teigartig.** fr. **Pâteux.** ingl. **Softly; mellow.** ital. **Pastoso.** port. **Pastoso.** adj. Dícese de las cosas suaves y blandas al tacto, como la masa. ‖ Dícese de la voz de timbre agradable y suave. ‖ *Pint.* Pintado con buena masa y pasta de color.

PASTRANA BORRERO, Misael. *Biog.* Político col. (n. 1924), pres. de la República desde 1970 hasta 1974.

PASTUEÑO. adj. *Taurom.* Dícese del toro de lidia que, siendo bravo, acude sin recelo al engaño.

PASTURA. (Del lat. *pastura.*) f. Pasto, hierba. ‖ Porción de comida dada de una vez a los bueyes. ‖ Lugar en que pasta el ganado.

PASTURAJE. m. Lugar de pasto abierto o común. ‖ Derechos con que se contribuye para poder pastar los ganados.

PATA. al. **Pfote.** fr. **Patte.** ingl. **Leg.** ital. **Zampa.** port. **Pata.** (De la raíz indoeuropea *pat.*) f. Pie y pierna de los animales. ‖ Pie, base o apoyo de algo. ‖ Hembra del pato. ‖ En las prendas de vestir, cartera, portezuela, golpe. ‖ Pie, parte inferior de un mueble. ‖ fam. Pierna. ‖ vulg. Pie, en especial el muy ancho. ‖ *Chile.* Adulación, lisonja. ‖ – **de banco.** fig. y fam. Pata de gallo, despropósito. ‖ – **de cabra.** Instrumento algo parecido a la pata de una cabra, con que los zapateros alisan los bordes de las suelas. ‖ – **de gallina.** Grietas que, partiendo del corazón del tronco de un árbol, se dirigen en sentido radial a la periferia. Es principio de pudrición. ‖ – **de gallo.** Planta anual, gramínea, con las cañas dobladas por la parte inferior, de unos seis decímetros de altura, hojas largas y flores en panoja, con aristas muy cortas. ‖ fig. Arruga con tres surcos divergentes, como los dedos de la **pata de gallo,** que con los años se forma en el ángulo externo del ojo. ‖ fig. y fam. Despropósito, dicho impertinente. ‖ – **de león. Pie de león.** ‖ – **de pobre.** fig. y fam. Pierna hinchada y con llagas y parches. ‖ – **galana.** fig. y fam. Pata coja. ‖ Persona coja. ‖ **Patas de perdiz.** fig. y fam. Persona que lleva medias coloradas. ‖ **A cuatro patas.** loc. adv. fam. A gatas, con pies y manos en el suelo. ‖ **A la pata coja.** Juego de muchachos que consiste en llevar un pie en el aire y saltar con el otro. ‖ **A la pata la llana,** o **a la pata llana,** o **a pata llana.** m. adv. Llanamente, sin afectación. ‖ **A pata.** m. adv. fam. A pie. ‖ **Bailar** uno **en una pata.** frs. fig. y fam. *Amér. del S.* Estar muy alegre. ‖ **Echar la pata.** frs. fig. y fam. Aventajarse. ‖ **Echar** uno **las patas por alto.** frs. fig. y fam. Despotricar. ‖ **En patas.** m. adv. fig. y fam. *Arg.* y *P. Rico.* Descalzo. ‖ **Enseñar** uno **la,** o **su, pata.** frs. fig. y fam. **Enseñar la oreja.** ‖ **Estirar la pata.** fig. y fam. Morir. ‖ **Hacer la pata.** frs. fig. y fam. *Chile.* Adular. ‖ **Hacer pata ancha.** frs. fig. y fam. *R. de la Plata.* Afrontar un peligro. ‖ **Meter** uno **la pata.** frs. fig. y fam. Intervenir en alguna cosa con hechos o dichos inoportunos o equivocados. ‖ **Patas arriba.** m. adv. fig. y fam. Al revés, o vuelto lo de abajo hacia arriba. ‖ Ú. para dar a entender el desconcierto de una cosa. ‖ **Poner de patas en la calle** a uno. frs. fig. y fam. **Ponerle de patitas en la calle.** ‖ **Quedar pata,** o **patas.** frs. fam. **Salir pata,** o **patas.** ‖ **Sacar** uno **la,** o **su, pata.** frs. fig. y fam. **Enseñar la,** o **su, pata.** ‖ **Salir,** o **ser, pata,** o **patas.** frs. fam. Salir empatados en una suerte o votación. ‖ **Tener** uno **mala pata.** frs. fam. Tener poca o mala suerte.

PATABÁN. m. *Cuba.* Árbol de los pantanos que da una madera dura y obscura, que se emplea para postes y otros usos.

PATACA. f. Parpalla.

PATACA. (De *patata.*) f. Aguaturma. ‖ Tubérculo de la raíz de esta planta, que es de color rojizo amarillento, fusiforme, con carne acuosa algo azucarada y buen comestible para el ganado.

PATACO, CA. adj. y s. Patán.

PATACÓN. m. Antigua moneda de plata que se usó en España, Argentina y otros países americanos.

PATACHE. m. Antigua embarcación de guerra, que se destinaba para llevar avisos, reconocer las costas y cuidar las entradas de los puertos. Hoy sólo se usa en la marina mercante.

PATACHO. m. *Arg.* y *Urug.* Patache, embarcación. ‖ *Méx.* Recua, manada.

PATADA. al. **Fusstritt.** fr. **Coup de pied.** ingl. **Kick.** ital. **Pedata; calcio.** port. **Patada.** (De *pata.*) f. Golpe que se da con la planta del pie o con lo llano de la pata del animal. ‖ fam. Paso, avance de un pie tras otro. *Tuve que dar muchas* PATADAS *para conseguir ese puesto.* ‖ fig. y fam. Estampa, pista, huella. ‖ fig. y fam. *Amér.* Acción innoble y desleal. ‖ Respuesta insultante u ofensiva. ‖ fam. *Ec.* y *Perú.* El sustento diario. ‖ **A patadas.** m. adv. fig. y fam. Con demasiada abundancia y por todas partes. ‖ **En dos patadas.** frs. fig. y fam. *Amér.* En un santiamén.

PATAGÓN, NA. adj. Natural de la Patagonia. Ú.t.c.s. ‖ Perteneciente a esta región de la América Meridional. ‖ Tehuelche. Apl. a pers., ú.t.c.s.

PATAGONIA. *Geog.* Región austral de América del Sur que tiene como límite N. el río Negro (Argentina) y se extiende desde la cordillera de los Andes hasta el Atlántico. 1.162.500 km².

PATAGÓNICO, CA. adj. Perteneciente a la Patagonia o a los patagones. *Liebre* PATAGÓNICA.

PATAGORRILLA. f. Patagorrillo.

PATAGORRILLO. m. Guisado hecho de la asadura de cerdo picada.

PATAGUA. (Voz mapuche.) f. Árbol de Chile, de tronco recto y liso, copa frondosa, hojas lobuladas, flores blancas axilares y fruto capsular; la madera, blanca, se usa en carpintería, y su corteza, rica en tanino, se emplea en el curtido de pieles. *Tricuspidaria dependens*, tiliácea. ‖ *Chile.* Vasija sobre la cual se pone el mate.

PATAJE. m. Patache.

PATAJÚ. m. *Amér. del S.* Planta de tallo herbáceo, con hojas anchas que recogen el agua de la lluvia, la que pasa al tronco.

PATALEAR. al. **Strampeln.** fr. **Trépigner.** ingl. **To kick about.** ital. **Sgambettare.** port. **Espernear.** intr. Mover las piernas con violencia y ligereza, para herir con ellas, o bien a causa de un dolor o accidente. ‖ Dar patadas en el suelo, violenta y apresuradamente, por pesar o enfado. PATALEABA *de rabia.*

PATALEO. m. Acción de patalear. *Un* PATALEO *impaciente.* ‖ Ruido que se hace con las patas o los pies. ‖ fig. y fam. V. **Derecho de pataleo.**

PATALETA. (De *patalear.*) f. fam. Convulsión, especialmente si parece fingida.

PATALETILLA. f. Cierto baile antiguo.

PATAMBAN. *Geog.* Cerro de la Sierra Madre Occidental, en México (Michoacán). Culmina a los 3.750 m.

PATÁN. al. **Bauer.** fr. **Pataud.** ingl. **Churlish.** ital. **Rustico.** port. **Rústico.** (De *pata.*) m. fam. Aldeano o rústico. ‖ fig. y fam. Hombre zafio, tosco. Ú.t.c.adj.

PATÁN. *Geog.* Ciudad del Nepal, al S. de Katmandú. 105.000 h.

PATANCO. m. *Cuba.* Planta silvestre, de flores blancas y fruto pardo. Es muy espinosa y el pinchazo de sus púas es nocivo.

PATANDJALI. *Biog.* Sabio hindú a quien se atribuye la fundación de la escuela filosófica yoga (s. II a. de C.).

PATANERÍA. (De *patán.*) f. fam. Grosería, rustiquez, simpleza.

PATAO. m. *Cuba.* Pez plateado de lomo corcovado, hocico cónico, boca grande y cola ahorquillada. Es comestible.

PATARATA. f. Cosa ridícula y despreciable. ‖ Demostración afectada y ridícula de un sentimiento o cuidado o exceso en cortesías. ‖ deriv.: **pataratero, ra.**

PATARRÁEZ. (Del ital. *paterassi.*) m. *Mar.* Cabo grueso para reforzar la obencadura.

PATAS. m. fam. Pateta, el diablo.

PATASCA. f. *Amér. del S.* Guiso de cerdo con maíz. ‖ *Bol.* Maíz o trigo pelado y cocido y que se emplea en los tamales y otras pastas. ‖ *Perú.* Pendencia.

PATASOLA. f. *Col.* Coxcojita, juego infantil. ‖ m. fam. Duende.

PATATA. al. **Kartoffel.** fr. **Pomme de terre.** ingl. **Potato.** ital. **Patata.** port. **Batata.** (De *papa*, planta, modificada en parte por *batata.*) f. Papa. ‖ – **de caña.** Pataca, tubérculo.

PATATAL. m. Terreno plantado de patatas.

PATATAR. m. Patatal.

PATATE. *Geog.* Río del Ecuador. Nace en el volcán Cotopaxi y, con el río Chambo, da origen al río Pastaza.

PATATERO, RA. adj. Dícese de la persona que se alimenta principalmente de patatas. ‖ fig. y fam. Aplicábase al oficial o jefe de ejército que había ascendido desde soldado raso. ‖ m. fam. Soldado voluntario.

PATATÍN PATATÁN (Que). loc. Argucias de quien no quiere entrar en razones.

PATATÚS. (De *pata.*) m. fam. Aflicción o accidente leve.

PATAVINO, NA. (Del lat. *patavinus*; de *Patávium*, Padua.) adj. Paduano. Apl. a pers., ú.t.c.s.

PATAY. m. *Amér. del S.* Pasta seca alimenticia hecha del fruto del algarrobo.

PATE. m. *Hond.* Árbol corpulento cuya corteza, cáustica y amarga, se usa en medicina.

PATÉ. (Del fr. *patté.*) adj. *Blas.* Aplícase a la cruz cuyos extremos se ensanchan un poco.

PATEADA. f. fam. *Arg.* Caminata, recorrido largo y fatigoso.

PATEADURA. f. Acción de patear. ‖ fig. y fam. Represión o refutación violenta y abrumadora.

PATEAR. al. **Trampeln.** fr. **Trépigner.** ingl. **To kick.** ital. **Dar pedate.** port. **Pernear.** (De *pata.*) tr. fam. Dar golpes con los pies. ‖ fig. y fam. Tratar desconsideradamente al discutir o reprender. ‖ fig. y fam. *Arg.*, *Bol.* y *Chile.* Causar indigestión. *Me* PATEÓ *el pescado de anoche.* ‖ intr. Cocear. ‖ fam. Dar patadas en señal de enojo o dolor. ‖ fig. y fam. Andar muy haciendo diligencias para conseguir algo. ‖ Estar muy encolerizado. ‖ *Amér.* Retroceder un arma de fuego al disparar. ‖ deriv.: **pateador, ra; pateamiento.**

PATENA. al. **Patene; Hostienteller.** fr. **Patène.** ingl. **Paten.** ital. **Patena.** port. **Patena.** (Del lat. *patena.*) f. Medalla grande, con una imagen esculpida, que se ponen al pecho como adorno las labradoras. ‖ Platillo dorado, en el cual se pone la hostia en la misa. ‖ IDEAS AFINES: *Santísimo Sacramento, custodia, cáliz, vasos, vinajeras, comunión, consagración, hojuela, sacerdote, tabernáculo, altar.*

PATENCIA. f. Cualidad o condición de patente o manifiesto.

PATENTAR. tr. Conceder y expedir patentes. ‖ Obtenerlas, tratándose de las de propiedad industrial.

PATENTE. al. **Patent.** fr. **Patente; brévet.** ingl. **Patent.** ital. **Patente.** port. **Patente.** (Del lat. *patens, -entis*, p. a. de *patere*, estar descubierto, manifiesto.) adj. Manifiesto, visible. ‖ fig. Claro, perceptible. *Equivocación* PATENTE. ‖ V. **Letras patentes.** ‖ f. Título o despacho real para el goce de un cargo o privilegio. ‖ Cédula que dan algunas sociedades a sus miembros haciendo constar que lo son, y para el goce de los privilegios o ventajas de ellas. ‖ Comida o refresco que se suele hacer pagar al que entra de nuevo en un empleo u ocupación. Era costumbre entre los estudiantes en las universidades, y de ahí se extendió a otras cosas. ‖ Documento que expide la hacienda pública, acreditando haber pagado determinada persona la cantidad que la ley exige para el ejercicio de ciertas profesiones o industrias. PATENTE *de navegación.* ‖ Por ext., todo testimonio que acredita una cualidad o mérito. ‖ – **de contramarca. Carta de contramarca.** ‖ – **de corso.** Cédula con que el gobierno de un estado faculta a alguien para hacer el corso contra los enemigos de la nación. ‖ – **de invención.** Documento en que consta oficialmente la concesión de un privilegio de invención y propiedad industrial. ‖ – **de navegación.** Despacho que se expide a favor de un barco, en el cual se autoriza su bandera y su navegación y se acredita su nacionalidad. ‖ – **de sanidad.** Certificación que llevan las naves que van de un puerto a otro, de haber o no haber peste o contagio en el lugar de su salida. En el primer caso se llama **patente sucia**, y en el segundo, **patente limpia.** ‖ – **en blanco.** Cédula en blanco. ‖ **De patente.** m. adv. *Chile.* Perfectamente.

PATENTEMENTE. adv. m. Visiblemente, claramente.

PATENTIZAR. tr. Hacer patente o manifiesta alguna cosa. sinón.: **evidenciar, revelar.**

PATEO. m. fam. Acción de patear o dar patadas en señal de enojo o dolor.

PÁTERA. (Del lat. *pátera.*) f. Plato de que se usaba en los sacrificios antiguos. ‖ Vaso sagrado de etruscos y romanos que empleaban para hacer libaciones.

PATERNAL. al. **Väterlich.** fr. **Paternel.** ingl. **Paternal.** ital. **Paternale.** port. **Paternal.** (De *paterno.*) adj. Propio del cuidado o afecto de un padre. *Vigilancia* PATERNAL. ‖ deriv.: **paternalmente.**

PATERNIDAD. al. **Vaterschaft.** fr. **Paternité.** ingl. **Paternity.** ital. **Paternità.** port. **Paternidade.** (Del lat. *paternitas, -atis.*) f. Calidad de padre. ‖ Tratamiento dado a ciertos religiosos.

PATERNO, NA. al. **Vaterlich.** fr. **Paterne.** ingl. **Fatherly.** ital. **Paterno.** port. **Paterno.** (Del lat. *paternus.*) adj. Perteneciente al padre, o propio suyo, o derivado de él. *Apellido* PATERNO.

PATERNÓSTER. (Del lat. *Páter nóster*, Padre nuestro, palabras con que principia la oración dominical.) m. Padrenuestro. ‖ Padrenuestro que se dice en la misa y es una de las partes de ella. ‖ Cada uno de los aditamentos de alambre que se adaptan al chambel para aumentarle su capacidad de pesca. ‖ El chambel ya preparado con estos artilugios. ‖ fig. y fam. Nudo gordo y muy apretado.

PATERSON. *Geog.* Ciudad de los EE.UU. (Nueva Jersey). 140.000 h. Tejidos de seda, maquinaria aeronáutica.

PATETA. (De *pata*). m. fam. Patillas o el diablo. Se emplea en frases así: *Que lo resuelva* PATETA; *ni a* PATETA *se le ocurrirá.* ‖ fam. Persona que tiene un defecto en la conformación de los pies o de las piernas.

PATÉTICO, CA. al. **Pathetisch.** fr. **Pathétique.** ingl. **Pathetic.** ital. **Patetico.** port. **Patético.** (Del lat. *pathéticus*, y éste del gr. *pathetikós*, que impresiona, sensible.) adj. Dícese de lo que puede producir en el ánimo efectos vehementes, y particularmente dolor, tristeza y melancolía. *Una escena* PATÉTICA; sinón.: **conmovedor, emocionante.** ‖ deriv.: **patéticamente.**

PATETISMO. m. Calidad de patético.

PATÍ. (voz guaraní.) m. *Arg.* Pez grande de río, sin escamas, de excelente carne amarilla.

PATÍA. *Geog.* Río de Colombia. Nace en el dep. Cauca, cruza el dep. de Nariño y des. en el Pacífico. Tiene 450 km. navegables.

PATIABIERTO, TA. (De *pata* y *abierto.*) adj. fam. Que tiene las piernas torcidas y separadas una de otra.

PATIALA. *Geog.* Ciudad del N. de la India, en el Est. de Punjab. 70.000 h. Industria metalúrgica.

PATIALBILLO. (De *pata* y *albillo.*) m. Papialbillo.

PATIALBO, BA. (De *pata* y *albo.*) adj. Patiblanco.

PATIBLANCO, CA. adj. Aplícase al animal de patas blancas. *Perro* PATIBLANCO. ‖ V. **Perdiz patiblanca.**

PATIBULARIO, RIA. adj. Perteneciente o relativo al patíbulo. ‖ Que por su aspecto repulsivo y condición aviesa causa horror y espanto, como en general los condenados al patíbulo. *Rostro* PATIBULARIO; *escena* PATIBULARIA; sinón.: **espantoso, horripilante.**

PATÍBULO. al. **Galgen.** fr. **Gibet.** ingl. **Scaffold.** ital. **Patibolo.** port. **Patíbulo.** (Del lat. *patíbulum.*) m. Tablado o lugar donde se ejecuta una pena de muerte. ‖ IDEAS AFINES: *Condena, sentencia, verdugo, cadalso, suplicio, confeso, mártir, decapitar, electrocutar.*

PATICOJO, JA. adj. y s. Cojo.

PATIDIFUSO, SA. adj. fig. y fam. Patitieso, sorprendido y extrañado.

PATIESTEVADO, DA. adj. y s. Estevado.

PATIHENDIDO, DA. (De *pata* y *hendido.*) adj. Aplícase al animal que tiene los pies hendidos o divididos en partes.

PATILLA. al. **Backenbart.** fr. **Favori.** ingl. **Whisker.** ital. **Basetta.** port. **Suiça.** (dim. de *pata.*) f. Cierta postura de la mano izquierda en los trastes de la vihuela. ‖ En ciertas llaves de las armas de fuego, pieza que descansa sobre el punto para disparar. ‖ Porción de barba que se deja crecer en cada uno de los carrillos. ‖ Gozne de las hebillas. ‖ Pata, en las prendas de vestir. ‖ *Bol.* Asiento. ‖ Antepecho de balcón. ‖ *Chile.* Acodo. ‖ *Arq.* Hierro plano y estrecho, terminado en punta por una de sus extremidades, y ensanchado en la otra para sujetar con clavos algún madero o hierro. ‖ *Carp.* Parte saliente de un madero para encajar en otro. ‖ *Mar.* Aguja. ‖ pl. El diablo. *Válgate* PATILLAS. ‖ **Levantar a uno de las patillas.** frs. fig. y fam. Exasperarle, hacer que pierda la paciencia.

PATILLUDO, DA. adj. Dícese de la persona que tiene patillas espesas y largas. ‖ **Tener a uno patilludo.** frs. fig. y fam. *Arg.* Hacerle perder la paciencia; enfadarlo.

PATÍN. m. dim. de **Patio.**

PATÍN. (De *pato.*) m. Ave marina con plumaje negro en la cabeza, cuello y espalda, blanco en el pecho, vientre y piernas, gris obscuro con manchas blancas en las alas y la cola, y pico y pies rojizos. Se alimenta de moluscos y peces que coge al vuelo y vive en bandadas. Gén. *Procellaria*, palmípeda.

PATÍN. al. **Schlittschuh.** fr. **Patin.** ingl. **Skate.** ital. **Pattino.** port. **Patim.** (De *pata.*) m. Aparato de patinar consistente en una plancha que se adapta a la suela del calzado y lleva una especie de cuchilla o dos pares de ruedas, según sirva para ir sobre el hielo o sobre un pavimento duro y liso. En el segundo caso se llama patín de ruedas. ‖ IDEAS AFINES: *Deslizamiento, resbalar, aterrizar, escurridizo, caer, nieve, invierno, encerado, pista, lago, deporte, trineo, esquí.*

PÁTINA. al. **Patina; Edelrost.** fr. **Patine.** ingl. **Patina; patine.** ital. **Patina.** port. **Patina.** (Del lat. *patina*, plato, por el barniz de que están revestidos los platos antiguos.) f. Barniz duro, de color aceitunado y reluciente, que se forma en los objetos antiguos de bronce. ‖ Tono suave que toman con el tiempo las pinturas al óleo. Aplícase también a otros objetos antiguos.

PATINADA. f. *Arg.* Patinazo. *El coche dio una* PATINADA.

PATINADERO. m. Lugar donde se patina.

PATINAJE. al. **Schlittschuhlaufen.** fr. **Patinnage.** ingl. **Skating.** ital. **Pattinaggio.** port. **Patinagem.** m. Ejercicio o deporte de patinar. *Pista de* PATINAJE.

PATINAR. al. **Schlittschuhlaufen.** fr. **Patiner.** ingl. **To skate.** ital. **Pattinare.** port. **Patinar.** (De *patín*, aparato.) intr. Deslizarse con patines sobre el hielo o sobre alguna superficie lisa. ‖ Resbalar las ruedas de cualquier carruaje, sin rodar, o dar vueltas sin avanzar por falta de adherencia con el suelo o por defecto mecánico alguno. ‖ fig. y fam. Perder la buena dirección o la eficacia en lo que se está haciendo o diciendo, errar, equivocarse. ‖ deriv.: **patinador, ra.**

PATINAZO. m. Acción y efecto de patinar la rueda de un vehículo.

PATINETA. f. Monopatín.

PATINIR, Joaquín. *Biog.* Pintor holandés, paisajista de tono poético y sentido naturalista. Obras: *Reposo en Egipto; El paso de la laguna Estigia; Bautismo de Cristo*, etc. (1485-1524).

PATIÑO. *Geog.* Estero situado en la frontera argentino-paraguaya, entre la prov. de Formosa y el dep. de Presidente Hayes. Su longitud es de 100 km. y su superficie alcanza 450 km².

PATIO. al. **Hof.** fr. **Cour.** ingl. **Court yard.** ital. **Cortile.** port. **Pátio.** (De un deriv. del lat. *pátere*, estar abierto.) m. Recinto interior que en las casas y otros edificios se deja sin techar. ‖ Planta baja de los teatros. ‖ Terreno que separa las líneas de árboles y el margen de un campo. ‖ *Col.* y *C. Rica.* Corral de una casa. ‖ **Pasarse** uno **al patio.** frs. fig. y fam. *Arg.* Propasarse.

PATIQUEBRAR. (De *pata* y *quebrar.*) tr. y r. Romper una o más patas a un animal.

PATIQUÍN. m. fam. *Ven.* Petimetre. ‖ Petulante.

PATITA. f. dim. de **Pata.** ‖ **Poner a uno de patitas en la calle.** frs. fig. y fam. Echarle de la casa.

PATITIESO, SA. (De *pata* y *tieso.*) adj. Dícese del que, a causa de un accidente repentino, queda sin sentido ni movimiento en las piernas o los pies. ‖ fig. y fam. Que queda sorprendido por la novedad o extrañeza que le produce alguna cosa. *Se quedó* PATITIESO *ante aquel esplendor.* ‖ Que anda muy erguido y tieso por presunción.

PATITO. adj. *Arg. Bol.* y *Perú.* Aplícase al color amarillo claro, como el de los patitos recién nacidos. Dícese en particular de telas, sombreros y otras cosas semejantes. ‖ m. *Arg.* y *Bol.* Fruto y flor del ceibo, de vistoso color rojo encendido.

PATITUERTO, TA. (De *pata* y

tuerto.) adj. Que tiene las piernas o patas torcidas. ‖ Aplícase a lo que, por estar mal hecho o torcido, se desvía de la línea que debe seguir.

PATIVILCA. *Geog.* Río del Perú; pasa por los dep. de Lima y Áncash y des. en el Pacífico. 100 km.

PATIZAMBO, BA. adj. y s. Que tiene las piernas torcidas hacia afuera y junta mucho las rodillas.

PATMOS. *Geog.* Isla griega del grupo de las Espóradas, en el mar Egeo. 40 km². 4.500 h. En ella escribió San Juan Evangelista el libro del Apocalipsis.

PATNA. *Geog.* Ciudad de la India, a orillas del Ganges, cap. del Est. de Bihar. 500.000 h. Centro industrial y universitario.

PATO. al. **Ente.** fr. **Canard.** ingl. **Duck.** ital. **Anitra.** port. **Pato.** m. Ave palmípeda, de pico más ancho en la punta que en la base, cuello y tarsos cortos, por lo que camina con dificultad. Son de plumaje variado, según las especies, y su carne es menos estimada que la de la gallina. Abundante en Europa en estado salvaje; de él descienden las razas domesticadas. *Anas platyryncha*, anátida. ‖ Nombre dado a gran número de aves de la familia de las anátidas. ‖ – **de flojel.** Especie muy grande cuya hembra, para tapizar el nido, se despoja del plumón, con el cual se fabrican colchas livianas y de mucho abrigo. ‖ – **negro.** Especie de **pato** con pico ancho y robusto y plumaje negro o pardo con manchas; tarso y dedos rojos y verdoso el pico. ‖ **Estar** uno **hecho un pato.** frs. fig. y fam. Estar muy mojado. ‖ **Pagar** uno **el pato.** frs. fig. y fam. Padecer pena o castigo no merecido o que ha merecido otro. ‖ **Salga pato o gallareta.** expr. fig. y fam. **Salga lo que saliere.** ‖ IDEAS AFINES: *Parpar, anadear, ánsar, oca, nadar, volar, bandada, corral.*

PATO, TA. adj. *Ec.* Víctima, incauto. ‖ *R. de la Plata.* Aplícase al que se ha quedado sin dinero. Ú. con los verbos *andar, estar, quedar,* etc. Ú.t.c.s. ‖ m. *Arg.* Antiguo juego hípico que actualmente vuelve a practicarse aunque con sujeción a reglas que suavizan un tanto la violencia y peligrosidad de sus lances. Dos grupos de jinetes se disputan la posesión de una pelota de cuero provista de asas, que cada uno de ellos trata de introducir en la red del bando contrario. ‖ *Cuba, Méx.* y *Ven.* Bacineta para uso de los enfermos en la cama. ‖ **Ser** uno **el pato de la boda** o **de la fiesta.** frs. fig. y fam. *Arg., C. Rica* y *Chile.* Ser la víctima, el que paga el pato. ‖ **Ser** uno **un pato.** fig. y fam. Ser pobre, no tener dinero.

PATOCHADA. (De *pata.*) f. Sandez, disparate, dicho grosero.

PATOFOBIA. (Del gr. *pathos,* dolencia, y *phobos,* terror.) f. *Pat.* Temor morboso a contraer alguna enfermedad.

PATOGENESIA. f. Patogenia.

PATOGÉNESIS. f. Patogenia.

PATOGENIA. (Del gr. *pathos,* dolencia, y *gennao,* engendrar.) f. Parte de la patología que estudia las causas que engendran una enfermedad.

PATOGÉNICO, CA. adj. Perteneciente o relativo a la patogenia.

PATÓGENO, NA. (Del gr. *pathos,* dolencia, y *gennao,* engendrar.) adj. Aplícase a los elementos y medios que originan y desarrollan las enfermedades.

PATOJADA. f. *Amér. Central.* Chiquillería.

PATOJEAR. intr. *Amér.* Andar como los patos, moviendo el cuerpo de un lado a otro.

PATOJERA. f. Deformidad que tienen los patojos.

PATOJO, JA. (De *pato.*) adj. Que tiene las piernas o pies torcidos o desproporcionados y al andar imita al pato meneando el cuerpo de un lado a otro.

PATOLOGÍA. al. **Pathologie; Krankheitslehre.** fr. **Pathologie.** ingl. **Pathology.** ital. **Patologia.** port. **Patologia.** (Del gr. *pathos,* afección, enfermedad, y *logos,* tratado.) f. Parte de la medicina, que trata del estudio de las enfermedades. ‖ deriv.: **patológico, ca.** ‖ IDEAS AFINES: *Dolencia, síntomas, síndrome, diagnóstico, terapéutica, mórbido, evolución, crónico, desahuciar.*

PATÓLOGO, GA. s. Profesor que ejerce especialmente la patología.

PATÓN, NA. adj. fam. Patudo, de grandes pies.

PATOPSICOLOGÍA. (Del gr. *pathos,* enfermedad, y *psicología.*) f. Método patológico aplicado a la psicología a fin de estudiar elementos o fenómenos psíquicos que no pueden producirse experimentalmente. ‖ deriv.: **patopsicológico, ca.**

PATOS. *Geog.* Cerro de la Argentina, en el N.O. de la prov. de Catamarca. 5.720 m. ‖ Isla venezolana del golfo de Paria. Perteneció a Gran Bretaña hasta 1942. ‖ **Laguna de los –.** Laguna litoral del Brasil, en el Estado de Río Grande del Sur. 15.000 km². ‖ **Paso de los –.** Puerto de la cordillera de los Andes, entre la prov. argentina de San Juan y la chilena de Aconcagua. Por él pasó parte del ejército libertador de San Martín en 1817. ‖ **Río de los –.** Río de la Argentina, una de las fuentes del río San Juan. Nace en los Andes del S. de la prov. de San Juan, penetra en Mendoza, vuelve a aquella prov. y recorre el valle de Calingasta.

PATOSO, SA. adj. Dícese de quien presume de gracioso y agudo sin serlo.

PATOTA. f. *R. de la Plata.* Pandilla callejera de jóvenes que se reúnen para divertirse a costa del prójimo, generalmente con grosería y violencia.

PATOTERO. m. *R. de la Plata.* El que forma parte de una patota.

PATRAÑA. f. Mentira, noticia fabulosa. ‖ deriv.: **patrañero, ra.**

PATRAÑUELA. f. dim. de **Patraña.**

PATRÁS. *Geog.* Ciudad y puerto de Grecia, sit. al norte del Peloponeso. 121.000 h. ‖ **Golfo de –.** Escotadura de la costa occidental griega formada por el mar Jónico entre Grecia continental y la pen. de Morea.

PATRIA. al. **Heimat; Vaterland.** fr. **Patrie.** ingl. **Native country.** ital. **Patria.** port. **Pátria.** (Del lat. *patria.*) f. Nación a la que se pertenece por nacimiento, tradición y afectos. ‖ Lugar, ciudad o país donde se ha nacido. ‖ – **celestial.** Cielo o gloria. ‖ – **potestad.** Autoridad que los padres tienen, con arreglo a las leyes, sobre sus hijos no emancipados. (*Observ.* En la locución *patria potestad* el primer término oficia de adjetivo.) ‖ **Merecer** uno **bien de la patria.** frs. Hacerse acreedor a su gratitud por valiosos hechos o beneficios. ‖ IDEAS AFINES: *Terruño, natal, fronteras, patriota, paisano, conciudadano, súbdito, inmigrar, nostalgia, naturalización, repatriar, apátrida, honrar, defender.*

● **PATRIA.** *Sociol.* Agrupadas las diferentes razas humanas según su comunidad de origen cada una en un territorio determinado, constituyeron las distintas naciones. La nación creó, con el tiempo, tradiciones, intereses y sentimientos comunes a los seres que la integraban, y dio origen a la idea y al sentimiento de **patria,** que constituye una de las más excelsas conquistas morales en el devenir histórico de la humanidad. El amor a la **patria** fue, desde entonces, la síntesis suprema de otros sentimientos del hombre: el amor a sus semejantes, a la familia, a los antepasados, a la tierra, a las normas de convivencia social, etc. De tal modo la **patria** ha influido en la calidad moral de los individuos y de la colectividad, y ha forjado un ideal superior capaz de sobreponerse al utilitarismo de la vida cotidiana. Pero la idea de **patria** no fue la misma en todas las épocas, evolucionó a la par de complejos fenómenos históricos. El amplio concepto de **patria** del mundo antiguo se redujo en la Edad Media a límites tan estrechos como el área geográfica del municipio o aun del castillo. El surgimiento de los Estados modernos, en cambio, vino a fortalecer nuevamente el sentimiento patriótico, dándole una amplitud mayor. A menudo, sin embargo, el concepto de **patria** ha sido identificado por guerreros y estadistas con intereses económicos o sentimientos políticos transitorios que han tendido a restringirlo y deformarlo. Un excesivo y mal entendido amor a la **patria** engendró con frecuencia el odio a lo extranjero, es decir a las otras **patrias,** y fue origen de exclusivismos que llevaron a la guerra a pueblos enteros en pos de mentidos ideales. La experiencia política, social y económica de los hombres del s. XX ha permitido conciliar el sentimiento de **patria** con el amor a la humanidad.

PATRIADA. f. *R. de la Plata.* Acción valerosa; hecho notable. ‖ Movimiento armado que se hacía contra los gobiernos usurpadores. ‖ Cualquier acción en que se arriesga algo, hecha en bien de los demás.

PATRIAR. tr. *Arg.* Reyunar.

PATRIARCA. al. **Patriarch.** fr. **Patriarche.** ingl. **Patriarch.** ital. **Patriarca.** port. **Patriarca.** (Del lat. *patriarcha,* descendencia, familia.) m. Nombre que se da a algunos personajes del Antiguo Testamento, por haber sido cabezas de dilatadas y numerosas familias. *El* PATRIARCA *Lamec fue padre de Noé.* ‖ Título de dignidad concedido a los obispos de algunas iglesias principales, como las de Alejandría, Jerusalén y Constantinopla. ‖ Título de dignidad concedido por el Papa a algunos prelados sin ejercicio ni jurisdicción. PATRIARCA *de las Indias.* ‖ Cualquiera de los fundadores de las órdenes religiosas. ‖ fig. Persona que por su edad y sabiduría tiene autoridad moral en una familia o en una colectividad. ‖ **Como un patriarca.** expr. fig. que se emplea para ponderar las comodidades y el bienestar de alguien. *Vive como un* PATRIARCA.

PATRIARCADO. m. Dignidad de patriarca. ‖ Territorio de la jurisdicción de un patriarca. ‖ Gobierno o autoridad del patriarca. ‖ *Sociol.* Organización social primitiva en que la autoridad era ejercida por un varón jefe de cada familia, extendiéndose este mandato a los parientes aun lejanos de igual linaje. ‖ Período de tiempo en que predominó este sistema.

PATRIARCAL. (Del lat. *patriarchalis.*) adj. Perteneciente o relativo al patriarca y a su autoridad y gobierno. *Longevidad* PATRIARCAL. ‖ fig. Dícese de la autoridad y gobierno ejercidos con sencillez y benevolencia. ‖ Iglesia del patriarca. ‖ Patriarcado, territorio.

PATRIA VIEJA. *Hist.* Nombre dado en Chile a la época anterior a la victoria de Chacabuco, por oposición a *Patria Nueva,* la posterior.

PATRICIADO. (Del lat. *patriciatus.*) m. Dignidad o condición de patricio considerada, desde Constantino, la primera después de la imperial. ‖ Conjunto o clase de los patricios en la antigua Roma. *Los senadores salían del* PATRICIADO.

PATRICIANO, NA. (Del lat. *patricianus.*) adj. Dícese de los que seguían las doctrinas del heresiarca Patricio. Ú.t.c.s. ‖ Perteneciente a su secta.

PATRICIDA. (Del lat. *patricida.*) com. fig. Enemigo mortal de su patria; el que la vende traidoramente.

PATRICIO, CIA. al. **Patrizier.** fr. **Patricien.** ingl. **Patrician.** ital. **Patrizio.** port. **Patrício.** (Del lat. *patricius.*) adj. Descendiente de los primeros senadores establecidos por Rómulo. Ú.m.c.s. *La ley Canuleya permitió el matrimonio entre* PATRICIOS *y plebeyos.* ‖ Aplícase al que obtenía la dignidad del patriciado. Ú.m.c.s. ‖ Perteneciente o relativo a los patricios. *Magistraturas* PATRICIAS. ‖ m. Individuo que por su nacimiento, riqueza o virtudes se destaca entre sus conciudadanos. ‖ IDEAS AFINES: *Noble, linaje, estirpe, cónsul, tribuno, toga, foro, pretor, tetrarquía, privilegio, derecho.*

● **PATRICIOS Y PLEBEYOS.** *Hist.* Desde remota antigüedad la sociedad romana estuvo constituida por dos clases que en un comienzo se diferenciaron radicalmente: los **patricios** y los **plebeyos.** Los **patricios** integraban la clase social más encumbrada y eran los únicos que gozaban plenamente de los derechos políticos y civiles, y de los privilegios emergentes de los cargos públicos, la autoridad religiosa, las victorias militares y el predominio económico. Frente a esa poderosa casta estaban los **plebeyos,** a quienes solamente se les reconocía el derecho de comerciar y la libertad personal y política sin el pleno derecho de ciudadanía. Los **plebeyos** no formaban parte del ejército pero tenían la obligación de ir a la guerra; además, las mayores obligaciones para con el Estado recaían sobre ellos. La notable desigualdad entre ambas clases determinó una lucha enconada y constante, sobre todo por el anhelo de justicia que movía a los **plebeyos.** En la era monárquica, éstos lograron la concesión de tierras de propiedad del rey y la entrada en el Senado de cien **plebeyos** de holgada posición económica, y poco antes de proclamarse la República obtuvieron el ejercicio de la ciudadanía, el derecho de formar parte del ejército y la igualdad con los **patricios** para hacerse cargo de las obligaciones impuestas por el Estado. Durante la República, la rivalidad se agudizó más y llegó a adquirir caracteres de violencia, al punto de inclinar a los **plebeyos** a la idea de fundar una ciudad exclusiva para ellos, en un paraje situado entre el Tíber y el Anio, idea de la cual desistieron en virtud del reconocimiento de que podían nombrar sus tribunos. Posteriormente, la célebre Ley de las Doce Tablas fue un código que igualó jurídicamente a **patricios** y **plebeyos** con una única excepción: la prohibición al **plebeyo** de contraer matrimonio con una persona **patricia,** que a su vez fue anulada en el s. V a. de C. por la llamada Ley Canuleya. Después, las Leyes Licinias determinaron que uno de los dos cónsules habría de ser ineludiblemente un **plebeyo** y en el s. IV se afianzó definitivamente el derecho de los **plebeyos,** ya que obtuvieron sucesivamente el ejercicio del sacerdocio, la censura, la pretura, la dictadura, el augurado y el pontificado.

PATRICIO, San. *Hagiog.* Patrón de Irlanda, a la que convirtió al catolicismo en el s. IV. Autor de una autobiografía: *Confesión de Patricio* (372-466).

PATRICIO LYNCH. *Geog.* Isla del S. de Chile, en la prov. de Aysén, sit. al norte de la isla Esmeralda.

PATRIMONIAL. adj. Perteneciente al patrimonio. *Caudal* PATRIMONIAL. ‖ Perteneciente a alguno, por razón de patria, padre o antepasados.

PATRIMONIALIDAD. (De *patrimonial.*) f. Derecho del natural de un país a los beneficios eclesiásticos reservados a los oriundos de él.

PATRIMONIO. al. **Vermögen.** fr. **Patrimoine.** ingl. **Patrimony.** ital. **Patrimonio.** port. **Patrimonio.** (Del lat. *patrimonium.*) m. Hacienda que una persona hereda de sus ascendientes. *Conservar el* PATRIMONIO. ‖ fig. Bienes propios que se adquieren por cualquier título. ‖ Bienes propios, antes espiritualizados y hoy capitalizados y adscritos a un ordenando, como título para su ordenación. ‖ Patrimonialidad. ‖ – **real.** Bienes pertenecientes a la corona o dignidad real.

PATRIO, PATRIA. (Del lat. *patrius.*) adj. Perteneciente a la patria. *Los símbolos* PATRIOS. ‖ V. **Madre patria.** ‖ Perteneciente al padre, o proveniente de él. PATRIA *potestad.* ‖ *Bol.* y *R. de la Plata.* Reyuno.

PATRIOTA. al. **Patriot.** fr. **Patriote.** ingl. **Patriot.** ital. **Patriota.** port. **Patriota.** (Del lat. *patriota,* y éste del gr. *patriotes,* compatriota; de *patria,* raza, tribu.) com. Persona que ama a su patria y procura su bien.

PATRIOTERÍA. f. fam. Alarde propio del patriotero.

PATRIOTERO, RA. adj. fam. Que alardea de excesivo e inoportuno patriotismo. Ú.t.c.s.

PATRIÓTICO, CA. (Del lat. *patrioticus.*) adj. Perteneciente al patriota, o a la patria. *Espíritu* PATRIÓTICO; *labor* PATRIÓTICA.

PATRIOTISMO. al. **Vaterlandsliebe; Patriotismus.** fr. **Patriotisme.** ingl. **Patriotism.** ital. **Patriotismo.** port. **Patriotismo.** (De *patriota.*) m. Amor a la patria.

PATRÍSTICA. (Del lat. *patres,* padres.) f. Ciencia que estudia la vida y obras de los santos

Padres de la Iglesia. ‖ deriv.: **patrístico, ca.** ‖ IDEAS AFINES: *Patrología, escolástica, doctrina, dogmático, teología, tomista, medieval.*

PATROCINAR. al. **Beschützen.** fr. **Patronner.** ingl. **To patronize.** ital. **Patrocinare.** port. **Patrocinar.** (Del lat. *patrocinare.*) tr. Defender, proteger, amparar. PATROCINAR *una cruzada.* ‖ deriv.: **patrocinador, ra.**

PATROCINIO. (Del lat. *patrocinium.*) m. Amparo, auxilio, protección.

PATROCLO. *Mit.* Héroe griego del sitio de Troya, muerto por Héctor y vengado por su amigo Aquiles.

PATROLOGÍA. (Del gr. *pater, patrós,* padre y *logos,* tratado.) f. Patrística. ‖ Tratado sobre los Santos Padres. ‖ Colección de sus escritos.

PATRÓN, NA. al. **Arbeitgeber; Chef.** fr. **Patron; maître.** ingl. **Master; pattern.** ital. **Padrone.** port. **Patrão, padrão.** (De *patrono.*) s. Patrono, 1ª, 2ª y 3ª aceps. ‖ Santo titular de una iglesia. ‖ Protector escogido por un pueblo o congregación, bien sea un santo, o bien la Virgen o Jesucristo en alguna de sus advocaciones. ‖ Dueño de la casa donde uno se hospeda. ‖ Amo, señor. *Cumpla las órdenes del* PATRÓN. ‖ m. El que manda y dirige una pequeña embarcación mercante. ‖ V. **Batería de patrón.** ‖ Modelo que sirve de muestra para sacar otra cosa igual. *El* PATRÓN *de una llave;* sinón.: **molde.** ‖ Metal que se toma como tipo para la evaluación de la moneda en un sistema monetario. ‖ Planta en que se hace un injerto. ‖ – **de bote,** o **lancha.** *Mar.* Hombre de mar que gobierna una embarcación menor. ‖ – **oro.** Sistema monetario basado en la equivalencia establecida por ley, a tipo fijo, entre una moneda y una cantidad de oro de determinada calidad. ‖ **Donde hay patrón no manda marinero.** ref. con que se advierte que donde hay superior no puede mandar el inferior.

PATRÓN, Pablo. *Biog.* Historiador per., autor de *Interpretación de las huacas; El Perú primitivo; Huiracocha,* etc. (1855-1910).

PATRONA. (De *patrón.*) f. Galera inmediatamente inferior en dignidad a la capitana de una escuadra.

PATRONAL. adj. Perteneciente al patrono o al patronato. *Derechos, intereses* PATRONALES.

PATRONATO. (Del lat. *patronatus.*) m. Derecho o facultad que tienen el patrono o patronos. ‖ Corporación formada por patronos. ‖ Fundación de una obra pía. ‖ Cargo de cumplir obras pías que tienen las personas designadas por el fundador.

PATRONAZGO. m. Patronato.

PATRONEAR. tr. Ejercer el cargo de patrón en una embarcación.

PATRONERO. m. Patrono, que ejerce un patronato.

PATRONÍMICO, CA. (Del lat. *patronymicus,* y éste del gr. *patronymikós;* de *pater,* padre, y *ónoma,* nombre.) adj. Entre los griegos y romanos, decíase del nombre que, derivado del perteneciente al padre u otro antecesor, se aplicaba al hijo u otro descendiente. ‖ Aplícase al apellido que antiguamente se daba en España a los hijos, formado del nombre de sus padres; v. gr.: González, de Gonzalo; Ramírez, de Ramiro. Ú.t.c.s.

PATRONO, NA. al. **Arbeitgeber; Schutzheiliger.** fr. **Patron.** ingl. **Patron.** ital. **Patrono.** port. **Patrono.** (Del lat. *patronus.*) s. Defensor, protector. ‖ El que tiene derecho o cargo de patronato. ‖ El último dueño de un esclavo manumitido. ‖ Patrón, santo titular, y amo y señor. *Santa Rosa de Lima es la* PATRONA *de América.* ‖ Señor del directo dominio en los feudos. ‖ Persona que emplea obreros en cualquier trabajo de manos. *Se firmó un convenio entre* PATRONOS *y obreros.*

PATRULLA. al. **Streife; Patrouille.** fr. **Patrouille.** ingl. **Patrol.** ital. **Pattuglia.** port. **Patrulha.** (De *patrullar.*) f. Partida de gente armada, que ronda en plazas o campamentos para mantener el orden y seguridad. ‖ Corto número de personas que van en cuadrilla. ‖ IDEAS AFINES: *Destacamento, vigilancia, soldados, tropa, armas, asalto, nocturna.*

PATRULLAR. intr. Rondar una patrulla. PATRULLAR *las calles.*

PATUÁ. m. Galicismo por **dialecto, jerga.**

PATUCA. *Geog.* Río de Honduras, nace en el dep. de Olancho con el nombre de Guayape y des. en el mar de las Antillas. 520 km.

PATUDO, DA. adj. fam. De grandes patas o pies. ‖ V. **Ángel patudo.**

PATULEA. (De *patullar.*) f. fam. Soldadesca desordenada. ‖ Gente desbandada y maleante.

PATULUL. *Geog.* Río de Guatemala. V. **Madre Vieja.**

PATULLAR. intr. Pisar fuertemente y sin tino. ‖ fam. Conversar. ‖ fig. y fam. Dar muchos pasos o hacer muchas diligencias para lograr una cosa.

PATURRO, RRA. adj. *Col.* Rechoncho.

PÁTZCUARO. *Geog.* Lago de México en el Est. de Michoacán. 408 km². Pesca variada. ‖ Pobl. de México, en el Estado de Michoacán, al S. del lago hom. 9.600 h. Centro agrícola.

PATZUN. *Geog.* Población de Guatemala (Chimaltenango). 8.200 h. Producción agropecuaria.

PAU. *Geog.* Ciudad de Francia, capital del dep. de Pirineos Atlánticos. 76.000 h. Comercio de vinos y jamones. Centro de turismo de invierno y primavera.

PAUCARTAMBO. *Geog.* Río del Perú (Cuzco) que bordea la pendiente oriental de la cordillera de Vilcanota y des. en el río Urubamba. Se llama también Yavero. ‖ Pobl. del Perú, en el dep. de Cuzco, al N.E. de esta c. 4.000 h. Centro agrícola y minero.

PAUJI. (Voz quichua.) m. Ave gallinácea del Perú, del tamaño de un pavo, de plumaje negro, con manchas blancas en el vientre y en el extremo de la cola; pico azulado, grande, grueso y con un tubérculo encima, de forma ovoide, casi tan grande como la cabeza del animal. Es ave domesticable; se alimenta de frutos y semillas y su carne es muy parecida a la del faisán. ‖ – **de copete.** Guaco, ave. ‖ – **de piedra.** Pauji.

PAUJIL. m. Pauji.

PAÚL. (Del lat. *palus, -udis,* laguna, pantano.) m. Terreno pantanoso cubierto de hierbas.

PAÚL. (Del fr. Paul, n. p. de lugar.) adj. Dícese del clérigo regular perteneciente a la congregación de misioneros fundada en Francia, en el siglo XVII, por San Vicente de Paúl. Ú.m. en pl. y t.c.s.

PAÚL, Felipe Fermín. *Biog.* Político ven., considerado en su país como un auténtico patriota (1774-1843).

PAÚL, San Vicente de. *Hagiog.* V. **Vicente de Paúl, San.**

PAULAR. (De *paúl.*) m. Pantano o atolladero.

PAULAR. (De *pablar.*) intr. Parlar o hablar. ‖ Úsase sólo en lenguaje festivo unida al verbo *maular. Sin* PAULAR *ni maular; ni* PAULA *ni maula.*

PAULATINAMENTE. adv. m. Poco a poco, despacio, lentamente. *El enfermo mejoraba* PAULATINAMENTE; sinón.: **pausadamente.**

PAULATINO, NA. (Del lat. *paulátim,* poco a poco.) adj. Que obra despacio o lentamente. *Desgaste* PAULATINO; antón.: **rápido, veloz.**

PAULI, Wolfgang. *Biog.* Físico aust., dedicado a estudios atómicos. Sus descubrimentos sobre las propiedades de los electrones y la constitución de la materia le valieron, en 1945, el premio Nobel de Física (1900-1958).

PAULILLA. f. Palomilla, mariposa.

PAULINA. (Del nombre del Papa *Paulo* III.) f. Despacho de excomunión expedido por los tribunales pontificios cuando se sospecha que algunas cosas han sido robadas u ocultadas. ‖ fig. y fam. Reprensión áspera. ‖ Carta anónima ofensiva.

PAULING, Linus Carlos. *Biog.* Científico estadounidense cuyas investigaciones significaron un fundamental aporte a la comprensión de la estructura molecular. Simultáneamente, desarrolló una intensa campaña en pro del control internacional de las armas nucleares y por la paz mundial. Se le concedió en 1954 el premio Nobel de Química y en 1962 el premio Nobel de la Paz (n. en 1901).

PAULINIA. (De Simón *Paulli,* botánico dinamarqués del siglo XVIII, a quien se dedicó esta planta.) f. Arbusto sapindáceo de tallos sarmentosos, hojas persistentes y alternas, flores blancas y fruto capsular ovoide con cuya almendra, tostada, se prepara en Brasil una bebida refrescante y febrífuga.

PAULINO, NA. adj. Perteneciente o relativo al Apóstol San Pablo.

PAULISTA. adj. y s. De San Pablo, estado y ciudad del Brasil.

PAULO. *Biog.* Nombre de cinco Papas. ‖ – **I, San.** *Hagiog.* Papa, de 757 a 767, sostenido por Pipino el Breve (aprox. 700-767). ‖ – **II.** Papa, de 1464 a 1471. ‖ – **III.** Papa, de 1534 a 1549; durante su pontificado se realizó el Concilio de Trento (1469-1549). ‖ – **IV.** Papa, de 1555 a 1559, que enfrentó a Felipe II. ‖ – **V.** Papa, de 1605 a 1621, que hizo terminar la construcción de San Pedro. ‖ – **VI.** Papa desde 1963 que terminó el segundo Concilio Vaticano y, llevado por su misión apostólica, realizó numerosos viajes: a Tierra Santa, India, EE.UU., Colombia, etc. (1897-1978).

PAULO AFONSO. *Geog.* Cascadas formadas por el río San Francisco, entre los Est. brasileños de Alagoas y Bahía, a unos 200 km. de su desembocadura. La caída de las aguas alcanza a 80 m.

PAULONIA. (De la princesa Ana Paulowna, hija del zar Pablo I, a la cual fue dedicada esta planta.) f. Árbol escrofulariáceo, de hojas grandes, opuestas y acorazonadas; flores azules y olorosas, en panojas; caja leñosa y semillas aladas, originario del Japón. *Paulownia tomentosa.*

PAUNERO, Wenceslao. *Biog.* Militar arg. de destacada actuación en las campañas del Gral. Paz, las batallas de Caseros, Cepeda y Pavón y las guerras del Brasil y del Paraguay (1805-1871).

PAUPERISMO. (Del lat. *páuper, -eris,* pobre.) m. Abundancia de pobres en un país, especialmente cuando se debe a causas permanentes.

PAUPÉRRIMO, MA. (Del lat. *pauperrimus.*) adj. super. Muy pobre. sinón.: **misérrimo;** antón.: **riquísimo.**

PAUSA. al. **Pause.** fr. **Pause.** ingl. **Pause.** ital. **Pausa.** port. **Pausa.** (Del lat. *pausa.*) f. Corta interrupción del movimiento, acción o ejercicio. *Hizo una* PAUSA *en el trabajo;* sinón.: **descanso, detención.** ‖ Tardanza, lentitud. *Hablar con* PAUSA; sinón.: **calma.** ‖ *Mús.* Breve intervalo en que se deja de cantar o tocar. ‖ Signo con que se representa la pausa en la música escrita. ‖ **A pausas.** m. adv. Interrumpidamente, por intervalos. ‖ IDEAS AFINES: *Cesar, armisticio, silencio, suspenso, alto, interregno, entreacto, reposo, ínterin, discontinuo.*

PAUSADO, DA. adj. Que obra con pausa o lentitud. ‖ Que acaece o se hace de este modo. *Andar* PAUSADO; sinón.: **despacioso, lento.** ‖ adv. m. Pausadamente.

PAUSANIAS. *Biog.* Geógrafo e hist. griego; su *Descripción de Grecia* es una fuente de primer orden para el conocimiento de su país en la antigüedad (s. II a. de C.). ‖ General espartano, vencedor de los persas y conquistador de Chipre y Bizancio; acusado de traición fue enterrado vivo en el templo de Atenas (s. V a. de C.).

PAUSAR. (Del lat. *pausare.*) tr. Interrumpir o retardar un movimiento, acción o ejercicio. PAUSAR *la velocidad de una máquina.*

PAUTA. al. **Linienblatt; Regel.** fr. **Regle.** ingl. **Guide; rule.** ital. **Norma; regola.** port. **Pauta.** (Del b. lat. *páctum,* regla.) f. Instrumento para rayar el papel en que los niños aprenden a escribir. ‖ Raya o conjunto de rayas que se hacen con este instrumento. ‖ fig. Norma, regla de conducta. *La honradez y la veracidad serán nuestra* PAUTA. ‖ Dechado, modelo. ‖ *Impr.* La serie de puntos conductores o indicadores que se ponen en las líneas de cuadros estadísticos, índice de libros, trabajos comerciales, etc.

PAUTADO, DA. adj. V. **Papel pautado.** ‖ f. Pentagrama.

PAUTAR. tr. Rayar el papel con la pauta. ‖ fig. Dar reglas o determinar la manera de realizar una acción. ‖ *Mús.* Señalar en el papel las rayas necesarias para escribir las notas.

PAUTE. *Geog.* Río de Ecuador (Azuay), afl. del río Santiago. 220 km.

PAVA. (Del lat. *pava.*) f. Hembra del pavo. ‖ fig. y fam. Mujer sosa y desgarbada. Ú.t.c.adj. ‖ **Pelar la pava.** fam. Tener amorosas pláticas los mozos con las mozas.

PAVA. (Del ingl. *pipe,* tubo.) f. Fuelle grande usado en ciertos hornos metalúrgicos. ‖ V. **Horno de pava.**

PAVA. f. *Amér. Central* y *Col.* Flequillo que las mujeres se echan sobre la frente. ‖ *Arg.* Vasija metálica con tapa y pico que se usa para calentar agua. ‖ *Col., Ec.* y *Ven.* Sombrero de paja de alas anchas. ‖ *Chile.* Orinal. ‖ Burla, fisga. ‖ – **de monte.** *Arg.* y *Bol.* Chachalaca, ave. ‖ **Hacerle** a uno **la pava.** frs. fig. y fam. Bularse de él. ‖ **Hacerse la pava.** frs. fig. y fam. *Ec.* **Hacer novillos.** ‖ IDEAS AFINES: *Hervir, vapor, brasero, mate, yerba, tetera, aluminio, asa, samovar.*

PAVADA. f. Manada de pavos. ‖ Juego de niños, en el cual se sientan todos en corro con las piernas extendidas, menos uno, que recitando ciertas palabras cuenta sucesivamente los pies hasta llegar al octavo, que hace esconder, y continuando así hasta que uno sólo quede descubierto, pierde el niño a quien éste pertenece. ‖ fig. y fam. Sosería, insulsez.

PAVANA. (de *pava.*) f. Danza antigua ital. de movimientos pausados cuyo nombre, según se cree, deriva de la ciudad de Padua, donde se la bailaba. ‖ Tañido de esta danza. ‖ Especie de esclavina que usaron las mujeres.

PAVANA PARA UNA INFANTA DIFUNTA. *Mús.* Una de las primeras composiciones de Mauricio Ravel, dada a conocer en 1889. Sutil y notable expresión musical.

PAVEAR. intr. *Arg.* y *Chile.* Cometer pavadas o tonterías. ‖ tr. Burlarse de una persona. ‖ *Col.* Asesinar.

PAVERO, RA. s. Persona que cuida de las manadas de pavos o las vende. ‖ m. Sombrero de ala ancha y recta y copa cónica que usan los andaluces.

PAVÉS. (Del ital. *pavesa.*) m. Escudo oblongo que cubría casi todo el cuerpo del combatiente.

PAVESA. al. **Flugasche.** fr. **Flammeche.** ingl. **Embers.** ital. **Favilla.** port. **Faísca.** f. Partícula incandescente que se desprende de una substancia en combustión, reduciéndose a ceniza. ‖ **Estar** uno **hecho una pavesa.** frs. fig. y fam. Estar muy extenuado y débil.

PAVESADA. (De *pavés.*) f. Empavesada.

PAVEZNO. m. Pavipollo.

PAVIA. (De *Pavía,* ciudad de Italia, de donde proviene esta fruta.) f. Variedad de pérsico, de fruto con piel lisa y carne jugosa, pegada al hueso. ‖ Fruto de este árbol.

PAVÍA, Manuel. *Biog.* Militar esp., que hizo posible la restauración borbónica (1827-1895).

PAVIA. *Geog.* Provincia del N. de Italia (Lombardía). 2.965 km². 540.000 h. Cap. hom. sobre el Tesino. 90.000 h. Aceites, vinos, sedas. Universidad.

PAVÍA, Batalla de. *Hist.* Derrota sufrida por los franceses en 1525, que les costó la pérdida de Italia.

PAVIANO, NA. adj. Natural de Pavía. Ú.t.c.s. ‖ Perteneciente a esta ciudad de Italia.

PAVIDEZ. f. Pavor.

PÁVIDO, DA. (Del lat. *pávidus.*) adj. Tímido, medroso o lleno de pavor. Ú.m. en poesía. ‖ deriv.: **pávidamente.**

PAVIMENTACIÓN. f. Acción y efecto de pavimentar.

PAVIMENTADO. m. Pavimentación.

PAVIMENTAR. al. **Pflastern.** fr. **Paver.** ingl. **To pave.** ital. **Pavimentare.** port. **Pavimentar.** tr. Solar, poner baldosines.

PAVIMENTO. al. **Pflaster.** fr. **Pavé; pavement.** ingl. **Pavement.** ital. **Pavimento.** port. **Pavimento.** (Del lat. *paviméntum.*) m. Suelo, piso artificial. ‖ IDEAS AFINES: *Calle, ruta, ca-*

rretera, acera, calzada, asfalto, macadán, baldosa, empedrado, enguijado, revestimiento, adoquinar, rodillo, peón caminero, peraltar.

PAVIOTA. f. Gaviota.

PAVIPOLLO. m. Pollo del pavo.

PAVISOSO, SA. adj. Bobo, sin gracia.

PAVITONTO, TA. adj. Estúpido, necio.

PAVLOV, Juan Petrovich. *Biog.* Médico ruso cuyas investigaciones sobre fisiología le dieron fama mundial. Premio Nobel de Fisiología y Medicina en 1904 y autor de *Los reflejos condicionados*, es el creador de la escuela reflexológica (V. **Reflexología**), de fecundos resultados en el terreno de la terapéutica psiquiátrica (1849-1936).

PAVLOVA, Ana. *Biog.* Bailarina rusa de extraordinaria técnica y sensibilidad; entre sus más notables creaciones se cuentan *La muerte del cisne; Giselle; La Peri*, etc. (1882-1931).

PAVO. al. **Puter.** fr. **Dindon.** ingl. **Turkey.** ital. **Tacchino.** port. **Peru.** (Del lat. *pavus*, el pavo real.) m. Ave gallinácea, oriunda de América del Norte, de plumaje pardo verdoso con reflejos cobrizos y manchas blanquecinas, cabeza y cuello con carúnculas rojas, tarsos negruzcos muy fuertes, y un mechón de cerdas en el pecho. Domesticado, ha disminuido de tamaño y variado el color del plumaje. *Meleagris gallopavo.* ‖ V. **Moco de pavo.** ‖ fig. y fam. Hombre soso o incauto. Ú.t.c.adj. ‖ *Ant.* Reprimenda. ‖ *Chile.* Especie de cometa o volantín. ‖ *Chile* y *P. Rico.* Cierto juego de prendas hecho en rueda por bailadores. ‖ *Astron.* Constelación austral cercana al polo. ‖ – **marino.** Ave zancuda de lomo pardo obscuro, alas y cola negruzcas y abdomen y pecho blancos. ‖ – **real.** Ave gallinácea, oriunda de Asia, cuyo macho tiene cabeza y cuello azules, y el resto del cuerpo de hermosos y variados colores; luce un penacho de plumas verdes con cambiantes de oro en el occipucio, y la cola, que es muy larga, puede abrirla en abanico. La hembra es más pequeña, cenicienta, y de cola no tan vistosa como la del macho. Hay **pavos reales** totalmente blancos, aunque no abundan. *Pavus cristatus.* ‖ – **ruán. Pavo real.** ‖ – **ruante.** *Blas.* Pavón con las plumas de la cola extendidas formando rueda. ‖ **Comer pavo.** frs. fam. En un baile, quedarse sin bailar una mujer por no haber sido invitada a ello. ‖ *Amér.* Sufrir un desengaño. ‖ *Perú.* Avergonzarse. ‖ **De pavo.** m. adv. fam. **De balde.** ‖ **Hacerse el pavo.** frs. fig. y fam. *Arg.* Disimular. ‖ **Írsele** a uno **los pavos.** frs. fig. y fam. *Chile.* Decir o hacer una tontería. ‖ **Ser el pavo de la boda.** frs. fig. y fam. **Ser el pato de la boda.** ‖ **Tener** uno **sangre de pavo.** frs. fig. y fam. *Chile.* Ser flemático. ‖ **Subírsele** a uno **el pavo.** frs. fig. y fam. Ruborizarse.

PAVÓN. al. **Pfau.** fr. **Paon.** ingl. **Peacock.** ital. **Pavone.** port. **Pavão.** (Del lat. *pavo, -onis.*) m. **Pavo real.** ‖ Nombre de algunas mariposas, así denominadas por las manchas redondeadas que tienen en sus alas. ‖ Color azul, negro o de café, con que se baña la superficie de los objetos de hierro y acero para que no se oxiden. ‖ *P. Rico.* Untura. ‖ *Astron.* **Pavo,** constelación austral cercana al polo antártico. ‖ adj. *Ven.* Dícese del caballo amarillo. ‖ – **diurno.** Mariposa diurna con dos manchas redondas en las alas posteriores y otras dos menos perfectas en las anteriores. No hace capullo. ‖ – **nocturno.** Mariposa nocturna de gran tamaño, de color pardo con manchas grises y cuatro ojos en las alas. Hacen capullo abierto por un extremo.

PAVÓN, José Ignacio. *Biog.* Estadista y jurisc. mex., en 1860 presid. interino de su país. ‖ – **Juan.** Militar esp.; fue el primer alcalde de la ciudad de Asunción. Paraguay (s. XVI).

PAVÓN. *Geog.* Arroyo de la Argentina, sit. al sur de la prov. de Santa Fe. Des. en el Paraná después de recorrer 85 km. ‖ *Hist.* Batalla librada entre las fuerzas de la Confederación Argentina dirigidas por Urquiza y las de Buenos Aires al mando de Mitre; dio el triunfo a los porteños y provocó la caída del Poder Ejecutivo Nacional (1861).

PAVONADA. (De *pavón.*) f. fam. Paseo breve, u otra diversión semejante. ‖ fig. Ostentación, pompa con que una persona se deja ver. ‖ **Darse una pavonada.** frs. fam. Ir a recrearse.

PAVONADO, DA. adj. Azulado obscuro. ‖ m. Pavón, color.

PAVONAR. (De *pavón*, por el color del plumaje.) tr. Dar pavón al hierro o al acero. ‖ deriv.: **pavonador, ra.**

PAVONAZO. (Del ital. *pavonazzo.*) m. *Pint.* Color rojo obscuro, peróxido de hierro aluminoso, con que se substituye al carmín en la pintura al fresco.

PAVONEAR. al. **Sich aufplustern.** fr. **Se pavaner.** ingl. **To strut; To show off.** ital. **Pavoneggiarsi.** port. **Pavonear-se.** (De *pavón.*) intr. Hacer alguien vana ostentación de su gallardía o de otras prendas. Ú.m.c.r. *Carlos* SE PAVONEABA *con su flamante uniforme*; sinón.: **exhibirse, ufanarse.** ‖ fig. y fam. Traer a una persona entretenida o hacerle desear alguna cosa.

PAVONEO. m. Acción de pavonear o pavonearse.

PAVOR. al. **Entsetzen; schreck.** fr. **Frayeur.** ingl. **Fright.** ital. **Spavento.** port. **Pavor.** (Del lat. *pavor.*) m. Temor, con espanto o sobresalto.

PAVORDE. m. Prepósito eclesiástico de ciertas comunidades. ‖ deriv.: **pavordía.**

PAVORDEAR. intr. Jabardear.

PAVORIDO, DA. (De *pavor.*) adj. Despavorido, lleno de pavor.

PAVOROSO, SA. al. **Schrecklich.** fr. **Effrayant.** ingl. **Frightful.** ital. **Spaventoso.** port. **Pavoroso.** adj. Que causa pavor. *Un bramido* PAVOROSO; sinón.: **horripilante, tremebundo.** ‖ deriv.: **pavorosamente.**

PAVURA. f. Pavor, temor.

PAWTUCKET. *Geog.* Ciudad de los EE. UU. (Rhode Island). 86.000 h. Tejidos de seda, lana y algodón, maquinarias.

PAYA. f. *Chile.* Versificación improvisada de los payadores.

PAYABO. *Geog.* Río de la Rep. Dominicana. Baja de la cordillera de Cibao y des. en el río Yuna.

PAYACATE. m. *Méx.* Pañuelo grande.

PAYADA. f. *Amér.* Acción y efecto de payar. ‖ Canto del payador. ‖ – **de contrapunto.** Certamen poético y musical de dos payadores.

PAYADOR. m. *Amér.* Coplero que canta acompañándose con la guitarra, generalmente en diálogos improvisados, y en competencia con otro. ‖ IDEAS AFINES: *Canción, sabiduría, rasgueo, apuesta, dúo, pulpería, gaucho, rancho, paso, tranquera, malambo, contrapunto, emulación, desafío.*

● **PAYADOR.** *Lit.* Verdadero poeta popular de América meridional, especialmente de la pampa argentina, bardo errante que cantaba canciones populares, algunas anónimas y legadas por la tradición y otras propias, el **payador** se asemeja al trovador medieval. Sarmiento dice que el **payador** o gaucho cantor es "lo más artístico de la tradición cantada" y que su fortuna estaba "en sus versos y en su voz". El **payador** fue, desde mediados del s. XVIII, figura admirada y aureolada de leyendas; acudía a las pulperías donde entonaba sus cantos épico-líricos, acompañándose con su propia guitarra. Los metros de sus versos eran generalmente octosílabos, derivados de la poesía popular española, y de la tradición oral pasaron al papel impreso. Un personaje mítico pero de existencia real en la llanura bonaerense, el **payador** Santos Vega, originó una de las mayores creaciones de la literatura gauchesca. Al igual que los trovadores europeos, los **payadores** se enfrentaban en competiciones o contrapuntos que a veces duraban días enteros y congregaban a numeroso público.

PAYADOR, El. *Lit.* Una de las más celebradas obras en prosa de Leopoldo Lugones, publicada en 1911. De hondo acento nacional, riqueza verbalista y prosa notablemente ajustada a la intención descriptiva.

PAYAGUÁ. m. *Arg.* y *Par.* Indio del grupo guaycurú que habitó el Chaco paraguayo frente a la Asunción. ‖ Dialecto hablado por estos indios. ‖ adj. Perteneciente o relativo a estos indios y a su dialecto.

PAYÁN, Eliseo. *Biog.* Militar y político col. de 1887 a 1888 presid. de su país (1825-1895).

PAYAR. intr. *Chile.* y *R. de la Plata.* Cantar payadas.

PAYAS. *Geog.* Sierra del N. de Honduras, en el dep. de Colón.

PAYASADA. al. **Witz.** fr. **Bouffonade.** ingl. **Clownery.** ital. **Pagliacciata.** port. **Palhaçada.** f. Acción o dicho propios del payaso.

PAYASO. al. **Clown.** fr. **Clown.** ingl. **Clown.** ital. **Pagliaccio.** port. **Palhaço.** (Del ital. *pagliaccio.*) m. Bufón, gracioso de circo o feria. ‖ IDEAS AFINES: *Histrión, circo, feria, ingenio, comicidad, risa, pantomima, farsa, diversión, disfraz, bonete, pintarrajear.*

PAYER, Julio de. *Biog.* Explorador y pintor aust. que intervino en expediciones al Polo Norte (1842-1915).

PAYÉS, SA. (Del b. lat. *pagensis*, y éste del lat. *pagus*, aldea.) s. Campesino de Cataluña o de las islas Baleares.

PAYNE, Tomás. *Biog.* V. **Paine, Tomás.**

PAYNO, Manuel. *Biog.* Literato mex.; autor de novelas costumbristas como *El fistol del diablo; Los bandidos de Río Frío; El hombre de la situación*, etc. (1810-1894).

PAYO, YA. (Del lat. *pagus*, aldea.) adj. Aldeano. Ú.t.c.s.m. ‖ *Arg.* y *Bol.* Albino o muy rubio, refiriéndose a personas. Ú.t.c.s. ‖ *Ec.* Dícese de la persona vieja e inútil. ‖ *Méx.* Aplícase a las telas, adornos y pinturas de colores chillones y mal casados. ‖ m. Campesino ignorante y rudo. En *Arg.* ú. c. adj.

PAYO OBISPO. *Geog.* V. **Ciudad Chetumal.**

PAYRÓ, Julio E. *Biog.* Pintor arg. dedicado especialmente a la crítica de arte. Autor de *Pintura moderna; Grabadores franceses; Historia gráfica del arte universal*, etc. (1899-1971). ‖ – **Roberto Jorge.** Escritor arg., uno de los altos exponentes de la literatura latinoamericana, que en crónicas, relatos y dramas expuso su visión de la Argentina, como humorista y sociólogo. Autor de novelas costumbristas y picarescas como *El casamiento de Laucha; Divertidas aventuras del nieto de Juan Moreira; Pago Chico*, etc.; de agudos estudios como *La Australia Argentina*; de obras teatrales como *Sobre las ruinas; Marco Severi; Mientraiga*, etc. (1867-1928).

PAYSANDÚ. *Geog.* Departamento del N.O. del Uruguay. 13.252 km². 100.000 h. Actividad agropecuaria. Cap. hom. con importante puerto sobre el río Uruguay. 48.000 h. Industria frigorífica.

PAYUCANO, NA. s. desp. *Arg.* Campesino, provinciano, dicho especialmente del que va a la capital. Ú.t.c.adj.

PAYUELAS. f. pl. **Viruelas locas.**

PAYÚN. *Geog.* Volcán de la Argentina, en el sur de la prov. de Mendoza. 3.680 m. ‖ – **Matrú.** Volcán de la Argentina (Mendoza), al N. del anterior. 2.930 m.

PAZ. al. **Friede.** fr. **Paix.** ingl. **Peace.** ital. **Pace.** port. **Paz.** (Del lat. *pax, pacis.*) f. Virtud que pone en el ánimo tranquilidad y sosiego. *Sólo tú mismo puedes procurarte la* PAZ. ‖ Pública tranquilidad de los Estados, en contraposición a la guerra. *Es mejor la* PAZ *segura, que victorias problemáticas.* ‖ Buena armonía entre individuos y familias. *Nada perturbaba la* PAZ *del hogar*; sinón.: **apacibilidad, unión.** ‖ Genio sosegado y apacible. ‖ Convenio entre jefes de Estado para dar tregua y quietud a sus pueblos, especialmente después de las guerras. *Firmar la* PAZ. ‖ Momento de la misa en que el celebrante besa el altar y luego abraza al diácono y éste al subdiácono. ‖ En las catedrales, reliquia o imagen que se da a besar al coro y a los que hacen cabeza del pueblo. ‖ Salutación que se hace dándose un beso en el rostro los que se encuentran después de mucho tiempo. ‖ **A la paz de Dios.** loc. fam. con que se despide uno de otro o de una conversación. ‖ **Dejar en paz** a uno. frs. No molestarle. ‖ **Descansar en paz.** frs. Morir y salvarse. Dícese piadosamente de quienes mueren en la religión católica. ‖ **Estar en paz.** frs. En el juego, igualdad existente en el dinero que se ha apostado, de modo que no hay pérdida ni ganancia, o igualdad en la cantidad de tantos de ambas partes. ‖ Aplícase a la igualdad en las cuentas cuando se paga totalmente la deuda. ‖ fig. Dícese del desquite o reciprocidad en las acciones o palabras entre un sujeto y otro. ‖ **Ir en paz.** frs. con que se despide cortésmente a algún interlocutor. ‖ **Meter paz.** frs. **Poner en paz.** ‖ **¡Paz!** Interjección que se usa para ponerla o solicitarla entre los que riñen. ‖ **Poner en paz.** frs. Mediar entre los que riñen. ‖ **Quedar en paz.** frs. **Estar en paz.** ‖ IDEAS AFINES: *Descanso, concordia, reconciliación, arco iris, desarme, arbitraje, pacto, R. I. P.*

PAZ, Alonso de la. *Biog.* Escultor guat. (1605-1676). ‖ – **Ireneo.** *Biog.* Literato y jurisconsulto mex., autor de *Leyendas históricas desde la conquista hasta la época presente; Doña Marina; Memorias*, etc. (1836-1921). ‖ – **José C.** Periodista y político arg., fundador del diario "La Prensa" y autor de *Las instituciones libres; Las presas en los puertos neutrales*, etc. (1842-1912). ‖ – **José María.** Militar arg. que actuó brillantemente en las luchas por la independencia de su país y en las contiendas con los caudillos provinciales. Dirigió las fuerzas levantadas contra Rosas y defendió a Montevideo contra Oribe. Notable documento histórico son sus *Memorias* (1791-1854). ‖ – **Juan Carlos.** Compositor arg., cultor de la música atonal. Obras: *Movimiento sinfónico; Pampeana; Julián, el emperador*, etc. (1897-1972). ‖ – **Luis.** Historiador bol., autor de *El gran tribuno; Historia del Alto Perú; Historia de Bolivia*, etc. (s. XIX). ‖ – **Marcos.** Jurista y político arg., en 1865 presidente interino de su país (1813-1868). ‖ – **Octavio.** Escritor mex., autor de *Raíz del hombre* y otras obras poéticas (n. 1914). ‖ – **BARAHONA, Miguel.** Estadista hond., de 1926 a 1929 presidente de la República. ‖ – **ESTENSSORO, Víctor.** Político bol., de 1951 a 1956 y de 1960 a 1964 presidente de la República. Reelegido para el período 1964-1968, fue derrocado por un golpe militar encabezado por René Barrientos en 1964. (n. 1907). ‖ – **PAREDES, Margarita.** Poetisa mex., n. en 1918; autora de *Voz de la tierra* y otras obras líricas. ‖ – **SOLDÁN, Carlos.** Político per., dedicado a estudios de derecho internacional (n. 1844). ‖ – **SOLDÁN Y UNANUE, Pedro.** Escr. y diplomático per. que usó también el seudónimo de **Juan de Arona.** Gran humanista, traductor de clásicos latinos, se distinguió como filólogo y como poeta. Publicó: *Diccionario de peruanismos; Poesías peruanas; Sonetos y chispazos*, etc. (1839-1895). ‖ – **Y SALGADO, Antonio de.** Escritor guat. de carácter satírico (m. 1957).

PAZ, La. *Geog.* V. La Paz.

PAZ DEL RÍO. *Geog.* Pobl. y municipio de Colombia, en el departamento de Boyacá. 5.800 h. Importante planta siderúrgica.

PAZGUATERÍA. f. Calidad de pazguato. ‖ Acción propia de él.

PAZGUATO, TA. (Del lat. *pacificatus.*) adj. y s. Simple, que se pasma de lo que ve u oye.

PAZO. (Del lat. *palátium.*) m. En Galicia, casa solariega, especialmente la situada en el campo.

PAZOS KANKI, Vicente. *Biog.* Escritor indígena residente en Bs. As. Con Moreno y Monteagudo fue uno de los redactores de "La Gazeta", tradujo al aimara la declaración de la independencia y publicó *Memorias histórico-políticas* y otras obras (1779-1851).

PAZOTE. (Voz americana.) m. Planta herbácea anual, de tallo ramoso, hojas lanceoladas, algo dentadas y flores en racimo. Toda la planta tiene olor aromático y se toman en infusión las flores y las hojas. *Che-*

nopodium ambrosoides, salsolácea.

PAZPUERCA. adj. y s. Dícese de la mujer sucia y grosera.

PAZZI. *Geneal.* Poderosa familia florentina que encabezó una famosa conspiración contra los Médicis, sangrientamente sofocada (s. XV).

Pb. *Quím.* Símbolo del plomo.

¡PCHE! o **¡PCHS!** int. de indiferencia o reserva.

Pd. *Quím.* Símbolo del paladio.

PE. f. Nombre de la letra *p.* ‖ **De pe a pa.** *Amér.* m. adv. fig. y fam. Enteramente, desde el principio al fin.

PEA. f. Embriaguez, borrachera.

PEACE. *Geog.* Río del oeste del Canadá. Nace en las montañas Rocosas, en el Est. de Columbia Británica, atraviesa el Est. de Alberta y des. en el río de los Esclavos, cerca del lago Athabaska. 1.690 km.

PEAJE. al. **Brückengeld.** fr. **Péage.** ingl. **Bridge; toll.** ital. **Pedaggio.** port. **Pedágio.** (De *pedaje.*) m. Derecho de tránsito.

PEAJERO. m. El que cobra el peaje.

PEAL. (Del lat. *pedale.*) m. Parte de la media que cubre el pie. ‖ Media sin pie sujeta a éste por una trabilla. ‖ Esterilla circular de esparto que se pone en las jaulas de los reclamos de perdiz. ‖ fig. y fam. Persona inútil; despreciable. ‖ *Amér. del S.* Pial.

PEALAR. tr. *Amér. del S.* Pialar.

PEANA. (Del lat. *pedana*; de *pes, pedis*, pie.) f. Basa o pie para poner encima una figura u otra cosa. *La* PEANA *de una estatuilla.* ‖ Tarima que hay delante del altar, arrimada a él.

PEAÑA. (Del lat. *pedánea*; de *pes, pedis*, pie.) f. Peana.

PEARL HARBOR. *Geog.* Base naval de los EE. UU. en la isla Oahu, del arch. de Hawaii, al N.O. de Honolulú. El 7 de diciembre de 1941 sufrió un inopinado y devastador ataque japonés que marcó la entrada de los EE.UU. y el Japón en la segunda Guerra Mundial.

PEARSON, Lester B. *Biog.* Diplomático canadiense. Sus gestiones para restablecer la paz en el Medio Oriente, en oportunidad del conflicto creado por la nacionalización del canal de Suez por Egipto, a la vez que su actuación en conferencias internacionales, le valieron en 1957 el premio Nobel de la Paz (1897-1972).

PEARY, Roberto Edwin. *Biog.* Explorador norteamericano; circunnavegó Groenlandia y en 1909 logró llegar al Polo Norte (1856-1920).

PEATÓN. al. **Fussgänger.** fr. **Piéton.** ingl. **Walker.** ital. **Pedone.** port. **Peão.** m Peón, el que va a pie. ‖ Correo de a pie, que conduce la correspondencia entre pueblos cercanos. ‖ IDEAS AFINES: *Transeúnte, ir, andar, caminar, paso, marcha, deambular, circular, calle.*

PEBETA. (De *pebete.*) f. fam. *Arg.* y *Urug.* Niña, chiquilla, muchacha.

PEBETE. m. Pasta de polvos aromáticos que encendida exhala un humo muy fragante. ‖ Cañutillo que contiene pólvora y otros ingredientes, que sirve para encender fuegos artificiales. ‖ fig. y fam. Cualquiera cosa con mal olor. ‖ *Arg.* y *Urug.* Niño, chiquillo, muchacho.

PEBETERO. al. **Raucherpfanne.** fr. **Brule-parfums.** ingl. **Censer.** ital. **Profumiera.** port. **Perfumador.** (De *pebete.*) m. Perfumador, vaso para quemar perfumes. *Un* PEBETERO *chino.*

PEBRE. (Del lat. *píper, -eris*, pimienta.) amb. Salsa hecha con pimienta, ajo, perejil y vinagre. ‖ En algunas partes, pimienta, fruto.

PECA. al. **Sommersprosse.** fr. **Tache de rousseur.** ingl. **Freckle.** ital. **Lentiggina.** port. **Sarda.** f. Cualquiera de las manchas pequeñas y pardas que suelen salir en el cutis, particularmente en la cara. *El sol le sacaba* PECAS.

PECABLE. adj. Capaz de pecar. ‖ Dícese de la materia misma en que se puede pecar.

PECADO. al. **Sünde.** fr. **Péché.** ingl. **Sin.** ital. **Peccato.** port. **Pecado.** m. Hecho, dicho, deseo, pensamiento u omisión contra la ley de Dios y sus preceptos. *Esperar el perdón de los* PECADOS. ‖ Cosa que se aparta de lo recto y justo. ‖ Exceso o defecto en cualquier línea. *Es un* PECADO *que no te cuides.* ‖ fig. y fam. El diablo. *Eres el* PECADO. ‖ Juego de naipes y de envite en que la suerte preferente es la de nueve puntos, haciendo **pecado** si se pasa de este número. ‖ – **actual.** Acto con que el hombre peca por su voluntad. ‖ – **capital. Pecado mortal.** ‖ – **contra natura,** o **contra naturaleza.** Sodomía u otro acto carnal contrario a la generación. ‖ – **de bestialidad.** Bestialidad, pecado hecho con una bestia. ‖ – **grave. Pecado mortal.** ‖ – **habitual.** Acto continuado o costumbre de pecar. ‖ – **mortal.** Culpa que priva al hombre de la vida espiritual de la gracia, y le hace enemigo de Dios. ‖ – **nefando.** El de sodomía, por su torpeza y obscenidad. ‖ – **original.** Aquel en que es concebido el hombre por descender de Adán. ‖ fig. y fam. Desgracia de que participa uno por la relación que tiene con otra persona o con algún cuerpo. ‖ – **venial.** El que levemente se opone a la ley de Dios, o por la tenuidad de la materia, o por falta de plena advertencia. ‖ **El pecado de la lenteja.** fig. y fam. Defecto leve que uno exagera mucho. ‖ **Conocer** uno **su pecado.** frs. Confesarlo. ‖ **De mis pecados.** loc. que se emplea para significar un afecto particular acerca del sujeto o cosa de que se habla. *Estos chiquillos* DE MIS PECADOS. ‖ **Por mis pecados.** expr. Por mis culpas o en castigo de ellas. ‖ IDEAS AFINES: *Tentación, transgresión, reincidencia, relapso, sacrilegio, lujuria, cólera, hurto, contrición, castigo, enmienda, condenado, casuista, confíteor.*

PECADOR, RA. al. **Sünder.** fr. **Pécheur.** ingl. **Sinner.** ital. **Peccatore.** port. **Pecador.** (Del lat. *peccator.*) adj. Que peca. Ú.t.c.s. ‖ Sujeto al pecado o que puede cometerlo. Ú.t.c.s. ‖ f. fam. Ramera. ‖ **¡Pecador, o pecadora, de mí!** expr. fam. a manera de interjección, con que se explica la extrañeza o sentimiento en lo que se hace, se ve, se oye o sucede.

PECAMINOSO, SA. al. **Sündhaft.** fr. **Qui tient du péché.** ingl. **Sinful.** ital. **Peccaminoso.** port. **Pecaminoso.** (Del lat. *peccamen, -inis*, pecado.) adj. Perteneciente o relativo al pecado o al pecador. *Pensamiento* PECAMINOSO. ‖ fig. Dícese de las cosas que están o parecen contaminadas de pecado. *Mundo* PECAMINOSO.

PECANHA, Nilo. *Biog.* Estadista bras. de 1909 a 1910 presid. de su país (1857-1924).

PECANTE. (Del lat. *peccans, -antis.*) p. a. de **Pecar.** Que peca. Ú.t.c.s. ‖ Aplícase a lo que es recesivo en su línea.

PECAR. al. **Sündigen.** fr. **Pécher.** ingl. **To sin.** ital. **Peccare.** port. **Pecar.** (Del lat. *peccare.*) intr. Quebrantar la ley de Dios. PECAR *contra los mandatos divinos; con la intención.* ‖ Faltar en absoluto a cualquier obligación y a lo que es debido y justo, o a las reglas del arte o política. PECÓ *por ignorancia.* ‖ Faltar a las reglas en cualquier línea. ‖ Dejarse llevar de la afición a una cosa. *Siempre* PECÓ *por indiscreto; Lucía* PECA *de coqueta.* ‖ Dar motivo para un castigo o pena. *¿En qué* PECÓ *el muchacho?* ‖ *Med.* Predominar un humor en las enfermedades.

PÉCARI. m. *Amér. del S.* Saíno. ‖ – **de collar.** El que tiene una banda blanquecina que le rodea la base del cuello. *Pecari tajacu*, tayasuido. ‖ – **labiado.** El de mayor tamaño y labios blancos. *Tayassu pecari*, tayasuido.

PECARÍ. m. Pécari.

PECAS. *Geog.* Isla del Brasil, junto a la costa del Est. de Paraná en la bahía de Paranaguá. 130 km².

PECBLENDA. (Del al. *Pech*, *pez*, resina, y *Blende*, mezcla.) f. *Miner.* Mineral de uranio muy complejo en cuya composición entran varios metales raros, y entre ellos el radio.

PECCATA MINUTA. expr. fam. Falta, vicio o error leve.

PECE. (Del lat. *piscis.*) m. Lomo de tierra que queda entre cada dos surcos. ‖ ant. Pez, animal acuático.

PECE. (Del lat. *pix, picis*, pez, substancia resinosa.) f. Tierra o mortero amasados para hacer tapias u otras construcciones.

PECECILLO. m. dim. de **Pez.**

PECEÑO, ÑA. adj. Del color de la pez. ‖ Dícese comúnmente del caballo de este pelo. ‖ Que sabe a la pez.

PECERA. f. Vasija o globo de cristal lleno de agua en que se tienen a la vista peces de varios colores.

PECIENTO, TA. adj. Del color de la pez.

PECILGO. m. Pellizco.

PECILÓPTERO. (Del gr. *poikilos*, variado, y *pteron*, ala.) adj. *Zool.* De alas coloreadas.

PECILUENGO, GA. (De *pezón* y *luengo.*) adj. Dícese de la fruta que tiene largo el pezón del que cuelga en el árbol.

PECINA. f. Piscina, estanque.

PECINA. (Del lat. *pícina*, t.f. de *nus;* de *pix*, picis, la pez.) f. Cieno negruzco de los charcos o cauces donde hay substancias orgánicas en descomposición.

PECINAL. m. Charco de agua estancada o laguna que tiene mucha pecina.

PECINOSO, SA. adj. Que tiene pecina.

PECIO. (Del b. lat. *petius*, y éste del m. or. que el lat. *pittácium*, pedazo.) m. Trozo de la nave naufragada o porción de lo que ella contiene.

PECIOLADO, DA. adj. *Bot.* Dícese de las hojas que tienen peciolo.

PECÍOLO o **PECIOLO.** al. **Stiel.** fr. **Pétiole.** ingl. **Petiole.** ital. **Pecciolo.** port. **Pecíolo.** (Del lat. *petiolus.*) m. *Bot.* Pezón de la hoja.

PÉCORA. (Del lat. *pécora*, pl. de *pecus.*) f. Res o cabeza de ganado lanar. ‖ **Ser buena,** o **mala, pécora.** frs. fig. y fam. Ser una persona taimada y viciosa, y más comúnmente siendo mujer.

PECORAL. (Del lat. *pecoralis.*) adj. Pecuario.

PECOREA. (De *pecorear.*) f. Pillaje hecho por soldados que se desbandan del cuartel o campamento. ‖ fig. Diversión ociosa, vagabundeo.

PECOREAR. (De *pécora.*) tr. Robar ganados. ‖ intr. Andar desbandados los milicianos, hurtando y saqueando.

PECORINO, NA. adj. Pecoral.

PECOS. *Geog.* Río de los EE.UU. que nace en la cordillera Sangre de Cristo (Est. de Nuevo México) y des. en el río Grande del Norte (Texas). 1.230 km.

PECOSO, SA. adj. Que tiene pecas. *Rostro* PECOSO.

PÉCS. *Geog.* Ciudad del S. de Hungría. 160.000 h. con los suburbios. Vinos, mayólicas.

PECTINA. (Del gr. *pektós*, coagulado.) f. *Quím.* Substancia neutra de muchos tejidos vegetales, que forma soluciones coloidales.

PECTINADO, DA. (Del lat. *pecten, -inis*, peine.) adj. *Anat.* Perteneciente o relativo al pubis. ‖ *Hist. Nat.* Pectiniforme.

PECTÍNEO, A. adj. *Anat.* Pectinado. ‖ m. *Anat.* Músculo del muslo que hace girar el fémur.

PECTINIFORME. (Del lat. *pecten, -inis*, peine, y de forma.) *Hist. Nat.* De forma de peine o dentado como él.

PECTORAL. (Del lat. *pectoralis.*) adj. Perteneciente o relativo al pecho. ‖ *Med.* Beneficioso para el pecho. *Jarabe* PECTORAL. ‖ m. Cruz que llevan sobre el pecho como insignia pontifical los obispos y otros prelados.

PECTOSA. (Del gr. *pektós*, coagulado.) f. *Quím.* Substancia existente en los frutos no maduros y que, mediante fermento y agua hirviendo, se transforma en pectina.

PECUARIO, RIA. (Del lat. *pecuarius.*) adj. Perteneciente al ganado. *Zonas* PECUARIAS.

PECULADO. (Del lat. *peculatus;* de *pecúlium*, caudal.) m. *Der.* Hurto de caudales públicos hecho por quien los administra.

PECULIAR. (Del lat. *peculiaris.*) adj. Propio de cada persona o cosa. *El olor* PECULIAR *del zorrino;* sinón.: **característico, privativo.**

PECULIARIDAD. al. **Besonderheit; Eigentümlichkeit.** fr. **Péculiarité.** ingl. **Peculiarity.** ital. **Peculiarità.** port. **Peculiaridade.** f. Calidad de peculiar.

PECULIARMENTE. adv. m. Propiamente, especialmente, con particularidad.

PECULIO. al. **Sondergut.** fr. **Pécule.** ingl. **Peculium.** ital. **Peculio.** port. **Pecúlio.** (Del lat. *pecúlium.*) m. Hacienda o caudal que el padre o señor permitía, para su uso y comercio, al hijo o al siervo. ‖ fig. Dinero propio de cada uno. ‖ – **adventicio.** *Der.* **Bienes adventicios.**

PECUNIA. (Del lat. *pecunia.*) f. Moneda, dinero.

PECUNIARIO, RIA. adj. Perteneciente al dinero efectivo. *Saldo* PECUNIARIO.

PECHA. f. *Chile.* Pechada.

PECHADA. f. Pechazo, golpe o empujón. ‖ *Amér. del S.* Golpe que obligado por su jinete, da con el pecho un caballo a otro.

PECHADOR, RA. s. fig. y fam. *Arg.* Sablista.

PECHAR. tr. Pagar pecho o tributo. ‖ ant. Pagar una multa. ‖ intr. Asumir una carga o sujetarse a su perjuicio. *Tuvo que* PECHAR *con las deudas de su hijo.* ‖ fig. y fam. *Arg.* Sablear, pedir dinero.

PECHAZO. m. aum. de **Pecho.** ‖ Golpe o empujón dado con el pecho. ‖ *Arg.* Acción y efecto de pechar o pedir dinero.

PECHBLENDA. f. Pecblenda.

PECHE. m. Pechina. ‖ *Amér. Central.* Huérfano. ‖ Chiquitín. ‖ Flaco.

PECHEAR. tr. Embestir con el pecho a la manera de los gallos de pelea.

PECHELINGUE. m. p. us. Pirata.

PECHERA. al. **Hemdbrust.** fr. **Plastron; jabot.** ingl. **Shirt frill.** ital. **Busto.** port. **Peito; peiteira.** f. Pedazo de lienzo o paño que se usa para abrigar el pecho. ‖ Chorrera, guarnición de la camisola. ‖ Parte de la camisa y otras prendas de vestir, que cubre el pecho. ‖ Pedazo de vaqueta forrado en cordobán y relleno de borra o cerdas, que se pone a las caballerías en el pecho, sirviéndoles de apoyo para que tiren. ‖ fam. Parte exterior del pecho, principalmente en las mujeres.

PECHERÍA. f. Conjunto de pechos o tributos. ‖ Padrón o repartimiento de lo que deben pagar los pecheros.

PECHERO. m. Babador.

PECHERO, RA. adj. y s. Obligado a pagar pecho o tributo. ‖ Plebeyo, por oposición a noble.

PECHERÓN, NA. adj. *Méx.* Dícese de todo aquello que causa admiración o es motivo de aprecio. *Traje* PECHERÓN; *fiesta* PECHERONA.

PECHIBLANCO, CA. adj. De pecho blanco. Dícese de los animales.

PECHICOLORADO. m. Pechirrojo.

PECHICHE. m. *Ec.* Árbol de madera fina y fruto como cereza, usado para hacer dulce.

PECHIGONGA. f. Juego en que se reparten nueve cartas a cada jugador en tres veces, las dos primeras a cuatro y la tercera a una, pudiéndose envidar conforme se van recibiendo. El jugador que logra juntar las nueve cartas seguidas, desde el as hasta el nueve, tiene **pechigonga.**

PECHILÍ. *Geog.* V. **Petchilí.**

PECHINA. (Del lat. *pecten, -inis*, peine.) f. Venera, conchas que llevaban sobre la esclavina los peregrinos de Santiago. ‖ *Arq.* Cualquiera de los cuatro triángulos curvilíneos que forman el anillo de la cúpula con los arcos torales sobre los que descansa.

PECHIRROJO. m. Pardillo.

PECHISACADO. DA. adj. fig. y fam. Engreído, arrogante.

PÉCHKOV, Alejo Maximovich. *Biog.* V. **Gorki, Máximo.**

PECHO. al. **Brust.** fr. **Poitrine.** ingl. **Breast.** ital. **Petto.** port. **Peito.** (Del lat. *pectus.*) m. Parte del cuerpo humano, que se extiende desde el cuello hasta el vientre, y que comprende el corazón y los pulmones. ‖ Lo exterior de esta misma parte. ‖ Parte anterior del tronco de los cuadrúpedos que se halla entre el cuello y las patas anteriores. ‖ Cada una de las mamas de la mujer. ‖ Repecho. ‖ fig. Interior del hombre. *En su* PECHO *no anida el rencor.* ‖ Valor, fortaleza y constancia. ‖ Calidad de la voz, o su duración, y resistencia para cantar o perorar. ‖ **Abierto de pechos.** expr. Aplícase al caballo o yegua que al caminar lleva la mano hacia afuera excesivamente, haciendo una especie de semicírculo y cojeando mucho. ‖ **Abrir** uno **su pecho a,** o **con,** otro. frs. fig. Confesarle su secreto. ‖ **A pecho descubierto.** m. adv. Sin armas defensivas, sin resguardo. ‖ fig. Con rectitud y nobleza. ‖ **Dar el pecho.** frs. Dar de mamar. ‖ **De pechos.**

m. adv. Con el **pecho** apoyado en o sobre una cosa. Ú. con los verbos *caer, echarse, estar,* etc. ‖ **Descubrir** uno **su pecho** a otro. frs. fig. Hacer completa confianza de él o confesarle lo más secreto del corazón. ‖ **Entre pecho y espalda.** loc. fig. y fam. En el estómago. ‖ **No caber** a uno una cosa **en el pecho.** frs. fig. Sentir ansia de comunicarla, descubrir lo que no era preciso decir. ‖ **Pecho arriba.** m. adv. **A repecho.** ‖ **Poner a los pechos** una pistola, etc. frs. fig. Amenazar con un perjuicio inmediato para coartar la voluntad ajena. ‖ **Poner** uno **el pecho a** una cosa. frs. Enfrentarla. ‖ **Tomar** uno **a pechos** una cosa. frs. fig. Tomarla eficaz y empeñadamente; hacer de ella grande asunto. ‖ **Tomar el pecho.** frs. Coger el niño con la boca el pezón del **pecho,** para mamar. ‖ IDEAS AFINES: *Tórax, pectoral, esternón, pechuga, pechera, coraza, peto, apechugar, pechar, escote, babero, corbata, chorrera, escudo, parapeto, estetoscopio.*

PECHO. m. Tributo que se pagaba al rey o señor territorial por razón de los bienes o haciendas. *Ni la nobleza ni el clero pagaban* PECHOS ‖ fig. Contribución o censo que por obligación se paga a cualquier sujeto.

PECHÓN, NA. adj. *Méx.* Gorrón, que acostumbra vivir o divertirse a costa ajena.

PECHORA. *Geog.* V. **Petchora.**

PECHUELO. m. dim. de **Pecho.**

PECHUGA. f. Pecho del ave, que está como dividido en dos, a uno y otro lado del caballete. Ú. t. en pl. ‖ Cualquiera de estas dos partes del pecho del ave. ‖ fig. y fam. Pecho de hombre o de mujer. ‖ *Amér.* Sangre fría, desenfado. ‖ *Amér. Central.* Enojo que se causa a alguna persona. ‖ *Ec., Pan.* y *Perú.* Abuso de confianza. ‖ fig. y fam. Cuesta, terreno inclinado.

PECHUGÓN. (De *pechuga.*) m. Golpe fuerte dado con la mano en el pecho de otro. ‖ Caída o encuentro de pechos. ‖ fig. Esfuerzo extremado.

PECHUGÓN, NA. adj. *Amér.* Cínico, desfachatado.

PECHUGUERA. (De *pechuga.*) f. Tos pectoral y tenaz.

PEDAGOGÍA. al. **Pädagogik; Erziehungslehre.** fr. **Pédagogie.** ingl. **Pedagogy.** ital. **Pedagogia.** port. **Pedagogia.** (Del gr. *paidagogía.*) f. Arte de educar o enseñar a los niños. ‖ Por ext., todo lo que enseña o educa. ‖ IDEAS AFINES: *Maestro, discípulo, docente, preceptor, infancia, instrucción, método, aprender, escuela, libro, didáctico.*

PEDAGÓGICO, CA. (Del gr. *paidagogikós.*) adj. Perteneciente o relativo a la pedagogía. *Plan* PEDAGÓGICO; sinón.: **educativo.** ‖ deriv.: **pedagógicamente.**

PEDAGOGO, GA. al. **Erzieher; Pädagoge.** fr. **Pédagogue.** ingl. **Pedagogue.** ital. **Pedagogo.** port. **Pedagogo.** (Del lat. *paedagogus* y éste del gr. *paidagogós*; de *pais, paidós,* niño, y *ago,* conducir.) s. Ayo. ‖ Maestro de escuela. ‖ Perito en pedagogía. ‖ fig. El que acompaña y dirige siempre a otro.

PEDAJE. (Del b. lat. *pedáicum,* y éste del lat. *pes, pedis,* pie.) m. Peaje.

PEDAL. al. **Fusshebel; pedal.** fr. **Pédale.** ingl. **Treadle.** ital. **Pedale.** port. **Pedal.** (Del lat. *pedalis.*) m. Palanca que mueve algún mecanismo, oprimiéndola con el pie. *El* PEDAL *de un torno; de una máquina de coser.* ‖ *Mús.* En la armonía, sonido prolongado sobre el cual se suceden diferentes acordes. ‖ Cualquiera de los juegos mecánicos y de voces que, al ser movidos con los pies, se corresponden con las teclas del órgano o del piano, reforzando o debilitando el sonido. ‖ IDEAS AFINES: *Armonio, pianola, arpa, sordina, registro, bicicleta, velocípedo, automóvil, pedalear.*

PEDALEAR. intr. Poner en movimiento un pedal. Dícese en especial refiriéndose al de los velocípedos y bicicletas.

PEDANA. (Del ital. *pedana,* alfombrilla, ruedo.) f. *Dep.* Tablado o sitio preparado para realizar asaltos de esgrima.

PEDANTE. al. **Besserwisser; pedant.** fr. **Pédant.** ingl. **Pedant.** ital. **Pedante.** port. **Pedante.** (Del ital. *pedante,* y éste de un deriv. del gr. *pais, paidós,* niño.) adj. Dícese del que por ridículo envanecimiento le place hacer inoportuno y vano alarde de erudición, téngala o no en realidad. Ú.t.c.s. sinón.: **presumido, vanidoso.** ‖ m. Maestro que enseña la gramática a los niños yendo a las casas.

PEDANTEAR. intr. Obrar con pedantería.

PEDANTERÍA. f. Condición de pedante.

PEDANTESCO, CA. adj. Perteneciente o relativo a los pedantes o a su estilo y forma de hablar. *Citas* PEDANTESCAS. ‖ deriv.: **pedantescamente.**

PEDANTISMO. m. Pedantería.

PEDAZO. al. **Stück.** fr. **Morceau.** ingl. **Piece.** ital. **Pezzo.** port. **Pedaço.** (Del lat. *pittácium,* y éste del gr. *pittakion.*) m. Parte de una cosa separada del todo. *Con un* PEDAZO *de papel le fabriqué un barquito*; sinón.: **trozo.** ‖ Cualquier parte de un todo físico o moral. *Ni un* PEDAZO *de su cuerpo quedó sin cicatrices.* ‖ – **de alcornoque, de animal,** o **de bruto.** fig. y fam. Persona inútil o necia. ‖ – **del alma, de las entrañas,** o **del corazón.** fig. y fam. Persona muy querida. Suelen hacer uso de estas expresiones las madres respecto de los hijos pequeños. ‖ – **de pan.** fig. Lo más necesario para mantenerse. *Ganar un* PEDAZO DE PAN. ‖ Precio bajo o interés muy corto. *Me vendió esto por un* PEDAZO DE PAN. ‖ **A pedazos.** m. adv. Por partes, en porciones. *El empapelado se caía* A PEDAZOS. ‖ **Caerse** uno **a pedazos.** frs. fig. y fam. Andar tan desgarbado, que parece que se va cayendo. ‖ Estar muy fatigado a causa de un trabajo corporal. ‖ **En pedazos.** m. adv. **A pedazos.** *Cortar* EN PEDAZOS. ‖ **Estar** uno **hecho pedazos.** frs. fig. y fam. **Caerse a pedazos,** estar muy fatigado. ‖ **Morirse por sus pedazos.** frs. fig. y fam. con que se explica que una persona está muy apasionada de otra. ‖ **Ser** uno **un pedazo de pan.** frs. fig. y fam. Ser afable y bondadoso; inofensivo.

PEDAZUELO. m. dim. de **Pedazo.**

PEDERASTA. al. **Knabenschänder; päderast.** fr. **Pédéraste.** ingl. **Pederast.** ital. **Pederasta.** port. **Pederasta.** (Del gr. *paiderastés*; de *pais, paidós,* niño, y *erastés,* amante.) m. El que realiza pederastia.

PEDERASTIA. (Del gr. *paiderastía.*) f. Abuso deshonesto cometido contra un niño. ‖ Sodomía.

PEDERNAL. al. **Feuerstein.** fr. **Silex.** ingl. **Flint.** ital. **Pietra focaia.** port. **Pedernal.** (Del lat. *petra.*) m. *Miner.* Variedad de cuarzo, constituida por sílice con alúmina, gris amarillento, de fractura concoidea, que da chispas al ser herido por un eslabón. ‖ fig. Dureza suma en cualquier especie.

PEDERNALINO, NA. adj. De pedernal o que participa de sus propiedades. Ú.t. en sent. fig. *Entrañas* PEDERNALINAS.

PEDERNEIRAS, Mario. *Biog.* Poeta bras. que introdujo una serie de innovaciones formales en la poesía de su país (1868-1915).

PEDERNERA, Juan Esteban. *Biog.* Militar arg., guerrero de la independencia y vicepresidente de la Confederación durante el gobierno de Derqui (1796-1886).

PEDERSEN, Cristián. *Biog.* Escritor danés considerado el padre de la lit. de su patria. Tradujo a su idioma las Sagradas Escrituras, los clásicos latinos y publicó numerosas obras de carácter teológico (1480-1554).

PEDESTAL. al. **Fussgestell; piedestal.** fr. **Piédestal.** ingl. **Pedestal; Support.** ital. **Piedestallo.** port. **Pedestal.** (Del lat. *pes, pedis,* pie, y el ant. alto al. *stal,* situación, asiento.) m. Cuerpo sólido, por lo general de forma de paralelepípedo rectangular, con basa y cornisa, que sostiene una columna, estatua, etc. ‖ Peana, basa, por lo común de cruces o cosas semejantes. ‖ fig. Fundamento en que se afirma una cosa o la que sirve de medio para conseguirla. ‖ IDEAS AFINES: *Cimiento, cruz, imagen, monumento, reloj, realce, sostén, pie, plinto, basamento.*

PEDESTRE. al. **Zu Fuss gehend.** fr. **Pédestre.** ingl. **Pedestrious.** ital. **Pedestre.** port. **Pedestre.** (Del lat. *pedestris.*) adj. Que anda a pie. ‖ Dícese del deporte consistente esencialmente en caminar o correr. *Carrera* PEDESTRE. ‖ fig. Llano, bajo, vulgar. *Un chiste* PEDESTRE.

PEDESTRISMO. m. Conjunto de deportes pedestres.

PEDÍATRA o **PEDIATRA.** com. Médico de niños.

PEDIATRÍA. (Del gr. *pais, paidós,* niño, y *iatreía,* curación.) f. *Med.* Medicina de los niños.

PEDIÁTRICO, CA. adj. Perteneciente o relativo a la pediatría. *Clínica* PEDIÁTRICA.

PEDICOJ. (Del lat. *pes, pedis,* pie, y de *cojo.*) m. Salto que se da con un pie solo.

PEDICULADO, DA. adj. Pedunculado.

PEDICULAR. (Del lat. *pedicularis.*) adj. Se aplicó a la supuesta enfermedad en que el paciente se plagaba de piojos. ‖ Perteneciente o relativo al piojo.

PEDÍCULO. (Del lat. *pediculus.*) m. Pedúnculo, pezón. ‖ *Anat.* Tallo más o menos delgado que une una formación anormal, por ejemplo una verruga o un cáncer al órgano o tejido correspondiente.

PEDICULOSIS. (Del lat. *pedículus,* piojo, y el sufijo *osis,* que significa enfermedad.) f. *Pat.* Afección producida por los piojos.

PEDICURO, RA. al. **Fussarzt.** fr. **Pédicure.** ingl. **Chiropodist.** ital. **Chiropodista.** port. **Pedicuro.** (Del lat. *pes, pedis,* pie, y *curare,* curar.) s. Callista.

PEDIDO. al. **Auftrag.** fr. **Demande; commande.** ingl. **Demand.** ital. **Domanda; richiesta.** port. **Pedido.** (Del lat. *petítum.*) m. Donativo que en caso de necesidad pedían los soberanos a sus vasallos y súbditos. ‖ Tributo que se pagaba en los lugares. ‖ Encargo que se hace de géneros de su tráfico a un fabricante o vendedor. *Llovían los* PEDIDOS. ‖ Petición, acción de pedir. PEDIDO *de informes.*

PEDIDOR, RA. (Del lat. *petítor.*) adj. y s. Que pide, especialmente si es con impertinencia.

PEDIDURA. (Del lat. *petitura.*) f. Acción de pedir.

PEDIGÓN, NA. (De *pedir.*) adj. y s. fam. Pedidor. ‖ Pedigüeño.

PEDIGRÍ. (Del ingl. *pedigree.*) m. Genealogía de un animal. ‖ Documento en que consta.

PEDIGÜEÑO, ÑA. al. **Bettler.** fr. **Demandeur.** ingl. **Craving.** ital. **Importuno.** port. **Pedinchão.** adj. y s. Que pide frecuente e importunamente.

PEDILUVIO. m. Baño de pies que se toma por medicina. Ú. m. en pl.

PEDIMENTO. m. Petición, pedidura. ‖ *Der.* Escrito presentado ante un juez. ‖ **A pedimento.** m. adv. A solicitud, a petición.

PEDIR. al. **Bitten; verlangen.** fr. **Demander.** ingl. **To ask.** ital. **Domandare; chiedere.** port. **Pedir.** (Del lat. *pétere.*) tr. Rogar o demandar a alguien que dé o haga una cosa, de gracia o de justicia. PIDIÓ *perdón, permiso.* sinón.: **demandar, solicitar.** ‖ Por anton., **pedir** limosna. ‖ Deducir uno su derecho o acción ante el juez. PEDIR *en justicia.* ‖ Poner precio el vendedor a la mercancía. PIDEN *mucho por este automóvil.* ‖ Requerir una cosa, exigirla. PIDO *garantías.* ‖ Proponer a los padres o parientes de una mujer el deseo de que la concedan por esposa para sí o para otro. PEDIR *en matrimonio.* ‖ En el juego de pelota y otros, poner por jueces a los espectadores para que decidan si determinado lance o jugada se hizo según las reglas del juego. ‖ En los naipes, obligar a servir la carta del palo que ha sido jugado. ‖ Exigir cambio de cartas cuando hay derecho a hacerlo. ‖ irreg. **Conjugación:** INDIC. Pres.: *pido, pides, pide, pedimos, pedís, piden.* Imperf.: *pedía, pedías,* etc. Pret. indef.: *pedí, pediste, pidió, pedimos, pedisteis, pidieron.* Fut. imperf.: *pediré, pedirás,* etc. POT.: *pediría, pedirías,* etc. SUBJ. Pres.: *pida, pidas, pida, pidamos, pidáis, pidan.* Imperf.: *pidiera, pidieras,* etc. o *pidiese, pidieses,* etc. Fut. Imperf.: *pidiere, pidieres,* etc. IMPERAT.: *pide, pedid.* PARTIC.: *pedido.* GER.: *pidiendo.* ‖ IDEAS AFINES: *Súplica, oración, favor, peticionar, instar, postulante, imploración, rogativa.*

PEDO. al. **Furz.** fr. **Pet.** ingl. **Fart.** ital. **Peto.** port. **Peido.** (Del lat. *pédere,* peer.) m. Ventosidad expelida por el ano. ‖ *Arg.* vulg. Borrachera. ‖ – **de lobo.** Bejín, hongo. ‖ **Al pedo.** m. adv. vulg. *Arg.* y *Bol.* En balde, inútilmente. ‖ **En pedo.** m. adv. vulg. *Amér. Central* y *R. de la Plata.* En estado de beodez.

PEDORRERA. (De *pedorro.*) f. Frecuencia de ventosidades expelidas del vientre. ‖ pl. Calzones ajustados, llamados escuderiles porque los usaban los escuderos.

PEDORRERA. f. *Cuba.* Pajarito de hermosos colores, entre los que predomina el verde; vive en los bosques pero se domestica con facilidad. *Todus multicolor.*

PEDORRERO, RA. (De *pedorro.*) adj. Que con frecuencia o sin miramientos expele las ventosidades del vientre.

PEDORRETA. f. Ruido que, por imitación al pedo, se hace con la boca.

PEDORRO, RRA. (De *pedo.*) adj. y s. Pedorrero.

PEDRADA. al. **Steinwurf.** fr. **Coup de pierre.** ingl. **Thorow of a stone.** ital. **Pietrata.** port. **Pedrada.** f. Acción de arrojar con impulso una piedra hacia determinada parte. ‖ Golpe dado con la piedra que se tira. *De una* PEDRADA *rompió el vidrio.* ‖ Señal que deja. ‖ Adorno de cinta que usaban los soldados para llevar plegada el ala del sombrero. ‖ Lazo que las mujeres solían llevar a un lado de la cabeza. ‖ fig. y fam. Expresión dicha de propósito para que otro la sienta o se dé por aludido con ella. ‖ **Como pedrada en ojo de boticario.** loc. fig. y fam. que expresa que una cosa es muy apropiada u oportuna respecto de lo que se está tratando.

PEDRAL. m. *Mar.* Piedra que, atada a un cabo o a una red, los mantiene verticales dentro del agua. Ú.m. en pl.

PEDRARIAS. *Biog.* V. **Arias Dávila, Pedro.**

PEDRAZA, Manuela. *Biog.* Patriota arg.; tuvo destacada actuación en la lucha contra las invasiones inglesas, por lo cual se le otorgó el grado de alférez.

PEDREA. f. Acción de apedrear o apedrearse. ‖ Combate a pedradas. ‖ Acto de caer piedras de las nubes.

PEDREGAL. m. Terreno inculto casi totalmente cubierto de piedras sueltas.

PEDREGAL. *Geog.* Río de México, que con el nombre de Tonalá, des. en el golfo de México. Sirve de límite entre los Est. de Veracruz, Chiapas y Tabasco. 145 km. Se llama también Tancochapan.

PEDREGOSO, SA. al. **Steinig.** fr. **Pierreux.** ingl. **Stony.** ital. **Sassoso, pietroso.** port. **Pedroso.** adj. Dícese del terreno abundante en piedras. ‖ Que padece mal de piedra. Ú.t.c.s.

PEDREGULLO. m. Grava, cascajo.

PEDREGUYAL. m. *Ven.* Pedregal.

PEDREIRA, Antonio S. *Biog.* Escritor portorr., autor de *Insularismo* y otras obras (1899-1939).

PEDREJÓN. m. Piedra grande suelta.

PEDRELÍ, Carlos. *Biog.* Compositor urug. que utiliza temas hispanoamericanos con técnica impresionista. Autor de la ópera *Ardid de amor;* los ballets *Cuento de abril; La gitana y la rosa* y otras obras (1878-1941). ‖ – **Felipe.** Compos. y musicólogo esp.: desarrolló una importante labor creadora y crítica. Compuso *El último abencerraje; Misa de gloria,* zarzuelas, conciertos y publicó *Diccionario técnico de la música,* etc. (1841-1922).

PEDRERA. f. Cantera, lugar del que se sacan las piedras.

PEDRERAL. m. Especie de artolas de madera que se emplean para llevar a lomo piedras u otras cosas semejantes.

PEDRERÍA. al. **Edelsteine.** fr. **Pierreries.** ingl. **Jewellery.** ital. **Gemme.** port. **Pedraria.** f. Conjunto de piedras preciosas, como diamantes, esmeraldas, etc. *Un collar engastado con riquísima* PEDRERÍA.

PEDRERO. (Del b. lat. *petrarius,* y éste del lat. *petra,* piedra.) m. Cantero, el que labra piedras. ‖ Boca de fuego antigua, que se empleaba para disparar pelotas de piedra. ‖ Hondero. ‖ *Col., Chile* y *Hond.* Pedregal.

PEDRÉS. (Del lat. *petrensis*, de piedra.) adj. V. **Sal pedrés.**

PEDRETA. f. dim. de **Piedra.** ‖ Cantillo o pitón.

PEDREZUELA. f. dim. de **Piedra.**

PEDRISCA. f. Pedrisco.

PEDRISCAL. (De *pedrisco.*) m. Pedregal.

PEDRISCO. m. Piedra o granizo grueso que cae de las nubes en abundancia. ‖ Copia o multitud de piedras arrojadas. ‖ Multitud o conjunto de piedras sueltas *Los* PEDRISCOS *le lastimaban los pies.*

PEDRISQUERO. m. Pedrisco, granizo.

PEDRIZO, ZA. adj. Pedregoso, cubierto de piedras.

PEDRO. m. p. ‖ **– Jiménez.** Pedrojiménez. ‖ **Bien está,** o **se está, San Pedro en Roma.** frs. proverb. que se emplea contra cualquier mudanza que se propone a uno, si él juzga que no es conveniente. ‖ **Como Pedro por su casa.** loc. fig. y fam. Con entera libertad o sin miramiento alguno. Dícese del que entra o se mete de esta manera en alguna parte sin título ni razón para ello.

PEDRO. *Biog.* Nombre de cuatro reyes de Aragón, de los s. XI al XIV. ‖ – **I.** Rey de Aragón y de Navarra (1074-1104). ‖ – **II.** Rey de Aragón y de Sicilia (1177-1213). ‖ – **III.** Rey de Aragón y de Valencia (1239-1285). ‖ – **IV.** Rey de Aragón y Cataluña (1319-1387). ‖ Nombre de cinco reyes de Portugal, del s. XVII al XIX.

PEDRO. *Biog.* Nombre de tres emperadores de Rusia, de 1672 a 1762 ‖ – **I.** Soberano ruso, llamado el Grande, cuya férrea voluntad y grandes dotes de organización lograron colocar a su país a la altura de las poderosas naciones occidentales cont. (1672-1725). ‖ – **II.** Emperador desde 1727 a 1730 ‖ – **III.** Emperador, n. en 1728, que gobernó hasta su trágica muerte, en 1762.

PEDRO I. *Biog.* Emperador del Brasil y rey de Portugal con el nombre de Pedro IV. Consolidó la independencia bras. y abdicó en favor de su hijo (1789-1836). ‖ – **II.** Emperador del Brasil, liberal y culto. Abolió la esclavitud y aceptó en 1889 la proclamación de la Rep. (1825-1891).

PEDRO I. *Biog.* Rey de Yugoslavia después de la primera Guerra Mundial (1844-1921). ‖ – **II.** Rey de Yugoslavia hasta 1945 en que se proclamó la Rep. (n. 1923).

PEDRO I. *Biog.* Rey de Castilla y León (1344-1369).

PEDRO I. *Biog.* Rey de Servia de 1903 a 1918 y de 1918 a 1921 de los servios, croatas y eslovenos (1844-1921).

PEDRO, San. *Hagiog.* Apóstol y primer Papa de la Iglesia cristiana. Llamado Simón, era pescador en Galilea cuando se acercó a Cristo, quien le dio el nombre de Cefas (piedra) y le dijo: "sobre esta piedra levantaré mi Iglesia". Durante la Pasión negó tres veces a su Maestro, pero luego dedicó su vida a difundir su doctrina, hasta que fue crucificado por Nerón en Roma. Escribió dos epístolas que figuran en el Nuevo Testamento (aprox. 10 a. de C. -67.).

PEDRO, el Ermitaño. *Biog.* V. **Amiens, Pedro de.**

PEDRO, Valentín de. *Biog.* Literato arg., autor de *Gaucho matrero; La leyenda del tigre; Nuevo parnaso argentino*, etc. (1896-1966).

PEDRO. *Geog.* Isla británica de las Pequeñas Antillas, en el grupo de las Vírgenes. sit. al sur. de la isla Tórtola. ‖ – **Molina.** Población del O. de La Argentina (Mendoza). 8.000 h.

PEDRO ARMENGOL, San. *Hagiog.* Mercedario esp. dedicado a la redención de cautivos en España y África (aprox. 1238-1304).

PEDRO CLAVER, San. *Hagiog.* Jesuita esp. que ejerció su sacerdocio en Bogotá. Patrón de las misiones entre negros (1580-1654).

PEDROCHE. m. Pedregal.

PEDRO DE ALCÁNTARA, San. *Hagiog.* Franciscano esp., reformador de su orden y autor de *Tratado de la oración* y *Tratado de la devoción* (1499-1562).

PEDROJIMÉNEZ. m. Variedad de uva cuyos racimos son grandes, algo ralos y de granos esféricos, muy lisos, translúcidos y de color dorado. Es propia de algunos pagos de Andalucía, y especialmente Jerez de la Frontera. ‖ Vino dulce hecho de esta uva.

PEDRO JUAN CABALLERO. *Geog.* C. del Paraguay, cap. del dep. de Amambay. 7.000 h.

PEDRONI, José. *Biog.* Poeta arg., cuyos versos de tono íntimo se refieren, por lo general, a la vida hogareña (1899-1968).

PEDRO NOLASCO, San. *Hagiog.* Religioso esp., fundador de la orden de la Merced (1189-1256).

PEDROSA Y GUERRERO, Antonio de la. *Biog.* Político esp., virrey del Nuevo Reino de Granada de 1718 a 1719.

PEDRO Y EL LOBO. *Mús.* Cuento sinfónico para niños de Sergio Prokofiev, estrenado en 1936. Obra plena de candor, notable por su belleza pictórica y su sencilla instrumentación.

PEDRUSCO. m. fam. Pedazo de piedra sin labrar.

PEDUNCULADO, DA. adj. *Bot.* Dícese de las flores y frutos que tienen pedúnculo.

PEDÚNCULO. al. **Blütenstiel.** fr. **Pédoncule; pédicule.** ingl. **Peduncle.** ital. **Peduncolo.** port. **Pedúnculo.** (Del lat. *pedúnculus.*) m. *Bot.* Pezón, rabillo en las plantas. ‖ IDEAS AFINES: *Pecíolo, tallo, flor, hoja, rama, fruta, inflorescencia, sostén, podar, arrancar.*

PEEBLES. *Geog.* Condado de Gran Bretaña (Escocia). 899 km². 14.300 h. Ovinos, lanas. Cap. hom. 6.100 h.

PEEL, Roberto. *Biog.* Estadista ingl., figura brillante que influyó en la economía política de toda Europa apoyando las ideas librecambistas (1788-1850).

PEER. (Del lat. *pédere.*) intr. y r. Expeler la ventosidad del vientre por el ano.

PEER GYNT. *Lit.* Obra teatral de Enrique Ibsen, estrenada en 1867. Hermoso poema dramático en que la diferencia de otras obras de Ibsen lo lírico predomina sobre lo lógico; fue resistido en su época, pero la crítica contemporánea lo considera entre las mejores obras del autor.

PEERS, Edgardo Allison. *Biog.* Escritor ingl. autor de varios trabajos sobre la literatura española del periodo romántico (1888-1953).

PEGA. f. Acción de pegar o conglutinar una cosa con otra. ‖ Baño que se da con la pez a los vasos o vasijas; como tinajas, cántaros, pellejos, etc. ‖ Rémora, pez marino. ‖ fam. Chasco, burla. Dícese preferentemente de los que se dan en carnaval. ‖ Entre estudiantes, pregunta difícil de contestar en exámenes. ‖ Zurra. *Le dio una* PEGA *de guantazos.* ‖ *Min.* Acción de pegar fuego a un barreno.

PEGA. (Del lat. *pica.*) f. Urraca. ‖ **– reborda.** Alcaudón.

PEGADILLO. m. dim. de **Pegado.**

PEGADIZO, ZA. adj. Pegajoso, que se pega. ‖ Contagioso. *El bostezo es* PEGADIZO. ‖ Que con facilidad se graba en la memoria. ‖ Dícese de la persona que se arrima a otra para comer o divertirse a costa de ella. ‖ Postizo, imitado. *Modales* PEGADIZOS. ‖ fig. y fam. V. **Piojo pegadizo.**

PEGADO. m. Parche, emplasto hecho con cosas que se pegan.

PEGADOR. (De *pegar.*) m. *Min.* Obrero que en las minas y canteras se encarga de pegar fuego a la mecha de los barrenos.

PEGADURA. f. Acción y efecto de pegar. ‖ Costura que resulta de haberse pegado una cosa con otra.

PEGAJOSIDAD. f. Glutinosidad.

PEGAJOSO, SA. al. **Klebrig.** fr. **Collant; visqueux.** ingl. **Sticky.** ital. **Appiccicoso.** port. **Pagajoso.** adj. Que se pega con facilidad. *Barro* PEGAJOSO. ‖ Contagioso o que se transmite fácilmente. *Mal* PEGAJOSO. ‖ fig. y fam. Suave, meloso. ‖ Sobón, cariñoso en demasía. ‖ Dícese de las costumbres que se comunican fácilmente. *Defecto* PEGAJOSO. ‖ Dícese de los oficios y empleos en que se manejan intereses, de los que con facilidad puede abusarse en provecho propio.

PEGAMOIDE. m. Celulosa disuelta con que se impregna un papel o tela y se obtiene una especie de hule resistente.

PEGAMOSCAS. f. *Bot.* Planta cariofilácea cuya flor tiene el cáliz cubierto de pelos pegajosos, en los que quedan presos los insectos que llegan a tocarlos.

PEGANTE. p. a. de **Pegar.** Que pega o se pega.

PEGAR. al. **Kleben; schlagen.** fr. **Coller; battre.** ingl. **To stick; to beat.** ital. **Appiccicare; incollare; battere.** port. **Pegar.** (Del lat. *picare*; de *pix, picis*, pez.) tr. Adherir, conglutinar una cosa con otra. *Ya* PEGUÉ *las etiquetas.* ‖ Juntar una cosa con otra, atándola o cosiéndola con ella. PEGAR *un corchete, un botón.* ‖ Arrimar o aplicar una cosa a otra sin dejar ningún espacio entre las dos. PEGÓ *el oído a la pared.* ‖ Comunicar uno a otro una cosa por el contacto, trato, etc. Dícese generalmente de enfermedades contagiosas, vicios, costumbres u opiniones. Ú.t.c.r. *Se le* PEGÓ *el tonillo*; sinón.: **contaminar, contagiar.** ‖ fig. Castigar dando golpes. ‖ Dar. PEGAR *una guantada, un garrotazo, una bofetada, un tiro, una paliza.* ‖ Junto con ciertos nombres, tiene el significado de los verbos neutros que de éstos se forman. PEGAR *gritos*; PEGAR *brincos.* ‖ intr. Asir o **prender.** PEGAR *un acodo;* PEGAR *el fuego.* ‖ Hacer impresión una cosa en el ánimo. ‖ Caer bien una cosa, venir al caso. ‖ Estar una cosa próxima o contigua a otra. *Su habitación estaba* PEGADA *a la mía.* ‖ Dar o tropezar impulsivamente en una cosa. PEGUÉ *contra la pared.* ‖ Asirse por su naturaleza una cosa a otra, de manera que sea difícil desunirla. ‖ r. Dicho de guisos, quemarse por haberse adherido a la olla, cazuela, etc., alguna parte sólida de lo que se cuece. ‖ fig. Introducirse o agregarse alguien adonde no ha sido llamado o no tiene motivo para ello. *No lo invitamos, pero se nos* PEGA. ‖ Insinuarse una cosa en el ánimo, de manera que cause en él complacencia o afición. *Una música que se* PEGA. ‖ Aficionarse mucho a una cosa, de manera que sea muy difícil dejarla. *Se* PEGÓ *a la bebida.* ‖ **Pegársela** a uno. frs. fam. Chasquearle, burlar su buena fe. ‖ IDEAS AFINES: *Unión, atracción, afinidad, cohesión, imán, agregar, incluir, taracea, incrustación, mosaico, ensamblar, abrochar, aglutinante, cola, pegajoso.*

PEGASEO, A. (Del lat. *pegaseius.*) adj. Perteneciente al caballo Pegaso o a las musas.

PEGÁSIDES. (Del lat. *pegásides.*) f. pl. Las musas.

PEGASO. (Del lat. *Pégasus*, y éste del gr. *Pégasos.*) m. *Astron.* Constelación boreal notable que se halla a continuación y al occidente de Andrómeda.

PEGASO. *Mit.* Caballo alado nacido de la sangre de Medusa, muerta por Perseo. Belerofonte lo robó y pretendió subir al Olimpo montado en él, pero fue desmontado y **Pegaso** se convirtió en el caballo de Zeus. Simboliza la poesía.

PEGATA. (De *pegar*, chasquear.) f. fam. Engaño con que se estafa o chasquea a alguien.

PEGMATITA. (Del gr. *pegma*, conglomerado.) f. *Min.* Roca de color claro, de textura laminar, compuesta de feldespato y algo de cuarzo.

PEGO. m. Fullería consistente en pegar disimuladamente dos naipes, para que, cuando le convenga al tramposo, salgan como uno solo.

PEGOTE. m. Emplasto hecho de pez u otra substancia pegajosa. ‖ Adición innecesaria e impertinente hecha en una obra artística o literaria. ‖ fig. y fam. Guisado u otra cosa que por estar muy espesa se pega. ‖ Persona impertinente que no se aparta de otra, especialmente en el momento u ocasión en que hay que comer. *¡Quién me sacude este* PEGOTE*!* ‖ Parche, cosa sobrepuesta.

PEGOTEAR. (De *pegote.*) intr. fam. Introducirse en las casas a las horas de comer, sin ser convidado.

PEGOTERÍA. f. fam. Acción y efecto de pegotear.

PEGÚ. *Geog.* Ciudad de Birmania, al N. de Rangún. 133.000 h., con los suburbios. Fue fundada en 573 a. de C. Notable pagoda de 96 m. de altura. Fabricación de estatuas de bronce. Son muy importantes los bosques de teca de sus alrededores. ‖ – **Yoma.** Cadena montañosa de Birmania que separa los valles de los ríos Irawadi y Sittang. 550 km. de largo.

PEGUAL. (De *pihuela*, por intermedio del chilenismo *apegualar*, apiolar.) m. *Amér. del S.* Cincha con argollas que sirve para sujetar los animales cogidos a lazo o para transportar objetos pesados.

PEGUERA. f. Hoyo donde se quema leña de pino para extraer de ella la pez y el alquitrán. ‖ Lugar donde se calienta la pez para marcar el ganado.

PEGUERO. m. El que tiene por oficio sacar o fabricar la pez. ‖ El que trata en ella.

PEGUJAL. (De *pegujar.*) m. Peculio. ‖ fig. Pequeña porción de ganado, siembra o caudal.

PEGUJALERO. (De *pegujal.*) m. Labrador que tiene poca siembra o labor. ‖ Ganadero que tiene poco ganado.

PEGUJAR. (Del lat. *peculiaris*; de *pecúlium*, peculio.) m. Pegujal.

PEGUJARERO. (De *pegujar.*) m. Pegujalero.

PEGUJÓN. (De *pegar.*) m. Conjunto de lanas o pelos que se aprietan y pegan formando pelotones.

PEGULLÓN. m. Pegujón.

PEGUNTA. (De *peguntar.*) f. Marca que se pone con pez derretida al ganado, en especial al lanar.

PEGUNTAR. (De *pega* y *untar.*) tr. Señalar las reses con pez derretida.

PEGUY, Carlos. *Biog.* Escritor fr., guía del socialismo cristiano. Místico, polémico y vigoroso, publicó *Nuestra juventud; Nota conjunta sobre Bergson y Descartes; Misterio de la caridad; Juana de Arco* y otras obras poéticas y en prosa (1873-1914).

PEHUAJÓ. *Geog.* Población de la Argentina, en el O. de la prov. de Buenos Aires. 13.537 h. Importante centro de producción agropecuaria.

PEHUÉN. (Voz arauc.) m. *Chile.* Araucaria. *El* PEHUÉN *alcanza dimensiones gigantescas.*

PEHUENCHE. adj. Dícese del indio araucano de una tribu que habitaba en la provincia argentina del Neuquén. Ú.t.c.s. ‖ Perteneciente a estos indios.

PEINA. (De *peine.*) f. Peineta.

PEINADA. (De *peinar.*) f. Peinadura, acción de peinar o peinarse.

PEINADO, DA. al. **Frisur; gekämmt.** fr. **Coiffure; coiffé.** ingl. **Hair dressed; combed.** ital. **Pettinatura; pettinato.** port. **Penteado.** adj. fam. Aplícase al hombre que acostumbra adornarse con esmero mujeril. ‖ fig. Dícese del estilo muy refinado. ‖ m. Adorno y compostura del pelo.

PEINADOR, RA. adj. y s. Que peina. ‖ m. Toalla o lienzo que, puesto al cuello, cubre la ropa del que se peina o afeita. ‖ Bata corta de tela liviana que usan sobre el vestido las mujeres para peinarse.

PEINADURA. f. Acción de peinar o peinarse. ‖ Cabellos que se arrancan con el peine.

PEINAR. al. **Kämmen.** fr. **Peigner; coiffer.** ingl. **To comb.** ital. **Pettinare.** port. **Pentear.** (Del lat *pectinare.*) tr. Desenredar o componer el cabello. Ú.t.c.r. ‖ fig. Desenredar o limpiar el pelo o la lana de algunos animales. PEINAR *las crines de un caballo.* ‖ Rozar ligeramente una cosa a otra. Ú.m. en carpintería. ‖ Quitar parte de piedra o tierra de una roca o montaña, escarpándola. ‖ V. **Peinar los naipes.** ‖ **No peinarse** una mujer **para** uno. frs. fig. y fam. No ser para el hombre que la solicita.

PEINAZO. (De *peine.*) m. *Carp.* Listón que atraviesa entre los largueros de puertas y ventanas, formando los cuarterones.

PEINE. al. **Kamm.** fr. **Peigne.** ingl. **Comb.** ital. **Pettine.** port. **Pente.** (Del lat. *pecten, -inis.*) m. Utensilio de marfil, concha u otra materia, con muchos dientes espesos, que se usa para limpiar y componer el pelo. ‖ Carda, instrumento de cardar. ‖ Barra que, igual que los peines, tiene una serie de púas por las que pasan en el telar los hilos de la urdimbre. ‖ Instrumento de puntas aceradas que se usó antiguamente para dar tormento. ‖ Empeine del pie. ‖ fig. y fam. Púa, persona astuta. Tómase comúnmente en mala parte. *Fernando es un buen* PEINE. ‖ **Sobre peine.** m. adv. Por encima del cabello y sin ahondar mucho. Por lo general se dice cuando se corta. ‖ fig. Ligeramente o sin cuidado. ‖ IDEAS AFINES: *Peinar, desenredar, peineta, rastrillo, cepillo, torzal, carey.*

PEINECILLO. m. Peineta pequeña.

PEINERÍA. (De *peinero.*) f. Taller donde se fabrican peines. ‖ Tienda donde se venden.

PEINERO. (Del lat. *pectinarius.*) m. Fabricante o vendedor de peines.

PEINETA. f. Peine convexo que usan las mujeres para asegurar el pelo o adornarlo. PEINETAS *de carey.*

PEINETERO. (De *peineta.*) m. Peinero.

PEINILLA. f. *And.* Lendrera o peine corto de dos hileras opuestas de dientes. ‖ *Col.* y *Ec.* Peine alargado y angosto de una sola hilera de dientes. ‖ *Col., Ecuad., Pan.* y *Venez.* Especie de machete.

PEIPING. *Geog.* Antiguo nombre de Pekín.

PEIPUS. *Geog.* Lago de Rusia europea que des. en el golfo de Finlandia por el río Narva. 3.600 km².

PEIXOTO, Floriano. *Biog.* Estadista bras., llamado **el Mariscal de Hierro** por su enérgico carácter. Luchó por la instauración de la Rep., y entre 1891 y 1894 fue presid. (1842-1895). ‖ – **Julio A.** Médico y literato bras., autor de *Mi tierra y mi gente; Castro Alves; Fruto salvaje,* etc. (1876-1947).

PEJE. (Del lat. *piscis.*) m. Pez, animal acuático. ‖ fig. Hombre astuto e industrioso. ‖ – **ángel.** Angelote, pez selacio. ‖ – **araña.** Pez marino acantopterigio, amarillento, obscuro por el lomo, más claro y manchado de negro en los costados y plateado por el vientre; boca oblicua, ojos muy juntos y dos aletas dorsales, una de ellas extendida a todo el largo del cuerpo. Vive en el Mediterráneo. ‖ – **diablo.** Escorpina.

PEJEBUEY. m. *Amér. del S.* Manatí.

PEJEGALLO. m. *Chile.* Pez redondeado, sin escamas, de pellejo azulado, así llamado por tener una cresta carnosa que le baja hasta la boca.

PEJEMULLER. (De *peje* y *muller,* mujer.) m. **Pez mujer.**

PEJEPALO. (De *peje* y *palo.*) m. Abadejo sin aplastar y curado al humo.

PEJERREY. (De *peje* y *rey.*) m. Pez marino, de cuerpo fusiforme, de color plateado y reluciente; con dos bandas más obscuras en cada costado, cabeza casi cónica, aletas pequeñas y cola ahorquillada. Su carne es muy estimada. *Atherina presbyter,* acantopterigio. ‖ *Arg.* Nombre dado a diversas especies de peces, del Gén. *Odontesthes,* marinos, y *Basilichthys,* de agua dulce.

PEJESAPO. m. Pez marino, de cabeza enorme, redonda y aplastada, con tres apéndices superiores largos y movibles; boca grandísima situada, así como los ojos, en la parte superior de la cabeza; cuerpo fusiforme, sin escamas y de color obscuro por el lomo y blanco por el vientre. *Lophius piscatorius,* acantopterigio.

PEJIBAYE. m. *C. Rica.* Pijibay.

PEJIGUERA. (Del lat. *vesicaria;* de *vesica,* vejiga.) f. fam. Cualquiera cosa de poco provecho, que produce molestias. ‖ V. **Hierba pejiguera.**

PEKALONGAN. *Geog.* Ciudad de Indonesia, en la isla de Java. 122.000 h. Centro azucarero y cauchífero.

PEKÍN. *Geog.* Ciudad de China, cap. de la Rep., situada al N.O. de Tientsin. 10.000.000 de h., con los suburbios. Importante centro cultural. Posee interesantes restos arqueológicos. Fue cap. del antiguo imperio chino y en la actualidad es la tercera ciudad de Asia por su población, después de Tokio y Shanghai.

PELA. (De *pelar.*) f. Peladura.

PELADA. (Del lat. *pilata,* t. f. de *pilatus,* pelado.) f. Piel de carnero u oveja a la cual se le arranca la lana después de muerta la res. ‖ fig. y fam. *Amér.* La muerte. ‖ *Arg.* Calva. ‖ *Col.* Pifia, error. ‖ *Chile.* Carrera de caballos de poca importancia. ‖ *Pat.* Alopecia o especie de tiña que produce calvicie.

PELADAR. m. *Arg.* Terreno árido.

PELADERA. (De *pelar.*) f. Alopecia. ‖ *Chile, Guat.* y *Hond.* Murmuración.

PELADERO. m. Sitio donde se pelan los cerdos o las aves. ‖ fig. y fam. Lugar donde se juega con fullerías. ‖ *Amér.* Peladar.

PELADEZ. f. *Col.* Miseria, pobreza.

PELADILLA. (dim. de *pelada.*) f. Almendra confitada, lisa y redonda. ‖ Canto rodado pequeño.

PELADILLO. (dim. de *pelado.*) m. Variedad del pérsico, cuyo fruto tiene la piel lustrosa, y su carne dura y pegada al hueso. ‖ Fruto de este árbol. ‖ pl. Lana de peladas.

PELADO, DA. adj. fig. Aplícase a las cosas principales o fundamentales que están desprovistas de aquellas otras que naturalmente las visten, adornan, cubren o rodean; como *monte, peñasco, campo* PELADO, el que está sin plantas; *hueso* PELADO, el que no tiene carne; *discurso* PELADO, el que trata sencillamente del asunto a que se dirige; *canto* PELADO, el guijarro o piedrecilla lisa y sin esquinas. ‖ Dícese del número constituido por decenas, centenas, o millares justos. *El noventa* PELADO. ‖ Dícese de la persona pobre o sin dinero. Ú.t.c.s. ‖ *Méx.* Persona de las capas sociales menos pudientes y de inferior cultura. ‖ *Méx.* y *P. Rico.* Descarado. ‖ m. *Col.* y *Pan.* Rapazuelo. ‖ *Chile.* Borrachera.

PELADO, Monte. *Geog.* V. **Pelée, Montagne.**

PELADOR, RA. s. Persona que pela una cosa o la descorteza.

PELADURA. f. Acción y efecto de pelar o descortezar una cosa. ‖ Mondadura, corteza.

PELÁEZ, Ángel. *Biog.* Patriota cub., compañero de Martí y autor de *Primera jornada de José Martín en Cayo Hueso* (1866-1927). ‖ – **DEL CASAL, Amelia.** Pintora cub. Colorista suntuosa y notable dibujante adicta a un estilo cubista sintético, sus cuadros reflejan elocuentemente los caracteres de la tierra cubana y de sus habitantes. Obras: *Las hermanas; Bodegón en rojo,* etc. (1897-1968).

PELAFUSTÁN, NA. (De *pelar* y *fustán.*) s. fam. Persona holgazana y pobretona.

PELAGALLOS. (De *pelar* y *gallo.*) m. fig. y fam. Hombre bajo, sin oficio honrado ni ocupación honesta.

PELAGATOS. m. fam. Hombre pobre y desvalido, y a veces despreciable.

PELAGATOS. *Geog.* Cerro de los Andes peruanos sit. en el límite de los dep. de La Libertad y San Martín. 4.923 m.

PELAGIANISMO. (De *pelagiano.*) m. Secta de Pelagio. ‖ Conjunto de los sectarios de este hereje.

PELAGIANO, NA. (Del lat. *pelagianus.*) adj. Sectario de Pelagio, heresiarca del siglo V, cuya doctrina principal consistía en negar que el pecado de Adán se hubiese transmitido a su descendencia. Ú.t.c.s. ‖ Perteneciente a la doctrina o secta de Pelagio.

PELÁGICO, CA. (Del lat. *pelágicus.*) adj. Perteneciente o relativo al piélago. *Inmensidad* PELÁGICA. ‖ Aplícase a los animales y vegetales que viven en alta mar pero no a grandes profundidades.

PELAGIO. *Biog.* Nombre de dos Papas que ocuparon el solio entre 555 y 590.

PELAGIO. *Biog.* Hereje ingl. cuya doctrina negaba el pecado original y la necesidad del bautismo y la gracia, afirmando la capacidad del hombre para salvarse por su propio esfuerzo (360-420).

PELAGOSCOPIO. m. *Fís.* Aparato usado para estudiar el fondo del mar.

PELAGRA. (Del lat. *pellis,* piel, y el gr. *agra,* acción de coger.) f. *Med.* Enfermedad crónica causada por defectos de la alimentación, especialmente de ciertas vitaminas. Se caracteriza por manifestaciones cutáneas y perturbaciones digestivas y nerviosas.

PELAGROSO, SA. adj. Perteneciente o relativo a la pelagra. ‖ Que padece pelagra. Ú.t.c.s.

PELAIRE. (Del cat. *paraire.*) m. El que prepara la lana que ha de tejerse.

PELAJE. m. Naturaleza o calidad del pelo o de la lana que tiene un animal. ‖ fig. y fam. Disposición, calidad, aspecto de una persona o cosa. Ú.m. en sentido despectivo.

PELAMBRAR. (De *pelambre.*) tr. Apelambrar.

PELAMBRE. (De *pelo.*) m. Porción de pieles que se apelambran. ‖ Conjunto de pelo en todo el cuerpo o en algunas de sus partes. ‖ Mezcla de agua y cal con que se pelan los pellejos en los noques de las tenerías. ‖ Falta de pelo, donde es natural que lo haya.

PELAMBRERA. f. Sitio donde se apelambran las pieles. ‖ Porción de pelo o vello espeso y largo. ‖ Alopecia.

PELAMBRERO. (De *pelambrar.*) m. Operario que apelambra las pieles.

PELAMBRERO, RA. adj. *Chile.* Murmurador.

PELAMEN. m. fam. Pelambre.

PELAMESA. (De *pelar* y *mesar.*) f. Pelea en que los contendientes se mesan los pelos. ‖ Porción de pelo que se puede mesar.

PELANDUSCA. f. Ramera.

PELANTRÍN. m. Labrantín, pegujalero.

PELAR. al. **Enthaaren.** fr. **Peler.** ingl. **To pluck.** ital. **Pelare.** port. **Pelar.** (Del lat. *pilare.*) tr. Cortar, arrancar o raer el pelo. Ú.t.c.r. ‖ Desplumar, quitar las plumas al ave. ‖ fig. Quitar la piel, la corteza, la película, etc., a una cosa. ‖ Quitar los bienes a otro con arte o con violencia. ‖ fig. y fam. Dejar a uno sin dinero. ‖ *Amér.* Azotar. ‖ *Arg.* Desenvainar. PELARON *los facones y se acometieron fieramente.* ‖ r. Perder el pelo por enfermedad u otro accidente. ‖ *Amér.* No lograr algo que uno desea. ‖ Equivocarse. ‖ *Ven.* Embriagarse. ‖ **Duro de pelar.** loc. fig. y fam. Difícil de ejecutar o conseguir. ‖ **Pelárselas.** expr. fig. y fam. con que se da a entender que uno apetece con vehemencia una cosa. *Se las* PELA *por figurar.* ‖ fig. y fam. Ejecutar alguna cosa con vehemencia, actividad o rapidez. *Corre que se las* PELA; *grita que se las* PELA.

PELARELA. f. Alopecia.

PELARRUECAS. (De *pelar* y *rueca.*) f. fig. y fam. Mujer pobre que vive de hilar.

PELÁSGICO, CA. (Del lat. *pelásgicus.*) adj. Perteneciente o relativo a los pelasgos. *Murallas* PELÁSGICAS.

PELÁSGICO, Golfo. *Geog. histór.* Antiguo nombre del Golfo de Volo.

PELASGO, GA. (Del lat. *pelasgus.*) adj. Dícese del individuo de un pueblo de dudoso origen que en tiempos muy remotos se estableció en territorios de Grecia y de Italia. Ú.t.c.s. ‖ Perteneciente a una u otra de estas dos regiones de la Grecia antigua. ‖ Natural de la Grecia antigua. Ú.t.c.s. ‖ Perteneciente a ella.

PELAYO. *Biog.* Rey de Asturias, vencedor de los musulmanes en Covadonga (m. 737).

PELAZA. (De *pelo.*) adj. V. **Paja pelaza.** ‖ f. Pelazga.

PELAZGA. (De *pelar.*) f. fam. Pendencia, disputa.

PELDAÑO. al. **Treppenstufe.** fr. **Marche.** ingl. **Step.** ital. **Scalino.** port. **Degrau.** (Del lat. *pedaneus,* perteneciente al pie.) m. Cada una de las partes de un tramo de escalera en que se apoya el pie al subir o bajar por ella. sinón.: **escalón.**

PELDE. f. Apelde.

PELDEFEBRE. m. Género antiguo de tela de lana y pelo de cabra.

PELEA. al. **Kampf; Streit.** fr. **Combat.** ingl. **Fight.** ital. **Combattimento; pugna.** port. **Peleja.** (De *pelear.*) f. Combate, contienda. ‖ Contienda o riña particular, aunque no se usen armas o sólo consista en palabras injuriosas. *Se trabaron en* PELEA. ‖ fig. Riña de los animales. ‖ Cuidado o fuerza que se pone en vencer los apetitos y pasiones. ‖ Afán en la ejecución o consecución de una cosa. ‖ IDEAS AFINES: *Desavenencia, lucha, guerra, oposición, frente a frente, adversario, altercado, violencia, antagonista, antítesis, litigante, discusión, chocar, recriminar.*

PELEADOR, RA. adj. Que pelea, contiende o lidia. ‖ Que propende o es aficionado a pelear.

PELEANTE. p. a. de **Pelear.** Que pelea.

PELEAR. al. **Kämpfen; streiten.** fr. **Combattre; disputer.** ingl. **To fight; to quarrel.** ital. **Combattere; litigare.** port. **Pelejar.** (De *pelo.*) intr. Batallar, contender con armas. PELEAR *por la patria.* ‖ Reñir, aunque sólo sea de palabra. ‖ fig. Luchar los brutos entre sí. ‖ Combatir entre sí u oponerse unas cosas a otras. Suele decirse de los elementos. ‖ Afanarse, trabajar continuadamente por lograr una cosa o para vencerla o sujetarla. PELEÓ *hasta que aprobaron su iniciativa.* ‖ r. Reñir a puñadas o de otra manera semejante. Se dice más comúnmente de los muchachos. *Se* PELEAN *continuamente.* ‖ fig. Enemistarse.

PELECHAR. intr. Echar los animales pelo o pluma. ‖ fig. y fam. Comenzar a mejorar de fortuna o a recobrar la salud. sinón.: **medrar.**

PELÉE, Montagne. *Geog.* Cerro volcánico de la isla Martinica. 1.462 m. En 1902 su catastrófica erupción destruyó la c. de San Pedro y causó 30.000 víctimas.

PELEGRINAR. intr. ant. Peregrinar.

PELEGRINO. m. ant. Peregrino. Aún se dice entre los aldeanos de Burgos y Soria, y como vulgarismo en casi toda España.

PELELE. al. **Strohpuppe.** fr. **Pantin.** ingl. **Puppet.** ital. **Fantoccio.** port. **Boneco.** m. Figura humana de paja o trapos que en algunas partes se pone en los balcones o que el pueblo mantea en las carnestolendas. ‖ Traje de punto de una pieza que se pone a los niños para dormir. ‖ fig. y fam. Persona simple o inútil.

PELENDENGUE. m. Perendengue.

PELEO. *Mit.* Rey de Yolcos, hijo de Eaco y de una ninfa. Casó con Tetis y los dioses asistieron a la boda, cada uno con su presente, menos Eris que, despechado por no haber sido invitado, apareció y arrojó la manzana de la Discordia en medio del festín, lo que indirectamente fue causa de la Guerra de Troya.

PELEONA. (De *pelea.*) f. fam. Pendencia, cuestión o riña.

PELERINA. f. Galicismo por esclavina, capita.

PELERO. m. *Amér. Central* y *Arg.* Sudadero o manta pequeña que se pone a las cabalgaduras.

PELETE. (De *pelo.*) m. En el juego de la banca y otros semejantes, el que apunta estando de pie. ‖ fig. y fam. Hombre pobre, pelón.

PELETERÍA. al. **Pelzladen.** fr. **Pelletterie.** ingl. **Furriery.** ital. **Pellicceria.** port. **Pelaria.** (De *peletero.*) f. Oficio de adobar y componer las pieles finas, o de hacer con ellas prendas de abrigo. ‖ Comercio de pieles finas; conjunto o surtido de ellas. ‖ Tienda donde se venden. ‖ *Cuba.* Zapatería, tienda donde se venden zapatos.

PELETERO. al. **Kürschner.** fr. **Pelletier; fourrier.** ingl. **Furrier.** ital. **Pellicciaio.** port. **Peleiro.** m. El que por oficio trabaja en pieles finas o las vende.

PELGAR. m. fam. Pelagallos.

PELIAGUDO, DA. (De *pelo* y *agudo.*) adj. Aplícase al animal de pelo largo y delgado, como el cabrito, el conejo, etc. ‖ fig. y fam. Aplícase al negocio o cosa de resolución difícil. sinón.: **complicado, enrevesado.** ‖ Dícese de la persona sutil o mañosa.

PELIAS. *Mit.* Rey de Yolcos, padre de Alcestes.

PELIBLANCO, CA. adj. Que tiene blanco el pelo.

PELIBLANDO, DA. adj. De pelo blanco y suave.

PELICANITA. f. *Miner.* Variedad de carbón, del grupo de las arcillas. Es un silicato de aluminio hidratado.

PELÍCANO o PELICANO. al. **Pelikan.** fr. **Pélican.** ingl. **Pelican.** ital. **Pellicano.** port. **Pelicano.** (Del lat. *pelicanus,* y éste del gr. *pelekán.*) m. Ave acuática que llega a medir trece decímetros desde la punta del pico hasta el final de la cola y dos metros de envergadura, con plumaje de color blanco o rosado y pico largo y ancho, en cuya mandíbula inferior tiene una membrana que forma una bolsa, donde deposita los alimentos. Gén. *Pelecanus,* palmípeda. ‖ *Cir.* Gatillo, instrumento de los dentistas. ‖ pl. Aguileña, planta.

PELICANO, NA. adj. Que tiene cano el pelo.

PELICORTO, TA. adj. Que tiene corto el pelo.

PELÍCULA. al. **Häutchen; Film.** fr.**Pellicule.** ingl. **Pellicle; film.** ital. **Pellicola.** port. **Película.** (Del lat. *película*, dim. de *pellis*, piel.) f. Piel delgada y delicada. ‖ Telilla que suele cubrir ciertas heridas y úlceras. ‖ Hollejo. ‖ Lámina de celuloide preparada con una capa de gelatina y bromuro de plata, sensible a la luz, y especialmente la que tiene forma de cinta para ser impresionada en una serie continua de imágenes que se proyectan en el telón del cinematógrafo o en otra superficie adecuada. ‖ Asunto representado en esta cinta. ‖ IDEAS AFINES: *Fotografía, radiografía, revelar, negativo, daguerrotipo, copia, pantalla, linterna mágica, argumento, actores.*

PELICULAR. adj. Perteneciente o relativo a la película.

PELICHE. m. *Perú.* Sablazo, estafa.

PELIDURO, RA. adj. Que tiene duro el pelo. Se aplica especialmente a determinadas razas caninas.

PELIFORRA. (Del lat. *péllex*, concubina, y de *forra*, libre.) f. fam. Ramera.

PELIGNO, NA. (Del lat. *pelignus.*) adj. Natural de un territorio de la Italia antigua comprendido en el que actualmente se llama de los Abruzos. Ú.t.c.s. ‖ Perteneciente a él.

PELIGRAR. intr. Estar en peligro.

PELIGRO. al. **Gefahr.** fr. **Danger; péril.** ingl. **Danger.** ital. **Pericolo.** port. **Perigo.** (Del lat. *perículum.*) m. Riesgo o contingencia inminente de que suceda algún mal. *No advirtió la señal de* PELIGRO. ‖ Ocasión en que aumenta la inminencia de un daño ‖ **Correr peligro.** frs. Estar expuesto a él. ‖ IDEAS AFINES: *Inseguridad, albur, aventura, amenaza, alarma, temor, crisis, zozobra, terremoto, incendio, ataque, S.O.S.*

PELIGROSAMENTE. adv. m. Arriesgadamente, con peligro.

PELIGROSO, SA. al. **Gefährlich.** fr. **Dangereux.** ingl. **Dangerous.** ital. **Pericoloso.** port. **Perigoso.** adj. Que tiene riesgo y puede dañar. *Deporte* PELIGROSO; *arma* PELIGROSA; sinón.: **aventurado.** ‖ fig. Dícese de la persona de carácter arriesgado y turbulento.

PELILARGO, GA. adj. Que tiene largo el pelo.

PELILEO. *Geog.* Población del Ecuador (Tungurahua), al S.E. de Ambato. 16.200 h. En 1949 fue destruida por un terremoto.

PELILLO. (dim. de *pelo.*) m. fig. y fam. Causa o motivo insignificante de desazón, y que se debe despreciar. Ú.m. en pl. ‖ **No tener** uno **pelillos en la lengua.** frs. fig. y fam. **No tener frenillo en la lengua.** ‖ **Pararse** uno **en pelillos.** frs. fig. y fam. Notar las cosas más leves; embarazarse en cosas de poca substancia. Ú.m. con neg. ‖ **Pelillos a la mar.** Entre muchachos, modo que tienen de prometer el cumplimiento de lo convenido, lo cual hacen arrancándose cada uno un pelo de la cabeza, y soplándolo dicen: pelillos a la mar. ‖ Olvido de agravios y restablecimiento del trato amistoso.

PELILLOSO, SA. adj. fam. Quisquilloso; que repara en pelillos.

PELINEGRO, GRA. adj. Que tiene negro el pelo.

PELIÓN. *Geog.* Macizo montañoso de Grecia oriental (Tesalia), situado al S.O. del Osa. 1.618 m. Célebre en la Mitología. Los poetas lo han cantado como morada de los centauros.

PELIRROJO, JA. adj. Que tiene rojo el pelo. sinón.: **taheño.**

PELIRRUBIO, BIA. adj. Que tiene rubio el pelo.

PELITIESO, SA. adj. De pelo tieso y erizado.

PELITRE. (Del lat. *pyréthrum*, y éste del gr. *pýrethron.*) m. Planta herbácea anual, originaria del norte de África, de tallos inclinados, hojas en lacinias estrechas, de color verde ceniciento, y cabezuelas con centro amarillo y circunferencia roja y blanca. Se cultiva en climas templados para la producción de un polvo insecticida, a menudo llamado piretro, que se extrae de sus flores, secas y molidas, y también de sus tallos y hojas. Su raíz, que es salada, se ha usado para producir salivación. *Pyrethrum cinerariafolium*, compuesta. ‖ Polvo insecticida que se prepara con las flores de esta planta. ‖ Raíz de esta planta.

PELITRIQUE. (De *pelo.*) m. fam. Cosa de poco valor, y por lo común, adorno inútil del vestido, tocado, etc.

PELMA. m. fam. Pelmazo. ‖ com. fam. Persona torpe, pesada y machacona.

PELMACERÍA. (De *pelmazo.*) f. fam. Tardanza o pesadez al obrar.

PELMAZO. m. Cosa apretada o aplastada más de lo conveniente. ‖ Comida que se asienta en el estómago. ‖ fig. y fam. Persona calmosa o pesada en sus acciones.

PELO. al. **Haar.** fr. **Poil.** ingl. **Hair.** ital. **Pelo.** port. **Pelo.** (Del lat. *pilus.*) m. Filamento cilíndrico, sutil, de formación córnea, que nace y crece entre los poros de la piel de casi todos los mamíferos y de algunos otros animales. ‖ Conjunto de estos filamentos. ‖ Cabello. ‖ Plumón, pluma delgada de las aves. ‖ Vello que tienen algunas frutas en la cáscara o pellejo; como los duraznos y algunas plantas en hojas y tallos. ‖ Cualquier hebra delgada de lana, seda u otra cosa similar. ‖ Cuerpo extraño que se adhiere a los puntos de la pluma de escribir y hace la letra borrosa. ‖ Muelle en que descansa el gatillo de algunas armas de fuego cuando están montadas. ‖ En los tejidos, parte que queda en su superficie y sobresale en la haz cubriendo el hilo. ‖ Capa, color del caballo y otros animales. ‖ Seda en crudo. ‖ Raya opaca en las piedras preciosas, que les disminuye su valor. ‖ Raya o grieta por donde saltan fácilmente las piedras, el vidrio y los metales. ‖ Enfermedad que padecen las mujeres en los pechos, cuando están criando, a causa de obstruírseles los conductos de la leche. ‖ Parte fibrosa de la madera, que al cortarla o labrarla se separa de las demás. ‖ En el juego de trucos y de billar, levedad del contacto de una bola al chocar oblicuamente. ‖ fig. Cosa mínima o de poca importancia. ‖ V. **Carne, mata de pelo.** ‖ *Veter.* Enfermedad que padecen las caballerías en los cascos, en que se les abre una parte de ellos. ‖ **— de aire.** fig. Viento casi imperceptible. *No corre un* PELO DE AIRE. ‖ **— de camello.** Tejido que se hace con pelo de este animal o se imita con el pelote del macho cabrío. ‖ **— de cofre,** o **de Judas.** fig. y fam. **Pelo** bermejo. ‖ Persona que lo tiene de este color. ‖ **— malo.** Plumón de las aves. ‖ **Pelos y señales.** fig. y fam. Pormenores y circunstancias de una cosa. *Refirió los detalles de su enfermedad con* PELOS Y SEÑALES. ‖ **Agarrarse** uno **de un pelo.** frs. fig. y fam. **Asirse** uno **de un pelo.** ‖ **Al pelo.** m. adv. Según o hacia el lado a que se inclina el pelo; como en las pieles, en los paños, etc. ‖ fig. y fam. A punto, a medida del deseo. ‖ **A pelo.** m. adv. **Al pelo.** ‖ fig. y fam. A tiempo, a propósito. ‖ **Asirse** uno **de un pelo.** frs. fig. y fam. Andar buscando motivos ridículos para reñir. ‖ **Contra pelo.** m. adv. **A contrapelo.** ‖ **Cortar un pelo en el aire.** frs. fig. **Cortar un cabello en el aire.** ‖ **De pelo en pecho.** loc. fig. y fam. Dícese de la persona vigorosa y denodada. ‖ **En pelo.** loc. adv. Con la cabeza descubierta. ‖ Aplicado a caballerías, sin montura. ‖ fig. y fam. Desnudamente, sin los adherentes que suelen acompañar. ‖ **Estar** uno **hasta los pelos.** frs. fig. y fam. Estar harto de alguien o de algún asunto. ‖ **Hacer el pelo.** frs. Aderezarlo. ‖ **No tener** uno **pelo de tonto.** frs. fig. y fam. Ser listo y avisado. ‖ **No tener** uno **pelos en la lengua.** frs. fig. y fam. **No tener frenillo en la lengua.** ‖ **No ver el pelo** o **no vérsele el pelo** a uno. frs. fig. y fam. con que se denota la ausencia de una persona en los lugares a donde solía acudir. ‖ **No tocar** a uno **al pelo,** o **al pelo de la ropa.** frs. fig. **No tocarle a la ropa.** ‖ **Pelo arriba.** m. adv. **Contra pelo.** *Peinarse* PELO ARRIBA. ‖ **Ponérsele** a uno **los pelos de punta.** frs. fig. y fam. Erizársele el cabello; sentir gran espanto. ‖ **Relucirle** a uno **el pelo.** frs. fig. y fam. Estar gordo y bien tratado. Dícese también con frecuencia de los caballos y otros animales. ‖ **Ser capaz de contarle los pelos al diablo.** frs. fig. y fam. Ser muy hábil o diestro. ‖ **Ser** uno **de buen pelo.** frs. irón. Ser de mala índole. ‖ **Tener pelos un negocio.** frs. fig. y fam. Ofrecer dificultad, ser enredoso. ‖ **Tener** uno **pelos en el corazón.** frs. fig. y fam. Tener grande esfuerzo y ánimo. ‖ Ser inhumano, poco sensible a las desdichas ajenas. ‖ **Tomar el pelo** a uno frs. fig. y fam. Burlarse de él aparentando elogiarle. ‖ **Un pelo.** fig. y fam. Muy poco. *Le faltó* UN PELO *para llegar; no acertó por* UN PELO. ‖ IDEAS AFINES: *Barba, cejas, vellón, cerda, crin, calvo, alopecia, peluca, peluquería, coleta, trenza, cortar, rapar, esquilar, depilar, horripilar, piloso, tonsura, afeitar, pelusa.*

PELÓN, NA. adj. Que no tiene pelo o tiene muy poco. Ú.t.c.s. ‖ fig. y fam. Que tiene muy pocos recursos económicos. Ú.t.c.s. ‖ m. *Arg.* Variedad de durazno sin vello o pelusa. ‖ *Bol.* Orejón o durazno secado al sol.

PELONA. (De *pelón.*) f. Alopecia.

PELONERÍA. (De *pelón.*) f. fam. Pobreza, o escasez y miseria.

PELONÍA. (De *pelón.*) f. Pelona.

PÉLOPE. *Mit.* Hijo de Tántalo; sacrificado por su padre y ofrecido en un banquete a los dioses, éstos le devolvieron la vida. Reinó sobre las tierras que de su nombre tomaron el de Peloponeso.

PELOPEO. m. Insecto himenóptero caracterizado por estar su abdomen y su tórax unidos por un pedúnculo. Sus nidos son de barro y se alimentan de pequeñas arañas.

PELÓPIDAS. *Biog.* General tebano cuyo triunfo sobre los espartanos costó a éstos la pérdida de Tebas (m. 364 a. de C.).

PELÓPIDAS. *Mit.* Nombre con que se designa a los descendientes de Pélope.

PELOPIO. (De *Pélope*, hijo de Tántalo y hermano de Níobe, personajes mitológicos.) m. *Quím.* Niobio.

PELOPONENSE. (Del lat. *peloponnensis.*) adj. y s. Del Peloponeso, parte de la antigua Grecia. *Liga* PELOPONENSE.

PELOPONESÍACO, CA. (Del lat. *peloponesíacus.*) adj. Perteneciente al Peloponeso.

PELOPONESO. *Geog. histór.* Antiguo nombre de la pen. de Morea.

PELOPONESO, Guerra del. *Hist.* La sostenida por Esparta y Atenas durante un cuarto de siglo, para obtener el predominio en el mundo helénico. Después de cruenta lucha, Esparta resultó vencedora (431-404 a. de C.).

PELOSILLA. (De *peloso.*) f. Vellosilla.

PELOSO, SA. (Del lat. *pilosus.*) adj. Que tiene pelo.

PELOTA. al. **Ball.** fr. **Balle.** ingl. **Ball.** ital. **Palla.** port. **Pelota.** (Del lat. *pila.*) f. Bola esférica u ovoide de goma, de trapos comprimidos, de goma apretada con hilo, o de otra materia, que a veces se forra con cuero o paño. ‖ Juego hecho con ella. ‖ Bola de substancia blanda, como nieve, barro, etc., que se amasa fácilmente. ‖ Bala de hierro o piedra con que se cargaban varias armas de fuego, como arcabuces, cañones, etc. ‖ Batea de piel de vaca usada en América para transportes en los ríos. ‖ fig. y fam. Ramera. ‖ Acumulación de aflicciones o deudas que al juntarse resultan graves. ‖ **— de viento.** Vejiga neumática, cubierta de cuero, para jugar. ‖ **Devolver, rechazar** o **volver,** uno **la pelota.** frs. fig. y fam. Rebatir lo que dice otro, con sus propios argumentos. ‖ **Estar la pelota en el tejado.** frs. fig. y fam. Ser todavía incierto el éxito de un negocio. ‖ **Hacerse** uno **una pelota.** frs. fig. y fam. **Hacerse un ovillo.** ‖ IDEAS AFINES: *Esfera, fútbol, tenis, pelotari, raqueta, cesto, paleta, frontón, cancha, partido, rebotar.*

PELOTA, En. (De *pelo.*) m. adv. **En cueros.** ‖ **Dejar** a uno **en pelota.** fig. y fam. Desnudarle de la ropa exterior o de toda ella. ‖ Quitarle o robarle todo lo que tiene.

PELOTARI. (Voz vasca.) com. Jugador profesional de pelota.

PELOTAS. *Geog.* Ciudad del Brasil, en el Est. de Río Grande del Sur, cercana al extremo austral de la laguna de los Patos. 247.000 h., con el mun. Lanas, cueros, vinos.

PELOTAZO. m. Golpe dado con la pelota.

PELOTE. m. Pelo de cabra que se emplea para rellenar muebles de tapicería, etc., y para otros usos industriales.

PELOTEAR. tr. Repasar y señalar las partidas de una cuenta, cotejándolas con sus justificantes correspondientes. ‖ intr. Jugar a la pelota por entretenimiento, sin formar partido. ‖ Arrojar una cosa de un lugar a otro. ‖ fig. Reñir. ‖ fig. Disputar, contender sobre alguna cosa. ‖ *Amér. del S.* Pasar un río en la batea llamada pelota.

PELOTERA. al. **Streit.** fr. **Querelle.** ingl. **Wrangle.** ital. **Zuffa.** port. **Briga.** f. fam. Riña, contienda o revuelta.

PELOTERÍA. f. Conjunto o copia de pelotas. ‖ Conjunto de pelote.

PELOTERO. adj. V. **Escarabajo pelotero.** ‖ *Amér.* Simpático, novelero. ‖ m. El que por oficio hace pelotas. ‖ El que las suministra en el juego. ‖ fam. Pelotera. ‖ *P. Rico.* Pelotari.

PELOTILLA. (dim. de *pelota.*) f. Bolita hecha de cualquier substancia blanda. ‖ Bolita de cera, con puntas de vidrio, que usaban los disciplinantes. ‖ **Hacer la pelotilla** a una persona. frs. fig. y fam. Adularla con fines interesados.

PELOTILLERO, RA. adj. y s. Adulador, que hace la pelotilla.

PELOTO. (De *pelo.*) adj. V. **Trigo peloto.** Ú.t.c.s.

PELOTÓN. al. **Zugitrupp.** fr. **Peloton.** ingl. **Platoon.** ital. **Plotone.** port. **Pelotão.** m. aum. de **Pelota.** ‖ Conjunto de pelos o de cabellos apretados o enredados. ‖ fig. Conjunto de personas desordenado y como en tropel. ‖ *Mil.* Pequeña fracción de tropa que forma parte normalmente de una sección. Suele estar a las órdenes de un sargento o de un cabo.

PELOUZE, Edmundo. *Biog.* Químico fr. que aconsejó el cultivo del algodón en Argelia. Escribió varios tratados de Química (m. en 1874). ‖ **— Teófilo Julio.** Químico fr. que descubrió un éter apto para aromatizar el vino y realizó investigaciones sobre el azúcar de remolacha (1807-1867).

PELTA. (Del lat. *pelia*, y éste del gr. *pelte.*) f. Adarga asiática antigua usada por griegos y romanos. ‖ *Bot.* En los líquenes, apotecia plana y poco prominente.

PELTADO, DA. (Del lat. *peltátus*, armado de pelta o escudo.) adj. *Bot.* Aplícase a la hoja de lámina redondeada y con el pecíolo inserto en el centro.

PELTON, Lester Allen. *Biog.* Inventor nort. que ideó un nuevo tipo de turbina hidráulica (1829-1908).

PELTRE. al. **Bleizinn.** fr. **Étain.** ingl. **Pewter.** ital. **Peltro.** port. **Peltre.** m. Aleación de cinc, plomo y estaño.

PELTRERÍA. f. Fábrica o tienda de objetos de peltre.

PELTRERO. m. El que trabaja en objetos de peltre.

PELUCÓN. m. aum. de **Peluca.**

PELUCÓN, NA. adj. *Ec.* Dícese de la persona de elevada posición social.

PELUCONA. (Por alusión a la *peluca* o cabellera larga del busto en estas monedas.) f. fam. Onza de oro, y especialmente cualquiera de las que se acuñaron con el busto de uno de los reyes de la casa de Borbón, hasta Carlos IV inclusive.

PELUCONES. *Hist.* Nombre dado en Chile en el siglo XIX a los conservadores en oposición a los liberales, que se les llamaba pipiolos.

PELUCHE. m. Galicismo por **felpa.**

PELUDEAR. intr. *Arg.* Recorrer el campo cazando peludos. ‖ Atrancarse un vehículo en un camino barroso.

PELÚ. m. *Chile.* Árbol leguminoso, de flores vistosas de color dorado, legumbre con cuatro alas longitudinales denticuladas, y madera dura y muy apreciada.

PELUCA. al. **Perücke.** fr. **Perruque.** ingl. **Periwig.** ital. **Parrucca.** port. **Peruca.** (De *pelo.*) f. Cabellera postiza. ‖ fam. Persona que la lleva o la usa. ‖ fig. y fam. Reprensión severa dada a un inferior.

PELUDO, DA. al. **Haarig.** fr. **Poilu.** ingl. **Hairy.** ital. **Peloso.** port. **Peludo.** adj. Que tiene mucho pelo. ‖ m. Ruedo afelpado que tiene los espartos largos y majados. ‖ *R. de la Plata.* Armadillo, en especial el *Chaetophractus villosus*, cuyo caparazón, vientre y flancos están provistos de pelo hirsuto y abundante. *La carne del* PELUDO *es estimada por la gente de campo.* ‖ fam. Borrachera.

PELUQUEADA. f. *Col.* y *Venez.* Corte de pelo, acción y efecto de peluquear o peluquearse.

PELUQUEAR. tr. *Col.* y *Venez.* Cortar el pelo a una persona. Ú.t.c.r.

PELUQUERÍA. al. **Friseurgeschäft.** fr. **Salon de coiffure.** ingl. **Barber shop.** ital. **Parrucchieria.** port. **Barbearia.** f. Tienda donde trabaja el peluquero. ‖ Oficio de peluquero.

PELUQUERO, RA. al. **Friseur.** fr. **Coiffeur.** ingl. **Hair dresser.** ital. **Parrucchiere.** port. **Barbeiro.** (De *peluca.*) s. Persona que por oficio peina, corta el pelo o hace y vende pelucas, rizos, etc.

PELUQUÍN. m. Peluca pequeña, o que sólo cubre parte de la cabeza. ‖ Peluca con bucles y coleta usada a fines del siglo XVIII y comienzos del XIX.

PELUSA. al. **Flaum.** fr. **Duvet.** ingl. **Down; pubescence.** ital. **Peluria.** port. **Penugem.** (desp. de *pelo.*) f. Vello, los pelusilla de ciertas frutas. ‖ Pelo menudo que se desprende de las telas con el uso. ‖ fig. y fam. Envidia propia de niños.

PELUSILLA. f. Vellosilla.

PELVI. (Del persa *pahlaví*, heroico; de *pahilu*, héroe.) adj. y s. Dícese de la lengua de los parsis y de lo escrito en ella.

PELVIANO, NA. adj. *Anat.* Perteneciente o relativo a la pelvis. *Cavidad* PELVIANA.

PELVIMETRÍA. (Del *pelvímetro.*) f. *Obs.* Examen de la pelvis en su forma, dimensiones e inclinación.

PELVÍMETRO. (De *pelvis*, y el gr. *metron*, medida.) m. Instrumento en forma de compás, usado para medir la pelvis y deducir la facilidad o dificultad con que ha de ocurrir el parto.

PELVIS. (Del lat. *pelvis*, lebrillo.) f. *Anat.* Cavidad del cuerpo humano, en la parte inferior del tronco, constituida por los huesos sacro, cóccix e innominados, y las partes blandas. En su interior se hallan la terminación del tubo digestivo, la vejiga urinaria y algunos órganos del aparato genital, principalmente de la mujer. sinón.: **bacinete.** ‖ Receptáculo membranoso, en forma de embudo, que está dentro de cada riñón y es el principio del uréter.

PELVOUX. *Geog.* Cerro de Francia, sit. en el Delfinado, entre los dep. de Altos Alpes e Isère. Tiene 4.103 m.

PELLA. (Del lat. *pila.*) f. Masa que se une y aprieta, por lo común en forma redonda. ‖ Conjunto de los tallitos de la coliflor y otras plantas parecidas, antes de florecer. ‖ Masa de los metales fundidos o sin labrar. ‖ Manteca del cerdo tal como se quita de él. ‖ Porción pequeña y redondeada de manjar blanco, merengue, etc., con que se adornan algunos postres. ‖ fig. y fam. Cantidad de dinero, y especialmente la que se debe y defrauda. ‖ *Min.* Masa de amalgama de plata, obtenida al beneficiar con azogue minerales argentíferos.

PELLADA. (De *pella.*) f. Porción de yeso o argamasa que puede ser sostenida en la mano, o con la llana. ‖ Pella, masa. ‖ **No dar pellada.** frs. Estar parada una obra de albañilería.

PELLECER, Carlos M. *Biog.* Poeta guatemalteco cont., autor de *Llamarada en la montaña* y otras obras de renovadora expresión.

PELLEGRINI, Aldo. *Biog.* Poeta arg. afiliado a las escuelas de vanguardia (1904-1973). ‖ – **Carlos.** Político, jurisc. y economista arg., de 1890 a 1892 presid. de la Rep. (1846-1906). ‖ – **Carlos Enrique.** Pintor argentino de origen francés, notable retratista y paisajista. *La recova vieja; Don Juan Manuel Agüero; El minué en la casa de Escalada*, etc., figuran entre sus cuadros más conocidos (1800-1875).

PELLEJA. (Del lat. *pellicula*, dim. de *pellis*, piel.) f. Piel quitada del cuerpo del animal. ‖ Vellón, zalea. ‖ Zalea. ‖ Pellejo, piel. ‖ fam. Ramera.

PELLEJAZO. m. aum. de **Pellejo.**

PELLEJERÍA. (De *pellejero.*) f. Casa, tienda, calle o barrio donde se adoban o venden pellejos. ‖ Oficio o comercio de pellejero. ‖ Conjunto de pellejos. ‖ deriv.: **pellejero.**

PELLEJINA. f. Pelleja pequeña.

PELLEJO. al. **Haut; Weinschlauch.** fr. **Peau; outre.** ingl. **Skin; wine skin.** ital. **Pelle; otre.** port. **Pele.** (De *pelleja.*) m. Piel. ‖ Odre. *Un* PELLEJO *de vino.* ‖ fig. y fam. Persona ebria. ‖ **Dar, dejar,** o **perder** uno **el pellejo.** frs. fig. y fam. Morir, 1ª acep. ‖ **Estar,** o **hallarse,** uno **en el pellejo** de otro. frs. fig. y fam. Estar o hallarse en iguales circunstancias o situación moral que otro. Ú. mayormente en sentido condicional. *Si yo estuviera* EN *su* PELLEJO; *si él se hallara* EN *mi* PELLEJO. ‖ **Mudar** uno **el pellejo.** frs. fig. y fam. Mudar de condición o hábitos. ‖ **No caber** uno **en el pellejo.** frs. fig. y fam. Estar muy gordo. ‖ Estar muy contento o envanecido. ‖ **No tener** uno **más que el pellejo.** frs. fig. y fam. Estar extremadamente flaco. ‖ **Pagar** uno **con el pellejo.** frs. fig. y fam. Pagar con la vida. ‖ **Quitar** a uno **el pellejo.** frs. fig. y fam. Quitarle la vida. ‖ Murmurar, hablando muy mal de él. ‖ Tomarle mañosamente lo que tiene o la mayor parte. ‖ **Salvar** uno **el pellejo.** frs. fig. y fam. Librar la vida de un peligro.

PELLEJUDO, DA. adj. Que tiene floja la piel.

PELLEJUELA. f. dim. de **Pelleja.**

PELLEJUELO. m. dim. **Pellejo.**

PELLERANO CASTRO, Arturo. *Biog.* Escritor dom., autor de diversas obras en prosa y en verso (1865-1916).

PELLETA. (Del lat. *pellis*, piel.) f. Pelleja.

PELLETERÍA. (De *pelletero.*) f. Pellejería.

PELLETERO. (De *pelleta.*) m. Pellejero.

PELLETIER, José. *Biog.* Químico fr. que descubrió la quinina, junto con el farmacéutico J. B. Caventou (1788-1842).

PELLICA. (Del lat. *pellis*, piel.) f. Cubierta de cama hecha de pellejos finos. ‖ Pellico hecho de pieles finas. ‖ Piel pequeña adobada. ‖ deriv.: **pelliquero.**

PELLICER, Carlos. *Biog.* Poeta mex., autor de *Camino; Piedras de sacrificio; Colores en el mar* y otros poemas, etc. (1899-1977). ‖ – **DE OSSAU SALAS Y TOVAR, José.** Erudito esp., cronista de los reinos de Aragón y Castilla y autor de *Población y lengua primitiva de España; Discurso del origen de la pintura y sus excelencias*, etc. (1602-1679).

PELLICO. (De *pellica.*) m. Zamarra de pastor. ‖ Vestido de pieles que se le parece.

PELLICO, Silvio. *Biog.* Literato italiano que adquirió celebridad con su obra *Mis prisiones* (1789-1854).

PELLIJERO. m. Pellejero.

PELLÍN. m. *Arg.* y *Chile.* Árbol fagáceo de los Andes australes, de madera muy dura, usada en carpintería. *Nothofagus obliqua.* ‖ fig. *Chile.* Objeto o ser fuerte y resistente. ‖ *Chile* y *Perú.* Corazón duro de la madera del roble y de algunos otros árboles.

PELLIZA. (Del lat. *pellicia*, t.f. de *-cius*, hecho de pieles.) f. Prenda de abrigo hecha o forrada de pieles finas. ‖ Chaqueta de abrigo con el cuello y las bocamangas reforzados de otra tela. ‖ *Mil.* Chaqueta de paño azul con las orillas, el cuello y las bocamangas revestidos de astracán y con trencillas de estambre negro para cerrarla sobre el pecho. ‖ *Mil.* Dormán.

PELLIZA, Mariano A. *Biog.* Poeta e historiador arg., autor de *La organización nacional; Historia argentina; Monteagudo, su vida y sus escritos* y otras obras (1837-1902).

PELLIZCAR. al. **Zwicken.** fr. **Pincer.** ingl. **To pinch.** ital. **Pizzicare.** port. **Beliscar.** (Del lat. *pellis*, piel.) tr. Tomar con los dedos una pequeña porción de piel y apretarla hasta que cause dolor. ‖ Asir o herir sutilmente una cosa. ‖ Tomar o quitar pequeña cantidad de una cosa. ‖ r. fig. y fam. Perecerse. ‖ deriv.: **pellizcador, ra.**

PELLIZCO. al. **Zwicken.** fr. **Pinçon.** ingl. **Pinch.** ital. **Pizzicote.** port. **Beliscão.** m. Acción y efecto de pellizcar. ‖ Porción pequeña de alguna cosa que se toma o se quita. sinón.: **pizca.** ‖ – **de monja.** Bocadito de masa con azúcar.

PELLO. (Del lat. *pellis*, piel.) m. Especie de zamarra fina.

PELLÓN. m. Vestido talar antiguo, que se hacía por lo común de pieles. ‖ *Amér.* Pelleja curtida del recado de montar, puesta a modo de caparazón.

PELLOTE. m. Pellón, vestido talar.

PELLUZGÓN. m. Porción de pelo, lana, etc., que se toma de una vez con todos los dedos. ‖ Mechón, hebras o hilos de igual clase. Ú. en la fr. *tener la barba a* PELLUZGONES.

PELLY. *Geog.* Río del N.O. del Canadá, que se une con el río Lewes para formar el Yukon. 800 km.

PEMÁN, José María. *Biog.* Poeta y dramaturgo esp., autor de *El divino impaciente; La santa virreina; Yo no he venido a traer la paz*, etc. (n. 1897).

PEMBA. *Geog.* Isla del África Oriental sit. en el océano Índico, al N. de Zanzíbar. 193.000 habitantes.

PENA. al. **Kummer; Leid.** fr. **Peine; chagrin.** ingl. **Punishment; grief.** ital. **Pena; afflizione.** port. **Pena.** (Del lat. *poena*, y éste del gr. *poiné.*) f. Castigo que impone una autoridad legítima al que comete un delito o falta. sinón.: **corrección, sanción.** ‖ Aflicción o sentimiento interior grande. *Inmensa* PENA *me causa tu ingratitud;* sinón.: **pesadumbre, tristeza.** ‖ Tormento o sentimiento corporal. ‖ Dificultad, trabajo. *Con mucha* PENA *reuní los datos.* ‖ V. **Alma en pena.** ‖ Cinta adornada con una joya en cada extremo que se ponían las mujeres anudada al cuello y con los cabos pendientes sobre el pecho. ‖ *Col., Méx.* y *Ven.* Vergüenza, timidez. ‖ *Der.* V. **Conmutación de pena.** ‖ – **accesoria.** La que se impone según ley, como inherente, en ciertos casos, a la principal. ‖ – **capital.** La de muerte. ‖ – **de la vida. Pena capital.** ‖ – **del talión.** La que imponía al reo un daño igual al que él había causado. ‖ fig. Perjuicio o daño, de intereses o moral, que padece el que ocasionó otro semejante. ‖ – **grave.** *Der.* Por oposición a las leves, cualquiera de las de mayor severidad indicadas en la ley para castigar los delitos. ‖ – **leve.** *Der.* Cualquiera de las de menor rigor, como reprensión privada, arresto menor o multa pequeña, que la ley señala como castigo de las faltas. ‖ – **pecuniaria.** Multa. ‖ **A duras penas.** m. adv. Con mucha dificultad. A DURAS PENAS *aprendió a escribir.* ‖ **Ahogar las penas en vino.** frs. fig. Beber para olvidar penas y sinsabores. ‖ **Ahuyentar las penas.** frs. Distraerse. ‖ **A penas.** m. adv. **Apenas.** ‖ **Merecer la pena** una cosa. frs. **Valer la pena.** ‖ **Ni pena ni gloria.** expr. fig. que denota la indiferencia con que uno ve u oye las cosas. ‖ **Pasar** uno **las penas del purgatorio.** frs. fig. Padecer continuas aflicciones. ‖ **Sin pena ni gloria.** frs. fig. Con mediocridad; anónima u obscuramente. *Su actuación pasó* SIN PENA NI GLORIA. ‖ **So pena.** m. adv. Bajo la **pena** adecuada o sujeto a una consecuencia lógica. ‖ **Valer la pena** una cosa. frs. que se emplea para encarecer su importancia o denotar que se puede dar por bien hecho el trabajo que cuesta. U. también con negación. *Ese espectáculo* NO VALE LA PENA. ‖ IDEAS AFINES: *Sufrimiento, pesar; penalidad, rigor, expiación, destierro, prisión, ostracismo, indultar.*

PENA. (Del lat. *penna.*) f. Cualquiera de las plumas mayores que tiene el ave en los extremos de las alas o en el arranque de la cola y que les sirven para dirigir el vuelo. ‖ *Mar.* Parte extrema y más delgada de una antena.

PENABLE. (De *penar.*) adj. Que puede recibir pena o ser penado.

PENACHERA. f. Penacho.

PENACHO. al. **Helmbusch.** fr. **Huppe; panache.** ingl. **Tuft; plume.** ital. **Pennacchio.** port. **Penacho.** (Del lat. *penna*, pluma.) m. Grupo de plumas que algunas aves tienen sobre la cabeza. *El cardenal tiene un* PENACHO *rojo;* sinón.: **airón.** ‖ Adorno de plumas que sobresale en los cascos o morriones, en el tocado femenino, en la cabeza engalanada de las caballerías, etc. ‖ fig. Lo que tiene dicha forma o figura. ‖ fig. y fam. Vanidad o soberbia.

PENACHUDO, DA. adj. Que tiene o lleva penacho.

PENACHUELO. m. dim. de **Penacho.**

PENADAMENTE. adv. m. Penosamente.

PENADO, DA. adj. Penoso o lleno de penas. ‖ Difícil. ‖ s. Delincuente condenado a alguna pena.

PENAL. (Del lat. *poenalis.*) adj. Perteneciente o relativo a la pena o que la incluye. *Prescripción* PENAL. ‖ *Dep.* V. **Tiro penal.** Ú.t.c.s. ‖ *Der.* Criminal, perteneciente al crimen o a las leyes o instituciones que lo persiguen. ‖ Lugar o establecimiento en que los penados cumplen condenas superiores.

PENALIDAD. (De *penal.*) f. Trabajo aflictivo, incomodidad. *Sufrió* PENALIDADES *sin cuento.* ‖ *Der.* Calidad de penable. ‖ Sanción impuesta por la ley penal, las ordenanzas, etc.

PENALISTA. adj. y s. Dícese del jurisconsulto que se dedica especialmente al estudio del derecho penal.

PENANG. *Geog.* Estado del N.O. de la Malasia peninsular. 1.036 km². 946.000 h. Está constituido por la isla hom., de 285 km²., sit. en el estrecho de Malaca, y el territorio de Wellesley, de 751 km²., situado en la pen. de Malaca. Cap. GEORGETOWN. Estaño, nueces de coco, arroz, especias.

PENAR. al. **Strafen.** fr. **Chatier.** ingl. **To chastise.** ital. **Punire.** port. **Punir.** tr. Imponer penas. sinón.: **castigar;** antón.: **perdonar.** ‖ intr. Padecer, tolerar una pena o dolor. ‖ Sufrir en el purgatorio las penas de la otra vida. ‖ Agonizar mucho tiempo. ‖ *Der.* Señalar la ley algún castigo. ‖ r. Afligirse, acongojarse. ‖ **Penar** uno **por** una cosa. frs. fig. Desearla con ansia. ‖ deriv.: **penante.**

PENAS. *Geog.* Golfo formado por el océano Pacífico en la costa de la prov. chilena de Aysén, al sur de la pen. de Taitao.

PENATES. (Del lat. *penates.*) m. pl. Dioses domésticos a quienes rendía culto la gentilidad.

PENCA. (En cat. y port. *penca.*) f. Hoja carnosa de varias plantas; como la del nopal, la pita, etc. ‖ Parte carnosa de ciertas hojas cuando no lo son totalmente; como las de berza. ‖ fig. Tira de cuero que usaba el verdugo para azotar a los delincuentes. ‖ *Amér.* Nombre dado a diversas cactáceas. ‖ fig. *Ven.* Maslo, tronco de la cola de los cuadrúpedos.

PENCAZO. m. Golpe dado con la penca.

PENCO. (De *penca.*) m. fam. Jamelgo.

PENCUDO, DA. adj. Que tiene pencas.

PENDANGA. f. En el juego de quínolas, la sota de oros. ‖ fam. Ramera.

PENDEJO. m. Pelo que nace en el pubis y las ingles. ‖ fig. y fam. Hombre cobarde y apocado.

PENDENCIA. (De *pender.*) f. Contienda, riña de palabras o de obras. ‖ *Der.* Litispendencia.

PENDENCIAR. intr. Reñir o tener pendencia.

PENDENCIERO, RA. adj. y s. Propenso a riñas o pendencias. *Muchacho* PENDENCIERO; sinón.: **camorrista, peleador.**

PENDENZUELA. f. dim. de **Pendencia.**

PENDER. (Del lat. *pendere.*) intr. Estar una cosa colgada o inclinada. *La lámpara* PENDE *del techo*; sinón.: **colgar.** ‖ Depender. ‖ fig. Estar por resolverse un pleito o negocio. PENDER *ante la Corte*.

PENDIENTE. al. **Hängend; Ohrring.** fr. **Pendant.** ingl. **Pendent; pendant.** ital. **Pendente.** port. **Pendente.** (Del lat. *pendens, -entis.*) p. a. de **Pender.** Que pende. ‖ adj. fig. Que está por resolverse. *Asunto* PENDIENTE. ‖ m. Arete con adorno colgante o sin él. *Unos* PENDIENTES *de oro*. ‖ Pinjante, colgante, dicho de las joyas. ‖ *Blas*. Parte inferior de las banderas y estandartes. ‖ *Carp*. Inclinación de las armaduras de los techos para desagües. ‖ *Min*. Cara superior de un criadero. ‖ f. Cuesta de un terreno. *Le costaba subir la* PENDIENTE; sinón.: **declive, repecho.** ‖ IDEAS AFINES: *Ladera, falda, montaña, escalera, vertiente, trepar, rodar, alud*.

PENDIL. (De *pender.*) m. Manto de mujer.

PENDOL. (Del lat. *péndulus;* de *pendere*, pender.) m. *Mar*. Operación que hacen los marineros al limpiar los fondos de una embarcación, cargando peso a una banda para descubrir el fondo del costado opuesto. U.m. en pl.

PÉNDOLA. (Del lat. *pénnula*, dim. de *penna*, pluma.) f. Pluma de las aves. ‖ Pluma de ave que, cortada, sirve para escribir.

PÉNDOLA. (De *péndulo.*) f. Varilla metálica con una lenteja en su parte inferior y que al oscilar regula el movimiento de ciertos relojes fijos. ‖ fig. Reloj que tiene **péndola.** ‖ *Arq*. Cada uno de los maderos que van de la solera a la lima tesa. ‖ Cualquiera de las varillas verticales que sostienen el peso de un puente colgante o tienen aplicación semejante en otras obras.

PENDOLAJE. m. Derecho de apropiarse en las presas de mar todos los géneros que haya sobre cubierta, aunque pertenezcan a los individuos de la embarcación apresada.

PENDOLARIO. m. Pendolista.

PENDOLISTA. (De *péndola*, 1er. art.) com. Persona que escribe con destreza y finura. sinón.: **calígrafo.**

PENDOLÓN. m. aum. de **Péndola.** ‖ *Arq*. Madero de armadura en forma vertical que va desde la hilera a la puente.

PENDÓN. al. **Banner.** fr. **Enseigne.** ingl. **Pennon.** ital. **Pennone.** port. **Pendão.** (Del b. lat. *penno, -onis*, y éste del lat. *penna*, pluma.) m. Insignia militar, consistente en una bandera más larga que ancha, que servía de divisa a las diversas fuerzas que componían un ejército. ‖ Insignia militar, que era una bandera o estandarte pequeño, que distinguía los regimientos, batallones, etc., que iban a la guerra. ‖ Divisa o insignia constituida por un asta de la cual pende un trozo de tela rematada en dos puntas, que tienen las iglesias y cofradías para guiar las procesiones. ‖ Vástago que sale del tronco principal del árbol. ‖ fig. y fam. Persona muy alta y desaliñada, y moralmente despreciable. Aplícase especialmente a la mujer. ‖ *Blas*. Insignia parecida a la bandera, pero más larga que ella, y redonda por el pendiente. ‖ pl. Riendas para gobernar las mulas de guías. ‖ **Alzar pendón,** o **pendones.** frs. **Alzar bandera,** o **banderas.** ‖ **Seguir el pendón** de uno. frs. *Mil*. Alistarse bajo sus banderas.

PENDONEAR. (De *pendón.*) intr. Pindonguear.

PENDONETA. (dim. de *pendón.*) f. fam. Estandarte.

PENDONISTA. adj. y s. Aplícase a la persona que lleva el pendón o le acompaña en una procesión.

PENDULAR. adj. Propio del péndulo o relativo a él. *Vaivén* PENDULAR.

PÉNDULO, LA. al. **Pendel.** fr. **Pendule.** ingl. **Pendulum.** ital. **Pendolo.** port. **Péndulo.** (Del lat. *péndulus*, pendiente.) adj. Pendiente, colgante. ‖ m. *Mec*. Cuerpo suspendido de un punto por un hilo o varilla, que puede oscilar por acción de la gravitación. ‖ Péndola del reloj. ‖ – **de compensación.** El hecho de metales de dilatación diferente, para evitar que los agentes atmosféricos alteren la regularidad de sus movimientos. ‖ – **eléctrico.** *Fís*. Esferilla de substancia ligera como la medula de saúco, que, colgada en hilo de seda, revela por su desviación la proximidad de cuerpos electrizados. ‖ – **sidéreo.** *Astron*. Reloj magistral que en los observatorios marca el tiempo sidéreo. ‖ IDEAS AFINES: *Vaivén, tictac, equidistante, alternativamente, isócrono, Galileo, compás, metrónomo, badajo*.

PENDURA (A la). (De *pender.*) m. adv. *Mar*. Dícese de todo lo que cuelga, y en especial del ancla cuando pende de la serviola.

PENE. al. **Penis.** fr. **Pénis.** ingl. **Penis.** ital. **Pene.** port. **Pênis.** (Del lat. *penis*, rabo.) m. Miembro viril.

PENEDO. *Geog*. Población del Brasil (Alagoas), a orillas del río San Francisco. 14.800 h. Centro agrícola y comercial.

PENÉLOPE. *Mit*. Heroína griega, símbolo de la fidelidad conyugal. Cuando su esposo Ulises partió para la Guerra de Troya, ella permaneció en Ítaca y lo esperó durante veinte años. Apremiada por sus pretendientes prometió volver a casarse cuando concluyera una tela que tejía durante el día y deshacía por las noches, hasta que el retorno de Ulises la devolvió a su esposo y la libró de aquellos pretendientes.

PENEQUE. adj. fam. Borracho, ebrio. U. comúnmente con los verbos *estar, ir* o *ponerse*.

PENETRABLE. (Del lat. *penetrábilis.*) adj. Que se puede penetrar. ‖ fig. Que se penetra o se entiende fácilmente. *Corazón* PENETRABLE; sinón.: **claro, comprensible;** antón.: **oculto, obscuro.** ‖ deriv.: **penetrabilidad.**

PENETRACIÓN. (Del lat. *penetratio, -onis.*) f. Acción y efecto de penetrar. ‖ Comprensión cabal de una cosa difícil. ‖ Perspicacia de ingenio. ‖ – **pacífica.** Influjo económico y político que, sin imponerlo por las armas, una nación ejerce en país extraño.

PENETRADOR, RA. (Del lat. *penetrátor.*) adj. Que penetra. *Frío* PENETRADOR. ‖ Agudo, perspicaz. *Mente* PENETRADORA.

PENETRAL. m. Estancia interior de un edificio, o parte recóndita de una cosa. U.m. en pl.

PENETRANTE. p. a. de **Penetrar.** Que penetra. *Cuchillo* PENETRANTE. ‖ adj. Profundo, que entra mucho en alguna cosa. *Mirada* PENETRANTE; sinón.: **hondo.** ‖ fig. Agudo o elevado, hablando de la voz, del grito, etc. ‖ V. **Herida penetrante.**

PENETRAR. al. **Durchdringen.** fr. **Pénetrer.** ingl. **To penetrate.** ital. **Penetrare.** port. **Penetrar.** (Del lat. *penetrare.*) tr. Introducir un cuerpo en otro por sus poros. ‖ Introducirse en lo interior de un espacio aunque haya dificultad. PENETRÓ *por entre las malezas*; sinón.: **meter, pasar.** ‖ Hacerse sentir con violencia una cosa; como el frío, los gritos, etc. ‖ fig. Llegar al interior del alma. *Sus lamentaciones me* PENETRARON *hasta lo más íntimo*; sinón.: **conmover.** ‖ Comprender el interior de uno, o algo dificultoso. U.t.c.intr. y r. PENETRÓ, *por fin, el enigma;* sinón.: **entender, interpretar.** ‖ IDEAS AFINES: *Entrar, calar, impregnado, transido, imbuido, humedad, clavo, taladro, incrustación, filtración, permeable, transparente, a través*.

PENETRATIVO, VA. adj. Que penetra o puede penetrar.

PÉNFIGO. (Del gr. *pémphix, -igos*, ampolla.) m. *Pat*. Enfermedad cutánea caracterizada por ampollas transparentes, a veces amarillentas, y llenas de un líquido seroso que fluye por la abertura que espontáneamente se hace en ellas. Suele, según su especie, tener caracteres graves.

PENIBÉTICA, Cordillera. *Geog*. Línea orográfica del S.E. de España, que se extiende por Murcia y Andalucía oriental, desde el estrecho de Gibraltar hasta la depresión del río Júcar. Limita por el Sur con la llanura del Guadalquivir. El núcleo principal es la sierra Nevada, donde se eleva el pico Mulhacén, de 3.481 m., la altura mayor de la península.

PENIBÉTICO, CA. adj. Dícese de lo perteneciente al sistema de cordilleras que partiendo del estrecho de Gibraltar continúa hasta el cabo de la Nao, en la provincia española de Alicante.

PENICILINA. f. *Med.* y *Quím*. Antibiótico extraído en 1929 del caldo de cultivo de un hongo llamado *Penicillium notatum* por Alejandro Fleming. Dicho hongo produce cuatro tipos de **penicilina,** que han denominado con las letras F, G, X y K, y de los cuales la **penicilina** G es la más difundida por ser la más activa. Principalmente, la **penicilina** obstaculiza el proceso de reproducción de los microorganismos. No es un antiséptico, ya que no destruye los gérmenes en forma directa o inmediata, pero agota la capacidad patógena de los mismos al impedir la reproducción. Ejerce una intensa acción contra las infecciones en general, meningitis, fiebres puerperales, pulmonías, procesos purulentos, etc.

PENÍGERO, RA. (Del lat. *pénniger, -eri.*) adj. poét. Alado, que tiene alas o plumas.

PENILLANURA. f. Terreno gastado por la erosión, de superficie lisa o ligeramente ondulada, cuya altura no excede los 200 m.

PENINA, Cadena. *Geog*. Montes de Gran Bretaña, en Inglaterra septentrional, que se extienden de N. a S., desde los montes Cheviot hasta el condado de Derby. 882 m. en el cerro Cross Fell.

PENINOS, Alpes. *Geog*. Cadena de los Alpes centrales, sit. en la frontera italo-suiza, que se extiende desde el monte Blanco hasta el paso del Simplón. Culmina en el monte Rosa, a los 4.633 m.

PENÍNSULA. al. **Halbinsel.** fr. **Péninsule; presqu'île.** ingl. **Peninsula.** ital. **Penisola.** port. **Península.** (Del lat. *paenínsula;* de *paene*, casi e *ínsula*, isla.) f. Tierra que está rodeada por el agua, y que sólo por una parte relativamente estrecha se halla unida con otra tierra de mayor extensión. ‖ IDEAS AFINES: *Cabo, punta, mar, avanzar, costa, cartografía, accidente*.

PENINSULAR. adj. Natural de una península. U.t.c.s. ‖ Perteneciente a una península. *Costas* PENINSULARES. ‖ Por anton., se dice de lo relativo a la península ibérica, en oposición a lo perteneciente a las islas y a las tierras españolas de África.

PENIPLANICIE. f. Penillanura.

PENIQUE. (Del anglosajón *penig*, dinero.) m. Moneda inglesa de cobre, equivalente a la centésima parte de la libra.

PENISLA. f. Península.

PENITENCIA. al. **Busse.** fr. **Pénitence.** ingl. **Penitence.** ital. **Penitenza.** port. **Penitencia.** (Del lat. *poenitentia.*) f. Sacramento en el cual, por la absolución del sacerdote, se perdonan los pecados cometidos después del bautismo. ‖ Virtud consistente en el dolor de haber pecado y el deseo de no pecar más. ‖ Mortificación que uno hace de sus pasiones y sentidos para satisfacer a la justicia divina. ‖ Cualquier acto de mortificación interior o exterior. ‖ Pena que impone el confesor al penitente para satisfacción del pecado o para preservación de él. ‖ Dolor y arrepentimiento que se tiene de una mala acción. ‖ Castigo público que el tribunal de la Inquisición imponía a algunos reos. ‖ Casa donde vivían estos penitenciados. ‖ **Cumplir uno la penitencia.** frs. Practicar los actos de devoción o mortificación que le prescribe el confesor, en razón de sus pecados. ‖ **Hacer penitencia.** frs. fig. Comer parcamente. Dícelo por modestia, a veces fingida, el que invita a otro a comer con él. ‖ **Oír de penitencia.** frs. **Oír de confesión.** ‖ IDEAS AFINES: *Contrición, humillación, remordimiento, gracia, flagelo, cilicio, disciplinas, cuaresma, ayuno, abstinencia*.

PENITENCIADO, DA. (De *penitenciar.*) adj. y s. Castigado, penado. ‖ Castigado por la Inquisición.

PENITENCIAL. (Del lat. *penitencialis.*) adj. Perteneciente a la penitencia o que la incluye. *Cánones* PENITENCIALES.

PENITENCIAR. tr. Imponer penitencia. sinón.: **castigar, condenar.**

PENITENCIARÍA. al. **Strafanstalt; Pönitentiarie.** fr. **Pénitencerie.** ingl. **Penitentiary.** ital. **Penitenzieria.** port. **Penitenciária.** (De *penitenciario.*) f. Tribunal eclesiástico de la corte de Roma, que despacha bulas y gracias de dispensaciones referentes a materias de conciencia. ‖ Oficio o cargo de penitenciario. ‖ Establecimiento penitenciario donde sufren su condena los penados, sujetos a un régimen correctivo. sinón.: **cárcel, prisión.**

PENITENCIARIO, RIA. adj. Dícese del presbítero secular o regular que tiene la obligación de confesar en una iglesia determinada. U.t.c.s. ‖ Dícese de la canonjía o beneficio anejos a esta obligación. ‖ Dícese de los sistemas modernos adoptados para castigo y corrección de los penados, y del régimen o del servicio de las penitenciarías. ‖ m. Cardenal presidente de la penitenciaría en Roma.

PENITENTA. f. Mujer que se confiesa sacramentalmente.

PENITENTE. al. **Büsser.** fr. **Pénitent.** ingl. **Penitent.** ital. **Penitente.** port. **Penitente.** (Del lat. *poénitens, -entis.*) adj. Perteneciente a la penitencia. ‖ Que tiene penitencia. ‖ com. Persona que hace penitencia. ‖ Persona que se confiesa sacramentalmente con un sacerdote. ‖ Persona que en las procesiones o rogativas públicas viste túnica en señal de penitencia.

PENITENTES. *Geog*. Cerro de la Argentina, en el N.O. de la prov. de Mendoza. 4.351 m. ‖ Cerro de la Argentina, en la Patagonia, al N.O. de la provincia de Santa Cruz. 2.930 m.

PENJAB. *Geog*. V. **Punjab.**

PÉNJAMO. *Geog*. Ciudad de México, en el S. O. del Estado de Guanajuato. 15.000 h. Producción agropecuaria.

PENN, Guillermo. *Biog*. Cuáquero ingl. que debido a la persecución religiosa organizó un éxodo a Amér. del N. donde fundó el Estado de Pensilvania y la ciudad de Filadelfia (1644-1718).

PENNA MOREIRA, Alfonso. *Biog*. Político bras., de 1906 a 1909 presid. de la Rep. (1847-1909).

PENO, NA. (Del lat. *poenus.*) adj. Cartaginés. Apl. a pers., ú.t.c.s.

PENOBSCOT. *Geog*. Río de los EE. UU. (Maine). 480 km. Desagua en el Atlántico, en la bahía de su nombre.

PENOL. (Del lat. *pennus*, agudo.) m. *Mar*. Punta o extremidad de las vergas. ‖ **A toca penoles.** m. adv. *Mar*. U. para dar a entender que una embarcación pasa tan cerca de otra, que casi se roza con ella.

PENONOMÉ. *Geog*. Ciudad de Panamá, capital de la prov. de Coclé 6.100 h. Centro agrícola.

PENOSAMENTE. adv. m. Con pena y trabajo.

PENOSO, SA. al. **Beschwerlich.** fr. **Pénible; fatigant.** ingl. **Painful; laborious.** ital. **Penoso.** port. **Penoso.** adj. Trabajoso, que produce pena o tiene mucha dificultad. *Viaje* PENOSO, *noticia* PENOSA. ‖ Que padece una aflicción o pena. ‖ fam. Que presume de lindo o de galán.

PENQUISTA. adj. *Chile*. De Concepción. U.t.c.s.

PENSADO, DA. adj. Con el adv. *mal*, propenso a interpretar desfavorablemente las acciones o palabras ajenas. U.t. con el adv. *peor*. ‖ **De pensado.** m. adv. De intento, con previa meditación.

PENSADOR, RA. al. **Denker.** fr. **Penseur.** ingl. **Thinker.** ital. **Pensatore.** port. **Pensador.** adj. Que piensa. ‖ Que piensa o medita eficaz e intensamente. *Un hombre* PENSADOR *no acometerá tal empresa*. ‖ m. El que se dedica a estudios muy elevados y ahonda mucho en ellos. ‖ Por ext., filósofo.

PENSADOR, EL. *B. A.* Una de las grandes obras escultóricas de Rodin, emplazada en la escalinata del Panteón, en París. Es un símbolo vigoroso del pensamiento humano.

PENSAMIENTO. al. **Gedanke; Denken.** fr. **Pensée.** ingl. **Mind; thought.** ital. **Pensiero.** port. **Pensamento.** m. Potencia o facultad de pensar. ‖ Acción y efecto de pensar. sinón.: **idea, juicio.** ‖ Idea capital de una obra. *No comparto el* PENSAMIENTO *de este autor.* ‖ Cada idea o sentencia notable de un escrito. ‖ fig. Sospecha, recelo. ‖ Trinitaria. ‖ *Esc.* y *Pint.* Bosquejo de una obra. ‖ **Beberle a** uno **los pensamientos.** frs. fig. y fam. Adivinárselos para realizarlos. ‖ **Como el pensamiento.** m. adv. fig. Con suma ligereza. ‖ **En un pensamiento.** m. adv. fig. Brevísimamente. ‖ **Ni por pensamiento.** expr. fig. con que se afirma que una cosa ha estado tan lejos de realizarse que ni aun ha pasado por la mente. ‖ **No pasarle a** uno **por el pensamiento** una cosa. frs. fig. No ocurrírsele, no pensar en ella. ‖ IDEAS AFINES: *Pensativo, meditar, conjetura, especulación, consideración, suponer, imaginar, opinión, ingenio, inteligencia.*

PENSANTE. p. a. de **Pensar.** Que piensa.

PENSAR. al. **Denken.** fr. **Penser.** ingl. **To think.** ital. **Pensare.** port. **Pensar.** (Del lat. *pensare.*) tr. Imaginar, considerar o discurrir. ‖ Reflexionar, examinar con cuidado una cosa para dictaminar sobre ella. *¿*PENSASTE *en lo que hablamos ayer?*; sinón.: **meditar, recapacitar.** ‖ Formar ánimo de hacer una cosa. PENSÉ *escribirle.* ‖ intr. Creer, juzgar. PIENSO *que tienes razón.* ‖ Estar cerca o a pique de. PENSÓ *morir de alegría, de susto.* ‖ m. Pensamiento. ‖ **Pensar mal.** frs. Ser mal pensado. ‖ **Piensa mal y acertarás.** ref. con que se da a entender que para no equivocarse conviene tener mala opinión de los hombres. ‖ **Sin pensar.** m. adv. De improviso o inesperadamente. *Lo hirió* SIN PENSAR.

PENSAR. (Del lat. *péndere.*) tr. Echar pienso a las bestias. ‖ irreg. Conj. como **acertar.**

PENSATIVO, VA. Que piensa intensamente y está absorto. sinón.: **caviloso, meditabundo.**

PENSEL. m. Flor que se vuelve al sol.

PENSEQUE. (De la frs. *pensé que . . .*) m. fam. Error que se comete por ligereza o falta de meditación.

PENSIL o **PÉNSIL.** (Del lat. *pénsilis,* pendiente.) adj. Pendiente o colgado en el aire. ‖ m. fig. Jardín delicioso. *Los* PENSILES *de Babilonia.*

PENSILVANIA. *Geog.* Estado del N.E. de los EE.UU. 117.399 km². 12.470.000 h. Cap. HARRISBURG. Es el mayor productor de carbón de la Unión y una de las primeras regiones hulleras del mundo. Industrialmente sólo el Est. de Nueva York lo aventaja.

PENSILVANO, NA. adj. Natural de Pensilvania. Ú.t.c.s. ‖ Perteneciente a este Estado.

PENSIÓN. al. **Fremdenheim; Pensión.** fr. **Pension.** ingl. **Pension; boarding house.** ital. **Pensione.** port. **Pensão.** (Del lat. *pensio, -onis.*) f. Renta anual que se impone sobre una finca. ‖ Cantidad anual asignada por méritos, servicios, etc. *Gozar de una* PENSIÓN. ‖ Pupilaje, precio. ‖ Ayuda pecuniaria que se concede para ampliar estudios o conocimientos artísticos, científicos o literarios. ‖ **Casa de huéspedes.** *Vivir en* PENSIÓN. ‖ fig. Molestia que lleva consigo la posesión de una cosa. ‖ *Arg.* y *Perú.* Comida que se da habitualmente a una persona que vive fuera. ‖ *Chile.* Ansiedad, aprensión. ‖ Pena, pesar. ‖ **Casar la pensión.** frs. *Der.* Libertar el beneficio de la carga de la **pensión,** pagando de una vez cierto número de años.

PENSIONADO, DA. adj. y s. Que tiene una pensión o la cobra. ‖ m. Colegio de alumnos internos. ‖ Pensión, casa de huéspedes.

PENSIONAR. tr. Imponer una pensión o un gravamen. ‖ Conceder pensión a una persona o establecimiento. PENSIONAR *un orfanato.* ‖ *Chile, Ec.* y *Perú.* Ocasionar molestias, gastos o trabajos.

PENSIONARIO. m. El que paga una pensión. ‖ Consejero o abogado en una república.

PENSIONISTA. com. Persona con derecho a percibir y cobrar una pensión. ‖ Persona que paga cierta pensión en un colegio o casa particular. ‖ *Amér.* Persona que se aloja en una pensión o casa de huéspedes.

PENTA. (Del gr. *penta* o *pente,* cinco.) Voz de origen griego que como prefijo forma parte de muchos vocablos castellanos. PENTAGRAMA; PENTARQUÍA.

PENTACORDIO. m. *Arqueol.* Lira antigua de cinco cuerdas.

PENTADECÁGONO. m. *Geom.* Pentedecágono.

PENTAEDRO. m. *Geom.* Sólido de cinco caras.

PENTAGONAL. adj. *Geom.* Pentágono.

PENTÁGONO, NA. (Del lat. *pentagonus,* y éste del gr. *pentágono*; de *pente,* cinco, y *gonía,* ángulo.) adj. *Geom.* Aplícase al polígono de cinco ángulos y cinco lados. Ú.m.c.s.m.

PENTÁGRAMA o **PENTAGRAMA.** al. **Notensystem; Pentagramm.** fr. **Portée.** ingl. **Musical staff.** ital. **Pentagramma.** port. **Pentagrama.** (Del gr. *pente,* cinco, y *grammé,* línea.) m. *Mús.* Pauta de cinco líneas paralelas y equidistantes sobre la cual se escriben las notas. ‖ IDEAS AFINES: *Renglón, notación, clave, espacio, partitura, melodía, música.*

PENTÁMERO, RA. (Del gr. *pentamerés,* compuesto de cinco partes.) adj. *Bot.* Aplícase a las flores compuestas de cinco piezas. ‖ *Zool.* Dícese del grupo de insectos coleópteros caracterizados por tener cinco artejos en cada tarso. Ú.t.c.s.m.

PENTÁMETRO. adj. **Verso pentámetro.** Ú.t.c.s.

PENTÁPOLIS. *Geog. histór.* Nombre con que se designaba antiguamente y en la Edad Media la reunión de cinco ciudades. La más famosa de ellas es la de Palestina, compuesta por Sodoma, Gomorra, Adama, Seboim y Segur.

PENTAPOLITANO, NA. (Del lat. *pentapolitanus.*) adj. y s. De alguna de las Pentápolis.

PENTARQUÍA. (Del gr. *pentarkhía.*) f. Gobierno formado por cinco personas.

PENTASÍLABO, BA. (Del gr. *pente,* cinco, y *syllabé,* sílaba.) adj. De cinco sílabas. Ú.t.c.s. *Verso* PENTASÍLABO.

PENTATEUCO. (Del lat. *pentateuchus,* y éste del gr. *pentáteukhos*; de *pente,* cinco, y *teukhos,* volumen.) m. Nombre dado a los cinco primeros libros canónicos del Antiguo Testamento, escritos por Moisés, y que son el Génesis, el Éxodo, el Levítico, los Números y el Deuteronomio.

● **PENTATEUCO.** *Lit.* y *Relig.* El término **Pentateuco,** proveniente de los judíos helenizados, es traducción del hebreo *jumash,* expresión que alude también a las cinco partes que llevan como título hebreo su palabra inicial: *Bereshit*: Génesis; *Shemot*: Éxodo; *Vayicrá*: Levítico; *Bamidbor*: Números y *Devarim*: Deuteronomio. El *Génesis* se inicia con la creación del mundo y narra la historia de los patriarcas, hasta la bendición de Jacob a sus hijos. El *Éxodo* contiene la narración del sufrimiento de los hijos de Israel durante la época faraónica y el éxodo de Egipto hasta la promulgación del Decálogo y la construcción del Tabernáculo. El *Levítico* es el libro de las prescripciones para los sacerdotes, y contiene los ritos sagrados y las leyes religiosas y éticas. *Números* relata la peregrinación israelita a través del desierto y el *Deuteronomio* contiene muchas de las leyes mencionadas en los otros libros del *Pentateuco* y remata con el cántico de Moisés y su bendición a las tribus de Israel, antes de su muerte.

PENTATLÓN. (Del gr. *péntathlon*; de *pente,* cinco, y *athlón,* contienda, disputa.) m. *Dep.* Conjunto de cinco pruebas atléticas variadas que deben disputar los mismos competidores para demostrar cuál es el más completo. Dichas pruebas comprenden: carrera llana de 200 metros, lanzamiento de la jabalina, salto en largo, carrera llana de 1.500 metros y lanzamiento del disco.

PENTECOSTÉS. al. **Pfingsten.** fr. **Pentecote.** ingl. **Pentecost.** ital. **Pentecoste.** port. **Pentecostes.** (Del lat. *pentecoste,* y éste del gr. *pentekosté.* t. f. de *-tós,* quincuagésimo.) m. Festividad de la Venida del Espíritu Santo que celebra la Iglesia el domingo, quincuagésimo día que sigue al de Pascua de Resurrección, contando ambos, y es movible entre el 10 de mayo y el 13 de junio. ‖ Fiesta que los judíos hacían en conmemoración de la ley que Dios les dio en el Sinaí, cincuenta días después de la Pascua del Cordero.

PENTEDECÁGONO. (Del gr. *pente,* cinco, y *dekágonos,* decágono.) adj. *Geom.* Dícese del polígono de quince ángulos y quince lados. Ú.m.c.s.m.

PENTÉLICO. *Geog.* Macizo montañoso de Grecia, en el Ática. 1.110 m. de altura. Sus canteras de mármol fueron célebres en la antigüedad.

PENTESILEA. *Mit.* Reina de las amazonas, m. en el sitio de Troya.

PENÚLTIMO, MA. al. **Vorletzt.** fr. **Avant-dernier.** ingl. **Penultimate.** ital. **Penultimo.** port. **Penúltimo.** (Del lat. *paenúltimux*; de *paene,* casi, *y últimus,* último.) adj. Inmediatamente anterior a lo último y postrero. Ú.t.c.s. *Se sentó en la* PENÚLTIMA *fila.*

PENUMBRA. al. **Halbschatten; Halbdunkel.** fr. **Pénombre.** ingl. **Twilight, down.** ital. **Penombra.** port. **Penumbra.** (Del lat. *paene,* casi, y *umbra,* sombra.) f. Sombra débil entre la luz y la obscuridad, que no deja percibir dónde comienza la una o termina la otra. ‖ *Astron.* En los eclipses. sombra parcial existente entre los espacios totalmente obscuros y los enteramente iluminados.

PENURIA. al. **Mangel.** fr. **Pénurie.** ingl. **Penury.** ital. **Penuria.** port. **Penúria.** (Del lat. *penuria.*) f. Escasez, falta de las cosas más necesarias o de alguna de ellas.

PENZA. *Geog.* Ciudad de la Unión Soviética en la R.S.F.S.R., al oeste de Kuibisev. 400.000 h. Centro cerealista y molinero.

PENZIAS, Arno. *Biog.* Científico nort., premio Nobel de Física de 1978 por sus investigaciones sobre las radiaciones cósmicas.

PEÑA. al. **Fels.** fr. **Roc.** ingl. **Rock.** ital. **Masso.** port. **Penha.** (Del lat. *pinna,* almena.) f. Piedra grande sin labrar, según la produce la naturaleza. ‖ Monte peñascoso. ‖ – **viva.** La que está adherida naturalmente al terreno. ‖ **Ser uno peña,** o **una peña.** frs. fig. Ser insensible.

PEÑA. f. Grupo de amigos o camaradas. *Una* PEÑA *literaria.* ‖ Nombre que toman ciertos círculos de recreo.

PEÑA, Belisario. *Biog.* Poeta col., radicado en Ecuador, autor de elegías y de poemas místicos y patrióticos (1834-1906). ‖ – **Camilo.** General col., muerto en 1870, que participó en la gesta de la Independencia ‖ – **David.** Escritor e investigador arg. que abordó los temas históricos en el ensayo y la pieza teatral. Autor de *Facundo; Dorrego; Historia de las leyes de la Nación Argentina,* etc. (1865-1930). ‖ – **Manuel Pedro.** Médico y pol. paraguayo que intervino activamente en la vida pública de su país (1811-1867). ‖ – **Miguel.** Político. ven. que actuó en las luchas de la Independencia. Tuvo activa participación en el conflicto por la separación de su patria y Colombia (1781-1833). ‖ – **Pedro.** Político par., en 1911 presidente de la Rep. (1865-1943). ‖ – **BARRENECHEA, Enrique.** Poeta per. de acento íntimo, autor de *El aroma en la tumba* y otras obras (n. 1905). ‖ – **BARRENECHEA, Ricardo.** Poeta per., autor de *Burla de don Luis de Góngora; Eclipse de una tarde gongorina,* etc. (1893-1939). ‖ – **MORELL, Esteban.** Compositor dom. de color, autor de *Sinfonía bárbara; Anacaona* y otras obras (1897-1938). ‖ – **Y PEÑA, Manuel de la.** Jurista y político mex., en 1847 y 1848 presidente de la rep. (1789-1850).

PEÑAFIEL, Antonio. *Biog.* Arqueólogo y escritor mex.; expuso los resultados de sus investigaciones en *Monumentos del arte antiguo mexicano; Alfabetos aztecas; Nomenclatura geográfica, etimológica y jeroglífica de México,* etc. (1831-1921).

PEÑALARA. *Geog.* Cerro de España (Segovia), cumbre de la sierra de Guadarrama. 2.400 m. de altura.

PEÑALOZA, Ángel V. *Biog.* Caudillo arg., llamado **El Chacho,** muy popular en la prov. de La Rioja. Combatió a Rosas y luego a Mitre y fue ajusticiado en Olta (1798-1863).

PEÑALVER, Fernando. *Biog.* Estadista ven. de actuación durante las luchas por la independencia de su país; presid. del primer Congreso Constituyente (1765-1837). ‖ – **Juan de.** Escritor y lexicógrafo esp., autor de *Panléxico. Diccionario Universal de la Lengua Castellana,* etc. (s. XIX).

PEÑA NEGRA. *Geog.* Paso de la cordillera de los Andes, entre la prov. argentina de La Rioja y la chilena de Atacama. 4.300 m. de altura.

PEÑA NEVADA. *Geog.* Cerro de México, la cumbre más elevada del Est. de Nuevo León. 3.664 m.

PEÑARANDA, Enrique. *Biog.* Militar y político bol.; de 1940 a 1943 presid. de la Rep. (1892-1969).

PEÑAS. *Geog.* Cabo de la costa española del mar Cantábrico, en la prov. de Oviedo.

PEÑASCAL. m. Lugar cubierto de peñascos.

PEÑASCO. al. **Grosser Fels.** fr. **Rocher.** ingl. **Rock.** ital. **Dirupo.** port. **Penhasco.** m. Peña grande y alta. ‖ Tela llamada así por ser de mucha duración. ‖ Múrice, molusco. ‖ *Anat.* Porción del hueso temporal, que encierra partes importantes del oído.

PEÑASCOSO, SA. adj. Dícese del sitio, lugar o montaña donde hay muchos peñascos. sinón.: **riscoso.**

PEÑASQUEAR. tr. *Chile.* Pedrear.

PEÑOL. m. Peñón.

PÉÑOLA. (Del lat. *pénnela.*) f. Pluma de ave preparada para escribir.

PEÑOLADA. f. Plumada, escrito breve.

PEÑÓN. m. aum. de **Peña.** ‖ Monte peñascoso.

PEÑÓN. *Geog.* Volcán de los Andes, en el límite entre la prov. argentina de Catamarca y la chilena de Atacama. 5:870 m.

PEÑUSCO. m. *Arg.* y *P. Rico.* Conjunto apiñado. *Un* PEÑUSCO *de animales.*

PEÓN. al. **Arbeiter; Baver.** fr. **Journalier; pion.** ingl. **Day laborer; pawn.** ital. **Facchino; pedina.** port. **Peão.** (Del lat. *pedo, -onis*; de *pes,* pie.) m. El que va a pie. ‖ Jornalero que trabaja en cosas materiales que no requieren habilidad especial. PEÓN *de limpieza, de campo*; sinón.: **bracero.** ‖ Soldado de a pie. ‖ Juguete cónico de madera terminado en una púa metálica, a la cual se arrolla una cuerda para lanzarlo y hacerle bailar; peonza, trompo. ‖ Cualquiera de las piezas del juego de damas; de las ocho negras y ocho blancas, iguales, del ajedrez, y de las de muchos otros juegos de tablero. ‖ Árbol de la noria, o de otra máquina que gira como ella. ‖ Colmena. ‖ – **caminero.** Obrero que conserva y repara los caminos públicos. ‖ – **de mano.** ‖ *Albañ.* Obrero que ayuda al oficial albañil para usar los materiales. ‖ – **doblado.** En el juego de ajedrez, se dice del peón que se coloca delante o detrás de otro de igual color, por haber comido una pieza o peón del color contrario. ‖ **A peón.** m. adv. fam. **A pie.** ‖ IDEAS AFINES: *Trabajador, destajo, cavar, labrar, cosecha, hombrear, jornal, capataz.*

PEÓN. (Del lat. *paeon* y éste del gr. *paión.*) m. Pie de la poesía griega y latina, compuesto de cuatro sílabas, cualquiera de ellas larga y las restantes breves.

PEONADA. f. Obra que un peón o jornalero hace en un día. ‖ Peonaje, conjunto de peones trabajadores.

PEONAJE. m. Conjunto de peones o soldados de infantería. ‖ Conjunto de peones que trabajan en una obra.

PEONAR. intr. *Arg.* Hacer trabajos propios de peón. *Andaba* PEONANDO; *estuvo* PEONANDO.

PEONERÍA. (De *peonero.*) f. Tierra que un hombre labra en un día.

PEONÍA. (Del lat. *paeonia,* y éste del gr. *paionía.*) f. Planta perenne, de flores grandes purpúreas, cultivada en los jardines. Gén. *Paeonia,* ranunculácea. sinón.: **saltaojos.** ‖ *Amér. del S.* y *Cuba.* Planta leguminosa, especie de bejuco trepador, medicinal en su totalidad, de flores blancas o rojas en espiga y semillas en vaina, rojas con un lunar negro.

PEONÍA. f. Porción de tierra que, después de conquistar un país, se solía asignar a cada soldado de a pie para que se estableciese en él. ‖ En Amér., lo que se podía labrar en un día. ‖ *Arg.* Peonada, 1ª acep.

PEÓN Y CONTRERAS, José. *Biog.* Autor teatral mex., autor de *La hija del Rey; Luchas de honra y amor* y otras obras (1843-1908).

PEONZA. f. Juguete parecido al peón, pero sin punta metálica, que se hace bailar azotándolo con un látigo. ‖ fig. y fam. Persona menuda y bulliciosa.

PEOR. al. **Schlechter; schlimmer.** fr. **Pire.** ingl. **Worse; worst.** ital. **Peggio; peggiore.** port. **Pior.** (Del lat. *peior.*) adj. comp. de **Malo.** De mala condición o de inferior calidad respecto de otra cosa con que se compara. *Este vino es* PEOR *que aquél.* ‖ adv. m. comp. de **Mal.** Más mal, contrariamente a lo bueno o lo conveniente. *Vive* PEOR *que antes.* ‖ **Peor que peor.** expr. que se emplea para significar que lo propuesto por remedio o disculpa de una cosa, la empeora. ‖ **Tanto peor.** expr. **Peor** todavía. TANTO PEOR *para ti si no trabajas.* ‖ IDEAS AFINES: *Pésimo, peyorativo, declinar, decadencia, degenerar, depreciación, enviciar, empeorar, pervertir, corromper, degradación, deterioro, avería.*

PEORIA. *Geog.* Ciudad de los EE.UU. (Illinois). 111.856 h. Centro agrícola e industrial.

PEORÍA. f. Calidad de peor. ‖ Empeoramiento.

PEPA. (Del n. p. *Josefa.*) Se usa en la exclamación irónica ¡Viva la Pepa!, alusiva a la Constitución española de 1812, promulgada el día de San José. Viene siendo aplicada a toda situación de desbarajuste, despreocupación o excesiva licencia.

PEPA. f. Instrumento chino de cuatro cuerdas que tañen las mujeres. ‖ *Amér.* Hueso de algunas frutas. ‖ *Col.* Mentira, bola.

PEPAZO. m. *Col., Ec.* y *Ven.* Balazo; pedrada; golpe.

PEPENA. f. *Amér. Central* y *Méx.* Rebusca.

PEPENAR. (Del mex. *pepena*, escoger, recoger.) tr. *Amér. Central, Col.* y *Méx.* Recoger, escoger, levantar. ‖ *Méx.* En las minas, apartar el mineral bueno del malo. ‖ Asir, agarrar a alguien.

PEPERINA. f. Especie de menta o hierbabuena. *La infusión de las hojas de* PEPERINA *es estomacal.*

PEPIÁN. m. Pipián.

PEPINAR. m. Terreno sembrado de pepinos.

PEPINO. al. **Gurke.** fr. **Concombre.** ingl. **Cucumber.** ital. **Cetriolo.** port. **Pepino.** (dim. del lat. *pepo, -onis,* melón, y éste del gr. *pepon.*) m. Planta herbácea anual, hortense, de tallos blandos, rastreros y vellosos; hojas lobuladas, flores amarillas y fruto pulposo, cilíndrico, verde por fuera y blanco por dentro, con muchas simientes ovaladas, chatas y pequeñas. Es comestible. *Cucumis sativus,* cucurbitácea. ‖ Fruto de esta planta. ‖ – **del diablo.** Cohombrillo. ‖ **No dársele a uno un pepino de, o por,** una cosa. frs. fig. y fam. No importarle nada.

PEPIRÍ GUAZÚ. *Geog.* Río de América del Sur, que constituye el límite entre la prov. argentina de Misiones y el Est. brasileño de Santa Catalina. Desagua en el río Uruguay. 230 km.

PEPITA. al. **Pips.** fr. **Pépite.** ingl. **Pip.** ital. **Seme; grano.** port. **Pepita.** (Del lat. *pituita.*) f. Enfermedad que padecen frecuentemente las gallinas en la lengua, y es un tumorcillo que les impide cacarear. sinón.: **gabarro.** ‖ **No tener** uno **pepita en la lengua.** frs. fig. y fam. Hablar con libertad y desahogo.

PEPITA. (Del lat. *pepo,* melón.) f. Simiente de algunas frutas; como el melón, la calabaza, la manzana, etc. ‖ Trozo rodado de oro u otros metales nativos, que suele haber en los terrenos de aluvión. ‖ – **de San Ignacio. Haba de San Ignacio,** simiente de la planta.

PEPITA JIMÉNEZ. *Lit.* Famosa novela de Juan Valera, cuya primera edición data de 1874.

PEPITORIA. (Del b. lat. *piperitoria,* y éste del lat. *piper,* pimienta.) f. Guisado de ave, cuya salsa tiene yema de huevo. ‖ fig. Conjunto de cosas distintas y desordenadas.

PEPITOSO, SA. adj. Abundante en pepitas. ‖ Dícese de la gallina que padece pepita.

PEPLO. (Del lat. *péplum,* y éste del gr. *peplon.*) m. Vestidura exterior, amplia y suelta, sin mangas, que usaron las mujeres de la Grecia antigua. *Todos los años los atenienses ofrecían un riquísimo* PEPLO *a Minerva.*

PEPÓN. (Del lat. *pepo, -onis,* melón.) m. Sandía.

PEPONA. f. Muñeca grande de cartón.

PEPÓNIDE. (Del lat. *pepo, -onis,* melón.) f. *Bot.* Fruto carnoso, con muchas semillas en placentas gruesas y pulposas, que se hallan en el interior del pericarpio; como la calabaza, el melón y el pepino.

PEPSINA. (Del gr. *pepsis,* digestión, de *pesse,* cocer.) f. *Med.* Fermento orgánico, digestivo, segregado por las glándulas gástricas. Se extrae del estómago de algunos animales, en especial del cerdo, que es omnívoro como el hombre, y se emplea como medicamento opoterápico.

PEPTÓGENO, NA. (Del gr. *peptós,* digerido, y *gennao,* producir.) adj. Que aumenta la producción de la pepsina. ‖ m. Nombre de la substancia alimenticia que produce aumento de pepsinas en la secreción gástrica.

PEPTONA. (Del gr. *peptós,* cocido, digerido.) f. Substancia compleja, resultante del desdoblamiento de los albuminoides por fermentos digestivos. ‖ deriv.: **peptónico, ca.**

PEPTONEMIA. (De *peptona* y el gr. *haima,* sangre.) f. *Pat.* Presencia de peptonas en la sangre.

PEPTONURIA. f. *Pat.* Presencia de peptona en la orina.

PEPÚ. m. *Cuba.* Colonia, planta de adorno.

PEQUÉN. m. *Chile.* Ave semejante a la lechuza, diurna, rapaz, que mora en cuevas de roedores. Grazna lúgubremente y con frecuencia. ‖ Empanada de carne, cebolla y caldo.

PEQUEÑA RUSIA. *Geog.* Antiguo nombre de Ucrania.

PEQUEÑEZ. f. Calidad de pequeño. *La* PEQUEÑEZ *de las estrellas es aparente;* sinón.: **parvedad.** ‖ Infancia. ‖ Cosa de poca monta. ‖ Mezquindad, ruindad. *Esas* PEQUEÑECES *no me afectan.* ‖ IDEAS AFINES: *Chico, minúsculo, enano, pigmeo, miniatura, reducción, encoger, mínimo, germen, glóbulo, átomo, pizca, microbio, poco, disminuir, escaso, breve.*

PEQUEÑO, NA. al. **Klein; gering.** fr. **Petit.** ingl. **Small.** ital. **Piccolo.** port. **Pequeno.** (De *pico.*) adj. Corto, limitado. *Pie* PEQUEÑO; sinón.: **diminuto, parvo.** ‖ De corta edad. ‖ fig. Bajo, humilde, como contrapuesto a soberbio y poderoso. *Gente* PEQUEÑA. ‖ De poca importancia, aunque no sea corpóreo. *Ganancia* PEQUEÑA.

PEQUEÑO COLORADO. *Geog.* Río de los EE.UU. (Arizona). Desagua en el río Colorado, junto al Gran Cañón.

PEQUEÑO MISURI. *Geog.* Río de los EE.UU. Nace en el N.E. del Est. de Wyoming, toca los Est. de Montana y Dakota del Sur, y des. en el río Misuri, en el Est. de Dakota del Norte. 500 km.

PEQUEÑUELO, LA. adj. y s. dim. de **Pequeño.**

PEQUÍN. (De *Pequín,* cap. de China.) m. Tela de seda, parecida a la sarga, generalmente coloreada, y que se traía de China.

PEQUÍN. *Geog.* V. **Pekín.**

PER. (Del lat. *per.*) prep. insep. que aumenta la significación de las voces españolas simples a que se une. PER*seguir;* PER*signar.* En el compuesto PER*jurar* denota falsedad e infracción.

PERA. al. **Birne.** fr. **Poire.** ingl. **Pear.** ital. **Pera.** port. **Pera.** (Del lat. *pírum.*) f. Fruto del peral, carnoso, y cuyo tamaño, piel y forma son diferentes según las variedades. Contiene unas semillas ovaladas, chatas y negras. Es comestible y más o menos dulce, aguanoso, áspero, etc., según las castas que se cultivan. ‖ fig. Porción de pelo que se deja crecer en la punta de la barba. ‖ Renta o cargo lucrativo. ‖ *Veter.* Inflamación de la membrana que suele padecer el ganado lanar entre las dos pezuñas de las patas anteriores, que le obliga a cojear. ‖ – **ahogadiza.** Variedad de **pera** muy áspera. ‖ – **almizcleña. Pera mosqueruela.** ‖ – **bergamota.** Bergamota, especie de **pera** muy jugosa y aromática. ‖ – **calabacil.** Cualquier casta de **peras** parecidas en su forma a la calabaza vinatera. ‖ – **mosquerola, mosqueruela,** o **musquerola.** Variedad de **pera** redonda, de color encarnado obscuro en la parte donde le da el sol y verde amarillento en el resto, de carne granujienta y de sabor dulce. ‖ – **verdiñal.** La de piel verde aun después de madura. ‖ **Partir peras con** uno. frs. fig. y fam. Tratarle con familiaridad y llaneza. Ú.m. con neg. ‖ – **Pedir peras al olmo.** frs. fig. y fam. con que se explica que en balde se esperaría de uno lo que naturalmente no puede provenir de su educación o de su conducta. ‖ **Poner** a uno **las peras a cuarto.** frs. fig. y fam. Estrecharle forzándole a hacer lo que no era de su agrado.

PERADA. f. Conserva hecha de la pera rallada. ‖ Bebida alcohólica que se hace con el zumo fermentado de la pera.

PERAK. *Geog.* Estado del N.O. de la Malasia peninsular. 21.000 km². 1.900.000 h. Estaño, caucho, especias. Cap. IPOH.

PERAL. al. **Birnbaum.** fr. **Poirier.** ingl. **Pear tree.** ital. **Pero.** port. **Pereira.** (De *pera.*) m. Árbol, que se supone originario del Cáucaso, cultivado ya por los griegos. Tiene tronco liso y copa poblada; hojas alternas, brillantes, puntiagudas; flores blancas en corimbos, y fruto en pomo, cónico, llamado pera. Su madera, compacta y de color rojizo, se usa en tornería, ebanistería, para hacer escuadras, reglas, etc. Numerosas variedades cultivadas. *Pirus communis,* rosácea. ‖ Madera de este árbol.

PERAL, Isaac. *Biog.* Marino esp. inventor de una nave submarina que llegó a poner a prueba con provecho. Tuvo que abandonar sus experiencias por carecer de ayuda económica (1851-1895).

PERALEDA. f. Terreno plantado de perales.

PERALEJO. (De *peral.*) m. Árbol malpigiáceo, de hojas ovales, brillantes por el haz y rojizas por el envés, racimo terminal erguido, flores amarillas y fruto esférico, seco, con tres semillas. Es propio de las regiones tropicales de América.

PERALTA, Alejandro. *Biog.* Poeta per., autor de *Ande; El Collao,* y otras obras de tema indígena (n. 1895). ‖ – **Claudio.** Médico cost., nacido en 1893, especializado en otorrinolaringología, tema sobre el cual publicó varios trabajos. ‖ – **Gastón de.** Virrey de México de 1566 a 1568; se distinguió por su rectitud y bondad (1510-1580). ‖ – **Hernán G.** Escritor cost., nacido en 1892, autor de *España y América* y otras obras. ‖ – **José Francisco.** Historiador cost., autor de *Apuntes sobre la mujer costarricense desde la época colonial* y otras obras (1867-1900). ‖ – **José María.** Político salv.; en 1859 y de 1860 a 1861, presid. interino de la Rep. ‖ – **Manuel María de.** Literato cost., por cuya obra se le declaró benemérito de la patria. Publicó *La República de Costa Rica; Atlas histórico de la República de Costa Rica; Historia de Costa Rica de 1502 a 1580,* etc. (1847-1930). ‖ – **LAGOS, José María.** Escritor salv. (1875-1944). ‖ – **RAMOS, Alberto.** Médico arg., especialista en ginecología, tema sobre el cual publicó varios trabajos (1880-1954). ‖ – **RAMOS, Patricio.** Colono arg. que pobló vastas extensiones rurales y fundó, en 1873, la ciudad de Mar del Plata (1814-1887). ‖ – **YBAR NUEVO, Pedro de.** Erudito y poeta per., autor de *Lima triunfante; Glorias de América; Aritmética especulativa* y otras obras (1663-1743).

PERALTAR. (De *peralto.*) tr. En arquitectura, levantar la curva de un arco, bóveda o armadura más de lo que corresponde al semicírculo. ‖ Levantar el carril exterior en las curvas de ferrocarriles.

PERALTE. (De *peraltar.*) m. En arquitectura, lo que en la altura de arcos, bóvedas o armaduras excede del semicírculo. ‖ Elevación de una armadura sobre el ángulo recto o cartabón, o la de una cúpula sobre el semicírculo. ‖ En carreteras, vías férreas, etc., elevación de la parte exterior de una curva sobre la interior, para que no vuelque el vehículo que corre por ella.

PERALTO. (Del lat. *peraltus,* muy alto.) m. Altura, medida de alto abajo.

PERANTÓN. (aum. de *peralto.*) m. Mirabel, planta salsolácea. ‖ Pericón, abanico. ‖ fig. y fam. Persona muy alta.

PERBORATO. m. *Quím.* Sal producida por la oxidación del borato.

PERCA. (Del lat. *perca.*) f. Pez de río, acantopterigio, de cuerpo oblongo con escamas duras y ásperas; es verdoso por el lomo, plateado por el vientre y dorado con varias franjas negruzcas en los costados. *La carne de la* PERCA *es delicada.* ‖ Raño, pez.

PERCAL. (Del persa *parcale,* tela ligera.) m. Tela de algodón más o menos fina, blanca o pintada, que sirve para vestidos de mujer y otros usos.

PERCALA. f. *Amér.* Percal o percalina.

PERCALINA. f. Percal de un solo color, que se emplea para forrar vestidos y otros usos.

PERCÁN. (Voz arauc.) m. *Chile.* Moho, orín.

PERCANCE. al. **Missgeschick.** fr. **Accident.** ingl. **Mischance.** ital. **Contrattempo.** port. **Percalco.** (Del ant. *percanzar,* alcanzar.) m. Utilidad eventual sobre el sueldo o salario. Ú.m. en pl. ‖ Contratiempo, perjuicio imprevisto. *Algún* PERCANCE *le habrá impedido llegar;* sinón.: **accidente, contrariedad.** ‖ **Percances del oficio.** loc. irón. **Gajes del oficio.**

PERCANTA. f. vulg. *Arg.* Mina, manceba.

PER CÁPITA. fr. adv. lat. Por cabeza, individualmente.

PERCATAR. (De *per* y *catar,* examinar, considerar.) intr. y r. Advertir, considerar, cuidar.

PERCEBE. (Del lat. *pollicipes.*) m. Crustáceo cirripedo, cuya concha se compone de cinco valvas y un pedúnculo carnoso, con el que se prende a los peñascos. Se cría en grupos y abunda en los mares de Europa; es comestible muy estimado. *Pollicipes cornucopia.* Ú.m. en pl. sinón.: **escaramujo.** ‖ fig. y fam. Persona torpe o ignorante.

PERCEBIMIENTO. m. Apercibimiento.

PERCEPCIÓN. al. **Wahrnehmung.** fr. **Perception.** ingl. **Perception.** ital. **Percezione.** port. **Percepção.** (Del lat. *perceptio, -onis.*) f. Acción y efecto de percibir. *Tenía a su cargo la* PERCEPCIÓN *de los gravámenes.* ‖ Sensación interior que se origina de una impresión material hecha en los sentidos. *La* PERCEPCIÓN *de un sonido.* ‖ Idea, acto del entendimiento.

PERCEPTIBILIDAD. f. Calidad de perceptible. ‖ Facultad de percibir.

PERCEPTIBLE. (Del lat. *perceptíbilis.*) adj. Que se puede comprender o percibir. *Una rajadura apenas* PERCEPTIBLE. ‖ Que se puede recibir o cobrar. *Renta* PERCEPTIBLE. ‖ deriv.: **perceptiblemente.**

PERCEPTIVIDAD. (De *perceptivo.*) f. *Fisiol.* Propiedades que tienen especialmente los elementos nerviosos en que se localiza la percepción de convertir en sensación la impresión transmitida.

PERCEPTIVO, VA. (Del lat. *percéptum,* supino de *percípere,* percibir.) adj. Que tiene propiedad de percibir. *Órganos* PERCEPTIVOS.

PERCEPTOR, RA. adj. y s. Que percibe.

PERCIBIR. al. **Bemerken.** fr. **Percevoir.** ingl. **To perceive.** ital. **Percepire.** port. **Perceber.** (Del lat. *percípere.*) tr. Recibir una cosa y entregarse de ella. PERCIBIR *la jubilación, la men-*

sualidad. ‖ Recibir por uno de los sentidos las especies o impresiones del objeto. PERCIBÍA, *a lo lejos, las montañas.* ‖ Comprender o conocer una cosa. *Ahora* PERCIBO *tus intenciones*; sinón.: **advertir, notar, entender.**

PERCIBO. m. Acción y efecto de percibir dinero u otra cosa.

PERCLORURO. m. *Quím.* Cloruro que contiene la cantidad máxima de cloro.

PERCOCERÍA. (Del lat. *percutio*, golpe.) f. Obra menuda de platería, comúnmente labrada a martillo.

PERCUCIENTE. (Del lat. *percutiens, -entis*, p. a. de *percútere*, herir.) adj. Que hiere o golpea.

PERCUDIR. (Del lat. *percúdere.*) tr. Maltratar la tez o el lustre de algo. ‖ Penetrar la suciedad en alguna cosa.

PERCUSIÓN. al. **Schlag; Perkussion.** fr. **Percussion.** ingl. **Percussion.** ital. **Percussione.** port. **Percussão.** (Del lat. *percussio, -onis.*) f. Acción y efecto de percutir. ‖ V. **Instrumento, llave de percusión.** ‖ *Med.* Método de exploración consistente en producir por resonancia, un sonido en un órgano determinado. ‖ *Mús.* Conjunto de instrumentos que vibran al ser golpeados con la mano, con un palillo, con una baqueta o entrechocándose. Hay múltiples variedades, desde un tambor primitivo hasta un moderno par de timbales y desde un triángulo hasta un xilófono o un metalófono.

PERCUSOR. m. Percutor.

PERCUTIR. al. **Stark stossen; schlagen.** fr. **Percuter.** ingl. **To percuss.** ital. **Percuotere.** port. **Percutir.** (Del lat. *percútere.*) tr. Golpear. ‖ *Med.* Emplear la percusión.

PERCUTOR. m. Pieza que golpea en cualquier máquina, y especialmente el martillo o la aguja con que se hace detonar el cebo del cartucho en las armas de fuego.

PERCY, Tomás. *Biog.* Religioso y erudito ingl. cuyas *Reliquias de la antigua poesía inglesa* provocaron un fecundo movimiento hacia las canciones y baladas populares (1729-1811).

PERCHA. al. **Kleiderrechen.** fr. **Perche.** ingl. **Perch.** ital. **Pertica.** port. **Cabide.** (Del lat. *pértica.*) f. Estaca que se atraviesa con otras para sostener algo; como parras, etc. ‖ Pieza o mueble con colgaderos en que se pone ropa, sombreros, etc. ‖ Palo largo, con pie para que afirme en el suelo, y colgaderos en la parte superior. ‖ Acción y efecto de perchar el paño. ‖ Lazo para cazar aves. ‖ Especie de banderola que usan los cazadores, para colgar las piezas muertas. ‖ Alcándara. ‖ Pescante del que los barberos cuelgan las bacías en la puerta del local, como muestra de su oficio. ‖ *Col.* y *Ec.* Boato, lujo. ‖ *Chile.* Rimero. ‖ *Méx.* Conjunto de personas o cosas de igual especie. ‖ *Mar.* Tronco enterizo de árbol de tamaño apropiado para construir piezas de arboladura, vergas, etc. ‖ Brazal, madero. ‖ **Tener percha.** frs. fig. y fam. *Arg.* Ser elegante.

PERCHA. f. Perca.

PERCHADO, DA. adj. *Blas.* Dícese de las aves puestas en ramas o perchas.

PERCHAR. (De *percha.*) tr. Colgar el paño y sacarle el pelo con la carda.

PERCHEL. m. Aparejo de pesca compuesto de uno o varios palos en que se cuelgan las redes. ‖ Lugar en que se ponen.

PERCHERO. m. Conjunto de perchas o lugar en que las hay.

PERCHERÓN, NA. (Del fr. *percheron*, natural de Perche, ant. prov. de Francia.) adj. y s. Dícese del caballo o yegua de una raza francesa que por su fuerza y corpulencia es apropiada para arrastrar cargas pesadas.

PERCHÓN. (De *percha*, vara.) m. Pulgar de la vid en el cual el podador deja más yemas de las convenientes.

PERCHONAR. intr. Dejar perchonas en las vides. ‖ Armar perchas o lazos donde concurre la caza.

PERCHUDO, DA. adj. *Col.* Elegante.

PERDEDERO. m. Ocasión o motivo de perder. ‖ Lugar por donde se escapa la liebre perseguida.

PERDER. al. **Verlieren; Verpassen.** fr. **Perdre.** ingl. **To lose; to miss.** ital. **Perdere.** port. **Perder.** (Del lat. *pérdere.*) tr. Dejar de tener, o no hallar, uno la cosa que poseía, bien por culpa o descuido del poseedor, bien por contingencia o desgracia. PERDIÓ *los documentos.* ‖ Desperdiciar o malgastar alguna cosa. *No* PIERDAS *el tiempo*; sinón.: **derrochar, malograr.** ‖ No lograr lo que se espera. desea o ama. PERDERÁS *la oportunidad.* ‖ Causar un daño a las cosas, desmejorándolas. ‖ Causar a alguien ruina o perjuicio en la honra o en los bienes. ‖ Dicho de juegos, batallas, oposiciones, pleitos, etc., no conseguir lo que en ellos se disputa. ‖ Sufrir un daño, ruina o disminución en lo material, inmaterial o espiritual. PERDER *en la lotería*; PERDER *un pleito.* ‖ Decaer del concepto o estimación en que se estaba. ‖ Junto con algunos nombres, faltar a la obligación de lo que significan o hacer una cosa en contrario. PERDER *la paciencia, el decoro.* ‖ intr. Decaer uno del concepto o situación en que estaba. *Aquel empleado ha* PERDIDO *mucho.* ‖ Dicho de una tela, desteñirse, disminuir de color cuando se lava. *Este vestido* PIERDE. ‖ r. Equivocar uno el camino o rumbo que llevaba. ‖ No encontrar camino ni salida. PERDERSE *en un bosque*; sinón.: **desorientarse, extraviarse.** ‖ fig. No encontrar manera de salir de una situación difícil. ‖ Conturbarse o arrebatarse extremadamente por un accidente, sobresalto o pasión, de manera que no pueda darse la razón de sí. *La cólera me* PERDIÓ. ‖ Entregarse desenfrenadamente a los vicios. ‖ Borrarse la ilación en un discurso. *Se* PERDÍA *en la conversación.* ‖ No percibirse una cosa por el sentido que a ella atañe, especialmente el oído y la vista. *Poco a poco* PERDERÁ *la vista.* ‖ No aprovecharse una cosa que podía y debía ser útil. Ú.t.c.tr. ‖ Naufragar o irse a pique. ‖ Exponerse a **perder** la vida o sufrir otro grave daño. ‖ Amar ciegamente a una persona o cosa. ‖ Dejar de usar o de estimar las cosas que se apreciaban o se ejercitaban. ‖ Padecer un daño o ruina espiritual o corporal. Se dice particularmente de la joven que pierde su honra. ‖ Refiriéndose a las aguas corrientes, ocultarse o filtrarse debajo de tierra o entre peñas o hierbas. ‖ **Tener uno qué perder.** frs. Ser persona estimada y acreditada, y que expone mucho si se arriesga. ‖ deriv.: **perdible.** ‖ IDEAS AFINES: *Buscar, abdicar, vencido, derrota, déficit, mengua, caduco, fracasar, desvanecerse, enceguecer, enviudar.*

PERDICIÓN. al. **Verderben.** fr. **Perdition.** ingl. **Perdition.** ital. **Perdizione.** port. **Perdição.** (Del lat. *perditio, -onis.*) f. Acción de perder o perderse. ‖ fig. Grave daño temporal o espiritual. ‖ Pasión amorosa desenfrenada. ‖ Condenación eterna. ‖ Desarreglo en las costumbres o en el uso de los bienes temporales. ‖ Causa o persona que daña gravemente. *El juego era su* PERDICIÓN. sinón.: **ruina.**

PÉRDIDA. al. **Verlust.** fr. **Perte.** ingl. **Loss.** ital. **Perdita.** port. **Perda.** (Del lat. *pérdita*, pérdida.) f. Privación de lo que se poseía. *La* PÉRDIDA *de la salud.* ‖ Daño que se recibe en una cosa. ‖ Cantidad o cosa perdida. *Las* PÉRDIDAS *ocasionadas por el incendio son cuantiosas.* ‖ **A pérdidas y ganancias.** m. adv. Con los verbos *ir* y *estar*, exponer en compañía de otros una cantidad de dinero, llevando parte en el daño o provecho resultante. ‖ **A pura pérdida.** m. adv. *Arg.* y *Chile.* Sin esperanza de conseguir alguna cosa.

PERDIDAMENTE. adv. m. Con exceso, vehemencia o abandono. *Se dio* PERDIDAMENTE *a la bebida*; sinón.: **desmedidamente.** ‖ Inútilmente.

PERDIDIZO, ZA. adj. Dícese de lo que se finge que se pierde y de la persona que se escabulle. ‖ **Hacerse** uno **el perdidizo.** frs. fam. Ausentarse disimuladamente.

PERDIDO, DA. adj. Que no tiene o no lleva dirección determinada. *Bala* PERDIDA. ‖ V. **Mujer perdida.** Ú.t.c.s. ‖ m. *Impr.* Cantidad excedente de ejemplares que se tiran de más en cada pliego para suplir los que resultaren fallados. ‖ **Perdido por** una persona. fig. Ciegamente enamorado de ella. ‖ **Ser** uno **un perdido.** frs. Ser franco o pródigo con exceso. ‖ No gozar de estimación y crédito.

PERDIDO. *Geog.* Monte de los Pirineos centrales, en el límite entre la prov. española de Huesca y el dep. francés de los Altos Pirineos. 3.352 m.

PERDIDOSO, SA. (De *perdido.*) adj. Que pierde o padece una pérdida. ‖ Fácil de perder o perderse.

PERDIGAR. (Del lat. *pérdix, -icis.*) tr. Soasar la perdiz u otra ave o vianda para que se conserve. ‖ Preparar la carne en cazuela con alguna grasa para hacerla más substanciosa. ‖ fig. y fam. Disponer alguna cosa para determinado fin.

PERDIGÓN. al. **Junges Rebhuhn; Schrot.** fr. **Perdreau; menu plomb.** ingl. **Young partridge; bird shot.** ital. **Perniciotto; migliarola.** port. **Perdigoto; chumbo.** m. Pollo de la perdiz. ‖ Perdiz nueva. ‖ Perdiz macho que algunos cazadores usan como reclamo. ‖ Cada grano de plomo de la munición de caza. ‖ **Cazar** uno **con perdigones de plata.** frs. fig. y fam. Comprar la caza para fingirse cazador.

PERDIGÓN. (De *perder.*) m. fam. El que pierde mucho en el juego. ‖ fig. y fam. Mozo que disipa o desgasta sus bienes.

PERDIGONADA. f. Tiro de perdigones. ‖ Herida que produce.

PERDIGONERA. f. Bolsa en que los cazadores llevaban los perdigones.

PERDIGUERO, RA. adj. Dícese del animal que caza perdices. ‖ V. **Perro perdiguero.** Ú.t.c.s ‖ m. El que compra a los cazadores la caza para revenderla.

PERDIMIENTO. (De *perder.*) m. Perdición o pérdida.

PERDIS. m. fam. Calavera, hombre de poco juicio. Ú. generalmente en las frs. *ser un* PERDIS o *estar hecho un* PERDIS.

PERDIZ. al. **Rebhuhn.** fr. **Perdrix.** ingl. **Partridge.** ital. **Pernice.** port. **Perdiz.** (Del lat. *pérdix, -icis*, y éste del gr. *pérdix.*) f. Ave gallinácea con cuerpo grueso, cuello corto, cabeza pequeña, pico y pies encarnados, y plumaje de color ceniciento rojizo en las partes superiores, más vivo en la cabeza y cuello, blanco con un collar negro en la garganta, azulado con manchas negras en el pecho y rojo amarillento en el abdomen. Alcanza a medir unos cuarenta centímetros de longitud desde la punta del pico al final de la cola y cincuenta de envergadura. Anda más que vuela, se mantiene de semillas silvestres y su carne es muy estimada. ‖ V. **Ojo, patas de perdiz.** ‖ – **blanca.** Ave gallinácea, poco más grande que la perdiz común, de la cual se diferencia por el pico ceniciento, las patas de igual color y con plumas hasta las uñas, y el plumaje blanco en el cuerpo, y negro en la cola y alas, aunque los extremos de éstas también son blancos. Habita en las regiones altas y frías, y en verano su color se vuelve gris amarillento con manchas negras. ‖ – **blancal.** La patiblanca, que en los países fríos toma en el invierno el color blanco, diferenciándose de la blanca sólo en los pies, que carecen de pluma. ‖ – **cordillerana.** *Chile.* Especie de perdiz muy diferente de la europea, más pequeña, de alas puntiagudas y tarsos robustos y reticulares por delante. No es comestible y vive en lo alto de la cordillera de los Andes. ‖ – **pardilla.** Ave gallinácea muy semejante a la **perdiz** común, pero con el pico y las patas de color gris verdoso, y el plumaje, en su mayor parte de color pardo obscuro, amarillento rojizo en la cabeza, gris con rayas negras en el cuello y pecho, y manchado de pardo castaño en medio del abdomen. Es la especie más común en Europa. ‖ – **patiblanca.** Especie de **perdiz,** que se distingue de la común principalmente en tener las piernas manchadas de negro, y el pico, las alas y los pies de color blanco tirando a verde. ‖ – **real. Perdiz.** ‖ IDEAS AFINES: *Martineta, perdigón, caza, escopeta, munición, pajonal, perdiguero, ojear.*

PERDOMO, Apolinar. *Biog.* Poeta dom., autor también de obras en prosa (1882-1918).

PERDÓN. al. **Verzeihung; Begnadigung.** fr. **Pardon.** ingl. **Pardon.** ital. **Perdono.** port. **Perdão.** (De *perdonar.*) m. Remisión de la pena merecida, de la ofensa que se recibe o de una deuda u obligación pendiente. sinón.: **absolución, indulto;** antón.: **condena.** ‖ Indulgencia, remisión de pecados. *Los arrepentidos alcanzarán el* PERDÓN. ‖ fam. Gota de aceite, cera u otra materia que cae ardiendo. ‖ **Con perdón.** m. adv. Con licencia o sin nota ni reparo. ‖ IDEAS AFINES: *Conmutación, amnistía, gracia, dispensa, olvido; misericordia, compasión, disculpar, excusar.*

PERDONABLE. adj. Que puede ser perdonado o lo merece.

PERDONAR. al. **Verzeihen; begnadigen.** fr. **Pardonner.** ingl. **To pardon.** ital. **Perdonare.** port. **Perdoar.** (Del lat. *per* y *donare*, dar.) tr. Disculpar una ofensa o molestia quien la recibe. PERDONA *siempre a los demás, nunca a ti mismo, dijo Séneca*; sinón.: **absolver**; antón.: **condenar.** ‖ Exceptuar a uno de lo que se hace comúnmente con todos. sinón.: **eximir.** ‖ Anteponiéndole el adv. *no*, confiere gran intensidad a la acción del verbo que a continuación se expresa o se supone. NO PERDONAR *medio de ganar*; NO PERDONAR *una reunión.* ‖ fig. Renunciar a un goce o derecho. ‖ deriv.: **perdonador, ra; perdonante.**

PERDONAVIDAS. (De *perdonar*, y *vida.*) m. fig. y fam. Guapo o pendenciero que se jacta de valentías o atrocidades.

PERDRIEL, Gregorio Ignacio. *Biog.* Militar arg. de distinguida actuación en las luchas por la independencia de su patria (1785-1832).

PERDRIEL, Combate de. *Hist.* Derrota criolla frente a los ingl., durante la primera invasión ingl. al Río de la Plata, en 1806. Librada en la chacra hom., en la prov. de Buenos Aires (Rep. Arg.).

PERDULARIO, RIA. (De *perder.*) adj. y s. Muy descuidado en su persona o en sus intereses. ‖ Vicioso incorregible.

PERDURABILIDAD. f. Calidad de perdurable.

PERDURABLE. (Del lat. *perdurábilis.*) adj. Perpetuo o que dura para siempre. *Castigo* PERDURABLE; sinón.: **eterno, imperecedero;** antón.: **efímero, pasajero.** ‖ Que dura mucho. *Recuerdo* PERDURABLE. ‖ f. Sempiterna, tela. ‖ deriv.: **perdurablemente.**

PERDURAR. al. **Dauern.** fr. **Perpétuer.** ingl. **To last long.** ital. **Perdurare.** port. **Perdurar.** (Del lat. *perdurare.*) intr. Durar mucho, subsistir. *Sus palabras* PERDURARÁN; sinón.: **continuar, mantenerse**; antón.: **borrarse, desaparecer.** ‖ deriv.: **perduración.**

PERECEAR. (De *pereza*). tr. fam. Dilatar, diferir una cosa por negligencia o pereza.

PERECEDERO, RA. al. **Vergänglich.** fr. **Périssable.** ingl. **Perishable.** ital. **Caduco.** port. **Perecedouro.** adj. Poco durable, que ha de perecer o acabar. *Fama* PERECEDERA; sinón.: **fugaz, transitorio**; antón.: **eterno.** ‖ m. fam. Estrechez, miseria.

PERECER. al. **Vergehen.** fr. **Périr.** ingl. **To perish.** ital. **Perire.** port. **Perecer.** (De un deriv. del lat. *perire.*) intr. Acabar, fenecer. PERECIÓ *de hambre y frío*; sinón.: **morir, sucumbir;** antón.: **nacer.** ‖ fig. Padecer un daño, fatiga o pasión extremados. ‖ Padecer una ruina espiritual, en especial la extrema de la eterna condenación. ‖ Tener suma pobreza. ‖ r. fig. Apetecer algo con ansia. Ú. con la prep. por. *Se* PERECE POR *ser ministro*; sinón.: **desvivirse.** ‖ Padecer violentamente un afecto. *Se* PERECÍA *de indignación.* ‖ irreg. Conj. como **agradecer.** ‖ deriv.: **pereciente; perecimiento.**

PEREDA. (De *pera.*) f. Peraleda.

PEREDA, José María de. *Biog.* Escritor esp.; sus novelas costumbristas y descriptivas son obras maestras de la literatura regional y realista. Publicó: *Sotileza; Peñas arriba; El sabor de la tierruca* y otras obras

(1833-1906). ‖ – **VALDÉS, Ildefonso.** Escritor urug., autor de *Raza negra; Música y acero*, etc. y de una *Antología de la moderna poesía uruguaya* (n. 1899).

PEREGRINA. f. *Cuba.* Arbusto euforbiáceo de flores rojas. Existen variedades.

PEREGRINACIÓN. al. **Wallfahrt; Pilgerfahrt.** fr. **Pélerinage.** ingl. **Peregrination; Pilgrimage.** ital. **Peregrinazione; pellerinaggio.** port. **Peregrinação.** (Del lat. *peregrinatio, -onis.*) f. Viaje por tierras extrañas. ‖ Viaje que se hace a un santuario por devoción o por promesa. ‖ fig. La vida humana considerada como paso para la eterna.

PEREGRINAJE. m. Peregrinación.

PEREGRINAMENTE. adv. m. De modo raro, extraordinario. ‖ Con gran primor.

PEREGRINAR. al. **Wallfahren; pilgern.** fr. **Pérégriner.** ingl. **To peregrinate.** ital. **Pellegrinare.** port. **Peregrinar.** (Del lat. *peregrinare.*) intr. Andar uno por tierras extrañas. ‖ Ir en romería a un santuario por devoción o por voto. ‖ fig. Estar en esta vida, en que se camina a la patria celestial. ‖ deriv.: **peregrinante.**

PEREGRINIDAD. (Del lat. *peregrinitas, -atis.*) f. Calidad de peregrino o extraño.

PEREGRINO, NA. al. **Pilger; Wander.** fr. **Pélérin.** ingl. **Peregrine; pilgrim.** ital. **Pellegrino.** port. **Peregrino.** (Del lat. *peregrinus.*) adj. Aplícase al que anda por tierras extrañas. ‖ Dícese del que por devoción o por voto va a visitar un santuario. Ú.m.c.s. *Miles de* PEREGRINOS *acudieron a Roma el Año Santo*; sinón.: **romero.** ‖ Dícese del ave pasajera. ‖ fig. Extraño, raro. *Un* PEREGRINO *bonete adornaba su cabeza*; sinón.: **exótico;** antón.: **común.** ‖ Adornado de singular hermosura y perfección. *Un rostro* PEREGRINO; sinón.: **primoroso.** ‖ Que está en esta vida mortal y pasa a la eterna. ‖ IDEAS AFINES: *Tierra Santa, Jerusalén, Meca, Ganges, cruzado, votos, promesas, indulgencias, bordón, caminante, fe.*

PEREIRA, Nuño Álvarez, Beato. *Hagiog.* Religioso port. y héroe nacional de su patria, cuya independencia defendió frente a la invasión castellana (1360-1431).

PEREIRA, Gabriel Antonio. *Biog.* Estadista urug., de 1856 a 1860 presid. de la Rep. (1794-1861). ‖ – **Manuel Victorino.** Médico y político bras., presid. interino de su país por enfermedad del titular Prudencio de Moraes (1854-1902). ‖ – **DA CUNHA, Antonio Luis.** Político bras., en 1831 regente del Imperio (1760-1837). ‖ – **DA FONSECA, Mariano José.** Escritor y estadista bras., firmante del Acta de la Constitución y autor de *Máximas, pensamientos y reflexiones*, obra clásica en la lit. de su patria (1773-1848). ‖ – **DA SILVA, José Manuel.** Literato e historiador bras., autor de *Historia de la fundación del Imperio brasileño; Varones ilustres del Brasil; Parnaso brasileño*, etc. (1817-1898). ‖ – **GOMES, Wenceslao Braz.** Político bras. (1868-1966); de 1914 a 1916 presid. de la Rep. ‖ – **SOUZA, Washington Luis.** Estadista bras., de 1926 a 1930 presid. de su país (1871-1957).

PEREIRA. *Geog.* Ciudad de Colombia, cap. del dep. de Risaralda. 190.000 h. Centro agrícola, minero e industrial.

PEREJIL. al. **Petersilie.** fr. **Persil.** ingl. **Parsley.** ital. **Prezzemolo.** port. **Salsa.** (Del lat. *petroselinum*, y éste del gr. *petrosélinon; de petra*, piedra, y *sélinon*, perejil.) m. Planta herbácea vivaz, que alcanza hasta siete decímetros de altura, con tallos angulosos y ramificados, hojas pecioladas, lustrosas, de color verde obscuro, partidas en tres gajos dentados; flores blancas o verdosas y semillas menudas, parduscas y aovadas. Espontánea en algunos sitios, es muy común su cultivo en las huertas, por ser un condimento de mucho uso. *Petroselinum sativum.* ‖ fig. y fam. Adorno o compostura excesiva, particularmente la que usan las mujeres en los vestidos y tocados. Ú.m. en pl. *Cargarse de* PEREJILES. ‖ pl. fig. y fam. Títulos o empleos que, juntos con uno más principal, condecoran a un sujeto. ‖ **Perejil de mar,** o **marino. Hinojo marino.** ‖ – **de monte.** Oreoselino. ‖ – **de perro. Cicuta menor.** ‖ – **macedonio. Apio caballar.** ‖ – **mal sembrado.** fig. y fam. Barba rala.

PEREJILLA. f. Juego de naipes, consistente en hacer 31 tantos, con otras suertes, y en el cual el siete de oros es comodín. ‖ Siete de oros en este juego.

PEREKOP. *Geog.* Istmo estrecho y pantanoso, de 4 km. de extensión, que une la pen. de Crimea (U.R.S.S.) con el continente.

PERENAL. adj. Perennal.

PERENCEJO. m. Perengano.

PERENCIÓN. (Del lat. *peremptio, -onis*, de *perimere*, destruir.) f. *Der.* Prescripción que anulaba el procedimiento, cuando pasaba cierto número de años sin que las partes hubieran hecho gestiones. Actualmente se llama **caducidad de la instancia.**

PERENDECA. f. fam. Ramera.

PERENDENGUE. (Del lat. *péndere*, colgar.) m. Pendiente, arete. ‖ Por ext., adorno mujeril de poco valor. ‖ Antigua moneda española de vellón, equivalente a cuatro maravedís, que se acuñó en el reinado de Felipe IV.

PERENE. adj. Perenne.

PERENGANO, NA. (De *per* y *mengano.*) s. Voz que se usa para aludir a persona cuyo nombre se desconoce o no se quiere mencionar después de haber aludido a otra u otras con palabras de igual indeterminación, como *fulano, mengano, zutano.*

PERENNAL. adj. Perenne. ‖ deriv.: **perennalmente.**

PERENNE. al. **Ewing; immergrün.** fr. **Perenne; perpétuel.** ingl. **Perennial; perpetual.** ital. **Perenne.** port. **Perene.** (Del lat. *perennis.*) adj. Continuo, incesante. *Inquietud* PERENNE; sinón.: **permanente;** antón.: **caduco, perecedero.** ‖ *Bot.* Vivaz, que vive más de dos años. ‖ deriv.: **perennemente.**

PERENNIDAD. (Del lat. *perénnitas, -atis.*) f. Perpetuidad, continuación incesante.

PERENNIFOLIO, LIA. adj. Dícese de los árboles y plantas que conservan su follaje todo el año.

PERENTORIAMENTE. adv. m. Con término perentorio. ‖ Con urgencia. *Pedir algo* PERENTORIAMENTE; sinón.: **apremiantemente.**

PERENTORIEDAD. f. Calidad de perentorio. *La* PERENTORIEDAD *de un juicio.* ‖ Urgencia. *La* PERENTORIEDAD *de una llamada*; sinón.: **apremio, prisa;** antón.: **lentitud.**

PERENTORIO, RIA. (Del lat. *peremptorius.*) adj. Dícese del último plazo que se concede, o de la última resolución que se toma en algún asunto. ‖ Concluyente, decisivo. *Opinión* PERENTORIA; antón.: **vacilante.** ‖ Urgente, apremiante. *Deber* PERENTORIO. ‖ *Der.* V. **Excepción perentoria.** ‖ V. **Término perentorio.**

PEREQUE. m. *Col.* Sujeto molesto, inoportuno. ‖ *Col.* y *Pan.* Molestia, estorbo. ‖ *Pan.* Jaleo, alboroto.

PERERO. m. Instrumento de que se usaba para mondar peras, manzanas y otras frutas.

PERÉS, Ramón Domingo. *Biog.* Escritor cubano, autor de *Musgo* y otros tomos de poesía (1883-1956).

PEREYRA, Carlos. *Biog.* Historiador mex.; su obra extensa y erudita es un valioso aporte para la historia de la evolución americana. Publicó *La conquista de las rutas oceánicas; La obra de España en América; Historia de la América española*, etc. (1871-1942). ‖ – **ARY ARGUIBEL, Luis J.** Mil. argentino que actuó en las campañas de San Martín y en el ejército chil. (1792-1842).

PÉREZ, Antonio. *Biog.* Político esp., ministro y favorito de Felipe II. Intervino en intrigas cortesanas y debió huir a Francia donde escribió unas *Memorias* que sirvieron de base a la leyenda negra española (1534-1611). ‖ – **Candelaria.** Heroína de la independencia chilena; se le otorgó el grado de sargento, por lo que se la llama con el sobrenombre de La Sargenta (1810-1870). ‖ – **Carlos A.** Político ven., nacido en 1922, pres. de la República desde 1974. ‖ – **Felipe.** Literato col., autor de novelas y estudios históricos y literarios. Publicó *Huayna Capac; Atahualpa; Los Pizarros*, etc. (1836-1891). ‖ – **Fernando A.** Escritor nicaragüense cont., evocador del pasado en el teatro y la novela. Obras: *Vida de Cristóbal Colón* y otras. ‖ – **José Joaquín.** Estadista chil.; de 1861 a 1871 presid. de la Rep. (1801-1889). ‖ – **José Joaquín.** Poeta dom.; cultivó el indigenismo como móvil de restauración nacional en sus libros *Fantasías indígenas; Quisqueyana; Anacaona*, etc. (1845-1900). ‖ – **Juan Bautista.** Estadista ven., de 1929 a 1931 presid. de la Rep. (1862-1952). ‖ – **Luis Eduardo.** Estadista urug., varias veces presid. interino de la Rep. (m. 1841). ‖ – **Santiago.** Político y escritor col., presid. de la Rep. en 1873 y autor de *La noche en el mar; Deber patrio* y otras obras (1830-1900). ‖ – **AMUCHÁSTEGUI, Antonio Jorge.** Historiador arg., nacido en 1921, autor de *Ideología de San Martín* y otras obras. ‖ – **BARRADÁS, Rafael.** Pintor urug. (1890-1929). ‖ – **BONALDE, Juan Antonio.** Poeta romántico ven., autor de *Estrofas; Ritmos; Vuelta a la Patria*, etc. (1846-1892). ‖ – **CABRERA, José Manuel.** Geógrafo e historiador cub. (1901-1969). ‖ – **CADALSO, Eliseo.** Escritor hondureño (n. 1920), uno de los renovadores de la poesía moderna en su país. ‖ – **DE ANGULO, Gonzalo.** V. **Angulo, Gonzalo Pérez de.** ‖ – **DE AYALA, Ramón.** Literato esp. cuyas obras de crítica social e ideológica alcanzan notable perfección de estilo. Publicó *Belarmino y Apolonio; El curandero de su honra; El ombligo del mundo*, etc. (1880-1962). ‖ – **DE GUZMÁN, Alonso,** llamado Guzmán el Bueno. Defensor de Tarifa; los moros amenazaron matar a su hijo si no rendía la plaza y él respondió arrojándoles su propio puñal (1255-1309). ‖ – **DE GUZMÁN, Fernán.** Poeta e historiador esp., autor de *Generaciones y Semblanzas; Loores a los claros varones de España; Coplas de vicios y virtudes*, etc. (1376-1458). ‖ – **DE HITA, Ginés.** Cronista esp., autor de *Guerras civiles de Granada* (s. XVI). ‖ – **DEL PULGAR, Hernán.** Militar y cronista esp. (1451-1531). ‖ – **DE MONTALBÁN, Juan.** Dramaturgo esp. de estilo culterano. Publicó *Los amantes de Teruel; La Monja Alférez; La puerta macarena*, etc. (1602-1638). ‖ – **DE URDIMINEA, José María.** Guerrero bol. de la Independencia; en 1828 y 1842 presid. interino de la Rep. (1782-1865). ‖ – **ESCRICH, Enrique.** Escritor esp., autor de novelas por entregas y dramas melodramáticos y moralistas: *La mujer adúltera; La esposa mártir; El manuscrito de una madre*, etc. (1829-1897). ‖ – **FREIRE, Osmán** Músico chil., autor de composiciones populares que alcanzaron gran celebridad, como *Ay, ay, ay*, y de una colección de música de cámara: *Canciones del hogar* (1880-1930). ‖ – **GALDÓS, Benito.** Escritor esp., renovador de la novela de su patria. De extraordinaria fuerza creadora, dio vida a un verdadero mundo de seres de toda clase y condición, que tanto en los *Episodios Nacionales*, como en las novelas y el teatro, dan una realista pintura de la sociedad esp. ochocentista. Otras obras: *Marianela; Ángel Guerra; La familia de León Roch; El abuelo*, etc. (1843-1920). ‖ – **GUEVARA, Ada.** Novelista venezolana, autora de *Horizontes; Tierra talada*, etc. (n. 1905). ‖ – **JIMÉNEZ, Marcos.** Militar venez. (n. 1914), designado presid. provisional de su país por las fuerzas armadas en 1952. Fue elegido presidente constitucional por el período 1953-1958; reelegido para 1958-1963, fue depuesto por una revolución en enero de 1958. ‖ – **LUGÍN, Alejandro.** Escritor esp., autor de populares novelas como *La casa de la Troya; Currito de la Cruz; La amiga del rey*, etc. (1870-1926). ‖ – **PETIT, Víctor.** Escritor urug., uno de los iniciadores del teatro rioplatense. Escribió *La rondalla; Los picaflores; Joyeles bárbaros* y otras obras (1871-1947). ‖ – **SARMIENTO, José Manuel.** Diplomático col., nacido en 1882, autor de *Recuperación de Gibraltar* y otras obras. ‖ – **TRIANA, Santiago.** Escritor col., autor de poesías y relatos; también fue diplomático (1858-1916). ‖ – **ZELASCHI, Adolfo.** Novelista y cuentista arg. premiado por la Sociedad Arg. de Escritores y la Cámara del Libro; también autor de varios volúmenes de poesías (n. 1920). ‖ – **ZÚÑIGA, Juan.** Escritor esp.; publicó numerosas obras de carácter humorístico: *Historia cómica de España; El chápiro verde; La familia de Noé*, etc. (1860-1938).

PÉREZ. *Geog.* Población de la Argentina, en la prov. de Santa Fe, al S.O. de Rosario. 3.700 h. ‖ – **Rosales.** Paso de la cordillera de los Andes, situado entre la prov. argentina de Río Negro, y la chilena de Llanquihue. 1.010 m. de altura.

PEREZA. al. **Faulheit.** fr. **Paresse.** ingl. **Laziness.** ital. **Pigrizia.** port. **Preguiça.** (Del lat. *pigritia.*) f. Negligencia, desgano o descuido en las cosas a que estamos obligados. *La* PEREZA *es el refugio de los espíritus débiles;* antón.: **acción, diligencia.** ‖ Descuido o tardanza en las acciones o movimientos. ‖ **Sacudir la pereza.** frs. Vencerla. ‖ Emprender o continuar con buen ánimo una tarea o diligencia. ‖ IDEAS AFINES: *Abandono, haragán, ocio, apatía, pecado capital, vagabundo, dormilón, desperezarse, bostezo.*

PEREZOSAMENTE. adv. m. Con pereza y tardanza. *Hamacarse* PEREZOSAMENTE; sinón.: **indolentemente;** antón.: **activamente.**

PEREZOSO, SA. al. **Träge; faul.** fr. **Paresseux.** ingl. **Idle.** ital. **Pigro.** port. **Preguiçoso.** (De *pereza.*) adj. Negligente, descuidado en lo que debe realizar. Ú.t.c.s. sinón.: **holgazán, poltrón;** antón.: **trabajador.** ‖ Lento o pesado en la acción o en el movimiento. *Las volutas* PEREZOSAS *del humo.* ‖ adj. Dícese del que se levanta tarde por demasiada afición a dormir. ‖ m. Mamífero arborícola de la América tropical que mide unos 60 centímetros de largo y 25 de altura, con cabeza pequeña, ojos obscuros, pelaje pardo muy largo, patas cortas, pies con tres uñas fuertes y cola rudimentaria. Se mueve con lentitud, pero con destreza, en las ramas de los árboles, de cuyas hojas se alimenta. *Bradypus tridactylus*, desdentado. ‖ m. *Urug.* Tumbona, silla de tijera con asiento y respaldo de lona. ‖ m. *Cuba.* Imperdible, alfiler. ‖ f. Especie de sillón, por lo común de construcción ligera, y con el asiento prolongado de forma que puedan quedar las piernas completamente extendidas. Se construye también en forma de butaca cuya armazón está compuesta de varios largueros, dos de ellos con mordientes para graduar la posición, a los que se sujeta una lona enteriza que sirve de asiento y respaldo. A este tipo de **perezoza** suele llamársele también *hamaca.*

PERFECCIÓN. al. **Vollkommenheit; Vollendung.** fr. **Perfection.** ingl. **Perfection.** ital. **Perfezione.** port. **Perfeição.** (Del lat. *perfectio, -onis.*) f. Acción de perfeccionar. ‖ Calidad de perfecto. ‖ Cosa perfecta. ‖ *Der.* En actos jurídicos, base en que, al concurrir todos los requisitos, nacen los derechos y las obligaciones. ‖ **A la perfección.** m. adv. Perfectamente. ‖ IDEAS AFINES: *Irreprochable, paradigma, ejemplo, ideal, óptimo, virtud, santo.*

PERFECCIONADOR, RA. adj. Que perfecciona una cosa o le da perfección.

PERFECCIONAMIENTO. m. Perfección, acción y efecto de perfeccionar o perfeccionarse.

PERFECCIONAR. al. **Vervollkommen.** fr. **Perfectionner.** ingl. **To improve.** ital. **Perfezionare.** port. **Aperfeiçoar.** (De *perfección.*) tr. y r. Acabar totalmente una obra dándole el mayor grado posible de bondad y excelencia. PERFECCIONAR *una máquina.* ‖ *Der.* Completar los requisitos para que un acto civil tenga fuerza jurídica.

PERFECTA CASADA, La. *Lit.* Cél. obra de Fray Luis de

León. Modelo de construcción literaria, es un tratado de moral cristiana en el cual el autor expone, basándose en el inmenso caudal de su cultura bíblica y clásica, una extensa serie de consejos para la mujer.

PERFECTAMENTE. adv. m. Cabalmente, sin falta, con esmero. ‖ *Contestó* PERFECTAMENTE *el interrogatorio.* ‖ **¡Perfectamente!** Exclamación de asentimiento o justa conformidad.

PERFECTIBLE. (De *perfecto.*) adj. Capaz de perfeccionarse o de ser perfeccionado. ‖ deriv.: **perfectibilidad.**

PERFECTIVO, VA. (Del lat. *perfectivus.*) adj. Que da o puede dar perfección.

PERFECTO, TA. al. **Vollendet; Vollkommen.** fr. **Parfait.** ingl. **Perfect.** ital. **Perfetto.** port. **Perfeito.** (Del lat. *perfectus.*) adj. Que tiene el mayor grado posible de bondad o excelencia en su línea. *Dentadura* PERFECTA; sinón.: **acabado, cabal.** ‖ *Arit.* V. **Número perfecto.** ‖ *Der.* De plena eficacia jurídica. ‖ *Gram.* V. **Futuro, pretérito perfecto.**

PERFICIENTE. (Del lat. *perficiens, -entis,* p. a. de *perficere,* perfeccionar.) adj. Que perfecciona.

PÉRFIDAMENTE. adv. m. Con perfidia o infidelidad.

PERFIDIA. al. **Treulosigkeit.** fr. **Perfidie.** ingl. **Perfidy.** ital. **Perfidia.** port. **Perfídia.** (Del lat. *perfidia.*) f. Infidelidad, traición o quebrantamiento de la fe debida. antón.: **lealtad.**

PÉRFIDO, DA. (Del lat. *pérfidus.*) adj. y s. Desleal, traidor, que falta a la fe que debe. antón.: **fiel.**

PERFIL. al. **Profil.** fr. **Profil.** ingl. **Profile.** ital. **Profilo.** port. **Perfil.** (Del lat. *per,* por, y *fílum,* línea.) m. Adorno sutil, especialmente el puesto al canto o extremo de algo. *El* PERFIL *de una moneda.* ‖ Cada raya delgada que se hace con la pluma llevada convenientemente. ‖ Postura en que sólo se ve un costado del cuerpo. *Retratarse de* PERFIL. ‖ *Geom.* Figura que presenta un cuerpo cortado por un plano vertical. ‖ *Pint.* Contorno aparente de la figura representado por las líneas que determinan su forma. ‖ pl. Complementos, retoques con que se termina un obra o una cosa. ‖ fig. Miramientos en la conducta. ‖ **Medio perfil.** *Pint.* Postura en que el cuerpo no está totalmente ladeado. ‖ **Corromper los perfiles.** frs. *Pint.* No ajustarse el aprendiz al dibujo del maestro. ‖ **De perfil.** loc. **De lado.** ‖ **Pasar perfiles.** frs. *Pint.* Afianzar el dibujo estarcido, pasándolo con pluma, lápiz o cosa parecida. ‖ **Tomar perfiles.** frs. *Pint.* Señalar con lápiz los contornos de una pintura o estampa, poniendo sobre ella un papel transparente.

PERFILADO, DA. adj. Dícese del rostro adelgazado y largo en proporción. ‖ V. **Nariz perfilada.**

PERFILADURA. f. Acción de perfilar una cosa. ‖ El mismo perfil.

PERFILAR. tr. Dar, presentar el perfil o sacar los perfiles a alguna cosa. ‖ fig. Afinar, hacer con primor una cosa. ‖ r. Ponerse de perfil. ‖ *Col.* Palidecer, demudarse. ‖ fig. y fam. Aderezarse, componerse.

PERFOLIADA. (De *perfoliata.*) f. Planta herbácea umbelífera, con las hojas del tallo perfoliadas, redondas por la base y aovadas por la punta, y umbelas de cinco radios.

PERFOLIADO, DA. (Del lat. *per,* intens., y *foliatus,* de muchas hojas.) adj. *Bot.* V. **Hoja perfoliada.**

PERFOLIATA. (Del lat. *per,* intens., y *foliata,* la que tiene muchas hojas.) f. Perfoliada.

PERFORACIÓN. al. **Durchbohren.** fr. **Perforation.** ingl. **Perforation.** ital. **Perforazione.** port. **Perfuração.** f. Acción y efecto de perforar. *Hacer una* PERFORACIÓN *en busca de agua.* ‖ IDEAS AFINES: *Agujero, pozo, horadar, sonda, torno, punzón, taladro, pinchar, punción, trepanación, petróleo, rabdomante.*

PERFORAR. al. **Durchbohren.** fr. **Perforer; percer.** ingl. **To perforate.** ital. **Perforare.** port. **Perfurar.** (Del lat. *perforare.*) tr. Horadar. sinón.: **agujerear.** ‖ deriv.: **perforador, ra.**

PERFORMANCE. (Voz inglesa.) f. *Dep.* Anglicismo por actuación, desempeño.

PERFUMADERO. m. Perfumador, vaso para perfumes.

PERFUMADOR, RA. adj. Que confecciona o prepara cosas olorosas para perfumes. Ú.t.c.s. ‖ m. Vaso para quemar perfumes y esparcirlos.

PERFUMAR. al. **Parfümieren; durchduften.** fr. **Parfumer.** ingl. **To perfume.** ital. **Profumare.** port. **Perfumar.** (Del lat. *per,* por, y *fumare,* producir humo.) tr. Sahumar, aromatizar una cosa, quemando substancias olorosas. Ú.t.c.r. PERFUMAR *con benjuí.* ‖ fig. Dar o esparcir buen olor. *Los azahares* PERFUMABAN *el aire.* ‖ intr. Exhalar perfume, fragancia.

PERFUME. al. **Parfüm; Duft.** fr. **Parfum.** ingl. **Perfume.** ital. **Profumo.** port. **Perfume.** (De *perfumar.*) m. Materia odorífica y aromática que puesta al fuego exhala un humo fragante y oloroso, como ocurre con el benjuí, el estoraque, el ámbar y otras cosas análogas. ‖ El mismo humo u olor que se desprende de las materias olorosas. ‖ Cualquier materia que exhala buen olor. ‖ fig. Cualquier olor muy agradable. *El* PERFUME *de la vainilla.* ‖ IDEAS AFINES: *Bálsamo, esencia, loción, pebetero, pulverizador, incensario, menta, almizcle, mirra, sahumar, efluvio.*

PERFUMERÍA. al. **Parfümerie.** fr. **Parfumerie.** ingl. **Perfumery; perfumer's shop.** ital. **Profumeria.** port. **Perfumaria.** (De *perfumero.*) f. Lugar donde se preparan perfumes, o se adoban las ropas o pieles con olores. ‖ Arte de fabricar perfumes. ‖ Tienda donde se venden. ‖ Conjunto de productos y materias de esta industria.

PERFUMERO, RA. s. Perfumista. ‖ m. Especie de frasco pequeño para llevar perfumes.

PERFUMISTA. com. Persona que prepara o vende perfumes.

PERFUNCTORIO, RIA. (Del lat. *perfunctorius.*) adj. p. us. Hecho sin cuidado, a la ligera. ‖ deriv.: **perfunctoriamente.**

PERFUSIÓN. f. Baño, untura.

PERGAL. (Del lat. *pellicale,* de *pellis,* piel.) m. Recorte de las pieles con que se hacen las túrdigas para abarcas.

PERGAMINERO. m. El que trabaja en pergaminos o los vende.

PERGAMINO. al. **Pergament.** fr. **Parchemin.** ingl. **Parchment.** ital. **Cartapecora, pergamena.** port. **Pergaminho.** (Del lat. *pergamenus;* de *Pergamun,* ciudad de la Misia, donde se usó por primera vez.) m. Piel de la res, raída, adobada y estirada, que sirve para diversos usos; como para escribir en ella, cubrir libros y otras cosas. ‖ Título o documento escrito en **pergamino.** ‖ pl. fig. Antecedentes nobiliarios de una familia o de una persona. ‖ **En pergamino.** m. adv. Aplícase a la encuadernación en que las cubiertas del libro son de **pergamino.**

PERGAMINO. *Geog.* Arroyo de la Argentina, en el N. de la prov. de Buenos Aires, afl. del río Arrecifes. ‖ C. de la Argentina, en el N. de la prov. de Buenos Aires. 38.000 h. Importante centro agropecuario.

PÉRGAMO. *Geog. histór.* Ciudad antigua del Asia Menor, en Misia, famosa por su biblioteca y por la preparación de pergaminos. Cuna de Galeno.

PERGEÑAR. (De *pergeño.*) tr. Disponer o hacer las cosas con más o menos habilidad.

PERGEÑO. (Del lat. *per,* por, y *génium,* disposición.) m. Traza, apariencia.

PÉRGOLA. (Del ital. *pergola.*) f. Emparrado, armazón. ‖ Jardín que algunas casas tienen sobre la techumbre.

PERGOLESI, Juan Bautista. *Biog.* Compositor ital. cuya vasta y renovadora obra influyó en la creación de la ópera cómica fr. e ital. y alcanzó, en la música religiosa, expresividad e inspiración extraordinarias. Obras: *La serva padrona; Stabat mater; Orfeo,* misas, cantatas, sonatas, etc. (1710-1736).

PERI. (Del persa *peri,* hada.) f. En la mitología persa, hada hermosa y bienhechora.

PERI. Forma prefija, del gr. *peri,* que significa alrededor, cerca de, y que forma parte de muchos vocablos del tecnicismo científico. PERIGEO; PERIHELIO.

PERIAMBO. (Del lat. *periambus.*) m. Pariambo, pirriquio.

PERIANTIO. (Del gr. *perí,* alrededor, y *anthos,* flor.) m. *Bot.* Conjunto de envolturas florales, que habiendo dos distintas por su color, o formando dos verticilos, se llaman cáliz y corola.

PERIBÁÑEZ Y EL COMENDADOR DE OCAÑA. *Lit.* Cél. comedia histórica de Lope de Vega, una de las expresiones del teatro esp. de mayor resonancia universal. De fondo moral semejante a *Fuenteovejuna,* está basada en un hecho real ocurrido en tiempo de Enrique III.

PERICA. f. fam. *Col., Ec.* y *Pan.* Mona, borrachera. ‖ *Col.* y *Pan.* Navaja grande; espada corta o machete.

PERICARDIO. (Del gr. *perikardion;* de *perí,* alrededor, y *kardía,* corazón.) m. *Anat.* Tejido membranoso que envuelve el corazón.

PERICARDITIS. (De *pericardio* y el sufijo *itis,* adoptado para significar inflamación.) f. *Med.* Inflamación aguda o crónica del pericardio.

PERICARPIO. (Del gr. *perikarpion;* de *perí,* alrededor, y *karpós,* fruto.) m. *Bot.* Parte exterior del fruto, que envuelve las semillas de las plantas.

PERICEMENTO. m. *Anat.* Membrana o tejido que se halla entre la raíz de un diente y el alvéolo maxilar.

PERICIA. al. **Erfahrung; Geschicklichkeit.** fr. **Dextérité.** ingl. **Skill.** ital. **Perizia.** port. **Perícia.** (Del lat. *peritia.*) f. Sabiduría, práctica y habilidad en una ciencia o arte. *Con* PERICIA *condujo la nave a puerto.*

PERICIAL. adj. Perteneciente o relativo al perito. *Informe, dictamen* PERICIAL. ‖ deriv.: **pericialmente.**

PERICLASA. f. *Min.* Forma natural del óxido de magnesio.

PERICLES. *Biog.* Estadista griego; gobernó Atenas con poder absoluto llevándola a su máximo esplendor. Los grandes trabajos en la Acrópolis, la reforma judicial, el extraordinario impulso dado a las letras y las artes han inmortalizado su época como **el siglo de Pericles** (499-429 a. de C.).

PERICLITAR. (Del lat. *periclitari.*) intr. Peligrar, decaer, declinar.

PERICNEMIA. (Del gr. *perí,* alrededor, y *kneme,* pierna.) f. *Anat.* Denominación de las partes que rodean la tibia.

PERICO. (dim. de *Pero,* Pedro.) m. Especie de tocado usado antiguamente, y que se hacía de pelo postizo y adornaba la parte delantera de la cabeza. ‖ Ave trepadora, especie de papagayo de Cuba y América del Sur, de variados colores. Causa mucho daño en tierras cultivadas, donde destruye la flor y el fruto del naranjo, las siembras del maíz y la pulpa del café. Emite gritos estridentes y se domestica con facilidad. Gen. *Melopsittacus.* ‖ En el juego del truque, caballo de bastos. ‖ fig. Abanico grande. ‖ Espárrago de gran tamaño. ‖ Sillico. ‖ *Mar.* Juanete del palo de mesana que se cruza sobre el mastelero de sobremesana. ‖ Vela que se larga en él. ‖ – **de,** o **el de, los palotes.** Personaje proverbial. Persona indeterminada. ‖ – **ligero.** Perezoso, mamífero. ‖ **Como Perico por su casa.** loc. adv. fig. y fam. **Como Pedro por su casa.**

PERICO, CA. adj. *Col.* y *Ec.* Borracho. Ú.t.c.s. ‖ *Guat., P. Rico* y *Ven.* Locuaz. ‖ m. *Amér. Central.* Piropo, requiebro. ‖ *Ven.* Tortilla de huevos con cebolla.

PERICO. *Geog.* Población de Cuba (Matanzas). 7.000 h. Centro agrícola.

PERICOLITIS. f. *Pat.* Inflamación de los tejidos que rodean la vesícula biliar.

PERICÓN, NA. (De *perico.*) adj. Dícese del que suple por todos y más especialmente del caballo o mula que en el tiro hace a todos los puestos. Ú.t.c.s. ‖ m. En el juego de quinolas, caballo de bastos, porque puede ser usado de comodín. ‖ Abanico muy grande. ‖ *Arg.* Baile regional rioplatense, en cinco partes, con acompañamiento de guitarras, que se ejecuta con varias parejas que hacen mudanzas, formando diversas figuras. ‖ IDEAS AFINES: *Criollo, paisano china, chiripá, vihuela, bastonero, zapateo, cuadrilla.*

● **PERICÓN.** *Mús.* Durante el s. XIX una de las danzas nativas que adquirió más difusión en la Argentina fue el **pericón.** Caída en desuso, pasó a Chile y a Montevideo, y finalmente a través del Uruguay volvió a la Argentina, rehabilitada su gran popularidad en las representaciones de los dramas gauchescos. Es una danza de compás ternario, en tiempo rápido, y en un ritmo constante y de notas iguales. Consagrado como de más exaltado patriotismo entre los bailes típicos, el **pericón** extendió su fama a diversos países como una representación cabal del sentimiento rioplatense. Inicialmente era un baile de cuatro, pero después se le sumaron gran cantidad de parejas y una colorida variedad de figuras. La letra del **pericón** es acompañada de relaciones que suspenden temporalmente la danza y en las cuales reluce la espontánea picardía del gaucho.

PERICOTE. m. *Amér. del S.* Rata grande. (En *Bol., Ec.* y *Perú,* ratón.)

PERICRÁNEO. (Del gr. *perikránion;* de *perí,* alrededor, y *kranion,* cráneo.) m. *Anat.* Periostio de la cara externa de los huesos del cráneo.

PERIDOTO. (En b. lat. *peridot* y *peritot.*) m. *Min.* Mineral granujiento o cristalino, mezcla de silicatos de magnesia y de hierro, verde amarillento, abundante entre las rocas volcánicas.

PERÍDROMO. (Del gr. *perí,* alrededor, y *dromos,* curso, carrera.) m. Galería cubierta que circunda un edificio.

PERIECO, CA. (Del gr. *períoikos;* de *perí,* alrededor, y *oikos,* casa.) adj. *Geog.* Dícese del morador del globo terrestre con respecto a otro que está en un punto del mismo paralelo que el primero y diametralmente opuesto a él. Ú.t.c.s. y más comúnmente en plural.

PERIFERIA. (Del lat. *peripheria,* y éste del gr. *periphereia;* de *periphero,* llevar alrededor.) f. *Geom.* Circunferencia. ‖ Término o contorno de una figura curvilínea. ‖ fig. Espacio que circunda un núcleo cualquiera.

PERIFOLLO. (Del lat. *caerefólium,* con cambio de las sílabas *caere* en *perí,* por analogía con *perejil.*) m. Planta herbácea anual, de tallos finos, ramosos y huecos; hojas en lóbulos lanceolados; flores blancas y semilla menuda, negra y aovada. Sus hojas, aromáticas, son usadas como condimento. *Anthriscus cerefolium,* umbelífera. ‖ pl. fig. y fam. Adornos femeninos, especialmente los excesivos y de mal gusto. ‖ **Perifollo oloroso.** Planta herbácea vivaz, de hojas grandes y vellosas, flores blancas en parasoles ralos y semilla comprimida. Tiene olor de anís y se ha cultivado para condimento. *Myrrhis odorata,* umbelífera.

PERIFONEAR. (De *perífono.*) tr. Radiar, 1ª acep.

PERIFONÍA. (De *perífono.*) f. Acción y efecto de perifonear. ‖ Arte de construir, instalar y manejar el perifono.

PERÍFONO. (Del gr. *perí,* alrededor, y *phoné,* voz.) m. Aparato que sirve para perifonear.

PERIFORME. adj. En forma de pera. *Perla* PERIFORME. ‖ Dícese de algunos adornos y remates que tienen esa figura.

PERIFRASEAR. intr. Usar de perífrasis.

PERÍFRASI. f. Perífrasis.

PERÍFRASIS. al. **Periphrase; Umschreibung.** fr. **Périphrase.** ingl. **Periphrasis.** ital. **Perifrasi.** port. **Perífrase.** (Del gr. *períphrasis;* de *perí,* alrededor, y *phrasis,* frase.) f. *Ret.* Circunlocución.

PERIFRÁSTICO, CA. (Del gr. *periphrastikós.*) adj. Perteneciente o relativo a la perífrasis; que abunda en ellas. *Oratoria* PERIFRÁSTICA.

PERIGALLO. m. Pellejo que pende excesivamente de la barba o de la garganta y que suele provenir de la mucha vejez o suma flacura. ‖ Cinta de color llamativo, que se ponían las mujeres en la parte superior de la cabeza. ‖ Especie de honda hecha de un simple bramante. ‖ fig. y fam. Persona alta y delgada. ‖ *Mar.* Aparejo de varias formas que se emplea para mantener suspendida una cosa.

PERIGEO. (Del gr. *perígeion;* de *perí,* alrededor, y *gé,* la Tierra.) m. *Astron.* Punto en que la Luna está más cerca de la Tierra.

PERIGONIO. (Del gr. *perí,* alrededor, y *gonos,* semen.) m. *Bot.* Periantio cuyos verticilos son de igual forma y color, sin distinción de cáliz y corola.

PÉRIGORD. *Geog.* Antigua región de Francia, que abarcaba el actual dep. de Dordoña.

PÉRIGUEUX. *Geog.* Ciudad de Francia, capital del dep. de Dordoña. 38.800 h. Porcelana, industrias alimenticias, maquinaria. Célebres cavernas con pinturas prehistóricas.

PERIHELIO. (Del gr. *perí,* cerca de, y *helios,* el Sol.) m. *Astron.* Lugar en que un planeta está más próximo al Sol.

PERIJÁ. *Geog.* Sierra de América del Sur, sit. en el límite entre Colombia y Venezuela, al oeste de la depresión del lago Maracaibo. Culmina en el pico de Manatará, a 3.730 m Se llama, también, sierra de **Motilones.**

PERILUSTRE. (Del lat. *perillustris.*) adj. Muy ilustre.

PERILLA. (dim. de *pera.*) f. Adorno en forma de pera. ‖ Parte superior del arco formado por los fustes de la silla de montar. ‖ Pera, parte de la barba. ‖ Extremo del cigarro puro, por donde se fuma. ‖ – **de la oreja.** Parte inferior no cartilaginosa de la oreja. ‖ **De perilla,** o **de perillas.** m. adv. fig. y fam. A propósito, oportunamente.

PERILLÁN, NA. (De las antiguas formas castellanas *Per,* Pedro, e *Illán,* Julián.) s. Persona pícara, astuta. El femenino es poco usado. Ú.t.c.adj.

PERILLO. (dim. de *pero.*) m. Panecillo de masa dulce, rodeado de piquitos.

PERIM. *Geog.* Isla situada en el estrecho de Bab-el-Mandeb, perteneciente a la Rep. Democrática Popular del Yemen. 13 km². 450 h.

PERÍMETRO. al. **Umfang.** fr. **Périmètre.** ingl. **Perimeter.** ital. **Perimetro.** port. **Perímetro.** (Del lat. *perimetros,* y éste del gr. *perímetros;* de *perí,* alrededor, y *metron,* medida.) m. Ámbito. *El* PERÍMETRO *del mundo.* ‖ *Geom.* Contorno de una figura. ‖ Medida de dicho contorno. ‖ deriv.: **perimétrico, ca.** ‖ IDEAS AFINES: *Periferia, circunferencia, periostio, pericarpio, límite, envoltura, rodear, alrededor, circunvalación, circuito, cercar, costa, borde, empalizada, marco.*

PERÍNCLITO, TA. (De *per* e *ínclito.*) adj. Grande, heroico, muy ínclito. PERÍNCLITO *conquistador.*

PERINEO. (Del lat. *perinaeon,* y éste del gr. *perinaios.*) m. *Anat.* Región externa entre el ano y las partes sexuales. ‖ deriv.: **perineal.**

PERINEUMONÍA. (Del gr. *perí,* alrededor, y *pneumonía,* pulmonía.) f. *Med.* Pulmonía.

PERINEUMÓNICO, CA. (De *perineumonía.*) adj. *Med.* Pulmoníaco. Ú.t.c.s.

PERINOLA. (Del lat. *pírula,* dim. de *pírum,* pera.) f. Peonza pequeña, que baila al hacer girar rápidamente con dos dedos su manguillo. A veces el cuerpo de este juguete es un prisma de cuatro caras marcadas con las letras *s, p, d, t,* y en tal caso se usa para jugar a interés. La *s* significa saca un tanto; la *p,* pone un tanto; la *d,* no gana ni pierde, y la *t,* lleva todo. ‖ Perilla, adorno. ‖ fig. y fam. Mujer pequeña y vivaracha.

PERINQUINA. f. Inquina.

PERINQUINOSO, SA. adj. Que tiene perinquina.

PERÍOCA. (Del lat. *periocha,* y éste del gr. *periokhé.*) f. Sumario, argumento de un libro o tratado.

PERIÓDICAMENTE. adv. m. Con periodicidad. *Ausentarse* PERIÓDICAMENTE.

PERIODICIDAD. f. Calidad de periódico. *La* PERIODICIDAD *de la marea.*

PERIÓDICO, CA. al. **Periodisch.** fr. **Périodique.** ingl. **Periodical, periodic.** ital. **Periodico.** port. **Periódico.** (Del lat. *periódicus,* y éste del gr. *periodikós.*) adj. Que guarda período determinado. *Aparición* PERIÓDICA. ‖ Que forma períodos o está dividido en períodos. ‖ Dícese del impreso que se publica periódicamente. Ú.m.c.s.m. *Un* PERIÓDICO *semanal.* ‖ *Arit.* Aplícase a la fracción decimal que tiene período. ‖ *Fís.* Dícese del fenómeno cuyas condiciones, características, etc., se repiten a intervalos regulares de tiempo. V. **Período.** ‖ deriv.: **periódicamente.** ‖ IDEAS AFINES: *Diario, hebdomadario, anual; espacio, intermitente, terciana, estaciones, día y noche.*

PERIODICUCHO. m. desp. Periódico despreciable y de pocos lectores.

PERIODISMO. al. **Zeitungswesen.** fr. **Journalisme.** ingl. **Journalism.** ital. **Giornalismo.** port. **Jornalismo, periodismo.** m. Ejercicio o profesión de periodista.

● **PERIODISMO.** *Hist.* Los orígenes del **periodismo** no están precisados claramente, no por la carencia de documentación histórica sino más bien porque el mismo concepto de **periodismo** está sujeto a diversas y a veces contradictorias interpretaciones. Se ha afirmado, por algunos investigadores, que no puede hablarse de **periodismo** para referirse a publicaciones anteriores a la invención de la imprenta, pero si no se restringe el concepto limitándolo a la organización actual de la prensa y se entiende que el **periodismo** satisface realmente un anhelo humano de información y comunicación, es evidente que algunas de sus formas ya existieron potencialmente desde la prehistoria. Cavernas descubiertas en Europa y en América muestran manifestaciones del arte rupestre en las que el hombre prehistórico grabó las imágenes de los seres que le rodeaban, y en otras formas posteriores y más complejas de la expresión (jeroglíficos, ideogramas, etc.) se ve persistir idéntico afán de relatar los sucesos contemporáneos. El **periodismo,** además, fue ejercido oralmente por los griegos, ya que en las asambleas populares y en las reuniones de filósofos, literatos y artistas, no sólo se intercambiaban ideas sino también informaciones y noticias de actualidad. Del año 907 a. de C. data la *Gaceta Imperial China,* escrita a mano e impresa en bloque, considerada por algunos historiadores como el primer periódico del mundo. En Roma, los *Anales* son una expresión casi moderna del **periodismo:** su redacción estaba inicialmente encomendada a los sumos sacerdotes y después a particulares, pero ya aquéllos los hacían colocar sobre una tabla para comodidad e información del pueblo. A César se debe la creación del *Acta diurna populi romani,* en la que se consignaban las noticias más importantes del imperio, enviándose copias fieles a las provincias. Durante la Edad Media la información no decayó y estuvo a cargo de juglares, pregoneros y de las llamadas "cartas informativas". La invención de la imprenta, en el s. XV, tuvo fundamental importancia para el futuro del **periodismo,** ya que dio origen al comienzo de su actual organización técnica; no mucho más tarde aparecieron en Roma los primeros periodistas profesionales, llamados "escritores de avisos" porque estaban encargados de redactar hojas informativas para las empresas comerciales. Fue Alemania, sin embargo, el país en el cual el **periodismo** adquirió por vez primera importancia, estilo, continuidad y difusión, y el *Avisa Relation oder Zeitung,* fundado en 1609, es tal vez el primer periódico de características modernas. En el continente americano el **periodismo** se inició en tiempos de la colonia y en 1542 apareció la primera hoja informativa con noticias de los terremotos ocurridos en Guatemala el año anterior. A medida que los perfeccionamientos técnicos de la imprenta y el interés popular, acrecentado por el número cada vez menor de analfabetos, lo hicieron posible, la periodicidad de las publicaciones se hizo más frecuente y surgió el órgano periodístico de información cotidiana, el diario, cuya difusión en casi todo el mundo se intensificó en la segunda mitad del s. XIX. En la actualidad el diario es la expresión más inmediata y accesible del **periodismo,** prácticamente imprescindible para el hombre contemporáneo, pero el **periodismo** no termina ahí, y adquiere otras características, generalmente más literarias e imaginativas o de especialización, en los periódicos, las revistas, etc. Los diarios de mayor tirada en todo el mundo son: *Pravda,* de Moscú; *The New York Times,* de Nueva York; *Daily Express,* de Londres; *Le Monde,* de París, *Die Welt,* de Hamburgo; y otros, que imprimen millones de ejemplares por día; se calcula aproximadamente que en todo el mundo se leen diariamente 300 millones de ejemplares de diarios.

PERIODISTA. al. **Zeitungschreiber, Journalist.** fr. **Journaliste.** ingl. **Journalist.** ital. **Giornalista.** port. **Periodista.** com. Compositor, autor o editor de un periódico. ‖ El que por oficio escribe en ellos.

PERIODÍSTICO, CA. (De *periodista.*) adj. Perteneciente o relativo a periódicos y periodistas. *Labor* PERIODÍSTICA; *éxito* PERIODÍSTICO.

PERÍODO. al. **Periode; Zeitraum.** fr. **Période.** ingl. **Period.** ital. **Periodo.** port. **Período.** (Del lat. *períodus,* y éste del gr. *períodos.*) m. Tiempo que una cosa tarda en volver al estado o posición primitivos; como el de la revolución de los astros. ‖ Espacio de determinado tiempo que comprende toda la duración de una cosa. PERÍODO *revolucionario.* ‖ Menstruación, evacuación del menstruo. ‖ *Arit.* Cifra o grupo de cifras que se repiten indefinidamente, después del cociente entero, en las divisiones inexactas. ‖ *Cron.* Ciclo, espacio de tiempo que acabado se cuenta otra vez nuevamente. PERÍODO *juliano,* de *Metón.* ‖ *Fís.* Tiempo que transcurre hasta que un cuerpo en movimiento periódico, o un fenómeno de igual naturaleza vuelven a una posición o estado equivalentes a otros inmediatamente anteriores; la Tierra en su movimiento alrededor del Sol; el que transcurre entre dos pleamares, etc. ‖ *Gram.* Conjunto de oraciones que, enlazadas gramaticalmente, forman sentido cabal. ‖ *Med.* Tiempo que duran ciertos fenómenos que se observan en el curso de las enfermedades.

PERIODO. m. Período.

PERIOFTALMO. m. Pez acantopterigio de cuerpo casi cilíndrico, propio de las regiones tropicales.

PERIOSTIO. (Del lat. *periosteum,* y éste del gr. *periósteon;* de *perí,* alrededor, y *osteon,* hueso.) m. *Zool.* Membrana fibrosa adherida a los huesos, que sirve para su nutrición y renovación.

PERIOSTITIS. (De *periostio,* y el sufijo *itis,* que indica inflamación.) f. *Med.* Inflamación del periostio.

PERIPATÉTICO, CA. (Del lat. *peripatéticus,* y éste del gr. *peripatetikós.*) adj. Que sigue la filosofía o doctrina de Aristóteles. Ú.t.c.s. ‖ Perteneciente a este sistema o secta. ‖ fig. y fam. Ridículo o extravagante en sus opiniones o máximas.

PERIPATO. (Del gr. *perípatos,* paseo, porque paseando enseñaba Aristóteles.) m. Sistema filosófico de Aristóteles. ‖ Conjunto de los que siguen las doctrinas de Aristóteles.

PERIPECIA. al. **Schicksalswendung; Peripetie.** fr. **Péripétie.** ingl. **Incident.** ital. **Peripezia.** port. **Peripécia.** (Del gr. *peripeteia.*) f. En el drama u otra composición similar, mudanza repentina de situación; accidente inesperado que altera el estado de las cosas. ‖ fig. Accidente de esta índole en la vida real. *Una travesía llena de* PERIPECIAS.

PERIPLO. (Del lat. *períplus,* y éste del gr. *períplus;* de *peripleo,* circunnavegar.) m. Circunnavegación. Ú. sólo como término de geografía antigua. *El* PERIPLO *de Nearco.* ‖ Obra antigua en que se refiere un viaje de circunnavegación.

PERÍPTERO, RA. (Del lat. *perípteros,* y éste del gr. *perípteros;* de *perí,* alrededor, y *pterón,* ala.) adj. *Arq.* Aplícase al edificio rodeado de columnas. Ú.t.c.s.m. *El Partenón era un templo* PERÍPTERO.

PERIPUESTO, TA. (De *perí* y *puesto.*) adj. fam. Que se adereza y viste con excesiva afectación.

PERIQUEAR. intr. Usar de excesiva libertad las mujeres. Ú. m. en ger. con el verbo *andar.* ‖ *Ant.* Charlar demasiado.

PERIQUETE. m. fam. Momento brevísimo. Ú. m. en el m. adv. **en un periquete.** EN UN PERIQUETE *estaré contigo.*

PERIQUILLO. m. dim. de **Perico.** ‖ Especie de dulce hecho sólo de azúcar. ‖ Nombre que festivamente se dio al copete postizo.

PERIQUILLO SARNIENTO, El. *Lit.* Obra de José Fernández de Lizardi, precursora de la novelística americana. Deriva de la novela picaresca española y pinta, con realismo local de cierto dejo romántico, la sociedad mexicana en vísperas de la Independencia. Se publicó por entregas, en cuatro partes; la última apareció después de la muerte del autor.

PERIQUITO. m. Perico, ave.

PERISCIO, CIA. (Del gr. *perískios,* de *perí,* alrededor, y *skía,* sombra.) adj. *Geog.* Dícese del habitante de las zonas polares alrededor del cual gira su sombra cada veinticuatro horas en la época del año en que el Sol no se pone en dichas zonas. Ú.t.c.s. y más comúnmente en plural.

PERISCÓPICO, CA. adj. Perteneciente o relativo al periscopio. *Lente* PERISCÓPICA.

PERISCOPIO. al. **Periskop; Sehrohr.** fr. **Périscope.** ingl. **Periscope.** ital. **Periscopio.** port. **Periscópio.** (Del gr. *perískopeo,* mirar en torno.) m. Cámara lúcida puesta en la parte superior de un tubo metálico que sobresale del casco del buque submarino, y de la superficie del mar, cuando navega sumergido, y que permite observar los objetos exteriores. ‖ deriv.: **periscópico, ca.**

PERISODÁCTILO, LA. adj. *Zool.* Dícese de mamíferos provistos de pezuñas, con los dedos por lo común en número impar y el de en medio más grande que los demás; como los équidos. Ú.t.c.s.m. ‖ m. pl. *Zool.* Orden de estos mamíferos.

PERISOLOGÍA. (Del lat. *perissología*) f. *Ret.* Vicio consistente en repetir o amplificar inútilmente los conceptos.

PERISTÁLTICO, CA. (Del gr. *peristaltikos;* de *peristello,* comprimir.) adj. Que tiene la propiedad de contraerse. ‖ **Movimientos peristálticos.** *Fisiol.* Se llaman así los de progresión del bolo alimenticio en el tubo digestivo, debido a la contractilidad muscular.

PER ISTAM. Voces latinas de la frase *Per istam sanctam unctionem,* que en lenguaje familiar equivalen en castellano a *en blanco* o *en ayunas.* Úsanse con los verbos *dejar, estar* y *quedarse,* y el que las pronuncia suele hacerse en ese momento la señal de la cruz en la boca.

PERÍSTASIS. (Del lat. *perístasis.*) f. *Ret.* Asunto o argumento del discurso.

PERISTILO. al. **Peristyl; Säulengang.** fr.**Péristyle.** ingl. **Peristyle.** ital. **Peristilio.** port. **Peristilo.** (Del lat. *peristȳlum,* y éste del gr. *perístylos;* de *perí,* alrededor, y *stylos,* columna.) m. Entre los antiguos, lugar rodeado de columnas por la parte anterior, como el atrio. ‖ Galería de columnas que rodea un edificio o parte de él.

PERÍSTOLE. (Del gr. *peristolé,* compresión del vientre.) f. *Fisiol.* Acción peristáltica del tubo digestivo.

PERITACIÓN. f. Trabajo o estudio que hace un perito.

PERITAJE. m. Peritación.

PERITO, TA. al. **Sachverständiger; Experte.** fr. **Expert.** ingl. **Skilful.** ital. **Perito.** port. **Perito.** (Del lat. *peritus.*) adj. y s. Sabio, práctico, experimentado en una ciencia o arte. PERITO *en cuadros, en literatura.* ‖ m. El que, conferido por el Estado, tiene título de tal en alguna materia. ‖ *Der.* El que informa al juzgador sobre asuntos litigiosos de su especial conocimiento. ‖ IDEAS AFINES: *Experto, versado, catador, tasador, eximio, pericia, competencia, destreza.*

PERITONEAL. adj. *Anat.* Perteneciente o relativo al peritoneo.

PERITONEO. (Del lat. *peritoneum*, y éste del gr. *peritonaíon*; de *periteíno*, extender alrededor.) *Anat.* m. Membrana serosa que cubre la superficie interior del vientre y forma varios pliegues que envuelven las vísceras abdominales.

PERITONITIS. (De *peritoneo* y el sufijo *itis* que indica inflamación.) f. *Med.* Inflamación del peritoneo.

PERJUDICADO, DA. p. p. de **Perjudicar.** Ú.t.c.s. ‖ adj. Dícese de documentos cuya eficacia se disminuye por la omisión de formalidades que los amparan.

PERJUDICAR. al. **Beschädigen.** fr. **Nuire.** ingl. **To damage.** ital. **Pregiudicare; nuocere.** port. **Prejudicar.** (Del lat. *praeiudicare.*) tr. y r. Producir daño o menoscabo material o moral. *Leer con luz escasa* PERJUDICA *la vista;* sinón.: **lesionar, menoscabar.** antón.: **beneficiar, favorecer.** ‖ deriv.: **perjudicador, ra; perjudicante.**

PERJUDICIAL. (De *perjuicio.*) adj. Que perjudica o puede perjudicar. *El exceso de calor es* PERJUDICIAL *al trigo;* sinón.: **desfavorable, nocivo;** antón.: **provechoso.** ‖ deriv.: **perjudicialmente.**

PERJUICIO. al. **Schaden.** fr. **Préjudice; dommage.** ingl. **Prejudice; damage.** ital. **Pregiudizio.** port. **Prejuízo.** (Del lat. *praeiudícium.*) m. Efecto de perjudicar o perjudicarse. sinón.: **daño, mal.** ‖ *Der.* Ganancia lícita dejada de obtener, o gastos producidos por acto u omisión de otro, y que éste debe indemnizar, además del detrimento material causado por modo indirecto. ‖ **Sin perjuicio.** m. adv. Dejando a salvo. ‖ IDEAS AFINES: *Mancha, calumnia, nocivo, hostil, enemigo, menoscabar.*

PERJURADOR, RA. (De *perjurar.*) adj. y s. Perjuro.

PERJURAR. al. **Meine; schwören.** fr. **Faire faux serment.** ingl. **To commit perjury.** ital. **Spergiurare.** port. **Perjurar.** (Del lat. *periurare.*) intr. Jurar en falso. Ú.t.c.r. ‖ Jurar mucho o por vicio. ‖ r. Faltar a la fe ofrecida en el juramento.

PERJURIO. (Del lat. *periúrium.*) m. Delito de jurar en falso. ‖ Acción de perjurarse o faltar a la fe jurada.

PERJURO, RA. al. **Meineidig.** fr. **Parjure.** ingl. **Perjured.** ital. **Spergiuratore.** port. **Perjuro.** (Del lat. *periurus.*) adj. Que jura en falso. Ú.t.c.s. ‖ Que quebranta maliciosamente el juramento hecho. Ú.t.c.s. ‖ m. p. us. Perjurio.

PERKIN, Guillermo Enrique. *Biog.* Químico ingl. que descubrió el primer colorante sobre la base de una anilina (1838-1907).

PERLA. al. **Perle.** fr. **Perle.** ingl. **Pearl.** ital. **Perla.** port. **Pérola.** (Quizá del lat. *pírula*, dim. de *pirum*, pera.) f. Concreción nacarada de forma más o menos esferoidal, por lo general de color blanco agrisado con reflejos brillantes, que suele formarse dentro de las conchas de diversos moluscos, especialmente en las madreperlas. Se aprecia mucho en joyería cuando es pura y de figura regular. *En la isla Margarita se pescan* PERLAS. ‖ V. **Hilo de perlas.** ‖ fig. Persona de excelentes prendas, o cosa exquisita en su género. *Esta hija es una* PERLA. ‖ Especie de píldora, a veces hueca y llena de substancia. También las hay alimenticias. ‖ En el juego del tresillo, reunión de la espada, la malilla y el rey o el punto. ‖ *Blas.* Pieza principal formada por media banda, media barra y medio palo, un poco menores, juntos por uno de sus extremos en el centro del escudo, formando una *Y.* ‖ *Impr.* Carácter de letra de cuatro puntos tipográficos. ‖ **De perlas.** m. adv. Perfectamente, de molde. ‖ IDEAS AFINES: *Barrueco, oriente, collar, ensartar, nácar, irisación, valva, ostra, quilate, criadero, pescador.*

PERLADO, DA. adj. Que tiene el brillo o la forma de la perla. *Cuentas* PERLADAS. ‖ V. **Cebada perlada.**

PERLAS, Archipiélago de las. *Geog.* Islas del Pacífico, en el golfo de Panamá, pertenecientes a la prov. de Panamá. 400 km². ‖ **Laguna de –.** Laguna litoral del este de Nicaragua, en el dep. de Zelaya.

PERLÁTICO, CA. (De *paralítico.*) adj. Que padece perlesía. Apl. a pers., ú.t.c.s.

PERLERÍA. f. Conjunto de muchas perlas.

PERLERO, RA. adj. Perteneciente o relativo a la perla. *Pesca* PERLERA.

PERLESÍA. f. Parálisis. ‖ Debilidad muscular originada por la mucha edad o por otras causas, y acompañada de temblor.

PERLEZUELA. f. dim. de **Perla.**

PERLINO, NA. adj. De color de perla. *Botones* PERLINOS.

PERLIS. *Geog.* Estado del N. de la Federación Malaya. 803 km². 83.000 h. Arroz, estaño, nuez de coco. Cap. KANGAR.

PERLITA. f. Fonolita.

PERLONGAR. (Del lat. *per*, por, y *longus*, largo.) intr. *Mar.* Ir navegando a lo largo de una costa. ‖ Extender un cabo para poder tirar de él.

PERLOTTI, Luis. *Biog.* Escultor arg., autor de *Dolor indio; Tocador de quena; Niña del Cuzco; Los Andes* y bustos de próceres arg. (1890-1969).

PERM. *Geog.* Ciudad de la Unión Soviética, en la R.S.F.S.R. 900.000 habitantes.

PERMANÁ. m. *Bol.* Cierta chicha de clase superior.

PERMANECER. al. **Bleiben; verweilen.** fr. **Rester; demeurer.** ingl. **To stay; to remain.** ital. **Permanere; rimanere.** port. **Permanecer.** (Del lat. *permanere.*) intr. Mantenerse sin mutación en un estado, calidad o sitio. ‖ irreg. Conj. como **agradecer.**

PERMANECIENTE. p. a. de **Permanecer.** Que permanece. ‖ adj. Permanente.

PERMANENCIA. (Del lat. *pérmanens, -entis.*, permanente.) f. Duración firme, perseverancia, inmutabilidad. *La* PERMANENCIA *de sus ideales;* antón.: **inestabilidad.**

PERMANENTE. (Del lat. *pérmanens, -entis.*) adj. Que permanece. *Una guardia* PERMANENTE; sinón.: **constante, incesante;** antón.: **mudable, variable.** ‖ Dícese de cierto sistema de ondulación del cabello. Ú.m.c.s.f.

PERMANGANATO. m. *Quím.* Sal que forma la combinación del ácido permangánico (derivado del manganeso) con una base.

PERMANSIÓN. (Del lat. *permancio, -onis.*) f. Permanencia.

PERMEABILIDAD. al. **Durchlässigkeit.** fr. **Perméabilité.** ingl. **Permeability.** ital. **Permeabilità.** port. **Permeabilidade.** f. Calidad de permeable. ‖ **– magnética.** *Fís.* En el campo magnético, cociente de dividir la inducción por el poder imanador.

PERMEABLE. (Del lat. *permeábilis.*) adj. Que puede ser penetrado por el agua o cualquier otro fluido. *Terrenos* PERMEABLES.

PÉRMICO, CA. adj. *Geol.* Aplícase a la capa o terreno superior y más moderno que el carbonífero. ‖ m. Período de formación de dicho terreno, el más moderno de la Edad Primaria.

PERMISIBLE. (De *permiso.*) adj. Que se puede permitir.

PERMISIÓN. (Del lat. *permissio, -onis.*) f. Acción de permitir. ‖ Permiso. ‖ *Ret.* Figura consistente en fingir que algo se deja al arbitrio de otro.

PERMISIONARIO, RIA. adj. Que disfruta permiso. Ú.t.c.s.

PERMISIVIDAD. f. Condición de permisivo. ‖ *Fís.* En el campo eléctrico, cociente de dividir la inducción por la intensidad.

PERMISIVO, VA. (Del lat. *permíssum*, supino de *permíttere*, permitir.) adj. Que permite o consiente. ‖ deriv.: **permisivamente.**

PERMISO. al. **Erlaubnis.** fr. **Permission; permis.** ingl. **Permission; permit.** ital. **Permesso.** port. **Licença.** (Del lat. *permíssum.*) m. Licencia o asentimiento para hacer o decir algo. *Denegar un* PERMISO; antón.: **negativa, prohibición.** ‖ En las monedas, diferencia consentida entre su ley o peso efectivo y el que se les supone. Cuando la diferencia es en más llámase **en fuerte,** y si en menos, dícese **en feble.** ‖ IDEAS AFINES: *Breve, poder, patente, autorizar, legal, lícito, tolerante, concesión.*

PERMISTIÓN. (Del lat. *permistio, -onis.*) f. Mezcla de cosas varias, por lo común líquidas.

PERMITIR. al. **Erlauben.** fr. **Permettre.** ingl. **To permit, to allow.** ital. **Permettere.** port. **Permitir.** (Del lat. *pemíttere.*) tr. Dar consentimiento para que otros hagan algo o dejen de hacerlo Ú.t.c.r. *Le* PERMITIERON *que se estableciera en el país;* sinón.: **autorizar;** antón.: **prohibir.** ‖ No impedir lo que se debiera y pudiera evitar. *¡Le* PERMITES *tantas impertinencias!;* sinón.: **tolerar.** ‖ En las escuelas y en la oratoria, conceder una cosa como si fuera verdadera, porque no influye mayormente sobre el asunto principal o por la facilidad con que se comprende su solución. ‖ *Teol.* No impedir Dios algo malo, aunque sin voluntad directa de ella. ‖ deriv.: **permisor, ra; permitente; permitidero, ra; permitidor, ra.**

PERMUTA. (De *permutar.*) f. Acción y efecto de permutar o cambiar una cosa por otra. sinón.: **canje, trueque.** ‖ Renuncia que dos eclesiásticos hacen de sus beneficios en manos del ordinario, para que éste dé libremente al uno el beneficio del otro. ‖ Cambio, entre dos beneficiados u oficiales públicos, de los empleos que respectivamente tienen.

PERMUTABILIDAD. f. Calidad de permutable.

PERMUTABLE. (De *permutábilis.*) adj. Que se puede permutar. sinón.: **cambiable.**

PERMUTACIÓN. (Del lat. *permutatio, -onis.*) f. Acción y efecto de permutar. ‖ *Mat.* Cada una de las diferentes posiciones en que puede ordenarse un número determinado de objetos diferentes.

PERMUTAR. al. **Vertauschen; auswechseln.** fr. **Permuter.** ingl. **To permute; to interchange.** ital. **Permutare.** port. **Permutar.** (Del lat. *permutare.*) tr. Cambiar una cosa por otra sin que en ello entre dinero a no ser el preciso para igualar el valor de las cosas cambiadas y transfiriéndose los contratantes recíprocamente su posesión. PERMUTO *el auto por un terreno;* sinón.: **trocar.** ‖ Cambiar entre sí dos eclesiásticos o dos oficiales públicos los beneficios o empleos que poseen. ‖ Variar la disposición en que estaban dos o más cosas.

PERNA. (Del lat. *perna.*) f. Molusco lamelibranquio de los mares tropicales, y cuya concha, rugosa y negruzca por fuera y nacarada por dentro, tiene forma algo parecida a un pernil.

PERNADA. f. Golpe dado con la pierna, o movimiento violento hecho con ella. ‖ V. **Derecho de pernada.** ‖ *Mar.* Rama, ramal, o pierna de algún objeto.

PERNAMBUCANO, NA. adj. y s. De Pernambuco, Estado del Brasil.

PERNAMBUCO. n. p. V **Palo de Pernambuco.**

PERNAMBUCO. *Geog.* Estado del N. E. del Brasil. 97.016 km². 6.100.000 h. Cap. RECIFE. Café, algodón, tabaco y caña de azúcar.

PERNAZA. f. aum. de **Pierna.**

PERNEADOR, RA. (De *pernear.*) adj. Que pernea. Ú.t.c.s. ‖ Que tiene las piernas muy resistentes y puede andar mucho.

PERNEAR. intr. Mover las piernas violentamente. ‖ fig. y fam. Andar mucho y con fatiga tras la consecución de algo. ‖ Irritarse por no haber logrado uno lo que deseaba.

PERNERA. f. Pernil, parte del calzón.

PERNERÍA. f. *Mar.* Conjunto o provisión de pernos.

PERNETA. f. dim. de **Pierna.** ‖ **En pernetas.** m. adv. Con las piernas desnudas.

PERNETE. m. dim. de **Perno.**

PERNIABIERTO, TA. adj. Que tiene las piernas abiertas o apartadas una de otra.

PERNICIOSO, SA. al. **Verberblich.** fr. **Pernicieux.** ingl. **Pernicious.** ital. **Pernicioso.** port. **Pernicioso.** adj. Gravemente dañoso. sinón.: **nocivo, perjudicial;** antón. **beneficioso.** ‖ deriv.: **perniciosamente.**

PERNIL. (Del lat. *perna*, pernil de puerco.) m. Anca y muslo del animal. ‖ Por antón., el del cerdo. ‖ Parte de calzón o pantalón que cubre cada pierna.

PERNIO. (De *perna.*) m. Gozne que se coloca en las puertas y ventanas para que giren las hojas.

PERNIQUEBRAR. tr. y r. Romper, quebrar una pierna o las dos. ‖ irreg. Conj. como **acertar.**

PERNITUERTO, TA. (De *pierna* y *tuerto.*) adj. De piernas torcidas.

PERNO. al. **Bolzen.** fr. **Boulon.** ingl. **Bolt.** ital. **Perno.** port. **Perno.** (Del lat. *perna.*) m. Pieza metálica larga, cilíndrica, con cabeza redonda por una punta y que por la otra se asegura con una chaveta o una tuerca; sirve para afirmar piezas grandes. ‖ Pieza del pernio o gozne en que está la espiga.

PERNOCTAR. al. **Ubernachten.** fr. **Passer la nuit.** ingl. **To pass the night.** ital. **Pernottare.** port. **Pernoitar.** (Del lat. *pernoctare.*) intr. Pasar la noche fuera de la morada habitual. PERNOCTAMOS *en una posada.* ‖ deriv.: **pernoctación; pernoctador, ra; pernoctamiento.**

PERNOTAR. tr. Notar, advertir nitidamente.

PERO. (De *pera.*) m. Variedad de manzano, de fruto más largo que grueso. ‖ Fruto de este árbol.

PERO. (De *Pedro.*) n. p. **Pero Botero.** V. **Las calderas de Pero Botero.** ‖ **– Jimén.** Perojimén. ‖ **– Jiménez.** Perojiménez.

PERO. al. **Aber; jedoch; sondern.** fr. **Mais.** ingl. **But.** ital. **Ma; pero.** port. **Mas, porém.** (Del lat. *per hoc.*) conj. advers. con que se contrapone un concepto a otro que es diverso o ampliativo. *Su oratoria entusiasma,* PERO *no convence; se entabló juicio,* PERO *él primero se negó a pagarme.* Úsase a principio de cláusula sin referirse a otra anterior, sólo para dar énfasis o firmeza a lo que se expresa. PERO *¿dónde vas tan temprano?;* PERO *¡qué barco más hermoso!* ‖ Sino, conj. advers. *No es fea,* **pero** *insulsa.* ‖ m. Defecto o dificultad. *Este traje no tiene* PERO; *siempre pone algún* PERO *a todo lo que se le manda.* ‖ IDEAS AFINES: *Inconveniente, empero, sin embargo, oposición, veto, objetar.*

PEROGRULLADA. (De *Perogrullo.*) f. fam. Verdad o especie que por notoriamente sabida o demasiado evidente es necedad o simpleza el decirla.

PEROGRULLEAR. (De *Perogrullo.*) intr. Decir verdades harto sabidas.

PEROGRULLESCO, CA. adj. Perteneciente o relativo a Perogrullo o a la perogrullada. ‖ deriv.: **perogrullescamente.**

PEROGRULLO. (De *Pero*, n. p., y *grullo.*) m. Personaje fingido, que siempre decía verdades sabidas o sin importancia. ‖ V. **Verdad de Perogrullo.**

PEROJIMÉN. m. Perojiménez.

PEROJIMÉNEZ. m. Pedrojiménez.

PEROL. (De un deriv. del lat. *pirum*, pera; en b. lat. *pirum*, vasija en forma de pera.) m. Vasija metálica, de figura como de media esfera, que se usa para cocer diferentes cosas. ‖ *Col.* Estoperol, clavo.

PEROLA. f. Perol pequeño.

PEROLERO. m. El que fabrica o vende peroles. ‖ *Ven.* Hojalatero.

PERÓN, Juan Domingo. *Biog.* Mil. y político arg., presid. de la Nación de 1946 a 1952. Reelegido para el período 1952-1958, fue depuesto en 1955 por una revolución. Residió durante dieciocho años en España. Reelecto presidente por tercera vez, en 1973, ocupó la primera magistratura hasta su muerte (1895-1974). ‖ **– María Eva Duarte de.** Esposa del presidente arg., con el cual colaboró politicamente (1919-1952). ‖ **– María Estela Martínez de.** Esposa del presidente arg., elegida vicepresidente de la República; al fallecer **Perón,** en 1974, ocupó la presidencia hasta ser depuesta, en 1976, por una revolución militar. Nació en La Rioja, provincia arg., en 1931.

PERONÉ. (Del gr. *perone*, corchete, clave.) m. *Anat.* Hueso largo y delgado de la pierna, detrás de la tibia, con la cual se articula.

PEROPTERIGIO, GIA. (Del gr. *perós*, estropeado, y *ptérix*, aleta.) adj. Dícese de los peces que carecen en todo o en parte de aletas ventrales.

PERORACIÓN. (Del lat. *peroratio, -onis.*) f. Acción y efecto de perorar. ‖ *Ret.* Última parte del discurso, en que se enumeran las pruebas, procurando mover eficazmente el ánimo del auditorio. ‖ En sentido restricto, parte exclusivamente patética de la **peroración.**

PERORAR. al. **Rede halten.** fr. **Pérorer.** ingl. **To perorate.** ital. **Perorare.** port. **Discursar.** (Del lat. *perorare.*) intr. Pronunciar una oración o discurso. ‖ fam. Hablar en la conversación familiar como si se estuviera disertando. ‖ tr. fig. Pedir con instancia.

PERORATA. (Del lat. *perorata,* hablada.) f. Oración molesta o inoportuna.

PEROSI, Lorenzo. *Biog.* Sac., organista y compositor ital., notable autor de música sacra. Obras: *La pasión de Cristo; El juicio universal; Moisés;* misas, oratorios, himnos, etc. (1872-1956).

PERÓXIDO. (De *per* y *óxido.*) m. *Quím.* En la serie de óxidos de un elemento, el que contiene la mayor proporción de oxígeno. ‖ deriv.: **peroxidar.**

PERPEJANA. f. Parpalla.

PERPENDICULAR. al. **Senkrecht.** fr. **Perpendiculaire.** ingl. **Perpendicular.** ital. **Perpendicolare.** port. **Perpendicular.** (Del lat. *perpendicularis.*) adj. *Geom.* Dícese de la línea o plano que forma ángulo recto con otra línea u otro plano. Apl. a línea, ú.t.c.s. ‖ deriv.: **perpendicularidad.** ‖ IDEAS AFINES: *Plomada, cartabón, cuadrante, recuadrar, altura, cuadricular, rectángulo, trazar, escuadra, cateto, regla, compás, transportador.*

PERPENDICULARMENTE. adv. m. Rectamente, sin torcerse a un lado ni a otro.

PERPENDÍCULO. (Del lat. *perpendiculum.*) m. Plomada, pesa de metal. ‖ *Geom.* Altura de un triángulo. ‖ *Mec.* Péndulo.

PERPETRAR. al. **Verüben.** fr. **Perpétrer.** ingl. **To perpetrate.** ital. **Perpetrare.** port. **Perpetrar.** (Del lat. *perpetrare.*) tr. Cometer, consumar. Aplícase sólo a delito o falta grave. PERPETRAR *un atentado.* ‖ deriv.: **perpetración; perpetrador, ra.**

PERPETUA. (Del lat. *perpetua,* term. f. de *-tuus,* perpetuo.) f. Planta herbácea anual de la India, con tallo derecho y ramoso; hojas opuestas, aovadas y vellosas; flores pequeñas en cabezuela globosa, solitarias y terminales, y fruto en caja, con una sola semilla. Sus flores, moradas o nacaradas, persisten meses enteros sin marchitarse si se separan de la planta antes de que grane la simiente, y de ahí su nombre. *Gomphrena globosa,* amarantácea. ‖ Flor de esta planta. ‖ – **amarilla.** Planta herbácea vivaz, de tallos blanquecinos, leñosos por su parte inferior; hojas sentadas y flores pequeñas y amarillas en corimbo terminal y convexo. Estas flores, como las anteriores, se conservan mucho. *Helichrysum orientale,* compuesta. ‖ Flor de esta planta. ‖ Planta de jardín, del mismo género que la anterior, de hojas lineales, persistentes y flores más grandes y de color amarillo más vivo. ‖ Flor de esta planta. ‖ Planta compuesta, semejante a las dos anteriores, con flores de color de azufre y escamas plateadas en la base de las cabezuelas. Es originaria de Virginia. ‖ Flor de esta planta. ‖ – **encarnada. Perpetua.**

PERPETUACIÓN. f. Acción de perpetuar o perpetuarse una cosa.

PERPETUAL. adj. ant. Perpetuo.

PERPETUALIDAD. f. ant. Perpetuidad.

PERPETUAMENTE. adv. m. Perdurablemente, para siempre.

PERPETUÁN. m. Sempiterna, tela basta de lana.

PERPETUAR. al. **Verewigen.** fr. **Perpétuer.** ingl. **To perpetuate.** ital. **Perpetuare.** port. **Perpetuar.** (Del lat. *perpetuare.*) tr. y r. Hacer perpetua una cosa. *El mármol* PERPETUARÁ *su nombre;* sinón.: **eternizar, inmortalizar.** ‖ Dar a las cosas una larga duración. PERPETUAR *una costumbre.*

PERPETUIDAD. (Del lat. *perpétuitas, -atis.*) f. Duración sin fin. ‖ fig. Duración muy extensa o continua. *La* PERPETUIDAD *de una condena;* antón.: **brevedad.**

PERPETUO, TUA. al. **Ewig; fortdavernd.** fr. **Perpetuel.** ingl. **Perpetual.** ital. **Perpetuo.** port. **Perpétuo.** (Del lat. *perpetuus.*) adj. Que dura y permanece para siempre. *La Tierra está en* PERPETUO *movimiento;* sinón.: **continuo, perenne.** ‖ Dícese de ciertos cargos vitalicios, bien se obtengan por herencia, bien por elección.

PERPIAÑO. adj. *Arq.* Resaltado a modo de cincho. ‖ m. Piedra que atraviesa todo el muro.

PERPIÑÁN. *Geog.* Ciudad de Francia, capital del dep. de los Pirineos Orientales. 74.984 h. Vinos, sedas.

PERPLEJIDAD. al. **Bestürzung; Verlegenheit.** fr. **Perplexité.** ingl. **Perplexity.** ital. **Perplessità.** port. **Perplexidade.** (Del lat. *perpléxitas, -atis.*) f. Irresolución, confusión, duda de lo que se debe hacer.

PERPLEJO, JA. (Del lat. *perplexus.*) adj. Dudoso, confuso, irresoluto. *Cuando se enteró del veredicto, se quedó* PERPLEJO; antón.: **decidido.** ‖ deriv.: **perplejamente.**

PERPUNTE. (Del lat. *perpunctus,* punzado profundamente.) m. Jubón fuerte, colchado de algodón y pespunteado, para guardar el cuerpo de las armas blancas.

PERQUÉ. m. Antigua composición poética caracterizada por el empleo de la pregunta *¿por qué?* y la respuesta *porque.* ‖ Libelo escrito en forma de preguntas y respuestas.

PERQUIRIR. tr. Investigar, buscar una cosa con cuidado y diligencia. ‖ Inquirir. ‖ deriv.: **perquisición; perquisidor, ra; perquisitivo, va.**

PERRA. al. **Hündin.** fr. **Chienne.** ingl. **Bitch; female dog.** ital. **Cagna.** port. **Cadela.** f. Hembra del perro. ‖ fig. y fam. Borrachera, embriaguez. ‖ Rabieta de niño. ‖ – **chica.** fig. y fam. **Perro chico.** ‖ – **gorda,** o **grande.** fig. y fam. **Perro grande.**

PERRADA. f. Conjunto de perros. ‖ fig. y fam. Villanía o acción ruin que se comete traicionando la amistad o faltando bajamente a la fe prometida.

PERRAMENTE. adv. m. fig. y fam. Muy mal.

PERRAULT, Carlos. *Biog.* Nov., poeta y ensayista fr. que adquirió fama universal con sus cuentos para niños: *Caperucita roja; La Cenicienta; La bella durmiente del bosque; El gato con botas* y muchos otros (1628-1703).

PERRENGUE. (De *perro.*) m. fam. El que se enoja o emperra con facilidad y vehemencia.

PERRERA. al. **Hundehütte.** fr. **Chenil.** ingl. **Kennel.** ital. **Canile.** port. **Canil.** f. Lugar o sitio donde se guardan o encierran los perros. ‖ Carruaje municipal en que se recogen los perros que andan sueltos por las calles sin bozal ni patente. ‖ Departamento que tienen los trenes para llevar perros. ‖ Empleo u ocupación de mucho trabajo y poca utilidad. ‖ fam. Mal pagador. ‖ Perra, rabieta.

PERRERÍA. f. Copia de perros. ‖ fig. Conjunto de personas ruines. ‖ Expresión de enojo o ira. ‖ Perrada, acción vil.

PERRERO. m. El que cuida de los perros de caza. ‖ El que tiene mucha afición a tener o criar perros.

PERREZNO. m. Perrillo o cachorro.

PERRIER, Edmundo. *Biog.* Naturalista fr., autor de *Las colonias animales y la formación de los organismos; La inteligencia de los animales,* etc. (1844-1921).

PERRILLO. (dim. de *perro.*) m. Gatillo de las armas de fuego. ‖ Pieza metálica con dientes finos en la parte interior, que en vez de la cadenilla de barbada se pone a las caballerías muy duras de boca. ‖ – **de falda. Perro faldero.** ‖ – **de todas bodas.** fam. El que va a todas las fiestas.

PERRIN, Juan Bautista. *Biog.* Físico francés, profesor de la Facultad de Ciencias de París, a quien se otorgó en 1926 el premio Nobel de Física. Realizó importantes investigaciones sobre los rayos catódicos y los rayos X y la naturaleza atómica de la materia (1870-1942)

PERRO. al. **Hund.** fr. **Chien.** ingl. **Dog.** ital. **Cane.** port. **Cão.** m. Mamífero carnicero doméstico, de tamaño, forma y pelaje muy variados, según las razas, pero siempre con la cola más corta que las patas posteriores. Posee olfato muy fino y es inteligente y muy leal al hombre. sinón.: **can.** ‖ fig. Nombre que se daba por afrenta y desprecio. ‖ Hombre tenaz en alguna opinión o empresa. Ú.t.c.adj. ‖ Engaño o daño que se irroga a uno en un ajuste o contrato, o incomodidad que se le origina haciéndole esperar mucho tiempo o causándole otra vejación. ‖ fig. y fam. V. **Vida de perros.** ‖ – **alano.** El que se considera cruza del dogo y el lebrel. Es corpulento y fuerte; tiene cabeza grande, orejas caídas, hocico romo y arremangado, cola larga y pelo corto y suave. ‖ – **alforjero.** El de caza, que queda en el rancho, guardando las alforjas. ‖ – **ardero.** El que caza ardillas. ‖ – **braco. Perro perdiguero.** ‖ Perrito fino con el hocico quebrado. ‖ – **bucero.** Sabueso de hocico negro. ‖ – **cobrador.** El que trae a su amo el animal que cae al tiro o captura al que huye malherido. ‖ – **chico.** fig. y fam. Moneda de cobre equivalente a cinco céntimos de peseta. ‖ – **chino.** Variedad de **perro** sin pelo y orejas pequeñas y rectas, hocico pequeño y puntiagudo, cuerpo gordo y de color obscuro. Es estúpido y quieto, y está siempre como tiritando. ‖ – **de aguas.** El de cuerpo grueso, cabeza redonda, hocico agudo, orejas caídas, y pelo largo, rizado y generalmente blanco. Se cree originario de España y es muy inteligente y buen nadador. ‖ – **de ojeo.** El perdiguero que acosa tanto las perdices, que las hace ojear antes de que levanten vuelo. ‖ – **de busca.** *Mont.* Especie de **perro** que sirve para seguir la caza. ‖ – **de casta.** El que no es cruzado. ‖ – **de lanas. Perro de aguas.** ‖ – **de muestra.** El que se queda quieto al ver u olfatear la pieza de caza, como mostrándosela al cazador. ‖ – **de presa. Perro dogo.** ‖ – **de San Bernardo.** El de gran corpulencia, fino olfato y notable inteligencia. Lo emplean los monjes de San Bernardo, en los Alpes, para buscar y ayudar a los viajeros que se extravían. ‖ – **de Terranova.** Especie de **perro** de aguas, de gran tamaño, pelo largo, sedoso y ondulado, y de color blanco con grandes manchas negras. Tiene los pies palmeados a propósito para nadar. ‖ – **dogo.** El de cuerpo y cuello gruesos y cortos, pecho ancho, cabeza redonda, hocico obtuso, labios gordos, cortos en el centro y colgantes por ambos lados, orejas pequeñas con la punta doblada, patas muy robustas, y pelaje comúnmente leonado, corto y recio. Es animal pesado, de fuerza y valor extraordinarios. ‖ – **faldero.** El que por su reducido tamaño puede estar en las faldas de las mujeres. ‖ – **galgo.** Variedad de **perro** muy ligero, de cabeza pequeña, ojos grandes, hocico puntiagudo, orejas delgadas y colgantes, cuerpo muy delgado y cola, patas y cuello largos. ‖ – **gordo.** fig. y fam. **Perro grande, perra gorda.** ‖ – **gozque.** Perrito muy sentido y ladrador. ‖ – **grande.** fig. y fam. Moneda de cobre, equivalente a diez céntimos de peseta. ‖ – **guión. Perro** delantero de la jauría. ‖ – **jateo. Perro raposero.** ‖ – **jíbaro.** *Cuba.* El que se vuelve montaraz. ‖ – **lebrel.** El que tiene el labio superior y las orejas caídas, el hocico recio, el lomo recto, el cuerpo largo y las piernas retiradas atrás. Como su nombre lo indica, es muy apropiado para cazar liebres. ‖ – **lebrero.** El que sirve para la caza de las liebres. ‖ – **lucharniego.** El enseñado a cazar de noche. ‖ – **marino.** Cazón, pez. ‖ – **mastín.** El grande, fornido, de cabeza redonda, orejas pequeñas y caídas, ojos encendidos, boca rasgada, dientes fuertes, cuello corto y grueso, pecho ancho y robusto, manos y pies recios y nervudos y pelo largo algo lanoso. Es muy valeroso y leal, y el mejor guardián del ganado. ‖ – **mudo.** Mapache. ‖ – **ovejero.** El enseñado a guardar el ganado, especialmente las ovejas. ‖ – **pachón.** El que es semejante al perdiguero, pero de piernas más cortas y torcidas, cabeza redonda y boca muy grande. ‖ – **perdiguero.** El de talla mediana, con cuello ancho y fuerte, cabeza fina, labios colgantes, hocico saliente, orejas muy grandes y caídas, patas altas y nervudas, cola larga y pelaje corto y fino. Tiene excelente olfato y sigue muy bien las pistas. ‖ – **podenco.** El de cuerpo algo menor que el del lebrel pero más robusto, con la cabeza redonda, las orejas tiesas, el lomo recto, la cola enroscada y las manos y pies pequeños, pero muy fuertes. Es muy ágil para la caza, y su vista, olfato y resistencia son notables. ‖ – **quitador.** El que quita la caza a los otros para que no la despedacen, y la trae a la mano. ‖ – **raposero.** El de pelo corto y orejas grandes, caídas y muy dobladas. Se emplea en la caza de montería y particularmente en la de zorros. ‖ – **rastrero.**

PERRO, RRA. adj. Dícese de la cosa o persona muy mala. Ú.t.c.s. *Vida* PERRA; *el muy* PERRO *se fue con el dinero.*

PERROQUETE. (Del fr. *perroquet,* dim. del lat. *Petrus,* Pedro.) m. *Mar.* Mastelerillo de juanete.

PERRUNO, NA. al. **Hündisch.** fr. **Canin; du chien.** ingl. **Doggish.** ital. **Canino.** port. **Canino.** adj. Perteneciente o relativo al perro. *Fidelidad* PERRUNA. ‖ f. Pan muy moreno hecho de harina sin cerner que suele darse a los perros.

PERSA. adj. Natural de Persia. Ú.t.c.s. ‖ Relativo a esta nación de Asia, el actual Estado de Irán. *Tapices* PERSAS. ‖ m. Lengua que se habla en dicha nación. ‖ En España, nombre aplicado en 1814 a los firmantes de un manifiesto, favorable a la monarquía absoluta, que empezaba con la frase "Era costumbre entre los antiguos **persas**. . .

PER SAÉCULA, o PER SAÉCULA SAECULÓRUM. frs. adv. lat. V. **In saécula.**

PERSAS, Los. *Lit.* Cél. tragedia de Esquilo, estrenada en el año 472 a. de C. Escrita ocho años después de la batalla de Maratón, enaltece el triunfo de los griegos sobre los persas. Uno de los monumentos de la poesía trágica universal.

PER SE. expr. lat. que significa *por sí o por sí mismo.* Ú. en lenguaje filosófico.

PERSE, Saint-John. *Biog.* Poeta y diplomático francés, cuyo verdadero nombre era Alexis Saint Léger, a quien se otorgó el premio Nobel de Literatura en 1960. Su poesía expresa los temas esenciales e inmutables de la naturaleza, la eternidad y la muerte. Obras: *Exilio; Anábasis,* etc. (1887-1975).

PERSECUCIÓN. al. **Verfolgung.** fr. **Persécution.** ingl. **Persecution; pursuit.** ital. **Persecuzione.** port. **Persecução; perseguição.** (Del lat. *persecutio, -onis.*) f. Acción de perseguir o insistencia en hacer daño. ‖ Por anton., cada una de las crueles iniciadas por los emperadores romanos contra los cristianos. *Con el emperador Constantino cesaron las* PERSECUCIONES. ‖ fig. Instancia continuada y molesta con que se acosa a alguien para lograr algo. ‖ IDEAS AFINES: *Hostigar, ojear, correr, alcanzar, acusación, obsesión, manía, delincuente.*

PERSECUTORIO, RIA. adj. Que persigue.

PERSÉFONE. *Mit.* Diosa griega, hija de Deméter y de Zeus, reconocida como reina de los Infiernos. Fue la Proserpina de los romanos.

PERSEGUIDOR, RA. adj. y s. Que persigue.

PERSEGUIR. al. **Verfolgen.** fr. **Poursuivre; persécuter.** ingl. **To pursue; to persecute.** ital. **Perseguire; perseguitare.** port. **Perseguir.** (Del lat. *pérsequi.*) tr. Seguir a quien huye, procurando alcanzarle. PERSEGUIR *al ladrón.* ‖ fig. Buscar a alguien frecuentemente e importunamente. *Aquella imagen me* PERSIGUE; sinón.: **acosar.** ‖ Molestar a uno; procurar hacerle el mayor daño posible. ‖ Solicitar con instancia o molestia. PERSEGUIR *un objetivo.*

PERSEIDAS. f. pl. *Astron.* Estrellas fugaces cuyo punto radiante se halla en la constelación de Perseo.

PERSEO. *Mit.* Hijo de Zeus y

de Dánae. Cortó la cabeza de Medusa y fundó la ciudad de Micenas.

PERSEO. m. *Astron.* Constelación boreal, entre las del Cochero y Andrómeda.

PERSÉPOLIS. *Geog. histór.* Ciudad de Persia, una de las capitales del imperio persa, a orillas del Araxes. Alejandro Magno la conquistó en 330 a. de C. y la mandó incendiar instigado por la cortesana Tais, que quiso así vengar a Atenas, quemada por Jerjes.

PERSEVANTE. m. Oficial de armas, según las reglas de la caballería, inferior al farante.

PERSEVERANCIA. al. **Beharrlichkeit.** fr. **Persévérence.** ingl. **Perseverance.** ital. **Perseveranza.** port. **Perseverança.** (Del lat. *perseverantia.*) f. Constancia en la ejecución de los propósitos. *La* PERSEVERANCIA *triunfa;* sinón.: **persistencia, tenacidad;** antón.: **inconstancia.** ‖ Duración permanente de una cosa.

PERSEVERANTE. (Del lat. *perseverans, -antis.*) p. a. de **Perseverar.** Que persevera. *Una campaña* PERSEVERANTE; sinón.: **constante, tenaz.** ‖ deriv.: **perseverantemente.**

PERSEVERAR. al. **Ausharren.** fr. **Persévérer.** ingl. **To persevere.** ital. **Perseverare.** port. **Perseverar.** (Del lat. *perseverare.*) intr. Mantenerse constante en la prosecución de algo comenzado. PERSEVERARÉ *hasta ver concluida la obra;* sinón.: **persistir, proseguir;** antón.: **desistir.** ‖ Durar mucho tiempo.

PERSHING, Juan J. *Biog.* Mil. estadounidense que comandó las tropas de su país en la primera Guerra Mundial (1860-1948).

PERSIA. *Geog.* Estado independiente del S. O. de Asia. V. **Irán.**

PERSIANA. al. **Rollande; Jalousie.** fr. **Persienne.** ingl. **Venetian blind.** ital. **Persiana.** port. **Persiana.** (De *persiano.*) f. Especie de celosía, hecha de tablillas fijas o movibles y puestas de manera que dejen paso al aire y no al sol. ‖ Tela de seda con flores grandes tejidas, de colores varios.

PERSIANISTA. com. Persona que se dedica a la construcción, colocación o arreglo de persianas.

PERSIANO, NA. (Del lat. *persianus,* de *Persia,* Persia.) adj. Persa. Apl. a pers., ú.t.c.s.

PERSICARIA. (Porque las hojas de la planta son parecidas a las del pérsico.) f. Duraznillo.

PÉRSICO, CA. (Del lat. *pérsicus.*) adj. Persa, de Persia. ‖ m. Árbol frutal originario de Persia, de hojas aovadas y aserradas, flores rosadas y fruto carnoso, con hueso arrugado. *Persica vulgaris,* rosácea. ‖ Fruto de este árbol.

PÉRSICO, Golfo. *Geog.* Golfo del océano Índico sit. entre Persia y Arabia, que se comunica con el mar Arábigo a través del estrecho de Ormuz y del golfo de Omán. 236.800 km².

PERSIGNAR. (Del lat. *persignare.*) tr. y r. Signar, hacer la señal de la cruz. ‖ Signar y santiguar a continuación. SE PERSIGNÓ *al oír mencionar a Mandinga.* ‖ r. fig. y fam. Manifestar uno, haciéndose cruces, asombro, extrañeza, etc. ‖ Comenzar a vender. ‖ IDEAS AFINES: *Cristiano, agua bendita, óleo, crisma, bendecir, ungir, bautizar, extremaunción.*

PÉRSIGO. m. Pérsico, árbol y fruta.

PERSIO FLACO, Aulo. *Biog.* Poeta satírico romano; fustigó a la sociedad de su época en *Contra el orgullo y la sensualidad de los grandes; De la libertad verdadera; De la intención sana,* etc. (34-62).

PERSISTENCIA. al. **Ausdauer.** fr. **Persistence.** ingl. **Persistence.** ital. **Persistenza.** port. **Persistencia.** (De *persistir.*) f. Constancia en el intento o ejecución de una cosa. sinón.: **perseverancia.** ‖ Duración permanente de una cosa. ‖ *Óptica.* Prolongación de las sensaciones luminosas en el órgano de la vista hasta una décima de segundo después de cesado el motivo que las provoca.

PERSISTENTE. p. a. de **Persistir.** Que persiste.

PERSISTIR. al. **Bestehen; andavern.** fr. **Persister.** ingl. **To persist.** ital. **Persistere.** port. **Persistir.** (Del lat. *persístere.*) intr. Mantenerse firme o constante en algo. PERSISTIÓ *en el mutismo;* sinón.: **perseverar;** antón.: **abandonar.** ‖ Durar por largo tiempo. *La crisis* PERSISTE; sinón.: **perdurar, subsistir.**

PERSOGA. f. *Amér. Central* y *Méx.* Soga, cuerda larga.

PERSOGAR. tr. *Amér. Central* y *Méx.* Apersogar.

PERSONA. al. **Person; Mensch.** fr. **Personne.** ingl. **Person.** ital **Persona.** Port. **Pessoa.** (Del lat. *persona.*) f. Individuo del género humano. ‖ Hombre o mujer cuyo nombre se ignora u omite. *Algunas* PERSONAS *están en la sala.* ‖ Hombre distinguido en la república con un empleo muy honorífico o poderoso. ‖ Hombre de notables calidades. ‖ Personaje de una obra literaria. ‖ *Fil.* Supuesto inteligente. ‖ *Gram.* Accidente consistente en las distintas inflexiones que se da a cada verbo para denotar si el sujeto de la oración es el que habla, aquel a quien se habla o aquel de quien se habla. Llámanse respectivamente primera, segunda y tercera **persona,** y las tres tienen singular y plural. ‖ Nombre substantivo relacionado con la acción verbal. ‖ *Teol.* El Padre, el Hijo o el Espíritu Santo, que son tres **personas** distintas con una misma esencia. ‖ *For.* Sujeto de Derecho. ‖ – **agente.** *Gram.* La que ejecuta la acción verbal. ‖ – **grata.** La que se acepta. Ú. generalmente en lenguaje diplomático. ‖ – **jurídica.** Ser o entidad capaz de derechos y obligaciones. ‖ – **paciente.** *Gram.* La que recibe la acción verbal. ‖ – **social. Persona jurídica.** ‖ **Tercera persona.** La que media entre otras. *Me enteré por* TERCERA PERSONA. ‖ Tercero, intermediario. ‖ **Aceptar personas.** frs. Distinguir a unos más que a otros sin atender al mérito ni la razón. ‖ **De persona a persona.** m. adv. Entre dos personas, sin intervención de una tercera. ‖ **En persona.** m. adv. Por uno mismo o estando presente. sinón.: **personalmente.**

PERSONACIÓN. f. Acción y efecto de personarse o comparecer en un lugar. ‖ *For.* Acto de comparecer formalmente como parte en un juicio.

PERSONADA. (Del lat. *personata,* enmascarada.) adj. *Bot.* Dícese de la corola monopétala, irregular, cuya garganta está obstruida por una protuberancia del labio inferior.

PERSONADO. m. Prerrogativa eclesiástica, sin jurisdicción ni oficio. ‖ Persona que tiene esta prerrogativa.

PERSONAJE. al. **Person.** fr. **Personnage.** ingl. **Person; character.** ital. **Personaggio.** port. **Personagem.** (De *persona.*) m. Sujeto de distinción, calidad o representación en la república. ‖ Cada uno de los seres humanos ideados por el escritor, y que como dotados de vida propia intervienen en la acción de una obra literaria.

PERSONAL. (Del lat. *personalis.*) adj. Perteneciente a la persona o propio de ella. *Invitación* PERSONAL; sinón.: **particular, privado;** antón.: **general.** ‖ m. Conjunto de los que pertenecen a determinada clase, corporación o dependencia. *El* PERSONAL *de una tienda.* ‖ Capítulo de las cuentas de algunas oficinas, en que se consigna el gasto de su **personal.**

PERSONALIDAD. al. **Persönlichkeit.** fr. **Personnalité.** ingl. **Personality.** ital. **Personalità.** port. **Personalidade.** f. Diferencia individual que caracteriza a cada persona y la distingue de las demás. ‖ Inclinación o aversión especial hacia una persona, prefiriendo o excluyendo a las demás. ‖ Dicho o escrito referido especialmente a determinadas personas en ofensa o perjuicio de ellas. ‖ Persona notable, personaje. *Varias* PERSONALIDADES *formaban la comitiva.* ‖ *Fil.* Conjunto de cualidades que constituyen a la persona. ‖ *For.* Aptitud legal para intervenir en un negocio o para comparecer en juicio. ‖ Representación con que uno interviene en él.

PERSONALISMO. m. Sátira o agravio que se dirige a una persona que se designa expresamente. ‖ Egoísmo. ‖ Hábito o prurito de incurrir en personalidades o dichos o escritos agraviantes. ‖ Propensión a considerar las cosas bajo la faz personal.

PERSONALISTA. adj. Perteneciente o relativo al personalismo. ‖ Que participa de sus calidades. ‖ Aplícase a quien lleva adelante sus propias ideas desechando las opiniones o consejos ajenos. Ú.t.c.s. *Gobernante* PERSONALISTA. ‖ Dícese del partido político cuya ideología está supeditada a la voluntad de un jefe.

PERSONALIZAR. tr. Incurrir en personalidades al hablar o escribir. ‖ *Gram.* Usar como personales algunos verbos que generalmente son impersonales: *Júpiter* TRUENA; ANOCHECIMOS *en el campo.*

PERSONALMENTE. adv. m En persona. PERSONALMENTE *presenté una reclamación.*

PERSONAMIENTO. m. *For.* **Personación.**

PERSONARSE. (De *persona.*) r. Avistarse. ‖ Presentarse personalmente en alguna parte. SE PERSONÓ *en mi oficina.* ‖ *Der.* Apersonarse, comparecer.

PERSONERÍA. f. Cargo de personero. ‖ *Der.* Personalidad, capacidad legal.

PERSONERO. m. El constituido procurador para entender o solicitar negocios ajenos.

PERSONIFICACIÓN. f. Acción y efecto de personificar. ‖ *Ret.* Prosopopeya, figura retórica.

PERSONIFICAR. al. **Verkörpern; personifizieren.** fr. **Personnifier.** ingl. **To personify.** ital. **Personificare.** port. **Personificar.** (De *persona* y el lat. *fácere,* hacer.) tr. Atribuir vida o acciones o cualidades propias de los racionales a los irracionales o a las cosas inanimadas, incorpóreas o abstractas. *El fabulista* PERSONIFICA *el sol y el polvo.* ‖ Representar alguien un sistema, suceso u opinión. ‖ Representar en discursos o escritos a determinadas personas bajo alusiones o nombres supuestos. Ú.t.c.r. *En esa obra* SE PERSONIFICA *a varios políticos.*

PERSONILLA. (dim. de *persona.*) f. desp. Persona muy pequeña de cuerpo, o de mala traza o índole.

PERSONUDO, DA. adj. Persona de buena estatura y corpulencia.

PERSPECTIVA. al. **Perspektive; Aussicht.** fr. **Perspective.** ingl. **Perspective.** ital. **Prospettiva.** port. **Perspectiva.** (Del lat. *perspectiva.*) f. Arte de representar los objetos sobre una superficie, en la forma y disposición con que aparecen a la vista, es decir el espacio tridimensional de la realidad en la bidimensión del plano pictórico. *Leonardo afirma que la* PERSPECTIVA *es el fundamento de la pintura.* ‖ Obra ejecutada con este arte. ‖ fig. Conjunto de objetos que desde un punto determinado se presentan a la vista. ‖ Apariencia o aspecto engañoso de las cosas. ‖ Suceso que puede ser previsto en el curso de un negocio. Ú. m. en pl. *Las* PERSPECTIVAS *son halagüeñas.* ‖ – **lineal.** Aquella en que los objetos son sólo representados por sus contornos.

PERSPECTIVO, VA. adj. Que representa un objeto en perspectiva. *Vista* PERSPECTIVA. ‖ m. El que profesa la perspectiva.

PERSPICACIA. al. **Scharfblick.** fr. **Perspicacité.** ingl. **Perspicacity.** ital. **Perspicacia.** port. **Perspicácia.** (Del lat. *perspicacia.*) f. Agudeza y penetración de la vista. ‖ fig. Penetración de ingenio o entendimiento.

PERSPICACIDAD. (Del lat. *perspicácitas, -atis.*) f. Perspicacia.

PERSPICAZ. (Del lat. *pérspicax, -acis.*) adj. Dícese de la vista, la mirada, etc., muy aguda y de gran alcance. ‖ fig. Dícese del ingenio penetrativo y de quien lo posee. *Una apreciación* PERSPICAZ; sinón.: **agudo, sagaz;** antón.: **obtuso, torpe.**

PERSPICUO, CUA. (Del lat. *perspicuus.*) adj. Claro, transparente y terso. ‖ fig. Dícese de quien se explica con claridad, y también de ese estilo inteligible. *Un profesor* PERSPICUO. ‖ deriv.: **perspicuidad.**

PERSPIRACIÓN. f. Acción y efecto de perspirar.

PERSPIRAR. (Del lat. *per,* de parte a parte, y *spirare,* soplar.) intr. Transpirar insensible y constantemente a través de la piel o de las membranas. ‖ deriv.: **perspiratorio, ria.**

PERSUADIR. al. **Überreden.** fr. **Persuader.** ingl. **To persuade.** ital. **Persuadere.** port. **Persuadir.** (Del lat. *persuadere.*) tr. y r. Inducir, obligar a alguien con razones a creer o hacer algo. sinón.: **convencer.** ‖ deriv.: **persuadidor, ra.**

PERSUASIBLE. (Del lat. *persuasíbilis.*) adj. Dícese de lo que puede persuadir.

PERSUASIÓN. al. **Überredung.** fr. **Persuasión.** ingl. **Persuasion.** ital. **Persuasione.** port. **Persuasão.** (Del lat. *persuasio, -onis.*) f. Acción y efecto de persuadir o persuadirse. *Es mejor emplear la* PERSUASIÓN *que la fuerza;* sinón.: **convencimiento.** ‖ Juicio formado como consecuencia de un fundamento. ‖ IDEAS AFINES: *Consejo, influencia, arrastre, atraer, hechizo, fascinación, seducción, ceder, subyugado.*

PERSUASIVA. (De *persuasivo.*) f. Facultad o virtud para persuadir.

PERSUASIVO, VA. (Del lat. *persuásum,* supino de *persuadere.*) adj. Que tiene fuerza y eficacia para persuadir. *Argumentos* PERSUASIVOS; sinón.: **convincente.**

PERSUASOR, RA. (Del lat. *persuásor.*) adj. y s. Que persuade.

PERSUASORIO, RIA. (Del lat. *persuasórius.*) adj. **Persuasivo.**

PERTENECER. al. **Gehören.** fr. **Appartenir.** ingl. **To belong.** ital. **Appartenere.** port. **Pertencer.** (Del lat. *pertinere.*) intr. Tocar a uno o ser propia de él una cosa. *¿A quién* PERTENECE *este sombrero?* ‖ Ser una cosa de la obligación o cargo de alguien. *A usted le* PERTENECE *designar un representante;* sinón.: **atañer, concernir.** ‖ Referirse una cosa a otra. ‖ irreg. Conj. como **agradecer.**

PERTENECIDO. m. Pertenencia.

PERTENECIENTE. p. a. de **Pertenecer.** Que pertenece.

PERTENENCIA. al. **Eigentum; Zugehörigkeit.** fr. **Appartenence.** ingl. **Ownership; holding.** ital. **Appartenenza.** port. **Pertença.** (Del lat. *pertinentia.*) f. Derecho que se tiene a la posesión de una cosa. *Esto es de mi* PERTENENCIA; sinón.: **dominio, propiedad.** ‖ Lugar que toca a uno por jurisdicción o propiedad. ‖ Unidad de medida superficial para concesiones mineras, equivalente a una hectárea cuadrada. ‖ Cosa accesoria que entra con la principal en la propiedad.

PERTH. *Geog.* Ciudad de Australia, capital del Est. de Australia Occidental. 784.000 h. Astilleros, industrias mecánicas. ‖ Condado de Gran Bretaña, en Escocia. 6.458 km². 128.500 h. Cap. hom., 40.466 h. Fue cap. de Escocia hasta el asesinato de Jacobo I, en 1437.

PERTHUS. *Geog.* Desfiladero de los Pirineos orientales, al S. de Perpiñán. Situado a 290 m de altura, lo cruza una carretera internacional que une a Francia con España.

PÉRTICA. (Del lat. *pértica.*) f. Medida agraria de longitud que equivale aproximadamente a dos metros y setenta centímetros.

PÉRTIGA. (Del lat. *pértica.*) f. Vara larga. ‖ deriv.: **pertiguear.**

PERTIGAL. (Del lat. *perticalis.*) m. Pértiga.

PÉRTIGO. (De *pértiga.*) m. Lanza del carro.

PERTIGUERÍA. f. Empleo de pertiguero.

PERTIGUERO. (Del lat. *perticarius.*) m. Ministro secular en las iglesias catedrales, que acompaña a los que ofician en el altar, coro, púlpito y otros ministerios, llevando en la mano una pértiga guarnecida de plata.

PERTINACIA. al. **Hartnäckigkeit.** fr. **Pertinacité.** ingl. **Pertinacity.** ital. **Pertinacia.** port. **Pertinácia.** (Del lat. *pertinacia.*) f. Obstinación en mantener una opinión o la resolución que se ha tomado. sinón.: **porfía, terquedad.** ‖ fig. Grande duración.

PERTINAX, Publio Elvio. *Biog.* Emperador romano; se distinguió por su valor en las guerras contra los partos (s. II).

PERTINAZ. al. **Hartnäckig.** fr. **Obstiné.** ingl. **Pertinacious.** ital. **Pertinace.** port. **Pertinaz.** (Del lat. *pértinax, -acis.*) adj. Obstinado, terco en su dictamen o resolución. *Se mostró* PERTINAZ *en el error*; sinón.: **porfiado, testarudo.** ‖ fig. Muy duradero. *Lluvia* PERTINAZ. ‖ deriv.: **pertinazmente.**

PERTINENCIA. f. Calidad de pertinente.

PERTINENTE. (Del lat. *pértinens, -entis*, p. a. de *pertinere*, pertenecer.) adj. Perteneciente a una cosa. *Cumpla con las obligaciones* PERTINENTES *a su cargo*; sinón.: **concerniente.** ‖ Aplícase a lo que viene a propósito. *Alusión* PERTINENTE. sinón.: **oportuno.** ‖ *Der.* Conducente o concerniente al pleito. ‖ deriv.: **pertinentemente.**

PERTRECHAR. al. **Ausrüsten.** fr. **Munir.** ingl. **To store; to supply.** ital. **Vettovagliare; provvedere.** port. **Apetrechar.** (De *pertrecho*.) tr. Abastecer de pertrechos. ‖ Disponer lo necesario para realizar algo. Ú.t.c.r.

PERTRECHOS. al. **Kriegsgerät.** fr. **Munitions.** ingl. **Stores.** ital. **Vettovaglie.** port. **Petrechos.** (Del lat. *pertractus*, acarreado.) m. pl. Municiones, armas, máquinas, etc., necesarias para el uso de los soldados y defensa de las fortificaciones o de los buques de guerra. Ú. t. en sing. ‖ Por ext., instrumentos que se requieren para cualquiera operación. *Reunió los* PERTRECHOS *para la excavación.*

PERTURBABLE. adj. Que se puede perturbar.

PERTURBACIÓN. al. **Störung.** fr. **Perturbation.** ingl. **Perturbation.** ital. **Perturbazione.** port. **Perturbação.** (Del lat. *perturbatio, onis.*) f. Acción y efecto de perturbar. PERTURBACIÓN *mental;* sinón.: **alteración, trastorno.** ‖ – **de la aguja.** *Mar.* Su desviación, por la acción combinada de los metales del navío.

PERTURBADAMENTE. adv. m. Con perturbación. sinón.: **alteradamente, desordenadamente.**

PERTURBADOR, RA. (Del lat. *perturbátor.*) adj. Que perturba. Ú.t.c.s. *Interrupción* PERTURBADORA.

PERTURBAR. al. **Stören.** fr. **Perturber.** ingl. **To perturb.** ital. **Perturbare.** port. **Perturbar.** (Del lat. *perturbare.*) tr. Inmutar, trastornar la situación de las cosas. Ú.t.c.r. *Ni la más leve inquietud* PERTURBA *su vida*; sinón.: **agitar, inquietar;** antón.: **tranquilizar.** ‖ Impedir el orden del discurso al que habla.

PERÚ. n. p. V. **Bálsamo del Perú.** ‖ **Valer** una cosa **un Perú.** frs. fig. y fam. Ser de mucho precio o estimación.

PERÚ. *Geog.* República de América del Sur, situada en la costa del Pacífico, entre los paralelos 0º 0' 48" y 18º 21' 34" de latitud sur, y los meridianos 68º 39' 27" y 81º 20' 23" de longitud oeste de Greenwich. Limita al Norte con Ecuador; Nordeste, con Colombia; Este, con Brasil; Sudeste, con Bolivia; Sur, con Chile y Oeste, con el océano Pacífico. Con una superficie de 1.285.216 km² es, después del Brasil y la Argentina, el más extenso de los países sudamericanos. **Aspecto físico.** La cordillera de los Andes, que corre paralelamente a la costa del Pacífico, separa los llanos desérticos del litoral de los llanos selváticos de la Amazonia. Es el factor característico y dominante de la topografía peruana, pues de no existir, probablemente todo el país habría sido una inmensa selva tropical. Los Andes dividen al **Perú** en tres regiones naturales: costa, sierra y selva. La *costa* tiene una superficie aproximada de 150.000 km², o sea 1/8 del territorio peruano y 1/4 de su población. Es una estrecha faja de 1.900 km. de largo que corre entre el Pacífico y la cadena occidental de los Andes. La falta total de lluvias hace que sea una zona desértica, cubierta de arena o pedregales, cortada por numerosos ríos torrentosos, que bajan de la cordillera y van al mar. Cada valle costero es "un jardín que cuelga de los Andes y se extiende por las quebradas hasta tocar el océano". Es la región de mayor densidad humana y desarrollo económico y cultural del país. La *sierra* se levanta entre la costa y la selva. Abarca alrededor de 420.000 km², o sea 3/8 del territorio y 3/8 de la población. Está constituida por la región andina, elevada, áspera, con cerros nevados, enormes precipicios, lagunas apacibles y ríos torrentosos. Es la zona del indio, "donde está lo más dramático y vigoroso del país". Los Andes penetran en el país mediante dos encadenamientos que se unen en el nudo de Vilcanota. El occidental, que viene de Chile, se denomina Cordillera Volcánica, y el otro, el más elevado, que proviene de Bolivia, Cordillera Oriental. De Vilcanota parten tres cordilleras –Oriental, Central y Occidental– que van a encontrarse en el nudo de Pasco, de donde salen otras tres. La oriental se pierde en la frontera ecuatoriana mientras que las otras dos van a unirse en el nudo de Loja, en Ecuador. La Cordillera Occidental, entre los 8º y los 10º de latitud sur forman las cordilleras Blanca y Negra separadas por el río Santa. En la primera se eleva el nevado de Huascarán, de 6.767 m, el más elevado del país. La *selva* abarca aproximadamente la mitad del territorio y sólo 1/8 de su población. Se extiende desde la falda oriental de los Andes hacia el este hasta los confines del país. Es la zona más extensa y fértil del Perú, la "virgen e inextricable Floresta Real" de los geógrafos castellanos. Bejucos gigantescos, brillantes orquídeas, pájaros multicolores, fieras, insectos, lluvias continuas, ríos sonoros, le dan salvaje magnificencia. El clima es tórrido, extenuante, y la radiación solar tan intensa que "duele el sol", como dicen los naturales de Loreto. **Costas.** El litoral peruano emergió del mar de manera uniforme, formando la línea de la costa. Por esta razón no abundan las bahías, y los puertos quedan generalmente en la desembocadura de los ríos. Este levantamiento del suelo es la causa de que la costa sea alta, con barrancos y acantilados. Las zonas bajas y arenosas sólo se encuentran entre Tumbes y Salaverry. Paralelamente al litoral, en aguas del Pacífico, se desplaza la corriente marina fría de Humboldt, que tiene influencia decisiva en la vida peruana: suaviza el clima y le da uniformidad, provoca neblinas constantes y gran humedad en la costa, impide la caída de lluvias, dio origen a los desiertos costeros, trae una riquísima fauna ictiológica, permite y facilita la vida de las aves guaneras, etc. **Clima.** Situado en la zona tórrida y tropical el **Perú** tiene sólo en la selva el clima que le corresponde por latitud. En la costa la corriente de Humboldt y en la sierra la cordillera de los Andes son factores que modifican extraordinariamente las características del país. El clima de la costa es suave, húmedo y sin lluvias; el de la sierra, templado o frío según la altura, con gran sequedad ambiente, y lluvias abundantes de octubre a marzo; y el de la selva es tropical, con lluvias constantes y neblinas frecuentes. **Hidrografía.** Son tres las cuencas hidrográficas del Perú: la del Pacífico, la del río Amazonas y la del lago Titicaca. Los ríos que van al Pacífico nacen en la vertiente occidental de los Andes, corren encajonados entre las quebradas y sólo en su curso inferior se tornan más lentos y amplios. Son irregulares y torrentosos, y forman en su desembocadura verdaderos oasis agrícolas. Los más importantes son los ríos Zarumilla, Tumbes, Piura, Lambayeque, Jequetepeque, Santa, Rímac, Cañete, Ica, etc. Los ríos de la sierra miran a oriente y van a desaguar, en última instancia, en el Amazonas. Los pongos marcan la entrada de los ríos andinos en la selva, donde se van concentrando en amplios cauces. Los más notables son el Marañón, el Ucayali, el Huallaga, el Apurímac, el Urubamba, el Yavarí, etc. El río Madre de Dios forma en el Perú una cuenca aparte aunque es también afluente del Amazonas. El lago Titicaca recibe cinco ríos y cuarenta riachos, y de él sale el río Desaguadero, que termina en el lago Poopó. Entre los lagos, el Titicaca y el Junín son los más importantes. **Flora y Fauna.** Se pueden distinguir tres zonas: la de la costa o del matorral, la de la sierra o de la estepa y la de la selva tropical. La flora costera es del tipo desértico, con hierbas y arbustos, y sólo a orillas de los ríos prospera una vegetación más abundante y rica. Así como en la costa el factor dominante en la distribución de la flora es la humedad, en la sierra es la altitud. En los valles cálidos es abundante y de tipo casi tropical, entre los 2.000 y los 3.500 m existe una discreta flora arbustiva, entre los 3.500 y los 4.500 m es una verdadera estepa, y más arriba es de tipo polar, con musgos y líquenes. La selva es extraordinariamente rica en especies e individuos, con predominio de plantas leñosas: caoba, cedro, quino, ébano, roble, madera balsa, almendro, alcanfor, etc. La fauna de la costa es pobre. Hay aves como el gavilán, el halcón, y la garza, roedores, venados, etc. En la sierra, el cóndor y el puma son los animales característicos, pero los más representativos de la fauna peruana son los auquénidos, de la familia de los camélidos: llama, alpaca, vicuña y guanaco. La selva es notable por la riqueza y variedad de especies: insectos, aves, peces, reptiles y monos son los más numerosos. **Población, Religión, Lengua.** La población del **Perú** se estima en 16.360.000 h. de los cuales un 46% son de raza indígena, 53% blancos y mestizos, y el resto negros, mulatos y chinos. La religión oficial es la católica apostólica romana, pero hay amplia tolerancia de cultos. La lengua oficial es el castellano. Entre los indígenas están muy difundidos el quechua (aproximadamente 3 millones lo hablan) y el aymará (casi 300.000). **División política.** El **Perú** es una República unitaria dividida en veintitrés departamentos y una prov. constitucional. Los departamentos son: Tumbes (cap. hom.); Amazonas (cap. CHACHAPOYAS); Loreto (cap. IQUITOS); Piura (cap. hom.); Lambayeque (cap. CHICLAYO); Cajamarca (cap. hom.); La Libertad (cap. TRUJILLO); San Martín (cap. MOYOBAMBA); Áncash (Cap. HUARAZ); Huánuco (cap. hom.); Lima (cap. hom.); Pasco (cap. CERRO DE PASCO); Junín (cap. HUANCAYO); Huancavélica (cap. hom.); Ayacucho (cap. hom.); Cuzco (cap. hom.); Madre de Dios (cap. PUERTO MALDONADO); Ica (cap. hom.); Apurímac (cap. ABANCAY); Arequipa (cap. hom.); Puno (cap. hom.); Moquegua (cap. hom.), y Tacna (cap. hom.). La prov. constitucional es el Callao, con cap. hom. La capital del país es LIMA. **Recursos económicos.** La economía peruana se caracteriza por el predominio de la agricultura y la ganadería, que son las labores que ocupan mayor número de operarios (62% de los trabajadores nacionales). La minería ocupa sólo 40.000 personas. Es decir que las actividades primarias –agricultura, ganadería y minería– ocupan los dos tercios de la población. Las actividades secundarias –industrias fabriles o manufactureras– ocupan 80.000 personas; y las actividades terciarias –profesiones liberales y técnicas, comercio y transporte– ocupan un sexto de la población. **Agricultura.** Durante el Imperio Incaico fue la agricultura el eje de la organización política y de la vida económica del país, y sigue siendo hoy la actividad más importante de la nación. En la costa la agricultura es intensiva. El suelo plano facilita las labores, el declive suave de los ríos permite el riego medido, la vecindad de las grandes ciudades crea centros de consumo fácilmente accesibles, la cercanía del mar abarata el transporte. Los cultivos principales son el algodón, el arroz y la caña de azúcar. La sierra es la zona de pastos; cereales y tubérculos. Produce especialmente papa, maíz. cebada, trigo, frutales, caña y coca. La agricultura en la selva es aún de poca importancia. Produce yuca, cereales, frutas, vainilla, tagua, cacao, té, café, plátanos, etc. La actividad forestal es de gran valor. El 40% del territorio está cubierto de bosques que producen cedro, caoba, palo rosa, caucho, etc. Iquitos es el centro de la industria maderera. **Ganadería.** Su importancia es notablemente inferior a la de la agricultura. El **Perú**, en sus distintas regiones naturales, presenta los diversos ambientes y condiciones ecológicas y climáticas favorables para el desarrollo pecuario. La ganadería en la costa es intensiva y se destina al consumo, mientras que en la sierra es extensiva y mixta; de consumo y de exportación. Son tres los grupos ganaderos que se explotan económicamente: vacunos, ovinos y auquénidos. Los primeros se encuentran en las zonas abrigadas hasta los 3.000 m. Dan carne y leche. Los ovinos están más arriba, entre los 3.500 y 4.500 m., preferentemente donde hay pastos naturales. En las mismas zonas y en puntos más altos aún se encuentran los auquénidos –llamas, guanacos, alpacas, vicuñas– que resisten fríos mayores y pastos más duros. Los principales departamentos ganaderos son Puno, Cuzco, Junín, Ayacucho, Cajamarca, Piura, Huánuco y San Martín, este último en la selva. Lanas, cueros y pieles representan el 90% de las exportaciones pecuarias del **Perú.** La pesca constituye una actividad de creciente interés. La costa y los ríos de la selva brindan abundancia de peces y ya los incas los consumían y apreciaban. La pesca del bonito representa 45% del total. Corvinas, lenguados, congrios, ostras, langostas, choros, ballenas, tiburones, lobos marinos, etc., son los exponentes más notables de esta actividad. La caza es más un deporte que una actividad industrial. **Guano.** Hasta unas treinta millas de la costa se encuentran cerca de treinta islas y casi sesenta islotes que carecerían de todo valor si no fuera por las deyecciones y depósitos orgánicos de los millones de aves que las pueblan. La falta de lluvias y de árboles favorece la nidificación y ha creado las condiciones para que este guano sea extremadamente rico en nitrógeno y fósforo. Es considerado el mejor del mundo, y para proteger a las aves que brindan tal fuente de recursos se ha establecido la prohibición de su caza y de la pesca en las islas; no se puede tocar sirena en los alrededores ni volar a alturas menores de 500 m. **Minería.** La riqueza minera del Perú es proverbial. Posee todos los metales (excepto el platino), combustibles sólidos y líquidos, arcillas, sales, etc. Es el primer productor mundial de vanadio, el segundo de bismuto, el cuarto de plata. Extrae también oro, petróleo, cobre, plomo, cinc, antimonio, hierro, carbón, etc. **Industrias.** La industrialización del **Perú** es un hecho contemporáneo. Incipiente aún, está tomando un desarrollo cada vez mayor, en consonancia con el mejor nivel cultural y material del pueblo trabajador. Hay dos tipos de industria. Una, que hace la preparación o transformación preliminar de las materias primas de exportación, como las refinerías de petróleo, fundiciones de metales, ingenios azucareros, preparación del algodón, etc., y que constituye la rama más importante de esta actividad; y la otra, la fabril o manufacturera, que no alcanza el mismo valor. La industria textil es de las más importantes. Cemento, calzado, aserraderos de maderas, llantas y artículos de jebe, cerámica y productos farmacéuticos, son otras tantas muestras de la alta capacidad industrial peruana. La industria siderúrgica tuvo sus comienzos en Chimbote, en 1956. **Comercio y Comunicaciones.** El comercio interior del Perú se realiza entre las ciudades de la costa, entre ésta y la sierra y, en escala mucho menor, entre ambas y la selva. Para esto cuenta con una red ferroviaria de 4.400 km, y más de 35.000 km de caminos. Las carreteras más importantes son la Roosevelt o Panamericana, que cruza la costa del país desde su frontera norte a la sur y las dos rutas de penetración a la selva: la Callao-Lima-Oroya-Cerro de Pasco-Huánuco-Pucallpa y la Olmos-Río Marañón. La navegación de cabotaje e internacional y la red aérea realizan tanto el tráfico interno como las conexiones con el exterior. **Perú** compra productos industriales, maquinarias, trigo, carne, leche, grasas, sustancias químicas, automotores, etc., y exporta algodón, azúcar, lanas, cueros, pieles, gomas, café, coca, lino, tagua, alfalfa etc., plomo, cinc, petróleo, concentrados de oro, plata, cobre, etc. **Hist.** Cuna de la notable civilización incaica, que fue máxima expresión cultural de la América precolombina, y centro principal del gobierno del virrey durante el período de la colonia, **Perú** atesora una de las historias más ricas entre los estados americanos. Los testimonios hallados hablan de habitantes prehistóricos. Las investigaciones arqueológicas han dividido en dos períodos perfectamente diferenciables la era anterior a la conquista: el período preincaico y el período incaico propiamente dicho. Este se origina unos quinientos años antes de la conquista. Las culturas que le precedieron tuvieron un vasto desarrollo, que se ha estimado en varios millares de años y se suponen autóctonas por algunos arqueólogos; otros las creen derivadas o importadas parcial y sucesivamente del Asia. Hay discrepancias acerca de cuál pudo haber sido la primera o más antigua civilización preincaica. En opinión de algunos, los creadores de las más remotas formas de cultura superior habrían sido hombres procedentes de la región amazónica, que remontando la cuenca del Marañón habrían ganado la sierra distribuyéndose sobre todo el territorio nacional pues no se limitaron a radicarse en esta región, sino que extendieron su influencia a la costa. Otros arqueólogos e historiadores reclaman la primacía de la cultura costeña sobre la serrana y sostienen que las formas superiores de civilización no se elaboraron en el país sino que se importaron, por la vía marítima, de otras partes del continente –Centroamérica– en forma ya elaborada y perfeccionada. **Descubrimiento.** Los otros pueblos indígenas sudamericanos tenían conocimiento de la existencia del Perú antes de la llegada de los españoles; sabían que en las cordilleras existía un monarca poderoso, un lago donde dormía el Sol y poblaciones de piedras. En 1511, un cacique informó a Balboa que al sur de Panamá existía un señorío en el que abundaban las riquezas. Años más tarde, cuando los españoles comenzaron a hacer sus exploraciones en la costa del Pacífico, identificaron este fabuloso y aún inalcanzable imperio con el cacicazgo de Virú o Birú, ubicado un poco al sur del golfo de San Miguel, en el territorio actual de la República de Panamá. Este nombre que más tarde habría de convertirse en Pirú y luego en Perú, y que los incas jamás emplearon, sirvió para identificar los territorios hacia los cuales se empeñaba en llegar Pizarro y que resultaron ser los del Tahuantinsuyo. **Cultura inca.** Garcilaso afirma que "los incas civilizaron a miles de salvajes". Es evidente que los españoles encontraron, asombrados, una cultura valiosa y personal, caracterizada por la construcción de enormes edificios de piedra y de ciudades, como Cuzco y Machu Pichu, que revelaban una técnica arquitectónica perfecta; por bellísimos tejidos, por una organización colectiva a base del "ayllu" y por una racional y profunda explotación de la tierra. Los extranjeros que llegaron al Imperio atraídos por la fama de sus inmensas riquezas, de su oro y su plata, hallaron una organización social, política y económica de singulares características, que los admiró profundamente. El Inca era un soberano absoluto y patriarcal, hijo del Sol y jefe supremo del gran Imperio. Resumía todo el poder humano y también el divino, ejerciendo su protección sobre millones de súbditos. Hubo catorce reyes incas a partir de Manco Cápac, el legendario fundador del Imperio. En la escala inmediatamente inferior al Inca, estaban los orejones, casta dirigente formada por los parientes del soberano, los nobles y algunos privilegiados. El trabajo era obligatorio y los orejones debían dar el ejemplo, dirigiéndolo y orientándolo, pero cada súbdito debía producir de acuerdo a su jerarquía, edad y condiciones personales. El "ayllu" (familias unidas por un mismo linaje) y el dominio comunal de las tierras, fueron las bases del sistema social del Imperio. El régimen de propiedad, la forma de trabajo y la distribución de la tierra eran por una parte ejemplo de colectivismo, pero, por otra, esta rígida jerarquización y esta anulación de la personalidad individual, absorbidas por la colectividad, fueron algunas de las causas que facilitaron la conquista del Imperio. El laboreo de las tierras, los maravillosos caminos, la variada ganadería, la utilización de los metales, su arte textil y otras manifestaciones culturales, caracterizaron al rico Imperio que los españoles encontraron. La centralización excesiva y teocrática del poder por el inca, la mentalidad ingenua y fatalista del indio, la rivalidad fratricida que degeneró en la guerra entre Huáscar y Atahualpa, y la superioridad de los españoles en cuanto a conocimientos militares, así como "el ansia de gloria, el fiero orgullo, el sentimiento de expansión, la sed de aventuras que junto con el afán de riquezas" movían al invasor, posibilitaron la conquista y dominio del Imperio incaico. **Conquista.** Francisco Pizarro, Diego de Almagro y Fernando de Luque, celebraron el contrato que permitió a los dos primeros conquistar el territorio para los reyes de España. En 1524, Pizarro, que antes había recogido de los nativos de las islas de las Perlas informaciones sobre las riquezas del Perú, navegó en dirección al Sur y llegó hasta las costas de Colombia, pero poco favorecido por el tiempo, abandonó la expedición y retornó a Panamá. En 1526 decidió reiniciar su viaje para la conquista del imperio legendario; encontrándose en la isla del Gallo, a la espera de refuerzos, lo alcanzó un enviado del gobernador del Darién, conminándolo a que facilitara el regreso de los hombres que no querían continuar en la empresa. Pizarro trazó entonces una raya en la arena e invitó a que la cruzaran quienes deseaban proseguir el viaje; trece hombres lo hicieron y quedaron junto a él, a la espera de refuerzos, que llegaron poco después con Bartolomé Ruiz. Avanzaron por la costa hasta Tumbes, el litoral del actual departamento de La Libertad y, según parece, hasta la desembocadura del río Santa, y cuando se dieron cuenta de que realmente se encontraban ante un gran imperio, retornaron a Panamá, desde donde Pizarro se dirigió a España para pactar con la corona las condiciones de la conquista. Luego de obtener el título de Adelantado, con la concesión de doscientas leguas de tierra sobre el mar del Sur, y otros títulos y retribuciones para sus principales compañeros, reinició en 1531 la expedición. La integraban ciento ochenta españoles que supieron actuar con valentía y astucia, y también con severidad, frente a millares de nativos armados. Atahualpa el Inca, no podía dejar de recordar la profecía de Huayna Cápac, que anunciaba la destrucción del Imperio por hombres blancos y barbudos; la invasión tuvo así para él caracteres sobrenaturales. A la muerte de Atahualpa, quien fue ejecutado por los españoles, se nombró Inca a Tupac Huallpa, quien murió poco después al parecer envenenado, y para reemplazarlo Pizarro designó como sucesor suyo a otro hermano, Manco Inca. Pizarro entró en noviembre de 1533 al Cuzco, la ciudad fabulosa cuyos palacios se decía resplandecían de oro y piedras preciosas que los españoles no llegaron a ver, pues aun cuando allí se hizo un nuevo reparto de riquezas, éstas no alcanzaron en cuantía y valor al tesoro de Cajamarca, que los españoles recibieron por el rescate de Atahualpa. Se dedicaron luego los vencedores a organizar el gobierno municipal, pero no tardó en desatarse la guerra entre los indígenas que defendían su independencia y los españoles que ansiaban dominar definitivamente el país. Ese rico territorio ya incorporado a los dominios coloniales de España, se vio así convulsionado por largas y sangrientas guerras civiles. Diferencias entre Almagro y Francisco Pizarro por cuestiones de jurisdicción sobre la ciudad del Cuzco, derivaron en conflictos que terminaron con la muerte de ambos. El rey de España, deseoso de poner fin al desorden imperante envió a Blasco Núñez de Vela, nombrado primer virrey del **Perú,** quien entró en Lima el 15 de mayo de 1544. Su intento de suprimir las encomiendas motivó la rebelión de Gonzalo Pizarro y, derrotado y capturado por los rebeldes en 1546, Núñez de Vela fue decapitado. El sacerdote Pedro de La Gasca, presidente de la Real Audiencia, fue nombrado por Carlos V para poner fin a las querellas y lo logró en 1548, al derrotar a Gonzalo Pizarro y a Francisco de Carvajal. Posteriormente ocuparon el virreinato del Perú: Antonio de Mendoza (1551-1552); la Real Audiencia; Andrés Hurtado de Mendoza (1566-1561); Diego López de Zúñiga y Velasco (1561-1564); la Real Audiencia; Francisco de Toledo (1569-1581); Martín Enríquez de Almansa (1581-1583); la Real Audiencia; Fernando Torres y Portugal (1585-1590); García Hurtado de Mendoza (1590-1596); Luis de Velasco (1596-1604); conde de Monterrey (1604-1605); la Real Audiencia; Juan de Mendoza y Luna (1607-1615); Francisco de Borja y Aragón (1615-1621); la Real Audiencia; Diego Fernández de Córdoba (1622-1629); Luis Fernández de Cabrera (1629-1639); Pedro de Toledo y Leiva (1639-1648); García Sarmiento de Sotomayor (1648-1655); Luis Enrique de Guzmán (1655-1661); Diego de Benavídez y de la Cueva (1661-1666); la Real Audiencia; Pedro Fernández de Castro (1667-1672); Baltasar Cueva Henríquez (1672-1678); Melchor de Liñán y Cisneros (1678-1681); Melchor de Navarra y Rocafull (1681-1689); Melchor Portocarrero (1689-1705); la Real Audiencia; Manuel de Oms y Santa Pau (1707-1710); Diego Ladrón de Guevara (1710-1716); Diego Morcillo Rubio de Auñón (1716); Carmen Nicolás Caracciolo (1716-1720); Diego Morcillo Rubio de Auñón (1720-1724); José Armendáriz (1724-1736); José A. de Mendoza (1736-1745); José Manso de Velasco (1745-1761); Manuel Amat y Junyent (1761-1776); Manuel Guirior (1776-1780); Agustín de Jáuregui y Aldecoa (1780-1784); Teodoro de Croix (1784-1790); Francisco Gil de Taboada y Lemos (1790-1796); Ambrosio de O'Higgins (1796-1801); Gabriel Avilés (1801-1806); José Fernando Abascal (1806-1816); Joaquín de la Pezuela (1816-1821); y José de La Serna e Hinojosa (1821-1824). El virreinato de Lima llegó a tener jurisdicción sobre Panamá y todos los territorios españoles de Sudamérica, exceptuando Venezuela, y fue el centro político más importante del Nuevo Mundo en el período colonial. En Lima se fundó en 1551 la Universidad de San Marcos, una de las más antiguas del continente; Lima fue también el centro de irradiación religiosa y mística que durante la colonia tuvo nobilísimos exponentes en figuras como Santa Rosa de Lima y San Francisco Solano. En 1780 se produjo la heroica revolución de los nativos contra el sistema de explotación que les imponían los corregidores. El valiente Túpac Amaru, caudillo de la rebelión y símbolo del indomable espíritu americano, fue sometido a torturas y ejecutado con familiares y compañeros. **Independencia.** Las arbitrariedades del régimen colonial, que con sus monopolios y privilegios destruyó paulatinamente las mejores tradiciones de los incas, suscitaron un creciente malestar contra las autoridades españolas. A comienzos del siglo **XIX** se iniciaron los movimientos por la independencia, coincidentes en el tiempo y en el ideario político con los de las otras colonias. En 1806 se organizó un núcleo patriota que integraban entre otros, José Gabriel Aguilar y Manuel Ubalde, los cuales fueron denunciados y pasados por las armas. Igualmente fueron apresados en 1811 Francisco Antonio de Zela y los compañeros que lo secundaron en la temprana declaración de la independencia. Durante una década se sucedieron numerosos pronunciamientos, que si fracasaron y costaron muchas vidas, forjaron en cambio el ambiente propicio y enardecieron de nobles ideales a criollos e indígenas. El 7 de septiembre de 1820, el general José de San Martín, que acababa de consolidar la independencia de Chile, desembarcó en las inmediaciones de Pisco con la ayuda de la escuadra de Tomás Cochrane. Después de una hábil campaña táctica, San Martín entró triunfante en Lima el 9 de julio de 1821 y el día 28 del mismo mes proclamó solemnemente la independencia del **Perú,** y asumió interinamente el mando con el título de Protector. San Martín hizo la convocatoria a elecciones para el primer Congreso Constituyente y ante él renunció en 1822. El poderío español estaba intacto en la Sierra y fue el general Simón Bolívar, a quien San Martín cedió el campo en la célebre entrevista de Guayaquil, el que tuvo la gloria de terminar la campaña libertadora. Con las tropas argentinas, los patriotas del **Perú** y las huestes que habían liberado a Colombia, Bolívar puso fin a la dominación española en América con los triunfos de Junín, el 6 de agosto de 1824, y Ayacucho, el 9 de diciembre del mismo año. La batalla de Ayacucho, victoria lograda por Antonio José de Sucre, aseguró definitivamente la independencia del **Perú.** La lucha cesó con la toma del Callao en 1826. A Bolívar se le habían conferido los máximos poderes, pero abandonó **Perú** en 1826 sin haber realizado su plan de una confederación hispanoamericana. Sucedió una era de inestabilidad política, con la lucha de diversas tendencias que compartían el anhelo de estructurar jurídicamente al país. La nueva república debió librar una guerra con Colombia y otra con Bolivia, constituyéndose en 1836 la Confederación Perú-Boliviana, que suscitó un conflicto con Chile finalizado en 1839. En 1841 **Perú** estuvo envuelto en un nuevo conflicto bélico con Bolivia. El mariscal Ramón Castilla ocupó la presidencia de 1845 a 1851 y de 1854 a 1862; sus gobiernos promovieron extraordinariamente el progreso general de la nación. La definitiva emancipación de los esclavos, la introducción del telégrafo y el progreso de los ferrocarriles son algunos de sus títulos de gloria. Castilla fue también el inspirador de la nueva constitución de 1860, que rigió hasta 1920. En 1866 la corona española ocupó las islas de Chincha, pero fue derrotada en el Pacífico. Entre 1866 y 1872, bajo la presidencia de Balta, se comenzaron a construir los sistemas ferroviarios trasandinos. La política educativa experimentó un sensible impulso bajo el régimen de Manuel Pardo. En 1879 estalló la guerra que duraría cinco años, de Chile contra **Perú** y Bolivia; en virtud de ella Perú perdió en 1884 Arica, Tarapacá y Tacna; esta última le fue devuelta por un tratado firmado en 1929. En

1895, Nicolás de Piérola inició una era de gobiernos civiles, saneó la moneda, reorganizó el ejército y fomentó la economía. La normalidad constitucional imperó hasta el movimiento armado que, en 1919, entregó el poder a Augusto Leguía, quien a su vez en 1930 fue depuesto por otra revolución. En 1945, apoyado por la APRA (Alianza Popular Revolucionaria Americana), asumió el mando José Luis Bustamante Rivero, pero tres años después una Junta Militar encabezada por el general Manuel Odría lo depuso. En 1950 asumió la presidencia constitucional por el período 1950-1956 el mismo gral. Odría. Para el período 1956-1962 fue elegido presidente Manuel Prado Ugarteche. En las elecciones de 1962 ninguno de los tres candidatos presidenciales (Haya de la Torre, Belaúnde y Odría) obtuvo la mayoría constitucional y antes de que el Congreso resolviera la elección, el ejército dio un golpe de estado. En junio de 1963 celebráronse elecciones, en las que triunfó Fernando Belaúnde Terry. En octubre de 1968 el ejército depuso al presidente y asumió el gobierno una junta militar presidida por el general de división Juan Velasco Alvarado hasta 1975. **Organización estatal.** La constitución que actualmente rige fue promulgada en 1933. En virtud de ella, **Perú** es una república unitaria y democrática. El presidente encabeza el Poder Ejecutivo y es elegido por seis años mediante el voto popular, secreto y obligatorio; lo asesora un Consejo de Ministros responsable ante el Parlamento. El Poder Legislativo lo integran las cámaras de Senadores y de Diputados, elegidas también por el voto popular. El Poder Judicial lo constituyen la Corte Suprema de Justicia, Cortes Superiores que encabezan los Distritos Judiciales, Jueces de Primera Instancia, Civiles, de Instrucción, de Trabajo y de Menores, y Jueces de Paz. El país está dividido en 23 departamentos y una provincia constitucional. Los departamentos son gobernados por prefectos que nombra directamente el Ejecutivo; la provincia por un subprefecto. **Presidentes del Perú:** José de la Riva Agüero (1823-1827); José de La Mar (1827-1829); Agustín Gamarra (1829-1833); Luis J. Orbegoso (1833-1835); Felipe Santiago Salaverry (1835-1836); Andrés Santa Cruz (1836-1839); durante la Confederación Perú-Boliviana, Agustín Gamarra (1839-1841); Francisco de Vidal (1842-1843); Manuel Ignacio de Vivanco (1843-1845); Ramón Castilla (1845-1851); José R. Echenique (1851-1854); Ramón Castilla (1854-1862); Miguel de San Román (1862-1863); Juan Antonio Pezet (1863-1865); Mariano Ignacio Prado (1865-1868); José Balta (1868-1872); Manuel Pardo (1872-1876); Mariano Ignacio Prado (1876-1879); Nicolás de Piérola (1879-1881); Francisco García Calderón (1881); Miguel Iglesias (1882-1886); Andrés Avelino Cáceres (1886-1890); Remigio Morales Bermúdez (1890-1894); Andrés Avelino Cáceres (1894-1895); Nicolás de Piérola (1895-1899); Eduardo López de Romaña (1899-1903); Manuel Candamo (1903-1904); José Pardo Barreda (1904-1908); Augusto L. Leguía (1908-1912); Guillermo E. Billinghurst (1912-1914); Oscar R. Benavides (1914-1915); José Pardo Barreda (1915-1919); Augusto B. Leguía (1919-1930); Luis Sánchez Cerro (1931-1933); Oscar R. Benavides (1933-1939); Manuel Prado Ugarteche (1939-1945); José Luis Bustamante Rivero (1945-1948); Manuel Odría (1948-1950 y 1950-1956); Manuel Prado Ugarteche (1956-1962); Junta Militar (1962-1963); Fernando Belaúnde Terry (1963-1968); general Juan Velasco Alvarado (1968-1975); y general Francisco Morales Bermúdez (desde 1975). **Símbolos nacionales: Bandera.** Un decreto promulgado por San Martín el 21 de octubre de 1820, en Pisco, establecía: "Se adoptará por bandera nacional del país una de seda o lienzo, de ocho pies de largo y seis pies de ancho, dividida por líneas diagonales en cuatro campos, blancos los dos de los extremos superior e inferior, y encarnados los laterales, con una corona de laurel ovalada, y dentro de ella un sol, saliendo detrás de sierras escarpadas, que se elevan sobre un mar tranquilo". El 15 de marzo de 1822 otro decreto del supremo delegado Tagle y Portocarrero rectificaba el anterior: "La bandera nacional del **Perú** se compondrá de una faja blanca transversal entre dos encarnadas de la misma anchura, con un sol también encarnado sobre la faja blanca". El 31 de mayo de 1822, en razón de que la bandera era fácil de confundirse a la distancia con la española, el mismo Tagle y Portocarrero dispuso que se la transformara en una de fajas perpendiculares, rojas las de los extremos y blanca la del medio con el sol en el centro. Éste fue reemplazado luego por el nuevo escudo nacional. Circunstancialmente el **Perú** tuvo otras banderas: de 1838 a 1839, durante la Confederación Perú-Boliviana, fue decretada una bandera de color rojo obscuro en cuyo centro se hallaban los escudos de los tres Estados de la Confederación unidos por dos guirnaldas entrelazadas, y en la misma época de la Confederación, dividido el país en el estado Norperuano y el estado Surperuano, éste ostentaba una bandera verde, roja y blanca, y su escudo era un sol con cuatro estrellas, y aquél la antigua bandera peruana de tres franjas perpendiculares, dos rojas y una central blanca. **Escudo.** El mismo decreto del 21 de octubre de 1820 establecía que "el escudo puede ser pintado o bordado, pero conservando cada objeto sus colores, a saber: la corona de laurel ha de ser verde y atada en la parte inferior con una cinta de color de oro; azul la parte superior que representa el firmamento; amarillo el sol con sus rayos; las montañas de un color pardo obscuro, y el mar entre azul y verde". El mismo general San Martín dispuso más tarde su modificación, estableciendo que debían formar parte de los símbolos del **Perú** las banderas de todas las repúblicas que luchaban en el Pacífico contra el rey de España: Colombia, Chile, Argentina y **Perú**; el mismo escudo debía colocarse entre la llama peruana y el cóndor chileno. Durante el gobierno de Bolívar, el Congreso dispuso que las armas nacionales tuvieran un escudo dividido en tres campos: arriba a la izquierda, uno celeste con una vicuña mirando al centro, y a la derecha uno blanco con el árbol de la quina, y debajo de los anteriores otro rojo, con una cornucopia derramando monedas de oro y de plata. Se representaba de ese modo la riqueza del **Perú** en los tres reinos: mineral, vegetal y animal. El escudo llevó, asimismo, una corona de laurel en el tope. **Himno.** San Martín decretó en 1821 la realización de un concurso musical y literario para seleccionar el Himno Nacional del **Perú**. En ese concurso fue premiada la música del compositor José Bernardo Alcedo, lego del convento de Santo Domingo, y la letra escrita por el poeta José de la Torre Ugarte. En febrero de 1913 se promulgó una ley nacional que declaró "oficiales e intangibles la letra y música del Himno Nacional". Previamente, y a los fines de dicha ley, la música fue objeto de una adaptación del maestro Claudio Rebagliati. **Cultura.** La cultura del **Perú** ha seguido un ritmo paralelo a la evolución económico-social del país y por ser ésta cambiante e irregular, aquélla ha conocido períodos de esplendor y de quietud. La Conquista transformó violentamente la vida del indígena; la cultura incaica, que había alcanzado excepcionales contornos, fue trastrocada profundamente al pasar la comunidad, súbitamente y sin gradaciones, del régimen patriarcal y de una economía socialista a un estado de cosas totalmente distinto. La población nativa experimentó, al decir de un historiador, un rudo trauma psíquico y físico. De la unión de los españoles con las mujeres del país, resultó luego una raza mestiza que con el tiempo sería la más numerosa y que creó las bases de condiciones sociales completamente diferenciadas de las imperantes en otras colonias, donde los nativos, en vez de mezclarse con los conquistadores, fueron dispersados y reducidos. La emancipación, finalmente, significó un adelanto político extraordinario y la legislación republicana, que en un primer momento pareció de extraña adaptación al medio, posibilitó y aceleró una nueva conformación cultural adherida a las tradiciones del país, sin que por ello dejara de recibir las corrientes de influencia de otros núcleos sociales. **Perú** es hoy el país sudamericano por excelencia; la peruanidad es una simbiosis que conserva intactas las peculiaridades más hondas del alma continental y se permeabiliza con las inquietudes que animan el mundo contemporáneo. **Educación.** Durante medio siglo después de la proclamación de la independencia, la educación popular en el **Perú** estuvo librada a la iniciativa privada, al clero católico preferentemente, o a dispares inspiraciones oficiales sin la necesaria coordinación. A Castilla se debe el Reglamento General de Instrucción Pública de 1850, considerado el primer código general para el régimen escolar de la República. Manuel Pardo, que presidió los destinos de la nación entre 1872 y 1876, fue el primer hombre de estado que expuso la necesidad de una acción orgánica y a su iniciativa se deben los más serios planes educativos del siglo XIX. Contrató profesores en los centros culturales europeos, fundó numerosas escuelas, hizo construir cómodos edificios para alojarlas, las dotó de moderno material pedagógico y gabinetes científicos, etc. La Guerra del Pacífico lesionó no poco su obra y correspondió al presidente José Pardo, en los primeros años del nuevo siglo, llevar a efecto una total reorganización, que facilitó en primer término con dos medidas: las escuelas fueron privadas de la jurisdicción municipal para depender directamente del Poder Ejecutivo y en el presupuesto nacional se elevó la renta destinada a la educación. En esa época el número de escuelas públicas ascendió a 2.700. El mismo presidente, en su segundo período gubernativo, acrecentó la acción oficial en la materia, y los distintos gobernantes que hasta la fecha le sucedieron han dedicado preferente atención al problema, sin cejar en el propósito de combatir el analfabetismo. La actual legislación peruana establece la gratuidad y la obligatoriedad de la enseñanza primaria. Las estadísticas oficiales de 1951 dan cuenta de la existencia de 10.991 escuelas primarias; 243 escuelas secundarias; 243 colegios en que se imparte instrucción técnica, y 125 centros de educación preescolar. En Lima existen tres universidades: la Universidad Mayor de San Marcos, importantísimo centro cultural americano cuya fundación data de 1551; la Universidad Católica, establecida en 1917, y desde 1955 la Universidad Nacional de Ingeniería. Arequipa, Cuzco y Trujillo tienen también sus universidades; en total, 33 universidades, con unos 92.700 estudiantes. En Lima funcionan también otros tres centros educativos de gran importancia: la Escuela de Bellas Artes, el Conservatorio de Música y la Escuela de Agricultura. La Biblioteca Nacional Peruana, de Lima, es una de las más prestigiosas del continente y fue fundada por San Martín en 1821; consumida por un incendio en 1943, fue casi inmediatamente reconstruida. Lima posee asimismo notables pinacotecas y museos de arqueología, antropología e historia. Cuzco, Ica, Lambayeque y otras ciudades tienen valiosos museos regionales. **Literatura.** Los antecedentes más remotos de la literatura peruana están en el período inicial de la conquista: son un poema anónimo sobre la muerte de Almagro, el poema *El Marañón*, de Diego de Aguilar y Córdoba, y las relaciones históricas de Pedro Cieza de León, Juan Polo de Ondegardo y otros. Sabido es que el inca Garcilaso de la Vega es el primer escritor americano de gran personalidad. Su obra, escrita en España, en la ancianidad, comprende las traducciones de León Hebreo y varias obras originales: *La Florida del Inca*, que narra la expedición de Fernando de Soto, la *Relación de la descendencia de Garci Pérez de Vargas*; la *Historia General del Perú* y su obra maestra, los *Comentarios reales que tratan del origen de los incas*, cuya publicación se inició en 1609 y terminó en 1617, después de su muerte. Los *Comentarios reales* refieren los orígenes legendarios de los incas y la historia del país hasta la destrucción del Imperio por los conquistadores españoles. Es a la vez una obra histórica y un poema, y a juicio de Menéndez y Pelayo "el libro más genuinamente americano que en tiempo alguno se ha escrito". A fines del s. XVII se manifestó una reacción saludable contra el culteranismo que reinaba en el ambiente intelectual limeño, exponente de ella fue Juan del Valle y Caviedes, escritor satírico y popular, llamado "el poeta de la ribera". Se destacan también en el panorama literario del s. XVII Fray Diego de Hojeda, autor de *La Cristiada*, Amarilis y Juan de Espiñosa Medrano. A comienzos del s. XVIII se fundó la Academia Literaria, de la que formaron parte españoles y criollos; uno de los hombres más destacados de ella fue Pedro Peralta y Barnuevo, orador, historiador, teólogo y poeta. Al s. XVIII pertenece también Calixto Bustamante Carlos Inga, conocido con el seudónimo de Concolorcorvo, con el que firmó su *Lazarillo de Ciegos Caminantes desde Buenos Aires a Lima*. Más tarde aparecieron otros literatos de méritos como Esteban de Terralla, de origen andaluz, que en el poema satírico *Lima por dentro* criticaba las costumbres de la época, y Pablo de Olavide, cuya pluma evolucionó del liberalismo, que le valió la persecución de la Inquisición, a la religión y el misticismo de sus últimos años. Hacia fines del s. XVIII se fundó la "*Sociedad Amantes del Perú*", que agrupó a historiadores, humanistas, catedráticos, poetas y prelados, y que alentó la publicación de periódicos —como el famoso *Mercurio Peruano*— textos religiosos, obras militares, etc. La emancipación inició posteriormente una nueva era; aunque predominó la influencia española, evolucionaron los temas, que adquirieron una mayor inspiración autóctona y, sobre todo, exaltaron los nuevos sentimientos de patria y libertad. Mariano Melgar, ejecutado en 1815 por las autoridades coloniales, fue el iniciador de esa nueva corriente literaria, que dio significativas expresiones en José Joaquín Larriva, José María Pando, Juan Egaña, etc. El período de transición, que precede a los grandes escritores que deben considerarse los iniciadores de la moderna literatura peruana, destaca los nombres de Felipe Pardo y Aliaga, autor de *El espejo de mi tierra*, y vivaz captador de tipos y costumbres; Manuel Segura, comediógrafo de inclinación igualmente costumbrista; Pedro Paz Soldán, ingenioso satírico; Carlos Salaverry, poeta romántico; Luis Fernán Cisneros, autor de elegías de depurada estética; Constantino Carrasco, José Arnaldo Márquez, Manuel N. Corpancho, Clemente Althaus, etc. Surgen después Ricardo Palma, Manuel González Prada y José Santos Chocano, tres plumas de talla eminente y de relieve continental. Ricardo Palma alcanzó la gloria como prosista con sus célebres *Tradiciones peruanas*, que aparecieron entre 1872 y 1915 y constituyen casi un nuevo género literario; son la evocación de la colonia en cuadros breves y sabrosos que aúnan la historia, la anécdota, la leyenda y la invención, y su total originalidad no las exime de la comparación con los grandes satíricos de la lengua castellana. González Prada es uno de los forjadores del nuevo pensamiento hispanoamericano; se inició en el posromanticismo y evolucionó, acuciado por ansias de perfección formal, hacia lo que sería el modernismo. Defensor del indio y del trabajador, hizo de la sinceridad un estilo y se irguió como polemista vigoroso, a la manera de Montalvo o de Sarmiento. Poeta y prosista, sus versos fueron buenos, pero su prosa fue excepcional, y entre sus libros, "que siguen haciéndole discípulos", al decir de un crítico, deben citarse *Páginas libres*; *Horas de lucha; Baladas Peruanas; Trozos de vida*, etc. Una vida intensa y accidentada impidió tal vez a José Santos Chocano el logro de una obra definitiva, digna de su talla de poeta que, influido por el romanticismo y el parnasianismo, estuvo atento a todo y compartió con Rubén Darío y Leopoldo Lugones la gloria americana del modernismo. Eminentemente peruano, sus libros *Alma América, Primicias de oro de las Indias*, su canto *Ayacucho y los Andes*, sus últimos poemas *Oro de Indias*, etc., le han consagrado como uno de los más auténticamente americanos entre los poetas modernistas. Otros escritores que deben mencionarse en el periodo que corresponde a los últimos años del s. XIX y primeros del XX, son las novelistas Mercedes Cabello de Carbonera y Clorinda Matto de Turner, el costumbrista Abelardo Gamarra, el satírico Leónidas Yerovi y el cuentista Clemente Palma. La poética contemporánea reconoce su iniciación en José María Eguren y César Vallejo; aquél, ultramodernista que transparenta huellas clásicas y simbolistas, es autor de hermosos libros como *Simbólicas; La canción de las figuras; Sombra y rondinelas*; éste, el lírico de la angustia vital, se modeló en el ultraísmo y en seguida logró un estilo desnudo, personal, intenso, presente en *Los heraldos negros*; *Trilce; Poemas humanos*, etc. Entre 1926 y 1930 polarizó la intelectualidad peruana la revista *Amauta*, introductora de las audaces tendencias europeas —surrealismo, dadaísmo, ultraísmo— y receptora de la problemática social; su fundador fue José Carlos Mariátegui, ensayista notable y artífice de la nueva sensibilidad. En su corriente, confundida a veces con la de la anterior revista *Colónida*, que dirigiera Abrahán Valdelomar, estuvieron Juan Parra del Riego, poeta del industrialismo; Alberto Hidalgo, cantor futurista; Alberto Guillén, atento a los diferentes "ismos"; Magda Portal, la poetisa de la justicia social; Xavier Abril, eminentemente vanguardista; Martín Adán, de gran fuerza lírica; Enrique Bustamante y Ballivián y otros. La generación inmediatamente posterior destaca otros poetas: Carlos Oquendo de Amat, Ricardo Peña, Enrique Peña, José Alfredo Hernández, Alejandro Peralta, Nazario Chaves, Sebastián Salazar Bondy, Javier Sologuren, Luis Fabio Xammar, etc. La prosa narrativa ha logrado, desde hace varias décadas, su expresión más acabada en Ciro Alegría, de estilo simple y realista, autor de novelas inspiradas en la vida del indígena y del mestizo: *La serpiente de oro; Los perros hambrientos; El mundo es ancho y ajeno*. Se destacan también Enrique López Aldújar, Ventura García Calderón, Carlos Camino Calderón, José Gálvez, José Diez-Canseco, etc. Ensayistas y críticos de valía son Luis Alberto Sánchez, Víctor Andrés Belaúnde, Rosa Arciniega, Raúl Porrás Barrenechea, Luis Valcárcel, Jorge Basadre y Víctor Raúl Haya de la Torre, que en *Adónde va Indoamérica* y otros libros ha profundizado la realidad peruana y continental. El estudio de la historia y la revalorización de la cultura indígena han encontrado un núcleo incansable: José de la Riva Agüero, Guillermo Lohman Villena, Raúl Porras Barrenechea, Aurelio Miró Quesada, César Miró, Julio Tello, Horacio H. Urteaga, Emilio Romero, etc. Entre los escritores jóvenes, corresponde citar a Alfredo Bryce, Eugenio Buoma, Celia Bustamante, Martín Congrains, Washington Delgado, José Durand, Alberto Escobar, Pablo Guevara, Luis Loayza, Manuel Mejía, Winston Orrillo, José Miguel Oviedo, Julio Ribeyro, Alejandro Romualdo, Manuel Scorza, Mario Vargas Llosa, Carlos Zavaleta, etc. **Música.** La música del antiguo **Perú**, esencialmente pentatónica, ha evolucionado pero no ha perdido su originario carácter. El conquistador no se interesó al principio por ella y la combatió denodadamente, por razones religiosas; después surgió, del choque de las dos culturas, la llamada "música chola", la música del mestizo. "El resultado de la interpenetración de las nociones estéticas de las dos razas —dice un crítico—, fue al principio una inconsciente y luego una deliberada mestización musical. Pero ésta no fue absoluta, porque el innato orgullo hereditario de los aborígenes les hacía confinar a la sagrada intimidad de su vida privada un arte peculiar a la raza." La huanca (música de ceremonial), el yaraví (música intimista) y el huaino (música bailable), están latentes en distintos motivos actuales. José Bernardo Alcedo, autor del Himno Nacional y de canciones sentimentales y patrióticas, es el compositor de los primeros años de la independencia. En el mismo siglo XIX sobresalen José María Valle Riestra, autor de la primera ópera nativa, *Ollántay*; Luis Duncker Lavalle, compositor de música de salón y urbana; Claudio Rebagliati, de nacionalidad italiana, recopilador de danzas nativas, etc. Como el compositor más original del siglo actual se tiene a Teodoro Valcárcel, autor de obras de fresca autenticidad, los treinta *Cantos de alma vernacular*, la suite de danzas *Suray-Surita*, el poema sinfónico *En las ruinas del templo del Sol*. Una visión contemporánea destaca los nombres de prestigiosos compositores, atentos a diversas formas y expresiones de la música: Pablo Chávez Aguilar, Federico Gerdes, Rodolfo Barbacci, Roberto Carpio Valdés, Francisco González Gamarra, Edgardo Valcárcel, Raúl de Verneuil, Enrique Pinilla, Rodolfo Holzmann, Ernesto López Mindreau, Luis Pacheco de Céspedes, Andrés Sás, Carlos Sánchez Málaga, Carlos Valderrama, etc. Daniel Alomías Robles, que es también un destacado compositor, ha reunido más de un millar de motivos musicales indígenas y mestizos, coloniales e incaicos, que constituyen lo más valioso del folklore musical peruano. **Pintura, escultura y arquitectura.** La arquitectura, la pintura y la escultura tienen en el **Perú** vigorosos exponentes. Los más preciados tesoros arquitectónicos proceden de la época del virreinato y se dan en las antiguas edificaciones de las iglesias y conventos tan numerosos como bellos y bien ornamentados. Las catedrales de Lima y Arequipa; el convento de la Merced, del Cuzco; la iglesia de la Compañía, en el mismo Cuzco, son algunos de los magníficos modelos del estilo arquitectónico colonial que se conservan. La pintura se inició como una imitación de las escuelas española y flamenca durante la colonia y ante la necesidad de decorar las iglesias. En 1825 fue creada una Escuela y Museo de Pintura. Desde los comienzos de la emancipación sobresalieron pintores como Ignacio Merino, autor del célebre cuadro *Colón ante los sabios de Salamanca*; su discípulo Francisco Laso, a quien se deben un cuadro de Santa Rosa, la *Pascana en la cordillera*, etc.; Luis Montero, autor de *Los funerales de Atahualpa*, etc. Posteriormente, hasta nuestros días, sobresalieron Carlos Bacaflor, Alberto Lynch, Daniel Hernández, el notabilísimo José Sabogal y otros. La escultura se cultivó poco durante el período colonial; de esa época subsisten algunas muestras de valor como las de Baltasar Gavilán, autor también de tallas en madera. En el s. XIX sobresalieron Tamborini, autor de notables trabajos en madera, y Gaspar Ricardo Suárez, cuya herencia acrecentaron escultores modernos como Luis F. Agurto, Víctor Tesey y otros.

PERUANIDAD. f. Carácter propio y peculiar de la nacionalidad peruana.

PERUANISMO. m. Vocablo, acepción, locución, giro o modo de hablar propio de los peruanos.

PERUANO, NA. adj. Natural del Perú. Ú.t.c.s. ‖ Perteneciente a este país de América. *Los Andes* PERUANOS *culminan en el nevado de Huascarán.*

PERÚ-BOLIVIANA, Confederación. *Hist.* Constituida en 1836 por Santa Cruz, presid. de Bolivia, con este país y los llamados Estados Norperuano y Surperuano, al terminar la guerra civil del Perú, y que duró hasta 1839. Santa Cruz asumió la jefatura con el título de Protector. Conflictos subsiguientes hicieron que Chile le declarase la guerra en 1836 y Argentina en 1837. La derrota infligida por las fuerzas chilenas en Yungay (1839) a las tropas de la Confederación produjo la desintegración de ésta.

PERUÉTANO. (Del lat. *pirus*, peral.) m. Peral silvestre, de fruto pequeño, verde, aovado y áspero. ‖ Fruto de este árbol. ‖ fig. Porción saliente y puntiaguda de algo.

PERUGINO, Pedro Vanucci, llamado **el.** *Biog.* Pintor ital., maestro del óleo y el fresco; trabajó en la Capilla Sixtina y en muchos monasterios e iglesias. Obras principales: *Cristo entregando a San Pedro las llaves del paraíso; Crucifixión; Ascensión; El martirio de San Sebastián*, etc. (1445-1523).

PERULERO. (Del m. or. que *perol*.) m. Vasija de barro panzuda y estrecha de boca.

PERULERO, RA. adj. Peruano. Apl. a pers., ú.t.c.s. ‖ s. Persona que va desde el Perú a España, y en especial la adinerada.

PERUSA. *Geog.* Provincia de Italia (Umbría). 6.338 km². 570.000 h. Cap. hom. 137.000 h. Tejidos, chocolate. Centro universitario.

PERUSINO, NA. (Del lat. *perusinus*.) adj. Natural de Perusa. Ú.t.c.s. ‖ Perteneciente a esta ciudad y provincia de Italia.

PERUTZ, Maximiliano F. *Biog.* Químico austríaco, n. en 1914, por sus estudios sobre las proteínas globulares, obtuvo el premio Nobel de Química de 1962, junto con J. C. Kendrew.

PERUVIANO, NA. adj. Peruano. Apl. a pers., ú.t.c.s.

PERVERSAMENTE. adv. m. Con perversidad. sinón.: **aviesamente, protervamente.**

PERVERSIDAD. al. **Perversität.** fr. **Perversité.** ingl. **Perversity.** ital. **Perversità.** port. **Perversidade.** (Del lat. *pervérsitas, -atis*.) f. Suma maldad o corrupción de las costumbres. *La* PERVERSIDAD *de Nerón.*

PERVERSIÓN. al. **Entartung; perversion.** fr. **Perversion.** ingl. **Perversion.** ital. **Perversitone.** port. **Perversão.** (Del lat. *perversio, -onis*.) f. Acción de pervertir o pervertirse. sinón.: **depravación.** ‖ Estado de error o corrupción de costumbres. ‖ *Pat.* Anormalidad psíquica por la cual se encuentra placer en cosas que normalmente provocan aversión u horror.

PERVERSO, SA. (Del lat. *perversus*.) adj. y s. Muy malo, depravado en las costumbres. sinón.: **infame, malvado;** antón.: **bondadoso.**

PERVERTIR. al. **Verderben; Verführen.** fr. **Pervertir.** ingl. **To pervert.** ital. **Pervertire.** port. **Perverter.** (Del lat. *pervértere*.) tr. Perturbar el orden o estado de las cosas. ‖ Viciar con malas doctrinas las costumbres, la fe, el gusto, etc. Ú.t.c.r. PERVERTIR *los sentimientos*; sinón.: **corromper.** ‖ irreg. Conj. como **sentir.** ‖ deriv.: **pervertible; pervertidor, ra; pervertimiento.**

PERVIGILIO. (Del lat. *pervigílium*.) m. Falta de sueño; vigilia continua.

PERVULGAR. (Del lat. *pervulgare*.) tr. Divulgar, hacer público y notorio. ‖ Promulgar.

PESA. al. **Gewicht.** fr. **Poids.** ingl. **Weight.** ital. **Peso.** port. **Peso.** f. Pieza de determinado peso, que se usa para cerciorarse del que tienen las cosas, equilibrándolas con ella en la balanza. ‖ Pieza que, colgada de una cuerda, sirve para dar movimiento a ciertos relojes, etc. ‖ *Col., C. Rica* y *Ven.* Carnicería. ‖ **Como, conforme** o **según caigan** o **cayeren las pesas** loc. adv. fig. Según las circunstancias.

PESACARTAS. m. Balanza con platillos para pesar cartas.

PESADA. f. Cantidad que se pesa de una vez.

PESADAMENTE. adv. m. Con pesadez. ‖ Con pesar, molestia o desazón; de mala gana. ‖ Con exceso. ‖ Con tardanza o excesiva lentitud. *La carreta avanza* PESADAMENTE.

PESADEZ. al. **Schwere.** fr. **Lourdeur; pesanteur.** ingl. **Heaviness.** ital. **Pesantezza.** port. **Pesadume.** f. Calidad de pesado. ‖ Pesantez. ‖ fig. Obesidad. ‖ Terquedad, obstinación, impertinencia. ‖ Cargazón, exceso. PESADEZ *de cabeza, del tiempo.* ‖ Molestia, fatiga.

PESADILLA. al. **Alpdruck.** fr. **Cauchemar.** ingl. **Nightmare** ital. **Incubo.** port. **Pesadelo.** f. Opresión del corazón y dificultad de respirar durante el sueño. ‖ Ensueño angustioso y tenaz. ‖ fig. Preocupación grave y continua.

PESADO, DA. al. **Schwer; lästig.** fr. **Lourd; pesant.** ingl. **Heavy.** ital. **Pesante; lordo.** port. **Pesado.** adj. Que pesa mucho. *Un fardo* PESADO; antón.: **liviano.** ‖ fig. Obeso. ‖ Intenso, tratándose del sueño. sinón.: **profundo.** ‖ Cargado de humores, vapores, etc. *Cabeza* PESADA, *tiempo* PESADO. ‖ Tardo o muy lento. *Movimiento* PESADO. ‖ Molesto, impertinente. *¡Qué* PESADO *te pones!*; sinón.: **cargante, fastidioso.** ‖ Ofensivo, sensible. *Una broma* PESADA. ‖ Áspero, insufrible; violento, perjudicial.

PESADO, José Joaquín. *Biog.* Literato mex. autor de excelentes traducciones de los clásicos antiguos y de una erudita obra poética en la que se destaca *Los aztecas*, intento de resurrección de la poesía indígena mex. (1801-1861).

PESADOR, RA. adj. y s. Que pesa. ‖ m. *Col.* y *Ven.* Carnicero, proveedor de carne.

PESADUMBRE. al. **Schwerfälligkeit.** fr. **Chagrin.** ingl. **Grief.** ital. **Afflizione.** port. **Pesadume.** f. Pesadez, calidad de pesado. ‖ Fuerza de gravedad. ‖ Injuria, agravio. ‖ fig. Molestia o desazón; Disgusto. *Tu egoísmo me causa* PESADUMBRE. ‖ Riña o contienda con uno, que causa disgusto.

PESAJE. m. *Arg.* Acción de pesar.

PESALECHE. m. Instrumento en forma de termómetro que se usa para medir la densidad de la leche.

PESALICORES. (De *pesar* y *licor*.) m. Areómetro para líquidos menos densos que el agua.

PÉSAME. (3ª pers. de sing. del verbo *pesar*, doler, y el pron. *me;* me pesa.) m. Expresión con que se significa a uno el sentimiento que se tiene de su aflicción. *Enviar una tarjeta de* PÉSAME.

PESAMEDELLO. m. Baile y cantar español de los siglos XVI y XVII.

PESANTE. p. a. de **Pesar.** Que pesa. ‖ adj. Pesaroso. ‖ m. Pesa de medio adarme.

PESANTEZ. (De *pesante*.) f. Gravedad, propiedad por la cual los cuerpos propenden a dirigirse al centro de la Tierra. ‖ *Astron.* La pesantez en la sup. de un astro depende de la masa y del radio del mismo. En la Luna la pesantez es seis veces menor que en la Tierra y en Marte cerca de tres veces menor.

PESAR. al. **Leid; Kummer.** fr. **Regret.** ingl. **Sorrow.** ital. **Dispiacere.** port. **Pesar.** (De *pesar*, infinit.) m. Sentimiento o dolor interior que molesta y deprime el ánimo. ‖ Dicho o hecho que ocasiona sentimiento o disgusto. ‖ Arrepentimiento o dolor de los pecados o de otra cosa mal hecha. ‖ **A pesar.** m. adv. Contra la voluntad o gusto de las personas y, por extensión, contra la fuerza de las cosas; no obstante. Pide la preposición *de* cuando la voz que le sigue no es un pronombre posesivo. *Lo haré a*

PESAR *tuyo;* DE *cuantos se opongan;* DEL *aprecio que te tengo;* DE *no tener recursos.* || IDEAS AFINES: *Contrito, compungido, remordimiento, llorar, quejarse.*

PESAR. al. **Wiegen.** fr. **Peser.** ingl. **To weigh.** ital. **Pesare.** port. **Pesar.** (Del lat. *pensare.*) intr. Tener gravedad o peso. || Tener mucho peso. || fig. Tener una cosa estimación o valor. || Ocasionar dolor o arrepentimiento un hecho o dicho. Ú. sólo en las terceras personas con los pronombres *me, te, se, le,* etc. *Me* PESA *haberte ofendido.* || Hacer fuerza en el ánimo la razón o el motivo de una cosa. || tr. Determinar el peso de una cosa por medio de una balanza u otro instrumento. PESAR *el equipaje.* || fig. Examinar con atención las razones de una cosa para juzgar sobre ellas. PESE *el pro y el contra.* || *Col.* y *Ven.* Vender carne para el abasto común. || **Mal que** me, te, le, nos, os, les, **pese.** loc. adv. **Mal de** mi, **de** tu, **de** su, **de** nuestro, **de** vuestro **grado.** || **Pese a quien pese.** frs. fig. A todo trance, a pesar de todos los obstáculos.

PESARIO. (Del lat. *pessárium;* de *péssum,* tapón.) m. Aparato que se pone en la vagina para corregir el descenso de la matriz.

PESARO. *Geog.* Ciudad de Italia, capital de la prov. de Pesaro y Urbino, a orillas del Adriático, 90.000 h. Cerámica. || **– y Urbino.** Prov. de Italia (Marcas). 2.893 km^2. 331.000 h. Cap. PESARO.

PESAROSO, SA. (De *pesar,* sentimiento.) adj. Arrepentido de lo que se ha dicho o hecho. *Lo vi* PESAROSO *de no haberte complacido.* || Que por causa ajena tiene pesadumbre.

PESCA. al. **Fischfang.** fr. **Pêche.** ingl. **Fishing.** ital. **Pesca.** port. **Pesca.** f. Acción y efecto de pescar. || Oficio y arte de pescar. *La* PESCA *marítima es muy intensa en Canadá.* || Lo que se pesca o se ha pescado. || **– costera.** La que se efectúa por embarcaciones de tamaño medio a una distancia máxima de sesenta millas del litoral. || **– de altura.** La que se efectúa en aguas relativamente cerca del litoral. || **– de bajura.** La que se efectúa por pequeñas embarcaciones en las proximidades de la costa. || **– de gran altura.** La que se efectúa en aguas muy retiradas en cualquier lugar del océano. || **– litoral. Pesca costera.**

PESCADA. f. Merluza. || En algunas partes, cecial.

PESCADERÍA. (De *pescadero.*) f. Lugar, puesto o tienda donde se vende pescado.

PESCADERO, RA. (Del lat. *piscatorius.*) s. Persona que vende pescado, especialmente por menor.

PESCADILLA. (De *pescada.*) f. Pez semejante a la merluza, pero más pequeño.

PESCADO. al. **Fisch.** fr. **Poisson.** ingl. **Fish.** ital. **Pesce.** port. **Pescado.** (Del lat. *piscatus.*) m. Pez sacado del agua por cualquier procedimiento de pesca, y especialmente el que es comestible. || Abadejo salado.

PESCADOR, RA. al. **Fischer.** fr. **Pêcheur.** ingl. **Fisherman.** ital. **Pescatore.** port. **Pescador.** (Del lat. *piscátor.*) adj. y s. Que pesca. *Los bretones son* PESCADORES. || V. **Martín pescador.** || m. Pejesapo.

PESCADORES. *Geog.* Archipiélago del mar de la China, sit. al oeste de la isla de Formosa. Está formado por 64 islotes, con un total de 127 km^2 y 120.000 h. Cap. MAKUNG. Los japoneses lo ocuparon desde 1895 hasta 1945, fecha en que fue devuelto a China.

PESCANTE. (De *pescar,* por semejanza.) m. Pieza saliente de madera o hierro sujeta a una pared, a un poste o al costado de un buque, etc., y que se usa para sostener o colgar de ella alguna cosa. || En los coches, asiento exterior desde donde el cochero guía las mulas o caballos. || Delantera del vehículo automóvil desde donde lo dirige el conductor. || En los teatros, tramoya que se emplea en el escenario para hacer bajar o subir personas o figuras.

PESCAR. al. **Fischen.** fr. **Pêcher.** ingl. **To fish.** ital. **Pescare.** port. **Pescar.** (Del lat. *piscari.*) tr. Coger con redes, cañas, etc., peces, mariscos y otros animales acuáticos. *En el litoral chileno se* PESCAN *langostas y cangrejos.* || fig. y fam. Coger, agarrar cualquier cosa. PESCÓ *un resfrío.* || Coger a alguno en las palabras o en los hechos, cuando no lo esperaba, o sin prevención. *Lo* PESCARON *robando.* || Lograr astutamente algo que se pretendía. || *Mar.* Sacar algo del fondo de las aguas.

PESCARA. *Geog.* Provincia de Italia (Abruzos y Molise). 1.225 km^2. 246.000 h. Cap. hom. 72.000 h. Siderurgia.

PESCOCEAR. tr. *Amér.* Dar pescozadas.

PESCOZADA. f. Pescozón.

PESCOZÓN. m. Golpe dado con la mano en el pescuezo o en la cabeza.

PESCOZUDO, DA. adj. De pescuezo muy grueso.

PESCUDA. (De *pescudar.*) f. Pregunta.

PESCUDAR. (Del lat. *perscrutare,* indagar.) tr. Preguntar.

PESCUEZO. al. **Genick; Nacken.** fr. **Cou.** ingl. **Neck.** ital. **Collottola; cervice.** port. **Pescoço.** (Como el port. *pescoço,* del lat. *post,* después, y tal vez un deriv. de *coca,* cabeza.) m. Parte del cuerpo del animal desde la nuca hasta el tronco. || fig. Altanería, soberbia. *Tener* PESCUEZO; *sacar el* PESCUEZO. || **Andar al pescuezo.** frs. fig. y fam. Andar a golpes. || **Apretar,** o **estirar,** a uno **el pescuezo.** frs. fig. y fam. Ahorcarle. || **Torcer el pescuezo.** frs. fam. Matar un ave retorciéndole el **pescuezo.** || **Torcer** a uno **el pescuezo.** frs. fig. y fam. Matarlo ahorcándolo o con otra muerte parecida. || IDEAS AFINES: *Cuello, collar, gorguera, corbata, pescozón, gaznate, buche, collera, dogal, bufanda, laringe, garganta, nuez, bocio.*

PESCUÑO. (Del lat. *post,* detrás, y *cuneus,* cuña.) m. Cuña gruesa y larga, para apretar la esteva, reja y dental de la cama del arado.

PESEBRE. al. **Krippe.** fr. **Crèche.** ingl. **Crib.** ital. **Presepio; presepe.** port. **Presépio.** (Del lat. *praesepe.*) m. Especie de cajón donde comen las bestias. || Lugar destinado para este fin. *El* PESEBRE *de Belén.* || Cúmulo de estrellas situadas en la constelación del Cangrejo. || IDEAS AFINES: *Caballeriza, pienso, heno, paja, abrevadero, Navidad, nacimiento.*

PESEBREJO. m. dim. de **Pesebre.** || Cada alvéolo de las quijadas de las caballerías.

PESEBRERA. f. Disposición de los pesebres en las caballerizas. || Conjunto de ellos.

PESEBRÓN. (aum. de *pesebre.*) m. Cajón en el suelo de los coches, donde se asientan los pies. || En los calesines y calesas, el mismo suelo.

PESETA. (dim. de *peso,* moneda.) f. Moneda de plata, unidad monetaria de España. || adj. *Cuba.* Majadero. || **Cambiar la peseta.** frs. fig. y fam. Vomitar por mareo o ebriedad.

PÉSETE. (3ª pers. de sing. del pres. de subj. del verbo *pesar* y el pron. *te.*) m. Especie de juramento o maldición. Llámase así por explicarse con esta voz el deseo de que ocurra algo malo.

PESETERO, RA. adj. desp. Dícese de lo que vale una peseta. || *Amér.* Gorrón. || *Cuba.* Tacaño, ruin.

PESGUA. f. *Ven.* Árbol semejante al madroño, de hojas aromáticas.

PESHAWAR. *Geog.* Ciudad del Pakistán, capital de la prov. de Frontera del Noroeste. 340.000 h. Tapices, orfebrería. Centro militar y comercial.

¡PESIA! (Contrac. de *pese a;* de *pesar,* infinit.) int. de desazón o enfado. || **¡Pesia tal!.** int. **¡Pesia!**

PESIAR. (De *pesia.*) intr. Echar maldiciones y reniegos. sinón.: **maldecir, renegar.**

PESILLO. m. dim. de **Peso.** || Balanza pequeña y muy exacta que se utiliza para pesar monedas.

PÉSIMAMENTE. adv. m. Muy mal, del modo peor.

PESIMISMO. al. **Pessimismus.** fr. **Pessimisme.** ingl. **Pessimism.** ital. **Pessimismo.** port. **Pessimismo.** (De *pésimo.*) m. Sistema filosófico opuesto al optimismo, consistente en considerar al Universo como integrado por la suma de todas las cosas que consideramos peores. || Propensión a considerar todo desde el lado más desfavorable. *El* PESIMISMO *no ayuda a vivir.*

PESIMISTA. adj. Que profesa el pesimismo. antón.: **optimista.** || Que ve y juzga las cosas por el lado más desfavorable. Ú.t.c.s. *Pronóstico* PESIMISTA.

PÉSIMO, MA. al. **Äusserst schlecht.** fr. **Très mauvais.** ingl. **Very bad.** ital. **Pessimo.** port. **Péssimo.** (Del lat. *péssimus.*) adj. super. de **Malo.** Sumamente malo. *Conducta* PÉSIMA; antón.: **óptimo.**

PESO. al. **Gewicht; Last.** fr. **Poids.** ingl. **Weight.** ital. **Peso.** port. **Peso.** (Del lat. *pénsum.*) m. Pesantez. || Fuerza de gravitación ejercida sobre una materia. || El que por ley o convenio debe tener una cosa. *Dar buen* PESO. || El de la pesa o conjunto de pesas que se precisan para equilibrar en la balanza determinado cuerpo. || **Pesa del reloj.** || Objeto pesado que sirve para hacer presión o para equilibrar una carga. || **Peso duro.** || Moneda imaginaria que se suponía valer 15 reales de vellón. || Moneda de plata que sirve de unidad monetaria en varios países americanos y que en el uso corriente se substituye por papel moneda. || Balanza u otro utensilio para pesar. || fig. Substancia e importancia de una cosa. || Fuerza y eficacia de las cosas inmateriales. *Una opinión de* PESO. || Carga que uno tiene a su cuidado. *El* PESO *de la familia.* || Abundancia de humores en una parte del cuerpo. || fig. Pesadumbre, dolor, disgusto, preocupación. || **– atómico.** *Quím.* Número o coeficiente del átomo de un elemento que se establece tomando al oxígeno como cuerpo básico y atribuyéndole el número proporcional 16. || **– bruto.** El total, inclusa la tara. || **– corrido. Peso** algo mayor que el justo. || **– de cruz.** La balanza de brazos iguales. || **– duro.** Moneda de plata de peso de una onza y que valía ocho reales fuertes o 20 de vellón. || Duro, moneda de cinco **pesetas.** || **– específico.** *Fís.* El de un cuerpo comparado con el de otro del mismo volumen tomado como unidad. || **– fuerte. Peso duro.** || **– molecular.** *Quím.* Suma de los **pesos** atómicos de los átomos que constituyen la molécula. || **– neto.** El que resta del peso bruto, descontada la tara. || **A peso de dinero, oro,** o **plata.** m. adv. fig. A precio exorbitante. || **Caerse** una cosa **de su peso.** frs. fig. con que se denota la evidencia de su verdad. || **De peso.** loc. Con el **peso** cabal que debe tener una cosa por su ley. || fig. Dícese de la persona juiciosa y sensata. || **De su peso.** m. adv. Naturalmente o de su propio movimiento. || **En peso.** m. adv. En el aire, o descansando sobre el cuerpo de la persona o cosa que lo sostiene. || IDEAS AFINES: *Lastre, oneroso, macizo, agobiar, aplastar, prensar, sopesar, imponderable, recargo, gravamen, báscula, kilogramo, plomada, reloj, contrapeso.*

PÉSOL. (Del cat. *pesol,* dim. del lat. *písum.*) m. Guisante.

PESPUNTAR. tr. Coser o labrar de pespunte, o hacer pespunte. PESPUNTAR *un ruedo.* || deriv.: **pespuntador, ra.**

PESPUNTE. al. **Steppnaht.** fr. **Piqure.** ingl. **Bachstitching.** ital. **Trapunto.** port. **Pesponto.** (Del lat. *post,* después, detrás, y *punctus,* punto.) m. Labor de costura, con puntadas unidas, en que se vuelve atrás la aguja después de cada punto, para meter la hebra por donde pasó antes. || **Medio pespunte.** Labor que se hace dejando la mitad de los hilos que se habían de coger en cada puntada, de modo que entre **pespunte** y **pespunte** queden tantos hilos de hueco como lleva cada puntada.

PESPUNTEAR. (De *pespunte.*) tr. Pespuntar.

PESQUERA. (Del lat. *piscaria.*) f. Lugar donde se pesca frecuentemente.

PESQUERÍA. (De *pesquera.*) f. Trato o ejercicio de los pescadores. || Acción de pescar. || Pesquera. PESQUERÍA *de arenque.*

PESQUERO, RA. adj. Que pesca. Aplícase a las embarcaciones y a las industrias relacionadas con la pesca. Ú.t.c.s.m.

PESQUIS. (De *pesquisar.*) m. fam. Cacumen, perspicacia, agudeza.

PESQUISA. al. **Nachforschung.** fr. **Perquisition.** ingl. **Inquiry.** ital. **Perquisizione.** port. **Pesquisa.** (Del lat. *perquisítum,* supino de *perquírere,* indagar.) f. Indagación que se hace de una cosa para averiguar la realidad de ella o sus circunstancias. *La* PESQUISA *de un robo;* sinón.: **investigación.** || m *Arg.* y *Ec.* Agente de policía secreta. sinón.: **pesquisante.** || IDEAS AFINES: *Detective, allanamiento, detenido, incomunicación, careo, sumario, descubrir, delito, móvil, culpable, novela policial.*

PESQUISANTE. p. a. de **Pesquisar.** Que pesquisa. Ú.t.c.s.

PESQUISAR. tr. Hacer pesquisa de una cosa. sinón.: **investigar, pesquirir.**

PESQUISIDOR, RA. (Del lat. *pesquisítor.*) adj. y s. Que pesquisa. sinón.: **pesquisante.**

PESSOA, Epitacio. *Biog.* Est. y jurisc. brasileño, de 1919 a 1923 presid. de la Rep. Publicó *Código de derecho internacional público; Sentencias extranjeras; Por la verdad,* etc. (1865-1942).

PEST. *Geog.* V. **Budapest.**

PESTALOZZI, Juan Enrique. *Biog.* Pedagogo suizo, apóstol de la educación popular. Su sistema de enseñanza, basado en la libre percepción que resulta de la observación, está expuesto en sus libros: *Cómo Gertrudis enseña a sus hijos; Leonardo y Gertrudis; El libro de las madres,* etc. (1746-1827).

PESTAÑA. al. **Wimper.** fr. **Cil.** ingl. **Eyelash.** ital. **Ciglio.** port. **Pestana.** f. Cada uno de los pelos que hay en los bordes de los párpados. || Adorno estrecho que se coloca al canto de las telas o vestidos, de fleco, encaje, etc., que sobresale algo. || Orilla del lienzo, que dejan las costureras para que no se vayan los hilos en la costura. || Parte saliente y estrecha en el borde de alguna cosa; como en la llanta de una rueda de locomotora, en la orilla de un papel, etc. || pl. *Bot.* Pelos rígidos que se hallan en el borde de dos superficies opuestas. || **No mover pestaña.** frs. fig. No pestañear. || **No pegar pestaña.** frs. fig. y fam. **No pegar ojo.** || **Quemarse** uno **las pestañas.** m. adv. fig. y fam. Estudiar o escribir largamente en las horas nocturnas.

PESTAÑEAR. al. **Blinzeln.** fr. **Clignoter.** ingl. **To blink.** ital. **Battere i cigli.** port. **Pestanejar.** intr. Mover los párpados. || fig. Tener vida. || **No pestañear. Sin pestañear.** frs. fig. que denotan la suma atención con que se mira una cosa, o la serenidad con que se afronta un peligro inesperado.

PESTAÑEO. m. Movimiento rápido y repetido de los párpados.

PESTAÑOSO, SA. adj. De pestañas grandes. || Que tiene pestañas, como ciertas plantas.

PESTE. al. **Pest.** fr. **Peste.** ingl. **Pest.** ital. **Peste.** port. **Peste.** (Del lat. *pestis.*) f. Enfermedad contagiosa que causa gran mortandad. || Por ext., cualquiera enfermedad que ocasiona gran mortandad. sinón.: **epidemia.** || Mal olor. || fig. Cualquier cosa mala o de mala calidad, o que puede causar daño grave. || Corrupción de las costumbres por la ruina escandalosa que causan. || fig. y fam. Excesiva abundancia de cosas en cualquier línea. || pl. Palabras de enojo o amenaza. *Echar* PESTES. || **Peste bubónica,** o **levantina.** *Pat.* Enfermedad infecciosa epidémica y febril, provocada por el bacilo de Yersin-Kitasato, que se caracteriza por bubones en diversas partes del cuerpo y que produce con frecuencia la muerte. Se llama **levantina** por haber provenido generalmente de los países orientales. || **Decir,** o **hablar, pestes** de una persona. frs. fig. y fam. Hablar mal de ella. || IDEAS AFINES: *Azote, flagelo, calamidad, apocalipsis, pestífero, deletéreo, viruela, cólera, rata, pulga, cordón sanitario, cuarentena.*

● **PESTE BUBÓNICA.** *Med.* Enfermedad epidémica febril muy aguda, que se caracteriza por la aparición del infarto ganglionar localizado y una alteración profunda del estado general del organismo, de la **peste bubónica** se tienen referencias desde muy antiguos tiempos. Según la biblia fue una de las diez plagas que Jehová lanzó sobre Egipto y además existen confusos datos de que azotó a Europa y a África muchos siglos antes de Cristo. Sin embargo, comenzó a ser realmente conocida en la Edad Media y en el s. XIV se extendió durante siete años por Asia y Europa. A partir del s. XVIII, como consecuencia de las medidas de aislamiento, la **peste bubónica** sólo se manifestó con carácter endémico en ciertas zonas. En China, India y Arabia se registraron epidemias que alcanzaron gran difusión. El agente causal es un bacilo descubierto por Alejandro Yersin, conocido por su nombre y que es un pequeño bastoncito de extremidades redondeadas, de uno a dos micrones de largo. Las epidemias de **peste bubónica** están precedidas de epizootias en las ratas; las pulgas infectadas de las ratas moribundas o muertas emigran al hombre y depositan en su piel el germen de la enfermedad. Hasta no hace mucho tiempo la mortalidad por **peste bubónica** era casi total. Recientemente, las sulfamidas la redujeron a un 20% y finalmente, con la estreptomicina y otros antibióticos, el porcentaje es mucho menor aún.

PESTE, La. *Lit.* Novela de Alberto Camus publicada en 1947. Su tema refleja angustiosamente la ocupación alemana en Francia y es al mismo tiempo un pretexto para describir con agudeza la condición humana. De ella tomó el autor la idea de su drama teatral *Estado de sitio.*

PESTEL. *Geog.* Población de Haití, en el dep. del Sur. 7.000 h.

PESTÍFERO, RA. (Del lat. *péstifer, -eri;* de *pestis,* peste, y *ferre,* llevar.) adj. Que puede causar peste o daño grave, o que es muy malo en su línea. *Las ratas son* PESTÍFERAS. ‖ De muy mal olor. sinón.: **fétido, hediondo.** ‖ deriv.: **pestíferamente.**

PESTILENCIA. (Del lat. *pestilentia.*) f. Peste.

PESTILENCIAL. adj. Pestífero. ‖ deriv.: **pestilencialmente.**

PESTILENCIOSO, SA. (Del lat. *pestilentiosus.*) adj. Perteneciente a la pestilencia.

PESTILENTE. (Del lat. *péstilens, -entis.*) adj. Pestífero. *El ácido sulfhídrico es* PESTILENTE.

PESTILLO. al. **Riegel.** fr. **Targette.** ingl. **Bolt of a lock.** ital. **Stangetta.** port. **Pestilo.** (Del b. lat. *pistillum,* por el clásico *péssulum.*) m. Pasador con que se asegura una puerta, corriéndolo a modo de cerrojo. ‖ Pieza prismática que, por la acción de la llave o a impulso de un muelle, sale de la cerradura y entra en el cerradero. ‖ fig. *P. Rico.* Novio, cortejador, festejante. ‖ – **de golpe.** El de algunas cerraduras, colocado de manera que, dando un golpe a la puerta, queda cerrada y no se puede abrir sin llave. sinón.: **Picaporte.**

PESTIÑO. (Del lat. *pistus,* majado, batido.) m. Fruta de sartén, hecha con porciones pequeñas de masa de harina y huevos batidos, que, después de fritas en aceite, se bañan con miel.

PESTOREJAZO. m. Pestorejón.

PESTOREJO. (Del lat. *post aurículam,* detrás de la oreja.) m. Cerviguillo.

PESTOREJÓN. m. Golpe dado en el pestorejo.

PESUÑA. (Del lat. *pes, pedis,* pie y *úngula,* uña.) f. Pezuña.

PESUÑO. (De *pesuña.*) m. Cada uno de los dedos, con su uña, de los animales de pata hendida.

PETACA. (Del mex. *petlacali,* sera o baúl.) f. Arca de distintos materiales que aún se usa en América para llevar equipajes sobre las caballerías. ‖ Estuche de cuero, metal, etc., para llevar cigarros o tabaco picado. ‖ *Méx.* Maleta.

PÉTAIN, Enrique Felipe Omar. *Biog.* Militar fr., defensor de Verdún y generalísimo de las tropas francesas en las postrimerías de la primera Guerra Mundial. Jefe de Estado durante la ocupación alemana –1940 a 1944– fue condenado a muerte acusado de colaboracionista al terminar la guerra, pena que luego se conmutó por la de prisión perpetua (1856-1951).

PETALISMO. (Del gr. *petalismós,* de *petalizo,* desterrar; de *pétalon,* hoja, por escribirse el voto en una hoja de olivo.) m. Especie de destierro usado entre los siracusanos.

PÉTALO. al. **Blumenblatt.** fr. **Pétale.** ingl. **Petal.** ital. **Petalo.** port. **Pétala.** (Del gr. *pétalon,* hoja.) m. *Bot.* Cada una de las hojas que forman la corola de la flor. ‖ IDEAS AFINES: *Sépalo, cáliz, bráctea, verticilos, deshojar, marchitar, color, perfume, capullo, florecer.*

PETALOIDEO, A. (Del gr. *pétalon,* pétalo y *eidos,* forma, aspecto.) adj. *Bot.* Aplícase a una pieza floral cuando su forma y aspecto tienen semejanza con los de un pétalo.

PETANQUE. m. *Min.* Mineral de plata nativa.

PETAQUITA. f. *Col.* Enredadera de flores rosadas.

PETAR. tr. fam. Agradar, complacer.

PETARDEAR. tr. *Mil.* Batir una puerta con petardos. ‖ fig. Estafar, pedir algo de prestado con intenciones de no devolverlo.

PETARDERO. m. *Mil.* Soldado que aplica y dispara el petardo. ‖ fig. Petardista.

PETARDISTA. com. Persona que estafa o pega petardos.

PETARDO. al. **Petarde; Feuerwerkskörper.** fr. **Pétard.** ingl. **Petard.** ital. **Petardo.** port. **Petardo.** (Del ital. *petardo;* de *peto,* pedo.) m. *Mil.* Morterete que, asegurado en una plancha de bronce, se pone a una puerta después de cargado, y se le prende fuego para que salte con la explosión. ‖ Hueso, cañuto o cosa parecida, que se llena de pólvora para que prendiéndole fuego, produzca una gran detonación. ‖ fig. Engaño, petición de una cosa con intención de no volverla. ‖ **Pegar un petardo** a uno. frs. fig. y fam. Pedirle dinero prestado y no volvérselo, o cometer cualquier otro engaño semejante.

PETARE. *Geog.* Población de Venezuela (Miranda). 5.000 h. Agricultura.

PETASO. (Del gr. *pétasos.*) m. Sombrero de copa baja y alas anchas que usaban griegos y romanos.

PETATE. (Del mex., *petlatl,* estera.) m. Esterilla de palma, que en los países cálidos se usa para dormir sobre ella. ‖ Lío de la cama, y la ropa del marinero, del soldado en el cuartel y del penado en su prisión. ‖ fam. Equipaje de cualquiera persona que va a bordo. ‖ fig. y fam. Hombre embustero y estafador. ‖ Hombre despreciable. ‖ **Liar uno el petate.** frs. fig. y fam. Mudar de vivienda, y en especial cuando es despedido. ‖ Morir.

PETCHILÍ. *Geog.* Golfo que forma el mar Amarillo en las costas de China septentrional.

PETCHORA. *Geog.* Río de la U.R.S.S. en Rusia europea. Nace en los Urales y des. en el mar de Barentz. 1.600 km.

PETÉN, El. *Geog.* V. **El Petén.**

PETENERA. f. Aire popular andaluz parecido a la malagueña, con que se cantan coplas de cuatro versos octosílabos. ‖ **Salir por peteneras.** frs. fig. y fam. Hacer o decir algo fuera de propósito.

PETEQUIA. (Del gr. *pittakia,* pl. de *pittakion,* emplasto.) f. *Pat.* Mancha roja o violácea, plana, que no desaparece por la presión, debida a la extravasación sanguínea. Se observa en enfermedades agudas, generalmente graves.

PETEQUIAL. adj. Referente a la petequia. ‖ Que tiene petequias.

PETERA. f. fam. Pelotera. ‖ fam. Obstinación en la expresión de algún deseo, y especialmente rabieta en los niños porfiados.

PETEREBÍ. m. Peteribí.

PETERETES. (De *petar.*) m. pl. Golosinas.

PETERIBÍ. m. Árbol del Paraguay y N.E. de la Argentina, cuya madera es muy usada en ebanistería y para la construcción. Sus hojas tienen propiedades medicinales.

PETEROA. *Geog.* Volcán activo de los Andes, entre la prov. chilena de Curicó y la argentina de Mendoza. 4.135 m.

PETICANO. (De *peticanon.*) m. Carácter de letra de veintiséis puntos.

PETICANON. (Del fr. *petit canon.*) m. *Impr.* Peticano.

PETICIÓN. al. **Bitte; Ansuchen.** fr. **Demande.** ingl. **Petition.** ital. **Petizione.** port. **Petição.** (Del lat. *petitio, -onis.*) f. Acción de pedir. *Escuchar una* PETICIÓN; sinón.: **demanda, pedido.** ‖ Cláusula en que se pide. ‖ *Der.* Pedimento. ‖ – **de principio.** *Lóg.* Razonamiento vicioso, consistente en dar por cierto lo que se quiere probar.

PETICIONARIO, RIA. (De *petición.*) adj. y s. Que pide oficialmente algo.

PETIFOQUE. (Del fr. *petit foc.*) m. *Mar.* Foque más pequeño que el principal y de lona más delgada.

PETIGRIS. (Del fr. *petit-gris.*) m. Ardilla común. Es nombre que sólo se emplea en el comercio de pieles.

PETILLO. (dim. de *peto.*) m. Pedazo de tela de figura triangular que las mujeres se ponían como adorno delante del pecho. ‖ Joya de igual figura.

PETIMETRE, TRA. al. **Geck.** fr. **Petit-maître.** ingl. **Beau.** ital. **Bellimbusto.** port. **Peralvilho.** (Del fr. *petit-maître.* pequeño señor, señorito.) s. Persona que cuida excesivamente de su compostura. sinón.: **currutaco, lechugino.**

PÉTION, Alejandro Sabes. *Biog.* Pol. y militar haitiano, elegido presid. de la Nación en 1806 y 1812. Al ser elegido por tercera vez, en 1816, fue nombrado presid. a perpetuidad (1770-1818). ‖ – **DE VILLENEUVE, Jerónimo.** Revolucionario fr.; orador elocuente, fue presid. de la Asamblea Nacional de 1790 (1756-1794).

PÉTIONVILLE. *Geog.* Ciudad de Haití, en el dep. del Oeste. 40.000 h. Centro de turismo.

PETIRIBÍ. m. Peteribí.

PETIRROJO. al. **Rotkehlchen.** fr. **Rouge-gorge.** ingl. **Robin.** ital. **Pettirosso.** port. **Pintarroxo.** m. Pájaro europeo de color pardo verdoso, cuello, garganta y pecho rojos y el resto blanco brillante. *Erithacus rubecula,* túrdido.

PETISO, SA. adj. *Amér.* Aplícase a la persona de baja estatura. Ú.t.c.s. ‖ Dícese del caballo de poca alzada. Ú.m.c.s.

PETIT, Alejandro. *Biog.* Físico fr. que estudió la dilatación de los líquidos y estableció la ley de los pesos atómicos que lleva su nombre (1791-1870). ‖ – **Magdalena.** Escritora chilena (1903-1968), autora de *Los Pincheira; Portales; Kimera-land,* etc. ‖ – **DE MURAT, Ulises.** Poeta y novelista arg., autor de *Marea de lágrimas; Aprendizaje de la soledad; El balcón hacia la muerte,* etc. (n. 1907).

PETIT GOAVE. *Geog.* Ciudad de Haití, en el dep. del Oeste. 42.000 h.

PETITORIA. (Del lat. *petitoria,* t. f. de *-rius,* petitorio.) f. fam. Petición.

PETITORIO, RIA. (Del lat. *petitorius.*) adj. Perteneciente o relativo a petición o que la contiene. ‖ m. fam. Petición impertinente. ‖ *Farm.* Cuaderno impreso de los medicamentos simples y compuestos que deben tener las farmacias.

PETIZO, ZA. adj. y s. *Amér.* Petiso.

PETO. (Del lat. *pectus,* pecho.) m. Armadura del pecho. ‖ Vestidura que se coloca en el pecho para entallarse. ‖ Parte opuesta a la pala y en la otra parte del ojo, afilada o sin afilar, que tienen algunas herramientas; como el hacha y el azadón. ‖ *Bol.* Avispa melera. ‖ *Cuba.* Pez grande, comestible, de color azul por el lomo y pálido por el vientre. ‖ *Zool.* Parte inferior de la coraza de los quelonios.

PETÖFI, Sandor Alejandro. *Biog.* Poeta nac. húngaro, renovador de la lírica magiar. Sus cantos patrióticos dieron la señal de la revolución húngara; publicó además *El héroe Juan; Cantos del pasado,* etc. (1823-1849).

PETRA. (Del arauc. *putha.*) f. *Chile.* m. Planta mirtácea de unos tres metros de alto, de hojas anchas, elípticas, muy variables, y flores blancas. La baya es negra, parecida a la del arrayán, comestible y de sabor agradable.

PETRAL. (Del lat. *pectorale.*) m. Correa que, asida a la silla de montar, ciñe y rodea el pecho de la cabalgadura.

PETRARCA, Francisco. *Biog.* Poeta ital., erudito, historiador y humanista. Gran figura del Renacimiento ital., ejerció poderosa influencia sobre las culturas nac. europeas de la época. Lírico por excelencia, profundo conocedor de los clásicos y de Platón, maestro y artífice del estilo, prestó a la naciente lengua italiana, como ya lo hiciera Dante, todo el brillo que necesitaba para adquirir jerarquía lit. Muchos de sus poemas están dedicados a Laura de Noves (1308-1348), célebre por su belleza, a quien amó en silencio. Petrarca fue coronado, en 1341, en el Capitolio romano, como el mayor poeta viviente de su país. Obras: *Cancionero; África; De viris ilustribus,* etc. (1304-1374).

PETRARIA. (Del lat. *petra,* piedra.) f. Balista.

PETRARQUESCO, CA. adj. Propio y característico de Petrarca. ‖ Semejante a cualquiera de las dotes que distinguen a este célebre poeta.

PETRARQUISMO. m. Escuela o estilo poético de Petrarca.

PETRARQUISTA. adj. y s. Admirador o imitador de Petrarca.

PETREL. (Del lat. *Petrus,* por alusión a San Pedro andando sobre las aguas.) m. Ave palmípeda de plumaje pardo negruzco, muy voladora, común en todos los mares, donde se la ve a grandes distancias de la costa, nadando en las crestas de las olas, para coger los huevos de peces, moluscos y crustáceos, con que se alimenta.

PÉTREO, A. al. **Steinig.** fr. **Pétreux.** ingl. **Rocky; stony.** ital. **Petreo.** port. **Pétreo.** (Del lat. *petrus.*) adj. De piedra, roca o peñasco. ‖ Pedregoso. *Desierto* PÉTREO. ‖ De la calidad de la piedra.

PETRIFICACIÓN. (De *petrificar.*) f. Acción y efecto de petrificar o petrificarse. ‖ Transformación de las estructuras orgánicas como árboles, etc., en estructuras pétreas o minerales.

PETRIFICAR. al. **Versteinern.** fr. **Pétrifier.** ingl. **To petrify.** ital. **Petrificare.** port. **Petrificar.** tr. Convertir en piedra, dar a algo la dureza de ella. Ú.t.c.r. ‖ fig. Dejar a uno inmóvil de asombro. *Aquellos escaparates la* PETRIFICABAN; sinón.: **pasmar.** ‖ deriv.: **petrificador, ra; petrificante; petrífico, ca.**

PETROGRADO. *Geog.* V. **Leningrado.**

PETROGRAFÍA. (Del gr. *petra,* roca, y *grapho,* escribir.) f. Estudio, descripción y clasificación de las rocas. ‖ deriv.: **petrográfico, ca.**

PETROHUÉ. *Geog.* Río de Chile (Llanquihue), desagüe del lago Todos Santos. Desemboca en el fiordo de Reloncaví. 20 km.

PETROLEAR. tr. Pulverizar con petróleo alguna cosa. ‖ Bañar en petróleo alguna cosa. ‖ intr. Abastecerse de petróleo un buque.

PETRÓLEO. al. **Petroleum; Erdöl.** fr. **Pétrole.** ingl. **Petroleum.** ital. **Petroleo.** port. **Petróleo.** (Del b. lat. *petróleus,* y éste del lat. *petra,* piedra, y *óleum,* aceite.) m. Líquido oleoso más liviano que el agua, obscuro y de olor fuerte, que se halla nativo en lo interior de la tierra y suele formar grandes manantiales. Residuo de plantas y animales fósiles, es una mezcla de hidrocarburos y otros compuestos orgánicos. Por destilación fraccionada, el **petróleo** da diversos productos; tales son la nafta, aceites ligeros y pesados, vaselinas, parafinas, etc. Estos numerosos productos tienen muchas e importantes aplicaciones: combustibles, alumbrado, disolventes, insecticidas, lubricantes, fabricación de bujías, medicamentos, materias plásticas, caucho artificial, etc. *Estados Unidos es el primer productor mundial de* PETRÓLEO. ‖ IDEAS AFINES: *Yacimiento, pozo, torre, perforadora, extracción, manar, betún, petrolero, tanque, oleoducto, trépano, gasoil, nafta, bencina, lubricante.*

● **PETRÓLEO.** *Hist.* Este mineral bituminoso, producto de la transformación química de materias orgánicas, es conocido por el hombre desde tiempos inmemoriales. Así lo atestiguan las referencias bíblicas y las de notables escritores de la antigüedad; Herodoto, Estrabón, etc. En Babilonia y en Nínive, el **petróleo** fue usado como combustible y no solamente como tal, sino también como eficaz medicina, lo usaron árabes y hebreos; los egipcios lo emplearon también para embalsamar los cadáveres. En Bagdad era utilizado para el alumbrado y en las memorias de Marco Polo se cuenta que se trasladaba desde el Cáucaso, a lomo de camello. El **petróleo** en bruto fue requerido durante siglos como curativo de heridas y de afecciones cutáneas. La gran industria moderna del **petróleo** tiene, sin embargo, un origen relativamente reciente, ya que data del s. XIX, al iniciarse en 1858 la explotación de un pozo en Pensilvania; no obstante, la existencia de **petróleo** en América fue advertida en el s. XVII por un religioso franciscano, que la comprobó en el Estado de Nueva York. La distribución geográfica del **petróleo** corresponde a las grandes dislocaciones del suelo a lo largo de las cadenas montañosas plegadas: Apalaches, California, Cárpatos, Cáucaso, etc. Su explotación no es fácil y exige grandes capitales, pero con la utilización del **petróleo** en el motor de explosión, su extracción y consumo ha llegado a convertirse en un problema internacional, tanto en la guerra como en la paz. Ya en los últimos años del s. XIX, el **petróleo** fue un factor de primerísimo orden en la vida económica de las naciones; nacieron los poderosos grupos económicos cuya acción tendió a acaparar las principales fuentes productoras, y al iniciarse la primera Guerra Mundial se habló de la "guerra del **petróleo**", no sólo para significar su empleo en los medios de transporte por tierra, mar y aire, sino también porque en las zonas geográficas de influencia a que aspiraban las fuerzas en pugna, la existencia del **petróleo** jugaba un papel primordial. En la segunda Guerra Mundial y sobre todo con posterioridad a ella, vuelve a advertirse la importancia económica del **petróleo** en las diferencias que se plantean entre las naciones y en qué medida gravitan en los acontecimientos políticos mundiales, directa o indirectamente, las naciones que producen este mineral. Tal hecho ha sido evidente sobre todo a raíz de la guerra árabe-israelí cuyo teatro de operaciones comprende una estratégica zona de oleoductos que desde el golfo Pérsico llevan el **petróleo** al Mediterráneo. Esa guerra –que casi sin interrupción se libra desde 1948 hasta nuestros días– provocó una crisis económica de alcance universal cuando los Estados árabes decretaron el embargo de sus exportaciones de petróleo con destino a los Estados Unidos, Alemania, Francia, Gran Bretaña, Japón, etc., alegando que abastecían de armas a Israel o de otro modo lo apoyaban. Los árabes (especialmente Arabia Saudita, Kuwait, Irak, Libia) producen gran parte del tonelaje mundial del crudo disponible y lo utilizan como una carta de triunfo. El abrupto aumento de los precios por parte de los países productores del golfo Pérsico determinó un histórico receso en el conjunto de las naciones industriales superado finalmente a costa de estrictas restricciones al consumo. Los exportadores –en su mayoría árabes, como hemos visto, a excepción del Irán y Venezuela– repletaron sus arcas, pero todo el mundo sufrió las consecuencias, y la llamada "Crisis del petróleo" (1974-1975) estuvo a punto de desencadenar la Tercera Gran Guerra al agudizarse peligrosamente las fricciones entre las dos potencias supremas –Estados Unidos y la Unión Soviética– que en el Mediterráneo Oriental y en el mar Rojo siguen recelosamente las alternativas del drama en el Cercano Oriente. Según la estadística más reciente, los diez primeros países productores de petróleo son: Estados Unidos, Unión Soviética, Arabia Saudita, Venezuela, Kuwait, Irán, Irak, Libia, México e Indonesia. En América, se extraen cantidades apreciables en Canadá, Ecuador y Argentina, mientras que en África lo obtienen Nigeria, Argelia y Angola. Rumania es, después de la Unión Soviética, la única nación petrolera de Europa. Recientemente se ha registrado un incremento notable en la producción de China continental.

PETROLEOQUÍMICO, CA. adj. Dícese de la industria que utiliza el petróleo o el gas natural como materias primas para la obtención de productos químicos.

PETROLERO, RA. adj. Perteneciente o relativo al petróleo. ‖ Se dice del buque destinado al transporte de petróleo. Ú.t.c.s. ‖ Aplícase a quien, con fines subversivos, incendia o intenta incendiar por medio del petróleo. Ú.t.c.s. ‖ s. Persona que vende petróleo por menor.

PETROLÍFERO, RA. (De *petróleo*, y el lat. *ferre*, llevar.) adj. Que contiene petróleo. *Pozos* PETROLÍFEROS.

PETROLOGÍA. f. Petrografía. ‖ deriv.: **petrológico, ca.**

PETRONIO, Cayo. *Biog.* Escritor y poeta latino; describe en su *Satiricón* la corrupción de la sociedad de su época. Habiendo perdido el favor de Nerón se suicidó abriéndose las venas (s. I).

PETROPÁVLOVSK. *Geog.* Ciudad de la U.R.S.S., en Kazakstán. 184.000 h. Centro comercial.

PETRÓPOLIS. *Geog.* Ciudad del Brasil, en el Est. de Río de Janeiro. 75.000 h. Afamado lugar de veraneo.

PETROSO, SA. (Del lat. *petrosus.*) adj. Dícese del lugar muy pedregoso. ‖ *Anat.* Dícese de cierta porción del hueso temporal (el peñasco).

PETROZAVODSK. *Geog.* Ciudad de la Unión Soviética, capital de la antigua Rep. de Finocarelia. 195.000 h.

PETRUSHKA. *Mús.* Ballet, de Igor Stravinsky, drama danzante y burlesco de gran riqueza folklórica. Estrenado en 1911 por Sergio Diaghilev.

PETRUS IN CUNCTIS. (Liter., *Pedro en todo.*) loc. lat. con que se moteja al muy entremetido.

PETTIGREW, Jaime Bell. *Biog.* Fisiólogo ingl. cuyas teorías sobre el vuelo de aves e insectos tuvieron gran aplicación en la navegación aérea (1834-1908).

PETTORUTI, Emilio. *Biog.* Pintor arg. de vanguardia que, sin destruir la realidad, estiliza las figuras en un polifacetismo de exquisitas gamas tonales. Autor de *Luces en el paisaje*; *Arlequín*; *Pensierosa*, etc. (1894-1971).

PETULANCIA. al. **Anmassung.** fr. **Pétulance.** ingl. **Petulance.** ital. **Petulanza.** port. **Petulancia.** (Del lat. *petulantia.*) f. Insolencia, descaro. *Responder con* PETULANCIA; sinón.: **atrevimiento;** antón.: **modestia.** ‖ Presunción vana y ridícula, sinón.: **fatuidad, engreimiento.**

PETULANTE. adj. y s. Que tiene petulancia. ‖ deriv.: **petulantemente.**

PETUNIA. (De *petún*, nombre dado al tabaco en el Brasil.) f. Planta solanácea, muy ramosa, de hojas aovadas y enteras, flores grandes, de corola en embudo, olorosas y de color blanquecino.

PEUCÉDANO. (Del lat. *peucédannum*, y éste del gr. *peukédanon*; de *peukedanós*, amargo.) m. Servato.

PEUCO. (Del arauc. *peucu.*) m. *Chile.* Ave rapaz diurna, gris, semejante al gavilán. Aliméntase de pájaros y reptiles. ‖ – **blanco.** Ave rapaz, semejante al cernícalo.

PEUMO. (Del arauc. *pegu.*) m. *Chile.* Árbol grande, lauráceo, de hojas siempre verdes y medicinales y fruto ovalado, rojizo, de pulpa blanca y comestible.

PEUMO. *Geog.* Población de Chile (O'Higgins). 4.500 h. Centro agrícola.

PEYNADO, Jacinto B. *Biog.* Estadista dom.; de 1938 a 1940 presid. de la Rep. (1878-1940).

PEYORATIVO, VA. adj. Que empeora. Aplícase especialmente a los conceptos morales.

PEYROU, Manuel. *Biog.* Novelista arg., (1902-1974). autor de *La espada dormida; La noche repetida; El estruendo de las rosas*, etc.

PEZ. al. **Fisch.** fr. **Poisson.** ingl. **Fish.** ital. **Pesce.** port. **Peixe.** (Del ant. *pesce.*) m. Animal vertebrado, acuático, ovíparo, de sangre roja, corazón de una aurícula y un ventrículo, circulación sencilla y respiración branquial, piel comúnmente cubierta de escamas y extremidades llamadas aletas. ‖ Pescado de río. ‖ fig. Montón prolongado de trigo en la era, u otro cualquier bulto de igual forma. ‖ fig. y fam. Cosa que se consigue con utilidad y provecho, especialmente cuando ha costado mucho trabajo, con alusión a la pesca. *Caer el* PEZ. ‖ pl. *Astron.* Piscis. ‖ *Zool.* Clase de los **peces.** ‖ **Pez Austral.** *Astron.* Constelación muy notable que se halla debajo de Acuario. ‖ – **ballesta. Pez** plectognato, con la piel cubierta de escudetes, cuerpo deprimido y la primera dorsal con fuertes radios espinosos. ‖ – **de colores.** Parecido a la carpa, pero de colores vivos: rojo y dorado. Procede del Asia. ‖ – **del diablo.** Especie de gobio. ‖ – **de San Pedro.** Gallo, pez marino. ‖ – **emperador. Pez espada.** ‖ – **espada. Pez** marino, acantopterigio, que alcanza hasta cuatro metros de largo; de piel áspera, sin escamas, negruzca por el lomo y blanca por el vientre; cabeza apuntada, con la mandíbula superior en forma de espada de dos cortes como de un metro de longitud. Su carne es muy apreciada. ‖ – **luna. Pez** del Mediterráneo, de hasta un metro de longitud, con la piel lisa, plateada y fosforescente. ‖ – **martillo.** Cornudilla. ‖ – **mujer.** Manatí, mamífero pisciforme. ‖ – **reverso.** Rémora, **pez** acantopterigio. ‖ – **sierra.** Priste. ‖ – **volante.** Volador, **pez** marino de grandes aletas. ‖ *Astron.* Constelación austral cercana al polo antártico. ‖ **Estar uno como el pez en el agua.** frs. fig. y fam. Disfrutar comodidades. ‖ **Picar el pez.** frs. fig. y fam. Dejarse engañar una persona, cayendo incautamente en algún ardid que le ha sido preparado. ‖ Ganar el juego. ‖ IDEAS AFINES: *Ictiología, acuario, piscicultura, agallas, nadar, pescar, red, aparejo, arpón, sedal, anzuelo, carnada, redada, cardumen.*

PEZ. al. **Pech; Baumharz.** fr. **Bitume.** ingl. **Pitch; rosin.** ital. **Pece.** port. **Pez.** (De *pece*, 2º art.) f. Substancia resinosa, sólida, lustrosa, quebradiza y de color pardo amarillento, que se obtiene del residuo que deja la trementina al extraerle el aguarrás. ‖ Alhorre, caca. ‖ – **blanca,** o **de Borgoña.** Trementina desecada al aire. ‖ – **elástica.** Mineral parecido al asfalto, pero menos duro y bastante elástico. ‖ – **griega.** Colofonia. ‖ – **naval.** Mixto de diversos ingredientes, como son **pez** común, sebo de vacas, etc., diluidos al fuego. ‖ – **negra.** La que resulta al ser destiladas las trementinas impuras y es de color muy obscuro, por quedar mezclada con negro de humo.

PEZA, Juan de Dios. *Biog.* Literato y dramaturgo mex.; debe su fama a su obra poética tierna, intimista y hogareña: *Cantos del hogar; Hogar y Patria; Recuerdos y esperanzas*, etc. (1852-1910).

PEZET, Juan Antonio. *Biog.* Militar y estadista per., de actuación en las luchas por la independencia. De 1863 a 1865 presid. de su país (1810-1879).

PEZOA VÉLIZ, Carlos. *Biog.* Poeta chil. que expresó un mundo humilde con realismo y hondura, en *Alma chilena*; *Campanas de oro*, etc. (1879-1906).

PEZOLADA. (De *pezuelo.*) f. Porción de hilos sueltos sin tejer que se hallan en los principios y fines de las piezas de paño.

PEZÓN. al. **Brustwarze.** fr. **Mamelon.** ingl. **Nipple.** ital. **Capezzolo.** port. **Haste; mamilo.** (De un deriv. del lat. *pes, pedis*, pie.) m. Rabillo que sostiene la hoja, la flor, o el fruto en las plantas. ‖ Protuberancia terminal de los pechos o tetas de las hembras, por donde los hijos chupan la leche. ‖ Extremo del eje, sobresaliente de la rueda en los carruajes. ‖ Palo de determinada medida que se encaja perpendicularmente en el extremo del pértigo y en el cual se ata el yugo. ‖ En los molinos de papel, extremo y remate del árbol. ‖ fig. Punta o cabo de tierra o de cosas semejantes. ‖ Parte saliente de ciertas frutas, como el limón, llamada así por su semejanza con el **pezón** de las hembras.

PEZONERA. (De *pezón.*) f. Pieza metálica que atraviesa en los carruajes la punta del eje para que no se salga la rueda. ‖ Pieza redonda de metal, cristal o goma, hueca en el centro, que se ponen las mujeres para formar los pezones cuando crían.

PEZPALO. (De *pez*, animal, y *palo.*) m. Pejepalo.

PEZPITA. (De *pice picta*, manchada de negro.) f. Aguzanieves.

PEZPÍTALO. m. Pezpita.

PEZUELA, Joaquín de la. *Biog.* Militar esp., de 1816 a 1821 virrey del Perú. Combatió enérgicamente el movimiento emancipador (1761-1830). ‖ – **Manuel.** Político mex., de 1858 a 1859 presidente de la República. ‖ – **Y CEBALLOS, Juan Manuel de la.** Escritor esp., hijo de Joaquín; tradujo al cast. obras de Dante, Tasso y Ariosto; Autor de varias piezas teatrales. Desde 1877 hasta su muerte, dirigió la Real Academia Española (1809-1906).

PEZUELO. (Del lat. *petíolus*, de *pes*, pie.) m. Principio del lienzo, que es una especie de fleco de muchos hilos, en los que se va atando con un nudo cada hebra de las de la urdimbre de la tela que se va a tejer.

PEZUÑA. al. **Huf; Klave.** fr. **Sabot.** ingl. **Hoof.** ital. **Ugna; zoccolo.** port. **Pesunho.** (De *pezuña.*) f. Conjunto de los pesuños de una misma pata en los animales de pata hendida.

PFANDL, Luis. *Biog.* Historiador al. dedicado a estudios hispánicos: *Historia de la literatura española; Cultura y costumbres españolas en los siglos XVI y XVII*, etc. (1881-1942).

PFEIFFER, Ricardo. *Biog.* Médico al., autor de importantes estudios bacteriológicos y descubridor del bacilo que lleva su nombre (1858-1945).

PFORZHEIM. *Geog.* Ciudad de la Rep. Federal Alemana (Baden-Württemberg). 105.000 h. Trabajos en metales preciosos.

pH. (De *H*, hidrógeno, y *p*, coeficiente.) *Fís.* y *Quím.* Índice que fija el valor de la concentración de los iones de hidrógeno del líquido considerado. Si el **pH** es superior a 7, indica un medio básico; y si es inferior, un medio ácido.

PHI. (Del gr. *phi.*) f. Vigésima primera letra del alfabeto griego, que se pronuncia *fi.*

PHILIDOR DANICAN, Francisco Andrés. *Biog.* V. **Danican Philidor, Francisco Andrés.**

PHILIPPI, Carlos Luis. *Biog.* Escritor fr., observador penetrante de las vidas humildes. Publicó *Charles Blanchard; Recuerdos de infancia; Bubu de Montparnasse*, etc. (1874-1909).

PHILIPPI, Federico Enrique. *Biog.* Naturalista chil., autor de importantes trabajos sobre la fauna y flora de su país (1838-1911). ‖ – **Rodolfo Armando.** Naturalista al. residente en Chile, donde realizó notables estudios botánicos y paleontológicos. Autor de *Los fósiles de Chile* y otras obras especializadas (1808-1904).

PHOENIX. *Geog.* Ciudad de los EE. UU., capital del Est. de Arizona. 615.000 h. Centro agrícola ganadero.

PI. (Del gr. *pi.*) f. Decimosexta letra del alfabeto griego, equivalente a nuestra *p.* ‖ *Mat.* Símbolo π que indica la relación de la circunferencia a su diámetro (3,14159 . . .).

PIACENZA. *Geog.* Provincia de Italia (Emilia), 2.589 km². 299.000 h. Cap. hom. 76.000 h. Centro agrícola.

PIACHE. (Del gall. *tarde piache*, tarde piaste, que, según el cuento, dijo un soldado que al tragarse un huevo empollado oyó piar al polluelo.) Voz que sólo se emplea en la expresión familiar **tarde piache**, que significa que uno llegó tarde para lograr alguna cosa.

PIADA. f. Acción o modo de piar. ‖ fig. y fam. Expresión de uno, parecida a la que otro suele usar. *Juan tiene muchas* PIADAS *de su hermano.*

PIADOR, RA. adj. Que pía.

PIADOSAMENTE. adv. m. Misericordiosamente, con lástima y piedad. PIADOSAMENTE *le prestó ayuda*; sinón.: **compasivamente.** || Según la piedad y las creencias cristianas.

PIADOSO, SA. al. **Fromm.** fr. **Pieux.** ingl. **Pious.** ital. **Pietoso.** port. **Piedoso.** (Del lat. *pietosus.*) adj. Misericordioso, que se inclina a la piedad. *Obra* PIADOSA; sinón.: **caritativo, compasivo.** || Dícese de las cosas que producen compasión. || Religioso, devoto. *Parroquia* PIADOSA; antón.: **descreído.**

PIAFAR. (En fr. *piaffer.*) intr. Alzar el caballo, cuando está parado, ora una mano, ora la otra, dejándolas caer con fuerza. *El alazón* PIAFABA *de impaciencia.*

PIAL. m. *Amér.* Cordel, lazo o mangana.

PIALAR. tr. *Amér.* Apealar.

PIAMADRE o **PIAMÁTER.** (Del lat. *pía máter*, madre piadosa.) f. *Anat.* La más interior de las tres meninges.

PIAMENTE. adv. m. Piadosamente.

PIAMONTE. *Geog.* Región del N. O. de Italia. 25.408 km². 4.647.000 h. Comprende las prov. de Alejandría, Asti, Cuneo, Novara, Turín y Vercelli. Importantísima zona cerealista, ganadera e industrial.

PIAMONTÉS, SA. adj. Natural del Piamonte. Ú.t.c.s. || Perteneciente a esta región de Italia.

PIAN. m. *Pat.* Enfermedad tropical contagiosa que afecta principalmente a las razas de color. Se caracteriza por la presencia de pústulas ulcerosas.

PIANISTA. al. **Klavierspieler; Pianist.** fr. **Pianiste.** ingl. **Pianist.** ital. **Pianista.** port. **Pianista.** com. Fabricante de pianos. || Persona que los vende. || Persona que profesa o ejercita el arte de tocar dicho instrumento. *Liszt fue prodigioso* PIANISTA.

PIANÍSTICO, CA. adj. Perteneciente o relativo al piano. *Técnica* PIANÍSTICA.

PIANO. al. **Klavier.** fr. **Piano.** ingl. **Piano.** ital. **Pianoforte.** port. **Piano.** (Del ital. *piano*, dulce, suave, y éste del lat. *planus*, llano.) m. Instrumento musical de teclado, que actuando sobre cuerdas metálicas, mediante macillos, produce por percusión, el sonido. Los hay de formas y dimensiones diferentes; como los de cola, de media cola, verticales, etc. || **– de manubrio.** Organillo. || IDEAS AFINES: *Clavicordio, espineta, ébano, marfil, pedal, sordina, caja, octava, tocar, templar, afinador, orquesta, solista, concierto.*

● **PIANO.** *Mús.* El **piano** es el más moderno de los instrumentos de teclado y percusión, derivado del antiguo clavicordio. Su invención se atribuye al italiano Bartolomé Cristófori, que en 1711 habría construido el primer **piano**; con posterioridad fue objeto de diversos perfeccionamientos, especialmente en Francia, donde Sebastián Erard construyó el primer **piano** de cola e Ignacio Pleyel llevó sus métodos de fabricación a un alto grado de perfección. Principalmente, el **piano** se compone de cuerdas metálicas de diferente diámetro y longitud, ordenadas dentro de una caja sonora, de mayor a menor; dichas cuerdas, al ser golpeadas con macillos, producen sonidos claros y vibrantes cuya intensidad depende de la mayor o menor fuerza con que se pulsen las teclas. Existen varios tipos de **piano**, diferenciables sobre todo en formas y dimensiones; en la actualidad, los más usados son el **piano** vertical, que tiene las cuerdas perpendiculares al teclado; el **piano** de cola, que es el **piano** de concierto por excelencia y tiene las cuerdas en la misma dirección de las teclas, y los de media cola y cuarta cola.

PIANOFORTE. (Del ital. *pianoforte*; de *piano*, suave, dulce, y *forte*, fuerte.) m. Piano.

PIANOLA f. Piano que puede ser tocado mecánicamente por pedales o por corriente eléctrica. Dispone de un rollo perforado que comprende la interpretación de una determinada obra previamente registrada. || Aparato que se une al piano y sirve para ejecutar piezas mecánicamente.

PIAN PIAN. m. adv. fam. **Pian, piano.**

PIAN, PIANO. (Del ital. *piano*, *piano*, despacio, despacio, y éste del lat. *planus*, llano.) m. adv. fam. Poco a poco, a paso lento.

PIANTE. p. a. de **Piar.** Que pía. Ú. sólo en la expresión familiar **piante ni mamante**, que, con los verbos *dejar, quedar* y otros, precedidos de negación, da a entender que no queda ningún viviente.

PIAR. al. **Piepsen.** fr. **Piauler.** ingl. **To peep.** ital. **Pigolare.** port. **Piar.** (Del lat. *pipare.*) intr. Emitir algunas aves, y en especial el pollo, cierto género de voz. || fig. y fam. Llamar con anhelo e insistencia por una cosa. || IDEAS AFINES: *Pájaro, gorjeo, trino, pío, cloquear, cacarear, quiquiriquí, nido.*

PIAR, Manuel C. *Biog.* Militar ven., de destacada actuación en las luchas por la independencia. Fue ejecutado por conspirar contra Bolívar (1782-1817).

PIARA. (Del lat. *pecuaria.*) f. Manada de puercos, y, por ext. la de mulas, yeguas, etc.

PIARIEGO, GA. adj. Dícese del que tiene piaras.

PIASTRA. (Del ital. *piastra.*) f. Moneda turca de plata, centésima parte de la libra. || Moneda de plata de otros países.

PIAUÍ. *Geog.* Río del Brasil, en el Estado hom., afl. del Parnaíba. 400 km. || Estado del N. E. del Brasil. 249.317 km². 1.966.000 h. Cap. TERESINA. Tabaco, algodón, madera; ganadería.

PIAVE. *Geog.* Río de Italia (Venecia) que des. en el Adriático. 220 km. Durante la primera Guerra Mundial fue escenario de numerosas batallas entre italianos y austríacos.

PIAXTLA. *Geog.* Río de México (Durango y Sinaloa) que des. en el Pacífico. 200 km. Se llama, también, **San Ignacio.**

PIAZZOLLA, Astor. *Biog.* Compositor y bandoneonista arg., autor de *Suite; Buenos Aires; Hombre de la esquina rosada*, etc. (n. 1921).

PIBE, BA. s. *Arg., Bol.* y *Urug.* Chiquillo, niño. || deriv.: **piberío.**

PICA. f. Medida tipográfica de 12 puntos, equivalente a 4,2 mm.

PICA. al. **Pike; Spiess.** fr. **Pique.** ingl. **Pike.** ital. **Picca.** port. **Pique.** f. Especie de lanza larga, compuesta de un asta con hierro pequeño y agudo en un extremo. Fue usada por los soldados de infantería. || Soldado que la llevaba. || Garrocha del picador de toros. || Escoda con puntas piramidales en los cortes, usada por los canteros para labrar piedra no muy dura. || Medida para profundidades, que equivale a 14 pies, o sea tres metros y ochenta y nueve centímetros. || En la explotación de resinas, acto de refrescar, por finos cortes de azuela, las heridas que van formando la entalladura por las que surge la miera. || *Amér. del S.* Picada. || *Arg.* y *Col.* Pique, resentimiento. || *Chile.* Fastidio, impaciencia. || **Poner una pica en Flandes.** frs. fig. y fam. con que se explica lo difícil que resulta lograr ciertas cosas.

PICA. (Del lat. *pica*, urraca, por la propensión de esta ave a comer toda clase de cosas.) f. *Med.* Malacia.

PICABIA, Francisco. *Biog.* Pintor fr. que cultivó el cubismo, el dadaísmo y el surrealismo (1878-1953).

PICACERA. f. *Chile, Ec.* y *Perú.* Pique, resentimiento.

PICACERO, RA. adj. Dícese de aves rapaces que cazan picazas.

PICACHO. al. **Bergspitze.** fr. **Pic.** ingl. **Peak.** ital. **Punta.** port. **Pico.** m. Punta aguda a manera de pico, de algunos montes y riscos. *Los* PICACHOS *andinos.*

PICADA. (De *picar.*) f. Picotazo. || Picadura, punzada. || *Amér.* Trocha o camino. *Abrir una* PICADA *en la selva.*

PICADA (En). m. adv. Modo de atacar un avión, descendiendo a toda marcha sobre el blanco elegido.

PICADERO. al. **Reitbahn.** fr. **Manège.** ingl. **Riding school.** ital. **Maneggio.** port. **Picadeiro.** (De *picar.*) m. Lugar donde los picadores adiestran los caballos, y las personas aprenden a montar. || Madero pequeño con una muesca en medio que usan los carpinteros para asegurar los palos que adelgazan con la azuela. || Hoyo que hacen los gamos escarbando el suelo con las manos. || *Mar.* Cualquiera de los maderos cortos que se ponen a lo largo del eje longitudinal de un dique o grada para que sobre ellos descanse la quilla del buque en construcción o en carena.

PICADILLO. m. Guisado hecho con carne cruda picada, tocino, verduras y ajos, y sazonado todo con huevo batido y especias. || Lomo de puerco, picado y adobado, para hacer chorizos.

PICADO, DA. adj. Dícese del patrón que se traza con picaduras para señalar el dibujo. || Dícese de lo labrado con picaduras o agujerillos puestos en orden. || m. Picadillo, guisado. || *Mús.* Modo de ejecutar notas, interrumpiendo bruscamente el sonido entre ellas, por oposición a ligado.

PICADO, Clodomiro. *Biog.* Médico cost., nacido en 1887, autor de *Serpientes Venenosas de Costa Rica* y otros trabajos. || **– Teodoro.** Estadista cost., de 1944 a 1948 presid. de la Rep. (1900-1960).

PICADOR. m. El que por oficio doma o adiestra caballos. || Torero de a caballo que pica a los toros. || Tajo de cocina.

PICADURA. al. **Insektenstich.** fr. **Pigure.** ingl. **Pricking; puncture.** ital. **Pungitura.** port. **Picadura.** f. Acción y efecto de picar una cosa. || Pinchazo. || En los vestidos o calzados, fisura artificiosa. || Mordedura o punzada de un ave, un insecto, o de algunos reptiles. || Tabaco picado para fumar. || Principio de caries en la dentadura.

PICAFIGO. (De *picar* y *figo.*) m. Papafigos, ave.

PICAFLOR. (*De picar* y *flor.*) m. **Pájaro mosca.** || *Amér.* Tenorio, galanteador voluble.

PICAGALLINA. (De *picar* y *gallina.*) f. Álsine.

PICAGREGA. f. **Pega reborda.**

PICAJÓN, NA. adj. y s. fam. Picajoso.

PICAJOSO, SA. adj. y s. Que fácilmente se pica u ofende.

PICAMADEROS. (De *picar* y *madero.*) m. **Pájaro carpintero.**

PICANA. (De *pica*, picar, y el quichua *na*, pref. instrumental.) f. *Amér. del S.* Aguijada, garrocha. || *Arg.* y *Bol.* Pechuga del ñandú. || *Bol.* y *Perú.* Ternero asado. || **– eléctrica.** Instrumento de tortura creado para arrancar declaraciones a presuntos delincuentes.

PICANEAR. intr. *Amér. del S.* Aguijar a las bestias con la picana.

PICANTE. al. **Scharfipikant.** fr. **Piquant.** ingl. **Pricking.** ital. **Piccante.** port. **Picante.** p. a. de **Picar.** Que pica. *Ají* PICANTE. || adj. Dícese de lo dicho con mordacidad o de aquello que tiene o se le da sentido picaresco. || m. Acerbidad o acrimonia que poseen algunas cosas. || fig. Mordacidad en el decir. *Observaciones* PICANTES; sinón.: **cáustico, punzante.** || *Bol., Chile* y *Perú.* Cierto guiso hecho con mucho ají. || deriv.: **picantemente.**

PICANTERÍA. f. *Bol., Chile* y *Perú.* Fonda en que se sirve, especialmente, el guiso llamado **picante.**

PICAÑO. m. Remiendo que se pone al zapato.

PICAÑO, ÑA. (De *picar.*) adj. Pícaro, holgazán, andrajoso.

PICAPEDRERO. m. Cantero que labra piedras.

PICAPEDREROS, Los. *B. A.* Famoso cuadro de Gustavo Courbet, expuesto por primera vez en 1849. Lo caracterizan el contrapunto pictórico entre figuras y paisajes, el escorzo de la línea y la distribución de las sombras.

PICAPICA. f. Polvos, hojas o pelusillas vegetales de varias trepadoras de América, que sobre la piel producen comezón.

PICAPLEITOS. (De *picar* y *pleito.*) m. fam. Pleitista. || Abogado sin pleitos, que los busca. || Abogado enredador y rutinario.

PICAPORTE. al. **Türklinke.** fr. **Loquet.** ingl. **Spring latch.** ital. **Saliscendi.** port. **Trinco.** (De *picar* y *puerta.*) m. Instrumento para asegurar el cierre de puertas y ventanas. || Llave para abrir el **picaporte.** || Llamador, aldaba. || **– de resbalón.** Cerradura cuyo pestillo entra en el cerradero y es encajado por la presión de un resorte.

PICAPOSTE. m. Picamaderos.

PICAPUERCO. m. Ave trepadora de plumaje negro, con manchas blancas en las alas y rojizas en la nuca y abdomen, que se alimenta de insectos que saca del estiércol. *Dryobales medius.*

PICAR. al. **Stechen; aushacken.** fr. **Pincer; piquer.** ingl. **To princk; to peck.** ital. **Pungere; beccare.** port. **Picar.** tr. Herir superficialmente con instrumento punzante. || Herir el picador al toro en el morrillo con la garrocha, para detenerlo cuando acomete al caballo. || Punzar o morder las aves, los insectos y ciertos reptiles. *Lo* PICÓ *una abeja.* || Cortar en pedazos muy pequeños. PICAR *perejil.* || Tomar las aves la comida con el pico. || Morder el pez el cebo puesto en el anzuelo; y por ext., caer en un engaño. || Producir comezón en alguna parte del cuerpo. Ú.t.c.intr. || Enardecer el paladar algunas cosas excitantes; como la pimienta, la guindilla, etc. Ú.t.c.intr. || Comer uvas de un racimo tomándolas grano a grano. Ú.m.c.intr. || Espolear. PICÓ *su caballo.* || Adiestrar el picador al caballo. || Llamar a la puerta. || Herir con la punta del taco la bola del billar, de manera que tome movimientos diferentes de los ordinarios. || Recortar o agujerear papel o tela haciendo dibujos. || Golpear con pico, piqueta, etc., la superficie de las piedras para labrarlas, o la de las paredes para revocarlas. || fig. Excitar o estimular. Ú.t.c.intr. || Enojar y provocar a otro con palabras o acciones. *Me* PICABAN *sus desplantes.* || Desazonar, inquietar. Dícese particularmente de los juegos. || *Mar.* Cortar con un hacha u otro instrumento cortante. || Acelerar la boga. || Hacer funcionar una bomba. || *Mil.* Seguir al enemigo que se retira, atacando su retaguardia. || *Mús.* Hacer sonar claramente una nota, dejando un cortísimo silencio con la siguiente. || intr. Calentar el sol fuertemente. *A mediodía el sol* PICA. || Tomar una ligera porción de algo comestible. PIQUÉ *un poco de queso.* || fig. Empezar a concurrir compradores. || Tener ligeras noticias de las facultades, ciencias, etc. || *Amér.* Partir rápidamente siguiendo la carrera. || *Arg.* Botar la pelota. || r. Agujerearse la ropa por efecto de la polilla. *El tapado de piel* SE PICÓ. || Comenzar a pudrirse una cosa, y también avinagrarse el vino o carcomerse las semillas. *Las patatas* SE PICARON. || Aplícase también a los animales que están en celo por lograr conocido hembra. || Agitarse la superficie del mar formando olas pequeñas a impulso del viento. || fig. Enojarse por alguna palabra o acción ofensiva. *A la menor chanza* SE PICA; sinón.: **enfadarse, resentirse.** || Jactarse de alguna cualidad o habilidad. PICARSE *de justo, de esgrimidor.* || Dejarse llevar de la vanidad, creyendo poder hacer lo mismo o más que otro en cualquiera línea. SE PICABA *de inteligente.* || *Amér.* Emborracharse. || **Picar** uno **más alto,** o **muy alto.** frs. fig. con que se da a entender que se jacta con demasía de las calidades que tiene, o que pretende una cosa desigual a sus méritos. || IDEAS AFINES: *Escozor, prurito, rascar, cosquillas, sarna, urticaria, erupción, sabañón, hormigueo, mosquito.*

PICARAMENTE. adv. m. Infamemente, con vileza y picardía.

PICARAZA. f. Picaza, urraca.

PICARD, Alfredo Mauricio. *Biog.* Ingeniero fr. experto en ferrocarriles, autor de *Explotación comercial de los ferrocarriles*, y otras obras (1844-1913). || **– Juan.** Astrónomo fr., autor de *La medida de la Tierra; Tratado sobre el nivelamiento*, etc. (1620-1682).

PICARDEAR. tr. Enseñar a alguien a decir o hacer picardías. || intr. Decirlas o ejecutarlas. || Retozar, travesear. || r. Resabiarse, adquirir algún vicio. *Con las malas compañías se ha* PICARDEADO.

PICARDÍA. al. **Spitzbüberei; Schlauheit.** fr. **Friponnerie; coquinerie.** ingl. **Knavery.** ital. **Furberia; biricchinata.** port. **Picardia.** f. Acción baja, ruindad, engaño o maldad. || Bellaquería, astucia o disimulo en hacer o decir algo. *Con* PICARDÍA *le sonsacó cuanto qui-*

so. || Travesura de muchachos, chasco, burla inocente. || Intención o acción deshonesta o impúdica. || Junta o gavilla de pícaros. || Denuestos, expresiones injuriosas.

PICARDÍA. *Geog.* Antigua prov. de Francia. Comprendía el actual dep. del Somme y parte de los de Aisne, Oise y Paso de Calais. Su cap. era AMIENS.

PICARDIHUELA. f. dim. de **Picardía.**

PICARDO, DA. adj. Natural de Picardía. Ú.t.c.s. || Perteneciente a esta provincia de Francia.

PICARESCA. f. Junta de pícaros. || Profesión de pícaros.

PICARESCO, CA. adj. Perteneciente o relativo a los pícaros. || Aplícase a la literatura cuyas obras pintan la vida de los pícaros. Ú.t.c.s.f. *Novela* PICARESCA. || fig. y fam. Picante y gracioso, festivo; que tiene cierta agradable malicia. *Cuento* PICARESCO. || deriv.: **picarescamente.**

PICARIL. adj. Picaresco, perteneciente a los pícaros.

PICARIZAR. tr. Picardear, enseñar picardías.

PÍCARO, RA. al. **Schlau; spitzbübisch.** fr. **Fripon.** ingl. **Knavish.** ital. **Briccone; furbo.** port. **Pícaro.** adj. Ruin, doloso, sin honra y vergüenza. || Astuto, taimado. Ú.t.c.s. *Un jugador* PÍCARO; sinón.: **bribón.** || fig. Dañoso en su género. *Hay una humedad* PÍCARA. || m. Tipo de persona bufona, traviesa, descarada y de mal vivir, protagonista de las novelas picarescas.

PICARÓN, NA. adj. y s. aum. de **Pícaro.** || m. *Chile, Méx.* y *Perú.* Fruta de sartén semejante al buñuelo. *El* PICARÓN *se hace con harina o con mandioca.*

PICARONAZO. adj. aum. de **Picarón.**

PICAROTE. adj. aum. de **Pícaro.**

PICARRELINCHO. m. Picamaderos.

PICARRO. m. Pico, picamaderos.

PICASSO, Pablo. *Biog.* Nombre con que fue conocido el cél. pintor esp. Pablo Ruiz Picasso. De genio inventivo y original, influyó notablemente en el arte pictórico cont. Desde sus distintas épocas, pasando por el cubismo, expresó una realidad desconcertante y asombrosa. Al pesimismo de sus primeros cuadros, siguieron etapas más constructivas, como el "período rosado" o el "período azul". Cultivó, también, un cubismo sintético, como en *Retrato de Vollard; Tres músicos; El violín,* etc. Otras obras importantes, fueron *Guernica,* proclama dolorosa y lacerante; *Las señoritas de Avignon,* entes geométricos en un espacio en lucha con la tradición; *Naturalezas muertas; Figuras,* etc. (1881-1973).

PICATOSTE. m. Rebanadilla de pan tostada con manteca o frita.

PICA Y HUYE. f. Insecto himenóptero de Venezuela, especie de hormiguita, cuya picadura produce dolor y fiebre.

PICAZA. (Del lat. *pica.*) f. Urraca. || – **chillona,** o **manchada.** Pega reborda. || – **marina.** Flamenco, ave.

PICAZO. m. Golpe dado con la pica u otra cosa punzante. || Señal de este golpe.

PICAZO. (De *pico.*) m. Picotazo. || Pollo de la picaza.

PICAZO, ZA. (De *picaza,* urraca.) adj. Dícese del caballo o yegua de color blanco y negro, en grandes manchas.

PICAZÓN. f. Desazón provocada por algo que pica en el cuerpo. sinón.: **comezón.** || fig. Enojo, disgusto.

PICAZURÓ. m. *Amér. del S.* Picazuroba.

PICAZUROBA. (Del guar. *pie* o *pica,* paloma, *azu,* grande, y *ro,* amarga, por el gusto de su carne.) f. Paloma silvestre americana del tamaño de la doméstica, con el dorso y la cabeza, cuello y vientre rojizos. *Columba picazuro,* colúmbida.

PICCARD, Augusto. *Biog.* Físico belga, autor de estudios sobre la estratosfera, a la que efectuó varias ascensiones. Investigó también las profundidades submarinas en un batíscafo cuya construcción dirigió (1884-1962). || – **Jacobo.** Científico fr., nacido en 1923, experto en oceanografía.

PICCINI, Nicolás. *Biog.* Compositor ital. autor de numerosas óperas: *Ifigenia en Táuride; Diana y Endimión; Dido,* etc. (1728-1800).

PICCOLOMINI, Eneas Silvio. *Biog.* V. **Pío II.**

PICEA. (Del lat. *pícea.*) m. *Bot.* Género de árboles coníferos, semejantes al abeto, del que se distinguen por tener las piñas colgantes. El llamado abeto rojo es la *Picea excelsa* abietácea.

PICENO. *Geog.* Antigua región de Italia central, sobre el Adriático. Comprendía las actuales prov. de Macerata, Ancona y Ascoli.

PÍCEO, A. (Del lat. *piceus.*) adj. De pez o parecido a ella.

PICIO. m. p. **Más feo que Picio.** expr. fig. y fam. Dícese de la persona excesivamente fea.

PICLE. m. Anglicismo por **encurtido.**

PICNIC. m. Anglicismo por **gira, merienda campestre.**

PICNÓMETRO. m. *Fís* y *Quím.* Aparato para determinar la densidad en los líquidos.

PICO. al. **Schnabel; Spitzhacke; Spitze.** fr. **Bec; pic; sommet.** ingl. **Beak; bill; pick; pickaxe; peak; summit.** ital. **Becco; piccone; cima.** port. **Bico; cume; pico.** m. Conjunto de las dos mandíbulas del ave, revestidas de estuche córneo, con las que toma los alimentos y le sirven de arma de defensa y ataque. *El tucán tiene un* PICO *largo y grueso.* || Parte puntiaguda que sobresale en el borde o extremo de algo. || Herramienta de dos puntas opuestas aguzadas y enastada en un mango de madera con que los canteros desbastan la piedra. || Instrumento compuesto por una barra metálica, algo encorvada, aguda por un extremo y con un ojo en el otro para enastarla en un mango de madera. Se usa para cavar la piedra, remover las piedras, etc. || Punta acanalada que tienen en el borde algunas vasijas, para verter su contenido, y en los candiles y velones para regular la mecha. *El* PICO *de la jarra.* || Cúspide aguda de una montaña. || Montaña de cumbre puntiaguda. || Parte pequeña en que una cantidad excede a un número redondo. *Mil pesos y cinco de* PICO. || Esa misma parte, cuando no se sabe cuál sea o no se quiere expresar. *Cien pesos y* PICO. || V. **Azadón de pico.** || V. **Sombrero de tres picos.** || fig. y fam. Boca, facción del rostro. || Facundia, expedición en el decir. || Punta, porción de ganado. || *Chile.* Crustáceo del género bálano, de forma semejante a la cabeza del loro, de carne sabrosa. || – **cangrejo.** *Mar.* Cangreja, verga que se ajusta al palo. || – **de cigüeña.** Planta herbácea anual geraniácea, de tallos ramosos, hojas recortadas, flores pequeñas y amoratadas y fruto seco. || – **de gallo.** *Cuba.* Árbol de hojas pareadas y flores blancas en ramillete, de madera pardusca muy usada en carpintería. || – **de oro.** fig. Persona que habla muy bien. || **A pico de jarro.** m. adv. Bebiendo sin medida. || **Callar uno el, o su pico.** frs. fig. y fam. Callar. || Disimular o no darse por entendido de lo que sabe. || **De pico.** m. adv. fig. y fam. Sin obras: no pudiendo hacer lo que con las palabras se promete. || Dícese del ave que vuela hacia el cazador. || **Hacer el pico** a alguno. frs. fig. Mantenerle de comida. || **Hincar el pico.** frs. fam. Morir. || **Limpiarle** a uno **el pico.** fig. y vulg. *P. Rico.* Matar a una persona. || **Tener uno mucho pico.** frs. fig. y fam. Hablar más de lo prudente.

PICO. (Del lat. *picus.*) m. Picamaderos. || – **barreno,** o **carpintero.** Pájaro carpintero. || – **de frasco.** *Ven.* Tucán, ave. || – **verde.** Ave trepadora europea semejante al pájaro carpintero, pero de plumaje verdoso. *Gecinus viridis.*

PICO. (De *pico,* pequeña cantidad excedente.) Elemento compositivo inicial de nombres que significan la billonésima parte (10^{-12}) de las respectivas unidades: picofaradio, picogramo.

PICO, Pedro E. *Biog.* Comediógrafo arg.; autor de *Agua en las manos; Pueblerías; La novia de los forasteros,* etc. (1888-1945). || – **DE LA MIRÁNDOLA, Juan.** Erudito y humanista ital. de extraordinaria cultura. Trató de conciliar la filosofía platónica y aristotélica con el cristianismo; escribió también obras poéticas; astrológicas, etc. (1463-1494).

PICOFEO. (De *pico* y *feo.*) m. *Col.* Tucán, ave.

PICOLA. f. Pico pequeño de cantero.

PICOLETE. (Del fr. *picolet.*) m. Grapa dentro de la cerradura, para sostener el pestillo.

PICÓN, NA. adj. Dícese del solípedo cuyos incisivos superiores sobresalen de los inferiores, por lo que no pueden cortar bien la hierba. || *Col.* y *P. Rico.* Respondón. Ú.t.c.s. || *P. Rico.* Burlón. Ú.t.c.s. || m. Chasco, burla que se hace a alguien para incitarle a ejecutar algo. || Pez pequeño de agua dulce, de hocico puntiagudo. Carbón muy menudo hecho de ramas de encina, pino, etc., para braseros.

PICÓN, Gabriel. *Biog.* Patriota ven. llamado el Héroe Niño por su valor en las luchas por la independencia, en las que se inició a los catorce años (n. 1799). || – **Jacinto O.** Nov. español que combatió los abusos del clero en *Lázaro; El enemigo,* etc. y escribió obras de tendencia naturalista: *La hijastra del amor; La honrada,* etc. (1853-1924). || – **Juan de Dios.** Estadista ven. que impulsó el adelanto de su país y publicó *Memorias íntimas,* etc. (1792-1882). || – **FEBRES, Gonzalo.** Escritor ven. autor de novelas, obras poéticas, etc.: *Ya es hora; Literatura venezolana en el siglo XIX; Caléndulas,* etc. (1860-1918). || – **SALAS, Mariano.** Novelista ven., autor de *Formación y proceso de la literatura venezolana; Buscando el camino,* etc. (1901-1965).

PICONERO. m. El que prepara o vende el carbón llamado picón. || Picador de toros.

PICOR. m. Escozor que se produce en el paladar por haber comido cosas picantes. || Picazón.

PICOSO, SA. (De *picar.*) adj. Dícese del muy picado de viruelas.

PICOTA. al. **Schandpfahl.** fr. **Pilori.** ingl. **Pillory.** ital. **Gogna.** port. **Berlinda.** (De *pica.*) f. Rollo o columna de piedra o de fábrica, donde exponían las cabezas de los ajusticiados, o los reos a la vergüenza. || Variedad de cereza, que se caracteriza por su forma algo apuntada, consistencia carnosa y muy escasa adherencia al pedúnculo. || Juego infantil, en que cada jugador arroja un palo puntiagudo para clavarlo en el suelo y derribar el del contrario. || fig. Parte superior, puntiaguda, de una torre o montaña. || *Mar.* Barra ahorquillada donde descansa el perno en que gira el guimbalete.

PICOTADA. f. Picotazo.

PICOTAZO. m. Golpe que las aves dan con el pico, o punzada repentina de un insecto. || Señal que queda de ellos.

PICOTE. m. Tela áspera y basta de pelo de cabra. || Saco, vestidura tosca.

PICOTEADO, DA. adj. Que tiene picos.

PICOTEAR. al. **Anpicken.** fr. **Becqueter.** ingl. **To strike with the beak.** ital. **Beccare.** port. **Bicar.** tr. Golpear o herir las aves con el pico. *El canario* PICOTEA *la lechuga.* || intr. fig. Mover continuamente la cabeza el caballo de arriba a abajo y viceversa. || fig. y fam. Hablar mucho y de cosas insubstanciales. || r. fig. y fam. Contender o reñir las mujeres entre sí ofendiéndose de palabra.

PICOTEO. m. Acción de picotear.

PICOTERÍA. (De *picotero.*) f. fam. Prurito de hablar.

PICOTERO, RA. (De *picotear,* hablar.) adj. fam. Que habla mucho y sin substancia ni razón, o imprudentemente. Ú.t.c.s. sinón.: **boquirroto, charlatán.**

PICOTILLO. m. Picote de calidad inferior.

PICRATO. (Del gr. *pikrós,* amargo.) m. *Quím.* Cualquier sal o éster del ácido pícrico.

PÍCRICO. adj. *Quím.* V. **Ácido pícrico.**

PICTET, Raúl. *Biog.* Físico suizo que logró la licuefacción del nitrógeno y del oxígeno (1846-1929).

PICTOGRAFÍA. (Del lat. *pictum,* superl. de *píngere,* pintar, y el gr. *grapho,* dibujar.) f. Escritura ideográfica consistente en dibujar toscamente los objetos que deben ser explicados con palabras. || deriv.: **pictográfico, ca.**

● **PICTOGRAFÍA.** *Arqueol.* La historia y la antropología recurren frecuentemente a la pictografía con el propósito de dilucidar aspectos poco claros sobre el origen y la civilización de los pueblos. En efecto, en lápidas sepulcrales y monumentales como en las superficies de rocas, o excepcionalmente en huesos, tablas, tejidos, etc., se han encontrado en Asia, África y América grabaciones en esta clase de escritura ideográfica, sin palabras, que es el origen de la actual escritura fonética y que, al parecer, sería uno de los rasgos comunes a las civilizaciones primitivas de todos los continentes. De elementales métodos mnemotécnicos, el hombre de la antigüedad representó por medio de grabados rudimentarios, no sólo los objetos sino también algunas ideas abstractas. En México, Colombia, Venezuela, Guayana, etc., se han encontrado magníficos exponentes de pictografía, provenientes en su mayoría de mayas y aztecas. Es probable que al trocarse la escritura ideográfica por la fonética, en ciertas lenguas se adoptaran como signos gráficos de las sílabas los fragmentos del signo con que se la representaba pictográficamente; al menos, en lenguas como la china o la egipcia es evidente la derivación de letras y sílabas de los esquemas ideográficos.

PICTÓRICO, CA. (Del lat. *píctor,* pintor.) adj. Perteneciente o relativo a la pintura. *Efecto, estilo* PICTÓRICO. || Apropiado para ser representado en pintura.

PICUDA. f. *Cuba.* Pez semejante a la aguja, con manchas negras en los costados.

PICUDILLA. f. Ave zancuda de pico delgado, largo y negruzco, cabeza pequeña y tarsos largos y finos, que se nutre de insectos y gusanos. || *Cuba.* Especie de picuda pequeña.

PICUDILLO, LLA. adj. dim. de **Picudo.** || V. **Aceituna picudilla.** Ú.t.c.s.

PICUDO, DA. adj. Que tiene pico. *Caldera* PICUDA. || Hocicudo. || fig. y fam. Dícese de quien habla mucho e insubstancialmente. || m. Espetón, hierro largo y delgado.

PICHAGUA. f. *Ven.* Fruto del pichagüero. || Cuchara que se hace de él.

PICHAGÜERO. m. *Ven.* Especie de calabaza o zapallo.

PICHANA. (Voz quichua.) f. *Chile* y *Perú.* Escoba rústica, hecha con ramillas.

PICHANGA. f. *Col.* Escoba.

PICHARDO, Esteban. *Biog.* Escritor cubano que también se distinguió como geógrafo; autor de *Diccionario de voces cubanas* (1799-1879). || – **Francisco Javier.** Poeta cubano, autor de *Voces nómadas* (1873-1941). || – **MOYA, Felipe.** Poeta cubano, autor de *La ciudad de los espejos* (1892-1957).

PICHE. adj. Dícese de una variedad de trigo candeal. Ú.t.c.s. || m. *Arg.* Nombre dado a diversos armadillos de pequeño tamaño. || – **de Patagonia.** Armadillo de orejas cortas y hocico largo y fino. *Zaedyus pichiy.* || – **llorón.** Armadillo de orejas y cola largas, y caparazón cubierto de pelos; lanza gritos repetidos cuando es atrapado, de ahí su nombre vulgar. *Chaetophractus vellerosus.*

PICHEGRÚ, Carlos. *Biog.* Militar fr., proclamado por la Convención Salvador de la Patria. Muy ambicioso, conspiró contra el gobierno revolucionario. Murió trágicamente (1761-1804).

PICHEL. (Del b. lat. *picárium* y *bicárium,* y éste del gr. *bikós.*) m. Vaso alto y redondo, algo más ancho por abajo y con la tapa engoznada en el remate del asa.

PICHELERÍA. f. Oficio de pichelero.

PICHELERO. m. El que hace picheles.

PICHERO. m. *Ven.* Especie de crema de leche.

PICHI. (Voz arauc.) m. *Chile.* Arbusto solanáceo de hermosas flores blancas, solitarias, usado como diurético.

PECES DE RÍO

Peces neón.

Pez de Santa Filomena
(Moenkhausia sanctae-filomenae).

Carasio *(Carassius carassius).*

Tachuela
(Corydoras punctatus).

Tenca *(Tinta tinca).*

Scalare o pez ángel del Amazonas
(Pterophillum eimekei).

Cardumen de carpas
(Ciprinidos).

Pez rojo
(Carassius auratus).

Pez de seis bandas
(Distichodus sexfasciatus).

Piraña
(Serrasalmus rhombeus).

Espada, hembra y macho
(Xiphohorus helleri).

Giotto:
Detalle de los
frescos de la Basílica
de San Francisco
de Asís.

Brueghel:
"Fiesta
aldeana"
(fragmento).

Rubens:
"Matanza
de los
inocentes"
(detalle).

Bosco:
"El jardín
de las
delicias"
Museo
del Prado,
Madrid.

G. Vasari:
"Visión del
Conde Hugo".
Florencia,
Galería
Palatina.

Rafael:
"Los esponsales
de la Virgen".
Pinacoteca
de Brera.

Goya:
"La Maja Desnuda".

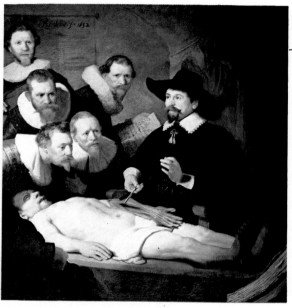

Rembrandt: "Lección de anatomía". Museo de Amsterdam.

Delacroix: "La barca del Dante".
París, Museo del Louvre.

Miguel Ángel: "Adán". Capilla Sixtina

Rafael
Sanzio:
"La dama
del
Unicornio".
Roma,
Galería
Borghese.

Leonardo da Vinci: "La última cena". Milán,
Santa María de las Gracias.

PERROS

Perro de
San Bernardo.

Basset.

Chowchow
rojo.

Cachorro
de
sabueso.

Pastor
escocés
o Collie.

Perro de
Terranova.

Dingo,
perro salvaje
australiano.

Fox-terrier de pelo duro.

Lebrel afgano o galgo afgano.

PICHÍ. m. *Arg.* Armadillo pequeño, cavador, de patas muy cortas y el caparazón cubierto de pelaje sedoso.

PICHÍ. m. *Arg.* y *Chile.* Pipí, pis, orina.

PICHICA. f. *Arg.* Hueso del tarso, especialmente de las caballerías. ‖ *Bol.* Trenza de cabello.

PICHICATERÍA. f. *Amér. Central.* Cicatería.

PICHICATO, TA. adj. *Amér.* Cicatero.

PICHICIEGO. m. *Arg.* Pichí.

PICHICO. m. *Arg., Bol.* y *Urug.* Cada una de las falanges de los dedos de los animales.

PICHICHO. s. *Arg.* y *Chile.* Nombre que suele darse a los perros chicos.

PICHIGRASA. f. *Chile.* Porción aislada de grasa, por oposición a los pedazos grandes que, al preparar la carne, se sacan de algunas partes del animal.

PICHIHUÉN. (Del arauc. *pichi,* pequeño, y *huenu,* arriba.) m. Pez acantopterigio de unos 40 cm, muy estimado por su carne.

PICHÍN. m. *Perú.* Dependiente de una pulpería y, por ext., empleado subalterno.

PICHINCHA. f. *Arg., Bol.* y *Urug.* Lance, ocasión ventajosa económicamente. *Hice una* PICHINCHA *al comprar esa casa.*

PICHINCHA. *Geog.* Volcán de los Andes ecuatorianos, en la cadena occidental, al este de Quito. 4.791 m. ‖ Prov. del Ecuador. 16.768 km². 1.026.000 h. Cap. QUITO. Agricultura, ganadería, industria textil.

PICHINCHA, Batalla de. *Hist.* Combate disputado en el cerro hom., en 1822, entre las fuerzas patriotas dirigidas por Sucre y Olazábal y el ejército realista. La victoria patriota afianzó la libertad de Ecuador.

PICHINCHAR o **Pichinchear.** intr. fam. *Arg.* Buscar u obtener pichinchas.

PICHINCHERO, RA. adj. y s. fam. *Arg.* Que busca o consigue pichinchas.

PICHINGA. f. *Guat.* Borrachera.

PICHINGO. m. *Amér. Central.* Bártulos.

PICHIRRE. adj. *Ven.* Mezquino, cicatero.

PICHISEBO. m. *Chile.* Pedacitos de grasa o sebo que se sacan a la carne antes de cocerla. ‖ Acción de sacar estos pedacitos.

PICHO. m. *Chile.* Pichicho. ‖ Voz con que suele llamársele.

PICHOA. f. *Chile.* Planta euforbiácea, de raíz gruesa y tallos largos, con hojas ovaladas y terminadas en umbelas trífidas; muy purgante.

PICHOLEAR. intr. *Amér. Central* y *R. de la Plata.* Pichulear. ‖ *Chile.* y *Hond.* Divertirse. ‖ *Guat.* Ganar con ardid en el juego.

PICHÓN. (Del lat. *pipio, -onis.*) m. Pollo de la paloma casera. ‖ Por ext., en Amér., pollo de cualquiera ave, excepto de la gallina. *Un* PICHÓN *de urraca.* ‖ fig. y fam. Nombre cariñoso dado a los varones.

PICHONA. f. fam. Nombre cariñoso dado a personas del sexo femenino.

PICHULEAR. intr. *Amér.* Trapichear, beneficiarse modestamente con transacciones mercantiles de reducidas proporciones o vil beneficio.

PICHULEO. m. *Amér.* Acción y efecto de pichulear. ‖ Beneficio obtenido pichuleando.

PICHUPICHU. *Geog.* Volcán de los Andes peruanos (Arequipa). 5.400 m.

PIDÉN. (Del arauc. *pideñ.*) m. *Chile.* Ave semejante a la gallareta, de colores variados, muy tímida y domesticable, y de canto armonioso.

PIDIENTERO. (De *pedir.*) m. Pordiosero.

PIDÓN, NA. (De *pedir.*) adj. fam. Pedigüeño. Ú.t.c.s.

PIE. al. **Fuss.** fr. **Pied.** ingl. **Foot.** ital. **Piede.** port. **Pé.** (Del lat. *pes,* pedis.) m. Extremidad de cualquiera de los dos miembros inferiores del hombre, que sirve para sostener el cuerpo y andar. ‖ Parte análoga y con igual fin en muchos animales. ‖ Base sobre la cual se apoya alguna cosa. ‖ Tronco de los árboles y plantas. ‖ El árbol entero, en especial cuando es joven. ‖ Poso, sedimento. ‖ Masa cilíndrica de uva pisada ya en el lagar y que, ceñida después, se pone debajo de la prensa para exprimirla. ‖ Lana estambrada para las urdimbres. ‖ Imprimación que se emplea en los tintes para dar permanencia al color. ‖ En las medias o botas, parte que cubre el pie. ‖ En las poesías griegas, latinas y las orientales, cada una de las partes, de dos, tres o más sílabas, de que se compone y con que se mide un verso. ‖ Por ext., cada una de las partes de que constan ciertos versos de la métrica española y otras modernas. ‖ Cada uno de los metros que se usan en la poesía castellana. ‖ En el juego, el último en orden de los que juegan, a distinción del primero, llamado mano. ‖ Palabra con que termina lo que dice un personaje en una representación dramática, cada vez que corresponde hablar a otro. ‖ Medida de longitud usada en muchos países, aunque con diferente dimensión. El pie de Castilla, tercera parte de la vara, se divide en 12 pulgadas y equivale a unos 28 centímetros. El pie inglés equivale a la tercera parte de la yarda, o sea 30,48 cm. ‖ Regla, uso o estilo. ‖ Parte final de un escrito, y resto en blanco que queda en el papel, después de terminado. *Al* PIE *de la carta. Cabeza y* PIE *del documento.* ‖ Membrete, nombre o título de una persona o corporación puesto al final del escrito que se le dirige. ‖ Parte, especialmente la primera, sobre que se forma una cosa. Pie de ejército. ‖ Parte opuesta en ciertas cosas a la que es principal en ellas, que llaman cabecera. Ú.m. en pl. *A los* PIES *de la cama.* ‖ Principio o base para algo. ‖ Motivo de hacerse o decirse una cosa. *Dar* PIE; *tomar* PIE. ‖ *Chile.* Seña, parte del precio que se anticipa en una compra como prenda de seguridad. ‖ V. **Llave del pie.** ‖ *Carp.* Cualquiera de las partes inferiores que sostienen un mueble. ‖ pl. Con los adjetivos muchos, buenos y otros semejantes, agilidad y presteza en el caminar. ‖ **Pie columbino o de paloma.** Onoquiles. ‖ – **cuadrado.** Medida superficial de un cuadrado cuyo lado es un pie y equivale a 776 centímetros cuadrados. ‖ – **cúbico.** Volumen de un cubo de un pie de lado, equivalente a 21 decímetros cúbicos y 63 centésimas de decímetro cúbico. ‖ – **de altar.** Emolumentos que se dan a los curas y otros eclesiásticos por las funciones que ejercen, amén de la renta que tienen por sus prebendas. ‖ – **de becerro.** Aro, planta. ‖ – **de burro.** Bálano, crustáceo marino. ‖ – **de cabalgar.** Pie izquierdo del jinete. ‖ Pie izquierdo de la cabalgadura. ‖ – **de cabra.** Palanqueta hendida por uno de sus extremos en figura de dos uñas u orejas. ‖ Percebe. ‖ – **de carnero.** *Mar.* Cada uno de los dos puntales que hay desde la escotilla hasta la sobrequilla, y tienen a trechos unos trozos de madera que usa la gente de mar para bajar a la bodega. ‖ – **de gallina.** Quijones. ‖ – **de gallo.** Lance en el juego de damas en que sólo quedan cuatro de éstas, y consiste en hacer perder al contrario en 12 jugadas la única dama que le resta, usando para ello de tres damas y teniendo colocada una de ellas en la calle mayor, con lo que forma una figura semejante al pie de gallo. ‖ Pata de gallina. ‖ – **de gato.** Patilla, pieza de algunas armas de fuego. ‖ – **de imprenta.** Indicación de la oficina, lugar y año de la impresión, que suele ponerse al principio o al final de cualquier publicación. ‖ – **de león.** Planta herbácea anual, con tallos erguidos y ramosos, hojas plegadas y hendidas en cinco lóbulos dentados, algo semejantes al pie del león, y flores pequeñas y verdosas, en corimbos terminales. *Asumilla ariensis,* rosácea. ‖ – **de liebre.** Especie de trébol muy común en terrenos arenosos, de tallo muy ramoso, hojas pequeñas y puntiagudas y flores encarnadas. ‖ – **de montar.** Pie de cabalgar. ‖ – **de Orión.** *Astron.* Rigel. ‖ – **de paliza.** Vuelta, tunda, zurra. ‖ – **de paloma.** Onoquiles. ‖ – **derecho.** *Arg.* Madero que en los edificios se coloca verticalmente para que cargue sobre él alguna cosa. ‖ Cualquier madero que se usa verticalmente. ‖ – **de tierra.** fig. Palmo de tierra. ‖ – **forzado.** Verso o cada uno de los consonantes o asonantes fijados de antemano para una composición que haya de terminar necesariamente en dicho verso, o que haya de tener la rima prefijada. ‖ – **geométrico.** Pie romano antiguo, que tiene con el de Castilla la relación de 1.000 a 423. ‖ – **quebrado.** Verso corto, de cinco sílabas a lo más y por lo general de cuatro, que alterna con otros más largos en ciertas poesías llamadas *coplas de* PIE QUEBRADO. ‖ V. **Copla de pie quebrado.** ‖ **Siete pies de tierra.** fig. Sepultura, hoyo o lugar en que se entierra un cadáver. ‖ **A cuatro pies.** m. adv. A gatas. ‖ **Al pie.** m. adv. Cercano, inmediato a una cosa. *Al* PIE *del fortín, del palacio.* ‖ fig. Cerca o casi. *Me dio al* PIE *de diez mil pesos.* ‖ **Al pie de fábrica.** m. adv. que se emplea refiriéndose al valor primitivo que tiene una cosa en el lugar donde se fabrica. ‖ **Al pie de la cuesta.** m. adv. fig. Al principio de un asunto o estudio largo o difícil. ‖ **Al pie de la letra.** m. adv. **A la letra.** *Cumplió la orden al* PIE *de la letra.* ‖ **Al pie de la obra.** m. adv. de que se usa hablando del valor de las cosas, ya puestas en el sitio donde se han de utilizar. ‖ **Andar** uno **de pie quebrado.** frs. fig. y fam. **Andar de capa caída.** ‖ **Andar** uno **en un pie, o en un pie como grulla, o como las grullas.** frs. fig. y fam. Hacer las cosas con presteza y diligencia. ‖ **A pie.** m. adv. con que se explica la forma de caminar uno sin caballería ni carruaje. ‖ **A pie firme.** m. adv. Sin apartarse del sitio que se ocupaba. *La infantería resistió a* PIE *firme.* ‖ fig. Constantemente, o con seguridad. ‖ **A pie juntillas,** o **juntillo, o a pies juntillas.** m. adv. Con los pies juntos. *Brincó a* PIE *juntillas.* ‖ fig. Con gran porfía y terquedad. *Creer, negar a* PIE *juntillas.* ‖ **A pie llano.** m. adv. Sin escalones. ‖ fig. Fácilmente, sin impedimento. ‖ **Arrastrar** uno **los pies.** frs. fig. y fam. Estar ya muy viejo. ‖ **Asentar** uno **el pie.** frs. Sentar el pie con firmeza. ‖ fig. Proceder con tiento en sus operaciones. ‖ **Besar los pies** a uno. frs. fig. que se usa por respeto en el trato con las personas reales, y por cortesanía con las damas. ‖ **Buscar** uno **cinco,** o **tres, pies al gato.** frs. fig. y fam. Empeñarse audazmente en cosas que pueden ocasionarle daño. ‖ **Caer de pie** uno. frs. fig. Tener felicidad en cosas en que hay peligro. ‖ **Cojear** uno **del mismo pie que otro.** frs. fig. y fam. Adolecer del mismo vicio o defecto que él. ‖ **Con buen pie.** m. adv. fig. Con felicidad, con dicha. ‖ **Con mal pie.** m. adv. fig. Con infelicidad o desdicha. ‖ **Con pie, o pies, de plomo.** m. adv. fig. y fam. Despacio, con tiento y prudencia. Ú. comúnmente con los verbos andar e ir. ‖ **Con pie derecho.** m. adv. fig. Con buena fortuna. ‖ **Con un pie en el hoyo, el sepulcro, o la sepultura.** m. adv. fig. y fam. Cercano a la muerte, por vejez o por enfermedad. ‖ **Dar el pie** a uno. frs. Ayudarle a subir más alto tomándole un pie. ‖ **Dar** a uno **el pie y tomarse la mano.** frs. fig. y fam. con que se critica al que se propasa tomándose otras libertades con ocasión de la que se le permite. ‖ **Dar pie.** frs. fig. Ofrecer ocasión para alguna cosa. *Da* PIE *para que murmuren.* ‖ **Dar por el pie** a una cosa. frs. Derribarla o destruirla totalmente. ‖ **De a pie.** loc. Aplícase a los soldados, guardas y otros, que para sus ocupaciones no usan de caballo, por contraposición a los que lo tienen. ‖ V. **Escudero de a pie.** ‖ **Dejar** a uno **a pie.** frs. fig. Quitarle la conveniencia o empleo que tenía; dejarle desacomodado. ‖ **De pie. De pies.** ms. advs. **En pie.** ‖ **De pies a cabeza.** m. adv. Enteramente. *Es un caballero de* PIES *a cabeza.* ‖ **Echar el pie adelante** a uno. frs. fig. y fam. Aventajarle en una cosa. ‖ **Echar pie a tierra.** frs. Descabalgar o bajarse del coche, etc. ‖ **Echarse a los pies** de uno. frs. fig. Pedirle con respeto y sumisión una cosa. ‖ **En buen pie.** m. adv. fig. En buen estado, en el orden debido. *La casa se encontraba en buen* PIE. ‖ **Con buen pie.** ‖ **En pie.** m. adv. con que se denota que uno se ha levantado ya de la cama restablecido de una enfermedad. Ú. con los verbos andar, estar, etc. ‖ También se emplea para explicar el modo de estar o ponerse uno derecho, erguido o afirmado sobre los pies. ‖ fig. Con permanencia y duración. ‖ **En pie de guerra.** loc. adv. Aplícase al ejército que en tiempo de paz se halla preparado como si fuese a entrar en campaña. Ú. con los verbos estar, poner, etc., y suele aplicarse también a la plaza, región o país que se arma y pertrecha de todo lo necesario para combatir. ‖ **Entrar con buen pie, o con el pie derecho, o con pie derecho.** frs. fig. Comenzar a dar felizmente los primeros pasos en un negocio. ‖ **Estar a los pies** de uno. frs. fig. **Besarle los pies.** ‖ **Estar** uno **con el pie en el estribo.** frs. fig. Estar próximo a hacer un viaje. ‖ **Estar en pie** una cosa. frs. fig. Permanecer, durar. ‖ **Faltarle** a uno **los pies.** frs. fig. Perder el equilibrio a punto de caer o estar para caer. ‖ **Hacer** una cosa **con los pies.** frs. fig. Hacerla mal. *Este zurcido está hecho con los* PIES. ‖ **Hacer pie.** frs. fig. Hallar fondo en que afirmar los pies, sin tener que nadar, el que entra en un río, lago, etc. ‖ En los lagares, preparar la uva o aceituna que se ha de pisar. ‖ Dícese del que se afirma en una especie o intento. ‖ Pararse o estar de asiento en un lugar. ‖ **Ir** uno **por su pie.** frs. Ir, andando. ‖ Valerse por sí mismo. ‖ **Írsele los pies** a uno. frs. Resbalar, escurrirse. ‖ fig. Cometer por imprudencia una falta o desacierto. ‖ **Más viejo que andar a pie.** expr. fig. **Más viejo que la sarna.** *Ese cuento es más viejo que andar a* PIE. ‖ **Nacer** uno **de pie,** o **de pies.** frs. fig. y fam. Tener buena fortuna. ‖ **No bullir** uno **pie ni mano.** frs. Permanecer inmóvil, como muerto. ‖ **No caber de pie.** frs. fig. y fam. con que se denota la estrechez con que se está en un lugar por el excesivo concurso de gente. ‖ **No dar** uno **pie con bola.** frs. fig. y fam. No acertar. ‖ Atolondrarse, aturdirse. ‖ **No llegarle** a uno **al pie.** frs. fig. **No llegarle a la suela del zapato.** ‖ **No llevar** una cosa **pies ni cabeza.** frs. fig. y fam. **No tener pies ni cabeza.** ‖ **No poderse tener** uno **en pie.** frs. con que se explica la debilidad que padece por enfermedad o cansancio, etc. ‖ **No poner** uno **los pies en el suelo.** frs. fig. con que se pondera la ligereza con que corre o camina. ‖ **No tener** una cosa **pies ni cabeza.** frs. fig. y fam. No tener orden ni concierto. ‖ **Perder pie.** frs. fig. No encontrar el fondo en el agua el que se mete en un río, lago, etc. ‖ Confundirse y no hallar salida en el discurso. ‖ **Pie a tierra.** expr. que se emplea para ordenar a alguien que se apee de la caballería. ‖ loc. Desmontado del caballo. ‖ **Pie con pie.** m. adv. fig. Muy de cerca y como tocándose una persona a otra con los pies. ‖ **Pies, ¿para qué os quiero?** expr. que denota la decisión de huir de un peligro. ‖ **Poner** a uno **el pie sobre el cuello o el pescuezo.** frs. fig. Humillarle o sujetarle. ‖ **Poner los pies en un lugar.** frs. Ir a él. Ú. más con negación. *Jamás pondré los* PIES *en su casa.* ‖ **Poner pies con cabeza** las cosas. frs. fig. y fam. Trastornarlas contra el orden regular. ‖ **Poner pies en polvorosa.** frs. fig. y fam. Huir, escapar. *El ratero puso* PIES *en polvorosa.* ‖ **Quedar,** o **quedarse en pie la dificultad.** frs. fig. con que se da a entender que subsiste o que volverá a ocurrir. ‖ **Recalcarse el pie.** frs. Dañarse por haberse torcido en un movimiento violento. ‖ **Saber de qué pie cojea** uno. frs. fig. y fam. Conocer muy bien el vicio o defecto moral de que adolece. ‖ **Sacar los pies de las alforjas,** o **del plato.** frs. fig. y fam. que se dice del que habiendo estado vergonzoso o comedido, comienza a atreverse a hablar o a hacer algunas cosas. ‖ **Ser pies y manos** de uno frs. fig. Servirle de alivio en sus asuntos. ‖ **Sin pies ni cabeza.** frs. fig. y fam. **No tener** una cosa **pies ni cabeza.** *Me hace una propuesta* SIN PIES NI CABEZA. ‖ **Tener** a uno **debajo de los pies.** frs. fig. **Tenerle el**

pie sobre el cuello. || **Tener** uno **el pie en el estribo.** frs. fig. **Estar con el pie en el estribo.** || **Tener** a uno **el pie sobre el cuello,** o **el pescuezo.** frs. fig. Tenerle humillado o sujeto. || **Tener pies.** frs. fig. Aplícase al que anda o corre ligero y veloz. || **Tomar pie una** cosa. frs. fig. Arraigarse. || **Volver pie atrás** uno. frs. fig. Retroceder del camino o propósito que seguía. || IDEAS AFINES: *Planta, talón, tarso, dedos, calcañar, astrágalo, bípedo, pediluvio, ápodo, miriápodo, pedestre, peón, peatón, pedal, calzado, media, espuela, rengo, estevado, callo, pedicuro.*

PIECEZUELA. f. dim. de **Pieza.**

PIECEZUELO. m. dim. de **Pie.**

PIEDAD. al. **Frömmig Keit; Erbarmen.** fr. **Pitié; piété.** ingl. **Piety; pity.** ital. **Pietà.** port. **Piedade.** (Del lat. *pietas, -atis.*) f. Virtud que inspira devoción a las cosas santas y actos de abnegación y compasión. || Amor filial, veneración. || Lástima, misericordia. *Por* PIEDAD *lo recogió en su casa.* || V. **Monte de Piedad.** || IDEAS AFINES: *Fervor, unción, piadoso, religión, fe, impío, orar, beato, imagen, santuario, romero.*

PIEDECUESTA. *Geog.* Población de Colombia en el dep. de Santander. 7.712 h. Caña de azúcar, tabaco, frutas. Centro industrial.

PIE DE PALO. *Geog.* Sierra de la Argentina, al E. de la prov. de San Juan. 2.500 m.

PIEDRA. al. **Stein.** fr. **Pierre.** ingl. **Stone.** ital. **Pietra.** port. **Pedra.** (Del lat. *petra.*) f. Substancia mineral, más o menos dura y compacta, de que están formadas las rocas. PIEDRA *de construcción.* || **Piedra** labrada con alguna inscripción o figura. || Cálculo, especialmente renal. *Le extrajeron varias* PIEDRAS *de la vesícula.* || Granizo grueso. *La* PIEDRA *dañó los sembrados.* || Lugar destinado para dejar los niños expósitos. || En ciertos juegos, tanto que se gana cada mano, hasta terminar el partido. || Pedernal asegurado en el pie de gato de las armas de chispa para que al disparar choque con el rastrillo y dé fuego. || Muela, disco de **piedra** para moler. || – **aguzadera. Piedra amoladera. Piedra de amolar.** || – **angular.** La que en los edificios forma esquina, juntando y sosteniendo dos paredes. || fig. Base o fundamento principal de una cosa. || – **azufre.** Azufre. || – **berroqueña.** Granito, roca. || – **bezar.** Bezar. || – **bornera. Piedra** negra de que suelen hacerce muelas de molino. || – **calaminar.** Calamina, carbonato de cinc anhidro. || – **ciega.** La preciosa que no tiene transparencia. || – **de afilar,** o **de amolar.** Asperón. || – **de cal.** Caliza. || – **de chispa.** Pedernal, variedad de cuarzo. || – **de escándalo.** fig. Origen o motivo de escándalo. || – **de escopeta,** o **de fusil.** Pedernal, **piedra de chispa.** || – **del águila.** Etites. || – **de la luna,** o **de las amazonas.** Labradorita. || – **del escándalo.** fig. **Piedra de escándalo.** || – **del Labrador,** o **del sol. Labradorita.** || – **de lumbre.** Pedernal, **piedra de chispa.** || – **de Moca.** Calcedonia con dendritas. || – **de pipas. Espuma de mar.** || – **de rayo.** Hacha de **piedra** pulimentada, que el vulgo cree proceder de la caída de un rayo. || – **de toque.** Jaspe granoso que usan los plateros para toque. || fig. Lo que conduce al conocimiento de la bondad o malicia de una cosa. || – **divina.** *Farm.* Mezcla de alumbre, vitriolo azul, nitro y alcanfor, que se emplea como colirio. || – **dura.** Toda **piedra** de naturaleza del pedernal; como la calcedonia, el ópalo y otras. || – **falsa.** La natural o artificial que imita las preciosas. || – **filosofal.** La materia con que los alquimistas pretendían hacer oro artificialmente. || – **fina. Piedra preciosa.** || – **franca.** La que es fácil de labrar. || – **fundamental.** La primera que se coloca en los edificios. || fig. Principio de donde dimana una cosa, o que le sirve como de fundamento. || – **imán. Imán,** mineral de hierro. || – **infernal.** Nitrato de plata. || – **inga.** Pirita. || – **jaspe.** Jaspe. || – **judaica.** Judaica. || – **lipes** o **lipis. Vitriolo azul.** || – **litográfica.** Mármol de grano fino, en cuya superficie alisada se dibuja o graba lo que se ha de estampar. || – **loca. Espuma de mar.** || – **mármol.** Mármol, **piedra caliza.** || – **melodreña. Piedra amoladera.** || – **meteórica.** Aerolito. || – **nefrítica.** Jade. Llámase así porque en la antigüedad se hacían con ella amuletos para curar enfermedades renales. || – **oniquina.** Ónique. || – **oscilante.** La de gran tamaño y por lo común redondeada que se mueve fácilmente por estar en equilibrio sobre otra. || – **palmeada.** La que en su fractura presenta estrías semejantes a hojas de palma. || – **pómez. Piedra** volcánica, de color agrisado y textura fibrosa, muy usada para desgastar y pulir. || – **preciosa.** La que es fina, dura, rara y por lo común transparente, y que tallada se emplea en adornos de lujo. || – **rodada. Canto rodado.** || – **seca.** La que se emplea en la mampostería en seco. || – **viva. Peña viva.** || – **voladora.** En los molinos de aceite, rueda de **piedra** que, sujeta por un eje horizontal, gira con movimientos de rotación y traslación alrededor del árbol del alfarje. || **Ablandar las piedras.** frs. fig. con que se exagera la compasión que causa un suceso desgraciado. || **Echar la primera piedra.** frs. **Poner la primera piedra.** || **Hablar las piedras.** frs. fig. **Hablar las paredes.** || **Hallar** uno **la piedra filosofal.** frs. fig. Hallar modo oculto de ser rico. || **Hasta las piedras.** expr. fig. Todos sin excepción. || **No dejar** uno **piedra por mover.** frs. fig. Poner todos los medios para conseguir un fin. || **No dejar** o **no quedar piedra sobre piedra.** frs. fig. con que se da a entender la total destrucción de un edificio, ciudad o fortaleza. || **Poner la primera piedra.** frs. Efectuar la ceremonia de asentar la **piedra fundamental** en un edificio notable que se quiere construir. || fig. y fam. Comenzar una pretensión o negocio. || **Ser la piedra del escándalo.** frs. fig. con que se da a entender que una persona o cosa es el origen de una cuestión o pendencia, y por eso es el blanco de la indignación de todos. || **Tirar** uno **la piedra y esconder la mano.** frs. fig. Hacer daño a alguien, ocultando que se lo hace. || IDEAS AFINES: *Guijarro, canto rodado, losa, monolito, sillar, picapedrero, pico, apedrear, lapidar, pétreo, petrificar, rupestre, peñasco, marga, cantera, pedregal, farallón, caverna, fortaleza.*

PIEDRABUENA, Luis. *Biog.* Marino arg. que exploró con provecho la región austral de su país (1833-1883).

PIEDRA BUENO, Andrés. *Biog.* Escritor cubano, autor de obras en prosa y verso, entre ellas *En el camino* y *Arco de triunfo* (1903-1958).

PIEDRA DEL ESCÁNDALO, La. *Lit.* Drama poético de Martín Coronado estrenado en Buenos Aires en 1902. Escrito en octosílabos de lirismo grato y directo, es obra romántica y popular, iniciadora de una nueva época del teatro rioplatense.

PIEDRAS. *Geog.* Punta de la costa argentina (Buenos Aires), al N. de la bahía de Samborombón. || **Las** –. V. **Las Piedras.** || – **Negras.** C. del N. de México (Coahuila), en el límite con EE.UU. 27.200 h. Importante centro comercial.

PIEDREZUELA. f. dim. de **Piedra.**

PIEL. al. **Haut; Fell.** fr. **Peau.** ingl. **Skin.** ital. **Pelle.** port. **Pele.** (Del lat. *pellis.*) f. Tegumento que se extiende sobre todo el cuerpo del hombre y de los animales. *La* PIEL *es elástica y fibrosa.* || Cuero curtido. || Cuero curtido de manera que conserve su pelo natural. Sirve para forros y adornos y para prendas de abrigo. PIEL *de marta.* || Parte exterior que cubre la pulpa de algunas frutas; como duraznos, manzanas, etc. || – **de rata.** Capa del ganado caballar, de color parecido al del pelo de ratón. || – **de Rusia.** Piel adobada a la cual se da olor agradable y muy duradero con un aceite extraído de la corteza del abedul. || – **roja.** Indio de la América del Norte. || **Dar** uno **la piel.** frs. fig. y fam. Morir. || **Ser** uno **de la,** o **la, piel del diablo.** frs. fig. y fam. Ser muy travieso y no admitir sujeción. || IDEAS AFINES: *Dermis, cutis, pellejo, paquidermo, desollar, tatuar, despellejar, pergamino, vitela, gamuza, vaqueta, curtiembre, tenería, dermatología, pigmento, poro, transpiración.*

PIÉLAGO. (Del lat. *pélagus,* y éste del gr. *pélagos.*) m. Parte del mar, que se halla a gran distancia de la tierra. || Mar. || fig. Lo que por su abundancia resulta difícil de enumerar y contar.

PIEL DE ZAPA, La. *Lit.* Novela de Honorato de Balzac, publicada en 1830. Sutil reflejo y crítica de la aristocracia parisiense de la época.

PIELGO. (Del b. lat. *pédicus,* y éste del lat. *pes, pedis,*pie.) m. Piezgo.

PIELITIS. (Del gr. *pyelos,* cavidad, pelvis, y el suf. *itis,* inflamación.) f. *Pat.* Inflamación de la mucosa de la pelvis y cálices renales.

PIENSO. (Del lat. *pënsum;* de *péndere,* pesar.) m. Porción de alimento seco que se da al ganado en horas acostumbradas.

PIENSO. (Del lat. *pensare.*) m. ant. Pensamiento. || **Ni por pienso.** m. adv. **Ni por sueño.**

PIERCE, Franklin. *Biog.* Militar y pol. estadounidense; de 1853 a 1857 presid. de su país (1804-1869).

PIÉRIDAS o **PIÉRIDES.** f. pl. Las musas.

PIERIO, RIA. (Del lat. *pierius.*) adj. poét. Perteneciente o relativo a las musas.

PIERNA. al. **Bein.** fr. **Jambe.** ingl. **Leg.** ital. **Gamba.** port. **Perna.** (Del lat. *perna.*) f. Parte del animal, que se halla entre el pie y la rodilla, y también se dice comprendiendo además el muslo. || En los cuadrúpedos y aves, muslo. || Cualquiera de las dos piezas, agudas por uno de sus extremos, que constituyen el compás. || fig. Dicho de ciertas cosas, la que junta con otras forma un todo. PIERNA *de sábana.* || En los tejidos, desigualdad en las orillas o en el corte. || Especie de cantarilla larga y angosta. || En la escritura, trazo que en algunas letras, como la *M* y la *N,* va de arriba abajo. || *R. de la Plata* En el juego de naipes, trío, tres cartas del mismo valor. || Cada uno de los individuos que se juntan para jugar, especialmente a la baraja. || pl. usado con sing. m. Títere, persona sin autoridad ni relieve. || – **de nuez.** Cada una de las cuatro partes en que se divide la pulpa de una nuez común. || **A la pierna.** m. adv. *Equit.* Dícese del caballo cuando camina de costado. || **A pierna suelta,** o **tendida.** m. adv. fig. y fam. con que se explica que uno disfruta una cosa con quietud. *Dormir* A PIERNA SUELTA. || **Echar** a uno **la pierna encima.** frs. fig. y fam. Excederle o sobrepujarle. || **En piernas.** m. adv. Con las **piernas** desnudas. || **Estirar** uno **la pierna.** frs. fig. y fam. Morir. || **Estirar,** o **extender,** uno **las piernas.** frs. fig. y fam. Pasear. || **Meter,** o **poner, piernas al caballo.** frs. Avivarle para que corra o parta con prontitud. || **Ser** uno **una buena pierna.** frs. fig. y fam. *R. de la Plata.* Estar siempre de buen humor y con ánimo para hacer alguna cosa.

PIERNITENDIDO, DA. adj. Extendido de piernas.

PIÉROLA, Nicolás de. *Biog.* Político y naturalista per. Ocupó importantes cargos públicos y es autor de *Memorial de ciencias naturales* y otras obras especializadas (m. 1857). || – **Nicolás de.** Estadista per., de 1879 a 1881 y de 1895 a 1899 presid. de la Rep. (1839-1913).

PIERROT. m. Voz de origen fr. Es el nombre de un personaje creado por el escritor italiano Croce.

PIERROT DESEILLIGNY, Alfredo Nicolás. *Biog.* Estadista haitiano, presid. de su país de 1845 a 1846.

PIESCO. (Del lat. *malum,* persicum.) m. **melocotón.**

PIETERMARITZBURGO. *Geog.* Ciudad de la Unión Sudafricana, cap. de la prov. de Natal. 133.000 h. Centro agrícola.

PIETISMO. m. Secta de los pietistas. *Felipe Spener fue el fundador del* PIETISMO.

PIETISTA. (Del lat. *pietas, -atis,* piedad.) adj. Dícese de ciertos protestantes que practican un ascetismo muy riguroso Ú.t.c.s. || Perteneciente o relativo al pietismo.

PIETRI, Juan. *Biog.* Médico, mil. y político ven. de destacada actuación en la vida política, científica y literaria de su país (1849-1911).

PIEZA. al. **Stück.** fr. **Pièce.** ingl. **Piece.** ital. **Pezza.** port. **Peça.** f. Pedazo o parte de una cosa. *Cortar un lechón en* PIEZAS. || Trozo de tela con que se remienda una prenda de vestir. || Moneda. || Alhaja, herramienta, utensilio o mueble trabajados con arte. PIEZA *de plata labrada.* || Cada una de las partes que componen un artefacto. *Se ha roto una* PIEZA *de la caldera.* || Porción de tejido fabricado de una vez. *Compré una* PIEZA *de bramante.* || Cualquier aposento de una casa. *Ventilar las* PIEZAS. || Espacio de tiempo o lugar. || Animal de caza o pesca. || Bolillo o figura de madera, marfil u otra substancia, que sirve para jugar al ajedrez, a las damas y a otros juegos. || Obra dramática y especialmente la que tiene sólo un acto. || Composición suelta de música vocal o instrumental. *El pianista ejecutó varias* PIEZAS *fuera de programa.* || Con calificativo encomiástico, cosa sobresaliente. || V. **Crujía de piezas.** || *Blas.* Cada una de las figuras que se forman en el escudo y que representan objetos naturales o artificiales, tales como la banda, el palo, etc. || – **de artillería.** Cualquier arma de fuego que no puede ser llevada por un solo hombre. || – **de autos.** *Der.* Conjunto de papeles cosidos, pertenecientes a una causa o pleito. || – **de batir.** Antigua boca de fuego que servía para embestir murallas y otros lugares fuertes. || – **de examen.** Obra dificultosa con que el artífice, al examinarse de maestro demuestra su habilidad. || fig. Obra de mérito. || – **de leva.** *Mar.* Cañonazo que se tiraba al zarpar las embarcaciones. || – **de recibo.** La que en la casa se destina para admitir visitas. || – **honorable.** *Blas.* La que ocupa el tercio de la anchura del escudo. || **Buena, gentil,** o **linda, pieza.** loc. irón. **¡Buena alhaja!** || **Hacer piezas.** frs. Trocear una cosa. || **Quedarse** uno **de una pieza, en una pieza,** o **hecho una pieza.** frs. fig. y fam. Quedarse sorprendido o admirado, por haber visto u oído una cosa extraordinaria. || **Ser uno de una pieza.** frs. fig. y fam. *Arg.* y *Chile.* Ser justo, recto, íntegro. || *Méx.* Estar siempre de buen humor.

PIEZGO. (Del m. or. que *pielgo.*) m. Parte que corresponde a cualquiera de las extremidades del animal de cuyo cuero se ha hecho el odre. || fig. Todo cuero adobado que se prepara para transportar líquidos. *Un* PIEZGO *de licor.*

PIEZOELECTRICIDAD. (Del gr. *piezein,* comprimir, y de *electricidad.*) f. Conjunto de fenómenos eléctricos producidos por ciertos cristales sometidos a presión u otra acción mecánica.

PIEZOELÉCTRICO, CA. adj. Perteneciente o relativo a la piezoelectricidad.

PIEZÓMETRO. (Del gr. *piezein,* comprimir, y *metrón,* medida.) m. *Fís.* Instrumento para medir el grado de compresibilidad de los líquidos.

PÍFANO. al. **Querpfeife.** fr. **Fifre.** ingl. **Fife.** ital. **Piffero.** port. **Pífano.** (Del al. *Pfeife,* silbato.) m. Flautín usado en bandas militares. || Persona que toca este instrumento.

PIFIA. (De *pifiar.*) f. Golpe en falso dado con el taco en la bola de billar o de trucos. || fig. y fam. Error, descuido o dicho desacertado. || *Arg., Chile* y *Perú.* Burla, mofa. *Buena* PIFIA *le hicieron.* || *Ec.* y *Perú.* Silbatina.

PIFIAR. (Del al. *pfeifen,* silbar.) intr. Dejar oír demasiado el soplo del que toca la flauta travesera, que es un defecto muy notable. || tr. Hacer pifia en el billar o en los trucos.

PIGAFETTA, Francisco Antonio. *Biog.* Navegante ital., compañero de Magallanes en el primer viaje de circunnavegación del mundo, que describió en *Primer viaje en torno del Globo* (1491-1534).

PIGARGO. (Del lat. *pygargus,* y éste del gr. *pýgargos;* de *pygé,* trasero, y *argos,* blanco.) m. Ave rapaz, de cuerpo grueso, pico fuerte y corvo, plumaje leonado, cola blanca y pies, ojos y pico amarillos. Se alimenta de peces y aves acuáticas. || Ave rapaz con plumaje de color ceniciento obscuro en las partes superiores, blanco con manchas parduscas en las inferiores y cola blanca con tres bandas grisáceas.

PIGMALIÓN. Personaje de la mitología griega; obtuvo de la diosa Afrodita que concediese vida a una estatua esculpida por él.

PIGMALIÓN. *Lit.* Famosa comedia de George Bernard Shaw, una de las que sentaron definitivamente la nombradía mundial del autor. Obra intencionada, corrosiva, con atisbos pedagógicos, aplica un tema de la mitología a la sociedad moderna. Estrenada en 1912.

PIGMENTARIO, RIA. (Del lat. *pigmentarius.*) adj. Perteneciente o relativo al pigmento. *Células* PIGMENTARIAS.

PIGMENTO. (Del lat. *pigméntum.*) m. *Biol.* Nombre común de varias substancias colorantes que existen en los organismos. PIGMENTOS *biliares.*

PIGMEO, A. al. **Pygmäe.** fr. **Pygmée.** ingl. **Pigmy.** ital. **Pigmeo; pimmeo.** port. **Pigmeu.** (Del lat. *pygmaeus*, y éste del gr. *pygmaios*; de *pygmé*, puño.) adj. Aplícase a cierto pueblo fabuloso y a cada uno de sus individuos, los cuales, según la poesía griega antigua, no medían más de un codo de alto, si bien eran muy belicosos y hábiles flecheros. Ú.t.c.s. ‖ Negros enanos de África. Ú.t.c.s. ‖ fam. Muy pequeño. Ú.t.c.s. ‖ V. **Cambur pigmeo.**

PIGNORAR. (Del lat. *pignorare.*) tr. Empeñar, dar en prenda. ‖ deriv.: **pignoración.**

PIGNORATICIO, CIA. adj. Perteneciente o relativo a la pignoración. *Acreedor* PIGNORATICIO.

PIGRE. (Del m. or. que *pigro.*) adj. Tardo, negligente.

PIGRICIA. (Del lat. *pigritia.*) f. Pereza, negligencia, descuido.

PIGRO, GRA. (Del lat. *píger*, pigra.) adj. Pigre.

PIGÜÉ. *Geog.* Población de la Argentina, al O. de la prov. de Buenos Aires. 6.400 h. Producción agropecuaria.

PIHUA. (Del lat. *pédica*, traba.) f. Coriza, abarca.

PIHUELA. (Del lat. *pedulia*, pl. n. de *pedulis*; de *pes, pedis*, pie.) f. Correa con que se aseguran los pies de los halcones y otras aves. ‖ fig. Embarazo, estorbo. ‖ pl. fig. Grillos para aprisionar a los reos.

PIJAMA. al. **Pyjama; Schlafanzug.** fr. **Pyjama.** ingl. **Pajamas.** ital. **Piggiama.** port. **Pijama.** m. Vestimenta ligera y de tela lavable que se usa en el hogar y especialmente para dormir; se compone de chaqueta sin forrar y pantalón largo.

PIJIBAY. m. *C. Rica* y *Hond.* Palmera de tronco corto y grueso, hojas erguidas y fruto amarillo de sabor muy dulce; sus hojas se usan para cubrir techos.

PIJIJE. m. *Amér. Central.* Ave acuática de color acanelado que se cría en lugares pantanosos; su canto es agradable y su carne muy estimada.

PIJOÁN, José. *Biog.* Arq. y crítico esp., autor de una famosa *Historia del Arte* (1881-1963).

PIJOJO. m. *Cuba.* Árbol silvestre, de madera amarillenta, dura y pesada.

PIJOTA. f. Pescadilla.

PIJOTE. m. Esmeril, pieza de artillería.

PIJOTEAR. intr. *R. de la Plata* y *Col.* Hacer pijoterías. ‖ Mezquinar. Demorar el pago o ejecución de algo.

PIJOTERÍA. f. Menudencia molesta; dicho o pretensión desagradable.

PIJOTERO, RA. (De *pijota.*) adj. y s. fam. Molesto, pesado, ridículo. ‖ Miserable, mezquino.

PIJUÍ. *Arg.* y *Bol.* Pajarillo de plumaje pardo; su nombre es onomatopeya del canto. *Synallaxis superciliosa*, furnárido.

PIJUY. m. *Amér.* Ani, ave.

PILA. al. **Trog; Taufstein.** fr. **Auge; bénitier.** ingl. **Trough; font.** ital. **Pila.** port. **Pia.** (Del lat. *pila.*) f. Pieza grande, cóncava y profunda, de piedra o de otra materia, donde cae o se echa el agua para varios usos. ‖ Pieza de piedra, cóncava, con pedestal y tapa de madera, que hay en las iglesias parroquiales para administrar el sacramento del bautismo. sinón.: **baptisterio.** ‖ V. **Nombre, padre de pila.** ‖ Montón o rimero que se hace poniendo una sobre otra las piezas o porciones de que se compone una cosa. PILA *de cueros, de chapas.* ‖ Conjunto de toda la lana que se corta anualmente y que pertenece a un dueño. ‖ fig. Parroquia o feligresía. ‖ *Arq.* Cualquiera de los machones que sostienen dos arcos contiguos o los tramos metálicos de un puente. ‖ *Fís.* Generador de corriente eléctrica que utiliza la energía liberada en una reacción química. ‖ Pila atómica o reactor nuclear constituidos por una **pila** de bloques de grafito que contienen las barras de uranio. ‖ *Metal.* Receptáculo colocado delante de los hornos de fundición, en el cual cae el metal fundido. ‖ — **bautismal.** Pila de iglesia. ‖ — **reversible.** *Fís.* La que puede recuperar su estado primitivo mediante una corriente, llamada de carga, que tiene sentido opuesto a la suministrada por la **pila.** ‖ **Sacar de pila,** o **tener en la pila,** a uno. frs. Ser padrino de una criatura en el bautismo. ‖ IDEAS AFINES: *Agua bendita, santiguar, bendecir, hisopo, caño, grifo, fuente, pilón, pileta.*

PILADA. f. Argamasa preparada de una vez. ‖ Porción de paño que se abatana de una vez. ‖ Pila, rimero.

PILANDERÍA. f. *Col.* Establecimiento donde se pila.

PILANDERO, RA. s. *Col.* Persona que pila granos en pilón.

PILAPILA. f. *Chile.* Planta malvácea de tallo rastrero y con nuevas raíces junto al peciolo de cada hoja interior.

PILAR. al. **Pfeiler.** fr. **Pilier.** ingl. **Pillar.** ital. **Pilastro.** port. **Pilar.** (De *pila.*) m. Pilón, abrevadero. ‖ Hito, mojón para señalar caminos. ‖ Especie de pilastra aislada que se pone en los edificios. ‖ *Arq.* Elemento prismático o cilíndrico que sirve de apoyo en arquerías. ‖ fig. Persona que sirve de amparo.

PILAR. (Del lat. *pilare*, de *pila*, mortero.) tr. Descascarar los granos en el pilón.

PILAR. *Geog.* Ciudad de la Argentina (Buenos Aires), al N.O. de la capital del país. 6.000 h. ‖ C. del Paraguay, capital del dep. de Ñeembucú. 10.800 h. Industria maderera.

PILAREJO. m. dim. de **Pilar.**

PILASTRA. (Del ital. *pilastro*, y éste del lat. *pila*, pilar.) f. Columna de sección cuadrangular. ‖ *Arq.* Columna chata, adosada a un muro o empotrada en él.

PILASTRÓN. m. aum. de **Pilastra.**

PILATERO. m. Batanero que en el obraje de paños asiste a las pilas del batán para deslavazarlos y enfurtirlos.

PILATO, Poncio. *Biog.* Gobernador romano de Judea; condenó a muerte a Jesucristo, declarándose sin embargo "inocente de la sangre de ese justo" (m. 40).

PILCA. f. *Amér. del S.* Tapia de piedra y barro.

PILCOMAYO. *Geog.* Río de América del Sur. Nace en Bolivia (Potosí), sirve de límite entre Paraguay y Argentina, y des. en el río Paraguay, frente a Asunción. 1.100 km.

PILCHA. (Del arauc. *pulcha*, arruga.) f. *Chile* y *R. de la Plata.* Prenda del recado de montar. ‖ Prenda de vestir; originariamente pobre o en mal estado. ‖ *Chile.* Jirón de cuero.

PILCHE. m. *Perú.* Jícara o vasija de madera.

PÍLDORA. al. **Pille.** fr. **Pillule.** ingl. **Pill.** ital. **Pillola.** port. **Pílula.** (Del lat. *pílula*, dim. de *pila.*) f. Bolita que se hace mezclando un medicamento con un excipiente. PÍLDORAS *balsámicas.* ‖ Bola o mecha de estopas, hilas, etc., que, mojada en un medicamento, era puesta en heridas y llagas. ‖ fig. y fam. Pesadumbre o mala nueva que se da a alguien. ‖ **Dorar la píldora.** frs. fig. y fam. Suavizar blanda y artificiosamente una mala noticia o la contrariedad que se causa. ‖ **Tragarse** uno **la píldora.** frs. fig. y fam. Creer una patraña. ‖ IDEAS AFINES: *Medicina, homeopatía, comprimido, gragea, esferoidal, perla, droga, laboratorio, idóneo, farmacia, receta, somnífero.*

PILDORERO. m. *Farm.* Aparato para hacer píldoras.

PILEO. (Del lat. *pileus.*) m. Sombrero o gorra que usaban los romanos libres y ponían a los esclavos al darles libertad.

PILERO. (De *pila.*) m. El que amasa con los pies el barro para fabricar adobes u objetos de alfarería.

PILETA. f. dim. de **Pila.** ‖ *Can., Arg.* y *Urug.* Pila de cocina de lavar o de abrevadero. ‖ Piscina, natatorio. ‖ *Min.* Lugar en que las aguas son recogidas en las minas.

PILÍFERO, RA. adj. Que tiene pelos.

PILMAIQUÉN. *Geog.* Río de Chile (Valdivia). Nace en el lago Puyehue y des. en el río Bueno. 50 km.

PILME. m. *Chile.* Coleóptero del género cantárido, negro, con los muslos rojos, muy dañino para las huertas. ‖ fig. Persona muy flaca.

PILO. (Del lat. *pílum.*) m. Arma arrojadiza, a modo de lanza, usada en la antigüedad.

PILO. m. *Chile.* Arbusto de lugares húmedos; tiene hojas menudas y flores amarillas, y su cáscara es vomitiva.

PILOCARPINA. (Del lat. mod. *pilocarpus*, nombre genérico del jaborandi.) f. Alcaloide, antagonista de la atropina, que se extrae de las hojas del jaborandi.

PILÓN. al. **Brunnenbecken.** fr. **Basin.** ingl. **Bassin.** ital. **Vasca.** port. **Pilão.** m. aum. de **Pila.** ‖ Receptáculo de piedra construido en las fuentes para que, cayendo el agua en él, sirva de abrevadero, lavadero, etc. ‖ Especie de mortero para amasar granos, etc. ‖ Pan de azúcar refinado, de figura cónica. ‖ Pesa que, pendiente del astil de la romana, puede moverse hacia puntos marcados, determinando así el peso de las cosas al equilibrarse con ellas. ‖ Piedra grande, pendiente de los husillos en molinos de aceite o lagares, para apretar la viga. ‖ Montón o pila de cal, con arena y agua, que se deja en figura piramidal para que ligue mejor cuando haya de usarse. ‖ V. **Azúcar de pilón.** ‖ **Beber del pilón.** frs. fig. y fam. Recibir y publicar noticias del vulgo. ‖ **Haber bebido del pilón.** frs. fig. y fam. Haber cedido ya de su rigor inicial algún magistrado.

PILÓN. (Del gr. *pylón*, portal, puerta.) m. Pilono.

PILÓN, Germán. *Biog.* Escultor fr., autor del famoso grupo de *Las Tres Gracias; Las virtudes cardinales;* los mausoleos de Enrique II y Francisco I, etc. (1535-1590).

PILONERO, RA. (De *pilón*, 1er. art.) adj. fig. y fam. Dícese de noticias vulgares o de quien las propala.

PILONGO, GA. (De *pelar.*) adj. Flaco, macilento. ‖ V. **Castaña pilonga.**

PILONO. m. Portada de los templos del antiguo Egipto. sinón.: **pilón.**

PILÓRICO, CA. adj. *Anat.* Perteneciente o relativo al píloro. *Dilatación* PILÓRICA.

PILORIZA. f. *Bot.* Parte terminal de la raíz que cubre a modo de dedal protegiendo la zona de crecimiento.

PÍLORO. (Del lat. *pylorus*, y éste del gr. *pylorós*, portero; de *pyle*, puerta, y *ora*, vigilancia.) m. *Zool.* Abertura inferior del estómago, por la cual pasan los alimentos a los intestinos.

PILOSO, SA. (Del lat. *pilosus.*) adj. Peludo.

PILOTAJE. m. Ciencia y arte con las que se aprende el oficio de piloto. ‖ *Mar.* Derecho pagado por naves en algunos puertos o entradas de ríos en que se necesita de pilotos prácticos.

PILOTAJE. m. Conjunto de pilotes que se hincan en tierra para consolidar los cimientos.

PILOTAR. al. **Lotsen; stevern.** fr. **Piloter.** ingl. **To pilot.** ital. **Pilotare.** port. **Pilotar.** tr. Dirigir un buque, especialmente a la entrada o salida de puertos, barras, etc. ‖ Dirigir un automóvil, aeroplano, etc.

PILOTE. (Del lat. *pila*, pilar.) m. Madero rollizo que suele tener una punta de hierro, la que se hinca en tierra para afirmar los cimientos. Se hacen también de hormigón armado.

PILOTEAR. (De *piloto.*) tr. Pilotar.

PILOTÍN. m. dim. de **Piloto.** ‖ El que servía como ayudante del piloto en los buques.

PILOTO. al. **Letse; Pilot.** fr. **Pilot.** ingl. **Pilot.** ital. **Piloto; pilota.** port. **Piloto.** (Del ital. *piloto.*) m. El que dirige un barco en la navegación. ‖ El segundo de un barco mercante. ‖ El que dirige un automóvil, aeroplano, etc. PILOTO *de pruebas.* ‖ fig. El que guía la acción en una empresa o en investigaciones o estudios. ‖ *Arg.* Prenda de vestir, especie de impermeable. ‖ — **de altura.** El que, guiándose por las observaciones de los astros, dirige las operaciones en alta mar. ‖ IDEAS AFINES: *Avión, embarcación, dirección, derrotero, brújula, bitácora, carta, timonel, prognóstico, estrella polar, rosa de los vientos.*

PILPAY. *Biog.* Erudito hindú que según la leyenda vivió en tiempos remotos. Su notable colección de apólogos sirvió de modelo a los fabulistas de la antigüedad.

PILPIL. m. *Chile.* Bejuco de hojas trifoliadas y flores blancas que produce el cóguil.

PILPILÉN. m. *Chile.* Ave zancuda, de pico rojo y largo, con el que abre las valvas de los mariscos que le sirven de alimento.

PILSEN. *Geog.* Ciudad de Checoslovaquia, en Bohemia, al S.O. de Praga. 157.000 h. Fábricas de cerveza. Cristales. Metalurgia.

PILSUDSKI, José. *Biog.* Mil. y estadista polaco, pres. de su país de 1919 a 1922. Desde 1926 hasta su muerte se erigió en dictador de Polonia (1867-1935).

PILTRACA. f. Piltrafa.

PILTRAFA. (De *piel trefe.*) f. Parte de la carne flaca. ‖ pl. Por ext., residuos menudos de viandas y desechos de otras cosas.

PILTRAFEAR. tr. *Chile.* Sacar beneficio.

PILTRE. (Del arauc. *pulcha*, arruga.) adj. *Chile.* Arrugado, lacio.

PILUCHO, CHA. adj. *Chile.* Desnudo, sin vestido.

PILVÉN. (Voz araucana.) m. *Chile.* Pez de agua dulce, de unos diez centímetros de largo, que anda siempre en cardumen.

PILLADA. f. fam. Acción propia de un pillo.

PILLADO, José Antonio. *Biog.* Escritor arg., autor de varias novelas y de un *Diccionario biográfico argentino.* (1845-1914).

PILLADOR, RA. adj. y s. Que hurta o toma por fuerza algo.

PILLAJE. al. **Plünderung.** fr. **Pillage.** ingl. **Pillage.** ital. **Saccheggio.** port. **Pilhagem.** (De *pillar.*) m. Hurto, rapiña, latrocinio. ‖ *Mil.* Despojo, robo, saqueo que hacen los soldados en país enemigo. ‖ IDEAS AFINES: *Botín, pirata, abordaje, guerra, vencido, soldadesca, asolar, violencia, matanza.*

PILLÁN. m. *Chile.* El diablo.

PILLAR. al. **Plündern.** fr. **Piller.** ingl. **To pillage.** ital. **Rubare.** port. **Pilhar.** (Del lat. *pilare*, despojar, robar.) tr. Hurtar, robar. ‖ Coger, agarrar o aprehender a una persona o cosa. PILLÓ *la pelota y la arrojó lejos.* ‖ Alcanzar o atropellar embistiendo. *A Pedro lo* PILLÓ *un automóvil.* ‖ fam. Coger, descubrir un engaño. *Lo* PILLÉ *en varias mentiras.* ‖ Sobrevenir a uno una cosa, cogerlo desprevenido, sorprenderlo. *La noche nos* PILLÓ *en el monte.* ‖ Coger, hallar o encontrar a uno en determinada situación, temple, etc. *Me* PILLAS *de buen humor.* ‖ Hallarse o encontrarse en determinada situación local respecto de la persona que es complemento directo. *Tu casa nos pilla de camino.* Ú.t.c. intr. *Ese barrio* PILLA *muy a trasmano.*

PILLASTRE. m. fam. Pillo.

PILLASTRÓN. m. aum. de **Pillastre.**

PILLEAR. intr. fam. Hacer vida de pillo u obrar como tal.

PILLERÍA. f. fam. Gavilla de pillos. ‖ Pillada.

PILLETE. m. dim. de **Pillo.**

PILLÍN. m. dim. de **Pillo.**

PILLO. (Del arauc. *pillu.*) m. Ave zancuda, especie de ibis blanco con manchas negras, de picos y patas muy largas y en cada una de éstas cuatro dedos unidos por una membrana. Se alimenta de reptiles.

PILLO, LLA. al. **Schlingel.** fr. **Fripon.** ingl. **Knavish.** ital. **Mascalzone.** port. **Pulha.** (de *pillar.*) adj. fam. Aplícase al pícaro sin crianza y de malos modales. Ú.m.c.s.m. ‖ Sagaz, astuto. Ú.m.c.s.m.

PILLOPILLO. (Del arauc. *pillu pillu.*) m. *Chile.* Árbol timeleáceo, de flores blanquecinas dioicas, cuya corteza es purgante y vomitiva.

PILLUELO, LA. adj. dim. de **Pillo.** Ú.m.c.s.m.

PIMENTAL. m. Terreno sembrado de pimientos.

PIMENTEL, Antonio. *Biog.* Naturalista guat. que acompañó a Malaspina en su viaje científico por América (1753-1792). ‖ – **Antonio de.** Escultor y arquitecto esp. que ejecutó en Bogotá el claustro de la capilla del Rosario, en estilo clásico (s. XVI). ‖ – **Francisco.** Historiador y filósofo mex., autor de *Historia crítica de la poesía en México; Cuadro descriptivo y comparativo de las lenguas indígenas de México* y otras obras. (1832-1893). ‖ – **Francisco.** Escritor ven., destacado como poeta humorístico; usó el seudónimo de **Job Pim** en *Fábulas; Jabón de Castilla; Pitorreos*, etc. (1889-1942). ‖ – **Juan de.** Político esp., gobernador de Venezuela de 1577 a 1583. ‖ – **Manuel.** Poeta venez., autor de sonetos sobre temas históricos (1863-1907). ‖ – **Pedro Antonio.** Político dom., presid. de la Rep. de 1865 a 1866.

PIMENTERO. (Del b. lat. *pigmentarius*, y éste del lat. *pigméntum*, pimiento.) m. Arbusto trepador, de tallos ramosos que alcanzan diez metros de largo, con nudos gruesos, de donde nacen raíces adventicias; hojas alternas, enteras, aovadas; flores en espigas, y cuyo fruto es la pimienta. *Piper nigrum*, piperácea. ‖ Vasija en que se pone la pimienta molida. ‖ – **falso.** Turbinto.

PIMENTÓN. m. aum. de **Pimiento.** ‖ Polvo obtenido moliendo pimientos colorados secos. ‖ En algunas partes, pimiento, fruto.

PIMIENTA. al. **Pfeffer.** fr. **Poivre.** ingl. **Pepper.** ital. **Pepe.** port. **Pimenta.** (De *pimiento.*) f. Fruto del pimentero. Es una baya carnosa, rojiza, de cuatro milímetros de diámetro, cuya semilla esférica, córnea, aromática, es usada como condimento, por ser picante. ‖ Cosecha de pimientos. ‖ – **blanca.** Aquella a la que se le ha quitado la corteza. ‖ – **de Chiapa** o **Tabasco.** Malagueta, fruto. ‖ – **falsa.** Fruto del turbinto. ‖ – **inglesa.** Malagueta seca y molida. ‖ – **larga.** Fruto de un pimentero asiático de hojas largas, poco simétricas y flores amarillentas; es de forma elipsoidal. ‖ – **loca.** La silvestre. ‖ – **negra.** La que conserva la corteza. ‖ – **silvestre.** Sauzgatillo. ‖ **Comer uno pimienta.** frs. fig. y fam. Airarse, picarse. ‖ **Ser uno como una,** o **una pimienta.** frs. fig. y fam. Ser muy agudo y perspicaz. ‖ **Tener mucha pimienta.** frs. fig. y fam. Estar muy alto el precio de una mercancía.

PIMIENTILLA. f. *Hond.* Arbusto verbenáceo que secreta la cera vegetal.

PIMIENTO. al. **Paprikaschotte.** fr. **Piment.** ingl. **Pepper.** ital. **Peperone.** port. **Pimenta; pimentão.** (Del lat. *pigméntum*, color para pintar.) m. Planta herbácea anual, con tallos ramosos de cuarenta a sesenta centímetros de altura; hojas lanceoladas, enteras y lampiñas; flores blancas, axilares y fruto en baya hueca, de forma generalmente cónica y de punta obtusa, con multitud de semillas planas, circulares y amarillentas. Es planta americana. *Capsicum annuum*, solanácea. ‖ Fruto de esta planta, muy usado como alimento. ‖ Pimentero, arbusto. ‖ Pimentón, pimiento molido. ‖ Roya, honguillo parásito. ‖ – **de bonete. Pimiento de hocico de buey.** ‖ – **de cerecilla. Pimiento** de las Indias de sabor picante, con forma de cucurucho y punta encorvada. ‖ – **de hocico de buey.** Variedad del **pimiento** más grueso y más dulce que el de las otras castas. ‖ – **de las Indias.** Guindilla, fruto del guindillo de Indias. ‖ – **loco,** o **montano.** Sauzgatillo. ‖ – **morrón. Pimiento de hocico de buey.** ‖ – **silvestre. Pimiento loco.**

PIMPAMPUM. (Voz onomatopéyica.) m. Juego en que se procura derribar a pelotazos muñecos puestos en fila.

PIMPANTE. (Del fr. *pimpant.*) adj. Rozagante, garboso.

PIMPIDO. m. Pez semejante a la mielga aunque de carne más sabrosa.

PIMPÍN. (Voz onomatopéyica.) m. Juego infantil, semejante a la pizpirigaña. ‖ **Aguzanieves.**

PIMPÍN, Tomás. *Biog.* Impresor filipino; publicó en 1610 *Arte y reglas de la lengua tagala*, primera gramática impresa en esa lengua en Filipinas.

PIMPINA. f. *Ven.* Botija de cuello largo.

PIMPINELA. (En fr. *pimprenelle;* en ital. *pimpinella.*) f. Planta herbácea vivaz, con tallos erguidos rojizos y ramosos de cuarenta a sesenta centímetros, hojas compuestas de hojuelas pecioladas y elípticas; flores terminales en espigas apretadas, sin corola y con cáliz purpurino, que se convierte en fruto elipsoidal y que encierra dos o tres semillas pequeñas, alargadas, de color pardo. Se ha usado en medicina como tónica y diaforética. *Poterium ganguisorba*, rosácea. ‖ – **mayor.** Planta que se diferencia de la anterior en llegar a un metro de altura, tener las hojuelas sin peciolo y las flores con el cáliz negro rojizo y una sola semilla en el fruto. Se empleó en medicina como vulneraria y contra las hemorragias. ‖ – **menor. Pimpinela.**

PIMPLAR. tr. y r. fam. Beber vino.

PIMPLEO, A. (Del lat. *pimpleus.*) adj. Perteneciente o relativo a las musas.

PIMPOLLADA. (De *pimpollo.*) f. Pimpollar.

PIMPOLLAR. m. Lugar poblado de pimpollos.

PIMPOLLEAR. intr. Pimpollecer.

PIMPOLLECER. intr. Echar renuevos o pimpollos. ‖ irreg. Conj. como **agradecer.**

PIMPOLLEJO. m. dim. de **Pimpollo.**

PIMPOLLO. al. **Schössling; Knospe.** fr. **Rejeton; bourgeon.** ingl. **Sucker; sprount.** ital. **Germoglio; boccio.** port. **Pimpolho.** (De *pino* y *pollo.*) m. Pino nuevo. ‖ Árbol nuevo. ‖ Vástago nuevo de las plantas. ‖ Rosa o capullo por abrir. ‖ fig. y fam. Niño o niña y también el joven o la joven que se distinguen por su belleza y donaire. ‖ Ideas afines: *Florecer, primavera, brote, botón, promesa, adolescencia.*

PIMPOLLUDO, DA. adj. Que tiene muchos pimpollos. *Rosal* PIMPOLLUDO.

PINA. (Del lat. *pinna*, pluma, almena.) f. Mojón terminado en punta. ‖ Cada uno de los trozos curvos de madera que forman la rueda del coche, donde encajan por la parte interior los rayos y por la exterior se asientan las llantas de hierro. ‖ *Bot.* Pinna.

PINABETE. (De *pino* y *abeto.*) m. Abeto, árbol.

PINACATE. m. *Méx.* Escarabajo negruzco y hediondo, propio de lugares húmedos.

PINACOIDE. (Del gr. *pínax, -akos*, cuadro.) m. *Min.* Cada cara paralela al plano formado por otros dos, perpendicular a un eje y de ciertas formas cristalinas.

PINACOTECA. al. **Gemäldegalerie; Pinakothek.** fr. **Pinacothèque.** ingl. **Pinacotheca.** ital. **Pinacoteca.** port. **Pinacoteca.** (Del gr. *pinakotheke;* de *pínax*, cuadro, y *theke*, depósito.) f. Galería o museo de pinturas. ‖ Ideas afines: *Biblioteca, exposición, colección, salón, cuadros, lienzos, arte.*

PINÁCULO. (Del lat. *pinnáculum.*) m. Parte superior de un edificio monumental. *El* PINÁCULO *de una catedral.* ‖ fig. Parte más sublime de un arte, filosofía o ciencia.

PINADORA. adj. Pinnado, da.

PINAR. al. **Kiefesnwald.** fr. **Pinède.** ingl. **Pine grow.** ital. **Pineta.** port. **Pinheiral.** m. Lugar poblado de pinos.

PINAR DEL RÍO. *Geog.* Provincia del extremo N. O. de Cuba. 10.859 km². 547.268 h. Importantísima zona tabacalera. Producción agropecuaria y minera. Cap. hom. 118.321 h., con el mun. Tabacos.

PINAREJO. m. dim. de **Pinar.**

PINAREÑO, ÑA. adj. y s. De Pinar del Río, provincia y ciudad de Cuba.

PINARIEGO, GA. adj. Perteneciente al pino.

PINASTRO. (Del lat. *pináster, -tri.*) m. **Pino rodeno.**

PINATAR. m. Pinar o plantío de pinos nuevos.

PINATERO. m. *Cuba.* Cao.

PINATÍFIDO, DA. (Del lat. *pinnatus*, alado, y *fíndere*, dividir.) adj. *Bot.* Hendido al través, en tiras largas.

PINATRA. f. *Chile.* Nombre dado al fruto del roble.

PINAZA. (De *pino.*) f. Embarcación pequeña, de remo y vela que se usó en la marina mercante.

PINAZO CAMARLENCH, Ignacio. *Biog.* Pintor esp. (1849-1916), autor de *Sancho leyendo el Quijote; Santa Rosa de Lima; Las hijas del Cid*, etc. ‖ – **MARTÍNEZ, José.** Pintor esp., hijo del anterior (1879-1933). Obras: *Frutos levantinos; A plena vida; Calvario en Godella*, etc.

PINCARRASCA. f. Pincarrasco.

PINCARRASCAL. m. Lugar poblado de pincarrascos.

PINCARRASCO. (De *pino* y *carrasco.*) m. Especie de pino de tronco tortuoso, corteza resquebrajada de color pardo rojizo, hojas largas y delgadas, y piñas de color de canela, con piñones pequeños.

PINCEL. al. **Pinsel.** fr. **Pinceau.** ingl. **Brush.** ital. **Pennelo.** port. **Pincel.** (Del lat. *penicillus.*) m. Instrumento con que el pintor asienta los colores en el lienzo, etc. Hácese de un cañón de plumas, madera o metal, en el que se introducen y ajustan pelos de la cola de las ardillas, martas u otros animales. ‖ Cualquiera de las plumas que los vencejos tienen debajo de la segunda pluma del ala, y que suelen servir de **pincel.** ‖ fig. Mano o sujeto que pinta. ‖ Obra pintada. ‖ Modo de pintar. ‖ *Mar.* Palo largo y delgado, con una escobilla, que se usa para dar alquitrán a los costados y palos de la nave. ‖ Ideas afines: *Brocha, hisopo, cerda, albañil, pincelada, barnizar, encolar.*

PINCELADA. f. Trazo o golpe dado con el pincel. ‖ fig. Expresión sucinta de una idea o de un rasgo característico. ‖ **Dar la última pincelada.** frs. fig. Perfeccionar o concluir una obra.

PINCELAR. (De *pincel.*) tr. Pintar puertas, cuadros, etc. ‖ Retratar, hacer retratos.

PINCELERO, RA. s. Persona que hace o vende pinceles. ‖ m. Brucero. ‖ Caja en que los pintores al óleo guardan los pinceles.

PINCELOTE. m. aum. de **Pincel.**

PINCERNA. com. Copero, quien servía la copa a su señor.

PINCIANO, NA. (Del lat. *pintianus*, de *Pintia*, mansión romana en la región de los Vacceos, cuyo sitio se ha creído equivocadamente que ocupa la ciudad de Valladolid.) adj. Vallisoletano. Apl. a pers., ú.t.c.s.

PINCIO, Monte. *Geog.* Colina romana al E. del Tíber, donde tuvo su residencia la familia de los Pincios. Es famosa también por los maravillosos jardines que rodean la villa Borghese.

PINCULLO. m. Instrumento musical del grupo de los aerófonos. Es un tipo de flauta que se distingue por su embocadura, similar a la del clarinete.

PINCHADURA. f. Acción y efecto de pinchar o pincharse.

PINCHAR. al. **Stechen.** fr. **Piquer.** ingl. **To prick.** ital. **Pungere.** port. **Picar.** (De *pincho.*) tr. Picar, punzar o herir con una cosa aguda o punzante. Ú.t.c.s. Se PINCHÓ *con una espina.* ‖ fig. Picar, estimular. *Habrá que* PINCHARLE *para que estudie;* sinón.: **acicatear, incitar.** ‖ Enojar. ‖ **No pinchar ni cortar.** frs. fig. Tener poco valimiento o influjo en un asunto. ‖ deriv.: **pinchador, ra; pinchamiento; pinchante.**

PINCHAÚVAS. (De *pinchar* y *uva.*) m. fig. y fam. Pillete que en los mercados hurta la garulla pinchándola con un palillo u otro instrumento. ‖ Hombre despreciable.

PINCHAZO. m. Punzadura hecha con instrumento o cosa que pincha. *Me dolió el* PINCHAZO *de la inyección.* ‖ fig. Hecho o dicho mortificante.

PINCHE. (De *pinchar.*) m. Galopín de cocina. sinón.: **marmitón, sollastre.** ‖ *Arg.* Empleado de oficina de poca importancia. ‖ *Arg.* y *P. Rico.* Alfiler grande con que sujetan el sombrero las mujeres. ‖ *Méx.* y *P. Rico.* Bribón.

PINCHO. (Del lat. *púnctum.*) m. Aguijón o punta aguda. ‖ Varilla de acero, con mango en un extremo y punta en el otro, para reconocer cargas. *El aduanero atravesó las bolsas con el* PINCHO.

PINCHÓN. m. Pinzón, pájaro.

PINCHUDO, DA. adj. Que tiene pinchos o púas.

PINDÁRICO, CA. adj. Propio y característico del poeta griego Píndaro, o semejante a alguna de sus obras. *De los poemas* PINDÁRICOS *se conservan íntegros sólo las odas triunfales.*

PÍNDARO. *Biog.* Famoso poeta gr. del cual se han conservado las odas: *Olimpia; Delfos o Pito; Del Istmo* y *De Nemea.* La riqueza y variedad de ritmos, la fuerza inventiva, la perfección estilística y la elevación poética del conjunto hacen que sus odas figuren entre las obras maestras de la lírica gr. (522-441 a. de C.).

PINDO. *Geog.* Cordillera de Grecia sit. entre el Epiro y la Tesalia. Culmina a los 2.574 m. en el monte Smolikas. En la antigüedad estaba consagrada a Apolo y a las musas.

PINDÓ. m. *Arg.* Palmera de las riberas del Paraná, cuyo delgado tronco alcanza a cuarenta metros de altura y sus hojas son usadas como forraje. *Cocos romanzaffiana*, palmácea.

PINDONGA. f. fam. Mujer callejera.

PINDONGUEAR. (De *pindonga.*) intr. fam. Callejear.

PINEAL. adj. De forma de piña. ‖ V. **Glándula pineal.**

PINEDA. (Del lat. *pinétum.*) f. Pinar.

PINEDA, Anselmo. *Biog.* Militar col.; donó al Estado una valiosa colección de libros sobre historia de su país. Participó en hechos guerreros y ocupó cargos en el gobierno (1805-1880). ‖ – **Laureano.** Estadista nicar., de 1851 a 1853 presid. de la Rep. ‖ – **Mariana.** Dama esp.; murió ajusticiada por sus ideas liberales (1804-1831).

PINEDA. f. Especie de cinta de hilo y estambre tejida de varios colores, usada comúnmente para ligas.

PINEDO. m. *Amér. del S.* Pinar.

PINEL, Felipe. *Biog.* Médico fr.; revolucionó los métodos psiquiátricos al introducir un tratamiento más humano para los enfermos mentales (1745-1826).

PINGA. (De *pingo.*) f. Percha por lo común de metro y medio de largo, que se lleva al hombro y en la que se conduce la carga que se cuelga de las extremidades del palo. Es voz de uso en Filipinas.

PINGAJO. (De *pingo.*) m. fam. Arrapiezo que cuelga de alguna parte. sinón.: **andrajo, harapo.**

PINGAJOSO, SA. adj. Haraposo.

PINGANELLO. m. Calamoco.

PINGANILLA. m. *Amér.* Persona pobre que presume de elegante.

PINGANILLO, LLA. adj. *Bol.* y *Ec.* Elegante, bien trajeado. Ú.t.c.s.m. ‖ *Col.* Rechoncho.

PINGANITOS (En). m. adv. fam. En puestos elevados o en situación cómoda y próspera.

PINGAR. intr. Gotear lo que está empapado en algún líquido. ‖ Brincar. ‖ tr. Inclinar.

PINGO. (De un deriv. del lat. *péndere*, pender.) m. fam. Pingajo. ‖ *Arg.* Caballo corredor, de buenas condiciones. ‖ *Chile* y *Perú.* Rocín, caballo malo. ‖ *Méx.* El diablo. ‖ pl. fam. Vestidos baratos de mujer.

PINGOPINGO. m. *Chile.* Arbusto conífero, de ramas articuladas y hojas opuestas, y por fruto unas nuececitas, que, así como sus hojas, son diuréticas. *Ephedra andina.*

PINGOROTE. m. fam. Peruétano, parte saliente de alguna cosa.

PINGOROTUDO, DA. (De *pingorote.*) adj. fam. Empinado, elevado.

PINGOTEAR. intr. *Bol.* Corvetear.

PING-PONG. (Expr. onomatopéyica.) m. Tenis de salón, que se juega sobre una mesa. Llámase también **tenis de mesa.**

PINGUE. (Del hol. *pink.*) m. Nave de carga, cuyas medidas aumentan en la bodega.

PINGÜE. al. **Fettig; ergiebig.** fr. **Gras; productif.** ingl. **Pinguid; plentiful.** ital. **Pingue.** port. **Pingue.** (Del lat. *pinguis.*) adj. Gordo, craso, mantecoso. ‖ fig. Abundante, fértil, copioso. PINGÜES *ganancias.*

PINGÜEDINOSO, SA. (Del lat. *pinguedo, -inis*, grasa, manteca.) adj. Que tiene gordura.

PINGÜINO. al. **Pinguin.** fr. **Pin-**

guin. ingl. **Penguin.** ital. **Pinguino.** port. **Pingüim.** m. Ave palmípeda de los mares del hemisferio austral, de pico alto y comprimido. Gén. *Alca.* ‖ Llámase así, impropiamente, al **pájaro bobo.**

PINÍFERO, RA. (Del lat. *pinifer, -eri;* de *pinus,* pino, y *ferre,* llevar.) adj. poét. Abundante en pinos.

PINILLO. (dim. de *pino,* árbol.) m. Planta herbácea anual, de tallos velludos y ramosos, hojas en lacinias y florecillas amarillas y solitarias que desprenden un olor semejante al del pino. *Ajuga chamaepitys,* labiada. ‖ Mirabel, planta salsolácea.

PINILLOS, Alfonso G. *Biog.* Patriota, jurisc. y filántropo per. Actuó en las luchas por la independencia de su patria e inició el movimiento de emancipación de los negros (1790-1861).

PININO. m. fam *Amér.* Pinito. Ú. m. en pl. y con el verbo *hacer.*

PINITO. (dim. de *pino,* 2º art.) m. Pino, primeros pasos del niño o del convaleciente. Ú. m. en pl. y con el verbo *hacer.*

PINJANTE. (De *pinjar.*) adj. Aplícase a la joya o pieza de oro, plata u otra materia, que se lleva como adorno. Ú.m.c.s. ‖ *Arq.* Dícese del adorno que cuelga de lo superior de la fábrica. Ú.m.c.s.

PINKERTON, Juan. *Biog.* Geógrafo y lit. inglés, autor de *Geografía moderna; Colección general de viajes* y de obras poéticas como *Baladas trágicas escocesas; Poesías,* etc. (1758-1826).

PINKIANG. f. Nombre chino de Harbin.

PINNA. (Del lat. *pinna,* pluma.) f. p. us. *Bot.* En las hojas compuestas, foliolo.

PINNADO, DA. (Del lat. *pinnatus,* de *pinna,* pluma.) adj. *Bot.* Dícese de la hoja compuesta de hojuelas insertas a uno y otro lado del peciolo, como las barbas de una pluma.

PINNÍPEDO, DA. (Del lat. *pinna,* aleta, y *pes, pedis,* pie.) adj. *Zool.* Dícese de mamíferos carnívoros adaptados a la vida acuática, que tienen las extremidades transformadas en aletas, viven en el mar y se mueven con dificultad en tierra; como las focas y lobos marinos. Ú.t.c.s. ‖ m. pl. *Zool.* Orden de estos animales.

PINO. al. **Kiefer.** fr. **Pin.** ingl. **Pine.** ital. **Pino.** port. **Pinheiro.** (Del lat. *pinus.*) m. Nombre dado a numerosas coníferas abietáceas del género *Pinus,* de madera fibrosa y dura, hojas aciculares y flores masculinas y femeninas en ramas distintas. Tiene por fruto la piña, y por semilla el piñón. ‖ fig. poét. Nave o embarcación. ‖ **– albar.** *Bot.* El que llega hasta 30 m, de ramas gruesas, piñas pequeñas y hojas cortas. Su madera se usa mucho en construcción. *P. silvestris.* ‖ **Pino piñonero.** ‖ **– alerce.** Alerce. ‖ **– doncel** o **manso. Pino piñonero.** ‖ **– marítimo. Pino rodeno.** ‖ **– melis.** Variedad del **pino negral,** muy apropiada para entarimados, puertas, etc. ‖ **– negral** o **pudio.** El que llega hasta 40 m de altura, de corteza grisácea, hojas largas y fuertes y piñas pequeñas. *P. laricio.* ‖ **– negro.** El de 10 a 20 m, de corteza lisa, color pardo y hojas cortas. *P. montana.* ‖ **– piñonero.** Especie que llega a 30 m, de tronco muy derecho y copa ancha, hojas largas y piñas aovadas, con piñones comestibles. *P. pinea.* ‖ **– rodeno.** El mediano, de corteza áspera, hojas largas, gruesas y rígidas y piñas grandes y puntiagudas. Su madera es la más abundante en resina. *P. pinaster.* ‖ **– tea.** Especie de **pino** cuya madera es abundante en resina, de color rojizo, compacta y dura muy usada en carpintería. ‖ IDEAS AFINES: *Abeto, ciprés, árbol de Navidad, pinar, alquitrán, brea, pez, fluir, trementina, aguarrás, perenne, pinocha, agujas, incisión.*

PINO, NA. (De *pina* o de *pino.*) adj. Muy pendiente o muy derecho. *Ese barranco es muy* PINO. ‖ m. fam. Primer paso que comienzan a dar los niños cuando se quieren soltar, o los convalecientes cuando principian a levantarse. Ú. m. en pl. y con el verbo *hacer.* ‖ **En pino.** m. adv. En pie, sin caer.

PINOCHA. f. Hoja de pino.

PINOCHET, Augusto. *Biog.* Militar chileno, n. 1915. Encabezó la revolución militar que depuso a Salvador Allende, en 1973. Presidente, desde entonces, de la República de Chile.

PINO HACHADO. *Geog.* Paso de los Andes, entre la prov. argentina de Neuquén y la chilena de Malleco. Está sit. a 1.864 m. de altura.

PINOL. m. *C. Rica, Ec.* y *Guat.* Pinole. ‖ *Guat.* y *Hond.* Harina de maíz tostado, a la que se añade cidrayote, cacao, azúcar, etc.

PINOLATE. m. *Guat.* Bebida de pinole, agua y azúcar.

PINOLE. (Del mex. *pinolli.*) m. Mezcla de polvos de vainilla, etc., que se usaba para echar en el chocolate.

PINOLILLO. m. *Méx.* Insecto rojizo, pequeño, que parece polvo de pinole. ‖ *Hond.* Pinol con azúcar y cacao, con lo que se prepara una bebida refrescante.

PINOS, Isla de. *Geog.* Isla de Cuba sit. en el mar de las Antillas, próxima a la costa metropolitana. Pertenece a la prov. de La Habana. 2.110 km². 11.000 h. Cap. NUEVA GERONA.

PINOSO, SA. adj. Que tiene pinos.

PINO Y ROZAS, Joaquín del. *Biog.* Militar esp., virrey del Río de la Plata de 1801 a 1804. Durante su gob. se extendió la enseñanza y se publicaron los primeros periódicos (1729-1804).

PINSAPAR. m. Terreno poblado de pinsapos.

PINSAPO. (Del lat. *pinus* y *sapinus,* sapino.) m. Árbol conífero, de corteza blanquecina, flores monoicas, hojas cortas, y piñas derechas y gruesas. *Abies pinsapo,* abietáceo.

PINTA. (De *pintar.*) f. Mancha o señal pequeña en el plumaje, piel o pelo de animales, o en la masa de los minerales. ‖ Adorno de figura de lunar con que se matiza una cosa. *Un velo con* PINTAS *bordadas.* ‖ Gota de algún líquido. ‖ Señal que en sus extremos tienen los naipes, por la que se descubre antes de mostrarlos de qué palo son. El naipe de oros tiene sólo una raya; el de copas, dos; el de espadas, tres, y el de bastos, cuatro. ‖ fig. Señal por la que se conoce la calidad de personas o cosas. Dícese también de la muestra de cosechas. ‖ *Arg., Col.* y *Ec.* Casta, linaje. ‖ *Bol., Chile* y *Perú.* Juego de dados. ‖ pl. Cierto juego de naipes parecido al llamado del parar. ‖ Tabardillo, fiebre. ‖ **Descubrir** o **sacar** a uno **por la pinta.** frs. fig. fam. Conocerle por alguna señal.

PINTA. (Del ingl. *pint.*) f. Medida para líquidos de uso en algunas partes.

PINTAC. *Biog.* Caudillo indígena, último rey de Quito. Vencido por Huaina Cápac, prefirió la muerte antes que ponerse al servicio de su enemigo (s. XVI).

PINTACILGO. (Del lat. *pintus,* por *pictus,* pintado y *séricus,* de seda.) m. Jilguero.

PINTADA. (De *pintado.*) f. **Gallina de Guinea.**

PINTADERA. (De *pintar.*) f. Instrumento para adornar la cara superior del pan u otras cosas. sinón.: **carretilla.**

PINTADILLO. (De *pintado.*) m. Jilguero.

PINTADO, DA. adj. Naturalmente matizado de diferentes colores. ‖ Pintojo. ‖ **Pintado,** o **como pintado.** fig. Con los verbos *estar, venir,* etc., muy a propósito, inmejorablemente. ‖ *Chile, Méx.* y *Perú.* Parecido, semejante. *Salió* PINTADO *a su padre.* ‖ **El más pintado.** loc. fam. El más hábil, experimentado o prudente. *Ni el más* PINTADO *podría resolver este problema.* ‖ fig. El de más valer.

PINTAMONAS. (De *pintar* y *mona.*) com. fig. y fam. Pintor poco hábil. sinón.: **chafalmejas.**

PINTAR. al. **Malen; anstreichen.** fr. **Peindre.** ingl. **To paint.** ital. **Dipingere; pitturare.** port. **Pintar.** (Del lat. *píctum,* supino de *píngere,* pintar.) tr. Representar un objeto, persona, paisaje, etc., en una superficie con las líneas y los colores adecuados. *Ticiano* PINTÓ *bellos retratos.* ‖ Cubrir con un color la superficie de algunas cosas, como persianas, puertas, etc. PINTAR *la casa.* ‖ Hacer labores con la pintadera. ‖ Escribir, formar la letra, y también trazar un signo ortográfico. PINTAR *un acento.* ‖ fig. Describir animadamente personas o cosas por medio de la palabra. HAS PINTADO *a Luisa tal cual es.* ‖ Fingir, ponderar o exagerar una cosa. ‖ *Min.* Emboquillar, labrar la boca de un barreno. ‖ intr. Empezar a madurar ciertos frutos. Ú.t.c.r. PINTABAN *las uvas.* ‖ Mostrarse la pinta de las cartas al tallar. ‖ fig. y fam. Principiar a mostrarse la cantidad o la calidad de alguna cosa. ‖ En frases negativas o interrogativas que denotan negación, significar, valer. *¿Qué* PINTA *ése aquí? Ése aquí no* PINTA *nada, y tendrá que marcharse.* ‖ r. Darse colores y afeites en el rostro. SE PINTA *exageradamente.* ‖ **Pintarse** uno **solo para** una cosa. frs. fig. y fam. Tener mucha habilidad para ella.

PINTARRAJAR. tr. fam. Pintorrear.

PINTARRAJEAR. tr. y r. fam. Pintarrajar.

PINTARRAJO. m. fam. Pintura mal trazada.

PINTARROJA. f. Lija, pez selacio.

PINTEAR. tr. Lloviznar. sinón.: **chispear.**

PINTELLI, Baccio. *Biog.* Arquitecto ital.; construyó la Capilla Sixtina, la biblioteca del Vaticano, etc. (s. XV).

PINTER, Harold. *Biog.* Dramaturgo ingl., n. en 1930, autor de *El amante; La habitación; El té; La fiesta de cumpleaños,* etc.

PINTIPARADO, DA. adj. Parecido cabalmente a otro. ‖ Dícese de lo que viene a propósito o a medida para otra cosa. *Este sobretodo le queda* PINTIPARADO. ‖ *Bol.* y *Perú.* Parado, orgulloso.

PINTIPARAR. tr. Asemejar. ‖ fam. Comparar una cosa con otra.

PINTO. n. p. **Estar** uno **entre Pinto y Valdemoro.** frs. fig. y fam. Estar medio borracho.

PINTO, TA. adj. *Amér.* Animal pintado de blanco y negro. ‖ *Cuba.* Perspicaz, listo. ‖ *Méx.* Cobarde, mísero. ‖ *Ven.* Ebrio.

PINTO, Aníbal. *Biog.* Político chil.; de 1876 a 1881 presid. de la Rep. (1825-1884). ‖ **– Francisco Antonio.** Mil. y estadista chil., en 1827 y 1829 presid. de su país (1785-1858). ‖ **– Manuel Guillermo.** Militar arg., actuó en las luchas por la independencia de su patria (1783-1853).

PINTOJO, JA. adj. Que tiene pintas o manchas.

PINTÓN, NA. (De *pintar.*) adj. Aplícase al racimo de uvas cuyos granos empiezan a tomar color. En América dícese de cualquier fruta que está próxima a la madurez. *Ciruelas* PINTONAS. ‖ Dícese del ladrillo que no está perfectamente cocido. ‖ m. Gusanillo que pica el tallo del maíz para meterse en él. ‖ Enfermedad de la planta de maíz, que produce el citado gusanillo.

PINTONEAR. intr. *Amér.* Comenzar a madurar las frutas.

PINTOR, RA. al. **Maler.** fr. **Peintre.** ingl. **Painter.** ital. **Pittore.** port. **Pintor.** (Del lat. *pínctor,* por *píctor.*) s. Persona que profesa o ejercita el arte de la pintura. ‖ f. Mujer del **pintor.**

PINTORESCO, CA. al. **Malerisch.** fr. **Pittoresque.** ingl. **Picturesque.** ital. **Pittoresco.** port. **Pitoresco.** (De *pintor.*) adj. Dícese de las cosas que producen una imagen deliciosa y digna de ser pintada. *Aledaños* PINTORESCOS. ‖ fig. Dícese del lenguaje, estilo, etc., con que se pintan vivamente las cosas.

PINTORREAR. (De *pintar.*) tr. y r. fam. Manchar una cosa de colores varios y sin arte.

PINTOR Y LA MODELO, El. *B. A.* Cuadro pintado por Jorge Braque en 1937. Dividido en dos zonas, la luz blanca y la sombra negra, insinúa una doble figura. Obra característica del equilibrio del artista entre la imagen figurativa y la pintura abstracta.

PINTURA. al. **Malerei; Farbe.** fr. **Peinture.** ingl. **Painting.** ital. **Pittura.** port. **Pintura.** (Del lat. *pictura.*) f. Arte de pintar. *La* PINTURA *es el arte preponderante del Renacimiento.* ‖ Superficie en que algo está pintado. ‖ La obra pintada. ‖ Color preparado para pintar. ‖ fig. Descripción animada de algo por medio de la palabra. ‖ **– a dos visos.** Aquella que, mirada de un modo, representa una imagen; y mirada de otro, otra diferente. ‖ **– a la aguada.** Aguada, dibujo o **pintura** hecha con colores diluidos en agua. ‖ **– al encausto.** La que se prepara mezclando colores con cera, y se aplica en caliente. ‖ **– al fresco.** La que se hace en paredes y techos con colores disueltos en agua de cal y aplicados sobre una capa de estuco fresco. ‖ **– al óleo.** La hecha con colores desleídos en aceite secante. ‖ **– al pastel.** La preparada sobre papel, con lápices blandos, pastosos y de variados colores. ‖ **– al temple.** La hecha con colores preparados con líquidos glutinosos y calientes. ‖ **– bordada.** La hecha con seda de varios colores y con la aguja sobre piel o tejido. ‖ **– cerífica. Pintura al encausto,** preparada con cera de colores varios. ‖ **– de porcelana.** La hecha con esmalte, uniendo y endureciendo con el fuego colores minerales. ‖ **– embutida.** La usada para imitar objetos de la naturaleza, embutiendo fragmentos de varias substancias. ‖ **– figulina.** La preparada con colores metálicos sobre cerámica. ‖ **– rupestre.** La prehistórica, realizada sobre rocas o en cavernas. ‖ **– tejida.** La que, por medio del tejido, se hace en la tela, reproduciendo motivos naturales. ‖ **– vítrea.** La hecha con colores preparados, endureciéndolos al fuego. ‖ **Hacer pinturas** un **caballo.** frs. fig. y fam. Hacer escarceos, por sí mismo o estimulado por el jinete. ‖ **No poder ver** a uno **ni en pintura.** frs. Tenerle gran aversión. ‖ IDEAS AFINES: *Pintor, acuarela, miniatura, paleta, pincel, lienzo, caballete, taller, pictórico, retocar, restaurar, colorista, paisajista, retratista, modelo, salón, exposición, galería, pinacoteca, museo.*

● **PINTURA.** *B. A.* Lenguaje particular del hombre en donde se vuelcan sus sentimientos y sus ideas, la **pintura** es una de las expresiones artísticas en que primero se manifestó la voluntad humana de reproducir el mundo circundante y al mismo tiempo la concepción creadora del hombre. Los dibujos que se encontraron en las cavernas de origen prehistórico, especialmente en las de Altamira (Santander), revelan que la **pintura** tiene remotísima procedencia y que su ejecución responde igualmente a una necesidad y a un placer estético del ser humano. La civilización antigua abunda en muestras que, a través de distintas épocas y diferentes pueblos, van jalonando la evolución de la **pintura.** Los bajos relieves de los caldeos y los asirios aparecen decorados con pinturas. Pintados con originales motivos están también las paredes y los techos de los palacios egipcios. Pero fueron los griegos los que inicialmente dieron un amplio y bastante complejo desarrollo al arte de la **pintura,** hasta lograr una cierta técnica de la perspectiva y del claroscuro, que los romanos imitaron hábilmente para captar paisajes de ciudades y de ruinas, y desarrollar escenas de la mitología. La civilización medieval destaca sobre todo los retablos y las miniaturas góticas, y los mosaicos y las tablas de los bizantinos. Durante el s. XV comienzan a operarse transformaciones que van preparando el Renacimiento. Hasta entonces la **pintura** se había realizado en el soporte material del muro o cuando más de la tabla, primer paso hacia el cuadro de caballete, que distinguiría las expresiones de la Edad Moderna y permitiría las invenciones y matices expresivos de un nuevo sentimiento de la vida. Con Giotto, la **pintura** es llevada hacia el naturalismo y a éste le fueron imprescindibles el estudio de la anatomía, de la composición, de la luz y la sombra. En Italia o en Alemania, en Francia, en España o en los Países Bajos, el Renacimiento llevó a la **pintura** los grandes ideales de belleza, armonía y perfección con excelsos artistas como Rafael, Botticelli, Tiziano, El Greco, Tintoretto, El Veronés, Rembrandt, Velázquez, Rubens, Durero, etc. Hacia los siglos XVI y XVII el ideal renacentista se funde en el clasicismo, que alcanza una maravillosa madurez en la obra de Leonardo de Vinci, Miguel Ángel y Rafael. Posteriormente prevalece el sentimiento romántico, que informa la trayectoria de otros grandes innovadores, como lo fueron, cada uno dentro de su estilo, Goya, Delacroix, Turner, etc. En la segunda mitad del s. XIX culminó con Manet la escuela impresionista creada por Monet, y que derivó con Cezanne al post-impresionismo, que caracteriza la obra intensa de dos pintores que mucho influirían en el futuro: Gauguin y Van Gogh. Hasta el s. XIX la **pintura** se enriqueció y se jerarquizó al influjo directo del objeto (realismo) o de su apariencia (impresionismo), pero en el s. XX tendió a liberar la expresión del sometimiento al sistema de imágenes volcándose hacia la abstracción, el expresionismo, el cubismo, el surrealismo, etc. El artista pintor mira dentro de sí mismo, elude la figuración como expresión de la realidad exterior, y si antes había recreado el mundo natural y circundante, ahora su lenguaje tiende a ser casi exclusivamente subjetivo. Picasso, Braque, Léger, Dalí, etc., son algunos de los nombres más destacados de la **pintura** contemporánea, a través de los cuales descuellan diferentes tendencias que, aunque profundamente renovadoras, entroncan con la obra de los maestros de otras épocas y de otras escuelas. En los siglos XIX y XX el continente americano ha sumado a la historia de la **pintura** no pocas expresiones de valor, en las cuales es evidente la inquietud y el esfuerzo de recibir la influencia de las muchas escuelas antiguas y modernas, orientándola hacia la expresión propia. En tal sentido deben citarse pintores como Prilidiano Pueyrredón, Sívori, Malharro, Fader, Figari, Portinari, Rivera, Siqueiros, Torres García, Orozco, Feininger, Marín, Benton, Victorica, Pettoruti, Castagnino, etc.

PINTURERÍA. f. *Arg.* y *Perú.* Comercio en el cual se venden útiles para la pintura, cromos, varillas de marcos, etc.

PINTURERO, RA. (De *pintura.*) adj. y s. fam. Dícese de la persona que alardea con afectación de fino o elegante.

PINTURICCHIO. *Biog.* Nombre con que es conocido el pintor ital. Bernardino di Betto. Sus frescos, vistosos y brillantes, muestran el gusto por lo pagano característico de su época. Decoró las salas Borgia del Vaticano, la Capilla Sixtina, etc. (1454-1513).

PINUCA. f. *Chile.* Marisco grande, de piel gruesa y coriácea, pardusco.

PÍNULA. (Del lat. *pinnula.*) f. Tablilla metálica, usada en instrumentos astronómicos y topográficos, para dirigir visuales por una abertura que posee. sinón.: **dioptra.**

PINZA. al. **Pinzette.** fr. **Pinces.** ingl. **Nippers.** ital. **Pinzette.** port. **Pinça.** f. pl. Instrumento de diversas formas y materias cuyos extremos se aproximan para sujetar alguna cosa. ‖ Último artejo de algunas patas de ciertos artrópodos, como el cangrejo, el alacrán, etc., formado con dos piezas que pueden aproximarse entre sí y sirven como órganos prensores. ‖ Pliegue de una tela terminado en punta. ‖ pl. Instrumento de metal, a manera de tenacillas, que sirve para coger o sujetar cosas pequeñas. ‖ V. **Compás de pinzas.** ‖ **No se lo sacarán ni con pinzas.** expr. fig. y fam. con que se expresa la dificultad de averiguar de una persona reservada lo que se quiere saber. ‖ IDEAS AFINES: *Alicates, ajustar, aprehender, depilar, extraer, cirujano, dentista, mecánico, carpintero, filatélico, tornillo, tuerca, escorpión.*

PINZÓN. (Del b. lat. *pincio, -onis.*) m. Pájaro europeo cantor, insectívoro, de plumaje pardo por el lomo y rojo obscuro en el resto. La hembra es de color pardo. *Fringilla coelebs,* fringílido. ‖ **– real.** El de pico muy grueso y robusto, que se alimenta especialmente de piñones. *F. montifringilla.*

PINZÓN. (Del m. or. que *pinzote.*) m. *Mar.* Guimbalete.

PINZÓN, Francisco. *Biog.* Marino esp. que integró en 1492 la primera expedición de Colón. ‖ **– Martín Alonso.** Cél. marino esp.; "hombre muy sabio y agudo en las cosas de la mar y navegación" y destacada figura en la epopeya del descubridor de Amér. Colaborador inmediato de Colón, equipó una de las tres carabelas, "La Pinta", y ayudó al descubridor en la organización del viaje. Después del descubrimiento, de regreso a España, una tempestad obligó a "La Pinta" a separarse del resto de la expedición y refugiarse en Bayona. De allí Pinzón marchó al convento de la Rábida, donde falleció (1440-1493). ‖ **– Vicente Yáñez.** Marino esp. que integró la expedición de Colón al mando de "La Niña" y a su regreso se hizo a la mar, cruzando por primera vez el equinoccio. En 1500 descubrió y tomó posesión en nombre del rey de España del actual territorio del Brasil. Descubrió las Bahamas e integró la expedición de Solís que descubrió el río de la Plata, revelando en todos esos viajes sus notables condiciones de navegante (m. aprox. 1524).

PINZOTE. (Quizá de *pinzas.*) m. *Mar.* Barra o palanca que se introducía en la cabeza del timón y servía para moverlo antes de usarse la rueda actual. ‖ Hierro acodillado en forma de escarpia que se clava para servir de gozne o macho.

PIÑA. al. **Kiefernzapfen.** fr. **Pigne.** ingl. **Cone; pineapple.** ital. **Pigna.** port. **Pinha.** (Del lat. *pínea.*) f. Fruto del pino y otros árboles. Es de figura aovada, de tamaño muy variable, según las especies, y está compuesto de varias piezas leñosas, triangulares, dispuestas en forma de escama a lo largo de un eje común, y cada una generalmente con dos piñones. ‖ Ananás. ‖ Tejido blanco mate, transparente y muy fino que los indios de Filipinas fabrican con los filamentos de las hojas del ananá. ‖ fam. Puñetazo. ‖ fig. Conjunto de personas o cosas unidas estrechamente. ‖ *Mar.* Especie de nudo que se teje con los chicotes descolchados de un cabo. ‖ *Min.* Masa esponjosa de plata, de figura cónica, que queda en los moldes, donde se destila en los hornos los minerales argentíferos. ‖ **– de América.** Ananás. ‖ **– de ciprés.** Fruto de este árbol, que es redondo, leñoso, color bronceado, y en lo interior con muchas semillas negras y menudas. ‖ **– de incienso.** Cualquiera de las cinco figuras de piña que se clavan en el cirio pascual.

PIÑAL. m. *Amér.* Plantío de piñas o ananás.

PIÑA LIDUEÑO, Gonzalo de. *Biog.* Conquistador esp., gobernador de Venezuela (n. 1600).

PIÑANGO, Judas Tadeo. *Biog.* Militar ven. que luchó por la libertad de su patria; intervino en la defensa de Cartagena y en la batalla de Carabobo (m. 1848).

PIÑATA. (Del ital. *pignatta.*) f. Olla, vasija. ‖ Olla o cosa semejante, llena de dulces, que en el baile de máscaras del primer domingo de cuaresma se acostumbra colgar del techo para que algunos de los concurrentes, con los ojos vendados, procuren romperla de un palo o bastonazo; de donde provino llamarse **de piñata** este baile. ‖ *Chile.* Arrebatiña. ‖ Abundancia.

PIÑATERÍA. f. Robo a mano armada.

PIÑERA, Virgilio. *Biog.* Escritor cubano, autor de cuentos y novelas satíricas como *Presiones y diamantes* y *Pequeñas maniobras* (n. 1914).

PIÑERO, Norberto. *Biog.* Escritor y jurisc. arg., autor de *Proyecto de Código Penal para la República Argentina; La moneda, el crédito y los bancos en la Argentina; Nacionalidad y raza,* etc. (1882-1938).

PIÑEYRO, Enrique. *Biog.* Ensayista cub.; participó en las luchas polít. de su patria y publicó *Biografías americanas; Hombres y glorias de América; Cómo acabó la dominación de España en América* y otras obras (1839-1911).

PIÑO. (De *piña*). m. Diente. U.m. en pl.

PIÑÓN. al. **Pinienkern.** fr. **Pignon.** ingl. **Nutpine.** ital. **Pinocchio.** port. **Pinhão.** m. Semilla del pino, elipsoidal, con cubierta leñosa muy dura y almendra blanca, dulce. ‖ Almendra comestible de la semilla del pino piñonero. *Los* PIÑONES *se emplean en confitería.* ‖ Burro más trasero de la recua. ‖ Arbusto euforbiáceo de América tropical, de hojas acorazonadas, flores en cima y fruto carnoso, con semillas crasas que se emplean en medicina y en la industria. ‖ En las armas de fuego, pieza en que estriba la patilla de la llave, cuando está para disparar. ‖ *Cetr.* Huesecillo último del ala del ave.

PIÑÓN. (De un deriv. del lat. *pinna,* almena.) m. *Mec.* Rueda dentada pequeña que engrana con otra pieza en una máquina.

PIÑONATA. (De *piñonate.*) f. Género de conserva que se hace con almendra raspada y azúcar.

PIÑONATE. m. Cierta pasta hecha con piñones y azúcar. ‖ Masa de harina frita cortada en pedacitos que se rebozan con miel o almíbar y forman comúnmente una piña.

PIÑONEAR. intr. Sonar con el roce el piñón y la patilla de la llave de algunas armas al ser éstas montadas. ‖ Castañetear el macho de la perdiz cuando está en celo. ‖ fig. y fam. Denotar que se ha pasado ya de la niñez a la mocedad. ‖ Dícese burlescamente de los hombres muy maduros que galantean aún a las mujeres, alardeando de mozos. ‖ deriv.: **piñoneo.**

PIÑONERO. (De *piñón,* piña.) adj. V. **Pino piñonero.** ‖ m. Pinzón real.

PIÑUELA. (dim. de *piña.*) f. Tela o estofa de seda. ‖ Nuez del ciprés. ‖ *Ec.* Planta bromeliácea semejante al cacto, usada para cercar fincas rústicas.

PIÑUELO. (De *piña.*) m. Erraj.

PÍO. m. Voz que forma el pollo de cualquier ave. Ú. también de esta voz para llamarlos a comer. ‖ fam. Deseo ansioso de una cosa.

PÍO, A. (Del lat. *pius.*) adj. Devoto, piadoso. ‖ Benigno, misericordioso. ‖ V. **Monte pío.** V. **Obra pía.**

PÍO, A. (Del fr. *pie,* y éste del lat. *pica,* urraca, por semejanza en los colores.) adj. Dícese del caballo, mulo o asno cuyo pelo, blanco en su fondo, presenta manchas de otro color.

PIO. *Biog.* Nombre de doce Papas. ‖ **– II.** Papa de 1458 a 1464. Su nombre era Eneas Silvio Piccolomini, con el que fue conocido como erudito y humanista. Publicó obras de Geog. e Hist.; *Discursos; Cartas,* etc. (1405-1464). ‖ **– III.** Papa elegido en 1559; falleció a los veinticinco días de ocupar el solio pontificio. ‖ **– IV.** Papa elegido en 1539; reunió nuevamente el concilio de Trento y protegió las artes y las letras (1499-1565). ‖ **– VI.** Papa elegido en 1775 que fue llevado a Francia, prisionero del Directorio (1717-1799). ‖ **– VII.** Papa consagrado en 1800. Ungió emp. a Napoleón y luego lo excomulgó por lo que fue hecho prisionero; a la caída de Napoleón volvió triunfante a Roma (1742-1823). ‖ **– VIII.** Papa elegido en 1829 que condenó las sociedades secretas; murió al año siguiente. ‖ **– IX.** Papa elegido en 1846; proclamó los dogmas de la Inmaculada Concepción y de la infalibilidad pontificia y fue despojado de sus Estados por el gobierno ital. (1792-1878). ‖ **– XI.** Papa que ocupó el solio de 1922 a 1939. Su encíclica *Quadragessimo anno* fija la posición de la Iglesia frente a los problemas sociales (1857-1939). ‖ **– XII.** Papa consagrado en 1939, defensor de la paz y la convivencia universal sobre bases cristianas (1876-1958).

PIO I, San. *Hagiog.* Papa de 142 a 157. ‖ **– V, San.** Papa consagrado en 1566. Combatió con rigor el movimiento reformista, organizó una liga contra los turcos y acentuó las persecuciones de la Inquisición (1504-1572). ‖ **– X, San.** Papa de 1903 a 1914. Propició la acción social, inició la codificación del derecho canónico y defendió vigorosamente los intereses de la Iglesia (1835-1914).

PIOCHA. (Del ital. *pioggia,* y este del lat. *pluvia,* lluvia.) f. Joya mujeril para adorno de la cabeza. ‖ Flor de mano, hecha de plumas finas de aves.

PIOCHA. (Del fr. *pioches.*) f. *Albañ.* Herramienta con una boca cortante, para desprender revoques de las paredes y escafilar los ladrillos.

PIOGENIA. (Del gr. *pyon,* pus, y *gennao,* producir.) f. *Med.* Formación de pus. ‖ deriv.: **piogénico, ca; piógeno, na.**

PIOJENTO, TA. adj. Perteneciente o relativo a los piojos. ‖ Que tiene piojos.

PIOJERA. f. *Amér.* Piojería.

PIOJERÍA. f. Abundancia de piojos. ‖ fig. Miseria, escasez.

PIOJILLO. m. dim. de **Piojo.** ‖ Insecto ortóptero, sin alas, con patas de dos uñas en pinzas, boca con palpos y mandíbulas ganchudas. Es parásito de las aves. ‖ **Matar el piojillo.** frs. fig. y fam. Ir sacando un negocio adelante mañosamente.

PIOJO. al. **Laus.** fr. **Pou.** ingl. **Louse.** ital. **Pidoccio.** port. **Piolho.** (Del lat. *pedículos.*) m. Insecto anopluro, de dos a tres milímetros de largo, de color pardo amarillento; cuerpo ovalado y chato, seis patas de dos artejos y dos uñas en forma de pinzas, antenas muy cortas, filiformes y con cinco articulaciones, y boca con tubo a modo de trompa con la que chupa. ‖ Piojillo. ‖ *Min.* Partícula que al martillar suele saltar de la cabeza de la barrena, y que al clavarse en las manos del operario le causa la sensación de una picadura. ‖ **– de mar.** Crustáceo de hasta cuatro centímetros de largo de forma ovalada, cabeza cónica, seis anillos en el tórax y cinco pares de patas. Vive como parásito royendo el cuerpo de los grandes mamíferos marinos. *Cyamus mysticeti.* ‖ **– pegadizo.** fig. y fam. Persona importuna de la que no puede uno desprenderse. ‖ **– resucitado.** fig. y fam. Persona de humilde origen, que logra encumbrarse por medios ilícitos. ‖ **Como piojo,** o **piojos en costura.** loc. adv. fig. y fam. de que se usa para denotar que se está con gran estrechez en un paraje.

PIOJOSO, SA. adj. y s. Que tiene muchos piojos. ‖ fig. Mezquino.

PIOJUELO. m. dim. de **Piojo.** ‖ Pulgón.

PIOLA. (De *pihuela.*) f. *Mar.* Cabito formado por dos o tres filásticas.

PIOLA. (Del arauc. *piulu,* hilo delgado.) f. *Amér. del S.* Cordel, hilo, trozo de cuerda delgada. ‖ m. fam. *Arg.* Individuo vivo y sagaz. Ú.t.c.adj.

PIOLAR. intr. Piar.

PIOLÍN. al. **Bindfaden.** fr. **Ficelle.** ingl. **Pack thread; twine.** ital. **Spago.** port. **Linhol.** (De *piola,* 2º art.) m. *Amér. del S.* Piola fina y retorcida.

PIOMBO, Sebastián del. *Biog.* Pintor ital. cuyo verdadero nombre era Sebastián Luciani. Excelente colorista y retratista, sus más famosos cuadros son *La resurrección de Lázaro; Martirio de Santa Agata; Marcha al Calvario,* etc. (1485-1547).

PIÓN, NA. adj. Que pía mucho.

PIONEER. (Voz ingl.) m. Digase pionero.

PIONERO. m. El primero en explorar, fundar y colonizar en un país poco conocido. ‖ fig. Hombre que acomete empresas atrevidas.

PIONÍA. f. Semilla del bucare, semejante a la alubia, si bien más redonda, muy dura y de hermoso color encarnado con manchitas negras en los extremos. En Venezuela los campesinos hacen con ellas vistosos collares y pulseras.

PIORNAL. m. Piorneda.

PIORNEDA. f. Terreno poblado de piornos.

PIORNO. (Del lat. *vibúrnum.*) m. Gayomba. ‖ Codeso.

PIORREA. (Del gr. *pyorroia;* de *pyon,* pus, y *rheo,* manar.) f. *Pat.* Flujo de pus. ‖ **– alveolar.** *Pat.* Paradentosis.

PIPA. al. **Pfeife.** fr. **Pipe.** ingl. **Pipe.** ital. **Pipa.** port. **Pipa.** (Del lat. *pipare,* piar.) f. Tonel que sirve para transportar o guardar vino u otros licores. *Una* PIPA *de aguardiente.* ‖ Utensilio para fumar tabaco de hoja; consiste en un cañón que termina en un recipiente, en que se pone el tabaco picado, encendido el cual se aspira el humo por una boquilla que hay en el extremo opuesto. *La* PIPA *es de origen oriental*; sinón.: **cachimba.** ‖ Lengüeta de las chirimías, por donde se expele el aire. ‖ Pipiritaña. ‖ Espoleta, artefacto que da fuego a la carga de las bombas, etc. ‖ **Tomar pipa.** frs. fam. Marcharse, huir. ‖ deriv.: **pipero, ra.** ‖ IDEAS AFINES: *Nicotina, rapé, cigarro, cenicero,* *encendedor, fósforo, cigarrera, petaca, tabaquera, chimenea, opio, fumadero.*

PIPA. f. Pepita, simiente.

PIPAR. intr. Fumar en pipa.

PIPANACO. *Geog.* Salar de la Argentina (Catamarca). 475 km^2.

PIPERÁCEO, A. (Del lat. *píper*, nombre latino de la pimienta.) adj. *Bot.* Dícese de plantas dicotiledóneas, de hojas gruesas, enteras o aserradas, flores sin corola, en espigas densas, y baya con semilla de albumen cartilaginoso o carnoso; como el pimentero y el betel. Ú.t.c.s. ‖ f. pl. *Bot.* Familia de estas plantas.

PIPERÍA. f. Conjunto o provisión de pipas. ‖ *Mar.* Conjunto de pipas para llevar a la aguada y otros géneros.

PIPERINA. f. Alcaloide que se extrae de la pimienta. ‖ Peperina.

PIPERMÍN. (Del ingl. *pipermint*, menta piperita.) m. Licor hecho con esencia de menta.

PIPETA. (dim. de *pipa*, tonel.) f. Tubo de cristal, ensanchado en su parte media, que se usa para trasladar líquidos de un vaso a otro. ‖ Tubo de varias formas, cuyo orificio superior se tapa, para que la presión atmosférica impida la salida del líquido.

PIPI. m. fam. **Pipiolo.** ‖ fam. Piojo, insecto hemíptero parásito de los mamíferos.

PIPÍ. m. Pitpit.

PIPIÁN. m. *Amér.* Guiso de carnero, gallina, etc., con tocino gordo y almendras majadas. *El* PIPIÁN *es plato nacional de México.*

PIPIAR. (Del lat. *pipiare.*) intr. Dar voces las aves cuando son pequeñas.

PIPICIEGO, GA. adj. Cegato.

PIPINO. *Biog.* Rey de Francia, llamado **el Breve.** Hijo de Carlos Martel y padre de Carlomagno, fundó la dinastía carolingia e inició el poder temporal de los Papas (m. 768).

PIPIOLA. f *Méx.* Especie de abeja muy pequeña.

PIPIOLO, LA. (dim. del lat. *pipío*, pichón, polluelo.) s. fam. Quien es novato, principiante o inexperto. ‖ *Arg.* y *Ven.* Bobo, zonzo. ‖ *Ec.* Persona de poca estatura. ‖ m. pl. *C. Rica.* El dinero, los centavos.

PIPIOLOS. *Hist.* Nombre dado en Chile en el siglo XIX a los liberales, en oposición a los conservadores, a quienes se les llamaba pelucones.

PIPIRIGALLO. m. Planta herbácea, vivaz, de tallos torcidos, hojas compuestas de número impar de hojuelas enteras y elípticas; flores encarnadas y olorosas, cuyo conjunto semeja la cresta y carúnculas del gallo, y fruto seco, con una sola semilla. *Onobrychis sativa*, leguminosa. ‖ *Col.* Pizpirigaña.

PIPIRIJAINA. f. fam. Compañía de cómicos de la legua.

PIPIRIPAO. m. fam. Convite espléndido. Dícese por lo común de los que se hacen un día en una casa y otro en otra.

PIPIRITAÑA. f. Flautilla que suelen hacer los niños con la caña del alcacer.

PIPITAÑA. f. Pipiritaña.

PIPO. (Del gr. *pipos.*) m. Pájaro carpintero europeo, de plumaje negro, manchado de blanco. Se nutre de insectos. *Dryobates minor.*

PIPÓN, NA. adj. *Amér.* Barrigón. ‖ *Arg., Ec.* y *Perú.* Harto, repleto. ‖ s. *P. Rico.* Chiquillo de corta edad.

PIPORRO. (aum. desp. de *pipa*, lengüeta de las chirimías.) m. fam. Bajón, instrumento músico y el que lo toca.

PIPOTE. m. Pipa pequeña, para encerrar y transportar líquidos, etc.

PIPUDO, DA. adj. Vulgarismo por **excelente.**

PIQUE. (De *picar.*) m. Resentimiento, disgusto, desazón. ‖ Empeño en hacer una cosa por amor propio o por rivalidad. ‖ Acción y efecto de picar colocando señales en un libro, etc. ‖ Lance en el juego de los cientos. ‖ Nigua, insecto. ‖ **A pique.** m. adv. Cerca, a riesgo. ‖ *Mar.* Dícese de la costa que forma como una pared. ‖ **Echar a pique.** frs. *Mar.* Hacer que una nave se sumerja en el mar. ‖ fig. Destruir y acabar algo. ECHÓ A PIQUE *la fábrica.* ‖ **Irse a pique.** frs. *Mar.* Hundirse en el agua una embarcación o cualquier otro objeto flotante.

PIQUE. (De *pica.*) m. *Mar.* Varenga que se coloca en la proa.

PIQUE. adj. *Chile* y *Ec.* Medio ebrio. ‖ m. *Amér.* Acción y efecto de picar o partir con violencia. ‖ *Arg.* Bote de la pelota. ‖ *Arg.* y *Guat.* Picada o sendero angosto que se hace en un bosque. ‖ *Chile* y *P. Rico.* Ají, pimiento. ‖ *Méx.* Tamal de maíz hecho con manteca de cerdo.

PIQUÉ. (Del fr. *piqué*, picado.) m. Tela de algodón que forma cañutillo, grano u otra clase de labrado, que se usa para prendas de vestir, etc.

PIQUERA. (De *pico.*) f. Puertecita que se hace en las colmenas para que entren y salgan las abejas. ‖ Agujero que tienen en uno de sus dos frentes los toneles, para dar salida al líquido. ‖ Agujero que en la parte inferior de los altos hornos sirve para que pueda salir el metal fundido. ‖ Mechero, pico para la torcida.

PIQUERÍA. f. Tropa de piqueros.

PIQUERO. m. Soldado que servía en el ejército con la pica. ‖ *Chile, Ecuad.* y *Perú.* Ave palmípeda, de pico recto y agudo, que anda en bandadas y se nutre de peces. *Sula variegata.*

PIQUETA. (dim. de *pica.*) f. Zapapico. ‖ *Albañ.* Herramienta con mango de madera y dos bocas opuestas, una plana y otra aguzada.

PIQUETAZO. m. *Amér.* Picotazo.

PIQUETE. (De *pica.*) m. Golpe o herida de poca importancia. ‖ Agujero pequeño hecho en las ropas u otras cosas. ‖ Jalón pequeño. ‖ Grupo pequeño de soldados que se emplea en servicios especiales. ‖ *Arg.* Corral pequeño. ‖ *Col.* Merienda campestre. ‖ *Cuba.* Orquesta de pocos músicos.

PIQUETERO. m. Muchacho que lleva las piquetas a los trabajadores mineros. ‖ adj. *P. Rico* y *Dom.* Fachendista.

PIQUETILLA. (dim. de *piqueta.*) f. *Albañ.* Piqueta pequeña, que en lugar de la punta tiene remate ancho y afilado y sirve para hacer agujeros pequeños.

PIQUILLÍN. m. *Arg.* Árbol que da una pequeña fruta rojiza, con la que se hace arrope y aguardiente, y cuya madera es usada para muebles y herramientas. De su raíz se extrae un tinte morado. *Condalia lineata*, ramnácea.

PIQUITUERTO. m. Pájaro europeo, de mandíbulas muy encorvadas, con las que separa las escamas de las piñas y saca los piñones. *Loxia curvirostra*, fringílido.

PIRA. al. **Scheiterhaufen.** fr. **Bûcher.** ingl. **Pyre.** ital. **Pira.** port. **Pira.** (Del lat. *pyra*, y éste del gr. *pyrá*, de *pyr*, fuego.) f. Hoguera en que eran quemados los cuerpos de los difuntos y las víctimas de sacrificios. ‖ fig. Hoguera. ‖ Fuga, huelga. ‖ *Blas.* Punta, pieza honorable del escudo. ‖ IDEAS AFINES: *Fogata, llamas, leña, purificación, incineración, cremar, inquisición, auto de fe, funerario, suplicio, martirio, hindú, Juana de Arco.*

PIRAGUA. al. **Kanu.** fr. **Pirogue.** ingl. **Pirogue.** ital. **Piroga.** port. **Piroga.** (Voz *caribe.*) f. Embarcación larga y estrecha, mayor que la canoa, que se hace por lo común de una pieza o con bordas de tabla o cañas y que usan los indios de América y Oceanía. ‖ Planta trepadora, aroidea, de América del Sur, con tallos escamosos, hojas grandes, lanceoladas, con orificios ovalados en su disco y espata axilar de color blanco amarillento.

PIRAGÜERO. m. El que conduce la piragua.

PIRAL. (Del lat. *pyralis*, y éste del gr. *pyralis.*) m. Pirausta.

PIRAMEIS. m. Insecto lepidóptero de varios colores. Algunas de sus variedades se caracterizan por realizar largos vuelos migratorios.

PIRAMIDAL. adj. De figura de pirámide. ‖ *Zool.* V. **Hueso piramidal.** ‖ Aplícase a cualquiera de los dos músculos pares, que se hallan el uno en la parte anterior e inferior del vientre, y el otro en la posterior de la pelvis y superior del muslo.

PIRAMIDAL. adj. Galicismo por colosal, descomunal.

PIRAMIDALMENTE. adv. m. En forma de pirámide.

PIRÁMIDE. al. **Pyramide.** fr. **Pyramide.** ingl. **Pyramid.** ital. **Piramide.** port. **Piramide.** (Del lat. *pyramis, -idis*, y éste del gr. *pyramís.*) f. Sólido que tiene por base un polígono cualquiera con igual número de caras triangulares como los lados de aquél. Estas caras convergen en un solo punto, llamado vértice, formando un ángulo poliedro. Si la base es un cuadrilátero, la **pirámide** se llama cuadrangular; si un pentágono, pentagonal, etc. ‖ Monumento construido en forma de **pirámide.** ‖ – **óptica.** La formada por los rayos ópticos principales, que tiene por base el objeto y por vértice el punto impresionado en la retina. ‖ – **regular.** *Geom.* La que tiene por base un polígono regular y por caras triángulos isósceles iguales. ‖ IDEAS AFINES: *Aristas, cúspide, puntiaguda, truncada, altura, apotema, cono, obelisco, templo, campanario, sepultura, faraón, México, Egipto.*

● **PIRÁMIDE.** *Arqueol.* El hecho de que las **pirámides** de Egipto sean las más típicas y características que se hayan conocido, no significa que los monumentos religiosos o profanos de forma piramidal, fueran exclusiva creación de ese pueblo. Restos de **pirámides** se han encontrado en Asiria, Etruria, India, Grecia, Roma, etc., y hasta en regiones de Oceanía y América. Sin embargo, las **pirámides** egipcias que se elevan en Gizeh superan a cuantas se conocen y han atraído por consiguiente la atención de arqueólogos, historiadores y artistas. Son tres: las de Cheops, Quefrén y Micerino. Destinadas a sepulcro de los faraones, impresionan majestuosamente por su imponente sencillez; datan de la IV dinastía y según distintos autores fueron en otras épocas torres para orientar al viajero, templos, observatorios, esquemas del sistema solar, etc. La **pirámide** de Cheops, que en la antigüedad fue considerada una de las siete maravillas del mundo, alcanza una altura de 137,18 metros y 233 metros de lado en la base, y de acuerdo al testimonio de Herodoto, en ella trabajaron durante veinte años más de 100.000 hombres. La de Quefrén se eleva a 136,40 metros y la de Micerino a 62 metros. Exploradas por diversos arqueólogos desde comienzos del s. XVIII, se han encontrado en ellas no pocos restos valiosos de la cultura egipcia. En el continente americano, los pueblos precolombinos de México construyeron notables **pirámides:** la de Cholula, que alcanza una altura de 54 metros y 439 metros de lado en la base; las del Sol y la Luna, en Teotihuacán, y las de Xochicalco, Papantla y otras.

PIRÁMIDES, Batalla de las. *Hist.* La ganada por Napoleón a los mamelucos, en 1798, en las cercanías de las pirámides de Gizeh.

PIRÁN, José María. *Biog.* Militar y político arg. de brillante actuación en las luchas por la organización nac. (1804-1871).

PIRANCHICO. (Voz *chibcha.*) m. *Col.* Nombre que se da al espíritu de las tinieblas.

PIRANDELLO, Luis. *Biog.* Dramaturgo y novelista ital., premio Nobel de Literatura en 1934. Mordaz y originalísimo, contempla la vida con amarga sonrisa. Sus héroes son la superposición de varios caracteres en momentos distintos. Su teatro, de ricos recursos técnicos y gran valor conceptual, tuvo gran influencia en la lit. teatral. Obras principales: *Seis personajes en busca de autor; Enrique IV; Así es, si os parece; Vestir al desnudo; El hombre con la flor en la boca;* la novela *El difunto Matías Pascal* y relatos. Nació en Agrigento, Sicilia (1867-1936).

PIRANÉ. *Geog.* Población de la Argentina (Formosa). 3.900 h. Centro algodonero.

PIRANTÓN. m. El aficionado a ir de pira o de huelga.

PIRAÑA. f. Pez fisóstomo muy voraz que abunda en algunos ríos de Argentina y Brasil, y cuyos dientes utilizan los indígenas para afilar las puntas de las flechas. *La carne de la* PIRAÑA *es exquisita.*

PIRARSE. r. Vulgarismo por huir, fugarse.

PIRATA. al. **Pirat.** fr. **Pirate.** ingl. **Pirate.** ital. **Pirata.** port. **Pirata.** (Del lat. *pirata*, y éste del gr. *peiratés;* de *peirao*, ensayar, emprender.) adj. Pirático. ‖ m. Ladrón de los mares. Se da este nombre a cada uno de los tripulantes de las embarcaciones que se dedican al pillaje y saqueo. *Pompeyo venció a los* PIRATAS *cilicios;* sinón.: **corsario, filibustero.** ‖ fig. Quien no se compadece de las dificultades de otro. Ú.t.c.adj.

PIRATEAR. (De *pirata.*) intr. Apresar embarcaciones, o robarlas.

PIRATERÍA. (De *piratear.*) f. Ejercicio de pirata. ‖ Robo o presa que hace el pirata. ‖ fig. Robo o destrucción de los bienes de otro.

PIRATESCO, CA. adj. Pirático.

PIRÁTICO, CA. (Del lat. *piráticus.*) adj. Perteneciente al pirata o a la piratería.

PIRAUSTA. (Del lat. *pyrausta*, y éste del gr. *pyraústes;* de *pyr*, fuego, y *aúo*, arder.) f. Mariposilla que, según antigua creencia, vivía en el fuego y moría si se apartaba de él.

PIRAY. *Geog.* Río de Bolivia (Santa Cruz), afl. del río Grande. 500 km. ‖ – **Guazú.** Río de la Argentina (Misiones), afl. del río Paraná. 75 km.

PIRCA. (Del quichua *pirca*, pared.) f. *Amér. del S.* Pared de piedra en seco. *Corral de* PIRCA.

PIRCAR. tr. *Amér. del S.* Cerrar un paraje con pircas.

PIRCO. (Del arauc. *pidco.*) m. *Chile.* Guiso de fréjoles, maíz y calabaza.

PIRCUN. (Voz *arauc.*) m. *Chile.* Arbustillo fitolacáceo de raíz en forma de nabo muy purgante y vomitiva.

PIRE, Jorge. *Biog.* Sacerdote belga que, después de la segunda Guerra Mundial, desarrolló una benemérita labor de ayuda a los apátridas y refugiados, especialmente a los procedentes de países orientales. En 1958 le fue otorgado el premio Nobel de la Paz (1910-1969).

PIRENAICO, CA. (Del lat. *pyrenaicus.*) adj. De los montes Pirineos.

PIRENO. m. *Quím.* Tetracloruro de carbono, utilizado en los extintores de incendios.

PIREO, El. *Geog.* V. **El Pireo.**

PIRETÓGENO, NA. adj. *Med.* Que produce fiebre, pirógeno. Ú.t.c.s.m.

PIRETOLOGÍA. (Del gr. *pyretós*, fiebre, y *logos*, tratado.) f. Parte de la patología que estudia las fiebres denominadas esenciales. ‖ deriv.: **piretológico, ca.**

PIRETRO. m. Pelitre.

PIREXIA. (Del gr. *pyr*, fuego, y *hexis*, estado.) f. *Med.* Fiebre esencial.

PIRGUA. (Voz quichua.) f. *Arg., Bol.* y *Perú.* Troj.

PIRGÜÍN. (Voz araucana.) m. *Chile.* Especie de sanguijuela que vive en las aguas dulces estancadas y penetra en el hígado e intestinos del ganado, al que suele producir la muerte. ‖ Enfermedad que causa este parásito.

PIRIÁPOLIS. *Geog.* Ciudad del Uruguay (Maldonado). Centro balneario.

PÍRICO, CA. (Del gr. *pyr*, fuego.) adj. Perteneciente al fuego, especialmente a los fuegos artificiales.

PIRIDOXINA. f. Factor antipelagroso de la rata, que pertenece al complejo vitamínico B.

PIRIFORME. (Del lat. *pírum*, pera, y *forma*, forma.) adj. En forma de pera.

PIRIGALLO. m. *Cuba.* Cresta o penacho.

PIRINCHO. m. *Amér. del S.* Especie de urraca de color grisáceo con las alas manchadas de negro.

PIRINEO, A. (Del lat. *pyrenaeus.*) adj. Pirenaico.

PIRINEOS. *Geog.* Cordillera del S.O. de Europa, que separa a Francia de la pen. Ibérica. Se extiende desde el mar Cantábrico hasta el Mediterráneo, con una longitud de 450 km. Culmina en el monte Aneto, de 3.404 m. ‖ **Altos –.** V. **Altos Pirineos.** ‖ – **Atlánticos.** Dep. de Francia. 7.629 km^2; 560.000 h. Cap. PAU. Antes, *Bajos Pirineos.* ‖ – **Orientales.** Dep. de Francia 4.144 km^2. 230.285 h. Trigo, maíz, vid, olivo, explotación forestal y minera. Cap. PERPIÑÁN.

PIRINGUNDÍN. m. *Arg.* Cierto baile popular. ‖ Por ext., el local donde se baila. Es peyorativo.

PIRITA. (Del lat. *pyrites*, y éste

del gr. *pyrites*, de *pyr*, fuego.) f. Sulfuro de hierro, amarillo dorado, usado especialmente en la fabricación del ácido sulfúrico. ‖ – **arsenical.** La compuesta de azufre, arsénico y hierro. ‖ – **cobriza, o de cobre.** La que se compone de azufre, hierro y cobre. ‖ – **magnética.** Mineral compuesto de protosulfuro y bisulfuro de hierro, magnético y fusible.

PIRITOSO, SA. adj. Que contiene pirita.

PIRLA. f. Perinola, clase de peonza pequeña.

PIRLITERO. m. Majuelo, espino.

PIRO. Forma prefija, del gr. *pyr, pyrós*, fuego. **Pirofobia, pirotecnia.**

PIROBOLISTA. (Del gr. *pyrobola*, máquina para lanzar proyectiles incendiarios.) m. *Mil.* Ingeniero que construye minas y otros objetos destructivos.

PIROFILACIO. (Del gr. *pyr*, fuego, y *phýlax*, guarda, custodia.) m. Caverna dilatada, llena de fuego, que se suponía estar en el interior de la Tierra.

PIROFOBIA. (Del gr. *pyr, pyrós*, fuego, y *phobos*, terror.) f. *Pat.* Temor morboso al fuego, y más especialmente al incendio.

PIROFÓRICO, CA. adj. V. **Hierro pirofórico.** ‖ V. **Aleación pirofórica.**

PIRÓFORO. (Del gr. *pyrophoros*; de *pyr*, fuego, y *phoros*, que lleva.) m. *Fís.* Cuerpo que se inflama al contacto con el aire.

PIRÓFORO. m. Insecto coleóptero de América, de cabeza voluminosa y ojos saltones.

PIROGALLOL. m. *Quím.* Sólido blanco, soluble, empleado como revelador fotográfico.

PIROGÉNEO, A. (Del gr. *pyr, pyrós*, fuego, y *geneo*, nacimiento, origen.) adj. *Geol.* Que se ha originado por la acción del fuego. ‖ Dícese de los terrenos volcánicos.

PIRÓGENO, NA. (De *piro* y *geno*.) adj. *Med.* Que produce fiebre, piretógeno. Ú.t.c.s.m.

PIROGLICERINA. f. Nitroglicerina.

PIROGNÓSTICO, CA. adj. *Quím.* Relativo a la investigación por medio del fuego.

PIROGOV, Nicolás Ivánovich. *Biog.* Médico ruso que realizó notables experiencias sobre la congelación de los cadáveres. Escribió *Diario de un médico; Investigaciones prácticas y fisiológicas sobre la eterización*, etc. (1810-1881).

PIROGRABADO. (Del gr. *pyr*, fuego, y de *grabado*.) m. Especie de talla de madera, hecha por medio de un instrumento incandescente.

PIROGRABAR. tr. Dibujar o tallar con un instrumento incandescente.

PIROGRABADOR. m. Artesano que ejecuta el pirograbado.

PIRÓLATRA. adj. y s. Que adora el fuego.

PIROLATRÍA. (Del gr. *pyr, pyrós*, fuego, y *latreia*, adoración.) f. Adoración, culto del fuego. ‖ deriv.: **Pirolátrico, ca.**

PIROLOGÍA. (Del gr. *pyr, pyrós*, fuego, y *logos*, tratado.) f. Tratado sobre el fuego.

PIROLUSITA. (Del gr. *pyr, pyrós*, fuego, y *lysis*, descomposición.) f. Manganeso.

PIROMANCIA o **PIROMANCÍA.** (Del lat. *pyromantía*, y éste del gr. *pyromanteia*; de *pyr*, fuego, y *manteia*, adivinación.) f. Adivinación supersticiosa por el color, chasquido y disposición de la llama.

PIROMANÍA. (Del gr. *pyr, pyrós*, fuego, y *manía*.) f. *Pat.* Impulso irresistible al incendio.

PIROMÁNTICO, CA. adj. Perteneciente a la piromancia. ‖ m. El que la profesa.

PIRÓMANO, NA. s. Que sufre de piromanía.

PIRÓMETRO. (Del gr. *pyr, pyrós*, fuego, y *metron*, medida.) m. *Fís.* Instrumento para medir temperaturas elevadas.

PIRÓN. m. *Perú* y *R. de la Plata.* Cierta pasta de cazabe y caldo.

PIROPO. (Del lat. *pyropus*, y éste del gr. *pyropós*; de *pyr*, fuego, y *ops*, vista.) m. Variedad de granate, de color rojo fuego. ‖ Carbúnculo. ‖ fam. Lisonja, requiebro, sinón.: **flor.**

PIRÓSCAFO. (Del gr. *pyr*, fuego, y *skaphe*, barco.) m. Buque de vapor.

PIROSCOPIO. (Del gr. *pyr*, fuego, y *skopeo*, examinar.) m. *Fís.* Termómetro diferencial que se usa en el estudio de los fenómenos de reflexión y de radiación del calor.

PIROSFERA. (Del gr. *pyr*, fuego, y *sphaira*, esfera.) f. Masa candente que, según se supone, ocupa el centro de la Tierra.

PIROTECNIA. (Del gr. *pyr*, fuego, y *tekhne*, arte.) f. Arte que trata de toda clase de invenciones de fuego, en máquinas militares y en otros artificios para diversión y festejo. ‖ IDEAS AFINES: *Fuegos artificiales, cohete, luces de Bengala, petardo, buscapiés, mixto, estrella fugaz, fiesta, Año Nuevo, falla, pólvora, explosión, cielo, chispas.*

PIROTÉCNICO, CA. adj. Perteneciente a la pirotecnia. ‖ m. El que conoce y practica el arte de la pirotecnia.

PIROVANO, Ignacio. *Biog.* Médico arg., que se destacó como cirujano (1844-1895). ‖ – **Ignacio.** Pintor arg., que fue director del Museo Nac. de Arte decorativo (n. 1909). ‖ – **Rodolfo.** Escultor arg. que se distinguió como retratista (1882-1957).

PIROXENA. (Del gr. *pyr*, fuego, y *xenós*, huésped.) f. Mineral de brillo vítreo y fractura concoidea; es un silicato de hierro, cal y magnesia.

PIROXILINA. f. *Quím.* Pólvora de algodón.

PIRÓXILO. m. Producto de la acción del ácido nítrico sobre una substancia semejante a la celulosa. *El algodón pólvora es un* PIRÓXILO.

PIRQUÉN. (Del arauc. *pilquén*, trapos.) *Chile.* Voz que sólo se usa en las frases dar a pirquén y trabajar al pirquén, con relación a las minas, y significa trabajar sin condiciones determinadas sino del modo que el operario quiera, pagando lo estipulado al dueño de la mina.

PIRQUINEAR. (De *pirquén*.) intr. *Chile.* Trabajar al pirquén.

PIRQUINERO. (De *pirquinear*.) m. *Chile.* El que trabaja al pirquén.

PIRRARSE. r. fam. Desear algo con vehemencia. Úsase sólo con la prep. por; sinón.: **desvivirse, perecerse.**

PÍRRICO, CA. (De Pirro, rey del Epiro que ganó a los romanos la batalla de Heraclea con graves pérdidas en su propio ejército.) adj. Dícese del triunfo o victoria obtenidos con más daño del vencedor que del vencido. ‖ adj. Dícese de una danza marcial que se usó en la Grecia antigua, y en la cual se imitaba un combate. Ú.t.c.s.f.

PIRRIQUIO. m. Pie de la poesía griega y latina, compuesto de dos sílabas breves.

PIRRIS. *Geog.* Río de Costa Rica que des. en el Pacífico. 100 km.

PIRRO. *Mit.* Guerrero heleno, hijo de Aquiles, que se distinguió por su valor en el sitio de Troya.

PIRRO. *Hist.* Rey del Epiro que empleó por primera vez los elefantes en la guerra. Su victoria de Heraclea fue tan costosa que le hizo decir: "Con otra victoria como ésta estoy perdido" (318-272 a. de C.).

PIRROCORIS. (Del gr. *pyrrhós*, rojizo, y *koris*, chinche.) m. *Zool.* Género de insectos hemípteros de color rojo vivo con manchas negras, que viven en lugares protegidos del frío.

PIRRÓN. *Biog.* Filósofo gr. cuyas doctrinas se transmitieron en forma oral. Fundó el escepticismo fil., sosteniendo que el hombre debe llegar a la indiferencia y la tranquilidad del ánimo por el camino de la suspensión de todo juicio (360-aprox. 270 a. de C.).

PIRRONIANO, NA. adj. Pirrónico.

PIRRÓNICO, CA. (De *Pirrón*, filósofo escéptico.) adj. Escéptico. Apl. a pers., ú.t.c.s. *Filósofo* PIRRÓNICO.

PIRRONISMO. (Del m. or. que *pirrónico*.) m. Escepticismo.

PIRUETA. al. **Luftsprung; Pirouette.** fr. **Pirouette.** ingl. **Pirouette.** ital. **Piroletta.** port. **Pirueta.** f. Cabriola; sinón.: **voltereta.** ‖ Vuelta rápida que se hace dar al caballo, que se alza de manos y gira apoyado sobre las patas. ‖ IDEAS AFINES: *Salto, brinco, vuelta de carnero, trepa, niño, payaso, acróbata, trampolín, trapecio, agilidad, gracia.*

PIRUÉTANO. m. Peruétano.

PIRUETEAR. intr. Hacer piruetas.

PIRUJA. f. Mujer joven, libre y desenvuelta.

PIRUJO, JA. adj. *Amér. Central.* Descreído, hereje.

PIRULÍ. m. Caramelo generalmente de forma cónica, con un palito que sirve de mango.

PIRULO. m. Botijo.

PIS. m. fam. Orina.

PISA. f. Acción de pisar. ‖ Porción de aceituna o uva que en el molino o lagar se estruja de una vez. ‖ fam. Zurra o vuelta de patadas que se da a uno.

PISA, Nicolás de. *Biog.* V. **Pisano, Nicolás.**

PISA. *Geog.* Provincia de Italia (Toscana). 2.448 km². 391.000 h. Su cap. 106.000 h. Notables monumentos históricos, entre ellos la famosa torre inclinada. Industria textil, cristalería.

PISA, Torre de. *Arq.* Famosa torre existente en la ciudad italiana del mismo nombre, cuya construcción se inició en 1174 y finalizó en 1350. Su inclinación, que se acentuó notablemente en la segunda mitad del s. XIX, es de 4,50 metros y parecería no afectar su estabilidad. Tiene 54,50 metros de altura.

PISADA. al. **Fusstritt; Fusspur.** fr. **Foulée; trace.** ingl. **Footstep; footprint.** ital. **Calpestatura.** port. **Pisada.** f. Acción y efecto de pisar. ‖ Huella que deja el pie en la tierra. *Las* PISADAS *estaban todavía frescas.* ‖ Patada. ‖ *Arg.* Error, chasco, contradicción. ‖ **Seguir las pisadas** de uno. frs. fig. Seguir su ejemplo en todo. ‖ IDEAS AFINES: *Señal, vestigio, pista indicio, rastreador, imprimir, hollar.*

PISADOR, RA. adj. Que pisa. ‖ Aplícase al caballo que alza mucho los brazos y pisa violenta y estrepitosamente. ‖ m. El que pisa la uva. ‖ *Col.* Cabestro, ronzal.

PISADURA. (De *pisar*.) f. Pisada.

PISANO, NA. adj. y s. De Pisa.

PISANO, Andrés. *Biog.* Esc. y arquitecto ital., cuya obra maestra es la puerta del Baptisterio de Florencia, con bajorrelieves sobre la vida del Bautista (1274-1349). ‖ – **Nicolás.** Escultor ital. que, con su hijo Juan, talló el púlpito del baptisterio de Pisa y el de la catedral de Siena (aprox. 1215-aprox. 1277). ‖ – **Víctor.** Pintor y medallista ital. llamado el Pisanello. De gran originalidad, es autor de *San Jorge, El milagro de San Eustaquio*, etc. (1380-1456).

PISAPAPELES. (De *pisar* y *papel*.) m. Utensilio que en las mesas de escritorio, mostradores, etc., se coloca encima de los papeles para que no se muevan.

PISAR. al. **Treten.** fr. **Fouler; fouler du pied.** ingl. **To step on.** ital. **Calpestare.** port. **Pisar.** (Del lat. *pisare*, majar.) tr. Poner el pie sobre algo. PISÓ *el escalón.* ‖ Estrujar una cosa con los pies o el pisón. PISAR *maíz;* sinón.: **apisonar, machacar.** ‖ En las aves, especialmente en las palomas, cubrir el macho a la hembra. ‖ Cubrir en parte una cosa a otra. ‖ Tratándose de teclas o de cuerdas de instrumentos músicos, apretarlas con los dedos. ‖ fig. Hollar, conculcar, humillar. PISAR *las instituciones*; antón.: **respetar.** intr. En los edificios, estar el piso de una habitación construido sobre otra. ‖ r. *Arg.* Equivocarse, chasquearse, contradecirse.

PISASFALTO. (Del lat. *pissasphaltos*, y éste del gr. *pissásphaltos*; de *pissa*, pez, y *ásphaltos*, asfalto.) m. Variedad de asfalto, semejante a la pez.

PISAÚVAS. m. Pisador, el que pisa la uva.

PISAVERDE. (De *pisar* y *verde*.) m. fig. y fam. Hombre vanidoso y afeminado, sin más ocupación que la de acicalarse, perfumarse y buscar galanteos.

PISCA. (Del mex. *pixca*, coger el maíz o segar el trigo.) f. *Col.* Ramera. ‖ *Méx.* Cosecha de maíz. ‖ *Ven.* Parva compuesta de caldo y huevos duros que se toma antes del almuerzo. ‖ Chispa, borrachera.

PISCAR. tr. *Méx.* Recolectar el maíz, arrancándole la mazorca a la planta.

PISCATOR. (Título que llevaban los antiguos calendarios milaneses.) m. Especie de almanaque con pronósticos meteorológicos.

PISCATORIO, RIA. (Del lat. *piscatorius*.) adj. Perteneciente o relativo a la pesca o a los pescadores. ‖ Dícese de la égloga en que se pinta la vida de los pescadores. Ú.t.c.s.f.

PISCÍCOLA. (Del lat. *piscis*, pez, y *colere*, cultivar.) adj. Perteneciente o relativo a la piscicultura.

PISCICULTOR, RA. (Del lat. *piscis*, pez, y *cúltor*, el que cultiva.) s. Persona que se dedica a la piscicultura.

PISCICULTURA. (Del lat. *piscis*, y *cultura*, cultivo.) f. Arte de dirigir y fomentar la reproducción de los peces y mariscos.

PISCIFACTORÍA. (Del lat. *piscis*, pez, y de *factoría*.) f. Establecimiento de piscicultura.

PISCIFORME. (Del lat. *piscis*, pez, y *forma*, forma.) adj. De forma de pez.

PISCINA. al. **Bassin; Schwimmbad.** fr. **Piscine; bassin.** ingl. **Fishpond; swimming-pool.** ital. **Piscina.** port. **Piscina.** (Del lat. *piscina*.) f. Estanque para peces que se suele hacer en los jardines. ‖ Lugar en que se echan y sumen ciertas materias sacramentales: como el agua del bautismo, etc. ‖ Estanque donde pueden bañarse a la vez muchas personas. ‖ – **probática.** La que existía en Jerusalén próxima al templo de Salomón, y se usaba para lavar y purificar las reses que se destinaban a los sacrificios.

PISCIS. m. *Astron.* Duodécimo signo y parte del Zodíaco, de 30 grados de amplitud. ‖ Constelación zodiacal que coincidió con ese signo, pero que actualmente, debido al movimiento retrógrado de los puntos equinocciales, está un poco al oriente de él.

PISCÍVORO, RA. (Del lat. *piscis*, pez, y *vorare*, comer.) adj. y s. **Ictiófago.**

PISCO. m. Aguardiente fabricado originalmente en Pisco, Perú. ‖ Botija en que se envasa este aguardiente.

PISCO. *Geog.* Ciudad y puerto del Perú (Ica). 56.800 h. con el municipio. Centro agrícola. Fabricación de licores y aceites.

PISCOLABIS. m. fam. Refección liviana, que se toma más que por necesidad, por ocasión o regalo. *Acepté un* PISCOLABIS; sinón.: **refrigerio, tentempié.** ‖ fig. En ciertos juegos de naipes como el tresillo, acción de echar un triunfo más valioso que el que ya está en la mesa y con el cual se gana baza.

PISCOTE, TA. adj. *Guat.* Persona insignificante.

PISIDIA. *Geog. histór.* Antigua región del Asia Menor, al S. de Frigia.

PISIFORME. (Del lat. *pisum*, guisante, y *forma*.) adj. Que tiene forma de guisante. ‖ *Anat.* Dícese del cuarto hueso de la primera fila del carpo.

PISISTRATO. *Biog.* Tirano ateniense; gobernó acrecentando el poderío y la belleza de Atenas. Recopiló y publicó las obras homéricas y de otros grandes poetas antiguos (612-527 a. de C.).

PISO. al. **Boden; Geschoss; Stockwerk.** fr. **Plancher; étage.** ingl. **Floor; story.** ital. **Pavimento; piano.** port. **Soalho.** m. Acción y efecto de pisar. ‖ Suelo de las habitaciones de las casas. *Barrer el* PISO. ‖ Pavimento o superficie de un terreno. *El* PISO *de esta avenida es muy firme.* ‖ Cada uno de los altos de una casa. ‖ *Arg.* Entrada y permanencia en un municipio de un vehículo, que lleva frutos y otras mercaderías. ‖ Impuesto que se paga por esa permanencia. ‖ *Cuba.* Tributo que impone el dueño de un potrero por cada res que paste en él. ‖ *Chile.* Silla sin respaldo, por lo general baja. ‖ *Chile* y *Perú.* Alfombra estrecha y larga. ‖ *Min.* Conjunto de labores subterráneas que están a igual profundidad.

PISÓN. (De *pisar*, apretar.) m. Instrumento generalmente de madera, pesado y grueso, casi siempre en forma de cono truncado y con mango, que sirve para apretar la tierra, etc. ‖ *Amér.* Pisotón. ‖ **A pisón.** m. adv. A golpe de **pisón.**

PISÓN, Guillermo. *Biog.* Naturalista hol. que estudió en Amér. la flora, fauna y enfermedades tropicales y a quien se atribuye la introducción de la ipecacuana en Europa (1611-1678).

PISOTEAR. tr. Pisar repetidamente, ajando alguna cosa. ‖

fig. Humillar, maltratar de palabra a alguien. *No le permitiré que me* PISOTEE; sinón.: **atropellar.** ‖ deriv.: **pisoteo.**

PISOTÓN. m. Pisada fuerte, especialmente la que se da sobre el pie de otro.

PISPA. f. Cierto pájaro de las Canarias.

PISPAJO. m. Trapajo, pedazo roto de una tela o vestido. ‖ Cosa despreciable, de poco valor. ‖ En sentido despectivo se aplica a personas desmedradas o pequeñas, especialmente niños.

PISPAR. tr. *Bol.* Hurtar. ‖ intr. *Arg., Chile* y *Urug.* Inquirir, avizorar.

PISPICIA. f. *Chile.* Perspicacia.

PISPICIENTO, TA. adj. *Chile.* Minucioso.

PISSARRO, Camilo. *Biog.* Pintor fr. impresionista. Notable paisajista, sus brillantes efectos luminosos no alteran la solidez de las formas. Son famosos sus *Muelles del Sena; Mercados de Ruán; Vistas de París,* etc. (1831-1903). ‖ — **Luciano.** Pintor fr.; sus cuadros sufrieron la influencia de los de Camilo, padre del artista (1863-1944).

PISSIS, Amado. *Biog.* Geógrafo fr.; por encargo del gob. chileno estudió la geografía y miner. de ese país, y publicó trabajos fundamentales sobre su especialidad. Obras: *Geografía física de Chile; Estructura orográfica de los Andes de Chile; Descripción topográfica y geológica de la provincia de Aconcagua,* etc. (1812-1889).

PISSIS. *Geog.* Cerro de los Andes argentinos sit. entre las prov. de Catamarca y La Rioja. 6.779 m.

PISTA. al. **Spuri; Fährte.** fr. **Traces; pista.** ingl. **Trace; race-track.** ital. **Pista.** port. **Pista.** (De *pistar.*) f. Huella que los animales dejan en la tierra por donde han pasado. *Seguir la* PISTA *del zorro.* ‖ Lugar destinado a las carreras y demás ejercicios, en los circos, velódromos, hipódromos, etc. ‖ fig. Conjunto de indicios que puede servir para averiguar un hecho. *La* PISTA *de un crimen;* sinón.: **rastro.** ‖ **Seguir la pista** a uno. frs. fig. y fam. Espiarle.

PISTACHE. m. Dulce preparado con el fruto del pistachero.

PISTACHERO. (De *pistacho.*) m. Alfóncigo, árbol.

PISTACHO. al. **Pistazie.** fr. **Pistache.** ingl. **Pistachio.** ital. **Pistacchio.** port. **Pistacho.** (Del lat. *pistácium.*) m. Alfóncigo fruto de este árbol.

PISTADERO. m. Instrumento para pistar.

PISTAR. (Del lat. *pistare,* de *pinsere.*) tr. Machacar, aprensar una cosa o sacarle el jugo. ‖ *Perú.* Degollar.

PISTE. (De *pistar.*) m. *Col.* El maíz que se prepara para hacer mazamorra.

PISTERO. (De *pisto.*) m. Especie de jarro con un cañoncito, que le sirve de pico y una asa en la parte opuesta, que se emplea para dar líquidos a los enfermos que no pueden incorporarse.

PISTILO. al. **Stempel; Pistill.** fr. **Pistil.** ingl. **Pistil.** ital. **Pistillo.** port. **Pistilo.** (Del lat. *pistillum,* mano de almirez, por semejanza en su forma.) m. *Bot.* Órgano femenino de la flor, que comúnmente ocupa su centro. ‖ IDEAS AFINES: *Ovario, óvulo, estilo, estigma, néctar, fecundar, madurar, gineceo, verticilo, receptáculo, estambre, fanerógama, polen.*

PISTO. (Del lat. *pistus,* machacado.) m. Jugo que se extrae de la carne de ave, machacándola o prensándola, y se da caliente al enfermo que sólo puede tragar cosa que sea líquida. ‖ Fritada de pimientos, cebolla, tomates, huevo, o de otros manjares, picados y revueltos. ‖ fig. Mezcla confusa de especies en una oración o en un escrito. ‖ *Amér. Central.* Dinero. ‖ *Col.* Chimenea de las armas de fuego. ‖ *Méx.* Bebida, licor. ‖ **A pistos.** m. adv. fig. y fam. Poco a poco, con miseria. ‖ **Darse pisto.** frs. fam. Darse importancia.

PISTOLA. al. **Pistole.** fr. **Pistolet.** ingl. **Pistol.** ital. **Pistola.** port. **Pistola.** (Del ital. *pistola;* de *Pistoya;* véase *pistoresa.*) f. Arma de fuego, corta y en general semiautomática, que se apunta y dispara con una sola mano. PISTOLA *automática, ametralladora.* ‖ — **de arzón.** Cada una de las dos que, colocadas en las pistoleras, se llevan en el arzón de la silla de montar. ‖ m. *Col.* y *Ven.* Necio, babieca. ‖ — **de bolsillo.** Cachorrillo. ‖ — **de cinto.** La que se lleva enganchada en la cintura. ‖ IDEAS AFINES: *Revólver, cañón, gatillo, seguro, bala, cápsula, cartuchera, pistoletazo, apuntar, disparar, tiro, vigilante, pistolero, armería.*

PISTOLERA. f. Estuche en que se guarda una pistola.

PISTOLERISMO. m. Asociación de los pistoleros. ‖ Conjunto de éstos.

PISTOLERO. m. Individuo que emplea la pistola para cometer delitos de asalto de casas y personas y asesinatos. Forma una clase de delicuentes aparte, que el pueblo designa de dicho modo.

PISTOLETAZO. (De *pistolete.*) m. Tiro de pistola. ‖ Herida que produce.

PISTOLETE. (Del fr. *pistolet.*) Arma de fuego más corta que la pistola. ‖ Cachorrillo.

PISTÓN. al. **Kolben.** fr. **Piston.** ingl. **Piston.** ital. **Pistone.** port. **Pistão.** (De *pistar.*) m. Émbolo. ‖ Parte central de la cápsula, en que está colocado el fulminante. ‖ Llave, en forma de émbolo, de varios instrumentos musicales. ‖ *Arg.* Corneta de pistón, instrumento músico. ‖ Persona que lo toca por oficio.

PISTONUDO, DA. adj. Vulgarismo por superior, perfecto, muy bueno.

PISTORESA. (Del lat. *pistolese,* de *Pistoya,* ciudad de Italia donde fabricaban estas armas.) f. Arma corta de acero, especie de puñal o daga.

PISTOYA. *Geog.* Provincia de Italia (Toscana). 266.600 h. Cap. hom. 96.000 h. Centro agrícola.

PISTRAJE. (desp. de *pisto.*) m. fam. Licor o condimento desabrido o de mal gusto.

PISTRAQUE. m. fam. Pistraje.

PISTURA. (Del lat. *pistura.*) f. Acción y efecto de pistar.

PISUERGA. *Geog.* Río de España, afl. del Duero. 283 km.

PITA. f. Planta vivaz, originaria de México, de pencas radicales, carnosas, con espinas en el margen y en la punta, color verde claro y flores amarillentas en ramilletes. Tarda cerca de treinta años en adquirir su total desarrollo, pero entonces llega a alcanzar seis o siete metros. De sus hojas se saca hilaza y de su tronco, por incisión, se extrae el líquido de que se hace el pulque. *Agave americana,* amarilidácea; sinón.: **maguey.** Hilo hecho de las hojas de esta planta.

PITA. f. Voz que se repite y es usada para llamar a las gallinas. ‖ Gallina, ave.

PITA. f. Bolita de cristal; cantillo o pitón. ‖ Billalda o tala, juego de niños. ‖ Palo pequeño que se emplea en el juego de la billalda o tala. ‖ pl. **Juego de los cantillos.**

PITA. (De *pito.*) f. Silba; sinón.: **rechifla;** antón.: **aplauso.**

PITA, Santiago. *Biog.* Dramaturgo cub. autor de *El príncipe jardinero y fingido Cloridano* (m. en 1755). ‖ — **RODRÍGUEZ, Félix.** Escritor cub., autor de cuentos y poesías (n. 1909).

PITACO. *Biog.* Uno de los siete sabios de Grecia; gobernó Mitilene durante diez años (652-579 a. C.).

PITACO. (Del m. or. que *pitón.*) m. Bohordo de la pita.

PITADA. f. Sonido o golpe de pito. ‖ fig. Salida de tono o concepto extravagante. Ú.m. en la frs. **dar una pitada.** ‖ *Amér. del S.* Fumada, chupada.

PITÁGORAS. *Biog.* Fil. y matemático gr. que aportó a las Mat. el teorema, la tabla y el triángulo de su nombre. Concebía los números como esencia y principio de las cosas y elaboró una cosmología de raíz mat., según la cual todo en el universo es número y armonía. Para él los hombres se dividían en tres clases: los que sólo piensan en el dinero y los placeres; los que aspiran al poder y a los honores; los que aman la sabiduría (aprox. s. VI a. de C.). Créese que nació en la isla de Samos.

PITAGÓRICO, CA. (Del lat. *pythagóricus.*) adj. Que sigue las doctrinas de Pitágoras. Ú.t.c.s. *Prácticas* PITAGÓRICAS. ‖ Perteneciente a ellas. ‖ V. **Tabla pitagórica.**

PITAHAYA. f. *Perú.* Especie de cacto trepador, de hermosas flores rojas o blancas.

PITAJAÑA. f. *Chile.* Planta crasa, de tallos sin hojas, serpeantes, con flores amarillas, grandes, que se abren al anochecer, despiden olor de vainilla y se marchitan al salir el sol. *Cactus grandiflorus,* cáctea. ‖ fig. *Chile.* Cosa baladí, de poco valor.

PITALITO. *Geog.* Población de Colombia (Huila). 3.750 h. Centro agrícola ganadero. Confección de sombreros.

PITANCERÍA. f. Lugar donde se reparten o distribuyen las pitanzas. ‖ Distribución hecha por pitanzas. ‖ Lo destinado a ellas. ‖ Cargo de pitancero.

PITANCERO. m. El encargado de repartir pitanzas. ‖ Religioso mayordomo en los conventos de órdenes militares.

PITANGA. f. *Arg.* Árbol mirtáceo de hojas olorosas y fruto comestible, parecido a una guinda negra. Su corteza se emplea como astringente. ‖ Fruto de este árbol.

PITANZA. (De *pitar,* 2º art.; en b. lat. *pictantia* y *pittantia.*) f. Distribución diaria de una cosa ya sea comestible o pecuniaria. ‖ Ración de comida que se da a los que viven en comunidad o a los pobres. ‖ fam. Alimento cotidiano. ‖ Precio que se da por una cosa.

PITAÑA. (Del lat. *lippitudo, inis.*) f. Legaña.

PITAÑOSO, SA. (De *pitaña.*) adj. Pitarroso.

PITAO. (Del arauc. *pithau,* callo.) m. *Chile.* Árbol siempre verde, de hojas oblongas, aovadas, lampiñas; flores blancas, dioicas, y fruto compuesto de cuatro drupas monospermas. Sus hojas son resolutivas y antihelmínticas.

PITAR. intr. Tocar o sonar el pito. ‖ intr. fig. y fam. Tener una situación de preeminencia o autoridad. ‖ tr. Dar una silba a alguno, manifestar desagrado contra él pitándole o silbándole en una reunión o espectáculo público. ‖ Pagar, satisfacer deudas. ‖ *Amér. del S.* Fumar.

PITAR. (Del m. or. que *pico,* ler. art., como el provenzal *pitar,* picar.) tr. Distribuir o dar las pitanzas.

PITARRA. f. Pitaña.

PITARROSO, SA. (De *pitarra.*) adj. Legañoso.

PITEA. *Geog.* Río del N. de Suecia, que des. en el golfo de Botnia. 340 km.

PITEAR. intr. *Amér.* Hacer sonar el pito.

PITEAS. *Biog.* Navegante y geógrafo gr. que exploró los mares sept. llegando a Islandia y el Báltico. Se le atribuye el descubrimiento de la relación entre los movimientos de la Luna y las mareas y la determinación de la latitud mediante el nomon. Escribió *Descripción del Océano* y *Periplo* (s. IV a. de C.).

PITECÁNTROPO. m. *Paleont.* Nombre dado en 1894 por el médico holandés Dubois a un antropoide hipotético (*Pithecanthropus erectus*) que sería la transición del mono al hombre, y al cual pertenecerían unos restos fósiles hallados en Java por dicho antropólogo.

PITELE. m. Extremo de la pita de jugar con un palo.

PITEZNA. f. Pestillo de hierro que tienen los cepos y que al ser tocado y dispararse, hace juntar los zoquetes en que queda preso el animal.

PITIAS. *Biog.* Filósofo de la escuela pitagórica, famoso por su gran amistad con Damón. V. **Damón** (s. V a. de C.).

PÍTICO, CA. (Del lat. *pýticus.*) adj. Pitio. *Himnos* PÍTICOS; *flautas* PÍTICAS.

PITIDO. m. Silbido del pito o de los pájaros.

PITIGRILLI. *Biog.* Escritor ital. cuyo verdadero nombre es **Dino Segre.** Autor de novelas escabrosas de las que renegó al convertirse al catolicismo. Obras: *El cinturón de castidad; Cocaína; Ultraje al pudor,* etc. (1893-1975).

PITIHUE. m. *Chile.* Pájaro carpintero del género *Colaptes,* que a diferencia de otros miembros de la misma familia, es de costumbres más terrestres que arborícolas.

PITILLERA. f. Mujer que se ocupa en hacer pitillos. ‖ Petaca para guardarlos; sinón.: **cigarrera.**

PITILLO. (dim. de *pito.*) m. Cigarrillo. ‖ *Cuba.* Cañutillo, planta.

PÍTIMA. (De *epítema.*) f. Socrocio que se aplica sobre el corazón. ‖ fig. y fam. Borrachera, efecto de emborracharse.

PITIMINÍ. (Del fr. *petit,* pequeño, y *menú,* menudo.) f. V. **Rosa de pitiminí.**

PITIO, TIA. (Del lat. *pythius.*) adj. Perteneciente a Apolo, considerado como vencedor de la serpiente Pitón. ‖ Dícese más ordinariamente de ciertos certámenes que se celebraban en Delfos en honor de Apolo.

PITIO. m. Pitido.

PITIPIÉ. (Del fr. *petit pied,* pie pequeño.) m. Escala, medida proporcional.

PITIRIASIS. f. *Pat.* Dermatosis que se caracteriza por una descamación epidérmica, producida por una modificación temporaria de la secreción de la epidermis.

PITIRRE. (Voz semejante al grito de esta ave.) m. *Cuba* y *P. Rico.* Pájaro pequeño, de cola larga, obscuro, que se alimenta de insectos.

PITMAN, Isaac. *Biog.* Educador ingl., inventor del sistema de taquigrafía que lleva su nombre (1813-1897).

PITO. al. **Pfeife.** fr. **Sfflet.** ingl. **Whistle.** ital. **Fischio.** port. **Apito.** (Voz imitativa.) m. Flauta pequeña, como un silbato, de sonido muy agudo. ‖ Persona que toca ese instrumento. ‖ Vasija de barro, que produce sonido semejante a un gorjeo cuando, habiéndosele echado cierta cantidad de agua, se sopla por el pico. ‖ Garrapata casi circular, de color amarillento con una mancha roja en el dorso. Es muy común en América del Sur, y su picadura es molestísima. ‖ Taba con que juegan los muchachos. ‖ Cigarrillo de papel. ‖ *Amér. Central.* Botón del cafeto a punto de reventar. ‖ *Arg., Bol., Chile* y *Uruguay.* Cachimba o pipa ordinaria. ‖ **Pito catalán.** *Arg.* Ademán consistente en poner el pulgar sobre la punta de la nariz y agitar los demás dedos. ‖ **Pitos flautos.** fam. Devaneos. ‖ **Cuando pitos, flautas; cuando flautas, pitos.** expr. fig. y fam. con que se da a entender que las cosas suelen ocurrir al contrario de lo que se deseaba. ‖ **No dársele,** o **no importarle,** a uno **un pito** de una cosa. frs. fig. y fam. Hacer desprecio de ella. ‖ **No tocar pito.** frs. fig. y fam. No tener parte en un negocio o asunto. ‖ **No valer un pito.** frs. fig. y fam. Ser inútil o carecer de importancia o valor. ‖ **¿Qué pito toca?** frs. fig. y fam. *Arg.* ¿Qué hace? ¿Qué papel desempeña? ‖ **Por pitos o por flautas.** fr. fig. y fam. Por un motivo o por otro.

PITO. m. Pico, ave.

PITOEF, Jorge. *Biog.* Actor y director fr. de origen ruso, notable cultor del teatro de vanguardia. Autor de *Nuestro teatro; El verdadero proceso de Juana de Arco,* etc. (1886-1939).

PITOFLERO, RA. (De *pito* y el lat. *flare,* soplar.) s. fam. Músico de escasa habilidad. ‖ fig. Persona chismosa o chocarrera.

PITOITOY. (Voz onomatopéyica.) m. *Amér.* Ave zancuda de las costas, de plumaje obscuro por el lomo y blanco manchado por el vientre, pico corto y tarsos altos. Al levantar vuelo emite el grito especial de que deriva su nombre.

PITÓN. al. **Riesenschlange.** fr. **Python.** ingl. **Python.** ital. **Pitone.** port. **Pitão.** (De *Python,* serpiente monstruosa en la mitología griega.) m. **Serpiente pitón.**

PITÓN. m. Cuerno que comienza a salirle a algunos animales; como al cordero, cabrito, etc., y también la punta del cuerno del toro. ‖ Tubo recto o curvo, de forma cónica, que sale de la parte inferior del cuello en los botijos, pisteros y porrones, y sirve para atenuar la salida del líquido. ‖ fig. Bulto pequeño y puntiagudo que sobresale en la superficie de una cosa. ‖ Renuevo del árbol cuando empieza a abotonar. ‖ Pitaco.

PITONISA. al. **Wahrsagerin.** fr. **Pythonisse.** ingl. **Pythoness.** ital. **Pitonessa.** port. **Pitonisa.** (Del lat. *pythonissa,* y éste del gr. *pythónissa.*) f. Sacerdotisa de Apolo, que en el templo de Delfos daba los oráculos sentada en el trípode. ‖ Encantadora, hechicera. ‖ IDEAS AFINES: *Bruja, Casandra, profecía, porvenir, agorero, sibilino, esfinge, clarividencia.*

PITORA. f. Serpiente de Colombia muy venenosa.

PITORRA. f. Chocha, perdiz.

PITORREARSE. r. Burlarse de otro. ‖ deriv.: **pitorreo.**

PITORRO. adj. m. Se dice del carnero con cuernos fuertes y largos. Ú.t.c.s. ‖ m. Pitón de los botijos.

PITPIT. (Voz onomatopéyica.) m. Pájaro insectívoro europeo, de plumaje ceniciento verdoso, con manchas pardas y amarillentas. Gén. *Anthus.*

PITRE. m. *Ant., Col.* y *Ven.* Petimetre. Ú.t.c.adj.

PITREO. m. Pitaco.

PITRUFQUÉN. *Geog.* Población de Chile (Cautín.) 5.200 h. Centro agrícola ganadero y maderero.

PITT, Guillermo, Conde de Chatham. *Biog.* Político ingl., gran orador y estadista. Uno de los autores del poderío y prosperidad de su patria. Publicó *Discursos y Cartas* (1708-1778). ‖ – **Guillermo, llamado el Joven.** Estadista ingl. hijo del anterior. Fue el organizador de las coaliciones contra Francia republicana y contra Napoleón (1759-1806).

PITTSBURGH. *Geog.* Ciudad de los EE.UU. (Pensilvania). 700.000 h. Gran centro siderúrgico.

PITUCO, CA. adj. *Arg.* Petimetre, gomoso. Ú.m.c.s. ‖ *Chile* y *Urug.* Endeble, flacucho.

PITUITA. (Del lat. *pituita.*) f. Humor blanquecino y viscoso que segregan varios órganos del cuerpo animal, especialmente las membranas de la nariz y los bronquios.

PITUITARIO, RIA. adj. Que contiene o segrega pituita. V. **Glándula, membrana pituitaria.**

PITUITOSO, SA. (Del lat. *pituitosus.*) adj. Que abunda en pituita. ‖ Pituitario.

PITUSO, SA. adj. y s. Pequeño, gracioso, lindo, tratándose de niños.

PIULAR. (Del lat. *pipulum,* piulido.) intr. Piar.

PIULIDO. m. Acción de piular.

PIUNE. m. *Chile.* Arbolillo proteáceo de hojas grandes, cubiertas de vello por debajo, con racimos flojos de flores amarillas, usadas en medicina.

PIUQUÉN. (Del arauc. *piuquén.*) m. *Chile.* Avutarda blanca, mayor que la europea, fácilmente domesticable y de carne sabrosa. *Chloephaga melanoptera,* anátida.

PIUQUENES. *Geog.* Nombre de tres pasos de la cordillera de los Andes; el más septentrional, entre la prov. argentina de San Juan y la chilena de Coquimbo, a 3.852 m. de altura; el central, entre la prov. argentina de Mendoza y la chilena de Santiago, a 4.045 m., y el más austral entre la prov. argentina de Neuquén y la chilena de Linares, a 2.120 m.

PIURA. *Geog.* Río del Perú, en el dep. hom., que desagua en el Pacífico. 130 km. ‖ Dep. del norte del Perú. 39.468 km². 964.000 h. Petróleo, algodón. Cap. hom. 26.000 h. (con suburbios, 62.000 h.).

PIURANO, NA. adj. y s. De Piura, ciudad y departamento del Perú.

PIURE. (Del arauc. *piur.*) m. *Chile.* Molusco que forma una especie de saquillo cónico, carnoso, rojizo. Viven en grupos y son comestibles muy apreciados.

PIURIA. (Del gr. *pyon,* pus, y *ureo,* orinar.) f. *Pat.* Emisión de orina mezclada con pus. ‖ deriv.: **piúrico, ca.**

PÍXIDE. (Del lat. *pyxis, -idis,* y éste del gr. *pyxis,* caja pequeña.) f. Copón o caja pequeña en que se guarda el Santísimo Sacramento o se lleva a los enfermos.

PIYAMA. m. Pijama.

PI Y MARGALL, Francisco. *Biog.* Político, jurisconsulto e historiador esp., en 1873 presidente de la República. Defendió el federalismo y la autonomía de Cuba. Obras: *Las nacionalidades; Historia de América; Las luchas de nuestros días,* etc. (1824-1901).

PI Y SUÑER, Augusto. *Biog.* Médico esp. Notable fisiólogo, escribió valiosas obras sobre temas de su especialidad (1879-1965).

PIZA. (Del ital. *pizza.*) f. *Arg.* Torta circular que se prepara poniendo tomate, condimentos, anchoas o queso, etc., encima de la masa, que se cuece después al horno. ‖ *Ec.* Tunda, zurra.

PIZANO RESTREPO, Roberto. *Biog.* Pintor colombiano. En sus cuadros se advierte una preocupación por los efectos luminosos (1896-1929).

PIZARRA. al. **Schieferstein; Wandtafel.** fr. **Ardoise; tableau noir.** ingl. **Slate shale; blackboard.** ital. **Lavagna.** port. **Ardósia; quadro-negro.** (Voz vascongada.) f. Roca homogénea, por lo común de color negro azulado, de grano muy fino que se divide fácilmente en hojas delgadas. Procede de una arcilla metamorfoseada por las acciones telúricas, y se usa en construcciones. *Un tejado de* PIZARRA. ‖ Trozo de **pizarra,** algo pulimentado, de forma rectangular, generalmente con marco de madera, en que se escribe o dibuja con el pizarrín, yeso, etc. ‖ Tablero pintado de negro para escribir en él con tiza. sinón.: **encerado, pizarrón.**

PIZARRAL. m. Lugar en que se encuentran pizarras.

PIZARREÑO, ÑA. adj. Perteneciente a la pizarra o parecido a ella.

PIZARRERÍA. f. Lugar donde se extraen o labran pizarras.

PIZARRERO. m. El que labra, pule o asienta pizarras en los edificios.

PIZARRÍN. m. Barrita de lápiz o de pizarra, no muy dura, por lo general cilíndrica, usada para escribir o dibujar en las pizarras de piedra.

PIZARRO, Francisco. *Biog.* Militar esp., conquistador del Perú, figura brillante de la hist. colonial americana por su valor, osadía y férrea voluntad. Acompañó a Balboa al Pacífico; a Pedrarias Dávila en la conquista de Panamá y luego, con Almagro y Luque planeó la conquista del imperio incaico, que inició en 1531. Aprisionó e hizo ejecutar al inca Atahualpa, a pesar de haber pagado éste su rescate en oro y prosiguió la conquista del país, fundando Lima y Trujillo. Sus divergencias con Almagro llevaron a los conquistadores a una guerra civil, agravada por el asesinato de Almagro, al cual siguió el del propio **Pizarro,** víctimas ambos de su excesiva ambición (1475-1541). ‖ – **Gonzalo.** Conquistador esp., hermano de Francisco, a quien acompañó en sus empresas. Buscando el fabuloso país de El Dorado exploró con Orellana el Amazonas. Después del asesinato de Francisco Pizarro, se proclamó gobernador, pero fue destituido y ejecutado por orden del enviado del rey, La Gasca (1502-1548). ‖ – **Hernando.** Militar esp. hermano de los anteriores. Gobernador del Cuzco, fue encarcelado por Almagro, a quien luego aprisionó e hizo ejecutar. Valiente, pero soberbio y ambicioso, tuvo fuerte y desdichada influencia en las luchas internas de los esp. en el Perú. (1474-1578). ‖ – **José Alfonso.** Político esp. virrey de Nueva Granada, donde efectuó importantes mejoras entre 1749 y 1753. ‖ – **Juan.** Conquistador esp., hermano de Francisco. Muerto por los indígenas cuando acudía en ayuda de sus hermanos Gonzalo y Hernando, sitiados en Cuzco. ‖ – **Martín.** Hermano de Francisco Pizarro, muerto con éste por los partidarios de Almagro, en 1541.

PIZARRÓN. (aum. de *pizarra.*) m. *Ant.* y *R. de la Plata.* Encerado o cuadro de hule, madera, etc., que se usa en las escuelas para escribir en él.

PIZARROSO, SA. adj. Abundante en pizarras. ‖ De aspecto de pizarra.

PIZATE. m. Pazote.

PIZCA. al. **Bisschen.** fr. **Brin.** ingl. **Mite.** ital. **Briciolo.** port. **Migalha.** (De *pizco.*) f. fam. Porción pequeña de algo. *Una* PIZCA *de sal.* ‖ IDEAS AFINES: *Migaja, exiguo, friolera, insignificancia, partícula, punto, tilde, mota, grano, dosis, ápice, economía, frugalidad.*

PIZCAR. tr. fam. Pellizcar.

PIZCO. m. fam. Pellizco.

PIZERÍA. f. *Arg.* Comercio donde se prepara y expende piza, fainá y otras viandas.

PIZMIENTO, TA. (Del lat. *pix, picis,* pez.) adj. Atezado, de color de pez.

PIZOTE. m. *Amér. Central.* Coatí. ‖ Torpe, bruto. Ú.t.c.adj.

PIZPERETA. adj. fam. Pizpireta.

PIZPIRETA. (Quizá de *pizpita,* por lo mucho que se mueve.) adj. fam. Dícese de la mujer viva, pronta y aguda.

PIZPIRIGAÑA. f. Juego con que se divierten los muchachos dándose pellizcos suaves en las manos unos a otros.

PIZPITA. (De *pezpita.*) f. Aguzanieves.

PIZPITILLO. m. Pizpita.

PIZZETTI, Hildebrando. *Biog.* Compositor ital. de técnica brillante y pureza formal, autor de las óperas *Fedra; La hija de Iorio; Ifigenia* y otras obras sinfónicas, corales y religiosas. Publicó también libros de crítica e hist. de la música: *La música griega; Músicos contemporáneos; La música italiana del siglo XIX,* etc. (1880-1968).

PIZZICATO. (Voz ital.) m. *Mús.* Modo de ejecución en instrumentos de arco, consistente en pellizcar las cuerdas con los dedos.

PIZZURNO, Pablo A. *Biog.* Pedagogo arg., autor de numerosos trabajos de su especialidad como *Enseñanza secundaria y normal; La escuela primaria,* etc. (1865-1940).

PLÁ, Josefina. *Biog.* Escritora cont. paraguaya de origen esp., autora de *El predio de los sueños; La raíz y la aurora* y otras obras (n. 1909). ‖ – **José María.** Pol. uruguayo, en 1856 presidente interino de su país (1794-1869).

PLACA. al. **Platte.** fr. **Plaque.** ingl. **Plate; dry plate.** ital. **Placca; lastra.** port. **Placa.** (Del neerl. *plack,* disco.) f. Antigua moneda de los Países Bajos, que se extendió por los demás dominios españoles. ‖ Insignia de alguna de las órdenes caballerescas. *La* PLACA *de San Fernando.* ‖ Lámina, plancha o película que se forma en un objeto. ‖ *Fot.* Planchuela de metal yodurada, sobre la que se hacía la daguerrotipia. ‖ Vidrio cubierto en una de sus caras por una capa de substancia sensible a la luz y en la que puede obtenerse una prueba negativa. ‖ – **giratoria.** Armazón circular de hierro, giratoria y con carriles que forman varias vías cruzadas, que se emplean en las estaciones de ferrocarril para hacer que los vagones y locomotoras cambien de vía.

PLACABLE. (Del lat. *placabilis.*) adj. Aplacable. ‖ deriv.: **placabilidad.**

PLACARD. (Voz *francesa.*) m. Galicismo por **alacena.**

PLACARTE. (Del fr. *placard,* y éste del m. or. que *placa.*) m. p. us. Cartel o edicto que se fijaba en las esquinas, sinón.: **bando.**

PLACATIVO, VA. adj. Capaz de aplacar.

PLACEAR. (De *plaza.*) tr. Destinar géneros comestibles a la venta al por menor. ‖ Publicar una cosa.

PLACEBO. (Del lat. *placebo.*) m. *Med.* Substancia que careciendo por sí misma de acción terapéutica, produce algún efecto curativo en el enfermo, si éste la recibe convencido de que esa substancia posee realmente tal acción.

PLACEL. (Del lat. *platéola,* plazuela.) m. *Mar* Placer, banco en el mar.

PLÁCEME. (3ª. pers. de sing. del pres. de indic. del verbo *placer* y el pron. *me:* me place.) m. Felicitación. *Agradecer un* PLÁCEME; sinón.: **enhorabuena, parabién.**

PLACENTA. (Del lat. *placenta,* torta.) f. *Anat.* Órgano esponjoso, redondeado y plano, semejante a una torta, intermediario entre la madre y el feto durante la gestación. ‖ *Bot.* Parte interna del ovario, a la que están unidos los óvulos.

PLACENTARIO, RIA. adj. Perteneciente a la placenta.

PLACENTERO, RA. (Del lat. *placens, -entis,* p. a. de *plácere,* agradar.) adj. Agradable, alegre, apacible. *Vacaciones* PLACENTERAS; sinón.: **grato, ameno;** antón.: **desagradable, triste.** ‖ deriv.: **placenteramente.**

PLACENTÍN. adj. Placentino. Apl. a pers., ú. t.c.s.

PLACENTINO, NA. adj. y s. De Plasencia.

PLACER. (De *placel.*) m. Banco de arena o piedra en el fondo del mar. ‖ Arenal con partículas de oro. *Se han descubierto* PLACERES *en la isla de Pinos.* ‖ Pesquería de perlas en las costas de América. ‖ *Cuba.* Campo yermo. ‖ *Col.* Terreno limpio listo para la siembra.

PLACER. al. **Lust; Vergnügen.** fr. **Plaisir.** ingl. **Pleasure.** ital. **Piacere.** port. **Prazer.** (Infinit. substantivado.) m. Contento del ánimo. sinón.: **gozo;** antón.: **dolor.** ‖ Sensación agradable. *Tuve el* PLACER *de conocerlo.* ‖ Voluntad, beneplácito. ‖ Diversión, entretenimiento. ‖ V. **Casa, gentilhombre de placer.** ‖ **A placer.** m. adv. Con todo gusto, sin impedimento alguno. ‖ IDEAS AFINES: *Alegría, dicha, júbilo, buen humor, euforia, hilaridad.*

PLACER. (Del lat. *plácere.*) tr. Agradar o dar gusto. *Estas gentes me* PLACEN; sinón.: **contentar, gustar;** antón.: **desagradar.** ‖ **Que me place.** expr. con que se denota que agrada o se aprueba una cosa. ‖ irreg. **Conjugación:** INDIC. Pres.: *Plazco, places, place, placemos, placéis, placen.* Imperf.: *Placía, placías,* etc. Pret. indef.: *Plací, placiste, plació o plugo, placimos, placisteis, placieron o pluguieron.* Fut. imperf.: *Placeré, placerás,* etc. POT.: *Placería, placerías,* etc. SUBJ. Pres.: *Plazca, plazcas, plazca o plegue o plega, plazcamos,* etc. Imperf.: *Placiera, placieras, placiera o pluguiera, placiéramos,* etc. *Placiese, placieses, placiese o pluguiese, placiésemos,* etc. Fut. imperf.: *placiere, placieres, placiere o pluguiere, placiéremos,* etc. IMPERAT.: *Place, plazcas,* etc. PARTIC.: *Placido.* GER.: *placiendo.*

PLACERO, RA. Perteneciente a la plaza, o propio de ella. ‖ adj. Dícese de la persona que vende los géneros y cosas comestibles en la plaza. Ú.t.c.s. ‖ fig. Dícese de la persona ociosa; del ocioso que se anda por las plazas en conversación.

PLÁCET. (Del lat. *plácet,* 3ª pers. de sing. del pres. de indic. de *plácere,* gustar.) m Conformidad que otorga un gobierno a la designación del representante diplomático de otra nación.

PLACETA. f. dim. de **Plaza.**

PLACETAS. *Geog.* Ciudad de Cuba (Las Villas). 20.375 h. Centro azucarero y tabacalero.

PLACETUELA. f. dim. de **Placeta.**

PLACIBLE. (Del lat. *placíbilis.*) adj. Agradable, que da gusto y satisfacción. ‖ deriv.: **placibilidad.**

PLACIDEZ. al. **Sanftmut.** fr. **Placidité.** ingl. **Placidity.** ital. **Placidezza.** port. **Placidez.** f. Calidad de plácido. *La* PLACIDEZ *del alma;* sinón.: **calma, serenidad;** antón.: **intranquilidad.**

PLÁCIDO, DA. (Del lat. *plácidus.*) adj. Quieto, sosegado y sin perturbación. *Vida* PLÁCIDA; sinón.: **sereno, tranquilo.** ‖ Grato, apacible. *Fue una tarde* PLÁCIDA; sinón.: **agradable, placentero.** ‖ deriv.: **plácidamente.**

PLACIDIA, Gala. *Biog.* Emperatriz de Occidente (388-450).

PLACIENTE. p. a. de **Placer.** Que place. ‖ adj. Agradable, gustoso.

PLÁCITO. (Del lat. *plácitum,* opinión.) m. Parecer, sentido, dictamen.

PLACOIDEO, A. (Del gr. *plax,* placa, lámina, y *eidos,* forma.) adj. De forma de placa o lámina.

PLAFÓN. (Del fr. *plafond,* y éste del al. *platt,* llano y el lat. *fundus,* fondo.) m. *Arq.* Sofito.

PLAFOND. (Voz francesa.) m. *Av.* Dígase **techo.**

PLAGA. al. **Plage.** fr. **Plaie.** ingl. **Plague.** ital. **Plaga.** port. **Praga.** (Del lat. *plaga,* llaga.) f. Calamidad grande que aflige a un pueblo. sinón.: **azote, peste.** ‖ Daño o enfermedad que sufre una persona. ‖ Llaga, úlcera. ‖ fig. Cualquier infortunio o contratiempo. ‖ Abundancia de una cosa nociva. Suele decirse también, aunque impropiamente, de las que no lo son. *Este año ha habido* PLAGA *de naranjas.* ‖ Azote que aflige a la agricultura, como la langosta, la filoxera, etc.

PLAGA. (Del lat. *plaga,* espacio de terreno.) f. Clima, espacio entre dos paralelos. ‖ Rumbo, dirección.

PLAGADO, DA. adj. Herido o castigado.

PLAGAL. (Del b. lat. *plaga,* modo musical.) adj. *Mús.* V. **Modo plagal.**

PLAGAR. tr. y r. Llenar o cubrir de plagas a una persona o cosa. *Este campo se* PLAGÓ *de yuyos.* ‖ ant. Llagar.

PLAGAS DE EGIPTO, Las diez. *Hist.* Las enviadas por Dios a Egipto por intermedio de Moisés, para castigar su negativa a dejar salir a los israelitas. Por la primera, las aguas se convierten en sangre; por la segunda, las ranas invaden toda la ciudad; por la tercera, el polvo se convierte en mosquitos; la cuarta hace que las moscas invadan todo el territorio, menos la zona habitada por los israelitas; la quinta envía una terrible peste; por la sexta, la ceniza del aire produce llagas y heridas; la séptima desencadena una horrible tempestad; por la octava, una plaga de langosta asuela los campos; la novena obscurece, como si fuera de noche, las horas del día y la décima provoca la muerte de todos los primogénitos de los egipcios.

PLAGIAR. al. **Plagiieren; abschreiben.** fr. **Plagier.** ingl. **To plagiarize.** ital. **Copiare.** port. **Plagiar.** (Del lat. *plagiare.*) tr. Entre los antiguos romanos, comprar a un hombre libre y retenerlo en servidumbre, o utilizar a un siervo ajeno como si fuera propio. ‖ fig. Copiar substancialmente obras ajenas, dándolas como propias. ‖ *Amér.* Apoderarse de alguien con el fin de obtener rescate por su libertad.

PLAGIARIO, RIA. (Del lat. *plagiarius.*) adj. Que plagia. Ú.m.c.s.

PLAGIO. al. **Plagiat.** fr. **Plagiat.** ingl. **Plagiarism.** ital. **Plagio.** port. **Plágio.** (Del lat. *plágium.*) m. Acción y efecto de plagiar. *Aquel libro era un* PLAGIO *evidente.* ‖ IDEAS AFINES: *Robo, fraude, imitación, centón, compilación, reproducción, símil, traslado, semblanza, duplicado, trasunto, idéntico, eco, calco, espejo.*

PLAGIÓSTOMOS. (Del gr. *plagios*, oblicuo, y *stoma*, boca.) m. pl. *Zool.* Orden de peces selacios que se caracterizan por tener la boca transversal, que se halla en la parte inferior del cuerpo, y cinco orificios branquiales a cada lado.

PLAGIOTREMO, MA. (Del gr. *plagios*, oblicuo, y *trema*, orificio.) m. pl. *Zool.* Grupo de reptiles, de orificio cloacal transverso, doble pene y dientes no implantados en los alvéolos; comprende a los saurios y ofidios. Ú.t.c.s. ‖ m. pl. *Zool.* Subclase de estos reptiles.

PLAGUICIDA. (De *plaga* y el suf. *-cida*, del lat. *caedere*, matar.) adj. Dícese del agente que combate las plagas del campo. Ú.t.c.s.

PLAN. al. **Plan.** fr. **Plan.** ingl. **Plan.** ital. **Progetto.** port. **Plano.** (De *plano.*) m. Altitud o nivel. ‖ Intento, estructura. *La suerte favoreció sus* PLANES; sinón.: **proyecto.** ‖ Escrito en que se apunta una cosa por extenso. ‖ Plano, representación gráfica de un terreno. ‖ *Cuba, Ec., Guat.* y *Ven.* Cada una de las caras de la hoja del machete, espada o sable. ‖ *Chile, Guat., Méx.* y *Ven.* Llanura, planicie. ‖ m. *Mar.* Parte inferior y más ancha del fondo de un barco en la bodega, o la horizontal de cada lado de la quilla. ‖ *Min.* Piso, conjunto de labores subterráneas, a la misma profundidad. ‖ IDEAS AFINES: *Propósito, esbozo, esquema, bosquejar, combinación, intriga, trama, itinerario, imaginar, organizar.*

PLANA. (Del lat. *plana.*) f. Llana, herramienta.

PLANA. (Del lat. *plana*, t. f. de *-nus*, llano.) f. Cada una de las caras de una hoja de papel. *Un folleto de cincuenta* PLANAS. ‖ Escrito que hacen los niños en una **plana** del papel en que aprenden a escribir. ‖ Porción extensa de país llano. ‖ *Impr.* Conjunto de líneas, ya ajustadas, de que se compone cada página. ‖ – **mayor.** *Mar.* Conjunto de jefes y oficiales, etc., que está afecto al buque insignia. ‖ *Mil.* Conjunto y agregado de los jefes y otros individuos de un batallón o regimiento que no pertenecen a ninguna compañía; como coronel, teniente coronel, tambor mayor, etc. ‖ **Cerrar la plana.** frs. fig. Finalizar algo. ‖ **Corregir** o **enmendar la plana** a uno. frs. fig. Advertir o notar algún defecto en lo que otro ha ejecutado. ‖ Superar una persona a otra realizando una cosa mejor que ella.

PLANADA. (De *plano.*) f. Llanada.

PLANADOR. (Del lat. *planátor*, que allana.) m. Oficial de platero, que aplana sobre el tas ciertas piezas. ‖ El que aplana y pule las planchas para grabar.

PLANAZO. m. *Amér.* Cintarazo. ‖ *Hond.* Batacazo.

PLANCK, Max. *Biog.* Ilustre físico al., premio Nobel de Física en 1918 por sus trascendentales investigaciones sobre termodinámica y conservación de la energía, que le llevaron a formular la teoría de los *quanta.* Autor de *Principio de la conservación de la energía; La unidad del Universo físico; Elementos de la teoría mecánica del calor*, etc. (1858-1947).

PLANCO. (Del lat. *plancus.*) m. Planga, ave.

PLANCTON. (Del gr. *plankton*, forma neutra de *planktós*, errante.) m. Dícese de la fauna y flora miscroscópica o de muy pequeño tamaño que se mantiene en suspensión en el seno o en la superficie de las aguas dulces o saladas. ‖ deriv.: **planctónico, ca.**

PLANCHA. al. **Platte; Bügeleisen.** fr. **Planche; fer à repasser.** ingl. **Plate; smoothing iron.** ital. **Lastra; ferro da stirare.** port. **Prancha; ferro de engomar.** (Del fr. *plance*, y éste del lat. *planca.*) f. Lámina o pedazo de metal llano y delgado. ‖ Utensilio de hierro, muy liso y acerado por su cara inferior, y que en la superior tiene un asa, por donde se toma para planchar. ‖ Postura horizontal del cuerpo sin más sostén que el de las manos asidas a una barra, o bien flotando de espaldas en el agua. ‖ fig. y fam. Desacierto por el cual la persona que lo comete queda en situación ridícula. Ú.m. en las frases **hacer una plancha** y **tirarse una plancha.** ‖ *Impr.* Reproducción estereotípica o galvanoplástica para imprimir. ‖ *Mar.* Tablón con travesaños que se usa como puente entre la tierra y la nave, o entre dos naves. Por ext., llámase así a los puentes provisionales para varios usos. ‖ – **de agua.** *Mar.* Entablado flotante sobre el que se coloca la maestranza para ciertos trabajos. ‖ – **de blindaje.** Cada una de las piezas metálicas, de considerable espesor, con que se protegen contra los proyectiles las naves de guerra y otros aparatos militares. ‖ – **de viento.** *Mar.* Andamio que se cuelga del costado de una nave para que trabajen los pintores u otros operarios.

PLANCHADA. f. Tablazón que, sostenida por caballetes introducidos en el agua, sirve para embarcos y desembarcos en la costa de mar o de un río.

PLANCHADO. m. Acción y efecto de planchar. *Hoy me dedicaré al* PLANCHADO. ‖ Conjunto de ropa que se ha de planchar o que ya se ha planchado.

PLANCHADOR, RA. s. Persona que plancha o tiene por oficio planchar.

PLANCHADORAS, Las. *B. A.* Famoso cuadro pintado por Edgardo Degas en 1884 y que se conserva en el Museo del Louvre. Obra plena de realismo.

PLANCHAR. al. **Bügeln.** fr. **Repasser.** ingl. **To press; to iron.** ital. **Stirare.** port. **Passar a ferro.** tr. Pasar la plancha caliente sobre la ropa para estirarla o asentarla. PLANCHAR *un pantalón.* ‖ Quitar las arrugas a la ropa por procedimientos mecánicos. ‖ *Perú, P. Rico* y *Urug.* Adular. ‖ intr. *Amér. del S.* Quedarse una dama sin bailar en una fiesta. ‖ *Chile.* **Meter la pata.**

PLANCHART, Enrique Julio. *Biog.* Crítico venezolano cont., autor de *Reflexiones sobre las venezolanas con motivo de "La Trepadera"; Tendencias de la lírica venezolana*, etc. (1894-1953).

PLANCHEAR. tr. Cubrir alguna cosa con planchas o láminas de metal. ‖ deriv.: **plancheo.**

PLANCHETA. f. *Topogr.* Tablero montado horizontalmente sobre un trípode, y en cuya superficie se trazan las visuales dirigidas por una alidada a los diferentes puntos del terreno.

PLANCHO. adj. *Col.* Plano, llano.

PLANCHÓN. m. aum. de **Plancha.** ‖ *Amér. del S.* Helero. ‖ *P. Rico.* Adulador. Ú.t.c.adj.

PLANCHON, Julio Emilio. *Biog.* Agrónomo fr., famoso por sus estudios sobre la filoxera y por introducir en Europa vides americanas como defensa contra aquella plaga. Publicó numerosos trabajos sobre su especialidad (1823-1888).

PLANCHÓN, Cerro del. *Geog.* Volcán de los Andes, entre la prov. argentina de Mendoza y la chilena de Curicó. 4.034 m. ‖ **Paso del –.** Paso de los Andes al pie del cerro hom. 2.850 m. de altura.

PLANCHUELA. f. dim. de **Plancha.** ‖ V. **Hierro planchuela.**

PLANE. *Geog.* Pequeña isla del Mediterráneo. sit. en la costa de África, al N. del golfo de Túnez.

PLANEADOR. m. Avión sin motor, que se remonta a remolque y vuela aprovechando las corrientes aéreas.

PLANEAR. tr. Trazar el plan de una obra. PLANEAR *un hospital.* ‖ Hacer planes o proyectos. PLANEAR *una excursión*; sinón.: **idear, proyectar.** ‖ intr. Descender en planeo un aeroplano.

PLANEO. m. *Av.* Descenso de un aeroplano sin la función del motor y en condiciones normales.

PLANETA. al. **Planet; Wandelstern.** fr. **Planète.** ingl. **Planet.** ital. **Planeta.** port. **Planeta.** (Del lat. *planeta*, y éste del gr. *planetes*, **errante.**) m. *Astron.* Cualquiera de los siete astros que, basándose en el sistema de Tolomeo, se creía que giraban alrededor de la Tierra; a saber: la Luna, Mercurio, Venus, el Sol, Marte, Júpiter y Saturno. ‖ *Astron.* Cuerpo celeste, opaco, que sólo brilla por la luz refleja del Sol, alrededor del cual se mueve propia y periódicamente en órbita más o menos elíptica. En nuestro sistema solar son los siguientes: Mercurio, Venus, la Tierra, Marte, Júpiter, Saturno, Urano, Neptuno y Plutón. *Los* PLANETAS *giran de Oeste a Este.* ‖ *Astron.* Satélite, astro. ‖ *Liturg.* f. Especie de casulla que se diferencia de las comunes en ser más corta la parte delantera, que pasa poco de la cintura. ‖ *Germ.* Candela, vela. ‖ – **exterior.** *Astron.* **Planeta superior.** ‖ – **inferior** o **interior.** *Astron.* Aquel cuya órbita es menor que la de la Tierra, y por esa causa, dista menos del Sol, como Venus. ‖ – **superior.** *Astron.* Aquel cuya órbita es mayor que la de la Tierra, y por ese motivo dista del Sol más que ésta; como Marte. ‖ IDEAS AFINES: *Cometa, sideral, revolución, sistema solar, rotación, traslación, gravitación, zodíaco, acimut, nadir, cenit, observatorio, orbe, eclipse.*

PLANETARIO, RIA. adj. Perteneciente o relativo a los planetas. *Sistema* PLANETARIO. ‖ m. Aparato en que figuran los planetas del sistema solar y se reproducen sus movimientos.

PLANETÍCOLA. (Del lat. *planeta*, y *cólere*, habitar.) com. Supuesto habitador de cualquier planeta exceptuada la Tierra.

PLANGA. f. Ave de rapiña, diurna, de color grisáceo con manchas blancas y alrededor de un metro setenta de envergadura.

PLANICIE. al. **Ebene.** fr. **Plaine.** ingl. **Plain.** ital. **Pianura.** port. **Planície.** (Del lat. *planities.*) f. Llanura, campo sin altos ni bajos. PLANICIE *chaqueña.*

PLANIFICACIÓN. f. Acción y efecto de planificar. ‖ Plan general científicamente organizado y frecuentemente de gran amplitud, para obtener un objetivo determinado tal como el desarrollo económico, la investigación científica, el funcionamiento de una industria, etc.

PLANIFICAR. tr. En el terreno económico y social, formular planes coordinados para toda la acción futura. PLANIFICAR *las comunicaciones*; sinón.: **planear.** ‖ Someter a planificación. ‖ deriv.: **planificador, ra.**

PLANILLA. f. *Amér.* Lista, nómina.

PLANIMETRÍA. (De *planímetro.*) f. Parte de la topografía que enseña a representar una porción de la superficie de la Tierra en una superficie plana.

PLANÍMETRO. (De *plano* y del gr. *metron*, medida.) m. Instrumento destinado a medir superficies de figuras planas.

PLANISFERIO. al. **Planiglob.** fr. **Planisphère.** ingl. **Planisphere.** ital. **Planisferio.** port. **Planisfério.** (De *plano* y *esfera.*) m. Carta en que la esfera celeste o terrestre está representada en un plano.

PLANO, NA. al. **Eben; flach.** fr. **Plain; plan.** ingl. **Plane; plan.** ital. **Piano; pianta.** port. **Plano.** (Del lat. *planus.*) adj. Llano, liso, sin estorbos. *Camino* PLANO. ‖ *Geom.* Perteneciente o relativo al **plano.** ‖ m. **Superficie plana.** ‖ *Topog.* Representación gráfica en una superficie y mediante procedimientos técnicos, de un terreno, o de la planta de un campamento, plaza, etc. ‖ – **coordenado.** *Geom.* Cada uno de los tres **planos** que se cortan en un punto, y con los cuales se determina la posición de los demás puntos del espacio. ‖ – **de nivel.** *Topog.* El paralelo al nivel del mar, que se elige para contar desde él las diferentes alturas del terreno. ‖ – **geométrico.** *Persp.* Superficie **plana** paralela al horizonte, donde se proyectan los objetos para construir su perspectiva. ‖ – **horizontal.** *Persp.* Superficie **plana** que, pasando por la vista, es perpendicular al **plano** óptico, y por tanto paralela al horizonte. ‖ – **inclinado.** *Mec.* Superficie **plana**, resistente, que forma ángulo agudo con el horizonte y por la cual se facilita el movimiento de pesos y otras cosas. ‖ – **óptico.** *Persp.* Tabla, superficie del cuadro donde deben representarse los objetos. ‖ – **vertical.** *Persp.* Superficie **plana** que, pasando por la vista, es perpendicular a la vez al **plano** horizontal y al **plano** óptico. ‖ **Dar de plano.** frs. Dar con lo ancho de algún instrumento cortante o con la mano abierta. ‖ **De plano.** m. adv. fig. Enteramente. ‖ *For.* Dícese de la resolución judicial adoptada sin trámites. ‖ **Levantar un plano.** frs. *Topog.* Proceder a formarlo y dibujarlo.

PLANTA. al. **Pflanze.** fr. **Plante.** ingl. **Plant.** ital. **Pianta.** port. **Planta.** (Del lat. *planta.*) f. Parte inferior del pie, con que se huella y pisa. ‖ Vegetal, ser orgánico que vive y crece sin mudar de lugar por propio impulso. *Las* PLANTAS *alegran la vista.* ‖ Árbol u hortaliza que, sembrada y nacida en un lugar, está dispuesta para trasplantarse a otro. ‖ Plantío, lugar plantado de vegetales. ‖ Diseño en que se traza la fábrica o formación de una cosa. PLANTA *de un puente.* ‖ Proyecto que se hace para asegurar el acierto de un negocio. ‖ Plan que determina las diferentes dependencias y empleados de una oficina, universidad, etc. ‖ *Arq.* Figura que sobre el terreno forman los cimientos de un edificio o la sección horizontal de las paredes en los distintos pisos. ‖ Diseño de esta figura. ‖ Fábrica; central de energía; instalación industrial; en algunos países hispanoamericanos, especialmente, central eléctrica. ‖ *Esgr.* Combinación de líneas que se trazan real o imaginariamente en el suelo y que fijan la dirección de los compases. ‖ *Min.* Piso. ‖ *Persp.* Pie de la perpendicular bajada desde un punto al plano horizontal. ‖ – **baja.** Piso bajo de un edificio. ‖ **Buena planta.** fam. Buena presencia. ‖ **De planta.** m. adv. De nuevo, desde los cimientos. *Hacer* DE PLANTA *un edificio.* ‖ **Echar plantas.** frs. fig. y fam. Echar bravatas y amenazas. ‖ **Fijar** uno **las plantas.** frs. fig. Afirmarse en una opinión. ‖ IDEAS AFINES: *Clorofila, savia, sembrar, almáciga, vivero, vástago, brote, raíz, hojas, botánica, plantación, yuyo.*

PLANTACIÓN. al. **Pflanzung.** fr. **Plantation.** ingl. **Planting; plantation.** ital. **Piantagione.** port. **Plantação.** (Del lat. *plantatio, -onis.*) f. Acción de plantar. ‖ Conjunto de lo plantado. *Una* PLANTACIÓN *de algodón, de tabaco.*

PLANTADOR, RA. adj. y s. Que planta. ‖ m. Instrumento hortelano, metálico y pequeño, que se usa para plantar.

PLANTAGENET. *Geneal.* Dinastía ingl. descendiente de la casa fr. de Anjou. Reinó en Inglaterra entre 1154 y 1485.

PLANTAGINÁCEO, A. (Del lat. *plantago, -ginis*, llantén.) adj. *Bot.* Aplícase a toda planta herbácea, con escapo o tallo, hojas comúnmente estrechas y vellosas, flores casi siempre en espiga o cabezuela, corola gamopétala y fruto en caja; como el llantén y la zaragatona. Ú.t.c.s. ‖ f. pl. *Bot.* Familia de estas plantas.

PLANTAINA. f. Llantén.
PLANTAJE. m. Conjunto de plantas.
PLANTAR. (Del lat. *plantaris.*) adj. *Anat.* Perteneciente a la planta del pie.
PLANTAR. al. **Pflanzen.** fr. **Planter.** ingl. **To plant.** ital. **Piantare.** port. **Plantar.** (Del lat. *plantare.*) tr. Introducir en tierra una planta o un vástago, esqueje, etc., para que arraigue. También se plantan los tubérculos y los bulbos. ‖ Poblar de plantas un terreno. ‖ fig. Fijar y poner derecha una cosa. PLANTAR *un mojón*; sinón.: **hincar.** ‖ Asentar o poner una cosa en su debido lugar para usar de ella. PLANTAR *un mueble.* ‖ Plantear, establecer sistemas, reformas, etc. ‖ Fundar, establecer. PLANTAR *la moral.* ‖ fig. y fam. Refiriéndose a golpes, darlos. *Le* PLANTÓ *un garrotazo;* sinón.: **propinar.** ‖ Poner a alguien en un lugar contra su voluntad. PLANTAR *en la calle.* ‖ Dejar burlado a uno o abandonarle. *La criada nos* PLANTÓ. ‖ Decir a uno tales claridades u ofensas que se quede aturdido sin atinar a contestar. *Le* PLANTÓ *unas buenas frescas.* ‖ r. fig. y fam. Ponerse de pie firme ocupando un lugar. *Aquí me* PLANTO *hasta que me reciba.* ‖ Llegar con brevedad a un lugar. *En tres horas se* PLANTARON *en Mar del Plata.* ‖ Pararse un animal de modo que resulte difícil hacerle salir del sitio en que lo hace. *El burro se* PLANTÓ; sinón.: **empacarse.** ‖ En ciertos juegos de cartas, no querer más de las que se tienen. Ú.t.c. intr. ‖ Resolverse a no hacer alguna cosa. ‖ *Amér. Central, Col.* y *Méx.* Engalanarse.
PLANTARIO. (Del lat. *plantárium.*) m. Almáciga, semillero.
PLANTE. (De *plantarse.*) m. Concierto entre varias personas que viven agrupadas bajo una misma autoridad o trabajan en común, para exigir o rechazar algo airadamente. PLANTE *en un presidio.*
PLANTEAR. (De *planta.*) tr. Tantear, trazar alguna cosa para procurar el acierto de ella. ‖ fig. Tratándose de sistemas, instituciones, reformas, etc., establecerlos. ‖ Dicho de cuestiones o dudas, suscitarlas o exponerlas. PLANTEAR *un problema.* ‖ deriv.: **planteación, planteamiento.**
PLANTEL. (De *planta.*) m. Criadero, lugar para cría de plantas. sinón.: **semillero, vivero.** ‖ fig. Establecimiento o reunión de gente en que se forman personas capaces en una profesión, ejercicio, etc.
PLANTEO. m. Acción y efecto de plantear.
PLANTIANO, NA. adj. Dícese de la oficina y de las ediciones del famoso impresor amberino Cristóbal Plantín y sus sucesores.
PLANTIFICAR. (Del lat. *planta,* planta, y *fácere,* hacer.) tr. Plantar, establecer. ‖ fig. y fam. Plantar, golpear. ‖ Obligar a alguno a ponerse en algún lugar contra su deseo. ‖ r. fig. y fam. Plantarse, llegar pronto. *Amér. Central* y *Méx.* Engalanarse. ‖ deriv.: **plantificación.**
PLANTÍGRADO, DA. (Del lat. *planta,* planta del pie, y *gradus,* marcha.) adj. *Zool.* Dícese de los que al andar ponen en el suelo la planta de las manos y los pies,como el oso. Ú.t.c.s.
PLANTILLA. al. **Einlegesohle.** fr. **Semelle.** ingl. **Sole; insole.** ital. **Piantella.** port. **Palmilha.** (dim. de *planta.*) f. Suela sobre la cual se arma el calzado. ‖ Pieza de corcho, badana etc., con que se cubre interiormente la planta del calzado. ‖ Soleta de tela que se echa en la parte inferior de los pies de las medias y calcetines cuando están rotos. ‖ Pieza metálica que sirve de patrón para dar curvatura a las llantas de los carruajes. ‖ Plancha cortada con las mismas figuras y tamaños que ha de tener una pieza, y que, colocada sobre ella, sirve de regla para cortarla y labrarla. ‖ Plano reducido, o porción del plano general, de una obra. ‖ Planta de empleados. ‖ Resumen ordenado por categorías de los cargos que deben estar provistos en cualquiera de los servicios públicos. ‖ fig. y fam. Fanfarronería. ‖ *Astrol.* Figura o tema celeste. ‖ *Carp.* Montea, dibujo, de tamaño natural.
PLANTILLADA. f. *Ec.* Fanfarronada.
PLANTILLAR. tr. Echar plantillas al calzado. ‖ intr. *Ec.* Echar plantas.
PLANTILLERO, RA. adj. Plantista, el que echa fieros y plantas. Ú.t.c.s. *Cuba.* Que gasta excesiva cortesanía.
PLANTÍN, Cristóbal. *Biog.* Impresor fr. en cuya célebre tipografía de Amberes se editó la Biblia Regia, por encargo de Felipe II (1514-1589).
PLANTÍO, A. (De *plantar.*) adj. Dícese del terreno plantado o que se puede plantar. ‖ Acción de plantar. ‖ Lugar plantado recientemente de vegetales. ‖ Conjunto de lo plantado en él.
PLANTISTA. m. El que cuida de plantíos. ‖ fam. Que echa fieros y plantas.
PLANTÓN. (De *planta.*) m. Pimpollo o arbolito nuevo que ha de ser trasplantado. ‖ Rama de árbol plantada para que arraigue. ‖ Soldado al que se obliga a estar de guardia, sin relevarlo a la hora habitual, por castigo de alguna falta. ‖ Persona que guarda la puerta exterior de una casa, oficina, etc. ‖ Comisionado de apremio. ‖ **Dar un plantón.** frs. Retrasarse uno mucho en acudir adonde se le espera. ‖ **Estar** uno **de,** o **en, plantón.** frs. fam. Estar parado y fijo en su lugar por mucho tiempo.
PLANUDES, Máximo. *Biog.* Monje griego que hizo la primera recopilación de las *Fábulas de Esopo* (1260-1310).
PLANUDO, DA. adj. *Mar.* Dícese del barco que puede navegar en poca agua, por tener el plan apropiado para hacerlo.
PLAÑIDERA. al. **Klageweib.** fr. **Pleureuse.** ingl. **Hired mourner.** ital. **Prefica.** port. **Carpideira.** (De *plañidero.*) f. Mujer a quien se pagaba para que llorara en los entierros. sinón.: **llorona.**
PLAÑIDERO, RA. al. **Weinerlich.** fr. **Plaintif.** ingl. **Weeping.** ital. **Piagnone.** port. **Choroso.** (De *plañido.*) adj. Lloroso y lastimero.
PLAÑIDO. m. Lamento, queja y llanto.
PLAÑIR. (Del lat. *piángere.*) intr. y tr. Gemir o llorar, sollozando o clamando. ‖ deriv.: **plañimiento.**
PLAQUÉ. (Del fr. *plaqué,* chapeado.) m. Capa muy delgada, de oro o de plata, adherida a la superficie de otro metal menos valioso.
PLAQUEADOR, RA. adj. Que plaquea. Ú.t.c.s.
PLAQUEAR. tr. Poner una capa fina de metal precioso a los objetos de metal ordinario.
PLAQUETA. f. Placa o plancha cuadrada, oblonga o circular, de metal o de porcelana y ornamentada en relieve con asuntos alegóricos o decorativos. ‖ Especie de broche o prendedor que usan las mujeres como adorno. ‖ *Med.* Uno de los elementos celulares de la sangre, que interviene de modo principal en el fenómeno de la coagulación. Es de forma circular u ovalada.
PLAQUÍN. (De *placa.*) m. Cota de armas larga, ancha de cuerpo y de mangas.
PLASENCIA. *Geog.* V. **Piacenza.**
PLASENCIANO, NA. adj. y s. De Plasencia. sinón.: **plasentino.**
PLASMA. (Del lat. *plasma,* y éste del gr. *plasma,* formación.) m. Parte líquida de la sangre que contiene las substancias que sirven para nutrir, renovar y reconstituir los tejidos. ‖ *Biol.* Substancia viviente del interior de las células. ‖ – **germinativo.** Substancia fundamental del núcleo celular. ‖ – **intersticial.** El que escapa de los capilares sanguíneos, nutre los tejidos y torna a la sangre por los vasos linfáticos. ‖ *Fís.* Estado particular de la materia, a temperaturas elevadas cuando la agitación térmica ioniza completamente los átomos, es decir, arranca todos sus electrones. Se utiliza en el soplete de plasma. Se estudia su aplicación en la propulsión de cohetes espaciales.
PLASMA. f. Prasma.
PLASMADOR, RA. (Del lat. *plasmátor.*) adj. Creador. Dícese especialmente de Dios. Ú.t.c.s.
PLASMAR. al. **Bilden.** fr. **Plasmer.** ingl. **To mold.** ital. **Plasmare.** port. **Plasmar.** (Del lat. *plasmare.*) tr. Formar, figurar o hacer una cosa, por lo común de barro, como los vasos que hacen los alfareros. sinón.: **modelar.** ‖ deriv.: **plasmadura, plasmante.**
PLASMÁTICO, CA. (Del gr. *plasmatikós.*) adj. Perteneciente o relativo al plasma.
PLASMÓLISIS. (De *plasma* y el gr. *lysis,* acción de disolver.) f. Ósmosis que se produce a través de las membranas celulares.
PLASTA. (De *plaste.*) f. Cualquiera cosa blanda; como la masa, el barro, etc. ‖ Cosa aplastada. ‖ fig. y fam. Lo que se hace sin regla ni método. *La conferencia fue una* PLASTA.
PLASTE. (Del gr. *plasté,* modelada.) m. Masa de yeso mate y agua de cola, para llenar las hendiduras de lo que se ha de pintar.
PLASTECER. tr. Cubrir con plaste. PLASTECER *una pared.* ‖ irreg. Conj. como **agradecer.**
PLASTECIDO. m. Acción y efecto de plastecer.
PLÁSTICA. (Del lat. *plástica,* y éste del gr. *plastiké,* t. f. *-kós,* plástico.) f. Arte de plasmar o hacer cosas de barro, yeso, etc. ‖ IDEAS AFINES: *Maleable, blando, modelar, moldear, formar, arcilla, cera, escultor.*
PLASTICIDAD. f. Calidad de plástico.
PLÁSTICO, CA. al. **Bildsam; Plastisch.** fr. **Plastique.** ingl. **Plastic.** ital. **Plastico.** port. **Plástico.** (Del lat. *plasticus,* y éste del gr. *plastikós,* de *plasso,* formar.) adj. Perteneciente a la plástica. *Artes* PLÁSTICAS. ‖ Capaz de ser modelado. *Arcilla* PLÁSTICA. ‖ Dícese del material que, mediante una compresión más o menos prolongada, puede cambiar de forma y conservar esta de modo permanente, a diferencia de los cuerpos elásticos. ‖ Dícese del material formado generalmente por moléculas muy grandes, logrado a partir de materias sintéticas, consistentes en resinas artificiales que puede ser ablandado o moldeado por calor y presión y que sirve para distintos usos: fibras, útiles de cocina, medicina, etc., como el nilón, celuloide, caucho, etc. Ú.t.c.s. ‖ Formativo. *Dogma* PLÁSTICO. ‖ V. **Cuadro plástico.** ‖ V. **Alimento plástico.** ‖ fig. Dícese del estilo de la frase que por su concisión, veracidad y fuerza expresiva da mucho realce a las ideas o especies mentales.
PLASTILINA. f. Masa que se usa para modelar y que se conserva plástica durante mucho tiempo.
PLASTRÓN. m. Galicismo por **pechera.** ‖ *Zool.* Peto, parte inferior del caparazón de los quelonios.
PLATA. al. **Silber.** fr. **Argent.** ingl. **Silver.** ital. **Argento.** port. **Prata.** (Del b. lat. *plata,* lámina de metal.) f. Metal blanco, brillante, sonoro, dúctil y maleable, más pesado que el cobre y menos que el plomo. Es uno de los metales preciosos, y se emplea para acuñar monedas, y algunos de sus compuestos, en fotografía. Símbolo Ag. y p. atóm. 107.88. Es el mejor conductor eléctrico. *México es el primer productor de* PLATA *del mundo.* ‖ fig. Moneda o monedas de plata. *No queda* PLATA, *abonar en* PLATA. ‖ Dinero en general; riqueza. *Tiene mucha* PLATA. ‖ fig. Alhaja que conserva su valor intrínseco, aunque haya perdido su forma u ornamento. ‖ Lo que sin ser gravoso es de valor en cualquier tiempo que se utilice. ‖ *Blas.* Uno de los dos metales que se emplea en el blasón y que sirve de fondo blanco del escudo o de la partición en que se aplica. ‖ adj. Plateado, de color semejante al de la plata. ‖ **Adiós mi plata.** *Arg., Chile* y *Urug.* fr. fig. y fam. por la que se indica un hecho o situación perjudicial para el que habla. ‖ – **agria.** Mineral de color gris y brillo metálico, compuesto de plata, azufre y antimonio. ‖ – **córnea.** Mineral de color amarillento, dúctil y de aspecto córneo, compuesto de cloro y plata. ‖ – **de piña.** *Min.* Piña, masa esponjosa de plata. ‖ – **encantada.** Obsidiana de color verde aceitunado con la superficie cubierta de una substancia vítrea, de color blanco nacarado que ha dado origen a su nombre. ‖ – **gris.** Mineral cristalino, brillante y de color gris obscuro, compuesto de plata y azufre. ‖ –**labrada.** Conjunto de piezas de este metal destinadas al uso doméstico y otras aplicaciones. ‖ – **mexicana.** La que se acuña fuera de las casas de la moneda, aunque tiene igual valor que la legítima. ‖ – **nativa.** La que en estado natural y casi pura se encuentra en algunos terrenos. ‖ – **roja.** Mineral de color y brillo de rubí, compuesto de azufre, arsénico y plata. ‖ – **seca.** Mineral de plata, que en la amalgamación no se une con el azogue. ‖ **Como una plata.** loc. fig. y fam. Limpio y reluciente. ‖ **En plata.** m. adv. fig. y fam. Brevemente, sin rodeos. ‖ En substancia, en resumen. ‖ IDEAS AFINES: *Plateresco, orfebrería, artífice, argentino, ley, sello, platear, metal blanco, enchapado, vajilla, argirol.*
● **PLATA.** *Hist.* e *Ind.* De la abundancia de la plata en la remota antigüedad existen referencias en las Sagradas Escrituras y en la obra de diversos escritores. En la época de Abrahán se la usaba como moneda. Fue uno de los metales más preciados en Asia, África y Europa, y al caer el Imperio Romano se dejaron de explotar varios yacimientos de plata que existían en Europa; a ello se debió su escasez en la época medieval. Descubierta América, fue revelada la existencia de las riquísimas minas de Perú y México, y de su abundancia extraordinaria devino su depreciación, acentuada aún más por la competencia del oro, de mejor acuñación y aceptado internacionalmente como patrón monetario. No obstante, la plata siguió siendo un metal muy preciado en ciertas industrias. Aleado con el cobre, se utiliza mucho para la elaboración de adornos, utensilios, objetos artísticos, y desde el s. XIX, en estado de pureza, se emplea muy eficazmente para la preparación de productos químicos y farmacéuticos, y en la industria de la fotografía. Es el mejor conductor de la electricidad y del calor. Durante la segunda Guerra Mundial se empleó como substituto del estaño. Los principales países productores de plata son México, Estados Unidos, Canadá, Perú, Australia, Japón. U.R.S.S. y Bolivia.
PLATA, LA. *Geog.* V. **La Plata.** ‖ **Cerro del –.** Cerro de los Andes argentinos (Mendoza). 5.600 m. ‖ **Cordón del –.** Ramal de los Andes argentinos, en el N.O. de Mendoza. Culmina a los 5.700 m. ‖ **Río de la –.** Río de América del Sur situado entre el Uruguay y la Argentina. Nace en la unión de los ríos Paraná y Uruguay, con un ancho de 40 km., aproximadamente. Desde su nacimiento hasta su boca, unos 290 km. en línea recta, el estuario se ensancha progresivamente, hasta alcanzar los 220 km. Su desembocadura está marcada por una línea imaginaria que une a Punta del Este, en la costa uruguaya, con el cabo San Antonio, en la Argentina. La superficie cubierta por sus aguas es de 35.000 km²., pero su cuenca total abarca unos 4.350.000 km². Numerosos bancos y barras entorpecen la navegación, por lo que es necesario el continuo dragado de los canales de acceso a los puertos. La tonalidad ocre de sus aguas se debe a la gran cantidad de limo que le entrega el Paraná. Fue descubierto en 1516 por Juan Díaz de Solís, que lo llamó Mar Dulce.
PLATABANDA. f. En arquitectura, moldura lisa. ‖ Galicismo por arriate, espacio inmediato a las paredes para poner plantas.
PLATAFORMA. al. **Plattform.** fr. **Plateforme.** ingl. **Platform.** ital. **Piattaforma.** port. **Plataforma.** (Del fr. *plate-forme.*) f. Máquina para señalar y cortar los dientes de las ruedas de engranaje, en especial las de los aparatos de relojería. ‖ Tablero horizontal, descubierto y elevado sobre el suelo, donde se colocan personas o cosas. ‖ Suelo superior en forma de azotea, de las torres, reductos y otras obras. ‖ Vagón descubierto y con bordes poco elevados en sus cuatro costados. ‖ Parte anterior y posterior de los tranvías en que

van de pie el conductor, el cobrador y algunos viajeros. ‖ Pieza de madera, circular, que en el molino arrocero está fija y a conveniente distancia sobre la volandera. ‖ fig. Apariencia, pretexto. ‖ Causa o ideal cuya representación toma un sujeto para algún fin, por lo común interesado. ‖ *Amér.* Programa de un partido político. *Reformas agrarias figuran en la* PLATAFORMA *de ese partido.* ‖ *Arg.* Andén de una estación ferroviaria *El tren saldrá de la* PLATAFORMA *número uno.* ‖ *Fort.* Obra interior que se construye sobre el terraplén de la cortina, como el caballero sobre el del baluarte.

PLATAL. m. Dineral, suma grande de dinero.

PLATALEA. (Del lat. *plastalea.*) f. Pelícano, ave.

PLATANÁCEO, A. adj. Platáneo. Ú.t.c.s.f. ‖ f. pl. Platáneas.

PLATANAL. m. Platanar.

PLATANAR. m. Terreno poblado de plátanos.

PLATANAZO. m. *Amér. Central* y *Ven.* Batacazo, golpe o caída ruidosa.

PLATÁNEO, A. (De *plátano*, único género de esta familia.) adj. *Bot.* Aplícase a árboles dicotiledóneos que tienen hojas alternas palmeadas y lobuladas, sin estípulas, y cuyos pecíolos ocultan en su base las yemas; flores monoicas sobre receptáculos globosos y frutos en forma de nuececillas coriáceas con una semilla de albumen carnoso. Ú.t.c.s.f. ‖ f. pl. *Bot.* Familia de estos árboles.

PLATANERO, RA. adj. Perteneciente o relativo al plátano. ‖ *Cuba* y *P. Rico.* Dícese del viento moderado que tiene, sin embargo, fuerza suficiente para desarraigar los plátanos. ‖ m. y f. Plátano, banano. ‖ m. *Col.* El que cultiva plátanos o negocia con su fruto. ‖ f. Platanar.

PLATANISTA. m. Pez cetáceo de cuerpo liso y hocico largo y angosto, que vive en el Ganges y sus afluentes. Su carne es usada por los indios como cebo, y su grasa en la curación de algunas enfermedades.

PLÁTANO. al. **Platane; Banane.** fr. **Platane; bananier; banane.** ingl. **Plantain; banana.** ital. **Platano; banano; banana.** port. **Plátano; bananeira; banana.** (Del lat. *plátanus*, y éste del gr. *plátanos.*) m. Árbol platanáceo, de tronco recto y corteza correosa, blanca y caediza; hojas grandes, hendidas en gajos puntiagudos, y flores y frutos pequeños. Su madera es liviana, blanca y fibrosa. Es usado para dar sombra en las calles. *Platanus orientalis.* ‖ Planta arbórea, musácea, cuyo tallo recto, que alcanza hasta cuatro metros de altura, se compone de varias cortezas herbáceas, metidas unas en otras. El tallo produce una garrancha en figura de cono, de la que salen otras varias, formando un racimo que en los terrenos fértiles llega a sostener hasta doscientas flores rojizas y olorosas. El fruto es alargado, triangular y blando, y está envuelto en una piel correosa y amarillenta; interiormente es carnoso, y su gusto es suave y delicado. ‖ Fruto de esta planta. ‖ – **falso.** Árbol de copa ancha, hojas grandes, opuestas, y flores en racimos colgantes. *Acer pseudo-platanus*, acerácea. ‖ – **guineo.** Variedad de **plátano,** de fruto pequeño, cilíndrico y de sabor muy dulce.

PLATEA. al. **Parterre.** fr. **Parterre.** ingl. **Pit.** ital. **Platea.** port. **Platéia.** (Del lat. *platea*, y éste del gr. *plateia.*) f. Patio, parte baja de los teatros, cinematógrafos, etc. ‖ **Palco de platea.** ‖ *Arg.* Butaca de la **platea.** ‖ IDEAS AFINES: *Público, espectáculo, taquilla, acomodador, fila, función, entreacto, telón.*

PLATEA. *Geog. histor.* Ciudad de Grecia antigua, en Beocia, donde los griegos derrotaron a los persas en 479 a. de C.

PLATEADO. adj. Dícese del color parecido al de la plata. Ú.t.c.s.m. ‖ m. Plateadura, acción y efecto de platear.

PLATEADO, DA. adj. De color **plateado,** ler. art. *El pejerrey es* PLATEADO. ‖ Bañado de plata. *Metal* PLATEADO.

PLATEADOR. m. Obrero que platea alguna cosa.

PLATEADURA. f. Acción y efecto de platear. ‖ Plata usada para ello.

PLATEAR. al. **Versilbern.** fr. **Argenter.** ingl. **To silver.** ital. **Argentare.** port. **Pratear.** tr. Cubrir de plata algo. PLATEAR *los cubiertos.*

PLATEL. m. Especie de plato o bandeja.

PLATELMINTO. m. *Zool.* Gusano de cuerpo aplanado, prolongado u oval, sin apéndices, con la cavidad rellena de tejido conjuntivo, y casi todos hermafroditas y parásitos como las solitarias. ‖ pl. *Zool.* Grupo de estos animales.

PLATENSE. adj. y s. De La Plata.

PLATEÑISMO. m. *Amér.* Locución, giro o modo de hablar propio de los países del Río de la Plata.

PLATERESCO, CA. (De *platero.*) adj. *Arg.* y *Ec.* Dícese del estilo ornamental usado por los plateros españoles del siglo XVI, tomando elementos de la arquitectura clásica y ojival. ‖ Dícese del estilo arquitectónico de iguales características. *Las columnas y puertas de la catedral de Granada son* PLATERESCAS.

● **PLATERESCO, Estilo.** *Arq.* En los comienzos del s. XVI tuvo su apogeo en España el estilo de ornamentación que, sobre grandes modelos clásicos, cultivaban los plateros. Su calidad artística era tan excepcional que comenzó a ser copiado por los arquitectos, deseosos de trasladar a la piedra las preciosas formas de la orfebrería. De allí resultó un nuevo estilo arquitectónico, que tuvo su período esplendente en los primeros tiempos del Renacimiento español y que desde los primeros años del s. XVIII recibió la denominación de **estilo plateresco.** Influido inicialmente por el gótico florido, el **estilo plateresco** recibió posteriormente el poderoso influjo de la temática decorativa italiana, que no fue copiada servilmente, sino que fue adaptada con inteligencia a la tradición castellana. Su ornamento se caracterizó por el llamado bordado de piedra, del que quedan admirables muestras, y que a su vez extendió su influencia a la herrería artística y a la escultura. En gran medida, debe considerarse al **plateresco** como el estilo que derivó el arte español hacia el barroco, si bien le son ajenos los amaneramientos y la profusión de adornos que en el barroco llegaron a extremos inusitados. El **estilo plateresco,** por otra parte, no se circunscribió solamente a España, sino que rebasó sus límites, para dejar en el nuevo continente americano, expresiones realmente valiosas y perdurables, mezcladas a las mejores expresiones del arte colonial.

PLATERÍA. f. Arte y oficio de platero. ‖ Obrador en que trabaja el platero. ‖ Tienda en que se venden objetos de plata u oro. ‖ *Arg.* Vajilla de plata.

PLATERO. al. **Juwelier.** fr. **Orfèvre.** ingl. **Silversmith.** ital. **Argentiere.** port. **Prateiro.** m. Artífice que labra la plata. sinón.: **orfebre.** ‖ El que vende objetos labrados de plata y oro, o joyas con pedrería. ‖ – **de oro.** Orífice.

PLATERO, RA. adj. Dícese de la caballería de pelaje blanquecino. Ú.t.c.s.

PLATERO Y YO. *Lit.* Obra de Juan Ramón Jiménez, publicada en Madrid en 1914. Libro esencialmente lírico, es uno de los mejores conjuntos de poemas en prosa que posee la literatura española.

PLÁTICA. al. **Unterhaltung.** fr. **Entretien.** ingl. **Chat.** ital. **Conversazione.** port. **Conversação.** (Del lat. *plática.*) f. Conversación; acto de hablar una o varias personas con otra u otras. *Sostener una plática interesante*; sinón.: **coloquio.** ‖ Razonamiento o discurso que hacen los predicadores para exhortar a los actos de virtud. ‖ **A libre plática.** loc. adv. *Mar.* Aplícase a un buque cuando es admitido a comunicación, pasada la cuarentena o dispensado de ésta.

PLATICAR. (De *plática.*) tr. e intr. Conversar, hablar unos con otros, tratar de algún negocio. Ú.m.c.intr. sinón.: **conferenciar, dialogar.**

PLATIJA. (Del lat. *platessa.*) f. Pez marino europeo, semejante al lenguado, de color pardo con manchas amarillentas en la cara superior. *Pleuronectes platessa*, malacopterigio subranquial.

PLATILLA. (Del fr. *platille.*) f. Bocadillo, lienzo.

PLATILLO. (dim. de *plato.*) m. Cualquier pieza, especialmente la pequeña, de figura semejante al plato. ‖ Cualquiera de las dos piezas, generalmente de forma de plato o de disco, que tiene la balanza. ‖ En algunos juegos de naipes, recipiente, comúnmente redondo, donde los jugadores depositan, en dinero o en fichas, la suma que importe cada mano. ‖ Esta misma suma. ‖ Guisado hecho con carne y verduras picadas. ‖ Extraordinario que los días festivos comen los religiosos en sus comunidades. ‖ **fig.** Objeto o asunto de murmuración. Ú.m. con los verbos *hacer* y *ser.* sinón.: **comidilla, plato.** ‖ Cualquiera de las dos chapas redondas que forman el instrumento de percusión llamado **platillo** y que tienen en el centro una pequeña concavidad con un orificio en que se mete una correa doblada, por la cual se introducen las manos para sujetar dichas chapas y hacerlas chocar una con otra por la parte cóncava.

PLATINA. (De *plata.*) f. Platino.

PLATINA. (Del fr. *platine*, y éste del m. or. que *plato.*) f. Parte del microscopio en que se pone el objeto que se ha de observar. ‖ Disco de vidrio deslustrado o de metal y totalmente plano para que ajuste en su superficie el borde del recipiente de la máquina neumática. ‖ *Impr.* Mesa fuerte y ancha, forrada de una plancha bien lisa de hierro, bronce o cinc, sobre la cual se ajustan, imponen y acuñan las formas. ‖ Superficie plana de la máquina de imprimir, sobre la cual se coloca la forma.

PLATINADO. m. Acción y efecto de platinar.

PLATINAR. tr. Cubrir algún objeto con una capa de platino.

PLATINÍFERO, RA. adj. Que contiene platino.

PLATINISTA. m. Obrero que trabaja en platino.

PLATINO. al. **Platin.** fr. **Platine.** ingl. **Platinum.** ital. **Platino.** port. **Platina.** (De *platina*, ler. art.) m. Metal de aspecto similar al de la plata, más duro que ésta, dúctil y maleable, muy resistente al calor y a los ácidos. Empleado en la fabricación de electrodos y aparatos de laboratorio, como catalizador, y en joyería. Elemento de símbolo Pt y p. atóm. 195,23. *En los Urales hay yacimientos de* PLATINO.

PLATINOIDE. m. *Elec.* Liga de metales para fabricar bobinas de gran resistencia.

PLATINOTIPIA. f. *Fot.* Procedimiento que da imágenes positivas sobre papel sensibilizado con sales de platino. ‖ Cada prueba así obtenida.

PLATIRRINIA. f. Anchura excesiva de la nariz.

PLATIRRINO, NA. (Del gr. *platys*, ancho, y *rin*, nariz.) adj. Aplícase a algunos animales que tienen la nariz excesivamente ancha. Ú.t.c.s. ‖ m. pl. *Zool.* Grupo de monos de América, caracterizado por tener los orificios nasales separados por un tabique ancho; como el tití.

PLATO. al. **Teller.** fr. **Assiette.** ingl. **Dish; plate.** ital. **Piatto.** port. **Prato.** (Del b. lat. *platus*, aplanado.) m. Vasija baja y redonda, con una concavidad en medio y borde generalmente plano alrededor, que se usa en las mesas para servir las viandas y comer en ella y para otros usos. PLATO *de loza.* ‖ Platillo de la balanza. ‖ Vianda o manjar que se sirve en los platos. *Comió todos los* PLATOS. ‖ Manjar que se prepara para ser comido. ‖ fig. Comida u ordinario que se gasta diariamente en comer. ‖ Platillo, tema de conversación. Ú.m. con los verbos *hacer* y *ser.* ‖ *Arq.* Ornato que se pone en el friso del orden dórico sobre la metopa y entre los triglifos. ‖ – **compuesto.** El que se hace de variedad de dulces o de leche, huevos y otros ingredientes análogos, etc. ‖ – **de segunda mesa.** fig. y fam. Persona o cosa cuya posesión no es de sumo agrado por pertenecer o haber pertenecido a otro. ‖ – **montado.** Cualquier manjar que para mejor presentación se sirve sobre una base, canastillo o templete, a veces comestibles. ‖ – **sopero. Plato** hondo que se usa para comer en él la sopa. ‖ – **trinchero.** El que sirve para trinchar en él los manjares. ‖ El menos hondo que el sopero, en que se come cualquier manjar que no sea la sopa ni los postres. ‖ **Comer en un mismo plato.** frs. fig. y fam. Tener dos o más personas grande amistad. ‖ **Entre dos platos.** loc. fig. que expresa la ostentación con que se hace u ofrece una fineza. ‖ **Hacerse uno un plato.** frs. fig. y fam. *Arg.* Divertirse mucho con una cosa graciosa, por lo común inesperada. ‖ **Nada entre dos platos.** loc. fig. y fam. que se emplea para apocar una cosa que no se creía grande o de estimación. ‖ **No haber roto uno un plato.** frs. fig. y fam. No haber cometido ninguna falta. ‖ **Ser,** o **no ser, plato del gusto** de uno. frs. fig. y fam. Serle o no grata una persona o cosa. ‖ **Ser** uno **plato de segunda mesa.** frs. fig. y fam. Ser o sentirse uno postergado o menospreciado.

PLATÓN. *Biog.* Filósofo gr., uno de los pensadores más ilustres de todos los tiempos. Discípulo de Sócrates y maestro de Aristóteles, sostuvo una cosmogonía en la que el Universo consistía en un reino inmutable de ideas y materia. Lo que se percibe por los sentidos es un mundo irreal, de imitación, y su imperfección radica en la imposibilidad de plasmar las ideas perfectas sobre la materia, que es imperfecta y las deforma. El único mundo real es el "de las ideas", que nunca fueron creadas, sino que existieron desde el principio, independientes y perfectas. **Platón** expresó su sistema en *Diálogos* famosos, como el *Sofista* (del ser); el *Parménides* (de las ideas); el *Timeo* (de la naturaleza); el *Banquete* (la naturaleza del amor); el *Político* (del poder político); *La República*, etc. (427-347 a. de C.).

PLATÓNICO, CA. adj. y s. Que sigue la escuela y filosofía de Platón. ‖ Perteneciente o relativo a ella. *Las ideas* PLATÓNICAS. ‖ fig. Desinteresado, honestamente ideal. *Amor* PLATÓNICO. ‖ deriv.: **platónicamente.**

PLATONISMO. m. Escuela y doctrina filosófica de Platón.

● **PLATONISMO.** *Fil.* El **platonismo,** que es el primer sistema de filosofía espiritualista dado por el pensamiento humano, inició el idealismo objetivo. Según el **platonismo,** paralelamente al mundo no auténtico de los objetos perceptibles, existe el mundo auténtico y real de las ideas, concebidas por la razón. Los objetos constituyen las sombras de las ideas; los objetos son transitorios en tanto las ideas son eternas: la silla es, por ejemplo, un objeto transitorio, pero la idea silla es eterna. El objeto es una apariencia, percibida como una representación singular; la idea es una realidad, percibida como concepto de carácter general. De ahí que para el **platonismo** no son las sensaciones las que suministran el conocimiento de la esencia de las cosas u objetos, sino la razón y los conceptos. Por ello para Platón, el ser auténtico debe buscarse en el reino de las ideas inmutables, para lo cual es necesaria la dialéctica como método científico que permite al hombre captar dichas ideas. La teoría de las ideas es punto culminante del platonismo; las ideas integran una jerarquía en la cual la del Bien es la idea superior, y el principio del ser y de la inteligencia, es Dios. El platonismo se plantea así el problema de la verdad, que conduce al de la salvación del alma. El platonismo ejerció sensible influencia en la formación de la doctrina cristiana sobre la inmortalidad del alma y el pecado de la carne.

PLATT, Orville Hitchcock. *Biog.* Jurisconsulto y pol. norteamericano, autor de la famosa enmienda de su nombre (1827-1905).

PLATT, Enmienda. *Hist.* La que establecía las relaciones entre Cuba y EE.UU., que dominaba militarmente el país. Impuesta por EE. UU. como apéndice a la Constitución cubana de 1901, fue derogada en 1934, cuando el presid. Roosevelt implantó su política de buena vecindad, considerando que mermaba la soberanía cubana.

PLATTE. *Geog.* Río de los EE. UU. Cruza el Est. de Nebraska y des. en el río Misuri. 1.450 km.

PLATUDO, DA. adj. *Amér.* Acaudalado, adinerado.

PLATUJA. f. Platija.

PLAUEN. *Geog.* Ciudad de la República Democrática Alemana, en Sajonia. 131.000 h. Encajes.

PLAUSIBLE. al. **Löblich; plausibel.** fr. **Plausible.** ingl. **Plausible.** ital. **Plausibile.** port. **Plausível.** (Del lat. *plausibĭlis.*) adj. Digno de aplauso. *Empeño* PLAUSIBLE; sinón.: **laudable, loable;** antón.: **censurable.** ‖ Admisible, recomendable. *Iniciativa* PLAUSIBLE. ‖ deriv.: **plausibilidad; plausiblemente.**

PLAUSIVO, VA. adj. Que aplaude

PLAUSO. (Del lat. *plausus.*) m. Aplauso.

PLAUSTRO. m. poét. Carro, carruaje de dos ruedas.

PLAUTO, Tito Maccio. *Biog.* Comediógrafo lat. de vigoroso realismo. Sus personajes, que reflejan las condiciones sociales de su tiempo, se han convertido en modelos del teatro universal. Obras: *Anfitrión; Las cautivas; El soldado fanfarrón,* etc. (254-184 a. de C.).

PLAYA. al. **Strand.** fr. **Plage.** ingl. **Beach.** ital. **Spiaggia.** port. **Praia.** (Del lat. *plaga.*) f. Ribera del mar o de un río grande, formada de arenales en superficie casi plana. ‖ V. **Uva de playa.** ‖ *Amér.* Espacio amplio y despejado. ‖ **– de estacionamiento.** Lugar espacioso que en las grandes ciudades se destina para estacionar los vehículos. ‖ IDEAS AFINES: *Orilla, rocas, bahía, bañista, asolear, sombrillas, tiendas de campaña, casetas, toldo, carpas, veraneante, vacaciones, caracoles, conchillas, puerto, faro.*

PLAYADO, DA. adj. Dícese del río, mar u otro sitio que tiene playa.

PLAYAZO. m. Playa grande y extensa.

PLAYERA. f. Cierto aire o canto popular andaluz. Ú.m. en pl.

PLAYERO, RA. adj. Perteneciente o relativo a la playa. ‖ s. Persona que conduce el pescado desde la playa para venderlo. Ú.m. en pl. ‖ m. *Amér. del S.* Toro corniabierto y mal armado

PLAYO, YA. adj. *R. de la Plata.* Dícese de lo que no es hondo. *Plato* PLAYO.

PLAYÓN. m. aum. de **Playa.** ‖ *Col.* Planicie rodeada de bosques.

PLAYUELA. f. dim. de **Playa.**

PLAZA. al. **Platz.** fr. **Place.** ingl. **Square.** ital. **Piazza.** port. **Praça.** (Del lat. *platĕa.*) f. Lugar interior ancho y espacioso de un poblado. ‖ Aquel donde se venden los mantenimientos y se celebran las ferias, los mercados y fiestas públicas. ‖ Cualquier lugar fortificado con muros, reparos, baluartes, etc. ‖ Sitio indicado o fijado para una persona o cosa, en el que cabe con otras de su especie. PLAZA *de colegial; caballeriza de siete* PLAZAS. ‖ Espacio, sitio o lugar. ‖ Oficio, puesto o empleo. ‖ *No hay* PLAZA *vacante.* ‖ Asiento que se hace en los libros sobre el que voluntariamente se presenta para servir de soldado. ‖ Población en que se efectúan operaciones importantes de comercio por mayor, y especialmente de giro. *La* PLAZA *está firme.* ‖ Gremio o reunión de negociantes de una plaza de comercio. ‖ Suelo del horno. ‖ **– de abastos.** Plaza, mercado. ‖ **– de armas.** Población fortificada según arte militar. ‖ Sitio o lugar en que se acampa y forma el ejército cuando está en campaña o aquel en que se forman y hacen el ejercicio las tropas que se hallan de guardia en una **plaza.** ‖ Ciudad o fortaleza que se elige en el lugar donde se hace la guerra para poner en ella las armas y demás pertrechos militares que se precisan durante la campaña. ‖ *Col.* Medida de superficie de cincuenta metros de lado. ‖ **– de toros.** Circo donde lidian toros. ‖ **– fuerte.** Plaza de armas. ‖ **– montada.** *Mil.* Soldado u oficial que usa caballo. ‖ **Asentar plaza.** frs. **Sentar plaza.** ‖ **En pública plaza.** m. adv. En público. ‖ **Estar sobre una plaza.** frs. Tenerla asediada. ‖ **Hacer plaza.** frs. Despejar un sitio por violencia o mandato. ‖ **Romper plaza.** frs. fig. Ser primero en la lidia un toro, o gozar de tal preferencia una ganadería. ‖ **Sacar a la plaza,** o **a plaza,** una cosa. frs. fig. y fam. Publicarla. ‖ **Sentar plaza.** frs. Entrar a servir de soldado.

PLAZA, Ambrosio. *Biog.* Militar col. de importante actuación en las guerras de la independencia (1790-1821). ‖ **– Galo.** Estadista ec., de 1948 a 1952 presid. de la Rep. (n. 1906). ‖ **– Hilarión.** Militar arg., guerrero de la independencia y de las campañas contra Rosas (1800-1871). ‖ **– Juan B.** Músico ven., autor de los poemas sinfónicos *El picacho abrupto; Campanas de Pascua; Vigilia,* y otras composiciones (1898-1965). ‖ **– Nicanor.** Escultor chil., uno de los maestros y precursores de la escultura de su país. Autor de *Caupolicán; Quimera,* etc. (1844-1917). ‖ **– Pedro R. de la.** Militar. arg., que participó en las batallas de Tucumán, Salta, Chacabuco y decidió el triunfo en la de Maipú. Combatió contra Artigas (1785-1856). ‖ **– Victorino de la.** Jurisc. y político arg., de 1914 a 1916 presid. de la Rep. (1840-1919). ‖ **– GUTIÉRREZ, Leónidas.** Mil. y estadista ec., de 1901 a 1905 y de 1912 a 1916 presid. de su país (1866-1932).

PLAZA HUINCUL. *Geog.* Población de la Argentina, en la prov. de Neuquén. 3.000 h. Importante centro petrolífero.

PLAZO. al. **Frist; Rate.** fr. **Terme.** ingl. **Term.** ital. **Termine; rata.** port. **Prazo.** (De *plaza.*) m. Término o lapso señalado para alguna cosa. ‖ Vencimiento del término. ‖ Cada parte de una cantidad pagadera en dos o más veces. *Le falta abonar el último* PLAZO. ‖ **No hay plazo que no se cumpla, ni deuda que no se pague.** ref. que reprende la imprudencia de quien promete hacer algo de difícil ejecución, fiado en lo largo del plazo que toma para ello. ‖ Asimismo se aplica a quien, alentado con la impunidad, persevera en el mal. ‖ IDEAS AFINES: *Fecha, prórroga, dilatar, prescribir, sobreseimiento, moratoria, aplazar, emplazar, perentorio, obligación, protesto, pagaré, cuota, crédito, rédito, ultimátum.*

PLAZOLETA. f. dim. de **Plazuela.** ‖ Especie de plazuela de jardines y alamedas.

PLAZUELA. (Del lat. *platĕola.*) f. dim. de **Plaza.**

PLE. (Del ingl. *play,* juego.) m. Juego de pelota, en que se lanza ésta contra la pared.

PLEAMAR. al. **Hochwasser; Flut.** fr. **Haute mer.** ingl. **High water.** ital. **Alta marea.** port. **Preamar.** f. *Mar.* Fin de la marea creciente del mar. En la bahía de Fundy el desnivel entre la bajamar y la pleamar llega a 22 metros. ‖ Tiempo en que esta creciente dura.

PLEBE. al. **Pöbel.** fr. **Plebe.** ingl. **Plebs.** ital. **Plebe.** port. **Plebe.** (Del lat. *plebs, plebis.*) f. Estado llano. ‖ Populacho. *El demagogo halagaba a la* PLEBE. ‖ IDEAS AFINES: *Pueblo, plebiscito, demagogia, democracia, muchedumbre, vulgarización, popular.*

PLEBEYEZ. f. Calidad de plebeyo.

PLEBEYO, YA. al. **Gemein.** fr. **Plébéien.** ingl. **Plebeian.** ital. **Plebeo.** port. **Plebeu.** (Del lat. *plebeius.*) adj. Propio de la plebe o perteneciente a ella. *Los primeros magistrados* PLEBEYOS *fueron los tribunos.* ‖ Aplícase a la persona que no es noble ni hidalga. Ú.t.c.s.

PLEBEZUELA. f. dim. de **Plebe.**

PLEBISCITARIO, RIA adj. Perteneciente o relativo al plebiscito. *Imposición* PLEBISCITARIA.

PLEBISCITO. al. **Plebiszit; Volksabstimmung.** fr. **Plébiscite.** ingl. **Plebiscite.** ital. **Plebiscito.** port. **Plebiscito.** (Del lat. *plebiscitum.*) m. Ley que la plebe de Roma establecía separadamente de las clases superiores de la República, a propuesta de su tribuno. ‖ Resolución tomada por todo un pueblo a pluralidad de votos. ‖ Consulta al voto popular directo para que apruebe la política de poderes excepcionales.

PLECA. f. *Impr.* Filete pequeño de fundición tipográfica de una sola raya.

PLECTONATO. (Del gr. *plektós,* unido, y *gnathos,* mandíbula.) adj. *Zool.* Dícese de peces teleósteos, con la mandíbula superior fija, opérculos de las agallas subcutáneos, orificio branquial pequeño y piel desnuda o con escamas duras; como el pez luna. ‖ m. pl. *Zool.* Orden de estos peces.

PLECTRO. al. **Plektrum.** fr. **Plectre.** ingl. **Plectrum.** ital. **Plettro.** port. **Plectro.** (Del lat. *pléctrum,* y éste del gr. *plektron.*) m. Palillo o púa que se usa para tocar ciertos instrumentos de cuerda. ‖ poét. fig. Inspiración, estilo.

PLEGABLE. adj. Capaz de plegarse. *Catre* PLEGABLE.

PLEGADAMENTE. adv. m. Confusamente, por mayor.

PLEGADERA. al. **Falzbein.** fr. **Plioir.** ingl. **Folder.** ital. **Stecca.** port. **Dobradeira.** f. Especie de cuchillo de madera, hueso, marfil, etc., para plegar o cortar papel.

PLEGADIZO, ZA. adj. Fácil de plegar o doblarse. *Papel* PLEGADIZO.

PLEGADO. m. Plegadura.

PLEGADOR, RA. adj. y s. Que pliega. ‖ m. Instrumento para plegar. ‖ En el arte de la seda, madero grueso y redondo en que se revuelve la urdimbre para ir tejiendo la tela. ‖ f. Máquina que pliega o dobla los pliegos impresos.

PLEGADURA. (Del lat. *plicatura.*) f. Acción y efecto de plegar una cosa.

PLEGAR. al. **Falten.** fr. **Plier.** ingl. **To fold.** ital. **Plegare.** port. **Preguear.** (Del lat. *plicare.*) tr. Hacer pliegues. Ú.t.c.r. PLEGAR *una falda.* ‖ Doblar e igualar los pliegues de un libro que ha de ser encuadernado. ‖ En labores de la seda, revolver la urdimbre en el plegador para ponerla en el telar. ‖ r. fig. Doblarse, someterse, ceder. *Se* PLEGÓ *a su voluntad;* sinón.: **doblegarse.** ‖ *Amér.* Adherirse, convenir en un partido u opinión. Ú.t.c. intr. ‖ irreg. Conj. como **acertar.**

PLEGARIA. al. **Gebet.** fr. **Prière.** ingl. **Prayer.** ital. **Preghiera.** port. **Prece.** (Del lat. *precaria;* de *precari,* suplicar, rogar.) f. Deprecación o súplica ferviente para pedir alguna cosa. sinón.: **oración, ruego.** ‖ Señal que a mediodía se hace con la campana en las iglesias para que todos los fieles hagan oración. ‖ **Hacer plegarias.** frs. Rogar con extremos y demostraciones para que se conceda algo que se desea. ‖ IDEAS AFINES: *Rezar, imagen, fe, unción, arrodillarse, reclinatorio, implorar, gracia, necesidad, creyente, romero, Padre Nuestro.*

PLEGUERÍA. f. Conjunto de pliegues, especialmente en las obras de arte.

PLEGUETE. dim. de **pliegue.** m. Tijereta de las vides y de otras plantas.

PLEISTOCENO. adj. *Prehist.* Aplícase al período glacial y cuaternario, en el cual abundan restos humanos y de obras del hombre.

PLEISTOCENO, NA. adj. Perteneciente o relativo al período pleistoceno.

PLEITA. (Del lat. *plícita,* t. f. de *-tus,* p. p. de *plicare,* plegar.) f. Faja o tira de esparto trenzado en varios ramales, o de pita, palma, etc., que empalmada con otras se usa para hacer esteras, sombreros y otras cosas.

PLEITEADOR, RA, adj. y s. Que pleitea. ‖ Pleitista.

PLEITEAR. tr. Litigar, contender en juicio. ‖ deriv.: **pleiteante.**

PLEITEO. m. Acción de pleitear.

PLEITESÍA. f. Pacto, avenencia. Es voz ant. ‖ Respeto, acatamiento, sumisión. *Rendir* PLEITESÍA.

PLEITISTA. adj. y s. Aplícase al sujeto propenso a ocasionar contiendas y pleitos. sinón.: **picapleitos, pleiteador.**

PLEITO. (Del lat. *plácitum,* decreto, sentencia.) m. Contienda, litigio judicial entre partes. *Ganar un* PLEITO. ‖ Lid o batalla que se dilucida por las armas. ‖ Disputa o pendencia doméstica o privada. ‖ Proceso o cuerpo de autos sobre una causa. ‖ **– civil.** *Der.* Aquel en que se litiga sobre una cosa, hacienda, posesión. etc. ‖ **– criminal.** *Der.* Causa, proceso criminal. ‖ **– de acreedores.** *Der.* Concurso de acreedores. ‖ **– homenaje.** Homenaje, juramento. ‖ **Conocer de un pleito.** frs. *Der.* Ser juez de él. ‖ **Ganar uno el pleito.** frs. fig. Lograr una cosa en que había dificultad. ‖ **Poner pleito** a uno. frs. Entablarlo contra él. ‖ **Salir con el pleito.** frs. Ganarlo. ‖ **Ver el pleito.** frs. *Der.* Hacerse relación de él hablando las partes o sus abogados ante los juzgadores. ‖ **Ver uno el pleito mal parado.** frs. fig. Reconocer el riesgo en que se halla o la inminencia de perderse una cosa. ‖ IDEAS AFINES: *Altercado, querellante, acusación, juicio, abogado, condena, tribunales, justicia, sobreseer.*

PLENAMAR. (De *plena* y *mar.*) f. Pleamar.

PLENAMENTE. adv. m. Llena y enteramente. *Me satisfizo* PLENAMENTE *su explicación;* sinón.: **completamente;** antón.: **insuficientemente.**

PLENARIAMENTE. adv. m. Plenamente. ‖ *Der.* Con juicio plenario o sin omitir las formalidades legales.

PLENARIO, RIA. (Del lat. *plenarius.*) adj. Lleno, entero, cumplido. *Indulgencia* PLENARIA; antón.: **incompleto.** ‖ *Der.* Parte del proceso que sigue al sumario hasta la sentencia.

PLENILUNIO. al. **Vollmond.** fr. **Plénilune.** ingl. **Full moon.** ital. **Plenilunio.** port. **Plenilúnio.** (Del lat. *plenilunium.*) m. Luna llena. ‖ deriv.: **plenilunar.**

PLENIPOTENCIA. (Del lat. *plenus,* pleno, y *potentia,* poder.) f. Poder pleno que se concede a otro para ejecutar o resolver algo, como es el que dan los jefes de Estado a sus embajadores acreditados cerca de otro gobierno.

PLENIPOTENCIARIO, RIA al. **Bevollmächtigter.** fr. **Plénipotentiaire.** ingl. **Plenipotentiary.** ital. **Plenipotenziario.** port. **Plenipotenciário.** (De *plenipotencia.*) adj. Dícese de la persona que envía una nación a los congresos o a otros Estados, con el pleno poder de tratar, concluir y ajustar las paces u otros intereses. Ú.t.c.s. *Embajador* PLENIPOTENCIARIO.

PLENITUD. al. **Fülle.** fr. **Plénitude.** ingl. **Plenitude.** ital. **Pienezza.** port. **Plenitude.** (Del lat. *plenitudo.*) f. Totalidad, integridad, o calidad de pleno. *Se hallaba en la* PLENITUD *de sus fuerzas;* antón.: **carencia, escasez.** ‖ Abundancia o exceso de un humor en el cuerpo. ‖ **– de los tiempos.** Época de la Encarnación del Verbo divino, así llamada porque con ella se realizan las profecías de la ley antigua que la anunciaban. ‖ IDEAS AFINES: *Luna llena, plétora, juventud, quórum, plenipotenciario, henchido, inflado, ahíto, atestado, saturación, rebosar, completo, colmar, desbordar.*

PLENO, NA. al. **Voll.** fr. **Plein.** ingl. **Full.** ital. **Pieno.** port. **Pleno.** (Del lat. *plenus.*) adj. Lleno ‖ m. Reunión o junta general de una corporación.

PLEOCROÍSMO. (Del gr. *pleos,* lleno, y *khroa,* color.) m. *Miner.* Propiedad que poseen algunos minerales de ofrecer distintos colores, según el lado por que se miran.

PLEONASMO. (Del lat. *pleonasmus,* y éste del gr. *pleonasmós,* de *pleonazo,* sobreabundar.) m. *Gram.* Figura de construcción consistente en usar en la oración uno o más vocablos innecesarios para el cabal sentido de ella, pero con los cuales se da vigor a la expresión; v. gr.: *Yo lo escuché con mis oídos.* ‖ Redundancia viciosa de palabras. ‖ IDEAS AFINES: *Batología, repetición, verbosidad, preceptiva.*

PLEONÁSTICO, CA. (Del gr. *pleonastikós.*) adj. Perteneciente al pleonasmo; que lo incluye. ‖ deriv.: **pleonásticamente.**

PLEPA. f. fam. Objeto o ser defectuoso o que no sirve para nada. sinón.: **engarnio.**

PLESÍMETRO. (Del gr. *plessein,* golpear, y *metron,* medida.) m. *Med.* Instrumento compuesto comúnmente de una chapa de marfil o caucho endurecido, sobre el cual se golpea con los dedos o con un martillo apropiado para explorar por percusión las cavidades naturales.

PLESIOSAURIO. m. Plesiosauro.

PLESIOSAURO. (Del gr. *plesios,* próximo, y *saûros,* lagarto.) m. *Paleont.* Reptil gigantesco, el que se supone que tenía la figura de descomunal lagarto, que pertenece al periodo geológico secundario y del que se hallan sólo restos en estado fósil.

PLETINA. (Del b. lat. *plata*, lámina de metal, y éste del lat. *platus*, ancho.) f. Pieza de hierro más ancha que gruesa, de dos a cuatro milímetros de espesor.

PLETISMÓGRAFO. (Del gr. *plethismós*, aumento, y *grapho*, escribir.) m. Aparato que sirve para registrar gráficamente las variaciones de volumen de un miembro del cuerpo vivo en ciertas circunstancias.

PLÉTORA. (Del gr. *plethora*; de *pletho*, estar lleno.) f. Plenitud de sangre. ‖ Abundancia de otros humores; en tal caso se expresa cuál es. ‖ fig. Superabundancia de algo. PLÉTORA *de regalos*. sinón.: **exceso, exuberancia.**

PLETÓRICO, CA. (Del gr. *plethorikós*.) adj. *Med.* Que tiene plétora.

PLEURA. al. **Brustfell; Pleura.** fr. **Plèvre.** ingl. **Pleura.** ital. **Pleura.** port. **Pleura.** (Del gr. *pleurá*, costado.) f. *Anat.* Cualquiera de las membranas que en ambos lados del pecho cubren las paredes de la cavidad torácica y la superficie de los pulmones. Llámase **pulmonar** la parte que está adherida a cada pulmón, y **costal** la que cubre las paredes.

PLEURAL. adj. Pleurítico, perteneciente a la pleura.

PLEURESÍA. (De *pleura*.) f. *Med.* Enfermedad causada por la inflamación de la pleura. ‖ **Dolor de costado.** ‖ **– falsa.** *Med.* Pleurodinia.

PLEURÍTICO, CA. (Del lat. *pleuríticus*, y éste del gr. *pleuritikós*.) adj. Que padece pleuresía. Ú.t.c.s. ‖ Perteneciente a la pleura.

PLEURITIS. (Del lat. *pleuritis*, y éste del gr. *pleuritis*.) f. *Med.* Inflamación de la pleura.

PLEURODINIA. (Del gr. *pleura*, costado, y *odyne*, dolor.) f. *Med.* Dolor en los músculos de las paredes del pecho.

PLEURONÉCTIDO, DA. (De *pleuronecto*, y el gr. *eidos*, forma.) adj. *Zool.* Aplícase a peces anacantinos de cuerpo notablemente asimétrico, como resultado de su género especial de vida sedentaria, ya que habitualmente se hallan pegados en el fondo sobre uno de los lados del cuerpo. Ú.t.c.s. ‖ m. pl. *Zool.* Familia de estos peces.

PLEURONECTO. m. Pez de forma plana que nada de costado.

PLEVEN. *Geog.* Ciudad de Bulgaria septentrional. 80.000 h. Tejidos, vinos. Famoso sitio de los rusos durante la guerra turco-rusa en 1877.

PLEVNA. *Geog.* V. **Pleven.**

PLEXO. (Del lat. *plexus*, tejido, entrelazado.) m. *Anat.* Red o entrecruzamiento de vasos o nervios. ‖ **– sacro.** El formado por las ramas nerviosas anteriores del quinto par lumbar y de los cuatro primeros sacros. ‖ **– solar.** El que rodea a la aorta ventral, procedente del gran simpático y del vaso.

PLÉYADAS. f. pl. *Astron.* Pléyades.

PLÉYADE. al. **Pleyade.** fr. **Pléiade.** ingl. **Pleiade.** ital. **Pleiade.** port. **Pleiade.** f. fig. Grupo de personas que se destacan conjuntamente, sobre todo en el campo de las letras.

PLÉYADE. *Lit.* f. Grupo de siete poetas alejandrinos que actuaron en tiempos de Tolomeo Filadelfo. ‖ En Francia, célebre grupo literario del siglo XVI, capitaneado por Ronsard.

PLÉYADES. *Mit.* f. pl. Denominación que recibieron las siete hijas de Atlas y Pleyona, que fueron convertidas en estrellas.

PLÉYADES. (Del gr. *pleiades*, de *pleo*, navegar.) f. pl. *Astron.* Nombre dado a un grupo estelar de la constelación del Toro, entre las que hay seis o siete estrellas principales perceptibles a simple vista.

PLEYEL, Camilo. *Biog.* Compositor fr., director de la famosa fábrica de pianos de su nombre (1788-1855). ‖ **– Ignacio.** Compositor austríaco, padre del anterior y fundador de los talleres cuyos pianos adquirieron fama mundial. Publicó la ópera *Ifigenia*; sonatas, sinfonías, etc. (1757-1830).

PLEYONA. *Mit.* Ninfa, hija de Océano y de Tetis y madre de las Pléyades.

PLICA. (Del lat. *plica*.) f. Sobre cerrado y sellado en que es guardado un documento que no debe ser publicado hasta época determinada. ‖ *Pat.* Intricación o apelotonamiento de los cabellos que suelen pegarse unos a otros debido a diversas causas.

PLIEGO. al. **Bogen.** fr. **Feuille.** ingl. **Sheet.** ital. **Foglio.** port. **Folha.** (De *plegar*.) m. Porción o pieza de papel de forma cuadrangular, de variado tamaño y doblada por medio, de lo cual toma nombre. En el papel impreso los dobleces son dos o más. ‖ Por ext., la hoja de papel que no se usa doblada como, por ejemplo, la de papel de marca mayor en que se hacen dibujos, planos, etc. ‖ Conjunto de páginas de un libro o folleto que no forman más que un **pliego.** ‖ Papel o memorial que comprende las condiciones que se proponen o se aceptan en un contrato, una concesión gubernativa, una subasta, etc. ‖ Carta o documento que cerrado se envía de una parte a otra. ‖ Conjunto de papeles contenidos en un mismo sobre o cubierta. ‖ **– común.** El que tiene iguales dimensiones que el papel sellado (435 milímetros de largo por 315 de ancho). ‖ **– de cargos.** Resumen de las faltas que constan en un expediente contra el funcionario a quien se le comunica para que pueda hacer su defensa. ‖ **– de condiciones. Pliego.** Se aplica más generalmente al contrato o concesión en materia de la administración pública. ‖ **Pliegos de cordel.** Obras populares, como romances y coplas de ciego, historias, vidas de santos y de otras personas famosas, impresas en **pliegos** sueltos y que para venderlas se suelen colgar de unos bramantes en los portales y tiendas.

PLIEGUE. al. **Falte.** fr. **Pli.** ingl. **Fold.** ital. **Piega; Piegatura.** port. **Prega.** (De *plegar*.) m. Doblez o desigualdad que se forma en una tela o cosa flexible cuando deja de estar extendida. ‖ Doblez hecho artificialmente por adorno o para otro fin. *Los* PLIEGUES *de una blusa*. ‖ *Geol.* Deformación de la corteza terrestre. ‖ IDEAS AFINES: *Arruga, surco, planchar, fruncir, tableado, sombrilla, abanico, pantalla, dobladillo.*

PLIEGUECILLO. (dim. de *pliego*.) m. Medio pliego común doblado por la mitad a lo ancho.

PLINIO, Cayo Cecilio S. *Biog.* Escritor lat. llamado **el Joven**, famoso por sus cualidades de carácter, no menos que por su talento. Su *Panegírico de Trajano* y sus *Epístolas* se cuentan entre las más bellas descripciones del Imperio Romano a la vez que una fuente histórica de primer orden (62-114). Ocupó importantes cargos en la administración del Imperio bajo el gobierno de Trajano. Era sobrino de Plinio el Viejo, que lo protegió en su temprana orfandad. ‖ **Cayo Plinio S.** Escritor lat. llamado **el Viejo**, uno de los grandes científicos y naturalistas de su tiempo. Su *Historia Natural* es una inmensa compilación de la sabiduría antigua, donde también se fustigan, con noble estilo, los vicios de la época. N. en Como (23-79).

PLINTO. al. **Plinte.** fr. **Plinthe.** ingl. **Plinth.** ital. **Plinto.** port. **Plinto.** (Del lat. *plinthus*, y éste del gr. *plinthos*, ladrillo.) m. *Arq.* Parte cuadrada inferior de la basa. sinón.: **latastro, orlo.** ‖ Base cuadrada de poca altura.

PLIOCENO. (Del gr. *pleion*, más, y *kainós*, reciente.) adj. *Geol.* Aplícase al terreno que forma la parte superior del terciario y que es inmediatamente más moderno que el mioceno. Ú.t.c.s. ‖ Perteneciente a este terreno. ‖ deriv.: **pliocénico, ca.**

PLISADO, DA. adj. Acción y efecto de plisar.

PLISAR. tr. Plegar, fruncir.

PLOESTI. *Geog.* Ciudad de Rumania, al N. de Bucarest. 173.200 h. Es el centro más importante de la industria petrolífera rumana.

PLOMO, Nevado del. *Geog.* Cerro de los Andes, entre la prov. argentina de Mendoza y la chilena de Santiago. 6.000 m.

PLOMADA. al. **Senklot.** fr. **Fil à plomb.** ingl. **Plummet.** ital. **Piombino, piombo.** port. **Prumo.** f. Estilo o barrita de plomo que sirve para señalar o reglar alguna cosa. ‖ Pesa metálica, cilíndrica o cónica que, colgada de una cuerda, sirve para indicar la línea vertical. ‖ Sonda para medir la profundidad de las aguas. ‖ Azote hecho de correas, en cuyo extremo tenía unas bolas de plomo. ‖ Plomo o conjunto de plomos que por su peso proporciona el descenso de las redes y demás artes de pescar. ‖ IDEAS AFINES: *Gravedad, recta, normal, perpendicular, péndulo, muro, albañil, a pico, a plomo, rectificar.*

PLOMAR. (Del lat. *plumbare*.) tr. Poner un sello de plomo pendiente de hilos en un instrumento o en un diploma.

PLOMAZO. (De *pluma*.) m. Golpe o herida producida por el perdigón disparado por arma de fuego. ‖ *Guat.* y *Méx.* Balazo.

PLOMAZÓN. (De *pluma*.) f. Almohadilla de cuero, rellena de plumón, sobre la que se cortan los panes, para dorar o platear.

PLOMBAGINA. (Del fr. *plombagine*, y éste del lat. *plumbago, -inis*, mineral con mezcla de plomo.) f. Grafito.

PLOMERÍA. f. Cubierta de plomo que se pone en los edificios. ‖ Depósito de plomos. ‖ Taller del plomero.

PLOMERO. m. El que trabaja o fabrica cosas de plomo. ‖ En Andalucía y diversos países de América, obrero que construye o repara cañerías.‖Fontanero.

PLOMÍFERO, RA. adj. *Min.* Que contiene plomo. ‖ s. fig. y fam. Persona, libro u otra cosa muy sosa y pesada.

PLOMIZO, ZA. adj. Que tiene plomo. ‖ De color de plomo. *Techo* PLOMIZO; *nubes* PLOMIZAS. ‖ Semejante a éste en alguna de sus cualidades.

PLOMO. al. **Blei.** fr. **Plomb.** ingl. **Lead.** ital. **Piombo.** port. **Chumbo.** (Del lat. *plúmbum*.) m. Metal pesado, dúctil, maleable, blando, fusible, de color gris ligeramente azulado, que con los ácidos forma sales venenosas. Empleado en la fabricación de cañerías, vainas de cables eléctricos, balas, perdigones, placas para acumuladores, cámaras para fábricas de ácido sulfúrico, etc. Símbolo Pb y p. atóm. 207,2. *El Estado de Misuri es riquísimo en* PLOMO. ‖ Plomada, pesa de metal. ‖ fig. Cualquiera pieza o pedazo de **plomo.** ‖ Bala, proyectil. ‖ fig. y fam. Persona pesada y molesta. *Aquel invitado resultó un* PLOMO. ‖ adj. *Amér.* Aplomado, plomizo. ‖ **– blanco.** Carbonato de **plomo.** ‖ **– corto.** El mezclado con arsénico, que se usa en la fabricación de perdigones. ‖ **– de obra.** El argentífero. ‖ **– dulce.** El refinado. ‖ **– pobre.** El escaso de plata. ‖ **– rico.** El que tiene mucha plata. ‖ **– ronco.** *Bol.* y *Perú.* Mineral de grano grueso. ‖ **A plomo.** m. adv. Verticalmente. ‖ **Caer a plomo.** frs. fig. y fam. Caer con todo el peso del cuerpo. ‖ IDEAS AFINES: *Emplomar, plúmbeo, saturnismo, albayalde, galena, imprenta.*

PLOMOSO, SA. (Del lat. *plumbosus*.) adj. Plomizo.

PLOTINO. *Biog.* Fil. neoplatónico gr., cuyas obras están reunidas en las *Eneadas*. El mundo es una emanación del Uno, principio supremo, indeterminado e inconsciente que genera la Mente, en la que se hallan las Ideas; la Mente produce el Alma del Mundo, que se realiza en la materia (204-270).

PLOVDIV. *Geog.* Ciudad del S. de Bulgaria, a orillas del río Maritsa. 223.600 h. Es el principal centro agrícola e industrial de Bulgaria meridional.

PLUMA. al. **Feder.** fr. **Plume.** ingl. **Feather; pen.** ital. **Penna; pennino; piuma.** port. **Pena.** (Del lat. *pluma*.) f. Cada una de las piezas que cubren el cuerpo de las aves, compuesta de un tubo o cañón inserto en la piel y de un astil guarnecido de barbillas. ‖ Conjunto de **plumas.** *Un almohadón de* PLUMAS. ‖ **Pluma** de ave que, cortada en forma adecuada en el extremo del cañón, sirve para escribir: ‖ Instrumento de metal parecido al pico de la **pluma** de ave, que se emplea para escribir, y que, puesta en un mango de madera, hueso u otra materia, sirve para el mismo efecto. ‖ **Pluma** que se prepara para que sirva de adorno, o adorno hecho de **plumas.** ‖ **Pluma** artificial hecha imitando la verdadera. ‖ V. **Papel pluma.** ‖ fig. Cualquiera de las virutas que se sacan al tornear. ‖ Todo instrumento con que se escribe, en forma de **pluma.** ‖ Destreza caligráfica. ‖ Escritor, autor de libros o escritos. *Don Juan Manuel fue la mejor* PLUMA *de su época.* ‖ Estilo o modo de escribir. ‖ Profesión o ministerio del escritor. *Enrique enaltece su* PLUMA. ‖ fig. Mástil de una grúa. ‖ fig. y fam. Pedo. ‖ *Amér. Central.* Bola, patraña. ‖ *Col.*, *P. Rico* y *Urug.* Grifo o llave de agua. ‖ *Méx.* Especie de púa para tocar el violín. ‖ **– de agua.** Unidad de medida para aforar las aguas de distinta equivalencia según los países. ‖ **– estilográfica.** La de mango hueco lleno de tinta que fluye a los puntos de ella, excusando el uso del tintero. ‖ **– fuente.** *R. de la Plata.* **Pluma estilográfica.** ‖ **– viva.** La que se quita de las aves estando vivas y se emplea como relleno de almohadas, colchones, etc. ‖ **Al correr de la pluma. A vuela pluma.** locs. advs. figs. Con los verbos *escribir, componer* y otros semejantes, muy de prisa, a merced de la inspiración. ‖ **Dejar correr la pluma.** frs. fig. Escribir con abandono y sin meditación. ‖ **Extenderse** excesivamente en la materia que por escrito se va tratando. ‖ **Vivir** uno **de su pluma.** frs. fig. Ganarse la vida escribiendo. ‖ IDEAS AFINES: *Ala, plumón, penacho, copete, llorón, plumero, cortaplumas, desplumar, implume.*

PLUMADA. (De *pluma*.) f. Acción de escribir algo breve, sinón.: **peñolada.** ‖ Rasgo o letra que se hace sin levantar del papel la pluma. ‖ *Cetr.* Plumas que han tragado los halcones y aún las tienen en el buche. ‖ Plumas que se preparan para que sean comidas por los halcones.

PLUMADO, DA. (Del lat. *plumatus*.) adj. Que tiene pluma.

PLUMAJE. al. **Gefieder.** fr. **Plumage.** ingl. **Plumage.** ital. **Piumaggio.** port. **Plumagem.** m. Conjunto de plumas que visten al ave. *El quetzal se distingue por la belleza de su* PLUMAJE. ‖ Penacho de plumas que adorna los sombreros, morriones, etc.

PLUMAJERÍA. f. Cúmulo o conjunto de plumas. ‖ Arte, comercio de plumajero.

PLUMAJERO. m. El que hace o vende plumas o plumajes.

PLUMARIA. (Del lat. *plumaria*, t. f. de *-rius*, plumario.) adj. V. **Arte plumaria.**

PLUMARIO. m. El que ejercita el arte plumaria.

PLUMAZO. (Del lat. *plumácium*.) m. Colchón o almohada rellenada de pluma. ‖ Trazo fuerte de pluma y en especial el hecho para tachar lo escrito. ‖ **De un plumazo.** adv. fam. con que se expresa la manera expeditiva de suprimir o abolir alguna cosa. DE UN PLUMAZO *anuló las disposiciones anteriores.*

PLUMAZÓN. (De *pluma*.) f. Plumajería. ‖ Plumaje, plumas del ave.

PLUMBADO, DA. (Del lat. *plumbatus*.) adj. Con sello cancilleresco de plomo.

PLUMBAGINA. f. Plombagina.

PLUMBAGINÁCEAS. f. pl. *Bot.* Plumbagíneas.

PLUMBAGÍNEO, A. (Del lat. *plumbago, -inis*, belesa.) adj. *Bot.* Aplícase a hierbas y matas dicotiledóneas, perennes y algunas anuales, de hojas alternas, a veces vellosas; flores solitarias o en espiga, y fruto coriáceo o membranoso con una sola semilla de albumen harinoso; como la belesa. Ú.t.c.s. ‖ f. pl. *Bot.* Familia de estas plantas.

PLÚMBEO, A. (Del lat. *plúmbeus*.) adj. De plomo. *Soldaditos* PLÚMBEOS. ‖ fig. Que pesa como el plomo.

PLÚMBICO, CA. adj. *Quím.* Perteneciente o relativo al plomo.

PLUMEADO. (De *plumear*.) m. *Pint.* Conjunto de rayas semejantes a las hechas con la pluma y que suelen hacer algunos en la miniatura.

PLUMEAR. tr. *Pint.* Formar líneas con el lápiz o la pluma. ‖ Escribir con pluma.

PLÚMEO, A. (Del lat. *plumeus*.) adj. Que tiene pluma.

PLUMERÍA. (De *plumero*.) f.

Conjunto o abundancia de plumas.
PLUMERILLO. m. *R. de la Plata.* Arbusto de vistosas flores en forma de borla, con largos estambres rojos. Gén. *Calliandria*, leguminosas.
PLUMERÍO. m. Plumería.
PLUMERO. al. **Federwisch.** fr. **Plumeau.** ingl. **Feather-brush.** ital. **Spazzolino di penne.** port. **Espanador.** m. Mazo o atacado de plumas que sirve para quitar el polvo. ‖ Recipiente donde se ponen las plumas. ‖ Plumaje, penacho. ‖ *Col., Ec.* y *Ven.* Portaplumas.
PLUMÍFERO, RA. (Del lat. *pluma*, pluma, y *ferre*, llevar.) adj. poét. Que tiene o lleva plumas. ‖ desp. Aplícase al escritor ramplón. Ú.t.c.s.
PLUMILLA. f. dim. de **Pluma.** ‖ *Bot.* Plúmula.
PLUMIÓN. m. Plumón, pluma delgada.
PLUMISTA. m. El que tiene por profesión escribir, y más regularmente, escribano u otro ministro que se ocupa de pleitos y asuntos judiciales. ‖ El que hace o vende objetos de pluma.
PLUMO, MA. adj. *Ven.* Sereno, sosegado.
PLUMÓN. m. Pluma muy fina que tienen las aves bajo el plumaje exterior. ‖ Colchón lleno de esta pluma.
PLUMOSO, SA. (Del lat. *plumosus.*) adj. Que tiene pluma o mucha pluma.
PLÚMULA. (Del lat. *plúmula*, dim. de *pluma*, pluma.) f. *Bot.* Yemecilla que en el embrión de la planta es rudimento del tallo.
PLURAL. al. **Mehrzahl; Plural.** fr. **Pluriel.** ingl. **Plural.** ital. **Plurale.** port. **Plural.** (Del lat. *pluralis.*) adj. y s. *Gram.* V. **Número plural.**
PLURALIDAD. (Del lat. *plurálitas, -atis.*) f. Multitud, número grande de algunas cosas, o el mayor número de ellas. *La* PLURALIDAD *de las estrellas*; sinón.: **infinidad, copia**; antón.: **unidad.** ‖ Calidad de ser más de uno. ‖ **A pluralidad de votos.** m. adv. Por mayoría. ‖ IDEAS AFINES: *Varios, numeroso, múltiple, archipiélago, polígono, politeísmo, polifonía, etcétera.*
PLURALIZAR. al. **Inden Plural Setzen.** fr. **Pluraliser.** ingl. **To pluralize.** ital. **Pluralizzare.** port. **Pluralizar.** tr. *Gram.* Dar número plural a vocablos que conmúnmente no lo tienen. *Los* HOMEROS; *los* ALEJANDROS. ‖ Atribuir una cosa que es propia de uno a dos o más individuos, pero sin generalizar.
PLURI. (Del lat. *plus, pluris.*) Forma prefija que denota pluralidad de la cosa que designa el primitivo. PLURI*foliado*, PLURI*potencial.*
PLURICELULAR. (Del pref. *pluri* y *celular.*) adj. Formado por más de una célula.
PLURILINGÜE. adj. Aplícase al que habla varias lenguas. ‖ Escrito en varios idiomas.
PLURIMAMA. adj. Que tiene varias mamas.
PLURINUCLEADO, DA. adj. Que tiene varios núcleos.
PLUS. (Del lat. *plus*, más.) m. Gratificación o sobresueldo.
PLUSCUAMPERFECTO. (Del lat. *plúscuam perfectus*, muy perfecto, más que perfecto.) adj. *Gram.* V. **Pretérito pluscuamperfecto.** Ú.t.c.s.
PLUS MINUSVE. loc. lat. Más o menos.
PLUS PETICIÓN. f. *For.* Exceso cuantitativo de la demanda sobre lo que se debe o puede exigir y excepción producida por tal motivo
PLUS ULTRA. loc. lat. Más allá.
PLUSVALÍA. f. Mayor valía.
PLUTARCO. *Biog.* Literato e historiador gr., uno de los creadores del género biográfico, en el cual sus *Vidas paralelas* siguen siendo un verdadero modelo. Sus *Obras morales* son una notable exposición de las ideas y acontecimientos de su época (aprox. 40-120).
PLÚTEO. (Del lat. *pluteus.*) m. Cada cajón o tabla de un estante o armario de libros.
PLUTO. *Mit.* Dios de las riquezas. En la mitología griega se lo representaba ciego y cojo; porque distribuye la fortuna sin discernir a quién beneficia, y porque nunca llega a tiempo para socorrer a los necesitados.
PLUTOCRACIA. (Del gr. *plutokratia*, gobierno de los ricos.) f. Preponderancia de los ricos en la administración de un país. ‖ Clase más rica de un país que goza de poder e influencia. ‖ deriv.: **plutocrático, ca.**
PLUTÓCRATA. com. Individuo de la plutocracia.
PLUTÓN. (Del lat. *Pluto, -onis.*) m. Planeta cuya órbita es exterior a la de Neptuno, descubierto en 1930. Se considera menor que la Tierra. Dista del Sol de 4.417 a 7.421 millones de km. y gira alrededor del astro rey en 249 años. Es invisible a simple vista.
PLUTÓN. *Mit.* Dios de los infiernos, hijo de Saturno y de Rea. Raptó a Proserpina, a la que hizo su esposa. Es hermano de Zeus (Júpiter) y de Poseidón (Neptuno).
PLUTONIO. m. Elemento radiactivo, decubierto en 1940. Simb. Pu; p. atóm. 239.
PLUTONIANO, NA. adj. Plutónico. Dícese más comúnmente de personas. Ú.t.c.s.
PLUTÓNICO, CA. adj. *Geol.* Perteneciente o relativo al plutonismo. *Rocas* PLUTÓNICAS.
PLUTONISMO. (De *Plutón*, dios mitológico de las regiones subterráneas.) m. *Geol.* Sistema según el cual la formación del globo es debida a la acción del fuego interior, del que son efecto los volcanes.
PLUTONISTA. adj. *Geol.* Partidario del plutonismo. Ú.t.c.s.
PLUVIA. f. Lluvia. Ú. en poesía.
PLUVIAL. (Del lat. *pluvialis.*) adj. V. **Agua, capa pluvial.**
PLUVÍMETRO. m. Pluviómetro.
PLUVIOMETRÍA. f. Conjunto de procedimientos que se emplean para medir la cantidad de lluvia caída en un lugar y tiempo determinados.
PLUVIÓMETRO. (Del lat. *pluvia*, lluvia, y del gr. *metron*, medida.) m. Aparato para medir la lluvia que cae en lugar y época dados. ‖ deriv.: **pluviométrico, ca.**
PLUVIOSO, SA. adj. Lluvioso. ‖ m. Quinto mes del calendario republicano francés, cuya duración coincidía con el 20 de enero y el 18 de febrero.
PLYMOUTH. *Geog.* Ciudad y puerto de los EE.UU. (Massachusetts), fundada en 1620 por los primeros colonos ingleses que llegaron al país. 11.500 h. ‖ C. de Gran Bretaña, en Inglaterra (Devon). 240.000 h. Puerto importante.
PLZEN. *Geog.* V. **Pilsen.**
Pm. *Quím.* Símbolo del prometio.
PNOM PENH. *Geog.* Ciudad cap. de Camboya. 650.000 h., con los suburbios. Puerto importante en el río Mekong.
Po. *Quím.* Símbolo del polonio.
PO. *Geog.* Río del N. de Italia, el mayor del país. Nace en los Alpes occidentales, pasa por Turín y Lombardía y des. en el Adriático. 652 km. Su cuenca abarca 74.970 km². y su caudal medio es de 1.680 m³. por segundo. Es el antiguo **Erídano.**
POÁS. *Geog.* Volcán de la cordillera Central de Costa Rica (Alajuela). 2.760 m.
POBEDA. f. Terreno poblado de pobos.
POBLACIÓN. al. **Bevölkerung.** fr. **Population.** ingl. **Population.** ital. **Popolazione.** port. **População.** (Del lat. *populatio, -onis.*) f. Acción y efecto de poblar. sinón.: **población.** ‖ Número de personas que forman un pueblo, provincia, nación, etc. *La* POBLACIÓN *del Asia es mayor que la de los otros continentes.* ‖ Ciudad, villa o lugar.
● **POBLACIÓN.** Las estadísticas demográficas de 1976 publicadas por la ONU señalan que el número de nacimientos por día aventaja al de los fallecimientos y que la población del globo asciende a 4.044 millones de personas, aumentando a razón de 77 millones por año. Indican, además, estos informes, que el índice de mortalidad infantil ha descendido en forma muy notable, contribuyendo así al aumento de la **población** mundial.
POBLACHO. (De *pueblo.*) m. desp. Pueblo ruin y destartalado.
POBLADA. f. *Amér. del S.* Motín. ‖ Gentío, multitud.
POBLADO. (De *poblar.*) m. Población, ciudad o villa. *Avistamos el* POBLADO.
POBLADOR, RA. adj. y s. Que puebla. *Con* POBLADORES *de Asunción fundó Garay por segunda vez a Buenos Aires*; sinón.: **habitantes.** ‖ Fundador de una colonia.
POBLANO, NA. adj. y s. *Amér.* Lugareño.
POBLANO, NA. adj. Natural del Estado mexicano de Puebla. Ú.t.c.s. ‖ Perteneciente o relativo a dicho Estado.
POBLAR. al. **Bevölkern.** fr. **Peupler.** ingl. **To populate.** ital. **Popolare.** port. **Povoar.** (Del lat. *pópulus*, pueblo.) tr. Fundar uno o más pueblos. Ú.t.c.intr. *Diego de Losada* POBLÓ *a Caracas.* ‖ Ocupar con gente un lugar para que habite o trabaje en él. ‖ Por ext., dícese de animales y cosas. ‖ Procrear mucho. ‖ r. Dicho de los árboles y otras cosas, que pueden aumentar en gran cantidad.
POBLAZO. m. Poblacho.
POBLETE, Carlos. *Biog.* Crítico y poeta chileno cont., autor de una *Exposición de la poesía chilena.* ‖ – **Moisés.** Jurista chil., propulsor de la legislación del trabajo en su patria. Obras: *Legislación social de América Latina; Proyecto de Código de Trabajo; Legislación social de Chile*, etc. (n.1893).
POBLEZUELO. m. dim. de **Pueblo.**
POBO. (Del lat. *pópulus*, álamo.) m. **Álamo blanco.**
POBRE. al. **Arm.** fr. **Pauvre.** ingl. **Poor; pauper.** ital. **Povero.** port. **Pobre.** (Del lat. *páuper, -eris.*) adj. Menesteroso y falto de lo necesario para vivir, o que lo tiene con mucha escasez. Ú.t.c.s. *No es* POBRE *el que tiene menos, sino el que desea más.* sinón.: **indigente, necesitado**; antón.: **rico.** ‖ V. **Pobre diablo, pobre hombre.** ‖ Escaso y carente de alguna cosa para su total complemento. *Ese vocabulario es* POBRE *de metáforas.* ‖ V. **Plomo pobre.** ‖ V. **Abogado, padre, procurador de pobres.** ‖ fig. Humilde, de poco valor. *Un obsequio* POBRE. ‖ Infeliz, infortunado y triste. ‖ Pacífico y de buen genio; corto de ánimo y espíritu. ‖ fig. y fam. V. **Pata de pobre.** ‖ *For.* Persona que reúne las circunstancias que exige la ley para que pueda usar de la defensa gratuita en el enjuiciamiento civil o criminal. ‖ com. Mendigo. *Tenía sus* POBRES *a quienes ayudar.* ‖ – **de solemnidad.** El que es de notoriedad. ‖ – **limosnero.** Mendigo. ‖ – **voluntario.** El que por propia voluntad se desposee de sus bienes, como hacen los religiosos con el voto de pobreza. ‖ **¡Pobre de mí!** expr. ¡Triste, infeliz, pecador de mí! ‖ **Pobre importuno, o porfiado, saca mendrugo.** ref. que advierte que para alcanzar lo que se pretende nada sirve tanto como la constancia. ‖ deriv.: **pobremente.** ‖ IDEAS AFINES: *Ruina, miseria, mendicidad, andrajoso, hambriento, pordiosero, limosna, penuria.*
POBRERÍA. (De *pobre.*) f. Pobretería.
POBRERÍO. m. *Amér.* Pobretería, conjunto de pobres.
POBRERO. m. El que en las comunidades tiene el encargo de dar limosna a los pobres.
POBRETA. (De *pobre.*) f. fig. y fam. Ramera.
POBRETE, TA. adj. dim. de **Pobre.** Ú.t.c.s. ‖ Desdichado, infeliz. Ú.t.c.s. ‖ fam. Dícese de la persona inhábil y de poco ánimo o espíritu, pero de buen natural. Ú.t.c.s.
POBRETEAR. (De *pobrete.*) intr. Comportarse como pobre.
POBRETERÍA. (De *pobrete.*) f. Conjunto de pobres. ‖ Escasez o miseria en las cosas.
POBRETO. m. Pobrete, infeliz.
POBRETÓN, NA. adj. Muy pobre. Ú.t.c.s. ‖ Simplón, persona a quien se suele engañar fácilmente.
POBREZA. al. **Armut.** fr. **Pauvreté.** ingl. **Poverty; pauperity.** ital. **Povertà.** port. **Pobreza.** (De *pobre.*) f. Necesidad, falta de lo necesario para el sustento de la vida. *Morir en la* POBREZA; sinón.: **estrechez, penuria; antón.: abundancia, riqueza.** ‖ Falta, escasez. POBREZA *de elementos.* ‖ Dejación voluntaria de todo lo que se posee, de la cual hacen voto solemne los religiosos el día de su profesión. ‖ Escaso haber de la gente pobre. ‖ fig. Falta de magnanimidad, pobreza de ánimo.
POBREZUELO, LA. adj. dim. de **Pobre.**
POBRISMO. (De *pobre.*) m. Pobretería, conjunto de pobres.
POCATERRA, José Rafael. *Biog.* Novelista venez. autor de *Memorias de un venezolano de la decadencia; Vidas oscuras; Cuentos grotescos*, etc. (1888-1955).
POCERO. al. **Brunnenarbeiter** fr. **Puisatier.** ingl. **Sinker.** ital. **Votapozzi.** port. **Poceiro.** (Del lat. *putearius.*) m. El que hace pozos o trabaja en ellos. ‖ El que hace la limpieza de los pozos o depósitos de las inmundicias.
POCILGA. al. **Schweinestall.** fr. **Porcherie.** ingl. **Hogsty.** ital. **Porcile.** port. **Pocilga.** (Del b. lat. *porcile*, y éste del lat. *porcus*, puerco.) f. Establo para puercos. sinón.: **chiquero, zahúrda.** ‖ fig. y fam. Lugar asqueroso o hediondo. *La choza era una* POCILGA.
POCILLO. (Del lat. *pocíllum.*) m. Tinaja o vasija empotrada en tierra para recoger un líquido; como el aceite en el molino y el vino en el lagar. ‖ Jícara. *Un* POCILLO *de café.*
PÓCIMA. (De *apócima*, y éste de *apócema.*) f. Cocimiento medicinal de substancias vegetales. ‖ fig. Cualquiera bebida medicinal.
POCIÓN. al. **Trank.** fr. **Potion.** ingl. **Potion.** ital. **Pozione.** port.**Poção.** (Del lat. *potio, -onis*; de *potare*, beber.) f. Bebida, líquido que se bebe. ‖ *Farm.* Medicamento magistral líquido que se ingiere por la boca.
POCITOS. *Geog.* Salar de la Argentina, en el O. de Salta. 750 km². Se llama también **Quirón.** ‖ Localidad arg. en la prov. de Salta, en los límites con Bolivia.
POCO, CA. al. **Wenig.** fr. **Peu.** ingl. **Little; few.** ital. **Poco.** port. **Pouco.** (Del lat. *paucus.*) adj. Escaso, limitado y corto en cantidad o calidad. *Había* POCA *gente*; antón.: **mucho.** ‖ m. Cantidad corta o escasa. *Un* POCO *de leche.* ‖ adv. c. Con escasez, en reducido número o cantidad, menos de lo regular o preciso. *El abuelo se ve* POCO. ‖ Usado con verbos expresivos de tiempo expresa corta duración. *En avión el viaje dura* POCO. ‖ Antepuesto a otros adverbios, denota idea de comparación. POCO *antes;* POCO *menos.* ‖ **A poco.** m. adv. A breve término. *A* POCO *de llegar, enfermó.* ‖ **De poco más o menos.** expr. fam. que se aplica a las personas o cosas de poca estimación. ‖ **En poco.** m. adv. con que se da a entender que estuvo muy cerca de suceder una cosa. *En* POCO *estuvo que naufragáramos.* ‖ **Poco a poco.** m. adv. Despacio, lentamente. *Aprenderá* POCO *a* POCO. ‖ De corta en corta cantidad. expr. que se usa para contener al que se va excediendo en obras o palabras, y también para denotar que en aquello de que se trata es conveniente obrar ordenada y determinadamente. ‖ **Poco más o menos.** m. adv. Con corta diferencia. *Habrá ahorrado cien mil pesos,* POCO *más o menos.* ‖ **Por poco.** m. adv. con que se da a entender que apenas faltó nada para que ocurriese una cosa. *Cayó al agua y por* POCO *se ahoga.* ‖ **Sobre poco más o menos.** m. adv. **Poco más o menos.** ‖ **Tener** uno **en poco** a una persona o cosa. frs. Desestimarla.
POÇOS DE CALDAS. *Geog.* Ciudad del Brasil (Minas Gerais). 19.680 h. Afamado balneario.
POCOYO. m. *Nicar.* Ave nocturna inofensiva que se sitúa y canta al borde de los caminos.
PÓCULO. (Del lat. *póculum.*) m. Vaso para beber.
POCHO, CHA. adj. Descolorido. ‖ Pasado de maduro. ‖ *Chile.* Rechoncho. ‖ Trunco, sin punta. ‖ fig. Torpe, rudo.
POCHO. *Geog.* Sierra de la Argentina, en el N.O. de Córdoba. Culmina a los 1.500 m. ‖ **Pampa de –.** Pequeña meseta de la Argentina sit. al S.E. de la sierra hom. 1.000 m. de altura.
POCHOTE. m. Árbol bombáceo de Centroamérica y México, de gran porte, muy espinoso, de hojas palmadas, flores grandes, blancas, rosadas, o rojas, y cuyo fruto encierra una substancia como algodón, que se emplea para rellenar almohadas. *Bombax ellipticum.*
PODA. al. **Beschneiden.** fr. **Élagage.** ingl. **Pruning.** ital. **Potagiono.** port. **Poda.** f. Acción y efecto de podar. ‖ Época en que se efectúa.
PODADERA. al. **Baumschere.** fr. **Serpette.** ingl. **Pruning knife.** ital. **Potatoio.** port. **Podadeira.** f. Herramienta de ace-

ro, con corte curvo y mango de madera o hierro, que se emplea para podar.

PODADOR, RA. adj. y s. Que poda.

PODADURA. (De *podar.*) f. p. us. Poda.

PODAGRA. (Del lat. *podagra*, y éste del gr. *podagra*; de *pus, podós*, pie, y *agreo*, prender, agarrar.) f. *Med.* Enfermedad de gota, y en especial cuando se padece en los pies.

PODAR. al. **Beschneiden.** fr. **Élaguer.** ingl. **To prune.** ital. **Potare.** port. **Podar.** (Del lat. *putare.*) tr. Cortar o quitar las ramas superfluas de plantas. PODAR *las viñas.* sinón.: **chapodar.**

PODAZÓN. f. Tiempo o sazón de podar las plantas.

PODENCO, CA. adj. V. **Perro podenco.** Ú.t.c.s.

PODENQUERO. m. Entre cazadores, el que cuida de los podencos.

PODER. al. **Können; Gewalt; Macht.** fr. **Pouvoir.** ingl. **Can; to be able; Power.** ital. **Potere.** port. **Poder.** (De *poder*, 2º art.) m. Dominio, facultad y jurisdicción que uno tiene para mandar o hacer una cosa. ‖ Fuerzas de un Estado, especialmente las militares. ‖ Acto en que consta la facultad que uno da a otro para que en lugar suyo pueda realizar una cosa. Ú. frecuentemente en pl. *Otorgar* PODER *general.* ‖ Posesión actual o tenencia de alguna cosa. ‖ Fuerza, capacidad, poderío. *El* PODER *de un imperio.* ‖ Suprema potestad rectora y coactiva del Estado. *Detentar el* PODER. ‖ pl. fig. Facultades, autorización para ejecutar una cosa. *Tenía* PODERES *para negociar.* ‖ **Poder absoluto,** o **arbitrario.** Despotismo, autoridad absoluta. ‖ – **calorífico de un combustible.** *Quím.* Cantidad de calor desprendida por un kilogramo (sólido) o por 1 m^3. (gas, a 0ºC, y 760 mm. de presión) de un combustible, al quemarse totalmente. ‖ – **constituyente.** El correspondiente al Estado para organizarse, dictando y reformando sus constituciones. ‖ – **ejecutivo.** En los gobiernos representativos, el que gobierna y hace cumplir las leyes. ‖ – **judicial.** El que administra la justicia. ‖ – **legislativo.** El que tiene facultad para crear y reformar las leyes. ‖ – **moderador.** El que ejerce el jefe supremo de un Estado. ‖ **A todo poder.** m. adv. Con todo el vigor o esfuerzo posible. ‖ **Caer debajo del poder** de uno. frs. fig. y fam. Estar sujeto a su dominio o voluntad. ‖ **De poder absoluto.** m. adv. Despóticamente. ‖ **De poder a poder.** m. adv. Disputado de una parte y otra con todas las fuerzas disponibles para el caso. *Las escuadras combatieron de* PODER *a* PODER. ‖ **!Poder de Dios!** excl. con que se exagera el mérito o abundancia de una cosa. ‖ IDEAS AFINES: *Potentado, imperio, monarquía, autocracia, omnipotente, todopoderoso supremacía, absolutismo, plenipotenciario, tirano, prepotencia.*

PODER. (Del b. lat. *pótere*, y éste del lat. *póssum, potes.*) tr. Tener expedita la facultad de hacer o ejecutar una cosa. ‖ Tener facilidad, tiempo o lugar de hacer una cosa. Ú.m. con negación. PODÍA *marcharme en cualquier momento.* ‖ impers. Ser contingente o posible que ocurra una cosa. PUEDE *que llegue a tiempo.* ‖ **A más no poder.** m. adv. con que se explica que uno hace una cosa impelido y forzado y sin poder excusarse ni resistirse. ‖ **Hasta más no poder.** ‖ **No poder más.** ‖ frs. Todo lo posible. *Divertirse hasta más no* PODER. ‖ **No poder** con uno. frs. No poder sujetarlo ni ponerlo en razón. *No* PODÍA *con los hijos.* ‖ **No poder más.** frs. con que se explica la precisión de hacer una cosa. ‖ Estar muy fatigado de hacer una cosa, o no poder seguir en su ejecución. *Tuvo que abandonar el cargo porque no* PODÍA *más.* ‖ No tener tiempo ni bastante lugar para terminar lo que se está haciendo. ‖ **No poder menos.** frs. Ser necesario o preciso. *No* PUEDE *menos que invitarlo a cenar.* ‖ **No poderse tener.** frs. que se usa para explicar la debilidad o flaqueza de una persona o cosa. ‖ **No poderse valer.** frs. Hallarse uno en estado de no poder evitar el perjuicio que le amenaza. ‖ No tener expedito el uso de algún miembro. ‖ **No poder tragar** a uno. frs. fig. Tenerle aversión. ‖ **No poder ver** a uno **pintado,** o **ni pintado.** frs. Aborrecerle de tal forma que ofende el verle u oírle. ‖ **Poder** a uno. frs. fam. Tener más fuerza que él; vencerle luchando cuerpo a cuerpo. ‖ **Por lo que pudiere tronar.** frs. Por lo que sucediere o aconteciere; y dícese cuando uno se previene contra un riesgo o contingencia. ‖ irreg. **Conjugación:** INDIC. Pres. *puedo, puedes, puede, podemos, podéis, pueden.* Imperf.: *podía, podías*, etc. Pret. indef.: *pude, pudiste*, etc. Fut. imperf.: *podré, podrás*, etc. POT.: *podría, podrías*, etc. SUBJ. Pres.: *pueda, puedas, pueda, podamos, podáis, puedan.* Imperf.: *pudiera, pudieras*, etc. o *pudiese, pudieses*, etc. Fut. imperf.: *pudiere, pudieres*, etc. IMPERAT.: *puede, poded.* PARTIC.: *podido.* GER.: *pudiendo.*

PODERDANTE. (De *poder* y *dante.*) com. Persona que da poder a otra para que la represente.

PODERHABIENTE. (De *poder* y *habiente.*) com. Persona que tiene poder de otra, para representarla, administrar sus bienes o ejecutar otras cosas.

PODERÍO. al. **Gewalt; Macht.** fr. **Puissance.** ingl. **Power; dominion.** ital. **Potenza.** port. **Poderio.** (De *poder.*) m. Facultad de hacer o impedir algo. ‖ Hacienda, bienes, riqueza. ‖ Dominio, señorío. *Los grandes* PODERÍOS *suelen ser breves.* ‖ Potestad, jurisdicción. ‖ Vigor o fuerza grande.

PODEROSAMENTE. adv. m. Con potencia, vigorosa y fuertemente.

PODEROSO, SA. al. **Mächtig.** fr. **Puissant.** ingl. **Powerful.** ital. **Poderoso.** port. **Poderoso.** adj. Que tiene poder. Ú.t.c.s. ‖ Muy rico; con muchos bienes de fortuna. Ú.t.c.s. *Terrateniente* PODEROSO; sinón.: **potentado, acaudalado, opulento.** ‖ Grande, magnífico en su línea. ‖ Activo, eficaz, que tiene virtud para una cosa. *Desinfectante* PODEROSO; sinón.: **enérgico, potente;** antón.: **débil.**

PODESTÁ. m. Primer magistrado o gobernador de algunas ciudades italianas.

PODESTÁ, José. *Biog.* Actor urug., que, como jefe de numerosa familia de artistas, inició el moderno teatro rioplatense con la representación de pantomimas y obras breves. Es autor de *Medio siglo de farándula* (1858-1937). ‖ – **Manuel T.** Médico y escritor arg. uno de los introductores del realismo en la novela de su patria. Obras: *Daniel; Alma de niño; Irresponsable*, etc. (1853-1920). ‖ – **Pablo.** Actor urug. de excepcional temperamento dramático que interpretó, con técnica naturalista, a Florencio Sánchez y otros autores de la época (1875-1923). ‖ – **Raúl G.** Escritor y pintor arg. autor de *Descendimiento de la Cruz; Cristo yacente* y otras obras (n. 1899). ‖ – **COSTA, Luis A.** Jurista e hist. arg., autor de *El extranjero en la Guerra Civil; Jorge Canning; El antiguo Oriente*, etc. (n. 1885).

PODGORNI, Nicolás V. *Biog.* Político ruso, nacido en 1903; presidió, desde 1965 hasta 1976 el Presidium de la Unión Soviética. Le sucedió Leonid Brezhnev.

PODIEBRAD, Jorge. *Biog.* Rey de Bohemia (1420-1471).

PODIO. (Del lat. *pódium*, y éste del gr. *podion.*) m. *Arq.* Pedestal largo en que estriban varias columnas.

PODÓMETRO. (Del gr. *pus, podós*, pie, y *metron*, medida.) m. Aparato semejante a un reloj, que marca la cantidad de pasos que da la persona que lo lleva y la distancia que recorre.

PODÓN. m. Podadora grande usada para podar y rozar. ‖ Herramienta para podar con mango a manera de martillo y una boca en forma de hacha y otra de cuchillo. ‖ Arma blanca de dos filos, usada en la antigüedad.

PODRE. (Del lat. *putris*, podrido.) f. Pus.

PODRECER. (Del lat. *putréscere.*) tr., intr. y r. Pudrir. ‖ irreg. Conj. como **agradecer.** ‖ deriv.: **podrecimiento.**

PODREDUMBRE. al. **Fäulnis; Verwesung.** fr. **Pourriture.** ingl. **Decay; corruption.** ital. **Putridume.** port. **Podridão.** f. Calidad dañosa que penetra en las cosas y las pudre. *La* PODREDUMBRE *de la madera.* ‖ Podre. ‖ fig. Sentimiento hondo y no comunicado.

PODREDURA. (De *podrir.*) f. Putrefacción, corrupción.

PODRICIÓN. (De *podrir.*) f. Podredura.

PODRIDERO. m. Pudridero.

PODRIR. tr. y r. Pudrir. Úsase sólo en el infinitivo y el participio; en los demás tiempos se emplean las formas verbales de *pudrir.* sinón.: **corromper.**

POE, Edgard Allan. *Biog.* Cuentista y poeta norteamericano. En 1833 se inició con el cuento *Manuscrito encontrado en una botella* que dejó entrever sus extraordinarias virtudes de narrador fantástico, patentizadas más tarde en páginas maestras en donde lo terrorífico se mezcla a la lógica y a la minuciosidad: *El escarabajo de oro; Las aventuras de Arturo Gordon Pym; La caída de la casa Usher*, etc. Como lírico escribió admirables poemas, unos de nostálgica delicadeza, como *Annabel Lee*, otros sombríos y extraños: *El cuervo; Las campanas*, etc. (1809-1849).

POEMA. al. **Gedicht.** fr. **Poème.** ingl. **Poem.** ital. **Poema.** port. **Poema.** (Del lat. *poema*, y éste del gr. *poiema.*) m. Obra en verso, que pertenece por su género, aunque esté escrita en prosa, a la esfera de la poesía. Tradicionalmente se daba este nombre a las de alguna extensión. POEMA *épico, dramático.* ‖ Suele también tomarse por poema épico.

POEMA DEL CANTE JONDO. *Lit.* Una de las más notables obras poéticas de Federico García Lorca. Lo puramente lírico se mezcla a las fuertes notas dramáticas, para lograr la transfiguración poética del tema andaluz. Su primera edición data de 1931.

POEMARIO. m. Conjunto o colección de poemas.

POEMAS JUDÍOS. *Mús.* Poemas líricos de Darío Milhaud, estrenados en 1916.

POESÍA. al. **Gedicht; Dichtung.** fr. **Poésie.** ingl. **Poetry.** ital. **Poesia.** port. **Poesia.** (Del lat. *poesis*, y éste del gr. *poiesis.*) f. Expresión artística de la belleza mediante la palabra y con sujeción a la medida y cadencia, de que resulta el verso. ‖ Arte de componer obras poéticas. ‖ Arte de componer versos y obras en verso. ‖ Género de producciones del entendimiento humano, cuyo fin inmediato es expresar lo bello por medio del lenguaje y cada una de las diferentes variedades de este género. POESÍA *lírica, dramática, bucólica, épica.* ‖ Fuerza de invención, exquisita sensibilidad, riqueza y novedad de expresión, o sea conjunto de cualidades que deben caracterizar el fondo de este género de producción del entendimiento humano, independientemente de la forma externa. *En este relato hay* POESÍA; *estos versos tienen poca* POESÍA. ‖ Obra o composición en verso y en especial la perteneciente al género lírico. *Las* POESÍAS *de Góngora; una* POESÍA *de Lope de Vega.* ‖ Cierto encanto indefinible que en personas, en obras de arte y aun en cosas de la naturaleza física, halaga y embelesa infundiéndoles suave y puro deleite. *La* POESÍA *de un atardecer.* ‖ IDEAS AFINES: *Métrica, estro, numen, musas, Parnaso, soneto, romance, yambo, pie, consonancia, ritmo, vate, poetisa.*

● **POESÍA.** *Lit.* Como la **poesía** depende igualmente del pensamiento y de la emoción, como es al mismo tiempo una ciencia y un arte, su definición resulta, a veces, imprecisa. Manifestación esencialmente espiritual, a ella concurren los elementos lógicos y afectivos del discurso. Aunque el concepto de **poesía** se restrinja comúnmente a las composiciones en verso, el lenguaje poético no es privativo del verso, al punto de que existe una **poesía** lírica, dramática, épica, etc., en prosa. La fuerza poética es, pues, algo espiritual e imponderable y está por encima de las leyes del ritmo y de la rima, elementos del verso; de ahí también que fuera del campo de la literatura, se pueda hablar de la **poesía** de un paisaje, de un cuadro, etc. Hasta los primeros años del s. XIX predominó la creencia de que la **poesía** tenía una función didáctica; de que perseguía el bien y la verdad exclusivamente, un "fingimiento de cosas útiles" al decir del Marqués de Santillana; el concepto fue trastrocado por los poetas posteriores al romanticismo, que la consagraron como un fin en sí misma y como tal la fundieron con el ideal de belleza, y más recientemente aún, por los partidarios de la **poesía** pura, que tiende a suscitar un clima musical por medio del lenguaje. Se reconocen en la **poesía** tres géneros principales: lírica, épica y dramática, que a veces se funden o se confunden en una misma composición. La **poesía** lírica canta ideas y sentimientos del propio autor; abarca las siguientes composiciones: oda, elegía, canción, epitalamio, letrilla, madrigal, epigrama, soneto, romance y balada. La epopeya, la leyenda, el poema heroico, el canto épico y el poema burlesco son las composiciones típicas de la **poesía** épica, que relata acontecimientos reales o imaginarios de los que el autor ha sido testigo supuesto o real. La **poesía** dramática, comprende el drama, la tragedia, la comedia, el monólogo, el sainete, la ópera, etc.

POETA. al. **Dichter.** fr. **Poète.** ingl. **Poet.** ital. **Poeta.** port. **Poeta.** (Del lat. *poeta.*) m. El que compone obras poéticas y posee las facultades necesarias para componerlas. sinón.: **vate.**

POETASTRO. m. Mal poeta.

POÉTICA. al. **Dichtkunst; Poetik.** fr. **Poétique.** ingl. **Poetics.** ital. **Poetica.** port. **Poética.** (Del lat. *poética*, y éste del gr. *poietiké*, t. f. de *-kós*, poético) f. Poesía, arte de componer obras poéticas. ‖ Tratado sobre los principios y reglas de la poesía. *Boileau es autor de un Arte* POÉTICA.

POÉTICO, CA. (Del lat. *poeticus*, y éste del gr. *poietikos*; de *poieo*, crear, producir.) adj. Perteneciente o relativo a la poesía. *Genio* POÉTICO. ‖ Propio o característico de la poesía; apto o conveniente para ella. *Imágenes* POÉTICAS. ‖ V. **Arte, licencia poética.** ‖ deriv.: **poéticamente.**

POETISA. (Del lat. *poetissa.*) f. Mujer que compone obras poéticas.

POETIZACIÓN. f. Acción y efecto de poetizar.

POETIZAR. al. **Verse machen.** fr. **Poétiser.** ingl. **To poetize.** ital. **Poetare.** port. **Poetizar.** intr. Componer versos u obras poéticas. ‖ tr. Dar carácter poético a alguna cosa. POETIZAR *el menester cotidiano.*

POEY, Felipe. *Biog.* Naturalista cubano, autor de *Memorias sobre la historia natural de Cuba; Ictiología cubana*, y otras obras (1799-1891).

POGGENDORE, Juan Cristián. *Biog.* Quím. y físico al. que efectuó importantes investigaciones en el campo de la polarización galvánica (1793-1877).

POGROM o **POGROMO.** (Del ruso *pogrom*, destrucción.) m. Matanza de gente, por obra de una multitud enardecida como las que se registraron en Rusia, contra los judíos, en tiempos de los zares.

POINCARÉ, Julio Enrique. *Biog.* Sabio fr. que hizo valiosas contribuciones a las matemáticas, la astronomía y la física teórica, con sus estudios sobre las ecuaciones diferenciales lineales, la indagación de los métodos de la mecánica celeste, etc. Fil. racionalista, exaltó la ciencia como una verdadera religión. Obras: *El valor de la ciencia; La ciencia y la hipótesis; El espacio y la geometría*, etc. (1854-1912). ‖ – **Raimundo.** Estadista fr., una de las más destacadas figuras políticas de la primera Guerra Mundial, de 1913 a 1920 presidente de la Rep. Fino ensayista, publicó *Cosas literarias y artísticas; Ideas contemporáneas* y otras obras (1860-1934).

POINO. (De *poyo.*) m. Codal que sujeta las cubas en las bodegas.

POINSOT, Luis. *Biog.* Geómetra fr. que trabajó intensamente por el progreso de la mecánica. Autor de un difundido tratado: *Elementos de estática* (1777-1859).

POINTE-À-PITRE. *Geog.* Ciudad y puerto de las Antillas Francesas, en la isla de Guadalupe. 30.000 h.

POINTE NOIRE. *Geog.* Ex capital de la República Popular del Congo (actualmente es BRAZZAVILLE), en África ecuatorial, sobre el Atlántico. 80.100 h. Exportación de cobre, oro, maderas.

POIRÉ, Manuel. *Biog.* Dibujante fr. que adquirió renombre mundial con el seudónimo de Caran d'Ache. Recopiló gran parte de sus dibujos y caricaturas en álbumes: *Páginas de historia; Comedia del día; Los lunes de Caran d'Ache,* etc. (1858-1909).

POITEVIN, Alfonso. *Biog.* Químico fr., uno de los precursores de la fotografía (1820-1882).

POITIERS. *Geog.* Ciudad de Francia, capital del dep. del Vienne. 71.300 h. Célebre victoria de Carlos Martel sobre los árabes, en 732. Es la antigua cap. de Poitou.

POITOU. *Geog.* Antigua prov. del O. de Francia, cuya cap. era Poitiers. Comprendía los actuales dep. de Deux-Sèvres, Vendée y Vienne.

POLA. *Geog.* Ciudad de Yugoslavia, en Istria. 50.000 h. Puerto importante, astilleros, industria tabacalera. Perteneció a Italia hasta 1947.

POLA, La. *Biog.* Heroína col. cuyo verdadero nombre era Policarpa Salavarrieta. Fue ajusticiada por los españoles, acusada de ayudar a los patriotas (1795-1817).

POLACO, CA. adj. Natural de Polonia. Ú.t.c.s. ‖ Perteneciente a este país de Europa. ‖ m. Lengua de los polacos, una de las eslavas. ‖ f. Prenda de vestir que usaron algunas clases militares.

POLACRA. (Del lat. *polacra.*) f. Buque de cruz, de dos o tres palos enterizos y sin cofas.

POLAINA. (Del fr. *poulaine,* calzado, y éste del ant. fr. *poulanne,* piel de Polonia.) f. Especie de media calza, hecha por lo general de paño o cuero, que cubre la pierna hasta la rodilla y a veces se abotona o abrocha por la parte de afuera. ‖ *Arg., Bol.* y *Hond.* Contrariedad.

POLAR. al. **Polar.** fr. **Polaire.** ingl. **Polar.** ital. **Polare.** port. **Polar.** adj. Perteneciente o relativo a los polos. *Cubrió el país una masa de aire* POLAR. ‖ V. **Círculo, estrella polar.**

POLARIDAD. (De *polar.*) f. *Fís.* Propiedad que tienen los agentes físicos de acumularse en los polos de un cuerpo y de polarizarse. ‖ fig. Condición de lo que tiene propiedades o potencias opuestas, en partes o direcciones contrarias, como los polos.

POLARÍMETRO. (De *polaridad* y *metro.*) m. *Fís.* Instrumento para medir la rotación del plano de polarización de la luz polarizada, producida por substancias ópticamente activas.

POLARISCOPIO. m. *Fís.* Instrumento para averiguar si un rayo de luz emana directamente de un foco o está ya polarizado.

POLARIZACIÓN. f. *Fís.* Acción y efecto de polarizar o polarizarse.

POLARIZADOR. m. *Fís.* Parte del polariscopio, que polariza la luz.

POLARIZAR. (De *polar.*) tr. y r. *Fís.* Acumular los efectos de un agente físico en lugares o en sentidos opuestos de un cuerpo. ‖ Modificar los rayos luminosos, por medio de refracción o reflexión, de modo que el movimiento ondulatorio sólo tenga lugar en un plano. ‖ r. Hablando de una pila eléctrica, disminuir la corriente por aumentar la resistencia del circuito, debido al depósito de hidrógeno sobre un electrodo. ‖ Concentrar la atención y el ánimo en una cosa.

POLCA. f. Danza de origen polaco, muy popular en Europa, desde donde, traída por los inmigrantes, pasó a América. Se la baila, todavía hoy, en zonas de Paraguay, Uruguay y la Argentina. ‖ Música de esta danza. ‖ *Ec.* y *Perú.* Blusa amplia que no se ciñe al cuerpo. ‖ – **alemana.** Chotis. ‖ **A la polca.** m. adv. *C. Rica.* y *Hond.* A las ancas.

POLCAR. intr. Bailar la polca.

POLCURA. (Voz araucana.) f. Tierra amarillenta que se emplea para teñir.

POLDER. m. En los Países Bajos, terreno pantanoso que se gana al mar y que al desecarse se emplea para cultivo.

POLEA. al. **Laufrad.** fr. **Poulie.** ingl. **Pulley.** ital. **Puleggia.** port. **Polia.** (Del b. lat. *polea,* y éste tal vez del gr. *polos,* eje.) f. Rueda móvil alrededor de un eje, con un canal en su circunferencia externa, por el que pasa una cuerda o cadena, en cuyos dos extremos actúan respectivamente la potencia y la resistencia, para levantar o mover pesos. ‖ Rueda metálica de llanta plana, usada en trasmisiones por correas. ‖ *Mar.* Motón doble, o sea de dos cuerpos, uno prolongación del otro, y cuyas roldanas están en el mismo plano. ‖ – **combinada.** La que forma parte de un polispasto. ‖ – **fija.** La que no cambia de lugar, y en este caso la resistencia está en un extremo de la cuerda. ‖ – **movible.** La que muda de sitio subiendo y bajando y en tal caso un extremo de la cuerda se asegura a un punto fijo y la resistencia se sujeta a la armadura de la misma polea. ‖ – **simple.** La que funciona independientemente.

POLEADAS. (De *polenta.*) f. pl. Gachas o puches.

POLEAME. m. *Mar.* Conjunto de poleas.

POLEMARCA. m. Jefe de la milicia, en la antigua Grecia.

POLÉMICA. al. **Polemik.** fr. **Polémique.** ingl. **Polemics.** ital. **Polemica.** port. **Polemica.** (Del gr. *polemikê,* t. f. de *-kós,* polémica.) f. Arte que enseña los ardides que deben emplearse para atacar y defender cualquier plaza. ‖ Teología dogmática. ‖ Controversia por escrito sobre materias teológicas, políticas, literarias o de cualquiera otra índole.

POLÉMICO, CA. adj. Perteneciente o relativo a la polémica.

POLEMISTA. al. **Polemiker.** fr. **Polemiste.** ingl. **Polemic.** ital. **Polemista.** port. **Polemista.** (Del gr. *polemistés,* combatiente.) com. Escritor que sostiene polémicas.

POLEMIZAR. intr. Entablar o sostener una polémica. sinón.: **controvertir.**

POLEMONIÁCEO, A. adj. *Bot.* Aplícase a plantas dicotiledóneas, hierbas o arbustos, de hojas alternas, enteras o muy partidas y sin estípulas; flores generalmente en corimbo, corola de cinco pétalos soldados por la base, y fruto capsular con tres divisiones y muchas semillas menudas de albumen carnoso; como el polemonio. Ú.t.c.s.f. ‖ f. pl. *Bot.* Familia de estas plantas.

POLEMONIO. m. Planta herbácea de jardín, de tallos rojizos, ramosos, hojas sentadas, partidas en gajos estrechos y lanceolados; flores olorosas de corola azul, morada o blanca y fruto de tres celdas con muchas simientes puntiagudas. Fue usada como sudorífica. Gén. *Polomonium,* polemoniácea.

POLEN. al. **Blütenstaub; pollen.** fr. **Pollen.** ingl. **Pollen.** ital. **Polline.** port. **Pólen.** (Del lat. *pollen,* flor de la harina.) m. *Bot.* Polvillo fecundante contenido en la antera de los estambres, portador del gameto masculino. *Por lo general el* POLEN *es amarillo.* ‖ IDEAS AFINES: *Polinización, fertilizar, estigma, óvulos, diseminación, pájaros, insectos, viento.*

POLENTA. (Del lat. *polenta,* torta de harina.) f. Puches de harina de maíz.

POLEO. (Del lat. *poleium.*) m. Planta herbácea de tallos ramosos, algo velludos; hojas pequeñas, descoloridas, y flores azuladas o moradas en verticilos bien separados. Es de olor agradable y se usa en infusión. *Mentha pulegium,* labiada. ‖ fam. Jactancia en el andar o hablar. ‖ fam. Viento frío y recio. *Sopla un* POLEO *helado.*

POLEVÍ. m. Ponleví.

POLEVOI, Nicolás. *Biog.* Lit. e historiador ruso, autor de *Vida de Pedro el Grande; Historia del pueblo ruso* y otras obras (1796-1846).

POLI. Forma prefija, del griego *polýs,* que con la significación de *mucho, numeroso,* entra en la formación de un crecido número de términos técnicos. POLÍGAMO, POLIGLOTO, POLIMORFO.

POLIACÚSTICO, CA. (Del gr. *polýs,* mucho, y de *acústico.*) adj. *Fís.* Que aumenta o multiplica los sonidos.

POLIADELFO, FA. (Del gr. *polydelphos,* que tiene muchos hermanos.) adj. *Bot.* Dícese del androceo de la flor, en que los estambres están soldados por los filamentos, formando haces.

POLIANDRIA. (Del gr. *polýs,* mucho, y *andrós,* varón.) f. Estado de la mujer casada simultáneamente con dos o más hombres. ‖ *Bot.* Condición de la flor que tiene más de diecinueve estambres.

POLIANTEA, (Del gr. *polyantés;* de *polýs,* mucho, y *anthos,* flor.) f. Colección o agregado de noticias en materias diferentes.

POLIARQUÍA. (De *polyarkhía.*) f. Gobierno de muchos. ‖ deriv.: **poliárquico, ca.**

POLIBIO. *Biog.* Pol. e historiador gr. No obstante su desigual estilo literario, revolucionó la ciencia histórica con su visión objetiva y universal de los hechos, desechando lo imaginativo o lo meramente anecdótico. Su obra maestra es la *Historia General,* de la que se conservan cinco tomos. Otras obras: *Guerra de Numancia; Tratado de táctica,* etc. (210-128 a. de C.)

POLICARPELAR. adj. *Bot.* Formado por varios carpelos.

POLICÁRPICO, CA. (Del gr. *polykarpés,* rico en frutos, muy fecundado.) adj. Dícese de la planta que produce muchos frutos.

POLICARPO, San. *Hagiog.* Obispo de Esmirna, propagador del cristianismo (n. 69).

POLICASTRO, Enrique. *Biog.* Pintor arg., autor de *Mujer durmiendo; Pampa; Fin,* y otros cuadros (1898-1971).

POLICASTRO. *Geog.* Golfo que forma el mar Tirreno en el S. de Italia, entre Campania y Basilicata.

PÓLICE. (Del lat. *póllex, -icis.*) m. Dedo pulgar.

POLICÍA. al. **Polizei.** fr. **Police.** ingl. **Police.** ital. **Polizia.** port. **Polícia.** (Del lat. *politia,* y éste del gr. *politeía.*) f. Buen orden que se observa y guarda en las ciudades y repúblicas cumpliéndose las leyes u ordenanzas estatuidas para su mejor gobierno. ‖ Cuerpo dependiente de las autoridades que se encarga de mantener el orden público y cuida de la seguridad de los ciudadanos. ‖ Cortesía, buena educación y urbanidad en el trato y costumbres. ‖ Limpieza, aseo. ‖ m. Agente de policía. ‖ – **gubernativa.** Policía, cuerpo de ella. ‖ – **judicial.** La que, regida por los juzgados y tribunales, tiene a su cargo la averiguación de los delitos públicos y la persecución de los delincuentes. ‖ – **secreta.** Aquella cuyos individuos no llevan uniforme con objeto de pasar inadvertidos. ‖ – **urbana.** La que se refiere al cuidado de la vía pública en general: Limpieza, higiene, salubridad y ornato de los pueblos. ‖ IDEAS AFINES: *Guardián, vigilante, sereno, comisaría, tránsito, asaltante, infracción, cédula de identidad, pasaporte.*

POLICÍACO, CA. adj. Policiaco.

POLICIACO, CA. adj. Perteneciente o relativo a la policía.

POLICIAL. adj. Perteneciente o relativo a la policía. *Novela* POLICIAL.

POLICIANO, Ángel Ambrogini, llamado. *Biog.* Humanista y filólogo ital., autor de *Historia de la conjura de los Pazzi; Poesías,* etc. Tradujo a los clásicos gr. (1454-1494).

POLICITACIÓN. (Del lat. *pollicitatio, -onis.*) Promesa no aceptada aún.

POLICIVO, VA. adj. *Col.* Policíaco.

POLICLETO. *Biog.* Escultor griego que introdujo un nuevo ritmo en las formas estáticas. Su obra más conocida es el *Doríforo,* donde aplicó la teoría de las proporciones (siglo V a. de C.).

POLICLÍNICA. (Del gr. *polys,* numeroso, y de *clínica.*) f. Consultorio médico de varias especialidades.

POLICLÍNICO, CA. adj. Aplícase al consultorio o institución hospitalaria en que se tratan todas las enfermedades. Ú.t.c.s.

POLICOPIA. f. Aparato que sirve para sacar varias copias de un escrito; copiador.

POLICOPIADOR. adj. *Bol.* Multicopista. U.m.c.s.

POLÍCRATES. *Biog.* Tirano de Samos, vencido y ejecutado por el ejército de Darío (m. 522 a. de C.).

POLICROISMO. (Del gr. *polykhroia,* gran variedad de colores.) m. *Miner.* Propiedad que tienen algunos minerales de ofrecer diferente color, según se miren por reflexión o refracción.

POLICROMÍA. f. Calidad de policromo.

POLICROMO, MA. al. **Buntfarbig.** fr. **Polychrome.** ingl. **Polychrome.** ital. **Policromo.** port. **Policromo.** (Del gr. *polychromos.*) adj. De varios colores. *Ramo* POLICROMO.

POLICHINELA. al. **Polichinell.** fr. **Polichinelle.** ingl. **Pucinello; punch.** ital. **Pulcinella.** port. **Polichinelo.** m. **Pulchinela.**

POLIDIPSIA. (Del gr. *polydipsios,* sediento.) f. Sed insaciable o excesiva, que depende de pérdidas de agua del organismo (sudación, hemorragias, etc.), o de enfermedad especial (diabetes, etc.).

POLIEDRO. al. **Polyeder; Vielflächner.** fr. **Polyèdre.** ingl. **Polyhedron.** ital. **Poliedro.** port. **Poliedro.** (Del gr. *polýedros;* de *polýs,* mucho, y *hédra,* cara.). adj. *Geom.* Dícese del ángulo sólido. ‖ m. Sólido terminado por superficies planas. El tetraedro es el poliedro de menor número de caras. ‖ deriv.: **poliédrico, ca.**

POLIFACÉTICO, CA. adj. Que tiene muchas faces, aspectos o actividades. ‖ Por ext., se aplica a las personas de variada condición o de múltiples aptitudes.

POLIFAGIA. (De *polyphagía,* voracidad.) f. Hambre excesiva. ‖ *Pat.* Apetito exagerado que no se calma por la ingestión de alimento, carácter que lo distingue de la bulimia. Obsérvase en algunos convalecientes, diabéticos, etc.

POLÍFAGO, GA. (Del gr. *polyphagos,* voraz.) adj. Que tiene polifagia.

POLIFARMACIA. f. Uso o prescripción de muchos medicamentos o abuso de ellos.

POLIFÁSICO, CA. (De *poli* y *fase.*) adj. De varias fases. ‖ *Elec.* Dícese de la corriente alterna, constituida por la combinación de varias corrientes monofásicas, de igual período, pero cuyas fases no concuerdan.

POLIFEMO. *Mit.* Cíclope, hijo de Poseidón, que habitaba en una caverna de Sicilia, donde encerró a Ulises; éste lo encegueció mientras dormía.

POLIFEMO Y GALATEA, Fábula de. *Lit.* Uno de los poemas mayores de Góngora, publicado en 1612. Narra los amores de Acis y Galatea y la venganza del gigante Polifemo, pero su originalidad no reside en el tema sino en la magistral estructura barroca, plena de contrastes e imágenes bellísimas.

POLIFONÍA. (Del gr. *polyphonía,* muchas voces.) f. *Mús.* Conjunto de voces o líneas melódicas simultáneas tratadas de manera que, en virtud del contrapunto, conserve cada una su independencia y carácter, pero formando un todo armónico. ‖ deriv.: **polifónico, ca.**

POLÍFONO, NA. adj. Polifónico.

POLIFRASIA. f. Locuacidad de carácter morboso.

POLÍGALA. (Del lat. *polýgala,* y éste del gr. *polýgalon;* de *polýs,* mucho, y *gala,* leche, porque su pasto da leche abundante a las vacas.) f. Planta herbácea perteneciente a las poligaleas; hojas opuestas, ovaladas, enteras; flores en espigas laxas, azules, violáceas o róseas; fruto capsular aplastado, con simientes alargadas y raíz perenne, cilíndrica, tortuosa, dura y de sabor amargo algo aromático, cuyo cocimiento se usa en medicina como emenagogo, emético y expectorante. *Polygala amara.*

POLIGALÁCEO, A. adj. *Bot.* Poligaleo. Ú.t.c.s.f. ‖ f. pl. *Bot.* Poligaleas.

POLIGALEO, A. adj. *Bot.* Aplícase a plantas dicotiledóneas, arbustos o hierbas, que se crían en climas templados y tienen hojas sencillas, flores hermafroditas en grupos terminales y fruto drupáceo o capsular con semillas de albumen carnoso o sin él; como la polígala y la ratania. Ú.t.c.s.f. ‖ f. pl. *Bot.* Familia de estas plantas.

POLIGALIA. (Del gr. *polýs*, mucho, y *gala*, leche.) f. *Med.* Exceso de secreción láctea en las paridas.

POLIGAMIA. al. **Vielweiberei;** **Polygamie.** fr. **Polygamie.** ingl. **Polygamy.** ital. **Poligamia.** port. **Poligamia.** (Del lat. *polygamía*, y éste del gr. *polygamía.*) f. Estado o calidad de polígamo. ‖ Régimen familiar en que el varón puede tener varias esposas. antón.: **monogamia.** ‖ IDEAS AFINES: *Matrimonio, simultaneidad, poliandria, delito, ilegal, anulación, musulmán, mormón, harén, gineceo.*

POLÍGAMO, MA. (Del gr. *polýgamos;* de *polýs*, mucho, y *gameo*, casarse.) adj. Aplícase al hombre que tiene a un tiempo muchas mujeres como esposas. Ú.t.c.s. antón.: **monógamo.** ‖ Por ext. y p. us., aplícase al que sucesivamente las tuvo. ‖ *Bot.* Dícese de las plantas que poseen en uno o más pies flores masculinas, femeninas y hermafroditas; como el fresno y el almez. ‖ *Zool.* Aplícase al animal que se junta con varias hembras, y también a su especie.

POLIGENISMO. (Del gr. *polýs*, numeroso, y *génesis*, generación.) m. Doctrina, opuesta al monogenismo, según la cual el género humano tiene orígenes varios. ‖ deriv.: **poligenista.**

POLIGINIA. f. Condición de la flor que tiene muchos pistilos.

POLIGLOTO, TA. adj. y s. Digase **Polígloto.**

POLÍGLOTO, TA. al. **Polyglotter; SprachenKenner.** fr. **Polyglotte.** ingl. **Polyglot.** ital. **Poliglotta; poliglotto.** port. **Poliglota.** (Del gr. *polýglottos;* de *polýs*, mucho, y *glotta*, lengua.) adj. Escrito en varias lenguas. ‖ Dícese de la persona versada en varios idiomas. *Escritora* POLÍGLOTA; *filósofo* POLÍGLOTO. Ú.t.c.s. com. ‖ f. Biblia impresa en varias lenguas. *La* POLÍGLOTA *Complutense.*

POLIGONÁCEAS. (Del lat. *polýgonus*, y éste del gr. *polýgonon*; de *polýs*, mucho, y *gonu* nudo.) adj. *Bot.* Aplícase a plantas dicotiledóneas, arbustos o hierbas, de tallos y ramos nudosos, hojas sencillas y alternas, flores hermafroditas, o unisexuales, por aborto, y cuyos frutos son aquenios con una sola semilla de albumen harinoso; como el ruibarbo y la acedera. Ú.t.c.s. ‖ f. pl. *Bot.* Familia de estas plantas.

POLIGONAL. adj. *Geom.* Perteneciente o relativo al polígono. ‖ Aplícase al prisma o pirámide cuyas bases son polígonos.

POLÍGONO, NA. al. **Vieleck; Polygon.** fr. **Polygone.** ingl. **Polygon.** ital. **Poligono.** port. **Polígono.** (Del gr. *polýgonos;* de *polýs*, mucho, y *gonía*, ángulo.) adj. *Geom.* Poligonal. ‖ m. *Geom.* Porción de plano limitado por líneas rectas. ‖ – **exterior.** *Fort.* El que se forma tirando líneas rectas de punta a punta de todos los baluartes que existen en una plaza. ‖ – **interior.** *Fort.* Figura que se compone de las líneas formadas por las cortinas y semigolas. ‖ IDEAS AFINES: *Pentágono, decágono, convexo, cóncavo, curvilíneo, regular, inscrito, lado, apotema, perímetro, superficie, triangulación.*

POLIGRAFÍA. (Del gr. *polygraphía.*) f. Arte de escribir por modos secretos, de manera que lo escrito sea inteligible sólo para quien pueda descifrarlo. ‖ Arte de descifrar lo así escrito. ‖ Ciencia de escribir sobre diversas materias. ‖ deriv.: **poligráfico, ca.**

POLÍGRAFO, FA. (Del gr. *polygraphos;* de *polýs*, mucho, y *grapho*, escribir.) s. Persona que estudia y cultiva la poligrafía. ‖ Persona autora de estudios sobre distintas disciplinas o materias. *Marcelino Menéndez y Pelayo fue* POLÍGRAFO *eminente.*

POLIGRILLO. m. *Arg.* Infeliz, pobre diablo. ‖ Sujeto desastrado y poco afecto al trabajo.

POLILLA. al. **Motte.** fr. **Mite.** ingl. **Moth.** ital. **Tignola.** port. **Traça.** f. Mariposa nocturna de un centímetro de longitud, de color ceniciento, con una mancha negra en las alas, que son horizontales y estrechas, cabeza amarillenta y antenas casi verticales. Su larva hace una especie de capullo, destruyendo para tal fin la materia en donde anida, que suele ser de lana, tejidos, pieles, papel, etc. ‖ Larva de este insecto. ‖ V. **Pájaro polilla.** ‖ fig. Lo que menoscaba o destruye insensiblemente alguna cosa. sinón.: **carcoma.** ‖ IDEAS AFINES: *Gorgojo, picado, roer, caries, agujereado, destrucción, perjuicio, madera, libros, desuso, arrinconado, naftalina.*

POLIMATÍA. f. Multiplicidad de conocimientos.

POLIMERIZACIÓN. f. *Quím.* Reacción química en la que dos o más moléculas se combinan para formar otra en la que se repiten unidades estructurales de las primitivas y su misma composición porcentual cuando éstas son iguales.

POLÍMERO, RA. adj. *Quím.* Dícese de los cuerpos que tienen la misma composición química, pero cuyos pesos moleculares son múltiplos unos de otros.

POLIMÉTRICO, CA. adj. Dícese de la composición poética escrita en diversas clases de metro.

POLÍMITA. (Del gr. *polýmitos;* de *polýs*, mucho, y *mitos*, hilo.) adj. Dícese de la ropa tejida con hilos de diversos colores.

POLIMNIA. *Mit.* Musa de la poesía lírica en la Grecia antigua.

POLIMORFISMO. al. **Vielgestalt.** fr. **Polymorphisme.** ingl. **Polymorphism.** ital. **Polimorfismo.** port. **Polimorfismo.** (De *polimorfo.*) m. *Quím.* Propiedad de los cuerpos que pueden mudar de forma sin alterar su naturaleza.

POLIMORFO, FA. (Del gr. *polýmorphos;* de *polýs*, numeroso, y *morphé*, forma.) adj. *Quím.* Que puede tener varias formas.

POLÍN. m. Rodillo, madero redondo. ‖ Trozo prismático de madera que se usa en los almacenes para levantar objetos del suelo.

POLINESIA. *Geog.* Complejo insular de Oceanía que abarca los archipiélagos del océano Pacífico situado entre las islas Hawaii y Nueva Zelanda. En total no alcanza a cubrir una superficie de 48.000 km², pero la extensión del océano, dentro de la **Polinesia,** pasa de 40.000.000 de km². Las islas Hawaii, de la Sociedad, Viti, Samoa, Tonga, Marquesas, son las más importantes.

POLINESIO, SIA. adj. y s. De Polinesia.

POLINEURITIS. f. *Med.* Inflamación simultánea de varios nervios.

POLÍNICO, CA. adj. Perteneciente o relativo al polen. ‖ Aplícase a cualquiera de los dos sacos que contienen el polen y que, a su vez, están dentro de la teca de la antera de una flor.

POLINIZACIÓN. (Del lat. *pollen, -inis.*) f. *Bot.* Acción del polen sobre el órgano femenino de las plantas.

POLINIZAR. (Del lat. *pollen, inis*, flor de la harina.) tr. *Bot.* Transportar el polen desde el estambre hasta el estigma para fecundar una flor.

POLINOMIO. (Del gr. *polýs*, mucho, y *nomos*, división.) m. *Mat.* Expresión que comprende más de un término, pero generalmente se refiere a las que exceden de dos.

POLIO. (Del lat. *polion*, y éste del gr. *polion.*) m. Zamarrilla.

POLIOMIELITIS. (Del gr. *poliós*, gris, y de *mielitis.*) f. *Pat.* Inflamación de la substancia gris de la medula espinal. ‖ – **anterior aguda. Parálisis infantil.**

● **POLIOMIELITIS.** *Med.* Se cree que la **poliomielitis** o parálisis infantil es conocida desde tiempos remotos, pero sin haber sido diferenciada durante siglos, de otras formas de parálisis. Heine fue el primero que hacia 1840 le dedicó un trabajo importante y logró comprobar la localización medular de las lesiones; posteriormente Medin la estudió en el transcurso de una epidemia y le reconoció otros aspectos; de ahí que también se llame a la **poliomielitis,** enfermedad de Heine-Medin. Su naturaleza infecciosa fue demostrada en 1908. Caracterizada anatómicamente por la inflamación aguda de las astas anteriores de la medula y clínicamente por parálisis y atrofia de los grupos musculares correspondientes a la lesión medular, su virus es uno de los más pequeños y virulentos que se conocen; se calcula que mide entre 10 y 15 milésimas de micrón. Es prácticamente desconocido el modo de transmisión de la enfermedad; se cree que el virus penetra por la boca y nariz, y se sabe que está presente en la faringe antes de iniciarse la enfermedad y durante la primera semana de la misma. La aparición de la parálisis es rápida y en pocas horas afecta a distintos grupos musculares; excepcionalmente, la invasión es lenta. La evolución de la enfermedad es incierta, si bien más de la mitad de los casos pueden reponerse sin que quede parálisis; se estiman en un 10% los casos fatales por lesiones bulbares que han afectado los centros respiratorios. En 1955, el médico estadounidense Jonas Salk obtuvo una vacuna contra **poliomielitis** y, algunos años más tarde, el biólogo Albert B. Sabin, también norteamericano, suministró con la vacuna oral que lleva su nombre un arma eficaz contra el temible flagelo. Cuando los movimientos respiratorios del enfermo de **poliomielitis** son muy superficiales, se recurre a los respiradores mecánicos o pulmones de acero. Como profilaxis se recomienda: el aislamiento de los enfermos durante tres semanas; evitar el contacto con personas que padezcan cuadros febriles inexplicables; evitar la contaminación de los alimentos por las moscas, destruir éstas, impedir su acceso a cloacas, aguas servidas, resumideros, etc.; en caso de epidemia, cerrar los campos de recreo públicos y las piscinas, y prohibir los ejercicios extenuantes, deportes violentos, carreras, etc.

POLIÓN, Cayo Asinio. *Biog.* Pol., orador y escr. romano, autor de una *Historia de las guerras civiles.* (77-3 a. de C.).

POLIORCÉTICA. (Del gr. *poliorketiké.*) f. Arte de atacar y defender las plazas fuertes.

POLIPASTO. m. Polispasto.

POLÍPERO. (De *pólipo*, animal radiado.) m. Concreción calcárea, fija a las rocas, formada por colonias de pólipos. sinón.: **madrépora.**

POLIPÉTALO, LA. adj. *Bot.* Aplícase a la flor o a la corola que tiene muchos pétalos.

PÓLIPO. al. **Polyp; Nesseltier.** fr. **Polype.** ingl. **Polyp.** ital. **Polipo.** port. **Pólipo.** (Del lat. *pólypus*, y éste del gr. *polypus;* de *polýs*, mucho, y *pus*, pie.) m. Animal radiado con los nervios dispuestos alrededor de un centro, y cuya boca, rodeada de tientos, conduce a un estómago, o simple o seguido de intestinos en forma de vasos. ‖ Pulpo. ‖ *Pat.* Adenoma, de forma pediculada o sesil, que se forma en las membranas mucosas de diversas cavidades y principalmente de la nariz, la vagina y la matriz.

POLIPODIÁCEAS. (De *polipodio.*) f. pl. *Bot.* Familia de helechos, de rizoma cubierto de escamas, frondas ornamentales y esporangios, que se abren por un anillo vertical; como el polipodio.

POLIPODIO. (Del lat. *polypódium*, y éste del gr. *polypodion*, dim. de *polypus*, de muchos pies.) m. Helecho, planta de la familia de este nombre.

POLÍPTERO. m. Pez de cuerpo alargado, cabeza aplastada y escamas romboidales, que vive en los ríos de África.

POLIPTOTON. (Del lat. *polyptoton*, y éste del gr. *polýptoton*, que tiene muchos casos.) f. *Ret.* Traducción.

POLISARCIA. (Del lat. *polysarcia*, y éste del gr. *polysarkía.*) f. Obesidad. ‖ deriv.: **polisarco, ca.**

POLISEMIA. Multiplicidad de acepciones de una palabra.

POLISÉPALO, LA. (Del gr. *polýs*, mucho, y de *sépalo.*) adj. *Bot.* De muchos sépalos. Aplícase a las flores o a sus cálices.

POLISÍLABO, BA. al. **Mehrsilbig.** fr. **Polysyllabe.** ingl. **Polysyllable.** ital. **Polisillabo.** port. **Polissílabo.** (Del lat. *polysýllabus*, y éste del gr. *polysýllabos;* de *polýs*, mucho, y *syllabé*, sílaba.) adj. Dícese de la palabra formada por varias sílabas. Ú.t.c.s.m.

POLISÍNDETON. (Del lat. *polysíndeton*, y éste del gr. *polysýndeton;* de *polýs*, mucho, y *syndeo*, atar.) m. *Ret.* Figura consistente en emplear repetidamente las conjunciones para dar más energía al sentido de los conceptos. p. ej.:

"Y el monje le oye y le
obedece y calla,
y con fervor a la labor se
entrega
y mayor goce en la labor él
halla
mientras mayor abnegación
despliega."

(Pedro A. González)

POLISÓN. m. Almohadilla que usaban las mujeres debajo del vestido para abultarlo, y que colocaban sobre la cintura, por la parte de atrás.

POLISPASTO. (Del lat. *polyspaston*, y éste del gr. *polyspaston;* de *polýs*, mucho, y *spao*, tirar.) m. Aparejo, sistema de poleas.

POLISPERMO. (Del gr. *polýs*, mucho, y *sperma*, semilla.) adj. *Bot.* Dícese del fruto que tiene varias semillas.

POLISTA. s. Jugador de polo. Ú.t.c.adj.

POLISTILO, LA. (Del gr. *polystylos;* de *polýs*, mucho, y *stylos*, columna.) adj. *Arq.* Que tiene muchas columnas. ‖ *Bot.* Que tiene muchos estilos.

POLITECNIA. (Del gr. *polytekhnia.*) f. Estudio que faculta para la práctica de diversas artes u oficios.

POLITÉCNICO, CA. (Del gr. *polýtekhnos;* de *polýs*, mucho, y *tekhne*, arte.) adj. Que abarca muchas artes o ciencias. *Escuela* POLITÉCNICA.

POLITEÍSMO. al. **Vielgötterei; Polytheismus.** fr. **Polythéisme.** ingl. **Polytheism.** ital. **Politeismo.** port. **Politeísmo.** (Del gr. *polýs*, mucho, y *theós*, dios.) m. Creencia en muchos dioses. *El* POLITEÍSMO *babilónico.* ‖ deriv.: **politeísta.**

● **POLITEÍSMO.** *Rel.* Teólogos, historiadores y hombres de ciencia han discutido acerca de si el hombre primitivo era politeísta o monoteísta. Las conclusiones más recientes se inclinan a aseverar que la creencia en un ser supremo, hacedor de todo lo creado, y el culto de un Dios único, prevalecieron en el mundo prehistórico, pero a su vez otros consideran que ello no significa un monoteísmo en su verdadero sentido, en razón de que alrededor de ese ser supremo existían siempre espíritus y divinidades independientes. Por otra parte, si para unos el **politeísmo** aparece como el resultado de una degradación del monoteísmo supuestamente primitivo y es índice del relajamiento moral de ciertos pueblos, para otros es la consecuencia lógica de un animismo que, fácilmente propenso a atribuir a las divinidades un aspecto humano, abrió el camino para la evolución a dioses individuales, a un verdadero **politeísmo.** Pero son múltiples los probables orígenes del **politeísmo:** la divinización de los animales, de los muertos, de las fuerzas naturales, etc. Como doctrina y sistema religioso, son sus bases el reconocimiento de la existencia de muchos poderes divinos y la adoración de los mismos en la idolatría y otras formas del culto.

POLITENO. m. Substancia sólida obtenida por polimerización del etileno. Usado como material plástico, para aislación eléctrica, etc.

POLÍTICA. al. **Politik.** fr. **Politique.** ingl. **Politics.** ital. **Política.** port. **Política.** (Del lat. *polítice*, y éste del gr. *politiké*, term. f. de *-kós*, político.) f. Arte de gobernar que comprende la organización y administración de un país en sus asuntos interiores y exteriores. POLÍTICA *económica.* ‖ Cortesía, urbanidad. *Hablar con* POLÍTICA; sinón.: **finura.** ‖ Arte de conducir los asuntos para un fin determinado.

POLÍTICAMENTE. adv. m. Conforme a las reglas de la política.

POLITICASTRO. m. desp. Político inepto o de propósitos ruines.

POLÍTICO, CA. al. **Politisch.** fr. **Politique.** ingl. **Political; politic.** ital. **Político.** port. **Político.** (Del lat. *polítícus*, y éste del gr. *politikós;* de *polis*, ciudad.) adj. Perteneciente o relativo a la política. *Discrepancias* POLÍTICAS. ‖ Cortés, urbano. ‖ Versado en los asuntos de la política o que se ocupa en ello. Ú.t.c.s. ‖ Aplicado a un nombre significativo de parentesco por consanguinidad, el correspondiente parentesco por afinidad. *Madre* POLÍTICA (suegra); *hijo* POLÍTICO (yerno); *hija* POLÍTICA (nuera).

POLITICÓN, NA. (aum. de *político.*) adj. Que emplea una cortesía exagerada y ceremoniosa. Ú.t.c.s. ‖ Que muestra extrema atención a las cosas de la política.
POLITIQUEAR. intr. fam. Servirse de la política para fines ruines. ‖ Inmiscuirse en cosas de política, o introducir intempestivamente en la conversación asuntos o noticias políticas. ‖ *Amér.* Hacer política de intrigas y bajezas.
POLITIQUEO. m. Acción y efecto de politiquear.
POLITIQUERÍA. f. Politiqueo.
POLITIQUERO, RA. adj. Perteneciente o relativo a la politiquería. ‖ Aplícase a quien anda en politiquerías. U.t.c.s.
POLITONAL. adj. *Mús.* Que tiene muchos tonos.
POLITONALIDAD. f. *Mús.* Atonalidad.
POLITONALISMO. m. *Mús.* Politonalidad.
POLIURIA. (Del gr. *polýs*, mucho, y *ouron*, orina.) f. *Med.* Secreción y emisión abundantes de orina.
POLIVALENTE. adj. Dotado de varias valencias o eficacias. Aplícase en química a elementos o radicales y en medicina a sueros y vacunas.
POLIVALVO, VA. (Del gr. *polýs*, mucho, y de *valva.*) adj. Dícese de los testáceos que tienen más de dos conchas.
PÓLIZA. al. **Police.** fr. **Police.** ingl. **Policy.** ital. **Polizza.** port. **Apólice.** f. Libranza en que se da orden para percibir algún dinero. ‖ Guía en que consta no ser de contrabando las mercancías que se llevan. ‖ Papeleta de entrada para una función religiosa o seglar. ‖ Pasquín, papel anónimo o cartel clandestino. ‖ Documento justificativo de negociaciones comerciales: seguros, fletamentos, operaciones de bolsa, etc. ‖ Sello suelto con que se satisface el impuesto del timbre en ciertos documentos. ‖ IDEAS AFINES: *Contrato, prima, vida, incendio, accidentes, garantía, confianza, certidumbre, precaución, previsión, porvenir.*
POLIZÓN. (Del fr. *polisson*, vagabundo, y éste del lat. *politio -onis.*) m. Sujeto que anda ocioso, de corrillo en corrillo. ‖ El que se embarca clandestinamente. sinón.: **llovido.**
POLIZONTE. m. desp. Policía, agente.
POLK, Jaime Knox. *Biog.* Pol. estadounidense, de 1845 a 1849 presidente de la Rep. (1795-1849).
POLO. al. **Pol.** fr. **Pôle.** ingl. **Pole.** ital. **Polo.** port. **Polo.** (Del lat. *polus*, y éste del gr. *polos.*) m. Cualquiera de los extremos del eje de rotación de una esfera, dotado de este movimiento en realidad o en apariencia. ‖ fig. Helado en forma de prisma con un palillo hincado en su base. ‖ fig. Aquello en que estriba una cosa y sirve como de fundamento a otra. ‖ *Fís.* Cualquiera de los puntos opuestos de un cuerpo en los cuales se acumula en mayor cantidad la energía de un agente físico. *Los* POLOS *del imán.* ‖ *Geom.* En las coordenadas polares, punto escogido para trazar desde él los radios vectores. ‖ **– antártico** o **austral.** *Astron.* y *Geog.* El opuesto al ártico. *En 1911 Amundsen llegó al* POLO ANTÁRTICO. ‖ **– ártico** o **boreal.** El de la esfera celeste, inmediato a la Osa Menor, y el correspondiente al globo terráqueo. *Peary alcanzó en 1909 el* POLO ÁRTICO. ‖ **– de un círculo en la esfera.** *Geom.* Cada uno de los dos extremos del diámetro perpendicular al plano del círculo máximo. ‖ **– gnomónico.** Punto determinado en la superficie del reloj de sol, por la intersección con ella de la línea paralela al eje del mundo, tirada por la extremidad del gnomon. ‖ **– magnético terrestre.** Cada uno de los puntos del globo terrestre, situados en las regiones polares, hacia los que se orientan los extremos de una aguja imanada suspendida libremente. ‖ **De polo a polo.** m. adv. fig. con que se pondera la gran distancia que existe de un lugar a otro, o entre dos opiniones, sistemas, etc. ‖ IDEAS AFINES: *Hielo, congelación, norte, sur, boreal, austral, glacial, esquimal, foca, oso, pingüino, témpano, iceberg, expedición, rompehielos.*
POLO. m. Prestación personal impuesta en Filipinas a todo indio varón de cierta edad y condiciones redimible por dinero. ‖ deriv.: **polista.**
POLO. (Voz ingl.) m. Juego entre grupos de jinetes que, con mazas de astiles, lanzan una bola sobre el césped del terreno, tratando de impulsarla hacia una meta.
POLO. m. Cierto canto popular de Andalucía. ‖ Baile con que se acompaña.
POLO, Gaspar Gil. *Biog.* V. **Gil Polo, Gaspar.** ‖ **– Marco.** Cél. marino veneciano que atravesó todo el Asia por Mogolia y tornó por Sumatra. Fue el primer europeo que conoció las costumbres y tradiciones de Asia Oriental y sus relatos, reunidos en *El libro de Marco Polo*, tienen gran valor histórico y geográfico (1254-1324). ‖ **– DE ONDEGARDO.** Noble esp. que participó en la conquista del Perú y es autor de *Informaciones*, obra inédita, acerca de sus investigaciones sobre la cultura de los incas (m. aprox. 1570).
POLOCHIC. *Geog.* Río de Guatemala (Alta Verapaz) que des. en el lago de Izabal. 240 km.
POLOLO. m. *Chile.* Insecto fitófago, de zumbido semejante al moscardón. ‖ El que galantea o corteja a una mujer sin pensar en cosa seria. ‖ fam. Persona pesada y molesta.
POLONES, SA. adj. Polaco. Apl. a pers., ú.t.c.s.
POLONESA. (De *polonés.*) f. Prenda de vestir femenina, a modo de gabán corto ceñido a la cintura y guarnecida con pieles. ‖ *Mús.* Composición que imita cierto aire de danza y canto polacos. *Las* POLONESAS *de Chopin.*
POLONESAS. *Mús.* Famosa serie de composiciones para piano de Federico Chopin, inspiradas en la danza nacional de Polonia. Exquisitas manifestaciones musicales, plenas de fervor patriótico, especialmente la célebre *Polonesa heroica.*
POLONIA. *Geog.* República del centro de Europa, limitada por la U.R.S.S., Checoslovaquia, Alemania y el mar Báltico. 312.677 km². 34.700.000 h. Cap. VARSOVIA (1.436.100 h.). Se extiende desde los Cárpatos hasta el mar Báltico y presenta una elevada, al sur, y otra llana y baja, al norte. El Vístula es el gran río polaco. La agricultura es la principal actividad (cereales, papas, remolacha azucarera); se crían numerosos vacunos y porcinos, y se explotan intensamente sus valiosos bosques. El subsuelo brinda carbón, petróleo, sales de sodio y potasio, cobre, cinc, plomo, etc. La industria textil es la más importante, siguen luego las alimentarias, metalúrgicas y químicas. ‖ *Hist.* Las tribus que la habitaban se convirtieron al cristianismo en el s. X; durante los s. XIV y XV alcanzó su máximo poderío, pero luego su territorio fue repartido entre Prusia, Rusia y Austria, en 1772, 1793 y 1795. En 1807 Napoleón creó el Ducado de Varsovia, pero en 1815 el Congreso de Viena repartió nuevamente **Polonia** entre Prusia, Rusia y Austria. En la primera Guerra Mundial fue ocupada por Alemania, que con Austria reconoció la independencia pol. en 1916, año en que se instauró la Rep. En 1939, sin declarar la guerra, Alemania la invadió, desencadenándose la segunda Guerra Mundial. Terminada ésta, se constituyó un gobierno provisional en Lublin (zona de ocupación soviética) que se estableció finalmente en Varsovia, con predominio comunista. **Polonia** es una de las naciones que giran en la órbita de influencia de la U.R.S.S.
POLONIO. (De *Polonia.*) m. Elemento radiactivo, descubierto en 1898 por los esposos Curie. Químicamente similar al azufre, selenio y teluro. Simb. Po, n. atóm. 84 y p. atóm. 210.
POLONIO. *Geog.* Cabo de la costa uruguaya, sobre el océano Atlántico, en el dep. de Rocha. Pesca de lobos marinos.
POLTAVA. *Geog.* Ciudad de la Unión Soviética (Ucrania). 245.000 h. Centro cultural y comercial. Célebre batalla en que Pedro el Grande de Rusia derrotó a Carlos XII de Suecia (1709).
POLTRON, NA. (Del ital. *poltrone.*) adj. Perezoso, haragán, enemigo del trabajo. antón.: **laborioso, trabajador.** ‖ V. **Silla poltrona.** Ú.t.c.s.
POLTRONEAR. (De *poltrón.*) intr. fam. Darse a la poltronería.
POLTRONERÍA. (De *poltrón.*) f. Pereza, haraganería o aversión al trabajo. antón.: **actividad, esfuerzo.**
POLTRONIZARSE. r. Hacerse poltrón.
POLUCIÓN. f. Eyaculación de semen. ‖ Acto carnal deshonesto. ‖ Hablando del agua, del aire, etc., impurificación, contaminación. ‖ En sentido moral, corrupción, profanación.
POLUTO, TA. (Del lat. *pollutus*, p. p. de *pollüere*, profanar, manchar.) adj. Sucio, inmundo. antón.: **inmaculado, limpio.**
PÓLUX. (Del lat. *póllux*, héroe mitológico, hermano de Cástor.) m. *Astron.* Estrella de primera magnitud, situada en la constelación de los Gemelos.
PÓLUX. *Mit.* Héroe mitológico, hijo de Zeus y hermano de Cástor. Llevados al cielo, pasaron a formar la constelación de Géminis.
POLVAREDA. al. **Staubwolke.** fr. **Tourbillon de poussière.** ingl. **Cloud of dust.** ital. **Nuvolo de polvere.** port. **Poeirada.** f. Cantidad de polvo que se levanta en la tierra, agitada por el viento o por otro motivo. ‖ Efecto causado en las gentes por hechos o dichos que las alteran o apasionan.
POLVAZAL. m. *Amér. Central.* Polvareda.
POLVERA. al. **Puderdose.** fr. **Boîte à poudre.** ingl. **Powder box.** ital. **Portacipria.** port. **Poseira.** f. Vaso de tocador, en el cual se ponen los polvos y la borla con que se suelen aplicar. ‖ Cajita portátil para igual fin.
POLVERO. m. *Col., Méx., P. Rico* y *Ven.* Polvareda.
POLVIFICAR. (De *polvo* y el sufijo *ficar*, a semejanza de *santificar*, etc.) tr. fam. Pulverizar.
POLVO. al. **Staub; Puder; Pulver.** fr. **Poussière; poudre.** ingl. **Dust; powder.** ital. **Polvere; cipria.** port. **Pó.** (Del lat. *pulvis.*) m. Parte deshecha de la tierra muy seca, que al ser impulsada por cualquier movimiento se levanta en el aire. ‖ Lo que queda de otras cosas sólidas, al ser molidas hasta convertirlas en partes muy menudas. ‖ Porción de cualquier cosa reducida a **polvo** que se puede tomar de una vez con las yemas de los dedos pulgar e índice. POLVO *de rapé.* ‖ Partículas de sólidos que flotan en el aire y se posan sobre los objetos. ‖ pl. Los que se hacen de almidón, de harina, etc., y se emplean para el pelo o la peluca y como afeite. Generalmente son blancos, pero los hay de otros colores. ‖ **Polvos de arroz.** El que se obtiene de esta semilla, muy empleado en el tocador femenino. ‖ **– de batata.** Conserva dulce hecha con la batata desmenuzada. ‖ **– de capuchino.** El de las semillas de la cebadilla. ‖ **– de tierra. Cola de caballo.** ‖ **Polvos de cartas.** Arenilla para borrar. ‖ **– de la madre Celestina.** fig. y fam. Manera secreta y maravillosa con que se hace alguna cosa. ‖ **– de salvadera.** Arenilla para borrar. ‖ **– de Soconusco.** Pinole. ‖ **Hacerlo** a uno **polvo.** frs. fig. y fam. Arruinarle, vencerle en una contienda. ‖ **Hacer morder el polvo** a uno. frs. fig. Rendirle, vencerle en la pelea, derribándole o matándole. ‖ **Hacer polvo** una cosa. frs. fig. y fam. Deshacerla o destruirla por completo. ‖ **Limpio de polvo y paja.** expr. fig. y fam. Dado o recibido sin trabajo o gravamen. ‖ Dícese del producto líquido, deducidas las expensas. ‖ **Sacudir el polvo** a uno. frs. fig. y fam. Darle de golpes. ‖ Impugnarle, rebatirle fuertemente. ‖ IDEAS AFINES: *Ceniza, aserrín, talco, polen, mota, pulverulento, impalpable, deleznable, levedad, espolvorear, porfirizar, rallar, aspirador, cepillo, plumero.*
PÓLVORA. al. **Schiesspulver.** fr. **Poudre.** ingl. **Gunpowder.** ital. **Polvere.** port. **Pólvora.** (Del lat. *pulvis, -eris*, polvo.) f. Mezcla, por lo general de azufre, salitre y carbón, que a cierto grado de calor se inflama, desprendiendo bruscamente gran cantidad de gases. Úsase comúnmente en granos, y es el agente principal de la pirotecnia. En la actualidad ha variado la composición de este explosivo. *El empleo de la* PÓLVORA *se generalizó en Europa en el siglo XV.* ‖ Conjunto de fuegos artificiales que se disparan con motivo de una celebración. ‖ fig. Mal genio de uno, que con insignificante motivo se irrita y enfada. ‖ Viveza y vehemencia de una cosa. ‖ **– de algodón.** La que se hace con la borra de esta planta, impregnándola con los ácidos nítrico y sulfúrico. ‖ **– de cañón.** La de grano grueso usada para cargar las piezas de artillería. ‖ **– de caza.** La de grano menudo, que se emplea en las escopetas de los cazadores. ‖ **– de fusil.** La de grano mediano usada en las cargas de los fusiles. ‖ **– de guerra.** La destinada a usos militares. ‖ **– de mina.** La de grano muy grueso usada para rellenar los barrenos con que se hacen saltar rocas y piedras. ‖ **– de papel.** La compuesta de hojas de papel impregnadas de varias composiciones, inflamable a un alto grado de calor. ‖ **– detonante,** o **fulminante.** La que se inflama al chocar y aun al rozar con un cuerpo duro. ‖ **– lenta** o **progresiva.** La que requiere más tiempo, aunque siempre corto, para convertirse totalmente en gases. ‖ **– prismática.** La de cañón lenta, cuyos granos son de forma prismática e irregulares. ‖ **– sorda.** fig. Sujeto que perjudica a otro callada y disimuladamente. ‖ **– viva.** Aquella cuya inflamación se produce casi instantáneamente. ‖ **Correr la pólvora.** frs. Realizar algunas maniobras corriendo a escape a caballo y disparando las armas, ejercicio que, por divertimiento o fiesta, es muy usado por los moros. ‖ **Gastar la pólvora en salvas.** frs. fig. Emplear medios inútiles y fuera de tiempo para lograr un propósito. ‖ **Gastar pólvora en chimangos.** frs. fig. *Arg.* **Gastar la pólvora en salvas.** ‖ **No haber inventado** uno **la pólvora.** frs. fig. y fam. Ser muy corto de alcances. ‖ **Ser** uno **una pólvora.** frs. fig. Ser muy vivo, pronto y eficaz. ‖ **Tirar** uno **con pólvora ajena.** frs. fig. y fam. Hacer gastos o jugar con dinero ajeno o ganado a otro en el juego. ‖ IDEAS AFINES: *Detonación, polvorín, fuegos artificiales, munición, petardo, cohete, volar, pañol, santabárbara.*
● **PÓLVORA.** *Hist.* En torno a la invención de la materia explosiva más antigua, la **pólvora**, existen datos contradictorios. Generalmente se atribuye su descubrimiento, en el año 1175, a los chinos, que la usaron para la fabricación de fuegos artificiales, pero también existen indicios de que habrían sido los árabes quienes, en el s. XIII, lograron combinar por primera vez los tres elementos (azufre, carbón y salitre) que integran la **pólvora**, obteniendo una mezcla incendiaria cuyos efectos explosivos no fueron conocidos hasta el s. XIV. En este mismo siglo habría sido introducida en el continente europeo por el religioso alemán Severino Bertoldo Schwartz según los testimonios más fehacientes, y casi inmediata fue su aplicación en la artillería en los sitios de Tarifa y Algeciras, efectuados por los musulmanes y en la batalla de Crecy, por los ingleses. En las guerras modernas se emplea la **pólvora** sin humo, inventada por los alemanes en 1863.
POLVOREAR. (Del ant. *pólvora*, polvo.) tr. Echar, esparcir polvo o polvos sobre alguna cosa. POLVOREAR *con insecticida.* ‖ deriv.: **polvoreamiento.**
POLVORERA. f. **Polvera.**
POLVORERO. m. *Amér.* Polvorista.
POLVORIENTO, TA. al. **Staubig.** fr. **Poudreux.** ingl. **Dusty.** ital. **Polveroso.** port. **Polvorento.** (Del ant. *pólvora*, polvo.) adj. Lleno o cubierto de polvo. *Camino* POLVORIENTO; *botas* POLVORIENTAS.
POLVORÍN. al. **Pulvermagazin.** fr. **Poudrière.** ingl. **Powder magazine.** ital. **Polveriera.** port. **Polvorim.** m. Pólvora muy menuda y otros explosivos con que se ceban las armas de fuego. ‖ Cebador. ‖ Edificio que se destina para guardar la pólvora.

POLVORISTA. (De *pólvora.*) m. Pirotécnico.
POLVORIZAR. tr. Polvorear. ‖ Pulverizar. ‖ deriv.: **polvorizable, polvorización.**
POLVORÓN. m. Torta pequeña de harina, manteca y azúcar, que se deshace en polvo al comerla.
POLVOROSO, SA. adj. Polvoriento.
POLVOSO, SA. adj. *Amér.* Polvoroso.
POLLA. al. **Junghenne.** fr. **Poulette.** ingl. **Pullet.** ital. **Pollastra.** port. **Franga.** (De *pollo.*) f. Gallina nueva, medianamente crecida, que no pone huevos o que hace poco tiempo que ha empezado a ponerlos. ‖ En algunos juegos de naipes, puesta. ‖ fig. y fam. Mocita. ‖ *Arg.* y *Bol.* Carrera en que intervienen tres o más caballos. ‖ *Arg., Chile, Guat.* y *Perú.* En los juegos de pelota, carrera de caballos y otros, suma total de las apuestas, que se reparte proporcionalmente entre los ganadores. ‖ – **de agua.** Rey de codornices. ‖ Fúlica. ‖ Ave zancuda europea, de plumaje rojizo y azulado que se alimenta de animalillos acuáticos.
POLLADA. f. Conjunto de pollos que de una vez sacan las aves, en particular las gallinas. sinón.: **parvada.** ‖ *Art.* Multitud de granadas que se disparaban de un mortero a la vez.
POLLAIUOLO, Antonio del. *Biog.* Arq., pintor y escultor ital. que construyó el famoso mausoleo de Sixto IV. Cuadros cél.: *San Cristóbal; El martirio de San Sebastián; Apolo y Dafnis,* etc. (1429-1498).
POLLANCÓN, NA. (De *pollo.*) s. Pollastro. ‖ fig. y fam. Adolescente corpulento.
POLLASTRE. m. Pollastro.
POLLASTRO, TRA. (Del lat. *pulláster.*) s. Pollo o polla algo crecidos. ‖ m. fig. y fam. Hombre muy sagaz y astuto.
POLLAZÓN. (Del lat. *pullatio, -onis,* cría de pollos.) f. Echadura de huevos que empollan de una vez las aves. ‖ Pollada, conjunto de pollos que sacan las aves.
POLLEAR. intr. Empezar un muchacho o muchacha a hacer cosas propias de los jóvenes.
POLLERA. al. **Hühnerhändlerin; Hühnerstall; Rock.** fr. **Poulailler; jupe.** ingl. **Chicken roost; skirt.** ital. **Pollaiola; pollaio; gonna.** port. **Capoeira; saia.** (Del lat. *pullaria,* t. f. de *-rius,* pollero.) f. Mujer que por oficio cría o vende pollos. ‖ Lugar en que éstos se crían. ‖ Especie de cesto de mimbres o red, angosto por arriba y ancho por abajo, para criar y guardar pollos. ‖ Artificio de mimbres acampanado, en cuyo interior se pone a los niños para que aprendan a andar sin caerse. ‖ Falda que las mujeres se ponían sobre el guardainfante y sobre la cual se asentaba la basquiña o la saya. ‖ *Arg.* Falda exterior del vestido de las mujeres. ‖ *Astron.* Pléyades.
POLLERA, Cerro de la. *Geog.* Cerro de los Andes, entre la prov. argentina de Mendoza y la chilena de Santiago. 6.235 m.
POLLERÍA. f. Sitio, casa o calle donde se venden gallinas, pollos y otras aves comestibles. ‖ *P. Rico.* Edad infantil. ‖ Grupo de niños.
POLLERO, RA. (Del lat. *pullarius;* de *pullus,* pollo.) s. Persona que por oficio cría o vende pollos. ‖ Pollera, lugar donde se crían pollos.
POLLERÓN. m. *Arg.* Falda de amazona. ‖ Vestido de niñito con falda larga. ‖ Pollo, adolescente. ‖ adj. *Perú.* Pollerudo, con faldas anchas.
POLLERUDO, DA. adj. *Arg.* Mujeriego, dado a andar entre mujeres. ‖ *Bol., Chile* y *Ec.* Que lleva muy anchas las faldas.
POLLEZ. f. *Cetr.* Tiempo que pasan sin mudar la pluma las aves de rapiña.
POLLINARMENTE. adv. m. Asnalmente, cabalgando en un asno.
POLLINEJO, JA. s. dim. de **Pollino.**
POLLINO, NA. al. **Eselsfüllen.** fr. **Ânon.** ingl. **Donkey.** ital. **Ciuchino.** port. **Burrinho.** (Del lat. *pullinus,* de *pullus,* pollo.) s. Asno joven y cerril. ‖ Por ext., cualquier borrico. ‖ fig. Persona ruda e ignorante. Ú.t.c. adj. ‖ f. *P. Rico.* Flequillo.
POLLITO, TA. al. **Küken.** fr. **Poussin.** ingl. **Chicken.** ital. **Pulcino.** port. **Franguinho.** s. dim. de **Pollo.** ‖ fig. y fam. Niño o niña de corta edad.
POLLO. al. **Hühnchen.** fr. **Poulet.** ingl. **Chicken.** ital. **Pollo.** port. **Frango.** (Del lat. *pullus.*) m. Cría que las aves sacan de cada huevo y en particular las gallinas. POLLO *de perdiz, de ñandú.* ‖ Cría de las abejas. ‖ fig. y fam. Persona joven. ‖ Hombre astuto y sagaz. ‖ Gargajo. ‖ *Cetr.* Ave que no ha mudado aún la pluma. ‖ **Sacar pollos.** frs. Fomentar los huevos proporcionándoles el calor para que se vaya formando el **pollo** y a su tiempo salga al romper el cascarón. ‖ IDEAS AFINES: *Nido, clueca, incubación, gallinero, corral, pichón, piar, plumón, alpiste, maíz.*
POLLUELO, LA. s. dim. de **Pollo.**
POMA. (De *pomo.*) f. Manzana, fruto. ‖ Variedad de manzana pequeña, chata, de color verdoso y muy gustosa. ‖ Perfumador, vaso. ‖ Bujeta, cajita para perfumes. ‖ Especie de bola compuesto de varios simples, comúnmente odoríficos. ‖ *Chile.* Pomo o frasco pequeño. ‖ *Ec.* Garrafa, vasija.
POMABAMBA. *Geog.* Cerro nevado de los Andes peruanos (Áncash). 5.853 m.
POMBERO. (Del port. *pombeiro,* avizor, espía, buscador de esclavos negros o apresador de indios.) m. *Arg. (Nordeste)* y *Par.* Duende imaginado de diversas formas del que se dice que protege a los pájaros y a los cocuyos y rapta a los niños que los persiguen.
POMÁCEO, A. (De *poma.*) adj. *Bot.* Aplícase a plantas dicotiledóneas con hojas por lo general alternas, flores hermafroditas, en corimbos terminales, pentámeras, fruto en pomo y semilla sin albumen; como el peral y el manzano. Ú.t.c.s.f. ‖ f. pl. *Bot.* Familia de estas plantas.
POMADA. al. **Pomade; Salbe.** fr. **Pommade.** ingl. **Pomade.** ital. **Pomata.** port. **Pomada.** (De *poma.*) f. Mezcla de una substancia grasa y otros ingredientes, usada como afeite, medicamento, etc.
POMAR. (Del lat. *pomárium.*) m. Terreno donde hay árboles frutales, especialmente manzanos.
POMAR, José. *Biog.* Compositor mex. que cultiva preferentemente la música teatral modernista. Obras: *Bestiasparda; Ocho horas; Huapango,* etc. (n. 1880).
POMARADA. (De *pomar.*) f. Manzanar.
POMARAPÍ. *Geog.* Cerro de los Andes bolivianos (Oruro). 6.220 m.
POMARROSA. (De *poma* y *rosa.*) f. Fruto del yambo, de forma parecida a una manzana pequeña, de color amarillento con partes rosadas. Tiene una sola semilla y su sabor es dulce, con olor de rosa.
POMBO, Lino de. *Biog.* Lit. y matemático col., autor de *Memoria histórica sobre la vida, carácter y trabajos de Francisco José de Caldas* y de obras científicas (1797-1862). ‖ – **Manuel.** Jurisconsulto y escritor col., autor de *Los doce códigos de Cundinamarca; De Medellín a Bogotá; A la Virgen de los Dolores,* etc. (1827-1898). ‖ – **Miguel.** Patriota col., en 1810 uno de los vocales de la Junta Suprema (1779-1816). ‖ – **Rafael.** Poeta col., una de las grandes figuras del romanticismo en su país. Cultivó diversos géneros poéticos, evolucionando de un tono sentimental al canto profundo, a veces filosófico, en torno a la naturaleza y al amor. Asimismo escribió cuentos, fábulas, himnos, etc.: *El bambuco; El valle; En el Niágara; La hora de las Tinieblas; Preludio de Primavera; Edda,* etc. (1833 1912).
POMELO. m. Toronja.
POMERANIA. *Geog.* Antigua prov. de Alemania, sobre el mar Báltico. 38.401 km². Cap. SZCZECIN. A partir de la segunda Guerra Mundial, la parte situada al E. del río Oder pertenece a Polonia, y la sit. al O. a Alemania Oriental. ‖ **Golfo de –.** Golfo del mar Báltico, sit. en el límite entre Alemania y Polonia.
POMERANO, NA. adj. y s. De Pomerania.
POMERIO. Lugar sagrado de la antigua Roma, destinado a ciertos ritos y ceremonias.
PÓMEZ. (Del lat. *púmex.*) f. **Piedra pómez.**
POMÍFERO, RA. (Del lat. *pómifer, -eri;* de *pómum.* fruta, y *ferre,* llevar.) adj. poét. Que lleva o da pomas o manzanas.
POMO. al. **Degenknauf.** fr. **Pommeau.** ingl. **Pommel.** ital. **Pomo.** port. **Maçã.** (Del lat. *pómum.*) m. Fruto o fruta de pipa, en especial de los árboles, como el manzano. ‖ Poma, bola odorífica. ‖ Recipiente pequeño de vidrio, metal, caucho, etc., que sirve para contener licores, pomadas u otras substancias similares. ‖ Extremo de la guarnición de la espada, que se halla encima del puño y sirve para tenerla unida y firme con la hoja. ‖ *Pan.* Bola de lana.
POMOL. m. *Méx.* Cierta clase de tortilla de maíz.
POMOLOGÍA. (Del lat. *pómum,* fruto, y del gr. *logos,* tratado.) f. Estudio de los frutos comestibles.
POMONA. *Geog.* Isla de Gran Bretaña (Escocia), la mayor de las Órcadas. 527 km². 20.000 h.
POMONA. *Mit.* Deidad de los frutos y de los jardines, entre los romanos.
POMPA. al. **Pracht.** fr. **Pompe.** ingl. **Pomp.** ital. **Pompa.** port. **Pompa.** (Del lat. *pompa.*) f. Acompañamiento numeroso de gran aparato y suntuosidad, que se hace en una función, ya sea de regocijo o fúnebre. *La* POMPA *de un jubileo.* ‖ Fausto, grandeza y vanidad. ‖ Ampolla formada en el agua por el aire que se le introduce. ‖ Ahuecamiento formado por la ropa cuando toma aire. ‖ Movimientos del pavo real cuando, al hacer la rueda, extiende y levanta la cola. ‖ *Mar.* Bomba, máquina para elevar agua. ‖ – **de jabón.** Vesícula que como entretenimiento forman los muchachos, por medio de un canutillo e insuflando aire en agua saturada de jabón. ‖ **Hacer pompa.** frs. fig. que se dice de los árboles que extienden su follaje para todas partes. ‖ Hacer ostentación vana.
POMPADOUR, Marquesa de. *Biog.* Dama fr., favorita del rey Luis XV; su verdadero nombre era **Juana Antonia Poisson** (1721-1764).
POMPÁTICO, CA. adj. Pomposo.
POMPEAR. intr. Hacer pompa u ostentación de alguna cosa. ‖ r. fam. Tratarse con vanidad; ir con grande comitiva y pompa. ‖ **Pavonearse.**
POMPEIA, Raúl. *Biog.* Novelista y poeta bras., autor de *Ateneo; Cancionero sin metro,* etc. (1863-1895).
POMPEYA. *Geog. histór.* Ciudad antigua de la Campania (Italia), al pie del Vesubio, sepultada el año 79 de nuestra era por las cenizas de la erupción del citado volcán. Las excavaciones iniciadas en 1748 y continuadas hasta nuestros días han permitido descubrir, con los restos de la ciudad, testimonios valiosísimos de la vida, costumbres y arte de sus antiguos habitantes.
POMPEYANO, NA. (Del lat. *pompeianus.*) adj. Perteneciente a Pompeyo el Magno o a sus hijos. ‖ Partidario de aquél o de éstos. Ú.t.c.s. ‖ Natural de Pompeya. Ú.t.c.s. ‖ Perteneciente a esta ciudad de la Italia antigua. ‖ Aplícase al estilo por que se distinguen las pinturas y otros objetos de arte hallados en Pompeya y a los que se han hecho modernamente a imitación de los antiguos.
POMPEYO, Cneo. *Biog.* General romano. Venció a Sertorio, aniquiló las huestes de Espartaco, ahuyentó a los piratas del Mediterráneo y sometió a Mitrídates. Formó el primer triunvirato con César y Craso; muerto éste, estalló la guerra civil entre los otros dos triunviros. Derrotado en Farsalia se refugió en Egipto, donde fue asesinado (106-48 a. de C.).
POMPIDOU, Jorge. *Biog.* Político fr., nacido en 1911. Fue elegido pres. de la República para el periodo 1969-1976; pero falleció en 1974.
POMPILO. m. Insecto himenóptero de patas posteriores largas y fuertes.
POMPO, PA. adj. *Col.* Romo, sin filo.
POMPÓN. (Voz francesa.) m. Esfera metálica o bola de estambre o seda con que se adornaba la cima de los morriones y chacós militares. ‖ *Cuba.* Pez acantopterigio, de color gris, con una faja oscura en mitad del cuerpo.
POMPONAZZI, Pedro. *Biog.* Fil. italiano, autor de *Tratado de la inmortalidad del alma* y otras obras en que interpretó las teorías de Aristóteles (1462-1524).
POMPONEARSE. r. fam. Pompearse.
POMPONIO, Sexto. *Biog.* Jurisconsulto romano, uno de los grandes teóricos del derecho en su época (s. II).
POMPOSAMENTE. adv. m. Con pompa, con autoridad y aparato.
POMPOSIDAD. f. Calidad de pomposo.
POMPOSO, SA. (Del lat. *pomposus.*) adj. Ostentoso, magnífico. *Coronación* POMPOSA; sinón.: **rumboso, suntuoso.** ‖ fig. Hueco, hinchado y extendido circularmente. ‖ Aplícase al lenguaje, estilo, etc., muy exornado.
PÓMULO. (Del lat. *pómulum,* manzanita, por la forma.) m. Hueso de cada una de las mejillas. sinón.: **malar.** ‖ Parte del rostro correspondiente a este hueso.
PONASÍ. m. *Cuba.* Arbusto silvestre, de hojas elípticas y puntiagudas y flores rojizas. Es venenoso, pero se emplea en ciertos preparados medicinales.
PONCE, Aníbal N. *Biog.* Sociólogo y escritor arg., discípulo de José Ingenieros y uno de los grandes pensadores de tendencia renovadora de su país. Obras: *Ambición y angustia de los adolescentes; Educación y lucha de clases; Sarmiento, constructor de la nueva Argentina; De Erasmo a Romain Rolland,* etc. (1890-1938). ‖ – **Federico.** Militar guatemalteco, en 1944 presidente de la Rep. (n. 1889). ‖ – **Manuel.** General per. presidente de la Junta de Gobierno de 1930 a 1931. ‖ – **Manuel M.** Compositor mex., uno de los que más contribuyó a un estilo eminentemente nacional. Autor del tríptico sinfónico integrado por *Primavera; Nocturno romántico* y *Canto y Danza* y de otras obras (1886-1948). ‖ – **AGUILLERA, Salomón.** Escritor panameño de tendencia naturalista, autor de *De la gleba* y otras obras. (1868-1945). ‖ – **DE LEÓN, Ignacio.** Marino esp. que en 1762 tuvo destacada actuación en el sitio y defensa de La Habana (1711-1789). ‖ – **DE LEÓN, José María.** Compositor col., autor de las óperas *Florinda* y *Ester* (1846-1882). ‖ – **DE LEÓN, Juan.** Conquistador esp. Participó en la conquista de Jamaica, fundó la ciudad de San Juan de Puerto Rico, de la que fue gobernador, y descubrió la Florida en 1512. Derrotado y herido por los indígenas, murió en La Habana (1460-1521). ‖ – **DE LEÓN, Pedro.** Prelado esp. de la orden de los benedictinos, probable autor del método directo para enseñanza de los sordomudos (1520-1584). ‖ – **DE LEÓN, Rodrigo.** Noble esp. Desempeñó el virreinato de Nápoles (m. 1648). ‖ – **ENRÍQUEZ, Camilo.** Político ecuatoriano, elegido presidente de la República para el periodo 1956-1960 (n. 1912).
PONCE. *Geog.* Ciudad y puerto de la isla de Puerto Rico. 145.000 h., con los suburbios. Tejidos.
PONCEÑO, ÑA. adj. Natural de Ponce. Ú.t.c.s. ‖ Perteneciente a esta ciudad.
PONCÍ. adj. Poncil.
PONCIANO, San. *Hagiog.* Papa de 230 a 235.
PONCIDRE. (Del lat. *pómum cítreum,* fruto del limonero.) adj. Poncil.
PONCIL. (Del lat. *pómum assýrium.*) adj. Dícese de una especie de cidra agria y de corteza gruesa. Ú.t.c.s.m.
PONCHIELLI, Amílcar. *Biog.* Compositor ital., autor de *La Gioconda; Marcha fúnebre; Himno a Garibaldi,* etc. (1834-1886).
PONCHA. f. *Chile.* Manta de bayeta.
PONCHADA. (De *ponche.*) f. Cantidad de ponche que se prepara para beberla junta varias personas.

PONCHADA. (De *poncho.*) f. *Chile* y *R. de la Plata.* Cantidad de cosas que cabe o podrá caber en un poncho. ‖ Cantidad grande, especialmente de cosas. *Ganó una* PONCHADA *de pesos.*

PONCHE. (Del ingl. *punch,* y éste del persa *pancha,* cinco, por los cinco ingredientes de que se compone; té, azúcar, aguardiente, canela y limón.) m. Bebida que se hace mezclando ron u otro licor espiritoso con agua, limón y azúcar. A veces se le agrega té. *El* PONCHE *es originario de la India.* ‖ **— de huevo.** El hecho con leche, yema de huevo y azúcar.

PONCHERA. f. Vaso, por lo general semiesférico, con pie y dimensiones adecuadas. que se emplea para preparar el ponche.

PONCHO. (Del arauc. *pontho,* ruana.) m. **Capote de monte.** ‖ Capote militar con mangas y esclavina. ‖ *Amér.* Prenda de abrigo consistente en una manta cuadrada de lana con una abertura en el medio por donde se mete la cabeza a fin de que quede pendiente de los hombros. ‖ **— capa.** *Arg.* El de forma redonda. ‖ **— cari** o **pampa.** *Arg.* y *Chile.* El hecho de lana plomiza de la oveja cari. ‖ **— puyo.** El de lana ordinaria. ‖ **Alzar** o **levantar el poncho.** frs. fig. *Urug.* Rebelarse contra la autoridad. ‖ **Arrastrar el poncho.** frs. fig. y fam. *Arg.* y *Chile.* Provocar, desafiar. ‖ **Estar a poncho.** frs. fig. y fam. *Amér. del S.* Estar a ciegas sobre un asunto. ‖ **No dejarse pisar el poncho.** frs. fig. y fam. *Arg.* No tolerar ofensas. ‖ **No pisarle el poncho** a uno. frs. fig. y fam. *R. de la Plata.* No aventajarle en nada. ‖ **Pisar el poncho.** frs. fig. y fam. *Arg.* y *Chile.* Aceptar un desafío. ‖ **Pisarse el poncho.** frs. fig. y fam. *Arg., Bol.* y *Chile.* Equivocarse desairada o ridículamente. ‖ **Todos son honrados pero el poncho no aparece.** frs. fig. y fam. *Arg.* Da a entender que, a pesar de las protestas de honradez de las personas sobre quienes recaen las sospechas de un robo, no se encuentra la prenda o el dinero robado. ‖ IDEAS AFINES: *Gaucho, indio, telar, trama, urdimbre, peine, lanzadera, llama, teñir, quillango, emponchado.*

PONCHO, CHA. adj. Perezoso, negligente y flojo. ‖ *Col.* Rechoncho. ‖ *Ven.* Corto, dicho de algunas prendas de vestir que bajan poco de la cintura. ‖ Rabón, reculo.

PONDERABLE. (Del lat. *ponderábilis.*) adj. Que se puede pesar. ‖ Digno de ponderación. *Un esfuerzo* PONDERABLE.

PONDERACIÓN. al. **Lob.** fr. **Pondération.** ingl. **Consideration.** ital. **Ponderazione.** port. **Ponderação.** (Del lat. *ponderatio, -onis.*) f. Consideración, peso y cuidado con que una cosa es hecha o dicha. ‖ Exageración de una cosa. ‖ Acción de pesar una cosa. ‖ Compensación entre dos pesos.

PONDERADAMENTE. adv. m. Con ponderación.

PONDERADO, DA. adj. Dícese de la persona que procede con prudencia. sinón.: **equilibrado, sensato.**

PONDERADOR, RA. (Del lat. *ponderátor.*) adj. Que pondera o exagera. Ú.t.c.s. ‖ Que pesa o examina. Ú.t.c.s. ‖ Que favorece o compensa el equilibrio.

PONDERAL. (Del lat. *ponderale,* peso.) adj. Perteneciente al peso.

PONDERAR. al. **Abwägen; preisen.** fr. **Pondérer.** ingl. **To ponder.** ital. **Ponderare.** port. **Ponderar.** (Del lat. *ponderare,* de *pondus, -eris,* peso.) tr. Pesar, determinar un peso. ‖ Examinar cuidadosamente un asunto. ‖ Exagerar, encarecer. PONDERAR *la bondad de un artículo.* ‖ Contrapesar, equilibrar.

PONDEROSO, SA. (Del lat. *ponderosus.*) adj. Pesado, que pesa mucho. ‖ fig. Grave, circunspecto. ‖ deriv.: **ponderosidad; ponderosamente.**

PONDICHERY. *Geog.* Antiguo establecimiento francés del Indostán, sit. al S.E. de la India. 480 km². 518.000 h. Cap. hom. 98.000 h. Tejidos. En noviembre de 1954 se fusionó con la India, a la que pertenece oficialmente desde 1956.

PONDO. m. *Ec.* Tinaja. ‖ adj. fig. *Ec.* Rechoncho.

PONEDERO, RA. adj. Que se puede poner o está para ponerse. ‖ Dícese de las aves que ya ponen huevos. ‖ m. Nidal, lugar que se destina para que las gallinas, palomas, etc., pongan huevos. ‖ Sitio donde se halla el nidal.

PONEDOR, RA. adj. Que pone. ‖ Dícese del caballo enseñado a levantarse de manos, sosteniéndose airosamente sobre las piernas. ‖ Ponedero, dicho de las aves. ‖ m. Postor.

PONENCIA. f. Cargo de ponente. ‖ Informe dado por el ponente.

PONENDERA. f. *Amér. Central* y *Col.* adj. Ponedora, dicho de aves de corral.

PONENTE. Dícese del funcionario de una asamblea o de un cuerpo colegiado que debe hacer relación de un asunto y proponer su solución. Ú.t.c.s.

PONEPLIEGOS. m. *Impr.* Marcador.

PONER. al. **Legen; stellen; setzen.** fr. **Mettre.** ingl. **To put.** ital. **Mettere.** port. **Por.** (Del lat. *pónere.*) tr. Colocar en un sitio o lugar una persona o cosa, o en el lugar o grado correspondiente. Ú.t.c.r. *Nunca sabe dónde* PONE *las cosas.* ‖ Disponer una cosa con lo necesario para algún fin. PONER *la alfombra, la cortina los cubiertos.* ‖ Contar o determinar. *De Buenos Aires a Mar del Plata* PONEN *más de cuatrocientos kilómetros.* ‖ Suponer, dar por sentado algo. PONGAMOS *que eso llegara a realizarse.* ‖ Apostar. PONGO *cien pesos a que gana este caballo.* ‖ Reducir o precisar a alguien a que haga una cosa contra su voluntad. *Lo* PUSO *en la necesidad de pagar sus deudas;* sinón.: **constreñir, obligar.** ‖ Dejar una cosa al arbitrio o disposición de otro. *El asunto lo* PONGO *en tus manos;* sinón.: **confiar, depositar.** ‖ Escribir alguna cosa en el papel. *Le* PUSE *unas líneas.* ‖ Deponer el huevo las aves. *La gallina* PUSO. ‖ Dedicar a uno a un empleo u oficio. Ú.t.c.r. *A su hijo menor lo* PUSO *de mecánico.* ‖ En el juego, parar. PONE *mil pesos al rojo.* ‖ Aplicar, adaptar. ‖ Refiriéndose a nombres, motes, etc., aplicarlos a personas o cosas. *Le* PUSIERON *el nombre de su abuelo.* ‖ Trabajar para un propósito determinado. PONER *de su parte.* ‖ Exponer, arriesgar una cosa. *Le* PUSE *a un riesgo, a una desgracia.* Ú.t.c.r. ‖ Escotar o juntarse con otros, dando determinada cantidad. PONER *cincuenta pesos a la subscripción.* ‖ Agregar voluntariamente alguna cosa a un relato. *Eso lo* PONE *de su inventiva.* ‖ Tratar a uno mal de palabra. *¡Le* PUSO *verde!* ‖ Con la preposición *a* y el infinitivo de otro verbo, comenzar a realizar la acción de lo que el verbo significa. PONER A *freír;* PONERSE A *comer.* ‖ Con la preposición *en* y algunos nombres, ejercer la acción de los verbos a que los nombres corresponden. PONER EN *uso,* usar; PONER EN *remojo,* remojar. A veces se emplea sin la preposición *en.* ‖ Con la preposición *por* y algunos nombres, valerse o usar para un fin de lo que el nombre significa. PONER POR *testigo,* POR *intermediario.* ‖ Con algunos nombres, causar lo que ellos significan. PONER *angustia.* ‖ Con los nombres *ley, contribución* u otros semejantes, establecer, mandar o imponer lo que los nombres significan. ‖ Con algunos nombres que preceden a las palabras *de, por, cual, como,* tratar a uno como expresan dichos nombres. PONER *a uno* DE *grosero,* POR *farsante,* CUAL *digan dueñas,* COMO *chupa de dómine.* ‖ Con ciertos adjetivos o expresiones calificativas, hacer adquirir a una persona la condición o estado que estos adjetivos o expresiones significan. PONER *nervioso,* PONER *de mal humor,* PONERSE *triste.* ú.t.c.r. ‖ r. Oponerse a una persona; enfrentarla o reñir con ella. ‖ Vestirse o ataviarse. PONTE *bien, que iremos al teatro.* ‖ Mancharse o llenarse. PONERSE *de barro, de pintura.* ‖ Compararse, competir con otro. *Me* PONGO *con el más experto.* ‖ Refiriéndose a los astros, ocultarse debajo del horizonte. *El sol* SE PUSO. ‖ Llegar a un lugar determinado. SE PUSO *en Caracas en doce horas de viaje.* ‖ **Poner bien** a uno. frs. fig. Darle estimación y crédito en la opinión de otro. ‖ Suministrarle medios con que viva holgadamente. ‖ **Poner colorado** a uno. frs. fig. y fam. Avergonzarle. Ú.t.c.r. ‖ **Poner como nuevo** a uno. frs. fig. y fam. Maltratarle de obra o de palabra. ‖ **Poner en tal cantidad.** frs. En las subastas, ofrecerla, hacer postura de ella. ‖ **Poner en claro.** frs. Averiguar o exponer claramente alguna cosa intrincada o confusa. ‖ **Poner mal** a uno. frs. Hacerle perder la estimación con chismes y malos informes. ‖ **Poner por delante** a uno alguna cosa. frs. Plantearle impedimentos o hacerle reflexiones para disuadirle de un propósito. ‖ **Poner por encima.** frs. Preferir una cosa, subordinar a ella otra u otras. ‖ En los juegos de envite, hacer puestas los que están fuera de ellos. ‖ **Ponerse al corriente.** frs. Informarse, adquirir el conocimiento necesario. ‖ **Poner lívido** a uno. loc. fig. y fam. Hablar mal de él o reprenderle ásperamente. ‖ irreg. **Conjugación:** INDIC. Pres.: *pongo, pones, pone, ponemos, ponéis, ponen.* Imperf.: *ponía, ponías,* etc. Pret. indef.: *puse, pusiste,* etc. Fut. imperf.: *pondré, pondrás,* etc. POT.: *pondría, pondrías,* etc. SUBJ. Pres.: *ponga, pongas, ponga, pongamos, pongáis, pongan.* Imperf.: *pusiera, pusieras,* etc.; *pusiese, pusieses,* etc. Fut. Imperf.: *pusiere, pusieres,* etc. IMPERAT.: *pon, poned.* PARTIC.: *puesto.* GER.: *poniendo.*

PONERA. f. Insecto himenóptero de climas cálidos o templados.

PONFERRADA, Juan Oscar. *Biog.* Poeta y dramaturgo arg., autor de *El carnaval del diablo; El trigo es de Dios; La noche y yo,* etc. (n. 1908).

PONGA. f. *Perú.* Vasija de barro.

PONGO. (Del malayo *pongo.*) m. Especie de mono antropomorfo.

PONGO. (Del quichua *punco,* puerta.) m. *Bol., Ec.* y *Perú.* Paso angosto y peligroso de un río.

PONGO. (Del aimará *puncai,* guardián.) m. *Bol., Ec.* y *Perú.* Indio que trabaja como criado.

PONIATOWSKI, José Antonio, príncipe de. *Biog.* Mil. polaco, intérprete de los anhelos de libertad de su pueblo. Destacado mariscal de Napoleón I (1762-1813).

PONIENTADA. f. Viento duradero de poniente.

PONIENTE. al. **Westen.** fr. **Couchant.** ingl. **West.** ital. **Ponente.** port. **Poente.** (Del lat. *ponens, -entis,* p. a. de *pónere,* poner, por ser la parte por donde se pone el Sol.) m. Occidente, punto cardinal. sinón.: **ocaso, oeste;** antón.: **naciente.** ‖ Viento que sopla de la parte occidental. ‖ *Germ.* Sombrero.

PONIMIENTO. m. Acción y efecto de poner o ponerse.

PONLEVÍ. (Del fr. *pont-levis,* puente levadizo.) m. Forma especial de calzado que por tener el tacón muy alto arqueaba mucho el pie.

PONOSIS. f. *Pat.* Autointoxicación causada por la fatiga y los excesos físicos. ‖ Agotamiento.

PONQUÉ. m. *Cuba, P. Rico* y *Ven.* Torta de harina, manteca, huevos y azúcar.

PONS, Antonio. *Biog.* Político ecuatoriano cont., en 1935 presidente interino de la República. ‖ **— Juan Luis.** Astrónomo fr. que descubrió treinta y siete cometas (1761-1831). ‖ **— Lily.** Cantante fr., destacada figura del teatro lírico (1904-1976).

PONSON DU TERRAIL, Pedro Alejo, vizconde de. *Biog.* Escr. folletinista fr. que adquirió fama mundial con su serie de *Aventuras de Rocambole* (1829-1871).

PONTA DELGADA. *Geog.* Capital de las Azores, sit. en la isla de San Miguel. 125.000 h. con los suburbios. Turismo invernal.

PONTA GROSSA. *Geog.* Ciudad del Brasil (Paraná). 39.600 h. Centro agrícola y maderero.

PONTAJE. m. Pontazgo.

PONTANA. (Del lat. *pontana,* term. f. de *-nus;* de *pons,* puente.) f. Cualquiera de las losas que cubren el cauce de un arroyo o de una acequia.

PONTAZGO. (Del b. lat. *pontatícum.*) m. Derechos que en algunas partes se paga para pasar por los puentes.

PONTAZGUERO, RA. m. Persona que cobra el pontazgo.

PONTCHARTRAIN. *Geog.* Lago de los EE.UU. al noroeste del delta del Misisipi, al N. de la ciudad de Nueva Orleáns. 1.500 km². Notable puente sobre el Misisipi, el más largo del mundo.

PONTEAR. (Del lat. *pons, pontis,* puente.) tr. Construir un puente, o echarlo en un río o brazo de mar para pasarlos.

PONTECORVO, Bruno. *Biog.* Físico ital., nacido en 1913; participó, junto a Fermi, en investigaciones atómicas.

PONTECORVO. *Geog.* Ciudad de Italia, en el Lacio (Frosinone). 17.000 h. Fue un enclave de los Estados Pontificios en el reino de Nápoles. Napoleón I la convirtió en principado en favor de Bernadotte.

PONTEVEDRA. *Geog.* Provincia de España (Galicia), sobre el Atlántico. 4.330 km². 830.000 h. Agricultura y ganadería. Importantísima actividad pesquera. Cap. hom. 55.000 h. incluido el municipio.

PONTEVEDRÉS, SA. adj. Natural de Pontevedra. Ú.t.c.s. ‖ Perteneciente a esta ciudad.

PONTEZUELA. f. dim. de **Puente.** ‖ *R. de la Plata.* Media luna metálica que cuelga del freno del caballo.

PONTEZUELO. m. dim. de **Puente.**

PONTIAC. *Biog.* Caudillo de los indios ottawas que luchó encarnizadamente contra los ingleses (1712-1769).

PÓNTICO, CA. (Del lat. *pónticus.*) adj. Perteneciente al Ponto Euxino, actualmente Mar Negro. ‖ Perteneciente al Ponto, región de Asia antigua. ‖ V. **Cereza póntica.** ‖ ant. *Med.* Agrio, astringente.

PONTIFICADO. al. **Pontifikat.** fr. **Pontificat.** ingl. **Pontificate.** ital. **Pontificato.** port. **Pontificado.** (Del lat. *pontificatus.*) adj. Dignidad de pontífice. ‖ Tiempo en que el Sumo Pontífice tiene esta dignidad. ‖ Aquel en que un obispo o arzobispo está en el gobierno de su iglesia.

PONTIFICAL. (Del lat. *pontificalis.*) adj. Perteneciente o relativo al Sumo Pontífice. *Palacio* PONTIFICAL. ‖ Perteneciente o relativo a un obispo o arzobispo. ‖ V. **Bendición pontifical.** ‖ m. Conjunto o agregado de ornamentos que usa el obispo para celebrar los oficios divinos. Ú. t. en pl. ‖ Libro que comprende las ceremonias pontificias y las de las funciones episcopales. ‖ Renta de diezmos eclesiásticos correspondientes a una parroquia. ‖ **De pontifical.** m. adv. fig. y fam. En traje de ceremonia o de etiqueta. Ú. m. con los verbos *estar* y *ponerse.* ‖ deriv.: **pontificialmente.**

PONTIFICAR. intr Celebrar funciones litúrgicas con rito pontificial. ‖ fig. Presentar como innegables dogmas o principios sujetos a examen.

PONTÍFICE. al. **Pontifex.** fr. **Pontife.** ingl. **Pontiff.** ital. **Pontefice.** port. **Pontífice.** (Del lat. *póntifex, -icis.*) m. Magistrado sacerdotal que en la antigua Roma presidía las ceremonias religiosas. ‖ Obispo o arzobispo de una diócesis. ‖ Por anton., prelado supremo de la Iglesia Católica Romana. Ú. comúnmente con los calificativos *sumo* o *romano.*

PONTIFICIO, CIA. al. **Päpstlich.** fr. **Pontifical.** ingl. **Pontificial.** ital. **Pontificio.** port. **Pontifício.** (Del lat. *pontificius.*) adj. Perteneciente o relativo al pontífice. *Legado* PONTIFICIO.

PONTÍN. m. Embarcación filipina de cabotaje, mayor que el panco.

PONTINAS, Lagunas. *Geog.* Llanura pantanosa del Lacio (Italia), al S. O. de Roma, hoy casi totalmente desecada. 800 km².

PONTO. (Del lat. *pontus,* y éste del gr. *pontos.*) m. poét. Mar. sinón.: **piélago.**

PONTO. *Geog. histór.* Antiguo reino del Asia Menor, sobre el **Ponto Euxino.** Fue conquistado por Pompeyo y convertido en prov. romana, en 63 a. de C. ‖ **— Euxino.** Antiguo nombre del mar Negro.

PONTOCÓN. m. Puntillón. ‖ *Col.* Empujón.

PONTÓN. al. **Ponton; Brückenkahn.** fr. **Ponton.** ingl. **Pon-**

toon. ital. **Pontone.** port. **Pontão.** (Del lat. *ponto, -onis.*) m. Barco chato para pasar los ríos o construir puentes, y también para limpiar, con ayuda de máquinas, el fondo de los puertos. ‖ Barco viejo que, amarrado en los puertos, sirve de depósito, hospital, etc. ‖ Puente hecho de maderos o de una sola tabla. ‖ – **flotante.** Barca de maderos unidos para pasar un río, etc.

PONTONERO. m. El que se ocupa del manejo de los pontones. ‖ En el Ejército, soldado de unidades especiales del arma de Ingenieros.

PONTOPORIA. m. Cetáceo delfínido de hocico largo y esternón compuesto de dos piezas. Vive en la desembocadura del río de la Plata.

PONTOPPIDAN, Enrique. *Biog.* Nov., poeta y cuentista danés que en 1917 fue laureado con el premio Nobel de Literatura, en unión de Carlos Gjellerup. Gran estilista del naturalismo, su producción refleja magistralmente la historia danesa y la vida nacional de su época. Obras: *Cuadros rústicos; El reino de los muertos; Bocetos populares; El pájaro salvaje*, etc. (1857-1943).

PONY. (Voz. ingl.) m. Caballo de pequeña alzada y especialmente el oriundo de Escocia.

PONZANELLI, Octavio. *Biog.* Escultor mexicano cont., autor de diversos bustos y monumentos de próceres y de una *Virgen de Guadalupe* que se halla en el Vaticano.

PONZOÑA. al. **Gift.** fr. **Poison.** ingl. **Poison.** ital. **Veleno.** port. **Peçonha.** (De *ponzoñar.*) f. Substancia que tiene en sí cualidades nocivas a la salud, o destructivas de la vida. *La* PONZOÑA *de la capulina*; sinón.: **veneno.** ‖ fig. Doctrina perjudicial a las buenas costumbres.

PONZOÑOSO, SA. adj. Que tiene o encierra en sí ponzoña. *El alacrán es* PONZOÑOSO; sinón.: **dañino, venenoso.** ‖ fig. Dañoso para las buenas costumbres. ‖ deriv.: **ponzoñosamente.**

POO, Fernando. *Biog.* Navegante port. que descubrió en 1472 la isla de su nombre, inicialmente llamada Fermosa (s. XV).

POOPÓ. *Geog.* Lago salado de Bolivia (Oruro), sit. a 3.700 m. de altura. 2.800 km². Se comunica con el lago Titicaca mediante el río Desaguadero. Se llama también **Aullagas.** ‖ Pobl. de Bolivia (Oruro). 5.500 h.

POPA. al. **Heck.** fr. **Poupe.** ingl. **Poop.** ital. **Poppa.** port. **Popa.** (Del lat. *puppis.*) f. Parte posterior de las embarcaciones, donde se pone el timón y se hallan las cámaras o habitaciones principales. antón.: **proa.** ‖ Parte posterior de un avión o de una aeronave. ‖ V. **Mastelero de popa.** ‖ *Mar.* V. **Viento en popa.** ‖ V. **Orza a popa.** ‖ **Amollar en popa.** frs. *Mar.* Arribar hasta ponerse viento en **popa.** ‖ **De popa a proa.** m. adv. fig. Entera o totalmente. ‖ IDEAS AFINES: *Nave, babor, estribor, casco, bandera, estela, hélice, timón, gobernalle, timonel, cabo, remolcar, eslora, codaste, roda.*

POPAL. m. *Méx.* Laguna cubierta de plantas acuáticas.

POPAR. (Del lat. *palpare*, acariciar, halagar.) tr. Despreciar o tener en poco a uno. ‖ Acariciar, halagar. ‖ fig. Tratar blanda y regaladamente. ‖ deriv.: **popamiento.**

POPAYÁN. *Geog.* Ciudad de Colombia, capital del dep. del Cauca. 105.700 h., con el mun. Fue fundada por Sebastián de Benalcázar en 1536. Cuna de Francisco José de Caldas y Joaquín Mosquera.

POPE. m. Sacerdote de la iglesia cismática griega.

POPE, Alejandro. *Biog.* Poeta y fil. inglés. Satírico, elegante y mordaz, dio a su obra un carácter didáctico y criticó amablemente las debilidades humanas y las costumbres de la época. Obras: *Ensayo sobre la crítica; Ensayo sobre el hombre; Epístolas; Pastorales*, etc. (1688-1744).

POPEA. *Biog.* Emperatriz romana, esposa de Nerón. Hermosa y cruel, incitó al emp. a matar a su madre Agripina (m. 66).

POPEL. adj. *Mar.* Dícese de la cosa que se halla más a popa que otra y otras con las cuales se compara.

POPELINA. f. Cierta tela delgada, diferente de la papelina.

POPÉS. (De *popa.*) m. *Mar.* Cualquiera de los dos cabos muy gruesos que para reforzar los obenques se ponían uno por cada banda en el palo mayor y en el trinquete.

POPHAM, Home R. *Biog.* Marino ingl., jefe de la escuadra que durante la primera invasión inglesa atacó el Río de la Plata (1762-1820).

POPÍ. (Voz guar.) m. *Parag.* y *R. de la Plata.* Mandioca pelada y seca al sol. ‖ adj. *Bol.* Que tiene manchas. *Cara* POPÍ; *ropa* POPÍ.

POPLÍTEO, A. (Del lat. *poples, -itis*, la corva.) adj. *Anat.* Perteneciente a la corva. *Músculo* POPLÍTEO; *arteria* POPLÍTEA.

POPOCATÉPETL. *Geog.* Volcán de México (Puebla). 5.450 m. Es la segunda altura del país, después del pico de Orizaba.

POPOCHO, CHA. adj. *Col.* Repleto, harto.

POPOL-VUH. *Lit.* Obra anónima encontrada a fines del s. XVII en Chichicastenango (Guatemala) por el prelado Francisco Jiménez, que la tradujo al español. Su título quiere decir "colección de las hojas escritas" y su texto abarca la mitología, la cosmogonía, la narración de las migraciones y las crónicas de los reyes del pueblo quiché, en cuya lengua está escrito, con el agregado de caracteres latinos.

POPORO. m. *Col.* y *Ven.* Tumor, chichón. ‖ *Ven.* Porra de madera.

POPOTAL. m. Lugar donde se cría el popote.

POPOTE. m. *Méx.* Especie de paja de que se hacen comúnmente escobas.

POPOV, Alejandro. *Biog.* Físico ruso, autor de trabajos sobre radioelectricidad (1859-1906).

POPULACIÓN. (Del lat. *populatio, -onis.*) f. Población, acción y efecto de poblar.

POPULACHERÍA. f. Popularidad que se consigue halagando las pasiones de la gente vulgar.

POPULACHERO, RA. adj. Perteneciente o relativo al populacho. *Espíritu* POPULACHERO; *manifestación* POPULACHERA. ‖ Propio para adular al populacho, o para ser comprendido y apreciado por él. *Orador, mitin, teatro* POPULACHERO.

POPULACHO. al. **Pöbel.** fr. **Populace.** ingl. **Populace.** ital. **Popolaccio.** port. **Populacho.** (desp. del lat. *pópulus*, pueblo.) m. Lo ínfimo de la plebe. *Pan y circo pedía el* POPULACHO.

POPULAR. al. **Volkstümlich.** fr. **Populaire.** ingl. **Popular.** ital. **Popolare.** port. **Popular.** (Del lat. *popularis.*) adj. Perteneciente o relativo al pueblo. *Tribuna* POPULAR. ‖ Del pueblo o de la plebe. Ú.t.c.s. ‖ Que es acepto y grato al pueblo. *Diario* POPULAR. ‖ V. **Aire, lengua popular.**

POPULARIDAD. al. **Volkstümlichkeit; Popularität.** fr. **Popularité.** ingl. **Popularity.** ital. **Popolarità.** port. **Popularidade.** (Del lat. *populáritas, -atis.*) f. Aceptación, aprecio y aplauso que uno tiene en el pueblo. *La* POPULARIDAD *de un deportista;* sinón.: **fama, notoriedad.**

POPULARIZACIÓN. f. Acción y efecto de popularizar o popularizarse.

POPULARIZAR. tr. Extender la fama o el crédito popular.

POPULARMENTE. adv. m. De modo grato al pueblo. ‖ Tumultuosamente; en gran multitud.

POPULAZO. m. Populacho.

POPULEÓN. (Del lat. *pópulus*, álamo.) m. Ungüento calmante, que se prepara con manteca de cerdo, hojas de adormidera, belladona y otros simples, entre éstos, como base principal, las yemas del álamo negro.

POPULISTA. adj. Perteneciente o relativo al pueblo. *Movimiento, manifestación* POPULISTA.

PÓPULO. (Del lat. *pópulus.*) m. Pueblo. Ú. sólo en la frase familiar *Hacer una de* PÓPULO *bárbaro*, significando acometer una determinación desatinada o violenta sin reparar en nada.

POPULOSO, SA. al. **Volkreich.** fr. **Populeux.** ingl. **Populous.** ital. **Popoloso.** port. **Populoso.** (Del lat. *populosus.*) adj. Dícese de la provincia, ciudad, villa o lugar en los cuales abunda la gente. *Las ciudades industriales son* POPULOSAS; sinón.: **poblado.**

POPURRÍ. Composición musical formada de fragmentos o temas de obras diversas. ‖ Mezcolanza de cosas diversas.

POPUSA. f. *Bol., Guat.* y *Salv.* Tortilla de maíz, rellena de queso o de carne picada.

POQUEDAD. (De *poco.*) f. Escasez, miseria. ‖ Pequeña porción o corta cantidad de una cosa. ‖ Timidez, pusilanimidad. ‖ Cosa de poca monta.

PÓQUER. (Del ingl. *poker.*) m. Juego de envite, en que cada jugador recibe cinco naipes y gana quien tiene la combinación superior de las varias establecidas, que son: par, doble par, trío, escalera, color, full, póquer y escalera real.

PÓQUIL. m. *Chile.* Hierba de tallo sencillo, hojas superiores angostas, flores hermafroditas hinchadas y casi cerradas, que se usan para teñir de amarillo.

POQUITO, TA. adj. dim. de **Poco.** ‖ **A poquito.** m. adv. **Poco a poco.** ‖ **A poquitos.** m. adv. En pequeñas y repetidas porciones.

POR. al. **Durch; für; nach.** fr. **Pour; par.** ingl. **For; by.** ital. **Per.** port. **Por.** (Del lat. *pro.*) Prep. con que se indica la persona agente en las oraciones en pasiva. ‖ Se une a los nombres de lugar para determinar tránsito por ellos. *Ir a Valparaíso* POR *el canal de Panamá.* ‖ Se junta con los nombres de tiempo, determinándolo. POR *Semana Santa;* POR *mayo.* ‖ En clase o calidad de. *Recibir* POR *hijo.* ‖ Ú. para expresar la causa. POR *ella no me embarqué.* ‖ Ú. para denotar el medio de realizar una cosa. POR *teléfono*, POR *carta.* ‖ Denota el modo de hacer una cosa. POR *pudor*; POR *dignidad;* POR *maldad.* ‖ Ú. para significar el precio o cuantía. POR *mil pesos la vendió*; POR *la radio me ofrece la bicicleta.* ‖ A favor o en defensa de alguien. POR *mí hizo lo sobrehumano.* ‖ En lugar de. *Tiene su hermana* POR *madre.* ‖ En juicio u opinión de. *Tener* POR *sabio; dar* POR *buen marino.* ‖ Junto con algunos nombres significa que se da o distribuye por partes iguales una cosa. *A dos perdices* POR *cazador; a diez pesos* POR *persona.* ‖ Denota multiplicación de números. *Cuatro* POR *ocho, treinta y dos.* ‖ Denota también proporción. *A tanto* POR *ciento.* ‖ Ú. para comparar entre dos o más cosas. *Caballo* POR *caballo, me quedo con el criollo.* ‖ En orden a, o acerca de. *Hubo discusiones* POR *unas y otras propuestas.* ‖ **Sin,** cuando equivale a *no. Está* POR *pintar.* ‖ Se emplea muchas veces en lugar de la preposición *a* y el verbo *traer* u otro, supliendo su significación. *Ir* POR *agua;* POR *fruta;* POR *papas.* ‖ Con el infinitivo de algunos verbos, **para.** POR *no hacerle un desaire.* ‖ Con el infinitivo de otros verbos, indica la acción futura de esos mismos verbos. *Está* POR *llover;* POR *caer*; *este techo está* POR *estucar.* ‖ **Por donde.** m. adv. Por lo cual. ‖ **Por que.** conj. causal. Porque. ‖ m. conj. final. **Para que.** *Hice lo indecible* POR QUE *no se fuera.* ‖ **Por qué.** m. conj. Por cuál razón, causa o motivo. Ú. con interrogación o sin ella. ¿POR QUÉ *te marchas tan pronto*?; *no sé* POR QUÉ *insistes en eso.*

PORCACHÓN, NA. s. fam. aum. de **Puerco.** Ú.t.c.adj.

PORCAL. adj. V. **Ciruela porcal.**

PORCALLÓN, NA. s. fam. aum. de **Puerco.**

PORCE. *Geog.* Río de Colombia (Antioquia), afl. del Nechí. 70 km.

PORCELANA. al. **Porzellan.** fr. **Porcelaine.** ingl. **Porcelain.** ital. **Porcellana.** port. **Porcelana.** (Del ital. *porcellana.*) f. Producto cerámico muy fino, duro y lustroso, obtenido por cocción de una mezcla de caolín, cuarzo y feldespato. ‖ **Vasija de porcelana.** ‖ Conjunto de vasijas u objetos de **porcelana** destinado al ajuar doméstico. ‖ Esmalte blanco, con mezcla de azul, usado por los plateros. ‖ Color blanco azulado. ‖ IDEAS AFINES: *Loza, mayólica, azulejo, arcilla, alfarero, torno, vidriado, barniz, decoración, cochura, bizcocho, vajilla, transparencia, fragilidad, manufactura, China, Sèvres.*

● **PORCELANA.** *A.* y *O.* Desde muy lejanos tiempos la **porcelana** es considerada la más fina de las cerámicas. Los chinos ya la fabricaban en el s. II a. de C.; los artífices coreanos la llevaron más tarde al Japón, desde donde se extendió a los pueblos orientales vecinos, que a su vez la transmitieron a Roma. Durante siglos, portugueses y holandeses explotaron el comercio de la **porcelana** en vastísima escala. Hacia mediados del S. XVIII comenzó su fabricación en Europa y las primeras manufacturas fueron establecidas en las cortes reales. Países como Italia. Francia, Alemania, Holanda, etc., rivalizaron en su artesanía. La **porcelana** francesa, que comenzó copiando modelos alemanes y orientales, adquirió luego un estilo característico e inconfundible; centros como los de Sèvres y Limoges, que elaboran finísimos artículos de **porcelana,** gozan de un prestigio mundial que no ha decaído hasta la actualidad. Blanca y translúcida, la **porcelana** está compuesta de caolín, cuarzo y feldespato; la mayor o menor proporción de cuarzo y feldespato que se emplea en su fabricación determina su grado de dureza. La **porcelana** se cuece a 900º, se somete a un proceso de vitrificación y luego se vuelve a cocer a una temperatura que oscila entre 1300 y 1450º.

PORCELANITA. f. Roca compacta, brillante y listada de varios colores, procedente de arcillas o pizarras tostadas por el calor de las minas de carbón incendiadas o por su proximidad a rocas volcánicas.

PORCENTAJE. m. Tanto por ciento. ‖ *Arg.* Barbarismo por **recaudación.**

PORCENTUAL. adj. Dícese de la composición, distribución, etc., calculadas o expresadas en tantos por ciento.

PORCICULTOR, RA. s. Persona que se dedica a la porcicultura.

PORCICULTURA. f. Arte de criar cerdos.

PORCIENTO. m. Barbarismo por **porcentaje.**

PORCINO, NA. (Del lat. *porcinus.*) adj. Perteneciente al puerco. *El maíz es buen alimento para el ganado* PORCINO. ‖ *Amér.* Dícese del puerco. Ú.m.c.s.m. ‖ m. Puerco pequeño. ‖ Chichón.

PORCIÓN. al. **Teil; Anzahl.** fr. **Portion.** ingl. **Portion.** ital. **Porzione.** port. **Porção.** (Del lat. *portio, -onis.*) f. Cantidad tomada de otra mayor. *Una* PORCIÓN *de tierra*; sinón.: **parte, pedazo.** ‖ fig. Cantidad de vianda que diariamente se da a uno para su alimento. ‖ En ciertas catedrales, ración, prebenda. ‖ Número considerable e indeterminado de personas o cosas. *Una* PORCIÓN *de peregrinos.* ‖ Cuota individual en cosa que se reparte entre varias personas. ‖ – **congrua.** Parte que se da al eclesiástico que tiene cura de almas y no percibe los diezmos. ‖ Cuota estrictamente necesaria para sustento de los eclesiásticos. ‖ IDEAS AFINES: *Fraccionar, división, trozo, porcentaje, lote, semicírculo, cucharada, rebanada.*

PORCIONERO, RA. adj. y s. Partícipe.

PORCIONISTA. com. Persona que tiene acción o derecho a una porción. ‖ En colegios y otras comunidades, pensionista, persona que habita en ellos.

PORCIPELO. m. fam. Cerda fuerte del puerco.

PORCIÚNCULA. f. Primer convento de la orden de San Francisco. ‖ Jubileo que se gana en las iglesias de dicha orden.

PORCUNO, NA. al. **Schweine.** fr. **Porcin.** ingl. **Hoggish; porcin.** ital. **Porcino.** port. **Porcino.** adj. Perteneciente o relativo al puerco. ‖ Cochinero.

PORCHE. (Del lat. *porticus.*) m. Soportal, cobertizo. ‖ Atrio, andén.

PORDIOSEAR. (De *por Dios.*) intr. Mendigar, pedir limosna de puerta en puerta. sinón.: **limosnear.** ‖ fig. Pedir porfiadamente y con humildad una cosa. Ú.t.c.tr.

PORDIOSEO. m. Acción de pordiosear.

PORDIOSERÍA. f. Pordioseo.

PORDIOSERO, RA; al. **Bettler.** fr. **Mendiant.** ingl. **Beggar.** ital.

Mendicante. port. Mendigo. adj. y s. Dícese del que pide limosna invocando el nombre de Dios, y en general de cualquier mendigo o pobre. sinón.: **pidientero.**

PORFÍA. (Del lat. *perfidia.*) f. Acción de porfiar. *No cejó en su* PORFÍA. ‖ **A porfía.** m. adv. Con emulación o competencia.

PORFIADAMENTE. adv. m. Obstinadamente, con porfía y ahínco. *Se mantuvo* PORFIADAMENTE *en su error*; sinón.: **pertinazmente.**

PORFIADO, DA. al. **Hartnäckig.** fr. **Entêté.** ingl. **Obstinate.** ital. **Ostinato.** port. **Porfiado.** (De *porfiar.*) adj. Dícese de la persona terca y obstinada en su dictamen y parecer. Ú.t.c.s. sinón.: **testarudo, tozudo, inapeable.**

PORFIADOR, RA. adj. y s. Que porfía mucho.

PORFIAR (De *porfía.*) intr. Disputar con obstinación y tenacidad. PORFIAR *contra todos.* ‖ Importunar con porfía por el logro de una cosa. PORFIAR *en un empeño.* ‖ Continuar y repetir una acción para el logro de un intento en que se halla resistencia. PORFIÓ *inútilmente en abrirse paso entre los huelguistas.* ‖ IDEAS AFINES: *Terco, empecinado, testarudez, controversia, rivalidad, contradecir, empeñarse, discutir, pugnar.*

PORFÍDICO, CA. adj. Perteneciente o relativo al pórfido.

PÓRFIDO. al. **Porphyr.** fr. **Porphyre.** ingl. **Porfhyry.** ital. **Porfido.** port. **Pórfiro.** (Del ital. *porfido*, y éste del gr. *pórphyros*, purpúreo.) m. Roca compacta y dura, formada por una substancia amorfa, ordinariamente de color rojo obscuro y con cristales de feldespato y cuarzo. ‖ deriv.: **porfidoideo, a.**

PORFIOSO, SA. adj. Porfiado.

PORFIRIZAR. tr. Pulverizar una substancia en mortero de pórfido o de otra manera. ‖ deriv.: **porfirización.**

PORFIRIO. *Biog.* Fil. idealista de Alejandría. Discípulo de Plotino, sucedió a éste en la jefatura de la escuela neoplatónica de Roma. Fue implacable enemigo del cristianismo. Obras: *Discursos contra los cristianos; Cuestiones homéricas; Vida de Plotino,* etc. (232-304).

PORFIRO. m. Galicismo por **pórfido.** ‖ deriv.: **porfírico, ca.**

PORFOLIO. m. Conjunto de fotografías o grabados de diferentes clases que forman un volumen encuadernable.

PORGY Y BESS. *Mús.* Ópera en tres actos de George Gershwin, estrenada en Nueva York en 1935. Notable expresión del temario folklórico negro, de bella melodía, que incorpora al drama musical los elementos del jazz.

PORLAMAR. *Geog.* Población de Venezuela (Nueva Esparta). 10.000 h. Puerto importante. Pesca de perlas.

PORLIER Y ASTEGUIETA, Rosendo. *Biog.* Marino per. que al servicio de la escuadra esp. tuvo heroica actuación en Trafalgar y en otras acciones contra Francia e Inglaterra (m. 1819).

PORMENOR. al. **Einzelheit.** fr. **Détail.** ingl. **Detail.** ital. **Dettaglio.** port. **Pormenor.** (De *por* y *menor.*) m. Reunión de circunstancias menudas y detalles de una cosa. Ú.m. en pl. *Dejemos los* PORMENORES *de este caso*; sinón.: **particularidad.** ‖ Cosa o circunstancia secundaria.

PORMENORIZAR. tr. Describir minuciosamente, o con prolijidad.

PORNOGRAFÍA. al. **Unzucht; Pornographie.** fr. **Pornographie.** ingl. **Pornography.** ital. **Pornografia.** port. **Pornografia.** (De *pornógrafo.*) f. Tratado acerca de la prostitución. ‖ Carácter obsceno de obras literarias o artísticas. sinón.: **impudicia.** ‖ Obra de este carácter.

PORNOGRÁFICO, CA. adj. Dícese del autor de obras obscenas. ‖ Perteneciente o relativo a la pornografía. *Ilustraciones* PORNOGRÁFICAS; sinón.: **deshonesto, impúdico.** ‖ deriv.: **pornográficamente.**

PORNÓGRAFO. (Del gr. *pornographos*; de *porne*, prostituta, y *grapho*, escribir.) m. El que escribe acerca de la prostitución. ‖ Autor de obras pornográficas.

PORO. al. **Pore.** fr. **Pore.** ingl. **Pore.** ital. **Poro.** port. **poro.** (Del lat. *porus*, y éste del gr. *poros*, vía, pasaje.) m. Espacio que hay entre las moléculas de los cuerpos. ‖ Intersticio que existe entre las partículas de los sólidos de estructura discontinua. ‖ Cada uno de los orificios invisibles a simple vista, que hay en la superficie de los animales y de los vegetales. ‖ *Arg., Bol., Parag.* y *Perú.* Calabacita que sirve de mate, especialmente cuando no tiene asa.

PORO. *Biog.* Rey de la India, vencido por Alejandro Magno en las orillas del Hidaspes (S. IV a. de C.).

PORONGO. (Del araucano y quichua *puruncu.*) m. *Amér. del S.* Calabacero, planta. ‖ Vasija hecha del calabacero o de barro cocido. ‖ *Chile.* Individuo pequeño y despreciable.

PORONGUERO, RA. adj. y s. Del pueblo de Trinidad o del dep. de Flores (Uruguay).

PORORÓ. (Voz guaraní onomatopéyica.) m. *Amér. del S.* Rosetas de maíz. ‖ *R. de la Plata.* Sucesión desordenada de sonidos estrepitosos, por analogía con el estallido que producen las rosetas al reventar en el recipiente.

POROROCA. (Del guaraní *pororoc.*) m. *Arg.* y *Urug.* Macareo. *En el Amazonas se produce el* POROROCA.

POROS. *Geog.* Isla griega del mar Egeo, en la costa oriental de la pen. de Morea, a la entrada del golfo de Egina. 22 km². 5.000 h. Es la antigua **Calauria.**

POROSIDAD. f. Calidad de poroso. ‖ Conjunto de poros de un cuerpo.

POROSO, SA. adj. Que tiene poros.

POROTO. al. **Bohne.** fr. **Haricot.** ingl. **Pea; beam.** ital. **Fagiolo.** port. **Ervilha.** (Del quichua *purutu.*) m. *Amér. del S.* Especie de alubia de que se conocen muchas variedades en color y tamaño. ‖ Guiso que se hace con éste vegetal. ‖ fig. Persona inferior a otra con la que se compara.

PORQUE. al. **Weil.** fr. **Parceque.** ingl. **Because.** ital. **Perchè.** port. **Porque.** (De *por* y *que.*) conj. caus. Por causa o razón de que. *No fui* PORQUE *llovió.* ‖ conj. final. **Para que.** *Se marchó temprano* PORQUE *no lo reprendiesen.*

PORQUÉ. al. **Ursache.** fr. **Pourquoi.** ingl. **Reason.** ital. **Perchè.** port. **Porque.** (De *por qué.*) m. fam. Causa, razón o motivo. *No dijo el* PORQUÉ *de su decisión.* ‖ Cantidad, porción. *El asunto te dejará un buen* PORQUÉ.

PORQUECILLA. f. dim. de **Puerca.**

PORQUERA. adj. Dícese de la lanza corta o media lanza. Ú.t.c.s. ‖ f. Lugar en que se encaman y viven los jabalíes.

PORQUERÍA. al. **Schweinerei.** fr. **Saleté.** ingl. **Nastiness.** ital. **Porcheria.** port. **Porcaria.** f. fam. Suciedad, inmundicia. ‖ Acción indecente. ‖ Grosería, desatención. ‖ Cosa de poca monta. *Le regaló una* PORQUERÍA. ‖ Golosina, fruta o legumbre dañosa a la salud. *Te habrá hecho mal alguna* PORQUERÍA.

PORQUERIZA. f. Pocilga.

PORQUERIZO. al. **Schweinehirt.** fr. **Porcher.** ingl. **Swineherd.** ital. **Porcaio.** port. **Porqueiro.** m. El que guarda los puercos.

PORQUERO. (Del lat. *porcarius.*) m. Porquerizo. sinón.: **guarrero.**

PORQUERÓN. m. fam. Corchete o ministro de justicia.

PORQUETA. f. Cochinilla, crustáceo.

PORQUEZUELO, LA. s. dim. de **Puerco.**

POR QUIÉN DOBLAN LAS CAMPANAS. *Lit.* Novela de Ernesto Hemingway, publicada en 1940. Visión personal de la guerra civil esp., juegan en ella los valores de la solidaridad humana, en un estilo ligero que no excluye la hondura psicológica y la reflexión.

PORRA. (Del lat. *pórrum*, puerro, por la figura de esta planta.) f. Clava. ‖ Cachiporra. ‖ Martillo de bocas iguales y mango largo, que se maneja con las dos manos. ‖ fig. Entre muchachos, el último en el orden de jugar. ‖ fig. y fam. Vanidad, jactancia. ‖ Sujeto pesado. ‖ *Arg.* y *Bol.* Mechón de pelos enredados. ‖ *Bol.* Vasija o mate con pico o mango. ‖ *Col.* y *Cuba.* Nombre de varios juegos de azar. ‖ *Méx.* Claque. ‖ **¡Porra!** int. fam. de disgusto o enfado. ‖ **Mandar** a uno **a la porra.** frs. fig. y fam. Despedirlo con malos modos.

PORRÁCEO, A. (Del lat. *porraceus.*) adj. De color verdinegro, como el puerro. *Vómito* PORRÁCEO.

PORRADA. f. Porrazo, golpe dado con la porra. ‖ Por ext., el que se da con la mano o con un instrumento. ‖ fig. Porrazo, golpe recibido. ‖ fig. y fam. Necedad, disparate. ‖ Conjunto o abundancia de cosas. *Compró una* PORRADA *de chucherías.*

PORRAL. m. Terreno plantado de puerros.

PORRAS, Belisario. *Biog.* Pol. panameño. De 1912 a 1916, de 1918 a 1920 y de 1920 a 1924 desempeñó la presidencia de la Rep. (1856-1942). ‖ — **Francisco.** Mil. y marino esp., compañero de Colón en su cuarto viaje a América. Encabezó la sublevación de la tripulación al entrar en Jamaica; sofocado el movimiento fue ejecutado (s. XVI). ‖ — **BARRENECHEA, Raúl.** Ensayista peruano que ha investigado y comentado la obra de los cronistas de la conquista (1897-1960).

PORRAZO. m. Golpe que se da con la porra, o con otro instrumento. ‖ fig. El que se recibe por una caída o por chocar con un cuerpo duro. ‖ *Ec.* Abundancia de alguna cosa.

PORREAR. intr. fam. Insistir con pesadez; machacar, molestar.

PORRERÍA. f. fam. Necedad, tontería. ‖ Tardanza, pesadez.

PORRETA. f. Hojas verdes del puerro. ‖ Por ext., las de ajos y cebollas, y las primeras que brotan de los cereales. ‖ **En porreta.** m. adv. **En cueros.**

PORRETADA. f. Conjunto de cosas de una misma especie.

PORRILLA. (dim. de *porra.*) f. Martillo con que los herradores labran los clavos, y es de dos brazos algo arqueados. ‖ *Veter.* Tumor duro, de naturaleza huesosa, que se forma en las articulaciones de los menudillos de las caballerías y bueyes.

PORRILLO (A). m. adv. fam. En abundancia. *Les arrojaron piedras* A PORRILLO.

PORRINA. (Del lat. *porrina.*) f. Estado de las mieses o sembrados muy pequeños y verdes. ‖ **Porreta.**

PORRINO. (Del lat. *porrina.*) m. Simiente de los puerros. ‖ Planta del puerro cuando está en disposición de trasplantarse.

PORRO. (Del lat. *pórrum.*) m. Puerro. ‖ *Col.* Tambor de forma cónica, de un solo parche.

PORRO. (De *porra.*) adj. fig. y fam. Dícese de la persona ruda, torpe y necia.

PORRÓN. (En cat. *porró.*) m. Botijo. *Un* PORRÓN *de barro.* ‖ Redoma de vidrio con largo pitón en la panza, para beber a chorros.

PORRÓN, NA. adj. fig. y fam. Pelmazo, pachorrudo.

PORRUDO, DA. adj. *Arg.* Que tiene porra o mechón de pelos enredados.

PORSIACASO. m. *Ven.* Alforja, morral pequeño.

PORTA. f. *Art.* Mandilete. ‖ *Dep.* Meta. ‖ *Mar.* Cada una de las aberturas, a modo de ventanas, que se practican en los costados y la popa de los buques, para dar paso a la luz y el aire, para la carga y descarga y, especialmente, para el fuego de la artillería.

PORTA, Bartolomé della. *Biog.* V. **Bartolommeo, Fra.** ‖ — **Juan Bautista de la.** Físico ital. a quien se atribuye el descubrimiento de la cámara obscura. Autor de *Magia natural* y otras obras científicas (1540-1615).

PORTAALMIZCLE. m. Almizclero, animal.

PORTAAVIONES. m. Barco de guerra con instalaciones especiales para que despeguen y aterricen allí aviones. Estas bases aéreas flotantes están dotadas de elevadores y catapultas así como de artillería y sistemas de localización muy complejos. El portaaviones fue inventado por el ing. brit. Ricardo Grahan Montrose.

PORTABANDERA. f. Especie de bandolera con un seno para meter el regatón del asta de la bandera.

PORTACAJA. f. *Mil.* Correa a modo de tahalí, de donde se cuelga el tambor o caja para poderlo tocar.

PORTACARABINA. f. *Mil.* Bolsa de vaqueta, pendiente de la silla, donde entra la boca de la carabina.

PORTACARTAS. m. Bolsa, cartera o valija en que se llevan las cartas.

PORTACOMIDA. f. *Col., P. Rico* y *Ven.* Fiambrera.

PORTACHUELO. m. Paso estrecho o boquete, abierto en la convergencia de dos montes.

PORTADA. al. **Portal; Titeibiatt.** fr. **Frontispice; titre.** ingl. **Frontispice; title page.** ital. **Frontespizio.** port. **Portada; frontispício.** (De *porta.*) f. Obra de ornamentación con que se realza la puerta o fachada principal de un edificio. ‖ Primera plana de los libros impresos, en que se pone el título, el nombre del autor y el lugar y año de la impresión. ‖ En el arte de la seda, división que de cierto número de hilos se hace para formar la urdimbre. *Tela de sesenta* PORTADAS. ‖ Tabla de nueve o más pies de longitud, con una escuadría de veinticuatro dedos por tres. ‖ fig. Frontispicio o cara principal de cualquier casa. ‖ *Arg.* Puerta ornamentada, de dos hojas, de iglesias, conventos, etc.

PORTADERA. f. Aportadera.

PORTADILLA. adj. Dícese de una pieza de madera de sierra, llamada tabla **portadilla.** Ú.t.c.s. sinón.: **portaleña.** ‖ f. *Impr.* Anteportada.

PORTADO, DA. (De *portar.*) adj. Con los adverbios *bien* y *mal*, dícese de la persona que se viste con decoro, o al contrario.

PORTADOR, RA. al. **Träger.** fr. **Porteur.** ingl. **Bearer; carrier.** ital. **Portatore.** port. **Portador.** (Del lat. *portátor.*) adj. y s. Que lleva o trae algo. *El* PORTADOR *de un mensaje.* ‖ m. Tabla redonda, con mango, para llevar platos, etc. ‖ *Com.* Tenedor de efectos públicos o valores comerciales que no son nominativos, sino transmisibles sin endoso. ‖ f. Aportadera. ‖ — **de gérmenes.** *Med.* Persona sana que es vehículo de microbios patógenos.

PORTAESTANDARTE. al. **Fahnenträger.** fr. **Porte-étendard.** ingl. **Colour sergeant.** ital. **Portabandiera.** port. **Porta-estandarte.** m. Oficial de caballería destinado a llevar el estandarte.

PORTAFOLIO. m. Galicismo por **cartera.**

PORTAFUSIL. m. Correa para llevar el fusil echado a la espalda.

PORTAGUIÓN. m. En los antiguos regimientos de dragones, oficial destinado a llevar el guión. sinón.: **portaestandarte, abanderado.**

PORTAJE. m. Portazgo.

PORTAL. al. **Portal; Hausgang.** fr. **Vestibule; portique.** ingl. **Porch.** ital. **Andito.** port. **Portal.** (De *porta.*) m. Zaguán o primera pieza de la casa, y en la cual está la puerta principal. ‖ Soportal, atrio cubierto. ‖ Pórtico de columnas.

PORTAL, Magda. *Biog.* Ensayista y poetisa per. de acento social. Obras: *El desfile de las miradas; Una esperanza y el mar; América latina frente al imperialismo,* etc. (n. 1901).

PORTALADA. (De *portal.*) f. Portada, comúnmente monumental, que da acceso al patio en que tienen su portal las casas señoriales.

PORTALÁMPARA. (De *portar* y *lámpara.*) m. Aparato de metal o vidriado destinado al sostén de lámparas eléctricas.

PORTALÁPIZ. m. Tubo o estuche para proteger la punta afilada de los lápices. ‖ Canutillo para sostener el lápiz.

PORTALEJO. m. dim. de **Portal.**

PORTALEÑA. adj. Portadilla. Ú.t.c.s. ‖ *Mar.* Portañola.

PORTALERO. m. Empleado de consumos. sinón.: **consumero.**

PORTALES, Diego José Víctor. *Biog.* Estadista chil., ministro de los gobiernos de Ovalle, Errázuriz y Prieto e inspirador de la Constitución de 1833. Organizó y dio estabilidad a las instituciones y a la administración pública, y obtuvo del Congreso la declaración de guerra contra la Confederación Perú-Boliviana. Prisionero de un grupo mil. sublevado, fue asesinado por un oficial (1793-1837).

PORTALIBROS. m. Correas que usan los escolares para sujetar y llevar libros y cuadernos.

PORTALIGAS. m. *Arg.* y *Chile.* Liguero de las mujeres.

PORTALIRA. m. Poeta, liróforo.

PORTALLAVES. m. *Méx.* y *Venez.* Llavero, anillo de metal para llevar las llaves.

PORTALÓN. m. Puerta grande de los antiguos palacios que da a un patio descubierto. ‖ *Mar.* Abertura a manera de puerta, hecha en el costado del buque.

PORTAMANTAS. m. Par de correas, enlazadas por un travesaño, para llevar a la mano mantas de viaje. ‖ Armazón de metal para llevar mantas en la bicicleta.

PORTAMANTEO. m. Manga, maleta.

PORTAMIRA. m. *Topog.* El que conduce la mira o regla graduada.

PORTAMONEDAS. al. **Geldbörse.** fr. **Portemonnaie.** ingl. **Purse.** ital. **Portamonete.** port. **Porta-níqueis.** m. Bolsita o cartera, comúnmente con cierre, para llevar dinero a mano.

PORTANARIO. m. *Anat.* Píloro.

PORTANTE. p. a. de **Portar.** ‖ adj. Dícese de los cuadrúpedos que amblan. Ú.m.c.s. ‖ Dícese del aire de ambladera. ‖ Andares y piernas del hombre. ‖ **Dar el portante** a uno. fr. fig. y fam. Despedirlo. ‖ **De portante.** loc. adv. A paso ligero, de prisa. ‖ **Tomar el portante.** fr. fig. y fam. Marcharse, irse.

PORTANTILLO. Pasitrote.

PORTANUEVAS. com. Persona que trae o da noticias.

PORTAÑOLA. f. *Mar.* Cañonera, tronera.

PORTAÑUELA. f. Tira de tela con que se tapa la abertura anterior de los calzones o pantalones. sinón.: **trampa, trampilla.** ‖ *Col.* y *Méx.* Puerta de carruaje. ‖ *Chile.* Armazón que llevan algunos vehículos en la parte posterior para asegurar la carga.

PORTAOBJETOS. m. Lámina de cristal en que se ponen los objetos para mirarlos en el microscopio. ‖ Platina de este instrumento.

PORTAPAZ. amb. Utensilio de forma plana con que en las iglesias se da paz a los fieles.

PORTAPLIEGOS. m. Cartera pendiente del hombro o de la cintura, para llevar pliegos.

PORTAPLUMAS. m. Mango en que se pone la pluma metálica para escribir.

PORTAR. al. **Tragen.** fr. **Porter.** ingl. **To carry.** ital. **Portare.** port. **Portar.** (Del lat. *portare.*) tr. Llevar o traer. ‖ Traer el perro al cazador la pieza cobrada. ‖ r. Con los adverbios *bien, mal* u otros semejantes, observar una conducta conveniente o al contrario. *¡A ver cómo* TE PORTAS! sinón.: **comportarse, conducirse.** ‖ Tratarse con decencia y lucimiento en el ornato de su persona y casa, o usar de liberalidad en las ocasiones de lucimiento. ‖ Por ext., distinguirse; quedar con lucimiento en cualquier empeño. ‖ intr. *Bol., Col., Chile* y *Ven.* Venir, dejarse ver. ‖ *Mar.* Hablando de velas y aparejos, ir en viento. ‖ **Portar bien.** loc. *Mar.* No formar la vela bolsos ni arrugas y trabajar por igual al recibir el viento, quedando perfectamente llena.

PORT ARTHUR. *Geog.* Ciudad de China, en Manchuria, al O. de la pen. de Liaotung. Base naval. En 1904, durante la guerra ruso-japonesa, fue tomada por los japoneses después de un largo sitio, y de la destrucción de la escuadra rusa. Hoy forma el conglomerado urbano de Lushun-Talica. 2.770.000 h.

PORTÁTIL. al. **Tragbar.** fr. **Portatif.** ingl. **Portable.** ital. **Portatile.** port. **Portatil.** (Del lat. *portátum.*) adj. Movible y fácil de transportarse de una parte a otra. *Máquina de escribir* PORTÁTIL; antón.: **fijo, inmóvil.**

PORT-AU-PRINCE. *Geog.* Ciudad de Haití, cap. del país y del dep. del Oeste. 337.000 h. Puerto muy activo. Refinerías de azúcar.

PORTAVENTANERO. m. Carpintero que hace puertas y ventanas.

PORTAVIANDAS. m. Fiambrera de cacerolas superpuestas.

PORTAVOZ. m. *Mil.* Bocina usada para dirigir la construcción de puentes. ‖ fig. El que representa o lleva la voz de una colectividad. *Aquel periódico era el* PORTAVOZ *del partido.*

PORTAZGAR. tr. Cobrar el portazgo.

PORTAZGO. (Del ant. *portadgo,* y éste del b. lat. *portáticum.*) m. Derecho que se paga por pasar por un lugar determinado. sinón.: **portaje.** ‖ Edificio donde se cobra.

PORTAZGUERO. m. Encargado de cobrar el portazgo.

PORTAZO. m. Golpe recio que se da con la puerta, o el que ésta da movida del viento. *El* PORTAZO *retumbó en la noche.* ‖ Acción de cerrar la puerta para desairar a uno.

PORT-DE-PAIX. *Geog.* Ciudad de Haití, capital del dep. del Noroeste. 7.200. h.

PORTE. (De *portar.*) m. Acción de portear mercancías de un sitio a otro. sinón.: **transporte, acarreo.** ‖ Conducta, modo de proceder. ‖ Aspecto o disposición de una persona, en cuanto a la manera de vestirse, los modales, etc. *Se distinguía por el* PORTE *elegante.* ‖ Cantidad que se paga por transportar una cosa. *Los impresos tienen* PORTE *reducido.* ‖ Calidad, nobleza de la sangre. ‖ Grandeza o capacidad de una cosa. ‖ *Chile.* Presente, regalo.

PORTEADOR, RA. adj. Que portea o tiene por oficio portear. Ú.t.c.s.

PORTEAR. tr. Llevar de una parte a otra una cosa por el precio convenido. PORTEAR *vino, aceite, granos*; sinón.: **conducir, trasladar.** ‖ r. Pasarse de una parte a otra, y se dice particularmente de las aves pasajeras.

PORTEAR. intr. Dar golpes las puertas y ventanas o darlos con ellas. ‖ *Arg.* Salir, tomar la puerta.

PORTELA, Guillermo. *Biog.* Político cubano cont. que en 1933 integró la junta que gobernó provisoriamente a su país. ‖ – **Ireneo.** Médico arg.; tuvo destacada actuación durante la epidemia que asoló, en 1836, a Buenos Aires (1802-1861).

PORT ELIZABETH. *Geog.* Ciudad de la República Sudafricana, en la prov. del Cabo. 448.000 h. Industria automovilística, textil, alimentaria, artículos de caucho. Puerto importante.

PORTENTO. (Del lat. *porténtum.*) m. Cualquiera cosa, acción o suceso que, por exceder de lo corriente o conocido, causa admiración o terror. *Un* PORTENTO *de sabiduría;* sinón.: **maravilla, milagro.** ‖ IDEAS AFINES: *Fénix, fabuloso, extraordinario, sorprendente, pasmo, inefable, increíble, inaudito.*

PORTENTOSO, SA. adj. Singular, extraño, que causa admiración, terror o pasmo. *Fenómeno* PORTENTOSO; *inteligencia* PORTENTOSA; sinón.: **asombroso, extraordinario;** antón.: **común.** ‖ deriv.: **portentosamente.**

PORTEÑO, ÑA. adj. Relativo al puerto. ‖ Aplícase al natural de una ciudad que tiene puerto. Ú.t.c.s. ‖ Bonaerense, natural de la ciudad de Buenos Aires. Ú.t.c.s.

PORTEO. m. Acción y efecto de portear.

PORTER, Carlos E. *Biog.* Naturalista chil. que descubrió diversas especies de insectos. Obras: *Índice alfabético y sinonímico de la anatomía humana de Sappey; Bibliografía chilena razonada de botánica agrícola e industrial,* etc. (1870-1942). ‖ — **Cole.** Compositor estadounidense, autor de comedias musicales y canciones de delicado lirismo. Obras: *Cantos de pájaros; Noche y día; Comienza el beguine,* etc. (1893-1964). ‖ — **Guillermo S.** Cuentista estadounidense que popularizó el seudónimo de O'Henry. Autor de *Cómo se llega a ser presidente; El reloj,* etc. (1862-1910). ‖ — **Jorge.** Químico británico cuyas investigaciones sobre equilibrio de átomos y moléculas merecieron en 1967 el premio Nobel de Química, compartido con su compatriota Ronaldo Norrish y el alemán Manfredo Eigen (n. en 1920). ‖ — **Noé.** Fil. estadounidense, autor de *El entendimiento humano* y otras obras (1811-1892). ‖ — **Rodney R.** Médico británico que obtuvo en 1972 el premio Nobel de Fisiología y Medicina, compartido con el estadounidense Gerardo Edelman, por sus estudios sobre la estructura química de los anticuerpos (n. en 1917).

PORTERA. f. *Urug.* Puerta de campo, tranquera.

PORTEREJO. m. dim. y desp. de **Portero.**

PORTERÍA. al. **Portierloge.** fr. **Conciergerie.** ingl. **Conciergerie.** ital. **Porteria.** port. **Portaria.** (De *portero.*) f. Pabellón, garita o pieza del zaguán de los edificios desde donde el portero vigila la entrada y salida de las personas, carruajes, etc. ‖ Empleo u oficio de portero. ‖ Su habitación. ‖ En el juego del fútbol y otros semejantes, marco rectangular formado por dos postes y un larguero, por el cual ha de entrar el balón o la pelota para marcar tantos.

PORTERÍA. f. *Mar.* Conjunto de las portas de una nave.

PORTERIL. adj. Relativo o perteneciente al portero o a la portería.

PORTERO, RA. al. **Pförtner.** fr. **Concierge.** ingl. **Concierge.** ital. **Portiere.** port. **Porteiro.** (Del lat. *portarius.*) adj. Aplícase al ladrillo poco cocido. ‖ s. Persona que tiene a su cuidado el guardar la entrada de un edificio, cuidar de su aseo, etc. ‖ Jugador que en algunos deportes defiende la portería de su bando. sinón.: **arquero, guardameta, guardavalla.** ‖ – **de estrados.** El que sirve en tribunal o consejo para que el público guarde compostura. ‖ – **de vara.** Ministro de justicia, inferior al alguacil.

PORTES GIL, Emilio. *Biog.* Pol. y jurisconsulto mex., 1928 a 1930 presidente de la Rep. (1891-1978).

PORTETE. *Geog.* Bahía de Colombia, en la pen. de Guajira.

PORTEZUELA. f. dim. de **Puerta.** ‖ Puerta de carruaje. ‖ Entre sastres, cartera, golpe.

PORTEZUELO. m. dim. de **Puerto.** ‖ *Arg.* y *Chile.* Camino público entre dos cerros.

PÓRTICO. al. **Säulengang.** fr. **Portique.** ingl. **Portico; porch.** ital. **Portico.** port. **Pórtico.** (Del lat. *pórticus.*) m. Lugar cubierto y con columnas que se construye delante de los templos u otros edificios monumentales. ‖ Galería con arcadas o columnas a lo largo de un muro de fachada o de patio.

PORTIER. m. Antepuerta o cortinón.

PORTILLA. (Del lat. *portella,* dim. de *porta,* puerta.) f. Paso, en los cerramientos de las fincas rústicas, para carros, ganados o peatones. ‖ *Mar.* Cada una de las aberturas pequeñas que sirven de ventanas en los costados de los buques.

PORTILLA, Anselmo de la. *Biog.* Escritor esp. que residió en México, autor de la novela *Virginia Steward* (1816-1879). ‖ – **Pedro de la.** Caudillo mex. que en 1799 promovió la llamada "conspiración de los machetes", primer antecedente de las luchas por la independencia de su patria.

PORTILLERA. f. Portilla, paso entre fincas rústicas.

PORTILLO. (Del b. lat. *portellus.*) m. Abertura que hay en las murallas, paredes o tapias. ‖ Postigo o puerta chica en otra mayor. ‖ En algunas poblaciones, puerta no principal cerrada a las mercaderías que pagan derechos. ‖ Camino angosto entre dos alturas. ‖ fig. Cualquier paso o entrada que se abre en un muro, vallado, etc. ‖ Mella o hueco que queda en una cosa quebrada. sinón.: **desportilladura.** ‖ Medio para hacer una cosa, no previsto por quienes la quisieron evitar. *Ese es un buen* PORTILLO *para burlar la ley.* ‖ **Diezmar a portillo.** frs. Diezmar el ganado al tiempo de desfilar por una puerta estrecha o **portillo.**

PORTINARI, Beatriz. *Biog.* Dama florentina, inmortalizada por Dante en *La Divina Comedia* (1266-1290). ‖ – **Cándido.** Notable pintor brasileño cuya obra trasciende igualmente una protesta social de vibraciones universales y el palpitante drama americano. Alternativamente extraña, tierna y aterradora, su plástica es intensa e innovadora y se da en cuadros o en murales de grandes dimensiones. Obras: *Retrato de mi madre; Los emigrantes; Ciclo bíblico,* etc. (1903-1962).

PÓRTLAND. m. V. **Cemento de Pórtland.**

PÓRTLAND. *Geog.* Isla de Gran Bretaña situada en el canal de la Mancha, junto a las costas del condado de Dorset (Inglaterra). 15.000 h. Afamadas canteras. ‖ Ciudad de los EE. UU. (Maine) 65.000 h. Puerto comercial. Metalurgia, conservas de pescado. ‖ Ciudad de los EE. UU. (Oregón). 380.000 h. Industria molinera, fundiciones.

PORT LYAUTEY. *Geog.* Ciudad y puerto de Marruecos. 55.909 h. Fabricación de papel. Exportaciones de granos.

PORT MORESBY. *Geog.* V. **Puerto Moresby.** Ahora **Kenitra.**

PORTO. *Geog.* V. **Oporto.** ‖ – **Alegre.** C. del Brasil, capital del Est. de Río Grande del Sur. 381.964 h. Puerto exportador de maderas, tejidos, arroz, etc. ‖ – **Novo.** C. del África occidental, cap. de Dahomey. 30.650 h. ‖ – **Velho.** Pobl. del Brasil, cap. del territorio de Guaporé. 10.205 h. Puerto sobre el río Madeira.

PORTO ALEGRE, Apolinar. *Biog.* Escr. brasileño, autor de *Bromelias; O vaqueano,* etc. (1844-1904). ‖ – **M. de Araujo.** Poeta bras. de tono romántico. Obras: *Colombo; Brasilianas,* etc. (1806-1879).

PORTOBELO. *Geog.* Población de Panamá, en la prov. de Colón, puerto sobre el mar de las Antillas. 3.850 h. Cristóbal Colón llegó a esta zona en 1502.

PORTOCARRERO, Melchor de. *Biog.* Noble esp., de 1686 a 1688 virrey de México y de 1689 a 1705 virrey del Perú (1636-1705). ‖ – **René.** Pintor cub., fino colorista, autor de *Casa de Viñales; Primavera,* etc. (n. 1912).

PORTOGALO, José. *Biog.* Poeta arg. (1904-1973), autor de *Tregua* y *Destino del canto.*

PORT OF SPAIN. *Geog.* Ciudad de las Antillas, cap. de la isla de Trinidad. 108.300 h. Centro comercial muy importante.

PORTÓN. al. **Haustur.** fr. **Porte d'entrée.** ingl. **Court door.** ital. **Portone.** port. **Portão.** m. aum. de **Puerta.** ‖ Puerta que divide el zaguán de lo restante de un edificio. sinón.: **contrapuerta.**

PORTO-RICHE, Jorge de. *Biog.* Dramaturgo fr., uno de los más sutiles iniciadores del teatro psicológico. Obras: *La enamorada; Un drama bajo Felipe II; Anatomía sentimental,* etc. (1849-1930).

PORTORRIQUEÑO, ÑA. adj. Natural de Puerto Rico. Ú.t.c.s. ‖ Perteneciente a dicha isla.

PORTOVIEJO. *Geog.* Río del Ecuador (Manabí), que des. en el Pacífico. 100 km. ‖ C. del Ecuador, cap. de la prov. de Manabí. 16.520 h. Producción agrícola.

PORT SAID. *Geog.* Ciudad de Egipto, en la entrada del canal de Suez, sobre el Mediterráneo. 190.300 h. Puerto importante. (En 1956 fue bombardeada por los ingleses durante el conflicto por el canal de Suez.)

PORTSMOUTH. *Geog.* Ciudad de los EE. UU. (Virginia). 80.039 h. Puerto agrícola. ‖ C. de Gran Bretaña, en Inglaterra (Hampshire), importante puerto militar. 233.464 h.

PORTUARIO, RIA. adj. Perteneciente o relativo al puerto o de mar. *Actividad* PORTUARIA.

PORTUENSE. (Del lat. *portuensis.*) adj. Natural de cualquiera población denominada Puerto. Ú.t.c.s. ‖ Perteneciente a ella. ‖ Del puerto de Ostia, en Italia.

PORTUGAL, Pedro de. *Biog.* Erudito port., autor de *Tragedia de la insigne reina doña Isabel; Coplas del contento del mundo; Sátira de felice e infelice vida,* etc. Fue el primer lit. de su nacionalidad que escribió en castellano (1429-1466).

PORTUGAL. *Geog.* República del extremo sudoccidental de Europa, en la pen. Ibérica. 92.082 km². (con las islas Azores y Madeira). 9.730.000 h. Cap. LISBOA. El sistema orográfico portugués es continuación del español. Las montañas descienden en forma escalonada hacia el Atlántico y su mayor altura no llega a los 2.000 m. Los ríos corren entre cordones serranos y los más importantes son españoles por su origen: Miño, Duero, Tajo, Guadiana. El clima, en general, es muy grato: inviernos suaves y veranos templados. La agricultura es la principal fuente de recursos, y la vid y el olivo sus dos renglones capitales. Produce también cereales, papas y frutas cítricas. La explotación forestal reviste enorme importancia. Sus bosques de encinas y alcornoques le han dado el primer puesto mundial en la producción de corcho. El ganado ovino es el más numeroso, le siguen luego el vacuno y el porcino. La pesca es notable en todo el amplio litoral, pero especialmente en el tramo central. La sardina y el atún de **Portugal** son apreciados mundialmente. La riqueza minera consiste en yacimientos de tungsteno, estaño, plomo, carbón, etc. Las principales manifestaciones industriales son: vinos en primer lugar, aceite, tejidos de lana, seda y algodón, conservas de pescado, azulejos y cerámica en general, productos químicos, etc. El idioma nacional es el portugués. **Hist.** Ligado a la hist. de España, el país fue dominado por los romanos en el s. II a. de C., por los visigodos en el s. VI y por los ár. desde el s. VIII al XII. En 1143 se nombró a Alfonso Enrique rey de **Portugal** independientemente de España. El rey Enrique el Navegante llevó al país a su máximo esplendor; se sucedian expediciones y exploraciones en África, Asia y América, donde los port. fundaron la colonia de Brasil. En 1580, **Portugal** y España fueron unidos bajo el cetro de Felipe II, pero en 1640 los port. se independizan, con Juan IV como rey. Las últimas décadas del s. XIX fueron inquietas y turbulentas; en 1908 fue asesinado el rey Carlos I y en 1910, destronado Manuel II, su hijo menor. En 1910 fue proclamada la Rep., que inició su existencia con agitación y revueltas; el movimiento militar de 1926 llevó al poder a Fragoso Carmona, reelegido varias veces. Neutral durante la segunda Guerra Mundial, **Portugal** rige sus destinos por la Constitución de 1933. **Presidentes de Portugal:** Teófilo Braga (1910-1911); Manuel de Arriaga (1911-1915); Teófilo Braga (1915); Bernardino Machado (1915-1917); Sidonio Paes (1917-1918); Juan do Canto e Castro (1918-1919); Antonio J. de Almeida (1919-1923); Manuel J. de Teixeira Gomes (1923-1925); Bernardino Machado (1925-1926); Gobierno mil. de Gomes da Costa y Fragoso de Carmona (1926); Fragoso de Carmona (1926-1950); Oliveira Salazar (1950); Francisco H. Craveiro Lopes (1951-1958); Américo Rodrigues Tomás (1959-1974); Antonio de Spínola (1974); Francisco da Costa Gomes (1974-1976), Antonio Ramalho Eanes (1976 en adelante).

PORTUGUES, SA. adj. Natural de Portugal. Ú.t.c.s. sinón.: **lusitano, luso.** ‖ Perteneciente a esta nación. ‖ m. Lengua portuguesa. ‖ Moneda antigua de oro de Castilla (10 ducados).

PORTUGUÉS, SA. adj. fig. y fam. Aplícase al que asiste a los espectáculos sin pagar la entrada. Ú.t.c.s.

PORTUGUESA. *Geog.* Río de Venezuela, afl. del Apure. 530 km. ‖ Estado del O. de Venezuela. 16.200 km². 122.153 h. Cap. GUANARE. Labores agrícolaganaderas.

PORTUGUESADA. f. Dicho o hecho en que se exagera la importancia de algo.

PORTUGUESISMO. m. Lusitanismo.

PORTULACÁCEO, A. adj. *Bot.* Dícese de plantas dicotiledóneas, con flores hermafroditas, la mayoría con dos sépalos y cuatro o cinco pétalos; hojas carnosas y fruto en forma de cápsula. Ú.t.c.s.f. ‖ f. pl. *Bot.* Familia de estas plantas.

PORTULANO. (Del ital. *portolano*, y éste del lat. *portus*, puerto.) m. Colección de planos de varios puertos, en forma de atlas.

PORUÑA. f. *Arg.* y *Chile.* Asta recortada que se utiliza en las minas para ensayar minerales. ‖ *Chile.* Cucharón que se usa para colocar en la balanza el arroz, el azúcar, etc.

PORVENIR. al. **Zukunft.** fr. **Avenir.** ingl. **Future.** ital. **Avvenire.** port. **Porvir.** (De *por* y *venir.*) m. Suceso o tiempo futuro. *Nadie sabe qué le reserva el* PORVENIR. sinón.: **mañana.** ‖ Posición social a que se aspira. *Es un joven de mucho* PORVENIR. ‖ IDEAS AFINES: *Próximo, venidero, ulterior, posteridad, predecir, presagio, profecía, previsión, augur, destino, desconocido, más allá, expectación, promesa, espera, sucesión, sembrar.*

¡PORVIDA!. int. de ira o amenaza. Ú.t.c.s. ‖ Por vida

POS. (Del lat. *post.*) prep. insep. que significa detrás o después de. Poscomunión, posguerra. En algunas voces suele escribirse como en latín. Postfijo, postmeridiano. ‖ Ú. como adv. con igual significación en el m. adv. **en pos.** ‖ m. Postre de la comida.

POSA. (De *posar.*) f. Toque de campanas por los difuntos. ‖ Parada que hace el clero en los entierros, para cantar el responso. ‖ pl. Asentaderas.

POSADA. al. **Gasthof.** fr. **Auberge.** ingl. **Lodging house.** ital. **Locanda.** port. **Pousada.** (De *posar*) f. Casa en que uno habita. ‖ Mesón. *Comieron en una* POSADA; sinón.: **hostería, parador, fonda.** ‖ Casa de huéspedes. ‖ Campamento. ‖ Estuche compuesto de cuchara, tenedor y cuchillo para viaje. ‖ Hospedaje. ‖ – **de colmenas.** Colmenar abierto. ‖ – **franca.** Hospedaje gratuito.

POSADA, Adolfo. *Biog.* V. **González Posada, Adolfo.** ‖ – **José Guadalupe.** Dibujante mex. que con agudo sentido caricaturesco de lo popular documentó una época de la hist. de su patria e impuso una particular creación: la "calavera" (1851-1913). ‖ – **Julio.** Escritor col. de tendencia regionalista (n. 1881). ‖ – **AMADOR, Carlos.** Compositor col., autor de música coral y orquestal. Obras: *La coronación del Zipa en Guatavita; Cinco canciones medioevales,* etc. (n. 1908).

POSADAS, Gervasio A. de. *Biog.* Pol. argentino, primer Director Supremo de las Provincias Unidas del Río de la Plata (1757-1833).

POSADAS. *Geog.* Ciudad de la Argentina, capital de la prov. de Misiones. 80.000 h. Puerto importante en el río Paraná.

POSADEÑO, ÑA. adj. y s. De Posadas, Argentina.

POSADERAS. f. pl. Nalgas. sinón.: **asentaderas.**

POSADERO, RA. al. **Gastwirt.** fr. **Hôtelier.** ingl. **Host.** ital. **Locandiere.** port. **Hospedeiro.** s. Persona que tiene mesón o casa de huéspedes. ‖ m. Asiento de espadaña o soga de esparto de forma cilíndrica. sinón.: **posón.** ‖ Sieso.

POSANTE. p. a. de **Posar.** Que posa. ‖ adj. *Mar.* Dícese del buque que al navegar no tiene movimientos violentos.

POSAR. (Del lat. *pausare.*) intr. Alojarse, sinón.: **hospedarse.** ‖ Descansar, reposar. ‖ Hablando de las aves u otros animales que vuelan, o de aviones o aparatos astronáuticos, asentarse. ‖ tr. Soltar una carga para descansar. ‖ r. Depositarse en el fondo las partículas sólidas que están en suspensión en un líquido o caer el polvo sobre las cosas. ‖ IDEAS AFINES: *Insecto, avión, aterrizar, pararse, etapa, poso, borra, hez, sedimento.*

POSAR. (Del fr. *poser.*) intr. Permanecer en determinada postura para retratarse o para servir de modelo a un pintor o escultor.

POSAVERGA. f. *Mar.* Palo largo para reemplazar o componer un mastelero o una verga.

POSBÉLICO, CA. adj. Posterior a una guerra.

POSCA. (Del lat. *posca.*) f. Mezcla de agua y vinagre que los romanos usaban como refresco y para otros usos.

POSCAFÉ. m. Licor que se sirve con el café después de las comidas.

POSCOMUNIÓN. f. Oración que se dice en la misa después de la comunión.

POSDATA. al. **Nachschrift.** fr. **Post-scriptum.** ingl. **Postscript.** ital. **Poscrito.** port. **Pós.** f. Lo que se añade a una carta concluida y firmada. ‖ IDEAS AFINES: *Añadido, epílogo, posterior, acotación, apostilla, colofón.*

POSE. f. Gal. por posición, postura, actitud. ‖ Actitud afectada. ‖ *Fot.* Exposición.

POSEEDOR, RA. al. **Besitzer.** fr. **Possesseur.** ingl. **Possessor.** ital. **Possessore.** port. **Possuidor; possessor.** adj. Que posee. Ú.t.c.s. sinón.: **dueño, propietario.** ‖ – **de buena fe.** *Der.* El que ignora que sea vicioso su título de propiedad. ‖ **Tercer poseedor.** *Der.* Respecto de un título de propiedad o de un contrato, el que no intervino en el otorgamiento, ni es causahabiente o sucesor de los otorgantes.

POSEER. al. **Besitzen.** fr. **Posséder.** ingl. **To possess.** ital. **Possedere.** port. **Possuir.** (Del lat. *possidere.*) tr. Tener uno en su poder una cosa. POSEER *valiosos cuadros.* ‖ Saber algo suficientemente. POSEÍA *varios idiomas.* ‖ *Der.* Tener algo con ánimo de dueño. ‖ r. Dominarse uno a sí mismo. ‖ **Estar poseído** uno. frs. Estar penetrado de una pasión o idea. ‖ irreg. Conj. como **caer.**

POSEÍDO, DA. adj. y s. Poseso. ‖ fig. Que ejecuta acciones furiosas o malas.

POSEIDÓN. *Mit.* Dios del Océano. Es el Neptuno de la mitología romana.

POSEN. *Geog.* Nombre alemán de Poznan, ciudad de Polonia occidental.

POSESIÓN. al. **Besitz.** fr. **Possession.** ingl. **Possession.** ital. **Possessione.** port. **Possessão.** (Del lat. *possessio, -onis.*) f. Acción y efecto de poseer. ‖ Apoderamiento del espíritu del hombre por otro espíritu que obra en él como agente. ‖ Cosa poseída y especialmente finca rústica. *Todas las mañanas recorría su vasta* POSESIÓN; sinón.: **propiedad.** ‖ – **civil.** *For.* La que uno tiene con justa causa y ánimo de señor. ‖ – **clandestina.** *For.* La que se tiene ocultamente. ‖ – **de buena fe.** *For.* La que uno tiene ignorando que sea vicioso el título. ‖ – **de mala fe.** *For.* La que se tiene careciendo a sabiendas de título. ‖ – **natural.** *For.* Real tenencia de una cosa corporal. ‖ – **turbativa.** *For.* La adquirida violentando la que pacíficamente tenía otro. ‖ **Dar posesión** a uno. frs. *For.* Poner real y efectivamente a su disposición la cosa o derecho de que se trata. ‖ **Tomar posesión.** frs. Ejecutar algún acto que muestre ejercicio del derecho, uso o libre disposición de la cosa de que se entra en posesión. ‖ IDEAS AFINES: *Pertenecer, posesivo, dominio, poder, inmueble, bienes, propietario, dueño, amo, poseso.*

POSESIONAL. adj. Perteneciente a la posesión o que la incluye.

POSESIONAR. tr. y r. Poner en posesión de una cosa.

POSESIONERO. m. Ganadero que ha adquirido la posesión de pastos arrendados.

POSESIVO, VA. al. **Possessivum.** fr. **Possessif.** ingl. **Possessive.** ital. **Possessivo.** port. **Possessivo.** (Del lat. *possessivus.*) adj. Que denota posesión. ‖ Posesorio. ‖ *Gram.* V. **Pronombre posesivo.** Ú.t.c.s.m.

POSESO, SA. al. **Besessener.** fr. **Possédé.** ingl. **Possessed.** ital. **Indemoniato.** port. **Possesso.** (Del lat. *possessus.*) p. p. irreg. de **Poseer.** ‖ adj. y s. Dícese de la persona que padece posesión de algún espíritu. sinón.: **endemoniado.**

POSESOR, RA. (Del lat. *possésor.*) adj. y s. Poseedor.

POSESORIO, RIA. adj. Perteneciente o relativo a la posesión, o que la denota. *Interdicto* POSESORIO.

POSEYENTE. p. a. de **Poseer.** Que posee.

POSFECHA. Fecha posterior a la verdadera.

POSFIJO. m. *Gram.* Postfijo.

POSGUERRA. f. Tiempo inmediato a la terminación de una guerra.

POSIBILIDAD. al. **Möglichkeit.** fr. **Possibilité.** ingl. **Possibility.** ital. **Possibilità.** port. **Possibilidade.** (Del lat. *possibilitas, -atis.*) f. Aptitud, potencia u ocasión para ser o existir las cosas. ‖ Aptitud o facultad para hacer o no hacer una cosa. *La* POSIBILIDAD *de viajar.* ‖ Medios, hacienda de uno; caudal disponible.

POSIBILISMO. m. Tendencia política que busca armonizar la implantación de ciertas mejoras con lo que permiten las circunstancias.

POSIBILISTA. adj. y s. Partidario del posibilismo.

POSIBILITAR. tr. Hacer posible o fácil una cosa dificultosa. POSIBILITAR *una expedición.* ‖ deriv.: **posibilitación; posibilitador, ra.**

POSIBLE. al. **Möglich.** fr. **Possible.** ingl. **Possible.** ital. **Possibile.** port. **Possível.** (Del lat. *possíbilis.*) adj. Que puede ser o suceder; que se puede ejecutar. *Mejoras* POSIBLES; sinón.: **acaecedero, factible.** ‖ pl. Bienes, rentas o medios que uno posee. Ú.t. en sing. *Mis* POSIBLES *son escasos.* ‖ **¿Es posible?** expr. con que se explica la extrañeza y admiración que causa una cosa extraordinaria. ‖ También se usa de ella para reprender una cosa mal hecha. ‖ **Hacer** uno **lo posible,** o **todo lo posible.** frs. No omitir diligencia para el logro de lo que intenta. *Hizo todo lo* POSIBLE *para salvarle la vida.* ‖ **No ser posible** una cosa. frs. fig. con que se pondera la dificultad de ejecutarla, o de concederla. ‖ IDEAS AFINES: *Eventual, realizable, viable, probabilidad, azar, acaso, quizás.*

POSICIÓN. al. **Lage; Stellung.** fr. **Position.** ingl. **Position.** ital. **Posizione.** port. **Posição.** (Del lat. *positio, -onis.*) f. Postura, modo de estar colocada una persona o cosa. POSICIÓN *incorrecta.* ‖ Acción de poner. ‖ Categoría o condición social. ‖ Suposición, acción y efecto de suponer. ‖ Situación o disposición. ‖ *For.* Estado jurídico que resulta de unos autos. ‖ Cada una de las preguntas que cualquiera de los litigantes ha de contestar bajo juramento, ante el juzgador. ‖ *Mil.* Punto fortificado o naturalmente ventajoso para la guerra. ‖ – **militar.** *Mil.* La del soldado cuando se cuadra. ‖ **Falsa posición.** *Arit.* Suposición que se hace de uno o más números para resolver una cuestión. ‖ **Absolver posiciones.** frs. *For.* Contestarlas.

POSIDONIA. *Geog. histór.* V. **Trecenas.**

POSIDONIO. *Biog.* Fil. e historiador gr. de la escuela estoica. Se le atribuye una *Historia Universal;* su obra se conserva muy fragmentariamente (135-50 a. de C.).

POSITIVAMENTE. adv. m. Cierta y efectivamente; sin ninguna duda.

POSITIVISMO. al. **Positivismus.** fr. **Positivisme.** ingl. **Positivism.** ital. **Positivismo.** port. **Positivismo.** m. Calidad de atenerse a lo positivo. ‖ Excesiva afición a comodidades y goces materiales. ‖ Sistema filosófico que sólo admite el método experimental y rechaza toda noción a priori y todo concepto universal y absoluto. ‖ IDEAS AFINES: *Realidad, naturalismo, epicureísmo, a posteriori, prueba, inducción, Comte.*

● **POSITIVISMO.** *Fil.* Aunque Augusto Comte es el verdadero e indiscutible fundador de esta posición filosófica, el positivismo reconoce antecedentes parciales en Hume, Condorcet, Kant y otros filósofos, a la vez que aspira a entroncar con Bacon, Descartes y Leibniz. El positivismo restringe la ciencia a la comprobación de los hechos y las leyes, y por ende considera estéril la investigación de las causas y rechaza toda metafísica. Son teorías fundamentales de la filosofía positivista la ley de los tres estados, la clasificación de las ciencias y la religión de la humanidad. La primera descansa en la creencia de que el desarrollo humano consiste en pasar de la explicación mitológica de los fenómenos naturales a la explicación metafísica y finalmente a la explicación positiva, que se fundamenta en las leyes. La clasificación de las ciencias es para el positivismo una ordenación de mutua dependencia, un orden también cronológico en el desenvolvimiento histórico: matemática, astronomía, física, química, biología, sociología. El culto de los grandes hombres hace la religión de la humanidad; los muertos ilustres, incorporados a la humanidad, constituyen "el gran ser" que actúa en la tierra ("gran fetiche"); ésta, a su vez, está situada en el espacio ("gran medio"). Los positivistas profesan una moral ecuménica que se funda en el altruismo. Según el mismo Comte lo manifiesta, el positivismo aspira esencialmente a ser "el sentido común generalizado y sistematizado" y al desechar todo empeño de desentrañar lo absoluto, es una filosofía relativa; al mismo tiempo es real, por cuanto se satisface con las realidades que puede apreciar el organismo humano; es orgánica, porque le da unidad a la fenomenología y la eleva a la categoría de sistema; es precisa, porque prescinde de lo vago e indeterminado, y por reunir todas esas condiciones abre un camino cierto al progreso científico, en especial con la aplicación del método positivista a las ciencias biológicas hacia fines del s. XIX y comienzos del XX.

POSITIVISTA. adj. Perteneciente o relativo al positivismo. || Partidario del positivismo. Ú.t.c.s.

POSITIVO, VA. al. **Positiv; tatsächlich.** fr. **Positif.** ingl. **Positive.** ital. **Positivo.** port. **Positivo.** (Del lat. *positivus.*) adj. Cierto, efectivo, que no ofrece duda. *Ventajas* POSITIVAS; sinón.: **innegable, seguro;** antón.: **dudoso.** || Aplícase al derecho promulgado en contraposición del natural. || Dícese del que busca la realidad de las cosas, sobre todo en cuanto a sus conveniencias y placeres. *Desdeño aplausos y honores, estoy por lo* POSITIVO. || *Lóg.* Afirmativo, en contraposición de negativo. || **De positivo.** m. adv. Ciertamente, sin duda.

PÓSITO. (Del lat. *pósitus,* depósito.) m. Instituto municipal para tener acopio de granos y prestarlos en períodos de escasez. || Casa en que se guarda el grano de ese instituto. || Ciertas asociaciones formadas para cooperación o mutuo auxilio entre trabajadores. || – **pío.** El de carácter caritativo o benéfico.

POSITÓN. m. *Fís.* Partícula de masa igual a la del electrón, pero carga positiva, de igual magnitud que la de aquél.

POSITRÓN. m. *Fís.* Positón.

POSITURA. (Del ital. *positura.*) f. Postura, colocación. || Estado o disposición de una cosa.

POSLIMÍNEO. m. Postliminio.

POSMA. f. fam. Pesadez, cachaza. || *Ven.* Agua podrida. || com. fig. y fam. Persona lenta y pesada. Ú.t.c.adj.

POSMERIDIANO. m. Postmeridiano.

POSNANIA. *Geog.* Antiguo gran ducado prusiano, cedido a Polonia después del tratado de Versalles (1919). Su cap. era Posen, hoy Poznan.

POSNANSKY, Arturo. *Biog.* Arqueólogo bol. de origen aust., autor de *Antropología y sociología de las razas interandinas y de las regiones adyacentes; Razas y monumentos prehistóricos del altiplano andino,* etc. (1874-1946.)

POSO. al. **Bodensatz.** fr. **Lie.** ingl. **Lees; drain.** ital. **Posata; fondiglio.** port. **Lia.** (De *posar.*) m. Sedimento del líquido contenido en una vasija. || Quietud, reposo, descanso.

POSÓ. m. Cierto moño que se hacen con el cabello las indias filipinas.

POSOLOGÍA. (Del gr. *poson,* qué cantidad, y *logos,* tratado.) f. *Med.* Parte de la terapéutica, que trata de las dosis de los medicamentos.

POSÓN. m. Posadero, especie de asiento.

POSOSO, SA. adj. Que tiene posos.

POSPALATAL. adj. y s. Postpalatal.

POSPELO (A). m. adv. A contrapelo. || fig. y fam. Al, o a, redopelo.

POSPIERNA. f. En las caballerías, muslo.

POSPONER. al. **Hintansetzen; nachstellen.** fr. **Postposer.** ingl. **To postpone.** ital. **Posporre.** port. **Pospor.** (Del lat. *postpónere;* de *post,* después de, y *pónere,* poner.) tr. Poner a una persona o cosa después de otra. POSPONÍA *sus deberes a su placer;* antón.: **anteponer.** || fig. Apreciar a una persona o cosa menos que a otra. || irreg. Conj. como **poner.** || deriv.: **posponedor, ra; posponente.**

POSPOSICIÓN. f. Acción de posponer.

POSPOSITIVO, VA. adj. *Gram.* Que se pospone. *Pronombre* POSPOSITIVO.

POSPUESTO, TA. p. p. irreg. de **Posponer.**

POST. prep. Pos.

POSTA. (Del lat. *pósita,* puesta.) f. Conjunto de caballerías prevenidas en los caminos para que, renovando los tiros, viajen con prontitud los correos y pasajeros. *Con el ferrocarril, desaparecieron las* POSTAS. || Lugar donde están las postas. || Distancia de una posta a otra. || Tajada o pedazo de carne, pescado u otra cosa. sinón.: **puesta.** || Bala pequeña de plomo, mayor que los perdigones. || En el juego de envite, porción de dinero que se envida. || Tarjetón con letrero conmemorativo. || *Arq.* Conjunto de ondas, volutas y eses unidas, usado en frisos y espacios análogos de gran longitud. || m. Persona que corre y va por la posta a una diligencia. || **A posta.** m. adv. fam. Aposta. || **Por la posta.** m. adv. fig. y fam. Con prontitud. || IDEAS AFINES: *Etapa, alto, jornada, cochero, factor, postillón, galera, relevo, parada, cabalgata, galope, recorrido, transporte, viajero, corceles.*

POSTAL. al. **Postlich; Postakarte.** fr. **Postal; carte postale.** ingl. **Postal; postal card.** ital. **Postale; cartolina postale.** port. **Postal.** adj. Concerniente a los correos o postas. *Sello* POSTAL. || V. **Tarjeta postal.** Ú.t.c.s.f.

POSTDATA. f. Posdata.

POSTDILUVIANO, NA. adj. Posterior al diluvio universal.

POSTDORSAL. adj. Se aplica al sonido que se articula principalmente con la parte posterior del dorso de la lengua, y a la letra que lo representa; como la h aspirada. Ú.t.c.s.f.

POSTE. al. **Pfahl; Mast.** fr. **Poteau.** ingl. **Post; pillar.** ital. **Palo.** port. **Poste.** (Del lat. *postis.*) m. Madero, piedra o columna colocada verticalmente para servir de apoyo o señal. POSTE *telegráfico.* || fig. Castigo impuesto a los colegiales, que consiste en mantenerlos de pie durante determinado tiempo. || **Dar poste.** frs. fig. Hacer que otro espere, en algún lugar, más del tiempo convenido. || **Llevar poste.** frs. fig. y fam. Aguardar a uno que falta a la cita. || **Oler** uno **el poste.** frs. fig. y fam. Prever y evitar un daño. || **Ser** uno **un poste.** frs. fig. y fam. Ser muy lento. || Estar muy sordo. || IDEAS AFINES: *Pilar, puntal, estaca, sostén, cables, teléfono, mástil, asta, tronco, alambrado, empalizada.*

POSTELERO. (De *poste.*) m. *Mar.* Puntal que sostiene y sujeta las mesas de guarnición.

POSTEMA. (De *apostema.*) f. Absceso supurado. || fig. Persona molesta o pesada. || deriv.: **postemoso, sa.**

POSTEMERO. m. *Cir.* Lanceta para abrir postemas.

POSTEMILLA. f. *Amér.* Postema que se produce en la encía.

POSTERGACIÓN. f. Acción y efecto de postergar. sinón.: **aplazamiento.**

POSTERGAR. al. **Zurücksetzen.** fr. **Ajourner.** ingl. **To delay.** ital. **Postergare.** port. **Postergar.** (Del lat. *postergare,* de *post,* después de, y *térgum,* espalda.) tr. Hacer sufrir atraso, dejar atrasada una cosa. POSTERGAR *una ceremonia;* sinón.: **aplazar, diferir;** antón.: **adelantar.** || Perjudicar a un empleado, dando a otro más moderno el ascenso u otra recompensa que correspondía a aquél. || deriv.: **postergador, ra; postergamiento; postergativo, va.**

POSTERIDAD. al. **Nachwelt; Nachkommenschaft.** fr. **Postérité.** ingl. **Posterity.** ital. **Posterità.** port. **Posteridade.** (Del lat. *postéritas, -atis.*) f. Descendencia o generación venidera. *La* POSTERIDAD *le hará justicia.* || Fama póstuma.

POSTERIOR. al. **Nachheriger.** fr. **Postérieur.** ingl. **Posterior.** ital. **Posteriore.** port. **Posterior.** (Del lat. *postérior.*) adj. Que fue o viene después en el tiempo o en el espacio. *Hechos* POSTERIORES, *patas* POSTERIORES; sinón.: **ulterior, siguiente;** antón.: **anterior.** || IDEAS AFINES: *Póstumo, detrás, nuca, espalda, popa, consecuencia, sufijo, sucesor, escolta, retaguardia, posdata, luego.*

POSTERIORIDAD. f. Calidad de posterior. antón.: **antelación, anterioridad.**

POSTERIORMENTE. adv. t. y o. Después, detrás, por contraposición a delante.

POSTETA. f. Porción de pliegos que baten de una vez los encuadernadores. || *Impr.* Conjunto de pliegos que se meten unos dentro de otros para empaquetar las impresiones.

POSTFIJO, JA. adj. Sufijo. Ú.t.c.s.m.

POSTIGO. al. **Pförtchen; Fensteriaden.** fr. **Guichet; volet.** ingl. **Wicket; shutter.** ital. **Sportello.** port. **Postigo.** (Del lat. *postícum.*) m. Puerta falsa, en sitio excusado. || Puerta lisa hecha de una pieza. || Cada una de las puertecillas existentes en las ventanas o puertaventanas. || Puerta pequeña que se abre en otra más grande. || Cualquiera de las puertas no principales de una población.

POSTILA. f. Apostilla.

POSTILAR. tr. Apostillar. || deriv.: **postillación; postillador, ra.**

POSTILLA. (Del lat. *pústula.*) f. Costra que se forma en las llagas o abscesos cuando se van secando.

POSTILLA. f. Postila.

POSTILLÓN. (De *posta.*) m. Mozo que va a caballo delante de los que corren la posta, o montado en una caballería de las delanteras del tiro de un carruaje.

POSTILLOSO, SA. adj. Que tiene postillas o costras.

POSTÍN. m. fam. Entono, presunción, vanidad. || **Darse postín.** frs. Darse tono.

POSTINERO, RA. adj. Aplícase a la persona que se da postín.

POSTINO. m. *Chile.* Coche de plaza.

POSTITIS. f. *Pat.* Inflamación del prepucio.

POSTIZA. (De *postizo.*) f. Castañuela, especialmente la fina y pequeña. Ú.m. en pl. || *Mar.* Obra muerta que se ponía en los costados de las embarcaciones para aumentar la manga.

POSTIZO, ZA. al. **Falsch; Künstlich.** fr. **Postiche.** ingl. **Artificial.** ital. **Posticcio.** port. **Postiço.** (De un deriv. del lat. *pósitum,* puesto.) adj. Que no es natural ni propio, sino agregado, imitado o fingido. *Uñas* POSTIZAS; sinón.: **artificial;** antón.: **real, verdadero, legítimo.** || m. Añadido de cabello que sirve para suplir la escasez de éste. || deriv.: **postizamente.**

POSTLIMINIO. (Del lat. *postliminium,* de *limen,* umbral.) m. Entre los romanos, reintegración de los derechos de ciudadano del que había estado prisionero del enemigo.

POSTMERIDIANO, NA. adj. Perteneciente o relativo a la tarde; posterior al mediodía. || m. *Astron.* Cualquiera de los puntos del paralelo de declinación de un astro, a occidente del meridiano del observador.

POSTÓNICA. adj. *Gram.* Dícese de la sílaba átona que en el vocablo va detrás de la tónica.

POSTOR. (Del lat. *pósitor.*) m. Licitador. || **Mayor,** o **mejor, postor.** El que hace la postura más ventajosa en una subasta. *Se venderá al mejor* POSTOR. || *Cineg.* El que coloca a cada tirador en su puesto.

POSTPALATAL. adj. Dícese del sonido o consonante para cuya pronunciación choca la base de la lengua contra el velo del paladar, y de la letra que lo representa; como la k ante vocal. Ú.t.c.s.

POSTRACIÓN. al. **Kniefall; Hinfälligkeit.** fr. **Postration.** ingl. **Prostration.** ital. **Prostrazione.** port. **Prostação.** (Del lat. *prostatio, -onis.*) f. Acción y efecto de postrar o postrarse. || Abatimiento por enfermedad o aflicción. sinón.: **descaecimiento, extenuación.**

POSTRADOR, RA. adj. Que postra. || m. Tarima baja para arrodillarse en ella, y en particular la que se pone al pie de la silla en el coro.

POSTRAR. al. **Demütigen.** fr. **Abattre.** ingl. **To prostrate.** ital. **Prostrare.** port. **Prostrar.** (Del ant. *prostrar,* y éste del lat. *prostrare.*) tr. Rendir, humillar o derribar una cosa. || Debilitar, quitar el vigor y fuerzas a uno. Ú.t.c.r. *El dolor lo* POSTRÓ. || r. Hincarse de rodillas; ponerse a los pies de otro en señal de respeto, veneración o ruego. SE POSTRÓ *ante las sagradas reliquias.* || deriv.: **postramiento; postrante.**

POSTRE. al. **Nachtisch.** fr. **Dessert.** ingl. **Dessert.** ital. **Pospasto.** port. **Postre.** (Del lat. *póster, -eri.*) adj. Postrero. || m. Frutas, dulce, etc. que se sirven al fin de la comida. || **A la postre, o al postre.** m. adv. A lo último, al fin. A LA POSTRE *se quedó con la mejor parte.*

POSTREMERO, RA. adj. Postrimero.

POSTREMO, MA. (Del lat. *postremus.*) adj. Postrero o último.

POSTRER. adj. Apócope de **postrero.** Úsase siempre antepuesto al substantivo masculino. *El* POSTRER *suspiro.*

POSTRERAMENTE. adv. o. y t. A la postre.

POSTRERO, RA. (De *postre.*) adj. y s. Último en orden. *Los rayos* POSTREROS *del sol.* || Que está, se queda o viene detrás. || f. *Amér.* La última leche que se ordeña de la vaca, y que es más espesa. || *Arg.* Figura del pericón, terminada en aire de vals. || *Col.* Vasija de leche ordeñada de tal suerte que conserve la espuma.

POSTRIMER. adj. Postrimero.

POSTRIMERAMENTE. adv. o. y t. Última y finalmente a la postre.

POSTRIMERÍA. f. Último periodo o últimos años de la vida. || Último período en la duración de una cosa. || Ú.m. en pl. *Jorge Washington murió en las* POSTRIMERÍAS *del siglo XVIII.* || *Teol.* Novísimo.

POSTRIMERO, RA. (De *postremo.*) adj. Postrero o último.

POST SCRÍPTUM. loc. alt. que se usa como substantivo masculino equivalente a **posdata.**

POSTULA. f. Postulación.

POSTULACIÓN. f. Acción y efecto de postular.

POSTULADO. al. **Postulat.** fr. **Postulat.** ingl. **Postulate.** ital. **Postulato.** port. **Postulado.** m. Proposición cuya verdad se admite sin pruebas y es fundamento necesario de ulteriores razonamientos. sinón.: **principio.** || *Mat.* Supuesto que se establece paa fundar una demostración. || IDEAS AFINES: *Axioma, dogma, sentencia, cierto, auténtico, evidente, incontestable, infalible, credo, hipótesis, consecuencia, corolario, teorema, geometría, Euclides.*

POSTULADOR. m. En derecho canónico, cada uno de los capitulares que postulan. || El que solicita en la curia romana la beatificación y canonización de una persona venerable.

POSTULANTA. f. Mujer que pide ser admitida en una comunidad religiosa.

POSTULANTE. p. a. de **Postular.** Que postula. Ú.t.c.s. sinón.: **peticionario, solicitante.**

POSTULAR. (Del lat. *postulare.*) tr. Pedir, pretender. POSTULAR *un cargo vacante;* sinón.: **solicitar.** || Proponer para prelado de una iglesia a quien, según derecho, no puede ser elegido. || Presentar su candidatura el aspirante a cargos políticos.

PÓSTUMO, MA. al. **Nachgeboren; nachgelassen; posthum.** fr. **Posthume.** ingl. **Posthumous.** ital. **Postumo.** port. **Póstumo.** (Del lat. *póstumus.*) adj. Que sale a luz después de la muerte del padre o autor. *La casa de Bernarda Alba es la obra* PÓSTUMA *de García Lorca.*

PÓSTUMO, Marco Casiano Latino. *Biog.* General romano que se proclamó emp. en 258, muerto por sus soldados en 267.

POSTURA. al. **Haltung.** fr. **Posture.** ingl. **Posture.** ital. **Postura.** port. **Postura.** (Del lat. *positura.*) f. Posición, actitud o disposición de una persona, animal o cosa. || Acción de plantar árboles tiernos o plantas. || Precio que fija la autoridad para las cosas comestibles. || sinón.: **tasa.** || Precio que el comprador ofrece por una cosa, especialmente en una subasta. *Hubo una sola* POSTURA. sinón.: **oferta.** || Pacto, ajuste o convenio. || Cantidad que se atraviesa en una apuesta. || Huevo del ave. || Acción de ponerlo. || Planta o arbolillo tierno que se trasplanta. || *Ec.* Terno de vestido exterior, de hombre o de mujer. || – **del Sol.** Ocaso del astro. || **Hacer postura.** frs. Tomar parte como licitador en una subasta. || **Plantar de postura.** frs. Plantar poniendo árboles tiernos. || IDEAS AFINES: *Figura, suspiro, decúbito, vertical, erección, inclinada, flexión, torsión, sentado, arrodillado, escoliosis, enderezarse.*

POTABILIDAD. f. Cualidad de potable.

POTABLE. al. **Trinkbar.** fr. **Potable.** ingl. **Potable.** ital. **Potabile.** port. **Potável.** (Del lat. *potábilis.*) adj. Que se puede beber. *Agua* POTABLE.

POTACIÓN. f. Acción de potar o beber. ‖ Bebida.

POTADA. f. En algunas partes, **potala**, piedra para fondear.

POTADOR, RA. adj. y s. Que pota.

POTAJE. al. **Gemüsesuppe.** fr. **Potage.** ingl. **Pottage; Porridge.** ital. **Potaggio.** port. **Potagem.** (De *pote.*) m. Caldo de olla u otro guisado. ‖ Por anton., legumbres guisadas para el mantenimiento en los días de abstinencia. ‖ Legumbres secas. ‖ Bebida en que entran muchos ingredientes. ‖ fig. Mezcla confusa de varias cosas inútiles.

POTAJERÍA. f. Conjunto de legumbres secas para hacer potajes. ‖ Oficina en que se guardan semillas o potajes.

POTAJIER. m. Jefe de la potajería de algunas antiguas casas reales.

POTALA. f. *Mar.* Piedra que se utiliza como ancla para fondear las embarcaciones menores. ‖ Buque pesado y poco marinero.

POTÁMIDE. f. *Mit.* Ninfa de los ríos. Ú.m. en pl.

POTAMÓN. *Biog.* Fil. griego, fundador de la escuela ecléctica (s. III).

POTANGO. m. *Arg.* Vasija ovalada.

POTAR. (De *pote*, medida.) tr. Igualar y marcar los pesos y medidas.

POTAR. (Del lat. *potare.*) tr. Beber. ‖ deriv.: **potable.**

POTASA. al. **Pottasche; Kalidünger.** fr. **Potasse.** ingl. **Potash.** ital. **Potassa.** port. **Potassa.** (Del fr. *potasse* y éste del al. *pottasche;* de *pot*, puchero, olla, y *asche*, ceniza.) f. *Quím.* Carbonato de potasio, obtenido calentando en recipientes de hierro un extracto acuoso de cenizas de madera. ‖ Denominación genérica de las sales de potasio. ‖ — **cáustica.** Compuesto de potasio, blanco, cristalino, se combina con todos los ácidos, ataca las substancias orgánicas y saponifica las grasas. Su nombre químico es *hidróxido potásico.*

POTÁSICO, CA. adj. *Quím.* Perteneciente o relativo al potasio.

POTASIO. al. **Kallium.** fr. **Potassium.** ingl. **Potassium.** ital. **Potassio.** port. **Potássio.** (De *potasa.*) m. *Quím.* Metal blanco argentino, que se extrae de la potasa, blando, fusible, muy alterable al aire húmedo, más liviano que el agua. Descompone a ésta en frío, inflamándose el hidrógeno desprendido. Sus sales se emplean en la fabricación de jabones, vidrio, pólvora, en fotografías y como fertilizantes. Elemento de símbolo K y p. atóm. 39.096.

POTE. al. **Topf.** fr. **Pot.** ingl. **Pot.** ital. **Orciolo.** port. **Pote.** (Del b. lat. *potus.*) m. Especie de vaso de barro, alto, para beber o guardar líquidos. ‖ Tiesto para plantas y flores. ‖ Vasija redonda, con barriga y boca ancha, con tres pies, para cocer viandas. ‖ Medida o pesa usada como patrón. ‖ fig. y fam. Puchero, gesto que precede al llanto. ‖ **A pote.** m. adv. fam. Abundantemente.

POTEMKIN, Gregorio A. *Biog.* Mil. y político ruso, favorito de Catalina II. Organizó la escuadra, fundó los puertos de Feodosia y Sebastopol, e incorporó Crimea a Rusia (1736-1791).

POTENCIA. al. **Kraft; Macht.** fr. **Puissance.** ingl. **Power.** ital. **Potenza.** port. **Potência.** (Del lat. *potentia.*) f. Poder para ejecutar una cosa o producir un efecto. POTENCIA *auditiva.* ‖ Imperio, dominación. ‖ Posibilidad, aptitud u ocasión para ser u existir las cosas. *En* POTENCIA *y en acto.* ‖ Capacidad económica de un país. ‖ Por anton., cualquiera de las facultades del alma. ‖ Nación o Estado soberano. ‖ Cada uno de los grupos de rayos de luz que se ponen en la cabeza de las imágenes de Jesucristo y de Moisés. ‖ *Fil.* Aptitud del ser para recibir la plenitud de perfección. ‖ *Fís.* Energía que suministra un generador en cada unidad de tiempo. ‖ *Mat.* Producto que resulta de multiplicar una cantidad por sí misma una o más veces. ‖ **Segunda potencia.** *Álg.* y *Arit.* Cuadrado. ‖ **Tercera potencia.** *Álg.* y *Arit.* Cubo. ‖ **De potencia a potencia.** loc. adv. De igual a igual. ‖ **Elevar a potencia.** frs. *Álg.* y *Aritm.* Multiplicar una cantidad por sí misma tantas veces como su exponente indica. ‖ fig. Aumentar en cantidad, grado, intensidad, etc. ‖ **En potencia.** m. adv. *Fil.* Potencialmente. Ú.m. con el verbo estar. ‖ **Lo último de potencia.** loc. Todo el esfuerzo de que uno es capaz.

POTENCIACIÓN. f. *Mat.* Elevación a potencias.

POTENCIAL. al. **Potential.** fr. **Potentiel.** ingl. **Potentiel.** ital. **Potenziale.** port. **Potencial.** adj. Que tiene en sí potencia, o perteneciente a ella. ‖ Aplícase a las cosas que tienen la virtud o eficacia de otras y equivalen a ellas. ‖ Que puede suceder o existir, en contraposición de lo que existe. ‖ m. *Gram.* **Modo potencial.** ‖ m. *Fís.* Función matemática que permite determinar, en ciertos casos, la duración e intensidad de un campo de fuerzas en cualquier punto dado de éste. ‖ *Elec.* Trabajo necesario para llevar hasta un punto de un conductor la unidad de carga eléctrica positiva, desde una distancia infinita.

POTENCIALIDAD. f. Capacidad de la potencia, independiente del acto. ‖ Equivalencia de una cosa respecto de otra en virtud y eficacia.

POTENCIALMENTE. adv. m. Equivalente o virtualmente. ‖ *Fil.* En estado de capacidad, aptitud o disposición para una cosa.

POTENCIÓMETRO. m. *Fís.* Instrumento para medir o comparar fuerzas electromotrices.

POTENTADO. al. **Machtaber; Potentat.** fr. **Potentat.** ingl. **Potentate.** ital. **Potentato.** port. **Potentado.** (Del lat. *potentatus.*) m. Príncipe o soberano independiente, pero que toma investidura de otro príncipe superior. ‖ Soberano o persona poderosa. ‖ Persona de gran riqueza e influencia. sinón.: **poderoso, rico.**

POTENTE. al. **Mächtig; gewaltig.** fr. **Puissant.** ingl. **Potent.** ital. **Potente.** port. **Potente.** (Del lat. *potens, -entis.*) adj. Que tiene poder, eficacia o virtud para una cosa. *Motor* POTENTE. ‖ Dícese del varón capaz de engendrar. ‖ fam. Grande, desmesurado. *Voz* POTENTE.

POTENTEMENTE. adv. m. Poderosamente, con eficacia y vigor.

POTENTILA. f. *Bot.* Género de plantas rosáceas, al que pertenece la cincoenrama.

POTENZA. (Del fr. *potence.*) f. *Blas.* Palo que, puesto horizontalmente sobre otro, forma con él la figura de una T. ‖ deriv.: **potenzado, da.**

POTENZA. *Geog.* Provincia de Italia (Basilicata). 6.545 km². 424.300 h. Cap. hom. 65.000 h.

POTERNA. (Del fr. *poterne*, éste del lat. *posterula*, puerta secreta.) f. *Mil.* Puerta no principal de una fortificación, y mayor que un portillo.

POTESTAD. al. **Gewalt; Befugnis.** fr. **Pouvoir; autorité.** ingl. **Power; dominion.** ital. **Potestà.** port. **Potestade.** (Del lat. *potestas, -atis.*) f. Dominio, poder o jurisdicción sobre una cosa. POTESTAD *sacerdotal.* ‖ V. **Patria potestad.** ‖ Podestá. ‖ Potentado. ‖ *Mat.* Potencia. ‖ pl. Espíritus bienaventurados que forman el sexto coro de los ángeles. ‖ **Potestad tuitiva.** *For.* La del poder real, para remediar los agravios hechos por los jueces eclesiásticos.

POTESTATIVO, VA. adj. Que está en la potestad de uno.

POTINGUE. (De *pote.*) m. fam. y fest. Cualquiera bebida de botica.

POTÍSIMO, MA. (Del lat. *potissimus.*) adj. Muy poderoso o principal, fortísimo.

POTISTA. com. fam. Bebedor de licores alcohólicos.

POTO. (Voz araucana.) m. *Arg., Bol., Chile* y *Perú.* Salvohonor, trasero. ‖ Extremidad inferior o posterior de una cosa. ‖ *Chile, Ec.* y *Perú.* Vasija hecha del fruto del calabacero o de barro. ‖ — **colorado.** *Chile.* Cierta araña muy temible.

POTOCO, CA. adj. y s. *Bol.* y *Chile.* Bajo, rechoncho.

POTOLOGÍA. f. Tratado de las bebidas. ‖ deriv.: **potológico, ca; potologista; potólogo.**

POTOMAC. *Geog.* Río de los EE.UU. Nace en los Apalaches, pasa por la ciudad de Washington y des. en la bahía de Chesapeake. 643 km., de los cuales 160 son navegables.

POTORRILLO. m. Arbusto de la región seca de la costa ecuatoriana, de flores encarnadas y vistosas.

POTOSÍ. (De *potosí*, cerro de Bolivia). m. fig. Riqueza extraordinaria. ‖ fig. y fam. *Perú.* La región glútea. ‖ **Valer** una cosa **un Potosí.** frs. fig. y fam. **Valer un Perú.**

POTOSÍ. *Geog.* Cerro de Bolivia, en el dep. hom. 4.854 m. Importantísimos yacimientos de estaño y plata. ‖ Dep. del S.O. de Bolivia. 118.218 km². 940.000 h. Capital hom. 100.000 h. Gran centro minero. Situada a 4.170 m. de altura, es ciudad muy pintoresca, con numerosos edificios de la época colonial.

POTOSINO, NA. adj. y s. De Potosí, Bolivia, o de San Luis Potosí, México.

POTRA. (De *potro.*) f. Yegua desde que nace hasta que muda los dientes de leche, hacia los cuatro años y medio.

POTRA. (En port. *potra.*) f. fam. Hernia. ‖ Hernia en el escroto. ‖ **Cantarle** a uno **la potra.** frs. fig. y fam. Sentir el quebrado algún dolor en la parte correspondiente a la hernia. ‖ **Tener potra** uno. frs. fig. y fam. Ser afortunado.

POTRADA. f. Reunión de potros de una yeguada o de un dueño.

POTRANCA. f. Yegua menor de tres años.

POTRANCO. m. *Amér.* Potro.

POTREAR. intr. Lozanear como los potros. ‖ tr. Mortificar, molestar. ‖ *Guat.* y *Perú.* Dar una paliza. ‖ *Méx.* y *P. Rico.* Domar un potro.

POTRERA. adj. Dícese de la cabezada de cáñamo que se pone a los potros.

POTRERILLOS. *Geog.* Pobl. de Chile (Atacama). 10.000 h. Importantísimo yacimiento de cobre. Fundiciones.

POTRERO. m. El que cuida de los potros en la dehesa. ‖ Sitio destinado a la cría de ganado caballar. ‖ *Amér.* Finca rústica, cercada, destinada principalmente a la cría de ganado.

POTRERO. m. fam. Hernista.

POTRIL. adj. y s. Dícese de la dehesa para criar potros.

POTRILLA. m. fig. y fam. Viejo que ostenta mocedad.

POTRILLO. m. *Amér.* Caballo menor de tres años. ‖ *Col.* y *Ec.* Canoa muy pequeña. ‖ *Chile.* Vaso largo para beber licores.

POTRO. al. **Fohlen; Folterbank.** fr. **Poulain; chevalet.** ingl. **Colt; rack.** ital. **Puledro; cavalletto.** port. **Potro; cavalete.** (Del b. lat. *pultrus*, y éste del lat. *pullus.*) m. Caballo desde que nace hasta que muda los dientes de leche, hacia los cuatro años y medio. ‖ En la Argentina, caballo semental y caballo nuevo que aún no ha sido domado. ‖ Aparato de madera en el cual sentaban a los procesados, para aplicarles tormento. ‖ Máquina de madera que se utiliza para sujetar los caballos que se resisten a dejarse herrar o curar. ‖ Sillón que usaban las mujeres en el acto del parto. ‖ Hoyo que los colmeneros abren en tierra para partir los peones. ‖ fig. Todo lo que molesta y desazona gravemente. ‖ *Col., Ec.* y *Méx.* Potra, hernia. ‖ — **de primer bocado.** Caballo desde los dos años y medio de edad hasta los tres años y medio. ‖ — **de segundo bocado.** Caballo desde los tres años y medio de edad, hasta los cuatro años y medio. ‖ IDEAS AFINES: *Potrillo, potrero, palenque, indómito, bagual, corcovear, mancar, herrar, marcar.*

POTROSO, SA. adj. Hernioso. Ú.t.c.s. ‖ fam. Dichoso, afortunado.

POTSDAM. *Geog.* Ciudad de la Rep. Democrática Alemana, al S.O. de Berlín. 115.600 h. Lugar donde se celebró la conferencia entre los aliados, en 1945, para decidir la ocupación de Alemania, el castigo a los criminales de guerra, el trazado de la frontera polaca, la participación de la U.R.S.S. en la guerra con el Japón, etc.

POTT, Percival. *Biog.* Méd. inglés que realizó valiosos estudios sobre la enfermedad de las vértebras lumbares que lleva su nombre (1713-1788).

POTTER, Pablo. *Biog.* Pintor holandés, especialista en paisajes y animales (1625-1654). ‖ — **Luis José A. de.** Ensayista y pol. belga que luchó por la independencia de su patria y presidió el primer gobierno provisional (1786-1859).

POUND, Ezra. *Biog.* Poeta nort. (1885-1976), autor de *A luz apagada* y de una serie de *Cantos.*

POUSSIN, Nicolás. *Biog.* Pintor clásico fr., especializado en los temas heroicos y precursor de la composición decorativa. Obras famosas: *El rapto de las sabinas; El maná en el desierto; El martirio de San Erasmo*, etc. (1594-1665).

POVEDA, José Manuel. *Biog.* Poeta cub. autor de *Versos precursores* y otras obras (1888-1926). ‖ — **Y ARMENTEROS, Francisco.** Poeta cub. llamado por sus contemporáneos el "trovador cubano." Entre sus obras corresponde citar *La guirnalda habanera* y *Las rosas del amor* (1796-1881).

POWELL, Cecilio Frank. *Biog.* Notable físico ingl. que en 1950 obtuvo el premio Nobel de Física. Partiendo de la enunciación teórica de Hideki Yukawa, demostró la existencia del mesotrón (1908-1969).

POYA. f. Derecho que se paga en pan en el horno común. ‖ Residuo que forman las gárgolas del lino, después de machacadas y separadas de la simiente.

POYAL. m. Paño listado para cubrir poyos. ‖ Poyo, banco.

POYAR. intr. Pagar la poya.

POYATA. f. Vasar o anaquel. ‖ Repisa. ‖ *Ven.* Banco de arena al pie del ribazo de un río.

POYETE. m. dim. de **Poyo.**

POYO. (Del lat. *pódium*, lugar elevado, tribuna, y éste del gr. *podion*, de *pos, podós*, pie.) m. Banco de piedra u otra materia, que ordinariamente se fabrica arrimado a las paredes, junto a las puertas de las casas. ‖ Derecho que se abonaba a los jueces por administrar justicia.

POZA. (De *pozo.*) f. Charca, cavidad con agua estancada. ‖ Balsa o alberca para macerar cáñamo o lino. ‖ Pozo de un río, paraje donde éste es más profundo. ‖ **Lamer la poza.** frs. fig. y fam. Ir chupando el dinero a uno poco a poco y con disimulo.

POZAL. m. Cubo o vasija con que se saca el agua del pozo. ‖ Brocal del pozo. ‖ Pocillo, tinaja empotrada en el suelo.

POZANCO. m. Poza que queda en las orillas de los ríos al retirarse el agua de una avenida.

POZA RICA. *Geog.* Población de México (Veracruz). 16.500 h. Importante centro petrolífero.

POZNAN. *Geog.* Ciudad de Polonia, cap. de Posnania. 510.700 h. Centro agrícola y manufacturero. Antes se llamó Posen.

POZO. al. **Brunnen.** fr. **Puits.** ingl. **Well.** ital. **Pozo.** port. **Poço.** (Del lat. *puteus.*) m. Hoyo que se hace en la tierra hasta hallar agua o petróleo. ‖ Lugar donde los ríos son más profundos. ‖ En varios juegos, cierto número de pollas. ‖ En el juego de la oca, casa de la que no sale el jugador hasta que entre otro en ella. ‖ Hoyo profundo. ‖ *Col.* Lugar de un río apropiado para bañarse. ‖ fig. Cosa profunda, o completa en su línea. *Es un* POZO *de ciencia.* ‖ *Mar.* Parte de la bodega de un buque que corresponde a cada escotilla. ‖ Parte de la bodega que corresponde a la caja de bombas. ‖ Distancia desde el canto de la borda hasta la cubierta superior, en naves sin combés. ‖ Depósito para conservar vivos los peces en barcos pescadores. ‖ Hoyo profundo para bajar a las minas. ‖ — **airón.** Ú. en frs. fig. y fam. con el sentido de lugar donde alguna cosa se pierde, desaparece sin que haya esperanza de recobrarla, o se olvida. *Caer* una cosa *en el* POZO AIRÓN. ‖ — **artesiano.** Pozo, comúnmente muy profundo, en el cual el agua que hay entre dos capas impermeables se eleva a mayor altura que el nivel del suelo. ‖ — **ciego.** *Arg.* **Pozo negro.** ‖ — **de la hélice.** *Mar.* Conducto rectangular que atraviesa verticalmente la popa de algunas naves para suspender la hélice. ‖ — **de lobo.** Excavación disimulada con ramaje para dificultar el paso de la caballería en la guerra o para cazar con trampa. ‖ — **de nieve.** Excavación en que se guarda y conserva ésta. ‖ — **negro.** El que se hace para las aguas inmundas. ‖ IDEAS AFI-

NES: *Agujero, hondo, petróleo, napa, horadar, excavar, aljibe, brocal, pocero, roldana, soga, baldear, perforación, trépano.*

POZO COLORADO. *Geog.* C. de Paraguay, cap. del dep. Presidente Hayes.

POZOL. (Del mexicano *pozoatl.*) m. *Amér. Central* y *Méx.* Pozole. ‖ *Guat.* Maíz quebrantado para alimentar a las aves de corral. ‖ Residuo, poso.

POZOLE. m. *Amér.* Bebida refrescante que se prepara con maíz, cacao y azúcar. ‖ *Méx.* Guiso de maíz tierno, carne y chile.

POZONGO. m. *Arg.* Instrumento parecido al tambor, que tiene maíz u otros granos en su interior y se toca agitándolo.

POZUELA. f. dim. de **Pozo.**

POZUELO. m. dim. de **Pozo.** ‖ Pocillo, pozal.

POZZO, Andrés del. *Biog.* Arq. y pintor ital. maestro de la perspectiva. La pintura de la iglesia romana de San Ignacio es su mejor obra (1642-1709).

Pr. *Quím.* Símbolo del praseodimio.

PRÁCRITO. m. Pracrito.

PRACRITO. (Del sánscr. *prakritas,* común.) m. Nombre común a varias lenguas populares o dialectos de la India que existieron al mismo tiempo que el sánscrito o se derivaron de él.

PRÁCTICA. al. **Übung; Praxis.** fr. **Pratique.** ingl. **Practice.** ital. **Pratica.** port. **Prática.** f. Ejercicio de alguna facultad o arte. ‖ Destreza que se adquiere con dicho ejercicio. *Este cirujano tiene mucha* PRÁCTICA. ‖ Uso continuado o estilo de alguna cosa. ‖ Método particular. ‖ Ejercicio hecho por algunos durante varios años bajo la dirección de un maestro para aprender una profesión y poderla ejercer. U.m. en pl. ‖ Aplicación de una doctrina: contraste experimental de una teoría. ‖ **En la práctica.** loc. adv. Casi en realidad. ‖ IDEAS AFINES: *Hacer, positivo, hábito, costumbre, perito, maestría, experiencia, idoneidad, pragmatismo, empirismo.*

PRACTICABLE. adj. Que se puede practicar o poner en práctica. ‖ Dicho de caminos, sendas, aberturas, etc., transitable o accesible.

PRACTICADOR, RA. adj. y s. Que practica. sinón.: **practicante.**

PRACTICAJE. m. *Mar.* Ejercicio de la profesión de piloto práctico. ‖ Pilotaje, derecho. ‖ *Mar.* Fondo constituido con el importe de arbitrios o derechos por servicios a la navegación.

PRÁCTICAMENTE. adv. m. Con uso y ejercicio de una cosa; experimentadamente. ‖ **En la práctica,** casi en la realidad. Ú. con frecuencia opuesto a teóricamente.

PRACTICANTA. f. Practicante, mujer que en los hospitales ayuda a curar enfermos. ‖ Mujer que en las farmacias se ocupa en preparar y despachar medicamentos.

PRACTICANTE. p. a. de **Practicar.** Que practica. ‖ m. El que posee título para el ejercicio de la cirugía menor. ‖ El que se instruye en la práctica de la medicina, bajo la dirección de un facultativo. ‖ com. Persona que en los hospitales hace las curaciones o atiende a los enfermos según las instrucciones del facultativo. ‖ Persona encargada de la preparación y despacho de los medicamentos bajo la dirección del farmacéutico.

PRACTICAR. al. **Ausüben; praktizieren.** fr. **Pratiquer.** ingl. **To practice.** ital. **Practicare.** port. **Praticar.** tr. Ejercitar, poner en práctica una cosa que se ha aprendido o especulado. PRACTICAR *el inglés, gimnasia.* ‖ Usar o ejercer continuadamente una cosa. ‖ Ejercer la práctica de una profesión por cierto tiempo y bajo la dirección de un maestro. PRACTICAR *en un hospital.* ‖ Ejecutar, hacer, llevar a cabo. PRACTICAR *diligencias.* PRACTICAR *una operación quirúrgica.* ‖ Tratándose de huecos, agujeros, etc., dígase **hacer.**

PRÁCTICO, CA. (Del lat. *prácticus,* y éste del gr. *praktikós.*) adj. Perteneciente a la práctica. *Método* PRÁCTICO. ‖ Aplícase a las facultades que enseñan de qué modo se ha de hacer una cosa. ‖ Versado y diestro en una cosa. *Es muy* PRÁCTICO *en motores;* sinón.: **perito.** m. *Mar.* El que por el conocimiento especial del lugar en que navega dirige a ojo el rumbo de las naves.

PRACTICÓN, NA. s. fam. Persona diestra en una facultad por haberla practicado mucho, pero que no es muy docta en ella.

PRADAL. m. Prado.

PRADEJÓN. m. Prado pequeño.

PRADEÑO, ÑA. adj. Perteneciente o relativo al prado.

PRADERA. al. **Wiese.** fr. **Prairie.** ingl. **Prairie; meadow.** ital. **Prateria; prati.** port. **Pradaria.** f. Pradería. ‖ Prado grande. ‖ Nombre dado a las pampas de la cuenca del Misisipí. ‖ IDEAS AFINES: *Fertilidad, pasto, hierbas, campo verde, ganado, pacer, triscar, estepa, tundra, dehesa.*

PRADERA. *Geog.* Población de Colombia, en el dep. de Valle de Cauca. 7.100 h. Refinerías de azúcar.

PRADERÍA. f. Conjunto de prados.

PRADEROSO, SA. adj. Perteneciente al prado.

PRADIAL. (Del fr. *prairial,* de *prairie,* pradera.) m. Noveno mes del calendario de la Revolución Francesa que empezaba el 20 de mayo y concluía el 18 de junio.

PRADILLA Y ORTIZ, Francisco. *Biog.* Pintor esp., autor de cuadros sobre motivos históricos, retratos y acuarelas. Fue director del Museo del Prado (1847-1921).

PRADO. al. **Weide.** fr. **Pré.** ingl. **Field; lawn.** ital. **Prato.** port. **Prado.** (Del lat. *prátum.*) m. Tierra muy húmeda o de regadío, en la cual se deja crecer o se siembra la hierba para pasto del ganado. ‖ Sitio ameno que sirve de paseo en algunas poblaciones. ‖ – **de guadaña.** El que se siega anualmente. ‖ **A prado.** expr. adv. Pastando el animal en el campo.

PRADO, Mariano. *Biog.* Político salvadoreño, jefe de Estado, de 1826 a 1833. ‖ – **Mariano Ignacio.** Pol. y militar peruano, presidente de la Rep. de 1865 a 1868 y de 1876 a 1879. En 1866 derrotó a la escuadra esp. en El Callao y en 1879 dirigió las fuerzas de su país en la lucha contra Chile (1826-1901). ‖ – **Pedro.** Literato chil., autor de obras poéticas: *Los pájaros errantes; La casa abandonada,* y de novelas: *La reina de Rapanüi; Alsino,* etc. (1886-1952). ‖ – **UGARTECHE, Manuel.** Pol. peruano, de 1939 a 1945 presidente de la Rep.; reelegido para ese cargo para el periodo 1956-1962 (1889-1967).

PRADO, Museo del. *B. A.* Una de las más famosas galerías pictóricas del mundo; fundada en Madrid hacia 1785 por Carlos III. En él están las célebres colecciones reales de los Austrias y de los Borbones.

PRAE MANIBUS. m. adv. lat. A mano o entre las manos.

PRAGA. *Geog.* Ciudad de Checoslovaquia, sobre el río Moldava, cap. de la Rep. 1.169.567 h. con los suburbios. Fue la cap. de Bohemia y de Eslovaquia y en ella se declaró el 28 de octubre de 1918, la independencia de Checoslovaquia. Industrias metalúrgicas y textiles; centro universitario.

PRAGMÁTICA. f. Ley que tiene su origen en la potestad legislativa de un príncipe.

PRAGMÁTICO, CA. adj. Perteneciente o relativo al pragmatismo.

PRAGMÁTICO, CA. adj. *Der.* Dícese del autor que interpreta o glosa las leyes nacionales.

PRAGMATISMO. m. Método filosófico según el cual la verdad de toda doctrina se ha de fundar en sus efectos prácticos. *Guillermo James es el principal representante del* PRAGMATISMO.

● **PRAGMATISMO.** *Fil.* El pragmatismo debe ser considerado como una teoría del conocimiento. Según este sistema y método filosófico, el hombre ha derivado su pensamiento del conjunto de sus acciones y la idea que tiene de un objeto no es más que la suma de los efectos prácticos que le atribuye. De ahí que sólo es verdadero el conocimiento que resulta útil, sólo son verdaderos los efectos prácticos de cualquier doctrina científica, moral o religiosa, y en cierta forma todo lo bueno es verdadero. De esa manera, el pragmatismo niega la objetividad de la verdad y mide los valores de una teoría científica por la utilidad o la ventaja inmediata que ella reporta, antes que por la exactitud que en la misma se refleja o el modo como interpreta la realidad. En sus excesos, ha llegado a considerar a las teorías científicas como hipótesis subjetivas conducentes a la resolución de determinados problemas prácticos, negando que sean un reflejo fiel de los fenómenos objetivos de la naturaleza. Al mismo tiempo, ha colocado en idéntico plano de veracidad las conclusiones de la religión y de la ciencia. Nacido como una corriente idealista, en oposición al intelectualismo puro y especulativo, el pragmatismo se manifestó como doctrina filosófica en la segunda mitad del s. XIX y se debe principalmente al filósofo y psicólogo norteamericano Guillermo James, que la formuló como el fundamento y método del conocimiento científico. Logró su mayor difusión en los países anglosajones.

PRAGMATISTA. adj. Partidario del pragmatismo o perteneciente a él. Apl. a pers. ú.t.c.s.

PRAIA. *Geog.* Capital del arch. de Cabo Verde en la isla de Santiago. 21.500 h.

PRAMPOLINI, Enrique. *Biog.* Pintor ital., una de las figuras más importantes del movimiento futurista (n. 1895).

PRAO. m. *Mar.* Embarcación malaya de poco calado, larga y angosta.

PRASEODIMIO. m. Elemento químico del grupo de las tierras raras. Símb. Pr. p. atóm. 140,92.

PRASIO. (Del lat. *prasius,* y éste del gr. *prasios,* verdoso.) m. Cristal de roca cuya masa contiene gran número de cristales, delgados y verdes, de silicato de magnesia, cal y hierro.

PRASMA. m. Ágata de color verde obscuro.

PRAT CHACÓN, Arturo. *Biog.* Marino chil. Actuó en la guerra del Pacífico, en uno de cuyos combates, el de Iquique, murió heroicamente (1836-1879).

PRATENSE. (Del lat. *pratensis.*) adj. Que se produce o vive en el prado.

PRATICULTURA. f. Cultivo de los prados. ‖ Parte de la agricultura que trata de este cultivo. ‖ deriv.: **praticultor.**

PRATO. *Geog.* Ciudad de Italia (Florencia). 150.000 h., con el mun. Tejidos. Magnífica catedral del siglo X.

PRATOLINI, Vasco. *Biog.* Novelista ital., autor de *El barrio; Crónica de los pobres amantes,* etc. (n. 1937).

PRAVEDAD. (Del lat. *právitas, -atis.*) f. Indignidad, perversidad, inmoralidad.

PRAVIANA. f. *Mús.* Canción popular asturiana.

PRAVO, VA. (Del lat. *pravus.*) adj. Perverso, malvado, de dañinas costumbres.

PRAXÍTELES. *Biog.* Cél. escultor gr. Con maestría abordó el desnudo y dotó a sus obras de una gracia de actitudes y de una pasión singulares. Obras maestras: *Apolo Sauróctono; Venus de Cnido; Eros; Sátiros,* etc. (390-330 a. de C.).

PRE. (Del fr. *prêt,* préstamo, adelanto.) m. Prest.

PRE. (Del lat. *prae.*) prep. insep. que denota antelación, prioridad o encarecimiento. PREclásico; PREeminencia; PREdisponer.

PREADAMITA. m. Supuesto antecesor de Adán. U.m. en pl.

PREADAMISMO. (De *pre* y *Adam* o *Adán*) m. Doctrina según la cual no es Adán el primer hombre creado.

PREADAMÍTICO, CA. adj. Lo relativo o perteneciente al preadamita. ‖ Dícese del tiempo o época de los preadamitas. U.t.c.s.m.

PREÁMBULO. al. **Präambel; Vorrede.** fr. **Préambule.** ingl. **Preamble.** ital. **Preambolo.** port. **Preambulo.** (Del lat. *praeámbulus,* que va delante.) m. Prólogo, lo que se dice antes de entrar en materia. *El* PREÁMBULO *de la Constitución;* sinón.: **exordio, proemio.** ‖ Rodeo, digresión impertinente. ‖ deriv.: **preambular; preambulista.**

PREBENDA. (Del lat. *praebenda;* de *praebere,* dar, ofrecer.) f. Renta aneja a un oficio eclesiástico. *Provisión de* PREBENDAS. ‖ Cualquiera de los beneficios eclesiásticos superiores de las iglesias catedrales. ‖ Dote que se da por una fundación a una mujer para tomar estado o a un estudiante para seguir los estudios. ‖ fig. y fam. Oficio o empleo muy lucrativo o poco trabajoso. sinón.: **sinecura.** ‖ – **de oficio.** Cualquiera de las cuatro canonjías, doctoral, magistral, lectoral y penitenciaria.

PREBENDADO. (De *prebenda.*) m. Dignidad, canónigo o racionero de alguna iglesia catedral o colegial.

PREBENDAR. tr. Conferir prebenda a uno. ‖ intr. y r. Obtenerla.

PREBISCH, Alberto. *Biog.* Arquitecto arg. que estudió en Europa y en los EE. UU., donde siguió las nuevas tendencias artísticas (1899-1970). ‖ – **Raúl.** Economista arg., nacido en 1901, director de la CEPAL (Comisión Económica para la América Latina). Escribió *Introducción a Keynes* y otras obras.

PREBOSTAL. adj. Perteneciente a la jurisdicción del preboste.

PREBOSTAZGO. m. Oficio de preboste.

PREBOSTE. al. **Propst.** fr. **Prévôt.** ingl. **Provost.** ital. **Prevoste.** port. **Preboste.** (Del lat. *praepósitus,* prepósito.) m. Jefe o cabeza de una comunidad. ‖ *Mil.* Capitán preboste.

PRECARIAMENTE. adv. m. De modo precario.

PRECARIO, RIA. al. **Unsicher; prekär.** fr. **Précaire.** ingl. **Precarius.** ital. **Precario.** port. **Precário.** (Del lat. *precarius.*) adj. De poca estabilidad o duración. *Albergue* PRECARIO; antón.: **firme, sólido.** ‖ *Der.* Que se tiene sin título, por tolerancia o por inadvertencia del dueño.

PRECARISTA. adj. y s. Dícese del que posee o disfruta en precario cosas ajenas.

PRECAUCIÓN. al. **Versicht.** fr. **Précaution.** ingl. **Precaution.** ital. **Precauzione.** port. **Precaução.** (Del lat. *praecautio, -onis.*) f. Advertencia y cautela para evitar o prevenir los inconvenientes o daños. *Por* PRECAUCIÓN *se lavó las manos;* sinón.: **prevención;** antón.: **descuido.** ‖ IDEAS AFINES: *Previsión, cuidado, peligro, anticipación, precaver, defensa, prudencia, vacuna, sagaz, astuto.*

PRECAUCIONAL. adj. *Arg.* Digase precautorio o preventivo.

PRECAUCIONARSE. r. Precaverse, prevenirse.

PRECAUTELAR. tr. Poner los medios necesarios para evitar o impedir un riesgo.

PRECAUTORIO, RIA. adj. Dícese de lo que precave o sirve de precaución.

PRECAVER. al. **Verhüten.** fr. **Prévenir.** ingl. **To prevent.** ital. **Prevenire; preservare.** port. **Precaver.** (Del lat. *praecavere.*) tr. y r. Prevenir o evitar daños y riesgos. PRECAVERSE *del contagio;* sinón.: **evitar, preservar;** antón.: **arrostrar.**

PRECAVIDAMENTE. adv. m. Con precaución. PRECAVIDAMENTE *llevó el revólver;* sinón.: **cautamente;** antón.: **descuidadamente.**

PRECAVIDO, DA. adj. Sagaz, cauto, que evita o sabe precaver los riesgos. *Hombre* PRECAVIDO *vale por dos;* antón.: **irreflexivo.**

PRECEDENCIA. al. **Vorrang.** fr. **Précédence.** ingl. **Precedence.** ital. **Precedenza.** port. **Precedencia.** (Del lat. *praecedentia.*) f. Anterioridad en el tiempo, el espacio o el orden. *La* PRECEDENCIA *de un descubrimiento;* sinón.: **prioridad;** antón.: **posteridad.** ‖ Preferencia en el lugar y asiento y en algunos actos honoríficos. ‖ Primacía, superioridad.

PRECEDENTE. al. **Präzedenzfall.** fr. **Précédent.** ingl. **Precedent.** ital. **Precedente.** port. **Precedente.** p. a. de **Preceder.** Que precede. *Páginas* PRECEDENTES; antón.: **siguiente, subsiguiente.** ‖ m. Antecedente, acción o dicho. ‖ Resolución anterior en caso igual o semejante; ejemplo; práctica ya iniciada o seguida. ‖ deriv.: **precedentemente.**

PRECEDER. al. **Vorangehen.** fr. **Précéder.** ingl. **To precede.** ital. **Precedere.** port. **Preceder.** (Del lat. *praecédere.*) tr. Ir delante en tiempo, orden o lugar. Ú.t.c.intr. ‖ Anteceder o estar antepuesto. ‖ fig. Tener una persona o cosa preferencia o superioridad sobre otra. *Carlos* PRECEDE *a sus compañeros en inteligencia.*

PRECELENTE. adj. p. us. Muy excelente.

PRECEPTISTA. adj. y s. Dícese de quien da o enseña preceptos y reglas.

PRECEPTIVO, VA. adj. Que incluye en sí preceptos. *Literatura* PRECEPTIVA. ‖ deriv.: **preceptivamente.**

PRECEPTO. al. **Vorschrift; Gebot.** fr. **Précepte.** ingl. **Precept.** ital. **Precetto.** port. **Preceito.** (Del lat. *praecéptum.*) m. Mandato u orden que el superior intima o hace observar al inferior. ‖ Cada una de las reglas que se dan para el conocimiento o práctica de un arte o facultad. ‖ Por anton., cada uno de los mandamientos de la ley de Dios. *Cumplir con los* PRECEPTOS. ‖ — **afirmativo.** Cualquiera de los del Decálogo, en que se manda hacer una cosa. ‖ — **formal de obediencia.** El que en las religiones usan los superiores para obligar a la obediencia. ‖ — **negativo.** Cualquiera de los del Decálogo, en que se prohibe hacer una cosa. ‖ **Cumplir con el precepto.** frs. Cumplir con la Iglesia. ‖ IDEAS AFINES: *Norma, canon, orden, sentencia, doctrina, religión, deber, Moisés, Sinaí.*

PRECEPTOR, RA. al. **Erzicher.** fr. **Précepteur.** ingl. **Preceptor.** ital. **Precettore.** port. **Preceptor.** (Del lat. *precéptor.*) s. Maestro o maestra; persona que enseña. ‖ Persona que enseña gramática latina. ‖ deriv.: **preceptorado; preceptoral.**

PRECEPTORIL. adj. desp. Propio de un preceptor o relativo a él.

PRECEPTUAR. tr. Dar o dictar preceptos o reglas. ‖ Ordenar, disponer.

PRECES. (Del lat. *preces*, pl. de *prex*, súplica.) f. pl. Versículos tomados de la Sagrada Escritura, con las oraciones para pedir a Dios socorro en las necesidades. ‖ Ruegos, súplicas. *Sus* PRECES *fueron escuchadas*; sinón.: **instancia.** ‖ Oraciones dirigidas a Dios, a la Virgen o a los santos. ‖ Instancias con que se pide y obtiene una bula o despacho de la curia romana.

PRECESIÓN. (Del lat. *praecessio, onis*, de *praecédere*, preceder.) f. *Ret.* Reticencia. ‖ — **de los equinoccios.** *Astron.* Movimiento retrógrado de los puntos equinocciales o de intersección del Ecuador con la Eclíptica, por el que se anticipan las estaciones. Se debe a un lento cambio de dirección del eje de la Tierra.

PRECIADO, DA. adj. Precioso, excelente, muy estimado. *Amistad* PRECIADA. ‖ Jactancioso, vano.

PRECIADOR, RA. adj. y s. Apreciador.

PRECIAR. (Del lat. *pretiare.*) tr. Apreciar. ‖ r. Gloriarse, jactarse del alguna cosa. PRECIARSE *de sabio*; sinón.: **alardear, presumir.** ‖ Afectar una cualidad.

PRECINTA. f. Pequeña tira de cuero o de metal que se fija en las esquinas de los cajones para darles firmeza. ‖ Tira estampada, de papel, que en las aduanas se aplica a las cajas de tabacos y sirve de marchamo. ‖ *Mar.* Tira con que se cubren las junturas de las tablas de los buques. ‖ Tira de lona vieja embreada, que se arrolla en espiral alrededor de un cabo.

PRECINTAR. tr. Asegurar y reforzar los cajones poniéndoles precintas. PRECINTAR BAÚLES. ‖ Poner precinta o precinto.

PRECINTO. (Del lat. *praecinctus.*) m. Acción y efecto de precintar. ‖ Ligadura sellada, para atar cajones, legajos, etc.

PRECIO. al. **Preis.** fr. **Prix.** ingl. **Price.** ital. **Prezzo.** port. **Preço.** (Del lat. *prétium.*) m. Valor pecuniario en que se estima una cosa. *Subió el* PRECIO *de la lana.* ‖ Premio o prez que se ganaba en los torneos. ‖ fig. Estimación o fama. *Es persona de gran* PRECIO. ‖ Lo que sirve de medio para conseguir una cosa. *Al* PRECIO *de su dignidad se mantiene en su puesto.* ‖ *Der.* Prestación en numerario o en valores de fácil realización que un contratante da o promete. ‖ **Abrir precio.** frs. Hacer el primer ejemplar de precio en la venta de mercaderías. ‖ **No tener precio** una persona o cosa. frs. fig. Valer mucho. Suele usarse con ironía. ‖ **Poner a precio.** frs. Poner talla. ‖ **Poner en precio** una cosa. frs. Ajustar el valor que se ha de dar por ella. ‖ **Poner precio** a una cosa. frs. Señalar el valor que se ha de llevar por ella. ‖ **Tener en precio,** o **en mucho aprecio,** una cosa. frs. Estimarla, apreciarla. ‖ IDEAS AFINES: *Suma, importe, monto, tasador, valuación, dinero, costo, gasto, venta, rebaja, carestía, inflación, cotización, depreciar, justipreciar, tributo, bonificar.*

PRECIOSA. f. En algunas catedrales, distribución que se da a los prebendados por asistir a misa que se dice por el alma de un bienhechor.

PRECIOSAMENTE. adv. m. Rica o primorosamente, con precio y estimación. *Un marfil* PRECIOSAMENTE *tallado.*

PRECIOSIDAD. f. Calidad de precioso. ‖ Cosa preciosa.

PRECIOSISMO. m. Especie de culteranismo francés del s. XVII, que se caracteriza por la sutileza de los conceptos y el refinamiento de las imágenes y expresiones y el uso de un lenguaje selecto.

PRECIOSO, SA. al. **Kostbar.** fr. **Précieux.** ingl. **Precious.** ital. **Prezioso.** port. **Precioso.** (Del lat. *pretiosus.*) adj. Excelente, exquisito y digno de estimación. *Colaboración* PRECIOSA. ‖ De mucho valor o muy costoso. *Metales* PRECIOSOS, *piedras* PRECIOSAS. ‖ fig. Chistoso, gracioso. ‖ fig. y fam. Hermoso. *Es una chiquilla* PRECIOSA.

PRECIOSURA. f. *Amér.* Preciosidad, hermosura.

PRECIPICIO. al. **Abgrund.** fr. **Précipice.** ingl. **Precipice.** ital. **Precipizio.** port. **Precipício.** (Del lat. *praecipitium.*) m. Despeñadero, derrumbadero; sinón.: **abismo, sima.** ‖ Despeño, caída violenta. ‖ fig. Ruina, grave daño temporal o espiritual.

PRECIPITACIÓN. al. **Überstürzung; übereilung.** fr. **Précipitation.** ingl. **Precipitation.** ital. **Precipitazione.** port. **Precipitação.** f. Acción y efecto de precipitar o precipitarse. *Un trabajo hecho con* PRECIPITACIÓN *resulta imperfecto*; sinón.: **apresuramiento, prisa;** antón.: **calma, lentitud.** ‖ *Meteor.* Agua procedente de la atmósfera que en forma líquida o sólida se deposita sobre la tierra.

PRECIPITADAMENTE. adv. m. Arrebatadamente, sin prudencia ni consideración. *Hablaba* PRECIPITADAMENTE.

PRECIPITADERO. m. Precipicio.

PRECIPITADO, DA. adj. Atropellado, alocado, irreflexivo. *Proceder* PRECIPITADO; antón.: **atinado, prudente.** ‖ m. *Quím.* Substancia insoluble que, por reacción química, se forma en el seno de una solución. ‖ — **blanco.** *Quím.* Protocloruro de mercurio obtenido por precipitación. ‖ — **rojo.** *Quím.* Bióxido de mercurio.

PRECIPITANTE. p. a. de **Precipitar.** Que precipita. ‖ m. *Quím.* Cualquiera de los agentes que determinan la precipitación.

PRECIPITAR. al. **Ubereilen; überstürzen.** fr. **Précipiter.** ingl. **To precipitate.** ital. **Precipitare.** port. **Precipitar.** (Del lat. *praecipitare.*) tr. y r. Despeñar, arrojar de un lugar alto. *Se* PRECIPITÓ *desde lo alto de la torre.* ‖ Atropellar, acelerar. ‖ fig. Exponer a uno a un peligro temporal o espiritual. PRECIPITAR *a la ruina.* ‖ *Quím.* Producir un precipitado. ‖ r. fig. Arrojarse imprudentemente a obrar o decir una cosa. ‖ deriv.: **precipitable; precipitador, ra; precipitamiento.**

PRECÍPITE. (Del lat. *praéceps, -itis.*) adj. Puesto en peligro de caer o precipitarse.

PRECIPITOSAMENTE. adv. m. Precipitadamente.

PRECIPITOSO, SA. adj. Pendiente, resbaladizo. *Camino* PRECIPITOSO. ‖ fig. Precipitado, atropellado.

PRECIPUO, A. (Del lat. *praecipuus*, de *praecipere*, predominar.) adj. Señalado o principal. ‖ deriv.: **precipuamente.**

PRECISAMENTE. adv. m. De manera precisa; con determinación. ‖ Necesaria, forzosa o indispensablemente.

PRECISAR. al. **Nötigen; genau angeben.** fr. **Préciser.** ingl. **To fix.** ital. **Precisare.** port. **Precisar.** tr. Fijar o determinar de modo preciso. PRECISAR *la fecha de la partida*; sinón.: **delimitar.** ‖ Obligar, forzar a ejecutar algo. ‖ Necesitar, ser necesario. PRECISA *el dinero para mañana.*

PRECISIÓN. (Del lat. *praecisio, -onis.*) f. Obligación o necesidad indispensable que fuerza a ejecutar una cosa. *Se vio en la* PRECISIÓN *de denunciarlo.* ‖ Determinación, exactitud. *La* PRECISIÓN *de un reloj*; sinón.: **puntualidad, regularidad.** ‖ Tratándose del lenguaje, estilo, etc., concisión y exactitud rigurosa. ‖ *Lóg.* Abstracción que hace el entendimiento de dos cosas realmente identificadas, para concebirlas como distintas. ‖ IDEAS AFINES: *Justo, fiel, literal, purismo, matemático, estricto, riguroso, compás, nonio.*

PRECISO, SA. al. **Bestimmt.** fr. **Précis.** ingl. **Precise.** ital. **Preciso.** port. **Preciso.** (Del lat. *praecisus.*) adj. Necesario, indispensable para un fin. *Ingredientes* PRECISOS *para una mezcla.* ‖ Puntual, exacto. *Llegó en el momento* PRECISO. ‖ Distinto, claro, terminante. *Datos* PRECISOS; *órdenes* PRECISAS; antón.: **inseguro, vago.** ‖ Tratándose del lenguaje, estilo, etc., conciso, exacto. ‖ *Ven.* Presuntuoso, vanidoso. ‖ *Lóg.* Abstraído o separado por el entendimiento. ‖ m. *Ec.* Metedor, paño.

PRECITADO, DA. adj. Antes citado. *El* PRECITADO *comentarista.*

PRECITAR. tr. Citar con antelación. ‖ deriv.: **precitación; precitador, ra.**

PRECITO, TA. (Del lat. *praescitus*, sabido de antemano.) adj. Condenado a las penas del infierno. ‖ Réprobo. Ú.t.c.s.

PRECLARAMENTE. adv. m. Con mucho esclarecimiento. sinón.: **esclarecidamente, ilustremente.**

PRECLARO, RA. (Del lat. *praeclarus.*) adj. Esclarecido, ilustre, digno de admiración. *No desdecía de sus* PRECLAROS *antepasados*; sinón.: **ínclito, insigne;** antón.: **obscuro, vulgar.**

PRECLÁSICO, CA. adj. Dícese de lo que antecede a lo clásico en artes y letras.

PRECOCIDAD. al. **Frühreife.** fr. **Précocité.** ingl. **Precocity.** ital. **Precocità.** port. **Precocidade.** f. Calidad de precoz; antón.: **retraso.**

PRECOGNICIÓN. (Del lat. *praecognitio, -onis.*) f. Conocimiento anterior.

● **PRECOLOMBINA, Cultura.** *Hist.* El grado de cultura que habían alcanzado las distintas tribus precolombinas de América no era el mismo. La mayor parte de ellas eran nómadas, ambulaban en pos de su subsistencia, vivían de la caza y de la pesca, y sólo por accidente practicaban la agricultura; las tribus sedentarias, en cambio, cultivaban la tierra, se vestían, vivían en habitaciones de piedra o madera, poseían ganado y gozaban de una organización política relativamente adelantada. Pero ninguno de esos pueblos había alcanzado el estado superior caracterizado por el uso del hierro. Cuatro fueron los grandes focos culturales de la América precolombina: el de los mayas, en la península de Yucatán y los vecinos territorios de México y América Central; el de los aztecas, en el centro de México; el de los chibchas, en la meseta de Colombia, y el de los incas, en el Perú.

PRECOLOMBINO, NA. adj. Anterior a los viajes y descubrimientos de Cristóbal Colón.

PRECONCEBIR. tr. Establecer previamente y con pormenores algún pensamiento o proyecto. *No se apartó del plan* PRECONCEBIDO. ‖ irreg. Conj. como **pedir.**

PRECONIZACIÓN. f. Acción y efecto de preconizar. *La* PRECONIZACIÓN *de un obispo.*

PRECONIZADOR, RA. adj. y s. Que preconiza.

PRECONIZAR. (Del lat. *praeconizare*; *de praecónium*, anuncio.) tr. Encomiar, elogiar públicamente a una persona o cosa. ‖ En la curia romana, exponer los méritos del que ha sido propuesto para prelado.

PRECONOCER. (Del lat. *praecognóscere.*) tr. Conocer anticipadamente, prever. ‖ irreg. Conj. como **conocer.** ‖ deriv.: **preconocedor, ra.**

PRECORDIAL. adj. Se dice de la región o parte del pecho que corresponde al corazón.

PRECOZ. al. **Frühreif.** fr. **Précoce.** ingl. **Precocious.** ital. **Precoce.** port. **Precoce.** (Del lat. *praécox, -ocis*, cocido antes de tiempo.) adj. Dícese del fruto temprano, prematuro. ‖ fig. Aplícase a la persona que en corta edad muestra cualidades que suelen aparecer más tarde, en especial las que son dignas de estimación, y dícese también de estas cualidades. antón.: **retrasado.** *Med.* Se aplica al desarrollo prematuro de un órgano o de la función de que es instrumento. ‖ deriv.: **precozmente.**

PRECURSOR, RA. al. **Vorläufer.** fr. **Précurseur.** ingl. **Precursor.** ital. **Precursore.** port. **Precursor.** (Del lat. *praecúrsor.*) adj. Que precede o va delante. Ú.t.c.s. ‖ m. Por anton., San Juan Bautista. ‖ fig. Que enseña doctrinas o acomete empresas adelantándose a su tiempo.

PREDAR. (Del lat. *praedári.*) tr. ant. Prear, apresar, saquear, robar.

PREDATORIO, RIA. (Del lat. *praedatórius.*) adj. Propio del que roba o saquea.

PREDECESOR, RA. al. **Vorgänger.** fr. **Prédécesseur.** ingl. **Predecessor.** ital. **Predecessore.** port. **Predecessor.** (Del lat. *praedecéssor.*) s. Antecesor, antepasado. antón.: **sucesor.**

PREDECIR. al. **Voraussagen.** fr. **Prédire.** ingl. **To foretell.** ital. **Predire.** port. **Predizer.** (Del lat. *praedícere.*) tr. Anunciar por revelación, ciencia o conjetura, alguna cosa que ha de ocurrir. PREDECIR *un eclipse*; sinón.: **pronosticar, vaticinar.** ‖ irreg. Conj. como **decir,** excepto el fut. imperf. de indic. y el potencial, que son regulares, y la segunda persona de singular del imperat. en que no se apocopa la sílaba *ce.*

PREDEFINICIÓN. f. *Teol.* Decreto de Dios para la existencia de las cosas en un tiempo determinado.

PREDEFINIR. (Del lat. *praedefinire.*) tr. En teología, determinar el tiempo en que han de existir las cosas. ‖ Prefinir.

PREDESTINACIÓN. al. **Vorherbestimmung; Prädestination.** fr. **Prédestination.** ingl. **Predestination.** ital. **Predestinazione.** port. **Predestinação.** (Del lat. *praedestinatio, -onis.*) f. Destinación anterior de una cosa. ‖ *Teol.* Por anton., ordenación de la voluntad divina con que desde la eternidad tiene elegidos a los que han de lograr la gloria.

PREDESTINADO, DA. adj. Elegido por Dios desde la eternidad para lograr la gloria. Ú.t.c.s. ‖ fig. Cornudo, marido engañado.

PREDESTINAR. al. **Vorherbestimmen; prädestinieren.** fr. **Prédestiner.** ingl. **To predestine; to predestinate.** ital. **Predestinare.** port. **Predestinar.** (Del lat. *praedestinare.*) tr. Destinar anticipadamente una cosa para un fin. ‖ *Teol.* Por anton., destinar Dios desde la eternidad a los que han de lograr la gloria. ‖ deriv.: **predestinador, ra; predestinante.**

PREDETERMINACIÓN. f. Acción y efecto de predeterminar.

PREDETERMINAR. tr. Determinar con anticipación una cosa. ‖ deriv.: **predeterminador, ra; predeterminante.**

PREDIAL. adj. Perteneciente o relativo al predio. *Límites* PREDIALES.

PRÉDICA. al. **Predigt.** fr. **Prêche.** ingl. **Preachment.** ital. **Predica.** port. **Prédica.** f. Sermón o plática del ministro de una secta o religión que no sea la católica. ‖ Port ext., perorata, discurso vehemente. ‖ Predicación.

PREDICABLE. (Del lat. *praedicábilis.*) adj. Digno de ser predicado. Aplícase a los asuntos propios de los sermones. ‖ *Lóg.* Cada una de las clases a que se reducen las cosas que se pueden decir del sujeto. Son cinco: género, especie, diferencia, individuo y propio.

PREDICACIÓN. al. **Predigt.** fr. **Prédication.** ingl. **Preeching.** ital. **Predicazione.** port. **Predicação.** f. Acción de predicar. ‖ Doctrina que se predica. ‖

IDEAS AFINES: *Enseñanza, sermón, plática, oratoria, homilía, amonestación, misionero, apóstol, conversión, Evangelio, fe.*

PREDICADERAS. f. pl. Cualidades o dotes de un predicador.

PREDICADO. al. **Prädikat.** fr. **Prédicat.** ingl. **Predicate.** ital. **Predicato.** port. **Predicado.** m. *Log.* Lo que se afirma del sujeto en una proposición.

PREDICADOR, RA. al. **Prediger.** fr. **Prédicateur.** ingl. **Preacher.** ital. **Predicatore.** port. **Predicador.** adj. Que predica. Ú.t.c.s. ‖ m. Orador evangélico que declara la palabra de Dios. ‖ *Arg.* Mamboretá. ‖ *Cuba.* Toti.

PREDICAMENTAL. adj. *Fil.* Perteneciente al predicamento o a una cosa que es raíz de otra.

PREDICAMENTO. (Del lat. *praedicaméntum.*) m. *Lóg.* Cada una de las clases o categorías a que se pueden reducir todas las cosas y entidades físicas. ‖ Fama o estimación de que uno goza por sus obras. *Un investigador de gran* PREDICAMENTO.

PREDICANTE. p. a. de **Predicar.** Que predica. Dícese sólo del ministro de una religión no católica. Ú.t.c.s.

PREDICAR. al. **Predigen.** fr. **Prêcher.** ingl. **To preach.** ital. **Predicare.** port. **Predicar.** (Del lat. *praedicare.*) tr. Publicar, hacer patente una cosa. ‖ Pronunciar un sermón. PREDICAR *el Jueves Santo.* ‖ Alabar con exceso a un individuo. *Él mismo* PREDICABA *su triunfo.* ‖ fig. Reprender acerbamente a uno de un vicio o defecto. ‖ fig. y fam. Amonestar o hacer observaciones a uno para convencerle de una cosa. *Cuanto más le* PREDICAN, *menos obedece;* sinón.: **sermonear.**

PREDICATIVO, VA. adj. *Gram.* Perteneciente al predicado o que tiene carácter de tal. *Adjetivo* PREDICATIVO.

PREDICCIÓN. al. **Voraussage.** fr. **Prédiction.** ingl. **Prediction.** ital. **Predizione.** port. **Predição.** (Del lat. *praedictio, -onis.*) f. Acción y efecto de predecir. *Entre los pueblos antiguos tuvo importancia la* PREDICCIÓN; sinón.: **pronóstico, vaticinio.** ‖ IDEAS AFINES: *Profecía, anuncio, presagio, revelación, adivinar, augur, sibila, arúspice, oráculo, horóscopo, quiromancia, agorero, agüero, futuro, destino, tiempo.*

PREDICHO, CHA. (Del lat. *praedictus.*) p. p. irreg. de **Predecir.**

PREDILECCIÓN. al. **Vorliebe.** fr. **Prédilection.** ingl. **Predilection.** ital. **Predilezione.** port. **Predileção.** f. Cariño especial con que se distingue a una persona o cosa entre otras. *Tenía* PREDILECCIÓN *por las rosas;* sinón.: **preferencia.**

PREDILECTO, TA. adj. Preferido por afecto especial o que goza de alguna preferencia. sinón.: **favorito.**

PREDIO. (Del lat. *praédium.*) m. Heredad, tierra o posesión inmueble. ‖ – **dominante.** *For.* Aquel en cuyo favor está constituida una servidumbre. ‖ – **rústico.** El que, fuera de las poblaciones, está dedicado a uso agrícola, pecuario o forestal. ‖ – **sirviente.** *For.* El gravado con servidumbre. ‖ – **urbano.** El que está en poblado, y el edificio que, en el campo, se destina a vivienda.

PREDISPONER. al. **Vorhereiten.** fr. **Prédisposer.** ingl. **To predispose.** ital. **Predisporre.** port. **Predispor.** (De *pre*, antes, y *disponer.*) tr. y r. Preparar, disponer anticipadamente algunas cosas o el ánimo de las personas para un fin determinado. ‖ irreg. Conj. como **poner.** ‖ deriv.: **predisponente; predispositivo, va.**

PREDISPOSICIÓN. al. **Anlage.** fr. **Prédisposition.** ingl. **Predisposition.** ital. **Predisposizione.** port. **Predisposição.** f. Acción y efecto de predisponer o predisponerse. sinón.: **inclinación, propensión.** ‖ Estado del organismo para contraer fácilmente una enfermedad determinada.

PREDOMINACIÓN. f. Acción y efecto de predominar.

PREDOMINANCIA. f. Predominación.

PREDOMINANTE. p. a. de **Predominar.** Que predomina. *Opinión* PREDOMINANTE. ‖ deriv.: **predominantemente.**

PREDOMINAR. al. **Vorherrschen.** fr. **Prédominer; prévaloir.** ingl. **To predominate; to prevail.** ital. **Predominare.** port. **Predominar.** (De *pre* y *dominar.*) tr. Prevalecer, preponderar. Ú.m.c.intr. *En aquella casa* PREDOMINABA *el buen gusto;* sinón.: **imperar, sobresalir.** ‖ fig. Exceder mucho en altura una cosa respecto de otra. *Ese pabellón* PREDOMINA *sobre los otros.*

PREDOMINIO. al. **Überlegenheit; Vorherrschaft.** fr. **Prédominance.** ingl. **Predominance.** ital. **Predominanza.** port. **Predomínio.** m. Poder, superioridad, influjo o fuerza dominante que se tiene sobre una persona o cosa.

PREDORSAL. adj. *Anat.* Situado en la parte anterior de la espina dorsal. ‖ *Gram.* Dícese del sonido o consonante en cuya articulación interviene principalmente la parte anterior del dorso de la lengua, y de las letras que lo representan; como la *ch* castellana. Ú.t.c.s.f.

PREDORSO. *Fon.* Parte anterior del dorso de la lengua.

PREDORSO. *Fon.* y *Med.* Primer elemento de compuestos que indica carácter o situación predorsal. PREDORSO*alveolar*, PREDORSO*cervical*.

PREEMINENCIA. al. **Vorrang; Vorzug.** fr. **Prééminence.** ingl. **Preeminence.** ital. **Preminenza.** port. **Preeminencia.** (Del lat. *praeeminentia.*) f. Privilegio, exención o preferencia que goza uno respecto de otro u otros.

PREEMINENTE. al. **Hervorragend.** fr. **Prééminent.** ingl. **Preeminent.** ital. **Preminente.** port. **Preeminente.** (Del lat. *praeéminens, -entis.*) adj. Muy eminente, sublime, superior, más elevado. *Cargo* PREEMINENTE.

PREENTONAR. tr. Dar el tono de un canto entonando la primera o primeras palabras. ‖ deriv.: **preentonación.**

PREESTABLECER. tr. Establecer de antemano. PREESTABLECER *condiciones.* ‖ irreg. Conj. como **agradecer.**

PREEXCELENTE. adj. Muy excelente; excelente en sumo grado. ‖ deriv.: **preexcelencia.**

PREEXCELSO, SA. (Del lat. *praeexcelsus.*) adj. Sumamente ilustre y excelso. sinón.: **eximio, perilustre.**

PREEXISTENCIA. (Del lat. *praeexistentia.*) f. *Fil.* Existencia anterior. ‖ *For.* Existencia real de una cosa o de un derecho antes del momento en que haya de tratarse de ellos.

PREEXISTENCIALISMO. m. *Fil.* Doctrina que sostiene que las almas fueron producidas antes de ser infundidas en los cuerpos.

PREEXISTENTE. al. **Vorher bestehend; präexistent.** fr. **Préexistant.** ingl. **Preexistent.** ital. **Preesistente.** port. **Preexistente.** (Del lat. *praeexistens, -entis.*) p. a. de **Preexistir.** Que preexiste. *Remediar los males* PREEXISTENTES.

PREEXISTIR. al. **Früher dasein.** fr. **Préexister.** ingl. **To Preexist.** ital. **Preesistere.** port. **Preexistir.** (Del lat. *praeexístere.*) intr. *Fil.* Existir antes, o realmente, o con antelación de naturaleza u origen.

PREFABRICAR. tr. Fabricar, comúnmente en serie, las distintas partes de que consta un todo que ha de ser armado en tiempo y lugar oportunos. PREFABRICAR *casas, embarcaciones.* ‖ deriv.: **prefabricación.**

PREFACIO. al. **Vorwort.** fr. **Préface.** ingl. **Preface.** ital. **Prefazione.** port. **Prefácio.** (Del lat. *praefatio.*) m. Prefación. *Un* PREFACIO *conciso;* sinón.: **prólogo.** ‖ Parte de la misa, que precede inmediatamente al canon. ‖ IDEAS AFINES: *Proemio, exordio, preámbulo, principio, preliminar, introducción, antes, encabezamiento, preparación, preludio, pródromo, isagoge.*

PREFACIÓN. (Del lat. *praefatio, -onis.*) f. Prólogo de un libro.

PREFECTO. al. **Präfekt.** fr. **Préfet.** ingl. **Prefect.** ital. **Prefetto.** port. **Prefeito.** (Del lat. *praefectus.*) m. Entre los romanos, título de varios jefes militares o civiles. ‖ Ministro que preside y manda en un tribunal, junta o comunidad eclesiástica. ‖ Persona encargada en una colectividad de vigilar el desempeño de ciertos cargos. ‖ En Francia, gobernador de un departamento. ‖ – **del pretorio,** o **pretorio.** Gobernador de cualquiera de las provincias o prefecturas en que se dividió el Imperio Romano. ‖ Comandante de la guardia pretoriana de los emperadores romanos. ‖ deriv.: **prefectoral.**

PREFECTURA. al. **Präfektur.** fr. **Préfecture.** ingl. **Prefecture.** ital. **Prefettura.** port. **Prefeitura.** f. Dignidad o cargo de prefecto. ‖ Territorio gobernado por él. ‖ Su oficina.

PREFERENCIA. al. **Vorzug; Vorliebe.** fr. **Préférence.** ingl. **Preference.** ital. **Preferenza.** port. **Preferencia.** f. Superioridad o ventaja que una persona o cosa tiene sobre otra. ‖ Elección de una cosa o persona, entre varias; predilección hacia ella. *Tenía* PREFERENCIA *por los deportes violentos.* ‖ **De preferencia.** m. adv. Preferentemente.

PREFERENTE. p. a. de **Preferir.** Que prefiere o se prefiere. *Gustos* PREFERENTES *del público.*

PREFERENTEMENTE. adv. m. Con preferencia.

PREFERIBLE. adj. Digno de preferirse. *Solución* PREFERIBLE. ‖ deriv.: **preferiblemente.**

PREFERIR. al. **Vorziehen.** fr. **Préférer.** ingl. **To prefere.** ital. **Preferire.** port. **Preferir.** (Del lat. *praeferre*, llevar o poner delante.) tr. Dar la preferencia. Ú.t.c.r. PREFIERO *el té al café;* sinón.: **preponer, anteponer.** ‖ Exceder, aventajar. ‖ r. Ufanarse. ‖ irreg. Conj. como **sentir.**

PREFIGURACIÓN. f. Representación anticipada de una cosa.

PREFIGURAR. (Del lat. *praefigurare.*) tr. Representar anticipadamente una cosa.

PREFIJACIÓN. f. Acción de prefijar. ‖ *Gram.* Modo de formar nuevos vocablos por medio de prefijos.

PREFIJAR. tr. Determinar o fijar anticipadamente. PREFIJAR *el término de un trabajo.* ‖ *Gram.* Poner prefijo a una palabra.

PREFIJO, JA. al. **Präfix; Vorsilbe.** fr. **Préfixe.** ingl. **Prefix.** ital. **Prefisso.** port. **Prefixo.** (Del lat. *praefixus*, p. p. de *praefígere*, colocar delante.) p. p. irreg. de **Prefijar.** ‖ adj. *Gram.* Dícese del afijo que va antepuesto; como en DES*contento*, IN*constante*. Ú.m.c.s.m.

PREFINICIÓN. f. Acción de prefinir.

PREFINIR. (Del lat. *praefinire.*) tr. Señalar el término o tiempo para ejecutar una cosa.

PREFLORACIÓN. f. *Bot.* Disposición de los órganos de la flor antes de la florescencia.

PREFOLIACIÓN. f. *Bot.* Disposición de las hojas antes de abrirse la yema.

PREFORMACIÓN. f. Acción y efecto de preformar. ‖ *Fil.* Sistema según el cual todos los individuos preexisten en la especie.

PREFORMAR. tr. Formar de antemano, crear en sus elementos. ‖ deriv.: **preformante; preformativo, va.**

PREFULGENTE. (Del lat. *prae fulgens, -entis.*) adj. Muy resplandeciente y lúcido. *Estrella* PREFULGENTE; sinón.: **deslumbrante.**

PREGEL. *Geog.* Río de la U.R.S.S., en la antigua Prusia Oriental alemana. Pasa por Kaliningrado y des. en el mar Báltico. 125 km.

PREGL, Federico. *Biog.* Cél. químico austríaco que en 1923 mereció el Premio Nobel de Química merced a su descubrimiento del método de microanálisis cuantitativo de las materias orgánicas (1869-1930).

PREGO DE OLIVER, José. *Biog.* Literato esp. que captó aspectos históricos de la región riop., en donde residió. Autor de las odas *Cantos a las acciones de guerra contra los ingleses en el Río de la Plata en 1806 y 1807; Canción al Paraná*, etc. (s. XIX).

PREGÓN. al. **Ausrufen.** fr. **Ban.** ingl. **Cry.** ital. **Bando.** port. **Pregão.** (Del lat. *praeconium.*) m. Publicación que en voz alta se hace en los sitios públicos de una cosa que conviene que todos sepan.

PREGONAR. (Del lat. *praeconare.*) tr. Publicar en voz alta una cosa para que venga a noticia de todos. PREGONAR *un bando;* sinón.: **proclamar.** ‖ Anunciar uno a voces la mercancía que vende. PREGONAR *los diarios y revistas.* sinón.: **vocear.** ‖ fig. Publicar lo que estaba oculto o lo que debía callarse. ‖ Alabar en público los hechos o cualidades de una persona. *Los trovadores* PREGONABAN *el heroísmo de los guerreros.* ‖ Proscribir. ‖ deriv.: **pregoneo.**

PREGONERÍA. f. Oficio o ejercicio del pregonero. ‖ Cierto derecho que se pagaba al pregonero mayor.

PREGONERO, RA. (De *pregón.*) adj. Que pregona. Ú.t.c.s. ‖ m. Oficial público que en alta voz da los pregones y hace notorio lo que se quiere hacer saber a todos. ‖ – **mayor.** Dignidad o empleo honorífico que percibía ciertos emolumentos por los arriendos de las rentas públicas.

PREGUERRA. f. Tiempo inmediatamente anterior a una guerra.

PREGUNTA. al. **Frage.** fr. **Question.** ingl. **Question.** ital. **Domanda.** port. **Pergunta.** f. Proposición que uno formula para que otro la responda. ‖ Interrogatorio. ‖ **Absolver las preguntas.** frs. *Der.* Responder el testigo a las de un interrogatorio, o declarar bajo juramento. ‖ **Andar, estar,** o **quedar,** uno **a la cuarta pregunta.** frs. fig. y fam. Tener poquísimo dinero o ninguno. ‖ IDEAS AFINES: *Averiguar, descubrir, aprender, contestar, duda, problema, incógnita, curiosidad, inquisición, indagar, examen, cuestionario, encuesta.*

PREGUNTADOR, RA. adj. y s. Que pregunta. ‖ Molesto, impertinente en las preguntas. sinón.: **preguntón.**

PREGUNTAR. al. **Fragen.** fr. **Questionner.** ingl. **To ask; to question; to inquire.** ital. **Domandare.** port. **Perguntar.** (Del lat. *percontari.*) tr. y r. Hacer a uno preguntas. *Me* PREGUNTÓ *por todos vosotros;* sinón.: **inquirir, interrogar, demandar.** ‖ Exponer una especie en forma de pregunta para denotar duda o dar vigor a la expresión. ‖ **Quien pregunta, no yerra.** ref. que afirma cuán útil es informarse de lo que se ignora para lograr el acierto. ‖ deriv.: **preguntante.**

PREGUNTEO. m. Acción y efecto de preguntar.

PREGUNTÓN, NA. adj. y s. fam. Preguntador, molesto en las preguntas.

PREGUSTACIÓN. f. Acción y efecto de pregustar.

PREGUSTAR. (Del lat. *praegustare.*) tr. Hacer la salva de la comida o la bebida. ‖ deriv.: **pregustador.**

PREHELÉNICO, CA. adj. Perteneciente o relativo a la Grecia anterior a la civilización de los antiguos helenos.

PREHENSIL. (Del lat. *prehénsum.*) adj. Prensil.

PREHENSIÓN. f. Prensión.

PREHENSOR, RA. adj. *Zool.* Prensor. Ú.t.c.s.f. ‖ f. pl. *Zool.* Prensoras.

PREHISPÁNICO, CA. adj. Dícese de la América anterior a la conquista y colonización españolas, y de sus pueblos, lenguas y civilizaciones.

PREHISTORIA. al. **Vorgeschichte.** fr. **Préhistoire.** ingl. **Prehistory.** ital. **Preistoria.** port. **Pré-história.** f. Ciencia que estudia la evolución de la actividad humana anterior a todo documento histórico.

● **PREHISTORIA.** *Hist.* Rama de la historia que estudia la era anterior a toda documentación escrita. La **prehistoria** es una ciencia relativamente reciente que data del s. XIX. Sus fuentes esenciales son los hallazgos de la arqueología, merced a los cuales ha sido posible inquirir el complejo cultural del hombre primitivo. La paleontología, la etnología y la lingüística comparada son sus ciencias complementarias. Dentro de la **prehistoria** se distinguen dos edades: la edad de piedra y la edad de los metales. La primera se divide en tres períodos: el paleolítico o edad de la piedra tallada; el mesolítico, período transitorio entre aquél y el neolítico, y éste o edad de la piedra pulimentada. La edad de los metales comprende dos períodos, llamados la edad del bronce y la edad del hierro.

PREHISTÓRICO, CA. adj. Perteneciente o relativo a la prehistoria.

PREINCAICO, CA o **PREINCÁSICO, CA.** adjs. Anterior a los incas. *Civilización* PREINCAICA.

PREINSERTO, TA. (De *pre*, antes, e *inserto.*) adj. Que se ha insertado antes.

PREJUDICIAL. (Del lat.

praeiudicialis.) adj. *Der.* Que requiere decisión anterior a la sentencia de lo principal. || Dícese de la acción o excepción que ante todas cosas se debe definir.

PREJUDICIO. (Del lat. *praeiudicium.*) m. Prejuicio.

PREJUICIO. al. **Vorurteil.** fr. **Préjugé.** ingl. **Prejudice.** ital. **Pregiudizio.** port. **Preconceito.** m. Acción y efecto de prejuzgar. || IDEAS AFINES: *Prevención, presunción, parcialidad, preconcebido, a priori, rutina, misoneísta.*

PREJUZGAR. (Del lat. *praeiudicare.*) tr. Juzgar de las cosas antes del tiempo oportuno, o sin tener cabal conocimiento de ellas, o apartándose de lo razonable.

PRELACÍA. f. Dignidad u oficio de prelado. || Conjunto o cuerpo de prelados.

PRELACIÓN. (Del lat. *praelatio, -onis.*) f. Antelación o preferencia con que una cosa debe ser atendida respecto de otra u otras. || deriv.: **prelativo, va.**

PRELADA. f. Superiora de un convento de religiosas.

PRELADO. al. **Prälat.** fr. **Prélat.** ingl. **Prelate.** ital. **Prelato.** port. **Prelado.** (Del lat. *praelatus,* puesto delante, preferido.) m. Superior eclesiástico, como abad, obispo, etc. || Superior de un convento o comunidad eclesiástica. || – **consistorial.** Superior de canónigos o monjes que se provee por el consistorio del Papa. || – **doméstico.** Eclesiástico de la familia del Papa. || deriv.: **prelacial.** || IDEAS AFINES: *Dignatario, eminencia, episcopal, curia, Vaticano, nuncio, purpurado, primado, metropolitano, vicario, Pontífice.*

PRELATICIO, CIA. adj. Propio del prelado.

PRELATURA. f. Prelacía.

PRELECCIÓN. f. Explicación anticipada de la lección. || Lectura previa.

PRELIMINAR. al. **Vorläufig.** fr. **Préliminaire.** ingl. **Preliminary.** ital. **Preliminare.** port. **Preliminar.** (Del lat. *prae,* antes, y *liminaris,* del umbral.) adj. Que sirve de preámbulo para tratar sólidamente una materia. || fig. Que antecede o ha de ir al principio de una acción, empresa, litigio, escrito, etc. Ú.t.c.s. *Conversaciones* PRELIMINARES; sinón.: **preparatorio.** || m. En derecho internacional, cada uno de los artículos generales que sirven de fundamento para el ajuste y tratado de paz. Ú.m. en pl.

PRELIMINARMENTE. adv. m. Anticipadamente.

PRELOG, Vladimir. *Biog.* Científico yugoslavo, premio Nobel de Química de 1975, que compartió con el australiano John W. Cornforth. Sus investigaciones esclarecieron muchos problemas vinculados con la química de las enzimas, especialmente desde el punto de vista de las formas geométricas de las moléculas y su influencia en el curso de las reacciones (n. en 1906).

PRELUCIR. (Del lat. *praelucere.*) intr. Lucir con anticipación. || irreg. Conj. como **lucir.**

PRELUDIAR. al. **Vorspielen; präludieren.** fr. **Préluder.** ingl. **To prelude.** ital. **Preludiare.** port. **Preludiar.** intr. *Mús.* Probar o ensayar un instrumento o la voz, antes de empezar la pieza principal. Ú.t.c.tr. || tr. fig. Preparar o iniciar una cosa. PRELUDIAR *los festejos.*

PRELUDIO. al. **Vorspiel; Präludium.** fr. **Prélude.** ingl. **Prelude.** ital. **Preludio.** port. **Prelúdio.** (Del lat. *praelúdium,* de *praelúdere;* de *prae,* antes, y *lúdere,* jugar.) m. Lo que precede o sirve de preparación o principio a una cosa. *El* PRELUDIO *de la tormenta;* sinón.: **anuncio, comienzo.** || *Mús.* Composición musical de corto desarrollo y libertad de forma, generalmente destinada a preceder la ejecución de otras obras. || Obertura o sinfonía. *El* PRELUDIO *de Tristán e Isolda.*

PRELUDIO A LA SIESTA DE UN FAUNO. *Mús.* Poema sinfónico de Claudio Debussy, estrenado en París en 1894. Basado en un poema de Mallarmé, es una de las obras más perfectas de su autor. Ravel la calificó como "la más bella página de la música francesa".

PRELUDIO, CORAL Y FUGA. *Mús.* Composición para órgano de César Franck, estrenada en 1884. Bellísima obra, plena de sensibilidad y ternura.

PRELUSIÓN. (Del lat. *praelusio, -onis.*) f. Preámbulo, exordio.

PREMATURAMENTE. adv. t. Antes de tiempo, fuera de sazón.

PREMATURO, RA. al. **Frühzeitig.** fr. **Prématuré.** ingl. **Premature.** ital. **Prematuro.** port. **Prematuro.** (Del lat. *praematurus.*) adj. Que no está en sazón. *Frutos* PREMATUROS; sinón.: **temprano;** antón.: **tardío.** || Que sucede antes de tiempo. *Muerte* PREMATURA. || *Der.* Dícese de la mujer que no está en edad de admitir varón.

PREMEDITACIÓN. al. **Vorbedacht.** fr. **Préméditation.** ingl. **Premeditation.** ital. **Premeditazione.** port. **Premeditação.** f. Acción de premeditar. || *Der.* Una de las circunstancias que agravan la responsabilidad de los delincuentes.

PREMEDITADAMENTE. adv. m. Con premeditación.

PREMEDITAR. al. **Vorherüberlegen.** fr. **Préméditer.** ingl. **To premeditate.** ital. **Premeditare.** port. **Premeditar.** tr. Reflexionar antes de ejecutar una cosa. || *Der.* Proponerse de caso pensado cometer un delito, tomando para ello previas disposiciones.

PREMIACIÓN. f. *Col., Chile* y *Ec.* Repartición de premios.

PREMIADOR, RA. adj. Que premia. Ú.t.c.s.

PREMIAR. al. **Belohnen.** fr. **Récompenser.** ingl. **To reward.** ital. **Premiare.** port. **Premiar.** (Del lat. *praemiari.*) tr. Remunerar con ventajas materiales u honoríficas los méritos y servicios de uno. PREMIÓ *la honradez;* sinón.: **recompensar.**

PREMIDERA. f. Cárcola.

PREMIO. al. **Preis.** fr. **Prix.** ingl. **Prize.** ital. **Premio.** port. **Premio.** (Del lat. *praémium.*) m. Recompensa que se da por algún mérito o servicio. || Cantidad que se añade al precio o valor a modo de compensación o de incentivo. || Aumento de valor que adquieren algunas monedas por el curso de cambio internacional. || Cada uno de los lotes sorteados en la lotería nacional. || – **gordo.** fig. y fam. El lote mayor de la lotería pública, y especialmente el que corresponde a la de Navidad.

PREMIOSIDAD. f. Calidad de premioso.

PREMIOSO, SA. (Del ant. *premiar,* apremiar.) adj. Tan ajustado que difícilmente se puede mover. || Gravoso, molesto. || Que apremia. *Llamada* PREMIOSA. || fig. Rígido, estricto. || Tardo, sin agilidad para la acción o la expresión. || Que habla o escribe con dificultad. || Dícese del lenguaje o estilo que no tiene espontaneidad y soltura. || deriv.: **premiosamente.**

PREMISA. al. **Vordersatz; Prämisse.** fr. **Prémise.** ingl. **Premise.** ital. **Premessa.** port. **Premissa.** f. *Lóg.* Cada una de las dos primeras proposiciones del silogismo, de donde se infiere la conclusión. || fig. Señal, indicio por donde se infiere una cosa.

PREMISO, SA. (Del lat. *praemissus,* p. p. de *praemittere,* enviar delante.) adj. Preparado o enviado con anticipación. || *For.* Que precede. PREMISA *la venia necesaria.*

PREMOCIÓN. (Del lat. *praemotio, -onis.*) f. Moción anterior que inclina a un efecto u operación.

PREMOLAR. adj. y s. Aplícase a cada uno de los dientes situados entre los caninos y los molares. *Los niños carecen de* PREMOLARES.

PREMONICIÓN. f. Presentimiento, presagio, aviso, advertencia moral.

PREMONITOR, RA. adj. Que anuncia o presagia.

PREMONITORIO, RIA. (Del lat. *praemonitorius.*) adj. **Premonitor.** || Que tiene carácter de premonición o advertencia moral. || *Pat.* Aplícase a los síntomas primeros de una enfermedad y al estado de la persona en que se manifiestan.

PREMONSTRATENSE. adj. Dícese de la orden de canónigos regulares fundada por San Norberto, y de sus individuos. Apl. a pers., ú.t.c.s.

PREMORIENCIA. f. *Der.* Muerte anterior a otra.

PREMORIENTE. p. a. de **Premorir.** *Der.* Que premuere. Ú.t.c.s.

PREMORIR. (Del lat. *praemori.*) intr. *Der.* Morir una persona antes que otra. || irreg. Conj. como **dormir.**

PREMOSTRAR. tr. Mostrar una cosa con anticipación a otra.

PREMOSTRATENSE. adj. Premonstratense. Apl. a pers., ú.t.c.s.

PREMUERTO, TA. (Del lat. *praemortuus.*) p. p. irreg. de **Premorir.** Ú.t.c.s.

PREMUNIR. tr. Galicismo por **precaver, prever.**

PREMURA. al. **Dringlichkeit.** fr. **Urgence.** ingl. **Pressure.** ital. **Premura.** port. **Pressa.** (Del lat. *prémere,* apretar.) f. Aprieto, apuro, prisa, urgencia, instancia. *El caso exigía con* PREMURA *un médico.*

PREMUROSAMENTE. adv. m. Con premura.

PREMUROSO, SA. adj. Que apremia o estrecha.

PRENDA. al. **Pfand.** fr. **Gage.** ingl. **Pledge.** ital. **Pegno.** port. **Penhor.** (Del ant. *peindra,* y éste del lat. *pígnera.*) f. Cosa mueble que se da en garantía del cumplimiento de una obligación. || Contrato real que resulta de esta operación. || Cualquiera de las alhajas, muebles o enseres de uso doméstico, especialmente cuando se dan a vender. || Cualquiera de las partes que componen el vestido y calzado. || Lo que se da o hace en señal, prueba o demostración de una cosa. || fig. Cualquier cosa no material que sirve de garantía para algún fin. || Lo que se ama intensamente; como hijos, mujer, etc. || Cada una de las buenas cualidades o perfecciones que concurren en un individuo. *Personas de* PRENDAS. || pl. Juego de prendas. || **Prenda pretoria.** *For.* La constituida por autoridad del juez. || **En prenda,** o **en prendas.** m. adv. El empeño o fianza. || **Estar por más la prenda.** frs. fig. y fam. con que se nota que la retribución que hace uno es inferior al beneficio recibido. || **Hacer prenda.** frs. Retener una alhaja para la seguridad de un crédito. || **No dolerle prendas** a uno. frs. fig. Ser fiel cumplidor de sus obligaciones o promesas. || No perdonar gastos ni diligencias para lograr su intento. || **Soltar prenda** uno. frs. fig. y fam. Decir algo que le deje comprometido a una cosa.

PRENDADOR, RA. adj. Que prenda o saca una prenda. Ú.t.c.s.

PRENDAMIENTO. m. Acción y efecto de prendar o prendarse.

PRENDAR. (Del ant. *pendrar,* y éste del lat. *pignerare.*) tr. Sacar una prenda o alhaja para la garantía de una obligación. || Ganar la voluntad y agrado de uno. || r. Aficionarse, enamorarse de una persona o cosa. PRENDARSE *del garbo.*

PRENDARIO, RIA. adj. Perteneciente o relativo a la prenda.

PRENDEDERO. m. Lo que sirve para prender o asir una cosa. || Broche que usaban las mujeres para prender las faldas. || Prendedor, broche de adorno o para sujetar otras prendas del vestido femenino. || Cinta o tira de tela que usaban las mujeres para asegurar el cabello.

PRENDEDOR. al. **Spange; Brosche.** fr. **Agrafe; broche.** ingl. **Breastpin.** ital. **Fermaglio; spilla.** port. **Prendedor.** m. El que prende. || Cualquier instrumento que sirve para prender. || Instrumento para prender papeles. || Broche que las mujeres usan como adorno o para sujetar el vestido, pañoleta, etc.

PRENDEDURA. f. Galladura.

PRENDER. al. **Ergreifen.** fr. **Saisir.** ingl. **To seize.** ital. **Prendere.** port. **Prender.** (Del lat. *prehéndere.*) tr. Asir, sujetar una cosa. || Asegurar a una persona privándola de la libertad, y principalmente, ponerla en la cárcel. PRENDER *al ladrón;* sinón.: **capturar, detener.** || Hacer presa una cosa en otra, enredarse. || Cubrir, juntarse macho y hembra. || Adornar, engalanar a una mujer. Ú.t.c.r. *Se* PRENDIÓ *de veinticinco alfileres;* sinón.: **ataviarse.** || *Amér.* Dar luz, encender. PRENDIERON *los faroles.* || Suministrar claridad. || intr. Arraigar la planta en la tierra. || Empezar a ejercitar su cualidad o comunicar su virtud una cosa a otra. Dícese regularmente del fuego cuando se empieza a cebar en una materia. || r. *Col.* Lograr un beneficio o provecho. || *Hond.* Aviarse, proporcionarse uno lo que le hace falta. || *P. Rico.* Embriagarse.

PRENDERGAST, Mauricio. *Biog.* Pintor estadounidense. Estudió en Francia y fue uno de los introductores del impresionismo en su país (1861-1924).

PRENDERÍA. f. Tienda en que se compran y venden prendas, alhajas o muebles usados. sinón.: **ropavejería.**

PRENDERO, RA. (De *prenda.*) s. Persona que tiene prendería o trafica en objetos usados.

PRÉNDEZ SALDIAS, Carlos. *Biog.* Poeta chil., nacido en 1892, autor de *Misal rojo; Paisajes de mi corazón; Álamos nuevos,* etc.

PRENDIDO. m. Adorno mujeril, especialmente el de la cabeza. || Patrón o dibujo picado que sirve para hacer los encajes. || Parte del encaje hecha sobre lo que ocupa el dibujo.

PRENDIMIENTO. m. Acción de prender: prisión, captura. sinón.: **apresamiento.** || Por anton., el de Jesucristo en el Huerto.

PRENOCIÓN. f. *Fil.* Anticipada noción o primer conocimiento de las cosas.

PRENOMBRADO, DA. adj. *Amér.* Precitado.

PRENOMBRE. (Del lat. *praenomen, -inis.*) m. Nombre que entre los romanos precedía al de familia.

PRENOTAR. (Del lat. *praenotare.*) tr. Notar con anticipación.

PRENSA. al. **Presse.** fr. **Presse.** ingl. **Press.** ital. **Torchio; stampa.** port. **Prensa.** (Del lat. *pressa,* de *prémere,* oprimir.) f. Máquina que sirve para comprimir. || fig. Imprenta. || Conjunto de publicaciones periódicas y especialmente las diarias. *La* PRENSA *elogió al extinto.* || – **hidráulica.** *Fís.* Dispositivo provisto de un líquido (agua, aceite) entre dos pistones de distinta superficie y en el cual una fuerza aplicada en el pistón menor aparece multiplicada en el más grande. || **Dar a la prensa.** frs. Imprimir y publicar, una obra. || **Entrar,** o **meter, en prensa.** frs. Comenzar la tirada de un impreso. || **Meter en prensa** a uno. frs. fig. Apremiarle mucho para obligarle a ejecutar una cosa. || **Sudar la prensa.** frs. fig. Imprimir mucho o continuadamente. || **Tener** uno **buena,** o **mala prensa.** frs. fig. Serle ésta favorable o contraria. || IDEAS AFINES: *Periodismo, cuarto poder, cotidiano, matutino, presión, extracción, apretar, estrujar, exprimir, lagar, trapiche, martinete, batán, torno, calandria, rodillo, melaza, orujo, aceite, encuadernación, carpintero.*

PRENSADO. m. Lustre, lisura o labor que queda en las telas por efecto de la prensa.

PRENSADOR, RA. adj. y s. Que prensa.

PRENSADURA. f. Acción de prensar.

PRENSAR. al. **Pressen.** fr. **Presser.** ingl. **To press.** ital. **Pressare.** port. **Prensar.** tr. Apretar en la prensa una cosa. PRENSAR *aceitunas;* sinón.: **comprimir.**

PRENSERO. m. *Col.* En los ingenios de azúcar, individuo que introduce la caña en los trapiches.

PRENSIL. (Del lat. *prensare,* asir.) adj. Que sirve para asir o coger. *Cola* PRENSIL.

PRENSIÓN. (Del lat. *prehensio, -onis.*) f. Acción y efecto de prender una cosa.

PRENSISTA. m. Oficial de imprenta que trabaja en la prensa.

PRENSOR, RA. (Del lat. *prehensus.*) adj. *Zool.* Aplícase a ciertas aves trepadoras cuyos largos dedos están muy bien dispuestos para la prensión. Ú.t.c.s. || f. pl. *Zool.* Grupo de estas aves.

PRENUNCIAR. tr. Anunciar de antemano. || deriv.: **prenunciable; prenunciación; prenunciador, ra; prenunciativo, va.**

PRENUNCIO. m. Anuncio anticipado, presagio.

PRENUPCIAL. adj. Relativo a lo que antecede a las nupcias.

PREÑADO, DA. al. **Schwanger; voll.** fr. **Encinte; chargé.** ingl. **Pregnant; full.** ital. **Gravido; pregno.** port. **Prenhe.** (Del lat. *praegnatus.*) adj. Dícese de la hembra que ha concebido y se halla en estado de gestación. ||

RAZAS HUMANAS

LÁMINA LIII

India sioux,
Dakota del Sur.

Habitante de Urk,
Holanda.

Nómade beduina, Antioquía, Turquía.

Pescador de
Liguria, Italia.

Niña esquimal
Groenlandia.

Vendedora
ambulante,
Malaysia.

Marroquí
en
Alcazarquivir.

Pigmeo
centroafricano.

Mujer y niña zulúes,
Natal.

Campesina china.

Muchacha nativa de
Uttar Pradesh, India.

Grupo de masai, Tanzania.

Indio
tarahumara,
México.

PINTURA MODERNA

A. Manessier:
"Riña de
gallos".
Museo
Nacional
de Arte
Moderno,
París.

Toulouse-Lautrec:
"Afiche".
Biblioteca
Nacional,
París.

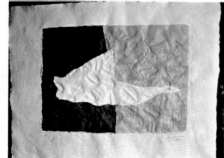

Georges
Braque:
"Paloma".

W. Kandinsky:
"Alrededor
de la línea"
(fragmento).

Lionel
Feinninger:
"El hombre
blanco",
1907.

Robert Delaunay:
"Formas circulares".
Museo Stedelyk,
Amsterdam.

Pablo Picasso:
"Desnudo acostado y músico",
1942.

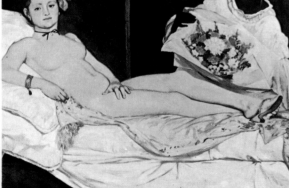

Mondrian:
"Composición
con rojo,
amarillo
y azul"

Cézanne:
"Muchacho
con chaleco
rojo".

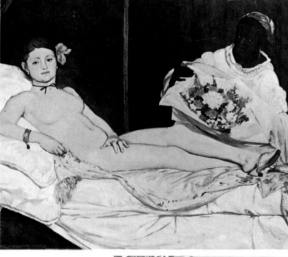

Manet:
"Olimpia".

Gino Severini:
"Dinamismo de forma luminosa
en el espacio".
Muestra de Arte Moderno,
Florencia.

Gino Severini:
"Luz Benigna" (fragmento).

Rousseau,
llamado "El aduanero":
"Selva virgen
al atardecer".

REPTILES

Víbora
común europea
(*Vipera berus*).

Iguana
arborícola
(*Iguana iguana*).

Culebra de
Esculapio
(*Elaphe longissima*).

Agama
(*Agama agama*).

Proteo de las
cavernas
(*Proteus anguinus*).

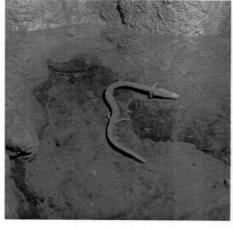

Tortuga
de Hermann
(*Testudo hermanni*).

Cavial del Ganges
(*Gavialis gangeticus*).

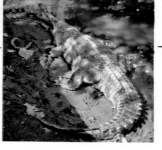

fig. Dícese de la pared desplomada que forma barriga. ‖ Lleno, cargado. *Ojos* PREÑADOS *de odio*; sinón.: **colmado, rebosante.** ‖ Que incluye algo que no se descubre. ‖ m. Estado de la hembra preñada. ‖ Tiempo en que lo está. ‖ Feto en el vientre materno.

PREÑAR. tr. Empreñar. ‖ Llenar, henchir.

PREÑEZ. al. **Schwangerschaft.** fr. **Grossesse.** ingl. **Pregnancy.** ital. **Pregno; gravidezza.** port. **Prenhez.** f. Preñado, en las hembras. sinón.: **embarazo, gravidez.** ‖ fig. Estado de un asunto que aún no está resuelto. ‖ Confusión, dificultad.

PREOCUPACIÓN. al. **Sorge; Kummer.** fr. **Préoccupation.** ingl. **Preoccupation.** ital. **Preoccupazione.** port. **Preocupação.** (Del lat. *praeoccupatio, -onis.*) f. Anticipación o prevención en adquirir una cosa. ‖ Juicio o primera impresión que hace una cosa en el ánimo y que estorba la admisión de otras especies. ‖ Ofuscación del entendimiento debida a la pasión, el error de los sentidos, la educación o la opinión ajena. ‖ Cuidado, desasosiego ante alguna contingencia adversa.

PREOCUPADAMENTE. adv. m. Con preocupación.

PREOCUPAR. al. **Bekümmern** fr. **Préoccuper.** ingl. **To preoccupy; to worry.** ital. **Preoccupare.** port. **Preocupar.** (Del lat. *praeoccupare.*) tr. Ocupar antes o anticipadamente una cosa, o prevenir a uno en la adquisición de ella. ‖ fig. Prevenir el ánimo de uno con prejuicios. ‖ Poner el ánimo en cuidado, mantenerle fijo en una especie o un asunto. U.t.c.r. *El mal tiempo lo* PREOCUPABA; sinón.: **desasosegar, inquietar.** ‖ r. Estar prevenido en favor o en contra de una persona o cosa.

PREOPINANTE. (Del lat. *praeopinans, -antis.*) adj. y s. Dícese de quien opina antes que otro en una discusión. *El diputado* PREOPINANTE.

PREORDINACIÓN. f. *Teol.* Acción y efecto de preordinar.

PREORDINADAMENTE. adv. m. *Teol.* Con preordinación.

PREORDINAR. (Del lat. *praeordinare.*) tr. *Teol.* Disponer Dios todas las cosas desde la eternidad para que tengan su efecto en los tiempos que les pertenecen. ‖ deriv.: **preordinador, ra; preordinante.**

PREPALATAL. adj. y s. *Fon.* Dícese de la consonante en cuya articulación la parte superior de la lengua se aplica a la anterior del paladar, como ocurre en la ch, la ll, la ñ y la y.

PREPARACIÓN. al. **Vorbereitung.** fr. **Préparation.** ingl. **Preparation.** ital. **Preparazione.** port. **Preparacão.** (Del lat. *praeparatio, -onis.*) f. Acción y efecto de preparar o prepararse. *La* PREPARACIÓN *para la vida.*

PREPARADO, DA. adj. Dícese de la droga o medicamento producidos por la industria. U.t.c.s.m. ‖ *Amér.* Docto, ilustrado.

PREPARADOR, RA. adj. y s. Que prepara. ‖ m. *Anat.* El que diseca piezas anatómicas para su ulterior estudio.

PREPARAMENTO. m. Preparamiento.

PREPARAMIENTO. m. Preparación.

PREPARAR. al. **Vorbereiten.** fr. **Préparer.** ingl. **To prepare.** ital. **Preparare.** port. **Preparar.** (Del lat. *praeparare.*) tr. Prevenir y aparejar una cosa para que surta el efecto deseado. PREPARAR *las redes.* ‖ Prevenir o disponer a un sujeto para una acción que se ha de seguir. PREPARAR *para el vuelo.* ‖ Hacer las operaciones debidas para obtener un producto; disponer la ejecución o prevenir el advenimiento de un hecho. ‖ *Farm.* Templar la fuerza del principio activo de los medicamentos hasta el grado conveniente para la curación. ‖ r. Disponerse para ejecutar una cosa o con algún otro fin determinado. *Se* PREPARA *al ataque*; sinón.: **aprestarse, apercibirse.** ‖ deriv.: **preparante.** ‖ IDEAS AFINES: *Elaborar, condimentar, encaminar, organizar, formar, antelación, previo, anuncio, precaución, de antemano.*

PREPARATIVO, VA. adj. Preparatorio. ‖ m. Cosa dispuesta y preparada. *Los* PREPARATIVOS *de la reunión.*

PREPARATORIAMENTE. adv. m. Con preparación.

PREPARATORIO, RIA. (Del lat. *praeparatorius.*) adj. Dícese de lo que prepara y dispone. *Curso* PREPARATORIO.

PREPONDERANCIA. al. **Übergelegenheit; Übergewicht.** fr. **Prépondérance.** ingl. **Preponderance.** ital. **Preponderanza.** port. **Preponderancia.** f. Exceso del peso, o mayor peso, de una cosa respecto de otra. ‖ fig. Superioridad de fuerza, autoridad, consideración, etc. *La* PREPONDERANCIA *del dinero*; sinón.: **preeminencia, primacía.**

PREPONDERAR. (Del lat. *praeponderare.*) intr. Pesar más una cosa respecto de otra. ‖ fig. Prevalecer o hacer más fuerza una opinión u otra cosa que aquella con la cual se compara. PREPONDERABAN *allí las ideas liberales*; sinón.: **predominar.** ‖ fig. Ejercer un influjo dominante o decisivo. ‖ deriv.: **preponderante; preponderantemente.**

PREPONER. (Del lat. *praeponere.*) tr. Anteponer o preferir una cosa a otra. ‖ irreg. Conj. como **poner.**

PREPOSICIÓN. al. **Präposition; Verhältniswort.** fr. **Préposition.** ingl. **Preposition.** ital. **Preposizione.** port. **Preposição.** (Del lat. *praepositio, -onis.*) f. *Gram.* Parte invariable de la oración que indica el régimen o relación que dos palabras o términos tienen entre sí. ‖ — **inseparable.** Prefijo.

PREPOSICIONAL. adj. Perteneciente o relativo a la preposición. ‖ Dícese de voces que tienen carácter de preposiciones o pueden ser usadas como tales.

PREPOSITIVO, VA. adj. Perteneciente o relativo a la preposición. *Enlace* PREPOSITIVO. ‖ deriv.: **prepositivamente.**

PREPÓSITO. m. Jefe o cabeza de una junta o comunidad.

PREPOSITURA. f. Dignidad o cargo de prepósito.

PREPOSTERACIÓN. f. Acción y efecto de preposterar.

PREPOSTERAMENTE. adv. m. y t. Fuera de tiempo u orden; de modo intempestivo.

PREPOSTERAR. (Del lat. *praeposterare.*) tr. Trastrocar, invertir el orden de algunas cosas.

PREPÓSTERO, RA. (Del lat. *praepósterus*; de *prae*, antes, y *pósterus*, postrero.) adj. Trastrocado, hecho al revés y fuera de tiempo.

PREPOTENCIA. al. **Vorherrschen.** fr. **Prépotence.** ingl. **Prepotence.** ital. **Prepotenza.** port. **Prepotencia.** (Del lat. *praepotentia.*) f. Poder superior al de otros, o gran poder. ‖ Soberbia y orgullo en el mando.

PREPOTENTE. (Del lat. *praepotens, -entis.*) adj. Más poderoso que otros, o muy poderoso. *Estado* PREPOTENTE. ‖ Altanero, muy orgulloso.

PREPUCIO. al. **Vorhaut.** fr. **Prépuce.** ingl. **Prepuce.** ital. **Prepuzio.** port. **Prepúcio.** (Del lat. *praepútium.*) m. *Anat.* Prolongación de los tegumentos del pene destinada a cubrir el glande. ‖ — **del clítoris.** Pliegue mucoso formado por los labios menores que cubren el clítoris. ‖ deriv.: **prepucial.**

PREPUESTO, TA. (Del lat. *praepósitus.*) p. p. irreg. de **Preponer.**

PRERRAFAELISMO. m. Arte y estilo pictórico anteriores a Rafael de Urbino. ‖ Estilo pictórico que imita el anterior a Rafael de Urbino. ‖ deriv.: **prerrafaelesco, ca.**

PRERRAFAELISTA. adj. Perteneciente o relativo al prerrafaelismo. ‖ m. Partidario del prerrafaelismo.

PRERRAFAELISTA. adj. y s. Dícese de los que cultivaban el prerrafaelismo. la. acep.

PRERROGATIVA. al. **Vorrecht.** fr. **Prérrogative.** ingl. **Prerrogative.** ital. **Prerogativa.** port. **Prerrogativa.** (Del lat. *praerogativa.*) f. Privilegio. o exención que acompaña regularmente a una dignidad o cargo. *Las* PRERROGATIVAS *de un embajador.* ‖ fig. Atributo de excelencia o dignidad muy honrosa en cosa inmaterial. *Las* PRERROGATIVAS *del ingenio.* ‖ Facultad importante de alguno de los poderes supremos del Estado, en cuanto a su ejercicio o en relación con los demás poderes.

PRERROMANO, NA. adj. Anterior al dominio o civilización de los antiguos romanos.

PRERROMANTICISMO. m. Época y tendencia literaria que preparó el advenimiento de la escuela romántica.

PRERROMÁNTICO, CA. adj. Perteneciente o relativo al prerromanticismo.

PRESA. (Del lat. *prensa*, p. p. de *préndere*, coger, agarrar.) f. Acción de prender o tomar una cosa. ‖ Cosa apresada o robada, botín. *El águila se remontó con su* PRESA; sinón.: **botín.** ‖ Acequia. ‖ Muro que se construye a través de un río o canal fuera de cauce con el objeto de regular su caudal, elevar su nivel, embalsar agua o crear un salto aprovechable para producir energía eléctrica. ‖ Conducto por donde se lleva el agua a las ruedas de los molinos. ‖ Tajada o porción pequeña de una cosa comestible. *Una* PRESA *de pollo.* ‖ Cada uno de los colmillos o dientes agudos que tienen algunos animales, y que les sirven para agarrar y sujetar con gran fuerza. ‖ *Cetr.* Ave prendida por halcón u otra ave de rapiña. ‖ Uña del halcón u otra ave de rapiña. ‖ — **de caldo.** Pisto, substancia. ‖ — **y pinta. Parar,** juego. ‖ **Buena** o **mala presa.** La que ha sido hecha con arreglo a las normas jurídicas internacionales, o al contrario. ‖ **Caer a la presa.** frs. *Cetr.* Bajar el halcón a hacer presa. ‖ **Hacer presa.** frs. Asir una cosa y asegurarla para que no se escape. ‖ fig. Aprovechar una circunstancia en perjuicio ajeno y en favor propio.

PRESADA. f. Agua que se junta y retiene en el caz del molino para servir de fuerza motriz cuando no basta la corriente.

PRESADO, DA. (Del lat. *prasius*, de color verde.) adj. Verde claro.

PRESAGIAR. al. **Vorhersagen.** fr. **Présagier.** ingl. **To presage; forecast.** ital. **Presagire.** port. **Pressagiar.** (Del lat. *praesagiare.*) tr. Anunciar una cosa, induciéndola de presagios o conjeturándola mediante el razonamiento. *Los augures* PRESAGIABAN *la buena o mala fortuna*; sinón.: **pronosticar, vaticinar.** ‖ deriv.: **presagiable; presagiador, ra.**

PRESAGIO. al. **Vorzeichen.** fr. **Présage.** ingl. **Presage.** ital. **Presagio.** port. **Presságio.** (Del lat. *praeságium.*) m. Señal que anuncia un suceso favorable o adverso. *Aquella entrevista fue el* PRESAGIO *de una era de paz.* ‖ Especie de adivinación de las cosas futuras por ciertas señales o por presentimientos.

PRESAGIOSO, SA. adj. Que presagia o contiene presagio.

PRÉSAGO, GA. adj. Que anuncia o presagia.

PRESAGO, GA. adj. Présago.

PRESBICIA. al. **Weitsichtigkeit.** fr. **Presbytie.** ingl. **Presbyopy; farsightedness.** ital. **Presbizia.** port. **Presbita.** f. *Pat.* Disminución de la amplitud de acomodación visual, consiguiente a la edad, y por la cual se perciben confusamente y con esfuerzos los objetos pequeños o próximos. Manifiéstase en el ojo emétrope, el miope y el hipermétrope, y explícase diversamente, refiriéndose sus causas ya a una astenia del músculo ciliar, ya a la esclerosis del cristalino. ‖ deriv.: **presbítico, ca.**

PRÉSBITA o **PRÉSBITE.** (Del gr. *presbytes*, de *presbys*, anciano.) adj. *Med.* Dícese de quien padece un defecto de la vista consistente en que por debilidad de la acomodación del ojo, se proyecta la imagen detrás de la retina y, en consecuencia, percibe confusos los objetos próximos y con mayor facilidad los lejanos. Tal defecto se debe generalmente al cansancio de la vejez. U.t.c.s.

PRESBITERADO. m. Sacerdocio, dignidad u orden de sacerdote.

PRESBITERAL. adj. Perteneciente o relativo al presbítero.

PRESBITERATO. m. Presbiterado.

PRESBITERIANISMO. m. Conjunto de doctrinas de los protestantes que continúan las prácticas de Calvino; conocidos especialmente por su dogma según el cual la Iglesia no debe ser regida por los obispos, sino por el presbiterio, asamblea constituida por presbíteros y personas laicas.

PRESBITERIANO, NA. adj. y s. Seguidor del presbiterianismo. *Los* PRESBITERIANOS *son conocidos también con el nombre de puritanos.*

PRESBITERIO. al. **Altarplatz; Presbyterium.** fr. **Presbytere.** ingl. **Presbytery.** ital. **Presbiterio.** port. **Presbitério.** (Del lat. *presbyterium*, y éste del gr. *presbyterion.*) m. Área del altar mayor hasta el pie de las gradas por donde se sube a él. ‖ Reunión de los presbíteros con el obispo.

PRESBÍTERO. al. **Priester.** fr. **Prêtre.** ingl. **Presbyter; priest.** ital. **Prete.** port. **Presbítero.** (Del lat. *présbyter, -eri*, y éste del gr. *presbýteros*; más anciano.) m. Clérigo ordenado de misa, o sacerdote.

PRESBURGO. *Geog.* V. **Bratislava.**

PRESCIENCIA. (Del lat. *praescientia.*) f. Conocimiento de las cosas futuras. *La* PRESCIENCIA *de Dios.* ‖ deriv.: **presciente.**

PRESCINDENCIA. f. *Amér.* Abstracción, abstención, privación. ‖ deriv.: **prescindente.**

PRESCINDIBLE. adj. Dícese de aquello de que se puede prescindir. *Lujo* PRESCINDIBLE. ‖ deriv.: **prescindibilidad.**

PRESCINDIR. (Del lat. *praescíndere*, cortar por delante.) intr. Hacer abstracción de una persona o cosa; omitirla. PRESCINDO *de citar autores.* ‖ Abstenerse de ella, evitarla. PRESCINDIR *de un criado.*

PRESCITO, TA. adj. y s. Precito.

PRESCOTT, Guillermo H. *Biog.* Hist. estadounidense, profundo investigador de la historia y la cultura esp. Obras famosas: *Historia de la conquista del Perú; Historia de los Reyes Católicos; Historia de la conquista de México*, etc. (1796-1859).

PRESCRIBIR. al. **Vorschreibem.** fr. **Prescrire.** ingl. **To prescribe.** ital. **Prescrivere.** port. **Prescrever.** (Del lat. *praescríbere.*) tr. Preceptuar, ordenar, determinar una cosa. PRESCRIBIR *un régimen alimenticio.* ‖ intr. Extinguirse un derecho, una acción o una responsabilidad. ‖ *For.* Adquirir un derecho real o extinguirse un derecho o acción de cualquier clase por el transcurso del tiempo en las condiciones previstas por la ley. ‖ Concluir o extinguirse una carga, obligación o deuda por el transcurso de cierto tiempo. ‖ deriv.: **prescriptivo, va.**

PRESCRIPCIÓN. al. **Vorschrift.** fr. **Prescription.** ingl. **Prescription.** ital. **Prescrizione.** port. **Prescricão.** f. Acción y efecto de prescribir. *La* PRESCRIPCIÓN *de un delito.*

PRESCRIPTIBLE. adj. Que puede prescribir o prescribirse. ‖ deriv.: **prescriptibilidad.**

PRESCRIPTO, TA. p. p. irreg. Prescrito.

PRESCRITO, TA. (Del lat. *praescriptus.*) p. p. irreg. de **Prescribir.**

PRESEA. f. Alhaja, joya o cosa de valor.

PRESENCIA. al. **Anwesenheit; Gegenwart.** fr. **Présence.** ingl. **Presence.** ital. **Presenza.** port. **Presença.** (Del lat. *praesentia.*) f. Asistencia o estado de la persona o cosa, que se halla delante de otra u otras o en el mismo lugar. *Fue llevado a* PRESENCIA *del juez*; antón.: **ausencia.** ‖ Aspecto exterior de una persona. *Un joven de buena* PRESENCIA; sinón.: **apariencia, traza.** ‖ Representación, pompa, fausto. ‖ fig. Actual memoria de una especie o representación de ella. ‖ — **de ánimo.** Serenidad y entereza así en los sucesos adversos como en los prósperos. ‖ — **de Dios.** Actual consideración de estar delante del Señor.

PRESENCIAL. adj. Perteneciente o relativo a la presencia. ‖ deriv.: **presencialidad.**

PRESENCIALMENTE. adv. m. Con actual presencia o personalmente.

PRESENCIAR. al. **Beiwohnen; Augenzeuge sein.** fr. **Présencier.** ingl. **To attend.** ital. **Presenziare; assistere.** port. **Presenciar.** (De *presencia.*) tr. Hallarse presente en un acontecimiento, espectáculo, etc. PRESENCIÉ *la ceremonia de la coronación*; sinón.: **asistir.**

PRESENIL. adj. *Med.* Dícese de los estados o fenómenos de apariencia senil, pero ocurridos antes de la senectud.

PRESENSIÓN. (Del lat. *praesensio, -onis.*) f. Sensación anticipada, presentimiento.

PRESENTABLE. adj. Que está en condiciones de presentarse o ser presentado. *La carpeta no está* PRESENTABLE.

PRESENTACIÓN. al. **Vorstellung; Vorzeigung.** fr. **Présentation.** ingl. **Presentation.** ital. **Presentazione.** port. **Presentação.** (Del lat. *praesentatio, -onis.*) f. Acción y efecto de presentar o presentarse. ‖ Fiesta que celebra la Iglesia en conmemoración de que fue la Virgen presentada a Dios en el templo.

PRESENTADO, DA. adj. Dícese en algunas órdenes religiosas del teólogo que ha seguido su carrera y, acabadas sus lecturas, espera el grado de maestro. Ú.t.c.s. ‖ *P. Rico.* Entremetido. Ú.t.c.s. ‖ m. Eclesiástico propuesto para una dignidad, un oficio o beneficio en uso del derecho de patronato.

PRESENTADOR, RA. adj. y s. Que presenta.

PRESENTALLA. f. Exvoto.

PRESENTÁNEAMENTE. adv. t. Luego, al punto, sin intermisión de tiempo.

PRESENTÁNEO, A. (Del lat. *praesentáneus.*) adj. Eficaz por su sola presencia y de tal modo que produce sin dilación su efecto.

PRESENTANTE. p. a. de **Presentar.** Que presenta.

PRESENTAR. al. **Vorstellen; vorzeigen.** fr. **Présenter.** ingl. **To present.** ital. **Presentare.** port. **Apresentar.** (Del lat. *praesentare.*) tr. Mostrar una cosa; ponerla en la presencia de uno. Ú.t.c.r. *La modista* PRESENTA *su colección de modelos*; sinón.: **exhibir, ostentar;** antón.: **ocultar.** ‖ Dar graciosa y voluntariamente a uno una cosa. ‖ Proponer a un sujeto para una dignidad, oficio o beneficio eclesiástico. ‖ Introducir a uno en el trato de otro. *Lo* PRESENTARÉ *a mi jefe.* ‖ Colocar provisionalmente una cosa para ver el efecto que produce. ‖ r. Ofrecerse voluntariamente para un fin. ‖ Comparecer en algún lugar o acto. *Se* PRESENTÓ *en casa a las siete de la mañana*; sinón.: **acudir, personarse.** ‖ Comparecer ante un jefe o autoridad. ‖ *For.* Comparecer en juicio. PRESENTARSE *en quiebra.*

PRESENTE. (Del lat. *praesens, -entis.*) adj. Que está en presencia de uno, o concurre con él en el mismo sitio. *Hoy todos los alumnos están* PRESENTES; sinón.: **asistente, concurrente;** antón.: **ausente.** ‖ Dícese del tiempo en que actualmente está uno cuando refiere una cosa. ‖ *Gram.* V. **Tiempo presente.** Ú.t.c.s. ‖ m. Don, alhaja o regalo, que una persona da a otra. *Recibió muchos* PRESENTES *el día de su cumpleaños.* ‖ **Al presente,** o **de presente.** m. adv. Ahora. ‖ En la época actual. ‖ **Mejorando lo presente.** expr. que se emplea por cortesía cuando se alaba a una persona delante de otra. ‖ **Por el, por la,** o **por lo, presente.** m. adv. Por ahora, en este momento.

PRESENTEMENTE. adv. t. Al presente.

PRESENTERO. m. El que presenta para prebendas o beneficios eclesiásticos.

PRESENTIMIENTO. al. **Ahnung.** fr. **Pressentiment.** ingl. **Presentiment.** ital. **Presentimento.** port. **Pressentimento.** (De *presentir.*) m. Movimiento del ánimo que hace entrever y presagiar lo que ha de acontecer.

PRESENTIR. al. **Ahnen.** fr. **Pressentir.** ingl. **To forebode.** ital. **Presentire.** port. **Pressentir.** (Del lat. *praesentire.*) tr. Antever por cierto movimiento interior del ánimo lo que ha de suceder. PRESENTIA *su destino*; sinón.: **prever.** ‖ Adivinar una cosa antes que suceda, por algunos indicios que la preceden. PRESIENTO *su negativa;* sinón.: **barruntar, sospechar.** ‖ irreg. Conj. como **sentir.**

PRESEPIO. (Del lat. *praesépium.*) m. Pesebre. ‖ Caballeriza. ‖ Establo.

PRESERA. f. Amor de hortelano, planta.

PRESERO. m. Guarda de una presa o acequia.

PRESERVACIÓN. f. Acción y efecto de preservar o preservarse. sinón.: **protección, salvaguardia.**

PRESERVADOR, RA. adj. y s. Que preserva.

PRESERVAR. al. **Schützen; bewahren.** fr. **Préserver.** ingl. **To preserve.** ital. **Preservare.** port. **Preservar.** (Del lat. *praeservare*; de *prae*, antes, y *servare*, guardar.) tr. Proteger o librar anticipadamente a una persona o cosa, de algún daño o peligro. Ú.t.c.r. PRESERVAR *la ropa de la polilla*; sinón.: **resguardar.** ‖ deriv.: **preservante.**

PRESERVATIVAMENTE. adv. m. Con preservación, a fin de preservar.

PRESERVATIVO, VA. adj. Que tiene virtud o eficacia de preservar. Ú.t.c.s.m. *Remedio* PRESERVATIVO.

PRESIDARIO. m. Barbarismo por **presidiario.**

PRESIDENCIA. al. **Präsidentschaft.** fr. **Présidence.** ingl. **Presidence.** ital. **Presidenza.** port. **Presidencia.** f. Dignidad o cargo de presidente. ‖ Acción de presidir. ‖ Derecho de presidir. ‖ Sitio que ocupa el presidente, su oficina, su morada. Tiempo que dura el cargo. ‖ deriv.: **presidenciable.**

PRESIDENCIA DE LA PLAZA. *Geog.* Población de la Argentina (Chaco). 4.305 h. Centro algodonero.

PRESIDENCIAL. adj. Perteneciente a la presidencia. *Residencia* PRESIDENCIAL.

PRESIDENCIALISMO. m. Sistema de organización política en que el presidente de la República es también jefe del gobierno, con independencia de la confianza de las Cámaras.

PRESIDENCIALISTA. adj. Perteneciente al presidencialismo, o partidario de él.

PRESIDENCIA ROQUE SÁENZ PEÑA. *Geog.* Ciudad de la Argentina (Chaco). 23.100 h. Gran centro algodonero. Aserraderos.

PRESIDENTA. f. La que preside. ‖ Esposa del presidente.

PRESIDENTE. al. **Präsident.** fr. **Président.** ingl. **President.** ital. **Presidente.** port. **Presidente.** (Del lat. *praésidens, -entis.*) p. a. de **Presidir.** Que preside. ‖ m. El que preside. ‖ Cabeza o jefe de un consejo, tribunal, junta o sociedad. *El* PRESIDENTE *de la Suprema Corte.* ‖ Magistrado que en las repúblicas ejerce el supremo poder ejecutivo. *El* PRESIDENTE *del Brasil.* ‖ Entre los romanos, juez gobernador de una provincia. ‖ En algunas religiones, el que substituye al prelado. ‖ Maestro que en la cátedra asistía al discípulo durante un acto literario. ‖ IDEAS AFINES: *Mandatario, gobernador, atribuciones, superior, constitución, república, democracia, asociación, elecciones, poder, autoridad, director.*

PRESIDENTE HAYES. *Geog.* Departamento del Paraguay. 84.000 km². 53.000 h. Cap. POZO COLORADO.

PRESIDIABLE. adj. Que merece estar en presidio.

PRESIDIAR. (Del lat. *praesidiari.*) tr. Guarnecer con soldados un puesto, plaza, etc.

PRESIDIARIO. al. **Sträfling.** fr. **Forçat.** ingl. **Convict.** ital. **Galeotto.** port. **Presidiário.** m. Penado que cumple en presidio su condena. sinón.: **preso, recluso.**

PRESIDIO. al. **Zuchthaus.** fr. **Bagne.** ingl. **Penitentiary.** ital. **Presidio.** port. **Presídio.** (Del lat. *praesidium.*) m. Guarnición de soldados que se pone en las plazas, castillos, etc. ‖ Ciudad o fortaleza que se puede guarnecer de soldados. ‖ Prisión en que cumplen sus condenas los penados por graves delitos. sinón.: **penitenciaría.** ‖ Conjunto de presidiarios de un mismo lugar. ‖ Pena de prisión con diversos grados de rigor y de tiempo. *Lo condenaron a* PRESIDIO. ‖ fig. Auxilio, ayuda, amparo. ‖ deriv.: **presidial.** ‖ IDEAS AFINES: *Penal, reducto, cadena perpetua, trabajos forzados, encierro, arresto, castigo, reformatorio, recluso, celdas, murallas, guardia, Bastilla.*

PRESIDIO. *Geog.* Río de México (Durango y Sinaloa) que des. en el Pacífico. 160 km. Se llama también Mazatlán.

PRESIDIR. al. **Vorsitz führen; präsidieren.** fr. **Présider.** ingl. **To preside.** ital. **Presedere; presiedere.** port. **Presidir.** (Del lat. *praesidere*; de *prae*, antes, y *sedere*, sentarse.) tr. Tener el primer lugar y ejercer determinadas funciones en una asamblea, corporación, tribunal, empresa, etc. ‖ Asistir el maestro, desde la cátedra, al discípulo que sustenta un acto literario. ‖ Predominar una cosa. *Es una familia en que la economía lo* PRESIDE *todo*; sinón.: **prevalecer.**

PRESILLA. al. **Schnalle.** fr. **Ganse.** ingl. **Loop.** ital. **Trina; alamaro.** port. **Presilha.** (dim. de *presa.*) f. Cordón pequeño, en forma de lazo, con que una cosa se prende o asegura. ‖ Cierta especie de lienzo. ‖ Entre sastres, costurilla de puntos unidos que se pone en los ojales y otras partes para reforzar la tela.

PRESIÓN. al. **Druck.** fr. **Pression.** ingl. **Pressure.** ital. **Pressione.** port. **Pressão.** (Del lat. *pressionem.*) f. Acción y efecto de apretar o comprimir. ‖ *Fís.* Fuerza que actúa normalmente por unidad de superficie. ‖ fig. Fuerza o coacción que se hace sobre una persona o colectividad. ‖ — **atmosférica normal.** *Fís.* La que equilibra una columna de mercurio de 76 cm. de altura, a 0ºC. Vale 1,033 kg/cm². (1 atmósfera). ‖ — **osmótica.** *Fís.* La que debe aplicarse a una solución, separada del solvente por una membrana semipermeable (permite el paso del solvente pero no del cuerpo disuelto), para impedir el pasaje del segundo hacia la primera. ‖ — **sanguínea.** *Med.* La ejercida por la sangre dentro de los vasos sanguíneos, y en especial de las arterias. Esta última llámase, también, presión o tensión arterial.

PRESIONAR. tr. Ejercer presión sobre alguna persona o cosa. ‖ fig. Compeler, intentar reducir con razones, ruegos o amenazas.

PRESÍSTOLE. f. *Fisiol.* Momento que precede inmediatamente a la sístole. ‖ deriv.: **presistólico, ca.**

PRESO, SA. al. **Gafangener; Verhafteter.** fr. **Prisonnier.** ingl. **Prisoner.** ital. **Prigioniero.** port. **Prisioneiro.** (Del lat. *prensus*, de *prehensus.*) p. p. irreg. de **Prender.** Ú.t.c.s. *Estuvo* PRESO *varios años*; sinón.: **cautivo, recluso.**

PREST. (Del ant. fr. *prest.*) m. Haber diario de los soldados.

PRESTACIÓN. (Del lat. *praestatio, -onis.*) f. Acción y efecto de prestar. ‖ Cosa o servicio exigido por una autoridad. ‖ Cosa o servicio que un contratante da o promete al otro, en compensación de lo que recibe. ‖ Renta, tributo o servicio pagadero al propietario o a alguna corporación. ‖ — **personal.** Servicio personal exigido por la ley para obras de utilidad común.

PRESTADIZO, ZA. adj. Que se puede prestar.

PRESTADO (De). m. adv. De modo precario.

PRESTADOR, RA. adj. y s. Que presta.

PRESTAMENTE. adv. m. Pronta y ligeramente, con brevedad y presteza. PRESTAMENTE *me respondió.*

PRESTAMERA. (De *préstamo.*) f. Estipendio o pensión que se daba temporalmente a los que estudiaban para sacerdotes.

PRESTAMERÍA. f. Dignidad de prestamero. ‖ Goce de prestamera.

PRESTAMERO. m. El que goza de una prestamera. ‖ — **mayor.** Señor que disfruta de beneficios eclesiásticos secularizados.

PRESTAMISTA. al. **Verleiher.** fr. **Prêteur.** ingl. **Money lender.** ital. **Prestatore.** port. **Prestamista.** com. Persona que da dinero a préstamo.

PRÉSTAMO. al. **Darlehen.** fr. **Prêt.** ingl. **Loan.** ital. **Prestito.** port. **Empréstimo.** m. Acción y efecto de prestar o tomar prestado. ‖ Cantidad de dinero u otra cosa prestada. ‖ Empréstito. ‖ Prestamera. ‖ Terreno contiguo a un camino donde se excava la tierra necesaria para los terraplenes. ‖ *For.* Denominación contractual genérica que abarca las dos especies de mutuo o simple préstamo y comodato. ‖ — **a la gruesa.** *Com.* Contrato a la gruesa. ‖ IDEAS AFINES: *Hipoteca, prenda, anticipo, auxilio, crédito, deuda, obligación, porcentaje, interés, usurero, banco, montepío, papeleta, empeñar, cancelar, devolver.*

PRESTANCIA. f. Excelencia, superior calidad. *La* PRESTANCIA *de una marca.* ‖ Gallardía en los movimientos; despejo en los modales. ‖ deriv.: **prestante.**

PRESTAR. al. **Leihen.** fr. **Prêter.** ingl. **To lend.** ital. **Prestare.** port. **Emprestar.** (Del lat. *praestare.*) tr. Entregar a uno dinero u otra cosa para que por cierto tiempo use de ella, con la obligación de restituir igual cantidad o la cosa misma. *Le* PRESTÉ *el auto.* ‖ Ayudar al logro de una cosa. ‖ Dar o comunicar. *Le* PRESTÉ *la noticia.* ‖ Junto con los nombres atención, paciencia, silencio, etc., tener u observar lo que estos nombres significan. ‖ *Col., Pan.* y *Ven.* Pedir prestado. ‖ intr. Aprovechar o ser útil una cosa para algún fin. *Este martillo* PRESTA. ‖ Dar de sí, extendiéndose. ‖ r. Ofrecerse, avenirse a una cosa. *Se* PRESTÓ *a reemplazarme por unas horas.* ‖ deriv.: **prestable; prestante.**

PRESTATARIO, RIA. adj. y s. Que toma dinero a préstamo.

PRESTE. (Del lat. *presbyter.*) m. Sacerdote que celebra la misa cantada. ‖ — **Juan.** Título del emperador de los abisinios. *Los portugueses entablaron relaciones con el* PRESTE *Juan.*

PRESTES, Julio. *Biog.* Pol. brasileño. Elegido presidente de la Rep. en las elecciones de 1930, el golpe de Estado de Getulio Vargas le impidió asumir el cargo (1882-1946).

PRESTEZA. al. **Geschwindigkeit.** fr. **Prestesse.** ingl. **Promptness.** ital. **Prestezza.** port. **Presteza.** (De *presto.*) f. Prontitud y brevedad en hacer o decir una cosa. *El jugador devolvía los golpes con* PRESTEZA; sinón.: **celeridad, diligencia;** antón.: **lentitud, tardanza.**

PRESTIDIGITACIÓN. al. **Taschenspielerei.** fr. **Prestidigitation.** ingl. **Prestidigitation.** ital. **Prestidigitazione.** port. **Prestidigitação.** f. Arte o habilidad para hacer juegos de manos y otros embelecos para entretener al público.

PRESTIDIGITADOR, RA. al. **Taschenspieler.** fr. **Prestidigitateur.** ingl. **Prestidigitator.** ital. **Prestidigitatore.** port. **Prestidigitador.** (De *presto* y del lat. *dígitus*, dedo.) Jugador de manos.

PRESTIDIGITAR. tr. Escamotear con gran habilidad. ‖ deriv.: **prestidigitante.**

PRESTIGIADOR, RA. adj. Que causa prestigio. ‖ s. Persona que con habilidad y artificios fascina y engaña a la gente.

PRESTIGIAR. (Del lat. *praestigiare.*) tr. Dar prestigio, autoridad o importancia. *Firmas conocidas* PRESTIGIAN *ese salón de pintura.*

PRESTIGIO. al. **Ansehen; Prestige.** fr. **Prestige.** ingl. **Prestige.** ital. **Prestigio.** port. **Prestígio.** (Del lat. *praestígium.*) m. Fascinación, hechizo mágico. ‖ Engaño o ilusión con que embaucan los prestidigitadores. ‖ Ascendiente, influencia, autoridad. *El* PRESTIGIO *de un jurisconsulto.* ‖ Realce, estimación, renombre, buen crédito; antón.: **descrédito.**

PRESTIGIOSO, SA. adj. Prestigiador, que causa fascinación. ‖ Que tiene prestigio. *Médico* PRESTIGIOSO; sinón.: **acreditado, renombrado.** ‖ deriv.: **prestigiosamente.**

PRESTIMONIO. m. Préstamo

PRESTIÑO. m. Pestiño.

PRESTITO. adv. m. y t. Con presteza, aprisa, al instante.

PRESTO, TA. (Del lat. *praestus*; de *praestare*, estar antes.) adj. Pronto, diligente, ligero en la ejecución de una cosa. ‖ Preparado o dispuesto para ejecutar una cosa o para un fin. *Los caballos* PRESTOS *para la carrera.* sinón.: **apercibido, listo.** ‖ adv. t. Luego, al instante, prontamente. ‖ *Mús.* Con movimiento muy rápido. ‖ m. *Mús.* Obra o trozo musical que se ejecuta con este movimiento. ‖ **De presto.** m. adv. Con presteza. ‖ deriv.: **prestísimo, ma.**

PRESTON. *Geog.* Ciudad de Gran Bretaña, en Inglaterra (Lancaster). 119.243 h. Tejidos, material plástico, metalurgia. ‖ Población de Cuba (Oriente). 4.303 h. Ingenios azucareros.

PRESUMIBLE. adj. Que se puede presumir. *Consecuencias* PRESUMIBLES; sinón.: **conjeturable.**

PRESUMIDO, DA. adj. Que presume; vano, jactancioso. Ú.t.c.s. *Un* PRESUMIDO *espadachín.*

PRESUMIR. al. **Mutmassen; vermuten.** fr. **Présumer.** ingl. **To presume.** ital. **Presumere.** port. **Presumir.** (Del lat. *prae-*

súmere.) tr. Sospechar, juzgar, o conjeturar una cosa. PRESUMO *lo que tramas.* || *Arg.* y *Bol.* Cortejar, enamorar. || intr. Vanagloriarse, engreírse. PRESUMIR *de influyente*; sinón.: **blasonar, envanecerse.**

PRESUNCIÓN. al. **Vermutung.** fr. **Présomption.** ingl. **Presumption.** ital. **Presunzione.** port **Presunção.** (Del lat. *praesumptio, -onis.*) f. Acción y efecto de presumir. || *Der.* Cosa tenida legalmente por verdadera. || **– de hecho y de derecho.** *Der.* La preceptiva, o aquella contra la cual no se admite prueba. || **– de ley,** o **de solo derecho.** La reputada verdadera, en tanto no hay prueba en contrario.

PRESUNTAMENTE. adv. m. Por presunción.

PRESUNTIVAMENTE. adv. m. Con presunción, sospecha, o conjetura.

PRESUNTIVO, VA. adj. Que se puede presumir o está apoyado en presunción.

PRESUNTO, TA. (Del lat. *praesumptus.*) p. p. irrreg. de **Presumir.** *El* PRESUNTO *sucesor.*

PRESUNTUOSAMENTE. adv. m. Vanamente, con jactancia y demasiada confianza. sinón.: **vanidosamente.**

PRESUNTUOSIDAD. f. Presunción, vanagloria.

PRESUNTUOSO, SA. al. **Eingebildet.** fr. **Présomptueux.** ingl. **Presumptuous.** ital. **Presuntuoso.** port. **Presunçoso.** (Del lat. *praesumptuosus.*) adj. y s. Lleno de presunción y orgullo. sinón.: **fatuo, jactancioso.**

PRESUPONER. al. **Voraussetzen.** fr. **Présupposer.** ingl. **To presuppose.** ital. **Presupporre.** port. **Pressupor.** (De *pre*, antes, y *suponer.*) tr. Dar por sentada una cosa para pasar a tratar de otra. || Formar el cómputo de los gastos o ingresos, que probablemente han de resultar de un negocio de interés público o privado. || irreg. Conj. como **poner.**

PRESUPOSICIÓN. f. Suposición previa. *Vuestra* PRESUPOSICIÓN *resultó confirmada.* || Presupuesto, motivo o causa.

PRESUPUESTAR. tr. Digase **presuponer.**

PRESUPUESTARIO, RIA. adj. Perteneciente o relativo al presupuesto.

PRESUPUESTÍVORO, RA. adj. y s. fam. Dícese de la persona apegada a los empleos públicos, y en especial de la que tiene varios.

PRESUPUESTO, TA. al. **Voranschlag; Budget.** fr. **Budget.** ingl. **Budget.** ital. **Presupposto.** port. **Pressuposto.** p. p. irreg. de **Presuponer.** || m. Motivo, causa o pretexto con que se ejecuta una cosa. || Supuesto o suposición. || Cómputo anticipado del costo de una obra, y también de los gastos o de las rentas de una entidad, empresa o colectividad. *El Congreso aprobó el* PRESUPUESTO. || **Presupuesto que.** m. conjunt. Supuesto que.

PRESURA. (Del lat. *pressura.*) f. Opresión, aprieto, congoja. || Prisa, prontitud. || Ahínco, porfía. || Panadizo en la raíz de la uña. || Substancia que se extrae del cuajar de los rumiantes en su periodo de lactancia.

PRESUROSAMENTE. adv. m. Prontamente, con velocidad y apresuración. sinón.: **ligeramente, raudamente.**

PRESUROSO, SA. adj. Pronto, ligero, veloz. *Andar* PRESUROSO; antón.: **lento, tardo.**

PRETAL. m. Petral. || *Hond.* Trincha que sujeta el pantalón. || *Mex.* Cuerda que a modo de cincha se pone a las bestias cerriles.

PRETE, Juan del. *Biog.* Pintor arg. de origen ital. que tiende al arte no figurativo. Obras: *La botella de Chianti; Los ajos; Dos figuras*, etc. (n. 1897).

PRETENCIOSO, SA. (Del fr. *prétentieux.*) adj. Presuntuoso, que pretende ser más de lo que es. || deriv.: **pretenciosamente.**

PRETENDENCIA. f. Pretensión.

PRETENDER. al. **Beanspruchen.** fr. **Prétendre.** ingl. **To pretend.** ital. **Pretendere.** port. **Pretender.** (Del lat. *praetendere.*) tr. Solicitar una cosa, haciendo las diligencias necesarias para conseguirla. *Juan* PRETENDE *otro ascenso*; sinón.: **aspirar, reclamar.** || Procurar, tratar de. *No* PRETENDAS *convencerme*; sinón.: **intentar.** antón.: **desistir.**

PRETENDIDO, DA. adj. Imaginado, supuesto. PRETENDIDO *reino*; sinón.: **fabuloso, ilusorio.**

PRETENDIENTA. f. La que pretende o solicita una cosa.

PRETENDIENTE. al. **Bewerber.** fr. **Prétendent.** ingl. **Pretender.** ital. **Pretendente.** port. **Pretendente.** p. a. de **Pretender.** Que pretende o solicita una cosa. Ú.t.c.s. *Los* PRETENDIENTES *de Penélope.*

PRETENSIÓN. al. **Anspruch.** fr. **Prétension.** ingl. **Pretension.** ital. **Pretensione.** port. **Pretenção.** (Del lat. *praetensio, -onis*) f. Solicitación para conseguir una cosa que se desea. || La misma cosa que se pretende. || Derecho bien o mal fundado que uno juzga tener sobre una cosa. || pl. Deseos, ambiciones. *Pablo tiene muchas* PRETENSIONES.

PRETENSO, SA. (Del lat. *praetensus.*) p. p. irreg. de **Pretender.** || adj. Imaginado, presunto. || m. p. us. Pretensión. || deriv.: **pretensamente.**

PRETERICIÓN. (Del lat. *praeteritio, -onis.*) f. Acción y efecto de preterir. || *Fil.* Forma de lo que no existe de presente, pero que existió en algún tiempo. || *For.* Omisión de un heredero forzoso. || *Ret.* Figura que consiste en aparentar que se omite aquello mismo que se dice o expresa encarecidamente.

PRETERIR. (Del lat. *praeterire*, pasar adelante.) tr. Hacer caso omiso de una persona o cosa. || *Der.* Omitir en el testamento a un heredero forzoso. || deriv.: **preterible.**

PRETÉRITO, TA. al. **Vergangen; Präteritum.** fr. **Passé; prétérit.** ingl. **Past; preterit.** ital. **Preterito.** port. **Pretérito.** (Del lat. *praeteritus*, p. p. de *praeterire*, pasar, dejar atrás.) adj. Dícese de lo que ya ha pasado o sucedió. *Épocas* PRETÉRITAS; antón.: **futuro.** || *Gram.* V. **Tiempo pretérito.** Ú.t.c.s. || **– imperfecto.** *Gram.* Tiempo que indica haber sido presente la acción del verbo, coincidiendo con otra acción ya pasada. || **– perfecto.** *Gram.* Tiempo que denota ser ya pasada la significación del verbo. || **– pluscuamperfecto.** *Gram.* Tiempo que enuncia que una cosa estaba ya hecha, o podía estarlo, cuando otra se hizo. || IDEAS AFINES: *Antes, víspera, anterior, antiguo, remoto, inmemorial, antaño, retrospectivo, retroactivo, ayer, recuerdo.*

PRETERMISIÓN. (Del lat. *praetermissio, -onis.*) f. Omisión. || *Ret.* Preterición.

PRETERMITIR. (Del lat. *praetermittere.*) tr. Omitir.

PRETERNATURAL. (Del lat. *praeternaturalis*; de *praeter*, fuera de, y *naturalis*, natural.) adj. Que se halla fuera del ser y estado natural de una cosa. || deriv.: **preternaturalmente.**

PRETERNATURALIZAR. (De *preternatural.*) tr. Alterar, mudar el ser o estado natural de una cosa. Ú.t.c.r.

PRETEXTA. (Del lat. *praetexta*, tejida delante.) f. Toga orlada por abajo con una franja de púrpura, de que usaban los magistrados de la antigua Roma. Ú.t.c.adj.

PRETEXTAR tr. Valerse de un pretexto.

PRETEXTO. al. **Vorwand.** fr. **Prétexte.** ingl. **Pretext.** ital. **Pretesto.** port. **Pretexto.** (Del lat. *praetextus.*) m. Motivo o causa simulada o aparente que se alega para ejecutar una cosa o para excusarse de no haberla hecho. *Encontraba* PRETEXTOS *para llegar tarde.*

PRETIL. al. **Brüstung.** fr. **Gardefou.** ingl. **Breastwork.** ital. **Spalletta.** port. **Guarda.** (Del lat. *pectus, -oris*, pecho.) m. Murete o vallado que se pone en los puentes y en otros parajes para preservar de caídas. sinón.: **mampuesto, parapeto.** || Por ext., calzada o paseo a lo largo de un pretil.

PRETINA. al. **Gurt.** fr. **Ceinture.** ingl. **Girdle.** ital. **Cintura.** port. **Petrina; pretina.** (Del lat. *pectus, -oris*, pecho.) f. Correa o cinta con hebilla o broche para sujetar en la cintura ciertas prendas de vestir. || Cintura donde se ciñe la pretina. || Parte del vestido que se ciñe a la cintura. || fig. Lo que ciñe o rodea una cosa. || **Meter,** o **poner,** a uno **en pretina.** frs. fam. Meterle en cintura.

PRETINAZO. m. Golpe dado con la pretina.

PRETINERO. m. Fabricante de pretinas.

PRETINILLA. f. Cinturón que usaban las mujeres asegurado por delante con una hebilla.

PRETÓNICO, CA. adj. Protónico.

PRETOR. al. **Prätor.** fr. **Préteur.** ingl. **Pretor.** ital. **Pretore.** port. **Pretor.** (Del lat. *praétor.*) m. Magistrado romano que tenía jurisdicción en Roma o en las provincias. || IDEAS AFINES: *Patricio, cónsul, tribuno, prefecto, toga, foro, curia, senado, curial, centurias, urbano, peregrino, guardia pretoriana.*

PRETOR. (De *prieto*, negro.) m. En la pesca de atunes, negrura de las aguas en donde aquéllos abundan.

PRETORIA. *Geog.* Ciudad de la Rep. Sudafricana, cap. del Transvaal. 562.000 h. Es la sede del gobierno.

PRETORÍA f. Pretura.

PRETORIAL. adj. Perteneciente o relativo al pretor. *Edicto* PRETORIAL.

PRETORIANISMO. m. Influencia política abusiva ejercida por un grupo militar.

PRETORIANO, NA. (Del lat. *praetorianus.*) adj. Pretorial. || Aplícase a los soldados de la guardia de los emperadores romanos. Ú.t.c.s.

PRETORIENSE. adj. Perteneciente al pretorio.

PRETORIO, RIA. al. **Prätorium.** fr. **Prétoire.** ingl. **Pretorium.** ital. **Pretorio.** port. **Pretório.** (Del lat. *praetorius.*) adj. Pretorial. || m. Palacio donde juzgaban las causas los pretores romanos o los residentes de las provincias. || *Cuba.* Obra de fábrica con escalones que, en la puerta de algunas casas, sirve para salvar el desnivel de la calle.

PRETORIUS, Andrés. *Biog.* Colonizador hol. que luchó por la independencia del Transvaal (1799-1853). || **– Martín W.** Estadista bóer, en 1856 primer presid. de la Unión Sudafricana (1819-1901).

PRETURA. f. Empleo o dignidad de pretor.

PREUNIVERSITARIO, RIA. adj. Dícese de las enseñanzas preparatorias para el ingreso en la Universidad, y particularmente de un curso complementario del Bachillerato. Ú.t.c.s.m.

PREVALECER. al. **Uberwiegen.** fr. **Prévaloir.** ingl. **To prevail.** ital. **Prevalere.** port. **Prevalecer.** (Del lat. *praevaléscere.*) intr. Sobresalir una persona o cosa; tener superioridad entre otras. sinón.: **descollar.** || Obtener una cosa en oposición de otros. || Arraigar las semillas y plantas en la tierra; ir creciendo poco a poco. sinón.: **medrar.** || fig. Crecer y aumentar una cosa no material. *El odio* PREVALECÍA *en su corazón.* || irreg. Conj. como **agradecer.** || deriv.: **prevalecedor, ra.**

PREVALECIENTE. p. a. de **Prevalecer.** Que prevalece.

PREVALER. (Del lat. *praevalere.*) intr. Prevalecer. || r. Valerse o servirse de una cosa. *Se* PREVALE *de su poder.* || Irreg. Conj. como **valer.**

PREVARICACIÓN. f. Acción y efecto de prevaricar.

PREVARICADOR, RA. adj. y s. Que prevarica. *Abogado* PREVARICADOR. || Que pervierte e incita a uno a faltar a su deber.

PREVARICAR. (Del lat. *praevaricare.*) intr. Faltar uno a sabiendas y voluntariamente a la obligación del cargo que desempeña. || Cometer perjurio. || Cometer el crimen de prevaricato. || Por ext. cometer una infracción. || fam. Desvariar, decir desatinos. || deriv.: **prevaricamiento; prevaricante.** || IDEAS AFINES: *Venal, soborno, coima, fraude, corrupción, depravar, fariseo, impureza, infidencia.*

PREVARICATO. m. Acción de cualquier funcionario que de una manera análoga a la prevaricación falta a los deberes de su cargo. || *Der.* **Prevaricación.**

PREVENCIÓN. (Del lat. *praeventio, -onis.*) f. Acción y efecto de prevenir. || Preparación o precaución para evitar un riesgo o ejecutar una cosa. || Provisión de mantenimiento o de otra cosa. || Concepto, por lo común desfavorable, que se tiene de una persona o cosa. || Puesto de policía donde se lleva preventivamente a las personas que han cometido algún delito o falta. || *For.* Acción y efecto de prevenir el juez las primeras diligencias. || *Mil.* Guardia del cuartel que cuida del orden y la policía. || Lugar donde está. || **A prevención.** m. adv. De prevención. || *For.* Ú. para denotar que un juez conoce de una causa con exclusión de otros a quienes se anticipó. || **De prevención.** m. adv. Por si acaso, para prevenir.

PREVENIDAMENTE. adv. m. Anticipadamente, con prevención.

PREVENIDO, DA. adj. Dispuesto, aparejado para una cosa. *Los jinetes están* PREVENIDOS; sinón.: **listo, pronto.** || Provisto, lleno. *Bolsillo* PREVENIDO. || Próvido, advertido, cuidadoso.

PREVENIENTE. p. a. de **Prevenir.** Que previene o dispone anticipadamente.

PREVENIR. al. **Vorbeugen; Warnen.** fr. **Prévenir.** ingl. **To prevent.** ital. **Prevenire.** port. **Prevenir.** (Del lat. *praevenire.*) tr. Preparar y disponer con anticipación las cosas para un fin. PREVIENE *las herramientas*; sinón.: **aparejar, aprontar.** || Prever, conocer de antemano un daño. PREVENÍAMOS *la derrota*; sinón.: **adivinar, presentir.** || Precaver, evitar, o impedir una cosa. PREVINIMOS *el derrumbe del muro apuntalándolo*; sinón.: **eludir.** || Informar o avisar a uno de una cosa. *Le* PREVENGO *que me ausentaré por un mes*; sinón.: **advertir, notificar.** || Imbuir, impresionar el ánimo de uno, induciéndole a prejuzgar a personas o cosas. *Lo* PREVINO *contra el forastero.* || Evitar o vencer una dificultad u objeción. || *For.* Ordenar y ejecutar un juzgado las diligencias iniciales. || Instruir las primeras diligencias para asegurar los bienes y las resultas de un juicio. || r. Disponer con anticipación; prepararse para una cosa. *Se* PREVINO *de víveres para el viaje.* || **Prevenírsele** a uno **una cosa.** frs. Venirle al pensamiento. || irreg. Conj. como **venir.**

PREVENTIVAMENTE. adv. m. Con, o por, prevención. PREVENTIVAMENTE *se ordenó la cuarentena.*

PREVENTIVO, VA. adj. Dícese de lo que previene. *Prisión* PREVENTIVA.

PREVENTORIO. m. Sanatorio destinado a las personas predispuestas a una determinada enfermedad, especialmente la tuberculosis.

PREVER. al. **Voraussehen.** fr. **Prévoir.** ingl. **To foresee.** ital. **Prevedere.** port. **Prever.** (Del lat. *previdere.*) tr. Ver con anticipación; conjeturar lo que ha de suceder. PREVER *el éxito de una empresa*; sinón.: **predecir, pronosticar.** || irreg. Conj. como **ver.**

PREVIAMENTE. adv. m. Con anticipación o antelación.

PREVIDENCIA. (Del lat. *praevidentia.*) f. Calidad o condición de previdente. || Visión o conocimiento anticipados.

PREVIDENTE. adj. Que ve o conoce con anticipación.

PREVIO, VIA. al. **Vorhergehead.** fr. **Préalable.** ingl. **Previus.** ital. **Previo; precedente.** port. **Prévio.** (Del lat. *praevius.*) adj. Anticipado, que va delante o que sucede primero. *Autorización* PREVIA; antón.: **posterior.**

PREVISIBLE. adj. Que puede ser previsto. *Un final* PREVISIBLE.

PREVISIÓN. al. **Vorsicht.** fr. **Prévision.** ingl. **Foresight.** ital. **Previsione.** port. **Previsão.** f. Acción y efecto de prever.

PREVISOR, RA. adj. y s. Que prevé. || deriv.: **previsoramente.**

PREVISTO, TA. p. p. irreg. de **Prever.**

PRÉVOST, Marcel. *Biog.* Escritor fr., autor de novelas psicológicas: *Vírgenes a medias; El jardín secreto*, etc. (1862-1941). || **– Pedro.** Fil. y físico suizo, autor de *Ensayos de filosofía; Del origen de las fuerzas magnéticas*, etc. (1751-1839). || **– D'EXILES, Antonio.** Escritor fr., autor de la famosa novela *Manón Lescaut.* Otras obras: *Historia de Guillermo el Conquistador; Cuentos, aventuras y hechos singulares*, etc. Es conocido como el Abate Prévost (1697-1763).

PREYER, Guillermo T. *Biog.* Hombre de ciencia al., autor de notables investigaciones sobre el análisis espectral cuantitativo, la fisiología de la respiración y de la sangre, etc. (1841-1897).

PREZ. amb. Honor, estima, acción gloriosa. sinón.: **fama, gloria.**

PRIACANTO. m. Pez acantopterigio que habita en América, de una sola y fuerte aleta dorsal.

PRIADO. adv. t. p. us. Ligero, presto, pronto.

PRIAPISMO. m. *Pat.* Erección anormal del miembro viril, con frecuencia dolorosa y sin deseo sexual, sintomática de una afección de la vejiga y uretra o de una lesión de la médula espinal. ‖ deriv.: **priapesco, ca.**

PRIAPO. (Del lat. *Priapus*, dios del apetito genésico.) m. Miembro viril. ‖ Símbolo de la fecundidad, entre griegos.

PRÍAPO. *Mit.* Dios de los jardines y de las viñas, hijo de Venus y de Baco.

PRIBILOV. *Geog.* Isla de los EE.UU. situada en el mar de Behring. 500 h. Caza de focas.

PRICE, Enrique. *Biog.* Compositor ingl. Radicado en Colombia, fundó la primera escuela profesional de música y compuso numerosas marchas y canciones (1819-1863).

PRIESA. (Del lat. *pressus*, p. p. de *prémere*, estrechar.) f. ant. Prisa. ‖ **A,** o **de, priesa.** m. adv. A, o de, prisa.

PRIESTLEY, José. *Biog.* Fil. y químico ingl., descubridor del ácido sulfúrico, del aire desflogisticado u oxígeno, etc. Autor de importantes obras científicas y filosóficas (1733-1804). ‖ – **Juan B.** Literato ingl. que ha cultivado el teatro, la novela, el ensayo y la crítica. Obras: *Ha llegado un inspector; Los buenos camaradas; El callejón del ángel; Los hombres del juicio final; Desde los tiempos de Adán*, etc. (n. 1894).

PRIETO, TA. (De *apretar*.) adj. Dícese del color muy obscuro, casi negro. ‖ Apretado. ‖ fig. Mísero, escaso, codicioso.

PRIETO, Guillermo. *Biog.* Hist. y poeta mex., autor de *Musa callejera; Compendio de Historia de México; Memorias*, etc. (1818-1897). ‖ – **Indalecio.** Político esp. que fue, varias veces, ministro de la Segunda República (1883-1962). ‖ – **Jenaro.** Pintor y novelista chil., autor de *Historia de lo que no ha sucedido; Pluma en ristre; Un muerto de mal criterio; El socio*, etc. (1889-1946). ‖ – **Joaquín.** Mil. y estadista chil. de destacada actuación en las luchas de la independencia. De 1831 a 1841 ocupó la presidencia de la Rep. (1786-1854). ‖ – **DEL RÍO, Luis F.** Prelado y escritor chil., autor de *Las páginas del pesebre*, de un inconcluso *Diccionario biográfico del clero secular de Chile* y otras obras (1857-1918).

PRIGOGINE, Ilya. *Biog.* Científico belga de origen ruso, premio Nobel de Química de 1977 por sus investigaciones sobre termodinámica. En un estilo elegante y lúcido que le valió el epíteto de "Poeta de la termodinámica", escribió varias obras donde explica sus conclusiones, entre ellas *Introducción a la termodinámica de los procesos irreversibles, Estructura, disipación y vida*, etc. (n. en 1917).

PRIMA. (Del lat. *prima*, primera.) f. Primera de las cuatro partes iguales en que dividían los romanos el día artificial, y que comprendía desde la salida del Sol, hasta media mañana. ‖ Una de las siete horas canónicas, que se dice después de laudes, en la primera hora de la mañana. ‖ En algunos instrumentos de cuerda, la primera en orden y más delgada de todas, que da un sonido muy agudo. ‖ *Cetr.* Halcón hembra. ‖ Cantidad que se paga por el traspaso de un derecho o una casa además de su valor en venta. ‖ Premio concedido para estimular operaciones o empresas. ‖ *Com.* Suma que en ciertas operaciones de bolsa se obliga el comprador a plazo a pagar al vendedor por el derecho a rescindir el contrato. ‖ En el contrato de seguros, precio que paga el asegurado. ‖ *Mil.* Uno de los cuartos en que, para los centinelas, se divide la noche, y comprende desde las ocho a las once.

PRIMACÍA. (Del b. lat. *primatia*.) f. Superioridad que una cosa tiene con respecto a otra de su especie. sinón.: **preeminencia;** antón.: **inferioridad.** ‖ Dignidad o empleo de primado.

PRIMACIAL. adj. Perteneciente o relativo al primado o a la primacía. *Curia, cruz* PRIMACIAL.

PRIMADA. f. fam. Engaño que padece el poco cauto, con perjuicio para sí y provecho para otros.

PRIMADO. (Del lat. *primatus*.) m. Primer lugar o superioridad que una cosa tiene respecto de otras de su especie. ‖ Prelado que por su jurisdicción o privilegios es el primero y más eminente de los arzobispos y obispos de un país. *El* PRIMADO *de Hungría.* ‖ Primacía, dignidad.

PRIMADO, DA. adj. Perteneciente al primado. *Iglesia* PRIMADA.

PRIMA FACIE. expr. adv. lat. A primera vista. Ú. en estilo forense y en el familiar.

PRIMAL, LA. adj. Aplícase a la res ovejuna o cabría de más de un año y menos de dos. Ú.t.c.s. ‖ m. Cordón o trenza de seda.

PRIMAR. intr. Galicismo por sobresalir, aventajar, privar.

PRIMARIAMENTE. adv. m. Principalmente; en primer lugar.

PRIMARIO, RIA. al. **Primär; erster.** fr. **Primaire.** ingl. **Primary.** ital. **Primario.** port. **Primário.** (Del lat. *primarius*.) adj. Principal, o primero en orden o grado. *Los colores* PRIMARIOS. ‖ Elemental, rudimentario. ‖ *Electr.* Dícese del arrollamiento de los transformadores, donde pasa la corriente inductora. ‖ *Geog.* Perteneciente a la época siguiente a la arcaica, a su fauna o flora. ‖ m. Era primaria. ‖ Catedrático de prima.

PRIMATE. (Del lat. *primátem*.) m. Personaje distinguido; prócer. Ú.m. en pl. ‖ *Zool.* Cualquiera de los mamíferos cuyas manos, y en algunos también los pies, tienen el pulgar oponible a los otros dedos, ojos en posición anterior, dentadura completa, y mamas en situación pectoral. ‖ pl. *Zool.* Orden de estos mamíferos, que comprende los simios, los antropoides y el hombre.

PRIMAVERA. al. **Frühling.** fr. **Printemps.** ingl. **Spring.** ital. **Primavera.** port. **Primavera.** (Del lat. *prima*, primera, y *ver, veris*, primavera.) f. Estación del año, que astronómicamente comienza en el equinoccio del mismo nombre y termina en el solsticio de verano. ‖ Época templada del año. ‖ *Bot.* Género de plantas herbáceas, con numerosas variedades cultivadas en jardines, de hojas generalmente rugosas y flores vistosas de diversos colores. Gén. *Prímula*, primuláceas. ‖ Tela de seda sembrada de flores de varios colores. ‖ fig. Cualquiera cosa de colorido vistoso. ‖ Época en que algo está en mayor hermosura y vigor. ‖ IDEAS AFINES: *Tibieza, deshielo, brotación, flores, anidar, empollar, pájaros, gorjeos, juventud.*

PRIMAVERA, La. *B. A.* Célebre alegoría que Botticelli pintó hacia 1476 y que se conserva en la Academia de Bellas Artes de Florencia. Cuadro que trasunta una expresión lírica, ideal y sensible.

PRIMAVERAL. adj. Perteneciente o relativo a la primavera. *Colores* PRIMAVERALES.

PRIMAZGO. m. Parentesco que tienen entre sí los primos. ‖ Primado, primacía (dignidad).

PRIMEARSE. r. fam. Darse tratamiento de primos el rey y los grandes, y éstos entre sí.

PRIMER. adj. Apócope de Primero. Ú. siempre antepuesto al sustantivo. *El* PRIMER *adelantado del Río de la Plata fue Mendoza.*

PRIMERA. f. Juego de naipes en que se dan cuatro cartas a cada jugador. La mejor suerte y con que se gana todo, es el flux. ‖ pl. Bazas que, de seguida y bastantes para ganar la partida, hace un jugador antes que los demás hagan ninguna.

PRIMERA JUNTA. *Hist.* Primer gob. propio arg., proclamado en Buenos Aires el 25 de mayo de 1810. Formado por Cornelio Saavedra, presid.; Mariano Moreno y Juan José Paso, secretarios, y Manuel Alberti, Manuel Belgrano, Miguel de Azcuénaga, Juan José Castelli, Domingo Matheu y Juan Larrea, vocales.

PRIMERAMENTE. adv. t. y o. Previamente, anticipadamente, en primer lugar.

PRIMERIZO, ZA. adj. y s. Que hace por vez primera una cosa, o es principiante en una arte, profesión o ejercicio. ‖ f. Aplícase especialmente a la hembra que pare por primera vez.

PRIMERO, RA. al. **Erster.** fr. **Premier.** ingl. **First.** ital. **Primo.** port. **Primeiro.** (Del lat. *primarius*.) adj. Dícese de la persona o cosa que precede a las demás de su especie en orden, tiempo, lugar o jerarquía. Ú.t.c.s. *El* PRIMER *banco, los* PRIMEROS *frutos*; antón.: **último.** ‖ Excelente y que aventaja a otros. ‖ Antiguo, y que antes se ha poseído y logrado. *Reconquistó su posición* PRIMERA. ‖ Con referencia a una serie de términos ya mencionados en el discurso, dícese del que lo ha sido antes que el otro u otros. ‖ adv. t. Primeramente. ‖ Con preferencia, antes, más bien, de mejor gana. PRIMERO *me cortaría la mano que firmar eso.* ‖ **A las primeras.** m. adv. De buenas a primeras. ‖ **De primero.** m. adv. Antes o al principio. ‖ **No es el primero.** frs. con que se pretende excusar la acción de un sujeto, afirmando que hay otros ejemplares, o que el que la ejecuta lo tiene por costumbre. ‖ IDEAS AFINES: *Uno, primordial, primicia, primitivo, primo, primogénito, príncipe, prior, prístino, a priori, incunable, original, predecesor, prototipo.*

PRIMERO. *Geog.* Río de la Argentina. Pasa por la ciudad de Córdoba y des. en la laguna Mar Chiquita. 200 km. ‖ – **de Marzo.** Pobl. de la Argentina (Santa Fe), al S. de Rosario. 9.066 h.

PRIMEVO, VA. (Del lat. *primaevus*; de *primus*, primero, y *aévum*, tiempo, edad.) adj. Dícese de la persona de más edad respecto de otras.

PRIMICERIO, RIA. (Del lat. *primicerius*.) adj. Aplícase a la persona que es primera o superior a las demás en su línea. ‖ m. En algunas iglesias catedrales o colegiales, chantre.

PRIMICIA. al. **Erstling.** fr. **Prémice.** ingl. **First fruits.** ital. **Primizia.** port. **Primícia.** (Del lat. *primitiæ*.) f. Fruto primero de cualquier cosa. *Los atenienses ofrecían las* PRIMICIAS *al santuario de Delos.* ‖ Prestación de frutos y ganados que además del diezmo se daba a la Iglesia. ‖ *Periodismo.* Noticia anticipada respecto de otros medios de difusión. ‖ pl. fig. Principios o primeros efectos que produce cualquier cosa no material.

PRIMICIAL. adj. Perteneciente a primicias.

PRIMICIERO. m. El encargado que cobraba las primicias o prestación que se daba a la Iglesia. ‖ Local donde se guardaba lo recogido con la primicia.

PRIMICIERIO. m. Primicerio.

PRIMICHÓN. m. Madejuela de seda torcida para bordados.

PRIMIGENIO, A. (Del lat. *primigenius*.) adj. Primitivo, originario. *El estado* PRIMIGENIO *de la Tierra.*

PRIMILLA. f. Perdón de la primera falta que se comete.

PRIMÍPARA. adj. *Obst.* Dícese de la hembra que pare por primera vez. Ú.m.c.s.f. **Primeriza.**

PRIMITIVAMENTE. adv. m. Originariamente, en tiempo anterior a cualquier otro.

PRIMITIVISMO. m. Condición o estado de primitivo. ‖ Escuela literaria opuesta al futurismo. ‖ Prerrafaelismo. ‖ *B.A.* Término referente al arte de ciertos pueblos, no evolucionados, de América, África, Asia y Oceanía, que fue tomado en cuenta, a principios del siglo XX, por pintores y escultores occidentales. También se da este nombre a la tendencia propia de ciertos artistas, cuya técnica se aparta de los cánones académicos. ‖ deriv.: **primitivista.**

PRIMITIVO, VA. al. **Ursprünglich.** fr. **Primitif.** ingl. **Primitive.** ital. **Primitivo.** port. **Primitivo.** (Del lat. *primitivus*.) adj. Primero en su línea o que no toma origen de otra cosa. *La iglesia* PRIMITIVA. ‖ Dícese de los pueblos aborígenes o de civilización poco desarrollada, así como de los individuos que los componen. ‖ Rudimentario, elemental, tosco. ‖ *B.A.* Aplícase al artista y a la obra artística anteriores al renacimiento clásico. Ú.t.c.s. *Este cuadro es de un* PRIMITIVO. ‖ *Gram.* Aplícase a la palabra que no se deriva de otra de la misma lengua. ‖ deriv.: **primitividad; primitivista.**

PRIMO, MA. al. **Vetter.** fr. **Cousin.** ingl. **Cousin.** ital. **Cugino.** port. **Primo.** (Del lat. *primus*.) adj. Primero. ‖ Primoroso, excelente. ‖ Respecto de una persona, hijo o hija de su tío o tía. Si es hijo de tío carnal se llama primo hermano o carnal; si de tío segundo, primo segundo y así sucesivamente. ‖ Tratamiento que daba el rey de España a los grandes ‖ fam. Persona incauta y simplona. ‖ adv. m. En primer lugar. ‖ **Hacer el primo.** frs. fig. y fam. que se aplica al que se deja engañar fácilmente. ‖ **Ser una cosa prima hermana de otra.** frs. fig. y fam. Ser semejante a ella.

PRIMO CARTELO (De). (Del ital. *De primo cartello*.) m. adv. De primer orden, excelente.

PRIMO DE RIVERA, Fernando. *Biog.* Militar esp. que apoyó, en 1874, la proclamación de Alfonso XII (1831-1921). ‖ – **José Antonio.** Político y abogado esp. n. en 1903. Fundador del partido Falange Española. Asesinado en la cárcel de Alicante, en 1937. ‖ – **Y ORBANEJA, Miguel.** Pol. y militar esp., padre del anterior. De 1923 a 1930 presidió un directorio mil. que gravitó decisivamente en la acción gubernativa de Alfonso XIII (1870-1930).

PRIMOGÉNITO, TA. al. **Erstgeboren.** fr. **Premier-né.** ingl. **First born.** ital. **Primogenito.** port. **Primogenito.** (Del lat. *primogénitus*.) adj. y s. Dícese del hijo que nace primero. *El* PRIMOGÉNITO *llevaría el nombre del padre.*

PRIMOGENITURA. f. Dignidad, prerrogativa o derecho del primogénito. sinón.: **mayorazgo.**

PRIMOR. (De *primo*, excelente.) m. Habilidad y esmero en hacer o decir una cosa. ‖ Artificio y hermosura de la obra ejecutada con él. *El* PRIMOR *de una talla.* ‖ Esta misma obra.

PRIMORDIAL. al. **Ursprünglich; grundlegend.** fr. **Primordial.** ingl. **Primordial.** ital. **Primordiale.** port. **Primordial.** (Del lat. *primordialis*.) adj. Primitivo, primero. Aplícase al principio fundamental de cualquier cosa. *La familia es la base* PRIMORDIAL *de la sociedad*; sinón.: **esencial, primigenio.** ‖ deriv.: **primordialidad; primordialmente.**

PRIMOREAR. intr. Hacer primores. Dícese particularmente de los que tocan instrumentos. ‖ deriv.: **primoreamiento; primoreo.**

PRIMOROSAMENTE. adv. m. Diestra y perfectamente; con delicadeza, esmero y acierto.

PRIMOROSO, SA. adj. Excelente, delicado. *Flor* PRIMOROSA; sinón.: **delicioso, exquisito.** ‖ Hábil, que hace o dice con perfección alguna cosa. *Cincelador* PRIMOROSO. ‖ deriv.: **primorosidad.**

PRÍMULA. f. Primavera, planta.

PRIMULÁCEO, A. adj. *Bot.* Dícese de plantas dicotiledóneas, herbáceas, de hojas radicales o sobre el tallo, flores hermafroditas, actinomorfas, de cáliz persistente y fruto capsular con muchas semillas, como la primavera. Ú.t.c.s. ‖ f. pl. Familia de estas plantas.

PRIM Y PRATS, Juan. *Biog.* Mil. español que en 1862 dirigió una expedición a México. Siendo presidente del Consejo, hizo proclamar rey de España a Amadeo de Saboya, pero fue asesinado antes de que éste ocupara el trono (1814-1870).

PRINCESA. f. Esposa del príncipe. ‖ La que gobierna por título propio un principado. ‖ En España, hija del rey, inmediata sucesora del reino, también llamada princesa de Asturias.

PRINCIPADA. f. fam. Alcaldada, abuso de autoridad.

PRINCIPADO. al. **Fürstentum.** fr. **Principauté.** ingl. **Princedom.** ital. **Principato.** port. **Principado.** (Del lat. *principatus*.) m. Título o dignidad de príncipe. ‖ Territorio sobre que recae este título. ‖ Territorio sujeto a un príncipe. ‖ Primacía o superioridad con que una cosa excede a otra con la cual se compara. ‖ pl. Espíritus bienaventurados que forman el séptimo coro.

PRINCIPAL. al. **Vorgesetzte; hauptsächlich.** fr. **Principal.** ingl. **Principal.** ital. **Principale.** port. **Principal.** (Del lat. *principalis.*) adj. Dícese de la persona o cosa que tiene el primer lugar en estimación o importancia. *Puerta* PRINCIPAL; sinón.: **importante;** antón.: **accesorio, secundario.** ‖ Ilustre, esclarecido en nobleza. ‖ Dícese del que es el primero o el jefe de un negocio, empresa, etc. Ú.t.c.s. ‖ Esencial o fundamental, por oposición a accesorio. *Los temas* PRINCIPALES *de una conferencia.* ‖ Aplicado a una edición, príncipe. ‖ Dícese de la habitación o cuarto que en los edificios se halla sobre el piso bajo, o sobre el entresuelo. ‖ m. En las plazas de armas, cuerpo de guardia situado en el centro de la población y de más importancia que los restantes de la misma. ‖ Capital de una obligación o censo, en oposición a rédito, pensión o canon. ‖ *Der.* Poderdante, con respecto a su apoderado.

PRINCIPALÍA. (De *principal.*) f. En Filipinas, cierta colectividad municipal.

PRINCIPALIDAD. f. Calidad de principal o de primero en su línea.

PRINCIPALMENTE. adv. m. Primeramente, antes que todo, con antelación o preferencia. *Se ocupa* PRINCIPALMENTE *de sí mismo.*

PRÍNCIPE. al. **Prinz; Fürst.** fr. **Prince.** ingl. **Prince.** ital. **Principe.** port. **Príncipe.** (Del lat. *princeps, -cipis.*) adj. Dícese de la primera edición de un libro. ‖ m. El primero, más excelente y superior en cosa. *El* PRÍNCIPE *de los mecenas.* ‖ Por antonomasia, hijo primogénito del rey, heredero de su corona. ‖ Individuo de familia real o imperial. ‖ Soberano de un Estado. ‖ Título de honor que dan los reyes. ‖ Cualquiera de los grandes de un reino. ‖ Entre colmeneros, pollo de las abejas de la clase de reinas, que no se halla aún en estado de procrear. ‖ **– de Asturias.** Título que se da al inmediato sucesor de la corona de España. ‖ **– de la sangre.** El que era de la familia real de Francia y podía suceder en el reino. ‖ **Portarse** uno **como un príncipe.** frs. fig. Tratarse con fausto y magnificencia o tener rasgos y acciones de tal.

PRÍNCIPE. *Geog.* Isla portuguesa sit. en el golfo de Guinea. 128 km². 6.900 h. Cacao. ‖ **– de Gales, Tierra del.** Isla canadiense del arch. polar americano. 38.850 km². ‖ **– Eduardo.** Isla del golfo de San Lorenzo, que constituye una prov. canadiense. 5.656 km². 103.000 h. Cap. CHARLOTTETOWN.

PRÍNCIPE, El. *Lit.* Cél. tratado político de Maquiavelo, publicado en 1531. Fruto de la experiencia política del autor, la obra dicta normas de gobierno a los príncipes para que puedan establecer su tiranía, pero al mismo tiempo ilustra al pueblo para defenderse del despotismo.

PRÍNCIPE DE GALES. *Hist.* Título que desde 1301 se da al hijo primogénito del rey de Inglaterra.

PRÍNCIPE IGOR, El. *Mús.* Ópera en cuatro actos, texto y música de Borodín, una de las más extraordinarias expresiones de la música eslava. A la muerte del autor quedó inconclusa y, terminada por Rimsky-Korsakov y Glazunov, se estrenó en 1890.

PRINCIPELA. f. Tejido de lana fino y con cierto granillo, usado antiguamente.

PRÍNCIPES, Archipiélago de los. *Geog.* Arch. turco del mar de Mármara, junto a las costas de Anatolia. 15.000 h. Durante el Imperio Bizantino fue lugar de deportación de los príncipes destronados.

PRINCIPESCO, CA. adj. Dícese de lo que es o parece de un príncipe o princesa. *Un ajuar* PRINCIPESCO. ‖ deriv.: **principescamente.**

PRINCIPIADOR, RA. adj. y s. Que principia.

PRINCIPIANTA. f. Aprendiza de cualquier arte u oficio.

PRINCIPIANTE. al. **Anfänger.** fr. **Commençant; apprenti.** ingl. **Beginner.** ital. **Principiante.** port. **Principiante.** p. a. de **Principiar.** Que principia. ‖ adj. y s. Que empieza a estudiar, aprender o ejercer un oficio, arte, facultad o profesión. sinón.: **aprendiz, novicio.**

PRINCIPIAR. (Del lat. *principiare.*) tr. y r. Empezar, dar principio a una cosa. PRINCIPIÉ *los estudios universitarios.*

PRINCIPIO. al. **Anfang; Prinzip.** fr. **Commencement.** ingl. **Beginning; principle.** ital. **Principio.** port. **Princípio.** (Del lat. *princípium.*) m. Primer instante del ser de una cosa. *El* PRINCIPIO *del año;* sinón.: **comienzo.** ‖ Punto que se considera como primero en una extensión o cosa. *El* PRINCIPIO *de un escrito.* ‖ Fundamento o base de un razonamiento o discurso. ‖ Causa primera de una cosa, o aquello de que otra cosa procede de cualquier modo. ‖ Cualquiera de los platos que sirven en la comida entre el principal y los postres. ‖ Cualquiera de las primeras verdades o nociones por donde se empiezan a estudiar las facultades, y son los fundamentos de ellas. ‖ Cualquiera cosa que entra con otra en la composición de un cuerpo. ‖ Norma o idea fundamental que rige el pensamiento o la conducta. Ú.m.en pl. ‖ pl. *Impr.* Todo lo que precede al texto de un libro; como aprobaciones, dedicatorias, etc. ‖ **Principio de contradicción.** *Fil.* Enunciado lógico y metafísico que afirma la imposibilidad de que una cosa sea y no sea al mismo tiempo. ‖ **– de indeterminación.** *Fís.* Principio establecido por Heisenberg. Se refiere a la imposibilidad de determinar simultáneamente con precisión, en el campo atómico, todas las magnitudes de estado de una partícula, como por ejemplo su velocidad y su posición. ‖ **– inmediato.** *Quím.* Substancia orgánica de composición definida, que entra en la constitución de los seres vivos. ‖ **A los principios, o al principio.** m. adv. Al empezar una cosa. ‖ **A principios del mes, año,** etc. m. adv. En sus primeros días. ‖ **Del principio al fin.** m. adv. Enteramente. ‖ **En principio.** m. adv. Dícese de lo que se acepta en esencia, sin que haya entera conformidad en la forma o los detalles. ‖ **Principio quieren las cosas.** frs. proverb. con que se exhorta a empezar o proseguir una cosa que se duda si se logrará. ‖ **Tener, tomar,** o **traer, principio** una cosa de otra. frs. Proceder o provenir de ella. ‖ IDEAS AFINES: *Origen, fecundación, engendrar, germen, semilla, embrión, elemento, componente, axioma, postulado, base, cimiento, rudimentos, nacimiento, primitivo, proyecto, amanecer, Año Nuevo, prefacio, inicial, alfa.*

PRINCIPOTE. (De *príncipe.*) m. fam. El que en su fausto y porte hace ostentación de una clase superior a la suya.

PRINGADA. f. Rebanada de pan empapada en pringue.

PRINGAMOZA. f. *Bot. Amér. Central.* Bejuco con pelusa, que produce picazón. ‖ *Col.* y *Hond.* Especie de ortiga.

PRINGAR. al. **Mit Fett beschmieren.** fr. **Graisser.** ingl. **To tar.** ital. **Ungere.** port. **Besuntar.** tr. Empapar con pringue el pan u otro alimento. ‖ Estrujar con pan algún alimento pringoso. ‖ Echar a uno pringue hirviendo, castigo usado en otros tiempos. ‖ Manchar con pringue. Ú.t.c.r. ‖ fam. Herir haciendo sangre. ‖ fig. y fam. Denigrar, infamar. ‖ intr. fig. y fam. Tomar parte en un negocio. ‖ *Guat., Méx., Salv.* y *Ven.* Lloviznar. ‖ r. fig. y fam. Interesarse uno indebidamente en el caudal o negocio que maneja. ‖ **Pringar** uno **en todo.** frs. fig. y fam. Tomar parte a la vez en muchos negocios o asuntos. ‖ deriv.: **pringable; pringador, ra; pringadura; pringamiento; pringante.**

PRINGLES, Juan Pascual. *Biog.* Militar arg. que a las órdenes de San Martín tuvo destacada actuación en la campaña del Pacífico. Junto a Paz y Lavalle luchó en las guerras civiles, y murió enfrentando una partida de Juan Facundo Quiroga (1795-1831).

PRINGÓN, NA. adj. fam. Sucio, lleno de grasa o pringue. ‖ m. fam. Acción de mancharse con pringue. ‖ Mancha de pringue.

PRINGOSO, SA. adj. Que tiene pringue. sinón.: **grasiento, sucio.** ‖ Jugoso, suculento, graso. *Sopa* PRINGOSA. ‖ deriv.: **pringosamente; pringosidad.**

PRINGOTE. m. Amasijo que se hace mezclando la carne, el tocino y el chorizo de la olla.

PRINGSHEIM, Nataniel. *Biog.* Botánico al. que enunció una nueva teoría sobre la función de la clorofila y descubrió la sexualidad de las plantas inferiores (1823-1894).

PRINGUE. al. **Schmiere; Bratenfett.** fr. **Graisse.** ingl. **Grease; fat.** ital. **Sugna.** port. **Unto.** (Del lat. *pinguis*, grasiento.) amb. Grasa que suelta el tocino, etc., en el fuego. ‖ Suciedad, porquería que se pega a la ropa, o a otra cosa. *Una cacerola llena de* PRINGUE. ‖ fig. Castigo consistente en pringar.

PRINZAPOLCA. *Geog.* Río de Nicaragua (Zelaya) que des. en el mar de las Antillas. 200 km.

PRIODONTE o **PRIONODONTE.** m. *Zool.* Género de mamíferos desdentados. El más importante es el tatú carreta, que es el mayor de los armadillos americanos, de caparazón grueso y fuertes uñas. *Priodontes giganteus*, desdentado.

PRIOR. al. **Prior.** fr. **Prieur.** ingl. **Prior.** ital. **Priore.** port. **Prior.** (Del lat. *prior*, el primero.) adj. En lo escolástico, dícese de lo que precede a otra cosa en cualquier orden. ‖ m. En algunas religiones, superior del convento. ‖ En otras, segundo prelado después del abad. ‖ Superior de cualquier convento de los canónigos regulares y de las órdenes militares. ‖ Dignidad que hay en algunas iglesias catedrales. ‖ En algunos obispados, párroco. ‖ El jefe de un consulado que entiende en asuntos de comercio. ‖ Gran prior. Dignidad superior de la orden de San Juan.

PRIORA. (De *prior.*) f. Prelada de algunos conventos de religiosos. ‖ En otros, segunda prelada, que tiene el gobierno y mando después de la superiora.

PRIORATO. al. **Priorate.** fr. **Prieuré.** ingl. **Priorate; priory.** ital. **Priorato.** port. **Priorato; priorado.** (Del lat. *prioratus*, preeminencia.) m. Oficio, dignidad o empleo de prior o de priora. ‖ Territorio en que tiene jurisdicción el prior. ‖ Convento de monjes de San Benito dependiente de un monasterio principal.

PRIORATO, El. *Geog.* Comarca del NE de España (Tarragona). Vinos famosos.

PRIORAZGO. m. Priorato, oficio y dignidad de prior.

PRIORIDAD. al. **Priorität.** fr. **Priorité.** ingl. **Priority.** ital. **Priorità.** port. **Prioridade.** (Del lat. *prior, -oris*, anterior.) f. Anterioridad de una cosa respecto de otra en tiempo o en orden. *Este expediente tendrá* PRIORIDAD *en el despacho.* ‖ Anterioridad de una cosa respecto de otra que procede de ella. ‖ **– de naturaleza.** *Fil.* Anterioridad de una cosa respecto de otra en cuanto es causa suya. ‖ **– de origen.** *Teol.* La de aquellas personas de la Trinidad que son principio de otra u otras que de ellas proceden; como el Padre, que es principio del Verbo, y ambos principio del Espíritu Santo.

PRÍO SOCARRÁS, Carlos. *Biog.* Político cub., de 1948 a 1952 presidente de la Rep. Fue derrocado por un golpe militar encabezado por Fulgencio Batista (n. 1903).

PRIOSTE. m. Mayordomo de una cofradía. ‖ *Ec.* El que tiene a su cargo costear una fiesta religiosa.

PRIPET. *Geog.* Río de la Unión Soviética (Rusia Blanca), afl. del Dnieper. 795 km.

PRISA. al. **Eile.** fr. **Hâte.** ingl. **Haste.** ital. **Fretta.** port. **Pressa.** (De *priesa.*) f. Prontitud y rapidez con que sucede o se ejecuta una cosa. *Tiene* PRISA *por llegar;* antón.: **lentitud, pereza.** ‖ Contienda muy encendida y confusa. ‖ Concurrencia grande al despacho de una cosa. ‖ Entre sastres y otros oficiales, concurrencia de muchas obras. ‖ **Andar** uno **de prisa.** frs. fig. Aplícase al que tiene muy poco tiempo para cumplir con sus ocupaciones. ‖ **A prisa.** m. adv. **Aprisa.** ‖ **A toda prisa.** m. adv. Con la mayor prontitud. *Se vistió* A TODA PRISA. ‖ **Correr prisa** una cosa. frs. Ser urgente. ‖ **Dar prisa.** frs. Apremiar a uno. ‖ Acometer al adversario con ímpetu obligándole a huir. ‖ **Dar prisa** una cosa. frs. **Correr prisa.** ‖ **Darse** uno **prisa.** frs. fam. Apresurarse. ‖ **De prisa.** m. adv. Con prontitud. ‖ **De prisa y corriendo.** m. adv. Con la mayor celeridad, atropelladamente. ‖ **Estar** uno **de prisa.** frs. Tener que hacer una cosa con urgencia. ‖ **Meter** uno **prisa.** frs. Apresurar las cosas. ‖ **Tener** uno **prisa.** frs. **Estar de prisa.** ‖ **Vísteme despacio, que estoy de prisa.** expr. fig. y fam. con que se da a entender que si se atropellan las cosas se tarda más en su ejecución. ‖ **Vivir** uno **de prisa.** frs. fig. y fam. Trabajar demasiado, o gastar sin reparo la salud.

PRISCAL. m. Lugar en el campo donde se recoge el ganado por la noche.

PRISCILIANISMO. m. Herejía de Prisciliano, que profesaba algunos de los errores de los gnósticos y maniqueos.

PRISCILIANISTA. adj. Sectario del priscilianismo. Ú.t.c.s.

PRISCILIANO. *Biog.* Heresiarca español, decapitado en 385 por orden del emperador Máximo.

PRISCILIANO, NA. adj. Priscilianista. Ú.t.c.s. ‖ Perteneciente a Prisciliano.

PRISCO. (Del lat. *pérsicus*, pérsico.) m. Albérchigo.

PRISIÓN. al. **Gefängnis.** fr. **Prison.** ingl. **Prison.** ital. **Prigione.** port. **Prisão.** (Del lat. *prehensio, -onis.*) f. Acción de prender, asir o coger. ‖ Sitio donde se encierra y asegura a los presos. sinón.: **cárcel, penitenciaría.** ‖ Presa que hace el halcón de cetrería, volando a poca altura. ‖ Atadura con que están sujetas las aves de caza. ‖ fig. Cualquier cosa que ata o detiene físicamente. ‖ Lo que une estrechamente las voluntades y afectos. ‖ *For.* Pena de privación de libertad, inferior a la reclusión y superior a la de arresto. ‖ pl. Grillos, cadenas y otros instrumentos con que se asegura a los presos en las cárceles. ‖ **Prisión de estado.** Aquella en que se encierra a los reos de estado. ‖ **– mayor.** La que dura desde seis años y un día hasta doce años. ‖ **– menor.** La de seis meses y un día a seis años. ‖ **– preventiva.** *For.* La que sufre el procesado mientras dura la sustanciación del juicio. ‖ **Reducir** a uno **a prisión.** frs. *For.* Encarcelarle.

PRISIONERO, RA. al. **Gefangener.** fr. **Prisonnier.** ingl. **Prisoner.** ital. **Prigioniero; cattivo.** port. **Prisioneiro.** (De *prisión.*) s. Militar u otra persona que en la guerra cae en poder del enemigo. sinón.: **cautivo.** ‖ fig. El que está como cautivo de un afecto o pasión. PRISIONERO *del amor.* ‖ **– de guerra.** El que se entrega al vencedor mediante una capitulación.

PRISMA. al. **Prisma.** fr. **Prisme.** ingl. **Prism.** ital. **Prisma.** port. **Prisma.** (Del lat. *prisma*, y éste del gr. *prisma.*) m. *Geom.* Cuerpo limitado por dos caras planas, paralelas e iguales que se llaman bases, y por tantos paralelogramos cuantos lados tenga cada base. Si éstas son triángulos, cuadriláteros, etc., el **prisma** se llama triangular, cuadrangular, etc. ‖ *Ópt.* **Prisma** triangular. de cristal, que se usa para producir la reflexión, la refracción y la descomposición de la luz. ‖ **– cenital.** *Astron.* Sistema óptico cuyo principal elemento es un **prisma** de reflexión que se adapta al ocular astronómico para hacer observaciones cenitales. ‖ **– objetivo.** *Astron.* **Prisma** de poco ángulo y mucho diámetro, que se pone delante del objetivo de un anteojo para ver muchos espectros a la vez.

PRISMÁTICO, CA. al. **Prismatisch; Feldstecher.** fr. **Prismatique; binocle.** ingl. **Prismatic; binocular.** ital. **Prismatico; binocolo.** port. **Prismático; binóculo.** adj. De figura de prisma. *Columna* PRISMÁTICA. ‖ V. **Anteojo prismático.** Ú.t.c.m.pl.

PRISMATIZAR. tr. *Fís.* Descomponer la luz por el prisma. ‖ Disponer en forma de prisma. ‖ deriv.: **prismatización; prismatizador, ra.**

PRISOPA. m. Insecto de cuerpo ovalado y cabeza redonda, que vive entre los pastos.

PRISTE. al. **Schwertfisch.** fr. **Scie.** ingl. **Saw fish.** ital. **Pesce sega.** port. **Pristes.** (Del lat.

pristis y éste del gr. *pristis*.) m. Pez marino del orden de los selacios, de unos cinco metros de largo, cuerpo fusiforme, color obscuro, cabeza pequeña, y en la mandíbula superior una lámina, como de un metro de largo con espinas laterales, triangulares y muy fuertes que le dan aspecto de sierra.

PRISTINO, NA. (Del lat. *pristinus*.) adj. Antiguo, primitivo, primero, original. *El* PRISTINO *significado*. ‖ Barbarismo por puro, claro. ‖ deriv.: **prístinamente; pristinidad.**

PRISUELO. (De *priso*, ant. apresado.) m. Bozal que se pone a los hurones para que no puedan chupar la sangre a los conejos que apresan.

PRITANO. (Del lat. *prytanis*.) m. En la Grecia ant., cualquiera de los cincuenta ciudadanos que cada una de las diez tribus enviaba anualmente al Consejo de los Quinientos y que constituían el Senado. ‖ Primer magistrado en Rodas y en otras ciudades helénicas.

PRITHIVI. *Mit.* Deidad hindú, personificación de la tierra.

PRIVACIÓN. al. **Entbehrung.** fr. **Privation.** ingl. **Privation.** ital. **Privazione.** port. **Privação.** (Del lat. *privatio, -onis*.) f. Acción de despojar o privar. ‖ Carencia de una cosa en sujeto capaz de tenerla. PRIVACIÓN *del oído*; sinón.: **falta.** ‖ Pena con que se desposee a uno del empleo, derecho o dignidad que tenía. PRIVACIÓN *de la libertad*; sinón.: **despojo.** ‖ fig. Ausencia del bien que se desea. ‖ **La privación es causa del apetito.** frs. proverb. con que se encarece el deseo de las cosas que no podemos alcanzar. ‖ IDEAS AFINES: *Abstenerse, supresión, quitar, abdicar, vigilia, cuaresma, penitencia, miseria, excomunión, expropiación, extirpar, mutilar, excluir, desvalijar, truncar*.

PRIVADA. f. Letrina, excusado. ‖ Plasta grande de excremento o suciedad.

PRIVADAMENTE. adv. m. Familiar o separadamente, en particular.

PRIVADERO. m. Pocero, el que limpia los pozos negros.

PRIVADO, DA. al. **Geheim; privat.** fr. **Privé.** ingl. **Private.** ital. **Privato.** port. **Privado.** (Del lat. *privatus*.) adj. Que se ejecuta en presencia de pocos, en confianza, sin ceremonia alguna. *Acto* PRIVADO. ‖ Particular y personal de cada uno. *Propiedad* PRIVADA. ‖ m. El que goza de privanza. *El* PRIVADO *del rey;* sinón.: **favorito, valido.**

PRIVANZA. (De *privar*.) f. Preferencia en el favor y confianza de un príncipe o alto personaje, y por extensión, de cualquiera otra persona.

PRIVAR. al. **Berauben; entziehen.** fr. **Priver.** ingl. **To deprive.** ital. **Privare.** port. **Privar.** (Del lat. *privare*.) tr. Despojar a uno de una cosa que tenía. *Lo* PRIVARON *de cuanto llevaba consigo*; sinón.: **desposeer.** ‖ Destituir a uno de un empleo, dignidad, etc. ‖ Prohibir o vedar. PRIVAR *la caza*; sinón.: **impedir;** antón.: **permitir.** ‖ Producir a uno síncope o desmayo. Ú.m.c.r. ‖ intr. Gozar de privanza. ‖ Tener general aceptación una persona o cosa. *Esta temporada,* PRIVARÁ *el color azul*. ‖ r. Dejar voluntariamente una cosa de gusto o conveniencia. PRIVARSE *del postre*; sinón.: **abstenerse.** ‖ deriv.: **privable; privador, ra; privamiento; privante.**

PRIVATIVAMENTE. adv. m. Propia y singularmente, con exclusión de todos los demás.

PRIVATIVO, VA. (Del lat. *privativus*.) adj. Que causa privación o la significa. *Decreto* PRIVATIVO. ‖ Propio y especial de una persona o cosa, y no de otras. *Cualidad* PRIVATIVA; sinón.: **exclusivo, personal.**

PRIVILEGIADAMENTE. adv. m. De manera privilegiada.

PRIVILEGIADO, DA. adj. Primero, principal. ‖ Favorito, preferido. *Clase* PRIVILEGIADA; sinón.: **predilecto.** ‖ Notable, extraordinario. *Mente* PRIVILEGIADA; sinón.: **excepcional.**

PRIVILEGIAR. tr. Conceder privilegio.

PRIVILEGIATIVO, VA. adj. Que incluye en sí privilegio.

PRIVILEGIO. al. **Vorrecht; Privileg.** fr. **Privilège.** ingl. **Privilege.** ital. **Privilegio.** port. **Privilégio.** (Del lat. *privilegium*.) m. Gracia, prerrogativa, ventaja o exención especial que se concede a uno. *Otorgar un* PRIVILEGIO. ‖ Documento en que consta esta concesión. ‖ **— convencional.** El que se concede mediante un convenio con el privilegiado. ‖ **— de introducción.** El de goce exclusivo durante cierto plazo de un procedimiento industrial o de una fabricación que se implanta de nuevo en un país. ‖ **— de invención.** Patente para el aprovechamiento exclusivo, por tiempo determinado, de una producción o un procedimiento industrial hasta entonces no conocidos. ‖ **— del canon.** El que gozan las personas del estado clerical y religioso, de que quien impusiere manos violentas en alguna de ellas, incurre en la pena de excomunión reservada al Papa. ‖ **— del fuero.** El que tienen los eclesiásticos para ser juzgados por sus tribunales. ‖ **— local.** El que se concede a un lugar determinado, como el privilegio de asilo. ‖ **— odioso.** El que perjudica a tercero. ‖ **— personal.** El que se concede a una persona y no pasa a los sucesores. ‖ **— real.** El que está unido a la posesión de una cosa o al ejercicio de un cargo.

PRO. (Del lat. *prodesse*, aprovechar.) amb. Provecho. ‖ **Buena pro.** Fórmula con que se saluda al que está comiendo o bebiendo. ‖ Ú. en los contratos y remates para demostrar que se han hecho obligatorios. ‖ **El pro y el contra.** frs. con que se denota la confrontación de lo favorable y lo adverso de una cosa. ‖ **En pro.** m. adv. En favor.

PRO. (Del lat. *pro*.) prep. insep. que tiene su recta significación de **por** o **en vez de**, como en PRO*nuncio* o la de **delante**, en sentido figurado, como en PRO*poner*; o denota más ordinariamente publicación, como en PRO*clamar*; continuidad de acción, como en PRO*seguir*; impulso, como en PRO*pulsar*; reproducción, como en PRO*crear*; negación o contradicción, como en PRO*scribir*.

PROA. al. **Bug.** fr. **Proue.** ingl. **Prow.** ital. **Prua; prora.** port. **Proa.** (De *prora*.) f. Parte delantera de la nave, la aeronave o el avión. antón.: **popa.** ‖ **Poner la proa a** una cosa. frs. fig. Fijar la mira en ella, haciendo lo que puede conducir a su logro. ‖ **Poner la proa a** uno. frs. fig. Formar el propósito de hacerle daño. ‖ IDEAS AFINES: *Áncora, cabrestante, escobén, bauprés, roda, mascarón, espolón, surcar, embicar, encallar, anclar, eslora, proel, rumbo*.

PROAL. adj. Perteneciente a la proa.

PROBABILIDAD. al. **Wahrscheinlichkeit.** fr. **Probabilité.** ingl. **Probability.** ital. **Probabilità.** port. **Probabilidade.** (Del lat. *probabilitas, -atis*.) f. Verosimilitud. ‖ Calidad de probable. *La* PROBABILIDAD *de una ganancia*; sinón.: **posibilidad.** ‖ IDEAS AFINES: *Plausible, viable, factible, pronóstico, predicción, contingencia, casualidad, acaso, quizá, hipótesis, tentativa*.

PROBABILISMO. al. **Probabilismus.** fr. **Probabilisme.** ingl. **Probabilism.** ital. **Probabilismo.** port. **Probabilismo.** m. *Teol.* Doctrina de ciertos teólogos según los cuales en caso de duda sobre la licitud de una acción se puede seguir la opinión probable, contraponiéndola a la más probable. ‖ deriv.: **probabilístico, ca.**

PROBABILISTA. adj. *Teol.* Que profesa la doctrina del probabilismo. Apl. a pers., ú.t.c.s.

PROBABLE. al. **Wahrscheinlich.** fr. **Probable.** ingl. **Probable.** ital. **Probabile.** port. **Provável.** (Del lat. *probábilis*.) adj. Verosímil. ‖ Que se puede probar. *Coartada* PROBABLE. ‖ Dícese de aquello que hay buenas razones para creer que sucederá. *Lluvias* PROBABLES.

PROBABLEMENTE. adv. m. Con verosimilitud o probabilidad.

PROBACIÓN. (Del lat. *probatio, -onis*.) f. Prueba. ‖ En las órdenes regulares, examen y prueba de la vocación y virtud de los novicios antes de profesar.

PROBADO, DA. adj. Acreditado por la experiencia. *Es recurso* PROBADO. ‖ Dícese de la persona que ha sufrido pacientemente grandes adversidades. ‖ *For.* Acreditado como verdad en los autos.

PROBADOR, RA. adj. Que prueba. Ú.t.c.s. ‖ En los talleres de costura, aposento para probarse los vestidos.

PROBADURA. f. Acción de probar o gustar.

PROBANZA. (De *probar*.) f. Averiguación o prueba hecha jurídicamente. ‖ Cosa o conjunto de ellas que acreditan una verdad o un hecho.

PROBAR. al. **Probieren; schmecken.** fr. **Prouver; essayer.** ingl. **To prove; to try; to taste; to test.** ital. **Provare; gustare.** port. **Provar.** (Del lat. *probare*.) tr. Ensayar y experimentar las cualidades de personas o cosas. PROBAR *su honestidad*. ‖ Examinar si una cosa está arreglada a la medida o proporción de otra a que se debe ajustar. PROBAR *zapatos*. ‖ Justificar y hacer patente de algún modo la certeza de un hecho o la verdad de una cosa. PROBARÉ *su culpabilidad*; sinón.: **demostrar, evidenciar.** ‖ Gustar una pequeña porción de un manjar o líquido. ¿PROBASTE *el licor?*; sinón.: **catar.** ‖ intr. Con la preposición *a* y el infinitivo de otros verbos, hacer prueba o intentar una cosa. PROBÓ *abrir la caja, pero no lo logró*; sinón.: **ensayar, intentar.** ‖ Ser a propósito una cosa, o producir el efecto que se necesita. Regularmente se usa con los adverbios *bien* o *mal*. *Le* PRUEBA MAL *el pescado*. ‖ deriv.: **probadizo, za; probante; probativo, va.** ‖ irreg. Conj. como **contar.**

PROBÁTICA. adj. V. **Piscina probática.**

PROBATORIA. f. *Der.* Término concedido por la ley o por el juez para hacer las pruebas.

PROBATORIO, RIA. adj. Que sirve para probar o averiguar la verdad de una cosa. *Juicio* PROBATORIO.

PROBATURA. f. fam. Ensayo, prueba. ‖ Acción de probar o gustar.

PROBETA. al. **Reagenzglas.** fr. **Éprouvette.** ingl. **Test tube.** ital. **Provino.** port. **Proveta.** (De *probar*.) f. Manómetro de mercurio, de poca altura, para determinar la presión del gas en la máquina neumática. ‖ Máquina para probar la fuerza de la pólvora. ‖ Tubo de cristal, cerrado por un extremo y destinado a contener líquidos o gases. ‖ Vasija cuadrilonga y de poco fondo, usada por los fotógrafos. ‖ Muestra de cualquier substancia o material para probar su elasticidad, resistencia, etc. ‖ **— graduada.** La que tiene señales para medir volúmenes. ‖ IDEAS AFINES: *Gabinete, laboratorio, química, alambique, retorta, matraz, experimento, ensayo, soplete, reacción, análisis, alquimista*.

PROBIDAD. al. **Rechtschaffenheit; Redlichkeit.** fr. **Probité.** ingl. **Probity.** ital. **Probità.** port. **Probidade.** (Del lat. *próbitas, -atis*.) f. Bondad, rectitud de ánimo y honradez en el obrar.

PROBLEMA. al. **Problem.** fr. **Problème.** ingl. **Problem.** ital. **Problema.** port. **Problema.** (Del lat. *problema*, y éste del gr. *problema*, de *proballo*, lanzar hacia adelante.) m. Cuestión que se trata de aclarar; proposición dudosa. ‖ *Mat.* Proposición dirigida a hallar el modo de obtener un resultado cuando ciertos datos son conocidos. ‖ **— determinado.** *Mat.* Aquel que no puede tener sino una solución o un número fijo de ellas. ‖ **— indeterminado.** *Mat.* Aquel que puede tener indefinido número de soluciones. ‖ IDEAS AFINES: *Dificultad, incógnita, interrogación, intrincado, teorema, ecuación, cálculo, logaritmo, planteo, anagrama, jeroglífico, adivinanza, enigma*.

PROBLEMÁTICAMENTE. adv. m. De modo problemático.

PROBLEMÁTICO, CA. al. **Problematisch; fraglich.** fr. **Problématique.** ingl. **Problematic.** ital. **Problematico.** port. **Problemático.** (Del lat. *problemáticus*, y éste del gr. *problematikós*.) adj. Dudoso, incierto, o que se puede defender por una y otra parte. *Pleito* PROBLEMÁTICO, *solución* PROBLEMÁTICA. ‖ f. Conjunto de problemas que se refieren a un mismo tema.

PROBO, BA. (Del lat. *probus*.) adj. Que tiene probidad. *Gobernante* PROBO; sinón.: **íntegro, recto.**

PROBO, Marco Aurelio. *Biog.* Emp. romano de 276 a 282. Fue uno de los mil. y estadistas más honorables de su tiempo. Era gobernador de Oriente cuando, a la muerte de Tácito, las legiones romanas de Siria lo proclamaron para sucederlo (232-282).

PROBÓSCIDE. f. *Zool.* Prolongación de la región cefálica de diversos animales, como el jabalí y el tapir, y que es más o menos semejante a la trompa del elefante.

PROBOSCIDIO, DIA. (Del lat. *proboscis, -idis*, trompa.) adj. *Zool.* Dícese de los mamíferos ungulados que tienen trompa larga, muy movible y prensil, incisivos transformados en enormes defensas, llamadas colmillos, y cinco dedos en cada una de las cuatro extremidades; como el elefante. Ú.t.c.s. ‖ m. pl. *Zool.* Orden de estos animales.

PROCACIDAD. al. **Frechheit.** fr. **Procacité.** ingl. **Procacity.** ital. **Procacità.** port. **Procacidade.** (Del lat. *procácitas, -atis*.) f. Desvergüenza, insolencia, atrevimiento. antón.: **comedimiento, modestia.**

PROCAZ. (Del lat. *prócax, -acis*.) adj. Desvergonzado, descarado, osado. *Muchacho* PROCAZ. ‖ deriv.: **procazmente.**

PROCEDENCIA. al. **Herkunft; Ursprung.** fr. **Provenence.** ingl. **Provenience.** ital. **Procedenza.** port. **Procedencia.** (Del lat. *procedens, -entis*, procedente.) f. Origen, principio de donde nace o se deriva una cosa. ‖ Punto de salida o escala de un barco, cuando llega al término de su viaje. También se aplica a otros vehículos y aun a personas. ‖ Conformidad con la moral, la razón o el derecho. ‖ *For.* Fundamento legal y oportunidad de una demanda.

PROCEDENTE. (Del lat. *procedens, -entis*.) p. a. de **Proceder.** Que procede o trae su origen de una persona o cosa. *Llegó un barco* PROCEDENTE *de Acapulco*; sinón.: **originario, proveniente.** ‖ Arreglado a la prudencia, a la razón o al fin que se persigue. ‖ Conforme a derecho, mandato o conveniencia. *Reclamación* PROCEDENTE.

PROCEDER. al. **Handlungsweise.** fr. **Conduite.** ingl. **Behaviour.** ital. **Condotta.** port. **Proceder.** (Infinit. substantivado.) m. Conducta o modo de portarse. *Su* PROCEDER *fue correcto*; sinón.: **comportamiento.**

PROCEDER. al. **Herkommen.** fr. **Provenir.** ingl. **To spring.** ital. **Procedere.** port. **Proceder.** (Del lat. *procédere*.) intr. Ir algunas personas o cosas unas tras otras guardando cierto orden. ‖ Seguirse u originarse una cosa de otra. *Su desgracia* PROCEDE *de su terquedad*; sinón.: **dimanar, provenir.** ‖ Portarse y gobernar uno sus acciones bien o mal. PROCEDISTE *correctamente*; sinón.: **comportarse, obrar.** ‖ Empezar a poner en ejecución una cosa a la cual precedieron ciertas diligencias. PROCEDER *al desalojo de un inquilino*. ‖ Continuar en la ejecución de las cosas que piden trato sucesivo. ‖ Ser conforme a razón, derecho o conveniencia. ‖ **Proceder contra** uno. frs. *For.* Iniciar o seguir procedimiento criminal contra él. ‖ **Proceder en infinito.** frs. fig. que se usa para encarecer lo dilatado o interminable de una cosa. *Querer contar todas sus aventuras, sería* PROCEDER *en infinito*.

PROCEDIMIENTO. al. **Verfahren.** fr. **Procédé.** ingl. **Procedure.** ital. **Procedimento.** port. **Procedimento.** m. Acción de proceder. ‖ Método de ejecutar ciertas cosas. *Ensayemos otro* PROCEDIMIENTO. ‖ *For.* Actuación por trámites judiciales o administrativos. ‖ **— contradictorio.** *For.* Dícese de lo que permite impugnar lo que en él se pretende. ‖ **— ejecutivo.** *For.* El que se sigue a instancia de un acreedor contra su deudor.

PROCELA. (Del lat. *procella*.) f. poét. Tormenta, borrasca, tempestad.

PROCELEUSMÁTICO. m. Pie de la poesía griega y latina, compuesto de dos pirriquios.

PROCELOSO, SA. adj. Borrascoso, tormentoso, tempestuoso. *Mar* PROCELOSO. ‖ deriv.: **procelosamente.**

PRÓCER. al. **Vorkämpfer.** fr. **Éminent.** ingl. **Elevated.** ital. **Magnate.** port. **Prócero.** (Del lat. *procer*.) adj. Alto, eminente o elevado. ‖ m. Persona de eminente distinción o constituida en alta dignidad.

PROCERATO. m. Dignidad de prócer.

PROCERIDAD. f. Altura, eminencia o elevación. ‖ Vigor, lozanía. Dícese de las personas y de las plantas.

PRÓCERO, RA. adj. Procero.

PROCERO, RA. adj. Prócer, alto, eminente.

PROCEROSO, SA. adj. Dícese de la persona alta, corpulenta y de respetable aspecto.

PROCESADO, DA. adj. *Der.* Dícese del escrito y letra de proceso. ‖ adj. Declarado presunto reo en un proceso criminal. Ú.t.c.s. ‖ V. **Letra procesada.**

PROCESAL. adj. Perteneciente o relativo al proceso. *Diligencia* PROCESAL.

PROCESAMIENTO. m. Acto de procesar.

PROCESAR. al. **Gerichtlich verfolgen.** fr. **Instruire un procès.** ingl. **To sue.** ital. **Processare.** port. **Processar.** tr. Formar autos y procesos. ‖ *For.* Declarar a una persona presunto reo de delito. PROCESARÁN *a los rebeldes*; sinón.: **enjuiciar.** ‖ deriv.: **procesante.**

PROCESIÓN. al. **Prozession.** fr. **Procession.** ingl. **Procession.** ital. **Processione.** port. **Procissão.** (Del lat. *processio, -onis.*) f. Acción de proceder una cosa de otra. ‖ Acto de ir ordenadamente de un lugar a otro muchas personas con algún fin solemne, por lo común religioso. *Asistí a la* PROCESIÓN *del Corpus.* ‖ fig. y fam. Una o más filas de personas o animales que van de un lugar a otro. ‖ *Teol.* Acción eterna con que el Padre produce al Verbo, y acción con que estas dos Personas producen al Espíritu Santo. ‖ **Andar, o ir, por dentro la procesión.** frs. fig. y fam. Sentir pena, cólera, inquietud, etc., sin darlo a conocer. ‖ **No se puede repicar y andar en la procesión.** ref. que enseña que no se pueden hacer a la vez y con perfección dos cosas diferentes. ‖ deriv.: **procesionista.** ‖ IDEAS AFINES: *Séquito, comitiva, acompañamiento, sucesión, desfile, columna, teoría, templo, imagen, palio, angarillas, cirios, cofradía, hermandad, saeta.*

PROCESIONAL. adj. Ordenado en forma de procesión. ‖ Perteneciente a ella.

PROCESIONALMENTE. adv. m. En forma de procesión.

PROCESIONARIA. f. Nombre común a las orugas de varias especies de lepidópteros, que suelen caminar reunidas en filas.

PROCESO. al. **Prozess.** fr. **Procès.** ingl. **Process.** ital. **Processo.** port. **Processo.** (Del lat. *processus.*) m. Progreso. ‖ Transcurso del tiempo. ‖ Conjunto de las fases sucesivas de un fenómeno natural o de una operación artificial. ‖ *Anat.* Prolongación, apófisis. ‖ V. **Cabeza de proceso.** ‖ *For.* Agregado de los autos y demás escritos en cualquiera causa civil o criminal. ‖ Causa criminal. *Un* PROCESO *ruidoso.* ‖ — **en infinito.** Continuación de una serie de cosas que no tiene fin. ‖ **Fulminar el proceso.** frs. *For.* Ponerlo en estado de sentencia. ‖ **Vestir el proceso.** frs. *For.* Formarlo con todas las diligencias y solemnidades requeridas.

PROCESO, El. *Lit.* Novela de Franz Kafka, una de las más discutidas del s. XX. Su trama lindante con el absurdo, gira en torno a un hombre inculpado de algo que no se le especifica, y que debe aceptar fatalmente su culpabilidad. Su incomparable originalidad, su descubrimiento de un mundo en el que, al decir de Eduardo Mallea, "el mundo está contenido", le dan un carácter de documento literario, humano y aun filosófico, perdurable.

PRÓCIDA. *Geog.* Isla de Italia, en el golfo de Nápoles. 3,7 km². 10.251 h. Pesca de atún y corales.

PROCIDENCIA. f. *Pat.* Prolapso, caída de una parte u órgano.

PROCIÓN. (Voz gr., de *pro,* delante, y *kyon,* perro.) m. *Astron.* Estrella de primera magnitud, situada en la constelación del Can Menor.

PROCIÓNIDOS. m. pl. *Zool.* Familia de mamíferos, carnívoros, plantígrados o semiplantígrados, con cinco dedos en todas las extremidades, uñas no retráctiles y cola más o menos larga; como los coatís y los mapaches.

PROCLAMA. al. **Aufruf.** fr. **Proclamation.** ingl. **Proclamation.** ital. **Proclama.** port. **Proclama.** (De *proclamar.*) f. Notificación pública, y en especial la de las amonestaciones para los que tratan de casarse u ordenarse. ‖ Alocución política o militar.

PROCLAMACIÓN. (Del lat. *proclamatio, -onis.*) f. Publicación solemne de un decreto, bando o ley. ‖ Actos públicos y ceremonias con que se inaugura un nuevo reinado. ‖ Alabanza pública y general.

PROCLAMAR. al. **Verkündigen; ausrufen.** fr. **Proclamer.** ingl. **To proclaim.** ital. **Proclamare.** port. **Proclamar.** (Del lat. *proclamare.*) tr. Publicar en alta voz una cosa para que sea notoria a todos. ‖ PROCLAMÓ *su inocencia*; sinón.: **anunciar, pregonar;** antón.: **callar.** ‖ Declarar solemnemente el principio de un reinado, etc. PROCLAMAR *la independencia de una colonia.* ‖ Aclamar, dar voces la multitud en honor de una persona. ‖ fig. Dar señales claras de un afecto, pasión, etc. ‖ r. Declararse uno investido de un cargo, autoridad o mérito. *Se* PROCLAMÓ *emperador.* ‖ deriv.: **proclamador, ra; proclamamiento, proclamante.**

PROCLISIS. f. *Gram.* Unión de una palabra proclítica a la que le sigue.

PROCLÍTICO, CA. (A semejanza de *enclítico,* del gr. *proklino,* inclinarse hacia adelante.) adj. *Gram.* Dícese de la voz monosílaba que, sin acentuación prosódica, se liga en la cláusula con el vocablo subsiguiente.

PROCLIVE. (Del lat. *proclivis.*) adj. Inclinado, propenso a una cosa, especialmente a lo malo.

PROCLIVIDAD. f. Calidad de proclive.

PROCOMÚN. m. Utilidad pública. ‖ Conjunto de los vecinos de un pueblo.

PROCOMUNAL. m. Procomún. ‖ adj. Perteneciente o relativo al procomún.

PROCÓNSUL. m. Gobernador de una provincia, entre los romanos, con jurisdicción e insignias consulares.

PROCONSULADO. m. Oficio, dignidad o cargo de procónsul. ‖ Tiempo que duraba.

PROCONSULAR. adj. Perteneciente o relativo al procónsul.

PROCOPIO. *Biog.* Hist. griego, autor de *Historia de las guerras de Justiniano; Anécdotas,* etc. (s. VI). ‖ — **DE GAZA.** Filósofo gr., notable intérprete de las Sagradas Escrituras y uno de los grandes sofistas de su época (s. V).

PROCORDADO, DA. adj. *Zool.* Dícese de los animales cordados de organización intermedia entre los gusanos y los vertebrados. Ú.t.c.s. ‖ m. pl. *Zool.* Subtipo de estos animales.

PROCREACIÓN. al. **Fortpflanzung.** fr. **Procréation.** ingl. **Procreation.** ital. **Procreazione.** port. **Procriação.** f. Acción y efecto de procrear.

PROCREADOR, RA. adj. y s. Que procrea.

PROCREANTE. p. a. de **Procrear.** Que procrea.

PROCREAR. al. **Fortpflanzen.** fr. **Procréer.** ingl. **To procreate.** ital. **Procreare.** port. **Procriar.** (Del lat. *procreare.*) tr. Engendrar, multiplicar una especie. ‖ deriv.: **procreable; procreamiento; procreativo, va.**

PROCTOLOGÍA. f. *Med.* Estudio del recto y sus enfermedades. ‖ deriv.: **proctológico, ca; proctólogo.**

PROCTOR, A. Phimister. *Biog.* Escultor canadiense cont., uno de los más notables de su país. De su obra destácanse los enormes leones colocados frente a la Biblioteca Pública de Nueva York. ‖ — **Ricardo Antonio.** Astrónomo ingl., autor de *El universo de las estrellas; La Luna,* etc. (1837-1888).

PROCURA. f. Procuración, comisión. ‖ Procuraduría. ‖ Cuidado asiduo en los negocios.

PROCURACIÓN. (Del lat. *procuratio, -onis.*) f. Cuidado o diligencia con que se maneja un negocio. ‖ Comisión o poder que uno da a otro para que en su nombre haga una cosa. ‖ Oficio o cargo de procurador. ‖ Procuraduría, oficina. ‖ Contribución que los prelados exigen de las iglesias que visitan.

PROCURADOR, RA. al. **Bevollmächtigter; prokurator.** fr. **Procureur.** ingl. **Attorney.** ital. **Procuratore.** port. **Procurador.** (Del lat. *procurátor.*) adj. Que procura. Ú.t.c.s. ‖ m. El que en virtud de poder o comisión de otro ejecuta en su nombre una cosa. ‖ El que, legalmente habilitado, representa en los tribunales a cada una de las partes. ‖ En las comunidades, sujeto encargado de los asuntos económicos y otros negocios. ‖ — **a,** o **de,** o **en Cortes.** Cada uno de los individuos que designaban ciertas ciudades para concurrir a las Cortes con voto en éstas. ‖ — **de pobres.** fig. y fam. Sujeto que se mezcla en asuntos que no le conciernen.

PROCURADORA. f. La que tiene a su cargo, el gobierno económico de un convento de religiosas.

PROCURADURÍA. f. Cargo de procurador o procuradora. ‖ Su oficina.

PROCURANTE. p. a. de **Procurar.** Que procura o solicita una cosa.

PROCURAR. al. **Besorgen; verschaffen.** fr. **Procurer.** ingl. **To procure.** ital. **Procurare.** port. **Procurar.** (Del lat. *procurare.*) tr. Hacer diligencias o esfuerzos para lograr lo que se desea. PROCURARÉ *salir del paso*; sinón.: **intentar; probar;** antón.: **desistir.** ‖ Ejercer el oficio de procurador. ‖ *Amér.* Proporcionar, producir, causar. ‖ r. *Chile.* Apresurarse.

PROCURRENTE. (Del lat. *procurrens, -entis,* lo que se extiende o sobresale.) m. *Geog.* Gran porción de tierra que avanza mar adentro.

PROCUSTO. *Mit.* Bandido del Ática que operaba entre Megara y Atenas. Fue muerto por Teseo.

PROCHOROV, Alejandro. *Biog.* Científico soviético que obtuvo en 1964 el premio Nobel de Física, compartido con su compatriota Nicolás Basov y el estadounidense Carlos H. Townes, por sus investigaciones sobre los rayos máser y láser (n. en 1916).

PRODICIÓN. (Del lat. *proditio, -onis.*) f. Alevosía, traición.

PRODIGALIDAD. al. **Verschwendung.** fr. **Prodigalité.** ingl. **Prodigality.** ital. **Prodigalità.** port. **Prodigalidade.** (Del lat. *prodigálitas, -atis.*) f. Derroche de la propia hacienda. sinón.: **despilfarro, liberalidad;** antón.: **tacañería.** ‖ Copia, abundancia.

PRÓDIGAMENTE. adv. m Abundantemente, con prodigalidad.

PRODIGAR. al. **Verschwenden.** fr. **Prodiguer.** ingl. **To lavish.** ital. **Prodigare.** port. **Prodigar.** (De *pródigo.*) tr. Disipar, gastar con exceso. sinón.: **derrochar, dilapidar;** antón.: **ahorrar, restringir.** ‖ Dar con profusión. ‖ fig. Dispensar profusamente favores, elogios, etc. ‖ r. Excederse indiscretamente en la exhibición personal. ‖ deriv.: **prodigación; prodigador, ra; prodigante.**

PRODIGIO. al. **Wunder.** fr. **Prodige.** ingl. **Prodigy.** ital. **Prodigio.** port. **Prodígio.** (Del lat. *prodígium.*) m. Suceso extraño que excede los límites de lo natural. ‖ Cosa especial, rara o primorosa en su línea. ‖ Milagro.

PRODIGIOSAMENTE. adv. m. De un modo prodigioso.

PRODIGIOSIDAD. f. Calidad de prodigioso.

PRODIGIOSO, SA. adj. Maravilloso, que encierra en sí prodigio. *El flautista* PRODIGIOSO; sinón.: **mágico.** ‖ Excelente, primoroso.

PRÓDIGO, GA. al. **Verschwenderisch.** fr. **Prodigue.** ingl. **Prodigal.** ital. **Prodigo.** port. **Pródigo.** (Del lat. *pródigus.*) adj. Disipador, manirroto; que desperdicia su hacienda en gastos inútiles. Ú.t.c.s. ‖ Que desprecia generosamente la vida u otra cosa estimable. ‖ Muy dadivoso. antón.: **tacaño.**

PRO DOMO SUA. expr. lat. Título de un discurso de Cicerón, que se usa para indicar que uno procede egoístamente, en su exclusivo provecho.

PRODRÓMICO, CA. adj. *Pat.* Perteneciente o relativo al pródromo.

PRÓDROMO. (Del lat. *pródromus,* y éste del gr. *pródromos,* que precede; de *pro,* delante, y *dramein,* correr.) m. Prefacio, introducción a un estudio. ‖ Anuncios, principios de un suceso. ‖ *Pat.* Signo, síntoma o malestar que indica el comienzo de una enfermedad.

PRODUCCIÓN. al. **Produktion; Erzeugung; Herstellung.** fr. **Production.** ingl. **Production.** ital. **Produzione.** port. **Produção.** (Del lat. *productio, -onis.*) f. Acción de producir. ‖ Cosa producida. ‖ Acto o modo de producirse. ‖ Suma de productos agrícolas, industriales, etc. *El trabajo aumenta la* PRODUCCIÓN. ‖ IDEAS AFINES: *Crear, construir, emitir, fábrica, taller, colmena, fecundidad, cosecha, mina, generador, interés, renta, fertilizante, abundancia, fructífero.*

PRODUCENTE. (Del lat. *producens, -entis.*) p. a. de **Producir.** Que produce.

PRODUCIBILIDAD. f. Calidad de producible.

PRODUCIBLE. adj. *Fil.* Que se puede producir.

PRODUCIDO. m. Barbarismo por producto, caudal que se saca de una cosa que se vende o el que ella reditúa.

PRODUCIDOR, RA. (De *producir.*) adj. Productor. Ú.t.c.s.

PRODUCIENTE. p. a. de **Producir.** Que produce.

PRODUCIR. al. **Erzeugen; herstellen.** fr. **Produire.** ingl. **To produce.** ital. **Produrre.** port. **Produzir.** (Del lat. *prodúcere.*) tr. Engendrar, criar. Dícese de las obras de la naturaleza, y por extensión, de las del entendimiento. ‖ Dar fruto los terrenos, árboles, etc. *Aquella tierra* PRODUCÍA. ‖ Dar interés o beneficio anual una cosa. *Unas acciones que* PRODUCEN *buena renta.* ‖ fig. Procurar, originar, ocasionar. PRODUCIR *daño.* ‖ Fabricar, elaborar cosas útiles. ‖ *For.* Exhibir, presentar, manifestar razones o pruebas. ‖ r. Explicarse, darse a entender por medio de la palabra. ‖ irreg. Conj. como **conducir.** ‖ deriv.: **producidero, ra; productible.**

PRODUCTIBLE. adj. Producible.

PRODUCTIVIDAD. f. Calidad de productivo. ‖ Capacidad o grado de producción por unidad de trabajo, superficie de tierra cultivada, equipo industrial, etc.

PRODUCTIVO, VA. adj. Que tiene virtud de producir. *Industria* PRODUCTIVA; sinón.: **fecundo, fértil.** ‖ deriv.: **productivamente; productividad.**

PRODUCTO, TA. al. **Erzeugnis; Produkt.** fr. **Produit.** ingl. **Product.** ital. **Prodotto.** port. **Produto.** (Del lat. *productus.*) p. p. irreg. de **Producir.** ‖ m. Cosa producida. PRODUCTO *medicinal.* ‖ Caudal que se saca de una cosa que se vende o el que ella reditúa. ‖ *Mat.* Cantidad que resulta de la multiplicación. ‖ deriv.: **productífero, ra.**

PRODUCTOR, RA. al. **Erzeuger; Hersteller.** fr. **Producteur.** ingl. **Producer.** ital. **Produttore.** port. **Produtor.** adj. y s. Que produce. *Capacidad* PRODUCTORA.

PROEJAR. (De *proa.*) intr. Remar contra la corriente o la fuerza del viento.

PROEL. adj. Dícese de lo que está cerca de la proa. ‖ m. Marinero que va en la proa.

PROEMIAL. adj. Perteneciente al proemio. ‖ deriv.: **proemialmente.**

PROEMIO. al. **Vorrede; Proömium.** fr. **Proème.** ingl. **Proem.** ital. **Proemio.** port. **Proemio.** (Del lat. *prooémium,* y éste del gr. *prooímion.*) m. Prólogo de un libro. sinón.: **prefacio.**

PROEZA. al. **Heldentat.** fr. **Prouesse.** ingl. **Prowess.** ital. **Prodezza.** port. **Proeza.** f. Hazaña, acción valerosa. *Bolívar repitió la* PROEZA *sanmartiniana de cruzar los Andes.*

PROFANACIÓN. al. **Schändung.** fr. **Profanation.** ingl. **Profanation.** ital. **Profanazione.** port. **Profanação.** f. Acción y efecto de profanar.

PROFANADOR, RA. adj. Que profana. Ú.t.c.s.

PROFANAMENTE. adv. m. Con profanidad.

PROFANAMIENTO. m. Profanación.

PROFANAR. al. **Schänden.** fr. **Profaner.** ingl. **To profane.** ital. **Profanare.** port. **Profanar.** (Del. lat. *profanare,* de *fánum,* templo.) tr. Tratar una cosa sagrada sin el debido respeto, o aplicarla a usos profanos. PROFANAR *la misa;* antón.: **respetar.** ‖ fig. Deshonrar, deslucir, hacer uso indigno de cosas respetables.

PROFANIDAD. f. Calidad de profano. ‖ Exceso en el fausto o pompa exterior, que suele degenerar en vicio o en deshonestidad.

PROFANO, NA. al. **Weltlich.** fr. **Profane.** ingl. **Profane.** ital. **Profano.** port. **Profano.** (Del lat. *profanus.*) adj. Que no es sagrado ni sirve a usos sagrados. *Conocimientos* PROFANOS; sinón.: **mundano, terreno.** ‖ Que es contrario a la reverencia debida a las cosas sagradas. ‖ Libertino o muy dado a las cosas mundanales. Ú.t.c.s. ‖ Inmodesto, deshonesto en el atavío o compostura. ‖ Que carece de conocimientos y autoridad en una materia. Ú.t.c.s. *No puedo opinar porque soy* PROFANO *en este asunto;* sinón.: **ignorante.** ‖ IDEAS AFINES: *Gentil, impío, descreído, laico, seglar, lego, inculto, extraño, ajeno.*

PROFASE. (Del gr. *pro,* adelante, antes, y *fasis,* período.) f. *Biol.* Primera fase o período de la cariocinesis.

PROFAZAR. (De *pro,* y *faz,* cara.) tr. Abominar o decir mal de una persona o cosa.

PROFECÍA. al. **Prophezeiung.** fr. **Prophétie.** ingl. **Prophecy.** ital. **Profezia.** port. **Profecia.** (Del lat. *prophetía,* y éste del gr. *propheteía,* de *propheteýo,* predecir.) f. Don sobrenatural que permite conocer por inspiración divina cosas distantes o futuras. *Las* PROFECÍAS *de Jeremías.* ‖ Predicción hecha en virtud de don sobrenatural. ‖ Cada uno de los libros del Antiguo Testamento en que se contienen los escritos de los profetas mayores. ‖ fig. Juicio o conjetura que se forma de una cosa por las señales que se ven en ella. ‖ pl. Libro del Antiguo Testamento en que se contienen los escritos de los doce profetas menores.

PROFECTICIO, CIA. (Del lat. *profectitius.*) adj. *Der.* Dícese del peculio o bien que adquiere el hijo que está bajo la patria potestad.

PROFERENTE. p. a. de **Proferir.** Que profiere.

PROFERIR. al. **Aussprechen.** fr. **Proférer.** ingl. **To utter.** ital. **Proferire.** port. **Proferir.** (Del lat. *proferre.*) tr. Pronunciar, articular palabras. *No* PROFIRIÓ *queja alguna;* antón.: **callar.** ‖ irreg. Conj. como **adquirir.** ‖ deriv.: **Proferente.** ‖ IDEAS AFINES: *Exclamar, emitir, ayes, lamentos, gritos, alaridos, imprecaciones, denuestos.*

PROFESANTE. p. a. de **Profesar.** Que profesa.

PROFESAR. al. **Ausüben.** fr. **Professer.** ingl. **To profess.** ital. **Professare.** port. **Professar.** (De *profeso.*) tr. Ejercer una ciencia, arte, oficio, etc. PROFESAR *la abogacía;* sinón.: **desempeñar, practicar.** ‖ Enseñar una ciencia o arte. ‖ Obligarse en una orden religiosa a cumplir los votos propios de su instituto. Ú.t.c.intr. ‖ Ejercer continuadamente una cosa con inclinación voluntaria. PROFESAR *afecto al judaísmo.* ‖ Creer, confesar. PROFESAR *una teoría.* ‖ fig. Sentir algún afecto o interés y perseverar en ellos.

PROFESIÓN. al. **Beruf.** fr. **Profession.** ingl. **Profession.** ital. **Professione.** port. **Profissão.** (Del lat. *professio, -onis.*) f. Acción y efecto de profesar. ‖ Empleo, facultad u oficio que cada uno ejerce. PROFESIÓN *de martillero.* ‖ **Hacer profesión de** una costumbre o habilidad. frs. Jactarse de ella. ‖ deriv.: **profesionista.**

PROFESIONAL. adj. Perteneciente a la profesión o magisterio de ciencias y artes. *Secreto* PROFESIONAL. ‖ com. Persona que hace profesión de alguna cosa. ‖ deriv.: **profesionalmente.**

PROFESIONALISMO. m. Cultivo o uso de ciertas disciplinas o deportes por medio de lucro. ‖ Ideas, inclinaciones, etc., propias de una profesión. ‖ Solidaridad entre los que ejercen una misma profesión.

PROFESO, SA. (Del lat. *professus,* p. p. de *profiteri,* declarar.) adj. Dícese del religioso que ha profesado. Ú.t.c.s. ‖ Dícese del colegio o casa de los profesos.

PROFESOR, RA. al. **Professor; Lehrer.** fr. **Professeur.** ingl. **Professor.** ital. **Professore.** port. **Professor.** (Del lat. *proféssor.*) s. Persona que ejerce o enseña alguna ciencia o arte.

PROFESORADO. al. **Lehramt.** fr. **Professorat.** ingl. **Professorship.** ital. **Professorato.** port. **Professorado.** m. Cargo de profesor. ‖ Cuerpo de profesores.

PROFESORAL. adj. Perteneciente o relativo al profesor o al profesorado. *Empaque* PROFESORAL.

PROFETA. al. **Prophet.** fr. **Prophète.** ingl. **Prophet.** ital. **Profeta.** port. **Profeta.** (Del lat. *propheta,* y éste del gr. *prophetes,* de *prophemi,* predecir.) m. El que posee el don de profecía. *El* PROFETA *Ezequiel.* ‖ El que por algunas señales conjetura y anuncia el fin de una cosa.

● **PROFETA.** *Hist. Sagr.* Los **profetas** fueron los varones inspirados por Dios y cuyas predicciones han sido recogidas en el Antiguo Testamento. El **profeta** trae un mensaje divino a los hombres y a los pueblos; dicho mensaje es una exhortación o una advertencia e incluye a veces una profecía, basada en la noción de que el mal trae como consecuencia el castigo. Anunciaron también los **profetas** la era mesiánica de la paz universal eterna, en que todas las naciones reconocerán a Dios como soberano del universo. Los **profetas** divídense en mayores y menores. Isaías, Jeremías, Ezequiel y Daniel son los cuatro profetas mayores. Los doce **profetas** menores son: Oseas, Joel, Amós, Abdías, Miqueas, Jonás, Nahum, Habacuc, Sofonías, Ageo, Zacarías y Malaquías. Los libros de los primeros **profetas** son el *Libro de Josué* (V. **Josué, Libro de.**); el *Libro de los Jueces* (V. **Jueces, Libro de los.**); los *Libros de Samuel* (V. **Samuel, Libros de.**) y los *Libros de los Reyes* (V. **Reyes, Libros de los.**).

PROFETA DE LA PAMPA, El. *Lit.* Obra de Ricardo Rojas, publicada en 1945. Notable biografía de Sarmiento, encarado como el civilizador y el forjador de la argentinidad, es una de las obras más notorias del autor.

PROFETAL. adj. Profético.

PROFETICAMENTE. adv. m. Con espíritu profético, a modo de profeta.

PROFETISA. f. Mujer que tiene el don de profecía. *La* PROFETISA *Débora.*

PROFÉTICO, CA. adj. Perteneciente o relativo a la profecía o al profeta. *Anuncio* PROFÉTICO; sinón.: **sibilino.**

PROFETIZADOR, RA. adj. Que profetiza. Ú.t.c.s.

PROFETIZANTE. p. a. de **Profetizar.** Que profetiza.

PROFETIZAR. al. **Prophezeien; weissagen.** fr. **Prophétiser.** ingl. **To prophesy.** ital. **Profetizzare.** port. **Profetizar.** (Del lat. *prophetizare.*) tr. Hacer predicciones el profeta. PROFETIZÓ *Isaías la ruina de Damasco;* sinón.: **pronosticar, vaticinar.** ‖ fig. Conjeturar por las señales observadas.

PROFICIENTE. (Del lat. *proficiens, -entis.*) adj. Dícese del que va aprovechando en una cosa.

PROFICUO, CUA. (Del lat. *proficuus.*) adj. Provechoso. *Operación* PROFICUA. ‖ deriv.: **proficuamente.**

PROFILÁCTICA. f. Higiene, parte de la medicina.

PROFILÁCTICO, CA. al. **Vorbeugend; prophylaktisch.** fr. **Prophylactique.** ingl. **Prophylactic.** ital. **Profilattico.** port. **Profiláctico.** adj. *Med.* Preservativo. Ú.t.c.s.m. *Medidas* PROFILÁCTICAS.

PROFILAXIS. al. **Vorbeugung; Prophylaxe.** fr. **Prophylaxie.** ingl. **Prophylaxis.** ital. **Profilassi.** port. **Profilaxia.** (Del gr. *prophylaxis.*) f. *Med.* Preservación de las enfermedades, tratamiento preventivo.

PRO FORMA. loc. lat. Para cumplir una formalidad. Ú. hablando de liquidaciones, facturas, recibos, etc., que se emplean para justificar operaciones posteriores a la fecha de los estados de cuenta en que figuran.

PRÓFUGO, GA. al. **Flüchtiger.** fr. **Fugitif; réfractaire.** ingl. **Fugitive; slacker.** ital. **Profugo.** port. **Prófugo.** (Del lat. *prófugus.*) adj. Fugitivo. Dícese principalmente del que huye de la justicia u otra autoridad. Ú.t.c.s. ‖ m. Mozo que elude el servicio militar.

PROFUNDAMENTE. adv. m. Con profundidad. *Cavar* PROFUNDAMENTE; sinón.: **hondamente.** ‖ Intimamente. *Sentí* PROFUNDAMENTE *esa desgracia.*

PROFUNDAR. tr. Profundizar.

PROFUNDIDAD. al. **Tiefe.** fr. **Profondeur.** ingl. **Depth.** ital. **Profondità.** port. **Profundidade.** f. Calidad de profundo. *Medir la* PROFUNDIDAD *del mar;* antón.: **elevación.** ‖ Hondura. ‖ *Geom.* Dimensión de los cuerpos perpendicular a una superficie dada. ‖ IDEAS AFINES: *Fondo, abismo, precipicio, sima, barranco, foso, vértigo, sonda, dragar, espeleología, buzo, pozo, boya, mina, excavación, cripta, submarino, subterráneo, zambullida, naufragio, despeñarse.*

PROFUNDIZAR. al. **Vertiefen.** fr. **Approfondir.** ingl. **To deepen.** ital. **Profondare.** port. **Profundar.** tr. Cavar una cosa para que esté más honda. PROFUNDIZAR *un canal;* sinón.: **ahondar.** ‖ fig. Meditar detenidamente y examinar o penetrar una cosa para llegar a su perfecto conocimiento. Ú.t.c. intr. PROFUNDIZAR *un tema.* ‖ deriv.: **profundización.**

PROFUNDO, DA. al. **Tief.** fr. **Profond.** ingl. **Deep.** ital. **Profondo.** port. **Profundo.** (Del lat. *profundus.*) adj. Que tiene el fondo muy distante de la boca o borde de la cavidad. *Hueco* PROFUNDO. ‖ Más hondo que lo regular. ‖ Extendido a lo largo, o que tiene gran fondo. *Floresta* PROFUNDA; *esa tienda es muy* PROFUNDA. ‖ Dícese de lo que penetra mucho o va muy adentro. *Cimientos* PROFUNDOS; *pinchazo* PROFUNDO. ‖ fig. Intenso o muy vivo y eficaz. *Silencio* PROFUNDO; *tinieblas* PROFUNDAS; *afecto* PROFUNDO. ‖ Arduo de penetrar o comprender. *Idea* PROFUNDA. ‖ Tratándose del entendimiento, de las cosas que le conciernen o de sus producciones, vasto, que ahonda mucho. *Sabiduría* PROFUNDA; *comentarios* PROFUNDOS. ‖ Dícese de la persona de entendimiento penetrante. *Investigador* PROFUNDO. ‖ Muy humilde. PROFUNDO *acatamiento.* ‖ m. Profundidad. ‖ poét. Mar. ‖ Infierno.

PROFUSAMENTE. adv. m. Con profusión. sinón.: **abundantemente.**

PROFUSIÓN. al. **Überfluss.** fr. **Profusion.** ingl. **Profusion.** ital. **Profusione.** port. **Profusão.** (Del lat. *profusio, -onis.*) f. Copia, abundancia excesiva. PROFUSIÓN *de adornos;* sinón.: **exuberancia,** antón.: **escasez.**

PROFUSO, SA. (Del lat. *profusus,* de *profúndere,* derramar.) adj. Abundante, copioso, excesivo. *Manjares* PROFUSOS.

PROGENERADO, DA. adj. Que se adelanta a su época. ‖ Eminente, ilustre. Ú.t.c.s.

PROGENIE. al. **Geschlecht.** fr. **Progéniture.** ingl. **Progeny.** ital. **Progenie.** port. **Progenie.** (Del lat. *progenies.*) f. Casta o familia de la cual desciende una persona. *La* PROGENIE *de Noé;* sinón.: **cepa, prosapia.**

PROGENITOR. al. **Ahne; Vorfahr.** fr. **Ancêtre.** ingl. **Progenitor.** ital. **Progenitore.** port. **Progenitor.** (Del lat. *progenitor.*) m. Pariente en línea recta ascendente de una persona.

PROGENITURA. (Del lat. *progénitum,* supino de *progígnere,* engendrar.) f. Progenie. ‖ Primogenitura.

PROGIMNASMA. (Del lat. *progymnasma,* y éste del gr. *progýmnasma,* de *progimnazo,* prepararse para un ejercicio.) m. *Ret.* Ejercicio preparatorio, como el que hace un orador que va a hablar en público.

PROGLOSIS. m. *Anat.* Punta de la lengua.

PROGLOTIS. m. *Zool.* Cada uno de los segmentos en que aparece dividido el cuerpo de casi todos los gusanos; p. ej.: la tenia.

PROGNATISMO. m. Calidad de prognato.

PROGNATO, TA. (Del gr. *pro,* hacia adelante, y *gnathos,* mandíbula.) adj. Dícese de la persona que tiene salientes las mandíbulas. Ú.t.c.s.

PROGNE. (Del lat. *progne,* y éste del gr. *Prógne,* hija de Pandión, rey de Atenas, convertida en golondrina.) f. poét. Golondrina.

PROGNOSIS. (Del gr. *prógnosis.*) f. Conocimiento anticipado de algún suceso. Úsase especialmente en meteorología. ‖ *Med.* Pronóstico.

PROGRAMA. al. **Programm.** fr. **Programme.** ingl. **Program.** ital. **Programma.** port. **Programa.** (Del lat. *programma,* y éste del gr. *prógramma,* de *prographo,* anunciar por escrito.) m. Edicto o aviso público. ‖ Previa declaración de lo que se piensa hacer en alguna materia u ocasión. PROGRAMA *político.* ‖ Tema que se da para un discurso, cuadro, etc. ‖ Sistema y distribución de las materias de un curso o asignatura, que forma y publica el profesor. ‖ Exposición de las partes de que se han de componer ciertas cosas o de las condiciones a que deben sujetarse. *El* PROGRAMA *de un concierto.* ‖ IDEAS AFINES: *Lista, plan, proyecto, enseñanza, índice, anuncio, información, prospecto, cartel, repertorio, función, horario, taquilla, acomodador.*

PROGRAMAR. tr. Planear o trazar programas de lo que se piensa hacer en alguna materia u ocasión. PROGRAMAR *audiciones radiotelefónicas.* ‖ deriv.: **programación.**

PROGRESAR. al. **Fortschreiten.** fr. **Progresser.** ingl. **To progress.** ital. **Progredire.** port. **Progredir.** intr. Hacer progresos en una materia. *El niño* PROGRESA *en aritmética;* sinón.: **adelantar, mejorar;** antón.: **retrasar.**

PROGRESIÓN. (Del lat. *progressio, -onis.*) f. Acción de avanzar o de proseguir una cosa. ‖ **— aritmética.** *Mat.* Aquella en que cada dos términos consecutivos se diferencian en igual cantidad: 1, 3, 5, 7, etc., llamada razón. ‖ **— ascendente.** *Mat.* Aquella en que cada término tiene mayor valor que el antecedente. ‖ **— descendente.** *Mat.* Aquella en que cada término tiene menor valor que el antecedente. ‖ **— geométrica.** *Mat.* Aquella en que cada dos términos consecutivos dan el mismo cociente: 2, 4, 8, 16, etc., llamado razón. ‖ IDEAS AFINES: *Orden, gradación, escala, sucesión, constancia, continuidad, regularidad, concatenar, logaritmo, creciente.*

PROGRESISMO. m. Ideas y doctrinas progresivas. ‖ Partido político que propugnaba estas ideas.

PROGRESISTA. adj. Aplícase al partido político que propugna el desenvolvimiento de las libertades públicas. ‖ Perteneciente o relativo a este partido. Apl. a pers., ú.t.c.s. ‖ Amigo del progreso. ‖ Progresivo. *Localidad* PROGRESISTA.

PROGRESIVAMENTE. adv. m. Con progresión.

PROGRESIVO, VA. adj. Que avanza, favorece el avance o lo procura. *Velocidad* PROGRESIVA. ‖ Que progresa o aumenta en cantidad o en perfección. *Enseñanza* PROGRESIVA.

PROGRESO. al. **Fortschritt.** fr. **Progrès.** ingl. **Progress.** ital. **Progresso.** port. **Progresso.** (Del lat. *progressus.*) m. Acción de ir hacia adelante. ‖ Aumento, adelantamiento, perfeccionamiento. *Los* PROGRESOS *de la ciencia;* antón.: **retraso.**

PROGRESO. *Geog.* Ciudad y puerto de México (Yucatán). 18.500 h. Exportaciones de henequén y maderas. ‖ **El —** V. **El Progreso.**

PROHIBENTE. p. a. de **Prohibir.** Que prohibe.

PROHIBICIÓN. al. **Verbot.** fr. **Prohibition; défense.** ingl. **Prohibition; forbidding.** ital. **Proibizione.** port. **Proibição.** (Del lat. *prohibitio, -onis.*) f. Acción y efecto de prohibir.

PROHIBICIONISMO. m. Sistema económico según el cual debe prohibirse la exportación de aquellos productos que se teme lleguen a escasear. ‖ deriv.: **prohibicionista.**

PROHIBIR. al. **Verbieten.** fr. **Défendre; prohiber.** ingl. **To forbid.** ital. **Proibire.** port. **Proibir.** (Del lat. *prohibere.*) tr. Vedar o impedir el uso o ejecución de una cosa. PROHIBIR *la venta de un libro;* antón.: **permitir.** ‖ deriv.: **prohibible; prohibidor, ra.**

PROHIBITIVO, VA. adj. Prohibitorio. *Cláusula* PROHIBITIVA.

PROHIBITORIO, RIA. (Del lat. *prohibitorius.*) adj. Dícese de lo que prohíbe.

PROHIJACIÓN. f. Prohijamiento.

PROHIJADOR, RA. adj. Que prohija. Ú.t.c.s.

PROHIJAMIENTO. m. Acción y efecto de prohijar.

PROHIJAR. (Del ant. *profijar,* y

éste del lat. *pro* por, y *filius*, hijo.) tr. Adoptar como hijo al que no lo es naturalmente. ‖ fig. Acoger como propias las opiniones o doctrinas ajenas.

PROHOMBRE. (De *pro*, 1er. art., y *hombre*.) m. En los gremios de los artesanos, maestro del mismo oficio que se elegía para el gobierno del gremio. ‖ El que goza de especial consideración entre los de su clase. ‖ deriv.: **prohombría.**

PROINDIVISIÓN. f. Estado de los bienes pro indiviso.

PRO INDIVISO. loc. lat. *Der.* Dícese de los caudales o de las cosas que se poseen en común, sin dividir.

PROÍS. (De *proíz*.) m. *Mar* Piedra u otra cosa en tierra, en que se amarra la embarcación. ‖ Cabo que se amarra en tierra para asegurar la embarcación.

PROÍZ. (Del ant. *proíza*, y éste de *proa*.) m. Prois.

PRÓJIMA. f. fam. Mujer de poca estimación pública o de conducta deshonesta.

PRÓJIMO. al. **Nächste.** fr. **Prochain; autrui.** ingl. **Fellowbeing.** ital. **Prossimo.** port. **Próximo.** (Del lat. *próximus*.) m. Cualquier hombre respecto de otro, considerados como miembros de la comunidad humana. *Ayuda a tu* PRÓJIMO; sinón.: **semejante.** ‖ despect. Individuo cualquiera. ‖ **Al prójimo, contra una esquina.** expr. fig. y fam. con que se moteja a los egoístas. ‖ **No tener prójimo** uno frs. fig. Ser muy duro de corazón.

PROKOFIEV, Sergio. *Biog.* Músico ruso, eminente pianista y compos. Autor de algunas piezas de corte clásico, su obra se caracteriza por la invención melódica, la innovación armónica y el colorido orquestal. Obras: *Sinfonía clásica; El jugador; Pedro y el lobo; El amor por tres naranjas; El ángel de fuego; Paso de acero; El hijo pródigo; Romeo y Julieta*, etc. (1891-1953).

PROLAPSO. (Del lat. *prolapsus*, p. p. de *prolabi*, deslizarse, caer.) m. *Pat.* Caída o descenso de una víscera o del todo o parte de un órgano, especialmente de la matriz.

PROLE. al. **Nachkommenschaft.** fr. **Descendance.** ingl. **Issue.** ital. **Prole.** port. **Prole.** (Del lat. *proles*.) f. Linaje, hijos o descendencia de uno.

PROLEGÓMENO. (Del gr. *prolegómena*, preámbulos, de *prolego*, anunciar anticipadamente.) m. Tratado puesto al principio de una obra para exponer los fundamentos generales de la materia que se ha de tratar después. Ú.m. en pl.

PROLEPSIS. (Del lat. *prolepsis*, y éste del gr. *prólepsis*.) f. *Ret.* Anticipación, previsión de objeciones. ‖ deriv.: **proléptico, ca.**

PROLETARIADO. al. **Proletariat.** fr. **Prolétariat.** ingl. **Proletariat.** ital. **Proletariato.** port. **Proletariado.** m. Clase social constituida por los proletarios.

PROLETARIO, RIA. al. **Proletarier.** fr. **Prolétaire.** ingl. **Proletarian.** ital. **Proletario.** port. **Proletário.** (Del lat. *proletárius*.) adj. Dícese del sujeto pobre y que no está comprendido en las listas vecinales del pueblo en que habita sino por su persona y familia; trabajador, obrero. Ú.t.c.s. ‖ fig. Plebeyo, vulgar. ‖ m. En la antigua Roma, ciudadano pobre que sólo con su prole podía servir al Estado. ‖ Individuo de la clase indigente. ‖ IDEAS AFINES: *Popular, democracia, obrero, clase, socialismo, comunismo, capital, trabajo, jornal, Carlos Marx.*

PROLIFERACIÓN. f. Multiplicación de células similares, especialmente células y tejidos.

PROLIFERANTE. adj. Que se multiplica en formas semejantes.

PROLÍFERO, RA. adj. Que se multiplica o reproduce. ‖ deriv.: **proliferativo, va.**

PROLÍFICO, CA. al. **Fruchtbar.** fr. **Prolifique.** ingl. **Prolific.** ital. **Prolifico.** port. **Prolífico.** (Del lat. *proles*, prole, y *facere*, hacer.) adj. Que tiene virtud de engendrar. *Gata* PROLÍFICA; sinón.: **fecundo.** ‖ Que tiene la propiedad de aumentar las fuerzas generativas. ‖ deriv.: **prolificativo, va.**

PROLÍGERO, RA. adj. *Biol.* Que lleva gérmenes o huevos; prolífero. ‖ deriv.: **proligeración.**

PROLIJAMENTE. adv. m. Con prolijidad.

PROLIJEAR. intr. Ser prolijo. ‖ deriv.: **prolijeador, ra; prolijeadura; prolijeamiento.**

PROLIJIDAD. (Del lat. *prolíxitas, -atis*.) f. Calidad de prolijo.

PROLIJO, JA. al. **Ausführlich.** fr. **Prolixe.** ingl. **Prolix.** ital. **Prolisso.** port. **Prolixo.** (Del lat. *prolixus*.) adj. Luengo, dilatado en exceso. *Narración* PROLIJA; sinón.: **detallado.** ‖ Excesivamente esmerado. ‖ Impertinente, pesado.

PROLOGAL. adj. Perteneciente o relativo al prólogo.

PROLOGAR. tr. Escribir el prólogo de una obra, en especial si es ajena.

PRÓLOGO. al. **Vorrede; Vorwort; Vorspiel.** fr. **Prologue.** ingl. **Prologue.** ital. **Prologo.** port. **Prólogo.** (Del lat. *prólogus*, y éste del gr. *prólogos*, de *pro*, antes, y *logos*, discurso.) m. Discurso o capítulo preliminar de una obra en que el autor hace a los lectores alguna advertencia o declaración. sinón.: **prefacio.** ‖ Discurso que en el teatro antiguo solía preceder a la obra dramática para dar noticia del argumento, para pedir indulgencia o para otros fines análogos. ‖ Primera parte de algunas obras dramáticas y novelas en la cual se presenta una acción de que es consecuencia la principal, que se desarrolla después. antón.: **epílogo.** ‖ fig. Lo que sirve como de exordio para ejecutar una cosa.

PROLOGUISTA. com. Persona que ha escrito uno o más prólogos para libros ajenos.

PROLONGA. (De *prolongar*.) f. *Mil.* Cuerda que une el avantrén con la cureña cuando se suelta la clavija.

PROLONGABLE. adj. Que se puede prolongar.

PROLONGACIÓN. f. Acción y efecto de prolongar o prolongarse. ‖ Parte prolongada de una cosa. ‖ IDEAS AFINES: *Alargar, estirar, continuar, aplazar, longitud, agregado, dúctil, tenso, paralelas.*

PROLONGADAMENTE. adv. m. y t. Dilatadamente, con extensión o con larga duración.

PROLONGADO, DA. adj. Más largo que ancho.

PROLONGADOR, RA. adj. Que prolonga. Ú.t.c.s.

PROLONGAMIENTO. m. Prolongación.

PROLONGAR. al. **Verlängern.** fr. **Prolonger.** ingl. **To prolong.** ital. **Prolongare.** port. **Prolongar.** (Del lat. *prolongare*; de *pro*, adelante, y *longare*, alargar.) tr. y r. Extender una cosa a lo largo. PROLONGAR *una vía férrea*; sinón.: **alargar;** antón.: **acortar.** ‖ Hacer que dure una cosa más tiempo de lo regular. PROLONGAR *las vacaciones*; sinón.: **dilatar, prorrogar.** ‖ deriv.: **prolongadura; prolonganza.**

PROLOQUIO. (Del lat. *proloquium*.) m. Proposición, sentencia.

PROLUSIÓN. (Del lat. *prolusio, -onis*.) f. Prelusión.

PROMANAR. (Del lat. *promanare*.) intr. Provenir.

PROMEDIAR. (De *promedio*.) tr. Igualar o repartir una cosa en dos partes iguales o casi iguales. ‖ intr. Interponerse entre dos o más personas o interceder para ajustar un negocio; sinón.: **terciar.** ‖ Llegar a su mitad un espacio de tiempo determinado. *Nació antes de* PROMEDIAR *el siglo.* ‖ deriv.: **promediable.**

PROMEDIO. al. **Durchschnitt.** fr. **Moyenne.** ingl. **Average.** ital. **Metà.** port. **Médio.** (De *pro*, por, y *medio*.) m. Punto en que una cosa se divide por mitad o casi por la mitad. *El* PROMEDIO *de un puente.* ‖ *Mat.* Término medio.

PROMEROPS. m. Pájaro de América, de cola muy larga y plumaje de colorido brillante.

PROMESA. al. **Versprechen.** fr. **Promesse.** ingl. **Promise.** ital. **Promessa.** port. **Promessa.** (Del lat. *promissa*, pl. de *proméssum*, oferta, promesa.) f. Expresión de la voluntad de dar a uno o hacer por él una cosa. ‖ Ofrecimiento hecho a Dios o a sus santos de ejecutar una obra meritoria. ‖ En los pagarés de la lotería primitiva, premio correspondiente a la suma que se había jugado. ‖ fig. Augurio, indicio o señal favorable. ‖ *For.* Ofrecimiento solemne de cumplir bien los deberes de un cargo o función que va a ejercerse. ‖ Contrato preparatorio de otro más solemne o detallado. ‖ **Simple promesa.** La que no se confirma con voto o juramento. ‖ IDEAS AFINES: *Pacto, palabra, obligación, compromiso, asegurar, cumplir, retractar, perjurio.*

PROMETEDOR, RA. adj. y s. Que promete. *Porvenir* PROMETEDOR.

PROMETEO. *Mit.* Dios del fuego, hermano de Atlas, considerado como el iniciador de la primera civilización.

PROMETEO. *Lit.* Poema de Olegario Víctor Andrade, publicado en 1877. Elaborado sobre la fábula de Hesíodo, es una de las mejores composiciones poéticas del autor, no obstante que la grandeza de sus imágenes tiende a resentirse de filosofismo.

PROMETEO ENCADENADO. *Lit.* Cél. tragedia de Esquilo, que se supone integraba una trilogía. Presenta a Prometeo como un rebelde frente a la autoridad omnipotente de Zeus, por lo cual es castigado.

PROMETER. al. **Versprechen.** fr. **Promettre.** ingl. **To promise.** ital. **Promettere.** port. **Prometer.** (Del lat. *promíttere*.) tr. Obligarse a hacer, decir o dar alguna cosa. *Le* PROMETIÓ *que iría a la reunión.* ‖ Asegurar la certeza de lo que se dice. ‖ intr. Dar una persona o cosa muestra anticipada de alguna buena calidad o defecto. *Este chico* PROMETE. ‖ r. Esperar una cosa o mostrar gran confianza de lograrla. ‖ Ofrecerse uno al servicio o culto de Dios o de sus santos. ‖ rec. Darse mutuamente palabra de casamiento. ‖ **Prometérselas** uno **felices.** frs. fam. Tener, sin mucho fundamento, esperanza de conseguir una cosa.

PROMETIDA. f. Futura, novia.

PROMETIDO. m. Futuro, novio. ‖ Promesa, ofrecimiento.

PROMETIENTE. p. a. de **Prometer.** Que promete.

PROMETIMIENTO. m. Promesa, ofrecimiento.

PROMETIO. m. Elemento químico perteneciente al grupo de las tierras raras, descubierto en 1947. Simb. Pm; p. atóm. 146.

PROMINENCIA. al. **Erhebung.** fr. **Proéminence.** ingl. **Prominence.** ital. **Prominenza.** port. **Prominencia.** f. Elevación de una cosa sobre lo que está alrededor o próximo a ella.

PROMINENTE. (Del lat. *prominens, -entis*, p. a. de *prominere*, elevarse, sobresalir.) adj. Que se eleva sobre lo que está a su inmediación. *Abdomen* PROMINENTE; sinón.: **abultado.**

PROMISCUACIÓN. f. Acción de promiscuar.

PROMISCUAMENTE. adv. m. Con promiscuidad, sin distinción.

PROMISCUAR. (De *promiscuo*.) intr. Comer carne y pescado en una misma comida en los días en que lo prohíbe la Iglesia. ‖ fig. Participar indistintamente en cosas heterogéneas u opuestas.

PROMISCUIDAD. al. **Durcheinander; Promiskuität.** fr. **Promiscuité.** ingl. **Promiscuity.** ital. **Promiscuità.** port. **Promiscuidade.** f. Mezcla, confusión.

PROMISCUO, CUA. (Del lat. *promiscuus*.) adj. Mezclado confusa o indiferentemente. ‖ Ambiguo o que tiene dos sentidos equivalentes.

PROMISIÓN. (Del lat. *promissio, -onis*.) f. Promesa, ofrecimiento. *Moisés vio de lejos la tierra de* PROMISIÓN. ‖ *Der.* Oferta de hacer o dar, acerca de la cual no ha mediado pacto o estipulación.

PROMISORIO, RIA. (Del lat. *promissum*, de *promittere*, prometer.) adj. Que encierra en sí promesa. *Palabras* PROMISORIAS.

PROMOCIÓN. al. **Beförderung.** fr. **Promotion.** ingl. **Promotion.** ital. **Promozione.** port. **Promoção.** (Del lat. *promotio, -onis*.) f. Acción de promover. ‖ Conjunto de los individuos que al mismo tiempo han obtenido un grado o empleo en determinada carrera o profesión. ‖ Elevación o mejora de las condiciones de vida, de productividad, intelectuales, etc.

PROMONTORIO. al. **Vorgebirge.** fr. **Promontoire.** ingl. **Promontory.** ital. **Promontorio.** port. **Promontório.** (Del lat. *promontorium*.) m. Altura muy considerable de tierra. ‖ Altura grande de tierra que avanza en el mar. ‖ fig. Cualquiera cosa que hace demasiado bulto y estorba. ‖ *Anat.* Eminencia o elevación ósea especialmente.

PROMORFOLOGÍA. f. Estudio de las formas fundamentales de los animales y las plantas.

PROMOTOR, RA. al. **Förderer; Förderer.** fr. **Promoteur.** ingl. **Promotive; promoter.** ital. **Promotore.** port. **Promotor.** (Del lat. *promotum*, supino de *promovere*, promover.) adj. Que promueve una cosa, haciendo lo conducente para su logro. Ú.t.c.s. *Los* PROMOTORES *de la civilización*; sinón.: **impulsor, iniciador.** ‖ — **de la fe.** Individuo de la curia romana que en las causas de beatificación y en las de canonización opone objeciones. ‖ — **fiscal.** Funcionario que desempeña en los tribunales las funciones propias del fiscal. ‖ deriv.: **promotoría.**

PROMOVEDOR, RA. adj. y s. Promotor.

PROMOVER. al. **Fördern.** fr. **Promouvoir.** ingl. **To promote.** ital. **Promovere; promuovere.** port. **Promover.** (Del lat. *promovere*.) tr. Iniciar o adelantar una cosa, procurando su logro. ‖ Ascender a una persona a una dignidad o empleo superior. *Lo* PROMOVIERON *al cargo de ministro.* ‖ irreg. Conj. como **mover.** ‖ deriv.: **promovible.**

PROMULGACIÓN. (Del lat. *promulgatio, -onis*.) f. Acción y efecto de promulgar. *La* PROMULGACIÓN *de las leyes.*

PROMULGADOR, RA. adj. y s. Que promulga. Ú.t.c.s.

PROMULGAR. al. **Verkündigen; bekannt geben.** fr. **Promulguer.** ingl. **To promulgate.** ital. **Promulgare.** port. **Promulgar.** (Del lat. *promulgare*.) tr. Publicar una cosa solemnemente; hacerla saber a todos. ‖ fig. Hacer que una cosa se propague mucho en el público. ‖ *For.* Publicar formalmente una ley u otra disposición de la autoridad. ‖ deriv.: **promulgable.**

PRONACIÓN. (Del lat. *pronus*, inclinado, doblado hacia delante.) f. Movimiento del antebrazo que hace girar la mano hacia adentro y atrás, presentando el dorso de ella.

PRONADOR, RA. adj. Que produce pronación. Ú.t.c.s.m.

PRONAOS. m. *Arq.* En los templos antiguos, pórtico que había delante del santuario o cela.

PRONO, NA. (Del lat. *pronus*.) adj. Inclinado demasiadamente a una cosa. ‖ V. **Decúbito prono.**

PRONOMBRE. al. **Fürwort.** fr. **Pronomen.** ingl. **Pronoun.** ital. **Pronome.** port. **Pronome.** (Del lat. *pronomen, -inis*.) m. *Gram.* Parte de la oración, que suple al nombre o lo determina. ‖ — **demostrativo.** *Gram.* Aquel con que se demuestran o señalan personas, animales o cosas. Los **pronombres** esencialmente demostrativos son tres: *este, ese* y *aquel*. Aplícase el primero a lo que está cerca de la persona que habla; el segundo, a lo que está cerca de la persona a quien se habla, y el tercero, a lo que está lejos de una y otra. ‖ — **indeterminado.** *Gram.* El que vagamente alude a personas o cosas; como *alguien, nadie, uno*, etc. ‖ — **personal.** *Gram.* El que directamente representa personas, animales o cosas. Consta de las tres personas gramaticales, en cada una de las cuales son respectivamente nominativos *yo, tú, él*, y además tiene las formas esencialmente reflexivas *se, sí* propias de la tercera persona. Antepónese y pospónese al verbo en todas sus formas: las que en el dativo y en el acusativo no admiten preposición, v. gr., *me, nos, te, os, le, lo, les, los, la, las* y *se*, cuando van pospuestas, se emplean como sufijos: *dame, dinos*, etc. *Me, nos, se* y *os* son las únicas que pueden emplearse con verbos reflexivos y recíprocos o usados como tales. ‖ — **posesivo.** *Gram.* El que denota posesión o pertenencia. Son los siguientes: *mío, mía* y *nuestro, nuestra*, de primera persona; *tuyo, tuya* y *vuestro, vuestra*, de segunda persona, y *suyo, suya*, de tercera; y respectivamente denotan lo que pertenece a cada una de estas tres personas o es propio de ellas. ‖ — **relativo.** *Gram.* El que se refiere a persona, animal o cosa de que anteriormente se ha hecho mención; como *quien, cuyo, cual, que.*

PRONOMINADO. adj. *Gram.* Dícese de lo del verbo que tiene por complemento un pronombre.

PRONOMINAL. (Del lat. *pronominalis.*) adj. *Gram.* Perteneciente al pronombre o que participa de su índole o naturaleza. *Formas* PRONOMINALES. ‖ Pronominado. ‖ **Verbo pronominal.** Reflexivo.

PRONOSTICACIÓN. f. Pronóstico, acción y efecto de pronosticar.

PRONOSTICADOR, RA. adj. y s. Que pronostica.

PRONOSTICAR. al. **Prophezeien; vorhersagen.** fr. **Pronostiquer.** ingl. **To prognosticate; to forecast.** ital. **Pronosticare.** port. **Pronosticar; prognosticar.** (De *pronóstico.*) tr. Conocer por indicios lo futuro. ‖ Manifestar este conocimiento. PRONOSTICAR *la victoria*; sinón.: **adivinar, vaticinar.** ‖ *Meteor.* Predecir las condiciones atmosféricas futuras, dentro de cierto intervalo de tiempo (generalmente 24 a 36 horas), sobre la base de las presentes y anteriores. ‖ deriv.: **pronosticable.**

PRONÓSTICO. al. **Vorhersage; prognose.** fr. **Pronostic.** ingl. **Prognostic.** ital. **Pronostico.** port. **Pronóstico; prognóstico.** (Del lat. *prognósticum*, y este del gr. *prognostikos.*) m. Acción y efecto de pronosticar. ‖ Señal por donde se conjetura o adivina una cosa futura. ‖ Calendario astronómico y meteorológico. ‖ *Med.* Juicio acerca de la importancia, de la duración y especialmente de la terminación de una enfermedad. ‖ **reservado.** El que se reserva el médico a causa de las contingencias posibles de una lesión.

PRONÓSTICO, CA. adj. Relativo al **pronóstico.** Dícese de los signos que permiten establecerlo.

PRONTAMENTE. adj. t. Con prontitud.

PRONTITO. adv. m. fam. *Arg.* Muy pronto, al punto.

PRONTITUD. al. **Schnelligkeit.** fr. **Promptitude.** ingl. **Promptness.** ital. **Prontezza; prontitudine.** port. **Prontidão.** (Del lat. *promptitudo.*) f. Celeridad o presteza en ejecutar una cosa. *La* PRONTITUD *de las entregas*; sinón.: **alacridad, diligencia**; antón.: **lentitud.** ‖ Viveza de ingenio o de imaginación. *La* PRONTITUD *de las respuestas.* ‖ Viveza de genio, precipitación en el obrar.

PRONTO, TA. al. **Bald; schnell.** fr. **Vite; prompt.** ingl. **Prompt; soon.** ital. **Pronto; presto.** port. **Pronto.** (Del lat. *promptus.*) adj. Veloz, ligero. ‖ Dispuesto, preparado para la ejecución de una cosa. *El barco está* PRONTO *a, para zarpar.* ‖ m. fam. Movimiento vehemente y repentino del ánimo, o decisión inesperada. *Le dio un* PRONTO, *y arrojó lápiz y dibujo por la ventana.* ‖ adv. t. Presto, prontamente. ‖ **Primer pronto.** fam. Primer arranque o movimiento del ánimo. ‖ **Al pronto.** m. adv. En el primer momento. ‖ **De pronto.** m. adv. Apresuradamente, sin reflexión. ‖ De repente. DE PRONTO, *se fue.* ‖ **Por de,** o **el,** o **lo, pronto.** m. adv. En el entretanto, provisionalmente.

PRONTOSIL. m. *Quím.* Colorante orgánico, rojo, destructor de bacterias, droga del grupo de las sulfamidas.

PRONTUARIO. al. **Nachschlagebuch.** fr. **Promptuaire.** ingl. **Memoradum book.** ital. **Prontuario.** port. **Prontuário.** (Del lat. *promptuarium*, despensa; de *promptus*, pronto.) m. Resumen o apuntamiento breve de lo que conviene tener presente. ‖ Compendio de las reglas de una ciencia o arte. ‖ *Amér.* Ficha policial en que constan las señas individuales y otros datos de interés referentes a una persona.

PRÓNUBA. (Del lat. *prónuba.*) f. poét. Madrina de boda.

PRONUNCIABLE. adj. Que se pronuncia con facilidad.

PRONUNCIACIÓN. al. **Aussprache.** fr. **Prononciation.** ingl. **Pronunciation.** ital. **Pronunziazione; pronunzia.** port. **Pronunciação.** f. Acción y efecto de pronunciar. PRONUNCIACIÓN *correcta.* ‖ Parte de la antigua retórica que trataba del semblante y la acción del orador. ‖ IDEAS AFINES: *Hablar, articulación, vocalización, fonación, fonética, tartamudo, tartajeo, cecear, lugareño, dialecto, acento, purista, prosodia, ortología.*

PRONUNCIADO, DA. adj. Abultado, notable, prominente. (Es gal.)

PRONUNCIADOR, RA. adj. y s. Que pronuncia.

PRONUNCIAMIENTO. m. Rebelión militar. ‖ *Der.* Cada una de las declaraciones, condenas o mandatos del juzgador. ‖ **De previo y especial pronunciamiento.** loc. *Der.* Dícese del asunto judicial que se ha de resolver por separado y antes del fallo principal.

PRONUNCIAR. al. **Aussprechen.** fr. **Prononcer.** ingl. **To pronounce.** ital. **Pronunziare.** port. **Pronunciar.** (Del lat. *pronuntiare.*) tr. Emitir y articular sonidos para hablar. PRONUNCIÓ *un discurso.* ‖ Determinar, resolver. Ú.t.c.r. ‖ fig. Levantar, sublevar. Ú.t.c.r. ‖ *For.* Publicar la sentencia o auto. *El juez se* PRONUNCIÓ *ayer*; sinón.: **dictaminar.**

PRONUNCIO. m. Eclesiástico investido transitoriamente de las funciones del nuncio pontificio.

PRONY, Gaspar Riche, barón de. *Biog.* Mat. y físico fr., inventor del aparato dinamométrico que se conoce como "freno de Prony". Autor de una extensa obra sobre el sistema métrico decimal (1755-1839).

PROPAGACIÓN. al. **Ausbreitung; Fortpflanzung.** fr. **Propagation.** ingl. **Propagation.** ital. **Propagazione.** port. **Propagação.** f. Acción y efecto de propagarse. *La* PROPAGACIÓN *de la fe.*

PROPAGADOR, RA. adj. y s. Que propaga.

PROPAGANDA. al. **Propaganda; Werbung.** fr. **Propagande.** ingl. **Propaganda.** ital. **Propaganda.** port. **Propaganda.** (Del lat. *propaganda*, que ha de ser propagada.) f. Congregación de cardenales para difundir la religión católica. ‖ Por ext., asociación cuyo fin es propagar doctrinas, opiniones, etc. ‖ Por ext., trabajo empleado con este fin.

● **PROPAGANDA.** *Com.* e *Hist.* Si bien el arte de la **propaganda**, en el sentido y la amplitud que en la actualidad se le confiere, data aproximadamente de mediados del s. XIX, es indudable que su existencia real se remonta a las épocas primitivas. Desde que comenzó el trueque, el hombre tuvo la necesidad de hacer conocer las características y bondades de su mercancía, y cuando del intercambio nació el comercio propiamente dicho, la simple oferta personal se tornó insuficiente; de la **propaganda** elemental hecha a viva voz en los lugares destinados a la venta y a la compra de los productos, fue menester pasar a otros métodos para fomentar la venta y en ellos poco a poco se agudizó la iniciativa y el ingenio del comerciante. La invención de la imprenta renovó, en cierto modo, los métodos de **propaganda** y en primer término facilitó su enorme difusión. En la Edad Moderna los comerciantes de Venecia impusieron con éxito la práctica de imprimir boletines con la enumeración de productos y de precios, que se repartían entre clientes y posibles interesados; de ahí surgió el catálogo. Pero hasta el s. XIX la **propaganda** tuvo un sentido restringido, se limitó a informar al probable comprador y buscó atraer su atención con motivos más o menos llamativos, carentes casi siempre de originalidad. La evolución industrial trajo al comercio exigencias complejas, la competencia se intensificó notablemente y al comerciante se le creó una necesidad imperiosa: la de ir en pos del consumidor. La **propaganda** pasó a desempeñar, entonces, un cometido fundamental, hasta ese momento insospechado; dejó de ser el mero equivalente de anuncio, para transformarse en una fuerza activa, dinámica, que promueve e impulsa la venta. Ante todo, para cumplir los fines específicos que se propone, la **propaganda** debió adaptarse a la masa social a que va dirigida, interpretándola con sutileza, auscultando sus costumbres, sus sentimientos, sus preferencias, su concepción de la vida y de las cosas, para poder despertar la atención individual y colectiva, estimular el interés, acuciar deseos, etc. La **propaganda** es hoy un índice inequívoco de la prosperidad económica de un país y al mismo tiempo el reflejo de sus adelantos estéticos y culturales, porque en ella se funden la imprenta, las artes plásticas, la literatura, el periodismo, el cinematógrafo, la radiofonía, etc. Además, en el s. XX, la propaganda ha rebasado los límites del comercio, para acudir a otros campos de la actividad social como arma poderosa y a veces temida. Casi todos los gobiernos se valen hoy de ella para difundir programas, informar a los ciudadanos sobre problemas y necesidades del Estado y de la comunidad, para llevar a efecto campañas de higiene y de cultura, etc.

PROPAGANDISTA. adj. Dícese de la persona que hace propaganda. Ú.t.c.s.

PROPAGANTE. p. a. de **Propagar.** Que propaga.

PROPAGAR. al. **Verbreiten; fortpflanzen.** fr. **Propager.** ingl. **To propagate.** ital. **Propagare.** port. **Propagar.** (Del lat. *propagare.*) tr. y r. Multiplicar por generación u otra vía de reproducción. ‖ fig. Extender, dilatar o aumentar una cosa o sus efectos. PROPAGAR *el fuego*; sinón.: **expandir, transmitir.** ‖ Extender el conocimiento de una cosa o la afición a ella. *El uso del tabaco se* PROPAGÓ *por Europa*; sinón.: **difundir.** ‖ deriv.: **propagable.**

PROPAGATIVO, VA. adj. Que tiene virtud de propagar.

PROPALADOR, RA. adj. Que propala.

PROPALAR. al. **Ausposaunen.** fr. **Divulguer; publier.** ingl. **To publish; to divulge.** ital. **Propalare.** port. **Propalar.** (Del lat. *propalare.*) tr. Divulgar una cosa oculta. sinón.: **pregonar, publicar.** ‖ deriv.: **propalable; propalación.**

PROPANO. m. *Quím.* Gas incoloro, inflamable, que existe en el gas natural de los yacimientos petrolíferos. Es el tercer hidrocarburo de la serie parafínica. Usado como refrigerante.

PROPAO. m. *Mar.* Pieza gruesa de madera que sirve para amarrar algunos cabos.

PROPAROXÍTONO, NA. adj. *Gram.* Esdrújulo.

PROPARTIDA. f. Tiempo que antecede inmediatamente a la partida.

PROPASAR. tr. Pasar más adelante de lo debido. Ú.m.c.r. para expresar que uno se excede de lo razonable o se muestra descomedido. SE PROPASÓ *en el castigo*; sinón.: **excederse, extralimitarse.**

PROPATÍA. f. *Med.* Enfermedad anterior a la actual. ‖ Pródromo.

PROPEDÉUTICO, CA. (Del gr. *paideuo*, enseñar.) adj. Perteneciente o relativo a la propedéutica. ‖ f. Enseñanza preparatoria para el estudio de una ciencia o facultad.

PROPENDER. al. **Neigen.** fr. **Tendre.** ingl. **To tend.** ital. **Propendere.** port. **Propender.** (Del lat. *propéndere.*) intr. Inclinarse uno a una cosa por especial afición, temperamento u otro motivo. PROPENDÍA *a perdonar.*

PROPENSAMENTE. adv. m. Con propensión a una cosa.

PROPENSIÓN. al. **Neigung; Hinneigung.** fr. **Propension.** ingl. **Propensity.** ital. **Propensione.** port. **Propensão.** (Del lat. *propensio, -onis.*) f. Inclinación de una persona o cosa a lo que es de su gusto o naturaleza. sinón.: **afición, tendencia.**

PROPENSO, SA. (Del lat. *propensus.*) p. p. irreg. de **Propender.** ‖ adj. Con inclinación o afecto a lo que es natural a uno. *Es muy* PROPENSO *a los resfríos.*

PROPERCIO, Sexto. *Biog.* Poeta romano, autor de un libro patriótico, cuatro elegíacos y tres amorosos (50-15 a. de C.).

PROPIAMENTE. adv. m. Con propiedad.

PROPIACIÓN. (Del lat. *propitiatio, -onis.*) f. Acción agradable a Dios con que se le mueve a piedad y misericordia. ‖ Sacrificio que se ofrecía en la ley antigua para aplacar la justicia divina.

PROPICIADOR, RA. adj. y s. Que propicia.

PROPICIAMENTE. adv. m. Benigna, favorablemente.

PROPICIAR. al. **Besänftigen.** fr. **Rendre propice.** ingl. **To propitiate.** ital. **Propiziare.** port. **Propiciar.** (Del lat. *propitiare.*) tr. Ablandar, aplacar la ira de uno, haciéndole favorable y propicio. ‖ Atraer o ganar el favor o benevolencia de alguno. sinón.: **atenuar, calmar**; antón.: **irritar.**

PROPICIATORIO, RIA. (Del lat. *propitiatorius.*) adj. Que tiene virtud de hacer propicio. *Víctima* PROPICIATORIA. ‖ m. Lámina cuadrada de oro, que en la ley antigua se colocaba sobre el arca del Testamento. ‖ Templo, imágenes y reliquias, por cuya mediación se espera alcanzar las mercedes de Dios. ‖ Reclinatorio, mueble para arrodillarse.

PROPICIO, CIA. (Del lat. *propitius.*) adj. Favorable, inclinado a hacer un bien. *Muéstrate* PROPICIO *a nosotros.* ‖ Favorable para que algo se logre. *Ocasión* PROPICIA.

PROPIEDAD. al. **Besitz.** fr. **Propriété.** ingl. **Property.** ital. **Proprietà.** port. **Propriedade.** (Del ant. *propriedad*, y éste del lat. *proprietas, -atis.*) f. Derecho a poseer una cosa y a disponer libremente de ella. sinón.: **pertenencia.** ‖ Cosa sobre la que recae este derecho, especialmente si es inmueble o raíz. PROPIEDAD *rural.* ‖ Atributo o cualidad esencial de una persona o cosa. ‖ fig. Semejanza o imitación perfecta entre una cosa y su representación. ‖ Defecto contrario a la pobreza religiosa, en que incurre el profeso que usa de una cosa como propia. ‖ *Fil.* Propio, accidente necesario e inseparable. ‖ *Gram.* Correspondencia exacta entre el significado de las voces o frases y el concepto que se quiere expresar. ‖ *Mús.* Cada una de las tres especies de hexacordes que se usaron en el solfeo del canto llano. ‖ **– horizontal.** Sistema de división de la propiedad inmueble, aplicable a los edificios constituidos por más de una vivienda, departamento, oficina, etc. y en virtud del cual cada una de estas partes se convierte en una unidad que puede ser comprada o vendida independientemente de las demás. ‖ **– intelectual.** V. **Registro de la propiedad intelectual.** ‖ **Nuda propiedad.** *Der.* La privada del usufructo.

● **PROPIEDAD.** *Der.* y *Econ.* Jurídicamente, la palabra **propiedad** designa un derecho. Este derecho tiene, subjetivamente, dos acepciones fundamentales: el derecho de **propiedad** y el derecho a la **propiedad.** Este es un derecho innato del hombre y el primero es un derecho adquirido, ya que no es sino la actuación del derecho a la **propiedad.** El derecho de **propiedad** no es inmutable y a lo largo de la historia humana se lo ve variar y alterarse de acuerdo con los cambios en la estructura económico-social de las relaciones entre los hombres. "Derecho de usar, disfrutar y disponer de los bienes materiales externos", es el concepto clásico del derecho romano, susceptible a su vez de distintas interpretaciones, entre las cuales la de los individualistas, que hacen de él algo absoluto e ilimitado, privó durante siglos. Pero la **propiedad** asume diversas clases o formas, entre dos tendencias extremas que son la del individualismo, por un lado, y la del socialismo, por otro. Para clasificar esas formas de **propiedad** conviene distinguir a ésta en **propiedad** por razón del sujeto, por razón del objeto y por razón de la relación. Por razón del sujeto, la **propiedad** puede ser individual o privada y social o colectiva; por razón del objeto, la **propiedad** se considera en relación con la individualidad (divisible o indivisible), con la cantidad (agotable o inagotable) o con la naturaleza (mueble o inmueble), y por razón de la relación puede ser plena o perfecta (dominio) e imperfecta (igual o dividida, desigual o gravada). El planteamiento sobre los fundamentos naturales, jurídicos, filosóficos, etc., de la **propiedad**, trae implícito el reconocimiento o la negación de los fundamentos mismos del orden social. Las formas de la **propiedad** son diferentes y privativas de cada fase histórica, y varían desde el comunismo primitivo hasta la sociedad burguesa, pasando por el feudalismo y otras etapas subsidiarias del desarrollo histórico.

PROPIENDA. f. Cada una de las tiras de lienzo que se fijan en los banzos del bastidor para bordar.

PROPIETARIAMENTE. adv. m. Con derecho de propiedad.

PROPIETARIO, RIA. al. **Besitzer; Eigentümer.** fr. **Propriétaire.** ingl. **Propietor.** ital. **Propietario.** port. **Proprietário.** (Del lat. *propietarius.*) adj. Que tiene derecho de propiedad sobre una cosa y especialmente sobre bienes inmuebles. Ú.m.c.s. sinón.: **dueño.** ‖ Que tiene cargo o empleo en propiedad. ‖ Dícese del religioso que usa de los bienes temporales sin licencia o teniéndoles sumo apego. ‖ **Nudo propietario.** *Der.* El que tiene la nuda propiedad de una cosa.

PROPILEO. (Del lat. *propylaeum*, y éste del gr. *propylaion*, pórtico, vestíbulo, de *pro*, delante, y *pyle*, puerta.) m. Vestíbulo de un templo; peristilo de columnas. *El* PROPILEO *de la acrópolis de Atenas.*

PROPILO. m. *Quím.* Nombre que se da al radical monovalente C3H7. ‖ deriv.: **propílico, ca.**

PROPINA. al. **Trinkgeld.** fr. **Pourboire.** ingl. **Tip.** ital. **Mancia.** port. **Propina.** (Del lat. *propinare.*) f. Colación que se repartía entre los concurrentes a una junta, reducida luego a dinero. ‖ Agasajo que sobre el precio convenido se da por algún servicio. ‖ Gratificación pequeña para recompensar un servicio eventual. ‖ **De propina.** m. adv. Por añadidura.

PROPINACIÓN. f. Acción y efecto de propinar.

PROPINAR. (Del lat. *propinare.*) tr. Dar a beber. PROPINAR *agua fresca.* ‖ Ordenar, administrar una medicina. ‖ En sentido burlesco, pegar, maltratar a uno. PROPINAR *una tunda.* ‖ deriv.: **propinador, ra.**

PROPINCUIDAD. f. Calidad de propincuo.

PROPINCUO, CUA. (Del lat. *propínquus.*) adj. Allegado, cercano, próximo.

PROPIO, PIA. al. **Eigen.** fr. **Propre.** ingl. **Proper; one's own.** ital. **Proprio.** port. **Próprio.** (Del ant. *proprio*, y éste del lat. *proprius.*) adj. Perteneciente a uno en propiedad. *Casa* PROPIA. ‖ Característico, peculiar de cada persona o cosa. *La dureza es una cualidad* PROPIA *del diamante*; sinón.: **privativo.** ‖ Conveniente y a propósito para un fin. *Ejemplo* PROPIO *para el caso*; sinón.: **adecuado, oportuno.** ‖ Natural, en contraposición a postizo o accidental. *Dientes* PROPIOS. ‖ Mismo. *El* PROPIO *dueño.* ‖ *Fil.* Dícese del accidente que se sigue necesariamente o es inseparable de la esencia y naturaleza de las cosas. Ú.t.c.s. ‖ m. Mensajero. ‖ Heredad, dehesa u otro género de hacienda que tiene una población para satisfacer los gastos públicos. Ú.m. en pl. ‖ **Al propio.** m. adv. Con propiedad, exactitud o semejanza.

PROPÓLEOS. m. Substancia cérea con que las abejas bañan las colmenas antes de empezar a trabajar.

PROPONEDOR, RA. adj. y s. Que propone.

PROPONENTE. (Del lat. *proponens, -entis.*) p. a. de **Proponer.** Que propone.

PROPONER. al. **Vorschlagen.** fr. **Proposer.** ingl. **To propose.** ital. **Proporre.** port. **Propor.** (Del lat. *propónere.*) tr. Manifestar una cosa con razones, para conocimiento de alguno o para inducirle a adoptarla. PROPONER *mejoras.* ‖ Hacer propósito de realizar algo o de no realizarlo. Ú.m.c.r. *Me* PROPUSE *callar.* ‖ En las escuelas, presentar argumentos favorables o desfavorables a una cuestión. ‖ Consultar o presentar a alguno para un empleo o beneficio. *Lo* PROPUSE *para el cargo vacante.* ‖ Hacer una propuesta. PROPONER *un negocio.* ‖ *Mat.* Hacer una proposición o formular un problema. ‖ irreg. Conj. como **poner.** ‖ deriv.: **proponible.**

PROPÓNTIDE. *Geog. histór.* Nombre antiguo del mar de Mármara.

PROPORCIÓN. al. **Verhältnis.** fr. **Proportion.** ingl. **Proportion.** ital. **Proporzione.** port. **Proporção.** (Del lat. *proportio, -onis.*) f. Disposición o correspondencia debida de las partes de una cosa con el todo o entre cosas relacionadas entre sí. *La* PROPORCIÓN *del cuerpo humano*; sinón.: **armonía, ponderación.** ‖ Disposición u oportunidad para hacer o lograr una cosa. ‖ Coyuntura, conveniencia. ‖ Tamaño. ‖ *Mat.* Igualdad de dos razones. Llámase **aritmética** o **geométrica**, según lo sean, respectivamente las razones. ‖ – **continua.** *Mat.* La que forman tres términos consecutivos de una progresión. ‖ **A proporción.** m. adv. Según, conforme a. ‖ IDEAS AFINES: *Conformidad, reciprocidad, ritmo, medida, canon, ajuste, concordancia, simetría, adecuación, equilibrio, distribución.*

PROPORCIONABLE. adj. Que puede proporcionarse.

PROPORCIONABLEMENTE. adv. m. Proporcionadamente.

PROPORCIONADAMENTE. adv. m. Con proporción.

PROPORCIONADO, DA. adj. Regular, adecuado o apto para algún fin. *Trabajo* PROPORCIONADO *a su edad.* ‖ Que guarda proporción. *Estatua* PROPORCIONADA; sinón.: **armonioso, equilibrado.**

PROPORCIONAL. adj. Perteneciente a la proporción o que la incluye en sí. *Repartición* PROPORCIONAL. ‖ *Gram.* Dícese del nombre o del adjetivo numeral que expresa cuántas veces una cantidad contiene a otra, como *doble, triple.*

PROPORCIONALIDAD. f. Proporción.

PROPORCIONALMENTE. adv. m. Proporcionadamente.

PROPORCIONAR. al. **Verschaffen; liefern.** fr. **Proportionner; fournir.** ingl. **To proportion; to supply.** ital. **Proporzionare; provvedere.** port. **Proporcionar.** (De *proporción.*) tr. Disponer y ordenar una cosa con la debida correspondencia en sus partes. ‖ Preparar convenientemente las cosas, a fin de conseguir lo que se desea. Ú.t.c.r. *Se* PROPORCIONÓ *el dique a la fuerza del agua*; sinón.: **adecuar.** ‖ Entregar o poner a disposición de uno lo que necesita. Ú.t.c.r. *Le* PROPORCIONÉ *ropa y trabajo*; sinón.: **dar, facilitar**; antón.: **quitar.**

PROPOSICIÓN. al. **Vorschlag.** fr. **Proposition.** ingl. **Proposition; proposal.** ital. **Proposizione.** port. **Proposição.** f. Acción y efecto de proponer. ‖ **Oración gramatical.** ‖ *Log.* Expresión de un juicio entre sujeto y predicado, en que el segundo afirma o niega algo del primero, o excluye el primero respecto del segundo. ‖ *Mat.* Enunciación de una verdad demostrada o que se trata de demostrar. ‖ *Ret.* Parte del discurso en que se anuncia aquello de que se quiere convencer o persuadir. ‖ – **afirmativa.** *Dial.* Aquello cuyo sujeto está contenido en la extensión del predicado. ‖ – **disyuntiva.** *Dial.* La que expresa la incompatibilidad de dos o más predicados en un sujeto. ‖ – **hipotética.** *Dial.* La que afirma o niega algo condicionalmente. ‖ – **negativa.** *Dial.* Aquella cuyo sujeto no está contenido en la extensión del predicado. ‖ – **particular.** *Dial.* Aquella en que el sujeto se toma en parte de su extensión. ‖ – **universal.** *Dial.* Aquella cuyo sujeto se toma en toda su extensión. ‖ **Absolver las proposiciones** de un interrogatorio. *For.* Absolver posiciones. ‖ **Barajar una proposición.** frs. Desecharla. ‖ **Recoger una proposición.** frs. Darla por no dicha.

PROPOSITADAMENTE. adv. m. De propósito.

PROPÓSITO. al. **Absicht; Vorsatz.** fr. **Propos; but.** ingl. **Purpose.** ital. **Propósito.** port. **Propósito.** (Del lat. *propósitum.*) m. Intención de hacer o de no hacer una cosa. *¡Tantos* PROPÓSITOS *que no se realizan!* ‖ Objeto, finalidad. ‖ Asunto de que se trata. ‖ **A propósito.** m. adv. con que se expresa que una cosa es conveniente u oportuna para lo que se desea o para el fin a que se destina. *Esta casa es* A PROPÓSITO *para nosotros.* ‖ **De propósito.** m. adv. Con intención determinada. *Lo empujó* DE PROPÓSITO. ‖ **Fuera de propósito.** m. adv. Sin venir al caso, de modo intempestivo.

PROPRETOR. m. El que en Roma volvía a ser nombrado pretor, después de un año de pretura. ‖ Pretor que terminado el tiempo de su pretura pasaba a gobernar una provincia pretorial. ‖ deriv.: **propretura.**

PRÓPTER NUPTIAS. loc. lat. *Der.* Aplícase a la donación que los padres hacen al hijo que contrae matrimonio

PROPUESTA. al. **Vorschlag; Antrag.** fr. **Proposition.** ingl. **Proposal.** ital. **Proposta.** port. **Proposta.** (Del lat. *propósita*, t. f. de *-tus*, propuesto.) f. Proposición o idea que se expone y ofrece a uno para un fin. *Me hicieron una* PROPUESTA *interesante*; sinón.: **ofrecimiento.** ‖ Consulta hecha al superior para un empleo o beneficio. ‖ Consulta de un asunto a la persona o cuerpo que lo ha de resolver.

PROPUESTO, TA. (Del lat. *propósitus.*) p. p. irreg. de **Proponer.**

PROPUGNÁCULO. (Del lat. *propugnáculum.*) m. Fortaleza o lugar murado desde el cual se puede luchar convenientemente contra el enemigo. ‖ fig. Cualquier cosa que defiende a otra.

PROPUGNAR. (Del lat. *propugnare*, de *pugnare*, luchar.) tr. Defender, amparar. PROPUGNAR *las buenas costumbres*; sinón.: **auxiliar, ayudar**; antón.: **atacar, desamparar.** ‖ deriv.: **propugnación; propugnador, ra; propugnante.**

PROPULSA. f. Repulsa.

PROPULSAR. (Del lat. *propulsare.*) tr. Repulsar. ‖ Impeler hacia adelante. PROPULSAR *el comercio*; sinón.: **empujar.** ‖ deriv.: **propulsivo, va.**

PROPULSIÓN. f. Propulsa. ‖ Acción de propulsar o impeler.

PROPULSOR. (Del lat. *propúlsor.*) adj. Que propulsa. Ú.t.c.s. ‖ m. *Mar.* Órgano que al moverse dentro del agua produce la traslación de la nave.

PRO RATA. loc. lat. Prorrata.

PRO RATA PARTE. loc. lat. Prorrata.

PRORRATA. (Del lat. *pro rata parte*, a parte o porción fija, determinada.) f. Cuota o parte proporcional que toca a uno de lo que se reparte entre varios. ‖ **A prorrata.** m. adv. Mediante prorrateo.

PRORRATEAR. tr. Repartir proporcionalmente una cantidad entre varios.

PRORRATEO. (De *prorratear.*) m. Repartición proporcional de una cantidad, obligación o cargo entre varios.

PRÓRROGA. f. Prorrogación. *No habrá* PRÓRROGA *para el pago de impuestos.*

PRORROGABLE. adj. Que se puede prorrogar. *Fecha* PRORROGABLE.

PRORROGACIÓN. al. **Aufschub; Vertagung.** fr. **Prorogation.** ingl. **Prorogation.** ital. **Prorogazione; proroga.** port. **Prorrogação.** f. Continuación de una cosa por un tiempo determinado.

PRORROGAR. (Del lat. *prorrogare.*) tr. Continuar, extender una cosa por tiempo determinado. ‖ Suspender, aplazar. PRORROGAR *la venta de un campo.* ‖ deriv.: **prorrogador, ra.**

PRORROGATIVO, VA. adj. Que prorroga.

PRORRUMPIR. al. **Ausbrechen.** fr. **Eclater.** ingl. **To burst out.** ital. **Prorompere.** port. **Prorromper.** (Del lat. *prorúmpere.*) tr. Salir con ímpetu una cosa. *El petróleo* PRORRUMPIÓ *del pozo.* ‖ fig. Exclamar, emitir repentinamente y con fuerza o violencia una voz, suspiro u otra demostración de dolor o pasión. PRORRUMPIÓ *en lágrimas.*

PROSA. al. **Prosa.** fr. **Prose.** ingl. **Prose.** ital. **Prosa.** port. **Prosa.** (Del lat. *prosa.*) f. Forma habitual del lenguaje, no sometida, como el verso, a medida y cadencia determinadas, aunque, como forma artística está sujeta a leyes que regulan su acertado empleo. ‖ Lenguaje prosaico en la poesía. ‖ En la misa, secuencia que en ciertas solemnidades se dice después de la aleluya o del tracto. ‖ fig. y fam. Demasía de palabras para decir cosas poco importantes. ‖ Aspecto vulgar de las cosas. ‖ *Chile.* Altanería, arrogancia. ‖ *Ec., Chile, Guat.* y *Perú.* Prosopopeya, afectación de gravedad.

PROSADO, DA. adj. Que está en prosa, por oposición a lo que está en verso.

PROSADOR, RA. s. Prosista. ‖ fig. y fam. Hablador impertinente.

PROSAICAMENTE. adv. m. De manera prosaica.

PROSAICO, CA. al. **Alltäglich; prosaisch.** fr. **Prosaique.** ingl. **Prosaic.** ital. **Prosaico.** port. **Prosaico.** (Del lat. *prosaicus.*) adj. Perteneciente o relativo a la prosa, o escrito en prosa. ‖ Dícese de la obra en verso que adolece de prosaísmo. ‖ fig. Dicho de personas y de ciertas cosas, vulgar, falto de idealidad o elevación. *Aficiones* PROSAICAS; sinón.: **pedestre, vulgar.** antón.: **elevado, superior.**

PROSAÍSMO. (De *prosa.*) m. Defecto de la obra en verso que consiste en la falta de armonía, imágenes o entonación poéticas, o en la demasiada llaneza de la expresión, o en la insulsez y vulgaridad del concepto. antón.: **poesía.** ‖ fig. Insulsez y trivialidad de las obras en prosa.

PROSAIZAR. intr. Escribir en prosa. ‖ tr. y r. Hacer, o hacerse, prosaico.

PROSAPIA. (Del lat. *prosapia.*) f. Ascendencia o linaje de una persona.

PROSAS PROFANAS. *Lit.* Obra de Rubén Darío, publicada en Buenos Aires en 1896. Libro que señala una segunda etapa en la evolución poética del autor, tras la inicial estética de *Azul*, en él adquiere definitivo empuje el modernismo literario. Está constituida por hermosos poemas en los que predomina lo amoroso y lo sensual.

PROSCENIO. al. **Proszenium.** fr. **Avant-scène; proscénium.** ingl. **Proscenium.** ital. **Proscenio.** port. **Proscenio.** (Del lat. *proscénium*, y éste del gr. *proskenion*, de *pro*, delante, y *skené*, escena.) m. En el antiguo teatro griego y latino, lugar entre la escena y la orquesta, en el cual estaba el tablado en que representaban los actores. ‖ Parte del escenario comprendida entre el borde de éste y el primer orden de bastidores. ‖ deriv.: **proscénico, ca.**

PROSCRIBIR. al. **Verbannen; achten.** fr. **Proscrire; bannir.** ingl. **To proscribe.** ital. **Proscrivere.** port. **Proscrever.** (Del lat. *proscríbere.*) tr. Expulsar a uno del territorio de su patria. PROSCRIBIR *a un enemigo político*; sinón.: **desterrar.** ‖ fig. Prohibir el uso de una cosa. PROSCRIBIR *los instrumentos de tortura*; sinon.: **vedar.** ‖ deriv.: **proscriptivo, va.**

PROSCRIPCIÓN. (Del lat. *proscríptio, -onis.*) f. Acción y efecto de proscribir.

PROSCRIPTO, TA. (Del lat. *proscriptus.*) p. p. irreg. **Proscrito.** Ú.t.c.s.

PROSCRIPTOR, RA. adj. y s. Que proscribe.

PROSCRITO, TA. p. p. irreg. de **Proscribir.** Ú.t.c.s.

PROSECRETARIO, RIA. s. Subsecretario. ‖ deriv.: **prosecretaría.**

PROSECUCIÓN. (Del lat. *prosecutio, -onis.*) f. Acción de proseguir. *La* PROSECUCIÓN *de una obra*; sinón.: **continuación**; antón.: **interrupción.** ‖ Seguimiento, persecución.

PROSEGUIBLE. adj. Que se puede proseguir.

PROSEGUIMIENTO. m. Prosecución.

PROSEGUIR. al. **Fortsetzen; fortfahren.** fr. **Poursuivre.** ingl. **To pursue.** ital. **Proseguire.** port. **Prosseguir.** (Del lat. *prosequí.*) tr. Seguir, continuar lo que se tenía comenzado. PROSIGAMOS *con la lectura*; sinón.: **reanudar**; antón.: **detener, interrumpir.** ‖ irreg.Conj. como **decir.**

PROSELITISMO. m. Celo de conseguir prosélitos.

PROSELITISTA. adj. Celoso de ganar prosélitos.

PROSÉLITO. al. **Jünger; Proselyt.** fr. **Prosélyte.** ingl. **Proselyte.** ital. **Proselito.** port. **Prosélito.** (Del lat. *prosélytus*, y éste del gr. *prosélytos*, extranjero domiciliado en un país, convertido.) m. Infiel o sectario convertido a la religión católica. ‖ fig. Partidario que se gana para una facción o doctrina. sinón.: **neófito.** ‖ deriv.: **proselítico, ca.**

PROSÉNQUIMA. (Del gr. *pros*, hacia, y *énkymos*, lleno de jugo.) m. *Hist. Nat.* Tejido fibroso de animales y plantas.

PROSERPINA. *Mit.* Hija de Júpiter y esposa de Plutón. Era la reina de los infiernos. Fue madre de las Furias.

PROSERPINA Y EL EXTRANJERO. *Mús.* Opera del compositor arg. Juan José Castro, estrenada en la Scala de Milán en 1952. Obra que dio nombradía mundial a su autor, se caracteriza por un lirismo de poética melodía, gran jerarquía coral y un dramático sentido de fatalidad.

PROSIFICACION. f. Acción y efecto de prosificar.

PROSIFICADOR, RA. adj. Que prosifica.

PROSIFICAR. tr. Poner en prosa una composición poética.

PROSIMIO, MIA. *Zool.* adj. Dícese del mamífero cuya estructura participa de la de los monos y de la de los quirópteros. ‖ m. pl. *Zool.* Grupo de estos mamíferos, que comprende a los lemúridos; en la actualidad se engloba a la mayoría de los prosimios en el orden de los primates.

PROSINODAL. adj. Dícese del teólogo nombrado en un sínodo para examinador de clérigos.

PROSISTA. al. **Prosaist.** fr. **Prosiste.** ingl **Prose writer.** ital. **Prosista.** port. **Prosista.** com. Escritor o escritora de obras en prosa.

PROSÍSTICO, CA. adj. Perteneciente o relativo a la prosa literaria.

PROSITA. f. Discurso o trozo corto de una obra en prosa.

PROSODIA. al. **Prosodie.** fr. **Prosodie.** ingl. **Prosody.** ital. **Prosodia.** port. **Prosódia.** (Del lat. *prosodia,* y éste del gr. *prosodía,* de *pros,* hacia y *odé,* canto.) f. *Gram.* Parte de la gramática, que enseña la pronunciación y acentuación de las letras, sílabas y palabras. ‖ deriv.: **prosodiaco, ca.**

PROSÓDICO, CA. adj. *Gram.* Perteneciente o relativo a la prosodia. *Acento* PROSÓDICO.‖ deriv.: **prosódicamente.**

PROSOPOGRAFÍA. f. *Ret.* Descripción del aspecto o forma exterior de una persona o de un animal. ‖ deriv.: **prosopográfico, ca.**

PROSOPOPEYA. al. **Prosopopöie.** fr. **Prosopopée.** ingl. **Prosopopoeia.** ital. **Prosopopea.** port. **Prosopopéia.** (Del lat. *prosopopoeia,* y éste del gr. *prosopopoiía,* de *prósopon,* aspecto de una persona, y *poieo,* hacer.) f. *Ret.* Figura que consiste en atribuir sentimientos, palabras o acciones a seres inanimados, a muertos o ausentes. ‖ Por ext., la que se comete al personificar los objetos inanimados o los animales. ‖ fam. Afectación de gravedad y pompa. *Se expresa con mucha* PROSOPOPEYA. ‖ deriv.: **propopopéyico, ca.**

PROSOPOPLEJÍA. f. *Pat.* Parálisis facial.

PROSPECCIÓN. f. Exploración y sondeos de un terreno para reconocer su riqueza minera. ‖ Exploración de posibilidades futuras basada en indicios presentes. PROSPECCIÓN *de mercados,* de tendencias de opinión, etc. ‖ *Cuba. Med.* Reconocimiento general que se hace para descubrir enfermedades latentes o incipientes.

PROSPECTAR. (Del lat. *prospectus,* de *prospicére,* mirar, examinar, a través del ingl. *to prospect.*) tr. Realizar prospecciones en un terreno, explorar sus yacimientos minerales.

PROSPECTO. al. **Prospekt.** fr **Prospectus.** ingl. **Prospectus.** ital. **Prospetto.** port. **Prospeto.** (Del lat. *prospectus,* de *prospícere,* mirar, examinar.) m. Anuncio breve que se distribuye entre el público para recomendar una obra, espectáculo, mercancía, etc.

PROSPERADO, DA. adj. Rico, poderoso.

PRÓSPERAMENTE. adv. m. Con prosperidad.

PROSPERAR. al. **Gedeihen.** fr. **Prospérer.** ingl. **To prosper.** ital. **Prosperare.** port. **Prosperar.** (Del lat. *prosperare.*) tr. Ocasionar prosperidad. *La suerte te* PROSPERE; sinón.: **medrar, progresar;** antón.: **arruinar.** ‖ intr. Tener o gozar prosperidad. *La industria* PROSPERA. ‖ deriv.: **prosperable.**

PROSPERIDAD. al. **Gedeihen; Prosperität.** fr. **Prosperité.** ingl. **Prosperity.** ital. **Prosperità.** port. **Prosperidade.** (Del lat. *prospéritas, -atis.*) f. Curso favorable de las cosas; éxito feliz en lo que se emprende u ocurre. antón.: **fracaso.** ‖ **Bienestar material.** antón.: **indigencia.**

PRÓSPERO, RA. (Del lat. *prósperus.*) adj. Favorable, propicio, afortunado, feliz. *Situación* PRÓSPERA.

PROSTAFÉRESIS. f. *Astron.* Diferencia que hay entre la anomalía media y la verdadera de un astro.

PRÓSTATA. (Del gr. *prostates,* de *proístamai,* estar delante.) f. Glándula pequeña de color rojizo, que tienen los machos de los mamíferos unida al cuello de la vejiga de la orina y a la uretra, y que segrega un líquido blanquecino y viscoso que se mezcla con el esperma en el momento de la eyaculación.

PROSTÁTICO, CA. adj. Perteneciente o relativo a la próstata.

PROSTATITIS. f. *Pat.* Inflamación de la próstata.

PROSTEMADERA. m. Pájaro tenuirrostro, de Nueva Zelanda, de canto muy armonioso.

PROSTERNARSE. al. **Niederknieen.** fr. **Se prosterner.** ingl. **To prostrate one's self.** ital. **Prosternarsi.** port. **Prostenarse.** (Del lat. *prostérnere.*) r. Postrarse. SE PROSTERNÓ *ante Dios;* sinón.: **arrodillarse; humillarse.** ‖ IDEAS AFINES: *Inclinarse, adorar, respetar, suplicar, penitencia, arrepentimiento, perdón.*

PRÓSTESIS. f. *Gram.* Prótesis.

PROSTÉTICO, CA. adj. *Gram.* Protético.

PROSTIBULARIO, RIA. adj. Perteneciente o relativo al prostíbulo.

PROSTÍBULO. (Del lat. *prostíbulum.*) m. Mancebía, casa de prostitución. sinón.: **burdel, lupanar.**

PRÓSTILO. (Del lat. *próstylos,* y éste del gr. *próstylos,* de *pro,* delante, y *stylos,* columna.) adj. *Arq.* Dícese del templo u otro edificio griego que sólo tenía columnas en su frente.

PROSTITUCIÓN. al. **Prostitution; Schändung.** fr. **Prostitution.** ingl. **Prostitution.** ital. **Prostituzione.** port. **Prostituição.** (Del lat. *prostitutio, -onis.*) f. Acción y efecto de prostituir o prostituirse.

PROSTITUIR. al. **Schänden.** fr. **Prostituer.** ingl. **To prostitute.** ital. **Prostituire.** port. **Prostituir.** (Del lat. *prostitúere.*) tr. y r. Exponer públicamente a todo género de torpeza y sensualidad. ‖ Entregar una mujer a la pública deshonra; corromperla. ‖ fig. Deshonrar, envilecer uno su talento, empleo, autoridad, etc., por interés o por adulación. ‖ irreg. Conj. como **huir.** deriv.: **prostituible; prostituidor, ra; prostituto, ra.**

PROSTITUTA. al. **Strassendirne.** fr. **Prostituée.** ingl. **Prostitute.** ital. **Prostituta.** port **Prostituta.** (Del lat. *prostituta.*) f. Ramera

PROSTITUTO, A. p. p. irreg de **Prostituir.**

PROSUDO, DA. adj. *Chile, Ec.* y *Perú.* Dícese del que habla con arrogancia o que gasta prosopopeya.

PROTAGONISTA. al. **Hauptdarsteller.** fr. **Protagoniste.** ingl. **Protagonist; hero.** ital. **Protagonista.** port. **Protagonista.** (Del gr. *protagonistés,* de *protos,* primero, y *agonistés,* actor.) com. Personaje principal de un poema dramático o de otra obra literaria en que se represente una acción. ‖ Por ext., persona que en un suceso cualquiera tiene la parte principal. ‖ deriv.: **protagónico, ca.**

PROTAGONIZAR. tr. Representar o desempeñar el papel de protagonista o principal.

PROTALO. m. *Bot.* Fase transitoria de la generación sexual de las pteridofitas. Se origina de una espora y semeja una hojuela cordiforme; en ella se forman el arquegonio y los anterozoides.

PROTARGOL. m. *Quím.* Combinación de plata y albumosa, en forma de polvo amarillento. Su solución acuosa se emplea como bactericida enérgico.

PRÓTASIS. f. Primera parte del poema dramático, exposición. ‖ *Gram.* Primera parte del periodo, en que queda pendiente el sentido, que se completa en la segunda, llamada apódosis.

PROTÁTICO, CA. adj. Perteneciente a la prótasis del poema dramático.

PROTEÁCEO, A. (De *Proteo.*) adj. *Bot.* Aplícase a plantas dicotiledóneas de hojas alternas, dentadas y coriáceas, flores hermafroditas, con brácteas, y semillas sin albumen. Ú.t.c.s.f. ‖ f. pl. *Bot.* Familia de estas plantas.

PROTECCIÓN. al. **Protektion; Schutz.** fr. **Protection.** ingl. **Protection.** ital. **Protezione.** port. **Proteção.** (Del lat. *protectio, -onis.*) f. Acción y efecto de proteger

PROTECCIONISMO. m. Doctrina económica según la cual se protege la agricultura y la industria de un país gravando o prohibiendo la importación de productos extranjeros. antón.: **libre cambio.** ‖ Régimen aduanero fundado en esta doctrina.

PROTECCIONISTA. adj. Partidario del proteccionismo. Ú.t.c.s. *Aranceles* PROTECCIONISTAS; antón.: **librecambista.** ‖ Perteneciente o relativo al proteccionismo.

PROTECTOR, RA. al. **Schützend; Schützer.** fr. **Protecteur.** ingl. **Protector.** ital. **Protettore.** port. **Protetor.** (Del lat. *protector, -oris.*) adj. y s. Que protege. *Anteojos* PROTECTORES. ‖ Que por oficio cuida de los intereses de una comunidad. ‖ deriv.: **protectoral; protectoralmente.**

PROTECTORADO. al. **Protektorat; Schutzgebiet.** fr. **Protectorat.** ingl. **Protectorate.** ital. **Protettorato.** port. **Protetorado.** m. Dignidad o cargo de protector y su ejercicio. ‖ Parte de soberanía que un Estado ejerce en territorio que no pertenece a su país y en el cual existen autoridades propias. ‖ Territorio en que se ejerce esta soberanía compartida. ‖ Inspección que se reserva el poder público sobre las instituciones de beneficencia particular. ‖ Conjunto de autoridades que ejercen tal potestad.

PROTECTORÍA o **PROTECTURÍA.** f. Empleo o ministerio de protector.

PROTECTORIO, RIA. adj. Perteneciente o relativo a la protección.

PROTECTRIZ. adj. y f. Protectora.

PROTEGER. al. **Beschützen.** fr. **Protéger.** ingl. **To protect.** ital **Proteggere.** port. **Proteger.** (Del lat. *protégere.*) tr. Amparar, favorecer, defender. PROTEGER *los intereses de la comunidad;* antón.: **desamparar, descuidar.** ‖ deriv.: **protectivo, va.**

PROTEGIDO, DA. s. Favorito, ahijado. *Colocó bien a sus* PROTEGIDOS; sinón.: **paniaguado.**

PROTEICO, CA. (De *Proteo.*) adj. Que cambia de formas o de ideas. *El mar* PROTEICO; sinón.: **cambiante, versátil.**

PROTEICO, CA. adj. *Quím.* Dícese de las substancias albuminoideas que son fundamentales en la constitución de protoplasma.

PROTEIFORME. adj. Proteico; que cambia continuamente de forma.

PROTEÍNA. (De *Proteo.*) f. *Quím.* Nombre genérico de los constituyentes nitrogenados principales de las plantas y de los animales. Contienen carbono, hidrógeno, oxígeno y nitrógeno, y algunas también azufre y fósforo. Por hidrólisis se desdoblan en una mezcla de aminoácidos.

PROTELES. m. Mamífero carnicero, variedad de la hiena, pero con hocico más pequeño.

PROTEO. m. fig. Persona voluble en sus opiniones o afectos.

PROTEO. *Mit.* Dios del mar, hijo de Neptuno. Tenía el don de la profecía, razón por la cual lo acosaban a preguntas cuantos lo rodeaban. Para eludirlos cambiaba de figura a voluntad.

PROTEO. m. Anfibio europeo de 20 a 30 cm., cuerpo alargado, cola aplastada, cuatro patas cortas y débiles, color carne que se mancha de pardo o negro a la luz. Se cree que se trata de una forma larvaria *Proteus anguinus,* urodelos.

PROTERVAMENTE. adv. m. Con protervia.

PROTERVIA. (Del lat. *protervia.*) f. Obstinación en la maldad, perversidad.

PROTERVIDAD. f. Protervia.

PROTERVO, VA. adj. y s. Que tiene protervia.

PRÓTESIS. (Del lat. *próthesis,* y éste del gr. *próthesis,* de *protíhemi,* colocar delante.) f. *Cir.* Procedimiento mediante el cual se repara artificialmente la falta de un órgano o parte de él. PRÓTESIS *del cráneo.* ‖ *Gram.* Metaplasmo que consiste en añadir una o más letras al principio de un vocablo; como *asaetear,* por *saetear.* ‖ *Odont.* Dentadura postiza.

PROTESTA. al. **Protest; Verwahrung.** fr. **Proteste.** ingl. **Protest.** ital. **Protesta.** port. **Protesto; protestação.** f. Acción y efecto de protestar. ‖ Promesa con atestación de ejecutar una cosa. PROTESTA *de fidelidad.* ‖ *Der.* Declaración jurídica que uno hace para que no se perjudique su derecho. Reprobación formal de una cosa. ‖ **– de mar.** Declaración justificada del que manda un buque, para dejar a salvo su responsabilidad.

PROTESTACIÓN. f. Protesta. ‖ **– de la fe.** Declaración pública de la creencia que se profesa. ‖ Fórmula dispuesta por el concilio de Trento para enseñar en público las verdades de la fe católica.

PROTESTANTE. p. a. de **Protestar.** Que protesta. ‖ adj. Dícese del que sigue el luteranismo o alguna de sus sectas. Ú.t.c.s. *En los países nórdicos predominan los* PROTESTANTES. ‖ Perteneciente a estos sectarios.

PROTESTANTISMO. al. **Protestantismus.** fr. **Protestantisme.** ingl. **Protestantism.** ital. **Protestantismo.** port. **Protestantismo.** m. Creencia religiosa de los protestantes. ‖ Conjunto de ellos. ‖ IDEAS AFINES: *Reforma, hugonote, hereje, cisma, luteranismo, calvinismo anglicano, presbiteriano, puritano, metodista, cuáquero, evangelista, pietismo.*

● **PROTESTANTISMO.** *Rel.* El **protestantismo,** que difiere del catolicismo en varios dogmas, tuvo su origen en la protesta que los luteranos alemanes formularon contra la Dieta de Espira, que había resuelto en 1529 no admitir más innovaciones religiosas, protesta que involucraba la negativa al reconocimiento. La palabra **protestantismo** se aplicó posteriormente al conjunto de fenómenos y doctrinas que originaron el movimiento luterano y configuraron la Reforma. El **protestantismo** se ha subdividido en varias sectas (luteranos, metodistas, baptistas, anglicanos, congregacionalistas, etc.), pero todas ellas coinciden en algunos puntos fundamentales y básicos; el libre examen o libre interpretación de los libros del Antiguo y Nuevo Testamento; el reconocimiento de la Sagrada Escritura como única fuente de la fe; la negación de que los sacramentos otorguen la gracia; la negación de una autoridad viva e infalible para la Iglesia; la negación del dogma de comunión de los santos, etc. El bautismo, la confirmación, la asistencia a los actos del culto, la celebración de la Cena y el matrimonio eclesiástico, son los puntos básicos del orden religioso del **protestantismo;** el ministerio más importante reside en el pastor, a cuyo lado está el consejo de la feligresía, que colabora en su ministerio y resuelve con él las cuestiones inherentes a la organización y administración de la parroquia. El gobierno eclesiástico superior reside en un obispo o presidente, cuya autoridad espiritual privilegiada sólo se reconoce en materia de predicación. Algunas sectas tienen tribunales especiales en los cuales se debate la doctrina.

PROTESTAR. al. **Protestieren; sich verwahren.** fr. **Protester.** ingl. **To protest.** ital. **Protestare.** port. **Protestar.** Del lat. *protestari.*) tr. Declarar uno su intención de ejecutar una cosa. ‖ Confesar públicamente la fe y creencia que uno profesa. ‖ Con la prep. *de,* afirmar con ahínco. PROTESTÓ *de su inocencia.* ‖ Con la prep. *contra,* negar la validez de un acto o reprobarlo formalmente. PROTESTÓ *contra el abuso;* sinón.: **oponerse, sublevarse.** ‖ *Com.* Hacer el protesto de una letra de cambio. ‖ deriv.: **protestable; protestador, ra; protestatario.**

PROTESTATIVO, VA. adj. Dícese de lo que protesta o declara una cosa o da testimonio de ella.

PROTESTO. m. Protesta. ‖

Com. Diligencia que se efectúa ante notario, cuando no es aceptada o pagada una letra de cambio, para que no se perjudiquen los derechos y acciones entre los que han intervenido en el giro o en sus endosos. ‖ *Com.* Testimonio, por escrito, de esa diligencia.

PROTÉTICO, CA. adj. Perteneciente o relativo a la prótesis.

PRÓTIDO. m. *Quím.* Substancia del grupo que comprende a los aminoácidos naturales y a los cuerpos que dan, por hidrólisis, uno o varios de estos aminoácidos.

PROTISTA o **PROTISTO.** m. *Biol.* Cualquiera de los seres que ciertos autores agrupan en un reino intermedio entre el vegetal y el animal.

PROTO. (Del gr. *protos*, primero.) Prefijo que significa prioridad, preeminencia o superioridad. PROTO*historia*, PROTO*notario*.

PROTOACTINIO. m. *Quím.* Elemento radiactivo. Símbolo **Pa;** n. atóm. 91, p. atóm. 231.

PROTOALBÉITAR. m. Primero entre los albéitares. ‖ Vocal del protoalbeiterato.

PROTOALBEITERATO. (De *protoalbéitar.*) m. Tribunal en que se examinaban los albéitares para poder ejercer su facultad.

PROTOCLORURO. m. *Quím.* En una serie de cloruros, de un elemento, o radical, el que contiene la menor proporción de cloro.

PROTOCOLAR. tr. Protocolizar.

PROTOCOLAR. adj. Relativo al protocolo. *Archivo* PROTOCOLAR, *visita* PROTOCOLAR.

PROTOCOLARIO, RIA. adj. fig. Se dice de lo que se hace con la solemnidad acostumbrada.

PROTOCOLIZACIÓN. f. Acción y efecto de protocolizar.

PROTOCOLIZAR. tr. Incorporar al protocolo un documento. ‖ deriv.: **protocolizador.**

PROTOCOLO. al. **Protokoll.** fr. **Protocole.** ingl. **Protocol.** ital. **Protocollo.** port. **Protocolo.** (Del b. lat. *protocollum*, y éste del b. gr. *protókollon*, primera hoja pegada; de *protos*, primero, y *kollao*, pegar.) m. Ordenada serie de escrituras matrices y otros documentos que un notario autoriza y custodia. ‖ Acta o cuaderno de actas relativas a un acuerdo o una conferencia diplomática. ‖ Por ext., regla ceremonial diplomática o palatina.

PROTÓGINA. (Del gr. *protos*, primero, y *gyné*, mujer.) adj. *Bot.* Dícese de la planta de flores hermafroditas, en que los carpelos maduran antes que los estambres.

PROTOHISTORIA. f. Período de la historia en que falta la cronología escrita, basándose su estudio en inducciones y tradiciones.

PROTOHISTÓRICO, CA. adj. Perteneciente o relativo a la protohistoria.

PROTOMÁRTIR. m. El primero de los mártires. Es nombre que se da a San Esteban, primer mártir de la fe de Cristo.

PROTOMEDICATO. m. Tribunal formado por los protomédicos para examinar a los que aspiraban a ser médicos, y les concedía las licencias para ejercer. ‖ Empleo o título honorífico de protomédico.

PROTOMÉDICO. m. Cada uno de los médicos del rey que constituían el tribunal del protomedicato.

PROTÓN. m. *Fís.* Núcleo del átomo del hidrógeno, que posee una carga eléctrica positiva numéricamente igual a la negativa del electrón y cuya masa es 1840 veces mayor que la de éste. Forma parte del núcleo del átomo de todos los demás elementos en número constante para cada uno de ellos. (V. **Número atómico.**)

PROTONAUTA. m. Primer navegante.

PROTONEMA. (Del gr. *protos*, primero, y *nema*, filamento.) m. *Bot.* Órgano filamentoso, que nace de las esporas de las briofitas, y sobre el cual se desarrollan los gametofitos.

PROTÓNICO, CA. adj. Dícese del sonido o sílaba átona que en el vocablo precede a la tónica.

PROTONOTARIO. m. Antiguo jefe de los notarios. ‖ – **apostólico.** Dignidad eclesiástica, con honores de prelacía, que el Papa concede a algunos clérigos, eximiéndolos de la jurisdicción ordinaria. ‖ deriv.: **protonotaría.**

PROTOPLANETA. (De *proto*, y *planeta.*) Planeta recién formado.

PROTOPLASMA. (Del gr. *protos*, primero, y *plasma*, formación.) m. *Biol.* Substancia viscosa semilíquida, granular, que constituye la parte esencial de la célula viva. Se compone principalmente de proteínas y está formado por un retículo de filamentos contráctiles, que contiene entre sus mallas una materia líquida.

PROTOPLASMÁTICO, CA. adj. *Biol.* Perteneciente o relativo al protoplasma.

PROTOPLÁSMICO, CA. adj. *Biol.* Protoplasmático.

PROTÓRAX. (De *pro* y *tórax.*) m. *Zool.* Primer segmento del tórax de los insectos.

PROTOSFERA. f. Zona más alta de la estratosfera.

PROTOSOL. (De *proto*, y *sol.*) m. Masa cósmica que dio origen a un sistema planetario.

PROTOSULFURO. m. *Quím.* Primer grado de combinación del azufre con otro elemento o un radical.

PROTOTIPO. al. **Urbild.** fr. **Prototype.** ingl. **Prototype.** ital. **Prototipo.** port. **Protótipo.** (Del gr. *protótypos*, de *protos*, primero, y *typos*, modelo.) m. Original o primer molde en que se fabrica una cosa. ‖ fig. El más perfecto ejemplar en cualquier línea. *Julián es el* PROTOTIPO *del altruismo;* sinón.: **arquetipo, modelo.** ‖ deriv.: **prototípico, ca.**

PROTÓXIDO. m. *Quím.* En una serie de óxidos, el que tiene menos oxígeno.

PROTOZOARIO, RIA. adj. *Zool.* Dícese de los animales **protozoarios.** ‖ m. Protozoo.

PROTOZOO. (Del gr. *protos*, primero, y *zoon*, animal.) m. *Zool.* Animal generalmente unicelular o formado por varias células, sin diferenciación de tejidos. ‖ m. pl. Tipo de estos animales.

PROTRÁCTIL. (Del lat. *prothahere.*) adj. Dícese de la lengua de algunos animales que puede proyectarse mucho fuera de la boca, como en algunos reptiles.

PRO TRIBUNAL. m. adv. lat. En estrados y audiencia pública o con el traje y aparato de juez. ‖ fig. y fam. Con tono autoritario y decisivo.

PROTROMBINA o **PROTROMBASA.** f. *Med.* Trombógeno.

PROTUBERANCIA. al. **Anschwellung; Vorsprung.** fr. **Protubérance.** ingl. **Protuberance.** ital. **Protuberanza.** port. **Protuberancia.** (Del lat. *protúberans, -antis*, de *protuberare*, sobresalir.) f. Prominencia redondeada. ‖ deriv.: **protuberante.** ‖ – **anular** o **cerebral.** Eminencia cuadrilátera, en la cara inferior del encéfalo que continúa a los pedúnculos cerebrales y antecede al bulbo raquídeo. Forman parte de ella importantes núcleos y vías nerviosas.

PROTUTOR. m. Persona encargada de intervenir las funciones de la tutela y asegurar su buen ejercicio. ‖ deriv.: **protutoría.**

PROUDHON, Pedro José. *Biog.* Sociólogo fr., fecundo escritor, autor de *Filosofía de la miseria; ¿Qué es la propiedad?*, etc. En el primero de estos libros expone teorías socialistas utópicas, de las cuales, uniéndolas a las de Stirner, formaron Bakunin y otros el anarquismo (1809-1865).

PROUST, José Luis. *Biog.* Químico fr. que realizó importantes experiencias sobre la glucosa y enunció la ley de la composición constante (1754-1826). ‖ – **Marcelo.** Notable novelista fr., uno de los que más influencia ejercieron sobre la literatura posterior de su lengua. Estilista sutil, de una finura lírica de excepción, captó y ahondó las más tenues psicologías y las sensaciones más íntimas y fugaces. Su obra maestra es una serie de quince novelas; *En busca del tiempo perdido.* Otros libros: *Los placeres y los días; Correspondencia*, etc. (1871-1922).

PROVECTO, TA. (Del lat. *provectus*, de *provehere*, adelantar.) adj. Antiguo, adelantado, que ha progresado en alguna cosa. ‖ Maduro, entrado en años, anciano. *Edad* PROVECTA.

PROVECHO. al. **Nutzen; Vorteil.** fr. **Profit.** ingl. **Benefit.** ital. **Profitto.** port. **Proveito.** (Del lat. *profectus.*) m. Beneficio o utilidad que se obtiene de alguna cosa o por algún medio. *No saca* PROVECHO *de sus aptitudes.* ‖ Utilidad o beneficio que se proporciona a otro. ‖ Aprovechamiento o adelantamiento en las ciencias, artes o virtudes. ‖ pl. Aquellas utilidades o emolumentos que se reciben fuera del sueldo o salario. ‖ **Buen provecho.** expr. fam. con que se denota el deseo de que una cosa sea conveniente a la salud o bienestar de uno. Dícese especialmente de la comida o bebida. ‖ **De provecho.** loc. Dícese de la persona o cosa útil para determinado fin.

PROVECHOSAMENTE. adv. m. Con provecho o utilidad.

PROVECHOSO, SA. adj. Que causa provecho o es de provecho o utilidad. *Venta* PROVECHOSA; sinón.: **beneficioso, conveniente.**

PROVEEDOR, RA. al. **Lieferant.** fr. **Fournisseur; pourvoyeur.** ingl. **Purveyor; provider.** ital. **Provveditore.** port. **Provedor; fornecedor.** s. Persona que tiene a su cargo proveer de todo lo necesario, especialmente de alimentos a los ejércitos, colectividades, etc. sinón.: **municionero.**

PROVEEDURÍA. f. Cargo y oficio de proveedor. ‖ Casa donde se guardan y distribuyen las provisiones.

PROVEER. al. **Versorgen; versehen.** fr. **Pourvoir; fournir.** ingl **To provide; to supply.** ital. **Provvedere.** port. **Prover.** (Del lat. *providere.*) tr. Prevenir y tener prontos los mantenimientos u otras cosas necesarias para un fin. Ú.t.c.r. ‖ Disponer, resolver un negocio. PROVEER *en justicia.* ‖ Conferir una dignidad, empleo u otra cosa. PROVEYÓ *el cargo en el más capaz.* ‖ Abastecer de lo necesario para un fin. Ú.t.c.r. *Me* PROVEÍ *de libros;* sinón.: **aprovisionar.** ‖ *For.* Despachar o dictar un auto. ‖ r. Exonerar el vientre.

PROVEÍDO. m. *Der.* Resolución judicial antes del fallo o de trámite.

PROVEIMIENTO. m. Acción de proveer.

PROVENA. f. Mugrón de la vid.

PROVENIENTE. p. a. de **Provenir.** Que proviene.

PROVENIR. al. **Herkommen; stammen.** fr. **Provenir.** ingl. **To arise from.** ital. **Provenire.** port. **Provir.** (Del lat. *provenire.*) intr. Nacer, proceder una cosa de otra. *Su enojo* PROVIENE *de otra causa;* sinón.: **dimanar, originarse.** ‖ irreg. Conj. como **venir.**

PROVENTO. (Del lat. *proventus.*) m. Producto, renta.

PROVENZA. *Geog. histór.* Antigua provincia de Francia, sobre el Mediterráneo. Su cap. era AIX. Comprendía los actuales dep. de Bajos Alpes, Bocas del Ródano y Var, y parte de los de Vaucluse y Alpes Marítimos.

PROVENZAL. adj. y s. De Provenza. ‖ m. Lengua de oc. ‖ Lengua actual de los provenzales. ‖ **Cultura provenzal.** La que se desarrolló, en el sur de Francia, desde el siglo X

PROVENZALISMO. m. Vocablo o giro peculiares de la lengua provenzal.

PROVENZALISTA. com. Persona que cultiva la lengua o literatura provenzales.

PROVERBIADOR. m. Libro o cuaderno donde se anotan sentencias y otras cosas dignas de ser recordadas.

PROVERBIAL. adj. Perteneciente o relativo al proverbio o que lo incluye. *Sabiduría* PROVERBIAL. ‖ Muy conocido. *Bondad* PROVERBIAL; sinón.: **notorio, sabido.**

PROVERBIALMENTE. adv. m. En forma de proverbio o como proverbio.

PROVERBIAR. intr. fam. Usar mucho de proverbios.

PROVERBIO. al. **Sprichwort.** fr. **Proverbe.** ingl. **Proverb.** ital. **Proverbio.** port. **Provérbio.** (Del lat. *provérbium*, de *verbum.*) m. Adagio, sentencia. ‖ Superstición consistente en creer proféticas ciertas palabras oídas casualmente en varias noches del año, esp. la de San Juan. ‖ Obra dramática, cuyo objetivo es poner en acción un proverbio. ‖ pl. Libro de la Biblia, que contiene sentencias de Salomón.

PROVERBISTA. com. fam. Persona aficionada a decir proverbios o a coleccionarlos o estudiarlos.

PROVICERO. m. Vaticinador.

PRÓVIDAMENTE. adv. m. De manera próvida.

PROVIDENCE. *Geog.* Ciudad de los EE.UU., capital del Est. de Rhode Island. 250.000 h. Centro industrial y universitario.

PROVIDENCIA. al. **Vorsehung.** fr. **Providence.** ingl. **Providence.** ital. **Provvidenza.** port. **Providência.** (Del lat. *providentia.*) f. Prevención encaminada al logro de un fin. ‖ Disposición que se toma para evitar o remediar un daño. *Se dispusieron las* PROVIDENCIAS *para ayudar a los damnificados;* sinón.: **medida.** ‖ Por anton., la de Dios. ‖ fig. Dios. *La* PROVIDENCIA *ha de hacer que se salve.* ‖ *For.* Resolución judicial que no necesita llevar declaración de motivos y que decide cuestiones de trámite o peticiones accidentales. ‖ **A la Providencia.** m. adv. Sin más amparo que el de Dios. ‖ **Tomar** uno **providencia,** o **una providencia.** frs. Adoptar una resolución.

PROVIDENCIA. *Mit.* Divinidad que entre los romanos, representaba suerte favorable, razón por la cual estaba provista del cuerno de la abundancia.

PROVIDENCIA. *Geog.* Isla de Colombia. V. **San Andrés y Providencia.** ‖ **Nueva** –. V. **Nueva Providencia.**

PROVIDENCIAL. adj. Perteneciente o relativo a la Providencia. *Ayuda* PROVIDENCIAL. ‖ Fortuito. *Encuentro* PROVIDENCIAL.

PROVIDENCIALISMO. m. Doctrina según la cual todo sucede por disposición de la Divina Providencia.

PROVIDENCIALISTA. adj. Que profesa la doctrina del providencialismo.

PROVIDENCIALMENTE. adv. m. Por inmediata providencia. ‖ De manera providencial.

PROVIDENCIAR. tr. Dictar o tomar providencia. ‖ deriv.: **providenciable; providenciador, ra; providenciante.**

PROVIDENTE. (Del lat. *providens, -entis.*) adj. Avisado, prudente. antón.: **irreflexivo.** ‖ Próvido, prevenido, diligente. ‖ deriv.: **providentemente.**

PRÓVIDO, DA. (Del lat. *providus.*) adj. Prevenido, cuidadoso y diligente para acudir con lo necesario para la consecución de un fin. ‖ Propicio, benévolo. *Ocasión* PRÓVIDA.

PROVINCIA. al. **Provinz.** fr. **Province.** ingl. **Province.** ital. **Provincia.** port. **Província.** (Del lat. *provincia.*) f. Cada una de las grandes divisiones de un territorio o Estado. *Las* PROVINCIAS *argentinas.* ‖ Conjunto de conventos de religiosos que ocupan determinado territorio. ‖ Antiguo juzgado de los alcaldes de corte.

PROVINCIAL. adj. Perteneciente o relativo a una provincia. *Catastro* PROVINCIAL. ‖ m. Superior religioso que gobierna todos los conventos de una provincia. ‖ deriv.: **provincialidad.**

PROVINCIALA. f. Superiora que gobierna las casas de religiosas de una provincia.

PROVINCIALATO. m. Dignidad o empleo de provincial o provinciala. ‖ Tiempo que dura esta dignidad.

PROVINCIALISMO. m. Predilección que uno da a los usos, producciones, etc., de la provincia en que ha nacido. ‖ Voz o giro que únicamente tiene uso en una provincia o región.

PROVINCIANISMO. m. Condición de provinciano. ‖ Estrechez de espíritu y apego excesivo a la mentalidad o costumbres particulares de una provincia o sociedad cualquiera, con exclusión de las demás.

PROVINCIANO, NA. adj. Dícese del habitante de una provincia, en contraposición al de la capital. Ú.t.c.s. ‖ Afectado de provincianismo. ‖ Perteneciente o relativo a cualquiera provincia. Ú.t.c.s.

PROVISIÓN. al. **Vorrat.** fr. **Provision.** ingl. **Provision.** ital. **Provvisione.** port. **Provisão.** (Del lat. *provisio, -onis.*) f. Acción y efecto de proveer. ‖ Prevención o acopio de mantenimientos, caudales u otras cosas. ‖ Víveres o cosas que se previenen para un fin. Ú. m. en pl. *Guardar* PROVISIONES *para el invierno.* ‖ Despacho que expedían algunos tribunales para que se ejecutase lo que por ellos se ordenaba. ‖ Providencia o medio conducente para el logro de una cosa. ‖ – **de fondos.** *Com.* Existencia en poder del pagador del valor de una letra, cheque, etc. ‖ IDEAS AFINES: *Ración, vitualla, alimento, forraje, equipo, munición, abasto, suministrar, surtir, dotar, procurar, administrar, almacenar.*

PROVISIONAL. al. **Provisorisch; vorläufig.** fr. **Provisionnel.** ingl. **Provisional.** ital. **Provvisionale.** port. **Provisional.** (De *provisión.*) adj. Dispuesto o mandado interinamente. *Junta* PROVISIONAL; sinón.: **momentáneo, pasajero.** antón.: **definitivo, duradero.**

PROVISIONALMENTE. adv. m. De manera provisional.

PROVISO (Al). (Del lat. *proviso.*) m. adv. Al instante.

PROVISOR. (Del lat. *provisor.*) m. Proveedor. ‖ Juez diocesano en quien el obispo delega su autoridad y jurisdicción para entender en causas eclesiásticas.

PROVISORIA. f. En los conventos de religiosas, la que cuida de la provisión de la casa.

PROVISORATO. m. Empleo de provisor.

PROVISORÍA. f. Provisorato. ‖ En los conventos y otras comunidades, lugar donde se guardan y distribuyen las provisiones.

PROVISORIO, RIA. adj. Dígase provisional. ‖ deriv.: **provisoriamente.**

PROVISTAR. tr. Barbarismo por **proveer.**

PROVISTO, TA. p. p. irreg. de **Proveer.** ‖ f. *R. de la Plata.* Conjunto de comestibles necesarios para cierto tiempo.

PROVOCACIÓN. al. **Herausforderung; Provokation.** fr. **Provocation.** ingl. **Provocation.** ital. **Provocazione.** port. **Provocação.** f. Acción y efecto de provocar.

PROVOCADOR, RA. (Del lat. *provocator.*) adj. y s. Que provoca o irrita. ‖ deriv.: **provocadoramente.**

PROVOCANTE. p. a. de **Provocar.** Que provoca.

PROVOCAR. al. **Herausfordern; hervorrufen.** fr. **Provoquer.** ingl. **To provoke.** ital. **Provocare.** port. **Provocar.** (Del lat. *provocare.*) tr. Incitar a uno a que ejecute una cosa. ‖ Irritar o excitar a uno para que se enoje. PROVOCAR *con malas palabras*; sinón.: **exacerbar.** ‖ Facilitar, ayudar. ‖ Mover o incitar. PROVOCAR *a conmiseración.* ‖ fam. Vomitar, arrojar por la boca. ‖ deriv.: **provocable; provocadamente; provocamiento; provocatorio, ria.**

PROVOCATIVO, VA. adj. Que provoca o incita a ejecutar una cosa. *Actitud* PROVOCATIVA. ‖ Provocador. ‖ deriv.: **provocativamente.**

PROXENETA. (Del lat. *proxeneta*, y éste del gr. *proxenetés.*) com. Alcahuete, tercero.

PROXENÉTICO, CA. adj. Perteneciente o relativo al proxeneta.

PROXENETISMO. m. Acto u oficio de proxeneta.

PROXENO. (Del gr. *próxenos.*) m. Funcionario de la antigua Grecia que recibía a los huéspedes públicos, embajadores, etc. ‖ Huésped particular.

PROXIMAL. adj. *Anat.* Dícese de la parte de un miembro o un órgano más próxima a la línea media del organismo en cuestión.

PRÓXIMAMENTE. adv. m., l. y t. Con proximidad. ‖ adv. c. Aproximadamente.

PROXIMIDAD. al. **Nähe.** fr. **Proximité.** ingl. **Proximity.** ital. **Prossimità.** port. **Proximidade.** f. Calidad de próximo. *La* PROXIMIDAD *de dos pueblos*; sinón.: **vecindad;** antón.: **lejanía.** ‖ Cercanía, contorno, inmediaciones. Ú.m. en pl. *En las* PROXIMIDADES *de la ciudad hay parques.* ‖ IDEAS AFINES: *Contiguo, inmediato, adyacente, yuxtapuesto, lindero, limítrofe, rayano, inminente, futuro, ahora, ayer, mañana, reciente, pronto, en breve.*

PRÓXIMO, MA. (Del lat. *proximus.*) adj. Cercano, que dista poco. *La casa está* PRÓXIMA *a la plaza; estaba* PRÓXIMO *a morir*; sinón.: **vecino.** ‖ **De próximo.** m. adv. Próximamente, con proximidad. ‖ deriv.: **proximal.**

PROYECCIÓN. al. **Projektion; Wurf.** fr. **Projection.** ingl. **Projection.** ital. **Proiezione.** port. **Projeção.** (Del lat. *proiectionem.*) f. Acción y efecto de proyectar. ‖ Imagen que, por medio de un foco luminoso, se envía o fija temporalmente sobre una superficie plana. ‖ *Geom.* Figura que resulta, en una superficie, de proyectar en ella todos los puntos de un sólido u otra figura. ‖ – **cónica.** *Geom.* La que resulta de trazar todas las líneas proyectantes desde un punto. ‖ – **ortogonal.** *Geom.* La que resulta de trazar todas las líneas proyectantes perpendiculares a un plano.

PROYECTANTE. p. a. de **Proyectar.** Que proyecta. ‖ adj. *Geom.* Dícese de la línea recta con que se proyecta un punto en una superficie.

PROYECTAR. al. **Projektieren; werfen.** fr. **Projeter.** ingl. **To project.** ital. **Proiettare.** port. **Projetar.** (Del lat. *proiectare*, de *proicere*, arrojar.) tr. Lanzar, dirigir hacia adelante o a distancia. PROYECTAR *bombas.* ‖ Idear o trazar el plan y los medios para la ejecución de una cosa. PROYECTAMOS *una excursión*; sinón.: **concebir, planear.** ‖ Hacer visible sobre un cuerpo o superficie la figura o la sombra de otro. Ú.t.c.r. ‖ Formar sobre una pantalla la imagen óptica amplificada de diapositivas, películas u objetos opacos. ‖ *Geom.* Determinar la intersección con una superficie de las rectas trazadas en dirección determinada, desde un punto o varios de una figura. ‖ deriv.: **proyectante; proyectador, ra.**

PROYECTIL. al. **Geschoss; Projektil.** fr. **Projectile.** ingl. **Projectile.** ital. **Proiettile.** port. **Projétil.** m. Cualquier cuerpo arrojadizo, como flecha, bala, etc. ‖ IDEAS AFINES: *Piedra, dardo, azagaya, jabalina, granada, metralla, pólvora, espoleta, detonador, calibre, fuego, explosión, lanzar, inflamar, perforar, herir, matar.*

PROYECTISTA. com. Persona muy dada a hacer proyectos y a facilitarlos.

PROYECTIVO, VA. adj. Relativo a la proyección. ‖ deriv.: **proyectivamente.**

PROYECTO, TA. al. **Projekt; Entwurf.** fr. **Projet.** ingl. **Plan; design.** ital. **Progetto.** port. **Projeto.** (Del lat. *proiectus.*) adj. *Geom.* Representado en perspectiva. ‖ m. Plan para la ejecución de una obra u operación. *Aprobaron nuestro* PROYECTO. ‖ Designio o pensamiento de ejecutar algo. *Abrigaba el* PROYECTO *de retirarse a descansar*; sinón.: **idea, intento.** ‖ Conjunto de escritos, cálculos y dibujos que se hacen para dar idea de la realización y coste de una obra de arquitectura o de ingeniería.

PROYECTOR, RA. adj. Que hace proyectos. ‖ Que dirige hacia adelante o a distancia una cosa como la luz. ‖ m. Foco eléctrico de gran potencia para iluminar a distancia. ‖ Aparato que sirve para proyectar imágenes ópticas. ‖ Aparato óptico con el que se obtiene un haz luminoso de gran intensidad.

PROYECTURA. (Del lat. *proiectura.*) f. *Arq.* Vuelo, lo que sobresale del paramento de una pared.

PRUDENCIA. al. **Klugheit.** fr. **Prudence.** ingl. **Prudence.** ital. **Prudenza.** port. **Prudência.** (Del lat. *prudentia.*) f. Una de las cuatro virtudes cardinales, que consiste en distinguir lo que es bueno o malo, para seguirlo o apartarse de ello. ‖ Templanza, moderación. ‖ Discernimiento, buen juicio. ‖ IDEAS AFINES: *Sabiduría, discreción, acierto, tacto, cautela, seriedad, serenidad, juicio, precaución, reflexión.*

PRUDENCIAL. adj. Perteneciente o relativo a la prudencia. *Reserva* PRUDENCIAL.

PRUDENCIALMENTE. adv. m. Según las reglas de la prudencia. sinón.: **discretamente, sensatamente.**

PRUDENCIO, Aurelio Clemente. *Biog.* Poeta esp. incorporado a la cultura latina, nacido en Zaragoza (siglo IV). ‖ – **Roberto.** Crítico y ensayista boliviano, autor de *Reflexiones sobre la Colonia; Sentido y proyección del Kollasuyo*, etc. (n. 1908).

PRUDENCIAR. tr. *Arg.* Disimular, usar de prudencia. ‖ r. *Amér.* Reprimirse, moderarse.

PRUDENTE. (Del lat. *prudens, -entis.*) adj. Que tiene prudencia. *Palabras* PRUDENTES.

PRUDENTEMENTE. adv. m. Con prudencia.

PRUD'HOMME, Emilio. *Biog.* Poeta dom. que escribió la letra del Himno Nacional de su país (s. XIX).

PRUD'HON, Pedro. *Biog.* Pintor fr., notable cultor del retrato y de los temas mitológicos y religiosos. Obras: *Cristo crucificado; Diana implorando a Júpiter*, etc. (1758-1823).

PRUEBA. al. **Beweiss; Probe Prüfung.** fr. **Preuve.** ingl. **Proof; trial; test.** ital. **Prova.** port. **Prova.** f. Acción y efecto de probar. ‖ Razón, demostración, documento, testimonio u otro medio con que se pretende hacer patente la verdad o falsedad de una cosa. *Presentó* PRUEBAS *rotundas de su inocencia.* ‖ Indicio o muestra que se da de una cosa. ‖ Ensayo o experiencia que se hace de una cosa. ‖ Cantidad pequeña de una substancia comestible, que se destina para examinar si es buena o mala. ‖ *Arit.* Operación que se ejecuta para averiguar la exactitud de otra ya hecha. ‖ *For.* Justificación de la verdad de los hechos controvertidos en un juicio, hecha con arreglo a la ley. ‖ *Impr.* Muestra de la composición tipográfica destinada a corregir en ella las erratas ante de tirarse el pliego. ‖ Por ext., se llaman así las muestras del grabado y de la fotografía y también las reproducciones en papel de una imagen fotografiada. ‖ pl. *Amér.* Ejercicios acrobáticos ‖ Juego de manos. ‖ Competición, contienda. ‖ *For.* Probanzas, especialmente las que se hacen de la nobleza del linaje de uno. ‖ **Prueba de indicios,** o **indiciaria.** *For.* La que se obtiene de los indicios más o menos vehementes relacionados con un hecho. ‖ – **negativa.** *Fotogr.* Imagen en que los claros y los obscuros salen invertidos. ‖ – **positiva.** *Fot.* La que se obtiene al invertir los claros y los obscuros de la **prueba negativa** para fijar las imágenes, con sus luces y sombras reales. ‖ – **semiplena.** *For.* **Prueba** imperfecta que resulta de la declaración de un solo testigo. ‖ **A prueba.** m. adv. que denota estar una cosa hecha con perfección. ‖ Entre vendedores significa que permiten al comprador probar lo que se vende, antes de efectuar la compra. ‖ **A prueba de agua, de bombas,** etc. ms. advs. Aplícase a lo que, por su perfecta construcción, es capaz de resistir al agua, a las bombas, etc. ‖ **De prueba.** m. adv. con que se explica la firmeza de una cosa o la entereza de una persona. ‖ Adecuado para probar el límite de la paciencia de uno. ‖ **Poner a prueba.** frs. Procurar la certidumbre de las condiciones de una persona o de una cosa. ‖ **Recibir a prueba.** frs. *For.* Abrir el período del juicio en que las partes han de probar sus alegaciones. ‖ IDEAS AFINES: *Argumento, fundamento, irrecusable, irrefutable, perentorio, categórico, deducir, inferir, concluir, mostrar, aclarar, dilucidar, explicar, establecer, revelar, convencer, afirmar, refutar, verificar.*

PRUEBISTA. com. *Amér.* Volatinero, titiritero.

PRUINA. Tenue recubrimiento céreo que presentan las hojas, tallos o frutos de algunos vegetales. ‖ f. ant. Helada o escarcha.

PRUINOSO, SA. adj. Cubierto de pruina.

PRUNA. (Del lat. *pruna*, pl. de *prunum.*) f. En algunas partes, ciruela.

PRUNELA. adj. *Quím.* Dícese de una sal que es una mezcla de potasa con un poco de sulfato.

PRUNO. m. En algunas partes, ciruelo.

PRURIGO. (Voz lat. de *prurire*, arder, picar.) m. *Pat.* Nombre aplicado a diversas dermatosis de tipos eruptivos heteromorfos (pápulas, vesículas, lesiones de rascado) y caracterizados por parestesias cutáneas. ‖ deriv.: **pruriginoso, sa.**

PRURITO. al. **Kitzel; Gelüst.** fr. **Prurit.** ingl. **Pruritus.** ital. **Prurigine.** port. **Pruído; prurido.** (Del lat. *pruritus.*) m. En medicina, comezón, picazón. ‖ fig. Deseo persistente y excesivo. ‖ Hábito de decir o hacer una cosa por capricho o alarde. *Tenía el* PRURITO *de vestirse en forma extravagante.* ‖ deriv.: **prurítico, ca.**

PRUSIA. *Geog.* Antiguo reino del N. de Europa que constituyó el núcleo principal del Imperio alemán. 292.790 km². 42.000.000 h. Cap. BERLÍN. Desempeñó siempre un papel predominante en la vida política y militar del país. ‖ – **Occidental.** Antigua prov. del N.E. de Prusia, cuya cap. era DANZIG. El tratado de Versalles la repartió entre Polonia, el territorio de Danzig y Prusia. Después de la segunda Guerra Mundial fue entregada a Polonia. ‖ – **Oriental.** Sit. al este de la anterior, su cap. era KÖNIGSBERG. Después de la segunda Guerra Mundial fue repartida entre Polonia y la Unión Soviética. ‖ – **Renana.** V. **Renania.**

PRUSIANO, NA. adj. y s. De Prusia. *Militarismo* PRUSIANO. ‖ m. Lengua de los prusianos orientales del grupo baltoeslavo, al que pertenecen el lituano y el letón, extinguida en el s. XVI.

PRUSIATO. m. *Quím.* Cualquier sal del ácido prúsico.

PRÚSICO. adj. *Quím.* Dic. del ácido cianhídrico.

PRUT. *Geog.* Río de Europa oriental. Nace en los Cárpatos, separa a Rumania de la U.R.S.S. y desagua en el Danubio. 828 km.

PSELLOS, Miguel. *Biog.* Polít. y escritor bizantino, autor de *Cronografía* (1018-1078).

PSEUDO. (Del gr. *pseudos*, falsedad.) adj. Seudo.

PSEUDOMORFISMO. m. *Miner.* Seudomorfismo.

PSEUDOMORFO, FA. adj. Seudomorfo.

PSI. f. *Gram.* (Del griego *psi.*) f. Vigésima tercera letra del alfabeto griego, equivalente a *ps.*

PSICASTENIA. (Del gr. *psykhé*, alma, y *astenia.*) f. *Pat.* Astenia mental o moral; neurosis caracterizada por un estado de temor, ansiedad, obsesiones, ideas fijas, etc.

PSICO. Forma prefija del gr. *psykhé*, alma. PSICO*análisis*, PSICO*dinámica.*

PSICOANÁLISIS. al. **Psychoanalyse.** fr. **Psychoanalyse.** ingl. **Psychoanalysis.** ital. **Psicanalisi.** port. **Psicanálise.** m. Método terapéutico y de investigación de las neurosis, trastornos de conducta o adaptación, etc., creado por Segismundo Freud, y doctrina que lo fundamenta. Ú.t.c.s. ‖ IDEAS AFINES: *Jung, subconsciente, complejo, represión, histeria, acto fallido, idea fija, sueños, test.*

● **PSICOANÁLISIS.** *Med.* y *Psicol.* El **psicoanálisis** trata de poner de manifiesto los elementos ocultos en la personalidad, las ideas subconscientes o inconscientes situadas en la base de los trastornos psíquicos que el individuo presenta, para convertir todo en ideas conscientes y poder así disminuir o suprimir su influencia nociva. Para ello, se recurre a la interpretación de los actos fallidos, estudio de los actos accidentales, asociaciones de ideas, análisis de los sueños, etc., con una técnica adecuada, realizada por especialistas. A partir de la escuela freudiana, más o menos ortodoxa, se han diferenciado otras, como las de Adler, Jung y Stekel, pero todas reconocen la importancia de las ideas del creador del **psicoanálisis,** quien rompió los moldes clásicos de la psicología e hizo intervenir en el dinamismo psíquico la fuerza arrolladora del inconsciente. La teoría del **psicoanálisis** freudiano se basa en que el inconsciente es vigilado y dirigido por la censura, que rechaza deseos e instintos considerados inconvenientes de acuerdo con las normas morales o los principios sociales. El choque entre estos dos elementos antagónicos (censura y tendencias inconscientes), produce las perturbaciones psíquicas y los síntomas de diversas alteraciones anímicas. Más tarde, Freud completó su teoría sobre la estructura de la personalidad, dividida en: 1º) el Ello o verdadero inconsciente; 2º) el Yo o Ego, transformación de una parte del Ello por la educación; y 3º) el Super Yo o Super Ego, conjunto de reacciones procedentes de la esfera familiar. Tal división no es estática y los diversos sectores mantienen estrechos contactos entre sí y entran en frecuente relación unos con otros. Las fuerzas del inconsciente que tratan de violar la entrada a la conciencia, lo hacen por diversos mecanismos; revisten formas distintas de las habituales y se expresan simbólicamente en imágenes o actitudes admisibles por la censura; aparecen durante el sueño; se expresan en los lapsos o en los actos fallidos, etc. El instinto sexual fue considerado por el **psicoanálisis** de Freud como el factor universal de casi todas las neurosis; otras escuelas reconocen la participación de diversos factores constitucionales, traumatismos psíquicos y situaciones vitales de tensión en la génesis de las alteraciones de la conducta o el estado anímico.

PSICOANALISTA. adj. Perteneciente o relativo al psicoanálisis. ‖ com. Médico que practica el psicoanálisis.

PSICOANALÍTICO, CA. adj. Perteneciente o relativo al psicoanálisis.

PSICODINÁMICA. (Del gr. *psykhé*, alma, y *dynamis*, fuerza.) f. *Fisiol.* Ciencia de la acción mental. ‖ *Psicol.* Método de medición del trabajo realizado.

PSICOESTÁTICA. f. Parte de la psicología cuyo objeto son los elementos de la personalidad, innata o adquirida.

PSICOFÍSICA. al. **Psychophysik.** fr. **Psychophysique.** ingl. **Psychophysics.** ital. **Psicofisica.** port. **Psicofísica.** f. Ciencia que trata de las manifestaciones físicas o fisiológicas que acompañan a los fenómenos psicológicos.

PSICOFÍSICO, CA. adj. Perteneciente o relativo a la psicofísica.

PSICOFISIOLOGÍA. f. Estudio de las relaciones entre los fenómenos psíquicos y los fisiológicos.

PSICOFISIOLÓGICO, CA. adj. Perteneciente o relativo a la psicofisiología.

PSICOGÉNESIS. (Del gr. *psykhé*, alma, y *génesis*, origen.) f. Desarrollo mental y la ciencia que trata de él.

PSICOGNÓSTICA. (Del gr. *psykhé*, alma, y *gnostós*, que se puede conocer.) f. Parte de la psicología experimental que estudia la manera de ser psicológica peculiar de cada persona.

PSICOGRAFÍA. (Del gr. *psykhé*, alma, y *grapho*, escribir.) f. Descripción de las facultades del alma. ‖ Representación gráfica de la medida de los fenómenos psicológicos. ‖ deriv.: **psicográfico, ca.**

PSICOLOGÍA. al. **Psychologie.** fr. **Psychologie.** ingl. **Psychology.** ital. **Psicologia.** port. **Psicologia.** (Del gr. *psykhé*, alma, y *logos*, tratado, doctrina.) f. Parte de la filosofía que trata del alma, sus facultades y operaciones. ‖ Por ext., todo lo que atañe al espíritu. ‖ Manera de sentir de una persona, de una clase social o de un pueblo. PSICOLOGÍA *obrera.* ‖ — **empírica** o **experimental.** Conjunto de observaciones, experimentos, etc., que se hacen para estudiar los fenómenos psíquicos. ‖ deriv.: **psicologista.**

PSICOLÓGICO, CA. adj. Perteneciente al alma. *Conflicto* PSICOLÓGICO. ‖ Perteneciente a la psicología. *Análisis* PSICOLÓGICO. ‖ deriv.: **psicológicamente.**

PSICOLOGISMO. m. Falsa psicología. ‖ Abuso de esta ciencia.

PSICÓLOGO, GA. al. **Psycholog.** fr. **Psychologue.** ingl. **Psychologist.** ital. **Psicologo.** port. **Psicólogo.** s. Persona que profesa la psicología.

PSICOMETRÍA. f. Medida o apreciación de las facultades morales e intelectuales del hombre. ‖ Medición de la duración de las reacciones del alma a los estímulos del exterior. ‖ deriv.: **psicométrico, ca.**

PSICOMOTOR, TRIZ. (Del gr. *psykhé*, alma, y del lat. *mótor*, motor.) adj. Perteneciente o relativo a los movimientos voluntarios, o que los produce.

PSICONEUROSIS. f. Trastorno nervioso de origen mental o ligado con un proceso mental.

PSICONOMÍA. (Del gr. *psykhé*, alma, y *nomos*, ley.) f. Ciencia que estudia las leyes de la actividad mental.

PSICÓPATA. com. Persona que padece una psicopatía.

PSICOPATÍA. f. *Pat.* Enfermedad mental. sinón.: **psicosis.** deriv.: **psicopático, ca.**

PSICOPATOLOGÍA. f. Patología de las alteraciones mentales. ‖ deriv.: **psicopatológico, ca.**

PSICOPLEJÍA. f. *Pat.* Ataque súbito de debilidad mental.

PSICOSIS. f. *Pat.* Nombre genérico de las enfermedades mentales. ‖ deriv.: **psicótico, ca.**

PSICOSOMÁTICO, CA. adj. Que tiene síntomas objetivos de origen mental o psíquico.

PSICOTECNIA. f. Rama de la psicología que, con fines de orientación y selección, tiene por objeto explorar y clasificar las aptitudes de los individuos mediante pruebas adecuadas.

PSICOTERAPIA. f. Tratamiento de las enfermedades, especialmente de las nerviosas, por la sugestión o persuasión y otros medios psíquicos.

PSICOTERÁPICO, CA. adj. Relativo a la psicoterapia.

PSICRÓMETRO. m. **Sicrómetro.**

PSIQUE. (Del gr. *psykhé*, alma.) f. El alma o conjunto de fenómenos anímicos. antón.: **cuerpo.** ‖ *Mit.* Psiquis.

PSIQUÍATRA o **PSIQUIATRA.** al. **Psychiater.** fr. **Psychiatre.** ingl. **Psychiatrist.** ital. **Psichiatra.** port. **Psiquiatra.** com. Alienista.

PSIQUIATRÍA. al. **Psychiatrie.** fr. **Psychiatrie.** ingl. **Psychiatry.** ital. **Psichiatria.** port. **Psiquiatria.** (Del gr. *psykhé*, alma, y *iatreía*, curación.) f. Ciencia que estudia las enfermedades mentales. Sinón.: **alienismo.**

PSIQUIÁTRICO, CA. adj. Perteneciente o relativo a la psiquiatría.

PSÍQUICO, CA. adj. Perteneciente o relativo al alma. *Trastornos* PSÍQUICOS; sinón.: **anímico.**

PSIQUIS. f. Alma, espíritu. ‖ Espejo grande de pie, cuya inclinación es variable a voluntad.

PSIQUIS. *Mit.* Joven griega de gran belleza, amada y raptada por Eros.

PSIQUISMO. m. Conjunto de los fenómenos psíquicos conscientes e inconscientes de un individuo. *El* PSIQUISMO *del niño.* ‖ Doctrina filosófica que supone la existencia de un fluido que anima a todos los seres vivientes. ‖ deriv.: **psiquista.**

PSITÁCIDO, DA. adj. *Zool.* Dícese de aves prensoras con plumaje de vivos colores; pico corto y muy curvo, originarias de regiones cálidas, como los papagayos, cotorras, etc. ‖ f. pl. Familia de estas aves.

PSITACISMO. m. Método de enseñanza basado en el ejercicio de la memoria.

PSITACOSIS. (Del gr. *psittakós*, papagayo.) f. *Pat.* Enfermedad infecciosa que padecen los loros y papagayos, de los que suele contagiarse el hombre.

PSOAS. (Del gr. *psoai*, riñones, lomos.) m. *Anat.* Nombre de dos músculos situados en la parte anterior de las vértebras lumbares.

PSORIASIS o **PSORÍASIS.** f. *Pat.* Afección de la piel, caracterizada por la existencia de escamas secas, blanquecinas.

Pt. *Quím.* Símbolo del platino.

PTERIDOFITA. (Del gr. *pteris, -idos*, helecho, y *phytón*, planta.) adj. *Bot.* Dícese de plantas criptógamas, de generación alternante, con una fase sexual constituida por el protalo, y una vegetativa representada por plantas vasculares con diferenciación anatómica y morfológica completas, y producción de esporas, como los helechos. Ú.t.c.s. ‖ f. pl. *Bot.* Tipo de estas plantas.

PTERODÁCTILO. (Del gr. *pterón*, ala, y *dáctylos*, dedo.) m. *Paleont.* Reptil volador, fósil, del terreno jurásico.

PTIALINA. (Del gr. *ptyalon*, saliva.) f. *Quím.* Fermento orgánico de la saliva que convierte el almidón en dextrina y glucosa.

PTIALISMO. m. *Pat.* Secreción exagerada de saliva.

PTOLOMEO. *Biog.* V. **Tolomeo.**

PTOMAÍNA. f. *Quím.* V. **Tomaína.**

¡PU! int. ¡Puf!

Pu. *Quím.* Símbolo del plutonio.

PÚA. al. **Stachel.** fr. **Pointe.** ingl. **Prick.** ital. **Punta.** port. **Púa.** (De *puya*.) f. Cuerpo delgado y rígido que acaba en punta aguda. ‖ Vástago de un árbol, que se introduce en otro para injertarlo. ‖ Diente de un peine. ‖ Cada uno de los dientes de alambre de la carda. ‖ Chapa triangular de carey, que se usa para tocar la bandurria y otros instrumentos. ‖ Cada uno de los pinchos o espinas del erizo, puerco espín, etc. ‖ Hierro del trompo. ‖ fig. Causa no material de disgusto y aflicción. ‖ fig. y fam. Persona astuta. Suele tomarse en mala parte. *Ése es una buena* PÚA. ‖ *Arg., Chile* y *P. Rico.* Espolón de ave. Ú.m. en pl. ‖ **Saber uno cuántas púas tiene un peine.** frs. fig. y fam. Ser muy astuto. ‖ **Sacar la púa al trompo.** frs. fig. y fam. Averiguar a fuerza de diligencias una cosa.

PUADO. m. Conjunto de las púas de un peine o de otra cosa.

PUÁN. *Geog.* Población de la Argentina, en el O. de la prov. de Buenos Aires. 3.250 h. Centro agrícola-ganadero.

PUAR. tr. Hacer púas en un peine o en otra cosa.

PÚBER, RA. (Del lat. *púber*.) adj. Que ha llegado a la pubertad. Ú.t.c.s.

PÚBERO. adj. Púber. Ú.t.c.s.

PUBERTAD. al. **Geschlechtsreife; Pubertät.** fr. **Puberté.** ingl. **Puberty.** ital. **Pubertà.** port. **puberdade.** (Del lat. *pubertas, -atis*.) f. Período de la vida en el que se manifiesta la función de los órganos reproductores, y que suele tener principio de los doce a los catorce años.

PUBES. m. *Anat.* Pubis.

PUBESCENCIA. f. Pubertad.

PUBESCENTE. (Del lat. *pubescens, -entis*.) p. a. de **Pubescer.** Que pubesce. ‖ adj. *Bot.* Velloso.

PUBESCER. (Del lat. *pubéscere*, cubrirse de vello.) intr. Llegar a la pubertad. ‖ Irreg. conj. como **agradecer.**

PUBIANO, NA. adj. Perteneciente o relativo al pubis.

PUBIS. al. **Schamhügel.** fr. **Pubis.** ingl. **Pubes; pubis.** ital. **Pube.** port. **Púbis.** (Del lat. *pubes* y *pubis*.) m. *Anat.* Parte media inferior del hipogastrio. ‖ Porción anterior del hueso coxal. ‖ deriv.: **púbico, ca.**

PUBLICACIÓN. al. **Bekanntmachung; Veröffentlichung.** fr. **Publication.** ingl. **Publication.** ital. **Publicazione.** port. **Publicação.** f. Acción y efecto de publicar. ‖ Obra literaria o artística publicada. ‖ Proclama, amonestación para el matrimonio.

PUBLICADOR, RA. adj. y s. Que publica.

PÚBLICAMENTE. adv. m. De manera pública.

PUBLICANO. al. **Zöllner.** fr. **Publicain.** ingl. **Publican.** ital. **Publicano.** port. **Publicano.** (Del lat. *publicanus*.) m. Entre los romanos, arrendador de los impuestos o rentas públicas.

PUBLICAR. al. **Bekanntmachen; herausgeben.** fr. **Publier.** ingl. **To publish.** ital. **Publicare.** port. **Publicar.** (Del lat. *publicare*.) tr. Hacer notoria o patente, por voz de pregonero o por otros medios, una cosa que se quiere dar a conocer a todos. PUBLICAR *un anuncio.* ‖ Hacer patente y manifiesta al público una cosa. PUBLICAR *la sentencia.* ‖ Revelar lo secreto u oculto. sinón.: **divulgar.** ‖ Correr las amonestaciones para el matrimonio y las órdenes sagradas. ‖ Difundir por medio de la imprenta o de otro procedimiento un escrito, estampa, etc. sinón.: **editar, imprimir.** ‖ deriv.: **publicable, publicante.**

PUBLICATA. (Del lat. *publicata*, publicada.) f. Despacho que se da para que se publique, a uno que se ha de ordenar. ‖ Certificación de haberse publicado.

PUBLICIDAD. al. **Öffentlichkeit; Reklame.** fr. **Publicité.** ingl. **Publicity.** ital. **Pubblicità.** port. **Publicidade.** f. Calidad o estado de público. *Es nociva la* PUBLICIDAD *de casos tan inmorales.* ‖ Conjunto de medios que se emplean para hacer pública una cosa. ‖ Divulgación de noticias o anuncios de carácter comercial para atraer a posibles compradores, espectadores, usuarios, etc.

PUBLICISTA. com. Autor que escribe del derecho público, o persona muy versada en él. ‖ Persona que escribe para el público, generalmente de varias materias.

PUBLICITARIO, RIA. adj. Perteneciente o relativo a la publicidad comercial. *Gastos* PUBLICITARIOS.

PÚBLICO, CA. al. **Publikum.** fr. **Publique; public.** ingl. **Public.** ital. **Pubblico.** port. **Público.** (Del lat. *públicus*.) adj. Notorio, manifiesto. ‖ Vulgar, común, notado de todos. *Estafador* PÚBLICO. ‖ Dícese de la potestad o jurisdicción para hacer algo, por oposición a privado. *Fuerza* PÚBLICA. ‖ Perteneciente a todo el pueblo. *Parque* PÚBLICO. ‖ m. Común del pueblo o ciudad. ‖ Conjunto de los que participan de las mismas aficiones o concurren con preferencia a un lugar. *Ese actor tiene poco* PÚBLICO; sinón.: **auditorio.** ‖ Conjunto de los reunidos para asistir a un espectáculo o acto semejante. *Asistió poco* PÚBLICO *al mitin.* ‖ **Dar al público.** Publicar, especialmente por la imprenta. ‖ **De público.** m. adv. Notoriamente. ‖ **En público.** m. adv. Públicamente. ‖ **Sacar al público** una cosa. frs. fig. Publicarla.

PUCALLPA. *Geog.* Población del Perú (Loreto), puerto a orillas del río Ucayali.

PUCARÁ. m. *Amer. del S.* Fortaleza que construían los indios en lo alto de una colina y que solían rodear de muros concéntricos.

PUCCINI, Giacomo. *Biog.* Cél. compositor ital. cuya obra jalona una de las épocas más brillantes de la ópera peninsular. Compuso también música de cámara, misas e himnos. Obras famosas: *Turandot; Manón Lescaut; La Bohème; Madame Butterfly; Tosca*, etc. (1858-1924).

PUCIA. f. Antiguo vaso farmacéutico que se usaba para hacer infusiones y cocimientos.

PUCO. (Del quichua *pucu*.) m. *Arg., Col.* y *Ec.* Escudilla de barro. ‖ Plato ancho de madera.

PUCHA. f. *Col.* Cuarta parte del cuartillo. ‖ *Cuba* y *P. Rico.* Ramillete de flores. ‖ *Méx.* Pan en forma de rosquilla. ‖ ¡Pucha! int. *Arg.* y *Chile.* ¡Caray! ¡caramba!. ‖ *Ven.* Denota repugnancia.

PUCHADA. f. Cataplasma de harina desleída, a modo de puches. ‖ Especie de gachas para cebar puercos. ‖ *Amér. del S.* Acción de chupar el cigarro, chupada.

PUCHERA. f. fam. Olla, cocido español.

PUCHERAZO. m. Golpe dado con un puchero. ‖ fam. Fraude electoral consistente en computar votos no emitidos en una elección.

PUCHERETE. m. dim. de **Puchero.**

PUCHERO. (Del lat. *pultarius*.) m. Vasija comúnmente de barro, de panza abultada y cuello ancho que sirve para cocer la comida. ‖ Olla, cocido español. ‖ fig. y fam. Alimento diario o regular. *Trabajo para ganar el* PUCHERO. ‖ Gesto o movimiento que precede al llanto. Ú.m. en pl. y con el verbo hacer. ‖ — **criollo.** *Amér.* Cocido que se diferencia del español por alguno de los ingredientes. ‖ — **de enfermo.** Cocido especial para enfermos o convalecientes. ‖ **Oler a puchero de enfermo.** frs. fig. y fam. Ser una cosa muy sabida y despreciable. ‖ **Salírsele** a uno **el puchero.** frs. fig. y fam. Fallarle su idea o empresa. ‖ **Volcar el puchero.** frs. fig. y fam. Dar pucherazo, fraude electoral. ‖ deriv.: **pucheril.**

PUCHERUELO. m. dim. de **Puchero.**

PUCHES. (Del lat. *puls, pultis*.) amb. pl. Gachas, cocido de harina y otros ingredientes.

PUCHO. (Del quichua *puchu*, lo que sobra.) m. Punta, colilla del cigarro. ‖ Cabo, extremidad de una cosa. ‖ Pizca, residuo, cosa sin valor. ‖ *Chile* y *Ec.* El último hijo de una familia. ‖ **A puchos.** m. adv. *Arg., Col., Chile, Perú* y *Urug.* Por pequeñas cantidades. ‖ **Encender en el pucho.** frs. fig. y fam. *Arg.* Lograr nueva ventaja apenas acabada la primera. ‖ **No valer un pucho.** frs. fam. *Arg., Col., Chile* y *Perú.* No valer un comino. ‖ **Sobre el pucho.** m. adv. *Arg., Bol.* y *Urug.* En seguida.

PUCHUSCO, CA. adj. y s. *Chile.* Dícese del último hijo de una familia.

PUDELACIÓN. f. Acción y efecto de pudelar.

PUDELAR. (Del ingl. *to puddle*, pudelar.) tr. Hacer dulce el hierro colado, quemando parte de su carbono en hornos de reverbero. ‖ deriv.: **pudelado, pudelador, ra.**

PUDENDO, DA. (Del lat. *pudendus.*) adj. Torpe, feo, que debe causar vergüenza. ‖ *Anat.* Perteneciente o relativo a los órganos genitales externos.

PUDIBUNDEZ. (De *pudibundo.*) f. Afectación o exageración del pudor.

PUDIBUNDO, DA. (Del lat. *pudibundus.*) adj. Pudoroso.

PUDICICIA. (Del lat. *pudicitia.*) f. Honestidad, pudor, antón.: **desvergüenza.**

PÚDICO, CA. al. **Schamhaft.** fr. **Pudique.** ingl. **Chaste; modest.** ital. **Pudico.** port. **Pudico.** (Del lat. *púdicus.*) adj. Honesto, casto, pudoroso. *Frente* PÚDICA.

PUDIENTE. adj. y s. Poderoso, rico; antón.: **indigente, pobre.**

PUDÍN. m. Anglicismo por **budín.**

PUDINGA. (Del ingl. *pudding*, budín.) f. *Geol.* Conglomerado de almendrilla.

PUDIO. adj. Dícese de una especie de pino.

PUDOR. al. **Scham.** fr. **Pudeur.** ingl. **Modesty; decorousness.** ital. **Pudore.** port. **Pudor.** (Del lat. *púdor, -oris.*) m. Honestidad, recato, modestia. antón.: **impudicia.**

PUDOROSO, SA. (Del lat. *pudorosus.*) adj. Lleno de pudor. *Mirada* PUDOROSA; sinón.: **decoroso, recatado;** antón.: **deshonesto, impuro.** ‖ deriv.: **pudorosamente.**

PUDOVKIN, Vsevolod. *Biog.* Director ruso que innovó el lenguaje cinematográfico con sus películas *La madre; Tempestad sobre el Asia*, etc. Fue un notable ensayista sobre la técnica cinematográfica (1893-1953).

PUDRICIÓN. f. Putrefacción. ‖ **– roja.** Tabaco, enfermedad de algunos árboles.

PUDRIDERO. m. Lugar en que se pone una cosa para que se pudra. ‖ Cámara en que se tiene cierto tiempo los cadáveres antes de colocarlos en el panteón.

PUDRIDOR. m. En las fábricas de papel, pila en que se ponía en remojo el trapo.

PUDRIGORIO. m. fam. Podrigorio.

PUDRIMIENTO. m. Putrefacción, corrupción.

PUDRIR. al. **In Fäulnis bringen.** fr. **Pourrir.** ingl. **To rot; to vex.** ital. **Imputridire.** port. **Apodrecer.** (Del lat. *putrire.*) tr. y r. Corromper o descomponer una materia orgánica. *Estos huevos están* PODRIDOS. ‖ fig. Consumir, molestar, impacientar, irritar. *Su charla me* PUDRE. ‖ intr. Haber muerto, estar sepultado. ‖ irreg. **Conjugación:** INDIC. Pres.: *pudro, pudres, pudre, pudrimos, pudrís, pudren. Imperf.: pudría, pudrías*, etc. Pret. indef.: *pudrí, pudriste*, etc. Fut. imperf.: *pudriré, pudrirás*, etc. POT.: *pudriría, pudrirías*, etc. SUBJ. Pres.: *pudra, pudras, pudra, pudramos, pudráis, pudran.* Imperf.: *pudriera, pudrieras*, etc. *pudriese, pudrieses*, etc. Fut. imperf.: *pudriere, pudrieres*, etc. IMPERAT.: *pudre, pudrid*, etc. PARTIC.: *Podrido.* GER.: *pudriendo.*

PUDÚ. m. *Zool. Arg.* y *Chile.* Ciervo de los Andes australes, de pequeño tamaño y color pardo rojizo; el macho posee cuernos breves y rectos. *Pudu pudu*, cérvido.

PUEBLA. f. Siembra de cada género de verduras o legumbres. ‖ Posesión del inquilino de una hacienda.

PUEBLA. *Geog.* Estado de México situado al S. E. de la mesa de Anáhuac. 33.997 km². 2.916.000 h. Produce cereales, caña de azúcar, tabaco, algodón, frutas, etc. Es el Est. más industrial del país: tejidos, plantas hidroeléctricas, substancias alimenticias, etc. Cap. hom. 274.300 h. Gran centro manufacturero y comercial. Magnífica catedral.

PUEBLADA. f. *Amér. del S.* Barbarismo por tumulto, motín.

PUEBLE. (De *poblar.*) m. *Min.* Conjunto de operarios que concurren al laboreo de una mina.

PUEBLERINO, NA. adj. Lugareño. *Acento* PUEBLERINO.

PUEBLERO, RA. adj. *Arg.* y *Urug.* Para el campesino, natural o habitante de una ciudad o pueblo. Ú.t.c.s. ‖ *Arg.* y *Urug.* Perteneciente o relativo a una ciudad o pueblo, ciudadano, urbano (en oposición a campesino).

PUEBLO. al. **Dorf; Volk.** fr. **Village; peuple.** ingl. **Village; people.** ital. **Villaggio; popolo.** port. **Povo.** (Del lat. *pópulus.*) m. Población, en especial la pequeña. *Habría unas quinientas familias en aquel* PUEBLO. ‖ Conjunto de personas de un lugar, región o país. ‖ Gente común o plebe. ‖ Nación, conjunto de los habitantes de un Estado. *El* PUEBLO *ecuatoriano.* ‖ adj. y s. Dícese del individuo de una tribu de indios de Arizona y Nuevo México.

PUEBLO ENFERMO. *Lit.* Obra de Alcides Arguedas, una de las más famosas y discutidas de la literatura crítica boliviana. Analiza la doliente realidad del altiplano con pensamiento renovador, a la luz de una sociología científica. Publicada en 1903.

PUELCHE. (Del araucano *puel*, oriente, y *che*, persona.) adj. Dícese del individuo que habitaba en la zona cordillerana de Patagonia, particularmente en Neuquén (Rep. Arg.). Ú.t.c.s. ‖ Perteneciente a estos indios. ‖ m. Lengua puelche. ‖ *Chile.* Viento que sopla de los Andes en dirección a poniente.

PUELO. *Geog.* Río de Chile que desagua en el seno de Reloncaví. V. **Manso.**

PUENTE. al. **Brücke.** fr. **Pont.** ingl. **Bridge.** ital. **Ponte.** port. **Ponte.** (Del lat. *pons, pontis.*) amb. Fábrica que se construye sobre los ríos, fosos y otros sitios, para poder pasarlos. ‖ Suelo que se hace poniendo tablas sobre barcas, odres u otros cuerpos flotantes, para pasar un río. ‖ Pieza de madera colocada perpendicularmente en la tapa de los instrumentos de arco, para mantener levantadas las cuerdas. ‖ Cordal, pieza de los instrumentos de cuerda. ‖ Cada uno de los dos palos o barras horizontales que en los carros aseguran por la parte superior las estacas de uno y otro lado. ‖ Conjunto de los dos maderos horizontales en que se sujeta el peón de la noria. ‖ *Arq.* Cualquiera de los maderos que en las obras o andamios se colocan horizontalmente entre otros dos, verticales o inclinados. ‖ *Mar.* Cada una de las cubiertas que llevan batería en los buques de guerra. ‖ Plataforma colocada a cierta altura sobre la cubierta y desde la cual da sus órdenes el oficial de guardia. ‖ **– aéreo.** Servicio intenso de transportes por avión, que se establece con el fin de abastecer o evacuar un lugar que ha quedado inaccesible por vía terrestre. ‖ **– cerril.** El que es estrecho y sirve para pasar el ganado suelto. ‖ **– colgante.** El sostenido por cables o cadenas. ‖ **– de barcas.** El tendido sobre flotadores. ‖ **– de los asnos.** fig. y fam. Dificultad que en una ciencia u otra cosa desanima a los principiantes. ‖ **– de Varolio.** *Anat.* Órgano de la parte inferior del encéfalo que relaciona el cerebro, el cerebelo y la medula oblonga. ‖ **– levadizo.** El que en los castillos se ponía sobre el foso y se levantaba por medio de poleas y cadenas. ‖ **– transbordador** El que soporta un carro, del cual va colgada la barquilla transbordadora. ‖ **Calar el puente.** frs. Bajar el levadizo para que se pueda pasar por él. ‖ **Hacer la puente de plata** a uno. frs. fig. Facilitarle y allanarle las dificultades. ‖ **Hacer puente.** frs. fig. Considerar como festivo el día intermedio entre los dos que lo son realmente. ‖ **Por la puente, que está seco.** expr. fig. y fam. con que se aconseja la elección del partido más seguro. ‖ **A enemigo que huye, puente de plata.** ref. con que se señala la conveniencia de facilitar la fuga del enemigo que se va. ‖ IDEAS AFINES: *Pilar, riostra, arco, luz, articulación, apoyo, cimbra, pasarela, parapeto.*

PUENTEAR. tr. Colocar un puente en un circuito eléctrico.

PUENTECILLA. f. Puente, en los instrumentos de arco. ‖ Cordal de los mismos.

PUENTE DEL INCA. *Geog.* Población de la Argentina, en el N. O. de la prov. de Mendoza. Aguas medicinales. Recibe este nombre por el puente natural cercano a ella situado sobre el río de las Cuevas.

PUENTEZUELA. f. dim. de **Puente.**

PUERCA. al. **Sau.** fr. **Truie.** ingl. **Sow.** ital. **Troia.** port. **Porca.** (Del lat. *porca.*) f. Hembra del puerco. ‖ Cochinilla, crustáceo. ‖ Escrófula. ‖ Pieza del pernio o gozne en que está el anillo. ‖ Larguero en que estriba el quicio de una puerta. ‖ fig. y fam. Mujer sucia. Ú.t.c.adj. ‖ Mujer grosera. Ú.t.c.adj. ‖ Mujer ruin, venal. Ú.t.c.adj. ‖ **– montés o salvaje. Jabalina.**

PUERCADA. f. *Amér. Central, Perú* y *P. Rico.* Porquería, acción indigna.

PUERCAMENTE. adv. m. fam. Con suciedad. ‖ fig. y fam. Con grosería, sin crianza.

PUERCO. al. **Schwein.** fr. **Porc; cochon.** ingl. **Pig.** ital. **Porco; maiale.** port. **Porco.** (Del lat. *porcus.*) m. Mamífero paquidermo, especie de jabalí domesticado, de cuerpo grueso, cerdas fuertes, cabeza grande, orejas caídas, hocico casi cilíndrico, cola corta y delgada. Se cría y ceba para comer su carne y su grasa. ‖ fig. y fam. Hombre sucio. Ú.t.c.adj. ‖ Hombre grosero. Ú.t.c.adj. ‖ Hombre ruin, venal. Ú.t.c.adj. ‖ *Mont.* Jabalí. ‖ **– de mar.** Marsopa. ‖ **– de simiente.** Verraco. ‖ **– espín** o **espino.** Mamífero del N. de África, de cuerpo rechoncho, cabeza pequeña y hocico agudo, cuello con crines fuertes, lomo y costados con púas córneas, blancas y negras en zonas alternas. Es nocturno; nútrese de raíces y frutos, y cuando lo persiguen, gruñe como el puerco. *Hystrix cristata*, roedor. ‖ *Fort.* Madero grueso guarnecido de púas de hierro. ‖ **– jabalí.** Jabalí. ‖ **– marino.** Delfín, cetáceo. ‖ **– montés** o **salvaje.** Jabalí ‖ **A cada puerco le llega su San Martín.** ref. con que se denota que no hay persona a quien no llegue la hora de la tribulación. Tiene origen este refrán en la costumbre existente en algunos países de matar puercos para la festividad de San Martín de Tours.

PUERICIA. (Del lat. *pueritia.*) f. Edad que media entre la infancia y la adolescencia, o sea de los 7 a los 14 años.

PUERICULTOR, RA. s. Persona que se dedica a la puericultura.

PUERICULTURA. (Del lat. *puer*, niño, y *cultura*, cultivo.) f. Ciencia que trata de la crianza y cuidado de los niños, en lo físico y psíquico, hasta el término de la infancia.

PUERIL. al. **Kindisch.** fr. **Puéril.** ingl. **Puerile.** ital. **Puerile.** port. **Pueril.** (Del lat. *puerilis.*) adj. Perteneciente o relativo al niño o a la puericia. *Curiosidad* PUERIL. ‖ fig. Fútil, trivial, infundado. *Celos* PUERILES. ‖ deriv.: **puerilismo.**

PUERILIDAD. (Del lat. *puerilitas, -atis.*) f. Calidad de pueril. ‖ Hecho o dicho propio de niño, o que parece de niño. ‖ fig. Cosa insignificante o despreciable. sinón.: **fruslería, fuesa.**

PUERILMENTE. adv. m. De modo pueril.

PUÉRPERA. (Del lat. *puérpera*, de *puer*, niño, y *paro*, de *parere*, parir.) f. Mujer recién parida.

PUERPERAL. adj. Relativo al puerperio. *Estado* PUERPERAL.

PUERPERIO. m. Sobreparto, período que transcurre desde el parto hasta que los órganos genitales vuelven a su estado ordinario. ‖ deriv.: **puerperalidad.**

PUERQUEZUELO, LA. s. dim. de **Puerco.**

PUERRO. al. **Porree.** fr. **Poireau.** ingl. **Leek.** ital. **Porro.** port. **Porro.** (Del lat. *porrus.*) m. Planta herbácea, anual, de cebolla larga y sencilla, hojas planas, estrechas y enteras, flores en umbela, con pétalos de color blanco rojizo. *Allium porrum*, liliácea. ‖ **– silvestre.** Especie del mismo género, de hojas semicilíndricas y flores encarnadas (*A. ampeloprasum.*)

PUERTA. al. **Türe; Tor.** fr. **Porte.** ingl. **Door.** ital. **Porta.** port. **Porta.** (Del lat. *porta.*) f. Vano de forma regular abierto en pared o cerca para entrar y salir. ‖ Armazón de madera, hierro u otra materia, que, engoznada en el quicio y asegurada por el otro lado con llave o cerrojo, sirve para impedir o permitir a voluntad la entrada y salida. PUERTA *principal.* ‖ Cualquier agujero que sirve para entrar y salir por él. ‖ Tributo de entrada o de consumos que se paga en la ciudad y otros lugares. Ú. m. en pl. ‖ fig. Camino, principio o medio para entablar una pretensión u otra cosa. *Por la única* PUERTA *que entraré será por la de la rectitud.* ‖ **– abierta.** Régimen de franquicia o igualdad aduanera impuesto a ciertos pueblos atrasados. ‖ **– accesoria.** La que sirve en el mismo edificio que tiene otra u otras principales. ‖ **– cancel.** *Arg.* Cancel, cancela, verja que separa del zaguán el vestíbulo o el patio. ‖ **– cochera.** Aquella por donde pueden entrar y salir carruajes. ‖ **– excusada,** o **falsa.** La que sale a un paraje excusado. ‖ **– franca.** Entrada o salida libre que se concede a todos. ‖ Exención de derechos de consumo. ‖ **– reglar.** Aquella por donde se entra a la clausura de las religiosas. ‖ **– secreta. Puerta falsa.** ‖ La muy oculta. ‖ **– trasera.** fig. La que se abre en la fachada opuesta a la principal. ‖ fig. y fest. Ano. ‖ **– vidriera.** La que tiene vidrios en lugar de tableros. ‖ **Sublime Puerta.** Nombre del estado y gobierno turcos en tiempo de los sultanes. ‖ **Abrir la puerta,** o **puerta.** frs. fig. Dar motivo o facilidad para una cosa. ‖ **A esotra,** o **a la otra, puerta.** expr. fig. y fam. con que se reprende la terquedad del que no cede a las razones. ‖ fig. y fam. Ú. t. para explicar que uno no ha oído lo que se le dice. ‖ **A las puertas de la muerte.** m. adv. fig. En cercano peligro de morir. ‖ **A otra puerta, que ésta no se abre.** expr. fig. con que se despide a uno, negándole lo que pide. ‖ **A puerta cerrada.** m. adv. fig. En secreto. *Conferenciar* A PUERTA CERRADA. ‖ *For.* Dícese de los juicios en que por ciertos motivos sólo se permite la presencia de las partes y defensas. ‖ **A puertas cerradas.** m. adv. fig. Hablando de testamentos, se dice de los que mandan la herencia a uno sin exceptuar nada. ‖ **Cerrar** uno **la puerta.** frs. fig. Hacer imposible o dificultar mucho una cosa. ‖ **Cerrársele** a uno **todas las puertas.** frs. fig. Faltarle todo recurso. ‖ **Coger entre puertas** a uno. frs. fig. y fam. Sorprenderle para obligarlo a uno a hacer una cosa. ‖ **Cuando una puerta se cierra, ciento se abren.** ref. con que se consuela a uno, pues tras un lance desdichado, suele venir otro favorable. ‖ **Dar** a uno **con la puerta en la cara, en las narices, en los hocicos,** o **en los ojos.** frs. fig. y fam. Desairarle, rechazarle con menosprecio. ‖ **De puerta en puerta.** m. adv. fig. Mendigando. ‖ **Detrás de la puerta.** expr. fig. y fam. con que se pondera la facilidad de encontrar una cosa. ‖ **Echar las puertas abajo.** frs. fig. y fam. Llamar muy fuerte. ‖ **En puerta.** m. adv. que designa el primer naipe que aparece al volcar la baraja. ‖ **Enseñarle** a uno **la puerta de la calle.** frs. fig. y fam. Echarle de casa. ‖ **Entrársele** a uno **por las puertas** una persona o cosa. frs. Venírsele a su casa u ocurrirle cuando menos lo aguardaba. ‖ **Estar, o llamar, a la puerta** una cosa. frs. fig. Estar muy próxima a suceder. ‖ **Fuera de puertas.** expr. adv. Extramuros. ‖ **Llamar a las puertas** de uno. frs. fig. Implorar su favor. ‖ **Poner** a uno **en la puerta de la calle.** frs. fig. y fam. **Ponerle de patitas en la calle.** ‖ **Poner puertas al campo.** frs. fig. y fam. con que se da a entender la imposibilidad de poner límites a lo que no los admite. ‖ **Por puertas.** m. adv. fig. En extrema pobreza. Ú. m. con los verbos *dejar* y *quedarse.* ‖ **Puerta abierta, al santo tienta.** ref. **La ocasión hace al ladrón.** ‖ **Salir** uno **por la puerta de los carros, o de los perros.** frs. fig. y fam. Huir precipitadamente por temor de un castigo. ‖ fig. y fam. Ser despedido con malas razones. ‖ **Tomar** uno **la puerta.** frs. Irse de un local. ‖ IDEAS AFINES: *Umbral, dintel, marco, hoja, bastidor, jamba, montante, herraje, bisagra, pestillo, giratoria, cancela, cochera, corrediza, portero, cancerbero, salida, entrada.*

PUERTA DE ORO. *Geog.* Paso

de la costa sudoccidental de los EE. UU. (California), que une la bahía de San Francisco con el océano Pacífico. Un puente colgante, el más largo del mundo, une ambas orillas.

PUERTAS DE HIERRO. *Geog.* Nombre de numerosos desfiladeros, de los cuales el más conocido es el situado en la frontera rumanoyugoslava. Lo atraviesa el río Danubio al penetrar en la llanura valaca. Tiene 157 km. de extensión.

PUERTAVENTANA. f. Contraventana

PUERTEZUELA. f. dim. de **Puerta.**

PUERTEZUELO. m. dim. de **Puerto.**

PUERTO. al. **Hafen.** fr. **Port.** ingl. **Port.** ital. **Porto.** port. **Porto.** (Del lat. *portus.*) m. Lugar en la costa, defendido de los vientos y que ofrece seguridad a las naves para las operaciones de tráfico y armamento. *El* PUERTO *de La Guayra.* ‖ Garganta o boquete que da paso entre montañas. *A causa de las nevadas, los* PUERTOS *estaban cerrados.* ‖ Por ext., montaña o cordillera que tiene una o varias de estas gargantas. ‖ Presa o estacada de céspedes en un río. ‖ fig. Asilo, refugio. ‖ pl. En el Concejo de la Mesta, pastos de verano. ‖ **Puerto de Arrebatacapas.** fig. y fam. Sitio por donde corren vientos impetuosos. Lugar donde, por el mucho desorden, hay riesgo de robos. ‖ – **de arribada.** *Mar.* Escala. ‖ – **franco.** El que goza de franquicia de aduana. ‖ – **habilitado.** El que lo está para ciertas importaciones o exportaciones, prevenida la seguridad, carga y descarga de los buques. ‖ – **seco.** Lugar de las fronteras, en donde está establecida una aduana. ‖ **Agarrar** un barco **el puerto.** frs. fig. *Mar.* Llegar a él después de muchas dificultades y trabajos para conseguirlo. ‖ **Arribar a puerto de salvación.** Concluir felizmente una cosa difícil, o lograrla. ‖ **De puertos allende.** loc. Dícese del territorio situado más allá de una cordillera. ‖ **Naufragar** uno **en el puerto.** frs. fig. Ver malogrados sus proyectos cuando más seguros los creía. ‖ **Tomar puerto.** Llegar a él un buque tras haber experimentado dificultades o trabajo para conseguirlo. ‖ fig. Acogerse a lugar seguro. ‖ IDEAS AFINES: *Muelle, embarcadero, fondeadero, amarradero, escala, rompeolas, esclusas, dique, rada, canal, baliza, semáforo, escollera, malecón, nave, barcaza, remolcador, grúa, mástil, chimenea, sirena, natural, artificial, militar, atracar, anclar, zarpar, desembarcar.*

PUERTO. *Geog.* Arroyo de la Argentina (Entre Ríos), afl. del arroyo Feliciano. ‖ – **Armuelles.** C. y puerto de Panamá (Chiriquí), 5.650 h. ‖ – **Arturo.** V. **Port Arthur.** ‖ – **Ayacucho.** Pobl. de Venezuela, cap. del territorio de Amazonas, 4.775 h. ‖ – **Aysén.** C. y puerto de Chile, capital de la prov. de Aysén. 7.200 h. ‖ – **Barrios.** C. y puerto de Guatemala, capital del dep. de Izabal. 15.550 h. ‖ – **Belgrano.** Base naval de la Argentina, situada al S. E. de Bahía Blanca. ‖ – **Bermejo.** Pobl. de la Argentina (Chaco). 3.250 h. ‖ – **Berrío.** Pobl. y puerto de Colombia (Antioquia), sobre el río Magdalena. 9.800 h. ‖ – **Cabello.** C. de Venezuela (Carabobo), uno de los principales puertos del país. 38.260 h. ‖ – **Cabezas.** Pobl. de Nicaragua (Zelaya). 3.680 h. ‖ – **Carreño.** Pobl. de Colombia, a orillas del Orinoco, cap. de la comisaría de Vichada. 1.590 h. ‖ – **Casado.** Pobl. del Paraguay (Boquerón), a orillas del río Paraguay. 7.000 n. ‖ – **Colombia.** Pobl. y puerto de Colombia (Atlántico). 5.350 h. ‖ – **Cortés.** Pobl. y puerto de Honduras (Cortés). 8.700 h. ‖ – **Cumarebo.** Pobl y puerto de Venezuela (Falcón). 5.290 h. ‖ – **Deseado.** V. **Deseado.** ‖ – **España.** V. **Port of Spain.** ‖ – **Guaraní.** Pobl. del Paraguay (Alto Paraguay), a orillas del río Paraguay. 3.075 h. ‖ – **Iguazú.** Pobl. de la Argentina (Misiones), puerto en el río Iguazú, a 1 km. de su confluencia con el Paraná. 1.300 h. ‖ – **Madryn.** Pobl. de la Argentina (Chubut). 10.000 h. Es el mejor puerto de la Patagonia. ‖ – **Maldonado.** Población del Perú, capital del dep. de Madre de Dios. 2.200 h. ‖ – **Montt.** C. de Chile, capital de la prov. de Llanquihue. 60.970 h. ‖ – **Moresby.** Nueva Guinea, cap. de Papúa-Nueva Guinea. 70.000 h. ‖ – **Natales.** C. y puerto de Chile (Magallanes). 6.890 h. ‖ – **Padre.** C. y puerto de Cuba (Oriente). 7.400 h. ‖ – **Pinasco.** Pobl. del Paraguay (Boquerón), a orillas del río Paraguay. 8.750 h. ‖ – **Plata.** Prov. de la Rep. Dominicana. 1.881 km². 212.670 h. Cap. hom. 40.000 h. Puerto importante. ‖ – **PRESIDENTE STROESSNER.** Distrito del NE de Paraguay, en el dep. de Alto Paraná. ‖ C. del Paraguay, cap. del dep. citado y cap. del distrito homón. Puente internacional sobre el Paraná. ‖ – **Príncipe.** V. **Port-au-Prince.** ‖ – **Saavedra.** Pobl. de Chile (Cautín). 4.300 h. ‖ – **Salgar.** Pobl. de Colombia (Cundinamarca), puerto en el río Magdalena. 4.070 h. ‖ – **Sastre.** Pobl. del Paraguay (Boquerón), a orillas del río Paraguay. 6.070 h. ‖ – **Stanley.** Pobl. de las Malvinas, cap. del archipiélago. 1.080 h. ‖ – **Tejada.** Pobl. de Colombia (Cauca). 6.200 h. Comercio de cacao. ‖ – **Tirol.** Pobl. de la Argentina (Chaco). 4.880 h. Fabricación de tanino. ‖ – **Varas.** Pobl. de Chile, en la prov. de Llanquihue, a orillas del lago de este nombre. 5.340 h. Lugar de turismo. ‖ – **Vilelas.** Pobl. de la Argentina (Chaco), a orillas del Paraná. 2.750 h. Fundiciones de plomo. Fábricas de tanino y aceite. ‖ – **Wilches.** Pobl. de Colombia (Santander). 3.900 h. Extracciones de carbón.

PUERTO RICO. *Geog.* Isla de las Antillas Mayores situada al E. de Santo Domingo. 8.896 km² 3.300.000 h. Cap. SAN JUAN. Su suelo montañoso, con clima tropical, produce caña de azúcar –la mayor riqueza del país –, tabaco café, plátanos. La industria evolucionó notablemente en los últimos años: tejidos, bebidas alcohólicas (especialmente ron), sombreros de paja, cigarros, etc. *Hist.* Descubierto por Colón en 1493, durante su segundo viaje, la primera fundación esp. fue la de la c. de Puertorrico, hoy San Juan, por Ponce de León, que luego fue nombrado capitán general. La isla debió sufrir ataques de los indios y de piratas y en 1898 fue cedida por éste a los EE. UU.; desde 1917 sus habitantes son ciudadanos estadounidenses y en 1952 adquirió autonomía interna, rigiéndose por una Constitución propia. Constituye, desde ese año, un Estado asociado a la Unión.

PUERTOLLANO. *Geog.* Ciudad de España (Ciudad Real). 27.750 h. Centro minero, fundiciones, aguas minerales.

PUERTORRIQUEÑO, ÑA. adj. y s. Portorriqueño.

PUES. (Del lat. *post.*) conj. causal que denota causa, motivo o razón. *Recibe la recompensa,* PUES *supiste merecerla.* ‖ Toma carácter de condicional en giros como éste: PUES *la cosa no tiene remedio, confórmate con ella.* ‖ Es también continuativa. *Piensa,* PUES, *que es lo único factible.* ‖ Empléase igualmente como ilativa. *¿No quieres hacerlo?,* PUES *ya te arrepentirás.* ‖ Con interrogación úsase también sola para preguntar lo que se duda, equivaliendo a ¿cómo? o ¿por qué? *Mañana iré a buscarle.* – ¿PUES? ‖ Se emplea a principio de cláusula, ya sola para apoyarla, ya para encarecer lo que en ella se expresa. PUES *como te decía;* ¡PUES *estaría bueno!* ‖ Adquiere carácter de adverbio de afirmación y equivale a *sí* cuando se emplea en este sentido como respuesta. *¿Conque te lo tenías tan calladito?* – PUES. ‖ **¡Pues!** int. fam. con que se denota la certeza del juicio formulado, o de cosa que se esperaba o presumía. ¡PUES, *lo que anuncié!* ¡PUES, *eso tenía que resultar!* ‖ **Pues que.** m. conjunt. condicional y causal. **Pues.** 1ª y 2ª aceps. ‖ **¿Y pues?** expr. fam. **Pues,** ¿cómo? o ¿por qué?

PUESTA. (Del lat. *pósita.*) f. Acción y efecto de poner o ponerse. ‖ Acción de ponerse un astro. ‖ En algunos juegos de naipes, cantidad que pone el que pierde, para que se dispute en la mano siguiente. ‖ En varios juegos de naipes, cantidad que apunta cada jugador. ‖ Posta, tajada de carne. ‖ Cantidad de huevos que pone una gallina en determinado tiempo. *La* PUESTA *es mayor en la primavera.* ‖ *Arg.* En las carreras de caballo, empate. ‖ **Primera puesta.** *Mil.* Conjunto de prendas de vestir que se dan al recluta cuando ingresa al cuartel. ‖ **A puesta del Sol.** m. adv. Al ponerse el Sol.

PUESTERO, RA. (De *puesto.*) s. Persona que tiene o atiende un puesto de venta. ‖ *Arg., Chile* y *Urug.* m. Hombre que vive en una de las partes en que se divide una estancia y que está encargado de cuidar los animales que en esa parte se crían. ‖ f. *Arg., Chile* y *Urug.* Mujer del puestero.

PUESTO, TA. al. **Platz; Stelle; Stellung.** fr. **Poste; place.** ingl. **Place; post.** ital. **Posto.** port. **Posto.** (Del lat. *pósitus.*) p. p. irreg. de **Poner.** ‖ adj. Con los adverbios *bien* y *mal,* bien vestido o arreglado, o al contrario. ‖ m. Sitio que ocupa una cosa. ‖ Lugar señalado para la ejecución de una cosa. ‖ Tiendecilla, generalmente ambulante, o paraje en que se vende al por menor. *Los* PUESTOS *del mercado.* ‖ Empleo, oficio o ministerio. *Ocupa un alto* PUESTO. ‖ Sitio dispuesto para ocultarse el cazador y tirar desde él. ‖ Acaballadero. ‖ fig. Estado en que se halla una cosa, física o moralmente. ‖ m. *Arg., Chile* y *Urug.* Lugar en que está establecido el puestero. ‖ Pequeña estancia perteneciente a éste. ‖ *Mil.* Campamento, posición u otro lugar ocupado por tropa o policía. ‖ **Puesto que.** m. conj. adversativo. PUESTO QUE *nada sabes, no te examines.*

PUEYRREDÓN, Carlos A. *Biog.* Historiador arg., autor de *La campaña de los Andes; En tiempos de los virreyes* y otras obras (1887-1962). ‖ – **Honorio.** Jurisconsulto arg. de destacada actuación en diferentes conferencias internacionales (1876-1945). ‖ – **José C.** Mil. y político arg., uno de los miembros del Congreso de Tucumán (1779-1827). ‖ – **Juan Martín de.** Mil. y político arg. Tuvo preponderante actuación en la resistencia contra las invasiones ingl., fue gobernador de Córdoba y Charcas, general en jefe del ejército del Alto Perú, miembro del Triunvirato, diputado al Congreso de Tucumán, Director Supremo de las Provincias Unidas del Río de la Plata y colaboró con San Martín en la formación del ejército de los Andes (1777-1850). ‖ – **Prilidiano.** Pintor arg. que contribuyó notablemente a la jerarquización del arte pictórico en su país. Cultivó el paisaje y el desnudo y abordó los temas costumbristas, pero sobresalió en el retrato. Obras: *Manuelita Rosas; Lavanderas en el bajo Belgrano; General Belgrano,* etc. (1823-1870).

PUEYRREDÓN. *Geog.* Lago de los Andes australes, entre la prov. argentina de Santa Cruz y la chilena de Aysén. 270 km., de los cuales 98 están en territorio argentino. Desagua en el Pacífico, a través del río Baker. En el lado chileno se llama **Cochrane.**

¡PUF! Int. que denota asco y repugnancia. ‖ *Arg.* Denota desprecio, poco cuidado o interés por una cosa.

PUF. m. Galicismo por adorno. ‖ Galicismo por taburete.

PUGA Y ACAL, Manuel. *Biog.* Poeta y crítico mex. que usó el seudónimo de **Brummel.** Parte de su obra está compilada en su libro *Los poetas mexicanos contemporáneos* (1863-1930).

PUGET, Pedro. *Biog.* Artista fr. a quien se llamó el **Miguel Ángel provenzal.** Descolló como pintor, arq. y escultor. Obras: *Alejandro y Diógenes; Milón de Crotona,* etc. (1620-1694).

PÚGIL. (Del lat. *púgil.*) m. Gladiador que combatía a puñetazos. ‖ Boxeador.

PUGILAR. (Del lat. *pugillar,* tablita para escribir.) m. Volumen manual en que tenían los hebreos las lecciones de la Biblia.

PUGILATO. al. **Boxkampf.** fr. **Pugilat.** ingl. **Pugilism.** ital. **Pugilato.** port. **Pugilato.** (Del lat. *pugillus,* puño.) m. Boxeo. ‖ fig. Disputa muy porfiada.

PUGILISMO. m. Pugilato, boxeo.

PUGILISTA. m. Púgil, boxeador.

PUGNA. al. **Streit.** fr. **Lutte.** ingl. **Struggle.** ital. **Pugna.** port. **Pugna.** (Del lat. *pugna,* de *pugnare,* luchar.) f. Batalla, pelea. ‖ Oposición entre personas, bandos o naciones y también por ext., entre los humores o los elementos.

PUGNACIDAD. f. Calidad de pugnaz.

PUGNANTE. p. a. de **Pugnar.** Que pugna. ‖ adj. Contrario, opuesto, enemigo.

PUGNAR. (Del lat. *pugnare,* de *pugnus,* puño.) intr. Batallar, contender. PUGNÓ *en defensa de su ideal;* sinón.: **luchar, pelear.** ‖ fig. Solicitar con ahínco o eficacia. ‖ Porfiar con tesón. PUGNABA *el perro por soltarse.* ‖ deriv.: **pugnador, ra.**

PUGNAZ. (Del lat. *púgnax, -acis.*) adj. Belicoso.

PUIG, Ignacio. *Biog.* Sac., físico y astrónomo esp. residente en la Argentina. Autor de *La estratosfera; Influencias lunares,* etc. (1887-1961). ‖ – **Y BLANCH, Antonio.** Filólogo esp., autor de *Elementos de lengua hebrea; La inquisición sin máscara,* etc. (1775-1840).

PUJA. f. Acción de pujar o luchar contra los obstáculos. ‖ **Sacar de la puja** a uno. frs. fig. y fam. Excederle en fuerza o maña. *Carlos es ingenioso, pero su hermano le* SACA DE LA PUJA. ‖ Sacarle de un apuro o lance.

PUJA. f. Acción y efecto de pujar los licitadores. ‖ Cantidad ofrecida por un licitador. *Una* PUJA *muy alta.*

PUJADOR, RA. s. Persona que hace puja en una subasta.

PUJAME o **PUJAMEN.** m. *Mar.* Orilla inferior de una vela.

PUJAMIENTO. m. Abundancia de humores, y más comúnmente de sangre. ‖ fam. **Puja.** ‖ Empuje o esfuerzo.

PUJANTE. adj. Que tiene pujanza. *La hierba crecía,* PUJANTE; sinón.: **fuerte, vigoroso.**

PUJANTEMENTE. adv. m. Con pujanza.

PUJANZA. al. **Kraft; Gewalt.** fr. **Puissance.** ingl. **Power.** ital. **Forza; vigore.** port. **Pujança.** (De *pujar,* 1er. art.) f. Fuerza grande para ejecutar una acción. *La* PUJANZA *de la juventud;* sinón.: **poder, vigor;** antón.: **debilidad.**

PUJAR. al. **Überbieten.** fr. **Pousser; s'éfforcer.** ingl. **To outbid.** ital. **Eccedere.** port. **Pujar.** (Del lat. *pulsare,* empujar.) tr. Esforzarse para pasar adelante o proseguir una acción, venciendo obstáculos. ‖ intr. Tener dificultad en explicarse o hablar. ‖ Vacilar en la ejecución de una cosa. ‖ fam. Hacer gestos o ademanes para prorrumpir en llanto o quedar haciéndolos después de haber llorado. ‖ *Perú.* Despedir, rechazar a uno perentoriamente.

PUJAR. (Del lat. *pódium,* poyo.) tr. Aumentar los licitadores el precio puesto a una cosa que se vende o arrienda en subasta.

PUJAVANTE. (De *pujar* y *avante.*) m. Instrumento que se usa para cortar el casco a las bestias.

PUJO. (De *pujar,* esforzarse.) m. Sensación penosa que consiste en la gana continua o frecuente de orinar o defecar, con dificultad de lograrlo. ‖ fig. Gana violenta de prorrumpir en un afecto exterior, como risa o llanto. ‖ fig. Deseo eficaz, ansia de lograr un propósito. ‖ fig. Conato, tendencia, propensión. ‖ – **de sangre.** Pujo con deposiciones sanguinolentas. ‖ **A pujos.** m. adv. y fam. Poco a poco, con dificultad.

PUJOL, Juan Gregorio. *Biog.* Político arg. que participó, junto a Urquiza, en la batalla de Caseros. Dispuso, en 1856, que se emitiera el primer sello postal que circuló en el país (1817-1861).

PULAR. *Geog.* Cerro de los Andes chilenos (Antofagasta). 6.500 m.

PULCRITUD. (Del lat. *pulchritudo.*) f. Esmero en el adorno y aseo de la persona y también en la ejecución de un trabajo manual. *La* PULCRITUD *de un bordado.* ‖ fig. Delicadeza, esmero sumo en la conducta, la acción o el habla.

PULCRO, CRA. al. **Sauber.** fr. **Propre.** ingl. **Neat; tidy.** ital. **Preciso.** port. **Pulcro.** (Del lat. *pulcher, pulchra.*) adj. Aseado, cuidadoso, fino, bello. *Manos* PULCRAS. ‖ Esmerado en la conducta y el habla. ‖ deriv.: **pulcramente.**

PULCHINELA. m. Personaje burlesco de las farsas y pantomimas italianas.

PULGA. al. **Floh.** fr. **Puce.** ingl. **Flea.** ital. **Pulce.** port. **Pulga.** (Del lat. *púlex, -icis.*) f. Cualquiera de los insectos ápteros, de metamorfosis complicada, ojos sencillos, boca chupadora, cuerpo comprimido y patas saltadoras, que viven de la sangre de otros animales, y especialmente el que chupa la sangre de los mamíferos. *Pulex irritans,* afaníptero. ‖ Peón muy pequeño para jugar los muchachos. ‖ – **acuática.** Crustáceo pequeño, que pulula en las aguas estancadas y nada como a saltos. *Daphnia pulex,* cladócero. ‖ – **de mar.** Pequeño crustáceo que en la bajamar permanece en la playa, debajo de las algas, y huye a grandes saltos cuando alguien se aproxima. *Talitrus saltator.* ‖ **Echar** a uno la **pulga detrás de la oreja.** frs. fig. y fam. Decirle una cosa que le inquiete. ‖ **No aguantar,** o **no sufrir, pulgas.** frs. fig. y fam. No tolerar ofensas o burlas. ‖ **Sacudirse** uno **las pulgas.** frs. fig. y fam. Rechazar las cosas molestas u ofensivas. ‖ **Tener** uno **malas pulgas.** frs. fig. y fam. Ser de genio irritable. ‖ **Tener pulgas.** frs. fig. y fam. Ser de genio inquieto. ‖ deriv.: **pulgáceo, a.**

PULGADA. al. **Zoll.** fr. **Pouce.** ingl. **Inch.** ital. **Pollice.** port. **Polegada.** (De *pulgar.*) f. Medida de longitud que es la duodécima parte del pie y equivale a 23,2 milímetros. ‖ En Inglaterra, equivale a 25,4 milímetros.

PULGAR. al. **Daumen.** fr. **Pouce.** ingl. **Thumb.** ital. **Pollice.** port. **Polegar.** (Del lat. *pulicaris;* de *púlex,* pulga.) s. Dedo primero y más grueso de los de la mano, oponible a los restantes. Ú.t.c.adj. ‖ Parte de sarmiento con yemas que se deja en las vides al podarlas. ‖ **Menear** uno **los pulgares.** frs. fig. En el juego de los naipes, brujulear las cartas. ‖ Darse prisa en ejecutar algo con los dedos. ‖ **Por sus pulgares.** m. adv. fig. y fam. Por su mano y sin ayuda de otro.

PULGAR, Hernando del. *Biog.* Historiador esp. autor de *Crónica de los Reyes Católicos* y de *Claros varones de Castilla* (1430-1493).

PULGARADA. f. Golpe que se da apretando el dedo pulgar. ‖ Polvo, lo que puede tomarse con dos dedos. ‖ Pulgada.

PULGÓN. m. Nombre de varias especies de insectos hemípteros, de cuerpo ovoide, negro o verdoso, cuyas hembras son ápteras y viven apiñadas en gran cantidad sobre las hojas y partes tiernas de ciertas plantas.

PULGOSO, SA. adj. Que tiene pulgas.

PULGUERA. f. Lugar en que hay muchas pulgas. ‖ Zaragatona.

PULGUERA. f. Empulguera.

PULGUERÍO. m. Abundancia de pulgas.

PULGUERO. m. *Amér.* Pulguera, lugar donde hay muchas pulgas. ‖ *C. Rica, Perú* y *Ven.* Cárcel.

PULGUIENTO, TA. adj. *Amér.* Pulgoso.

PULGUILLAS. m. fig. y fam. Hombre bullicioso e irritable.

PULICÁN. (Del ant. fr. *polican,* hoy *pélican.*) m. Gatillo, instrumento para extraer dientes.

PULICIDO, DA. (Del lat. *púlex, -icis.*) adj. *Zool.* Dícese de insectos dípteros, de boca que consta de tres partes; tórax formado por tres segmentos y patas largas, dispuestos para saltar. ‖ m. pl. *Zool.* Familia de estos insectos, en la que está comprendida la pulga común.

PULIDAMENTE. adv. m. Con adorno y delicadeza.

PULIDERO. m. Pulidor de trapo o cuero.

PULIDEZ. f. Calidad de pulido.

PULIDO, DA. al. **Blank; Poliert.** fr. **Poli.** ingl. **Polished.** ital. **Pulito.** port. **Polido.** (Del lat. *politus.*) adj. Agraciado, primoroso, pulcro.

PULIDO, José Ignacio. *Biog.* Pol. y militar ven. de notable actuación en las luchas de la independencia (1795-1868).

PULIDOR, RA. adj. Que pule y adorna una cosa. Ú.t.c.s. ‖ m. Instrumento que se usa para pulir. ‖ Pedacito de trapo o de cuero suave que se tiene entre los dedos para no lastimárselos, cuando se devana el hilo. ‖ f. Máquina para pulir.

PULIMENTAR. tr. Pulir, alisar y dar lustre. PULIMENTAR *un mármol.* ‖ deriv.: **pulimentable; pulimentación; pulimentador, ra.**

PULIMENTO. m. Acción y efecto de pulir, alisar y dar lustre.

PULIR. al. **Polieren.** fr. **Polir.** ingl. **To polish.** ital. **Pulire.** port. **Polir.** (Del lat. *polire.*) tr. Alisar o dar lustre a una cosa. PULIR *vidrio;* sinón.: **bruñir.** ‖ Perfeccionar una cosa dándole la última mano. ‖ Adornar, aderezar. Ú.m.c.r. ¡TE PULISTE *para ir a la fiesta!* ‖ fig. Quitar a uno la rusticidad, hacerlo cortés, instruirle. Ú.t.c.r.

PULITZER, José. *Biog.* Periodista estad. de origen húngaro. Participó en la guerra civil, y con su fortuna estableció los premios anuales a la producción intelectual y artística conocidos por su nombre (1847-1911).

PULMOMETRÍA. f. Medición de la capacidad pulmonar.

PULMÓMETRO. m. Espirómetro.

PULMÓN. al. **Lunge.** fr. **Poumon.** ingl. **Lung.** ital. **Polmone.** port. **Pulmão.** (Del lat. *pulmónem.*) m. Órgano respiratorio, generalmente doble, de los vertebrados que viven fuera del agua. En el hombre, los pulmones son ligeros, porosos, elásticos, de superficie lisa y brillante, rosados en el niño y grisáceos en el adulto. Están situados en la cavidad torácica, separados por el corazón y demás partes del mediastino. Su estructura comprende una capa serosa, que es la pleura, otra subserosa areolar, y el parénquima, que se compone de lobulillos, cada uno con un bronquiolo. El pulmón derecho se divide en tres lóbulos y el izquierdo en dos. ‖ Órgano respiratorio en forma de saco de algunos arácnidos y moluscos. ‖ – **de acero,** o **mecánico.** *Ter.* Aparato para efectuar la respiración artificial. ‖ – **marino.** Medusa. ‖ IDEAS AFINES: *Alvéolo, traquearteria, bronquio, congestión, turberculosis, neumonía, asma, pleuresía, tos, estetoscopio, auscultar, respirar.*

PULMONADO, DA. adj. *Zool.* Dícese del animal articulado que posee pulmones. ‖ Dícese de moluscos gasterópodos terrestres o de agua dulce, con pulmones situados delante del corazón, hermafroditas. Ú.t.c.s. ‖ m. pl. *Zool.* Orden de estos moluscos.

PULMONAR. adj. Perteneciente a los pulmones. *Congestión* PULMONAR.

PULMONARIA. f. Hierba viva, de tallos vellosos, hojas ovales, ásperas, verdes, con manchas blancas, flores rojas, en racimos terminales y fruto seco, múltiple. Su cocimiento es usado como pectoral. *Pulmonaria officinalis,* borraginácea. ‖ Liquen coriáceo, pardo y de superficie con ampollas, parecida a la de un pulmón cortado, parásito del tronco de muchos árboles. *Lobaria pulmonacea.*

PULMONÍA. al. **Lungenentzündung.** fr. **Pneumonie.** ingl. **Pneumonia.** ital. **Polmonia; polmonite.** port. **Pneumonia.** f. Neumonia.

PULMONÍACO, CA. adj. Perteneciente o relativo a la pulmonía. ‖ Que padece pulmonía. Ú.t.c.s.

PULMOTOR. m. *Med.* **Pulmón de acero.**

PULPA. al. **Pulpe; Fruchtfleisch.** fr. **Pulpe.** ingl. **Pulp.** ital. **Polpa.** port. **Polpa.** (Voz lat.) f. Parte mollar de las carnes, o carne pura. ‖ Carne de los frutos. *La* PULPA *de la ciruela.* ‖ Medula de las plantas leñosas. ‖ Fruta deshuesada y triturada. ‖ En la industria azucarera, residuo de la remolacha, después de extraer el jugo azucarado, y que sirve para piensos. ‖ *Farm.* y *Quím.* Pasta blanda homogénea y muy dividida que resulta de pulpar una substancia. ‖ – **dental** o **dentaria.** *Anat.* Tejido blanco y rojizo que rellena la cavidad central del diente. ‖ deriv.: **pulpal; pulpiforme.**

PULPAR. adj. *Odont.* Relativo a la pulpa dentaria.

PULPAR. tr. Reducir a pulpa una substancia. ‖ deriv.: **pulpación; pulpefacción.**

PULPEJO. m. Parte carnosa y blanda de un miembro pequeño del cuerpo, y en especial de la cara palmar de los extremos de los dedos y del lóbulo de la oreja. ‖ Sitio blando y flexible de los cascos de las caballerías.

PULPERÍA. (De *pulpo.*) f. *Amér.* Tienda donde se venden mercancías de toda clase.

PULPERO, RA. s. *Amér.* Persona que tiene pulpería.

PULPERO. m. Pescador de pulpos.

PULPERO. m. Artefacto para obtener pulpa.

PULPETA. f. Tajada que se saca de la pulpa de la carne.

PULPETÓN. m. aum. de **Pulpeta.**

PÚLPITO. al. **Kanzel.** fr. **Chaire.** ingl. **Pulpit.** ital. **Pulpito.** port. **Púlpito.** (Del lat. *púlpitum.*) m. Plataforma pequeña, elevada con antepecho y tornavoz, que hay en las iglesias para predicar desde ella y hacer otros ejercicios religiosos. *Italia conserva* PÚLPITOS *antiguos muy hermosos.* ‖ fig. En las órdenes religiosas, empleo de predicador. *Se ha quedado sin* PÚLPITO. ‖ deriv.: **pulpital.** ‖ IDEAS AFINES: *Tribuna, barandilla, escalera, sacerdote, orador, sermón.*

PULPO. al. **Polyp; Krake.** fr. **Poulpe.** ingl. **Cuttlefish; octopus.** ital. **Polpo.** port. **Polvo.** (Del lat. *pólypus,* y éste del gr. *polýpous.*) m. Nombre de varias especies de cefalópodos muy voraces, del Gén. *Octopus,* de cuerpo oval, con ocho brazos provistos de dos filas de ventosas. ‖ **Poner a** uno **como un pulpo.** frs. fig. y fam. Golpearle mucho.

PULPOSO, SA. adj. Que tiene pulpa. ‖ deriv.: **pulposidad.**

PULQUE. (Voz mexicana.) m. Bebida fermentada, obtenida del aguamiel o del jugo de bohordos de pitas.

PULQUERIA, Elía. *Biog.* Emperatriz de Oriente de 414 a 453.

PULQUERÍA. f. Tienda donde se vende pulque.

PULQUERO, RA. s. Persona que vende pulque.

PULQUÉRRIMO, MA. (Del lat. *pulchérrimus.*) adj. super. de **Pulcro.**

PULSACIÓN. al. **Pulsschlag.** fr. **Pulsation.** ingl. **Pulsation.** ital. **Pulsazione.** port. **Pulsação.** f. Acción de pulsar. *La pianista tenía una* PULSACIÓN *vigorosa.* ‖ Cada uno de los latidos de una arteria. ‖ Movimiento periódico de un fluido.

PULSADA. f. Pulsación de una arteria.

PULSADOR, RA. adj. Que pulsa. Ú.t.c.s. ‖ m. Botón, que al ser pulsado, pone en función un aparato o mecanismo, como el del timbre eléctrico.

PULSANTE. p. a. de **Pulsar.** Que pulsa.

PULSAR. (Del lat. *pulsare,* empujar, impeler.) tr. Tocar, golpear. PULSAR *la guitarra.* ‖ Reconocer el estado del pulso en las arterias. ‖ fig. Tantear un asunto, por vía de ensayo. ‖ intr. Latir la arteria, el corazón u otra cosa que tenga movimiento sensible. ‖ deriv.: **pulsatorio, ria.**

PULSÁTIL. adj. Pulsativo.

PULSATILA. (Del lat. *pulsatilla,* de *pulsare.*) f. Planta perenne, de raíz leñosa, hojas en 3 segmentos divididos en lacinias, bohordo rollizo y velloso, con flor solitaria, sin corola, con involucro de brácteas y frutillos secos indehiscentes, con cola larga y pelosa. *Pulsatilla vulgaris,* ranunculácea.

PULSATIVO, VA. adj. Dícese de lo que pulsa o golpea.

PULSEAR. intr. Probar dos personas, asidas mutuamente la mano derecha y los codos en lugar firme, quién de ellas tiene más fuerza en el pulso. ‖ deriv.: **pulseador, ra; pulseamiento; pulseante.**

PULSERA. al. **Armband.** fr. **Bracelet.** ingl. **Wrist bandage; bracelet.** ital. **Braccialetto.** port. **Pulseira.** f. Venda con que se sujeta en el pulso de un enfermo algún medicamento. ‖ Guedeja que cae sobre la sien. ‖ Brazalete que se pone en la muñeca. sinón.: **ajorca, manilla.**

PULSÍMETRO. m. Esfigmómetro. ‖ deriv.: **pulsimetría; pulsimétrico, ca.**

PULSISTA. Decíase del médico experto en el conocimiento del pulso.

PULSO. al. **Puls.** fr. **Pulse.** ingl. **Pulse.** ital. **Polso.** port. **Pulso.** (Del lat. *pulsus.*) m. Latido intermitente de las arterias, que se siente en varias partes del cuerpo y se observa especialmente en la muñeca. *Tomar el* PULSO. ‖ Parte de la muñeca donde se siente el latido de la arteria. ‖ Seguridad o firmeza en la mano para ejecutar una acción con acierto; como jugar a la espada, tirar al blanco, escribir, etc. *No tengo buen* PULSO. ‖ fig. Tiento o prudencia en un negocio. ‖ – **alternante.** *Med.* Variedad en la que existe una sucesión de latidos débiles y fuertes. ‖ – **arrítmico.** El irregular sin ritmo. ‖ – **filiforme.** *Med.* El que es apenas perceptible. ‖ – **formicante.** *Med.* El apenas perceptible, que da la sensación de hormigas en movimiento. ‖ – **lleno.** *Med.* El de expansión amplia y fuerte. ‖ **A pulso.** m. adv. Haciendo fuerza con la muñeca y la mano y sin apoyar el brazo en parte alguna. ‖ **De pulso.** loc. fig. Dícese de la persona que obra prudentemente. ‖ **Quedarse** uno **sin pulso,** o **sin pulsos.** frs. fig. Inmutarse gravemente. ‖ **Sacar a pulso.** frs. fig. y fam. Llevar a término un negocio, venciendo dificultades a fuerza de perseverancia. ‖ **Tomar a pulso** una cosa. frs. Examinar o probar su peso con la mano. ‖ **Tomar el pulso.** frs. Pulsar, reconocer el pulso. ‖ Tantear un negocio.

PULSÓMETRO. m. Máquina destinada a la elevación de aguas, en la cual el vapor, actuando sobre el líquido, produce pulsaciones sucesivas. ‖ *Med.* Aparato para medir la amplitud de la onda sanguínea.

PULTÁCEO, A. (Del lat. *puls, -pultis,* puches.) adj. De consistencia blanda. ‖ *Med.* Con apariencia de podrido o gangrenado, o que lo está.

PULULANTE. p. a. de **Pulular.** Que pulula. *Un enjambre* PULULANTE.

PULULAR. al. **Wimmeln; wuchern.** fr. **Pulluler.** ingl. **To pullulate.** ital. **Pullulare.** port. **Pulular.** (Del lat. *pullulare.*) intr. Empezar a brotar y echar renuevos una planta. ‖ Provenir una cosa de otra. ‖ Abundar, multiplicarse en un lugar los insectos y sabandijas. PULULABAN *las moscas en el matadero.* ‖ fig. Abundar, bullir en un lugar personas o cosas. ‖ deriv.: **pululación; pululador, ra; pululamiento; pululativo, va.**

PULVERIZABLE. adj. Que se puede pulverizar. *Piedra* PULVERIZABLE.

PULVERIZACIÓN. f. Acción y efecto de pulverizar o pulverizarse.

PULVERIZADOR. m. Aparato para pulverizar un líquido.

PULVERIZAR. al. **Zerstäuben.** fr. **Pulvériser.** ingl. **To pulverize; to spray.** ital. **Polverizzare.** port. **Pulverizar.** (Del lat. *pulverizare.*) tr. Reducir a polvo una cosa. Ú.t.c.r. PULVERIZAR *chocolate.* ‖ Reducir un líquido a partículas muy tenues, a manera de polvo. Ú.t.c.r. PULVERIZAR *un perfume.* ‖ *Arg.* y *Chile.* Anonadar al adversario, refutando completamente sus argumentos u objeciones. ‖ deriv.: **pulverizamiento; pulverizante, pulverizativo, va.**

PULVERULENTO, TA. (Del lat. *pulverulentus.*) adj. Polvoriento. ‖ deriv.: **pulverulencia.**

PULLA. (Del port. *pulha.*) f. Palabra o dicho obsceno. ‖ Dicho con que embozadamente se zahiere o reconviene a alguno. ‖ Expresión ingeniosa y picante dicha con prontitud.

PULLA. f. Planga.

PULLA. *Geog.* V. **Apulia.**

PULLÉS, SA. adj. y s. De la Pulla, región de Italia.

PULLISTA. com. Persona aficionada a decir pullas.

PULLMAN. Voz inglesa que se aplica como adjetivo al coche de lujo de un tren, a la platea alta de los cinematógrafos y teatros y a cierto tipo de ómnibus.

PULLMAN, Jorge M. *Biog.* Industrial estad. que adquirió fama mundial con sus innovaciones en la comodidad de los coches ferroviarios (1831-1897).

PULLÓVER. (Voz inglesa; pronúnc. *pulóver.*) m. Jersey, especie de jubón de tejido elástico.

¡PUM! Voz onomatopéyica que se usa para expresar ruido, explosión o golpe.

PUMA. (Voz quichua.) m. Mamífero carnívoro de América, de gran tamaño, cabeza corta y ancha, cola larga y gruesa y pelo leonado rojizo o grisáceo.

Puma concolor, félido. *El* PUMA *gusta más de la sangre que de la carne*.

● **PUMA.** *Zool.* Este felino, bastante parecido al leopardo por su tamaño y sus costumbres, habita en toda América, desde el Canadá hasta el norte de la Patagonia argentina. Prefiere la selva al bosque raso y en especial las zonas linderas con los bosques, pero también frecuenta los montes bajos y los cañaverales de las orillas de los ríos y las grandes llanuras cubiertas de altas hierbas. Desde el hocico al nacimiento de la cola mide un metro y tiene 65 centímetros de alzada. Su cabeza es pequeña, desprovista de melena; las orejas grandes y redondas; el pelaje espeso, corto, blando, de un rojizo amarillento oscuro; el vientre blanco rojizo, y el bigote blanco. Al nacer presenta manchas obscuras en el cuerpo y anillos en la cola. No tiene guarida ni residencia fija; duerme de día y caza de noche. Carece de buen olfato pero posee un oído muy fino y ve bien en el crepúsculo y por la noche. Trepa a los árboles más altos y da saltos de hasta 7 metros. Huye del hombre y de los perros, y se ensaña con los pequeños mamíferos, a los que frecuentemente da muerte sin devorarlos. Los roedores, corderos, terneros, potrillos, monos y avestruces son sus víctimas predilectas. El **puma** puede domesticarse fácilmente.

PUMACAHUA, Mateo García. *Biog.* Indígena per. que en 1814 acaudilló la revolución del Cuzco. Fue fusilado por los realistas (1738-1815).

PUMARADA. f. Pomarada.

¡PUMBA! Voz que remeda la caída ruidosa.

PUMITA. f. **Piedra pómez.**

PUNA. (Voz quichua.) f. *Amér. del S.* Altiplanicie de las cercanías de los Andes. *En la* PUNA, *es muy grande la diferencia de temperatura entre el día y la noche.* ‖ Páramo. ‖ Soroche.

PUNÁ. adj. Aplícase al individuo de una tribu de indios del Ecuador que habitó la isla de Puná. Ú.t.c.s. ‖ Perteneciente a estos indios.

PUNÁ. *Geog.* Isla ecuatoriana del golfo de Guayaquil. Pertenece a la prov. de Guayas. 920 km². 7.000 h.

PUNAKA. *Geog.* Ciudad del Asia central, antigua cap. de Bután. 34.000 h.

PUNATA. *Geog.* Población de Bolivia (Cochabamba). 8.950 h. Agricultura y minería.

PUNCIÓN. (Del lat. *punctio, -onis.*) f. *Cir.* Operación que consiste en abrir los tejidos con instrumento punzante y cortante a la vez. ‖ Evacuación exploradora o terapéutica por picadura previa en las cavidades naturales o patológicas. ‖ ant. *Col.* y *P. Rico.* Punzada, dolor.

PUNCIONAR. tr. *Cir.* Hacer una punción. ‖ deriv.: **puncionador.**

PUNCHA. (Del lat. *puncta.*) f. Púa, espina, punta delgada y aguda.

PUNCHAO. *Mit.* Deidad que representaba el Sol entre los ant. peruanos.

PUNCHAR. tr. Picar, punzar. ‖ r. *Hond.* Agrietarse algunas cosas con el calor.

PUNCHAUCA. *Geog. histór.* Hacienda cercana a Lima (Perú), donde se realizaron conferencias entre españoles y patriotas durante la guerra de la independencia, en mayo de 1821.

PUNDONOR. (De *punto de honor.*) m. Estado en que consiste la honra o crédito de uno, según la común opinión. ‖ Sentimiento de la dignidad personal. ‖ deriv.: **pundonorcillo.**

PUNDONOROSAMENTE. adv. m. Con pundonor.

PUNDONOROSO, SA. adj. Que incluye en sí pundonor o lo causa. sinón.: **decoroso, digno.** ‖ Que lo tiene. Ú.t.c.s.

PUNEÑO, ÑA. adj. De Puno, ciudad y dep. del Perú. Ú.t.c.s. ‖ Perteneciente o relativo a la puna.

PUNGA. com. *Chile.* Ladrón, ratero, cortabolsas. ‖ f. *Arg.* y *Chile.* Ratería, robo hecho con habilidad y astucia.

PUNGENTE. p. a. de **Pungir.** Que punge.

PUNGIMIENTO. m. Acción y efecto de pungir. sinón.: **pinchazo, punción.**

PUNGIR. (Del lat. *púngere.*) tr. Punzar. ‖ fig. Herir las pasiones el ánimo.

PUNGITIVO, VA. adj. Que punge o es capaz de pungir.

PUNGUISTA. com. *Arg.* Ratero, ladrón.

PUNIBLE. adj. Que merece castigo. *Falta* PUNIBLE; sinón.: **castigable, penable.**

PÚNICAS, Guerras. *Hist.* Las tres sostenidas por Roma y Cartago de 264 a 146 a. de C. En la primera, Cartago fue vencida, en 241 a. de C.; en la segunda, Aníbal fue derrotado; después de conseguir grandes triunfos; en la tercera, Roma destruyó a la floreciente Cartago y quedó dueña del Mediterráneo.

PUNICIÓN. (Del lat. *punítio, -onis.*) f. Castigo, pena. antón.: **perdón.**

PÚNICO, CA. (Del lat. *púnicus.*) adj. Cartaginés, perteneciente a Cartago. *Arte* PÚNICO.

PUNILLA. *Geog.* Valle de la Argentina (Córdoba), al O. de la sierra Chica, donde se encuentran los centros turísticos más importantes de la provincia.

PUNITIVO, VA. (Del lat. *punítum*, de *punire*, castigar.) adj. Perteneciente o relativo al castigo. *Reclusión* PUNITIVA.

PUNJAB. *Geog.* Región del N. O. del Indostán, cuyos dos tercios occidentales forman parte del Pakistán (Est. de **Punjab** y de **Bahawalpur**), y el resto de la India (Est. de **Punjab** y de **Patíala** y **Punjab Oriental.**) Produce algodón, caña de azúcar y cereales. ‖ Estado del N. de la India. 50.362 km². 14.600.000 h. Cap. CHANDIGARH. ‖ Estado del N. del Pakistán 206.012 km². 27.200.000 h. Cap. LAHORE.

PUNO. *Geog.* Departamento del Perú, en el límite con Bolivia. 67.703 km². 850.000 h. Constituye una importantísima región ganadera: ovinos, llamas, vicuñas, bovinos, etc. Cap. hom. 30.000 h. Industria textil y de sombreros de paja.

PUNOSO, SA. adj. *Amér.* Que tiene puna. *Región* PUNOSA. ‖ Relativo a la puna. *Aire* PUNOSO.

PUNTA. al. **Spitze.** fr. **Pointe.** ingl. **Point.** ital. **Punta.** port. **Ponta.** (Del lat. *puncta*, de *púngere*, picar, punzar.) f. Extremo agudo de un arma u otro instrumento con que se puede herir. *La* PUNTA *del cuchillo.* ‖ Extremo de una cosa. *La* PUNTA *de la lengua.* ‖ Colilla, resto del cigarro. ‖ Pequeña porción de ganado que se separa del hato. ‖ Cada una de las protuberancias que tienen las astas del ciervo. ‖ Asta del toro. ‖ Lengua de tierra que penetra en el mar. ‖ Extremo de cualquier madero, opuesto al raigal. ‖ Agudeza. ‖ Sabor que va tirando a agrio en el vino o en otras cosas. ‖ Parada que hace el perro de caza cada vez que se detiene la pieza. ‖ fig. Tratándose de cualidades morales o intelectuales, algo, un poco. Ú. m. en pl. y con el verbo tener y un pronombre posesivo. *Tener sus* PUNTAS *de pintor.* ‖ *Amér.* Cantidad, buen número, muchos. *Me gasté una* PUNTA *de pesos.* ‖ *Col.* Pequeña crecida de río. ‖ *Cuba* y *P. Rico.* Hoja de tabaco, de exquisito aroma y superior calidad, pero pequeña. ‖ *Perú.* Bufanda grande. ‖ *Ven.* Pulla, indirecta, sátira. ‖ *Arq.* Madero que corresponde a la extremidad del árbol. ‖ *Blas.* Tercio inferior del campo del escudo. ‖ Parte media de este tercio. ‖ Pieza honorable inversa a la pila, es decir, figura triangular que tiene la base en la parte inferior y el vértice opuesto a la base en la superior del escudo. ‖ *Impr.* Punzón para sacar de la composición letras o palabras. ‖ pl. Encaje que forma ondas o **puntas** en una de sus orillas. ‖ Primeros afluentes de un río u otro caudal de agua. ‖ *Méx.* Esgrima de puñal. ‖ **Punta con cabeza.** Juego de niños que consiste en tratar de acertar la posición de un par de alfileres que otro tiene en la mano cerrada. ‖ **– de diamante.** Diamante pequeño que sirve para cortar el vidrio y labrar en cosas duras. ‖ Pirámide de poca altura que como adorno se suele labrar en piedras u otras materias. ‖ **– de París. Alfiler de París.** ‖ **– seca.** Aguja para grabar al agua fuerte. ‖ **Acabar** una cosa **en punta.** frs. fig. y fam. *Chile.* Tornarse en aspereza o disgusto. ‖ **Agudo como punta de colchón.** loc. fig. y fam. Rudo y de poco entendimiento. ‖ **Andar en puntas.** frs. fig. y fam. Andar en diferencias. ‖ **A punta de.** m. adv. *Amér.* Barbarismo por **a fuerza de.** ‖ **A punta de lanza.** m. adv. fig. Con todo rigor. Ú. ordinariamente con el verbo llevar. ‖ **A torna punta.** m. adv. fig. y fam. Recíprocamente. ‖ **De punta a cabo.** m. adv. **De cabo a cabo.** ‖ **Bogar de punta.** loc. Bogar en cada bancada un solo remo, alternando la banda en cada una de aquéllas. ‖ **De punta en blanco.** m. adv. Con todas las piezas de la armadura antigua. ‖ fig. y fam. Vestido de gala, de etiqueta o con el mayor esmero. ‖ **En punta.** m. adv. *Amér. Central.* En conjunto, por mayor. ‖ loc. adv. Posición del barco amarrado a un muelle y perpendicular a él. ‖ **Estar de punta** uno **con otro.** frs. fig. y fam. Estar enemistado con él. ‖ **Estar** uno **hasta la punta de los pelos.** frs. fig. y fam. **Estar hasta los pelos.** ‖ **Hacer punta** uno. frs. fig. Encaminarse el primero a una parte. ‖ Oponerse abiertamente a otro, pretendiendo adelantársele. ‖ Sobresalir entre muchos. ‖ **Por punta.** m. adv. *Bol.* En globo, en conjunto. ‖ **Sacar punta** a una cosa. frs. fam. Atribuirle malicia o significado que no tiene. ‖ Aprovecharla para un fin indebido. ‖ **Ser de punta** una persona o cosa. frs. fig. Ser sobresaliente en su línea. ‖ **Tener** uno una cosa **en la punta de la lengua.** frs. fig. Estar a punto de decirla. ‖ fig. Estar a punto de acordarse de una cosa y no dar en ella. ‖ **Tocar** a uno **en la unta de un cabello.** frs. fig. Ofenderle en una cosa muy leve. ‖ IDEAS AFINES: *Clavo, espada, puñal, flecha, espina, buril, afilar, aguzar, tallar.*

PUNTA. *Geog.* Cerro del centro de Puerto Rico 1.340 m. de altura. ‖ **– Alta.** Pobl. de la Argentina (Buenos Aires), al S. de Bahía Blanca. 21.600 h. ‖ **– Arenas.** C. y puerto de Chile, cap. de la prov. de Magallanes, a orillas del estrecho de este nombre. 70.000 h. Importante centro comercial. ‖ **– del Este.** Ciudad del Uruguay, en el dep. de Maldonado. 2.200 h. Afamado balneario. ‖ **– de Piedras.** Pobl. de Venezuela, en el Est. de Nueva Esparta, puerto en la isla Margarita. 6.850 h. ‖ **– Gorda.** Río de Nicaragua (Zelaya), que des. en el mar de las Antillas.

PUNTACIÓN. (De *puntar.*) f. Acción de poner puntos sobre las letras.

PUNTADA. al. **Nadelstich.** fr. **Point.** ingl. **Stitch; hint.** ital. **Punto.** port. **Ponto.** (De *punta.*) f. Cada uno de los agujeros hechos con aguja u otro instrumento semejante, en la tela, cuero u otra materia que se va cosiendo. *Se hizo un tajo y le tuvieron que dar tres* PUNTADAS. ‖ Espacio que media entre dos de estos agujeros próximos entre sí. ‖ Porción de hilo que ocupa este espacio. ‖ fig. Razón o palabra que se dice como al descuido para insinuar una cosa. ‖ Dolor penetrante. ‖ **No dar** uno **puntada en** una cosa. frs. fig. y fam. No dar paso en un negocio. ‖ No tener conocimiento de una cosa; hablar desatinadamente en una materia.

PUNTADOR. m. Apuntador.

PUNTAJE. m. Tanteo, cantidad de tantos o puntos en concursos, certámenes, competencias deportivas, etc.

PUNTAL. al. **Stütz balken.** fr. **Pointal.** ingl. **Pillar; support.** ital. **Puntello.** port. **Pontalete.** (De *punta.*) m. Madero hincado en tierra firme, para sostener la pared u otra obra desplomada. ‖ Prominencia de un terreno, que forma como punta. ‖ fig. Apoyo, fundamento. ‖ *Amér. Central. Col., Ec., Méx.* y *Ven.* Refrigerio, merienda ligera. ‖ *Mar.* Altura de la nave desde su plan hasta la cubierta superior.

PUNTANO, NA. adj. y s. De San Luis, Argentina.

PUNTAPIÉ. al. **Fusstritt.** fr. **Coup de pied.** ingl. **Kick.** ital. **Calcio; pedata.** port. **Pontapé.** m. Golpe dado con la punta del pie. ‖ **Mandar** a uno **a puntapiés.** frs. fig. y fam. Tener grande ascendencia sobre él.

PUNTAR. (De *punto.*) tr. Apuntar las ausencias de los eclesiásticos en el coro. ‖ Poner, en la escritura de las lenguas semíticas, los puntos o signos con que se representan las vocales. ‖ Poner sobre las letras los puntos del canto del órgano.

PUNTARENAS. *Geog.* Provincia de Costa Rica, en el límite con Panamá. 11.200 km². 254.800 h. Cacao, plátanos, maderas, café. Cap. hom. 35.000 h. Puerto importante en el golfo de Nicoya. Industria pesquera.

PUNTAZO. m. Herida hecha con la punta de un arma o de otro instrumento punzante. ‖ Herida penetrante menor que una cornada, causada por una res vacuna al cornear. ‖ fig. Pulla, indirecta con que se zahiere a una persona.

PUNTEADA. f. Punteado, notado en falta de asistencia.

PUNTEADO. m. Acción y efecto de puntear o marcar. *Corte el papel por el* PUNTEADO.

PUNTEAR. tr. Marcar puntos en una superficie. ‖ Dibujar, pintar o grabar con puntos. ‖ Trazar la trayectoria de un móvil a partir de algunos de sus puntos. ‖ Coser o dar puntadas. PUNTEAR *un vestido.* ‖ Tocar la guitarra u otro instrumento semejante hiriendo cada cuerda con un solo dedo. ‖ *Arg.* Cavar la tierra. ‖ Marchar a la cabeza de un grupo de personas o de ganado. Ú.t.c.intr. ‖ *C. Rica.* Tomar el gusto a un licor. ‖ intr. *Mar.* Ir orzando para aprovechar el viento. Ú.t.c.tr. ‖ *Col.* Crecer un poco el río.

PUNTEL. (De *puntero.*) m. Tubo de hierro con que en las fábricas de vidrio se saca del horno la masa que se ha de soplar.

PUNTEO. m. Acción y efecto de puntear.

PUNTERA. f. Remiendo, en el calzado, y renovación, en medias y calcetines, de la parte que cubre la punta del pie. ‖ Sobrepuesto o contrafuerte que se coloca en la punta de la pala del calzado. PUNTERAS *de lagarto.* ‖ fam. Puntapié.

PUNTERÍA. al. **Richten.** fr. **Pointage.** ingl. **Aim.** ital. **Punteria.** port. **Pontaria.** (De *puntero.*) f. Acción de dirigir o apuntar un arma arrojadiza o de fuego. *Hacer* PUNTERÍA. ‖ Dirección del arma apuntada. *Rectificar la* PUNTERÍA. ‖ Destreza del que dispara para dar en el blanco. *Tener* PUNTERÍA. ‖ **Afinar la puntería.** frs. Apuntar detenidamente el arma contra el blanco. ‖ fig. Ajustar uno cuidadosamente a su propósito lo que dice o hace. ‖ **Dirigir,** o **poner, la puntería.** frs. Apuntar, asestar. ‖ fig. y fam. Echar líneas.

PUNTERO, RA. adj. Aplícase a la persona que hace bien la puntería con un arma. ‖ *Amér.* Dícese de la persona o animal que va en primer lugar en una fila, grupo o serie. Ú.t.c.s. *Yegua* PUNTERA. ‖ m. Palito o vara con que se señala una cosa para llamar la atención sobre ella. ‖ Cañita que está unida a la tapa de las crismeras por la parte de adentro, y sirve para ungir al que recibe el sacramento de la confirmación o el de la extremaunción. ‖ Punzón de boca cuadrangular y con el cual se abren en las herraduras los agujeros para los clavos. ‖ Cincel de boca puntiaguda y cabeza plana, que usan los canteros. ‖ *Amér.* Manecilla del reloj. ‖ *Arg.* En un conjunto de fútbol, jugador que forma parte de la línea delantera en cualquiera de sus extremos. PUNTERO *izquierdo, derecho.*

PUNTEROLA. (De *puntero.*) f. *Min.* Barrita de hierro que lleva un ojo en el que se enasta el mango, para mantenerla fija mientras se la golpea.

PUNTIAGUDO, DA. adj. Que tiene aguda la punta. *Cimas* PUNTIAGUDAS; sinón.: **aguzado.**

PUNTIAGUDO. *Geog.* Cerro de los Andes, entre la prov. argentina de Catamarca y la chilena de Atacama. 5.900 m.

PUNTILLA. al. **Spitze.** fr. **Dentelle.** ingl. **Lace.** ital. **Merletto.** port. **Pontinha.** (dim. de *punta.*) f. Encaje muy angosto hecho en puntas, que se usa para guarnecer pañuelos, escotes de vestidos, etc. ‖ Instrumento, a manera de cuchillito, que en lugar de lápiz, usan los portaventaneros. ‖ Cachetero, puñal. ‖ **Dar la puntilla.** frs. Clavar la puntilla o cachetero para rematar la res. ‖ fig. y fam. Rematar, causar finalmente la ruina de una persona o cosa. ‖ **De puntillas.** m. adv. con que se explica el modo de andar, pisando sólo con las puntas de los pies. ‖ **Ponerse** uno **de puntillas.** frs. fig. y fam. Persistir tercamente en su dictamen.

PUNTILLADO, DA. adj. *Blas.* Dícese de la pieza, figura o cartel que se siembra de puntos para indicar el metal oro, cuando no se emplean colores.

PUNTILLAZO. m. fam. Puntapié.

PUNTILLERO. (De *puntilla.*) m. Cachetero, torero que remata al toro.

PUNTILLISMO. m. Procedimiento pictórico que consiste en la distribución de las tonalidades mediante pinceladas o toques diminutos y circulares para dar la sensación vibrátil de la luz. *Jorge Seurat y Pablo Signac adoptaron el* PUNTILLISMO.

PUNTILLISTA. adj. Perteneciente o relativo al puntillismo. ‖ Partidario del puntillismo o que pinta conforme a él. Ú.t.c.s.

PUNTILLO. (dim. de *punto.*) m. Cualquier cosa, leve por lo regular, en que una persona hace consistir el honor o estimación. ‖ Pundonor exagerado, susceptibilidad quisquillosa. sinón.: **honrilla.** ‖ *Mús.* Punto que se pone a la derecha de una nota y aumenta en la mitad su valor.

PUNTILLÓN. m. fam. Puntillazo.

PUNTILLOSO, SA. adj. Dícese de la persona que tiene mucho pundonor. ‖ Nimiamente delicado o susceptible. sinón.: **quisquilloso.** ‖ deriv.: **puntillosamente; puntillosidad.**

PUNTISECAR. tr. Secar las puntas de un vegetal. Ú.m.c.r.

PUNTISECO, CA. adj. Dícese de los vegetales secos por las puntas.

PUNTIZÓN. (En fr. *pontuseau.*) m. *Impr.* Cada uno de los agujeros que dejan en el pliego de prensa las puntas que lo sujetan al tímpano. ‖ pl. Rayas horizontales y transparentes en el papel de tina.

PUNTO. al. **Punkt.** fr. **Point.** ingl. **Point.** ital. **Punto.** port. **Ponto.** (Del lat. *punctum.*) m. Señal de dimensiones apenas perceptibles, que por combinación de un color con otros o por elevación o depresión, se forma natural o artificialmente en una superficie. ‖ Cada una de las partes en que se divide el pico de la pluma de escribir. ‖ Granito de metal que tienen junto a la boca los fusiles y otras armas de fuego, para que sirva de mira. ‖ Piñón de las armas de fuego. ‖ Cada una de las puntadas que en las obras de costura se van dando para hacer una labor. PUNTO *por encima.* ‖ Cada uno de los nuditos de que se forma el tejido de las medias elásticas, etc. ‖ Precedido de la preposición *de,* dícese de las telas o prendas hechas con dichos **puntos** o lazaditas. *Tejido* DE PUNTO; *camiseta* DE PUNTO. ‖ Rotura pequeña que se hace en las medias, por soltarse alguno de dichos nuditos. *Levantar los* PUNTOS. ‖ Cada una de las diversas maneras de enlazar entre sí los hilos que forman ciertas telas. PUNTO *de aguja,* PUNTO *de encaje.* ‖ Medida longitudinal, duodécima parte de la línea. ‖ Unidad de longitud en que se divide el cartabón de los zapateros y que equivale a dos tercios de centímetro. ‖ Duodécima parte del cícero y equivalente a unos 37 cienmilímetros. ‖ Cada uno de los agujeros que tienen a trechos ciertas piezas como el cinturón o el timón de un arado. ‖ Sitio, lugar. *Veranearían en algún* PUNTO *de la costa.* ‖ Paraje público determinado donde se sitúan los coches de alquiler. ‖ Valor que tiene cada una de las cartas de la baraja o de las caras del dado. ‖ Valor convencional que se atribuye a las cartas de la baraja en ciertos juegos. ‖ As de cada palo, en ciertos juegos de naipes. ‖ Unidad de tanteo, en algunos juegos. ‖ Unidad que se toma por base para calificar ciertos ejercicios, como exámenes, pugilatos, etc. ‖ Persona que apunta contra el banquero en algunos juegos de azar. ‖ Cosa muy corta, parte mínima de una cosa. ‖ La menor cosa, la parte más pequeña o la circunstancia más menuda de una cosa. ‖ Instante, porción pequeñísima de tiempo. ‖ Ocasión oportuna. *Llegó a* PUNTO *de tomar parte en la excursión.* ‖ Vacaciones. ‖ Cada uno de los errores que se cometen al dar de memoria una lección. ‖ Cada una de las cuestiones que salen a la suerte en los exámenes u oposiciones. *Desarrollé acabadamente los* PUNTOS. ‖ Cada uno de los asuntos de que se trata en un sermón, discurso, etc. ‖ Parte o problema de una ciencia. PUNTO *teológico, jurídico.* ‖ Lo substancial o principal en un asunto. ‖ Finalidad u objeto de cualquier acción. ‖ Estado actual de cualquier especie o negocio. *El pleito está a* PUNTO *de fallarse.* ‖ Estado perfecto a que llega una cosa que se elabora al fuego; como el pan, el almíbar, etc. ‖ Hablando de las calidades morales buenas o malas, extremo o grado a que pueden llegar. ‖ Pundonor. ‖ *Cir.* Cada una de las puntadas que da el cirujano para cerrar una herida pasando la aguja por los labios de la herida para que se unan y puedan curarse. ‖ *Geom.* Límite mínimo de la extensión, que se considera sin dimensión alguna. Como la recta y el plano, es un ente geométrico fundamental, cuyo concepto es primitivo, es decir, realmente indefinible. ‖ *Mar.* Lugar señalado en la carta de marear, que indica la situación de la nave. ‖ *Med.* **Punto de costado.** ‖ *Mús.* En los instrumentos músicales, tono determinado de afinación para que estén acordes. ‖ *Ortog.* Nota ortográfica que se pone sobre la *i* y la *j.* Signo ortográfico (.) con que se indica el fin de un período o de una sola oración. Pónese también después de toda abreviatura. ‖ **– accidental.** *Persp.* Aquel en que parecen concurrir todas las rectas paralelas a determinada dirección, que no son perpendiculares al plano óptico. ‖ **– cardinal.** Cada uno de los cuatro que dividen el horizonte en otras tantas partes iguales, y están determinados, respectivamente, por la posición de los polos y por la salida y puesta del Sol en los equinoccios. ‖ **– céntrico.** En geometría, centro del círculo, de la esfera, etc. ‖ fig. Fin a que se dirigen las acciones del que intenta una cosa. ‖ fig. Paraje muy concurrido y de fácil acceso en una población. ‖ **– crudo.** fig. y fam. Momento preciso en que sucede una cosa. ‖ **– de apoyo.** *Mec.* Lugar fijo sobre el cual estriba una palanca u otra máquina. ‖ **– de caramelo.** Grado de concentración que se da al almíbar para que al enfriarse, se convierta en caramelo. ‖ **– de costado.** *Med.* Dolor pungitivo en el tórax en la neumonía, pleuresía o pleurodinia. ‖ **– de escuadría.** *Mar.* El que se deduce del rumbo que se ha seguido y la latitud observada. ‖ **– de estima.** *Mar.* El que se deduce del rumbo seguido y de la distancia andada en un tiempo determinado. ‖ **– de fábrica.** *Arq.* Trozo de muro que se rehace por el pie, dejando lo demás intacto. ‖ **– de fantasía.** *Mar.* **Punto de estima.** ‖ **– de honra. Pundonor.** ‖ **– de la vista.** *Persp.* Aquel en que el rayo principal cerca la tabla o plano óptico. ‖ **– de longitud.** *Mar.* El que se determina por medio de observaciones de longitud. ‖ **– de observación.** *Mar.* El que se determina mediante observaciones astronómicas. ‖ **– de partida.** fig. Lo que se toma como antecedente para tratar o deducir una cosa. ‖ **– de tafetán.** El que imita el tejido de esta clase de tela. ‖ **– de vista.** *Perspec.* **Punto de la vista.** ‖ fig. Cada uno de los aspectos que se pueden considerar en un asunto u otra cosa. ‖ **– equinoccial.** *Astron.* y *Geog.* Cada uno de los dos, el de primavera y el de otoño, en que la Eclíptica corta al Ecuador. ‖ **– fijo.** *Mar.* **Punto de longitud.** ‖ **– final.** *Ortog.* **Punto,** fin de oración. ‖ **– interrogante.** *Ortog.* Interrogación, signo de ella. ‖ **– musical.** Nota, en la escritura musical. ‖ **– neurálgico.** *Med.* Aquel en que el nervio se hace superficial, o en donde nacen las ramas cutáneas del mismo. ‖ Parte de un asunto especialmente delicado, importante y difícil de tratar. ‖ **– por encima.** Cada una de las puntadas que atraviesan alternativamente por encima y por debajo la unión de dos telas. ‖ Costura hecha por esta clase de puntadas. ‖ **– principal.** *Persp.* **Punto de la vista.** ‖ **– radiante.** *Astron.* Lugar de la esfera celeste de donde parecen irradiar las estrellas fugaces. ‖ **– redondo.** *Ortog.* **Punto final.** ‖ **– torcido.** Entre bordadores, labor cuyo dibujo es sólo una línea, la cual se ha de cubrir con la seda. ‖ **– visual.** El término de la distancia necesaria para ver los objetos con claridad, que es de unos 24 centímetros. ‖ **– y coma.** *Ortog.* Signo ortográfico (;) con que se indica pausa mayor que con la coma, y menor que con los dos **puntos.** ‖ **Medio punto.** *Arq.* Arco o bóveda cuya curva es un semicírculo. ‖ *Gram.* Nombre que se dio a la coma. ‖ **Puntos suspensivos.** *Ortog.* Signo (. . .) con que se indica que queda incompleto el sentido de una oración o cláusula. Se usa, también, para indicar que no está íntegro el texto que se copia. ‖ **Dos puntos.** *Ortog.* Signo (:) con que se denota que queda completamente terminado el sentido gramatical, pero no el sentido lógico. Pónese también antes de toda cita de palabras ajenas. ‖ **A buen punto.** m. adv. **A punto,** a tiempo. ‖ **Al punto.** m. adv. Pronto, sin la menor dilación. AL PUNTO, *salió a recibirnos.* ‖ **A punto.** m. adv. Con la prevención necesaria. ‖ A tiempo, oportunamente. ‖ **A punto fijo.** m. adv. Con exactitud o con certidumbre. *No sé* A PUNTO *fijo cuándo regresaré.* ‖ **A punto largo.** m. adv. fig. y fam. Sin cuidado, groseramente. ‖ **Bajar de punto.** frs. fig. Declinar o decaer del estado anterior. ‖ *Mús.* **Bajar el punto.** ‖ **Bajar el punto.** frs. *Mús.* Descender de un signo a otro. ‖ **Bajar el punto** a una cosa. frs. Moderarla. ‖ **Calzar** uno **muchos,** o **pocos, puntos.** frs. fig. Ser persona docta en alguna materia, o al contrario. ‖ **Calzar** uno **tantos puntos.** frs. Tener su pie la dimensión que indica el número de éstos. ‖ **Dar en el punto.** frs. fig. Acertar, en la dificultad. ‖ **Dar punto.** frs. Cesar en cualquier trabajo. ‖ **– Darse** uno **un punto en la boca.** frs. fig. y fam. **Coserse la boca.** ‖ **De todo punto.** m. adv. Enteramente, sin que falte nada. ‖ **Echar el punto.** frs. *Mar.* Colocar en la carta el paraje en que está la nave. ‖ **En buen,** o **mal, punto.** expr. adv. fig. En buena, o mala, hora. ‖ **En punto.** m. adv. Sin sobra ni falta, exactamente. *Son las diez* EN PUNTO. ‖ **En punto de caramelo.** m. adv. fig. y fam. Perfectamente preparada una cosa para algún fin. ‖ **Estar a,** o **en punto.** frs. Estar próxima a suceder una cosa. ESTUVE A PUNTO *de rodar.* ‖ **Estar en punto de solfa** una cosa. frs. fig. y fam. **Estar en solfa.** ‖ **Hacer punto.** frs. **Dar punto.** ‖ **Hacer punto de** una cosa. frs. Tomarla por caso de honra y no cejar hasta lograrla. ‖ **Hasta cierto punto.** loc. adv. En alguna manera, no del todo. HASTA CIERTO PUNTO, *tiene Ud. razón.* ‖ **Levantar de punto.** frs. Realzar, elevar. ‖ **Meter en puntos.** frs. *Esc.* Desbastar una pieza para aproximarse al contorno de la figura que se intenta esculpir. ‖ **No perder punto.** frs. fig. Proceder con la mayor atención y diligencia. ‖ **No poder pasar** uno **por otro punto.** frs. fig. Tener que someterse a la necesidad. ‖ **Poner en punto de solfa** una cosa. frs. fig. y fam. **Ponerla en solfa.** ‖ **Poner en su punto** una cosa. frs. fig. y fam. Ponerla en el grado de perfección que le corresponde. ‖ fig. y fam. Apreciarla justamente. ‖ **Poner los puntos.** frs. fig. Dirigir la intención a un fin que se desea. ‖ **Poner los puntos muy altos.** frs. fig. Pretender una cosa que está por encima de lo ordinario. ‖ **Poner los puntos sobre las íes.** frs. fig. y fam. Determinar o perfeccionar una cosa. ‖ **Por punto general.** m. adv. Por regla general. ‖ **Punto en boca.** expr. fig. Ú. para prevenir a uno que calle. ‖ **Punto menos.** loc. con que se denota que una cosa es casi igual a aquella con que se compara. ‖ **Punto por punto.** m. adv. fig. con que se expresa el modo de referir una cosa sin omitir circunstancias. ‖ **Sacar de puntos.** frs. Reproducir con precisión un modelo escultural por medio de compases de proporción. ‖ **Sin faltar punto ni coma.** expr. adv. fig. y fam. **Sin faltar una coma.** ‖ **Subir de punto** una cosa frs. Crecer o aumentarse.

PUNTOSO, SA. adj. Que tiene muchas puntas.

PUNTOSO, SA. adj. Que tiene punto de honra o que procura conservar la buena fama. ‖ Puntilloso.

PUNTUACIÓN. al. **Zeichensetzung.** fr. **Ponctuation.** ingl. **Punctuation.** ital. **Puntuazione.** port. **Pontuação.** f. Acción y efecto de puntuar. ‖ Conjunto de los signos que sirven para puntuar. ‖ Cantidad de puntos que se obtienen en un examen, oposición, concurso, campeonato, etc. ‖ IDEAS AFINES: *Coma, punto y coma, dos puntos, signo de exclamación, interrogación, diéresis o crema, paréntesis, raya, guión, asterisco, corchete, comillas, claridad, comprensión, período, oración, enumeración, cita.*

PUNTUAL. (Del lat. *púnctum,* punto.) adj. Formal, diligente, exacto en la ejecución de las cosas a su cargo. *Empleado* PUNTUAL; sinón.: **cumplidor;** antón.: **informal.** ‖ Indubitable, cierto. *Relato puntual;* sinón.: **seguro.** ‖ Conforme, conveniente, adecuado.

PUNTUALIDAD. al. **Pünktlichkeit.** fr. **Ponctualité.** ingl. **Punctuality.** ital. **Puntualità.** port. **Pontualidade.** f. Calidad de puntual. *La* PUNTUALIDAD *de las informaciones;* sinón.: **exactitud, precisión.**

PUNTUALIZAR. tr. Grabar profunda y exactamente las especies en la memoria. ‖ Referir un suceso o describir una cosa con todas sus circunstancias. sinón.: **detallar.** ‖ Dar la última mano a una cosa, perfeccionarla. ‖ Precisar, determinar una cosa. *Le* PUNTUALIZÓ *las obligaciones.* ‖ deriv.: **puntualización; puntualizador, ra; puntualizamiento; puntualizante.**

PUNTUALMENTE. adv. m. Con puntualidad. *Los invitados llegaron* PUNTUALMENTE.

PUNTUAR. (Del lat. *punctum,* punto.) tr. Poner en la escritura los signos ortográficos necesarios para la buena inteligencia del texto. ‖ deriv.: **puntuador, ra; puntuamiento; puntuante; puntuativo, va.**

PUNTUDO, DA. adj. *Col., Chile, Ec., P. Rico* y *Ven.* Puntiagudo. *Bonete* PUNTUDO.

PUNTUOSO, SA. adj. Puntoso, que tiene punto de honra.

PUNTURA. (Del lat. *punctura.*) f. Herida hecha con instrumento o cosa que punza. ‖ *Cir.* Punción. ‖ *Impr.* Cada una de las dos puntas de hierro afirmadas en los dos costados del tímpano de una prensa de imprimir para sujetar el pliego. ‖ *Veter.* Sangría que se hace en la cara plantar del casco de las caballerías. ‖ **Ajustar punturas.** frs. *Impr.* Colocarlas de modo que el blanco coincida con la retiración.

PUNZADA. al. **Stich.** fr. **Piqure.** ingl. **Prick; puncture.** ital. **Puntura.** port. **Picada.** f. Herida o picada de punta. ‖ fig. Dolor pungitivo, repentino y pasajero. *Sentí una* PUNZADA *en el costado.* ‖ fig. Sentimiento de aflicción. ‖ *Cuba.* Necedad, puerilidad.

PUNZADOR, RA. adj. Que punza. Ú.t.c.s.

PUNZADURA. f. Punzada, herida de punta.

PUNZANTE. p. a. de **Punzar.** Que punza. *Instrumento* PUNZANTE.

PUNZAR. al. **Stechen.** fr. **Piquer.** ingl. **To punch; to prick.** ital. **Pungere.** port. **Picar; punçar.** (Como el cat. *punxar,* del m. or. que *punchar.*) tr. Herir de punta. PUNZAR *con un alfiler;* sinón.: **picar, pinchar.** ‖ fig. Avivarse un dolor de cuando en cuando. ‖ Hacerse sentir una aflicción o remordimiento. ME PUNZA *no haberlo socorrido.* ‖ deriv.: **punzable; punzamiento; punzativo, va.**

PUNZÓ. (Del fr. *ponceau,* amapola silvestre y su color.) m. Color rojo muy vivo. *Moño, faja* PUNZÓ.

PUNZÓN. al. **Pfriem; Stichel.** fr. **Poinçon.** ingl. **Punch.** ital. **Punteruolo.** port. **Punção; ponção.** (De *punzar.*) m. Instrumento de hierro puntiagudo que sirve para abrir agujeros u ojales y para otros usos. ‖ Buril. ‖ Instrumento de acero de forma cilíndrica o prismática, que en la boca tiene de realce una figura o marca que, por presión o percusión, queda impresa en monedas, botones u otras piezas semejantes. ‖ Pitón, cuerno. ‖ Llave de honor que llevaban sujeta en la casaca ciertos empleados de palacio.

PUNZONAR. tr. *A.* y *O.* Taladrar con punzón. ‖ deriv.: **punzonador,ra.**

PUNZONERÍA. f. Colección de todos los punzones necesarios para una fundición de letra.

PUÑADA. (De *puño.*) f. Puñetazo.

PUÑADO. al. **Handvoll.** fr. **Poignée.** ingl. **Handful.** ital. **Pugno.** port. **Punhado.** m. Porción de cualquier cosa que cabe en el puño. *Un* PUÑADO *de harina.* ‖ fig. Cortedad de una cosa de que debe o suele haber cantidad. *Un* PUÑADO *de espectadores.* ‖ **– de moscas.** fig. y fam. Conjunto de cosas que fácilmente se dispersan. ‖ **A puñados.** m. adv. fig. Abundantemente, cuando debe ser con escasez; o al contrario, escasamente, cuando debe ser con abundancia.

PUÑAL. al. **Dolch.** fr. **Poignard.** ingl. **Poniard.** ital. **Pugnale.** port. **Punhal.** m. Arma ofensiva de acero, de dos a tres decímetros de largo, que sólo hiere de punta. PUÑAL *turco.* ‖ fig. Dolor vivo que hiere el alma.

PUÑAL. (Del lat. *pugna,* pelea.) adj. p. us. Perteneciente o relativo a la pugna o contienda.

PUÑALADA. f. Golpe que se da de punta con el puñal u otra arma semejante. ‖ Herida que resulta de este golpe. ‖ fig. Disgusto grande dado de repente. ‖ **– de misericordia.** Golpe de gracia. ‖ **Coser a puñaladas** a uno. frs. fig. y fam. Inferirle muchas puñaladas. ‖ **Ser puñalada de pícaro** una cosa. frs. fig. y fam. Ser muy urgente. Ú.m. en sentido interrogativo o con negación. ¿ES PUÑALADA DE PÍCARO?; NO ES PUÑALADA DE PÍCARO.

PUÑALEAR. tr. *Col., Chile, Guat.* y *P. Rico.* Apuñalar.

PUÑALEJO. m. dim. de **Puñal.**

PUÑALERO. m. El que hace o vende puñales.

PUÑERA. (De *puño.*) f. Almorzada. ‖ Medida que se usa en los molinos y cuya capacidad es la tercera parte del celemín. ‖ *Chile.* Costurera que hace puños.

PUÑETAZO. al. **Faustschlag.** fr. **Coup de poing.** ingl. **Fisticuff.** ital. **Pugno.** port. **Punhado.** (De *puñete.*) m. Golpe que se da con el puño. *De un* PUÑETAZO *derribó al asaltante.*

PUÑETE. m. Puñetazo. ‖ Manilla, pulsera.

PUÑO. al. **Faust; Manschette; Griff.** fr. **Poing; poignet; manchette.** ingl. **Fist; wrist; wristband; handle.** ital. **Pugno; pomo.** port. **Punho.** (Del lat. *pugnus.*) m. Mano cerrada. PUÑO *amenazador.* ‖ Puñado. ‖ Parte de la manga de la camisa y de otras prendas de vestir, que rodea la muñeca. ‖ Adorno de encaje o tela firme, que se pone en la bocamanga. ‖ Mango de algunas armas blancas. ‖ Parte por donde ordinariamente se coge el bastón, el paraguas, etc., y que está guarnecida por lo común, de una pieza de materia diferente. ‖ Esta misma pieza. PUÑO *de plata.* ‖ ant. *Col., P. Rico* y *Ven.* Puñetazo. ‖ fig. y fam. Lugar más angosto de lo debido. *Un* PUÑO *de huerta.* ‖ *Mar.* Cualquiera de los vértices de los ángulos de las velas. ‖ pl. fig. y fam. Fuerza, valor. *Es un sujeto de* PUÑOS. ‖ **Apretar los puños.** frs. fig. y fam. Poner mucho esfuerzo para ejecutar una cosa. ‖ **A puño cerrado.** m. adv. Tratándose de golpes, con el **puño.** ‖ **Como un puño.** loc. adv. fig. y fam. con que se pondera que una cosa excede de su tamaño ordinario o, por el contrario, es sumamente pequeña. *Un durazno* COMO UN PUÑO; *una habitación* COMO UN PUÑO. En el primer sentido, se dice de las cosas inmateriales. Embuste *como un* PUÑO. ‖ **Creer a puño cerrado.** frs. fig. y fam. Creer firme o ciegamente. ‖ **De propio puño.** m. adv. De mano propia. ‖ **Jugarla de puño** a uno. frs. fig. y fam. **Pegársela de puño.** ‖ **Medir a puños.** frs. Medir una cosa poniendo un **puño** sobre otro, o uno después de otro sucesivamente. ‖ **Meter en un puño** a uno. frs. fig. y fam. Confundirlo, asustarlo, oprimirlo. ‖ **Partir al puño.** frs. *Mar.* Inclinar un buque la proa hacia el viento. ‖ **Pegarla de puño** a uno. frs. fig. y fam. Engañarle por completo en cosa de importancia. ‖ **Por sus puños.** m. adv. fig. y fam. Con su propio trabajo o mérito personal. ‖ **Tener** a uno **en un puño.** frs. fig. y fam. Tenerlo sujeto a su voluntad, dominarlo.

PUOSO, SA. adj. Que tiene púas. ‖ fig. Áspero de genio.

PUPA. (De *buba.*) f. Erupción en los labios. ‖ Postilla que queda en la piel cuando se seca un grano. ‖ Voz infantil que indica dolor. ‖ *Zool.* Ninfa, estado larval de los insectos con metamorfosis completa, especialmente de los dípteros. ‖ Género de moluscos gasterópodos pulmonados, que tienen los tentáculos inferiores muy cortos y la concha provista de una perforación umbilical. ‖ **Hacer pupa a** uno. frs. fig. y fam. Darle que sentir, causarle daño.

PUPILA. al. **Puille; Sehloch.** fr. **Pupille.** ingl. **Pupil.** ital. **Pupilla.** port. **Pupila.** (Del lat. *pupilla,* muchacha.) f. Huérfana, menor de edad, respecto de su tutor. ‖ Mujer de la mancebía. ‖ Abertura dilatable y contráctil de la parte central del iris del ojo por la que pasan los rayos luminosos. ‖ **Tener pupila** uno. frs. fig. y fam. Tener perspicacia, ser astuto.

PUPILAJE. m. Estado o condición del pupilo o de la pupila. ‖ Estado de aquel que está sometido a la voluntad de otro porque le da de comer. ‖ Casa donde se admiten huéspedes mediante precio convenido. ‖ Este precio.

PUPILAR. adj. Perteneciente o relativo al pupilo, o la menor edad. ‖ *Anat.* Perteneciente o relativo a la pupila del ojo. *Catarata* PUPILAR.

PUPILERO, RA. s. Persona que recibe pupilos en su casa.

PUPILO, LA. al. **Mündel.** fr. **Pupille; pensionnaire.** ingl. **Pupil; boarder.** ital. **Pupillo; pensionante.** port. **Pupilo.** (Del lat. *pupillus,* d. de *pupus,* niño.) s. Huérfano o huérfana menor de edad respecto de su tutor. ‖ Persona que se hospeda en casa particular por precio ajustado. ‖ Alumno interno de un establecimiento de enseñanza. ‖ **Medio pupilo.** El que sólo come al mediodía en una casa de huéspedes. ‖ Alumno o alumna que permanece en el colegio hasta la noche y hace en él la comida del mediodía. ‖ **A pupilo.** m. adv. Alojado y mantenido por precio.

PUPITRE. al. **Puit.** fr. **Pupitre.** ingl. **Desk.** ital. **Scannello.** port. **Escritório.** (Del fr. *pupitre,* y éste del lat. *pulpitum,* atril.) m. Mueble de madera, con tapa en forma de plano inclinado, para escribir sobre él.

PUPO. (Del quichua *pupu.*) m. *Arg., Chile, Ec.* y *Perú.* Ombligo.

PUPOSO, SA. adj. Que tiene pupas.

PUPUSA. f. *Amér Central* y *Arg.* Popusa.

PUQUIO. (Voz quichua y aimará.) m. *Amér. del S.* Fuente, manantial. ‖ deriv.: **puquial.**

PURACÉ. *Geog.* Volcán nevado de los Andes centrales de Colombia, entre los dep. de Cauca y Huila. 4.900 m.

PURAMENTE. adv. m. Con pureza y sin mezcla de otra cosa. ‖ Castamente. ‖ Simplemente, estrictamente. *Le hago esta pregunta,* PURAMENTE *por curiosidad;* sinón.: **únicamente.** ‖ *For.* Sin condición, excepción, restricción ni plazo.

PURANA. (Del sánscr. *purana,* antiguo.) m. Cada uno de los 18 poemas sánscritos que contienen la teogonía y cosmogonía de la antigua India.

PURCELL, Eduardo Mills. *Biog.* Físico estad. que en compañía de Félix Bloch, con quien compartió el premio Nobel de Física en 1952, descubrió un nuevo método para medir los campos magnéticos en núcleos atómicos (n. 1912). ‖ **– Enrique.** Compos. ingl., uno de los grandes talentos musicales de su época. Se dedicó preferentemente a los temas religiosos y compuso más de cincuenta obras para teatro, canciones para arpa, antífonas, salmos, etc.: *Dido y Eneas; El rey Arturo,* etc. (1658-1695).

PURÉ. (Del fr. *purée.*) m. Pasta de legumbres y otros comestibles cocidos y pasados por el colador. ‖ Sopa formada por esta pasta, desleída en caldo.

PUREAR. intr. fam. Fumar cigarro puro.

PURERA. f. Cigarrera, estuche para cigarros.

PUREZA. al. **Reinheit.** fr. **Pureté.** ingl. **Purity.** ital. **Purezza.** port. **Pureza.** f. Calidad de puro. *La* PUREZA *de un metal.* ‖ fig. Virginidad, doncellez. ‖ Castidad. ‖ Casticismo en el lenguaje. ‖ IDEAS AFINES: *Transparencia, claridad, perfección, limpidez, simplicidad, incolumnidad, intacto, natural, inmaculado, genuino, cristalino, fino, virginal, nítido.*

PURGA. al. **Abführmittel.** fr. **Purge.** ingl. **Physic.** ital. **Purga.** port. **Purga.** (De *purgar.*) f. Medicina que se toma para descargar el vientre. ‖ fig. Residuos de algunas operaciones industriales. ‖ *Pol.* Eliminación, comúnmente violenta, con que un partido político se desprende de los afiliados que considera inconvenientes.

PURGABLE. adj. Que se puede o debe purgar.

PURGACIÓN. (Del lat. *purgatio, -onis.*) f. Acción y efecto de purgar o purgarse. ‖ Sangre que naturalmente evacuan las mujeres todos los meses, y después de haber parido. ‖ Líquido purulento que se produce en la uretra y sale por el orificio exterior de ésta. Ú.m.en pl. ‖ *For.* Refutación de notas o indicios inculpadores contra una persona. ‖ **– vulgar.** *Der.* Prueba judicial de la inocencia o culpa del reo mediante ordalías o juicio de Dios.

PURGADOR, RA. adj. Que purga. Ú.t.c.s.

PURGAMIENTO. (Del lat. *purgaméntum.*) m. Acción y efecto de purgar o purgarse.

PURGANTE. (Del lat. *purgans, -antis.*) p. a. de **Purgar.** Que purga. ‖ m. Substancia que aumenta las evacuaciones intestinales, sin acción tóxica y con fines depurativos o derivativos.

PURGAR. al. **Abführen; reinigen.** fr. **Purger.** ingl. **To purge.** ital. **Purgare.** port. **Purgar.** (Del lat. *purgare.*) tr. Limpiar, purificar una cosa. ‖ Satisfacer con una pena alguna culpa o delito. PURGÓ *en la cárcel el crimen.* ‖ Padecer el alma las penas del purgatorio para purificarse y poder entrar en la gloria. PURGAR *los pecados.* ‖ Dar al enfermo la medicina conveniente para exonerar el vientre. Ú.t.c.r. ‖ Evacuar un humor. Ú.t.c. intr. y c.r. *La llaga ha* PURGADO *bien.* ‖ Expiar. ‖ fig. Purificar, acrisolar. PURGAR *un libro.* ‖ Corregir, moderar las pasiones. ‖ *For.* Desvanecer los indicios o nota que hay contra una persona; exculparla. ‖ r. fig. Libertarse de cualquier cosa no material que causa perjuicio o gravamen. ‖ deriv.: **purgadamente.**

PURGATIVO, VA. (Del lat. *purgativus.*) adj. Que purga o tiene virtud de purgar.

PURGATORIO, RIA. al. **Fegefeuer; Purgatorium.** fr. **Purgatoire.** ingl. **Purgatory.** ital. **Purgatorio.** port. **Purgatório.** (Del lat. *purgatorius,* que purifica.) adj. Purgativo. ‖ m. Lugar donde las almas de los que mueren en gracia, sin haber hecho entera penitencia por sus culpas, satisfacen la deuda con las penas que padecen, para poder gozar después de la gloria eterna. *Socorrer con sufragios a las almas del* PURGATORIO. ‖ Cualquier lugar donde se vive penosamente. ‖ Vida penosa.

PURIDAD. (Del lat. *púritas, -atis.*) f. Pureza, calidad de puro. ‖ Secreto; reserva, sigilo. ‖ **En puridad.** m. adv. Claramente y sin rodeos. ‖ En secreto.

PURIFICACIÓN. al. **Reinigung.** fr. **Purification.** ingl. **Purification.** ital. **Purificazione.** port. **Purificação.** (Del lat. *purificatio, -onis.*) f. Acción y efecto de purificar o purificarse. ‖ Fiesta que celebra la Iglesia el 2 de febrero en memoria de la presentación de Jesús en el templo, efectuada por la Virgen a los cuarenta días del parto. ‖ Cada uno de los lavatorios con que en la misa se purifica el cáliz.

PURIFICACIÓN. *Geog.* Población de Colombia (Tolima). 6 000 h. Puerto sobre el río Magdalena; es centro agrícola y ganadero.

PURIFICADERO, RA. adj. Dícese de lo que purifica.

PURIFICADOR, RA. adj. Que purifica. Ú.t.c.s. *Castigo* PURIFICADOR. ‖ m. Paño de lino, con el cual se enjuga y purifica el cáliz. ‖ Lienzo de que se sirve el sacerdote en el altar para limpiarse los dedos.

PURIFICANTE. p. a. de **Purificar.** Que purifica.

PURIFICAR. al. **Reinigen.** fr. **Purifier.** ingl. **To purify.** ital. **Purificare.** port. **Purificar.** (Del lat. *purificare;* de *purus,* puro, y *fácere,* hacer.) tr. y r. Quitar de una cosa lo que le es extraño, dejándola en el ser y perfección que debe tener. PURIFICAR *el vino;* sinón.: **depurar, limpiar.** ‖ Limpiar de toda imperfección una cosa no material. PURIFICAR *las costumbres.* ‖ Acrisolar Dios las almas por medio de las aflicciones y trabajos. ‖ En la ley antigua, ejecutar las ceremonias prescritas para dejar libres de ciertas impurezas a personas o cosas. ‖ *For.* Cumplirse o suprimirse la condición de que un derecho dependía. ‖ deriv.: **purificadamente; purificamiento; purificativo, va.**

PURIFICATORIO, RIA. (Del lat. *purificatorius.*) adj. Que sirve para purificar una cosa.

PURIFORME. adj. Que tiene aspecto de pus.

PURÍSIMA. f. Nombre antonomástico de la Virgen en el misterio de su Inmaculada Concepción. ‖ Efigie que representa este misterio.

PURÍSIMA. *Geog.* Población de Colombia, en el dep. de Córdoba. 11.000 h. Ganadería.

PURISMO. (De *puro.*) m. Calidad de purista.

PURISTA. (De *puro.*) adj. y s. Que escribe o habla con pureza. ‖ Aplícase igualmente al que, por afán de ser puro en la manera de escribir o de hablar, adolece de afectación.

PURITANISMO. al. **Puritanism.** fr. **Puritanisme.** ingl. **Puritanism.** ital. **Puritanismo.** port. **Puritanismo.** m. Secta y doctrina de los puritanos. ‖ Por ext., se dice de la exagerada escrupulosidad en el cumplimiento de los deberes. ‖ Calidad de puritano.

PURITANO, NA. al. **Puritanisch.** fr. **Puritain.** ingl. **Puritan.** ital. **Puritano.** port. **Puritano.** (Del ingl. *puritan,* y éste del lat. *purus,* puro.) adj. Dícese del individuo de un partido político y religioso formado en Inglaterra en el siglo XVII, que se precia de observar religión más pura que la del Estado. Ú.t.c.s. *Los* PURITANOS *eran partidarios, en política, de la república.* ‖ Perteneciente a estos sectarios. ‖ fig. Dícese de la persona que real o afectadamente profesa con rigor las virtudes públicas o privadas. ‖ Rígido, austero. Ú.t.c.s.

PURO, RA. al. **Rein.** fr. **Pure.** ingl. **Pure.** ital. **Puro.** port. **Puro.** (Del lat. *purus.*) adj. Libre y exento de mezcla de otra cosa. *Oxígeno* PURO; sinón.: **limpio, sano.** ‖ Que procede con desinterés en el desempeño de un empleo u otra obligación. ‖ Que no incluye ninguna condición; absoluto. ‖ Casto. *Frente* PURA. ‖ V. **Cigarro puro.** Ú.m.c.s. ‖ fig. Exento de imperfecciones. *Este autor propugna una moral* PURA. ‖ Mero, solo, no acompañado de otra cosa. PURAS *promesas.* ‖ Tratándose del lenguaje o del estilo, ajustado a las leyes gramaticales y al mejor uso. Dícese también de las personas. *Prosista* PURO. ‖ *Ant., Col.* y *Ven.* Idéntico, semejante. ‖ **A puro.** m. adv. A fuerza de. ‖ **De puro.** m. adv. Sumamente, a fuerza de.

PÚRPURA. al. **Purpur.** fr. **Pourpre.** ingl. **Purple.** ital. **Pórpora.** port. **Púrpura.** (Del lat. *púrpura.*) adj. Dícese del color rojo subido que tira a violado. Ú.t.c.s. ‖ De color **púrpura.** ‖ *Blas.* Violado. Ú.m.c.s. ‖ f. Molusco marino, de concha retorcida y branquias pectiformes, que segrega un líquido amarillento, el cual por oxidación se transforma primero en verde y después en rojo o violado. Gén. *Murex.* ‖ Tinte muy costoso, usado en tintorería y pintura, que los antiguos preparaban con la tinta de varias especies de este molusco o de otros similares. ‖ Tela muy costosa, generalmente de lana, teñida con este tinte, que servía para las vestiduras propias de sumos sacerdotes, reyes, cónsules, etc. ‖ fig. Prenda de vestir, de color púrpura o rojo, que forma parte del traje característico de reyes, cardenales, etc. ‖ Dignidad imperial, real, cardenalicia, etc. ‖ poét. Sangre. ‖ *Med.* Estado producido en forma espontánea o como consecuencia de traumatismos leves y caracterizado por la extravasación sanguínea en piel y mucosas. ‖ — de Casio. Oro en polvo finísimo, de color rojo pardusco, que se obtiene por precipitación. ‖ deriv.: **purpurífero, ra.**

PURPURADO. m. Cardenal, prelado.

PURPURANTE. (Del lat. *púrpurans, -antis.*) p. a. de **Purpurar.** Que purpura.

PURPURAR. (Del lat. *purpurare.*) tr. Teñir de púrpura. ‖ Vestir de ella. ‖ deriv.: **purpurador, ra; purpurativo, va.**

PURPÚREA. f. Lampazo, planta.

PURPUREAR. intr. Mostrar una cosa el color de púrpura. ‖ Tirar a purpúreo. ‖ deriv.: **purpureador, ra; purpureante.**

PURPUREO, A. adj. De color púrpura. *Túnica* PURPÚREA. ‖ Perteneciente o relativo a la púrpura.

PURPURINA. f. *Quím.* Substancia colorante roja, extraída de la raíz de la rubia. ‖ Polvo finísimo de bronce o metal blanco, que se aplica a las pinturas para dorarlas o platearlas.

PURPURINO, NA. adj. Purpúreo.

PURRELA. f. Vino último e inferior de los que se llaman aguapié.

PURRETE, TA. adj. y s. fam. Chiquillo, mocoso.

PURRIELA. f. fam. Cosa despreciable, de ínfima calidad, de muy poco valor.

PURUANDIRO. *Geog.* Población de la región central de México (Michoacán). 12.000 h. Centro agrícola; industria textil.

PURUHÁ. adj. Aplícase al individuo de una tribu de indios del Ecuador que habitó el territorio de la actual prov. de Chimborazo. Ú.t.c.s. ‖ Perteneciente a estos indios. ‖ m. Lengua de los **puruhaes.**

PURULENCIA. al. **Eiterung.** fr. **Purulence.** ingl. **Purulence.** ital. **Purulenza.** port. **Purulencia.** f. *Med.* Calidad de purulento; supuración.

PURULENTO, TA. al. **Eiternd.** fr. **Purulent.** ingl. **Purulent.** ital. **Purulento.** port. **Purulento.** (Del lat. *purulentus.*) adj. *Med.* Formado de pus o que lo contiene; asociado con la formación de pus o causado por éste. ‖ deriv.: **purulentamente.**

PURÚS. *Geog.* Río del Brasil, en el Est. de Amazonas. Nace en los Andes peruanos, presenta innumerables meandros y des. en el río Amazonas. 3.000 km.

PUS. al. **Eiter.** fr. **Pus.** ingl. **Pus.** ital. **Pus.** port. **Pus.** (Del lat. *pus.*) m. *Med.* Humor alcalino más o menos espeso y comúnmente de color amarillento o verdoso, producto de una inflamación aguda o crónica, y constituido por una parte líquida o suero y otra sólida formada por leucocitos alterados, ácidos grasos y microorganismos.

PUSAN. *Geog.* C. y puerto de Corea del Sur. 2.000.000 de h. Denomínase también Fusan o Busan.

PUSHKIN, Alejandro. *Biog.* Nov., poeta y dram. ruso, considerado el iniciador del realismo literario en su patria. Aunque fue adicto a las corrientes más avanzadas y se destacó por la originalidad de su inventiva, su obra no deja de trasuntar un cierto clasicismo en la forma y un tenue romanticismo de fondo. Obras: *Ruslán y Ludmila; Boris Godunov; Eugenio Oneguin; La hija del capitán,* etc. (1799-1837).

PUSILÁNIME. al. **Kleinmütig; verzagt.** fr. **Pusillanime.** ingl. **Pusillanimous.** ital. **Pusillanime.** port. **Pusilânime.** (Del lat. *pusillánimis.*) adj. y s. Falto de ánimo y resolución, cobarde o tímido.

PUSILANIMIDAD f. Calidad de pusilánime.

PUSINESCO, CA. (Del fr. *poussinesque,* de *Poussin.*) adj. Dícese del tamaño que en la pintura representa a las personas en un tercio del suyo natural.

PÚSTULA. al. **Pustel.** fr. **Pustule.** ingl. **Pustule.** ital. **Pustula.** port. **Pústula.** (Del lat. *pústula.*) f. *Pat.* Vesícula purulenta. ‖ — **maligna.** Carbunclo. ‖ deriv.: **pustulación; pustulante; pustular.**

PUSTULOSO, SA. (Del lat. *pustulosus.*) adj, *Pat.* Perteneciente o relativo a la pústula.

PUTA. al. **Hure.** fr. **Putaine.** ingl. **Harlot.** ital. **Puttana.** port. **Puta.** (Del lat. *puta,* muchacha.) f. Ramera.

PUTAENDO. *Geog.* Río de Chile. afl. del Aconcagua por la margen derecha.

PUTAÍSMO. m. Vida de ramera. ‖ Reunión de estas mujeres. ‖ Casa de prostitución.

PUTANISMO. m. Putaísmo.

PUTAÑEAR. (Del ant. *putaña,* puta.) intr. fam. Darse al vicio de la lujuria con las rameras.

PUTAÑERO. adj. Dícese del hombre que putañea. Ú.t.c.s.

PUTATIVO, VA. al. **Vermeintlich.** fr. **Putatif.** ingl. **Putative.** ital. **Putativo.** port. **Putativo.** adj. Reputado o tenido por padre, hermano, etc., no siéndolo. ‖ deriv.: **putativamente.**

PUTEADA. f. *Arg.* Reniego en que se emplea la palabra puta.

PUTEAR. (De *puta.*) intr. fam. Putañear. ‖ vulg. *Arg.* Echar puteadas. ‖ tr. vulg. Injuriar, insultar a uno con puteadas.

PUTERÍA. f. Putaísmo. ‖ fig. Arrumaco o halago de que usan algunas mujeres.

PUTERO. adj. y s. fam. Putañero.

PUTESCO, CA. adj. fam. Perteneciente o relativo a las putas.

PUTIFAR. *Hist. Sagr.* Oficial de la corte del faraón, amo del futuro patriarca hebreo José, a quien mandó encarcelar, porque su esposa lo acusó falsamente de haber atentado contra su honra.

PUTO. m. Sodomita pasivo. ‖ **A puto el postre.** expr. fam. que denota el esfuerzo que se hace para no ser el postrero en una cosa. ‖ **¡Oxte, puto!** expr. fam. **¡Oxte!**

PUTREFACCIÓN. al. **Verwesung; Fäulnis.** fr. **Putréfaction.** ingl. **Putrefaction.** ital. **Putrefazione.** port. **Putrefação.** (Del lat. *putrefactio, -onis.*) f. Acción y efecto de pudrir o pudrirse: ‖ Podredumbre.

PUTREFACTIVO, VA. adj. Que puede causar putrefacción.

PUTREFACTO, TA. adj. Podrido, corrompido. *Raíces* PUTREFACTAS.

PUTRESCENCIA. f. Putridez. ‖ deriv.: **putrescente.**

PUTRESCIBLE. adj. Que se pudre fácilmente. *Madera* PUTRESCIBLE.

PUTRIDEZ. f. Calidad de pútrido.

PÚTRIDO, DA. (Del lat. *pútridus.*) adj. Putrefacto. *Agua* PÚTRIDA. ‖ Acompañado de putrefacción.

PUTRÍLAGO. m. *Pat.* Materia pultácea producida por la necrosis de los tejidos gangrenados. ‖ deriv.: **putrilaginoso, sa.**

PUTUELA. f. dim. de **Puta.**

PUTUMAYO. *Geog.* Río de América del Sur. afl. del Amazonas. Nace en los Andes centrales de Colombia, marca el límite entre este país y Ecuador primero, y Perú después, y penetra en el Brasil, donde des. en el río Amazonas con el nombre de Içá. Tiene 1.600 km. de extensión. ‖ Comisaría de Colombia. 25.570 km². 98.700 h. Cap. MACOA.

PUVIS DE CHAVANNES, Pedro Cecilio. *Biog.* V. Chavannes, Pedro Cecilio Puvis de.

PUYA. (Del lat. *péllere,* lanzar.) f. Punta acerada de las varas o garrochas de los picadores y vaqueros, con la cual aguijan o castigan a las reses.

PUYA. (Del araucano *puuya.*) f. *Chile.* Género de plantas bromeliáceas, de hojas verdes y blancas, flores de largos pétalos que se arrollan al secarse.

PUYAR. tr. *Amér. Central, Ant., Col. y Ven.* Herir con púa u otro objeto puntiagudo. Ú.t.c.r. ‖ *Amér. Central y Ant.* Cucar, molestar. ‖ intr. *Chile.* Esforzarse; bregar. ‖ *Ven.* Despuntar, nacer un vegetal.

PUYAZO. m. Herida hecha con puya.

PUY-DE-DÔME. *Geog.* Departamento del centro de Francia. 8.016 km². 580.000 h. Cereales, vid, frutas. Bovinos. Hulla, plomo. Cap. CLERMONT-FERRAND.

PUY DE SANCY. *Geog.* V. Doré, Monte.

PUYEHUE. *Geog.* Lago de Chile (Valdivia). Des. en el río Bueno a través del río Pilmaiquén. Tiene 20 km. de largo por 9 de ancho.

PU-YI. *Biog.* Último emperador chino de la dinastía manchú, que fue presidente de la Rep. en 1932 y emperador de Manchuria en 1934, con el nombre de Kang-Te (n. 1906).

PUYO. m. *Arg.* Especie de poncho basto de lana.

PUYÓN. m. *Amér. Central y Ven.* Púa del trompo. ‖ Pimpollo, brote. ‖ Pequeña cantidad de dinero. ‖ *Col., Guat. y P. Rico.* Puyazo.

PUZOL. (De *Puzol,* pueblo de Italia.) m. Puzolana.

PUZOLANA. f. Roca silícea de origen volcánico que, molida y mezclada con cal, forma un mortero hidráulico. ‖ deriv.: **puzolánico, ca.**

PYAT, Amado F. *Biog.* Ensayista fr., ardiente defensor de la Comuna. Obras: *Cartas de un proscripto; El trapero de París; Los dos cerrajeros,* etc. (1810-1889).

PYONGYANG. *Geog.* Ciudad de Corea del Norte, sede del gobierno. 1.500.000 h., con los suburbios. Industrias textiles y mineras.

Q. f. Vigésima letra del abecedario castellano que constituye, con la *u*, la representación del sonido de la *k*, antes de *e* o *i*, en cuyo caso la *u* es muda como en *queja* y *quieto*.

QATAR. *Geog.* V. **Catar.**

QUADRADO Y NIETO, José María. *Biog.* Erudito esp., agudo polemista e intérprete de Balmes. Autor de *Recuerdos y bellezas de España; Ensayos religiosos, políticos y literarios; Leovigildo* y refundiciones de Shakespeare (1819-1896).

QUADRATO, San. *Hagiog.* Obispo de Atenas y uno de los más antiguos y notables apologistas del cristianismo (s. II).

QUADRA Y VANCOUVER. *Geog.* Isla del Canadá. V. **Vancouver.**

QUADROS, Janio. *Biog.* Político bras., presidente de la Rep. en 1961, cargo al que dimitió siete meses después (n. 1917).

QUARAHIM. *Geog.* V. **Cuareim.**

QUARAÍ. *Geog.* Población del S.O. de Brasil (Río Grande del Sur), en el límite con Uruguay. 8.750 h. Actividades agropecuarias.

QUARATINO, Pascual. *Biog.* Compositor arg., autor de obras sinfónicas y de cámara. Premio Municipal de Música (1904-1973).

QUAREGNON. *Geog.* Ciudad de Bélgica (Hainaut). 21.600 h. Industria metalúrgica y factorías de tabaco.

QUARENGHI, Jacobo. *Biog.* Arquitecto ital., famoso por sus construcciones monumentales en Rusia (1744-1817).

QUARK. n. *Fís.* Nombre científico dado por Gell-Mann a una división fundamental de las partículas elementales.

QUARNERO. *Geog.* Golfo del Adriático, comprendido entre la península de Istria y la costa dálmata, que termina al N. con la bahía de Fiume.

QUASIMODO, Salvador. *Biog.* Poeta ital. laureado en 1959 con el premio Nobel de literatura, "por su obra poética lírica, que con fuego clásico expresa la trágica experiencia de la vida de nuestros días". Autor de *De pronto la noche; La vida no es sueño; Día tras día; La tierra incomparable*, etc. (1901-1968).

QUATRE-BRAS. *Geog.* Población de Bélgica (Brabante), sit. cerca de Waterloo. Es famosa por haber sido vencido allí Napoleón, en 1815.

QUATREFAGES DE BRÉAU, Juan Luis Armando de. *Biog.* Méd. y naturalista fr. Trató el crup mediante el nitrato de plata y se especializó en la histología comparada. Obras: *Del cruzamiento de las razas humanas; De la unidad de la especie humana*, etc. (1810-1892).

QUATREMÈRE, Esteban Marcos. *Biog.* Orientalista fr., autor de *Estudios críticos e históricos sobre la lengua y la literatura de Egipto* y otras obras (1782-1857). || **— DE QUINCY, Antonio C.** Lit., arqueólogo y pol. fr. de prolongada actuación, autor de un *Diccionario histórico de arquitectura* y otras obras (1755-1849).

QUE. al. *Der; die; uas; dass; was; welcher.* fr. *Que; qui; quoi.* ingl. *Which; who; that; what; which.* ital. *Che; chi.* port. *Que.* (Del lat. *qui*.) pron. relat., que con esta sola forma conviene a los géneros masculino, femenino y neutro y a entrambos números, singular y plural. Sigue al nombre y a otro pronombre y equivale a el, la, lo cual; los, las cuales. Puede construirse con el artículo *el casaste; su Excelencia*. || A veces, precedido de preposición, tiene valor de pronombre. *El día* QUE (EN EL CUAL) *te casaste; su Excelencia el Ministro,* QUE (A QUIEN) *Dios guarde.* || Puede preceder al nombre y a otras partes de la oración, concertando con ellas, y en este caso denota calidad o cantidad, y equivale a **cual, cuan** o **cuanto.** *No sé* QUE *clase de gente concurre; vieras* QUE *indignación sentí. ¡*QUE *alegre se va a poner!* || Con igual sentido de ponderación o encarecimiento, únese a la preposición *de* en modos de hablar como el siguiente: *¡*QUE *de bandidos hubo en esa época!* || Como neutro, se emplea sin antecedente y con significación indefinida que equivale a **qué cosa.** *No sabía* QUE *regalarle; ¿*QUE *dijo?* || conj. cop. cuyo más ordinario oficio es enlazar un verbo con otro. *Esperaré* QUE *salga; no quiero* QUE *vayas; prometió* QUE *lo arreglaría.* || Sirve también para enlazar con el verbo otras partes de la oración. *Después* QUE *venga; antes que anochezca; por más* QUE *implore; por más tonto* QUE *me crea.* || Forma parte de varios modos adverbiales y conjuntivos. *A menos* QUE; *con tal* QUE. || Empléase como conjunción comparativa. *Más querría perder mis bienes* QUE *mi buen nombre.* || Deja de pedir verbo en locuciones familiares como éstas: *Uno* QUE *otro; otro* QUE *tal.* || Ú. en vez de la copulativa y, pero denotando en cierto modo sentido adversativo. *Pan pido,* QUE *no dinero; mía es la responsabilidad,* QUE *no suya.* || Se usa igualmente como conjunción causal, equivaliendo a **porque** o **pues.** *Con los bienes perdió el honor,* QUE *a tal fin lo condujo el juego.* || También hace oficio de conjunción disyuntiva, equivaliendo a **o, ya,** u otra semejante. *Que diga,* QUE *no diga.* || Toma carácter de conjunción ilativa, enunciando la consecuencia de lo que anteriormente se ha dicho. *Hay tan poca comida* QUE *nos quedaremos con hambre; tanto diableó* QUE *tuve que pegarle; temblaba de modo* QUE *le chocaban los dientes.* || Suele usarse también como conjunción final con el significado de **para que.** *Insistióle en alta voz,* QUE *le pagase lo convenido.* || Precede a oraciones no enlazadas con otras. QUE *te mejores; ¡*QUE *tenga yo tan poca suerte!* || Precede también a oraciones incidentales de sentido independiente. *¿Podría usted indicarme, buen amigo,* QUE *buena ventura os dé Dios, un camino directo para Béjar?* || Después de expresiones de aseveración o juramento sin verbo alguno expreso, como *a fe, vive Dios, voto a tal, por vida de mi padre,* etc., precede asimismo al verbo con que empieza a manifestarse aquello que se asevera o jura. *¡A fe, amigo,* QUE *no tienes más ánimos que yo! ¡Por la luz que nos alumbra,* QUE *no has de verme más implorar tu cariño!* || Con el adverbio no pospuesto, forma un modo de decir equivalente a **sin que,** en expresiones como la siguiente: *¡No voy una sola vez al café,* QUE *no me encuentre a ese majadero! ¡A fe* que se asevera o jura. || Viene a significar **de manera que,** en giros como éstos: *Llora* QUE *desconsuela; esa fortaleza se resquebraje, y se derrumbe,* QUE *aun no queden ni los rastros de ella.* || Empléase con sentido frecuentativo de encarecimiento, equivaliendo a **y más.** *Sordo* QUE *sordo; terco* QUE *terco.* || Empléase después de los adverbios **sí** y **no** para dar fuerza a lo que se dice. *Sí,* QUE *lo firmaré; no,* QUE *no iré.* || Empléase a veces como conjunción causal o copulativa antes de otro *que* equivalente a **cuál** o **qué cosa.** *¿Que* QUE *es lo que pretendo con esto? Digo que ¿*QUE *te va en tanto querer cumplir tal medida?* || Precedida y seguida de la tercera persona de indicativo de un mismo verbo, denota el progreso o eficacia de la acción de este verbo. *Habla* QUE *habla; come* QUE *come.* || **El que más y el que menos.** loc. que, en las frases que forma parte, equivale a cada cual o a todos sin excepción. || **¡Pues qué!** expr. que se emplea sin vínculo gramatical con otra ninguna, precediendo a frase interrogativa en la forma, y substancialmente negativa. *¡Pues qué!, ¿te parece bien* QUE *siga siempre haciendo esta vida?* || **¡Pues y qué!** expr. que se usa para denotar que no tiene inconveniente o que no es legítimo el cargo que se hace. || **¡Qué!** int. de sentido negativo y ponderativo. || **Sin qué ni para,** o **por, qué.** loc. adv. Sin motivo, causa ni razón alguna. || **¿Y qué?** expr. con que se denota que lo dicho o hecho por otro no convence.

QUEBEC. *Geog.* Provincia del N. E. de Canadá. 1.540.509 km². 6.795.000 h. Agricultura, minería. Ricos bosques. Cap. hom. 424.000 h. Posee un importante puerto sobre el río San Lorenzo y es un gran centro comercial y cultural.

QUEBRACHO. m. Quiebrahacha. || **— blanco.** Árbol apocináceo americano de 12 a 14 m. de altura; la madera es dura, y sus hojas y corteza contienen mucho tanino. || **— colorado.** Árbol de madera dura e imputrescible, con gran cantidad de tanino, usada para durmientes y tenería. || IDEAS AFINES: *Hachero, rojo, poste, leña, curtiembre, americano, centenario, chaco, tropical.*

● **QUEBRACHO.** *Bot.* Quebracho es el nombre común de varias especies de plantas leguminosas americanas, caracterizadas por su madera dura. Generalmente son árboles cuya altura oscila entre los seis y diez metros. El quebracho blanco, a veces se eleva hasta quince metros, se distingue por su madera blanca; en la farmacopea campesina es usada la infusión de su corteza para combatir el chucho, y su fruta, machacada y en forma de cataplasma, se emplea como remedio para las hinchazones; en tintorería, su corteza hervida da un tinte anaranjado que resiste el agua y el sol. Una variedad del quebracho blanco es el llamado quebracho blanco llorón, que abunda en el centro y oeste argentino, y cuya corteza, empleada en infusión para combatir la malaria. El quebracho colorado es un árbol fuerte y corpulento, de madera roja y muy pródiga en tanino, y cuya resistencia a la humedad la hace la madera más adecuada para obras hidráulicas, postes, pilotes, traviesas de líneas férreas, etc. A la Argentina pertenece casi el 90% de la producción mundial de **quebracho** y se calcula que una cuarta parte de sus bosques se compone de **quebracho**.

QUEBRACHO HERRADO. *Geog.* Población de la Argentina, en el N. E. de la prov. de Córdoba. 2.900 h. En sus vecindades se libró, en noviembre de 1835, el combate en que Oribe derrotó a Lavalle.

QUEBRADA. al. **Schlucht.** fr. **Ravin.** ingl. **Ravine.** ital. **Burrone.** port. **Quebrada.** (De *quebrado.*) f. Abertura estrecha y áspera entre montañas. ‖ Quiebra, hendedura de la tierra. ‖ *Amér.* Arroyo, riachuelo.

QUEBRADA HONDA, Batalla de. *Hist.* Triunfo de las armas patriotas venezolanas sobre las realistas (2 de agosto de 1816).

QUEBRADERO. m. desus. Quebrador. ‖ – **de cabeza.** fig. y fam. Cosa que inquieta el ánimo. ‖ Objeto del cuidado amoroso.

QUEBRADILLAS. *Geog.* Población del N. O. de Puerto Rico. 2.405 h. Tabaco, frutales.

QUEBRADILLO. (dim. de *quebrado.*) m. Tacón de madera del calzado a la ponleví. ‖ Movimiento hecho con el cuerpo, como quebrándolo, usado en danzas.

QUEBRADIZO, ZA. al. **Brüchig; zerbrechlich.** fr. **Cassant; fragile.** ingl. **Brittle.** ital. **Friabile.** port. **Quebradiço.** adj. Fácil de quebrarse. *Uñas* QUEBRADIZAS; sinón.: **frágil;** antón.: **resistente.** ‖ fig. Delicado, débil de salud. ‖ Dícese de la voz ágil para hacer quiebros al cantar. ‖ Frágil, caduco, débil. *Voluntad* QUEBRADIZA.

QUEBRADO, DA. al. **Bruch.** fr. **Fractionnaire.** ingl. **Fractional.** ital. **Frazionario.** port. **Quebrado.** (De *quebrar.*) adj. Que ha hecho quiebra o bancarrota. U.t.c.s. ‖ Que padece quebradura o hernia. U.t.c.s. ‖ Quebrantado, debilitado. QUEBRADO *de color.* ‖ Dicho de terrenos, caminos, etc., desigual, tortuoso. ‖ V. **Número quebrado.** U.t.c.s. ‖ m. *Cuba.* Hoja de tabaco fino, pero agujereada. ‖ pl. Trechos rayados y trechos sin rayas que hay en cierta clase de papel pautado en que aprenden a escribir los niños. ‖ – **decimal.** Fracción decimal. ‖ **Quebrado compuesto.** *Arit.* **Quebrado de quebrado.** ‖ – **decimal.** *Arit.* **Fracción impropia.** ‖ – **de quebrado.** Número compuesto de una o más de las partes iguales en que se considera dividido un quebrado. ‖ – **impropio.** *Arit.* **Fracción impropia.** ‖ – **propio.** Fracción **propia.**

QUEBRADOR, RA. adj. y s. Que quiebra algo. ‖ Que quebranta un estatuto o ley.

QUEBRADURA. (De *quebrado.*) f. Hendedura, rotura. ‖ Hernia.

QUEBRAJA. (De *quebrajas.*) f. Grieta, raja en la madera, el hierro, etc.

QUEBRAJAR. tr., intr. y r. Resquebrajar.

QUEBRAJOSO, SA. (De *quebraja.*) adj. Quebradizo. ‖ Lleno de quebrajas.

QUEBRAMIENTO. (De *quebrar.*) m. Quebrantamiento.

QUEBRANTABLE. adj. Que se puede quebrantar.

QUEBRANTADOR, RA. adj. y s. Que quebranta. ‖ Máquina que sirve para quebrantar.

QUEBRANTADURA. (De *quebrantar.*) f. Quebrantamiento.

QUEBRANTAHUESOS. m. Ave rapaz de África, Asia y Europa, de plumaje obscuro y blanco rojizo la cabeza, pico corvo y rodeado de cerdas, y tarsos cortos y emplumados. Persigue a las crías de mamíferos pequeños. *Gypaetus barbatus,* falcónida. ‖ Pigargo, ave rapaz que vive en las costas. ‖ Cierto juego de muchachos en que se agarran de la cintura, uno de pie y otro cabeza abajo, y echándose sobre las espaldas de otros dos que se ponen a gatas, se voltean mutuamente, de modo que queda uno de ellos en pie y el otro boca abajo. ‖ fig. y fam. Sujeto impertinente y pesado.

QUEBRANTAMIENTO. al. **Brechen; Bruch.** fr. **Brisement.** ingl. **Fracture.** ital. **Screpolamento.** port. **Quebrantamento.** m. Acción y efecto de quebrantar o quebrantarse. *El* QUEBRANTAMIENTO *de una promesa.* ‖ – **de forma.** *Der.* Omisión o violación de garantías en el procedimiento.

QUEBRANTANTE. p. a. de **Quebrantar.** Que quebranta.

QUEBRANTAOLAS. (De *quebrantar* y *ola.*) m. *Mar.* Nave que, llena de piedras, es echada a pique en un puente delante de una obra hidráulica, para quebrantar la marejada. ‖ Boya pequeña asida a otra mayor cuando el orinque de ésta no llega a la superficie del agua.

QUEBRANTAPIEDRAS. (De *quebrantar* y *piedra.*) f. Planta herbácea anual europea, cariofilácea, que fue usada contra la hernia y el mal de piedra, es de tallo cubierto de pelos cenicientos, flores verdosas y fruto seco. *Herniaria cinerea.*

QUEBRANTAR. al. **Zerbrechen; brechen.** fr. **Rompre; violer.** ingl. **To break; to violate.** ital. **Screpolare; violare.** port. **Quebrantar.** (frec. de *quebrar.*) tr. y r. Romper, hender algo con violencia, separándolo en partes. sinón.: **despedazar.** ‖ Cascar una cosa; ponerla en estado de que se rompa más fácilmente. U.m.c.r. *El viento* QUEBRANTÓ *las ramas.* ‖ Machacar o reducir una cosa sólida a fragmentos relativamente pequeños pero sin triturarla. ‖ Violar algún coto. ‖ fig. Traspasar o violar una ley, obligación o ley. QUEBRANTAR *una promesa*; sinón.: **infringir, transgredir;** antón.: **observar, respetar.** ‖ Forzar, romper, venciendo una dificultad. QUEBRANTAR *la prisión.* ‖ Disminuir las fuerzas; suavizar el exceso de algo. Dícese en especial del calor o el frío. ‖ Molestar, fatigar. ‖ Causar compasión. ‖ Persuadir, inducir con ardid o porfía; ablandar la ira o el rigor. QUEBRANTÉ *su cólera.* ‖ *Der.* Anular o revocar un testamento. ‖ r. Sentir las personas algún malestar por golpes, caídas, enfermedades, etc. QUEBRANTARSE *de pena.* ‖ *Mar.* Perder su forma la quilla de una nave, arqueándola.

QUEBRANTE. p. a. de **Quebrar.** Que quiebra.

QUEBRANTO. al. **Schaden; Verlust.** fr. **Cassement; infraction.** ingl. **Braking; damage.** ital. **Spacco; danno.** port. **Quebranto.** m. Acción y efecto de quebrantar o quebrantarse. ‖ fig. Descaecimiento, desaliento. QUEBRANTO *de salud.* ‖ Lástima, piedad. ‖ Grande pérdida o daño. *Ese comercio sufrió un* QUEBRANTO *con el incendio;* sinón.: **perjuicio.** ‖ Aflicción, pena grande. ‖ – **de moneda.** Nombre y concepto que suele darse a la indemnización que se concede a los habilitados, cajeros, etc.

QUEBRAR. al. **Brechen; Bankrott machen.** fr. **Briser; faillir.** ingl. **To break; to fail.** ital **Frangere; fallire.** port. **Quebrar.** (Del lat. *crepare,* estallar, romper con estrépito.) tr. Quebrantar, romper con violencia. *La lechera* QUEBRÓ *el cántaro.* ‖ Violar obligaciones o leyes. QUEBRAR *un juramento;* sinón.: **incumplir, vulnerar.** ‖ Doblar, torcer. QUEBRAR *el cuerpo.* ‖ fig. Interrumpir o estorbar la continuación de algo inmaterial. *La enfermedad* QUEBRÓ *tan hermosos sueños;* sinón.: **impedir, obstaculizar.** ‖ Templar, moderar el rigor o fuerza de algo. ‖ Ajar o deslustrar el color natural del rostro. U.t.c.r. ‖ Vencer una dificultad u opresión. ‖ intr. fig. Romper la amistad con alguien; entibiarse la correspondencia. *María* QUEBRÓ *con su novio.* ‖ Ceder, flaquear. ‖ Dejar de tener aplicación alguna cosa. ‖ *Com.* Cesar en el comercio por sobreseer en el pago de obligaciones y no ser cubierto el pasivo. ‖ Dicho de montañas, cuestas, etc., interrumpir su continuidad. ‖ **Antes quebrar que doblar.** frs. fig. No rendirse al interés ni a los malos consejos, para cumplir algo que se considera un deber. ‖ **Quebrar por lo más delgado.** frs. fig. y fam. Sufrir el más pobre o más desvalido las malas consecuencias de un acto o suceso, de lo que no es responsable. ‖ irreg. Conj. como **acertar.**

QUEBRAZA. pl. Defecto grave en la hoja de la espada, consistente en hendeduras sutiles.

QUEBRAZÓN. f. *Col.* Quebrantamiento hecho con violencia. ‖ *Chile. Contienda, disputa.* ‖ *Chile* y *Méx.* Quebradura.

QUECHE. (Del ingl. *ketch.*) m. Embarcación usada en los mares del norte de Europa. Tiene un solo palo y es de igual forma por la popa que por la proa.

QUECHOL. m. *Méx.* Flamenco, ave palmípeda.

QUECHUA. adj. Quichua. U.t.c.s.m.

QUEDA. al. **Abendstille.** fr. **Couvre-feu.** ingl. **Curfew.** ital. **Coprifuoco.** port. **Descanso.** (Del lat. *quieta.*) f. Hora de la noche con que en algunos lugares se indica que es momento de recogerse. ‖ Campana destinada a este fin. ‖ Toque que se da con ella.

QUEDADA. f. Acción de quedarse en un sitio o lugar. ‖ Acción y efecto de quedarse el viento. ‖ Golpe flojo que se da a la pelota para que no vaya lejos.

QUEDAMENTE. adv. m. Quedo, con voz baja. sinón.: **silenciosamente;** antón.: **ruidosamente.**

QUEDAR. al. **Bleiben.** fr. **Rester.** ingl. **To remain; to stay.** ital. **Restare.** port. **Ficar.** (Del lat. *quietare,* sosegar, descansar.) intr. Estar, detenerse forzosa o voluntariamente en un paraje, con intención de permanecer en él o de pasar a otro. U.t.c.r. QUEDÓ *en la playa; se* QUEDARÁ *en Santa Fe.* ‖ Subsistir, restar parte de una cosa. *Le* QUEDARON *diez pesos; sacando treinta de cien* QUEDAN *setenta; de ese castillo sólo* QUEDAN *ruinas.* ‖ Precediendo a la preposición *por,* resultar una persona con algún concepto merecido por sus actos o con alguna obligación que antes no tenía. QUEDAR *por cobarde;* QUEDAR *por tutor.* ‖ Precediendo también a *por,* rematarse a favor de una persona las rentas u otra cosa vendida a pregón para las posturas y pujas. *La contrata* QUEDÓ *por Pedro.* ‖ Permanecer una persona o cosa en su estado o pasar a otro más o menos duradero. *El telegrama* QUEDÓ *sin repuesta;* QUEDÓ *maltrecho.* ‖ Acabar, convenir definitivamente en una cosa. QUEDÓ *ahí la conferencia;* QUEDARON *disgustados;* QUEDAMOS *en reunirnos mañana.* ‖ fig. Caer, venir o sentar bien o mal. *El sombrero le* QUEDA *mal.* ‖ r. Junto con la preposición *con,* conservar o retener una cosa, propia o ajena. SE QUEDÓ *con los muebles.* ‖ Tratándose del viento, disminuir su fuerza. ‖ Refiriéndose al mar, disminuir el oleaje. ‖ r. En el billar, dejar la bola fácil. ‖ **¿En qué quedamos?** expr. fam. con que se invita a poner fin a una indecisión o aclarar una incongruencia. ‖ **No quedar a deber nada** a uno. frs. fig. Corresponderle en obras o palabras. ‖ **Quedar** uno **atrás.** fr. fig. Adelantar, medrar o sobresalir menos que otro en fortuna, posición o saber. No lograr el progreso alcanzado por otros; encontrarse en situación inferior a la que se ha tenido. ‖ No comprender por completo una cosa. ‖ fig. Aflojar, desmayar en un empeño. ‖ **Quedar** uno **bien,** o **mal.** frs. Portarse en una acción, o salir de un negocio, bien, o mal. ‖ **Quedar** o **quedarle, clavada** una cosa a otra. frs. fig. y fam. **Venir,** o **venirle, clavada.** ‖ **Quedar** uno **en una cosa.** frs. Convenir en ella; ofrecerse a hacerla. QUEDAMOS *en vernos en el café;* QUEDÉ *en ir a buscarla.* ‖ **Quedarle** a uno **chica** una cosa. frs. fig. y fam. **Venirle angosta.** ‖ **Quedarle** a uno **grande** una cosa. frs. fig. y fam. **Venirle muy ancha.** ‖ **Quedar** uno **limpio.** frs. fig. y fam. Quedar completamente sin dinero. U.m. en el juego. ‖ **Quedar** una cosa por uno. frs. No verificarse por no ejecutar uno lo que debía. ‖ **Quedarse** uno **a obscuras.** frs. fig. Perder lo que tenía o no alcanzar lo que pretendía. ‖ No comprender lo que ha visto u oído. ‖ **Quedarse** uno **corto.** expr. fig. y fam. Que no hay exageración en lo que se dice. ‖ **Quedarse** uno **frío.** frs. fig. Salirle una cosa al contrario de lo que deseaba. ‖ Sorprenderse de ver u oír algo que no esperaba. ‖ **Quedarse** uno **muerto.** frs. fig. Sospenderse de una noticia repentina que ocasiona pesar. ‖ **Quedarse** uno **riendo.** frs. fig. y fam. Alardear de impunidad el que ha realizado una acción vituperable. ‖ **Quedarse** uno **tieso.** frs. fig. y fam. Quedarse muerto. ‖ Sentir mucho frío. ‖ **Quedarse** uno **yerto.** frs. fig. Asustarse en grado sumo. ‖ **Quedar todos iguales.** frs. No lograr una cosa ninguno de los que la pretenden.

QUEDITO. adv. m. Muy quedo, pasito. *Rezaba* QUEDITO.

QUEDLINBURG. *Geog.* Ciudad de la Rep. Democrática de Alemania, al S.O. de Magdeburgo. 36.450 h. Anilinas, industria pesada.

QUEDO, DA. (Del lat. *quietus,* p. p. de *quiere,* descansar.) adj. Quieto. *Permaneció* QUEDO, *en su rincón.* ‖ adv. m. Con voz baja que apenas se oye. *Hablar* QUEDO. ‖ **De quedo.** m. adv. Poco a poco, despacio ‖ **¡Quedo!** int. que se emplea para contener a alguien. ‖ **Quedo que quedo.** adv. Dícese del que se muestra muy reacio en ejecutar algo.

QUEENSBERRY, Marqués de. *Biog.* Noble ingl. que sentó las bases reglamentarias del boxeo moderno (1844-1900).

QUEENSLAND. *Geog.* Estado de Australia, en el N. E. del continente. 1.736.394 km². 2.018.500 h. Maíz, trigo, caña de azúcar, algodón. Ganado, maderas. Carbón, cobre. Cap. BRISBANE.

QUEENSTOWN. *Geog.* Ciudad de la Unión Sudafricana (Prov. del Cabo). 27.500 h. Actividades agropecuarias.

QUEFRÉN. *Biog.* Rey de Egipto, también llamado **Chefrén, Quifrén** y **Kafrén.** Se cree que ordenó la construcción de la Esfinge y de la segunda Pirámide.

QUEGUAY. *Geog.* Cuchilla del N.O. de Uruguay, en Paysandú. ‖ Río de Uruguay (Paysandú) que des. en el río Uruguay. 260 km. Veinte kilómetros antes de su desembocadura forma las cataratas hom., de ocho metros de altura.

QUEHACER. al. **Beschäftigung; arbeit.** fr. **Affaire; occupation.** ingl. **Occupation; Business.** ital. **Occupazione; affari.** port. **Ocupação; negócio.** (De *que* y *hacer.*) m. Ocupación, negocio. U.m. en pl. *Se entregaba de lleno a su* QUEHACER; sinón.: **tarea, trabajo.**

QUEIPO DE LLANO, Gonzalo. *Biog.* Militar esp., en 1936 uno de los organizadores de la revolución nacionalista (1875-1951). ‖ – **Y RUIZ DE SARAVIA, José M.** Pol. y escritor esp. autor de *Historia del levantamiento, guerra y revolución de España* (1786-1843).

QUEIROZ, José María Eça de. *Biog.* V. **EÇA DE QUEIROZ, José María.** ‖ – **Raquel de.** Novelista bras., autora de *Las tres Marías* (n. 1910).

QUEJA. al. **Klage.** fr. **Plainte.** ingl. **Complaint.** ital. **Lamento.** port. **Queixa.** (De *quejar.*) f. Expresión de dolor o pena. *No exhaló ni una* QUEJA; sinón.: **lamento.** ‖ Resentimiento, desazón. *Hay muchas* QUEJAS *de ti.* ‖ Querella, acusación ante el juez. ‖ *Der.* **Recurso de queja.** ‖ **Formar queja.** frs. Tomar ocasión de quejarse sin causa para ello. ‖ IDEAS AFINES: *¡Ay!; llanto, gemido, suspiro, lastimero, quejumbroso, deplorar, jeremías.*

QUEJAR. al. **Sich; Beklagen; Jammern.** fr. **Se plaindre.** ingl. **To complain.** ital. **Lamentarsi; lagnarsi.** port. **Queixar-se.** (En port. y catal. *queixar.*) tr. Aquejar. ‖ r. Expresar con la voz el dolor o la pena. ‖ Manifestar alguien el resentimiento que tiene de otro. ‖ Querellarse, presentar querella.

QUEJICOSO, SA. adj. Que se queja excesivamente y, por lo común, sin motivo y con afectación.

QUEJIDO. al. **Jammern.** fr. **Plainte; gémissement.** ingl. **Moan.** ital. **Gemito; lamento.** port. **Queixume.** (De *quejarse.*) m. Voz lastimosa, originada por un dolor o pena. sinón.: **lamento, plañido.**

QUEJIGAL o QUEJIGAR. m. Terreno poblado de quejigos.

QUEJIGO. (De *quexigo,* del lat. *quercicus.*) m. Árbol cupulífero de Europa, de unos 20 metros de altura, con tronco grueso y copa recogida, que produce bellotas semejantes a las del roble. *Quercus lisitanica.* ‖ Roble que todavía no alcanzó su normal desarrollo.

QUEJIGUETA. (De *quejigo.*) f. *Bot.* Arbusto cupulífero, de poca altura, con hojas oblongas y dentadas, y flores femeninas sobre pedúnculos cortos. Se cría en España. *Quercus humilis.*

QUEJILLOSO, SA. adj. Quejicoso.

QUEJOSO, SA. adj. Que tiene queja de otro. ‖ deriv.: **quejosamente.**

QUEJUMBRE. f. Queja frecuente y, por lo común, sin motivo importante.

QUEJUMBROSO, SA. adj. Que profiere quejumbres. *Canto* QUEJUMBROSO.

QUELENQUELÉN. (Del arauc. *clenclen.*) m. *Chile.* Planta poligalea de flores pequeñas rosadas y en racimos, cuyas raíces son usadas en algunas enfermedades de las vías digestivas.

QUELÍCERO. (Del gr. *khele,* garra, pinza, y *keras,* cuerno.) m. Cada uno de los órganos pares que en los arácnidos substituyen a las antenas con dos artejos.

QUELÍFERO. (Del gr. *khele,* garra, y *phero,* llevar.) m. *Zool.* Género de arácnidos sin ojos o con uno solo, que viven en casi toda Europa, bajo la corteza de los árboles.

QUELIMANE. *Geog.* Ciudad y puerto del N.E. de Mozambique. 72.000 h., con los suburbios. Copra, café, azúcar, algodón, té, tabaco.

QUELITE. m. *C. Rica* y *Méx.* Bledo.

QUELITE. m. *C. Rica* y *Méx.* Planta amarantácea del centro y norte de América semejante al bledo, con cuyas semillas se preparan dulces y sus hojas se comen cocidas; ha sido introducida en Europa. *Amaranthus hybridus.*

QUELONIO, NIA. (Del gr. *khelone,* tortuga.) adj. *Zool.* Aplícase a reptiles que están provistos de cuatro extremidades cortas y gruesas, mandíbulas córneas sin dientes, y cuerpo protegido por una concha córnea que les cubre la espalda y el pecho; como la tortuga, el carey y el galápago. Ú.t.c.s. ‖ m. pl. *Zool.* Orden de estos reptiles.

QUELPART. *Geog.* Isla de Corea del Sur, sit. al sur de la pen. de este nombre. 215.000 h. Pesca.

QUEMA. f. Acción y efecto de quemar, o quemarse. *La* QUEMA *de la basura.* ‖ Incendio, combustión. ‖ **Huir de la quema** uno. frs. fig. Huir de un peligro. ‖ Esquivar sagazmente compromisos graves.

QUEMADA. f. Quemado, monte.

QUEMADERO, RA. adj. Que ha de ser quemado. ‖ m. Lugar donde se quemaba a los condenados a la pena de fuego. ‖ Lugar que se destina a la quema de animales muertos y comestibles averiados.

QUEMADO. m. Rodal de monte consumido por un incendio. ‖ fam. Cosa quemada o que se quema. *Hay olor a* QUEMADO.

QUEMADO DE GÜINES. *Geog.* Población del N. de Cuba (Las Villas). 3.500 h. Actividades agrícolas.

QUEMADOR, RA. adj. Que quema. Ú.t.c.s. ‖ Incendiario, que intencionadamente incendia. Ú.t.c.s. ‖ m. Aparato que facilita la combustión del carbón o de los carburantes en el hogar de las calderas. ‖ *Amer.* Mechero.

QUEMADURA. al. **Brandwunde.** fr. **Brûlure.** ingl. **Burn.** ital. **Bruciatura; scottadura.** port. **Queimadura.** (De *quemado.*) f. Descomposición de un tejido orgánico, producida por el contacto del fuego o de substancia corrosiva. ‖ Señal o llaga de este contacto. ‖ Enfermedad de las plantas consistente en el decaimiento de las hojas con desprendimiento de la corteza, provocada por cambios repentinos de temperatura. ‖ Tizón, honguillo.

QUEMAJOSO, SA. adj. Que pica o escuece como quemando.

QUEMAMIENTO. m. p. us. Quema, acción y efecto de quemar.

QUEMANTE. p. a. de **Quemar.** Que quema. *Horno* QUEMANTE.

QUEMAR. al. **Brennen.** fr. **Brûler.** ingl. **To burn.** ital. **Bruciare; scotare.** port. **Queimar.** (Del lat. *cremare.*) tr. Abrasar o consumir con fuego. QUEMAR *papeles.* ‖ Calentar muy activamente. *Hoy* QUEMA *mucho el sol.* ‖ Abrasar, por excesivo calor. ‖ Producir una sensación muy picante en la boca, o causar llaga o ampolla una cosa muy caliente. *Estos ajíes* QUEMAN. ‖ fig. Malbaratar, o vender una cosa a menos de su justo precio. *Se vio obligado a* QUEMAR *las mercaderías.* ‖ fig. y fam. Desazonar a uno. Ú.t.c.r. ‖ intr. Estar una cosa demasiado caliente. *Esta tortilla* QUEMA. ‖ r. Sentir mucho calor. ‖ fig. Padecer la fuerza de una pasión o afecto. ‖ fig. y fam. Estar muy próximo a acertar o a hallar una cosa. Ú. comúnmente en las segundas y terceras personas del presente de indicativo. ‖ IDEAS AFINES: *Hoguera, combustión, arder, llama, tizón, incendio, pira, inquisición, auto de fe, cauterio, calcinar, incinerar, cremación, carbón, ceniza, chispa, humo, flogisto.*

QUEMARROPA (A). m. adv. **A quema ropa.**

QUEMAZÓN. (Del lat. *crematio, -onis.*) f. Quema, acción y efecto de quemar o quemarse. ‖ Calor excesivo. ‖ fig. y fam. Comezón. ‖ Dicho o palabra picante con que se zahiere a uno para sonrojarle. ‖ Sentimiento que producen semejantes palabras. ‖ Liquidación de géneros a bajo precio. ‖ *Min.* Espuma de metal ligera, hoyosa y chamuscada, que es una de las señales de la veta.

QUEMÍ. m. Especie de conejo de Cuba, ya extinguido.

QUEMUQUEMU. *Geog.* Población de la Argentina, situada al N.E. de La Pampa. 2.980 h. Actividades agropecuarias.

QUENA. (Voz quichua.) f. *Amér. del S.* Flauta o caramillo, usado por algunos indios para acompañar sus cantos y en especial el yaraví. *El sonido de la* QUENA *es muy triste.* ‖ deriv.: **quenista.**

QUENOPODIÁCEO, A. adj. *Bot.* Dícese de plantas dicotiledóneas, herbáceas y fruticosas, de hojas alternas u opuestas, flores generalmente en racimos, y fruto monospermo, como la acelga y la barrilla. Ú.t.c.s.f. ‖ f. pl. *Bot.* Familia de estas plantas.

QUENOPODIO. (Del gr. *khen,* ganso, y *pus,* pie.) m. *Bot.* Planta herbácea, quenopodiácea, con hojas alternadas, flores en ramos y fruto seco.

QUENTAL, Antero de. *Biog.* Poeta port. Su lírica antirromántica trasunta las grandes inquietudes del pensamiento de la época. Obras: *Las odas modernas; Primaveras románticas; Sonetos de Antero,* etc. (1842-1891).

QUENTIN DE LATOUR, Mauricio. *Biog.* Pintor fr. Sus retratos constituyen una galería de la sociedad francesa de la época: *Madame de Pompadour; El abate Huber; El presidente de Rieux,* etc. (1704-1788).

QUEPIS. (Del fr. *képi.*) m. Gorra cilíndrica o ligeramente cónica, con visera horizontal, que como prenda de uniforme usan los militares en algunos países.

QUEPÓS. *Geog.* Puna de Costa Rica, en el litoral del océano Pacífico, en la prov. de Puntarenas. ‖ Pobl. de Costa Rica (Puntarenas). Puerto exportador de plátanos.

QUEQUÉN. *Geog.* Población de la Argentina en el S.E. de la prov. de Buenos Aires 5.180 h. Importante puerto sobre el Atlántico. ‖ **– Grande.** Río de la Argentina (Buenos Aires), en cuya desembocadura, sobre el Atlántico, se encuentra el puerto hom. 170 km. ‖ **– Salado.** Arroyo del S. de la prov. de Buenos Aires (Argentina), que des. en el Atlántico. 95 km.

QUERANDO, QUERANDÍ. com. Indio americano, perteneciente a las parcialidades que, en la época de la conquista española, habitaban en la margen derecha del río Paraná, desde el río Carcarañá, en la provincia de Santa Fe, al Norte, y los ríos Salado y Saladillo, en la provincia de Buenos Aires, al Sur. ‖ Lengua de estos indios. ‖ adj. Perteneciente o relativo a los indios querandíes o a su lengua.

QUERATINA. (Del gr. *keratine,* córneo o de cuerno.) f. *Hist. Nat.* Substancia albuminoidea de las formaciones epidérmicas (cuernos, pezuñas, pelos, uñas) de los vertebrados terrestres.

QUERATITIS. (Del gr. *keras, kératos,* cuerno, y el sufijo *itis,* adoptado para significar inflamación.) f. *Med.* Inflamación de la córnea transparente.

QUERCIA, Jacobo della. *Biog.* Escultor ital. que colaboró con Ghiberti y Donatello en relieves para el baptisterio de Siena y realizó numerosas obras en Bolonia y Florencia (1374-1438).

QUERELLA. al. **Klage; Streit.** fr. **Plainte; querelle.** ingl. **Complaint; quarrel.** ital. **Querela.** port. **Querela.** (Del lat. *querela.*) f. Queja, expresión de dolor. ‖ Discordia, pendencia. ‖ *Der.* Acusación ante juez o tribunal competente iniciando proceso contra los responsables de un delito. ‖ Reclamación que los herederos forzosos hacen ante el juez solicitando la invalidación de un testamento por inoficioso. ‖ IDEAS AFINES: *Litigante, pleito, ataque, disputa, reyerta, provocación, debate, escándalo.*

QUERELLADO, DA. s. *Der.* Persona contra quien se ha presentado una querella.

QUERELLADOR, RA. adj. y s. Que se querella.

QUERELLANTE. (Del lat. *querelans, -antis.*) p. a. de **Querellarse.** Que se querella. Ú.t.c.s.

QUERELLARSE. r. Quejarse, manifestar pena; mostrar resentimiento. ‖ *Der.* Presentar querella contra alguien. Usóse t. c. intr.

QUERELLOSO, SA. (Del lat. *querelosus.*) adj. Querellante. Ú.t.c.s. ‖ Quejoso, que se queja con facilidad. ‖ deriv.: **querellosamente.**

QUEREMEL, Miguel A. *Biog.* Poeta ven. influido por el ultraísmo. Obras: *Santo y seña; El trapecio de las imágenes,* etc. (1900-1939).

QUERENCIA. f. Acción de amar o querer bien. ‖ Inclinación del hombre y de ciertos animales a volver al lugar donde han nacido o han estado mucho tiempo. ‖ Ese mismo lugar. ‖ Tendencia natural hacia una cosa.

QUERENCIOSO, SA. adj. Que tiene mucha querencia. ‖ Aplícase al lugar que atrae fuertemente a los animales que han estado en él.

QUERENDÓN, NA. adj. *Amér.* Muy cariñoso.

QUERER. (Infinit. substantivado.) m. Cariño, amor.

QUERER. al. **Wollen; mögen.** fr. **Vouloir.** ingl. **To want.** ital. **Volere.** port. **Querer.** (Del lat. *quaérere,* tratar de obtener.) tr. Desear o apetecer. *El pueblo* QUERÍA *la paz.* ‖ Amar, tener cariño o inclinación a una persona o cosa. QUIERO *a mis hermanos;* sinón.: **apreciar, estimar;** antón.: **odiar.** ‖ Tener voluntad de hacer una cosa. QUERÍA *trabajar.* ‖ Resolver. QUIERO *que vayas tú en mi lugar;* sinón.: **determinar.** ‖ Pretender, intentar o procurar. QUERÍAN *escalar el Himalaya.* ‖ Convenir una cosa a otra; pedirla. *Estos niños* QUIEREN *más alimento.* ‖ Avenirse uno al deseo de otro. ‖ En el juego, aceptar el envite. ‖ Dar uno ocasión, con lo que hace o dice, para que se haga algo contra él. *Ése* QUIERE *que le demos un escarmiento.* ‖ imp. Estar alguna cosa próxima a acontecer. QUIERE *llover.* ‖ **Como quiera que.** loc. adv. De cualquier modo, o de este o el otro modo, que. *No sé si perderemos o ganaremos, pero* COMO QUIERA QUE *sea, intentaremos la empresa.* ‖ Supuesto que, dado que. COMO QUIERA QUE *nadie se muestre disconforme, demos por bien sentada esta ley.* ‖ **Cuando quiera.** m. adv. En cualquier tiempo. ‖ **Cuando quiera que.** loc. adv. **Como quiera que.** ‖ **Donde quiera.** m. adv. **Dondequiera.** ‖ **Do quiera.** m. adv. **Doquiera.** ‖ **No así como,** o **no como, quiera.** loc. adv. con que se denota ser más que regular o común aquello de que se habla. *Es un poeta,* NO ASÍ COMO QUIERA, *sino de los más inspirados de América; la vanidad es un defecto,* NO COMO QUIERA, *sino muy feo e insoportable.* ‖ **No querer parir.** frs. fig. No parir. ‖ **¿Qué más quieres?** expr. con que se da a entender que lo que uno ha conseguido es todo lo que podía desear o se merecía. ‖ **Que quiera, que no quiera.** expr. adv. Sin atender a la voluntad de alguien convenga o no convenga con ello. ‖ **¿Qué quiere decir eso?** expr. con que se avisa o amenaza para que uno corrija o modere lo que ha dicho. ‖ **¿Qué quiere ser esto?** expr. con que se denota la admiración o extrañeza que produce una cosa. ‖ **¡Qué quieres!,** o **¡Qué quieres que le haga** o **que le hagamos!** exprs. de consentimiento o de excusa. ‖ **Querer bien** una persona a otra. frs. Amar un hombre a una mujer, o viceversa. ‖ **Querer decir.** frs. Significar, pero teniéndose que deducir lo significado; dar a entender una cosa. *Eso* QUIERE DECIR *que ya no hay por qué hacer ese viaje; no trate de diluir sus expresiones; comprendo bien lo que* QUIERE DECIR. ‖ **Querer es poder.** frs. proverb. para denotar que con voluntad firme se alcanza casi todo lo posible. ‖ **¡Que si quieres!** loc. fam. que se usa para rechazar una pretensión o para ponderar la dificultad o imposibilidad de hacer o conseguir una cosa. ‖ **Quien bien te quiera, o quiere, te hará llorar.** ref. que enseña que el verdadero cariño consiste en advertir y corregir al amigo en lo que yerra. ‖ **Sin querer.** m. adv. Por acaso o contingencia; sin intención, inadvertidamente. *Lo empujé sin* QUERER. ‖ irreg. **Conjugación:** INDIC. Pres.: *Quiero, quieres, quiere, queremos, queréis, quieren.* Imperf.: *Quería, querías,* etc. Pret. indef.: *Quise, quisiste,* etc. Fut. imperf.: *Querré, querrás,* etc. POT.: *Querría, querrías,* etc. SUBJ. Pres.: *Quiera, quieras, quiera, queramos, queráis, quieran.* Imperf.: *Quisiera, quisieras,* etc., o *quisiese, quisieses,* etc. Fut. Imperf.: *Quisiere, quisieres,* etc. IMPERAT.: *Quiere, quered.* PART.: *Querido.* GER.: *Queriendo.* ‖ IDEAS AFINES: *Volición, nolición, autoritario, propósito, decisión, ultimátum, veleidad, voluntarioso.*

QUERESA. f. Cresa.

QUERETANO, NA. adj. Natural del Estado mexicano de Querétaro. Ú.t.c.s. ‖ Perteneciente o relativo a dicho Estado.

QUERÉTARO. *Geog.* Estado de la región central de México. 11.480 km². 587.400 h. Ganadería, agricultura, minería. Cap. hom. 145.600 h. Industria textil, alimenticia. Curtidurías.

QUERIDO, DA. p. p. de **Querer.** ‖ s. Hombre, respecto de la mujer, y viceversa, con quien se tiene relaciones amorosas ilícitas. ‖ Úsase también como expresión cariñosa para llamar a uno, en especial a los niños, y frecuentemente con ironía entre personas de más edad. ‖ Empléase, además, en el comienzo de cartas familiares o íntimas.

QUERIENTE. p. a. de **Querer.** Que quiere.

QUERMES. (Del ár. *kermes,* grana.) m. Insecto hemíptero, semejante a la cochinilla; vive en la coscoja, y cuya hembra produce las agallitas que dan el color grana. ‖ *Farm.* Mezcla rojiza, de óxido y sulfuro de antimonio, usada como medicamento en las enfermedades del aparato respiratorio. ‖ **– mineral.** Substancia pulverulenta rojiza, cuyo principal ingrediente es el trisulfuro de antimonio rojo.

QUERO, Manuel. *Biog.* Militar ven. que luchó junto a Simón Bolívar (1780-1830).

QUEROCHA. f. Queresa.

QUERMESE. f. Barbarismo por **verbena.**

QUEROCHAR. intr. Poner la querocha las abejas y otros insectos.

QUEROL, Vicente W. *Biog.* Poeta esp. de entonación clásica. Su obra está casi íntegramente recopilada en *Rimas* (1836-1889). ‖ **– Y SUBIRATS, Agustín.** Escultor esp., autor del famoso *Monumento de los españoles* de Buenos Aires. Otras obras notables: *San Francisco curando a los leprosos; La Tradición,* etc. (1860-1909).

QUERONEA. *Geog. histór.* Ciudad de Grecia antigua, en Beocia, donde Filipo venció a los atenienses y tebanos en 338 a. de C., y Mitrídates fue derrotado por Silas en 85 a. de Cristo.

QUEROPO. m. Mamífero didelfo caracterizado por tener dos pequeños dedos en las patas anteriores y uno en las posteriores.

QUEROSÉN. m. *Amér.* Queroseno.

QUEROSENO. m. Una de las

fracciones del petróleo natural, obtenida por refinación y destilación, que se destina al alumbrado y se usa como combustible en los propulsores de chorro.

QUERSONESO. (Del lat. *chersonesus*, y éste del gr. *Khersónesos*: de *khersos*, seco, firme, y *nesos*, isla.) Nombre que en griego significa *península* y que en la antigüedad se aplicó especialmente a cuatro de ellas: la de los Dardanelos (de Tracia), la de Crimea (Táurico), la de Jutlandia (Címbrico) y la de Indochina (de Oro).

QUERSIFRÓN. *Biog.* Arq. griego. Su construcción del Templo de Diana en Éfeso fue considerada una de las maravillas del mundo (s. VII a. de C.).

QUERUB. (Del hebreo *Kerub.*) m. poét. Querube.

QUERUBE. (De *querub.*) m. poét. Querubín.

QUERÚBICO, CA. adj. Perteneciente o parecido a un querubín. Ú.m. en poesía.

QUERUBÍN. al. **Cherubim.** fr. **Chérubin.** ingl. **Cherub.** ital. **Cherubino.** port. **Querubim.** (Del hebreo *kerubim.*) m. Cada uno de los espíritus celestes caracterizados por la plenitud de ciencia con que ven y contemplan la belleza divina. Forman el primer coro. ‖ fig. Serafín, persona de singular belleza. ‖ IDEAS AFINES: *Ángeles, tronos, dominaciones, arcángeles, mensajero, alado, cielo, gloria.*

QUERUSCO, CA. (Del lat. *cheruscus.*) adj. Aplícase al individuo de un pueblo antiguo de Germania. Ú.t.c.s. ‖ Perteneciente a este pueblo.

QUERVA. f. Cherva, ricino.

QUER Y MARTÍNEZ, José. *Biog.* Naturalista esp. que contribuyó, con su jardín y su herbario, a formar el Jardín Botánico de Madrid. Autor de una *Historia de las plantas que se crían en España* (1695-1764).

QUESADA. f. ant. Quesadilla, pastel de queso.

QUESADA, Cristóbal de. *Biog.* Prelado ven., uno de los más ilustres latinistas de su época y maestro de Andrés Bello (s. XIX). ‖ **– Ernesto.** Jurisconsulto y escritor arg. de vasta obra, autor de *La época de Rosas; Urquiza y la unidad nacional; El criollismo en la literatura argentina*, etc. Desempeñó misiones diplomáticas (1858-1934). ‖ **– Gonzalo.** Diplom., político y escr. cub. que tuvo destacada actuación en las luchas de la independencia como secretario de José Martí, cuya obra comentó notablemente. Obras: *Historia de Cuba libre; Mi primera ofrenda; Martín Mora*, etc. (1868-1915). ‖ **– Gonzalo Jiménez de.** V. **Jiménez de Quesada, Gonzalo.** ‖ **– Héctor C.** Escritor arg., autor de *Barranca Yaco; El alcalde Álzaga* y otras obras (1875-1954). ‖ **– Napoleón.** Filólogo costarr., autor de un *Silabario costarricense* y otras obras (n. 1873). ‖ **– Sixto J.** Economista arg., autor de *Historia de los bancos modernos; Finanzas de la República Argentina*, etc. (1848-1907). ‖ **– Vicente Gregorio.** Diplom. y literato arg., autor de varias obras de valor histórico y documental: *Memorias de un viejo; La vida intelectual en la América española durante los siglos XVI, XVII y XVIII; El virreinato del Río de la Plata*, etc. (1830-1913). ‖ **– LOYNAZ, Manuel de.** Militar cub. que dirigió el Ejército Libertador. Murió en Costa Rica (1833-1884).

QUESADILLA. (dim. de *quesada.*) f. Especie de pastel, de masa y queso. ‖ Cierto pastelillo, relleno de almíbar, conserva, etc. ‖ *Hond.* y *Méx.* Empanada de maíz con queso y azúcar, cocida en comal.

QUESEAR. intr. Hacer quesos.

QUESERA. al. **Käseglocke.** fr. **Fromagère.** ingl. **Cheese dish.** ital. **Formaggiera.** port. **Queijeira.** f. La que hace o vende quesos. ‖ Sitio donde se hacen los quesos. ‖ Mesa o tabla para hacerlos. ‖ Vasija de barro para guardarlos y conservarlos. ‖ Plato con cubierta, por lo común de cristal, para servir el queso a la mesa.

QUESERÍA. al. **Käsehandlung.** fr. **Fromagerie.** ingl. **Dairy.** ital. **Formaggeria.** port. **Queijaria.** (De *quesero.*) f. Tiempo adecuado para hacer queso. ‖ Quesera, sitio donde se hacen quesos. ‖ Sitio en que se venden quesos.

QUESERO, RA. adj. Caseoso. ‖ m. El que hace o vende queso.

QUESIQUÉS. m. Quisicosa.

QUESNAY, Francisco. *Biog.* Economista fr. fundador de la escuela de los fisiócratas (1694-1774).

QUESO. al. **Käse.** fr. **Fromage.** ingl. **Cheese.** ital. **Formaggio.** port. **Queijo.** (Del lat. *cáseus.*) m. Masa hecha de la leche, cuajándola y exprimiéndola, para que suelte el suero. ‖ **– de bola.** El holandés, de forma esférica. ‖ **– de cerdo.** Manjar compuesto principalmente de carne de cabeza de puerco, prensada en forma de **queso.** ‖ **– de hierba.** El hecho cuajando la leche con la flor del cardo, etc. ‖ **Medio queso.** Tablero grueso, semicircular, en que los sastres planchan los cuellos y solapas y sientan las costuras curvas. ‖ IDEAS AFINES: *Fermento, manteca, nata, caseína, crema, requesón, ratón, trampa, rallador.*

QUETELET, Jacobo. *Biog.* Sociólogo y matemático belga, uno de los iniciadores de la antropometría. Obras: *Teoría del hombre medio; Sobre el hombre y el desarrollo de sus facultades*, etc. (1796-1876).

QUETRO. (Del arauc. *quetho*, cosa desmochada.) m. *Chile.* Pato grande, de alas cortas y sin plumas que no le permiten el vuelo, pies con cuatro dedos palmeados, y plumas largas, finas y rizadas. *Tachyeres brachypterus.*

QUETTA. *Geog.* Ciudad del Pakistán occidental, cap. de Beluchistán. 178.500 h. Centro militar y comercial. Fue totalmente reconstruida luego del terremoto de 1935.

QUETZAL. (Del mex. *quetzalli*, hermosa pluma.) m. Ave trepadora de América Central y sur de México, de plumaje suave, de color verde metálico, salvo el vientre, rojo, y las remeras, negro azuladas; cabeza con penacho sedoso y verde, finas plumas, y cola muy larga. *Pharomacrus mocinno. Los grandes señores indígenas usaban las plumas del* QUETZAL *en sus insignias y adornos.* ‖ Moneda de oro guatemalteca equivalente al dólar.

QUETZALCÓATL. *Mit.* Dios del aire, entre los aztecas; se dice que instruyó a los hombres en el uso de los metales, en la agricultura y en el arte de gobernar.

QUEULE. (Del arauc. *queul*, una fruta.) m. Árbol laureáceo, alto, perenne, de cuyo fruto se hace almíbar.

QUEVEDESCO, CA. adj. Propio o característico de Quevedo. *Sátira* QUEVEDESCA. ‖ Que tiene semejanza o relación con las obras de este escritor.

QUEVEDO, Gaspar. *Biog.* Marino esp. Juan de Garay, en cuya expedición había participado, le nombró en 1580 uno de los siete regidores del primer Cabildo de Buenos Aires (s. XVI). ‖ **– Juan.** Prelado esp., primer obispo en el continente americano. Bregó incansablemente por los derechos indígenas y para exponerlos ante la corte viajó a España, donde le sorprendió la muerte (m. 1519). ‖ **– ARVELO, Julio.** Compositor colombiano, uno de los precursores de la música culta en su país (1829-1896). ‖ **– Y VILLEGAS, Francisco de.** Novelista, poeta y polígrafo esp., figura cumbre del Siglo de Oro y uno de los más altos exponentes de la literatura española de todos los tiempos. Espíritu fino y mordaz, se proyectó hacia distintas manifestaciones culturales. Su obra fustiga a hombres y hábitos de la época con realismo y fantasía: *El Buscón; La cuna y la sepultura; Marco Bruto; Los sueños*, etc (1580-1645).

QUEVEDOS. (Porque con esta clase de anteojos está retratado *Quevedo.*) m. pl. Lentes de forma circular, con armadura especial para sujetarlos en la nariz.

QUEZADA ACHARAN, Armando. *Biog.* Pol., economista y diplom. chil. (n. 1873).

QUEZALTENANGO. *Geog.* Departamento del. N.O. de Guatemala. 1.940 km². 381.500 h. Cap. hom. 70.400 h. Cacao. Industrias textiles.

QUEZALTEPEQUE. *Geog.* Población de El Salvador, en el dep. de La Libertad. 10.500 h. Agricultura.

QUEZÓN, Manuel L. *Biog.* Estadista filipino, que de 1935 a 1941 primer presidente constitucional de la Rep. Reelegido para un nuevo período, durante la ocupación japonesa trasladó su gobierno a los Estados Unidos, donde murió (1879-1944).

QUEZÓN. *Geog.* Provincia de las Filipinas (Luzón). 11.954 km². 1.160.000 h. Cap. LUCENA. ‖ **Ciudad –.** Ciudad de las Filipinas. al N.E. de Manila. 940.000 h., con el municipio.

¡QUIÁ! int. fam. con que se denota incredulidad y negación.

QUIACA. (Voz arauc.) f. *Chile.* Árbol de ramas largas y flexibles, hojas lanceoladas y aserradas, y flores pequeñas, blancas en corimbo terminal compuesto.

QUIACA, La. *Geog.* V. **La Quiaca.**

QUIANTI. (De *Chianti*, localidad de Italia.) m. Vino común, elaborado en Toscana.

QUIAPA. *Hist.* Combates librados en mayo de 1821 durante la campaña de San Martín en Perú, entre guerrillas volantes y la vanguardia realista, que fue derrotada.

QUIBDÓ. *Geog.* Ciudad del N.O. de Colombia, cap. del departamento de Chocó. 12.500 h., con el municipio 58.800 h. Posee importante puerto fluvial sobre el río Atrato.

QUIBEY. (Voz caribe.) m. Planta lobeliácea de las Antillas, herbácea, anual, de tallos tiernos y ramosos, hojas estrechas y espinosas, flores blancas en embudo, con labios dentados, y fruto seco, con dos celdillas.

QUIBIÁN. *Biog.* Cacique de los indígenas de Panamá. Luego de haber mantenido buenas relaciones con los españoles, se enfrentó a Bartolomé Colón. Fue perseguido y huyó, sin que nunca se supiera de él (s. XVI).

QUÍBOR. *Geog.* Población del N.O. de Venezuela (Lara). 4.000 h. Actividades agropecuarias.

QUICIAL. (De *quicio.*) m. Madero que asegura las puertas y ventanas, por medio de pernios y bisagras. ‖ Quicio.

QUICIALERA. f. Quicial, madera que asegura las puertas y ventanas.

QUICIO. m. Parte de las puertas y ventanas en que entra el espigón del quicial. ‖ **Fuera de quicio.** m. adv. fig. Fuera de su situación normal. ‖ **Sacar de quicio** una cosa. frs. fig. Exasperarle, haciéndole perder el tino. *Su informalidad me* SACA DE QUICIO.

QUICHÉ. adj. Aplícase al indígena de Guatemala, propagador de la gran cultura mayaquiché. Ú.t.c.s. ‖ Dícese de la lengua que hablaba. Ú.t.c.s. ‖ Perteneciente o relativo a estos indios y a su idioma.

QUICHÉ, El. *Geog.* V. **El Quiché.**

QUICHUA o QUECHUA. (Del *quechua*, tierra templada.) adj. Dícese del individuo perteneciente a unas tribus indígenas peruanas, que con los Incas expandieron su cultura por toda la región andina americana. Su lengua, junto con la tupí, es una de las lenguas generales de la América indígena. Ú.t.c.s. ‖ Aplícase a la lengua hablada por estos indígenas. Ú.t.c.s. ‖ Perteneciente o relativo a estos indios y a su idioma. ‖ IDEAS AFINES: *Indio, llama, quena, poncho, quillango, ojota, locro, puna, altiplano, cerámica, aimará.*

● **QUICHUA.** *Etn.* Antes del arribo de Pizarro, ya el pueblo **quichua** había alcanzado un ponderable grado de civilización; levantó templos y palacios, esculpió estatuas, organizó su vida política y familiar, ideó un calendario. Su divinidad suprema era Pachacámac, y además, rendían culto al Sol. La lengua **quichua** se divide en varios dialectos, de los cuales los principales son el de Quito o **quichua** propiamente dicho, el del centro de Perú, el de Cuzco y el de Cochabamba (Bolivia).

QUID. (Del lat. *quid*, qué cosa.) m. Porqué, motivo de una cosa. Ú. después del artículo *el.*

QUÍDAM. (Del lat. *quidam*, uno, alguno.) m. fam. Sujeto designado sin determinación. ‖ Sujeto despreciable e insignificante, cuyo nombre se quiere omitir.

QUIDDE, Luis. *Biog.* Erudito y político al. que en 1927 compartió el premio Nobel de la Paz con Fernando Buisson. Durante muchos años descolló en las ciencias históricas y desde 1893 militó activamente en política, pero adquirió relieve mundial en su actuación como miembro del Consejo Internacional de la Paz, a partir de 1901. Fueron memorables sus arengas en pro de la comprensión pacífica entre los hombres (1858-1941).

QUID DIVÍNUM. expr. lat. que se emplea para designar la inspiración propia del genio.

QUID PRO QUO. expr. lat. que se usa para dar a entender que una cosa se substituye con otra equivalente. ‖ m. Error consistente en tomar a una persona o cosa por otra.

QUIEBRA. al. **Bankrott; konkurs.** fr. **Faillite.** ingl. **Failery.** ital. **Fallimento.** port. **Quebra.** (De *quebrar.*) f. Rotura de una cosa por alguna parte. ‖ Hendidura de la tierra en los montes, o la que originan las fuertes lluvias en los valles. ‖ Pérdida o menoscabo de algo. ‖ *Com.* Acción y efecto de quebrar un comerciante. *Declararse en* QUIEBRA; sinón.: **bancarrota.** ‖ *Der.* Juicio universal para liquidar la situación del comerciante quebrado. ‖ **– culpable.** *Com.* La que se origina por desorden o lujo del comerciante. ‖ **– fortuita.** *Com.* La que se ocasiona por la adversidad en los negocios. ‖ **– fraudulenta.** *Com.* La que se hace con engaño, falsedad o alzamiento de bienes. ‖ IDEAS AFINES: *Ruina, acreedores, insolvente, convenio, débito, pasivo, síndico, contabilidad, rehabilitación, liquidación, moratoria, crisis.*

QUIEBRA. f. Pez de cuerpo alargado y brillante colorido, propio de las zonas tropicales.

QUIEBRAHACHA. m. Jabí, árbol.

QUIEBRO. (De *quebrar.*) m. Ademán hecho con el cuerpo, como quebrándolo por la cintura. ‖ *Mús.* Adorno consistente en acompañar una nota con otras ligeras. ‖ *Taurom.* Lance hecho con rápido esguince, en que el torero hurta el cuerpo al embestirle el toro.

QUIEN. al. **Welcher; wer.** fr. **Qui.** ingl. **Who.** ital. **Chi.** port. **Quem; qual; que.** (Del lat. *quem*, acus. de *qui.*) pron. relat. que con esta sola forma comprende a los géneros masculino y femenino, y que en plural forma **quienes.** Refiérese a personas y cosas, pero más generalmente a las primeras. *Mi esposa, a* QUIEN *adoro; la razón, por* QUIEN *se guía la gente juiciosa.* En singular puede referirse a un antecedente en plural. *Los empleados de* QUIEN *he tenido quejas.* No puede construirse con el artículo. ‖ Pron. indet. que sólo se refiere a personas y rara vez se usa en plural. Equivale a la persona que: QUIEN *así piensa está equivocado.* Cuando se emplea repetido de una manera disyuntiva equivale a **unos** y **otros;** QUIÉN *dijo negro,* QUIÉN *blanco.* En este último caso y en sentido interrogativo o admirativo toma acentuación prosódica y ortográfica: *¿*QUIÉN *grita?* Puede construirse entre dos verbos. *Pregunta a* QUIEN *esté en la puerta.*

QUIENESQUIERA. pron. indet. Plural de **Quienquiera.**

QUIENQUIER. pron. indet. Apócope de **Quienquiera.**

QUIENQUIERA. al. **Irgendein; irgendwer.** fr. **Quiconque.** ingl. **Whoever; whosoever.** ital. **Chicchessia.** port. **Qualquer.** pron. indet. Persona indeterminada, alguno, sea el que fuere. Se usa antepuesto o pospuesto al verbo, y no se puede construir con el nombre. QUIENQUIERA *llame a esa puerta encontrará consuelo.*

QUIESCENCIA. (Del lat. *quiescentía.*) f. Calidad de quiescente.

QUIESCENTE. (Del lat. *quiescens, -entis.*) Que está quieto pudiendo tener movimiento propio.

QUIETACIÓN. (Del lat. *quietatio, -onis.*) f. Acción y efecto de quietar o quietarse.

QUIETADOR, RA. (Del lat. *quietátor.*) adj. y s. Que quieta.

QUIETAMENTE. adv. m. Con quietud y sosiego.

QUIETAR. (Del lat. *quietare.*) tr. y r. Aquietar.

QUIETE. (Del lat. *quies, quietis*, descanso.) m. Tiempo que en algunas corporaciones es dado

para recreo después de comer.
QUIETISMO. al. **Quietismus.** fr. **Quiétisme.** ingl. **Quietism.** ital. **Quietismo.** port. **Quietismo.** (De *quieto.*) m. Inacción, quietud. ‖ *Fil.* Doctrina de algunos místicos heterodoxos que hacen consistir la suma perfección del alma humana en el anonadamiento de la voluntad para unirse con Dios, en la contemplación pasiva y en la indiferencia de cuanto pueda sucederle en tal estado.
QUIETISTA. adj. Partidario del quietismo. Apl. a pers. ú.t.c.s. ‖ Perteneciente a él.
QUIETO, TA. al. **Ruhig.** fr. **Paisible; calme.** ingl. **Quiet.** ital. **Quieto; fermo.** port. **Quieto.** (Del lat. *quietus.*) adj. Que no tiene o no hace movimiento. *Los antiguos creían que la Tierra estaba* QUIETA. ‖ fig. Pacífico, sosegado. *Lleva una vida* QUIETA. ‖ No dado a los vicios, particularmente al de la lujuria.
QUIETUD. al. **Ruhe.** fr. **Quiétude.** ingl. **Quietness.** ital. **Quiete.** port. **Quietação.** (Del lat. *quietudo.*) f. Carencia de movimientos. *Le recomendaron* QUIETUD; sinón.: **fijeza, inmovilidad.** ‖ fig. Sosiego, reposo. ‖ IDEAS AFINES: *Calma, estancamiento, inalterable, dormir, muerte, queda, descanso, silencio, acecho, laguna, inacción, tregua.*
QUIINDY. *Geog.* Población del S.O. del Paraguay (Paraguarí). 14.000 h. Centro agrícola-ganadero.
QUIJADA. al. **Kiefer.** fr. **Mâchoire.** ingl. **Jaw.** ital. **Mascella.** port. **Queixada.** (De *quejada.*) f. Cualquiera de los dos huesos de la cabeza del animal, en que encajan los dientes y las muelas. ‖ IDEAS AFINES: *Maxilar, mandíbula, malar, cigomático, rumiar, masticar, prognatismo, mentón, masetero.*
QUIJAL. m. Quijada. ‖ Muela de la boca.
QUIJANO, Alejandro. *Biog.* Lit. y jurista mex., autor de *La poesía española en sus cuatro primeros siglos; Amado Nervo, su vida y su obra; Las letras en la educación,* etc. (1883-1957). ‖ – **Arturo.** Escr. y jurisconsulto col. Obras: *Colombia y México; Ensayo sobre la evolución del derecho penal en Colombia; Los cantores de Bogotá,* etc. (1878-1935). ‖ – **Fernando.** Actor y compositor urug., autor de varias canciones y tonadillas; explicó, durante la guerra grande, al compositor húngaro, radicado en el Uruguay, Francisco José Debalis, el significado de los versos de Acuña de Figueroa a los cuales puso música, éste último. Nació así el Himno Nacional uruguayo, cuya partitura, erróneamente, algunos atribuyeran también a Fernando Quijano (1805-1871). ‖ – **José María.** Pol. y ensayista col., autor de *Memoria histórica sobre límites entre la República de Colombia y el Imperio del Brasil; Compendio de la historia patria* y otras obras (1836-1883). ‖ – **HERNÁNDEZ, Manuel.** Escritor y méd. salv. que publicó *Tiempos viejos; Mi estirpe; Estudios sobre la vacuna en El Salvador,* etc. (1871-1939). ‖ – **MANTILLA, Joaquín.** Lit. col., autor de *Cuentos y enredos; Sartal de mentiras; Memorias de un vagabundo,* etc. (1875-1944).
QUIJAR. (Del lat. *capsarius;* de *capsa,* caja.) m. Quijal.
QUIJARUDO, DA. (De *quijar.*) adj. De quijadas grandes y abultadas.
QUIJERA. (Del lat. *capsaria;* de *capsa,* caja.) f. Hierro que guarnece el tablero de la ballesta. ‖ Cada una de las dos correas de la cabezada del caballo. ‖ *Carp.* Cada una de las dos ramas de la horquilla en el extremo de un madero, formadas al hacer una caja, para que entre la garganta de otro.
QUIJERO. (Del lat. *capsarius;* de *capsa,* caja.) m. Lado en declive de la acequia.
QUIJO. m. *Amér. del S.* Cuarzo que sirve de matriz al mineral de oro o plata en los filones.
QUIJONES. m. Planta herbácea europea, anual, aromática, de flores blancas y fruto seco, de semilla piramidal. *Scandix australis,* umbelífera.
QUIJONGO. m. *C. Rica.* Instrumento músico de cuerda, que usan los indios.
QUIJOTADA. f. Acción propia de un quijote.
QUIJOTE. al. **Quixote; Quijote.** fr. **Quichot; Quichotte.** ingl. **Quixote.** ital. **Quisciotte.** port. **Quixote.** (Por alusión a *don Quijote de la Mancha.*) m. fig. Hombre exageradamente grave y serio. ‖ Hombre muy puntilloso. ‖ Hombre que por excesivo amor a lo ideal pugna con las opiniones y los usos corrientes. ‖ Hombre que obstinadamente pretende ser juez o defensor de cosas que no le atañen. En este caso suele ir precedido del *don.* ‖ IDEAS AFINES: *Hidalguía, aventura, caballero andante, novela, Dulcinea, venta, molinos de viento, dueña, siglo de oro, Amadís de Gaula.*
QUIJOTE DE LA MANCHA, Don. *Lit.* Obra cumbre de la literatura española, cuyo título completo es *El ingenioso hidalgo Don Quijote de la Mancha,* escrita por Cervantes en la cárcel después de 1591 y cuya primera parte apareció impresa en Madrid en 1605; la segunda en 1615. El propósito confesado de Cervantes fue "deshacer la autoridad y cabida que en el mundo y en el vulgo tienen los libros de caballerías", es decir parodiar y ridiculizar ese estilo de literatura, entonces tan difundido como copioso; sin embargo, el *Quijote* es una novela de caballería, aunque su clasificación en un género literario determinado es harto difícil y por añadidura convencional, ya que al carácter caballeresco se suman los más diversos y heterogéneos elementos (costumbristas, sentimentales, picarescos, poéticos, etc.), para hacer un todo grandioso e imponente que constituye un conjunto épico de proporciones tal vez no superadas. Don Quijote y Sancho, sus dos personajes principales, han quedado como arquetipos humanos del valor y la caballerosidad por un lado, y de lo prosaico y materialista por otro. El argumento narra las generosas aventuras del caballero Alonso Quijano, hidalgo excéntrico que perdió el juicio leyendo libros de caballerías y decidió transformarse en caballero andante cuando ya no los había, para hacer justicia en donde fuere menester y para lograr el amor de su quimérica Dulcinea del Toboso. Desde su segunda salida lleva como escudero a Sancho, bondadoso y humilde labrador, en cuya compañía se lanza a los caminos y vive numerosas aventuras, saturadas de incidencias tragicómicas. Por último, don Quijote es vencido por el bachiller Sansón Carrasco, que se había disfrazado de Caballero de la Blanca Luna con el propósito de que don Quijote abandonara esa vida de tribulaciones. Su renunciamiento y el retorno a su casa producen al caballero andante una amargura tan honda que enferma de melancolía y muere, ya curado de su sinrazón. En la imposibilidad práctica de la noble empresa que acomete don Quijote para destruir las injusticias de la vida, está tal vez la idea fundamental de la obra de Cervantes, con el probable propósito de señalar los límites de la razón a que debe conformarse el hombre, y en el choque de los caracteres opuestos de Quijote y Sancho parece columbrarse una especie de equilibrio de la vida. Idealismo y realismo contrastan así en un planteo metafísico de valores humanos perennes, y la crítica que paralelamente hace Cervantes de costumbres, hombres e instituciones, está plena de mordacidad y de humorismo. Al margen de su contenido simbólico, filosófico y humano, es una obra maestra en su estilo y lenguaje; de ahí su enorme influencia en la literatura española que le sucede y de ahí también que sus huellas en la novelística universal sean muy amplias y profundas.
QUIJOTERÍA. f. Modo de proceder exageradamente presuntuoso y grave.
QUIJOTESCO, CA. adj. Que obra con quijotería. ‖ Que se ejecuta con quijotería. *Generosidad* QUIJOTESCA. ‖ deriv.: **quijotescamente.**
QUIJOTIL. adj. Perteneciente o relativo al *Quijote. Locura* QUIJOTIL.
QUIJOTISMO. (De *quijote.*) m. Exageración en los sentimientos caballerosos. ‖ Engreimiento, orgullo.
QUILA. (Del arauc, *cula,* caña.) f. *Amér. Merid.* Especie de bambú, más fuerte y de aplicación más variada que el malayo. Con sus ramas se hacen cercas, lanzas y útiles domésticos, y sus semillas se comen en diversos guisos.
QUILALÍ. *Geog.* Población del N. de Nicaragua (Nueva Segovia). 8.500 h. Sésamo.
QUILATADOR. m. El que quilata el oro, la plata o las piedras preciosas.
QUILATAR. tr. Aquilatar.
QUILATE. al. **Karat.** fr. **Carat.** ingl. **Carat; karat.** ital. **Carato.** port. **Quilate.** (Del ár. *quirat,* y éste del gr. *keration,* peso de cuatro granos.) m. Unidad de peso para perlas y piedras preciosas, equivalente a un ciento cuarentavo de onza, es decir, 205 miligramos. ‖ Cada una de las veinticuatroavas partes en peso de oro puro que contiene cualquier aleación de este metal, y que a su vez se divide en cuatro granos. ‖ Moneda antigua que equivalía a medio dinero. ‖ Pesa de un **quilate.** ‖ fig. Grado de perfección en cualquier cosa inmaterial. ‖ **Por quilates.** m. adv. fig. y fam. Menudamente, en cantidades o porciones muy pequeñas.
QUILATERA. f. Instrumento con orificios desiguales, que sirve para apreciar los quilates de las perlas.
QUILCO. m. *Chile.* Canasta grande.
QUILI. pref. Kili.
QUILIÁREA. f. Kiliárea.
QUILÍFERO, RA. (De *quilo,* y el lat. *ferre,* llevar.) adj. *Zool.* Dícese de cada uno de los vasos linfáticos de los intestinos, que absorben el quilo durante la quilificación y lo conducen al canal torácico.
QUILIFICAR. tr. *Fisiol.* Convertir el alimento en quilo. Ú.m.c.r. ‖ deriv.: **quilificación.**
QUILMA. f. En algunas partes, costal, saco de tela gruesa.
QUILMAY. (Voz arauc.) m. *Chile.* Planta trepadora, apocinácea, de hojas grandes, aovadas, de un verde subido, lustrosas por encima, y con hermosas flores; su tallo es velloso, y la raíz medicinal apocinácea.
QUILMES. *Geog.* Ciudad de la Argentina, sit. al S. de la Capital Federal y forma parte del Gran Buenos Aires. 125.500 h. Importante centro industrial. ‖ **Sierra de –.** Cordón montañoso del N.O. de la Argentina, sit. en el límite entre Tucumán y Catamarca. Culmina en el cerro hom. a los 4.200 m.
QUILO. Forma prefija del gr. *Khilós,* jugo.
QUILO. al. **Chylus.** fr. **Chyle.** ingl. **Chyle.** ital. **Chilo.** port. **Quilo.** (Del lat. *chylon,* y éste del gr. *khilon,* jugo.) m. Líquido blanco rosáceo, que el intestino delgado segrega del quimo formado en el estómago con los alimentos, y que absorbido por los vasos quilíferos pasa a la sangre. ‖ **Sudar uno el quilo.** frs. y fam. Trabajar con gran fatiga y desvelo.
QUILO. m. Kilo.
QUILO. (Del arauc. *quelu,* colorado.) m. *Chile.* Arbusto poligonáceo, lampiño, de ramos trepadores, hojas oblongas, flores en racimo y fruto azucarado del cual se hace una chicha. ‖ Fruto de este arbusto.
QUILOGRÁMETRO. m. Kilográmetro.
QUILOGRAMO. m. Kilogramo.
QUILOLITRO. m. Kilolitro.
QUILOMBO. m. *Arg., Bol., Perú* y *Urug.* Burdel. ‖ *Ven.* Choza, cabaña campestre. ‖ pl. *Col., Ec.* y *Ven.* Andurriales.
QUILÓMETRO. m. Kilómetro. ‖ deriv.: **quilométrico.**
QUILOSO, SA. adj. Que tiene quilo o participa de él.
QUILPUÉ. *Geog.* Población de Chile (Valparaíso). 11.000 h. Centro agrícola y turístico.
QUILQUIL. (Del arauc. *culcul,* mata.) m. *Chile.* Especie de helecho arbóreo de la familia de las polipodiáceas. El rizoma de esta planta lo comen los indios en tiempos de escasez.
QUILLA. al. **Kiel.** fr. **Quille.** ingl. **Keel.** ital. **Chiglia.** port. **Quilha.** (Del al. *kiel.*) f. Pieza de madera o hierro que va de proa a popa por la parte inferior del buque y en que se asienta toda su armazón. ‖ Parte saliente del esternón de las aves. ‖ *Bot.* Parte de la corola de las papilionáceas, formada por los dos pétalos inferiores. ‖ – **de balance.** *Mar.* Cada una de las piezas longitudinales y salientes de la carena paralelas a la quilla, que sirven para amortiguar los balances. ‖ IDEAS AFINES: *Barco, casco, proa, línea de flotación, ancla, cuaderna, fondo, encallar, escorar, rumbo, botadura.*
QUILLACINGA. adj. Aplícase al individuo de una tribu de indios de Colombia, que vivían a orillas del río Patía. Ú.t.c.s. ‖ Relativo a estos indios.
QUILLACINGO. adj. y s. Quillacinga.
QUILLALCOLLO. *Geog.* Población de Bolivia (Cochabamba). 16.000 h. Actividades agrícolas.
QUILLANGO. m. *Chile, Perú* y *R. de la Plata.* Prenda hecha con pieles que usan los indios para abrigo del cuerpo y en la cama. ‖ Manta hecha generalmente con piel de vicuña, llama y otras especies semejantes.
QUILLAY. (Del arauc. *cúllay,* cierto árbol.) m. *Arg.* y *Chile.* Árbol rosáceo de gran tamaño, con hojas coriáceas y elípticas y flores con pétalos blanquecinos. La madera es útil y con su corteza interior se prepara un jabón para lavar telas y la cabeza de las personas.
QUILLOTA. *Geog.* Ciudad de la región central de Chile (Valparaíso). 25.400 h., con el municipio 38.500. Importante centro agrícola.
QUILLOTANO, NA. adj. y s. De Quillota, ciudad y departamento de Chile.
QUILLOTRA. f. fam. Amiga, manceba.
QUILLOTRADOR, RA. adj. fam. Que quillotra.
QUILLOTRANZA. (De *quillotrar.*) f. fam. Trance, conflicto, amargura.
QUILLOTRAR. tr. fam. Estimular, avivar. ‖ Enamorar. Ú.t.c.r. ‖ Cautivar, enamorar. ‖ Meditar, estudiar. ‖ Engalanar. Ú.t.c.r. ‖ r. fam. Quejarse, lamentarse.
QUILLOTRO. (De *aquello otro.*) m. Voz rústica con que se daba a entender algo ignorado o que no se sabía expresar de otro modo. ‖ fam. Incentivo, estímulo. ‖ Indicio, síntoma. ‖ Amorío. ‖ Quebradero de cabeza. ‖ Galantería, requiebro. ‖ Adorno. ‖ Amigo, favorito.
QUIMBA. f. *Arg., Chile* y *Perú.* Contoneo, garbo. ‖ *Col.* y *Ven.* Especie de alpargata. ‖ pl. *Col.* Apuros, deudas.
QUIMBAYA. adj. Aplícase al individuo de una tribu de indios de la América del Sur, que vivían en los actuales departamentos colombianos de Caldas y Valle del Cauca. Eran notables orfebres y alfareros. Ú.t.c.s. ‖ Perteneciente o relativo a estos indios.
QUIMBAYA. *Geog.* Población del N.O. de Colombia (Caldas). 7 200 h. Centro agrícola.
QUIMBOMBÓ. m. *Cuba.* Quingombó.
QUIMERA. al. **Hirngespinst.** fr. **Chimère.** ingl. **Chimera.** ital. **Chimera.** port. **Quimera.** f. Monstruo que según la fábula tenía cabeza de león, vientre de cabra y cola de dragón. ‖ fig. Lo que se propone a la imaginación como posible o real, no siéndolo. ‖ Pendencia, riña, pelea. ‖ *Zool.* Género de peces selacios.
QUIMERA DEL ORO, La. *B. A.* Célebre película dirigida e interpretada en su papel principal por Carlos S. Chaplin, autor también del argumento. Fue estrenada en 1925. Desbordante de humanidad y humorismo, es quizás la obra maestra de Chaplin.
QUIMÉRICO, CA. (De *quimera.*) adj. Fabuloso, ideado, no real. *Plan* QUIMÉRICO; sinón.: **inexistente, ilusorio;** antón.: **real.**
QUIMERINO, NA. adj. Quimérico.
QUIMERISTA. (De *quimera.*) adj. y s. Amigo de ficciones y de cosas quiméricas. ‖ Dícese a la persona que provoca riñas o pendencias.
QUIMERIZAR. intr. Fingir quimeras o cosas irreales.
QUÍMICA. al. **Chemie.** fr. **Chimie.** ingl. **Chemistry.** ital. **Chimica.** port. **Química.** (Del gr. *khymiké,* t. f. de *-kós,* quími-

co.) f. Ciencia que estudia la composición, propiedades particulares y efectos mutuos de las substancias. ‖ – **aplicada.** Rama de la **química** que estudia la manera de aplicar los conocimientos de la *química pura* al logro de fines prácticos. A ella pertenecen la *química analítica, la sintética,* la *mineralógica,* la *biológica,* la *farmacéutica,* la *industrial,* la *agrícola,* etc. ‖ – **biológica.** La de los seres vivos. ‖ – **física** o **fisicoquímica.** Aplicación de los métodos y leyes de la física al estudio de ciertos problemas químicos, como los vinculados con la afinidad, el equilibrio químico, valencia, propiedades de las soluciones, etc. Es fruto de esta nueva rama, la *teoría atómica moderna.* ‖ – **inorgánica** o **mineral.** Es la parte que concierne a los cuerpos inorgánicos. ‖ – **orgánica** o **del carbono.** La que estudia los compuestos del carbono, con excepción de los carbonatos metálicos y los óxidos del carbono. ‖ – **pura.** La teórica, es decir, que prescinde, en sus investigaciones, de fines prácticos. ‖ IDEAS AFINES: *Elemento, nomenclatura, ácido, hidrato, sal, análisis, combinación, experimento, laboratorio, probeta, retorta.*

QUÍMICO, CA. al. **Chemisch; Chemiker.** fr. **Chimique; chimiste.** ingl. **Chemical; chemist.** ital. **Chimico.** port. **Químico.** (Del gr. *khymikós;* de *khymós,* jugo.) adj. Perteneciente a la química. *Laboratorio* QUÍMICO. ‖ V. **Ingeniero químico.** ‖ Por oposición a físico, relativo a la composición de los cuerpos. ‖ s. Persona que profesa la química o tiene en ella especiales conocimientos. ‖ deriv.: **químicamente.**

QUIMIFICAR. tr. y r. *Fisiol.* Convertir el alimento en quimo. ‖ deriv.: **quimificación.**

QUIMILÍ. *Geog.* Población del N. de la Argentina (Santiago del Estero). 4.050 h.

QUIMIOTERAPÉUTICA. f. Quimioterapia. ‖ deriv.: **quimioterapéutico, ca.**

QUIMIOTERAPIA. (De *químico* y el gr. *therapeia,* curación, tratamiento.) f. *Ter.* Tratamiento de las enfermedades por medio de substancias químicas de efectos tóxicos sobre los microorganismos productores de dichas enfermedades, sin causar perjuicio al organismo afectado. ‖ deriv.: **quimioterápico, ca.**

QUIMISMO. m. Conjunto de todo lo que puede explicarse en los fenómenos naturales de acuerdo con las leyes que la química ha descubierto y perfeccionado. ‖ Abuso de la química en sus tratamientos de la medicina. ‖ *Quím.* Actividad, propiedad o relación químicas.

QUIMISTA. m. Alquimista.

QUIMITIPIA. (De *química* y el gr. *typos,* molde.) f. Procedimiento con el que se obtienen, por medio de substancias químicas, planchas en relieve para impresiones tipográficas.

QUIMO. al. **Chymus.** fr. **Chyme.** ingl. **Chymo.** ital. **Chimo.** port. **Quimo.** (Del lat. *chymus,* gr. *khymós,* jugo.) m. Pasta homogénea y agria en que los alimentos se transforman en el estómago por la digestión.

QUIMÓN. (Del japonés *kimono.*) m. Tela de algodón, muy fina, estampada y pintada, que se fabrica en el Japón, y con la cual se confeccionan batas.

QUIMONO. (Voz japonesa.) m. Túnica japonesa, especie de bata, o la hecha a su semejanza.

QUIMOSCOPIO. (Del gr. *kyma,* onda, ola, y *skopeo,* mirar, examinar.) m. Instrumento con que se observa la corriente sanguínea.

QUIMPER. *Geog.* Ciudad de Francia, capital del dep. de Finistère. 20.149 h.

QUINA. (Del lat. *quina,* neutro de *quini,* cada cinco.) f. Quinterna. ‖ pl. Armas de Portugal, compuesta de cinco escudos azules puestos en cruz, con cinco dineros en aspa en cada escudo. ‖ En el juego de las tablas reales y otros en que se emplean dados, dos cincos cuando salen en una tirada.

QUINA. al. **Chinarinde.** fr. **Quinquina.** ingl. **Quina; peruvian bark.** ital. **China.** port. **Quina.** (De *quinaquina.*) f. Corteza del quino, muy usada en medicina por sus propiedades tónicas y febrífugas. Las hay gris, roja y amarilla. *En el siglo XVII se difundió en Europa el empleo de la* QUINA *contra las fiebres.* ‖ Líquido compuesto con dicha corteza y otras substancias que se emplea como medicina. ‖ – **amarilla.** Muy rica en quinina, de sabor amargo. ‖ – **de la tierra.** *Cuba.* Aguedita. ‖ – **de Loja. Quina gris.** ‖ – **gris.** De sabor astringente. ‖ – **peruana. Quina roja.** ‖ – **real. Quina amarilla.** ‖ – **roja.** De sabor amargo y astringente a la vez. ‖ **Tragar quina.** frs. fig. y fam. Aguantar, sufrir con resignación y paciencia.

QUINADO, DA. adj. Dícese del vino u otro líquido que se prepara con quina y se usa como medicamento.

QUINAL. (Del b. lat. *quinale,* y éste del lat. *quini,* de cinco en cinco.) m. Cabo grueso que se encapilla en la cabeza de los palos para aliviar los obenques cuando se forma mal tiempo.

QUINAO. (Del lat. *quin áutem,* más en contra.) m. Enmienda terminante que al error de su contrario hace el que argumenta.

QUINAQUINA. (Del quichua *quinaquina,* corteza.) f. Quina, corteza del quino.

QUINARIO. (Del lat. *quinarius.*) adj. Compuesto de cinco unidades o elementos. Ú.t.c.s.m. ‖ m. Antigua moneda romana de plata, equivalente a cinco ases o medio denario. ‖ Espacio de cinco días dedicado a la devoción de Dios o de sus santos.

QUINAULT, Felipe. *Biog.* Dramaturgo fr., autor de tragedias, comedias y libretos para óperas (1635-1688).

QUINCALLA. al. **Blechwaren.** fr. **Quincaille.** ingl. **Hardware.** ital. **Chincaglia.** port. **Quinquilharia.** (Del fr. *quincaille,* y éste del neerl. *klinken,* sonar.) f. Conjunto de objetos metálicos por lo común poco valiosos; como dedales, tijeras, imitaciones de joyas, etc.

QUINCALLERÍA. (De *quincallero.*) f. Fábrica de quincalla. ‖ Tienda o lugar donde es vendida. ‖ Comercio de quincalla. ‖ IDEAS AFINES: *Baratillo, bazar, quiosco, chuchería, buhonero, abundancia, falso, fantasía.*

QUINCALLERO, RA. s. Fabricante o vendedor de quincalla.

QUINCE. al. **Fünfzehn.** fr. **Quinze.** ingl. **Fifteen.** ital. **Quindici.** port. **Quinze.** (Del lat. *quíndecim;* de *quinque,* cinco, y *décem,* diez.) adj. Diez y cinco. ‖ **Decimoquinto.** *Número* QUINCE; *año* QUINCE. Apl. a los días del mes. Ú.t.c.s. *El* QUINCE *de mayo.* ‖ m. Conjunto de signos o cifras con que se representa el número **quince.** ‖ Juego de naipes en que gana el que hace **quince** puntos con las cartas que se reparten una a una o bien el que junta más puntos sin pasar de los **quince.** ‖ En el juego de pelota a largo, cada uno de los dos primeros lances y tantos que se ganan.

QUINCENA. al. **Vierzehn Tage.** fr. **Quinzaine.** ingl. **Fortnight.** ital. **Quindicina.** port. **Quinzena.** (De *quinceno.*) f. Espacio de quince días. ‖ Paga que se obtiene cada quince días. ‖ Detención gubernativa durante quince días. ‖ *Mús.* Intervalo que comprende las quince notas sucesivas de dos octavas. ‖ Registro de trompetería en el órgano, correspondiente a este intervalo.

QUINCENAL. adj. Que sucede o se repite cada quincena. ‖ Que dura una quincena. *Trabajo* QUINCENAL.

QUINCENARIO, RIA. adj. Quincenal. ‖ s. Persona que sufre en la cárcel una o más quincenas.

QUINCENO, NA. (De *quince.*) adj. Decimoquinto. ‖ s. Muleto o muleta de quince meses.

QUINCEY, Tomás de. *Biog.* Lit. y ensayista ingl., estilista de poderosa imaginación y extravagante humorismo. Obras: *Confesiones de un fumador de opio; El asesinato considerado como una de las bellas artes,* etc. (1785-1859).

QUINCINETA. f. **Ave fría.**

QUINCUAGENA. (Del lat. *quinquagena,* neutro de *-ni,* cincuenta.) f. Conjunto de cincuenta cosas de una misma especie.

QUINCUAGENARIO, RIA. (Del lat. *quinquagenarius.*) adj. Que tiene cincuenta unidades. ‖ Cincuentón. Ú.t.c.s.

QUINCUAGÉSIMA. (Del lat. *quinquagésima,* t. f. de *-mus,* quincuagésimo, por ser el quincuagésimo día antes de la Pascua de Resurrección.) f. Dominica que precede a la primera de cuaresma.

QUINCUAGÉSIMO, MA. (Del lat. *quinquagésimus.*) adj. y s. Que ocupa el último lugar en una serie ordenada de cincuenta. *El* QUINCUAGÉSIMO *aniversario de una institución.* ‖ Dícese de cada una de las 50 partes iguales en que se divide un todo. Ú.t.c.s.

QUINCY. *Geog.* Ciudad del noreste de los EE. UU. (Massachusetts). 88.500 h. Fabricación de calzado.

QUINCHA. f. *Amér. del S.* Tejido o trama de junco con que se afianza un techo o muro pajizo. ‖ *Chile.* Pared hecha de cañas o varillas, usada en cercas, chozas, etc.

QUINCHAMALÍ. m. *Chile.* Planta medicinal, santalácea, de las que hay varias especies, anuales, de hojas lineares y flores amarillas en espigas cortas apretadas.

QUINCHAO. *Geog.* Isla chilena, situada al E. de la isla de Chiloé. 33.100 h.

QUINCHAR. tr. *Amér. del S.* Cubrir o cercar con quinchas.

QUINCHIA. *Geog.* Población del N. O. de Colombia (Caldas). 4.450 h. Centro agrícola.

QUINCHIHUE. m. *S. Amér.* Planta anual, pelada, olorosa, con hojas opuestas, cabezuelas numerosas, pequeñas, cilíndricas, en corimbos, y flores amarillas; tiene uso medicinal.

QUINCHONCHO. m. Arbusto leguminoso originario de la India y cultivado en América, de hojas compuestas por tres hojuelas, estípulas lanceoladas, flores purpúreas y vaina linear con varias semillas comestibles.

QUINDÉCIMO, MA. (Del lat. *quindécimus,* decimoquinto.) adj. y s. Quinzavo.

QUINDENIAL. adj. Que sucede o se repite cada quindenio. ‖ Que dura un quindenio.

QUINDENIO. (Del lat. *quindecénnium;* de *quindecim,* quince, y *annus,* año.) m. Período de quince años.

QUINDÍO. *Geog.* Nombre que recibe la cordillera central de los Andes colombianos. Se levanta entre los valles de los ríos Cauca y Magdalena. Culmina en el nevado de Huila a los 5.700 m.

QUINES. *Geog.* Población del O. de la Argentina (San Luis). 3.500 h. Importante centro frutícola.

QUINET, Edgardo. *Biog.* Escritor fr. autor de obras de historia y filosofía y del poema *Ahasverus* (1803-1875).

QUINFA. f. *Col.* Sandalia que usan los campesinos.

QUINGENTÉSIMO, MA. (Del lat. *quingentésimus.*) adj. Que ocupa el último lugar en una serie ordenada de quinientos. ‖ Dícese de cada una de las 500 partes iguales en que se divide un todo. Ú.t.c.s.

QUINGO. (Voz *quichua.*) m. *Col., Ec.* y *Perú.* Rodeo, zigzag.

QUINGOMBÓ. m. Planta herbácea textil de la familia de las malváceas, originaria de África y cultivada en América, de tallo recto y velludo, hojas grandes y flores amarillas semejantes a las del algodonero; fruto alargado, que se usa en guisos y como medicina.

QUINIELA. f. Apuesta que se hace sobre el resultado de partidos de fútbol. ‖ *R. de la Plata.* Juego de azar en el que se utiliza la lotería.

QUINIELERO, RA. s. *R. de la Plata.* Persona que acepta las jugadas que se le hacen en la quiniela, y también quien hace estas jugadas.

QUINIELISTA. s. Jugador de quinielas.

QUINIENTISTA. adj. Se aplica a los escritores y artistas del s. XVI y a sus imitadores. Ú.t.c.s. ‖ Perteneciente o relativo a dicho siglo.

QUINIENTOS, TAS. al. **Fünfhundert.** fr. **Cinq cents.** ingl. **Five hundred.** ital. **Cinquecento.** port. **Quinhentos.** (Del lat. *quingenti.*) adj. Cinco veces ciento. QUINIENTOS *metros.* ‖ Quingentésimo. *Año* QUINIENTOS. ‖ m. Signo o conjunto de signos con que representamos este número.

QUINIENTOS, Consejo de los. *Hist.* Asamblea legislativa fr. compuesta por quinientos miembros, creada en 1795 y disuelta en 1799.

QUININA. al. **Chinin.** fr. **Quinine.** ingl. **Quinine.** ital. **Chinina.** port. **Quinina.** f. *Quím.* Alcaloide extraído de la quina, algunas de cuyas sales son usadas como antisépticas y febrífugas. ‖ IDEAS AFINES: *Paludismo, malaria, intermitente, periodicidad, escalofrío, chucho, pirexia, temperatura, temblor, terapéutica, antifebril, palustre, trópico, hematozoario.*

QUINISMO. (De *quina.*) m. *Med.* Conjunto de fenómenos generales que produce en el organismo el abuso de la quinina.

QUINO. m. Nombre de varias especies de árboles rubiáceos, de América, de hojas opuestas, ovales y apuntadas; flores en panojas y fruto capsular con muchas semillas elipsoidales. Su corteza es la quina. Gén. *Cinchona.* ‖ Zumo solidificado de varios vegetales, usado como astringente. ‖ Quina, corteza del quino.

QUÍNOLA. f. En cierto juego de naipes, lance principal, consistente en reunir cuatro cartas de un palo, ganando, cuando hay varios jugadores que tienen **quínolas,** la que suma más puntos, teniendo en cuenta el valor de las cartas. ‖ fam. Rareza. ‖ pl. Juego de naipes, cuyo lance principal es la **quínola.**

QUINOLLAR. tr. Disponer la baraja para el juego de las quínolas.

QUINOLILLAS. (dim. de *quínolas.*) f. pl. Quínolas.

QUINQUÉ. (Del fr. *Quinquet,* nombre del primer fabricante de esta clase de lámparas.) m. Especie de lámpara con tubo de cristal, generalmente con pantalla. ‖ IDEAS AFINES: *Luz, querosén, petróleo, aceite, torcida, mechero, humear, encender, apagar, despabilar, proyectar, velar, farol, bujía.*

QUINQUEFOLIO. (Del lat. *quinquefólium;* de *quinque,* cinco, y *fólium,* hoja.) m. Cincoenrama.

QUINQUELA MARTÍN, Benito. *Biog.* Pintor arg. Artista intuitivo y autodidacto, ha dotado de vida y colorido a los temas portuarios en gran número de cuadros. *Buque en reparación; Efecto de sol; Tormenta en los astilleros,* etc. Con la misma temática ha cultivado la plástica mural en obras como *Día de trabajo; En plena actividad,* etc. (1890-1977).

QUINQUELINGÜE. adj. Que habla cinco lenguas. ‖ Escrito en cinco idiomas, como la Biblia impresa por Pantin.

QUINQUENAL. (Del lat. *quinquennalis.*) adj. Que sucede o se repite cada quinquenio. *Elección* QUINQUENAL. ‖ Que dura un quinquenio. *Plan* QUINQUENAL.

QUINQUENERVIA. (Del lat. *quinque,* cinco, y *nervus,* nervio.) f. Lancéola.

QUINQUENIO. (Del lat. *quinquénnium;* de *quinque,* cinco, y *annus,* año.) m. Período de cinco años.

QUINQUILLERÍA. f. Quincallería.

QUINQUILLERO. m. Quincallero.

QUINQUINA. f. Quina.

QUINTA. al. **Landhaus; Villa.** fr. **Villa.** ingl. **Country seat; villa.** ital. **Villa; podere.** port. **Quinta.** (Del lat. *quinta,* t. f. de *-tus,* quinto.) f. Casa de recreo en el campo. ‖ Alquería, granja. ‖ Finca de recreo en el campo cuyos colonos pagaban por renta un quinto de sus frutos. ‖ Acción y efecto de quintar. ‖ En el juego de los cientos, cinco cartas de un palo, seguidas en orden. ‖ Reemplazo anual para el ejército. ‖ *Arg.* Huerto o huerta. ‖ *Mús.* Intervalo que consta de tres tonos y un semitono mayor. ‖ *Pat.* Acceso de tos. ‖ pl. Actos administrativos del reclutamiento. ‖ – **remisa.** *Mús.* Nota que sigue inmediatamente a la cuarta.

QUINTADOR, RA. adj. y s. Que quinta.

QUINTAESENCIA. f. **Quinta esencia,** lo más puro, más fino y acendrado de alguna cosa. ‖ Última esencia o extracto de alguna cosa.

QUINTAESENCIAR. tr. Refinar, apurar, alambicar.

QUINTAL. al. **Zeutner.** fr. **Quintal.** ingl. **Quintal.** ital. **Quintale.** port. **Quintal.** (Del ár. *quintar.*) m. Peso de cien libras, o sea de cuatro arrobas, equivalente a 46 kilogramos. ‖ Pesa de cien libras. ‖ – **métrico.** Peso de cien kilogramos.

QUINTALEÑO, ÑA. adj. Capaz de un quintal o que lo contiene.

QUINTALERO, RA. adj. Que tiene el peso de un quintal.

QUINTANA. (Del lat. *quintana.*) f. Quinta, finca de recreo. ‖ Una de las puertas, vías o plazas de los campamentos romanos, donde se vendían víveres.

QUINTANA, Hilarión de la. *Biog.* Mil. arg. que actuó en la resistencia a las invasiones ingl. Como edecán de San Martín tuvo heroica participación en la batalla de Maipú (1774-1843). ‖ – **Jerónimo.** Escr. y prelado esp., autor de *Historia de la antigüedad, nobleza y grandeza de la coronada villa de Madrid; Convento espiritual,* etc. (1570-1644). ‖ – **José de la.** Pol. arg. que representó a Jujuy en el Congreso General Constituyente de 1853 (s. XIX). – **Manuel.** Jurisconsulto y político arg. Especializado en derecho internacional, representó a su país en varios congresos internacionales postulando el arbitraje entre las naciones americanas. De 1904 a 1906 fue presidente de la Rep. (1834-1906). ‖ – **Manuel José.** Literato esp., uno de los más notables poetas líricos de su tiempo. Obras: *La fuente de la mora encantada; Despedida de la juventud; El panteón de El Escorial,* etc. (1772-1857). ‖ – **ROO, Andrés.** Pol. y poeta mex., en 1813 presidente del Congreso de Chilpancingo y uno de los que suscribieron el acta de la declaración de la independencia. Su composición poética más celebrada es la *Oda al dieciséis de setiembre* (1787-1851).

QUINTANAR, Luis. *Biog.* Militar mex., destacada figura de las luchas de la independencia. En unión del presidente Bustamante lanzó la proclama federalista, y en 1829 integró el gobierno provisional (s. XIX).

QUINTANA ROO. *Geog.* Territorio de México, sit. en el extremo S.E. del país. 50.843 km². 106.150 h. Actividades agrícolas, explotación forestal importante. Cap. CHETUMAL.

QUINTANARROENSE. adj. Natural del territorio federal mexicano de Quintana Roo. Ú.t.c.s. ‖ Perteneciente o relativo a dicho territorio.

QUINTANILLA, Carlos. *Biog.* Pol. y militar bol. que en 1939 fue presidente interino de la Rep. (1888-1964).

QUINTANTE. (De *quinto.*) m. Instrumento astronómetro para las observaciones marítimas, que consiste en un sector de círculo graduado, de 72 grados, o sea la quinta parte del total, provisto de dos reflectores y un anteojo.

QUINTAÑÓN, NA. (De *quintal,* por alusión a las cien libras de que se compone.) adj. fam. Centenario, que tiene cien años.

QUINTAR. (De *quinto.*) tr. Sacar por suerte uno de cada cinco. ‖ Sacar por suerte los nombres de los que han de servir en la tropa como soldados. ‖ Dar la quinta vuelta de arado a las tierras para sembrarlas. ‖ intr. Llegar al número de cinco. ‖ Dícese regularmente de la Luna cuando llega al quinto día. ‖ Pujar la quinta parte en remates o compras.

QUINTERÍA. (De *quintero.*) f. Casa de campo o cortijo para labor.

QUINTERNO. (De *quinto.*) m. Cuaderno de cinco pliegos. ‖ Suerte de cinco números en la lotería primitiva o en el de la de cartones.

QUINTERO. m. El que arrienda una quinta o cultiva las heredades que pertenecen a ella. ‖ Mozo de labrador que trabaja la tierra por jornal.

QUINTERO, Joaquín y Serafín Álvarez. *Biog.* V. **Álvarez Quintero, Joaquín y Serafín.** ‖ – **José Agustín.** Poeta y patriota cub. (1829-1885). ‖ – **Manuel María.** Pol. venezolano que en 1858 fue miembro del gobierno provisional de la Rep. (1782-1866). ‖ – **CALDERÓN, Guillermo.** Mil. y político col., en 1896 presidente provisional de la Rep. (1832-1919).

QUINTEROS, Paso de. *Geog.* Vado del río Negro (Uruguay), entre los dep. de Durazno y Río Negro, donde los partidarios del presidente Pereira derrotaron y fusilaron a los revolucionarios que encabezaba el general César Díaz (1858).

QUINTETO. al. **Quintett.** fr. **Quintette.** ingl. **Quintet.** ital. **Quintetto.** port. **Quinteto.** (Del ital. *quintetto.*) m. Estrofa de cinco versos de arte mayor, comúnmente endecasílabos, aconsonantados. ‖ *Mús.* Composición a cinco voces o instrumentos. ‖ IDEAS AFINES: *Agrupación, orquesta, violín, viola, flauta, música de cámara, sonata, audición, intimidad.*

QUINTIL. (Del lat. *quintilis.*) m. Quinto mes del año en el primitivo calendario romano.

QUINTILIANO, Marco Fabio. *Biog.* Cél. escritor esp. de la época romana. Autor de una obra extensísima que comprende doce libros: *Institución oratoria,* erudita exposición de su ideario pedagógico y literario (35-96).

QUINTILO, Marco Aurelio. *Biog.* Emp. romano. Tras un reinado que duró escasos meses, se suicidó (m. 270).

QUINTILLA. f. Combinación métrica que comprende cinco versos octosílabos con dos rimas consonantes.

QUINTILLIZO, ZA. adj. Barbarismo por gemelo o mellizo, aplicado a cada uno de los cinco hermanos nacidos de un mismo parto. Usado c. s. y en pl., dígase cinco gemelos o mellizos.

QUINTILLO. (dim. de *quinto.*) m. Juego del hombre, con algunas modificaciones cuando es jugado entre cinco.

QUINTÍN, San. n. p. **Armarse,** o **haber, la de San Quintín.** frs. fig. Haber gran pendencia entre varias personas. Aplícase aludiendo a la batalla de este nombre.

QUINTÍN, San. *Geog.* V. **San Quintín.**

QUINTINIE, Juan de la. *Biog.* Agrónomo fr., autor de *Instrucciones para el cultivo de una plantación frutal,* publicada después de su muerte (1626-1688).

QUINTO, TA. al. **Fünfte.** fr. **Cinquième.** ingl. **Fifth.** ital. **Quinto.** port. **Quinto.** (Del lat. *quintus.*) adj. Que ocupa el último lugar de una serie ordenada de cinco. *El* QUINTO *banco, la* QUINTA *fila.* ‖ Dícese de cada una de las cinco partes iguales en que se divide un todo. Ú.t.c.s. ‖ m. Aquel a quien toca por suerte ser soldado y mientras recibe instrucción militar. sinón.: **recluta.** ‖ Derecho de veinte por ciento. ‖ Parte de dehesa o tierra, aunque no sea la **quinta.** ‖ *Der.* **Quinta** parte de la herencia que podía legar libremente el testador, aun teniendo hijos. ‖ *Mar.* Cada una de las cinco partes en que los marinos dividían la hora. ‖ IDEAS AFINES: *Fracción, quintar, quintaesencia, lotería, testamento, ordinal.*

QUINTO. *Geog.* Río de la Argentina que nace en las sierras de San Luis y des. al S. de Córdoba, en la laguna Amarga. 250 km.

QUINTRAL. (Del arauc. *cauthal.*) m. *Chile.* Muérdago de flores rojas, de cuyo fruto se extrae una substancia para teñir. ‖ Cierta enfermedad de las sandías y porotos.

QUINTUPLICAR. (Del lat. *quintuplicare.*) tr. y r. Hacer cinco veces mayor una cantidad. QUINTUPLICÓ *los beneficios.* ‖ deriv.: **quintuplicación.**

QUÍNTUPLO, PLA. (Del lat. *quintuplus.*) adj. Que contiene cinco veces exactamente a un número. Ú.t.c.s.m.

QUINUA. (Voz quichua.) f. *Amér. del S.* Planta anual, quenopodiácea, de hojas triangulares y racimos paniculares compuestos. Sus hojas tiernas son usadas como alimento, y su semilla, menuda como arroz, se usa en la sopa y también para hacer una bebida.

QUINZAL. m. Madero en rollo, de 15 pies de largo del marco de Valladolid.

QUINZAVO, VA. (De *quince* y *avo.*) adj. y s. *Mat.* Dícese de cada una de las 15 partes en que se divide un todo.

QUIÑAR. (Del quichua *quiñú,* agujerear.) tr. *Amér. del S.* Cachar la cabeza de otro con la punta o quiñe del trompo con que se juega. ‖ Dar empellones. ‖ *Col.* Pelear a los puños. ‖ r. *Perú.* Mellarse. ‖ deriv.: **quiñada; quiñadura; quiñazo.**

QUIÑE. m. *Bol.* Espolón del gallo. ‖ *Bol.* y *Perú.* Púa del trompo.

QUIÑÓN. (Del lat. *quinio, -onis.*) m. Parte que uno tiene con otros en una cosa, especialmente de las tierras para sembrar. ‖ Porción de tierra, de cultivo, de dimensión variable. ‖ Medida agraria usada en Filipinas, equivalente a 2 hectáreas, 79 áreas y 50 centiáreas.

QUIÑONERO. m. Dueño de un quiñón.

QUIÑONES, Francisco Mariano. *Biog.* Lit. portorr. autor de *Nadir Pachá; Fátima; Influencia de las bellas artes,* etc. (1830-1908). ‖ – **Juan Jorge.** Marino esp., compañero de Fajardo en la expedición de Caracas (m. 1561). ‖ – **DE BENAVENTE, Luis.** Poeta y autor teatral esp. Espíritu satírico afinado y profundo, captó costumbres y tipos sociales en estremeses, loas y jácaras retratando la vida cotidiana de la España de su tiempo. Obras: *El marido flemático; El guardainfante; El borracho; Turrada; La capeadora,* etc. (1589-1651). ‖ – **MOLINA, Alfonso.** *Biog.* Pol. salv. que de 1923 a 1927 desempeñó la presidencia de la Rep. (1873-1950). ‖ – **PARDO, Octavio.** Lit. col. autor de *Interpretación de la poesía popular; Cantares de Boyacá,* etc. (n. 1900). ‖– **Y OSSORIO, Álvaro.** Pol. español que fue presidente de la Audiencia y Capitán general de Guatemala (s. XVII).

QUÍO, A. (Del lat. *chius,* y éste del gr. *khíos.*) adj. Natural de Quío. Ú.t.c.s. ‖ Perteneciente a esta isla del Archipiélago Egeo.

QUÍO. n. p. V. **Trementina de Quío.**

QUÍO. *Geog.* Isla griega del mar Egeo, sit. al sur de la isla Mitilene. 902 km². 72.200 h. Cap. hom. 26.600 h.

QUÍO, La matanza de. *B. A.* Cuadro de Eugenio Delacroix, expuesto por primera vez en 1824, y motivo de apasionadas discusiones en la época. Todo el horror de la guerra está en este lienzo, expresado con formas audaces y colores que acentúo la dramaticidad del tema.

QUIOSCO. al. **Stand; Kiosk.** fr. **Kiosque.** ingl. **Kiosk.** ital. **Chiosco.** port. **Quiosque.** (Del persa *cuxc,* pronunciado por los turcos *quioxc,* pabellón.) m. Templete de estilo oriental y generalmente abierto por todos lados, que se construye en azoteas, jardines, etc., para recrearse. ‖ Pabellón generalmente circular u ochavado, que suele construirse en plazas u otros parajes públicos para vender periódicos, cigarrillos, fósforos, flores, etc. ‖ – **de necesidad.** Retrete público.

QUIOTE. (Del mex. *quiotl,* tallo.) m. *Méx.* Bohordo del maguey o pita.

QUIPE. (Voz quichua.) m. *Bol.* y *Ec.* Morral o mochila.

QUIPO. m. Cada uno de los ramales de cuerdas con nudos que los indios peruanos usaban para escribir y contar. Ú.m. en pl.

QUIQUE. (Del arauc. *quiqui.*) m. *Chile.* Hurón.

QUIQUIRIQUÍ. m. Voz imitativa del canto del gallo. ‖ fig. y fam. Persona que quiere gallear y sobresalir.

QUIRAGRA. (Del lat. *chiragra,* y éste del gr. *kheiragra;* de *kheir,* mano, y *agra,* presa.) f. Gota de las manos.

QUIRATE. m. *Num.* Moneda de plata usada por los almorávides españoles.

QUIRGUIZ. adj. Dícese de los individuos de un pueblo de raza tártara que habita entre el Ural y el Irtich.

QUIRIÉ. m. Kirie.

QUIRIGALLA. f. Cabra.

QUIRINAL. adj. Perteneciente a Quirino o Rómulo o a uno de los siete montes de la antigua Roma. ‖ Por contraposición a Vaticano, el Estado italiano.

QUIRINAL, Monte. *Geog.* Una de las siete colinas de la antigua Roma.

QUIRINO, Elpidio. *Biog.* Pol. filipino. Vicepresidente de la Rep. de 1946 a 1948, asumió la presidencia a la muerte del titular, Manuel Roxas y hasta 1954 desempeñó la primera magistratura del país (1891-1956). ‖ – **Publio Sulpicio.** Mil. y cónsul romano, gobernador de Galilea en 5 (m. 21).

QUIRITARIO, RIA. adj. Perteneciente o relativo a los quirites.

QUIRITE. (Del lat. *quirites.*) m. Ciudadano de la antigua Roma.

QUIRNO COSTA, Norberto. *Biog.* Político y escritor arg., gobernador de Buenos Aires y vicepresidente de la Rep. entre 1898 y 1904 (1844-1915).

QUIRÓFANO. (Del gr. *kheir,* mano, y *phaino,* mostrar.) m. En los hospitales y sanatorios, recinto de planta redondeada con grandes ventanas, destinado a operaciones quirúrgicas.

QUIROGA, Adán. *Biog.* Escritor y arqueólogo arg., autor de *Flores del aire; La cruz en América,* etc. (1863-1904). ‖ – **Carlos B.** Literato arg. que en su obra ha captado la vida de su país. Obras: *La raza sufrida; Los animalitos de Dios; El paisaje argentino en función de arte,* etc. (1898-1971). ‖ – **Horacio.** Literato urug., uno de los más vigorosos y personales narradores de América. Su primer libro, *Los arrecifes de coral,* fue una recopilación de versos y prosas de tendencia simbolista, que abandonó al encontrar en la novela, y sobre todo en el cuento, su verdadero caudal literario. Su técnica realista y moderna, su compleja espiritualidad y su percepción plena de la naturaleza, se dieron en una producción de hondura estética y humana. *Historia de un amor turbio; Cuentos de amor, de locura y de muerte; Cuentos de la selva,* etc. (1879-1937). ‖ – **Juan Facundo.** Caudillo y mil. arg. llamado **el Tigre de los Llanos.** Jefe federal de La Rioja, extendió su influencia a todo Cuyo y tras de vencer a Lamadrid enfrentó al Gral. Paz, que lo derrotó en La Tablada y Oncativo. Enviado por Rosas para solucionar una cuestión política en el interior del país, fue asesinado en el paraje cordobés Barranca Yaco. Figura casi legendaria, representativa de un estado primitivo de la historia arg., fue evocada vigorosamente por Sarmiento (1788-1835). ‖ – **Manuel.** Prócer ecuat. ejecutado por los realistas en 1810. ‖ – **Vasco de.** Religioso esp., uno de los que juzgaron a Hernán Cortés (1470-1565).

QUIROGA. *Geog.* Población del N.O. de España (Lugo). 13.300 h. Centro agrícola-ganadero. Curtidurías.

QUIROGRAFARIO, RIA. adj. Perteneciente o relativo al quirógrafo o en esta forma acreditada. *Crédito* QUIROGRAFARIO.

QUIRÓGRAFO, FA. (Del gr. *kheir,* mano, y *grapho,* dibujar.) adj. Relativo al documento concerniente a la obligación contractual no autorizada por notario. Ú.m.c.s.

QUIROMANCIA o **QUIROMANCÍA.** al. **Handlesekunst; chiromantie.** fr. **Chiromancie.** ingl. **Chiromancy.** ital. **Chiromanzia.** port. **Quiromancia.** (Del gr. *kheiromanteia; de kheir,* mano, y *manteia,* adivinación.) f. Predicción vana del futuro tomando por guía las rayas de las manos. *La* QUIROMANCIA *tuvo gran difusión en Oriente.* ‖ IDEAS AFINES: *Palma, destino, marcas, vida, salud, corazón, superstición, astrología, grafología.*

● **QUIROMANCIA.** *Hist.* En el libro de Job se dice que "Dios puso signos en la mano de todos, para que cada uno pudiese conocer sus obras" y otra referencia bíblica da cuenta de que Moisés afirmó que "la ley del Señor será escrita en tu frente y en tu mano". Ambas citas se han usado como testimonio, no confirmado, de que los hebreos se dieron a la **quiromancia;** consta, en cambio, que egipcios, caldeos, asirios, griegos y otros pueblos de la antigüedad la cultivaron. Aristóteles fue uno de sus partidarios y otros sabios aceptaron sus principios. La **quiromancia** sostiene que en la mano están contenidos todos los signos y rasgos característicos del ser humano, y que por ellos es posible predecir el porvenir. Las principales líneas de la mano que se estudian son las llamadas líneas madres: líneas de la vida, de la cabeza, del corazón, de la fortuna y de la salud o hepática. Las protuberancias de las bases o raíces de los dedos y de los bordes de la palma de la mano constituyen los denominados montes planetarios, que toman el nombre de los astros que influyen en la vida del hombre: Venus, Júpiter, Saturno, Apolo, Mercurio, Marte y la Luna, y son asimismo objeto de estudio por los partidarios de la quiromancia. Practicada por magos y adivinos de la antigüedad, desde la Edad Media la quiromancia se consideró casi exclusivamente como superchería que los gitanos errantes usaban para atraer a la gente.

QUIROMÁNTICO, CA. adj. Perteneciente o relativo a la quiromancia. || s. Quien la profesa.

QUIRONECTES. (Del gr. *kheír*, mano, y *nektein*, nadar.) m. Marsupial americano que se alimenta de peces y cangrejos.

QUIRÓPTERO, RA. (Del gr. *kheír*, mano, y *pterón*, ala.) adj. *Zool.* Dícese del mamífero de brazos muy desarrollados y con el pulgar oponible a los dedos restantes, que son muy largos y están unidos por una membrana aliforme, adaptada al vuelo; como en los murciélagos y vampiros. Ú.t.c.s. || m. pl. *Zool.* Orden de estos mamíferos. || IDEAS AFINES: *Nocturno, ruinas, agüeros, chupar, sangre, sanguijuela, insectívoro.*

QUIRÓS, Angel Fernando de. *Biog.* Poeta per., autor de *Maldiciones al Sol; Delirios de un loco; Himno al amor*, etc. (1799-1862). || — **Cesáreo Bernaldo de.** V. **Bernaldo de Quirós, Cesáreo.** || — **Francisco Bernardo de.** Poeta y comediógrafo esp., autor de festejados entremeses y de varias comedias: *Ociosidad entretenida; Santa Juana de la Cruz*, etc. (s. XVII). || — **Pedro de Prelado** y poeta esp. que cultivó preferentemente la lírica festiva. Obras: *A un ciprés junto a un almendro; A Itálica; Al nacimiento de Cristo*, etc. (1590-1667). || — **Pedro de.** Poeta esp., autor del famoso poema *Christopathia* (m. 1670). || — **Teodoro.** Lit. costarr. cuya obra, de aguda percepción costumbrista, está compilada en *Artículos escogidos* (s. XIX).

QUIROTECA. (Del lat. *chirotheca*, y éste del gr. *kheirotheke*; de *kheír*, mano, y *theke*, estuche, bolsa.) f. Guante para la mano.

QUIROZ, Félix. *Biog.* Pol. salv., en 1851 presidente provisional de la Rep.

QUIRQUINCHAR. intr. *Arg.* Cazar quirquinchos.

QUIRQUINCHO. (Del quichua *quirquinchu*, armadillo.) m. *Amér. del S.* Mamífero especie de armadillo cuyo carapacho suelen emplear los indígenas para hacer charangos.

QUIRÚRGICO, CA. (Del lat. *chirúrgicus*, y éste del gr. *kheirurgikós*.) adj. Perteneciente o relativo a la cirugía. *Intervención* QUIRÚRGICA.

QUIRURGO. (Del lat. *chirurgus*, y éste del gr. *kheirurgós*; de *kheír*, mano, y *ergon*, obra.) m. Cirujano.

QUISA. f. *Bol.* Plátano maduro, pelado y tostado. || *Méx* Especie de pimienta.

QUISCA. (Del quichua *quichca*, espina.) f. *Chile.* Quisco. || Cada una de las espinas de este árbol, muy duras y largas, usadas como agujas de calceta y palillos para otros tejidos.

QUISCAL. m. Pájaro americano; vive en grandes bandadas y es dañino para los sembrados.

QUISCO. m. *Chile.* Cacto espinoso en forma de cirio cubierto de espinas, que alcanzan hasta treinta centímetros.

QUISICOSA. (De *cosicosa*.) f. fam. Enigma o caso de pregunta difícil de averiguar.

QUISLING, Vidkun. *Biog.* Pol. noruego que colaboró con Hitler en la ocupación militar de su propio país, en 1940, y fue nombrado jefe de gobierno. Liberada Noruega, fue juzgado y ejecutado. (1887-1945).

QUISQUE. (Del lat. *quisque*, cada uno.) Voz lat. que se usa en la loc. fam. *cada quisque*, equivalente a **cada cual.**

QUISQUILLA. (Del lat. *quisquiliare*, menudencias.) f. Reparo o dificultad de poca monta. || Camarón, crustáceo.

QUISQUILLOSO, SA. adj. y s. Que se para en quisquillas. || Demasiado delicado en el trato común. sinón.: **melindroso, pelilloso.** || Que se ofende fácilmente por motivos insignificantes.

QUISTARSE. (De *quisto*.) r. Hacerse querer o llevarse bien con los demás.

QUISTE. al. **Zyste.** fr. **Kyste.** ingl. **Cyst.** ital. **Ciste.** port. **Quisto.** m. *Cir.* Vejiga membranosa que se desarolla anormalmente en diferentes regiones del cuerpo y que contiene humores o materias alteradas. || *Zool.* Cuerpos formados por una cubierta protectora que alberga una larva de gusano parásito en los tejidos de algunos animales.

QUISTIÓN. f. p. us. Cuestión.

QUISTO, TA. (Del lat. *quaésitus*, rogado.) p. p. irreg. ant.

de **Querer.** Ú. con los adverbios *bien* y *mal. Bien*QUISTO; *mal*QUISTO.

QUITA. (De *quitar*.) f. *Der.* Liberación que de la deuda o parte de ella hace el acreedor al deudor.

QUITACIÓN. f. Renta, sueldo, salario. || *Der.* Quita.

QUITADOR, RA. adj. Que quita. Ú.t.c.s. || V. **Perro quitador.** Ú.t.c.s.

QUITAGUAS. (De *quitar*, y *agua*.) m. Paraguas.

QUITAIPÓN. m. Quitapón.

QUITAMANCHAS. (De *quitar* y *mancha*.) com. Persona que se dedica a quitar las manchas de la ropa. || m. Substancia usada para ello.

QUITAMERIENDAS. (De *quitar* y *merienda*, por alusión al mal sabor de las plantas.) f. Cólquico. Cualquiera de las plantas parecidas al cólquico.

QUITAMIENTO. (De *quitar*.) m. Quita.

QUITAMOTAS. com. fig. y fam. Persona lisonjera y aduladora, que, de puro obsequiosa, anda quitando las motas de la ropa a otra persona.

QUITANTE. p. a. de **Quitar.** Que quita.

QUITANZA. (De *quitar*.) f. Liberación o carta de pago que se entrega al deudor cuando paga.

QUITAPELILLOS. com. fig. y fam. Quitamotas.

QUITAPESARES. (De *quitar* y *pesar*, sentimiento.) m. fam. Consuelo, alivio.

QUITAPÓN. (De *quitapón*.) m. Adorno por lo común de lana de colores y con borlas, que suele ponerse en la testera del ganado mular y de carga. || **De** *quitapón.*

QUITAR. al. **Fortnehmen; ausziehen.** fr. **Enlever; ôter.** ingl. **To take away; to take off; to remove.** ital. **Prendere; togliere.** port. **Tirar.** (Del lat. *quietare*, descansar, reposar.) tr. Tomar una cosa apartándola de otras, o del lugar en que estaba. QUITÉ *las malas hierbas*; sinón.: **retirar, separar.** antón.: **agregar, poner.** || Desempeñar una deuda o préstamo. || Hurtar. || Impedir o estorbar. *Él me* QUITÓ *el ir al teatro.* || Prohibir o vedar. *Le* QUITARON *el cigarrillo.* || Derogar una ley, sentencia, etc., o librar a uno de una pena, cargo o tributo. || Suprimir un empleo u oficio. || Obstar, impedir. *No* QUITA *lo cortés a lo valiente.* || Despojar o privar de una cosa. QUITAR *la vida.* || Liberar de una obligación. || *Esgr.* Defenderse de un tajo o des-

viar la espada del adversario en otro cualquier género de ida. || r. Dejar una cosa o apartarse de ella definitivamente. QUITARSE *del juego.* || Irse de un lugar. || **Al quitar.** m. adv. con que se significa la poca permanencia y duración de una cosa. || *Der.* Dícese del censo redimible. || **De quita y pon.** loc. que se aplica a ciertas piezas o partes de un objeto que están preparadas para poderlas quitar y poner. || **Quita, o quite, allá** expr. fam. que se usa para rechazar a una persona o reprobar por falso o ilícito lo que dice o propone. **Quitarse de encima** a alguno o alguna cosa. frs. fig. Librarse de algún enemigo o de alguna molestia. || **Sin quitar ni poner.** loc. adv. Al pie de la letra; sin ninguna omisión.

QUITASOL. al. **Sonnenschirm.** fr. **Parasol.** ingl. **Sunshade; parasol.** ital. **Parasole.** port. **Guarda-sol.** m. Especie de paraguas para resguardarse del sol. sinón.: **parasol, sombrilla.**

QUITASOLILLO. m. *Cuba.* Planta acuática, de hojas circulares con largos pecíolos, que se emplea en medicina. Gén. *Hydrocotyle*, umbelíferas.

QUITASUEÑO. m. fam. Lo que causa preocupación o desvelo.

QUITE. m. Acción de quitar o estorbar. || *Esgr.* Movimiento defensivo con que se detiene el ofensivo. || *Taurom.* Suerte que hace un torero, generalmente con el capote, para librar a otro del riesgo que corre por la peligrosa acometida del toro. || **Estar al quite, o a los quites.** frs. Estar listo para ir en auxilio de alguien. || **Ir al quite.** frs. fig. Acudir prontamente en defensa de alguien, sobre todo en cosas de carácter moral.

QUITEÑO, NA. adj. Natural de Quito. Ú.t.c.s. || Perteneciente a esta ciudad o a la república del Ecuador.

QUITILIPI. *Geog.* Población del N.E. de la Rep., Argentina (Chaco). 3.600 h. Centro algodonero y maderero.

QUITINA. (Del gr. *khitón*, túnica.) f. *Hist. Nat.* Substancia orgánica de aspecto córneo que forma el esqueleto duro, caparazón y élitros de los insectos, el caparazón de los crustáceos, etc.

QUITINOSO, SA. adj. Formado por quitina, o de su naturaleza.

QUITO, TA. p. p. irreg. ant. de **Quitar.** || adj. Libre, exento.

QUITO. adj. Se aplica al individuo de una tribu de indios

que vivieron primitivamente en torno de Quito y que más tarde, al aliarse con otras tribus, constituyeron una importante confederación que habitó el territorio entre los Andes y la Costa, y que fue dominada por los incas poco antes de la llegada de los españoles. Ú.t.c.s. || Perteneciente a estos indios.

QUITO. *Geog.* Río de Colombia que des. en el Atrato, frente a la c. de Quibdó. || Ciudad del N.O. de Ecuador, capital de la Rep. y de la provincia de Pichincha. 564.900 h. Es centro de actividades políticas, comerciales y culturales. Posee famosas obras arquitectónicas.

QUITÓN. (Del gr. *khitón*, concha.) m. Molusco gasterópodo de concha de ocho piezas en fila y se halla en forma de hojitas. Viven preferentemente a orillas del mar, y se adhieren fuertemente en las rocas y conchas.

QUITRÍN. m. *Cuba.* Cochecillo abierto de dos ruedas con una sola fila de asientos.

QUITUS. m. pl. *Etn.* Tribu indígena del Ecuador. V. **Quito.**

QUIXERAMOBIM. *Geog.* Población del N. O. de Brasil (Ceará). 3.750 h. Algodón.

QUIYA. *Amér. del S.* Coipa, roedor.

QUIZÁ. al. **Vielleicht.** fr. **Peut-être.** ingl. **Perhaps; May be.** ital. **Forse.** port. **Quiçá; talvez.** (De *quizás*.) adv. de duda con que se denota la posibilidad de aquello que significa la proposición de que se trata. QUIZÁ *llegue a hora;* QUIZÁ *sea cierto;* QUIZÁ *intentaron robar.* || **Quizá y sin quizá.** loc. que se usa para dar por cierta una cosa.

QUIZÁS. (De *quizabes*.) adv. de duda. Quizá. QUIZÁS *amaine;* QUIZÁS *intervenga el ministro.*

QUM. *Geog.* Ciudad del Irán, situada al S.O. de Teherán. 100.000 h. Centro religioso.

QUÓRUM. (voz lat. genit. pl. del relat. *qui*, que.) m. Número mínimo de votantes necesarios para que un cuerpo deliberante tome ciertos acuerdos. *Por falta de* QUÓRUM *se levantó la sesión.*

QUO VADIS? *Lit.* Novela de Enrique Sienkiewicz, publicada en 1895. Relato de las persecuciones a los primeros cristianos y del despotismo de Nerón, a la que el autor quiso simbolizar —en la lucha de un pueblo animado por la fe— los esfuerzos de su propia patria en la conquista de la liberación.

R

R. f. Vigésima primera letra del abecedario castellano, y decimoséptima de sus consonantes. Su nombre generalmente es *erre*; pero se llama *ere* cuando se quiere hacer notar su sonido suave. Tiene dos sonidos: uno suave y otro fuerte; v. gr.: *ere* y *erre*. Para representar el suave empléase una sola *r*; como en *loro, cedro, bazar*. El fuerte se expresa también con *r* sencilla a principio de vocablo y siempre que va después de *b* con que no forme sílaba, o de *l, n, o s*; v. gr.: *rata; subrayar; malrotador; enrejado; israelita* y significase con dos *rr* o *r* duplicada en cualquiera otro caso; v. gr.: *perro, sierra*. La erre expresada con dos *rr* es doble por su figura, pero simple por su sonido, y como la *ll*, debe estar indivisa en la escritura.

Ra. *Quím.* Símbolo del radio.

RA. *Mit.* Nombre dado al dios del Sol, por los egipcios.

RAAB. *Geog.* Río del centro de Europa, que pasa por Austria y Hungría, afl. del Danubio. 255 km. || C. de Hungría. V. **Györ.**

RABA. (En fr. *rabes* y *raves*; en al. *rogen*, huevos de los peces.) f. Cebo para pescar, hecho con huevas de bacalao.

RABADA. (De *rabo*.) f. Cuarto trasero de las reses después de matarlas.

RABADÁN. (Del ár. *rabedan*, señor de los carneros.) m. Mayoral que gobierna los hatos de ganado de una cabaña. || Pastor que gobierna uno o más hatos de ganado a las órdenes del mayoral.

RABADILLA. al. **Bürzel; Stɵrz.** fr. **Croupion.** ingl. **Rump; croup.** ital. **Codione; codrione.** port. **Rabadilha; rabadela.** (dim. de *rabada*.) f. Punta del espinazo, formada por la última pieza del hueso sacro y por todas las del cóccix. || En las aves, extremidad movible en donde están las plumas de la cola.

RABAL. m. Arrabal.

RABALERA. Dícese de la mu-

jer descarada y mal hablada. Ú.t.c.s.

RABANAL. m. Terreno plantado de rábanos.

RABANERA. f. Vendedora de rábanos. || fig. y fam. Verdulera, mujer desvergonzada.

RABANERO, RA. adj. fig. y fam. Dícese del vestido corto, especialmente de las mujeres. || Aplícase a los modales y dichos desvergonzados. || m. Vendedor de rábanos.

RABANETE. m. dim. de **Rábano.**

RABANILLO. m. dim. de **Rábano.** || Planta herbácea anual, de hojas radicales, ásperas y partidas en lóbulos dentados; flores blancas o amarillas, con venas casi negras; fruto en silicua alargada con muchas simientes menudas, y raíz fusiforme, rojiza. Abunda en los sembrados y es hierba nociva. *Raphanum raphanistrum*, crucífera. || fig. Sabor del vino repuntado. || Desdén y esquivez del genio, particularmente en el trato. || fig. y fam. Deseo vehemente de hacer una cosa.

RABANITO. m. Variedad hortense del rábano, de gran precocidad y raíz pequeña y casi esférica.

RABANIZA. f. Simiente del rábano. || Rabanillo, planta.

RÁBANO. al. **Rettich.** fr. **Radis; rave.** ingl. **Radish.** ital. **Ravanello.** port. **Rábano.** m. *Bot.* Planta hortense anual o bienal, originaria de Asia, de tallo ramoso y velludo, hojas ásperas, grandes, partidas en lóbulos dentados las radicales y enteras las superiores; flores blancas, amarillas o purpurinas, en racimos terminales; fruto en vainilla con semillas menudas y raíz carnosa, de color variable según las especies y de sabor picante, que suele comerse como entremés. *Raphanus sativus*, crucífera. || Raíz de esta planta. || Rabanillo, hierba. || — **silvestre.** Rabanillo, hierba. || **Tomar uno el rábano por las hojas.** frs. fig. y fam. Equivocarse totalmente en la inter-

pretación o ejecución de algo.

RABÁRBARO. (Del lat. *rheubarbárum*.) m. Ruibarbo.

RABASA, Emilio. *Biog.* Escritor mex. En *La guerra de los tres años; La bola* y otras novelas realistas reflejó las costumbres de la época (1856-1933).

RABAT. *Geog.* Ciudad de Marruecos, puerto sobre el Atlántico. 596.000 h. Es la residencia de las autoridades nacionales.

RABAZUZ. (Del ár. *robaçuç*.) m. Extracto del jugo de la raíz del orozuz.

RABDOMANCIA o RABDOMANCÍA. (Del gr. *rabdos*, varilla, y *manteia*, adivinación.) f. Adivinación supersticiosa por medio de varas, saetas u objetos análogos. || deriv.: **rabdomántico, ca.** || IDEAS AFINES: *Magia, encontrar, descubrir, hallar, mina, veta, tesoro, napa, presencia, inclinarse, imán, embaucar, estafar, señuelo, iluso.*

RABDOMANTE. com. Persona que practica la rabdomancia.

RABEAR. intr. Menear el rabo. || Mover excesivamente los barcos su popa a uno y otro lado.

RABEL. (Del ár. *rabeb*.) m. Instrumento musical de tipo pastoril, parecido al rabelaúd, con sólo tres cuerdas que se tocan con arco y tienen un sonido muy agudo. || Instrumento consistente en una caña y un bordón entre los cuales se pone una vejiga llena de aire, que se hace sonar con un arco. Se usa como juguete de los niños.

RABEL. (De *rabo*.) m. fig. y fest. Asentaderas, especialmente las de los muchachos.

RABELAIS, Francisco. *Biog.* Méd., eclesiástico y cél. escritor fr., autor de la novela satírica *Gargantúa y Pantagruel.* Con un lenguaje licencioso y un formalismo grotesco, sus obras trasuntan un pensamiento humanista y una filosofía epicúrea (1495-aprox. 1553).

RABELEJO. m. dim. de **Rabel.**

RABEO. m. Acción y efecto de **rabear.**

RABERA. (De *rabo*.) f. Parte posterior de algo. || Zoquete puesto en los carros de labranza para trabar la tablazón del asiento. || Lo que queda sin apurar después de aventada y acribada la semilla.

RABERÓN. (De *rabera*.) m. Extremo superior del tronco de un árbol que se separa del resto al hacer la labra, por no tener las medidas del marco correspondiente.

RABI, Isidoro Isaac. *Biog.* Fís. estad. de origen austríaco. Su vasta obra de investigación científica culminó con el descubrimiento de un método para registrar las cualidades magnéticas del núcleo del átomo, que le valió en 1944 el premio Nobel de Física (n. 1898).

RABÍ. (Del hebr. *rabbí*, grande, maestro.) m. Título con que son honrados por los judíos los sabios de su ley. || Rabino.

RABIA. al. **Wut; Hundswnt.** fr. **Rage.** ingl. **Hydrophobia.** ital. **Rabbia.** port. **Raiva.** (Del lat. *rabies*.) f. Enfermedad que se produce en algunos animales, como el perro y el gato, y que se comunica por mordedura a otros o al hombre, al inocularse virus por la baba del animal rabioso. Se llama también hidrofobia, por el horror al agua y a los objetos brillantes, que constituye uno de los síntomas más característicos de la enfermedad. || Roya que padecen los garbanzos a causa del rocío o de las lluvias, cuando luego calienta fuertemente el sol. || fig. Ira, enojo. *Sintió* RABIA *al verse defraudado.* || **Tener rabia** a una persona. frs. fig. y fam. Tenerle odio o mala voluntad. || **Tomar rabia.** frs. Padecer este afecto. || fig. Enfadarse, irritarse.

● **RABIA.** *Med.* La vacunación antirrábica, arma primera y hasta el presente única para el tratamiento de la rabia, fue lograda principalmente merced a los trabajos de Pasteur. Los

experimentos comenzaron cuando Pasteur tomó el virus de la **rabia** directamente del bulbo de un perro enfermo y lo inyectó a un conejo, por trepanación del cráneo; 20 días después, el conejo enfermó. Si se transmitía el virus sucesivamente de un conejo a otro, su virulencia era cada vez mayor y llegaba a producir la muerte en sólo siete días. A partir de entonces, Pasteur intentó atenuar la virulencia del desconocido germen de la rabia; observó que la medula de conejos muertos de rabia es inofensiva para el perro después de 7 días de desecación. El 4 de julio de 1885, José Meister fue inoculado contra la rabia y curó de una enfermedad hasta ese momento considerada mortal. A partir de entonces, los éxitos se sucedieron y el método se impuso decididamente, aunque con algunas diferencias en cuanto a la técnica de obtención del virus vacunante.

RABIACANA. f. Arisaro.

RABIAR. al. **Wüten.** fr. **Rager.** ingl. **To rage.** ital. **Rabbiare.** port. **Rabiar; raivar.** (Del lat. *rábere*.) intr. Sufrir la enfermedad de la rabia. || fig. Padecer un dolor intenso que obliga a gritar. || fig. Con la prep. *por*, desear con vehemencia una cosa. *Rabiaba por aquel traje.* || Impacientarse, dando muestras de enfado. *Rabia cuando tiene que esperar;* sinón.: **encolerizarse, enfurecerse.** || Exceder en mucho a lo común. *Rabiaba de orgulloso;* RABIA *que pica.* || **A rabiar.** m. adv. Con exceso. *Hugo comía a* RABIAR. || **Estar a rabiar** con uno. frs. fig. y fam. Estar muy enojado con él.

RABIATAR. tr. Atar por el rabo.

RABIAZORRAS. m. fam. Solano, viento.

RABICANO, NA. adj. Colicano.

RABICORTO, TA. adj. De rabo corto. *Gato* RABICORTO. || Dícese de la persona que vistiendo faldas o ropas talares las lleva más cortas de lo regular.

RÁBIDA, La. *Hist.* Monasterio esp. donde Cristóbal Colón recibió asilo y fue alentado en sus proyectos por fray Juan Pérez, confesor de la reina Isabel la Católica.

RÁBIDA. (Del ár. *rabita.*) f. En Marruecos, convento, ermita.

RÁBIDA. *Geog.* Pequeña isla del arch. de Galápagos (Ecuador), sit. al S. de la isla San Salvador. 10 km².

RÁBIDO, DA. (Del lat. *rábidus.*) adj. Rabioso.

RABIETA. f. dim. de **Rabia.** ‖ fig. y fam. Impaciencia, enfado que dura poco por haberlo causado un leve motivo.

RABIHORCADO. (De *rabo* y *horcado.*) m. Ave palmípeda tropical, de tres metros de envergadura y uno próximamente de largo; cola ahorquillada, plumaje negro, algo pardo en la cabeza y cuello y blanquecino en el pecho, y pico largo, fuerte y encorvado por la punta. Anida en las costas y se alimenta de peces, que coge volando a flor de agua. *Fregata aquilla.*

RABILARGO, GA. adj. Dícese del animal de rabo largo. ‖ fig. Dícese de quien lleva las vestiduras tan largas que parece van barriendo el suelo. ‖ m. Pájaro de Asia, África y Europa, de costumbres semejantes a las urracas, con plumaje negro en la cabeza, azul claro en las alas y la cola y leonado en el resto. *Cyanopica cyanaea,* córvido. ‖ *Cuba.* Picaflor.

RABILLO. m. dim. de **Rabo.** ‖ Pecíolo. ‖ Pedúnculo. *El* RABILLO *de las pasas.* ‖ Cizaña, planta. ‖ Mancha negra en las puntas de los granos de los cereales, cuando empiezan a estar atacados por el tizón. ‖ Tira resistente de tela doble con una hebilla, con la que se aprieta o afloja la cintura de los pantalones o chalecos. ‖ – **de conejo.** *Bot.* Planta gramínácea anual, cuya caña tiene dos hojas con vaina vellosa y blanquecina y flores en espiga aovada oblonga. ‖ **Mirar con el rabillo del ojo,** o **de rabillo de ojo.** frs. fam. **Mirar con el rabo del ojo,** o **de rabo de ojo.**

RABINAL. *Geog.* Población de Guatemala (Alta Verapaz). 2.600 h.

RABINDRANATH TAGORE. *Biog.* V. **Tagore, Rabindranath.**

RABINISMO. m. Doctrina de los rabinos. ‖ deriv.: **rabinista.**

RABINO. al. **Rabbiner.** fr. **Rabbin.** ingl. **Rabbi.** ital. **Rabbino.** port. **Rabino.** (De *rabí.*) m. Maestro hebreo que interpreta la Sagrada Escritura. ‖ Doctor de la religión israelita puesto al frente de una comunidad. ‖ deriv.: **rabínico, ca.**

RABIÓN. (Del lat. *rápidus.*) m. Corriente impetuosa del río en lugares que por la estrechez del cauce se vuelve arrolladora.

RABIOSAMENTE. adv. m. Con ira o enojo.

RABIOSO, SA. al. **Wütend.** fr. **Enragé.** ingl. **Rabid; enraged.** ital. **Rabbioso; arrabiato.** port. **Raivoso.** (Del lat. *rabiosus.*) adj. Que padece rabia. Ú.t.c.s. *Perro* RABIOSO; sinón.: **hidrófobo.** ‖ Colérico, enfadado. *Tan* RABIOSO *está que no me atreví a hablarle*; sinón.: **enojado, irascible.** ‖ V. **Filo rabioso.** ‖ fig. Vehemente, excesivo. *Sentí la* RABIOSA *necesidad de verte.*

RABISALSERA. adj. fam. Dícese de la mujer muy viva y desenvuelta.

RABIZA. f. Punta de la caña de pescar, en la que se pone el sedal. ‖ *Mar.* Cabo corto y delgado, unido por un extremo a algún objeto para sujetarlo.

RABLING, Guillermo. *Biog.* Ing. estad. de origen al. que proyectó y dirigió la construcción del monumental puente que une Nueva York y Brooklyn (1806-1869).

RABO. (Del lat. *rápum,* nabo.) m. Cola, especialmente la de los cuadrúpedos. RABO *de perro.* ‖ Rabillo, pecíolo o pedúnculo. ‖ V. **Estrella de rabo.** ‖ fig. y fam. Cualquier cosa que cuelga a semejanza de la cola de un animal. ‖ Maza, burla de carnaval. ‖ – **de junco.** Pájaro de Nueva Guinea, del tamaño de un mirlo, con plumaje variado y vistoso. ‖ – **del ojo.** fig. Ángulo del ojo. ‖ – **de zorra.** Carricera. ‖ **Rabos de gallo.** Cirro, nube blanca y ligera. ‖ **Asir** o **agarrar** por el **rabo.** frs. fig. y fam. que se usa para significar la dificultad que hay en dar alcance al que con alguna ventaja huye. ‖ **Estar,** o **faltar, el rabo** por **desollar.** frs. fig. y fam. con que se denota que queda mucho que hacer en una cosa, y aun lo más peliagudo. ‖ **Ir** uno **rabo entre piernas.** frs. fig. y fam. Quedar vencido y abochornado. ‖ **Mirar** a uno **con el rabo del ojo,** o **de rabo de ojo.** frs. fig. y fam. Mostrarse cauteloso o severo con él en el trato, o quererle mal. ‖ **Quedar el rabo por desollar.** frs. fig. y fam. **Estar,** o **faltar, el rabo por desollar.** ‖ **Salir** uno **rabo entre piernas.** frs. fig. y fam. **Ir rabo entre piernas.**

RABÓN, NA. al. **Schwanzlos.** fr. **Courtaud.** ingl. **Bobtailed.** ital. **Scodato.** port. **Rabão.** adj. Dícese del animal que tiene el rabo más corto que lo normal en su especie, o que carece de él. *Perro* RABÓN. ‖ m. *Ec.* Machete corto. ‖ f. *Bol., Chile* y *Perú.* Mujer que solía acompañar a los soldados en las marchas. ‖ **Hacer** o **hacerse rabona** o **la rabona.** fam. **Hacer novillos.**

RABONEAR. intr. *R. de la Plata.* **Hacer novillos.**

RABONERO, RA. *R. de Plata.* adj. y s. Que hace la rabona.

RABOPELADO. (De *rabo* y *pelado.*) m. Zarigüeya.

RABOSEAR. tr. Deslucir una cosa o rozarla levemente. ‖ deriv.: **raboseada; raboseadura.**

RABOSO, SA. adj. Que tiene rabos o partes deshilachadas en la extremidad.

RABOTADA. (De *rabote,* aum. de *rabo.*) f. fam. Expresión injuriosa, con ademanes groseros.

RABOTEAR. (De *rabo.*) tr. Desrabotar.

RABOTEO. m. Acción de rabotear. ‖ Época del año en que los pastores cortan el rabo de los lanares, seis dedos mas abajo de su nacimiento.

RABUDO, DA. adj. Que tiene grande el rabo.

RÁBULA. (Del lat. *rábula.*) m. Abogado indocto y charlatán; sinón.: **picapleitos.**

RACAMENTA. f. Racamento.

RACAMENTO. (Como el ant. fr. *raquement,* del anglosajón *raca.*) m. *Mar.* Especie de anillo que sujeta las vergas a sus palos o masteleros para que puedan correr por ellos.

RACIAL. adj. Perteneciente o relativo a la raza. *Persecución* RACIAL.

RACIMA. f. Conjunto de cencerrones.

RACIMADO, DA. adj. Arracimado, en racimo.

RACIMAL. adj. Perteneciente o relativo al racimo. ‖ V. **Trigo racimal.**

RACIMAR. (Del lat. *racemari.*) tr. Rebuscar la racima. ‖ r. Arracimarse.

RACIMO. al. **Traube.** fr. **Grappe.** ingl. **Bunch.** ital. **Grappolo.** port. **Cacho.** (Del lat. *racemus.*) m. Porción de uvas o granos que produce la vid adheridos a unos piecezuelos, y éstos a un tallo que cuelga del sarmiento. Por ext., dícese de otras frutas. RACIMO *de cerezas, de ciruelas.* ‖ fig. Conjunto de cosas menudas colocadas con cierta semejanza de **racimo.** RACIMO *de cuentas, de perlas.* ‖ *Bot.* Conjunto de flores o frutos sostenidos por un eje común, y con cabillos casi iguales, más largos que las mismas flores; como en la vid.

RACIMOSO, SA. adj. Que echa o tiene racimos. ‖ Que tiene muchos racimos. ‖ *Bot.* Dícese de la inflorescencia en que el eje principal crece indefinidamente, y los secundarios son todos brotes de primer orden, nacidos directamente del principal.

RACIMUDO, DA. adj. Que tiene racimos grandes.

RACINE, Juan. *Biog.* Cél. dramaturgo fr. Eximio poeta y artífice excelso del teatro, elevó a la perfección la tragedia clásica de su lengua. Cont. de Corneille, difiere de éste en el planteo y sentido que da a la acción, que, en toda su simplicidad, se agiganta en la proyección de caracteres, en la grandeza de pasiones y en los conflictos sentimentales, más interiores que expresados. Además de tragedias, escribió una *Historia del reinado de Luis XIV,* que se conserva sólo en parte, la comedia *Los litigantes,* y odas, epigramas y cánticos en donde el ritmo y la delicadeza de su verso se dan en el género satírico. Tragedias cél.: *Fedra; Andrómaca; Berenice; Atalía; Británico,* etc. (1639-1699).

RACIOCINACIÓN. (Del lat. *ratiocinatio, -onis.*) f. Acto de la mente por el cual infiere un concepto de otros ya conocidos.

RACIOCINAR. (Del lat. *ratiocinari.*) intr. Razonar sacando argumentos de alguna premisa o principio para conocer o juzgar algo. ‖ IDEAS AFINES: *Pensar, deducir, inferir, juicio, concepto, voluntad, inteligencia, capacidad, imaginación, filosofía, lógica, desarrollar, ironía, silogismo, apotegma, idea, pensamiento, solución, desentrañar, cerebral.*

RACIOCINIO. al. **Überlegung; Gedankengang.** fr. **Raisonnement.** ingl. **Reasoning.** ital. **Raziocinio.** port. **Raciocínio.** (Del lat. *ratiocignium.*) m. Capacidad de raciocinar. ‖ Raciocinación. ‖ Argumento, discurso.

RACIOLOGÍA. f. neol. Rama de la antropología que estudia las razas en sus caracteres físicos.

RACIOLÓGICO, CA. adj. neol. Perteneciente o relativo a la raciología o a los caracteres físicos raciales.

RACIÓN. al. **Ration; Zuteilung.** fr. **Ration.** ingl. **Ration.** ital. **Razione.** port. **Ração.** (Del lat. *ratio, -onis,* medida, proporción.) f. Porción dada para alimento. ‖ Asignación diaria que en especie o dinero se da a cada soldado, marinero, etc., para su alimento. ‖ Porción de vianda que se da en las fondas, bodegas, etc., por determinado precio. *Déme una* RACIÓN *de postre.* ‖ Prebenda, renta de algunos eclesiásticos. ‖ Copa, medida de líquidos. ‖ Medida arbitraria que usan como unidad los vendedores de altramuces, cacahuetes, etc. ‖ – **de hambre.** fig. y fam. Empleo o renta que no alcanza para mantenerse decentemente. ‖ **A media ración.** m. adv. Con escasa comida o pocos medios de subsistencia. ‖ **A ración.** m. adv. Tasadamente. ‖ IDEAS AFINES: *Rancho, cantidad, mezquina, abundante, hambre, apetito, nutrición, frugal, sobrio, ayuno, dieta, indigestión, harto, ahíto, mascar, saborear, devorar, engullir, comilona, banquete gastrónomo, goloso.*

RACIONABILIDAD. (Del lat. *rationabílitas, -atis.*) f. Facultad intelectiva que juzga de las cosas con razón, discerniendo lo bueno de lo malo y lo verdadero de lo falso.

RACIONAL. al. **Vernünftig; rational.** fr. **Rationnel.** ingl. **Rational.** ital. **Razionale.** port. **Racional.** (Del lat. *rationalis.*) adj. Perteneciente o relativo a la razón. *Principios* RACIONALES; ‖ Arreglado a ella. *Conocimiento* RACIONAL. ‖ Dotado de razón. U.t.c.s. ‖ Ornamento sagrado que se ponía en el pecho el sumo sacerdote de los judíos.

RACIONALIDAD. (Del lat. *rationálitas, -atis.*) f. Calidad de racional.

RACIONALISMO. al. **Rationalismus.** fr. **Rationalisme.** ingl. **Rationalism.** ital. **Razionalismo.** port. **Racionalismo.** (De *racional.*) m. Doctrina filosófica cuya base es la omnipotencia e independencia de la razón humana. ‖ Sistema filosófico que funda sobre la razón las creencias religiosas. ‖ deriv.: **racionalista.**

● **RACIONALISMO.** *Fil.* Para el **racionalismo,** la fuente más importante de conocimiento es la razón. Un conocimiento es tal, o sea verdadero, cuando posee las notas de necesidad lógica y validez universal (es así y no puede ser de otra manera, ahora y siempre, aquí y allá). La mayoría de los racionalistas ven en la matemática la comprobación de su sistema, ya que en ella, formada por deducciones ajenas a la experiencia, necesarias y universales, la razón demuestra los problemas planteados, basándose en principios lógicos, definiciones y axiomas, sin recurrir a la experiencia. El **racionalismo** establece un conjunto de proposiciones generales consideradas como evidentes y universales, de las cuales derivan, por deducción, los hechos particulares. Razón y método deductivo aseguran el conocimiento. Iniciado por los filósofos griegos el **racionalismo** tiene su auge en la época moderna con Descartes, Leibniz y Spinoza.

RACIONALIZACIÓN. f. Método industrial moderno que trata de obtener la misma producción con costos rebajados.

RACIONALIZAR. tr. Aplicar la racionalización en la industria. ‖ deriv.: **racionalizador, ra.**

RACIONALMENTE. adv. m. De manera racional. *Explicó* RACIONALMENTE *los hechos*; sinón.: **lógicamente, razonadamente.**

RACIONAMIENTO. m. Acción y efecto de racionar o racionarse. *El comandante ordenó el* RACIONAMIENTO *de la población.*

RACIONAR. tr. y r. *Mil.* Distribuir raciones o proveer de ellas a las tropas. ‖ Limitar las autoridades en época de escasez, la cantidad de algún artículo adquirible.

RACIONERO. m. El que distribuye raciones en una comunidad.

RACIONISTA. com. Quien tiene sueldo o ración para mantenerse de ella. ‖ En los teatros, parte de por medio o actor de ínfima clase.

RACISMO. m. Doctrina politicosocial que pretende la separación de determinadas razas o grupos étnicos, o su total eliminación.

RACISTA. adj. Perteneciente o relativo al racismo. ‖ Partidario de este sistema. Ú.t.c.s.

RACKIEWICZ, Ladislao. *Biog.* Pol. polaco que, durante la ocupación al. de su país en 1944, fue elegido presidente de la Rep. en el exilio (1885-1947).

RACO, Antonio de. *Biog.* Notable pianista argentino cont., de prestigio internacional.

RACHA. f. *Mar.* Ráfaga de viento. ‖ fam. Período breve de fortuna, más comúnmente en el juego. *Aprovechar la buena* RACHA.

RACHA. f. Raja, parte de un leño. ‖ *Min.* Astilla grande de madera.

RACHILDE. *Biog.* Novelista fr. cuyo verdadero nombre es **Margarita Vallette.** Obras: *El señor Venus; El ratoncito japonés; La amazona roja,* etc. (1862-1953).

RACHMANINOV, Sergio Vassilievich. *Biog.* Pianista y compos. ruso, autor de coros, tríos, cuartetos, óperas, música de cámara y sinfónica, etc. Adquirió fama como instrumentista y posteriormente como autor esencialmente neorromántico. Obras: *La isla de los muertos; Las campanas; Preludios; Concierto en do menor,* etc. (1873-1943).

RAD. (Apócope de *radiación.*) m. Unidad de dosis absorbida de radiación ionizante. Equivale a la energía de cien ergios por gramo de materia irradiada.

RADA. al. **Reede.** fr. **Rade.** ingl. **Roads.** ital. **Rada.** port. **Enseada.** (Del ant. ingl. *raue.*) f. Bahía. ‖ Ensenada. *El buque fondeó en la* RADA. ‖ IDEAS AFINES: *Golfo, embarcadero, puerto, dársena, mar, malecón, rompeolas, fondeadero, ancla.*

RADAL. m. *Arg.* y *Chile.* Árbol proteáceo de los Andes australes, de hojas lustrosas, flores blancas y madera con hermosas vetas; su corteza tiene uso medicinal para las afecciones de pecho. *Lomatia obliqua,* proteácea.

RADAR. (Abreviatura ingl. de *RAdio Detection And Ranging.*) m. *Fís.* Sistema para la determinación y localización de objetos, fijos o móviles, por la reflexión en ellos de ondas electromagnéticas de frecuencia ultraelevada. Dase también este nombre a un dispositivo o conjunto de dispositivos que se emplean en este sistema. *El* RADAR *es auxiliar eficaz de la navegación marítima y aérea.*

RADAU, Juan C. *Biog.* Astrón. y físico fr. Sus *Tablas de refracción* facilitan la corrección exacta de las observaciones astronómicas (1835-1911).

RADAUTI. *Geog.* Ciudad del N. de Rumania. 17.600 h. Industria del papel, cristalerías.

RADET, Juan B. *Biog.* Escritor fr., autor de *La casta Susana; Honorina,* etc. (1751-1830).

RADHAKRISHNAN SARVEPALLI. *Biog.* Filósofo y diplomático indio (1889-1975); presidente de la India desde 1962 hasta 1967.

RADIACIÓN. (Del lat. *radiatio, -onis.*) f. *Fís.* Acción y efecto de radiar.

RADIACTIVIDAD. al. **Radioaktivität.** fr. **Radioactivité.** ingl. **Radioactivity.** ital. **Radioattività.** port. **Radioatividade.** f. *Fís.*

Energía proveniente de ciertos cuerpos radiactivos.

RADIACTIVO, VA. al. **Radioaktiv.** fr. **Radioactif.** ingl. **Radioactive.** ital. **Radioattivo.** port. **Radioativo.** adj. Perteneciente o relativo a la radiactividad o a los cuerpos radiactivos. *Transformaciones* RADIACTIVAS. ‖ *Fís.* Díc. del elemento que emite radiaciones por desintegración espontánea del núcleo atómico. Este proceso da lugar a la formación sucesiva de elementos radiactivos de menor peso atómico, hasta llegar a uno no radiactivo y estable. Mediante el bombardeo de elementos normalmente no radiactivos, con ciertas partículas, tales como, los protones, neutrones, etc., se han obtenido átomos radiactivos. Este fenómeno se conoce como radiactividad artificial.

RADIADO, DA. (De *radiar.*) adj. *Bot.* Aplícase a lo que tiene sus diferentes partes colocadas alrededor de un punto o de un eje; como la panoja de la avena. ‖ Dícese, en las plantas compuestas, de la cabezuela que consta de flósculos en el centro y de semiflósculos en la periferia; como la bellorita, la caléndula, etc. ‖ *Zool.* Aplícase al animal invertebrado cuyas partes interiores y exteriores ofrecen ramificaciones alrededor de un punto o de un eje central; como la estrella de mar, la medusa, etc. U.t.c.s. ‖ m. pl. *Zool.* Grupo de estos animales.

RADIADOR. al. **Heizkörper; Radiator.** fr. **Radiateur.** ingl. **Radiator.** ital. **Radiatore.** port. **Radiador.** m. Aparato de calefacción compuesto de uno o más cuerpos huecos, a través de los cuales pasa una corriente de agua o vapor a temperatura elevada. ‖ Serie de tubos por los que corre el agua que refrigera los cilindros en los motores de explosión.

RADIAL. adj. Radiotelefónico. *Transmisión* RADIAL. ‖ *Anat.* y *Geom.* Perteneciente o relativo al radio. ‖ *Astron.* Aplícase a la dirección del rayo visual. *Velocidad* RADIAL.

RADIÁN. (Del ingl. *radian*, y este del lat. *radius.*) m. *Geom.* Ángulo en el que los arcos trazados desde el vértice tienen igual longitud que los respectivos radios. Sirve como unidad de ángulo plano.

RADIANTE. adj. *Fís.* Que radia. ‖ V. **Calórico radiante.** ‖ fig. Brillante, resplandeciente. *Día* RADIANTE; sinón.: **refulgente, rutilante;** antón.: **opaco, sombrío.**

RADIAR. al. **Strahlen; senden.** fr. **Irradier: rayonner.** ingl. **To radiate.** ital. **Radiare; raggiare.** port. **Irradiar.** (Del lat. *radiare.*) tr. Difundir por radiofonía piezas de música, noticias, discursos, etc. ‖ Irradiar. U.t.c.intr. sinón.: **refulgir, resplandecer.** ‖ *Arg., Col.,* y *Chile.* Dejar fuera de servicio o actividad. RADIAR *un buque.*

RADIATERPIA. (de *radio*, metal, y el gr. *aterpía*, malestar.) f. *Pat.* Síndrome caracterizado especialmente por un malestar general, causado por la aplicación excesiva de rayos X.

RADICACIÓN. f. Acción y efecto de radicar o radicarse. ‖ Establecimiento, larga permanencia. ‖ *Mat.* Extracción de una raíz

RADICAL. al. **Radikal; gründlich; Wurzelsilbe.** fr. **Radical.** ingl. **Radical.** ital. **Radicale.** port. **Radical.** adj. Perteneciente o relativo a la raíz. ‖ Fundamental, de raíz. *Cambio* RADICAL; sinón.: **básico, esencial.** ‖ Partidario de reformas extremas, especialmente en sentido democrático. *Gobierno* RADICAL. ‖ *Bot.* Aplícase a cualquier parte de una planta que nace inmediatamente de la raíz. *Hoja, tallo* RADICAL. ‖ *Gram.* Relativo a las raíces de las palabras. ‖ Dícese de las letras de una palabra que se conservan en otro u otros vocablos que de ella se derivan. Son, por ejemplo, letras **radicales** de los verbos todas las del infinitivo, exceptuadas las terminaciones *ar, er, ir.* ‖ *Mat.* Dícese del signo ($\sqrt{\ }$) con que se indica la operación de extraer raíces. ‖ m. *Gram.* Parte que se resta de una palabra variable, al quitarle la desinencia. ‖ *Quím.* Grupo de átomos presente en una serie de compuestos, que se conserva inalterable en todas las transformaciones que afectan al resto de la molécula. ‖ **– ácido.** El que se ioniza con carga eléctrica negativa. ‖ **– básico.** El que se ioniza con carga eléctrica positiva. ‖ **– compuesto.** *Quím.* El que consta de un grupo de átomos. ‖ **– simple.** *Quím.* El que consta de un solo átomo. ‖ IDEAS AFINES: *Completo, total, revolucionario, no dejar títere con cabeza, terrible, imprescindible, necesario, imperativo, imparcial; potencia, división, producto, adición, suma, diferencia, cociente, multiplicación, matemática, aritmética.*

RADICALISMO. m. Conjunto de ideas y doctrinas de los que, en determinados momentos de la vida social, pretenden reformar el orden político, científico y moral. ‖ Por ext., el modo extremado de tratar los asuntos.

RADICALMENTE. adv. m. De raíz; fundamentalmente. *Esa demostración es* RADICALMENTE *falsa*; sinón.: **esencialmente.**

RADICAR. (Del lat. *radicare.*) intr. Arraigar. U.t.c.r. ‖ Estar o hallarse ciertas cosas en un lugar determinado. *La estancia* RADICA *en términos de Luján; el expediente* RADICA *en los tribunales.*

RADICÍCOLA. (Del lat. *rádix, -icis,* raíz, y *cólere*, habitar.) adj. *Biol.* Dícese del parásito, animal o vegetal, que vive sobre las raíces de una planta.

RADICOSO, SA. (Del lat. *radicosus.*) adj. Semejante en algo a las raíces.

RADÍCULA. (Del lat. *radícula*, raicita.) f. Rejo, parte del embrión de la planta, de que se forma la raíz.

RADIESTESIA. f. Arte de percibir las radiaciones electromagnéticas. ‖ deriv.: **radiestésista.**

RADIGRAFÍA. f. Procedimiento para obtener fotografías con substancias radiactivas. ‖ Fotografía hecha por este procedimiento. ‖ deriv.: **radigráfico, ca.**

RADIO. al. **Halbmesser; Radius.** fr. **Rayon.** ingl. **Radius.** ital. **Raggio.** port. **Raio.** (Del lat. *radius.*) m. Segmento rectilíneo que une el centro de un círculo o esfera con cualquier punto de la circunferencia o superficie, respectivamente. *El* RADIO *es la mitad del diámetro.* ‖ Rayo de las ruedas. ‖ Radiograma. ‖ Espacio o límite a que se extiende la influencia o eficacia de una cosa. RADIO *de acción.* ‖ *Anat.* Hueso contiguo al cúbito, algo más corto y más bajo que éste, con el cual forma el antebrazo. ‖ **– de acción.** Distancia máxima que un vehículo marítimo, aéreo o terrestre puede cubrir regresando al lugar de partida sin reportarse. ‖ **– de la plaza.** *Fort.* La distancia mayor que abarca la eficacia defensiva de una fortaleza, de acuerdo con la potencia de su artillería, la situación, etc. ‖ **– de población.** Espacio que media desde los muros o última casa del casco de población hasta una distancia de 1.600 metros, medidos por la vía más corta. ‖ **– vector.** *Geom.* En ciertas curvas, uno cualquiera de los segmentos rectilíneos comprendidos entre un foco y un punto de la curva. ‖ En las coordenadas polares, distancia de un punto cualquiera al polo.

RADIO. al. **Radium.** fr. **Radium.** ingl. **Radium.** ital. **Radio.** port. **Rádio.** m. Metal rarísimo, conocido principalmente por sus sales, descubierto por los esposos Curie; intensamente radiactivo. Símb. Ra; n. atóm. 88; p. atóm. 226,05.

RADIO. al. **Rundfunk; Radio.** fr. **Radio.** ingl. **Radio set.** ital. **Radio.** port. **Rádio.** f. Término general que se aplica al uso de las ondas radioléctricas. ‖ apóc. de **radiodifusión.** ‖ m. apóc. de **radiograma.** ‖ fam. apóc. de **radiorreceptor.**

RADIO, A. (Del lat. *errativus.*) adj. Errante, que anda vagando.

RADIOACTIVIDAD. f. *Fís.* Radiactividad.

RADIOCOMUNICACIÓN. f. Telecomunicación realizada por medio de las ondas radioeléctricas.

RADIOCONDUCTOR. m. Tubo con limadura metálica que conduce la electricidad cuando está aglomerada. ‖ Nombre que en radiotelegrafía se da al receptor de las ondas.

RADIODERMATITIS. f. *Pat.* Dermatitis causada por la exposición a los rayos X.

RADIODERMITIS. f. *Pat.* Radiodermatitis.

RADIODIAGNOSIS. f. Diagnóstico que se hace por medio de radiografías y radioscopias.

RADIODIFUNDIR. tr. Radiar, difundir por medio de la radiotelefonía.

RADIODIFUSIÓN. f. Emisión radiotelefónica que se destina al público.

RADIODIFUSORA. adj. y f. Aplícase a la estación de radiodifusión.

RADIODO. m. Instrumento para aplicar la radioterapia.

RADIOELECTRICIDAD. f. Producción, difusión y recepción de las ondas hertzianas. ‖ Ciencia que se ocupa de esta materia.

RADIOELÉCTRICO, CA. adj. Perteneciente o relativo a la radioelectricidad.

RADIOEMISORA. adj. y f. Radiodifusora.

RADIOESCUCHA. com. Radioyente.

RADIOFARO. m. Aparato para emitir señales eléctricas de alta frecuencia a intervalos determinados. Como las transmisiones de los radiofaros no son alteradas por condiciones atmosféricas adversas, constituyen un eficaz sistema de orientación para la aeronave gación.

RADIOFONÍA. f. Radiotelefonía. ‖ *Fís.* Parte que estudia los fenómenos de producción del sonido mediante la energía radiante.

RADIOFÓNICO, CA. adj. Perteneciente o relativo a la radiofonía. *Circuito* RADIOFÓNICO.

RADIOFONISTA. com. Radiotelefonista.

RADIOFOTO. amb. Telefoto

RADIOFOTOGRAFIA. f. Telefotografía.

RADIOFRECUENCIA. f. *Elec.* Frecuencia superior a 15.000 oscilaciones por segundo.

RADIOGONIOMETRÍA. (Del lat. *radius*, rayo, y *goniometría.*) f. Aplicación de la radiotelegrafía que tiene por objeto indagar la posición de una estación de radiotelefonía o radiotelegrafía. ‖ deriv.: **radiogoniométrico, ca; radiogoniómetro.**

RADIOGRAFÍA. al. **Röntgenbild.** fr. **Radiographie.** ingl. **Radiography.** ital. **Radiografia.** port. **Radiografia.** f. Obtención de una imagen fotográfica mediante los rayos X. ‖ Imagen así obtenida. ‖ deriv.: **radiográfico, ca.**

RADIOGRAFÍA DE LA PAMPA. *Lit.* Obra de Ezequiel Martínez Estrada, publicada en 1933. Severa y amarga interpretación sociológica de la realidad argentina en un período de crisis moral y política, desesperanzada reflexión filosófica que no excluye el humorismo, está escrita en una prosa barroca que por momentos alcanza gran calidad poética.

RADIOGRAFIAR. tr. Obtener fotografías usando de los rayos X.

RADIOGRAMA. m. **Radiotelegrama.**

RADIOGRAMOLA. f. Mueble cerrado en forma de armario, que contiene un aparato receptor de radio y un gramófono eléctrico sin hacina exterior, y les sirve de caja acústica.

RADIOLARIOS. m. pl. *Hist. Nat.* Orden de protozoarios acuáticos, cuyo protoplasma forma unos filamentos radiados a modo de pies.

RADIOLINOTIPIA. f. Composición tipográfica que se hace a distancia usando de las ondas hertzianas.

RADIOLOCALIZADOR. m. *Fís.* Radar, detector radioeléctrico.

RADIOLOGÍA. f. Parte de la medicina que estudia las radiaciones, especialmente los rayos X, en sus aplicaciones al diagnóstico y tratamiento de enfermedades.

RADIOLÓGICO, CA. adj. Perteneciente o relativo a la radiología.

RADIÓLOGO. GA. s. Persona que profesa la radiología, especialista en radiología.

RADIOMENSAJE. m. Mensaje radiado.

RADIÓMETRO. (De *radio*, y el gr. *metron*, medida.) m. *Astron.* Ballestilla, instrumento náutico. ‖ *Fís.* Aparato que se creyó demostrativo de la acción mecánica de la luz.

RADIÓN. m. Partícula que irradia una materia radiactiva.

RADIOOPERADOR. m. Radiotelegrafista. ‖ El que transmite órdenes o mensajes por radio.

RADIORRECEPCIÓN. f. Recepción por medio de radiorreceptores de las ondas que se emiten por un radiotransmisor.

RADIORRECEPTOR. m. En radiotelegrafía o radiotelefonía, aparato que recoge y transforma en señales o sonidos las ondas emitidas por el radiotransmisor.

RADIOSCOPIA. (De *radio*, y el gr. *skopeo*, mirar.) f. Examen interno del cuerpo humano y, en general, de los cuerpos opacos mediante la imagen que proyectan en una pantalla al ser atravesados por los rayos X.

RADIOSCOPIO. m. Aparato que se usa para realizar la radioscopia.

RADIOSO, SA. (Del lat. *radiosus.*) adj. Que despide rayos de luz.

RADIOTEATRAL. adj. Perteneciente o relativo al radioteatro.

RADIOTEATRO. m. Transmisión radial de obras teatrales preparadas para este fin.

RADIOTECNIA. f. Conjunto de los conocimientos técnicos relativos a la radiocomunicación.

RADIOTÉCNICA. f. Radiotecnia.

RADIOTÉCNICO, CA. adj. Aplícase a quien posee conocimientos especiales en radiotecnia. U.t.c.s. ‖ Perteneciente o relativo a ella.

RADIOTELECOMUNICACIÓN. f. Radiocomunicación.

RADIOTELEFONEAR. tr. Transmitir por radiotelefonía.

RADIOTELEFONEMA. m. Despacho o comunicación que se envía por radiotelefonía.

RADIOTELEFONÍA. al. **Radiotelephonie; Sprechfunk.** fr. **Radiotéléphonie.** ingl. **Radiotelephony.** ital. **Radiotelefonia.** port. **Radiotelefonia.** f. Sistema de comunicación telefónica por medio de ondas hertzianas. ‖ deriv.: **radiotelefónico, ca; radiotelefónicamente.**

RADIOTELEFONISTA. com. Persona que se ocupa en el servicio de instalaciones de radiotelefonía.

RADIOTELEFOTOGRAFÍA. f. Telefotografía por medio de las ondas hertzianas.

RADIOTELEGRAFÍA. al. **Funkentelegraphie.** fr. **Radiotélégraphie.** ingl. **Radiotelegraphy.** ital. **Radiotelegrafia.** port. **Radiotelegrafia.** f. Sistema de comunicación telegráfica por medio de ondas hertzianas. ‖ deriv.: **radiotelegráfico, ca.**

RADIOTELEGRAFISTA. com. Persona que se ocupa en la instalación, conservación y servicio de aparatos de radiocomunicación.

RADIOTELEGRAMA. m. Telegrama cuyo origen o destino es una estación móvil, transmitido, en todo o parte de su recorrido, por las vías de radiocomunicación.

RADIOTERAPÉUTICA. f. Radioterapia. ‖ deriv.: **radioterapéutico, ca.**

RADIOTERAPIA. al. **Strahlenbehandlung.** fr. **Radiothérapie.** ingl. **Radiotherapy.** ital. **Radioterapia.** port. **Radioterapia.** f. Empleo terapéutico de toda clase de rayos, y especialmente de los rayos X. ‖ Empleo terapéutico del radio y de las substancias radiactivas. ‖ deriv.: **radioterápico, ca.**

RADIOTRANSMISIÓN. m. Transmisión por medio de la radiotelegrafía o radiotelefonía.

RADIOTRANSMISOR. m. Aparato usado en radiotelegrafía y radiotelefonía para emitir ondas portadoras de señales o de sonidos.

RADIOYENTE. com. Persona que oye lo que se transmite por medio de la radiotelefonía.

RADITERAPIA. f. Radioterapia, 2ª acepción. ‖ deriv.: **raditerápico, ca.**

RADIUMTERAPIA. f. Raditerapia.

RADJPUTANA. *Geog.* V. **Rajasthan.**

RADNITZ, Gertrudis. *Biog.* Bioquímica estadounidense de origen checoslovaco. Eminente colaboradora de su esposo, Carlos Cori, en el descubrimiento del metabolismo catalítico de la glucosa, que complementó las valiosas experiencias de Houssay, y compartió con ambos sabios el premio Nobel de Medicina y Fisiología en 1947 (1896-1957).

RADNOR. *Geog.* Condado del S.E. de Gran Bretaña (Gales). 1.219 km². 19.998 h. Avena. trigo, ganado ovino. Cap. PRESTEIGN.

RADOGOST. *Mit.* Dios protector de los extranjeros en la mitología eslava.

RADOM. *Geog.* Ciudad de Polonia, sit. al S.E. de Varsovia. 170.000 h. Centro industrial.

RADÓN. m. Gas radiactivo, del grupo de los gases inertes, producido por la desintegración del radio. Es un elemento de símbolo Rn y peso atóm. 22.

RAE, John. *Biog.* Marino y explorador ingl. de las regiones septentrionales de América, que descubrió el istmo que lleva su nombre (1813-1893).

RAEBURN, Enrique Sir. *Biog.* Pintor ingl., cél. retratista y jefe de la escuela escocesa de su época. Obras : *Adam Rolland; Newton; Dr. Wardrop*, etc. (1756-1823).

RAEDERA. f. Instrumento para raer. ‖ Tabla semicircular que usa el peón de albañil para raer el yeso amasado que se pega en los lados del cuezo. ‖ Azada pequeña, de pala semicircular, muy usada en las minas.

RAEDIZO, ZA. adj. Fácil de ser raído.

RAEDOR, RA. adj. y s. Que rae. ‖ m. Rasero.

RAEDURA. f. Acción y efecto de raer. ‖ Parte menuda que se rae de una cosa. Ú.m. en pl.

RAER. al. **Schaben.** fr. **Racler.** ingl. **To scrape.** ital. **Radere.** port. **Raer.** (Del lat. *rádere.*) tr. Quitar, como cortando y raspando la superficie, pelos, barba, etc., de una cosa, con instrumento áspero o cortante. ‖ Rasar, igualar con el rasero. ‖ fig. Extirpar totalmente una cosa; como un vicio o una mala costumbre.

RAFA. (De *raja.*) f. Raza, grieta en los cascos de las caballerías. ‖ Cortadura hecha en el quijero de una acequia a fin de sacar agua para el riego. ‖ Macho que se introduce en un muro para reforzarlo. ‖ *Min.* Plano inclinado labrado en la roca para apoyar un arco de la fortificación.

RAFAEL. *Biog.* Pintor ital. cuyo nombre completo era Rafael Sanzio o Santi. Considerado, después de Miguel Ángel, la figura más genial del arte ital.; en la belleza y la euritmia de su obra, trasuntó el ideal de perfección humana. Como arq. terminó la basílica de San Pedro y completó las obras del Vaticano, además de proyectar palacios e iglesias; como escultor ejecutó figuras notables. En la pintura se dedicó preferentemente a los temas religiosos y mitológicos; su serie de la Virgen y la Sagrada Familia comprende cincuenta cuadros. La perfección estética se aunó en el acto humano. Otras obras cél.: *Hechos de los apóstoles; Madonas; Escuela de Atenas*, etc. (1483-1520).

RAFAEL, San. *Hagiog.* Uno de los siete arcángeles; condujo a Tobías al país de los medos.

RAFAELA. *Geog.* Ciudad de Argentina (Santa Fe). 27.000 h. Centro cerealista. Frigoríficos.

RAFAEL REYES. *Geog* Población de Colombia (Cundinamarca). 2.600 h. Café, industrias.

RÁFAGA. al. **Windstoss.** fr. **Rafale.** ingl. **Gust of wind.** ital. **Raffica.** port. **Refega.** f. Movimiento violento del aire, por lo común de poca duración. ‖ Cualquier nubecilla que aparece de poca densidad, especialmente cuando cambia o amenaza cambiar el tiempo. ‖ Golpe de luz vivo y repentino. ‖ IDEAS AFINES: *Viento, brisa, ventarrón, tormenta, soplo, céfiro, corriente, ventisca, tempestad, vendaval, borrasca. Eolo.*

RAFANIA. (Del lat. *ráphanus*; rábano.) f. *Med.* Enfermedad consistente en contracciones musculares muy violentas y dolorosas, causadas por comer la semilla del rábano silvestre cuando se ha mezclado con el trigo. Ocurre con frecuencia en Suecia y Alemania.

RAFE. (Del gr. *raphé*, costura.) com. Cordoncillo saliente del funículo de algunas semillas. ‖ *Anat.* Línea prominente en la porción media de un órgano o parte, que parece producida por la reunión de dos mitades, como el del escroto y perineo, el del paladar, etc.

RAFEAR. tr. Asegurar con rafas un edificio.

RAFFLES, Tomás S. *Biog.* Naturalista ingl. que recorrió y estudió la isla de Java, sobre la cual escribió valiosas obras (1731-1826).

RAFIA. f. *Bot.* Género de palmeras de África y América, de tallo erguido y hojas grandes, de las cuales se extraen fibras resistentes y flexibles, muy usadas para ligaduras de jardinería, fabricación de cuerdas, tejidos, alfombras, etc. También se utilizan para la obtención de sagú y de una bebida alcohólica, llamada vino de palmera, que se prepara con la savia fermentada. *Raphia ruffia* del E. de África, y *R. vinifera*, de Amér. tropical y el O. de África; palmáceas. ‖ Fibras de estas plantas.

RAFLESIACEAS. f. pl. *Bot.* Familia de plantas dicotiledóneas, carnosas y sin clorofila, que viven parásitas sobre las raíces o tallos de otras plantas.

RAGIO. m. Insecto coleóptero europeo de ojos redondeados, antenas cortas y cabeza bastante prolongada por detrás de los ojos.

RAGLÁN. m. Especie de gabán de hombre, que se usó a mediados del siglo pasado. Era holgado y estaba provisto de una esclavina corta. Actualmente se usa sin este complemento y es de un corte especial

RAGÚ. m. Galicismo por guisado de carnero. ‖ *Arg.* vulg. Hambre canina.

RAGUA. f. Extremo o punta superior de la caña de azúcar.

RAGUCCI, Rodolfo. Sacerdote y escritor arg., autor de *El habla de mi tierra; El sueño de un apóstol*, etc. (1887-1973).

RAGUSA. *Geog.* Provincia de Italia, al S. de Sicilia. 1.523 km². 248.000 h. Cap. hom. 54.015 h. Fábricas de queso. ‖ V. **Dubrovnik.**

RAHAD. *Geog.* Río de África; nace en Etiopía, atraviesa el Sudán y des. en el Nilo Azul. 800 km.

RAHALÍ. (Del ár. *rahlí*, campesino.) adj. Rehalí.

RAHEZ. (Del ár. *rahic*, blando, barato.) adj. Vil, bajo, despreciable.

RAÍBLE. adj. Que se puede raer.

RAIBOLINI, Francisco. *Biog.* V. **Francia, Francisco Raibolini, llamado el.**

RAICEAR. intr. *Amér. Central* y *Ven.* Arraigar, echar raíces.

RAICERO. m. *Amér. Central.* Raigambre.

RAICEJA. f. dim. de **Raíz.**

RAICILLA. f. dim. de **Raíz.** ‖ *Bot.* Cada una de las fibras o filamentos que brotan del cuerpo principal de una raíz. ‖ Raicita.

RAICITA. f. *Bot.* Radícula.

RAID. (Voz ingl.) m. Incursión, expedición militar en territorio enemigo; viaje, etc. ‖ Excursión de carácter deportivo.

RAIDISTA. m. El que efectúa un raid.

RAÍDO, DA. al. **Abgeschabt; abgetragen.** fr. **Raclé.** ingl. **Scraped.** ital. **Raso.** port. **Surrado.** (De *raer.*) adj. Dícese del vestido o tela gastados por el uso, aunque no rotos. *Sotana* RAÍDA; antón.: **nuevo.** ‖ fig. Desvergonzado.

RAIGAL. (Del lat. *rádix, -icis*, raíz.) adj. Perteneciente o relativo a la raíz. ‖ Entre madereros, parte extrema del madero correspondiente a la raíz del árbol.

RAIGAMBRE. f. Conjunto de raíces de los vegetales, trabadas entre sí. ‖ fig. Conjunto de intereses, hábitos, afectos, etc., que hacen firme una cosa o impiden su enmienda aunque tenga defectos.

RAIGÓN. m. aum. de **Raíz.** ‖ Raíz de las muelas o los dientes. ‖ **– del Canadá.** Árbol leguminoso de hojas dos veces pinadas, flores dioicas y en racimo, cáliz tubuloso, cinco pétalos iguales, diez estambres y legumbre gruesa. Es planta muy hermosa, por lo que se cultiva en los paseos de muchos países. Gén. *Gymnocladus canadiensis.*

RAIGRÁS. m. anglic. por Césped.

RAIL o **RAÍL.** (Del ingl. *rail.*) m. Riel.

RAIMIENTO. m. Raedura. ‖ Descaro, desvergüenza.

RAIMONDI, Alejandro. *Biog.* Médico arg., especialista en tisiología; fundador del Preventorio Roca de Bs. Aires (1878-1945). ‖ **– Antonio.** Naturalista y geógrafo ital. que se radicó en el Perú, en donde realizó valiosas exploraciones, estudios y descubrimientos (1826-1890).

RAIMUNDO DE FITERO, San. *Hagiog.* Prelado esp., fundador de la orden religiosomilitar de Calatrava (s. XII).

RAIMUNDO DE PEÑAFORT, San. *Hagiog.* Rel., economista y escritor esp., autor de *Summa; Decretales* y otras obras (1180-1275).

RAINIER, Monte. *Geog.* Volcán del N.O. de los EE. UU. (Washington), cima culminante de la cadena de las Cascadas. 4.400 m. Gran parque nacional. Se llama también Tacoma.

RAINIERO. *Biog.* Nombre de varios príncipes de Mónaco, entre ellos Rainiero III, nacido en 1923, que gobierna desde 1950.

RAINWATER, L. James. *Biog.* Científico norteamericano que realizó importantes investigaciones en torno a las propiedades colectivas del núcleo, lo cual amplió el conocimiento de la estructura nuclear. Por sus trabajos le fue conferido el premio Nobel de Física en 1975, junto con Aage Bohr y Ben Roy Mottelson (n. en 1917).

RAÍZ. al. **Wurzel.** fr. **Racine.** ingl. **Root.** ital. **Radice.** port. **Raíz.** (Del lat. *rádix, -icis.*) f. Órgano del aparato vegetativo de las plantas que crece en dirección inversa a la del tallo, no toma color verde por la acción de la luz, e introducido en tierra absorbe de ella las substancias nutritivas, fijando además fuertemente la planta al suelo. ‖ Finca. Ú. más en plural. ‖ fig. Parte de cualquier cosa, de la cual, quedando oculta, procede lo que está de manifiesto. *La* RAÍZ *de una muela.* ‖ Parte inferior o pie de una cosa. ‖ Origen de que proviene una cosa. *La* RAÍZ *del descontento;* sinón.: **causa.** ‖ V. **Bienes raíces.** ‖ *Álg.* Cada uno de los valores que puede tener la incógnita de una ecuación. ‖ *Álg.* y *Arit.* Cantidad que, multiplicada por sí misma produce otra que se denomina potencia de la primera. ‖ *Gram.* Elemento más puro y simple de una palabra, o sea la parte que de ella queda después de quitarle las desinencias, sufijos y prefijos. ‖ **– cuadrada.** *Álg.* y *Arit.* Cantidad que multiplicada por si misma una vez, produce otra que es cuadrado o segunda potencia de la primera. ‖ **– cúbica.** *Álg.* y *Arit.* Cantidad que se ha de multiplicar por si misma dos veces para obtener un número determinado. ‖ **– irracional.** *Mat.* La que no puede expresarse exactamente con números enteros ni fraccionarios. ‖ **– rodia.** Raíz muy olorosa, semejante a la del costo. ‖ **– sorda.** *Arit.* **Raíz irracional.** ‖ **A raíz.** m. adv. fig. Con proximidad; inmediatamente. *A* RAÍZ *de la sublevación; a* RAÍZ *de la independencia argentina.* ‖ Por la **raíz** o junto a ella. ‖ **Cortar de raíz,** o **la raíz.** frs. fig. Extirpar, atajar y prevenir desde los principios y del todo los inconvenientes que pueden resultar de una cosa. ‖ **De raíz.** m. adv. fig. Desde el principio hasta el fin de una cosa. ‖ **Echar raíces.** frs. fig. Establecerse en un lugar. ‖ Arraigarse una pasión u otra cosa. ‖ IDEAS AFINES: *Bulbo, cebolla, rizoma, meristema, tubérculo, tuberosidad, asimilar, fruto, rama, oculta, raigambre, enterrar, vástago, nudo, corteza, tronco, cepa, madera.*

● **RAÍZ.** *Bot.* Por su duración la **raíz** puede ser anual, si dura sólo un año; bienal, si dura dos y perenne o persistente si dura mientras vive la planta. Por el medio en que vive, la **raíz** puede ser terrestre, cuando fija la planta en un sitio determinado del suelo, y absorbe de él el agua y las substancias en disolución; acuática, cuando permanece nadando sumergida en el agua y aérea, cuando se desarrolla en el aire. Por su forma la **raíz** puede ser típica o pivotante, cuando posee un eje principal que penetra verticalmente en el suelo y del cual nacen otros ejes, y atípica o fasciculada, cuando está formada por muchos filamentos independientes. En la **raíz** pueden distinguirse la cofia o piloriza, que protege a las células al penetrar en la tierra; la zona merismática, zona de crecimiento y multiplicación celular; zona pilífera, cuyos pelos absorben el agua y las substancias minerales, y zona tuberosa, que cumple funciones de fijación de la planta al suelo.

RAJA. al. **Spalte; Scheibe.** fr. **Fente; tranche.** ingl. **Split; slice.** ital. **Scheggia;** **fetta.** port. **Racha.** (De *rajar.*) f. Una de las partes de un leño que resultan de abrirlo al hilo con hacha, cuña, etc. ‖ Hendedura o quiebra de algo. ‖ Pedazo cortado a lo largo o a lo ancho de las frutas u otros comestibles. RAJA *de sandía, de queso;* sinón.: **tajada.** ‖ **Hacer rajas** una cosa. frs. fig. Dividirla, repartirla. ‖ **Sacar** uno **raja.** frs. fig. **Sacar astilla.**

RAJÁ. (Del fr. *rajah* y *radjah*, y éste del sánsc. *rája*, rey.) m. Soberano índico.

RAJABLE. adj. Que se puede rajar fácilmente.

RAJABROQUELES. (De *rajar* y *broquel.*) m. fig. y fam. El que se jactaba de pendenciero, guapo y quimerista. Es voz de poco uso.

RAJADILLO. m. Confitura de almendras rajadas y bañadas de azúcar.

RAJADIZO, ZA. adj. Fácil de rajarse. *Pared* RAJADIZA.

RAJADOR. m. El que raja madera o leña.

RAJADURA. f. Raja, grieta, hendedura.

RAJAHMUNDRI. *Geog.* Ciudad del S.E. de la India (Madrás). 116.300 h.

RAJANTE. p. a. de **Rajar.** Que raja. ‖ adj. *Arg.* Apremiante, conminatorio, decisivo. *Le envió una nota* RAJANTE.

RAJAR. al. **Spalten.** fr. **Fendre.** ingl. **To split.** ital. **Fendere.** port. **Rachar; fender.** tr. Dividir en rajas. RAJAR *un melón.* ‖ Hender, partir. Ú.t.c.r. *La loza se* RAJÓ; sinón.: **agrietar, resquebrajar.** ‖ *Amér.* Hablar mal de una persona, desacreditarla. ‖ Gastar mucho dinero, especialmente en fiestas, obsequios, etc. ‖ *Col., Perú* y *P. Rico.* Vencer, apabullar. ‖ Fastidiar, arruinar. ‖ intr. fig. y fam. Contar mentiras, especialmente jactándose de valiente. ‖ Hablar mucho. ‖ *Ant., Arg.* y *Bol.* vulg. Salir a prisa, huir. Ú.t.c.tr. y c.r. ‖ r. Volverse atrás, no cumplir algo prometido o desistir de algún propósito. ‖ *Col.* Equivocarse. ‖ *Guat.* y *Méx.* Acobardarse. ‖ IDEAS AFINES: *Cortar, romper, sajar, recortar, tajar, incisión, sección, ablación, resección, interrupción, hendidura.*

RAJASTHAN. *Geog.* Estado del N.O. de la India. 332.580 km². 28.471.000 h. Labores de granja, industrias textiles. Marfil. Cap. JAIPUR.

RAJATABLA (A). m. adv. fig. y fam. Con todo rigor. ‖ A raja tabla.

RAJE. m. vulg. *Arg.* Huida.

RAJKOT. *Geog.* Ciudad del N.O. de la India, cap. del Estado de Guyerat. 332.000 h.

RAJÓN, NA. adj. *Amér. Central.* Fanfarrón, matón. ‖ Espléndido, fastuoso.

RAJONADA. f. *Amér. Central.* Fanfarronada.

RAJUELA. f. dim. de **Raja.** ‖ Piedra delgada y sin labrar que se emplea en obras de poco esmero.

RALEA. f. Especie, calidad. ‖ desp. Dicho de personas, casta o linaje. ‖ Ave a que tiene más inclinación el halcón, el gavilán o el azor. *La* RALEA *del halcón son las palomas.*

RALEAR. (De *ralo.*) intr. Hacerse rala alguna cosa perdiendo su densidad o solidez. *En aquella estación* RALEABA *el pasto tierno.* ‖ No granar enteramente los racimos de las vides.

RALEIGH, Walter. *Biog.* Poeta, pol., diplomático y aventurero ingl., favorito de la reina Isabel I de Inglaterra. Intentó colonizar Virginia y el valle del Orinoco, y como marino actuó heroicamente en el combate contra Cádiz. Muerta la reina, fue decapitado por orden de Jacobo I. Dejó una *Historia del mundo* y otras obras (1552-1618).

RALEIGH. *Geog.* Ciudad de los EE.UU., capital del Estado de Carolina del Norte. 118 000 h. Industria textil. Centro cultural.

RALEZA. f. Calidad de ralo.

RÁLIDAS. f. pl. Familia de aves zancudas, de pico recto, robusto y comprimido lateralmente, con el dedo posterior bien desarrollado y que se apoya totalmente en el suelo y con alas y cola cortas; como las gallinetas y gallaretas.

RALO, LA. (Del lat. *rarus*, raro.) adj. Dícese de las cosas cuyas partes están separadas más de lo regular en su género. *Los dientes* RALOS; sinón.: **disperso.**

RALRAL. m. *Chile.* Radal, árbol.

RALLADOR. al. **Reibe.** fr. **Rape.** ingl. **Grater.** ital. **Grattuitugia.** port. **Ralador.** (De *rallar.*) m. Utensilio de cocina, compuesto principalmente de una chapa metálica llena de agujeritos de borde saliente, que se usa para desmenuzar pan, queso, etc., restregándolos en él.

RALLADURA. f. Surco que deja el rallo por donde ha pasado. || Lo que queda rallado.

RALLAR. al. **Reiben.** fr. **Râper.** ingl. **To grate.** ital. **Grattugiare.** port. **Ralar.** tr. Desmenuzar algo restregándolo con el rallador. || fig. y fam. Molestar, fastidiar pesada e importunamente.

RALLO. (Del lat. *rállum*; de *rádere*, raer.) m. Rallador. || Por ext., cualquiera otra chapa con iguales agujeros para otros usos. || Alcarraza. || fig. y fam. V. **Cara de rallo.**

RALLÓN. (Del b. lat. *raillo, onis*, saeta; en fr. *raillon.*) m. Arma terminada en un hierro transversal afilado, la cual se disparaba con la ballesta y se usaba principalmente en la caza mayor.

RAMA. al. **Ast; Zweig.** fr. **Branche.** ingl. **Branch; bough.** ital. **Ramo.** port. **Ramo.** (De *ramo.*) f. Cada una de las partes en que se subdivide el tronco o tallo principal de una planta y de donde brotan por lo común las hojas, las flores y los frutos. || fig. Serie de personas que tiene origen en un mismo tronco. *Soy pariente de Pedro por* RAMA *materna.* || Parte secundaria, que nace de otra principal, de una cosa. || *Impr.* Cerco metálico cuadrangular con que se ajusta el molde que se ha de imprimir, apretándolo con cuñas o tornillos adecuados. || **Andarse** uno **por las ramas.** frs. fig. y fam. Detenerse en lo menos importante de algo, dejando lo más substancial. || **Asirse** uno **a las ramas.** frs. fig. y fam. Buscar excusas para disculparse de algo mal hecho. || **En rama.** m. adv. Dícese de varias substancias, antes de recibir su última manufactura, y también de los ejemplares de obra impresa aún no encuadernados. *Algodón en* RAMA. || **Plantar de rama.** frs. *Agr.* Plantar un árbol con una rama cortada de otro. || IDEAS AFINES: *Fronda, copa, corteza, vicio, podar, crecer, invierno, aserrar, haz, leña, hoguera.*

RAMADA. f. Ramaje. || p. us. Enramada.

RAMADA, La. *Geog.* V. **La Ramada.**

RAMADÁN. (Del ár. *ramadán.*) m. Noveno mes del año lunar entre los musulmanes, quienes observan durante su transcurso de treinta días un riguroso ayuno.

RAMAJE. al. **Gezweig; Geäst.** fr. **Ramure; branchage.** ingl. **Mass of branches; foliage.** ital. **Ramaglia.** port. **Ramada.** m. Conjunto de ramas o ramos.

RAMAJEAR. tr. *Col.* y *Cuba.* Ramonear, desramar. || intr. *Col.* Regatear.

RAMAL. al. **Seitenweg.** fr. **Embranchement.** ingl. **Branch.** ital. **Branca.** port. **Ramal.** m. Cada uno de los cabos de que se componen las cuerdas, trenzas, etc. || Ronzal unido al cabezón de una bestia. || Cada uno de los tiros que concurren en la misma meseta de una escalera. || Parte que sale de la línea principal de un camino, mina, cordillera, etc. RAMAL *ferroviario, telefónico.* || fig. División que nace de una cosa dependiendo de ella. || IDEAS AFINES: *Sendero, atajo, vía, ferrocarril, encrucijada, cruce, desvío, apartadero.*

RAMALAZO. m. Golpe dado con el ramal. || Señal que deja este golpe. || fig. Pinta dejada en el rostro u otra parte del cuerpo por un golpe o por enfermedad como la erisipela. || Dolor repentino que acomete a lo largo de una parte del cuerpo. || Adversidad que sorprende.

RAMALEAR. (De *ramal.*) intr. Cabestrear.

RAMALLO. *Geog.* Población de la Argentina al N. de la prov. de Buenos Aires. 4.850 h. Actividades agrícolas.

RAMAMOHANA RAYA. *Biog.* Fil. hindú que preconizó el cristianismo como la única religión racional. Obras: *Preceptos de Jesús; Primero, segundo y tercer llamamiento al público cristiano; Extractos de los Vedas*, etc. (1772-1833).

RAMAN, Chandrasehkara Venkata. *Biog.* Físico indio que realizó valiosos trabajos sobre el desarrollo de la luz. Su descubrimiento sobre la difusión, que se conoce como "efecto de Raman", le valió en 1930 el premio Nobel de Física (1888-1970).

RAMAYANA. *Lit.* Poema épico indio, compuesto alrededor del s. V. a. de C., aunque la forma con que se lo conoce data del s. I ó II a. de C. Formado por siete libros, relata la conquista de la India del Sur.

RAMAZÓN. f. Conjunto de ramas separadas de los árboles.

RAMBAUD, Alfredo N. *Biog.* Pol. e historiador fr., autor de *Historia de la civilización francesa; El Imperio Griego en el siglo X*, etc. (1842-1905).

RAMBLA. al. **Breite Strasse.** fr. **Promenade.** ingl. **Promenade.** ital. **Litoranea.** port. **Avenida a beiramar.** (Del ár. *ramla*, arenal.) f. Lecho natural de las aguas pluviales cuando caen copiosamente. || Suelo por donde éstas corren cuando son muy copiosas. || Artefacto formado por postes de madera afirmados verticalmente en el suelo y unidos por travesaños, con ganchos de hierro en que se ponen los paños para enramblarlos. || Playa.

RAMBLAR. m. Lugar donde confluyen varias ramblas.

RAMBLAZO. (De *rambla.*) m. Lugar por donde corren las aguas de turbiones y avenidas.

RAMBLIZO. m. Ramblazo.

RAMBOUILLET, Castillo de. *B.A.* Castillo francés, erigido en parte en el s. XIV y en parte en el XVIII. Además de su valor artístico, es famoso porque Luis XVI declaró granja nacional el parque que lo circunda e hizo instalar allí la primera tropilla de carneros merinos importados de España y origen de importante cría.

RAMBOUILLET, Hotel de. *B.A.* Famoso palacio parisiense hecho construir en 1615 por la marquesa de Rambouillet, y centro de la intelectualidad de la época.

RAMEADO, DA. adj. Aplícase al dibujo o pintura que representa ramos, principalmente en tejidos, papeles, etc.

RAMEAL. adj. *Bot.* Rámeo.

RAMEAU, Juan Felipe. *Biog.* Cél. músico francés, precursor de la teoría mod. de la armonía musical. De carácter típicamente fr. son sus composiciones *Cástor y Pólux; Sansón; Hipólito y Aricia*, etc. En el campo teórico su obra es igualmente valiosa: *Generación armónica; Código de música práctica; Tratado de la armonía reducida a sus principios naturales*, etc. (1683-1764).

RÁMEO, A. adj. *Bot.* Perteneciente o relativo a la rama.

RAMERA. f. Mujer entregada al vicio de la lascivia por el interés. sinón.: **meretriz, prostituta.**

RAMERÍA. (De *ramera.*) f. Mancebía, casa de mujeres públicas. sinón.: **lupanar, prostíbulo.** || Vil ejercicio de la ramera.

RAMERUELA. f. dim. de **Ramera.**

RAMGANGA. *Geog.* Río del N. de la India, nace en el Himalaya y des. en el Ganges. 600 km.

RAMIAL. m. Terreno poblado de ramios.

RAMIFICACIÓN. al. **Verzweigung.** fr. **Ramification.** ingl. **Ramification.** ital. **Ramificazione.** port. **Ramificação.** f. Acción y efecto de ramificarse. || fig. Conjunto de consecuencias necesarias de un hecho. || *Zool.* Division y extensión de las venas, arterias o nervios que, como ramas, provienen de un mismo tronco.

RAMIFICARSE. (Del lat. *ramus*, rama, y *fácere*, hacer.) r. Esparcirse, dividirse en ramas una cosa. || fig. Propagarse las consecuencias de un hecho o suceso. *La revolución se* RAMIFICÓ *por todo el continente*; sinón.: **difundirse, esparcirse.**

RAMILLA. (dim. de *rama.*) f. Rama de tercer orden o que sale después del ramo. || Cualquier cosa poco importante de que uno se sirve para sus propósitos.

RAMILLETE. al. **Blumenstrauss.** fr. **Bouquet.** ingl. **Bouquet; nosegay.** ital. **Mazzo mazzolino.** port. **Ramilhete; ramalhete.** (De *ramillo.*) m. Ramo pequeño de flores o hierbas fragantes formado artificialmente. *Un* RAMILLETE *de violetas.* || fig. Plato de dulces de forma vistosa. || Adorno compuesto de figuras de mármol o metal que se colocan en las mesas donde se sirven comidas suntuosas, y en los cuales se ponen frutas, dulces, etc. || Colección de cosas exquisitas y útiles en una materia. || *Bot.* Conjunto de flores que forman una cima o copa contraída. || **– de Constantinopla.** Minutisa.

RAMILLETERO, RA. s. Persona que hace o vende ramilletes. || m. Florero, vaso o maceta para flores.

RAMINA. f. Hilaza del ramio.

RAMIO. (Del malayo *rami.*) m. *Bot.* Planta urticácea, de tallos herbáceos y ramosos que crecen hasta tres metros; hojas alternas, dentadas y puntiagudas; flores verdes en grupos axilares y fruto elipsoidal algo carnoso. Se utiliza como textil. Gén *Boehmeria nivez.* En las regiones cálidas el ramio puede vivir un siglo.

RAMÍREZ, Alejandro. *Biog.* Intendente esp. de Cuba que fundó allí la Academia de Bellas Artes (1777-1821). || **– Antonio.** Militar col. de destacada actuación en las luchas por la independencia (s. XIX). || **– Francisco.** Mil. y caudillo arg., en 1818 gob. de Entre Ríos con el nombre de Supremo Entrerriano. Aliado de Artigas, más tarde luchó contra él; peleó contra Buenos Aires, derrotó a Lamadrid y a Balcarce, pero fue vencido por López en Cruz Alta (1786-1821). || **– Ignacio.** Pol. y ensayista mex. de raza indígena, llamado el Nigromante o el Voltaire Mexicano. Federalista y liberal, luchó contra los norteamericanos, fue diputado al Congreso Constituyente de 1856 y colaboró en la acción gubernativa de Benito Juárez. Sus *Obras* están compiladas en dos volúmenes (1818-1879). || **– José Fernando.** Erudito mex., autor de notables investigaciones arqueológicas (1804-1871). || **– José Pedro.** Político urug. que fue rector de la Universidad nac. (1838-1913). || **– Juan.** Mil. español que desempeñó la gobernación de Quito; derrotado por Sucre (1765-1823). || **– Manuel María.** Estadista col., en 1877 presid. de la Rep. || **– Norberto.** Pol. centroamericano, de 1840 a 1851 Director Supremo de Nicaragua (m. 1856). || **– Pedro Pablo.** Militar arg., de 1943 a 1944 presid. provisional de la Rep. (1884-1962).

RAMÍREZ. *Geog.* Ciudad del E. de la Argentina (Entre Ríos). 5.000 h.

RAMIRO. *Hist.* Nombre de varios reyes de Aragón, Asturias y León.

RÁMITO. m. dim. de **Ramo.** || *Bot.* Cada una de las subdivisiones de los ramos de una planta.

RAMIZA. f. Conjunto de ramas cortadas. || Lo hecho de ramas.

RAMNÁCEO, A. adj. *Bot.* Rámneo. Ú.t.c.s.f. || f. pl. *Bot.* Rámneas.

RAMNEO, A. (Del lat. *rhamnus*, y éste del gr. *ramnos*, espino cerval.) adj. *Bot.* Aplícase a árboles y arbustos dicotiledóneos, a menudo espinosos, de hojas sencillas, alternas u opuestas, con estípulas caducas o aguijones persistentes; flores pequeñas, solitarias o en racimo, y fruto drupáceo; como la aladierna y el azufaifo. Ú.t.c.s.f. || f. pl. *Bot.* Familia de estos árboles y arbustos.

RAMO. al. **Zweig; Strauss.** fr. **Rameau; bouquet.** ingl. **Branch; bouquet.** ital. **Ramo; fascio.** port. **Ramo.** (Del lat. *ramus.*) m. Rama de segundo orden o que sale de la rama madre. || Rama cortada del árbol. || Conjunto o manojo de flores, ramas o hierbas, ya sea natural, ya artificial. || Ristra de ajos o cebollas. || En pasamanería, conjunto de hilos de seda con que se hacen las labores de las cintas. || fig. Cada una de las partes en que se considera dividida una ciencia, arte, industria, etc. RAMO *de la administración de justicia, de ferretería.* || **– del viento.** Alcabala del viento. || **Vender el ramo.** frs. fig. y fam. Vender el vino por menor los cosecheros.

RAMOJO. m. Conjunto de ramas cortadas de los árboles, y en especial si son pequeñas y delgadas.

RAMÓN. m. Ramojo que los pastores cortan para apacentar los ganados en tiempos de nieve o de sequía. || Ramaje que resulta de la poda.

RAMÓN BERENGUER. *Hist.* Nombre de cuatro condes de Barcelona, que actuaron entre los siglos XI y XII. El primero mandó edificar la catedral de Barcelona y promulgó las primeras leyes consuetudinarias escritas en Cataluña. El último fue también príncipe de Aragón; su hijo, Alfonso II, incorporó el condado de Barcelona al reino de Aragón.

RAMONEAR. intr. Cortar las puntas de las ramas de los árboles. || Pacer los animales las hojas y las puntas de los ramos de árboles.

RAMONEO. m. Acción y efecto de ramonear. || Temporada en que se ramonea.

RAMÓN Y CAJAL, Santiago. *Biog.* Sabio médico esp., considerado el iniciador de la histología mod., que en 1906 compartió el premio Nobel de Medicina con Camilo Golgi. Son de fundamental importancia sus descubrimientos sobre la morfología y conexiones del sistema nervioso, y su método del nitrato de plata reducido, para el teñido del mismo sistema. En *Charlas de café; Recuerdos de mi vida*, etc., se mostró un lit. profundo y humano. Obras científicas: *Estudios sobre la degeneración y regeneración del sistema nervioso; Histología del sistema nervioso y los vertebrados*, etc. (1852-1934).

RAMOS, Graciliano. *Biog.* Novelista bras., autor de *Vidas secas; Infancia; Angustia*, etc (1892-1954). || **– José Antonio** Escritor cub., autor de *Las impurezas de la realidad* y otras novelas (1885-1946). || **– Juan P.** Jurisconsulto y escritor arg., autor de *Historia de la instrucción primaria en la Argentina; Los delitos contra el honor; El juicio penal y el delincuente*, etc. (1878-1959). || **– ARIZPE, Miguel.** Sac. y político mexicano, de gran actuación pública en su patria (1775-1843). || **– BLANCO, Teodoro.** Escultor cub. Dedicado principalmente a la estatuaria, es autor de numerosos monumentos públicos (1902-1973). || **– CARRIÓN, Miguel.** Literato esp. que abordó con éxito el género festivo en *Cada loco con su tema; Los sobrinos del capitán Grant; La bruja*, etc. (1845-1915). || **– ENRÍQUEZ, Domingo.** Pintor cub., notable paisajista (1894-1957). || **– JIMÉNEZ, Leopoldo.** Poeta paraguayo, autor de *Alas y sombras* y otras obras de tendencia modernista (n. 1896). || **– MARTÍN, José.** Autor teatral esp., conocido por la zarzuela *Los gavilanes* (1892-1974). || **– MARTÍNEZ, Alfredo.** Pintor mex., gran retratista. Dirigió la Academia Nac. de Bellas Artes (1877-1946). || **– MEJÍA, Francisco.** Ensayista y jurisconsulto arg., autor de *El federalismo argentino; En la penumbra de la historia; Historia de la evolución argentina*, etc. (1847-1893). || **– MEJÍA, Ildefonso.** Pol. argentino que participó en el Cabildo Abierto de 1810 y actuó como convencional en el congreso que en 1826 sancionó la Constitución Unitaria (1769-1854). || **– MEJÍA, José María.** Pol., médico y sociólogo arg. que inició en su país los estudios de psiquiatría y psicología, uno de los pensadores que más han influido en la moderna cultura rioplatense. Obras: *Las multitudes argentinas; Las neurosis de los hombres célebres en la historia argentina; Los simuladores del talento*, etc (1849-1914).

RAMOS MEJÍA. *Geog.* Ciudad de la Argentina sit. al oeste de la Capital Federal, que forma parte del Gran Buenos Aires. 31.600 h.

RAMOSO, SA. adj. Que tiene muchos ramos o ramas.

RAMPA. al. **Steigung.** fr. **Rampe.** ingl. **Cramp.** ital. **Rampa.** port. **Rampa.** (Del b. lat. *campa*, y éste del medio alto al.

krampf.) f. Calambre. || Plano inclinado para subir y bajar por él. || *Bol.* Andas o silla de manos.

RAMPANTE. (Del fr. *rampant.*) adj. *Blas.* Aplícase al león u otro animal con la mano abierta y las garras tendidas en ademán de asir.

RAMPIÑETE. (Tal vez del fr. *cramponnet*, garabatillo.) m. Aguja de hierro; grande, terminada en espiral, que usaban los artilleros para limpiar el fogón de las piezas.

RAMPLÓN, NA. (Como el fr. *crampon*; del germ. *kramp*, encorvado.) adj. Aplícase al calzado tosco. || fig. Tosco, vulgar, desaliñado. antón.: **elegante, fino.** || m. Especie de taconcillo en la cara inferior de las herraduras. || Piececita de hierro en forma piramidal, que se pone en las herraduras para que las caballerías no resbalen en el hielo. || **A ramplón.** m. adv. Con herraduras de **ramplón.** || deriv.: **ramplonamente.**

RAMPLONERÍA. f. Calidad de ramplón, tosco, vulgar o chabacano.

RAMPOJO. m. Raspajo.

RAMPOLLO. (En ital. *rampollo*, vástago.) m. Rama que se corta del árbol para plantarla.

RAMPUR. *Geog.* Ciudad del N. de la India (Uttar Pradesh). 177.700 h. Azúcar, damascos, alfarería.

RAMSAY, Guillermo. *Biog.* Cél. químico ingl. que descubrió la presencia del helio en la tierra, el argón, el neón, el criptón y otros gases del aire. Su notable labor de investigación fue reconocida mundialmente, en 1904, con el premio Nobel de Química (1852-1916).

RAMSDEN, Jesse. *Biog.* Químico ingl. que inventó el teodolito (1735-1800).

RAMSÉS. *Biog.* Nombre de trece reyes de Egipto. || **– II.** Rey de Egipto, llamado también **Sesostris.** Realizó expediciones guerreras, restauró edificios ant. y levantó nuevas obras arquitectónicas por lo cual se llamó "el rey constructor". Su momia fue descubierta en 1881 (s. XIV a. de C.).

RAMSGATE. *Geog.* Ciudad de Gran Bretaña (Inglaterra), en la desembocadura del Támesis. 48.000 h. Balneario.

RAMS Y RUBERT, Esteban. *Biog.* Ingeniero esp. que exploró zonas arg. y cooperó con Urquiza en la organización sanitaria de Buenos Aires (1805-1867).

RAMULLA. (De *rama.*) f. Chasca. || Ramojo.

RAMUS, Pedro La Ramée, llamado. *Biog.* Filósofo y gramático fr. Adversario del aristotelismo, afirmó que la autoridad no sirve como criterio de la verdad, y estatuyó la razón como base para ella, anticipándose así a Descartes (1515-1572).

RANA. al. **Frosch.** fr. **Grenouille.** ingl. **Frog.** ital. **Rana.** port. **Rã.** (Del lat. *rana.*) f. Género de anfibios anuros, de piel lisa, cabeza grande, ojos salientes y piernas largas, adaptadas al salto; muchas especies son apreciadas por su carne. || Juego consistente en introducir desde cierta distancia una chapa o moneda por la boca abierta de una pieza en forma de rana. || *Arg.* Pícaro, astuto. || pl. Ránula. || **– de zarzal.** Anfibio anuro, parecido a un sapillo, de cuerpo lleno de verrugas, cuatro dedos en las manos y cinco en los pies. || **– marina** o **pescadora.** Pejesapo. || **Cuando la rana críe,** o **tenga pelos.** expr. fig. y fam. que se usa para dar a entender que una cosa no llegará a suceder.

RANACUAJO. m. Renacuajo.

RANATRA. f. Insecto de cuerpo alargado, que vive posado sobre el agua, hemíptero.

RANCAGUA. *Geog.* Ciudad del centro de Chile, capital de la prov. de O'Higgins. 84.000 h. Minería.

RANCAGUA, Batalla de. *Hist.* Derrota del ejército chil. conducido por O'Higgins frente a las fuerzas realistas de Mariano Osorio, en la localidad homónima chil., el 1º de octubre de 1814.

RANCAGÜINO, NA. adj. y s. De Rancagua, ciudad y dep. de Chile.

RANCAJADA. f. Desarraigo; acción de arrancar de cuajo las plantas o cosas semejantes.

RANCAJADO, DA. adj. Herido con un rancajo.

RANCAJO. (De *rancar.*) m. Punta o astilla que se clava en la carne.

RANCIAR. tr. r. Enranciar. || deriv.: **ranciadura.**

RANCIDEZ. f. Ranciedad.

RANCIEDAD. f. Calidad de rancio. || Cosa anticuada.

RANCIO, CIA. al. **Ranzig.** fr. **Rance.** ingl. **Rank; rancid.** ital. **Rancido.** port. **Rançoso; ranço.** (Del lat. *rancidus.*) adj. Dícese del vino y los comestibles grasientos que con el tiempo adquieren sabor y olor más fuertes, mejorándose o echándose a perder. *Manteca* RANCIA. || fig. Dícese de las cosas antiguas y de las personas apegadas a ellas. RANCIAS *ideas; erudito* RANCIO. || m. Rancidez. || Tocino **rancio.** || Suciedad grasienta de los paños cuando no se han trabajado bien. || IDEAS AFINES: *Pasado, viejo, abombado, moho, gusano, queso, apestar, hedor, arcaico, antiguo, anciano, tradición.*

RANCIOSO, SA. adj. Rancio.

RANCO. *Geog.* Lago del S. de Chile, al pie de la cordillera de los Andes. Es el más extenso de la República, después del Llanquihue. Tiene 27 km. de largo por 18 km. de ancho. Da origen al río Bueno.

RANCHEADERO. m. Lugar o sitio donde se ranchea. || Ranchería.

RANCHEAR. intr. y r. Formar ranchos en una parte o acomodarse en ellos. || tr. *Méx.* y *P. Rico.* Saquear, robar. || deriv.: **rancheador, ra.**

RANCHERA. f. *Arg.* Baile popular, en parejas. || Música de este baile.

RANCHERÍA. f. Conjunto de ranchos o chozas que forman como un lugar. || *Cuba.* Saqueo. || *Perú.* Casa de peones en las haciendas.

RANCHERIO. m. *Amér.* Ranchería.

RANCHERO, RA. adj. *Méx.* Entendido en las faenas del campo. Ú.t.c.s. || Apocado, cerril. || Ridículo, charro. || m. El que guisa el rancho y cuida de él. || El que gobierna un rancho. || *Méx.* El que habita en un rancho.

RANCHI. *Geog.* Ciudad del N.E. de la India (Bihar). 184.400 h. Arroz, té.

RANCHO. (Del ant. alto al. *hring*, círculo, asamblea.) m. Comida que se hace para muchos y que comúnmente se reduce a un solo guisado. || Conjunto de personas que toman a un tiempo esta comida. || Lugar fuera de poblado donde se albergan varias familias o personas. RANCHO *de pastores.* || fig. y fam. Reunión familiar de algunas personas que se apartan de otras para tratar alguna materia o negocio particular. || Choza o casa pobre con techumbre de ramas o paja, fuera de poblado. || *Amér.* Granja donde se crían caballos y otros cuadrúpedos. || *Arg.* Sombrero rígido de paja. || *Col.* y *P. Rico.* Cobertizo para preservar de la intemperie frutos y otras cosas. || *Cuba.* En la jerga comercial, factura de poca monta. || *Perú.* Quinta o casa de campo, en especial la lujosa. || *Mar.* Paraje destinado al alojamiento de la dotación en las naves antiguas. || Cada una de las divisiones que se hacen de la marinería para el buen orden y disciplina en los buques de guerra. || Provisión de comida que embarca el comandante o los individuos que forman **rancho.** || **– de Santa Bárbara.** División debajo de la cámara principal de la nave, donde estaba la caña del timón. || **Alborotar el rancho.** frs. fig. y fam. **Alborotar el cortijo.** || **Asentar el rancho.** frs. fig. y fam. Detenerse en un paraje para comer o descansar. || Quedarse de asiento en una parte. || **Hacer rancho.** frs. fam. Desembarazar un lugar o parte de él. || **Hacer rancho aparte.** frs. fig. y fam. Separarse uno de las demás personas en cosas que pudieron ser comunes a todos.

● **RANCHO.** *Hist.* En la campaña argentina y uruguaya el **rancho** fue, hasta hace algunas décadas, la habitación típica y característica; aun hoy, en algunos lugares solitarios y apartados, lo sigue siendo, pero en menor escala. Las paredes del **rancho** son generalmente de barro y paja; el techo es, igualmente, una mezcla de barro y distintos tipos de paja, llamada por los paisanos "torta"; por lo común, el suelo es de tierra. El **rancho** se orienta de modo que no lo azote el pampero y en las zonas del sur los vientos del oeste. Según las regiones, el **rancho** tiene techo de una o dos aguas; este último es el usado en los lugares de abundante lluvia. Buscando protección, el **rancho** se construye casi siempre en la proximidad de un árbol. Complementos infaltables del **rancho** son el fogón, el horno, el aljibe y la ramada o enramada. Objeto de cuidado y atención por parte del gaucho y de su compañera, el **rancho** constituye uno de sus orgullos; su abandono, por falta de refecciones constantes que contrarresten la acción destructora de la lluvia y del viento, lo transforma en tapera, símbolo de la decadencia del paisano. Existen diferentes tipos de **rancho,** de acuerdo con los materiales que se emplean en su construcción y las características que le confieren las necesidades y costumbres del campesino según el clima, la región, etc. Con formas, dimensiones y aspectos diferentes, el **rancho** es también la vivienda típica del hombre de campo en otros lugares de América: México, Brasil, parte de Centro América e incluso algunas zonas de los Estados Unidos.

RANCHO ABANDONADO, El. *Mús.* Pieza de Alberto Williams, estrenada en 1890, la primera de su autor en estilo argentino nativo. Influida por el romanticismo musical que caracteriza la primera época del compositor, es una estilización de aires melódicos gauchos.

RANDA. (Del al. *rand*, borde.) f. Especie de encaje labrado con aguja o tejido y que se usa para adornar vestidos. || m. fam. Ratero, granuja.

RANDADO, DA. adj. Adornado con randas.

RANDERA. f. La que por oficio hace randas.

RANEAR. intr. Moverse con ligereza y agilidad. || Hacer contorsiones. || fig. Vocear. || *Dom.* Apabullar, confundir. || *Méx.* Leer coreado y en alta voz, desordenadamente. || Infamar, calumniar. || Hablar de lo que no se sabe. || deriv.: **raneador, ra; raneamiento.**

RANERO. m. Terreno en que se crían muchas ranas.

RANETA. f. Variedad de manzana agridulce.

RANGA. f. *Col.* Tortuga pequeña. || *Col.* y *Ec.* Rocín, matalón.

RANGABÉ, Alejandro. *Biog.* Político y literato gr., autor de varias obras en prosa (1810-1892).

RANGALIDO, DA. adj. *Ec.* y *Perú.* Sucio, mugriento. || Dícese de la caballería flaca y de mal aspecto.

RANGÍFERO. (Del b. lat. *rangífer.*) m. Reno.

RANGO. (Del fr. *rang.*) m. Índole, clase, calidad, categoría. || *Amér.* Situación social elevada. *Le hicieron un recibimiento acorde con su* RANGO. || *Amér. Central, Chile, Ec.* y *Perú.* Rumbo, esplendidez. || *Arg.* Juego de niños, llamado también **rango y mida,** consistente en saltar los unos sobre otro que está encorvado. || IDEAS AFINES: *Casta, linaje, aristocracia, prosapia, blasón, orgullo, jerarquía, fortuna, bienes, elegancia, distinción, importancia, categoría.*

RANGOSIDAD. f. *Chile.* Calidad de rangoso.

RANGOSO, SA. adj. *Amér. Central* y *Chile.* Rumboso, generoso.

RANGUA. f. Tejuelo de un eje.

RANGÚN. *Geog.* C. y puerto de Birmania, capital del país. 3.110.000 h. Exportaciones agrícolas. Universidad.

RANILLA. f. Parte blanda del casco de las caballerías, entre los dos pulpejos. || *Veter.* Afección de la parte posterior del casco. || Afección parasitaria rectal de las reses vacunas.

RANKE, Leopoldo. *Biog.* Historiador al., autor de *Historia de los pueblos romanos y germánicos; Doce libros de historia prusiana; Historia de Inglaterra,* etc. (1795-1886).

RANQUEL. adj. Dícese del individuo de una tribu de indios araucanos que vivían en el sur de las provincias argentinas de Mendoza y Tucumán. Ú.t.c.s. || Perteneciente a estos indios. || m. Lengua de los **ranqueles,** dialecto del idioma araucano.

RÁNULA. f. *Pat.* Tumor quístico debajo de la lengua, debido a la obstrucción y dilatación de una de las glándulas salivales o mucosas de esa región. || *Veter.* Tumor, en forma de rana, en las proximidades del frenillo lingual, que padecen los perros y el ganado caballar y vacuno. || deriv.: **ranular.**

RANUNCULÁCEO, A. adj. *Bot.* Dícese de plantas dicotiledóneas de hojas alternas, flores de colores brillantes, actinomorfas o zigomorfas, solitarias o en racimos, y fruto seco o carnoso, como la peonía y la anémona. Ú.t.c.s.f. || f. pl. *Bot.* Familia de estas plantas.

RANÚNCULO. (Del lat. *ranúnculus*, dim. de *rana.*) m. Planta herbácea anual, de tallo hueco y ramoso, hojas en tres lóbulos, flores amarillas y fruto seco, común en terrenos húmedos de España; su jugo es acre y venenoso. *Ranunculus acris,* ranunculácea. || Otras especies del Gén. *Ranunculus.*

RANURA. al. **Nut; Rille.** fr. **Rainure.** ingl. **Groove.** ital. **Scanalatura; scannellatura.** port. **Ranhura.** f. Canal o surco estrecho y largo que se abre en un madero, piedra u otro material para ensamblar, guiar piezas movibles, etc. || *Anat.* Surco largo y angosto, especialmente en un hueso. || IDEAS AFINES: *Romper, tajar, sajar, hender, cortar, partir, raer, agujero, boquete, hendidura, abertura.*

RANVIER, Luis A. *Biog.* Méd. fr. precursor de la histología mod. Son valiosas sus investigaciones sobre la estructura de la fibra nerviosa, sistema glandular, etc. (1835-1922).

RANZAL. m. Cierta tela antigua de hilo.

RAÑA. (De *raño.*) f. Instrumento para pescar pulpos, formado por una cruz de madera o metal erizada de garfios.

RAÑA. f. Terreno de monte bajo.

RAÑO. (Del lat. *araneus*, de la araña.) m. Pez marino, de cabeza y lomo amarillos, vientre rojo amarillento y aletas pectorales encarnadas; acantopterigio. || Garfio de hierro con mango largo de madera, para arrancar de las peñas las ostras, lapas, etc.

RAOULT, Francisco María. *Biog.* Químico fr. que realizó importantes investigaciones sobre la presión del vapor y sobre el punto de ebullición y congelación (1830-1901).

RAPA. (Del cat. *rapa.*) f. Flor del olivo.

RAPABARBAS. m. fam. Barbero.

RAPACEJO, JA. s. dim. de **Rapaz,** muchacho joven.

RAPACEJO. m. Alma de hilo, cáñamo, etc., sobre la cual se tuerce estambre, seda o metal para formar los cordoncillos de los flecos. || Fleco liso.

RAPACERÍA. f. Rapacidad.

RAPACERÍA. f. Rapazada.

RAPACIDAD. al. **Raubgier.** fr. **Rapacité.** ingl. **Rapacity.** ital. **Rapacità.** port. **Rapacidade.** f. Calidad de rapaz, inclinación al robo. || Robo, rapiña.

RAPADOR, RA. adj. Que rapa. Ú.t.c.s. || m. fam. Barbero, peluquero.

RAPADURA. f. Acción y efecto de rapar o raparse. || *Amér. Central, Arg., Col.* y *Ec.* Raspadura, chancaca.

RAPAGÓN. m. Mozo joven, aún imberbe; sinón.: **barbilampiño.**

RAPAMIENTO. m. Rapadura.

RAPANTE. p. a. de **Rapar.** Que rapa o hurta. || adj. *Blas.* Rampante.

RAPAPIÉS. m. Buscapiés.

RAPAPOLVO. m. fam. Reprensión áspera. sinón.: **admonición, sermón.**

RAPAR. al. **Rasieren.** fr. **Tondre; raser.** ingl. **To crop; to shave.** ital. **Rapare.** port. **Rapar.** (Del germ. *rapon.*) tr. Rasurar. Ú.t.c.r. sinón.: **afeitar.** || Cortar el pelo al rape. || **Raer.** || fig. y fam. Hurtar o quitar con violencia alguna cosa. *Le* RAPARON *el reloj.* || deriv.: **rapable; rapadero, ra; rapandero, ra.**

RAPAVELAS. m. fam. Sacristán, monaguillo.

RAPAZ. al. **Raubgierig.** fr. **Rapace.** ingl. **Rapacious.** ital. **Rapace.** port. **Rapace; rapaz.** (Del lat. *rápax, -acis.*) adj. Inclinado al robo o rapiña. || *Zool.* Dícese de aves de pico fuerte y encorvado, patas robustas y uñas curvas y aceradas. Ú.t.c.s.f. || f. pl. *Zool.* Orden de estas aves.

RAPAZ, ZA. al. **Bengel.** fr. **Gamin.** ingl. **Boy.** ital. **Ragazzino.**

port. **Rapaz.** (De *rapar.*) s. Muchacho o muchacha de poca edad.

RAPAZADA. f. Muchachada.

RAPAZUELO, LA. s. dim. de **Rapaz,** muchacho.

RAPE. (De *rapar.*) m. fam. Corte de la barba hecho sin cuidado. Ú.m. en la frs. **dar un rape.** ‖ **Al rape.** m. adv. A la orilla o casi a raíz.

RAPE. (En cat. *rab.*) m. Pejesapo.

RAPÉ. al. **Schnupftabak.** fr. **Tabac à priser.** ingl. **Snuff; rappee.** ital. **Rapè.** port. **Rapé.** (Del fr. *rapé,* rallado.) adj. y s. Dícese del tabaco de polvo grueso y obscuro, elaborado con hoja cortada después de madurar, y que se usa sorbiéndolo por la nariz.

RAPEL. *Geog.* Río de la región central de Chile que nace cerca del volcán Tinguiririca y des., en forma de estuario, en el Pacífico.

RÁPIDAMENTE. adv. m. Con ímpetu y celeridad. *Ordenó* RÁPIDAMENTE *la casa;* sinón.: **prontamente, raudamente.** ‖ De modo fugaz, en o por un instante. *La vida transcurre* RÁPIDAMENTE

RAPIDEZ. al. **Schnelligkeit.** fr. **Rapidité.** ingl. **Rapidity.** ital. **Rapidità.** port. **Rapidez.** (De *rápido.*) f. Velocidad impetuosa o movimiento acelerado. *La* RAPIDEZ *del rayo;* sinón.: **celeridad, presteza;** antón.: **lentitud.**

RÁPIDO, DA. al. **Schnell.** fr. **Rapide; vite.** ingl. **Rapid; swift.** ital. **Rapido; svelto.** port. **Rápido.** (Del lat. *rápidus.*) adj. Veloz, pronto, impetuoso. *Paso* RÁPIDO; antón.: **despacioso, lento.** ‖ *Col., Chile* y *Ven.* Dícese de los campos calmos y monótonos sin sombra ni edificios. ‖ *Ven.* Completamente despejado, en especial hablando del estado de la atmósfera. ‖ m. Rabión. ‖ IDEAS AFINES: *Velocidad, decisión, empuje, voluntad, empeño, prontitud, coraje, enérgico, decidido, dispuesto, acelerado.*

RAPIEGA. adj. Dícese del ave rapaz.

RAPIFORME. adj. De forma de nabo.

RAPINGACHO. m. *Ec.* y *Perú.* Tortilla de papas con queso o manteca.

RAPIÑA. al. **Raub.** fr. **Rapine.** ingl. **Rapine.** ital. **Rapina.** port. **Rapina.** (Del ant. *rapina,* y éste del lat. *rapina.*) f. Robo o saqueo que se ejecuta arrebatando con violencia. ‖ IDEAS AFINES: *Pillaje, asalto, invasión, irrupción, ataque, bandolero, atracar, despojar, ladrón, fuerza, defensa, águila, buitre.*

RAPIÑADOR, RA. adj. y s. Que rapiña.

RAPIÑAR. tr. fam. Hurgar o quitar una cosa como arrebatándola. ‖ deriv.: **rapiñante.**

RAPISARDI, Mario. *Biog.* Escritor ital., autor de *Palingenesia; Atlántida* y otros poemas narrativos (1844-1912).

RAPISTA. m. fam. El que rapa. ‖ fig. y fam. Barbero o peluquero.

RÁPITA. f. Rábida.

RAPO. (Del lat. *rápum,* y éste del gr. *rapys,* nabo.) m. Naba, raíz de esta planta.

RAPONCHIGO. (Del lat. *rápum,* nabo.) m. Planta de tallos estriados, hojas oblongas, flores azules en panojas terminales, fruto capsular, raíz blanca, fusiforme, comestible. Gén. *Campanula rapanculus,* campanulácea.

RAPÓNTICO. m. Ruipóntico.

RAPOSA. f. Zorra, mamífero. ‖ Hembra de esta especie. ‖ fig. y fam. Persona astuta. ‖ *Cuba.* Envase para cebollas, papas, etc. ‖ **Cada raposa guarde su cola.** ref. que recomienda que cada uno mire por sí.

RAPOSEAR. intr. Usar de ardides o trampas como la raposa.

RAPOSEO. m. Acción de raposear.

RAPOSERA. f. Zorrera, cueva de zorros.

RAPOSERÍA. f. Zorrería. ‖ Raposeo.

RAPOSERO, RA. adj. V. **Perro raposero.** Ú.t.c.s.

RAPOSÍA. f. Raposería.

RAPOSINO, NA. adj. Raposuno.

RAPOSO. (De *rabo.*) m. Zorro, macho de la zorra. ‖ fig. y fam. Zorro, hombre astuto y taimado. ‖ – **ferrero.** Zorro propio de los países glaciales, cuya piel gris azulada se estima mucho en peletería.

RAPOSUNO, NA. adj. Zorruno.

RAPPAHANNOCK. *Geog.* Río del este de los EE. UU., nace en los montes Apalaches y des. en la bahía de Chesapeake, 250 km.

RAPSODA. al. **Rhapsodie.** fr. **Rapsodie.** ingl. **Rhapsodist.** ital. **Rapsodo.** port. **Rapsoda.** (Del gr. *rapsodós;* de *rapto,* coser, tejer, y *odé,* canto.) m. El que en la Grecia antigua iba de pueblo en pueblo cantando y recitando poemas.

RAPSODIA. al. **Rhapsodie.** fr. **Rapsodie.** ingl. **Rhapsody.** ital. **Rapsodia.** port. **Rapsodia.** f. Trozo de un poema épico, y en especial de los de Homero. ‖ Centón, obra compuesta de retazos ajenos. ‖ Pieza musical, formada con fragmentos de otras obras o con trazos de aires populares.

RAPSODIA EN BLUE. *Mús.* Notable rapsodia sobre temas negros del blue, original de Jorge Gershwin, estrenada en 1924. Primera obra ambiciosa de su autor y una de las más celebradas de la música contemporánea, en ella se elevaron los elementos melódicos del folklore negro y del jazz a un original tratamiento sinfónico.

RAPSODIAS HÚNGARAS. *Mús.* Notable serie de composiciones para piano, originales de Francisco Liszt. Basadas en motivos húngaros, una de ellas, la segunda, alcanzó extraordinaria popularidad mundial.

RAPTADA. adj. Aplícase a la mujer a quien lleva un hombre por fuerza o con engaños.

RAPTAR. al. **Entführen; rauben.** fr. **Enlever; ravir.** ingl. **To abduct.** ital. **Rapire.** port. **Raptar.** (Del lat. *raptare.*) tr. Cometer el delito de rapto. *Los romanos* RAPTARON *a las sabinas.*

RAPTO. al. **Entführung; Anfall.** fr. **Rapt; extase.** ingl. **Abduction; rapture.** ital. **Ratto; rapimento.** port. **Rapto.** (Del lat. *raptus.*) m. Impulso, acción de arrebatar o tomar una cosa por la violencia. ‖ Delito que consiste en llevarse de su domicilio, con miras deshonestas, a una mujer por fuerza o por medio de engaños. ‖ Por ext. acción de apoderarse con violencia de una persona, especialmente un niño. ‖ Éxtasis, estado del alma. ‖ *Med.* Transporte súbito de sangre u otro humor. ‖ IDEAS AFINES: *Arrebato, decisión, pasión, intensidad, afán, robar, tomar, rescate, pagar, recobrar, policía, buscar, averiguar, muerte, dinero, recompensa.*

RAPTO DEL SERRALLO, El. *Mús.* Ópera cómica de Mozart, estrenada en 1782 y considerada como la primera obra maestra que produjo el genial compositor. Obra encantadora, de concepción atrevida, sin otras notas que las necesarias al decir del propio autor, despertó más extrañeza que admiración y durante algún tiempo fue resistida por público y crítica.

RAPTOR, RA. adj. Que rapta. Ú.t.c.s.

RAQUE. (Del al. *Wrack,* barco naufragado, restos de un naufragio.) m. Acto de recoger en las costas los objetos procedentes de algún naufragio o echazón. *Andar, ir al* RAQUE.

RAQUEAR. intr. Buscar restos de naufragios. ‖ *Cuba.* Hurtar. ‖ deriv.: **raqueable; raqueo; raquerí.**

RAQUEL. *Hist. Sagr.* Una de las esposas de Jacob, madre de José y Benjamín.

RAQUERO, RA. adj. Dícese de la embarcación que va pirateando por las costas. ‖ m. El que anda al raque. ‖ Ratero que actúa en puertos y costas.

RAQUETA. al. **Tennisschläger; Rakett.** fr. **Raquette.** ingl. **Racket; racquet.** ital. **Racchetta.** port. **Raqueta.** (Del ital. *racchetta,* contrac. de *retichetta,* y ésta del lat. *rete,* red.) f. Bastidor de madera, con mango, que sujeta una red o pergamino, y que se emplea como pala en el juego de tenis y otros semejantes. ‖ Juego de pelota en que se emplea la pala. ‖ Jaramago. ‖ Utensilio de madera en forma de raqueta que se usa en las mesas de juego para mover el dinero de las posturas. ‖ Especie de calzado para andar por la nieve.

RAQUETERO, RA. s. Fabricante o vendedor de raquetas.

RAQUIALGIA. f. *Pat.* Dolor a lo largo del raquis. ‖ deriv.: **raquiálgico, ca.**

RAQUIANESTESIA. f. *Cir.* Anestesia producida por la inyección de un anestésico en el conducto raquídeo.

RAQUÍDEO, A. adj. Perteneciente al raquis. *Nervios* RAQUÍDEOS.

RAQUIS. (Del gr. *rakhis, -idos.*) m. *Anat.* Espinazo, columna vertebral. ‖ *Bot.* Nervio principal de una hoja; peciolo común de una hoja compuesta o eje central de una inflorescencia. ‖ Raspa.

RAQUÍTICO, CA. al. **Rachitisch.** fr. **Rachitique.** ingl. **Rachitic.** ital. **Rachitico.** port. **Raquítico.** adj. Que padece raquitismo. Ú.t.c.s. *Niño* RAQUÍTICO; antón.: **fuerte, sano.** ‖ Relativo al raquitismo. *Constitución* RAQUÍTICA. ‖ fig. Exiguo, escaso, pequeño. *Vegetación* RAQUÍTICA; antón.: **lozano, lujuriante.** ‖ Desmedrado, endeble. ‖ deriv.: **raquíticamente.**

RAQUITIS. (Del gr. *rakhitis,* relativo al espinazo.) f. *Pat.* Afección inflamatoria de la columna vertebral. ‖ Raquitismo.

RAQUITISMO. m. *Pat.* Enfermedad del metabolismo que se observa durante el período del crecimiento y se debe a una alteración del calcio y el fósforo sanguíneo por carencia de vitamina D, como consecuencia de alimentación incorrecta, trastornos digestivos, infecciones prolongadas, falta de sol, etc. Se manifiesta por deformaciones esqueléticas diversas y retardo en la osificación y en la dentición.

RAQUITOMÍA. f. *Anat.* y *Cir.* Abertura anatómica o quirúrgica del conducto vertebral.

RAQUÍTOMO. (De *raquis,* y el gr. *temno,* cortar.) m. *Cir.* Instrumento para la práctica de la raquitomía.

RARA. (Voz onomatopéyica.) f. *Amér. del S.* Pájaro de colores pardo, negro y blanco. Vive en los campos cultivados, huertos y jardines, en los que causa muchos daños. *Phytotoma rara.*

RARA AVIS. loc. lat. Aplícase a persona o cosa conceptuada como rara o singular excepción de una regla cualquiera.

RARAMENTE. adv. m. Por maravilla, rara vez. RARAMENTE *se mostraba en público.* ‖ Con rareza, de un modo extraordinario, extravagante o ridículo. *Hablaba* RARAMENTE.

RAREFACCIÓN. al. **Verdünnung.** fr. **Raréfaction.** ingl. **Rarefaction.** ital. **Rarefazione.** port. **Rarefacção.** f. Acción y efecto de rarefacer o rarefacerse. *En las grandes alturas se produce la* RAREFACCIÓN; sinón.: **enrarecimiento.**

RAREFACER. (Del lat. *rarefácere.*) tr. y r. Enrarecer. sinón.: **rarificar.** ‖ irreg. Conj. como **Hacer.** ‖ deriv.: **rarefaciente; rarefactibilidad; rarefactible; rarefactivo, va.**

RAREFACTO, TA. p. p. irreg. de **Rarefacer.**

RAREZA. al. **Seltenheit.** fr. **Rareté.** ingl. **Rarity.** ital. **Rarezza.** port. **Raridade; rareza.** f. Calidad de raro. ‖ Cosa rara. *Esta piedra es una* RAREZA. ‖ Acción característica de la persona rara o extravagante. *Nos reíamos de sus* RAREZAS.

RARIDAD. (Del lat. *ráritas, atis.*) f. Rareza, calidad de raro. ‖ *Fís.* Estado de lo que es ralo o poco denso.

RARIFICAR. tr. y r. Rarefacer. ‖ deriv.: **rarificable; rarificación; rarificador, ra; rarificante.**

RARIFICATIVO, VA. adj. Que tiene virtud de rarificar.

RARO, RA. al. **Selten.** fr. **Rare; étrange.** ingl. **Rare.** ital. **Raro.** port. **Raro.** (Del lat. *rarus.*) adj. Que tiene poca densidad. Dícese especialmente de gases enrarecidos. ‖ Extraordinario, poco común. *¡Qué flor* RARA!; sinón.: **extraño, singular.** ‖ Escaso en su género. *El vanadio es un mineral* RARO. ‖ Insigne, excelente en su línea. RARA *inteligencia;* sinón.: **excepcional, sobresaliente.** ‖ Extravagante de genio o de comportamiento. *Hombre* RARO. ‖ IDEAS AFINES: *Insólito, desusado, curioso, notable, precioso, original, asombro, estupor, admiración, anómalo, anormal, monstruoso, fenómeno, inaudito, sin igual, maravilloso.*

RAS. al. **Ebene Fläche.** fr. **Ras.** ingl. **Level.** ital. **Raso.** port. **Raso.** (De *rasar.*) m. Igualdad en la superficie o la altura de las cosas. ‖ **Al ras.** m. adv. Casi tocando, casi al nivel de una cosa. *El avión pasó al* RAS *de los techos.* ‖ **Ras con ras,** o **ras en ras.** m. adv. A un mismo nivel o en una misma línea. ‖ Dícese también cuando un cuerpo pasa rozando a otro. ‖ En el instante preciso, al tiempo justo.

RASA. (Del lat. *rasa,* t. f. de *-sus,* raso.) f. Abertura o raleza que se hace en las telas endebles sin que se rompan la trama ni la urdimbre. ‖ Llano alto y despejado de un monte.

RASADURA. f. Acción y efecto de rasar.

RASAMENTE. adv. m. Claramente, sin embozo. *Expuso,* RASAMENTE, *su parecer;* sinón.: **abiertamente, lisamente.**

RASANTE. p. a. de **Rasar.** Que rasa. *Tiro* RASANTE. ‖ f. Línea de una calle o camino, considerada en su inclinación respecto del plano horizontal.

RASAR. al. **Streifen.** fr. **Racler; raser.** ingl. **To graze.** ital. **Rasare.** port. **Rasar; rocar.** (De *raso.*) tr. y r. Igualar las medidas de granos con el rasero. ‖ Pasar rozando un cuerpo con otro. *El proyectil* ME RASÓ *el brazo.* ‖ Arrasar. Ú.m.c.r. ‖ deriv.: **rasable; rasador, ra; rasamiento; rasativo, va.**

RASARSE. r. Ponerse rasa o limpia una cosa, como el cielo sin nubes. sinón.: **aclararse, despejarse.**

RASCA. f. *Amér.* Borrachera.

RASCACIELOS. al. **Wolkenkratzer.** fr. **Gratteciel.** ingl. **Skyscraper.** ital. **Grattacielo.** port. **Arranha-céu.** m. Edificio muy alto y de muchos pisos. *Los* RASCACIELOS *de Nueva York.*

RASCACIO. m. Rescaza.

RASCADERA. f. Rascador, instrumento para rascar. ‖ fam. Almohaza.

RASCADOR. m. Cualquiera de los varios instrumentos que sirven para rascar. ‖ Especie de aguja de adorno, que las mujeres usan para el tocado. ‖ Instrumento de hierro para desgranar el maíz y otros frutos análogos.

RASCADURA. f. Acción y efecto de rascar o rascarse.

RASCALINO. m. Tiñuela, cuscuta.

RASCAMIENTO. m. Rascadura.

RASCAMOSO. m. Rascador aguja de adorno.

RASCAR. al. **Kratzen.** fr. **Gratter.** ingl. **To scratch; to scrape.** ital. **Graitare.** port. **Rascar.** (Del b. lat. *rasicare,* de *rasus,* raído.) tr. Frotar fuertemente la piel con una cosa aguda o áspera, y por lo regular con las uñas. Ú.t.c.r. ‖ Hacer arañazos. ‖ Limpiar con rascador o rasqueta. ‖ Producir sonido estridente al tocar con el arco un instrumento de cuerda. ‖ **Llevar,** o **tener,** uno **qué rascar.** frs. fig. y fam. Haber recibido algún daño difícil de remediar. ‖ deriv.: **rascable; rascante.**

RASCATRIPAS. com. Persona que toca un instrumento de arco con poca habilidad.

RASCAZÓN. f. Comezón que incita a rascarse.

RASCLE. (De *rascar.*) m. Arte usado para la pesca del coral.

RASCÓN, NA. (De *rascar.*) adj. Áspero o picante al paladar. ‖ m. **Polla de agua,** ave zancuda de Europa y Asia, que vive en lugares pantanosos y es de hábitos nocturnos. *Raullus aquaticus,* rálidas.

RASCUÑAR. tr. Rasguñar.

RASCUÑO. m. Rasguño. ‖ Raspadura, raya.

RASCH ISLA, Miguel. *Biog.* Poeta col., notable sonetista; autor de *A flor de alma; La manzana del Edén,* etc. (1889-1953).

RASCHI. *Biog.* Nombre con que es conocido el ilustre rabino fr. **Salomón Isaki,** comendador y esclarecedor de la Biblia y del Talmud, fundador del rabinato como función permanente, social y pedagógica. Convirtió los libros de Moisés en lectura accesible para todo el judaísmo (1040-1105).

RAS DAJAN. *Geog.* Cerro del macizo de Etiopía, el más alto del país. 4.620 m.

RASEL. m. *Mar.* Racel.

RASERA. f. Rasero. ‖ Paleta de metal que se emplea en la cocina para volver los fritos y para otros fines. ‖ *Carp.* Cepillo de afinar las maderas.

RASERO. (De *rasar.*) m. Palo cilíndrico que sirve para rasar las medidas de los áridos. ‖ **Por el mismo,** o **por un, rasero.** m. adv. fig. Con rigurosa igualdad.

RASETE. m. Raso muy sencillo.

RASGADO, DA. adj. Dícese del balcón o la ventana que se abre mucho y tiene mucha luz. || V. **Boca rasgada.** || V. **Ojos rasgados.** || m. Rasgón.

RASGADOR, RA. adj. Que rasga.

RASGADURA. f. Acción y efecto de rasgar. || Rasgón.

RASGAR. al. **Reissen.** fr. **Déchirer.** ingl. **To tear.** ital. **Lacerare; stracciare.** port. **Rasgar.** (Del m. or. que *rascar.*) tr. Romper o hacer pedazos, a viva fuerza y con las manos, cosas de poca consistencia; como tejidos, papel, etc. Ú.t.c.r. sinón.: **desgarrar.** || Rasguear. || Abrir mucho el vano de una puerta, balcón, etc. || deriv.: **rasgable; rasgamiento; rasgante.**

RASGO. al. **Zug.** fr. **Trait.** ingl. **Stroke.** ital. **Tratto.** port. **Rasgo.** (De *rasgar.*) m. Línea de adorno que se añade a las letras al escribir. || Cualquiera de las líneas o dibujos que traza el pincel. || fig. Expresión feliz de un afecto o pensamiento. || Acción gallarda y notable en cualquier concepto. RASGO *amistoso, de modestia.* || Facción del rostro. Ú.m. en pl. RASGOS *delicados.* || IDEAS AFINES: *Trazo, palabra, palote, firma, rúbrica, autógrafo, demostración, patente, claro, tez, faz, cara, modales.*

RASGÓN. m. Rotura de un vestido o tela. sinón.: **desgarrón.**

RASGUEADO. m. Rasgueo.

RASGUEADOR, RA. adj. Dícese del que rasguea con buen gusto al escribir. Ú.t.c.s.

RASGUEAR. (De *rascar.*) tr. Tocar la guitarra u otro instrumento rozando varias cuerdas a la vez con las puntas de los dedos. || intr. Hacer rasgos con la pluma. || deriv.: **rasgueadura; rasgueamiento; rasguido.**

RASGUEO. m. Acción y efecto de rasguear.

RASGUÑAR. al. **Schrammen; zerkratzen.** fr. **Egratigner.** ingl. **To scratch.** ital. **Graffiare; sgraffiare.** port. **Arranhar.** (De *rasgar.*) tr. Arañar o rascar con las uñas o con algún instrumento. Ú.t.c.r. || *Pint.* Dibujar en apuntamiento o tanteo. || deriv.: **rasguñador, ra; rasguñadura.**

RASGUÑO. al. **Schramme; kratzer.** fr. **Égratignure.** ingl. **Scratch.** ital. **Graffio; sgraffio.** port. **Arranhadura.** m. Arañazo. || *Pint.* Dibujo en apuntamiento o tanteo.

RASGUÑUELO. m. dim. de **Rasguño.**

RASHOMON. *B. A.* Film japonés del director Akira Kurosawa, estrenado en 1950. De hermosa plasticidad y densa concepción humana, es una de las expresiones cumbres de la moderna cinematografía.

RASILLA. (De *raso.*) f. Tela de lana delgada. || Ladrillo delgado y hueco.

RASIÓN. (Del lat. *rasio, -onis.*) f. Rasuración. || Reducción de un cuerpo a pequeñas partes.

RASIS, Ahmed Ar-Razi. *Biog.* Historiador árabe español, autor de una *Crónica histórico-geográfica de España* (855-945).

RASMUSSEN, Canuto. *Biog.* Explorador danés que recorrió varias veces Groenlandia, acerca de la cual escribió valiosas obras (1879-1933).

RASO, SA. al. **Eben; flach.** fr. **Ras; plat.** ingl. **Plain; flat.** ital. **Raso; splanato.** port. **Raso.** (Del lat. *rasus,* p. p. de *rádere,* raer.) adj. Plano, liso, desembarazado. Ú.t.c.s. *Terreno* RASO; antón.: **desigual, quebrado.** || Aplícase al asiento que no tiene respaldar. || Dícese del que no tiene un título u otro adherente que le distinga. *Soldado* RASO. || Dícese también de la atmósfera cuando está libre de nubes y nieblas. || Que pasa o se mueve a poca altura del suelo. || m. Tela de seda lustrosa, de más cuerpo que el tafetán y menos que el terciopelo. || **— chorreado.** Cierta especie de **raso** antiguo. || **Al raso.** m. adv. En el campo o a cielo descubierto.

RASOLISO. m. Cierta clase de tela de raso.

RASPA. (De *raspar.*) f. Arista del grano de trigo y otras gramíneas. || Pelo, en la pluma de escribir. || En los pescados, cualquier espina, especialmente la esquena. || Gajo de uvas. || En algunos frutos, zurrón, cáscara. || Zuro, mazorca del maíz desgranada. || fig. Araño, picadura, mordacidad, arrebato de pasión. || *Amér.* Reprimenda. || *Cuba, Méx.* y *P. Rico.* Raspadura, azúcar morena. || *Méxi.* Chanza, burla. || m. *Arg.* y *Urug.* Ladrón, ratero, || adj. *Méx.* Soez. *Fulano es muy* RASPA. || **¡Raspa!** int. *Ven.* Equivale a ¡De prisa! ¡Anda! || *Bot.* Eje o pedúnculo común de las flores y frutos de una espiga o un racimo. || **Ir** uno **a la raspa.** frs. **Ir a hurtar.** || **Tender** uno **la raspa.** frs. fig. y fam. Echarse a dormir o descansar.

RASPADO, DA. adj. *C. Rica* y *Ven.* Descarado. || m. Acción de raspar. || *Cir.* Operación de raspar con una cucharilla cortante una superficie enferma, especialmente la interna del útero y la de un hueso afecto de caries. || f. *Méx.* Perjuicio sufrido. || *Méx.* y *P. Rico.* Reprimenda.

RASPADOR. al. **Schaber.** fr. **Grattoir.** ingl. **Eraser; scraper.** ital. **Raschino.** port. **Raspador.** m. Instrumento que sirve para raspar, y especialmente la cuchillita que se usa para raspar lo escrito.

RASPADURA. f. Acción y efecto de raspar. || Lo que raspando se quita de la superficie. Ú m. en pl. RASPADURAS *de yeso.* || Rasguño superficial. || *Amér.* Azúcar morena que va quedando pegada a la paila en los trapiches de caña.

RASPAHILAR. (De *raspa* y *ahilar.*) intr. fam. Moverse rápida y atropelladamente. No se emplea, por lo común, sino en el gerundio y con los verbos de movimiento, como *ir, venir, salir, llegar.*

RASPAIL, Francisco V. *Biog.* Químico fr. que estudió las propiedades curativas del alcanfor y lo aplicó como base de varios medicamentos (1794-1878).

RASPAJE. m. *Cir.* Dígase **raspado.**

RASPAJO. m. Escobajo de uvas.

RASPAMIENTO. m. Raspadura, acción y efecto de raspar.

RASPANTE. p. a. de **Raspar.** Que raspa. Aplícase comúnmente al vino que pica al paladar.

RASPAR. al. **Kratzen.** fr. **Racler, gratter.** ingl. **To erase; to rasp.** ital. **Raspare.** port. **Raspar.** (Del b. lat. *raspare,* y éste del germ. *raspon.*) tr. Raer ligeramente la superficie de una cosa. || Picar el vino u otro licor al paladar. || Hurtar, quitar una cosa. || Rasar, rozar ligeramente. || *Cuba* y *P. Rico.* Despedir a un empleado. || *P. Rico.* Reprender. || intr. *Ven.* Irse, marcharse. || Morir.

RASPEAR. (De *raspa.*) intr. Correr con aspereza y dificultad la pluma. || *Arg., Chile* y *Ec.* Reprender.

RASPILLA. f. Planta herbácea, de tallos tendidos, angulares, con espinitas revueltas hacia abajo, hojas ásperas, estrechas por la base, aovadas por la parte opuesta, y flores azules, llamadas nomeolvides. Gén. *Asperugo procombeus,* borragináceа. sinón.: **miosota.**

RASPÍN. (De *raspar.*) m. Cierto cincel de dientes.

RASPÓN. m. *Amér.* Desolladura. *Me hice un* RASPÓN *en las rodillas.* || *Col.* Sombrero de paja que usan los campesinos. || *Col. Chile, Hond.* y *Méx.* Raspa, reprimenda.

RASPONAZO. m. Señal o herida superficial, producida por un cuerpo punzante que raspa.

RASPOSO, SA. adj. Dícese de lo que es áspero al tacto. || fam. *Arg.* Miserable, de mala traza. || *Méx.* Bromista.

RASPUDO. adj. V. **Trigo raspudo.**

RASPUTÍN, Gregorio Efimovitch, llamado. *Biog.* Monje y aventurero ruso. De gran influencia en la corte de Nicolás II, se ganó la confianza de la zarina y se hizo pasar por santo y vidente. Fue asesinado (1864-1916).

RASQUETA. al. **Kratzer.** fr. **Racle.** ingl. **Scraper.** ital. **Raspa.** port. **Raspa.** (De *rascar.*) f. Planchuela de hierro de cantos afilados y con mango de madera para raer y limpiar la madera. || *Amér. del S.* Almohaza.

RASQUETEAR. tr. *Amér.* Almohazar.

RASQUIÑA. f. *Amér.* Rascazón, picazón. || *Ec.* y *P. Rico.* Sarna.

RASTACUERO. m. Galicismo por vividor o advenedizo. || deriv.: **rastacuerismo.**

RASTEL. (Del lat. *rastellus,* dim. de *ráster,* rastrillo.) m. Barandilla.

RASTILLADOR, RA. adj. y s. Rastrillador.

RASTILLAR. tr. Rastrillar.

RASTILLO. m. Rastrillo.

RASTRA. f. Rastro, instrumento con púas para recoger hierba, etc. || Vestigio que queda de algún hecho. || Narria, escalera de carro. || Grada, rastrillo. || Recogedor de mieses. || Cualquier cosa que va colgando y arrastrando. || Persona que sigue o acompaña a otra. || Sarta de cualquier fruta seca. || fig. Resulta de una acción que obliga a compensación o expiación. || Entre ganaderos, cría de una res, especialmente la que aún mama. || *Mar.* Seno de cabo que se arrastra por el fondo del mar para buscar algún objeto sumergido. || **A la rastra, a rastra,** o **a rastras.** m. adv. Arrastrando. || fig. De mal grado, obligado.

RASTRALLAR. tr. **Restallar.** || deriv.: **rastrallador, ra; rastrallamiento; rastrallante; rastrallido.**

RASTREADA. f. Acción de rastrear o seguir el rastro.

RASTREADO. m. Rastra, serie, sarta. || Modo especial de arrastrar los pies para algún fin. || Cierto baile español del s. XVII.

RASTREADOR, DA. adj. Que rastrea. Ú.t.c.s. || m. *Mar.* Destinado a rastrear y limpiar el fondo de los ríos y canales. || Dragaminas.

RASTREAR. al. **Nachspüren.** fr. **Suivre la piste.** ingl. **To trace.** ital. **Ormare; ormeggiare.** port. **Rastear.** tr. Seguir el rastro o buscar alguna cosa por él. || Llevar arrastrando por el fondo del agua una rastra, un arte de pesca u otra cosa. || Vender la carne en el rastro por mayor. || fig. Inquirir, averiguar por conjeturas o señales. RASTREAR *sus intenciones;* sinón.: **indagar, perquirir.** || intr. Hacer alguna labor con el rastro. || Ir volando pero casi tocando el suelo. || deriv.: **rastreable; rastreadura; rastreamiento; rastreante.**

RASTREL. m. Ristrel.

RASTREO. m. Acción de rastrear por el fondo del agua.

RASTRERA. f. *Mar.* Arrastradera.

RASTRERAMENTE. adv. m. De un modo rastrero, con vileza. sinón.: **abyectamente, despreciablemente;** antón.: **noblemente.**

RASTRERO, RA. al. **Schleppend; niedrig.** fr. **Trainant; vil.** ingl. **Trailing; abject.** ital. **Strisciante; vile.** port. **Rasteiro.** adj. Que va arrastrando. || V. **Perro rastrero.** || Dícese de las cosas que van por el aire, pero casi tocando el suelo. || fig. Bajo, vil, despreciable. *Ambición* RASTRERA; antón.: **digno, noble.** || *Bot.* Dícese del tallo que crece tendido por el suelo y echa raicillas de trecho en trecho. || m. El que trabaja en el rastro o matadero. || El que trae ganado para el rastro. || *Mar.* Cualquiera de los dos botalones que sobresalen del costado de una nave y sirven para sujetar la rastrera.

RASTRILLA. f. Rastro que tiene el mango en una de las caras angostas del travesaño.

RASTRILLADA. f. Todo lo que se recoge de una vez con el rastrillo o rastro. || *Arg.* Camino señalado o formado por los rastros del paso de personas o animales. || *Arg., Bol.* y *Urug.* Huellas de pasos en el campo.

RASTRILLADOR, RA. adj. Que rastrilla. Ú.t.c.s. || f. Máquina agrícola a manera de rastro grande.

RASTRILLAJE. m. Maniobra que se ejecuta con rastra o rastrillo.

RASTRILLAR. al. **Harken.** fr. **Rateler.** ingl. **To hackle.** ital. **Rastrellare.** port. **Destorroar.** (De *rastrillo.*) tr. Limpiar el lino o cáñamo de la arista y estopa. || Recoger con el rastro la parva o la hierba segada. || Pasar la rastra por los sembrados. || Limpiar de hierba con el rastrillo las calles de los jardines. || *Amér.* Prevenir un arma de fuego para disparar; hacer fuego. || intr. *Col.* y *Cuba.* Marrar el arma, no salir el tiro. || deriv.: **rastrilladura; rastrillamiento; rastrillante; rastrilleo.**

RASTRILLAZO. m. Golpe que se da con el rastrillo. || *Hond.* Sueño ligero.

RASTRILLO. al. **Harke.** fr. **Râteau.** ingl. **Hackle.** ital. **Rastrello.** port. **Rastelo.** (dim. de *rastro.*) m. Tabla con dientes de alambre grueso, sobre los que se pasa el lino o cáñamo para apartar la estopa y separar bien las fibras. || Compuerta levadiza formada con una reja o verja fuerte y espesa, que se echa en las puertas de las fortalezas. || Estacada, verja o puerta de hierro que defiende la entrada de una fortaleza o de una prisión. || En las armas de fuego de chispa, pieza de acero que hiere el pedernal. || Rastro, instrumento para recoger hojas, etc. || Guarda perpendicular a la tija de la llave y que sólo penetra hasta la mitad del paletón. || Planchita encorvada que está dentro de la cerradura y que al girar la llave entra por el rastrillo del paletón. || IDEAS AFINES: *Defensa, protección, fosa, almena, torre, puente levadizo, poterna, alambrado, púas, valla, muralla; guadañas, agua, regar, jardinero, pala azada, pico, manguera, macizo, cavar, plantar.*

RASTRO. al. **Spur.** fr. **Trace.** ingl. **Track; trace.** ital. **Orma; traccia.** port. **Rastro.** (Del lat. *rástrum.*) m. Instrumento compuesto de un mango largo y delgado cruzado en uno de sus extremos por un travesaño armado de púas y que sirve para recoger hierba, broza, etc. || Herramienta a manera de azada, que en vez de pala tiene dientes fuertes y gruesos, y sirve para extender piedra partida y otros usos. || Vestigio o indicio que deja una cosa de haber acontecido en un lugar. *Los* RASTROS *del malón.* || Mugrón, sarmiento que se entierra. || Mercado semanal de carne por mayor. || Matadero de reses. || Arte de pesca por el sistema de arrastre. || fig. Señal, reliquia o vestigio que queda de una cosa. || IDEAS AFINES: *Pista, huella, señal, búsqueda, policía, detective, rapto, robo, asalto, dactilografía, costumbres, prontuario, fotografía, pesquisa, indagación, interrogatorio, careo, veredicto, condena, absolución, encontrar, buscar, averiguar, eslabón.*

RASTROJAL. m. Rastrojera. || *Ec.* Hierba y arbustos que crecen en un terreno abandonado.

RASTROJAR. tr. Arrancar el rastrojo.

RASTROJEAR. intr. Pastar el ganado o andar rebuscando entre los rastrojos. || deriv.: **rastrojeador, ra; rastrojeo.**

RASTROJERA. f. Conjunto de tierras que se han quedado de rastrojo. || Temporada en que los ganados pastan los rastrojos. || Estos mismos pastos o rastrojos.

RASTROJO. al. **Stoppeln.** fr. **Chaume.** ingl. **Stubble; haulm.** ital. **Stoppia.** port. **Restolho.** (De *restrojo.*) m. Residuo de las cañas o paja de la mies, que queda en la tierra después de segar. || El campo después de segada la mies y antes de recibir nueva labor. || *Col.* Bosque de arbustos. || *Chile.* Rastrojera. || **Sacar** a uno **de los rastrojos.** frs. fig. y fam. Sacarle de estado bajo o humilde.

RASURA. (Del lat. *rasura,* de *rádere,* raer.) f. Acción y efecto de rasurar. || Raedura. || pl. Tártaro, tartrato de potasa.

RASURACIÓN. f. Rasura, acción y efecto de rasurar. || Raedura, acción y efecto de raer.

RASURAR. al. **Rasieren.** fr. **Raser.** ingl. **To shave.** ital. **Radere.** port. **Barbear.** (De *rasura.*) tr. y r. Afeitar las barbas. || deriv.: **rasurable; rasurador, ra; rasuradura; rasuramiento.**

RATA. al. **Ratte.** fr. **Rat.** ingl. **Rat.** ital. **Topo.** port. **Rato.** (Del ant. alto al. *ratta.*) f. Género de roedores de formas robustas, cola larga y ojos y orejas grandes. Gén. *Rattus,* múridos. || Hembra del rato o ratón. || Coleta de pelo pequeña y muy delgada. || m. fam. Ratero, ladronzuelo. || **— común** o **negra.** Especie cosmopolita que habita comúnmente en edificios y naves, de unos 35 cm, hasta la cola, de cabeza pequeña, hocico puntiagudo, orejas tiesas, extremidades cortas, cola delgada y pelaje gris obscuro o negro, muy fecunda, destructora y transmisora de la peste. *Rattus rattus.* || **— de agua.** Roedor del tamaño de la **rata,** de cola corta y costumbres acuáticas. || **— de alcantarilla** o **noruega.**

Especie también cosmopolita y transmisora de la peste, de cabeza más grande, cola y orejas más cortas que la común. *Rattus norvegicus.* ‖ – **de mar.** Pez acantopterigio del grupo de las percas. ‖ – **de trompa.** Mamífero insectívoro africano, semejante a un ratón, con el hocico prolongado en forma de trompa. ‖ **Más pobre que las ratas,** o **que una rata.** expr. fig. y fam. Sumamente pobre.

RATA. (Del lat. *rata parte, rata ratione, pro rata.*) f. Parte proporcional. ‖ *Fís.* Variación por mitad de tiempo. ‖ – **por cantidad.** loc. adv. Mediante prorrateo.

RATAFÍA. (En fr. y en port. *ratafia.*) f. Rosoli en que entra zumo de frutas.

RATANIA. (Del quichua *ratania*, mata rastrera.) f. Arbusto americano de la familia de las poligáleas, de unos tres decímetros de altura, con flores axilares de cáliz blanquecino y corola carmesí; fruto capsular, seco y raíz leñosa, de corteza encarnada e interior róseo, usada en medicina como astringente. ‖ Raíz de esta planta.

RATA PARTE. loc. lat. Prorrata.

RATAPLÁN. m. Voz imitativa del sonido del tambor.

RATEAR. (Del lat. *ratus*, proporcionado.) tr. Disminuir o rebajar a proporción o prorrata. ‖ Distribuir, repartir proporcionadamente.

RATEAR. (Del lat. *raptare.*) tr. Hurtar con destreza cosas pequeñas.

RATEAR. (Del lat. *reptare*, arrastrar, o de *rato*, ratón.) intr. Deslizarse arrastrando con el cuerpo pegado a tierra.

RATEL. (Del fr. *ratel.*) m. *Zool.* Género de mamíferos mustélidos, parecidos al tejón. Las especies importantes son dos, una del sur de África, de pelaje gris claro en el dorso y negro en el resto, que devora la miel de las colmenas. *Mellivora capensis*, y otra de la India, de cola corta. *Mellivora indica.*

RATEO. (De *ratear*, 1er. art.) m. Prorrateo.

RATERAMENTE. adv. m. Con ratería, con vileza, bajamente.

RATERÍA. (De *ratero*, ladrón.) f. Hurto de cosas de poco valor. ‖ Acción de hurtarlas con maña.

RATERÍA. (De *ratero*, rastrero.) f. Vileza, ruindad en los tratos.

RATERO, RA. al. **Taschendieb.** fr. **Filou.** ingl. **Pickpocket.** ital. **Mariolo.** port. **Gatuno.** (Del lat. *raptarius*, de *rápere*, coger.) adj. Dícese del ladrón que hurta con maña cosas de poco valor. Ú.m.c.s. ‖ IDEAS AFINES: *Hurto, carterista, mechera, aglomeración, muchedumbre, esculcar, mañoso, hábil.*

RATERO, RA. (Del m. or. que *ratear*, arrastrar.) adj. Rastrero, que va arrastrando. ‖ Despreciable, bajo. ‖ Dícese de lo que vuela muy bajo.

RATERUELO, LA. adj. dim. de **Ratero**, ladrón. Ú.m.c.s.

RATHENAU, Gualterio. *Biog.* Pol. y hombre de ciencia al., inventor de diferentes procedimientos de obtención electroquímica. Tuvo destacada actuación política durante la primera Guerra Mundial y en los años subsiguientes (1867-1922).

RATIFICACIÓN. al. **Bestätigung.** fr. **Ratification.** ingl. **Ratification.** ital. **Ratificazione.** port. **Ratificação.** f. Acción y efecto de ratificar o ratificarse. *La* RATIFICACIÓN *de un tratado*; sinón.: **confirmación, revalidación;** antón.: **anulación, desaprobación.**

RATIFICAR. al. **Bestätigen.** fr. **Ratifier.** ingl. **To ratify.** ital. **Ratificare.** port. **Ratificar.** (Del lat. *ratus*, confirmado, y *fácere*, hacer.) tr. y r. Aprobar o confirmar una cosa, dándola por cierta y valedera. RATIFICAR *una declaración*; sinón.: **certificar, corroborar;** antón.: **anular, desaprobar.** ‖ deriv.: **ratificador, ra; ratificante, ratificativo, va.**

RATIFICATORIO, RIA. adj. Que ratifica o denota ratificación. sinón.: **corroborante.**

RATIGAR. tr. Atar y asegurar con una soga el rátigo en el carro.

RÁTIGO. m. Conjunto de cosas diversas que lleva el carro en que se acarrea vino; como botas, pellejos, etc.

RATIHABICIÓN. (Del lat. *ratihabitatio, -onis.*) f. *Der.* Declaración de la voluntad de uno, aprobando y confirmando un acto que otro hizo por él.

RATÍMETRO. m. En radiología, aparato que mide la rata o velocidad de dosis.

RATINA. (En fr. *ratine*; en ital. *rattina*; en ingl. *rateen.*) f. Tela de lana delgada y con granillo.

RATISBONA. *Geog.* Ciudad de la Rep. Federal de Alemania (Baviera), a orillas del Danubio. 130.000 h. Instrumentos musicales, tabaco.

RATO. al. **Weile; Augenblick.** fr. **Trait; moment.** ingl. **While; moment.** ital. **Tratto; momento.** port. **Momento.** (Del lat. *raptus*, p. p. de *rápere*, arrebatar.) m. Espacio de tiempo y especialmente cuando es breve. *No he tenido un* RATO *para ir a saludarlos*; sinón.: **instante, momento.** ‖ Gusto o distracción o, al contrario, y en este sentido va siempre acompañado de los adjetivos *bueno* o *malo* u otros análogos. ‖ **A ratos.** m. adv. **De rato en rato.** A RATOS *el enfermo no reconocía.* ‖ A veces. ‖ **De rato en rato.** m. adv. Con algunas intermisiones de tiempo. *De* RATO EN RATO, *llovía.* ‖ **Pasar el rato.** frs. fam. Perder el tiempo.

RATO. (Del ant. alto al. *ratto.*) m. En algunas partes, ratón.

RATO. adj. V. **Matrimonio rato.**

RATÓN. al. **Maus.** fr. **Souris.** ingl. **Mouse.** ital. **Topo; sorcio.** port. **Rato.** m. Mamífero roedor de pelaje generalmente gris, de pequeño tamaño y cabeza alargada con grandes orejas, muy fecundo y ágil, cosmopolita. Gén. *Mus musculus*, múrido. ‖ Nombre dado a varios roedores de pequeño tamaño. ‖ *C. Rica.* Molledo del brazo. ‖ *Ven.* Buscapiés, cohete. ‖ *Mar.* Piedra puntiaguda y cortante, del fondo del mar, que roza los cables submarinos. ‖ – **almizclero.** Desmán, mamífero. ‖ deriv.: **ratonino, na.**

RATONA. f. Hembra del ratón. ‖ *Arg.* Nombre vulgar de las aves de la familia de los trogloditidas.

RATONAR. tr. Morder o roer los ratones una cosa. ‖ r. Enfermarse el gato por haber comido muchos ratones.

RATONERA. f. Trampa en que se cazan los ratones. ‖ Agujeros que hace el ratón para entrar y salir por ellos. ‖ Madriguera de ratones. ‖ *Arg.* Ave de vuelo muy curioso, pues se desliza por las puertas o ventanas, con la cola alzada. ‖ *Arg., Chile* y *Perú.* Cochitril, habitación estrecha y sucia. ‖ – **de agua.** La que se coloca sobre un recipiente con agua. ‖ **Caer uno en la ratonera.** frs. fig. y fam. Ser engañado con un ardid.

RATONERO, RA. adj. Ratonesco.

RATONESCO, CA. adj. Perteneciente a los ratones.

RATONIL. adj. Ratonesco.

RATTIGAN, Terencio M. *Biog.* Dramaturgo ingl., autor de *Arlequinada: La versión Browning*, y otras obras de corte moderno (n. 1911).

RATUFA. f. Ardilla de gran tamaño, de color rojo con franjas amarillas, mamífero roedor.

RAUCO, CA. (Del lat. *raucus.*) adj. poét. Ronco.

RAUCH, Cristián. *Biog.* Escultor al., autor de *Hipólito y Fedra; Lutero* y otras obras de notable expresión realista (1777-1857). ‖ – **Federico.** Mil. arg. de origen al. que participó en las luchas contra Rosas y en la conquista del desierto (1790-1829).

RAUCH. *Geog.* Población del centro E. de la Argentina (Prov. de Buenos Aires). 6.000 h. Actividades agropecuarias.

RAUDA. (Del ár. *rauda.*) f. Cementerio árabe.

RAUDAL. al. **Flut; Fülle.** fr **Torrent.** ingl. **Stream; abundance.** ital. **Fiumana; abbondanza.** port. **Raudal.** (De *raudo.*) m. Torrente o masa de agua que corre arrebatadamente. ‖ fig. Copia de cosas que concurren o se derraman rápidamente. *Un* RAUDAL *de obsequios, de injurias.*

RAUDAMENTE. adv. m. Rápida, velozmente.

RAUDO, DA. (Del lat. *rápidus.*) adj. Rápido, veloz, violento, precipitado. RAUDO *vuelo*; antón.: **lento, tranquilo.**

RAULÍ. m. *Arg.* y *Chile.* Árbol de los Andes australes, de gran porte, hojas caedizas, oblongas, doblemente aserradas, fruto muy erizado; su madera es usada en arquitectura y muebles; Gén. *Nothofagus procera*, fagácea.

RAUTA. f. fam. Ruta, camino. Ú. sólo en la fr. **Coger,** o **tomar la rauta.**

RAVAISSON-MOLLIEN, Juan G. F. Laché, llamado. *Biog.* Filósofo fr. Discípulo de Schelling. Obras: *Moral y Metafísica; Ensayo sobre la Metafísica de Aristóteles; Testamento filosófico*, etc. (1813-1900).

RAVALPINDI. *Geog.* V. **Rawalpindi.**

RAVANTE, José. *Biog.* Compositor per., uno de los precursores de las corrientes cultas de la música latinoamericana (s. XIX).

RAVEL, Mauricio. *Biog.* Compos. fr., una de las figuras máximas de la música mod. Su obra, que en parte recogió las tradiciones lírico-románticas del s. XVIII y del Renacimiento, se caracteriza por la audaz delicadeza de sus armonías y el refinamiento de la orquestación. Composiciones famosas: *Dafnis y Cloe; Bolero; Mi madre la oca; Pavana para una infanta difunta; La hora española*, etc. (1875-1937).

RAVELO, José de Jesús. *Biog.* Compos. dom., autor del oratorio *La muerte de Cristo* y otras obras de ecléctica orientación (1876-1952). ‖ – **Y REYES, Juan Nepomuceno.** Pol. dom., héroe de las luchas por la independencia y creador de la bandera de su patria (1815-1885).

RAVENA. *Geog.* Provincia del N.E. de Italia (Emilia). 1.862 km². 358.000 h. Cap. hom. 136.000 h. Agricultura, sericicultura. Vinos.

RAVENALA. f. Género de palmeras, de la familia de las musáceas, que comprende dos especies, una de Madagascar y otra de las Guayanas.

RAVENÉS, SA. adj. y s. De Ravena.

RAVI. *Geog.* Río del S. de Asia (Pakistán). Nace en el Himalaya y des. en el Chenab. 600 km.

RAVIGNANI, Emilio. *Biog.* Político, jurista e historiador arg. de vasta obra. Autor de *Historia constitucional de la República Argentina; Historia del derecho argentino; Creación y permanencia del Virreinato del Río de la Plata*, etc. (1886-1954).

RAVIOLES. (Del ital. *ravioli.*) m. pl. Emparedados de masa con carne picada o legumbres, que suelen servirse con salsa y queso rallado.

RAWALPINDI. *Geog.* Ciudad del Pakistán, antigua cap. del país, situada sobre un afluente del Indo. 615.000 h. Industria textil. Centro comercial muy importante.

RAWLINSON, Enrique. *Biog.* Arqueólogo ingl. que inició, entre otros, los estudios sobre Asiria (1810-1895).

RAWSON, Arturo. *Biog.* Militar arg., en 1943 presidente provisional de la Rep. (1885-1952). ‖ – **Benjamín Franklin.** Pintor arg., autor de *La huida del malón; El asesinato de Maza; Salvamento operado en la cordillera por el joven Sarmiento* y otros cuadros históricos (1819-1871). ‖ – **Guillermo.** Méd. y político arg., uno de los más destacados estadistas en los primeros años de la organización nacional. Dejó valiosos estudios sobre la higiene pública (1821-1890). ‖ – **DE DELLEPIANE, Elvira.** Méd. educadora y feminista arg., autora de *Hogar escolar; Derechos de la mujer*, etc. (1867-1954).

RAWSON. *Geog.* Ciudad del S.E. de la Rep. Argentina, capital de la prov. de Chubut. 8.000 h.

RAYA. al. **Strich; Linie.** fr. **Raie; ligne.** ingl. **Line.** ital. **Riga.** port. **Raia; risca.** (Del b. lat. *radia*, y éste del lat. *radius*, rayo.) f. Señal larga y estrecha que se hace o forma natural o artificialmente en la superficie de un cuerpo cualquiera. *Vestía pantalón de* RAYAS; sinón.: **línea, trazo.** ‖ Confín o límite de una nación, provincia, distrito, predio, etc. ‖ Término que se pone a una cosa, así en lo físico como en lo moral. *El corredor cruzó la* RAYA. ‖ Cada uno de los puntos o tantos que se ganan en ciertos juegos, y que suelen apuntarse con **rayas.** ‖ Señal que resulta en la cabeza, de dividir los cabellos con el peine, echándolos a uno u otro lado. ‖ Cada una de las estrías en espiral que se hacen en el ánima de las armas de fuego. ‖ *Amér.* Rayuela, juego. ‖ *Chile.* Especie de rompiente en los mares. ‖ *Méx.* Paga, sueldo, jornal. ‖ *Ortog.* Guión algo más largo que se usa para separar oraciones incidentales, indicar el diálogo y otros usos. ‖ – **de mulo.** Faja negra y angosta que algunas caballerías tienen en el cuello y el lomo. ‖ **A raya.** m. adv. Dentro de los justos límites. Ú. casi siempre con los verbos *poner* y *tener.* ‖ **Dar quince y raya a** uno. frs. fig. y fam. Excederle mucho en alguna cosa. ‖ **Echar raya.** frs. fig. Competir. ‖ **Hacer raya.** frs. fig. Aventajarse o sobresalir en una cosa. ‖ **Pasar de la raya,** o **de raya.** frs. fig Propasarse, mostrarse descortés, o exceder en cualquiera línea. ‖ **Tres en raya.** Juego de muchachos, que consiste en colocar tres piedrecillas en una misma línea de las varias en que se ha dividido un cuadrado. ‖ IDEAS AFINES: *Veta, nervadura, hendidura, surco, canal, rasgo, palote, rúbrica, rayar, trazar, subrayar, lista, tachar, cuadriculado, listado, renglón, dividir, separar, jurisdicción.*

RAYA. al. **Rochen.** fr. **Raie.** ingl. **Ray.** ital. **Razza.** port. **Raia.** (Del lat. *raia.*) f. Género de peces selacios, la mayoría marinos, de cuerpo aplastado y de forma rómbica, cola distinta y larga, con la boca en la faz ventral. Hay numerosas especies.

RAYADILLO. m. Tela de algodón rayada.

RAYADO. m. Conjunto de rayas o listas de una tela, papel, etc. ‖ Acción de rayar.

RAYADOR, RA. adj. Que raya. Ú.t.c.s. ‖ m. *Amér. del S.* Ave de pico aplanado y delgado, y mandíbula superior más corta que la inferior. Debe su nombre a que cuando vuela sobre el mar, parece que raya el agua, que roza con el cuerpo. Gén. *Rynchops.* ‖ *Méx.* El que paga la raya o jornal.

RAYANO, NA. adj. Que confina o linda con una cosa. RAYANO *en la locura*; sinón.: **contiguo;** antón.: **distante.** ‖ Que está en la raya divisoria de dos territorios. ‖ fig. Próximo, muy semejante.

RAYAR. al. **Linieren.** fr. **Rayer.** ingl. **To stripe.** ital. **Rigare.** port. **Raiar.** (Del lat. *radiare.*) tr. Hacer o tirar rayas. RAYAR *una plana.* ‖ Tachar con rayas un manuscrito o impreso. ‖ Subrayar. RAYÓ *las faltas ortográficas.* ‖ intr. Confinar una cosa con otra. RAYAR *en descaro, con el sacrificio*; sinón.: **lindar.** ‖ Con las voces *alba, día*, etc., amanecer. *Se levanta cuando* RAYA *el día.* ‖ fig. Sobresalir o distinguirse entre otros. RAYA *en aritmética*; sinón.: **descollar.** ‖ fig. Asemejarse mucho una cosa a otra. ‖ *Amér. Central* y *Col.* Espolear la cabalgadura. ‖ *Arg.* y *Méx.* Detener repentinamente al caballo, haciéndole girar sobre las patas. ‖ *Méx.* Pagar a los operarios; cobrar éstos. ‖ deriv.: **rayadura; rayamiento; rayante.**

RAYERO. m. *Arg.* y *Urug.* **Juez de raya.**

RAYGADA, José María. *Biog.* Militar y pol. per., uno de los vencedores de Junín y Ayacucho. En 1856 presidente interino de la Rep. (1796-1856).

RAYLEIGH, Juan G. Strutt, lord. *Biog.* Físico ingl. que descubrió el argón y realizó importantes trabajos sobre acústica y electricidad, en especial la evaluación de la unidad eléctrica fundamental. En 1904 premio Nobel de Física. Obras: *Teoría del sonido; Experimentos sobre la unidad de resistencia*, etc. (1842-1919).

RAYNOUARD, Francisco. *Biog.* Literato e historiador fr. autor de *Investigaciones sobre la Literatura francesa durante la Edad Media* (1761-1836).

RAYO. al. **Strahl; Speiche.** fr. **Rayon; coup de foudre.** ingl. **Ray; beam; flash of lightning.** ital. **Raggio; lampo; fulmine.** port. **Raio.** (Del lat. *radius.*) m. Cada una de las líneas que parten del punto en que se produce una determinada forma de energía y señalan la dirección en que ésta se transmite. ‖ Línea de luz que procede de un cuerpo luminoso y especialmente del Sol. ‖ Chispa eléctrica de gran intensidad producida por descarga entre dos nubes o entre una nube y la tierra. ‖ Cada una de las piezas que a modo de radios de círculo unen el cubo a la llanta de una rueda. ‖ fig. Cualquier cosa que obra vigorosa y eficazmente. ‖ Persona muy viva y pronta de ingenio. ‖ Persona rápida en sus acciones. *Como un* RAYO *corrió en busca de un médico.* ‖ Dolor intenso y brusco en parte determinada del cuerpo. ‖ Estrago, desgracia o castigo repentino. ‖ – **de calor.** *Fís.* Dirección rectilínea en que se propaga el calor. ‖ – **de especies.** *Ópt.* **Rayo de luz.** ‖ – **de la incidencia.** *Ópt.* **Rayo incidente.** ‖ – **de leche.** Hilo de leche que arroja el pezón del pecho de las mujeres que crían. ‖ – **de luz.** *Ópt.* Línea de luz que se propaga a través de un medio diáfano. ‖ fig. Idea que se ofrece repentinamente a la inteligencia y permite comprender o averiguar alguna cosa. ‖ – **directo.** *Ópt.* El que proviene derechamente del objeto luminoso. ‖ – **incidente.** *Ópt.* Parte del rayo de luz desde el objeto emisor hasta el punto en que refleja. ‖ – **óptico.** *Ópt.* Aquel por medio del cual se ve el objeto. ‖ – **principal.** *Persp.* Línea recta tirada desde la vista perpendicularmente a la tabla. ‖ – **reflejo.** *Ópt.* El que, al encontrarse con la superficie de un medio distinto, vuelve al medio de donde procede. ‖ – **refracto.** *Ópt.* El que en el caso citado se continúa en el segundo medio, sufriendo cierto cambio de dirección. ‖ – **textorio.** fig. Lanzadera de los tejedores. ‖ – **verde.** Destello vivo e instantáneo que a veces se observa al trasponer el Sol el horizonte del mar. ‖ – **visual.** *Ópt.* Línea recta que va desde la vista al objeto, o que de éste viene a la vista. ‖ **Rayos alfa.** *Fís.* Los constituidos por partículas cargadas de electricidad positiva y que son emitidos durante ciertas transformaciones radiactivas, como las del radio. ‖ – **beta.** *Fís.* Los que formados por electrones, emiten algunas substancias radiactivas y son semejantes a los **rayos** catódicos, pero más veloces y penetrantes. ‖ – **caloricos.** V. **Infrarrojos.** ‖ – **catódicos.** *Fís.* Los que, formados de electrones con carga negativa, son emitidos por el cátodo cuando se produce una descarga disruptiva a través del vacío de un gas sumamente enrarecido. ‖ – **cósmicos.** *Fís.* Radiaciones eléctricas de altísima frecuencia, presentes en la atmósfera terrestre, y aun a varios centenares de metros por debajo de las aguas, de gran energía y extraordinario poder de penetración, y que se supone producidas en los espacios interestelares. ‖ – **gamma.** *Fís.* Análogos a los rayos X, aunque de menor longitud de onda, son emitidos por algunas substancias radiactivas como el radio, y se utilizan en el tratamiento del cáncer. ‖ – **infrarrojos** o **ultrarrojos.** *Fís.* Los que pertenecen a la zona invisible del espectro luminoso que se extiende más allá del color rojo que producen efectos térmicos y cuyas ondas son de más longitud que las de la luz visible y más cortas que las radioeléctricas. ‖ – **ultravioleta.** *Fís.* Los pertenecientes a la parte invisible del espectro luminoso que se extiende a continuación del color violado, y que se caracterizan por su intensa acción química. ‖ – **X** o **Roentgen.** *Fís.* Los que se derivan de los catódicos, cuando éstos, en su propagación, encuentran un sólido que los detiene, y que poseen, entre otras propiedades, la de atravesar los cuerpos opacos a la luz ordinaria, con mayor o menor facilidad, según sea la materia de que éstos se hallan formados, produciendo detrás de ellos, en superficies convenientemente dispuestas, imágenes o impresiones fotográficas. Se utilizan especialmente en medicina, como medio de investigación y como tratamiento.

RAYÓN. m. Fibra textil artificial, obtenida de la celulosa. ‖ Tejido fabricado con esta fibra, semejante a la seda.

RAYOSO, SA. adj. Que tiene rayas. ‖ deriv.: **rayosidad.**

RAYUELA. f. dim. de **Raya.** ‖ Juego en que, tirando monedas o tejos a una raya hecha en el suelo, gana el que la toca, o el que se acerca más a ella. ‖ Infernáculo, juego.

RAYUELO. m. Agachadiza.

RAZA. al. **Rasse; Stamm.** fr. **Race.** ingl. **Race.** ital. **Razza.** port. **Raça.** f. Casta o calidad del origen o linaje. *Caballo de* RAZA. ‖ Cada uno de los grupos en que se dividen algunas especies zoológicas y cuyos caracteres físicos diferenciales son hereditarios. *Cuvier clasificó las* RAZAS *humanas en tres grupos; otros etnógrafos en cuatro, seis, ocho,* etc. ‖ fig. Calidad de algunas cosas, especialmente la que contraen en su formación. ‖ – **amarilla.** La que agrupa a los seres humanos que se caracterizan por tener cráneo braquicéfalo, ángulo facial de 75 a 80º, piel aceitunada, cabello negro, rígido y lacio, ojos oblicuos, pómulos prominentes y estatura mediana. ‖ – **blanca.** La que agrupa a los seres humanos que se caracterizan por tener cráneo mesaticéfalo, ángulo facial de 85º, piel de color clara, cabello ondeado y ojos horizontales. ‖ – **negra.** La que agrupa a los seres humanos que se caracterizan por tener cráneo dolicocéfalo, ángulo facial de 70 a 77º, piel obscura, cabello negro crespo y labios gruesos y prominentes.

RAZA. (Del b. lat. *radia,* raya.) f. Grieta, hendidura. ‖ Rayo de luz que penetra por una abertura. ‖ Grieta que se forma en la parte superior del casco de los caballos. ‖ Lista, en el paño u otra tela, en que el tejido está más ralo que en el resto. ‖ Defecto, mácula, impureza.

RAZA DE BRONCE. *Lit.* Novela de Alcides Arguedas, publicada en 1919. Su tema es la lucha de los indios del altiplano boliviano, con los blancos, propietarios de la tierra. De gran sentido descriptivo, con personajes no del todo individualizados pero representativos en el conjunto, e irónica en su actitud política, es una de las buenas novelas hispanoamericanas.

RAZADO, DA. adj. Dícese del paño u otro tejido que tiene razas.

RÁZAGO. m. Harpillera.

RAZETTI, Luis. *Biog.* Méd. ven., autor de *La cruzada moderna: Homenaje a Haeckel; ¿Qué es la vida?,* etc. (n. 1862).

RAZÓN. al. **Vernunft; Grund; Ursache.** fr. **Raison.** ingl. **Reason.** ital. **Ragione.** port. **Razão; rasão.** (Del lat. *ratio, -onis.*) f. Facultad de discurrir. *La* RAZÓN *debe imponerse a los instintos;* sinón.: **inteligencia.** ‖ Acto de discurrir el entendimiento. ‖ Palabras o frases con que se expresa el pensamiento. ‖ Argumento que se aduce en apoyo de alguna cosa. *Expuse mis* RAZONES. ‖ Motivo o causa. *El corazón tiene sus* RAZONES *que la* RAZÓN *no conoce;* sinón.: **móvil.** ‖ Orden y método en una cosa. ‖ Justicia, rectitud en las operaciones. ‖ Derecho a ejecutar una cosa. ‖ Equidad en las compras y ventas. *Pedía un precio altísimo; pero al fin se puso en la* RAZÓN. ‖ Cuenta, relación, cómputo. *Lo pagué a* RAZÓN *de dos pesos el litro.* ‖ *Mat.* Cociente de dos números o, en general de dos cantidades comparables entre sí. ‖ *Mat.* En una progresión geométrica, cociente de dividir cada término por el que le precede. ‖ – **aritmética.** *Mat.* Aquella en que se trata de averiguar el exceso de un término sobre el otro. ‖ – **armónica.** *Mat.* La **razón** doble que vale –1. Ejemplo: (8, 12, 9, 6) = –1. ‖ – **de cartapacio.** fig. y fam. La que se da de memoria y sin venir al caso. ‖ – **de Estado.** Política con que se gobiernan las cosas pertenecientes al interés de una nación. ‖ fig. Consideración que nos mueve a portarnos de cierto modo en la sociedad, por lo que podrán juzgar los que lo sepan. ‖ – **de pie de banco.** fig. y fam. La disparatada o inaplicable al caso. ‖ – **doble de cuatro números.** *Mat.* Cociente de las razones simples formadas por cada uno de los dos primeros y los otros dos. Así: (8, 6, 4, 3) = (8, 4, 3)/(6, 4, 3) = 6/5. ‖ – **geométrica.** *Mat.* Aquella en que se comparan dos términos para saber cuántas veces el uno contiene al otro. ‖ – **natural.** Potencia discursiva del hombre, desnuda de toda ayuda o ajena influencia. ‖ – **por cociente.** *Mat.* **Razón geométrica.** ‖ – **por diferencia.** *Mat.* **Razón aritmética.** ‖ – **simple de tres números.** *Mat.* Cociente de las diferencias entre el primero y cada uno de los otros dos. Así: (6, 4, 3) = (6–4)/(6–3) = 2/3. ‖ – **social.** *Com.* Nombre y firma por los cuales es conocida una compañía mercantil colectiva o comanditaria. ‖ **Alcanzar de razones a** uno. frs. fam. Vencerle en la discusión. ‖ **A razón.** m. adv. Al respecto. A RAZÓN *de cinco por ciento.* ‖ **Asistir la razón a** uno. frs. Tenerla de su parte. ‖ **Cargarse uno de razón.** frs. fig. Tener mucha paciencia para proceder después con más fundamento. ‖ **Dar la razón a** uno. frs. Concederle lo que dice. ‖ **Dar razón.** frs. Informar de un negocio. ‖ **Dar** uno **razón de sí, o de su persona.** frs. Corresponder a lo que se le ha encargado ejecutándolo exactamente. ‖ **En razón a** o **de.** m. adv. Por lo que pertenece a alguna cosa, en relación con ella. ‖ **Envolver a** uno **en razones.** frs. fig. Confundirle de modo que no sepa responder. ‖ **Estar a razón, o a razones.** frs. Discurrir o platicar sobre un punto. ‖ **Hacer** uno **la razón.** frs. Corresponder a un brindis con otro brindis. ‖ **La razón no quiere fuerza.** frs. proverb. que indica que en todo debe obrar más la justicia que la violencia. ‖ **Llenarse** uno **de razón.** frs. **Cargarse de razón.** ‖ **Meter a** uno **en razón.** frs. Obligarle a obrar razonablemente. ‖ **Perder** uno **la razón** frs. Volverse loco. ‖ **Poner en razón.** frs. Aplacar a los que contienden o altercan. ‖ Corregir a uno con el castigo. ‖ **Ponerse** uno **a razones** con otro. frs. Altercar con él. ‖ **Ponerse en razón, o en la razón.** frs. En los ajustes y conciertos, venir a precios o términos equitativos. ‖ **Privarse** uno **de razón.** frs. Tener embargado el ejercicio de ella por una pasión, por la ebriedad o por otro motivo. ‖ **Ser razón** una cosa. frs. Ser justa, razonable. *¿No* ES RAZÓN *que lamente mi soledad?* ‖ **Tomar razón,** o **la razón.** frs. Asentar una partida en cuenta o inscribir en un registro alguna cosa. ‖ IDEAS AFINES: *Voluntad, imaginación, discernir, pensar, juicio, comprensión, conciencia, sentido común, raciocinar, discutir, prueba, demostrar, refutar, comprender, entender, deducir, objetar, juzgar, decidir, sinrazón*

● **RAZÓN.** *Fil.* En el sentido más estricto, la **razón** es la actividad intelectual superior, la función más elevada de la inteligencia, la que establece una perfecta conexión entre el saber y el obrar. Al mismo tiempo, es la facultad propia del hombre, la que lo diferencia radicalmente de los otros seres; su fundamento es lo racional. Opuesta en la Edad Media a la fe, los partidarios del llamado racionalismo teológico la conceptuaron superior a los sentidos pero siempre inferior a la fe; se trató luego de superar la primacía de una sobre otra, conciliándolas en la inteligencia de que la fe trasciende de la **razón.** A partir de Kant se diferencia la **razón** pura de la **razón** práctica; aquélla es teórica, especulativa, y se ocupa de lo trascendental (el alma, el mundo, Dios), ésta viene a ser la conciencia moral del individuo, lo que le permite juzgar el bien y el mal. La afirmación de la superioridad de la **razón** es la característica sobresaliente de la era del racionalismo europeo, tras el cual el romanticismo emprende una lucha contra la **razón,** oponiéndole vagamente lo histórico y tradicional; la superó Hegel con su teoría de la **razón** como "síntesis de la oposición entre la conciencia y la conciencia de sí mismo". En el s. XX Ortega y Gasset explica la **razón** vital e intenta su unidad con el hombre y su historia: la **razón** es un elemento que funciona en la vida y que por ende no se limita a la **razón** pura, llega a comprender la vida misma.

RAZONABLE. (Del lat. *rationábilis.*) adj. Arreglado, conforme a razón. *Pedido* RAZONABLE; sinón.: **fundado, justo;** antón.: **ilógico.** ‖ **fig.** Mediano, regular, bastante. *Obtuvo una ganancia* RAZONABLE.

RAZONABLEJO, JA. adj. fam. dim. de **Razonable.**

RAZONABLEMENTE. adv. m. Conforme a la razón. ‖ Más que medianamente.

RAZONADAMENTE. adv. m. Por medio de razones.

RAZONADO, DA. adj. Fundado en razones o documentos. *Crítica* RAZONADA; sinón.: **procedente**

RAZONADOR, RA. adj. y s. Que explica y razona.

RAZONAMIENTO. m. Acción y efecto de razonar. ‖ Serie de juicios encaminados a demostrar una cosa o a convencer. *Un* RAZONAMIENTO *equivocado.*

RAZONANTE. p. a. de **Razonar.** Que razona.

RAZONAR. al. **Begründen.** fr. **Raisonner.** ingl. **To reason; to raciocinate.** ital. **Ragionare.** port. **Razoar; arrazoar.** intr. Discurrir manifestando lo que se discurre, o exponer razones para probar una cosa. sinón.: **argumentar.** ‖ Hablar. ‖ tr. Tratándose de dictámenes, cuentas, etc., apoyarlos con razones o documentos. ‖ deriv.: **razonero, ra.**

RAZZIA. f. Incursión o correría sobre un país pequeño y sin más objeto que el botín. ‖ Batida policial.

Rb. *Quím.* Símbolo del rubidio.

Re. *Quím.* Símbolo del renio.

RE. (Del lat. *re.*) prep. insep. que denota reintegración o repetición, como en RE*cambiar,* RE*acuñar;* aumento, como en RE*cargar,* RE*secar;* oposición o resistencia, como en RE*accionar,* RE*argüir,* RE*cusar;* movimiento hacia atrás, como en RE*surtir,* RE*calcitrar;* negación o inversión del significado del simple, como *des,* en RE*probar;* encarecimiento, como en RE*amar;* correspondencia, como en RE*saludar;* reciprocidad, como en RE*criminarse;* RE*luchar;* vuelta a la condición anterior, como en RE*patriar;* RE*sorber;* comienzo de acción, como en RE*bullir,* RE*puntar;* duración o continuidad como en RE*teñir,* RE*temblar.*

RE. m. *Mús.* Segunda nota de la escala musical fundamental.

RE, Isla de. *Geog.* Isla francesa del Atlántico, sit. frente a La Rochela. 74 km². 16.200 h. Ostricultura.

REA. (Del lat. *rea.*) f. p. us. Mujer acusada de un delito. ‖ fam. *Arg.* Mujer de baja condición social y desaseada. ‖ Ramera de ínfima clase.

REABRIR. tr. Volver a abrir lo que estaba cerrado. Ú.t.c.r. *Los teatros* REABRIERON *sus puertas.* ‖ En las curtidurías, extender la piel para que tome bien la tinta.

REABSORBER. tr. Volver a absorber. ‖ *Fisiol.* Hacer que entre en la circulación un líquido que se había separado de ella. ‖ deriv.: **reabsorbedor, ra; reabsorción.**

REACCIÓN. al. **Reaktion; Rück-wirkung.** fr. **Réaction.** ingl. **Reaction.** ital. **Reazione.** port. **Reação.** (De *re* y *acción.*) f. Acción que resiste o se opone a otra acción, obrando en sentido contrario. sinón.: **oposición, resistencia;** antón.: **pasividad, sometimiento.** ‖ En política, tendencia opuesta a las innovaciones; se dice también del conjunto de sus partidarios. ‖ *Mec.* Fuerza que un cuerpo sujeto a la acción de otro ejerce sobre él en dirección opuesta. ‖ *Med.* Período de calor y frecuencia de pulso que en algunas enfermedades sucede al de frío. ‖ Acción orgánica que propende a contrarrestar la influencia de un agente patógeno. ‖ Provocación de fenómenos biológicos específicos por medio de un agente determinado, como medio de diagnóstico. ‖ *Quím.* Acción recíproca entre dos o más cuerpos de la cual resultan otro u otros. ‖ **De reacción.** *Mec.* V. **Retropropulsión.** ‖ deriv.: **reaccional.** ‖ IDEAS AFINES: *Contrario, revolución, revuelta, motín, golpe de Estado, sublevación, decisión, recalcitrante, objetar, protestar, desobedecer, refractario, infringir, desafiar.*

REACCIONAR. al. **Reagiren Zurückwirken.** fr. **Réactionner; réagir.** ingl. **To react.** ital. **Reagire.** port. **Reagir.** intr. Producirse una reacción en una persona o colectividad. *La gente*

REACCIONÓ *contra los nuevos impuestos;* sinón.: **oponerse, resistirse.** antón.: **aceptar, someterse.** || deriv.: **reaccionable.**

REACCIONARIO, RIA. al. **Reaktionär.** fr. **Réactionnaire.** ingl. **Reactionary.** ital. **Reazionario.** port. **Reacionário.** adj. Que tiende a restaurar lo abolido. Ú.t.c.s. *Espíritu* REACCIONARIO. || Contrario a las innovaciones. || deriv.: **reaccionariamente.**

REACIO, CIA. al. **Widerspenstig.** fr. **Rétif.** ingl. **Stubborn.** ital. **Ostinato.** port. **Obstinado.** (Del lat. *reáctum*, supino de *reágere*, reaccionar.) adj. Inobediente, remiso, que muestra resistencia o repugnancia a hacer lo que debe. REACIO *a los consejos*; sinón.: **porfiado, rebelde;** antón.: **dócil, sumiso.**

REACTANCIA. f. *Fís.* Reacción de autoinducción.

REACTIVO, VA. al. **Reagens.** fr. **Réactif.** ingl. **Reactive; reagente.** ital. **Reattivo.** port. **Reativo; reagente.** adj. Dícese de lo que produce reacción. Ú.m.c.s.m. || deriv.: **reactivamente; reactividad.**

REACTOR. m. *Fís.* Instalación destinada a la producción y regulación de escisiones nucleares mediante los neutrones liberados en las mismas. || Motor de reacción. || Avión que usa motor de reacción.

REACUÑACIÓN. f. Acción y efecto de reacuñar.

REACUÑAR. tr. Resellar la moneda. || deriv.: **reacuñable; reacuñador, ra; reacuñamiento.**

READ, Herbert. *Biog.* Historiador y crítico de arte ingl., autor de *Historia de la pintura y de la escultura modernas; El significado del arte; Las experiencias opuestas*, etc. (1893-1968).

READING. *Geog.* Ciudad del N. E. de los EE. UU. (Pensilvania). 115.000 h. Industrias metalúrgicas. || C. de Gran Bretaña (Inglaterra), cap. del condado de Berks. 118.000 h. Centro industrial y universitario.

READING, Balada de la cárcel de. *Lit.* Extenso poema compuesto por Oscar Wilde en 1898 durante su reclusión en la cárcel.

READMISIÓN. f. Acción y efecto de readmitir.

READMITIR. tr. Volver a admitir. || deriv.: **readmisible.**

REAFIRMAR. tr. y r. Afirmar de nuevo. REAFIRMARÉ *en cualquier momento lo que ahora sostengo;* sinón.: **asegurar, sostener;** antón.: **abandonar, desistir.**

REAGRADECER. tr. Agradecer mucho.

REAGRAVACIÓN. f. Acción y efecto de reagravar o reagravarse.

REAGRAVAR. tr. y tr. Volver a agravar o agravar más. *Las huelgas* REAGRAVARON *la situación.* || deriv.: **reagravable; reagravador, ra; reagravamiento.**

REAGUDO, DA. adj. Extremadamente agudo.

REAJUSTAR. tr. Volver a ajustar, ajustar de nuevo. || Por eufemismo, hablando de precios, salarios, impuestos, etc., aumentar su cuantía, subirlos.

REAJUSTE. m. Acción y efecto de reajustar.

REAL. al. **Wirklich; tatsächlich.** fr. **Réel.** ingl. **Real.** ital. **Reale.** port. **Real** (Del lat. *realis.*) adj. Que tiene existencia verdadera y efectiva. *Mundo* REAL; *cosas* REALES; sinón.: **cierto, positivo;** antón.: **Ideal, irreal.**

REAL. al. **Königlich.** fr. **Royal.** ingl. **Royal.** ital. **Reale.** port. **Real.** (Del lat. *regalis.*) adj. Perteneciente o relativo al rey o a la realeza. *Corona*, guardia REAL. || Decíase del navío de tres puentes y más de ciento veinte cañones. || Decíase de la galera que llevaba el estandarte **real.** Ú.t.c.s. || Realista, partidario del realismo. Ú.t.c.s. || fig. Regio, suntuoso. *Baile* REAL. || fig. y fam. Muy bueno. *Has hecho un* REAL *trabajo.* || m. Sitio en que estaba la tienda del rey o del general, y por extensión, lugar donde se halla acampado un ejército. Ú.m. en pl. || Campo donde se celebra una feria. || Moneda de plata, equivalente a veinticinco céntimos de peseta. || Moneda de otros metales equivalente a veinticinco céntimos de peseta. || En diversos países de América, moneda fraccionaria de distinto valor. || **— de a cincuenta.** Moneda antigua de plata que valía cincuenta **reales.** || **— de a cuatro.** Moneda de plata que valía cuatro **reales.** || **— de a dos.** Moneda de plata que valía dos **reales.** || **— de agua.** Medida antigua hidráulica de aforo. || **de a ocho.** Moneda de plata, que valía ocho **reales.** || **— de minas.** *Méx.* Pueblo en cuyo distrito hay minas de plata. || **de plata.** Moneda de plata, que tuvo diferentes valores, aunque el más corriente fue el de sesenta y ocho maravedís. || **de plata doble,** o **de plata vieja.** Moneda de cambio, del valor de diez y seis cuartos. || **de vellón. Real de** veinticinco céntimos de peseta. || **— fuerte.** Moneda que los españoles labraron en México con valor de dos **reales** y medio de vellón. || **Alzar el real,** o **los reales.** frs. Ponerse en marcha el ejército dejando el campamento. || **Asentar los reales.** frs. Acampar un ejército. || **Levantar el real.** frs. **Alzar el real.** || **Sentar** uno **el real,** o los **reales.** frs. fig. Fijarse o domiciliarse en un lugar. || **Un real sobre otro.** m. adv. fig. y fam. Al contado y completamente.

REALA. f. Rehala.

REALCE. (De *realzar.*) m. Adorno o labor que forma prominencia en la superficie de una cosa. || fig. Lustre, estimación, fama. || *Pint.* Parte del objeto más intensamente iluminada. || **Bordar de realce.** frs. Hacer un bordado que sobresalga en la superficie de una tela. || fig. Exagerar y desfigurar los hechos

REAL DE AZÚA, Gabriel Alejandro. *Biog.* Poeta y dram. argentino, autor de fábulas, máximas, pensamientos y comedias, como *Los aspirantes* (1803-1890).

REAL DEL MONTE. *Geog.* Ciudad de México (Hidalgo). 18.000 h. Explotaciones mineras.

REALEGRARSE. r. Sentir alegría extraordinaria.

REALEJO. m. dim. de **Real.** || Órgano pequeño y manual.

REALENGO, GA. adj. Dícese de los pueblos que dependían del rey. || Dícese en España de los terrenos pertenecientes al Estado. || *Dom.* y *P. Rico.* Que no tiene dueño.

REALERA. f. Maestril. || *C. Rica* y *Pan.* Machete corto y recto.

REALERO. m. Rehalero. || *Ven.* Riqueza, caudal.

REALETE. m. dim. de **Real de plata.**

REALEZA. al. **Königliche Würde; Herrlichkeit.** fr. **Royauté.** ingl. **Royalty.** ital. **Regalità.** port. **Realeza.** f. Dignidad o soberanía real. sinón.: **majestad.** || Magnificencia propia de un rey.

REALIDAD. al. **Wirklichkeit; Realität.** fr. **Réalité.** ingl. **Reality.** ital. **Realtà.** port. **Realidade.** f. Existencia real y efectiva de una cosa. *La* REALIDAD *de mi existencia;* antón.: **idealidad.** || Verdad, sinceridad. || **En realidad.** m. adv. Efectivamente, sin duda alguna. || **En realidad de verdad.** m. adv. Verdaderamente.

REALILLO. m. dim. de **Real de plata.** || **Real de vellón.**

REALISMO. al. **Realismus.** fr. **Réalisme.** ingl. **Realism.** ital **Realismo.** port. **Realismo.** (De *real*, verdadero.) m. Sistema filosófico que atribuía realidad a las ideas generales. || Sistema estético cuyo fin es la imitación fiel de la naturaleza en las obras literarias y artísticas.

● **REALISMO.** *B. A.* y *Lit.* La filosofía positivista fue la gran inspiradora de este movimiento estético cuyos principios son que se debe reflejar imparcial y objetivamente la realidad sin dejarse influir por los ideales éticos o estéticos, y que la obra artística debe basarse sólo en "documentos humanos" obtenidos por observación directa cuando se trata del presente o mediante minuciosa investigación cuando se trata de la observación retrospectiva. Al sentimiento y a la imaginación, los dos factores esenciales de la obra romántica, el **realismo** antepone la observación. En pintura, el **realismo** fue encabezado, en la época moderna, por Gustavo Gourbet, al que siguieron Millet, Sorolla (que tiene antecedentes en España en Goya, Velázquez, Zurbarán), etc. En cuando a la literatura, si bien ya puede considerarse a Homero como un escritor realista, y sin duda lo son también Horacio, Virgilio, Petronio, Apuleyo, etc., las figuras cumbres del **realismo** son Shakespeare y Cervantes. La escuela realista propiamente dicha se inicia no obstante en la primera mitad del s. XIX con Stendhal, Mérimée y sobre todo con Balzac. Al promediar el siglo el **realismo** renovó todos los aspectos de la inquietud humana; la filosofía, con Comte; la historia, con Taine; la poesía, con los parnasianos; la novela, con Flaubert, los Goncourt, Daudet, Zola; el teatro, con Alejandro Dumas hijo, Gogol, Dostoievsky, Oscar Wilde y muchos otros.

REALISMO. al. **Königspartei; Royalismus.** fr. **Royalisme.** ingl. **Royalism.** ital. **Realismo.** port. **Realismo.** (De *real*, del rey.) m. Doctrina u opinión favorable a la monarquía, y especialmente a la absoluta. || Partido que profesa esta doctrina.

REALISTA. (De *real*, verdadero.) adj. Partidario del realismo filosófico o artístico. Ú.t.c.s. || Perteneciente al realismo o a los **realistas.** *Novela* REALISTA.

REALISTA. al. **Royalistisch.** fr. **Royaliste.** ingl. **Royalist.** ital. **Realista; monarchico.** port. **Realista.** (De *real*, del rey.) adj. Partidario del realismo político. Ú.t.c.s. || Perteneciente al realismo o a los **realistas.** *Tropas* REALISTAS.

REALITO. m. Realillo.

REALIZABLE. adj. Que se puede realizar *Iniciativa* REALIZABLE; sinón.: **factible, hacedero;** antón.: **imposible.**

REALIZACIÓN. f. Acción y efecto de realizar o realizarse.

REALIZAR. al. **Verwirklichen; ausfühsen.** fr. **Réaliser, accomplir;** ingl. **To realize; to fulfil.** ital. **Realizzare; compiere.** port. **Realizar.** (De *real*, verdadero.) tr. Hacer real y efectiva una cosa. Ú.t.c.r. ¿REALIZARÁ *tantas promesas*? sinón.: **efectuar, ejecutar.** || *Com.* Vender, convertir en dinero mercaderías o cualesquier otros bienes. Se dice más comúnmente de la venta hecha con depreciación. || deriv.: **realizador, ra; realizamiento; realizante.** || IDEAS AFINES: *Obrar, trabajo, ocupación, positivo, cumplir, resultar, causar; carestía, urgencia, malbaratar, malvender, depreciar.*

REALMENTE. adv. m. Efectivamente, en realidad de verdad. REALMENTE, *no te entiendo*; sinón.: **verdaderamente.**

REALZAR. al. **Erhören; verschönern.** fr. **Rehausser.** ingl. **To raise.** ital. **Rialzare; esaltare.** port. **Realçar.** (De *re* y *alzar.*) tr. Elevar una cosa más de lo que estaba. Ú.t.c.r. || Labrar de realce. || fig. Ilustrar, enaltecer, engrandecer. Ú.t.c.r. REALCÉ *el sacrificio de Joaquín.* || *Pint.* Tocar de luz una cosa. || deriv.: **realzable, realzadamente; realzador, ra; realzamiento; realzativo, va.**

REAMAR. (De *re* y *amar.*) tr. Amar mucho.

REANIMAR. al. **Wiederbeleben.** fr. **Réanimer; ranimer.** ingl. **To revive.** ital. **Rianimare.** port. **Reanimar.** (De *re* y *animar.*) tr. y r. Confortar, dar vigor. *Con un trago de ron te* REANIMARÁS; sinón.: **fortalecer.** || fig. Infundir ánimo al que está abatido. *La llegada del hijo lo* REANIMÓ; sinón.: **alentar;** antón.: **desanimar.** || deriv.: **reanimable; reanimación; reanimadamente; reanimador, ra; reanimante.**

REANUDACIÓN. f. Acción y efecto de reanudar. REANUDACIÓN *de las actividades*; sinón.: **prosecución;** antón.: **interrupción.**

REANUDAR. al. **Wieder aufnehmen.** fr. **Renouer; reprende.** ingl. **To renew.** ital. **Riannodare; riprendere.** port. **Reatar.** (De *re* y *anudar.*) tr. y r. fig. Renovar o continuar trato, trabajo o cualquiera otra cosa que se había interrumpido. REANUDAMOS *la amistad, la lectura*; sinón.: **proseguir;** antón.: **cortar, detener.** || deriv.: **reanudable; reanudador, ra; reanudamiento.**

REAPARECER. (De *re* y *aparecer.*) intr. Volver a aparecer o a mostrarse. *Con el frío* REAPARECIAN *las vendedoras de castañas.* || irreg. Conj. como **agradecer.**

REAPARICIÓN. f. Acción y efecto de reaparecer. *Se celebró la* REAPARICIÓN *de la actriz.*

REAPERTURA. f. Nueva o segunda apertura. *La* REAPERTURA *de una casa de comercio.*

REAPRECIAR. tr. Volver a apreciar, a estimar. || Dar nuevo precio o valor a una cosa. || deriv.: **reapreciante.**

REAPRETAR. (De *re* y *apretar.*) tr. Volver a apretar. || Apretar mucho. || irreg. Conj. como **acertar.** || deriv.: **reapretadura; reapretante.**

REARAR. (De *re* y *arar.*) tr. Volver a arar. || Arar repetidas veces. || deriv.: **rearante.**

REARGÜIR. tr. Argüir de nuevo sobre el mismo asunto. || Redargüir.

REARMAR. (De *re* y *armar.*) tr. y r. Equipar nuevamente con armamento militar o reforzar el ya existente.

REARME. m. Acción o efecto de rearmar o rearmarse.

REASEGURADOR, RA. adj. Dícese del que toma a su cargo un reaseguro. Ú.t.c.s.

REASEGURAR. tr. Volver a asegurar. || Hacer un contrato de reaseguro.

REASEGURO. m. Contrato por el cual un asegurador toma a su cargo, total o parcialmente, un riesgo ya cubierto por otro asegurador.

REASIGNAR. tr. Volver a asignar. || deriv.: **reasignable; reasignación; reasignante.**

REASUMIR. (Del lat. *reassúmere.*) tr. Volver a tomar lo que antes se tenía o se había dejado. *El ministro* REASUMIÓ *el cargo.* || Tomar en casos extraordinarios una autoridad superior las facultades de las inferiores. || Barbarismo por resumir, concretar. REASUMIÓ *brevemente las opiniones expuestas.* || deriv.: **reasumible; reasumidor, ra.**

REASUNCIÓN. (De *re* y *asunción.*) f. Acción y efecto de reasumir.

REASUNTO, TA. (De *re* y *asunto.*) p. p. irreg. de **Reasumir.**

REATA. (De *reatar.*) f. Cuerda o correa que ata dos o más caballerías para que vayan una detrás de otra. || Hilera de caballerías que van de **reata.** || Caballería tercera que se añade al carro o coche para tirar delante. || *Ant.* y *Col.* Arriate. || *Mar.* Conjunto de vueltas espirales y contiguas que se dan con un cabo alrededor de un palo u otra cosa. || **De reata.** m. adv. Formando reata. || fig. y fam. De conformidad ciega con la voluntad o dictamen de otro. || De seguida, en pos, en serie.

REATADURA. f. Acción y efecto de reatar.

REATAR. (De *re* y *atar.*) tr. Volver a atar. || Atar apretadamente. || Unir caballerías en reata. || deriv.: **reatador, ra; reatamiento.**

REATINO, NA. adj. y s. De Rieti, provincia y ciudad de Italia.

REATO. (Del lat. *reatus.*) m. Obligación que queda a la pena que corresponde al pecado, aun después de perdonado.

RÉAUMUR Renato A. de. *Biog.* Físico y naturalista fr., inventor de la escala termométrica de su nombre (1683-1757).

REAVENTAR. (De *re* y *aventar.*) tr. Volver a aventar o a echar al viento una cosa. || irreg. Conj. como **acertar.** || deriv.: **reaventadura.**

REAVIVAR. tr. y r. Volver a avivar o avivar intensamente. REAVIVAR *el fuego;* sinón.: **vigorizar, vivificar;** antón.: **debilitar.** || deriv.: **reavivante.**

REBABA. al. **Grat.** fr. **Bavure.** ingl. **Fash.** ital. **Bava.** port. **Rebarba.** (De *re* y *baba.*) f. Porción de materia sobrante que forma resalto en los bordes o en la superficie de un objeto. || Instrumento músico egipcio compuesto de una caja sonora trapezoidal con una membrana y dos cuerdas de crin que se tocan con un arco.

REBABARSE. r. Salirse del molde una porción de pasta a causa de la presión; formar rebaba. || deriv.: **rebabadura.**

REBAGLIATI, Claudio. *Biog.* Compositor ital. que residió en Perú. Sobre el texto musical de Alcedo efectuó una nueva versión del himno nacional peruano (1843-1909).

REBAJA. al. **Nachlass; Rabatt.** fr. **Rabais.** ingl. **Discount.** ital. **Ribasso.** port. **Rebate.** (De *rebajar.*) f. Disminución o descuento de una cosa. REBAJA *de peso, de precio;* sinón.: **reducción;** antón.: **aumento.**

REBAJADO. m. Soldado dispensado del servicio activo.

REBAJADOR, RA. adj. Que rebaja. || m. *Fot.* Baño para rebajar imágenes muy obscuras o de contrastes violentos.

REBAJAMIENTO. m. Acción y

efecto de rebajar o rebajarse.

REBAJAR. al. **Herabsetzen; erniedrigen.** fr. **Rabaisser; abaisser.** ingl. **To abate; to humble.** ital. **Ribassare; abbassare.** port. **Rebaixar.** (De *re* y *bajar.*) tr. Hacer más bajo el nivel o superficie horizontal de un terreno u otro objeto. REBAJAR *una madera, una piel.* ǁ Hacer nueva baja de una cantidad, precio, etc. REBAJAR *los artículos de lana;* sinón.: **descontar, disminuir;** antón.: **aumentar.** ǁ fig. Empequeñecer, humillar, abatir. Ú.t.c.r. ǁ *Arq.* Disminuir la altura de un arco o bóveda a menos de lo que corresponde al semicírculo. ǁ *Pint.* Declinar el claro hacia el obscuro. ǁ r. En ciertos hospitales, darse por enfermo uno de los asistentes. ǁ Quedar dispensado del servicio militar. ǁ deriv.: **rebajable; rebajadura; rebajante.** ǁ IDEAS AFINES: *Ras, plano, paralelo, llano, suave, gradual, quitar, sacar; despreciar, afrenta, desaire, mortificar, difamar, avergonzar.*

REBAJO. (De *rebajar.*) m. Parte del canto de un madero u otra cosa, donde se ha disminuido el grosor por medio de un corte a modo de espera o de ranura.

REBALAJE. (De *resbalar.*) m. Corriente de las aguas. ǁ Remolino o dirección tortuosa que forman las corrientes de agua.

REBALSA. f. Porción de agua que, detenida en su curso, forma balsa. ǁ Porción de humor detenido en una parte del cuerpo. ǁ Remanso separado de aguas o especie de pequeña dársena que se construye de trecho en trecho en las orillas de un canal o río estrecho para permitir el paso encontrado de los barcos.

REBALSAR. (De *re* y *balsa.*) tr. Represar o recoger el agua u otro líquido de modo que forme balsa. Ú.m.c. intr. y r. ǁ deriv.: **rebalsadizo, za; rebalsador, ra; rebalsadura; rebalsamiento.**

REBALSE. m. Acción y efecto de rebalsar o rebalsarse. ǁ Estancamiento de aguas que ordinariamente son corrientes.

REBANADA. al. **Schnitte.** fr. **Tranche.** ingl. **Slice.** ital. **Fetta.** port. **Fatia.** (De *rebanar.*) f. Porción delgada, ancha y larga que se saca de alguna cosa, cortando de un extremo a otro. REBANADA *de pan, de jamón.*

REBANAR. tr. Hacer rebanadas una cosa o de alguna cosa. ǁ Cortar o dividir una cosa de lado a lado. ǁ deriv.: **rebanador, ra; rebanadura; rebanamiento.**

REBANCO. m. *Arq.* Segundo banco o zócalo que se pone sobre el primero.

REBANEAR. tr. fam. Rebanar.

REBAÑADERA. (De *rebañar.*) f. Arco de hierro con varios garabatos, y al que se ata una cuerda, para sacar objetos caídos en un pozo. ǁ Cualquier cosa que arrebaña.

REBAÑADOR, RA. adj. y s. Que rebaña.

REBAÑADURA. f. Arrebañadura.

REBAÑAR. (Del b. lat. *rapinare,* y éste del lat. *rápere,* arrebatar.) tr. Arrebañar. ǁ deriv.: **rebañamiento.**

REBAÑEGO, GA. adj. Perteneciente al rebaño de ganado.

REBAÑO. al. **Herde.** fr. **Troupeau.** ingl. **Herd.** ital. **Gregge; mandra.** port. **Rebanho.** m. Hato grande de ganado, especialmente del lanar; sinón.: **manada.** ǁ fig. Congregación de los fieles, respecto de sus pastores espirituales; sinón.: **grey.** ǁ deriv.: **rebañal.**

REBAÑUELO. m. dim. de **Rebaño.**

REBASADERO. m. Lugar, paraje, límite de donde se rebasa. ǁ *Mar.* Paraje por donde una nave puede rebasar o evitar un peligro o estorbo.

REBASAR. (De *repasar.*) tr. Pasar o exceder cierto límite. *Esto* REBASA *mi paciencia;* sinón.: **desbordar, exceder.** ǁ *Mar.* Pasar, navegando, más allá de un buque, cabo, escollo o cualquier otro peligro. ǁ deriv.: **rebasadura; rebasamiento; rebasante; rebase.**

REBATE. (De *rebatir.*) m. Reencuentro, combate, pendencia. ǁ fig. Refutación, disputa.

REBATIBLE. adj. Que se puede rebatir o refutar. *Afirmación* REBATIBLE; sinón.: **impugnable, rechazable;** antón.: **aceptable, admisible.**

REBATIMIENTO. m. Acción y efecto de rebatir.

REBATIÑA. f. Arrebatiña. ǁ **Andar a la rebatiña.** frs. fam. Concurrir a porfía o agarrar una cosa, arrebatándosela de las manos unos a otros.

REBATIR. (De *re* y *batir.*) tr. Rechazar o contrarrestar la fuerza o violencia de alguno. REBATIR *el golpe.* ǁ Volver a batir. ǁ Batir mucho. ǁ Redoblar, reforzar. ǁ Rebajar de una suma una cantidad que se incluyó en ella indebidamente. ǁ Impugnar, refutar. REBATIR *un aserto;* antón.: **aceptar, admitir.** ǁ fig. Resistir y rechazar tentaciones, propuestas, etc. ǁ *Esgr.* Desviar el arma del contrario, haciéndole bajar la punta. ǁ deriv.: **rebatidor, ra; rebatiente.** ǁ IDEAS AFINES: *Devolver, aguantar, soportar, resistir, mantenerse, persistir, insistir, discutir, entrevista, debate, declaración, combatir, atacar.*

REBATO. (De *rebatir.*) m. Convocación de los vecinos de uno o más pueblos, mediante toque de campana, tambor, etc., con el objeto de defenderse contra algún peligro. ǁ fig. Alarma causada por un suceso repentino y temeroso. ǁ *Mil.* Acometimiento repentino hecho al enemigo. ǁ **De rebato.** m. adv. fig. y fam. Repentinamente. ǁ **Tocar a rebato.** frs. hoy desus, que expresaba el peligro de un ataque repentino del enemigo sobre el pueblo, al cual se advertía tocando aprisa las campanas.

REBAUTIZANTE. p. a. de **Rebautizar.** Que rebautiza.

REBAUTIZAR. tr. Reiterar el acto y ceremonia del sacramento del bautismo. ǁ fig. y fam. Poner nuevo nombre a una cosa. ǁ deriv.: **rebautismo; rebautización; rebautizante; rebautizo.**

REBECA. *Hist Sagr.* Esposa de Isaac, madre de Esaú y Jacob.

REBECO, CA. adj. Arisco, intratable. ǁ m. Gamuza, bóvido.

REBELARSE. al. **Auflehnen.** fr. **Se rébeller; se révolter.** ingl. **To rebel.** ital. **Ribellarsi.** port. **Rebellar-se.** (Del lat. *rebellare.*) r. Levantarse, faltando a la obediencia debida. sinón.: **insubordinarse, sublevarse.** antón. **obedecer, someterse.** ǁ Retirarse de la amistad que se tenía. ǁ fig. Oponer resistencia. ǁ deriv.: **rebelación.** ǁ IDEAS AFINES: *Sublevación, motín, asonada, revolución, golpe de Estado, insurrección, sedición, pronunciamiento, huelga, paro, rebelde, insurrecto, insurgente, contrario, adversario, enemigo, defensa, ataque, barricada, apoyo, pueblo, decisión, tropas, refuerzos, reconquistar.*

REBELDE. al. **Aufständiger.** fr. **Rebelle.** ingl. **Rebel.** ital. **Ribelle.** port. **Rebelde.** (Del lat. *rebellis.*) adj. Que se rebela o subleva. Ú.t.c.s. *Tropas* REBELDES; sinón.: **revolucionario, sedicioso;** antón.: **pacífico, sumiso.** ǁ Indócil, desobediente, que se resiste con obstinación. sinón.: **contumaz.** ǁ fig. Dícese del corazón o de la voluntad que no se rinde a obsequios y halagos, y de las pasiones que no ceden a la razón. ǁ *For.* Dícese del declarado en rebeldía. Ú.t.c.s. ǁ *Pat.* Dícese de la enfermedad de tratamiento difícil e inseguro. *Tos* REBELDE.

REBELDÍA. al. **Widerspenstigkeit; Rebellion.** fr. **Rébellion; révolte.** ingl. **Contumacy.** ital. **Contumacia.** port. **Rebeldia.** f. Calidad de rebelde. ǁ Acción propia del rebelde. ǁ *For.* Estado procesal del que, siendo parte en un juicio, no acude al llamamiento del juez o no cumple las órdenes e intimaciones de éste. ǁ **En rebeldía.** m. adv. *For.* Situación jurídica de rebelde. *Dictar sentencia* EN REBELDÍA.

REBELIÓN. al. **Aufruhr; Aufstand.** fr. **Rébellion; révolte.** ingl. **Rebellion.** ital. **Ribellione.** port. **Rebelião.** (Del lat. *rebellionem.*) f. Acción y efecto de rebelarse. *Hidalgo fue el primer jefe de la* REBELIÓN *mexicana;* sinón.: **insurrección, levantamiento, sublevación.** ǁ *Der.* Delito contra el orden público.

REBELIÓN DE LAS MASAS, La. *Lit.* Obra de Ortega y Gasset publicada en 1929, donde el autor expone su tesis sobre la organización jerárquica de los integrantes de la sociedad, condición ineludible para el progreso y la libertad.

REBELIÓN DE LOS ÁNGELES, La. *Lit.* Novela de Anatole France publicada en 1914 y la más antirreligiosa de las obras de ese autor.

REBELO, Marques. *Biog.* Escritor bras. cont., autor de *Oscarina; Tres caminos; Marafa* y otras obras.

REBELÓN, NA. adj. Dícese de la caballería que rehusa volver a uno o a ambos lados.

REBENCAZO. m. Golpe dado con el rebenque. ǁ Chasquido que se produce con el rebenque. ǁ Castigo severo.

REBENQUE. (Del b. bretón *rabank,* y éste del anglosajón *rab-band;* de *rap,* cuerda, y *band,* lazo.) m. Látigo de cuero o cáñamo, embreado, que se usaba para castigar a los galeotes. ǁ *Amér. del S.* Látigo recio de jinete. ǁ *Cuba.* Mal humor. ǁ *Mar.* Cuerda o cabo cortos. ǁ adj. *Cuba* y *P. Rico.* Dícese del cascarrabias.

REBENQUEAR. tr. *R. de la Plata.* Golpear con el rebenque.

REBINA. f. Acción y efecto de rebinar.

REBINAR. tr. *Agr.* Binar por segunda vez, dar a la tierra la tercera vuelta de arado. ǁ Cavar por tercera vez las viñas. ǁ deriv.: **rebinadura.**

REBISABUELO, LA. s. Tatarabuelo.

REBISNIETO, TA. s. Tataranieto.

REBLANDECER. al. **Erweichen.** fr. **Ramollir.** ingl. **To soften.** ital. **Rammollire.** port. **Embrandecer, amolecer.** tr. y r. Ablandar una cosa o ponerla tierna. REBLANDECER *la arcilla;* antón.: **endurecer.** ǁ irreg. Conj. como **agradecer.** ǁ deriv.: **reblandecible; reblandeciente.**

REBLANDECIMIENTO. m. Acción y efecto de reblandecer o reblandecerse. ǁ *Pat.* Pérdida de consistencia de un tejido, asociada comúnmente a su desintegración.

REBOCAR. tr. Adaptar una cosa a la boca o abertura de un objeto.

REBOCILLO. m. Rebociño.

REBOCIÑO. (De *rebozo.*) m. Mantilla o toca corta usada por las mujeres. ǁ Toca de lienzo blanco, ceñida a la cabeza y al rostro.

REBOJO. m. Regojo.

REBOLSA. f. *Mar.* Contraste, mudanza repentina del viento.

REBOLLAR. m. Rebolledo.

REBOLLEDO. m. Terreno poblado de rebollos.

REBOLLEDO, Efrén. *Biog.* Pol. y poeta mex., autor de *Libro de loco amor; El desencanto de Dulcinea,* etc. (1877-1929). ǁ – **CORREA, Benito.** Pintor chil., hábil colorista. Obras: *Roto chileno: Mercado de blancas; El vicio infernal,* etc. (1880-1964).

REBOLLIDURA. (De *re* y *bollo.*) f. *Art.* Bulto en el alma del cañón mal fundido.

REBOLLO. (Del lat. *robur,* roble.) m. Árbol de tronco grueso, corteza cenicienta, hojas caedizas. Gén. *Quercus cerris,* fagáceo. ǁ Brote de las raíces del melojo.

REBOLLUDO, DA. adj. Fuerte, robusto y no muy alto.

REBOMBAR. (De *re* y *bomba.*) intr. Sonar ruidosa o estrepitosamente. ǁ deriv.: **rebombe.**

REBOÑO. m. Suciedad o lodo depositado en el cauce del molino.

RÉBORA, Juan Carlos. *Biog.* Jurisconsulto arg. autor de *Los regímenes matrimoniales en la legislación argentina; Metodización y consolidación de leyes,* etc. (1880-1964).

REBORDAR. tr. Volver a bordar. ǁ Bordar repetidamente. ǁ Adornar con rebordes. ǁ deriv.: **rebordador, ra; rebordadura.**

REBORDE. al. **Rand.** fr. **Rebord.** ingl. **Flange.** ital. **Orlo.** port. **Rebordo.** m. Refuerzo, faja estrecha y saliente a lo largo del borde de alguna cosa. *El* REBORDE *de un sombrero, de una bandeja.*

REBORDEADOR. m. Aparato para formar rebordes.

REBORDEAR. al. **Bördeln.** fr. **Reborder.** ingl. **To flange.** ital. **Orlare.** port. **Orlar.** tr. Hacer reborde a una cosa.

REBORUJAR. tr. fam. Reburujar. ǁ *Méx.* Revolver, juntar en desorden. ǁ deriv.: **reborujador, ra; reborujadura; reborujamiento.**

REBOSADERO. m. Paraje por donde rebosa un líquido. ǁ Término o medida que traspasa. ǁ *Chile* y *Hond.* Depósito natural de metales que se extiende en varias direcciones.

REBOSAMIENTO m. Rebosadura. ǁ *Pat.* Salida de la orina de la vejiga por exceso de plenitud de ésta. ǁ Extravasación de humores.

REBOSANTE. p. a. de **Rebosar.** Que rebosa. *Cubas* REBOSANTES.

REBOSAR. al. **Überlaufen.** fr. **Déborder; regorger.** ingl. **To overflow.** ital. **Traboccare.** port. **Transbordar.** (Del lat. *reversare.*) intr. Derramarse un líquido por encima de los bordes de un recipiente en que no cabe. Ú.t.c.r. *La tinaja* REBOSA; sinón.: **desbordarse, extravasarse.** ǁ fig. Abundar con exceso una cosa. Ú.t.c.tr. REBOSA *en picardía.* ǁ Dar a entender de algún modo un sentimiento muy vivo. REBOSAR *de alegría.* ǁ IDEAS AFINES: *Lleno, repleto, atestado, inflado, relleno, cargado, apretar, ahitar, inundar, henchir, pleno, afluencia, saturado.*

REBOSO. m. *Arg., Col* y *P. Rico.* Conjunto de inmundicias que la marea arrastra a la playa.

REBOTACIÓN. f. fam. Acción y efecto de rebotar o rebotarse. ǁ *Col.* Derrame de bilis u otros humores del cuerpo.

REBOTADAMENTE. adv. m. De rebote. ǁ Con enojo.

REBOTADERA. f. Peine de hierro con que se levanta el pelo del paño que se ha de tundir.

REBOTADOR, RA. adj. y s. Que rebota.

REBOTADURA. f. Acción de rebotar.

REBOTAR. al. **Zurückshlagen.** fr. **Rebondir.** ingl. **To rebound.** ital. **Rimbalzare; ribalzare.** port. **Rebotar.** (De *re* y *botar.*) intr. Botar repetidamente un cuerpo elástico. sinón.: **resaltar.** ǁ Botar la pelota en la pared después de haberlo hecho en el suelo. ǁ tr. Doblar o remachar la punta de un clavo o de otra cosa aguda. ǁ Levantar con la rebotadera el pelo del paño que se va a tundir. ǁ Rechazar, hacer retroceder. ǁ Alterar el color y calidad de una cosa. Ú.m.c.r. ǁ fam. Conturbar, aturdir, poner fuera de sí a una persona dándole motivos de agravio, susto, pesar, etc. ǁ deriv.: **rebotable; rebotante; rebotativo, va.** ǁ IDEAS AFINES: *Pegar, chocar, golpear, machacar, picar volver, saltar.*

REBOTAZO. m. Golpe de rebote.

REBOTE. m. Acción y efecto de rebotar un cuerpo elástico. sinón.: **retroceso.** ǁ Cada uno de los botes que después del primero da el cuerpo que rebota. ǁ **De rebote.** m. adv. fig. De rechazo, a consecuencia de.

REBOTICA. f. Pieza que está detrás de la principal de la botica, y le sirve de desahogo. ǁ En algunas partes, trastienda.

REBOTÍN. m. Segunda hoja que echa la morera cuando la primera ha sido cogida.

REBOUCAS, José. *Biog.* Compositor bras., uno de los iniciadores de la música culta en su país (1789-1843).

REBOZAR. (De *re* y *bozo.*) tr. Cubrir casi todo el rostro con la capa o manto. Ú.t.c.r. ǁ Bañar una vianda en huevo batido, harina, etc., para freírla después. ǁ fig. Rodear de expresiones suaves un concepto fuerte o picante, una mala noticia, etc. ǁ Cubrir con engañosas y sencillas apariencias alguna cosa. ǁ deriv.: **rebozable; rebozadamente; rebozadura; rebozamiento; rebozante.**

REBOZO. m. Modo de llevar la capa cuando con ella se cubre casi todo el rostro. Rebociño, mantilla. ǁ fig. Simulación, pretexto. ǁ **De rebozo,** m. adv. fig. De oculto. ǁ **Con rebozo.** m. adv. fig. Con rodeos. ǁ **Con falsía.** ǁ **Sin rebozo.** m. adv. fig. Sinceramente. ǁ Sin miramientos, sin temor.

REBRAMAR. intr. Volver a bramar. ǁ Bramar fuertemente. ǁ *Mont.* Responder a un bramido con otro. ǁ deriv.: **rebramador, ra; rebramante.**

REBRAMO. (De *rebramar.*) m. Bramido muy fuerte o reiterado. ǁ Bramido con que el ciervo u otro animal del mismo género responde al de otro de su especie o al reclamo.

REBRILLAR. intr. Brillar intensamente.

REBRINCAR. intr. Brincar con reiteración o alborozo. ǁ *Taurom.* Brincar el toro cuando entra en la suerte. ǁ deriv.: **rebrinco.**

REBROTAR. intr. Retoñar. ǁ deriv.: **rebrotamiento.**

REBROTE. m. Retoño.

REBRUÑIR. tr. Bruñir perfectamente.

REBSAMEN, Enrique C. *Biog.* Renombrado pedagogo mex. que actuó a fines del siglo XIX y principios del XX.

REBUDIAR. intr. *Mont.* Roncar el jabalí cuando siente gente. || deriv.: **rebudiador, ra.**

REBUDIO. m. Ronquido del jabalí.

REBUFAR. intr. Volver a bufar || Bufar con fuerza. || deriv.: **rebufador, ra; rebufante.**

REBUFE. m. Resoplido fuerte. || Bufido, en el toro. || fig. Furia, cólera.

REBUFO. m. Expansión del aire alrededor de la boca del arma de fuego al salir el tiro. || Rebufe.

REBUJADO, DA. adj. Enredado, en desorden.

REBUJAL. m. Número de cabezas que en un rebaño exceden de cincuenta o de un múltiplo de cincuenta. || Terreno de inferior calidad, de menos de media fanega.

REBUJAR. tr. y r. Arrebujar.

REBUJINA. f. Rebujiña.

REBUJIÑA. (De *rebujar.*) f. fam. Alboroto, bullicio popular.

REBUJO. m. Embozo que usaban las mujeres para no ser conocidas. || Envoltorio desordenado de papel, trapos u otras cosas. || fig. Desorden, confusión en las palabras o las ideas. || Tapujo, cautela.

REBULTADO, DA. adj. Abultado.

REBULL, Santiago. *Biog.* Pintor mex. que decoró el castillo de Chapultepec (1827-1902).

REBULLICIO. m. Bullicio grande. || Motín, asonada. || deriv.: **rebullicioso, sa.**

REBULLIR. (De *re* y *bullir.*) intr. y r. Empezar a moverse lo que estaba quieto. || Dar señales de vida, animarse. || *Col.* Menear. || irreg. Conj. como **mullir.** || deriv.: **rebullente, rebullidor, ra; rebullimiento.**

REBUMBAR. intr. Zumbar la bala de cañón.

REBUMBIO. m. fam. Barullo, alboroto.

REBURUJAR. (De *re* y *burujo.*) tr. fam. Cubrir o revolver una cosa haciéndola un burbujón. || Acurrucarse, resguardarse. || deriv.: **reburujadamente; reburujamiento.**

REBURUJÓN. m. Rebujo, envoltorio.

REBUSCA. al. **Nachforschung.** fr. **Recherche.** ingl. **Research.** ital. **Ricerca.** port. **Rebusca.** f. Acción y efecto de rebuscar. || Fruto que queda en los campos después de alzada la cosecha. *La* REBUSCA *de la aceituna.* || fig. Desecho, desperdicio. *Practicar la* REBUSCA *en los tachos de basura.* || *Col.* Busca o provecho accesorio. || *Ec.* Negocio ilícito hecho con cautela.

REBUSCADOR, RA. adj. y s. Que rebusca.

REBUSCAMIENTO. m. Rebusca, acción y efecto de rebuscar. || Atildamiento afectado en el lenguaje o en el porte y las maneras.

REBUSCAR. al. **Durchsuchen.** fr. **Rechercher.** ingl. **To search.** ital. **Ricercare.** port. **Esquadrinhar.** (De *re* y *buscar.*) tr. Escudriñar o buscar con gran cuidado. || Recoger el fruto que queda en los campos después de alzadas las cosechas. sinón.: **espigar.** || Por ext., buscar y recoger desechos de cualquier género. || fig. Discurrir, cavilar, buscar la forma de resolver un caso difícil. || deriv.: **rebuscable; rebuscadamente; rebuscante.** || IDEAS AFINES: *Inquirir, investigar, pesquisa, búsqueda, minucioso, metódico, averiguar, encontrar.*

REBUSCO. m. Rebusca.

REBUTIR. tr. Rellenar, embutir, incrustar.

REBUZNADOR, RA. adj. Que rebuzna. U.t.c.s.

REBUZNAR. al. **Iahen.** fr. **Braire.** ingl. **To bray.** ital. **Ragghiare; ragliare.** port. **Ornear; zurrar.** (Del lat. *re* y *bucināre,* tocar la trompeta o bocina.) intr. Dar rebuznos. || deriv.: **rebuznante.**

REBUZNO. al. **Eselsgeschrei.** fr **Braiment.** ingl. **Bray.** ital. **Raglio.** port. **Zurro.** m. Voz del asno.

RECABABLE. adj. Que se puede recabar.

RECABAR. (Del ant. *recabdar.*) tr. Conseguir con instancias o súplicas lo que se desea. || *Arg., Bol., Chile, Perú* y *P. Rico.* Pedir, solicitar. RECABO *permiso para ausentarme.* || deriv.: **recabación; recabador, ra; recabamiento.**

RECABITA. adj. Israelita descendiente del patriarca Recab. U.t.c.s. || Perteneciente a los individuos de esta familia, que se abstenían de beber vino.

RECADERO, RA. s. Persona que por oficio lleva recados de un punto a otro.

RECADO. (Del ant. *recabdo.*) m. Mensaje o respuesta que de palabra se da o se envía a otro. || Memoria o recuerdo cortés del afecto que se tiene a una persona. U.m. en pl. *Dé mis* RECADOS *a su madre.* || Regalo, presente, agasajo. || Provisión que para el surtido de las casas se lleva diariamente del mercado. || Conjunto de objetos necesarios para hacer ciertas cosas. RECADO *de escribir.* || Documento que justifica las partidas de una cuenta. || Precaución, seguridad. || *R. de la Plata.* Aparejo para montar a caballo que usa el hombre de campo. || *Nicar.* Picadillo con que se rellenan las empanadas. || *Impr.* Conjunto de materiales que se aprovechan de un pliego para otro. || **Mal recado.** Mala acción, travesura, descuido. || **A buen recado.** m. adv. **A buen recaudo.** || **Dar recado para** una cosa. frs. Suministrar lo necesario para ejecutarla. || **Llevar recado** uno. frs. fig. y fam. Ir bien reprendido o castigado. || **Sacar los recados.** frs. Sacar del juzgado eclesiástico el despacho para las amonestaciones de los que intentan casarse. || IDEAS AFINES: *Informe, billete, tarjeta, encomienda, saludos, felicitaciones, telefonear, telegrama, carta, escribir; carona, cincha, montura, estribos, fusta, látigo, riendas, rodeo.*

RECAER. (De *re* y *caer.*) intr. Volver a caer. || Caer otra vez enfermo de la misma dolencia el que estaba convaleciendo o acababa de recobrar la salud || Reincidir en los vicios, errores, etc. || Venir a caer o parar en uno o sobre uno beneficios, gravámenes o los efectos de alguna cosa. *Los sospechas* RECAYERON *sobre él.* || deriv.: **recaedor, ra: recaíble.**

RECAIDA. f. Acción y efecto de recaer. *Guárdese de una* RECAÍDA.

RECALADA. f. *Mar.* Acción de recalar un barco.

RECALAR. (De *re* y *calar.*) tr. Penetrar poco a poco un líquido en un cuerpo seco, dejándolo húmedo o mojado. U.t.c.r. || intr. *Mar.* Llegar el buque a la vista de un punto de la costa, como fin de viaje o sólo para reconocerlo. || Llegar el viento o el mar a un lugar determinado. || deriv.: **recalador, ra; recaladura; recalamiento.**

RECALCADA. f. *Mar.* Acción de recalcar un buque.

RECALCADAMENTE. adv. m. Muy apretadamente.

RECALCADURA. f. Acción de recalcar. || *Arg.* Esguince o luxación.

RECALCAR. (Del lat. *recalcare.*) tr. Ajustar, apretar mucho una cosa con otra o sobre otra. || Llenar mucho de una cosa un recipiente, apretándola para que quepa mayor cantidad de ella. || fig. Tratándose de palabras, decirlas con lentitud y exagerada fuerza de expresión como llamando la atención sobre ellas. sinón.: **insistir, subrayar.** || *Arg.* Producir un esguince o una luxación. U.t.c.r. RECALCÓSE *una mano.* || intr. *Mar.* Aumentar el buque su inclinación o escora sobre la máxima de un balance. || r. fig. y fam. Repetir una cosa muchas veces, como recreándose con las palabras. || Arrellanarse. || deriv.: **recalcadamente; recalcamiento; recalcante.**

RECALCE. m. Acción y efecto de recalzar. || Recalzo.

RECALCIFICACIÓN. f. *Ter.* Restauración de las sales de cal en los tejidos orgánicos.

RECALCITRANTE. (Del lat. *recalcitrans, -antis.*) adj. Terco, reacio, reincidente, impenitente, obstinado en la resistencia.

RECALCITRAR. (Del lat. *recalcitrare.*) intr. Retroceder, volver atrás los pies. || fig. Resistir o desobedecer con tenacidad. || deriv.: **recalcitración.**

RECALENTAMIENTO. m. Acción y efecto de recalentar o recalentarse.

RECALENTAR. al. **Überhitzen.** fr. **Réchauffer.** ingl. **To reheat; overheat.** ital. **Riscaldare.** port. **Requentar.** tr. Volver a calentar. || Calentar demasiado. || Excitar el apetito venéreo. U.t.c.r. || r. Echarse a perder el tabaco, el trigo, y otros frutos por el excesivo calor. || Alterarse las maderas por la descomposición de la savia. || Tomar una cosa más calor del que conviene. *El motor* SE RECALENTÓ. || irreg. Conj. como **acertar.** || deriv.: **recalentable; recalentación; recalentador, ra.**

RECALMÓN. (De *re* y *calma.*) m. Súbita disminución en la fuerza del viento y, en ciertos casos, de la marejada.

RECALVASTRO, TRA. (Del lat. *recalvāster, -tri.*) adj. desp. Calvo desde la frente hasta la coronilla.

RECALZAR. (Del lat. *recalceare.*) tr. *Agr.* Arrimar tierra alrededor de las plantas. || *Arq.* Hacer un recalzo. || *Pint.* Pintar un dibujo. || deriv.: **recalzable; recalzador, ra; recalzamiento.**

RECALZO. m. Recalzón. || *Arq.* Reparación que se hace en los cimientos de un edificio.

RECALZÓN. m. Pina de refuerzo, para suplir en la rueda a la llanta de hierro.

RECAMADO. m. Bordado de realce.

RECAMADOR, RA. s. Bordador de realce.

RECAMAR. (Del ár. *recama,* bordar.) tr. Bordar de realce. || deriv.: **recamable; recamado, da; recamadura.**

RECÁMARA. (De *re* y *cámara.*) f. Aposento después de la cámara, destinado a guardar vestidos o alhajas. || Repuesto de alhajas o muebles de las casas ricas. || Muebles o alhajas que se destinan al servicio doméstico de un personaje, especialmente cuando va de camino. || Lugar en el interior de una mina, destinado a contener los explosivos. || Hornillo de la mina de guerra. || En las armas de fuego, extremo del ánima, opuesto a la boca, en el cual se coloca el cartucho. || fig. y fam. Cautela, disimulo, segunda intención. *Hay que tener cuidado contigo, que tienes mucha* RECÁMARA. || *Col., C. Rica, Méx.* y *Pan.* Alcoba, dormitorio. || *C. Rica.* Sala de la casa. || *C. Rica* y *Ven.* Fuego de artificio.

RECAMBIAR. tr. Hacer segundo cambio o trueque. || *Com.* Girar letra de resaca. || deriv.: **recambiable; recambiante.**

RECAMBIO. m. Acción y efecto de recambiar.

RECAMIER, Juana Francisca Bernard de. *Biog.* Dama fr. de gran belleza y talento. Fue pintada por cél. artistas y protegió a los ingenios de su época (1777-1849).

RECAMO. m. Recamado. || Especie de alamar hecho de galón, cerrado con una bolita.

RECANCAMUSA. f. fam. Cancamusa.

RECANCANILLA. (De *re* y *cancanilla.*) f. fam. Modo de andar los muchachos como cojeando. || fig. y fam. Manera de recalcar o aumentar la expresión de las palabras. || Excusa. || Circunloquio, equívoco U.m. en pl.

RECANTACIÓN. (Del lat. *recantātum,* supino de *recantare,* desdecirse.) f. Palinodia.

RECANTAR. tr. Volver a cantar. || r. Desdecirse, retractarse. || deriv.: **recanto.**

RECANTÓN. (De *re* y *cantón.*) m. Guardacantón para resguardar las esquinas.

RECAPACITAR. (De *re* y el lat. *capácitas,* capacidad, inteligencia.) tr. Recorrer la memoria para recordar los distintos puntos de un asunto y meditar sobre ellos. sinón.: **reflexionar.** || deriv.: **recapacitador, ra; recapacitante.**

RECAPITULACIÓN. f. Acción y efecto de recapitular. sinón.: **resumen, síntesis.**

RECAPITULAR. al. **Zusammenfassen; rekapitulieren.** fr. **Récapituler.** ingl. **To recapitulate.** ital. **Recapitolare.** port. **Recapitular.** (Del lat. *recapitulare.*) tr. Recordar ordenadamente y en forma sumaria lo manifestado con alguna extensión. *El conferenciante* RECAPITULÓ *la clase anterior;* sinón.: **RESUMIR.** || deriv.: **recapitulable; recapitulador, ra; recapitulante; recapitulatorio, ria.**

RECAREDO I. *Biog.* Rey visigodo de España, de 586 a 601. Se convirtió al catolicismo, lo que tuvo por consecuencia la unidad religiosa del país.

RECARGA. f. Nueva carga o imposición. || Recargo.

RECARGAR. al. **Überladen; Überlasten.** fr. **Recharger; surcharger.** ingl. **To reload; to overcharge.** ital. **Ricaricare; caricare.** port. **Sobrecarregar.** (De *re* y *cargar.*) tr. Volver a cargar. || Aumentar carga. *Las llamas iban* RECARGADAS; antón.: **aligerar, aliviar.** || Hacer nuevo cargo o acusación. || fig. Agravar una cuota de impuesto u otra prestación. || Adornar con exceso una persona o cosa. RECARGAR *los vestidos.* || r. *Pat.* Tener recargo. || deriv.: **recargable; recargador, ra; recargante.**

RECARGO. al. **Überladung; Zuschlag.** fr. **Recharge; Surcharge.** ingl. **Extra charge; overcharge.** ital. **Sovraimposta.** port. **Recarga; sobrecarga.** m. Nueva carga o aumento de carga. RECARGO *de trabajo; antón.:* **disminución** || Nuevo cargo o acusación que se hace a uno. || *Pat.* Aumento de fiebre.

RECASÉNS GIROL, Sebastián. *Biog.* Médico esp., autor de diversos trabajos sobre ginecología y obstetricia (1863-1933).

RECATA. f. Acción de recatar o volver a catar.

RECATADAMENTE. adv. m. Con recato.

RECATADO, DA. adj. Circunspecto, cauto. || Honesto, modesto. Aplícase particularmente a las mujeres.

RECATAR. (Del b. lat. *receptare,* y éste del lat. *re,* iterativo, y *captare,* coger.) tr. Encubrir u ocultar lo que no se quiere que se vea o se sepa. U.t.c.r. RECATABA *su dolor;* sinón.: **esconder;** antón.: **mostrar.** || r. Mostrar temor o recelo en tomar una determinación. || deriv.: **recatables; recatador, ra.**

RECATAR. (De *re* y *catar.*) tr. Catar segunda vez o repetidamente.

RECATEAR. (Del b. lat. *receptare.*) tr. Regatear, discutir el precio o vender por menor. || Escasear, rehusar.

RECATERÍA. f. Regatonería.

RECATO. m. Cautela, reserva. || Honestidad, pudor, modestia. antón.: **desvergüenza.**

RECATÓN. m. Regatón, contera.

RECATÓN, NA. adj. y s. Regatón, que regatea o vende por menor.

RECATONAZO. m. Golpe dado con el recatón de la lanza.

RECATONEAR. tr. Regatonear.

RECATONERÍA. f. Regatonería.

RECAUCHADO. m. Acción y efecto de recauchar.

RECAUCHAR. tr. Volver a cubrir de caucho una llanta o cubierta desgastada.

RECAUCHUTADO. m. Acción y efecto de recauchutar.

RECAUCHUTAR. tr. Recauchar.

RECAUDACIÓN. al. **Erhebung.** fr. **Recouvrement.** ingl. **Collection.** ital. **Riscossione.** port. **Arrecadação.** f. Acción de recaudar. || Cantidad recaudada. || Oficina para la entrega de caudales públicos.

RECAUDADOR, RA. adj. Que recauda. || m. Encargado de la cobranza de caudales y especialmente de los públicos.

RECAUDAMIENTO. m. Recaudación, acción de recaudar. || Cargo de recaudador. || Territorio en que éste recauda.

RECAUDAR. al. **Stevern erheben.** fr. **Recouvrer.** ingl. **To collect.** ital. **Riscuotere.** port. **Arrecadar.** (De *recabdar,* y éste del b. lat. *recaptare,* del lat. *re,* iterativo, y *captare,* coger.) tr. Cobrar o percibir caudales o efectos. RECAUDAR *los diezmos.* || Poner o tener en custodia. || deriv.: **recaudable; recaudante.** || IDEAS AFINES: *Impuesto, prebenda, renta, pagar, deducir, ganancia eventual, tanto por ciento, término, plazo, contrabando, mercado negro, colecta, beneficio, limosna, alcancía.*

RECAUDATORIO, RIA. adj. Perteneciente o relativo a la recaudación.

RECAUDERÍA. f. *Méx.* Pequeño comercio dedicado a la venta de verduras y frutas.

RECAUDO. (Del ant. *recabdo.*) m. Recaudación, acción de recaudar. || Precaución, cuidado. || *For.* Caución, fianza. || **A buen recaudo, o a recaudo.** m. adv. Bien custodiado. U. m. con los verbos *estar, poner,* etc. *Las joyas están* A BUEN RECAUDO. || *Amér.* Conjunto de verduras.

RECAVAR. tr. Volver a cavar.

RECAZO. (De *re* y *cazo.*) m. En las armas blancas, extremo de la hoja de donde arranca la espiga para formar la empuñadura. ‖ Parte roma del cuchillo opuesta al filo.

RECEBAR. (De *re* y *cebar.*) tr. Echar recebo.

RECEBO. m. Arena o piedra menuda que se extiende sobre el firme de una carretera para consolidarlo. ‖ Cantidad de líquido que se echa en los toneles que han sufrido alguna merma.

RECECHAR. tr. Acechar. ‖ Cazar andando cautelosamente, a fin de sorprender la pieza.

RECECHO. m. Acción y efecto de rececher. ‖ **Acecho.**

RECEJAR. (De *re* y *cejar.*) intr. Recular.

RECELA. adj. Aplícase al caballo recelador. Ú.t.c.s.

RECELADOR. (De *recelar.*) adj. V. **Caballo recelador.** Ú.t.c.s.

RECELAMIENTO. (De *recelar.*) m. Recelo.

RECELAR. al. **Argwöhnen; befürchten.** fr. **Soupçonner; craindre.** ingl. **To suspect; to fear.** ital. **Sospettare; temere.** port. **Recear.** (De *re* y *celar*, observar, vigilar.) tr. Temer, desconfiar, sospechar. Ú.t.c.r. RECELAR *un ardid, de todos.* ‖ Poner el caballo frente a la yegua para incitarla a que admita al burro garañón.

RECELO. al. **Argwohn; Misstrauen.** fr. **Soupçon; crainte.** ingl. **Suspicion; fear.** ital. **Prevenzione; sospetto.** port. **Receio.** m. Acción y efecto de recelar. ‖ IDEAS AFINES: *Duda, desconfianza, inseguridad, cautela, prudencia, miedo, inquirir, averiguar, estafa, trampa, astucia, vigilancia, suspicacia, prevención.*

RECELOSO, SA. adj. Que tiene recelo. *Mirada* RECELOSA; sinón.: **caviloso, desconfiado.**

RECENSIÓN. (Del lat. *recensio, -onis*, revista, examen.) f. Noticia o compendio de una obra científica o literaria.

RECENSOR, RA. s. Persona que hace una recensión.

RECENTADURA. (De *recentar.*) f. Porción de levadura que se reserva para fermentar otra masa.

RECENTAL. (Del lat. *recens, -entis*, reciente.) adj. V. **Cordero recental.** Ú.t.c.s. ‖ V. **Ternero recental.** Ú.t.c.s.

RECENTAR. (Del lat. *recentari.*) tr. Poner en la masa la porción de levadura que se reservó para fermentar. ‖ r. Renovarse. ‖ irreg. Conj. como **acertar.** ‖ deriv.: **recentado, da; recentador, ra; recentamiento.**

RECENTÍN. adj. Recental.

RECENTÍSIMO, MA. adj. super. de **Reciente.**

RECEÑIR. (De *re* y *ceñir.*) tr. Volver a ceñir. ‖ deriv.: **receñidura; receñimiento.**

RECEPCIÓN. al. **Empfang.** fr. **Réception.** ingl. **Reception.** ital. **Ricevimento.** port. **Recepção.** (Del lat. *receptio, -onis.*) f. Acción y efecto de recibir. *Fue objeto de cálida* RECEPCIÓN; sinón.: **acogida, recibimiento.** ‖ Admisión en un empleo, oficio o sociedad. ‖ Fiesta palaciega en que desfilaban delante de las personas reales quienes acudían para cumplimentarlas. ‖ Reunión con carácter de fiesta en una casa particular. ‖ *Der.* Hablando de testigos, examen judicial que se hace de ellos para averiguar la verdad. ‖ IDEAS AFINES: *Acto, homenaje, cumpleaños, onomástico, banquete, convite, festín, bailar, danzar, saludar, etiqueta, invitado, huésped, convidado, visita, cumplimentar.*

RECEPTA. (Del lat. *recepta;* t. f. de *-tus*, recibido.) f. Libro en que se llevaba la razón de las multas impuestas por el Consejo de Indias. ‖ ant. Receta.

RECEPTACIÓN. f. *For.* Acción y efecto de receptar.

RECEPTÁCULO. al. **Behälter.** fr. **Réceptacle.** ingl. **Receptacle.** ital. **Ricettacolo.** port. **Receptáculo.** (Del lat. *receptáculum.*) m. Cavidad en que es contenida o puede serlo alguna substancia. ‖ fig. Asilo, refugio. ‖ *Bot.* Extremo del pedúnculo, donde se asientan las hojas o verticilos de la flor, generalmente grueso y carnoso.

RECEPTADOR, RA. (Del. lat. *receptátor.*) s. *Der.* Persona que oculta o encubre delincuentes o cosas delictuosas.

RECEPTAR. (Del lat. *receptare.*) tr. *Der.* Ocultar o encubrir delincuentes o cosas delictivas. ‖ Recibir, acoger. Ú.t.c.r.

RECEPTIVIDAD. (De *receptivo.*) f. Calidad de receptivo. ‖ *Pat.* Estado del organismo en que carece de las defensas suficientes para resistir la invasión de un agente morboso.

RECEPTIVO, VA. (Del lat. *recéptum*, supino de *recípere*, recibir.) adj. Que recibe o es capaz de recibir. *Antenas* RECEPTIVAS.

RECEPTO. (Del lat. *receptus.*) m. Retiro, asilo.

RECEPTOR, RA. al. **Empfänger.** fr. **Récepteur.** ingl. **Receiver.** ital. **Apparecchio ricevitore.** port. **Receptor.** adj. Que recepta o recibe. Ú.t.c.s. *Oficina* RECEPTORA *de solicitudes.* ‖ Dícese del motor que recibe la energía de un generador distante. Ú.t.c.s. ‖ Dícese del aparato que sirve para recibir señales eléctricas, telegráficas o telefónicas. Ú.m.c.s. ‖ m. Radiorreceptor. ‖ *Der.* Escribano designado por un tribunal para hacer cobranzas, recibir pruebas, etc.

RECEPTORÍA. f. Recetoría. ‖ Oficio u oficina del receptor. ‖ *For.* Despacho o comisión del receptor. ‖ Comisión que se da a las justicias ordinarias para practicar ciertas diligencias judiciales, que comúnmente se encargan a receptores.

RECERCAR. (De *re* y *cercar.*) tr. Volver a cercar. ‖ Cercar. ‖ deriv.: **recercador, ra; recercamiento; recerco.**

RECESAR. (De *receso.*) intr. *Bol., Méx.* y *Nicar.* Cesar temporalmente en sus actividades una corporación. ‖ tr. *Perú.* Clausurar una cámara legislativa.

RECÉSIT. (Del lat. *recesit*, 3ª pers. de sing. del pret. de *recédere*, alejarse.) m. Recle.

RECESO. (Del lat. *recessus.*) m. Separación, desvío. ‖ *Amér.* Vacación, suspensión emporaria de actividades en los cuerpos colegiados, asambleas, etc. ‖ *Amér.* Tiempo que dura esta suspensión de actividades. ‖ **— del Sol.** Movimiento aparente con que el Sol se aparta del Ecuador.

RECETA. al. **Rezept.** fr. **Ordonnance; recette.** ingl. **Recipe.** ital. **Ricetta.** port. **Receita.** (De *recepta*, recibida.) f. Prescripción médica. ‖ Nota escrita de esta prescripción. sinón.: **fórmula.** ‖ Entre contadores, relación de partidas que pasan de una contaduría a otra para tomar cuentas. ‖ fig. Nota que comprende aquello de que debe estar hecho un preparado y el modo de realizarlo. ‖ fig. y fam. Memoria de cosas pedidas.

RECETAR. al. **Verschreiben.** fr. **Donner une ordonnance.** ingl. **To prescribe.** ital. **Prescrivere.** port. **Receitar.** (De *receta.*) tr. Prescribir un medicamento con indicación de su dosis, preparación y uso. ‖ fig. y fam. Pedir algo de palabra o por escrito. ‖ deriv.: **recetador; recetamiento: recetante.**

RECETARIO. (De *receta.*) m. Asiento o apuntamiento de todo lo que el médico prescribe. ‖ Libro o cuaderno en blanco que en los hospitales se usa para asentar las prescripciones. ‖ Conjunto de recetas no pagadas, que suelen poner en un alambre los boticarios. ‖ Farmacopea.

RECETOR. m. Receptor. ‖ Tesorero que recibe caudales públicos.

RECETORÍA. f. Tesorería para caudales de recetores. ‖ Tesorería donde cobran sus emolumentos los prebendados de algunas iglesias.

RECIA. *Geog. histór.* Región de Helvecia, sometida a los romanos en tiempos de Augusto (15 a. de C.).

RECIAL. m. Corriente recia e impetuosa de los ríos.

RECIAMENTE. adv. m. Fuertemente, con violencia. *Golpear* RECIAMENTE; sinón.: **duramente, vigorosamente;** antón.: **blandamente, suavemente.**

RECIARIO. (Del lat. *retiarius*, de *rete*, red.) m. Gladiador cuya arma principal era una red que echaba sobre su contrario para impedirle la defensa.

RECIBIDERO, RA. adj. Que puede ser recibido o tomado.

RECIBIDOR, RA. adj. Que recibe. Ú.t.c.s. ‖ m. Recibimiento, antesala.

RECIBIENTE. p. a. de **Recibir.** Que recibe.

RECIBIMIENTO. m. Recepción, acción y efecto de recibir. ‖ Acogida buena o mala al que viene de fuera. *Preparar un* RECIBIMIENTO *digno del huésped.* ‖ En algunas partes antesala, sinón.: **antecámara.** ‖ Pieza por la que se entra a cada cuarto habitado por una familia. ‖ Visita general en que alguno recibe a sus amigos con algún motivo; como enhorabuena, pésame, etc.

RECIBIR. al. **Empfangen; erhalten; bekommen.** fr. **Recevoir.** ingl. **To receive.** ital. **Ricevere.** port. **Receber.** (Del lat. *recípere.*) tr. Tomar uno lo que le dan o le envían. ¡RECIBIÓ *el telegrama!*; sinón.: **aceptar;** antón.: **dar.** ‖ Percibir, entregarse de una cosa. RECIBIÓ *el mando de manos de su antecesor.* ‖ Sostener un cuerpo a otro. ‖ Padecer uno el daño que le sucede u otro le hace. RECIBÍ *un fuerte golpe.* ‖ Admitir dentro de sí una cosa a otra; como el río los arroyos. ‖ Admitir, aprobar una cosa. *Fue bien* RECIBIDO *ese decreto.* ‖ Admitir una persona a otra en su compañía o comunidad. ‖ Admitir visitas una persona, cuando lo estima conveniente. RECIBEN *el primer jueves.* ‖ Salir a encontrarse con alguien para cortejarle cuando viene de otra parte. *Salieron a* RECIBIRLE *los notables del lugar* ‖ Hacer frente al que acomete, con ánimo de resistirle. ‖ Asegurar con material un cuerpo que se coloca en la fábrica; como madero, ventana, etc. ‖ *Taurom.* Cuadrarse el diestro en la suerte de matar procurando librarse del toro con el quiebro del cuerpo y el movimiento de la muleta. ‖ r. Tomar uno la investidura o el título conveniente para ejercer una facultad o profesión. RECIBIRSE *de médico.* ‖ IDEAS AFINES: *Obtener, conseguir, ganar, embolsar, cobrar, recaudar, aumentar, englobar, envío, paquete, carta, encomienda, regalo, mensaje.*

RECIBO. al. **Quittung.** fr. **Quittance.** ingl. **Receipt.** ital. **Ricevuta.** port. **Recibo.** (De *recibir.*) m. Recepción, acción y efecto de recibir. ‖ V. **Pieza de recibo.** ‖ Escrito firmado en que se declara haber recibido dinero, etc. ‖ **Estar de recibo.** frs. Estar aparejado para recibir visitas. ‖ **Ser de recibo.** frs. Reunir un género las calidades precisas para ser admitido según la ley o contrato.

RECIDIVA. (Del lat. *recidiva*, t. f. de *-vus*, que renace o se renueva.) f. *Med.* Repetición de una enfermedad poco después de terminada la convalecencia. ‖ deriv.: **recidivar ; recidivante.**

RECIEDUMBRE. (De *recio.*) f. Fuerza, vigor. ‖ Rigor, dureza.

RECIÉN. (apóc. de *reciente.*) adv. t. Recientemente. Debe usarse siempre antepuesto a los participios pasivos. RECIÉN *llegado, nacido.*

RECIENTE. al. **Neuerlich.** fr. **Récent.** ingl. **Recent.** ital. **Recente.** port. **Recente.** (Del lat. *reciens, -entis.*) adj. Nuevo, fresco, acabado de hacer *Huellas* RECIENTES; antón.: **antiguo, viejo.**

RECIENTEMENTE. al. **Neulich; vor Kurzem.** fr. **Récemment.** ingl. **Recently.** ital. **Recentemente.** port. **Recentemente.** adv. t. Poco tiempo antes. *Había perdido* RECIENTEMENTE *un hijo;* sinón.: **últimamente;** antón.: **antiguamente, lejanamente.**

RECIFE. *Geog.* Ciudad del Brasil, cap. del Estado de Pernambuco. 1.238.800 h., con el municipio. Activo puerto comercial.

RECINCHAR. (De *re* y *cinchar.*) tr. Fajar una cosa con otra.

RECINOS, Adrián. *Biog.* Ensayista y literato guatemalteco, autor de una de las más modernas traducciones del *Popol-Vuh.* (1886-1962).

RECINTO. al. **Raum; Bereich.** fr. **Enceinte.** ingl. **Inclosure.** ital. **Recinto.** port. **Recinto.** (Del lat. *re*, y *cinctus*, cercado, rodeado.) m. Espacio comprendido dentro de ciertos límites. *No podía salir del* RECINTO *de la ciudad;* sinón.: **ámbito.**

RECIO, CIA. adj. Fuerte, robusto. RECIA *estampa;* sinón.: **vigoroso;** antón.: **débil, endeble.** ‖ Grueso, abultado. ‖ Áspero, duro de genio. ‖ Difícil de soportar. ‖ Hablando de tierras, grueso, substancioso. ‖ Tratándose del tiempo, rígido, riguroso. ‖ Veloz, impetuoso. ‖ adv. m. **De recio.** ‖ Con rapidez o ímpetu. ‖ **De recio.** m. adv. Reciamente.

RECIO, CIA. adj. y s. De Recia, país de la Europa antigua.

RECIO. *Geog.* Río de Colombia, afluente del Magdalena. Nace en el nevado de Tolima.

RECIPE. (imper. del lat. *recípere*, recibir; recibe, toma.) m. Palabra que se solía poner en abreviatura (Rp.) a la cabeza de la receta. ‖ fam. Receta, prescripción. ‖ fig. y fam. Desazón, disgusto.

RECIPIENDARIO. (Del lat. *recipiendus*, que debe ser recibido.) m. El que es recibido de modo solemne en una corporación para formar parte de ella.

RECIPIENTE. al. **Gefäss.** fr. **Récipient.** ingl. **Recipient.** ital. **Recipiente.** port. **Recipiente.** (Del lat. *recipiens, -entis*, p. a. de *recípere*, recibir.) adj. Que recibe. ‖ m. Receptáculo, cavidad. ‖ Vaso en que se reúne el líquido que destila un alambique. ‖ Campana de vidrio o cristal que, colocada sobre la platina de la máquina neumática, cierra el espacio en que es hecho el vacío.

RECIPROCACIÓN. (Del lat. *reciprocatio, -onis.*) f. Reciprocidad. ‖ Modo de ejercerse la acción de un verbo recíproco.

RECÍPROCAMENTE. adv. m. Mutuamente, con la misma correspondencia. *Se elogiaban* RECÍPROCAMENTE.

RECIPROCAR. (Del lat. *recíprocare.*) tr. Hacer que dos cosas se correspondan. Ú.t.c.r.

RECIPROCIDAD. al. **Gegenseitigkeit; Reziprozität.** fr. **Réciprocité.** ingl. **Reciprocity.** ital. **Reciprocitá.** port. **Reciprocidade.** (Del lat. *reciprócitas, -atis.*) f. Correspondencia mutua de una persona o cosa con otra. *La* RECIPROCIDAD *del afecto;* sinón.: **intercambio.**

RECÍPROCO, CA. (Del lat. *recíprocus.*) adj. Igual en la correspondencia de uno a otro. *Influencia* RECÍPROCA; sinón.: **mutuo.** ‖ *Gram.* V. **Verbo recíproco.**

RECITACIÓN. (Del lat. *recitatio, -onis.*) f. Acción de recitar.

RECITÁCULO. m. Escena, lugar donde antiguamente se recitaba, por lo general en el templo.

RECITADO. al. **Sprachgesang.** fr. **Récitatif.** ingl. **Recitative.** ital. **Recitativo.** port. **Recitado.** m. *Mús.* Composición musical usada en poesía narratoria y diálogos, y que es un medio entre la declamación y el canto.

RECITADOR, RA. (Del lat. *recitátor.*) adj. y s. Que recita.

RECITAL. (Voz ingl.) m. Concierto, audición musical o poética, en el que interviene, por lo general, una sola persona.

RECITAR. al. **Hersagen.** fr. **Réciter.** ingl. **To recite.** ital. **Recitare.** port. **Recitar.** (Del lat. *recitare.*) tr. Referir o decir en voz alta narraciones o discursos. ‖ Decir o pronunciar de memoria y en voz alta, versos, discursos, etc. ‖ deriv. ‖ **recitante, ta.** ‖ IDEAS AFINES: *Cantar, declamar, vocear, concierto, recital, acto, recepción, métrica, ritmo, medida, exponer, conferencia, cita, literal.*

RECITATIVO, VA. adj. *Mús.* Dícese de la declamación musical que, en las óperas, se utiliza cuando el texto adquiere preponderancia; así, en el soliloquio que precede a un aria.

RECIURA. f. Calidad de recio. ‖ Rigor del tiempo.

RECIZALLA. (De *re* y *cizalla.*) f. Segunda cizalla.

RECKLINGHAUSEN. *Geog.* Ciudad de la Rep. Federal de Alemania (Renania del Norte – Westfalia). 126.000 h. Centro industrial y carbonífero.

RECLAMACIÓN. al. **Reklamation.** fr. **Réclamation.** ingl. **Claim.** ital. **Reclamo.** port. **Reclamação.** (Del lat. *reclamatio, -onis.*) f. Acción y efecto de reclamar. *Rechazar una* RECLAMACIÓN. ‖ Oposición o contradicción hecha a algo que se considera injusto, y no se consiente.

RECLAMANTE. p. a. de **Reclamar.** Que reclama. Ú.t.c.s.

RECLAMAR. al. **Reklamieren; fordern.** fr. **Réclamer.** ingl. **To claim.** ital. **Reclamare.** port. **Reclamar.** (Del lat. *reclamare;* de *re* y *clamare*, gritar, llamar.) intr. Clamar contra una cosa; oponerse a ella. RECLAMAR *contra un impuesto, un decreto.* sinón.: **protestar.** ‖ *Poét.* Resonar. ‖ tr. Llamar con repetición e insistencia. ‖ Pedir o exigir con derecho o con instancia alguna cosa. RECLAMAR *el haber atrasado;* RECLAMAR *disciplina.* ‖ Llamar a las aves con el reclamo. ‖ *Der.* Llamar una autoridad a un prófugo, o pedir el juez competente el reo o la causa en que otro entiende indebidamente. ‖ rec. Llamarse unas a otras ciertas aves de igual especie. || deriv.: **reclamable; reclamador, ra.**

RECLAMAR. intr. *Mar.* Izar una vela o halar un aparejo, hasta lograr que las relingas de aquélla o los guarnes de éste queden muy tensos. Sólo se usa en el m. adv. **a reclamar.**

RECLAME. m. *Mar.* Cajera con roldanas, puesta en los cuellos de los masteleros, por donde pasan las ostagas de las gavias.

RECLAME. (Del fr. *réclame.*) f. Anuncio o propaganda con fines comerciales.

RECLAMISTA. adj. Aplícase a la persona que por gusto o profesión practica el reclamo en beneficio de algo o de alguien.

RECLAMO. al. **Lockvogel; Lockpfeife.** fr. **Appeau.** ingl. **Decoy.** ital. **Richiamo.** port. **Reclamo.** (De *reclamar.*) m. Ave amaestrada que se lleva a la caza, para que con su canto atraiga a otras de su especie. *Con* RECLAMOS *se cazan codornices y jilgueros;* sinón.: **señuelo.** || Instrumento de caza que imita la voz de las aves. || Sonido de este instrumento. || Voz o grito con que llamamos a alguno. || Llamada, señal en escritos o impresos. || Cualquier cosa que atrae o convida. || Propaganda de una mercancía, espectáculo, doctrina, etc. || Reclamación, contradicción a algo que se considera injusto. || *Impr.* Palabra o sílaba que solía ponerse en lo impreso, al fin de cada página, y era la misma con que había de empezar la siguiente. || **Acudir al reclamo.** frs. fig. y fam. Ir adonde se ha oído que hay algo conveniente.

RECLE. (De *recre.*) m. Tiempo de descanso en que no asisten a coro los prebendados.

RECLINACIÓN. f. Acción y efecto de reclinar o reclinarse.

RECLINAR. al. **Anlehnen.** fr. **Appuyer; incliner.** ingl. **To recline.** ital. **Reclinare.** port. **Reclinar.** (Del lat. *reclinare.*) tr. y r. Inclinar el cuerpo, o parte de él, apoyándolo sobre algo. RECLINÓSE *en el antepecho de la ventana;* sinón.: **recostar.** || Inclinar una cosa apoyándola sobre otra.

RECLINATORIO. al. **Betstuhl.** fr. **Prie-Dieu; accoudoir.** ingl. **Praying desk.** ital. **Inginocchiatoio.** port. **Reclinatório.** (Del lat. *reclinatórium.*) m. Cualquiera cosa dispuesta para reclinarse. || Mueble apropiado para arrodillarse y orar.

RECLUIR. al. **Einsperren.** fr. **Reclure.** ingl. **To seclude.** ital. **Rinchiudere.** port. **Recluir.** (Del lat. *reclúdere.*) tr. Encerrar, poner en reclusión. Ú.t.c.r. RECLUIR *a un reo en una torre prisión;* sinón.: **encarcelar, enclaustrar;** antón.: **libertar.** irreg. Conj. como **huir.**

RECLUS, Elías. *Biog.* Pol. y escritor fr., autor de un *Estudio de etnología comparada.* Colaboró en varias obras con su hermano Eliseo (1827-1904). || – **Eliseo.** Escr. y geógrafo fr. cuyo nombre completo era **Juan Jacobo Eliseo Reclus.** Activo dirigente de la Comuna, en 1870, fue uno de los teóricos y propagandistas del anarquismo. Obras: *Nueva geografía universal; El hombre y la tierra; La Tierra; descripción de los fenómenos de la vida del Globo,* etc. (1830-1905). || – **Onésimo.** Geógrafo fr., autor de *La tierra a vista de pájaro.* Con su hermano Eliseo escribió: *El África austral* y *El imperio del centro* (1837-1916).

RECLUSIÓN. al. **Haft.** fr. **Reclusión.** ingl. **Reclusion; seclusión.** ital. **Reclusione.** port. **Reclusão.** (De *recluso.*) f. Encierro o prisión voluntaria u obligatoria. *La* RECLUSIÓN *de Napoleón en Santa Elena;* sinón.: **aislamiento;** antón.: **liberación.** || Sitio en que se está recluso.

RECLUSO, SA. (Del lat. *reclusus.*) p. p. irreg. de **Recluir.**

RECLUSORIO. m. Reclusión, lugar en que uno está recluso.

RECLUTA. (De *reclutar.*) f. Reclutamiento. || m. El que voluntariamente ingresa como soldado. || El alistado por sorteo para un servicio militar. || Por ext., soldado bisoño. || – **disponible.** El que es declarado útil para el servicio y no es llamado inmediatamente.

RECLUTADOR. m. Que recluta.

RECLUTAMIENTO. al. **Rekrutierung; Aushebung.** fr. **Recrutement.** ingl. **Recruitment.** ital. **Reclutamento.** port. **Recrutamento.** m. Acción y efecto de reclutar. sinón.: **alistamiento, leva.** || Conjunto de los reclutas de un año.

RECLUTAR. al. **Rekrutieren; ausheben.** fr. **Recruter.** ingl. **To recruit.** ital. **Reclutare.** port. **Recrutar.** tr. Alistar reclutas. sinón.: **enganchar.**

RECOBRAR. al. **Wiedererlangen; wiederbekommen.** fr. **Recouvrer.** ingl. **To recover.** ital. **Ricuperare; riacquistare.** port. **Recobrar.** (Del lat. *recuperare.*) tr. Volver a adquirir lo que antes se poseía. RECOBRAR *los pagarés, la alegría, el prestigio.* sinón.: **recuperar, rescatar.** || r. Repararse de un daño recibido. || Desquitarse. || Volver en sí de enfermedades, desmayos, etc. sinón.: **restablecerse.** || deriv.: **recobrante.** || IDEAS AFINES: *Conseguir, obtener, tomar, desquite, venganza, reparación, cobrar, resarcirse, vindicativo, reacción, represalia.*

RECOBRO. m. Acción y efecto de recobrar o recobrarse.

RECOCER. tr. Volver a cocer una cosa. || Cocer mucho una cosa. Ú.t.c.r. || Caldear los metales para que adquieran nuevamente la ductilidad o el temple que suelen perder al trabajarlos. || r. Atormentarse por algún afecto vivo. || irreg. Conj. como **mover.**

RECOCIDA. f. Recocido.

RECOCIDO, DA. (De *recocer.*) adj. fig. Muy experimentado y práctico en cualquiera materia. || m. Acción y efecto de recocer o recocerse.

RECOCINA. (De *re* y *cocina.*) f. Cuarto contiguo a la cocina.

RECODADERO. m. Mueble o lugar acomodado para recodarse.

RECODAR. intr. Recostarse o descansar sobre el codo. Ú.m.c.r. || Formar recodo un río, camino, etc.

RECODO. al. **Winkel; Kehre.** fr. **Coude; détour.** ingl. **Turn; winding.** ital. **Svoltata; svolta.** port. **Cotovelo.** (De *re* y *codo.*) m. Ángulo o revuelta que forman los caminos, calles, ríos, etc. sinón.: **recoveco.** || Lance del juego de billar, en que la bola herida toca sucesivamente en dos bandas contiguas. || IDEAS AFINES: *Vuelta, curva, esquina, desvío, encrucijada, torcer, inclinarse, perpendicular, oblicuo, sendero, atajo, serpentear, zigzag.*

RECOGEABUELOS. (De *recoger* y *abuelo.*) m. Abrazadera, por lo general de concha, que las mujeres se ponen en la base del peinado para sujetar los tolanos o abuelos.

RECOGEDERO. m. Parte en que se recogen algunas cosas. || Instrumento con que se recogen.

RECOGEDOR, RA. adj. Que recoge o da acogida. || m. Instrumento de labranza, consistente en una tabla inclinada que, tirada por una caballería, sirve para levantar la parva de la era.

RECOGER. al. **Sammeln; auflesen.** fr. **Ramasser; récolter.** ingl. **To collect; to gather.** ital. **Radunare; reccogliere.** port. **Recolher.** (Del lat. *recollígere.*) tr. Volver a coger; tomar segunda vez alguna cosa. || Juntar personas o cosas dispersas. RECOGE *los papeles;* sinón.: **reunir;** antón.: **dispersar.** || Coger la cosecha. RECOGIMOS *la cebada;* sinón.: **recolectar.** || Estrechar o ceñir. || Alzar o poner en cobro una cosa. RECOGE *esta colecta.* || Dar asilo. *Lo* RECOGIÓ *en su casa.* || Encerrar a un demente. || Suspender el uso o curso de algo. || r. Retirarse, acogerse a un lugar. *Se* RECOGERÍA *a su pueblo.* || Moderarse, corregirse en los gastos. || Retirarse a descansar. || Retirarse a casa. *Ahora se* RECOGE *temprano.* || Alejarse el espíritu de toda influencia terrena que le pueda impedir la meditación.

RECOGIDA. f. Acción y efecto de recoger.

RECOGIDAMENTE. adv. m. Con recogimiento.

RECOGIDO, DA. (De *recoger.*) adj. Que tiene recogimiento y vive retirado del trato de las gentes. || Aplícase a la mujer que vive retirada en determinada casa, con clausura voluntaria o forzosa. Ú.t.c.s. || Dícese del animal corto de tronco.

RECOGIMIENTO. al. **Innere Sammlung.** fr. **Recueillement.** ingl. **Concentration.** ital. **Raccoglimento.** port. **Recolhimento.** m. Acción y efecto de recoger o recogerse. sinón.: **apartamiento, reconcentración.** || Casa de recogidos.

RECOLAR. (Del lat. *recolare.*) tr. Volver a colar un líquido. RECOLAR *aceite.* || irreg. Conj. como **contar.**

RECOLECCIÓN. al. **Sammlung; Ernte.** fr. **Recueil; récolte.** ingl. **Compilation; harvest.** ital. **Compendio; riassunto.** port. **Recopilação; colheita.** (Del lat. *recollèctum,* supino de *recollígere,* reunir, recoger.) f. Recopilación, resumen. || Cosecha de los frutos. RECOLECCIÓN *de la uva.* || Recaudación de frutos o dineros. RECOLECCIÓN *de impuestos;* sinón.: **cobranza.** || En ciertas religiones, observancia estricta de la regla. || fig. Casa particular en que se observa recogimiento. || *Teol.* Recogimiento y atención a Dios y a las cosas divinas. || IDEAS AFINES: *Florilegio, compendio, analectas, antología, conciso, sucinto, informe, reunión, manual, esbozo, bosquejo, plan.*

RECOLECTAR. (Del lat. *recolléctum,* supino de *recollígere,* recoger.) tr. Recoger la cosecha.

RECOLECTOR. (De *re* y *colector.*) m. Recaudador.

RECOLEGIR. (Del lat. *recollígere.*) tr. Colegir, juntar. || irreg. Conj. como **pedir.**

RECOLETO, TA. (Del lat. *recollectus,* recogido.) adj. Dícese del religioso que guarda recolección. Ú.t.c.s. || Aplícase al convento o casa en que se cumple esta práctica. || fig. Aplícase al que vive con retiro y abstracción, o viste con modestia. Ú.t.c.s.

RECOMENDABLE. adj. Digno de recomendación o aprecio. *Persona, lectura* RECOMENDABLE; sinón.: **elogiable, estimable.** || deriv.: **recomendablemente.**

RECOMENDACIÓN. al. **Empfehlung.** fr. **Recommandation.** ingl. **Recommendation.** ital. **Raccomandazione.** port. **Recomendação.** f. Acción y efecto de recomendar o recomendarse. || Encargo o ruego hecho a otro, poniendo algo a su cuidado. *Acuérdate de mis* RECOMENDACIONES. || Elogio hecho de alguno para introducirle con otro. *Traía cartas de* RECOMENDACIÓN. || Representación o calidad que hace a alguna cosa más apreciada. || – **del alma.** Rogativa que formula la Iglesia con ciertas preces por el que se halla en la agonía. || IDEAS AFINES: *Información, engrandecer, loar, apoyo, ayuda, soborno, adular, favor, mediar, responsable, encargado, tutor, padrino.*

RECOMENDAR. al. **Empfehlen.** fr. **Recommander.** ingl. **To recommend.** ital. **Raccomandare.** port. **Recomendar.** (De *re* y *comendar.*) tr. Encargar, pedir o dar orden a alguien para que tome algún negocio o a alguna persona a su cuidado. *Le* RECOMENDÓ *que cuidara de su hacienda.* || Hablar por alguno, elogiándolo. *Lo* RECOMENDÓ *para ese puesto;* sinón.: **alabar.** || tr. y r. Hacer recomendable a alguno. || irreg. Conj. como **acertar.** || deriv.: **recomendante; recomendatorio, ria.**

RECOMENZAR. tr. Volver a comenzar. *Como se equivocó tuvo que* RECOMENZAR *el trabajo.*

RECOMERSE. r. Concomerse.

RECOMPENSA. al. **Belohnung.** fr. **Récompense.** ingl. **Reward.** ital. **Ricompensa.** port. **Recompensa.** f. Acción y efecto de recompensar. || Lo que sirve para recompensar. *Ofrecían* RECOMPENSA *a quien devolviera las alhajas;* sinón.: **galardón, premio.** || IDEAS AFINES: *Indemnización, pago, cobro, propina, gratificación, prima, sobresueldo, aguinaldo, victoria, laurel, medalla, copa, diploma, beca, certamen, concurso, campeonato.*

RECOMPENSACIÓN. f. Recompensa.

RECOMPENSAR. al. **Belohnen.** fr. **Récompenser.** ingl. **To recompense; to reward.** ital. **Ricompensare.** port. **Recompensar.** (De *re* y *compensar.*) tr. Compensar un daño. *Aquella alegría lo* RECOMPENSABA *de los sufrimientos anteriores;* sinón.: **resarcir.** || Retribuir o remunerar un servicio. *Lo* RECOMPENSÓ *por su trabajo.* || Premiar un beneficio, mérito, favor, etc. || deriv.: **recompensable.**

RECOMPONER. (Del lat. *recompónere.*) tr. Componer de nuevo, reparar. RECOMPONER *una plancha.* || irreg. Conj. como **poner.**

RECOMPUESTO, TA. (Del lat. *recompositus.*) p. p. irreg. de **Recomponer.**

RECONCENTRACIÓN. f. Reconcentramiento.

RECONCENTRAMIENTO. m. Acción y efecto de reconcentrar o reconcentrarse.

RECONCENTRAR. (De *re* y *concentrar.*) tr. Introducir, internar una cosa en otra. Ú.m.c.r. || Reunir en un punto central las personas o cosas que se hallaban disgregadas. Ú.t.c.r. RECONCENTRÁBANSE *los dispersos;* sinón.: **juntar;** antón.: **separar.** || fig. Disimular, ocultar un sentimiento o afecto. RECONCENTRÓ *la cólera en su ánimo.* || r. fig. Abstraerse, ensimismarse.

RECONCILIACIÓN. al. **Versöhnung.** fr. **Réconciliation.** ingl. **Reconciliation.** ital. **Riconciliazione.** port. **Reconciliação.** (Del lat. *reconciliatio, -onis.*) f. Acción y efecto de reconciliar o reconciliarse. || IDEAS AFINES: *Concordia, mediación, acuerdo, tregua, armisticio, paz, apaciguar, calmar, reunir, olvidar, amnistía, perdón, contento, tranquilidad.*

RECONCILIADOR, RA. (Del lat. *reconciliátor.*) adj. Que reconcilia. Ú.t.c.s.

RECONCILIAR. al. **Versöhnen.** fr. **Réconcilier.** ingl. **To reconcile.** ital. **Riconciliare.** port. **Reconciliar.** (Del lat. *reconciliare.*) tr. Volver a las amistades o conciliar los ánimos desunidos. Ú.t.c.r. *Los esposos* SE RECONCILIARON; antón.: **enemistar.** || Restituir al gremio de la Iglesia a quien se había apartado de sus doctrinas. Ú.t.c.r. || Oír una breve confesión. || Bendecir un lugar sagrado, por haber sido violado. || r. Confesarse de faltas ligeras u omitidas en reciente confesión.

RECONCOMERSE. (De *re* y *concomerse.*) f. Concomerse en demasía.

RECONCOMIO. m. fam. Acción de reconcomerse. || Prurito, deseo. || fig. y fam. Recelo, sospecha. || Movimiento interior del ánimo, que induce a un afecto.

RECONDENAR. tr. Intensivo de condenar. Ú.m.c.r.

RECONDITEZ. f. fam. Cosa recóndita.

RECÓNDITO, TA. al. **Verborgen; geheim.** fr. **Caché; sécret.** ingl. **Recondite.** ital. **Recondito.** port. **Recondito.** (Del lat. *recónditus,* p. p. de *recóndere,* ocultar y esconder.) adj. Muy escondido o reservado. *Dolor* RECÓNDITO; sinón.: **oculto;** antón.: **visible.**

RECONDUCCIÓN. (De *re* y *conducción.*) f. *Der.* Acción y efecto de reconducir.

RECONDUCIR. (Del lat. *recondúcere.*) tr. *Der.* Prorrogar tácitamente un arrendamiento. || irreg. Conj. como **conducir.**

RECONFORTAR. tr. Confortar de nuevo o con vigor y eficacia. *Sus palabras me* RECONFORTARON; sinón.: **alentar, animar.**

RECONOCEDOR, RA. adj. Que reconoce, examina o revisa. Ú.t.c.s.

RECONOCER. al. **Erkennen; gestehen; anerkennen.** fr. **Reconnaître.** ingl. **To recognize.** ital. **Riconoscere.** port. **Reconhecer.** (Del lat. *recognóscere.*) tr. Examinar cuidadosamente a una persona o cosa para enterarse de su identidad, naturaleza, etc. RECONOCIÓ *al ladrón;* sinón.: **explorar, inspeccionar.** || Registrar, examinar cabalmente una cosa para acabarla de comprender o para rectificar el juicio hecho antes sobre ella. || Registrar, para cerciorarse del contenido, un baúl, paquete, etc., como se hace en las aduanas y administraciones de otros impuestos. || En las relaciones internacionales, aceptar un nuevo estado de cosas. || Examinar de cerca una posición militar del enemigo. || Confesar con cierta publicidad la dependencia o subordinación en que se está respecto de otro, o la legitimidad de la jurisdicción que cumple. || Confesar la exactitud de lo que otro afirma o la gratitud que se le debe por sus beneficios. RECONOZCO *su bondad.* || Considerar, advertir o contemplar. || Confesar que es legítima una obligación contraída; como firma, pagaré, etc. RECONOCER *las deudas.* || Distinguir de las demás personas a una, por sus rasgos propios (voz, fisonomía, movimientos, etc.). *¿No me* RECONOCE? ||

Construido con la preposición *por*, conceder a uno, con debida solemnidad, la cualidad y relación de parentesco que tiene con el que hace este reconocimiento, y los derechos que son consiguientes. RECONOCER *por hijo*. ‖ Construido con la preposición *por*, acatar como legítima la autoridad o superioridad de alguien. ‖ r. Dejarse comprender una cosa por ciertos indicios. ‖ Confesarse culpable de un error, falta, etc. ‖ Hablando de mérito, recursos, etc., tenerse uno a sí propio por lo que es en realidad. ME RECONOZCO *condiciones para la pintura*. ‖ IDEAS AFINES: *Investigar, averiguar, interrogar, patrulla, batida, vanguardia, santo y seña, impresiones digitales, prontuario, búsqueda, cédula, pasaporte; meditar, dudar, verificar pensar, discernir, distinguir, criterio, recordar, memoria.*

RECONOCIDAMENTE. adv. m. Con reconocimiento o gratitud.

RECONOCIDO, DA. adj. Dícese del que reconoce un favor o beneficio que otro le ha hecho. ‖ Agradecido. *Juan es* RECONOCIDO.

RECONOCIENTE. p. a. de **Reconocer.** Que reconoce.

RECONOCIMIENTO. al. **Erkundung; Untersuchung.** fr. **Reconnaissance.** ingl. **Recognition.** ital. **Riconoscimento.** port. **Reconhecimento.** m. Acción y efecto de reconocer o reconocerse. *El* RECONOCIMIENTO *de un cadáver*; sinón.: **examen, inspección.** ‖ Gratitud. *Nos expresó su* RECONOCIMIENTO; sinón.: **agradecimiento.**

RECONQUISTA. f. Acción y efecto de reconquistar.

RECONQUISTA. *Geog.* Ciudad y puerto del N. E. de la Argentina (Santa Fe), situada sobre el Paraná. 13.200 h. Centro algodonero. ‖ **Río de la** – Río del N.E. de la prov. de Buenos Aires (Argentina), que des. en el río de la Plata por intermedio del Luján. 84 km. Antes se llamó río de las Conchas.

RECONQUISTA. *Hist.* Nombre dado a la resistencia que la población de Buenos Aires opuso, el 12 de agosto de 1806, a la invasión ingl. producida en junio del mismo año. Los invasores ofrecieron la capitulación incondicional. ‖ En la hist. de España, la campaña motivada por la expulsión de los musulmanes, que finalizó en 1492 con la conquista de Granada por los Reyes Católicos. Duró siete siglos.

RECONQUISTAR. al. **Wiedererobern.** fr. **Reconquérir.** ingl. **To reconquer.** ital. **Riconquistare.** port. **Reconquistar.** tr. Volver a conquistar una plaza, provincia o nación. ‖ fig. Recuperar el afecto, la hacienda, etc. sinón.: **recobrar.**

RECONSIDERAR. tr. Volver a considerar. RECONSIDERAREMOS *la propuesta*.

RECONSTITUCIÓN. f. Acción y efecto de reconstituir o reconstituirse.

RECONSTITUIR. al. **Wiederherstellen.** fr. **Reconstruire.** ingl. **To reconstruct.** ital. **Ricostrurre.** port. **Reconstruir.** (De *re* y *constituir.*) tr. y r. Volver a constituir, rehacer. sinón.: **reorganizar.** ‖ *Med.* Dar a la sangre y al organismo sus condiciones normales. ‖ irreg. Conj. como **huir.**

RECONSTITUYENTE. p. a. de **Reconstituir.** Que reconstituye. ‖ *Med.* Aplícase especialmente al remedio que tiene virtud de reconstituir. Ú.t.c.s.m.

RECONSTRUCCIÓN. m. Acción y efecto de reconstruir.

RECONSTRUCTIVO, VA. adj. Perteneciente o relativo a la reconstrucción.

RECONSTRUIR. (Del lat. *reconstrúere.*) tr. Volver a construir. RECONSTRUIR *una ciudad*; sinón.: **reedificar, rehacer;** antón.: **destruir.** ‖ fig. Unir, evocar recuerdos o ideas para completar el conocimiento de un hecho o el concepto de algo. ‖ irreg. Conj. como **huir.**

RECONTAR. (De *re* y *contar.*) tr. Contar o volver a contar el número de cosas. ‖ Referir, narrar. ‖ irreg. Conj. como **contar.** ‖ deriv.: **recontamiento.**

RECONTENTO, TA. (De *re* y *contento.*) adj. Muy contento. ‖ m. Contento grande.

RECONVALECER. (Del lat. *reconvaléscere.*) intr. Volver a convalecer. ‖ irreg. Conj. como **agradecer.**

RECONVENCIÓN. f. Acción de reconvenir. ‖ Cargo o argumento con que se reconviene. ‖ *Der.* Demanda que al contestar entabla el demandado contra el que inició el juicio.

RECONVENIR. al. **Verweisen; tadeln.** fr. **Récriminer; reprocher.** ingl. **To reproch.** ital. **Riconvenire.** port. **Reconvir.** (De *re* y *convenir.*) tr. Hacer cargo a alguno, arguyéndole generalmente con su propia palabra.

RECOPILACIÓN. al. **Gesetzessammlung; Sammlung.** fr. **Compilation; abrégé.** ingl. **Compilation.** ital. **Ricapitolazione.** port. **Recopilação.** (De *recopilar.*) f. Compendio o reducción breve de una obra o discurso. ‖ Colección de escritos diversos. RECOPILACIÓN *de códigos*.

RECOPILAR. al. **Zusammenstellen; sammeln.** fr. **Récapituler; compiler.** ingl. **To compile.** ital. **Ricapitolare.** port. **Recopilar.** (De *re* y *copilar.*) tr. Juntar en compendio, recoger o unir diferentes cosas. Dícese especialmente de textos literarios. ‖ deriv.: **recopilador, ra.**

RECOQUÍN. fam. Hombre muy pequeño y gordo.

RÉCORD. (Del ingl. *record*, registro, copia.) m. Registro efectuado por autoridades competentes de actos de fuerza o destreza, especialmente de los atletas. *Fulano conserva el* RÉCORD *de la maratón*. ‖ Hecho o esfuerzo notable de estos actos que sobrepuja a otros de igual especie ya registrados. Ú.t.c.adj. *Batió el* RÉCORD *de la milla. Lo hizo en tiempo* RÉCORD.

RECORDABLE. (Del lat. *recordábilis.*) adj. Que se puede recordar. sinón.: **memorable.** ‖ Digno de recuerdo.

RECORDACIÓN. (Del lat. *recordatio, -onis.*) f. Acción de traer una cosa a la memoria. ‖ Recuerdo, memoria de una cosa.

RECORDAR. al. **Sich Erinnern.** fr. **Se rappeler; se souvenir.** ingl. **To remember; to remind.** ital. **Ricordare; sovvenire.** port. **Lembrar; relembrar.** (Del lat. *recordare.*) tr. Traer algo a la memoria. Ú.t.c.intr. RECORDABA *su primer baile*; sinón.: **evocar;** antón.: **olvidar.** ‖ Excitar a alguien a que tenga presente alguna cosa de que se hizo cargo. Ú.t.c.intr. y c. r. *Le* RECUERDO *que hoy vence el pagaré*. ‖ intr. fig. Despertar el que está dormido. Ú.t.c.r. *Me* RECUERDO *temprano*. ‖ Volver en sí el que está desmayado. ‖ irreg. Conj. como **contar.** ‖ deriv.: **recordador, ra; recordante.**

RECORDATIVO, VA. (Del lat. *recordativus.*) adj. Dícese de lo que hace o puede hacer recordar. *Medalla* RECORDATIVA. ‖ m. Recordatorio.

RECORDATORIO, RIA. (De *recordar.*) adj. Dícese de lo que sirve para recordar. ‖ m. Aviso, comunicación, etc., para hacer recordar algo. ‖ Tarjeta o impreso breve en que con fines religiosos se recuerda la fecha de la primera comunión, votos, etc., de una persona.

RECORRER. al. **Durchlaufen.** fr. **Parcourir.** ingl. **To go through.** ital. **Percorrere.** port. **Recorrer.** (Del lat. *recurrere.*) tr. Con nombre que denote espacio o lugar, ir o transitar por él. *El automóvil* RECORRIÓ *mil kilómetros; el explorador* HA RECORRIDO *toda América*. ‖ Registrar, mirar minuciosamente, andando de una parte a otra, para averiguar lo que se desea saber o hallar. RECORRIMOS *todos los negocios infructuosamente*. ‖ Leer ligeramente un escrito. RECORRER *con la vista*. ‖ Reparar lo que estaba deteriorado. ‖ *Impr.* Justificar la composición pasando letras de una línea a otra, generalmente a consecuencia de enmiendas. ‖ intr. p. us. Recurrir, acudir, o acogerse.

RECORRIDO. al. **Strecke.** fr. **Parcours; route.** ingl. **Run.** ital. **Tragitto.** port. **Trajeto.** m. Espacio que una persona o cosa recorre o ha de recorrer. *El* RECORRIDO *de un ómnibus*; sinón.: **camino, trayecto.** ‖ Acción de reparar lo deteriorado. ‖ Repasata.

RECORTADO, DA. adj. *Bot.* Dícese de las hojas y otras partes de las plantas cuyos bordes tienen muchas desigualdades. ‖ m. Figura recortada de papel. ‖ Acción y efecto de recortar.

RECORTADURA. (De *recortar.*) f. Recorte, acción y efecto de recortar. ‖ pl. Recortes, porciones sobrantes de lo cortado.

RECORTAR. al. **Abschneiden.** fr. **Découper.** ingl. **To cut away.** ital. **Ritagliare.** port. **Recortar.** (De *re* y *cortar.*) tr. Cortar lo que sobra en una cosa. RECORTAR *el cabello, la barba*; sinón.: **cercenar, podar.** ‖ Cortar con arte el papel, etc., en varias figuras. ‖ *Pint.* Señalar perfiles.

RECORTE. al. **Ausschnitt.** fr. **Découpure.** ingl. **Cutting; clipping.** ital. **Ritaglio.** port. **Recorte.** m. Acción y efecto de recortar. ‖ Suelto o noticia breve de un periódico. ‖ *Taurom.* Esguince para evitar la cogida del toro. ‖ pl. Porciones sobrantes que por medio de instrumento cortante se separan de cualquiera materia que se trabaja hasta reducirla a la forma conveniente.

RECORVAR. (Del lat. *recurvare.*) tr. y r. Encorvar.

RECORVO, VA. (Del lat. *recurvus.*) adj. Corvo.

RECOSER. (De *re* y *coser.*) tr. Volver a coser. ‖ Componer o zurcir la ropa.

RECOSIDO. m. Acción y efecto de recoser.

RECOSTADERO. m. Lugar o cosa que sirve para recostarse.

RECOSTAR. al. **Sich anlehnen.** fr. **S'appuyer contre; se coucher.** ingl. **To recline.** ital. **Appoggiare; reclinare.** port. **Recostar.** (De *re* y *costa*, costado.) tr. y r. Reclinar la parte superior del cuerpo quien está de pie o sentado. RECOSTARSE *sobre un sofá o contra un árbol*. ‖ Reclinar, inclinar una cosa sobre otra. ‖ irreg. Conj. como **contar.**

RECOVA. (Del m. or. que *recua.*) f. Compra de huevos, gallinas y otras cosas semejantes, que se hace por los lugares para revenderlas. ‖ Lugar público en que se venden las gallinas y demás aves domésticas. ‖ *Amér. del S.* Mercado de comestibles. ‖ *Arg.* Especie de soportal. ‖ *Mont.* Cuadrilla de perros de caza.

RECOVECO. m. Vuelta y revuelta de un callejón, arroyo, etc. ‖ fig. Rodeo de que uno se vale para conseguir alguna cosa.

RECOVERO, RA. s. Persona que anda a la recova.

RECRE. (De *recreo.*) m. Recle.

RECREABLE. adj. Que causa placer o recreo.

RECREACIÓN. (Del lat. *recreatio, -onis.*) f. Acción y efecto de recrear o recrearse. ‖ Diversión para alivio del trabajo. *Patio de* RECREACIÓN; sinón.: **esparcimiento, solaz.**

RECREAR. al. **Sicherholen; sich unterhalten.** fr. **Amuser.** ingl. **To recreate; to amuse.** ital. **Ricreare.** port. **Recrear.** (Del lat. *recreare.*) tr. y r. Divertir, alegrar. *Las cosas bellas* RECREAN *la vista*; sinón.: **distraer, esparcir.**

RECREAR. tr. Crear o producir de nuevo.

RECREATIVO, VA. adj. Que recrea o puede causar recreación. *Juegos* RECREATIVOS.

RECRECER. (Del lat. *recréscere.*) tr. Aumentar, acrecentar algo. Ú.t.c.intr. ‖ intr. Ocurrir una cosa de nuevo. ‖ r. Reanimarse. ‖ irreg. Conj. como **agradecer.** ‖ deriv.: **recrecimiento.**

RECREÍDO, DA. adj. *Cetr.* Decíase del ave de caza que, perdiendo su docilidad, se tornaba salvaje.

RECREMENTICIO, CIA. adj. *Fisiol.* Perteneciente o relativo al recremento.

RECREMENTO. (Del lat. *recreméntum.*) m. *Fisiol.* Humor que después de segregado vuelve a ser absorbido por el organismo para ciertos fines de la vida.

RECREO. al. **Erholung; Pause.** fr. **Agrément; récréation.** ingl. **Party-time; amusement.** ital. **Ricreazione; godimento.** port. **Recreio; recreação.** (De *recrear.*) m. Recreación. *Había allí unas calesitas para* RECREO *de los niños*; sinón.: **diversión, solaz.** ‖ Lugar adecuado o dispuesto para diversión.

RECREO. *Geog.* Población del O. de Argentina (Catamarca), 2.880 h. Centro ferroviario y maderero.

RECRÍA. f. Acción y efecto de recriar.

RECRIAR. (De *re* y *criar.*) tr. Fomentar, a fuerza de alimentos, el desarrollo de potros u otros animales nacidos en región distinta. ‖ fig. Dar a un ser los elementos de vida necesarios para su desarrollo. ‖ Aplicado al género humano, el acto de redimirlo por la pasión y muerte de Jesucristo. ‖ deriv.: **recriador.**

RECRIMINACIÓN. f. Acción y efecto de recriminar o recriminarse. sinón.: **represión, reprimenda;** antón.: **felicitación.**

RECRIMINAR. al. **Beschuldigen; Vorwürfe machen.** fr. **Récriminer.** ingl. **To recriminate.** ital. **Recriminare.** port. **Recriminar.** tr. Responder a acusaciones o cargos con otras y otros. *Le* RECRIMINÓ *su indolencia*; sinón.: **reprochar.** ‖ rec Hacerse cargos recíprocamente dos o más personas. ‖ deriv.: **recriminador, ra.**

RECRUDECER. (Del lat. *recrudéscere.*) intr. Tomar nuevo incremento un mal físico o moral, o un afecto o cualquier cosa perjudicial, después de haber comenzado a ceder. Ú.t.c.r. *La fiebre* RECRUDECE; *la angustia* RECRUDECE; sinón.: **agravar, redoblar;** antón.: **disminuir, mejorar.** ‖ irreg. Conj. como **agradecer.**

RECRUDECIMIENTO. m. Recrudescencia. sinón.: **agravación, empeoramiento.**

RECRUDESCENCIA. f. Acción y efecto de recrudecer o recrudecerse.

RECRUDESCENTE. p. a. de **Recrudecer.** Que recrudece.

RECRUJIR. (De *re* y *crujir.*) intr. Crujir mucho. *El maderamen* RECRUJÍA.

RECRUZAR. tr. Cruzar de nuevo algún lugar. Ú.t.c.r. ‖ Hacer muchas cruces o rayas entrecruzadas. ‖ deriv.: **recruzamiento.**

RECTAL. adj. *Anat.* Perteneciente o relativo al intestino recto. ‖ Aplícase a la vena hemorroidal interna.

RECTAMENTE. adv. m. Con rectitud. *Proceder* RECTAMENTE; sinón.: **derechamente, dignamente:** antón.: **torcidamente.**

RECTANGULAR. adj. *Geom.* Perteneciente o relativo al ángulo recto. *Coordenadas* RECTANGULARES. ‖ *Geom.* Que tiene uno o más ángulos rectos. *Tetraedro* RECTANGULAR. ‖ *Geom.* Que contiene uno o más rectángulos. *Pirámide* RECTANGULAR. ‖ *Geom.* Perteneciente o relativo al rectángulo. *Cara* RECTANGULAR *de un poliedro*.

RECTÁNGULO, LA. al. **Rechteck.** fr. **Rectangle.** ingl. **Rectangle.** ital. **Rettangolo.** port. **Retangulo.** (Del lat. *rectángulus.*) adj. Rectangular, con ángulos rectos. Dícese principalmente del triángulo y el paralelepípedo. ‖ m. *Geom.* Paralelogramo que tiene los cuatro ángulos rectos y los lados contiguos desiguales.

RECTAR. tr. p. us. Rectificar.

RECTIFICACIÓN. f. Acción y efecto de rectificar. sinón.: **corrección, enmienda.**

RECTIFICADOR, RA. adj. Que rectifica. ‖ *Elec.* Aplícase al aparato o máquina que puede transformar una fuerza automotriz alterna en corriente de dirección continua. Ú.t.c.s.

RECTIFICAR. al. **Berichtigen.** fr. **Rectifier.** ingl. **To rectify.** ital. **Rettificare.** port. **Retificar.** (Del lat. *rectificare*; de *rectus*, recto, y *fácere*, hacer.) tr. Reducir una cosa a la exactitud que debe tener. RECTIFICAREMOS *el plano*; sinón.: **modificar, reformar.** ‖ Procurar uno corregir los dichos y hechos que se le atribuyen, reduciéndolos a la exactitud y certeza convenientes. RECTIFICÓ *su primer relato*. ‖ Contradecir a otro en lo que ha dicho por considerarlo erróneo. ‖ Comprobar una cosa, cerciorarse de su exactitud. RECTIFICARÉ *las medidas*. ‖ Procurar reducir los juicios expuestos por el adversario a la conveniente certeza. ‖ *Fís.* Disponer un instrumento de modo que pueda servir para una operación. ‖ *Geom.* Tratándose de una línea curva, hallar una recta cuya longitud sea igual a la de aquélla. ‖ *Quím.* Purificar los líquidos. ‖ r. Corregir uno sus actos o su forma de obrar. ‖ IDEAS AFINES: *Acomodar, cambiar, mejorar, exacto, concreto, justo, verdadero, correcto, lógico, razonable, retractar, enmendar.*

RECTIFICATIVO, VA. adj. Dícese de lo que rectifica o puede rectificar. Ú.t.c.s.m.

RECTILÍNEO, A. al. **Geradlinig.** fr. **Rectiligne.** ingl. **Recti-**

linear. ital. **Rettilineo** port. **Retilíneo.** (Del lat. *rectilineus.*) adj. *Geom.* Que se compone de líneas rectas. ‖ fig. Aplícase a ciertos caracteres de personas rectas, a veces con exageración.

RECTINERVIO, VIA. adj. *Bot.* Aplícase a la hoja cuyos nervios van en dirección de la base al ápice.

RECTITUD. al. **Richtigkeit; rechtschaffenheit.** fr. **Rectitude.** ingl. **Straightness; rectitude.** ital. **Rettitudine.** port. **Retitude.** (Del lat. *rectitudo.*) f. Derechura o distancia más o menos recta entre dos puntos o términos. ‖ fig. Calidad de recto o justo. *La* RECTITUD *de una apreciación.* ‖ Exactitud en las operaciones. ‖ Equidad, imparcialidad en la aplicación de la justicia. *El árbitro actuó con* RECTITUD. ‖ Firmeza, severidad.

RECTO, TA. al. **Gerade; gerecht.** fr. **Droit; juste.** ingl. **Straight; just.** ital. **Retto.** port. **Reto.** (Del lat. *rectus.*) adj. Que no se inclina a un lado ni a otro. *Línea* RECTA; sinón.: **derecho;** antón.: **curvo, torcido.** ‖ fig. Justo, severo y firme en sus resoluciones. *Juez* RECTO; sinón.: **imparcial, íntegro.** ‖ Dícese del sentido primitivo o literal de las palabras, por oposición al figurado. ‖ Dícese del folio o plana de un libro o cuaderno que, abierto, está a la derecha del que lee. El opuesto es llamado **verso** o **vuelto.** ‖ *Geom.* V. **Ángulo recto. Línea recta.** ‖ *Anat.* Aplícase a la última porción del intestino grueso, que comienza en el colon y termina en el ano. Ú.t.c.s.m.

RECTOR, RA. al. **Rektor; Vorsteher.** fr. **Recteur.** ingl. **Principal; director.** ital. **Rettore.** port. **Reitor.** (Del lat. *réctor.*) adj. y s. Que rige o gobierna. *Los principios* RECTORES *del pensamiento.* ‖ s. Superior que tiene a su cargo el gobierno y mando de una comunidad, hospital, colegio, etc. ‖ m. Párroco o cura propio. ‖ Superior de una universidad literaria y su distrito.

RECTORADO. m. Oficio, cargo y oficina del rector. ‖ Período que dura.

RECTORAL. adj. Perteneciente o relativo al rector. *Sala* RECTORAL.

RECTORAR. intr. Llegar a ser rector.

RECTORÍA. f. Cargo, oficio o jurisdicción del rector. ‖ Su oficina.

RECUA. (Del ár. *récub,* cabalgata, caravana.) f. Conjunto de animales de carga. RECUA *de mulas;* sinón.: **reata.** ‖ fig. y fam. Multitud de cosas que van o siguen unas tras otras.

RECUADRAR. (De *re* y *cuadrar.*) tr. *Pint.* Cuadrar o cuadricular.

RECUADRO. m. División o compartimiento cuadrilongo en una superficie. ‖ En los periódicos, espacio encerrado por líneas para hacer resaltar una noticia.

RECUAJE. m. Tributo que se paga por el tránsito de las recuas.

RECUARTA. (De *re* y *cuarto.*) f. Una de las cuerdas de la vihuela. Es la segunda que se coloca en el cuarto lugar al doblar las cuerdas.

RECUBRIR. tr. Volver a cubrir. ‖ Retejar.

RECUDIMENTO. m. Recudimiento.

RECUDIMIENTO. (De *recudir.*) m. Despacho y poder dado al arrendador para cobrar rentas.

RECUDIR. (Del b. lat. *recútere.*) tr. Pagar o entregar a uno lo que le corresponde. ‖ intr. Resaltar, volver una cosa al lugar de donde salió primero.

RECUELO. (De *recolar.*) m. Lejía muy fuerte, según sale del cernadero, que se usa para colar la ropa más sucia. ‖ Café recocido.

RECUENTO. (De *recontar.*) m. Cuenta o segunda cuenta o enumeración que se hace de algo. RECUENTO *del ganado.*

RECUENTRO. m. Reencuentro.

RECUERDO. al. **Erinnerung.** fr. **Souvenir.** ingl. **Remembrance.** ital. **Ricordo; rimembranza.** port. **Recordo.** m. Memoria que se hace o aviso que se da de algo que pasó o de que ya se ha hablado. ‖ Cada una de las ideas que conservamos de lo pasado. *Un* RECUERDO *agradable.* ‖ Objeto que excita la memoria, reproduciendo ideas pasadas. ‖ fig. Cosa regalada en testimonio de afecto. *Me dio esta cruz, de* RECUERDO. ‖ pl. Memorias, saludo al ausente.

RECUERDOS DE PROVINCIA. *Lit.* Notable libro autobiográfico de Domingo Faustino Sarmiento, publicado en Chile en 1850. Autorretrato de cuidado estilo personal, escrito para contrarrestar las calumnias que circulaban sobre su persona, une la intención polémica a la conmovedora e íntima evocación y es al mismo tiempo un cuadro vivido de la idiosincrasia argentina de la época. Literariamente es la obra más lograda del autor.

RECUERO. m. Arriero o persona encargada de una recua.

RECUESTA. (De *recuestar.*) f. Requerimiento, intimación.

RECUESTAR. (Del lat. *re,* iterativo, y *quaesitare,* rogar.) tr. Demandar, pedir.

RECUESTO. (De *re* y *cuesta,* terreno en pendiente.) m. Lugar que está en declive.

RECULA. f. *Cineg.* **Retranca.**

RECULADA. f. Acción de recular.

RECULAR. al. **Zurückweichen.** fr. **Reculer.** ingl. **To fall back; to recoil.** ital. **Riculare.** port. **Recuar.** (De *re* y *culo.*) intr. Cejar o retroceder. sinón.: **retrechar;** antón.: **avanzar.** ‖ fig. y fam. Ceder uno de su dictamen o juicio. ‖ deriv.: **reculador, ra; reculamiento.**

RECULO, LA. adj. Dícese del pollo o gallina que carece de cola.

RECULÓN. m. *Amér. del S.* Reculada.

RECULONES (A). m. adv. fam. Reculando.

RECUÑAR. (De *re* y *cuña.*) tr. *Cant.* y *Min.* Arrancar piedra o mineral por medio de cuñas que a golpe de mazo se introducen en las hendeduras naturales o artificiales de la mina o cantera.

RECUPERACIÓN. (Del lat. *recuperatio, -onis.*) f. Acción y efecto de recuperar o recuperarse. sinón.: **recobro, rescate;** antón.: **pérdida.**

RECUPERAR. al. **Wiedergewinnen.** fr. **Récupérer; regagner.** ingl. **To recuperate; to recover.** ital. **Ricuperare.** port. **Recuperar.** (Del lat. *recuperare.*) tr. Recobrar. RECUPERÓ *los documentos, la vista;* sinón.: **rescatar;** antón.: **perder.** ‖ r. Recobrarse, volver en sí. ‖ deriv.: **recuperable; recuperador, ra; recuperativo, va.**

RECURA. f. Cuchillo para recurar, con hoja de dos cortes a modo de sierra.

RECURAR. (Del lat. *recurare,* limpiar con cuidado.) tr. Formar y aclarar con la recura los dientes de los peines.

RECURRENTE. (Del lat. *recurrens, -entis.*) p. a. de **Recurrir.** Que recurre. ‖ com. Persona que entabla o ha entablado un recurso.

RECURRENTE. adj. *Anat.* Aplícase a determinados vasos o nervios de curso sinuoso, y por extensión a los fenómenos sensitivos que presentan algunos nervios. ‖ *Pat.* Dícese de una fiebre infecciosa que se caracteriza por tres o cuatro recidivas.

RECURRIBLE. adj. *Der.* Aplícase al acto de la administración contra el cual cabe entablar recurso.

RECURRIDO, DA. adj. *Der.* Dícese especialmente en casación de la parte que sostiene o a quien favorece la sentencia de que se recurre. Ú.t.c.s.

RECURRIR. al. **Sich wenden.** fr. **Recourir.** ingl. **To apply.** ital. **Ricorrere.** port. **Recorrer.** (Del lat. *recúrrere.*) intr. Acudir a un juez o autoridad con alguna demanda o petición. ‖ Acogerse al favor de alguien, o usar de medios no comunes para lograr un propósito. RECURRIR *a la ciencia, a su ingenio;* sinón.: **apelar.** ‖ Volver una cosa al lugar de donde salió. RECURRIÓ *el ratón a su cueva.* ‖ *Der.* Entablar recurso contra una resolución. ‖ IDEAS AFINES: *Solicitar, pedir, rogar, impetrar, suplicar, gracia, ayuda, socorro, auxilio.*

RECURSO. al. **Ausweg.** fr. **Ressource; recours.** ingl. **Resourse; resort.** ital. **Ricorso.** port. **Recurso.** (Del lat. *recursus.*) m. Acción y efecto de recurrir. ‖ Retorno de una cosa al sitio de donde salió. ‖ Solicitud, petición por escrito. ‖ *Der.* Acción que concede la ley al interesado en un juicio o en otro procedimiento para reclamar contra las resoluciones. ‖ pl. Bienes, medios de subsistencia. *Se encuentra sin* RECURSOS; sinón.: **dinero.** ‖ pl. Elementos de que una colectividad puede echar mano para acudir a una necesidad o llevar a cabo una empresa. RECURSOS *naturales, hidráulicos, forestales,* etc. ‖ fig. Expedientes, arbitrios para salir bien de una empresa. ‖ **Recurso contencioso administrativo.** *Der.* El que se interpone contra las resoluciones de la administración activa que comprende determinadas condiciones fijadas por las leyes. ‖ **– de apelación.** El que se entabla a fin de que una resolución sea revocada por tribunal o autoridad superior al que la dictó. ‖ **– de casación.** *Der.* El que se interpone ante el Tribunal Supremo contra fallos definitivos o laudos. ‖ **– de queja.** *Der.* El que interponen los tribunales contra la invasión de atribuciones por autoridades administrativas, y en general, el que los interesados promueven ante un tribunal o autoridad superior contra la resistencia de un inferior a admitir una apelación u otro **recurso.** ‖ **– de revisión.** *Der.* El que se interpone para conseguir la revocación de sentencia firme en casos extraordinarios determinados por las leyes.

RECUSACIÓN. (Del lat. *recusatio, -onis.*) f. Acción y efecto de recusar.

RECUSAR. (Del lat. *recusare.*) tr. Rechazar, negarse a admitir una cosa, o notar a una persona carencia de aptitud o de imparcialidad. RECUSÓ *mi ayuda;* sinón.: **declinar;** antón.: **admitir.** ‖ *For.* Poner tacha legítima al juez, el perito, etc., que con carácter público interviene en un procedimiento o juicio, para que no actúe en él. ‖ deriv.: **recusable; recusación.**

RECHAZAMIENTO. m. Acción y efecto de rechazar.

RECHAZAR. al **Zurückstossen; zurückweisen.** fr. **Repousser; rejeter.** ingl. **To repulse; to reject.** ital. **Respingere; rigettare.** port. **Rechaçar.** (Del lat. *reiectare.*) tr. Resistir un cuerpo a otro obligándole a retroceder. ‖ fig. Resistir a un enemigo, obligándole a ceder. RECHAZAMOS *el ataque;* sinón.: **alejar, apartar.** ‖ Contradecir lo que otro expresa o no admitir su proposición u ofrecimiento. RECHAZÓ *la ayuda que le ofrecí;* sinón.: **rehusar;** antón.: **aceptar.** ‖ deriv.: **rechazador, ra.**

RECHAZO. (De *rechazar.*) Acción y efecto de rechazar. ‖ m. Rechazamiento. ‖ Retroceso que hace un cuerpo por el choque elástico contra otro. ‖ **De rechazo.** m. fig. De modo incidental, ocasional o consiguiente.

RECHIFLA. f. Acción de rechiflar.

RECHIFLAR. (De *re* y *chiflar.*) tr. Silbar con insistencia. ‖ r. Burlarse, mofarse de alguien.

RECHINAMIENTO. m. Acción y efecto de rechinar.

RECHINAR. al. **Knarre; Knirschen.** fr. **Grincer.** ingl. **To squeak; to gnash.** ital. **Stridere; ringhiare.** port. **Rechinar.** (De *re* y *chinar,* y éste de *China.*) intr. Producir una cosa un sonido, comúnmente desapacible, por chocar o ludir con otra. RECHINAR *los dientes;* sinón.: **crujir, chirriar.** ‖ fig. Entrar con disgusto en una cosa que se propone o dice. ‖ r. *Amér.* Requemarse. ‖ deriv.: **rechinador, ra; rechinante.**

RECHINIDO. (De *rechinar.*) m. Rechino.

RECHINO. (De *rechinar.*) m. Rechinamiento.

RECHISTAR. intr. Chistar.

RECHONCHO, CHA. adj. fam. Se dice de la persona o animal gruesos y de escasa altura.

RECHUPETE (De). (De *re* y *chupete.*) loc. fam. Muy exquisito y agradable.

RED. al. **Netz.** fr. **Filet.** ingl. **Net.** ital. **Rete.** port. **Rede.** (Del lat. *rete.*) f. Aparejo hecho con hilos, cuerdas o alambres trabados en formas de mallas, y acondicionado para pescar, cazar, cercar, etc. ‖ Labor o tejido de mallas. ‖ Redecilla para el pelo. ‖ Verja o reja. ‖ Lugar donde se vende pan u otros artículos que se dan por entre verjas. ‖ fig. Ardid o engaño que uno emplea para atraer a otro. *Cayó en la* RED; sinón.: **lazo, trampa.** ‖ Conjunto de calles convergentes. ‖ Conjunto sistemático de caños o de hilos conductores o de vías de comunicación o de agencias y servicios para determinado fin. RED *telefónica, telegráfica;* RED *transmisora;* RED *de caminos.* ‖ Conjunto y enlace de cosas que obran favorable o contrariamente en un fin o intento. ‖ **– barredera.** Aquella cuya relinga inferior es arrastrada por el fondo del agua para que lleve consigo todos los peces que encuentre. ‖ **– de araña. Telaraña.** ‖ **– de difracción.** *Fís.* Placa de vidrio en la que se ha grabado un elevado número de líneas equidistantes muy delgadas, que se utiliza para obtener espectros luminosos y medir longitudes de onda. ‖ **– de jorrar o de jorro. Red barredera.** ‖ **– sabogal.** La de pescar sabogas. ‖ **Caer uno en la red.** frs. fig. y fam. **Caer en el lazo.** ‖ **Echar,** o **tender, la red,** o **las redes.** frs. Echarlas al agua para pescar. ‖ fig. y fam. Disponer los medios para conseguir alguna cosa.

RED. *Geog.* Río de los EE.UU. que nace en el Llano Estacado y des. en el Misisipí. 1.950 km. en parte navegables. ‖ **– del Norte.** Río que nace en los EE.UU. (Minnesota) y des. en el lago Winnipeg. 1.150 km.

REDACCIÓN. al. **Fassung; Redaktion.** fr. **Rédaction.** ingl. **Redaction.** ital. **Redazione.** port. **Redação.** (Del lat. *redactio, -onis.*) f. Acción y efecto de redactar. *La* REDACCIÓN *de una carta.* ‖ Lugar u oficina donde se redacta. ‖ Conjunto de redactores de una publicación periódica.

REDACTAR. al. **Abfassen; redigieren.** fr. **Rédiger.** ingl. **To edit; to draw up.** ital. **Redigere.** port. **Redigir.** (Del lat. *redáctum,* supino de *redígere,* compilar, poner en orden.) tr. Poner por escrito cosas ocurridas, acordadas o pensadas con anterioridad. ‖ IDEAS AFINES: *Escribir, periódico, diario, revista, carta, colaboración, columna, anónimo, memorias, recuerdos, compilar, transcribir, resumir, autor, literato.*

REDACTOR, RA. al. **Verfasser; Schriftleiter.** fr. **Rédacteur.** ingl. **Editor.** ital. **Redattore.** port. **Redator.** adj. Que redacta. Ú.t.c.s. ‖ Que forma parte de una redacción. REDACTOR *de un periódico.*

REDADA. (De *redar.*) f. Lance de red. ‖ fig. y fam. Conjunto de objetos o seres que se cogen de una vez. *Cogieron una* REDADA *de maleantes.*

REDAÑO. (De *red.*) m. *Anat.* Mesenterio. ‖ pl. fig. Fuerzas, brío, valor.

REDAR. tr. Echar la red para pescar.

REDARGUCIÓN. (Del lat. *redargutio, -onis.*) f. Acción de redargüir. ‖ Argumento convertido contra el que lo hace.

REDARGÜIR. al. **Widerlegen.** fr. **Rétoquer.** ingl. **To retort; to reargue.** ital. **Redarguire.** port. **Redargüir.** (Del lat. *redargúere.*) tr. Convertir el argumento contra el que lo hace. ‖ *Der.* Impugnar una cosa por algún vicio que contiene. REDARGÜIR *de falso un documento;* sinón.: **rebatir, refutar;** antón.: **aceptar, aprobar.** ‖ irreg. Conj. como **huir.**

REDAYA. f. Red para pescar en los ríos.

REDECILLA. f. dim. de **Red.** ‖ Tejido de malla de que se hacen las redes. ‖ Prenda de malla, en forma de bolsa y con cordones o elásticos, que usan las mujeres para recoger o adornar el cabello. ‖ *Zool.* Segunda de las cuatro cavidades en que está dividido el estómago de los rumiantes.

REDECIR. tr. Repetir porfiadamente una o más palabras.

REDEDOR. (Del lat. *rotátor, -is.*) m. Contorno, territorio. ‖ **Al, o en, rededor.** m. adv. **Alrededor.**

REDEJÓN. (De *red.*) m. Redecilla más grande que la común.

REDEL. m. *Mar.* Cualquiera de las cuadernas que se ponen en los puntos en que empiezan los delgados del barco.

REDENCIÓN. al. **Erlösung.** fr. **Rédemption.** ingl. **Redemption.** ital. **Redenzione.** port. **Redenção.** (Del lat. *redemptio, -onis.*) f. Acción y efecto de redimir o redimirse. sinón.: **emancipación, liberación;** antón.: **esclavitud.** ‖ Por anton., la que Jesucristo hizo del género humano por medio de su pasión y muerte. ‖ fig. Remedio, recurso.

REDENDIJA. f. Rendija.

REDENTOR, RA. al. **Erlöser; Retter.** fr. **Rédempteur.** ingl.

Redeemer. ital. **Redentore.** port. **Redentor.** (Del lat. *redémptor.*) adj. y s. Que redime. *Sacrificio* REDENTOR; sinón.: **liberador, salvador;** antón.: **opresor.** || m. Por anton.. Jesucristo. || Religioso mercedario o trinitario nombrado para hacer rescate de los cautivos cristianos en poder de los sarracenos.

REDENTORISTA. (De *redentor.*) adj. Dícese del individuo perteneciente a la congregación fundada por San Alfonso María de Ligorio. Ú.t.c.s. || Perteneciente o relativo a dicha congregación.

REDEÑA. f. Salabardo.

REDERO, RA. adj. Perteneciente a las redes. || s. Persona que hace redes. || Persona que las arma. || Persona que caza con redes.

REDESCUENTO. m. *Com.* Nuevo descuento de valores.

REDGRAVE, Pedro. *Biog.* Poeta inglés, autor de *El coleccionista, La naturaleza del tiempo frío,* etc. (n. 1932).

REDHIBICIÓN. (Del lat. *redhibitio, -onis.*) f. Acción y efecto de redhibir.

REDHIBIR. (Del lat. *redhíbere.*) tr. Anular el comprador la venta por no haberle manifestado el vendedor el vicio o gravamen de lo que le ha vendido.

REDHIBITORIO, RIA. (Del lat. *redhibitorius.*) adj. Relativo a la redhibición, o que da derecho a ella. *Carga* REDHIBITORIA.

REDI, Francisco. *Biog.* Erudito ital., autor del famoso ditirambo *Baco en Toscana* y precursor de valiosas teorías científicas (1626-1698).

REDICIÓN. (Del lat. *redícere,* volver a decir.) f. Repetición de lo dicho.

REDICHO, CHA. (De *re* y *dicho.*) adj. fam. Dícese de quien habla pronunciando afectadamente las palabras.

REDIEZMAR. tr. Cobrar el rediezmo.

REDIEZMO. m. Segundo diezmo o porción que se extraía del acervo. || Novena parte de los frutos ya diezmados que se exigía después de haber pagado el diezmo.

REDIL. al. **Hürde.** fr. **Bercail.** ingl. **Sheepfold.** ital. **Pecorile.** port. **Redil.** (De *red.*) m. Aprisco rodeado de estacas y redes, o de barreras armadas con listones. *Las ovejas volvían al* REDIL.

REDILAR. tr. Amajadar.

REDILEAR. tr. Redilar.

REDIMIR. al. **Ablösen; eslösen.** fr. **Rédimer.** ingl. **To redeem.** ital. **Redimere.** port. **Remir; redimir.** (Del lat. *redimere.*) tr. Rescatar o sacar de esclavitud mediante precio a un cautivo. Ú.t.c.r. sinón.: **liberar;** antón.: **esclavizar.** || Comprar de nuevo algo que se había poseído y vendido. || Dejar libre una cosa hipotecada, empeñada, etc. Dícese también del que cancela su derecho o del que consigue la liberación. || Librar o extinguir una obligación. || fig. Poner término a un vejamen, dolor, molestias, etc. Ú.t.c.r. || IDEAS AFINES: *Libertad, fraternidad, negro, esclavo, avasallar, trata, cadenas, galeras, cautiverio, servidumbre, siervo, manumisión, Lincoln, Guerra de Secesión.*

REDINGOTE. (Del fr. *redingote,* y éste del ingl. *riding coat,* traje para montar.) m. Capote de poco vuelo y con mangas ajustadas.

RÉDITO. (Del lat. *réditus.*) m. Renta, utilidad renovable que deja un capital.

REDITUABLE. (De *redituar.*) adj. Que rinde, periódica o renovadamente, utilidad o beneficio. *Acciones* REDITUABLES.

REDITUAL. adj. Redituable.

REDITUAR. tr. Rendir, producir una cosa utilidad, periódica o renovadamente.

REDIVIVO, VA. (Del lat. *redivivus.*) adj. Aparecido, resucitado. *Cristo* REDIVIVO.

REDOBLADO, DA. adj. Aplícase al hombre fornido y no muy alto y también a la cosa o pieza que es más gruesa o resistente que de ordinario. || *Mil.* V. **Paso redoblado.**

REDOBLADURA. (De *redoblar.*) f. Redoblamiento.

REDOBLAMIENTO. m. Acción y efecto de redoblar o redoblarse.

REDOBLANTE. m. Tambor de caja prolongada, usado en orquestas y bandas militares para marcar el ritmo. || Músico que lo toca.

REDOBLAR. al. **Verdoppeln.** fr. **Doubler.** ingl. **To double.** ital. **Raddoppiare.** port. **Redobrar.** (De *re* y *doblar.*) tr. Aumentar una cosa al doble de lo que antes era. Ú.t.c.r. REDOBLAR *la producción, una apuesta;* sinón.: **reduplicar.** || Volver la punta del clavo o cosa similar en dirección opuesta a la de su entrada. || Repetir, volver a hacer una cosa. || intr. Tocar redobles en el tambor.

REDOBLE. (De *redoblar.*) m. Redoblamiento. || Toque vivo y sostenido que se produce hiriendo rápidamente el tambor con los palillos.

REDOBLEGAR. (Del lat. *reduplicare.*) tr. Doblegar o redoblar.

REDOBLÓN. adj. Dícese del clavo, perno, etc., que puede o ha de redoblarse. Ú.m.c.s. || m. Cobija, teja de cubierta.

REDOBLONA. f. *R. de la Plata.* Serie de jugadas combinadas que se hace en ciertos juegos de azar y carreras de caballos, y en que el total o parte de lo obtenido en la primera jugada se arriesga a la siguiente o a otras.

REDOLA. f. Círculo, redor, contorno.

REDOLADA. (De *redol.*) f. Comarca de varios pueblos o lugares que tienen alguna unidad natural o de intereses.

REDOLENTE. adj. Que tiene redolor.

REDOLOR. (De *re* y *dolor.*) m. Dolorcillo tenue que se siente o queda después de un padecimiento.

REDOMA. al. **Phiole.** fr. **Fiole.** ingl. **Phial; ballon.** ital. **Ampolla.** port. **Redoma.** (Del ár. *redoma.*) f. Vasija de vidrio de fondo ancho, que se angosta hacia la boca.

REDOMADO, DA. (De *re* y *domar.*) adj. Muy cauteloso y astuto. *Un tramposo* REDOMADO; antón.: **bobo, ingenuo.**

REDOMAZO. m. Golpe dado con una redoma.

REDOMÓN, NA. adj. *Amér.* Dícese de la caballería no domada del todo. || deriv.: **redomonear.**

REDONDA. (Del lat. *rotunda,* t. f. de *-dus,* redondo.) f. Comarca. *Es el ganadero más rico de la* REDONDA. || Dehesa o coto de pasto. || *Mar.* Vela cuadrilátera que se larga en el trinquete de las goletas y en el palo de la balandra. || *Mús.* Semibreve. || **A la redonda.** m. adv. En torno, alrededor. || IDEAS AFINES: *Lugar, alrededores, cercanías, cuartel, barrio, distrito, vecinos, próximo.*

REDONDAMENTE. m. adv. En circunferencia, alrededor. || Clara, categóricamente. *Se negó* REDONDAMENTE *a recibirlo;* sinón.: **rotundamente;** antón.: **vagamente.**

REDONDEADO, DA. adj. De forma que tira a redondo.

REDONDEAR. al. **Abrunden.** fr. **Arrondir.** ingl. **To round; to make round.** ital. **Rotondare; arrotondare.** port. **Redondear; arredondar.** tr. Poner redonda una cosa. Ú.t.c.r. REDONDEAR *una falda.* || Quitar o añadir a una cantidad las fracciones o unidades que sobran o faltan para un número determinado. || fig. Sanear un caudal, negocio o finca, liberándolos de gravámenes, deudas, etc. || r. Adquirir rentas o bienes. || Descargarse de toda deuda o cuidado.

REDONDEL. (De *redondo.*) m. fam. Círculo o circunferencia. REDONDELES *de papel.* || Especie de capa sin capilla y redonda por la parte inferior. || Espacio donde se lidia, en las plazas de toros.

REDONDETE, TA. adj. dim. de **Redondo.**

REDONDEZ. al. **Runde; Rundung.** fr. **Rondeur.** ingl. **Roundness.** ital. **Rotondezza; rotondità.** port. **Redondeza.** f. Calidad de redondo. || Circuito de una figura curva. || Superficie de un cuerpo redondo. || — **de la Tierra.** Toda su superficie.

REDONDILLA. al. **Strophe.** fr. **Quatrain.** ingl. **Quatrain.** ital. **Quartina.** port. **Redondilha.** (dim. de *redonda.*) f. Combinación métrica compuesta de cuatro versos octosílabos, de los cuales riman el primero con el último y el segundo con el tercero. También suele llamarse así el serventesio de rima cruzada. || V. **Letra redondilla.**

REDONDILLO, LLA. (De *redondo.*) adj. V. **Trigo redondillo.**

REDONDO, DA. al. **Rund.** fr. **Rond.** ingl. **Round.** ital. **Rotondo.** port. **Redondo.** (Del lat. *rotundus.*) adj. De figura circular o semejante a ella. *Sala* REDONDA, *alfombra* REDONDA. || De figura esférica o semejante a ella. *La naranja es* REDONDA. || Aplícase al terreno adehesado y que no es común. || V. **Letra redonda.** Ú.t.c.s. || fig. Dícese de la persona de calidad originaria igual por sus cuatro costados. *Campesino* REDONDO. || fig. Claro, sin rodeo. *Negativa* REDONDA. || *Carp.* V. **Cantón redondo.** || *Ortogr.* V. **Punto redondo.** || m. Cosa de forma circular o esférica. || fig. y fam. Moneda corriente. || **En redondo.** m. adv. En circuito, alrededor. || fig. Redondamente, categóricamente. || IDEAS AFINES: *Círculo, esfera, óvalo, globo, mundo, balón, pelota, bola, lleno, gordo, rodar.*

REDONDÓN. (aum. de *redondo.*) m. fam. Círculo o figura orbicular muy grande.

REDOPELO. (De *redropelo.*) m. Pasada que, a contrapelo, se hace con la mano al paño u otra estofa. || fig. Riña entre muchachos. || **Al,** o **a, redopelo.** m. adv. **A contrapelo.** || fig. y fam. Contra el curso natural de una cosa; violentamente.

REDOR. (Síncopa de *rededor.*) f. Esterilla redonda. || poét. Rededor.

REDOVA. f. Danza de origen eslavo en compás ternario y movimiento bastante rápido. || Música de esta danza.

REDRO. (Del lat. *retro.*) adv. l. fam. Atrás, detrás. || m. Anillo que se forma cada año, excepto en el primero, en las astas de los animales lanares y cabríos.

REDROJO. (De *redro,* atrás.) m. Cada uno de los racimos pequeños que van dejando atrás los vendimiadores. || Fruto o flor tardía que echan las plantas o que brotan por segunda vez y que por ser fuera de tiempo no suelen llegar a sazón. || fig. y fam. Muchacho desmedrado.

REDROJUELO. m. dim. de **Redrojo.**

REDROPELO. (De *redro* y *pelo.*) m. Redopelo. || **Al,** o **a, redropelo.** m adv. **Al redopelo.**

REDROVIENTO. m. *Mont.* Viento que la caza recibe del sitio del cazador.

REDRUEJO. m. Redrojo.

REDUCCIÓN. al. **Verminderung.** fr. **Réduction.** ingl. **Reduction.** ital. **Riduzione.** port. **Redução.** (Del lat. *reductio, -onis.*) f. Acción y efecto de reducir o reducirse. REDUCCIÓN *de gastos;* sinón.: **disminución, menoscabo, rebaja;** antón.: **aumento.** || Pueblo de indios convertidos al cristianismo. || *Esgr.* V. **Movimiento de reducción.** || *Mar.* V. **Cuadrante de reducción.**

REDUCIBLE. adj. Que se puede reducir.

REDUCIDO, DA. adj. Estrecho, pequeño, limitado. *Habitación* REDUCIDA; antón.: **amplio, espacioso.**

REDUCIMIENTO. m. Reducción, acción y efecto de reducir.

REDUCIR. al. **Vermindern; Verkleinern.** fr. **Réduire; diminuer.** ingl. **To reduce; to decrease.** ital. **Ridurre, diminuire.** port. **Reduzir; diminuir.** (Del lat. *redúcere.*) tr. Volver una cosa al lugar o estado anterior. || Minorar, estrechar. REDUCIR *la cintura;* sinón.: **achicar, disminuir;** antón.: **aumentar.** || Mudar una cosa en otra equivalente. || Cambiar moneda. || Resumir en pocas razones un discurso, narración, etc. || Dividir un cuerpo en partes menudas. REDUCIR *a polvo el granito.* || Hacer que un cuerpo pase del estado sólido al líquido o al de vapor, o al contrario. || Incluir o arreglar bajo de cierto número o cantidad. || Sujetar a la obediencia a quien se había apartado de ella. REDUCIR *a los facciosos;* sinón.: **someter, vencer;** antón.: **rebelar.** || Persuadir, atraer a alguien con razones. *Lo* REDUJO *a su partido;* sinón.: **convencer.** || *Cir.* Restablecer en su posición los huesos dislocados o rotos o bien las partes que forman los tumores herniosos. || *Dial.* Convertir en perfecta la situacción imperfecta de un silogismo. || *Mat.* Expresar el equivalente de una cantidad en unidades de especie distinta de la dada. REDUCIR *leguas a kilómetros; dólares a pesos.* || *Pint.* Achicar un dibujo, conservando las proporciones. || *Quím.* Descomponer un cuerpo en sus elementos. || Separar, parcial o totalmente, el oxígeno u otro átomo o grupo electronegativo, de un compuesto. || r. Moderarse en el modo de vida o porte. || Resolverse por motivos poderosos a realizar una cosa. ME HE REDUCIDO *a no verla más.* || irreg. Conj. como **conducir.** || IDEAS AFINES: *Abreviar, esquematizar, cortar, resumen sucinto, compendio, plan, cuadro sinóptico, sumario, extracto, fundamento; domeñar, doblegar, superar, dominar.*

REDUCTIBLE. adj. Reducible.

REDUCTO. al. **Schreckschanze; Reduit.** fr. **Réduit; rédoute.** ingl. **Reduct.** ital. **Ridotto.** port. **Reduto.** (Del lat. *reductus,* apartado, retirado.) m. *Fort.* Obra de campaña, cerrada, que consta comúnmente de parapeto y banquetas.

REDUCTOR, RA. adj. *Quím.* Que reduce o sirve para reducir. Ú.t.c.s.

REDUNDANCIA. al. **Überfluss; Wortschwall.** fr. **Redondance.** ingl. **Redundance.** ital. **Ridondanza.** port. **Redundancia.** (Del lat. *redundantia.*) f. Sobra, exceso de cualquier cosa o en cualquier línea. REDUNDANCIA *de adornos;* sinón.: **exceso, superfluidad;** antón.: **escasez.**

REDUNDAR. (Del lat. *redundare.*) intr. Rebosar, salirse una cosa de sus límites o bordes. Dícese comúnmente de los líquidos. || Resultar, venir a parar una cosa en beneficio o perjuicio de alguien. *El sacrificio actual* REDUNDARÁ *en tu provecho futuro.* || deriv.: **redundante; redundantemente.**

REDUPLICACIÓN. f. Acción y efecto de reduplicar. || *Ret.* Figura consistente en repetir consecutivamente un mismo vocablo en una cláusula o miembro del período.

REDUPLICAR. (Del lat. *reduplicare.*) tr. Redoblar, aumentar una cosa al doble. REDUPLICAR *el costo.*

REDUVIO. m. Insecto hemíptero de África, Asia y Europa, que se cría en las casas sucias; caza chinches y otros insectos. Gén. *Reduvius personatus.*

REED, Carol. *Biog.* Director cinematográfico ingl., autor de *Larga es la noche; El tercer hombre* y otras películas (n. 1906). || — **Gualterio.** Médico nort., que realizó importantes estudios sobre la transmisión del tifus (1851-1902). || — **John.** Periodista y escr. estad. Su obra *Diez días que conmovieron al mundo* es una minuciosa descripción de la Revolución Rusa (1887-1920).

REEDIFICACIÓN. f. Acción y efecto de reedificar.

REEDIFICAR. al. **Wieder aufbauen.** fr. **Réédifier.** ingl. **To rebuild.** ital. **Riedificare.** port. **Reedificar.** (De *re* y *edificar.*) Volver a edificar lo que está arruinado o lo que se derriba con tal fin. sinón.: **reconstruir;** antón.: **derribar, destruir.** || deriv.: **reedificador, ra.**

REEDITAR. al. **Neu auflegen.** fr. **Rééditer.** ingl. **To reprint.** ital. **Ristampare.** port. **Reeditar.** tr. Volver a editar. sinón.: **reimprimir.**

REEDUCACIÓN. f. Acción de reeducar.

REEDUCAR. tr. *Med.* Volver a enseñar, mediante movimientos estudiados, el uso de los miembros u otros órganos perdido o viciado. Aplícase especialmente a los mutilados que han de usar aparatos ortopédicos.

REELECCIÓN. f. Acción y efecto de reelegir.

REELECTO, TA. p. p. irreg. de **Reelegir.**

REELEGIBLE. adj. Que puede ser reelegido.

REELEGIR. al. **Wiederwählen.** fr. **Réélire.** ingl. **To reelect.** ital. **Rieleggere.** port. **Reeleger.** tr. Volver a elegir. REELEGIR *a un senador.* || irreg. Conj. como **elegir.**

REEMBARCAR. (De *re* y *embarcar.*) tr. y r. Volver a embarcar. REEMBARCAR *las tropas.*

REEMBARQUE. m. Acción y efecto de reembarcar.

REEMBOLSABLE. adj. Que puede o debe reembolsarse.

REEMBOLSAR. al. **Zurückzahlen.** fr. **Rembourser.** ingl. **To reimburse; to refund.** ital. **Rimborsare.** port. **Reembolsar.** tr. Volver una cantidad a poder del que la había desembolsado, o a causahabiente suyo. Ú.t.c.r.

REEMBOLSO. m. Acción y efecto de reembolsar o reembolsarse.

REEMPLAZAR. al. **Ersetzen; vertreten.** fr. **Remplacer.** ingl. **To replace.** ital. **Rimpiazzare; sostituire.** port. **Substituir.** (De *re, en,* y *plaza.*) tr. Substituir una cosa por otra. REEMPLAZÓ *el viejo gabán por un abrigo de piel*; sinón.: **renovar, substituir.** ‖ Suceder a uno en el empleo, cargo o comisión que tenía o hacer provisionalmente sus veces. REEMPLAZARÁS *a Pablo mientras esté con licencia*; sinón.: **relevar.** ‖ deriv.: **reemplazado, da; reemplazamiento; reemplazante.** ‖ IDEAS AFINES: *Suplente, substituto, relevo, delegado, enviado, responsable, ayudante, virrey, ínterin, subrogar, representar, suplir.*

REEMPLAZO. m. Acción y efecto de reemplazar. ‖ Substitución que se hace de una persona o cosa por otra. ‖ Renovación parcial del contingente del ejército activo en los plazos que fija la ley. ‖ Hombre que servía en lugar de otro en la milicia. ‖ **De reemplazo.** loc. *Mil.* Dícese del estado en que queda el jefe u oficial que no tiene plaza efectiva en los cuerpos de su arma, pero sí opción a ella en las vacantes que pudieran producirse.

REENCARNACIÓN. f. Acción y efecto de reencarnar o reencarnarse.

REENCARNAR. intr. Volver a encarnar. Ú.t.c.r.

REENCAUCHADORA. f. *Col.* Instalación industrial para reencauchar llantas o cubiertas de automóviles, camiones, etc.

REENCAUCHAR. tr. *Col.* Recauchar, recauchutar.

REENCAUCHE. m. *Col.* Acción y efecto de reencauchar, recauchutado.

REENCUADERNAR. tr. Volver a encuadernar un libro. ‖ deriv.: **reencuadernación.**

REENCUENTRO. (De *re* y *encuentro.*) m. Encuentro de dos cosas que chocan entre sí. ‖ Choque de tropas enemigas en corto número. ‖ *Quím.* V. **Vaso de reencuentro.**

REENGANCHAR. tr. y r. *Mil.* Volver a enganchar como soldado. ‖ deriv.: **reenganchamiento.**

REENGANCHE. m. *Mil.* Acción y efecto de reenganchar o reengancharse. ‖ Dinero que se da al que se reengancha.

REENGENDRAR. (De *re* y *engendrar.*) tr. Volver a engendrar. ‖ fig. Dar nuevo ser espiritual o de gracia. ‖ deriv.: **reengendrador, ra.**

REENSAYAR. (De *re* y *ensayar.*) tr. Volver a ensayar.

REENSAYE. m. Acción y efecto de reensayar un metal.

REENSAYO. (De *reensayar.*) m. Nuevo ensayo de una comedia, máquina, etc.

REENVIAR. tr. Enviar una cosa que se ha recibido.

REENVIDAR. (De *re* y *envidar.*) tr. Envidar sobre lo envidado.

REENVÍO. m. Acción y efecto de reenviar.

REENVITE. (De *re* y *envite.*) m. Envite hecho sobre otro.

REESTRUCTURAR. tr. Modificar la estructura de una obra, disposición, empresa, proyecto, etc.

REEXAMINAR. (De *re* y *examinar.*) tr. Volver a examinar. ‖ deriv.: **reexaminación.**

REEXPEDICIÓN. f. Acción y efecto de reexpedir.

REEXPEDIR. tr. Expedir algo que se ha recibido.

REEXPORTAR. (De *re* y *exportar.*) tr. *Com.* Exportar lo que se había importado.

REFACCIÓN. (De *refección.*) f. Alimento moderado que se toma para reparar fuerzas. ‖ fam. Lo que en una venta se da al comprador como añadidura sobre la medida exacta. ‖ Refección, arreglo, reparación. ‖ *Ant.* y *Perú.* Gasto que origina a un propietario el sostenimiento de una finca. ‖ IDEAS AFINES: *Colación, refrigerio, hambre, apetito, sed, bocadillo, canapé, emparedado, entremés.*

REFACCIONAR. tr. *Amér.* Hacer refacciones en un edificio. *La* REFACCIÓN *de la catedral*; sinón.: **reparar, restaurar.** ‖ *Ant., Méx.* y *Perú.* Facilitar a un agricultor lo que necesite para el cultivo de sus tierras.

REFACCIONARIO, RIA. adj. Perteneciente o relativo a la refacción. ‖ *Der.* Dícese de los créditos procedentes de dinero invertido en fabricar o reparar alguna cosa, con beneficio, no sólo para la persona a quien pertenece, sino también para otros acreedores o interesados en ella.

REFACER. (De *re* y *facer.*) tr. ant. Indemnizar, resarcir, reedificar.

REFAJO. (De *re* y *fajar.*) m. Falda corta y vueluda, por lo común de paño, que usan las mujeres aldeanas sobre las enaguas.

REFALOSA. f. *Arg.* Resbalosa.

REFALSADO, DA. adj. Falso, engañoso.

REFECCIÓN. al. **Imbiss; Reparatur.** fr. **Réfection; réfaction.** ingl. **Refection; refaction.** ital. **Refezione.** port. **Refeição.** (Del lat. *refectio, -onis.*) f. Refacción, alimento moderado. ‖ Compostura, reparación.

REFECCIONAR. (De *refección.*) tr. ant. Alimentar.

REFECCIONARIO, RIA. adj. *Der.* Refaccionario, relativo a los créditos.

REFECTOLERO. (Del lat. *reféctor,* que repara o restaura.) m. Refitolero.

REFECTORIO. al. **Speisesaal; Refektorium.** fr. **Réfectoire.** ingl. **Refectory.** ital. **Refeittorio.** port. **Refeitório.** (Del b. lat. *refectórium,* y éste del lat. *refectus,* refección, alimento.) m. Habitación que en las comunidades y en algunos colegios se destina para juntarse a comer.

REFECHO, CHA. (Del lat. *refectus.*) p. p. irreg. de **Refacer.**

REFEREE. (pronúnc. *referí.*) m. Anglicismo por árbitro o juez. Ú. en ciertos juegos, como el fútbol, básquetbol, etc.

REFERENCIA. al. **Bericht; Bezug.** fr. **Référence; récit.** ingl. **Reference; narration.** ital. **Referenza; narrazione.** port. **Referencia; narração.** (Del lat. *ré, erens, -entis,* referente.) f. Narración o relación de alguna cosa. ‖ Relación o dependencia de una cosa con otra. ‖ Remisión de un escrito a otro. ‖ Informe que sobre la probidad, solvencia, etc., de un tercero da una persona a otra. Se usa generalmente en el ejercicio comercial y más en pl. *Las* REFERENCIAS *son óptimas.* ‖ IDEAS AFINES: *Cuento, historia, leyenda, escrito, relato, discurso, descripción, escena, sucesos, fábula; recomendación, impresión, calificar, honestidad, aplicación voluntad, diligencia, aptitud.*

REFERENDARIO. (Del lat. *referendarius.*) m. Refrendario.

REFERÉNDUM. m. Acto de someter al voto popular directo las leyes o actos administrativos para que el pueblo ratifique lo que votaron sus representantes. ‖ Despacho en que un agente diplomático solicita a su gobierno nuevas instrucciones sobre algún asunto de importancia.

REFERENTE. (Del lat. *réferens, -entis.*) p. a. de **Referir.** Que refiere o que dice relación a otra cosa.

REFERIBLE. adj. Que se puede referir.

REFERIR. al. **Berichten; erzählen.** fr. **Rapporter; raconter.** ingl. **To refer.** ital. **Riferire; narrare.** port. **Referir.** (Del lat. *referre.*) tr. Dar a conocer, de palabra o por escrito, un hecho real o ficticio. *Por las noches, nos* REFERÍA *hazañas ciertas o imaginarias*; sinón.: **contar, relatar.** ‖ Dirigir, encaminar una cosa a determinado fin. Ú.t.c.r. ‖ Relacionar, poner en comunicación. ‖ *Amér. Central.* Proferir una injuria. ‖ *Méx.* Echar en cara. ‖ r. Remitir, atenerse a lo dicho o hecho. ‖ Aludir.

REFERTAR. (De *re* y el b. lat. *feritare,* y éste del lat. *ferire,* herir.) intr. ant. Reyertar.

REFERTERO, RA. (De *refertar.*) adj. Amigo de reyertas o rencillas.

REFIGURAR. (De *re* y *figurar.*) tr. Representarse uno nuevamente en la imaginación lo que antes había visto.

REFILÓN (De). (De *re* y *filo.*) m. adv. **De soslayo.** ‖ fig. **De pasada.**

REFINACIÓN. al. **Verfeinerung. Raffination.** fr. **Raffinage.** ingl. **Refining.** ital. **Raffinatura.** port. **Refinação.** f. Acción y efecto de refinar.

REFINADERA. (De *refinar.*) f. Piedra larga y cilíndrica con la cual se labra a brazo el chocolate, después de hecha la mezcla.

REFINADO, DA. adj. fig. Sobresaliente, primoroso. *Gusto* REFINADO. ‖ Astuto, malicioso. ‖ V. **Azúcar refinado.**

REFINADOR. m. El que refina, principalmente metales o licores.

REFINADURA. f. Acción de refinar.

REFINAMIENTO. al. **Verfeinerung.** fr. **Raffinement.** ingl. **Refinement.** ital. **Raffinatezza.** port. **Refinamento.** (De *refinar.*) m. Esmero. REFINAMIENTO *en el vestir*; antón.: **descuido.** ‖ Ensañamiento astuto o malicioso.

REFINAR. al. **Verfeinen.** fr. **Raffiner.** ingl. **To refine.** ital. **Raffinare.** port. **Refinar.** (De *re* y *fino.*) tr. Hacer más fina una cosa, separando las materias heterogéneas o impuras. REFINAR *harina;* sinón.: **depurar, purificar.** ‖ fig. Perfeccionar una cosa adecuándola a determinado fin.

REFINERÍA. al. **Raffinerie.** fr. **Raffinerie.** ingl. **Refinery; distillery.** ital. **Raffineria.** port. **Refinaria.** f. Fábrica de refino de azúcar, etc.

REFINO, NA. (De *refinar.*) adj. Muy fino y acendrado. ‖ V. **Azúcar refino, refina.** ‖ m. **Refinación.** ‖ p. us. Lonja donde se vende cacao, azúcar, chocolate, etc.

REFIRMAR. (Del lat. *refirmare.*) tr. Apoyar una cosa sobre otra. ‖ Confirmar, ratificar.

REFISTOLEAR. intr. *Ec.* Presumir, afectar.

REFISTOLERÍA. f. *Ant.* y *Ec.* Pedantería. ‖ Arrogancia, afectación.

REFISTOLERO, RA. adj. *Ant.* y *Ec.* Vanidoso, engreído. ‖ *Ven.* Embrollón.

REFITOLERO, RA. (Del ant. *refitor,* refectorio.) adj. Que cuida de un refectorio. Ú.t.c.s. ‖ fig. y fam. Entremetido. Ú.t.c.s. ‖ *Cuba.* Zalamero, obsequioso.

REFLECTAR. (Del lat. *refléctere,* volver hacia atrás.) intr. *Fís.* Reflejar la luz, el color, etc. ‖ deriv.: **reflectante.**

REFLECTOR, RA. al. **Scheinwefer; Reflektor.** fr. **Réflecteur.** ingl. **Reflector.** ital. **Reflettore.** port. **Refletor.** adj. *Fís.* Aplícase al cuerpo que refleja. Ú.t.c.s. ‖ m. *Astron.* Telescopio. ‖ *Fís.* Aparato para reflejar rayos luminosos. *Los* REFLECTORES *iluminaron el cielo.*

REFLEJA. (De *reflejar.*) f. Reflexión, acción de reflejar.

REFLEJAR. al. **Spiegeln.** fr. **Refléter.** ingl. **To reflet.** ital. **Riflettere.** port. **Refletir.** (De *reflejo.*) intr. *Fís.* Hacer retroceder o cambiar de dirección la luz, el calor, el sonido, etc., oponiéndoles una superficie lisa. Ú.t.c.r. *La luna* SE REFLEJABA *en el lago.* ‖ tr. Reflexionar. ‖ Manifestar una cosa. *Su rostro* REFLEJÓ *sorpresa;* sinón.: **expresar.** ‖ r. fig. Dejarse ver una cosa en otra. REFLEJARSE *el odio en la mirada;* REFLEJARSE *el romanticismo en la poesía de Bécquer.* ‖ IDEAS AFINES: *Reacción, rebote, refracción, reflexión, rechazar, desviar, incidir, repercutir, eco, reflector, reverberar, titilar, espejo, óptica, lente, ilusión, espejismo, telescopio, microscopio, iluminación.*

REFLEJO, JA. al. **Widerschein; Spiegelung.** fr. **Reflet.** ingl. **Reflection; glare.** ital. **Riflesso.** port. **Reflexo.** (Del lat. *reflexus.*) adj. Que ha sido reflejado. ‖ fig. Dícese del conocimiento o consideración que se forma de una cosa. ‖ *Fisiol.* Dícese de los actos que obedecen a excitaciones no percibidas por la conciencia. ‖ m. Luz reflejada. ‖ Representación, imagen. ‖ – **condicionado.** *Fisiol.* El que llega a producir un estímulo no específico actuando por sí solo, después de haber actuado durante cierto número de veces al mismo tiempo que un estímulo especifico.

● **REFLEJO.** *Med.* Para que un **reflejo** tenga lugar son necesarias varias circunstancias; que no esté lesionada la vía de conducción de las excitaciones procedentes de la periferia; que estén intactas las raíces posteriores y anteriores de la medula, lo mismo que las fibrillas nerviosas que las unen y que tampoco estén lesionados los nervios periféricos ni sus raíces anteriores. Las fibras nerviosas procedentes de los centros superiores tienen intervención en el mecanismo de los **reflejos**; cuando están lesionadas, aumenta el automatismo medular y se exageran los **reflejos.** Los **reflejos** constituyen elemento importante en el diagnóstico y localización de las enfermedades del sistema nervioso. Cada **reflejo** tiene sus centros nerviosos en un lugar determinado de la medula; el **reflejo** rotuliano, por ejemplo, tiene sus centros en las zonas de emergencia de la segunda, tercera o cuarta raíz lumbar. La exageración de los **reflejos** puede observarse en las enfermedades nerviosas de automatismo medular aumentado por lesiones de las fibras nerviosas procedentes de los centros superiores; la disminución de los **reflejos** se encuentra en enfermedades en que están lesionados los nervios periféricos o los centros nerviosos medulares.

REFLEXIBLE. adj. Que puede reflejarse.

REFLEXIÓN. al. **Überlegung; Zurückstrahlung.** fr. **Réflexion; réfléchissement.** ingl. **Reflection.** ital. **Riflessione.** port. **Reflexão.** (Del lat. *reflexio, -onis.*) f. *Fís.* Acción y efecto de reflejar o reflejarse. ‖ fig. Acción y efecto de reflexionar. *Después de profunda* REFLEXIÓN, *habló;* sinón.: **meditación, recapacitación.** ‖ fig. Advertencia con que uno intenta persuadir a otro. *Le hice una* REFLEXIÓN *antes de que aceptara esa misión.* ‖ *Gram.* Manera de ejercerse la acción del verbo reflexivo.

REFLEXIONAR. al. **Überlegen; machdenken.** fr. **Réfléchir.** ingl. **To think; to reflect.** ital. **Riflettere.** port. **Refletir.** (De *reflexión.*) tr. Considerar detenidamente una cosa. REFLEXIONÉ *antes de contestar;* sinón.: **meditar, pensar.** ‖ IDEAS AFINES: *Examinar, rumiar, dudar, cálculo, deliberación, consulta, combinación, maquinar, madurar, premeditación, ingenio, razón, consejo, especular, vacilar.*

REFLEXIVO, VA. (Del lat. *refléxum,* supino de *refléctere,* volver hacia atrás.) adj. Que refleja o reflecta. ‖ Que habla y obra con reflexión. ‖ *Gram.* V. **Verbo reflexivo.** Ú.t.c.s. ‖ deriv.: **reflexivamente.**

REFLORECER. (Del lat. *refloréscere.*) intr. Volver a florecer los campos o a echar flores las plantas. ‖ fig. Recobrar una cosa inmaterial el lustre que antes tenía. *En esa época,* REFLORECIERON *las artes y las letras.* ‖ irreg. Conj. como **agradecer.** ‖ deriv.: **reflorecimiento.**

REFLUENTE. p. a. de **Refluir.** Que refluye.

REFLUIR. (Del lat. *reflúere.*) intr. Hacer retroceso un líquido. ‖ fig. Redundar, venir a parar una cosa en otra. ‖ irreg. Conj. como **huir.**

REFLUJO. al. **Ebbe.** fr. **Reflux.** ingl. **Ebb; ebbtide.** ital. **Riflusse.** port. **Refluxo.** (De *re* y *flujo.*) m. Movimiento descendente de la marea. sinón.: **bajamar.**

REFOCILACIÓN. m. Acción y efecto de refocilar o refocilarse. sinón.: **diversión, expansión.**

REFOCILAR. (Del lat. *refocillare.*) tr. Recrear, alegrar. Dícese especialmente de las cosas que calientan y vigorizan. Ú.t.c.r. ‖ intr. *R. de la Plata.* Relampaguear, fucilar.

REFOCILO. m. Refocilación. ‖ *R. de la Plata.* Refucilo.

REFORMA. al. **Reform; Umgestaltung; Verbesserung.** fr. **Réforme; réformation.** ingl. **Reform; reformation.** ital. **Riforma; riformazione.** port. **Reforma.** f. Acción y efecto de reformar o reformarse. ‖ Lo que se propone o ejecuta en una cosa como innovación o mejora. *Rivadavia fue autor de muchas* REFORMAS; sinón.: **corrección, enmienda.**

● **REFORMA.** *Hist.* La crisis religiosa que quebrantó la unidad católica de Europa y engendró tres nuevas iglesias, la luterana, la calvinista y la anglicana, reconoce como antecedentes al movimiento herético de Juan Wyclif en el s. XIV y al de Juan Huss, a principios del s. XV. Causas políticas, económicas y religiosas provocaron este movimiento o **Reforma.** Conflictos entre los Papas y los gobernantes; oposición nacional al poder creciente de Roma; abusos del clero; escándalos provocados por la venta de indulgencias; enriquecimiento de los pontífices, y análisis de los dogmas, originado por el espíritu critico del humanismo, aplicado a la interpretación de la Biblia, son algunas de las causas de la **Reforma.** Precipitada por la distribución de indulgencias realizada en Alemania por orden del Papa León X, para financiar las obras de la catedral de San Pedro, en Roma, Martín Lutero, con sus 95 tesis contra las indulgencias, expone una nueva concepción de la vida religiosa que lo aparta de las doctrinas de la Iglesia y provoca su excomunión. Obsesionado por el temor de la condenación, Lutero negó las indulgencias: "la verdadera contrición es suficiente a todo cristiano para obtener, sin indulgencia, la remisión completa de sus pecados"; afirmó que la Escritura es la única fuente de verdad y que la salvación "sólo puede lograrse por la fe, por la confianza en Cristo y no por las obras". Carlos V, que deseaba restablecer la unidad cristiana en sus dominios pidió a Lutero que concretase por escrito la doctrina de la **Reforma;** Melanchton redactó la *Confesión de Augsburgo* que no zanjó las diferencias ni pudo impedir la consolidación del luteranismo y la expansión del calvinismo por casi todo el occidente europeo. En Inglaterra, la **Reforma** fue precipitada por la decisión de Enrique VIII de contraer matrimonio con Ana Bolena, para lo cual el papa debía anular su anterior enlace, a lo que se negó el pontífice. Excomulgado por Roma, el monarca organizó una iglesia nacional, de la que se declaró jefe, aunque mantuvo los dogmas católicos y la estructura tradicional de la Iglesia. Los sucesores de Enrique VIII favorecieron la penetración de la **Reforma** en Inglaterra, donde calvinismo y luteranismo fueron ganando adeptos.

REFORMA, Guerra de la. *Hist.* Guerra civil que estalló en México con la promulgación de la nueva constitución liberal, en 1858, y que se extendió hasta 1861.

REFORMACIÓN. (Del lat. *reformatio, -onis.*) f. Reforma, acción y efecto de reformar.

REFORMADOR, RA. (Del lat. *reformátor.*) adj. Que reforma o pone en debida forma una cosa. Ú.t.c.s.

REFORMAR. al. **Verbessern; reformieren.** fr. **Réformer.** ingl. **To reform.** ital. **Riformare.** port. **Reformar.** (Del lat. *reformare.*) tr. Volver a formar, rehacer. ‖ Reparar, reponer. REFORMAR *una casa;* sinón.: **restaurar.** ‖ Arreglar, enmendar. REFORMAR *un reglamento;* sinón.: **modificar.** ‖ Reducir una orden religiosa u otro instituto a su primitiva observancia. ‖ Extinguir o deshacer un establecimiento o corporación. ‖ Privar del ejercicio de un empleo. ‖ Quitar o rebajar en el número o cantidad. ‖ r. Enmendarse, corregirse. ‖ Contenerse, moderarse en lo que se dice o hace. ‖ deriv.: **reformable; reformativo, va.**

REFORMATORIO, RIA. adj. Que reforma o arregla. ‖ m. Establecimiento donde, con métodos educativos severos, se procura corregir las tendencias viciosas de algunos jóvenes.

REFORMISTA. adj. y s. Partidario de reformas o ejecutor de ellas.

REFORZADO, DA. (De *reforzar.*) adj. Que tiene refuerzo. Aplícase en especial a piezas de artillería y maquinaria. ‖ Dícese de una especie de listón o cinta que se cose sobre una prenda de vestir. Ú.m.c.s.

REFORZADOR, RA. adj. Que refuerza. ‖ m. *Fot.* Baño que se aplica para reforzar una imagen débil.

REFORZAR. al. **Verstärken.** fr. **Renforcer.** ingl. **To reinforce; to strenghten.** ital. **Rinforzare.** port. **Reforçar.** tr. Engrosar o añadir nuevas fuerzas a alguna cosa. REFORZAR *el ataque;* sinón.: **ayudar, espesar;** antón.: **disminuir.** ‖ Fortalecer o reparar lo que padece ruina. REFORZAR *las costuras;* antón.: **debilitar.** ‖ Animar, alentar. Ú.t.c.r. ‖ irreg. Conj. como **contar.**

REFRACCIÓN. al. **Strahlenbrechung; Refraktion.** fr. **Réfraction.** ingl. **Refraction.** ital. **Rifrazione.** port. **Refração.** f. *Ópt.* Acción y efecto de refractar o refractarse. ‖ **Doble refracción.** *Ópt.* Propiedad que tienen algunos cristales de duplicar las imágenes de los objetos.

● **REFRACCIÓN.** *Fís.* En general, el fenómeno de **refracción** es el cambio de dirección que sufren las ondas (de luz, sonido, agua, calor o electromagnéticas) al pasar a un medio diferente. En óptica, cuando un rayo luminoso pasa de un medio a otro, generalmente altera su dirección; se dice entonces que ha sido refractado o que ha sufrido una **refracción.** El rayo refractado se encuentra en el plano determinado por el rayo incidente y la normal a la superficie que separa los dos medios; la relación del seno del ángulo de **refracción** es constante para cada par de medios y es llamada índice de **refracción.** Cuando al atravesar un medio determinado, el rayo luminoso da origen a dos rayos retractados independientes se ha producido una **refracción** doble. En radio, el fenómeno de **refracción** se produce cuando una onda electromagnética pasa a un medio de diferente permeabilidad o distinto poder inductor y por lo tanto se altera la dirección de propagación.

REFRACTAR. (De *refracto.*) tr. y r. *Ópt.* Hacer que un rayo de luz cambie su dirección al pasar oblicuamente de un medio a otro de diferente densidad.

REFRACTARIO, RIA. al. **Widerspenstig; feuerfest.** fr. **Réfractaire.** ingl. **Refractory.** ital. **Refrattario.** port. **Refratário.** (Del lat. *refractarius,* obstinado, pertinaz.) adj. Dícese de quien rehúsa cumplir una promesa u obligación. ‖ Enemigo de aceptar una idea o costumbre. ‖ *Fís.* y *Quím.* Dícese del cuerpo que resiste la acción del fuego sin que cambie de estado ni se descomponga.

REFRACTIVIDAD. f. Calidad de refractario. ‖ Propiedad de refracción.

REFRACTIVO, VA. adj. Que produce refracción.

REFRACTO, TA. (Del lat. *refractus.*) adj. Que ha sido refractado.

REFRACTÓMETRO. (De *refractar* y el gr. *metron,* medida.) m. *Fís.* Aparato para medir el índice de refracción de una substancia.

REFRACTOR. m. *Astron.* Anteojo.

REFRÁN. al. **Sprichwort.** fr. **Proverbe.** ingl. **Proverb.** ital. **Proverbio.** port. **Provérbio.** (Del fr. *refrain.*) m. Dicho agudo y sentencioso de uso corriente. *El español es rico en* REFRANES. ‖ **Tener muchos refranes, o tener refranes para todo.** frs. fig. y fam. Hallar salidas y pretextos para cualquier cosa. ‖ IDEAS AFINES: *Moraleja, solución, explicación, sabiduría, proverbio, sentencia, fábula, consejo.*

● **REFRÁN.** *Lit.* Auténtico reflejo de la sabiduría e inventiva populares, el **refrán** tiene en la literatura española una antigua e ilustre tradición. Cervantes, en su obra maestra, lo elogia y lo define al poner en boca de Don Quijote estas palabras: "no hay **refrán** que no sea verdadero; porque todos son sentencias sacadas de la misma experiencia, madre de las ciencias todas". Dicho breve, sintético, de sentido a veces literal y a veces alegórico, el **refrán** tiene por objeto dar una lección práctica, inmediata y accesible a la que no es ajena una pretensión filosófica. Las virtudes del adagio, de la sentencia y del proverbio se confunden en él y le dan un carácter ya picaresco, ya épico, ya informativo. Por lo común el **refrán** tiene ritmo y rima. Interesantes y útiles ejemplos de **refranes** son los siguientes: "Dádivas quebrantan penas", "Al mal de muerte no hay médico que lo acierte", "A pan duro, diente agudo", "Bien predica quien bien vive", "Cuando las barbas de tu vecino veas cortar, pon las tuyas a remojar", etc.

REFRANERO. m. Colección de refranes.

REFRANESCO, CA. adj. Dícese de las frases o conceptos expresados a manera de refrán.

REFRANGIBLE. adj. Que puede refractarse. ‖ deriv.: **refrangibilidad.**

REFRANISTA. com. Persona que cita refranes con frecuencia.

REFREGADURA. (De *refregar.*) f. Refregamiento. ‖ Señal que queda de haber o haberse refregado alguna cosa.

REFREGAMIENTO. m. Acción de refregar o refregarse.

REFREGAR. (Del lat. *refricare.*) tr. Estregar una cosa con otra. Ú.t.c.r. REFREGAR *el piso.* ‖ fig. y fam. Dar en cara a uno insistentemente con alguna cosa que le zahiere. ‖ irreg. Conj como **acertar.**

REFREGÓN. (De *refregar.*) m. fam. Refregadura. ‖ *Mar.* Ráfaga, movimiento violento del aire.

REFREÍR. (Del lat. *refrigere.*) tr. Volver a freír. ‖ Freír mucho una cosa. ‖ Freírla demasiado. ‖ irreg. Conj. como **reír.**

REFRENAR. al. **Zügeln.** fr. **Réfrener.** ingl. **To restain; to rein.** ital. **Raffrenare; reprimere.** port. **Refrear.** (Del lat. *refrenare.*) tr. Sujetar y reducir al caballo con el freno. ‖ fig. Contener, reprimir o corregir. REFRENAR *las pasiones,* REFRENARSE *en sus arrebatos.* Ú.t.c.r. ‖ deriv.: **refrenable; refrenada; refrenamiento.**

REFRENDAR. (De *refrendo.*) tr. Autorizar un documento por medio de firma de persona hábil. REFRENDAR *un diploma;* sinón.: **legalizar.** ‖ Revisar un pasaporte y anotar su presentación. ‖ fig. y fam. Volver a ejecutar una acción; como volver a comer o beber de la misma cosa. ‖ deriv.: **refrendación.**

REFRENDARIO. (De *refrendar.*) m. El que con autoridad oficial refrenda, después del superior, un despacho o documento.

REFRENDATA. (De *refrendar.*) f. Firma del refrendario.

REFRENDO. (Del lat. *referéndum.*) m. Refrendación. ‖ Testimonio con que se acredita haber refrendado una cosa. ‖ Firma puesta por uno o varios ministros al pie de la del jefe del Estado para complementar la validez de una ley, decreto, etc.

REFRESCANTE. p. a. de **Refrescar.** Que refresca. *Brisa* REFRESCANTE.

REFRESCAR. al. **Erfrischen; Abkühlen.** fr. **Rafraîchir.** ingl. **To refresh; to cool.** ital. **Rinfrescare.** port. **Refrescar.** (De *re* y *fresco.*) tr. Atemperar o moderar el calor de una cosa. Ú.t.c.r. *Con la manguera,* REFRESCÓ *el patio.* ‖ fig. Renovar, reproducir una cosa. ‖ fig. Renovar un sentimiento, dolor o costumbre antigua. *Aquella plazoleta le* REFRESCÓ *días alegres.* ‖ intr. fig. Tomar fuerzas o aliento. ‖ Templarse el calor del aire. Ú. con nombre que denote tiempo. *Por la tarde,* REFRESCA; sinón.: **enfriar.** ‖ Tomar el fresco. Ú.t.c.r. ‖ Beber algún líquido frío, helado o cosa temperante. Ú.t.c.r. ‖ *Mar.* Dicho del viento, aumentar su fuerza. ‖ deriv.: **refrescador, ra; refrescadura; refrescamiento.**

REFRESCO. al. **Erfrischungsgetränk.** fr. **Rafraîchissement.** ingl. **Refreshment.** ital. **Rinfresco.** port. **Refresco.** (De *refrescar.*) m. Alimento moderado que se toma para fortalecerse y seguir con el trabajo. sinón.: **refrigerio.** ‖ Bebida fría o del tiempo. *Un* REFRESCO *de limón.* ‖ Agasajo de bebidas, dulces, etc., que se da durante las visitas u otras ocasiones semejantes. ‖ **De refresco.** m. adv. **De nuevo.** Dícese de lo que se añade para un fin.

REFRIANTE. p. a. de **Refriar.** Que refría. ‖ m. Refrigerante.

REFRIEGA. al. **Geplänkel.** fr. **Mélée.** ingl. **Scuffle.** ital. **Zuffa.** port. **Refrega.** (De *refregar.*) f. Reencuentro o combate entre reducido número de contendientes.

REFRIGERACIÓN. al. **Kühlung.** fr. **Réfrigération.** ingl. **Refrigeration.** ital. **Refrigerazione.** port. **Refrigeração.** f. Acción y efecto de refrigerar o refrigerarse. sinón.: **enfriamiento.** ‖ Refrigerio, alimento.

REFRIGERADOR, RA. al. **Kühler.** fr. **Réfrigérateur.** ingl. **Refrigerator.** ital. **Refrigeratore.** port. **Refrigerador.** adj. Que refrigera. ‖ adj. Dícese de los aparatos e instalaciones para refrigerar. Ú.t.c.s. ‖ s. Nevera, armario con refrigeración eléctrica o química para guardar alimentos.

REFRIGERANTE. p. a. de **Refrigerar.** ‖ Que refrigera. ‖ m. Corbato. ‖ *Quím.* Recipiente en el que circula agua para rebajar la temperatura de un fluido.

REFRIGERAR. al. **Kühlen.** fr. **Réfrigérer.** ingl. **To refrigerate; to cool.** ital. **Refrigerare.** port. **Refrigerar.** (Del lat. *refrigerare.*) tr. y r. Refrescar, disminuir el calor. ‖ fig. Reparar las fuerzas. ‖ deriv.: **refrigerativo, va.**

REFRIGERIO. (Del lat. *refrigérium.*) m. Beneficio o alivio producido por algo fresco. ‖ fig. Alivio o consuelo en cualquier apuro o aflicción. ‖ Alimento ligero tomado para reparar las fuerzas. sinón.: **colación, refección.**

REFRINGENCIA. f. Calidad de refringente.

REFRINGENTE. (Del lat. *refringens, -entis.*) p. a. de **Refringir.** Que refringe.

REFRINGIR. (Del lat. *refríngere;* de *re* y *frángere,* quebrar.) tr. y r. *Ópt.* Refractar.

REFRITO, TA. p. p. irreg. de **Refreír.** ‖ m. fig. Cosa rehecha o aderezada de nuevo. Dícese por lo común de la refundición de una obra dramática o de otro escrito.

REFUCILO. (Del lat. *focile,* de fuego.) m. Relámpago.

REFUERZO. al. **Verstärkung.** fr. **Renfort.** ingl. **Reinforcement.** ital. **Rinforzo.** port. **Reforço.** (De *reforzar.*) m. Mayor grueso que se da a alguna cosa para hacerla más resistente. ‖ Reparo que se pone para fortalecer y afirmar una cosa que flaquea o amenaza ruina. sinón.: **apoyo, sostén.** ‖ Socorro, ayuda que se presta en cualquier necesidad. *Los sitiados esperaban con ansia los* REFUERZOS; sinón.: **auxilio, concurso.**

REFUGIAR. al. **Sich flüchten.** fr. **Réfugier.** ingl. **To shelter; to take refuge.** ital. **Rifugiare.** port. **Refugiar.** tr. Acoger y amparar a alguien, sirviéndole de resguardo y asilo. Ú.m.c.r. SE REFUGIÓ *bajo techado, en sagrado;* sinón.: **cobijar, resguardar.**

REFUGIO. al. **Zuflucht.** fr. **Réfuge.** ingl. **Refuge; shelter.** ital. **Rifugio.** port. **Refugio.** (Del lat. *refúgium.*) m. Asilo, amparo. sinón.: **albergue.** ‖ Hermandad dedicada al servicio y socorro de los pobres. ‖ Espacio que suele haber en el centro de algunas calles, a un nivel un poco más elevado y que usan los peatones como apeadero.

REFULGENCIA. al. **Glanz.** fr. **Resplendissement.** ingl. **Refulgence.** ital. **Rifulgenza.** port. **Refulgencia.** (Del lat. *refulgentia.*) f. Resplandor que despide un cuerpo resplandeciente. sinón.: **brillo, fulgor;** antón.: **opacidad.**

REFULGENTE. (Del lat. *refulgens, -entis,* p. a. de *refúlgere,* resplandecer.) adj. Que emite resplandor. *Armadura* REFULGENTE; sinón.: **radiante, rutilante.**

REFULGIR. (Del lat. *refúlgere.*) intr. Resplandecer, emitir fulgor. *El sol* REFULGÍA *en medio del cielo;* sinón.: **brillar, fulgurar.**

REFUNDICIÓN. f. Acción y efecto de refundir o refundirse. ‖ La obra refundida.

REFUNDIDOR, RA. s. Persona que refunde.

REFUNDIR. al. **Umschmelzen; Umgiessen.** fr. **Refondre.** ingl. **To remelt; to rearrange.** ital. **Rifondere.** port. **Refundir.** (Del lat. *refúndere.*) tr. Volver a fundir metales. ‖ fig. Comprender, incluir. Ú.t.c.r. ‖ Dar nueva forma y disposición a una comedia, discurso, etc. sinón.: **reformar, rehacer.** ‖ intr. fig. Redundar, resultar.

REFUNFUÑADURA. (De *refunfuñar.*) f. Ruido que resulta de pronunciar palabras confusas o mal articuladas en señal de enojo o de disgusto.

REFUNFUÑAR. al. **Murmeln.** fr. **Grommeler.** ingl. **To grumble.** ital. **Borbottare.** port. **Resmungar.** intr. Emitir voces confusas o palabras entre dientes en señal de enojo. sinón.: **mascullar, rezongar.** ‖ deriv.: **refunfuñador, ra; refunfuño.**

REFUCILAR. intr. *Arg.* y *Ec.* Refocilar.

REFUTABLE. adj. Que puede ser refutado. *Teoría* REFUTABLE; sinón.: **contestable, rebatible.**

REFUTACIÓN. (Del lat. *refultatio, -onis.*) f. Acción y efecto de refutar. sinón.: **impugnación, objeción.** ‖ Argumento o prueba para destruir las razones del contrario. ‖ *Ret.* Parte del discurso comprendida en la confirmación, cuyo propósito es rebatir los argumentos expuestos o que se puedan exponer en contra de lo que se quiere probar.

REFUTAR. al. **Wiederlegen.** fr. **Réfuter.** ingl. **To refute.** ital. **Refiutare.** port. **Refutar.** (Del lat. *refutare.*) tr. Contradecir, rebatir, impugnar con razones o argumentos lo que otros afirman. REFUTÓ *con seriedad las afirmaciones de su colega*; antón.: **admitir, sostener.** ‖ deriv.: **refutatorio, ria.** ‖ IDEAS AFINES: *Atacar, discutir, sostener, mantener, declaración, entrevista, diálogo, responder, manifestar, argumentar, combatir, convencer.*

REGACEAR. (De *regazo.*) tr. Arregazar.

REGADERA. al. **Giesskanne.** fr. **Arrosoir.** ingl. **Sprinkler.** ital. **Annaffiatoio.** port. **Regador.** f. Vasija o recipiente portátil que se usa para regar. ‖ Reguera. ‖ pl. Ciertas tablillas por donde va el agua a los ejes de las grúas para evitar que se enciendan.

REGADERO. m. Regadera, canal de agua.

REGADÍO, A. adj. Dícese del terreno que se puede regar. Ú.t.c.s.m. ‖ m. Terreno dedicado a cultivos que se fertilizan con riego.

REGADIZO, ZA. adj. Regadío.

REGADOR. m. Punzón metálico de punta curva que sirve para señalar, rayando, la longitud y cantidad de las púas de los peines.

REGADOR, RA. (Del lat. *rigátor.*) adj. y s. Que riega.

REGADURA. (De *regar.*) f. Riego hecho cada vez.

REGAIFA. (Del ár. *regaifa*, torta.) f. Torta, hornazo. ‖ Piedra circular con una canal en su contorno, por donde, en los molinos de aceite, corre el líquido que sale de los capachos llenos de aceitunas molidas y puestos a presión.

REGAJAL. m. Regajo.

REGAJO. (De *regar.*) m. Charco que se forma de un arroyuelo. ‖ El mismo arroyuelo.

REGALA. f. *Mar.* Tablón que cubre todas las cabezas de las ligazones en su extremo superior y forma el borde de las naves.

REGALADA. f. Caballeriza real que se destinaba a los caballos de regalo. ‖ Conjunto de caballos que la componían.

REGALADO, DA. adj. Suave o delicado. *Divanes* REGALADOS. ‖ Placentero, deleitoso. *Existencia* REGALADA. ‖ deriv.: **regaladamente.**

REGALADO, Tomás. *Biog.* Pol. y militar salv. de 1898 a 1903 presidente de la Rep. (1864-1906).

REGALADOR, RA. adj. y s. Que regala o es aficionado a regalar. ‖ m. Palo que usan los boteros para alisar y acabar de limpiar las corambres.

REGALAMIENTO. m. Acción de regalar o regalarse, ler art.

REGALAR. al. **Schenken.** fr. **Faire cadeau.** ingl. **To present; to give as a present.** ital. **Regalare.** port. **Regalar.** tr. Dar graciosamente una cosa en muestra de afecto u otro motivo. REGALAR *un libro*; sinón.: **donar, obsequiar**; antón.: **quitar.** ‖ Halagar, acariciar. ‖ Recrear o deleitar. Ú.t.c.r. *Dulce música* REGALABA *sus oídos*; sinón.: **alegrar, complacer.** ‖ r. Tratarse bien, gozando de las comodidades posibles.

REGALAR. (Del lat. *regelare*, deshelar.) tr. y r. Derretir, liquidar.

REGALECO. m. Género de peces acantopterigios, de cuerpo alargado y comprimido; habitan el Atlántico y mares noruegos.

REGALEJO. m. dim. de **Regalo.**

REGALÍA. al. **Privileg; Regal** fr. **Régale; privilège.** ingl. **Regalia; privilege.** ital. **Regalia.** port. **Regalia.** (Del lat. *regalis*, regio.) f. Preeminencia, prerrogativa que en virtud de suprema potestad ejerce un soberano en su reino o estado. ‖ Privilegio que la Santa Sede concede a los reyes o soberanos en algún punto concerniente a la disciplina de la Iglesia. Ú.m. en pl. ‖ fig. Privilegio o excepción particular que uno tiene en cualquier línea. ‖ Gajes o provechos que además de su sueldo perciben los empleados en algunas oficinas. ‖ *Amér. Central, Ant.* y *Col.* Obsequio, regalo.

REGALICIA. f. Regaliz.

REGALILLO. m. dim. de **Regalo.** ‖ Manguito, prenda femenina.

REGALIZ. al. **Süssholz.** fr. **Réglisse.** ingl. **Licorice.** ital. **Liquorizia.** port. **Regoliz.** (Del lat. *glycyrrhiza*, y éste del gr. *glykýrriza;* de *glykýs*, dulce, y *riza*, raíz.) m. Orozuz.

REGALIZA. f. Regaliz.

REGALO. al. **Geschenk.** fr. **Cadeau.** ingl. **Gift; present.** ital. **Regalo; dono.** port. **Regalo.** (De *regalar.*) m. Dádiva hecha espontáneamente o por costumbre. REGALO *de bodas;* sinón.: **donación.** ‖ Gusto o complacencia que se recibe. ‖ Comida o bebida fina y exquisita. ‖ Conveniencia o comodidad que se procura en relación a la persona. ‖ IDEAS AFINES: *Cumpleaños, aniversario, onomástica, cariño, ternura, agradecimiento, presente, envío, obsequio, cumplimentar, felicitar.*

REGALÓN, NA. (De *regalar.*) adj. fam. Que se cría o trata con mucho regalo. Ú.t.c.s. *Niño* REGALÓN.

REGALONEAR. tr. *Arg.* y *Chile.* Mimar. ‖ intr. *Chile.* Aprovecharse uno del cariño que se le tiene.

REGALONERÍA. f. *Arg.* Mimo, halago.

REGA MOLINA, Horacio. *Biog.* Poeta arg., autor de *Domingos dibujados desde una ventana; Oda provincial; Del otro lado del cielo*, etc. (1899-1957).

REGANTE. p. a. de **Regar.** Que riega. ‖ m. El que tiene derecho a regar con agua comprada o repartida para hacerlo. ‖ Empleado del riego de los campos.

REGAÑADIENTES (A). m adv. **A regaña dientes.**

REGAÑAMIENTO. m. Acción y efecto de regañar.

REGAÑAR. al. **Knurreni; Schelten.** fr. **Gronder.** ingl. **To snarl.** ital. **Brontolare.** port. **Reganhar.** intr. Emitir el perro cierto sonido, en señal de furia sin ladrar y mostrando los dientes. ‖ Abrirse el hollejo o corteza de ciertas frutas, cuando maduran, como la castaña, el durazno, etc. ‖ Dar muestra de enojo con palabras y gestos. ‖ fam. Reñir, disputar. ‖ tr. fam. Reprender, reconvenir. ‖ IDEAS AFINES: *Gruñir, furia, reprensión, pena, castigo, penitencia, fastidio, ira, pelea, trifulca, barullo, riña.*

REGAÑIR. intr. Gañir repetidamente. ‖ irreg. Conj. como **mullir.**

REGAÑO. (De *regañar.*) m. Gesto del rostro acompañado por lo común, de palabras ásperas con que se muestra enfado. ‖ fig. Parte del pan que está tostada del horno y sin corteza, por la abertura hecha al cocerse. ‖ fam. Reprensión.

REGAÑÓN, NA. adj. y s. fam. Dícese de quien acostumbra regañar sin motivo suficiente. ‖ Dícese del viento N.O.

REGAR. al. **Begiessen.** fr. **Arroser.** ingl. **To sprinkle.** ital. **Annaffiare.** port. **Regar.** (Del lat. *rigare.*) tr. Esparcir agua sobre una superficie; como la de la tierra, para beneficiarla, o la de una calle, patio, sala, etc., para limpiarla o refrescarla. ‖ Atravesar un río o canal una región. *El río Esmeraldas* RIEGA *la provincia ecuatoriana del mismo nombre*; sinón.: **bañar.** ‖ Humedecer las abejas los vasos en que está el pollo. ‖ fig. Esparcir, desparramar a modo de la siembra. *Por donde pasa,* RIEGA *bondades*; sinón.: **derramar, verter.** ‖ irreg. Conj. como **acertar.** ‖ IDEAS AFINES: *Regadío, regadera, jardín, parque, lavar, manguera, humedecer, rociar, ducha, mojar, empapar.*

REGATA. f. Surco por donde se conduce el agua a las eras en las huertas y jardines.

REGATA. al. **Regatta.** fr. **Régate.** ingl. **Regatta.** ital. **Regata.** port. **Regata.** f. *Mar.* Pugna entre embarcaciones livianas que contienden entre sí sobre cuál llegará antes a un punto determinado para ganar una apuesta o premio.

REGATE. (De *recatar*, ler. art.) m. Movimiento rápido, hecho hurtando el cuerpo a una parte y otra. ‖ fig. y fam. Escape, refugio hábil que se busca en una dificultad.

REGATEAR. al. **Feilschen.** fr. **Marchander.** ingl. **To beat down; bargain.** ital. **Lesinare.** port. **Regatear.** (De *recatear.*) tr. Debatir el comprador y el vendedor el precio de una cosa que se pone en venta. ‖ Revender, vender por menor los comestibles. ‖ fig. y fam. Rehusar la ejecución de una cosa. ‖ intr. Hacer regates. ‖ *Mar.* Disputar empeñosamente dos o más embarcaciones la superioridad del mayor andar.

REGATEO. m. Acción y efecto de regatear.

REGATERÍA. f. Regatonería, venta por menor.

REGATERO, RA. (De *regatear.*) adj. y s. Regatón, que se regatea o vende por menor.

REGATO. (De *regar.*) m. Regajo.

REGATÓN. m. Casquillo o virola que se coloca en el extremo inferior de bastones, lanzas, etc. sinón.: **contera, cuento.** ‖ Hierro en forma de ancla o de gancho y punta que tienen los bicheros en uno de sus extremos.

REGATÓN, NA. (De *regatear.*) adj. y s. Que vende por menor. ‖ Que regatea mucho.

REGATONEAR. (De *regatón*, vendedor.) tr. Comprar por mayor para revender por menor.

REGATONERÍA. (De *regatón*, vendedor.) f. Venta por menor de los géneros comprados por junto. ‖ Oficio y ocupación del regatón.

REGAZAR. (De *regazo.*) tr. Arregazar.

REGAZO. al. **Schoss.** fr. **Giron.** ingl. **Lap.** ital. **Grembo.** port. **Regaço.** m. Enfaldo de la saya, que forma seno desde la cintura hasta las rodillas. ‖ Parte del cuerpo donde se forma ese enfaldo. ‖ fig. Cosa que acoge a otra, dándole amparo.

REGENCIA. al. **Regentschaft.** fr. **Régence.** ingl. **Regency.** ital. **Reggenza.** port. **Regencia.** (Del b. lat. *regentia*, y éste del lat. *regens, -entis*, regente.) f. Acción de regir o gobernar. ‖ Empleo de regente. ‖ Gobierno de un estado durante la menor edad, ausencia o incapacidad de su legítimo príncipe. *La* REGENCIA *de María Cristina, madre de Alfonso XIII.* ‖ Tiempo que dura tal gobierno. ‖ Nombre que se daba a estados musulmanes vasallos de Turquía: Regencia de Túnez, de Trípoli. ‖ Nombre que se dio al estilo que imperó en Inglaterra a principios del siglo XIX, en arquitectura y decoración.

REGENERACIÓN. al. **Wiederherstellung.** fr. **Régénération.** ingl. **Regeneration.** ital. **Rigenerazione.** port. **Regeneração.** (Del lat. *regeneratio, -onis.*) f. Acción y efecto de regenerar o regenerarse.

REGENERAR. al. **Wiedererzeugen; regeneriren.** fr. **Régénérer.** ingl. **To regenerate.** ital. **Rigenerare.** port. **Regenerar.** (Del lat. *regenerare.*) tr. y r. Dar nuevo ser a uno cosa que degeneró; restablecerla, mejorarla. *Los moluscos* SE REGENERAN *con facilidad;* sinón.: **reconstituir.** ‖ deriv.: **regenerador, ra.**

REGENSBURG. *Geog.* V. **Ratisbona.**

REGENTA. f. Esposa del regente. ‖ Profesora en ciertos establecimientos de enseñanza.

REGENTAR. (De *regente.*) tr. Desempeñar temporalmente ciertos cargos o empleos. ‖ Ejercer un cargo ostentando superioridad. ‖ Ejercer un empleo o cargo de honor.

REGENTE. al. **Regent.** fr. **Régent.** ingl. **Regent.** ital. **Reggente.** port. **Regente.** (Del lat. *regens, -entis.*) p. a. de **Regir.** Que rige o gobierna. ‖ com. Quien gobierna un Estado en la menor edad de su príncipe, o por otro motivo. ‖ m. Magistrado que presidía una audiencia territorial. ‖ El que en las religiones dirige los estudios. ‖ En algunas antiguas universidades, catedrático trienal. ‖ Sujeto que, mediante examen, estaba habilitado para regentar determinadas cátedras. ‖ En imprentas, boticas, etc., el que como empleado dirige inmediatamente las operaciones.

REGENTEAR. tr. Regentar, ejercer un cargo con autoridad. ‖ intr. *Arg.* Estar al frente de un establecimiento, un banco, una escuela, etc.

REGGIO DE CALABRIA. *Geog.* Provincia del S. de Italia. 3.183 km². 2.007.000 h. Cap. hom. situada sobre el estrecho de Mesina. 172.000 h. Sedas, perfumes.

REGGIO DE EMILIA. *Geog.* Provincia del centro N. de Italia. 2.291 km². 407.500 h. Cap. hom. 132.000 h. Quesos, pieles, abonos químicos.

REGIAMENTE. adv. m. Con grandeza real. *Los obsequió* REGIAMENTE. ‖ fig. Suntuosamente. *Una casa* REGIAMENTE *amueblada*; sinón.: **fastuosamente, ricamente**; antón.: **miserablemente, pobremente.**

REGICIDA. al. **Königsmörder.** fr. **Régicide.** ingl. **Regicide.** ital. **Regicida.** port. **Regicida.** (Del lat. *rex, regis*, rey, y *caédere*, matar.) adj. y s. Matador de un rey o reina, o que atenta contra ellos.

REGICIDIO. al. **Königsmord.** fr. **Régicide.** ingl. **Regicide.** ital. **Regicidio.** port. **Regicídio.** m. Acto y crimen del regicida.

REGIDOR, RA. adj. Que rige o gobierna. ‖ m. Concejal que sólo ejerce este cargo municipal.

REGIDORA. f. Esposa del regidor. ‖ Mujer que forma parte de un concejo o ayuntamiento.

REGIDORÍA. f. Regiduría.

REGIDURÍA. f. Oficio de regidor.

RÉGIMEN. al. **System; Ordnung; Verhalten.** fr. **Régime.** ingl. **System; Regimen.** ital. **Regime.** port. **Regime.** (Del lat. *régimen.*) m. Modo de gobernarse o regirse en una cosa; método, sistema, arreglo. *El* RÉGIMEN *de una cárcel.* ‖ Reglamentos o prácticas de un gobierno en general o de una de sus dependencias. RÉGIMEN *administrativo.* ‖ *Gram.* Dependencia que entre sí tienen las palabras en la oración. ‖ Preposición que pide cada verbo, o caso que pide cada preposición. ‖ *Ter.* Regulación metódica de la dieta y hábitos con objeto determinado.

REGIMENTAL. adj. Relativo al regimiento o al régimen. ‖ deriv.: **regimentalmente.**

REGIMENTAR. tr. Reducir a regimientos varias compañías o partidas sueltas. ‖ Por ext, poner o introducir régimen. ‖ irreg. Conj. como acertar. ‖ deriv.: **regimentación; regimentadamente; regimentable; regimentador, ra.**

REGIMIENTO. al. **Regiment.** fr. **Régiment.** ingl. **Regiment.** ital. **Regimento.** port. **Regimento.** (Del lat. *regiméntum.*) m. Acción y efecto de regir o regirse. ‖ Cuerpo de regidores de un concejo o ayuntamiento. ‖ Empleo de regidor. ‖ Unidad homogénea de cualquier arma o cuerpo militar. Se compone de varios grupos o batallones y su jefe es normalmente un coronel. ‖ Libro en que se daban a los pilotos las reglas de su facultad.

REGINA. *Geog.* Ciudad del Canadá, capital de la prov. de Saskatchewan. 146.000. Centro maderero.

REGIO, GIA. al. **Königlich; prächtig.** fr. **Royal.** ingl. **Royal.** ital. **Regio.** port. **Régio.** (Del lat. *regius.*) adj. Perteneciente o relativo al rey. *Disposición* REGIA: sinón.: **real.** ‖ fig. Suntuoso, magnífico. *Traje* REGIO; sinón.: **fastuoso, soberbio**; antón.: **pobre, sencillo.**

REGIOMONTANO, NA. adj. Natural de Monterrey, capital del Estado mexicano de Nuevo León. Ú.t.c.s. ‖ Perteneciente o relativo a dicha ciudad.

REGIOMONTANO, Juan Müller, llamado. *Biog.* Mat. y astrónomo al. que introdujo la ballestilla en la náutica y contribuyó a la evolución de la trigonometría (1436-1476).

REGIÓN. al. **Gegend.** fr. **Région.** ingl. **Region.** ital. **Regione.** port. **Região.** (Del lat. *regio, -onis.*) f. Porción de territorio determinada por caracteres físicos, étnicos, políticos, etc. *La* REGIÓN *andina, chaqueña.* ‖ Espacio que, según la filosofía antigua, ocupaba cada uno de los cuatro elementos. ‖ fig. Todo espacio de mucha capacidad. ‖ *Anat.* Espacio determinado del cuerpo. REGIÓN *precordial.* ‖ IDEAS AFINES: *Comarca, país, territorio, llanura, pampa, pradera, sabana, zona, terreno, geografía.*

REGIONAL. adj. Perteneciente o relativo a una región. *Baile* REGIONAL, *interés* REGIONAL.

REGIONALISMO. al. **Regionalismus.** fr. **Régionalisme.** ingl. **Regionalism.** ital. **Regionalismo.** port. **Regionalismo.** m. Doctrina política que propugna la concesión de amplia autonomía a las regiones de un Estado. ‖ Amor o apego a determinada región de un Estado y a sus cosas.

REGIONALISTA. adj. Partidario del regionalismo. Ú.t.c.s. ‖

Perteneciente al regionalismo o a los **regionalistas.**

REGIONARIO, RIA. (De *región.*) adj. Dícese del oficial eclesiástico que, especialmente en Roma, tenía a su cargo la administración de ciertos negocios en determinado distrito. Ú.t.c.s.

REGIR. al. **Regieren.** fr. **Régir.** ingl. **To rule.** ital. **Reggere.** port. **Reger.** (Del lat. *régere.*) tr. Dirigir, gobernar, administrar. REGIR *un país.* ‖ Guiar, conducir una cosa. ‖ Traer bien gobernado el vientre, evacuarlo. Ú.t.c.r. ‖ *Gram.* Tener una palabra bajo su dependencia otra palabra de la oración. *El substantivo* RIGE *al adjetivo.* ‖ Pedir una palabra tal o cual preposición, caso de la declinación o modo verbal. ‖ Pedir o representar una preposición este o el otro caso. ‖ intr. Estar vigente, tener validez. *Ya no* RIGE *esa ley*; antón.: **caducar.** ‖ Funcionar bien un artefacto u organismo. ‖ *Mar.* Obedecer la nave al timón. ‖ irreg. Conj. como **pedir.** ‖ deriv.: **regible.** ‖ IDEAS AFINES: *Mandar, conductor, jefe, intendente, regente, administrador, obedecer, súbdito, subordinado.*

REGIS, Pedro. *Biog.* Fil. cartesiano fr., autor de *Tratado del amor de Dios; Uso de la razón y de la fe*, etc. (1632-1707).

REGISTRADOR, RA. adj. Que registra. ‖ Dícese del aparato que anota automáticamente las indicaciones variables de su función propia; por ejemplo, temperatura, velocidad, etc. ‖ m. Funcionario que tiene a su cargo algún registro público, y especialmente el de la propiedad. ‖ Escribano que tenía a su cargo registrar los privilegios, cartas o despachos librados por el rey, tribunales, etc. ‖ Empleado de consumos o aduanas.

REGISTRAR. al. **Registrieren; verzeichnen.** fr. **Enregistrer.** ingl. **To register; to record.** ital. **Registrare.** port. **Registrar; registar.** (De *registro.*) tr. Reconocer, examinar una cosa con cuidado. REGISTRAR *los rincones, los bolsillos*; sinón.: **inspeccionar.** ‖ Poner de manifiesto mercaderías o bienes para que sean examinados o anotados. ‖ Transcribir o extractar en los libros de un registro público las resoluciones de la autoridad o los actos jurídicos de los particulares. ‖ Poner una señal o registro entre las hojas de un libro. ‖ Anotar, señalar. ‖ fig. Tener un edificio vistas sobre un predio vecino. ‖ r. Presentarse e inscribirse en un padrón o matrícula. ‖ deriv.: **registrable; registrante.** ‖ IDEAS AFINES: *Buscar, inquirir, investigar, tratar, probar, averiguar; escribir, copiar, compendio, resumen, sentencia, veredicto, escritura, cédula, documento.*

REGISTRO. al. **Vozeichnis; Register.** fr. **Registre.** ingl. **Register.** ital. **Registro.** port. **Registro, registo.** (Del lat. *regéstum.*) m. Acción de registrar. ‖ Lugar desde donde se puede registrar o ver algo. ‖ Pieza que en una máquina sirve para disponer o modificar su movimiento. ‖ Abertura con su tapa para examinar el interior de alguna cosa. ‖ Padrón y matrícula. ‖ Protocolo notarial. ‖ Lugar y oficina en donde se registra. ‖ Asiento o apuntamiento de lo que se registra. ‖ Cédula en que consta haberse registrado una cosa. ‖ Libro, a manera de índice, donde se apuntan noticias o datos. REGISTRO *de asistencia* ‖ Cinta u otra señal que se pone entre las hojas de los libros, para indicar un lugar determinado. ‖ Pieza y mecanismo del órgano, que sirven para modificar el timbre o la intensidad de los sonidos. ‖ Cada género de voces del órgano. ‖ Extensión que tiene la escala vocal. ‖ En el clave, piano, etc., pedal para reforzar o apagar los sonidos. ‖ *Arg.* y *Bol.* Almacén de tejidos por mayor. ‖ *Impr.* Correspondencia igual de las planas de un pliego impreso con las del dorso. ‖ Nota que se ponía al fin de un libro con las signaturas de todo él, para advertencia del encuadernador. ‖ *Quím.* Agujero del hornillo. ‖ – **civil.** Registro en que se hacen constar oficialmente todos los hechos relativos al estado civil de las personas. ‖ – **de actos de última voluntad.** Aquel en que se hacen constar los otorgamientos *mortis causa.* ‖ – **de la propiedad.** Aquel en que se inscriben todos los bienes raíces de un partido judicial. ‖ – **de la propiedad industrial.** El que sirve para registrar patentes de invención o de introducción, marcas de fábrica, etc., y recompensas industriales, y para obtener el amparo legal de los derechos. ‖ – **de la propiedad intelectual.** El que tiene por objeto inscribir y amparar los derechos de autores, traductores o editores de obras científicas, literarias o artísticas. ‖ – **mercantil.** El que con carácter público sirve para la inscripción de actos y contratos del comercio. ‖ **Echar,** o **tocar** uno **todos los registros.** frs. fig. No omitir diligencia alguna en una materia o asunto. ‖ **Salir** uno **por** tal o cual **registro.** frs. fig. Cambiar inesperadamente de modos o de razones en una controversia o de proceder en la prosecusión de un negocio.

REGITIVO, VA. adj. p. us. Que rige o gobierna.

REGLA. al. **Regel.** fr. **Règle.** ingl. **Rule.** ital. **Riga; regola.** port. **Régua; regra.** (Del lat. *régula.*) f. Instrumento de madera u otra materia rígida, larga, delgada y de figura rectangular, que sirve principalmente para trazar líneas rectas. REGLA *de carpintero, de modista.* ‖ Ley por que se gobierna un cuerpo religioso. *La* REGLA *de las Clarisas es severa.* ‖ Estatuto, constitución o modo de ejecutar una cosa. ‖ Precepto, principio o máxima en las ciencias o artes. *Leonardo enunció las* REGLAS *de la pintura*; sinón.: **canon.** ‖ Razón a que deben ajustarse las acciones. ‖ Moderación, templanza, medida. ‖ Pauta. ‖ Orden y concierto invariable que guardan las cosas naturales. ‖ Menstruación. ‖ *Mat.* Método de hacer una operación. ‖ – **de aligación.** *Arit.* La que enseña a calcular el promedio de varios números, atendiendo a la proporción en que cada uno entra a formar un todo. ‖ – **de compañía.** *Arit.* La que enseña a dividir una cantidad en partes proporcionales a otras cantidades conocidas. ‖ – **de falsa posición.** *Arit.* La que enseña a resolver un problema por tanteos. ‖ – **de tres.** La que enseña a determinar una cantidad desconocida, por medio de una proporción de la cual se conocen dos términos entre sí homogéneos, y otro tercero de la misma especie que el cuarto que se busca. ‖ – **de tres compuesta.** *Arit.* Aquella en que los dos términos conocidos y entre sí homogéneos, resultan de la combinación de varios elementos. ‖ – **lesbia.** Cercha, **regla** flexible. ‖ – **magnética.** Instrumento, generalmente de latón, con dos pínulas, a que se ajusta una cajita con una brújula y que sirve principalmente para orientar planos. ‖ **A regla.** m. adv. Hablando de obras artificiales, justificado o comprobado con la **regla.** ‖ fig. Con arreglo a la razón. ‖ **Echar la regla.** frs. Examinar con ella si están rectas las líneas. ‖ **En regla.** m. adv. fig. Como corresponde o es lícito. ‖ **No hay regla sin excepción.** frs. proverb. para dar a entender que en cualquier orden de cosas falla o deja de verificarse en ocasiones lo que se tiene por más cierto. ‖ **Salir de regla.** frs. fig. Excederse, traspasar los límites de lo regular o justo. ‖ IDEAS AFINES: *Escuadra, vertical, horizontal, paralela, perpendicular, geometría, construcción, figura, polígono, prisma, medir, centímetro.*

REGLADAMENTE. adv. m. Con medida, con regla.

REGLADO, DA. adj. Templado, parco en comer o beber. ‖ Sujeto a regla o precepto.

REGLAMENTACIÓN. f. Acción y efecto de reglamentar. ‖ Conjunto de reglas. *La* REGLAMENTACIÓN *del tránsito.*

REGLAMENTAR. al. **Regeln.** fr. **Réglementer.** ingl. **To regulate.** ital. **Regolare; regolamentare.** port. **Regulamentar.** tr. Sujetar o reglamento un instituto o una materia determinada. REGLAMENTAR *el envase de los alimentos*; sinón.: **reglar, sistematizar.** ‖ deriv.: **reglamentable, reglamentador, ra.**

REGLAMENTARIO, RIA. adj. Perteneciente o relativo al reglamento, o exigido por alguna disposición obligatoria *Horario, uniforme* REGLAMENTARIO. ‖ deriv.: **reglamentariamente.**

REGLAMENTISTA. adj. Dícese de la persona celosa de cumplir y hacer cumplir con rigor los reglamentos.

REGLAMENTO. al. **Vorschrift; Ordnung.** fr. **Réglement; ordonnance.** ingl. **By-law; rules.** ital. **Regolamento.** port. **Regulamento.** (De *reglar.*) m. Colección ordenada de reglas o preceptos, que por autoridad competente se da para la ejecución de una ley o para el régimen interior de una corporación o dependencia. REGLAMENTO *militar*; sinón.: **estatuto, ordenanza.**

REGLA MOTA, Manuel de. *Biog.* Militar y político dom., presidente de la República en 1856.

REGLAR. adj. Perteneciente o relativo a una regla o comunidad religiosa.

REGLAR. tr. Tirar o hacer líneas o rayas derechas. ‖ Sujetar a reglas una cosa. ‖ Moderar o componer las acciones conforme a regla. ‖ r. Medirse, templarse, reformarse. ‖ deriv.: **reglable; reglador, ra.**

REGLETA. (dim. de *regla.*) f. *Impr.* Planchuela de metal, que sirve para regletear.

REGLETEAR. tr. *Impr.* Espaciar la composición poniendo regletas entre los renglones.

REGLÓN. m. aum. de **Regla.** ‖ *Albañ.* Regla grande para aplanar suelos y paredes.

REGNARD, Juan Francisco. *Biog.* Comediógrafo fr. autor de *El distraído; El jugador*, etc. (1655-1709). ‖ – **Pablo María León.** Médico fr. autor de *La acción del agua oxigenada; La sangre y estudios sobre fisiología* (1850-1935).

REGNAULT, Enrique. *Biog.* Pintor fr. sobre el cual influyó, notablemente la obra realizada por Delacroix (1843-1871). ‖ – **Juan Bautista.** Pintor fr., de tendencia neoclásica, autor, entre otras obras, de *Las tres gracias*, que está en el Louvre (1754-1829). ‖ – **Víctor.** Químico fr. que estudió la dilatación y la capacidad calorífica de los fluidos (1810-1878).

REGNÍCOLA. (Del lat. *regnícola.*) adj. y s. Natural de un reino. ‖ m. Escritor de cosas especiales de su nación.

REGOCIJADAMENTE. adv. m. Alegremente, con regocijo. REGOCIJADAMENTE *se celebró la Pascua*; sinón.: **festivamente, jubilosamente.**

REGOCIJADO, DA. adj. Que causa o incluye regocijo o alegría. *Ánimo* REGOCIJADO; sinón.: **alborozado, alegre, festivo.**

REGOCIJADOR, RA. adj. y s. Que regocija.

REGOCIJAR. al. **Belustigen; erfreuen.** fr. **Réjouir.** ingl. **To rejoice.** ital. **Rallegrare.** port. **Regozijar.** tr. Alegrar, causar gusto o placer. *El éxito de su amigo lo* REGOCIJÓ; sinón.: **alborozar;** antón.: **entristecer.** ‖ r. Recrearse, recibir gusto. ‖ deriv.: **regocijable; regocijante.** ‖ IDEAS AFINES: *Alegría, gozo, barullo, bullicio, risa, carcajada, felicidad, chiste, broma, chascarrillo, trabalenguas, cómico, ridículo, payaso.*

REGOCIJO. al. **Freude.** fr. **Réjouissance.** ingl. **Joy; rejoicing.** ital. **Godimento; giubilo.** port. **Regozijo.** (De *regozo.*) m. Júbilo, sinón.: **contento, gozo.** ‖ Acto con que se manifiesta la alegría.

REGODEAR. tr. *Chile.* Regatear, escatimar.

REGODEARSE. (Del lat. *re* y *gaúdere*, alegrarse, estar contento.) r. fam. Deleitarse en lo que gusta deteniéndose en ello. ‖ fam. Hablar o estar de chacota o de broma. ‖ *Col.* y *Chile.* Mostrarse delicado, melindroso y descontentadizo.

REGODEO. m. Acción y efecto de regodearse. ‖ fam. Diversión, fiesta.

REGODEÓN, NA. adj. *Col.* y *Chile.* Aplícase a persona delicada o difícil de contentar.

REGOJO. m. Pedazo de pan que sobra en la mesa después de haber comido. ‖ fig. Muchacho de cuerpo pequeño.

REGOJUELO. m. dim. de **Regojo.**

REGOLAJE. m. Buen temple, buen humor, alegría.

REGOLDANO, NA. adj. Perteneciente o relativo al regoldo.

REGOLDAR. (Del lat. *re*, iterativo, y *eructare*, eructar, o quizá de *gula*, garganta.) intr. Eructar. ‖ irreg. Conj. como **contar.** ‖ deriv.: **regoldador, ra.**

REGOLDO. m. Castaño silvestre.

REGOLFAR. (De *re* y *golfo.*) intr. Retroceder, volver el agua contra su corriente, haciendo remanso. Ú.t.c.r. ‖ Cambiar la dirección del viento ante un obstáculo.

REGOLFO. m. Vuelta o retroceso del agua o del viento contra su curso. ‖ Seno o cala en el mar.

REGONA. f. Reguera grande.

REGORDETE, TA. (De *re* y *gordo.*) adj. fam. Dícese de la persona o de la parte de su cuerpo, pequeña y gruesa.

REGOSTARSE. (Del lat. *regustare.*) r. Arregostarse.

REGOSTO. m. Recuerdo de alguna sensación agradable y deseo de volver a experimentarla.

REGRACIAR. (De *re* y *gracia.*) tr. Mostrar uno su agradecimiento a otro. ‖ deriv.: **regraciación; regraciador, ra; regraciante.**

REGRESAR. al. **Zurückkehren; heimkehren.** fr. **Retourner.** ingl. **To return.** ital. **Ritornare.** port. **Regressar.** (De *regreso.*) intr. Volver al lugar de donde se partió. *Ayolas no* REGRESÓ *a la Asunción*; sinón.: **retornar;** antón.: **marchar, salir.** ‖ *Der.* Volver a entrar en posesión de un beneficio.

REGRESIÓN. al. **Rückgang; Regression.** fr. **Régression.** ingl. **Regression; retrogression.** ital. **Regressione.** port. **Regressão.** (Del lat. *regressio, -onis.*) f. Regreso o acción de volver hacia atrás. sinón.: **retorno, retroceso;** antón.: **adelanto, avance.** ‖ *Ret.* Figura por la cual, después de haber enunciado palabras en cierto orden, se las repite en el orden inverso.

REGRESIVO, VA. adj. Dícese de lo que hace volver hacia atrás. *Fuerzas* REGRESIVAS. ‖ deriv.: **regresivamente.**

REGRESO. al. **Rückkehr.** fr. **Retour.** ingl. **Return.** ital **Ritorno.** port. **Regresso.** (Del lat. *regressus.*) m. Acción de regresar. *El* REGRESO *fue penoso*; sinón.: **retorno, vuelta;** antón.: **ida.**

REGRUÑIR. intr. Gruñir mucho. ‖ irreg. Conj. como **mullir.** ‖ deriv.: **regruñidor, ra; regruño.**

REGÜELDO. m. Acción y efecto de regoldar. ‖ fig. Cardencha imperfecta que sale en el tallo de la principal. ‖ Jactancia o expresión de vanidad. ‖ Por ext. cualquier expulsión ruidosa.

REGUERA. (De *reguero.*) f. Canal que se hace en la tierra para conducir el agua del riego.

REGUERO. (De *regar.*) m. Corriente de algún líquido, a modo de chorro o de arroyo pequeño. REGUERO *de aceite, de leche.* ‖ Línea o huella que queda de una cosa que se va vertiendo. ‖ Reguera. ‖ **Ser** una cosa **un reguero de pólvora.** frs. fig. que denota la propagación rápida de alguna cosa. ‖ IDEAS AFINES: *Caudal, torrente, cantidad, riego, cauce, agua, acequia, dique, compuerta.*

REGUILAR. tr. Dar vueltas, voltear.

REGUILETE. m. Rehilete.

REGUÍO. m. *Col. Dom.* y *Ec.* Riego.

REGULACIÓN. al. **Regelung.** fr. **Régularisation.** ingl. **Regulation.** ital. **Regolazione.** port. **Regulação.** f. Acción y efecto de regular.

REGULADO, DA. adj. Regular o conforme a regla.

REGULADOR, RA. al. **Regler.** fr. **Régulateur.** ingl. **Regulator.** ital. **Regolatore.** port. **Regulador.** adj. Que regula. ‖ m. Mecanismo que sirve para ordenar el movimiento de una máquina o de alguno de los órganos de ella. *Palanca* REGULADORA. ‖ *Mús.* Signo en figura de ángulo agudo que, hecho horizontalmente, sirve para indicar, según la dirección de su abertura, la intensidad del sonido.

REGULAR. (Del lat. *regularis.*) adj. Ajustado y conforme a regla. *Movimiento* REGULAR; sinón.: **metódico;** antón.: **desordenado.** ‖ Ajustado, medido en las acciones y forma de vivir. ‖ Mediano. *Ofrecimiento* REGULAR; sinón.: **mediocre.** ‖ Dícese de las personas que viven bajo una regla o instituto religioso, y a lo perteneciente a su estado. Ú.t.c.s. ‖ *Geom.*

Aplícase al polígono cuyos lados y ángulos son iguales entre sí, y al poliedro cuyas caras y ángulos sólidos son también iguales. ‖ *Gram.* Dícese de la palabra derivada o formada de otro vocablo, según la regla de formación seguida generalmente por las de su clase. *Participio* REGULAR. ‖ *Gram.* V. **Sintaxis, verbo regular.** ‖ **Por lo regular.** m. adv. Común o regularmente. ‖ IDEAS AFINES: *Normal, mecánico, automático, arreglado, ordenado, regido, ritual, periódico, exacto, acompasado, tictac, constante, continuo.*

REGULAR. (Del lat. *regulare*, reglar.) tr. Medir, ajustar o computar algo mediante deducción o comparación. REGULAR *el ejercicio.* ‖ Ajustar, poner en orden una cosa. REGULAR *la producción.*

REGULARIDAD. f. Calidad de regular. *La* REGULARIDAD *de las mareas*; sinón.: **periodicidad, precisión.** ‖ Justa observancia de la regla o instituto religioso.

REGULARIZACIÓN. f. Acción de regularizar.

REGULARIZADOR, RA. adj. y s. Que regulariza.

REGULARIZAR. tr. Regular, ajustar, poner en orden. REGULARIZAR *el correo*; antón.: **desordenar, desorganizar.** ‖ deriv.: **regularizable; regularizante.**

REGULARMENTE. adv. m. Comúnmente, naturalmente o conforme a reglas. REGULARMENTE *entregan los pedidos*; sinón.: **normalmente, ordenadamente.** ‖ Medianamente. *Aprende* REGULARMENTE; sinón.: **mediocremente.**

REGULATIVO, VA. adj. y s. Que regula o dirige.

REGULES, Elías. *Biog.* Poeta, dramaturgo y médico urug., autor de *Pasto de cuchilla; Versos criollos,* etc. Contribuyó a afianzar el teatro nativo con *Los guachitos; El entenao* y otros dramas (1860-1929). ‖ — **Marisa.** Pianista arg., notable instrumentista de fama internacional (1920-1973).

RÉGULO. (Del lat. *régulus*, dim de *rex, regis*, rey.) m. Dominante o señor de un Estado pequeño. ‖ Basilisco, animal. ‖ Reyezuelo, pájaro. ‖ *Astron.* Estrella de primera magnitud llamada también el Corazón del León, por estar situada hacia el medio de la constelación del León. ‖ *Quím.* Parte más pura de los minerales después de apartadas las impurezas.

RÉGULO, Marco A. *Biog.* Cónsul romano que, prisionero de los cartagineses en 255 a. de C., fue enviado a Roma para solicitar la paz, prometiendo que volvería, bajo palabra de honor. Cumplió con ella, sabiendo que le esperaba la muerte y aconsejó a los romanos que siguieran la lucha.

REGURGITAR. (Del lat. *re*, hacia atrás, y *gurges, -itis*, sima.) intr. Expeler por la boca, sin esfuerzo, substancias sólidas o líquidas que se hallan en el esófago o en el estómago. ‖ *Med.* Redundar o salir un licor, humor, etc., del continente o del vaso, por la mucha abundancia. ‖ deriv.: **regurgitación.**

REHABILITACIÓN. f. Acción y efecto de rehabilitar o rehabilitarse.

REHABILITAR. al. **Wiedereinsetzen.** fr. **Réhabiliter.** ingl. **To rehabilitate.** ital. **Riabilitare.** port. **Reabilitar.** (De *re* y *habilitar.*) tr. y r. Habilitar de nuevo o restituir a alguna persona o cosa a su antiguo estado.

REHACER. al. **Wiederherstellen.** fr. **Refaire.** ingl. **To rebuilt; to make over.** ital. **Rifare.** port. **Refazer.** (Del lat. *refácere.*) tr. Volver a hacer lo que se había deshecho. REHACER *un sombrero;* sinón.: **reconstruir.** ‖ Reponer, reparar. Ú.t.c.r. REHACER *la flota.* ‖ r. Reforzarse, fortalecerse. ‖ fig. Serenarse, dominar una emoción. *La noticia fue dolorosa, mas pronto* SE REHICIERON; antón.: **abatirse, amilanarse.**

REHACIMIENTO. m. Acción y efecto de rehacer o rehacerse.

REHALA. (Del ár. *rehala*, colectivo de *rahal*, rebaño.) f. Rebaño de ganado lanar formado por el de varios dueños y conducido por un solo mayoral. ‖ Recova o cuadrilla de perros de caza. ‖ **A rehala.** m. adv. Aceptando rebaño ajeno en el rebaño propio.

REHALERO. m. Mayoral de la rehala.

REHARTAR. (De *re* y *hartar.*) tr. y r. Hartar mucho.

REHARTO, TA. p. p. irreg. de **Rehartar.**

REHECHO, CHA. (Del lat. *refectus.*) p. p. irreg. de **Rehacer.** ‖ adj. De estatura mediana, grueso y robusto.

REHELEAR. intr. Ahelear, tener sabor de hiel. ‖ deriv.: **reheleo.**

REHÉN. al. **Geisel.** fr. **Otage.** ital. **Ostaggio.** port. **Refens.** (Del ár. *rehén.*) m. Persona de calidad que queda como prenda en poder del enemigo, mientras está pendiente un ajuste o tratado. Ú.m. en pl. ‖ Cualquiera otra cosa, puesta por fianza o seguro. Ú.m. en pl. sinón.: **garantía, prenda.**

REHENCHIDO. m. Lo que sirve para rehenchir.

REHENCHIMIENTO. m. Acción y efecto de rehenchir o rehenchirse.

REHENCHIR. (De *re* y *henchir.*) tr. Volver a henchir alguna cosa, reponiendo lo menguado. Ú.t.c.r. ‖ Rellenar de cerda, lana, pluma, etc., algún mueble. ‖ irreg. Conj. como **ceñir.**

REHENDIJA. (De *re* y *hender.*) f. Rendija.

REHERIR. (Del lat. *referire*, herir a su vez.) tr. Rebatir, rechazar. ‖ irreg. Conj. como **sentir.** ‖ deriv.: **reherimiento.**

REHERRAR. (De *re* y *herrar.*) tr. Volver a herrar con la misma herradura, pero con clavos nuevos. ‖ irreg. Conj. como **acertar.**

REHERVIR. (Del lat. *refervere.*) intr. Volver a hervir. Ú.t.c. tr. ‖ fig. Encenderse o cegarse por alguna pasión. ‖ r. Dícho de las conservas, fermentarse. ‖ irreg. Conj. como **sentir.**

REHILADILLO. m. Hiladillo, cinta estrecha.

REHILADO, DA. p. p. de **rehilar.** ‖ adj. **rehilante.**

REHILAMIENTO. (De *rehilar.*) m. *Fon.* Vibración que se produce en el punto de articulación de algunas consonantes y que suma su sonoridad a la originada por la vibración de las cuerdas vocales. Hay *rehilamiento*, p. ej., en la pronunciación castellana de *s y z* en *mismo, esbelto, juzgar,* o en las rioplatenses de *ayer, mayo.*

REHILANDERA. (De *rehilar.*) f. Molinete de viento, juguete infantil.

REHILANTE. adj. *Fon.* Dícese de las consonantes articuladas con rehilamiento.

REHILAR. (De *re* e *hilar.*) tr. Hilar demasiado o torcer mucho lo que se hila. ‖ intr. Moverse una persona o cosa como temblando. ‖ Dícese de ciertas armas arrojadizas, como la flecha, cuando van zumbando. ‖ *Fon.* Pronunciar con rehilamiento ciertas con sonantes sonoras. Ú.t.c. tr.

REHILERO. m. Rehilete.

REHILETE. (De *rehilar*, zumbar.) m. Flechilla que lleva una púa en un extremo y papel o plumas en el otro, que se arroja por diversión. ‖ Banderilla usada en la lidia de toros. ‖ Volante para el juego de raquetas. ‖ fig. Pulla, dicho malicioso.

REHILO. (De *rehilar*, moverse temblando.) m. Temblor de una cosa que se mueve levemente.

REHOGAR. (Del lat. *re*, iterativo, y *focus*, fuego.) tr. Sazonar una vianda a fuego lento, sin agua y muy tapada, para que la penetren las substancias que se le echan.

REHOLLAR. (De *re* y *hollar.*) tr. Volver a hollar o pisar. ‖ Pisotear. ‖ irreg. Conj. como **contar.**

REHOYA. f. Rehoyo.

REHOYAR. intr. Renovar el hoyo hecho antes para plantar árboles.

REHOYO. m. Barranco u hoyo de poca profundidad.

REHUIDA. f. Acción de rehuir.

REHUIR. al. **Vermeiden; zurückscheven vor.** fr. **Éviter; refuire.** ingl **To withdraw; to avoid.** ital. **Sfuggire; schivare.** port. **Retirar; fugir.** (Del lat. *refúgere.*) tr. Retirar, apartar algo con temor o sospecha de un riesgo. Ú.t.c. intr. y r. REHUYÓ *la invitación, el tema*; sinón.: **eludir, evitar;** antón.: **buscar, desafiar.** ‖ Repugnar, llevar mal una cosa. ‖ Rehusar o excusar el admitir algo. ‖ intr. Entre cazadores volver a huir las res por las mismas huellas. ‖ irreg. Conj. como **huir.**

REHUMEDECER. (De *re* y *humedecer.*) tr. y r. Humedecer bien. ‖ irreg. Conj. como **agradecer.**

REHUNDIDO. m. Vaciado, fondo en el neto del pedestal.

REHUNDIR. tr. Hundir una cosa en los más hondo de otra. Ú.t.c.r. ‖ Ahondar, hacer más honda una cavidad.

REHUNDIR. (Del lat. *refúndere.*) tr. Refundir, volver a fundir. ‖ fig. Gastar sin provecho ni medida.

REHURTARSE. r. *Mont.* Echar la caza acosada por rumbo distinto al deseado

REHUSAR. al. **Abschlagen; verweigern.** fr. **Refuser.** ingl. **To refuse.** ital. **Ricusare.** port. **Refusar; recusar.** (Del b. lat. *refusare*, y éste del lat. *refúsum*, sup. de *refúndere*, devolver.) tr. Excusar o no aceptar una cosa. REHUSAR *un regalo, una entrevista*; sinón.: **declinar, rechazar;** antón.: **aceptar.**

REÍBLE. (De *reír.*) adj. ant. Risible.

REICHENBACH. *Geog.* Ciudad de la Rep. Democrática de Alemania, sit. al S. de Leipzig. 45.000 h. Azúcar, fundiciones de hierro.

REICHENBERG. *Geog.* V. **Liberec.**

REICHSTEIN, Tadeo. *Biog.* Quím. y biólogo suizo de origen polaco que se especializó en el estudio de las secreciones internas. Su descubrimiento de la cortisona le valió en 1950 el premio Nobel de Fisiología y Medicina, en unión de Felipe Hench y Eduardo Kendall (n. 1897).

REID, Tomás. *Biog. Fil.* escocés, autor de *Observaciones sobre la "Utopía" de Tomás Moro; Reflexiones filosóficas sobre el movimiento muscular; Examen de las opiniones de Priestley acerca de la materia y del espíritu,* etc. Fundador de la escuela filosófica escocesa, se opuso por igual al idealismo y al escepticismo, y afirmó su pensamiento sobre el sentido común y la experiencia interna (1710-1796). ‖ — **Tomás Mayne.** Nov. ingl. que usó el seudónimo de **Capitán Mayne Reid** en sus novelas de aventuras *Los cazadores de cabelleras; El hombre del desierto,* etc. (1818-1883).

REIDAS. f. pl. *Zool.* Familia de aves corredoras, americanas, con tres dedos en cada pata, alas atrofiadas y pico parecido al de los avestruces; comprende a los ñandúes y choiques.

REIDERO, RA. (De *reír.*) adj. fam. Que produce risa y algazara.

REIDOR, RA. adj. y s. Que ríe con frecuencia.

REIMPORTAR. tr. Importar en un país lo que se había exportado a él ‖ deriv.: **reimportación.**

REIMPRESIÓN. al. **Neudruck; Nachdruck.** fr. **Réimpression.** ingl. **Reprint; reprinting.** ital. **Ristampa.** port. **Reimpressão.** f Acción y efecto de reimprimir. ‖ Conjunto de ejemplares reimpresos de una vez.

REIMPRESO, SA. p. p. irreg. de **Reimprimir.**

REIMPRIMIR. al. **Neudrucken.** fr. **Réimprimer.** ingl. **To reprint.** ital. **Ristampare.** port. **Reimprimir.** tr. Volver a imprimir o repetir la impresión de una obra o escrito. *Será necesario* REIMPRIMIR *esta página.*

REIMS, Catedral de. *Arq.* Notable catedral gótica cuya construcción se inició en 1211 y se terminó definitivamente alrededor de un siglo después, y que fue el templo de la coronación de los reyes de Francia. Su interior es de gran vastedad, con arquerías ojivales y pilares compuestos. Su girola tiene cinco capillas absidales. La fachada se reparte en tres cuerpos con profundas portadas y está ornamentada por 530 estatuas de diferentes estilos.

REIMS. *Geog.* Ciudad del N.E. de Francia (Marne). 153.500 h. Vinos muy afamados, tejedurías. Magnífica catedral del s. XIII.

REINA. al. **Königin.** fr. **Reine.** ingl. **Queen.** ital. **Regina.** port. **Rainha.** f. Esposa de un rey. ‖ La que por derecho propio ejerce la potestad real. *La* REINA *Isabel de Castilla ayudó a Colón.* ‖ Pieza de ajedrez, la de mayor importancia después del rey. Puede caminar como cualquiera de las restantes piezas, exceptuado el caballo. ‖ **Abeja reina.** ‖ fig. Mujer, animal o cosa del género femenino que por su excelencia se destaca en su clase o especie. *Ana fue la* REINA *de la fiesta. Buenos Aires, la* REINA *del Plata.* ‖ — **de la noche.** *C. Rica.* Arbusto solanáceo de flores blancas, campaniformes, que exhalan aroma por la noche. *Datura arborea.* ‖ — **de las flores.** Cactácea mexicana, aclimatada en Europa, de grandes flores rojo violadas. *Cereus speciosissimus.* ‖ — **del bosque.** Cactácea del Brasil, cultivada en jardines, *Equinocactus multiplex.* ‖ — **de los prados.** Hierba perenne europea de la familia de las rosáceas, de hojas alternas y flores blancas o rosáceas en umbela. Es planta de adorno, y su raíz tiene propiedades tónicas y febrífugas. *Spiraea ulmaria.* ‖ — **Luisa.** Luisa. ‖ — **mora.** Infernáculo.

REINA, Francisco de la. *Biog.* Lit. esp. autor del famoso *Libro de albeitería* (s. XVI). ‖ — **ANDRADE, José María.** Pol. guat., en 1931 presidente interino de la Rep. ‖ — **BARRIOS, José María.** Pol. y militar guat., presidente de la Rep. de 1892 a 1898 (1853-1898). ‖ — **ZEBALLOS, Miguel de.** Jurista y poeta mex. autor de *La elocuencia del silencio* y otras obras (s. XVIII).

REINA ADELAIDA. *Geog.* Archipiélago del S. de Chile, al N. de la entrada occidental del estrecho de Magallanes.

REINA CARLOTA, Islas de la. *Geog.* Archipiélago del Canadá sobre el Pacífico, sit. al N. O. de la isla Vancouver. 13.215 km². Pesca.

REINACH, José. *Biog.* Escritor fr. de sólida erudición; abogó incansablemente por la revisión del proceso Dreyfus (1856-1921). ‖ — **Salomón.** Arqueólogo e hist. fr., autor de *Orfeo; Apolo,* etc. (1858-1932). ‖ — **Teodoro.** Erudito fr., especializado en numismática (1860-1928).

REINADO. al. **Reglerung; Herrschaft.** fr. **Règne.** ingl. **Reign.** ital. **Regno.** port. **Reino.** (De *reinar.*) m. Período en que un rey o una reina gobierna. *El* REINADO *de Isabel de Inglaterra fue próspero.* ‖ Por ext., aquel en que alguna cosa está en auge. ‖ Juego de naipes antiguo. ‖ ant. Soberanía y dignidad real.

REINADOR, RA. (Del lat. *regnátor.*) s. Persona que reina.

REINAFÉ, José V. *Biog.* Militar arg. Acusado de haber ordenado la muerte de Facundo Quiroga, fue asesinado con sus dos hermanos (m. 1837).

REINAL. m. Cuerdecita fuerte de cáñamo compuesta de dos ramales retorcidos.

REINAR. al. **Regieren; Herrschen.** fr. **Régner.** ingl. **To reign.** ital. **Regnare.** port. **Reinar.** (Del lat. *regnare.*) intr. Regir, gobernar un rey, reina o príncipe un Estado. REINABA *Felipe II en España, cuando se sublevaron los Países Bajos;* sinón.: **dominar, mandar.** ‖ Tener predominio una persona o cosa sobre otra. ‖ REINAN *los vientos del oeste en la Patagonia.* ‖ fig. Persistir continuándose o extendiéndose una cosa. REINAR *una doctrina, un vicio, el descontento.*

REINCIDENCIA. (De *reincidir.*) f. Repetición de una misma culpa o defecto. sinón.: **reiteración.** ‖ *Der.* Circunstancia agravante de la responsabilidad criminal, consistente en haber sido condenado antes el reo por un delito igual al que se le imputa.

REINCIDENTE. p. a. de **Reincidir.** Que reincide. Ú.t.c.s. *Ladrón* REINCIDENTE.

REINCIDIR. al. **Zurückfallen.** fr. **Réincider.** ingl. **To relapse.** ital. **Ricadere.** port. **Reincidir.** (De *re* e *incidir.*) intr. Volver a ejecutar un error, falta o delito. ‖ sinón.: **recaer.**

REINCORPORACIÓN. f. Acción y efecto de reincorporar o reincorporarse.

REINCORPORAR. (Del lat. *reincorporare.*) tr. y r. Volver a incorporar o agregar a un cuerpo político o moral lo que se había separado de él.

REINDEER. *Geog.* Lago de la región central de Canadá (Saskatchewan). 6.300 km².

REINETA. (Del fr. *reinette*, y *rainette*, de *raine*, rana.) f. **Manzana reineta.**

REINGRESAR. intr. Volver a ingresar.

REINGRESO. m. Acción y efecto de reingresar.

REINHARDT, Max. *Biog.* Director y actor austríaco, que realizó su tarea en Alemania, a partir de 1903; uno de los renovadores de la puesta en escena en el teatro moderno (1873-1943).

REINHOLD, Carlos Leonardo. *Biog.* Filósofo al. que en sus *Cartas sobre la filosofía kantiana* difundió el criticismo. Su nueva teoría de la facultad de representación humana es también de gran importancia (1758-1823).

REINERO, RA. adj. **Regimontano.**

REINO. al. **Königreich; Reich.** fr. **Royaume.** ingl. **Kingdom; reign.** ital. **Regno.** port. **Reino.** (Del lat. *régmun.*) m. Territorio o Estado dependientes de un rey. ‖ Cualquiera de las provincias de un Estado que antiguamente tuvieron su rey propio. REINO *de Granada, de León.* ‖ Diputados o procuradores que con poderes del **reino** lo representaban. ‖ V. **Brazo, contaduría general, diputado, estado, justicia mayor, llave, procurador, título del reino.** ‖ V. **Diputación general, notario mayor de los Reinos.** ‖ fig. Campo, extensión, espacio. ‖ *Hist. Nat.* Cualquiera de los tres grandes grupos en que se consideran divididos todos los seres naturales por razón de sus caracteres comunes; y así se dice **reino** animal, **reino** vegetal y **reino** mineral. ‖ – **de los cielos.** Cielo, mansión de los bienaventurados. ‖ Reino de Dios.

REINOSA. *Geog.* Paso de la cordillera Cantábrica, en España (Santander). ‖ Ciudad de México (Tamaulipas). 14.000 h. Centro agrícola.

REINOSO, SA. adj. *Col.* Aplícase al natural de la tierra fría de la meseta oriental de ese país. Ú.t.c.s. ‖ Perteneciente o relativo a dicha región.

REINSTALACIÓN. f. Acción y efecto de reinstalar.

REINSTALAR. tr. y r. Volver a instalar.

REINTEGRABLE. adj. Que se puede o se debe reintegrar.

REINTEGRACIÓN. (Del lat. *redintegratio, -onis.*) f. Acción y efecto de reintegrar o reintegrarse. ‖ – **de la línea.** *Der.* Tránsito que hacen los mayorazgos cuando vuelve la sucesión a aquella línea que por cualquier motivo quedó privada o excluida.

REINTEGRAR. (Del lat. *redintegrare.*) tr. Restituir, satisfacer íntegramente una cosa. REINTEGRÓ *a la sociedad la suma que le había adelantado.* sinón.: **devolver.** ‖ Reparar la integridad de algo. ‖ r. Recobrarse completamente de lo que se había perdido.

REINTEGRO. (De *reintegrar.*) m. Reintegración. ‖ Pago, entrega de lo adeudado. sinón.: **devolución, restitución.** ‖ En la lotería, premio igual a la cantidad jugada.

REÍR. al. **Lachen.** fr. **Rire.** ingl. **To laugh.** ital. **Ridere.** port. **Rir.** (Del lat. *rídere.*) intr. Manifestar con determinados movimientos de la boca y otras partes del rostro la alegría que se tiene. Ú.t.c.r. REÍA *a carcajadas.* ‖ fig. Hacer burla. ‖ Dícese en relación a cosas que nos deleitan. *El prado, el alba* RÍE. Ú.t.c.r. tr. y c. r. ‖ tr. Celebrar una cosa con risa. REÍMOS *el chiste.* ‖ fig. y fam. Empezar a romperse o abrirse la tela de un vestido, camisa, etc., por el mucho uso o por la calidad. ‖ **Reírse** uno **de una persona** o cosa. frs. fig. y fam. Despreciarla. ‖ irreg. **Conjugación:** INDIC. Pres.: *río, ríes, ríe, reímos, reís, ríen.* Imperf.: *reía, reías,* etc. Pret. indef.: *reí, reíste, rió, reímos, reísteis, rieron.* Fut. imperf.: *reiré, reirás,* etc. POT.: *reiría, reirías,* etc. SUB. Pres.: *ría, rías, ría, riamos, riáis, rían.* Imperf.: *riera, rieras,* etc. *riese, rieses,* etc. IMPERAT.: *ríe, reíd, rían.* PARTIC.: *reído.* GER.: *Riendo.* ‖ IDEAS AFINES: *Sonreír, risueño, hilaridad, cómico, carcajada, alegría, desternillarse, felicidad, sardónico, divertido, mofa, bufón, chusco, chiste, burlesco, hazmerreír.*

REIS. (Del port. *reis,* pl. de *real,* real, de *regalis.*) m. pl. Moneda imaginaria, por la que los portugueses cuentan.

REITERACIÓN. (Del lat. *reiteratio, -onis.*) f. Acción y efecto de reiterar o reiterarse. sinón.: **repetición, reproducción.** ‖ *Der.* Circunstancia que puede ser agravante, derivada de anteriores condenas del reo, por delitos de índole diversa del que se juzga.

REITERADAMENTE. adv. m. Con reiteración. *Gritó* REITERADAMENTE. sinón.: **insistentemente, repetidamente.**

REITERAR. al. **Wiederholen.** fr. **Réitérer.** ingl. **To reiterate.** ital. **Reiterare.** port. **Reiterar.** (Del lat. *reiterare.*) tr. y r. Volver a obrar o decir; repetir una cosa. *Le* REITERO *que estoy a sus órdenes;* sinón.: **insistir, reproducir.**

REITERATIVO, VA. adj. Que tiene la propiedad de reiterarse. ‖ Que denota reiteración. *Advertencia* REITERATIVA.

REITRE. (Del al. *reiter,* jinete.) m. Antiguo soldado alemán de caballería.

REIVINDICACION. f. Acción y efecto de reivindicar.

REIVINDICAR. al. **Zurückfordern; beanspruchen.** fr. **Revendiquer.** ingl. **To claim.** ital. **Rivendicare.** port. **Reivindicar.** (Del lat. *res, rei,* cosa, interés, hacienda, y *vindicare,* reclamar.) tr. *Der.* Recuperar uno lo que le pertenece. REIVINDICAR *una finca.* ‖ deriv.: **reivindicable; reivindicativo, va; reivindicatorio, ria.**

REJA. (Del lat. *régula,* barra de hierro plana.) f. Instrumento de hierro del arado con que se rompe y revuelve la tierra. ‖ fig. Labor o vuelta dada a la tierra con el arado.

REJA. al. **Gitter.** fr. **Grille.** ingl. **Grate.** ital. **Inferriata; grata.** port. **Rexa.** (En cat. *reixa.*) f. Red formada por barras metálicas de diversos tamaños y figuras, que se pone en las ventanas y otras aberturas de los muros para seguridad o adorno. *Una* REJA *andaluza.*

REJACAR. (De *reja,* del lat. *régula.*) tr. Arrejacar.

REJADA. (De *rejo.*) f. Arrejada.

REJADO. (De *reja,* en cat. *reixa.*) m. Verja.

REJAL. (De *reja,* en cat. *reixa.*) m. Pila de ladrillos colocados de canto y cruzados unos sobre otros.

REJALGAR. (Del ár. *rehchalgar,* arsénico.) m. Mineral rojo, de lustre resinoso y fractura concoidea, combinación muy venenosa de arsénico y azufre. sinón.: **sandáraca.**

REJEADA. f. *Amér. Central* y *Col.* Azotaina.

REJEGO, GA. adj. *Amér. Central* y *Méx.* Reacio, indomable.

REJERA. f. *Mar.* Calabrote, ancla, etc., con que se procura mantener fija una nave.

REJERA. f. *Cuba* y *Ec.* Vaca que se ordeña fácilmente. ‖ *Pan.* Azotaina.

REJERÍA. f. Arte de construir rejas o verjas. ‖ Conjunto de obras de rejero.

REJERO. m. El que labra o fabrica rejas (verjas).

REJILLA. (dim. de *reja,* en cat. *reixa.*) f. Celosía fija o movible, red de alambre, lámina o tabla calada, etc., usada en el ventanillo de las puertas de las casas, las ventanillas de los confesionarios y en otras aberturas parecidas. ‖ Por ext., ventanilla de confesionario, ventanillo de puerta de casa, u otra abertura pequeña hecha con **rejilla.** ‖ Tejido claro hecho con tiritas de tallos duros y flexibles de ciertas plantas, con el que se forman los asientos y respaldos de las sillas y otras cosas. ‖ Rejuela, braserillo. ‖ Armazón de barras metálicas que sostiene el combustible en el hogar de las hornillas, hornos, etc. ‖ Especie de red puesta sobre los asientos en ómnibus, trenes, etc., para colocar cosas menudas durante el viaje.

REJIN. dim. de **reja.** ‖ – **delantero.** Raedera que ciertos arados de vertedera llevan delante de la reja principal y la cuchilla.

REJIÑOL. m. Pito, vasija de barro con agua.

REJITAR. (Del lat. *reietare.*) tr. *Cetr.* Vomitar, arrojar a la boca.

REJO. (De *reja,* del lat. *régula.*) m. Punta o aguijón de hierro, y por extensión, punta o aguijón de otra especie; como el de la abeja. ‖ Clavo o hierro redondo que se emplea en el juego del herrón. ‖ Hierro que se coloca en el cerco de las puertas. ‖ fig. Robustez o fortaleza. ‖ Tira de cuero. ‖ Soga, cuerda. ‖ *Amér. Central, Col., Cuba, Méx., Pan.* y *Venez.* Azote, látigo. ‖ *Cuba* y *Venez.* Soga o pedazo de cuero que sirve para atar el becerro a la vaca o para maniatar reses. ‖ *Ecuad.* Ordeño, acción de ordeñar.

REJO. m. *Amér.* Soga, látigo. ‖ *Ec.* Conjunto de vacas lecheras.

REJÓN. (De *rejo.*) m. Barra metálica cortante, terminada en punta. ‖ Asta de madera, de metro y medio de longitud aproximadamente con una moharra en la punta, usada para rejonear. ‖ Especie de puñal. ‖ Púa del trompo.

REJONAZO. m. Golpe y herida de rejón.

REJONCILLO. m. Rejón, asta.

REJÓN DE SILVA, Diego A. *Biog.* Pol. y escritor esp., autor de *Céfalo y Procris; Diccionario de las nobles artes,* etc. (1740-1796).

REJONEADOR. m. El que rejonea.

REJONEAR. tr. En el toreo de a caballo, herir al toro con rejón. ‖ *Arg.* Aguijonear al buey con la picana, que es muy semejante al rejón. ‖ deriv.: **rejoneo.**

REJUEGO. m. *Cuba.* Enredo, embrollo. ‖ *Méx.* Algazara.

REJUGADO, DA. adj. *Amér. Central, Col.* y *Cuba.* Matrero, taimado.

REJUELA. f. dim. de **Reja.** ‖ Braserito en forma de arquilla, con rejilla en la tapa, para calentarse los pies.

REJUVENECER. al. **Verjüngen.** fr. **Rajeunir.** ingl. **To rejuvenate.** ital. **Ringiovanire.** port. **Rejuvenescer.** (Del lat. *re* y *iuvenéscere.*) tr. Remozar, dar vigor propio de la juventud. Ú.t.c. intr. y r. antón.: **envejecer.** ‖ fig. Renovar, modernizar. REJUVENECER *la casa.* ‖ irreg. Conj. como **merecer.** ‖ IDEAS AFINES: *Adolescencia, abriles, fuerza, mozo, vejez, senectud, declinación, senil, anciano, ensueño, ilusión.*

REJUVENECIMIENTO. m. Acción y efecto de rejuvenecer o rejuvenecerse.

RELABRA. f. Acción y efecto de relabrar.

RELABRAR. tr. Volver a labrar una madera o piedra.

RELACIÓN. al. **Beziehung; Verhältnis; Bericht.** fr. **Relation; rapport.** ingl. **Relation; report.** ital. **Relazione.** port. **Relação.** (Del lat. *relatio, -onis.*) f. Acción y efecto de referir o referirse un hecho o una cosa a determinado fin. ‖ Conexión, correspondencia entre dos cosas. *No hay* RELACIÓN *entre tu contestación y mi pregunta;* sinón.: **conformidad.** ‖ Trato, comunicación de una persona con otra. Ú. m. en pl. RELACIONES *amorosas, comerciales, de amistad.* ‖ En el poema dramático, trozo largo que dice un personaje. ‖ *Méx.* Tesoro escondido. ‖ *R. de la Plata.* En ciertos bailes populares, como el cielito y el pericón, verso lisonjero que dice el caballero a la dama y ésta le responde, cesando en tal ocasión el baile. Ú. t. en pl. *Pericón con* RELACIONES. ‖ Informe que un auxiliar hace de lo substancial de un proceso ante un tribunal o juez. ‖ *Gram.* Conexión o enlace entre dos términos de una misma oración; v. gr. en la frase *candor de niño* hay una **relación** gramatical cuyos dos términos son las voces *candor* y *niño.* ‖ – **de ciego.** Romance de ciego. ‖ fig. y fam. La frívola e impertinente. ‖ Lo que se recita o lee monótonamente y sin darle el sentido que requiere. ‖ – **jurada.** Razón o cuenta que juramentándose se da a quien tiene autoridad para exigirla. ‖ **Decir,** o **hacer, relación** a una cosa. frs. Tener con ella conexión aquello de que se trata. ‖ *Der.* En los pleitos y causas, informar al Tribunal sobre lo esencial de todo el proceso.

RELACIONAR. al. **In Verbindung bringen; in Beziehung setzen.** fr. **Mettre en rapport; se mettre en rapport.** ingl. **To connect; to report; to get acquainted.** ital. **Ragguagliare; riferire; connettersi.** port. **Relacionar.** tr. Hacer relación de un hecho. ‖ Poner en relación personas o cosas. Ú.t.c.r. sinón.: **alternar, tratarse.** ‖ *Der.* Dar cuenta a un tribunal, relatando lo esencial de un proceso.

RELACIONERO. m. El que hace o vende coplas y relaciones.

RELÁFICA. f. *Ven.* Relato largo, lata.

RELAJACIÓN. al. **Erschlaffung.** fr. **Relâchement.** ingl. **Relaxation; laxity.** ital. **Rilassazione.** port. **Relaxação.** f. Acción y efecto de relajar o relajarse. ‖ Hernia.

RELAJADO, DA. adj. y s. Viciado, estragado en las costumbres. sinón.: **corrompido, depravado.**

RELAJAMIENTO. (De *relajar.*) m. Relajación.

RELAJANTE. p. a. de **Relajar.** Que relaja. ‖ adj. *Med.* Aplícase especialmente al medicamento que tiene la virtud de relajar. Ú.t.c.s.m.

RELAJAR. al. **Erschlaffen.** fr. **Relâcher.** ingl. **To relax.** ital. **Rilassare.** port. **Relaxar.** (Del lat. *relaxare.*) tr. Aflojar, laxar o ablandar. Ú.t.c.r. RELAJÓ *la cincha;* antón.: **ajustar, estirar.** ‖ fig. Esparcir, divertir el ánimo. ‖ Hacer menos rigurosa la observancia de leyes, estatutos, etc. Ú.t.c.r. *La disciplina de la tropa se* RELAJA *con el ocio;* sinón.: **debilitar;** antón.: **fortalecer.** ‖ *Cuba* y *P. Rico* Hacer mofa. ‖ Faltar al respeto. ‖ *Der.* Relevar de juramento u obligación. ‖ *Der.* Aliviar a uno la pena o castigo. ‖ r. Laxarse o dilatarse una parte del cuerpo del animal, por debilidad o esfuerzo violento. ‖ Formársele a uno hernia. ‖ Viciarse, estragarse en las costumbres. RELAJARSE *en la conducta;* sinón.: **corromperse, depravarse.** ‖ deriv.: **relajadamente; relajador, ra.**

RELAMER. (Del lat. *relámbere.*) tr. Volver a lamer. ‖ r. Lamerse los labios. RELAMERSE *con la miel.* ‖ fig. Componerse demasiadamente el rostro. ‖ Jactarse de lo que se ha ejecutado.

RELAMIDO, DA. adj. Afectado, excesivamente pulcro. ‖ *Amér. Central* y *Cuba.* Descarado.

RELÁMPAGO. al. **Blitz.** fr. **Éclair.** ingl. **Lightning.** ital. **Lampo.** port. **Relampago.** (De *re* y *lampo.*) m. Resplandor muy vivo e instantáneo, producido en las nubes por una descarga eléctrica. *Los* RELÁMPAGOS *iluminaban el valle.* ‖ fig. Cualquier fuego o resplandor repentino. ‖ Cualquier cosa que pasa rápidamente o es pronta en su acción. ‖ Especie viva, aguda e ingeniosa. ‖ Úsase en aposición para denotar la rapidez, carácter repentino o brevedad de alguna cosa. *Guerra* RELÁMPAGO, *ministerio* RELÁMPAGO, *cierre* RELÁMPAGO. ‖ *Veter.* Especie de nube que se forma en los ojos de los caballos.

RELAMPAGUEAR. al. **Blitzen.** fr. **Faire des éclairs.** ingl. **To lighten.** ital. **Lampeggiare.** port. **Relampear.** intr. Haber relámpagos. ‖ fig. Arrojar luz o brillar mucho con algunas intermisiones. *Las cimeras* RELAMPAGUEABAN. ‖ deriv.: **relampagueante.**

RELAMPAGUEO. m. Acción de relampaguear.

RELANCE. m. Segundo lance, redada o suerte. ‖ Suceso casual y dudoso. ‖ En juegos de envite, suerte que sigue a otras. ‖ Acción de relanzar o sortear. ‖ **De relance.** m. adv. Casualmente, de improviso. ‖ Col. **Al contado.**

RELANCINO, NA. adj. *Ven.* Perspicaz, astuto.

RELANZAR. (De *re* y *lanzar.*) tr. Repeler, rechazar. ‖ Volver a echar en el cántaro las cédulas en ciertas elecciones.

RELAPSO, SA. al. **Rückfällig.** fr. **Relaps.** ingl. **Relapsed.** ital. **Recidivo.** port. **Relapso.** (Del lat. *relapsus,* p. p. de *relabi,* volver a caer.) adj. y s. Que reincide en un pecado de que ya había hecho penitencia, o en una herejía de que había abjurado.

RELATAR. al. **Erzählen; berichten.** fr. **Raconter.** ingl. **To relate; to narrate.** ital. **Raccontare; narrare.** port. **Relatar.** (De *relato.*) tr. Referir, dar a conocer un hecho. *Francisco Pigafetta* RELATÓ *las peripecias del primer viaje de circunnavegación;* sinón.: **contar, exponer.** ‖ Hacer relación de un proceso o pleito. ‖ deriv.: **relatador, ra; relatante.**

RELATA REFERO. expr. lat. que significa: *yo refiero lo que he oído;* y se emplea para rehuir la responsabilidad de una idea que se expone como ajena.

RELATIVAMENTE. adv. m. Con relación a algo. ‖ De modo relativo.

RELATIVIDAD. al. **Relativität.** fr. **Relativité.** ingl. **Relativity.** ital. **Relatività.** port. **Relatividade.** f. Calidad de relativo. *La* RELATIVIDAD *del saber humano.* ‖ Teoría que se propone averiguar cómo se transforman las leyes físicas cuando se cambia de sistema de referencia. La formulada por Einstein con el nombre de *relatividad especial* se basa en los dos postulados siguientes: 1) La luz se propaga con independencia del movimiento del cuerpo que la emite. 2) No hay ni puede haber fenómeno que permita averiguar si un cuerpo está en reposo o se mueve con movimiento rectilíneo y uniforme. Einstein generalizó su teoría con el propósito de enunciar las leyes físicas de modo que fuesen válidas cualquiera que sea el sistema de referencia que se adopte.

RELATIVISMO. al. **Relativismus.** fr. **Relativisme.** ingl. **Relativism.** ital. **Relativismo.** port. **Relativismo.** m. *Fil.* Doctrina según la cual el conocimiento humano tiene solamente como fin relaciones, sin llegar nunca al de lo absoluto. ‖ Doctrina según la cual la realidad no tiene substrato permanente y se funda en la relación de los fenómenos.

RELATIVO, VA. (Del lat. *relativus.*) adj. Que se refiere a persona o cosa. *Le pagan un sueldo* RELATIVO *a su trabajo.* ‖ Que no es absoluto. *Seguridad* RELATIVA. ‖ V. **Pronombre relativo.** Ú.t.c.s.

RELATO. al. **Erzählung; Bericht.** fr. **Récit.** ingl. **Narrative; report.** ital. **Racconto; narrazione.** port. **Relação; narração.** (Del lat. *relatus.*) m. Acción de relatar o referir. ‖ Narración, cuento. RELATO *entretenido.*

RELATOR, RA. al. **Erzähler.** fr. **Narrateur.** ingl. **Teller; stories teller.** ital. **Relator.** port. **Relator.** (Del lat. *relátor.*) adj. y s. Que relata o refiere una cosa. ‖ m. Letrado que hace relación de los expedientes en los tribunales superiores. ‖ Persona que en un congreso o asamblea hace relación de los asuntos tratados, así como de las deliberaciones y acuerdos correspondientes.

RELATORÍA. f. Empleo u oficina de relator.

RELAVAR. (Del lat. *relavare.*) tr. Volver a lavar o purificar más una cosa.

RELAVE. m. Acción de relavar. ‖ *Min.* **Segundo lave.** ‖ pl. Partículas de mineral que el agua del lave arrastra y mezcla con el barro estéril, y que, para ser aprovechadas, deben ser sometidas a un nuevo lave.

RELAZAR. (De *re* y *lazo.*) tr. Enlazar, atar con varios lazos o vueltas.

RELEER. (De lat. *relégere.*) tr. Leer de nuevo. RELEÍ *la carta para tratar de comprender.*

RELEGACIÓN. (Del lat. *relegatio, -onis.*) f. Acción y efecto de relegar. ‖ *Der.* Pena perpetua o temporal que se cumplía en el lugar designado por el gobierno. Actualmente no existe.

RELEGAR. al. **Verbannen; beseitigen.** fr. **Reléguer.** ingl. **To relegate.** ital. **Relegare.** port. **Relegar.** (Del lat. *relegare.*) tr. Entre los antiguos romanos, desterrar a un ciudadano sin privarle de sus derechos. ‖ Desterrar, echar a uno por justicia de un territorio. sinón.: **expatriar, extrañar.** ‖ fig. Apartar, posponer. RELEGAR *al olvido.*

RELEJ. (En cat. *rel-leix*, tal vez de *rel-leixar*, volver a dejar.) m. Releje.

RELEJAR. (Como el cat. *rel-leixar*, del m. or. que *relajar.*) intr. Formar releje la pared.

RELEJE. (De *relejar.*) m. Rodada o carrillada. ‖ Sarro que se cría en la boca o en los labios. ‖ Faja estrecha y brillante dejada por los afiladores a lo largo del corte de las navajas. ‖ *Arq.* Distancia que hay entre la parte superior de un paramento en talud y la vertical que pasa por su pie. ‖ *Art.* Resalte que por la parte interior suelen tener algunas piezas de artillería en la recámara, estrechándola para que el lugar donde está la pólvora sea más estrecho que lo restante del cañón.

RELENTE. (Tal vez de *re* y *lento.*) m. Humedad que se nota en la atmósfera en las noches serenas. ‖ fig. y fam. Sorna, frescura.

RELENTECER. (Del lat. *relentéscere*, ablandarse.) intr. y r. Lentecer.

RELEVACIÓN. f. Acción y efecto de relevar. ‖ Alivio o liberación de una carga u obligación. ‖ *Der.* Exención de un requisito o una obligación. RELEVACIÓN *de prueba, de fianza.*

RELEVADOR. m. *Fís.* Aparato que, accionado por una corriente eléctrica relativamente débil, conecta o desconecta un circuito por el que circula una corriente de gran intensidad.

RELEVANCIA. f. Calidad o condición de relevante; importancia, significación.

RELEVANTE. (Del lat. *rélevans, -antis*, p. a. de *relevare*, levantar, alzar.) adj. Sobresaliente, excelente. *Aptitudes* RELEVANTES *para enseñar;* sinón.: **eximio, superior.** ‖ Importante, significativo.

RELEVAR. (Del lat. *relevare.*) tr. Hacer de relieve una cosa. ‖ Exonerar de un gravamen, empleo, etc., sinón.: **eximir.** ‖ Remediar o socorrer. ‖ Absolver o excusar. RELEVAR *de un juramento;* sinón.: **perdonar.** ‖ fig. Exaltar o engrandecer alguna cosa. sinón.: **enaltecer.** ‖ *Mil.* Mudar un centinela o cuerpo de tropa que está de guardia o guarneciendo un puesto. *A las dos lo* RELEVABAN; sinón.: **reemplazar.** ‖ Por ext., substituir a una persona con otra en un empleo, etc. ‖ *Pint.* Pintar una cosa de modo que parezca que sale fuera o tiene bulto. ‖ intr. *Esc.* Resaltar una figura fuera del plano. ‖ IDEAS AFINES: *Disculpar, permitir, franquicia, regalía, perdón, privilegio; substituto, reemplazante, subordinado, ayudante, interino, provisorio.*

RELEVO. m. *Mil.* Acción de relevar o cambiar la guardia. ‖ Soldado o cuerpo que releva.

RELICARIO. al. **Reliquienschrein.** fr. **Reliquaire.** ingl. **Shrine; reliquary.** ital. **Reliquiario.** port. **Relicário.** m. Lugar donde se guardan las reliquias. ‖ Caja o estuche, por lo común precioso, para custodiar las reliquias.

RELICTO. (Del lat. *relictus*, p. p. de *relínquere*, dejar.) adj. *Biol.* Dícese de la especie o grupo animal o vegetal en otra época más difundida y hoy sólo existente en contadas regiones. ‖ *Der.* V. **Caudal relicto.** ‖ V. **Bienes relictos.**

RELIEVE. al. **Relief.** fr. **Relief.** ingl. **Relief; embossment.** ital. **Rilievo.** port. **Relevo.** (De *relevar.*) m. Labor o figura que resalta sobre el plano. *El* RELIEVE *terrestre.* ‖ fig. Mérito, renombre. *Figuras de* RELIEVE *prestigiaron algunas cosas pintadas.* ‖ pl. Residuos de lo que se come. RELIEVES *de la mesa.* ‖ **Alto relieve.** *Esc.* Aquel en que las figuras salen del plano más de la mitad de su bulto. ‖ **Bajo relieve.** *Esc.* Aquel en que las figuras sobresalen poco del plano. ‖ **Medio relieve.** *Esc.* Aquel en que las figuras resaltan del plano la mitad de su grueso. ‖ **Todo relieve.** *Esc.* **Alto relieve.** ‖ IDEAS AFINES: *Apófisis, cóndilo, cabeza, protuberancia, costilla, resaltar, cresta, nervadura, nudo, borde, saliente.*

RELIGA. (De *religar.*) f. Porción de metal añadida a una liga para alterar sus proporciones.

RELIGAR. (Del lat. *religare.*) tr. Volver a atar. ‖ Ceñir más estrechamente. ‖ Volver a ligar un metal con otro. ‖ deriv.: **religación.**

RELIGIÓN. al. **Religion.** fr. **Religion.** ingl. **Religion.** ital. **Religione.** port. **Religião.** (Del lat. *religio, -onis.*) f. Conjunto de dogmas acerca de la divinidad, de sentimientos de veneración y temor hacia ella, de normas morales y de prácticas rituales. ‖ Virtud que nos mueve a dedicar a Dios el culto debido. ‖ Profesión y observancia de la doctrina religiosa. ‖ Deber de conciencia, cumplimiento de un deber. ‖ Instituto religioso. ‖ — **católica.** La revelada por Jesucristo y conservada por la Iglesia Romana. ‖ — **natural.** La descubierta por la razón y que basa las relaciones del hombre con la divinidad en la propia naturaleza de las cosas. ‖ — **reformada.** Orden religioso en que se ha restablecido su primitiva disciplina. ‖ Protestantismo. ‖ **Entrar en religión** una persona. frs. Tomar el hábito en un instituto religioso. ‖ IDEAS AFINES: *Monoteísmo, politeísmo, paganismo, gentilidad, idolatría, herejía, fetiche, ídolo, tótem, fe, creer, adorar, piadoso, creyente, rezar, orar, preces, templo, santuario, altar, ara, sacrificio, imagen, sacerdote, musa, oficio, liturgia, neófito.*

RELIGIONARIO. m. Persona que profesa el protestantismo.

RELIGIOSAMENTE. adv. m. De manera religiosa. *Escuchaba la misa* RELIGIOSAMENTE; sinón.: **fervorosamente, piadosamente.** ‖ Con puntualidad. RELIGIOSAMENTE *visitaba a su madre todos los meses.*

RELIGIOSIDAD. al. **Frömmigeit.** fr. **Réligiosité.** ingl. **Religiosity; religiousness.** ital. **Religiosità.** port. **Religiosidade.** (Del lat. *religiósitas, -atis.*) f. Práctica y esmero en cumplir las obligaciones religiosas. ‖ Puntualidad en hacer o cumplir una cosa.

RELIGIOSO, SA. al. **Religiös; fromm.** fr. **Réligieux.** ingl. **Religious.** ital. **Religioso.** port. **Religioso.** adj. Perteneciente o relativo a la religión o a las personas que la profesan. *Prácticas* RELIGIOSAS; sinón.: **piadoso.** ‖ Que tiene religión, y especialmente que la profesa con celo. sinón.: **creyente, devoto;** antón.: **ateo.** ‖ adj. Que ha tomado hábito en alguna orden regular religiosa. Ú.t.c.s. ‖ fig. y fam. Exacto, fiel en el cumplimiento del deber. ‖ Moderado, parco.

RELIMAR. tr. Volver a limar.

RELIMPIAR. tr. y r. Volver a limpiar. ‖ Hacerlo intensamente.

RELIMPIO, PIA. adj. fam. Muy limpio.

RELINCHADOR, RA. adj. Que relincha frecuentemente.

RELINCHAR. al. **Wiehern.** fr. **Hennir.** ingl. **To neigh.** ital. **Nitrire.** port. **Relinchar.** (Del lat. *re* e *inflare*, hinchar, mejor que de *re* e *hinnire*, relinchar.) intr. Emitir con fuerza su voz el caballo. ‖ deriv.: **relinchante.**

RELINCHIDO. Relincho.

RELINCHO. al. **Gewieher.** fr. **Hennissement.** ingl. **Neigh; neighing.** ital. **Nitrito.** port. **Relincho.** (De *relinchar.*) m. Voz del caballo. ‖ fig. Grito de fiesta o alegría en algunos lugares.

RELINDO, DA. adj. Muy lindo o hermoso.

RELINGA. (Del neerl. *ra*, verga, y *lijk*, relinga.) f. Cada una de las cuerdas en que se ponen los plomos y corchos con que se sumergen y sostienen las redes en el agua. ‖ Cabo con que se refuerzan las orillas de las velas.

RELINGAR. tr. *Mar.* Coser o pegar la relinga. ‖ Izar una vela hasta que se pongan tirantes sus relingas. ‖ intr. Moverse la relinga impulsada por el viento, o comenzar a flamear los primeros paños de la vela.

RELIQUIA. al. **Reliquie.** fr. **Relique.** ingl. **Relic.** ital. **Reliquia.** port. **Relíquia.** (Del lat. *reliquiae.*) f. Residuo que queda de un todo. Ú.m. en pl. Parte del cuerpo de un santo o lo que por haberlo tocado merece veneración. *Trajo* RELIQUIAS *de Tierra Santa.* ‖ fig. Vestigio de cosas pasadas. ‖ Dolor o achaque habitual resultante de una enfermedad o accidente. ‖ — **insigne.** Porción principal del cuerpo de un santo.

RELOJ. al. **Uhr.** fr. **Montre; pendule; horloge.** ingl. **Clock; watch.** ital. **Orologio.** port. **Relógio.** (Del lat. *horológium*, y éste del gr. *horologion.*) m. Máquina provista de movimiento uniforme, útil para medir el tiempo o dividir el día en horas, minutos y segundos. Un peso o un muelle produce, comúnmente, el movimiento, el cual es regulado por un péndulo o un volante, y transmitido a las manecillas por medio de ruedas dentadas. Según su uso, colocación o dimensiones, el **reloj** se denomina de bolsillo, de muñeca, de pared, de torre, etc. ‖ pl. Pico de cigüeña. ‖ **Reloj de agua.** Artificio con que se mide el tiempo por medio del agua que va cayendo de un vaso a otro. ‖ — **de arena.** Artificio compuesto de dos ampolletas unidas por el cuello, y sirve para medir el tiempo por medio de la arena que va cayendo de una a otra. ‖ — **de campana.** El que da las horas con campana. ‖ — **de Flora.** *Bot.* Tabla de las distintas horas del día en que abren sus flores algunas plantas. ‖ — **de longitudes. Reloj marino.** ‖ — **de música.** Aquel que al dar la hora hace sonar una música. ‖ — **de péndulo.** Aquel cuyo movimiento se rige por las oscilaciones de un péndulo. ‖ — **de pulsera.** El que se lleva en la muñeca sujeto por una pulsera. ‖ — **de repetición.** El que puede sonar la hora repetidamente. ‖ — **desconcertado.** fig. Persona desordenada en sus actos. ‖ — **de sol.** Artificio ideado para indicar las diversas horas del día por medio de la variable iluminación de un cuerpo expuesto al sol, o valiéndose de la sombra que un estilo arroja sobre una superficie. ‖ — **despertador.** Despertador, reloj que suena fuertemente a una hora necesaria. ‖ — **magistral.** Aquel cuya marcha sirve de norma a la de otros. ‖ — **marino.** Cronómetro que se usa en la navegación de altura, y que arreglado a la hora de un determinado meridiano, sirve para calcular las diferencias de longitud. ‖ — **solar. Reloj de sol.** ‖ **Estar** uno **como un reloj.** frs. fig. Estar bien dispuesto, sano y ágil.

● **RELOJ.** *Hist.* La medición del tiempo fue, desde épocas remotas, una de las preocupaciones fundamentales del hombre. El primer medio utilizado para ello fue la observación de la posición del Sol, pero la necesidad de una mayor exactitud a medida que la vida del hombre se tornó más compleja, determinó la invención de aparatos que perfeccionaron el sistema primitivo y al mismo tiempo lo simplificaron. El primero de esos aparatos fue **el reloj** solar cuya invención pertenece presumiblemente a los egipcios y data, según ciertos historiadores, de 34 siglos, y que probablemente fue introducido en Grecia por un ciudadano de Babilonia hacia el s. VII a. de C.; de Grecia pasó a Roma. Alrededor del año 300 a. de C. los mismos egipcios comenzaron a usar los **relojes** de agua, llamados "clepsidras", que reemplazaban ventajosamente a los de Sol en razón de que permitían medir el tiempo no solamente en los días de sol sino también en los nublados y durante la noche; su invención es atribuida por algunos a Platón. Aplicado un rudimentario mecanismo al **reloj** de agua, se logró el **reloj** hidráulico o "clepsidra por rodaje", cuyo uso se generalizó en los comienzos del cristianismo; posteriormente se difundió el **reloj** de arena y el llamado silencioso o de aceite. El primer aparato mecánico, precursor del moderno sistema de **relojes,** es el **reloj** de ruedas que apareció en 947 y se debe al Papa Silvestre II, constructor del famoso **reloj** de Magdeburgo. Desde entonces puede hablarse de una industria relojera, que comenzó a desarrollarse en Suiza y Alemania, y en la cual Suiza alcanzó desde la iniciación una primacía que ha conservado a través de los siglos. En 1542 un artesano de Nuremberg inventó el **reloj** de bolsillo, de forma ovoide, llamado el "huevo de Nuremberg". A partir del s. XVII los **relojes** adoptaron, además de la redonda y la ovoide, las más diversas formas, como así distintos materiales en las piezas y en la caja que protege la máquina; además, apareció el indicador de minutos y los mecanismos que indicaban también las fases de la luna, signos del zodíaco, etc. Desde el s. XIX prevaleció la sobriedad en la fabricación del **reloj** y la industria ha puesto sus mejores empeños en lograr aparatos de extremada precisión y fidelidad. Entre los que más acabadamente ilustran hoy sobre los progresos logrados en esa materia figuran los **relojes** electrónicos de aplicación en diversos actividades técnicas y científicas de nuestros días, así como los de cuarzo, de matemática precisión.

RELOJERA. f. Mueblecillo o bolso para guardar el reloj de bolsillo. ‖ f. Esposa del relojero.

RELOJERÍA. (De *relojero.*) f. Arte de hacer relojes. ‖ Taller donde se fabrican o hacen relojes. ‖ Tienda donde se venden.

RELOJERO, RA. s. Persona que hace, vende o arregla relojes.

RELONCAVÍ. *Geog.* Profundo seno de la costa de Chile (Llanquihue), a orillas del cual está Puerto Montt.

RELSO, SA. adj. p. u. Terso.

RELUCIENTE. (Del lat. *relucens, -entis.*) p. a. de **Relucir.** Que reluce. *Sartén* RELUCIENTE; sinón.: **brillante, resplandeciente.**

RELUCIR. al. **Glänzen.** fr. **Luire.** ingl. **To glow.** ital. **Rilucere.** port. **Reluzir.** (Del lat. *relucere.*) intr. Reflejar o despedir luz algún objeto resplandeciente. *Los cocuyos* RELUCEN; sinón.: **esplender, relumbrar.** ‖ Lucir mucho una cosa. *No es oro todo lo que* RELUCE. ‖ fig. Resplandecer uno en alguna buena cualidad. ‖ **Sacar,** o **salir, a relucir.** fig. y fam. Mentar o alegar por modo inesperado algún asunto. *Sacaron a* RELUCIR *su pasado.* ‖ irreg. Conj. como **lucir.**

RELUCTANCIA. f. *Fís.* Resistencia que ofrece un circuito al flujo magnético.

RELUCTANTE. (Del lat. *reluctari,* resistir.) adj. Reacio, opuesto.

RELUCHAR. (Del lat. *reluctari.*) intr. fig. Luchar mutua y porfiadamente.

RELUMBRANTE. p. a. de **Relumbrar.** Que relumbra. *Pedrería* RELUMBRANTE; sinón.: **brillante, reluciente;** antón.: **opaco.**

RELUMBRAR. (Del lat. *reluminare.*) intr. Dar una cosa luz viva o alumbrar con exceso. *Los faros* RELUMBRARON; sinón.: **relucir, resplandecer.**

RELUMBRE. m. Destello, luz muy viva.

RELUMBRO. (De *relumbrar.*) m. Relumbrón.

RELUMBRÓN. (De *relumbrar.*) m. Golpe de luz vivo y pasajero. ‖ Oropel. ‖ **De relumbrón.** m. adv. De mejor apariencia que calidad.

RELUMBROSO, SA. adj. Relumbrante.

RELLANAR. (Del lat. *replanare.*) tr. Volver a allanar alguna cosa. ‖ r. Arrellanarse.

RELLANO. al. **Treppenabsatz.** fr. **Palier.** ingl. **Landing.** ital. **Ripiano; pianerottolo.** port. **Patamar.** m. Meseta de escalera. sinón.: **descansillo.** ‖ Llano que interrumpe la pendiente de un terreno.

RELLENAR. al. **Ausfüllen; vollstopfen.** fr. **Remplir; bourrer, farcir.** ingl. **To refill; to force.** ital. **Riempire.** port. **Reencher; rechear.** tr. Volver a llenar alguna cosa. Ú.t.c.r. RELLENAR *un hoyo;* sinón.: **colmar, henchir;** antón.: **vaciar.** ‖ Llenar enteramente. Ú.t.c.r. ‖ Llenar de carne picada u otras substancias el interior de un ave u otro manjar. RELLENAR *tomates, ajíes.* ‖ fig. y fam. Dar de comer hasta la saciedad. Ú.m.c.r.

RELLENO, NA. al. **Ausfüllung.** fr. **Farci; farce.** ingl. **Forcemeat; stuffing.** ital. **Ripieno.** port. **Recheio.** adj. Muy lleno. ‖ m. Picadillo sazonado de carne, hierbas u otros ingredientes, con que se rellenan tripas, aves, etc. ‖ Acción y efecto de rellenar o rellenarse. ‖ fig. Parte superflua que alarga una oración o escrito. ‖ **De relleno.** loc. fig. y fam. Palabras innecesarias que se emplean en las oraciones o los escritos con objeto de alargarlos.

REMACHADOR, RA. adj. Que remacha. ‖ f. Máquina para remachar.

REMACHAR. al. **Nieten.** fr. **River.** ingl. **To clinch.** ital. **Ribadire.** port. **Rebatar.** tr. Machacar la punta o cabeza del clavo, ya clavado, para afirmarlo. ‖ Percutir el extremo del roblón puesto en el correspondiente taladro, hasta formarle cabeza que le afirme. ‖ Sujetar con remaches. ‖ fig. Recalcar, afianzar algo dicho o hecho.

REMACHE. m. Acción y efecto de remachar. ‖ Roblón, especie de clavo. ‖ En el juego de billar, lance consistente en impeler una bola sobre otra que está pegada a la banda. ‖ *Col.* Tenacidad.

REMADOR, RA. (De *remar.*) s. Remero.

REMADURA. f. Acción y efecto de remar.

REMALLAR. (De *re* y *malla.*) tr. Componer, reforzar las mallas deterioradas.

REMAMIENTO. (De *remar.*) m. Remadura.

REMANDAR. (Del lat. *remandare.*) tr. Mandar una cosa muchas veces.

REMANECER. (De *re,* y el b. lat. *manéscere,* amanecer.) intr. Aparecer de nuevo y de improviso. ‖ irreg. Conj. como **agradecer.** ‖ deriv.: **remaneciente.**

REMANENTE. al. **Überrest.** fr. **Reste; résidu.** ingl. **Remains; remnant.** ital. **Rimanente; resto.** port. **Remanente.** (Del lat. *remanens, -entis.*) p. a. de *remanere,* quedar.) m. Residuo de una cosa. *El* REMANENTE *de una herencia;* sinón.: **resto, sobrante.**

REMANGA. (De *red* y *manga.*) f. Arte para la pesca del camarón, compuesta de una bolsa de red con plomos en un tercio del borde y dos palos de un metro de largo que sirven para que el pescador, sosteniendo uno en cada mano al caminar metido en el agua, por la orilla, arrastre la red con el fin de que entren en ella los camarones.

REMANGAR. tr. y r. Recoger hacia arriba las mangas o la ropa. ‖ r. fig. y fam. Tomar enérgicamente una resolución.

REMANGO. m. Decisión y efecto de remangar o remangarse. ‖ Parte de ropa plegada que se recoge en la cintura al remangarse.

REMANSARSE. (De *remanso.*) r. Detenerse o suspenderse el curso o la corriente de un líquido.

REMANSO. al. **Stilles Wasser.** fr. **Eau dormante.** ingl. **Dead water.** ital. **Ristagno.** port. **Remanso.** (Del lat. *remánsum,* supino de *remanere,* detenerse.) m. Detención o suspensión de la corriente del agua u otro líquido. ‖ fig. Flema, pachorra.

REMANSO. *Geog.* Población del N. E. de Brasil (Bahía), sit. a orillas del río San Francisco. 5.500 h.

REMANTE. p. a. de Remar. Que rema. Ú.t.c.s.

REMAR. al. **Rudern.** fr. **Ramer.** ingl. **To row.** ital. **Remare.** port. **Remar.** intr. Mover el remo para impeler la embarcación en el agua. REMABAN *a favor de la corriente;* sinón.: **bogar.** ‖ fig. Trabajar afanosamente en una cosa.

REMARCABLE. adj. Galicismo por notable, señalado, sobresaliente.

REMARCAR. (De *re* y *marcar.*) tr. Volver a marcar.

REMARQUE, Erich María. *Biog.* Novelista al. nacionalizado en los EE.UU. Soldado de la primera Guerra Mundial, testimonió su credo pacifista en una novela que le dio celebridad mundial: *Sin novedad en el frente.* Otras obras: *El regreso; Tres camaradas; Arco de Triunfo,* etc. (1898-1970).

REMASA. f. Cada una de las recogidas de la miera segregada por los pinos durante la campaña de resinación.

REMATADAMENTE. adv. m. Totalmente, en conclusión. *Esto es* REMATADAMENTE *incomprensible;* sinón.: **absolutamente, enteramente.**

REMATADO, DA. adj. Dícese de la persona que se halla en tan mal estado, que es casi imposible su remedio. *Loco* REMATADO. ‖ Condenado por fallo ejecutorio a alguna pena.

REMATADOR, RA. adj. y s. Que remata. ‖ m. *Arg.* Encargado de una subasta pública. ‖ s. Persona que hace remate.

REMATAMIENTO. (De *rematar.*) m. Remate.

REMATANTE. (De *rematar.*) m. Persona a la que es adjudicada la cosa subastada.

REMATAR. al. **Vollenden.** fr. **Achever.** ingl. **To end; to complete.** ital. **Terminare; finire.** port. **Rematar.** tr. Dar fin o remate a alguna cosa. *Los últimos sucesos* REMATARON *mis esperanzas;* sinón.: **acabar.** ‖ Poner fin a la vida de la persona o animal que está en trance de muerte. *El torero* REMATÓ *al toro.* ‖ Dejar la pieza el cazador, muerta del tiro. ‖ Entre sastres y costureras, afianzar la última puntada dando otras sobre ella para asegurarla. ‖ Hacer remate en una subasta. ‖ *Arg.* Vender en pública subasta. ‖ intr. Fenecer. *El edificio* REMATA *en una cúpula.* ‖ r. Acabarse o destruirse una cosa.

REMATE. al. **Abschluss.** fr. **Sommet; fin.** ingl. **Pinacle; end.** ital. **Cuspide; compimento.** port. **Remate.** (De *rematar.*) m. Fin, extremidad, conclusión de algo. ‖ Lo que en las fábricas de arquitectura se pone para coronar la parte superior. *El* REMATE *de una torre.* ‖ Postura o proposición que logra la adjudicación en subastas o almonedas para compraventa, arriendos, etc. ‖ Adjudicación que se hace de los bienes vendidos en subasta o almoneda al mejor postor. ‖ *Arg.* Subasta. *Compré estas copas en un* REMATE. ‖ **Citar de remate.** *Der.* Citar al ejecutado para alegatos legales, bajo apercibimiento de proceder al **remate** de bienes para el pago. ‖ **De remate.** m. adv. Absolutamente, sin remedio. ‖ **Por remate.** m. adv. Por fin, por último ‖ IDEAS AFINES: *Término, perfección, toque, final, acabado, último, postrero, cabo, extremo; puja, lucha, comisión, martillo, comprar, vender, exposición, catálogo, lote, liquidación.*

REMATISTA. m. *Perú* y *P. Rico.* Rematador.

REMBRANDT, Harmensz van Rijn. *Biog.* Célebre pintor hol. Artista genial, fue un excelente grabador y un maravilloso retratista; se le ha llamado el poeta de la luz y del color. A los veinticinco años se consagró con su cuadro *La lección de anatomía;* anciano y pobre, culminó su obra con el *Retrato de Rembrandt viejo.* Otros cuadros famosos: *La ronda nocturna; Los síndicos del gremio de pañeros; La novia judía,* etc. (1606-1669).

REMECEDOR. (De *remecer.*) m. El que menea y varea los olivos para que suelten las aceitunas.

REMECER. (De *re* y *mecer.*) tr. y r. Mover repetidamente de un lado a otro.

REMEDAR. al. **Nachahmen.** fr. **Contrefaire.** ingl. **To mock.** ital. **contraffare.** port. **Remedar; arremedar.** (Del lat. *re,* iterativo, e *imitare;*) tr. Imitar o contrahacer alguna cosa. ‖ Seguir uno las mismas huellas o el ejemplo de otro, o llevar su método o disciplina. ‖ Hacer uno los mismos gestos y ademanes de otro, generalmente por burla. *Los monos* REMEDAN *con facilidad;* sinón.: **parodiar.** ‖ deriv.: **remedable; remedador, ra.**

REMEDIABLE. (Del lat. *remediabilis.*) adj. Que se puede remediar. *Olvido, error* REMEDIABLE; sinón.: **reparable, subsanable.**

REMEDIAR. al. **Abhelfen.** fr. **Remédier.** ingl. **To remedy; to help.** ital. **Rimediare.** port. **Remediar.** (Del lat. *remediare.*) tr. Poner remedio al daño; repararlo; enmendar una cosa. Ú.t.c.r. *Las lágrimas no* REMEDIARÁN *nada;* sinón.: **corregir, subsanar.** ‖ Socorrer una necesidad. Ú.t.c.r. *Les dimos unos bocados con que* REMEDIARON *el hambre.* ‖ Apartar o librar de un riesgo. ‖ Estorbar que se ejecute una cosa que es perjudicial para alguien. ‖ deriv.: **remediador, ra.**

REMEDICIÓN. f. Acción y efecto de remedir.

REMEDIO. al. **Heilmitel; Mittel.** fr. **Remède.** ingl. **Remedy.** ital. **Rimedio.** port. **Remédio.** (Del lat. *remédium.*) m. Medio que se toma para reparar un daño o dificultad. ‖ Enmienda o corrección *Hay que poner* REMEDIO *a este desorden.* ‖ Recurso, auxilio. ‖ Todo lo que en las enfermedades sirve para producir un cambio favorable. ‖ Permiso, en el peso de las monedas. ‖ *Der.* Recurso, derecho de apelación contra las resoluciones judiciales. ‖ – **casero.** El hecho empíricamente sin recurrir a las farmacias. ‖ – **heroico.** El de acción muy enérgica, que suele aplicarse en situaciones extremas. ‖ fig. Medida extraordinaria que se toma en momentos graves. ‖ **No haber para un remedio.** frs. fig. y fam. **No tener para un remedio.** ‖ **No haber más remedio.** frs. No tener más remedio. ‖ **No haber remedio,** o **no tener más remedio.** frs. Haber necesidad de hacer o de sufrir una cosa. ‖ **No quedar,** o **no encontrar,** una cosa **para un remedio.** frs. fig. y fam. Ser imposible o muy difícil encontrarla. ‖ **No tener para un remedio.** frs. Carecer de todo. ‖ **No tener remedio.** frs. **No haber remedio.** ‖ **Ser el remedio peor que la enfermedad.** frs. fig. con que se indica que lo propuesto para impedir un daño es más perjudicial que el propio daño. ‖ IDEAS AFINES: *Modo, manera, arreglo, forma, cambio, disposición, reparación, componer, médico, receta, medicamento, jarabe, pócima, píldora, gragea, vitamina, sangría, transfusión, injerto, rayos, dieta.*

REMEDIÓN. (aum. de *remedio.*) m. Función con que en el teatro se suple la anunciada cuando ésta, por causas imprevistas, no puede efectuarse.

REMEDIOS. *Geog.* Ciudad de Cuba (Las Villas). 12.000 h. Activo comercio. ‖ – **de Escalada.** C. de la Argentina, sit. al sur de la Capital Federal; pertenece al Gran Buenos Aires. 30.000 h. Centro industrial y ferroviario.

REMEDIR. (Del lat. *remetiri.*) tr. Volver a medir. ‖ irreg. Conj. como **pedir.** ‖ deriv.: **remedición.**

REMEDO. (De *remedar.*) m. Imitación que se hace de alguna cosa, especialmente cuando es imperfecta la semejanza.

REMELLADO, DA. (De *re* y *mellado.*) adj. Que tiene mella. Dícese especialmente de los labios, y de los ojos que la tienen en los párpados. ‖ Dícese de quien tiene alguno de estos defectos. Ú.t.c.s.

REMELLAR. tr. Raer el pelo de las pieles en las tenerías.

REMELLÓN, NA. adj. fam. Remellado. Apl. a pers. Ú.t.c.s. ‖ m. *Col.* Palustre.

REMEMBRACIÓN. (Del lat. *rememoratio, -onis.*) f. ant. Recordación.

REMEMBRANZA. (De *remembrar.*) f. Recuerdo, memoria de alguna cosa pasada. sinón.: **evocación, rememoración.**

REMEMBRAR. (Del lat. *rememorare.*) tr. Rememorar.

REMEMORACIÓN. f. Acción y efecto de rememorar.

REMEMORATIVO, VA. (De *rememorar.*) adj. Que recuerda o es capaz de hacer recordar una cosa. *Erigir una columna* REMEMORATIVA.

REMEMORAR. (Del lat. *rememorare.*) tr. Recordar, traer a la memoria. REMEMOREMOS *el descubrimiento de América;* sinón.: **evocar, memorar;** antón.: **olvidar.** ‖ deriv.: **rememorable; rememoramiento; rememorante.**

REMENDADO, DA. adj. fig. Que tiene manchas como recortadas. Aplícase a algunos animales y a su piel, y también a diversas cosas.

REMENDAR. al. **Ausbessern; flicken.** fr. **Rapiécer.** ingl. **To patch.** ital. **Rammendare.** port. **Remendar.** (De *re* y *emendare,* corregir.) tr. Reforzar con remiendo. REMENDAR *un pantalón;* sinón.: **componer, zurcir.** ‖ corregir, enmendar. ‖ Apropiar o acomodar una cosa a otra, para suplir lo que falta. ‖ irreg. Conj. como **acertar.**

REMENDÓN, NA. adj. y s. Que remienda por oficio. Aplícase especialmente a los sastres y zapateros de viejo.

REMENEO. m. Movimientos rápidos y continuos en ciertos bailes.

REMENSE. adj. Natural de Reims. Ú.t.c.s. ‖ Perteneciente a esta ciudad de Francia.

REMERA. (De *remo.*) f. Cada una de las plumas grandes con que terminan las alas de las aves.

REMERO, RA. al. **Ruderer.** fr. **Rameur.** ingl. **Rower; Oarsman.** ital. **Rematore.** port. **Remeiro; remador.** s. Persona que rema o que trabaja al remo. *Los galeotes eran* REMEROS *obligados.* ‖ f. Especie de camiseta de mangas cortas usada comúnmente para practicar deportes.

REMESA. al. **Rimesse; Sendung.** fr. **Remise; envoi.** ingl. **Remittance.** ital. **Rimessa; invio.** port. **Remessa.** (Del lat. *remissa,* remitida.) f. Remisión que se hace de alguna cosa desde un lugar a otro. ‖ La cosa que se envía en cada vez. REMESA *de dinero, de huevos;* sinón.: **envío, expedición.**

REMESAR. (De *re* y *mesar.*) tr. y r. Mesar repetidas veces las barbas o el cabello.

REMESAR. tr. *Com.* Hacer remesas de dinero o géneros. sinón.: **enviar, remitir.**

REMESÓN. (De *remesar,* mesar.) m. Acción de arrancar el cabello o la barba. ‖ Porción de pelo arrancado. ‖ **A remesones.** m. adv. *Bol.* **A ratos.**

REMESÓN. (Del. lat. *remissio, -onis,* disminución, aflojamiento.) m. *Equit.* Carrera corta que el jinete hace dar al caballo, forzándole a pararse cuando corre con más violencia. Hácese generalmente por lucimiento. ‖ *Esgr.* Treta que se hace corriendo la espada del contrario desde los últimos tercios hasta el recazo, para echarle fuera del ángulo recto y poder herirle libremente.

REMETER. (De *re* y *meter.*) tr. Volver a meter. ‖ Meter más adentro. ‖ Refiriéndose a los niños, ponerles un metedor limpio sin quitarles los pañales.

REMEZÓN. (De *remecer.*) m. *Amér.* Terremoto poco intenso o sacudimiento ligero de la tierra.

REMICHE. (Del lat. *remigium*, chusma de la nave.) m. Espacio que existía en las galeras entre banco y banco, y que ocupaban los forzados. ‖ Galeote destinado especialmente al remo del costado de la nave.

REMIEL. (De *re* y *miel.*) m. Segunda miel que se extrae de la caña dulce.

REMIENDO. (De *remendar.*) m. Pedazo de tela que se cose a lo que está viejo o roto. *Los codos necesitan un* REMIENDO; sinón.: **parche.** ‖ Obra corta que se hace en reparación de un desperfecto. ‖ En la piel de los animales, mancha de diferente color que el fondo. ‖ fig. Enmienda o añadidura que se hace en alguna cosa. ‖ Insignia de las órdenes militares, que se cose al lado izquierdo de la capa o casaca, etc. ‖ *Imp.* Obra de corta extensión. ‖ **A remiendos.** m. adv. fig. y fam. Hecho a pedazos, con interrupciones. ‖ **No hay mejor remiendo que el del mismo paño.** ref. que aconseja no encargar a otro todo aquello que pueda hacer uno por sí mismo.

RÉMIGE. f. Remera, pluma mayor del ala de las aves.

REMILGADO, DA. adj. Que afecta suma pulidez o delicadeza en el porte, gestos y acciones. *Una joven* REMILGADA. ‖ deriv.: **remilgadamente.**

REMILGARSE. (De *remilgo.*) r. Repulirse y hacer gestos y ademanes. Dícese generalmente de las mujeres.

REMILGO. (De *re* y el b. lat. *mellicus*, y éste del lat. *mellitus*, meloso.) m. Acción y ademán de remilgarse. ‖ Melindre, afectación.

RÉMINGTON. m. Fusil que se carga por la recámara, inventado por el norteamericano Remington.

REMINGTON, Federico. *Biog.* Lit., pintor y esc. estad. que adquirió gran popularidad con sus cuadros sobre tipos del oeste de su país (1861-1909). ‖ — **Philo.** Ing. estad. que inventó la máquina de escribir y el fusil que llevan su nombre (1816-1889).

REMINISCENCIA. al. **Reminiszenz.** fr. **Réminiscence.** ingl. **Reminiscence.** ital. **Reminiscenza.** port. **Reminiscencia.** (Del lat. *reminiscentia.*) f. Acción de representarse en la memoria la especie de una cosa pasada. ‖ Facultad psíquica por la cual se traen a la memoria aquellas especies que se tiene casi olvidadas. ‖ En literatura y música identidad o semejanza con algo compuesto anteriormente por otro autor.

REMIRADO, DA. (De *remirarse.*) adj. Que reflexiona escrupulosamente sus actos.

REMIRAR. (De *re* y *mirar.*) tr. Volver a mirar o reconocer minuciosamente algo que ya se había visto. ‖ r. Esmerarse en lo que se hace o resuelve. REMIRARSE *en la corrección.* ‖ Mirar o considerar una cosa complaciéndose en ella.

REMISAMENTE. adv. m. Flojamente, con remisión.

REMISIBLE. (Del lat. *remissibilis.*) adj. Que se puede remitir o perdonar. *Pecado* REMISIBLE.

REMISIÓN. al. **Erlass.** fr. **Rémission.** ingl. **Remission.** ital. **Remissione.** port. **Remissão.** (Del lat. *remissio, -onis.*) f. Acción y efecto de remitir o remitirse. *Le encarezco la* REMISIÓN *del nuevo catálogo; esperamos la* REMISIÓN *de los pecados*; sinón.: **envío, expedición, perdón.** ‖ Indicación en un escrito del lugar del mismo, o de otro escrito a que se remite al lector.

REMISIVO, VA. adj. Aplícase a aquello que remite o sirve para remitir. ‖ deriv.: **remisivamente.**

REMISO, SA. (Del lat. *remissus*, p.p. de *remíttere*, aflojar.) adj. Flojo, irresoluto. sinón.: **renuente, tardo**; antón.: **activo, resuelto.** ‖ Dícese de las calidades físicas que tienen poca actividad.

REMISOR, RA. adj. y s. Remitente.

REMISORIA. (Del lat. *remíssum*, supino de *remíttere*, remitir. enviar.) f. *Der.* Despacho con que el juez remite la causa o el preso a otro tribunal. Ú.m. en pl.

REMISORIO, RIA. (Del lat. *remíssum*, supino de *remíttere*, soltar, desatar.) adj. Dícese de lo que puede remitir o perdonar.

REMITENTE. p. a. de **Remitir.** Que remite. Ú.t.c.s. *Conviene poner el nombre del* REMITENTE *en las cartas.*

REMITIDO. m. Noticia de especial interés para determinada persona y que ésta, mediante pago, inserta en un periódico.

REMITIR. al. **Senden; erlassen.** fr. **Envoyer; renvoyer.** ingl. **To remit; to forward.** ital. **Rimettere, spedire.** port. **Remeter.** (Del lat. *remíttere.*) tr. Enviar, encaminar una cosa a un lugar determinado. REMITIR *por correo*; sinón.: **expedir, mandar;** antón.: **recibir.** ‖ Perdonar, levantar la pena, eximir de una obligación. ‖ Dejar, diferir. ‖ Perder una cosa parte de su intensidad. Ú.t.c.s. intr. y c. r. ‖ Dejar al dictamen de otro la resolución de alguna cosa. Ú.m.c.r. *Nos* REMITIMOS *a la opinión del director*; sinón.: **atenerse, referirse.** ‖ Indicar en un escrito otro lugar del mismo o de distinto escrito en que se menciona lo que concierne al punto tratado. *Aquí* REMITO *al lector al capítulo V.* ‖ r. Atenerse a lo dicho o hecho o a lo que ha de decirse o hacerse de palabra o por escrito por uno mismo o por otra persona. ‖ IDEAS AFINES: *Envío, privilegio, indulto, prebenda, gracia, súplica, orden, postergar, indefinido, prolongado, finalizar, suspender, aplazar.*

REMO. al. **Ruder.** fr. **Rame; aviron; cannotage.** ingl. **Oar; rowing.** ital. **Remo; canottaggio.** port. **Remo.** (Del lat. *remus.*) m. Instrumento de madera, a modo de pala larga y estrecha, que se emplea para impulsar las embarcaciones haciendo fuerza en el agua. ‖ Brazo o pierna, en el hombre y en los cuadrúpedos. Ú.m. en pl. ‖ Cualquiera de las alas del ave. Ú.m. pl. ‖ fig. Trabajo grande y seguido. ‖ Pena de remar en las galeras. *Lo condenaron al* REMO. ‖ **Al remo.** m. adv. Remando, o por medio del remo. ‖ fig. y fam. Sufriendo penalidades. ‖ **A remo.** m. adv. **Al remo.** remando. ‖ **A remo y sin sueldo.** m. adv. fig. y fam. Trabajando mucho y sin provecho. ‖ **A remo y vela.** m. adv. fig. y fam. Con presteza y suma diligencia ‖ IDEAS AFINES: *Bote, velero, trirreme, piragua, canoa, regata, carrera, tripulación, timonel, bogar, correr, remar, flotar, vuelco, naufragio, galeote.*

REMOCIÓN. (Del lat. *remotio, -onis.*) f. Acción y efecto de remover o removerse.

REMOJADERO. (De *remojar.*) m. Lugar donde se echa algo en remojo, como el bacalao.

REMOJAR. al. **Einweichen; wässern.** fr. **Détremper.** ingl. **To steep.** ital. **Inzuppare.** port. **Remolhar.** (De *re* y *mojar.*) tr. Empapar en agua o poner en remojo alguna cosa. REMOJAR *el bacalao*; sinón.: **ensopar,** antón.: **resecar.** ‖ fig. Convidar a beber a los amigos para celebrar el estreno de un traje, una cosa comprada o algún suceso feliz. ‖ *P. Rico.* Gratificar.

REMOJO. m. Acción de remojar o empapar en agua una cosa. *Poner la ropa en* REMOJO. ‖ **Echar en remojo** un negocio. frs. fig. y fam. Retardar el tratar de él hasta que esté en mejor disposición.

REMOJÓN. m. Mojadura.

REMOLACHA. al. **Rübe.** fr. **Betterave.** ingl. **Beet root.** ital **Ramolaccio.** port. **Beterraba.** (Del lat. *armoracia*, rábano silvestre.) f. Planta herbácea anual salsolácea, de hasta dos metros de altura, con tallo derecho, grueso, ramoso; hojas grandes enteras, ovales; flores pequeñas y verdosas en espiga terminal; fruto seco con una semilla lenticular, y raíz carnosa, generalmente encarnada, que es comestible y de la cual se extrae azúcar. *Alemania y Polonia producen* REMOLACHA; sinón.: **betarraga.** ‖ La raíz de esta planta. ‖ — **forrajera.** La que no recibe el cultivo adecuado para acrecentar la proporción del azúcar, y se emplea como alimento del ganado.

● **REMOLACHA.** *Agric.* La **remolacha** se multiplica por siembra, en terreno preparado hasta unos 25 cms., de profundidad, que se habrá abonado con estiércol unos meses antes y con algún abono químico en el momento de la siembra. Conviene sembrar en tres veces: porque de ese modo las cosechas se escalonan durante cinco meses. Se cultiva con preferencia la **remolacha** roja con sus numerosas variedades. Requiere terreno arcilloso silíceo o arcilloso calizo, fresco y suelto, y produce alrededor de 300 kilogramos por área de terreno. El descubrimiento de la sacarosa en la raíz de la **remolacha** se remonta a 1747 pero su explotación industrial es posterior y ha adquirido gran desarrollo a partir de la segunda Guerra Mundial.

REMOLAR. (Del lat. *rémulus*, dim. de *remus*, remo) m. Carpintero que hace remos. ‖ Taller donde se hacen.

REMOLCADOR, RA. al **Schlepper.** fr. **Remorqueur; haleur.** ingl. **Towing.** ital. **Rimorchiatore.** port. **Rebocador.** adj. Que sirve para remolcar. Apl. a embarcaciones, ú.t.c.s.m.

REMOLCAR. al. **Schleppen.** fr. **Remorquer; haler.** ingl. **To tow; to haul.** ital. **Rimorchiare.** port. **Rebocar; reboquear.** (Del lat. *remulcare*, y éste del gr. *rymulkeo*; de *ryma*, cuerda, y *holkós*, tracción.) tr. *Mar.* Llevar una embarcación u otra cosa sobre el agua tirando de ella mediante una cuerda o un cable. sinón.: **halar.** ‖ Por semejanza llevar un vehículo a otro, por tierra o aire. ‖ fig. Arrastrar, inducir, instigar.

REMOLER. tr. Moler mucho una cosa. REMOLER *café, maíz.* ‖ irreg. Conj. como **mover.** ‖ deriv.: **remolimiento.**

REMOLIDO. (De *remoler.*) m *Min.* Mineral menudo con mezcla de ganga que se somete al lavado para purificarlo.

REMOLINAR. (De *re* y *molino.*) intr. Hacer o formar remolinos una cosa. U.t.c.r. REMOLINABAN *las mujeres en el mercado.* ‖ m. Arremolinarse Ú.t.c. intr. ‖ deriv.: **remolinante.**

REMOLINEAR. (De *re* y *molino.*) tr. Mover una cosa alrededor a modo de remolino. *El viento* REMOLINEA *las hojas caídas.* ‖ intr. Remolinar. Ú.t.c.r.

REMOLINO. al. **Wirbel; Strudel.** fr. **Tourbillon.** ingl. **Whirpool.** ital. **Remolino; vortice.** port. **Remoinho; redemoinho.** (De *remolinar.*) m. Movimiento giratorio y rápido del aire, el agua, el humo, etc. REMOLINO *de polvo*; sinón.: **torbellino.** ‖ Retorcimiento del pelo en redondo que suele formarse en una parte del cuerpo del hombre o del animal. ‖ fig. Amontonamiento de gente o confusión entre ella por efecto de un desorden. ‖ Disturbio, alteración.

REMOLÓN. (De *re* y *muela.*) m. Colmillo de la mandíbula superior del jabalí. ‖ Cualquiera de las puntas con que termina la corona de las muelas de las caballerías.

REMOLÓN, NA. adj. y s. Flojo, perezoso y que rehúye maliciosamente el trabajo. sinón.: **indolente, negligente**; antón.: **trabajador.**

REMOLONEAR. (De *remolón*, flojo.) intr. y r. Detenerse en hacer o admitir una cosa por flojedad y pereza.

REMOLQUE. al. **Schlepptau.** fr. **Remorque.** ingl. **Towing.** ital. **Rimochio.** port. **Reboque.** m. Acción y efecto de remolcar. ‖ Cabo o cuerda que se da a un vehículo para remolcarlo. ‖ Cosa que se lleva remolcada, por aire, tierra o mar. ‖ Unidad de transporte, sin motor, de la que tira un camión, tractor u otro vehículo motorizado. ‖ **A remolque.** m. adv. Remolcando. ‖ fig. Aplícase a la acción poco espontánea, hecha generalmente a impulso de otra persona. ‖ **Dar remolque.** frs. *Mar.* Remolcar.

REMÓN, José Antonio. *Biog.* Pol. pan., presid. de la Nación desde 1952 hasta su muerte (1908-1955).

REMONDAR. (Del lat. *remundare.*) tr. Limpiar por segunda vez lo perjudicial o inútil. Dícese generalmente de los árboles y las vides.

REMONTA. f. Compostura del calzado cuando se le pone de nuevo el pie o las suelas. ‖ Rehenchido de sillas de las caballerías. ‖ Parche de cuero o de paño puesto al pantalón de montar para evitar su desgaste al rozar con la silla. ‖ *Mil.* Compra, cría y cuidado de los caballos. ‖ Conjunto de los caballos y mulas que se destinan a cada cuerpo. ‖ Establecimiento que cumple o administra estas funciones.

REMONTAMIENTO. m. Acción de remontar o proveer de caballos.

REMONTAR. (De *re* y *montar.*) tr. Ahuyentar o espantar una cosa. Dícese propiamente de la caza que, acosada y perseguida, se retira a lo oculto. ‖ Proveer de nuevos caballos a la tropa o a una caballeriza importante. REMONTAR *un regimiento.* ‖ Recomponer una silla de montar. ‖ Echar nuevos pies o suelas al calzado. ‖ Elevar una cosa por el aire. REMONTAR *una cometa*; sinón.: **alzar, subir**; antón.: **bajar.** ‖ Remendar el pantalón en la culera y muslos. ‖ fig. Elevar, encumbrar. Ú.t.c.r. SE REMONTÓ *en vuelo poético.* ‖ r. En otro tiempo, refugiarse en los montes los esclavos de América o los indios de Filipinas. ‖ Subir o volar las aves a gran altura. ‖ fig. Subir hasta el origen de una cosa. *Este crítico* SE REMONTA *hasta los principios de la tragedia.*

REMONTE. m. Acción y efecto de remontar o remontarse.

REMONTISTA. m. Militar de un establecimiento de remonta.

REMONTUAR. m. Reloj de bolsillo, al que se da cuerda sin llave.

REMOQUE. (En port. *remoque*; quizá de *remoquete.*) m. fam. Palabra picante.

REMOQUETE. m. Moquete o puñada. ‖ fig. Dicho agudo y satírico. ‖ fam. Cortejo o galanteo.

RÉMORA. (Del lat. *rémora.*) f. Pez marino acantopterigio, de cuerpo fusiforme, de color ceniciento, que tiene en la cabeza un disco oval, con láminas cartilaginosas movibles, con el que hace vacío y se adhiere fuertemente a los objetos flotantes. Antiguamente se le atribuía el poder de detener las naves. Gén. *Echeneis remora.* ‖ fig. Obstáculo que se opone al progreso de algo o lo dificulta.

REMORDEDOR, RA. adj. Que remuerde o inquieta interiormente.

REMORDER. (Del lat. *remordere.*) tr. Volver a morder o morderse uno a otro. ‖ Exponer por segunda vez a la acción del ácido partes determinadas de la lámina que se graba al agua fuerte. ‖ fig. Inquietar, desasosegar interiormente una cosa. *Las malas acciones* REMORDERÁN *su alma sin descanso*; sinón.: **atormentar.** ‖ r. Descubrir en alguna acción el sentimiento reprimido que se padece. ‖ deriv.: **remordiente.**

REMORDIMIENTO. al. **Gewissensbiss.** fr. **Rémords.** ingl. **Remorse.** ital. **Rimorso.** port. **Remordimento; remorso.** (De *remorder.*) m. Inquietud, pesar que queda después de cometida una mala acción. *El* REMORDIMIENTO *no le deja dormir.* ‖ IDEAS AFINES: *Vergüenza, conciencia, pecado, arrepentimiento, temor, condena, cárcel, eternidad, penitencia, castigo, tentación, ceder, carne, debilidad.*

REMOSQUEARSE. (De *re* y *mosca.*) r. fam. Mostrarse receloso por algo oído o advertido. ‖ *Impr.* Aparecer borroso o manchado el pliego recién impreso por haberse corrido la tinta y perder las letras su limpieza.

REMOS RUBIO, Juan J. *Biog.* Literato y ensayista cub. autor de *Historia de la literatura cubana; El laúd del desterrado*, etc. (1896-1969).

REMOSTAR. (De *re* y *mosto.*) intr. Echar mosto en el vino añejo. Ú.t.c.tr. ‖ r. Mostear los racimos de uvas antes de llegar al lagar. ‖ Dícese también de otras frutas que se dañan estando en contacto entre sí. ‖ Estar dulce el vino o saber a mosto.

REMOSTECERSE. r. Remostarse. ‖ irreg. Conj. como **agradecer.**

REMOSTO. m. Acción y efecto de remostar o remostarse.

REMOTAMENTE. adv. l. y t. Lejanamente, apartadamente. ‖ fig. Sin probabilidad de que exista o se realice una cosa. ‖ Confusamente. *Me acuerdo* RE-

MOTAMENTE *de haberlo visto.*

REMOTO, TA. al. **Abgelegen; entfernt.** fr. **Éloigné; lointain.** ingl. **Remote; far off.** ital. **Remoto.** port. **Remoto.** (Del lat. *remotus*, p. p. de *removere*, retirar, apartar.) adj. Distante o apartado. *Lugar* REMOTO; *época* REMOTA; sinón.: **antiguo, lejano**; antón.: **cercano, próximo.** ‖ fig. Que no es verosímil o está muy lejos de ocurrir. *Triunfo* REMOTO.

REMOVER. (Del lat. *removere.*) tr. Mudar una cosa de un lugar a otro. Ú.t.c.r. *¿Quién* REMOVIÓ *los muebles?*; sinón.: **desplazar.** ‖ Quitar, obviar un inconveniente. Ú.t.c.r. REMOVIÓ *todos los obstáculos*; sinón.: **apartar, separar.** ‖ Conmover, revolver alguna cosa o asunto. Ú.t.c.r. ‖ Destituir de un cargo. ‖ irreg. Conj. como **mover.**

REMOVIMIENTO. (De *remover.*) m. Remoción.

REMOZAR. al. **Verjüngen.** fr. **Rajeunir.** ingl. **To renew; to rejuvenate.** ital. **Ringiovanire.** port. **Remoçar.** (De *re* y *mozo.*) tr. Dar o comunicar cierta especie de lozanía propia de la mocedad. Ú.m.c.r. sinón.: **rejuvenecer**; antón.: **avejentar.**

REMPUJAR. (De *re* y *empujar.*) tr. fam. Empujar. ‖ Hacer fuerza contra alguna cosa, principalmente con empellones.

REMPUJO. (De *rempujar.*) m. fam. Fuerza o resistencia hecha con algo. ‖ *Mar.* Disco plano, estriado en dos direcciones, que los veleros aplican a la palma de las manos para empuñar la aguja al coser las velas.

REMPUJÓN. (De *rempujar.*) m. fam. Empujón.

REMSCHEID. *Geog.* Ciudad de la Rep. Federal de Alemania. (Renania del Norte-Westfalia). 138.000 h. Metalurgia, industria pesada.

REMUDA. f. Acción y afecto de remudar o remudarse. ‖ Muda, ropa.

REMUDAMIENTO. (De *remudar.*) m. Remuda.

REMUDAR. (Del lat. *remutare.*) tr. y r. Reemplazar a una persona o cosa con otra.

REMUGAR. (Del lat. *remigare.*) tr. Rumiar.

REMULLIR. (Del lat. *remollire.*) tr. Mullir mucho. ‖ irreg. Conj. como **mullir.**

REMUNERACIÓN. al. **Bezahlung.** fr. **Rémunération.** ingl. **Remuneration.** ital. **Remunerazione.** port. **Remuneração.** f. Acción y efecto de remunerar. ‖ Lo que se da para remunerar o sirve para ello. *Estipularon la* REMUNERACIÓN; sinón.: **recompensa, retribución.**

REMUNERAR. al. **Belohnen.** fr. **Rémunérer.** ingl. **To remunerate.** ital. **Remunerare.** port. **Remunerar.** (Del lat. *remunerare.*) tr. Recompensar, premiar. REMUNERAR *largamente un trabajo*; sinón.: **gratificar, pagar.** ‖ deriv.: **remunerador, ra; remunerativo, va; remuneratorio, ria.**

REMUSGAR. intr. Barruntar. sinón.: **recelar, sospechar.**

REMUSGO. m. Barrunto, acción de barruntar. ‖ Vientecillo frío y penetrante.

RENACENTISMO. m. Cultivo del arte o estudios propios del Renacimiento. ‖ Conjunto de los que cultivan esos estudios. ‖ Época del Renacimiento y conjunto de los que iniciaron o continuaron este movimiento artístico y literario.

RENACENTISTA. adj. Perteneciente o relativo al Renacimiento. *Pintura* RENACENTISTA. ‖ Dícese de quien cultiva los estudios del Renacimiento. Ú.t.c.s.

RENACER. al. **Widergeboren; Werden.** fr. **Renaître.** ingl. **To be born again; to spring up again.** ital. **Rinascere.** port. **Renascer.** (Del lat. *renasci.*) intr. Volver a nacer. *El ave Fénix* RENACÍA *de sus cenizas*; sinón.: **resucitar, revivir.** ‖ Reproducirse una cosa moral o físicamente. RENACÍA *la curiosidad, el interés.* ‖ fig. Adquirir por el bautismo la vida de la gracia. ‖ irreg. Conj. como **nacer.** ‖ deriv.: **renaciente.**

RENACIMIENTO. al. **Wiedergeburt; Renaissance.** fr. **Renaissance.** ingl. **Regeneration; renaissance.** ital. **Rinascimento.** port. **Renascimento.** m. Acción de renacer. ‖ Época que comienza a mediados del siglo XV, en que renació en Occidente el interés por el estudio de la antigüedad clásica, griega y latina.

● **RENACIMIENTO.** *B. A. y Lit.* Aunque el **Renacimiento** aparece como un fenómeno súbito y brillante, es sólo la coronación genial de una serie de transformaciones espirituales iniciadas en el s. XIV en Europa, y reconoce como inmediato y decisivo precursor al humanismo (V. **Humanismo**). Pero mientras los humanistas redescubrían e imitaban las obras de la antigüedad clásica, los hombres del **Renacimiento** creaban obras de inspiración clásica pero con nuevo contenido y formas distintas adaptadas a las modalidades propias de los autores. En los dos siglos largos –XV y XVI– que duró el **Renacimiento,** una verdadera eclosión de artistas y escritores inundó el mundo moderno con el producto de su genio. En Italia, los arquitectos abandonan la catedral ojival del medioevo –difundida, sobre todo, en el norte de Europa– y retoman de la antigüedad clásica la cúpula y las líneas rectas y severas. La escultura fue medio de expresión original y revolucionario, ya que tomó como modelo el cuerpo humano desnudo, lo que se había prohibido hasta entonces. Impresión de vida y salud, de dinamismo y movimiento caracterizan las obras de Ghiberti y Donatello. La pintura fue, de todas las artes plásticas, la que experimentó un empuje más notable. Desde el punto de vista técnico se ensaya la perspectiva, surge el cuadro de caballete, se resuelve el problema del claroscuro y los colores son sabia y ricamente distribuidos. En cuanto a los temas, los pintores del **Renacimiento** tomaron ante todo el cuerpo humano desnudo y representaron en gestos y actitudes corporales, emociones y sentimientos. No se limitaron además a los personajes célebres en la historia del cristianismo; pintaron también a héroes griegos o romanos y personalidades de la época; su pintura alcanzó carácter universal. El artista del **Renacimiento** raramente se consagró a un solo arte y son excelentes ejemplos las personalidades multifacéticas de Leonardo de Vinci y de Miguel Ángel. Ellos junto a Rafael, Ticiano y Tintoretto, son los más distinguidos pintores del **Renacimiento** italiano. En cuanto a la literatura, representada por Maquiavelo, Guicciardini, Ariosto y Torcuato Tasso, si bien se nutrió en los ejemplos de Dante, Petrarca y Bocaccio y en la inspiración clásica, de la que extrajo temas, personajes y reglas, usó en cambio los idiomas vernáculos despreciados por el humanismo. La influencia del **Renacimiento** italiano en España fue destacada y se expresó en la obra de Lope de Vega, Cervantes, Calderón de la Barca y Quevedo, y en una serie de grandes pintores como el Greco, Velázquez y Murillo. Los principales representantes del **Renacimiento** en Francia fueron, en el orden literario, Rabelais, Ronsard y Montaigne; entre los artistas, Juan Clouet y Francisco Clouet. En Inglaterra, se destaca la figura de Shakespeare y en los países alemanes, el pintor y grabador Alberto Durero y el retratista Hans Holbein.

RENACUAJO. al. **Kaualquappe.** fr. **Têtard.** ingl. **Tadpole.** ital. **Girino.** port. **Girino.** (De *renacuajo.*) m. *Zool.* Cría de los batracios anuros (ranas, sapos, etc.) que se desarrolla en el agua, posee respiración branquial y está provista de cola. ‖ fig. Calificativo que suele aplicarse a los muchachos enclenques y a la vez antipáticos. ‖ **Cada renacuajo tiene su cuajo.** ref. que da a entender que aun el ser más débil puede llegar a irritarse en ciertos momentos.

RENADÍO. (Del lat. *re*, iterativo, y *nativus.*) m. Sembrado que retoña después de segado en hierba.

RENAIX. *Geog.* Ciudad de Bélgica (Flandes Oriental). 28.000 h. Importante industria textil.

RENAL. (Del lat. *renalis.*) adj. Perteneciente o relativo a los riñones. *Cálculo* RENAL.

RENÁN, Ernesto. *Biog.* Fil., filólogo, escr. y orientalista fr. cuyas obras –especialmente *Vida de Jesús*, tan comentada como discutida– le dieron mundial notoriedad. Su *Iglesia Cristiana, El Anticristo, Historia del pueblo de Israel, Averroes y su escuela, Orígenes del Cristianismo, Historia de las lenguas semíticas, El porvenir de la Ciencia*, etc. forman parte de su vasta producción (1823-1892).

RENANIA. *Geog.* Nombre dado a la antigua Prusia Renana que hoy forma las provincias Renania del Norte-Westfalia y Renania-Palatinado, de la Rep. Federal de Alemania. ‖ **– del Norte-Westfalia.** Prov. del N.E. de la Rep. Federal de Alemania. 33.959 km². 17.672.000 h. Cap. DÜSSELDORF. ‖ **- Palatinado.** Prov. del E. de la misma república. 19.828 km². 3.793.000 h. Cap. COBLENZA.

RENANO, NA. (Del lat. *rhenanus.*) adj. Aplícase a los territorios que se hallan en las orillas del Rin, río de la Europa Central. *La cuenca* RENANA *es rica en carbón.* ‖ Perteneciente o relativo a estos territorios.

RENARD, Julio. *Biog.* Literato fr., autor de *Pelo de zanahoria; La linterna sorda; En la ratonera*, etc. (1864-1910). ‖ **- Rosa.** Pianista chil., también compositora (1894-1949).

RENATO, duque de Anjou, rey de Sicilia y de Nápoles. *Biog.* Poderoso monarca que se hizo muy popular por su carácter comprensivo y pacífico. Alfonso V de Aragón le disputó sus dominios en Italia y Renato debió volver a Francia (1409-1480).

RENAUDOT, Teofrasto. *Biog.* Historiógrafo y médico fr., fundador de *La Gaceta de Francia*, en 1631. Lleva su nombre un premio literario anual (1586-1653).

RENAULT, Luis. *Biog.* Jurisconsulto y catedrático fr., especializado en derecho internacional. Ardiente pacifista, tuvo descollante actuación en diversas asambleas mundiales y en 1907 le fue conferido el premio Nobel de la Paz en unión de Ernesto T. Moneta. Obras: *Las dos conferencias de la Paz, 1899 y 1907; Introducción a la historia del derecho internacional; De los crímenes políticos en materia de extradicción*, etc. (1843-1918). ‖ **– Luis.** Industrial fr. que dio extraordinario impulso a la industria automovilística (1877-1944).

RENCILLA. al. **Zwist.** fr. **Chicane.** ingl. **Grudge.** ital. **Rissa.** port. **Renzilha.** (dim. de *riña.*) f. Cuestión o riña de que queda algún encono.

RENCILLOSO, SA. adj. Inclinado a rencillas.

RENCO, CA. (Del lat. *renes*, riñones.) adj. y s. Cojo por lesión de las caderas.

RENCOR. al. **Groll.** fr. **Rancune.** ingl. **Rancor; animosity.** ital. **Rancore.** port. **Rancor.** (Del ant. *rancor.*) m. Resentimiento tenaz. *Su alma estaba limpia de* RENCOR; sinón.: **encono.**

RENCOROSO, SA. al. **Grollend.** fr. **Rancunier.** ingl. **Rancorous.** ital. **Che serba rancore.** port. **Rancoroso.** adj. Que tiene o guarda rencor. ‖ deriv.: **rencorosamente.**

RENCOSO. adj. Dícese del cordero que tiene un testículo dentro y otro fuera.

RENDA. (Del lat. *reddita.*) f. Bina. ‖ p. us. Renta.

RENDAJE. m. Conjunto de riendas y demás correas que forman la brida de las cabalgaduras.

RENDAJO. m. Arrendajo.

RENDAR. tr. Binar, dar segunda reja a la tierra o segunda cava a la viña.

RENDIBÚ. (Del fr. *rendez-vous.*) m. Agasajo, acatamiento.

RENDICIÓN. al. **Übergabe; Überwindung.** fr. **Reddition.** ingl. **Rentition; surrendering.** ital **Resa.** port. **Rendimento.** f. Acción y efecto de rendir o rendirse. sinón.: **acatamiento, sumisión**; antón.: **resistencia.** ‖ Rendimiento, producto. ‖ Cantidad de moneda acuñada durante un período determinado y que no ha sido puesta en circulación por no tener aún la debida autorización gubernamental.

RENDIDO, DA. adj. Sumiso, obsequioso. RENDIDO *admirador, vasallo.* ‖ deriv.: **rendidamente.**

RENDIJA. al. **Spalt.** fr. **Lézarde; fente.** ingl. **Crevice.** ital. **Fessura.** port. **Fenda.** (De *rehendija.*) f. Hendedura, raja que se produce naturalmente en un cuerpo sólido, como pared, tabla, etc. y lo atraviesa de parte a parte. *El aire se filtraba por las* RENDIJAS; sinón.: **grieta, resquicio.**

RENDIMIENTO. (De *rendir.*) m. Rendición, fatiga, cansancio. ‖ Sumisión, subordinación. ‖ Expresión obsequiosa de la sujeción a la voluntad de otra persona en orden a servirle. ‖ Producto o utilidad de una cosa. RENDIMIENTO *de un capital, de una máquina*; sinón.: **beneficio, rédito.**

RENDIR. al. **Bezwingen; sich ergeben.** fr. **Soumettre.** ingl. **To yield; to surrender.** ital. **Assoggettare; arrendersi.** port. **Render.** (Del lat. *réddere.*) tr. Vencer, sujetar, obligar a que se entreguen las tropas, plazas, naves enemigas, etc. antón. **resistir.** ‖ Someter una cosa al dominio de uno. Ú.t.c.r. ‖ Dar a uno lo que le toca, o devolverle aquello que se le había quitado. ‖ Dar una cosa fruto o utilidad. *El campo* RINDIÓ *bien.* ‖ Cansar, fatigar, vencer. Ú.t.c.r. *Los remeros se* RINDIERON *de tanto bogar.* ‖ Vomitar. ‖ Junto con algunos nombres, toma la significación del que se le agrega. RENDIR *honores*, honrar; RENDIR *culto*, adorar. ‖ *Amér.* Durar, o hacer durar una cosa más de lo regular. *Estos zapatos tendrán que* RENDIR. ‖ Dar, entregar. ‖ *Mar.* Refiriéndose a una bordada, un crucero, un viaje, etc., terminarlo. ‖ *Mil.* Entregar, dejar una cosa al cuidado de otro. RENDIR *la guardia.* ‖ Hacer con algunas cosas actos de sumisión y respeto. RENDIR *la bandera.* ‖ r. *Mar.* Romperse o henderse un palo, mastelero o verga. ‖ IDEAS AFINES: *Derrota, retirada, fuga, caos, catástrofe, desastre, pérdida, vencidos, combate, lucha, lid, bloqueo, sitio, batalla, escaramuza, guerra, paz, armisticio, tregua, tratado, traición, beligerantes, guerreros, combatientes, prisioneros, heridos, desarmados.*

RENDÓN, Francisco de Paula. *Biog.* Novelista col., autor de *Lenguas y corazones; Sol; Inocencia*, etc. (1855-1917). ‖ **– Vicente A.** Poeta ven. autor de *Oda a Jehová* y otras composiciones (1830-1876). ‖ **– Víctor M.** Diplom. y escritor ec., autor de *Héroes de los Andes, Cuentos de Delfín de las Peñas*, y algunas obras dramáticas (1859-1938).

RENE. (Del lat. *ren, renis.*) f. Riñón.

RENEGADO, DA. adj. y s. Que renuncia a la ley de Jesucristo. ‖ fig. y fam. Dícese de la persona áspera de condición y maldiciente. ‖ m. Tresillo, juego de naipes.

RENEGADOR, RA. adj. y s. Que reniega, blasfema o jura con frecuencia.

RENEGAR. al. **Verleugnen.** fr. **Renier.** ingl. **To deny.** ital. **Rinnegare.** port. **Renegar.** (De *re* y *negar.*) tr. Negar con instancia una cosa. ‖ Detestar, abominar. ‖ intr. Apostatar de una religión pasándose a otra. Dícese regularmente del que deja la fe cristiana por la musulmana. ‖ Blasfemar. ‖ fig. y fam. Decir injurias contra alguien. ‖ irreg. Conj. como **acertar.**

RENEGÓN, NA. adj. y s. fam. Que reniega frecuentemente.

RENEGREAR. (De *re* y *negrear.*) intr. Negrear intensamente.

RENEGRIDO, DA. adj. Dícese del color cárdeno muy obscuro.

RENE-MORENO, Gabriel. *Biog.* Escr. e historiador bol., autor de *Últimos días coloniales en el Alto Perú; Bolivia y Argentina; Matanzas de Yáñez*, etc. (1836-1909).

RENFREW. *Geog.* Condado del E. de Gran Bretaña (Escocia). 620 km². 363.500 h. Agricultura. Carbón, hierro. Fabricación de maquinarias. Astilleros. Cap. PAISLEY.

RENGA. (Del lat. *renes*, riñones.) f. Joroba, corcova.

RENGÍFERO. m. Rangífero.

RENGIFO, Manuel. *Biog.* Político chil. Actuó en las campañas de la independencia de su patria y prestó servicios a la causa de la emancipación (1793-1845). ‖ **–GALLARDO, Javier.** Compos. y pianista chil., autor de *Pastoral; Poemas*, y otras partituras (n. 1879).

RENGLE. (Del lat. *regula*, regla.) m. Ringlera.

RENGLERA. (De *rengle.*) f. Ringlera.

RENGLÓN. al. **Zeile.** fr. **Ligne.** ingl. **Line.** ital. **Riga.** port. **Regra.** (De *regla.*) m. Serie de palabras o caracteres escritos o impresos en línea recta. ‖ fig. Parte de renta o beneficio que uno tiene, o del gasto que hace. *El* RENGLÓN *principal de su haber son las acciones; lo más costoso en mi casa es el* RENGLÓN *de la fruta.* ‖ *Com.* Existencia o provisión de una misma clase de artículos, en diferentes precios y calidad. ‖ pl. fig. y fam. Cualquier escrito o impreso. *Esos* RENGLONES *le causaron gran decepción.* ‖ **A renglón seguido.** frs. fig. y fam. A continuación, inmediatamente. ‖ **Dejar entre renglones** una cosa. frs. fig. No acordarse de ella cuando se la debía tener presente. ‖ IDEAS AFINES: *Carilla, hoja, página, plana, rayado, cuadriculado, columna, trazo, recta, raya, marca, margen, subrayar.*

RENGLONADURA. f. Conjunto de líneas señaladas en el papel, para escribir los renglones sobre ellas.

RENGO, GA. adj. y s. Renco. ‖ **Hacerla de rengo.** fig. y fam. Fingirse enfermo para excusarse del trabajo.

RENGO. *Geog.* Ciudad de Chile (O'Higgins). 10.000 h. Vinos.

RENGO. n. p. de un guerrero indio de *La Araucana* de Ercilla. ‖ **Dar** a uno **con la del rengo.** loc. fig. Matarlo de un golpe. ‖ Causar grave daño o contrariedad. ‖ fig. Engañar adulando.

RENGUEAR. intr. *Amér.* Renquear.

RENGUERA. f. *Amér.* Renquera, cojera.

RENI, Guido. *Biog.* Pintor ital., autor de cuadros de impecable dibujo y concepción atrevida: *Sansón bebiendo agua; Lucrecia,* etc. (1575-1642).

RENIEGO. (De *renegar.*) m. Blasfemia. ‖ fig. y fam. Execración. dicho injurioso.

RENIL. (De *ren.*) adj. V. **Oveja renil.**

RENIO. (De *Rhenos,* el Rin.) m. *Quím.* Elemento muy raro, que se encuentra en diversos minerales, como el molibdeno, etc. Su símbolo es Re, su n. atóm. 75 y su p. atóm. 186,31.

RENITENCIA. (Del lat. *rénitens, -entis,* p. a. de *renitere,* brillar mucho.) f. Estado de la piel, cuando está lisa, tirante y lustrosa.

RENITENCIA. (Del lat. *rénitens, -entis,* renitente.) f. Repugnancia, resistencia a hacer o consentir en algo. antón.: **atracción, gusto, simpatía.**

RENITENTE. (Del lat. *rénitens, -entis,* p. a. de *reniti,* resistir oponerse.) adj. Que se resiste a hacer o admitir algo, o le repugna. sinón.: **reacio.**

RENNER, Carlos. *Biog.* Est. austríaco, en 1945 presid. de la Rep. (1870-1950).

RENNES. *Geog.* Ciudad del N. E. de Francia, cap. del departamento de Ille y Vilaine. 182.200 h. Tejedurías de lino Universidad.

RENO. al **Rentier.** fr. **Renne.** ingl. **Reindeer.** ital. **Renna.** port. **Reno.** (Del lat. *rheno,* y éste del ant. nórdico *hreinn.*) m. Mamífero rumiante que a principios del Cuaternario abundaba en Europa, actualmente relegado a las regiones nórdicas, de astas ramosas en ambos sexos, pelaje espeso y pezuñas gruesas y curvadas; es fácilmente domesticable y sirve como animal de tiro. *Rangifer tarandus,* cérvido.

RENO. *Geog.* C. de los EE. UU., en el Est. de Nevada. 59.000 h.

RENOIR, Juan. *Biog.* Director cinematográfico fr., maestro del realismo. Películas famosas: *Los bajos fondos; La bestia humana; La gran ilusión; El almuerzo campestre,* etc. 1884-1979). ‖ – **Pedro Augusto.** Pintor fr., uno de los jefes y más notables exponentes del impresionismo. Fino paisajista y sagaz captador de cuadros costumbristas, la culminación de su obra está, sin embargo, en la pintura de figuras femeninas, especialmente en sus famosos desnudos. Obras: *El molino de la Galette; Bañista; Mujer entre flores; El desayuno de los remeros,* etc. (1841-1919).

RENOMBRADO, DA. adj. Célebre, famoso. *Comarca* RENOMBRADA; sinón.: **afamado, prestigioso;** antón.: **desconocido, obscuro.**

RENOMBRAR. tr. ant. Nombrar, dar nombre. Usáb.t.c.r. ‖ ant. Apellidar o dar apellido o sobrenombre. Usáb.t.c.r.

RENOMBRE. al. **Ruf; Ruhm.** fr. **Renommée.** ingl. **Renown; fame.** ital. **Rinomanza.** port. **Renome.** (Del lat. *renomen, -inis.*) m. Apellido o sobrenombre propio. ‖ Epíteto de fama que adquiere alguna persona célebre por sus hechos gloriosos o por su talento. ‖ Fama y celebridad. *Alcanzar* RENOMBRE *universal;* sinón.: **gloria, prestigio.** ‖ IDEAS AFINES: *Apelativo, apodo, alias, cognomento, conocido, nombre, ilustre, célebre, genial, triunfo, honra, reputado, eminente, insigne.*

RENOUVIER, Carlos B. *Biog.* Filósofo fr., uno de los propagadores del criticismo en su país. Obras: *Manual republicano del hombre y del ciudadano, Tratado de lógica general y de lógica formal,* etc. (1815-1903).

RENOVABLE. adj. Que puede renovarse. *Autoridades* RENOVABLES.

RENOVACIÓN. al. **Erneuerung** fr. **Rénovation; renouvellement** ingl. **Renovation; renewing.** ital. **Rinnovazione.** port. **Renovação.** (Del lat. *renovatio, -onis.*) f. Acción y efecto de renovar o renovarse. antón.: **permanencia, persistencia.**

RENOVADOR, RA. (Del lat. *renovátor.*) adj. y s. Que renueva. Medidas RENOVADORAS.

RENOVAL. m. Terreno poblado de renuevos. ‖ *Arg.* y *Chile.* Terreno de nuevos arbolitos nacidos espontáneamente.

RENOVANTE. p. a. de **Renovar.** Que renueva.

RENOVAR. al. **Erneuern.** fr. **Renouveler.** ingl. **To renew; to renovate.** ital. **Rinnovare.** port. **Renovar.** (Del lat. *renovare.*) tr. Hacer algo como de nuevo, o volverlo a su primer estado. Ú.t.c.r. RENOVÓ *las energías;* sinón.: **reponer, restaurar.** ‖ Restablecer una relación u otra cosa que se hallaba interrumpida. Ú.t.c.r. RENOVAR *el intercambio comercial;* sinón.: **reanudar.** ‖ Remudar, reemplazar alguna cosa. RENOVAR *la comisión.* ‖ Trocar una cosa vieja o usada por otra nueva. RENOVAR *el guardarropas.* ‖ Reiterar o publicar de nuevo. RENOVÉ *la subscripción.* ‖ Consumir el sacerdote las formas antiguas y consagrar otras de nuevo. ‖ irreg. Conj. como **contar.**

RENOVERO, RA. (De *renuevo,* logro, usura.) s. Usurero, logrero.

RENQUEAR. intr. Andar como renco, moviéndose a un lado y otro.

RENQUERA. f. Cojera de las caderas.

RENTA. al. **Rente; Zins.** fr. **Rente.** ingl. **Profit; income.** ital. **Rendita.** port. **Renda.** (Del lat. *réddita.*) f. Utilidad que rinde anualmente una cosa, o lo que de ella se cobra. *Administrar las* RENTAS; sinón.: **beneficio, rédito.** ‖ Lo que un arrendatario paga en dinero o en frutos. ‖ Deuda pública o títulos que la representan. ‖ – **estancada.** La que procede de un artículo cuya venta exclusiva se reserva el gobierno; como, en España, el tabaco, fósforos, etc. ‖ – **rentada.** La que no es eventual, sino fija y segura. ‖ – **vitalicia.** *Der.* Contrato aleatorio en el que una parte cede a otra una suma con la obligación de pagar una pensión al cedente o a tercera persona mientras viva el beneficiario. ‖ **A renta.** m. adv. En arrendamiento. ‖ **Meterse** uno **en la renta del excusado.** frs. fig. y fam. Meterse en lo que no le importa. ‖ IDEAS AFINES: *Interés, ganancia, impuesto, alquiler, diezmo, anualidad, capital, tanto por ciento, bienes, fortuna, riqueza, ventaja, provecho, lucro, ahorro, economía.*

RENTABILIDAD. f. Calidad de rentable. ‖ Capacidad de rentar.

RENTABLE. adj. Que produce renta suficiente o remuneradora.

RENTADO, DA. adj. Que tiene renta para mantenerse. ‖ V. **Renta rentada.**

RENTAR. (De *renta.*) tr. Rendir utilidad una cosa anualmente.

RENTERO, RA. (De *renta.*) adj. Tributario. ‖ s. Colono que tiene una finca en arrendamiento. ‖ m. El que hace postura a la renta o la arrienda.

RENTILLA. f. Juego de naipes semejante al de la treinta y una. ‖ Cierto juego con seis dados, numerados desde el número 1 al 6 sólo en una de sus caras.

RENTISTA. al. **Rentier.** fr. **Rentier.** ingl. **Financier.** ital. **Finanziere.** port. **Financeiro.** com. Persona que tiene conocimiento en materia de hacienda pública. ‖ Persona que cobra renta procedente de papel del Estado. ‖ Persona que vive principalmente de sus rentas.

RENTÍSTICO, CA. adj. Perteneciente o relativo a las rentas públicas. *Recepción* RENTÍSTICA, *reformas* RENTÍSTICAS.

RENTO. m. Renta o pago anual con que contribuye el agricultor.

RENTOSO, SA. adj. Que produce o da renta.

RENTOY. m. Juego de naipes entre dos, cuatro, seis u ocho personas, a cada una de las cuales se dan tres cartas; se da otra para muestra del triunfo, y el dos o malilla del palo correspondiente gana a las restantes, cuyo orden es: rey, caballo, sota, siete, seis, cinco, cuatro y tres. Se roba y hacen bazas como en el tresillo, se envida y pueden hacerse señas los compañeros. ‖ Muestra del triunfo en este juego.

RENUENCIA. (Del lat. *renuens, -entis,* renuente.) f. Repugnancia que se muestra a realizar una cosa.

RENUENTE. (Del lat. *renuens, -entis,* p. a. de *renúere,* hacer con la cabeza un signo negativo.) adj. Indócil, remiso. sinón.: **renitente;** antón.: **dócil, sumiso.**

RENUEVO. (De *renovar.*) m. Vástago que el árbol echa después de podado. ‖ Renovación. ‖ ant. Logro o usura.

RENUNCIA. al. **Verzicht.** fr. **Renoncement, renonciation.** ingl. **Resignation, renunciation.** ital. **Rinuncia.** port. **Renúncia.** f Acción de renunciar. ‖ Instrumento o documento en que consta la renuncia. ‖ Dejación voluntaria de algo que se posee, o del derecho a ello. sinón.: **dimisión.**

RENUNCIABLE. adj. Que se puede renunciar. ‖ Dícese del oficio que se adquiere con facultad de transferirlo a otra persona por renuncia.

RENUNCIACIÓN. (Del lat. *renuntiatio, -onis.*) f. Renuncia. ‖ – **simple.** *Der.* La hecha sin reservar frutos ni títulos.

RENUNCIAMIENTO. (De *renunciar.*) m. Renuncia.

RENUNCIANTE. p. a. de **Renunciar.** Que renuncia. Ú.t.c.s. *Agradecer al* RENUNCIANTE *los servicios prestados.*

RENUNCIAR. al. **Verzichten.** fr. **Renoncer.** ingl. **To resign; to renounce.** ital. **Rinunziare.** port. **Renúncia.** (Del lat. *renuntiare.*) tr. Hacer dimisión o dejación voluntaria de algo que se tiene. RENUNCIÓ *el gabinete;* sinón.: **abdicar, dimitir;** antón.: **aceptar.** ‖ No querer admitir o aceptar una cosa. RENUNCIAR *una propuesta.* ‖ Despreciar o abandonar. RENUNCIÓ *a su carrera.* ‖ Faltar a las leyes de algunos juegos de naipes por no servir el palo que se juega teniendo carta de él. ‖ IDEAS AFINES: *Plebiscito, voto, confianza, abandonar, dejar, cesar, soltar, desechar, ceder, entregar, rendir, derrota, despojarse, desertar.*

RENUNCIATARIO. m. Aquel a cuyo favor se ha hecho una renuncia.

RENUNCIO. (De *renunciar.*) m. Falta cometida al renunciar en ciertos juegos de naipes. ‖ fig. y fam. Mentira o contradicción en que se sorprende a alguien.

RENVALSAR. tr. *Carp.* Hacer el renvalso.

RENVALSO. m. *Carp.* Rebajo hecho en el filo de las hojas de puertas y ventanas para que encajen en el marco, o unas en otras.

REÑIDAMENTE. adj. Con riña o porfía. sinón.: **encarnizadamente.**

REÑIDERO. m. Lugar que se destina a la riña de algunos animales, en especial a la de los gallos.

REÑIDO, DA. adj. Que está enemistado con otro.

REÑIDOR, RA. adj. Que suele reñir con frecuencia.

REÑIDURA. (De *reñir.*) f. fam. Regaño, represión.

REÑIR. al. **Auszanken.** fr. **Disputer; gronder.** ingl. **To quarrel; to scold.** ital. **Contendere; riprendere.** port. **Renhir; repreender.** (Del lat. *ríngere,* regañar.) intr. Contender, disputar altercando de palabra o de obra. REÑIR *por tonterías.* ‖ Pelear, batallar. ‖ Desavenirse. ‖ tr. Corregir, reprender, con rigor o amenaza. *El padre los* RIÑO *por haber mentido;* sinón.: **amonestar, sermonear.** ‖ Refiriéndose a batallas, desafíos, etc., ejecutarlos. ‖ irreg. Conj. como **ceñir.**

REO. (Del ingl. *ray trout.*) m. Trucha de mar, pez.

REO. al. **Angeklagte.** fr. **Criminel; accusé.** ingl. **Criminal; culprit.** ital. **Reo.** port. **Réu.** (Del lat. *reus.*) com. Persona que por haber cometido una culpa merece castigo. REO *de muerte.* sinón.: **delincuente.** ‖ *Der.* El demandado en juicio civil o criminal, a diferencia del actor. ‖ – **de Estado.** El que ha cometido un delito contra la seguridad del Estado. ‖ IDEAS AFINES: *Acusado, criminal, culpable, condenado, juicio, veredicto, fiscal, acusador, juez, defensor, abogado, justicia, inocente, absolución, apelar.*

REO, A. (De *reo.*) adj. Criminoso, culpado. ‖ adj. y s. *Arg.* Desastrado; vicioso; vagabundo.

REOCTAVA. f. Antiguo impuesto que por consumos se cobraba en las ventas por menor.

REOCTAVAR. tr. Sacar la reoctava.

REÓFORO. (Del gr. *reos,* corriente, y *phorós,* el que lleva.) m. *Fís.* Cada uno de los conductores que establecen comunicación entre un aparato eléctrico y un generador de corriente.

REOJO (De). m. adv. Dirigiendo la vista con disimulo por encima del hombro. *Mirar* DE REOJO. ‖ fig. Con prevención hostil o enfado.

REÓMETRO. (Del gr. *reos,* corriente, y *metron,* medida.) m. *Fís.* Instrumento para medir corrientes eléctricas. ‖ *Hidr.* Aparato con que se determina la velocidad de una corriente de agua.

REORGANIZACIÓN. f. Acción y efecto de reorganizar.

REORGANIZADOR, RA. adj. Perteneciente o relativo a la organización. ‖ s. Persona que reorganiza.

REORGANIZAR. tr. y r. Volver a organizar alguna cosa. REORGANIZAR *una repartición pública.* ‖ deriv.: **reorganizable.**

REÓSTATO. (Del gr. *reos,* corriente, y *statós,* estable, firme, resistente.) m. *Fís.* Instrumento que se emplea para hacer variar la resistencia en un circuito eléctrico. También se utiliza para medir la resistencia eléctrica de los conductores.

REOTAXIS. (Del gr. *reos,* corriente, y *taxis,* ordenación.) f. *Biol.* Fenómeno por el cual un cuerpo en una corriente de líquido se mueve en dirección opuesta a ésta.

REÓTOMO. (Del gr. *reos,* corriente, y *tomo,* sección.) m. Dispositivo que sirve para abrir o cerrar un circuito eléctrico. sinón.: **interruptor.**

REPACER. (Del lat. *repáscere.*) tr. Pacer el ganado la hierba hasta apurarla. ‖ irreg. Conj. como **pacer.**

REPAGAR. (De *re* y *pagar.*) tr. Pagar cara alguna cosa.

REPAJO. (Del lat. *repágulum,* cerco o seto en que se encierra el ganado.) m. Sitio cerrado con arbustos o matas.

REPANCHIGARSE. (De *re* y *pancho.*) r. Repantigarse.

REPANTIGARSE. (De *re* y el lat. *pántex, -icis,* panza.) f. Arrellanarse en el asiento y extenderse cómodamente.

REPAPILARSE. (De *re* y *papar.*) f. Rellenarse de comida, relamiéndose con ella.

REPARABLE. (Del lat. *reparábilis.*) adj. Que se puede reparar o remediar. *Desperfecto* REPARABLE; sinón.: **subsanable.** ‖ Digno de reparo o atención.

REPARACIÓN. (Del lat. *reparatio, -onis.*) f. Acción y efecto de reparar, componer o enmendar. ‖ Satisfacción de una ofensa, daño o injuria. *Exigió una* REPARACIÓN *por las armas;* sinón.: **desagravio.** ‖ Ejercicio que hacían en las escuelas los alumnos, diciendo la lección y en algunas partes, arguyendo unos a otros.

REPARADA. (De *reparar.*) f. Movimiento extraordinario hecho por el caballo, apartando súbitamente el cuerpo, por haberse espantado o por resabio y malicia.

REPARADO, DA. (Del lat. *reparatus.*) adj. Reforzado, proveído. ‖ Bizco o con otro defecto en los ojos.

REPARADOR, RA. adj. Que repara o mejora alguna cosa Ú.t.c.s. ‖ Que propende a señalar defectos con frecuencia y nimiedad. Ú.t.c.s. ‖ Que restablece las energías. *Sueño* REPARADOR. ‖ Que desagravia por alguna culpa.

REPARAMIENTO. (De *reparar.*) m. Reparo. ‖ Reparación.

REPARAR. al. **Ausbessern; bemerken; ersetzen.** fr. **Raccomoder; remarquer; dédommager.** ingl. **To repair; to notice; to indemnify for.** ital. **Riparare; rimarcare; rimediare.** port. **Reparar.** (Del lat. *reparare.*) tr. Componer, enmendar el daño que ha padecido alguna cosa. REPARAR *el automóvil;* sinón.: **arreglar.** ‖ Mirar con cuidado; advertir una cosa. REPARÉ *en lo cansado que venía el pobre hombre;* sinón.: **observar, percatarse.** ‖ Atender, reflexionar. ‖ Corregir, enmendar, remediar. *Aún había tiempo de* REPARAR *el error.* ‖ Desagraviar. REPARAR *una ofensa.* ‖ Detenerse por algún inconveniente. Ú.t.c.r. ‖ Oponer alguna defensa contra el golpe. ‖ Precaver un daño o perjuicio. ‖ Restablecer las energías. *Una vez que* REPARARON *las fuerzas, siguieron la marcha.* ‖ Dar la última mano al vaciado para quitarle los defectos que quedan del molde. ‖ intr. Detenerse, hacer alto en un lugar. ‖ r. Contenerse. ‖ *Guat.* y *Méx.* Encabritarse el caballo. ‖ deriv.: **reparante; reparativo, va.**

REPARAZ, Antonio de. *Biog.* Compositor esp., autor de más de treinta zarzuelas, siete óperas y otras obras (1833-1886). ‖ – **Gonzalo de.** Sociólogo y escritor esp.; autor de *Origen de las civilizaciones ibéricas; La guerra de Cuba* y otras obras (1860-1939).

REPARISTA. adj. *Amér. Central. Col.* y *P. Rico.* Reparón.

REPARO. m. Restauración, remedio. ‖ Obra hecha para componer una fábrica o edificio deteriorado. ‖ Advertencia, observación sobre alguna cosa. ‖ Duda o inconveniente. ‖ Confortante que se le pone a un enfermo en la boca del estómago. ‖ Cosa puesta para resguardo o defensa. ‖ Mancha o señal en el ojo o en el párpado. ‖ *Esgr.* Parada o quite. ‖ IDEAS AFINES: *Arreglo, indemnización, seguro, póliza, pagar, compostura, rehacer, consejo, indicación, crítica, enmienda.*

REPARÓN, NA. adj. y s. Reparador, fisgón, sinón.: **criticón.**

REPARTIBLE. adj. Que se puede o se debe repartir.

REPARTICION. al. **Verteilung.** fr. **Répartition.** ingl. **Distribution.** ital. **Ripartizione.** port. **Repartição.** f. Acción de repartir. sinón.: **división, distribución.** ‖ *Amér. del S.* Cada una de las ramas en que está dividida la administración pública de una nación.

REPARTIDAMENTE. adv. m. Por parte, en diversas porciones.

REPARTIDERO, RA. adj. Que se ha de repartir.

REPARTIDOR, RA. adj. y s. Que reparte o distribuye. REPARTIDOR *de leche, de pan.* ‖ m. Partidor, lugar en que se hace un reparto de agua. ‖ *Der.* Persona diputada para repartir los negocios en los tribunales.

REPARTIJA. f. *R. de la Plata.* Repartición, especialmente la proveniente de robos o de cualquier botín delictuoso.

REPARTIMIENTO. m. Acción y efecto de repartir. ‖ Instrumento en que consta lo que a cada uno se ha repartido. ‖ Contribución con que se grava a cada uno de los que por voluntad, obligación, o necesidad la aceptan o consienten. ‖ *Der.* Oficio y oficina del repartidor de los tribunales. ‖ – **vecinal.** Derrama entre los vecinos para completar los ingresos del municipio.

REPARTIR. al. **Verteilen.** fr. **Partager; distribuer.** ingl. **To share; to distribute.** ital. **Ripartire, distribuire.** port. **Repartir; distribuir.** tr. Distribuir una cosa entre varias personas dividiéndola por partes. Ú.t.c.r. REPARTIR *el botín;* sinón.: **adjudicar, partir.** ‖ Cargar una contribución por partes. ‖ Dar a cada cosa su adecuada colocación o el destino conveniente.

REPARTO. m. Repartimiento.

REPASADERA. (De *repasar.*) f. Garlopa con hierro que se utiliza para sacar perfiles en la madera.

REPASADOR. m. Rodilla, paño basto que sirve para limpiar o secar.

REPASADORA. f. Mujer que repasa o carmena la lana.

REPASAR. al. **Durchsehen; wiederholen.** fr. **Repasser.** ingl. **To repass; to revise.** ital. **Ripassare.** port. **Repassar.** tr. Volver a pasar por un mismo sitio o lugar. Ú.t.c.intr. REPASAR *por las callejuelas.* ‖ Esponjar y limpiar la lana para cardarla después de teñida. ‖ Volver a mirar o examinar alguna cosa. ‖ Volver a explicar la lección. ‖ Recorrer lo que se ha estudiado o recapacitar sobre lo que se tiene en la memoria. *¿*REPASASTE *el programa?* ‖ Reconocer muy por encima un escrito, pasando por él ligeramente la vista. ‖ Recoser, dar pasos a la ropa que lo necesita. ‖ Revisar una obra ya concluida, para enmendar sus imperfecciones. ‖ *Min.* Mezclar el mineral de plata con azogue y magistral y pisarlo todo hasta lograr la amalgamación.

REPASATA. (Del ital. *ripassata.*) f. fam. Reprensión, corrección.

REPASO. al. **Wiederholung; Durchsicht.** fr. **Révision.** ingl. **Review; revision.** ital. **Revisione; ripassata.** port. **Revisão.** m. Acción y efecto de repasar. ‖ fig. Estudio ligero que se hace de algo que ya se ha visto o estudiado para recordarlo mejor. sinón.: **revisión.** ‖ Reconocimiento de alguna cosa ya hecha, para ver si le falta algo. ‖ fam. Repasata. ‖ IDEAS AFINES: *Vistazo, ojeada, mirada, lectura, revisar, observar, mirar, memoria, examen, comprobar, verificar, recuerdo.*

REPASTAR. tr. Añadir harina, agua, etc., a una pasta para amasarla nuevamente. ‖ Añadir agua al mortero que se haya resecado, para volver a amasarlo.

REPASTAR. tr. Volver el ganado a pastar. ‖ Volver a dar pasto al ganado.

REPASTO. m. Pasto que se agrega al ordinario.

REPATRIACIÓN. f. Acción y efecto de repatriar o repatriarse.

REPATRIADO, DA. adj. y s. Que ha vuelto a su patria.

REPATRIAR. al. **Repatrieren.** fr. **Repatrier.** ingl. **To repatriate.** ital. **Rimpatriare.** port. **Repatriar.** (De *re* y *patria.*) tr., intr. y r. Hacer que uno regrese a su patria. REPATRIAR *los restos de un prócer.*

REPECHAR. intr. Subir por un repecho.

REPECHO. (De *re,* en sentido de oposición, y *pecho.*) m. Cuesta breve y muy pendiente. ‖ **A repecho.** m. adv. Cuesta arriba.

REPEINADO, DA. adj. y s. Dícese de la persona que se adereza con afectación y exceso.

REPEINAR. tr. Volver a peinar.

REPELADURA. f. Segunda peladura.

REPELAR. (De *re* y *pelar.*) tr. Tirar del pelo o arrancarlo. ‖ Hacer dar al caballo una carrera corta. ‖ Cortar las puntas a la hierba. ‖ fig. Cercenar, disminuir. ‖ *Méx.* Exasperar. ‖ Regañar. ‖ intr. Pastar el ganado en un prado donde ya pacieron otros animales. ‖ r. *Chile.* Sentir desazón o arrepentimiento.

REPELENTE. p. a. de **Repeler.** Que repele. ‖ adj. Repulsivo. ‖ *Amér.* Impertinente, cargante. ‖ *Arg.* Antipático.

REPELER. al. **Zurückdrängen; zurücktreiben.** fr. **Repousser.** ingl. **To repel; to repulse.** ital. **Respingere.** port. **Repelir.** (Del lat. *repéllere.*) tr. Arrojar, lanzar una cosa con violencia. *Un barquinazo me* REPELIÓ *de mi asiento.* ‖ Rechazar, contradecir una idea o propensión. sinón.: **rehusar, repudiar.** antón.: **atraer.**

REPELO. (De *re* y *pelo.*) m. Lo que no va al pelo. ‖ Parte pequeña de cualquier cosa que se levanta anormalmente. REPELO *de la pluma, de la madera.* ‖ Conjunto de fibras torcidas de una madera. ‖ fig. y fam. Riña, pendencia ligera. ‖ Repugnancia a ejecutar alguna cosa.

REPELÓN. (De *repelar.*) m. Tirón que se da del pelo. ‖ En las medias, hebra que, saliendo, encoge los puntos inmediatos. ‖ fig. Porción que se toma o saca de una cosa, como arrancándola. ‖ Carrera súbita que da el caballo. ‖ pl. *Min.* Llamas que salen por las hendeduras que de modo accidental se abren en la camisa de los hornos.

REPELÓN. *Geog.* Población del N. de Colombia, en el dep. de Atlántico. 4.500 h. Centro ganadero.

REPELOSO, SA. adj. Dícese de la madera que levanta repelo al labrarla. ‖ fig. y fam. Quisquilloso, rencilloso.

REPELUZNO. m. Escalofrío.

REPELLAR. (De *re* y *pella.*) tr. Arrojar pelladas de yeso o cal a una pared que se está fabricando. ‖ deriv.: **repellador; repellamiento.**

REPENSAR. tr. Volver a pensar con detención, reflexionar. sinón.: **meditar.** ‖ irreg. Conj. como **acertar.**

REPENTE. (Del lat. *repens, -entis,* súbito, repentino.) m. fam. Movimiento súbito de personas o animales. ‖ **De repente.** m. adv. Prontamente, sin preparación, sin pensar. *De* REPENTE *se echó a llorar.*

REPENTINAMENTE. adv. m. **De repente.** *Desapareció* REPENTINAMENTE.

REPENTINO, NA. al. **Plötzlich.** fr. **Soudain.** ingl. **Sudden.** ital. **Repentino.** port. **Repentino.** (Del lat. *repentinus.*) adj. Pronto, imprevisto, no pensado. *Partida, muerte* REPENTINA; sinón.: **inesperado, inopinado.** ‖ IDEAS AFINES: *Rápido, veloz, celeridad, prontitud, impensado, sorpresivo, súbito, brusco, asombroso, increíble, desconcertar, turbar, asombrar.*

REPENTISTA. (De *repente.*) com. Improvisador. ‖ Persona que repentiza.

REPENTIZAR. (De *repente.*) intr. Ejecutar a la primera lectura un instrumentista o un cantante piezas de música.

REPENTÓN. m. fam. aum. de **Repente.**

REPEOR. adj. y adv. fam. Mucho peor.

REPERCUDIDA. (De *repercutir.*) f. Repercusión.

REPERCUDIR. intr. y tr. Repercutir.

REPERCUSIÓN. al. **Rückstoss; Widerhall; Rückwirkung.** fr. **Répercussion.** ingl. **Repercussion.** ital. **Ripercussione; ripercotimento.** port. **Repercussão.** (Del lat. *repercusio, -onis.*) f. Acción y efecto de repercutir. *El descubrimiento de Flemming tuvo* REPERCUSIÓN *en el campo de la medicina*; sinón.: **eco, trascendencia.** ‖ *Pat.* Desaparición brusca de un exantema, tumefacción, etc., y estado morboso que se produce por la aparición en otra parte de la misma o diferente afección; forma especial de metástasis.

REPERCUSIVO, VA. (Del lat. *repercússum,* supino de *repercútere,* repercutir.) adj. *Med.* Aplícase al medicamento que tiene virtud y eficacia de repercutir. Ú.t.c.s.m.

REPERCUTIR. al. **Zurückprallen; sich auswirken.** fr. **Répercuter.** ingl. **To rebound.** ital. **Ripercuotere.** port. **Repercutir.** (Del lat. *repercútere;* de *re* y *percútere,* herir, chocar.) intr. Mudar de dirección un cuerpo al chocar con otro. ‖ Reverberar. ‖ Producir eco el sonido. ‖ fig. Trascender, causar efecto una cosa en otra ulterior. ‖ tr. *Med.* Repeler, hacer que un humor refluya.

REPERTORIO. al. **Register; Spielplan.** fr. **Répertoire.** ingl. **Repertory; repertoire.** ital. **Repertorio.** port. **Repertório.** (Del lat. *repertorium.*) m. Libro o prontuario en que sucintamente se hace mención de cosas notables, remitiéndose a lo expresado más extensamente en otros escritos. ‖ Copia de obras dramáticas o musicales ya ejecutadas por cada actor o cantante principal, o con que un empresario cuenta para su teatro. ‖ Colección de obras o de noticias de una misma clase. ‖ – **de aduanas.** Indicador oficial, clasificado y alfabético, para la aplicación del impuesto. ‖ IDEAS AFINES: *Compendio, resumen, bibliografía, compilar, prólogo, sumario, consulta, tabla, noticia, título, manual, nomenclatura, piezas, temporada, proyectos, concierto.*

REPESAR. tr. Volver a pesar alguna cosa, generalmente para cerciorarse de su primer peso.

REPESO. m. Acción y efecto de repesar. ‖ Lugar que se destina para ello. ‖ Encargado de repesar. ‖ *Col.* Adehala. ‖ **De repeso.** m. adv. Con todo el peso de una mole o cuerpo. ‖ fig. Con toda la fuerza de una autoridad o de la persuasión.

REPETICIÓN. al. **Wiederholung.** fr. **Répétition.** ingl. **Repetition.** ital. **Ripetizione.** port. **Repetição.** (Del lat. *repetitio, -onis.*) f. Acción y efecto de repetir o repetirse. *La* REPETICIÓN *de una advertencia;* sinón.: **reiteración.** ‖ Discurso que sobre determinada materia, componían los catedráticos en las universidades literarias. ‖ Acto literario que solía efectuarse en ciertas universidades antes de recibir el grado mayor. ‖ Lección de hora en dicho acto. ‖ Mecanismo del reloj mediante el cual da la hora siempre que se toca un muelle. ‖ Reloj de repetición. ‖ *Esc.* y *Pint.* Obra de escultura y pintura, o parte de ella, que repite el mismo autor. ‖ *Der.* Acción del que ha sido desposeído, obligado o condenado, contra tercera persona que ha de reintegrarle o responderle. ‖ *Ret.* Figura consistente en repetir de intento palabras o conceptos.

REPETIDAMENTE. adv. m. Con repetición. *La sirena se dejaba oír* REPETIDAMENTE; sinón.: **reiteradamente.**

REPETIDOR, RA. (Del lat. *repetitor.*) adj. Que repite. ‖ m. El que repasa a otro la lección que explicó el maestro o le toma la lección que le fue señalada.

REPETIR. al. **Wiederholen.** fr. **Répéter.** ingl. **To repeat.** ital. **Ripetere.** port. **Repetir.** (Del lat. *repétere.*) tr. Volver a hacer o decir algo. REPITA *ese ejercicio*; sinón.: **reiterar.** ‖ *Der.* Reclamar contra tercero, por causa de evicción, pago o quebranto padecido por el reclamante. ‖ intr. Volver a la boca el sabor de algo que se ha comido o bebido. ‖ Efectuar la repetición en la universidad. ‖ r. *Esc.* y *Pint.* Empléase refiriéndose al artista que por su pobreza de ideas aplica en sus obras los mismos grupos, actitudes, etc. ‖ irreg. Conj. como **pedir.** ‖ IDEAS AFINES: *Insistencia, persistir, eco, recordar, redundancia, coro, estribillo, rima, tartamudo, copia, calco, inspiración, musa, reproducción, imitar, renovarse, cambiar, reincidir, rutina.*

REPETTO, Nicolás. *Biog.* Médico y político arg. de intensa actuación pública. Autor de *Hombres y problemas argentinos; Mi paso por la medicina; Mi paso por la política,* etc. (1871-1965).

REPICAR. al. **Läuten.** fr. **Carillonner.** ingl. **To ring.** ital. **Scampanare.** port. **Repicar.** tr. Picar mucho una cosa; reducirla a partes muy menudas. ‖ Tañer las campanas con determinado compás en señal de fiesta o regocijo. ‖ Dícese también de otros instrumentos. Ú.t.c.intr. ‖ Volver a picar o punzar. ‖ En el juego de los cientos, contar un jugador los noventa puntos antes que cuente uno el contrario. ‖ r. Preciarse, presumir de algo. REPICA *de inteligente;* sinón.: **alardear, jactarse.**

REPICOTEAR. tr. Adornar un objeto con picos, ondas o dientes. ‖ deriv.: **repicoteado, da.**

REPIN, Ilia. *Biog.* Pintor ruso, autor del cuadro *Los barqueros del Volga* y de retratos de campesinos, paisajes y descripción de temas sociales (1844-1930).

REPINALDO. m. Variedad de manzana, grande, alargada, muy olorosa y de sabor exquisito.

REPINARSE. r. Remontarse, elevarse.

REPINTAR. intr. *Pint.* Pintar sobre lo ya pintado o para perfeccionar o restaurar obras. ‖ r. Pintarse o usar de afeites con esmero. ‖ *Impr.* Señalarse la letra de una página en otra por estar reciente la impresión.

REPINTE. m. *Pint.* Segunda pintura hecha en parte de un cuadro con el fin de restaurarla.

REPIQUE. m. Acción y efecto de repicar o repicarse. ‖ fig. Quimera, altercación que tiene uno con otro. ‖ *Méx.* Bravata; insulto.

REPIQUETE. (dim. de *repique.*) m. Repique vivo y rápido de campanas. ‖ Lance o reencuentro. ‖ *Mar.* Bordada corta.

REPIQUETEAR. (De *repique-*

te.) tr. Repicar muy vivamente las campanas u otro instrumento sonoro. || r. fig. y fam. Reñir dos o más personas diciéndose palabras hirientes.

REPIQUETEO. m. Acción y efecto de repiquetear o repiquetearse.

REPISA. al. **Kragstein.** fr. **Console.** ingl. **Mantelpiece; shelf.** ital. **Mensola.** port. **Cachorro.** (De *re* y *piso.*) f. Especie de ménsula larga que sirve para sostener objetos de utilidad o adorno, o de piso a un balcón etc.

REPISAR. tr. Volver a pisar. || Apisonar. || fig. Encomendar con ahinco algo a la memoria.

REPISO. (De *repisar.*) m. Vino de calidad inferior, hecho de la uva repisada.

REPITIENTE. p. a. de **Repetir.** Que repite y sustenta en escuelas la repetición. Ú.t.c.s.

REPIZCAR. (De *re* y *pizcar.*) tr. Pellizcar.

REPIZCO. (De *repizcar.*) m. Pellizco.

REPLANTAR. tr. Volver a plantar en el suelo o lugar que ha estado plantado. || Trasplantar. || deriv.: **replantación.**

REPLANTEAR. (De *re* y *plantear.*) tr. Trazar en el suelo o sobre el plano de cimientos la planta de una obra proyectada. || deriv.: **replanteo.**

REPLECIÓN. (Del lat. *repletio, -onis.*) f. Calidad de repleto. sinón.: **abundancia, hartura;** antón.: **escasez, falta.**

REPLEGAR. (Del lat. *replicare;* de *re* y *plicare*, plegar.) tr. Plegar o doblar muchas veces. REPLEGAR *una sábana.* || r. *Mil.* Retirarse ordenadamente las tropas avanzadas. Ú.t.c.tr. sinón.: **retroceder;** antón.: **avanzar.** || irreg. Conj. como **acertar.**

REPLETAR. tr. Rellenar, colmar. || r. Ahitarse, hartarse.

REPLETO, TA. (Del lat. *repletus*, p. p. de *replere*, llenar de nuevo.) adj. Muy lleno. Dícese comúnmente de la persona muy llena de humores o de comida. sinón.: **ahito, harto.**

RÉPLICA. al. **Erwiderung.** fr. **Réplique.** ingl. **Reply; replica.** ital. **Replica.** port. **Réplica.** f. Acción de replicar. || Argumento o expresión con que se replica. || Copia de una obra artística que reproduce con extrema fidelidad la original. *Una* RÉPLICA *de la Venus de Milo.* || *Der.* Segundo escrito del actor en el juicio de mayor cuantía para impugnar la contestación y la reconvención, si la hubo, y fijar los puntos litigiosos. || IDEAS AFINES: *Contestar, argüir, manifestar, discurso, aclaración, debate, interrupción, ataque, defensa, disentir, oponerse, diatriba, declaración contrario, adversario, opositor.*

REPLICADOR, RA. adj. y s. Que replica frecuentemente.

REPLICAR. al. **Erwidern.** fr. **Répliquer.** ingl. **To reply.** ital. **Replicare.** port. **Replicar.** (Del lat. *replícare.*) intr. Argüir contra la respuesta o argumento. sinón.: **impugnar, oponer.** || Responder, como impugnando lo que otro dice o manda. Ú.t.c.tr. REPLICABA, *con altanería, mis instrucciones.* || tr. ant. Repetir lo dicho. || *Der.* Presentar el actor en juicio ordinario el escrito de réplica. || deriv.: **replicable; replicación: replicante.**

REPLICATO. (De *replicar.*) m. Réplica con que uno repugna lo que otro dice u ordena. || *Der.* Réplica del actor a la respuesta del reo.

REPLICÓN, NA. (De *replicar.*) adj. y s. Replicador.

REPLIEGUE. m. Pliegue doble. *Los* REPLIEGUES *de una falda.* || *Mil.* Acción y efecto de replegarse las tropas.

REPO. (Del arauc. *repu.*) m. *Chile.* Arbusto verbenáceo especie de arrayán grande, pues llega a seis metros de altura; tiene hojas opuestas o alternadas y aovadas, y flores solitarias moradas y drupas azules. Su madera es muy dura, y de ella hacían los indios el palito con que, ludiendo con otro, sacaban fuego.

REPOBLACIÓN. al. **Wiederbevölkerung.** fr. **Repopulation.** ingl. **Repopulation.** ital. **Ripopolamento.** port. **Repovoação.** f. Acción y efecto de repoblar o repoblarse. || Conjunto de árboles o especies vegetales en terrenos repoblados.

REPOBLAR. tr. y r. Volver a poblar. || irreg. Conj. como **poblar.**

REPODAR. (De *re* y *podar.*) tr. Recortar los troncos o ramas que al podar no quedaron bien cortados.

REPODRIR. tr. y r. **Repudrir.** || irreg. Conj. como **podrir.**

REPOLLAR. (Del lat. *repullulare*, arrojar hojas.) intr. y r. Formar repollo. Dícese de algunas plantas y de sus hojas.

REPOLLO. al. **Kohlkopf.** fr. **Chou pommé.** ingl. **Cabbage.** ital. **Cavolo.** port. **Repolho.** (De *repollar.*) m. Variedad cultivada de col, de hojas comprimidas y tan estrechamente unidas que forman una especie de cabeza. || Grumo que forman varias plantas como la lombarda repolluda. || De forma de repollo. || Dícese de la persona gruesa y chica.

REPOLLUELO. m. dim. de *Repollo.*

REPONER. al. **Wiederhinstellen.** fr. **Remettre; replacer.** ingl. **To replace.** ital. **Riporre; rimettere.** port. **Repor.** (Del lat. *reponere.*) tr. Volver a poner; colocar a una persona o cosa en el empleo o lugar que antes tenía. REPONER *en el mando;* sinón.: **reinstalar, restablecer;** antón.: **deponer, separar.** || Reemplazar lo que falta o lo que se había sacado de alguna parte. REPONER *las bajas;* sinón.: **reparar.** || Replicar, oponer. || Retrotraer la causa o pleito a un estado determinado o reformar un auto o providencia el juez que lo dictó. || r. Recobrar la salud o los bienes. *En el campo, se* REPUSO; sinón.: **fortalecerse, vigorizarse;** antón.: **debilitarse.** || Apaciguarse, tranquilizarse. || irreg. Conj. como **poner.**

REPORTACIÓN. f. Sosiego, moderación.

REPORTAJE. m. Entrevista que un reportero hace a determinada persona para recoger de ella noticias u opiniones para después publicarlas. || Información periodística obtenida de este modo.

REPORTAMIENTO. m. Acción y efecto de reportar o reportarse.

REPORTAR. (Del lat. *reportare.*) tr. Refrenar una pasión de ánimo o al que la tiene. Ú.t.c.r. sinón.: **moderar, reprimir;** antón.: **desatar.** || Lograr, conseguir, obtener. || Producir una cosa algún beneficio. *Quizá le* REPORTARÍA *mayor provecho dedicarse al comercio.* || Traer o llevar. || Reproducir en la piedra una prueba litográfica para multiplicar la impresión de un mismo dibujo.

REPORTE. (De *reportar*, hacer o llevar.) m. Noticia, suceso o novedad. || Chisme, noticia para enemistar. || *Impr.* Prueba litográfica con la que se estampa de nuevo un dibujo en otras piedras, multiplicando así la impresión.

REPORTEAR. tr. Entrevistar el reportero a una persona con el objeto de publicar sus declaraciones.

REPÓRTER. m. Anglicismo por **reportero.**

REPORTERIL. adj. Perteneciente al reportero o a su oficio. *Vivacidad* REPORTERIL.

REPORTERISMO. m. Oficio de reportero.

REPORTERO, RA. adj. y s. Dícese del periodista que se dedica a los reportes o noticias. || IDEAS AFINES: *Reportaje, entrevista, charla, visita, declaración, suceso, opinión, novedad, información, periódico, diario, revista, semanario, publicación, prensa, imprenta, edición, tirada, ejemplar, máquina de escribir.*

REPORTISTA. m. Litógrafo práctico en reportar pruebas litográficas.

REPORTORIO. m. Almanaque. || ant. Repertorio.

REPOSADAMENTE. adv. m. Con reposo. *Habló* REPOSADAMENTE; sinón.: **sosegadamente, tranquilamente;** antón.: **agitadamente, exaltadamente.**

REPOSADERO. (De *reposar.*) m. *Metal.* Pileta puesta en la parte extrema de los hornos, para recibir el metal fundido que sale por la piquera.

REPOSADO, DA. adj. Quieto, sosegado, tranquilo. *Ademán* REPOSADO; sinón.: **pacífico, sereno;** antón.: **exaltado, nervioso.**

REPOSAR. al. **Ruhen.** fr. **Reposer.** ingl. **To repose; to rest.** ital. **Riposare.** port. **Repousar.** (Del lat. *repausare*, de *re* y *pausare*, detenerse, descansar.) intr. Descansar, suspender la fatiga o el trabajo. Ú.t.c.tr. en la frase reposar la comida. *Luego que* REPOSARON *al mediodía, continuaron arando.* || Descansar durmiendo un breve sueño. Ú.t.c.r. REPOSÓ *en una hamaca.* || Permanecer en quietud y paz y sin alteración una persona o cosa. Ú.t.c.r. || Estar enterrado, yacer. Ú.t.c.r. *Aquí* REPOSAN *mis mayores.* || r. Refiriéndose a líquidos, posarse. Ú.t.c.intr.

REPOSERA. (De *reposo.*) f. *Arg.* Tumbona, silla de tijera con asiento y respaldo de lona. sinón.: **hamaca.**

REPOSICIÓN. al. **Wiederhinstellung.** fr. **Réplacement; rétablissement.** ingl. **Replacement; reinstatement.** ital. **Riposizione.** port. **Reposição.** (Del lat. *repositio, -onis.*) f. Acción y efecto de reponer o reponerse. REPOSICIÓN *de una obra teatral.*

REPOSITORIO. (Del lat. *repositórium*, armario, alacena.) m. Lugar donde se guarda una cosa.

REPOSO. al. **Ruhe.** fr. **Repos.** ingl. **Rest; repose.** ital. **Riposo.** port. **Repouso.** m. Acción y efecto de reposar o reposarse. *Nada turbe mi* REPOSO; sinón.: **sosiego, tranquilidad;** antón.: **agitación, inquietud.**

REPOSTERÍA. al. **Konditorei.** fr. **Pâtisserie.** ingl. **Confectionery.** ital. **Pasticceria.** port. **Pastelaria.** (De *repostero.*) f. Oficina donde se hacen y venden dulces, pastas, fiambres, embutidos, y algunas bebidas. || En algunas partes, despensilla para guardar esta clase de provisiones. || Lugar donde se guarda la platería y demás perteneciente al servicio de mesa. || Empleo de repostero mayor de la casa de los antiguos reyes de Castilla. || Conjunto de provisiones e instrumentos pertenecientes al oficio de repostero. || Gente empleada en este menester.

REPOSTERO, RA. al. **Konditor.** fr. **Pâtissier.** ingl. **Pastry cook.** ital. **Pasticciere.** port. **Pasteleiro.** (Del lat. *repositorius.*) s. Quien tiene por oficio preparar pastas, dulces y algunas bebidas. || m. El que en los palacios de los antiguos reyes y señores se encargaba del orden y custodia de todo lo perteneciente a un ramo de servicio como el de cama, de estrado, etc. || Paño cuadrado, con las armas del príncipe o señor, que se pone sobre las cargas de las acémilas o se cuelga en las antecámaras y los balcones.

REPREGUNTA. f. *Der.* Segunda pregunta que hace al testigo el litigante contrario al que la presenta para contrastar su veracidad o para completar la indagación.

REPREGUNTAR. tr. *Der.* Proponer o hacer repreguntas al testigo.

REPREHENDER. (Del lat. *reprehéndere.*) tr. Reprender.

REPREHENSIBLE. (Del lat. *reprehensíbilis.*) adj. Reprensible.

REPREHENSIÓN. (Del lat. *reprehensio, -onis.*) f. Reprensión.

REPRENDER. al. **Tadein; rügen.** fr. **Réprimender; blâmer.** ingl. **To reprehend; to scold.** ital. **Ammonire; correggere.** port. **Repreender.** (Del lat. *reprehéndere*, de *re*, y *prehéndere*, coger.) tr. Corregir, amonestar a alguien, desaprobando algo que ha dicho o hecho. REPRENDIÓ *a su hijo por haber mentido;* sinón.: **reñir, retar;** antón.: **encomiar, felicitar.** || deriv.: **reprendedor, ra; reprendiente.**

REPRENSIBLE. (De *reprehensible.*) adj. Digno de reprensión. *Descuido, pereza* REPRENSIBLE; sinón.: **censurable, reprobable.**

REPRENSIÓN. al. **Tadel; Rüge.** fr. **Répréhension.** ingl. **Reprehension.** ital. **Riprensione; biasimo.** port. **Repreensão.** (Del lat. *reprensio, -onis.*) f. Acción de reprender. || Expresión o razonamiento con que se reprende. || *Der.* Pena consistente en amonestar al reo, considerada grave o leve según el tipo de tribunal. || IDEAS AFINES: *Reprimenda, admonición, corrección, sermón, penitencia, castigo, arrepentirse, enmendarse, remordimiento, conciencia.*

REPRENSOR, RA. (Del lat. *reprehénsor.*) adj. y s. Que reprende.

REPRESA. al. **Stauung.** fr. **Écluse.** ingl. **Dam.** ital. **Serra; chiusa.** port. **Represa.** (De *represar.*) f. Acción de represar o recobrar. || Estancación que se hace de una cosa, y principalmente del agua que se detiene y se extiende. sinón.: **embalse.** || fig. Detención de ciertas cosas inmateriales; como de los afectos y pasiones del ánimo. || IDEAS AFINES: *Dique, esclusa, compuerta, canal, estancar, lago, regar, distribuir, canalizar, inundación, crecida, diluvio, lluvia, avenida, ceder, catástrofe, tormenta.*

REPRESALIA. al. **Repressalien.** fr. **Représaille.** ingl. **Reprisal.** ital. **Rappresaglia.** port. **Represália.** (Del b. lat. *repraesaliae*, y éste del lat. *reprehensus*, p. p. de *reprehéndere*, volver a coger.) f. Derecho que se arrogan los enemigos para causarse, recíprocamente, igual o mayor daño que el que han recibido. Ú.m. en pl. || Retención de los bienes de una nación con la que se está en guerra, o de sus súbditos. Ú.m. en pl. || Trato de rigor, que sin llegar a ruptura de relaciones, un gobierno adopta contra otro para vengarse o satisfacerse de una acción agraviante. || Por ext., el perjuicio que un particular causa a otro en venganza de un agravio.

REPRESAR. (Del lat. *reprehensare*, frec. de *reprehéndere*, reprender.) tr. Detener, estancar el agua corriente. Ú.t.c.r. sinón.: **embalsar.** || Rescatar de los enemigos la embarcación que habían apresado. || fig. Detener, reprimir. Ú.t.c.r.

REPRESENTABLE. adj. Que se puede representar o hacer visible.

REPRESENTACIÓN. al. **Vorstellung.** fr. **Représentation.** ingl. **Representation; performance.** ital. **Rappresentazione.** port. **Representação.** (Del lat. *repraesentatio, -onis.*) f. Acción y efecto de representar o representarse. || Función de teatro. *La comedia llegó a las mil* REPRESENTACIONES. || Autoridad, dignidad, carácter de la persona. *Era el hombre de más* REPRESENTACIÓN *en aquella comarca.* || Imagen o idea que substituye a la realidad. || Súplica apoyada en razones o comprobantes que se dirige a un superior. *Los agricultores elevaron una* REPRESENTACIÓN *al gobierno.* || Conjunto de personas que representan a una colectividad, entidad o corporación. || Derecho de una persona a ocupar para la sucesión en una herencia, el lugar de otra persona difunta. || — **proporcional.** Sistema electoral que con circunscripción única o muy extensa y división de los votos por el número de puestos que han de proveerse permite acomodar el número de elegidos de cada partido al de sus electores. || IDEAS AFINES: *Recordar, memoria, remembranza, expresar, manifestar, ideal, emblema, símbolo, prototipo, dibujo, plan, bosquejo, croquis, esbozo.*

REPRESENTADOR, RA. adj. Que representa. || Representante, actor.

REPRESENTANTA. f. Actriz.

REPRESENTANTE. al. **Vertreter.** fr. **Représentant.** ingl. **Representative.** ital. **Rappresentante.** port. **Representante.** p. a. de **Representar.** Que representa. || com. Persona que representa a una corporación. sinón.: **delegado.** || Comediante.

REPRESENTAR. al. **Vorstollen; Vertreten.** fr. **Représenter.** ingl. **To represent; to perform.** ital. **Rappresentare.** port. **Representar.** (Del lat. *repraesentare.*) tr. Hacer presente alguna cosa con palabras o figuras retenidas por la imaginación. || Informar, referir. || Manifestar uno el afecto que posee. || Recitar o ejecutar un drama en público. REPRESENTARON *un auto sacramental.* || Substituir a alguien. REPRESENTARÉ *a la madrina en el bautizo; sinón.:* **suplir.** || Ser imagen de una cosa o imitarla a la perfección. || Aparentar una persona determinada edad. *Elena* REPRESENTA *cuarenta años.* || ant. Presentar.

REPRESIÓN. al. **Unterdrückung.** fr. **Repression.** ingl. **Repression.** ital. **Repressione.** port. **Repressão.** (Del lat. *représsum*, supino de *reprímere*, reprimir.) f. Acción y efecto de represar o represarse. || Acción y efecto de reprimir o reprimirse.

REPRESIVO, VA. adj. Dícese de lo que reprime. *Edicto* REPRESIVO; sinón.: **restrictivo.**

REPRESOR, RA. adj. y s. Que reprime.

REPRIMENDA. (Del lat. *reprimenda*, cosa que debe reprimirse.) f. Represión vehemente y prolija. sinón.: **regaño, reconvención.**

REPRIMIR. al. **Unterdrücken.** fr. **Réprimer.** ingl. **To repress.** ital. **Reprimere.** port. **Reprimir.** (Del lat. *reprímere*, de *re* y *prémere*, oprimir.) tr. y r. Contener, refrenar, moderar. *Apenas podía* REPRIMIR *la risa*; antón.: **lanzar, soltar.**

REPRISAR. (Del fr. *repriser.*) tr. Galicismo por reponer, repetir.

REPRISE. (Voz francesa.) f. Galicismo por reposición, repetición.

REPROBABLE. (Del lat. *reprobábilis.*) adj. Digno de reprobación o que puede reprobarse. *Egoísmo* REPROBABLE; sinón.: **censurable, vituperable;** antón.: **elogiable, encomiable.**

REPROBACIÓN. (Del lat. *reprobatio, -onis.*) f. Acción y efecto de reprobar. sinón.: **reconvención, reprensión.**

REPROBADAMENTE. adv. m. Con reprobación. sinón.: **censurablemente, condenablemente.**

REPROBADO, DA. (Del lat. *reprobatus.*) adj. y s. Réprobo.

REPROBADOR, RA. (Del lat. *reprobátor.*) adj. y s. Que reprueba. *Ceño* REPROBADOR; sinón.: **censurador, condenador.**

REPROBAR. al. **Missbilligen; im Examen durchfallen lassen.** fr. **Réprouver.** ingl. **To reprouve; to disapprove.** ital. **Riprovare.** port. **Reprovar.** (Del lat. *reprobare.*) tr. No aprobar, considerar malo o erróneo. *Muchos* REPRUEBAN *en otros, lo que ellos hacen diariamente*; sinón.: **condenar, criticar;** antón.: **alabar, elogiar.** ‖ irreg. Conj. como **contar.** ‖ deriv.: **reprobatorio, ria.**

RÉPROBO, BA. al. **Verdammt.** fr. **Réprouvé.** ingl. **Reprobate.** ital. **Reprobo.** port. **Réprobo.** (Del lat. *réprobus.*) adj. y s. Condenado a las penas eternas. sinón.: **precito.** ‖ fig. y fam. Malvado, infame. ‖ IDEAS AFINES: *Apóstata, hereje, impío, pagano, idólatra, renegado, Infierno, sufrimiento, condena, fetiche, tótem, ateo, incrédulo, antirreligioso, infiel, sacrílego.*

REPROCHABLE. adj. Que puede reprocharse o es digno de reproche. *Olvido* REPROCHABLE.

REPROCHADOR, RA. s. Persona que reprocha ‖ Que acostumbra reprochar.

REPROCHAR. al. **Vorwerfen.** fr. **Reprocher.** ingl. **To reproach.** ital. **Rinfacciare.** port. **Reprochar.** (En port. *reprochar*; en fr. *reprocher.*) tr. y r. Reconvenir, echar en cara. *Le* REPROCHÓ *su ingratitud.*

REPROCHE. m. Acción de reprochar. ‖ Expresión con que se reprocha. sinón.: **reconvención.**

REPRODUCCIÓN. al. **Wiedergabe; Vermehrung.** fr. **Reproduction.** ingl. **Reproduction.** ital. **Riproduzione.** port. **Reprodução.** f. Acción y efecto de reproducir o reproducirse. *La* REPRODUCCIÓN *de un tumor.* ‖ Cosa reproducida. *Esta* REPRODUCCIÓN *de Miguel Ángel es buena*; sinón.: **copia, imitación.**

● **REPRODUCCIÓN.** *Fisiol.* Proceso mediante el cual los seres vivos producen seres semejantes a sí mismos. La **reproducción** tiene por objeto la conservación de la especie y se verifica generalmente cuando el organismo ha adquirido su desarrollo completo; utiliza, entonces, sus sobrantes de asimilación en favor de la especie, dando origen a nuevos seres. La **reproducción** puede ser vegetativa o asexual, y generativa o sexual. La primera es la que no requiere el concurso de seres de diferente sexo y puede efectuarse por división endógena, como en los hongos; por brotación o gemación, como es frecuente en las levaduras; por división directa, como en los linfocitos, y por división indirecta, que es la más común. La **reproducción** sexual o generativa se produce por unión de dos células reproductoras o gametos de diferente sexo; de la fusión de los gametos, o sea de la fecundación, resulta el huevo fecundado. La forma más común de la **reproducción** sexual es la llamada ortogénica, en la que los sexos se encuentran separados en individuos distintos. En el género humano la **reproducción** es sexual y ortogénica, y está caracterizada por el desarrollo, en dos clases de órganos, de los huevos u óvulos y los espermatozoides o zoospermos. Los primeros se desarrollan en los órganos femeninos u ovarios y los segundos en los masculinos o testículos. La fecundación se realiza mediante la penetración del espermatozoide en el óvulo.

REPRODUCIR. al. **Wiedergeben; reproduzieren.** fr. **Reproduire; renouveler.** ingl. **To reproduce.** ital. **Riprodurre.** port. **Reproduzir.** tr. Volver a producir o producir de nuevo. Ú.t.c.r. ‖ Copiar, imitar. REPRODUCIR *una obra maestra.* ‖ Volver a hacer presente lo que se dijo o alegó con anterioridad. sinón.: **repetir.** ‖ r. Propagarse o conservarse las especies vegetales o animales. *El quetzal no se* REPRODUCE *en cautividad;* sinón.: **multiplicarse.** ‖ irreg. Conj. como **conducir.**

REPRODUCTIVO, VA. adj. Que produce beneficio o provecho.

REPRODUCTOR, RA. (De *re* y *productor.*) adj. y s. Que reproduce. ‖ s. Animal destinado a mejorar su raza.

REPROMISIÓN. (Del lat. *repromissio, -onis.*) f. Promesa repetida.

REPROPIARSE. (De *repropio.*) r. Resistirse la caballería a obedecer al que la rige.

REPROPIO, PIA. (De *re* y *propio.*) adj. Aplícase a la caballería que se repropia.

REPRUEBA. f. Nueva prueba sobre la ya dada.

REPS. (Voz fr.) m. Tela de seda o lana, fuerte y bien tejida, empleada en tapicería.

REPTANTE. p. a. de **Reptar.** Que repta o anda arrastrándose.

REPTAR. (Del lat. *reputare*, imputar.) tr. ant. Retar.

REPTAR. intr. Andar arrastrándose, como algunos reptiles.

REPTIL. al. **Reptil.** fr. **Reptile.** ingl. **Reptile.** ital. **Rettile.** port. **Reptil.** (Del lat. *réptilis*, de *réptum*, supino de *répere*, arrastrarse.) adj. *Zool.* Dícese de los animales vertebrados, ovíparos, u ovovivíparos, de sangre de temperatura variable, corazón con dos aurículas y un ventrículo, circulación doble incompleta, respiración pulmonar, piel cubierta de escamas o escudos, y miembros atrofiados o reducidos de tal modo, que muchos caminan rozando el suelo con el vientre o directamente sobre él; como el lagarto, la serpiente y el galápago. Ú.t.c.s. ‖ m. pl. *Zool.* Clase de estos animales.

REPÚBLICA. al. **Republik.** fr. **République.** ingl. **Republic.** ital. **Repubblica.** port. **República.** (Del lat. *respublica.*) f. Estado, cuerpo político. ‖ Forma de gobierno representativo en que el poder reside en el pueblo, personificado éste por un jefe supremo llamado presidente. ‖ Municipio, habitantes y ayuntamiento. ‖ Causa pública, el común o su utilidad. ‖ – **de las letras** o **literaria.** Conjunto de los hombres sabios y eruditos.

● **REPÚBLICA.** *Pol.* El derecho político define a la **república** como la forma de Estado o el sistema de gobierno en el cual el poder público no reside en una persona, como en la monarquía tradicional, sino que pertenece a una agrupación (minoría de hombres libres en la Grecia antigua; familias nobles en las ciudades italianas del Renacimiento), a una clase social (la burguesía en los municipios de la Edad Media), a un partido político (algunos sistemas totalitarios modernos) o a la totalidad de los ciudadanos (las democracias, especialmente a partir del s. XIX). Ya Platón, en su célebre obra didáctica *La República*, intentó sentar las bases de un Estado ideal en que imperase la justicia como medio y como fin. Empero, el concepto de **república**, que la mayor parte de los tratadistas contemporáneos considera casi indisolublemente unido al de democracia, ha evolucionado; no siempre implicó, necesariamente, la integridad del principio de soberanía ejercida por una mayoría de hombres libres investidos de derechos políticos. Las **repúblicas** antiguas tenían una mayoría de esclavos que dependían de una reducida minoría de hombres libres; la libertad existía solamente para un grupo o clase, que la entendía y usufructuaba como una participación en el poder mediante el gobierno directo. Las **repúblicas** medievales (Florencia, Venecia, Pisa, etc.) descansaban sobre la división del pueblo en clases opuestas, de las cuales algunas gozaban de privilegios; semejantes fueron los sistemas republicanos que existieron en los cantones helvéticos y en los Países Bajos. Desde el s. XVIII la **república** tendió a una concepción más integral, que inaugura Estados Unidos y le da vigencia universal la Revolución Francesa. Que la **república** es un Estado cuya soberanía pertenece a la nación y por ende al pueblo, es la conclusión más avanzada y moderna; pero puede pertenecer también a una fracción del pueblo y es entonces una **república** aristocrática u oligárquica. Bajo la conformación republicana, el pueblo puede ejercer funciones de gobierno por sí mismo (gobierno directo) o por asambleas o cuerpos expresamente elegidos (gobierno representativo) e investidos, asimismo, de derechos de fiscalización sobre un poder ejecutivo (gobierno parlamentario). Por otra parte, la **república** puede adoptar el sistema federal, como en Estados Unidos, Suiza, Argentina, etc., o el unitario, como en Francia, Uruguay y otros países. La organización de los poderes de gobierno y la vigencia de los derechos políticos de los ciudadanos, se restringen o se amplían dentro de la estructura republicana, en la medida en que se diferencian los núcleos sociales o los países en que se practican o ejercen, bajo el imperio de peculiares condiciones históricas, sociales, económicas, etc.

REPÚBLICA, La. *Lit.* Tratado político de Platón, compuesto alrededor del año 392 a. de C. y donde moral y política se identifican.

REPUBLICAN. *Geog.* Río del centro de los EE.UU. Nace en el Estado de Colorado y des. en el Kansas. 800 km.

REPUBLICANISMO. m. Condición de republicano. ‖ Sistema político en que se proclama la forma republicana para gobernar un Estado. ‖ Afección a este sistema de gobierno.

REPUBLICANO, NA. al. **Republikanisch.** fr. **Républicain.** ingl. **Republican.** ital. **Repubblicano.** port. **Republicano.** adj. Perteneciente o relativo a la república (forma de gobierno). *Constitución* REPUBLICANA. ‖ Dícese del ciudadano de una república. Ú.t.c.s. ‖ Partidario de esta clase de gobierno. Ú.t.c.s. ‖ m. Repúblico, patricio. ‖ m. Pájaro del sur de África, de pico cónico, cola corta y ancha y plumaje obscuro y manchado. Se le conoce por ese nombre porque vive en bandadas.

REPÚBLICO. m. Hombre de representación capaz de desempeñar un oficio público importante. ‖ Estadista, persona versada en ciencia política.

REPUDIACIÓN. (Del lat. *repudiatio, -onis.*) f. Acción y efecto de repudiar o renunciar. sinón.: **aborrecimiento, repulsión.**

REPUDIAR. al. **Verstossen.** fr. **Répudier.** ingl. **To repudiate.** ital. **Ripudiare.** port. **Repudiar.** (Del lat. *repudiare.*) tr. Desechar o repeler a la mujer propia. ‖ Renunciar, hacer dejación. ‖ Rechazar, refutar. REPUDIAMOS *la explotación del hombre por el hombre.* ‖ – **la herencia.** No aceptarla.

REPUDIO. (Del lat. *repudium.*) m. Acción y efecto de repudiar a la esposa.

REPUDRIR. tr. Pudrir mucho. Ú.t.c.r. ‖ r. fig. y fam. Consumirse interiormente por alguna aflicción disimulada. ‖ irreg. Conj. como **pudrir.**

REPUESTO, TA. (Del lat. *repósitus.*) p. p. irreg. de **Reponer.** adj. Apartado, escondido. ‖ m. Prevención de cosas para cuando sean necesarias. *Un neumático de* REPUESTO. Pieza o parte de un mecanismo que se tiene dispuesta para substituir a otra; recambio. ‖ Aparador o mesa en que está preparado todo lo necesario para el servicio de la comida. ‖ Habitación en que se pone el aparador. ‖ Puesta, cantidad disputada en ciertos juegos. ‖ **De repuesto.** m. adv. De prevención.

REPUGNANCIA. al. **Widerwille; Ekel.** fr. **Répugnance; dégout.** ingl. **Repugnance; reluctance.** ital. **Ripugnanza.** port. **Repugnancia.** (Del lat. *repugnantia.*) f. Oposición o contradicción entre dos cosas. ‖ Tedio, aversión a las personas o cosas. ‖ Resistencia que se opone a consentir o hacer alguna cosa. ‖ *Fil.* Incompatibilidad de dos atributos o cualidades de una misma cosa. ‖ IDEAS AFINES: *Asco, repulsión, repelente, aversión, terrible, honor, imposible, antipatía, disgusto, incómodo, molesto, infecto, sucio, execrable.*

REPUGNANTE. (Del lat. *repugnans, -antis.*) p. a. de **Repugnar.** Que repugna. ‖ adj. Que causa repugnancia o aversión. *Olor* REPUGNANTE; sinón.: **asqueroso, desagradable.** ‖ deriv.: **repugnantemente.**

REPUGNAR. al. **Zuwidersein; anekeln.** fr. **Répugner; dégouter.** ingl. **To oppose; to disgust.** ital. **Ripugnare.** port. **Repugnar.** (del lat. *repugnare.*) tr. Ser opuesta una cosa a otra. Ú.t.c.r. ‖ Contradecir o negar algo. ‖ Rehusar, hacer algo de mala gana o admitirlo con dificultad. *Le* REPUGNA *firmar la pena de muerte*; antón.: **aceptar.** ‖ *Fil.* No poderse unir o concertar dos cosas o cualidades.

REPUJADO. m. Acción y efecto de repujar. ‖ Obra repujada.

REPUJAR. (De *re* y *pujar*, aumentar.) tr. Labrar a martillo chapas metálicas de manera que en una de sus caras queden figuras de relieve; o hacerlas resaltar en cuero u otra materia adecuada.

REPULGADO, DA. (De *repulgar.*) adj. fig. y fam. Afectado excesivamente en los hechos o dichos.

REPULGAR. (De *re* y *pulgar.*) tr. Hacer repulgos.

REPULGO. (De *repulgar.*) m. Dobladillo de la ropa. ‖ Borde labrado que suele hacerse a las empanadas o pasteles. ‖ Excrecencia que a veces se forma en las heridas de los árboles. ‖ **Repulgos de empanada.** fig. y fam. Escrúpulos vanos y ridículos.

REPULIDO, DA. (De *repulir.*) adj. Acicalado, peripuesto.

REPULIR. tr. Volver a pulir. ‖ Acicalar, componer con excesiva afectación. Ú.t.c.r.

REPULSA. (Del lat. *repulsa.*) f. Acción y efecto de repulsar.

REPULSAR. (Del lat. *repulsare.*) tr. Desechar, despreciar una cosa; negar algo que se pide.

REPULSIÓN. (Del lat. *repulsio, -onis.*) f. Acción y efecto de repeler. ‖ Repulsa. ‖ Repugnancia, aversión. *Un ebrio me produce* REPULSIÓN; antón. **atracción, simpatía.**

REPULSIVO, VA. (De *repulso.*) adj. Que puede repulsar. ‖ Que produce repulsión o aversión. sinón.: **asqueroso, repelente.**

REPULLO. m. Rehilete, flechilla. ‖ Movimiento violento, especie de salto, que se produce en el cuerpo por sorpresa o susto. ‖ fig. Demostración exterior y súbita de la sorpresa que produce alguna cosa imprevista.

REPUNTA. f. Punta o cabo de tierra más saliente que otros cercanos. ‖ fig. Indicio o primera manifestación de algo. ‖ fig. y fam. Desazón, contienda. ‖ *Col.* y *Perú.* Creciente de río.

REPUNTAR. (De *re* y *punta.*) intr. Empezar la marea para creciente o para menguante. *Cuando* REPUNTÓ *el río la embarcación zafó de la varadura*; sinón.: **crecer.** ‖ Volver una cosa a aumentar, subir o mejorar. ‖ *Arg., Col.* y *Perú.* Volver a subir un río o laguna que estaba bajando. ‖ *Cuba, Chile* y *Méx.* Comenzar a notarse alguna cosa, especialmente una enfermedad. ‖ tr. *Chile* y *R. de la Plata.* Juntar los animales que se han dispersado por el campo o durante el camino. ‖ r. Empezar a avinagrarse el vino. ‖ fig. y fam. Indisponerse ligeramente una persona con otra.

REPUNTE. m. Acción y efecto de repuntar la marea. ‖ *Amér.* Acción y efecto de repuntar. ‖ *R. de la Plata.* Alza de precios. Ú. especialmente en los negocios de bolsa.

REPURGAR. (Del lat. *repurgare.*) tr. Volver a limpiar o purificar alguna cosa.

REPUTACIÓN. al. **Ansehen.** fr. **Réputation.** ingl. **Reputation.** ital. **Riputazione.** port. **Reputação.** f. Fama, opinión común sobre algo. *Cuidado de la buena* REPUTACIÓN *de un hotel*; sinón.: **prestigio, renombre.**

REPUTAR. al. **Schätzen.** fr. **Réputer.** ingl. **To repute; to estimate.** ital. **Reputare.** port. **Reputar.** (Del lat. *reputare.*) tr. Juzgar o formar concepto de la calidad o estado de una persona o cosa. || Apreciar, reconocer el mérito. *Esta orquesta está* REPUTADA *como la mejor.* || deriv.: **reputante.**

REQUEBRADOR, RA. adj. y s. Que requiebra.

REQUEBRAJO. m. desp. de **Requiebro,** piropo.

REQUEBRAR. al. **Komplimente machen; schmeicheln.** fr. **Flatter.** ingl. **To court; to flatter.** ital. **Corteggiare; adulare.** port. **Requebrar.** (Del lat. *recrepare,* hacer resonar.) tr. Volver a quebrar en piezas más menudas lo ya quebrado. || fig. Lisonjear a una mujer, alabando sus atractivos. sinón.: **cortejar, galantear.** || Adular. || irreg. Conj. como **acertar.**

REQUEMADO, DA. adj. Aplícase a lo que tiene color renegrido por haber estado al fuego o a la intemperie. || Género de tejido delgado, negro, con cordoncillo y sin lustre con el que se confeccionaban mantos.

REQUEMAR. (Del lat. *recremare.*) tr. Volver a quemar. Ú.t.c.r. || Tostar demasiado. Ú.t.c.r. || Privar de jugo a las plantas, haciéndoles perder su verdor. Ú.t.c.r. || Resquemar, causar picor en la boca algunos alimentos. || fig. Refiriéndose a la sangre y otros humores del cuerpo humano, encenderlos excesivamente. || r. fig. Dolerse interiormente sin denotarlo. || deriv.: **requemamiento, requemante.**

REQUEMAZÓN. f. Resquemo.

REQUENA. *Geog.* Ciudad de España (Valencia). 23.500 h. Industria de la seda. Vinos.

REQUERIDOR, RA. adj. y s. Que requiere.

REQUERIENTE. p. a. de **Requerir.** Que requiere. Ú. más **requirente.**

REQUERIMIENTO. m. Acción y efecto de requerir, intimar o avisar. || *Der.* Acto judicial por el que se intima que se haga una cosa o se deje de hacer. || Aviso o pregunta que se hace, generalmente bajo fe notarial, para que alguien declare su actitud o dé su respuesta.

REQUERIR. al. **Erfordern.** fr. **Requérir.** ingl. **To require.** ital. **Rechiedere.** port. **Requerer.** (Del lat. *requirere.*) tr. Intimar, avisar o comunicar algo con autoridad pública. REQUERIR *a los morosos.* || Examinar el estado en que se halla alguna cosa. || Necesitar o hacer precisa una cosa. REQUERIMOS *informes confidenciales.* || Solicitar, pretender, explicar uno su deseo amoroso. *La* REQUIRIÓ *de amores.* || Inducir, persuadir. || irreg. Conj. como **sentir.**

REQUESÓN. al. **Quark.** fr. **Fromage blanc.** ingl. **Pot cheese.** ital. **Ricotta.** port. **Requeijão.** (De *re* y *queso.*) m. Masa blanca y mantecosa, hecha cuajando leche en moldes de mimbre, por entre los cuales se escurre el suero sobrante. || Cuajada que se extrae de los residuos de la leche después de hecho el queso.

REQUESSENS Y ZÚÑIGA, Luis de. *Biog.* Militar esp., figura relevante en la batalla de Lepanto; sucedió al duque de Alba en el gob. de los Países Bajos (1528-1576).

REQUETE. Prefijo que encarece la significación de las voces a que se une. *Requetebonita; requetemalo; requetesabido.*

REQUETÉ. m. Agrupación tradicionalista española de carácter político y militar. || Miembro de esta agrupación. V. **Carlista.**

REQUETEBIÉN. adv. m. fam. Muy bien.

REQUIEBRO. al. **Kompliment.** fr. **Galanterie.** ingl. **Compliment.** ital. **Galanteria; complimento.** port. **Requebro.** m. Acción y efecto de requebrar. || Dicho o expresión con que se requiebra, sinón.: **flor, piropo.** || Cortejo, amante. || *Min.* Mineral que se quebranta nuevamente reduciéndolo a trozos aproximadamente iguales.

RÉQUIEM. (Acus. de sing. del lat. *requies,* descanso.) V. **Misa de réquiem.** || m. Composición musical que se canta en la misa de difuntos.

REQUIESCAT IN PACE. expr. lat. que literalmente dice **descanse en paz,** y se aplica en la liturgia como despedida a los difuntos, en las inscripciones tumularias, esquelas mortuarias, etc. || fam. Aplícase también a las cosas que se dan por fenecidas para no tratar más de ellas. Abrév. R.I.P.

REQUILORIO. (De *requerir.*) m. fam. Formalidad nimia e innecesario rodeo en que suele perderse el tiempo antes de hacer o decir lo que es obvio y fácil. Ú.m. en pl.

REQUINTADOR, RA. s. Persona que requinta en los remates de los arrendamientos.

REQUINTAR. (De *re* y *quinto.*) tr. Pujar la quinta parte en los arrendamientos después de rematados. || Sobrepujar, aventajar mucho. || *Mús.* Subir o bajar cinco puntos una cuerda o tono.

REQUINTO. m. Segundo quinto sacado de una cantidad de la que se había tomado ya la quinta parte. || Puja de quinta parte que se hace en arrendamientos después de haberse rematado y quintado. || Impuesto demandado a las tribus del Perú y otras provincias americanas, durante el reinado de Felipe II, equivalente a un quinto de sus contribuciones regulares. || Clarinete pequeño y de tono agudo que usan las bandas de música. || Música que lo ejecuta. || Cierto guitarrillo.

REQUIRENTE. p. a. irreg. de Requerir. || *Der.* Requeriente. Ú.t.c.s.

REQUISA. (Del fr. *requise.*) f. Acción y efecto de requisar. || Revista o inspección de la gente o de las dependencias de un establecimiento. || Requisición.

REQUISAR. tr. Revistar, reconocer, inspeccionar minuciosamente. || Hacer la requisición.

REQUISICIÓN. (Del lat. *requisitio, -onis.*) f. Recuento y embargo de caballos, bagajes, alimentos, etc., que para el servicio militar suele hacerse en tiempo de guerra. || ant. *For.* Requerimiento.

REQUISICIONAR. tr. Barbarismo por **requisar.**

REQUISITO, TA. al. **Erfordernis.** fr. **Formalité.** ingl. **Requisite.** ital. **Requisito.** port. **Requisito.** (Del lat. *requisitus.*) p. p. irreg. de **Requerir.** || m. Circunstancia o condición necesaria para una cosa. *Llenar los* REQUISITOS *exigidos*; sinón.: **formalidad.**

REQUISITORIO, RIA. (De *requisito.*) adj. *Der.* Dícese del despacho en que un juez requiere a otro para que ejecute un mandamiento del requirente. Ú.m.c.s.f. y a veces c. m.

REQUIVE. (Del ár. *raquib.*) m. Arrequive.

RERUM NOVARUM. *Relig.* Nombre con que se conoce la encíclica papal promulgada en 1891 por León XIII, y llamada *Sobre la condición de los obreros.* Afirma la dignidad de la persona humana y el derecho del obrero a asegurar, por su trabajo, su subsistencia personal y la de su familia. Se la considera la carta social del catolicismo.

RES. (Del ár. *res,* cabeza.) f. Cualquier animal cuadrúpedo de ciertas especies domésticas, como del ganado vacuno, lanar, etc., o de algunas salvajes, como venados, jabalíes, etc. || *Amér.* Por anton., animal vacuno. || *Méx.* El gallo que muere en la pelea. || **— de vientre.** Hembra paridera en los rebaños, vacadas, etc.

RES. (Del lat. *re* y *ex.*) prep. que atenúa la significación de las voces simples a que se une. RES*quebrar,* RES*quemar.* A veces denota encarecimiento, como en RES*guardar.*

RESABER. tr. Saber muy bien una cosa.

RESABIAR. (De *resabio.*) tr. y r. Hacer tomar un vicio o mala costumbre. || r. Disgustarse. || Saborear, deleitarse en lo que gusta.

RESABIDO, DA. adj. Que se precia de sabio y entendido. || fam. Muy sabido.

RESABIO. al. **Übler; Nachgeschmack.** fr. **Arrière goût.** ingl. **Aftertaste.** ital. **Sentore; reminiscenza.** port. **Ressábio; resaibo.** (Del lat. *resápere,* tener sabor, saber a.) m. Sabor desagradable que deja una cosa. || Vicio o mala costumbre que se ha adquirido.

RESACA. al. **Dünung.** fr. **Ressac.** ingl. **Surge.** ital. **Risacca.** port. **Ressaca.** (Del ant. *resacar* sacar.) f. Movimiento de retroceso de las olas, después de llegar a la orilla. || *Amér. Central.* Aguardiente de la mejor calidad. || *Ant.* Paliza, tunda de palos. || *Arg.* Despojos vegetales que dejan los ríos en sus orillas. || Hez social, gente de baja condición. || *Com.* Letra de cambio que el tenedor de otra que ha sido protestada gira a cargo del librador o de uno de los endosantes, para reembolsar el importe y los gastos de protesto y recambio. || IDEAS AFINES: *Tormenta, algas, calma, escollos, fragor, naufragar, romper, playa, roca; ralea, plebe, populacho.*

RESACAR. tr. *Mar.* Halar de un cabo para facilitar su laboreo.

RESAL, Amado Enrique. *Biog.* Matemático fr., autor de interesantes trabajos sobre mecánica aplicada; redactó un *Tratado de mecánica general* (1828-1896).

RESALADO, DA. (De *re* y *salado.*) adj. fig. y fam. Que tiene mucha sal, gracia y donaire.

RESALGA. (De *re* y *salgar.*) f. Caldo que resulta en la pila donde se hace la salazón de pescados que se usa también para salar.

RESALIR. intr. *Arq.* Resaltar, sobresalir parte de un edificio. || irreg. Conj. como **salir.**

RESALTAR. al. **Vorspringen.** fr. **Rebondir; rehausser.** ingl. **To rebound; to stand out.** ital. **Risaltare; spiccare.** port. **Ressaltar.** intr. Rebotar, botar repetidamente. || Saltar, sobresalir mucho una cosa. *A lo lejos,* RESALTABAN *los montes nevados*; sinón.: **destacarse.** || Sobresalir en parte un cuerpo de otro en los edificios u otras cosas. *Las molduras* RESALTABAN *en la fachada.* || fig. Distinguirse mucho una cosa entre otras. *Los ojos negros* RESALTABAN *en la cara pálida.* || deriv.: **resaltante.**

RESALTE. m. Resalto, saliente de una cosa.

RESALTO. m. Acción y efecto de resaltar o rebotar. || Parte que sobresale en la superficie de algo. || *Mont.* Modo de cazar al jabalí disparándole en el instante en que sale de su guarida y se para a ver de quién huye.

RESALUDAR. (Del lat. *resalutare.*) tr. Corresponder a la salutación o cortesía de alguien.

RESALUTACIÓN. (Del lat. *resalutatio, -onis.*) f. Acción de resaludar.

RESALVO. (De *re* y *salvar.*) m. Vástago que al rozar un monte se deja en cada mata para formar un árbol.

RESALLAR. tr. Volver a sallar.

RESANAR. (Del lat. *resanare.*) tr. Cubrir con oro las partes defectuosas de un dorado.

RESAQUERO, RA. adj. *Amér. Central.* Remolón.

RESARCIR. al. **Entschädigen.** fr. **Réparer; indemniser.** ingl. **To mend; to indemnify.** ital. **Risarcire.** port. **Ressarcir.** (Del lat. *resarcire.*) tr. y r. Indemnizar o reparar un daño o agravio. *El seguro lo* RESARCIÓ *de los perjuicios*; sinón.: **compensar, subsanar**; antón.: **perder, perjudicar.** || deriv.: **resarcible; resarcidor, ra.**

RESBALADERO, RA. adj. Resbaladizo, que puede ocasionar un desliz. || m. Lugar resbaladizo.

RESBALADIZO, ZA. adj. Dícese de lo que se resbala o escurre con facilidad. *Pez* RESBALADIZO. || Dícese del lugar en que hay riesgo de resbalar. *Acera* RESBALADIZA. || fig. Dícese de lo que es propicio a caer en algún desliz.

RESBALADOR, RA. adj. Que resbala.

RESBALADURA. f. Resbalón. || Señal que queda de haber resbalado.

RESBALAR. al. **Ausgleiten.** fr. **Glisser.** ingl. **To slip; to slide.** ital. **Scivolare.** port. **Resvalar.** (En valenciano *asbarar.*) intr. y r. Escurrirse, deslizarse. RESBALÉ *en una cáscara de plátano.* || fig. Incurrir en un desliz. || deriv.: **resbalamiento; resbalante.**

RESBALERA. (De *resbalar.*) f. Resbaladero, lugar resbaladizo.

RESBALÓN. m. Acción y efecto de resbalar o resbalarse. sinón.: **desliz, traspié.**

RESBALOSO, SA. adj. Resbaladizo. || f. *Arg.* Entre la gente de campo, daga, cuchillo. || *Arg., Chile* y *Perú.* Baile y canción popular que suele acompañarse de guitarra.

RESCACIO. m. *Zool.* Pez marino acantopterigio, con los huesos infraorbitarios muy desarrollados y la cabeza con espinas agudas; suele estar escondido en la arena, por lo que constituye un peligro para los pescadores.

RESCALDAR. tr. Escaldar.

RESCAÑO. m. Resto o parte de algo.

RESCATAR. al. **Loskaufen; auslösen.** fr. **Racheter.** ingl. **To ransom; to redeem.** ital. **Riscattare.** port. **Resgatar.** (Del lat. *re,* iterativo; *ex,* de, y *captare,* coger, tomar.) tr. Recuperar por precio o por fuerza lo que el enemigo ha cogido, y por extensión, cualquier cosa que pasó a mano ajena. RESCATAR *los prisioneros*; sinón.: **recobrar, reconquistar**; antón.: **perder.** || Trocar oro u otros objetos preciosos por mercaderías ordinarias. || fig. Redimir la vejación; libertar del trabajo o contratiempo. Ú.t.c.r. || Recobrar el tiempo o la ocasión perdidos. || intr. *Col.* Traficar de pueblo en pueblo. || *Méx.* Revender. || deriv.: **rescatable; rescatado, da; rescatador, ra.**

RESCATE. al. **Lösegeld; Loskauf.** fr. **Rachat.** ingl. **Ransom; redemption.** ital. **Riscatto.** port. **Resgate.** m. Acción y efecto de rescatar. || Dinero con que se rescata o que se pide para ello. || *Arg.* Juego de niños muy semejante al marro. || IDEAS AFINES: *Coger, tomar, recuperar, trocar, redimir, libertar, recobrar, reconquistar, expedición, cruzadas, rapto, búsqueda, recompensa.*

RESCAZA. (De *rascacio.*) f. Escorpina.

RESCINDIR. al. **Rückgängig machen; aufheben.** fr. **Rescinder.** ingl. **To rescind.** ital. **Rescindere.** port. **Rescindir.** (Del lat. *rescíndere,* de *re* y *scíndere,* rasgar.) tr. Dejar sin efecto un contrato, obligación, etc., por alguna causa legal. sinón.: **abrogar, anular**; antón.: **confirmar.** || deriv.: **rescindible.**

RESCISIÓN. (Del lat. *rescissio, -onis.*) f. Acción y efecto de rescindir. sinón.: **anulación, invalidación.**

RESCISORIO, RIA. (Del lat. *rescisorius.*) adj. Dícese de lo que rescinde, sirve para rescindir o deriva de la rescisión. *Acción* RESCISORIA.

RESCOLDERA. (De *rescoldo.*) f. Pirosis.

RESCOLDO. (De *rescaldo.*) m. Brasa menuda resguardada por la ceniza. || fig. Escozor, recelo o escrúpulo.

RESCONTRAR. (De *res* y *contra.*) tr. Compensar en las cuentas una partida con otra. || irreg. Conj. como **contar.**

RESCRIPTO. (Del lat. *rescriptus.*) m. Decisión del Papa o de un soberano para resolver una consulta o responder a una petición.

RESCRIPTORIO, RIA. adj. Perteneciente a los rescriptos.

RESCUENTRO. m. Acción y efecto de rescontrar. || Papeleta provisional manuscrita que se expedía a los jugadores de la lotería primitiva y que después se podía canjear por un pagaré impreso.

RESECAR. al. **Austrocknen**; fr. **Dessécher.** ingl. **To exsiccate; to disseccate.** ital. **Riseccare.** port. **Ressecar.** tr. y r. Secar mucho. *El aire marino le* RESECABA *la piel.* || deriv.: **resecación.**

RESECAR. (Del lat. *resecare, cortar.*) tr. *Cir.* Efectuar la resección de un órgano.

RESECCIÓN. (Del lat. *resectio, -onis,* acción de cortar.) f. *Cir.* Operación que consiste en separar el todo o parte de uno o más órganos.

RESECO, CA. al. **Völlig trocken.** fr. **Desséché.** ingl. **Too dry.** ital. **Risecco; risecchito.** port. **Ressecado; ressequido.** adj. Excesivamente seco. *Labios* RESECOS, *tierra* RESECA. antón.: **húmedo, mojado.** || Seco, flaco. || m. Parte seca de un árbol o arbusto. || Entre colmeneros, parte de cera que queda sin melar.

RESEDA. (Del lat. *reseda.*) f. Planta herbácea anual, de tallos ramosos, hojas alternas y flores amarillentas. Es originaria de Egipto, y por su fragancia se cultiva en los jardines. Gén. *Reseda odorata,* resedácea. || Flor de esta planta. || Gualda.

RESEDÁCEO, A. (De *reseda.*) adj. *Bot.* Dícese de plantas dicotiledóneas, herbáceas, de hojas alternas, con estípulas glandulosas, flores zigomorfas en racimo o espiga, fruto capsular y semillas sin albumen; como la reseda y la gualda. Ú.t.c.s. || f. pl. *Bot.* Familia de estas plantas.

RESEGAR. tr. Volver a segar lo que los segadores de heno dejaron. || Recortar los tocones a ras del suelo. || irreg. Conj. como **acertar.**

RESEGUIR. (De *re* y *seguir.*) tr. Quitar a los filos de las espadas las ondas, resaltos o torceduras.

RESELLAR. tr. Volver a sellar la moneda, etc. || r. fig. Pasarse de un partido a otro. || deriv.: **resellante.**

RESELLO. m. Acción y efecto de resellar o resellarse. || Segundo sello que se echa a la moneda y a otras cosas.

RESEMBLAR. (De *re* y *semblar.*) tr. ant. Asemejarse, parecerse una cosa a otra. Usáb.t.c.r.

RESEMBRAR. (Del lat. *reseminare.*) tr. Volver a sembrar un terreno o parte de él por haberse malogrado a la primera siembra. || irreg. Conj. como **acertar.**

RESENTIDO, DA. adj. Dícese de quien tiene o muestra algún resentimiento. Ú.t.c.s.

RESENTIMIENTO. al. **Unwille; Ressentiment.** fr. **Ressentiment.** ingl. **Resentment; grudge.** ital. **Risentimento.** port. **Ressentimento.** m. Acción y efecto de resentirse.

RESENTIRSE. r. Empezar a flaquear o sentirse una cosa. *La traducción se* RESIENTE *de galicismos.* || fig. Tener pesar o enojo por una cosa; ofenderse. *Se* RESINTIÓ *por el desaire*; sinón.: **disgustarse, enfadarse.** || irreg. Conj. como **sentir.**

RESEÑA. al. **Beschreibung.** fr. **Description.** ingl. **Description.** ital. **Rassegna.** port. **Resenha.** (De *reseñar.*) f. Revista que se hace de la tropa. || Nota que se toma de las señales que más distinguen el cuerpo de una persona o de un animal u otra cosa. || Noticia y examen de una obra literaria o científica. || Narración sucinta. RESEÑA *histórica.* || IDEAS AFINES: *Parada, desfile, celebración, uniforme, gala, milicia, marcial, banda, himno, marcha.*

RESEÑAR. al. **Beschreiben.** fr. **Décrire.** ingl. **To describe.** ital. **Rassegnare.** port. **Resenhar.** (Del lat. *resignare*, tomar nota, apuntar.) tr. Hacer una reseña. || Examinar obras literarias o científicas y dar noticia de ellas. RESEÑAR *el Quijote.* || deriv.: **reseñador, ra; reseñamiento.**

RESEQUIDO, DA. adj. Dícese de una cosa que siendo húmeda normalmente, se ha tornado seca.

RESERO. m. El que se dedica a comprar reses para revenderlas. || El que arrea las reses y las conduce de un lugar a otro.

RESERVA. al. **Reserve.** fr. **Réserve.** ingl. **Reserve.** ital. **Riserva.** port. **Reserva.** (De *reservar.*) f. Guarda o custodia que se hace de una cosa. || Provisión de alguna cosa para que sirva en tiempo oportuno. || Reservación o excepción. || Cautela o precaución para no descubrir algo que se sabe o piensa. || Circunspección, comedimiento. || Acción de reservar solemnemente el Santísimo Sacramento. || Parte del ejército o armada de una nación, que ya no está en servicio activo pero que puede ser movilizada. || Cuerpo de tropas de tierra o mar que se tiene a prevención para auxiliar a los que combaten. || *For.* Declaración que hace el juez de que la resolución que dicta no perjudicará algún derecho. || Obligación impuesta por la ley al viudo y al ascendiente por título sucesorio de reservar ciertos bienes para transmitirlos a ciertas personas. || En las asambleas, observación explícita que hace alguno de sus miembros para restringir el alcance de su voto. *El diputado adhirió* CON RESERVAS *al proyecto.* || — **mental.** Intención restrictiva del juramento o promesa que no se declaró cuando se hizo. Ú.m. en pl. || **A reserva de.** m. adv. Con el propósito, con la intención de. || **Sin reserva.** m. adv. Abierta o sinceramente, con franqueza. || IDEAS AFINES: *Auxilio, escolta, convoy, carcelero, cancerbero; ahorro, economía, necesidad, guardar; prudencia, descontento, disconformidad, duda.*

RESERVABLE. adj. Sometido a reserva. || Que puede reservarse.

RESERVACIÓN. f. Acción y efecto de reservar.

RESERVADAMENTE. adv. m. Con reserva o bajo sigilo. RESERVADAMENTE *les diré lo que sucedió*; sinón.: **confidencialmente, disimuladamente.**

RESERVADO, DA. al. **Reserviert; Zurückhaltend.** fr. **Réservé.** ingl. **Reserved.** ital. **Riservato.** port. **Reservado.** adj. Cauteloso, disimulado, reacio en manifestar su interior. || Comedido, discreto. || Que se reserva o debe reservarse. || m. En algunas partes, sacramento de la Eucaristía que se guarda en el sagrario. || Compartimiento de un vagón, estancia, recinto, etc., que se destina sólo a personas o a usos determinados.

RESERVAR. al. **Vorbehalten; reservieren.** fr. **Réserver.** ingl. **To reserve.** ital. **Riservare.** port. **Reservar.** (Del lat. *reservare.* de *servare*, guardar.) tr. Guardar una cosa para cuando sea necesaria. RESERVÁBAMOS *víveres para el invierno*; sinón.: **ahorrar, economizar.** || Diferir para otro tiempo lo que se podía o se debía ejecutar o comunicar al presente. Ú.t.c.r. || Destinar un lugar o una cosa, de un modo exclusivo, a personas o usos determinados. RESERVAR *localidades.* || Exceptuar, eximir de una ley común. || Apartar uno algo de lo que se distribuye, reteniéndole para sí o para darlo a otro. || Retener y ocultar una cosa o el ejercicio o conocimiento de ella. || Encubrir, callar una cosa. RESERVO *mi opinión*; sinón.: **esconder, silenciar.** || Conservar discrecionalmente ciertas cartas en algunos juegos de naipes. || Encubrir el Santísimo Sacramento, que está manifiesto. || r. Conservarse o irse deteniendo para mejor ocasión. || Precaverse, guardarse, desconfiar de uno. || deriv.: **reservador, ra; reservante.**

RESERVATIVO, VA. adj. Perteneciente a la reserva.

RESERVISTA. al. **Reservist.** fr. **Réserviste.** ingl. **Reservist.** ital. **Riservista.** port. **Reservista.** adj. Dícese del militar perteneciente a la reserva. Ú.t.c.s.

RESERVÓN, NA. adj. y s. fam. Que guarda excesiva reserva por cautela o con malicia. || *Taurom.* Dícese del toro que no muestra codicia cuando es citado a la suerte.

RESERVORIO. m. Cavidad en la que se almacena un líquido, como el saco lagrimal, la vesícula biliar, la vejiga urinaria.

RESFRIADERA. f. *Amér.* Barbarismo por fresquera y enfriadero. || *Cuba.* Artesa o hierro en que se bate el guarapo para que se enfríe.

RESFRIADO. al. **Schnupfen.** fr. **Rhume.** ingl. **Cold.** ital. **Raffredore.** port. **Resfriado.** m. Destemple general del cuerpo con manifestaciones catarrales. || Enfriamiento, catarro. sinón.: **resfrío.** || Riego que se da a la tierra seca para poderla arar. || **Cocer uno el resfriado, o cocerse el resfriado.** frs. Curarse el resfriado. || IDEAS AFINES: *Invierno, frío, lluvia, abrigo, helada, coriza, romadizo, estornudo, tos, catarro, pañuelo, congestión, aspirina.*

RESFRIADOR, RA. adj. Que resfría.

RESFRIADURA. f. *Veter.* Resfriado, destemple del cuerpo.

RESFRIAMIENTO. m. Enfriamiento.

RESFRIANTE. p. a. de **Resfriar.** Que resfría. || m. Corbato.

RESFRIAR. (De *re* y el ant. *esfriar.*) tr. Enfriar. || fig. Entibiar, moderar el ardor o fervor. Ú.t.c.r. || intr. Empezar a hacer frío. || r. Contraer resfriado. RESFRIARSE *con el relente;* sinón.: **acatarrarse, constiparse.** || f. Entibiarse el amor o la amistad. RESFRIARSE *en la pasión.* || deriv.: **resfriador, ra.**

RESFRÍO. m. Resfriado. || Enfriamiento.

RESGUARDAR. al. **Bewahren.** fr. **Garantir; protéger.** ingl. **To preserve.** ital. **Riparare.** port. **Resguardar.** (De *res*, y *guardar.*) tr. Defender o poner en seguridad. RESGUARDÓ *su fortuna*; sinón.: **guarecer, reparar**; antón.: **desamparar.** || r. Cautelarse, precaverse contra un daño. || *Se* RESGUARDÓ *de las balas.* || deriv.: **resguardable; resguardador, ra.**

RESGUARDO. (De *resguardar.*) m. Guardia, defensa, seguridad que se pone en una cosa. || Garantía o seguridad que por escrito se hace en las deudas o contratos. || Documento donde consta esta seguridad. || Guarda o custodia de un paraje o frontera para que no se introduzca contrabando. || Cuerpo de empleados destinados a este servicio. || *Mar.* Distancia prudencial que por precaución toma el buque cuando pasa cerca de un punto peligroso.

RESHT. *Geog.* Ciudad del N. E. de Irán, próxima al mar Caspio. 132.000 h. Arroz, sericicultura.

RESIDENCIA. al. **Wohnsitz.** fr. **Résidence; séjour.** ingl. **Residence; stay.** ital. **Residenza.** port. **Residencia.** (Del lat. *résidens, -entis, residente.*) f. Acción y efecto de residir. || Lugar en que se reside. || Casa donde residen algunos jesuitas formando comunidad, y que no es colegio ni casa profesa. || Casa donde viven en comunidad individuos de otras órdenes religiosas. || Casa donde, sujetándose a determinada reglamentación, residen y conviven personas afines por la ocupación, el sexo, el estado, la edad, etc. RESIDENCIA *de estudiantes, de viudas, de ancianos.* || Establecimiento público donde se alojan viajeros o huéspedes estables. || Espacio de tiempo que debe residir el eclesiástico en el lugar de su beneficio. || Cargo de ministro residente. || Acción y efecto de residenciar. || Proceso formado al residenciado. *Juicio de* RESIDENCIA. || Edificio donde una autoridad o corporación reside o ejerce sus funciones. || IDEAS AFINES: *Mansión, morada, vivienda, hogar, piso, departamento, domicilio, dirección, albergue, hotel, mudanza, muebles, alquiler, casero, cuidador.*

RESIDENCIA EN LA TIERRA. *Lit.* Notable obra poética de Pablo Neruda. Consta de tres partes que fueron sucesivamente publicadas en 1933, 1935 y 1937. Probablemente la obra más significativa del autor, que en ella se muestra emancipado de las influencias modernistas y crea un estilo definitivamente propio, destácase por la originalidad del lenguaje, a veces directo, a veces metafórico, y por el contenido humano palpitante, casi violento.

RESIDENCIAL. adj. Dícese del empleo o beneficio que requiere residencia personal. || Aplícase al barrio apartado de los sectores comerciales o industriales de una ciudad y que está formado predominantemente por residencias o casas de gente acomodada.

RESIDENCIAR. (De *residencia.*) tr. Tomar cuenta un juez a otro, o a cualquier funcionario público, de la conducta que en su desempeño ha observado. || por ext., pedir cuenta o hacer cargo en otras materias.

RESIDENTE. al. **Wohnhaft.** fr. **Résident.** ingl. **Resident.** ital. **Residente.** port. **Residente.** (Del lat. *résidens, -entis.*) p. a. de Residir. Que reside. Ú.t.c.s.

RESIDENTEMENTE. adv. m. Con ordinaria residencia o asistencia.

RESIDIR. al. **Residieren; wohne.** fr. **Résider.** ingl. **To reside, to live.** ital. **Residere.** port. **Residir.** (Del lat. *residere.*) intr. Estar de asiento en un lugar. RESIDÍA *en el centro de la ciudad*; sinón.: **habitar, morar, vivir.** || Hallarse uno personalmente en determinado lugar por razón de su empleo, dignidad, etc. || fig. Estar en una persona cualquier cosa inmaterial; como derechos, facultades, etc. *En él* RESIDE *la responsabilidad.* || Radicar en un punto o en una cosa el quid de la cuestión.

RESIDUAL. adj. Perteneciente o relativo al residuo. *Cenizas* RESIDUALES.

RESIDUO. al. **Rest; rückstand** fr. **Résidu.** ingl. **Remainder, remnant.** ital. **Residuo.** port. **Resíduo.** (Del lat. *residuum.*) m. Parte o porción que queda de un todo. || Lo que resulta de la descomposición, combustión, vaporización o destrucción de una cosa. *Con los* RESIDUOS *de la caña se fabrica bagazo.* || Hez que dejan los líquidos en el fondo de la vasija. || *Mat.* Resultado de la operación de restar.

RESIEMBRA. f. Acción y efecto de resembrar. || Siembra que se hace en un terreno sin dejar un período de descanso.

RESIGNA. f. Acción y efecto de resignar o renunciar.

RESIGNACIÓN. al. **Versicht; Resignation.** fr. **Résignation.** ingl. **Resignation.** ital. **Rassegnazione.** port. **Resignação.** (De *resignar.*) f. Entrega voluntaria que uno hace de sí poniéndose en las manos de otro. || Resigna. || Conformidad, paciencia.

RESIGNADAMENTE. adv. Con resignación. sinón.: **humildemente, pacientemente.**

RESIGNANTE. p. a. de Resignar. Que resigna.

RESIGNAR. al. **Verzichten auf.** fr. **Résigner.** ingl. **To resign.** ital. **Resignare.** port. **Resignar.** (Del lat. *resignare*, entregar, devolver.) tr. Renunciar un beneficio eclesiático a favor de un sujeto determinado. || Entregar una autoridad el mando a otra en determinadas circunstancias. || r. Conformarse, someterse, condescender. *Se* RESIGNÓ *con su suerte*; antón.: **rebelarse, resistirse.**

RESIGNATARIO. m. Sujeto en cuyo favor se hacía la resigna.

RESINA. al. **Harz.** fr. **Résine.** ingl. **Resin; rosin.** ital. **Resina.** port. **Resina.** (Del lat *resina.*) f. Substancia de consistencia sólida o pastosa, insoluble en el agua, que se obtiene naturalmente como producto que fluye de varias plantas o por medios artificiales y capaz de arder en contacto con el aire.

● **RESINA.** *Quím.* La **resina** es casi siempre dura, fusible y quebradiza, soluble en el alcohol y en ciertos disolventes orgánicos. Se obtiene generalmente mediante la incisión de ciertos árboles; a veces es de origen fósil (como el asfalto), compuesta de carbono, hidrógeno y oxígeno, y bastante frágil. La **resina** del pino o abeto, llamada trementina, da el aceite de trementina y un residuo llamado colofonia, de cuya fusión con distintos óxidos metálicos se obtienen los resinatos, muy usados como secantes de barnices. En la industria, la **resina** es sumamente usada, sobre todo en la fabricación de pinturas y jabones. En medicina han sido aprovechadas ciertas cualidades purgativas, estimulantes y antiespasmódicas, etc. de algunas **resinas.** Las **resinas** sintéticas son materias plásticas obtenidas con urea, fenoles, glicerina, etc.; las más difundidas en la industria moderna son las fenólicas, y entre ellas, la baquelita.

RESINACIÓN. f. Acción y efecto de resinar.

RESINAR. tr. Sacar resina a ciertos árboles haciendo incisiones en el tronco. RESINAR *pinos marítimos.*

RESINATO. m. *Quím.* Producto obtenido de la fusión de la colofonia con diversos óxidos metálicos. Se usa como secante de barnices.

RESINERO, RA. adj. Perteneciente o relativo a la resina. || m. El que tiene por oficio resinar.

RESINÍFERO, RA. adj. Resinoso, que tiene resina.

RESINOSO, SA. adj. Que tiene o destila resina. *Corteza* RESINOSA. || De cualidades semejantes a la resina.

RESISA. f. Reoctava.

RESISAR. tr. Achicar más las medidas ya sisadas del vino, vinagre y aceite.

RESISTENCIA. al. **Widerstand.** fr. **Résistance.** ingl. **Resistance, endurance.** ital. **Resistenza.** port. **Resistencia.** (Del lat. *resistentia.*) f. Acción y efecto de resistir o resistirse. || *Fís.* Cualquier fuerza que se opone a la acción de otra. || Fuerza que se opone al movimiento de una máquina y puede ser vencida por la potencia. || Dificultad que un conductor opone al paso de una corriente eléctrica. Su valor es el cociente entre la diferencia de potencial y la intensidad de la corriente. || Elemento intercalado en el circuito para variar su resistencia total o hacer que la corriente se transforme en calor apreciable. || — **específica.** *Fís.* La de cada conductor de longitud y sección unitarias. || — **pasiva.** *Mec.* Cualquiera de las que, en una máquina, dificultan su movimiento (rozamiento, choques, etc.). ‖ fig. Renuncia en hacer alguna cosa.

RESISTENCIA. *Geog.* Ciudad del N.E. de la Argentina, capital de la prov. de Chaco, sit. cerca del río Paraná. Su puerto es Barranqueras. 70.000 h. Gran centro industrial y puerto muy activo.

RESISTENTE. (Del lat. *resistens, -entis.*) p. a. de Resistir. Que resiste o se resiste. *Travesaño* RESISTENTE.

RESISTERO. (De *re* y *siesta.*) m. Siesta, horas de más calor en el estío. ‖ Calor causado por la reverberación solar. ‖ Lugar en que especialmente se nota este calor. ‖ Por ext., inclemencia, rigor, fuerza de cualquier elemento de la naturaleza.

RESISTIBLE. adj. Que puede ser resistido. sinón.: **soportable, sufrible.** ‖ deriv.: **resistibilidad.**

RESISTIDERO. (De *resistir.*) m. Resistero.

RESISTIDOR, RA. adj. Que resiste.

RESISTIR. al. **Widerstehen.** fr. **Résister.** ingl. **To resist; to endure.** ital. **Resistere.** port. **Resistir.** (Del lat. *resistere.*) intr. Oponerse un cuerpo o una fuerza a la acción o violencia de otra. Ú.t.c.r. ¿RESISTIRÍA *la cuerda*?; sinón.: **sostener, sufrir.** ‖ Rechazar, repeler. RESISTIERON *en el fuerte hasta morir.* ‖ Repugnar, contradecir. *Jorge* RESISTE *a mis consejos.* ‖ tr. Tolerar, aguantar. *No sé cómo* RESISTES *tanta impertinencia.* ‖ Combatir las pasiones, deseos, etc. ‖ r. Bregar, forcejear. ‖ *Col.* Repropiarse el caballo. deriv.: **resistimiento.**

RESISTIVO, VA. adj. Que resiste o tiene virtud para resistir. ‖ deriv.: **resistividad.**

RESMA. al. **Ries.** fr. **Rame.** ingl. **Ream.** ital. **Risma.** port. **Resma.** (Del ár. *rezma,* paquete.) f. Conjunto de veinte manos de papel. ‖ — **sucia.** La de papel de hilo, que tiene sus dos costeras correspondientes.

RESMILLA. f. Paquete de veinte cuadernillos de papel de cartas.

RESOBADO, DA. adj. Dícese de los temas o asuntos muy trillados.

RESOBAR. (De *re* y *sobar.*) tr. Manosear.

RESOBRAR. intr. Sobrar mucho.

RESOBRINO, NA. s. Hijo de sobrino carnal.

RESOL. m. Reverberación solar.

RESOLANO, NA. (De *resol.*) adj. Dícese del sitio donde se toma sol sin que moleste el viento. Ú.t.c.s.f. ‖ f. *Amér.* Resol. ‖ *Cuba.* Regaño, reprimenda.

RESOLUBLE. (Del lat. *resolúbilis.*) adj. Que se puede resolver.

RESOLUCIÓN. al. **Beschluss; Entscheidung.** fr. **Résolution.** ingl. **Resolution.** ital. **Risoluzione.** port. **Resolução.** (Del lat. *resolutio, -onis.*) f. Acción y efecto de resolver o resolverse. *La* RESOLUCIÓN *está tomada*; sinón.: **decisión, determinación.** ‖ Ánimo, atrevimiento o valor. ‖ Actividad, prontitud. ‖ Decreto, providencia, auto o fallo de autoridad gubernativa o judicial. ‖ **En resolución.** m. adv. que indica el fin de un razonamiento. ‖ IDEAS AFINES: *Voluntad, razonamiento, solución, protesta, oposición, objeción, desobediencia, coraje, audacia, heroísmo, bizarro, prudente, valeroso.*

RESOLUTIVAMENTE. adv. m. Con decisión. sinón.: **decididamente.**

RESOLUTIVO, VA. (Del lat. *resolútum,* supino de *resólvere,* resolver.) adj. Aplícase al método en que se procede analíticamente o por resolución. ‖ *Ter.* Que tiene virtud de resolver. Ú.t.c.s.m.

RESOLUTO, TA. (Del lat. *resolútus.*) p. p. irreg. de **Resolver.** ‖ adj. Resuelto. ‖ Abreviado, resumido. ‖ Versado, diestro, expedito.

RESOLUTORIAMENTE. adv. m. Con resolución.

RESOLUTORIO, RIA. (Del lat. *resolutorius.*) adj. Que tiene, motiva o denota resolución.

RESOLVENTE. (Del lat. *resolvens, -entis.*) p. a. de **Resolver.** Que resuelve. Ú.t.c.s.

RESOLVER. al. **Beschliessen; entscheiden.** fr. **Résoudre.** ingl. **To resolve.** ital. **Risolvere.** port. **Resolver.** (Del lat. *resólvere,* de *re* y *sólvere,* soltar, desatar.) tr. Tomar una decisión terminante. RESOLVIMOS *edificar.* sinón.: **determinar, disponer.** ‖ Resumir, recapitular. ‖ Desatar una dificultad o dar solución a una duda. ‖ Hallar la solución de un problema. RESOLVER *la incógnita;* sinón.: **aclarar, despejar.** ‖ Deshacer, destruir. ‖ Deshacer un agente natural alguna cosa separando sus partes. Ú.t.c.r. ‖ Analizar, dividir física o mentalmente un compuesto en sus partes o elementos para reconocerlos cada uno de por sí. ‖ *Fís.* y *Med.* Hacer que se disipe, desvanezca o evapore una cosa. Ú.t.c.r. ‖ r. Atreverse a decir o hacer una cosa. *Se* RESOLVIÓ *por la monarquía.* ‖ Reducirse, convertirse una cosa en otra. *Esperemos que las nubes se* RESUELVAN *en lluvia.* ‖ *Med.* Terminar las enfermedades y, con especialidad, las inflamaciones, quedando los órganos en el estado normal. *El absceso se* RESOLVIÓ. ‖ irreg. Conj. como **mover.**

RESOLLADERO. m. *Cuba.* Paraje por donde vuelve a surgir la corriente de agua que fluía subterráneamente. ‖ *P. Rico.* Respiradero.

RESOLLAR. (Del lat. *re* y *sufflare,* soplar.) intr. Respirar con algún ruido. sinón.: **jadear; resoplar.** ‖ Respirar. ‖ fig. y fam. Dar noticia de sí después de algún tiempo la persona ausente, o hablar la que ha permanecido callada. ‖ irreg. Conj. como **contar.**

RESONACIÓN. f. Acción y efecto de resonar.

RESONADOR, RA. adj. Que resuena. ‖ m. *Fís.* Cuerpo sonoro dispuesto para que vibre al recibir ondas acústicas de determinada frecuencia.

RESONANCIA. al. **Nachhall; Resonanz.** fr. **Résonnance.** ingl. **Resonance.** ital. **Risonanza.** port. **Ressonancia.** (Del lat. *resonantia.*) f. Sonido producido como consecuencia de otro. ‖ Prolongación del sonido, que va disminuyendo por grados. ‖ Cada uno de los sonidos elementales que acompañan al principal en una nota musical y le comunican un timbre particular. ‖ fig. Propagación, por la fama de un hecho o de las cualidades de una persona. ‖ *Fís.* Emisión de vibraciones por una fuente (cuerpo sonoro, circuito radioeléctrico, etc.), cuando a ella llegan otras de la misma naturaleza e igual frecuencia que las vibraciones que la fuente es capaz de emitir. ‖ IDEAS AFINES: *Eco, golpe, devolución, vuelta, rebote; conocido, célebre, reputado, famoso, notable, afamado, decisivo, importante, trascendental.*

RESONANTE. (Del lat. *resonans, -antis.*) p. a. de **Resonar.** Que resuena. *Corneta* RESONANTE; sinón.: **retumbante, sonoro.**

RESONAR. al. **Widerhallen; nachhallen.** fr. **Résonner.** ingl. **To resound.** ital. **Risonare.** port. **Ressonar, ressoar.** (Del lat. *resonare.*) intr. Hacer sonido por repercusión o sonar mucho. Ú. en poesía como tr. RESUENEN *las trompetas por el triunfo;* sinón.: **retumbar, rimbombar.**

RESONDRAR. tr. *Perú.* Deshonrar, denostar.

RESOPLAR. intr. Dar resoplidos. ‖ deriv.: **resoplante.**

RESOPLIDO. m. Resuello fuerte.

RESOPLO. m. Resoplido.

RESORBER. (Del lat. *resórbere.*) tr. Absorber una persona o cosa un líquido que ha salido de ella misma. ‖ Volver a sorber. ‖ deriv.: **resorbedor, ra.**

RESORCINA. f. *Quím* y *Ter.* Fenol diatónico cristalino blanco, soluble en agua y alcohol; se emplea como antiséptico y antipirético.

RESORCIÓN. f. Acción y efecto de resorber.

RESORTE. al. **Sprung feder.** fr. **Ressort.** ingl. **Spring.** ital. **Molla.** port. **Mola.** (Del fr. *ressort.*) m. Muelle. ‖ Fuerza elástica de una cosa. ‖ fig. Medio de que uno se vale para lograr un fin. ‖ Galicismo por incumbencia, obligación. *No haré eso porque no es de mi* RESORTE. ‖ Galicismo por instancia o apelación.

RESPAHILAR. intr. Raspahilar.

RESPALDAR. m. Respaldo para apoyar las espaldas. ‖ Derrame de jugos producido en los troncos de los árboles por golpes violentos.

RESPALDAR. tr. Notar o apuntar algo en el respaldo de un escrito. ‖ fig. Apoyar, afianzar una cosa; responder por ella. *El gobierno* RESPALDA *la inversión.* ‖ r. Inclinarse de espaldas o arrimarse al respaldo de la silla o banco. ‖ Repanchigarse, arrellanarse. ‖ *Col., Guat., Perú* y *P. Rico.* Resguardar, guardar las espaldas. ‖ *Veter.* Despaldarse una caballería. ‖ deriv.: **respaldador, ra; respaldamiento, respaldante.**

RESPALDO. al. **Rücklehne.** fr. **Dossier.** ingl. **Back.** ital. **Spalliera.** port. **Respaldo, espaldar.** m. Parte de la silla u otro asiento en que descansan las espaldas. ‖ Espaldera para apoyar una planta. ‖ Parte posterior del papel o escrito en que se anota alguna cosa. ‖ Lo que allí se escribe. ‖ Acción y efecto de respaldar, apoyar o afianzar una cosa. ‖ Garantía de la emisión de papel moneda, títulos y otros papeles comerciales.

RESPALDÓN. m. aum. de **Respaldo.**

RESPE. m. Résped.

RESPECTAR. (Del lat. *respectare,* mirar con atención, considerar.) defect. Tocar, pertenecer, hacer relación. *En lo que* RESPECTA *a gastos de movilidad, corren por mi cuenta.*

RESPECTIVAMENTE. adv. m. Con relación a una cosa. ‖ Según la relación o conveniencia necesaria a cada caso.

RESPECTIVE. (Del lat. *respective.*) adv. m. Respectivamente.

RESPECTIVO, VA. (De *respecto.*) adj. Que atañe o hace relación a persona o cosa determinada. *Retornamos a nuestras* RESPECTIVAS *tareas;* sinón.: **atinente, concerniente.** ‖ deriv.: **respectividad.**

RESPECTO. (Del lat. *repectus.*) m. Razón, relación o proporción de una cosa con otra. ‖ **Al respecto.** m. adv. A proporción, con correspondencia. ‖ **Con respecto, o respecto, a o de,** m. adv. Respectivamente.

RÉSPED. m. Lengua de la culebra o de la víbora. ‖ Aguijón de abeja o avispa. ‖ fig. Intención malévola en las palabras.

RESPELUZAR. tr. y r. Despeluzar.

RESPETABILIDAD. f. Calidad de respetable.

RESPETABLE. (De *respetar.*) adj. Digno de respeto. *Canas* RESPETABLES; sinón.: **honorable, venerable.** ‖ fig. Importante, considerable. *Está a* RESPETABLE *distancia.* ‖ deriv.: **respetablemente.**

RESPETADOR, RA. adj. Que respeta.

RESPETAR. al. **Achten.** fr. **Respecter.** ingl. **To respect.** ital. **Rispettare.** port. **Respeitar.** tr. Tener respeto. RESPETAREMOS *su voluntad;* sinón.: **acatar, honrar.** antón.: **desacatar, insultar.**

RESPETIVO, VA. adj. Respetuoso.

RESPETO. al. **Achtung.** fr. **Respect.** ingl. **Respect.** ital. **Rispetto.** port. **Respeito.** (Del lat. *respectus,* atención, consideración.) m. Veneración, acatamiento que se hace a uno. *El* RESPETO *a las instituciones;* sinón.: **reverencia, sumisión.** ‖ Miramiento, consideración, atención. ‖ Cosa de prevención o repuesto. *Coche de* RESPETO. ‖ — **humano.** Miramiento excesivo hacia la opinión pública, que se antepone a los dictados de la moral. Ú. m. en pl. ‖ **Campar uno por su respeto, o por sus respetos.** frs. fig. y fam. Obrar uno a su antojo sin miramientos a los demás.

RESPETUOSAMENTE. adv. m. Con respeto y veneración. *Se inclinó* RESPETUOSAMENTE; sinón.: **reverentemente.**

RESPETUOSIDAD. f. Calidad de respetuoso.

RESPETUOSO, SA. al. **Rücksichtsvoll.** fr. **Respectueux.** ingl. **Respectful.** ital. **Rispettuoso.** port. **Respeitoso.** adj. Que causa respeto. ‖ Que guarda el debido repeto. *Criado* RESPETUOSO; sinón.: **cortés, reverente;** antón.: **desatento, grosero.**

RÉSPICE. (Del lat. *réspice,* imper. de *respícere,* mirar.) m. fam. Respuesta desabrida. ‖ fam. Reprensión corta, pero fuerte.

RESPIGADOR, RA. adj. Que respiga. Ú.t.c.s.

RESPIGAR. tr. Espigar en los sembrados. ‖ deriv.: **respigadera; respigadura.**

RESPIGHI, Ottorino. *Biog.* Compositor ital., autor de *La campana sumergida; Sinfonía dramática; Los pinos de Roma; Las fuentes de Roma* y *Los pájaros.* (1879-1936).

RESPIGÓN. (Del lat. *re* y *spículum,* punta.) m. Padrastro que sale en los dedos. ‖ Inflamación de las glándulas mamarias durante la lactancia. ‖ *Veter.* Llaga que se hace a las caballerías en los pulpejos.

RESPINGADA. adj. fam. Respingona.

RESPINGAR. intr. Sacudirse la bestia y gruñir porque siente alguna molestia. ‖ fam. Elevarse el borde de una prenda de vestir por estar mal hecha o mal colocada. ‖ fig. y fam. Resistir, hacer gruñendo lo que se manda. ‖ deriv.: **respingoso, sa.**

RESPINGO. m. Acción de respingar. ‖ Sacudida violenta del cuerpo. ‖ fig. y fam. Expresión y ademán con que uno muestra vivamente la repugnancia que tiene en ejecutar lo que se le ordena. ‖ *Amér.* Frunce, arruga. ‖ *Ven.* Regaño, reprimenda.

RESPINGÓN, NA. adj. Aplícase a la bestia que respinga con frecuencia. ‖ Dícese de la nariz cuya punta vuelve algo hacia arriba.

RESPIRABLE. adj. Que se puede respirar sin perjuicio de la salud. ‖ deriv.: **respirabilidad.**

RESPIRACIÓN. al. **Atmung.** fr. **Respiration.** ingl. **Respiration** ital. **Respirazione.** port. **Respiração.** f. Acción y efecto de respirar. ‖ Aire que se respira. ‖ Ventilación de un aposento u otro lugar cerrado. ‖ IDEAS AFINES: *Boca, fosas nasales, laringe, tráquea, bronquios, pulmón, alvéolo, branquias, piel aire, oxígeno, anhídrido carbónico, presión, espirar, inspirar neumotórax, pulmotor, carpa costillas, diafragma.*

● **RESPIRACIÓN.** *Med.* El proceso de la **respiración** es muy complejo; significa la entrada de aire a los pulmones (inspiración), el paso del oxígeno del aire inspirado a los glóbulos rojos que circulan por el parénquima pulmonar, su transporte a todas las células del organismo, su utilización, el paso de anhídrido carbónico y otros gases de las células a los glóbulos rojos, la ubicación de estos gases en el parénquima pulmonar, donde son puestos en libertad, y su ulterior eliminación al exterior, durante la espiración. Este proceso puede estar alterado en el curso de diversas enfermedades. En la obstrucción bronquial hay obstáculos para la inspiración; en el enfisema la situación es inversa, ya que hay dificultades para la espiración.

RESPIRADERO. al. **Luftloch** fr. **Soupirail.** ingl. **Air hole; ventilator.** ital. **Abbaino.** port. **Respiradouro.** (De *respirar.*) m. Abertura por donde circula el aire. ‖ Lumbrera, tronera. ‖ Ventosa de una cañería. ‖ Respiro, alivio, descanso. ‖ fam. Órgano o conducto de la respiración.

RESPIRADOR, RA. adj. Que respira. ‖ Dícese de los músculos que sirven para la respiración. ‖ m. Aparato en forma de careta para tamizar el aire antes de inspirar.

RESPIRANTE. p. a. de **Respirar.** Que respira.

RESPIRAR. al. **Atmen.** fr. **Respirer.** ingl. **To breathe.** ital. **Respirare.** port. **Respirar.** (Del lat. *respirare.*) intr. Absorber el aire los seres vivos, tomando parte de las substancias que lo componen para mantener las funciones vitales de la sangre, y expelerlo modificado por los procesos químicos interiores. ‖ Exhalar, despedir de sí un olor. RESPIRA *a vino.* ‖ fig. Animarse, cobrar aliento. ‖ fig. Tener salida o comunicación con el aire externo un fluido que está encerrado. ‖ Descansar, aliviarse del trabajo, salir de la opresión. *Por fin* RESPIRO; *terminé el catálogo.* ‖ Hablar. Ú. más con neg. *Yo protesté, pero Juan no* RESPIRÓ. ‖ tr. fig. Manifestar una pasión que rebosa. *Tus palabras* RESPIRAN *rencor.* ‖ **Sin respirar.** m. adv. fig. De manera continua sin descanso.

RESPIRATORIO, RIA. adj. Que sirve para la respiración o la facilita. *Ejercicios* RESPIRATORIOS.

RESPIRO. m. Respiración, acción y efecto de respirar. ‖ fig. Rato de descanso en el trabajo. *Tenían un* RESPIRO *al mediodía.* ‖ Alivio de una fatiga o dolor. ‖ fig. Prórroga que el deudor obtiene al expirar el plazo convenido para pagar.

RESPLANDECER. al. **Glänzen, strahlen.** fr. **Resplendir.** ingl. **To glitter; to glisten.** ital. **Risplendere.** port. **Resplandecer.** (Del. lat. *resplandéscere.*) intr. Despedir luz o brillar mucho una cosa. *Venus* RESPLANDECÍA; sinón.: **refulgir, relucir.** ‖ fig. sobresalir, aventajarse. RESPLANDECE *en sabiduría;* sinón.: **destacarse, resaltar.** ‖ irreg. Conj. como **agradecer.**

RESPLANDECIENTE. p. a. de **Resplandecer.** Que resplandece. *Empuñadura* RESPLANDECIENTE; sinón.: **radiante, reluciente.** ‖ deriv.: **resplandecientemente.**

RESPLANDECIMIENTO. m. Resplandor.

RESPLANDINA. f. fam. Reprensión fuerte.

RESPLANDOR. al. **Glanz; Schimmer.** fr. **Splendeur; lueur.** ingl. **Splendor; glare.** ital. **Splendore.** port. **Resplandor.** (De *resplendor.*) m. Luz muy clara que despide el Sol u otro cuerpo luminoso. sinón.: **fulgor.** ‖ fig. Brillo de algunas cosas. *El* RESPLANDOR *del incendio.* ‖ Esplendor, fausto o lucimiento.

RESPONDEDOR, RA. adj. y s. Que responde.

RESPONDER. al. **Erwidern; antworten.** fr. **Répondre.** ingl. **To answer; to respond.** ital. **Rispondere.** port. **Responder.** (Del lat. *respondere.*) tr. Contestar, satisfacer lo que se pregunta. RESPONDÍ *al interrogatorio plenamente;* antón.: **interrogar.** ‖ Contestar uno al que le llama o al que toca a la puerta. *Golpea la aldaba, pero nadie* RESPONDE. ‖ Contestar a la carta o escrito que se ha recibido. *Le* RESPONDIÓ *sin tardanza.* ‖ Corresponder con su voz los animales a la de los otros de su especie o al reclamo artificial que la imita. ‖ Satisfacer al argumento, duda o demanda. ‖ Cantar o recitar en correspondencia con lo que otro canta o recita. ‖ Replicar a un pedimento o alegato. ‖ intr. Corresponder, repetir el eco. ‖ Corresponder, mostrarse agradecido. *Todo el personal le* RESPONDÍA. ‖ Corresponder con una acción a la realizada por otro. *Al alto del centinela,* RESPONDIÓ *a tiros.* ‖ Guardar proporción o igualdad una cosa con otra. *La duración de esta tela* RESPONDE *al precio.* ‖ Replicar, ser respondón. ‖ Mirar, estar situado un lugar, edificio, etc., hacia una parte determinada. ‖ Estar uno obligado u obligarse a la pena y reparación correspondientes al daño causado o a la culpa cometida. ‖ Asegurar una cosa como garantizando su veracidad. RESPONDO *de la buena conducta de mi hijo;* sinón.: **fiar.** ‖ fig. Rendir utilidad o provecho. *Ese empleado no* RESPONDE. ‖ Tratándose de cosas inanimadas, causar el efecto que se desea o pretende. ‖ **Responder por** uno. frs. Abonarle, salir fiador por él.

RESPONDIENTE. p. a. de **Responder.** Que responde.

RESPONDÓN, NA. adj. y s. Que tiene la costumbre de replicar por cualquier cosa o con descomedimiento.

RESPONSABILIDAD. al. **Verantwortung.** fr. **Responsabilité.** ingl. **Responsibility.** ital. **Responsabilità.** port. **Responsabilidade.** f. Obligación de compensar o reparar un daño o culpa. ‖ Cargo u obligación moral que resulta para uno del posible yerro en cosa o asunto determinado. *Asumo la* RESPONSABILIDAD *de esta decisión.* ‖ **De responsabilidad.** loc. Dícese de la persona de posibles, de crédito.

RESPONSABILIZAR. tr. *Arg.* Hacer responsable. Ú.t.c.r.

RESPONSABLE. al. **Verantwortlich.** fr. **Responsable.** ingl. **Responsible; reliable.** ital. **Responsabile.** port. **Responsável.** (Del lat. *respónsum,* supino de *respondere,* responder.) adj. Obligado a responder de algo o por alguien. *Una persona* RESPONSABLE *de sus actos.*

RESPONSAR. intr. Decir o rezar responsos.

RESPONSEAR. intr. fam. Responsar.

RESPONSEO. m. fam. Acción y efecto de responsear.

RESPONSIVO, VA. adj. En forma de respuesta. ‖ Que corresponde o cuadra. ‖ f. *Méx.* Fianza o caución.

RESPONSO. al. **Repons.** fr. **Répons.** ingl. **Responsory.** ital. **Responso.** port. **Responso.** (Del lat. *respónsum.*) m. Responsorio que se dice por los difuntos. ‖ fam. Reprensión dura. *Se llevó un buen* RESPONSO; sinón.: **reprimenda.**

RESPONSORIO. (Del lat. *responsórium.*) m. Ciertas preces y versículos que se dicen en el rezo.

RESPUESTA. al. **Antwort.** fr. **Réponse.** ingl. **reply; answer.** ital. **Risposta.** port. **Resposta.** (Del ant. *respuesto.*) f. Satisfacción a una pregunta, duda o dificultad. ‖ Réplica. ‖ Refutación. ‖ Contestación a una carta u otro escrito. *Aguardábamos la* RESPUESTA *ansiosamente.* ‖ Acción con que uno corresponde a la de otro. ‖ IDEAS AFINES: *Contestar, responder, contradecir, replicar, objetar, refutar, negar, preguntar, sostener, aclarar, diálogo, entrevista, reportaje, interlocutor, debate, reclamo.*

RESQUEBRADURA. f. Hendedura, grieta.

RESQUEBRAJADIZO, ZA. adj. Resquebrajoso. *Yeso* RESQUEBRAJADIZO.

RESQUEBRAJADURA. f. Resquebradura.

RESQUEBRAJAR. al. **Spalten.** fr. **Fendiller.** ingl. **To crack; to split.** ital. **Screpolare.** port. **Rachar.** tr. Hender ligeramente algunos cuerpos duros. Ú.t.c.r. *La tierra, reseca,* SE RESQUEBRAJA; sinón.: **agrietar, rajar.**

RESQUEBRAJO. m. Resquebradura.

RESQUEBRAJOSO, SA. adj. Que se resquebraja o se puede resquebrajar con facilidad.

RESQUEBRAR. intr. y r. Empezar a quebrarse o henderse alguna cosa. ‖ irreg. Conj. como **acertar.**

RESQUEMAR. (De *res* y *quemar.*) tr. Causar algunas substancias en la boca un calor picante y mordaz. Ú.t.c.intr. ‖ Requemar, tostar con exceso. Ú.t.c.r. ‖ fig. Escocer, producir, desazón o disgusto. ‖ deriv.: **resquemador, ra; resquemamiento.**

RESQUEMAZÓN. f. Resquemo.

RESQUEMO. m. Acción y efecto de resquemar. ‖ Calor mordicante que producen en la boca algunas substancias. ‖ Sabor y olor desagradables que adquieren los alimentos que se resqueman al fuego.

RESQUEMOR. m. Escozor, desazón, pesadumbre. ‖ Resto de rencor, duda, miedo, etc.

RESQUICIO. al. **Ritze; Spalte.** fr. **Jour; fente.** ingl. **Chink; crevice.** ital. **Fessura.** port. **Resquício.** m. Abertura que hay entre el quicio y la puerta. ‖ Por ext., cualquiera otra hendedura pequeña. sinón.: **intersticio, ranura.** ‖ fig. Oportunidad que se proporciona para un fin. *Aprovechó el* RESQUICIO *que su buena estrella le brindaba;* sinón.: **coyuntura, ocasión.** ‖ *Col., Perú, P. Rico* y *Ven.* Huella, vestigio. ‖ *Cuba, P. Rico* y *Ven.* Pizca.

RESQUÍN HUERTA, Luis. *Biog.* Poeta modernista parag. cont., autor de *Auroras azules* y otras obras.

RESTA. al. **Subtrahieren; Rest.** fr. **Soustraction.** ingl. **Substraction.** ital. **Sottrarre.** port. **Subtração.** f. *Mat.* Operación de restar. sinón. **substracción;** antón.: **suma.** ‖ Su resultado. ‖ Resto o residuo.

RESTABLECER. al. **Wiederherstellen.** fr. **Rétablir.** ingl. **To restore.** ital. **Ristabilire.** port. **Restabelecer.** tr. Volver a establecer una cosa. RESTABLECER *el orden;* sinón.: **reinstalar, restaurar.** ‖ r. Recobrar la salud o reponerse de algún daño o menoscabo. SE RESTABLECIÓ *en las termas.* ‖ deriv.: **restablecedor, ra.**

RESTABLECIMIENTO. al. **Wiederherstellung.** fr. **Rétablissement.** ingl. **Restablishment.** ital. **Ristabilimento.** port. **Restabelecimento.** m. Acción y efecto de restablecer o restablecerse. *El* RESTABLECIMIENTO *de la monarquía, de la salud;* sinón.: **reparación, restauración.**

RESTADO, DA. adj. Arrestado, valiente.

RESTALLAR. intr. Chasquear la honda o el látigo. ‖ Crujir, hacer un ruido fuerte. RESTALLARON *los cohetes.* ‖ deriv.: **restallador, ra; restallante.**

RESTALLIDO. m. Acción y efecto de restallar.

RESTAMPAR. tr. Volver a imprimir o estampar.

RESTANTE. p. a. de **Restar.** Que resta. *Trabajo* RESTANTE. ‖ m. Residuo de una cosa.

RESTAÑADERO. m. Estuario.

RESTAÑADURA. f. Acción y efecto de restañar o volver a estañar.

RESTAÑAR. tr. Volver a estañar; cubrir o bañar con estaño por segunda vez.

RESTAÑAR. (Del lat. *restagnare,* desbordarse.) tr. Estancar o detener el curso de un líquido, especialmente la sangre. Ú.t.c. intr. y c.r.

RESTAÑAR. intr. Restallar.

RESTAÑASANGRE. f. Alaqueca, ágata.

RESTAÑO. m. Acción y efecto de restañar un líquido. ‖ Remanso o estancamiento de las aguas.

RESTAÑO. m. Tela antigua de plata u oro.

RESTAR. al. **Abziehen; subtrahieren.** fr. **Soustraire.** ingl. **To substract.** ital. **Sottrarre.** port. **Subtrair.** (Del lat. *restare, quedar.*) tr. Quitar parte de un todo y hallar el residuo que queda. sinón.: **quitar, substraer;** antón.: **adicionar, sumar.** ‖ Disminuir, rebajar. *Su altivez le* RESTA *simpatías.* ‖ Devolver el resto la pelota al saque. ‖ *Mat.* Hallar la diferencia entre dos cantidades. ‖ intr. Faltar o quedar. *Lo harás en lo que* RESTA *del mes.* ‖ deriv.: **restable; restador, ra.**

RESTAURACIÓN. al. **Wiederherstellung.** fr. **Restauration.** ingl. **Restoration.** ital. **Ristaurazione.** port. **Restauração.** f. Acción y efecto de restaurar. ‖ Restablecimiento en un país del régimen político que había sido substituido por otro, y en especial de la monarquía. ‖ Período histórico que comienza con esta reposición.

RESTAURADOR, RA. adj. y s. Que restaura.

RESTAURANTE. al. **Gaststätte.** fr. **Restaurant.** ingl. **Restaurant.** ital. **Tratoria; ristorante.** port. **Restaurante.** p. a. de **Restaurar.** Que restaura. Ú.t.c.s. ‖ m. Establecimiento donde se sirven comidas.

RESTAURAR. al. **Wiederherstellen.** fr. **Restaurer.** ingl. **To restore.** ital. **Restaurare.** port. **Restaurar.** (Del lat. *restaurare.*) tr. Recuperar o recobrar. RESTAURAR *las fuerzas.* ‖ Restablecer, volver a poner una cosa en aquel estado o estimación que antes tenía. RESTAURAR *la fe.* ‖ Reparar una pintura, escultura, etc., del deterioro que ha sufrido. RESTAURAR *un templo.* ‖ deriv.: **restaurable; restauramiento; restauratario, ria.**

RESTAURATIVO, VA. adj. Dícese de lo que restaura o tiene virtud de restaurar. Ú.t.c.s.m. *Legislación* RESTAURATIVA.

RESTINGA. (Del neerl. *rotssteen,* peñasco.) f. Punta o lengua de arena o piedra que forma escollo a poca profundidad.

RESTINGAR. (De *restinga.*) tr. Sondear el fondo, registrar lo escondido, buscar o trastear cosas ocultas. ‖ m. Paraje en que hay restingas.

RESTITUCIÓN. al. **Herausgabe; Rückgabe.** fr. **Restitution.** ingl **Restitution.** ital. **Restituzione.** port. **Restituição.** f. Acción y efecto de restituir. ‖ – **in integrum.** *For* Reintegración de una persona privilegiada en todas sus acciones y derechos.

RESTITUIBLE. adj. Que se puede restituir.

RESTITUIDOR, RA. adj. Que restituye. Ú.t.c.s.

RESTITUIR. al. **Zurückgeben.** fr. **Restituer.** ingl. **To restore.** ital. **Restituire.** port. **Restituir.** (Del lat. *restituere.*) tr. Devolver una cosa a quien la tenía antes. RESTITUIR *una propiedad a su legítimo dueño.* sinón.: **reintegrar;** antón.: **despojar, quitar.** ‖ Restablecer o poner una cosa en el estado que antes tenía. RESTITUIR *el brillo al cabello.* ‖ r. Regresar uno al lugar de donde había salido. ‖ irreg. Conj. como **huir.** ‖ deriv.: **restitutivo, va.**

RESTITUTORIO, RIA. (Del lat. *restitutorius.*) adj. Que restituye, o se da o se recibe como restitución. ‖ *For.* Dícese de lo que incluye o dispone la restitución. *Fallo* RESTITUTORIO.

RESTO. al. **Rest.** fr. **Reste.** ingl. **Remainder.** ital. **Resto.** port. **Resto.** (De *restar.*) m. Residuo, parte que queda. *El* RESTO *de la comida;* sinón.: **remanente.** ‖ Cantidad que en los juegos de envite se señala para jugar y envidar. ‖ Jugador que devuelve la pelota al saque. ‖ Sitio desde donde se resta, en el juego de pelota. ‖ Acción de restar, en el juego de pelota. ‖ *Mat.* Residuo. ‖ Es galicismo cuando se usa por *lo demás* o *lo restante.* ‖ pl. **Restos mortales.** ‖ **Resto abierto.** En algunos juegos, el que es ilimitado. ‖ **Restos mortales.** El cuerpo humano después de muerto, o parte de él. ‖ **Echar,** o **envidar, el resto.** frs. Hacer envite, en el juego, de todo el caudal que uno tiene en la mesa. ‖ fig. y fam. Hacer todo el esfuerzo posible. ‖ IDEAS AFINES: *Sobras, escombro, fragmento, sedimento, poso, heces, basura; quedar, mantener, porción, permanecer, último, postrero.*

RESTORÁN. (Del fr. *restaurant.*) m. Dígase restaurante, casa de comidas.

RESTREGADURA. f. Acción y efecto de restregar o restregarse. ‖ Refregadura.

RESTREGAMIENTO. m. Restregadura.

RESTREGAR. tr. Estregar mucho y con ahínco. RESTREGÓ *los mosaicos;* sinón.: **frotar.** ‖ irreg. Conj. como **acertar.** ‖ deriv.: **restregador, ra; restregante.**

RESTREGÓN. m. Estregón.

RESTREPO, Antonio J. *Biog.* Escr. y orador col., autor de *El moderno imperialismo; Prosas medulares; De la poesía popular en Colombia,* y otras obras (1855-1933). ‖ – **Carlos E.** Pol. col., de 1910 a 1914 presidente de la Rep. (1868-1937). ‖ – **Edgardo Poe.** Poeta colombiano (1919-1941). ‖ – **Félix.** Rel. y sociólogo col., autor de numerosas obras: *El castellano en los clásicos; La libertad de enseñanza; Los grandes maestros de la doctrina cristiana,* etc. (1887-1965). ‖ – **José Félix de.** Educador y pol. col. que en 1814 elevó un proyecto sobre la libertad de los esclavos (1760-1832). ‖ – **José Manuel.** Político col., secretario de Bolívar y activo luchador por la independencia de su patria. Autor de una documentada *Historia de la revolución de Colombia* (1781-1863). ‖ – **Juan de Dios.** Lit. colombiano que popularizó el seudónimo de **Emiro Kastos.** Obras: *Los pepitos; Mi compadre Facundo; Antioquia y sus costumbres,* etc. (1827-1894). ‖ – **Roberto.** Lit. y filólogo col. contemporáneo, autor de *Apuntaciones idiomáticas y correcciones de lenguaje; Intimidades de un médico; Historia de la guerra entre Candorra y Tontul,* etc. ‖ – **Vicente.** Pol. y arqueólogo colombiano cont. Obras: *Atlas arqueológico; Los chibchas antes de la conquista española,* etc. ‖ – **JARAMILLO, José.** Literato col., autor de *Dinero para los peces* y otras obras (1896-1945). ‖ – **TIRADO, Ernesto.** Historiador col., autor de *Descubrimiento y conquista de Colombia; Estudios sobre los aborígenes de Colombia,* etc. (1862-1948). ‖ – **Y HERNÁNDEZ, Julián.** Lit. col., autor de *Codificación cundinamarquesa; Lecciones de antropología,* etc. (1871-1919).

RESTREPO. *Geog.* Población de Colombia (Meta). 3.000 h. Actividades agrícola-ganaderas. ‖ Población de Colombia (Valle del Cauca). 4.000 h. Agricultura. Se llama también **Conto.**

RESTRIBAR. intr. Estribar o apoyarse con fuerza. ‖ deriv.: **restribamiento; restribante.**

RESTRICCIÓN. al. **Einschränkung; Restriktion.** fr. **Restriction.** ingl. **Restriction.** ital. **Restrizione.** port. **Restrição.** (Del lat. *restrictio, -onis.*) f. Limitación o modificación. *Adhiero al proyecto sin* RESTRICCIÓN; sinón.: **coartación, cortapisa.** ‖ – **mental.** Negación que se hace mentalmente para no cumplir lo que se dice. ‖ Torcimiento del sentido de una locución, con objeto de que quede oculta una verdad que se debe callar.

RESTRICTIVAMENTE. adv. m. De manera restrictiva, con restricción.

RESTRICTIVO, VA. adj. Dícese de lo que tiene virtud o fuerza para restringir y reprimir. ‖ Dícese de lo que limita o coarta. *Disposición* RESTRICTIVA.

RESTRICTO, TA. (Del lat. *restrictus.*) adj. Limitado, ceñido o conciso.
RESTRILLAR. tr. *Perú,* y *P. Rico.* Chasquear el látigo. ‖ intr. Restallar, crujir.
RESTRINGA. f. Restinga.
RESTRINGENTE. (Del lat. *restringens, -entis.*) p. a. de **Restringir.** Que restringe. Úsase t.c.s.m.
RESTRINGIBLE. adj. Que se puede restringir.
RESTRINGIR. al. **Einschränken.** fr. **Restreindre.** ingl. **To restrain; to restrict.** ital. **Restringere.** port. **Restringir.** (Del lat. *restríngere.*) tr. Ceñir, circunscribir, rebajar a menores límites. RESTRINGIR *el consumo de agua*; antón.: **ampliar, aumentar.** ‖ Restriñir. ‖ deriv.: **restringidor, ra; restringimiento.**
RESTRIÑIDOR, RA. adj. Que restriñe.
RESTRIÑIMIENTO. m. Acción y efecto de restriñir.
RESTRIÑIR. (Del lat. *restríngere.*) tr. Astringir. ‖ deriv.: **restriñente.**
RESTROJO. m. p. us. Rastrojo.
RESUCITADO. m. *Arg.* Aparecido, espectro.
RESUCITADOR, RA. (Del lat. *resuscitátor.*) adj. Que hace resucitar. Ú.t.c.s.
RESUCITAR. al. **Vom Tode erwecken.** fr. **Ressusciter.** ingl. **To resurrect.** ital. **Risuscitare.** port. **Ressuscitar.** (Del lat. *resuscitare,* de *re* y *suscitare,* despertar.) tr. Volver la vida a un muerto. *Jesús* RESUCITÓ *a Lázaro*; sinón.: **revivir.** ‖ fig. y fam. Restablecer, renovar. ‖ intr. Volver uno a la vida. ‖ deriv.: **resucitable; resucitante.**
RESUDACIÓN. f. Acción de resudar. ‖ Resudor.
RESUDAR. (Del lat. *resudare.*) intr. Sudar ligeramente. ‖ Perder el exceso de humedad en troncos que se dejan tendidos, antes de procederse a su labra. ‖ Resumar. Ú.t.c.intr. *Los botijos* RESUDABAN; sinón.: **filtrarse.** ‖ deriv.: **resudamiento; resudante.**
RESUDOR. m. Sudor ligero y tenue.
RESUELTAMENTE. adv. m. De manera resuelta, con resolución. RESUELTAMENTE *se arrojó al agua*; sinón.: **decididamente, intrépidamente.**
RESUELTO, TA. (Del lat. *resolutus*) p. p. irreg. de **Resolver.** ‖ adj. Audaz, arrojado y libre. *Carácter* RESUELTO; sinón.: **atrevido, intrépido;** antón.: **apocado, temeroso.** ‖ Pronto, diligente, veloz. RESUELTO *para obrar*; sinón.: **activo, expedito;** antón.: **calmoso, lento.**
RESUELLO. (De *resollar.*) m. Aliento o respiración, especialmente la violenta. ‖ **Cortar** a uno **el resuello.** frs. fig. y fam. *Arg.* Matarle violenta y rápidamente. Ú.t. referido a los animales. ‖ **Meterle** a uno **el resuello en el cuerpo.** frs. fig. y fam. Hacerle callar, intimidándole.
RESULTA. f. Efecto, consecuencia. ‖ Lo resuelto últimamente en una deliberación. ‖ Vacante que queda de un empleo por ascenso del que lo tenía. ‖ fig. Éxito, resultado. ‖ pl. Atenciones que, habiendo tenido crédito en un presupuesto, no pudieron pagarse durante su vigencia y pasan a otro. ‖ **De resultas.** m. adv. Por consecuencia, por efecto.
RESULTADO. al. **Ergebnis; Resultat.** fr. **Résultat; résulté.** ingl. **Result.** ital. **Risultato.** port. **Resulta.** m. Efecto y consecuencia de un hecho, operación o deliberación. ‖ Éxito. *El tratamiento* DIO RESULTADO.
RESULTANCIA. f. p. us. Resultado.
RESULTANDO. m. *For.* Cada uno de los fundamentos de hecho enumerados en sentencias, resoluciones gubernativas, etc.
RESULTANTE. al. **Mittelkraft; Resultante.** fr. **Résultante.** ingl. **Resultant.** ital. **Risultante.** port. **Resultante.** p. a. de **Resultar.** Que resulta. ‖ adj. *Mec.* Aplícase a la fuerza o velocidad que produciría igual efecto que otras dos o más fuerzas, o velocidades, respectivamente. Ú.t.c.s.f.
RESULTAR. al. **Sich ergeben.** fr. **Résulter.** ingl. **To result.** ital. **Risultare.** port. **Resultar.** (Del lat. *resultare,* rebotar, de *saltare.*) intr. p. us. Resaltar o resurtir. ‖ Redundar, venir a parar en provecho o daño de una persona o de algún fin. ‖ Originarse o venir una cosa de otra. *De lo expuesto,* RESULTA *lo siguiente*; sinón.: **inferirse, seguirse.** ‖ Aparecer, manifestarse, comprobarse. *La expresión de su rostro, aunque seria,* RESULTA *atrayente. Los víveres* RESULTARON *escasos.* ‖ Tener buen o mal éxito. *Las gestiones* RESULTARON *inútiles.* ‖ Mal usado por agradar o satisfacer.
RESUMBRUNO. (De *roso, en* y *bruno.*) adj. Dícese del plumaje del halcón entre rubio y negro.
RESUMEN. al. **Zusammenfassung.** fr. **Résumé; abrégé.** ingl. **Summary.** ital. **Riassunto.** port. **Resumo.** m. Acción y efecto de resumir o resumirse. ‖ Exposición resumida de un asunto o materia. sinón.: **síntesis, sumario;** antón.: **ampliación.** ‖ **En resumen.** m. adv. Resumiendo, recapitulando. ‖ En substancia, en conclusión. ‖ IDEAS AFINES: *Plan, bosquejo, sucinto, compendio, abreviar, acortar, fundamento, argumento, reducir, condensar, recapitular, breve, prontuario, sumario, bibliografía.*
RESUMIDAMENTE. adv. En resumen. ‖ Brevemente, en pocas palabras. sinón.: **concisamente; sucintamente.**
RESUMIDERO. m. *Amér.* Rezumadero, sumidero, alcantarilla.
RESUMIR. al. **Zusammenfassen.** fr. **Résumer; abréger.** ingl. **To abridge.** ital. **Riassumere.** port. **Resumir.** (Del lat. *resúmere,* volver a tomar, comenzar de nuevo.) tr. Abreviar, reducir a términos breves y precisos lo esencial de un asunto. Ú.t.c.r. RESUMIR *una conferencia*; sinón.: **compendiar, extractar;** antón.: **ampliar.** ‖ Repetir el actuante el argumento del contrario. ‖ r. Convertirse, comprenderse. resolverse una cosa en otra. *La alegría intensa* SE RESUME, *a veces, en lágrimas.* ‖ Es barbarismo confundir este verbo con **reasumir.** ‖ deriv.: **resumidor, ra.**
RESUNTA. f. p. us. Resumen.
RESURGIMIENTO. m. Acción y efecto de resurgir. sinón.: **reaparición, renacimiento.**
RESURGIR. (Del lat. *resúrgere.*) intr. Surgir de nuevo, volver a aparecer. *Los yuyos* RESURGÍAN; sinón.: **reaparecer, renacer.** ‖ Resucitar.
RESURRECCIÓN. al. **Auferstehung.** fr. **Résurrection.** ingl. **Resurrection.** ital. **Risurrezione.** port. **Ressurreição.** (Del lat. *ressurrectio, -onis.*) f. Acción de resucitar. ‖ Por antonomasia, la de Cristo. ‖ **Pascua de Resurrección.** ‖ – **de la carne.** *Teol.* La de todos los muertos el día del Juicio Final.
RESURRECCIÓN. *Lit.* Novela de León Tolstoi publicada en 1899, canto de amor a la vida campestre e invitación para retornar a ella, al mismo tiempo que vigorosa crítica contra la sociedad de su tiempo.
RESURTIDA. f. Rechazo o rebote de una cosa.
RESURTIR. intr. Retroceder un cuerpo de resultas del choque con otro. ‖ Brotar, surgir. ‖ deriv.: **resurtidor, ra; resurtimiento.**
RESURTIVO, VA. adj. Que resurte.
RETABLERO. m. El que construye retablos.
RETABLO. al. **Altarbild; Retabel.** fr. **Rétable.** ingl. **Retable.** ital. **Dossale; paliotto.** port. **Retábulo.** (Del b. lat. *retaulus,* y éste del lat. *retro,* detrás, y *tábula,* tabla.) m. Conjunto de figuras pintadas o de talla que representan en serie una historia o suceso. ‖ Decoración arquitectónica de un altar hecha de piedra, madera u otra materia. ‖ – **de dolores,** o **de duelos.** Persona en quien se acumulan muchos trabajos y padecimientos.
RETACAR. (De *retaco.*) tr. Herir dos veces la bola con el taco, en el juego de trucos y billar.
RETACEAR. tr. Retazar, dividir en pedazos. ‖ Recortar. ‖ Hacer de retazos alguna cosa. ‖ fig. *Arg. Par.* y *Venez.* Escatimar, disminuir con intención mezquina lo que se da a otro material o moralmente.
RETACEO. m. Acción y efecto de retacear.
RETACERÍA. f. Conjunto de retazos de telas.
RETACO. m. Escopeta corta muy reforzada en la recámara. ‖ En el juego de trucos y billar, taco más corto que los regulares. ‖ fig. Persona rechoncha.
RETACÓN, NA. adj. y s. *Arg., Perú* y *Urug.* Dícese de la persona rechoncha.
RETADOR, RA. adj. y s. Que reta o desafía.
RETAGUARDIA. al. **Nachhut.** fr. **Arrière-garde.** ingl. **Rearguard.** ital. **Retroguardia.** port. **Retaguarda.** (Del ant. *retroguardia.*) Hablando de una fuerza desplegada o en columna, la porción o cada una de las porciones más alejadas del enemigo, o, simplemente la que se mantiene o avanza en último lugar. ‖ Hablando de una zona ocupada por una fuerza militar, la parte más alejada del enemigo. ‖ En tiempo de guerra, la zona no ocupada por los ejércitos. antón.: **vanguardia.** ‖ fig. y fam. Parte que mira o queda hacia atrás. ‖ **A retaguardia.** loc. adv. Fuera de la zona de los ejércitos o formando parte de ellos, en su **retaguardia.** ‖ **A retaguardia de.** loc. Detrás de. ‖ **En retaguardia.** loc. adv. **A retaguardia.** ‖ **Picar la retaguardia.** frs. Acosar al ejército enemigo que se retira.
RETAHILA. (De *recta* e *hila.*) f. Serie de muchas cosas. Suele usarse con sentido despectivo o irónico. *Se adjudicó una* RETAHILA *de títulos;* sinón.: **rosario, sarta.**
RETAJAR. tr. Cortar redondo una cosa. RETAJAR *un cristal.* ‖ Volver a cortar la pluma de ave para escribir. ‖ p. us. Circuncidar. ‖ deriv.: **retajadero; retajadura; retajador, ra.**
RETAJO. m. Acción de retajar. ‖ Cosa retajada.
RETAL. (Del cat. *retall,* de *retallar,* recortar.) m. Pedazo sobrante de una tela, piel, chapa, etc. sinón.: **recorte.** ‖ Desperdicio de piel que sirve para hacer la cola que usan los pintores. ‖ V. **Cola de retal.** ‖ Conjunto de pedazos sobrantes o desperdicios de tela, piel, metal, etc.
RETALHULEU. *Geog.* Departamento del N. O. de Guatemala. 1.881 km². 162.000 h. Café, caña de azúcar, cacao, maíz, trigo. Cap. hom. con mun. 45.000 h.
RETALLAR. tr. Tallar de nuevo, volver a tallar. ‖ Volver a pasar el buril por las rayas de una lámina ya gastada. ‖ *Arq.* Dejar o hacer retallos en un muro. ‖ deriv.: **retallador, ra; retalladura.**
RETALLAR. (De *tallo.*) intr. p. us. Retallecer.
RETALLECER. intr. Volver a echar tallos las plantas. ‖ irreg. Conj. como **agradecer.**
RETALLO. (De *retallar.*) m. *Arq.* Resalto que queda en el paramento de un muro por la diferencia de espesor de dos de sus partes sobrepuestas.
RETALLO. m. Nuevo tallo.
RETAMA. al. **Ginster.** fr. **Genêt.** ingl. **Broom; genista.** ital. **Ginestra.** port. **Retama; giesta.** (Del ár. *retama.*) f. Nombre dado a diversos arbustos leguminosos. ‖ – **blanca.** Arbusto europeo de flores olorosas, de cáliz rojo y pétalos blancos. *Retama monosperma,* papilionoidea. ‖ – **común.** De flores amarillas y legumbres globosas; utilizado como combustible. *Retama aphaerocarpa.* ‖ – **de escoba.** Mata de ramas espesas, verdes y lampiñas, con hojas trifoliadas, y flores grandes, amarillas; de la que se extrae la esparteína. *Cytisus scoparius,* papilionoidea. ‖ – **de España.** Mata de muchas ramas delgadas, flexibles, de color verde ceniciento, de hojas pequeñas, lanceoladas, flores olorosas, amarillas, en racimos, y legumbre oval, con una sola semilla; ornamental, de fibras textiles, semillas purgantes y hojas forrajeras. *Spartium junceum,* papilionoidea. ‖ – **de olor. Retama de España.** ‖ – **de tintes** o **tintoreros.** Hiniesta, arbusto erguido, de ramas estriadas y angulosas, hojas sentadas, de margen velloso, flores grandes, amarillas, del que se extrae una tintura amarilla. *Genista tinctoria,* papilionoidea. ‖ – **macho. Retama de España.** ‖ – **negra. Retama de escoba.** ‖ **Mascar retama.** frs. fig. y fam. Estar amargado y colérico.
RETAMAL o **RETAMAR.** m. Terreno poblado de retamas.
RETAMERO, RA. adj. Perteneciente a la retama. ‖ s. El que corta y vende retama. ‖ f. Lugar donde se junta la retama.
RETAMILLA. f. dim. de **Retama.** ‖ *Méx.* Agracejo, planta.
RETAMO. m. *Amér. del S.* y *Sal.* Retama. ‖ Árbol xerófilo, de la Argentina, de hojas paripinadas y madera dura. *Bulnesia retamo,* cigofilácea.
RETAMÓN. m. Vara o verdasca de la retama. ‖ Mata leñosa, europea, de ramas rígidas y nudosas, flores amarillas en racimos, y legumbre negruzca, vellosa, con 2 a 4 semillas; es purgante y diurética. *Cytisus purgans,* leguminosa.
RETANA Y GAMBOA, Wenceslao E. *Biog.* Escritor esp. que estudió la vida filipina en numerosas obras (1862-1924).
RETAR. al. **Herausfordern; verweisen.** fr. **Défier; gronder.** ingl. **To challenge; to scold.** ital. **Sfidare; sgridare.** port. **Reptar; repreender.** tr. Desafiar, provocar a duelo o contienda. ‖ fam. Reprender, echar en cara. ‖ *Arg.* y *Chile.* Insultar, denostar. ‖ deriv.: **retante.** ‖ IDEAS AFINES: *Excitar, incitar, irritar, desafío, pelea, lid, caballero andante, lanza, torneo; recriminar, censurar, avergonzar, sermón, reprimenda, castigo, penitencia, paliza.*
RETARDACIÓN. f. Acción y efecto de retardar. ‖ *Fís.* Aceleración negativa.
RETARDADOR, RA. adj. Que retarda.
RETARDAR. al. **Verzögern; aufschieben.** fr. **Ajourner, retarder.** ingl. **To retard.** ital. **Ritardare.** port. **Retardar.** (Del lat. *retardare.*) tr. y r. Diferir, detener, dilatar. *Las lluvias* RETARDARON *la terminación del camino*; antón.: **adelantar, apresurar.** ‖ En los relojes, atrasar. ‖ deriv.: **retardable; retardante.**
RETARDATARIO, RIA. adj. Dícese de lo que tiende a producir retraso o retardo en la ejecución de alguna cosa. ‖ Galicismo por atrasado, rezagado, retrógrado. U.t.c.s.
RETARDATIVO, VA. adj. Que sirve para retardar.
RETARDATRIZ. adj. f. *Mec.* Retardadora.
RETARDO. al. **Verzögern.** fr. **Retard; délai.** ingl. **Retardation; delay.** ital. **Ritardo.** port. **Retardação.** m. Retardación.
RETARTALILLAS. f. pl. Retahíla de palabras.
RETASA. f. Acción y efecto de retasar.
RETASACIÓN. (De *retasar.*) f. Retasa.
RETASAR. tr. Tasar por segunda vez. ‖ Rebajar el justiprecio de cosas puestas en subasta. ‖ deriv.: **retasador, ra; retasante.**
RETAZAR. (Del m. or. que *retajar.*) tr. Hacer pedazos una cosa. sinón.: **destrozar.** ‖ Dividir el rebaño en hatajos. ‖ deriv.: **retazador, ra; retazamiento; retazante.**
RETAZO. al. **Tuchabfall.** fr. **Coupon; morceau.** ingl. **Piece; cutting.** ital. **Ritaglio; scampolo.** port. **Retalho.** (De *retazar.*) m. Retal o pedazo de una tela. *De* RETAZOS *hice este almohadón.* ‖ Fragmento de un razonamiento o discurso. ‖ *Col., Méx.* y *P. Rico.* Piltrafa.
RETE. Prefijo que encarece o pondera como *archi.* RETE*salada,* RETE*mejor.*
RETECHO. m. Parte del techo que forma saliente en la pared.
RETEJADOR. m. El que reteja.
RETEJAR. tr. Recorrer los tejados poniendo las tejas que faltan. ‖ fig. y fam. Proveer de vestido y calzado a quien lo necesita. ‖ deriv.: **retejamiento.**
RETEJER. tr. Tejer apretadamente.
RETEJO. m. Acción y efecto de retejar.
RETEMBLAR. intr. Templar repetidamente. *El edificio* RETEMBLÓ *con la explosión*; sinón.: **trepidar, vibrar.** ‖ irreg. Conj. como **acertar.** ‖ deriv.: **retemblante; retemblido.**
RETEMPLAR. tr. y r. *Amér.* Dar fuerza y vigor al ánimo, cobrar energía.
RETÉN. (De *retener.*) m. Repuesto o provisión que se tiene de una cosa. ‖ *Mil.* Tropa que se tiene dispuesta para reforzar los puestos militares.
RETENCIÓN. (Del lat. *retentio, -onis.*) f. Acción y efecto de retener. sinón.: **detención, dilación.** ‖ Parte o totalidad retenida de un sueldo u otro haber. ‖ *Pat.* Permanencia anormalmente persistente de materias excrementicias en el cuerpo. RETENCIÓN *de orina.*
RETENEDOR, RA. adj. Que retiene.
RETENER. al. **Einbehalten.** fr. **Retenir.** ingl. **To retain; to arrest.** ital. **Ritenere.** port. **Reter.** (Del lat. *retínere.*) tr. Detener, conservar, guardar en

sí. RETUVIMOS *al viajero en nuestra casa.* ‖ Conservar en la memoria una cosa. RETENDRÍA *ese rostro.* ‖ Conservar el empleo que se tenía cuando se pasa a otro. ‖ Suspender el uso de un rescripto de la autoridad eclesiástica. ‖ Suspender en todo o en parte el pago del sueldo u otro haber y reservar la cantidad no entregada para satisfacer una deuda. ‖ Imponer prisión preventiva, arrestar. ‖ *Der.* Asumir un tribunal superior la jurisdicción, con exclusión del inferior. ‖ irreg. Conj. como **tener.**

RETENIDA. (De *retener.*) f. Cabo, aparejo o palo, que sirve para contener o guiar un cuerpo en su caída.

RETENIDAMENTE. adv. m. Con retención.

RETENIMIENTO. m. Retención.

RETENTADO, DA. adj. *Hond.* De genio arrebatado.

RETENTAR. (Del lat. *retentare,* reproducir.) tr. Volver a tentar o tentar de nuevo. ‖ Volver a amenazar la enfermedad o accidente que anteriormente se padeció. ‖ irreg. Conj. como **acertar.** ‖ deriv.: **retentación, retentamiento.**

RETENTIVA. f. Memoria, facultad de acordarse. antón.: **olvido.**

RETENTIVO, VA. adj. y s. Que puede retener. *Tener capacidad* RETENTIVA.

RETEÑIR. (Del lat. *retíngere.*) tr. Volver a teñir. ‖ irreg. Conj. como **ceñir.** ‖ deriv.: **reteñible; reteñidor, ra; reteñimiento.**

RETEÑIR. intr. Retiñir.

RETESAMIENTO. m. Acción y efecto de retesar.

RETESAR. tr. Atiesar o endurecer una cosa, ponerla rígida o tirante. ‖ deriv.: **retesador, ra; retesante.**

RETESO. m. Retesamiento. ‖ Teso pequeño.

RETHONDES. *Geog.* Pequeña población de Francia, en el dep. de Oise, cerca de Compiègne. En este lugar se firmó, en 1918, el armisticio que puso fin a la primera Guerra Mundial y en 1940 el pedido por Francia a los alemanes, durante la Segunda.

RETICENCIA. (Del lat. *reticencia,* de *réticens,* reticente.) f. Acción de insinuar alguna especie, generalmente maliciosa, dando a entender que se guarda silencio acerca de ella. ‖ *Ret.* Figura que consiste en dejar incompleta una frase o no acabar de aclarar una especie, para que se entienda más de lo que al parecer se calla.

RETICENTE. (Del lat. *réticens, -entis,* p. a. de *retícere,* callar.) adj. Que usa reticencias. *El médico se mostró* RETICENTE. ‖ Que envuelve o incluye reticencia.

RÉTICO, CA. (Del lat. *rhaéticus.*) adj. De Retia o Recia. ‖ m. *Ling.* Grupo de lenguas románicas habladas en lo que fue la antigua Retia, entre ellas la de los grisones.

RETÍCULA. f. Retículo.

RETICULACIÓN. f. Estado de una superficie reticular.

RETICULADO, DA. adj. Reticular.

RETICULAR. adj. De figura de redecilla o red. ‖ Perteneciente a una red.

RETÍCULO. (Del lat. *retículum.*) m. Tejido en forma de red. Se toma generalmente por la estructura filamentosa de las plantas. ‖ *Anat.* Red, especialmente la protoplasmática o nuclear de una célula. ‖ *Astron.* Constelación austral cercana al polo. ‖ *Ópt.* Conjunto de dos o más hilos cruzados o paralelos, puestos en el foco de varios instrumentos ópticos para precisar la visual o efectuar mediciones delicadas. ‖ *Zool.* Redecilla, segunda cavidad del estómago de los rumiantes.

RETIFORME. adj. De figura de red.

RETÍN. m. Retintín.

RETINA. al. **Netzhaut.** fr. **Rétine.** ingl. **Retina.** ital. **Retina.** port. **Retina.** (Del b. lat. *retina,* y éste del lat. *rete,* red.) f. *Anat.* Membrana interna del ojo, formada por la expansión del nervio óptico, en la cual se reciben las impresiones luminosas. ‖ deriv.: **retinal.**

RETINAR. tr. Manipular con la lana en las fábricas de paños.

RETINENCIA. f. Memoria, retentiva.

RETINIANO, NA. adj. Perteneciente o relativo a la retina.

RETINITIS. f. Pat. Inflamación de la retina.

RETINTE. m. Segundo tinte.

RETINTE. m. Retintín.

RETINTÍN. (Voz onomatopéyica.) m. Sensación que persiste en los oídos del sonido de una campana u otro cuerpo sonoro. ‖ fig. y fam. Tonillo con que se recalca una expresión hiriente o maliciosa.

RETINTO, TA. (Del lat. *retintus.*) p. p. irreg. de **Reteñir.** ‖ adj. De color castaño muy oscuro. *Bigote* RETINTO.

RETIÑIR. (Del lat. *retinnire,* resonar.) intr. Durar el retintín. ‖ irreg. Conj. como **mullir.** ‖ deriv.: **retiñente.**

RETIRACIÓN. f. Acción y efecto de retirar. ‖ *Imp.* Forma o molde para retirar.

RETIRADA. al. **Rückzug.** fr. **Retraite.** ingl. **Retreat.** ital. **Ritirata.** port. **Retirada.** f. Acción y efecto de retirarse. ‖ Lugar que sirve de acogida segura. ‖ Retreta. ‖ Paso de la antigua danza española. ‖ Terreno que va quedando en seco cuando cambia el cauce natural de un río. ‖ *Mil.* Acción de retroceder en orden, apartándose del enemigo. *Emprender la* RETIRADA.

RETIRADAMENTE. adv. m. Escondidamente, de secreto.

RETIRADO, DA. adj. Distante, apartado, desviado. *Vivía en un lugar* RETIRADO; antón.: **cercano, próximo.** ‖ Dícese del militar que deja oficialmente el servicio, conservando algunos derechos. Ú.t.c.s.

RETIRAMIENTO. m. Retiro.

RETIRAR. al. **Zurückziehen.** fr. **Retirer.** ingl. **To withdraw, to retire.** ital. **Ritirare.** port. **Retirar.** tr. Apartar o separar una persona o cosa de otra o de un sitio. Ú.t.c.r. RETIRE *esos bultos del paso*; sinón.: **alejar;** antón.: **acercar.** ‖ Quitar de la vista una cosa, reservándola u ocultándola. ‖ Obligar a uno a que se retire, rechazarle. ‖ *Impr.* Estampar por el reverso el pliego que ya lo está por la cara. ‖ intr. p. us. Tirar, asemejarse una cosa a otra. ‖ r. Apartarse del trato o amistad. *Se* RETIRÓ *del mundo.* ‖ Refugiarse, ponerse en salvo o seguro. ‖ Dejar oficialmente el servicio militar. ‖ *Amér. del Sur.* Conseguir la jubilación. deriv.: **retirable; retirador, ra.**

RETIRO. al. **Ruhestand.** fr. **Retraite.** ingl. **Retreat.** ital. **Ritiro.** port. **Retiro.** m. Acción y efecto de retirarse. ‖ Lugar apartado del concurso y bullicio de la gente. *Aquel valle era apacible* RETIRO. ‖ Recogimiento, apartamiento y abstracción. *Vivía en el* RETIRO. ‖ Ejercicio piadoso que consiste en practicar ciertas devociones retirándose por uno o varios días de las ocupaciones habituales. ‖ Situación del militar retirado. ‖ Sueldo que éste disfruta.

RETO. al. **Herausforderung.** fr. **Défi.** ingl. **Challenge.** ital. **Sfida.** port. **Repto.** (De *retar.*) m. Provocación o citación al duelo o desafío, o a una apuesta de deporte. *Aceptar el* RETO. ‖ Amenaza. *Echar* RETOS. ‖ *Arg.* y *Bol.* Reprensión, amonestación. ‖ *Chile,* insulto, denuesto.

RETOBADO, DA. adj. *Amér.* Indómito, obstinado. *Caballo* RETOBADO. ‖ *Amér. del S.* Taimado, redomado, socarrón. ‖ *Amér. Central. Ec.* y *Méx.* Respondón, rezongón.

RETOBAR. tr. *R. de la Plata.* Forrar o cubrir con cuero. ‖ *Chile.* Envolver o forrar los fardos con cuero, arpillera, encerado, etc. ‖ r. ‖ r. *Amér.* Ponerse displicente o mostrarse enojado con taimada reserva.

RETOBO. m. *Amér.* Acción y efecto de retobar. ‖ *Amér. Central.* Resabio. ‖ *Col.* y *Hond.* Desecho, cosa inútil. ‖ *Chile.* Arpillera, encerado con que se retoba. ‖ *Méx.* Rezongo, refunfuño.

RETOCADO. m. *B.A.* Retoque.

RETOCADOR, RA. s. Persona que retoca, especialmente la que se ocupa de retocar fotografías.

RETOCAR. al. **Retuschieren.** fr. **Retoucher.** ingl. **To retouch.** ital. **Ritoccare.** port. **Retocar.** tr. Volver a tocar. ‖ Tocar repetidamente. ‖ Dar a un dibujo, pintura o fotografía ciertos toques para quitarle imperfecciones. ‖ Restaurar las pinturas deterioradas. ‖ fig. Perfeccionar, dar la última mano a cualquier obra. ‖ deriv.: **retocable; retocadamente; retocamiento.**

RETOMAR. tr. Volver a tomar. RETOMÓ *el timón.*

RETOÑAR. intr. Volver a echar vástagos la planta. ‖ Reproducirse o renovarse lo que había dejado de ser o estaba amortiguado. ‖ deriv.: **retoñador, ra; retoñante.**

RETOÑECER. intr. Retoñar. ‖ irreg. Conj. como **conocer.** ‖ deriv.: **retoñecedor, ra; retoñeciente; retoñecimiento.**

RETOÑO. m. Vástago que echa de nuevo la planta.

RETOQUE. al. **Retusche.** fr. **Retouche.** ingl. **Retouch.** ital. **Ritocco.** port. **Retoque.** m. Pulsación repetida y frecuente. ‖ Última mano que se da a una obra. *Dar los* RETOQUES *finales a un cuadro.* ‖ Amago de un accidente o de ciertas enfermedades.

RETOR. (Del fr. *retors, retorcido.*) m. Tela de algodón fuerte y ordinaria en que la trama y la urdimbre están muy torcidas.

RETORCEDURA. f. Retorcimiento.

RETORCER. al. **Winden.** fr. **Retordre.** ingl. **To twist.** ital. **Ritorcere.** port. **Retorcer.** (Del lat. *retorquere.*) tr. Torcer mucho una cosa, dándole varias vueltas. Ú.t.c.r. RETORCER *el pabilo;* antón.: **enderezar.** ‖ fig. Redargüir, volver un argumento contra el mismo que lo hace. ‖ Tergiversar, dar a una cosa un sentido diferente del que tiene. *No* RETUERZAS *mi contestación.* ‖ irreg. Conj. como **mover.** ‖ deriv.: **retorcedor, ra; retorcible.**

RETORCIDO. m. Especie de dulce de frutas.

RETORCIJO. m. Retorcimiento.

RETORCIJÓN. m. Retortijón.

RETORCIMIENTO. m. Acción y efecto de retorcer o retorcerse.

RETÓRICA. al. **Redekunst; rhetorik.** fr. **Rhétorique.** ingl. **Rhetoric.** ital. **Retorica.** port. **Retórica.** (Del lat. *rhetórica,* y éste del gr. *retoriké.*) f. Arte de bien decir, de dar al lenguaje eficacia para deleitar, persuadir o conmover. ‖ Tratado de este arte. ‖ pl. fam. Sofisterías, argucias impertinentes. *No me venga usted con* RETÓRICAS. ‖ IDEAS AFINES: *Orador, elocuencia; discurso, tribuna, debate, discusión, inflamar, convencer, tribuna, sofista, invención, alocución, arenga, metáfora, exclamar, interrogar, ironía, prosopopeya, énfasis, ritmo, cadencia.*

RETÓRICAMENTE. adv. m. En forma retoricada.

RETÓRICAMENTE. adv. m. Según las reglas de la retórica.

RETORICAR. intr. Hablar según las reglas retóricas ‖ Usar de retóricas. Ú.t.c.tr. ‖ deriv.: **retoricotero, ra.**

RETÓRICO, CA. adj. Perteneciente a la retórica. ‖ Versado en retórica. Ú.t.c.s.

RETORNAMIENTO. m. Retorno, acción y efecto de retornar.

RETORNANTE. p. a. de **Retornar.** Que retorna.

RETORNAR. al. **Zurückkehren** fr. **Retourner.** ingl. **To return.** ital. **Ritornare.** port. **Retornar.** (De *re* y *tornar.*) tr. Devolver, restituir. *El campo les* RETORNÓ *sus lindos colores.* ‖ Volver a torcer una cosa, retorcerla. ‖ Hacer que una cosa retroceda. ‖ intr. Volver al lugar o a la situación en que se estuvo. Ú.t.c.r. RETORNARÉ *a mis tareas desde mañana;* sinón.: **regresar;** antón.: **alejarse. ausentarse.** ‖ deriv.: **retornador, ra.**

RETORNELO. (Del ital. *ritornello.*) m. *Mús.* Frase que servía de preludio a una composición y que se repetía en medio de ésta o al final. ‖ *Poét.* Especie de estribillo de una canción, en que se condensa el pensamiento del poeta.

RETORNO. al. **Rückkehr.** fr. **Retour.** ingl. **Return.** ital. **Ritorno.** port. **Retorno.** m. Acción y efecto de retornar. *El* RETORNO *del hijo pródigo.* sinón.: **regresar, restitución.** antón.: **alejamiento, ida.** ‖ Paga o recompensa del beneficio recibido. ‖ Cambio, trueque. ‖ Carruaje o caballería que vuelve al pueblo de donde salió. ‖ *Mar.* Motón que se coloca para variar la dirección en que trabaja un cabo de labor. ‖ IDEAS AFINES: *Vuelta, partida, retirada, hogar, natal, originario, nativo, antepasados, devolución, indemnización, compensar, gratitud, gratificar, agradecer.*

RETORROMANO, NA. adj. Rético, ‖ m. Lengua rética.

RETORSIÓN. f. Acción y efecto de retorcer. ‖ fig. Acción de devolver a uno el mismo daño o agravio que de él se ha recibido. ‖ — **del argumento.** Acción de aplicar a otro, cambiando los nombres de las personas, el propio razonamiento utilizado antes contra él.

RETORSIVO, VA. adj. Que incluye retorsión.

RETORTA. al. **Retorte.** fr. **Cornue.** ingl. **Retort.** ital. **Storta.** port. **Retorta.** (Del lat. *retorta, retorcida.*) Vasija con cuello largo encorvado, que se usa en los laboratorios de química. ‖ Tela de hilo entrefina y muy consistente.

RETORTERO. (Del lat. *retórtum,* supino de *retorquere,* retorcer, envolver.) m. Vuelta alrededor. Ú. por lo común en el m. adv. **al retortero.** ‖ **Andar al retortero.** frs. fam. Andar, vagar sin sosiego de aquí para allí. ‖ **Traer** a uno **al retortero.** frs. fam. Traerle de un lado a otro. ‖ No dejarle parar, dándole continuas ocupaciones. ‖ Engañarle con promesas y halagos falsos.

RETORTIJAR. (Del lat. *retortus,* retorcido.) tr. Ensortijar o retorcer mucho. ‖ deriv.: **retortijador, ra; retortijamiento; retortijante.**

RETORTIJÓN. m. Ensortijamiento de una cosa. ‖ Excesivo torcimiento de ella. ‖ — **de tripas.** Dolor breve e intenso que se siente en ellas.

RETOSTADO, DA. adj. De color oscuro.

RETOSTAR. tr. Volver a tostar una cosa. ‖ Tostarla mucho. Ú.t.c.r. RETOSTAR *la carne.* ‖ irreg. Conj. como **contar.** ‖ deriv.: **retostable; retostador, ra; retostamiento.**

RETOZADOR, RA. adj. Que retoza frecuentemente.

RETOZADURA. (De *retozar.*) f. Retozo.

RETOZAR. al. **Hüpfen.** fr. **Folâtrer.** ingl. **To frolic; to gambol.** ital. **Ruzzare.** port. **Retouçar.** (Tal vez de *re* y el aragonés *tozar.*) intr. Brincar alegremente. *Los corderos* RETOZAN; sinón.: **triscar.** ‖ Travesear unos con otros, personas o animales. RETOZABAN *los niños en el jardín.* ‖ Travesear desenvueltamente personas de distinto sexo. Ú.t.c.tr. ‖ fig. Excitarse en lo interior algunas pasiones. ‖ deriv.: **retozamiento; retozante.**

RETOZO. m. Acción y efecto de retozar. ‖ — **de la risa.** fig. Ímpetu de la risa, que se reprime.

RETOZÓN, NA. al. **Mutwillig.** fr. **Folâtre.** ingl. **Rompish, frolicsome.** ital. **Ruzzante.** port. **Retoução.** adj. Aficionado a retozar o que retoza frecuentemente. ‖ Alegre, festivo, chistoso. ‖ deriv.: **retozonamente.**

RETRACCIÓN. (Del lat. *retractio, -onis.*) f. Acción y efecto de retraer. ‖ *Pat.* Acortamiento permanente de un órgano o tejido.

RETRACTABLE. adj. Dícese de lo que se puede o debe retractar. *Afirmación* RETRACTABLE; sinón.: **rescindible, revocable.**

RETRACTACIÓN. f. Acción de retractarse.

RETRACTAR. al. **Widerrufen; zurücknehmen.** fr. **Rétracter.** ingl. **To retract.** ital. **Ritrattare.** port. **Retractar.** (Del lat. *retractare.*) tr. Revocar expresamente lo que se ha dicho; desdecirse de ello. Ú.t.c.r. *Se* RETRACTÓ *de sus declaraciones, por escrito*; sinón.: **rectificar;** antón.: **ratificar.** ‖ *Der.* Retraer. ‖ deriv.: **retractamiento, retractante.**

RETRÁCTIL. (Del lat. *retráctum,* supino de *retráhere,* traer o llevar hacia atrás.) adj. Que puede retraerse quedando envuelto y oculto al exterior. *Aguijón* RETRÁCTIL. ‖ deriv.: **retractibilidad.**

RETRACTIBILIDAD. f. Calidad de retráctil.

RETRACTO. (Del lat. *retractus.*) m. *For.* Derecho que compete a ciertas personas para quedarse, por el tanto de su tasación, con la cosa vendida a otro. ‖ — **arrendaticio.** El concedido en ciertos casos al arrendatario del predio vendido para favorecer su acceso a la propiedad. ‖ — **convencional.** *For.* El pactado a favor del vendedor. || – **de aledaños.** *For.* El que concede la ley a los propietarios colindantes de la finca vendida. || – **de comuneros.** *For.* El que concede la ley a los condueños para favorecer la consolidación de la propiedad.

RETRACTOR. m. *Cir.* Instrumento para mantener separados los bordes de una herida o las partes musculares en una amputación.

RETRADUCIR. tr. Traducir de nuevo o volver a traducir al idioma primitivo.

RETRAER. al. **Zurückziehen.** fr. **Dissuader; retraire.** ingl. **To dissuade; to redeem.** ital. **Ritrarre, distorre.** port. **Retrair.** (Del lat. *retráhere.*) tr. Volver a traer. || Reproducir una cosa en imagen o retrato. || Apartar, disuadir de un propósito. Ú.t.c.r. *Los amigos le* RETRAJERON *del intento.* || *Der.* Ejercitar el derecho de retracto. || r. Acogerse, guarecerse. *Se* RETRAJO *a mi casa.* || Retirarse, retroceder. *Las aguas se* RETRAJERON. || Hacer vida de aislamiento. || Apartarse temporalmente un partido o colectividad de las funciones políticas. || irreg. Conj. como **traer.** || deriv.: **retraedor, ra; retraíble.**

RETRAÍDO, DA. al. **Zurückhaltend.** fr. **Renfermé, timide.** ingl. **Refugee, incomunicative.** ital. **Ritirato.** port. **Retrahido.** adj. Dícese de la persona refugiada en lugar sagrado o de asilo. Ú.t.c.s. || Que gusta de la soledad. || fig. Poco comunicativo, tímido.

RETRAIMIENTO. m. Acción y efecto de retraerse. || Habitación interior y retirada. || Refugio, guarida. || Cortedad, reserva; antón.: **sociabilidad.**

RETRANCA. (De *retro* y *anca.*) f. Correa ancha, a modo de ataharre, que forma parte del atalaje y coopera a frenar el vehículo, y aun a hacerlo retroceder. || *Cineg.* En la batida, línea de puestos situada a espaldas de los que baten. || Galga, freno de un carruaje. || **Sentarse en la retranca.** frs. fig. y fam. *Arg.* Negarse a hacer una cosa o hacerla desganadamente.

RETRANCAR. tr. Frenar una caballería, con auxilio de su atalaje, el carruaje a que está enganchada; hacerlo retroceder.

RETRANQUEAR. (De *re* y *tranca.*) tr. *Arq.* Bornear.

RETRANQUEO. m. *Arq.* Acción y efecto de retranquear.

RETRANQUERO. m. *Cuba* y *P. Rico.* Guardafrenos.

RETRANSMISIÓN. f. Acción y efecto de retransmitir. RETRANSMISIÓN *de un mensaje.*

RETRANSMITIR. tr. Volver a transmitir. || Transmitir desde una emisora de radiodifusión lo que se ha transmitido a ella desde otra.

RETRASAR. al. **Verzögern.** fr. **Retarder.** ingl. **To defer.** ital. **Ritardare.** port. **Atrasar.** (De *re* y *tras.*) tr. Atrasar, diferir la ejecución de una cosa. RETRASAR el pago, la expedición; sinón.: **aplazar, retardar;** antón.: **adelantar, apresurar.** Ú.t.c.r. || Hablando del reloj, atrasar. || intr. Ir atrás o a menos en alguna cosa. RETRASAR *en el trabajo, en la carrera.* || Andar menos aprisa que lo debido. Ú.t.c.r.

RETRASO. al. **Verzögerung.** fr. **Retard.** ingl. **Delay.** ital. **Ritardo.** port. **Atraso.** m. Acción y efecto de retrasar. *El tren llegó con* RETRASO; sinón.: **demora, retardo;** antón.: **adelanto.**

RETRATABLE. adj. Que puede retratarse. || Retractable.

RETRATACIÓN. f. Retractación.

RETRATADOR, RA. s. Retratista.

RETRATAR. al. **Abbilden; porträtieren.** fr. **Peindre, faire le portrait.** ingl. **To portray.** ital. **Ritrattare.** port. **Retratar.** (Del lat. *retractare,* frec. de *retráhere,* retraer.) tr. Dibujar, pintar, esculpir o fotografiar la figura de alguna cosa, y muy especialmente la efigie de una persona. || Hacer la descripción de la figura o del carácter de una persona. Ú.t.c.r. || Imitar, asemejarse. || Describir con fidelidad una cosa. || Retractar. Ú.t.c.r. || deriv.: **retratante.**

RETRATERÍA. f. *Guat.* y *Urug.* Fotografía, oficina.

RETRATISTA. com. Persona que hace retratos. Ú.t.c.adj.

RETRATO. al. **Bild; Porträt.** fr. **Portrait.** ingl. **Portrait.** ital. **Ritratto.** port. **Retrato.** m. Pintura o efigie que representa alguna persona o cosa. *Goya pintó admirables* RETRATOS. || Descripción física o moral de una persona. || fig. Lo que se asemeja mucho a una persona o cosa. *Pablo es el* RETRATO *de. padre.* || *For.* Retracto. || IDEAS AFINES: *Fotografía, grabado, cuadro, copia, reproducción, caricatura, miniatura, estatua, figura, silueta, modelo, marco, museo, exposición, luz iluminación, instantánea, negativo.*

RETRATO DE DORIAN GRAY, El. *Lit.* Novela de Oscar Wilde, la única del autor, publicada en 1890. Con no poco de autobiográfica, expone a través de los personajes o de sus diálogos, los postulados de Wilde sobre el arte y el artista.

El personaje principal que ha logrado la juventud física a cambio del envilecimiento de su alma, trasunta una descarnada y casi cínica confesión del escritor acerca de sus propios defectos.

RETRATO DE MANUELITA. *B. A.* Cuadro del pintor arg. Prilidiano Pueyrredón que data de 1851. El rojo que en él predomina con varias tonalidades, contrasta delicadamente con la figura triste, plena de luz, de la hija de Juan Manuel de Rosas.

RETRAYENTE. p. a. de **Retraer.** Que retrae. Ú.t.c.s.

RETRECHAR. (Del lat. *retractare.*) intr. Retroceder, recular el caballo.

RETRECHERÍA. f. fam. Artificio mañoso para eludir una obligación. || Zalamería para ganarse la voluntad de uno. || *Ven.* Cicatería, tacañería.

RETRECHERO, RA. (De *retrechar.*) adj. fam. Dícese del que se vale de retrecherías. || Que tiene mucho atractivo. *Carita* RETRECHERA. || *P. Rico* y *Ven.* Tacaño.

RETREPADO, DA. adj. Dícese de lo que está inclinado hacia atrás.

RETREPARSE. r. Echar hacia atrás la parte superior del cuerpo. || Recostarse en la silla, de modo que ésta se incline hacia atrás.

RETRETA. al. **Retraite.** fr. **Retraite.** ingl. **Retreat.** ital. **Ritirata.** port. **Retreta.** (Del fr. *retraite,* y éste del lat. *retractus,* p. p. de *retráhere,* hacer retirar.) f. Toque militar para marchar en retirada y para que la tropa se recoja por la noche al cuartel. || Fiesta nocturna en la cual las tropas recorren las calles con faroles, músicas, etc. || fig. y fam. *Bol., Cuba, Ec., Perú* y *P. Rico.* Tanda, retahila. *Le di una* RETRETA *de golpes.* || IDEAS AFINES: *Diana, clarín, redoble, tambor, repiqueteo, atención, himno, marcha, desfile, parada, etiqueta, gala, serenata, marcial.*

RETRETE. al. **Abort; Klosett.** fr. **Cabinet.** ingl. **Closet.** ital. **Gabinetto.** port. **Retrete.** m. p. us Cuarto pequeño de la casa para retirarse. || Aposento dotado de las instalaciones necesarias para orinar y evacuar el vientre. || Estas instalaciones.

RETRIBUCIÓN. al. **Vergütung.** fr. **Rétribution.** ingl. **Retribution.** ital. **Retribuzione.** port. **Retribuicão.** f. Recompensa o pago de una cosa. RETRIBUCIÓN *equitativa;* sinón.: **remuneración.**

RETRIBUIR. al. **Vergüten.** fr. **Rétribuer.** ingl. **To remunerate.** ital. **Retribuire.** port. **Retribuir.** (Del lat. *retribúere.*) tr. Recompensar o pagar un servicio, favor, etc. || *Amér.* Corresponder al favor o al obsequio que uno recibe. RETRIBUYÓ *atenciones con una cena.* || irreg. Conj. como **huir.** || deriv.: **retribuible; retribuidor, ra; retributorio, ria.**

RETRIBUTIVO, VA. adj. Dícese de lo que tiene virtud de retribuir.

RETRIBUYENTE. p. a. de **Retribuir.** Que retribuye.

RETRILLAR. tr. Volver a trillar lo ya trillado. || deriv.: **retrillador, ra.**

RETRO. (Del lat. *retro,* hacia atrás.) prep. insep. que indica tiempo anterior o lugar posterior. RETRO*traer,* RETRO*activo,* RETRO*grado,* RETRO*ceder,* RETRO*pilastra,* RETRO*versión.*

RETROACCIÓN. f. Regresión. || *Biol.* y *Fís.* Acción que el resultado de un proceso material ejerce sobre el sistema de que procede, de tal manera que la actividad de éste queda regulada en cuanto a la producción de aquel resultado.

RETROACTIVIDAD. al. **Rückwirkende Kraft.** fr. **Rétroactivité.** ingl. **Retroactivity.** ital. **Retroattività.** port. **Retroatividade.** f. Calidad de retroactivo. *Le pagaron el aumento con* RETROACTIVIDAD *al primero de enero.*

RETROACTIVO, VA. (Del lat. *retroáctum,* supino de *retroágere,* hacer retroceder.) adj. Que obra o tiene fuerza sobre lo pasado. *Los efectos* RETROACTIVOS *de un decreto.* || deriv.: **retroactivamente.**

RETROCARGA (De). m. adv. Aplícase a las armas de fuego que se cargan por la culata.

RETROCEDER. al. **Zurückweichen.** fr. **Reculer.** ingl. **To go back.** ital. **Retrocedere.** port. **Retroceder.** (Del lat. *retrocédere.*) intr. Volver hacia atrás. *El ejército* RETROCEDIÓ *a sus posiciones;* antón.: **avanzar.** || fig. Cejar, desistir, abandonar la cosa propuesta. || deriv.: **retrocedente.**

RETROCESIÓN. f. Retroceso. || *For.* Acción y efecto de ceder a uno el derecho o cosa que él había cedido antes. || deriv.: **retrocesivo, va.**

RETROCESO. al. **Rückschritt; Zurückweichen.** fr. **Recul.** ingl. **Backward motion.** ital. **Retrocesso.** port. **Retrocesso.** (Del lat. *retrocessus.*) m. Acción y efecto de retroceder; sinón.: **regresión, retirada;** antón.: **adelanto, avance.** || Golpe que da un arma de fuego al dispararla. || *Med.* Recrudescencia de una enfermedad.

RETROFLEXIÓN. f. Inflexión hacia atrás. || *Obst.* Inclinación de la matriz hacia atrás.

RETROGRADACIÓN. (Del lat. *retrogradatio, -onis.*) f. *Astron.* Acción de retrogradar un planeta.

RETROGRADAR. (Del lat. *retrogradare.*) intr. p. us. **Retroceder.** || *Astron.* Retroceder aparentemente los planetas en su órbita. || deriv.: **retrogradante.**

RETRÓGRADO, DA. al. **Rückläufig.** fr. **Rétrograde.** ingl. **Retrograde.** ital. **Retrogrado.** port. **Retrógrado.** adj. Que retrograda. *Movimiento* RETRÓGRADO. || fig. Partidario de instituciones políticas o sociales propias de tiempos pasados. Ú.t.c.s. || deriv.: **retrógradamente.**

RETROGRESIÓN. f. Retroceso.

RETRONAR. (Del lat. *retonare.*) intr. Producir un estruendo retumbante. || fig. Volver el eco algún sonido o ruido. || irreg. Conj. como **contar.** || deriv.: **retronador, ra; retronamiento; retronante.**

RETROPILASTRA. f. *Arq.* Pilastra que se pone detrás de una columna.

RETROPROPULSIÓN. f. Propulsión producida por la fuerza que desarrolla un sistema de combustión interna, empleado principalmente en aeronáutica, cuyo funcionamiento se basa en el principio físico de acción y reacción. En él, los gases producidos por la combustión son violentamente expulsados hacia atrás, y por reacción, se origina una fuerza hacia adelante. Este sistema de propulsión comprende tres tipos fundamentales de motores, y se lo designa genéricamente **propulsión de chorro.**

RETROPRÓXIMO, MA. adj. *Amér.* Próximo pasado. *El año* RETROPRÓXIMO.

RETROPULSIÓN. f. *Obst.* Acción de rechazar hacia atrás la cabeza fetal mal encajada. || *Pat.* Tendencia a marchar hacia atrás, que se observa en algunas enfermedades de la medula. || Repercusión.

RETROSPECCIÓN. f. Mirada retrospectiva.

RETROSPECTIVO, VA. al. **Rückblickend.** fr. **Retrospectif.** ingl. **Retrospective.** ital. **Retrospettivo.** port. **Retrospectivo.** adj. Que se refiere a época pasada. || Que mira hacia atrás. *Apreciación* RETROSPECTIVA. || deriv.: **retrospectivamente.**

RETROTRACCIÓN. f. Acción y efecto de retrotraer.

RETROTRAER. tr. Fingir, especialmente con propósitos legales, que una cosa sucedió en un tiempo anterior a aquel en que ocurrió. || Volver, por operación mental, a circunstancias anteriores.

RETROVENDENDO. *Der.* V. **Contrato de retrovendendo.**

RETROVENDER. tr. *Der.* Volver el comprador una cosa al mismo de quien la compró, devolviéndole éste el precio.

RETROVENDICIÓN. f. *Der.* Retroventa.

RETROVENTA. f. *Der.* Acción de retrovender.

RETROVERSIÓN. f. *Pat.* Inclinación hacia atrás de todo un órgano, especialmente del útero.

RETRUCAR. intr. En los juegos de billar y de trucos, volver la bola impelida de la banda y herir a la otra que le causó el movimiento. || En el truque, envidar en contra sobre el primer envite. || *Arg., Ast.* y *León.* Replicar.

RETRUCO. m. Retruque.

RETRUÉCANO. al. **Wortspiel.** fr. **Calembour.** ingl. **Pun.** ital. **Bisticcio.** port. **Trocadilho.** m. Inversión de los términos de una proposición en otra subsiguiente para que el sentido de esta última forme antítesis con el de la anterior. || Por ext., otros juegos de palabras. || *Ret.* Figura que consiste en aquella inversión de términos: *"Sólo el espíritu es quien pone en las espadas luz de inteligencia; en las inteligencias, temple de espadas."*

RETRUQUE. m. Acción de retrucar. || *Arg., Perú* y *Urug.* Réplica dura y firme. || **De retruque.** m. adv. *Arg., Chile* y *Méx.* De rechazo, de resultas.

RETUERTO, TA. (Del lat. *retortus.*) p. p. irreg. de **Retorcer.** || adj. Muy malo, muy estéril. || f. Revuelta de un camino o de un río.

RETUMBANTE. p. a. de **Retumbar.** Que retumba. *Trueno* RETUMBANTE; sinón.: **resonante, ruidoso.** || adj. fig. Ostentoso, fastuoso. *Daba reuniones* RETUMBANTES.

RETUMBAR. al. **Widerhallen.** fr. **Retentir.** ingl. **To resound.** ital. **Rimbombare.** port. **Retumbar.** intr. Resonar una cosa con grande ruido o estruendo. *El cañón* RETUMBA; sinón.: **rimbombar, tronar.** || deriv.: **retumbador, ra; retumboso, sa.**

RETUMBO. m. Acción y efecto de retumbar.

RETUNDIR. (Del lat. *retúndere,* despuntar.) tr. Volver a tundir. || Igualar el paramento de una obra de fábrica. || *Med.* Repeler, repercutir. || deriv.: **retundente.**

RETZ, Gil de Laval, mariscal de. *Biog.* Militar fr. cuyos crímenes parece que inspiraron a Perrault su cél. cuento *Barba Azul* (1404-1440). || **Juan Francisco Pablo de Gondi, cardenal de.** Escritor fr., autor de *La conjuración de Fiesco* y otras obras (1613-1679).

REUCLINIANO, NA. adj. y s. *Ling.* Que sigue la pronunciación propuesta por Reuchlin para el idioma griego.

REUCHLIN, Juan. *Biog.* Humanista, hebraísta y helenista al autor de *Defensa contra calumniadores, De verbo mirífico* etc. (1455-1522).

REUMA o **REÚMA.** (Del lat. *rheuma,* y éste del gr. *reuma* flujo.) amb. Reumatismo. Ú.t.c.m. || *Pat.* Flujo o secreción catarral. || deriv.: **réumico, ca.**

REUMAMETRÍA. f. Arte de medir la velocidad del agua. || deriv: **reumamétrico, ca; reumámetro.**

REUMÁTICO, CA. al. **Rheumatisch.** fr. **Rhumatique; rhumatisant.** ingl. **Rheumatic.** ital **Reumatico.** port. **Reumático.** adj. *Med.* Que padece reuma. Ú.t.c.s. || Perteneciente a este mal. *Fiebre* REUMÁTICA.

REUMÁTIDE. f. Dermatosis originada o sostenida por el reumatismo.

REUMATISMO. al. **Reumatismus.** fr. **Rhumatisme.** ingl. **Rheumatism.** ital. **Reumatismo.** port. **Reumatismo.** (Del lat. *rheumatismus,* y éste del gr. *rematismós,* de *reumatizo,* tener reuma.) m. Nombre con que se designa a un conjunto de afecciones articulares musculares, con dolor o tumefacción.

REUMATOIDEO, A. adj. *Pat.* Que tiene la apariencia de reumatismo.

REUMATOSIS. f. Afección de origen reumático.

REUMONT, Alfredo de. *Biog* Lit. e historiador al., autor de *Historia de Roma; Cartas romanas escritas por un florentino; Historias y leyendas del Rin,* etc. (1808-1887).

REUNIÓN. al. **Versammlung; Vereinigung.** fr. **Réunion.** ingl. **Reunion.** ital. **Riunione.** port. **Reunião.** f. Acción y efecto de reunir. ‖ Conjunto de personas reunidas. REUNIÓN *de familia.* ‖ *Cir.* Unión de los labios de una herida; cicatrización. ‖ IDEAS AFINES: *Convocatoria, llamada, concurrencia, multitud, muchedumbre, cantidad, conglomerado, conjunto, juntar, unir, acercar, agrupar, concurrir; fiesta, asamblea, corporación, peña, festejo, grupo, sociedad, asociación, federación, colegiados, socios.*

REUNIÓN, Isla de la. *Geog.* Isla del océano Índico, sit. al E. de Madagascar, dep. francés de Ultramar. 2.512 km². 490.000 h. Caña de azúcar, maíz, arroz. Alcohol, ron. Cap SAINT DENIS.

REUNIR. al. **Versammeln.** fr. **Réunir.** ingl. **To join; to assemble.** ital. **Riunire.** port. **Reunir.** tr. y r. Volver a unir. REUNIR *los esposos.* ‖ Juntar, congregar. REUNIR *fondos*; antón.: **dispersar.** ‖ deriv.: **reunible.**

REUNTAR. tr. Volver a untar.

REUS. *Geog.* Ciudad de España (Tarragona). 35.000 h. Tejidos, jabones, cristales. Gran mercado de vinos.

REUSENSE. adj. y s. De Reus.

REUSS. *Geog.* Río de Suiza, que nace en San Gotardo, forma el lago de los Cuatro Cantones, y desagua en el Aar. 159 km.

REUTER, Federico. *Biog.* Nov. y poeta al., autor de *Poesías de la víspera de bodas; Viaje a Bélgica,* y otras obras de suave humorismo costumbrista (1810-1874). ‖ – **Pablo J.** Periodista al. que en 1851 fundó en Londres la primera agencia internacional de informaciones (1821-1899).

REUTLINGEN. *Geog.* Ciudad de la Rep. Federal de Alemania (Baden-Württemberg) 50.000 h. Industria textil, maquinarias.

REVACADERO. m. *Cuba.* En los potreros, lugar donde sestea el ganado vacuno.

REVACUNACIÓN. f. Acción y efecto de revacunar.

REVACUNAR. tr. Vacunar al que ya está vacunado. Ú.t.c.r.

REVAL, Gabriela. *Biog.* Novelista fr. cuyo verdadero apellido era **Logerot.** Obras: *La cinta de Venus; Liceo de señoritas* etc. (n. 1870).

REVAL. *Geog.* V. **Tallinn.**

REVÁLIDA. f. Acción y efecto de revalidarse.

REVALIDACIÓN. f. Acción y efecto de revalidar.

REVALIDADOR, RA. adj. Que revalida.

REVALIDAR. al. **Bestätigen; nostrifizieren.** fr. **Ratifier.** ingl. **To ratify.** ital. **Rivalidare.** port. **Revalidar.** tr. Ratificar, confirmar o dar de nuevo validez a una cosa. REVALIDÓ *el pasaporte.* ‖ r. Recibirse o aprobarse en un grado universitario. ‖ deriv.: **revalidable.**

REVANCHA. (Del fr. *revanche.*) f. Galicismo por desquite, venganza, represalia.

REVECERO, RA. (De *revezo.*) adj. Que alterna o se remuda. Dícese del ganado de labor, arado, etc. ‖ s. Persona que cuida del ganado de revezo.

REVEDOR. m. Revisor.

REVEGETAR. tr. Hacer que una rama vegete con más vigor. ‖ Reavivar, hacer que brote de nuevo. ‖ deriv.: **revegetación; revegetamiento.**

REVEJECER. intr. y r. Avejentarse. ‖ irreg. Conj. como **agradecer.**

REVEJIDO, DA. adj. Envejecido antes de tiempo. ‖ *Col.* Enteco, flacucho.

REVEJIRSE. r. *Col.* Envejecerse, avejentarse.

REVELABLE. adj. Que puede revelarse.

REVELACIÓN. al. **Entdeckung; Offenbarung.** fr. **Révélation.** ingl. **Revelation.** ital. **Rivelazione.** port. **Revelação.** (Del lat. *revelatio, -onis.*) f. Acción y efecto de revelar. ‖ f. Manifestación de una verdad secreta u oculta o de algún hecho ignorado. ‖ Por antonomasia, la manifestación divina. ‖ IDEAS AFINES: *Profecía, predicción, augurio, vidente, visión, oráculo, profeta, divulgar, informar, publicar, propagar, instruir, educar, adivinar, presentir, intuir, comunicar, descubrir.*

REVELADO. m. *Fot.* Conjunto de operaciones necesarias para revelar una imagen.

REVELADOR, RA. al. **Entwickler.** fr. **Révélateur.** ingl. **Revelator, developper.** ital. **Rivelatore.** port. **Revelador.** adj. Que revela. Ú.t.c.s. *Palidez* REVELADORA. ‖ m. *Fot.* Líquido para revelar las placas.

REVELAMIENTO. m. Revelación.

REVELANDERO, RA. s. Persona que pretende falsamente haber tenido revelaciones divinas.

REVELANTE. p. a. de **Revelar.** Que revela.

REVELAR. al. **Entdecken; offenbaren; entwickeln.** fr. **Révéler; développer.** ingl. **To reveal; to develop.** ital. **Rivelare.** port. **Revelar.** (Del lat. *revelare.*) tr. y r. Descubrir o manifestar un secreto. sinón.: **divulgar, propalar.** ‖ tr. Manifestar Dios a los hombres lo futuro u oculto. ‖ *Fot.* Hacer visible la imagen impresa en la placa.

REVELER. (Del lat. *revéllere,* arrancar, separar por fuerza.) tr. *Med.* Causar derivación o revulsión.

REVELLÍN. (Del ital. *rivellino.*) m. *Fort.* Obra exterior que cubre la cortina de un fuerte. ‖ *Cuba.* Dificultad. ‖ Atractivo de una mujer.

REVENAR. intr. Echar retoños los árboles por la parte en que han sido desmochados.

REVENDEDERA. f. Revendedora.

REVENDEDOR, RA. adj. y s. Que revende.

REVENDER. al. **Wiederverkaufen.** fr. **Revendere.** ingl. **To resell, to retail.** ital. **Rivendere.** port. **Revender.** (Del lat. *revéndere.*) tr. Volver a vender lo que se ha comprado con ese intento o poco después de haberlo adquirido. REVENDER *autos, alhajas.*

REVENGA, José Rafael. *Biog.* Pol. ven., ardiente luchador por la independencia de su patria y colaborador de Bolívar (1781-1832).

REVENIMIENTO. m. Acción y efecto de revenir. ‖ *Min.* Hundimiento parcial del terreno de una mina.

REVENIR. intr. Retornar una cosa a su estado normal. ‖ r. Encogerse, consumirse una cosa poco a poco. ‖ Acedarse, avinagrarse. ‖ Escupir algún cuerpo su humedad interna. *La pared* SE HA REVENIDO. ‖ Volverse blanda una masa por la humedad o el calor. *La galleta* SE REVINO. ‖ fig. Ceder en lo que se afirmaba con tesón. REVINE *de mis convicciones.* ‖ irreg. Conj. como **venir.**

REVENO. m. Brote que echan los árboles cuando revenan.

REVENTA. f. Acción y efecto de revender.

REVENTADERO. (De *reventar.*) m. Paraje escabroso o terreno pendiente y áspero. ‖ fig. Trabajo penoso. ‖ *Col.* Hervidero, manantial. ‖ *Chile.* Paraje donde revientan las olas del mar.

REVENTADOR, RA. adj. y s. Que revienta. ‖ m. fam. Persona que acude a un espectáculo público dispuesta a manifestar en forma ruidosa su desagrado.

REVENTAR. al. **Platzen; bersten.** fr. **Crever.** ingl. **To burst.** ital. **Schiantare.** port. **Rebentar.** (Del lat. *re* y *ventus,* viento.) intr. Abrirse una cosa por impulso interior. Ú.t.c.r. *El sifón* REVENTÓ; sinón.: **estallar.** ‖ Deshacerse en espuma las olas del mar. ‖ Brotar, salir con ímpetu. ‖ fig. Tener deseo vehemente de una cosa. REVENTABA *de risa.* ‖ fam. Manifestar con violencia una pasión. ‖ tr. Deshacer una cosa aplastándola. ‖ Hacer enfermar o morir a un caballo en la carrera. Ú.t.c.r. ‖ fig. Cansar mucho a uno con exceso de trabajo. Ú.t.c.s. ‖ fig. y fam. Molestar, enfadar. *Alberto* ME REVIENTA. ‖ Causar gran daño a alguien. ‖ Morir de un modo violento. ‖ Inutilizar una cosa, estropearla para siempre. REVENTAR *una máquina.* ‖ irreg. Conj. como **acertar.** ‖ deriv.: **reventamiento; reventante.**

REVENTAZÓN. f. Acción y efecto de reventar una cosa por impulso interno. ‖ *Arg.* Estribo, contrafuerte de una sierra.

REVENTAZÓN. *Geog.* Río de Costa Rica que des. en el mar de las Antillas, en la prov. de Limón. 125 Km.

REVENTÓN. adj. Aplícase a ciertas cosas que revientan o que por su hinchazón parece que van a reventar. *Clavel* REVENTÓN. ‖ m. Acción y efecto de reventar una cosa. ‖ Cuesta muy pendiente y áspera. ‖ fig. Aprieto o dificultad grande. ‖ Fatiga que se da o se toma en un caso urgente. *Nos dimos un buen* REVENTÓN *para terminar el trabajo.* ‖ *Arg. y Chile. Min.* Afloramiento. ‖ *Bol.* Gradería natural de peñascos en las laderas de los cerros. ‖ *C. Rica.* Empujón. ‖ *Chile.* Manifestación repentina de una pasión. ‖ Recaída, reincidencia. ‖ Pasaje obsceno en una obra literaria.

REVER. tr. Volver a ver, examinar atentamente una cosa. REVER *una solicitud.* ‖ *Der.* Ver por segunda vez un tribunal superior el pleito sentenciado en otra sala del mismo. ‖ r. Mirarse, contemplarse.

REVERBERACIÓN. al. **Rückstrahlung.** fr. **Réverbération.** ingl. **Reverberation.** ital. **Riverberazione.** port. **Reverberação.** f. Acción y efecto de reverberar. ‖ *Pint.* Luz que recibe un cuerpo por reflexión de otro. ‖ *Quím.* Calcinación en el horno de reverbero.

REVERBERANTE. p. a. de **Reverberar.** Que reverbera.

REVERBERAR. al. **Zurückstrahlen.** fr. **Réverbérer.** ingl. **To reverberate.** ital. **Riverberare.** port. **Reverberar.** (Del lat. *reverberare,* de *verberare,* golpear, azotar.) intr. Reflejarse la luz en una superficie bruñida, o el sonido en una superficie que no lo absorba. REVERBERABAN *en su pecho, cruces y medallas.* ‖ deriv.: **reverberador, ra; reverberadero.**

REVERBERO. m. Reverberación. sinón.: **llama, resol.** ‖ Cuerpo de superficie bruñida en que la luz reverbera. ‖ Farol que hace reverberar la luz. ‖ *Amér.* Cocinilla.

REVERDECER. (Del lat. *reviridéscere.*) intr. y tr. Cobrar nuevo verdor los campos y plantíos. ‖ fig. Renovarse, tomar nuevas fuerzas. ‖ irreg. Conj. como **agradecer.** ‖ deriv.: **reverdecimiento.**

REVERDECIENTE. p. a. de **Reverdecer.** Que reverdece. *Un tapiz* REVERDECIENTE *cubría la tierra.*

REVERENCIA. al. **Verbeugung.** fr. **Révérence.** ingl. **Reverence; bow.** ital. **Riverenza.** port. **Reverencia.** (Del lat. *reverentia.*) f. Respeto o veneración que tiene y muestra una persona a otra. ‖ Inclinación del cuerpo en señal de respeto. *Hizo graciosa* REVERENCIA; sinón.: **cortesía, zalema.** ‖ Tratamiento que se da a los religiosos condecorados. ‖ IDEAS AFINES: *Solemne, majestuoso, mayestático, noble, grandioso, sumisión, obediencia, santo, grande, venerable, honor, loor, gloria; prosternarse, arrodillarse.*

REVERENCIABLE. adj. Digno de reverencia y respeto.

REVERENCIADOR, RA. adj. Que reverencia o respeta.

REVERENCIAL. adj. Que incluye reverencia o respeto. *Besamanos* REVERENCIAL. ‖ deriv.: **reverencialmente.**

REVERENCIAR. al. **Verehren.** fr. **Révérencier.** ingl. **To reverate, to revere.** ital. **Riverenziare.** port. **Reverenciar.** tr. Respetar o venerar. REVERENCIAR *las imágenes santas;* sinón.: **honrar;** antón.: **ofender.** ‖ intr. Hacer reverencias. ‖ deriv.: **reverenciante; reverenciativo, va.**

REVEREND, Próspero. *Biog.* Médico fr. que atendió a Simón Bolívar, del cual era amigo, hasta sus últimos momentos. Escribió una biografía del prócer (1796-1881).

REVERENDAS. (De *reverendo.*) f. pl. Cartas dimisorias en las cuales un prelado da facultad a su súbdito para recibir órdenes de otro. ‖ Prendas del sujeto, que le hacen digno de gran estimación. *Es persona de muchas* REVERENDAS.

REVERENDÍSIMO, MA. adj. super. de **Reverendo.** que se aplica como tratamiento a los altos dignatarios de la Iglesia.

REVERENDO, DA. (Del lat. *reverendus.*) adj. Digno de reverencia. ‖ Como tratamiento se aplica a las dignidades eclesiásticas y a los prelados y graduados de las religiones. Ú.t.c.s. ‖ fam. Demasiadamente circunspecto y prudente.

REVERENTE. (Del lat. *réverens, -entis.*) adj. Que muestra reverencia o respeto. *Saludo* REVERENTE. sinón.: **respetuoso.** ‖ fig. Humilde, sumiso. ‖ deriv.: **reverentemente.**

REVERSIBILIDAD. f. Calidad de reversible.

REVERSIBLE. al. **Umkehrbar.** fr. **Réversible.** ingl. **Revertible; reversible.** ital. **Riversibile.** port. **Reversível.** (Del lat. *reversus,* p. p. de *reverti,* volver.) adj. *Der.* Que puede o debe revertir. ‖ *Mec.* Dícese de una transmisión que puede ponerse en movimiento actuando sobre cualquiera de los cuerpos enlazados en ella. ‖ *Quím.* Dícese de la reacción que, en ciertas condiciones, puede producirse en uno u otro sentido. ‖ Galicismo dicho de lo que se le puede dar vuelta.

REVERSIÓN. (Del lat. *reversio, -onis.*) f. Restitución de una cosa a su estado anterior. ‖ *Der.* Acción y efecto de revertir. ‖ deriv.: **reversivo, va.**

REVERSO, SA. al. **Rückseite; Kehrseite.** fr. **Revers.** ingl. **Reverse; back.** ital. **Rovescio.** port. **Reverso, verso.** (Del lat. *reversus,* vuelto.) adj. V. **Pez reverso.** ‖ m. Revés, espalda. *El* REVERSO *de la mano;* sinón.: **dorso;** antón.: **anverso.** ‖ En monedas y medallas, haz opuesta al anverso. ‖ **El reverso de la medalla.** fig. Persona que es la antítesis de otra con quien se compara.

REVERTER. (Del lat. *revértere.*) intr. Rebosar o salir una cosa de sus límites. ‖ irreg. Conj. como **verter.**

REVERTIR. (Del lat. *revertio.*) intr. Volver una cosa a la propiedad del dueño que tuvo primero. ‖ irreg. Conj. como **sentir.**

REVÉS. (Del lat. *reversus,* vuelto.) m. Espalda o parte opuesta de una cosa. EL REVÉS *del tejido*; sinón.: **contrahaz.** ‖ Golpe que se da a otro con el dorso de la mano, o con ésta vuelta. *De un* REVÉS *hizo tambalear al asaltante.* ‖ Golpe que con la mano vuelta da el jugador a la pelota. ‖ Golpe que se da con la espada diagonalmente, partiendo de izquierda a derecha. ‖ fig. Desgracia o contratiempo. *Aquel naufragio fue serio* REVÉS *para la compañía;* sinón.: **desastre, infortunio.** ‖ Mudanza en el trato o en el genio. ‖ *Cuba.* Cierto gusano que ataca a la planta del tabaco. ‖ **Al revés.** m. adv. Al contrario, o invertido el orden regular. ‖ A la espalda o a la vuelta. ‖ **Al revés me las calcé.** expr. fig. y fam. con que se denota haberse entendido o hecho al contrario una cosa. ‖ **De revés.** m. adv. Al revés. ‖ De izquierda a derecha.

REVESA. f. *Mar.* Corriente derivada de otra principal y de distinta dirección a la de ésta. ‖ Racha de viento contraria a la dirección del que reinaba.

REVESADO, DA. adj. Intrincado, difícil de entender. ‖ fig. Travieso, indomable, indócil.

REVESAR. (Del lat. *revesare.*) tr. Vomitar lo contenido en el estómago. ‖ intr. *Mar.* Formar revesas las mareas o corriente.

REVESERO, RA. adj. *Col.* Desleal. ‖ Satirizante.

REVESINO. m. Juego de naipes, en que gana el que hace todas las bazas, lo que se llama revesino, o en su defecto gana el que hace menos bazas.

REVESTIDO. m. Revestimiento.

REVESTIMIENTO. al. **Verkleidung.** fr. **Revêtement.** ingl. **Coating, coat.** ital. **Rivestimento.** port. **Revestimento.** (De *revestir.*) m. Capa o cubierta con que se resguarda o adorna una superficie. REVESTIMIENTO *de mármol.*

REVESTIR. al. **Verkleiden.** fr. **Revêtir.** ingl. **To clothe, to coat.** ital. **Rivestire.** port. **Revestir.** (Del lat. *revestire.*) tr. Vestir una ropa sobre otra. Ú.m.c.r. *El sacerdote se* REVISTIÓ *para decir misa.* ‖ Cubrir con un revestimiento. REVESTIR *de oro;* sinón.: **tapar.** ‖ fig. Vestir con galas retóricas. ‖ Disfrazar, disimular. ‖ Atribuir, conceder. *Le* REVISTIERON *de extensas facultades.* ‖ r. fig. Imbuirse o dejarse llevar de una especie o prejuicio. ‖ Engreirse, envanecerse. ‖ Mostrar, en trance difícil, aquella energía del ánimo que viene al caso. SE REVISTIÓ *de severidad, de tolerancia.* ‖ irreg. Conj. como **pedir.**

REVEZA. f. *Mar.* Revesa.

REVEZAR. (De *re* y *vez.*) intr. Reemplazar, substituir a otro. Ú.t.c.r. ‖ Poner del revés o en dirección contraria.

REVEZO. m. Acción de revezar. ‖ Cosa que reveza. ‖ Par

de bestias con que se releva la yunta que trabaja.
REVIEJO, JA. adj. Muy viejo ‖ m. Rama reseca e inútil de un árbol.
REVIENTACABALLO. m. *Amér* Quibey, planta.
REVIERNES. m. Cada uno de los siete viernes seguientes a la Pascua de Resurrección.
REVILLA, Manuel G. A. *Biog.* Ensayista mex., autor de *Lo que enseña la vida de Cervantes; El arte de México en la época antigua y durante el gobierno virreinal; Los fundamentos del arte literario,* etc. (1863-1925).
REVILLAGIGEDO, Conde de. *Biog.* V. **Güemes, Pacheco de Padilla, Juan Vicente.**
REVILLAGIGEDO. *Geog.* Islas mexicanas sit. en el océano Pacífico, a 800 km. del Estado de Colima, al que pertenecen. 182 km². 3.000 h.
REVINDICAR. tr. Barbarismo por reivindicar.
REVIRADO, DA. adj. Aplícase a las fibras de los árboles que están retorcidas. ‖ f. *Mar.* Acción de revirar. ‖ fam. *Arg.* Chiflado.
REVIRAR. tr. Torcer. ‖ r. fam. *Cuba.* Rebelarse, desobedecer. ‖ intr. *Mar.* Volver a virar.
REVIRÓN, NA. adj. fam. *Cuba.* Propenso a revirarse. ‖ m. Pedazo de suela que se mete por un costado de la suela grande para enderezarla. ‖ fam. *Amér. Central* y *Ant.* Acción y efecto de revirarse.
REVISABLE. adj. Que se puede revisar.
REVISACION. f. *Arg.* y *Urug.* Revisión.
REVISADA. f. *Amér.* Revisión, acción de revisar.
REVISADOR, RA. adj. Revisor.
REVISAR. al. **Durchsehen; nachsehen.** fr. **Reviser.** ingl. **To revise, to review.** ital. **Esaminare.** port. **Revisar.** (Del lat. *revísere.*) tr. Rever. REVISÉ *las pruebas del libro*; sinón.: **repasar.**
REVISIÓN. al. **Revision; Überprüfung; Durchsicht.** fr. **Revision.** ingl. **Revision; reviewal.** ital. **Revisione.** port. **Revisão.** f. Acción de rever o de revisar. *La* REVISIÓN *de un proceso.*
REVISITA. (De *re* y *visita.*) f. Nuevo reconocimiento o examen que se hace de una cosa.
REVISOR, RA. (De *revisar.*) adj. Que revé o examina con cuidado una cosa. ‖ m. El que tiene por oficio revisar o reconocer. REVISOR *de cuentas.*
REVISORÍA. f. Oficio de revisor.
REVISTA. al. **Parade; Zeitschrift.** fr. **Revue.** ingl. **Review; parade; magazine.** ital. **Rivista.** port. **Revista.** (De *revistar.*) f. Segunda vista o examen. ‖ Inspección que un jefe hace de las personas o cosas sometidas a su autoridad o a su cuidado. ‖ Examen que se hace y publica de libros, representaciones teatrales, etc. ‖ Formación de las tropas para que un jefe las inspeccione. ‖ Publicación periódica por cuadernos, con escritos sobre varias materias, o sobre una sola especialmente. REVISTA *de modas.* ‖ Espectáculo teatral consistente en una serie de cuadros sueltos. ‖ *For.* Segunda vista de los pleitos, en otra sala del mismo tribunal. ‖ Nuevo juicio criminal ante segundo jurado. ‖ **Pasar revista.** frs. Ejercer un jefe las funciones de inspección que le corresponden. ‖ Presentar las personas ante el jefe que ha de inspeccionar su número y condición. ‖ Examinar cuidadosamente una serie de cosas.
REVISTAR. (Del lat. *revistare.*) tr. Pasar revista un jefe, sinón.: **examinar, inspeccionar.** ‖ *For.* Conocer en revista. ‖ deriv.: **revistador, ra; revistante.**
REVISTERIL. adj. Perteneciente o relativo a la revista teatral. *Género* REVISTERIL.
REVISTERO, RA. s. Persona encargada de escribir revistas en un periódico. ‖ Persona que escribe revistas teatrales.
REVISTO, TA. p. p. irreg. de **Rever.**
REVITALIZADOR, RA. adj. Que revitaliza. ‖ m. Vitalizador.
REVITALIZAR. tr. Volver a vitalizar. ‖ Vitalizar. ‖ deriv.: **revitalización; revitalizante.**
REVITAR. tr. Doblar la punta de un clavo embutiéndola en la madera. ‖ **Remachar.**
REVIVAR. tr. Avivar, reavivar. ‖ deriv.: **revivable; revivador, ra; revivamiento.**
REVIVIDERO. m. Lugar donde se aviva la simiente de los gusanos de seda.
REVIVIFICACIÓN. f. Acción y efecto de revivificar.
REVIVIFICAR. tr. Vivificar, reavivar. ‖ deriv.: **revivificable; revivificador, ra; revivificante.**
REVIVIR. al. **Aufleben.** fr. **Revivre.** ingl. **To revive.** ital. **Rivivere.** port. **Reviver.** (Del lat. *revívere.*) intr. Resucitar, volver a la vida. ‖ Volver en sí el que parecía muerto. ‖ fig. Renovarse o reproducirse una cosa. REVIVIÓ *la esperanza.*
REVIVISCENCIA. f. Acción y efecto de revivir o renovarse. ‖ *Biol.* Propiedad de los seres vivos de recuperar su funcionalismo normal después de un período de existencia latente.
REVIVISCENTE. adj. Dícese del animal que tiene la propiedad de reviviscencia.
REVOCABILIDAD. f. Calidad de revocable.
REVOCABLE. (Del lat. *revocábilis.*) adj. Que se puede o se debe revocar. *Sentencia* REVOCABLE. ‖ deriv.: **revocablemente.**
REVOCACIÓN. f. Acción y efecto de revocar. ‖ Anulación de un acto, decreto, fallo, etc.
REVOCADOR, RA. adj. Que revoca. ‖ m. Oficial que revoca paredes.
REVOCADURA. f. Revoque, acción de revocar una casa. ‖ *Pint.* Porción del lienzo tapada por el grueso del marco.
REVOCANTE. p. a. de **Revocar.** Que revoca.
REVOCAR. al. **Aufheben; Widerrufen.** fr. **Révoquer.** ingl. **To revoke.** ital. **Revocare.** port. **Revogar.** (Del lat. *revocare.*) tr. Dejar sin efecto una concesión, un mandato o una resolución. REVOCAR *permisos de importación*; sinón.: **anular, cancelar.** ‖ Apartar, disuadir a uno de algún designio. ‖ Hacer retroceder ciertas cosas. *La corriente de aire* REVOCÓ *el humo.* Ú.t.c.intr. ‖ Enlucir o pintar los paramentos exteriores de un edificio. ‖ deriv.: **revocativo, va.**
REVOCATORIO, RIA. adj. Dícese de lo que revoca o invalida. ‖ f. *Amér.* Revocación.
REVOCO. m. Acción y efecto de revocar o retroceder. ‖ Revoque. ‖ Cubierta de retama que suele ponerse en las seras del carbón.
REVOLANTE. p. a. de **Revolar.** Que revuela o revolotea.
REVOLAR. (Del lat. *revolare.*) intr. Dar segundo vuelo el ave. Ú.t.c.r. ‖ Revolotear. ‖ irreg. Conj. como **contar.**
REVOLCADERO. m. Sitio donde los animales suelen revolcarse.
REVOLCADO. m. *Guat.* Cierto guiso de pan tostado, chile, tomate, etc.
REVOLCAR. al. **Umherwälzen; sich herumwälzen.** fr. **Vautrer; se vautrer, se rouler.** ingl. **To knock down; to wallow.** ital. **Rivoltolare.** port. **Espojar-se.** tr. Derribar a uno y darle vueltas en el suelo, maltratándole. Dícese especialmente del toro contra el lidiador. ‖ fig. y fam. Vencer al adversario en altercado o controversia. ‖ fam. Reprobar, suspender en un examen. ‖ r. Echarse sobre una cosa, refregándose en ella. *Los caballos* SE REVUELCAN *por el suelo.* ‖ fig. Obstinarse en una especie; encenagarse en los vicios. ‖ irreg. Conj. como **contar.** ‖ deriv.: **revolcadura.**
REVOLCON. m. fam. Revuelco. ‖ Reprimenda grave.
REVOLEAR. intr. Volar haciendo tornos o giros. ‖ tr. *Amér. Central, Arg.* y *Urug.* Hacer girar a rodeabrazo una correa, lazo, etc. ‖ *Ven.* Revolcar, derribar a uno. ‖ deriv.: **revoleo.**
REVOLETEAR. intr. *Col., Chile* y *Sal.* Revolotear. ‖ deriv.: **revoleteo.**
REVOLICA. f. *Hond.* Confusión, enredo.
REVOLISMO. m. *Cuba.* y *P. Rico.* Revolú.
REVOLOTEAR. al. **Herumflattern.** fr. **Voltiger.** ingl. **To flutter.** ital. **Svolazzare.** port. **Revoar.** intr. Volar haciendo tornos o giros en poco espacio. *Las mariposas* REVOLOTEAN *entre las flores.* ‖ Venir por el aire dando vueltas. ‖ tr. Arrojar a lo alto una cosa con mucha fuerza, de manera que parece que da vueltas.
REVOLOTEO. m. Acción y efecto de revolotear.
REVOLTEAR. intr. Dar muchas vueltas, voltear repetidamente. ‖ Revolverse. ‖ deriv.: **revolteador, ra; revolteadura; revolteamiento; revolteo.**
REVOLTIJO. m. Revoltillo.
REVOLTILLO. m. Mezcla o conjunto de muchas cosas, sin orden ni método. *Ese cajón es un* REVOLTILLO; sinón.: **batiburrillo, fárrago.** ‖ Trenza o conjunto de tripas de una res. ‖ fig. Confusión, enredo. ‖ *Cuba.* Guisado a modo de pisto.
REVOLTÓN. (De *revuelto.*) adj. V. **Gusano revoltón.** Ú.t.c.s. ‖ m. Bovedilla del techo de una habitación. ‖ *Arq.* Sitio en que una moldura cambia de dirección, como en los rincones.
REVOLTOSA (LA). *Mús.* Opereta de Chapí con letra de Fernández Shaw, estrenada en 1909. Música pegadiza y fiel reflejo de la alegría española, es representada en los escenarios de todo el mundo.
REVOLTOSO, SA. al. **Unruhig.** fr. **Turbulent.** ingl. **Mischievous.** ital. **Rivoltoso.** port. **Revoltoso.** (De *revuelta,* alboroto.) adj. Sedicioso, rebelde. Ú.t.c.s. *Los* REVOLTOSOS *fueron pasados por las armas*; sinón.: **amotinado, insurrecto.** ‖ Travieso, enredador. ‖ Que tiene muchas vueltas y revueltas; intrincado
REVOLTURA. f. *Cuba, Chile, Dom.* y *Méx.* Revoltijo.
REVOLÚ. m. fest. *Dom., Pan.* y *P. Rico.* Revoltijo. ‖ Revuelta, motín. ‖ Escándalo, riña.
REVOLUCIÓN. al. **Revolution; Umdrehung.** fr. **Révolution.** ingl. **Revolution.** ital. **Rivoluzione.** port. **Revolução.** (Del lat. *revolutio, -onis.*) f. Acción y efecto de revolver o revolverse. ‖ Cambio violento en las instituciones políticas de una nación. *La* REVOLUCIÓN *paraguaya de 1811 se consumó sin derramar sangre.* ‖ Inquietud, alboroto, sedición. ‖ Conmoción y alteración del estado fisiológico. ‖ fig. Mudanza en el estado o gobierno de las cosas. ‖ *Astron.* Movimiento de un astro en todo el curso de su órbita. ‖ *Mec.* Giro de una pieza sobre su eje. ‖ *Med.* Movimiento total de un órgano, especialmente del corazón. ‖ IDEAS AFINES: *Motín, sublevación, golpe de Estado, estado de guerra, estado de sitio, conspiración, conjuración, intriga, cabildeo, libertad, igualdad, fraternidad, soberanía, legal, constitución, militar, barricada, pueblo, derribar, caer, asumir, provisional, interino.*
REVOLUCIÓN DE MAYO. *Hist.* Nombre que se da al movimiento emancipador de las Provincias Unidas del Río de la Plata. Reunidos sus representantes en un cabildo abierto que se celebró en Buenos Aires el 22 de mayo de 1810, coincidieron en la necesidad de deponer al virrey y formar una junta de gobierno popular e independiente de la autoridad española, lo que se efectuó el día 25.
REVOLUCION FRANCESA. *Hist.* Movimiento popular iniciado el 14 de julio de 1789 con la toma de la Bastilla. Dio por resultado la caída de la monarquía, el advenimiento de la república, la abolición de los privilegios feudales y la proclamación de los derechos del hombre y del ciudadano. Su trascendencia política, social y económica fue enorme, tanto en Francia como en la mayor parte de Europa y en las colonias americanas que, bajo la influencia de los teóricos revolucionarios franceses, activaron las luchas por la independencia.
REVOLUCION MEXICANA. *Hist.* Movimiento iniciado con la campaña antirreeleccionista que determinó la renuncia de Porfirio Díaz en 1911. Tras un período de guerra civil, culminó en 1917 con la trascendental reforma constitucional que contenía la reforma agraria, los derechos obreros, la nacionalización del subsuelo, y la laicización del gobierno y de la instrucción pública.
REVOLUCION RUSA. *Hist.* Movimiento de inspiración marxista que, bajo, la dirección de Lenin y Trotsky, tomó el poder en Rusia el 7 de noviembre de 1917 e instituyó la dictadura del proletariado, declarando abolida la propiedad privada de la tierra y de los medios de producción.
REVOLUCIONAR. tr. Sublevar, alborotar, alterar el orden, antón.: **pacificar.** ‖ Producir un cambio radical o repentino en las ideas. ‖ *Mec.* Regular el número de revoluciones de un cuerpo que gira ‖ deriv.: **revolucionador, ra; revolucionista.**
REVOLUCIONARIO, RIA. al. **Aufrührer; Revolutionär.** fr. **Révolutionnaire.** ingl. **Revolutionary; revolutionist.** ital. **Rivoluzionario.** port. **Revolucionário.** adj. Perteneciente o relativo a la revolución política o de las ideas. *Movimiento* REVOLUCIONARIO. ‖ Partidario de ella. Ú.m.c.s. ‖ Alborotador, turbulento. Ú.t.c.s. sinón.: **insurrecto, sedicioso.** ‖ deriv.: **revolucionariamente.**
REVOLUTO, TA. adj. fam. Desordenado, revuelto, confuso. ‖ f. vulg. Revolución.
REVOLVEDERO. m. Revolcadero.
REVOLVEDOR, RA. adj. Que revuelve o inquieta. Ú.t.c.s. ‖ *Cuba.* En los ingenios, recipiente en que se revuelve y hace pasta el guarapo.
REVÓLVER. (Del ingl. *revolver.*) m. Pistola semiautomática provista de una recámara múltiple, que es cilíndrica y gira lo preciso después de cada disparo para colocar otro cartucho en el eje del cañón. ‖ en pl. **revólveres.**
REVOLVER. al. **Umwenden; umkehren.** fr. **Remuer.** ingl. **To turno over; to revolve.** ital **Sconvolgere; rimescolare.** port **Revolver.** (Del lat. *revólvere.*) tr. Menear, agitar o dar vuelta a una cosa de un lado a otro alrededor o de arriba abajo. REVUELVE *con la cucharilla el café.* ‖ Envolver una cosa en otra. Ú.t.c.r. ‖ Volver la cara al enemigo para acometerle. Ú.t.c.r. SE REVOLVIERON *contra los perseguidores.* ‖ Mover y separar unas cosas de otras para buscar algo. ‖ REVOLVER *la canastilla*; sinón.: **registrar.** ‖ Inquietar, enredar; causar disturbios. ‖ Discurrir, imaginar en varias cosas reflexionándolas. ‖ Volver el jinete al caballo en poco terreno y con rapidez. Ú.t.c.intr. y c.r. ‖ Volver a andar lo andado. Ú.t.c.intr. y c.r. ‖Meter en pendencia, pleito, etc. ‖ Dar una cosa una vuelta entera. Ú.t.c.r. ‖ Introducir desorden en la disposición de las cosas. *Este niño lo* REVUELVE *todo.* ‖ *Col.* Sachar. ‖ r. Moverse de un lado a otro. *No puede uno* REVOLVERSE *en este cochitril.* ‖ Cambiar el tiempo, ponerse borrascoso. ‖ *Cuba.* Bandearse. ‖ *Astron.* Efectuar una revolución un astro. ‖ **Revolver a uno con otro.** frs. Ponerle mal con él; malquistarlos entre sí. ‖ irreg. Conj. como **mover.**
REVOLVIMIENTO. m. Acción y efecto de revolver.
REVOQUE. al. **Verputz.** fr. **Ravalement.** ingl. **Plastering.** ital. **Intonacato.** port. **Reboco.** m. Acción y efecto de revocar paredes. sinón.: **enjalbegado, enlucido.** ‖ Capa de cal y arena u otro material análogo con que se revoca.
REVOTARSE. r. Votar lo contrario de lo que se había votado anteriormente.
REVUELCO. m. Acción y efecto de revolcar.
REVUELO. m. Segundo vuelo que dan las aves. ‖ Vuelta y revuelta del vuelo. ‖ fig. Turbación, agitación. *Hay* REVUELO *por la dimisión del primer ministro.* ‖ *Amér.* Salto que da el gallo en la pelea, asestando el espolón al adversario. ‖ **De revuelo.** m. adv. fig. Con prontitud y ligereza.
REVUELTA. f. Segunda vuelta o repetición de la vuelta.
REVUELTA. al. **Aufruhr; Revolte.** fr. **Révolte.** ingl. **Revolt.** ital. **Rivolta.** port. **Revolta.** (Del lat. *revoluta,* t. f. de *-tus,* revuelto.) f. Revolución, disturbio, sedición. ‖ Riña, pendencia. ‖ Punto en que una cosa empieza a desviarse o torcerse. ‖ Este mismo cambio de dirección. ‖ Vuelta o mudanza de un estado a otro. ‖ *Col.* y *Ven.* Desyerba.
REVUELTAMENTE. adv. m. Con trastorno, sin orden ni concierto.
REVUELTAS, José. *Biog.* Escritor mex. que cultiva diversos géneros literarios. Obras: *El luto humano; Los días terrenales,* etc. (n. 1914). ‖ – **Silvestre.** Compositor mex. cuya música recoge los motivos nativos en lenguaje moderno. Autor de *Música para charlar;*

Dúo para pato y canario; Ventanas, etc. (1899-1940).

REVUELTO, TA. (Del lat. *revolutus.*) p. p. irreg. de **Revolver.** ‖ adj. Aplícase al caballo que se vuelve en poco terreno. ‖ Revoltoso, travieso. ‖ Intrincado, difícil de entender. ‖ Turbio. *Conciencia, agua* REVUELTA. ‖ Hablando del tiempo atmosférico, inseguro, tormentoso. ‖ m. Sarmiento con que se rodea la cepa.

REVUELVEPIEDRAS. m. Ave marina del orden de las zancudas, algo mayor que el mirlo, de pico cónico y tan fuerte que con él revuelve las piedras para buscar los moluscos.

REVULSIÓN. (Del lat. *revulsio, -onis.*) f. *Ter.* Provocación en la piel de una inflamación con el fin, muy dudoso, de substituir con ésta otra interior más grave y, modernamente, con el de aumentar la leucocitosis.

REVULSIVO, VA. (Del lat. *revulsum*, supino de *revellere*, revelar.) adj. Que produce revulsión. ‖ m. Agente o substancia que tiene esta propiedad. ‖ deriv.: **revulsivamente.**

REVULSORIO, RIA. adj. Revulsivo. Ú.t.c.s.m.

REY. al. **König.** fr. **Roi.** ingl. **King.** ital. **Re.** port. **Rei.** (Del lat. *rex, regis.*) m. Monarca o príncipe soberano de un reino. ‖ Pieza principal del juego de ajedrez. ‖ Naipe que tiene pintada la figura de un **rey.** ‖ Paso de la antigua danza española. ‖ El que en un juego, o por fiestas, manda a los demás. ‖ Abeja maesa. ‖ Porquerizo. ‖ fig. Hombre, animal o cosa del género masculino, que por su excelencia o poder sobresale entre los demás de su clase o especie. ‖ – **de armas.** Caballero que en las cortes de la Edad Media tenía el cargo de transmitir mensajes de importancia, ordenar las grandes ceremonias y llevar los registros de la nobleza. ‖ Sujeto que tiene cargo de conocer y ordenar los blasones de las familias nobles. ‖ – **de banda,** o **de bando.** Perdiz que sirve de guía a las demás cuando van formando banda. ‖ – **de las codornices.** Ave zancuda del tamaño de una codorniz, de alas puntiagudas, tarsos largos y gruesos, plumaje pardo negruzco con manchas cenicientas en el lomo, agrisado en la garganta y el abdomen, rojizo en las alas y la cola, y blanco amarillento en el borde de las plumas remeras. Vive y anida en los terrenos húmedos, y su carne es muy gustosa. Por acompañar a las codornices, el vulgo supone que les sirve de guía. ‖ – **de Romanos.** Título dado en el imperio de Alemania a los emperadores nuevamente elegidos. ‖ fig. El que ha de suceder a otro en algún oficio o cargo. ‖ **Reyes magos.** Los que llegaron de Oriente a adorar al Niño Jesús. ‖ **A rey muerto, rey puesto.** ref. con que se expresa la prontitud con que se ocupan los puestos vacantes. ‖ **La,** o **lo del rey.** loc. fam. La calle. ‖ **Ni quito ni pongo rey.** frs. proverb. que suele emplear el que se exime de tomar parte activa en la decisión de un negocio. ‖ **Ni rey ni roque,** loc. fig. y fam. con que se excluye a todo género de personas en la materia que se trata. ‖ **Servir al rey.** frs. Ser soldado, en países donde el jefe del Estado es un rey. ‖ IDEAS AFINES: *Soberano, majestad, heredero, princesa, infante, delfín, regente, virrey, emperador, presidente, zar, faraón jedive, califa, rajá, negus, sultán, cacique, monarquía, autocracia, despotismo, absolutismo, regicidio, trono, cetro, corona, diadema, abdicar, destronar.*

REY. *Geog.* Isla española del N. de África que pertenece al grupo de las Chafarinas. ‖ **Isla del –.** Isla panameña sit. en el golfo de Panamá que forma parte del arch. de las Perlas. ‖ – **Guillermo, Tierra del.** Isla de Canadá, sit. en el océano Glacial Ártico, al S. E. de la isla Victoria.

REY LEAR, El. *Lit.* Tragedia de Shakespeare, presumiblemente publicada entre 1605 y 1606. Tomado su argumento de una antigua crónica y de una vieja tragedia anónima, que glosaban la mítica personalidad del anciano monarca Lear, es una de las creaciones shakespearianas que alcanzan, poética y teatralmente, mayores resonancias trágicas y que con más profunda penetración auscultan la psicología de los personajes.

REYERTA. al. **Streit.** fr. **Dispute.** ingl. **Wrangle.** ital. **Zuffa.** port. **Contenda.** (Del ant. *refierta.*) f. Contienda, altercación, disputa.

REYES, Alfonso. *Biog.* Crítico, diplom. y poeta mex., uno de los más autorizados glosadores de los clásicos españoles. Su alta calidad intelectual se revela en ensayos como *Visión de Anáhuac; La experiencia literaria; Homero en Cuernavaca, Simpatías y diferencias,* etc. Su poesía modernista une la tradición culta y los motivos populares: *Yerbas de Tarahumara; Algunos poemas,* etc. (1889-1959). ‖ – **Antonio.** Lit. venezolano, autor de *El racionalismo averroísta y el razonamiento luliano; Viudas de color,* etc. (n. 1899). ‖ – **José.** Compositor dom., cultor de la música folklórica y autor de la partitura del Himno Nacional de su patria (1855-1905). ‖ – **José Trinidad.** Prelado y poeta hond., autor de *Nueve Pastorelas* y otras obras (1797-1885). ‖ – **Neftalí Ricardo.** V. **Neruda, Pablo.** ‖ – **Oscar Efrén.** Historiador ecuat., reconocido crítico (n. 1896). ‖ – **Rafael.** Militar y político col., de 1904 a 1909 presidente de la Rep. (1849-1921). ‖ – **Salvador.** Escr. chil.; usó el seudónimo de **Simbad.** Obras: *Las mareas del Sur; El último pirata; Tres novelas de la costa; Los tripulantes de la noche,* etc. (1899-1970). ‖ – **Aguilar, Arturo.** Poeta y escritor esp., autor, entre otras obras de *Cosas de mi tierra, La Galetera y Cartucherita.* (1864-1913). ‖ – **ORTIZ, Félix.** Lit. bol., autor de novelas, dramas y composiciones poéticas; *Odio y amor; Chismografía; El Templo y la Zafra,* etc. (1828-1882).

REYES, Libros de los. *Relig.* Conjunto de cuatro libros de la Biblia, de los cuales los dos primeros forman el Libro de Samuel y los otros relatan la historia del pueblo de Israel durante más de cuatro siglos, desde Salomón hasta la destrucción del Templo.

REYES CATOLICOS. *Hist.* Nombre que se da por antonomasia a Isabel I de Castilla y Fernando V de Aragón.

REYEZUELO. m. dim. de **rey.** ‖ Pájaro cantor, común en Europa, de color oliváceo con la parte superior de la cabeza naranja pálido; visita en bandadas los bosques y persigue con voracidad a los insectos. *Regulus regulus,* párido.

REYKJAVIK. *Geog.* Ciudad y puerto de Islandia, cap. del país, sit. en la costa occidental de la isla. 86.000 h. Industrias derivadas de la pesca.

REYLES, Carlos. *Biog.* Lit. urug. uno de los grandes valores literarios de su país y de América. Escr. modernista, atento a las manifestaciones de la cultura europea, culminó su obra en *El embrujo de Sevilla,* novela de tema hispano, notable por su colorido y su depuración estilística. Otras novelas importantes: *El gaucho Florido; La raza de Caín; Beba.* etc. (1868-1938).

REYMONT, Ladislao. *Biog.* Novelista polaco, premio Nobel de Literatura en 1924 por su obra que refleja las inquietudes campesinas: *La tierra prometida; Los campesinos,* etc. (1868-1925).

REYNOLDS, Gregorio. *Biog.* Poeta bol., autor de *Horas turbias; Redención; Primas,* etc. (1882-1948). ‖ – **Josué.** Pintor ingl., gran retratista. Sus famosos retratos, especialmente los de mujeres y niños, denotan una honda penetración psicológica, y plásticamente son inconfundibles por su tono azulado y su impecable dibujo. Obras: *Musa trágica; Los niños Brummel; La edad de la inocencia; El infante Samuel; Emily Pott,* etc. (1732-1792).

REYNOSA. *Geog.* Ciudad del N. E. de México (Tamaulipas), en la frontera con EE. UU. 141.000 h. con el mun. Centro agrícola.

REY PASTOR, Julio. *Biog.* Matemático esp., autor de *Fundamentos de la geometría proyectiva superior; Análisis matemático,* etc. (1888-1962).

REYUNAR. tr. *R. de la Plata.* Cortar a un cuadrúpedo la punta de una oreja.

REYUNO, NA. adj. *Bol.* y *R. de la Plata.* Tronzo. *Caballo* REYUNO.

REY Y ÁLVAREZ CALDERÓN, Domingo. *Biog.* Ensayista per., autor de *Paradojas económicas; Eutanasia y esterilización; La voluntad,* etc. (n. 1880).

REZADO. m. Rezo, oficio eclesiástico. ‖ *Guat.* Procesión que por Navidad celebran los indios.

REZADOR, RA. adj. y s. Que reza mucho. ‖ f. *Urug.* Mujer que tiene por oficio rezar en los velorios.

REZAGA. f. Retaguardia.

REZAGANTE. p. a. de **Rezagar.** Que se rezaga.

REZAGAR. (De *rezaga.*) tr. Dejar atrás una cosa. ‖ Atrasar, interrumpir por algún tiempo la ejecución de una cosa. sinón.: **diferir, suspender,** antón. **adelantar.** ‖ r. Quedarse atrás.

REZAGO. m. Residuo que queda de una cosa. ‖ Reses endebles que se apartan del rebaño para procurar mejorarlas.

REZANDERO, RA. adj. y s. ant. Rezador. Ú. en *Amér.*

REZA PAHLEVI. *Biog.* V. **Riza Pahlevi.**

REZAR. al. **Beten.** fr. **Prier.** ingl. **To pray.** ital. **Pregare.** port. **Rezar.** (Del lat. *recitare,* recitar.) tr. Orar vocalmente diciendo oraciones aprobadas por la Iglesia. ‖ Leer el oficio divino o las horas canónicas. ‖ Recitar la misa, una oración, etc., en contraposición a cantarla. ‖ fam. Decir o decirse en un escrito una cosa. *Eso* REZA *el periódico.* ‖ intr. fig. y fam. Gruñir, rezongar. ‖ **Rezar** una cosa con uno. frs. fam. Tocarle o pertenecerle. *Esto no* REZA *con vosotros.* ‖ deriv.: **rezable; rezadero, ra; rezante.**

REZNO. (Del lat. *ricinus.*) m. Larva de un insecto díptero que vive parásito sobre el buey y otros mamíferos. ‖ Ricino.

REZO. al. **Gebet.** fr. **Prière.** ingl. **Prayer.** ital. **Preghiera.** port. **Reza.** m. Acción de rezar. ‖ Oficio litúrgico que se reza diariamente. ‖ Conjunto de los oficios particulares de cada festividad. ‖ IDEAS AFINES: *Oración, lectura, misa, impetrar, súplica, liturgia, rito, culto, cuaresma, ayuno, iglesia, templo, religión, bendición.*

REZÓN. (Del fr. *hérisson.*) m. *Mar.* Ancla pequeña, de cuatro uñas y sin cepo.

REZONDRAR. intr. *Perú.* Injuriar; decir una fresca.

REZONGADOR, RA. adj. y s. Que rezonga. sinón.: **gruñón.**

REZONGAR. al. **Brummen.** fr. **Grogner.** ingl. **To grumble.** ital. **Brontolare.** port. **Resmungar.** intr. Gruñir, refunfuñar, mostrando enfado y repugnancia a ejecutar una cosa.

REZONGLAR. intr. **Rezongar.**

REZONGLÓN, NA. adj. y s. fam. Rezongón.

REZONGO. m. Refunfuño. ‖ *Amér. Central.* Reprimenda.

REZONGÓN, NA. adj. y s. fam. Rezongador.

REZONGUERO, RA. adj. Perteneciente o relativo al rezongo.

REZUMADERO. m. Sitio por donde se rezuma una cosa. ‖ Lo rezumado. ‖ Sitio donde se recoge lo rezumado.

REZUMAR. tr. y r. Dicho de un cuerpo, dejar pasar un líquido a través de sus poros. *El muro* REZUMA *humedad; el botijo* SE REZUMA. ‖ intr. y r. Dicho de un líquido, filtrarse a través de los poros de un cuerpo. *El sudor le* REZUMABA *por toda la cara; el agua* SE REZUMA *por la vieja cañería.* ‖ r. fig. y fam. Translucirse y rumorearse una especie. ‖ deriv.: **rezumador, ra; rezumamiento; rezumoso, sa.**

REZUMBADOR. m. *Cuba.* Especie de trompo que zumba al girar.

REZURA. f. p. us. Reciura.

REZURCIR. tr. Volver a zurcir. ‖ fig. Reanudar. ‖ deriv.: **rezurcidor, ra; rezurcidura; rezurcimiento.**

Rh. *Quím.* Símbolo del rodio.

● **RH, Factor.** *Med.* Aglutinante sanguíneo descubierto en 1939 por Landsteiner y Viener, por el suero obtenido de la inyección de glóbulos rojos de monos de la especie *Rhesus* en la oreja de un conejo. Ese suero no sólo aglutina la sangre del mono *Rhesus,* sino también la del 85% de los seres humanos. Es decir, que hay un 15% de seres que escapan a este fenómeno y son llamados por ello **RH** negativos. El descubrimiento del **factor RH** ha permitido solucionar gravísimos problemas de incompatibilidad que conducían hasta a la muerte, especialmente en recién nacidos. Si una mujer con **RH** negativo es fecundada por un hombre con **RH** positivo, el hijo es también **RH** positivo y sensibiliza a la madre. Durante el embarazo o el parto, pasan a la madre los glóbulos rojos que contienen el factor **RH.** En un próximo embarazo se producirá el conflicto entre la sangre **RH** positiva del segundo hijo y la **RH** negativa, pero sensibilizada al factor **RH** de la madre. Ocurren entonces inconvenientes que llegan hasta la muerte del recién nacido. En la actualidad, modernos tratamientos, en especial el vaciado sanguíneo, resuelven favorablemente estos casos.

RHEDEN. *Geog.* Ciudad de Holanda (Güeldres). 52.000 h.

RHEINE. *Geog.* Ciudad del N. de la Rep. Federal de Alemania. (Renania del Norte – Westfalia). 43.000 h. Industrias algodonera y tabacalera.

RHEYDT. *Geog.* Ciudad industrial de la Rep. Federal de Alemania, sit. al. S.E. de Düsseldorf (Renania del Norte – Westfalia). 103.000 h.

RHIN. *Geog.* V. **Rin.**

RHO. f. Decimoséptima letra del alfabeto griego, cuyo sonido era, a veces, el de nuestra erre, y a veces el de la erre francesa.

RHODE ISLAND. *Geog.* Estado del noreste de los EE.UU. 3.144 km². 970.000 h. Actividades agrícolas. Riquezas minerales. Industrias textiles, maquinarias. Cap. PROVIDENCE.

RHODESIA. *Geog.* Rep. independiente de África. 390.759 km².; 6.740.000 h. Cap. SALISBURY. Gran Bretaña inició la administración del país en 1923. **Rhodesia** del Sur, se declaró independiente en 1965 y proclamó la rep., en 1969. La rígida política racial de la minoría blanca determinó su retiro del Commonwealth en 1966.

RHONDDA. *Geog.* Ciudad del S.E. de Gran Bretaña (Gales). 120.000 h. Industrias mineras.

RÍA. (De *río.*) f. Parte del río próxima a su entrada en el mar y hasta donde llegan las mareas. *Las* RÍAS *de Bretaña.*

RIACHO. (De *río.*) m. Riachuelo.

RIACHOS, Isla de los. *Geog.* Isla argentina, sit. al S.E. de la provincia de Buenos Aires. 13 km².

RIACHUELO. (De *riacho.*) m. Río pequeño y de poco caudal.

RIACHUELO. *Geog.* V. **Matanzas.**

RIAD. *Geog.* Ciudad de Arabia Saudita, cap. del Estado y de Neyed. 667.000 h.

RIADA. f. Avenida, crecida, inundación.

RIASCOS, Joaquín. *Biog.* Pol. y militar col., en 1867 presidente de la Rep. (1833-1875).

RIAZÁN. *Geog.* Ciudad de la U.R.S.S., al sudeste de Moscú. 360.000 h. Curtidurías.

RIBA. (Del lat. *ripa.*) f. Ribazo.

RIBA, Vicente. *Biog.* Pol., escritor y mil. mex., autor de *Orígenes de la raza mexicana; Calvario y Tabor,* y otras obras (1830-1900).

RIBADENEYRA, Pedro. *Biog.* Sac. y escritor esp. cuyo apellido era **Ortiz de Zárate.** Autor de *Tratado de la tribulación; Historia del cisma en Inglaterra,* etc. (1527-1611).

RIBADOQUÍN. (Del fr. *ribaudequin.*) m. Antigua pieza de artillería, algo menor que la cerbatana.

RIBAGORZANO, NA. adj. y s. De Ribagorza, antigua región del N. de España.

RIBALDERÍA. f. Acción propia del ribaldo.

RIBALDO, DA. (Del b. lat. *ribaldus,* y éste del ant. alto al. *hriba,* prostituta.) adj. y s. Pícaro, bellaco. ‖ Rufián. ‖ m. Soldado de ciertos cuerpos antiguos de infantería.

RIBALTA, Francisco de. *Biog.* Pintor esp. de la escuela valenciana, autor de *San Bruno, La crucifixión; Un alma en pena,* etc. (1551-1628).

RIBAS, Federico. *Biog.* Pintor esp. que también fue un renombrado dibujante (1890-1952). ‖ – **José F.** Mil. ven., héroe y mártir de las luchas por la independencia de su patria (1775-1814).

RIBATEJO. *Geog.* Provincia del S.O. de Portugal. 7.237 km². 480.000 h. Cap. SANTARÉM.

RIBAZO. m. Porción de tierra con alguna elevación y declive. ‖ Cuesta o pendiente.

RIBAZÓN. f. Arribazón.

RIBBENTROP, Joaquín von. *Biog.* Ministro de Relaciones Exteriores de Alemania durante el régimen nacionalsocialista, n. en 1893. Fue condenado por el tribunal de Nuremberg y m. ejecutado en 1946.

RIBEIRÃO PRETO. *Geog.* Ciudad del S. de Brasil (San Pablo). 220.000 h. Algodón, azúcar, café.

RIBEIRO, Aquilino. *Biog.* Novelista port., autor de *El hombre que mató al diablo; María Benigna*, etc. (1885-1963). ‖ – **Bernardino.** Poeta port., autor de *Menina e moça*, relato pastoril (1482-1552). – **Julio.** Escritor bras., autor de *La carne* y otros libros de mórbido realismo (1845-1890). ‖ – **León.** Compositor urug., precursor en su país de la música sinfónica y operística (1854-1931). ‖ – **Couto, Ruy.** Escritor bras., autor de poesías y cuentos (1898-1963).

RIBER, Lorenzo. *Biog.* Sacerdote y escritor esp., miembro de la Real Academia y autor de obras biográficas, poéticas y filológicas (1882-1958).

RIBERA. al. **Ufer; strand.** fr. **Rivage.** ingl. **Shore.** ital. **Riviera; riva.** port. **Ribeira.** (Del lat. *riparia*, ribereña.) f. Margen y orilla de mar o río. *En la* RIBERA *izquierda del Plata fundó Zabala a Montevideo*; sinón.: **borde.** ‖ Tierra cercana a los ríos. sinón.: **litoral.** ‖ Ribero. ‖ Huerto cercado que linda con un río. ‖ fig. y fam. Ser dado a la vida vagante y aventurera.

RIBERA, José de. *Biog.* Notable pintor esp. que hizo célebre el seudónimo de **el Españoleto.** Con extraordinario dominio técnico del dibujo y del modelado, abordó el realismo con inequívoco acento español en lo popular, lo tétrico y en las escenas martirológicas. Fue también gran aguafuertista y grabador. Obras maestras: *Martirio de San Bartolomé; Sueño de Jacob; Inmaculada; Prometeo: Llanto de San Pedro*, etc. (1588-1656). ‖ – **Nicolás.** Mil. español, colaborador de Pizarro y regidor de Lima (m. 1582). ‖ – **Pedro de.** Arquitecto esp., discípulo de Churriguera, que realizó importantes trabajos en Madrid (1683-1742). ‖ – **CHEVREMONT, Evaristo.** Poeta portorr. (n. 1897). ‖ – **TARRAGÓ, Julián.** Erudito esp. que usó el seudónimo de **Doctor Brayer.** Obras: *La superstición pedagógica; Estudios históricos de Valencia árabe; Colección de textos aljamiados*, etc. (1858-1934). ‖ – **FERNÁNDEZ, Juan A.** Pintor esp., autor de *La sagrada familia; Cristo y Jesús difunto; David y Abigail*, etc. (1779-1860). ‖ – **Y FIEVE, Carlos Luis de.** Pintor esp., autor de varios cuadros sobre motivos del Quijote y de *La conversión de San Pablo, Apocalipsis de San Juan*, etc. (1815-1891).

RIBERALTA. *Geog.* Ciudad del N.O. de Bolivia (Beni). 9.000 h. Importante puerto en la confluencia de los ríos Beni y Madre de Dios.

RIBERANO, NA. adj. y s. *Amér.* y *Sal.* Ribereño.

RIBEREÑO, ÑA. adj. Perteneciente a la ribera o propio de ella. *Casas* RIBEREÑAS ‖ Dícese del dueño o habitante de un predio de ribera. Ú.t.c.s.

RIBERESCO, CA. adj. Propio o característico de José Ribera.

RIBERIEGO, GA. adj. Aplícase al ganado que no es trashumante. ‖ Dícese de los dueños de dicho ganado. Ú.t.c.s. Ribereño.

RIBERO. (Del lat. *riparius.*) m. Valla de estacas y césped que se hace a la orilla de las presas.

RIBESIÁCEO, A. adj. *Bot.* Saxifragáceo. Ú.t.c.s.f. ‖ f. pl. *Bot.* Saxifragáceas.

RIBETE. al. **Saum; Besatz.** fr. **Bordure.** ingl. **Binding.** ital. **Orlo.** port. **Ribete.** (Dim. del lat. *ripa*, orilla.) m. Cinta o cosa semejante con que se guarnece y refuerza la orilla del vestido, calzado, etc. RIBETE *de terciopelo.* ‖ Añadidura, cosa que se añade o aumenta a otra. ‖ fig. Detalle o digresión que, generalmente por donaire, se añade a la narración o discurso. ‖ Adorno que en la conversación se añade a algún caso, refiriéndolo con alguna circunstancia de reflexión o de gracia. ‖ pl. fig. Asomo, indicio. *Tiene sus* RIBETES *de chiflado.*

RIBETEADO. adj. fig. Dícese de los ojos cuando los párpados están irritados.

RIBETEADOR, RA. adj. y s. Que ribetea. ‖ f. La que por oficio ribetea calzado.

RIBETEAR. al. **Umsäumen.** fr. **Border.** ingl. **To bind.** ital. **Orlare.** port. **Orlar.** tr. Echar ribetes. ‖ deriv.: **ribeteo.**

RIBOFLAVINA. f. *Quím.* Lactoflavina.

RIBOT, Teódulo A. *Biog.* Fil. fr. que en el campo de la psicología experimental naturalista estudió los estados anormales, e impulsó en su país una importante corriente científica. Autor de *Los males de la personalidad; La lógica de los sentimientos; Ensayo sobre la imaginación creadora*, etc. (1839-1916).

RICACHO, CHA o **RICACHÓN, NA.** s. fam. Persona acaudalada de humilde condición o vulgar en su trato.

RICADUEÑA. f. Hija o esposa de ricohombre.

RICAHEMBRA. f. Ricadueña.

RICAHOMBRÍA. f. Título que se daba en lo antiguo a la primera nobleza de España.

RICALDONI, Teobaldo. *Biog.* Matemático y físico urug. radicado en la Argentina. (1873-1923).

RICAMENTE. adv. m. Opulentamente, con abundancia. *Una casa* RICAMENTE *amueblada.* ‖ Preciosamente. *Un jubón* RICAMENTE *bordado.* ‖ Muy a gusto.

RICARDO, David. *Biog.* Cél. economista ingl. Notable sistematizador de la economía política clásica, en su obra maestra, *Principios de economía política e imposición*, sentó conceptos de trascendental importancia: la teoría del valor, estableciendo las diferencias entre el valor de uso y el valor de cambio; la teoría del salario, precisando el salario natural y el salario real; la teoría de la renta de la tierra, etc. (1772-1823).

RICARDO I. *Biog.* Rey de Inglaterra, llamado **Corazón de León.** Notable guerrero, tuvo descollante participación en la tercera cruzada, durante la cual tomó la isla de Chipre (1157-1199). ‖ – **II.** Rey de Inglaterra (1367-1400). ‖ – **III.** Rey ingl., el último de la casa de York (1452-1485).

RICARDO II. *Lit.* Drama de Shakespeare compuesto alrededor de 1594, relato de la vida, reinado y muerte del rey homónimo.

RICARDO III. *Lit.* Tragedia de Shakespeare, en cinco actos, que se cree escrita en 1593. En el final de la obra el rey Ricardo, viéndose perdido, pronuncia las célebres palabras: *¡Un caballo, un caballo! ¡Mi reino por un caballo!*

RICARDO DE CORNUALLES. *Biog.* Emp. alemán, hijo de Juan Sin Tierra (1209-1271).

RICAURTE, Antonio. *Biog.* Mil. col. A las órdenes de Bolívar, en San Mateo, prefirió hacer volar el polvorín que custodiaba y morir en la explosión antes que dejarlo caer en poder de los realistas (1786-1814). ‖ – **Joaquín.** Pol. y militar col., uno de los firmantes del Acta de la Libertad (m. 1820).

RICE, Elmer. *Biog.* Dramaturgo y novelista estad. de tendencia expresionista, autor de *La calle; La máquina de sumar; Un viaje a Purilla; La soñadora*, etc. (1892-1967).

RICIAL. adj. Dícese de la tierra en que, después de cortadas las mieses en verde, vuelven a retoñar. ‖ Dícese de la tierra sembrada de verde para el ganado.

RICIFORME. adj. Semejante a granos de arroz.

RICINO. (Del lat. *ricinus.*) m. Planta cultivada desde la antigüedad, anual y semileñosa en climas templados, y vivaz y leñosa en los cálidos, de tallo recto, hueco y ramoso, de hojas grandes y palmadas, flores en espigas, terminales, frutos en cápsula esférica, espinosa, con tres valvas, y semillas oblongas, aplastadas, brillantes, jaspeadas de rojo y gris, muy ricas en un aceite que es muy usado como purgante, y en la actualidad, como lubricante de motores de aviación *Ricinus communis*, euforbiácea.

RICKERT, Enrique. *Biog.* Filósofo al. Opuesto por igual al positivismo y a la metafísica, es uno de los más notables exponentes del movimiento de renovación kantiana de su país. Obras: *El objeto del conocimiento; Ciencia cultural y ciencia natural; La filosofía de la vida*, etc. (1863-1936).

RICO, CA. al. **Reich; Köstlich.** fr. **Riche; exquis.** ingl. **Rich; delicious.** ital. **Ricco; saporito.** port. **Rico.** (Del germ. *rikja.*) adj. Noble o de excelentes cualidades. ‖ Adinerado, hacendado. Ú.t.c.s. *Terrateniente* RICO; sinón.: **acaudalado, pudiente;** antón.: **pobre.** ‖ Abundante, opulento. RICO *de virtudes.* ‖ Sabroso, agradable. *Este postre está* RICO; sinón.: **apetitoso, exquisito.** ‖ Muy bueno en su línea. ‖ Aplícase a las personas como expresión de cariño. ‖ V. **Plomo rico.** ‖ **A rico no debas y a pobre no prometas.** ref. que aconseja no comprometerse con persona que nos puede atropellar con su poder o molestar con sus instancias. ‖ **Del rico es dar remedio, y del viejo, consejo.** ref. con que se denota que a los **ricos** hizo Dios sus tesoros para el remedio de los pobres necesitados; y a los viejos, maestros, por la experiencia que tienen de los negocios. ‖ **Rico o pinjado.** expr. fam. que pondera la firme resolución con que uno emprende un negocio dificultoso y arriesgado, en el cual se juega el todo por el todo. ‖ IDEAS AFINES: *Millonario, capitalista, plutocracia opulencia, riqueza, fortuna, renta, dinero, bienes, caudal, hacienda, Creso.*

RICO, Orfilia. *Biog.* Actriz urug., notable intérprete del teatro costumbrista (1874-1936).

RICOHOMBRE. m. El que en lo antiguo pertenecía a la primera nobleza de España.

RICOTA. (Del ital. *ricotta.*) f. Italianismo por **requesón.**

RICOTE. adj. fam. aum. de **Rico.** Ú.t.c.s.

RICTUS. (Del lat. *rictus.*) m. Gesto del que abre los labios dejando ver los dientes y, aunque da a la boca el aspecto de la risa, es manifestación de dolor. También se observa en algunos espasmos nerviosos.

RICURA. f. fam. Calidad de rico, gustoso, agradable o bueno.

RICHARDS, Dickinson W. *Biog.* Médico estad. especialista en cardiología, que obtuvo, en 1956 el premio Nobel de Fisiología y Medicina compartido con Werner Forssmann y Andrés Cournand (1896-1973). ‖ – **Teodoro Guillermo.** *Biog.* Quím. estad., en 1914 premio Nobel de Química. Realizó valiosos trabajos sobre física y química inorgánica, sobre la significación del cambio de volumen atómico, enunció una teoría atómica, termoquímica y electroquímica, y construyó diversos aparatos (1868-1928).

RICHARDSON, Enrique. *Biog.* Arquitecto estad., uno de los precursores de la renovación arquitectónica en su país (1838-1886). ‖ – **Owen Guillermo.** Físico ingl. cuyas investigaciones sobre la emisión de electrones por los cuerpos calientes y por la radiación solar, le valieron en 1928 el premio Nobel de Física. Estudió, asimismo, los rayos X, la teoría de los cuantos, etc. (1879-1959). ‖ – **Samuel.** Nov. ingl. autor de *Pamela o la virtud recompensada; Clarisa*, y otras obras precursoras de la mod. novelística de su país (1689-1761).

RICHÉ, Juan Bautista. *Biog.* Mil. y político haitiano, de 1846 a 1847 presidente de la República (1780-1847).

RICHELIEU, Armando Juan du Plessis, cardenal y duque de. *Biog.* Pol. y religioso fr. Cél. ministro de Luis XIII, dirigió la política de su patria durante más de dos décadas, combatiendo constantemente a los hugonotes y a los aristócratas, para fortalecer el absolutismo real. Dio enorme poderío mil. a Francia y, protector de la ciencia y el arte, fundó la Academia Francesa (1585-1642).

RICHELIEU. *Geog.* Río del S.E. de Canadá, nace en el lago Champlain y des. en el río San Lorenzo.

RICHEPIN, Juan. *Biog.* Lit. francés. Poeta nov., cuentista y dramaturgo, se caracterizó por su tendencia a reflejar temas oscuros y psicologías anormales. Obras: *La canción de los mendigos; Madame André; Naná Sahib*, etc. (1849-1926).

RICHER, Pablo. *Biog.* Méd. fr. En colaboración con Charcot escribió *Los demoníacos en el arte.* Otras obras: *Introducción al estudio de la figura humana; El arte y la medicina*, etc. (1849-1923).

RICHET, Carlos Alberto. *Biog.* Cél. fisiólogo fr. que determinó el mecanismo de la regulación térmica en los animales homotermos, y descubrió los fenómenos de la llamada enfermedad del sueño, las propiedades diuréticas del azúcar, etc. En 1913, premio Nobel de Medicina y Fisiología. Obras: *Diccionario de fisiología; El dolor; Tratado de Metapsíquica*, etc. (1850-1935).

RICHMOND. *Geog.* Ciudad del O. de los EE.UU. (California), sit. al N.E. de San Francisco. 130.000 h. Actividades agrícolas, frutas. Papel. ‖ Ciudad de los EE.UU. capital del Estado de Virginia. 262.000 h. Papel, tabaco, industrias químicas y textiles. ‖ C. del sur de Gran Bretaña, sit. al S.O. de Londres. 53.000 h. Centro industrial.

RICHTER, Burton. *Biog.* Físico norteamericano, ganador del premio Nobel de Física de 1976, compartido con Samuel Ting. Pionero en las investigaciones sobre las partículas elementales, sus trabajos abrieron nuevos horizontes en el campo de su especialidad (n. en 1931).

RICHTER, Jeremías. *Biog.* Químico al. que enunció la ley de la numeración proporcional (1762-1807). ‖ – **Juan Pablo.** Escritor al., autor de obras idílicas y satíricas: *Titán; Piezas de flores, frutos y espinas*, etc. (1763-1825).

RIDÍCULAMENTE. adv. m. De manera ridícula.

RIDICULEZ. al. **Lächerlichkeit.** fr. **Ridicule.** ingl. **Ridiculousness.** ital. **Ridicolaggine, ridicolezza.** port. **Ridicularia.** f. Dicho o hecho ridículo. ‖ Calidad de ridículo. ‖ Delicadeza nimia.

RIDICULIZAR. al. **Lächerlich machen.** fr. **Ridiculiser.** ingl. **To ridicule.** ital. **Ridicolizzare.** port. **Ridicularizar.** tr. Burlarse de una persona o cosa haciendo notar sus ridiculeces. *No es caritativo que lo* RIDICULICES *así*; sinón.: **caricaturizar, satirizar.** ‖ deriv.: **ridiculizable; ridiculización, ridiculizador, ra.**

RIDÍCULO. (Del lat. *reticulus.*) m. Cierta bolsa manual usada por la mujeres para llevar cosas pequeñas.

RIDÍCULO, LA. al. **Lächerlich.** fr. **Ridicule.** ingl. **Ridiculous.** ital. **Ridicolo.** port. **Ridículo.** (Del lat. *ridiculus.*) adj. Que por su rareza o extravagancia mueve a risa. *Peinado* RIDÍCULO; sinón.: **grotesco, irrisorio;** antón.: **armonioso, elegante.** ‖ Escaso, de poca estimación. *Regalo* RIDÍCULO; sinón.: **corto, mezquino.** ‖ Extraño y de poco aprecio. ‖ De genio nimiamente delicado. ‖ m. Situación ridícula en que cae una persona. ‖ **En ridículo.** m. adv. Expuesto a la burla o al menosprecio de las gentes. Ú.m con los verbos *estar, poner y quedar.*

RIED, Aquinas. *Biog.* Compositor al., incorporado a la cultura chilena, autor de la ópera de tema nativo *Telésfora* (s. XIX).

RIEGO. al. **Bewässerung.** fr. **Arrosage.** ingl. **Irrigation; watering.** ital. **Innaffiamento.** port. **Regadura.** m. Acción y efecto de regar. *La verdura necesita* RIEGO. ‖ Agua disponible para regar. ‖ *Col.* Flores y hojas que se esparcen por la calle al paso de una procesión. ‖ – **sanguíneo.** Cantidad de sangre que nutre cada parte del organismo.

RIEGO Y NÚÑEZ, Rafael del. *Biog.* Mil. esp. que se alzó contra Fernando VII, en 1820, proclamando la Constitución de Cádiz. Vencido por los ejércitos fr. que protegieron al monarca, fue condenado por éste a morir en la horca (1785-1823).

RIEL. al. **Schiene.** fr. **Rail.** ingl. **Rail.** ital. **Rotaia.** port. **Trilho.** (Del lat. *régula.*) m. Barra pequeña de metal en bruto. ‖ Carril de vía férrea. ‖ IDEAS AFINES: *Ferrocarril, tren, vagón, locomotora, furgón, carga, electricidad, durmiente, barrera, trocha.*

RIELAR. intr. poét. Brillar con luz trémula. *La luna* RIELABA *en el mar.* ‖ deriv.: **rielante.**

RIELERA. f. Molde para hacer rieles.

RIEMANN, Hugo. *Biog.* Musicólogo al., autor de un *Diccionario* especializado, en varios tomos, y de una *Historia de la Música* (1849-1919). ‖ – **Jorge F.** Matemático al. que por su *Hipótesis que sirve de fundamento a la Geometría* es considerado uno de los precursores de la teoría de la relatividad (1826-1866).

RIENDA. al. **Zügel.** fr. **Rêne.** ingl. **Rein.** ital. **Briglia, redine.** port. **Redea.** (Del lat. vulg. *retina,* y éste del lat. *retinere,* detener.) f. Cada una de las dos correas, cintas o cuerdas que, partiendo de las camas del freno, sirven para gobernar la caballería. Ú.m. en pl. ‖ fig. Sujeción, moderación en acciones o palabras. ‖ pl. fig. Gobierno, dirección de una cosa. *Se apoderó de las* RIENDAS *del gobierno;* sinón.: **mando.** ‖ **Falsa rienda.** *Equit.* Conjunto de dos correas que parten del bocado o el filete, para contener el caballo en el caso de que falten las **riendas.** U.m. en pl. ‖ **Aflojar las riendas.** frs. fig. Aliviar, disminuir el trabajo, el cuidado, el rigor o la sujeción. ‖ **A rienda suelta.** m. adv. fig. Con violencia o celeridad. ‖ Con toda libertad. ‖ **A toda rienda.** m. adv. Al galope. ‖ **Correr a rienda suelta.** frs. Soltar el jinete las **riendas** al caballo, para que corra cuanto pueda. ‖ fig. Entregarse sin reserva a una pasión o al ejercicio de alguna cosa. ‖ **Dar rienda suelta.** frs. fig. Dar libre curso. DAR RIENDA SUELTA *al llanto.* ‖ **Ganar las riendas.** frs. Asir las **riendas** de una caballería para detener al que va en ella. ‖ **Tirar la rienda,** o **las riendas.** frs. fig. Sujetar, reprimir. ‖ **Volver riendas,** o **las riendas.** frs. Volver grupas. ‖ IDEAS AFINES: *Cincha, cabalgadura, dominar, dirigir, desviar, equitación, corcel, jaca, acuciar, espuela, talonear.*

RIENTE. p. a. de **Reír.** Que ríe. *Campiña* RIENTE.

RIENZI, Nicolás Gabino, llamado Cola di. *Biog.* Tribuno y conspirador romano. Caudillo de la insurrección de 1347, gobernó circunstancialmente y pereció en una rebelión con que el pueblo vengó sus desmanes (1313-1354).

RIERA PINILLA, Mario. *Biog.* Escritor pan., autor de *La yerba* (1920-1967).

RIES, Fernando. *Biog.* Músico al., autor de las óperas *La novia del bandido* y *La hechicera de Gellestein,* y único discípulo de Beethoven (1784-1838).

RIESCO, Germán. *Biog.* Pol chil. Presidente de la Rep. de 1901 a 1906, reveló gran pericia diplomática al tratar las cuestiones limítrofes con la Argentina (1854-1916).

RIESCO. *Geog.* Isla del sur de Chile (Magallanes), sit. frente a la isla de Santa Inés.

RIESENGEBIRGE. *Geog.* Montes de Europa central, sit. en la frontera de Checoslovaquia y Polonia. Constituyen la parte más elevada de los Montes Sudetes. Culmina en el pico Schneekoppe a los 1.603 m.

RIESGO. al. **Gefahr.** fr. **Risque.** ingl. **Risk.** ital. **Rischio.** port. **Risco.** m. Contingencia o proximidad de un daño. sinón.: **peligro.** ‖ **Correr riesgo.** frs. Hallarse una cosa expuesta a perderse o a no verificarse.

RIESGOSO, SA. adj. *Amér.* Peligroso, arriesgado, aventurado. *El equilibrista ejecutó* RIESGOSA *prueba.*

RIETI. *Geog.* Provincia del centro de Italia (Lacio). 2.752 km². 145.000 h. Cap. hom. 43.000 h. Industria del rayón, azúcar, comercio de cereales.

RIF. *Geog.* Región montañosa del N. de Marruecos. 17.380 km². 800.000 h.

RIFA. al. **Tombola; Verlosung.** fr. **Tombola; loterie.** ingl. **Raffle; loterie.** ital. **Tombola.** port. **Rifa.** f. Sorteo que se hace de una cosa entre varios por medio de cédulas. ‖ Por ext. cada una de estas cédulas. ‖ Contienda, pendencia. ‖ *Col.* Tiendecilla ambulante.

RIFADOR. m. El que rifa.

RIFADURA. f. *Mar.* Acción y efecto de rifar.

RIFAR. tr. Sortear una cosa en rifa. ‖ intr. Reñir, contender o enemistarse con uno. ‖ *Méx.* Sobresalir, distinguirse. ‖ r. *Mar.* Romperse una vela.

RIFEÑO, ÑA. adj. Del Rif. Ú.t.c.s. *Caudillo* RIFEÑO.

RIFIRRAFE. m. fam. Contienda, alboroto sin trascendencia.

RIFLE. (Del ingl. *rifle,* de *to rifle,* estriar.) m. Fusil rayado.

RIFLERO. adj. Dícese del que por arma tiene un rifle. Ú.t.c.s.

RIGA. *Geog.* Ciudad y puerto del N.O. de la U.R.S.S., capital de Letonia. 770.000 h. Gran centro industrial y ferroviario. Universidad. ‖ **Golfo de –.** Gran escotadura formada por el mar Báltico, entre Estonia y Letonia.

RIGANELLI, Agustín. *Biog.* Escultor arg., autor de *Plus Ultra; La llamarada; Florencio Sánchez,* y otras obras de expresión moderna e intención social (1890-1949).

RIGAUD, Jacinto. *Biog.* Pintor fr., celebrado retratista. Obras: *La princesa palatina; El cardenal Polignac,* etc. (1659-1743).

RIGEL. m. *Astron.* Estrella de primera magnitud, situada en la parte inferior de la constelación del Orión.

RIGENTE. (Del lat. *rigens, -entis.*) adj. poét. Rígido.

RIGHI, Augusto. *Biog.* Físico ital. que descubrió la afinidad entre las ondas hertzianas y las de la luz (1850-1921).

RÍGIDAMENTE. adv. m. Con rigidez.

RIGIDEZ. al. **Starrheit; Starre.** fr. **Rigidité.** ingl. **Rigidity.** ital. **Rigidezza.** port. **Rigidez.** f. Calidad de rígido. *La* RIGIDEZ *de un alambre;* sinón.: **dureza, tiesura;** antón.: **flexibilidad, flojedad.** ‖ *Med.* Inflexibilidad, tiesura, especialmente la anormal o morbosa.

RÍGIDO, DA. al. **Starr.** fr. **Rigide.** ingl. **Rigid, stiff.** ital. **Rigido.** port. **Rígido.** (Del lat. *rigidus.*) adj. Inflexible. *Alambre* RÍGIDO; sinón.: **duro, tieso;** antón.: **blando, flexible.** ‖ fig. Riguroso, severo. RÍGIDO *en los juicios;* sinón.: **estricto.** ‖ deriv.: **rigidoso, sa.**

RIGODÓN. (Del fr. *rigaudon,* de *Rigaud,* su inventor.) m. Cierta especie de contradanza.

RIGOLETTO. *Mús.* Célebre ópera de Verdi, en cuatro actos, estrenada en Venecia en 1851, y basada en el drama de Víctor Hugo *El rey se divierte.* Su partitura extraordinariamente melódica, es una de las obras más patéticas del autor y junto con *El trovador* y *La Traviata* integra la trilogía maestra de su primera época.

RIGOR. al. **Strenge.** fr. **Rigueur.** ingl. **Rigor.** ital. **Rigore.** port. **Rigor.** (Del lat. *rígor.*) m. Severidad escrupulosa o excesiva. ‖ Aspereza, acrimonia en el trato. ‖ Último límite a que pueden llegar las cosas. ‖ Intensión, vehemencia. *El* RIGOR *de la intemperie.* ‖ Propiedad y exactitud. ‖ *Med.* Rigidez. ‖ Escalofrío. ‖ **En rigor.** m. adv. En realidad, estrictamente. ‖ **Ser de rigor** una cosa. frs. Ser indispensable. *El traje de etiqueta* ERA DE RIGOR *en aquella ocasión.* ‖ **Ser uno el rigor de las desdichas.** frs. fig. y fam. Padecer muchos males o desgracias. ‖ IDEAS AFINES: *Orden, disciplina, conducta, austeridad, parco, sencillo, severo, inflexible, rígido, decidido, incomprensión, violencia, sumisión.*

RIGORISMO. (De *rigor.*) m. Exceso de severidad, principalmente en materias morales. sinón.: **austeridad, intolerancia.** ‖ Doctrina en que domina la moral rigorista. *El* RIGORISMO *de los espartanos.*

RIGORISTA. adj. Extremadamente severo sobre todo en materias morales. Ú.t.c.s.

RIGOROSAMENTE. adv. m. Rigurosamente. sinón.: **inflexiblemente, severamente;** antón.: **blandamente, flojamente.**

RIGOROSO, SA. (Del lat. *rigorosus.*) adj. Riguroso.

RIGSDAG o **RIKSDAG.** m. Nombre del Parlamento de Dinamarca y Suecia.

RIGÜE. m. *Hond.* Tortilla de elote.

RIGURIDAD. f. Rigor.

RIGUROSAMENTE. adv. m. Con rigor. *Lo castigó* RIGUROSAMENTE.

RIGUROSIDAD. (De *riguroso.*) f. p. us. Rigor.

RIGUROSO, SA. al. **Streng.** fr. **Rigoureux.** ingl. **Rigorous.** ital. **Rigoroso.** port. **Rigoroso.** (De *rigoroso.*) adj. Áspero y acre. ‖ Muy severo, cruel. *Castigo* RIGUROSO; antón.: **blando, suave.** ‖ Austero, rígido. *Reglamento* RIGUROSO. ‖ Extremado, duro de soportar. *Sufrimos* RIGUROSAS *tormentas;* antón.: **llevadero, tolerable.** ‖ Recto, literal, hablando del sentido de una frase, oración, etc. *Interpretación* RIGUROSA; sinón.: **estricto, exacto.**

RIG VEDA. *Relig.* Primero y más antiguo de los cuatro libros sagrados de la India, documento histórico y resumen de la religión brahmánica.

RIJA. f. *Pat.* Fístula del conducto lagrimal.

RIJA. (Del lat. *rixa.*) f. Pendencia o alboroto.

RIJADOR, RA. adj. Rijoso.

RIJEKA. *Geog.* Ciudad y puerto de Yugoslavia sobre el Adriático. 135.000 h. Construcciones navales. Perteneció a Italia, hasta 1945, con el nombre de **Fiume.**

RIJO. m. Propensión a la lujuria.

RIJOSO, SA. (Del lat. *rixosus.*) adj. Pronto para contender, pendenciero. ‖ Alborotado a vista de la hembra. *Asno* RIJOSO. ‖ Lujurioso, sensual.

RILA. f. *Col.* Ternilla, cartílago. ‖ Excremento de aves de corral.

RILAR. intr. Temblar, tiritar. ‖ r. Estremecerse. ‖ Rehilar.

RILKE, Rainer María. *Biog.* Poeta checo, que residió mucho tiempo en Francia. De finísima sensibilidad, fue un lírico delicado e intenso que reflejó en sus obras un peculiar misticismo impregnado de angustia: *Libro de horas; Los cuadernos de Malte Laurids Brigge; Sonetos a Orfeo,* etc. (1875-1926).

RIMA. al. **Reim.** fr. **Rime.** ingl. **Rhyme.** ital. **Rima.** port. **Rima.** (Del ant. *rimo,* y éste del lat. *rythmus,* ritmo.) f. Consonancia o consonante. ‖ Asonancia o asonante. ‖ Composición en verso del género lírico. ‖ Conjunto de los consonantes de una lengua, o el de consonantes o asonantes usados en una composición o por un poeta. ‖ – **imperfecta** o **media rima.** Asonancia. ‖ – **leonina.** La de un verso leonino. ‖ – **perfecta.** Consonancia. ‖ **Octava rima.** Forma de composición en que cada estrofa es una octava real. ‖ **Sexta rima.** Sextina. ‖ **Tercia rima.** Forma de composición en que cada estrofa es un terceto. ‖ IDEAS AFINES: *Poesía, poética, prosodia, metro, ritmo, cadencia, versificar, lírico, épico, trágico, Musas, himno, vate, rapsoda, juglar, trovador, bardo.*

RIMA. (Del lat. *rima.*) f. Abertura, hendidura. Ú. especialmente en anatomía y zoología.

RIMA. (Del ár. *rizma,* montón.) f. Rimero.

RÍMAC. *Geog.* Río del Perú que pasa por la ciudad de Lima y des. en el Pacífico. Tiene 160 km.

RIMADOR, RA. (De *rimar.*) adj. y s. Que rima los versos. ‖ Que los rima con perfección.

RIMAR. al. **Reimen.** fr. **Rimer.** ingl. **To rhyme.** ital. **Rimare.** port. **Rimar.** intr. Componer en verso con rima. ‖ Ser una palabra consonante o asonante de otra. ‖ tr. Hacer el poeta una palabra asonante o consonante de otra.

RIMAS. *Lit.* Obra de Gustavo A. Bécquer que contiene las poesías más difundidas del autor, recopiladas y editadas por sus amigos en 1871. De sugerencia hondamente romántica, es poesía subjetiva y alada.

RIMBAUD, Juan Arturo. *Biog.* Poeta fr., considerado uno de los precursores del decadentismo y del simbolismo. Eminentemente individualista, su poesía y su prosa se distinguen por las imágenes inusitadas, sutiles, extrañas y violentas. Obras *Una temporada en el infierno; Iluminaciones; Poesías,* etc. (1854-1891).

RIMBOMBANCIA. f. Calidad de rimbombante. sinón.: **pavoneo, ostentación.**

RIMBOMBANTE. p. a. de **Rimbombar.** Que rimbomba. ‖ adj. fig. Ostentoso, llamativo. *Estilo* RIMBOMBANTE.

RIMBOMBAR. (En port. *rimbombar* y *rebombar,* de *re* y *bombo.*) intr. Retumbar, resonar. sinón.: **repercutir.** ‖ deriv.: **rimbombador, ra; rimbomboso, sa.**

RIMBOMBE o **RIMBOMBO.** m. Retumbo, repercusión de un sonido.

RIMERO. (De *rima,* montón.) m. Pila o conjunto de cosas puestas unas sobre otras. RIMERO *de platos;* sinón.: **cúmulo.**

RÍMINI, Francesca de. *Biog.* Dama ital. famosa por su hermosura, cuyos amores ilícitos con Paolo Malatesta inmortalizó Dante en *La Divina Comedia.* Su verdadero nombre era Francesca Polenta (m. trágicamente, hacia 1285).

RÍMINI; *Geog.* Ciudad del N.E. de Italia (Forli), sit. a orillas del Adriático. Importante balneario. Mun. de 125.000 h. Fue casi destruida durante la segunda Guerra Mundial.

RIMSKY-KORSAKOV, Nicolás A. *Biog.* Compositor ruso que con Balakirev, Borodin, Cui y Mussorgsky constituyó el "grupo de los Cinco". Apartándose de la influencia ital., se inspiró en el folklore nacional y con agudo sentido del ritmo y la armonía escribió óperas, conciertos, sinfonías, canciones populares, etc.: *Iván el Terrible; La novia del zar; Scherezada; Noche de Navidad,* etc. (1844-1908).

RIMÚ. (Voz araucana.) m. *Chile.* Planta oxalídea de flores amarillas.

RIN. *Geog.* Río de Europa que constituye la vía comercial más importante de Alemania. Nace en el San Gotardo, penetra en el lago de Constanza, sirve de límite a ese país con Francia y Suiza, continúa su recorrido por Alemania, penetra en Holanda y des. en el mar del Norte. Tiene 1.326 km. ‖ **Alto –.** V. **Alto Rin.** ‖ **Bajo –.** V. **Bajo Rin.**

RINANTO. m. Gallocresta.

RINCOCÉFALO. (Del gr. *rynkhos,* pico, y *kephalé,* cabeza.) adj. De cabeza alargada en forma de pico. ‖ m. Reptil del archipiélago de N. Zelanda, que se asemeja exteriormente a un lagarto, pero que conserva características anatómicas de sus antepasados de la era secundaria, de los que es el único sobreviviente. *Sphenodon punctatus.* ‖ m. pl. *Zool.* Orden de reptiles que comprende a esta especie y sus antecesores fósiles.

RINCÓN. al. **Winkel; Ecke.** fr. **Coin.** ingl. **Corner.** ital. **Cantone; angolo.** port. **Rincão.** (Del german. *ranc,* torcido.) m. Ángulo entrante que se forma en el encuentro de dos superficies. *Barre bien los* RINCONES; sinón.: **esquina.** ‖ Escondrijo o lugar retirado. ‖ Espacio pequeño. *Tengo un* RINCÓN *de tierra.* ‖ fig. y fam. Habitación en que uno se retira del trato de las gentes. *Hace años que no sale de su* RINCÓN. ‖ Residuo de alguna cosa que queda apartado de la vista. *Aún quedan algunos* RINCONES *de trastos en el sótano.*

RINCÓN, Roberto. *Biog.* Poeta domin. cont., uno de los más fervientes renovadores de la lírica de su país. Su obra está influida por el surrealismo.

RINCÓN. Geog. Cerro de los Andes situado entre la prov. argentina de Salta y la chilena de Antofagasta. 5.594 m. ‖ **Salina del –.** Salina del N. O. de la Argentina (Salta), sit. a 3.700 m. de altura; tiene 300 km². ‖ – **de Romos.** Población de México (Aguas calientes). 8.000 h. Actividades agrícolas.

RINCÓN, Batalla del. *Hist.* Batalla librada en el territorio uruguayo el 25 de setiembre de 1825 entre las fuerzas de Uruguay y Brasil. ‖ La disputada en el paraje argentino hom., en 1827 y en la que las fuerzas de Quiroga vencieron a las de Lamadrid.

RINCONADA. f. Ángulo entrante que se forma en la unión de dos casas, calles, caminos o montes.

RINCONERA. f. Mesita o armario pequeños generalmente de figura triangular, que se colocan en un rincón de una habitación. ‖ *Arq.* Parte de muro comprendida entre un ángulo de la fachada y el hueco más próximo.

RINCHE, CHA. adj. *Chile.* Lleno hasta el borde.

RINDE. m. *Arg.* Rendimiento, producto, utilidad que da una cosa.

RINESTESIA. (Del gr. *ris, rinós,* nariz y *aisthesis,* sensación.) f. Sentido del olfato. ‖ deriv.: **rinestésico, ca; rinestético, ca.**

RING. (Del ingl. *ring.*) m. Anglicismo por tablado para lucha o pugilato.

RINGLA. (Del lat. *régula,* regla.) f. fam. Ringlera.

RINGLE. m. fam. Ringlera.

RINGLERA. f. Fila de cosas puestas en orden unas tras otras. RINGLERA *de estacas;* sinón.: **hilera.**

RINGLERO. m. Cada una de las líneas del papel pautado para aprender a escribir.

RINGLETE. m. *Col.* Rehilete, molinete. ‖ *Col.* y *Chile.* Persona inquieta y ligera. ‖ Persona callejera.

RINGLETEAR. intr. *Col.* y *Chile.* Corretear, callejear.

RINGORRANGO. m. fam. Rasgo de pluma exagerado e inútil. Ú.m. en pl. ‖ fig. y fam. Adorno superfluo y de mal gusto. Ú.m. en pl.

RÍNICO, CA. adj. Relativo a la nariz.

RINISMO. m. Sonido nasal de la voz.

RINITIS. f. *Med.* Inflamación de la mucosa de las fosas nasales. ‖ deriv.: **rinítico, ca.**

RINO. Forma prefija, del gr. *ris rinós,* nariz.

RINOCÉRIDO, DA. adj. y s. *Zool.* Rinoceróntido. ‖ m. pl. *Zool.* Rinoceróntidos.

RINOCERONTE. al. **Nashorn.** fr. **Rhinocéros.** ingl. **Rhinoceros.** ital. **Rinoceronte.** port. **Rinoceronte.** (Del lat. *rhinóceron,* y éste del gr. *rinokeros,* de *ris, rinós,* nariz y *keras,* cuerno.) m. Mamífero ungulado de Asia y África, de cuerpo muy grueso, extremidades cortas, con tres dedos, cabeza estrecha de hocico puntiagudo y uno o dos cuernos sobre la línea media de la nariz. *Rhinoceros unicornis* y *Rh bicornis,* rinoceróntidos.

RINOCERÓNTIDO, DA. adj. *Zool.* Dícese de mamíferos ungulados perisodáctilos, que tienen por tipo el rinoceronte. Ú.t.c.s. ‖ m. pl. *Zool.* Familia de estos mamíferos.

RINODINIA. f. *Pat.* Dolor en la nariz.

RINOFARINGE. f. Porción de la faringe contigua a las fosas nasales. V. **Nasofaringe.** ‖ deriv.: **rinofaríngeo, a.**

RINOFONÍA. f. Voz nasal. ‖ Resonancia de la voz en las fosas nasales.

RINOLALIA. f. *Pat.* Calidad nasal de la voz debida a una afección o defecto de las fosas nasales.

RINÓLOFO. m. *Zool.* Género de quirópteros insectívoros cuyas fosas nasales tienen apéndices foliáceos muy desarrollados.

RINOLOGÍA. f. Estudio de la nariz, de sus enfermedades y del tratamiento de éstas.

RINÓLOGO. m. El que se dedica a la rinología.

RINOPLASTIA. f. *Cir.* Restauración quirúrgica de la nariz. ‖ deriv.: **rinoplástico, ca.**

RINOSCOPIA. f. *Med.* Examen ocular de las fosas nasales. ‖ deriv.: **rinoscópico, ca.**

RINOSCOPIO. m. *Med.* Espéculo nasal.

RINQUEA. f. *Zool.* Género de aves zancudas que viven en los sitios húmedos; rálidas.

RINQUIETES. m. *Zool.* Género de coleópteros de trompa prolongada, enemigos de la agricultura y de los árboles frutales: curculiónidos.

RINUCCINI, Octavio. *Biog.* Poeta y dramaturgo ital., integrante del cenáculo florentino. Fue el primer libretista de óperas, con sus trabajos sobre Dafne, Eurídice y Ariadna (1562-1621).

RIÑA. al. **Streit.** fr. **Rixe.** ingl. **Quarrel.** ital. **Rissa.** port. **Rixa.** (De *reñir.*) f. Pendencia, disputa. RIÑA *de muchachos;* sinón.: **gresca, reyerta.** ‖ **– tumultuaria.** *Der.* Aquella en que se acometen varios, sin que se puedan distinguir los actos de cada uno.

RIÑÓN. al. **Niere.** fr. **Rein; rognon.** ingl. **Kidney.** ital. **Rene; arnione; rognone.** port. **Rim.** (Del lat. *ren, renis.*) m. *Anat.* Órgano par, productor de la orina, situado al lado del raquis, a la altura de las dos últimas vértebras dorsales y las tres primeras lumbares, de forma de habichuela, de 12 cm. de longitud por 7 de anchura y de color rojo pardusco. Se halla formado por una cápsula fibrosa y un tejido propio. Histológicamente es una aglomeración de minúsculos elementos secretores, que son los tubos uriníferos. ‖ fig. Interior o centro de un terreno, sitio, asunto, etc. ‖ *Min.* Trozo redondeado de un mineral contenido en otro de distinta naturaleza. ‖ pl. Parte del cuerpo que corresponde a los lomos. ‖ **– flotante.** *Med.* Dícese del riñón ectópico. ‖ **Riñones de conejo.** fig. y fam. Guiso de alubias secas. ‖ **Costar** una cosa **un riñón.** frs. fig. y fam. **Costar un ojo de la cara.** ‖ **Tener** uno **cubierto,** o **bien cubierto, el riñón.** frs. fig. y fam. Estar rico.

RIÑONADA. f. Tejido adiposo que envuelve los riñones. ‖ Lugar del cuerpo en que están los riñones. ‖ Guisado de riñones.

RÍO. al. **Fluss.** fr. **Fleuve.** ingl. **River.** ital. **Fiume.** port. **Rio.** (Del lat. *rivus.*) m. Corriente de agua que se origina en la tierra, de mayor o menor caudal, y que fluye continuamente hasta desembocar en otra o en el mar. *El* RÍO *Beni y su confluente, el Madre de Dios, riegan el norte de Bolivia.* ‖ fig. Grande abundancia de una cosa líquida, y por ext. de cualquier a otra. *Corrieron* RÍOS *de sangre; gasté un* RÍO *de oro.* ‖ **A río revuelto.** m. adv. fig. En la confusión y desorden. ‖ **A río revuelto, ganancia de pescadores.** ref. con que se nota al que se vale del desorden para sacar utilidad. ‖ **Cuando el río suena, agua lleva.** ref. con que se da a entender que todo rumor tiene algún fundamento. ‖ **Pescar en río revuelto.** m. adv. fig. Aprovecharse uno de la confusión o el desorden en beneficio propio. ‖ IDEAS AFINES: *Arroyo, laguna, lago, afluente, tributario, torrente, cauce, lecho, madre, brazo, estero, curso, corriente, fondo, meandro, orilla, ribera, isla, boca, delta, cuenca, vado, salto, cascada, catarata, crecida, inundación, fertilidad.*

RÍO, Andrés M. del. *Biog.* Químico esp. que residió en México. Descubrió el vanadio, la plata azul, el cobre carbonado platoso, etc. (1765-1849). ‖ **– Ángel del.** Escritor esp. autor de una *Historia de la literatura española* (1900-1962). ‖ **– BRANCO, José María da Silva Paranhos, barón de.** Diplomático bras. de prestigio internacional. A cargo de diversas gestiones gubernativas y luego desde la cartera de Relaciones Exteriores, que ocupó a partir de 1902, logró restituir a su país novecientos mil kilómetros cuadrados que estaban en litigio con naciones vecinas (1845-1912). ‖ **– CARRILLO, Pastor del.** Pol. y escritor cub., autor de *Maceo; Las luchas de la América Latina,* etc. (n. 1893). ‖ **– DE LA LOZA, Leopoldo.** Químico mex., autorizado sistematizador de la farmacopea (1807-1873). ‖ **– HORTEGA, Pío del.** Notable histólogo esp., discípulo de Ramón y Cajal. Autor de *Investigaciones sobre la neurología de los ganglios simpáticos; La neurología normal; Conceptos de neuroglioma y angioglioma,* etc. (1882-1945).

RÍO. *Geog.* Población del N. O. de España (Orense). 5.000 h. ‖ **– Bonito.** Población del E. del Brasil (Río de Janeiro). 8.000 h. ‖ **– Branco.** Territorio del N. de Brasil. 9.000 h. V. **Roraima.** ‖ **– Branco.** Población del O. de Brasil, cap. del territorio de Acre. 86.000 h. ‖ **– Bueno.** Población del S. de Chile (Valdivia). 6.000 h. Explotación forestal. ‖ **– Caribe.** C. y puerto del N. de Venezuela (Sucre), sobre el mar Caribe. 8.000 h. Producción agrícola y forestal. Minas y canteras. ‖ **– Ceballos.** Pobl. de la Argentina (Córdoba). 8.700 h. Centro de turismo. ‖ **– Claro.** Ciudad del S. de Brasil (San Pablo). 40.000 h. Producción agrícola, industrias. ‖ **– Colorado.** Pobl. del S.E. de Argentina (Río Negro). 6.000 h. Actividades agrícolas. ‖ **– Cuarto.** Ciudad de la Argentina (Córdoba), sit. sobre el río del mismo nombre. 90.000 h. Riqueza ganadera. ‖ **– de Janeiro.** Estado del E. del Brasil. 44.268 km². 9.110.000 h. Cap. NITERÓI. ‖ **– de Janeiro.** C. del Brasil, antigua capital de la Rep. sit. en la bahía de Guanabara. Su puerto es muy importante. Su población es de 6.100.000 h., con los suburbios. Centro de las principales actividades políticas, económicas, sociales y culturales del país. Es también importante centro ferroviario. Tiene una universidad y varios museos. Fundada en 1567. ‖ **– de Oro.** Antigua colonia española de África que formaba parte del Sahara Español. 184.000 km². y 27.000 h. ‖ **– Gallegos.** C. y puerto del S. E. de la Rep. Argentina, cap. de la provincia de Santa Cruz. 17.000 h. Centro comercial. ‖ **– Grande.** Salina del N. O. de la Argentina (Salta). 225 km². ‖ **– Grande.** C. y puerto del S. del Brasil (Río Grande do Sul) 78.000 h. Importante industria tabacalera. ‖ **– Grande.** Pobl. de México (Zacatecas). 7.000 h. ‖ **– Grande.** Población del N. E. de Puerto Rico. 4.000 h. Industria azucarera. ‖ **– Grande del Norte.** Estado del extremo N. E. del Brasil. 53.048 km². 1.658.000 h. Cap. NATAL. Algodón, azúcar, ganado. ‖ **– Grande do Sul.** Estado del S. del Brasil. 282.480 km². 8.900.000 h. Yerba mate, tabaco, ganado. Industrias. Cap. PORTO ALEGRE. ‖ **– Muni.** V. **Muni.** ‖ **– Negro.** Provincia del S. de la Argentina. 203.013 km². y 266.000 h. Su cap. es VIEDMA. La región S. O. es montañosa y el resto de su territorio una meseta escalonada que se halla interrumpida por ríos importantes como el Colorado y el Negro que se utilizan para el riego de la zona. Se cultivan principalmente frutas, vid; también trigo, maíz, papas y tomates. Ganado vacuno, lanar, caballar. Tiene una riqueza forestal considerable y sus industrias frutícola y vitivinícola son importantes. ‖ **– Negro.** Población del S. de Brasil (Paraná). 9.500 h. Actividades agrícolas ‖ **– Negro.** Pobl. del sur de Chile (Osorno). 5.000 h. Cultivo e industrialización del lino. ‖ **– Negro.** Departamento del O. de Uruguay. 8.471 km². 53.000 h. Cap. FRAY BENTOS. Actividades agrícola-ganaderas. ‖ **– Piedras.** C. del N. E. de Puerto Rico 160.000 h. Tejedurías Universidad. ‖ **– Preto.** Ciudad de Brasil (Minas Gerais). 42.000 h. Actividades agrícolas. ‖ **– San Juan.** Departamento del S. E. de Nicaragua. 7.254 km². 23.000 h. Cap. SAN CARLOS. ‖ **Segundo.** Pobl. de la Argentina (Córdoba). 12.500 h. Criadero de nutrias, industrias mecánicas. ‖ **– Tacuyo.** Población del N. O. de Venezuela (Lara). 12.000 h. Importante centro agrícola. ‖ **– Verde.** Pobl. de México (San Luis Potosí). 15.000 h. Actividades agrícolas.

RIOBAMBA. *Geog.* Ciudad del Ecuador, cap. de la prov. de Chimborazo. 52.000 h. Tejidos. En sus cercanías, en 1822, las fuerzas argentinas del general Lavalle derrotaron a los realistas.

RIOHACHA. *Geog.* Ciudad de Colombia, en la península de Guajira. 14.000 h. Importante puerto sobre el mar de las Antillas.

RIOJA. m. fig. Vino que se elabora en la región española de este nombre.

RIOJA, Francisco de. *Biog.* Escritor esp. Poeta pulcro y apasionado. es autor de numerosas composiciones y de *El Nicrando,* alegato en favor del conde duque de Olivares (1583-1669).

RIOJA. *Geog.* Comarca de España (Logroño). Importante zona agrícola. ‖ Población del N. O. de Perú (San Martín). 4.000 h. Tabaco, maderas. ‖ **La –.** V. **La Rioja.**

RIOJANO, NA. adj. Natural de la Rioja. Ú.t.c.s. ‖ Perteneciente a esta región de España. ‖ Natural de La Rioja. Ú.t.c.s. ‖ Perteneciente a esta ciudad y provincia de la Argentina.

RIOLADA. (De *río.*) f. fam. Afluencia de muchas cosas o personas.

RIONEGRENSE. adj. Natural de Río Negro, provincia de la República Argentina. Ú.t.c.s. ‖ Perteneciente o relativo a esta provincia.

RIONEGRO. *Geog.* Población del N. O. de Colombia (Antioquia). 8.000 h. Importante centro ganadero.

RIOPLATENSE. adj. Natural de los países del Río de la Plata. Ú.t.c.s. ‖ Perteneciente o relativo a ellos.

RÍOS, Fernando de los. *Biog.* Prof., escritor y político esp., autor de *La filosofía política de Platón; Los orígenes del socialismo moderno; Estado e Iglesia en la España del siglo XVI,* etc. (1879-1949). ‖ **– Gonzalo de los.** Conquistador esp. que tuvo destacada actuación en la campaña de Venezuela (s. XVI). ‖ **– José Amador de los.** V. **Amador de los Ríos, José.** ‖ **– Juan.** Dramaturgo per., autor de varias obras de éxito (n. 1914). ‖ **– Juan Antonio.** Pol. chileno de 1942 a 1946 presidente de la Rep. (1888-1946). ‖ **– Pedro de los.** Conquistador esp. que en 1530 acompañó a Pizarro al Perú. Fue uno de los primeros pobladores del Cuzco (s. XVI).

RÍOS, Los. *Geog.* V. **Los Ríos.**

RIOSTRA. f. *Arq.* Pieza que, puesta oblicuamente, asegura la invariabilidad de forma de una armazón.

RIOSTRAR. tr. *Arq.* Poner riostras.

RIOSUCIO. *Geog.* Población de Colombia (Caldas). 9.000 h. Centro minero, agrícola, y comercial.

RIOTINTO, Minas de. *Geog.* Pueblo de España (Huelva). 22.000 h. Famosa minas de cobre que fueron explotadas primeramente por los fenicios y luego por los cartagineses y romanos. Actualmente sigue su producción.

R.I.P. Siglas de la expresión latina **Requiescat in pace.**

RIPAMONTE, Carlos Pablo. *Biog.* Pintor arg., autor de cuadros históricos y costumbristas de acento vernáculo: *El baquiano; Canciones del pago; Flores de ceibo,* etc. (1874-1968).

RIPIA. f. Tabla delgada, desigual y sin pulir. ‖ Costero, tosco, del madero aserrado.

RIPIAR. (De *ripio.*) tr. Enripiar ‖ fig. Gastar palabras en vano. ‖ *Ant.* y *Col.* Desmenuzar, hacer trizas. ‖ *Col.* y *Cuba.* Malgastar, dilapidar. ‖ Dar, pegar con algo duro.

RIPIO. m. Residuo que queda de una cosa. ‖ Escombros o fragmentos de obra de albañilería que se utilizan para rellenar huecos. *Camino de* RIPIO. ‖ Guijarro. ‖ *Arg., Chile* y *Perú.* Casquijo que se usa para pavimentar. ‖ Palabra o frase inútil que se emplea con el solo objeto de completar el verso. ‖ Conjunto de palabras inútiles en cualquier clase de discursos o escritos. ‖ *Dom.* Tira larga y angosta. ‖ fig. Mujer flaca y fea. ‖ **No desechar,** o **no perder, ripio.** frs. fig. y fam Aprovechar uno todas las ocasiones para lograr su intento. ‖ Estar muy atento a lo que se oye.

RIPIOSO, SA. adj. Abundante en ripios. ‖ *Cuba* y *Dom.* Andraioso.

RIPLEY, Jorge. *Biog.* Alquimista ingl. autor del *Libro de las doce puertas* y otras obras famosas (1450-1490).

RIQUELME, Alonso. *Biog.* Militar esp., uno de los fundadores de la Ciudad de los Reyes y regidor perpetuo de Lima. Estuvo con Gonzalo Pizarro en la sublevación de éste contra Almagro (s. XVI). ‖ **– Daniel.** Cuentista chil. que popularizó el seudónimo de **Inocencio Conchalí.** Autor de *Chascarrillos militares; Cuentos de la guerra y otras páginas; Bajo la tienda,* y otras obras de tono costumbrista (1857-1912).

RIQUER, Martín de. *Biog.* Filólogo e historiador esp., famoso por sus trabajos sobre lírica trovadoresca y literatura provenzal (n. 1914).

RIQUEZA. al. **Reichtum.** fr. **Richesse.** ingl. **Riches; richness.** ital. **Ricchezza.** port. **Riqueza.** (De *rico.*) f. Abundancia de bienes o cosas de valor. *La* RIQUEZA *no da la felicidad;* sinón.: **opulencia;** antón.: **miseria.** ‖ Copia de cualidades o atributos excelentes. ‖ **– imponible.** Líquido imponible.

RISA. al. **Lachen; Gelächter.** fr. **Rire.** ingl. **Laugh, laughter.** ital. **Riso.** port. **Riso.** (De *riso.*) f. Acción y efecto de reír. RISA *cristalina.* ‖ Lo que mueve a reír. *Es una* RISA *cómo se viste.* || *Med.* Serie de espiraciones espasmódicas, en parte involuntarias, con vocalización inarticulada y contracciones de los músculos faciales. || – **falsa.** La que uno hace fingiendo agrado. || – **sardesca, sardonia,** o **sardónica.** Contracción facial que se asemeja a la **risa.** || fig. Risa afectada. || **La risa del conejo.** fig. y fam. La del que se ríe sin ganas. || **Caerse, descalzarse, descoyuntarse, desternillarse, morirse, reventar de risa** uno. frs. fig. y fam. Reír con vehemencia y con movimientos descompasados. || **Retozar la risa,** o **retozar la risa en el cuerpo** a uno. frs. fig. y fam. Estar movido a **risa,** procurando reprimirla. || **Tomar a risa** una cosa. frs. fig. No darle crédito o importancia. || IDEAS AFINES: *Cómico, risueño, grotesco, ridículo, carcajada, sonrisa, rictus, alegría, gozo, chiste, chascarrillo, cosquillas, payaso, circo.*

RISA, La. *Lit.* Obras de Enrique Bergson aparecida en 1910, donde el autor fundamenta su teoría de lo cómico como resultado de la inteligencia pura y de la influencia social.

RISADA. (De *risa.*) f. Risotada.

RISARALDA. *Geog.* Dep. del O. de Colombia. 3.962 km². 440.000 h. Cap. PEREIRA.

RISCAL. m. Sitio de muchos riscos.

RISCO. (Del vasco *arrisco,* pedregoso.) m. Peñasco alto y escarpado. || Fruta de sartén hecha con pedacitos de masa rebozados en miel.

RISCOSO, SA. adj. Que tiene muchos riscos. || Perteneciente a ellos.

RISIBILIDAD. f. Facultad de reír. || sinón.: **hilaridad.**

RISIBLE. adj. Capaz de reírse. || Que causa risa. *Salida* RISIBLE; sinón.: **cómico, hilarante.**

RISIBLEMENTE. adv. m. De modo digno de risa.

RISICA, -LLA, -TA. f. dim. de **Risa.** || **Risa falsa.**

RISO. (Del lat. *risus.*) m. poét. Risa apacible.

RISOTADA. f. Carcajada.

RISOTEAR. intr. Reír estrepitosamente.

RISOTEO. m. Risa estrepitosa.

RISOTO. (Del ital. *risotto.*) m. Plato de arroz seco, azafranado, con cebolla, queso y otros ingredientes.

RISPAR. intr. *Guat.* y *Hond.* Salir de estampia. || r. Hacerse rispido, intratable.

RISPIDEZ. f. *Ec.* y *Méx.* Aspereza, rudeza.

RÍSPIDO, DA. (De *re* e *híspido.*) adj. Áspero, rudo. RÍSPIDAS *sierras.*

RISPO, PA. adj. Rispido. || Arisco, intratable.

RISQUERÍA. f. *Chile.* Riscal.

RISSA. f. *Zool.* Género de aves palmípedas, de plumaje azul, que emigran en verano.

RISSO, Romildo. *Biog.* Poeta urug., autor de obras gauchescas: *Ñandubay; Aromo,* y otras (1882-1946).

RISTRA. al. **Schnur.** fr. **Glane.** ingl. **String.** ital. **Resta.** port. **Réstia.** (Del lat. *restis,* cuerda de junco.) f. Hilera de ajos o cebollas unidos por medio de sus tallos trenzados. || fig. y fam. Conjunto de ciertas cosas colocadas en fila. sinón.: **ringlera.**

RISTRE. al. **Lanzenschuh.** fr. **Faucre.** ingl. **Rest.** ital. **Resta.** port. **Ristre; riste.** m. Hierro sujeto en el peto de la armadura antigua donde se afianzaba el cabo de la manija de la lanza. *Lanza en* RISTRE.

RISTREL. m. *Arq.* Listón grueso de madera.

RISUELO. m. Frenillo que se pone a los hurones para cazar.

RISUEÑAMENTE. adv. m. De manera risueña, con rostro de risa.

RISUEÑO, ÑA. al. **Lachend; lächelnd.** fr. **Souriant, riant.** ingl. **Smiling.** ital. **Sorridente.** port. **Risonho.** (Del lat. *risus,* risa.) adj. Que muestra risa en el semblante. || Que se ríe con facilidad. *Muchacha* RISUEÑA. || De aspecto agradable, que infunde gozo o alegría. *Vega* RISUEÑA; sinón.: **deleitoso;** antón.: **sombrío.** || fig. Próspero, favorable. *Perspectiva* RISUEÑA.

¡RITA! Voz con que los pastores llaman o avisan al ganado menor.

RITCHEY, Jorge W. *Biog.* Astrón. estad. que proyectó y construyó los lentes astronómicos más grandes que se conocen (n. 1864).

RITIDOMA. m. *Bot.* En el tallo de plantas leñosas, conjunto de tejidos muertos que forman la parte exterior de la corteza que se resquebraja y desprende.

RÍTMICO, CA. (Del gr. *rythmikós.*) adj. Perteneciente al ritmo o al metro. *Danza* RÍTMICA.

RITMO. al. **Rhythmus.** fr. **Rythme.** ingl. **Rhythm.** ital. **Ritmo.** port. **Ritmo.** (Del lat. *rhythmus,* y éste del gr. *rythmós,* de *reo,* fluir.) m. Combinación y sucesión agradable y armoniosa de voces, cláusulas, pausas y cortes en el lenguaje. sinón.: **cadencia.** || Metro o verso. || fig. Orden acompasado en la sucesión y acaecimiento de las cosas. *Aquel descubrimiento rompió el* RITMO *lento de la aldea.* || *Mús.* Relación de duración entre los diversos sonidos que integran una melodía, fijada por acentos periódicos.

RITO. al. **Ritus.** fr. **Rite.** ingl. **Rite.** ital. **Rito.** port. **Rito.** (Del lat. *ritus.*) m. Costumbre o ceremonia. || Conjunto de reglas establecidas para el culto y ceremonias religiosas. RITO *romano.* || – **abisinio.** El seguido por los católicos del África Central. || – **doble.** El más solemne que usa la Iglesia. || – **semidoble.** El que es menos solemne que el doble y más que el simple. || – **simple.** El menos solemne.

RITO. (Voz araucana.) m. *Chile.* Manta gruesa de hilo burdo.

RITÓN. m. Vaso griego en forma de cuerno.

RITTER, Carlos. *Biog.* Geógrafo al., considerado uno de los fundadores de la geografía comparada. Autor de *Historia de los pueblos de Europa antes de Herodoto; De la geografía en su relación con la naturaleza,* y otras obras (1779-1859). || – **AISLAN, Eduardo.** Poeta pan., autor de populares composiciones: *Nostalgia; ¡Qué bonita va la niña!,* etc. (n. 1916).

RITUAL. al. **Ritual.** fr. **Rituel.** ingl. **Ritual.** ital. **Rituale.** port. **Ritual.** (Del lat. *ritualis.*) adj. Perteneciente o relativo al rito. *Ablución* RITUAL. || m. Conjunto de ritos de una liturgia. || **Ser de ritual** una cosa. frs. fig. Estar impuesta por la costumbre.

RITUALIDAD. (De *ritual.*) f. Observancia de las formalidades establecidas para hacer una cosa.

RITUALISMO. m. Secta protestante que concede gran importancia a los ritos. || fig. Exagerado apego a los ritos; excesivo predominio de las formalidades y trámites reglamentarios.

RITUALISTA. com. Partidario del ritualismo.

RIU-KIU. *Geog.* Archipiélago del Japón sit. entre las islas de Kiu-Shiu y Formosa. 3.344 km². 960.000 h. Cap. NAHA. Desde 1951 a 1972 estuvo bajo administración fiduciaria de los EE.UU.

RIVA AGÜERO, José de la. *Biog.* Mil. y político per., de 1823 a 1827 primer presidente de la Rep. El intento de constituir un gobierno monárquico provocó su caída. Autor de *Manifestación histórica y política de la revolución de América* (1783-1858).

RIVADAVIA, Bernardino. *Biog.* Ilustre estadista arg., calificado por Mitre como "el más grande hombre civil de los argentinos". Participó en la defensa de Buenos Aires durante la primera invasión ingl., fue secretario del primer Triunvirato; como ministro de Gob. creó la Universidad, la Bolsa de Comercio, la Sociedad de Beneficencia e inauguró la Legislatura. Nombrado en 1826 primer presid. de la Rep., cumplió un programa de excepcionales proyecciones: aprobó la ley de enfiteusis, la fundación del Banco Nacional e impulsó en todo sentido el progreso del país. Renunció en 1827 y m. en Cádiz, dando a la posteridad el ejemplo de su visión de estadista y acendrado patriotismo (1780-1845). || – **Martín.** Marino arg., que actuó en la guerra del Paraguay y realizó notables exploraciones y estudios hidrográficos (1852-1901).

RIVADAVIA. *Geog.* Población del O. de la Argentina (Mendoza). 7.000 h. Producción agropecuaria. || Población de la Argentina, sit. al N.O. de la prov. de Buenos Aires. 6.000 h. Actividades agrícola ganaderas. La estación de ferrocarril se llama **América.**

RIVADAVIANO, NA. adj. Relativo al prócer argentino Bernardino Rivadavia.

RIVADENEYRA, Manuel. *Biog.* Editor esp., creador de la *Biblioteca de autores españoles* (1805-1872).

RIVAL. al. **Wettbewerber; Rivale.** fr. **Rival.** ingl. **Rival.** ital. **Rivale.** port. **Rival.** (Del lat. *rivalis,* de *rivus,* río.) com. Competidor. *Un temido* RIVAL; sinón.: **adversario, contendiente.** || IDEAS AFINES: *Competencia, certamen, campeonato, contienda, concurso, encuentro, lucha, emulación, antagonismo, celos, odio, enemigo, antagonista, contrincante.*

RIVALIDAD. al. **Wetteifer; Rivalität.** fr. **Rivalité.** ingl. **Rivalry.** ital. **Rivalità.** port. **Rivalidade.** (Del lat. *riválitas, -atis.*) f. Oposición entre dos o más personas que tratan de conseguir una misma cosa. sinón.: **competencia.** || Enemistad.

RIVALIZAR. al. **Wetteifern; rivalisieren.** fr. **Rivaliser.** ingl. **To rival; to compete.** ital. **Rivalizzare.** port. **Rivalizar.** intr. Competir. RIVALIZAR *en audacia;* sinón: **contender.**

RIVA PALACIO, Vicente. *Biog.* Pol. y escritor mex., autor de *Martín Garatuza; Monja, casada, virgen y mártir; Los cuentos del general,* y otras obras que describen fielmente la vida y las costumbres de la época. Tuvo destacada actuación contra los ejércitos de Maximiliano (1832-1896).

RIVAROLA, Cirilo Antonio. *Biog.* Pol. parag. de 1870 a 1871 presidente de la Rep. (m. 1878). || – **Enrique A.** Escritor arg., autor de *Primaverales; Ritmos; Mandinga,* etc. (1862-1931). || – **Pantaleón.** Rel. y poeta arg. que participó en la defensa de Buenos Aires contra las invasiones ingl. y se inspiró en ella para escribir composiciones patrióticas: *Romance heroico; La gloriosa defensa,* etc. (1757-1821). || – **Rodolfo.** Prof. y jurisconsulto arg. de sensible gravitación en la cultura universitaria de su patria. Obras: *Universidad social: teoría de la universidad moderna; Problema político de la educación; Ideales y deberes de educación,* etc. (1857-1942).

RIVAS, Duque de. *Biog.* Escr. español cuyo verdadero nombre es **Ángel de Saavedra Ramírez de Baquedano.** Figura cumbre del romanticismo esp., su drama *Don Álvaro o la fuerza del sino* marca una época y es la expresión máxima de una escuela en la literatura de su lengua. Autor de otros dramas notables, como *El moro expósito; El desengaño en un sueño,* etc.; de sutiles poesías líricas, de romances tan hermosos como *Un castellano leal,* de bellas leyendas, infundió a toda su obra el carácter y el idealismo esp. (1791-1865). || – **Medardo.** Nov., poeta y político col., autor de *Los trabajadores de tierra caliente; Las tradiciones de Tocaima; Los peregrinos,* etc. (1825-1901). || – **Raimundo.** Escritor col., autor de *Los fundadores de Bogotá; Lecturas históricas,* y otras obras (1899-1946). || – **CHERIF, Cipriano.** Escritor esp., autor de *Los cuernos de la Luna; Versos de abril,* etc. Como director teatral ha sido uno de los renovadores de la escena española (1891-1967). || – **DÁVILA, Andrés.** Poeta nicaragüense. Él mismo ha calificado a su lírica postmodernista como "estridentista" (1899-1930). || – **FRADE, Federico.** Dramaturgo y poeta col. Obras: *Bienaventurados los que lloran; Temperando; Más allá,* etc. (1858-1922). || – **GROOT, José María.** Diplom. y escritor col., autor de obras históricas, novelas y composiciones poéticas. Obras: *Historia de la Gran Colombia; El triunfo de la vida; Constelaciones,* etc. (1865-1923).

RIVAS. *Geog.* Departamento del S.O. de Nicaragua. 2.200 km². 86.000 h. Cap. hom. 10.000 h. Café.

RIVA, YOSMA, José de la. *Biog.* Lit. e historiador per., autor de *Carácter de la literatura del Perú independiente; Paisajes, peruanos; El Perú histórico y artístico,* etc. (1885-1944).

RIVEIRENSE. adj. y s. De Rivera, ciudad y dep. del Uruguay.

RIVERA. (Del lat. *rivus,* río.) f. Arroyo, arroyuelo.

RIVERA, Alonso de la. *Biog.* Militar esp. que fue gobernador de Tucumán y de Chile (m. 1619). || – **Camilo.** Compositor hond., autor de danzas populares que recogen elementos musicales autóctonos (n. 1878). || – **Diego.** Cél. pintor mex., una de las grandes expresiones del arte americano. En su iniciación sufrió la influencia de los mod. maestros europeos, pero luego se orientó hacia una expresión eminentemente nativa, de vigorosa originalidad conceptual y notable colorido, con el indio como centro y la revolución como tema polémico y visión idealista. Con Orozco y Siqueiros constituye el núcleo de maestros de la escuela mural mex., caracterizada por una estética audaz y renovadas inquietudes sociales. Obras maestras: *Un retrato de América; La tierra oprimida; La revolución mundial; Revolución y reacción,* etc. (1886-1957). || – **Fructuoso.** Mil. y político urug., una de las grandes figuras de la emancipación de su patria. Al lado de Artigas tuvo destacada actuación en las luchas de la independencia. Posteriormente venció a Dorrego en el encuentro de Guayabos y se distinguió en la guerra con el Brasil, luego de la cual, en 1830, fue elegido primer presid. constitucional de la República Oriental del Uruguay. De 1839 a 1843 ocupó nuevamente la primera magistratura, y durante este nuevo período de gobierno declaró la guerra a Rosas y tomó la jefatura de las fuerzas que enfrentaron a los ejércitos de aquél en varias batallas. Disidencias políticas determinaron su exilio en el Brasil durante un lustro; murió al retornar a su patria (1778-1854). || – **Joaquín.** Pol. hond., jefe de Estado de su país de 1834 a 1836 (1796-1845). || – **José Eustasio.** Escritor col. que adquirió gran renombre con *La vorágine,* una de las novelas americanas de mayor reciedumbre descriptiva. Escribió, asimismo, un libro poético; *Tierra de promisión* (1889-1928). || – **Julio Adalberto.** m. Político salv., m. en 1973, que fue presidente de la República de 1962 a 1967. || – **Pedro Ignacio de.** Pol. y jurista arg., uno de los firmantes del Acta de la Independencia (1753-1833). || – **INDARTE, José.** Lit. argentino, ardiente opositor a la política de Rosas y autor de *Tablas de sangre; La defensa del voto en América; Rosas y su tiempo,* etc. (1814-1844). || – **PAZ, Mariano.** Político guat. que gobernó a su país en el período de predominio político de Francisco Morazán (1804-1849). || – **Y ALFONSO, José Ignacio.** Escritor y periodista cub. (1895-1944). || – **Y GARRIDO, Luciano.** Literato col., autor de *Impresiones y recuerdos* y otras obras sobre motivos históricos y costumbristas (1846-1899). || – **Y SAN ROMÁN, Agustín.** Erudito mex., autor de *Anales de la Reforma y el Segundo Imperio; La filosofía en la Nueva España,* etc. (1824-1916).

RIVERA. *Geog.* Población de la Argentina (Buenos Aires). 4.000 h. Producción agropecuaria. || Departamento del N. de Uruguay. 9.829 km². 95.000 h. Actividades agrícola ganaderas. Cap. hom., sit. en el límite con Brasil. 42.000 h. Centro comercial.

RIVERO, Mariano Eduardo de. *Biog.* Naturalista per. que adquirió fama universal con diversas investigaciones y descubrimientos realizados en Europa y en su patria. Autor de *Antigüedades peruanas; Memorial de Ciencias Naturales,* etc. (1798-1857).

RIVET, Pablo. *Biog.* Nauralista fr. que estudió las razas indígenas americanas. Obras: *Los australianos y los malayopolinesios en América; Etnografía antigua de Ecuador,* etc. (1876-1958).

RIVIERA. *Geog.* Nombre dado a la costa del golfo de Génova, entre Niza y La Spezia, sitio veraniego de gran atracción.

RIVIÈRE, Emilio. *Biog.* Arqueólogo fr. que en 1872 descubrió en las cuevas de Grimaldi los restos del hombre primitivo que se conocen por ese nombre (1835-1922).

RIVODO, Baldomero. *Biog.* Filólogo ven., autor de *Voces y locuciones; Voces nuevas del idioma*, y otras obras (1821-1915). ‖ — **Ermelindo.** Poeta ven. Casi toda su obra está compilada en el volumen. *Hojas de un libro* (1829-1898).

RIYADH. *Geog.* V. **Riad.**

RIZA. f. Rastrojo de alcacer. ‖ Residuo que, por su dureza, dejan las caballerías en el pesebre. ‖ Destrucción o estrago que se hace en una cosa. ‖ **Hacer riza.** frs. fig. Causar gran mortandad en un combate.

RIZADO. m. Acción y efecto de rizar.

RIZAGRA. f. Pinza de dentista para extraer raigones.

RIZAL. adj. Ricial.

RIZAL. *Geog.* Provincia de las Filipinas en la isla de Luzón. 2.048 km^2. 2.846.000 h. Cap. Pasig.

RIZAL Y ALONSO, José P. *Biog.* Méd. y escritor filipino, mártir de las luchas por la independencia de su patria. Autor de *El filibusterismo; El consejo de las dioses*, etc. (1861-1896).

RIZA PAHLEVI, Mohamed. *Biog.* Sha del Irán, de 1941 a 1979. Fue derrocado por una revolución (n. 1919).

RIZAR. al. **Kräuseln; Fälteln.** fr. **Friser.** ingl. **To curl; to ruffle.** ital. **Increspare; arricciare.** port. **Riçar.** tr. Formar rizos artificiales en el cabello. sinón.: **ensortijar.** ‖ Mover el viento las aguas formando olas pequeñas. ‖ Hacer dobleces menudos en telas, papel, etc. Rizar *volantes*; sinón.: **encarrijar, escarolar.** ‖ r. Ensortijarse naturalmente el pelo. ‖ deriv.: **rizador, ra; rizadura; rizamiento.**

RIZO. Forma prefija del gr. *rhiza*, raíz.

RIZO, ZA. al. **Locke.** fr. **Boucle.** ingl. **Curl.** ital. **Ricio.** port. **Anel do cabelo.** (Del m. or. que *erizo.*) adj. Ensortijado o hecho rizos naturalmente. ‖ Aplícase a un terciopelo que forma una especie de cordoncillo. Ú.t.c.s. ‖ m. Mechón de cabello que forma bucle o tirabuzón. ‖ *Mar.* Cada uno de los pedazos de cabo que, pasando por los ollaos de las velas, sirven para acortar éstas. ‖ **Hacer, o rizar, el rizo.** frs. Hacer dar al avión en el aire una como vuelta de campana. ‖ **Tomar rizos.** frs. *Mar.* Aferrar a la verga una parte de las velas, disminuyendo su superficie.

RIZO, Juan Pablo Martín. *Biog.* Escritor esp. del siglo XVII, autor de *Norte de príncipes y Vida de Séneca.* ‖ — **Salvador.** Patriota col. que luchó por la causa de la Independencia. Era notable pintor. Murió ejecutado, en 1816.

RIZÓFAGO, GA. adj. *Zool.* Dícese de los animales que se nutren de raíces. ‖ m. *Zool.* Género de coleópteros que habitan debajo de la corteza de los árboles.

RIZÓFILO, LA. adj. y s. *Hist. Nat.* Que vive sobre las raíces de los vegetales.

RIZOFITA. adj. y f. Cormofita.

RIZOFORÁCEO, A. adj. *Bot.* Dícese de árboles o arbustos dicotiledóneos con muchas raíces aéreas, hojas simples, opuestas y estipuladas, flores de cáliz persistente y fruto indehiscente, con una sola semilla, como el mangle. Ú.t.c.s.f. ‖ f. pl. *Bot.* Familia de estas plantas.

RIZOFÓREO, A. adj. *Bot.* Rizoforáceo. ‖ f. pl. *Bot.* Rizoforáceas.

RIZOGRAFÍA. f. *Bot.* Descripción de las raíces de las plantas. ‖ deriv.: **rizográfico, ca; rizógrafo.**

RIZOMA. (Del gr. *rizoma*, raíz.) m. *Bot.* Tallo horizontal y subterráneo, que por un lado echa ramas aéreas verticales y por el otro raíces. Rizoma *de espárrago.* ‖ deriv.: **rizomatoideo, a; rizomatoso, sa.**

RIZÓPODO. m. *Bot.* Género de hongos llamados vulgarmente moho negro. ‖ m. pl. *Zool.* Clase de protozoos que emiten seudópodos.

RIZOSO, SA. adj. Dícese del pelo que tiende a rizarse naturalmente. ‖ Abundante en rizos.

Rn. *Quím.* Símbolo del radón.

RO. Voz que se usa repetida para arrullar a los niños.

ROA. f. *Mar.* Roda.

ROA, Israel. *Biog.* Pintor chil., uno de los que más se han distinguido en su país en la técnica de la acuarela (n. 1903). ‖ — **BÁRCENA, José María.** Poeta y prosista mex., autor de *Leyendas mexicanas; Cuentos originales; Catecismo de historia de México*, etc. (1827-1908). ‖ — **BASTOS, Augusto.** Escritor parag., autor de obras críticas e imaginativas: *Fulgencio Miranda; El trueno entre las hojas; Hijo de hombre; El ruiseñor de la aurora*, etc. (n. 1918).

ROANÉS, SA. adj. y s. De Ruán.

ROANNE. *Geog.* Ciudad de Francia (Loira). 48.000 h. Industrias textiles.

ROANO, NA. (De un deriv. del lat. *rávidus*, de color rojo obscuro.) adj. Aplícase a la caballería cuyo pelo está mezclado de blanco, gris y bayo.

ROANOKE. *Geog.* Ciudad del Este de los EE. UU. (Virginia). 93.000 h. Industria metalúrgica.

ROATÁN. *Geog.* Ciudad de Honduras, cap. del dep. de Islas de la Bahía. 2.000 h. Puerto activo.

ROB. (Del ár. *rob*, arrope.) m. *Farm.* Arrope o cualquier zumo cocido hasta que tome consistencia de jarabe.

ROBADERA. f. Traílla para igualar terrenos.

ROBADIZO, ZA. adj. Dícese de lo que se finge robado. ‖ m. Tierra que fácilmente roba el agua. ‖ Arroyada que se forma donde el agua ha robado la tierra.

ROBADO, DA. adj. Dícese de lo comprado muy barato y de lo muy ventajoso. *Partido* robado.

ROBADOR, RA. adj. Que roba. Ú.t.c.s.

ROBALIZA. f. Hembra del róbalo.

RÓBALO. m. Pez marino europeo, de carne muy sabrosa. *Labrax lupus*, acantopterigio.

ROBALO. m. Róbalo.

ROBAR. al. **Stehlen; rauben.** fr. **Voler.** ingl. **To steal; to rob.** ital. **Rubare.** port. **Roubar.** (Del ant. alto al. *roubôn.*) tr. Tomar para sí con violencia lo ajeno. sinón.: **pillar, usurpar.** ‖ Hurtar. ‖ Raptar a una mujer. ‖ Pellín, árbol. ‖ Llevarse las corrientes de agua parte de la tierra por donde pasan. ‖ Redondear una punta o achaflanar una esquina. ‖ Tomar del monte naipes en ciertos juegos de cartas, y fichas en el del dominó. ‖ fig. Captar la voluntad o el afecto. *Le* robó *el corazón.*

ROBBIA, Andrés della. *Biog.* Notable escultor ital. De técnica depurada, fue uno de los artistas de su época que insufló mayor sentimiento y religiosidad a sus obras. Autor de *Adoración del Niño Jesús; La Anunciación; El altar del Oratorio de la Misericordia*, y otras obras (1435-1525). ‖ — **Juan della.** Escultor ital., autor de *Juicio final; Tabernáculo de Bolsena; Lavatorio*, etc. (1469-1529). ‖ — **Lucas della.** Escultor italiano, autor de dos notables obras que ejecutó junto con Donatello: *Liberación de San Pedro y Crucifixión del Señor.* Son famosos sus desnudos infantiles (1399-1482).

ROBBINS, Federico C. *Biog.* Méd. estad. que por sus investigaciones sobre la parálisis infantil compartió en 1954 el premio Nobel de Medicina y Fisiología con Tomás Weller y Juan Enders (n. 1916).

ROBDA. (Del ár. *rutba*, impuesto.) f. Impuesto que se pagaba por el paso de ganados.

ROBELLÓN. m. Especie de hongo comestible.

ROBERTO. *Biog.* Nombre de dos monarcas escoceses (s. XIII y XV).

ROBERTO. *Biog.* Nombre de dos reyes de Francia (s. X y XI).

ROBERTO EL BREVE. *Biog.* Emp. de Alemania de 1400 a 1410.

ROBERTSON, Guillermo. *Biog.* Historiador ingl. autor de *Historia de Escocia bajo los reinados de María Estuardo y Jacobo VI; Historia de América*, etc. (1721-1793). ‖ — **Jaime A.** Escritor nort., nacido en 1873, autor de varias obras sobre la historia de las islas Filipinas. ‖ — **LAVALLE, Carlos.** Médico arg. Publicó varios trabajos sobre temas de su especialidad (1874-1956).

ROBERVAL, Gil Personne de. *Biog.* Geómetra fr., el primero que determinó la superficie de la cicloide e inventor de un método para la construcción de las tangentes (1602-1675).

ROBESPIERRE, Maximiliano. *Biog.* Político fr., jefe de los jacobinos durante la Revolución Francesa. Convertido en dictador, instauró el régimen del Terror, del que se valió para eliminar a sus adversarios. Unidos los diferentes partidos, fue derribado del poder y ejecutado (1758-1794).

ROBEZO. m. Gamuza, rebeco.

ROBIDA, Alberto. *Biog.* Dibujante y escritor francés (1843-1926).

ROBÍN. (Del lat. *rubigo, -inis.*) m. Orín o herrumbre de los metales. ‖ Añublo o tizón.

ROBINETE. (Del fr. *robinet.*) m. Galicismo por grifo, canilla o espita.

ROBINETERÍA. f. Galicismo por grifería.

ROBIN HOOD. *Biog.* Héroe popular ingl. a quien la tradición representa como un justiciero aventurero protector de los humildes, en tiempos de Ricardo Corazón de León, según unos, en la época de Juan Sin Tierra, según otros.

ROBINIA. (Del botánico *Robin.*) f. Acacia falsa.

ROBINSON. (Por alusión a *Robinsón Crusoe.*) m. fig. Hombre que en la soledad y sin ayuda ajena llega a bastarse a sí mismo.

ROBINSON, Edwin Arlington. *Biog.* Escritor estad., autor de obras en prosa y verso, como *Los hijos de la noche* (1869-1935). ‖ — **Roberto.** Químico ingl. que en 1947 recibió el premio Nobel de Química por sus investigaciones sobre la estructura y la síntesis de productos naturales, en especial los que se vinculan con las funciones biogenéticas. Fue, asimismo, uno de los primeros en explicar las reacciones orgánicas por medio de los electrones ligados a los átomos en reacción (1886-1949).

ROBINSÓN CRUSOE. *Lit.* Famosa obra de Daniel Defoe. Su primera parte fue publicada en 1719 y la continuación en 1720. Narra la vida de un náufrago en la isla de Juan Fernández y su idea central es la lucha del hombre en la soledad, hostigado por las fuerzas de la naturaleza y sin otros aliados que su propia inteligencia y carácter. Rousseau la utilizó para ejemplificar sus concepciones filosóficas. Ha sido traducida a todos los idiomas.

ROBINSONIANO, NA. adj. Perteneciente o relativo al héroe novelesco Robinsón Crusoe, o propio de él. ‖ Perteneciente o relativo a un robinsón o propio de él.

ROBINSONISMO. m. Modo de vida propio de Robinsón Crusoe, o de un robinsón.

ROBIÑANO. m. p. us. Perengano.

ROBLA. f. Agasajo del comprador o vendedor a los que intervienen en una venta. ‖ Comida que se obsequia al terminar un trabajo

ROBLADERO, RA. adj. Hecho de modo que pueda roblarse.

ROBLADURA. f. Redobladura de la punta de un clavo, perno, etc.

ROBLAR. (Del lat. *roborare*, fortificar.) tr. Robrar. ‖ Doblar o remachar una pieza de hierro para que esté más firme. ‖ deriv.: **roblador, ra; roblamiento; roblante.**

ROBLE. al. **Eiche.** fr. **Chêne.** ingl. **Oak.** ital. **Rovere.** port. **Roble.** (De *robre.*) m. Árbol que tiene por lo común de 15 a 20 metros de altura, con tronco grueso y grandes ramas tortuosas; hojas perennes de margen lobulado; flores de color verde amarillento en amentos axilares, y por fruto bellotas pedunculadas, amargas. Su madera es dura, compacta y muy apreciada para construcciones. *Quercus robus*, fagácea. ‖ Madera de este árbol. ‖ fig. Persona o cosa fuerte y de gran resistencia. *El abuelo era un* roble. ‖ — **albar.** Especie que se distingue de la común por tener las hojas pecioladas y las bellotas sin rabillo. ‖ — **borne, negral, negro,** o **villano.** Melojo. ‖— **carrasqueño.** Quejigo. ‖ — **pellín.** *Chile.* Pellín.

ROBLEDA. f. Robledal.

ROBLEDAL. m. Robledo de gran extensión.

ROBLEDO. (De *robredo.*) m. Sitio poblado de robles.

ROBLEDO, Jorge. *Biog.* Mil. esp. que tuvo activa participación en la conquista de Colombia. Fundó varias ciudades (m. 1546).

ROBLES, Daniel Alomías. *Biog* V. **ALOMÍA ROBLES, Daniel.** ‖ — **Emmanuel.** Nov. y dramaturgo fr., autor de *Noches sobre el mundo; Monserrat; La verdad ha muerto*, y otras obras que reflejan la problemática contemporánea. (n. 1914). ‖ — **Francisco.** Mil. y político ec., de 1856 a 1859 presidente de la Rep. (1811-1892). ‖ — **Jorge.** Lit. col., autor de *Los funerales del Sol; Selva indígena*, y otras obras (n. 1886). ‖ — **Manuel.** Compositor chil., precursor de la música de su patria y autor de la partitura del Himno Nacional chileno (1780-1837). ‖ — **Marco A.** Político pan.; de 1964 a 1968, pres. de la República (n. 1906). ‖ — **Osvaldo.** Filósofo neotomista mexicano cont., autor de *Propedéutica filosófica; Antropología filosófica*, etc. ‖ — **PEZUELA, Manuel.** General mex., que fue ministro de Guerra y embajador en EE. UU. Partidario de la intervención fr., murió fusilado (1810-1862).

ROBLETO, Hernán. *Biog.* Nov. nicar., autor de *Los estrangulados; La mascota de Pancho Villa; Obregón*, etc. (1895-1969).

ROBLÓN. (De *roblar.*) m. Clavo o clavija de metal, con cabeza en un extremo, y que después de colocada en la pieza que ha de asegurar, se remacha hasta formar otra cabeza en el extremo opuesto. ‖ Clavo especial destinado a roblarse. ‖ Lomo que en el tejado forman las tejas por su parte convexa. ‖ *Col.* Cobija, teja que cubre las dos canales sobre las cuales se coloca.

ROBLONAR. tr. Sujetar con roblones remachados. ‖ deriv.: **roblonado.**

ROBO. al. **Raub; Diebstahl.** fr. **Vol.** ingl. **Robbery.** ital. **Furto.** port. **Roubo.** m. Acción y efecto de robar. sinón.: **pillaje, rapiña.** ‖ Cosa robada. ‖ En ciertos juegos de naipes y en el dominó, número de cartas o de fichas que se toman de la baceta. ‖ *Der.* Delito que se comete apoderándose con ánimo de lucro de cosa mueble, ajena y empleando violencia o intimación sobre las personas, o fuerza en las cosas. ‖ **Ir al robo.** frs. En algunos juegos de naipes, robar. ‖ Ideas afines: *Asalto, hurto, rapto, escamotear, sacar, quitar, ladrón, mechera, encubridor, cleptómano, estafador, carterista, ratero, merodeador desvalijar, atraco, saqueo.*

ROBO. (Voz quichua.) m. *Chile.* Pecina, cieno.

ROBOÁN. *Hist. Sagr.* Rey de Judá, hijo de Salomón, durante cuyo reinado Jerusalén fue tomada por los egipcios (s. X a. de C.).

ROBORACIÓN. f. Acción y efecto de roborar.

ROBORANTE. p. a. de **Roborar.** Que robora o conforta.

ROBORAR. (Del lat. *roborare.*) tr. Dar fuerza o firmeza a algo. ‖ fig. Corroborar, reforzar con razones o argumentos. ‖ deriv.: **roborable.**

ROBORATIVO, VA. adj. Que sirve para roborar. *Declaración* roborativa.

ROBOT. (Del ingl. *robot*, y éste del checo *robota*, trabajo, prestación personal.) m. Ingenio electrónico que puede ejecutar automáticamente operaciones o movimientos muy varios. ‖ Autómata.

● **ROBOT.** *Mec.* La palabra **robot** fue difundida por el escritor Carlos Chapek, quien en su drama *R.U.R.* la empleó como una derivación de la voz checoslovaca "robota", que significa prestación forzada de trabajo. Se llamó entonces **robot** al muñeco de figura humana movido por ciertos mecanismos que le permitían realizar determinados trabajos. Posteriormente, dicha denominación, equivalente a la de autómata o androide, se extendió a todos los sistemas mecánicos capaces de realizar los trabajos que efectúa el hombre, pero generalmente con mayor celeridad y exactitud que éste. El autómata que primitivamente se denominó **robot** solía tener figura humana; actualmente el **robot** no implica dicha condición. El conjunto de mecanismos que constituyen el llamado piloto automático, la máquina electrónica de calcular, la bomba dirigida por radio (creada por los alemanes durante la segunda Guerra Mundial), etc., son algunos de los modernos adelantos que se incluyen en la denominación genérica de **robot.**

ROBRA. f. Alboroque.

ROBRAR. m. Robledal, robledo.

ROBRE. (Del lat. *róbur, -oris.*) m. Roble.

ROBREDO. (Del lat. *roborétum.*) m. Robledo.

ROBSON. *Geog.* Pico de las montañas Rocosas (Canadá). Tiene 3.956 m. y constituye un centro de dispersión de aguas.

ROBUSTAMENTE. adv. m Con robustez. sinón.: **reciamente, vigorosamente.**

ROBUSTECEDOR, RA. adj. Que robustece. sinón.: **tonificador.**

ROBUSTECER. tr. y r. Dar robustez. ROBUSTECER *los músculos*; sinón.: **fortalecer, vigorizar**; antón.: **debilitar.** ‖ irreg. Conj. como **agradecer.** ‖ deriv.: **robustecible.**

ROBUSTECIMIENTO. m. Acción y efecto de robustecer.

ROBUSTEZ. al. **Stärke.** fr. **Robustesse.** ingl. **Robustness.** ital. **Robustezza.** port. **Robustez: robusteza.** f. Calidad de robusto. sinón.: **fortaleza, vigor**; antón.: **debilidad, endeblez.**

ROBUSTEZA. f. Robustez.

ROBUSTI, Jacobo. *Biog.* V. **Tintoretto.**

ROBUSTO, TA. al. **Stark.** fr. **Robuste.** ingl. **Robust.** ital. **Robusto.** port. **Robusto.** (Del lat. *robustus.*) adj. Fuerte, vigoroso. *Tronco* ROBUSTO; sinón.: **recio, sólido**; antón.: **débil, endeble.** ‖ De miembros fuertes y salud firme.

ROCA. al. **Fels; Gestein.** fr. **Roc; roche.** ingl. **Rock.** ital. **Rocca.** port. **Roca; rocha.** f. Terreno constituido por piedra dura, vena de ésta. ‖ Peñasco que se levanta en la tierra o en el mar. ‖ fig. Cosa muy dura o firme y constante. ‖ *Geol.* Cualquier substancia mineral que en cantidad considerable forma parte de la corteza terrestre. ROCAS *Basálticas.* ‖ IDEAS AFINES: *Pétreo, rocoso, quebrado, escarpado, escollo, banco, guijarro, canto, pedrusco, guijo, adoquín, cantera, picapedrero.*

● **ROCA.** *Geol.* Agregados de diferentes partículas minerales que constituyen una parte geológicamente independiente de la corteza terrestre; las **rocas** se clasifican de acuerdo con su origen en ígneas, sedimentarias y metamórficas. Las **rocas** ígneas son masas formadas por la solidificación de magma introducido en la corteza terrestre o empujado hacia su superficie; por su profundidad se subdividen en profundas o plutónicas, filonianas o intermedias y volcánicas o superficiales. Las **rocas** sedimentarias son las formadas por la descomposición de **rocas** preexistentes, y por su origen se subdividen en detríticas (de origen mecánico), de precipitación (de origen químico) y orgánicas. Las **rocas** metamórficas son también derivadas de **rocas** preexistentes, pero por alteraciones de índole mineralógica, química o estructural que se operaron en la corteza terrestre. Son también considerados **rocas** los meteoritos, cuyo origen es cósmico.

ROCA, Julio Argentino. *Biog.* Mil. y político arg., presidente de la Rep. de 1880 a 1886 y de 1898 a 1904. Dirigió la campaña militar contra los indígenas del Sur, conocida con el nombre de "Conquista del Desierto", cuyo resultado fue pacificar un vasto territorio. En su primera presidencia promovió una legislación pol. liberal y en la segunda resolvió la cuestión de límites con Chile (1843-1914). ‖ – **Julio Argentino.** Jurista y político arg., de 1932 a 1938 vicepresidente de la Rep. Es autor de cuidadas traducciones de los grandes poetas ingl. (1873-1942). ‖ – **Vicente Ramón.** Pol. ec., de 1845 a 1849 presidente de la Rep. (1792-1858).

ROCADA. f. Copo de materia textil que se pone de cada vez en la rueca.

ROCADERO. m. Coroza, capirote. ‖ Armazón en forma de piña que en la parte superior de la rueca sirve para poner el copo. ‖ Envoltura con que en esta parte se asegura el copo.

ROCADOR. m. Rocadero de la rueca.

ROCAFUERTE, Vicente. *Biog.* Pol. ec., en 1835 presidente de la Rep. Patriota austero y combativo, luchó por la emancipación de América Central y fue activo colaborador de Bolívar. Obras: *Ensayo sobre tolerancia religiosa; Ideas necesarias a todo pueblo independiente que quiera ser libre*, etc. (1783-1847).

ROCALLA. f. Conjunto de pedrezuelas desprendidas de las rocas. ‖ Abalorio grueso. ‖ *Arq.* Obra de decoración que imita las rocas. ‖ *B. A.* Género de ornamentación que imita la naturaleza y es característico del reinado de Luis XV.

ROCALLOSAS, Montañas. *Geog.* V. **Rocosas, Montañas.**

ROCALLOSO, SA. adj. Abundante en rocalla. *Costa* ROCALLOSA.

ROCAMBOLA. f. Planta hortense, usada como condimento. *Allium controversum*, liliácea.

ROCAMBOR. m. *Amér. del S.* Juego de naipes muy parecido al tresillo.

ROCAMORA, Tomás de. *Biog.* Mil. guat. que luchó por la emancipación rioplatense. Fue gobernador del Paraguay y fundó varias ciudades de Entre Ríos (1740-1819).

ROCE. m. Acción y efecto de rozar. *Mangas lustrosas por el* ROCE. ‖ fig. Trato o comunicación frecuente con algunas personas. ‖ *Pat.* Ruido que se produce cuando rozan dos superficies serosas alteradas.

ROCERA. adj. Dícese de la leña que producen las rozas.

ROCIADA. f. Acción y efecto de rociar. ‖ Rocío. ‖ Hierba con el rocío, que se da por medicina a las caballerías. ‖ fig. Conjunto de cosas que se esparcen al arrojarlas. *Le arrojó una* ROCIADA *de piedras.* ‖ Murmuración en que se zahiere a muchos. ‖ Represión áspera.

ROCIADERA. f. Regadera, vasija para regar.

ROCIADO, DA. adj. Mojado por el rocío; o que participa de él.

ROCIADOR, RA. adj. Que rocía. ‖ m. Brocha o escobón para rociar la ropa. ‖ *Ec.* Pulverizador.

ROCIADURA. f. Acción y efecto de rociar.

ROCIAMIENTO. m. Rociadura.

ROCIAR. al. **Bespritzen; besprengen.** fr. **Asperger.** ingl. **To sprinkle.** ital. **Spruzzare.** port. **Rociar.** (Del lat. *róscidus*, cubierto de rocío; de *ros*, rocío.) intr. Depositarse sobre la tierra el rocío o caer la lluvia menuda. ‖ tr. Esparcir en menudas gotas un líquido. ROCIÉ *la ropa antes de plancharla*; sinón.: **asperjar.** ‖ fig. Arrojar algunas cosas de modo que caigan diseminadas. ‖ Gratificar el jugador a quien le prestó dinero en la casa de juego. ‖ Zaherir a varios a un tiempo.

ROCÍN. al. **Gaul.** fr. **Bidet.** ingl. **Hack.** ital. **Ronzino.** port. **Rocim.** m. Caballo de mala traza y de poca alzada. ‖ Caballo de trabajo. *Un* ROCÍN *de labranza.* ‖ fig. y fam. Hombre tosco e ignorante. sinón.: **paleto.** ‖ *Bol.* Buey adiestrado para el tiro.

ROCINA. f. *Bol.* Mula adiestrada en el transporte de cargas.

ROCINAL. adj. Perteneciente al rocín.

ROCINANTE. (Por alusión al caballo de don Quijote.) m. fig. Rocín, matalón.

ROCINO. m. Rocín.

ROCÍO. al. **Tau.** fr. **Rosée.** ingl. **Dew.** ital. **Rugiada.** port. **Orvalho.** m. Vapor de agua que con la frialdad de la noche se condensa en muy menudas gotas sobre la superficie de la tierra o sobre las plantas. *La presencia de nubes bajas impide la formación del* ROCÍO. ‖ Las mismas gotas perceptibles a la vista. ‖ Lluvia corta y pasajera. ‖ fig. Gotas menudas esparcidas sobre una cosa para humedecerla. ‖ Lo que mueve o deleita suavemente. *Lo tranquilizó con el* ROCÍO *de sus palabras.* ‖ IDEAS AFINES: *Escarcha, frío, humedad, niebla, helada, evaporación, amanecer, lágrimas, diamantes.*

ROCIÓN. m. Salpicadura copiosa de agua del mar, producida por las olas al chocar contra un obstáculo.

ROCKEFELLER, Juan D. *Biog.* Industrial estad. que legó una inmensa fortuna para constituir la fundación que lleva su nombre, dedicada preferentemente a las investigaciones médicas (1839-1937). ‖ – **Nelson.** Político estad., gobernador de Nueva York, designado, en 1974, vicepresidente de los EE.UU. (1908-1979).

ROCKFORD. *Geog.* Ciudad del norte de los EE. UU. (Illinois). 148.000 h. Maquinarias, industrias textiles.

ROCKHAMPTON. *Geog.* Ciudad del N.E. de Australia (Queensland). 49.500 h. Importante industria frigorífica. Minería.

ROCOCÓ. adj. Dícese de un estilo de ornamentación, derivado del barroco, que predominó en Francia en tiempo de Luis XV, en el S. de Alemania y en Austria. Ú.t.c.s. ‖ Dícese, por extensión, de lo pasado de moda.

ROCOSAS, Montañas. *Geog.* Gran macizo montañoso del O. de América del Norte que se extiende desde Alaska hasta México. Culmina en el monte Mac Kinley a los 6.191 m. Está formado por dos cadenas casi paralelas separadas por grandes mesetas y se llama más estrictamente **Rocosas** a la cadena oriental.

ROCOSO, SA. adj. Roqueño, abundante en rocas.

ROCOTE. (Voz quichua.) m. *Amér. del S.* Planta y fruto de una especie de ají grande, de la familia de las solanáceas.

ROCUANT, Miguel Luis. *Biog.* Escritor chil., autor de obras en prosa y verso. También fue diplomático (1877-1948).

ROCHA. f. Roza, tierra rozada.

ROCHA, Dardo. *Biog.* Político y jurista arg., autor de *Biografío de argentinos ilustres* y otras obras. Gobernador de la prov. de Buenos Aires, durante su administración fue sancionada la federalización de la ciudad del mismo nombre. En 1882 fundó la ciudad de La Plata (1838-1921). ‖ – **José J. de.** Pintor bras. Su obra, preferentemente dedicada a la decoración de iglesias, influyó notablemente en el arte de la colonia (1737-1807).

ROCHA. *Geog.* Departamento del E. de Uruguay, sit. sobre la costa del Atlántico, 11.098 km². 60.000 h. Actividades agrícola-ganaderas. Cap. hom. 35.000 h. Centro comercial muy importante.

ROCHAMBEAU, Juan Bautista de Vimeur, conde de. *Biog.* Militar fr. que tuvo destacada actuación en Europa y pasó a colaborar, luego, junto a Washington, para derrotar al general ingl. Cornwallis (1725-1807).

ROCHAR. tr. *Chile.* Sorprender a alguno en una cosa ilícita.

ROCHDALE. *Geog.* Ciudad del E. de Gran Bretaña (Inglaterra), sit. al norte de Manchester. 105.000 h. Industrias metalúrgicas. En ella originóse el movimiento cooperativista obrero inglés, en 1844.

ROCHE. Mazo de la. *Biog.* Escritora canadiense, autora de *Jalna* y otras novelas románticas (1879-1961).

ROCHEFORT. *Geog.* Ciudad de Francia (Charente Inferior), sobre el Charente. 42.000 h. Arsenal y puerto militar y comercial.

ROCHELA. f. *Col., Ec.* y *Ven.* Bulla, algazara.

ROCHELA, La. *Geog.* V. **La Rochela.**

ROCHELEAR. intr. *Col.* y *Ven.* Retozar, juguetear. ‖ *P. Rico.* Estar de holgorio. ‖ deriv.: **rochelero, ra.**

ROCHENSE. adj. y s. De Rocha, ciudad y dep. del Uruguay.

ROCHESTER. *Geog.* Ciudad del N.E. de los EE. UU. (Nueva York). 297.000 h. Industrias del vestido y alimenticias. Maquinarias e instrumentos de precisión. Universidad. ‖ Ciudad del S.E. de Gran Bretaña, en Inglaterra (Kent). 50.000 h. Criadero de ostras, maquinarias.

ROCHO. (Del m. or. que *ruc.*) m. Ave fabulosa, a la que se atribuyen tamaño y fuerza extraordinarios.

RODA. (Del lat. *rota*, rueda.) f. Robla. ‖ *Mar.* Pieza gruesa y curva que forma la proa de la nave.

RODABALLO. (Del lat. *rotábulum*, rodillo.) m. Pez marino, de unos ocho centímetros de largo, cuerpo aplanado y carne muy sabrosa. Gén. *Rhombus* y *Rhomboidichthys*, teleósteos. ‖ fam. Hombre taimado y astuto.

RODACHINA. f. *Col.* Girándula. ‖ **Ruedecilla.**

RODADA. f. Señal que deja impresa la rueda en el suelo. ‖ *Arg.* y *Chile.* Acción de rodar o caer el caballo.

RODADERO, RA. adj. Rodadizo. ‖ Que está en disposición o figura para rodar. ‖ *Ec.* Precipicio, despeñadero.

RODADIZO, ZA. adj. Que rueda con facilidad.

RODADO, DA. (De *rueda.*) adj. Dícese de la caballería que tiene manchas más obscuras que el resto del pelo. ‖ Dícese del período o de la frase que se distingue por su fluidez. ‖ *Min.* Dícese de los pedazos de mineral desprendidos de la veta y esparcidos por el suelo. Ú.t.c.s. *Cantos* RODADOS. ‖ m. *Arg.* y *Chile.* Cualquier vehículo de ruedas.

RODADOR, RA. adj. Que rueda, o cae rodando. ‖ m. Mosquito de algunos países de América que cuando se llena de sangre rueda y cae como la sanguijuela. ‖ Rueda, pez.

RODADURA. f. Acción de rodar.

RODAJA. (De *rueda.*) f. Pieza circular y plana. ‖ Rueda, tajada circular. *Comí una* RODAJA *de salchichón.* ‖ Estrella de la espuela. ‖ fam. Rosca, carnosidad, especialmente la que se forma en el cuello de las personas gruesas.

RODAJE. m. Conjunto de ruedas. ‖ Impuesto sobre los carruajes. ‖ Acción de impresionar una película cinematográfica. ‖ Situación en que se halla un vehículo automóvil mientras no ha rodado la distancia inicial prescrita por el constructor; hasta entonces debe usarse con especiales cuidados, entre ellos limitación de velocidad, a fin de que los juegos adquieran el huelgo necesario para la marcha normal. ‖ *Arg.* Medida de la rueda de un automóvil.

RODAJUELA. f. dim. de **Rodaja.**

RODAL. (De *rueda.*) m. Espacio pequeño que por alguna circunstancia particular se distingue de lo que lo rodea. ‖ Parte de una cosa con distinto color del general. ‖ Conjunto de plantas que pueblan un terreno diferenciándolo de los colindantes. ‖ Rodada. ‖ Ruedo, esterilla.

RODALÁN. m. *Bot. Chile.* Planta onagrariácea de tallos rastreros, cuyas flores, blancas, se abren al ponerse el sol.

RÓDANO. *Geog.* Río de Europa que recorre los territorios de Francia y Suiza. Nace en el macizo de San Gotardo, atraviesa el lago de Ginebra y des. en forma de delta en el mar Mediterráneo. Su principal afluente es el Saona. Tiene 812 km. ‖ Departamento del O. de Francia. 2.859 km². 1.425.000 h. Vid, ganados. Hulla, industrias. Cap. LYON.

RODANTE. p. a. de **Rodar.** Que rueda o puede rodar. *Silla* RODANTE. ‖ *Chile.* Volante, que anda de un lado para otro.

RODAPELO. m. Redopelo.

RODAPIÉ. (De *rodear* y *pie.*) m Paramento con que se cubren alrededor los pies de muebles. ‖ Friso, zócalo de una pared. ‖ Tabla o enrejado puesto en la parte inferior de la barandilla de los balcones.

RODAPLANCHA. f. Abertura que divide el paletón de la plancha, hasta la tija.

RODAR. al. **Rollen; drehen.** fr. **Rouler; tourner.** ingl. **To roll; to wheel.** ital. **Rotare; rotolare.** port. **Rodar.** (Del lat. *rotare.*) intr. Dar vueltas un cuerpo alrededor de su eje, ya permanezca éste en el mismo sitio. ya cambie de lugar. *Los planetas* RUEDAN *en el espacio*; sinón.: **girar.** ‖ Moverse una cosa por medio de ruedas. RODAR *un vehículo.* ‖ Caer dando vueltas o resbalando. RODARON *jinete y cabalgadura por tierra.* ‖ fig. No tener una cosa colocación fija. ‖ Ir de un lado para otro, vagar sin establecerse en sitio determinado. RODÓ *de país en país*; sinón.: **errar.** ‖ Abundar. *Allí* RUEDAN *el oro y la plata.* ‖ Andar inútilmente en pretensiones o súplicas. ‖ Suceder unas cosas a otras. *Los recuerdos* RODABAN *vertiginosamente.* ‖ Hacer que rueden ciertas cosas. RODAR *un aro,* RODAR *un tonel.* ‖ Hacer que un automóvil marche sin rebasar las velocidades prescritas por el constructor para el rodaje.‖ tr. Impresionar o proyectar películas cinematográficas. ‖ *Ven.* Aprehender, aprisionar. ‖ Irreg. Conj. como **contar.** ‖ **Rodar** uno **por otro.** frs. fig. y fam. Estar pronto para servirle en cualquier cosa.

RODAS. *Geog.* Gran isla griega del mar Egeo, sit. a 18 km. de la costa de Asia Menor. 1.412 km². 65.000 h. Fruticultura. Cap. hom. 57.000 h. Numerosos monumentos históricos. ‖ Población de Cuba (Las Villas). 5.000 h. Azúcar, tabaco.

RODAS, Coloso de. *Hist.* Una de las siete maravillas del mundo. Gigantesca estatua de Apolo, en bronce, emplazada a la entrada del golfo de Rodas. Construida en el siglo IV a. de C., fue derribada por un terremoto 56 años después.

RODEABRAZO, A. m. adv. Dando una vuelta al brazo, para lanzar una cosa con él.

RODEADOR, RA. adj. Que rodea.

RODEAR. al. **Umgeben.** fr. **Entourer; environner.** ingl. **To surround; to encircle.** ital. **Cingere; attorniare.** port. **Rodear.** (De *rueda.*) intr. Andar alrededor. ‖ Ir por camino más largo que el ordinario o regular. RODEARON *por la costa.* ‖ fig. Usar de rodeos o circunloquios. ‖ tr. Colocar una o varias cosas alrededor de otra. ‖ Cercar una cosa. RODEARON *el jardín con ligustro;* sinón.: **circuir, encerrar.** ‖ Hacer dar vuelta a una cosa. *No consiguió* RODEAR *la caballería ni a derecha ni a izquierda.* ‖ *Amér.* Recoger un hato de ganado, circundándolo y dirigiéndolo, generalmente a caballo. ‖ Revolverse, rebullirse. ‖ deriv.: **rodeamiento.**

RODELA. al. **Rundschild.** fr. **Rondache.** ingl. **Buckler.** ital. **Rotella.** port. **Rodela.** (Del lat. *rotella,* ruedecilla.) f. *Mil.* Escudo redondo y delgado, para cubrir el pecho. ‖ *Chile.* Rodaja. ‖ IDEAS AFINES: *Defensa, protección, coraza, armadura, adarga, amparo, resguardo, lid, combate.*

RODELEJA. f. dim. de **Rodela.**

RODELERO. m. Soldado que lleva rodela. ‖ El que llevaba la rodela de su superior. ‖ Mozo que rondaba de noche con espada y rodela.

RODENAL. m. Sitio poblado de pinos rodenos.

RODENO, NA. adj. Rojo. Dícese de tierras, rocas, etc. ‖ m. **Pino rodeno.**

RODEO. m. Acción de rodear. ‖ Camino más largo o desvío del camino derecho. ‖ Vuelta o regate para librarse de un perseguidor. ‖ Sitio donde se reúne el ganado mayor. ‖ Reunión que se hace del ganado mayor con determinado objeto. *Haría un* RODEO *para contar las cabezas.* ‖ **Parar rodeo.** *Arg.* y *Urug.* Reunir los animales para contarlos y separar los que pertenecen a distintos dueños o están destinados a la venta. ‖ fig. Manera indirecta de hacer alguna cosa. ‖ Forma de decir una cosa, usando circunloquios. *Hablar sin* RODEOS. ‖ Efugio, escape, evasiva. ‖ IDEAS AFINES: *Recuento, doma, yerra, marca, potro, ternero, vaquero, gaucho, torneo, habilidad, lazo, equitación, puntería, revólver, peligro, rodada.*

RODEO, El. *B. A.* Cuadro de Prilidiano Pueyrredón. Pintado en 1861, pertenece al periodo de madurez del autor. Paisaje de soledad, enmarcado en la vasta planicie de ancho cielo; de él brota un sentido tradicionalista pleno de autenticidad.

RODEÓN. m. aum. de **Rodeo.** ‖ Vuelta en redondo. ‖ Bofetada, revés.

RODERA. f. Carril, rodada. ‖ Camino abierto para el paso de carros a través del campo. ‖ Rueda que encaja en el eje, sin tener el cubo guarnecido.

RODERO. m. El que cobraba el tributo de la roda o robla.

RODERO, RA. adj. Perteneciente a la rueda o que sirve para ella. ‖ m. *Impr.* El encargado de mover la rueda de las máquinas.

RODÉS, Luis. *Biog.* Rel. y meteorólogo esp. que ideó un método para medir la distancia entre la Tierra y el Sol (1881-1939).

RODETE. al. **Haarwulst.** fr. **Chignon.** ingl. **Roundlet; rowel.** ital. **Crocchia.** port. **Rolete.** (De *rueda.*) m. Rosca que con las trenzas del cabello se hacen las mujeres en la cabeza. ‖ Rosca de lienzo u otra materia que se pone en la cabeza para cargar sobre ella un peso. ‖ Chapa circular que sólo permite girar la llave cuyas guardas se ajustan a ella. ‖ Rueda horizontal donde gira el juego delantero del coche. ‖ Pieza giratoria cilíndrica achatada y de canto plano sobre el cual pasan las correas sin fin en diferentes maquinarias. ‖ Rueda hidráulica horizontal con paletas. ‖ *Blas.* Trenza o cordón que rodea la parte superior del yelmo.

RODEZNO. (De *rodar.*) m. Rueda hidráulica, con paletas curvas y eje vertical. ‖ Rueda dentada que engrana con la que está unida a la muela de la tahona.

RODEZUELA. f. dim. de **Rueda.**

RODIG, Laura. *Biog.* Esc. y pintora chil, autora de *Mujeres en reposo; La feria de Chillán,* y otros cuadros. De sus esculturas sobresalen *Maternidad; India mexicana,* etc.(1901-1972).

RODIL Y GALLOSO, José R. *Biog.* Militar esp. que en 1817 tuvo brillante actuación en el sitio del Callao (1789-1853).

RODILLA. al. **Knie.** fr. **Genou.** ingl. **Knee.** ital. **Ginocchio.** port. **Joelho.** (Del lat. *rotella,* dim. de *rota,* rueda.) f. Región del miembro inferior del cuerpo humano, en que se articula el fémur con la tibia, y especialmente la parte anterior de esta región. ‖ En los cuadrúpedos, unión del antebrazo con la caña. ‖ Rodete para llevar pesos en la cabeza. ‖ Paño basto que sirve para limpiar, especialmente en la cocina. ‖ *P. Rico.* Cojín que se pone a las bestias bajo el aparejo. ‖ **De rodillas.** m. adv. Con rodillas dobladas y apoyadas en el suelo. Ú.m. con los verbos *estar, hincar* y *poner.* ‖ fig. En tono suplicante, humildemente. DE RODILLAS *le pidió perdón.* ‖ **Doblar,** o **hincar,** uno **la rodilla.** frs. Arrodillarse. ‖ fig. Sujetarse, humillarse a otro.

RODILLADA. f. Rodillazo. ‖ Golpe que se recibe en la rodilla. ‖ Inclinación o colocación de la rodilla en tierra.

RODILLAZO. m. Golpe dado con la rodilla.

RODILLERA. al. **Knieschutz.** fr. **Genouillère.** ingl. **Knee guard.** ital. **Ginocchiello.** port. **Joelheira.** f. Cualquier cosa que se pone para defensa o adorno de la rodilla. *Los futbolistas usan* RODILLERAS. ‖ Pieza o remiendo que se echa a los calzones, en la parte correspondiente a la rodilla. ‖ Convexidad que llega a formar el pantalón en la parte que cae sobre la rodilla. ‖ Herida que se hacen las caballerías en la rodilla a consecuencia de una caída. ‖ Cicatriz de esta herida.

RODILLERO, RA. adj. Perteneciente a las rodillas.

RODILLO. al. **Rolle; walze.** fr **Rouleau.** ingl. **Rol; roller.** ital. **Rullo.** port. **Rolão.** (Del lat. *rotulus.*) m. Madero redondo y fuerte, que hace oficio de rueda, y sobre el cual se coloca una cosa de mucho peso que se quiere arrastrar. ‖ Cilindro muy pesado que se hace rodar sobre la tierra para allanarla y apisonarla. ‖ Cilindro que se emplea para dar tinta en las imprentas.

RODILLUDO, DA. adj. Que tiene abultadas las rodillas.

RODIN, Augusto. *Biog.* Cél. escultor fr., uno de los más grandes temperamentos artísticos de todos los tiempos. Genial y vigoroso, revolucionó el arte escultórico, superando la rigidez académica y ahondando magistralmente en el estudio de los caracteres para insuflar a sus obras una exaltada sensación de sentimiento, realidad e idea. A los veintitrés años realizó *El hombre de la nariz rota.* Su producción posterior es de grandiosa concepción y ejecución; una de sus obras máximas, *Puerta del Infierno,* se inspiró en Dante Alighieri y, tras muchos años de trabajos, quedó inconclusa. Otras obras célebres: *El pensador; Los burgueses de Calais; El beso; Balzac,* etc. (1840-1917).

RODIO. (Del gr. *rodon,* rosa, por el color de las sales del metal.) m. Metal raro, de color de plata, difícilmente fusible, al que no atacan los ácidos. Es un elemento de símbolo Rh y peso atóm. 102,91.

RODIO, DIA. adj. y s. Natural de Rodas. ‖ Perteneciente a esta isla. Flota RODIA. ‖ Dícese del estilo de sus escritores. ‖ Aplícase a la más antigua ley marítima acerca de la echazón.

RODIOTA. adj. Rodio. U.t.c.s.

RODO. m. Rodillo. ‖ **A rodo.** m. adv. En abundancia.

RODÓ, José Enrique. *Biog.* Escritor urug., uno de los más originales lit. y pensadores latinoamericanos. Con depurada gama estilística, usó distintas formas literarias, desde la anécdota y la parábola hasta el poema en prosa, para elaborar un conjunto en donde se aúnan la agudeza conceptual, plena de inquietudes filosóficas, y el delicado esteticismo. Sus obras maestras son *Ariel* y *Motivos de Proteo,* cantos juveniles a la fuerza del idealismo y de la voluntad, y expresiones típicas de la tendencia modernista. Otras obras: *El mirador de Próspero; Nuevos motivos de Proteo; Liberalismo y jacobinismo,* etc. (1872-1917).

RODOCERA. (Del gr. *rodon,* rosa, y *keras,* cuerno.) f. Mariposa diurna, europea.

RODODAFNE. f. Adelfa.

RODODENDRO. (Del gr. *rodódendron;* de *rodon,* rosa, y *dendron,* árbol.) m. Arbolillo de hojas persistentes, coriáceas, flores en corimbo, sonrosadas o purpúreas; ericáceo.

RODOFÍCEO, A. adj. *Bot.* Dícese de algas marinas de pigmento color rojizo. U.t.c.s.f. ‖ f. pl. *Bot.* Orden de dichas algas.

RODOLFO. *Biog.* Nombre de dos emperadores de Alemania (s. XIII, XVI y XVII).

RODOLFO, Francisco Carlos José. *Biog.* Hijo del emperador Francisco José, de Austria. Designado archiduque, fue protagonista de la llamada tragedia de Mayerling (1858-1889).

RODOMIEL. m. Miel rosada.

RODÓN. m. *Chile.* Moldura a manera de junquillo. ‖ Guillame con que se hace. ‖ Rodillo de sacar pruebas.

RODOPE. *Geog.* Grupo de montañas que forma parte de los Balcanes y separa Tracia de Macedonia. Altura máxima 2.930 m. Su nombre actual es Despoto Dagh.

RODRIGA. f. Rodrigón, tutor de planta.

RODRIGAR. (Del lat. *redicare.*) tr. Poner rodrigones a las plantas.

RODRIGAZÓN. f. Tiempo de poner rodrigones.

RODRIGO. *Biog.* Último rey visigodo esp.; derrotado por los árabes en 711.

RODRIGO, Joaquín. *Biog.* Compositor esp., ciego desde los tres años. Autor de *Concierto de Aranjuez; Concierto de estío; Dos viejos aires de danza,* y otras obras (n. 1902).

RODRIGÓN. al. **Hopfenstange.** fr. **Tuteur.** ingl. **Prop.** ital. **Palo.** port. **Tanchão.** (De *rodrigar.*) m. Vara que se clava al pie de una planta para sujeción de sus tallos y ramas. ‖ fig. y fam. Criado anciano que servía para acompañar señoras.

RODRIGUES ALVES, Francisco de Paula. *Biog.* Pol. brasileño que de 1902 a 1906 desempeñó la presidencia de la Rep. (1848-1919).

RODRIGUES CABRILLO, Juan. *Biog.* Navegante port. al servicio de España. En 1542 descubrió California (m. 1543).

RODRIGUES DA FONSECA, Hermes. *Biog.* Estadista bras. que de 1910 a 1914 fue presidente de la Rep.

RODRÍGUEZ, Abelardo. *Biog.* Mil. y político mex., de 1932 a 1934 presidente de la Rep. (1889-1967). ‖ – **César Atahualpa.** Poeta per. autor de *La torre de las paradojas* y otras obras (n. 1895). ‖ – **Elías.** Naturalista ven., autor de importantes investigaciones y estudios sobre la flora de su país, y uno de los más destacados botánicos americanos (1818-1895). ‖ – **Emilio Gaspar.** Lit. cubano, autor de *Puntos sutiles del Quijote; El retablo de Maese Pedro; Los conquistadores,* etc. (1889-1939). ‖ – **Fray Cayetano.** Poeta, pol. y religioso arg. que participó en la Asamblea Constituyente de 1813 y fue uno de los firmantes del Acta de la Independencia en 1816. Autor de composiciones poéticas de tono patriótico: *A la heroica victoria de Chacabuco; Al día augusto de la patria,* etc. (1761-1823). ‖ – **José.** Rel. y poeta satírico cub., autor de *El príncipe jardinero y fingido Cloridano; Vejamen hecho a la Universidad,* y otras composiciones (s. XVIII). ‖ – **José Ignacio.** Sociólogo cub., autor de *Las constituciones de las repúblicas americanas; Historia de Cuba; Vida de don José de la Luz,* etc. (1836-1907). ‖ – **José Joaquín.** Est. costarricense que de 1890 a 1894 desempeñó la presidencia de la Rep. (1850-1902). ‖ – **José S.** Historiador ven., autor de *Elementos de derecho romano; Contribución al estudio de la guerra federal en Venezuela,* etc. (n. 1877). ‖ – **Juan Manuel.** Escritor col., autor de *El Marañón y el Amazonas* (1628-1701). ‖ – **Juan Manuel.** Poeta, prosista y comediógrafo chil. que usó el seudónimo de **Juan del Campo.** Obras: *Las aventuras de Eusebio Olmos, Páginas sentimentales; La silla vacía;* etc. (1886-1927). ‖ – **Juan Manuel.** Pol. salvadoreño que en 1824 ocupó la primera magistratura (1795-1826). ‖ – **Luis Felipe.** Escritor cub., autor de *Marcos Antilla; Cómo opinaba Damián Paredes; Ciénaga,* y otras obras (1889-1947). ‖ – **Manuel.** Pol. y militar chil., colaborador de San Martín y uno de los héroes de la Independencia. Fue uno de los jefes que decidió el triunfo de Maipú al frente de su escuadrón de "Húsares de la muerte" (1786-1818). ‖ – **Manuel del Socorro.** Erudito cub., autor de *Las delicias de España; El triunfo del patriotismo,* etc. (1758-1818). ‖ – **Martín.** Mil. y político arg., gran figura en las luchas por la emancipación. Intervino activamente en la resistencia contra las invasiones ingl. y fue uno de los revolucionarios de 1810. Su gestión como gobernador de Buenos Aires fue brillante, y en ella colaboró Bernardino Rivadavia promoviendo importantes reformas (1771-1845). ‖ – **Miguel Antonio.** Rel. y político ec. de actuación revolucionaria. Tradujo la *Declaración de los derechos del hombre* (1777-1814). ‖ – **Simón.** Lit. y pedagogo ven., preceptor de Bolívar. Obras: *Tratado sobre las luces y las virtudes sociales; Educación popular,* etc. (1771-1854). ‖ – **Ventura.** Arquitecto esp. de tendencia neoclásica; autor de la fuente de *La Cibeles,* en Madrid y de otras obras (1717-1785). ‖ – **Yamandú.** Poeta y dramaturgo uruguayo, autor de *1810; Fraile Aldao; El matrero,* etc. (1891-1957). ‖ – **ALCALÁ, Hugo.** Poeta paraguayo de tendencia social, autor de *Estampas de la guerra* y otras obras (n. 1909). ‖ – **ALCONEDO, José Luis.** Pintor y patriota mex., fusilado a raíz de su participación en la revolución de Morelos. Autor de *Autorretrato; Retrato de una dama española,* y otros cuadros (1747-1810). ‖ – **BELTRÁN, Cayetano.** Nov. y educador mex., autor de *Pajarito; Un ingenio,* etc. (1866-1939). ‖ – **BETETA, Virgilio.** Hist. y diplomático guat., autor de *La mentalidad colonial; Evolución de las ideas en el antiguo reino de Guatemala,* etc. (n. 1885). ‖ – **CORREA, Ramón.** Lit. cubano, autor de *Un hombre corrido; Rosas y perros; Agua pasada,* etc. (1835-1894). ‖ – **DE FIGUEROA, Esteban.** Mil. español que participó activamente en la conquista de Filipinas (n. 1596). ‖ – **DE LA CÁMARA, Juan.** Nov. y poeta esp., autor de *El triunfo de las donas; El siervo libre de amor,* etc. (s. XV). ‖ – **DEL BUSTO, Antonio.** Escr. y explorador esp. que recorrió y estudió diversas regiones sudamericanas. Autor de *Cuestiones argentinas; Altitudes y canalización; Origen y desenvolvimiento de la especie humana,* etc. (1848-1926). ‖ – **DEL**

TORO, Francisco. Mil. venezolano de brillante actuación en las luchas de la independencia de su patria (m. 1851). ‖ – DE MADRID, Sebastián. Mil. español que actuó en la conquista de Filipinas. En 1713 fue gobernador y capitán general de Chile (1675-1733). ‖ – DE MONTALVO, Garci. Nombre del presunto autor del *Amadís de Gaula.* ‖ – DE TÍO, Dolores. Poetisa portorriqueña, autora de *Mi libro de Cuba; Mis cantares; Claros y nieblas,* etc. (1849-1924). ‖ – EMBIL Y URIOSTE, Luis. Lit. cubano, autor de *La mentira vital; El soñar de Segismundo; La insurrección,* etc. (1879-1954). ‖ – ETCHART, Carlos. Jurisconsulto arg. que proyectó la creación de la Facultad de Ciencias Económicas de Buenos Aires, de la que fue primer decano. Autor de varias obras técnicas (1867-1934). ‖ – ETCHART, Severo. Pintor arg., autor de celebrados cuadros: *Cabeza; Playa bretona; Interior marroquí,* etc. (1865-1903). ‖ – GALVÁN, Ignacio. Poeta, cuentista y dramaturgo mex., precursor del romanticismo en su país. Autor de *La profecía de Guatimoc; Muñoz, visitador de México,* etc. (1816-1842). ‖ – GARCÍA, José A. Escritor cub., autor de ensayos sobre temas filológicos y literarios (1864-1934). ‖ – LARA, Guillermo. General ecuat. pres. de la Rep. de 1972 a 1976. ‖ – LARRETA, Enrique. V. LARRETA, Enrique. ‖ – LOZANO, Manuel. Pintor mex., notable retratista y paisajista, uno de los mejores representantes del "purismo" plástico en su país (n. 1896). ‖ – MARÍN, Francisco. Escritor esp. de obra vasta y calificada. Crítico autorizado, cultivó también la poesía y la literatura folklórica. Obras: *Madrigales y Sonetos; Nueva premática del tiempo; Nuevos documentos cervantinos,* etc. Autor de valiosas ediciones comentadas de los clásicos esp. (1855-1943). ‖ – MENDOZA, Emilio. Escritor chil., autor de *Rumbos y orientaciones; La estrella sobre los mástiles* y otras obras (1875-1960). ‖ – MOREY, Antonio. Pintor cub., notable paisajista. Fue director del Museo Nac. (1875-1967). ‖ – PEÑA, Nicolás. Patriota arg. Participó en la Revolución de Mayo, integró el segundo Triunvirato y fue gobernador delegado de la prov. Oriental. Murió desterrado en Chile (1775-1853). ‖ – PINTOS, Carlos. Poeta urug., autor de *Columbarium* y otras obras (n. 1895). ‖ – PLATA, Horacio. Hist. y jurisconsulto col., autor de *Biografía de Andrés María Rosillo y Moruelo; Historia de la educación pública en Santander,* etc. (n. 1915). ‖ – PUEBLA, Juan. Jurista mex. de raza indígena, autor de *El indio constitucional* y otras obras (1798-1848). ‖ – SANTOS, Justo. Poeta cub., autor de *Luz cautiva* y otras obras (n. 1915). ‖ – SERRANO, Juan. Marino esp., compañero de Magallanes en la expedición de 1519. Muerto éste, le sucedió en el mando de la flota. En 1521 fue asesinado en la isla de Cebú. ‖ – SOCA, Ramón. Compos. uruguayo, autor de las óperas *Amor marinero; Yeba,* etc., y del poema sinfónico *El grito de Asencio* (1885-1957). ‖ – SUÁREZ, Juan. Conquistador esp. del siglo XVI que fundó Santiago de los Caballeros, en Venezuela. ‖ – SUÁREZ, Juan. Pintor mex., autor de *Epifanía; Asunción;* y otros cuadros. Fue llamado el **Apeles mexicano** (1675-1728). ‖ – TOMEU, Humberto. Novelista y cuentista cub. (n. 1919). ‖ – TORICES, Manuel. Pol. colombiano de activa participación en las luchas cívicas de la Independencia. Fusilado por los realistas (1788-1815). ‖ – VARELA, Luis. Pol. y escritor filipino. Obras: *Parnaso filipino; Proclama historial; Glorias de España y de Filipinas,* etc. (1768-1826). ‖ – VELASCO, Luis. Prosista y poeta chil, autor de *Amor en el hospital; Por amor y por dinero; Hojas secas,* etc. (1839-1919). ‖ – Y DÍAZ RUBÍ, Tomás. Dram. español, autor de numerosas piezas muy representadas: *El gran filón; La rueda de la fortuna; Del mal el menos,* etc. (1817-1890).

RODRÍGUEZ. *Geog.* Isla del grupo de las Mascareñas, sit. al N.E. de la isla de Mauricio, en el océano Índico. 109 km². 14.000 h. Ganadería, agricultura. Es posesión británica.

RODEDOR, RA. al. **Nagetler.** fr. **Rongeur.** ingl. **Rodent.** ital. **Roditore.** port. **Roedor.** adj. Que roe. ‖ fig. Que conmueve o agita el ánimo. *Inquietud* ROEDORA; sinón.: **perturbador, ra.** ‖ *Zool.* Dícese del mamífero pequeño, inguiculado, sin caninos, de incisivos muy desarrollados, apropiados para roer, como el castor, la rata, etc. Ú.t.c.s. *La chinchilla, el* ROEDOR *de la Puna, está casi extinguida.* ‖ m. pl. *Zool.* Orden de estos mamíferos. ‖ IDEAS AFINES: *Laucha, ratón, dañino, destructivo, morder, trampera, queso, atrapar, peste bubónica.*

ROEDURA. f. Acción de roer. ‖ Porción que se corta royendo. ‖ Señal que queda en la parte roída.

ROEL. (Del fr. *roelle,* disco.) m. *Blas.* Pieza redonda en los escudos de armas.

ROELA. (Del lat. *rotella,* rueda pequeña.) f. Disco de oro o de plata en bruto.

ROEMER, Olaf. *Biog.* Astrónomo danés que halló un sistema para determinar la velocidad de la luz (1644-1710).

ROENTGEN, Guillermo Conrado. *Biog.* Físico al. Estudió el calor específico de los gases, los fenómenos de la elasticidad, compresibilidad, capilaridad y conductibilidad del calor en los cristales, la absorción de los rayos calóricos en los vapores y en los gases, etc., pero su fama universal se debe al descubrimiento de los rayos X, cuyas radiaciones son de inmensas aplicaciones terapéuticas. En 1901 le fue conferido el premio Nobel de Física (1845-1923).

ROER. al. **Nagen.** fr. **Ronger.** ingl. **To gnaw; to corrode.** ital. **Rodere.** port. **Roer.** (Del lat. *rodere.*) tr. Cortar, descantillar, desgastar con los dientes parte de una cosa dura. *El perro* ROÍA *el hueso.* ‖ Comerse las abejas las realeras. ‖ Quitar poco a poco con los dientes la carne adherida a un hueso. ‖ fig. Gastar superficialmente, poco a poco, una cosa. *Peldaños* ROÍDOS. ‖ Molestar, afligir interiormente y con frecuencia. *La duda le* ROE *el alma;* sinón.: **desazonar, turbar.** ‖ irreg. **Conjugación:** INDIC. Pres.: *roo, roigo* o *royo; roes, roe, roemos, roéis, roen.* Imperf.: *roía, roías,* etc. Pret. indef.: *roí, roíste,* etc. Fut. Imperf.: *roeré, roerás,* etc. POT.: *roería, roerías,* etc. SUBJ. Pres.: *roa, roiga* o *roya; roas, roigas* o *royas; roa, roiga* o *roya; roamos, roigamos* o *royamos; roáis, roigáis* o *royáis; roan, roigan* o *royan.* Imperf.: *royera, royeras,* etc. o *royese, royeses,* etc. Fut. Imperf.: *royere, royeres,* etc. IMPERAT.: *roe; roa, roiga* o *roya; roamos, roigamos* o *oryamos; roed; roan, roigan* o *royan.* GER.: *royendo.* PARTIC.: *roído*

ROETE. (Del lat. *rhoites,* y éste del gr. *roites.*) m. Vino medicinal hecho con zumo de granadas.

ROFFO, Ángel H. *Biog.* Médico arg. que alcanzó renombre internacional con sus estudios sobre cancerología. Autor de varias obras sobre temas de su especialidad (1882-1947).

ROGACIÓN. f. Acción de rogar. ‖ pl. Letanías que se dicen en procesiones públicas.

ROGADO, DA. adj. Dícese de quien se hace de rogar.

ROGADOR, RA. adj. Que ruega. Ú.t.c.s.

ROGANTE. p.a. de **Rogar.** Que ruega.

ROGAR. al. **Bitten; beten.** fr. **Prier.** ingl. **To pray.** ital. **Pregare.** port. **Rogar.** (Del lat. *rogare.*) tr. Pedir por gracia una cosa. ‖ Instar con súplicas. *Le* ROGÓ *que no bebiera;* sinón.: **implorar.** ‖ irreg. Conj. como **contar.** ‖ deriv.: **rogador, ra; rogante.**

ROGATIS, Pascual de. *Biog.* Compos. argentino de origen ital., cultor de la música operística y sinfónica. Autor de *Huemac; La novia del hereje; Zupay,* y otras obras de técnica europea e inspiración indígena (n. 1880).

ROGATIVA. f. Oración pública y colectiva para implorar de Dios el remedio de una grave necesidad. Ú.m. en pl. *Se hicieron* ROGATIVAS *por la paz mundial.*

ROGATIVO, VA. adj. Que incluye ruego.

ROGATORIO, RIA. adj. Que implica ruego. *Misa* ROGATORIA.

ROGO. (Del lat. *rogus.*) m. poét. Hoguera, pira. deriv.: **rogal.**

ROÍDO, DA. adj. fig. y fam. Corto, escaso, dado con mezquindad. *Ayuda* ROÍDA. ‖ m. Roedura.

ROIG, Gonzalo. *Biog.* Compositor y director de orquesta cub., autor de la comedia lírica *Cecilia Valdés* y de numerosas canciones (1890-1972). ‖ – DE LEUCHSENRING, Emilio. Jurista e historiador cub., autor de *Nacionalismo e internacionalismo de Martí; Actas capitulares del Ayuntamiento de La Habana,* etc. (1889-1964). ‖ – MATONS, Fidel. Pintor esp., radicado en la Argentina; dedicó su obra principalmente a evocar la gesta sanmartiniana (n. 1887).

ROJAL. adj. Que tira a rojo. ‖ Terreno de este color

ROJAS, Ángel F. *Biog.* Ensayista ecuatoriano cont., autor de *La novela ecuatoriana* y otras obras de crítica literaria (n. 1909). ‖ – Arístides. Literato y hombre de ciencia ven., autor de *El elemento vasco en la historia de Venezuela; Leyendas históricas de Venezuela; Humboldtianas,* etc. (1826-1894). ‖ – Cristóbal. Pintor ven. de estilo realista. Cuadros: *La taberna; El purgatorio; La miseria,* etc. (1858-1890). ‖ – Diego de. Conquistador esp., comisionado por Vaca de Castro para explorar las provincias meridionales del Río de la Plata. Fue gobernador de Tucumán (m. 1543). ‖ – Ezequiel. Pol. y filósofo utilitarista col., autor de una difundida *Filosofía de la moral* y otras obras (1803-1873). ‖ – Fernando de. Cél. escritor español, autor de *La Celestina o Tragicomedia de Calisto y Melibea,* única obra que se conserva de cuanto escribió y considerada uno de los más notables exponentes de la literatura universal (m. 1541). ‖ – Isaac Francisco. Marino arg. nacido en 1906, que fue vicepresidente de la República de 1955 a 1958. ‖ – Jorge. Poeta col. autor de *La ciudad sumergida* (n. 1911). ‖ – José Antonio. Pol. chileno, uno de los participantes de la revolución emancipadora de 1810 (1743-1816). ‖ – José María. Escritor ven., autor de *Simón Bolívar; Tiempo perdido,* etc. (n. 1826). ‖ – Juan Ramón. Mil. y poeta arg., autor de *Canción heroica al sitio de Montevideo; Poesías patrias,* etc. (1784-1824). ‖ – Liberato. Pol. paraguayo (1870-1922) que fue presidente de la Rep. de 1911 a 1912 ‖ – Manuel de. Noble esp., de 1524 a 1525 gobernador interino de Cuba. ‖ – Manuel. Nov. chileno, autor también de numerosos cuentos (1896-1973). ‖ – Manuel Patricio. Mil. argentino, ayudante de San Martín. En 1821 fue comandante de las fuerzas que sitiaron al Callao (1792-1857). ‖ – Nerio. Cat. y médico arg. especializado en psiquiatría. Obras: *Psicología de Sarmiento; La psiquiatría ante la legislación; El hambre,* etc. (1890-1971). ‖ – Ricardo. Escritor arg., uno de los más altos exponentes de la cultura de su país. Como poeta, novelista, dramaturgo, crítico e historiador ha auscultado el alma americana, estudiando profundamente el proceso histórico, las tradiciones y el contenido ético de la civilización del nuevo continente. Su extensa *Historia de la literatura argentina* es una obra crítica erudita, y otros libros, como *Eurindia; El país de la selva; La argentinidad,* etc., son ensayos de interpretación racial e histórica, de vibraciones telúricas. Su poesía trasunta influencias románticas y modernistas. Otras obras: *La victoria del hombre; Ollantay; El santo de la espada; El profeta de la pampa,* etc. (1882-1957). ‖ – ARREOLA, Luis Manuel. Lit. y jurisconsulto mexicano cont. autor de *Madero; Páginas íntimas; La apología de Francisco I,* etc. ‖ – CLEMENTE Y RUBIO, Simón de. Erudito y naturalista esp., autor de notables estudios botánicos: *Introducción a la criptogamia española; Lista de plantas observadas en el reino de Sevilla,* etc. (1777-1827). ‖ – GARRIDO, José María. Pol. y poeta colombiano, autor de *El día; A los mártires,* y otras difundidas composiciones (1824-1883). ‖ – GONZÁLEZ, Francisco. Literato mex., autor de *Historia de un frac; La negra Angustias,* y otras obras. (1903-1951). ‖ – GUARDIA, Pablo. Poeta ven., autor de *Clamor de que me vean; Poemas sonámbulos; Acero, signo,* etc. (n. 1909). ‖ – PAUL, Juan Pablo. Político ven. de 1888 a 1890 presidente de la Rep. (1829-1905). ‖ – PAZ, Pablo. Lit. y ensayista arg., autor de *Alberdi, el ciudadano de la soledad; El patio de la noche,* etc. (1896-1956). ‖ – PINILLA, Gustavo. Pol. y militar colombiano, jefe del movimiento armado que derrocó al presidente Gómez. La Asamblea Constituyente confirmó su poder para el período 1953-58, pero en 1957 fue derrocado por una revolución (1900-1975). ‖ – ZORRILLA, Francisco de. Poeta dramático esp. que descolló igualmente en lo trágico y en lo cómico. Obras: *Del rey abajo, ninguno; Casarse por vengarse; Entre bobos anda el juego,* etc. (1607-1648).

ROJAS. *Geog.* Ciudad del E. de la Argentina (Buenos Aires). 6.608 h. Actividades agrícola-ganaderas.

ROJEANTE. p.a. de **Rojear.** Que rojea.

ROJEAR. intr. Mostrar una cosa su color rojo. ‖ Tirar a rojo. ‖ deriv.: **rojeo.**

ROJETE. m. Colorete, arrebol.

ROJEZ. f. Calidad de rojo.

ROJINEGRO, GRA. adj. Que es rojo y negro. *Plumaje* ROJINEGRO.

ROJIZO, ZA. adj. Que tira a rojo. *Cielo* ROJIZO.

ROJO. al. **Rot.** fr. **Rouge.** ingl. **Red.** ital. **Rosso.** port. **Roxo.** (Del lat. *russeus.*) adj. Dícese del primer color del espectro solar. Ú.t.c.s.m. *El* ROJO, *color del rubí, es símbolo de pasión.* ‖ Junto con algunos sustantivos, parecido al color de las cosas que éstos designan. ROJO *sangre.* ‖ **Al rojo.** m. adv. Dícese del hierro u otro metal incandescente. ‖ fig. Dícese del ánimo muy excitado. ‖ IDEAS AFINES: *Carmín, cereza, escarlata, púrpura, carmesí, punzó, rosa, sangriento, bermejo, bermellón, herida, fuego, señal, guardabarrera, peligro.*

ROJO, JA. adj. De color rojo. ler. art. *La bandera peruana es* ROJA *y blanca.* ‖ Rubio, rojo claro. ‖ Dícese del pelo de un rubio casi colorado. ‖ En política, radical, revolucionario. ‖ – **alambrado.** De color encendido de brasa.

ROJO, Mar. *Geog.* Profundo golfo sit. entre la costa N.E.de África y la S.O. de Arabia. Se comunica con el mar Mediterráneo por el canal de Suez y con el océano Índico por el estrecho de Bab-el-Mandeb. Se le llamó, también, golfo Arábigo.

ROJO Y NEGRO. *Lit.* Novela de Stendhal aparecida en 1830. Sutil descripción de la psicología de sus personajes, es al mismo tiempo obra de profundo contenido social.

ROJURA. f. Rojez.

ROKHA, Pablo de. *Biog.* Poeta chil. cuyo verdadero nombre es **Carlos Díaz Loyola.** Autor de *Heroísmo sin alegría; Cinco cantos rojos; Jesucristo,* etc. (1894-1968). ‖ – **Wineü de.** Poetisa chil., autora de *Formas del sueño; Cantoral,* etc. (1892-1951).

ROL. (Del cat. *rol,* y éste del lat. *rótulus,* cilindro.) m. Lista, nómina o catálogo. ‖ *Mar.* Licencia que se da al capitán de un buque, y en la cual consta la lista de la marinería que lleva. ‖ Galicismo por papel, carácter, cargo, representación, figuración.

ROLAR. intr. En marina, dar vueltas en círculo, especialmente hablando del viento. ‖ *Arg., Chile* y *Perú.* Tener trato o relaciones. ‖ *Bol.* y *Chile.* Conversar.

ROLDÁN, Amadeo. *Biog.* Compositor cub. de color cuya obra instrumental y vocal se inspiró en el folklore afrocubano. Obras: *La Rebambaramba; Motivos del Son; Obertura sobre temas cubanos,* etc. (1900-1939). ‖ – **Belisario.**

Poeta, orador y dramaturgo arg., autor de *La leyenda encantada; El rosal de las ruinas; El puñal de los troveros*, etc. Sus piezas oratorias fueron muy celebradas (1873-1923).

ROLDÁN. *Hist.* Uno de los doce pares de Francia, en tiempos de Carlomagno, que fue inmortalizado en la *Canción de Rolando* y en el poema *Orlando furioso*, de Ariosto. Murió en el desfiladero de Roncesvalles, mientras defendía la retaguardia de su ejército.

ROLDÁN. *Geog.* Población del E. de la Argentina (Santa Fe). 5.500 h. Actividades agropecuarias.

ROLDANA. al. **Laufrolle.** fr. **Rouet.** ingl. **Sheave.** ital. **Carrucola.** port. **Roldana.** (De un deriv. del lat. *rótula*, ruedecilla.) f. Polea de un motón o garrucha.

ROLDANILLO. *Geog.* Ciudad de Colombia (Valle del Cauca). 4.614 h. Actividades agropecuarias. Industrias.

ROLDE. (Del lat. *rótulum.*) m. Rueda, corro.

ROLDÓS, Jaime. *Biog.* Polít. ecuatoriano cont., que asumió la presidencia de la República en 1979.

ROLEO. m. *Arq.* Voluta.

ROLO. m. *Col.* y *Ven.* Galicismo por rodo, rodillo de imprenta. || *Ven.* Garrote. || Mazamorra.

ROLOFF, Carlos. *Biog.* Patriota cubano, caudillo en la llamada guerra de los Diez Años, durante el siglo XIX.

ROLÓN, José. *Biog.* Compositor mex. discípulo de Paul Dukas. Autor de *El festín de los enanos; Baile michoacano; Scherzo sinfónico*, etc. (1883-1945). || – **Raimundo.** Político paraguayo cont., en 1949 presidente interino de su país.

ROLLA. f. Trenza de espadaña forrada que se pone en el yugo para que se adapte a las colleras de las caballerías. || En las regiones leonesa y extremeña y en Colombia, niñera.

ROLLAND, Romain. *Biog.* Cél. escritor fr., en 1915 premio Nobel de Literatura. Penetró en el estudio del alma humana y en su obra de nov., crítico y dram hizo de la literatura un documento de proyección universal. Su obra maestra es la novela en diez volúmenes *Juan Cristóbal*, que él mismo calificó de *"tragedia de una generación que va a desaparecer"*. En *Teatro del Pueblo* expuso un nuevo concepto teatral. Su novela *Clerembault* o *Una conciencia libre durante la guerra* fue un grito de cordura y de paz frente a la primera Guerra Mundial. Sus obras sobre el teatro lírico, Beethoven, Haendel, etc., son profundos estudios de la técnica y el espíritu de la música. Igualmente notables son sus biografías de Miguel Ángel, Mahatma Gandhi, Tolstoi, etc (1866-1944).

ROLLAR. tr. Arrollar, poner en forma de rollo.

ROLLETE. m. dim. de **Rollo.** || *Bol.* Jeta, hocico. || *Col.* y *Ven.* Rodete para llevar pesos en la cabeza.

ROLLIN, Carlos. *Biog.* Historiador fr. autor de *Panegírico de Luis XIV; Tratado de estudios; Historia de las artes y de las ciencias*, etc. (1661-1741).

ROLLIZO, ZA. adj. Redondo, en figura de rollo. || Grueso y robusto. *Piernas* ROLLIZAS. || m. Madero en rollo. *Un* ROLLIZO *de quebracho.*

ROLLO. al. **Rolle; Wickel.** fr. **Rouleau.** ingl. **Roll.** ital. **Rotolo.** port. **Rolo.** (Del lat. *rótulus*, cilindro.) m. Cualquier cosa que toma forma cilíndrica. || Cilindro de materia dura, que sirve para labrar en ciertos oficios, como el de pastelero, el de chocolatero, etc. || Madero redondo descortezado, pero sin labrar. || Porción de tejido, papel, etc., arrollada en forma cilíndrica. ROLLO *de algodón.* || Columna de piedra que era insignia de jurisdicción y que solía servir de picota. || Canto rodado de figura cilíndrica. || **Rolla que se pone en el yugo.** || **Largar el rollo:** frs. fig. y fam. *Arg., Bol.* y *Urug.* Espetar un discurso, decir el alegato.

ROLLÓN. m. Acemite, especie de afrecho.

ROLLONA. f. fam. Niñera.

ROMA. f. fig. Autoridad del Papa y de la curia romana. || **A Roma por todo**, expr. fig. y fam. con que se da a entender que se acomete con ánimo resuelto cualquier empresa ardua.

ROMA. *Geog.* Provincia del E. de Italia (Lacio). 5.352 km² 3.200.000 h. Olivo, vid, cultivos intensivos de trigo. || Cap. de la Rep. Italiana y de la provincia hom. sit. sobre el río Tíber a 23,5 km del mar Tirreno. Tiene 2.950.000 h. Posee gran cantidad de museos, palacios, iglesias, carreteras y ruinas que datan de la antigüedad. Dentro de su perímetro se encuentra la Ciudad del Vaticano. Es uno de los centros culturales, comerciales y turísticos más importantes de Italia y del mundo.

● **ROMA.** *Hist.* Fundada según la tradición por Rómulo y Remo en 753 a. de C., fue habitada inicialmente por núcleos latinos y estaba gobernada por una serie de reyes sacerdotes, hasta ser dominada y unificada por los etruscos, en las postrimerías del s. VII a. de C. La caída de la monarquía etrusca, en el s. VI a. de C. fue un movimiento aristocrático que instituyó la República. Patricios y plebeyos se disputaron el poder hasta que en el 300, la plebe impone su derecho y coopera en el engrandecimiento de **Roma gigantesca heredera de la civilización griega. La política imperialista de Roma** se inicia con las guerras púnicas, de 264 a 146 a. de C. (V. **Púnicas, Guerras**) y continúa con la destrucción de Cartago y las campañas de Macedonia y Grecia, sin detenerse hasta poder llamar al Mediterráneo "mare nostrum" (mar nuestro). Se inicia luego la segunda época en la Rep., caracterizada por la corrupción de las costumbres, la represión sangrienta de las protestas populares y las rivalidades entre tribunos. Después del triunvirato de César, Pompeyo y Craso y del gob. de Sila, Julio César, vencedor de las Galias y conquistador de gran parte del mundo conocido, es proclamado en 49 a. de C., dictador perpetuo de Roma (V. **Julio César**) y establece las bases del Imperio. Asesinado en 44 a. de C., se constituye el triunvirato de Marco Antonio, Octavio y Lépido, hasta que en el 31 a. de C., Octavio se proclama emp. con el nombre de Augusto y extiende los límites del Imperio. **Roma** es gobernada a continuación por los Césares, los Flavios y los Antoninos. Diocleciano dividió el Imperio en el de Oriente, que él gobernó, y el de Occidente, para el que nombró emp. a Maximiano. Con Constantino, que auspició la fundación de Constantinopla y autorizó la práctica de la religión cristiana, se inicia la decadencia de Roma, completada por la invasión de los bárbaros, en el s. V.

ROMA CIUDAD ABIERTA. *B. A.* Film realizado en 1945 por Roberto Rossellini. Visión desgarradora de la ocupación alemana de Italia en la segunda Guerra Mundial, inició magistralmente el neorrealismo cinematográfico italiano.

ROMADIZARSE. (Del lat. *rheumatizare*, y éste del gr. *reumatizo.*) r. Arromadizarse.

ROMADIZO. (De *romadizarse.*) m. *Pat.* Coriza.

ROMAICO, CA. adj. Dícese de la lengua griega moderna, que ha tomado de los latinos (romanos) muchos vocablos. Ú.t.c.s.m.

ROMAINS, Jules. *Biog.* Nov., poeta y dramaturgo fr., cuyo verdadero nombre es **Luis Farigoule.** En su serie de nov. *Los hombres de buena voluntad*, pinta un universo en marcha hacia el desastre; en *Knock o el triunfo de la medicina*, ridiculizó la credulidad humana (1885-1972).

ROMANA. al. **Schnellwaage.** fr. **Romaine.** ingl. **Steelyard.** ital. **Stadera.** port. **Romana.** (Del ár. *romana*, pesa.) f. Instrumento para pesar, compuesto de una palanca de brazos muy desiguales, con un platillo o gancho en el brazo corto y un peso corredizo sobre el brazo largo, que está graduado. || **Hacer romana.** frs. Equilibrar o compensar una cosa con otra. || IDEAS AFINES: *Balanza, pesa, medir, comparar, gramo, kilogramo, escala, fulcro, equilibrio, pilón.*

ROMANADOR. m. Romanero.

ROMANAR. (De *romana.*) tr. Romanear.

ROMANATO. m. *Arq.* Especie de alero volteado que cubre las buhardas.

ROMANCE. al. **Romanisch; Romanze.** fr. **Roman.** ingl. **Romance.** ital. **Romanzo; romanza.** port. **Romance.** (Del lat. *románicus*, de *romanus*, romano.) adj. Aplícase a cada una de las lenguas modernas derivadas del latín. Ú.t.c.s.m. || m. Idioma español. || Novela o libro de caballerías. || Combinación métrica, cuya rima se reduce a la asonancia de todos los versos pares. También se ha usado la consonancia en lugar de la asonancia o se han mezclado ambas clases de rima. || Sin calificativo, **romance** de versos octosílabos. || Composición poética escrita en **romance.** || fig. Idilio. || pl. fig. Bachillerías, pretextos, excusas. *No me vengas con* ROMANCES. || – **corto.** Romancillo. || – **de ciego.** Romance que cantan o venden los ciegos por la calle. || – **de gesta.** El popular en que se referían hechos de personajes históricos, legendarios o tradicionales. || – **heroico**, o **real.** El de versos endecasílabos. || **En buen romance.** m. adv. fig. Claramente y de modo que todos lo entiendan. || **Hablar uno en romance.** frs. fig. Expresarse con claridad y sin rodeos.

ROMANCEADOR, RA. adj. y s. Que romancea.

ROMANCEAR. tr. Traducir al romance. || Explicar con otras palabras la oración castellana para facilitar su versión al latín. || *Chile.* Perder el tiempo charlando, divagar. || Galantear, enamorar. || deriv.: **romanceable; romanceo.**

ROMANCERESCO, CA. adj. Novelesco.

ROMANCERISTA. com. Persona que escribe o publica romances.

ROMANCERO, RA. adj. Embrollador, cuentero. || s. Persona que canta romances. || m. Colección de romances.

● **ROMANCERO.** *Lit.* Los **romanceros** son las colecciones de romances que desde el s. XV aparecieron en España. Es una creación española por excelencia, que Víctor Hugo llegó a calificar como "la verdadera Iliada de España" y que ha permitido perpetuar, en su carácter épico-lírico, los personajes históricos y legendarios de la epopeya popular. Antes de la introducción de la imprenta en la península, los romances se transmitieron oralmente o bien en colecciones de manuscritos reunidos por aficionados; posteriormente fueron impresos en hojas sueltas que ataban con cuerda (de ahí que se les denominara romances de cordel) o en los **romanceros** propiamente dichos. La categoría artística y literaria que hoy se adjudica al **romancero** nació con la revalorización estética que del romance se inició en el s. XVI; su influencia fue notable sobre los poetas del Siglo de Oro y aun en las letras extranjeras, sobre todo a partir del romanticismo. Los **romanceros** más antiguos que se conservan son: *Cancionero de romances* (1550); *Silva de romances* (1550); *Romancero* (1551); *Rosas de romances* (1572), y *Romancero general* (1600). Entre los más modernos, publicados en los siglos XIX y XX, deben mencionarse: *Silva de romances viejos; Primavera y flor de romances; Flor nueva de romances viejos*, de Menéndez Pidal, y el agregado a la *Antología de poetas líricos castellanos*, de Menéndez y Pelayo.

ROMANCESCO, CA. adj. Novelesco. *Argumento* ROMANCESCO. || deriv.: **romancescamente.**

ROMANCILLO. m. Romance compuesto en versos de menos de ocho sílabas.

ROMANCISTA. adj. Dícese de quien escribía en romance por contraposición al que lo hacía en latín. Ú.m.c.s. || com. Autor de romances.

ROMANCHE. adj. Dícese de un pueblo establecido en el cantón de los Grisones, y de sus individuos. Ú.t.c.s. || Perteneciente o relativo a este pueblo. || m. Su lengua, derivada del latín.

ROMANEAR. tr. Pesar con la romana. || *Mar.* Trasladar pesos de un lugar a otro del barco para perfeccionar la estiba. || Hablando de cornúpetas, levantar o sostener en vilo a una persona, animal o cosa. || intr. Hacer una cosa contrapeso.

ROMANEO. m. Acción y efecto de romanear.

ROMANERO. m. Fiel de romana.

ROMANESCO, CA. adj. Perteneciente o relativo a los romanos, o a sus costumbres o artes. || Romancesco.

ROMANI. m. Lengua de los gitanos.

ROMANIA. Zona abarcada por la lengua y la cultura latinas.

ROMANÍA (Andar uno de). frs. fam. **Andar de capa caída.**

ROMÁNICO, CA. al. **Romanisch.** fr. **Roman.** ingl. **Romanesque.** ital. **Romanico.** port. **Románico.** adj. *Arq.* Dícese del estilo arquitectónico que dominó del s. XI al s. XIII en Europa, caracterizado por el empleo de arcos de medio punto, bóvedas en cañón y molduras robustas. || *Ling.* Neolatino. || m. Lengua romance.

ROMANILLA. f. *Ven.* Cancel corrido, a modo de celosía.

ROMANILLO, LLA. adj. dim. de **Romano.** || V. **Letra romanilla.**

ROMANINA. f. Juego en que una peonza derriba ciertos bolos colocados en una mesa larga.

ROMANISMO. m. Antigua cultura o civilización romana en su conjunto. || Doctrinas de la Iglesia romana, en el lenguaje de las sectas disidentes.

ROMANISTA. adj. y s. Dícese del que profesa el derecho romano. || Dícese de la persona versada en lenguas y literaturas romances.

ROMANIZACIÓN. f. Acción y efecto de romanizar o romanizarse. *La* ROMANIZACIÓN *de España.*

ROMANIZAR. tr. Difundir la civilización romana, o la lengua latina. || intr. Aceptar los dogmas y las prácticas del culto romano. || r. Adoptar la civilización romana o la lengua latina.

ROMANO, NA. al. **Römisch; Römer.** fr. **Romain.** ingl. **Roman.** ital. **Romano.** port. **Romano.** (Del lat. *romanus.*) adj. Natural de Roma. Ú.t.c.s. *Los* ROMANOS *fueron conquistadores pero a la vez civilizadores de pueblos.* || Perteneciente a esta ciudad o a cada uno de los Estados de que ha sido metrópoli. || Natural o habitante de cualquiera de los países de que se componía el imperio **romano.** Ú.t.c.s. || Aplícase a la religión católica y a lo perteneciente a ella. || Aplícase también a la lengua latina. Ú.t.c.s.m. || **A la romana.** m. adv. Al uso de Roma.

ROMANO, Julio. *Biog.* Nombre con que se conoce a **Julio Pippi de Januzzi**, arq., pintor e ingeniero ital., discípulo dilecto de Rafael y su colaborador en las obras del Vaticano. Cuadros célebres: *Historia de Diana; Batalla de Constantino; Escenas de la vida romana*, etc. (1498-1546).

ROMANOV. *Geneal.* Dinastía rusa que reinó de 1613 a 1917.

ROMANS. *Geog.* Ciudad de Francia (Drôme). 25.000 h. Industrias textiles y del calzado. Activo centro comercial.

ROMANTICISMO. al. **Romantik.** fr. **Romantisme.** ingl. **Romanticism.** ital. **Romanticismo.** port. **Romanticismo.** (De *romántico.*) m. Escuela literaria de la primera mitad del siglo XIX, extremadamente individualista y que prescindía de los preceptos tenidos por clásicos. || Propensión a lo sentimental, generoso y novelesco.

● **ROMANTICISMO.** *B. A.* y *Lit.* El **romanticismo** nació como una especie de reacción de las potencias sentimentales del ser humano frente al pensamiento racionalista y al formalismo neoclasicista del s. XVIII. A la par que un fenómeno estético-literario individualista y subjetivo, fue una forma y un concepto de la vida e implicó un cambio fundamental en el pensamiento de la época. Más allá del arte y la literatura, su influencia se dejó sentir en la filosofía, sobre todo a través de Schelling, y aun en la política, y si por un lado en lo social tendió a oponerse al progreso, por otro a su culto de la libertad debe acreditarse gran parte de la difusión y reconocimiento de los ideales de la Revolución Francesa en el mundo. Caracterizado por un dualismo de ideales, una bipolaridad de reacciones, el **romanticismo** expresa junto al misticismo, ateísmo; junto al ideal aristocrático, democracia; optimismo desenfrenado y pesimismo sin causa (mal del siglo); tristeza; melancolía; pasión; irracionalismo; anhelo de lo infinito, admiración por el medioevo; nostalgia por lo exótico; divinización de la mujer. La plenitud del **romanticismo** se dio en la primera mitad del s. XIX, pero sus manifestaciones iniciales aparecieron en Alemania hacia fines del s. XVIII, cuando un grupo de escritores se propuso hallar inspiración literaria en las novelas y composiciones poéticas medievales; ese movimiento de restauración se afianzó y en seguida se extendió a los demás países europeos, especialmente a Francia. Schiller, Goethe y Herder, en Alemania: Lord Byron y Walter Scott, en Inglaterra; Chateaubriand, Hugo, Lamartine y Alfredo de Musset, en Francia; Martínez de la Rosa, el duque de Rivas, Espronceda y Zorrilla, en España; Leopardi y Manzoni, en Italia, fueron principales figuras del **romanticismo** literario, que cultivó en especial la lírica, el drama, la novela histórica y el libro de viajes. En la música, el **romanticismo** influyó notablemente en buena parte de la obra de compositores como Weber, Chopin, Schubert, Liszt, Schumann, Mendelssohn, etc., y en las artes plásticas es evidente su gravitación sobre notables pintores y escultores: Géricault, Delacroix, Rudé, etc. En América el **romanticismo** literario se inició con Esteban Echeverría e Ignacio Rodríguez Galván.

ROMÁNTICO, CA. al. **Romantisch; Romantiker.** fr. **Romantique.** ingl. **Romantic.** ital. **Romantico.** port. **Romantico.** (Quizá del fr. *romantique*, del ant. *romant*, romance.) adj. Perteneciente al romanticismo, o que participa de sus características. ‖ Dícese del escritor cuyas obras tienen las cualidades del romanticismo. Ú.t.c.s. *Schiller es* ROMÁNTICO. ‖ Partidario del romanticismo. Ú.t.c.s. ‖ Sentimental, altruista, fantástico.

ROMÁN Y REYES, Víctor. *Biog.* Pol. nicar., de 1947 hasta su muerte, presid. de la República (1873-1950).

ROMANZA. (Del ital. *romanza.*) f. Aria comúnmente de carácter sencillo y tierno. ‖ Composición musical del mismo carácter y meramente instrumental.

ROMANZADOR, RA. adj. y s. Romanceador.

ROMANZAR. tr. Romancear.

ROMAÑA. *Geog. histór.* Antigua prov. de Italia, que pertenecía a los Estados Pontificios, y cuya cap. era RAVENA.

ROMAÑACH, Leopoldo. *Biog.* Pintor cub. que ha cultivado preferentemente el óleo. Cuadros: *El viejo de la pipa; La vuelta del trabajo; Vendedora de naranjas*, etc. (1870-1951).

ROMAZA. (Del lat. *rúmex, icis.*) f. Hierba perenne, con numerosas especies, algunas comestibles y otras medicinales. Gén. *Rumex*, poligonáceas.

ROMBAL. adj. De figura de rombo. *Mosaico* ROMBAL.

RÓMBICO, CA. adj. Rombal. ‖ *Miner.* Dícese del sistema cuyas formas holoédricas se caracterizan por tener tres ejes binarios rectangulares, y no equivalentes, tres planos de simetría y centro.

ROMBLÓN. *Geog.* Provincia de las Filipinas, situada al E. de Mindoro. 1.326 km². 175.000 h. Cap. hom. 21.000 h.

ROMBO. al. **Rhombus; Raute.** fr. **Rhombe.** ingl. **Rhombus.** ital. **Rombo.** port. **Rombo.** (Del lat. *rhombus*, y éste del gr. *rombos*, de *rembo*, girar en torbellino.) m. Paralelogramo que tiene los lados iguales y dos de sus ángulos mayores que los otros dos. ‖ Rodaballo, pez. ‖ IDEAS AFINES: *Cuadrilátero, romboide, rectángulo, cuadrado, geometría, diagonal, bisectriz, vértice, paralelo.*

ROMBODODECAEDRO. m. *Miner.* Forma cristalina del sistema cúbico, limitada por doce rombos.

ROMBOÉDRICO, CA. adj. *Geom.* Perteneciente o relativo al romboedro. ‖ *Miner.* Dícese de un sistema de cristalización cuya forma es el romboedro.

ROMBOEDRO. al. **Rhomboeder.** fr. **Rhomboèdre.** ingl. **Rhombohedron.** ital. **Romboedro.** port. **Romboedro.** (Del gr. *rombos*, rombo, y *edra*, cara.) m. *Geom.* Paralelepípedo oblicuo de caras rombales.

ROMBOIDAL. adj. *Geom.* De figura de romboide.

ROMBOIDE. (Del gr. *romboidés*, de *rombos*, rombo, y *eidos*, forma.) m. *Geom.* Paralelogramo cuyos lados contiguos son desiguales y dos de sus ángulos mayores que los otros dos. ‖ deriv.: **romboideo, a.**

ROMBOIDES. adj. y m. *Anat.* Dícese de un músculo par situado en la parte inferior de la nuca y superior del dorso.

ROMEA, Julián. *Biog.* Actor y poeta esp., autor de *Poesías; Ideas generales sobre el arte del teatro; Los héroes en el teatro*, etc. (1813-1868).

ROMEO, A. (Del gr. *romaios* romano.) adj. y s. Griego bizantino.

ROMEO Y JULIETA. *Lit.* Célebre tragedia en cinco actos y en verso, la primera que escribió su autor, Guillermo Shakespeare. Se basa en la legendaria rivalidad de dos familias de Verona y representa las tremendas consecuencias que ella significó en el idilio de Julieta (Capuleto) y Romeo (Montesco). Sin el absoluto dominio teatral que caracteriza a otras obras posteriores del genial poeta inglés, es, sin embargo, una de sus obras más cautivantes por el cúmulo de gracia, ternura y poesía que encierra. Ha sido objeto de numerosas adaptaciones literarias y musicales; entre éstas deben citarse especialmente las de Chaicovsky, Carlos Gounod y Sergio Prokofiev.

ROMERAJE. m. Romería, peregrinación.

ROMERAL. m. Terreno poblado de romeros.

ROMERÍA. al. **Wallfahrt; Pilgerfahrt.** fr. **Pélerinage.** ingl. **Pilgrimage.** ital. **Pellegrinaggio.** port. **Romaria.** (De *romero*, peregrino.) f. Peregrinación, especialmente la que se hace por devoción a un santuario. ‖ Fiesta popular que se celebra en el campo inmediato a alguna iglesia o ermita el día de la festividad religiosa del lugar. ‖ fig. Gran concurrencia de personas. *Por la tarde la plaza era una* ROMERÍA.

ROMERIEGO, GA. adj. Amigo de andar en romerías, más por divertirse que por devoción.

ROMERILLO. m. *Amér.* Nombre dado a diversas plantas que tienen cierto parecido con el romero, y en especial a una de Cuba, silvestre y de tallo estriado, buena para pasto.

ROMERO. al. **Rosmarin.** fr. **Romarin.** ingl. **Rosemary.** ital. **Rosmarino.** port. **Alecrim.** (Del lat. *rosmaris.*) m. Arbusto de hojas aromáticas lineares y flores azules usado en medicina y perfumería. *Rosmarinus officinalis*, labiada.

ROMERO, RA. al. **Wallfahrer; Pilger.** fr. **Pélerin.** ingl. **Pilgrim.** ital. **Pellegrino.** port. **Romeiro.** (De *Roma.*) adj. y s. Aplícase al peregrino que va en romería con bordón y esclavina. *Muchos* ROMEROS *visitaron el Santo Sepulcro.* ‖ Aficionado a romerías. ‖ m. Pez marino, malacopterigio subranquial, con tres aletas dorsales y un filamento colgante de la mandíbula. ‖ Pez marino acantopterigio con una aleta dorsal larga y dos bandas cartilaginosas junto a la cola.

ROMERO, Alberto. *Biog.* Novelista chil., autor de *La tragedia de Miguel Orozco; La viuda del conventillo*, etc. (n. 1900). ‖ – **Emilio.** Jurisconsulto y economista per., autor de *Geografía económica del Perú; Historia económica del Perú*, etc. (n. 1899). ‖ – **Federico.** Autor teatral esp., (1887-1976), que en colaboración con Guillermo Fernández Shaw escribió los libretos de populares zarzuelas: *Doña Francisquita; Luisa Fernanda*, etc. ‖ – **Fernando.** Escritor per., autor de *Doce novelas de la selva, mar y playa; Costa Zamba*, y otras narraciones regionales, casi trágicas (n. 1908). ‖ – **Francisco.** Profesor y filósofo arg., autor de notables obras: *Filosofía de la persona; Los problemas de la filosofía de la cultura; Sobre la historia de la filosofía*, etc. (1891-1962). ‖ – **José Luis.** Profesor y ensayista arg., autor de *Las ideas políticas en Argentina; El Estado y las facciones en la antigüedad; Crisis de la República Romana*, etc. (1909-1977). ‖ – **José Rubén.** Diplom. y literato mex., autor de *Apuntes de un lugareño; Mi caballo, mi perro y mi rifle; La vida inútil de Pito Pérez*, etc. (1890-1952). ‖ – **Juan Antonio.** Patriota mex., héroe de las luchas por la independencia de su país (m. 1816). ‖ – **Silvio.** Filósofo, jurista y literato bras. Obras: *El evolucionismo y el positivismo en el Brasil; Historia de la literatura brasileña; Cuentos populares del Brasil*, etc. (1851-1914). ‖ – **BOSQUE, Pío.** Estadista salvadoreño, de 1927 a 1931 presidente de la República (n. 1892). ‖ – **BREST, Jorge.** Profesor y crítico de arte arg., autor de *Historia de las artes plásticas; El problema del arte y del artista contemporáneo; Prilidiano Pueyrredón*, etc. (n. 1905). ‖ – **DE TORRES, Julio.** Pintor esp. El folklore andaluz inspiró su notable obra, mezcla de idealismo y realidad. Cultivó el desnudo en *El pecado; La gracia*, y otros cuadros, pero sus obras más célebres son *Musa gitana; Retablo de amor; Marta y María*, etc. (1880-1930). ‖ – **FLORES, Jesús.** Catedrático y escritor mex., autor de *Historia de la civilización mexicana; Geografía del Estado Michoacán*, etc. (n. 1885). ‖ – **GARCÍA, Manuel V.** Novelista, mil. y político ven., autor de *Peonía; Las muchachas corianas; Marcelo*, etc. (1865-1917). ‖ – **PEREYRA, Tomás.** Político parag cont., en 1954 presidente interino de la República. ‖ – **Y CORDERO, Remigio.** Poeta ecuat., autor de *La romería de las carabelas* y otras obras (1895-1967).

ROMÍ. (Voz árabe.) adj. V. **Azafrán romí.** ‖ Entre los musulmanes, cristiano. Ú.t.c.s.

ROMÍN. adj. Romí.

ROMMEL, Erwin. *Biog.* Militar al. que actuó en la segunda Guerra Mundial. Dirigió la campaña de África, primeramente con éxito, pero fue derrotado en 1942; luego asumió el comando de las fuerzas que intentaron resistir la invasión aliada en Francia. Terminó suicidándose (1891-1944).

ROMNEY, Jorge. *Biog.* Pintor ingl., excelente retratista. Obras: *Lady Hamilton; Archibaldo Campdell; La familia Beaumont*, etc. (1734-1802).

ROMO, MA. al. **Stumpf.** fr. **Émoussé; camus.** ingl. **Blunt; fat-nosed.** ital. **Smussato; camuso.** port. **Rombo.** adj. Obtuso y sin punta. *Cuchillo* ROMO. ‖ De nariz pequeña y poco puntiaguda.

ROMPECABEZAS. al. **Rätsel.** fr. **Cassetête.** ingl. **Puzzle.** ital. **Rompicapo.** port. **Azorrague.** m. Arma ofensiva, compuesta de dos bolas de metal, sujetas a los extremos de un mango corto y flexible. ‖ fig. y fam. Problema o acertijo de solución difícil. ‖ Pasatiempo consistente en componer determinada figura combinando los pedacitos en que previamente ha sido cortada. ‖ IDEAS AFINES: *Maza, macana, clava, hacha, martillo, cachiporra, palo, boleadoras, garrote; charada, adivinanza, palabras cruzadas, respuesta, cuestionario, interrogatorio.*

ROMPECOCHES. m. Sempiterna, tela.

ROMPEDERA. f. Punzón que sirve para abrir agujeros en el hierro candente. ‖ Criba de piel, que se usa en las fábricas de pólvora.

ROMPEDERO, RA. adj. Fácil de romperse.

ROMPEDOR, RA. adj. y s. Que rompe.

ROMPEDURA. f. Rompimiento, acción y efecto de romper.

ROMPEGALAS. com. fig. y fam. Persona desaliñada y mal vestida.

ROMPEHIELOS. m. Buque de formas, resistencia y potencia adecuadas para abrir camino en los mares helados.

ROMPEHUELGAS. m. Individuo contratado para hacer fracasar una huelga. ‖ Esquirol.

ROMPENUECES. m. Cascanueces.

ROMPEOLAS. al. **Wellenbrecher.** fr. **Briselames.** ingl. **Breakwater.** ital. **Paraonde.** port. **Quebra-mar.** m. Dique avanzado en el mar para proteger un puerto o rada. ‖ IDEAS AFINES: *Escollera, muelle, malecón, espigón, desembarcadero, rompiente, escollo, costa, bahía, oleaje, corriente, marea, resaca, romper, espuma, playa.*

ROMPEPOYOS. com. fig. desus. Persona holgazana y vagabunda.

ROMPER. al. **Zerreissen; brechen.** fr. **Rompre; casser.** ingl. **To break.** ital. **Rompere.** port. **Romper.** (Del lat. *rúmpere.*) tr. Separar más o menos violentamente las partes de un todo. Ú.t.c.r. ROMPÍ *el sello.* ‖ Quebrar o hacer pedazos una cosa. Ú.t.c.r. ROMPIÓ *la taza.* ‖ Desgastar, destrozar. Ú.t.c.r. ROMPO *muchas medias.* ‖ Desbaratar un cuerpo de gente armada. ‖ Hacer una abertura en un cuerpo o causarla hiriéndolo. Ú.t.c.r. ‖ Roturar. *La reja del arado* ROMPIÓ *la tierra.* ‖ fig. Traspasar o rebasar el límite establecido. ‖ Dividir o separar por breve tiempo la unión o continuidad de un cuerpo fluido. *El buque* ROMPIÓ *las aguas.* ‖ Interrumpir la continuidad de algo no material. *Un grito* ROMPIÓ *el silencio de la noche.* ‖ Hablando de un astro o de la luz, vencer con su claridad la niebla o nube que la ocultaba. ‖ Abrir espacio suficiente para pasar por un sitio obstruido. ‖ Interrumpir al que está hablando. ‖ Infringir una ley, precepto, etc. ‖ intr. Reventar las olas. ‖ fig. Empezar, tener principio. ROMPIÓ *a reír.* ‖ Partir la caza hacia un lado distinto del que se esperaba. ‖ Decidirse a la ejecución de una cosa difícil. ‖ fig. Cesar de pronto un impedimento físico. ‖ Prorrumpir o brotar. ROMPIÓ *en gemidos* ‖ Abrirse las flores. *Ya* ROMPEN *las primeras rosas.* ‖ r. fig. Adquirir uno desenvoltura en el porte y las acciones. ‖ *P. Rico.* Derrochar el dinero. ‖ **De rompe y rasga.** loc. fig. y fam. De ánimo resuelto y gran desenvoltura. ‖ **Romper con** uno. frs. Enemistarse con él. ‖ **Romper por todo.** frs. Atreverse a la ejecución de una cosa atropellando por todo género de respetos.

ROMPESACOS. m. Planta que produce granos bermejos, puntiagudos por ambos extremos; gramínácea.

ROMPESQUINAS. m. fig. y fam. Perdonavidas que se pone en las esquinas de las calles como en espera.

ROMPEZARAGÜELLES. m. Planta americana, de flor blanca y semillas negras, con vilano, aromática y medicinal; compuesta.

ROMPIBLE. adj. Que se puede romper. *Muñeca* ROMPIBLE.

ROMPIDO, DA. adj. Roto. ‖ m. Tierra que se rompe para cultivarla.

ROMPIENTE. p. a. de **Romper.** Que rompe. ‖ m. Bajío, escollo o costa donde rompe y se levanta el agua del mar o de un río. Ú.t.c.f.

ROMPIMIENTO. m. Acción y efecto de romper. ‖ Abertura o quiebra en un cuerpo sólido. ‖ Derecho que paga el que, teniendo sepultura de su propiedad, la hace abrir para enterrar un cadáver. ‖ Telón recortado que en una decoración de teatro deja ver otro u otros en el fondo. ‖ fig. Discordia o riña. ‖ *Min.* Comunicación entre dos excavaciones subterráneas. ‖ *Pint.* Porción del fondo de un cuadro, donde se figura una abertura que deja ver un objeto lejano.

ROMPOPO. m. *Amér Central* y *Ec.* Bebida hecha de aguardiente, leche, huevos, azúcar y canela.

RÓMULO. *Biog.* Legendario fundador de la ciudad de Roma, junto con su hermano Remo. Allí reinó, según la tradición, desde 753 a 715 a. de C.

RON. al. **Rum.** fr. **Rhum.** ingl. **Rum.** ital. **Rum.** port. **Rum.** (Del ingl. *rum.*) m. Licor alcohólico que se saca por destilación de una mezcla de melazas y zumo de caña de azúcar. *Las Antillas son centros productores de* RON.

RONCA. (De *roncar.*) f. Grito del gamo cuando está en celo. ‖ Tiempo en que está en celo. ‖ fam. Amenaza, con jactancia de valor. Ú.m. en pl. ‖ Trepe, reprimenda, bronca.
RONCA. (Del lat. *runca*) f. Arma semejante a la partesana.
RONCADERA. f. *Bol.* y *Ec.* Roncadora.
RONCADOR, RA. adj. Que ronca. Ú.t.c.s. ‖ m. Pez marino de cuatro a cinco decímetros de largo, negruzco, con 20 o más líneas amarillas, que van desde las agallas hasta la cola; acantopterigio.
RONCADORA. f. *Arg., Bol., Ec.* y *Perú.* Espuela de rodaja grande y sonante.
RONCAL. m. Ruiseñor.
RONCAL, Simeón. *Biog.* Compositor bol. Su colección *Música Nacional Boliviana* recopila gran parte de su obra, dedicada a los motivos populares del país (n. 1872)
RONCAMENTE. adv. m. Tosca, áspera o groseramente.
RONCAR. al. **Schnarchen.** fr. **Ronfler.** ingl. **To snore.** ital. **Russare.** port. **Roncar.** (Del lat. *rhonchare,* y éste del gr. *ronkhos,* ronquido.) intr. Hacer ruido bronco con la respiración cuando se duerme. ‖ Llamar el gamo a la hembra, cuando está en celo. ‖ fig. Hacer un ruido sordo o bronco ciertas cosas; como el mar, el viento, etc. sinón.: **bramar, rugir.** ‖ fig. y fam. Echar roncas amenazando.
RONCE. m. fam. Roncería, halago.
RONCEAR. (De *ronzar.*) intr. Diferir o retardar, por repugnancia o pereza, la ejecución de una cosa. ‖ fam. Halagar para lograr un fin. ‖ tr. *Amér.* Atisbar cautelosamente, andar dando vueltas en observación. ‖ *Arg., Chile* y *Méx.* Voltear, ronzar, mover una cosa pesada ladeándola con las manos o con palancas. ‖ *Mar.* Ir tarda y perezosa la embarcación. ‖ deriv.: **ronceador, ra; ronceamiento.**
RONCERÍA. f. Tardanza o repugnancia que uno muestra en hacer lo que se le manda. ‖ fam. Expresión de halago para conseguir un fin. ‖ *Mar.* Movimiento tardo y perezoso de la embarcación.
RONCERO, RA. adj. Tardo y perezoso en ejecutar lo que se le manda. sinón.: **calmoso, lerdo;** antón.: **presto, rápido.** ‖ Regañón, desabrido. ‖ Que usa de roncerías para lograr un fin. ‖ *Mar.* Aplícase a la embarcación tarda en el movimiento.
RONCESVALLES. *Geog.* Desfiladero de los Pirineos, sit. entre la prov. española de Navarra y el dep. francés de Bajos Pirineos. Es famoso en la historia porque en ese lugar fue derrotado el ejército de Carlomagno, que era conducido por Roldán en el año 777.
RONCO, CA. al. **Heiser.** fr. **Rauque.** ingl. **Hoarse; raucous.** ital. **Rauco.** port. **Ronco; rouco.** (De *roncar.*) adj. Que tiene o padece ronquera. ‖ Dícese de la voz o sonido áspero y bronco. ‖ m. *Cuba.* Cierto pez marino.
RONCÓN, NA. adj. *Col.* y *Ven.* Que echa roncas o amenazas, fanfarrón. ‖ m. Tubo de la gaita que forma el bajo del instrumento.
RONCHA. al. **Beule; Guaddel.** fr. **Cloque.** ingl. **Wheal.** ital. **Vescica.** port. **Vergão.** f. Pápula en figura de haba. RONCHA *de mosquito.* ‖ Cardenal, equimosis. ‖ fig. y fam. Pérdida de dinero a consecuencia de un engaño. ‖ **Hacer roncha.** frs. fig. *Arg.* **Levantar ronchas.** ‖ Destacarse, causar sensación o asombro. HIZO RONCHA *en el baile.* ‖ **Levantar ronchas.** frs. fig. Mortificar, causar pesadumbre.
RONCHA. (Como el cat. *rodanza,* de un deriv. del lat. *rota,* rueda.) f. Tajada delgada de cualquier cosa, cortada en redondo.
RONCHAR. (Del lat. *rumigare,* rumiar.) tr. Ronzar, mascar cosas duras. ‖ Crujir un manjar cuando se masca por estar falto de sazón.
RONCHAR. (De *roncha.*) intr. Hacer o causar ronchas en el cuerpo.
RONDA. al. **Runde; Rundgesang; Rundtanz.** fr. **Ronde.** ingl. **Night patrol; roundel.** ital. **Ronda; girotondo.** port. **Ronda.** (Del ital. *ronda,* y éste del lat. *rotunda,* redonda.) f. Acción de rondar. ‖ Grupo de personas que andan rondando. RONDA *policial.* ‖ Reunión nocturna de mozos para tocar y cantar por las calles. ‖ Espacio que hay entre la parte interior del muro y las casas de una plaza fuerte. ‖ Calle o camino de un pueblo contiguo al límite del mismo. ‖ Cada uno de los paseos o calles cuyo conjunto circunda una ciudad o la parte antigua de ella. ‖ En varios juegos de naipes, vuelta o suerte de todos los jugadores. ‖ fam. Distribución de copas de vino o de cigarros a personas reunidas en corro. *Pagar la* RONDA. ‖ *Arg.* y *Chile.* Juego del corro. ‖ *Cineg.* Caza mayor practicada de noche, a pie o a caballo. ‖ *Mil.* Patrulla destinada a rondar las calles o recorrer los puestos exteriores de una plaza. ‖ Vigilancia efectuada por dicha patrulla. ‖ – **mayor.** *Mil.* La que efectúa un jefe en la plaza o en el campo. ‖ – **ordinaria.** *Mil.* La mandada por un oficial o un sargento, en iguales condiciones. ‖ **Coger la ronda** a uno. frs. Sorprenderle en la acción o delito que quería ejecutar ocultamente. ‖ **Hacer ronda.** frs. En el juego del sacanete, ganarla.
RONDA. *Geog.* Ciudad del S. de España (Andalucía). 39.200 h. Cereales, vinos, aceites, frutas. Curtidos. ‖ **Serranía de –.** Grupo montañoso del S. de España que pertenece a la cordillera Penibética. Su altura no alcanza a 2.000 m.
RONDACALLES. m. Individuo que anda de noche paseando las calles.
RONDADOR. adj. Que ronda. Ú.t.c.s. ‖ m. *Ec.* Especie de zampoña, siringa.
RONDALLA. f. Cuento, patraña. ‖ Ronda de mozos. ‖ Cierto canto y tañido populares. ‖ Orquesta compuesta principalmente de guitarras y bandurrias y que ejecuta con preferencia música popular española.
RONDAR. al. **Bummeln; die Runde machen.** fr. **Faire la ronde; roder.** ingl. **To patrol; to haunt.** ital. **Rondare; andare in ronda.** port. **Rondar.** (De *ronda.*) intr. Recorrer de noche una población para vigilar e impedir desórdenes. Ú.t.c.tr. sinón.: **patrullar.** ‖ Andar de noche paseando las calles. Ú.t.c.tr. ‖ Pasear los mozos las calles donde viven las mozas a quienes cortejan. Ú.t.c.tr. ‖ *Mil.* Visitar los puestos de una plaza fuerte o campamento para vigilar el servicio. ‖ tr. fig. Dar vueltas alrededor de una cosa. *Cayó muerta la mariposa que* RONDABA *la luz.* ‖ fig. y fam. Andar alrededor de uno, importunándolo para conseguir de él una cosa. ‖ Amagar, retentar a uno una cosa; como el sueño, la enfermedad, etc. *Me está* RONDANDO *el reuma.* ‖ deriv.: **rondamiento; rondante.**
RONDEAU, José. *Biog.* Patriota arg. de larga actuación mil. y civil, desde antes de la Revolución de Mayo. Tomó parte en el sitio de Montevideo, en la batalla del Cerrito y en la campaña del Alto Perú. De 1815 a 1816 y en 1819 fue Director Supremo, y en 1828 gobernador de la Banda Oriental (1773-1844).
RONDEL. (Del fr. *rondel.*) m. Composición poética corta en que se repiten al final las primeras palabras o los primeros versos.
RONDEÑO, ÑA. adj. y s. De Ronda. ‖ f. Canción propia de esta ciudad, parecida al fandango.
RONDÍN. m. Ronda que hace regularmente un cabo para asegurarse de la vigilancia de los centinelas. ‖ Sujeto destinado en los arsenales de marina para vigilar e impedir los robos. ‖ *Bol.* y *Chile.* Individuo que vigila o ronda de noche, y en especial el capataz que ronda los potreros y sembrados. ‖ *Ec.* y *Perú.* Pequeño instrumento músico de viento, hecho de madera con lengüetas metálicas.
RONDÓ. m. *Mús.* Composición musical cuyo tema principal aparece varias veces alternando con temas secundarios.
RONDÍS o **RONDIZ.** (Del persa *rendide,* pulido, aplanado.) m. Mesa de una piedra preciosa.
RONDÓN (De). m. adv. Con atrevimiento y sin reparo. ‖ **Entrar de rondón** uno. frs. fig. y fam. Entrarse de repente y con familiaridad, sin avisar ni ser llamado. *Entró* DE RONDÓN *en la fiesta.*
RONDÓN, Juan José. *Biog.* Militar ven., ferviente republicano y héroe de las luchas de la independencia (1790-1822).
RONDONIA. *Geog.* Territ. federal del Brasil. 243.044 km²; 135.000 h. Cap. PORTO VELHO.
RONGIGATA. f. Rehilandera, juguete.
RONQUEADOR. m. Operario que ronquea el atún.
RONQUEAR. intr. Estar ronco.
RONQUEAR. tr. Echar roncas, amenazar jactanciosamente.
RONQUEAR. tr. Trocear o partir atunes u otros animales marinos.
RONQUEDAD. f. Aspereza o bronquedad de la voz o del sonido.
RONQUERA. al. **Heiserkeit.** fr. **Enrouement.** ingl. **Hoarseness.** ital. **Rochezza; raucedine.** port. **Ronquidão.** (De *ronco.*) f. Cambio del timbre de la voz en otro más grave, obscuro y bronco producido por una afección de la laringe.
RONQUEZ. f. p. us. Ronquera.
RONQUIDO. al. **Schnarchen.** fr. **Ronflement.** ingl. **Snore.** ital. **Russo.** port. **Ronquido.** m. Ruido o sonido bronco que se produce por la vibración del velo del paladar durante el sueño, particularmente durante la inspiración. ‖ fig. Ruido o sonido bronco.
RONRÓN. m. *Amér. Central.* Bramadera, juguete. ‖ *Dom., Guat.* y *P. Rico.* Runrún, rumor. ‖ *Hond.* Especie de escarabajo pelotero.
RONRONEAR. (Voz onomatopéyica.) intr. Producir el gato una especie de ronquido, cuando está satisfecho.
RONRONEO. m. Acción y efecto de ronronear.
RONSARD, Pedro de. *Biog.* Notable poeta fr., ilustre figura del Renacimiento. Con otros literatos constituyó el grupo de "La Pléyade" para defender el idioma fr. Sus odas, sonetos, églogas e himnos son de excelsa construcción y bella musicalidad. Obras célebres: *Himnos; Amores; Odas; La Franciada,* etc. (1524-1585).
RONSE. *Geog.* V. **Renaix.**
RONTGENOGRAFÍA. f. Dígase **radiografía.**
RONTGENOTERAPIA. f. Dígase **radioterapia.**
RONZA (Ir a la). frs. *Mar.* Sotaventarse una embarcación.
RONZAL. al. **Halftersirick.** fr. **Licou.** ingl. **Halter.** ital. **Cavezza.** port. **Cabeçada.** (Del ár. *rasán,* cabestro.) m. Cuerda que se ata al pescuezo o a la cabeza de las caballerías para sujetarlas o para llevarlas caminando. sinón.: **dogal, ramal.**
RONZAL. (De *ronzar.*) m. *Mar.* Palanca, palanquín.
RONZAR. (Del m. or. que *ronchar.*) tr. Mascar cosas duras, quebrantándolas con algún ruido. RONZAR *turrón.* ‖ deriv.: **ronzador, ra; ronzamiento.**
RONZAR. (En fr. *roncer.*) tr. *Mar.* Mover una cosa pesada ladeándola por medio de palancas.
ROÑA. al. **Räude.** fr. **Rogne.** ingl. **Scab.** ital. **Rogna.** port. **Ronha.** f. Sarna del ganado lanar. ‖ Porquería y suciedad fuertemente adheridas. ‖ Moho de los metales. ‖ — Corteza del pino. ‖ fig. Daño moral que se comunica o puede comunicarse de unos en otros. ‖ fig. y fam. Roñería. ‖ Farsa, treta. ‖ Persona roñosa, tacaña. Ú.m.c.s.m. ‖ Zanguanga, achaque para no trabajar. ‖ Tirria, mala voluntad.
ROÑERÍA. (De *roña.*) f. fam. Miseria, tacañería.
ROÑERO, RA. adj. *Ven.* Perezoso.
ROÑOSERÍA. f. Roñería.
ROÑOSO, SA. al. **Räudig.** fr. **Rogneux.** ingl. **Scabby.** ital. **Rognoso.** port. **Ronhoso.** adj. Que tiene roña o la padece. ‖ Puerco, sucio. ‖ Oxidado, cubierto de orín. ‖ fig. y fam. Miserable, tacaño. ‖ *Col.* y *Ec.* Áspero, sin pulimentar. ‖ *Ec.* Fullero, tramposo.
ROOKE, Jorge. *Biog.* Almirante ingl. que en 1704 se apoderó de Gibraltar (1650-1709).
ROOSENDAAL. *Geog.* Ciudad del S. O. de Holanda (Brabante Septentrional). 51.000 h. Industrias alimenticias.
ROOSEVELT, Eleanor. *Biog.* Dama estad., notable colaboradora de su esposo Franklin D. Roosevelt. Obras: *Ésta es mi historia; Cuando uno es bastante grande para votar,* etc. (1884-1962). ‖ – **Franklin Delano.** Eminente est. estad. En 1910 inició su carrera política como senador y de 1913 a 1920, durante la presidencia de Wilson, fue subsecretario de Marina. En 1921, poco después de ser derrotada su candidatura a la vicepresidencia de la Rep., sufrió un ataque de poliomielitis, pese a lo cual no cejó su actuación pública. De 1928 a 1930 fue gobernador de Nueva York y su brillante desempeño determinó su reelección por el período 1930-1932. En este último año presentó su candidatura a la presidencia de la Rep., en oposición a la de Hoover. Triunfante por amplísima mayoría, puso en ejecución su programa económico-social, llamado "New Deal", tendiente a contrarrestar la crisis que se produjo a partir de 1929. El éxito de su gestión, principalmente apoyada por la masa trabajadora, le valió su reelección en 1936 y posteriormente en 1940 y en 1944. En la faz internacional **Roosevelt** desechó el aislacionismo y la neutralidad, y promovió en América la llamada política de buena vecindad, afianzada después con la ley de préstamo y arriendo. En 1940, a raíz del ataque japonés a la base de Pearl Harbour, EE. UU. entró de lleno en la contienda mundial (V. **Guerra Mundial, Segunda**), en la cual **Roosevelt** adquirió un relieve extraordinario, como promotor de una política mundial activa que hubo de culminar en la Carta del Atlántico. Cuando las democracias triunfaban sobre los regímenes totalitarios, cuya amenaza él había señalado desde un comienzo, **Roosevelt** murió repentinamente (1882-1945). ‖ – **Teodoro.** Pol. estad. Vicepresidente de la Rep. en 1900, al año siguiente ocupó la primera magistratura por la muerte del titular Mac Kinley; reelegido, fue presidente de la Rep. hasta 1909. Sus hábiles gestiones en pro de la terminación de la guerra entre Rusia y Japón, le significaron en 1906 el premio Nobel de la Paz (1858-1919).
ROOSEVELT. *Geog.* Río de Brasil que atraviesa una zona de selva tropical casi inexplorada. Es uno de los subafluentes más importantes del río Madeira. 1.500 km.
ROOT, Elihu. *Biog.* Pol. estad. Estuvo a cargo del Departamento de Guerra y de la Secretaría de Estado, y posteriormente adquirió renombre mundial por su brillante actuación como miembro del tribunal de arbitraje de La Haya, a raíz de la cual le fue conferido en 1912 el premio Nobel de la Paz (1845-1937).
ROPA. al. **Kleidung; Wäsche.** fr. **Vêtement; linge.** ingl. **Dry good; clothes.** ital. **Panni.** port. **Roupa.** (Del ant. alto al. *rouba.*) f. Todo género de tela que, con hechuras varias, sirve para el uso o adorno de las personas o las cosas. ‖ Cualquier prenda de tela que se usa como vestido. ‖ Vestidura de particular autoridad o distintiva de cargos o profesiones; como la que llevan los ministros togados, etc. ‖ – **blanca.** Conjunto de prendas de tela, generalmente de color blanco, que se emplean en el uso doméstico y también las que llevan las personas debajo del vestido exterior. ‖ – **de cámara,** o **de levantar.** Vestidura amplia que se usa para levantarse de la cama y estar dentro de casa. ‖ – **hecha.** La que para vender se hace sin medidas de persona determinada. ‖ – **vieja.** fig. Guisado de la carne sobrante de la olla o que se aprovechó antes para obtener caldo o jugo. ‖ **A quema ropa.** m. adv. Tratándose del disparo de una arma de fuego, desde muy cerca. ‖ fig. De improviso, inopinadamente. ‖ **A toca ropa.** m. adv. Muy de cerca. ‖ **La ropa sucia se debe lavar en casa.** ref. que aconseja que las familias arreglen en la intimidad sus diferencias, sin enterar a los extraños. ‖ **Nadar y guardar la ropa.** frs. fig. y fam. Proceder cautelosamente al acometer

una empresa, para lograr el mayor provecho, con el menor riesgo. ‖ **No tocar a uno a la ropa.** frs. fig. y fam. No decir ni ejecutar cosa que pueda ofenderle o perjudicarle. ‖ IDEAS AFINES: *Traje, abrigo, gala, vestuario, moda, ajuar, modista, sastre, costura, confección, probador.*

ROPAJE. al. **Kleidung; Amtstracht.** fr. **Vêtement; tenue.** ingl. **Wearing apparel; vestiments.** ital. **Vestimenta.** port. **Ropaje.** m. Vestido o adorno exterior del cuerpo. ‖ Vestidura larga, vistosa y de autoridad. ‖ Conjunto de ropas. ‖ fig. Manera, forma de expresión, lenguaje.

ROPAVEJERÍA. f. Tienda de ropavejero.

ROPAVEJERO, RA. al. **Trödler.** fr. **Fripier.** ingl. **Fripper.** ital. **Bigattiere.** port. **Adelo.** s. Persona que vende, con tienda o sin ella, ropas viejas y baratijas usadas. sinón.: **trapero.**

ROPERÍA. f. Oficio de ropero. ‖ Tienda donde se vende la ropa hecha. ‖ Habitación donde se guarda y dispone la ropa de los individuos de una colectividad. ‖ Casa donde se les guarda el hato y se les prepara la ropa a los pastores trashumantes. ‖ Empleo de guardar la ropa y cuidar de ella. ‖ – **de viejo.** Ropavejería.

ROPERO, RA. s. Persona que vende ropa hecha. ‖ Persona que cuida de la ropa de una comunidad. ‖ m. Zagal que hace los mandados de la ropería de los pastores. ‖ Mueble o pieza donde se guarda ropa. ‖ Asociación benéfica que distribuye ropas entre los necesitados u ornamentos a las iglesias pobres.

ROPETA. f. Ropilla.

ROPILLA. f. dim. de **Ropa.** ‖ Vestidura corta, con mangas y brahones, que se vestía sobre el jubón.

ROPÓN. m. aum. de **Ropa.** ‖ Ropa larga que se pone suelta sobre los otros vestidos. ‖ Especie de acolchado que se hace cosiendo unas telas gruesas sobre otras o poniéndolas dobladas. ‖ *Col., Chile* y *Ven.* Amazona, traje de mujer para cabalgar.

ROQUE. (Del persa *roj*, carro de guerra, torre de ajedrez.) m. Torre de ajedrez.

ROQUE, San. *Hagiog.* Religioso fr., célebre por su celo para socorrer a los enfermos (1295-1327).

ROQUEDA. f. Lugar abundante en rocas.

ROQUEDAL. m. Roqueda.

ROQUEDO. m. Peñasco, roca.

ROQUEÑO, ÑA. al. **Felsig.** fr. **Rocheux.** ingl. **Rocky.** ital. **Roccioso.** port. **Rochoso.** adj. Dícese del lugar lleno de rocas. ‖ Duro como roca.

ROQUEFORT. *Geog.* Población del S. E. de Francia (Aveyron). 2.500 h. Afamados quesos.

ROQUEÑAS, Montañas. *Geog.* V. **Rocosas, Montañas.**

ROQUE PÉREZ. *Geog.* Población del E. de la Argentina (Buenos Aires). 3.100 h. Actividad agrícola-ganadera.

ROQUERO, RA. adj. Perteneciente a las rocas o construido sobre ellas. *Nido* ROQUERO.

ROQUETA. f. dim. de **Roca.** ‖ *Fort.* Especie de atalaya que se construía dentro de una plaza fuerte.

ROQUETE. (Del ant. alto al. *rocch.*) m. Especie de sobrepelliz cerrada y con mangas cortas.

ROQUETE. (Tal vez de *roque.*) m. Hierro de la lanza de torneo que terminaba con tres o cuatro puntas separadas para que hiciesen presa en la armadura del adversario. ‖ *Art.* Atacador. ‖ *Blas.* Figura del escudo en forma de triángulo.

RORAIMA. *Geog.* Pico de la sierra de Pacaraima, en el macizo de las Guayanas, sit. en la frontera de Brasil, Venezuela y Guyana. 2.640 m. ‖ Territ. federal del Brasil. 230.104 km²; 42.000 h. Cap. BOA VISTA.

RORANTE. (Del lat. *rorans, -antis.*) adj. p. us. Cubierto de rocío, o que destila gotas como de rocío.

RORAR. (Del lat. *rorare.*) tr. p. us. Cubrir de rocío.

RORCUAL. (Del sueco *roer*, tubo, y *qual*, ballena.) m. Especie de ballena con una aleta dorsal y la garganta surcada de pliegues. Se le encuentra en el Atlántico, Cantábrico y Mediterráneo. Su longitud alcanza de 16 a 24 metros; acompaña al bonito y devora muchas sardinas, crustáceos y moluscos. Gén. *Balaenoptera.*

ROROIMA. *Geog.* V. **Roraima.**

RORRO. (De *ro.*) m. fam. Niño pequeño.

ROS. (Del general *Ros* de Olano, que introdujo en el ejército español esta prenda de uniforme.) m. *Mil.* Especie de chacó pequeño, de fieltro y más alto por delante que por detrás.

ROSA. al. **Rose.** fr. **Rose.** ingl. **Rose.** ital. **Rosa.** port. **Rosa.** (Del lat. *rosa.*) adj. Dícese del color encarnado poco subido. Ú.t.c.s.m. ‖ De color **rosa.** ‖ f. Flor del rosal. *La* ROSA *es la reina de las flores.* ‖ Mancha redonda, de color **rosa,** que suele salir en el cuerpo. ‖ Lazo de cintas o cosa parecida que se hace imitando la **rosa.** ‖ Cualquier cosa que se fabrica o se forma semejando la figura de esta flor. ‖ Fruta de sartén hecha con masa de harina. ‖ *Amér.* Rosal, planta. ‖ *Arq.* Rosetón. ‖ pl. Rosetas. ‖ – **albardera.** Saltaojos. ‖ – **de Jericó.** Planta herbácea anual, de la familia de las crucíferas, con tallo delgado y muy ramoso, hojas pecioladas y flores pequeñas y blancas. Es propia de los desiertos de Siria. ‖ – **del azafrán.** Flor del azafrán. ‖ – **de los vientos.** Círculo que tiene marcados alrededor los 32 rumbos en que está dividida la vuelta del horizonte. ‖ – **de rejalgar.** Saltaojos. ‖ – **francesa.** *Cuba.* Adelfa. ‖ – **montés.** Saltaojos. ‖ – **náutica. Rosa de los vientos.** ‖ **Como las propias rosas.** loc. adv. fig. y fam. Muy bien, perfectamente. ‖ **No hay rosa sin espinas.** frs. proverb. Indica que no hay placer que no traiga consigo algún sinsabor.

ROSA, Monte. *Geog.* Pico culminante de los Alpes centrales, sit. entre Italia y Suiza. 4.638 m.

ROSA, Ramón. *Biog.* Pol. y escritor hond., autor de *Constitución social del país; Discursos,* y otras obras (1848-1893). ‖ – **Salvador.** Poeta, músico y pintor ital., autor de *Prometeo; La pitonisa de Endor; El triunfo de David,* y otros cuadros (1615-1673).

ROSÁCEO, A. (Del lat. *rosaceus.*) adj. Que tira al color rosa. ‖ *Bot.* Dícese de árboles, arbustos y hierbas dicotiledóneos, caracterizados por sus hojas alternas, con frecuencia compuestas de un número impar de hojuelas y con estípulas; cáliz de cinco divisiones, corola regular, pericarpio vario y semillas sin albumen, como el almendro, el escaramujo, la filipéndula, la fresa, el laurel real, el peral y el rosal. Ú.t.c.s.f. ‖ f. pl. *Bot.* Familia de estas plantas.

ROSACRUZ. Nombre dado a una secta de teósofos místicos que surgió en Alemania en el s. XVI y aún tiene adeptos en algunos países. También se aplica esta denominación a uno de los grados más altos de la masonería.

ROSADA. (Del lat. *ros,* rocío.) f. Escarcha.

ROSADELFA. f. Azela.

ROSA DE LIMA, Santa. *Hagiog.* V. **Lima, Santa Rosa de.**

ROSADO, DA. (Del lat. *rosatus.*) adj. Rosa, 1ª y 2ª aceps. Ú.t.c.s.m. ‖ Compuesto o hecho con rosas. *Miel* ROSADA. ‖ *Arg., Col.* y *Chile.* Rubicán.

ROSADO, DA. (De *rosada,* escarcha.) adj. Dícese de la bebida helada a medio cuajar.

ROSAL. al. **Rosenstrauch.** fr. **Rosier.** ingl. **Rose bush.** ital. **Rosaio.** port. **Roseira.** (De *rosa.*) m. Arbusto tipo rosáceo, con tallos ramosos, comúnmente llenos de aguijones; hojas alternas, ásperas, pecioladas, con estípulas, compuestas de un número impar de hojuelas elípticas, casi sentadas y aserradas por el margen; flores terminales, solitarias o en panoja, con cáliz aovado o redondo, corola de cinco pétalos redondos o acorazonados, y cóncavos, y muchos estambres y pistilos; por fruto una baya carnosa que corona el cáliz y muchas semillas menudas, elipsoidales y vellosas. Se cultiva en los jardines por la belleza y suave fragancia de sus flores, habiéndose logrado que éstas aumenten el número de pétalos y presenten gran variedad de colores. ‖ *Arg., Chile* y *P. Rico.* Rosalera. ‖ – **amarillo.** El de tallos delgados, con muchos aguijones cortos, hojas de color verde amarillento que forman siete hojuelas apuntadas, y muchas flores amarillas. ‖ – **blanco.** El de tallos sarmentosos, con aguijones espesos y fuertes, hojas algo glaucas que constan de cinco o siete hojuelas casi redondas, dentadas en el margen y con nervios vellosos; flores poco olorosas, blancas, y a veces rosadas en el centro. ‖ – **castellano.** El de tallos fuertes, con aguijones dispares, hojas constituidas por cinco o siete hojuelas de color verde obscuro, aovadas o lanceoladas, coriáceas y algo dobladas por el margen, y flores grandes, extendidas y de color uniforme, o con diversos matices de púrpura o rojo fuerte. ‖ – **de Alejandría.** El de tallos largos y verdosos, con fuertes aguijones, hojas verdes, que comprenden siete hojuelas elípticas, finamente aserradas y pardas por el margen, y flores medianas, muy olorosas, de color pálido y pétalos apretados. ‖ – **de cien hojas.** El de tallos fuertes, con dos clases de aguijones, hojas de color verde obscuro, que constan de cinco hojuelas ovales, y flores de color encarnado pálido, muy dobles, orbiculares, olorosas, en grupos apretados y sostenidas por pedúnculos erizados de pelos rojizos. ‖ – **de olor. Rosal de Alejandría.** ‖ – **de pitiminí.** El de tallos trepadores, que echa gran cantidad de rosas muy pequeñas, menos encarnadas que las comunes y muy rizadas y pulidas. ‖ – **perruno** o **silvestre.** Escaramujo, planta.

ROSALEDA. f. Rosalera.

ROSALERA. al. **Rosengarten.** fr. **Roseraie.** ingl. **Roses garden.** ital. **Giardino di rose.** port. **Rosal.** f. Sitio en que abundan los rosales.

ROSALES, Diego de. *Biog.* Hist. y sacerdote chil. de origen esp., ardiente defensor de los indígenas. Su *Historia general del reino de Chile* es notable documento de la época (1603-1677). ‖ – **José.** Pol. salv., en 1885, presid. de la Nación. ‖ – **Leonardo.** Marino arg. compañero de Brown y héroe de numerosos encuentros navales (1792-1836).

ROSARIERA. f. Cinamomo, planta.

ROSARIERO. m. El que hace o vende rosarios. ‖ Estuche en que se guarda el rosario.

ROSARINO, NA. adj. Natural de Rosario. Ú.t.c.s. ‖ Perteneciente o relativo a esta ciudad de la Argentina o al departamento de su nombre.

ROSARIO. al. **Rosenkranz.** fr. **Chapelet.** ingl. **Rosary.** ital. **Rosario.** port. **Rosário.** (Del lat. *rosárium,* de *rosa,* rosa.) m. Rezo de la Iglesia, en que se conmemoran los 15 misterios de la Virgen Santísima, recitando después de cada uno un padrenuestro, 10 avemarías y un gloriapatri, seguido todo de la letanía. Divídese en tres partes, que comprenden los misterios gozosos, dolorosos y gloriosos, y es lo más común rezar una sola de ellas con la letanía. ‖ Sarta de cuentas, separadas de 10 en 10 por otras de diferente tamaño y anudada por sus dos extremos a una cruz, a la que preceden, generalmente, tres cuentas pequeñas. Suele adornarse con medallas u otros objetos de devoción, y sirve para hacer ordenadamente el rezo del mismo nombre o una de sus partes. ‖ Reunión de personas que rezan o cantan el **rosario** a coro. ‖ Este mismo acto colectivo de devoción. ‖ Máquina para elevar agua, especie de noria. ‖ fig. Sarta, serie. ROSARIO *de disparates.* ‖ fig. y fam. Espinazo, espina dorsal. ‖ **Acabar como el rosario de la aurora.** frs. fig. y fam. que se dice cuando los individuos de una reunión, por falta de acuerdo, se desbandan descompuesta y tumultuariamente. ‖ **El rosario al cuello, y el diablo en el cuerpo.** ref. que reprende a los hipócritas.

ROSARIO. *Geog.* Ciudad y puerto del E. de la Rep. Argentina (Santa Fe), sit. sobre el río Paraná. Tiene 807.000 h., con los suburbios. Es la segunda ciudad de la República y constituye un importante centro ferroviario, industrial, comercial y cultural. ‖ C. del S. O. del Brasil (Río Grande del Sur). 15.000 h. Centro agrícola y comercial. ‖ Población del O. de México (Sinaloa) 11.500 h. Centro agrícola. ‖ **El –. V. El Rosario.** ‖ – **de la Frontera.** Población del N. O. de la Argentina (Salta). 5.500 h. Famosa estación termal y de turismo. ‖ – **de Lerma.** Población del N. O. de la Argentina (Salta). 3.000 h. Centro de turismo. ‖ – **del Tala.** Población del E. de la Rep. Argentina (Entre Ríos). 12.500 h. Producción agropecuaria.

ROSARSE. (De *rosa.*) r. Sonrosarse.

ROSAS, Juan Manuel de. *Biog.* Mil. y político arg., caudillo de los federales. De 1829 a 1832, gob. de Buenos Aires; en 1833 comandó una campaña contra los indígenas conocida como la primera Conquista del Desierto y en 1835 fue nombrado nuevamente gob. con la suma del poder público, mientras las otras prov. de la Confederación Argentina delegaron en él las relaciones con el extranjero. Durante su dictadura, que se prolongó diecisiete años, el país cayó en la violencia, lo cual le trajo notable atraso económico y cultural. Hizo frente a varios movimientos armados, hasta que la oposición se unió en el pronunciamiento de Urquiza, quien lo venció en 1852 en la batalla de Caseros. **Rosas,** acogiéndose al asilo diplomático, se trasladó, en un buque ingl., a Southampton, donde pasó el resto de su vida (1793-1877). ‖ – **Juventino.** Compositor mex., autor del famoso vals *Sobre las olas* y de otras piezas (1868-1894). ‖ – **DE OQUENDO, Mateo.** Poeta esp. que viajó por la Argentina, Perú y México (aprox. 1559-1625).

ROSAS, Las. *Geog.* V. **Las Rosas.**

ROSAS, Guerra de las Dos. *Hist.* V. **Dos Rosas, Guerra de las.**

ROSBIF. (Del ingl. *roast-beef;* de *roast,* asada, y *beef,* carne de vaca.) m. Carne de vaca soasada.

ROSCA. al. **Gewinde.** fr. **Couronne.** ingl. **Twist.** ital. **Spira.** port. **Rosca.** f. Máquina compuesta de tornillo y tuerca. ‖ Cualquier objeto redondo que, cerrándose, forma un círculo hueco. ‖ Pan o bollo de esta forma. ROSCA *de Reyes.* ‖ Carnosidad que rebosa a las personas gordas alrededor del cuello, las muñecas y las piernas. Dícese más comúnmente refiriéndose a los niños. ‖ Cada una de las vueltas de una espiral o el conjunto de ellas. ‖ Resalto helicoidal de un tornillo. ‖ Fila de material que, sola o con otras concéntricas, forma una bóveda. ‖ *Chile.* Rodete para cargar pesos en la cabeza. ‖ Rueda o corro de jugadores. ‖ Discusión, pelea. ‖ – **de Arquímedes.** Aparato para elevar agua. ‖ **Hacer la rosca** a uno. frs. fig. y fam. Rondarle, halagarle para lograr alguna cosa. ‖ **Hacerse rosca** o **una rosca.** frs. fig. Enroscar el cuerpo. ‖ **Pasarse de rosca.** frs. No entrar bien un tornillo en la **rosca** de su tuerca.

ROSCADO, DA. adj. En forma de rosca.

ROSCIO, Juan Germán. *Biog.* Patriota ven., uno de los firmantes del Acta de la Independencia de su patria y autor de *Triunfo de la libertad sobre el despotismo* (1769-1821).

ROSCO. m. Roscón o rosca de pan.

ROSCÓN. m. aum. de **Rosca.** ‖ Bollo en forma de rosca grande.

ROSEAR. intr. Mostrar color semejante al de la rosa.

ROSEAU. *Geog.* Ciudad capital de la isla Dominica, que forma parte de las Antillas Menores y es Est. asociado a Gran Bretaña. 12.000 h

ROSEDAL. m. *Arg.* Rosaleda, rosalera.

ROSELLÓN. *Geog.* Antigua prov. del sur de Francia, que hoy forma el dep. de Pirineos Orientales, Cap. PERPIÑÁN.

RÓSEO, A. (Del lat. *roseus.*) adj. Rosa, 1ª y 2ª aceps.

ROSÉOLA. f. *Med.* Erupción cutánea, caracterizada por la aparición de pequeñas manchas rosáceas.

ROSERO, RA. s. Persona que trabaja en la recolección de rosas del azafrán. ‖ m. *Ec.* Postre que se hace principalmente el día del Corpus y que está compuesto de agua, almíbar, especias y trocitos de piña.

ROSETA. f. dim. de **Rosa.** ‖ Chapeta en las mejillas. ‖ Rallo de la regadera. ‖ Pieza metálica fija en el extremo de la barra de la romana, que impide que el pilón salga de la barra. ‖ Arete o zarcillo adornado con una piedra preciosa, a la que rodean otras pequeñas. ‖ Galicismo por escarapela o rosa de cinta. ‖ Costra de cobre puro de color de rosa, que se forma en las pilas de los hornos de afino al echar agua fría sobre el metal fundido. ‖ *Arg., Pan.* y *Perú.* Rodaja movediza con púas de hierro en que termina la espuela. ‖ pl. Granos de maíz que al tostarse se abren en forma de flor.

ROSETA. *Geog.* Ciudad de Egipto, sobre un brazo del delta del Nilo. 38.500 h. Allí se halló la piedra jeroglífica que ha sido el punto de partida para descifrar la antigua escritura egipcia.

ROSETÓN. al. **Rosette.** fr. **Rosace.** ingl. **Rosette.** ital. **Rosone.** port. **Rosa.** m. aum. de **Roseta.** ‖ *Arq.* Ventana circular calada, con adornos. ‖ *Arq.* Adorno circular que se coloca en los techos.

ROSICLER. (Como el port. *rosicler,* de *rosa,* y *claro.*) m. Color rosado, claro y suave de la aurora. ‖ **Plata roja.**

ROSILLO, LLA. adj. dim. de **Roso.** ‖ Rojo claro. ‖ Aplícase a la caballería de pelo mezclado de blanco, negro y castaño.

ROSITA. f. dim. de **Rosa.** ‖ pl. Rosetas de maíz. ‖ *Chile.* Arete para las orejas. ‖ **De rositas.** m. adv. fam. De balde, sin ningún esfuerzo.

ROSKILDE. *Geog.* Ciudad y puerto de Dinamarca. 52.000 h. Hasta el s. XI fue la cap. del país.

ROSMARINO. (Del lat. *rosmarinus.*) m. Romero, planta.

ROSMARINO, NA. (De *roso* y *marino.*) adj. Rojo claro.

ROSMARO. m. Manatí, mamífero.

ROSO. (Del lat. *rosus.*) adj. Raído, sin pelo. ‖ **A roso y velloso.** m. adv. fig. Totalmente, sin excepción.

ROSO, SA. (Del lat. *russus.*) adj. Rojo. Ú.t.c.s.m.

ROSOLI o **ROSOLÍ.** (Del fr. *rossolis.*) m. Licor compuesto de aguardiente, azúcar, canela, anís u otras substancias olorosas.

ROSÓN. (De *roso,* rojo.) m. Rezno.

ROSQUEADO, DA. adj. Aplícase a lo que hace o forma roscas.

ROSQUETE. m. Rosquilla de masa, algo mayor que las regulares.

ROSQUILLA. (Dim. de *rosca.*) f. Especie de masa dulce y delicada, hecha en forma de roscas pequeñas. ‖ Larva de insecto que se enrosca fácilmente y al menor peligro. Existen varias especies, todas perjudiciales para las plantas, como el gusano revoltón. ‖ — **tonta.** La que tiene poco azúcar. ‖ **Saber a rosquillas** una cosa. fig. y fam. Producir gusto o satisfacción.

ROSQUILLERO, RA. s. El que hace o vende rosquillas.

ROSS, Jaime Clarke. *Biog.* Marino ingl. que en uno de sus ocho viajes al Polo Norte descubrió el polo magnético. En el Polo Antártico descubrió la Tierra de Victoria (1800-1862). ‖ — **Juan.** Marino inglés que exploró las regiones árticas, acerca de las cuales escribió varias obras (1777-1858). ‖ — **Reinaldo.** Méd. y erudito ingl. que descubrió el mosquito transmisor de la malaria. En 1902, premio Nobel de Medicina por sus trascendentales investigaciones sobre la malaria (1857-1932).

ROSS. *Geog.* Mar antártico que depende del océano Pacífico sit. al sur de Nueva Zelanda. ‖ Isla sit. sobre el mar hom., cerca del continente antártico. ‖ — **y Cromarty.** Condado del N. de Gran Bretaña (Escocia). 8.001 km². 65.000 h. Cap. DINGWALL.

ROSSEL, Ricardo. *Biog.* Escritor per., autor de obras en prosa y verso sobre temas autóctonos (1841-1909).

ROSSETTI, Dante Gabriel. *Biog.* Pintor y poeta ingl., organizador del movimiento denominado prerrafaelismo Obras pictóricas: *Paolo y Francesca; El sueño de Dante,* etc. Obras literarias: *Poemas; Baladas y sonetos,* etc. (1828-1882).

ROSSI, Alberto. *Biog.* Pintor argentino de origen ital., autor de *La librería de Marcos Sastre; La ciudad que surge,* y otros cuadros. (1879-1965). ‖ — **Luis.** Compositor ital., autor de cantatas y de óperas (aprox. 1598-1653). ‖ — **MAGLIANO, Amado.** Escultor urug. nacido en 1894, autor de *Serenidad; Cabeza de Cristo, Admiración,* etc.

ROSSINI, Joaquín Antonio. *Biog.* Compositor ital. de abundante y brillante obra. De vivaz concepción melódica y fecunda inspiración, su obra maestra es la ópera cómica *El barbero de Sevilla,* una de las más representadas en todo el mundo. *Guillermo Tell* es otra de sus óperas difundidas; además compuso cantatas dramáticas y religiosas, marchas militares, canciones y piezas didácticas (1792-1868).

ROSSO, Florentino. *Biog.* Seudónimo del pintor italiano **Juan Bautista di Jacopo,** que realizó su obra en Florencia y en Roma, trasladándose luego a Francia, invitado por Francisco I, para decorar el palacio de Fontainebleau (1494-1540).

ROSTAND, Edmundo. *Biog* Dramaturgo y poeta fr. Adquirió renombre mundial con el drama heroico *Cyrano de Bergerac,* obra que prueba su dominio fácil y brillante de la versificación. Otras obras: *Chantecler; El aguilucho,* etc (1868-1918). ‖ — **Mauricio.** Comediógrafo, nov. y poeta fr. autor de *La gloria; El hombre que yo maté; El féretro de cristal,* etc. (1891-1968).

ROSTOCK. *Geog.* Ciudad del N. de la Rep. Democrática Alemana (Mecklemburgo). 121.200 h. Maquinarias, productos químicos. Famosa universidad.

ROSTOV. *Geog.* Ciudad de la Unión Soviética, en la R.S.F.S.R., puerto sobre el río Don. 550.000 h. Gran centro comercial e industrial.

ROSTRADO, DA. (Del lat. *rostratus.*) adj. Que remata en una punta parecida al pico del pájaro o al espolón de la nave

ROSTRAL. (Del lat. *rostralis.*) adj. Rostrado.

ROSTRILLO. m. dim. de **Rostro.** ‖ Adorno que se ponían las mujeres alrededor de la cara, y actualmente se suele poner a las imágenes de algunas santas. ‖ Aljófar de 600 perlas en onza. ‖ — **grueso.** Aljófar de 500 perlas en onza. ‖ — **menudo.** Aljófar de 700 perlas en onza. ‖ **Medio rostrillo.** Aljófar de 1.200 perlas en onza. ‖ **Medio rostrillo grueso.** Aljófar de 850 perlas en onza. ‖ **Medio rostrillo mejor.** Aljófar de 1.000 perlas en onza.

ROSTRITORCIDO, DA. adj. Rostrituerto.

ROSTRITUERTO, TA. adj. fig. y fam. Que muestra enojo o pesadumbre.

ROSTRO. al. **Gesicht; Antlitz.** fr. **Visage; rostre.** ingl. **Countenance; beak.** ital. **Rostro.** port. **Rostro.** (Del lat. *róstrum.*) m. Pico del ave. ‖ Por ext., cosa en punta, parecida a él. ‖ Cara, parte anterior de la cabeza. *Un velo le cubría el rostro.* sinón.: **faz, semblante.** ‖ desus. Frente de una moldura. ‖ *Mar.* Espolón de la nave. ‖ **A rostro firme.** m. adv. fig. Cara a cara, sin empacho y con resolución. ‖ **Conocer de rostro** a uno. frs. Conocerle personalmente. ‖ **Dar en rostro** a uno **con** una cosa. frs. fig. Echarle en cara los beneficios recibidos o las faltas cometidas. ‖ **Dar en rostro** una cosa. frs. fig. Causar enojo y pesadumbre, chocar. ‖ **Encapotar el rostro.** frs. Ponerle ceñudo. ‖ **Hacer rostro.** frs. fig. Resistir al enemigo. ‖ fig. Oponerse al dictamen y opinión de alguien. ‖ Estar dispuesto a aguantar las adversidades y amenazas. ‖ **Rostro a rostro.** m. adv. **Cara a cara.** ‖ **Volver uno el rostro.** frs. fig. con que se explica el cariño o la atención cuando se inclina hacia otra persona para mirarla, y, al contrario, desprecio o desvío cuando la vista se aparta de ella. ‖ fig. Huir, alejarse. ‖ IDEAS AFINES: *Facciones, rasgos, gesto, mueca, cutis, sonrojo, palidez, lividez, bozo, bigote, barba, comisuras, sonrisa, hoyuelo, colorete, arrebol, polvos, caracterización, expresión.*

ROTA. (Del lat. *rupta.* t.f. de *ruptus,* roto.) f. Derrota, rumbo de una embarcación. ‖ **De rota, o de rota batida.** m. adv. Con total pérdida o destrucción. ‖ fig. y fam. De súbito o sin reparo.

ROTA. (Del lat. *rota,* rueda, por alusión al turno en los procedimientos.) f. Tribunal de la corte romana constituido por diez ministros llamados auditores, en el cual se deciden en grado de apelación las causas eclesiásticas de todo el orbe católico. ‖ — **de la nunciatura apostólica.** Tribunal supremo eclesiástico de última apelación en España, constituido por jueces españoles.

ROTA. (Del malayo *rotan.*) f. Planta vivaz, de la familia de las palmas, con tallo nudoso a trechos casi equidistantes, delgado, sarmentoso y muy fuerte; hojas lisas y flexibles, flores de tres pétalos, y fruto abayado y rojo como la cereza. Es propia de los bosques de la India y otros países de Oriente y de sus tallos se hacen bastones.

ROTACIÓN. al. **Umdrehung; drehung.** fr. **Rotation.** ingl. **Rotation.** ital. **Rotazione.** port. **Rotação.** (Del lat. *rotatio, -onis.*) f. Acción y efecto de rodar. *La* ROTACIÓN *de la Tierra;* sinón.: **giro.** ‖ — **de cultivos.** Variedad de siembras alternativas o simultáneas, con el fin de evitar que el terreno se agote en la exclusiva alimentación de una sola especie vegetal.

ROTACISMO. m. *Ling.* Conversión de *s* en *r* en posición intervocálica.

ROTAL. adj. Perteneciente o relativo al Tribunal de la Rota.

ROTAMENTE. adv. m. Con desenvolvimiento, desbaratadamente.

ROTAR. intr. Rodar. ‖ deriv. **rotable; rotante.**

ROTARIANO, NA. adj. y s. Rotario.

ROTARIO, RIA. (De *Rotary Club.*) adj. Partidario del rotarismo o miembro de esta organización internacional. Ú.t.c.s. ‖ Perteneciente o relativo al rotarismo.

ROTARISMO. (De *rotario*) m. Conjunto de normas que propenden a perfeccionar la moral y a purificar la labor profesional en los diferentes sectores de la actividad humana, sustentado por el Rotary Club, organización internacional fundada en 1905 por el filántropo norteamericano Pablo Harry en Chicago.

ROTATIVO, VA. adj. Dícese de la máquina de imprimir que con movimiento seguido y velozmente imprime los ejemplares de un periódico. Ú.m.c.s.f. ‖ m. Por ext., periódico impreso en estas máquinas.

ROTATORIO, RIA. (De *rotar.*) adj. Que tiene movimiento circular. *Cilindros* ROTATORIOS; sinón.: **giratorio, ria.**

ROTEN. (Del fr. *rotin,* y éste del malayo *rotan.*) m. Rota, planta. ‖ Bastón hecho del tallo de la rota.

ROTERÍA. f. *Chile.* Conjunto de rotos; plebe.

ROTERODAMENSE. (Del lat. *roterodamensis.*) adj. Perteneciente o relativo a Rotterdam. ‖ Natural de esta ciudad de Holanda. ‖ Dícese por antonomasia del filósofo Erasmo, nacido en ella. Ú.t.c.s.

ROTHERHAM. *Geog.* Ciudad de Gran Bretaña (Inglaterra), sit. al O. de Manchester. 82.334 h. Importante centro industrial.

ROTHSCHILD. *Geneal.* Familia al. de origen judío. A ella pertenecieron los más fuertes banqueros del s. XIX.

ROTÍFERO, RA. (Del lat. *rota,* rueda, y *ferre,* llevar.) adj. *Zool.* Dícese de los gusanos que se distinguen por tener un aparato ciliar, vibrátil y por lo general retráctil, denominado órgano rotativo por su semejanza con una rueda de molino; sus conductos son acuíferos, y carece de corazón y sistema vascular; sexos separados. Ú.t.c.s. ‖ m. pl. *Zool.* Clase de estos animales, una de las cinco en que está dividido el grupo de los gusanos.

ROTISERÍA. (Del fr. *rotisserie.*) f. *Amér.* Tienda en que se asan viandas para la venta; repostería.

ROTO, TA. (Del lat. *ruptus.*) p.p. irreg. de **Romper.** ‖ adj. Andrajoso y que lleva rotos los vestidos. Ú.t.c.s. sinón.: **harapiento.** ‖ Dícese del sujeto licencioso, libre y desbaratado en las costumbres y manera de vivir, y también de las costumbres y vida de dicho sujeto. ‖ m. *Chile.* Individuo de la clase ínfima del pueblo. ‖ *Arg.* y *Perú.* fam. desp. Apodo con que se designa al chileno. ‖ *Ec.* Mestizo de español e indígena. ‖ *Méx.* Petimetre de pueblo. ‖ **Nunca falta un roto para un descosido.** frs. proverb. con que se da a entender que los pobres e infortunados suelen hallar consuelo entre los que también lo son. ‖ IDEAS AFINES: *Pobre, rotoso, sucio, desaseado, roñoso, mendigo, pedigüeño, miseria, viejo, gastado, desgarrón, rasgón, jirón, siete, zurcir, remendar, coser.*

ROTONDA. al. **Rotunde; Rundbau.** fr. **Rotonde.** ingl. **Rotunda.** ital. **Rotonda.** port. **Rotunda.** (De *rotunda.*) f. Templo, edificio o sala de planta circular. ‖ Departamento último de algunas diligencias.

ROTOGRABADO. m. Impr. Procedimiento de impresión fotomecánica del sistema en huecograbado por medio de una máquina rotativa.

ROTOSO, SA. adj. *Chile, Perú* y *R. de la Plata.* Roto, desastrado.

ROTTERDAM. *Geog.* Ciudad del S. O. de Holanda (Holanda Meridional). 712.513 h. Es uno de los puertos más importantes de Europa y el primero del país. Astilleros, refinerías de azúcar, industrias químicas.

RÓTULA. al. **Kniescheibe.** fr. **Rotule.** ingl. **Rotula; kneepan.** ital. **Rotella.** port. **Rótula.** (Del lat. *rótula,* ruedecilla, por la forma.) *Anat.* Hueso en la parte anterior de la articulación de la tibia con el fémur. sinón.: **choquezuela.** ‖ *Farm.* Trocisco de que se hacen las píldoras.

ROTULAR. al. **Beschriften; etikettieren.** fr. **Etiquetter.** ingl. **To label.** ital. **Intitolare.** port. **Rotular.** tr. Poner un rótulo a alguna cosa o en alguna parte. ‖ deriv.: **rotulación; rotulador, ra; rotulamiento.**

ROTULAR. adj. Perteneciente o relativo a la rótula.

ROTULATA. f. Colección de rótulos. ‖ fam. Rótulo, título.

ROTULIANO, NA. adj. Rotular, perteneciente o relativo a la rótula.

RÓTULO. al. **Aufschrift.** fr. **Ecriteau.** ingl. **Label.** ital. **Etichetta.** port. **Rótulo.** (Del lat. *rótulus.*) m. Título de un escrito o de una parte suya. ‖ Inscripción con que se da a conocer el contenido, objeto o destino de una cosa, o la dirección a que se envía. ‖ Encabezamiento, letrero. ‖ Cartel que se expone en lugares públicos para dar noticia o aviso de una cosa. ‖ Despacho que libra la curia romana de acuerdo con las informaciones hechas por el ordinario referente a las virtudes de un sujeto con el fin de que se haga la misma información en nombre del papa, antes de proceder a la beatificación. ‖ Lista de graduandos en la antigua universidad de Alcalá. ‖ IDEAS AFINES: *Etiqueta, marbete, informe, propaganda, sello, marca, propio, inscripción, señal, aviso, escrito, leer, enterarse, tipo, monograma, firma.*

ROTUNDAMENTE. adv. m. De un modo claro y terminante. *Se negó* ROTUNDAMENTE *a recibirlo;* sinón.: **decisivamente, perentoriamente.**

ROTUNDO, DA. (Del lat. *rotundus,* de *rota,* rueda.) adj. Redondo. ‖ fig. Dicho del lenguaje, lleno y sonoro. ‖ fig. Completo, terminante. *Victoria* ROTUNDA; sinón.: **concluyente, definitivo;** antón.: **impreciso.** ‖ deriv.: **rotundidad.** ‖ IDEAS AFINES: *Enfático, decisivo, evasivas, circunloquios, preciso, sumario, conciso, irrevocable, súplica, inflexible, terco, severo.*

ROTUNO, NA. adj. *Chile.* Propio del roto o gente plebeya.

ROTURA. (Del lat. *ruptura.*) f. Rompimiento, acción y efecto de romper. *La* ROTURA *de un caño.* ‖ Contrarrotura.

ROTURACIÓN. f. Acción y efecto de roturar. ‖ Terreno recién roturado.

ROTURADOR, RA. adj. Que rotura. ‖ f. Máquina para roturar las tierras.

ROTURAR. al. **Urbar-machen.** fr. **Défricher.** ingl. **To breack**

up. ital. **Dissodare.** port. **Rotear.** tr. Arar por primera vez las tierras eriales o los montes descuajados, preparándolos para el cultivo.

ROUAULT, Jorge. *Biog.* Pintor expresionista fr., autor de *Jesús entre los doctores; Ante el espejo; El señor y la señora Doulot; Nocturno cristiano*, etc. (1871-1958).

ROUARD PAZ SOLDÁN, Manuel. *Biog.* Astrón. y geógrafo per. que rectificó los cálculos de Humboldt sobre la latitud de Lima (1839-1872).

ROUBAIX. *Geog.* Ciudad de Francia (Norte). 110.067 h. Fábricas de hilados y tejidos.

ROUGE. f. gal. Lápiz labial. ‖ Colorete, arrebol.

ROUGET DE L'ISLE, Claudio José. *Biog.* Mil., poeta y compositor fr., autor de la letra y la música de *La Marsellesa.* Escribió también melodías, canciones, comedias, etc. (1760-1836).

ROULERS. *Geog.* Ciudad del C de Bélgica (Flandes Occidental). 33.548 h. Industria textil lanera.

ROUND. (Voz inglesa, pronúnc. *ráun.*) m. Cada uno de los tiempos o vueltas en que se dividen la lucha y el pugilato. Es anglicismo. sinón.: **asalto.**

ROUS, Francis Peyton. *Biog.* Patólogo norteamericano cuyas investigaciones sobre ciertos virus inductores de cáncer dieron lugar a la teoría de que la enfermedad tiene dicho origen. Sus trabajos lo hicieron acreedor al premio Nobel de Fisiología y Medicina de 1966, que compartió con Charles B. Huggins (1879-1970).

ROUSSEAU, Enrique. *Biog.* Pintor fr. llamado **el Aduanero.** Su plástica extraña e ingenua ejerció notable influencia en las escuelas de vanguardia. Obras: *El carricoche de la familia; La gitana dormida; La boda; La encantadora de serpientes*, etc. (1844-1910). ‖ – **Juan Jacobo.** Escr. y filósofo fr. cuyas teorías ejercieron gran influencia en la Revolución Francesa y en el liberalismo democrático del s. XIX. Superó el racionalismo de los librepensadores de la época y fomentó la actitud crítica, auscultando el sentido de la naturaleza y los valores del corazón sobre los de la inteligencia, y estudiando al hombre como un ente de innata bondad pero corrompido por la sociedad. En su obra *El contrato social* sostuvo que el pueblo es el único y absoluto origen de la soberanía y de la ley. En su *Discurso sobre el origen y fundamento de la desigualdad humana* anticipó proféticamente el bagaje ético e ideológico del liberalismo político. Otras obras cél.: *Autobiografía; La nueva Eloísa; Emilio*, etc. (1712-1778). ‖ – **Teodoro.** Paisajista fr. diestro en el manejo de formas y colores, asimilado a la escuela de Barbizon (1812-1867).

ROUSSEL, Alberto. *Biog.* Compositor fr., autor del ballet *El festín de la araña* y la ópera-ballet *Padmavati* (1869-1937).

ROUX, Pedro Pablo Emilio. *Biog.* Bacteriólogo fr., eminente discípulo y colaborador de Pasteur. Descubrió el tratamiento antidiftérico, los sueros antirrábico, antitetánico y anticolérico, el cultivo del bacilo de Koch, etc. (1853-1933).

ROVERETO. *Geog.* Ciudad de Italia (Trento) sobre el Adigio. 22.000 h. Tejedurías de seda y algodón.

ROVIGO. *Geog.* Provincia del N.E. de Italia (Véneto). 1.805 km². 348.139 h. Cap. hom. 56.000 h. Activo centro comercial e industrial.

ROVIRA. *Geog.* Población de Colombia (Tolima). 4.000 h. Actividades agrícolas.

ROVIRA Y BROCANDEL, Hipólito. *Biog.* Pintor y grabador esp. autor de *San Valerio; El beato Juan de Rivera*, y otros cuadros. (1693-1765).

ROVUMA. *Geog.* Río de África oriental, en el límite entre Tanzania y Mozambique, que des. en el océano Índico. 720 km.

ROWLAND, Enrique. *Biog.* Físico nort. que estudió los problemas del electromagnetismo y el equivalente mecánico del calor (1848-1901).

ROXAS, Manuel. *Biog.* Estadista filipino, de 1946 hasta su muerte presidente de la Rep. (1892-1948).

ROXBURGH. *Geog.* Condado del E. de Gran Bretaña (Escocia). 1.724 km². 45.562 h. Ganado ovino, tejidos de lana. Cap. JEDBURGH.

ROXLO, Carlos. *Biog.* Poeta, prosista y crítico urug. de sensible gravitación en la vida cultural de su patria. Obras: *Historia crítica de la literatura uruguaya; Cantos de mi tierra; Veladas poéticas*, etc. (1860-1926). ‖ – **Conrado Nalé.** V **NALÉ ROXLO, Conrado.**

ROY, Bimal. *Biog.* Director cinematográfico indio, n. en 1909. Realizó *Dos acres de tierra*, película que atrajo la atención mundial. ‖ – **Ernesto.** Pol. haitiano, en 1930 presidente interino de la Rep.

ROYA. (Del lat. *rubea*, rubia.) f. Honguillo parásito, de apariencia de polvo amarillento, que se cría en varios cereales y en otras plantas. ‖ Tabaco, enfermedad de ciertos árboles.

ROYO, ARISTIDES. *Biog.* Político pan. que en octubre de 1978 asumió la pres. de la República (n. 1940).

ROZA. al. **Roden; Rodung.** fr. **Échardonnage.** ingl. **Stubbing.** ital. **Sarchiatura.** port. **Roça.** f. Acción y efecto de rozar. ‖ Tierra rozada, para sembrar en ella. ‖ Hierbas o matas que se obtienen de rozar un campo.

ROZABLE. adj. Que se halla en disposición de ser rozado.

ROZADERA. f. Rozón.

ROZADERO. m. Lugar o cosa en que se roza.

ROZADOR, RA. s. Persona que roza las tierras. ‖ m. *Ven.* Machete.

ROZADURA. (De *rozar.*) f. Acción y efecto de ludir una cosa con otra. ‖ *Bot.* Enfermedad de los árboles en que, por haberse desprendido del líber la corteza, se forma una capa de madera de mala calidad, la que se descompone fácilmente. ‖ *Cir.* Herida superficial de la piel.

ROZAGANTE. (Del port. *roçagante;* de *roçagar*, y éste de *roçar*, rozar.) adj. Dícese de la vestimenta vistosa y muy larga. ‖ fig. Vistoso, ufano.

ROZAMIENTO. (De *rozar.*) m. Roce. ‖ fig. Disensión o disgusto leve entre personas o entidades. ‖ *Mec.* Resistencia que se opone a la rotación o al resbalamiento de un cuerpo sobre otro.

ROZAR. al. **Roden; leicht berühren.** fr. **Frotter; éffleurer.** ingl. **To graze.** ital. **Sarchiare; sfiorare.** port. **Roçar.** (Como el port. *roçar;* tal vez del lat. *rosus*, roedura, desgaste.) tr. Limpiar las tierras de las matas y hierbas inútiles antes de labrarlas, o bien para otros fines. ‖ Cortar leña menuda o hierba para aprovecharla. ‖ Cortar los animales con los dientes la hierba para comerla. ‖ Raer una parte de la superficie de una cosa; como de las paredes, del suelo, etc. ‖ intr. Pasar una cosa tocando levemente la superficie de otra. Ú.t.c.tr. *El avión* ROZÓ *las copas de los árboles;* sinón.: **acariciar, tocar.** ‖ r. Tropezarse un pie con otro. ‖ fig. Tener familiaridad entre sí dos o más personas. ‖ Embarazarse en las palabras, pronunciándolas dificultosamente. ‖ Tener una cosa semejanza o conexión con otra.

ROZNAR. tr. Ronzar, mascar objetos duros. ‖ intr. Rebuznar.

ROZNIDO. m. Ruido hecho con los dientes al roznar. ‖ Rebuzno.

ROZNO. m. Borriquillo.

ROZO. m. Roza, acción y efecto de rozar. ‖ Leña menuda hecha en la corta de ella.

ROZO, Jesús Silvestre. *Biog.* Escritor col., autor de relatos históricos y de novelas (1899-1964).

ROZÓN. m. Especie de guadaña tosca, corta, gruesa y ancha, con un mango largo, que se usa para rozar árgoma, zarzas, etc. sinón.: **cimbara.**

R.S.F.S.R. *Geog.* Siglas de República Socialista Federativa Soviética Rusa, que es la denominación oficial de Rusia propiamente dicha.

Ru. *Quím.* Símbolo del rutenio.

RÚA. (Del lat. *ruga*, camino.) f. Calle de un pueblo. ‖ Camino carretero.

RUÁN. m. p. us. Tela de algodón en colores que se fabrica en Ruán, ciudad de Francia.

RUÁN. *Geog.* Ciudad del N. de Francia, capital del dep. del Sena Marítimo. 125.000 h. Posee un importante puerto sobre el Sena. Industrias textil, metalúrgica y de productos químicos. Famosa catedral. En esta c. fue quemada Santa Juana de Arco.

RUANA. (Tal vez de *ruán.*) f. Tejido de lana. ‖ Manta raída. ‖ *Ven.* Especie de capote de monte o poncho.

RUANADA. f. *Ven.* Simpleza, rusticidad.

RUANDA. *Geog.* Rep. independiente del África oriental. 26.338 km².; 4.370.000 h. Cap. KIGALI. ‖ — **Urundi.** Territorio de África oriental que formó parte del Congo Belga, hoy Zaire. Hasta 1919 perteneció a Alemania y a partir de esa fecha pasó a poder de Bélgica hasta 1946, en que fue puesto bajo mandato fiduciario de la U.N. confiado a Bélgica. En 1962 obtuvo la independencia dividido en dos Estados: Ruanda y Urundi, este último con el nombre Burundi.)

RUANÉS, SA. adj. Roanés. Apl. a pers. Ú.t.c.s.

RUANO, NA. adj. Roano. ‖ Que está en rueda, o la hace.

RUANTE. p. a. de **Ruar.** Que rúa.

RUAR. (De *rúa.*) intr. Andar por las calles y otros lugares públicos a pie, a caballo o en coche. Ú.t.c.tr. ‖ Pasear la calle con el objeto de cortejar y obsequiar a las damas.

RUBALCAVA, Manuel Justo de. *Biog.* Poeta cubano, notable sonetista (1769-1805)

RUBEFACCIÓN. (Del lat. *rubefácere*, poner rojo.) f. *Med.* Rubicundez producida en la piel por la acción de un medicamento o por alteraciones de la circulación de la sangre, debidas a inflamaciones u otras enfermedades.

RUBEFACIENTE. (Del lat. *rubefaciens, -entis*, p. a. de *rubefácere*, poner rojo.) adj. *Med.* Aplícase a lo que causa rubefacción. Ú.t.c.s.m. sinón.: **revulsivo**

RUBENS, Pedro Pablo. *Biog.* Cél. pintor flamenco, uno de los más excelsos del arte universal. Educado en el auge del Renacimiento, se inclinó al retrato y a la composición de motivos históricos y religiosos. De magistral inventiva pictórica, sobresalió en el uso de los colores, los que armonizó con luminosidad y calor. El total de su obra abarca alrededor de mil doscientos cuadros, en muchos de los cuales reflejó con espontánea minuciosidad las características esenciales de la vida flamenca: *Crucifixión; San Jorge; Resurrección de los justos; Jardín de amor; Juicio final*, etc. (1577-1640).

RUBEO, A. (Del lat. *rubeus.*) adj. Que tira a rojo.

RUBÉOLA. al. **Röteln.** fr. **Rubéole.** ingl. **Measles.** ital. **Rosolia.** port. **Rubéola.** (De *rúbeo.*) f. *Med.* Enfermedad infecciosa, contagiosa y epidémica caracterizada por una erupción semejante a la del sarampión y por infartos ganglionares.

RUBESCENTE. adj. Que tira a rojo.

RUBETA. (Del lat. *rubeta.*) f. **Rana de zarzal.**

RUBÍ. al. **Rubin.** fr. **Rubis.** ingl. **Ruby.** ital. **Rubino.** port. **Rubim; rubi.** (De *rubín.*) m. Mineral cristalizado, más duro que el acero, de color rojo y brillo intenso; está compuesto de alúmina y magnesia, y es de color más o menos subido por los óxidos metálicos que contiene. Es una de las piedras preciosas más estimadas. *Los* RUBÍES *de Birmania son célebres por su hermoso color.* ‖ – **balaje.** Balaje. ‖ – **de Bohemia.** Cristal de roca sonrosado. ‖ – **del Brasil.** Topacio del Brasil. ‖ – **espinela.** Espinela. ‖ – **oriental.** Corindón carmesí o rojo.

RUBIA. (Del lat. *rubia.*) f. Planta vivaz rubiácea, con tallo cuadrado, voluble, espinoso y de uno a dos metros de longitud; hojas lanceoladas; flores pequeñas, amarillentas, en racimos axilares o terminales; fruto carnoso, negro, con dos semillas y raíces delgadas, largas y rojizas. Es originaria de Oriente y se cultiva por la utilidad de la raíz, con la que se prepara una substancia colorante roja muy usada en tintorería. ‖ Raíz de esta planta.

RUBIA. (De *rubio.*) f. Pez del orden de los malacopterigios abdominales, pequeño, pues apenas alcanza siete centímetros; de cuerpo alargado, tenue, casi cilíndrico, cubierto de menudas escamas, manchado de pardo y rojo, y con una pinta negra donde comienza la cola. Vive en agua dulce, y su carne se come generalmente; aun cuando blanca y suave, es poco sabrosa y de sabor algo amargo.

RUBIA. (Del ár. *ruba*, cuarta parte.) f. Moneda árabe de oro, equivalente a la cuarta parte del ciani.

RUBIÁCEO, A. (De *rubia*, planta.) adj. *Bot.* Aplícase a plantas dicotiledóneas, árboles, arbustos y hierbas, con hojas simples y enterísimas, opuestas o verticiladas y con estípulas; flor con el cáliz adherente al ovario, y fruto en forma de baya, caja o drupa con semillas de albumen córneo o carnoso; como la rubia, el quino y el café. Ú.t.c.s.f. ‖ f. pl. *Bot.* Familia de estas plantas.

RUBIAL. m. Campo o tierra donde se cría la rubia.

RUBIAL. adj. Que tira al color rubio. Aplícase a tierras y plantas. *Paja* RUBIAL. ‖ pl. Dícese de las personas rubias. Ú.t.c.s.

RUBICÁN, NA. (De *rubio* y *cano.*) adj. Dícese del caballo o yegua de pelo mezclado de blanco y rojo.

RUBICELA. f. Espinela de color vinoso más bajo que el del rubí balaje.

RUBICÓN. *Geog. histór.* Río costanero de la pen. Itálica, tributario del mar Adriático. Constituía la frontera entre Italia y la Galia Cisalpina. El Senado romano, bajo pena de declarar traidor al que lo hiciere, había prohibido franquear ese límite. César, en 49 a. de C., lo cruzó tras exclamar: *Alea jacta est!* (¡La suerte está echada!). Este suceso causó la guerra civil que culminó con la batalla de Farsalia (48 a. de C.) y dio a César el poder supremo en Roma. El río se llama hoy Pisatello o Fiumicino.

RUBICÓN (Pasar el). (Alusión al conocido episodio de la vida de Julio César.) frs. fig. Dar un paso definitivo arrostrando un riesgo.

RUBICUNDEZ. f. Calidad de rubicundo. ‖ *Med.* Color rojo o sanguíneo que se presenta como fenómeno morboso en la piel y en las membranas mucosas.

RUBICUNDO, DA. (Del lat. *rubicundus.*) adj. Rubio rojizo. ‖ Dícese de la persona de buen color y que parece gozar de completa salud. ‖ Aplícase al pelo que tira a colorado.

RUBIDIO. (Del lat. *rúbidus*, rubio, porque en el análisis espectroscópico presenta dos rayas rojas.) m. Metal parecido al potasio, pero más blando y más pesado, que contienen en pequeñas proporciones las aguas, las cenizas de las plantas y algunos minerales. Símbolo Rb; n. atómico 37; p. atóm. 85,48.

RUBIERA. f. *P. Rico.* Diversión, juerga. ‖ *Ven.* Travesura.

RUBIFICAR. (Del. lat. *rúber*, rojo, y *fácere*, hacer.) tr. Poner colorada alguna cosa o teñirla de rojo.

RUBILLA. f. Asperilla, planta.

RUBÍN. (Del b. lat. *rubinus*, y éste del lat. *rubeus*, rojo.) m. Rubí. ‖ Robin.

RUBINEJO. m. dim. de **Rubí.**

RUBINSTEIN, Antonio. *Biog.* Pianista y compositor romántico ruso, autor de los poemas sinfónicos *Don Quijote* y *Fausto*, de oratorios, óperas, ballets, etc. Publicó una autobiografía: *Recuerdos de cincuenta años* (1829-1894). ‖ – **Arturo.** Pianista pol., nacionalizado nort., uno de los más notables concertistas contemp. (n.1886).

RUBIO. (Del lat. *rubeus.*) adj. Dícese del color rojo claro, semejante al del oro. Ú.t.c.s.m. ‖ Junto con algunos substantivos, parecido al color de las cosas que éstos designan. RUBIO *ceniza.* ‖ m. Pez marino acantopterigio de unos tres decímetros de largo, con cuerpo en forma de cuña adelgazada hacia la cola; dorso de color rojo negruzco, vientre plateado, aletas pectorales azules y de color amarillo rojizo las demás. Abunda en diversos mares; su carne es poco estimada. ‖ pl. *Taurom.*

Centro de la cruz en el lomo del toro.

RUBIO, BIA. al. **Blond.** fr. **Blond.** ingl. **Blonde; fair.** ital. **Biondo.** port. **Ruivo.** adj. De color **rubio,** 1er. art. Aplícase especialmente al cabello de este color y a la persona que lo tiene. Ú.t.c.s. ‖ *Bol.* Ebrio. ‖ IDEAS AFINES: *Amarillo, rubicundo, claro, tez, pelo, moreno, trigueño, pelirrojo, albino, dorado, blanco.*

RUBIO, Ángel. *Biog.* Compositor esp., autor de numerosas zarzuelas (1850-1906). ‖ – **Antonio.** Jesuita esp., distinguido teólogo y filósofo que residió, durante mucho tiempo, en México (1548-1615). ‖ – **Y ORS, Joaquín.** Literato esp., considerado como el iniciador del movimiento de poesía moderna en Cataluña (1818-1899).

RUBIO. *Geog.* Población del O. de Venezuela (Táchira). 5.800 h. Actividades agrícolas.

RUBLO. (Del ruso *rubl,* un derivado de *rubitj,* cortar, por ser el antiguo **rublo** un pedazo cortado de una barra de plata.) m. Moneda de plata, unidad monetaria de Rusia.

RUBOR. al. **Röte.** fr. **Rougeur.** ingl. **Bashfulness.** ital. **Rosso.** port. **Rubor.** (Del lat. *rubor.*) m. Color encarnado o rojo muy encendido. ‖ Color que sube al rostro por causa de la vergüenza, y lo pone encendido. sinón.: **bochorno, sonrojo.** ‖ fig. Empacho y vergüenza.

RUBORIZADO, DA. adj. Rojo de vergüenza, que siente rubor.

RUBORIZAR. al. **Erröten.** fr. **Rougir.** ingl. **To blush; to flush.** ital. **Arrossire.** port. **Ruborizar.** tr. Causar rubor o vergüenza. sinón.: **abochornar, sonrojar.** ‖ r. Teñirse de rubor el rostro. ‖ fig. Sentir vergüenza.

RUBOROSO, SA. adj. Que tiene rubor. *Mejillas* RUBOROSAS. ‖ deriv.: **ruborosamente.**

RÚBRICA. al. **Schnörkel.** fr. **Rubrique.** ingl. **Rubric.** ital. **Rubrica.** port. **Rubrica.** (Del lat. *rubrica.*) f. desus. Señal encarnada o roja. ‖ Rasgo o conjunto de rasgos de figura determinada, que pone cada cual como parte de la firma después de su nombre o título. ‖ Epígrafe o rótulo; dícese así porque en los libros antiguos solía escribirse con tinta roja. ‖ Cada una de las reglas que enseñan la ejecución y práctica de las ceremonias y ritos de la Iglesia. ‖ Conjunto de estas reglas. ‖ – **fabril.** Almagre que se usa en carpintería para señalar la madera que ha de aserrarse. ‖ – **lemnia.** Bol arménico. ‖ – **sinópica.** Minio. ‖ Bermellón. ‖ **Ser de rúbrica** una cosa. frs. En estilo eclesiástico, ser conforme a ella. ‖ fig. y fam. Ser conforme a cualquiera costumbre. ‖ IDEAS AFINES: *Autógrafo, personal, señal, distintivo, propio, monograma, iniciales, marbete, sello, título.*

RUBRICANTE. p. a. de **Rubricar.** Que rubrica o firma.

RUBRICAR. (Del lat. *rubricare.*) tr. Poner uno su rúbrica. ‖ Subscribir, firmar un despacho o papel y ponerle el sello de aquel en cuyo nombre se escribe. ‖ fig. Subscribir o dar testimonio de alguna cosa.

RUBRIQUISTA. m. El que está versado en las rúbricas de la Iglesia.

RUBRO. m. *Com.* Renglón.

RUBRO, BRA. (Del lat. *rubrus.*) adj. Encarnado, rojo. *Valeriana* RUBRA. ‖ m. *Amér.* Rúbrica, título, rótulo.

RUC. (Del ár. *roch.*) m. Rocho.

RUCA. (Voz arauc.) f. *Arg.* y *Chile.* Choza de indios, y, por ext., toda cabaña que sirve de refugio.

RUCIO, CIA. (Del lat. *róscidus,* de *ros,* rocío.) adj. Pardo claro o blanquecino. Aplícase a las bestias. Ú.t.c.s. *Asno* RUCIO. ‖ fam. Aplícase a la persona entrecana. ‖ ant. Rubio. Ú. en *Chile.*

RÜCKERT, Federico. *Biog.* Poeta romántico al., autor de versos patrióticos, compuestos durante la invasión de su patria por las tropas napoleónicas (1788-1866).

RUCO, CA. adj. *Amér. Central.* Viejo, inútil. ‖ Refiriéndose a las caballerías, matalón.

RUCHE. m. Rucho, pollino.

RUCHE. (Voz fr.) f. Adorno en forma de volante plegado o fruncido con los pliegues sujetos que se usa en los vestidos femeninos. Es galicismo usado en *América.*

RUCHIQUE. m. *Hond.* Mancerina de madera.

RUCHO. (De *rucio.*) m. Pollino, borrico.

RUDA. al. **Raute.** fr. **Rue.** ingl. **Rue.** ital. **Ruta.** port. **Arruda.** (Del lat. *ruta.*) f. Planta originaria de Europa, perenne, de olor fuerte, hojas muy divididas y flores amarillas en corimbo; usada en medicina. *Ruta graveolens,* rutácea. ‖ – **cabruna.** Galega. ‖ **Ser una persona o cosa más conocida que la ruda.** frs. fig. y fam. Ser muy conocida.

RUDAMENTE. adv. m. Con rudeza. *Le hablé* RUDAMENTE; sinón.: **ásperamente, groseramente.** antón.: **cortésmente, suavemente.**

RUDÉ, Francisco. *Biog.* Escultor fr., autor del relieve *La marsellesa,* ubicado en el Arco de Triunfo, en París, y de otras obras (1784-1855).

RUDEZA. al. **Grobheit.** fr. **Rudesse.** ingl. **Roughness; rudeness.** ital. **Rozzezza.** port. **Rudeza.** f. Calidad de rudo. sinón.: **aspereza, grosería.** antón.: **afabilidad, cortesía.**

RUDIMENTAL. adj. Rudimentario.

RUDIMENTARIO, RIA. adj. Perteneciente o relativo al rudimento o a los rudimentos. *Escritura* RUDIMENTARIA; sinón.: **elemental, primario.**

RUDIMENTO. al. **Ansatz; Grundbergriffe.** fr. **Rudiment.** ingl. **Rudiment.** ital. **Rudimento.** port. **Rudimento.** (Del lat. *rudiméntum.*) m. *Biol.* Embrión de un ser orgánico. ‖ Parte de un ser orgánico desarrollada imperfectamente. ‖ pl. Primeros estudios de cualquiera ciencia o profesión. *Los* RUDIMENTOS *de la física;* sinón.: **nociones, abecé.** ‖ IDEAS AFINES: *Elemental, primario, párvulo, neófito, aprendiz, alumno, novicio, analfabeto, cadete, ayudante, comienzo, bases, precedente.*

RUDO, DA. al. **Roh; rüde.** fr. **Rude.** ingl. **Rough; rude.** ital. **Ruvido; rozzo.** port. **Rude.** (Del lat. *rudis.*) adj. Tosco, sin pulimento. ‖ Que no se ajusta a las reglas del arte. ‖ Dícese del que tiene gran dificultad en sus potencias para aprender lo que estudia. *Diego es* RUDO *para la aritmética;* sinón.: **torpe;** antón.: **inteligente, rápido.** ‖ Descortés, áspero, grosero. *Trato* RUDO; antón.: **fino, pulcro.** ‖ Riguroso, violento. antón.: **liviano, suave.** ‖ Galicismo por difícil, costoso, trabajoso.

RUECA. al. **Spinnrocken.** fr. **Quenouille.** ingl. **Twist; winding.** ital. **Rocca.** port. **Roca.** (Del ant. alto al. *roccho.*) f. Instrumento para hilar, compuesto de una vara delgada con un rocadero hacia la extremidad superior. ‖ Vuelta o torcimiento de una cosa.

RUEDA. al. **Rad.** fr. **Roue.** ingl. **Wheel.** ital. **Rota; ruota.** port. **Roda.** (Del lat. *rota.*) f. Máquina elemental, en figura circular y de poco grueso respecto a su radio, que puede girar sobre un eje. *Todavía hay pueblos que no conocen la* RUEDA. ‖ Círculo o corro formado de algunas personas o cosas. *Se lo contaron en* RUEDA *de amigos.* ‖ **Signo rodado.** ‖ Pez marino del orden de los plectognatos, de figura casi circular, que alcanza hasta metro y medio de diámetro; una aleta dorsal y otra anal; boca pequeña y de mandíbulas unidas, piel lisa, fosforescente, verde negruzca por encima y plateada en los costados. No es comestible. ‖ Despliegue en abanico, que hace el pavo con las plumas de la cola. ‖ Tajada circular de algunas frutas, carnes o pescados. ‖ Especie de tontillo de lana o cerdas, que se ponía en los pliegues de las casacas de los hombres con el fin de ahuecarlas y mantenerlas firmes. ‖ Turno, vez. ‖ Partida de billar que se juega entre tres, y en que cada uno de los jugadores va contra los otros dos cada mano. ‖ *Impr.* Círculo que se forma con los rimeros de los distintos pliegos de una obra impresa con el objeto de sacarla ordenadamente para formar cada tomo. ‖ – **catalina. Rueda de Santa Catalina.** ‖ – **de la fortuna.** fig. Inconstancia y escasa firmeza de las cosas humanas en lo próspero y en lo adverso. ‖ – **de molino.** Muela del molino. ‖ – **de presos.** La que se hace con muchos presos colocando entre ellos a aquel a quien se acusa de un delito, para que la parte o algún testigo lo reconozca. ‖ – **de Santa Catalina.** La provista de dientes agudos y oblicuos y que hace mover el volante de cierta clase de relojes. ‖ **Comulgar** uno **con ruedas de molino.** frs. fig. y fam. Creer las cosas más disparatadas o inverosímiles. Empléase esta frase usando el verbo como transitivo, y generalmente con negación. ‖ **Hacer la rueda** a uno. frs. fig. y fam. **Rondar** ‖ **Hacer la rueda.** frs. Describir el gallo o el palomo delante de la hembra un semicírculo con una ala casi arrastrando y la cabeza gacha. ‖ IDEAS AFINES: *Rayo, llanta, cámara, neumático, madera, hierro, cremallera, dentada, piñón, arandela, eje, engranaje, embrague, coche, automóvil, carro, polea, avión, timón, volante, ruleta.*

RUEDA, Lope de. *Biog.* V. **Lope de Rueda.** ‖ – **Salvador.** Escritor esp., fiel intérprete del alma andaluza en obras que anticipan el modernismo: *Noventa estrofas; Cantando por ambos mundos,* etc. (1857-1933). ‖ – **MEDINA, Gustavo.** Literato mex. cont., autor de *Las islas también son nuestras* y otras obras.

RUEDERO. m. El que se dedica a hacer ruedas.

RUEDO. m. Acción de rodar. ‖ Parte puesta alrededor de una cosa. ‖ Refuerzo o forro con que se guarnecen interiormente y por la parte inferior ciertas vestiduras. ‖ Estera pequeña y redonda. ‖ Esterilla afelpada, aunque sea larga o cuadrada. ‖ Círculo o circunferencia de una cosa. ‖ Contorno, límite, término. ‖ Redondel de la plaza de toros. ‖ **A todo ruedo.** m. adv. En todo lance, próspero o adverso.

RUEGO. al. **Bitte; Fürbitte.** fr. **Prière.** ingl. **Prayer.** ital. **Preghiera.** port. **Rogo.** (De *rogar.*) m. Súplica, petición que se hace a uno con el objeto de lograr lo que se le pide.

RUELAS, Julio. *Biog.* Artista plástico mex., pintor, dibujante e ilustrador (1871-1907)

RUEZNO. m. Corteza exterior del fruto del nogal.

RUFA. f. *Perú.* Traílla, instrumento agrícola.

RUFFO, Titta. *Biog.* Barítono ital., uno de los grandes artistas líricos mod. (1878-1953).

RUFIA. *Geog.* Río de Grecia, el mayor del Peloponeso. Es el antiguo **Alfeo.**

RUFIÁN. al. **Zuhälter.** fr. **Ruffian; maquereau.** ingl. **Ruffian.** ital. **Ruffiano.** port. **Rufião.** (En ital. *ruffiano;* en fr. *ruffian.*) m. El que trafica con mujeres públicas. ‖ fig. Hombre sin honor, perverso, despreciable. ‖ deriv.: **rufiancete; rufianejo.**

RUFIANEAR. (De *rufián.*) tr. e intr. Alcahuetear.

RUFIANERÍA. (De *rufián.*) f. Alcahuetería. ‖ Dichos o hechos propios de rufián.

RUFIANESCA. f. Conjunto de rufianes. ‖ Costumbres de los rufianes.

RUFIANESCO, CA. adj. Perteneciente o relativo a los rufianes o a la rufianería.

RUFINO. *Geog.* Ciudad del S. O. de Santa Fe (Argentina). 18.700 h. Actividades agrícolas y ganaderas.

RUFISQUE. *Geog.* Ciudad del Senegal (África occidental), sit. al N.E. de Dakar. 50.000 h. Puerto importante sobre el Atlántico.

RUFO, FA. (Del lat. *rufus.*) adj. Rubio, rojo o bermejo. ‖ Que tiene el pelo ensortijado.

RUGA. (Del lat. *ruga.*) f. Arruga.

RUGAR. (Del lat. *rugare.*) tr. y r. Arrugar.

RUGBY. (Voz ingl.; pronúnc. *ragbi.*) m. Cierta clase de juego, algo similar al fútbol, que se hace con un balón elipsoidal entre dos equipos de quince jugadores.

● **RUGBY.** *Dep.* Hasta 1863 se practicó en Inglaterra un juego violento que en ciertos aspectos se asemejaba al fútbol de hoy; en dicho año una asamblea de deportistas reunidos en Londres, separó en dos tendencias irreconciliables a los partidarios de una transformación de ese juego y a los que deseaban seguir practicándolo sin modificaciones. Éstos, entre los cuales se encontraban los estudiantes de la Universidad de Rugby, constituyeron la llamada Unión del **Rugby;** de ahí procede la denominación del juego. Su finalidad es llevar el balón al campo contrario y marcar el mayor número posible de tantos; el balón se lleva hacia adelante pero los pases entre compañeros deben efectuarse hacia atrás. No obstante su dureza, el juego se desenvuelve con absoluta corrección y disciplina. El campo de juego debe ser de piso de césped y sus máximas medidas reglamentarias son 145,90 metros de largo y 68,68 metros de ancho. Variedades del **rugby** tradicional que impusieron los ingleses, son el **rugby** americano, que difiere mucho del original y hasta es más violento; el **rugby** profesional o **rugby** de trece, así llamado por la reducción del número de componentes de cada equipo y practicado en algunos lugares de Australia, Nueva Zelanda, Francia e Inglaterra, y el **rugby** reducido, el más intenso y agotador, con siete jugadores por equipo.

RUGBY. *Geog.* Ciudad de Gran Bretaña (Inglaterra), situada al S. E. de Birmingham. 47.000 h. Industrias mecánicas. Famoso colegio fundado en 1567.

RUGELES, Manuel Felipe. *Biog.* Poeta venez., autor de *Oración para cantar por los oprimidos; Cántaro,* etc. (1904-1959).

RÜGEN. *Geog.* Isla de la Rep. Democrática de Alemania, sit. en el mar Báltico, 968 km². 57.000 h. Pesca.

RUGGIERO, Guido de. *Biog.* Escr. y filósofo ital. de la escuela del idealismo de Gentile. Su *Filosofía contemporánea* es una aguda crítica a los sistemas filosóficos. Otras obras: *La ciencia como experiencia absoluta; Historia del liberalismo europeo,* etc. (1888-1948).

RUGIBLE. adj. Capaz de rugir o de imitar el rugido.

RUGIDO. al. **Brüllen; Krachen.** fr. **Rugissement.** ingl. **Roar.** ital. **Ruggito.** port. **Rugido.** m. Voz del león. ‖ **fig.** Bramido. *El* RUGIDO *del torrente.* ‖ Estruendo, retumbo. ‖ Ruido que hacen las tripas.

RUGIDOR, RA. adj. Que ruge.

RUGIENTE. p. a. de **Rugir.** Que ruge. RUGIENTE *de cólera.*

RUGINOSO, SA. (De *eruginoso.*) adj. Mohoso, o con herrumbre u orín.

RUGIR. al. **Brüllen; Krachen.** fr. **Rugir.** ingl. **To roar.** ital. **Ruggire.** port. **Rugir.** (Del lat. *rugire.*) intr. Bramar el león. ‖ fig. Bramar una persona enojada. ‖ Crujir o rechinar y hacer ruido fuerte. *El huracán* RUGÍA. ‖ impers. Sonar una cosa o empezarse a decir y conocerse lo que estaba ignorado.

RUGOSO, SA. (Del lat. *rugosus.*) adj. Que tiene arrugas, arrugado. *Corteza* RUGOSA.

RUHR. *Geog.* Río de la Rep. Federal Alemana (Renania del Norte-Westfalia), afluente del Rin. Tiene 230 km. La cuenca regada por el Ruhr es un importante centro industrial.

RUIBARBO. al. **Rhabarber.** fr. **Rhubarbe.** ingl. **Rhubarb.** ital. **Rabarbaro.** port. **Ruibarbo.** (Del lat. *rheubárbarum.*) m. Planta herbácea, vivaz, de la familia de las poligonáceas, de uno o dos metros, con hojas radicales, grandes y pecioladas; flores amarillas o verdes, pequeñas, en espigas; fruto seco, de una sola semilla triangular, compacto y de sabor amargo. Vive en el Asia Central y la raíz se usa mucho en medicina como purgante. ‖ Raíz de esta planta. ‖ – **blanco.** Mechoacán.

RUIDO. al. **Geräusch; Lärm.** fr. **Bruit.** ingl. **Noise.** ital. **Rumore.** port. **Ruído.** (Del lat. *rugitus.*) m. Sonido inarticulado y confuso más o menos fuerte. ‖ fig. Litigio, pendencia. ‖ Apariencia grande en cosas de poca monta. ‖ Novedad, extrañeza que altera el ánimo. ‖ **Hacer,** o **meter, ruido** una persona o cosa. frs. fig. Causar admiración o novedad: *El supuesto vidente hizo mucho* RUIDO. ‖ **Querer uno ruido.** frs. Ser afecto a contiendas o disputas. ‖ **Ser más el ruido que las nueces.** frs. fig. y fam. Tener poca importancia una cosa que aparece grande o de cuidado.

RUIDOSO, SA. adj. Que causa mucho ruido. *Comparsa* RUIDOSA; sinón.: **estrepitoso;** antón.: **silencioso.** ‖ fig. Dícese de la acción o suceso notable y del cual se habla mucho. *Proceso* RUIDOSO; sinón.: **escandaloso.** ‖ deriv.: **ruidosamente.**

RUIN. al. **Gemein; niederträchtig.** fr. **Vil.** ingl. **Mean; vile.** ital. **Vile; vigliacco.** port. **Ruim.** (De *ruina.*) adj. Vil, bajo y despreciable. *La calumnia es* RUIN; antón.: **digno, encomiable.** ‖ Pequeño, desmedrado y humilde. ‖ Aplícase a la persona baja, de malas costumbres y acciones malas. ‖ Dícese también de esas costumbres o cosas malas. ‖ Mezquino y avariento. ‖ Aplícase a los animales falsos y de malas mañas. ‖ m. Extremo de la cola de los gatos. ‖ **A ruin, ruin y medio.** frs. proverb. que indica que para negociar con una persona baja es menester otra de su calidad o peor. ‖ **El ruin, delante.** expr. fam. con que se nota al que se nombra antes de otro u ocupa el primer lugar. ‖ **En nombrando al ruin de Roma, luego se asoma.** ref. que se usa familiarmente para decir que ha llegado una persona de quien se estaba hablando.

RUINA. (Del lat. *ruina,* de *rúere,* caer.) f. Acción de caer o destruirse una cosa. ‖ fig. Pérdida grande de los bienes de fortuna. *La* RUINA *de un comerciante;* sinón.: **bancarrota, quiebra.** ‖ Destrozo, decadencia y perdición, de una persona, familia, comunidad o Estado. *La* RUINA *de un imperio;* antón.: **apogeo, florecimiento.** ‖ Causa de esta caída o decadencia. ‖ pl. Restos de uno o más edificios arruinados. *Las* RUINAS *de Chichén-Itzá.* ‖ IDEAS AFINES: *Escombros, restos, destrucción, deteriorar, asolar; desplomarse, derrumbar, desmoronarse, derribar, desmantelar, vestigios, terremoto, bombardeo, tormenta.*

RUINAR. (De *ruina.*) tr. y r. Arruinar.

RUINDAD. al. **Niedertracht; Gemeinheit.** fr. **Vileté.** ingl. **Meanness; baseness.** ital. **Viltà; begliaccheria.** port. **Ruindade.** f. Calidad de ruin. sinón.: **bajeza. infamia.** ‖ Acción ruin.

RUINMENTE. adv. m. Con ruindad. sinón.: **miserablemente, vilmente.**

RUINOSO, SA. adj. Que comienza a arruinarse o amenaza ruina. *Muro* RUINOSO. ‖ Pequeño, desmedrado y de ningún provecho. ‖ Que arruina y destruye. *Vicio* RUINOSO.

RUIPONCE. m. Rapónchigo.

RUIPÓNTICO. (Del lat. *rheupónticum.*) m. Planta vivaz, poligonácea, con hojas radicales, grandes, obtusas, acorazonadas en la base, lampiñas por la haz y vellosas por el envés; flores blancas, en panojas; fruto seco, y raíz parecida y con propiedades análogas a la del ruibarbo. Procede del Asia Menor. Gen. *Rheum rhaponticu.* ‖ — **indígena,** o **vulgar.** Planta de la misma familia que la anterior y muy semejante a ella, con hojas planas y obtusas y flores verdosas.

RUISEÑOR. al. **Nachtigall.** fr. **Rossignol.** ingl. **Nightingale.** ital. **Rusignolo.** port. **Rouxinol.** (Del lat. *lusciniola.*) m. Ave europea del orden de los pájaros, con plumaje de color pardo rojizo, más obscuro en el lomo y la cabeza que en la cola y el pecho, y gris claro en el vientre; pico fino, pardusco. Es la más celebrada de las aves canoras y habita en las arboledas y lugares frescos y sombríos. *Luscinia megarhynchos,* túrdidos. *El* RUISEÑOR *difícilmente vive en cautividad;* sinón.: **filomena, roncal.**

RUISEÑOR Y LA ROSA, El. *Lit.* Famoso cuento de Oscar Wilde que integra su colección *El príncipe feliz y otros cuentos,* cuya primera edición es de 1888. Verdadero poema, su ternura, delicadeza y encantamiento hacen de él una pieza de ficción de impecable unidad. En la extraordinaria sencillez de su prosa se advierte la influencia del lenguaje bíblico.

RUIZ, Antonio. *Biog.* Patriota arg. más conocido como **el negro Falucho.** Murió heroicamente en el sitio del Callao, negándose a tributar honores al pabellón español (m. 1824). ‖ — **Antonio.** Pintor y escenógrafo mex., autor de *El maquetista; Mitin callejero,* y otras obras (n. 1897). ‖ — **Bartolomé.** Marino esp., integrante de la armada de Francisco Pizarro. En 1526 descubrió el territorio ecuatoriano, en las orillas del río Esmeraldas (m. 1534). ‖ — **Juan.** Cél. escritor esp. igualmente conocido como **el Arcipreste de Hita.** Genio agudo, dotado de notable don de captación y al mismo tiempo de sentido imaginativo, en su notable poema lírico y narrativo *Libro del buen amor* pintó las costumbres de la sociedad de su tiempo y las fustigó con fina sátira (s. XIV). ‖ — **AGUILERA, Ventura.** Arqueólogo y poeta esp., autor de *Camino de Portugal; Las estaciones del año; Bernardo de Saldaña,* etc. (1820-1881). ‖ — **ALDEA, Pedro.** Literato chileno, autor de *El hombre del día; Un viaje imaginario; Mi cartera de proscripto,* etc. (1830-1870). ‖ — **CORTINES, Adolfo.** Político mex. elegido pres. de la República para el período 1952-1958. (1890-1973). ‖ — **DE ALARCÓN Y MENDOZA, Juan.** Notable poeta y dramaturgo mex. Equidistante de la fantasía de Lope de Vega y de la tendencia intelectual de Calderón, fue el suyo un teatro de finísimos matices y de preocupaciones psicológicas. Durante su vida fue objeto de burlas hirientes por sus devaneos aristocráticos y sus defectos físicos, pero la posteridad ha ubicado su obra, integrada por unas veinticinco comedias, en uno de los más honrosos sitiales de la literatura clásica de la lengua. *La verdad sospechosa,* considerada su obra maestra, inspiró a Corneille, Molière y Goldoni. *Las paredes oyen; No hay mal que por bien no venga; Mudarse por mejorarse,* etc., son otras obras de su repertorio que abarca diversas modalidades literarias y estéticas (1581-1639). ‖ — **DE APODACA, José.** Marino esp. que desempeñó importantes cargos en Cuba, México y Filipinas (1788-1867). ‖ — **DE APODACA, Juan.** Marino esp. que fue gobernador y capitán general de Cuba, y de 1816 a 1821 virrey de México (1754-1835). ‖ — **DE LEÓN, Francisco.** Poeta mex., autor de *Hernandía; Mirra dulce para aliento de pecadores,* y otras composiciones (s. XVIII). ‖ — **DE MONTOYA, Antonio.** Rel. y lingüista per., autor de una difundida obra: *Tesoro de la lengua guaraní* (1585-1652). ‖ — **DÍAZ DE GUZMÁN.** V. **DÍAZ DE GUZMÁN, Ruy.** ‖ — **HUIDOBRO, Pascual.** Mil. español que organizó la defensa de Montevideo contra las invasiones inglesas. En 1810 se adhirió a la causa emancipadora (1752-1813). ‖ — **IRIARTE, Víctor.** Dramaturgo esp., autor de *La cena de los tres reyes; El aprendiz de amante,* etc. (n. 1912). ‖ — **MENDOZA, Jacinto.** Patriota esp. que defendió heroicamente la puerta del Parque de Madrid frente a las tropas napoleónicas (1779-1809). ‖ — **MORENO, Isidoro.** Jurista arg., autor de *La nacionalidad de las repúblicas americanas; La teoría de la administración internacional,* etc. (1876-1952). ‖ — **PICASSO, Pablo.** V. **Picasso, Pablo.** ‖ — **TAGLE, Francisco.** Político chil., en 1830 presidente de la Rep.

RUIZ, Nevado del. *Geog.* Cima de la cordillera central de los Andes colombianos (Tolima). 5.590 m.

RULA. f. *Col.* y *Pan.* Cuchillo de monte.

RULAR. (Del b. lat. *rotulare,* y éste del lat. *rótulus,* rollo.) intr. y tr. Rodar.

RULE. m. fam. Trasero, culo.

RULENCO, CA. adj. *Chile.* Enclenque.

RULETA. al. **Roulette.** fr. **Roulette.** ingl. **Roulette.** ital. **Roletta.** port. **Roleta.** (Del fr. *roulette,* dim. de *rouelle,* y éste del lat. *rotella,* ruedecita.) f. Juego de azar en el que se emplea una rueda horizontal giratoria, dividida en 37 casillas radiales, numeradas y pintadas alternativamente de negro y rojo, menos la del cero que va en otro color, y puesta en el centro de una mesa en cuyo tablero se hallan pintados los mismos 37 números de la rueda. Haciendo girar ésta y arrojando en sentido contrario una bolita, al cesar el movimiento gana el número de la casilla donde ha quedado la bola, y por lo tanto los que en la mesa han apuntado al mismo. Se juega también a pares o nones, al color negro o rojo, columnas, etc. ‖ Caja que encierra la cinta métrica.

RULFO, Juan. *Biog.* Escritor mex., autor de la serie de cuentos *El llano en llamas* y de una novela de atmósfera sobrenatural: *Pedro Páramo* (n. 1918).

RULO. (De *rular.*) m. Bola gruesa u otra cosa redonda que rueda con facilidad. ‖ Piedra en forma de cono truncado, sujeta por un eje horizontal, que gira con movimientos de rotación y translación en los molinos de aceite y en los de yeso. ‖ Rizo de pelo.

RULO. (Del arauc. *rulu.*) m. *Chile.* Secano, tierra de labor sin riego.

RUMA. f. *Amér. del S.* Montón, rimero.

RUMANIA. *Geog.* República socialista de Europa, sit. en la región balcánica. Está limitada por Checoslovaquia, Hungría, Yugoslavia, Bulgaria y la U.R.S.S. Tiene 237.500 km², y 21.660.000 h. Su cap. es BUCAREST. Los Cárpatos orientales y los Alpes Transilvánicos dividen su suelo en dos regiones perfectamente definidas: una meseta occidental y una llanura oriental. Su clima es continental y presenta inviernos fríos, primaveras lluviosas y veranos cálidos. Los principales ríos que surcan el territorio rumano son el Danubio, el Tisza, el Prut, el Seret. La base de su economía es la agricultura, que se desarrolla en forma extensiva. Cultiva maíz, trigo, avena, cebada, centeno, papa, legumbres, vid, lino, cáñamo, girasol, tabaco, remolacha, frutales. Ganado vacuno, lanar, porcino, caballar. Posee hulla, lignito, hierro, bauxita y principalmente petróleo. Las industrias más desarrolladas son las textiles, siderúrgicas, mecánicas, azucareras y productos químicos. Posee 12.000 km. de carreteras. 11.000 km. de vías férreas y 1.960 km. de ríos navegables. ‖ *Hist.* Habitada primitivamente por los dacios, fue sometida por los romanos y algunos pueblos bárbaros, creándose los principados de Valaquia y Moldavia en el corto período en que gozó de independencia, ya que en el s. XIV fue conquistada por los turcos y en 1829 por los rusos. En 1861 los principados de Valaquia y Moldavia se unieron en un solo estado tributario de Turquía, con el nombre de Principado de **Rumania,** proclamado independiente por el Tratado de Berlín en 1878 y declarado monarquía en 1881. En la primera Guerra Mundial combatió junto a los aliados, pero debió firmar la paz por separado en 1917. Durante la segunda Guerra Mundial debió ceder parte de su territorio a Rusia, Bulgaria y Hungría. En 1940 abdicó el rey Carlos II, a quien sucedió su hijo Miguel. Juan Antonescu se proclamó dictador y organizó el país totalitariamente. En 1941 intervino en la campaña contra la U.R.S.S., que la invadió en 1944. En 1947 abdicó el rey Miguel y, después, se proclamó la República Socialista de Rumania.

RUMANO, NA. adj. Natural de Rumania. Ú.t.c.s. ‖ Perteneciente a esta región de Europa.

RUMAZÓN. f. *Mar.* Arrumazón, conjunto de nubes.

RUMBA. f. *Ant.* Francachela, parranda. ‖ *Cuba.* Baile popular, de procedencia africana, y su música.

RUMBADA. f. Arrumbada.

RUMBANTELA. f. *Cuba* y *Méx.* Rumba, parranda.

RUMBAR. intr. *Col.* Zumbar, hacer ruido bronco. ‖ *Chile.* Rumbear. ‖ *Col.* y *Hond.* Tirar, arrojar. Ú.t.c.r.

RUMBÁTICO, CA. adj. Rumboso, ostentoso.

RUMBEADOR. m. *Bol.* y *R. de la Plata.* Baquiano, que rumbea.

RUMBEAR. intr. *Ant.* y *Guat.* Andar de rumba o parranda. ‖ Bailar la rumba. ‖ *Amér. del S.* Orientarse, tomar el rumbo.

RUMBO. al. **Kurs.** fr. **Rumb.** ingl. **Rhumb.** ital. **Rumbo.** port. **Rumo.** (En ital. *rombo;* en fr. *rumb;* tal vez del lat. *rhombus,* rombo.) m. Dirección considerada o trazada en el plano del horizonte, especialmente cualquiera de las que comprenden la rosa náutica. ‖ Camino y senda que uno se propone seguir en lo que intenta. *Equivocar el* RUMBO. ‖ fig. y fam. Pompa, ostentación. ‖ Garbo, desinterés. ‖ *Blas.* Losange con un agujero redondo en el centro. ‖ *Mar.* Cualquier agujero que se hace o se produce en el casco de la nave. ‖ *Mar.* Pedazo de tabla que se echa en el costado o en la cubierta de la nave cuando se ve que aquella parte no es capaz de recibir la estopa. ‖ *Col.* Pájaro mosca. ‖ fig. y fam. *Arg.* Tajo en la cabeza. ‖ *Guat.* y *Hond.* Rumba, parranda. ‖ **Abatir el rumbo.** frs. *Mar.* Hacer declinar su dirección hacia sotavento, arribando para ello lo necesario al fin propuesto. ‖ **Corregir el rumbo.** frs. *Mar.* Reducir a verdadero el que se ha hecho por la indicación de la aguja, sumándole o restándole la variación de ésta en combinación con el abatimiento cuando lo hay. ‖ **Hacer rumbo.** frs. *Mar.* Ponerse a navegar hacia el punto determinado.

RUMBÓN, NA. (De *rumbo.*) adj. fam. Rumboso, desprendido.

RUMBOSO, SA. adj. fam. Pomposo y magnífico. *Fiesta* RUMBOSA; sinón.: **lujoso, ostentoso.** ‖ Desprendido, dadivoso. sinón.: **generoso.** ‖ deriv.: **rumbosamente.**

RUMELIA. *Geog.* Región del S. E. de Europa que abarca parte de Albania, Yugoslavia, Bulgaria, Grecia y Turquía.

RUMELIOTA. adj. Natural de Rumelia. Ú.t.c.s. ‖ Perteneciente a esta región de Europa.

RUMFORD, Benjamín Thompson, conde de. *Biog.* Físico estadounidense que realizó importantes trabajos y descubrimientos sobre la luz, el calor, la cohesión de los cuerpos, etc. (1753-1814).

RUMÍ. (Del ár. *rumí,* cristiano.) m. Nombre dado por los moros a los cristianos.

RUMIA. f. Acción y efecto de rumiar.

RUMIADOR, RA. adj. y s. Que rumia.

RUMIADURA. (De *rumiar.*) f. Rumia.

RUMIANTE. al. **Wiederkäuer.** fr. **Ruminant.** ingl. **Ruminant.** ital. **Ruminante.** port. **Ruminante.** p. a. de **Rumiar.** Que rumia. ‖ adj. *Zool.* Dícese de los mamíferos vivíparos patihendidos, que se alimentan de vegetales, carecen de dientes incisivos en la mandíbula superior y tienen el estómago compuesto de cuatro cavidades. Ú.t.c.s. ‖ m. pl. *Zool.* Orden de estos animales.

RUMIAR. al. **Wiederkäuen.** fr. **Rumier.** ingl. **To ruminate; to muse.** ital. **Ruminare.** port. **Rumiar; ruminar.** (Del lat. *rumigare.*) tr. Masticar por segunda vez, volviéndolo a la boca, el alimento que ya estuvo en el depósito que para este fin poseen algunos animales. ‖ fig. y fam. Considerar despacio y pensar con madurez alguna cosa. RUMIAR *una venganza;* sinón.: **meditar.** ‖ Rezongar.

RUMIÑAHUI. *Biog.* Caudillo indígena ec., jefe de la tribu quito. Después de apresado Atahualpa, encabezó la resistencia contra los esp. hasta que fue tomado prisionero y ejecutado (s. XVI).

RUMIÓN, NA. adj. fam. Que rumia mucho.

RUMO. (Del ant. al. *ruimo,* correa y cerco.) m. Primero de los cuatro aros con que son apretadas las cabezas de los toneles o cubas.

RUMOR. al. **Gerücht.** fr. **Rumeur.** ingl. **Rumor.** ital. **Rumore.** port. **Rumor.** (Del lat. *rúmor.*) m. Voz que corre entre el público. ‖ Ruido confuso de voces. *El* RUMOR *de la multitud;* sinón.: **murmullo.** ‖ Ruido vago y continuado. *El* RUMOR *del mar.* ‖ IDEAS AFINES: *Susurro, chisme, consejo, comadres, decires, charla, cuentos, noticias, verdad, mentira, confirmación, posible, probable, quizás, informe, vocal, verbal.*

RUMORARSE. r. *Amér.* Rumorearse.

RUMOREARSE. imp. Correr entre la gente un rumor. sinón.: **susurrarse.**

RUMOREO. m. *Arg.* y *Chile.* Rumor continuado.

RUMOROSO, SA. adj. Que causa rumor. *Avispas* RUMOROSAS.

RUMPIATA. f. *Chile.* Arbusto sapindáceo de hojas alternas, dentadas; flores pequeñas, amarillentas y fruto capsular con tres lóbulos alados.

RUNA. (Del ant. nórdico *run*, pl. *runar*, letras, ciencia.) f. Cada uno de los caracteres que usaban los antiguos escandinavos.

RUNCHERO. f. *Col.* Necedad.

RUNCHO. m. *Col.* Especie de zarigüeya.

RUNCHO, CHA. adj. *Col.* Necio, ignorante.

RUNDIR. tr. *Méx.* Guardar, esconder.

RUNDÚN. m. *Arg.* Picaflor. ‖ Juguete semejante a la bramadera.

RUNFLA. f. fam. Serie de varias cosas de una misma especie. ‖ *Amér.* Muchedumbre, pandilla.

RUNFLADA. f. fam. Runfla.

RUNGO, GA. adj. *Hond.* Rechoncho.

RUNGUE. m. *Chile.* Manojo de palos con que se revuelve el grano que se tuesta en la callana. ‖ pl. Troncos y tronchos libres de hojas.

RÚNICO, CA. adj. Perteneciente o relativo a las runas, o escrito en ellas.

RUNO, NA. adj. Rúnico.

RUNRÚN. (Voz onomatopéyica.) m. fam. Rumor. ‖ *Arg.* y *Chile.* Bramadera, juguete. ‖ *Chile.* Ave de plumaje negro, con remeras blancas. Vive a orillas de los ríos y se nutre de insectos. *Hymenops perspicillata.*

RUNRUNEARSE. imp. Correr el rumor o runrún, susurrarse.

RUÑAR. (Del fr. *rogner.*) tr. Labrar por dentro la muesca circular en que se encajan las tiestas de los toneles o cubas.

RUPEL. *Geog.* Pequeño río de Bélgica que es afluente del Escalda.

RUPERT. *Geog.* Río del N. E. de Canadá que desemboca en la bahía de Hudson. Se caracteriza por su escasa profundidad y gran caudal. 500 km.

RUPESTRE. (Del lat. *rupes*, roca.) adj. Aplícase a algunas cosas pertenecientes o relativas a las rocas. *Animal* RUPESTRE. ‖ Dícese especialmente de las pinturas y dibujos que han sido hallados en algunas rocas y cavernas. *Entre las pinturas* RUPESTRES *de Altamira se destaca la de una cierva.*

RUPIA. (Del sánscr. *rúpya*, plata amonedada.) f. Moneda de oro de la India y el Pakistán. ‖ Moneda de plata de los mismos países.

RUPIA. (Del gr. *rypos*, suciedad.) f. *Med.* Enfermedad de la piel, caracterizada por la aparición de ampollas, las cuales contienen un líquido que, al secarse, produce costras concéntricas estratificadas, parecidas a la concha de una ostra.

RUPICABRA. f. Rupicapra.

RUPICAPRA. (Del lat. *rupicapra*; de *rupes*, roca, peñasco, y *capra*, cabra.) f. Gamuza, mamífero.

RUPÍCOLA. (Del lat. *rupes*, roca, y *colere*, habitar.) adj. *Hist. Nat.* Que vive en la roca. ‖ f. *Zool.* Género de pájaros de cuerpo grueso y cubierto de abundante plumaje, con pico más alto que ancho, tarso desnudo, patas fuertes y cola corta y recta. Habitan las cadenas rocosas sudamericanas.

RUPTURA. al. **Abbruch.** fr. **Rupture.** ingl. **Rupture.** ital. **Rottura.** port. **Rotura.** (Del lat. *ruptura.*) f. fig. Rompimiento, desavenencia. *La* RUPTURA *de un compromiso;* antón.: **avenencia, unión.** ‖ *Cir.* Rotura, acción y efecto de romper.

RUQUETA. (Del lat. *eruca.*) f. Oruga, planta. ‖ Jaramago.

RURAL. al. **Ländlich.** fr. **Rural.** ingl. **Rural.** ital. **Rurale.** port. **Rural.** (Del lat. *ruralis*, de *rus*, *ruris*, campo.) adj. Perteneciente o relativo al campo y a sus labores. *Exposición* RURAL. ‖ fig. Inculto, tosco, apegado a las cosas lugareñas. ‖ deriv.: **ruralmente.**

RURIK. *Biog.* Príncipe ruso al que se atribuye la fundación del imperio. Su dinastía gobernó hasta el s. XVI (m. 879).

RURRU. (Voz onomatopeyica.) m. Runrún, rumor.

RURUPATA. f. *Chile.* Nana, canto.

RUS. (Del lat. *rhus.*) m. Zumaque, arbusto. ‖ **¡Voto a rus!** excl. fam. **¡Voto al chápiro!**

RUSA, Revolución. *Hist.* V. **Revolución Rusa.**

RUSALCA. f. En la mitología eslava, ninfa acuática que atrae a los hombres para matarlos.

RUSCO. (Del lat. *ruscus.*) m. Brusco, planta.

RUSCHUK. *Geog.* V. **Ruse.**

RUSE. *Geog.* Ciudad del N. E. de Bulgaria, sit. sobre el Danubio. 135.000 h. Tabaco, azúcar. Industria textil. Antiguamente se llamó **Ruschuk.**

RUSEL. m. Tejido de lana asargado.

RUSENTAR. tr. Poner rusiente.

RUSIA. n. p. V. **Piel de Rusia.** ‖ f. *Cuba.* Cierto lienzo grueso y tosco con que se hacen hamacas.

RUSIA. *Geog.* Nombre con que se denomina a la Unión de Repúblicas Socialistas Soviéticas (V. **Unión Soviética**), pero que le corresponde a la República Socialista Federativa Soviética Rusa (R.S.F.S.R.) y con más exactitud a la parte europea de ésta. ‖ República federada de la U.R.S.S. que comprende gran parte de la llanura europea, la zona de los Urales y Siberia hasta el océano Pacífico, incluyendo, además, las tierras árticas de la región polar soviética. Tiene 17.075.400 km²., que representan las cuatro quintas partes del área total del país, y 132.151.000 h., que son más de la mitad de la población de la U.R.S.S. Su cap. es MOSCÚ, que es también cap. del país. Es la república más rica de la U.R.S.S. y sus actividades agropecuarias e industriales abarcan el 70% de la producción total de la Unión Soviética. ‖ – **Blanca.** República federada de la U.R.S.S., en Europa, situada en la región occidental del país. 207.600 km². 9.725.000 h. Agricultura, ganadería, explot. forestal. Cap MINSK.

RUSIENTE. (Del lat. *russus*, rojo.) adj. Que se vuelve rojo o candente con el fuego.

RUSIFICAR. tr. Propagar las costumbres rusas. ‖ r. Tomar esas costumbres.

RUSIÑOL Y PRATS, Santiago. *Biog.* Pintor y literato esp., una de las grandes figuras de la cultura catalana. La obra maestra de su plástica es la serie de *Jardines de España.* Dram. hábil y humano, sus dramas *Libertad; El místico; La buena gente*, etc., fueron de los más representados en su época (1861-1931).

RUSKIN, John. *Biog.* Escr. crítico ingl. Esteta, fil. y teórico del arte, a la vez que reformador social, su prosa concisa y su depurado estilo literario con reminiscencias de los clásicos de su lengua, se dieron en varias obras maestras que señalaron nuevos rumbos a los artistas de su patria primero y luego a todo el arte mod. Obras cél.: *Las siete lámparas de la arquitectura; Las piedras de Venecia; La pintura moderna*, etc. (1819-1900).

RUSO, SA. adj. De Rusia. Ú.t.c.s. ‖ Perteneciente a esta nación de Europa. ‖ m. Gabán de paño grueso.

RUSO-JAPONESA, Guerra. *Hist.* Librada por Japón y Rusia de 1904 a 1905, terminó con la victoria japonesa que obligó a iniciar gestiones de paz, a propuesta del presid. estadounidense Teodoro Roosevelt. El tratado, firmado en 1905, amplió el radio de influencia de Japón, incluyendo a Corea bajo su dominio.

RUSSELL, Bertrand. *Biog.* Sociólogo, fil. y matemático ingl., premio Nobel de Literatura en 1950 y una de las más notables personalidades del siglo. Afirmó la lógica simbólica en *Los principios de las matemáticas*; la supremacía de las fuerzas que llevan al bien en *Lo que yo creo*; el rechazo a "normas y hábitos de vida errados" en *La conquista de la felicidad; Matrimonio y moral. El poder en los hombres y en los pueblos; Historia de la filosofía occidental* y otros títulos jalonan la extraordinaria trayectoria de este incisivo crítico cont. (1872-1970). ‖ — **Dora Isella.** Poetisa urug., autora de *Oleaje* y otras obras (n. 1925).

RUSTICACIÓN. (Del lat. *rusticatio, -onis.*) f. Acción y efecto de rusticar.

RUSTICAL. adj. p. us. Rural.

RÚSTICAMENTE. adv. m. De manera rústica. ‖ Toscamente y sin cultura.

RUSTICANO, NA. (Del lat. *rusticanus.*) adj. Silvestre. Aplícase al rábano y otras plantas. ‖ ant. Rural.

RUSTICAR. (Del lat. *rusticare.*) intr. Salir al campo, habitar en él, sea por distracción, sea por restablecer la salud.

RUSTICIDAD. (Del lat. *rusticitas, -atis.*) f. Calidad de rústico. sinón.: **rudeza, tosquedad.**

RÚSTICO, CA. al. **Ländlich; Landmann.** fr. **Rustique; rustre.** ingl. **Rustic.** ital. **Rustico.** port. **Rústico.** (Del lat. *rústicus*, de *rus*, campo.) adj. Perteneciente o relativo al campo. *Arado* RÚSTICO. ‖ fig. Tosco, grosero. *Lenguaje* RÚSTICO; sinón.: **descortés, rudo;** antón.: **amable, refinado.** ‖ m. Campesino. ‖ **A la,** o **en rústica.** Dicho de encuadernaciones de libros, a la ligera y con cubierta de papel.

RUSTIQUEZ. (De *rústico.*) f. Rusticidad.

RUSTIQUEZA. f. Rustiquez.

RUSTIR. (Del germ. *rostian.*) tr. En algunas partes, asar, tostar. ‖ *Ven.* Soportar pacientemente trabajos y aflicciones.

RUSTRO. (Del fr. *rustre*; éste del ant. *ruste*, y éste del lat. *rústicus*, rústico.) m. *Blas.* Rumbo.

RUT. *Hist Sagr.* Mujer moabita, personaje principal del libro del Antiguo Testamento que lleva su nombre.

RUTA. al. **Weg.** fr. **Route.** ingl. **Route; way.** ital. **Via.** port. **Ruto; rota.** (Del lat. *rupta*, rota.) f. Rota o derrota de un viaje. *La* RUTA *del Estrecho de Magallanes es peligrosa;* sinón.: **dirección, rumbo.** ‖ Itinerario para hacerlo. ‖ fig. Derrotero para lograr algo. ‖ Galicismo por **carretera.**

RUTÁCEO, A. (Del lat. *ruta*, ruda.) adj. *Bot.* Aplícase a plantas dicotiledóneas, hierbas por lo general perennes, o arbustos y árboles casi todos glandulosos, con hojas alternas u opuestas, simples o compuestas, flores amarillas o blancas, y frutillos dehiscentes con semillas menudas y albuminosas; como la ruda y la ayúa. Ú.t.c.s.f. ‖ f. pl. *Bot.* Familia de estas plantas.

RUTENAMINA. *Quím.* Nombre dado a compuestos derivados del amoníaco, por la substitución de parte de sus hidrógenos por rutenio.

RUTENIO. (Del lat. *rutilus*, rojo.) m. Metal raro blanco, duro, algo frágil, difícilmente fusible, que se halla juntamente con el platino, al que se asemeja. Elemento de símbolo Ru y p. atóm. 101,7.

RUTENO, NA. adj. Aplícase a un pueblo eslavo denominado también pequeño ruso, que vive en parte de Polonia. Ú.t.c.s. ‖ Perteneciente o relativo a este pueblo. ‖ m. Lengua **rutena.** ‖ ant. Ruso. Usáb.t.c.s. Hoy sólo se emplea refiriéndose a la liturgia.

RUTHERFORD, Ernesto. *Biog.* Quím. y físico neocelandés que en 1908 recibió el premio Nobel de Química por sus estudios sobre el átomo y la radiactividad. En 1911 sugirió la idea de la teoría nuclear de la estructura atómica y en 1919 enunció la primera teoría sobre la desintegración del átomo. Obras: *Radiactividad; Substancias radiactivas y sus transmutaciones*, etc. (1871-1937).

RUTILANTE. (Del lat. *rútilans, -antis.*) p. a. de **Rutilar.** Que rutila. *Estrella* RUTILANTE; sinón.: **refulgente, resplandeciente.**

RUTILAR. al. **Schimmern.** fr. **Rutiler.** ingl. **To twinkle; to sparkle.** ital. **Rutilare; scintillare.** port. **Rutilar.** (Del lat. *rutilare.*) intr. poét. Brillar como el oro o resplandecer y despedir rayos de luz. sinón.: **fulgurar, refulgir.**

RÚTILO, LA. (Del lat. *rútilus.*) adj. De color rubio subido o brillante como el oro; resplandeciente.

RUTINA. al. **Routine.** fr. **Routine.** ingl. **Routine.** ital. **Pratica.** port. **Rotina.** (Del fr. *routine*, de *route*, ruta.) f. Costumbre inveterada; hábito adquirido de hacer las cosas por mera práctica. sinón.: **práctica, uso.**

RUTINARIO, RIA. adj. Aplícase a lo que se hace o practica por rutina. *Trámite* RUTINARIO; sinón.: **habitual, inveterado.** ‖ Rutinero. Ú.t.c.s. ‖ deriv.: **rutinariamente.**

RUTINERO, RA. adj. y s. Que ejerce cualquier arte u oficio, o procede en algún asunto, por mera rutina.

RUTLAND. *Geog.* Pequeño condado del S. E. de Gran Bretaña (Inglaterra). 397 km². 20.510 h. Actividades agrícola-ganaderas. Cap. OAKHAM.

RÚTULO, LA. adj. Dícese del individuo de un pueblo perteneciente al Lacio que vivía al sur de Roma, entre los latinos y los volscos. Ú.m.c.s.m. y en pl. ‖ Perteneciente o relativo a este pueblo.

RUVENZORI. *Geog.* Macizo montañoso de África, sit. entre los lagos Alberto y Eduardo, en el límite entre Zaire (ex Congo Belga) y Uganda. 5.125 m.

RUVUMA. *Geog.* V. **Rovuma.**

RUY BARBOSA, Joaquín. *Biog.* Jurisconsulto y pol. brasileño. Figura prominente del liberalismo en su patria, fue uno de los fundadores de la Rep. y bregó por la abolición de la esclavitud, la separación de la Iglesia y el Estado, etc. Fue miembro del Tribunal de Justicia Internacional de La Haya (1849-1923).

RUY BLAS. *Lit.* Drama de Víctor Hugo, en cinco actos y en verso, publicado en 1838. Con estilo brillante y variado, el autor opone a la nobleza y bondad del humilde, la soberbia y la maldad del poderoso y logra una obra de gran elevación espiritual.

RUYSBROECK, Juan de. *Biog.* Famoso teólogo belga llamado el **Divino Doctor,** autor de *La verdadera contemplación; Espejo de la eterna belleza*, etc. (1294-1381).

RUYSDAEL, Jacobo van. *Biog.* Pintor hol.; notable paisajista y autor de *La tempestad; La catarata*, y otros cuadros famosos (1629-1682).

RUYTER, Miguel Adrianzoon de. *Biog.* Almirante holandés que derrotó a la flota inglesa en tres oportunidades, en 1655. Apoyó a las fuerzas esp. en el Mediterráneo y m. de las heridas sufridas en un combate (1607-1676).

RUZICKA, Leopoldo. *Biog.* Quím. suizo que en 1939 compartió el premio Nobel de Química con Adolfo Butenandt. Especializado en el estudio de las hormonas, adquirió nombradía mundial con el descubrimiento de la serie de los politerpenos y de los compuestos policíclicos de la serie aromática (1887-1976).

RYBERG-FINSEN, Nicolás. *Biog.* Méd. y físico danés, que por sus estudios sobre la aplicación de la luz para el tratamiento de las enfermedades, es considerado creador de la fototerapia. Obtuvo en 1903 el premio Nobel de Fisiología y Medicina y es autor de varias obras teóricas (1860-1904).

RYBINSK. *Geog.* Ciudad de la U.R.S.S. situada al N. E. de Kalinin, a orillas del Volga. 169.000 h. Importante puerto fluvial. Industrias.

RYLE, Martin. *Biog.* Científico británico que en 1974 obtuvo el premio Nobel de Física, compartido con su compatriota Antonio Hewish, por sus investigaciones radioastronómicas, que permitieron un mayor conocimiento de las galaxias más remotas (n. en 1918).

RYTI, Risto. *Biog.* Pol. finlandés, de 1940 a 1944 presidente de la Rep. (1889-1956)

RYUKYU. *Geog.* V. **Riu-Kiu.**

S

S. f. Vigésima segunda letra del abecedario castellano, y decimoctava de sus consonantes. Su nombre es *ese*.

S. *Geog.* Abreviatura de **Sur**.

S. *Quím.* Símbolo del azufre.

SAA, Estacio de. *Biog.* Mil. portugués fundador de Río de Janeiro (m. 1567). ‖ **— Men de.** Pol. portugués, de 1557 a 1572 gobernador general del Brasil. Expulsó a los franceses de la bahía de Guanabara (1500-1572). ‖ **— DE MIRANDA, Francisco.** Poeta port., uno de los más brillantes vates hispano-portugueses; introdujo en su patria la versificación italiana. Publicó *Églogas; Cantigas; Fábula del Mondego*, etc. (1495-1558).

SAADI, Moslih Ud Din. *Biog.* Poeta didáctico persa, autor de *El jardín de las rosas del espíritu; Libro del Consejo Diwan*, etc. (1184-1291). Se le conoce con el nombre de *Shirasi*.

SAALE. *Geog.* Río de Alemania central, afl. del Elba. 427 km.

SAAR. *Geog.* V. **Sarre**.

SAARBRÜCKEN. *Geog.* V. Sarrebrück.

SAAVEDRA, Álvaro de. *Biog.* Navegante esp., descubridor de Nueva Guinea (s. XVI). ‖ **— Bautista.** Político bol., de 1921 a 1925 presid. de la Rep. En *Ayllú, estudios sociológicos de América*, reivindica los derechos nacionales sobre territorios en litigio (1870-1939). ‖ **— Cornelio.** Mil. y político arg., prócer de la Revolución de Mayo. Jefe del regimiento de Patricios, se destacó en la defensa de Buenos Aires durante las invasiones inglesas y en 1809 apoyó a Liniers. En 1810 fue nombrado presidente de la Primera Junta de Gobierno (1760-1829). ‖ **— FAJARDO, Diego de.** Escr. y diplomático esp., de gran popularidad en su época. Autor de *Empresas políticas; La República literaria*, etc. (1584-1648). ‖ **— GUZMÁN, Antonio.** Poeta mex. del siglo XVI, autor del poema épico *El peregrino indiano*. ‖ **— LAMAS, Carlos.**

Pol. y jurista arg. Por su activa participación en las gestiones que se hicieron para poner fin a la guerra del Chaco entre Paraguay y Bolivia, se le otorgó en 1936 el premio Nobel de la Paz. Posteriormente tuvo una actuación muy destacada en las negociaciones que desembocaron en el acuerdo definitivo de paz firmado el 21 de julio de 1938. Es también autor de varios libros sobre derecho internacional y mantenimiento de la paz, economía y educación (1878-1959). ‖ **— RAMÍREZ DE BAQUEDANO, Ángel de. V. Rivas, duque de.**

SABA. *Geog.* Isla de las Pequeñas Antillas, que pertenece a Holanda. 9 km². 1.500 h. ‖ *Geog. histór.* Antigua ciudad de Arabia, en el Yemen, cuya reina visitó a Salomón, atraída por la fama de su poder y sabiduría. Es la actual **Marib**.

SABADELL. *Geog.* Ciudad de España (Barcelona). 165.000 h. Fábricas de tejidos.

SABADILLA. f. *C. Amér.* y *Ven.* Hierba bulbosa, que pertenece a las liliáceas; medicinal. *Schoenocaulon officinales*, liliácea.

SÁBADO. al. **Samstag; Sonnabend.** fr. **Samedi.** ingl. **Saturday.** ital. **Sabato.** port. **Sábado.** (Del lat. *sábbatum*, y éste del hebr. *shabbath*.) m. Séptimo y último día de la semana. ‖ V. **Carne de sábado.** ‖ **— de gloria. Sábado santo.** ‖ **Hacer sábado.** frs. Hacer en este día una limpieza completa de la casa. ‖ **Ni sábado sin sol, ni moza sin amor, o ni vieja sin arrebol, o sin dolor,** ref. Que se aplica a cualquier cosa que regular y frecuentemente ocurre en determinados tiempos o personas.

SABALAR. m. Red para pescar sábalos.

SABALERA. (De *sabalar*, por la forma.) f. Rejilla metálica, o bóveda calada, donde se pone el combustible en los hornos de reverbero. ‖ Arte de pesca, semejante a la jábega, para pescar sábalos.

SABALERO. m. Pescador de sábalos.

SABALO. (Del ár. *sábal*.) m. Pez marino malacopterigio abdominal, de unos cuatro decímetros de largo, con el cuerpo en figura de lanzadera; algo aplanado por los lados; la cabeza pequeña, la boca grande, el lomo amarillento, el resto del cuerpo blanco, y las aletas pequeñas, cenicientas y rayadas de azul. Desova por la primavera en los ríos que desembocan en el mar.

SÁBANA. al. **Bettuch.** fr. **Drap** de lit. ingl. **Sheet.** ital. **Lenzuolo.** port. **Lençol.** (Del lat. *sábanum*, y éste del gr. *sábanon*, paño de enjugarse, toalla.) f. Cualquiera de las dos piezas de lienzo, algodón o lana, de tamaño adecuado para cubrir la cama y colocar el cuerpo entre ambas. ‖ Manto que usaban los hebreos y otros pueblos de Oriente. ‖ Sabanilla de altar. ‖ **— santa.** Aquella en que fue envuelto Cristo para ponerle en el sepulcro. ‖ **Pegársele** a uno **las sábanas.** frs. fig. y fam. Que se aplica al que se levanta más tarde de lo que debe o tiene por costumbre.

SABANA. al. **Savanne.** fr. **Savane.** ingl. **Savanna.** ital. **Savana.** port. **Savana.** (Voz caribe.) f. Llanura extensa de las zonas tropicales y subtropicales, cubierta de hierbas altas, generalmente gramíneas. ‖ **Estar uno en la sabana.** frs. fig. y fam. *Ven.* Estar sobrado de recursos, ser feliz. ‖ **Ponerse uno en la sabana.** frs. fig. y fam. *Ven.* Adquirir inesperadamente alguna ventura.

SABANALARGA. *Geog.* Ciudad de Colombia (Atlántico). 15.000 h. Centro agrícola-ganadero.

SABANAZO. m. *Cuba.* Sabana o pradera pequeña.

SABANDIJA. f. Cualquier reptil pequeño o insecto, especialmente de los repugnantes y molestos; como la salamanquesa, el escarabajo, etc. ‖ fig. Persona despreciable.

SABANDIJUELA. f. dim. de **Sabandija**.

SABANEAR. intr. *Amér.* Recorrer la sabana donde hay un hato, para buscar y juntar el ganado, o para cuidar de él. ‖ *Amér. Central.* Aprehender. ‖ Lisonjear. ‖ *Guat.* y *Ven.* Seguir o perseguir una persona a otra.

SABANERA. f. *Ven.* Culebra de las sabanas, con vientre amarillo y lomo salpicado de negro verde y pardo; se alimenta de sabandijas.

SABANERO, RA. adj. Habitante de una sabana. Ú.t.c.s. ‖ Perteneciente o relativo a la sabana. ‖ m. Hombre encargado de sabanear. ‖ Pájaro semejante al estornino y de carne muy apreciada; vive en medio de las praderas en la América del Norte y en las Antillas. *Sturnella hippocrepis*.

SABANILLA. f. dim. de **Sábana**. ‖ Cualquier pieza de lienzo pequeña, como pañuelo, toalla, etc. ‖ Cubierta exterior de lienzo que cubre el altar y sobre la que se ponen los corporales. ‖ *Chile.* Tejido de lana muy fino que se pone en la cama, sobre la sábana, a modo de cobertor.

SABAÑÓN. al. **Frostbeule.** fr. **Engelure.** ingl. **Chilblain.** ital. **Gelone.** port. **Frieira.** (Tal vez del lat. *sub*, y *pernio, -onis*. sabañón.) m. Rubicundez, hinchazón o ulceración de la piel, especialmente de las manos, de los pies y de las orejas, con ardor y picazón, causada por frío excesivo y húmedo. ‖ *Cuba.* Arbusto silvestre, bignoniáceo, de flores blancas, propio de los lugares húmedos. ‖ **Comer uno como un sabañón.** frs. fig. y fam. Comer mucho y ansiosamente.

SABARA. f. *Ven.* Niebla muy diáfana.

SABATARIO, RIA. (Del lat. *sabbatarius*.) adj. Aplícase a los hebreos porque guardaban religiosamente el sábado. Usáb.m.c.s. ‖ Dícese de los judíos conversos de los primeros siglos, que seguían guardando el sábado.

SABATEÑO. m. *Ven.* Hito, mojón.

SABAT ERCASTY, Carlos. *Biog.* Poeta urug., autor de *Poemas del hombre;Églogas y poemas marinos; El vuelo de la noche*, etc. (n. 1887)

SABÁTICO, CA. (Del lat. *sabbáticus*.) adj. Perteneciente o relativo al sábado. Aplícase especialmente al descanso SABÁTICO.‖ Dícese del séptimo año, en que los hebreos dejaban descansar sus tierras, viñas y olivares.

SABATIER, Pablo. *Biog.* Quím. francés; se dedicó en especial a la química orgánica, y se le deben gran número de investigaciones sobre los fenómenos de catálisis. En 1912 compartió con Grignard el premio Nobel de Química (1854-1941).

SABATINA. f. Oficio divino propio del sábado. ‖ Lección compuesta de todas las de la semana que los estudiantes solían dar el sábado. ‖ Ejercicio literario que hacían los estudiantes en los sábados para acostumbrarse a defender conclusiones.

SABATINI, Francisco. *Biog.* Arquitecto ital. que actuó en España; autor en Madrid de la Puerta de Alcalá, la antigua Aduana y otros edificios (1722-1795). ‖ **— Rafael.** Escr. inglés de origen ital., autor de *Capitán Blood; Scaramouche*. etc. (1875-1950).

SABATINO, NA. (Del b. lat. *sabbatinus*; y éste del lat. *sábbatum*, sábado.) adj. Perteneciente al sábado o hecho en él. BULA *sabatina*.

SABATISMO. m. Acción de sabatizar. ‖ Descanso que se hace después de un trabajo asiduo.

SABATIZAR. intr. Guardar el sábado, cesando en las obras serviles.

SÁBATO, Ernesto. *Biog.* Escr. argentino cont., autor de *El túnel; Uno y el universo; Hombres y engranajes; Heterodoxia; Sobre héroes y tumbas*, etc. (n. 1911).

SABEDOR, RA. (De *saber*.) adj. Instruido o noticioso de una cosa.

SABEÍSMO. m. Religión de los sabeos, que rendían culto a los astros, especialmente al Sol y a la Luna.

SABELA. f. Género de gusanos anélidos marítimos, con los dos lóbulos iguales dispuestos cada uno en semicírculo.

SABELECCIÓN. amb. *Cuba.* Especie de mastuerzo silvestre, con flores en espiga, blanquecinas o amarillentas, de cuatro pétalos; las hojas tienen sabor amargo, y la raíz es medicinal. *Lepidium virginicum*, crucífera.

SABELIANISMO. m. Doctrina de Sabelio, heresiarca africano del siglo III, que se basa en la creencia de un solo Dios revelado bajo tres nombres distintos, y negando, de ese modo, la distinción de las tres Personas y el misterio de la Santísima Trinidad.

SABELIANO, NA. adj. Aplícase a los sectarios de Sabelio. Ú.t.c.s. ‖ Perteneciente a su doctrina.

SABÉLICO, CA. (Del lat. *sabélicus.*) adj. Perteneciente a los sabinos o samnitas.

SABELIO, LIA. adj. Dícese del individuo de un antiguo pueblo de Italia establecido desde el Adriático a los Apeninos y que comprendía como principales, entre sus numerosas tribus, las de los sabinos y los samnitas. Ú.m.c.s.m. y en pl. ‖ Perteneciente o relativo a este pueblo.

SABELIO. *Biog.* Heresiarca africano, creador del **sabelianismo,** que negaba el misterio de la Santísima Trinidad (s. III).

SABELOTODO. com. fam. Sabidillo.

SABER. al. **Wissen; Können; Kenntnis.** fr. **Savoir.** ingl. **Knowledge; learning.** ital. **Sapere.** port. **Saber.** (infinit. substantivado.) m. Sabiduría, conocimiento.

SABER. al. **Wissen; Können; erfahren.** fr. **Savoir.** ingl **To know.** ital. **Sapere.** port. **Saber.** (Del lat. *sapere.*) tr. Conocer una cosa, o tener noticia de ella. SÉ *las reglamentaciones que existen*; antón.: **ignorar.** ‖ Ser docto en algo. SABE *mucha física.* ‖ Ser hábil para una cosa, o estar instruido y diestro en un arte o facultad. SABE *manejar la espada.* ‖ intr. Ser muy perspicaz y advertido. SABE *más que Merlín.* ‖ Tener sapidez una cosa. Ú. comúnmente con nombre regido de la preposición *a. Este licor* SABE A *mandarina.* ‖ Tener una cosa semejanza con otra. ‖ Tener una cosa proporción, capacidad o eficacia para lograr un propósito. ‖ Reducirse o acomodarse a una cosa. YO SABRÉ *cumplir mis compromisos.* ‖ Practicar, acostumbrar. SABER *hacer un favor; no* SABER *engañar.* ‖ Conocer el camino, **saber** ir. *No* SÉ *ir a su calle.* ‖ **A saber.** expr. Esto es. ‖ Exclamativamente equivale a **vete a saber.** ¡A SABER *cuándo pagará*! ‖ **El saber no ocupa lugar.** frs. proverb. con que se da a entender que nunca está de más el **saber.** ‖ **No saber** uno **cuántas son cinco.** frs. fig. y fam. Ser muy simple; ignorar hasta lo que es muy conocido. ‖ **No saber** uno **dónde meterse.** frs. fig. con que se explica el gran temor o la vergüenza que le causa una especie o suceso. ‖ **No saber** uno **lo que se pesca.** frs. fig. y fam. Andar descaminado en los negocios o asuntos que trata. ‖ **No saber** uno **lo que tiene.** frs. fig. y fam. con que se pondera el gran caudal de una persona. ‖ **No saber** uno **por donde anda,** o **se anda.** frs. fig. y fam. No tener resolución ni aptitud para desempeñar lo que se le encarga. ‖ fig. y fam. No acertar a apreciar o resolver una cosa, por ignorancia o por ofuscación. ‖ **No sé cuántos.** frs. que además de su sentido recto se emplea en lugar de "fulano" para calificar persona indeterminada. *El poeta* NO SÉ CUÁNTOS *disertó sobre el soneto.* ‖ **No sé qué.** expr. Algo que no se acierta a explicar. Ú.m. con el artículo *un* o el adjetivo *cierto.* ‖ **No sé qué te diga.** frs. fam. que se emplea para indicar desconfianza o incertidumbre de lo que a uno le refieren. ‖ **Saber** uno **cuántas son cinco.** frs. fig. y fam. Conocer o entender lo que le conviene. ‖ **Sabérselo todo.** frs. fig. y fam. con que se califica de presumido al que no admite las objeciones de otros. ‖ **Vete a saber,** o **vaya usted a saber.** frs. con que se señala que una cosa es difícil de averiguar. VETE A SABER *cómo lo habrá conseguido.* ‖ **¡Y qué sé yo!** frs. complementaria que se emplea para no continuar una enumeración, etc.; y muchos más, y muchas más cosas. ‖ irreg. **Conjugación:** IND. Pres.: *Sé, sabes, sabe,* etc. Imperf.: *sabía, sabías, sabía,* etc. Pret. indef.: *supe, supiste, supo,* etc. Fut. imperf.: *sabré, sabrás, sabrá,* etc. POT.: *sabría, sabrías, sabría,* etc. SUBJ. Pres.: *sepa, sepas, sepa,* etc. Imperf.: *supiera o supiese, supieras o supieses, supiera o supiese,* etc. Fut. imperf.: *supiere, supieres, supiere,* etc. IMPERAT.: *sabe, sepa, sepamos, sabed, sepan.* PARTIC.: *sabido.* GER.: *sabiendo.*

SABIAMENTE. adv. m. Cuerdamente, con acierto y sabiduría.

SABICÚ. m. *Cuba.* Árbol leguminoso semejante a la acacia, con flores blancas y olorosas, fruto aplanado, oblongo y lampiño, y madera dura y de color más obscuro que la caoba. *Lisiloma formosa.*

SABIDILLO, LLA. (dim. de *sabido.*) adj. y s. despect. Que se jacta de entendido y docto sin serlo o sin venir a cuento. sinón.: **sabihondo.**

SABIDO, DA. adj. Que sabe o entiende mucho.

SABIDOR, RA. adj. y s. Sabedor.

SABIDURÍA. al. **Weisheit; Wissen.** fr. **Sagesse; connaissance; savoir.** ingl. **Wisdom; learning; knowledge.** ital. **Saggezza; sapienza.** port. **Sabedoria.** (De *sabidor.*) f. Conducta juiciosa en la vida o en los negocios. *La dura experiencia le había dado* SABIDURÍA. ‖ Conocimiento intenso en ciencias, letras o artes. sinón.: **saber.** ‖ Noticia, conocimiento. ‖ **– eterna,** o **increada.** El Verbo divino. ‖ IDEAS AFINES: *Filosofía, madurez, experiencia, moderación, prudencia, reflexión, mesura, calma, estudio, investigación, experimento, laboratorio, biblioteca, texto, lectura, erudición, inteligencia, talento, cultura, omnisciencia, competencia, doctor, profesor, humanista, teoría, doctrina, especulación, enciclopedia, diccionario.*

SABIENDAS (A). (Del lat. *sapiendus*, de *sapere*, saber.) m. adv. De un modo cierto. ‖ Con conocimiento y deliberadamente.

SABIENTE. (Del lat. *sapiens, -entis.*) p. a. de **Saber.** Que sabe.

SABIHONDEZ. f. fam. Calidad de sabihondo.

SABIHONDO, DA. (De *sabio* y *hondo.*) adj. fam. Que presume de sabio sin serlo. Ú.t.c.s.

SÁBILA. f. Áloe, planta. **Zabila.**

SABINA. (Del lat. *sabina.*) f. Arbusto conífero, o árbol comúnmente de poca altura, siempre verde, con tronco grueso, ramas extendidas, hojas casi cilíndricas, opuestas, escamosas y unidas entre sí de cuatro en cuatro; fruto redondo, pequeño, negro azulado, y madera rojiza y fragante. ‖ **– albar.** Árbol de igual familia que el anterior, de unos 10 metros de altura, con hojas y fruto un poco mayores. ‖ **– rastrera.** Especie muy ramosa, de hojas pequeñitas adheridas a la rama, y fruto de color negro azulado. Despide un olor desagradable.

SABINA. *Geog. histór.* Región del centro de la antigua Italia sit. entre el Lacio, la Etruria, la Umbría y los Apeninos.

SABINA JULIA. *Biog.* Emperatriz rom., esposa de Adriano (m. aprox. 138).

SABINAL. *Geog.* Bahía de Cuba, en la costa septentrional de la prov. de Camagüey. ‖ Cayo de la costa N. de Cuba, en la prov. de Camagüey.

SABINAR. m. Terreno poblado de sabinas.

SABINAS. *Geog.* Pobl. de México (Coahuila). 14.500 h. Centro carbonífero. ‖ **– Hidalgo.** Pobl. de México (Nuevo León). 12.200 h. Centro minero.

SABINAS, Rapto de las. *Hist.* Según la tradición, en una fiesta celebrada en Roma durante el reinado de Rómulo, las mujeres e hijas de los sabinos fueron raptadas por los romanos, hecho que provocó una guerra, a la que puso fin la intervención de las propias **sabinas** que se interpusieron entre ambos ejércitos.

SABINE. *Geog.* Río de los EE.UU., tributario del golfo de México. 800 km. Forma parte del límite entre los Estados de Texas y Luisiana.

SABINILLA. f. *Chile.* Arbusto rosáceo, con hojas compuestas de hojuelas lineales y fruto carnoso, comestible.

SABINO, NA. (Del lat. *sabinus.*) adj. Aplícase al individuo de un pueblo de la Italia antigua que habitaba entre el Tíber y los Apeninos. Ú.t.c.s. ‖ Perteneciente a este pueblo. ‖ m. Dialecto que usaba este pueblo.

SABINO, NA. (En port. *sabino.*) adj. Rosillo, dicho de las caballerías.

SABIO, BIA. al. **Weise; Gelehrter.** fr. **Savant; sage.** ingl. **Wise; learned.** ital. **Sapiente; saggio.** port. **Sábio.** (Del lat. *sápidus*, de *sapere*, saber.) adj. Aplícase a la persona que posee la sabiduría. Ú.t.c.s. ‖ Dícese de las cosas que contienen sabiduría o pueden instruir. *Un dicho muy* SABIO. ‖ Cuerdo. Ú.t.c.s. ‖ Aplícase a los animales habilidosos. *Perro* SABIO. ‖ m. Por antonom. llámase así a Salomón.

SABIOS DE GRECIA, Los siete. *Biog.* Nombre común de Tales de Mileto, Pítaco de Mitilene, Bías de Priena, Solón de Atenas, Cleóbulo de Lindos, Quilón de Esparta y Misón de Khen, cuyos aforismos eran transmitidos de generación en generación y eran considerados modelos de erudición y nobleza (s. VI a. de C.).

SABLAZO. m. Golpe que se da con el sable. ‖ Herida que se hace con él. ‖ fig. y fam. Acto de sacar dinero a alguien, o de comer, vivir y divertirse a sus expensas.

SABLE. al. **Säbel.** fr. **Sabre.** ingl. **Saber.** ital. **Sciabola.** port. **Sabre.** (Del al. *säbel.*) m. Arma blanca parecida a la espada, pero algo corva y por lo general de un solo corte. ‖ fig. y fam. Habilidad para sacar dinero a otro o vivir a sus expensas. ‖ *Cuba.* Pez de color plateado, con figura de anguila y el cuerpo largo y aplastado.

SABLE. al. **Schwarz.** fr. **Sable.** ingl. **Sable.** ital. **Nero.** port. **Sable.** (Del fr. *sable*, y éste del eslavo *sable*, marta negra o cebellina; en b. lat. *sabellum.*) m. *Blas.* Color heráldico que en pintura se representa con el negro, y en el grabado, con líneas verticales y horizontales entrecruzadas. Ú.t.c.adj.

SABLE. *Geog.* Cabo de la costa S. de la península de Florida (EE.UU.).

SABLEADOR, RA. s. Persona que tiene habilidad para manejar el sable. ‖ Sablista.

SABLEAR. tr. e intr. Herir o dar golpes con el sable. ‖ fig. y fam. Dar sablazos, sacar dinero con maña.

SABLISTA. (De *sable*, 1er. art.) adj. fam. Que tiene por hábito sablear o sacar dinero. Ú.m.c.s.

SABLÓN. (Del lat. *sábulo, onis.*) m. Arena gruesa.

SABOGA. (Del ár. *çaboga.*) f. Sábalo, pez.

SABOGAL. adj. V. **Red sabogal.** Ú.t.c.s.m.

SABOGAL, José. *Biog.* Pintor per. de intensa labor dentro y fuera de su país. Fue uno de los iniciadores de la corriente indigenista en la moderna plástica continental (1888-1956).

SABONERA. f. Sayón, planta.

SABONETA. (Del ital. *savonetta*, de *Savona*, ciudad de Italia donde se construyeron por primera vez relojes con tapa sobre la esfera.) f. Reloj de bolsillo, cuya esfera está cubierta con una tapa de oro, plata u otro metal, que se abre apretando un resorte.

SABOR. al. **Geschmack.** fr. **Saveur.** ingl. **Taste.** ital. **Sapore.** port. **Sabor.** (Del lat. *sápor.*) m. Sensación que ciertos cuerpos producen en el órgano del gusto. ‖ fig. Impresión que una cosa causa en el ánimo. ‖ Propiedad que algunas cosas tienen de parecerse a otras con que son comparadas. *Una novela de* SABOR *romántico.* ‖ Cada una de las cuentas redondas que se colocan en el freno, junto al bocado, para refrescar la boca del caballo. Ú.m. en pl. ‖ **A sabor.** m. adv. Al gusto o de acuerdo con la voluntad y deseo.

SABOREADOR, RA. adj. Que saborea. ‖ Que da sabor.

SABOREAMIENTO. m. Acción y efecto de saborear o saborearse.

SABOREAR. al. **Schmecken.** fr. **Savourer.** ingl. **To taste.** ital. **Assaggiare.** port. **Saborear.** tr. Dar sabor y gusto a las cosas. ‖ Percibir detenidamente y con deleite el sabor de una comida o bebida. Ú.t.c.r. sinón.: **catar, paladear.** ‖ fig. Apreciar con detenimiento y deleite alguna cosa grata. Ú.t.c.r. SABOREÉ *tan amable carta.* ‖ Cebar, atraer con halagos o intereses. ‖ r. Comer o beber alguna cosa despacio y deleitosamente. ‖ fig. Deleitarse detenidamente en aquellas cosas que agradan.

SABOREO. m. Acción de saborear.

SABORETE. m. dim. de **Sabor.**

SABOTAJE. m. Daño o deterioro que en la maquinaria, productos, etc., se hace como procedimiento de lucha contra los patronos, contra el Estado o contra las fuerzas de ocupación en conflictos sociales o políticos. ‖ fig. Oposición u obstrucción disimulada contra proyectos, órdenes, decisiones, ideas, etc.

SABOTEAR. (Del fr. *saboter*, trabajar chapuceramente.) tr. Realizar actos de sabotaje. SABOTEAR *la industria aeronáutica.*

SABOYA. *Geog.* Región del S.E. de Francia, en el límite con Italia y Suiza. Pertenece a Francia desde marzo de 1860, por un plebiscito de sus habitantes. Forma los dep. de **Saboya** y **Alta Saboya.** ‖ Dep. de Francia. 6.036 km². 305.500 h. Cap. CHAMBERY. Ganadería, bosques, vid, cereales. ‖ **Alta –.** V. **Alta Saboya.**

SABOYA, Casa de. *Geneal.* Familia ital. que dominó la Saboya, gobernó el Piamonte y reinó en Italia hasta 1946.

SABOYA CARIGNAN, Francisco Eugenio. *Biog.* Mil. austríaco, notable guerrero y estratego. Fue llamado el **príncipe Eugenio** y gobernó los Países Bajos (1663-1736).

SABOYANA. (De *saboyano.*) f. Ropa exterior, a manera de basquiña abierta por delante, que usaban las mujeres. ‖ Pastel, especie de bizcocho remojado en almíbar e impregnado con ron al que suele prenderse fuego cuando se sirve.

SABOYANO, NA. adj. Natural de Saboya. Ú.t.c.s. ‖ Perteneciente a esta región de Francia y de Italia. *Alpes* SABOYANOS.

SABROSAMENTE. adv. m. Con sabor y gusto.

SABROSO, SA. al. **Schmackhaft; Köstlich.** fr. **Savoureux.** ingl. **Savory; tasty.** ital. **Saporoso; saporito.** port. **Saboroso.** (Del lat. *saporosus.*) adj. Sazonado y agradable al sentido del gusto. *Guiso* SABROSO; sinón.: **apetitoso, rico;** antón.: **insípido, soso.** ‖ fig. Delicioso, deleitable al ánimo. ‖ fam. Ligeramente salado. ‖ *Méx.* y *P. Rico.* Sabrosón. ‖ **Vivir de sabroso.** frs. fam. *Cuba.* Vivir a cuestas de otro.

SABROSÓN, NA. adj. *Ant., Perú* y *Ven.* Aplícase a la persona habladora y simpática.

SABROSURA. f. *Amér.* Calidad de sabroso; dulzura, deleite.

SABRY, Hassán. *Biog.* Pol. egipcio, jefe del gob. durante la segunda Guerra Mundial (1875-1940).

SABUCAL. m. Sitio poblado de sabucos.

SABUCO. (Del lat. *sambucus.*) m. Saúco.

SABUESO, SA. (Del b. lat. *canis segutius.*) adj. V. **Perro sabueso.** Ú.t.c.s. ‖ m. fig. Pesquisidor, persona que olfatea; que sabe indagar.

SABUGAL. m. Sabucal.

SABUGO. m. Sabuco.

SÁBULO. (Del lat. *sábulum.*) m. Arena gruesa y pesada.

SABULOSO, SA. (Del lat. *sabulosus.*) adj. Que tiene arena o está mezclado con ella.

SABUNDE, Ramón. *Biog.* Filósofo esp., autor de *Teología natural o Libro de las criaturas* (m. 1436).

SABURRA. (Del lat. *saburra*, lastre de un navío.) f. *Med.* Secreción mucosa espesa que se acumula en las paredes del estómago. ‖ Capa blanquecina que cubre la lengua, causada por dicha secreción.

SABURRAL. adj. *Med.* Perteneciente o relativo a la saburra.

SABURROSO, SA. adj. *Med.* Que señala la existencia de saburra gastrica. *Lengua* SABURROSA.

SACA. f. Acción y efecto de sacar. || Exportación, transporte de frutos o de géneros de un país a otro. || Acción de sacar los estanqueros de la tercena los artículos estancados y timbrados para venderlos al público. || Copia autorizada de un documento protocolizado. || *Amér. Central, Cuba* y *Méx.* En las riñas de gallos, parte de la cantidad apostada que se lleva el dueño del gallo y el que lo cuida y pelea. || *Ant., Col.* y *Pan.* Traslado de ganado. || *C. Rica.* Saque.

SACA. (De *saco.*) f. Costal muy grande de tela fuerte, más largo que ancho, que se usa por lo general para transportar la correspondencia, lana u otros efectos.

SACABA. *Geog.* Ciudad de Bolivia (Cochabamba). 22.400 h. Centro agrícola.

SACABALA. f. Especie de pinzas que empleaban los cirujanos para extraer una bala de dentro de la herida.

SACABALAS. m. Sacatrapos más fuerte que los comunes, usado para sacar la bala del ánima de las escopetas y fusiles lisos que se cargan por la boca. || *Art.* Instrumento de hierro usado para extraer los proyectiles ojivales del ánima de los cañones rayados que se cargan por la boca.

SACABOCADO. m. Sacabocados.

SACABOCADOS. m. Instrumento de hierro, con boca hueca y cortes afilados, que sirve para taladrar. || fig. Medio eficaz con que se logra lo que se pretende.

SACABOTAS. m. Tabla con una muesca en que se encaja el talón de la bota para descalzarse.

SACABROCAS. m. Herramienta con una boca de orejetas, que emplean los zapateros para desclavar las brocas.

SACABUCHE. (Del fr. *saquebute.*) m. Instrumento músico de metal, parecido a la trompeta, que se alarga y acorta para hacer las distintas voces que pide la música. || Profesor que toca este instrumento. || fig. y fam. Renacuajo, muchacho enclenque y antipático. || *Hond.* Artefacto a modo de zambomba. || *Mar.* Bomba de mano para extraer líquidos.

SACACA. *Geog.* Pobl. de Bolivia (Potosí). 23.000 h. Centro minero.

SACACORCHOS. al. **Korkenzieher.** fr. **Tire-bouchon.** ingl. **Corkscrew.** ital. **Cavaturaccioli.** port. **Saca-rolhas.** m. Instrumento compuesto de una espiral metálica con un mango o una palanca. Se usa para extraer los tapones a los frascos y botellas. sinón.: **tirabuzón.**

SACACUARTOS. m. fam. Sacadineros.

SACADA. (De *sacar*, apartar.) f. Territorio que se ha separado de una merindad, provincia o reino. || En el tresillo, jugada en que el hombre hace más bazas que cualquiera de los contrarios. || *Arg.* y *Chile.* Saca, sacamiento.

SACADILLA. f. dim. de **Sacada.** || Batida corta que abarca poco terreno.

SACADINERO. m. fam. Sacadineros.

SACADINEROS. m. fam. Espectáculo o alhajuela de escaso valor, pero de mucha apariencia, que atrae a los muchachos y gente incauta. || com. fam. Persona que usando de engañifas saca dinero a público.

SACADOR, RA. adj. Que saca Ú.t.c.s. || m. *Impr.* Tablero de la máquina donde se coloca el papel que va saliendo impreso.

SACADURA. (De *sacar.*) f. Corte sesgado que hacen los sastres en una prenda para que siente. || *Chile.* Saca, sacada.

SACAFILÁSTICAS. f. *Mar.* Aguja de fogón hecha con alambre grueso doblado en la punta a modo de arponcillo, con que se saca la clavellina del oído de los cañones.

SACAMANCHAS. com. Quitamanchas.

SACAMANTAS. (De *sacar* y *manta.*) m. fig. y fam. Persona que tiene a su cargo apremiar y embargar a los contribuyentes morosos.

SACAMANTECAS. com. fam. Asesino que despanzurra a sus víctimas.

SACAMIENTO. m. Acción de sacar alguna cosa del sitio en que está.

SACAMOLERO. m. p. u. Sacamuelas.

SACAMUELAS. com. Persona que tiene por oficio sacar muelas. sinón.: **dentista.** || fig. Charlatán; embaucador.

SACANABO. (De *sacar* y *nabo.*) m. Vara de hierro que tiene en un extremo un gancho y en el otro un ojo, y con la que se sacaba del mortero la bomba.

SACANETE. (Del al. *landsknecht*, soldado de infantería, juego.) m. Cierto juego de envite y azar.

SACAPELOTAS. (De *sacar* y *pelota.*) m. Instrumento para sacar balas, que usaron los antiguos arcabuceros. || fig. Persona despreciable.

SACAPOTRAS. (De *sacar* y *potra.*) m. fig. y fam. Mal cirujano.

SACAPUNTAS. m. Instrumento que se usa para sacar punta a los lápices. sinón.: **afilalápices; cortalápices.**

SACAR. al. **Ausnehmen; herausziehen.** fr. **Tirer; sortir.** ingl. **To draw out; to pull out; to take out.** ital. **Trarre; cavare.** port. **Sacar.** (Del lat. *saccare*, de *saccus*, saco.) tr. Colocar una cosa fuera del lugar en que estaba encerrada o contenida. SACÓ *una moneda del bolsillo*; sinón.: **extraer;** antón.: **poner.** || Apartar a una persona o cosa del lugar o condición en que se halla. SACAR *al enfermo del hospital*; SACAR *de apremios*; SACAR *de estrecheces*; sinón.: **alejar, separar.** || Averiguar, resolver una cosa mediante el estudio. SACAR *la cuenta.* || Descubrir, hallar por señales e indicios. SACAR *por el rastro.* || Lograr mediante la fuerza o la astucia que alguien diga o entregue alguna cosa. || Extraer de una cosa alguna de las partes que la componen. SACAR *aceite de maní.* || Elegir por sorteo o por mayoría de votos. SACAR *concejal.* || Ganar por suerte una cosa. SACAR *un premio. de la lotería.* || Lograr, obtener una cosa. || Lavar de nuevo la ropa para aclararla, antes de tenderla y enjugarla. || Alargar, adelantar una cosa. SACAR *el pecho al andar.* || Exceptuar, excluir. || Copiar o trasladar un escrito || Mostrar, manifestar una cosa. || Quitar. Aplícase por lo general a las cosas que afean o perjudican. *Le* SAQUÉ *tres manchas a este pantalón.* || Citar, nombrar, traer a la conversación. *En su discurso* SACÓ *una lluvia de citas.* || Ganar al juego. SACAR *la polla; la rifa.* || Inventar, criar, imitar, producir una cosa. SACAR *un aparato, un dibujo, una canción, potros.* || Desenvainar. SACAR *la espada.* || Con la preposición *de* y los pronombres personales, hacer perder el conocimiento y el juicio. *Aquella acusación lo* SACÓ *de sí.* || Con igual preposición y un substantivo o adjetivo, librar a uno de lo que éstos significan. SACAR DE *temores*, DE *pobre.* || En el juego de pelota, arrojar ésta desde el rebote que da en el saque hacia los contrarios que la han de volver. || Refiriéndose a citas, notas, autoridades, etc., de un libro o texto, anotarlas o escribirlas, en lugar aparte. *Los datos los* SAQUÉ *del diccionario.* || Dicho de apodos, motes, faltas, etc., aplicarlos, atribuirlos. || **Sacar a bailar.** frs. Pedir el hombre a la mujer que baile con él. || fig. y fam. Nombrar a una persona de la que no se hablaba, o mencionar un hecho que no se tenía presente. Aplícase por lo común para motejar al que lo hace con poca razón. *No lo creo justo* SACAR A BAILAR *a mi familia en este asunto.* || **Sacar a danzar.** frs. fig. y fam. **Sacar a bailar.** || fig. y fam. Obligar a alguien a que tome partido en un asunto o contienda. || **Sacar adelante.** frs. Dicho de persona, protegerla en su crianza o empresas; refiriéndose a asuntos de negocios, terminarlos felizmente. || **Sacar en claro.** frs. Deducir con claridad, en conclusión. || **Sacar en limpio.** frs. fig. **Sacar en claro.** || **Sacar largo.** frs. Arrojar la pelota a mucha distancia desde el saque.

SACÁRICO, CA. (Del lat. *sáccharum*, azúcar.) adj. *Quím.* Aplícase a un ácido resultante de la oxidación de distintas especies de azúcar y de almidón. || Aplícase también a los ésteres derivados de este ácido.

SACÁRIDO. m. *Quím.* Nombre dado a la combinación de los ácidos orgánicos y los azúcares. sinón.: **glúcido.**

SACARÍFERO, RA. adj. Que produce o contiene azúcar. Aplícase principalmente a las plantas.

SACARIFICACIÓN. f. Acción y efecto de sacarificar.

SACARIFICAR. (Del lat. *sáccharum*, azúcar, y *fácere*, hacer.) tr. Convertir por hidratación las substancias sacarígenas en azúcar. SACARIFICAR *fécula.* || deriv.: **sacarificable; sacarificador, ra; sacarificante.**

SACARÍGENO, NA. adj. Aplícase a la substancia que, mediante la deshidratación, puede convertirse en azúcar; como las féculas y la celulosa.

SACARIMETRÍA. (De *sacarímetro.*) f. Procedimiento con que se determina la proporción de azúcar que contiene un líquido.

SACARÍMETRO. (Del gr. *sákkharon*, azúcar, y *metron*, medida.) m. *Quím.* Instrumento para determinar la concentración de azúcar de una solución, midiendo la desviación que experimenta el plano de polarización de la luz polarizada, al atravesar un tubo con la solución.

SACARINA. al. **Süsstoff; Saccharin.** fr. **Saccharine.** ingl. **Saccharine.** ital. **Saccarina.** port. **Sacarina.** (Del lat. *sáccharum*, azúcar.) f. Substancia blanca y pulverulenta que se obtiene por la transformación de ciertas substancias que se extraen de la brea mineral. Es un producto que puede endulzar tanto como 234 veces su peso de azúcar. Se usa para edulcorar, y los diabéticos, obesos, etc., la emplean para substituir el azúcar. *Remsen y Falhberg descubrieron la* SACARINA *en 1879.* || deriv.: **sacarínico, ca.**

SACARINO, NA. (Del lat. *sáccharum*, azúcar.) adj. Que tiene azúcar. || Que se parece al azúcar.

SACARO. (Del lat. *sáccharum*, azúcar.) m. *Bot.* Género de plantas gramíneas de las regiones cálidas de América y Asia, cuya especie principal es la caña de azúcar. || deriv.: **sacaroso, sa.**

SACAROMICES. (Del gr. *sákkharon*, azúcar, y *mykes*, hongo.) m. *Bot.* Género de hongos de la familia de los sacaromicetáceos, compuesto por numerosas especies y cuyo tipo es la levadura de cerveza. || deriv.: **sacaromicótico, ca.**

SACAROMICETÁCEO, A. (De *sacaromices.*) adj. *Bot.* Aplícase a hongos con células vegetativas aisladas o en hileras flojas y secas casi idénticas a las células vegetativas, denominados vulgarmente levaduras. Ú.t.c.s. || m. pl. *Bot.* Familia de dichos hongos, cuyo género tipo es el sacaromices.

SACAROSA. f. *Quím.* Azúcar común, de caña o de remolacha, según su procedencia. Substancia blanca, dulce, cristalina, muy soluble en agua. Punto de fusión 160º C.

SACASA, Juan B. *Biog.* Méd. y político nicar., de 1933 a 1936 presid. de la República (1874-1946). || **– Roberto.** Médico y pol. nicaragüense (n. 1840), presid. interino en 1889 y efectivo de 1891 a 1893.

SACASEBO. m. *Cuba.* Planta herbácea con que se alimenta al ganado.

SACASILLAS. (De *sacar* y *silla.*) m. fam. Metemuertos.

SACATAPÓN. m. Sacacorchos.

SACATEPÉQUEZ. *Geog.* Departamento del centro de Guatemala. 466 km². 101.000 h. Café, tabaco, frutas. Cap. ANTIGUA.

SACATINTA. m. *Amér. Central.* Arbusto acantáceo de cuyas hojas se extrae un tinte azul violáceo que se usa en lugar de añil para azular la ropa blanca.

SACATRAPOS. (De *sacar* y *trapo.*) m. Espiral de hierro que sujeta en el extremo de la baqueta, sirve para sacar los tacos u otros cuerpos blandos, del ánima de las armas de fuego. || *Art.* Pieza de hierro de dos ramas, en forma de espiral, que, asegurada en el extremo de un asta, se emplea para extraer los tacos, saquetes de pólvora, etc.

SACAYÁN. m. *Filip.* Especie de baroto.

SACCIFORME. adj. *Anat.* Que tiene forma de saco.

SACERDOCIO. (Del lat. *sacerdótium.*) m. Dignidad y estado de sacerdote. || Ejercicio y ministerio del sacerdote. || fig. Consagración activa al desempeño de una profesión o actividad elevada y noble.

SACERDOTAL. (Del lat. *sacerdotalis.*) adj. Perteneciente al sacerdote. *Tonsura* SACERDOTAL.

SACERDOTE. al. **Priester.** fr. **Prêtre.** ingl. **Priest.** ital. **Sacerdote; prete.** port. **Sacerdote.** (Del lat. *sacerdos, -otis*, de *sácer*, sagrado.) m. Hombre consagrado a celebrar y ofrecer sacrificios. || Hombre consagrado a Dios, ungido y ordenado para celebrar y ofrecer el sacrificio de la misa. *Ordenarse de* SACERDOTE; sinón.: **cura, presbítero.** || **Sumo sacerdote.** Príncipe de los **sacerdotes.** || IDEAS AFINES: *Clérigo, pastor, obispo, canónigo, capellán, abad, vicario, prelado, diácono, parroquia, iglesia, diócesis, voto, novicio, seminario, convento, orden, congregación, clausura, sotana, alba, estola, roquete, sobrepelliz, túnica, dalmática, profesar, bendecir, bautizar, absolver, confesar.*

SACERDOTISA. al. **Priesterin.** fr. **Prêtresse.** ingl. **Priestess.** ital. **Sacerdotessa.** port. **Sacerdotisa.** (Del lat. *sacerdotissa.*) f. Mujer que ofrecía sacrificios a ciertas deidades gentilicas y cuidaba de sus templos. *Una* SACERDOTISA *de Hathor.*

SACERE. m. Arce, árbol.

SACIAR. al. **Sättigen; befriedigen.** fr. **Rassasier; assouvir.** ingl. **To satiate.** ital. **Saziare.** port. **Saciar.** (Del lat. *satiare*, de *satis*, bastante.) tr. y r. Hartar, satisfacer de comida o bebida. sinón.: **atiborrarse.** || fig. Hartar, satisfacer en las cosas del ánimo. || deriv.: **saciable.**

SACIEDAD. (Del lat. *satietas, -atis.*) f. Hartazgo producido por satisfacer con exceso algún deseo. || **Hasta la saciedad.** frs. fig. Hasta no poder más, plenamente.

SACIÑA. (De *saz.*) f. Sargatillo.

SACIO, CIA. (Del lat. *satius.*) adj. p. us. Saciado, harto.

SACO. al. **Sack; Sakko.** fr. **Sac: veston.** ingl. **Sack bag; coat.** ital. **Sacco; giacca.** port. **Paletó.** (Del lat. *saccus.*) m. Receptáculo, por lo común rectangular, hecho de tela, cuero, papel, etc., abierto por uno de los lados. || Lo contenido en él. *Un* SACO *de arroz, de vino*; sinón.: **bolsa, talego.** || Vestidura tosca y áspera hecha de paño burdo o sayal. || Vestido corto usado por los antiguos romanos en época de guerra, excepto los varones consulares. || Especie de gabán grande, y en general vestidura holgada no ajustada al cuerpo. || Medida inglesa para áridos un poco más grande que el hectolitro. || fig. Cualquier cosa que, real o aparentemente, incluye en sí otras muchas. Tómase generalmente en mala parte. SACO *de mentiras.* || Saqueo. || En el juego de pelota, saque. || *Amér.* Chaqueta, americana. || *Anat.* Parte u organo en forma de **saco** o bolsa. || *Mar.* Bahía, ensenada, especialmente cuando su boca es muy estrecha con relación al fondo. || **– de noche.** Especie de maleta sin armadura, que suele llevarse a la mano en los viajes. || **Entrar,** o **meter, a saco.** frs. Saquear. || **No echar en saco roto** una cosa. frs. fig. y fam. No olvidarla, tenerla en cuenta para obtener de ella alguna utilidad en momento propicio. || **Poner a saco.** frs. **Entrar a saco.**

SACO, José Antonio. *Biog.* Escr. y político cub., autor de *La historia de la esclavitud desde su origen hasta nuestros días; Ideas sobre la incorporación de Cuba a los Estados Unidos*, etc. (1797-1879).

SACOMANO. (De *saco*, saqueo, y *mano.*) m. Saqueo. || **Entrar,** o **meter, a sacomano.** frs. **Entrar.** o **meter, a saco.**

SACÓN, NA. adj. *Amér. Central.* Acusador, soplón. || Adulador.

SACONERÍA. f. *Amér. Central.* Adulación.

SACOPE. (Del tagalo *sacop*, lo que está debajo.) m. *Filip.* Súbdito, tributario.

SACRA. (Del lat. *sacra*, t. f. de *sácer*, sacro.) f. Cada una de las tres hojas, impresas o manuscritas, que en sus correspondientes cuadros se suelen poner en el altar para que el sacerdote lea cómodamente algunas oraciones sin usar el misal.

SACRAMENTACIÓN. f. Acción y efecto de sacramentar o administrar el viático.

SACRAMENTAL. adj. Perteneciente a los sacramentos. *Gracia* SACRAMENTAL. ǁ Dícese de los remedios, como el agua bendita, indulgencia, etc., que tiene la Iglesia para limpiar el alma de los pecados veniales, y de las penas debidas por éstos y por los mortales. Ú.t.c.m. pl. ǁ fig. Consagrado por la ley o la costumbre. *Palabras* SACRAMENTALES. ǁ m. Individuo de una especie de cofradía. ǁ f. Cofradía que se consagra a dar culto al Sacramento del altar.

SACRAMENTALMENTE. adv. m. Con realidad de sacramento. ǁ En confesión sacramental.

SACRAMENTAR. (De *sacramento.*) tr. Convertir totalmente el pan en el cuerpo de nuestro Señor Jesucristo en el sacramento de la Eucaristía. Ú.t.c.r. ǁ Administrar el viático y la extremaunción a un enfermo, y a veces también el sacramento de la penitencia. ǁ fig. Ocultar, disimular.

SACRAMENTARIO, RIA. adj. Dícese de la secta de los protestantes y a los miembros de esta secta, que al comenzar la Reforma negaron la presencia real de Jesucristo en el sacramento de la Eucaristía. Apl. a pers., ú. m. c.s.

SACRAMENTE. adv. m. Sagradamente.

SACRAMENTINO, NA. adj. y s. *Chile.* Perteneciente a la orden religiosa de la adoración perpetua del Santísimo Sacramento.

SACRAMENTO. al. **Sakrament.** fr. **Sacrement.** ingl. **Sacrament.** ital. **Sacramento.** port. **Sacramento.** (Del lat. *sacraméntum.*) m. Signo sensible de un efecto interior y espiritual que Dios obra en nuestras almas. Son siete. ǁ Cristo sacramentado en la hostia. Dícese, para mayor veneración, **Santísimo Sacramento.** ǁ Misterio, cosa arcana. ǁ – **del altar.** El eucarístico. ǁ **Últimos sacramentos.** Los de la penitencia, eucaristía y extremaunción que se administran a un enfermo en peligro de muerte. ǁ **Con todos los sacramentos.** frs. fig. Dícese de las cosas que se realizan con sus debidos requisitos. ǁ **Recibir los sacramentos.** frs. Recibir el enfermo los de penitencia, eucaristía y extremaunción. ǁ IDEAS AFINES: *Bautismo, confirmación, matrimonio, orden, gracia, pila, crisma, santos óleos, viático, confesar, comulgar, bendecir, cristianar, signar.*

● **SACRAMENTO.** *Teol.* Instituidos por Jesucristo para la santificación de las almas, los **sacramentos** son los signos sensibles y eficaces para lograrla; son considerados necesarios, ya que sólo mediante ellos se puede comunicar la gracia santificante. Esta necesidad es absoluta en el bautismo y la penitencia; relativa en el orden sacerdotal y el matrimonio, y preceptiva en la confirmación, la eucaristía y la extremaunción. Los elementos constitutivos de un **sacramento** son la materia, que es la cosa sensible que se emplea, y la forma, es decir, las palabras que se pronuncian al administrarlo. En lugar de Jesucristo y en su nombre, es el hombre mismo el ministro de los **sacramentos;** para ser válido, es necesario que el ministro obre con la intención de la Iglesia, que es la misma de Dios, y que cumpla los ritos y ceremonias establecidos. Además es preciso que el ser humano –sujeto de los **sacramentos**– goce de razón y desee recibirlos.

SACRAMENTO. *Geog.* Cordón montañoso del S. de los EE.UU. (Nuevo México) que forma parte de las montañas Rocosas y continúa hacia el S. con la Sierra Madre Oriental. ǁ Río de los EE.UU. (California), que des. en la bahía de San Francisco. 620 km. ǁ Ciudad de los EE.UU., capital del Est. de California. 156.000 h. Agricultura, fundiciones.

SACRAMENTO, Colonia del. *Hist.* Colonia fundada en la Banda Oriental por los portugueses en 1680. Fue motivo de un largo pleito entre España y Portugual. Corresponde a la actual ciudad uruguaya de Colonia.

SACRATÍSIMO, MA. (Del lat. *sacratíssimus.*) adj. sup. de **Sagrado.**

SACRE. (Del ár. *çacr,* halcón.) m. Ave del orden de las rapaces, muy semejante al gerifalte, del cual se diferencia principalmente por tener rubio el fondo del plumaje. ǁ Pieza de artillería, que era el cuarto de culebrina y tiraba balas de cuatro a seis libras. ǁ fig. Ladrón.

SACRIFICADERO. m. Sitio donde se hacían los sacrificios.

SACRIFICADOR, RA. adj. y s. Que sacrifica.

SACRIFICAR. al. **Opfern.** fr. **Sacrifier.** ingl. **To sacrifice.** ital. **Sacrificare.** port. **Sacrificar.** (Del lat. *sacrificare.*) tr. Hacer sacrificios; dar alguna cosa en reconocimiento de la divinidad. sinón.: **inmolar, ofrendar.** ǁ Matar reses para el consumo. ǁ fig. Poner a una persona o cosa en riesgo de muerte, destrucción o daño, para beneficiarse con algo considerado de mayor importancia. SACRIFICÓ *su propia vida por la humanidad.* ǁ r. Dedicarse, ofrecerse particularmente a Dios. ǁ fig. Admitir, aceptar resignadamente alguna cosa violenta o repugnante. ǁ deriv.: **sacrificante; sacrificatorio, ria.**

SACRIFICIO. al. **Opfer.** fr. **Sacrifice.** ingl. **Sacrifice.** ital. **Sacrificio.** port. **Sacrifício.** (Del lat. *sacrificium.*) m. Ofrenda hecha a una deidad como homenaje o expiación. *Los cartagineses practicaron el* SACRIFICIO *humano.* ǁ Acto del sacerdote al ofrecer en la misa el cuerpo de Cristo bajo las especies de pan y vino en honor de su Eterno Padre. ǁ fig. Riesgo o trabajo graves a que se somete una persona. ǁ Acción a que una persona se sujeta con gran repugnancia por consideraciones que a ello le mueven. ǁ Acto de abnegación inspirado por la intensidad del cariño. *No hay* SACRIFICIO *que una madre no realice por sus hijos.* ǁ fig. y fam. Operación quirúrgica cruenta y peligrosa. ǁ – **del altar.** El de la misa. ǁ IDEAS AFINES: *Inmolar, holocausto, altar, oblación, víctima, libación, hecatombe.*

SACRÍLEGAMENTE. adv. m. Irreligiosamente, violando cosa sagrada.

SACRILEGIO. al. **Schändung; Sakrileg.** fr. **Sacrilège.** ingl. **Sacrilege.** ital. **Sacrilegio.** port. **Sacrilégio.** (Del lat. *sacrilégium.*) m. Daño o profanación de una cosa, persona o lugar sagrados.

SACRÍLEGO, GA. (Del lat. *sacrílegus.*) adj. Que comete o contiene sacrilegio. *Hurto* SACRÍLEGO. ǁ Perteneciente o relativo al sacrilegio. *Acto* SACRÍLEGO. ǁ Que sirve para cometer sacrilegio.

SACRISMOCHE. m. fam. El que va vestido de negro, como los sacristanes, y además en forma desastrada.

SACRISMOCHO. m. fam. Sacrismoche.

SACRISTA. (Del b. lat. *sacrista,* y éste del lat. *sacra,* objetos sagrados.) m. Sacristán, dignidad eclesiástica.

SACRISTÁN. al. **Küster; Sakristan.** fr. **Sacristain.** ingl. **Sacristan; clerk.** ital. **Sagrestano.** port. **Sacristão.** (Del b. lat. *sacristanus,* sacrista.) m. El que en las iglesias ayuda al sacerdote en el servicio del altar y cuida de los ornamentos y de la limpieza de la iglesia y sacristía. ǁ Dignidad eclesiástica que tenía a su cargo la custodia y guarda de los vasos, vestiduras y libros sagrados, y la vigilancia del personal de la sacristía. ǁ **Tontillo,** faldellín. ǁ *Ven.* Entremetido. ǁ – **mayor.** El principal entre los **sacristanes,** que manda al personal de la sacristía.

SACRISTANA. f. Mujer del sacristán. ǁ Religiosa que en su convento cuida de los enseres de la sacristía y da lo necesario para el servicio de la iglesia.

SACRISTANEJO. m. dim. de **Sacristán.**

SACRISTANÍA. f. Empleo de sacristán. ǁ Dignidad de sacristán que hay en ciertas iglesias.

SACRISTÍA. al. **Sakristei.** fr. **Sacristie.** ingl. **Sacristy; vestry.** ital. **Sacristia.** port. **Sacristia.** (Del b. lat. *sacristia,* y éste del lat. *sacra,* objetos sagrados.) f. Lugar, en las iglesias, donde se revisten los sacerdotes y se guardan los ornamentos y otras cosas del culto. ǁ Sacristanía.

SACRO, CRA. (Del lat. *sácer.*) adj. Sagrado. ǁ *Zool.* Relativo a la región en que está situado el hueso sacro, desde el lomo hasta el cóccix. *Nervios* SACROS. ǁ V. **Hueso sacro.** Ú.t.c.s.

SACRO, Monte. *Geog.* V. **Sagrado, Monte.**

SACROSANTO, TA. (Del lat. *sacrosanctus.*) adj. Aplícase a lo que tiene las calidades de sagrado y santo. *Altar* SACROSANTO. ǁ deriv.: **sacrosantamente.**

SACUARA. f. *Perú.* Güin, bohordo.

SACUDIDA. (De *sacudir.*) f. Sacudimiento.

SACUDIDO, DA. p. p. de **Sacudir.** ǁ adj. fig. Áspero, intratable, indócil. ǁ fig. Resuelto, desenfrenado.

SACUDIDOR, RA. adj. Que sacude. Ú.t.c.s. ǁ m. Instrumento con que se limpia al sacudir.

SACUDIDURA. f. Acción de sacudir una cosa, en especial para quitarle el polvo.

SACUDIMIENTO. m. Acción y efecto de sacudir o sacudirse.

SACUDIÓN. m. Sacudidura rápida y brusca.

SACUDIR. al. **Schütteln.** fr. **Secouer.** ingl. **To shake.** ital. **Scuotere.** port. **Sacudir.** (Del lat. *succútere.*) tr. Mover, agitar con violencia alguna cosa a una y otra parte. Ú.t.c.r. SACUDIR *una emulsión.* ǁ Golpear una cosa o agitarla en el aire violentamente con el fin de sacarle el polvo, enjugarla, etc. SACUDIR *alfombras.* ǁ Golpear, dar golpes. SACUDIR *a uno;* SACUDIR *un estacazo, un rebencazo, a uno.* ǁ Arrojar, despedir una cosa o apartarla de sí con violencia. Ú.t.c.r. ǁ r. Apartar de sí con aspereza de palabras a una persona, o rechazar una acción o dicho con viveza o despego.

SACUDÓN. m. *Amér.* Sacudión.

SACY, Antonio Isaac, barón Silvestre de. *Biog.* Est. y orientalista fr., iniciador de los estudios árabes en Francia y autor de *Crestomatía árabe; Gramática árabe; Estancias de Hairiri,* etc. (1758-1838).

SACHADURA. f. Acción de sachar.

SACHAGUASCA. f. *Arg.* Planta enredadera, bignoniácea.

SACHAR. (Del lat. *sarculare.*) tr. Escardar los sembrados quitándoles las malas hierbas, a fin de que crezcan bien las plantas útiles.

SACHER-MASOCH, Leopoldo de. *Biog.* Escr. austríaco; debe su celebridad a novelas en que describe la perversión sexual a la que se dio su nombre (1835-1895). V. **Masoquismo.**

SACHO. (Del lat. *sárculus.*) m. Instrumento de hierro, especie de azadón pequeño y manejable, que sirve para sachar. ǁ *Chile.* Instrumento que se usa como ancla en las embarcaciones menores. Se compone de una armazón de madera con una piedra que sirve de lastre.

SACHS, Juan. *Biog.* Poeta al., uno de los maestros cantores de Nuremberg, autor de gran cantidad de poemas y cuentos (1494-1576). ǁ — **Nelly.** Escritora y poetisa hebrea de origen alemán, a quien se concedió el premio Nobel de Literatura en 1966, junto con Samuel J. Agnon. Portavoz literaria de los sufrimientos del pueblo judío, en su poesía campea un espíritu de concordia y perdón (1891-1970).

SADAT, Anwart El. *Biog.* Político egipcio que asumió la presidencia de su país a la muerte de Nasser, en 1970. En 1978 le fue otorgado el Premio Nobel de la Paz, junto con el primer ministro de Israel Menahem Begin (n. 1918).

SADE, Donato A., conde de. *Biog.* Escr. francés conocido como **marqués de Sade.** Autor de obras obscenas y crueles; de su nombre deriva la palabra sadismo. Entre sus obras se cuenta *Justina o las desdichas de la virtud* (1740-1814).

SÁDICO, CA. adj. Perteneciente o relativo al sadismo.

SADISMO. (Del novelista fr. marqués de *Sade.*) m. Perversión sexual del que provoca su propia excitación realizando actos de crueldad en otra persona.

SADO. *Geog.* Isla del Japón, al O. de la de Hondo. 869 km^2. 161.000 h. Yacimientos de oro, plata y cobre.

SADOC. *Biog.* Escriba judío fundador de la secta de los saduceos. (s. III a. de C.).

SADOWA. *Geog. histór.* Población de Checoslovaquia, en Bohemia, donde los prusianos vencieron a los austríacos en 1866.

SADUCEÍSMO. m. Doctrina de los saduceos.

SADUCEO, A. (Del lat. *sadducaeus,* y éste del hebr. *zadduk,* justo.) adj. Aplícase al individuo de cierta secta de judíos que negaba la inmortalidad del alma y la resurrección del cuerpo. Ú.t.c.s. ǁ Perteneciente o relativo a estos sectarios.

SÁENZ, Antonio. *Biog.* Sac. y jurista arg., miembro del Congreso de Tucumán de 1816 y redactor del manifiesto leído al pueblo (1780-1825). ǁ – **Manuela.** Patriota ec. que en 1828 salvó la vida a Bolívar (1798-1856). ǁ – **ECHEVARRÍA, Carlos.** Poeta y dram. colombiano (1853-1893). ǁ – **HAYES, Ricardo.** Lit. argentino, autor de *Miguel de Montaigne; Blas Pascal; España, meditaciones y andanzas,* etc. (1887-1976). ǁ – **MORALES, Ramón.** Poeta nicar. (1875-1937). ǁ – **PEÑA, Luis.** Jurisc. y político arg., de 1892 a 1894 presid. de la Nación (1826-1907). ǁ – **PEÑA, Roque.** Jurista, diplom. y político arg., de 1910 a 1914 presid. de la República. Durante su mandato fue sancionada la ley de voto secreto y universal que lleva su nombre (1851-1914). ǁ – **VALIENTE, José María.** Jurisc. y escritor arg., autor de *Curso de historia americana y especialmente argentina; Curso de instrucción cívica; Rasgos biográficos del doctor Juan José Paso,* etc. (1888-1951).

SAETA. al. **Pfeil.** fr. **Sagette.** ingl. **Dart.** ital. **Saetta.** port. **Seta.** (Del lat. *sagitta.*) f. Arma arrojadiza consistente en una estaca delgada y ligera, como de sesenta centímetros de longitud que se dispara con el arco. sinón.: **dardo, flecha.** ǁ Manecilla del reloj. Brújula, barrita imantada. ǁ Punta del sarmiento, que queda en la cepa cuando se poda. ǁ Copla breve y sentenciosa que en ciertos actos religiosos se canta en las iglesias o en las calles excitando a la devoción o la penitencia. ǁ *Astron.* Constelación boreal, situada al norte del Águila y próxima a ella. ǁ **Echar saetas** uno. frs. fig. y fam. Mostrar mediante palabras, gestos o acciones que está ofendido o resentido.

SAETADA. f. Saetazo.

SAETAZO. m. Acción de tirar o herir con la saeta. ǁ Herida hecha con ella.

SAETAR. (De *saeta.*) tr. Asaetar.

SAETERA. f. Aspillera para arrojar saetas. ǁ fig. Ventanilla estrecha de las que se suelen construir en las escaleras y otros sitios.

SAETERO, RA. (Del lat. *sagittarius.*) adj. Perteneciente a la saeta. *Arco* SAETERO. ǁ m. El que lucha con arco y saetas.

SAETÍA. (De *saeta.*) f. Embarcación latina de tres palos y una sola cubierta, que servía para corso y para mercancía. ǁ Saetera. ǁ *Cuba.* Hierba graminea que sirve de pasto al ganado, pero cuya semilla está envuelta en una vaina en forma de saeta que lastima a los animales. *Gramen saetia.*

SAETILLA. f. dim. de **Saeta.** ǁ Saeta, manecilla. ǁ Sagitaria. ǁ *Amér.* Planta invasora, de flores amarillas y fruto cuadrangular, punzante. *Bidens pippinatus,* compuesta.

SAETÍN. m. dim. de **Saeta.** ǁ Clavito fino y sin cabeza que se usa en varios oficios. ǁ En los molinos, canal estrecha por la que se precipita el agua desde la presa a la rueda hidráulica, para hacerla girar.

SAETÍN. (Del fr. *satin,* y éste del lat. *seta,* seda, crin.) m. desus. Raso, 10ª acep.

SAETÓN. m. aum. de **Saeta.** ǁ Lance de ballesta, usado en la caza de conejos. Tenía un casquillo puntiagudo y un travesaño en el asta, para que el animal herido con él no pudiese entrar en la madriguera.

SAFAD. *Geog.* Población de Israel, en Galilea, al N. del lago Tiberíades, 30.000 h. Centro religioso y artístico.

SAFAGINA. f. *Col.* Baraúnda.

SAFENA. adj. *Anat.,* Véase **Vena safena.** Ú.t.c.s.f.

SAFÍ. *Geog.* Ciudad de la costa de Marruecos, al S. de Casablanca, 131.000 h. Puerto exportador de pescados y fosfatos.

SÁFICO, CA. (Del lat. *sápphicus*, y éste del gr. *sapphicós*, de *Sapphó*, Safo, poetisa griega.) adj. V. **Verso sáfico.** Ú.t.c.s. ‖ Dícese también de la estrofa formada por tres versos **sáficos** y uno adónico y de la composición compuesta de estrofas de esta clase.

SAFIO. m. *Cuba.* Pez parecido al congrio.

SAFO. *Biog.* Poetisa gr. nacida en Lesbos; de su obra, pintura expresiva y apasionada, aunque no sensual, de las emociones del amor, se conservan un *Himno a Venus* y una *Oda.* Se le atribuye la invención del verso sáfico adoptado por Horacio y Catulo (s. VI a. de C.).

SAGA. (Del lat. *saga.*) f. Mujer que, fingiéndose adivina, hace encantos o maleficios.

SAGA. (Del al. *sage*, leyenda.) f. Cualquiera de las leyendas poéticas contenidas en su mayoría en las dos colecciones de primitivas tradiciones heroicas y mitológicas de la antigua Escandinavia, llamadas los Eddas.

● **SAGA.** *Lit.* Las **sagas** constituyen gran parte de la antigua literatura de Islandia, Dinamarca, Suecia y Noruega. Casi todas tomaron como tema la vida de monarcas y héroes, y se supone que algunas fueron escritas por los mismos protagonistas de las proezas; excepcionalmente hay **sagas** que se refieren a otros países. Lo legendario se funde en ellas con lo histórico y si bien en parte son incomprensibles para el hombre de hoy, es indudable que las costumbres de ciertos pueblos escandinavos y no poco de su realidad histórica está reflejada vivamente en las **sagas.** Inicialmente difundidas por vía oral, se comenzaron a escribir entre los siglos XII y XIII; posteriormente se dejaron de escribir y en el s. XV se pusieron nuevamente de moda escribiéndose otras, literariamente inferiores a sus predecesoras. Islandia es el país que mejor las ha conservado. Las más famosas, publicadas en el s. XIX por Mcpherson, resultaron apócrifas.

SAGACIDAD. al. **Scharfsinn.** fr. **Sagacité.** ingl. **Sagacity; sagaciousness.** ital. **Sagacità.** port. **Sagacidade.** (Del lat. *sagácitas, -atis.*) f. Calidad de sagaz. sinón.: **astucia, perspicacia.**

SAGAN, Francisca. *Biog.* Escritora fr. n. en 1935, cuya novela *Buenos días, tristeza* la hizo famosa.

SAGAPENO. (Del ár. *cacbinach.*) m. Gomorresina algo transparente, y de sabor acre y olor fuerte semejante al del puerro. Proviene de una planta umbelífera de Persia, y se ha empleado en medicina como antiespasmódico.

SAGÁRNAGA, Juan B. *Biog.* Patriota bol., ajusticiado por los realistas (m. 1810). ‖ – **Manuel de.** Militar bol. que sirvió en el ejército realista y después de la batalla de Ayacucho pasó a las filas patriotas, donde se destacó por su valor (1800-1866).

SAGARRA, José María de. *Biog.* Escritor esp. que realizó toda su obra en catalán (1894-1961).

SAGARRERA. f. *Col.* Gresca.

SAGATÍ. m. Especie de estameña, tejida como sarga, con la urdimbre blanca y la trama de color.

SAGAZ. (Del lat. *ságax, -acis.*) adj. Avisado y astuto, que prevé y previene las cosas. ‖ Dícese del perro que saca por el rastro la caza, y también de otros animales que barruntan las cosas.

SAGAZMENTE. adv. m. Con observación y sagacidad, astutamente. *Descubrió* SAGAZMENTE *al autor del delito.*

SAGINAW. *Geog.* Ciudad de los EE.UU. (Michigan). 92.000 h. Centro minero e industrial. Metalurgia.

SAGITA. (Del lat. *sagitta*, saeta.) f. *Geom.* Porción de recta comprendida entre el punto medio de un arco de círculo y el de su cuerda.

SAGITADO, DA. (Del lat. *sagittatus.*) adj. *Bot.* Dícese de los órganos y especialmente de las plantas que tienen figura de saeta o flecha.

SAGITAL. (Del lat. *sagitta*, saeta.) adj. De figura de saeta.

SAGITARIA. (Del lat. *sagittaria*, de flecha o saeta.) f. Planta herbácea anual, alismácea, de unos cincuenta centímetros de altura, con tallo derecho y triangular y hojas en figura de saeta; flores terminales, blancas, en verticilos triples; fruto seco, capsular y raíz fibrosa, con los extremos en forma de bulbo carnoso.

SAGITARIO. (Del lat. *sagittarius.*) m. Saetero, 3ª acep. ‖ *Astron.* Noveno signo o parte del Zodíaco que el Sol recorre, aparentemente, en el último tercio del otoño en el hemisferio septentrional y en el último tercio de la primavera en el hemisferio austral.

SÁGOMA. (Del ital. *sagoma.*) f. *Arq.* Escantillón, plantilla.

SAGRADAMENTE. adv. m. Con respeto a lo divino, venerablemente.

SAGRADO, DA. al. **Heilig.** fr. **Sacré.** ingl. **Sacred.** ital. **Sacro.** port. **Sacro.** (Del lat. *sacratus.*) adj. Dedicado a Dios y al culto divino. *Cáliz* SAGRADO; antón.: **profano.** ‖ Que por relación con lo divino es venerable. *Textos* SAGRADOS. ‖ fig. Que por su uso o destino merece veneración y respeto. ‖ p. u. Detestable, execrando. ‖ m. Asilo para los delincuentes. ‖ Cualquier recurso o lugar que libra de riesgos. ‖ **Acogerse uno a sagrado.** fig. Huir de alguna dificultad, acogiéndose a una voz o autoridad respetable.

SAGRADO, Monte. *Geog.* Colina romana donde se retiraron los plebeyos en 493 y 449 a. de C., como protesta por su situación y con el fin de reclamar derechos de los patricios.

SAGRARIO. (Del lat. *sacrárium.*) m. Lugar interior del templo, en que se guardan las cosas sagradas. ‖ Sitio donde se deposita a Cristo sacramentado. ‖ En algunas catedrales, capilla que sirve de parroquia. ‖ IDEAS AFINES: *Altar, copón, eucaristía, hostia, bendición.*

SAGÚ. (Del malayo *çagú.*) m. Palma tropical que alcanza una altura de cinco metros; tiene hojas grandes, fruto ovoide brillante y la medula del tronco es muy rica en fécula. *Metroxilon rumphii.* El palmito es comestible. ‖ *Amér. Central* y *Cuba.* Planta cannácea, con hojas lanceoladas, flor blanca, raíz y tubérculo muy apreciados. ‖ Fécula amilácea que se obtiene de la medula de la palmera del mismo nombre, y que es un alimento de muy fácil digestión. Dícese también de otras féculas.

SAGUA DE TÁNAMO. *Geog.* Río de Cuba (Oriente), que desagua en la costa N. de la isla. ‖ Pobl. de Cuba (Oriente), a orillas del río hom. 3.200 h.

SAGUAIPÉ. (Voz de origen guaraní.) m. *Arg., Par., Bol.* y *Urug.* Gusano parásito hermafrodita, que en su estado adulto vive en el hígado de ciertos animales, y causa grandes estragos, especialmente en el ganado lanar. *Fasciola hepatica.* ‖ Enfermedad que produce este parásito.

SAGUA LA GRANDE. *Geog.* Río de Cuba (Las Villas), que desagua en la costa septentrional. 150 km. ‖ C. de Cuba (Las Villas). 38.571 h. Centro agrícola.

SAGUENAY. *Geog.* Río del Canadá (Quebec), afl. del río San Lorenzo. 300 km. Importantes instalaciones hidroeléctricas.

SÁGULA. (Del lat. *ságulum*, dim. de *ságum*, sayo.) f. Sayuelo.

SAGUNTINO, NA. (Del lat. *saguntinus.*) adj. Natural de Sagunto. Ú.t.c.s. ‖ Perteneciente a esta ciudad española.

SAGUNTO. *Geog.* Ciudad de España (Valencia). 15.000 h. Sitiada y tomada por Aníbal, en 218 a. de C., fue defendida con un heroísmo que ha quedado como ejemplo.

SAH, SHA o **SHAH.** m. Voz persa que significa rey, soberano. V. **Cha.**

SAHAGÚN, Bernardino de. *Biog.* Relig. e historiador esp. Residió en México, donde se dedicó al estudio de la lengua y escritura de los indígenas. Escribió *Historia de las cosas de Nueva España; Antigüedades mexicanas; Gramática mexicana*, etc. (m. 1590)

SAHAGÚN. *Geog.* Población de Colombia (Córdoba). 6.000 h.

SAHARA. *Geog.* Gran desierto del N. de África, que se extiende desde el Atlántico hasta el valle del Nilo. La forma de relieve dominante es la meseta (450 m. de altura media). Al N.E. se elevan los montes de Tibesti; en el centro la depresión del lago Chad es el límite del Sahara con el Sudán. Las dunas, que alcanzan 100 y 200 m. de altura, se hallan extendidas por todo el desierto. Los oasis son los únicos lugares donde es posible la vida en esa región carente de lluvias. El animal típico es el camello; el vegetal dominante, la palmera. La población se compone de tuareg, moros y árabes. ‖ – **Español.** Antigua posesión española del África occidental que abarcaba una zona costera que se extendía desde Marruecos hasta el cabo Blanco. 266.000 km². 77.000 h. Su cap. era EL AAIUN. Su riqueza fundamental es la industria de fosfatos y la pesca. En 1975 fue incorporado a Marruecos y Mauritania.

SAHARANPUR. *Geog.* Ciudad de la India (Uttar Pradesh). 230.000 h. Manufacturas de tabaco, papel y madera.

SAHARENSE. adj. Natural del Sahara. Ú.t.c.s. ‖ Perteneciente o relativo al Sahara. ‖ *Geol.* Aplícase al piso geológico representado por formaciones de transición entre el pliocénico y el cuaternario.

SAHÁRICO, CA. adj. Propio del desierto de Sahara.

SAHÍNA. f. Zahína.

SAHINAR. m. Zahinar.

SAHORNARSE. (De *so*, bajo, debajo, y *ahornar.*) r. Escocerse o excoriarse una parte del cuerpo, comúnmente por haberse rozado con otra.

SAHORNO. m. Efecto de sahornarse. sinón.: **escocedura, excoriación.**

SAHUARIPA. *Geog.* Población de México (Sonora). 5.000 h. Fue un afamado centro aurífero.

SAHUAYO. *Geog.* Población de México, al N. del Estado de Michoacán. 10.000 h. Centro agrícola e industrial.

SAHUMADO, DA. adj. fig. Aplícase a cualquier cosa que aun siendo buena, resulta más apreciable por la adición de otra que la mejora. ‖ *Amér.* fam. Ahumado, achispado.

SAHUMADOR. (De *sahumar.*) m. Perfumador, vaso de quemar perfumes. ‖ Enjugador para calentar la ropa.

SAHUMADURA. (De *sahumar.*) f. Sahumerio.

SAHUMAR. (Del lat. *suffumare*; de *sub*, bajo, y *fumus*, humo.) tr. y r. Dar humo aromático a una cosa con objeto de purificarla o para que huela bien.

SAHUMERIO. m. Acción y efecto de sahumar o sahumarse. ‖ Humo que forma una substancia aromática que se pone en el fuego para sahumar. ‖ Esta misma materia.

SAHÚMO. (De *sahumar.*) m. Sahumerio.

SAID BAJÁ, Mohamed. *Biog.* Virrey de Egipto entre 1854 y 1863, que favoreció la construcción del canal de Suez (1822-1863).

SAIDA. *Geog.* Ciudad costera del Líbano, al S. de Beirut. 25.000 h. Es la antigua **Sidón.**

SAIGÓN. *Geog.* Ciudad de la Indochina, cap. de la Cochinchina y del Vietnam del Sur. 3.500.000 h. Gran centro comercial y militar. Puerto muy activo. Se denomina **Ho Chi Minh** desde 1975.

SAIMAA. *Geog.* Lago de Finlandia, vinculado al lago Ladoga por medio del Wuoxen. 1.760 km². Recibe las aguas de varios lagos finlandeses y ocupa todo el sistema, 6.800 km².

SAIMIRÍ. m. Mono platirrino de las Guayanas, que se distingue por su vistoso pelaje.

SAÍN. (Del lat. *sagina*, crasitud.) m. Grosura de un animal. ‖ Aceite extraído de la gordura de algunos peces y cetáceos. ‖ Grasa que con el uso suele formarse en los paños, sombreros y otras cosas.

SAINAR. (Del lat. *saginare.*) tr. Engordar a los animales.

SAINETE. m. dim. de **Saín.** ‖ Trocito de gordura, de tuétano o sesos que los halconeros o cazadores daban a los pájaros de cetrería cuando lo cobraban. ‖ Salsa con que se aderezan algunos manjares para hacerlos más apetitosos. ‖ Pieza dramática jocosa, en un acto, y por lo común de carácter popular. ‖ fig. Bocadito fino y sabroso al paladar. ‖ Sabor suave y delicado de un manjar. ‖ Lo que realza el mérito de una cosa, de suyo agradable. ‖ Adorno especial en los vestidos u otras cosas.

SAINETEAR. intr. Representar sainetes. ‖ desus. Dar gusto con algún sabor delicado.

SAINETERO. m. Escritor de sainetes.

SAINETESCO, CA. adj. Perteneciente al sainete o propio de él, cómico.

SAINETISTA. m. Sainetero.

SAÍNO. (De *saín.*) m. Mamífero paquidermo de la América Meridional cuyo aspecto es el de un jabato, sin cola; con cerdas largas y fuertes, colmillos pequeños y una glándula en lo alto del lomo, por donde segrega un humor fétido. Su carne es apreciada.

SAINT-ALBANS. *Geog.* Ciudad de Gran Bretaña en Inglaterra (Hartford). 46.500 h. Sedas. Durante la guerra de las Dos Rosas fue escenario de dos sangrientas batallas ganadas por la casa de York (1455), y por la de Lancaster (1461).

SAINT CLAIR. *Geog.* Lago de América del Norte, sit. en la región de los Grandes Lagos, entre Canadá y EE.UU. Se comunica con el lago Hurón por medio del río de igual nombre y con el lago Erie por medio del río Detroit. 1.060 km². ‖ Río de América del Norte, entre Canadá y EE.UU. que comunica el lago Hurón con el Saint Clair. 65 km.

SAINT-CHAMOND. *Geog.* Ciudad de Francia (Loira). al S.O. de Lyon. 16.700 h. Industria textil.

SAINT-DENIS. *Geog.* Ciudad de Francia (Sena), cercana a París. 109.000 h. Industrias químicas y mecánicas. ‖ – **de la Reunión.** Cap. de la isla de la Reunión, del grupo de las Mascareñas. 102.000 h., con los suburbios.

SAINTE-BEUVE, Carlos A. de. *Biog.* Escr. y crítico literario fr., autor de *Charlas del lunes; Críticas y retratos literarios; Voluptuosidad*, etc. (1804-1869).

SAINTES. *Geog.* Ciudad del O. de Francia (Charente Inferior), sobre el río Charente. 27.500 h. Maquinarias agrícolas, alfarería. ‖ **Les –.** V. **Les Saintes.**

SAINT-ÉTIENNE. *Geog.* Ciudad de la región centro S. de Francia, capital del dep. del Loira. 220.000 h. Importante industria metalúrgica y química.

SAINT-EVREMOND, Carlos Marguetel de Saint Denis, señor de. *Biog.* Escr. francés, autor de obras satíricas en las que une un refinado estilo a un escepticismo epicúreo: *Cartas; La comedia de los académicos*, etc. (1615-1703).

SAINT-EXUPERY, Antonio de. *Biog.* Aviador y escr. francés autor de *Vuelo nocturno; El principito; Ciudadela*, etc. (1900-1944).

SAINT FRANCIS. *Geog.* Río de la región central de los EE.UU. que des. en el Misisipí después de recorrer 700 km.

SAINT-GALL. *Geog.* Cantón del N.E. de Suiza. 2.013,5 km². 390.000 h. Explotación forestal, viñedos, ganado. Cap. hom. 83.000 h. Industria textil.

SAINT-GERMAIN, Tratado de. *Hist.* Firmado en 1570 en el castillo de ese nombre, puso fin a la guerra de religión entre católicos y protestantes. ‖ El que se firmó entre Austria y las naciones aliadas en 1919, por el cual se desmembró el antiguo Imperio Austrohúngaro.

SAINT-GERMAIN-EN-LAYE. *Geog.* Ciudad del N. de Francia, cerca de París. 25.300 h. Industria textil. Cuna de Luis XIV y Debussy.

SAINT HELENS. *Geog.* Volcán del extremo noroeste de los EE.UU. (Wáshington), al S.E. de Tacoma. 2.948 m. ‖ C. del oeste de Gran Bretaña (Inglaterra), cerca de Liverpool. 106.700 h. Importante centro carbonífero. Industria química y metalúrgica. Vidrios.

SAINT-HILAIRE, Augusto de. *Biog.* Viajero y naturalista fr., que exploró el Brasil; autor de *Viaje al distrito de los diamantes y sobre el litoral del Brasil; Flora del Brasil meridional*, etc. (1799-1853).

SAINT JOHN. *Geog.* Río del N.E. de Canadá (Nueva Brunswick) que des. en la bahía de Fundy después de recorrer 720 km. || Ciudad del Canadá (Nueva Brunswick). 76.000 h. Puerto en la desembocadura del río hom. Maquinarias, papel, azúcar, industria textil, pesca.

SAINT JOHNS. *Geog.* Río del sudeste de los EE.UU., en la península de Florida. Des. en el Atlántico después de recorrer 560 km.

SAINT JOHN'S. *Geog.* Ciudad de las Antillas británicas, cap. de la isla Antigua. 23.000 h. || Ciudad de Canadá, cap. de Terranova. 88.000 h. Importante puerto sobre el Atlántico. Pesca.

SAINT-JUST, Luis A. L. de. *Biog.* Pol. francés, partidario de Robespierre. Presid. de la Convención, contribuyó con sus discursos a la caída de los girondinos, pero fue guillotinado (1767-1794).

SAINT LAWRENCE. *Geog.* Isla de Alaska, sit. al norte del mar de Behring. Está habitada por esquimales.

SAINT LOUIS. *Geog.* Ciudad de los EE.UU. (Misuri), sit. sobre el río Misisipí. 623.000 h. Importante centro industrial, comercial, ferroviario y cultural. || Ciudad de la isla de la Reunión, en el océano Índico. 11.000 h.; con los suburbios, 28.000 h. || Ciudad y puerto del África occidental, en la república del Senegal. 81.000 h. Semillas oleaginosas, cueros, goma.

SAINT-MALO. *Geog.* Ciudad y puerto del N.O. de Francia (Ille y Vilaine), sobre el golfo hom. 14.200 h. Astilleros, balneario. || **Golfo de –.** Profunda escotadura que hace el canal de la Mancha en la costa N.O. de Francia, al N. de la Pen. de Bretaña.

SAINT MAURICE. *Geog.* Río del E. de Canadá (Quebec) que des. en el San Lorenzo después de recorrer 640 km.

SAINT-MORITZ. *Geog.* Población del S.E. de Suiza (Grisones). Estación de turismo invernal sit. a 1.850 m. de altura. 5.000 h.

SAINT-NAZAIRE. *Geog.* Ciudad y puerto del O. de Francia (Loira Marítimo), en la desembocadura del Loira. 70.000 h. Puerto comercial, astilleros, balneario.

SAINT-NICOLAS. *Geog.* Ciudad del N. de Bélgica (Flandes Oriental). 48.500 h. Importante centro de la industria textil.

SAINTONGE. *Geog. histór.* Antigua prov. del O. de Francia que abarcaba el territorio del actual dep. de Charente Inferior. Su cap. era SAINTES.

SAINT PAUL. *Geog.* Ciudad del norte de los EE.UU., capital del Est. de Minnesota, situada sobre el río Misisipí. 313.000 h. Explotación forestal.

SAINT-PIERRE, Jacobo E. B. de. *Biog.* Escr. francés que en sus obras propugnó el retorno a la vida natural y primitiva: *Pablo y Virginia; La Arcadia,* etc. (1737-1814).

SAINT-PIERRE. *Geog.* Ciudad de la isla de la Reunión, del grupo de las Mascareñas, en el océano Índico. 25.600 h. || **– y Miquelón.** V. **San Pedro y Miquelón.**

SAINT-SAENS, Carlos Camilo. *Biog.* Compos. francés que cultivó todos los géneros musicales. Su obra, clasicista y formal, representa el predominio de la inteligencia sobre la pasión: conciertos para varios instrumentos; óperas como *Sansón y Dalila*; sinfonías y poemas sinfónicos: *Phaéton; Danza macabra; El carnaval de los animales,* etc. (1835-1921).

SAINT-SIMON, Claudio Enrique, conde de. *Biog.* Fil. francés, creador del sansimonismo y autor de *El sistema industrial; Catecismo de los industriales,* etc. (1760-1825). || **– Luis de Rouvroy, duque de.** Hist. francés, célebre por sus amenas *Memorias,* que comprenden el final del reinado de Luis XIV y la Regencia (1675-1755).

SAINT THOMAS. *Geog.* V. **Santo Tomás.**

SAINT-VICTOR, Pablo Bins, conde de. *Biog.* Lit. francés, autor de *Los dioses y los semidioses de la pintura,* en colaboración con T. Gautier; *Las dos carátulas; Teatro contemporáneo,* etc. (1825-1881).

SAIS. *Geog. histór.* Antigua ciudad del Bajo Egipto. Fue un importante centro comercial de la antigüedad.

SAJA. (De *sajar.*) f. Sajadura.

SAJA. (Voz tagala.) f. Pecíolo del abacá, del cual es extraído el filamento textil.

SAJADOR. (De *sajar.*) m. Sangrador, que se dedica a hacer sangrías. || *Cir.* Escarificador.

SAJADURA. (De *sajar.*) f. Cortadura hecha en la carne.

SAJALIN. *Geog.* V. **Sakhalin.**

SAJAMA. *Geog.* Cumbre volcánica de los Andes bolivianos, en el dep. de Oruro. 6.520 m.

SAJAR. (Del m. or. que *jasar.*) tr. Hacer sajaduras.

SAJELAR. tr. Limpiar de chinas u otras impurezas el barro que preparan los alfareros.

SAJÍA. f. Sajadura.

SAJÓN, NA. (Del lat. *saxones,* los sajones.) adj. Aplícase al individuo de un pueblo de raza germánica que habitaba en la desembocadura del Elba y parte del cual se estableció en Inglaterra en el siglo V. Ú.t.c.s. || Perteneciente a este pueblo. || Natural de Sajonia. Ú.t.c.s. || Perteneciente a esta región de Alemania Oriental.

SAJONIA, Alberto de. *Biog.* Erudito al., por sus trabajos de fís. es considerado un precursor de la ciencia mod. (m. 1390). || **– Mauricio, conde de.** Mariscal de Francia, vencedor en Fontenoy; hijo de Augusto II de Sajonia que fue, también, rey de Polonia (1696-1750).

SAJONIA. *Geog. hist.* Región de Alemania, en la cuenca del Elba. Fue, sucesivamente, un ducado, un reino y un Est. de la República y del llamado Tercer Reich.

SAJUMAYA. f. *Cuba.* Nombre que se da a una enfermedad que ataca a los cerdos y que los asfixia.

SAJURIANA. f. *Chile* y *Perú.* Baile antiguo que se baila en pareja, zapateando y escobillando el suelo.

SAKAI. *Geog.* Ciudad y puerto del Japón, al S.E. de la isla de Hondo y al sur de Osaka. 280.000 h. Importante centro comercial.

SAKHALIN. *Geog.* Isla rusa del Asia Oriental, situada al O. del mar de Okhotsk y al N. del Japón. 87.000 km². 620.000 h. La zona correspondiente al sur del paralelo de los 50º perteneció al Japón desde 1905 hasta 1945.

SAKHAROV, Andrei. *Biog.* Físico soviético autor de importantes investigaciones sobre armas nucleares. Partidario de la coexistencia pacífica y la libertad intelectual y acérrimo defensor de los derechos humanos, fue galardonado con el premio Nobel de la Paz 1975. En 1980 el gobierno soviético lo confinó a la ciudad de Gorki. (N. en 1921).

SAKIA MUNI. *Biog.* V. **Buda.**

SAKKARAH. *Geog.* Aldea egipcia, próxima a Menfis. Es célebre por poseer numerosos restos históricos y especialmente la pirámide escalonada de seis pisos.

SAL. al. **Salz.** fr. **Sel.** ingl. **Salt.** ital. **Sale.** port. **Sal.** (Del lat. *sal.*) f. Substancia compuesta de cloro y sodio, comúnmente blanca, cristalina, de sabor propio bien señalado, muy soluble en agua y crepitante en el fuego. Se usa para sazonar los manjares y conservar las carnes muertas; abunda en las aguas del mar y se halla también en masas sólidas en el seno de la tierra, o disuelta en lagunas y manantiales. || fig. Agudeza, donaire, chiste en el habla. || Garbo, gentileza, gracia en los ademanes. || *Amér. Central.* Desgracia, infortunio. || *Quím.* Compuesto químico que se produce mediante la substitución total o parcial del hidrógeno de un ácido por un metal o por un radical básico. || **– ácida.** La que tiene exceso de ácido. || **– amoníaca,** o **amoníaco.** Cloruro de amonio. || **– ática.** Aticismo. || **– básica.** La producida por acción de un ácido sobre una base que tenga varios grupos OH, substituyéndolos parcialmente. || **– común.** Cloruro de sodio. || **– de acederas.** *Quím.* Oxalato de potasa. Substancia blanca, cristalina, soluble, venenosa, utilizada para eliminar manchas de tinta. || **– de compás.** Sal gema. || **– de Epsom.** Sulfato de magnesio, usado en medicina como purgante salino. || **– de Glauber.** Sulfato de sodio, usado como purgante. || **– de la Higuera.** Sulfato de magnesio natural, que hace amargas y purgantes las aguas de Fuente de la Higuera (España), y de otros puntos. || **– de limón.** V. **Sal de acederas.** || **– de nitro.** Nitrato de potasio. || **– de perla.** Acetato de calcio. || **– de plomo** o **de Saturno.** *Quím.* Acetato neutro de plomo. || **– de roca.** Forma natural, cristalina, del cloruro de sodio. || **– de Seignette.** Tartrato de sodio y potasio. Se usa como laxante salino. || **– doble.** La obtenida al mezclar cantidades equivalentes de ciertas sales en solución acuosa, y evaporar luego ésta. Sus propiedades son distintas de las de las sales primitivas. || **– gema.** V. **Sal de roca.** || **– infernal.** V. **Piedra infernal.** || **– inglesa,** o **amarga.** V. **Sal de Epsom.** || **– marina.** La que se obtiene de las aguas del mar. || **– pedrés** o **piedra. Sal gema.** || **– prunela.** *Quím.* Mezcla de nitrato de potasa con un poco de sulfato, la cual se obtiene echando una porción pequeñísima de azufre en polvo en el nitro fundido. || **– tártaro.** Cristal tártaro. || **Con su sal y pimienta.** m. adv. fig. y fam. Con intención de zaherir y mortificar. || Con trabajo; con dificultad. || Con cierto donaire y gracia picante. || **Deshacerse** una cosa **como la sal en el agua.** frs. fig. y fam. **Hacerse sal y agua.** || **Estar** uno **hecho de sal.** frs. fig. Estar gracioso, de buen humor. || **Hacerse sal y agua.** frs. fig. y fam. Dicho de bienes y riquezas, consumirse en corto tiempo. || Disiparse, reducirse a nada. || IDEAS AFINES: *Comida, cocina condimento, gusto, paladar, tasajo, insípido, soso, sabroso, picante.*

SALA. al. **Sitzungsaal; Saal; Raum.** fr. **Salon; salle.** ingl. **Drawing room; parlor; hall.** ital. **Salotto; sala.** port. **Sala.** (Del ant. alto al. *sal,* casa, morada.) f. Pieza principal de la casa en la que se suelen recibir las visitas de cumplimiento. || Aposento de grandes dimensiones. SALA *de lectura, de espera.* || Pieza donde un tribunal de justicia celebra audiencia y despacha los asuntos a él sometidos. || Conjunto de magistrados o jueces que, colegiado, tiene jurisdicción privativa sobre ciertas materias. || V. **Ujier de sala.** || **– de Justicia.** La que entiende en los pleitos y causas.

SALA, Ignacio. *Biog.* Ingeniero esp., gob. de Colombia, donde llevó a cabo importantes obras de codificación e impulsó el comercio y la industria (m. 1754).

SALAB. (Voz *tagala.*) m. Arbusto sapindáceo filipino, con hojas de color rojo vivo.

SALABARDO. m. Manga de red, sujeta con un aro metálico con tres o cuatro cordeles que se atan a un cabo delgado. Se usa para sacar la pesca de las redes grandes. sinón.: **redeña.**

SALACIDAD. (Del lat. *salácitas, -atis.*) f. Inclinación vehemente a la lascivia. antón.: **pureza.**

SALACOT. (Del tagalo *salacsac.*) m. Sombrero usado en Filipinas y otros países cálidos, en forma de medio elipsoide o de casquete esférico, y hecho de un tejido de tiras de caña, del filamento del nito, de la concha carey, etc.

SALACROU, Armando. *Biog.* Autor teatral fr., publicó *Noches de cólera; Poof; El archipiélago Lenoir,* etc. (n. 1899).

SALADAMENTE. adv. m. fig. y fam. Chistosamente, con agudeza y gracia.

SALADAR. m. Lagunazo en que se forma la sal en las marismas. || Terreno esterilizado por tener abundancia de sales. || Salobral, terreno salobreño

SALADAS. *Geog.* Población del N.E. de Corrientes. (Rep. Argentina.) 7.500 h. Centro comercial. Fue cuna del general Madariaga y del sargento Cabral. Su fundación data del s. XVIII.

SALADERÍA. f. *Arg.* Industria de salar carnes. || deriv.: **saladeril.**

SALADERO. m. Casa o lugar destinado para salar carnes o pescados.

SALADERO, RA. adj. Perteneciente o relativo a la saladería. *Productos* SALADEROS; *industria* SALADERA.

SALADILLA. f. Planta salsolácea de España y África, de hojas sentadas, pequeñas y crasas. Es parecida a la barrilla y crece en terrenos salobreños. *Atriplex glauca,* quenopodiácea

SALADILLO. *Geog.* Arroyo de la región central de la prov. de Buenos Aires (Rep. Argentina) que des. en el río Salado. || Arroyo de Santa Fe (Rep. Argentina) que des. en el río Paraná al S. de Rosario. || Población de la Argentina, en la prov. de Buenos Aires. 10.000 h. Centro agrícola-ganadero.

SALADINO. *Biog.* Sultán de Siria y Egipto, que luchó contra los cruzados y conquistó Jerusalén (1137-1193).

SALADO, DA. al. **Gesalzen.** fr. **Salé.** ingl. **Salty.** ital. **Salato.** port. **Salgado.** adj. Aplícase al terreno estéril por demasiado salitroso. || Dicho de las aguas, que contienen mucha sal. || Dícese de los manjares que tienen más sal de la necesaria. || fig. Gracioso, agudo o chistoso. || *Amér.* Desgraciado, infortunado. || *Arg.* y *Chile.* fig. Caro, costoso. *Precios* SALADOS. || m. Caramillo, planta. || **– negro.** Zagua.

SALADO. *Geog.* Río del O. de la Argentina. V. **Desaguadero.** || Río de la Argentina que nace con el nombre de **Pasaje** y al penetrar en Santiago del Estero recibe el nombre de **Salado.** Atraviesa esa prov. y Santa Fe y des., en un lugar bajo y de lagunas, en el río Paraná, cerca de la ciudad de Santa Fe. 2.000 km. || Río de la prov. de Buenos Aires (Rep. Argentina) que nace en la laguna de Chañar y des. en el Atlántico, por la bahía de Samborombón. 700 km. || Río del N.E. de México (Coahuila) que des. en el río Bravo después de recorrer 480 km. Riega una importante zona agrícola. || **Gran Lago –.** Lago del oeste de los EE. UU., en el Est. de Utah. Está a 1.280 m. sobre el nivel del mar y tiene 6.000 km². Sus aguas son muy saladas y la riqueza ictiológica es escasa.

SALADO ÁLVAREZ, Victoriano. *Biog.* Escritor y diplomático mex., autor de relatos históricos y ensayos filológicos (1867-1931).

SALADOR, RA. adj. Que sala. Ú.t.c.s. || m. Saladero.

SALADURA. f. Acción y efecto de salar.

SALALA, Combate de. *Hist.* Triunfo arg. sobre las tropas realistas, en Chile, en 1817.

SALAM, Abdus. *Biog.* Profesor pakistaní, director del centro internacional de física teórica en Trieste, Italia. En 1979 obtuvo el premio Nobel de Física, compartido con S. Glashow y S. Weinberg, por sus investigaciones sobre las fuerzas básicas de la naturaleza (n. en 1926).

SALAMA. *Geog.* Ciudad de la región central de Guatemala, cap. del departamento de Baja Verapaz. 25.000 h. con el mun. Actividades agrícolas explotación forestal, minería.

SALAMANCA. n. p. V. **Topacio de Salamanca.** || f. *Arg.* Salamandra de cabeza chata que vive en las cuevas y que los indios consideran como espíritu del mal. || *Arg.* y *Chile.* Brujería, ciencia diabólica. || *Chile.* Cueva natural que hay en algunos cerros. || *Filip.* Juego de manos.

SALAMANCA, Daniel. *Biog.* Jurisc. y político bol., de 1931 a 1934 presid. de la Nación (1863-1936).

SALAMANCA. *Geog.* Población del N. de Chile, en la prov. de Coquimbo. 3.600 h. || Población de México, al S. del Est. de Guanajuato. 20.000 h. Importante centro industrial y comercial. || Provincia del O. de España, en el límite con Portugal. 12.336 km². 400.000 h. Cereales, olivo, vid, ganado vacuno, ovino, porcino, industria textil. Cap. hom. a orillas del Tormes. 132.000 h. Importante centro comercial y agropecuario. Célebre universidad, que adquirió gran fama entre los s. XIII y XVII.

SALAMANDRA. al. **Salamander; Molch.** fr. **Salamandre.** ingl. **Salamander.** ital. **Salamandra.** port. **Salamandra.** (Del lat. *salamandra,* y éste del gr. *salamandra.*) f. Batracio insectívoro, de forma semejante al lagarto, de unos 20 centímetros de largo, la mitad aproximadamente de cola, y piel lisa de color negro con manchas amarillas simétricas. En su primera edad tiene branquias y vive en el agua, y después fuera de ella, respirando por pulmones. *Es creencia vulgar que el fuego no daña a la* SALAMAN-

ROMA

Decumanus Maximus calle principal de la ciudad de Ostia Antigua, en el Lacio.

Busto de Caracalla. Museo Pío Clementino. Vaticano.

"El poeta Menandro" (343-292 a.C.). Fresco en Pompeya.

Aosta. Arco de Augusto.

Templo circular de Vesta. Roma.

Arco de Sepimio Severo, Roma.

Lecho romano de bronce. Museo Capitolino, Roma.

"Pintura de la Villa de los Misterios". Pompeya.

El foro romano.

Coliseo, Roma.

Amuleto asirio-fenicio. Museo del Louvre, París.

Idolillo precolombino. Museo del Oro, Bogotá.

Curandera con objetos mágicos. África.

Marte romano. Museo Kunstgewerbe, Dresde.

Fieles musulmanes rodean la piedra negra de la Kaaba, en La Meca.

Festival Pensera Bongan, isla de Balí.

Control del ejército ante la tienda de Mahoma. Miniatura. Museo de Arte Turco-Islámico, Estambul.

Corán sobre pergamino, en caracteres cúficos. S. IX. Museo Nacional de Damasco, Siria.

RELIGIONES, MITOS Y CREENCIAS

Confucio completa su colección de
Libros Canónicos. Estampa Shanghai, 1838.

Nepal. Antiguo Buda en bronce.

Retrato de Martín Lutero,
de Lucas Cranach.

San Pedro y San Pablo.
Ícono bizantino.

Cristo en un mosaico del S. XIV.
Museo de la Obra del Duomo.
Florencia.

Retrato de Calvino.
Autor anónimo.

Jerusalén.
Candelabro de los Siete Brazos.

Cuchillo de ceremonias con turquesas.
Civilización incaica.

Cariopses de maíz y parte de la espiga.

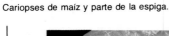

Heleborus viridis.
Fruto con semillas.

Knantia arvensis, Semilla.

Fruto con semillas
de rosa canina.

Cono con semillas de
Thuya gracilis (conifera).

Semilla aislada de
Pinus silvestris.

Girasol, capítulo con flores internas
y semillas (frutos aquenios).

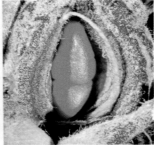

Semilla de
Magnolia obovata.

Tejo. Arilo de
Taxus baccata.

DRA. ‖ Ser fantástico, considerado por los cabalistas espíritu elemental del fuego. ‖ **Alumbre de pluma.** ‖ Especie de calorífero de combustión lenta. ‖ – **acuática.** Batracio acuático de unos 12 centímetros de largo, con la cola comprimida como la de la anguila y con una especie de cresta, que se prolonga en los machos por encima del lomo; tiene la piel granujienta, de color pardo con manchas negruzcas en el dorso y rojizas en el vientre. Hay varias especies.

SALAMANDRÍA. (De *salamandra.*) f. Salamanquesa.

SALAMANDRINO, NA. adj. Relativo a la salamandra o semejante a ella.

SALAMANQUEJA. f. *Col., Ec.* y *Perú.* Salamanquesa.

SALAMANQUERO, RA. s. *Filip.* Prestidigitador.

SALAMANQUÉS, SA. adj. Salmantino. Apl. a pers., ú.t.c.s.

SALAMANQUESA. (De *salamandra.*) f. Saurio insectívoro de unos ocho centímetros de longitud, que vive en la grietas de las paredes y debajo de las piedras, y al cual erróneamente se cree venenoso. Tiene el cuerpo comprimido y ceniciento, la piel tuberculosa y unas laminillas debajo de la extremidad abultada de cada dedo, con las que hace el vacío para adherirse aun a las superficies más lisas. Gén. *Platydactilus.* sinón.: **estelión.**

SALAMANQUINA. f. *Chile.* Lagartija.

SALAMANQUINO, NA. adj. Salmantino. Apl. a pers. ú.t.c.s.

SALAMBÓ. *Lit.* Novela de Gustavo Flaubert publicada en 1862, colorido cuadro de la guerra de los mercenarios que siguió a la primera guerra púnica.

SALAMINA. *Geog.* Isla griega sit. en el golfo de Egina, 95 km². 17.000 h. Cap. hom. 9.800 h. En el año 480 a. de C. tuvo lugar la célebre batalla naval en que Temístocles venció a los persas. ‖ Población del centro del dep. de Caldas, en Colombia. 8.500 h. Importante centro agrícola-ganadero.

SALAMUNDA. f. Planta de la familia de las timeleáceas.

SALANGANA. f. Pájaro, especie de golondrina cuyos nidos contienen ciertas substancias gelatinosas comestibles. Es propio de las Filipinas y otros países del Extremo Oriente.

SALAR. al. **Salzen.** fr. **Saler.** ingl. **To salt.** ital. **Salare.** port. **Salgar.** (De *sal.*) tr. Echar en sal, para su conservación, pescados y otras substancias. ‖ Sazonar con sal, echar la sal conveniente a un manjar. ‖ Echar más sal de la necesaria. ‖ *Amér.* Desgraciar, causar mala suerte. Ú.t.c.r. ‖ *Col.* y *Ec.,* Salgar. ‖ *Cuba* y *Hond.* Manchar, deshonrar. Ú.t.c.r.

SALAR. m. *Amér.* Salina. ‖ Saladar.

SALARIADO. m. Organización del pago del trabajo del obrero mediante el salario exclusivamente.

SALARIAL. adj. Perteneciente o relativo al salario.

SALARIAR. (De *salario.*) tr. Asalariar.

SALARIO. al. **Lohn; Gehalt.** fr. **Salaire.** ingl. **Wages; salary.** ital. **Salario.** port. **Salário.** (Del lat. *salárium,* de *sal,* sal.) m. Estipendio, remuneración de un trabajo o servicio. ‖ En especial, cantidad de dinero con que se retribuye a los trabajadores manuales. ‖ IDEAS AFINES: *Paga, sueldo, remuneración, jornal, dinero, mensualidad, quincena, cajero, fábrica, manufactura, industria, patrón, contrato, sindicato, huelga, artesano, metalúrgico, minero, mecánico, albañil, abonar, mejorar, reclamar.*

● **SALARIO.** *Econ.* El salario es el precio del trabajo arrendado que presta el asalariado al patrón. Se paga periódicamente (por mes, quincena o semana) y comúnmente en dinero efectivo; en países de precario desarrollo económico aún se abona en especies. El salario puede ser por tiempo fijo (por mes, día, hora, etc.) o a destajo. El salario a destajo se paga en proporción a la cantidad de trabajo realizado en un determinado lapso; su eliminación es un anhelo perseguido por amplios sectores sociales, pues se ha demostrado científicamente su incidencia perjudicial en la salud del trabajador. El concepto del **salario** y su consideración por parte del Estado han variado de modo apreciable en casi todos los países. Los economistas distinguen entre el **salario** cierto y el **salario** real; aquél implica la cifra percibida y éste su capacidad adquisitiva, de la cual depende el verdadero bienestar del asalariado, ya que el pago del **salario** con moneda envilecida es una práctica engañosa de desastrosas consecuencias para el asalariado. El **salario** social o familiar, que agrega a las remuneraciones básicas bonificaciones especiales (por cónyuge, por hijos, etc.) es una de las formas más modernas y practicadas del salario, pero el **salario** vital móvil es en la actualidad la concepción estimada como más avanzada y justa pues contempla el valor adquisitivo del salario de acuerdo con las fluctuaciones económicas y permite al trabajador, en todo momento, afrontar sus necesidades de vida. En materia de salario la tendencia mundial predominante es intervencionista: el Estado lo fija en tarifas especiales, resultantes del entendimiento patronal-obrero y el arbitraje oficial.

SALAS, Alberto M. *Biog.* Hist. y arqueólogo arg., autor de *Las armas de la Conquista; Relación parcial de Buenos Aires,* y otras obras (n. 1915). ‖ – **Ángel.** Literato boliviano autor de *Breves historias; Breve ensayo sobre el periodismo,* etc. (n. 1895). ‖ – **Darío.** Educador chileno cont., autor de *Sobre educación popular; La educación primaria en Chile,* y otras obras de su especialidad. ‖ – **José Perfecto.** Jurisconsulto arg. radicado en Chile, autor de *Geografía de Chile* (1714-1778). ‖ – **Julio C.** Sociólogo y etnólogo ven., autor de *Venezuela y Colombia: Los indios caribes: Tierra firme,* etc. (1870-1932). ‖ – **Manuel de.** Filántropo y pol. chileno; actuó en el movimiento emancipador y fue miembro del primer Congreso de 1811. Proclamada la independencia contribuyó con sus iniciativas al desarrollo de la industria y de la producción agrícola y minera. Fomentó la enseñanza y creó obras de asistencia social (1755-1841). ‖ – **Mariano.** Mil. mexicano, en 1846 presid. de la República. ‖ – **Mariano.** Mil. argentino que actuó en la guerra con Brasil, en las luchas contra Rosas y en Cepeda y Pavón (1814-1866).

SALAVARRIETA, Policarpa. *Biog.* V. **Pola, La.**

SALAVERRÍA, José María. Ensayista y nov. español, que residió varios años en la Argentina. Publicó *España vista desde América; El poema de la Pampa,* etc. (1873-1940).

SALAVERRY, Carlos Augusto. *Biog.* Poeta y dram. peruano, autor de *Albores y destellos; Cartas a un ángel; Abel,* etc. (1830-1891). ‖ – **Felipe Santiago.** Mil. peruano, combatió a las órdenes de San Martín, Bolívar y Sucre en las guerras de la independencia. Intervino en las luchas civiles y en 1835 se proclamó presidente, siendo derrocado por Santa Cruz, quien lo mandó fusilar (1800-1836).

SALAVERRY. *Geog.* Población del Perú (La Libertad), puerto sobre el océano Pacífico. 5.000 h.

SALA Y GÓMEZ. *Geog.* Pequeña isla de Chile, sit. en el océano Pacífico, en Oceanía, a 3.760 km. de la costa de la prov. de Atacama. 0,12 km².

SALAZ. (Del lat. *sálax, -acis.*) adj. Muy inclinado a la lujuria. sinón.: **libidinoso, lúbrico.**

SALAZAR, Adolfo. *Biog.* Compositor y musicólogo esp., radicado en América. Fundador de la moderna crítica musical española, es autor de *La música en la sociedad europea; Música y maestros de hoy; Sinfonía y ballet,* etc. (1890-1958). ‖ – **Alonso Pérez de.** Gobernador español de Buenos Aires en 1623. Estableció y organizó las aduanas. ‖ – **Ambrosio.** Filólogo esp., radicado en Francia; autor de *Tesoro de diversa lección; Los clavelliros de recreación,* etc. (siglo XVII). ‖ – **Antonio de Oliveira.** V. **OLIVEIRA SALAZAR, Antonio de.** ‖ – **Carlos.** Patriota salv., jefe de Estado en 1834 bajo la Confederación Centroamericana. ‖ – **Carlos.** Militar guatemalteco, en 1839 jefe de Estado. ‖ – **José María de.** Poeta col., autor del primer Himno Nacional de su país y de *La Colombiada o Colón; La campaña de Boyacá,* etc. (1785-1828). ‖ – **José Martínez de.** Gob. español de Buenos Aires de 1663 a 1674. Durante su mandato se estableció la primera Real Audiencia. ‖ – **ARRUÉ, Salvador.** Escr. salvadoreño que usa el seudónimo de **Salarrué.** En *Cuentos de barro* y otras obras describe la realidad de su país en estilo impresionista (1899-1975). ‖ – **BONDY, Sebastián.** Periodista peruano autor de *Canciones del hombre oscuro* y otras obras (1924-1965). ‖ – **DE ALARCÓN, Eugenio.** Poeta esp., autor de *Silva poética; Carta al licenciado Guedeja,* etc. (apróx. 1530-1602). ‖ – **DOMÍNGUEZ, José.** Novelista venez. (n. 1902). ‖ – **MALLÉN, Rubén.** Novelista mex., autor de *Camino de perfección; Ojo de agua; Páramo,* etc. (n. 1905). ‖ – **Y ESPINOZA, Juan de.** Conquistador esp. En 1537 fundó el puerto de Asunción, transformado luego en la ciudad de Asunción del Paraguay (1508-1560). ‖ – **Y ROIG, Salvador.** Escritor cub., autor de *Historia de la literatura española: Historia de la literatura cubana,* etc. (n. 1892).

SALAZÓN. f. Acción y efecto de salar o echar en sal. ‖ Acopio de carnes o pescados salados. ‖ Industria y tráfico que se hace con estas conservas. ‖ *Ant., Guat.,* y *Pan.* Mala suerte.

SALAZONERO, RA. adj. Relativo o referente a la salazón.

SALBANDA. (Del al. *salband,* orilla.) f. *Min.* Capa, por lo común arcillosa, que separa el filón de la roca estéril.

SALCE. (Del lat. *sálix, -icis.*) m. Sauce.

SALCEDA. f. Sitio poblado de salces.

SALCEDO. m. Salceda.

SALCEDO, Miguel de. *Biog.* Mil. español, de 1734 a 1742 gob. del Río de la Plata.

SALCEDO. *Geog.* Provincia del N. de la Rep. Dominicana, 594 km². 100.000 h. Cap. hom. 9.000 h.

SALCOCHAR. (De *sal* y *cocho,* p. p. de *cocer.*) tr. Cocer solamente con sal carnes, legumbres, pescados u otras viandas.

SALCOCHO. (De *salcochar.*) m. *Amér. del S.* Modo de preparar una vianda cociéndola en agua y sal para condimentarla después.

SALCHICHA. al. **Wurst.** fr. **Saucisse.** ingl. **Sausage.** ital. **Salciccia.** port. **Salchicha.** (Del lat. *sal* e *isicia.*) f. Embutido hecho en tripa delgada, de carne de cerdo magra y gorda, bien picada. Se aliña con sal, pimienta y otras especies y suele consumirse en fresco. ‖ fig. *Fort.* Fajina muy larga que se usa para abrazar y cruzar las restantes. ‖ fig. *Mil.* Cilindro de tela largo y delgado, relleno de pólvora con el que se daba fuego a las minas. ‖ *Mil.* Globo dirigible que durante la guerra de 1914 a 1918 usó el ejército francés.

SALCHICHERÍA. f. Tienda o comercio donde se venden embutidos.

SALCHICHERO, RA. s. Persona que hace o vende embutidos.

SALCHICHÓN. m. aum. de **Salchicha.** ‖ Embutido de jamón, tocino y pimienta en grano, prensado y curado, el cual se come en crudo. ‖ *Fort.* Fajina grande hecha con ramas gruesas. ‖ En ebanistería, prisma compuesto de otros muy menudos y en ordenación geométrica, hechos de maderas de colores, hueso y plata, encolados juntos. Aserrando el salchichón transversalmente en chapas finísimas, adaptadas entre sí y luego incrustadas en un mueble se hace la obra de taracea morisca. ‖ – **de mina.** Salchicha, cilindro de tela

SALDANHA, Juan C. d'Oliveira Daun, duque de. *Biog.* Mil. y político port., en 1836 jefe del gob. (1790-1876).

SALDAR. al. **Saldieren.; beglei-chen.** fr. **Solder.** ingl. **To settle; to balance.** ital. **Saldare.** port. **Saldar.** (De *saldo.*) tr. Liquidar una cuenta totalmente satisfaciendo el alcance o recibiendo el sobrante que resulta de ella. sinón.: **finiquitar.** ‖ Vender a bajo precio una mercancía para deshacerse pronto de ella.

SALDÍAS, Adolfo. *Biog.* Jurisc., historiador y escritor arg., autor de *Historia de la Confederación Argentina; Papeles de Rosas,* etc. (1850-1914).

SALDISTA. m. El que compra y vende géneros provenientes de saldos y de quiebras mercantiles. ‖ El que salda una mercancía.

SALDO. al. **Saldo.; Guthaben.** fr. **Solde.** ingl. **Settlement; balance.** ital. **Saldo.** port. **Saldo.** (Del ital. *saldo,* y éste del lat. *sólidus,* sólido.) m. Pago o finiquito de una deuda u obligación. ‖ Cantidad que de una cuenta resulta a favor o en contra de alguien. ‖ Resto de mercancías que, para deshacerse pronto de ellas, venden a bajo precio el fabricante o el comerciante. ‖ adj. *Col.* y *Ven.* Saldado. ‖ Aplícase a quien ha saldado una cuenta.

SALDORIJA. f. Hierba olorosa, europea, de tallo cilíndrico, hojas lanceoladas, y flores blancas o rosadas en cimas pedunculadas. *Satureja obovata,* labiada.

SALÉ. *Geog.* Ciudad de Marruecos, sit. al norte de Rabat. 161.000 h. Santuario musulmán.

SALEDIZO, ZA. adj. Saliente, que sobresale. ‖ m. *Arq.* Salidizo.

SALEGA. f. Salegar, donde se da sal al ganado.

SALEGAR. m. Lugar en que se da sal al ganado en el campo.

SALEGAR. intr. Tomar el ganado la sal que se le da.

SALEM. *Geog.* Ciudad del noroeste de los EE.UU. capital del Est. de Oregón. 71.000 h. Universidad, molinos harineros. ‖ C. del sur de la India (Tamil Nadu). 315.000 h. Centro agrícola, tapices.

SALEMA. f. Salpa.

SALENTINO, NA. (Del lat. *salentinus.*) adj. Aplícase al individuo de un pueblo de Italia antigua, en el sur de la península. Ú.t.c.s. ‖ Perteneciente a este pueblo.

SALENTO. *Geog. histór.* Antigua c. del sur de Italia, en la Magna Grecia.

SALEP. (Del ár. *çahleb.*) m. Fécula que se extrae de los tubérculos del satirión y de otras orquídeas.

SALERA. (De *sal.*) f. Piedra o recipiente de madera en que se pone la sal que come el ganado. ‖ *Chile.* Salina.

SALERNITANO, NA. (Del lat. *salernitanus.*) adj. Natural de Salerno. Ú.t.c.s. ‖ Perteneciente a esta ciudad de Italia.

SALERNO. *Geog.* Provincia del S.O. de Italia (Campania). 4.923 km². 980.000 h. Cap. hom. sobre el golfo de igual nombre. 160.000 h. con los suburbios. Industria textil y alimenticia. ‖ **Golfo de –.** Escotadura de la costa S.O. de Italia, sobre el mar Tirreno, limitada al N. por la isla de Capri y al S. por la punta Licosa.

SALERO. al. **Salzfass.** fr. **Salière.** ingl. **Salt pan.** ital. **Saliera.** port. **Saleiro.** m. Vaso de diferentes materias y formas que se emplea para servir la sal en la mesa. ‖ Sitio o almacén donde se guarda la sal. ‖ Salegar, donde se da sal al ganado. ‖ Base sobre la que se arman los saquetes de metralla. ‖ fig. y fam. Gracia, donaire. *¡Qué* SALERO *tiene esa chica!;* sinón.: **chispa, garbo.** ‖ Persona salerosa. ‖ *Chile.* Salina. ‖ *Art.* Zoquete de madera de forma adecuada a la figura del ánima del cañón, y sobre el cual se ponen y aseguran las granadas esféricas.

SALEROSO, SA. adj. fig. y fam. Que tiene salero o gracia. *Los andaluces son* SALEROSOS: sinón.: **donairoso, ocurrente.**

SALES, San Francisco de. *Biog.* V. **Francisco de Sales, San.**

SALESA. adj. Aplícase a la religiosa de la orden de la Visitación de Nuestra Señora, fundada en el siglo XVII, en Francia, por San Francisco de Sales y Santa Juana Francisca Fremiot de Chantal. Ú.t.c.s.

SALESIANO, NA. adj. Aplícase al religioso perteneciente al oratorio de San Francisco de Sales, congregación que, destinada a la educación de la juventud, fundó Don Bosco en Turín, en 1878. Ú.t.c.s. ‖ Perteneciente o relativo a dicha congregación. *Misiones* SALESIANAS.

SALETA. f. dim. de **Sala.** ‖ Sala

de apelación. || Habitación anterior a la antecámara del rey o de las personas reales.

SALFORD. *Geog.* Ciudad del O. de Gran Bretaña (Inglaterra). 135.000 h. Es un suburbio de Manchester. Industria textil, maquinarias.

SALGA. f. Tributo que sobre el consumo de la sal existía en Aragón.

SALGADA. (De *salgar.*) f. Orzaga.

SALGADERA. f. Salgada.

SALGADO, Luis H. *Biog.* Compositor ec., autor de la obra sinfónica *Atahualpa o el ocaso de un imperio* y de otras partituras sobre motivos nativos (n. 1903).

SALGAR. tr. Dar sal a los ganados.

SALGAR, Eustorgio. *Biog.* Mil. colombiano, de 1870 a 1872 presid. de la República (1831-1885).

SALGAR. *Geog.* Población del S.O. del departamento de Antioquia, en Colombia. 5.000 h. Centro minero. || **Puerto –.** V. **Puerto Salgar.**

SALGAREÑO. (De *salguera.*) adj. Aplícase al pino negral.

SALGARI, Emilio. *Biog.* Escr italiano, autor de novelas de aventuras: *Los piratas de la Malasia; Sandokán; El corsario negro*, etc. (1862-1911).

SALGUERA. (Del lat. *sálix, -icis.*) f. Sauce.

SALGUERO. (Del lat. *salix, -icis.*) m. Sauce.

SALGUERO Y CABRERA Luis Jerónimo. *Biog.* Jurisc. y patriota arg., diputado por Córdoba en el Congreso de Tucumán (1774-1847).

SALÍ. *Geog.* Río del N.O. de la Argentina. V. **Dulce.**

SALIAS, Vicente. *Biog.* Méd. y poeta ven., autor del himno nacional de su patria y del poema burlesco *La Medicomaquia* (s. XIX).

SÁLICA, Ley. *Hist.* Documento legislativo fr. por el que las mujeres no podían ocupar el trono de Francia ni recibir tierras. **Fue introducido en España por la casa de Borbón. Al abolirlo Fernando VII, provocó las enconadas guerras carlistas de 1833 y 1872.**

SALICÁCEO, A. adj. *Bot.* **Dícese de una familia de plantas del orden de las salicales, árboles o arbustos dioicos, de hojas sencillas y alternas, flores en amento y fruto capsular con muchas semillas sin albumen; como el álamo, el chopo y el sauce.** Ú.t.c.s.f. || f. pl. *Bot.* Familia de estas plantas.

SALICALES. f. pl. *Bot.* Orden de plantas dicotiledóneas que tiene por única familia la de las salicáceas.

SALICARIA. (Del lat. *sálix, -icis*, sauce.) f. Planta herbácea anual europea, propia de lugares húmedos, con tallo ramoso y prismático; hojas enteras, opuestas, semejantes a las del sauce; flores purpúreas y fruto seco, capsular, de dos celdas con muchas semillas. Se emplea en medicina como astringente. *Lybhrum salicaria*, litrácea

SALICILATO. m. *Quím.* Sal formada por el ácido salicílico y una base.

● **SALICILATO.** *Med.* y *Quím.* De la corteza de sauce, cuyas propiedades febrífugas eran conocidas de los antiguos, se extrae una substancia amarga de la que en 1838 se obtuvo el ácido salicílico. Posteriormente se lo preparó con distintas substancias y se lo introdujo en el tratamiento del reumatismo articular agudo. Se absorbe rápidamente por el tubo digestivo, aunque en muchas personas es fuertemente irritante de la mucosa gástrica y puede llegar a producir reacciones tóxicas. En general, conviene acompañar cada dosis de **salicilato** de sodio con una cantidad semejante de bicarbonato; ingerirlo después de las comidas y con ingestión de leche.

SALICÍLICO. (Del lat. *sálix, icis*, sauce, y del gr. *yle*, materia.) adj. *Quím.* V. **Ácido salicílico.**

SALICINA. (Del lat. *sálix, -icis*, sauce.) f. Glucósido cristalizable, de color blanco y de sabor muy amargo. Se extrae principalmente de la corteza del sauce o de las sumidades floridas de la *reina de los prados*, y se emplea en medicina contra la gripe y el reumatismo.

SALICÍNEO, A. (Del lat. *sálix, -icis*, sauce.) adj. *Bot.* Salicáceo. Ú.t.c.s.f. || f. pl. *Bot.* Salicáceas.

SÁLICO, CA. (De *salio*, 2º art.) adj. Perteneciente o relativo a los salios o francos. || V. **Ley sálica.**

SALICOR. (En fr. *salicor.*) m. Planta fruticosa, vivaz, salsolácea, con tallos ramosos, nudosos, de color verde obscuro y de cuarenta a sesenta centímetros de longitud, sin hojas, y flores pequeñas, verdes y en espigas terminales. Es propia de los saladares y por incineración da barrilla

SALIDA. al. **Ausgang; Ausfahrt.** fr. **Sortie.** ingl. **Exit.** ital. **Uscita.** port. **Saída.** f. Acción y efecto de salir. *Espérame a la* SALIDA; antón.: **entrada.** || Parte por la cual se sale de un sitio o lugar. *La* SALIDA *de un teatro.* || Campo contiguo a las puertas de los pueblos adonde sus habitantes suelen recrearse. || Parte sobresaliente en alguna cosa. || Despacho o venta de géneros. || Partida de data o descargo en una cuenta. || fig. Escapatoria, pretexto. || fig. Medio o razón que se emplea para vencer un argumento o dificultad. || Término o fin de un negocio o dependencia. || fig. y fam. Ocurrencia, dicho agudo. *Tener* SALIDAS *oportunas.* || *Mar.* Arrancada de una nave al emprender la marcha. || Velocidad con que navega un buque, en especial la remanente que le queda al parar la máquina. || *Mil.* Acometida repentina de tropas de una plaza sitiada contra los sitiadores. || – **de baño.** Capa o ropón que se pone encima del traje de baño. || – **de pie de banco.** fig. y fam. Despropósito, disparate. || – **de tono.** fig. y fam. Dicho destemplado o inconveniente.

SALIDERO, RA. adj. Amigo de salir, andariego. || m. Salida, lugar para salir.

SALIDIZO. (De *salido.*) m. Parte del edificio que sobresale fuera de la pared maestra.

SALIDO, DA. adj. Dícese de lo que sobresale más de lo regular en un cuerpo. || Aplícase a las hembras de algunos animales cuando están en celo.

SALIENTE. p. a. de **Salir.** Que sale. *El mandatario* SALIENTE. || adj. *Geom.* V. **Ángulo saliente.** || Galicismo por sobresaliente, notable, culminante. || m. Oriente, levante. || Salida, parte sobresaliente en alguna cosa.

SALIERI, Antonio. *Biog.* Compositor y pedagogo ital., maestro de Beethoven y de Schubert. Compuso varias óperas, entre ellas *Europa reconocida* (1750-1825).

SALÍFERO, RA. (Del lat. *sal*, sal, y *ferre*, llevar.) adj. Salino

SALIFICABLE. adj. *Quím* Aplícase a cualquier cuerpo que puede combinarse con un ácido o con una base para formar una sal.

SALIFICACIÓN. f. *Quím.* Acción y efecto de salificar.

SALIFICAR. tr. *Quím.* Convertir en sal una substancia.

SALIGNAC DE LA MOTHE-FENELON, Francisco. *Biog.* V. **Fenelon, Francisco Salignac de la Mothe.**

SALIMIENTO. (De *salir.*) m Salida, acción y efecto de salir.

SALÍN. (Del lat. *salínum.*) m. Salero, almacén de la sal.

SALÍN. *Geog.* Cumbre volcánica del oeste de la prov de Salta, en la Rep. Argentina 6.060 m.

SALINA. al. **Saline; Salzgrube.** fr. **Saline.** ingl. **Salt mine.** ital. **Salina.** port. **Salina.** (Del lat. *salínae.*) f. Mina de sal. *Extensas* SALINAS *hay en el interior de la Argentina.* || Establecimiento donde se beneficia la sal de las aguas.

SALINAS, Francisco de. *Biog.* Erudito esp. especializado en mús. y mat. y autor de *De musica libri septem* (1513-1590). || – **Manuel M.** Pol. y escritor bol. de destacada actuación pública y autor de *Procedimiento penal; Impugnación a la cuestión de límites entre Chile y Bolivia*, etc. (m. 1871). || – **Marcelo.** Escritor cub. contemporáneo, autor de obras teatrales y novelas. || – **Pedro.** Escritor esp., notable poeta en *Presagios; Fábula y signo; Razón de amor; Poesía junta*, etc.; buen dramaturgo en *Ínsula* y *La fuente del arcángel*; cuentista en *El desnudo implacable* y ensayista en *Literatura española siglo XX; La poesía de Rubén Darío*, etc. Nació en Madrid y murió en Boston, EE.UU (1892-1951).

SALINAS. *Geog.* Río de Guatemala. V. **Chixoy.** || Río del N. E. de México. V. **San Juan.** || Población del N. de Ecuador (Imbabura). 4.300 h. Producción agrícola, salitrales. || Población de México, en el Estado de San Luis Potosí. 7.500 h. Explotación minera. || – **Chicas.** Salinas de la Rep. Argentina, situadas al S. O. de la prov. de Buenos Aires. 137 km². || – **Grandes.** Salinas del N. O. de la Rep. Argentina (Jujuy). 525 km². || – **Grandes.** Salinas de la región central de la Rep. Argentina. Abarca parte de las prov. de Santiago del Estero, Córdoba, La Rioja y Catamarca. 8.400 km².

SALINERO, RA. (Del lat. *salinarius.*) adj. Perteneciente o relativo a la sal o a las salinas. *Concesión* SALINERA. || Aplícase al toro que tiene el pelo jaspeado de colorado y blanco. || m. El que fabrica, extrae o transporta sal y el que trafica con ella.

SALINIDAD. f. Calidad de salino. || En oceanografía, cantidad proporcional de sales que contiene el agua del mar. *La* SALINIDAD *del Báltico es la más baja que se conoce.*

SALINO, NA. adj. Que naturalmente contiene sal. *Suelo* SALINO. || Que participa de los caracteres de la sal. || Manchado de pintas blancas; dícese de la res vacuna.

SALIO, LIA. (Del lat. *salius.*) adj. Perteneciente o relativo a los sacerdotes de Marte. *Danza* SALIA. || m. Sacerdote de Marte en la Roma antigua.

SALIO, LIA. (Del río *Sala*, hoy *Yssel.*) adj. Aplícase al individuo de uno de los antiguos pueblos francos que habitaban la Germania inferior. Ú.m.c.s. y en pl.

SALIPIRINA. f. *Quím.* Salicilato de antipirina, sólido blanco, cristalino. Se emplea contra ciática, pleuresía, gripe y reumatismo.

SALIR. al. **Herausgehen; abfahren; wegfahren.** fr. **Sortir.** ingl. **To go out.** ital. **Uscire.** port. **Sair.** (Del lat. *salire*, saltar, brotar.) intr. Pasar de la parte de adentro a la de afuera. Ú.t.c.r. SALIÓ *al balcón*; antón.: **entrar.** || Partir de un lugar a otro. *La expedición* SALIÓ *de Formosa para el Chaco.* || Librarse de algún lugar estrecho, molesto o peligroso. SALIMOS *del laberinto.* || Libertarse de alguna cosa que molesta y ocupa. SALIR *de un compromiso, de apremios*; sinón.: **escapar, evadirse.** || Aparecer, descubrirse. SALIR *el sol*; sinón.: **surgir.** || Brotar, nacer. *Comienza a* SALIR *el maíz.* || Refiriéndose a manchas, borrarse, quitarse. || Sobresalir, estar una cosa más afuera o más alta que otra. || Descubrir alguien su idoneidad, índole o aprovechamiento. SALIÓ *muy estudioso, muy embustero, buen gramático.* || Nacer, proceder, traer su origen una cosa de otra. || Ser uno, en algunos juegos, el primero en jugar. || Desprenderse de algo vendiéndolo o despachándolo. *Ya he* SALIDO *de todo mi maíz.* || Darse al público. || Hacer o decir alguna cosa inesperada o inoportuna. *Vean con qué proposición* SALE. || Ocurrir, sobrevenir una cosa nuevamente. *Le* SALIÓ *otra ocupación.* || Costar una cosa que se compra. *Me* SALIÓ *a, o por, treinta pesos.* || Tratándose de cuentas, resultar que están bien ajustadas. *La suma me* SALIÓ *bien.* || Con la preposición *a*, comprometerse a satisfacer algún gasto u otra obligación, especialmente pecuniaria. SALIR *a uno en una fianza.* || Con la preposición *con* y algunos nombres, conseguir lo que ellos significan. SALIÓ *con su propósito.* Ú.t.c.r. *Se* SALIÓ *con la suya.* || Con la preposición *de* y ciertos nombres, como *juicio, sentido, tino*, etc., perder el uso de lo que ellos significan. Úsase también con el adverbio *fuera* antes de la preposición *de*. SALIÓ *fuera de juicio.* || Venir a ser, quedar. SALIÓ *campeón; la pared* SALIÓ *torcida.* || Tener buen o mal resultado. SALIÓ *bien en las elecciones; el ensayo* SALIÓ *mal.* || Dicho de las estaciones y otras partes del tiempo, finalizar. *Mañana* SALE *la primavera.* || Parecerse, asemejarse. Úsase con la preposición *a*. *Esta niña ha* SALIDO *a su madre.* || Apartarse de una cosa o faltar a ella en lo debido. SALIÓ *de las normas.* Ú.t.c.r. || Cesar en un cargo u oficio. *Este mes* SALDRÉ *de interventor.* || Ser elegido o sacado por suerte o votación, o ser designado. *En la lotería* SALIERON *tales números; Juan* SALIÓ *concejal; Pedro* SALIÓ *de padrino.* || Ir a parar, tener salida a determinado lugar. *Este camino* SALE *a Bahía Blanca.* || *Mar.* Adelantarse una embarcación a otra. || r. Derramarse por una rendija o rotura el contenido de un receptáculo. *El vino se* SALE. Dícese también del receptáculo. *Este tonel se* SALE. || En ciertos juegos, hacer las jugadas o tantos necesarios para ganar. || **No salir de** uno una cosa. Callarla. *No tengas cuidado, esto no* SALDRÁ *de aquí.* || Ser sugerida por otro. || **Salga lo que saliere.** expr. fam. con que se denota la decisión de hacer una cosa sin tener en cuenta el resultado. || **Salir** uno **adelante.** frs. fig. Concluir felizmente un propósito o empresa; salvar un peligro. || **Salir a volar.** frs. fig. Darse al público una persona o cosa. || **Salirle caro,** o **salirle cara,** una cosa a uno. frs. fig. Resultarle perjuicio de su intento o ejecución. || **Salirle** a uno **la viuda.** *Arg.* y *Bol.* Sucederle a uno un percance inesperado. || **Salir** uno **pitando.** frs. fig. y fam. Echar a correr impetuosa y desconcertadamente. || **Salir por** uno. frs. Fiarle, defenderle. || **Salir** uno **rajando.** frs. fig. y fam. *Arg.* **Salir** uno **pitando.** || IDEAS AFINES: *Abandonar, alejarse, emigrar, huir, dejar, quitar, embarcarse, evacuar, éxodo, excursión, viaje.*

SALISBURY. *Geog.* Ciudad de Gran Bretaña (Inglaterra), cap. del condado de Wilts. 35.000 h. Industria siderúrgica. || Cap. de la rep. de Rodesia. 545.000 h. con los suburbios. Importante centro agrícola y minero. Exportación de oro y tabaco.

SALISIPAN. m. Embarcación peculiar del sur del archipiélago filipino.

SALITRADO, DA. adj. Compuesto o mezclado con salitre.

SALITRAL. adj. Salitroso. || m. Lugar donde se cría y halla el salitre.

SALITRE. (Del lat. *sal nítrum.*) m. Nitro. *Chile es el primer vendedor de* SALITRE. || Cualquiera substancia salina, especialmente la que aflora en tierras y paredes. || *Chile.* **Nitrato de Chile.**

SALITRERA. f. Salitral. || *Chile.* Salitrería.

SALITRERÍA. f. Casa o lugar donde se fabrica salitre.

SALITRERO, RA. adj. Perteneciente o relativo al salitre. || s. Persona que trabaja en salitre o que lo vende.

SALITROSO, SA. adj. Que tiene salitre.

SALIVA. al. **Speichel.** fr. **Salive.** ingl. **Saliva; spittle.** ital. **Saliva.** port. **Saliva.** (Del lat. *saliva.*) f. Líquido alcalino, acuoso, algo viscoso, segregado por glándulas salivales. Sirve para reblandecer los alimentos, facilitando de este modo la masticación de los mismos, y por el fermento tialino que contiene convierte el almidón en maltosa. || **Gastar saliva en balde.** frs. fig. y fam. Hablar inútilmente. || **Tragar saliva.** frs. fig. y fam. Aguantar en silencio, sin protesta, una determinación, hecho o palabra que ofende o disgusta. || Turbarse, no acertar a hablar.

SALIVACIÓN. (Del lat. *salivatio, -onis.*) f. Acción de salivar. || Tialismo.

SALIVADERA. f. *Chile* y *R. de la Plata.* Escupidera, recipiente para escupir.

SALIVAJO. m. Salivazo.

SALIVAL. adj. Perteneciente a la saliva. *Flujo* SALIVAL.

SALIVAR. (Del lat. *salivare.*) intr. Arrojar saliva.

SALIVAZO. m. Porción de saliva que se escupe de una vez.

SALIVERA. (Del lat. *salivaria*, pl. de *-rium.*) f. Sabor unido al freno del caballo. Ú.m. en pl. || *Arg.* Salivadera.

SALIVOSO, SA. (Del lat. *salivosus.*) adj. Que expele mucha saliva.

SALK, Jonás E. *Biog.* Méd. estadounidense que después de múltiples investigaciones logró cultivar el virus de la poliomielitis en el tejido renal del mono Rhesus. Sometido este cultivo a distintas reacciones, se obtiene un medio fértil, base de la vacuna contra la poliomielitis inventada por el Dr. **Salk** y que constituye una esperanza para el alivio de ese terrible mal (n. 1915).

SALMA. (Del lat. *sagma*, albarda.) f. Tonelada de arqueo.

SALMANASAR. *Biog.* Nombre de cuatro reyes de Asiria, de 1280 a 722 a. de C.

SALMANTICENSE. (Del lat. *salmanticensis.*) adj. Salmantino. *Concilio* SALMANTICENSE. Ú.t.c.s.

SALMANTINO, NA. (Del lat. *Salmántica*, Salamanca.) adj. Natural de Salamanca. Ú.t.c.s. ‖ Perteneciente a esta ciudad. *Universidad* SALMANTINA. ‖ Natural de alguna de las ciudades, distritos, etc., que en América tienen el nombre de Salamanca. Ú.t.c.s. ‖ Perteneciente o relativo a ellos.

SALMEAR. intr. Rezar o cantar los salmos.

SALMER. (Como el fr. *sommier*, del lat. *sagmarius*, mulo de carga, de *sagma*, albarda.) m. *Arq.* Piedra del machón o muro, cortada en plano inclinado, de donde arranca un arco adintelado o escarzano.

SALMERA. (De *salma*, ant. *jalma.*) adj. Aplícase a la aguja de enjalmar.

SALMERÓN. adj. V. **Trigo salmerón.** Ú.t.c.s.

SALMERÓN, Nicolás. *Biog.* Pol. y filósofo esp., en 1873 presid. de la República. Autor de *Principios analíticos de la idea del tiempo; Conceptos de la metafísica*, etc. (1838-1908).

SALMISTA. (Del lat. *psalmista.*) m. El que compone salmos. ‖ Por antonom., el real profeta David. ‖ El que tiene por oficio cantar los salmos y las horas canónicas en las catedrales y colegiatas.

SALMO. al. **Psalm.** fr. **Psaume.** ingl. **Psalm.** ital. **Salmo.** port. **Salmo.** (Del lat. *psalmus*, y éste del gr. *psalmós*, de *psallo*, tocar las cuerdas de un instrumento músico.) m. Composición o cántico que contiene alabanzas a Dios. ‖ pl. Por antonom., los de David. ‖ **Salmo gradual.** Cualquiera de los 15, desde el 119 hasta el 133, incluidos en el Salterio. ‖ IDEAS AFINES: *Culto, liturgia, antífona, misal, adoración, contrición, triunfo, júbilo, esperanza, entonar, cantar, recitar.*

SALMODIA. al. **Psalmengesang.** fr. **Psalmodie.** ingl. **Psalmody.** ital. **Salmodia.** port. **Salmodia.** (Del lat. *psalmodia*, y éste del gr. *psalmodía.*) f. Canto que se usa en la Iglesia para los salmos. ‖ fig. y fam. Canto monótono, sin gracia ni expresión.

SALMODIAR. (De *salmodia.*) intr. Salmear. ‖ tr. Cantar algo monótonamente.

SALMÓN. al. **Lachs, Salm.** fr. **Saumon.** ingl. **Salmon.** ital. **Salmone.** port. **Salmão.** (Del lat. *salmo, -onis.*) m. Pez malacopterigio abdominal, que alcanza hasta metro y medio de longitud, de cuerpo rollizo, cabeza apuntada, piel gruesa cubierta de escamas, color pardo obscuro en el lomo, blanco en el vientre, azulenco de reflejos irisados y mancha negra en los costados. En otoño desova en los ríos y después emigra al mar. Su carne rojiza es muy estimada. *Salmo salar. El* SALMÓN *abunda en la región de Columbia.* ‖ adj. Dícese de lo que es de color rojizo como el de la carne de este pez. ‖ – **zancado.** El que baja flaco y sin fuerzas al mar después del desove.

SALMÓN. *Geog.* Río del noroeste de los EE.UU. (Idaho), que después de recorrer una zona montañosa des. en el Snake. 720 km.

SALMONADO, DA. adj. Que se parece en la carne al salmón. Aplícase a los pescados y particularmente a la trucha.

SALMONERA. f. Red para la pesca del salmón, que se usa en los ríos del Cantábrico.

SALMONETE. (De *salmón.*) m. Pez marino de unos 25 centímetros de largo, color rojo en el lomo y blanco sonrosado en el vientre; cuerpo alargado, algo comprimido lateralmente, y cola ahorquillada. Abunda en el Mediterráneo y es muy apreciado por su carne fina. *Mullus barbatus*, acantopterigio.

SALMÓNIDOS. m. pl. *Zool.* Familia de peces malacopterigios abdominales, cuyo tipo es el salmón, caracterizados por tener una aleta con tejido adiposo.

SALMOREJO. (De *salmuera.*) m. Salsa hecha con agua, aceite, vinagre, sal y pimienta. ‖ fig. Reprimenda, escarmiento. ‖ **Más cuesta el salmorejo que el conejo.** frs. fig. y fam. **Vale más la salsa que los perdigones.**

SALMOS, Libro de los. *Rel.* Colección de ciento cincuenta salmos que se incluyen en el Antiguo Testamento y que se atribuyen al rey David.

SALMUERA. al. **Salzbrühe.** fr. **Saumure.** ingl. **Brine; pickle.** ital. **Salamoia.** port. **Salmoura.** (De *sal* y el lat. *muria*, salmuera.) f. Agua cargada de sal. ‖ Agua que sueltan las cosas saladas.

SALMUERARSE. (De *salmuera.*) r. Enfermar el ganado por comer demasiada sal.

SALNAVE, Silvano. *Biog.* Político haitiano, de 1867 a 1870 presidente de la República (1827-1870).

SALOBRAL. (De *salobre.*) adj. Salobreño, dicho de las tierras. ‖ m. Terreno salobreño.

SALOBRE. al. **Salzig.** fr. **Saumâtre.** ingl. **Brackish; saltish.** ital. **Salmastro.** port. **Salobre; salobro.** adj. Que por su naturaleza tiene sabor de sal. V. **Agua salobre.**

SALOBREÑO, ÑA. adj. Aplícase a la tierra salobre o que contiene alguna sal en abundancia.

SALOBRIDAD. f. Calidad de salobre.

SALOL. m. *Quím.* Polvo cristalino, blanco, aromático, producto de una combinación de los ácidos salicílico y fénico. Es antipirético y antiséptico, y se emplea contra afecciones intestinales. Con él se recubren píldoras que hayan de atravesar el estómago inalteradas, para disolverse luego en el intestino.

SALOM, Bartolomé. *Biog.* Mil. venezolano, de destacada actuación en las campañas por la emancipación americana. Luchó a las órdenes de Miranda y Bolívar (1780-1863).

SALOMA. (Del lat. *celeuma.*) f. Son cadencioso con que suelen acompañar los marinos y otros obreros su faena, para hacer uniforme el esfuerzo de todos.

SALOMAR. intr. Acompañar una faena con la saloma.

SALOME. *Biog.* Princesa judía, sobrina de Herodes Antipas, quien, subyugado por su danza, le concedió la cabeza de San Juan Bautista, que ella le pidiera (m., 72).

SALOMÉ. *Mús.* Ópera de Ricardo Strauss, con texto de Oscar Wilde, estrenada en 1905 y en la que el autor introduce el tiempo de vals como base de la composición. En ella el "leitmotiv" se apodera de cada uno de los grupos orquestales y se enriquecen los temas melódicos.

SALOMÓN. (Por alusión al rey de Israel y de Judá, hijo de David.) m. fig. Hombre de gran sabiduría.

SALOMÓN. *Biog.* Rey de Israel, hijo y sucesor de David. Durante su fructífero reinado, Israel vivió en paz, "cada hombre bajo su viña y su higuera"; conoció las conquistas del mundo gentil y se hizo conocer por él; reguló la administración fiscal; impulsó el comercio exterior e interior; aumentó las construcciones públicas e hizo levantar el Templo de Jerusalén. Su sabiduría y lirismo eran famosos; se le atribuyen los *Proverbios; el Libro de la Sabiduría* y el *Cantar de los Cantares*, de singular belleza (1032-975 a. de C.).

SALOMÓN. Luis. *Biog.* Mil. haitiano, en 1879 presid. de la República; reelegido en 1886 para un nuevo período, en 1888 fue derrocado (1815-1888).

SALOMÓN, Islas. *Geog.* Archipiélago de Oceanía, sit. en la Melanesia, al E. de Nueva Guinea, antes bajo protectorado británico. 29.784 km^2. 102.000 h., en su mayoría melanesios. Exporta copra, plátanos, conchas de tortuga, etc. Obtuvo su independencia en julio de 1978.

SALOMÓNICO, CA. adj. Perteneciente o relativo a Salomón. *Fallo* SALOMÓNICO.

SALÓN. al. **Saal; Salon.** fr. **Salon.** ingl. **Salon.** ital. **Salone.** port. **Salão.** m. aum. de **Sala.** pieza principal de la casa. ‖ Pieza de grandes dimensiones que se destina a fiestas y visitas en las casas particulares. ‖ Pieza de grandes dimensiones donde una entidad o corporación celebra sus reuniones.

SALÓN. (De *sal.*) m. p. us. Carne o pescado salados para que se conserven.

SALONCILLO. m. dim. de **Salón.** ‖ Sala de ciertos establecimientos públicos reservada para algún uso especial.

SALÓNICA. *Geog.* V. **Tesalónica.**

SALOP. *Geog.* V. **Shrop.**

SALOU, Cabo. *Geog.* Pequeño promontorio de la costa española del Mediterráneo, al S. de la ciudad de Tarragona.

SALPA. (Del lat. *salpa.*) f. Pez marino, abundante en el Mediterráneo, de cabeza apuntada, cuerpo comprimido, grandes escamas, y color verdoso por el lomo, plateado en los costados y vientre, y con once rayas doradas en cada costado. Su carne es poco apreciada. *Box salpa*, acantopterigio.

SALPICADURA. f. Acción y efecto de salpicar.

SALPICAR. al. **Bespritzen.** fr. **Eclabousser.** ingl. **To sprinkle.** ital. **Impillaccherare.** port. **Salpicar.** (De *sal* y *picar.*) tr. Hacer que salte un líquido esparcido en gotas menudas por choque o movimiento brusco. Ú.t.c.intr. ‖ Manchar o mojar con un líquido que salpica. Ú.t.c.r. *Le* SALPICÓ *el traje con vino.* ‖ fig. Esparcir varias cosas, como rociando con ellas una superficie u otra cosa. SALPICAR *de escenas reideras una película; un jardín* SALPICADO *de rosales.* ‖ fig. Pasar de unas cosas a otras sin continuación ni orden.

SALPICÓN. (De *salpicar.*) m. Fiambre de carne picada aderezado con aceite, vinagre, cebolla, sal y pimienta, todo mezclado. ‖ fig. y fam. Cualquiera otra cosa troceada menudamente. ‖ Salpicadura.

SALPIMENTAR. (De *salpimienta.*) tr. Adobar una cosa con sal y pimienta, para que se conserve y tenga mejor sabor. ‖ fig. Amenizar, hacer sabrosa una cosa con palabras o hechos.

SALPIMIENTA. f. Mezcla de sal y pimienta.

SALPIQUE. m. Salpicadura.

SALPIQUEAR. tr. *Col.* y *P. Rico.* Salpicar.

SALPRESAMIENTO. m. Acción y efecto de salpresar.

SALPRESAR. (Del lat. *sal*, sal, y *pressare*, prensar, apretar.) tr. Aderezar con sal una cosa, prensándola para que se conserve.

SALPRESO, SA. p. p. irreg. de **Salpresar.**

SALPULLIDO. al. **Hautausschlag.** fr. **Eruption.** ingl. **Rash.** ital. **Eruzione.** port. **Erupção.** (De *salpullir.*) m. Erupción en el cutis, leve y pasajera, formada por muchos granitos o ronchas. ‖ Señales que quedan en el cutis de las picaduras de la pulgas.

SALPULLIR. tr. Levantar salpullido. ‖ r. Llenarse de salpullido.

SALSA. al. **Sosse; Brühe.** fr. **Sauce.** ingl. **Sauce.** ital. **Salsa.** port. **Molho.** (Del lat. *salsa*, salada.) f. Mezcla de varias substancias comestibles desleídas, que se prepara para aderezar o condimentar la comida. ‖ fig. Cualquier cosa que excita el gusto. ‖ – **blanca.** La hecha con harina y manteca que no se han dorado al fuego, y leche. ‖ – **de San Bernardo.** fig. y fam. Apetito desmedido que impide reparar en que la comida esté bien o mal condimentada. ‖ – **mahonesa,** o **mayonesa.** La que se hace batiendo yema de huevo con aceite crudo. ‖ – **mayordoma.** La que se hace batiendo manteca de vaca con perejil y otros aliños. ‖ – **rubia.** La que se hace rehogando harina en manteca o aceite para que tome color. ‖ – **tártara.** La que se hace con aceite, yemas de huevo, vinagre o limón y otros condimentos. ‖ **En su propia salsa.** frs. fig. y fam. con que se denota que una persona o cosa muestra todas aquellas circunstancias que más realzan lo típico y característico que hay en ella. ‖ **Vale más la salsa que los perdigones.** frs. fig. que se usa para indicar que en alguna cosa vale más lo accesorio que lo principal.

SALSEDUMBRE. (Del lat. *salsitudo, -inis.*) f. Calidad de salado.

SALSERA. f. Vasija de diversas materias y formas, apropiada para servir salsa. ‖ Salserilla, taza pequeña.

SALSERETA. f. Salserilla, taza pequeña.

SALSERILLA. f. dim. de **Salsera.** ‖ Taza pequeña y de poco fondo en que se mezclan algunos ingredientes o se ponen algunos colores que se necesita tener a la mano.

SALSERUELA. f. dim. de **Salsera.** ‖ Salserilla, taza pequeña.

SALSETTE. *Geog.* Isla del O. de la India, sit. en el mar Arábigo, al N. de Bombay. 637 km^2. 150.000 h. Es célebre por los templos budistas hechos en la montaña.

SALSIFÍ. al. **Rocksbart.** fr. **Salsifis.** ingl. **Salsify.** ital. **Scorzonera.** port. **Salcifis.** (En fr. *salsifis*; en port. *salcifis* y *cercefi.*) m. Planta herbácea bienal, con tallo hueco y lampiño; hojas rectas, alternas y envainadoras; flores terminales de corola purpúrea, y raíz fusiforme, blanca y comestible. *Tragopogon pratensis*, compuesta. ‖ – **de España,** o **negro.** Escorzonera.

SALSIPUEDES. *Geog.* Arroyo del Uruguay que des. en el río Negro y sirve de límite entre los dep. de Tacuarembó, Río Negro y Paysandú. ‖ Localidad homón., en el departamento de Tacuarembó, Uruguay. ‖ Población de la Arg. en la prov. de Córdoba.

SALSOLÁCEO, A. (Del lat. *salsus*, salado.) adj. *Bot.* Quenopodiáceo. Ú.t.c.s. ‖ f. pl. *Bot.* Quenopodiáceas.

SALTA. *Geog.* Provincia del N. O. de la Rep. Argentina, Su territorio es montañoso en la región occidental y llano en la región oriental y está regado por numerosos ríos. 154.775 km^2. 366.071 h. Caña de azúcar, explotación forestal, oro, plata, cobre, estaño, petróleo, canteras de mármol. Cap. hom., situada en el valle de Lerma. 67.403 h. Importante centro comercial y de turismo. Fue fundada en el año 1582 por Hernando de Lerma.

SALTA, Batalla de. *Hist.* Victoria del ejército arg. dirigido por el gral. Belgrano, sobre el esp. a las órdenes de Pío Tristán, el 20 de febrero de 1813. Esta batalla, junto con la de Tucumán (V. **Tucumán, Batalla de**), alejó el peligro realista del N.O. argentino.

SALTABANCO. (De *saltar* y *banco.*) m. Charlatán que, puesto sobre un banco o mesa, reúne al pueblo y relata las propiedades milagrosas de algunas hierbas y diversos preparados que trae y vende como remedios maravillosos. ‖ Jugador de manos, titiritero. ‖ fig. y fam. Individuo bullidor y de poca substancia.

SALTABANCOS. m. Saltabanco.

SALTABARDALES. (De *saltar* y *bardal.*) com. fig. y fam. Persona joven, díscola y alocada.

SALTABARRANCOS. (De *saltar* y *barranco.*) com. fig. y fam. Persona que con el mayor desenfado anda, corre y salta por todas partes.

SALTABLE. adj. Que se puede saltar.

SALTACABALLO. (Por el salto del caballo en el ajedrez.) m. *Arq.* Parte de una dovela, que descansa sobre la inmediata hilada horizontal.

SALTACIÓN. (Del lat. *saltatio, -onis.*) f. Arte de saltar. ‖ Baile o danza.

SALTACHARQUILLOS. (De *saltar* y *charquillo*, dim. de *charco.*) com. fig. y fam. Persona joven que camina de puntillas y medio saltando con afectación.

SALTADERO. m. Lugar a propósito para saltar. ‖ Surtidor de agua.

SALTADIZO, ZA. adj. Propenso a saltar o quebrarse por demasiada tirantez.

SALTADO. adj. Saltón. Aplícase a los ojos.

SALTADOR, RA. (Del lat. *saltátor.*) adj. Que salta. ‖ s. Persona que por oficio o ejercicio necesita saltar, y por lo común, la que salta para divertir a la gente. ‖ m. Comba, cuerda para saltar.

SALTADURA. f. *Cant.* Defecto que resulta en la superficie de una piedra por saltar una lasca al ser labrada.

SALTAEMBANCO. (De *saltar, en* y *banco.*) m. Saltabanco.

SALTAEMBANCOS. m. Saltabanco.
SALTAEMBARCA. (De *saltar, en* y *barca.*) f. Especie de ropilla que se vestía por la cabeza.
SALTAGATO. m. *Col.* Saltamontes.
SALTAMONTES. al. **Heuschrecke.** fr. **Sauterelle.** ingl. **Grasshopper.** ital. **Cavalletta.** port. **Gafanhoto.** (De *saltar* y *monte.*) m. Insecto ortóptero de cinco o seis centímetros de longitud, de color verde amarillento, cabeza gruesa, ojos prominentes, antenas finas, alas membranosas, patas anteriores cortas y muy robustas y largas las posteriores, con las que da grandes saltos. Se alimenta de vegetales y no forma bandadas.
SALTANEJOSO, SA. adj. *Cuba.* Dícese del terreno ligeramente ondulado.
SALTANTE. p. a. de **Saltar.** Que salta. ‖ adj. *Chile* y *Perú.* Notable, sobresaliente.
SALTAOJOS. m. Peonía, planta ranunculácea.
SALTAPAREDES. (De *saltar* y *pared.*) com. fig. y fam. Saltabardales.
SALTAPERICO. m. Hierba americana, perenne, con flores azules, propia de suelos húmedos. *Ruellia tuberosa,* acantácea. ‖ *Ven.* Bullicio, algazara.
SALTAR. al. **Springen; hüpfen.** fr. **Sauter; bondir.** ingl. **To jump; to spring.** ital. **Saltare.** port. **Saltar.** (Del lat. *saltare,* intens. de *salire.*) intr. Levantarse del suelo con impulso y ligereza, bien para dejarse caer en el mismo lugar, bien para caer en otro. *Los niños corren y* SALTAN *en el patio;* sinón.: **brincar.** ‖ Lanzarse desde un sitio alto para caer de pie. SALTÓ *de la ventana al jardín;* sinón.: **arrojarse.** ‖ Moverse una cosa de una parte a otra levantándose violentamente. SALTAR *la pelota;* SALTAR *chispas de un motor.* ‖ Salir un líquido hacia arriba impetuosamente, como el agua en el surtidor. ‖ Romperse o quebrantarse con violencia alguna cosa por demasiada tirantez, por causas atmosféricas, etc. SALTÓ *el sifón.* ‖ Desprenderse una cosa del lugar en que estaba unida o fija. SALTAR *un botón, un resorte.* ‖ fig. Hacerse reparable una cosa o sobresalir mucho. ‖ Venir de repente una especie a la imaginación o a la memoria. ‖ Picarse o resentirse, manifestándolo exteriormente. ‖ Decir alguna cosa que no cuadra con la que se trata o contestar intempestivamente aquel con quien no se habla. ‖ Ascender a un cargo más alto que el inmediatamente superior sin haber desempeñado éste. ‖ fig. Cesar alguien contra su voluntad en el cargo o puesto que ocupaba. ‖ tr. Salvar mediante un salto un espacio o distancia. SALTAR *una tapia.* ‖ Dicho de ciertas especies de cuadrúpedos, cubrir el macho a la hembra. ‖ En los juegos de ajedrez, damas y tablas, pasar una figura o pieza por encima de otras que están sentadas. ‖ En el juego del monte, apuntar a una de las cuatro cartas que hay en la mesa, poniendo el tanto en el ángulo interior superior de la carta; si sale favorecida, se cobran tres tantos y el puesto. SALTAR *diez pesos al caballo.* ‖ Omitir voluntaria o inadvertidamente parte de un escrito, al leerlo o copiarlo. Ú. generalmente como verbo pronominal. *Me he* SALTADO *diez líneas, un capítulo, dos páginas.* ‖ *Arg.* Saltear, sofreír un manjar. ‖ *Mar.* Arriar un poco un cabo para aminorar su tensión o trabajo.
SALTAREL. m. Saltarelo.
SALTARELO. (Del ital. *saltarella,* y éste del lat. *saltare,* saltar.) m. Especie de baile de la escuela antigua española.
SALTARÉN. (Del lat. *saltare,* danzar, bailar.) m. Cierto son o aire de guitarra, que se tocaba para bailar. ‖ Saltamontes.
SALTARILLA. f. Nombre dado a varias especies de hemípteros homópteros, pequeños, muy saltadores, que viven sobre las plantas.
SALTARÍN, NA. (De *saltar.*) adj. Que danza o baila. Ú.t.c.s. ‖ fig. Aplícase al joven bullicioso y de poco juicio. Ú.t.c.s.
SALTARREGLA. (De *saltar* y *regla.*) f. Falsa escuadra.
SALTATERANDATE. m. Especie de bordado con puntadas muy largas, que se aseguran atravesando otras muy menudas y delicadas.
SALTATRÁS. (De *saltar* y *atrás.*) com. Tornatrás.
SALTATRIZ. (Del lat. *saltatrix.*) f. Mujer que, por oficio, salta y baila.
SALTATUMBAS. m. fig. y despect. fam. Clérigo que vive principalmente de lo que gana asistiendo a los entierros.
SALTEADOR. al. **Strassenräuber.** fr. **Brigand.** ingl. **Highwayman.** ital. **Brigante.** port. **Salteador.** m. El que saltea y roba en los despoblados o caminos; sinón.: **bandolero.** ‖ IDEAS AFINES: *Cuadrilla, banda, guarida, ladrón, malhechor, facineroso, forajido, aventurero, caravana, viajero, pillaje, desvalijar, despojar, saquear, acechar, asaltar.*
SALTEADORA. f. Mujer que vive con salteadores, o interviene en sus delitos.
SALTEAMIENTO. m. Acción de saltear.
SALTEAR. (De *salto.*) tr. Salir a los caminos para robar a los pasajeros. SALTEAR *diligencias.* ‖ Asaltar, acometer. ‖ Hacer una cosa discontinuamente sin seguir el orden debido, o dejando sin hacer parte de ella. SALTEAR *párrafos.* ‖ Tomar una cosa adelantándose a otro. ‖ fig. Sorprender el ánimo con una impresión fuerte y viva. ‖ Asaltar, sobrevenir de pronto. ‖ Sofreír un manjar a fuego vivo en manteca o aceite hirviendo.
SALTEÑO, ÑA. adj. Natural de Salta. Ú.t.c.s. ‖ Perteneciente a esta ciudad y provincia de la República Argentina. ‖ Natural de Salto. Ú.t.c.s. ‖ Perteneciente a esta ciudad y departamento del Uruguay.
SALTEO. (De *saltear.*) m. Salteamiento.
SALTERAIN, Joaquín de. *Biog.* Poeta y médico urug., destacado crítico de arte. También escribió varias obras sobre oftalmología (1835-1926).
SALTERIO. al. **Psalter.** fr. **Psaltérion; psautier.** ingl. **Psalter; psaltery.** ital. **Salterio.** port. **Saltério.** (Del lat. *psaltérium,* y éste del gr. *psalterion.*) m. Libro canónico del Antiguo Testamento, que comprende 150 salmos, compuestos en su mayoría por David. Contiene las alabanzas de Dios, de su santa ley y del varón justo. ‖ Libro de coro que sólo contiene los salmos. ‖ Parte del breviario que contiene las horas canónicas de toda la semana, excluidas las lecciones y oraciones. ‖ Rosario de Nuestra Señora, por estar compuesto de 150 avemarías. ‖ Instrumento músico de figura semejante al arpa, pero más pequeño y con cuerdas metálicas, colocadas en forma horizontal, que se tocan con un macillo, con un plectro, con uñas de marfil o con las de las manos.
SALTERO, RA. (Del lat. *saltuarius,* de *saltus,* monte, bosque.) adj. Montaraz, criado en el monte.
SALTÍGRADO, DA. adj. Aplícase al animal que anda a saltos. *El canguro es* SALTÍGRADO.
SALTILLENSE. adj. Natural de Saltillo, capital del Estado mexicano de Coahuila. Ú.t.c.s. ‖ Perteneciente o relativo a dicha capital.
SALTILLO. *Geog.* Ciudad del N. de México, capital de Est. de Coahuila. 70.000 h. Importante centro industrial y comercial.
SALTIMBANCO. (Del ital. *saltimbanco.*) m. fam. Saltabanco.
SALTIMBANQUI. m. fam. Saltabanco.
SALT LAKE CITY. *Geog.* Ciudad del oeste de los EE.UU., capital del Est. de Utah. 185.000 h. Industria química, maquinarias, explotación forestal y minera, petróleo. Importante centro cultural. Fue fundada por los mormones en 1847.
SALTO. al. **Sprung; Satz.** fr. **Saut; bond.** ingl. **Spring; jump; bound.** ital. **Salto.** port. **Salto.** (Del lat. *saltus.*) m. Acción y efecto de saltar. ‖ Juego de muchachos, en el cual uno de ellos, designado por suerte, se pone encorvado para que los otros salten sobre él. ‖ Lugar lo suficientemente alto para saltar, o que no se puede pasar sino saltando. ‖ Despeñadero muy profundo. ‖ **Salto de agua.** *Los* SALTOS *del Guayrá.* ‖ Espacio comprendido entre el punto de donde se salta y aquel a que se llega. ‖ Palpitación violenta del corazón. ‖ Asalto, acción y efecto de asaltar. ‖ Tránsito desproporcionado de una cosa a otra, sin tocar los medios o alguno de ellos. ‖ fig. Omisión voluntaria, o por inadvertencia, de una parte de un escrito, al copiarlo o al leerlo. ‖ Ascenso a puesto más elevado que el inmediato superior, dejando éste sin ocuparlo. *Dio un* SALTO *en su carrera.* ‖ *Mar.* Pequeña porción de cabo que se arría o salta. ‖ **– atrás.** Tornatrás. ‖ Retroceso en sentido moral o físico. ‖ **– de agua.** Caída del agua de un río, arroyo o canal donde existe un desnivel repentino. En esta denominación se comprende también el conjunto de construcciones y artefactos destinados a aprovechar el **salto.** ‖ **– de caballo.** Pasatiempo en que se distribuyen las sílabas de una frase en un cuadro de escaques, de modo que para reconstruir el conjunto hay que saltar de unos en otros a la manera del caballo de ajedrez. ‖ **– de campana.** Vuelta, que al ser volteado por el toro, da en el aire el torero. ‖ **– de carnero.** *Equit.* El que da el caballo encorvándose, para lanzar al jinete. ‖ **– de lobo.** fig. Zanja abierta para que, sin quitar la vista, sirva de límite a un cercado e impida el paso. ‖ **– de trucha.** Suerte de los volteadores, que, teniéndose a la larga en el suelo y afirmándose sobre las manos y sosteniendo el cuerpo en ellas, dan vuelta entera en el aire. ‖ fig. **Salto** que da, al querer avanzar, la persona que tiene los pies trabados. ‖ **– mortal.** fig. **Salto** que dan los volatineros lanzándose de cabeza, dando vuelta en el aire para caer de pie. ‖ **Al salto.** m. adv. *Cuba.* Al contado. ‖ **A salto de mata.** loc. adv. fig. Huyendo y recatándose. ‖ **A saltos.** m. adv. Dando **saltos,** o saltando de una cosa en otra, dejándose las que están en medio. ‖ **Dar salto en vago.** frs. fig. Quedar uno burlado en sus propósitos. ‖ **Dar** uno **saltos de alegría,** o **de contento.** frs. fig. y fam. Manifestar con extremos su alegría. ‖ **En un salto.** m. adv. Con prontitud, rápidamente. ‖ IDEAS AFINES: *Cuerda, valla, obstáculo, deporte, atleta, trapecista, agilidad, ligereza, flexibilidad, pulga, saltamontes, canguro, hípico, caballo.*
SALTO. *Geog.* Población del N. de la prov. de Buenos Aires. (Rep. Argentina). 8.500 h. Importante centro agrícola. ‖ Departamento del N.O. del Uruguay. 12.603 km². 104.000 h. Actividades agropecuarias, frutas. ‖ Cap. hom. 55.000 h. Puerto comercial sobre el río Uruguay. Astilleros. ‖ **– Grande.** Caída de agua del río Uruguay, frente a la c. arg. de Concordia. Importante obra hidroeléctrica.
SALTÓN, NA. (De *saltar.*) adj. Que anda a saltos, o salta mucho. *Langosta* SALTONA. ‖ Aplícase a ciertas cosas que sobresalen más de lo regular, y parece que se salen de su sitio. *Ojos, dientes* SALTONES. ‖ *Col.* y *Chile.* Sancochado. ‖ m. Saltamontes, especialmente cuando sus alas son rudimentarias. ‖ Cresa que suele criar el tocino y el jamón.
SALUBÉRRIMO, MA. (Del lat. *salubérrimus.*) adj. sup. de **Salubre.**
SALUBRE. (Del lat. *salubris.*) adj. Saludable. *Zona* SALUBRE.
SALUBRIDAD. (Del lat. *salúbritas, -atis.*) f. Calidad de salubre.
SALUD. al. **Gesundheit.** fr. **Santé.** ingl. **Health.** ital. **Salute.** port. **Saúde.** (Del lat. *salus, -utis.*) f. Estado en que el ser orgánico ejerce sus funciones normalmente. ‖ Libertad o bien público o particular de cada uno. ‖ Estado de gracia espiritual. ‖ Salvación. ‖ pl. Actos y expresiones corteses. ‖ **Beber a la salud de** uno. frs. Brindar a su **salud.** ‖ **Curarse** uno **en salud.** frs. fig. Precaverse de un perjuicio ante la más leve amenaza. ‖ fig. Dar satisfacción de una cosa antes que le hagan cargo de ella. ‖ **En sana salud.** m. adv. En estado de perfecta **salud.** ‖ **Gastar salud.** frs. Disfrutarla buena. ‖ **¡Salud!** interj. fam. con que se saluda a una persona o se le desea un bien. ‖ **Para poca salud, más vale morirse.** frs. fig. y fam. Ú. para indicar que una cosa reporta tan poco beneficio que no merece el esfuerzo de conservarla. ‖ **Vender,** o **verter,** uno **salud.** frs. fig. y fam. Ser muy robusto, o parecerlo.
SALUDABLE. adj. Que sirve para conservar o restablecer la salud del cuerpo. *El caminar es* SALUDABLE; sinón.: **salubre, sano.** ‖ fig. Provechoso para un fin y especialmente para bien del alma. *Privación* SALUDABLE. ‖ deriv.: **saludablemente.**
SALUDACIÓN. f. p. us. Salutación.
SALUDADOR, RA. (Del lat. *salutátor.*) adj. Que saluda. Ú.t.c.s. ‖ m. Embaucador que por medio del aliento, la saliva y ciertas deprecaciones y fórmulas se dedicaba a curar la rabia u otros males.
SALUDAR. al. **Grüssen.** fr. **Saluer.** ingl. **To greet; to salute.** ital. **Salutare.** port. **Saudar.** (Del lat. *salutare.*) tr. Hablar a otro cortésmente deseándole salud, o demostrándole benevolencia o respeto. SALUDÓ *a sus invitados.* ‖ Proclamar a uno por rey, emperador, etc. ‖ Usar de ciertas deprecaciones y fórmulas echando el aliento o aplicando la saliva para curar y precaver la rabia u otras enfermedades, dando a entender el que lo hace que tiene gracia y virtud para ello. ‖ Enviar saludos. ‖ *Mar.* Arriar los buques un poco sus banderas para dar la bienvenida o desear buen viaje. ‖ *Mil.* Dar señales de obsequio o festejo con descargas, toques de los instrumentos militares, etc.
SALUDO. al. **Gruss.** fr. **Salut; salutation.** ingl. **Salut; salutation; greeting.** ital. **Saluto.** port. **Cumprimento; saudação.** m. Acción y efecto de saludar. ‖ **– a la voz.** *Mar.* Honor que se tributa a bordo y que consiste en cierto número de vítores o hurras que contesta la tripulación desde diferentes sitios del navío. ‖ IDEAS AFINES: *Urbanidad, galantería, educación, reverencia, beso, abrazo, apretón de manos, descubrirse, inclinarse.*
SALUIN. *Geog.* Río de Asia que nace al S. E. del Tíbet, recorre territorio birmano y des. en el golfo de Martabán después de recorrer 2.900 km.
SALUMBRE. f. Flor de la sal.
SALUS. *Mit.* Diosa romana de la prosperidad.
SALUSTIO, Cayo Crispo. *Biog.* Hist. romano, adversario pol. de Cicerón. Con vigoroso estilo describió en sus obras la decadencia de la democracia y de las instituciones tradicionales: *La conjuración de Catilina; La guerra de Yugurta,* etc. (87-34 a. de C.).
SALUTACIÓN. (Del lat. *salutatio, -onis.*) f. Saludo. ‖ Parte del sermón en la cual se saluda a la Virgen. ‖ **– angélica.** La que hizo el arcángel San Gabriel a la Virgen al anunciarle la concepción del Verbo Eterno, y forma la primera parte de la oración del Avemaría. ‖ Esta misma oración.
SALUTE. (Del lat. *salus, -utis,* salutación.) m. Moneda de oro con la salutación angélica en la leyenda, que fue acuñada en Francia en la época de Carlos VI.
SALUTÍFERO, RA. (Del lat. *salútifer, -eri;* de *salus, -utis,* salud, y *ferre,* llevar.) adj. Saludable. ‖ deriv.: **salutíferamente.**
SALVA. (De *salvar.*) f. Prueba que, para asegurar que no contenían ninguna substancia venenosa, hacía de la comida y bebida la persona encargada de servir a los reyes y grandes señores. ‖ Saludo, bienvenida. ‖ Saludo hecho con armas de fuego. SALVA *reglamentaria.* ‖ Prueba temeraria que como demostración de su inocencia hacía alguien sometiéndose a un grave peligro; como meter la mano en agua hirviendo, caminar descalzo sobre una barra hecha ascua, etc., confiado en que Dios le salvaría milagrosamente. ‖ Juramento, promesa solemne. ‖ Salvilla. ‖ **– de aplausos.** Aplausos nutridos en que prorrumpe una concurrencia. ‖ **Hacer la salva.** frs. fig. Pedir la venia para hablar o para representar alguna cosa.
SALVABARROS. m. Guardabarros.
SALVABLE. adj. Que se puede salvar.
SALVACIÓN. (Del lat. *salvatio, -onis.*) f. Acción y efecto de

salvar o salvarse. ‖ Consecución de la gloria y bienaventuranza eternas.

SALVACHIA. f. *Mar.* Especie de estrobo, formado de filásticas y con ligaduras de trecho en trecho.

SALVADERA. (De *salvado*, usado antiguamente en vez de arenilla.) f. Vaso, comúnmente cerrado y con agujeros en la parte superior en que se tenía la arenilla con que se enjugaba lo que se escribía. ‖ *Col.* Arenilla. ‖ *Cuba.* Jabillo.

SALVADO. m. Cáscara del grano desmenuzada por la molienda. sinón.: **afrecho.**

SALVADOR, RA. (Del lat. *salvátor.*) adj. Que salva. Ú.t.c.s. *Mano* SALVADORA; sinón.: **defensor, liberador.** ‖ m. Por anton., Jesucristo.

SALVADOR. *Geog.* Ciudad del N.E. de Brasil, cap. del Est. de Bahía. Puerto sobre el Atlántico. 1.038.000 h. con el mun. Café, cacao, tabaco. Antes se llamó **Bahía.** ‖ **El —.** Rep. de América Central. V. **El Salvador.**

SALVADOREÑO, ÑA. adj. Natural de El Salvador. Ú.t.c.s. ‖ Perteneciente o relativo a esta república de la América Central.

SALVAGUARDA. m. Salvaguardia.

SALVAGUARDAR. (De *salvaguarda.*) tr. Defender, amparar, proteger.

SALVAGUARDIA. (De *salvar* y *guardia.*) m. Guarda que se pone para la custodia de una cosa. ‖ Señal que en tiempo de guerra se pone a la entrada de los pueblos o a las puertas de las casas, para que los soldados no les hagan daño. ‖ f. Papel o señal que se da a alguien para que no se le ofenda o detenga. ‖ Amparo, custodia, garantía.

SALVAJADA. f. Dicho o hecho propio de un salvaje. sinón.: **atrocidad, brutalidad.**

SALVAJE. al. **Wild.** fr. **Sauvage.** ingl. **Wild.** ital. **Selvaggio.** port. **Selvagem.** (De *selvaje.*) adj. Dícese de las plantas silvestres y sin cultivo. *Naranjo* SALVAJE. ‖ Aplícase al animal que no es doméstico. *Cerdo* SALVAJE; sinón.: **montaraz.** ‖ Dícese del terreno montuoso e inculto. ‖ Natural de los países que no tienen cultura. Ú.t.c.s. ‖ fig. Sumamente necio, rudo, terco o zafio. Ú.t.c.s. ‖ IDEAS AFINES: *Primitivo, bárbaro, incivilizado, huraño, rústico, indócil, indígena, horda, tribu.*

SALVAJERÍA. (De *salvaje.*) f. Salvajada.

SALVAJEZ. f. p. us. Calidad de salvaje.

SALVAJINA. (De *salvaje.*) f. Conjunto de fieras monteses. ‖ Carne de estos animales. ‖ Pieles de los mismos. ‖ Animal montaraz; como el jabalí, el ciervo, etc.

SALVAJINO, NA. adj. Salvaje, dicho de animales. ‖ Perteneciente a los salvajes o parecido a ellos. ‖ Aplícase a la carne de los animales monteses.

SALVAJISMO. m. Manera de ser o de obrar propia de los salvajes. ‖ Salvajez.

SALVAJUELO, LA. adj. dim. de **Salvaje.**

SALVAMANO (A). m. adv. Sin peligro, a mansalva.

SALVAMANTELES. m. Pieza de loza, madera, etc., que se coloca debajo de botellas, vasos, fuentes y otras vasijas para preservar el mantel.

SALVAMENTE. adv. m. Con seguridad y sin riesgo.

SALVAMENTO. m. Acción y efecto de salvar o salvarse. ‖ Lugar o paraje en que uno se asegura o resguarda de un peligro.

SALVAMIENTO. m. Salvamento.

SALVANTE. p. a. de **Salvar.** Que salva. ‖ adv. m. fam. Salvo, excepto.

SALVAR. al. **Retten.** fr. **Sauver.** ingl. **To save.** ital. **Salvare.** port. **Salvar.** (Del lat. *salvare.*) tr. Librar de un riesgo o peligro; poner en seguro. Ú.t.c.r. *El bombero* SALVÓ *al niño.* ‖ Dar Dios la gloria y bienaventuranza eternas. ‖ Evitar un inconveniente, dificultad o riesgo. ‖ Dejar aparte, excluir una cosa de lo que se dice o se hace de otra u otras. ‖ Vencer un obstáculo, pasando a través o por encima de él. *El agua* SALVÓ *la escollera;* SALVAR *una montaña;* SALVAR *de un salto una zanja.* ‖ Rebasar una altura elevándose por sobre ella. *La catedral* SALVA *las casas de la ciudad.* ‖ Poner al fin de un escrito una nota para que valga lo enmendado o añadido entre renglones o para que no valga lo tachado. ‖ Exculpar, probar jurídicamente la inocencia o libertad de una persona o cosa. ‖ intr. Hacer la salva a la comida o bebida de los reyes y grandes señores. ‖ r. Alcanzar la gloria eterna. ‖ **Sálvese el que pueda.** frs. con que se incita a huir a la desbandada cuando es difícil hacer frente a un ataque o peligro. IDEAS AFINES: *Ayuda, socorro, liberación, rescate, auxilio, redención, salvaguarda, tender la mano, ileso, indemne, intacto.*

SALVARSÁN. m. *Ter.* Nombre dado al clorhidrato de dioxidiamidoarsenobenzol descubierto por Ehrlich, que se usaba en el tratamiento de la sífilis y se aplicaba por medio de inyecciones.

SALVATIERRA. *Geog.* Población de México (Guanajuato). 9.000 h. Centro agrícola, industria textil.

SALVAVIDAS. al. **Rettungsring.** fr. **Ceinture de sauvetage.** ingl. **Life preserver.** ital. **Salvagente.** port. **Salva-vidas.** (De *salvar* y *vida.*) m. Aparato con que los náufragos pueden salvarse manteniéndose a flote. ‖ Aparato que se coloca en los tranvías ante las ruedas delanteras con el fin de evitar desgracias en casos de atropellos.

SALVA Y CAMPILLO, Francisco. *Biog.* Méd., físico e inventor esp., uno de los primeros que inocularon la vacuna antivariólica en España e inventor de un telégrafo inalámbrico (1751-1828).

SALVE. (Del lat. *salve*, te saludo, imper. de *salvere*, tener salud.) int. poét. que se usa para saludar. ‖ f. Una de las oraciones con que se saluda y ruega a la Virgen María.

SALVEDAD. (De *salvo.*) f. Advertencia que se usa como excusa, limitación o cortapisa de lo que se va a decir o hacer. ‖ Nota con que se salva una enmienda en un documento.

SALVI, Nicolás. *Biog.* Arquitecto ital., una de cuyas obras más famosas fue la fuente de Trevi, en Roma (1697-1751).

SALVIA. al. **Salbei.** fr. **Sauge.** ingl. **Sage.** ital. **Salvia.** port. **Salva.** (Del lat. *salvia.*) f. Mata de la familia de las labiadas, propia de terrenos áridos, con tallos duros y vellosos, de color verde blanquecino; hojas estrechas, aovadas, de olor fuerte aromático y sabor algo amargo; flores azuladas en espiga, y fruto seco con una sola semilla. Se usa el cocimiento de las hojas como tónico estomacal. *Salvia officinalis.* ‖ Planta verbenácea; es olorosa, y con sus hojas se hace una infusión estomacal. Se usa también como condimento.

SALVILORA. f. *Arg.* Arbusto loganiáceo con cuyas hojas se prepara una infusión estomacal. Gén. *Buddleia.*

SALVILLA. (De *salva.*) f. Bandeja con una o varias encajaduras en las que se aseguran las copas o tazas que se sirven en ella. ‖ *Chile.* Angarillas, vinagreras.

SALVIONA. f. *Amér. Central.* Arbusto aromático, con cuyas hojas se hacen cigarrillos. *Buddleia americana*, loganiácea.

SALVO, VA. (Del lat. *salvus.*) p. p. irreg. desus. de **Salvar.** ‖ adj. Ileso, librado de un peligro. *Los pasajeros llegaron sanos y* SALVOS; sinón.: **incólume, indemne.** ‖ Exceptuado, omitido. ‖ adv. m. Excepto, fuera de. ‖ **A, o en, salvo.** m. adv. Sin daño o menoscabo, fuera de peligro. *Cruzó la frontera; ya está* EN SALVO. ‖ **Salir a salvo.** frs. Terminarse felizmente una cosa dificultosa.

SALVOCONDUCTO. (De *salvo* y *conducto.*) m. Documento que expide una autoridad para que el portador pueda transitar sin riesgo por donde aquélla es reconocida. ‖ fig. Libertad para hacer alguna cosa sin temor de castigo.

SALVOHONOR. (De *salvar* y *honor.*) m. fam. Culo, trasero.

SALWEEN. *Geog.* V. **Saluin**, río de Indochina.

SALZBURGO. *Geog.* Provincia de la región central de Austria. 7.154 km², 327.232 h. Explotación minera y forestal. Cap. hom. situada cerca de la frontera con Alemania. 102.927 h. Instrumentos musicales. Centro de turismo. Cuna de Mozart.

SALLAR. (Del lat. *sarculare.*) tr. Sachar. ‖ Tender sobre polines las piezas grandes de madera para conservarlas. ‖ deriv.: **salladura.**

SALLETE. m. Instrumento para sallar.

SALLIQUELÓ. *Geog.* Población de la Argentina, sit. al Oeste de la prov. de Buenos Aires. 3.938 h. Importante centro agrícola-ganadero.

SAM, Tiresias Simón. *Biog.* Militar haitiano, de 1896 a 1902, presidente de la República.

SAM, Tío. (En ingl. *Uncle Sam.*) Personaje simbólico que representa a los Estados Unidos.

SAMA. m. Rubiel, pajel.

SAMA DE LANGREO. *Geog.* V. **Langreo.**

SAMAGO. m. Albura o parte más blanda de las maderas, que no se aprovecha para la construcción.

SAMAIN, Alberto. *Biog.* Poeta fr. de tendencia simbolista. Entre sus obras se destacan *El jardín de la infanta* y *La carreta de oro* (1858-1900).

SAMAIPATA. *Geog.* Población de Bolivia, en el dep. de Santa Cruz. 7.500 h. Centro agrícola-ganadero.

SAMÁN. m. Árbol de América muy corpulento y robusto, parecido al cedro del Líbano.

SAMANÁ. *Geog.* Provincia del N.E. de la Rep. Dominicana. 2.197 km², 91.482 h. Cap. hom. con puerto sobre la bahía de igual nombre. 2.480 h. ‖ **Bahía de —.** Profunda escotadura que hace el océano Atlántico en la costa N.E. de la Rep. Dominicana.

SAMANDOCA. f. Planta liliácea de Méx., de la que se extrae una fibra textil. *Samuela carnerosana.*

SAMANIEGO, Félix M. *Biog.* Escr. español, autor de *Fábulas morales*, de riqueza imaginativa y perfección de estilo (1745-1801).

SAMANO, Juan. *Biog.* Mil. español, virrey de Nueva Granada y cruento defensor de la causa realista durante las guerras de la independencia (1754-1820).

SAMAR. *Geog.* Isla de las Filipinas, al S.E. de la de Luzón. 13.749 km². 757.212 h. Cap. CATBALOGAN.

SÁMARA. (Del lat. *sámara*, simiente del olmo.) f. *Bot.* Fruto seco, indehiscente, con pocas semillas y pericarpio extendido a manera de ala; como el del fresno y el olmo.

SAMARA. *Geog.* V. **Kuibyshev.**

SAMARANG. *Geog.* Ciudad de Indonesia, en la isla de Java. 218.000 h. Azúcar, café, arroz.

SAMARCANDA. *Geog.* Ciudad de la Rusia asiática, en la Rep. Soviética de Uzbekistán. 170.000 h. Explotación forestal, industria molinera. Ruinas históricas.

SAMARIA. *Geog. histór.* Nombre con que se designó a la región de Palestina que ocupaban aproximadamente las tribus de Efraín y Manasés. ‖ Antigua c. de Palestina. Fue destruida por los sirios en 722 a. de C.

SAMARILLA. f. Mata rastrera, pilosa, de hojas lanceoladas. *Sideritis glacialis*, labiada.

SAMARIO. m. Elemento duro y quebradizo, perteneciente al grupo de las tierras raras. Símb. Sm; n. atóm. 62; p. atóm. 150,43.

SAMARITA. (Del lat. *samarita.*) adj. y s. Samaritano, natural de Samaria.

SAMARITANO, NA. al. **Samariter.** fr. **Samaritain.** ingl. **Samaritan.** ital. **Samaritano.** port. **Samaritano.** (Del lat. *samaritanus.*) adj. Natural de Samaria. Ú.t.c.s. *Jesús pidió de beber a la* SAMARITANA. ‖ Perteneciente a esta ciudad del Asia antigua. ‖ Sectario del cisma de Samaria, por el cual las 10 tribus de Israel rechazaron ciertas prácticas y doctrinas de los judíos. Ú.t.c.s. ‖ f. *Arg.* Enfermera ayudante.

SAMARUGO. m. *Chile.* Morral de cazador.

SAMARUGUERA. (De *samarugo.*) f. Red de mallas pequeñas que se tiende de orilla a orilla en los riachuelos.

SAMAYOA, Carlos. *Biog.* Poeta guatemalteco cont. autor de *Lo que no sucedió* y otras obras. ‖ **— CHINCHILLA, Carlos.** Escritor guat., notable cuentista, autor de *Cuatro suertes; La casa de la muerta*, etc. (1898-1973).

SAMBA. m. Baile y canción populares del Brasil.

SAMBAR. m. Especie de ciervo de la India, llamado ladrador por el sonido de su voz.

SAMBENITAR. (De *sambenito*, mala nota.) tr. Ensambenitar. ‖ fig. Infamar, desacreditar. sinón.: **vituperar.**

SAMBENITO. m. Capotillo o escapulario que el tribunal de la Inquisición ponía a los penitentes reconciliados por él. ‖ Letrero que se ponía en las iglesias con el nombre y castigo de los penitenciados. ‖ fig. Mala nota que queda de una acción. ‖ fig. Difamación, descrédito.

SAMBLAJE. m. Ensambladura.

SAMBOROMBÓN. *Geog.* Profunda bahía del río de la Plata, en la costa de la prov. de Buenos Aires (Argentina). Sus extremos son la punta Piedras y el cabo San Antonio. ‖ Río de la Argentina, en el N.E. de la prov. de Buenos Aires. Desagua en la bahía hom. después de recorrer 130 km.

SAMBRANO. m. Planta leguminosa de Honduras, con flores amarillas, agrupadas en forma de cono y cuya raíz se usa como sudorífico.

SAMBRE. *Geog.* Río de Europa que recorre territorio de Francia y Bélgica y des. en el Mosa. 190 km.

SAMBÚ. *Geog.* Río del S.O. de Panamá, que después de recorrer 125 km. desagua en el golfo de Panamá.

SAMBUCA. (Del lat. *sambuca.*) f. Antiguo instrumento músico de cuerda, parecido al arpa. ‖ Máquina antigua de guerra, compuesta de una armazón de maderos y en ellos una plataforma levadiza, que mediante cuerdas subía y bajaba, sirviendo de puente sobre los muros de la ciudad asaltada.

SAMBUCETTI, Luis. *Biog.* Compositor urug., autor de *Coro de los peregrinos; San Francisco de Asís*, etc. (1860-1926).

SAMBUMBIA. f. *Cuba.* Bebida hecha con miel de caña, agua y ají. ‖ *Méx.* Refresco preparado con piña, agua y azúcar. ‖ *Col.* fig. Mazamorra, cosa disgregada.

SAMBUMBIERÍA. f. *Cuba* y *Méx.* Lugar donde se hace sambumbia y local donde se expende.

SAMÉTICO. *Biog.* Nombre de tres reyes de Egipto.

SAMINSKY, Lázaro. *Biog.* Músico ruso asimilado a la cultura estadounidense. Autor de *Gallarda; Rapsodia lunar*, y otras composiciones (1883-1959).

SAMIO, MIA. (Del lat. *samius.*) adj. Natural de Samos. Ú.t.c.s. ‖ Perteneciente a esta isla del Egeo.

SAMNIO. *Geog. histór.* Antigua región de Italia, sit. al E. del Lacio y al N.E. de la Campania, sobre el Adriático. Sus habitantes fueron dominados por los romanos en 290 a. de C., después de 53 años de guerras casi ininterrumpidas.

SAMNITA. (Del lat. *samnites.*) adj. y s. Natural de Samnio, país de la Italia antigua. ‖ deriv.: **samnítico, ca.**

SAMNITE. adj. y s. Samnita.

SAMOA, Islas. *Geog.* Archipiélago de Oceanía, sit. en la Polinesia, al N.E. de las islas Viti. El grupo occidental, compuesto por las islas Savaii, Upolu y otras más pequeñas, que tiene 2.842 km² y 150.000 h., perteneció a Alemania hasta 1919, año en que pasó a poder de Nueva Zelanda y en 1962 obtuvo su independencia. Cap. APIA. El grupo oriental formado por la isla Tutuila y otras más pequeñas es posesión de los EE.UU. Tiene 197 km² y 30.000 h. Cap. PAGO PAGO. Se llaman también **Islas de los Navegantes.**

SAMOS. *Geog.* Isla griega del mar Egeo, situada frente a la costa de Asia, al S. de Esmirna. Tiene 468 km², 69.138 h. Cap. VATHY. Industria textil, tabaco, vinos. Fue patria de Pitágoras.

SAMOSATA. *Geog. histór.* Antigua c. de Siria sit. sobre el Éufrates. Perteneció a los romanos y fue cuna de Luciano.

SAMOTANA. f. *C. Rica* y *Hond.* Bulla, algazara.

SAMOTRACIA. *Geog.* Isla de Grecia sit. en el extremo N.E. del mar Egeo. 180 km², 4.000 h. En esta isla fue hallada en 1863 la famosa Victoria alada, obra maestra de la escultura griega, originaria del s. IV a.

de C., que se conserva en el Museo del Louvre.

SAMOTRACIO, CIA. (Del lat. *samothracius.*) adj. Natural de Samotracia. Ú.t.c.s. ‖ Perteneciente a esta isla del mar Egeo.

SAMPA. f. *Arg.* Arbusto quenopodiáceo, propio de lugares salitrosos. Es ramoso, copudo y con hojas redondeadas, de color verde claro.

SAMPAGUITA. (Del ár. *zanbac*, jazmín blanco.) f. Mata fruticosa, con tallos sarmentosos de tres a cuatro metros de largo, hojas estrechas, pecioladas, y flores olorosas, blancas. Es originaria de la Arabia, y se cultiva en los jardines por el fino aroma de sus flores. *Jasminum sambac*, jazminea.

SAMPER, José M. *Biog.* Escr. y político col., de fecunda producción: *Historia de una alma; Ecos de los Andes*, etc. (1828-1888). ‖ – **Y ORTEGA, Daniel.** Escritor col., autor de *Nuestro lindo país colombiano* y de novelas y dramas (1895-1943).

SAMPERIO, José María. *Biog.* Escritor arg., nacido en 1895; autor de las novelas *La culpa de todos* y *La misma sangre.*

SAMPSUCO. (Del lat. *sampsúchum*, y éste del gr. *sámpsuchon.*) m. Mejorana.

SAMPUÉS. *Geog.* Población del N. de Colombia, en el dep. de Bolívar. 10.500 h.

SAMSUN. *Geog.* Ciudad del N. de Turquía asiática, con puerto sobre el mar Negro. 140.000 h. Exportación de tabaco, cereales, maderas, metales.

SAMUEL. *Hist. Sagr.* Profeta y último juez de Israel; consagró a Saúl y a David como reyes. Se le atribuyen el *Libro de los Jueces* y los veinticuatro primeros capítulos del *Libro de los Reyes.*

SAMUELSON, Pablo A. *Biog.* Economista estadounidense, autor de *Economics, an Introductory Analysis,* que alcanzó gran difusión en todo el mundo. Fue asesor de Kennedy y Johnson y en 1970 obtuvo el premio Nobel de Economía (n. en 1915).

SAMUGA. (Del vasco *zamucac.*) f. Jamuga.

SAMUHU. m. **Palo borracho.**

SAMURAI. m. Palabra japonesa que designa a los integrantes de la clase social de los guerreros, en la organización feudal que imperó en el Japón hasta 1868.

SAMURO. m. *Col.* y *Ven.* Aura zopilote. ‖ *Ven.* Gallinaza, excremento de la gallina.

SAN. adj. Apócope de **Santo.** Ú solamente antepuesto a los nombres propios de santos, salvo los de Tomás, o Tomé, Toribio y Domingo. El plural sólo se emplea en las expresiones familiares. ¡*Por vida de* SANES! y ¡*Voto a* SANES! ‖ **San seacabó.** expr. fam. Sanseacabó.

SANA. *Geog.* Ciudad del S.O. de la pen. arábiga, cap. del Yemen. 28.000 h. Importante centro comercial.

SANABLE. (Del lat. *sanábilis.*) adj. Que puede ser sanado o adquirir sanidad.

SANABRIA, Diego de. *Biog.* Conquistador esp., nombrado por Carlos V adelantado del Río de la Plata, en 1549. No pudo cumplir su cometido por haber naufragado sus barcos frente a las costas del Brasil. ‖ – **Edgardo.** Escritor y político venez., en 1958 presidente de la junta de gobierno de su país (n. 1914). ‖ – **Manuel.** Militar arg. que peleó, junto a Lavalle, contra los federales (1818-1890). ‖ – **Víctor.** Sacerdote y literato cost., autor de obras históricas (1899-1952).

SANACO, CA. adj. y s. *Ant.* Bobalicón.

SANADOR, RA. (Del lat. *sanátor.*) adj. y s. Que sana.

SAN AGUSTIN. *Geog.* Cabo del N.E. de Brasil (Pernambuco), al S. de Recife. ‖ Cabo de la costa N. de Colombia (Magdalena), sobre el mar de las Antillas. ‖ Población del S.O. de Colombia (Huila), 2.500 h. Importantes restos arqueológicos. Centro de turismo.

SANALOTODO. (De *sánalo todo*, porque suele aplicarse a muchas cosas.) m. Cierto emplasto de color negro. ‖ fig. Medio que se intenta aplicar a todo lo que ocurre o con que se cree que se puede reparar cualquier clase de daño.

SANAMENTE. adv. m. Con sanidad. ‖ fig. Sinceramente, sin malicia. *Reír* SANAMENTE.

SAN ANDRÉS. *Geog.* Isla de Colombia, sit. en el mar de las Antillas, al N. del golfo de los Mosquitos. Es la mayor de las islas que forman la intendencia de **San Andrés y Providencia.** ‖ Población de Colombia, en el dep. de Antioquia. 2.795 h. ‖ Población del N. de Colombia (Córdoba). 2.200 h. Centro agrícola-ganadero. ‖ – **Tuxtla.** Población del E. de México (Veracruz). 11.000 h. ‖ – **y Providencia.** Intendencia de Colombia, formada por las islas San Andrés, Providencia y otras islas y cayos más pequeños, sit. al norte del golfo de los Mosquitos, en el mar de las Antillas. 55 km². 6.610 h. Agricultura, pesca. Cap. SAN ANDRÉS.

SAN ANTERO. *Geog.* Población del N. de Colombia (Córdoba), sobre el mar de las Antillas. 5.045 h. Centro agrícola-ganadero y comercial.

SAN ANTONIO. *Geog.* Cabo de la costa argentina, en la prov. de Buenos Aires, extremo meridional de la bahía de Samborombón. ‖ Cabo de la costa cubana, en la prov. de Pinar del Río, extremo occidental del país. ‖ Río del extremo N.E. de la Rep. Argentina (Misiones), que sirve de límite entre Brasil y Argentina. Des. en el Iguazú después de recorrer 150 km. ‖ Población del dep. de Tolima (Colombia). 2.972 h. Centro agrícola. ‖ C. de Chile, en la prov. de Santiago. 15.000 h. Puerto sobre el Pacífico. Importante centro comercial. ‖ Ciudad del sur de los EE.UU. (Texas). 406.442 h. Producción de petróleo y carbón, industria textil, manufactura de tabacos. ‖ Población de Venezuela en el Est. de Monagas. 5.000 h. Café, azúcar, algodón, tabaco. ‖ Población del extremo O. de Venezuela (Táchira). 11.070 h., con el municipio. Centro ferroviario. ‖ – **de Areco.** Población de la prov. de Buenos Aires (Rep. Argentina). 7.436 h. Importante centro agrícola-ganadero. ‖ – **de los Baños.** C. del Oeste de Cuba, en la prov. de La Habana. 33.447 h. Manufactura de tabacos. ‖ – **Oeste.** Población de la Argentina (Río Negro). 6.847 h. Centro agrícola e industrial; importante puerto sobre el Atlántico.

SANAR. al. **Hellen.** fr. **Guérir.** ingl. **To cure; to heal.** ital. **Sanare.** port. **Sanar.** (Del lat. *sanare.*) tr. Restituir a uno la salud perdida. *La hidroterapia lo* SANÓ; sinón.: **curar, mejorar.** antón.: **enfermar.** ‖ intr. Recobrar la salud el enfermo. *Raúl* SANÓ *gracias a los cuidados de su madre.* ‖ IDEAS AFINES: *Enfermedad, afección, tratamiento, régimen, convalecencia, medicina, facultativo, consulta, sanatorio, profilaxis, fortificarse, recuperarse, recetar.*

SANATIVO, VA. (Del lat. *sanativus.*) adj. Que sana o puede sanar.

SANATORIO. al. **Sanatorium; Hellanstalt.** fr. **Sanatorium.** ingl. **Sanatorium.** ital. **Sanatorio; clinica.** port. **Sanatório.** (De *sanar.*) m. Establecimiento médico donde residen los enfermos sometidos a determinado régimen curativo basado principalmente en las condiciones de localidad y clima.

SANAVIRÓN, NA. adj. Dícese del indio de una tribu que habitaba en el S. de la prov. argentina de Santiago del Estero y en parte de Córdoba. ‖ Relativo a estos indios.

SANAVRIA, Martín J. Jurisconsulto y político venez., que impuso la enseñanza obligatoria y gratuita en su país (m. 1890). ‖ – **Tomás José.** Jurisconsulto y político venez.; fue ministro, presidente de la Corte Suprema de Justicia y rector de la Universidad Nacional (1796-1850).

SAN BARTOLOMÉ. *Geog.* Isla francesa de las Pequeñas Antillas que depende de la de Guadalupe. Tiene 25 km² y 2.231 h. Cap. GUSTAVIA.

SAN BARTOLOMÉ, Noche de. *Hist.* V. **Bartolomé, Noche de San.**

SAN BERNARDO. *Geog.* Población de la Argentina, en la prov. de Buenos Aires, 5.000 h. Balneario sobre el Atlántico. ‖ Población de Colombia, en el dep. de Córdoba. 3.478 h. Actividades agrícolas. ‖ C. de Chile (Santiago), sit. al sur de la cap. del país. 37.221 h. Producción agrícola. ‖ **Gran –.** Paso de los Alpes occidentales, sit. al este del monte Blanco y a 2.472 m. de altura, en la frontera italosuiza.

SAN BLAS. *Geog.* Golfo de la costa de Panamá, sobre el mar de las Antillas, en la comarca hom. ‖ Punta de la costa panameña que limita por el Norte al golfo hom. ‖ Cordillera panameña en la comarca hom. Se llama, también, Chopo. ‖ Población de México (Nayarit), al O. de Tepic. 3.000 h. Puerto sobre el Pacífico. Centro agrícola. ‖ Comarca de Panamá, que se extiende en la zona costera desde la prov. de Colón hasta la frontera con Colombia.

SAN BUENAVENTURA. *Geog.* Población del N.E. de México (Coahuila). 4.000 h. Centro carbonífero.

SAN CARLOS. *Geog.* Isla del N.O. de Venezuela, sit. sobre el golfo de este nombre. Pertenece al Est. de Zulia. ‖ Población de Chile, en la prov. de Ñuble. 10.000 h. ‖ Población de Nicaragua, cap. de la comarca de Río San Juan. 1.238 h. ‖ Pobl. del Uruguay, en el dep. de Maldonado. 7.000 h. Centro comercial. ‖ C. de Venezuela, cap. del Estado de Cojedes. 8.750 h. Producción agrícola-ganadera, industria maderera. ‖ – **de Bariloche.** C. de la Argentina, en la prov. de Río Negro, a orillas del lago Nahuel Huapi. 15.000 h. Importante centro turístico.

SAN CAYETANO. *Geog.* Población del E. de la Rep. Argentina, en la prov. de Buenos Aires. 5.193 h.

SANCIÓN. al. **Sanktion; Bestätigung.** fr. **Sanction.** ingl. **Sanction.** ital. **Sanzione.** port. **Sanção.** (Del lat. *sanctio, -onis.*) f. Estatuto o ley. ‖ Acto solemne por el que el jefe del Estado confirma una ley o estatuto. ‖ Pena establecida por la ley para el que la infringe. ‖ *Le aplicaron severa* SANCIÓN; sinón.: **castigo.** ‖ Mal originado de una culpa o yerro y que es como su castigo o pena. ‖ Aprobación o autorización que se da a un acto, costumbre o uso. *Esa celebración merece* SANCIÓN *unánime;* sinón.: **anuencia, venia.** ‖ deriv.: **sancionable; sancionador, ra.**

SANCIROLE. (De *San Ciruelo.*) m. Sansirolé.

SANCLEMENTE, Manuel A. *Biog.* Pol. colombiano, de 1898 a 1902 presid. de la Rep. (1820-1902).

SAN CLEMENTE DEL TUYU. *Geog.* Población de la Rep. Argentina (Buenos Aires). 1.000 h. Balneario sobre el Atlántico.

SANCO. (Del quichua *sancu.*) m. *Arg.* Guiso hecho con harina de maíz, sangre de res, grasa y cebolla. ‖ *Chile.* Gachas de harina tostada de maíz o de trigo, con agua, grasa y sal y algún otro condimento. ‖ *Chile.* Barro muy espeso.

SANCOCHAR. (De *sancocho.*) tr. Cocer un alimento, dejándolo medio crudo y sin sazonar.

SANCOCHO. m. Vianda a medio cocer. ‖ *Amér.* Olla compuesta de carne, yuca, plátano y otros ingredientes. ‖ fig *Amér Central y P. Rico.* Lío, confusión.

SAN CRISTÓBAL. *Geog.* Isla británica sit. en el mar de las Antillas, que forma parte del grupo de Barlovento. 175 km²; 29.834 h. Cap. BASSETERRE. ‖ Isla del Ecuador, sit. sobre el océano Pacífico. Es la más oriental del archipiélago de Colón. 480 km². ‖ Población de la prov. de Santa Fe, en la Rep. Argentina, 12.000 h. Centro agrícola y ferroviario. ‖ Provincia del S.E. de la República Dominicana. 3.743 km²; 323.500 h. Cap. hom. 26.000 h. Industria azucarera. ‖ Ciudad del S. de México (Chiapas.) 24.000 h. Importante centro triguero. ‖ Ciudad del N.O. de Venezuela, cap. del Estado de Táchira. 71.354 h. Importante centro industrial, agrícola y comercial.

SANCTA. (Voz lat.) m. Parte anterior del tabernáculo erigido por orden de Dios en el desierto, y del templo de Jerusalén, separada por un velo de la interior o sanctasanctórum. ‖ **Non sancta.** Junto con voces como *casa, gente, palabra,* etc., depravada, mala, pervertida.

SANCTASANCTÓRUM. (Del lat. *sancta sanctorum*, parte o lugar más santo de los santos.) m. Parte interior y más grande del tabernáculo erigido en el desierto, y del templo de Jerusalén, separada del sancta por un velo. ‖ fig. Lo que para una persona es de singularísimo aprecio. ‖ fig. Cosa muy reservada y misteriosa.

SANCTIS, Santo de. *Biog.* Méd y psicólogo ital., autor de *La psiquiatría contemporánea; Sueño y locura,* etc. (1862-1935).

SANCTI SPIRITUS. *Geog.* Prov. de Cuba. 6.736 km²; 366.601 h. Cap. hom. 89.651 h. Caña de azúcar, café, tabaco, ganado.

SANCTI SPIRITUS. *Hist.* Primera población fundada por los esp. en territorio arg. en 1527; destruida por los indios en 1529.

SANCTÓRUM. (Voz lat.: *de los santos.*) m. Cuota con que contribuía cada individuo de una familia de indios de Filipinas, destinada a sostener el culto parroquial.

SANCTUS. (Voz lat.) m. Parte de la misa, después del prefacio y antes del canon, en que el sacerdote dice tres veces esta palabra. *Tocan a* SANCTUS.

SANCHECIA. (Del nombre del botánico español *José Sánchez.*) f. Cierta planta herbácea del Perú, de la familia de las escrofulariáceas.

SANCHES, Francisco. *Biog.* Filósofo port. precursor de los métodos empíricos de la filosofía moderna (1552-1632).

SANCHETE. (De *Sancho.*) m. Moneda de plata, equivalente a un dinero, que mandó acuñar el rey Sancho el Sabio de Navarra.

SÁNCHEZ, Andrés Manuel. *Biog.* Patriota cubano, mártir de la revolución de 1826. ‖ – **Florencio.** Cél. dramaturgo uruguayo que realizó casi toda su obra en la Argentina, donde estructuró un teatro realista y vigoroso. Retrató la vida que conocía con poderosa intuición y arte de plasmador de caracteres en dramas, comedias y sainetes. Obras: *Barranca abajo; Los muertos; En familia; La gringa; M'hijo el dotor,* etc. (1875-1910). ‖ – **Francisco del Rosario.** Patriota dom., héroe de la independencia de la parte española de la isla de Santo Domingo (m. 1861). ‖ – **Luis Alberto.** Escr. y crítico per., autor de *El pueblo en la revolución americana, América, novela sin novelista,* etc. (n. 1900). ‖ – **Serafín.** Patriota cub., muerto en 1896, que participó en las guerras por la Independencia. ‖ – **ALBORNOZ, Claudio.** Historiador esp., autor de *España y el Islam; España y Francia en la Edad Media; La España musulmana,* etc. (n. 1893). ‖ – **BUSTAMANTE, Daniel.** Escr. y político bol.; firmó el tratado de límites con el Perú según el arbitraje de la Argentina. Publicó *Principios de derecho; Opiniones y discursos; Principios de sociología,* etc. (1871-1933). ‖ – **CANTÓN, Francisco Javier.** Crítico de arte esp., autor de *La librería de Velázquez; Datos documentales para la historia del arte español; Los pintores de cámara de los Reyes Católicos,* etc. (1891-1971). ‖ – **CARRIÓN, José Faustino.** Pol. peruano, autor de *Cartas de un solitario de Sayán* y *El tribuno de la República peruana,* obras en que defiende la causa de la libertad (1787-1825). ‖ – **CERRO, Luis Miguel.** Mil. y político per., jefe del movimiento que derrocó a Leguía. En 1931 presid. de la República (1894-1933). ‖ – **COELLO, Alonso.** Pintor esp., notable retratista, autor de *Los desposorios de Santa Catalina; San Ignacio de Loyola; Fernando, Archiduque de Austria,* etc. (1531-1588). ‖ – **DE BUSTAMANTE, Teodoro.** Pol. y patriota arg.; acompañó a Belgrano y Rondeau en la campaña del Alto Perú. Diputado al Congreso de Tucumán, firmó el acta de la Declaración de la Independencia (1778-1851). ‖ – **DE BUSTAMANTE Y SIRVEN, Antonio.** Juris. y político cub., autor de *Proyecto de código de derecho internacional privado; El orden público,* etc. (1865-1951). ‖ – **DE CEPEDA Y AHUMADA, Teresa.** V. **Teresa de Jesús, Santa.** ‖ – **DE FUENTES, Eduardo.** Compositor cubano cuya obra ha ahondado el folklore nativo.

Autor de óperas, oratorios, poemas sinfónicos: *Yumari; Navidad; Anacaona*, etc. (1874-1944). ‖ – **DE LAS BROZAS, Francisco.** Humanista esp., llamado **el Brocense**, autor del *Tratado de los errores de Porfirio* y otras notables obras de filología y crítica (1523-1601). ‖ – **DE TAGLE, Francisco M.** Poeta y patriota mex., miembro de la Suprema Junta Provisional; redactó el acta de la Independencia. Autor de *Romance heroico de la salida de Morelos de Cuautla; A la entrada del ejército Trigarante en México*, etc. (1782-1847). ‖ – **DE THOMPSON, Mariquita.** Patricia arg., en cuya casa se cantó por primera vez, en 1813, el Himno Nacional arg. (1786-1868). ‖ – **ELÍA, Santiago.** Arquitecto arg. que construyó importantes edificios en Buenos Aires (1911-1976). ‖ – **GALARRAGA, Gustavo.** Dramaturgo y poeta cub., autor del libreto para la zarzuela *María de la O* con música de Ernesto Lecuona (1893-1934). ‖ – **GARDEL, Julio.** Dramaturgo arg., uno de los iniciadores en su país del teatro costumbrista y de temas folklóricos. Obras: *La montaña de las brujas; Los mirasoles; El zonda*, etc. (1879-1937). ‖ – **HERNÁNDEZ, Fidel.** Militar salv., nacido en 1927, pres. de la República de 1967 a 1972. ‖ – **MÁLAGA, Carlos.** Compositor per., autor de obras pianísticas de estilo impresionista y de la difundida canción *Palomita de nieve* (n. 1904). ‖ – **MÁRMOL, Manuel.** Escritor mex. (1839-1912). ‖ – **MUÑOZ, Gil.** V. **Clemente VIII.** ‖ – **PESQUERA, Miguel.** Poeta y ensayista venez. (1851-1920). ‖ – **RAMÍREZ, Juan.** Militar dom. que en 1809 venció a los franceses y facilitó el restablecimiento de la soberanía española en Santo Domingo (m. 1811). ‖ – **SORONDO, Matías.** Jurisconsulto y político arg. (1880-1959). ‖ – **VIAMONTE, Carlos.** Jurisconsulto y político arg., especialista en derecho constitucional. Autor de *Democracia y socialismo; Hacia un nuevo derecho constitucional; El problema contemporáneo de la libertad*, etc. (1892-1972).

SÁNCHEZ. *Geog.* Población del N.E. de la Rep. Dominicana (Samaná). 3.600 h. Puerto sobre la bahía de Samaná. ‖ – **Ramírez.** Prov. del centro de la Rep. Dominicana. 1.145 km²; 55.261 h. Cap. COTUÍ.

SANCHO. *Biog.* Nombre de cuatro reyes de León y Castilla, de 1028 a 1295.

SANCHO, Mario. *Biog.* Crítico y ensayista costarricense, autor de *La joven literatura nicaragüense; Palabras de ayer*, etc. (1899-1948). ‖ – **DE LA HOZ, Pero.** Conquistador esp., secretario de Pizarro; escribió por orden de éste una relación de los acontecimientos del Perú (m. 1548).

SANCHOPANCESCO, CA. adj. Propio de Sancho Panza. ‖ Falto de idealidad, a semejanza de este personaje del Quijote.

SANCHO PANZA. *Lit.* Escudero de Don Quijote de la Mancha, fiel compañero de aventuras de éste, en la famosa novela de Cervantes.

SAND, Jorge. *Biog.* Seud. de **Armandina Lucila Aurora Dupin**, nov. francesa. Su obra, de excepcional fecundidad, es reflejo de su vida de mujer rebelde a los convencionalismos, agitada por todas las luchas y emociones que conmovieran su siglo. Amante de Chopin. Puede considerarse fundadora de una escuela idealista, caracterizada por el amor a una vida libre y por un estilo apasionado. Obras : *Indiana; Lelia; La charca del Diablo*, etc. (1804-1876).

SANDALIA. al. **Sandale.** fr. **Sandale.** ingl. **Sandal.** ital. **Sandalo.** port. **Sandália.** (Del lat. *sandalium*, y éste del gr. *sandalion*.) f. Calzado compuesto de una suela que se sujeta con correa o cintas. SANDALIA *griega*.

SANDALINO, NA. adj. Perteneciente al sándalo.

SÁNDALO. al. **Sandelbaum.** fr. **Santal.** ingl. **Sandal.** ital. **Sandalo.** port. **Sândalo.** (Del ár. *çandal*, y éste del gr. *sántalon*.) m. Planta herbácea originaria de Persia, olorosa, vivaz, de la familia de las labiadas, con tallo ramoso, hojas pecioladas, elípticas, lampiñas, con dentecillos en el borde, y flores rosáceas. Se cultiva en los jardines. ‖ Árbol de la familia de las santaláceas, parecido en su aspecto al nogal, con hojas elípticas, opuestas y lisas; flores pequeñas en ramos axilares, fruto semejante a la cereza, y madera amarillenta muy olorosa. Vive en las costas de la India. ‖ Leño oloroso de este árbol. ‖ – **rojo.** Árbol tropical, leguminoso, que llega hasta doce metros de altura con tronco recto, copa amplia, hojas compuestas de hojuelas ovales, flores blancas en ramos axilares, fruto en vainas aplastadas y redondas, y madera tintórea, pesada, dura, de color rojo muy vivo, la cual se pulveriza fácilmente.

SANDÁRACA. (Del lat. *sandáraca*, y este del gr. *sandarake*.) f. Resina de color amarillento que se saca del enebro y de otras coníferas. Empléase en la preparación de barnices y úsase en polvo con el nombre de grasilla. ‖ Rejalgar.

SANDBURG, Carlos. *Biog.* Poeta nort.; en su obra, heredera de la tradición de Walt Whitman, canta a la industria y al progreso de su país: *Poemas de Chicago; Sí, el pueblo; Humo y acero*, etc. Escribió en prosa una notable biografía de Abraham Lincoln (1878-1967).

SANDE, Francisco de. *Biog.* Pol. esp., en 1597 presid. del Nuevo Reino de Granada (m. 1602).

SANDEZ. al. **Dummheit; Usinn.** fr. **Niaiserie; bêtise.** ingl. **Inanity; silliness.** ital. **Stupidaggine; strafalcione.** port. **Sandice.** f. Calidad de sandio. ‖ Necedad, despropósito, simpleza.

SANDI, Luis. *Biog.* Compositor y director de coros mex., nacido en 1905; autor de música de carácter autóctono.

SANDÍA. al. **Wassermelone.** fr. **Pastèque.** ingl. **Watermelon.** ital. **Cocomero.** port. **Melancia.** (Del ár. *cindía*, indica.) f. Planta herbácea anual de la familia de las cucurbitáceas, con tallo tendido muy peloso; hojas con cinco lóbulos obtusos; flores amarillas, fruto esférico o elíptico, de gran tamaño, verde o jaspeado, liso, y pulpa encarnada, granujienta, aguanosa y dulce, con muchas pepitas negras y aplastadas. ‖ Fruto de esta planta.

SANDIALAHUEN. m. *Chile.* Planta verbenácea, de tallo tendido, hojas pinatífidas y flores rosadas, en espiga. Se emplea como aperitivo y diurético.

SANDIAR. m. Terreno sembrado de sandías.

SANDIEGO. m. *Cuba.* Planta amarantácea de jardín, con flores moradas y blancas.

SAN DIEGO. *Geog.* Cabo de la Rep. Argentina en la isla de Tierra del Fuego, que constituye su extremo oriental. ‖ Ciudad del extremo sudoeste de los EE.UU. (California). 738.000 h., con los suburbios. Importante puerto sobre el Pacífico. Fabricación de aviones, conservas de pescado.

SANDILLA. f. *Chile.* Planta verbenácea, cuyo fruto se parece a una sandía pequeñita.

SANDINO, Augusto César. *Biog.* Patriota nicaragüense que, de 1927 a 1933, encabezó la lucha contra la intervención de los EE.UU. en su país (1893-1934).

SANDÍO, DIA. adj. y s. Necio o simple.

SANDOIZ, Alba. *Biog.* Escritora mexicana cont., autora de *La selva encantada; Tatetzami*, y otras obras de tendencia neoindianista.

SANDONÁ. *Geog.* Población del S.O. de Colombia, en el dep. de Nariño. 4.750 h. Centro agrícola.

SANDOVAL, José Daniel. *Biog.* Compositor guat., autor de música religiosa, canciones y otras obras (1866-1949). ‖ – **José León.** Pol. nicaragüense, de 1845 a 1847 presid. de la Rep. ‖ – **VALLARTA, Manuel.** Físico mex. que formuló una teoría sobre los rayos cósmicos (n. 1899).

SANDRACO. m. Curandero indio que practica la sangría.

SANDUCERO, RA. adj. Natural de Paysandú. Ú.t.c.s. ‖ Perteneciente a esta ciudad de la República Oriental del Uruguay.

SANDUNGA. f. fam. Gracia, donaire, salero. ‖ *Chile* y *P. Rico.* Jarana, parranda.

SANDUNGUERO, RA. adj. fam. Que tiene sandunga. sinón.: *garboso, jacarandoso.*

SANDWICH. (Voz ingl.; de John Montagu, duque de *Sandwich*, que se hacía servir estos emparedados en la mesa de juego.) m. Emparedado, bocadillo, lonja de jamón o de otro fiambre o queso puesta entre dos trozos de pan.

SANDWICH. *Geog.* Archipiélago del Pacífico norte. V. **Hawaii.** ‖ – **del Sur.** Archipiélago argentino sit. en el Atlántico, al S.E. de las Georgias del Sur. 300 km². Sus islas están totalmente cubiertas de hielo.

SANEADO, DA. adj. Dícese de los bienes o la renta que están libres de cargas o descuentos.

SANEAMIENTO. m. Acción y efecto de sanear. sinón.: **higiene, limpieza.**

SANEAR. (De *sano*.) tr. Asegurar o garantizar el reparo del daño que puede sobrevenir. ‖ Reparar o enmendar una cosa. ‖ Dar condiciones de salubridad a un terreno, edificio, etc. SANEAR *regiones pantanosas.* ‖ *For.* Indemnizar al comprador por la evicción o por el vicio oculto de la cosa vendida.

SANEDRÍN. (Del rabínico *sanhedrín* y éste del gr. *Synedrion*, de *syns*, con, y *edra*, asiento.) m. Consejo supremo de los judíos que trataba y decidía los asuntos de Estado y religión. ‖ Lugar donde se reunía este Consejo.

SAN ELIAS, Monte. *Geog.* Cumbre montañosa del S.O. de Alaska, en el límite con Canadá. 5.492 m. Su cresta presenta glaciares.

SANES. m. pl. V. **San.**

SAN ESTANISLAO. *Geog.* Población de Colombia, en el dep. de Bolívar. 6.500 h. Explotación agropecuaria. ‖ Población del Paraguay (San Pedro). 6.200 h. Cereales, yerba mate, vinos.

SAN EUSTAQUIO. *Geog.* Isla del mar de las Antillas, situada al S.O. de la isla de San Bartolomé. 31 km². 1.450 h. Cap. ORANJESTAD. Es posesión holandesa y fue descubierta por Colón en 1493.

SANFASÓN. (Del fr. *sans façon*.) m. Galicismo por descaro, desfachatez, desvergüenza. ‖ **A la sanfasón.** m. adv. *Pan., P. Rico* y *R. de la Plata.* Al descuido, sin ceremonia.

SAN FELIPE. *Geog.* Población de Chile, cap. de la provincia de Aconcagua. 28.400 h. Industria del cáñamo. ‖ Población del N. de Venezuela, cap. del Estado de Yaracuy. 44.000 h. Importante centro productor de cacao.

SAN FERNANDO. *Geog.* Ciudad de la Rep. Argentina (Buenos Aires), que forma parte del Gran Buenos Aires. 40.000 h. Importante centro industrial y comercial. ‖ Ciudad de Chile, capital de la prov. de Colchagua. 29.000 h. Tabacos y fabricación de calzados; curtidurías. ‖ Ciudad del S.O. de España (Cádiz). 40.000 h. Importante observatorio astronómico. ‖ Ciudad de la Rep. de Filipinas, capital de la prov. de La Unión, en la isla de Luzón. 42.000 h. ‖ Ciudad del N. O. de la isla de Luzón, en la Rep. de Filipinas, cap. de la provincia de Pampanga. 62.000 h. ‖ – **de Apure.** Población de Venezuela, cap. del Est. de Apure. 43.000 h. Puerto sobre el río Apure. Centro comercial.

SANFRANCIA. f. fam. Pendencia, trifulca.

SAN FRANCISCO. *Geog.* Profunda bahía de la costa occidental de los EE.UU., sobre el océano Pacífico. Es un importante puerto natural. ‖ Cerro de los Andes argentinos, en la prov. de Catamarca. 6.000 m. ‖ Río del N. O. de la Rep. Argentina (Jujuy), que está formado por las aguas de los ríos Grande y Lavayén y des. en el Bermejo. 325 km. ‖ Río del Brasil, que nace al N. de la sierra de Mantiqueira. En su curso presenta las cataratas de Paulo Afonso y des. en el Atlántico después de recorrer 2.900 km. Es en gran parte navegable. ‖ Población de la Argentina, situada al N. O. en la provincia de Córdoba. 40.000 h. Importante centro industrial y comercial. ‖ Población de la región oriental de El Salvador, cap. del departamento de Morazán. 5.200 h. Centro minero, agrícola y comercial. ‖ Ciudad del oeste de los EE.UU., puerto importante en la bahía hom. (California). 3.000.000 de h. Activo centro comercial e industrial. En 1906 quedó totalmente destruida por un terremoto y fue reconstruida en dos años. ‖ – **de Macorís.** Ciudad de la Rep. Dominicana, cap. de la provincia de Duarte. 45.000 h. Café, cacao, algodón, tabaco, industria vitivinícola.

SANFUENTES, Juan Luis. *Biog.* Pol. chileno, de 1915 a 1920 pres. de la República (1858-1930). ‖ – **Salvador.** Jurisc. y poeta chil. autor de *El campanario; Leyendas y obras dramáticas; Chile desde la batalla de Chacabuco hasta la de Maipo*, etc. (1817-1860).

SANGA. *Geog.* Río del África Ecuatorial que desagua en el río Congo después de recorrer 1.400 km.

SAN GABRIEL. *Geog.* Población del N. O. de Ecuador, en la prov. de Carchi. 7.500 h. Centro agricolaganadero. Aguas termales.

SANGALLO, Antonio de. *Biog.* Arquitecto ital. que proyectó Santa María de Loreto, en Roma, y otras iglesias en localidades vecinas. Fue llamado "el Viejo" (1455-1534), para distinguirlo de su sobrino, de igual nombre, autor del palacio Farnesio, en Roma, apodado "el Joven" (1485-1546).

SANGAY. *Geog.* Volcán de los Andes ecuatorianos, sit. en la provincia de Morona-Santiago. Culmina a los 5.320 m.

SANGER, Eugenio. *Biog.* Científico al., especialista en cohetes espaciales (1905-1964). ‖ — **Federico.** Médico británico cuyas investigaciones culminaron con la determinación de la estructura de la molécula de insulina, lo cual constituyó un paso de fundamental importancia para la síntesis artificial de la insulina. En 1958 obtuvo el premio Nobel de Química (n. en 1918).

SAN GERMÁN. *Geog.* Población del S. O. de Puerto Rico. 10.000 h. Centro agrícola.

SAN GIL. *Geog.* Población de Colombia, en el dep. de Santander. 12.000 h. Importante centro comercial.

SANGO. m. *Perú.* Sanco, especie de gachas.

SAN GOTARDO. *Geog.* Macizo montañoso de los Alpes, centrales, al S. de Suiza, cerca del límite con Italia. Culmina a los 3.000 m. Es un gran centro de dispersión de aguas y el paso de igual nombre, sit. a 2.100 m., está atravesado por un túnel de 15 km.

SANGRADERA. (De *sangrar*.) f. Lanceta. ‖ Vasija en que se recoge la sangre cuando sangran a uno. ‖ fig. Acequia de riego derivada de otra corriente de agua. ‖ fig. Compuerta por donde se da salida al agua sobrante de una acequia. ‖ *Amér.* Sangría del brazo.

SANGRADO, DA. p. p. de **Sangrar.** ‖ m. *Impr.* Acción y efecto de sangrar.

SANGRADOR. m. El que por oficio se dedica a sangrar. ‖ fig. Abertura que se hace para que salga el líquido que contiene un depósito, como en las calderas de jabón y en las presas de los ríos.

SANGRADURA. (De *sangrar*.) f. Sangría, parte del brazo. ‖ Cisura de la vena. ‖ fig. Salida que se da a las aguas de un río, canal, etc.

SANGRAR. al. **Blut ablassen.** fr. **Saigner.** ingl. **To blood.** ital. **Salassare.** port. **Sangrar.** (De *sangre*.) tr. Abrir una vena y dejar salir determinada cantidad de sangre. ‖ fig. Dar salida a un líquido, abriendo conducto por donde corra. ‖ Resinar. ‖ fig. Debilitar, ir agotando los recursos o los manantiales de la riqueza pública o privada. SANGRAR *el erario.* ‖ fig. y fam. Hurtar, sisar con disimulo parte de un todo. SANGRAR *una bolsa de maíz.* ‖ *Impr.* Comenzar una línea de composición tipográfica con un blanco determinado; un cuadratín, uno y medio; dos, etc., como generalmente se hace al principiar un párrafo aparte. ‖ intr. Arrojar sangre. *La encía* SANGRABA. ‖ r. Hacerse dar una sangría. ‖ **Estar sangrando** una cosa. frs. fig. Estar chorreando sangre. ‖ Estar clara y patente.

SANGRE. al. **Blut.** fr. **Sang.** ingl. *Anat.* Elemento fluido que circula por todo el sistema vascular (corazón, arterias, arteriolas, capilares, vénulas y venas). Está compuesta por una parte sólida (glóbulos rojos, glóbulos blancos y plaquetas) y una parte líquida (el plasma, formado por agua, substancias minerales, proteínas, glucosa, grasas, etc.). Su principal función es la de conducir elementos de nutrición a los tejidos del organismo, además de proveerlos de oxígeno. La **sangre** que circula por las arterias lleva oxígeno, se dirige a los órganos para nutrirlos, y es de color rojo; en cambio, la **sangre** de las venas vuelve de los tejidos con productos de desecho y menos oxígeno y es de color rojo más obscuro. Fuera del organismo la **sangre** se coagula. ‖ fig. Linaje o parentesco. *Estaban unidos por lazos de* SANGRE. ‖ – **azul.** fig. Sangre o linaje noble. ‖ – **de drago.** Resina encarnada que por medio de incisiones se extrae del tronco del drago y se usa en medicina como astringente. ‖ – **de horchata.** Dícese de la persona calmosa que no se altera por nada. Ú.m. con el verbo *tener*. ‖ – **en el ojo.** fig. Honra y valor para cumplir las obligaciones. Ú.m. con el verbo *tener*. ‖ Resentimiento, deseo de venganza. ‖ – **fría.** Serenidad, tranquilidad del ánimo. ‖ – **ligera.** *Amér. del S.* **Blood.** ital. **Sangue.** port. **Sangue.** (Del lat. *sanguis, -inis.*) f. Aplícase a la persona simpática. ‖ – **negra. Sangre** venosa. ‖ – **pesada.** *Amér.* Aplícase a la persona antipática, chinchosa. ‖ – **roja. Sangre** arterial. ‖ – **torera.** Aplícase a la persona de carácter impetuoso y valiente. Ú. más con el verbo *tener*. ‖ – **y leche.** Mármol encarnado con grandes manchas blancas. ‖ **A primera sangre.** frs. A la primera herida. Ú. para designar los desafíos en que el combate deberá terminar al ser herido uno de los contendientes. ‖ **Arrebatársele** a uno **la sangre.** frs. **Subírsele la sangre a la cabeza.** ‖ **A sangre caliente.** m. adv. Arrebatada e inmediatamente, dicho de las decisiones y actos provocados por la ira o la venganza. ‖ **A sangre fría.** m. adv. Premeditadamente y con cálculo una vez pasado el arrebato de la cólera. ‖ **A sangre y fuego.** m. adv. Con todo rigor, sin dar cuartel, sin perdonar vidas ni hacienda. A SANGRE Y FUEGO, *penetraron en el pueblo.* ‖ fig. Violentamente, sin ceder en nada. ‖ **Bajársele** a uno **la sangre a los talones.** frs. fig. y fam. Sentir mucho miedo de alguna cosa. ‖ **Buena sangre.** frs. fig. y fam. Condición benigna y noble de la persona. ‖ **Bullirle** a uno **la sangre.** frs. fig. y fam. Tener la lozanía y el vigor propios de la juventud. ‖ **Cobrar la sangre.** frs. fig. *Ven.* Vengarse. ‖ **Correr sangre.** frs. con que se significa llegar en una pendencia hasta haber heridas. ‖ **Chupar la sangre.** frs. fig. y fam. Ir uno mermando la hacienda de otro en beneficio propio. ‖ **Dar** uno **la sangre de sus venas.** frs. fig. con que se pondera un afecto o un propósito en favor del cual sacrifica uno cuanto le es posible. ‖ **De sangre caliente.** loc. adj. Dícese de los animales cuya temperatura no depende de la del ambiente y es por lo general superior a la de éste. ‖ **De sangre fría.** loc. adj. Dícese de los animales cuya temperatura es la del ambiente. ‖ **Encenderle** a uno **la sangre.** frs. fig. y fam. **Pudrirle la sangre.** ‖ **Escribir con sangre.** frs. fig. Escribir con mucha acritud o ensañamiento. ‖ **Estar chorreando sangre una cosa.** frs. fig. y fam. Acabar de ocurrir o ser muy reciente. ‖ **Freírle** a uno **la sangre.** frs. fig. y fam. **Pudrirle la sangre.** ‖ **Haber mucha sangre.** frs. con que se denota que una pendencia o batalla fue muy reñida. ‖ **Hacerse** uno **mala sangre.** frs. fig. y fam. *Chile, P. Rico* y *R. de la Plata.* Causarse disgustos uno mismo, generalmente por motivos fútiles. ‖ **Hacer sangre.** frs. fig. Causar una herida leve de la que sale **sangre.** ‖ frs. fig. y fam. *Ven.* Caer en gracia. ‖ **Hervirle** a uno **la sangre.** frs. **Bullirle la sangre.** ‖ fig. Exaltársele un afecto o pasión. ‖ **Lavar con sangre.** frs. fig. Derramar la del enemigo en satisfacción de una ofensa. ‖ **Llevar** una cosa **en la sangre.** frs. fig. Ser congénita o hereditaria. LLEVABA EN LA SANGRE *el amor a la libertad.* ‖ **Mala sangre.** frs. fig. y fam. Índole aviesa y vengativa de una persona. ‖ **No llegará la sangre al río.** frs. fig. y fam. con que en son de burla se significa que una disputa o contienda no tendrá graves consecuencias. ‖ **No tener sangre en las venas.** frs. fig. y fam. **Tener sangre de horchata.** ‖ **Pudrirle,** o **quemarle,** a uno **la sangre.** frs. fig. y fam. Causarle disgusto hasta exasperarle. Ú.t. el verbo c.r. ‖ **Quedarse sin sangre.** frs. fig. **Bajársele la sangre a los talones.** ‖ **Subírsele** a uno **la sangre a la cabeza.** frs fig. Irritarse, perder la serenidad. ‖ **Sudar sangre.** frs. fig. Costar un gran esfuerzo el logro de una cosa. SUDÓ SANGRE *para conseguir que el erial produjera.* ‖ **Tener** uno **la sangre caliente.** frs. fig. Lanzarse con precipitación e inconsideradamente a los peligros o empeños arduos. ‖ IDEAS AFINES: *Diástole, sístole, pulso, fibrina, coágulo, linfa, presión, transfusión, embolia, anemia, hemorragias, epistaxis, apoplejía, congestión, cardiología.*

● **SANGRE.** *Med.* y *Quím.* Al coagularse la **sangre** se separan dos partes; el coágulo y el suero. Si se impide la coagulación –por adición de citrato de sodio o de oxalato de potasio– los glóbulos caen al fondo del recipiente y sobrenada un líquido claro u opalescente, el plasma, que contiene en solución numerosas substancias orgánicas e inorgánicas. En la **sangre** se hallan, en suspensión, numerosas células dotadas de funciones específicas; son los glóbulos rojos o hematíes, los glóbulos blancos o leucocitos y las plaquetas. Además se encuentran los anticuerpos, substancias cuya naturaleza química aún no se ha establecido claramente. Casi no existe enfermedad que de un modo u otro no repercuta sobre la composición química o citológica de la **sangre**; de ahí la importancia de los exámenes de **sangre** requeridos frecuentemente por el médico. En el lenguaje médico, se reserva el nombre de enfermedades de la **sangre**, propiamente dichas, a los procesos en los que se afecta la cantidad de glóbulos rojos o blancos, especialmente: anemia, leucemia. etc. Desde tiempo antiguo se conoce el valor tónico de la **sangre**, especialmente de algunas de sus substancias constitutivas; en medicina el empleo terapéutico de la **sangre** incluye diversos procedimientos de que se ocupa la hemoterapia.

SANGRE DE LAS GUITARRAS, La. *Mús.* Drama musical del compositor argentino Constantino Gaito, estrenado en 1932.

SANGRE Y ARENA. *Lit.* Novela de Blasco Ibáñez, brillante descripción del ambiente taurino español. Desde su publicación, en 1908, alcanzó gran difusión.

SANGRÍA. al. **Aderlass; Schröpfen.** fr. **Saignée.** ingl. **Bleeding.** ital. **Salasso.** port. **Sangria.** f. Acción y efecto de sangrar. *Una* SANGRÍA *de sanguijuelas.* ‖ Parte de la articulación del brazo opuesta al codo. ‖ Corte o incisión que se hace en un árbol para que fluya la resina. ‖ fig. Sangradura de un río o canal. ‖ Regalo amistoso que se solía hacer a la persona que se sangraba. ‖ fig. Extracción o hurto de una cosa, por pequeñas partes, especialmente en el caudal. ‖ fig. Bebida refrescante compuesta de agua y vino con azúcar y limón u otros ingredientes. ‖ *Impr.* Acción y efecto de sangrar. ‖ *Metal.* Chorro de metal al que se da salida en los hornos de fundición. ‖ – **suelta.** Aquella en que no se restaña la sangre. ‖ fig. Gasto continuo sin beneficio alguno.

SANGRIENTAMENTE. adv m. De modo sangriento. sinón.: **cruentamente.**

SANGRIENTO, TA. al. **Blutig; blutgierig.** fr. **Sanglant; sanguinaire.** ingl. **Bloody; bloodthirsty.** ital. **Sanguinoso.** port. **Sangrento.** (Del lat. *sanguilentus.* de *sanguis*, sangre.) adj. Que echa sangre. *Boca* SANGRIENTA. ‖ Teñido en sangre o mezclado con sangre. *Ropas* SANGRIENTAS; sinón.: **ensangrentado, sanguinolento.** ‖ Sanguinario. *El* SANGRIENTO *Atila; leopardo* SANGRIENTO. ‖ Que causa efusión de sangre. *Choque* SANGRIENTO. ‖ fig. Que ofende gravemente. *Ultraje* SANGRIENTO. ‖ poét. Sanguíneo. de color de sangre.

SANGRIGORDO, DA. adj. fam. *Ant.* Fastidioso.

SANGRILIGERO, RA. adj. fam. *Amér.* Simpático, bien parecido.

SANGRILIVIANO, NA. adj. fam. *Amér.* Sangriligero.

SANGRIPESADO, DA. adj. fam. *Amér.* Fastidioso, antipático.

SANGRIZA. f. Purgación de la mujer.

SANGRÓN, NA. adj. fam. *Cuba* y *Méx.* Sangripesado.

SANGUARAÑA. f. *Ec.* y *Perú.* Circunloquio, rodeo de palabras. U.m. en pl. ‖ *Perú.* Cierto baile popular.

SANGUAZA. f. Sangrasa. ‖ fig. Substancia del color de la sangre acuosa, que fluye de algunas frutas o legumbres.

SANGÜEÑO. m. Cornejo, arbusto.

SANGÜEZA. f. Frambuesa.

SANGÜESO. m. Frambueso.

SANGUÍFERO, RA. (Del lat. *sanguis*, sangre, y *ferre*, llevar.) adj. Que contiene y lleva en sí sangre.

SANGUIFICACIÓN. (De *sanguificar.*) f. Proceso de formación de sangre. ‖ Conversión de la sangre venosa en arterial.

SANGUIFICAR. (Del lat. *sanguis*, sangre, y *fácere*, hacer.) tr. Hacer que se críe sangre.

SANGUIJOLERO, RA. s. Sanguijuelero.

SANGUIJUELA. al. **Blutegel.** fr. **Sangsue.** ingl. **Leech.** ital. **Sanguisuga.** port. **Sanguessuga.** (De *sanguja.*) f. Anélido casi cilíndrico, de ocho a doce centímetros de largo y uno de grueso, que vive en las lagunas, pozos y arroyos; tiene la piel coriácea y viscosa, de color aceitunado; boca chupadora, con tres mandíbulas córneas y, alrededor del ano, un disco membranoso con que también puede hacer succión. Se alimenta con la sangre que chupa a los animales a que se adhiere, y esta propiedad se utilizaba en medicina para conseguir evacuaciones sanguíneas en los enfermos. ‖ fig. y fam. Persona que va poco a poco sacando a otra el dinero, alhajas, etc.

SANGUIJUELERO, RA. m. y f. Persona que se dedica a coger sanguijuelas, venderlas o aplicarlas.

SANGUILY Y GARRIT, Manuel. *Biog.* Político, escritor y orador cub. Luchó denodadamente por la independencia de su país y fue miembro de la Convención Constituyente de 1901. Publicó *José Martí y la revolución cubana; Frente al enemigo; Discursos y conferencias*, etc. (1848-1925).

SANGUINA. (Del lat. *sanguis*, sangre.) f. Lápiz rojo obscuro que se fabrica con hematites en forma de barritas. ‖ Dibujo hecho con este lápiz.

SANGUINARIA. (Del lat. *sanguinaria.*) f. Piedra parecida al ágata, de color de sangre, a la que el vulgo atribuía la virtud de contener los flujos. ‖ – **mayor.** Centinodia, planta poligonácea. ‖ – **menor.** Nevadilla, planta paroníquica.

SANGUINARIAS, Islas. *Geog.* Archipiélago francés del Mediterráneo occidental, sit. al S. O. de Ajaccio, en Córcega.

SANGUINARIO, RIA. (Del lat. *sanguinarius*, de *sanguis, -inis*, sangre.) adj. Feroz, vengativo, que se goza en derramar sangre. *Tigre* SANGUINARIO; sinón.: **sangriento.** ‖ deriv.: **sanguinariamente.**

SANGUÍNEO, A. (Del lat. *sanguineus.*) adj. De sangre. ‖ Que contiene sangre o abunda en ella. *Vasos* SANGUÍNEOS. ‖ Aplícase también a la complexión en que predomina este humor. ‖ Sangriento. ‖ De color de sangre. ‖ Perteneciente a ella. *Patología* SANGUÍNEA.

SANGUINO, NA. adj. Sanguíneo. ‖ desus. Sanguinario. ‖ m. Aladierna, arbusto. ‖ Cornejo, arbusto.

SANGUINOLENCIA. (Del lat. *sanguinolentia.*) f. Calidad de sanguinolento.

SANGUINOLENTO, TA. (Del lat. *sanguinolentus.*) adj. Sangriento, que echa sangre. o mezclado con sangre. *Vendas* SANGUINOLENTAS.

SANGUINOSO, SA. (Del lat. *sanguinosus.*) adj. Que participa de la naturaleza o accidentes de la sangre. ‖ Sanguinario.

SANGUIÑUELO. m. Cornejo, arbusto.

SANGUIS. (Voz latina que significa sangre.) m. La sangre de Cristo bajo los accidentes del vino.

SANGUISORBA. (Del lat. *sanguis*, sangre, y *sorbere*, absorber, que contiene o ataja la sangre.) f. Pimpinela.

SANGUISUELA. f. Sanguijuela.

SANGUJA. (Del lat. *sanguisuga*; de *sanguis*, sangre, y *súgere*, chupar.) f. Sanguijuela.

SANÍCULA. (dim. del lat. *sana*, sobrentendiéndose *herba*; hierba sana.) f. Planta herbácea anual umbelífera, con tallo sencillo y lampiño de unos cincuenta centímetros de altura; hojas verdes, brillantes, pecioladas; flores pequeñas, blancas o rojizas, de cinco pétalos, y fruto seco, globoso y cubierto de aguijones ganchudos. Es común en los sitios frescos y se ha usado como vulneraria.

SANIDAD. (Del lat. *sánitas, -atis.*) f. Calidad de sano. ‖ Salubridad. ‖ Conjunto de servicios gubernativos ordenados para preservar la salud de los habitantes de una nación. ‖ – **exterior.** La gubernativa que cumple sus servicios en las costas y fronteras nacionales. ‖ – **interior.** La gubernativa que ejerce sus funciones dentro del país. ‖ – **marítima.** La que radica en los puertos y atañe a la navegación. ‖ – **militar.** Cuerpo de profesores médicos, farmacéuticos y veterinarios y de tropas especiales, que prestan sus servicios en los ejércitos de mar y tierra. ‖ **En sanidad.** m. adv. En sana salud.

SANIDINA. (Del gr. *sanis, sanidos*, tablita.) f. Variedad de ortosa cuyos cristales se hallan en algunas rocas volcánicas. Es de aspecto vítreo y resquebrajado formando tablitas.

SANIE. f. *Med.* Sanies.

SANIES. (Del lat. *sanies.*) f. *Med.* Icoroso.

SAN IGNACIO. *Geog.* Población del S. O. de la prov. de Misiones, en la Rep. Argentina. 5.500 h. Fue fundada en el año 1632 y posee interesantes ruinas.

SANÍN CANO, Baldomero. *Biog.* Escr. colombiano, uno de los pensadores más prestigiosos de América, autor de *Crítica y arte; Divagaciones filológicas y apólogos literarios; El humanismo y el progreso del hombre; De mi vida y otras vidas; Letras colombianas; Indagaciones e imágenes*, etc. (1869-1957).

SANIOSO, SA. (Del lat. *saniosus.*) adj. *Med.* Icoroso.

SAN ISIDRO. *Geog.* Población de la Rep. Argentina, sit. al norte de la cap., sobre el río de la Plata; forma parte del Gran Buenos Aires. 272.000 h., con el mun.

SANITARIO, RIA. (Del lat. *sánitas*, sanidad.) Perteneciente o relativo a la sanidad. *Reglamentos* SANITARIOS. ‖ *Mar.* Perteneciente o relativo a las instalaciones de agua de mar empleada para limpieza y usos higiénicos. ‖ m. Individuo del cuerpo de sanidad militar. ‖ Funcionario de sanidad civil.

SANJACADO. m. Territorio del imperio turco que gobierna un sanjaco.

SANJACATO. m. Sanjacado.

SAN JACINTO. *Geog.* Población de Colombia, en el dep. de Bolívar. 6.674 h. Industria textil.

SANJACO. (Del turco *sanchac*, bandera, provincia.) m. Gobernador de un territorio del imperio turco.

SANJINÉS, Ignacio de. *Biog.* Jurisconsulto, pol. y poeta boliviano, uno de los firmantes del acta de la independencia y de la primera Constitución. Autor del himno nacional de su patria (1786-1864). ‖ – **Jenaro.** Político y jurista bol., miembro de la Asamblea Constituyente de 1871 y autor de *Apuntes para la historia de Bolivia* y *Las constituciones políticas de Bolivia* (n. 1844).

SAN JOAQUÍN. *Geog.* Río del oeste de los EE. UU. (California), que des. en la bahía de San Francisco después de recorrer 565 km.

SAN JORGE. *Geog.* Río del N. de Colombia (Bolívar) que nace en el nudo de Paramillo y des. en el Cauca después de recorrer 307 km. Es navegable. ‖ Población de la Argentina (Santa Fe). 9.500 h. Centro agricolaganadero. ‖ Población del S.O. de Nicaragua (Rivas). 4.200 h. Puerto sobre el lago de Nicaragua. ‖ **Canal de –.** Brazo de mar que separa las costas de Irlanda y Gran Bretaña y comunica el mar de Irlanda con el océano Atlántico. ‖ **Golfo de –.** Profunda escotadura de la costa patagónica sobre el Atlántico (Rep. Argentina) cuyos extremos son el cabo Dos Bahías y el cabo Tres Puntas.

SAN JOSÉ. *Geog.* Bahía de la costa N. del Brasil, en el Est. de Maranhão. ‖ Cerro volcánico de los Andes, sit. entre la prov. argentina de Mendoza y la chilena de Santiago. Culmina a los 5.780 m. ‖ Río del Uruguay, en el dep. hom., que desagua en el Santa Lucía después de recorrer 150 km. ‖ Población del O. argentino (Mendoza). 17.200 h. ‖ Provincia de Costa Rica. 4.900 km². 720.000 h. Cap. hom. Gran producción agrícola. ‖ Ciudad de la región central de Costa Rica. Es cap. de la provincia hom. y de la Rep. Tiene 428.041 h. Es una de las más importantes ciudades de América Central. Industria textil, manufactura de tabacos, fundiciones. Importante centro comercial. ‖ Población de Guatemala (Escuintla). 12.500 h. Puerto sobre el océano Pacífico. Exportaciones de café y maderas. ‖ Departamento del S. del Uruguay. 6.963 km². 86.000 h. Producción agricolaganadera. Cap. hom. 26.000 h. Importante centro comercial. ‖ – **de Cúcuta.** V. **Cúcuta.** ‖ – **de Feliciano.** Población del E. de la Argentina (Entre Ríos). 8.500 h. Explotación forestal.

SAN JUAN. n. p. **Estar uno entre San Juan y Mendoza.** frs. fig. y fam. *R. de la Plata.* **Estar entre Pinto y Valdemoro.**

SAN JUAN. *Geog.* Cerro del S. de los Andes colombianos situado entre los dep. de Cauca y Nariño. 3.050 m. ‖ Río de América Central que nace en el lago de Nicaragua, sirve de límite entre Costa Rica y Nicaragua y des. en el mar de las Antillas. 170 km., navegables en su mayoría. ‖ Río del oeste de la Rep. Argentina que nace de la unión de los ríos Castaño y de los Patos, atraviesa la prov. hom. y desagua en la región palustre de Guanacache. 500 km. ‖ Río del O. de Colombia (Chocó) que nace en los Andes y des. en el Pacífico formando un amplio delta. Tiene 276 km., de los cuales, 230 son navegables. ‖ Río del N. E. de México (Nuevo León) que des. en el río Grande del Norte después de recorrer 390 km., en parte navegables. ‖ Provincia del O. de la Argentina que forma parte de la región de Cuyo. 86.137 km². 410.000 h. Su suelo presenta una región montañosa al O. y al E. desciende considerablemente ofreciendo valles regados por varios ríos. La base de su economía reside en la agricultura y especialmente en el cultivo de la vid, olivo y frutas. La ganadería es también importante fuente de recursos. Su riqueza minera está escasamente explotada. Cap. hom. situada sobre el río de igual nombre. 120.000 h. Es un importante centro industrial, comercial y cultural. Fue fundada en 1561 y un terremoto la destruyó parcialmente en 1944. ‖ C. capital de la isla Puerto Rico. 460.000 h. Centro comercial. Importante puerto y base militar estadounidense. ‖ – **Bautista.** Población del Paraguay, capital del dep. de Misiones. 8.200 h. Producción agrícola. Minería. ‖ – **de la Maguana.** C. del O. de la Rep. Dominicana, cap. de la prov. de San Juan. 33.000 h. ‖ – **de los Lagos.** Población de México, en el Est. de Jalisco. 12.000 h. Importante centro agrícola. ‖ – **de los Morros.** Población de Venezuela, sit. al norte del Est. de Guárico y cap. del mismo. 47.000 h. Importante centro comercial. Aguas termales. ‖ – **del Río.** Población de México, en el Est. de Durango. 4.000 h. Centro agrícola. ‖ – **del Río.** Población de México, sit. en el Estado de Querétaro. 12.500 h. Maíz, trigo, legumbres, frutas. ‖ – **del Sur.** Población de Nicaragua (Rivas), puerto sobre el Pacífico. 4.000 h. ‖ – **de Luz.** Población de Francia, situada en el golfo de Gascuña. 12.000 h. Centro de turismo importante del litoral atlántico francés. ‖ – **Nepomuceno.** Ciudad del Paraguay, en el dep. de Caazapá. 23.200 h. Centro agrícola, explotación forestal.

SANJUANADA. f. Fiesta o diversión que se celebra en el campo y en las huertas en España el día de San Juan Bautista o los días próximos a éste. ‖ Días próximos al de San Juan, o 24 de junio.

SANJUANEÑO, ÑA. adj. Sanjuanero, aplicado a algunas frutas.

SANJUANERO, RA. adj. Dícese, en España, de algunas frutas que maduran por San Juan y del árbol que las cría. ‖ Natural de San Juan, en la isla de Cuba. Ú.t.c.s. ‖ Perteneciente a cualquiera de las ciudades cubanas de este nombre.

SANJUANINO, NA. adj. Natural de San Juan. Ú.t.c.s. ‖ Perteneciente o relativo a esta ciudad y provincia argentinas.

SANJUANISTA. adj. y s. Dícese del individuo perteneciente a la orden militar de San Juan de Jerusalén.

SANJUANITO. m. *Ec.* Danza aborigen ecuatoriana, en compás binario, especie de yaraví.

SAN JULIÁN. *Geog.* Población del S. E. de la Rep. Argentina, en la prov. de Santa Cruz. 3.800 h. Importante puerto sobre el Atlántico.

SANJURJO, José. *Biog.* Militar esp., n. 1872, que intervino en las campañas de Cuba y Marruecos. En 1936, cuando se dirigía desde Lisboa a España para encabezar la rebelión militar contra el gobierno republicano, pereció en un accidente de aviación.

SAN JUSTO. *Geog.* Población de la Rep. Argentina, sit. al oeste de la Capital Federal y que forma parte del Gran Buenos Aires. 660.000 h., con el mun. Importante centro comercial. ‖ Población de la Argentina, en la prov. de Santa Fe. 8.200 h. Centro agrícola e industrial.

SAN LORENZO. *Geog.* Río de América del Norte, que nace en el lago Ontario, sirve, en parte, de límite entre EE.UU. y Canadá, donde uno de sus tributarios forma las célebres cataratas del Niágara; pasa por la c. de Quebec y des. en el Atlántico formando un amplio estuario. 3.800 km. ‖ Cerro del S. de los Andes argentinochilenos, sit. entre la prov. argentina de Santa Cruz y la chilena de Aysén. 3.700 m. ‖ Río del Brasil (Mato Grosso), afl. del Paraguay. 560 km. ‖ Población y puerto de la Rep. Argentina, en la prov. de Santa Fe. 11.109 h. Centro agrícola. Destilerías de petróleo. Célebre convento histórico.

SAN LORENZO, Combate de. *Hist.* Primer triunfo en suelo americano del Gral. San Martín. Tuvo lugar el 3 de febrero de 1813 a orillas del río Paraná, en la prov. argentina de Santa Fe y las fuerzas realistas fueron derrotadas y dispersadas. En este encuentro el sargento Cabral dio su vida para salvar la del entonces coronel San Martín.

SANLÚCAR DE BARRAMEDA. *Geog.* Ciudad del S. de España (Cádiz), sit. en la desembocadura del Guadalquivir. 25.200 h. Importante puerto y centro pesquero. Famosos vinos (manzanilla). De aquí salió Colón para su tercer viaje (1498).

SANLUCAREÑO, ÑA. adj. Sanluqueño. Ú.t.c.s.

SAN LUCAS. *Geog.* Cabo de la costa del N. O. de México, punto extremo de la pen. de California, en el territorio de Baja California Sur.

SAN LUIS. *Geog.* Provincia del O. de la Rep. Argentina que forma parte de la región de Cuyo. 76.748 km². 199.000 h. Su suelo ofrece al N. una zona montañosa que desciende hacia el S., donde presenta una región baja en la cual se han hecho obras de riego. La base de su economía reside, especialmente, en la explotación minera. Agricultura, explotación forestal. Cap. hom. 55.000 h. Es un importante centro comercial y fue fundada en 1596 con el nombre de **San Luis de la Punta.** ‖ Ciudad de los EE. UU. V. **Saint Louis.** ‖ – **de la Paz.** Población de la región central de México (Guanajuato). 10.500 h. Producción de mezcal. ‖ – **del Palmar.** Población del N. E. de la Rep. Argentina (Corrientes). 3.500 h. Maíz, tabaco, maní, ganadería. ‖ – **Potosí.** Estado del N. E. de la Rep. de México. 63.241 km². 1.430.000 h. Agricultura, ganadería y minería muy desarrolladas. Cap. hom. 200.000 h. Es un importante centro agrícola, industrial y comercial.

SANLUISERO, RA. adj. Natural de San Luis. Ú.t.c.s. ‖ Perteneciente o relativo a esta ciudad y provincia argentinas.

SANLUQUEÑO, ÑA. Natural de Sanlúcar. Ú.t.c.s. ‖ Perteneciente a cualquiera de las poblaciones de este nombre.

SAN MARCOS. *Geog.* Bahía del N. E. de Brasil (Maranhão), donde se encuentra la c. de São Luis. ‖ Río de México. V. **Cazones.** ‖ Población del N. O. de Colombia en el dep. de Córdoba. 4.800 h. Agricultura. ‖ Dep. del oeste de Guatemala. 3.792 km². 230.987 h. Tabaco, caña de azúcar, maíz. Cap. hom. 4.700 h. Producción de café. ‖ – **de Colón.** Pobl. del sur de Honduras (Choluteca). 2.100 h.

SAN MARINO. *Geog.* República independiente, situada en Italia, cerca del mar Adriático. Estado europeo. 61 km². 20.000 h. Agricultura, ganadería, vitivinicultura. Cap. hom. que comunica con Rimini por ferrocarril. Su independencia, que data del s. IV, fue confirmada por el Papa en 1631. En 1897 el Tratado de Florencia estrechó los vínculos con Italia y sus recíprocos intereses comerciales.

SAN MARTÍN, Joaquín. *Biog.* Político salvadoreño, de 1832 a 1834 jefe de Estado. Murió en el destierro. ‖ – **José de.** Militar y patriota argentino, una de las más excelsas figuras de la historia americana. Nació en Yapeyú, pueblo de las antiguas misiones jesuíticas en tierras guaraníes y a los ocho años fue llevado por sus familiares a Madrid, donde inició estudios militares. En Melilla (África) recibió su bautismo de fuego en 1791, combatiendo contra los moros, y durante muchos años continuó luchando en las filas españolas, distinguiéndose por su valor; en las acciones de Bailén y Albuera, durante la campaña napoleónica en España, fue citado como ejemplo. En su viaje a Londres, en 1811, se vinculó a los miembros de la futura Logia Lautaro, que infundieron renovada energía a su anhelo de poner la espada al servicio de la emancipación americana y de la libertad de su patria. Al llegar a Buenos Aires, en 1812, en compañía de Alvear, Zapiola y otros patriotas, se le reconoció su grado de teniente coronel y se le encomendó la formación de un escuadrón de caballería, al que se llamó de "Granaderos a Caballo", que se cubriría de gloria en distintas batallas. En ese mismo año, en Buenos Aires, salió con sus soldados "para proteger la libertad del pueblo" que exigía el cambio de gobierno y la convocatoria de una asamblea constituyente. Frente al monasterio de San Lorenzo, en Santa Fe, cumplió su primera hazaña en tierra americana, venciendo a las fuerzas realistas en 1813. Fue encargado, en reemplazo de Belgrano, de la reorganización del ejército del Norte, y destinado luego a Mendoza de gobernador intendente de Cuyo. En el desempeño de ese cargo fue plasmando su idea de libertar al continente y terminar con el dominio español en Chile para pasar luego al Perú. Con perseverancia sin igual y venciendo los más tremendos obstáculos, creó un ejército moderno y altamente disciplinado, constituido por cuatro mil hombres, al frente del cual cruzó los Andes, en diecisiete días, proeza ésta que Bartolomé Mitre llegó a comparar con las de Aníbal y Napoleón. Ocupó el valle del Aconcagua y en febrero de 1817 obtuvo el triunfo de Chacabuco, para entrar después en Santiago de Chile, donde el pueblo quiso conferirle el cargo de Director Supremo; **San Martín** no aceptó y en su reemplazo fue designado O'Higgins. Inmediatamente después de la sorpresiva derrota de Cancha Rayada, reorganizadas sus fuerzas, obtuvo en 1818 el gran triunfo de Maipú, que aseguró definitivamente la libertad de Chile. Con fuerzas argentinas y chilenas, **San Martín** emprendió luego la campaña libertadora del Perú: tras de desembarcar en la bahía de Paracas y acampar en Pisco, tomó el Callao y entró en Lima, donde el 28 de julio de 1821 hizo proclamar solemnemente la Independencia peruana e interinamente asumió el gobierno con el título de Protector del Perú. El 26 de julio de 1822 se entrevistó con Simón Bolívar en Guayaquil para tratar la prosecución de la guerra en Perú, y en un gesto de nobleza e hidalguía, dejó a su compañero de glorias la terminación de esa inmensa tarea, renunciando el 20 de setiembre del mismo año al cargo que le concediera el pueblo peruano. Partió nuevamente para Chile y de ahí a Buenos Aires, para volver con su hija a Europa. En 1829 regresó al país, pero después de una breve estada en Montevideo no desembarcó en Buenos Aires, profundamente impresionado al ver su patria sumida en la discordia civil. Regresó nuevamente a Europa, y se radicó en Boulogne-Sur-Mer, Francia, donde vivió serenamente su ancianidad, y murió. Héroe máximo de la Argentina, arquetipo de virtudes morales, de desinterés, de abnegación y de patriotismo, genio militar y verdadero "santo de la Espada" como lo llamó Ricardo Rojas, **San Martín,** el Libertador, es reverenciado en América y su figura puesta como ejemplo para las generaciones futuras (1778-1850). ‖ – **José María.** Político salv., presid. de la Nación de 1854 a 1856. ‖ – **Tomás de.** Misionero esp. que cumplió su apostolado en América (1482-1554).

SAN MARTÍN. *Geog.* Isla del mar de las Antillas, situada al N. O. de la San Bartolomé. 98 km². 15.500 h. La región N. es posesión francesa y su cap. LE MARIGOT. La zona S. pertenece a Holanda, con cap. PHILIPSBURG. ‖ Volcán de México. V. **Tuxtla.** ‖ Lago sit. en los Andes argentino-chilenos, entre la prov. argentina de Santa Cruz y las chilenas de Aysén y Magallanes. Su sup. es superior a los 1.000 km². y des. en el Pacífico por medio del río Pascua. ‖ Ciudad de la Argentina. V. **General San Martín.** ‖ Población del O. de la Rep. Argentina, en la prov. de Mendoza. 9.800 h. Cueros, vinos, industria química. ‖ Departamento de la región central del Perú. 45.202 km². 240.000 h. Tabaco, explotación forestal. Cap. MOYOBAMBA. ‖ – **de los Andes.** Población del O. de la Rep. Argentina, en la prov. de Neuquén, sit. a orillas del lago Lacar. 3.400 h. Centro de turismo.

SAN MARTÍN, Orden del Libertador. V. **Libertador San Martín, Orden del.**

SANMARTINIANO, NA. adj. Perteneciente o relativo al general argentino José de San Martín, o a su historia, sus campañas militares, etc. *Gesto* SANMARTINIANO; *epopeya* SANMARTINIANA.

SAN MATÍAS, Golfo. *Geog.* Profunda escotadura que hace el océano Atlántico en la costa E. de la Rep. Argentina (Río Negro) y en cuyo ángulo N. O. se encuentra el puerto de San Antonio Oeste.

SAN MIGUEL. *Geog.* Isla portuguesa del océano Atlántico, la mayor del grupo de las Azores. 747 km². 170.000 h. Cap. PONTA DELGADA. ‖ Río de Bolivia. V. **Itonamas.** ‖ Golfo de la costa de Panamá, sobre el Pacífico, a orillas del cual se encuentra la c. de La Palma. ‖ Localidad de la Argentina. V. **General Sarmiento.** ‖ Dep. de la región oriental de El Salvador. 3.481 km². 350.000 h. Producción agrícola, oro y petróleo. Cap. hom. 45.000 h. Importante centro comercial. ‖ – **Allende.** Pobl. de la región central de México. (Guanajuato). 15.000 h. Importante centro agrícola. ‖ – **del Monte.** Población de la Rep. Argentina, situada al N. E. de la prov. de Buenos Aires. 3.000 h. Su estación ferroviaria se llama **Monte.** ‖ – **de Tucumán.** Ciudad del N. O. de la Rep. Argentina, cap. de la provincia de Tucumán, situada sobre el río Salí. 325.000 h. Importante centro industrial y comercial. Universidad. Fue fundada en 1565 y en ella se proclamó la independencia argentina el 9 de julio de 1816.

SANMIGUELENSE. adj. Natural de San Miguel de Allende, municipio del Estado mexicano de Guanajuato. Ú.t.c.s. ‖ Perteneciente o relativo a dicho municipio.

SANNAZARO, Jacobo. *Biog.* Poeta ital, cuya novela pastoril *Arcadia* tuvo gran influencia en la lit. posterior (1458-1531).

SAN NICOLÁS. *Geog.* Ciudad de la Rep. Argentina, situada en el extremo N. E. de la prov. de Buenos Aires. 35.000 h. Puerto sobre el río Paraná. Importante centro industrial. Monumentos históricos.

SAN NICOLÁS, Acuerdo de. *Hist.* Nombre con que se conoce la reunión convocada por Urquiza en la c. argentina de **San Nicolás de los Arroyos,** el 31 de mayo de 1852. En ella, y con el apoyo de todas las prov. argentinas, se sentaron las bases de la organización institucional y se decidió la convocatoria del Congreso Constituyente de 1853. V. **Congreso Constituyente.** ‖ **Combate de –.** Primer encuentro librado por las fuerzas navales arg. al mando de Juan B. Azopardo el 2 de marzo de 1811, en el que, tras heroica y dispar lucha, fueron derrotadas por la escuadra española.

SANNÓN, Claudia. *Biog.* Poetisa salvadoreña cont., autora de *Ciudad bajo mi voz* y otras obras de acento íntimo.

SANO, NA. al. **Gesund; heil.** fr. **Sain.** ingl. **Healthy.** ital. **Sano.** port. **São; sadio.** (Del lat. *sanus.*) adj. Que goza de perfecta salud. Ú.t.c.s. antón.: **enfermo.** ‖ Sin riesgo, seguro. ‖ Saludable. *Alimento* SANO; *zona* SANA; antón.: **insalubre, nocivo.** ‖ fig. Sin daño o corrupción, tratándose de vegetales o de cosas pertenecientes a ellos. *Limonero, limón* SANO; *madera* SANA. ‖ fig. Exento de error o vicio, saludable, recto. *Fundamentos* SANOS; *idea, doctrina* SANA. ‖ Sincero, bienintencionado. ‖ fig. y fam. Entero, no roto ni estropeado. *No queda un vaso* SANO. ‖ **Cortar por lo sano.** frs. fig. y fam. Usar de procedimientos extremos para remediar males o conflictos, o resolver dificultades. ‖ **Sano y salvo.** loc. Sin lesión, enfermedad, ni riesgo.

SAN ONOFRE. *Geog.* Población del N. O. de Colombia (Bolívar). 5.500 h. Centro agrícola.

SAN PABLO. *Geog.* Estado del S. E. de Brasil. 247.223 km². 19.200.000 h. Café, caña de azúcar, algodón, tabaco, frutas, cereales, vid. Cap. hom. 11.800.000 h., con los suburbios. Importante centro comercial y ferroviario. Industria textil, metalúrgica, química, alimenticia. Es la primera c. del Brasil.

SAN PEDRO. *Geog.* Cumbre nevada de los Andes argentinos, en la región del N. O. (Jujuy). Tiene 5.750 m. ‖ Río de América Central que nace en Guatemala, recorre parte del territorio mexicano y des. en el Usumacinta. 300 km. ‖ Río del oeste de México (Nayarit) que des. en el Pacífico después de recorrer 700 km. Es navegable. Se llama también **Mezquital.** ‖ Población del N. E. de la prov. de Buenos Aires (Rep. Argentina). Puerto sobre el río Paraná. 16.000 h. Centro industrial. ‖ Población del N. O. de la Rep. Argentina (Jujuy). 6.800 h. Explotación forestal, industria azucarera. ‖ Población de México, en el Est. de Coahuila. 21.000 h. Importante centro agrícola. ‖ Departamento del Paraguay. 20.002 km². 150.000 h. Explotación forestal, yerba mate. Cap. hom. 4.500 h. Centro comercial. ‖ – **de Macorís.** Provincia del S. E. de la Rep. Dominicana. 1.253 km². 118.000 h. Produce caña de azúcar. Cap. hom. 24.000 h. Puerto sobre el mar de las Antillas. Centro comercial. ‖ – **Sula.** Ciudad del N. de Honduras, cap. del departamento de Cortés. 105.000 h., con el mun. Explotación agricolaganadera. Centro comercial. ‖ – **y Miquelón.** Archipiélago francés del Atlántico norte, sit. al sur de Terranova. 241 km². 4.606 h. Su cap., SAN PEDRO, fue destruida por un terremoto en 1902.

SAN PELAYO. *Geog.* Población de Colombia, en el dep. de Córdoba. 2.600 h. Centro agricolaganadero.

SAN PETERSBURGO. *Geog.* V. **Leningrado.**

SAN PÍO. *Geog.* Cabo de la costa argentina, en el extremo austral de la isla de Tierra del Fuego.

SAN QUINTÍN. *Geog.* Ciudad de Francia (Aisne). 68.000 h. Industria textil, química y metalúrgica. Famosa por la derrota que en 1557 los españoles infligieron a los franceses, y en memoria de la cual Felipe II mandó construir el monasterio de El Escorial.

SAN RAFAEL. *Geog.* Ciudad del O. de la Rep. Argentina, en la prov. de Mendoza. 40.000 h. Importante centro agrícola y comercial. ‖ Provincia del O. de la Rep. Dominicana. 1.788 km². 36.272 h. Hoy llamad **La Estrelleta.**

SAN RAMÓN. *Geog.* Pobl. del Uruguay (Canelones). 10.000 h. Centro comercial. ‖ – **de la Nueva Orán.** Pobl. de la Argentina (Salta). 7.400 h. Explotación forestal. Industria azucarera.

SAN REMO. *Geog.* Ciudad del N. O. de Italia (Imperia), con puerto sobre el Mediterráneo 40.000 h. Aceites, vinos. Importante estación balnearia de invierno.

SAN REMO, Conferencia de. *Hist.* Reunión de las potencias aliadas vencedoras de la primera Guerra Mundial, para decidir el destino de ciertos territorios, celebrada en abril de 1920. Irak, Palestina y Transjordania fueron colocadas bajo el mandato de Gran Bretaña; Siria y Líbano bajo el de Francia.

SAN ROMÁN, Miguel de. *Biog.* Pol. y militar per. que participó en las luchas de la emancipación y en la guerra contra Bolivia. Fue uno de los redactores de la Constitución en 1856, y de 1862 a 1863 presid. de la República (1802-1863).

SAN ROQUE. *Geog.* Cabo del extremo N. E. de la costa de Brasil, sobre el Atlántico, al norte de Natal. ‖ Población de Colombia, en el dep. de Antioquia. 3.000 h. Centro ganadero, productos lácteos.

SAN SALVADOR. *Geog.* Isla perteneciente al archipiélago de Bahamas o Lucayas. Fue descubierta por Colón el 12 de octubre de 1492. Se llama también **Guanahaní** o **Watling.** ‖ Isla del Pacífico, perteneciente al archipiélago ecuatoriano de Colón, sit. a N. E. de la de Isabela. ‖ Río del S. O. del Uruguay (Soriano) que des. en el río Uruguay después de recorrer 130 km. Es navegable. ‖ Población del E. de la Argentina, en la prov. de Entre Ríos. 3.200 h. ‖ Departamento de El Salvador. 2.047 km². 800.000 h. Cap. homónima. ‖ Ciudad de la Rep. de El Salvador, cap. del departamento hom. y de la Rep. Tiene 415.000 h., Es el centro comercial y cultural más importante del país. Industria textil, manufactura de tabacos. Universidad y observatorio. ‖ – **de Jujuy.** Ciudad del N. O. de la Rep. Argentina, cap. de la prov. de Jujuy, sit. sobre el río Grande. 85.000 h., con el mun. Centro agrícola y minero. Importantes monumentos históricos, museos. Fundada en 1561.

SANSCRITISTA. com. Persona versada en la lengua y literatura sánscritas.

SÁNSCRITO, TA. (De *sánskrita,* perfecto.) adj. Dícese de la antigua lengua de los brahmanes (que sigue siendo la sagrada del Indostán) y de lo referente a ella. LENGUA SÁNSCRITA; *poemas* SÁNSCRITOS. Ú.t.c.s.

● **SÁNSCRITO.** *Filol.* El **sánscrito** integra la extensa familia de lenguas arias e indoeuropeas. En su origen es ajeno a las lenguas dravídicas, aborígenes de la India, y está vinculada a las lenguas persas y caucásicas, a las lenguas muertas de Frigia, y también al griego, latín y lenguas eslavas, germánicas, bálticas y célticas. Existen dos formas del **sánscrito;** el **sánscrito** védico, en que están escrito los libros sagrados de la India, llamados Vedas, y el **sánscrito** brahmánico o clásico, caracterizado por una mayor riqueza de forma y construcción, que permitió la escritura de una literatura interesante y valiosa, acabada expresión de un pueblo de incuestionable cultura. Respecto del **sánscrito** no se sabe con certeza la época de su integración, y su complicada conformación fonética permite suponer que nunca fue una lengua realmente popular. Su habla fue reemplazada hacia el s. VI a. de C. por los dialectos prácritos.

SANSCRITO, TA. adj. Sánscrito. Ú.t.c.s.

SANSEACABÓ. expr. fam. con que se da por concluido un asunto.

SAN SEBASTIÁN. *Geog.* Profunda bahía de la costa N. de la isla de Tierra del Fuego, en la Rep. Argentina, sobre el océano Atlántico. ‖ Ciudad y puerto del N. de España, sobre el mar Cantábrico, cap. de la provincia de Guipúzcoa. 180.000 h. Industria textil, papelera, pesquera, etc. Famosas playas, importante centro comercial.

SAN SEVERO. *Geog.* Ciudad del S. E. de Italia (Foggia). 53.000 h. Importante industria vitivinícola.

SANSEVIERA. f. Género de plantas textiles, la mayoría originarias de África, que son cultivadas por la calidad de sus fibras. Gén. *Sanseviera,* liliáceas.

SANSIMONIANO, NA. adj. Partidario del sansimonismo. Apl. a pers. ú.t.c.s. ‖ Perteneciente a esta doctrina.

SANSIMONISMO. m. *Sociol.* Doctrina de Saint-Simon, según la cual la sociedad debe organizarse sobre una base industrial y el gobierno debe entregarse a los comerciantes e industriales; los filósofos y científicos deben ser los legisladores. Posteriormente la doctrina fue desfigurada por elementos religiosos e ideas peculiares sobre la moral; pero subsiste su fórmula sobre la repartición de la riqueza: "de cada uno según su capacidad, a cada uno según sus obras".

SANSIROLÉ. com. fam. Bobalicón, papanatas.

SANSÓN. (Por alusión a *Sansón,* juez de Israel, dotado de fuerzas extraordinarias.) m. fig. Hombre muy forzudo.

SANSÓN. *Hist. Sagr.* Juez de Israel, dotado de fuerza sobrehumana. Traicionado por Dalila, quien le cortó la cabellera, donde residía su fuerza, sus enemigos le arrancaron los ojos. Recobrado su vigor físico al crecerle el cabello, derribó las columnas del templo donde sus enemigos lo habían conducido, y pereció junto con ellos.

SANSÓN Y DALILA. *Mús.* Opera en tres actos, música de Camilo Saint-Saëns, estrenada en 1877. Una de las más importantes de la escena lírica francesa, su inspiración bíblica se expresa en forma tumultuosa y vibrante.

SANSOVINO. *Biog.* Nombre con que se conoce al escultor ital. **Jacobo Tatti,** autor de la puerta de la sacristía de San Marcos, en Venecia; *Marte, Neptuno,* etc. (1489-1570).

SANTA. *Geog.* Río del Perú que nace en los Andes, recorre el dep. de Ancash, pasa por la c. de Huarás y des. en el Pacífico después de recorrer 320 km.

SANTA ALIANZA. *Hist.* Liga formada después de la caída de Napoleón Bonaparte, por Alejandro de Rusia, Francisco de Austria y Federico Guillermo III de Prusia, y a la que después se unieron todos los reyes europeos. Su finalidad era mantener la influencia y el poder de las dinastías reinantes contra las aspiraciones de libertad de los pueblos. Fue perdiendo poder hasta desaparecer por completo después de 1848.

SANTA ANA. *Geog.* Población de la Rep. Argentina. V. **Colonia Santa Ana.** ‖ Departamento de la región occidental de la Rep. de El Salvador. 3.559 km². 370.000 h. Producción agrícola y minera. Cap. hom. 90.000 h., con el mun. Importante centro industrial y comercial. Universidad. ‖ **Cuchilla de –.** Sierra del N. del Uruguay que sirve de límite entre este país y Brasil.

SANTA ANA, LA VIRGEN Y EL NIÑO. *B. A.* Cuadro de Leonardo de Vinci que se conserva en el museo del Louvre y donde el autor crea la perspectiva aérea con elementos que modifican los volúmenes y dan nuevas bases a la composición.

SANTA ANNA, Antonio López de. *Biog.* V. **López de Santa Anna, Antonio.**

SANTA ANNA DO LIVRAMENTO. *Geog.* V. **Livramento.**

SANTABÁRBARA. al. **Pulverkammer.** fr. **Saintebarbe.** ingl. **Powder room.** ital. **Santabarbara.** port. **Santa-Barbara.** (Por la imagen de *Santa Bárbara,* patrona de los artilleros, que generalmente está colocada en este lugar.) f. *Mar.* Pañol o lugar que se destina en las embarcaciones para guardar la pólvora. ‖ *Mar.* Cámara por donde se comunica o baja a este pañol. ‖ **Quemar,** o **volar, la santa bárbara.** frs. fig. con que se denota una resolución extrema, sin reparar en el daño que pueda causar el medio empleado.

SANTA BÁRBARA. *Geog.* Archipiélago del sudoeste de los EE.UU., sobre el Pacífico, que forma parte del Est. de California. ‖ Población del S. del dep. de Antioquia, en Colombia. 7.000 h. Manufactura de tabacos. ‖ Dep. del occidente de Honduras. 7.417 km². 235.000 h. Producción agricolaganadera y minera. Cap. homónima con 6.700 h. ‖ Población del N. de México (Chihuahua). 17.500 h. Explotación minera.

SANTA CATALINA. *Geog.* Isla de la costa S. E. del Brasil, frente al Est. homónimo, donde está sit. Florianópolis. ‖ Isla de los EE.UU. situada en la costa del Pacífico, que forma parte del archipiélago de Santa Bárbara. ‖ Estado del S. E. del Brasil. 94.367 km². 2.970.000 h. Yerba mate, cereales, ganado, minería. Cap. FLORIANÓPOLIS.

SANTA CLARA. *Geog.* Isla chilena, en el arch. de Juan Fernández. ‖ Ciudad de Cuba, cap. de la provincia de Villa Clara. 150.066 h. Explotación minera, manufactura de tabacos.

SANTACRUCEÑO, ÑA. adj. y s. De Santa Cruz.

SANTA CRUZ, Andrés. *Biog.* Mil. y estadista bol. de destacada actuación en las guerras de la independencia americana. Presid. interino del Perú en 1826, y en 1829 de Bolivia en reemplazo de Sucre, fue luego reelegido por otro período de cuatro años. Publicó los códigos que llevan su nombre y a su iniciativa se debió la creación de la Confederación Perú-Boliviana proclamada en 1836, de la que fue gran mariscal y Supremo Protector. Su derrota en la guerra con Chile y la revolución que estalló en Bolivia lo obligaron a dimitir en 1839 como presid. y protector (1792-1865). ‖ – **WILSON, Domingo.** Compositor chil. de vanguardia, autor de numerosas obras: *Cuatro poemas de Gabriela Mistral; Serenidad; Cantos de soledad.* etc. (n.1899). ‖ – **Y ESPEJO, Francisco Eugenio de.** Lit. y médico ec., precursor de la independencia. De vasta erudición y tendencias democráticas y progresistas, fundó varios periódicos y publicó el *Nuevo Luciano de Quito o despertador de los ingenios* (1747-1795).

SANTA CRUZ. *Geog.* Isla estadounidense que forma parte de las pequeñas Antillas, situada al S. E. de Puerto Rico. 213 km². 13.500 h. ‖ Río del S. E. de la Rep. Argentina que nace cerca del lago Argentino y des. en estuario en el océano Atlántico después de recorrer 345 km. ‖ Provincia del S. de la Rep. Argentina. 276.920 km². 90.000 h. Cap. RÍO GALLEGOS. ‖ Departamento del E. de Bolivia. 370.621 km². 527.000 h. Cereales, caña de azúcar, algodón, explotación forestal y petrolífera. Cap. SANTA CRUZ DE LA SIERRA. ‖ Población del Brasil en el Est. de Río Grande del Sur. 17.500 h. ‖ Población de Chile (Colchagua), situada al S. O. de San Fernando. 4.800 h. Cereales, ganadería, minería. ‖ – **de la Palma.** Ciudad del E. de la isla de La Palma, del grupo de las Canarias. 11.500 h. Puerto muy activo. ‖ – **de la Sierra.** Ciudad de Bolivia, cap. del departamento de Santa Cruz. 128.000 h., con el mun. Importante centro comercial. ‖ – **del Quiché.** Ciudad del N. de Guatemala, cap. del departamento de El Quiché. 43.000 h., con el mun. Centro agrícola y de explotación forestal. ‖ – **del Seibo.** Población de la Rep. Dominicana, cap. de la provincia del Seibo. 5.500 h. Explotación forestal, café, tabaco. ‖ – **de Tenerife.** Prov. de España, en las islas Canarias. 5.208 km². 630.000 h. Frutas, actividad pesquera. Cap. hom. 160.000 h. Puerto muy activo.

SANTA ELENA. *Geog.* Isla británica sit. en el Atlántico, a 1.900 km. de la costa de África. 122 km². 5.500 h. Cap. JAMESTOWN. Descubierta por los portugueses en 1501, en 1651 se apoderó de ella la Compañía Británica de las Indias Orientales. Es célebre porque allí estuvo prisionero Napoleón I desde 1815 hasta su muerte, en 1821. Actualmente esta colonia de la corona inglesa es base de aprovisionamiento de la flota. ‖ Península de la costa S. O. de Ecuador (Guayas). ‖ Población del E. de la Argentina (Entre Ríos). 4.000 h. Importante industria frigorífica.

SANTAELLA, Juan. *Biog.* Poeta venez., notable sonetista, autor de *El inefable; Pompas de Jabón; Última elegía,* etc. (1883-1927).

SANTA FE. *Geog.* Provincia del E. de la Rep. Argentina. 133.007 km². 2.350.000 h. Su suelo es una extensa llanura bañada por ríos importantes. La región sur es típicamente agricolaganadera y la región del Norte tiene una gran riqueza forestal. Industrias derivadas de las actividades agricolaganaderas. Molinos yerbateros, destilerías de petróleo, industria química muy desarrollada. Cap. hom. con 260.000 h. sit. sobre el río Paraná. Es un importante centro comercial, industrial y cultural. Universidad. Puerto activo. Fue fundada por Juan de Garay en 1573. ‖ Ciudad de los EE.UU., capital del Estado de Nuevo México. 45.600 h. Fue fundada por los españoles en 1609. ‖ **Golfo de –.** Escotadura de la costa de Venezuela (Sucre), sobre el mar de las Antillas.

SANTAFE. *Geog.* Ciudad del S. de España (Granada). 11.500 h. Fue fundada por los Reyes Católicos.

SANTAFECINO, NA. adj. Santafesino.

SANTAFEREÑO, ÑA. adj. Natural de Santa Fe de Bogotá. Ú.t.c.s. ‖ Perteneciente a esta ciudad de Colombia.

SANTAFESINO, NA. adj. Natural de Santa Fe. Ú.t.c.s. ‖ Perteneciente o relativo a esta ciudad y provincia de la Argentina.

SANTA INÉS. *Geog.* Isla del S. de Chile, situada al S. O. de la pen. de Brunswick.

SANTA ISABEL. *Geog.* Cumbre de los Andes colombianos en el límite de los dep. de Caldas y Tolima. Culmina a los 5.100 m. ‖ Ciudad del O. de África, sit. en la isla Fernando Poo, sobre el Atlántico. 15.064 h. Actualmente, **Malabo.**

SANTA JUANA. *Lit.* Pieza teatral de George Bernard Shaw, estrenada en 1923. Calificada por su autor de "crónica en forma de drama" no está exenta de la intención crítica que caracteriza la obra de Shaw. Del cuadro de controversias morales, políticas y económicas que se presenta se eleva la incólume personalidad de Juana de Arco.

SANTALÁCEO, A. (Del gr. *sántalon,* sándalo.) adj. *Bot.* Dícese de plantas dicotiledóneas, herbáceas o leñosas, de hojas gruesas, sin estípulas, generalmente alternas; florecillas apétalas con el cáliz petaloideo y fruto en drupa; como el guardalobo y el sándalo de la India. Ú.t.c.s.f. ‖ f. pl. *Bot.* Familia de estas plantas.

SANTA LUCÍA. *Geog.* Isla independiente de las Pequeñas Antillas, situada al S. de la isla de Martinica. 603 km². 106.000 h. Cap. CASTRIES. ‖ Río de la Rep. del Uruguay, que nace en el dep. de Lavalleja y des. en el río de la Plata, al O. de Montevideo. ‖ Población del N. E. de la Rep. Argentina (Corrientes). 4.700 h. Frutas, arroz, tabaco. ‖ Población del O. de la Rep. Argentina (San Juan). 4.500 h. Industria vitivinícola y frigorífica.

SANTA MARGARITA. *Geog.* Isla del O. de la pen. de California (México), sobre el océano Pacífico. 220 km².

SANTA MARÍA, Domingo. *Biog.* Pol. chileno, de 1881 a 1886 presid. de la Rep. Durante su gob. promulgó el tratado de límites con la Rep. Argentina, concluyó la guerra con Perú, reorganizó la enseñanza y fomentó el progreso (1825-1889).

SANTAMARÍA, Francisco Javier. *Biog.* Escritor y político mex., autor de un *Diccionario de americanismos* y otras obras similares (1889-1963). ‖ – **Juan.** Patriota cost. que luchó contra las tropas invasoras comandadas por el aventurero nort. Guillermo Walker (1831-1856).

SANTA MARÍA. *Geog.* Volcán del O. de Guatemala en el dep. de Quezaltenango. 4.600 m. ‖ Población de la región central de la Rep. Argentina (Córdoba). 3.750 h. Frutas, industria textil. ‖ Ciudad del Brasil, en el Est. de Río Grande del Sur. 50.000 h. Importante centro agrícola. ‖ – **del Oro.** Población de México, en el Est. de Nayarit. 5.400 h. Centro minero. ‖ – **del Río.** Población del N. E. de México (San Luis Potosí). 135.000 h. Frutas.

SANTA MARTA. *Geog.* Ciudad del noroeste de Colombia, cap. del departamento de Magdalena. 115.000 h. con el mun. Puerto sobre el mar de las Antillas. Importante centro comercial y de turismo. Fundada en 1525, es la c. más antigua de Colombia. ‖ **Sierra Nevada de –.** Cordón montañoso del norte de Colombia, que se extiende al oeste de la desembocadura del Magdalena hasta la sierra de Perijá. Culmina a 5.808 m. en el pico Cristóbal Colón.

SANTA MAURA. *Geog.* Isla griega, perteneciente al grupo de las Jónicas, situada al N. E. de Cefalonia. 292 km². 33.000 h. Vid, pasas de uva. Cap. LÉUCADA. Antiguamente se llamó **Léucada.**

SANTAMENTE. adv. m. Con santidad. *Morir* SANTAMENTE. ‖ Sencillamente.

SANTANA, Pedro. *Biog.* Militar y político dom. En 1843 dirigió la rebelión contra los haitianos, a los que derrotó. En 1849 y de 1853 a 1861 ejerció la presidencia de la República (1801-1863).

SANTANDER, Francisco de Paula. *Biog.* Militar y político colombiano, figura prócer de la independencia de su patria y uno de los más decididos heraldos de la emancipación continental. Desde la infancia recibió una educación nada común en la época y tenía tan sólo diecisiete años cuando se doctoró en derecho. Impulsado por los ideales de libertad que enardecían a los jóvenes americanos, abrazó en 1810 la causa revolucionaria; en el mismo año fue nombrado secretario de comandancia de armas, cargo donde adquirió profundos conocimientos militares. Las condiciones de carácter e inteligencia que lo distinguían no tardaron en granjearle el respeto y la admiración de cuantos le rodeaban, y partidario de un ordenamiento federalista de la democracia, se puso al frente de las tropas federales para oponerse al centralismo de Nariño. Tras su notable participación en diversas acciones contra los realistas, en 1817 se reunió con Bolívar en Barcelona (Venezuela); el Libertador le nombró jefe de estado mayor de su ejército con el grado de general de brigada. **Santander** organizó entonces un disciplinado ejército que prestó inapreciable ayuda a Bolívar en su campaña de reconquista. El 7 de agosto de 1819 cubrióse de gloria en la batalla librada en Boyacá, que aseguró definitivamente la independencia de Colombia y le valió, en el mismo campo de batalla, el ascenso a general de división. Logrado el anhelo bolivariano de la unión de Colombia y Venezuela, bajo la denominación de Gran Colombia, el congreso de Cúcuta le confirió el cargo de vicepresidente en ejercicio de la presidencia, que desempeñó hasta 1828. Al frente del partido constitucionalista, se opuso a la política de Bolívar y cuando éste, al no aceptársele la dimisión a la presidencia, retornó a Colombia, estalló un movimiento armado promovido por el propio **Santander;** acusado de atentar contra la vida del Libertador, fue detenido y condenado a muerte, sentencia que Bolívar hizo conmutar por el destierro. Embarcó para Europa y allí permaneció tres años. Poco después de morir Bolívar y encontrándose en Estados Unidos, **Santander** fue elegido presidente de Colombia, que ya se había separado definitivamente de Venezuela. En 1832 asumió la primera magistratura, que desempeñó hasta 1836; su gobierno fue altamente progresista, y sobre todo en el terreno educativo, por la orientación reformista y la creación de escuelas y universidades, dejó hondas huellas. Además ordenó las finanzas, y en el orden internacional suscribió importantes tratados con Ecuador, Venezuela y algunos países europeos. Figura prominente de la historia americana, mereció de Bolívar el calificativo de "hombre de las leyes", y en efecto su norma de gobierno fue "*gobernar de acuerdo a las leyes, hacerlas obedecer, respetar los derechos comunes e individuales y conservar el orden y la tranquilidad*" (1792-1840).

SANTANDER. *Geog.* Departamento de la región septentrional de Colombia. 32.070 km². 1.270.000 h. Café, tabaco, algodón, caña de azúcar, arroz, cereales, minería. Cap. BUCARAMANGA. ‖ Población del S. O. de Colombia, en el dep. de Cauca. 6.500 h. Importante centro agricolaganadero. ‖ Provincia del N. de España (Castilla la Vieja). 5.289 km². 485.000 h. Maíz, trigo, frutales, industria metalúrgica, aceites, vinos, cinc, hierro, sal. Cap. hom. 155.000 h. Importante puerto sobre el mar Cantábrico. Centro comercial y de turismo. ‖ **Norte de –.** V. **Norte de Santander.**

SANTANDERANO, NA. adj. y s. Santandereano.

SANTANDEREANO, NA. adj. Natural de Santander. Ú.t.c.s. ‖ Perteneciente o relativo a esta población y departamento de Colombia.

SANTANDERIENSE. adj. Santanderino. Apl. a pers., ú.t.c.s.

SANTANDERINO, NA. adj. Natural de Santander. Ú.t.c.s. ‖ Perteneciente a esta ciudad y provincia de España.

SANTARÉM. *Geog.* Población del N. de Brasil, en el Est. de Pará. 16.500 h. Importante puerto sobre el Amazonas. ‖ Ciudad de Portugal, cap. de la provincia de Ribatejo, situada sobre el río Zezere. 17.000 h.

SANTA ROSA, Tomás de. *Biog.* Pintor bras., autor de *Serenata; Carnaval,* etc. Se especializa en la acuarela y en la pintura a punta seca. (n. 1909).

SANTA ROSA. *Geog.* Isla del N. O. del Ecuador, en la bahía de Ancón. 64 km². ‖ Ciudad de la Rep. Argentina, capital de la prov. de La Pampa. 36.000 h. ‖ Pobl. del O. de la Argentina (San Luis). 3.800 h. Explotación forestal. ‖ Pobl. de Colombia, en el dep. de Antioquia. 5.300 h. Explotación ganadera y minera. ‖ Pobl. del este de El Salvador (La Unión). 3.800 h. Centro comercial y minero. ‖ Dep. del sur de Guatemala. 2.955 km². 200.000 h. Café, arroz, caña de azúcar. Cap. CUILAPA. ‖ – **de Cabal.** Pobl. de Colombia (Caldas). 15.500 h. Importante centro agricolaganadero. ‖ – **de Copán.** C. de Honduras, capital del dep. de Copán. 10.200 h. Tabaco, trigo, explotación forestal.

SANTA ROSALÍA. *Geog.* Población de México en el Est. de Baja California. 9.500 h. Centro de explotación minera.

SANTA TECLA. *Geog.* V. **Nueva San Salvador.**

SANTAYANA, Jorge Ruiz de. *Biog.* Fil. y poeta esp. radicado en EE.UU. Postuló la unión de filosofía y poesía en obras donde su materialismo escéptico se expresa con singular belleza formal: *La vida de la razón; Interpretaciones sobre la poesía y la religión; El último puritano; Diálogos en el limbo,* etc. (1863-1952).

SANTEE. *Geog.* Río del sureste de los EE.UU., en Carolina del Sur. Des. en el Atlántico, después de recorrer 241 km.

SANTELMO. m. **Fuego de Santelmo.** ‖ fig. Salvador, favorecedor en algún apuro.

SANTERA. f. Mujer del santero. ‖ La que cuida de un santuario.

SANTERÍA. f. Calidad de santero. ‖ *Amér.* Tienda en que se venden imágenes de santos, libros religiosos, etc. ‖ *Cuba.* Brujería.

SANTERO, RA. (De *santo.*) adj. Dícese del que rinde a las imágenes un culto indiscreto y supersticioso. ‖ m. y f. Persona que cuida de un santuario. ‖ Persona que lleva de casa en casa la imagen de un santo y pide limosna. ‖ s. Persona que pinta o esculpe santos y también la que los vende. ‖ *Cuba.* Auxiliar del ladrón.

SANTIAGO. Grito con que los españoles invocaban a su patrón **Santiago** al entrar en batalla. ‖ m. Acometimiento en la batalla. ‖ Lienzo fabricado en **Santiago** de Compostela.

SANTIAGO, Ramón de. *Biog.* Poeta urug. cuya composición *La loca del Bequeló* adquirió gran popularidad (1837-1907).

SANTIAGO. *Geog.* Isla del océano Atlántico, perteneciente al archipiélago y rep. de Cabo Verde. Tiene 991 km², y es la mayor del grupo. ‖ Río de la República Argentina (Buenos Aires) que des. en la ensenada de Barragán. Ha sido canalizado para servir de entrada al puerto de La Plata. ‖ Río del N. del Ecuador que des. en el Pacífico después de recorrer 140 km. ‖ Río de México que nace en el lago Chapala, recorre el Est. de Jalisco y des. en el Pacífico formando un amplio delta. 412 km. ‖ Río del Perú, que recorre el dep. de Amazonas y des. en el Marañón después de recorrer 280 km., en parte navegables. ‖ Provincia de la región central de Chile. 17.422 km². 4.000.000 h. Producción agrícola y minera. Cap. homónima. ‖ Ciudad de la región central de Chile, capital de la prov. de igual nombre y de la República. Está sit. sobre el río Mapocho y tiene 3.263.300 h. Industria textil, curtidurías. Centro comercial muy importante. Universidad. Fue fundada por Pedro de Valdivia en 1541. ‖ Provincia del N. O. de la Rep. Dominicana. 3.538 km². 410.000 h. Algodón, café, tabaco, cacao. Cap. SANTIAGO DE LOS CABALLEROS. ‖ Población de México, en el Est. de Nayarit. 10.000 h. Centro agrícola. ‖ – **de Compostela.** Ciudad del N. E. de España (La Coruña). 68.000 h. Fue capital de Galicia y en la Edad Media, lugar de peregrinaciones. Famosa catedral. ‖ – **de Cuba.** *Geog.* Prov. de Cuba. 6.343 km²; 792.519 h. Cap. hom. 324.274 h. Café, cacao, tabaco. Centro comercial e industrial importante. Fue fundada en 1514. ‖ – **de las Vegas.** Población de Cuba, sit. en la provincia de La Habana. 12.000 h. ‖ – **del Estero.** Provincia de la región N. de la Rep. Arg. 135.254 km². 520.000 h. Su suelo es llano y en el extremo S. O. ofrece una depresión donde se encuentran las Salinas Grandes. En la región norte tiene extensos bosques de quebracho blanco y colorado. La agricultura se desarrolla en la zona encerrada por los ríos Salado y Dulce. Algodón, lino, trigo, maíz, alfalfa, frutas, olivo. Explotación forestal, industria textil. Cap. hom. con 106.500 h. Importante centro comercial e industrial. Es la c. más antigua del interior de la República; fundada en 1550. ‖ – **de los Caballeros.** C. del noroeste de la Rep. Dominicana, cap. de la provincia de Santiago. 173.000 h. Importante centro comercial y cultural. ‖ – **de Veraguas.** Población de Panamá, cap. de la prov. de Veraguas. 16.000 h. Centro comercial. ‖ – **Rodríguez.** Provincia de la Rep. Dominicana. 1.020 km². 55.500 h. Cap. hom. 5.000 h. ‖ – **Zamora.** Antigua provincia del S. E. del Ecuador. Tenía 44.494 km². y 21.579 h. Su cap. era MACAS. Actualmente forma dos provincias: Morona-Santiago, al norte, capital MACAS, y Zamora-Chinchipe, al sur, capital ZAMORA.

SANTIAGO. *Hagiog.* Apóstol de Jesús, hermano de San Juan Evangelista y patrono de España, donde predicó en el año 40.

SANTIAGUEÑO, ÑA. adj. Natural de la ciudad o de la provincia de Santiago del Estero.

Ú.t.c.s. ‖ Perteneciente a esta ciudad y provincia argentinas.

SANTIAGÜERO, RA. adj. Natural de Santiago de Cuba. Ú.t.c.s. ‖ Perteneciente a esta ciudad.

SANTIAGUÉS, SA. adj. Natural de Santiago de Compostela. Ú.t.c.s. ‖ Perteneciente a esta ciudad de Galicia.

SANTIAGUINO, NA. adj. Natural de Santiago de Chile. Ú.t.c.s. ‖ Perteneciente a esta ciudad.

SANTIAGUISTA. adj. Dícese del individuo de la orden militar de Santiago. Ú.t.c.s.

SANTIAMÉN (En un). (De las palabras latinas *Spíritus Sancti, Amen*, con que suelen terminar algunas oraciones de la Iglesia.) frs. fig. y fam. **En un decir amén.**

SANTIANO, César. *Biog.* Escultor arg. autor de *Gladiador herido; El hombre y sus pasiones*, etc. (1886-1919).

SANTIDAD. al. **Heiligkeit.** fr. **Sainteté.** ingl. **Sanctity; holiness.** ital. **Santità.** port. **Santidade.** (Del lat. *sánctitas, -atis.*) f. Calidad de santo. ‖ Tratamiento honorífico que se da al Papa.

SANTIFICAR. al. **Heiligen.** fr. **Sanctifier.** ingl. **To sanctify.** ital. **Santificare.** port. **Santificar.** (Del lat. *sanctificare;* de *sanctus*, santo, y *fácere*, hacer.) tr. Hacer santo a uno por medio de la gracia. ‖ Dedicar una cosa a Dios. ‖ Hacer venerable una cosa por la presencia o contacto de lo que es santo. ‖ Reconocer al que es santo, honrándole como a tal. sinón.: **canonizar.** ‖ Honrar a algún santo. ‖ fig. y fam. Abonar, disculpar a alguien. Ú.t.c.r. ‖ deriv.: **santificable; santificación; santificador, ra; santificante; santificativo, va.**

SANTIGUADA. f. Acción y efecto de santiguar o santiguarse. ‖ **Para, o por, mi santiguada.** expr. Por mi fe, o por la cruz.

SANTIGUADERA. f. Acción de santiguar o hacer cruces sobre uno. ‖ Santiguadora.

SANTIGUADOR, RA. m. y f. Persona que santigua supersticiosamente a otra diciendo ciertas oraciones.

SANTIGUAMIENTO. m. Acción y efecto de santiguar o santiguarse.

SANTIGUAR. al. **Bekreuzen; segnen.** fr. **Faire le signe de la croix; se signer.** ingl. **To bless; to cross oneself.** ital. **Fare il segno della croce.** port. **Santigar; santiguar.** (Del lat. *sanctificare.*) tr. Hacer, con los dedos pulgar e índice de la mano derecha cruzados, la señal de la cruz desde la frente al pecho y desde el hombro izquierdo al derecho, invocando a la Santísima Trinidad. ‖ Hacer supersticiosamente cruces sobre alguien, diciendo ciertas oraciones. ‖ fig. y fam. Castigar o maltratar. *Le* SANTIGUÓ *por su desobediencia.* ‖ r. fig. y fam. **Hacerse cruces,** maravillarse.

SANTIGUO. m. Acción de santiguar.

SANTILLANA, Marqués de. *Biog.* V. **López de Mendoza, marqués de Santillana, Íñigo.**

SANTIMONIA. (Del lat. *sanctimonia.*) f. Santidad, calidad de santo. ‖ Planta herbácea, compuesta, parecida a la matricaria, de flores dobles y vistosas. Procede de Oriente y se cultiva en los jardines.

SANTÍN DEL CASTILLO, Miguel. *Biog.* Político salvadoreño, de 1858 a 1859 presidente de la República.

SANTISCARIO. m. Invención. Ú. sólo en la expresión familiar **de mi santiscario.**

SANTÍSIMO, MA. adj. sup. de **Santo.** ‖ Aplícase al Papa como tratamiento honorífico. ‖ m. **El Santísimo.** Cristo en la Eucaristía. ‖ **Descubrir,** o **manifestar, el Santísimo.** frs. Exponerle a la adoración pública de los fieles.

SANTIVÁN, Fernando. *Biog.* Seud. de **Fernando Santibáñez Puga,** escr. chileno, autor de *La hechizada; Charca en la selva; Palpitaciones de vida*, etc. (1886-1973).

SANTO, TA. al. **Heilig; selig.** fr. **Saint.** ingl. **Saint; holy.** ital. **Santo.** port. **Santo.** (Del lat. *sanctus.*) adj. Perfecto y libre de toda culpa. Aplícase con más propiedad a Dios, que lo es esencialmente; por gracia, privilegio y participación, dícese de los ángeles y de los hombres. ‖ Aplícase a la persona a quien la Iglesia declara tal, y ordena que se le rinda culto universalmente. Ú.t.c.s. ‖ Dícese de la persona de virtud ejemplar. Ú.t.c.s. ‖ Aplícase a las cosas que se dedican o consagran a Dios. ‖ Dícese de lo que es venerable por alguna causa religiosa. ‖ *Mil.* Nombre de santo que, con la seña, comunicaba diariamente el jefe superior de toda plaza a los jefes de puestos, y que servía para reconocer las rondas y las fuerzas amigas, o para darse a conocer a las rondas mayores. ‖ V. **Año, campo, cargo, palo santo.** ‖ Dícese de los seis días de la Semana **Santa** que siguen al Domingo de Ramos. ‖ Conforme a la ley de Dios. ‖ Sagrado, inviolable. ‖ Dícese de algunas cosas que traen al hombre singular provecho, y particularmente de las que poseen especial virtud para curar algunas enfermedades. *Medicina* SANTA. ‖ Aplícase a la Iglesia Católica por nota característica suya. ‖ V. **Semana, Tierra Santa.** ‖ V. **Santa Hermandad, Santa Sede.** ‖ V. **Santo Oficio, Santo Padre.** ‖ V. **Santa palabra.** ‖ V. **El santo óleo.** ‖ V. **Santo varón.** ‖ Con ciertos nombres encarece el significado de éstos. *Sigue con su* SANTA *manía; hizo su* SANTO *capricho; llovió todo el* SANTO *día.* Ú.t. en superlativo: *la* SANTÍSIMA *voluntad.* ‖ *Teol.* V. **Espíritu Santo.** ‖ m. Imagen de un **santo.** ‖ fam. Viñeta, grabado, estampa. *Este libro tiene muchos* SANTOS. ‖ Respecto de una persona, festividad del **santo** cuyo nombre lleva. ‖ *Chile.* Remiendo que se echa a la ropa. ‖ *Mil.* Nombre, palabra que se daba por señal secreta. ‖ **Alzarse** uno **con el santo y la limosna.** frs. fig. y fam. Adueñarse de todo, lo propio y lo ajeno. ‖ **A santo de.** m. adv. Con motivo de, a fin de, con pretexto de. ‖ **Cargar** uno **con el santo y la limosna.** frs. fig. y fam. **Alzarse con el santo y la limosna.** ‖ **Con mil santos.** expr. fam. de enfado o impaciencia. Ú. frecuentemente con los imperativos de los verbos *andar, callar, dejar, quedar, ir* y otros. ‖ **Dar** uno **con el santo en tierra.** frs. fig. y fam. Dejar caer lo que lleva. ‖ **Deberle a cada santo una vela o una misa.** frs. fig. y fam. *Amér.* Estar muy endeudado. ‖ **Desnudar a un santo para vestir a otro.** frs. fig. y fam. Quitar a una persona alguna cosa para dársela a otra a quien le hace menos falta; o quitar un objeto de un lugar para ponerlo en otro donde no es más preciso. ‖ **Encomendarse** uno **a buen santo.** frs. fig. con que se denota haber salido como milagrosamente de un peligro, o haber conseguido algo de que se tenía poca esperanza. ‖ **No ser** una persona **santo de la devoción** de otra. frs. fig. y fam. Desagradarle, no inspirarle confianza. ‖ **Pasar el santo.** frs. fig. y fam. *Chile.* Pegar, zurrar. ‖ **Por todos los santos,** o **por todos los santos del cielo.** expr. fam. con que se ruega encarecidamente alguna cosa. ‖ **Prenderle a cada santo una vela.** frs. fig. y fam. *Arg., Chile* y *P. Rico.* Mover muchas influencias para conseguir alguna cosa. ‖ IDEAS AFINES: *Canonizar, hagiografía, fe, devoción, veneración, altar, voto, milagro, ofrenda.*

SANTO AMARO. *Geog.* Población del N.E. de Brasil (Bahía). 15.000 h. Centro agrícola.

SANTO DE LA ESPADA, El. *Lit.* Obra de Ricardo Rojas publicada en 1933. Biografía y exaltación apoteótica del Libertador José de San Martín.

SANTO DOMINGO. *Geog.* Isla del mar de las Antillas, sit. al este de Cuba. 77.387 km². Está dividida entre la Rep. Dominicana (región oriental) y Haití (región occidental). Fue descubierta por Colón en 1492 y le puso el nombre de **La Española.** V. **Dominicana, República,** y **Haití.** ‖ Ciudad capital de la Rep. Dominicana, cabecera del Distrito Nacional. 922.528 h.

SANTÓN. (De *santo.*) m. El que profesa vida austera y penitente fuera de la religión cristiana. Aplícase especialmente al mahometano que practica esa vida. *Se postró ante la tumba del* SANTÓN. ‖ fig. y fam. Hombre hipócrita o que finge santidad. ‖ fig. y fam. Aplícase a la persona, por lo general entrada en años, de mucha autoridad o influencia en una colectividad determinada.

SANTÓN, NA. (Del lat. *santones, -um.*) adj. Aplícase al individuo de un aantiguo pueblo de raza céltica, que dio nombre a la Santonia, hoy Santoña, comarca de la Galia occidental, donde habitaba. Ú.m.c.s. y en pl.

SANTONIA. *Geog. histor.* V. **Saintonge.**

SANTÓNICO, CA. (Del lat. *santónicus.*) adj. Perteneciente o relativo a los santones o a la Santonia (Santoña). ‖ m. Planta perenne, europea, con tallo de tres a seis decímetros de altura; hojas alternas lineares y blanquecinas; flores en cabezuelas pequeñas, y por frutos aquenios terminados por un disco. Es de sabor amargo y de olor fuerte y aromático, y sus cabezuelas se usan en medicina como tónicas y vermífugas. *Artemisia cina*, compuesta. ‖ Cabezuela de esta planta. ‖ Cabezuela, procedente de diversas especies de plantas de Oriente y de África, del mismo género que la de Europa, pero de virtud medicinal más enérgica por contener más santonina.

SANTONINA. f. Substancia neutra, cristalizable, incolora, de sabor amargo y acre que se extrae del santónico y se usa en medicina como vermífugo.

SANTOÑA. *Geog.* C. de España (Santander), puerto sobre el Cantábrico, 10.000 h. Industria conservera.

SANTOÑA. *Geog. histór.* V. **Saintonge.**

SANTORAL. m. Libro que contiene vidas o hechos de santos. ‖ Libro de coro que contiene los introitos y antífonas de los oficios de los santos, puestos en canto llano. ‖ Lista de los santos cuya festividad se celebra en cada uno de los días del año. ‖ IDEAS AFINES: *Liturgia, cristianismo, martirologio, onomástico, calendario, canonizar.*

SANTÓRSOLA, Guido. *Biog.* Músico urug., autor de la composición vocal *Agonía* y de otras obras (n. 1904).

SANTOS, Domingo. *Biog.* Compositor salv., autor de las oberturas *Martita* y *Dorita*, de seis marchas fúnebres y de otras obras (1892-1951). ‖ – **Eduardo.** Jurisc. y político col., de 1938 a 1942 presid. de la República (1888-1974). ‖ – **Máximo.** Pol. y militar urug., de 1882 a 1886 presid. de la República (1836-1888). ‖ – **CHOCANO, José.** V. **Chocano, José Santos.** ‖ – **DUMONT, Alberto.** V. **Dumont, Alberto Santos.** ‖ – **ZELAYA, José.** Mil. y político nicar., de 1893 a 1909 presidente de la República (1853-1919).

SANTOS. *Geog.* Ciudad del S.E. de Brasil, en el Est. de San Pablo. 350.000 h. Puerto activo sobre el Atlántico. Exportación de azúcar, café, tabaco. ‖ **Los –.** V. **Los Santos.**

SANTO SEPULCRO. *Hist.* Templo de Jerusalén, que se cree construido en el s. IV por la madre del emperador Constantino, en el lugar donde fue sepultado Jesucristo. V. **Sepulcro, Santo.**

SANTOS VEGA. *Lit.* Poema gauchesco de Mitre, compuesto entre 1840 y 1846, con el cual se sitúa al autor entre los precursores del género. Recogió de la leyenda popular el tipo que se proponía idealizar, pero repudió su habla característica y compuso una especie de elegía culta con elementos de la tradición popular. ‖ Poema de Ascasubi publicado en París en 1872 y en el que intentó presentar el cuadro completo de la pampa argentina, descripto en el habla propia del gaucho. ‖ Poema de Rafael Obligado publicado en 1885, en el que el autor eleva la figura de Santos Vega hasta el simbolismo social; el gaucho es vencido por Juan Sin Ropa, símbolo del progreso. Por el vuelo poético de la obra, Obligado es llamado por excelencia el cantor del payador.

SANTO TOMÁS. *Geog.* Isla del mar de las Antillas, situada al E. de la isla de Puerto Rico, que forma parte de las islas Vírgenes y pertenece a los EE.UU. 70 km². 30.000 h. Cap. CHARLOTTE AMALIE.

SANTO TOMÉ. *Geog.* Cabo de la costa E. de Brasil, en el Est. de Río de Janeiro. ‖ Isla sit. al occidente de África, en el golfo de Guinea. 964 km². 80.000 h. Cap. hom. 18.000 h. Café, cacao. Antigua posesión portuguesa, independiente en 1975. ‖ Población del N.E. de la Argentina (Corrientes). 8.348 h. Monumentos históricos. Importante puerto sobre el río Uruguay.

SANTOVENIA, Emeterio. *Biog.* Hist. y periodista cub., autor de *Historia de Cuba; Política de Martí; Genio y acción en Sarmiento y Martí*, etc. (1889-1970).

SANTUARIO. al. **Heiligtun.** fr. **Sanctuaire.** ingl. **Sanctuary.** ital. **Santuario.** port. **Santuário.** (Del lat. *sanctuárium.*) m. Templo en que se venera la imagen o reliquia de un santo de especial devoción. ‖ Sancta. ‖ *Col.* Ídolo indio. ‖ fig. Tesoro enterrado. ‖ IDEAS AFINES: *Fieles, devoción, oficio, divino, Eucaristía; iconoclasta, idolatría.*

SANTUARIO. *Geog.* Población de Colombia (Caldas). 4.600 h. Centro agrícola. ‖ Población de Colombia, en el dep. de Antioquia. 3.800 h. Actividades agricolaganaderas e industriales.

SANTUCHO, CHA. (Desp. de *santo.*) adj. y s. fam. Santurrón.

SANTULÓN, NA. adj. desus. Santurrón.

SANTURBÁN. *Geog.* Nudo de los Andes colombianos, en el dep. de Norte de Santander. Altura máxima, 3.700 m.

SANTURRÓN, NA. (Desp. de *santo.*) adj. y s. Minucioso en los actos de devoción. ‖ Hipócrita que finge ser devoto.

SANTURRONERÍA. f. Calidad de santurrón.

SAN VALENTÍN. *Geog.* Cerro de los Andes chilenos (Aysén). 4.058 m. de altura.

SAN VICENTE. *Geog.* Cabo del extremo S.O. de Portugal, en la prov. de Algarve. ‖ Isla del mar de las Antillas, sit. al oeste de Barbados. Est. asociado a Gran Bretaña. 389 km². 90.000 h. Cap. KINGSTOWN. ‖ Isla del Atlántico, que pertenece al archipiélago y estado de Cabo Verde. 219 km². 20.000 h. ‖ Población de Colombia en el dep. de Santander. 5.400 h. Cultivos de arroz, ganadería. ‖ Población de Chile, en la prov. de O'Higgins. 5.000 h. Actividades agrícolas. ‖ Departamento de El Salvador. 2.287 km². 160.000 h. Café, caña de azúcar, cereales. Cap. hom. 18.000 h. Centro agricolaganadero; industria textil.

SANZ DEL RÍO, Julián. *Biog.* Filósofo esp., discípulo de Krause, cuya vida fue un constante batallar contra los prejuicios de la época. Su sistema –de tendencia moral y práctica– culmina en un espíritu de cooperación y armonía universales. Su labor produjo un renacimiento en la fil. de su patria, que proliferó en la obra de numerosos discípulos. Obras: *El ideal de la humanidad para la vida; Sistema de la filosofía*, etc. (1814-1869). ‖ – **Miguel José.** Patriota y escritor venez. (1754-1814).

SANZIO, Rafael. *Biog.* V. **Rafael.**

SAÑA. al. **Wut; Raserei.** fr. **Acharnement.** ingl. **Anger; fury.** ital. **Rabbia; furore.** port. **Sanha.** (Del lat. *sanies*, sangre corrompida, veneno.) f. Furor, enojo ciego. sinón.: **arrebato, enfurecimiento, rabia.** ‖ Intención rencorosa y cruel.

SAÑOSO, SA. adj. Sañudo. ‖ deriv.: **sañosamente.**

SAÑUDO, DA. adj. Inclinado a la saña, o que tiene saña. ‖ deriv.: **sañudamente.**

SAO. m. Labiérnago. ‖ *Cuba.* Sabana pequeña con escasa vegetación.

SÃO CAETANO. *Geog.* Ciudad del Brasil, en el Est. de San Pablo. 65.000 h. Importante centro industrial.

SÃO CARLOS. *Geog.* Población del S.E. de Brasil, en el Est. de San Pablo. 36.000 h. Centro productor de café.

SÃO LUIZ. *Geog.* Ciudad del N. de Brasil, capital del Est. de Maranhão. 275.000 h. Importante industria textil.

SAONA. *Geog.* Río del O. de Francia que nace en los Vosgos y des., cerca de Lyon, en el Ródano. Tiene 455 km. ‖ **Alto –.** Dep. de Francia. V. **Alto Saona.** ‖ **– y Loira.** Departamento de Francia. 8.627 km² 565.000 h. Vinos, aceites, porcelanas, industria química y metalúrgica. Cap. MACON.

SAPA. (Del tagalo *sapa*, buyo.) f. Residuo que queda de la masticación del buyo.

SAPAN. (Del malayo *sápang.*)

m. *Filip.* Sibucao.
SAPENCO. m. Caracol terrestre, muy común, con rayas pardas transversales, que alcanza hasta una pulgada de longitud.
SAPERDA. f. *Zool.* Género de coleópteros de la familia de los cerambícidos, de los que se conocen nueve especies, todas ellas europeas. Tienen la cabeza inclinada hacia adelante, las antenas robustas de 11 artejos, y el coselete cilíndrico.
SAPERO, RA. adj. *Chile.* Chiripero.
SAPIDEZ. f. Calidad de sápido. sinón.: **sabor.**
SÁPIDO, DA. (Del lat. *sápidus.*) adj. Dícese de la substancia que tiene algún sabor. antón.: **insípido.**
SAPIENCIA. (Del lat. *sapientia.*) f. Sabiduría. ‖ Libro de la Sabiduría, escrito por Salomón.
SAPIENCIAL. (Del lat. *sapientialis.*) adj. Perteneciente a la sabiduría.
SAPIENTE. (Del lat. *sapiens, -entis.*) adj. p. us. Sabio. Ú.t.c.s.
SAPILLO. m. dim. de **Sapo.** ‖ Ránula. ‖ *Cuba.* Especie de afta que padecen en la boca algunos niños de pecho.
SAPINA. (Del lat. *sapo,* jabón.) f. Salicor, planta.
SAPINDÁCEO, A. (Del lat. mod. *sapindus,* jaboncillo, y éste del lat. *sapo,* jabón, por el jugo de alguna de estas plantas.) adj. *Bot.* Dícese de plantas dicotiledóneas, arbóreas o sarmentosas, de hojas generalmente alternas, flores en espiga, con anillo nectarífero entre los estambres y la corola, y fruto capsular; como el choloque, el farolillo y el jaboncillo. Ú.t.c.s. ‖ f. pl. *Bot.* Familia de estas plantas.
SAPINO. (Del lat. *sapinus.*) m. Abeto, conífera.
SAPO. al. **Kröte.** fr. **Crapaud.** ingl. **Toad.** ital. **Rospo.** port. **Sapo.** (Del vasc. *zapoa.*) m. *Zool.* Género de anfibios del orden de los anuros, caracterizados por tener cuerpo rechoncho, ojos saltones, grandes parótidas, boca muy hendida y sin dientes; dedos cilíndricos, los anteriores libres y en número de cuatro, mientras los posteriores son cinco y están unidos por una membrana; piel gruesa de color verde pardusco y llena de verrugas, por cuyos poros fluye un humor blanquecino y fétido. Durante el día vive oculto entre las piedras o en cavidades poco profundas del terreno, y sale al obscurecer para cazar insectos, gusanos y moluscos. ‖ fam. Cualquier bicho cuyo nombre se ignora. ‖ fig. Persona con torpeza física. ‖ fig. y fam. V. **Ojos de sapo.** ‖ *Amér. del S.* Juego de la rana. ‖ *Cuba.* Pez de río, pequeño, de cabeza grande y boca muy hendida. ‖ *Chile.* Mancha que, por defecto en la cristalización, se observa en el interior de las piedras preciosas. ‖ *Chile.* Chiripa en el juego de billar. ‖ — **marino.** Pejesapo. ‖ **Echar** uno **sapos y culebras.** frs. fig. y fam. Decir desatinos. ‖ fig. y fam. Proferir denuestos airadamente. ‖ **Hacerse el sapo.** frs. fig. y fam. Hacerse el disimulado. ‖ **Matar el sapo.** frs. fig. y fam. Matar el tiempo. ‖ **Sapos y culebras.** frs. fig. y fam. Cosas despreciables, revueltas, enmarañadas.
SAPO, PA. adj. fig. y fam. *Chile, Pan.,* y *Perú.* Astuto, disimulado.
SAPONÁCEO, A. (Del lat. *sapo, -onis,* jabón.) adj. Jabonoso.
SAPONARIA. (Del lat. *saponaria,* jabonosa.) f. Jabonera, planta cariofílea.
SAPONIFICACIÓN. f. *Quím.* Acción y efecto de saponificar.
● **SAPONIFICACIÓN.** *Quím.* La **saponificación** es un proceso químico mediante el cual las grasas se desdoblan en glicerina y ácidos grasos, o también la reacción que se efectúa entre los ésteres y los hidróxidos alcalinos para formar las sales correspondientes a los ácidos de los ésteres, es decir, el proceso inverso a la esterificación. Existen diversos medios para efectuar la **saponificación:** por medio del agua; sin agentes catalíticos; con agentes catalíticos; por la cal, en vasijas abiertas; por medio de álcalis cáusticos, etc. Industrialmente, la **saponificación** se emplea en la fabricación de velas y jabones.
SAPONIFICAR. (Del lat. *sapo, -onis,* jabón, y *fácere,* hacer.) tr. y r. *Quím.* Convertir en jabón un cuerpo graso, por hidrólisis del mismo mediante el hidróxido de sodio, o de potasio. ‖ deriv.: **saponificable.**
SAPOR. *Biog.* Nombre de tres reyes persas, de los s. III y IV.
SAPORÍFERO, RA. (Del lat. *sápor, -oris,* sabor, y *ferre,* llevar.) adj. Que causa o da sabor.
SAPOTÁCEO, A. (De *sapote,* nombre científico del *zapote.*) adj. Dícese de árboles y arbustos dicotiledóneos, tropicales y subtropicales, con tubos laticíferos, hojas alternas y coriáceas, florecillas axilares, y fruto en baya o drupa, con semillas oleosas; como el zapote y el ácana. Ú.t.c.s.f. ‖ f. pl. *Bot.* Familia de estas plantas.
SAPOTE. m. Zapote.
SAPOTINA. f. *Ec.* Hidrosilicato de magnesia y alúmina. Es una substancia amorfa, blanda, blanca grisácea y untuosa al tacto, que se usa en la fabricación de porcelana.
SAPPORO. *Geog.* Ciudad del Japón, en la isla de Hokkaido. 600.000 h. Industria textil.
SAPRÓFAGO, GA. (Del gr. *saprós,* podrido, y *phágomai,* comer.) adj. *Biol.* Aplícase a los animales que se alimentan de substancias orgánicas en estado de descomposición.
SAPROFITO, TA. (Del gr. *saprós,* podrido, y *phytón,* planta.) adj. *Bot.* Dícese de las plantas que, por no haber desarrollado la función clorofílica, viven nutriéndose de substancias orgánicas en descomposición. Ú.t.c.s. ‖ *Med.* Dícese de los microbios que viven normalmente en el organismo a expensas de las materias en putrefacción, pero pueden adquirir virulencia y producir enfermedades.
SAQUE. m. Acción de sacar; dícese especialmente en el juego de pelota. ‖ Raya o sitio desde donde se saca la pelota. ‖ El que saca la pelota. *En este partido juega un buen* SAQUE. ‖ **Tener buen saque.** frs. fig. y fam. Comer o beber mucho de cada vez.
SAQUEADOR, RA. adj. y s Que saquea.
SAQUEAMIENTO. (De *saquear.*) m. Saqueo.
SAQUEAR. al. **Plündern.** fr. **Saccager.** ingl. **To plunder.** ital. **Saccheggiare.** port. **Saquear.** (De *saco.*) tr. Apoderarse los soldados en forma violenta de lo que hallan en un paraje. sinón.: **depredar.** ‖ Entrar en una ciudad o lugar robando cuanto se halla. sinón.: **pillar.** ‖ fig. Apoderarse de todo o la mayor parte de aquello de que se habla. SAQUEÓ *la bodega del amo.*
SAQUEO. m. Acción y efecto de saquear. sinón.: **pillaje, saco.**
SAQUERÍA. (De *saquero.*) f. Fabricación de sacos. ‖ Conjunto de ellos.
SAQUERÍO. m. Saquería, conjunto de sacos.
SAQUERO, RA. s. Persona que hace sacos o los vende.
SAQUETE. m. dim. de **Saco.** ‖ *Art.* Envoltura de papel, anascote, etc., en que se empaqueta la carga del cañón.
SAQUILADA. f. Cantidad que se lleva en un saco, cuando no va lleno.
SARA. *Hist. Sagr.* Esposa de Abrahán y madre de Isaac.
SARABAÍTA. (Del lat. *sarabaita.*) adj. Decíase del monje relajado que habitaba en las ciudades con otros compañeros, sin regla ni superior, no sujetándose a la vida de los anacoretas y cenobitas.
SARAGAT, José. *Biog.* Político ital. de tendencia socialista, nacido en 1898. Fue presidente de la República desde 1964 hasta 1971.
SARAGUATE. m. *Amér. Central.* Especie de mono.
SARAGÜETE. m. fam. Sarao casero.
SARAJEVO. *Geog.* Ciudad de la región central de Yugoslavia, al S. O. de Belgrado. 247.000 h. Fue escenario del asesinato del archiduque Francisco Fernando y su esposa, acaecido el 28 de junio de 1914, causa aparente de la primera Guerra Mundial.
SARAMPIÓN. al. **Masern.** fr. **Rougeole.** ingl. **Measles.** ital. **Rosolia.** port. **Sarampo.** (Del gr. *xerampélinos,* de color rojo encendido.) m. *Med.* Enfermedad febril, contagiosa, que se manifiesta por multitud de máculas pequeñas y rojas, semejantes a picaduras de pulga, y que va precedida y acompañada de síntomas catarrales, por lo general intensos, como lagrimeo, fotofobia, estornudo, coriza, etc. La enfermedad es benigna de ordinario, ataca principalmente a los niños, y confiere inmunidad, pero tiene frecuentes complicaciones, entre ellas la bronconeumonía y la otitis.
SARANDÍ. m. *Arg.* Arbusto euforbiáceo, de ramas largas y flexibles, que se cría en las costas y riberas, en terrenos bañados por las aguas. ‖ deriv.: **sarandizal.**
SARANDÍ. *Geog.* Arroyo de la región central de Uruguay, en el dep. de Florida, que des. en el río Yi. En sus orillas tuvo lugar, en 1825, la batalla de igual nombre, en la cual los uruguayos derrotaron a los brasileños. ‖ C. de la Argentina, al sur de la ciudad de Buenos Aires. 40.000 h.
SARAO. (Del port. *sarão,* y éste del lat. *serânum,* de *sérum,* la tarde.) m. Reunión nocturna de personas de distinción con el fin de divertirse con baile o música. sinón.: **velada.**
SARAPE. m. *Méx.* Especie de capote de monte de colores muy vivos.
SARAPIA. f. Árbol leguminoso de la América Meridional, con tronco liso, blanquecino, de más de un metro de diámetro y unos veinte de altura; hojas alternas, coriáceas, de pecíolo marginado; flores con ocho estambres, y legumbre tomentosa con una sola semilla en forma de almendra. Su madera se usa en carpintería y con su semilla se aromatiza el rapé y se preserva la ropa de la polilla. ‖ Fruto de este árbol.
SARAPICO. m. Zarapito.
SARASA. m. fam. Hombre afeminado, marica. sinón.: **adamado, amujerado, fileno.**
SARASATE, Pablo Martín. *Biog.* Compos. y violinista esp., admirable virtuoso. Obras: *Zapateado; Jota aragonesa;* cuatro libros de danzas españolas, etc. (1844-1908).
SARATOGA SPRINGS. *Geog.* Población del este de los EE. UU., en el Est. de Nueva York. 19.500 h. Célebre por el triunfo de los patriotas estadounidenses sobre el ejército inglés de Burgoyne en 1777. Con él se aseguró la emancipación del país.
SARATOV. *Geog.* Ciudad de la Unión Soviética (R.S.F.S.R.), situada sobre el Volga. 762.000 h. Destilerías, industria metalúrgica. Universidad.
SARAVIA, Aparicio. *Biog.* General urug. (1855-1904), caudillo del partido "blanco" y jefe de las revoluciones de esa tendencia en 1897 y 1904.
SARAVIADO, DA. adj. *Col.* y *Ven.* Pintado, mosqueado. Dícese de las aves.
SARAWAK. *Geog.* Ant. colonia británica de la isla de Borneo, hoy parte de la Federación de Malasia. 121.909 km². 985.000 h. Petróleo, caucho, arroz. Cap. KUCHING.
SARAZO, ZA. adj. *Amér.* Zarazo. Aplícase más generalmente al maíz. ‖ Aplícase al agua de coco maduro, y por extensión, dícese de todo éste.
SARCASMO. al. **Sarkasmus.** fr. **Sarcasme.** ingl. **Sarcasm.** ital. **Sarcasmo.** port. **Sarcasmo.** (Del lat. *sarcasmus,* y éste del gr. *sarkasmós.*) m. Burla sangrienta, ironía cáustica y cruel con que se zahiere o maltrata a personas o cosas. *Le dirigía palabras cariñosas mientras la martirizaba. ¡Cruel* SARCASMO! ‖ *Ret.* Figura consistente en el empleo de esta especie de ironía o burla.
SARCÁSTICO, CA. (Del gr. *sarkastikós.*) adj. Que denota o implica sarcasmo o es concerniente a él. ‖ Dícese de la persona que tiende a usarlo. ‖ deriv.: **sarcásticamente.**
SARCIA. (Del lat. *sarcina.*) f. Carga, fardaje.
SARCOCARPIO. (Del gr. *sarx, sarkós,* carne, y *karpos,* fruto.) m. *Bot.* Mesocarpio.
SARCOCELE. (Del lat. *sarcocele,* y éste del gr. *sarkokele;* de *sarx, sarkós,* carne, y *kele,* tumor.) m. *Pat.* Tumor duro y crónico del testículo.
SARCOCOLA. (Del lat. *sarcocolla,* y éste del gr. *sarkokolla.*) f. Goma aromática y amarga, de color amarillento o rojizo, que fluye de la corteza de un arbusto de Arabia semejante al espino negro. Fue usada en medicina para curar heridas.
SARCÓFAGO. al. **Sarkophag.** fr. **Sarcophage.** ingl. **Sarcophagus.** ital. **Sarcofago.** port. **Sarcófago.** (Del lat. *sarcóphagus,* y éste del gr. *sarkophagos,* que consume las carnes; de *sarx, sarkós,* carne, y *phagein,* comer.) m. Sepulcro, féretro. *Es un* SARCÓFAGO *de barro cocido.* ‖ IDEAS AFINES: *Arqueología, cripta, panteón; incineración, cremación.*
SARCÓFILO. m. Mamífero carnicero didelfo, de cuerpo redondo, pelaje negro, cabeza de gran tamaño y hocico corto y grueso. Vive en Tasmania.
SARCOLEMA. (Del gr. *sarx, sarkós,* carne, y *lemma,* corteza.) m. *Anat.* Miolema.
SARCOMA. al. **Sarkom.** fr. **Sarcome.** ingl. **Sarcoma.** ital. **Sarcoma.** port. **Sarcoma.** (Del lat. *sarcoma,* y éste del gr. *sárkoma,* aumento de carne.) m. *Pat.* Tumor maligno formado por un tejido semejante al conjuntivo embrionario, que crece rápidamente y se reproduce con facilidad. ‖ deriv.: **sarcomatoso, sa.**
SARDA. (Del lat. *sarda,* y éste del gr. *sarda.*) f. Caballa.
SARDÁ, José. *Biog.* Mil. español que actuó en las luchas napoleónicas, y en América a las órdenes de Bolívar (m. 1834).
SARDANA. (Del lat. *cerretana,* t. f. de *-nus,* cerretano.) f. Danza en corro, tradicional de Cataluña, y canción que la acompaña. ‖ deriv.: **sardanista.**
SARDANÁPALO. *Biog.* Rey de Asiria de 668 a 625 a. de C.; sometió a egipcios, árabes, fenicios y armenios; se apoderó de Babilonia y arrasó Susa y otras ciudades. Monarca despótico, célebre por su vida disipada, protegió las artes y las ciencias (m. 625 a. de C.).
SARDANÉS, SA. adj. Natural de Cerdaña. Ú.t.c.s. ‖ Perteneciente a esta comarca de Cataluña.
SARDES. *Geog. histór.* Ciudad de Asia Menor, cap. del antiguo reino de Lidia, célebre por sus riquezas.
SARDESCO, CA. (De *sardo,* 2º art.) adj. Dícese del caballo o asno pequeño. Ú.t.c.s. ‖ fig. y fam. Aplícase a la persona áspera y sacudida. ‖ fig. *Med.* V. **Risa sardesca.**
SÁRDICA. *Geog. histór.* Nombre antiguo de **Sofía.**
SARDINA. al. **Sardine.** fr. **Sardine.** ingl. **Sardine.** ital. **Sardina.** port. **Sardinha.** (Del lat. *sardina.*) f. Pez marino del orden de los malacopterigios abdominales, de doce a quince centímetros de largo, semejante al arenque, pero de carne más delicada, cabeza relativamente menor, la aleta dorsal muy delantera y el cuerpo fusiforme y de color negro azulado por encima, dorado en la cabeza y plateado en los costados y vientre. ‖ **Estar** uno **como sardina en banasta.** frs. fig. y fam. Estar muy apretado por demasiada concurrencia. ‖ **Sardina que lleva el gato, tarde o nunca vuelve al plato.** ref. que advierte que una vez causado el daño la reparación es difícil.
SARDINAL. m. Red que se mantiene entre dos aguas en posición vertical para que se enmallen las sardinas.
SARDINEL. (Del cat. *sardinell,* sardina, por semejanza con las sardinas prensadas.) m. *Arq.* Obra hecha de ladrillos sentados de canto; de modo que coincida la cara de uno con la del otro en toda su extensión. *Arco, escalón, hecho* A SARDINEL. ‖ *Arq.* V. **Citarilla sardinel.**
SARDINERO, RA. adj. Perteneciente a las sardinas. *Exportación* SARDINERA. ‖ s. Persona que vende sardinas o trata en ellas. ‖ f. Barco a propósito para pescar sardinas.
SARDINETA. f. dim. de **Sardina.** ‖ Porción que se corta al queso por sobresalir del molde en que se hace. ‖ Adorno formado por dos galones apareados en punta. Se usa especialmente en ciertos uniformes militares. ‖ Papirotazo que por juego da un muchacho a otro en la mano, con los dedos mojados en saliva.
SARDINIA. *Geog. histór.* Nombre antiguo de Cerdeña.
SARDIO. (Del lat. *sardius lápis.*) m. Sardónice.
SARDO, DA. adj. Aplícase al ganado vacuno que tiene la capa mezclada de negro, blanco y colorado. ‖ m. Sardónice.

SARDO, DA. (Del lat. *sardus.*) adj. Natural de Cerdeña. Ú.t.c.s. ‖ Perteneciente a esta isla de Italia. ‖ m. Lengua que se habla en dicha isla, y que pertenece al grupo de las neolatinas.

SARDONIA. (Del lat. *sardonia,* cosa de Cerdeña.) adj. fig. *Med.* V. **Risa sardonia.** ‖ f. Especie de ranúnculo de hojas lampiñas, pecioladas las inferiores, con lóbulos obtusos las superiores, y flores con pétalos poco más largos que el cáliz. Su jugo produce en los músculos de la cara una contracción que semeja la risa. *Ranunculus sceleratus.*

SARDÓNICA. (Del lat. *sardónycha.*) f. Sardónice.

SARDÓNICE. (Del lat. *sárdonyx, -ycis,* y éste del gr. *sardónyx.*) f. Ágata de color amarillento con partes más o menos obscuras. *La* SARDÓNICE *es una variedad de calcedonia.*

SARDÓNICO, CA. (Del gr. *sardonikós.*) adj. fig. *Med.* V. **Risa sardónica.** ‖ Perteneciente a la sardonia. ‖ *Arg., Perú* y *P. Rico.* Irónico, sarcástico.

SARDONIO. (Del lat. *sardonius,* y éste del gr. *sardonios.*) m. Sardónice.

SARDÓNIQUE. f. Sardónice.

SARDOU, Victoriano. *Biog.* Dram. francés, autor de *Fedora; La Tosca; Madame Sans-Gêne,* etc. (1831-1908).

SARGA. (Del lat. *sérica,* de seda.) f. Tela cuyo tejido forma unas diagonales. ‖ *Pint.* Tela pintada al temple o al óleo para adornar o decorar las paredes de las habitaciones.

SARGA. f. *Bot.* Nombre vulgar de varios árboles y arbolillos del Gén. *Salix,* salicáceas. ‖ Sargatillo. ‖ – **colorada.** Sauce colorado. *S. purpurea.* ‖ – **negra.** Arbusto de 2 a 6 m. de altura, de suelos muy húmedos; da mimbres usados para embalajes. *Salix cinerea.* ‖ – **verde.** Sargatilla.

SARGADILLA. (De *salgada.*) f. Planta perenne, de seis a ocho decímetros de altura, con tallo rollizo y ramoso, hojas amontonadas, glaucas, planas por encima, carnosas, agudas y terminadas por un pelo blanquecino y cerdoso; flores de tres en tres y en las axilas de las hojas, cáliz con cinco lacinias, cinco estambres, pericarpio muy delgado y semilla lenticular con un pico corto. *Chenofrodium spilendens,* quenopodiácea.

SARGADO, DA. adj. Asargado.

SARGAL. m. Terreno poblado de sargas.

SARGATILLA. (De *sarga.*) f. Sarga verde, arbolillo de hasta cinco metros de altura, que produce abundantes mimbres, algo frágiles, usados en cestería. *Salix triandra,* salicácea.

SARGATILLO. (De *sarga,* y *gatillo,* dim. de *gato;* véase *sauzgatillo.*) m. Especie de sauce europeo, que crece a orillas de los ríos, de unos cuatro metros de altura, y con ramas mimbreñas, poco resistentes. *Salix incana,* salicácea.

SARGAZO. (En port. *sargaço.*) m. Planta marina de la familia de las algas, en la cual se distinguen con claridad el tallo y las frondas, que son de color rojo pardusco, simulan hojas alternas con nervio central muy saliente, y llevan vejiguillas axilares llenas de gas, con las que puede sostenerse la planta dentro o en la superficie del agua. Hay varias especies, y alguna tan abundante que cubre una gran superficie, llamada Mar de **Sargazos,** en el océano Atlántico. *El mar de* SARGAZOS *fue descubierto por Colón.*

SARGAZOS, Mar de. *Geog.* Zona del océano Atlántico cubierta de algas, situada entre el archipiélago de las Antillas y el de las Azores. Abarca una superficie de más de 4.000.000 de km².

SARGENT, Juan Singer. *Biog.* Pintor nort., destacado retratista y autor de *Lirios; Autorretrato; Las hermanas Acheson,* etc. (1856-1925).

SARGENTA. f. Sergenta. ‖ Alabarda que llevaba el sargento. ‖ Mujer del sargento. ‖ fam. Sargentona.

SARGENTE. (Del fr. *sergent,* y éste del lat. *serviens, -entis,* sirviente.) m. ant. **Sargento.**

SARGENTEAR. tr. Gobernar gente militar haciendo el oficio de sargento. ‖ fig. Capitanear, guiar gentes. ‖ fig. y fam. Mandar o disponer afectada e imperiosamente en un concurso o función. *Ella era la que* SARGENTEABA *en todas las reuniones.*

SARGENTERÍA. f. Ejercicio del sargento en la formación, disposición y economía de la tropa.

SARGENTÍA. f. Empleo de sargento. ‖ – **mayor.** Empleo de sargento mayor. ‖ Oficina en que el sargento mayor atiende los asuntos de su cargo.

SARGENTO. al. **Sergeant.** fr. **Sergent.** ingl. **Sergeant.** ital. **Sergente.** port. **Sargento.** (Fr. *sergente.*) m. Individuo de la clase de tropa, cuyo grado es superior al de cabo, y que bajo la inmediata dependencia de los oficiales tiene a su cargo el orden, administración y disciplina de una compañía o parte de ella. ‖ Oficial subalterno que en las antiguas compañías de infantería seguía en orden al alférez y estaba encargado de instruir y alojar a los soldados, velar por la disciplina y llevar la contabilidad. ‖ Alcalde de corte inmediato en antigüedad a los cinco que tenían a su cargo el juzgado de provincia, de quienes era suplente. ‖ – **general de batalla.** En la milicia antigua, oficial inmediato subalterno del maestre de campo general. ‖ – **mayor.** Oficial que se encargaba de la instrucción y disciplina en un regimiento, era jefe superior a los capitanes, ejercía las funciones de fiscal e intervenía en todos los ramos económicos. ‖ – **mayor de brigada.** El que, por ser el más antiguo de los **sargentos** mayores de los cuerpos que la componían, tomaba y distribuía las órdenes. ‖ – **mayor de la plaza.** Oficial jefe de ella encargado del pormenor de servicio, para señalar el que corresponde a cada cuerpo. ‖ – **mayor de provincia.** Jefe militar que mandaba en Indias después del gobernador y teniente de rey.

SARGENTONA. f. fam. despect. Mujer corpulenta, hombruna y de dura condición. sinón.: **marimacho.**

SARGO. (Del lat. *sargus.*) m. Pez marino, acantopterigio, de unos veinte centímetros de longitud, de color plateado, cruzado con franjas transversales negras; tiene el cuerpo comprimido lateralmente, cabeza de hocico puntiagudo, labios dobles, dientes robustos y cortantes, aletas pectorales redondas y cola ahorquillada. *Sargus rondeletii.*

SARGÓN. *Biog.* Rey de Asiria de 722 a 705 a. de C.; destruyó el reino de Israel.

SARGUERO. m. Pintor que se dedicaba a pintar sargas.

SARGUERO, RA. adj. Perteneciente a la sarga, planta.

SARGUETA. f. dim. de **Sarga,** tela.

SARIÁ. (Voz guaraní.) f. *Arg.* Chuña.

SARIAMA. (Voz guaraní.) f. Ave zancuda de América del Sur, de cuello largo y color rojo sucio; tiene un copete pequeño. Destruye las sabandijas.

SARILLA. (Del ár. *çatriya,* y éste del lat. *satireia.*) f. Mejorana silvestre.

SARILLO. m. **Sarrillo.**

SARJEKTJAKKO. *Geog.* Cerro del N. de Suecia, en los montes Kiolen. 2.090. m. de altura.

SARMACIA. *Geog. histór.* Región de Europa antigua sit. entre los Cárpatos, el Vístula, el Volga, el mar Negro y el mar Báltico.

SÁRMATA. (Del lat. *sármata.*) adj. Natural de Sarmacia, región de la Europa antigua. Ú.t.c.s. ‖ Sarmático.

SARMÁTICO, CA. (Del lat. *sarmáticus.*) adj. Perteneciente a Sarmacia.

SARMENTAR. intr. Coger los sarmientos podados. ‖ irreg. Conj. como **acertar.** ‖ deriv.: **sarmentador, ra.**

SARMENTERA. f. Sitio donde se guardan los sarmientos. ‖ Acción de sarmentar.

SARMENTICIO, CIA. (Del lat. *sarmenticius.*) adj. Aplicábase por ultraje a los cristianos de los primeros siglos, porque se dejaban quemar a fuego lento con sarmientos.

SARMENTOSO, SA. (Del lat. *sarmentosus.*) adj. Que se asemeja a los sarmientos. *Los* SARMENTOSOS *dedos del anciano.*

SARMIENTO. al. **Rebholz.** fr. **Sarment.** ingl. **Runner.** ital. **Sarmento.** port. **Sarmento.** (Del lat. *sarméntum.*) m. Vástago de la vid, largo, delgado, nudoso y flexible, del cual brotan las hojas, las tijeretas y los racimos. ‖ – **cabezudo.** El que se corta de la cepa con parte de madera vieja para plantarlo.

SARMIENTO, Domingo Faustino. *Biog.* Ilustre escritor, pol., educador y estadista arg. Formado en el clima espiritual de Mayo, concretó su ideal social en la transformación de su pueblo por la inmigración y en una fórmula que fue su bandera contra la ignorancia: "la educación para todos". Por su oposición a Rosas emigró a Chile en 1831; pudo regresar al país en 1838 y continuar su prédica desde "El Zonda", cél. vocero contra la injusticia. Solicitado por Chile, creó allá, en 1840, la primera escuela normal de América del Sur. Senador, ministro, diplomático, de 1868 a 1874 fue presid. de la Rep. Su gob. fue un momento histórico en la evolución social arg.: fundó escuelas, incrementó el empuje ferroviario, creó el Colegio Militar y la Escuela Naval, impulsó la inmigración y terminó la guerra de la Triple Alianza, inspirando las cél. palabras de su ministro Mariano Varela "la victoria no da derechos". Su obra literaria surge, como dijera un crítico, "de la entraña misma de la tierra nativa". *Facundo* o *Civilización y Barbarie* es un ensayo fil. sobre la evolución social arg.; *Recuerdos de provincia* y *Vida de Dominguito* son íntimas evocaciones familiares. Éstas y otras muchas fueron reunidas en sus *Obras completas,* en cincuenta y dos tomos (1811-1888). ‖ – **DE SOTOMAYOR, García.** Virrey de México de 1642 a 1648 y del Perú de 1648 a 1655. ‖ – **Y VALLADARES, José.** Virrey de México de 1697 a 1701.

SARMIENTO. *Geog.* Cerro de Chile sit. al S. O. de Tierra del Fuego, en la prov. de Magallanes. 2.164 m. de altura. Fue escalado por primera vez por una expedición italiana el 7 de abril de 1956. ‖ **Capitán** –. V. **Capitán Sarmiento.** ‖ **General** –. V. **General Sarmiento.**

SARNA. al. **Krätze; Räude.** fr. **Gale.** ingl. **Itch.** ital. **Rogna.** port. **Sarna.** (Voz española antigua, citada por San Isidoro.) f. *Pat.* Enfermedad contagiosa de la piel producida por el ácaro o arador, el cual se aloja en surcos que abre debajo de la epidermis. La afección se observa especialmente en las manos, pies, genitales, etc., y va acompañada de prurito intenso y de eflorescencias polimorfas de la piel producidas por el rascado y las reinfecciones. ‖ V. **Ácaro de la sarna.** ‖ – **perruna.** *Pat.* Variedad de **sarna** cuyas vesículas no supuran y cuyo prurito es muy vivo. ‖ **Más viejo que la sarna.** expr. fig. y fam. Muy viejo o antiguo. ‖ **Sarna con gusto no pica.** frs. proverb. que da a entender que las molestias causadas por cosas voluntarias no incomodan. Suele agregarse: **pero mortifica,** significando que siempre producen alguna inquietud.

SARNAZO. m. fam. aum. de **Sarna.**

SARNOSO, SA. adj. Que tiene sarna. Ú.t.c.s. ‖ Relativo a la sarna o de su naturaleza.

SAROBE, José María. *Biog.* Militar y escritor arg., autor de *La Patagonia y sus problemas; El capitán general Justo José de Urquiza y la Organización política y constitucional de la Nación Argentina,* etc. (1888-1946).

SAROYAN, Guillermo. *Biog.* Escritor nort., autor de *La comedia humana; La hermosa gente; El momento de tu vida,* etc. (n. 1908).

SARPULLIDO. m. Salpullido.

SARPULLIR. tr. y r. Salpullir.

SARRACENIA. f. *Bot.* Género de plantas herbáceas americanas que se distinguen por tener una flor en el extremo de un escapo, como la sarracenia purpúrea.

SARRACENO, NA. (Del lat. *saraceni, -orum,* y éste del ár. *xarquín,* pl. vulgar de *xarquí,* oriental.) adj. y s. Natural de la Arabia Feliz, u oriundo de ella. Ú.t.c.s. ‖ Moro, mahometano. ‖ deriv.: **sarracénico, ca.**

SARRACÍN, o **SARRACINO, NA.** adj. Sarraceno. Apl. a pers., ú.t.c.s.

SARRACINA. (De *sarracín,* por alusión a la gritería y el desorden con que éstos solían pelear.) f. Pelea entre muchas personas, especialmente cuando es confusa o tumultuaria. *Riñeron las comadres y se armó una terrible* SARRACINA. ‖ Por ext., riña en que hay heridos o muertes.

SARRAPIA. f. *Bot.* Sarapia, cumarú.

SARRATEA, Manuel de. *Biog.* Pol. y diplomático arg., en 1811 miembro del Primer Triunvirato y en 1820 gobernador de Bs. As. (1774-1849).

SARRE. *Geog.* Río de Europa occidental que nace en los Vosgos, recorre territorio de Francia y Alemania y des. en el Mosela. 240 km. ‖ Territorio de Europa occidental, sit. entre Alemania y Francia. 2.567 km². 1.125.000 h. Estuvo bajo protección de la Sociedad de Naciones desde 1920 a 1935; en 1936 pasó a poder de Alemania por un plebiscito; después de 1945 quedó unido económicamente a Francia. Estado autónomo desde 1947, forma parte del territorio de la Rep. Federal Alemana desde 1957. Cap. SARREBRÜCK.

SARREBRÜCK. *Geog.* Capital del Sarre, sit. sobre el río de este nombre. 130.000 h. Importante industria metalúrgica.

SARRILLO. m. Estertor del moribundo. ‖ Aro, planta.

SARRO. al. **Zahnstein.** fr. **Tartre.** ingl. **Tartar.** ital. **Tartaro.** port. **Sarro.** (Del lat. *saburra,* lastre.) m. Sedimento que se adhiere al fondo y paredes de una vasija donde hay un líquido que precipita parte de las substancias que lleva en suspensión o disueltas. sinón.: **hez, poso.** ‖ Substancia amarillenta, espesa y calcárea que cubre la corona de los dientes. sinón.: **tártaro.** ‖ Saburra de la lengua. ‖ Roya de los cereales.

SARROSO, SA. adj. Que tiene sarro.

SARTA. (Del lat. *serta,* enlazada.) f. Serie de cosas metidas ordenadamente en un hilo, cuerda, etc. ‖ fig. Porción de gentes o de otras cosas que se consideran o van en fila unas tras otras. ‖ fig. Serie de sucesos o cosas inmateriales, iguales o semejantes. SARTA *de disparates.*

SARTAL. m. Sarta, serie.

SARTALEJO. m. dim. de **Sartal.**

SARTANEJAS. f. pl. *Bol.* Montones de tierra que forman las hormigas.

SARTÉN. al. **Pfanne.** fr. **Poêle.** ingl. **Frying pan.** ital. **Padella.** port. **Frigideira.** (Del lat. *sartago, -inis.*) f. Vasija metálica, de forma circular, más ancha que honda, de fondo plano y con mango largo, que se usa para freír, tostar o guisar alguna cosa. ‖ Sartenada. ‖ **Dijo a la sartén la alcuza, quítate allá, que me manchas.** ref. que reprende a los que estando manchados con vicios u otros defectos, censuran en otros las faltas más leves. ‖ **Tener uno la sartén por el mango.** frs. fig. y fam. Predominar, asumir la principal autoridad en una dependencia o negocio.

SARTENADA. f. Lo que cabe o se fríe de una vez en la sartén. *Una* SARTENADA *de papas fritas.*

SARTENAZO. m. Golpe dado con la sartén. ‖ fig. y fam. Golpe fuerte que se da con una cosa aunque no sea sartén.

SARTENEJA. f. dim. de **Sartén.** ‖ ant. Grieta que se forma con la sequía en un terreno arcilloso. Ú. en *And.* y en *Ec.*

SARTENEJAL. m. *Ec.* Lugar de la sabana en que abundan las sartenejas.

SARTENERO. m. El que hace o vende sartenes.

SARTHE. *Geog.* Río del N. O. de Francia, tributario del Loira. 285 km. ‖ Departamento de la región N. O. de Francia. 6.245 km². 420.393 h. Actividades agrícolas. Cap. LE MANS.

SARTO, Andrés del. *Biog.* V. **Del Sarto, Andrés.**

SARTORIO. (Del lat. *sártor,* sastre, por ser estos músculos los que principalmente producen, al contraerse, el movimiento de flexión y abducción de los muslos, necesario para poder cruzarlos uno sobre otro, como hacen los sastres para coser.) adj. *Anat.* V. **Músculo sartorio.** Ú.t.c.s.

SARTRE, Juan Pablo. *Biog.* Fil. y escritor fr., teorizante del existencialismo, cuya obra influyó poderosamente en la literatura cont. Su punto de partida es la afirmación de que "la existencia precede a la esencia", es decir, "que el hombre no es más que lo que él se hace". Además, es responsable y debe actuar en busca de la libertad, superando "la angustia" provocada por la pérdida de los valores espirituales. Planteó estos problemas en *La náusea*, novela psicológica; *El ser y la nada*, generalización filosófica; *El muro*, colección de cuentos; *A puerta cerrada*, drama, etc. (n. 1905).

SAS, Andrés. *Biog.* Compositor fr. incorporado a la cultura peruana. Autor de *Cantos del Perú; Rapsodia peruana*, y otras obras sobre temas nativos (1900-1968).

SASABI. m. Mamífero de pelaje rojizo y frente manchada. Vive en el Cabo.

SASAFRÁS. (De *saxafrax*.) m. Árbol aromático de América con tronco recio de corteza gorda y rojiza, y fruto en baya roja con una sola semilla. La infusión de sus partes leñosas se usa como sudorífica. Gén. *Sassafras officinales*, lauráceo.

SASÁNIDA. (De *Sasán*, n. p.) adj. Se dice del miembro de una dinastía de reyes persas fundada por Sapor I, que duró de 224 ó 227 a 651. Ú.t.c.s. ‖ Relativo a esta dinastía.

SASEBO. *Geog.* Ciudad japonesa del N.O. de la isla de Kiu-Shiu. 194.453 h. Base naval y astilleros.

SASKATCHEWAN. *Geog.* Río de la región central de Canadá que nace en los montes Rocallosos, formado por el **Saskatchewan del Norte** y el **Saskatchewan del Sur**, y des. en el lago Winnipeg después de recorrer 1.700 km. ‖ Provincia de la región central de Canadá. 651.827 km². 916.000 h. Pesca, trigo, cobre, carbón. Cap. REGINA.

SASKATOON. *Geog.* Ciudad de la región central de Canadá, en la prov. de Saskatchewan. 130.000 h. Universidad.

SASSARI. *Geog.* Provincia de Italia, sit. al norte de la isla de Cerdeña. 7.519 km². 415.000 h. Cap. hom. 115.000 h. Centro industrial.

SASSONE, Felipe. *Biog.* Escritor per., autor de obras en prosa y en verso. Residió mucho tiempo en España (1884-1959).

SASTRA. f. Mujer del sastre. ‖ La que tiene este oficio.

SASTRE. al. **Schneider.** fr. **Tailleur.** ingl. **Taylor.** ital. **Sarto.** port. **Alfaiate.** (Del lat. *sártor*, de *sarcire*, coser.) m. El que tiene por oficio cortar y coser trajes, en especial de hombre. ‖ V. **Jabón, jaboncillo de sastre.** ‖ fig. y fam. V. **Cajón de sastre.** ‖ **El sastre del campillo, o del cantillo, que cosía de balde y ponía el hilo.** expr. fig. y fam. que se aplica al que, además de trabajar sin beneficio, sufre algún costo. ‖ **No es mal sastre el que conoce el paño.** frs. proverb. que se dice de la persona inteligente en asunto de su competencia. ‖ Dícese también del que reconoce sus propias faltas. ‖ **Será lo que tase un sastre.** frs. fig. y fam. que se usa para expresar que lo que uno dice o pide se hará o no se hará, o es muy incierto. ‖ IDEAS AFINES: *Molde, tela, tijeras, hilo, puntadas, prueba, maniquí, modista.*

SASTRE, Marcos. *Biog.* Educador arg. de origen urug. que impulsó la instrucción pública y publicó *El Tempe argentino*, hermosa descripción del delta del Paraná; *Anagnosia; Guía del preceptor*, etc. (1809-1887).

SASTRERÍA. f. Oficio de sastre ‖ Taller de sastre.

SATÁN. (Del hebraísmo lat. *satan*, adversario, enemigo.) m. Satanás.

SATANÁS. (Del lat. *Sátanas*, y éste del hebr. *satán*.) m. Lucifer, Luzbel. ‖ **Darse** uno **a Satanás.** frs. fig. **Darse al diablo.**

SATÁNICO, CA. (De *Satán*.) adj. Perteneciente a Satanás; propio y característico de él. ‖ fig. Sumamente perverso. Aplícase en especial a ciertos defectos o cualidades. *Orgullo, odio* SATÁNICO; *ira* SATÁNICA.

SATANISMO. m. fig. Perversidad, maldad satánica. ¡*Témelo todo de su* SATANISMO!

SATÉLITE. al. **Satellit.** fr. **Satellite.** ingl. **Satellite.** ital. **Satellite.** port. **Satélite.** (Del lat. *satelles, -itis.*) m. *Astron.* Cuerpo celeste opaco que gira alrededor de un planeta primario y solamente brilla por la luz refleja del Sol. ‖ fam. Alguacil, esbirro. ‖ fig. Persona ó cosa que depende de otra o la sigue y acompaña de continuo. *Siempre le verás rodeado de sus* SATÉLITES. ‖ IDEAS AFINES: *Gravitación, órbita, Luna; séquito, cortejo, escolta.*

● **SATÉLITE.** *Astr.* Los **satélites** son cuerpos que gravitan alrededor de los planetas y los acompañan en su movimiento de traslación. Al igual que los astros, están sujetos a la atracción universal y por lo tanto obedecen a las mismas leyes que condicionan el movimiento de los planetas alrededor del Sol. Las trayectorias que describen son elipses, uno de cuyos focos está ocupado por el planeta respectivo. Pero como los **satélites** que gravitan constituyen una multitud de masas muy semejantes, los movimientos elípticos son perturbados por sus mutuas atracciones. Con excepción de la Luna, **satélite** de la Tierra, son telescópicos. Venus y Mercurio carecen de **satélites** conocidos. Marte tiene dos **satélites;** Júpiter, nueve; Saturno, diez, además del anillo que lo rodea; Urano, cuatro, y Neptuno, uno.

SATÉLITE ARTIFICIAL. m. Cualquiera de los artificios lanzados al espacio por el hombre, que giran alrededor de la Tierra, la Luna o un astro determinado, y sirven para realizar estudios científicos diversos. V. **Cohete.**

SATÉN. (Del fr. *satin*, y éste del lat. *seta*, seda.) m. Tejido arrasado.

SATIE, Erik. *Biog.* Mús. francés de tendencia vanguardista, autor de *Piezas en forma de pera; Las Gymnopedias*; el ballet *Parada*, etc. (1866-1925).

SATÍN. m. Madera americana semejante al nogal. ‖ Satén.

SATINADO, DA. p. p. de **Satinar.** ‖ m. Acción y efecto de satinar.

SATINAR. (Del fr. *satiner*, de *satin*, satén.) tr. Dar al papel o a la tela tersura y lustre mediante la presión. ‖ deriv.: **satinación; satinador, ra.**

SÁTIRA. al. **Satire.** fr. **Satire.** ingl. **Satire.** ital. **Satira.** port **Sátira.** (Del lat. *sátira*.) f. Composición poética u otro escrito en que se censura acremente o se pone en ridículo a personas o cosas. ‖ Discurso o dicho agudo y mordaz, dirigido con igual objeto. ‖ IDEAS AFINES: *Sarcasmo, ironía, ingenio, epigrama, Juvenal, Horacio.*

● **SÁTIRA.** *Lit.* Género literario cuyo objeto es censurar; su crítica moral, religiosa, política o personal asume características diversas e intenciones dispares: simplemente burlesca o festiva unas veces, maliciosa otras, didáctica en ocasiones. La **sátira** participa de todas las formas literarias y se la ve aparecer en casi todos los géneros poéticos narrativos, en la novela, el cuento, el teatro, etc. Sus orígenes quisieron reivindicarlos para sí los latinos, con antecedentes tan ilustres como Horacio y Quintiliano, pero no faltan indicios de que fuera cultivada por los griegos, entre los cuales Aristófanes destácase como un gran poeta satírico. En Roma la **sátira** derivó con frecuencia al libelo difamatorio, pero contó con los aportes maestros de Terencio, Horacio, Juvenal y otros. En Francia fueron notables satíricos Rabelais, Boileau, Voltaire y Molière, entre otros autores. Toda la literatura española tiene abundantes matices satíricos y la **sátira** propiamente dicha se encuentra en la poesía narrativa (*Libro del Buen Amor*, del Arcipreste de Hita), en la poesía lírica (Lope, Quevedo, Góngora), en la novela (*Don Quijote*), en casi todo el teatro (especialmente en entremeses, sainetes y comedias), en la crítica periodística (Mariano José de Larra, Leopoldo Alas), etc.

SÁTIRAS. *Lit.* Conjunto de dieciocho obras de Horacio, compuestas entre los años 35 y 30 a. de C., sobre modelo latino. Irónicas y a veces brutales, su realismo es pintoresco y punzante.

SATIRIASIS. (Del lat. *satiriasis*, y éste del gr. *satyríasis*.) f *Med.* Estado de exaltación morbosa de las funciones genitales, propia del sexo masculino. ‖ deriv.: **satiríaco, ca; satirianismo.**

SATÍRICO, CA. (Del lat. *satíricus*.) adj. Perteneciente a la sátira. ‖ Perteneciente o relativo al sátiro o persona mordaz. ‖ m. Escritor que se dedica a la sátira. *Quevedo es uno de los grandes* SATÍRICOS. ‖ deriv.: **satíricamente.**

SATIRICÓN. *Lit.* Novela satírica atribuida a Petronio y de la que se conservan fragmentos en prosa y verso. Curiosa pintura de la época, es una de las obras más audaces de la literatura romana.

SATIRIO. (De *sátiro*, por su agilidad.) m. Mamífero roedor, de forma semejante a la rata, que habita en las orillas de los arroyos; es muy ágil y buen nadador.

SATIRIÓN. (Del lat. *satirion*, y éste del gr. *satyrion*.) m. Planta herbácea, vivaz, de la familia de las orquídeas, con tallo de treinta a cuarenta centímetros de altura; sus flores son de figura extraña, blancas y olorosas, y de las raíces, compuestas de dos tubérculos, se extrae salep.

SATIRIZANTE. p. a. de **Satirizar.** Que satiriza.

SATIRIZAR. intr. Escribir sátiras. ‖ tr. Zaherir, motejar.

SÁTIRO. (Del lat. *sátyrus*). m. Monstruo mitológico, mitad hombre y mitad macho cabrío. ‖ fig. Hombre lascivo.

SATIS. (Del lat. *satis*, bastante.) m. p. us. Asueto.

SATISDACIÓN. (Del lat. *satisdatio, -onis.*) f. *Der.* Fianza, caución.

SATISFACCIÓN. al. **Genugtuung; Befriedigung.** fr. **Satisfaction.** ingl. **Satisfaction.** ital.**Soddisfazione.** port. **Satisfação.** (Del lat. *satisfactio, -onis.*) f. Acción y efecto de satisfacer o satisfacerse. ‖ Una de las tres partes del sacramento de la penitencia, que consiste en pagar con alguna buena obra la pena debida por las culpas. ‖ Acción o modo con que se responde completamente a una queja, sentimiento o razón contraria. *No le ofreció más* SATISFACCIÓN *que la de las armas.* ‖ Presunción, vanagloria. *Sentir* SATISFACCIÓN *de sí mismo.* ‖ Confianza o seguridad del ánimo. ‖ Cumplimiento del deseo o del gusto. ‖ **A satisfacción.** m. adv. Cumplidamente, a gusto de uno. ‖ **Tomar** uno **satisfacción.** frs. Satisfacerse, volver por el honor.

SATISFACER. al. **Befriedigen.** fr. **Satisfaire.** ingl. **To satisfy.** ital. **Soddisfare.** port. **Satisfazer.** (Del lat. *satisfácere*; de *satis*, bastante, y *fácere*, hacer.) tr. Pagar enteramente lo que se debe. SATISFIZO *todas sus deudas.* ‖ Realizar una obra que merezca el perdón de la pena debida. *Con duras penitencias* SATISFIZO *los pasados extravíos.* ‖ Sosegar las pasiones del ánimo. ‖ Saciar un apetito, pasión, etc. *No repara en nada cuando quiere* SATISFACER *sus caprichos.* ‖ Resolver una duda o una dificultad. ‖ Deshacer un agravio u ofensa, aquietar una queja o un sentimiento. ‖ Premiar equitativamente los méritos hechos. ‖ r. Vengarse de un agravio. ‖ Volver en procura de honor el ofendido, vengándose u obligando al ofensor a que repare el agravio. ‖ Convencerse con una clara razón de la duda o queja que se había formado. ‖ irreg. Conj. como **hacer.** En el IMPERAT., la segunda pers. sing. tiene dos formas: *satisfaz* y *satisface*.

SATISFACIENTE. (Del lat. *satisfaciens, -entis.*) p. a. de **Satisfacer.** Que satisface.

SATISFACTORIAMENTE. adv. m. De modo satisfactorio.

SATISFACTORIO, RIA. (Del lat. *satisfactorius*.) adj. Que puede satisfacer o pagar una cosa debida. ‖ Que puede satisfacer una queja o una duda, o reparar un agravio. ‖ Grato, próspero.

SATISFECHO, CHA. (Del lat. *satisfactus*.) p. p. irreg. de **Satisfacer.** ‖ adj. Presumido o pagado de sí mismo. ‖ Contento, complacido. *Estoy muy* SATISFECHO *con la elección que hice.*

SATIVO, VA. (Del lat. *sativus*.) adj. Que se siembra o planta, a distinción de lo silvestre.

SATO, TA. adj. *Ant.* Dícese de una raza de perros de pelo corto y muy ladradores. Ú.t.c.s. ‖ *Col.* Aplícase al ganado de baja estatura. ‖ *Cuba.* De mala índole.

SATO, Eisaku. *Biog.* Político japonés, varios años primer ministro de su país. Sus esfuerzos en pro de la no proliferación de armas nucleares le valieron en 1974 la adjudicación del premio Nobel de la Paz (1901-1975).

SÁTRAPA. (Del lat. *sátrapa*; éste del gr. *satrapes*, y éste del ant. persa *xatrapa*, oficial del *xa* o emperador.) m. Gobernador de una provincia de la antigua Persia. ‖ fig. y fam. Hombre ladino y que se gobierna astuta e inteligentemente en el comercio humano. Ú.t.c.adj.

SATRAPÍA. (Del lat. *satrapia*.) f. Dignidad de sátrapa. ‖ Territorio que gobierna un sátrapa.

SATU MARE. *Geog.* Ciudad del N. O. de Rumania, cerca de la frontera con Hungría. 51.000 h. Industria textil.

SATURACIÓN. (Del lat. *saturatio, -onis.*) f. *Quím.* Acción y efecto de saturar o saturarse.

SATURAR. al. **Sättigen.** fr. **Saturer.** ingl. **To saturate.** ital. **Saturare.** port. **Saturar.** (Del lat. *saturare*.) tr. Saciar. Ú.t.c.r. ‖ *Fís.* Alcanzar el grado máximo en la verificación de ciertos fenómenos, en las condiciones en que se opera, y que se revela por la constancia del valor del efecto, al incrementar el del agente que lo produce. Por ejemplo, saturar una solución es llevarla al estado en que contiene la máxima cantidad de substancia que puede disolver, en las condiciones de la experiencia. Ú.t.c.r. ‖ *Quím.* Combinar dos o más substancias satisfaciendo totalmente las valencias de los átomos que las forman, de modo que las moléculas del compuesto obtenido no posean afinidad alguna disponible, para combinarse con ulterior cantidad de alguno de los elementos que las integran. ‖ deriv.: **saturable; saturativo, va.**

SATURNAL. (Del lat. *saturnalis*.) adj. Perteneciente o relativo a Saturno. ‖ f. Fiesta en honor del dios Saturno. Ú.m. en pl. ‖ fig. Orgía desenfrenada. *Celebran vergonzosas* SATURNALES; sinón.: **bacanal.**

SATURNINO, NA. (De *Saturno*.) adj. Aplícase a la persona de genio triste y taciturno, por haber afirmado antiguamente los astrólogos que el planeta Saturno daba carácter melancólico a las que nacían bajo su influencia. ‖ *Quím.* Perteneciente o relativo al plomo. ‖ *Pat.* Aplícase a las enfermedades causadas por intoxicación con alguna sal de plomo. *Cólico* SATURNINO.

SATURNIO, NIA. (Del lat. *saturnius*.) adj. Saturnal.

SATURNISMO. m. *Pat.* Intoxicación, aguda o crónica, por el plomo o sus compuestos.

SATURNO, NA. (Del lat. *Saturno*.) adj. Saturnino, taciturno. ‖ m. *Astron.* Planeta ya conocido antiguamente, situado entre Júpiter y Urano, poco menor que Júpiter, de intenso brillo amarillento, distante del Sol 9 y media veces más que la Tierra. Posee un movimiento de rotación cuyo período se estima comprendido entre 10 h. y 15 h., y en su movimiento alrededor del Sol emplea casi 30 años terrestres. Se admite la presencia en él de una atmósfera elevada y nubosa. Su característica más interesante es el cuádruple anillo luminoso cuyo plano coincide con el ecuatorial del astro. Posee diez satélites. ‖ V. **Anillo de Saturno.** ‖ *Quím.* Plomo, metal.

SATURNO. *Mit.* Divinidad de los romanos correspondiente al Cronos de los griegos. Arrojado del cielo por Júpiter, se estableció en el Lacio y enseñó a los hombres la agricultura. En su honor celebraban los romanos anualmente las fiestas llamadas *Saturnales*.

SAUALE. (Voz tagala.) m. *Filip.* Tejido hecho con tiras de caña y que se usa para hacer toldos.

SAUCE. al. **Weide.** fr. **Saule.** ingl. **Willow.** ital. **Salice.** port. **Salgueiro.** (De *salce*.) m. Nombre dado a los árboles y arbolillos del Gén. *Salix*, de hojas largas lanceoladas, generalmente aserradas, verdes por la haz y blancas por el envés; flores dioicas sin cáliz ni corola, en amentos verdosos, yemas cubiertas por una escama, y fruto capsular. Existen numerosas especies, que se cruzan fácilmente. ‖ **– blanco.** De hojas con el envés verde azulado y provisto de pelos blanquecinos, de Europa, norte de África y Asia. Gén. *Sa-*

lix alba, salicácea. ‖ — **cabruno.** Árbol salicáceo, de hojas mayores, aovadas, ligeramente dentadas, olorosas, de Europa y Asia. *S. caprea*. ‖ — **colorado.** Arbolillo salicáceo de hojas lanceoladas y lampiñas y madera dura, amarillo rojiza. *S. purpurea*. ‖ *Arg*. Árbol salicáceo americano de hojas alternas, aserradas y lampiñas y madera dura, amarillo rojiza. *S. humboldtiana*. ‖ — **de Babilonia** o **llorón.** Árbol salicáceo, de ramas y ramillas largas, flexibles y péndulas, hojas lampiñas y estrechas, originario de Japón y China. *S. babylonica*.

SAUCE, Batalla del. *Hist.* Nombre que también se da a la acción de Boquerón. V. **Humaitá.**

SAUCE. *Geog.* Población del N. E. de la Argentina (Corrientes). 3.700 h. Centro de producción agrícola. ‖ — **Grande.** Río del S. E. de la provincia de Buenos Aires (Argentina) que nace en la sierra de la Ventana y des. en el Atlántico después de recorrer 165 km.

SAUCEDA. (De *salceda*.) f. Salceda.

SAUCEDAL. (De *sauce*.) m. Salceda.

SAUCEGATILLO. (De *sauce* y *gatillo*, dim. de *gato*; en al. *katzchen*, dim. de *katze*, gato, significa también la flor de ciertas plantas; en fr. *gattilier*.) m. ant. Sauzgatillo.

SAUCERA. (De *sauce*.) f. Salceda.

SAUCILLO. (dim. de *sauce*.) m. Centinodia, planta.

SAÚCO. al. **Holunder.** fr. **Sureau.** ingl. **Elder tree.** ital. **Sambuco.** port. **Saúco.** (Del lat. *sambucus*.) m. Arbusto o arbolillo de hasta cinco metros de altura, lleno de ramas, de corteza parda y rugosa y medula blanca abundante, con flores blancas en corimbos y fruto en bayas negruzcas; sus flores tienen propiedades excitantes, y se usan para dar sabor a conservas de diversas frutas; sus bayas son sudoríficas y la medula se emplea en técnica histológica. *Sambucus nigra*; caprifoliácea. ‖ Segunda tapa de los cascos de los pies de los caballos. ‖ — **falso.** *Chile*. Árbol de unos cinco metros de altura, de hojas compuestas de cinco hojuelas lanceoladas, aserradas y umbelas compuestas de tres a cinco flores.

SAUD, Ibn Abdul Aziz. *Biog.* Rey del Hedjaz y Arabia Saudita. Sucedió a su padre en 1900 (1880-1953).

SAUDADE. (Voz galaico-portuguesa.) f. Soledad, añoranza, nostalgia. ‖ IDEAS AFINES: *Melancolía, morriña, ausencia*.

SAÚL. *Hist. Sagr.* Primer rey de Israel que venció a tribus enemigas y desobedeció dos veces a Jehová. Fue reemplazado por David. Derrotado por los filisteos, se dio muerte (s. XI a. de C.).

SAUQUILLO. (dim. de *sauco*.) m. Mundillo, arbusto.

SAURIO, RIA. al. Saurier. fr. **Saurien.** ingl. **Saurian.** ital. **Saurio.** port. **Sáurio.** (Del lat. *saurus*, y éste del gr. *saurus*, lagarto.) adj. *Zool.* Aplícase a los reptiles que por lo general tienen cuatro extremidades cortas, mandíbulas con dientes y cuerpo largo con cola también larga y piel escamosa o cubierta de tubérculos; como el lagarto y el cocodrilo. Ú.t.c.s. ‖ m. pl. *Zool.* Orden de estos reptiles.

SAURÓTERO. (Del gr. *saurus*, lagarto, y *therao*, cazar.) m. *Zool.* Género de cuclillos americanos, caracterizados por tener el pico más largo que la cabeza, recto y con la punta ganchuda, y la cola muy larga y en forma de abanico.

SAUSERÍA. (Del fr. *saucerie*, de *saucier*, sausier.) f. Oficina de palacio, cuyos dependientes servían y repartían la vianda, y cuyo jefe cuidaba de la plata y demás servicios de mesa.

SAUSIER. (Del fr. *saucier*, salsero; de *sauce*, salsa, y éste del lat. *salsus*.) m. Jefe de la sausería de palacio.

SAUSSURE, Fernando de. *Biog* Filólogo suizo; autor de *Curso de lingüística general* y otras obras (1857-1913). ‖ — **Horacio Benedicto de.** Naturalista suizo, inventor del higrómetro de cabello y otros aparatos de física (1740-1799).

SAUTERNES. *Geog.* Ciudad de Francia (Gironda). 850 h. Afamadas bodegas. Ha dado nombre a un tipo de vino blanco dulce y aromático.

SAUTOR. (Del fr. *sautoir*.) m. *Blas.* Sotuer.

SAUVAGE, Federico. *Biog.* Mecánico fr.; introdujo mejoras en la navegación de vapor (1786-1857).

SAUZ. m. Sauce.

SAUZGATILLO. (De *saucegatillo*.) m. Arbusto de lugares frescos, de ramas abundantes, mimbreñas, con hojuelas lanceoladas, florecillas azules en racimos terminales, y fruto redondo, pequeño y negro. Gén. *Vitex agnus castus*, verbenácea.

SAVA. *Geog.* Río del N. de Yugoslavia, afl. del Danubio. En su desembocadura se halla Belgrado. 712 km.

SAVANNAH. *Geog.* Río del S. E. de los Estados Unidos que nace en los montes Apalaches y des. en el Atlántico formando un amplio estuario. 720 km. ‖ Ciudad del S. E. de los EE.UU. (Georgia), situada en la desembocadura del río hom. 120.000 h. Importante puerto. Explotación forestal, algodón.

SAVE. *Geog.* Sava.

SAVIA. al. **Saft.** fr. **Sève.** ingl **Sap.** ital. **Succo.** port. **Seiva.** (Del lat. *sapa*, jugo, zumo.) f. Líquido que asciende por el tejido de las plantas, formado por el agua absorbida y el cual lleva en disolución substancias minerales (ascendente), y después de sufrir ciertos cambios químicos se transforma en un jugo nutritivo (descendente), que se distribuye a toda la planta por el tejido del líber. *Por la herida del árbol fluía la* SAVIA. ‖ fig. Energía, elemento vivificador. *Morirá nuestra sociedad si no le infundimos nueva* SAVIA.

SAVIGNY, Federico Carlos de. *Biog.* Jurisc. alemán, jefe de la escuela histórica del derecho y autor de *Historia del derecho romano en la Edad Media; El derecho de posesión; Tratado de obligaciones*, etc. (1779-1861).

SAVIÑÓN, Altagracia. *Biog.* Escritora dom. notable poetisa (1886-1942).

SAVONA. *Geog.* Provincia del N. O. de Italia (Liguria). 1.547 km². 307.000 h. Cap. hom., sobre el golfo de Génova. 85.000 h. Industria metalúrgica, alimenticia; cerámicas. Importante puerto.

SAVONAROLA, Jerónimo. *Biog.* Relig. y reformador ortodoxo ital.; propugnó la implantación de un gob. democrático y teocrático en Florencia, por lo que fue perseguido por los Médicis. Predicó una moral ascética e intentó establecer la reforma religiosa. Excomulgado por Alejandro VI y abandonado por sus partidarios, fue condenado a muerte, ahorcado y quemado (1452-1498).

SAVORGNAN, Pedro Pablo. *Biog.* Explorador fr. de origen ital. Recorrió el África y fundó Brazzaville (1852-1905).

SAWYER, Wilbur. *Biog.* Bacteriólogo nort. que descubrió en 1930 la primera vacuna contra la fiebre amarilla (1879-1951).

SAX, Antonio José, llamado **Adolfo.** *Biog.* Mús. belga, inventor del saxófono y otros instrumentos (1814-1894).

SAXAFRAX. F. Saxífraga.

SAXÁTIL. (Del lat. *saxátilis*, del lat. *sáxum*, peña.) adj. *Hist. Nat.* Que se cría entre peñas o adherido a ellas. Aplícase a los animales y plantas. *Las ostras son* SAXÁTILES.

SÁXEO, A. (Del lat. *saxeus*.) adj. De piedra. Ú. en poesía y en lenguaje científico. *Un sarcófago* SÁXEO.

SAXÍFRAGA. (Del lat. *saxífraga*; de *saxum*, peña, y *frángere*, romper.) f. Planta herbácea, vivaz, de la familia de las saxifragáceas, propia de lugares frescos, con tallo ramoso y velludo, flores grandes en corimbo, pétalos blancos con nervios verdosos, fruto capsular y raíz bulbosa llena de granillos, cada uno de los cuales puede reproducir la planta. Gén. *Saxífraga*.

SAXIFRAGÁCEO, A. (De *saxífraga*.) adj. *Bot.* Aplícase a plantas dicotiledóneas, arbustos o hierbas, de hojas alternas u opuestas, flores hermafroditas de cinco pétalos, y fruto en cápsula con muchas semillas de albumen carnoso; como la saxífraga y la hortensia. Ú.t.c.s.f. ‖ pl. *Bot.* Familia de estas plantas.

SAXIFRAGIA. f. Saxífraga.

SAXOFÓN o **SAXÓFONO.** al. **Saxophon; saxhorn.** fr. **Saxophone.** ingl. **Saxophone.** ital. **Sassofono.** port. **Saxofone.** (De *Sax*, nombre del inventor, y el gr. *phoné*, sonido.) m. Instrumento musical de viento, metálico, con boquilla de madera y caña, y provisto de varias llaves. Los hay de formas y dimensiones variadas. Muy usado en la música de jazz.

SAYA. (Del lat. *saga*.) f. Falda que usan las mujeres. Por lo general, en las ciudades es ropa interior, y en los pueblos, ropa exterior. ‖ Regalo en dinero que en equivalencia de vestido daban las reinas a sus servidoras cuando éstas tomaban estado. ‖ Vestidura talar, especie de túnica, que usaban los hombres.

SAYAGO, Carlos María. *Biog.* Historiador chil. del siglo XIX, autor de *Crónica de la marina militar de la República de Chile*. ‖ — **Gumersindo.** Médico tisiólogo arg., autor de *La tuberculosis en la provincia de Córdoba; Tisiología*, etc. (1893-1959).

SAYAL. (De *sayo*.) m. Tela muy basta labrada de lana burda. *Llevaba un hábito de tosco* SAYAL.

SAYALERO, RA. s. Persona que teje sayales. ‖ deriv.: **sayalería.**

SAYALESCO, CA. adj. De sayal o perteneciente a él.

SAYALETE. m. dim. de **Sayal.** ‖ Sayal delgado que se usa para túnicas interiores.

SAYAMA. f. *Ec.* Cierta especie de culebra.

SAYANSK, Montes. *Geog.* Cordón montañoso de Asia Central, sit. al norte de Mongolia y al O. del lago Baikal. Constituye un nudo hidrográfico y sus cumbres, con glaciares, alcanzan los 3.490 m. en el monte Munku Sardyk.

SAYO. (Del lat. *sagum*.) m. Casaca hueca, larga y sin botones. ‖ fam. Cualquier vestido. ‖ — **baquero.** Vestido exterior que cubre todo el cuerpo y se ataca por una abertura que tiene por la parte trasera en lo que sirve de jubón. Se usó mucho para los niños. ‖ — **bobo.** Vestido estrecho, entero, abotonado, de que usaban generalmente los graciosos en los entremeses. ‖ **Cortar a uno un sayo.** frs. fig. y fam. Murmurar de él en su ausencia. ‖ **Decir uno a,** o **para, su sayo** una cosa. frs. fig. y fam. Recapacitarla, decirla como hablando consigo a solas.

SAYÓN. (Del lat. *saio, -onis*, alguacil.) m. En la Edad Media, ministro de justicia, que hacía las citaciones y ejecutaba los embargos. ‖ Verdugo que ejecutaba las penas a que se condenaba a los reos. ‖ Cofrade que en las procesiones de Semana Santa va vestido con una túnica larga. ‖ fig. y fam. Hombre de aspecto feroz. *Metía miedo con su cara de* SAYÓN.

SAYÓN. m. Mata ramosa de color ceniciento, con hojas lanceoladas, flores en espigas y brácteas fructíferas soldadas, que semejan una cápsula. Gén. *Obione portulacoides*, quenopodiácea.

SAYUELA. dim. de **Saya.** ‖ adj. Aplícase a cierto género de higuera. ‖ f. Camisa de estameña de que usan en algunas religiones. ‖ Funda de bayeta, generalmente de color verde, con la que se cubre la jaula del perdigón cuando se saca al campo. ‖ *Cuba*. Especie de camisa larga de mujer, con medias mangas y ajustada a la cintura.

SAYUELO. m. dim. de **Sayo.**

SAYULA. *Geog.* Población del O. de México, en el Est. de Jalisco. 15.000 h. Centro agrícola.

SAZ. m. Sauce.

SAZÓN. (Del lat. *satio, -onis*, acción de sembrar, sementera.) f. Punto o madurez de las cosas, o estado perfecto en su línea. *Su talento de artista está en plena* SAZÓN. ‖ Ocasión, tiempo oportuno. ‖ Gusto y sabor que se percibe en los manjares. *Tu cocinera descuida la* SAZÓN. ‖ **A la sazón.** m. adv. Entonces, en aquella ocasión. ‖ **En sazón.** m. adv. Oportunamente, a tiempo.

SAZONADO, DA. adj. Dícese del dicho o frase, o del estilo, substancioso y expresivo.

SAZONADOR, RA. adj. Que sazona.

SAZONAR. al. **Würzen.** fr. **Assaisonner.** ingl. **To season.** ital. **Condire.** port. **Sazonar.** tr. Dar sazón al manjar. sinón.: **condimentar.** ‖ Poner las cosas en la sazón, punto y madurez debidos. Ú.t.c.r. ‖ deriv.: **sazonable; sazonadamente; sazonamiento.** ‖ IDEAS AFINES: *Salar, aderezar, pimienta, canela, nuez moscada, comino, vinagre*.

Sb. Quím. Símbolo del antimonio.

Sc. *Quím.* Símbolo del escandio.

SCALABRINI, Pedro. *Biog.* Paleontólogo ital. que residió casi toda su vida en la Argentina. Descubrió un género fósil y reunió notables colecciones (1848-1916). ‖ — **ORTIZ, Raúl.** Escritor arg., autor de estudios histórico-económicos y de *El hombre que está solo y espera* (1898-1959).

SCANDERBEG. *Biog.* Nombre con que es conocido el príncipe albanés **Jorge Castriota,** llamado el **Ultimo de los héroes de Macedonia** por su valor al defender la autonomía de Albania contra los turcos (1403-1468).

SCAPA FLOW. *Geog.* Bahía del archipiélago británico de las Órcadas, sit. al sur de la isla Pomona y que une el mar del Norte con el océano Atlántico. En ella estuvo prisionera la flota alemana en 1918, hundida luego por determinación de sus tripulantes en junio de 1919.

SCARBOROUGH. *Geog.* Ciudad del E. de Gran Bretaña (Inglaterra), en el condado de York. 46.000 h. Importante balneario.

SCARLATTI, Alejandro. *Biog.* Compos. italiano, maestro de la escuela napolitana. Llevó a su apogeo el canto nacional al unir, con brillante virtuosismo, el contrapunto y el aria acompañada. Escribió más de cien óperas; entre ellas, *Rosaura; Pirro y Demetrio*, etc. (1659-1725). ‖ — **Domingo.** Compos., organista y clavecinista ital. Sus obras rompen con la música convencional y agregan un estilo nuevo y espiritual a ritmos populares. Son de sólida estructura, infinita gracia y virtuosismo técnico: *Fuga del gato; Sonatinas; Narciso; Salmos*, etc. (1685-1757).

SCARPANTO. *Geog.* Isla griega del mar Mediterráneo, sit. entre Creta y Rodas, que pertenece al Dodecaneso. 706 km². 10.000 h. Cap. PIGIDIA.

SCARRON, Pablo. *Biog.* Escr satírico fr., autor de *Colección de versos burlescos; Mazarinada; Novela cómica*, etc. (1610-1660).

SCÉVOLA. *Biog.* V. **Escévola.**

SCILLY, Islas. *Geog.* Grupo de islas británicas situadas en el extremo S. O. de Inglaterra, que forman parte del condado de Cornwall. Tienen 2.000 h.

SCIOTO. *Geog.* Río de los EE.UU. que recorre el Est. de Ohio y des. en el río de este nombre. 400 km.

SCOPAS. *Biog.* V. **Escopas.**

SCORESBY, Guillermo. *Biog.* Nav. inglés que llegó, en 1806, a la mayor latitud ártica hasta entonces alcanzada: 81º 30', y exploró las costas de Groenlandia (1789-1857).

SCOTT, Roberto Falcón. *Biog* Explorador ingl. que en 1901 viajó al Polo Sur, donde descubrió la Tierra del Rey Eduardo VII y llegó a los 82º 17' de latitud S. En 1912, un mes después de Amundsen, llegó también al Polo S.; m. de hambre y frío en el viaje de regreso (1868-1912). ‖ — **Walter.** Literato ingl., creador de la nov. histórica en su país, en el que introdujo el romanticismo con sus obras *Ivanhoe; Quintin Durward; La novia de Lammermoor*, etc. (1771-1832). ‖ — **KEY, Francis.** Poeta nort. cuya canción *La enseña de estrellas y bandas* fue declarada en 1931 himno nacional de su país (1779-1843).

SCRANTON. *Geog.* Ciudad del N. E. de los Estados Unidos (Pensilvania). 104.000 h. Hierro, carbón, industria metalúrgica y textil.

SCRIABIN, Alejandro Nicolaievich. *Biog.* Compositor ruso que influido por doctrinas místico-filosóficas escribió *Prometeo o el Poema del fuego; Poema del éxtasis*, sinfonías y preludios (1872-1915).

SCRIBE, Agustín Eugenio. *Biog.* Escr. francés, autor de numerosas obras dramáticas y de libretos de ópera: *Los hugonotes; Fra Diávolo*, etc. (1791-1861).

SCUDÉRY, Magdalena de. *Biog.*

Escritora fr. autora de ensayos y novelas (1607-1701).

SCÚTARI. *Geog.* V. **Escútari:**

SCHAERER, Eduardo. *Biog.* Político paraguayo, de 1912 a 1916 presidente de la Rep. (1873-1941).

SCHAFFHAUSEN. *Geog.* Cantón del N. de Suiza, en el límite con Alemania. 298,1 km². 73.000 h. Bosques y tierras fértiles. Cap. hom. 36.500 h. Hierro, aluminio, destilerías.

SCHALLY, Andrew. *Biog.* Investigador nort. de origen polaco (n. en Vilna en 1926). Premio Nobel de Fisiología y Medicina 1977, juntamente con Rosalyn Yalow y Roger Guillemin.

SCHAUDINN, Federico. *Biog.* Biólogo al., descubridor del parásito causante de la disentería y del bacilo de la sífilis o espiroqueta pálida (1871-1906).

SCHEELE, Carlos Guillermo. *Biog.* Quím. sueco que descubrió el oxígeno, el cloro, manganeso, glicerina, barita, los ácidos tartárico, láctico, arsenioso, cítrico, oxálico, etc. (1742-1786).

SCHELER, Maximiliano. *Biog.* Filósofo al. discípulo de Husserl. Aplicó el análisis fenomenológico al problema de la cultura y especialmente al de los valores, y creó un "apriorismo moral material". Elaboró las bases de una antropología filosófica que ha de servir de "puente entre las ciencias positivas y la metafísica" y desarrolló una sociología del saber, de tendencia idealista. Obras: *El puesto del hombre en el cosmos; El saber y la cultura, Sociología del saber,* etc. (1874-1928).

SCHELLING, Ernesto E. *Biog.* Músico nort., discípulo de Paderewsky y autor de *Leyenda fantástica; Narraciones sinfónicas,* y otras composiciones (1876-1939). ‖ – **Federico Guillermo José.** Filósofo al. cuyo sistema, el idealismo subjetivo o filosofía de la identidad, establece el Absoluto como identidad del sujeto pensante y del objeto pensado. Si en el mundo de los fenómenos predomina lo objetivo, el Absoluto se desarrolla como mundo real; si lo subjetivo como mundo ideal, naturaleza y espíritu son expresiones de lo Absoluto. Obras: *Sistema del idealismo trascendental; Investigaciones filosóficas sobre la libertad humana;* etc. (1775-1854).

SCHENECTADY. *Geog.* Ciudad de los EE.UU. (Nueva York). 78.000 h. Industrias electromecánicas.

SCHEHERAZADA. *Mús.* Composición orquestal de Nicolás Rimsky-Korsakov, estrenada en 1893. Con *Capricho español* y *La Pascua rusa* cierra un ciclo del autor, caracterizado por la orquestación de notable sonoridad y virtuosismo y exento de las influencias wagnerianas posteriores.

SCHEVENINGEN. *Geog.* Ciudad de los Países Bajos (Holanda Meridional), sobre el mar del Norte. 50.000 h. Puerto pesquero. Afamado balneario. Ha sido incorporada a la ciudad de La Haya.

SCHIAFFINO, Eduardo. Pintor arg., autor de *Reposo; Margot,* y otros cuadros, y de obras críticas. Fundó el Museo Nac. de Bellas Artes (1858-1935).

SCHIAPARELLI, Juan V. *Biog.* Astrónomo ital.; descubrió el asteroide Hesperia, estudió numerosas estrellas y escribió *Relaciones entre los cometas y las estrellas fugaces; La astronomía en el Antiguo Testamento,* etc. (1835-1910).

SCHICK, René. *Biog.* Político nic. (1910-1966), presidente de la Rep. en 1963.

SCHIEDAM. *Geog.* Ciudad de los Países Bajos, sit. en la provincia de Holanda Meridional. 80.000 h. Importantes destilerías.

SCHILLER, Juan Cristóbal Federico. *Biog.* Dramaturgo, fil. y poeta al. que con Goethe —a quien le unía íntima amistad— comparte el cetro de la producción literaria de su país. Su teatro dominó durante más de treinta años la escena. al.: en *Wallenstein* renovó la concepción de la tragedia; en *María Estuardo,* la estructura teatral; en *La doncella de Orleáns* exaltó la humanidad de Juana de Arco y en *Guillermo Tell* planteó los problemas de la libertad individual y de la unidad nacional. (1759-1805).

SCHIPA, Tito. *Biog.* Cantante ital. de fama mundial, que ha actuado como tenor en los principales teatros de Europa y América (1890-1965).

SCHIUMA, Alfredo L. *Biog.* Compos. argentino cuya producción se inspira en su mayor parte en el acervo nacional, autor de *Tabaré; Las vírgenes del Sol,* óperas; *La pampa; Los incas,* poemas sinfónicos, etc. (1885-1963).

SCHLEGEL, Augusto Guillermo. *Biog.* Filól. y poeta al., notable traductor y autor de *Antología de la poesía italiana, española y portuguesa; Sobre arte y literatura dramática,* etc. (1767-1845). ‖ – **Carlos Guillermo Federico.** Filól. y crítico al., autor de *Historia de la antigua y la moderna literatura, Lenguaje y sabiduría de los indios,* etc. (1772-1829).

SCHLEIERMACHER, Federico. *Biog.* Fil. alemán cuya doctrina identifica a Dios con el principio universal fuente de la vida; Dios está en el mundo pero es más que el mundo. Cada hombre es necesario para el todo; el universo es una perspectiva del hombre. Obras: *Concepción cristiana de la vida; Discursos sobre la religión,* etc. (1768-1834).

SCHLESWIG. *Geog.* Antiguo ducado de Dinamarca que formó con el de Holstein, hasta 1920, la prov. prusiana de Schleswig-Holstein. Hoy la región del N. pertenece a Dinamarca y la del S. a Alemania. ‖ – **Holstein.** Estado del N. de la Rep. Federal Alemana. 15.668 km². 2.570.000 h. Industria textil, manufactura de tabacos. Cap. KIEL.

SCHLIEMANN, Enrique. *Biog.* Arqueól. alemán, que, confiando en la veracidad histórica de los poemas homéricos, realizó excavaciones en Asia Menor en el sitio dondo supuso había existido Troya, y descubrió los restos de cuatro ciudades superpuestas y valiosos objetos arqueológicos que habían pertenecido al tesoro de Príamo. Posteriormente llevó a cabo otras excavaciones en Tirinto, Ítaca y Micenas, donde descubrió ruinas de construcciones ciclópeas (1822-1890).

SCHMIDEL, Ulderico. *Biog.* Viajero y escritor al. que acompañó a Mendoza al Río de la Plata y asistió a la primera fundación de Buenos Aires; intervino en las expediciones de Irala y Cabeza de Vaca. Su *Derrotero y viaje a España y a las Indias* es la primera hist. del Río de la Plata y del Paraguay relatada por un autor que no era esp. ni americano (1510-1581).

SCHNITZLER, Arturo. *Biog.* Dramaturgo y novelista al., entre cuyas obras figuran *La ronda; Liebelei* y *Anatol* (1862-1931).

SCHOEFFER, Pedro. *Biog.* Impresor al., discípulo de Gutenberg; perfeccionó la imprenta (1452-1502).

SCHÖMBERG, Armando. *Biog.* Mariscal de Francia, uno de los más célebres mil. de su época. Tomó parte en las campañas de Flandes y España (1615-1690).

SCHÖNBERG, Arnold. *Biog.* Compositor austríaco que revolucionó la técnica musical con la introducción de la politonalidad. *Este camino bíblico, Música litúrgica judía; Oda a Napoleón; De Profundis; Un sobreviviente de Varsovia* y la ópera *Moisés y Aarón,* señalan su producción en los EE. UU. donde vivía (1874-1951).

SCHONGAUER, Martín. *Biog.* Grabador, orfebre y pintor alsaciano, autor de *La Virgen del rosal; San Antonio; Cristo con la cruz a cuestas,* y otros cuadros famosos (aprox. 1445-1491).

SCHOPENHAUER, Arturo. *Biog.* Filósofo al. n. en Koenigsberg (Prusia Oriental). En su obra *El mundo como voluntad y como representación* afirma que sólo se conocen las apariencias de las cosas, su "fenómeno", y no las cosas en sí, su "noúmeno", que se reduce a la voluntad, fuerza cósmica inconsciente en los seres inferiores y consciente en el hombre. Sobre esa base establece su "pesimismo ético", pues en esa ciega e instintiva voluntad de vivir ve la raíz del dolor del mundo que el hombre sólo puede evitar refugiándose en la nada, en el "nirvana" de los budistas. Otras obras: *El amor, las mujeres y la muerte; El principio de razón suficiente,* etc. (1788-1860).

SCHRIEFFER, Juan R. *Biog.* Científico estadounidense, premio Nobel de Física 1972 por su participación en la teoría BCS de la superconductividad. BCS corresponde a las iniciales de los tres científicos que compartieron el premio: Bardeen Cooper y Schrieffer (n. en 1931).

SCHRÖDINGER, Erwin S. *Biog.* Físico aust. En 1933 compartió con Pablo Dirac el premio Nobel de Física por su teoría de la mecánica de las ondas y sus investigaciones sobre el espectro (1887-1961).

SCHUBERT, Francisco P. *Biog.* Compositor austríaco que, influido por Gluck, Haydn y Beethoven, logró llevar el "lied" a una perfección armónica, y lo convirtió en música culta. Compuso inspiradas óperas, sinfonías, música de cámara, sonatas, baladas e impromptus. Con *momentos musicales* inició la miniatura musical; *Sinfonía inconclusa* es una de sus obras más populares (1797-1828).

SCHULTHESS, Edmundo. *Biog.* Est. suizo, presidente de su país en 1917, 1921, 1928 y 1932 (n. 1888).

SCHULTZ, Teodoro. *Biog.* Economista estadounidense, cuyos estudios sobre la evolución de la agricultura en los países en vías de desarrollo pusieron de relieve la necesidad de armonizarla con la industrialización. Obtuvo el premio Nobel de Economía 1979, junto con Arthur Lewis (n. en 1902).

SCHUMAN, Roberto. *Biog.* Político fr. que elaboró un plan para unificar la industria europea del carbón y del acero (1886-1963).

SCHUMANN, Roberto A. *Biog.* Compositor al. a quien se llamó el poeta del piano. Sus ideas musicales, reconcentradas y enemigas de los largos desarrollos, florecieron en las miniaturas musicales; *Carnaval; Fantasía en do; Estudios sinfónicos,* etc. Su romanticismo se expresa en toda su producción, especialmente en los "lieder" y en *Escenas infantiles; Sinfonía en si bemol; Quinteto,* etc. (1810-1856).

SCHÜTZ, Enrique. *Biog.* Compositor al., autor de la primera ópera escrita en su país: *Dafne,* en 1627 (1585-1672).

SCHWARZ, Bertoldo. *Biog.* Sacerdote al. que vació los primeros cañones de bronce empleados por los venecianos. Se lo consideró, infundadamente, inventor de la pólvora (1314-1384).

SCHWEINFURTH. *Geog.* Ciudad de la Rep. Federal Alemana (Baviera), sit. sobre el río Meno. 49.000 h. Industria metalúrgica.

SCHWEITZER, Alberto. *Biog.* Humanista, mús. y médico francés, una de las más notables personalidades del siglo XX. Espíritu profundamente religioso, puso su vida al servicio de la humanidad e instaló en Lambaréné (África) un hospital modelo, hoy centro de estudio e investigación. Para mantenerlo, Schweitzer daba conciertos de música de Bach —de la que era intérprete — en diversas ciudades de Europa y de los EE. publicó *Bach, el músico poeta; Antología; La religión y filosofía de Kant; El pensamiento de la India,* etc. Schweitzer, al que muchos llamaron el "Apóstol de Lambaréné", constituye, sin duda alguna, un excepcional ejemplo de altruismo. En 1952 le fue otorgado el premio Nobel de la Paz por sus incansables esfuerzos por el bienestar humano (1875-1965).

SCHWERIN. *Geog.* Dist. de la Rep. Democrática Alemana. 7.074 km². 870.000 h. Cap. hom. 105.000 h.

SCHWINGER, Julián S. *Biog.* Físico estadounidense que en 1965 compartió el premio Nobel de su especialidad con su compatriota R. Feynman y el japonés S. Tomonaga, por sus estudios sobre la electrodinámica cuántica (n. en 1918).

SCHWYZ. *Geog.* Cantón de Suiza. 908 km². 99.000 h. Cap. hom. situada al este de Lucerna. 13.000 h.

SE. (Del lat. *se,* acus. del pron. *sui.*) Forma reflexiva del pronombre personal de tercera persona. U. en dativo y acusativo en ambos géneros y números y no admite preposición. Puede usarse proclítico o enclítico: SE *duerme; duérme*SE. Se emplea también en la formación de oraciones impersonales y de pasiva. SE *dice que vendrá; tu libro* SE *vende en todas partes.*

SE. (Del ant. *ge,* y éste del lat. *illi.*) Dativo masculino o femenino de singular o plural del pronombre personal de tercera persona en combinación con el acusativo *lo, la,* etc.: *devolvió*SE*lo,* SE *las devolvió.*

Se. *Quím.* Símbolo del selenio.

SEABORG, Glenn Teodoro. *Biog.* Químico estadounidense, descubridor del plutonio con Edwin M. Mc Millan, en unión del cual recibió el premio Nobel de Química en 1951 (n.1912).

SEATTLE. *Geog.* Ciudad del extremo N.O. de los Estados Unidos (Washington). 1.422.000 h., con los suburbios. Explotación forestal, maquinarias y fabricación de papel. Pesquerías.

SEBÁCEO, A. adj. Que participa de la naturaleza del sebo o se asemeja a él. ‖ *Anat. y Fisiol.* Dícese de la materia que segregan las glándulas del mismo nombre, amarillenta, untuosa y lubricante.

SEBASTIÁN, San. *Hagiog.* Mártir romano que abandonó la guardia imperial para abrazar el cristianismo y realizar muchas conversiones. Murió asaetado y apaleado por orden de Diocleciano (m. 288).

SEBASTIÁN. *Biog.* Rey de Portugal, fervoroso defensor del catolicismo, que murió en Alcazarquivir, mientras luchaba contra los moros (1554-1578).

SEBASTIANO. m. Sebestén.

SEBASTIÁN VIZCAÍNO, Bahía de. *Geog.* Profunda escotadura de la costa occidental de la pen. de California (México), sobre el Pacífico.

SEBASTOPOL. *Geog.* Ciudad del S. O. de la Unión Soviética, sit. en la península de Crimea. 230.000 h. Importante puerto sobre el mar Negro. Fue escenario de grandes luchas durante la guerra de Crimea y durante la segunda Guerra Mundial. En 1942 cayó en poder de los alemanes y fue reconquistada por los rusos en 1944.

SEBE. (Del lat. *sepes.*) f. Cercado de estacas altas entretejidas con ramas largas.

SEBERA. f. *Chile.* Cartera de cuero que llevan los campesinos en la montura y en la que guardan sebo.

SEBESTÉN. (Del ár. *cebecten,* ciruela.) m. Arbolillo de Asia Menor, de flores blancas y fruto amarillento, semejante a la ciruela, de cuya pulpa, dulce y viscosa, se extrae un mucílago usado en medicina como emoliente y pectoral. Gén. *Cordia myza,* borragináceа. ‖ Fruto de este arbolillo.

SEBILLO. (dim. de *sebo.*) m. Sebo suave y delicado, como el del cabrito, que se emplea para suavizar las manos y para otros efectos. ‖ Especie de jabón para suavizar las manos.

SEBIYA. f. *Cuba.* Ave zancuda, de plumaje rosado, patas negras y pico en forma de espátula.

SEBO. al. **Talg.** fr. **Suif.** ingl. **Tallow; fat.** ital. **Sego.** port. **Sebo.** (Del lat. *sébum.*) m. Grasa sólida y dura que se saca de los animales herbívoros y que derretida, sirve para hacer velas, jabones, etc. ‖ Cualquier género de gordura. ‖ **Haber sebo.** frs. fig. y fam. *Méx.* Haber lío o chismes. ‖ **Hacer sebo.** frs. fig. y fam. *R. de la Plata* Holgazanear.

SEBOIM. *Geog. histór.* Antigua c. de Palestina, sit. cerca del mar Muerto. Era una de las c. de Pentápolis. Sucumbió junto con Sodoma.

SEBORO. m. *Bot.* Cangrejo de agua dulce.

SEBORREA. f. Aumento patológico de la secreción de las glándulas sebáceas de la piel. *La* SEBORREA *del cuero cabelludo puede producir la calvicie.*

SEBOSAMENTE. adv. m. fig. Con amartelamiento.

SEBOSO, SA. (Del lat. *sebosus.*) adj. Que tiene sebo, en especial si es mucho. ‖ Untado de sebo o de otra substancia grasa. ‖ fig. Aplicábase a los portugueses, por lo muy derretidos que eran en sus enamoramientos.

SEBUCÁN. m. *Col., Cuba y Ven.* Colador cilíndrico que se usa para separar el yare del almidón de la yuca.

SECA. (Del lat. *sicca.* t. f. de *-cus,* seco.) f. Sequía. *Si conti-*

núa esta SECA, *se perderá la cosecha.* || Período en que se secan las pústulas de algunas erupciones cutáneas. || Infarto de una glándula. || Secano, banco de arena.

SECACUL. (Del persa *xecácul,* chirivía.) m. Raíz muy aromática que proviene de una planta de Asia, semejante a la chirivía.

SECADAL. m. Sequedal. || Secano. || En los tejares, era en que se orea la obra modelada antes del cocido.

SECADERO, RA. adj. Apto para conservarse seco; dícese en especial de las frutas y el tabaco. || Sitio destinado para poner a secar una cosa. *Aún no se puede retirar la madera del* SECADERO; sinón.: **sequero.**

SECADILLO. (De *secado,* p. p. de *secar.*) m. Dulce que se hace de almendras mondadas y machacadas, corteza de limón, azúcar y clara de huevo.

SECADÍO, A. adj. Que puede secarse o agotarse.

SECADO. m. Secamiento. sinón.: **desecación.**

SECADOR, RA. adj. Que seca o enjuga. Ú.t.c.s. SECADOR *de ropa.*

SECAMENTE. adv. m. Con pocas palabras o sin pulimento ni adorno. || Ásperamente, sin urbanidad.

SECAMIENTO. m. Acción y efecto de secar.

SECANO. (Del lat. *siccanus.*) m. Tierra de labor que no tiene riego y sólo participa del agua llovediza. *Esta planta crece bien en* SECANO; antón.: **regadío.** || Banco de arena no cubierto por el agua, o zona árida cercana a la costa. || fig. Cosa que está muy seca. || fig. y fam. V. **Abogado de secano.**

SECANSA. (Del fr. *séquence,* y éste del lat. *sequentia,* secuencia.) f. Juego de naipes semejante al de la treinta y una, del que se diferencia en que hay envite cuando los jugadores tienen alí o secansa. || En este juego, reunión de dos cartas de valor correlativo. || En el juego de los cientos, reunión de tres cartas de igual palo y de valor correlativo. || – **corrida.** En el juego de la secansa, reunión de tres cartas de valor correlativo. || – **real.** Secansa corrida compuesta de rey, caballo y sota.

SECANTE. al. **Löschpapier.** fr. **Papier buvard.** ingl. **Blotting paper.** ital. **Carta asciugante.** port. **Secante.** (Del lat. *siccans, -antis.*) p. a. de **Secar.** Que seca. Ú.t.c.s. || m. Papel secante.

SECANTE. al. **Schnittlinie;** **sekante.** fr. **Sécant.** ingl. **Secant.** ital. **Secante.** port. **Secante.** (Del lat. *secans, -antis,* p. a. de *secare,* cortar, partir.) adj. *Geom.* Dícese de las líneas o superficies que cortan a otras líneas o superficies. Ú.t.c.s.f. || – **de un ángulo.** *Trig.* En un triángulo rectángulo, es el cociente que resulta de dividir la hipotenusa por el cateto adyacente a ese ángulo. || – **de un arco.** *Trig.* Parte de la recta secante que pasa por el centro del círculo y por un extremo del arco, comprendida entre dicho centro y el punto donde encuentra la tangente tirada por el otro extremo del mismo arco. || – **primera de un ángulo.** *Trig.* Secante de un ángulo. || – **primera de un arco.** *Trig.* Secante de un arco. || – **segunda de un ángulo.** *Trig.* La segunda del arco que sirve de medida al ángulo. || – **segunda de un arco.** *Trig.* Cosecante.

SECANTE. adj. vulgar. *Arg.* Machacón, latoso. Ú.m.c.s.

SECAR. al. **Trocknen.** fr. **Sécher.** ingl. **To dry.** ital. **Seccare; asciugare.** port. **Secar.** (Del lat. *siccare.*) tr. Extraer la humedad, o hacer que se exhale de un cuerpo mojado. SECÓ *los vidrios con un paño.* || Ir consumiendo el humor o jugo en los cuerpos. SECA *las uvas al aire.* || fig. Fastidiar, aburrir. SECA *con su charla insubstancial.* Ú.t.c.r. || r. Enjugarse la humedad de una cosa por evaporación. *Como había tanto viento, se* SECÓ *la ropa en seguida.* || Quedarse sin agua un río, una fuente, etc. || Perder su verdor o lozanía una planta. *Como no llueve, se* SECARON *las plantas.* || Enflaquecer y extenuarse una persona o animal. || fig. Tener mucha sed. *Me* SECO *de sed.* || Dicho del corazón o del ánimo, embotarse, hacerse insensible. *De tanto sufrir se le* SECÓ *el corazón.* || IDEAS AFINES: *Escurrir, orear, ventilar, verano, marchitarse, sequía, aridez, mojar, regar.*

SECARAL. m. Sequeral.

SECARRÓN, NA. adj. aum. de **Seco.** Aplícase generalmente al carácter. *Apenas dijo dos palabras, porque es muy* SECARRÓN.

SECATÓN, NA. adj. Sin gracia, soso. sinón.: **desabrido, desagraciado, pavo, sosaina.**

SECATURA. (Del ital. *seccatura.*) f. Insulsez, fastidio.

SECCIÓN. al. **Schnitt; Abiellung.** fr. **Section; rayon.** ingl. **Section, division.** ital. **Sezione.** port. **Seção.** (Del lat. *sectio, -onis.*) f. Cortadura hecha en un cuerpo por un instrumento cortante. *Hizo la* SECCIÓN *del nervio.* || Cualquiera de las partes en que se divide o considera dividido un todo continuo o un conjunto de personas. *La oficina tiene varias* SECCIONES; **sinón.: porción, fracción.** || **Dibujo de la figura que resultaría si se cortara un terreno, edificio, máquina, etc., por un plano, generalmente vertical, con el fin de saber su estructura o su disposición interior.** || *Geom.* Figura que resulta de la intersección de una superficie o un sólido con otra superficie. || *Mil.* Pequeña unidad homogénea que forma parte de una compañía o de un escuadrón. Es mandada normalmente por un teniente o un alférez. || – **cónica.** *Geom.* Cada una de las curvas que resultan de cortar la superficie de un cono circular por un plano; pueden ser elipses, hipérbolas o parábolas.

SECCIONAL. adj. Relativo a la sección. || f. *Arg.* Comisaría de policía.

SECCIONAR. tr. Dividir en secciones, fraccionar. sinón.: **escindir.** || *Cir.* Cortar. || deriv.: **seccionable; seccionador, ra; seccionamiento.**

SECESIÓN. (Del lat. *secessio, -onis,* separación, apartamiento.) f. Acto de separarse de una nación parte de su pueblo y territorio. *Guerra de* SECESIÓN. || Apartamiento, retraimiento de los negocios públicos.

SECESIÓN, Guerra de. *Hist.* Nombre que recibe la guerra civil que sostuvieron los Estados del N. y los del S. de los EE. UU., de 1861 a 1865. Sus causas se remontan a los mismos orígenes de la nación norteamericana; los distintos núcleos humanos que colonizaron el N. y el S. y las diferentes economías que desarrollaron. En los Estados del N. prosperaron las industrias basadas en el trabajo libre; en los del S., la agricultura realizada por esclavos. El conflicto, aplazado por el Compromiso de Misurí de 1820 que establecía que no habría esclavos al N. de los 36°30', estalló al triunfar Lincoln en las elecciones presidenciales de 1860, separándose de la Unión los Est. esclavistas. Éstos constituyeron en 1861 los Estados Confederados de América y nombraron presid. a Jefferson Davis. En 1861 se inició la Guerra de Secesión, cuyas acciones, en un comienzo favorables a los confederados, se convirtieron luego en sucesivos triunfos para los ejércitos del N., hasta que en 1865 el gral. Lee, jefe de los sureños, se rindió al jefe de las fuerzas norteñas, gral. Grant. El fin de esta guerra significó la abolición de la esclavitud y la unidad del país.

SECESIONISMO. m. Tendencia u opinión favorable a la secesión política.

SECESIONISTA. adj. Partidario de la secesión. Apl. a pers., ú.t.c.s. || Perteneciente o relativo a ella.

SECESO. (Del lat. *secessus.*) m. Deposición de vientre, sinón.: **cámara, evacuación.**

SECO, CA. (Del lat. *siccus.*) adj. Que carece de jugo o humedad. sinón.: **exprimido, desecado, anhidro.** || Falto de agua. Aplícase a los ríos, lagos, manantiales, etc. || Dícese de los guisos en que se prolonga la cocción hasta que quedan sin caldo. *Arroz* SECO. || Falto de verdor o lozanía. Aplícase especialmente a las plantas. sinón.: **marchito, agostado.** || Refiriéndose a las plantas, muerto. *Árbol* SECO. || Aplícase a las frutas, en especial a las de cáscara dura, como almendras, nueces, etc., y a aquellas a las cuales se quita la humedad para que se conserven; como higos, pasas, etc. || Flaco o de muy pocas carnes. sinón.: **enjuto.** || Aplícase también al tiempo en que no llueve. *Estación* SECA. || fig. Dícese de lo que está solo, sin alguna cosa accesoria que le dé mayor valor. || Carente de aquellas cosas necesarias para la vida. *Este país es* SECO. || Áspero, desabrido en el modo o trato. || Riguroso, sin contemplaciones ni rodeos. || En sentido místico, falto de devoción en los ejercicios del espíritu. || Dicho del entendimiento o del ingenio, estéril, falto de amenidad. || Aplícase al aguardiente puro, sin anís ni otro aderezo. || V. **Vino seco.** || Refiriéndose a ciertos sonidos, ronco, áspero. *Tos* SECA. || Dícese del golpe fuerte, rápido y sin resonancia. || *Mús.* Aplícase al sonido brevísimo y cortado. || m. *Amér.* Cachada, golpe dado sobre un trompo con la púa de otro. || *Chile.* Golpe, coscorrón. || **A secas.** m. adv. Solamente, sin ninguna otra cosa. *Le dijo que no,* A SECAS. || **Dejar** a uno, o **quedar** uno, **seco.** frs. fig. y fam. Dejarle, o **quedar,** muerto en el acto. || **En seco.** m. adv. Fuera del agua o de un sitio húmedo. *El barco varó en* SECO. || fig. Sin causa ni motivo. || Sin medios para realizar algo. *Quedó en* SECO. || De repente. *Paró en* SECO. || *Albañ.* Sin argamasa.

SECOYA. f. **Secuoya.**

SECRECIÓN. (Del lat. *secretio, -onis.*) f. Apartamiento, separación. || Acción y efecto de secretar. || – **interna.** *Fisiol.* Secreción que pasa directamente del órgano secretor a la sangre y contribuye de un modo esencial al metabolismo general. *La adrenalina es una* SECRECIÓN INTERNA. || IDEAS AFINES: *Endocrinología, glándula, exudado, evacuación.*

SECRETA. (Del lat. *secreta,* pl. de *-tum,* secreto.) f. Examen que, presenciado sólo por los profesores, se hacía en algunas universidades para tomar el grado de licenciado. || Sumaria o pesquisa secreta que se hace a los residenciados. || Cualquiera de las oraciones que se dicen en la misa después del ofertorio y antes del prefacio. || p. u. Letrina.

SECRETAMENTE. adv. m. De manera secreta.

SECRETAR. (Del lat. *secrétum,* supino de *secérnere,* segregar.) tr. *Fisiol.* Elaborar y despedir las células, los tejidos orgánicos y en especial las glándulas, una substancia líquida, tanto en el reino animal como en el vegetal. *El páncreas* SECRETA *la insulina*; sinón.: **segregar.**

SECRETARIA. f. Mujer del secretario. || La que hace oficio de secretario. || IDEAS AFINES: *Oficina, máquina de escribir, correspondencia, dictáfono, teléfono.*

SECRETARÍA. al. **Sekretariat.** fr. **Secrétariat.** ingl. **Secretary's, office.** ital. **Segretaria.** port. **Secretaria.** f. Destino o cargo de secretario. || Oficina donde despacha los negocios.

SECRETARIADO. m. Secretaría, destino o cargo de secretario. || Carrera o profesión de secretario o secretaria. || Secretaría u oficina donde despacha el secretario. || Cuerpo o conjunto de secretarios.

SECRETARIAL. adj. Perteneciente o relativo a la profesión o cargo de secretario.

SECRETARIO, RIA. al. **Sekretär.** fr. **Secrétaire.** ingl. **Secretary.** ital. **Segretario.** port. **Secretário.** (Del lat. *secretarius.*) adj. Dícese de la persona a quien se comunica algún secreto, para que lo guarde. || m. Persona encargada de escribir la correspondencia, extender actas, etc., en una oficina, corporación o asamblea. || Amanuense. || Escribano. || – **particular.** El que se encarga de los asuntos no oficiales de una persona constituida en autoridad.

SECRETEAR. intr. fam. Hablar en secreto una persona con otra. || deriv.: **secreteo.**

SECRETER. (Del fr. *secrétaire.*) m. Escritorio, mueble con tablero para escribir y cajoncitos para guardar papeles.

SECRETISTA. adj. Que trata o escribe sobre los secretos de la naturaleza. Ú.t.c.s. || Aplícase a la persona que habla mucho en secreto, por lo regular censurando a los demás.

SECRETO. al. **Geheim.** fr. **Secret.** ingl. **Secret.** ital. **Segreto.** port. **Secreto.** (Del lat. *secrétum.*) m. Lo que cuidadosamente se tiene reservado y oculto. || Reserva, sigilo. || Despacho de las causas de fe, en las cuales entendía secretamente el tribunal de la Inquisición. || Secretaría en que se despachaban y guardaban estas causas. || Conocimiento que exclusivamente posee alguien de la virtud o propiedades de una cosa. || Misterio, cosa recóndita o inexplicable, negocio reservado. || Escondrijo que suelen tener ciertos muebles, para guardar papeles, dinero, etc. || En algunas cerraduras, mecanismo oculto cuyo manejo es necesario saber para poder abrirlas. || *Mús.* Tabla armónica del órgano, del piano y de otros instrumentos similares. || – **a voces,** o **con chirimías.** fig. y fam. Misterio que se hace de lo que ya es público, o secreto que se confía a muchos. || – **de Estado.** Aquel que no puede revelar un funcionario público sin incurrir en delito. || Por ext., cualquier asunto grave no divulgado todavía. || – **de naturaleza.** Aquel efecto natural que por ser poco conocido suscita curiosidad y aun admiración. || – **profesional.** Deber que tienen los abogados, notarios, etc., de no descubrir a tercero los hechos que conocieron en el ejercicio de su profesión. || **De secreto.** m. adv. **En secreto.** || Sin solemnidad ni ceremonia pública. || **Echar un secreto en la calle.** frs. fig. y fam. Publicarlo. || **En secreto.** m. adv. Secretamente. || IDEAS AFINES: *Enigma, cifra, clave, confidencia, discreción, chismoso, divulgación.*

SECRETO, TA. (Del lat. *secretus,* p. p. de *secérnere,* segregar.) adj. Oculto, ignorado, escondido. *El blando murmurio de la* SECRETA *fuente.* || Callado, silencioso, reservado. || V. **Voto secreto.** || V. **Policía, puerta secreta.**

SECRETOR, RA. adj. Secretorio.

SECRETORIO, RIA. adj. Que secreta. Dícese de los órganos del cuerpo que tienen la facultad de secretar. || Relativo a la secreción.

SECTA. al. **Sekte.** fr. **Secte.** ingl. **Sect.** ital. **Setta.** port. **Seita.** (Del lat. *secta.*) f. Doctrina particular ideada o enseñada por un maestro y seguida y defendida por otros. *La* SECTA *de Pitágoras.* || Religión que se considera falsa, enseñada por un maestro famoso. *La* SECTA *luterana.* || Conjunto de creyentes en una doctrina particular o de fieles a una religión que el hablante considera falsa. || IDEAS AFINES: *Cisma, herejía, heterodoxo, fanatismo, inquisición, conversión, protestantismo, arrianismo.*

SECTADOR, RA. (Del lat. *sectátor, -oris.*) adj. y s. Sectario.

SECTARIO, RIA. (Del lat. *sectarius.*) adj. Que profesa y sigue una secta. Ú.t.c.s. || Secuaz, fanático e intransigente de una idea o de un partido.

SECTARISMO. m. Celo propio de sectario.

SECTOR. al. **Sektor.** fr. **Secteur.** ingl. **Sector.** ital. **Settore.** port. **Sector, setor.** (Del lat. *séctor,* el que corta o divide.) m. *Geom.* Porción de círculo comprendida entre un arco y los dos radios que pasan por sus extremidades. || fig. Parte de una clase o de una colectividad que posee caracteres peculiares. *Su proyecto fue aprobado por todos los* SECTORES *de la Cámara.* || – **esférico.** *Geom.* Porción de esfera comprendida entre una superficie cónica cuyo vértice es el centro de aquélla, y el casquete limitado por la intersección de la misma con su superficie esférica.

SECUA. f. Planta cucurbitácea de las Antillas, de flores grandes en racimo.

SECUANO, NA. (Del lat. *sequanus.*) adj. Aplícase al individuo de un pueblo de la Galia Transalpina, que habitó el territorio comprendido entre el Secuana, hoy Saona, el Ródano y el Rin. Ú.t.c.s. || Perteneciente a este pueblo.

SECUAZ. al. **Anhänger.** fr. **Sectateur.** ingl. **Follower.** ital. **Seguace.** port. **Sequaz.** (Del lat. *séquax, -acis.*) adj. y s. Que sigue el partido, doctrina o ideas de otro.

SECUELA. (Del lat. *sequela.*) f. Consecuencia o resultado de una cosa. *Su afección cardíaca es una* SECUELA *del ataque reumático que padeció.*

SECUENCIA. (Del lat. *sequentia*, continuación, de *sequi*, seguir.) f. Prosa o verso que se dice en algunas misas después del gradual. ‖ Continuidad, sucesión ordenada. ‖ Serie o sucesión de cosas que guardan entre sí cierta relación. ‖ En cinematografía, sucesión no interrumpida de planos o escenas que en una película se refieren a una misma parte o aspecto del argumento. ‖ *Mús.* Progresión o marcha armónica. ‖ *Mat.* Conjunto de cantidades u operaciones ordenadas de tal modo que cada una determina la siguiente.

SECUENCIAL. adj. Perteneciente o relativo a la secuencia.

SECUESTRAR. al. **Beschlagnahmen; der Freiheit berauben.** fr. **Séquestrer.** ingl. **To kidnap.** ital. **Sequestrare.** port. **Seqüestrar.** (Del lat. *sequestrare.*) tr. Depositar judicial o gubernativamente una alhaja en poder de un tercero hasta que se resuelva a quién pertenece. ‖ Embargar judicialmente. ‖ Aprehender los ladrones a alguna persona, exigiendo dinero por su rescate. sinón.: **raptar.** ‖ deriv.: **secuestración, secuestrador, ra; secuestrario, ria.**

SECUESTRO. (Del lat. *sequéstrum.*) m. Acción y efecto de secuestrar. ‖ Bienes secuestrados. ‖ *Der.* Depósito judicial por embargo de bienes, o como medida de aseguramiento en cuanto a los litigiosos. ‖ *Cir.* Parte mortificada de un tejido, especialmente óseo, que subsiste en el cuerpo separada de la parte viva.

SECULAR. al. **Hundertjährig; weltlich.** fr. **Séculaire.** ingl. **Secular.** ital. **Secolare.** port. **Secular.** (Del lat. *secularis*, de *sǽculum*, siglo.) adj. Seglar. ‖ Que se sucede o se repite cada siglo. *Fiestas* SECULARES. ‖ Que dura un siglo, o desde hace siglos. *Árboles* SECULARES. ‖ Aplícase al clero o sacerdote que vive en el siglo, a distinción del que vive en clausura. Apl. a pers., ú.t.c.s. *No es un fraile, es un* SECULAR.

SECULARIZAR. tr. Volver secular lo que era eclesiástico. Ú.t.c.r. ‖ Autorizar a un religioso o religiosa para que viva fuera de clausura. ‖ deriv.: **secularizable; secularización; secularizadamente.**

SECUNDAR. al. **Beistehen.** fr. **Seconder.** ingl. **To second.** ital. **Secondare.** port. **Secundar.** (Del lat. *secundare.*) tr. Ayudar, favorecer. *Fracasó en su intento porque nadie lo* SECUNDÓ. sinón.: **auxiliar, apoyar.** ‖ deriv.: **secundariamente.**

SECUNDARIO, RIA. al. **Nebensächlich, sekundär.** fr. **Secondaire.** ingl. **Secondary.** ital. **Secondario.** port. **Secundário.** (Del lat. *secundarius.*) adj. Segundo en orden y no principal, accesorio. ‖ Aplícase a la segunda enseñanza. ‖ *Geol.* Aplícase a cualquiera de los terrenos triásico, jurásico y cretáceo. ‖ Perteneciente a ellos.

SECUNDINAS. (Del lat. *secundínae, -arum*, de *secundus*, segundo.) f. pl. *Anat.* Placenta y membranas que envuelven el feto.

SECUNDÍPARA. (Del lat. *secundus* y *párere.*) adj. Dícese de la mujer que pare por segunda vez.

SECUOYA. (Del ingl. *sequoia.*) f. Género de árboles pertenecientes a las coníferas de la familia de las taxodiáceas, célebres por sus grandes dimensiones y majestuoso porte; una de ellas es la velintonia; la otra, con hojas parecidas a las del tejo, es mucho más abundante en las montañas de la costa occidental de los Estados Unidos, donde la llaman *árbol mamut.*

SECURA. (De *seco.*) f. p. us. Sequedad, calidad de seco.

SECCHI, Ángel. *Biog.* Sacerdote y astrónomo ital., autor de *El Sol* y *La unidad de las fuerzas físicas* (1818-1878).

SED. al. **Durst.** fr. **Soif.** ingl. **Thirst.** ital. **Sete.** port. **Sede.** (Del lat. *sitis.*) f. Gana y necesidad de beber. ‖ fig. Necesidad de agua o de humedad que tienen algunas cosas, especialmente los campos cuando pasa mucho tiempo sin llover. ‖ fig. Apetito o deseo ardiente de algo. SED *de riquezas.* ‖ **Apagar la sed.** frs. fig. Aplacarla bebiendo. ‖ **Hacer sed.** frs. Tomar incentivos que la causen, o esperar hasta tenerla. ‖ **Matar la sed.** frs. fig. **Apagar la sed.** ‖ IDEAS AFINES: *Verano, agua, vino, gaseosa, polidipsia, dipsomanía, saciar.*

SEDA. al. **Seide.** fr. **Soie.** ingl. **Silk.** ital. **Seta.** port. **Seda.** (Del lat. *seta*, pelo duro de ciertos animales, cerda.) f. Secreción viscosa que se vuelve sólida en el aire y que poseen varios animales articulados; cuando sale por orificios adquiere forma de hebras muy flexibles, como en las orugas, el gusano de la seda y las arañas. ‖ Hilo que se forma con algunas de estas hebras producidas por el gusano de la **seda** y con el que se cosen y tejen telas muy finas, suaves y lustrosas. ‖ Cualquier obra o tela hecha de **seda.** ‖ Cerda de ciertos animales, especialmente del jabalí. ‖ V. **Gusano, papel de seda.** ‖ — **ahogada.** La que se hila después de ahogado el gusano. ‖ — **artificial.** Designación vulgar del rayón. ‖ — **azache.** La de inferior calidad, que se hila de las primeras capas del capullo. ‖ — **cocida.** La que ha perdido la goma natural que tiene al ser cocida en una agua alcalina. ‖ — **conchal.** La de clase superior, que se hila de los capullos escogidos. ‖ — **cruda.** La que conserva la goma que naturalmente tiene. ‖ — **de capullos, o de todo capullo.** La basta y gruesa que se saca de los capullos de inferior calidad. ‖ — **floja. Seda** lasa, sin torcer. ‖ — **joyante.** La que es muy fina y de mucho lustre. ‖ — **ocal.** La que se saca del capullo ocal de inferior calidad, pero fuerte. ‖ — **verde.** La que se hila estando vivo el gusano dentro del capullo. ‖ **Como una seda.** frs. fig. y fam. Muy suave al tacto. ‖ fig. y fam. Aplícase a la persona dócil y de suave condición. ‖ fig. y fam. Dícese cuando se consigue algo fácilmente. *Todo fue* COMO UNA SEDA. ‖ **De media seda.** loc. De seda mezclada con otra materia textil. ‖ **De toda seda.** loc. De seda sin mezcla de otra fibra. ‖ IDEAS AFINES: *Sericicultura, filadiz, morera, Japón.*

● **SEDA.** *Ind.* La **seda** es, indudablemente, la más preciada de las fibras textiles. Su manufactura, si bien conocida desde más de veinticinco siglos a. de C., comenzó a desarrollarse en vasta escala hacia el s. VI, en Europa. Las orugas segregan la **seda**, que consiste en un fluido viscoso llamado crin, procedente de dos glándulas que se hallan a los lados de su cuerpo; ambas crines se unen por remojo en una sola hebra que se solidifica y la oruga la hila arrollándola hasta formar el capullo, en el que se efectúa la transformación al estado de crisálida. Los capullos se ablandan luego sumergiéndoselos en agua caliente. Se calcula que el capullo del gusano puede tener hasta tres mil metros de hebra; de ésta, cerca de una tercera parte puede ser devanada en una sola pieza. Previamente al devanado son eliminadas las fibrillas sueltas del exterior del capullo, que constituye la llamada **seda** floja; la hebra larga y continua, tal como la ha hilado el gusano, y arrollada en madejas, es la **seda** neta. La **seda** cruda contiene alrededor de 25% de sericina o goma de **seda**, la cual se elimina por remojo y cocción en baño de jabón; tras esta operación la **seda** pierde su natural aspereza y rigidez, así como su color amarillo inicial, y se transforma en blanda, fina y blanca. El consumo de **seda** natural ha bajado considerablemente con la fabricación de la **seda** artificial, hoy llamada comúnmente rayón, que se obtiene con soluciones de celulosa modificada mediante varios procesos distintos. También se fabrican otros tejidos de fibras artificiales y de consistencia parecida; acetatos, poliésteres, etc.

SEDACIÓN. f. Acción y efecto de sedar.

SEDADERA. f. Instrumento para asedar el cáñamo.

SEDAL. (Del lat. *seta*, cerda.) m. Hilo o cuerda que se ata por un extremo al anzuelo y por el otro a la caña de pescar. ‖ *Cir.* y *Veter.* Cinta o cordón que se introduce por una parte de la piel y se saca por otra a fin de provocar una supuración en el lugar donde se introduce, o de dar salida a las materias allí contenidas.

SEDAN. *Geog.* Población del N. E. de Francia (Ardenas), sit. sobre el río Mosa. 15.000 h. Derrota de Napoleón III por el ejército prusiano (1870).

SEDANCIA. f. Calidad de sedante.

SEDANTE. p. a. de **Sedar.** Que seda. Ú.t.c.s. *Los bromuros son buenos* SEDANTES.

SEDAR. (Del lat. *sedare.*) tr. Apaciguar, calmar.

SEDATIVO, VA. (Del lat. *sedátum*, supino de *sedare*, calmar, apaciguar.) adj. *Med.* Que puede calmar los dolores y la excitación nerviosa. sinón.: **sedante.**

SEDE. al. **Sitz.** fr. **Siège.** ingl. **See; headquarters.** ital. **Sede.** port. **Sede.** (Del lat. *sedes*, silla, asiento.) f. Asiento o trono de un prelado que ejerce jurisdicción. ‖ Capital de una diócesis. ‖ Diócesis. ‖ Jurisdicción y potestad del Sumo Pontífice. Llámase también **Santa Sede.** ‖ Lugar donde tiene su domicilio una entidad económica, literaria, deportiva, etc. ‖ — **apostólica.** Jurisdicción y potestad del Papa. ‖ — **plena.** Actual ocupación de la dignidad episcopal o pontificia por persona que, como prelado de ella, la administra y rige.

SEDEAR. (De *seda*, cerda.) tr. Limpiar alhajas con la sedera.

SEDENTARIO, RIA. al. **Sesshaft.** fr. **Sédentaire.** ingl. **Sedentary.** ital. **Sedentario.** port. **Sedentário.** (Del lat. *sedentarius*, de *sedere*, estar sentado.) adj. Dícese del oficio o vida de poca agitación o movimiento. ‖ *Zool.* Aplícase a la especie animal cuyos individuos viven sin salir de la región donde nacieron.

SEDENTE. (Del lat. *sedens, -entis.*) adj. Que está sentado. *Figura* SEDENTE.

SEDEÑA. (De *sedeño.*) f. Estopilla segunda que se saca del lino al rastrillarlo. ‖ Tela o hilaza que se hace de ella.

SEDEÑO, ÑA. adj. De seda o semejante a ella. ‖ Que tiene sedas o cerdas.

SEDEÑO, Antonio. *Biog.* Conquistador esp. que gobernó la isla de Trinidad (m. 1540). ‖ — **Manuel.** Militar venez., m. en la batalla de Carabobo, en 1821.

SEDERA. (De *seda*, cerda.) f. Brocha de cerdas.

SEDERÍA. al. **Seidenwaren.** fr. **Soierie.** ingl. **Silks.** ital. **Seteria.** port. **Sedas.** f. Mercadería de seda. ‖ Conjunto de ellas. ‖ Su tráfico. ‖ Tienda donde se venden géneros de seda.

SEDERO, RA. adj. Perteneciente a la seda. *Manufactura* SEDERA. ‖ s. Persona que labra la seda o trata en ella.

SEDGWICK, Adán. *Biog.* Geólogo ingl. que influyó en el progreso de su especialidad con eruditos estudios y obras (1786-1872).

SEDICIÓN. al. **Aufruhr; Aufstand.** fr. **Sédition.** ingl. **Sedition, mutiny.** ital. **Sedizione.** port. **Sedição.** (Del lat. *seditio, -onis.*) f. Alzamiento colectivo y violento contra la autoridad, el orden público o la disciplina militar sin alcanzar la gravedad de la rebelión. ‖ fig. Sublevación de las pasiones. *Obró impulsado por la* SEDICIÓN *de sus torpes apetitos*; sinón.: **motín, insurrección, subversión.**

SEDICIOSO, SA. (Del lat. *seditiosus.*) adj. Aplícase a la persona que promueve una sedición o interviene en ella. Ú.t.c.s. *Los* SEDICIOSOS *fueron fusilados.* ‖ Dícese de los actos o palabras de la persona sediciosa. ‖ deriv.: **sediciosamente.**

SEDIENTO, TA. al. **Durstig.** fr. **Assoiffé; altéré.** ingl. **Thirsty.** ital. **Assetato.** port. **Sedento.** (De *sed.*) adj. Que tiene sed. Apl. a pers., ú.t.c.s. ‖ fig. Dícese de los campos, tierras o plantas que necesitan de humedad o riego. ‖ fig. Que desea ansiosamente una cosa. SEDIENTO *de placeres.*

SEDIMENTACIÓN. f. Acción y efecto de sedimentar.

SEDIMENTAR. tr. Depositar sedimento un líquido. ‖ r. Formar sedimento las materias que se hallan suspendidas en un líquido. sinón.: **depositarse, posarse, precipitarse.**

SEDIMENTARIO, RIA. adj. Perteneciente o relativo al sedimento. ‖ *Geol.* Dícese del terreno formado por sedimentación.

SEDIMENTO. al. **Bodensatz.** fr. **Sédiment.** ingl. **Sediment; dregs.** ital. **Sedimento.** port. **Sedimento.** (Del lat. *sedimén-tum.*) m. Materia que, habiendo estado suspendida en un líquido, se posa en el fondo por efecto de su mayor gravedad. sinón.: **poso, solada, suelo.** ‖ *Geol.* Cada una de las capas de determinada composición química que se han ido depositando una sobre otras durante millones de años, por las que conocemos la evolución histórica de la superficie terrestre. ‖ deriv.: **sedimentoso, sa.**

SEDOSO, SA. al. **Seidenartig; seidig.** fr. **Soyeux.** ingl. **Silky.** ital. **Serico.** port. **Sedoso.** adj. Parecido a la seda.

SEDUCCIÓN. al. **Verführung; Verlockung.** fr. **Séduction.** ingl. **Seduction; abuse.** ital. **Seduzione.** port. **Sedução.** (Del lat. *seductio, -onis.*) f. Acción y efecto de seducir.

SEDUCIR. al. **Verführen; verlocken.** fr. **Séduire.** ingl. **To seduce.** ital. **Sedurre.** port. **Seduzir.** (Del lat. *sedúcere.*) tr. Engañar con arte y maña; inducir suavemente al mal. *El diablo* SEDUJO *a Eva con sus palabras.* ‖ Cautivar el ánimo. sinón.: **fascinar, hechizar.** ‖ irreg. Conj. como **Conducir.**

SEDUCTIVO, VA. adj. Aplícase a lo que seduce. ‖ deriv.: **seductivamente.**

SEDUCTOR, RA. (Del lat. *sedúctor, -oris.*) adj. y s. Que seduce. *Don Juan es el prototipo del* SEDUCTOR.

SEEBECK, Tomás Juan. *Biog.* Científico al. que descubrió la termoelectricidad (1770-1831).

SEELAND. *Geog.* La mayor de las islas de Dinamarca, separada de Suecia por el estrecho de Sund. 7.016 km². 2.165.000 h. Bosques de hayas. Pesquerías. En dicha isla está sit. COPENHAGUE, cap. del país.

SEFARDÍ. (Del hebr. *sefardí*, de *Sefarad*, España.) adj. Dícese del judío oriundo de España o del que, sin proceder de ella, conserva las prácticas especiales religiosas que en el rezo observan los judíos españoles. Ú.t.c.s.

SEFARDITA. adj. **Sefardí.** Ú.t.c.s.

SEFERIS, Jorge. *Biog.* Poeta y diplomático griego, autor de *Relato mítico; Diario de a bordo; En estilo griego*, etc. En casi todas sus obras deja traslucir nostálgicos recuerdos de un pasado legendario. Fue galardonado en 1963 con el premio Nobel de Literatura (1900-1971).

SEFSTROM, Nils. G. *Biog.* Químico y médico sueco, descubridor del vanadio (1787-1845).

SEGA. adj. fam. En algunos juegos, el que está en segundo lugar en orden de los que juegan.

SEGABLE. (Del lat. *secábilis.*) adj. Que está en sazón para ser segado.

SEGADA. (De *segar.*) f. Siega.

SEGADERA. f. Hoz para segar.

SEGADERO, RA. (De *segar.*) adj. Segable.

SEGADOR. al. **Mäher; Schnitter.** fr. **Faucheur; moissonneur.** ingl. **Reaper; harvester.** ital. **Mietitore.** port. **Segador.** (Del lat. *secátor, -oris.*) m. El que siega. ‖ Arácnido pequeño de patas muy largas, con el cuerpo redondeado y el vientre aovado, comprimido y rugoso. sinón.: **falangia, falangio.**

SEGADORA. (De *segador.*) adj. Dícese de la máquina que sirve para segar. Ú.t.c.s. ‖ f. Mujer que siega.

SEGALL, Lasar. *Biog.* Pintor ruso radicado en el Brasil, autor de *Madre negra; Navío de inmigrantes; Del álbum Mangue*, etc. (1890-1957).

SEGANTINI, Juan. *Biog.* Pintor ital. neoimpresionista; se dedicó al paisaje y creó un procedimiento basado en la división de tonos yuxtapuestos. Obras: *Ave María en la montaña; Primavera en los Alpes; La naturaleza, la vida y la muerte*, etc. (1858-1899).

SEGAR. al. **Mähen.** fr. **Moissonner; faucher.** ingl. **To reap; to harvest.** ital. **Mietere.** port. **Segar.** (Del lat. *secare*, cortar.) tr. Cortar mieses o hierba con la guadaña, la hoz o cualquiera máquina adecuada. ‖ Cortar de cualquier manera, y especialmente lo que sobresale o está más alto. *Le* SEGÓ *la cabeza de un tajo.* ‖ fig. Cortar, impedir con brusquedad y sin consideración el desarrollo de algo. Dícese en especial de esperanzas, ilusiones, actividades. ‖ IDEAS AFINES: *Agricultura, sembrar, campo, cosecha, trigo, rastrojo, espigar, parva.*

SEGAZÓN. (Del lat. *secatio, -onis.*) f. Siega de mieses o hierbas.

SEGESTA. *Geog. histór.* Ciudad de Italia. V. **Alcamo.**

SEGISMUNDO. *Biog.* Rey de Hungría en 1387 y emp. de Alemania de 1411 a 1437; extendió y mejoró sus dominios (1362-1437). ‖ Nombre de tres reyes de Polonia (1507-1632).

SEGLAR. al. **Weltlich; Laie.** fr. **Laïque.** ingl. **Secular; lay.** ital. **Secolare.** port. **Secular.** (De *secular.*) adj. Perteneciente a la vida, estado o costumbre del siglo o mundo. sinón.: **secular.** ‖ Lego, sin órdenes clericales. Ú.t.c.s. ‖ deriv.: **seglarmente.**

SEGMENTAR. tr. y r. Cortar o dividir en segmentos. sinón.: **fraccionar, fragmentar.** ‖ deriv.: **segmentación.**

SEGMENTO. al. **Segment; Kreisabschnitt.** fr. **Segment.** ingl. **Segment.** ital. **Segmento.** port. **Segmento.** (Del lat. *segmentum.*) m. Pedazo o parte cortada de una cosa. ‖ *Geom.* Parte de círculo comprendida entre un arco y su cuerda. ‖ **– de recta.** *Geom.* Porción de recta comprendida entre dos puntos de la misma. ‖ **– esférico.** *Geom.* V. **Casquete esférico.**

SEGNI, Antonio. *Biog.* Político ital. que fue pres. de la República desde 1962 hasta 1964 (1891-1965).

SEGOR. *Geog. histór.* Ciudad de Palestina, la más pequeña de Pentápolis. Fue la única que escapó al desastre de las otras ciudades.

SÉGOU. *Geog.* Población de África occidental en la rep. del Malí, sit. sobre el Níger. 32.000 h. Algodón, curtidurías, ganado.

SEGOVIA, Andrés. *Biog.* Guitarrista esp., uno de los más destacados ejecutantes del mundo (n. 1894). ‖ **– Lisandro.** Lexicógrafo arg., autor de *Diccionario de argentinismos, neologismos y barbarismos,* obras jurídicas, etc. (1842-1923).

SEGOVIA. *Geog.* Población de Colombia, en el dep. de Antioquia. 4.661 h. Importante centro minero. ‖ Provincia de la región central de España (Castilla la Vieja). 6.949 km². 203.400 h. Cereales, cáñamo, lino, frutales, explotación forestal y minera. Cap. hom. 29.568 h. Industria textil y papelera. Famoso acueducto romano; imponente alcázar.

SEGOVIANO, NA. adj. Natural de Segovia. Ú.t.c.s. ‖ Perteneciente a esta ciudad española.

SEGOVIENSE. adj. Segoviano. Apl. a pers., ú.t.c.s.

SEGRE. *Geog.* Río del N.E. de España que nace en los Pirineos y des. en el Ebro después de recorrer 257 km.

SEGRÈ, Emilio. *Biog.* Científico ital., naturalizado en los Estados Unidos. Obtuvo, en 1959, el premio Nobel de Física (compartido con Chamberlain) por sus trascendentales investigaciones sobre física nuclear, que condujeron al descubrimiento del antiprotón, minúscula parte del átomo, con carga eléctrica contraria a la que normalmente se encuentra en la naturaleza (n. 1905).

SEGREGAR. (Del lat. *segregare.*) tr. Apartar o separar una cosa de otra u otras. ‖ Secretar. ‖ deriv.: **segregación; segregativo, va.**

SEGRÍ. m. Tela de seda, fuerte y labrada, que se usó para vestidos de señora.

SEGUETA. (Del al. *sage,* sierra.) f. Sierra de marquetería.

SEGUETEAR. intr. Trabajar con la segueta.

SEGUÍ, Juan Francisco. *Biog.* Jurisc. y político arg., autor del manifiesto de 1851 que sirvió para iniciar la ofensiva contra Rosas; representó a Santa Fe en el Congreso Constituyente de 1853 (1822-1863).

SEGUIDA. f. Acción y efecto de seguir. ‖ Serie, orden, continuación. ‖ Cierto baile antiguo. ‖ **De seguida.** m. adv. Consecutiva o continuamente, sin interrupción. ‖ Inmediatamente. ‖ **En seguida.** m. adv. Acto continuo.

SEGUIDAMENTE. adv. m. **De seguida.** ‖ **En seguida.**

SEGUIDERO. (De *seguido.*) m. Regla o pauta para escribir.

SEGUIDILLA. (dim. de *seguida.*) f. Composición métrica de cuatro o de siete versos, de los cuales son, en ambos casos, heptasílabos y libres el primero y el tercero, y de cinco sílabas y asonantes los otros dos. Cuando tiene siete, el quinto y el séptimo son de esta misma medida y forman también asonancia entre sí, y el sexto es heptasílabo y libre. Úsase más generalmente en lo festivo o jocoso y en cantos populares. Hay seguidillas en que los versos forman consonancia o rima perfecta. ‖ pl. Aire popular español. ‖ Baile correspondiente a este aire. ‖ fig. y fam. Cámaras o flujo de vientre. ‖ **Seguidilla chamberga.** V. **Chamberga.** ‖ **Seguidillas boleras.** Música con que se acompaña las bailadas a lo bolero. ‖ **Seguidillas manchegas.** Música o t no especial, originario de la Mancha, con que se cantan las coplas llamadas **seguidillas.** ‖ Baile propio de esta tonada.

SEGUIDO, DA. p. p. de **Seguir.** ‖ adj. Continuo, sucesivo, sin interrupción de lugar o tiempo. ‖ Que está en línea recta. ‖ adv. m. De seguida. ‖ m. Cualquiera de los puntos que se van menguando en el remate del pie de las calcetas, medias, etc., para cerrarlo.

SEGUIDOR, RA. adj. Que sigue a una persona o cosa. Ú.t.c.s. ‖ m. Seguidero. sinón.: **pauta.**

SEGUIMIENTO. m. Acción y efecto de seguir. *Salió en* SEGUIMIENTO *de los raptores.*

SEGUIN, Marco. *Biog.* Ingeniero fr. que inventó la caldera tubular (1786-1875).

SEGUIR. al. **Folgen; Fortfahren; Fortsetzen.** fr. **Suivre.** ingl. **To follow; to continue; to go on with.** ital. **Seguire; continuare.** port. **Seguir.** (Del lat. *sequire.*) tr. Ir después o detrás de uno. ‖ Dirigir la vista hacia un objeto que se mueve y mantener la visión en él. ‖ Ir en busca de una persona o cosa; encaminarse hacia ella. ‖ Proseguir en lo empezado. ‖ Ir en compañía de alguien. SEGUÍ *con él hasta la ciudad;* sinón.: **acompañar.** ‖ Profesar una ciencia, arte o estado. SIGUIÓ *la carrera de las armas.* ‖ Manejar un negocio o pleito, haciendo las diligencias necesarias para su logro. SEGUIR *una causa.* ‖ Conformarse, ser del dictamen o parcialidad de alguien. SIGO *a mi maestro en sus teorías;* sinón.: **convenir.** ‖ Perseguir, acosar o molestar a uno. SEGUIR *a un jabalí, al enemigo.* ‖ Imitar o hacer algo por el ejemplo que otro ha dado de ello. *Hay que* SEGUIR *a los clásicos.* ‖ Dirigir una cosa por camino o método adecuado, sin apartarse del intento. ‖ r. Inferirse o ser consecuencia una cosa de otra. ‖ Suceder una cosa a otra por orden, turno o número, o ser continuación de ella. ‖ fig. Originarse una cosa de otra. *De su intervención* SE SIGUIERON *notables alteraciones.*

SEGÚN. al. **Nach.** fr. **Selon.** ingl. **According to.** ital. **Secondo.** port. **Segundo.** (Del lat. *secúndum.*) prep. Conforme o con arreglo a. SEGÚN *contrato;* SEGÚN *instrucciones;* SEGÚN *estos informes.* ‖ Toma carácter de adverbio, denotando relaciones de conformidad, correspondencia o modo, y equivaliendo más comúnmente a con arreglo o en conformidad a lo que, o a como. SEGÚN *convengamos;* SEGÚN *se presente el día.* Con proporción o correspondencia. *La ganancia será* SEGÚN *la participación.* De la misma suerte o manera que. *Hay que dejar las cosas* SEGÚN *estaban.* Por el modo en que. SEGÚN *vestía, aparentaba ser personaje principal.* ‖ Precediendo inmediatamente a nombres o pronombres personales, significa con arreglo o conformemente a lo que opinan o dicen las personas de que se trate. SEGÚN *Platón;* SEGÚN *Plutarco;* SEGÚN *ellos.* ‖ Hállase construido con la conjunción *que.* SEGÚN QUE *lo prueban los análisis.* ‖ Con carácter adverbial y en frases elípticas indica eventualidad o contingencia. *Lo enjuiciaré o lo perdonaré,* SEGÚN. ‖ **Según y como.** m. adv. De igual suerte o manera que. *Te lo refiero* SEGÚN Y COMO *lo publicó ese diario.* ‖ Indica eventualidad o contingencia. *¿Aceptarás ese cargo?* SEGÚN Y COMO. ‖ **Según y conforme.** m. adv. **Según y como.**

SEGUNDA. (Del lat. *secunda,* t. f. de *-dus,* segundo.) f. En las cerraduras y llaves, vuelta doble que suele dárseles. ‖ **Segunda intención.** *Lo dijo con* SEGUNDA.

SEGUNDAR. (De *segundo.*) tr. Asegundar. *Le dio un golpe en el pecho y* SEGUNDÓ *con otro en la barbilla.* ‖ intr. Ser segundo o seguirse al primero.

SEGUNDARIO, RIA. adj. Secundario. ‖ deriv.: **segundariamente.**

SEGUNDERO, RA. adj. Dícese del segundo fruto que dan algunas plantas dentro del año. ‖ m. Manecilla que señala los segundos en el reloj.

SEGUNDILLA. (dim. de *segunda.*) f. Campana pequeña con que en ciertos conventos se llama a la comunidad para algunos actos religiosos.

SEGUNDILLO. m. Campana pequeña.

SEGUNDO, DA. al. **Der zweite; Sekunde.** fr. **Deuxième, second; seconde.** ingl. **Second.** ital. **Secondo.** port. **Segundo.** (Del lat. *secundus.*) adj. Que sigue inmediatamente en orden al o a lo primero. ‖ fam. V. **Segunda intención.** ‖ *Alg.* y *Arit.* V. **Segunda potencia.** ‖ m. Persona que en una institución sigue en jerarquía al jefe. ‖ Pez acantopterigio de Cuba, de color blancuzco y cuerpo aplastado. ‖ Cada una de las sesenta partes en que se divide el minuto de tiempo. ‖ *Geom.* Cada una de las sesenta partes en que se divide el minuto de circunferencia. ‖ **Batir segundos.** frs. Dicho del reloj o del péndulo, producir el ruido acompasado indicador de su marcha. ‖ **Sin segundo.** expr. fig. Sin par. *Un ingenio* SIN SEGUNDO.

SEGUNDO. *Geog.* Río de la región central de la Rep. Argentina (Córdoba) que nace en la región serrana y des. en la laguna Mar Chiquita después de recorrer 340 km.

SEGUNDOGÉNITO, TA. (De *segundo* y el lat. *génitus,* engendrado.) adj. Aplícase al hijo o hija nacidos después del primogénito o primogénita. Ú.t.c.s.

SEGUNDOGENITURA. f. Dignidad, prerrogativa o derecho del segundogénito.

SEGUR. (Del lat. *securis.*) f. Hacha grande para cortar. ‖ Hacha que figuraba en cada una de las fasces de los lictores romanos. *La* SEGUR *simbolizaba la justicia.* ‖ Hoz o guadaña

SEGUR, Felipe Pablo, conde de. *Biog.* Hist. y militar fr., autor de *Historia de Napoleón y del Gran Ejército durante 1812; Historia de Rusia y de Pedro el Grande,* etc. (1780-1873).

SEGURA. (El apellido *Segura* puesto en juego con su homónimo el adj. *segura.*) **A Segura llevan, o le llevan, preso.** frs. proverb. con que se da a entender que toda precaución es poca cuando se puede correr algún peligro, por inverosímil o remoto que parezca.

SEGURA, Antonio. *Biog.* Arquitecto y pintor esp. que trabajó en los monasterios de Yuste y El Escorial y en el Alcázar del Pardo (m. 1605). ‖ **– Eliseo Víctor.** Médico arg. que fue pres. de la Academia Nac. de Medicina y publicó obras sobre otorrinolaringología (1870-1946). ‖ **– José Sebastián.** Poeta y dramaturgo mex., miembro de la Academia Mex. de la Lengua y correspondiente de la Española (1822-1889). ‖ **– Manuel A.** Autor teatral per., autor de *Los lances de Amancaes; La saya y el manto; La moza mala* y otras comedias (1805-1871). ‖ **– Pedro Pascual.** Político arg. que gobernó en la prov. de Mendoza, a la cual dió una constitución. Firmó el acuerdo de San Nicolás (1802-1865).

SEGURA. *Geog.* Río del S.E. de España que nace al norte de la Cordillera Penibética y des. en el Mediterráneo después de recorrer 341 km.

SEGURAMENTE. adv. m. De modo seguro. Ú.t.c. adv. afirm. *¿Vendrás mañana?* – SEGURAMENTE. ‖ Probablemente, acaso.

SEGURIDAD. (Del lat. *secúritas, -atis.*) f. Calidad de seguro. *Esto no tiene* SEGURIDAD. ‖ Fianza u obligación de indemnidad a favor de alguien, por lo común en materia de intereses. *Sus fincas sirven de* SEGURIDAD. ‖ **De seguridad.** frs. que se aplica a un ramo de la administración pública cuyo fin es el de velar por la seguridad de los ciudadanos. *Dirección general, agente de* SEGURIDAD. ‖ Se aplica también a ciertos mecanismos que aseguran algún buen funcionamiento, en previsión de que éste falle. *Cerradura de* SEGURIDAD.

SEGURO, RA. al. **Sicher; gewiss.** fr. **Sur; certain.** ingl. **Secure; safe; sure.** ital. **Sicuro.** port. **Seguro.** (Del lat. *securus.*) adj. Libre de peligro, daño o riesgo. *En este refugio estamos* SEGUROS. ‖ Cierto, indubitable y en cierto modo infalible. *Es* SEGURO *que hemos de morir;* sinón.: **innegable.** ‖ Firme, constante y que no está en peligro de faltar o caerse. *Este puente es poco* SEGURO. ‖ Desprevenido, ajeno de sospecha; sinón.: **confiado.** ‖ m. Seguridad, certeza, confianza. ‖ Lugar libre de todo peligro. *En el convento halló el* SEGURO *que buscaba.* ‖ Contrato por el cual una persona, natural o jurídica, se obliga a resarcir pérdidas o daños que sufran las personas o cosas que corren algún riesgo. ‖ Salvoconducto o permiso que se concede para hacer lo que sin él no se pudiera. sinón.: **salvaguardia.** ‖ Muelle que en algunas armas de fuego sirve para evitar que se disparen por el juego de la llave. *Echó el* SEGURO *al fusil.* ‖ **– subsidiario.** El que cubre el riesgo de que otro asegurador falte al pago de la indemnización acordada en un contrato anterior. ‖ **A buen seguro, al seguro,** o **de seguro.** ms. advs. Ciertamente, en verdad. ‖ **En seguro.** m. adv. En salvo. ‖ A salvo. ‖ **Sobre seguro.** m. adv. Sin aventurarse a ningún riesgo. *Obró* SOBRE SEGURO. ‖ IDEAS AFINES: *Siniestro, póliza, inventario, actuario, beneficiario.*

SEGUROLA, Saturnino. *Biog.* Sacerdote arg. que integró el Cabildo de Buenos Aires (1776-1854).

SEGURÓN. m. aum. de **Segur.**

SEIBAL. m. Ceibal.

SEIBO. m. Ceibo.

SEIBO. *Geog.* Provincia del E. de la Rep. Dominicana. 2.989 km². 107.355 h. Café, cacao, caña de azúcar. Cap. SANTA CRUZ DEL SEIBO.

SEIGNOBOS, Carlos. *Biog.* Hist. francés, autor de *Historia política de la Europa contemporánea; Historia de la civilización; Historia sincera de la nación francesa,* etc. (1854-1942).

SEIS. (Del lat. *sex.*) adj. Cinco y uno. ‖ Sexto, 1ª acep. *Número* SEIS. Apl. a los días del mes. Ú.t.c.s. *El* SEIS *de octubre.* ‖ m. Signo o conjunto de signos con que se representa el número seis. ‖ Naipe de seis señales. *El* SEIS *de copas.* ‖ Cualquiera de los seis regidores que algunos lugares o villas diputaban para el gobierno político y económico o para un negocio particular. ‖ *P. Rico.* Baile popular, especie de zapateado.

SEISAVAR. tr. Dar a una cosa forma de hexágono regular.

SEISAVO, VA. (De *seis.*) adj. Sexto. Dícese de cada una de las seis partes iguales en que se divide un todo. Ú.t.c.s.m. ‖ Hexágono. Ú.m.c.s.

SEISCIENTOS, TAS. adj. Seis veces ciento. ‖ Sexcentésimo, 1ª acep. *Número* SEISCIENTOS: *año* SEISCIENTOS. ‖ m. Conjunto de signos con que se representa el número seiscientos.

SEISE. m. Cualquiera de los niños de coro, seis por lo general, que, vestidos con traje antiguo de seda azul y blanca, bailan y cantan tocando las castañuelas en la catedral de Sevilla, y en algunas otras, en ciertas festividades del año.

SEISÉN. (De *seis.*) m. Sesén.

SEISENO, NA. (De *seis.*) adj. Sexto.

SEISILLO. (dim. de *seis.*) m. *Mús.* Conjunto de seis notas iguales que se cantan o tocan en el tiempo correspondiente a cuatro de ellas.

SEIS PERSONAJES EN BUSCA DE AUTOR. *Lit.* Famosa obra de Pirandello, donde el autor establece su método teatral; los personajes tienen un sentido de autocrítica que les confiere trascendencia filosófica y humana. Estrenada en 1921.

SEISSENHOFFER, Juan. *Biog.* Explorador al., del siglo XVI, que fue gobernador de Venezuela.

SEJE. m. Árbol palmáceo de la

América del Sur, muy semejante al coco pero de mayor grosor, más bajo y de copa ancha, con muchas flores y fruto puntiagudo, del cual se extrae un aceite mantecoso, macerándolo, quebrantado, en agua fría.

SELACIO, CIA. (Del gr. *selakhion.*) adj. *Zool.* Aplícase a algunos peces cartilagíneos que tienen las branquias fijas por sus dos bordes, varias aberturas branquiales a los lados del cuello y móvil la mandíbula inferior; como el tiburón y la raya. Ú.t.c.s. ‖ m. pl. *Zool.* Orden de estos peces.

SELANGOR. *Geog.* Estado de la Federación Malaya, sit. al Oeste de la pen. de Malaca. 8.183 km². 1.635.000 h. Caucho, carbón y estaño. Cap. SHAH ALAM.

SELECCION. (Del lat. *selectio, -onis.*) f. Elección de una persona o cosa entre otras, como separándola de ellas y dándoles preferencia. SELECCIÓN *de poesías*; sinón.: **escogimiento.** ‖ Elección de los animales destinados a la reproducción, con el fin de mejorar la raza. ‖ – **natural.** Teoría de Darwin, en la que sostiene que la gradual transformación y la subdivisión que se va verificando en las especies de animales y plantas se debe a la victoria de los más aptos.

●**SELECCIÓN.** *Biol.* Elección de seres destinados a la reproducción, con objeto de mantener la pureza de una raza, mejorarla o lograr una nueva; la **selección** puede ser natural o artificial. La primera la verifica la naturaleza y la segunda la ejercita el hombre con animales y plantas, eligiendo las variedades más estimables o más convenientes a determinados fines. La **selección** natural fue estudiada por Darwin como fundamento de su célebre doctrina evolucionista o transformismo; la constante lucha por la vida cumple en la naturaleza la misma tarea selectiva que artificialmente se practica escogiendo los mejores animales de cría o las mejores plantas de siembra. En esa lucha por la vida se produce la supervivencia de los más adaptados y son aniquilados los que menos se adaptan; esa **selección** es compleja y comienza con la **selección** celular, que implica la lucha entre las células de un mismo ser y en virtud de la cual sobreviven ciertos tejidos y órganos mejor adaptados que otros. Una de las formas de la **selección** natural es también la **selección** sexual, comprobada en las especies animales e igualmente estudiada por Darwin.

SELECCIONADOR, RA. adj. Que selecciona o elige. Ú.t.c.s. ‖ s. *Dep.* Persona encargada de elegir los jugadores que han de formar un equipo.

SELECCIONAR. tr. Elegir, escoger por medio de una selección.

SELECTAS. (Del lat. *seléctae.*) f. pl. Analectas. sinón.: **antología, florilegio.**

SELECTIVIDAD. f. Calidad de selectivo.

SELECTIVO, VA. adj. Que implica selección. *Diccionario* SELECTIVO. ‖ *Electr.* Dícese del aparato radiorreceptor con el cual se puede escoger una onda de determinada longitud sin que la audición sea perturbada por otras ondas cercanas.

SELECTO, TA. al. **Erwählt; ausgewählt.** fr. **Choisi.** ingl. **Select.** ital. **Scelto.** port. **Selecto.** (Del lat. *selectus.* p. p. de *selígere*, escoger, elegir.) adj. Que es o se reputa por mejor entre otras cosas de su especie. *Poesías* SELECTAS; sinón.: **seleccionado, escogido.** ‖ deriv.: **selectamente.**

SELECTOR, RA. adj. Que selecciona. Ú.t.c.s. ‖ *Electr.* Selectivo. Ú.t.c.s.

SELENE. *Mit.* Personificación de la Luna, entre los griegos.

SELENGA. *Geog.* Río de Asia oriental que nace en Mogolia, corre por territorio soviético y des. en el lago Baikal. 1.206 km.

SELENIO. (Del gr. *selenion*, resplandor de la Luna.) m. Metaloide descubierto en 1817 por Berzelius, parecido al azufre por sus propiedades químicas, que presenta muchas formas alotrópicas. Una de ellas, sólido rojo amorfo, a 120º se transforma en el llamado *selenio metálico*, sólido cristalino, gris, buen conductor de la electricidad, y cuya resistencia varía al exponerlo a la luz, por lo que se lo emplea en células fotoeléctricas. Industrialmente, se utiliza el selenio para teñir y decolorar vidrio. se realizán ensayos para aplicarlo como aislador en los cables eléctricos. Elemento de símbolo Se y p. atóm. 78,96.

SELENITA. (Del gr. *selenites*, perteneciente a la Luna.) com. Habitante de la Luna. ‖ f. Espejuelo, yeso.

SELENITOSO, SA. (De *selenita*, yeso.) adj. Que contiene yeso. *Agua* SELENITOSA.

SELENIURO. m. *Quím.* Cuerpo resultante de la combinación del selenio con un radical simple o compuesto.

SELENOGRAFÍA. (De *selenógrafo.*) f. Parte de la astronomía que trata de la descripción de la Luna. ‖ deriv.: **selenográfico, ca.**

SELENÓGRAFO. (Del gr. *Selene*, la Luna, y *grapho*, describir.) m. El que profesa la selenografía o posee conocimientos especiales sobre esa rama de la astronomía.

SELENOSIS. (Del gr. *Selene*, la Luna.) f. Mentira, manchita blanca en las uñas.

SELÉUCIDA. adj. Dícese de los individuos de una dinastía fundada en Siria por Seleuco I, que dominó de 312 a 69 a. de C. Ú.t.c.s.m. y en pl. ‖ Perteneciente o relativo a los seléucidas.

SELEUCO. *Biog.* Nombre de seis reyes de Siria. ‖ – **I, Nicátor.** Rey de Siria, general de Alejandro y fundador de la dinastía de los seléucidas (356-280 a. de C.).

SELIM. *Biog.* Nombre de tres sultanes de Turquía, de 1467 a 1808.

SELKIRK. *Geog.* Condado del N. de Gran Bretaña (Escocia). 691 km². 22.000 h. Avena, ganado ovino. Cap. hom. 6.000 h. Industria textil.

SELTERS. *Geog.* Ciudad de la Rep. Federal Alemana (Renania-Palatinado). 2.200 h. Célebres aguas minerales conocidas como "aguas de Seltz".

SELTZ. n.p. V. **Agua de Seltz.** sinón.: **soda.**

SELTZ. *Geog.* V. **Selters.**

SELVA. al. **Wald; Urwald.** fr. **Forêt.** ingl. **Forest.** ital. **Selva.** port. **Selva.** (Del lat. *silva.*) f. Terreno extenso, inculto y muy poblado de árboles. ‖ *Amér.* Formación vegetal extensa, caracterizada por la gran variedad de especies arbóreas de distinta altura, la presencia de un tapiz herbáceo y el gran número de plantas parásitas y epifitas. Se encuentra en zonas ecuatoriales o subtropicales. SELVA *amazónica.* ‖ fig. Abundancia desordenada de alguna cosa; confusión, cuestión intrincada. ‖ IDEAS AFINES: *Monte, bosque, follaje, espesura, umbría, machete, picada, alimañas, bejuco, riqueza forestal, aserradero.*

SELVA, Juan B. *Biog.* Filól. argentino, autor de *Porvenir del habla castellana en América; Guía del buen decir; El castellano en América: su evolución*, etc. (1874-1962). ‖ – **Salomón de la.** Poeta nicaragüense de tendencia vanguardista. Autor de *El soldado desconocido* y otras obras (1893-1959).

SELVA NEGRA. *Geog.* Cadena montañosa del S.O. de Alemania, separada de los Vosgos por el valle del Rin. Su cima culminante es el Feldberg, de 1.494 m.

SELVÁTICO, CA. (Del lat. *silváticus.*) adj. Perteneciente o relativo a las selvas, o que se cría en ellas. *Animal* SELVÁTICO. ‖ fig. Rústico, falto de cultura. *Hombre* SELVÁTICO.

SELVATIQUEZ. f. Calidad de selvático.

SELVICULTURA. f. Silvicultura.

SELVOSO, SA. (De *silvoso.*) adj. Propio de la selva. ‖ Aplícase al país o territorio en que hay muchas selvas.

SELLADO. m. *Amér.* Selladura.

SELLADOR, RA. adj. Que sella o pone el sello. Ú.t.c.s.

SELLADURA. f. Acción y efecto de sellar.

SELLAR. al. **Siegeln; stempeln.** fr. **Cacheter.** ingl. **To seal.** ital. **Suggellare, bollare.** port. **Selar.** (Del lat. *sigillare.*) tr. Imprimir el sello. sinón.: **timbrar.** ‖ fig. Estampar, imprimir o dejar marcada una cosa en otra o darle determinado carácter. *El amor a la libertad* SELLA *todas sus obras.* ‖ Concluir, terminar una cosa, por ser el sello lo último que se pone. *Su suerte está* SELLADA. ‖ Cerrar, tapar. *Le* SELLÓ *los labios con un beso.* ‖ *Amér.* Poner la estampilla o sello de correos o fiscal.

SELLE, Macizo de la. *Geog.* Cerro de Haití, en el dep. del Oeste, que culmina a 2.880 m. de altura.

SELLÉN, Francisco. *Biog.* Patriota y poeta cub., autor de *Cantos a la patria* (1838-1907). Colaboró con él su hermano **Antonio** (1839-1889).

SELLO. al. **Siegel; Stempel.** fr. **Sceau; cachet.** ingl. **Seal.** ital. **Suggello; bollo.** port. **Selo.** (Del lat. *sigillum.*) m. Utensilio, por lo común de metal, madera o caucho, que sirve para estampar las armas, divisas, cifras, etc., en él grabadas, y se emplea para autorizar documentos, cerrar pliegos y otros usos análogos. ‖ Lo que queda estampado, impreso y señalado con el mismo sello. ‖ Disco de metal o de cera que, estampado con un sello, se unía, pendiente de hilos o cintas, a ciertos documentos importantes. ‖ Trozo pequeño de papel, con timbre oficial de figuras o signos grabados, que se pega en las cartas para franquearlas o certificarlas y también a ciertos documentos para darles mayor valor o eficacia. sinón.: **estampilla.** ‖ Casa u oficina en que se estampa y pone el sello a algunos escritos para autorizarlos. ‖ Sellador. ‖ fig. Carácter distintivo comunicado a una obra u otra cosa. ‖ *Farm.* Conjunto de dos obleas redondas entre las cuales se encierra una dosis de medicamento para tragarlo sin percibir su sabor. ‖ – **de alcance.** El postal suplementario que se aplica a la correspondencia que se deposita en buzón especial cuando pasa de la hora normal de recogida. ‖ – **de Salomón.** Estrella de seis puntas formada por dos triángulos equiláteros cruzados y a la cual los cabalistas atribuían ciertas virtudes. ‖ Planta herbácea de la familia de las esmiláceas, de hojas alternas, sentadas, ovales y enteras; flores blancas y axilares; fruto en baya redonda y azulada, y rizoma horizontal del grueso de un dedo y en cuya parte superior hay huellas profundas, circulares o elípticas, que corresponden a los tallos anuales desaparecidos, y a las cuales debe su nombre la planta. ‖ – **de Santa María. Sello de Salomón,** planta. ‖ – **postal.** El de papel que se adhiere a las cartas para franquearlas o certificarlas. ‖ **Echar,** o **poner, el sello a** una cosa. frs. fig. Rematarla, perfeccionarla. ‖ IDEAS AFINES: *Carta, franqueo, matasellos, correo, precintar, lacrar, filatelia, monograma.*

SEM. *Hist. Sagr.* Primogénito de Noé, considerado tronco de los pueblos llamados semíticos.

SEMAFÓRICO, CA. adj. Perteneciente al semáforo.

SEMÁFORO. al. **Sichtmast; Verkehrsampel.** fr. **Sémaphore.** ingl. **Semaphore.** ital. **Semaforo.** port. **Semáforo.** (Del gr. *sema*, señal, y *phoros*, que lleva.) m. Especie de telégrafo óptico para comunicarse por medio de señales luminosas. *El capitán del buque cumplió la orden que le comunicara el* SEMÁFORO. ‖ Aparato eléctrico de señales luminosas para regular la circulación. ‖ Designa también otros sistemas de señales ópticas. ‖ deriv.: **semaforista.**

SEMANA. al. **Woche.** fr. **Semaine.** ingl. **Week.** ital. **Settimana.** port. **Semana.** (Del lat. *septimana.*) f. Serie de siete días naturales consecutivos, comenzando por el domingo y terminando por el sábado. ‖ Período septenario de tiempo, sea de días, meses, años o siglos. *Las* SEMANAS *de Daniel.* ‖ fig. Salario ganado en una semana. *Me deben tres* SEMANAS. ‖ fig. Una de las numerosas variedades del juego del infernáculo. ‖ – **grande, mayor,** o **santa.** La última de la cuaresma, desde el Domingo de Ramos hasta el de Resurrección. ‖ Libro que comprende el rezo propio del tiempo de la Semana Santa, y los oficios que se celebran en ella. ‖ **Mala semana.** fam. Mes o menstruo en las mujeres. ‖ **Entre semana.** m. adv. En cualquier día de ella, excepto el primero y el último. ‖ **La semana que no tenga viernes.** expr. fig. y fam. con que se despide a uno, negándole lo que pretende, o se da a entender la imposibilidad de que una cosa se realice.

SEMANAL. adj. Que sucede o se repite cada semana. sinón.: **hebdomadario.** ‖ Que dura una semana o corresponde a ella.

SEMANALMENTE. adv. t. Por semanas, en todas las semanas o en cada una de ellas.

SEMANARIO, RIA. adj. Semanal. ‖ m. Periódico que se publica semanalmente. ‖ Juego de siete navajas de afeitar.

SEMANERÍA. f. Cargo u oficio de semanero. ‖ En los tribunales, inspección semanal que se hacía de los despachos, para comprobar si concordaban con lo que se había resuelto.

SEMANERO, RA. adj. Dícese de la persona que ejerce un empleo o encargo por semanas. Ú.t.c.s.

SEMANILLA. f. Semana santa, libro de rezo.

SEMÁNTICA. f. Estudio de la significación de las palabras. sinón.: **semasiología.**

SEMÁNTICO, CA. (Del gr. *sema*, signo.) adj. Referente a la significación de las palabras.

SEMASIOLOGÍA. (del gr. *semasía*, significación, y *logos*, tratado.) f. Semántica. ‖ deriv.: **semasiológico, ca.**

SEMBLANTE. al. **Gesichtsausdruck; Gesicht; Miene.** fr. **Mine; air; visage.** ingl. **Look; countenance; face.** ital. **Semblante.** port. **Semblante.** (Del lat. *similans, -antis*, p.a. de *similare*, semejar.) m. Representación de algún afecto del ánimo en el rostro. *Me recibió con mal* SEMBLANTE. ‖ Cara, rostro. *Tiene lindo* SEMBLANTE. ‖ fig. Apariencia y representación del estado de las cosas, sobre el cual formamos el concepto de ellas. *El* SEMBLANTE *de la luna anuncia lluvia.* ‖ **Beber el semblante** en uno. frs. fig. Beberle las palabras. ‖ **Componer** uno **el semblante.** frs. Mostrar seriedad o modestia. ‖ Serenar la expresión del rostro. ‖ **Mudar de semblante.** frs. Demudarse o alterarse una persona, manifestándolo en el rostro. ‖ fig. Variarse las circunstancias de las cosas, de modo que se espere diferente suceso del que se suponía. *Mudó de* SEMBLANTE *el escrutinio.*

SEMBLANTEAR. tr. *Amér.* Mirar cara a cara a alguien para penetrar sus intenciones. ‖ *Méx.* Examinar, observar.

SEMBLANZA. (Del lat. *similare.*) f. Bosquejo biográfico.

SEMBRADA. (Del lat. *seminata.*) f. Sembrado.

SEMBRADERA. al. **Säemaschine.** fr. **Semoise.** ingl. **Seeding machine.** ital. **Seminatrice.** port. **Semeador.** f. Máquina para sembrar.

SEMBRADERO. m. *Col.* Haza.

SEMBRADÍO, A. adj. Aplícase al terreno que se destina o es apto para sembrar. *Este erial fue un rico terreno* SEMBRADÍO.

SEMBRADO, DA. p. p. de **sembrar.** ‖ m. Tierra sembrada, aunque no hayan germinado y crecido las semillas. ‖ **Estar sembrado.** loc. fig. Estar ingenioso, ocurrente.

SEMBRADOR, RA. al. **Sämann.** fr. **Semeur.** ingl. **Seeder.** ital. **Seminatore.** port. **Semeador.** (Del lat. *seminátor.*) adj. y s. Que siembra.

SEMBRADORA. f. Sembradera.

SEMBRADURA. f. Acción y efecto de sembrar.

SEMBRAR. al. **Säen.** fr. **Semer.** ingl. **To seed.** ital. **Seminare.** port. **Semear.** (Del lat. *seminare.*) tr. Arrojar y esparcir las semillas en la tierra preparada para este fin. sinón.: **sementar.** ‖ fig. Desparramar, esparcir. SEMBRAR *dinero*; sinón.: **diseminar.** ‖ Dar motivo, causa o principio a algo. ‖ Poner sin orden una cosa para adorno de otra. SEMBRÓ *la bordadura de florecillas.* ‖ Esparcir, publicar una especie para que se divulgue. SEMBRÓ *rumores alarmantes entre sus convecinos*; sinón.: **divulgar.** ‖ Hacer algunas cosas de que se ha de seguir fruto. SEMBRÓ *muchos bienes y ahora recoge el beneficio.* ‖ *Méx.* Derribar, echar a tierra. *El caballo lo* SEMBRÓ. ‖ irreg. Conj. como **Acertar.** ‖ IDEAS AFINES.: *Sementera, labrador, amelgar, surcos, diseminación, almácigo, espantapájaros, cosecha, siega; sequía, secano, regadío.*

SEMBRÍO. m. *Ec., Guat.* y *Perú.* Sembrado.

SEMEJA. (Del lat. *similia*, pl. de *simile*, semejanza.) f. Semejanza, calidad de semejante. ‖ Señal, indicio. Ú.m. en pl.

SEMEJABLE. adj. Capaz de asemejarse a una cosa.

SEMEJADO, DA. adj. Semejante, que semeja.

SEMEJANTE. al. **Ähnlich; gleich.** fr. **Semblable; pareil.** ingl. **Similar.** ital. **Simile.** port. **Semelhante.** (De *semejar.*) Que semeja a una persona o cosa. *Sólo en el carácter es* SEMEJANTE *a su hermano.* Ú.t.c.s. ‖ Úsase con sentido de comparación o ponderación. *Es arriesgado aplicar* SEMEJANTES *medidas.* ‖ Empleado con carácter de demostrativo, **tal.** *No quiero tratos con* SEMEJANTE *persona.* ‖ *Geom.* Dícese de dos figuras cuyos ángulos son respectivamente iguales y cuyos lados homólogos (correspondientes) son proporcionales, es decir, dos figuras de igual forma, pero de distinto tamaño. ‖ m. Semejanza, imitación. ‖ Prójimo. *Piensa que las necesidades de tus* SEMEJANTES *son las tuyas mismas.* ‖ deriv.: **semejantemente.**

SEMEJANZA. f. Calidad de semejante. sinón.: **parecido, similitud.** ‖ *Ret.* Símil.

SEMEJAR. (Del lat. *similare.*) intr. y r. Parecerse una persona o cosa a otra; tener conformidad con ella.

SÉMELE. *Mit.* Madre de Baco. Pidió a Júpiter verle en su máximo esplendor y murió abrasada por sus rayos.

SEMEN. al. **Samen.** fr. **Sperme.** ingl. **Semen; sperm.** ital. **Seme.** port. **Semen.** (Del lat. *semen.*) m. Substancia que secretan los animales del sexo masculino para la generación. sinón.: **esperma.** ‖ *Bot.* Semilla.

SEMENCERA. f. Sementera.

SEMENCONTRA. (Del lat. *semen contra vermes*, simiente contra las lombrices.) m. *Farm.* Santónico, cabezuela de ciertas plantas abundantes en santonina.

SEMENOV, Nicolás N. *Biog.* Científico soviético que en 1956 obtuvo el premio Nobel de Química, compartido con el británico C. Hinshelwood, por sus investigaciones sobre la energía cinética de las reacciones químicas. Es notable su libro *Chemical Kinetics and Chain Reactions* (n. en 1896).

SEMENTAL. al. **Zuchttler.** fr. **Étalon.** ingl. **Breeding.** ital. **Stallone.** port. **Semental.** (Del lat. *sementis*, simiente.) adj. Perteneciente o relativo a la siembra o sementera. ‖ Dícese del animal macho que se destina a padrear. Ú.t.c.s.

SEMENTAR. (Del b. lat. *sementare*, y éste del lat. *sementis*, simiente.) tr. Sembrar la semilla. sinón.: **granear.**

SEMENTERA. (Del b. lat. *sementaria*, y éste del lat. *sementis*, simiente.) f. Acción y efecto de sembrar. ‖ Tierra sembrada. SEMENTERA *de tomates.* ‖ Cosa sembrada. *Están muy crecidas las* SEMENTERAS. ‖ Tiempo apropiado para la siembra. *Volverá para la* SEMENTERA. ‖ fig. Semillero de que se originan algunas cosas.

SEMENTERO. (Del b. lat. *sementarius*, y éste del lat. *sementis*, simiente.) m. Saco o costal en que se llevan los granos para sembrar. ‖ Sementera.

SEMENTINO, NA. (Del lat. *sementinus.*) adj. Perteneciente a la simiente. sinón.: **seminal.**

SEMESTRAL. adj. Que sucede o se repite cada semestre. *Revista* SEMESTRAL. ‖ Que dura un semestre o corresponde a él.

SEMESTRALMENTE. adv. t. Por semestres.

SEMESTRE. al. **Halbjahr; Semester.** fr. **Semestre.** ingl. **Semester.** ital. **Semestre.** port. **Semestre.** (Del lat. *semestris.*) adj. Semestral. ‖ m. Período de seis meses. ‖ Sueldo, pensión, renta, etc., que se cobra o que se paga al fin de cada semestre. *Me pagaron dos* SEMESTRES. ‖ Conjunto de los números de un período o revista publicados durante un semestre. *Cada volumen contiene un* SEMESTRE.

SEMI. (Del lat. *semi.*) Voz que en español sólo se usa como prefijo de vocablos compuestos y que significa medio en sentido recto, o equivale a **casi**; como en SEMI*eje*, SEMI*dormido.*

SEMIBREVE. (De *semi* y *breve.*) f. *Mús.* Figura musical en desuso, equivalente, por su duración, a la redonda actual.

SEMICABRÓN. (De *semi* y *cabrón.*) m. Semicapro.

SEMICADENCIA. (De *semi* y *cadencia.*) f. *Mús.* Paso sencillo de la nota tónica a la dominante.

SEMICAPRO. (Del lat. *semícaper, -pri.*) m. Monstruo fabuloso, mitad cabra y mitad hombre.

SEMICILÍNDRICO, CA. adj. Perteneciente o relativo al semicilindro. ‖ Que tiene figura de semicilindro o se asemeja a él.

SEMICILINDRO. m. Cualquiera de las dos mitades del cilindro separadas por un plano que pasa por el eje.

SEMICIRCULAR. (Del lat. *semicircularis.*) adj. Perteneciente o relativo al semicírculo. ‖ Que tiene figura de semicírculo o se asemeja a él.

SEMICÍRCULO. (Del lat. *semicírculus.*) m. *Geom.* Cualquiera de las dos mitades del círculo separadas por un diámetro. *El perfil de la mediacaña es un* SEMICÍRCULO; sinón.: **hemiciclo.**

SEMICIRCUNFERENCIA. f. *Geom.* Cualquiera de las dos mitades de la circunferencia.

SEMICONSONANTE. adj. Dícese del sonido que participa de los caracteres de consonante fricativa y de vocal, como la *i* o la *u* cuando forman diptongo con la vocal que les sigue. Ú.t.c.s.f. *La i de piedra y la u de cuarto son* SEMICONSONANTES.

SEMICOPADO, DA. adj. *Mús.* Sincopado.

SEMICORCHEA. al. **Sechzehntenote.** fr. **Double croche.** ingl. **Semiquaver.** ital. **Semiminima.** port. **Semicolcheia.** (De *semi* y *corchea.*) f. *Mús.* Figura musical que vale la mitad de una corchea.

SEMICROMÁTICO, CA. (De *semi* y *cromático*) adj. *Mús.* Dícese del género músico que comprende una mezcla del diatónico con el cromático.

SEMICUPIO. m. Bañera para tomar baños de asiento. ‖ *Ter.* Baño de la mitad inferior del cuerpo.

SEMIDEA. (Del lat. *semídea.*) f. poét. Semidiosa.

SEMIDEO. (Del lat. *semideus.*) m. poét. Semidiós.

SEMIDIÁMETRO. (Del lat. *semidiámetrus.*) m. *Geom.* Cualquiera de las dos mitades de un diámetro separadas por el centro. ‖ **— de un astro.** *Astron.* El ángulo que forman dos visuales dirigidas una a su centro y otra a su limbo.

SEMIDIFUNTO, TA. (De *semi* y *difunto.*) adj. Medio difunto o casi difunto. *Con el susto se quedó* SEMIDIFUNTO.

SEMIDIÓS. al. **Halbgott.** fr. **Demi-dieu.** ingl. **Demigod.** ital. **Semidio.** port. **Semideus.** (De *semi* y *dios.*) m. Ser humano a quien los gentiles colocaban entre sus deidades, generalmente a causa de sus actos heroicos. ‖ Dios inferior. ‖ Ser medio divino, hijo de un mortal y de una deidad. ‖ IDEAS AFINES: *Mitología, paganismo, héroe, hazaña, Hércules, Helena de Troya, Aquiles.*

SEMIDIOSA. (De *semi* y *diosa.*) f. Heroína a quien los gentiles colocaban entre sus deidades. ‖ Diosa inferior. ‖ Hija de un mortal y de una deidad, considerada un ser medio divino.

SEMIDÍTONO. (De *semi* y *dítono.*) m. *Mús.* Intervalo de un tono y un semitono mayor.

SEMIDOBLE. adj. Dícese del rito medianamente solemne y de la fiesta que la Iglesia celebra con este rito.

SEMIDORMIDO, DA. (De *semi* y *dormido*, p. p. de *dormir.*) adj. Medio dormido o casi dormido. sinón.: **amodorrado, soñoliento, traspuesto.**

SEMIDRAGÓN. (De *semi* y *dragón.*) m. Monstruo fabuloso al que se le atribuía la mitad superior del cuerpo en figura de hombre y la otra mitad de dragón.

SEMIEJE. (De *semi* y *eje.*) m. *Geom.* Cualquiera de las dos mitades de un eje separadas por el centro. ‖ *Mec.* Cada una de las dos mitades de un eje que enlazan en el diferencial de los vehículos automotores.

SEMIESFERA. (De *semi* y *esfera.*) f. Hemisferio.

SEMIESFÉRICO, CA. adj. Perteneciente o relativo a la semiesfera. ‖ De forma de semiesfera.

SEMIESTROFA. f. *Métr.* Cada una de las dos partes en que pueden considerarse divididas ciertas estrofas. ‖ Final de estrofa que se usa independientemente, como la tonada.

SEMIFINAL. f. Prueba o concurso que precede a la final. ‖ deriv.: **semifinalista.**

SEMIFLÓSCULO. (De *semi* y *flósculo.*) m. *Bot.* Cualquiera de las florecitas terminadas en figura de lengüeta que forman parte de una flor compuesta.

SEMIFORME. (Del lat. *semiformis.*) adj. A medio formar, no del todo formado.

SEMIFUSA. al. **Vierundsechzigstelnote.** fr. **Quadruple croche.** ingl. **Double demisemiquaver.** ital. **Semicroma.** port. **Semifusa.** (De *semi* y *fusa.*) f. *Mús.* Figura musical que vale la mitad de una fusa.

SEMIGOLA. (De *semi* y *gola.*) f. *Fort.* Línea recta que pasa del ángulo de un flanco del baluarte a la capital y forma parte del polígono interior.

SEMIHOMBRE. (De *semi* y *hombre.*) m. Pigmeo.

SEMILUNAR. adj. Que tiene figura de media luna. ‖ *Anat.* Dícese del segundo hueso de la primera fila del carpo. Ú.t.c.s.

SEMILUNIO. (Del lat. *semilúnium.*) m. *Astron.* Mitad de una lunación.

SEMILLA. al. **Samen; Samenkorn.** fr. **Semence.** ingl. **Seed.** ital. **Seme; semenza.** port. **Semente.** f. Parte del fruto que, en condiciones adecuadas, reproduce la planta de que ha salido; es el óvulo fecundado y maduro. sinón.: **simiente.** ‖ Por ext., se aplica este nombre a los fragmentos de vegetal provistos de yemas, como tubérculos, bulbos, etc. ‖ fig. Cosa que es causa u origen de que proceden otras. *Sus incitaciones a la violencia fueron la* SEMILLA *de graves tumultos.* ‖ pl. Granos que se siembran, excepto el trigo y la cebada. ‖ IDEAS AFINES: *Embrión, cotiledón, albumen, pepita, sembrar, germinar, almácigo.*

SEMILLERO. (De *semilla.*) m. Sitio donde se siembran y crían los vegetales que se han de trasplantar. sinón.: **almácigo.** ‖ Lugar donde se guardan con fines de estudio colecciones de diferentes semillas. ‖ fig. Origen y principio de que nacen o se prolongan algunas cosas. SEMILLERO *de odios, de discordias*; sinón.: **vivero.**

SEMINAL. (Del lat. *seminalis.*) adj. Perteneciente o relativo al semen. ‖ Perteneciente o relativo a la semilla.

SEMINARIO, RIA. al. **Priesterseminar.** fr. **Séminaire.** ingl. **Seminary.** ital. **Seminario.** port. **Seminário.** (Del lat. *seminarius.*) adj. desus. Seminal. ‖ m. Semillero, sitio donde se siembran vegetales para trasplantarlos. ‖ Casa o lugar donde se educan niños y jóvenes. ‖ En las universidades, organismo docente anexo a las cátedras en que, mediante el trabajo en común de profesores y alumnos, se adiestran éstos en la investigación de alguna disciplina. SEMINARIO *de filología.* ‖ Salón o lugar en que se reúnen. ‖ fig. Semillero, origen de que nacen o se propagan algunas cosas. ‖ **— conciliar.** Casa destinada para el estudio de los jóvenes que se dedican al estado eclesiástico.

SEMINARISTA. al. **Seminarist.** fr. **Séminariste.** ingl. **Seminarist.** ital. **Seminarista.** port. **Seminarista.** m. Alumno de un seminario conciliar.

SEMINÍFERO, RA. (Del lat. *semen, -inis*, semen, y *feró*, llevar.) adj. *Zool.* Que produce o contiene semen. *Glándula* SEMINÍFERA.

SEMÍNIMA. (Contrac. de *semi* y *mínima.*) f. *Mús.* Figura musical en desuso, propia del siglo XV; equivalente a la negra, en la actualidad. ‖ pl. fig. Menudencias, minucias.

SEMINTERNADO. m. Media pensión, medio internado: régimen educativo en que los escolares pasan el día y hacen alguna de sus comidas en un centro de enseñanza, pero no duermen en él. ‖ Establecimiento docente con régimen de **seminternado.**

SEMIOGRAFÍA. f. Arte de escribir empleando signos especiales. ‖ *Mús.* Notación musical. ‖ *Pat.* Descripción de los signos o síntomas de las enfermedades.

SEMIOLOGÍA. (Del gr. *semeion*, signo y *logos*, tratado.) Semiótica.

SEMIOTECNIA. (Del gr. *semeion*, signo, nota, y *techne*, arte.) f. Conocimiento de los signos gráficos que se emplean en la notación musical.

SEMIÓTICA. (Del gr. *semeiotiké*, sobrentendiendo *techne*, arte.) f. Parte de la medicina que trata de los signos de las enfermedades. sinón.: **sintomatología.** ‖ deriv.: **semiótico, ca.**

SEMIPALATINSK. *Geog.* Ciudad de la Unión Soviética (Kazakstán), sit. sobre el río Irtych. 237.000 h. Importante centro agrícola y ferroviario.

SEMIPEDAL. (Del lat. *semipedalis.*) adj. Que tiene medio pie de largo.

SEMIPELAGIANISMO. m. Secta de los semipelagianos. ‖ Conjunto de estos herejes.

SEMIPELAGIANO, NA. adj. Aplícase al hereje que, siguiendo las opiniones sustentadas por Fausto y Casiano en el siglo V, quería conciliar las ideas de los pelagianos con la doctrina ortodoxa, sobre la gracia y el pecado original. Ú.t.c.s. ‖ Perteneciente a la doctrina o secta de estos herejes.

SEMIPERÍODO. m. *Elec.* Mitad del período correspondiente a un sistema de corrientes bifásicas.

SEMIPLENA. (Del lat. *semiplena*. t. f. de *nus*, imperfecto, sin concluir.) adj. *Der.* V. **Prueba semiplena.**

SEMIPLENAMENTE. adv. m. *For.* Con probanza semiplena.

SEMÍRAMIS. *Biog.* Reina legendaria de Asiria; raptada por el rey Nino, lo hizo asesinar y reinó durante cuarenta y dos años, conquistó Asia hasta el Indo y fundó Babilonia (S. XII a. de C.).

SEMIRRECTO, TA. (De *semi* y *recto.*) adj. *Geom.* Aplícase al ángulo de 45 grados, mitad del recto. ‖ f. *Geom.* Parte de recta limitada en un sentido (origen) e indefinida en otro.

SEMIS. (Del lat. *semis.*) m. Moneda romana de valor de medio as.

SEMISUMA. f. Resultado de dividir por dos una suma.

SEMISURGENTE. adj. Aplícase al pozo hecho artificialmente, del que surge el agua, pero sin llegar a la superficie. ‖ Dícese del agua de dicho pozo.

SEMITA. al. **Semit.** fr. **Sémite.** ingl. **Semite.** ital. **Semita.** port. **Semita.** adj. Descendiente de Sem; dícese de los árabes, hebreos y otros pueblos. U.m.c.s. ‖ Semítico. ‖ *Bol.* y *Ec.* Especie de bollo o galleta.

SEMÍTICO, CA. adj. Perteneciente o relativo a los semitas. *El hebreo es una lengua* SEMÍTICA.

SEMITISMO. m. Conjunto de las doctrinas morales, instituciones y costumbres de los pueblos semitas. ‖ Giro o modo de hablar propio de las lenguas semitas. ‖ Voz o giro de estas lenguas usados en otras. ‖ Estudio o ciencia de los semitistas.

SEMITISTA. com. Persona que estudia la lengua, literatura, instituciones, etc., de los pueblos semitas.

SEMITONO. al. **Halber Ton.** fr. **Demi-ton.** ingl. **Semitone.** ital. **Semitono.** port. **Semitom.** (De *semi* y *tono.*) m. *Mús.* Cualquiera de las dos partes desiguales en que se divide el intervalo de un tono. ‖ **— cromático.** *Mús.* **Semitono menor.** ‖ **diatónico.** *Mús.* **Semitono mayor.** ‖ **— enarmónico.** *Mús.* Intervalo de una coma, que media entre dos semitonos menores comprendido dentro de un mismo tono. ‖ **— mayor.** *Mús.* El que comprende tres comas. ‖ **— menor.** *Mús.* El que comprende dos comas.

SEMITRANSPARENTE. adj. Algo o casi transparente. sinón.: **translúcido, trasluciente.**

SEMITRINO. (De *semi* y *trino.*) m. *Mús.* Trino de corta duración, que empieza por la nota superior.

SEMIVIVO, VA. (De *semi* y *vivo.*) adj. Medio vivo o que no tiene vida perfecta o cabal.

SEMIVOCAL. adj. Dícese del sonido que participa de los caracteres de vocal y de consonante fricativa, como la *i* o la *u* cuando forman diptongo con la vocal que les precede. Ú.t.c.s.f. *La i de aire y la u de maullar son* SEMIVOCALES.

SEMMELWEIS, Ignacio Felipe.

Biog. Méd. austríaco; demostró el carácter infeccioso, séptico, de la fiebre puerperal e introdujo la antisepsia en obstetricia (1818-1865).

SEMNOPITECO. (Del gr. *semnós*, grave y *píthekos*, mono.) m. *Zool.* Género de monos catirrinos del Asia meridional caracterizados por carecer de bolsas bucales y tener las callosidades isquiáticas muy pequeñas, los miembros largos y delgados y la cola muy prolongada.

SÉMOLA. al. **Griess.** fr. **Semoule.** ingl. **Semolina.** ital. **Semola.** port. **Semola.** (Del ital. *semola*, y éste del lat. *símila*, la flor de la harina.) f. Trigo candeal sin su corteza. ‖ Trigo quebrantado a modo del farro y que se guisa igual que él. ‖ Pasta de harina de flor reducida a granos muy menudos y que se usa para sopa.

SEMOVIENTE. (Del lat. *se movens, -entis*, que se mueve a sí mismo o por sí.) adj. V. **Bienes semovientes.** U.t.c.s. en sing. y pl.

SEMPERVIRENTE. (Del lat. *sémper*, siempre, y *viren, -tis*, verdeante.) adj. Dícese de la vegetación cuyo follaje se conserva verde todo el año.

SEMPITERNA. (Del lat. *sempiterna*, t. f. de *-nus*, sempiterno.) f. Tela de lana, basta y muy tupida que usó la gente pobre para vestidos. ‖ Perpetua, planta.

SEMPITERNO, NA. (Del lat. *sempiternus*, de *sémper* y *aeternus*.) adj. Que durará siempre; dícese de lo que habiendo tenido principio, no tendrá fin. sinón.: **infinito.** ‖ deriv.: **sempiternamente.**

SEN. (De *sena*, sen.) m. Arbusto leguminoso cuyas hojas son usadas en infusión como purgante. Gén. *Cassia*, mimosáceas.

SENA. (Del ár. *sena*.) f. Sen, arbusto.

SENA. (Del lat. *sena*, term. neutra de *sent*, seis.) f. Conjunto de seis puntos señalados en una de las caras del dado. ‖ pl. En las tablas reales y otros juegos, suerte consistente en salir apareados los dos lados de los seis puntos.

SENA. *Geog.* Río del N. de Francia que riega una importante zona agrícola, pasa por las c. de París y Ruán y des. en el canal de la Mancha formando un amplio estuario. 770 km. ‖ – **Marítimo.** Departamento del N. de Francia. 6.342 km². 1.168.000 h. Cereales, hierro, industria textil y química, pesquerías, astilleros. Cap. Ruán. ‖ – **Saint Denis.** Dep. de Francia. 236 km². 1.355.000 h. Cap. Bobigny. ‖ – **y Marne.** Departamento de Francia, sit. al Este de París. 5.931 km². 665.000 h. Ganado, quesos, manteca. Fabricación de porcelanas. Cap. Melun.

SENADA. f. Porción de cosas que caben en el seno o en el hueco del delantal o de la saya. *La niña se llevó una* SENADA *de limones.*

SENADO. al. **Senat.** fr. **Sénat.** ingl. **Senate.** ital. **Senato.** port. **Senado.** (Del lat. *senatus*.) m. Asamblea de patricios que formaba el Consejo Supremo de la antigua Roma. Aplicóse también por analogía a ciertas asambleas políticas de otras naciones. ‖ Cuerpo integrado por personas de ciertas calidades, que en varios países ejerce el poder legislativo juntamente con otro cuerpo nombrado por elección y con el jefe del Estado. ‖ Edificio o lugar donde realizan sus sesiones los senadores. ‖ fig. Cualquier junta o concurrencia de personas graves y respetables. ‖ fig. Público, auditorio, especialmente el que asistía a una representación dramática. *Muchas comedias antiguas terminan pidiendo el aplauso del* SENADO. ‖ Ideas afines: *Instrucción cívica, Cámara de Senadores, Cámara de Diputados, congreso, parlamento, legislar, sesión, proyecto de ley, debate.*

SENADOCONSULTO. (Del lat. *senatusconsultum*.) m. Decreto o determinación del antiguo senado romano. Se aplicó también a los decretos senatoriales del imperio francés.

SENADOR, RA. al. **Senator.** fr. **Sénateur.** ingl. **Senator.** ital. **Senatore.** port. **Senador.** (Del lat. *senátor*.) s. Individuo del senado.

SENADURÍA. f. Dignidad de senador.

SENAQUERIB. *Biog.* Rey de Asiria de 705 a 681 a. de C. Fracasó al sitiar Jerusalén y destruyó Babilonia.

SENARA. (Del lat. *seminaria*, de *semen, -inis*, semilla.) f. Porción de tierra dada por los amos a los capataces o a ciertos criados para que labren por su cuenta como aditamento de su salario. ‖ Producto de esta labor. ‖ Sementera, tierra sembrada. ‖ Tierra concejil. ‖ **Haz tu senara donde canta la cogujada.** ref. que enseña que son preferibles las tierras inmediatas a las poblaciones.

SENARIO, RIA. (Del lat. *senarius*, de *seni*.) adj. Compuesto de seis elementos, unidades o cifras. ‖ V. **Verso senario.**

SENATORIAL. adj. Perteneciente o relativo al senado o al senador. *Dignidad* SENATORIAL.

SENATORIO, RIA. (Del lat. *senatorius*.) adj. Senatorial.

SENCILLAMENTE. adv. m. Con sencillez, lisamente, sin doblez ni engaño. sinón.: **llanamente.**

SENCILLERO, RA. adj. *Ec.* y *Perú.* Buhonero, que vende a plazos.

SENCILLO, LLA. al. **Einfach; Schlicht.** fr. **Simple.** ingl. **Simple.** ital. **Semplice.** port. **Simple.** (Del lat. *singulus*, uno, único.) adj. Sin artificio ni composición. antón.: **complicado.** ‖ Aplícase a lo que tiene menos cuerpo que otras cosas de su especie. *Raso* SENCILLO. ‖ Falto de ostentación y adornos. *Vestido* SENCILLO. ‖ Aplícase al estilo carente de exornación y artificio, y que expresa los conceptos con naturalidad. *Es autor fácil de entender, porque usa un estilo muy* SENCILLO. ‖ Aplícase a la moneda pequeña, respecto de otra de igual nombre pero más valiosa. *Real de plata* SENCILLO. ‖ fig. Incauto, fácil de engañar. *Es tan* SENCILLO, *que todo lo cree.* ‖ Ingenuo en el trato, sin doblez ni engaño, y que dice lo que siente. *Los campesinos no son tan* SENCILLOS *como parecen.* ‖ m. Menudo, dinero suelto. *No tengo* SENCILLO.

SENDA. al. **Pfad; Fussweg.** fr. **Sentier.** ingl. **Path; footpath.** ital. **Sentiero.** port. **Senda.** (Del lat. *semita*.) f. Camino menos ancho que la vereda, abierto principalmente por el tránsito de peatones. sinón.: **sendero, atajo.** ‖ fig. Camino o medio para hacer algo. *Si prosigues por esa* SENDA, *no lograrás tus propósitos.*

SENDAL. *Geog.* Ciudad del Japón, situada al N. E. de la isla de Hondo. 547.000 h. Pesca.

SENDERAR. tr. Senderear.

SENDEREAR. tr. Guiar por el sendero. ‖ Abrir senda. SENDEREAR *un bosque.* ‖ intr. fig. Echar por caminos anormales en la manera de proceder o discurrir.

SENDERO. (Del lat. *semitarius*, de *sémita*, senda.) m. Senda.

SENDERUELO. m. dim. de **Sendero.**

SENDO, DA. adj. Barbarismo por fuerte, grande, desmesurado. *Le dio* SENDOS *golpes.*

SENDOS, DAS. (Del lat. *síngulos*, acus. de *-li*.) adj. pl. Uno o una para cada cual de dos o más personas o cosas. *Entraron siete doncellas portando* SENDAS *canastillas.*

SÉNECA. (Por alusión a este filósofo.) m. fig. Hombre de mucha sabiduría.

SÉNECA, Lucio Anneo. *Biog.* Cél. filósofo y poeta trágico latino n. en Córdoba (España), elocuente panegirista del bien y la virtud. De estoicismo templado, todo nobleza de pensamientos en *Fedra*; *De la brevedad de la vida; Epístolas morales; Medea; Edipo*, etc. (4 a. de C. - 65).

SENECTUD. al. **Greisenalter.** fr. **Vieillesse.** ingl. **Senescence.** ital. **Senilitá.** port. **Senectude.** (Del lat. *senectus, -utis*.) f. Edad senil, que comúnmente comienza después de los setenta años. sinón.: **vejez**; antón.: **juventud.** ‖ Ideas afines: *Longevidad, vetustez, Matusalén, decrepitud, chochez, abuelo.*

SENEFELDER, Aloys. *Biog.* Inventor checo a quien se debe el descubrimiento de la litografía (1771-1834).

SENEGAL. *Geog.* Río de África Occidental Francesa, que nace en los montes Futa Jalón, toma una dirección N.O. y des. en el Atlántico. 1.800 km. En su desembocadura se encuentra la c. de Saint Louis. ‖ Estado independiente de África occidental. 196.192 km². 5.120.000 h. Maíz, algodón, arroz, tejidos, alfarería. Cap. Dakar.

SENEGALÉS, SA. adj. Natural del Senegal. U.t.c.s. ‖ Perteneciente o relativo a esta región del Africa occidental.

SENEGAMBIA. *Geog.* Antigua región del O. de África regada por el río Senegal. Estuvo formada por una serie de estados independientes y hoy está anexada a la República del Senegal, con excepción de la comarca meridional, comprendida en los límites de la República de Gambia.

SENEQUISMO. m. Norma de vida inspirada en los dictados de la moral y la filosofía de Séneca.

SENEQUISTA. adj. Relativo al senequismo. ‖ Partidario de las doctrinas de Séneca. U.t.c.s.

SENESCAL. al. **Seneschall.** fr. **Sénéchal.** ingl. **Seneschal.** ital. **Siniscalco.** port. **Senescal.** (Del germ. *siniskalk*, criado antiguo.) m. En algunos países, mayordomo mayor de la casa real. ‖ Jefe de la nobleza, que la gobernaba, especialmente en la guerra. ‖ deriv.: **senescalado.**

SENESCALÍA. f. Dignidad, cargo o empleo de senescal.

SENET, Rodolfo. *Biog.* Pedagogo arg., autor de *Patología del instinto de conservación; Origen y evolución de los sentimientos morales y religiosos*, etc. (1872-1938).

SENGHOR, Leopoldo Sedar. *Biog.* Político senegalés n. en 1906, pres. de la República desde 1960.

SENGUERR. *Geog.* Río del S. de la Rep. Argentina (Chubut) que nace en los lagos de La Plata y Fontana y des. en los lagos Músters y Colhué Huapi, por medio de los cuales se comunica con el río Chico, 340 km.

SENIL. (Del lat. *senilis*.) adj. Perteneciente a los viejos o a la vejez. ‖ deriv.: **senilidad.**

SENILLOSA, Felipe. *Biog.* Ingeniero esp. que conoció a Rivadavia en Londres, trasladándose luego a Buenos Aires, donde se radicó. Dirigió la Academia de Matemáticas y publicó una *Gramática castellana* y un *Tratado elemental de Aritmética* (1783-1858).

SENO. al. **Busen; Brust; Schoss.** fr. **Sein.** ingl. **Breast; bosom.** ital. **Seno.** port. **Seio.** (Del lat. *sinus*.) m. Concavidad o hueco. ‖ Concavidad que forma una cosa encorvada. ‖ Pecho humano. ‖ Por eufemismo, pecho, mama de la mujer. ‖ Espacio o hueco que queda entre el vestido y el pecho. *Sacó del* SENO *una carta.* ‖ Matriz de las hembras de los mamíferos. *El hijo que lleva en el* SENO. ‖ Cualquiera de las concavidades interiores del cuerpo del animal. SENO *uterino.* ‖ Parte de mar comprendida entre dos cabos de tierra. ‖ fig. Regazo, amparo. ‖ Parte interna de algo. *El* SENO *de la tierra; el* SENO *de una sociedad.* ‖ *Anat.* Cavidad labrada en el espesor de un hueso o formada por la reunión de varios huesos. SENO *esfenoidal.* ‖ *Arq.* Espacio existente entre los trasdoses de arcos o bóvedas contiguas. ‖ *Cir.* Pequeña cavidad que se forma en la llaga o postema. ‖ *Geog.* Golfo. ‖ *Mar.* Curvatura que forma cualquiera vela o cuerda que no esté tirante. ‖ *Trig.* Seno de un ángulo. ‖ Seno de un arco. ‖ – **de Abrahán.** Lugar en que estaban detenidas las almas de los fieles con esperanza del Redentor. ‖ – **de un ángulo.** *Trig.* En un triángulo rectángulo, es el cociente de dividir el cateto opuesto a ese ángulo por la hipotenusa. ‖ – **de un arco.** *Trig.* Parte de la perpendicular tirada al radio que pasa por un extremo del arco, desde el otro extremo del mismo arco, comprendida entre este punto y dicho radio. ‖ – **primero de un ángulo.** *Trig.* **Seno de un arco.** ‖ – **segundo.** *Trig.* **Coseno.** ‖ – **verso.** *Trig.* Parte del radio comprendida entre el pie del seno de un arco y el arco mismo.

SENOJIL. m. Henojil.

SENSACIÓN. al. **Gefühl; Empfindung.** fr. **Sensation.** ingl. **Sensation.** ital. **Sensazione.** port. **Sensação.** (Del lat. *sensatio, -onis*.) f. Impresión que las cosas causan en el alma por medio de los sentidos. ‖ Emoción que produce en el ánimo un suceso o noticia importante. ‖ *Fil.* Acción o hecho de sentir, considerado como el fenómeno psíquico elemental. ‖ *Fisiol.* Excitación periférica del sistema nervioso transmitida a los centros y que entra en el campo de la conciencia. ‖ Ideas afines: *Percepción, excitación, cenestesia, sensitivo, insensible, anestesia, hiperestesia, placer, dolor, alucinación.*

● **SENSACIÓN.** *Psicol.* La repercusión primera que se produce en la conciencia, inmediatamente después de una excitación periférica, sería la sensación pura. Ello no es más que una mera abstracción, resultado de analizar el complejo psíquico que engendra esa excitación. En efecto, cuando alguno de nuestros sentidos es excitado por algo, las vías sensitivas transmiten la impresión causada, que desemboca en los centros nerviosos y provoca el elemental fenómeno psíquico de la sensación. Pero este fenómeno así, puro y despojado de todo lo ajeno a él mismo, sólo se puede concebir teóricamente en una conciencia también elemental como sería la de un niño recién nacido. No ocurre así en una conciencia ya formada, que se caracteriza por su complejidad y en la que al fenómeno simple de la sensación se agrega inmediatamente un complicado conjunto de fenómenos psíquicos; recuerdos anteriores, series de imágenes, sentimientos, etc., que al arrastrar en su torbellino a la sensación, la transforman de inmediato en una percepción. En la sensación se distinguen el estímulo o agente provocador, la impresión o excitación y la sensación propiamente dicha. Además, la sensación posee cualidad, que es la del sentido a que pertenece; intensidad, que es la fuerza o energía con que se presenta a nuestra conciencia; tono afectivo, común a todas las actividades psíquicas. La más moderna clasificación de las sensaciones señala las visuales, auditivas, olfativas, gustativas, táctiles, térmicas, de dolor, kinestésicas o de movimiento, de equilibrio y orientación y orgánicas o cenestésicas.

SENSACIONAL. adj. Que causa sensación o emoción. *Hecho, noticia* SENSACIONAL.

SENSATAMENTE. adv. m. Con sensatez.

SENSATEZ. f. Calidad de sensato.

SENSATO, TA. al. **Vernünftig.** fr. **Sensé; sage.** ingl. **Wise; judicious.** ital. **Sensato.** port. **Sensato.** (Del lat. *sensatus*; de *sensus*, seso, sentido.) adj. Prudente, de buen juicio. sinón.: **cuerdo, juicioso, sesudo**; antón.: **insensato.**

SENSIBILIDAD. al. **Empfindlichkeit.** fr. **Sensibilité.** ingl. **Sensibility; sensitiveness.** ital. **Sensibilità.** port. **Sensibilidade.** (Del lat. *sensibilitas, -atis*.) f. Facultad de sentir, propia de los seres animados. ‖ Inclinación natural del hombre a la compasión, humanidad y ternura. ‖ Calidad de las cosas sensibles.

SENSIBILIZADOR, RA. adj. Que sensibiliza. ‖ m. Reactivo por el cual un cuerpo es modificado fácilmente por otro o por la acción de la luz.

SENSIBILIZAR. (Del lat. *sensibilis*, sensible.) tr. Hacer sensibles a la acción de la luz algunas materias que se usan en fotografía. ‖ Aumentar o excitar la sensibilidad física o moral; hacer sensible. *La poesía y la música* SENSIBILIZAN *el oído.* ‖ deriv.: **sensibilizable; sensibilización.**

SENSIBLE. al. **Empfindlich.** fr. **Sensible.** ingl. **Sensitive.** ital. **Sensibile.** port. **Sensível.** (Del lat. *sensibilis*.) adj. Capaz de sentir física o moralmente. ‖ Que puede ser percibido por los sentidos. ‖ Perceptible, patente al entendimiento. ‖ Que produce o mueve sentimientos de pena o de dolor. ‖ Aplícase a la persona que se deja llevar fácilmente del sentimiento. ‖ Dícese de las cosas que ceden con facilidad a la acción de ciertos agentes naturales. *Placa* SENSIBLE. ‖ *Mús.* Aplícase a la séptima nota de la escala diatónica. U.t.c.f.

SENSIBLEMENTE. adv. m. De forma que se percibe por medio de los sentidos o del entendimiento. ‖ Con dolor, pesar o pena.

SENSIBLERÍA. f. Sentimentalismo exagerado, trivial o simulado.

SENSIBLERO, RA. adj. Aplícase a la persona que muestra sensiblería. *Chiquilla* SENSIBLERA.

SENSITIVA. (De *sensitivo.*) f. Planta originaria de América Central, con tallo que alcanza siete decímetros de altura y lleno de aguijones ganchosos; hojas pecioladas, flores pequeñas de color rojo obscuro y fruto en vainillas. Llámase así por su reacción sensible, tan intensa que por el contacto de un cuerpo externo, abate y pliega sus hojas y foliolos, aparentando marchitez, hasta que al cabo de algún tiempo torna al estado normal. Gén. *Mimosa sensitiva y M pudica,* leguminosas.

SENSITIVO, VA. (Del lat. *sensus,* sentido.) adj. Perteneciente a los sentidos corporales. sinón.: **sensual.** ‖ Capaz de sensibilidad. ‖ Que puede excitar la sensibilidad. ‖ deriv.: **sensitividad.**

SENSORIO, RIA. (Del lat. *sensorius.*) adj. Perteneciente o relativo a la sensibilidad. *Órganos* SENSORIOS. ‖ m. *Méd.* Aparato sensitivo. ‖ Cerebro, considerado como centro de sensaciones. ‖ — **común.** *Med.* Porción de la corteza cerebral que recibe y coordina todas las impresiones enviadas a los centros nerviosos.

SENSUAL. al. **Sinnlich.** fr. **Sensuel.** ingl. **Sensual; lustful.** ital. **Sensuale.** port. **Sensual.** (Del lat. *sensualis.*) adj. Sensitivo, perteneciente a los sentidos. ‖ Dícese de los gustos y deleites de los sentidos, de las cosas que los provocan o satisfacen y de las personas con afición a ellos. ‖ Perteneciente al apetito carnal. sinón.: **lascivo, libidinoso, lúbrico.** ‖ deriv.: **sensualmente.**

SENSUALIDAD. al. **Sinplichkeit.** fr. **Sensualité.** ingl. **Sensuality, lust.** ital. **Sensualità.** port. **Sensualidade.** (Del lat. *sensualitas, -atis.*) f. Calidad de sensual ‖ Sensualismo

SENSUALISMO. (De *sensual.*) m. Propensión excesiva a los placeres de los sentidos. ‖ *Fil.* Doctrina que hace de los sentidos el único origen del conocimiento.

SENSUALISTA. adj. Que profesa la doctrina del sensualismo. Apl. a pers. út.c.s.

SENSUNTEPEQUE. *Geog.* Ciudad de la región central de El Salvador, capital del dep. de Cabañas. 6.500 h. Centro agrícola y minero.

SENTADA. (De *sentar*) f. Asentada. ‖ *Col.* Remesón, sofrenada.

SENTADERO. m. Cualquiera piedra, tabla, tronco de árbol, etc., que puede servir para sentarse. *El tocón del árbol le sirvió de* SENTADERO.

SENTADILLAS (A). m. adv. **A asentadillas.**

SENTADO, DA. adj. Juicioso, sesudo, quieto. ‖ V. **Pan sentado.** ‖ *Bot.* Dícese de las hojas, flores y demás partes de la planta que carecen de piececillo. sinón.: **sésil.** ‖ V. **Hoja sentada.** ‖ *Med.* V. **Pulso sentado.**

SENTADOR, RA. adj. *Amér.* Aplícase a la prenda de vestir que cae o sienta bien.

SENTAMIENTO. (De *sentar.*) m. *Arq.* Asiento que hace una obra por la presión de unos materiales con otros.

SENTAR. al. **Setzen; feststellen.** fr. **S'asseoir; asseoir, convenir.** ingl. **To seat; to fit.** ital. **Sedersi; convenire.** port. **Sentar, assentar.** (Del lat. *sedens, -entis,* p. a. de *sedere,* sentarse.) tr. Poner o colocar a uno en silla, banco, etc., de modo que quede apoyado y descansando sobre las nalgas. Ú.t.c.r. ‖ *Arg., Chile y Ec.* Parar un caballo por medio del freno, haciendo que levante las manos y se apoye sobre los cuartos traseros. ‖ intr. fig. Cuadrar, convenir una cosa a otra o a una persona. Ú. comúnmente con los adverbios *bien* y *mal. Este sombrero no* SIENTA; *sus modales sencillos le* SIENTAN *bien.* ‖ fig. y fam. Refiriéndose a la comida o la bebida, recibirlas bien el estómago o digerirlas normalmente. Ú.t con negación y con los adverbios *bien* y *mal.* ‖ Tratándose de cosas o acciones que pueden influir en la salud del cuerpo, hacer provecho. Ú.t. con negación y comúnmente con los adverbios *bien* y *mal. Le* SENTARÁ *bien un purgante; le* SENTÓ *mal el baño.* ‖ Agradar a uno una cosa; ser conforme a dictamen. Ú.t. con negación y generalmente con los adverbios *bien* y *mal. Le* SENTÓ *mal tu propuesta.* ‖ r. Asentarse. ‖ fig. y fam. Hacer a uno huella en la carne una cosa, macerándosela. *Se le ha* SENTADO *una hebilla, un corchete de la blusa.* ‖ **Estar uno bien sentado.** frs. fig. Estar alguien asegurado en el empleo o conveniencia que goza. ‖ Ocupar en algunos juegos de naipes un lugar ventajoso respecto del que ocupa otro jugador. ‖ irreg. Conj. como **acertar.**

SENTAZÓN. m. *Chile.* En minería, derrumbamiento repentino de una labor.

SENTENCIA. al. **Sentenz; Denkspruch.** fr. **Sentence.** ingl. **Sentence.** ital. **Sentenza.** port. **Sentença.** (Del lat. *sententia.*) f. Dictamen o parecer que uno tiene o sigue. ‖ Dicho grave y sucinto que contiene doctrina o moralidad. sinón.: **adagio, apotegma, máxima.** ‖ Declaración del juicio y resolución del juez. sinón.: **fallo, resolución.** ‖ Decisión de cualquier disputa extrajudicial, que da alguien a quien se ha elegido árbitro de ella para que la juzgue o componga. ‖ — **definitiva.** *For.* Aquella en que el juzgador, terminado el juicio, resuelve finalmente sobre el asunto principal, declarando, condenando o absolviendo. ‖ La que concluye el juicio o impide que continúe el juicio, aunque contra ella se admita recurso extraordinario. ‖ — **firme.** *For.* La que por estar confirmada, por no ser apelable o por haberla aceptado las partes, causa ejecutoria. ‖ — **pasada en autoridad de cosa,** o **en cosa, juzgada.** *For.* **Sentencia firme.** ‖ **Fulminar** o **pronunciar, la sentencia.** fr. Dictarla, publicarla.

SENTENCIADOR, RA. adj. Que sentencia o tiene competencia para sentenciar, Ú.t.c.s.

SENTENCIAR. tr. Dar o pronunciar sentencia. *Aún no se* SENTENCIÓ *este pleito.* ‖ Condenar por sentencia en materia penal. *Fue* SENTENCIADO *a muerte.* ‖ fig. Expresar el parecer, juicio o dictamen que decide a favor de una de las partes contendientes lo que está en disputa o controversia. *Paris* SENTENCIÓ *en favor de Venus y le entregó la manzana.* ‖ Fig. y fam. Destinar o aplicar alguna cosa para determinado fin. *Las láminas obscenas fueron* SENTENCIADAS *al fuego.*

SENTENCIARIO. m. Libro de sentencias.

SENTENCIÓN. m. aum. de **Sentencia.** ‖ fam. Sentencia rigurosa o excesiva.

SENTENCIOSO, SA. (Del lat. *sententiosus.*) adj. Dícese del escrito, dicho u oración que contiene moralidad o doctrina expuesta grave o agudamente. ‖ También se dice del tono de la persona que habla con cierta afectada gravedad, como si dijera una sentencia. ‖ deriv.: **sentenciosamente.**

SENTENZUELA. f. dim. de **Sentencia.**

SENTIBLE. adj. desus. Sensible.

SENTICAR. (Del lat. *séntix, -icis,* zarza.) m. Espinar, sitio poblado de espinos.

SENTIDAMENTE. (De *sentido*). adv. m. Con sentimiento.

SENTIDO, DA. (De *sentir.*) adj. Que contiene o explica un sentimiento. *Palabras muy* SENTIDAS. ‖ Dícese de la persona que se siente u ofende fácilmente. *Es un niño muy* SENTIDO; sinón.: **susceptible, quisquilloso.** ‖ m. Cada una de las facultades que posee el alma de percibir, por medio de determinados órganos corporales, las impresiones de los objetos externos. ‖ Entendimiento o razón en cuanto discierne las cosas. ‖ Forma particular de comprender una cosa, o juicio que se hace de ella. ‖ Inteligencia o conocimiento con que se ejecutan ciertas cosas. *Recitar con* SENTIDO. ‖ Razón de ser, finalidad. *Su proceder carecía de* SENTIDO. ‖ Significación cabal de una proposición o cláusula. ‖ Significado, o cada una de las diferentes acepciones de las palabras. *Este vocablo tiene un solo* SENTIDO. ‖ Cada una de las varias inteligencias o interpretaciones que puede darse a un escrito, cláusula o proposición. *Esa tesis tiene varios* SENTIDOS. ‖ fig. Expresión, realce de su finalidad. ‖ *Amér.* Sien. ‖ *Geom.* Cada uno de los dos modos de apreciar una dirección, desde uno de sus puntos a otro, o bien opuestamente, desde éste al primero. ‖ — **común.** Facultad interior en la cual se reciben y graban todas las especies e imágenes de los objetos que envían los sentidos exteriores. ‖ Facultad, que la generalidad de las personas posee, de juzgar razonablemente las cosas. ‖ — **interior. Sentido común,** 1ª acep. ‖ **Abundar** uno **en un sentido.** frs. Mostrarse firme en la opinión propia, o adicto a la ajena. ‖ **Aguzar el sentido.** frs. fig. y fam. Aguzar las orejas, prestar mucha atención. ‖ **Con todos mis, tus, sus, cinco sentidos.** loc. fig. y fam. Con toda atención y cuidado. ‖ Con suma eficacia. ‖ **Costar** una cosa **un sentido.** frs. fig. y fam. Costar excesivamente cara. ‖ **De sentido común.** frs. Conforme al buen juicio natural de las gentes. ‖ **Llevar** o **pedir, un sentido** por una cosa. frs. fig. y fam. Llevar o pedir por ella un precio excesivo. ‖ **Perder** uno **el sentido.** frs. Privarse, desmayarse. ‖ **Poner** uno, o **tener puestos, sus cinco sentidos** en una persona o cosa. frs. fig. y fam. Dedicarle suma atención. ‖ Profesarle entrañable afecto. ‖ **Valer** una cosa **un sentido.** frs. fig. y fam. Ser de gran valor o precio. ‖ IDEAS AFINES: *Vista, oído, olfato, gusto, tacto, sensibilidad, insensibilidad, sensorio, sensible, sistema nervioso.*

● **SENTIDO.** *Fisiol.* y *Psicol.* Los sentidos se clasifican en mecánicos y químicos. Los primeros, que son el tacto y el oído, trasmiten sin modificación al aparato sensorio-terminal la excitación o el movimiento recibido. Los segundos, olfato, gusto y vista, hacen experimentar a la excitación una transformación química. El sentido del tacto comprende dos tipos de sensaciones (las táctiles y las térmicas) y sus órganos son la piel y ciertas mucosas. La vibración de los cuerpos sonoros excita el nervio auditivo y produce la sensación auditiva: su órgano es el oído. El sentido de la vista permite conocer las propiedades luminosas de los objetos y por ende su color, su forma y su posición; su órgano principal es el ojo, que, con otros órganos anexos, constituye el aparato ocular. El sentido del gusto transmite las excitaciones producidas por los cuerpos sápidos y se asienta en la cara dorsal de la lengua. El sentido del olfato permite percibir los olores, tiene por asiento las fosas nasales. Fuera de esta clasificación clásica, hay muchas facultades de sentir, por combinación de los órganos sensibles o por el desdoblamiento de cada uno de los cinco sentidos. Todos ellos son los sentidos externos, así llamados para diferenciarlos del sentido interno o íntimo, cuya significación es de carácter psíquico. El llamado sentido común puede considerarse de reunión y coordinación de los diversos sentidos externos e internos; de él se derivan las muchas facultades inherentes al género humano. El sentido moral implica la facultad humana de asimilación y comprensión de los valores éticos.

SENTIMENTAL. fr. **Sentimental.** ingl. **Sentimental.** ital. **Sentimentale.** port. **Sentimental.** (De *sentimiento.*) adj. Que expresa o excita sentimientos tiernos. *Poesía* SENTIMENTAL. ‖ Propenso a ellos. *Las jovencitas suelen ser* SENTIMENTALES. ‖ Que afecta una sensibilidad ridícula o exagerada. *Era una solterona tan* SENTIMENTAL *que hacía reír;* sinón.: **sensiblero.** ‖ deriv.: **sentimentalmente.**

SENTIMENTALISMO. al. **Empfindsamkeit; Sentimentalität.** fr. **Sentimentalisme.** ingl. **Sentimentalism.** ital. **Sentimentalismo.** port. **Sentimentalismo.** m. Calidad de sentimental.

SENTIMENTALISTA. adj. y s. Dícese de la persona afectada de sentimentalismo.

SENTIMIENTO. al. **Gefühl; Empfindung.** fr. **Sentiment; regret.** ingl. **Feeling; sentiment; grief; regret.** ital. **Sentimento.** port. **Sentimento.** m. Acción y efecto de sentir o sentirse. ‖ Impresión y movimiento que producen en el alma las cosas espirituales. ‖ Estado del ánimo afligido por un suceso triste o doloroso. sinón.: **dolor, pesar;** antón.: **alegría, satisfacción.**

SENTINA. al. **Kielraum.** fr. **Sentine.** ingl. **Bilge.** ital. **Sentina.** port. **Sentina.** (Del lat. *sentina.*) f. *Mar.* Cavidad inferior de la nave, situada sobre la quilla y en la que se juntan las aguas que se filtran por los costados y cubiertas del buque, de donde se desagotan por medio de bombas. ‖ fig. Lugar lleno de inmundicias y mal olor. *Aquella taberna era una* SENTINA. ‖ fig. Lugar donde abundan o de donde se propagan los vicios. *Ese club no es un lugar de recreación: es una* SENTINA.

SENTIR. (Del infinit. *sentir.*) m. Sentimiento. ‖ Dictamen, parecer. *En mi* SENTIR, *es un buen hombre;* sinón.: **opinión, juicio.**

SENTIR. al. **Fühlen; empfinden.** fr. **Sentir.** ingl. **To feel.** ital. **Sentire.** port. **Sentir.** (Del lat. *sentire.*) tr. Experimentar sensaciones producidas por causas externas o internas. ‖ Oír o percibir con el sentido del oído. SIENTO *ruido.* ‖ Experimentar una impresión, placer o dolor corporal. SENTIR *calor, hambre.* ‖ Experimentar una impresión, placer o dolor espiritual. SENTIR *temor, pena.* ‖ Lamentar una cosa, tenerla por dolorosa y mala. SENTIR *la enfermedad de un hijo.* ‖ Juzgar, opinar. *Digo lo que* SIENTO. ‖ En la recitación, dar a las expresiones o palabras el sentido que les conviene o les corresponde. SENTIR *bien el verso.* ‖ Presentir, barruntar lo que ha de sobrevenir. Dícese especialmente de los animales que presienten el cambio del tiempo y lo anuncian con ciertas acciones. ‖ r. Formar queja alguien de una cosa. *Se* SINTIÓ *de mis palabras;* sinón.: **picarse, resentirse.** ‖ Padecer un dolor o principio de un daño en parte determinada del cuerpo. SENTIRSE *del brazo, de la pierna.* ‖ Seguido de algunos adjetivos, hallarse como éste expresa. SENTIRSE *triste.* ‖ Seguido de ciertos adjetivos, reconocerse, considerarse. SENTIRSE *ofendido.* ‖ **Comenzar a abrirse o rajarse alguna cosa: como pared, vidrio, campana, etc.** ‖ Comenzar a corromperse o podrirse una cosa. Ú.m. en p. p. y con el verbo *estar.* ‖ **Que sentir.** frs. que indica o anuncia consecuencias lamentables de alguna cosa. Ú.m. precedida de los verbos *dar* y *tener. Tu imprudencia va a dar que* SENTIR. ‖ **Sin sentir.** m. adv. Inadvertidamente, sin darse cuenta de ello. *Hicimos el camino* SIN SENTIR. ‖ irreg. **Conjugación:** INDIC. Pres.: *siento, sientes, siente, sentimos, sentís, sienten.* Imperf.: *sentía, sentías.* etc. Pret. indef.: *sentí, sentiste, sintió, sentimos, sentisteis, sintieron,* Fut. Imperf.: *sentiré,* etc. POT.: *sentiría,* etc. SUBJ. Pres.: *sienta, sientas, sienta, sintamos, sintáis, sientan.* Imperf.: *sintiera,* o *sintiese, sintieras* o *sintieses, sintiera* o *sintiese, sintiéramos* o *sintiésemos, sintierais* o *sintieseis, sintieran* o *sintiesen.* Fut. Imperf.: *sintiere, sintieres, sintiere, sintiéremos, sintiereis, sintieren.* IMPERF.: *siente, sienta, sintamos, sentid, sientan.* PARTIC.: *sentido.* GER.: *sintiendo.*

SENTÓN. m. *Ec., Guat.* y *Salv.* Sofrenada que se da al caballo.

SENUSRET. *Biog.* Nombre de tres faraones de Egipto.

SEÑA. al. **Zeichen; Anzeichen.** fr. **Signe.** ingl. **Sing, mark.** ital. **Cenno.** port. **Senha.** (Del lat. *signa,* pl. de *signum.*) f. Nota o indicio para dar a entender una cosa. *Ésas son* SEÑAS *ciertas de su bondad.* ‖ Lo que de común acuerdo se concierta entre dos o más personas para entenderse. ‖ Señal, signo hecho para acordarse. ‖ Señal, parte del precio que se anticipa. *No lo pagué, pero dejé* SEÑA. ‖ *Chile.* Toque de campana para llamar a misa. ‖ *Mil.* Nombre de población que, con el santo, comunicaba diariamente el jefe superior de cada plaza a los jefes de puesto y que servía para reconocer las rondas y las fuerzas amigas, o para darse a conocer a las rondas mayores. ‖ pl. Indicación del lugar y el domicilio de una persona. sinón.: **dirección.** ‖ **Dar señas.** frs. Describir una cosa de manera que se pueda distinguir de otra. ‖ **Hablar** uno **por señas.** frs. Explicarse por medio de ademanes. ‖ **Hacer señas.** frs. Indicar uno con gestos o ademanes lo que piensa o quiere. ‖ **Por señas,** o **por más señas.** m. adv. fam. U. con el fin de traer al conocimiento alguna cosa, recordando sus circunstancias o indicios. ‖ **Señas mortales.** frs. fig. Muestras muy significativas, indicios patentes de alguna cosa. Ú.m. con el verbo *ser. Ésas son* SEÑAS *mortales de su mal propósito.*

SEÑAL. (Del lat. *signalis*, de *sígnum*, seña.) f. Marca o nota que se pone o hay en las cosas para distinguirlas de otras. ‖ Hito o mojón que se coloca para marcar un término. ‖ Todo signo que se usa para acordarse después de una especie. *Pon una* SEÑAL *en la página a que llegaste.* ‖ Distintivo o nota en buena o mala parte. *Ésa es* SEÑAL *de tonto.* ‖ Signo, cosa que evoca la idea de otra. ‖ Indicio o muestra inmaterial de algo. *No hay* SEÑALES *de un cambio de política.* ‖ Vestigio o impresión que queda de una cosa, por donde se viene en conocimiento de ella; sinón.: **huella.** ‖ Cicatriz que por herida u otro daño queda en el cuerpo. *No le han quedado* SEÑALES *de las quemaduras.* ‖ Marca del ganado consistente en hacerle determinadas cisuras en las orejas. ‖ Imagen o representación de algo. ‖ Prodigio o cosa extraordinaria. ‖ Cantidad o parte de precio que se adelanta en algunos contratos, y que se pierde o se resarce al haber incumplimiento. sinón.: **garantía, seña.** ‖ Aviso para concurrir a determinado lugar o para ejecutar otra cosa. ‖ V. **Código, disco de señales.** ‖ *Med.* Accidente, mutación o especie que induce a hacer juicio del estado de la enfermedad. ‖ **– de la cruz.** Cruz formada con dos dedos de la mano o con el movimiento de ésta, y que representa aquella en que murió nuestro Redentor. ‖ **– de tronca.** La que se hace al ganado, cortando a las reses una o ambas orejas. ‖ **En señal.** m. adv. En prueba, prenda o muestra de algo. ‖ **Ni señal.** expr. fig. que se usa para dar a entender que una cosa ha cesado o se acabó del todo o no se halla.

SEÑALA. f. *Chile.* Señal, marca del ganado.

SEÑALADA. f. *Arg.* Acción y efecto de señalar el ganado.

SEÑALADAMENTE. adv. m. Con especialidad o singularidad. ‖ Con expresión determinada.

SEÑALADO, DA. adj. Insigne, famoso. *Fue uno de los varones más* SEÑALADOS *de su tiempo;* sinón.: **ilustre, conspicuo.** ‖ Importante. *Me hizo un* SEÑALADO *favor.*

SEÑALADOR, RA. adj. y s. Que señala.

SEÑALAMIENTO. m. Acción de señalar, nombrar o determinar persona, día, lugar, etc., para algún fin. ‖ *For.* Designación de día para un juicio oral o una vista, y también el asunto que se ha de tratar en ese día.

SEÑALAR. al. **Bezeichnen.** fr. **Marquer; signaler.** ingl. **To mark; to point out.** ital. **Segnare.** port. **Assinalar.** tr. Colocar o estampar señal en una cosa con el fin de darla a conocer o diferenciarla de otra, o para acordarse después de una especie. sinón.: **marcar.** ‖ Rubricar, firmar. ‖ Llamar la atención hacia una persona o cosa, indicándola con la mano o de otra manera. *Lo* SEÑALÓ *con el dedo para que lo detuviesen.* sinón.: **mostrar.** ‖ Nombrar o determinar persona, día, hora, lugar o cosa para algún fin. *Ha* SEÑALADO *el lunes para recibir;* sinón.: **fijar.** ‖ Fijar la cantidad que debe pagarse para atender a determinados servicios u obligaciones, o la que por cualquier motivo corresponde percibir a una persona o entidad. ‖ Hacer una herida o señal en el cuerpo, especialmente en el rostro, que le produzca imperfección o defecto. *Le* SEÑALÓ *la cara con el facón.* ‖ Hacer el amago y señal de una cosa sin realizarla, como las estocadas en la esgrima. *Le* SEÑALÓ *un revés.* ‖ Hacer señal para comunicar alguna cosa. *El vigía* SEÑALÓ *tierra.* ‖ En ciertos juegos de naipes, tantear los puntos que cada uno va ganando. ‖ *Arg.* y *Chile.* Marcar el ganado con uno o más cortes en las orejas. ‖ r. Distinguirse o destacarse, especialmente en materias de reputación, crédito y honra.

SEÑALEJA f. dim. de **Señal.**

SEÑERO, RA. (Del lat. *signarius.*) adj. Dícese del territorio o pueblo que estaba facultado para levantar pendón en las proclamaciones de los reyes.

SEÑERO, RA. (Del lat. *singularius.*) adj. Solo, solitario, apartado de toda compañía. ‖ Único, sin par.

SEÑOLEAR. intr. Cazar con señuelo y ponerlo al ave de rapiña.

SEÑOR, RA. al. **Herr.** fr. **Seigneur; monsieur.** ingl. **Lord; mister; sir.** ital. **Signore.** port. **Senhor.** (Del lat. *senior.*) adj. Dueño de una cosa que tiene dominio y propiedad en ella. Ú.t .s. sinón.: **propietario.** ‖ fam. Noble, decoroso y propio de **señor,** particularmente refiriéndose a modales, trajes y colores. *El sombrero hongo es muy* SEÑOR. ‖ Antepuesto a algunos nombres encarece el significado de los mismos. *Le dieron una* SEÑORA *paliza; me conseguí un* SEÑOR *empleo.* ‖ m. Por antonom., Dios. ‖ Jesús en el sacramento eucarístico. ‖ V. **Casa, día, ministro del Señor.** ‖ Poseedor de estados y lugares con dominio y jurisdicción, o con sólo prestaciones territoriales. Título nobiliario. ‖ Amo, con respecto a los criados. ‖ Término de cortesía que se aplica a cualquier hombre, aunque sea de igual o inferior condición. ‖ fam. Suegro. ‖ **– de horca y cuchillo. Señor** que tenía jurisdicción para castigar hasta con pena de muerte. ‖ fig. y fam. Persona que manda como dueño y con mucha autoridad. ‖ **– de los ejércitos.** Dios. ‖ **– de sí.** Dueño de sí mismo. ‖ **A tal señor, tal honor.** frs. que indica que según es la persona, así debemos honrarla. ‖ **Gran señor.** Anteponiéndole el artículo *el*, emperador de los turcos ‖ **Descansar** o **dormir, en el Señor.** frs. Morir. Dícese de la muerte de los justos. ‖ **Gloriarse** uno **en el Señor.** frs. Decir o hacer una cosa buena, reconociendo a Dios por autor de ella y alabándole. ‖ **Nuestro Señor.** Jesucristo. ‖ **Pues, señor.** expr. fam. con que se suele principiar un cuento o un relato. ‖ **Quedar** uno **señor del campo.** frs. *Mil.* Haber ganado la batalla, manteniéndose en el terreno donde se dio. ‖ fig. Haber vencido en cualquier disputa o contienda.

SEÑORA. al. **Herrin; Frau.** fr. **Dame; Madame.** ingl. **Lady; mistress; madam.** ital. **Signora.** port. **Senhora.** f. Mujer del señor. ‖ La que por sí tiene un señorío. ‖ Ama, respecto a los criados. ‖ Tratamiento que se da a una mujer, aunque sea de igual o inferior condición, y en particular a la casada o viuda. ‖ Mujer, esposa. ‖ fam. Suegra, madre del marido respecto de la mujer, o de la mujer respecto del marido. ‖ **– de compañía.** La que por oficio acompaña a paseo, a visitas, espctáculos, etc., a señoras y más particularmente a señoritas que no suelen salir solas de sus casas. sinón.: **carabina, trotona.** ‖ **– de honor.** Título que se daba a las que tenían en palacio empleo inferior a las damas. ‖ **– mayor.** Mujer respetable de edad avanzada. ‖ **Nuestra Señora.** La Virgen María.

SEÑORADA. f. Acción propia de señor.

SEÑORAJE. m. Señoreaje.

SEÑOREADOR, RA. adj. y s. Que señorea.

SEÑOREAJE. (De *señor.*) m. Derecho que tenía el príncipe o el soberano en las casas de moneda por la fabricación de ella.

SEÑOREANTE. p. a. de **Señorear.** Que señorea.

SEÑOREAR. (De *señor.*) tr. Dominar o mandar en alguna cosa como dueño de ella. ‖ Mandar uno con imperio o altanería y disponer de las cosas como si fuera dueño de ellas. ‖ Apoderarse de una cosa; tenerla bajo su dominio y mando. Ú.t.c.r. *Invadió el país y lo* SEÑOREÓ *en breve tiempo.* ‖ fig. Estar una cosa en situación superior o más elevada que otra, como dominándola. *La montaña* SEÑOREA *el pueblo.* ‖ Someter uno las pasiones a la razón, y regir las acciones propias. SEÑOREEMOS *nuestros apetitos.* ‖ fam. Dar a alguien repetidamente y con importunidad el tratamiento de señor. *Me seca con tanto* SEÑOREARME. ‖ r. Emplear gravedad y mesura en el porte, vestido o trato.

SEÑORÍA. (De *señor.*) f. Tratamiento que se da a las personas a las cuales compete por su dignidad. ‖ Persona a la que se da este tratamiento. ‖ Señorío, dominio. ‖ Soberanía de algunos Estados particulares que se gobernaban como repúblicas. *La* SEÑORÍA *de Venecia.* ‖ Senado que gobernaba ciertos Estados independientes.

SEÑORIAL. (De *señorío.*) adj. Perteneciente o relativo al señorío. ‖ Dominical, feudo pagado a un señor. ‖ Majestuoso, noble. Corte señorial.

SEÑORIL. adj. Perteneciente al señor. ‖ deriv.: **señorilmente.**

SEÑORÍO. al. **Herrschaft, Gewalt; Ansehen;** fr. **Seigneurie; noblesse.** ingl. **Lordship; nobility.** ital. **Signoria; nobilità.** port. **Senhorio.** (De *señor.*) m. Dominio o mando sobre una cosa. ‖ Territorio perteneciente al señor. ‖ Dignidad de señor. ‖ fig. Gravedad y mesura en el porte o en las acciones. *Se comporta con* SEÑORÍO. ‖ Dominio y libertad en obrar, sometiendo las pasiones a la razón. *El* SEÑORÍO *de la razón.* ‖ Conjunto de señores o personas distinguidas.

SEÑORITA. al. **Fräulein.** fr. **Mademoiselle; demoiselle.** ingl. **Young lady; miss.** ital. **Signorina.** port. **Senhorinha, senhorita.** (dim. de *señora.*) f. Hija de un señor o de persona de representación. ‖ Tratamiento de cortesía que se da a la mujer soltera. ‖ fam. Ama, con respecto a los criados.

SEÑORITINGO, GA. s. desp. de **Señorito.**

SEÑORITISMO. (De *señorito.*) m. Actitud social de inferior señorío, tendiente a la ociosidad y a la presunción.

SEÑORITO. (dim de *señor.*) m. Hijo de un señor o de persona de representación. ‖ fam. Amo, con respecto a los criados. ‖ fam. Joven adinerado y ocioso.

SEÑORÓN, NA. adj. Muy señor o muy señora, porque realmente lo es, porque se comporta como tal o porque afecta señorío y grandeza. Ú.t.c.s.

SEÑUELO. al. **Lockvogel; Köder.** fr. **Leurre; réclame.** ingl. **Decoy.** ital. **Logoro; richiamo.** port. **Negaça; reclamo.** (De *seña.*) m. Figura de ave en que se colocan unos pedazos de carne con el fin de atraer al halcón remontado. ‖ Por ext., toda cosa que se usa para atraer otras aves. ‖ Cimbel, ave para atraer a otra. ‖ fig. Cosa que sirve para atraer o inducir con alguna falacia. *La belleza de la hija le servía de* SEÑUELO *para atraer clientes.* ‖ *Arg.* y *Bol.* Grupo de cabestros o mansos que guían el ganado. ‖ **Caer uno en el señuelo.** frs. fig. y fam. **Caer en el lazo.**

SEÓ. m. fam. Apócope de **Seor.**

SEO DE URGEL. *Geog.* Población de España (Lérida) al pie de los Pirineos. 6.500 h. Su obispo lleva el título de Príncipe de Andorra.

SEOANE, Juan. *Biog.* Escritor peruano cont., autor de *Hombre y rejas* y otras obras. ‖ **– Luis.** Escritor y pintor esp. que reside en la Argentina. Autor de *El cazador; Campesino con conejo,* y otros cuadros (n. 1910).

SEOR. m. Síncopa de **Señor.**

SEORA. f. Síncopa de **Señora.**

SÉPALO. (Del lat. *sépar, -aris,* separado, apartado.) m. *Bot.* Cada una de las hojas transformadas que forman el cáliz de la flor.

SEPANCUANTOS. (De las palabras *sepan cuantos* con que generalmente principiaban los edictos, amonestaciones, cartas reales, etc.) m. fam. Castigo, reprensión, zurra.

SEPARABLE. (Del lat. *separábilis.*) adj. Que puede separarse o ser separado.

SEPARACIÓN. al. **Trennung.** fr. **Séparation.** ingl. **Separation.** ital. **Separazione.** port. **Separação.** (Del lat. separatio, -onis.) f. Acción y efecto de separar o separarse. ‖ *For.* Interrupción de la vida conyugal por acuerdo de las partes o fallo judicial, sin quedarse extinguido el vínculo matrimonial.

SEPARAR. al. **Trennen.** fr. **Séparer.** ingl. **To separate.** ital. **Separare.** port. **Separar.** (Del lat. *separare.*) tr. Poner a una persona o cosa fuera del contacto o proximidad de otra. Ú.t.c.r. SEPARARON *al niño de su madre, que está tuberculosa.* ‖ Apartar cosas o especies o distinguir unas de otras. SEPARAR *los culpables de los inocentes.* ‖ Destituir de un empleo o cargo. *La* SEPARARON *del magisterio.* ‖ r. Retirarse de alguna ocupación. ‖ *Der.* Desistir. ‖ deriv.: **separadamente, separador, ra; separamiento; separante; separativo, va.**

SEPARATISMO. m. Opinión de los separatistas. ‖ Partido separatista.

SEPARATISTA. adj. Partidario de que un territorio o colonia se separe o emancipe de la soberanía a que está sometido. Ú.t.c.s. ‖ Perteneciente o relativo al separatismo. *Partido* SEPARATISTA.

SEPE. m. *Bol.* Termes, insecto.

SEPEDÓN. (Del gr. *sepedón.*) m. Eslizón.

SEPÉE. *Biog.* Cacique guaraní que acaudilló a los indígenas en la guerra guaranítica (s. XVIII).

SEPELIO. al. **Begräbnis.** fr. **Enterrement.** ingl. **Burial.** ital. **Seppellimento.** port. **Enterro.** (Del lat. *sepelire*, enterrar.) m. Acción de inhumar la Iglesia a los fieles. *Partida de* SEPELIO. ‖ Por ext., entierro.

SEPELIR. (Del ant. *sepelire.*) tr. ant. Sepultar.

SEPIA. al. **Sepia; tintenfisch.** fr. **Seiche; sépia.** ingl. **Sepia.** ital. **Seppia.** port. **Sépia.** (Del lat. *sepia.*) f. Jibia, molusco. ‖ Materia colorante que se le extrae a la jibia y se usa en pintura.

SEPSIS. f. **Septicemia.**

SEPTENA. (Del lat. *septena*, neutro de *-ni.*) f. Conjunto de siete cosas por orden.

SEPTENARIO, RIA. (Del lat. *septenarius.*) adj. Dícese del número constituido por siete unidades, o que se escribe con siete guarismos. ‖ Aplícase generalmente a todo lo que se compone de siete elementos. ‖ m. Tiempo de siete días. sinón.: **setenario.** ‖ Tiempo de siete días que se dedican a la devoción y culto de Dios y de sus santos.

SEPTENIO. (Del lat. *septénnium.*) m. Tiempo de siete años.

SEPTENO, NA. (Del lat. *septenus.*) adj. Séptimo.

SEPTENTRIÓN. al. **Norden.** fr. **Septentrion.** ingl. **North.** ital. **Settentrione.** port. **Setentrião.** (Del lat. *septentrio, -onis*; de *séptem*, siete, y *trio-onis*, buey de labor.) m. **Osa mayor.** ‖ **Norte,** punto cardinal.

SEPTENTRIONAL. (Del lat. *septentrionalis.*) adj. Perteneciente o relativo al Septentrión. ‖ Que cae al Norte. sinón.: **ártico, boreal, hiperbóreo.**

SEPTETO. (Del lat. *séptem*, siete.) m. *Mús.* Composición para siete instrumentos o siete voces. ‖ *Mús.* Conjunto de estos siete instrumentos o voces.

SEPTICEMIA. al. **Blutvergiftung; Septikänie.** fr. **Septicémie.** ingl. **Septicaemia.** ital. **Setticemia.** port. **Septicemia.** (Del gr. *septikós*, que corrompe, y *haima*, sangre.) f. *Pat.* Alteración de la sangre por la presencia en ella de materia pútrida. ‖ Estado morboso causado por la existencia en la sangre de bacterias patógenas y productos de las mismas. ‖ deriv.: **septicémico, ca.**

● **SEPTICEMIA.** *Med.* Toda infección de cierta magnitud puede provocar septicemia. En algunos casos la invasión de gérmenes patógenos es solamente un fenómeno transitorio y aun puede pasar inadvertido; en otros, la infección provoca síntomas de extrema gravedad, fiebre alta con bruscas oscilaciones, decaimiento intenso, dolores, postración, delirio y coma. El tratamiento de la septicemia depende de la causa que la origina. Antes del descubrimiento de las sulfamidas y de los antibióticos, la septicemia era una permanente amenaza en los estados infecciosos, pero en la actualidad esos medicamentos han disminuido su gravedad y hasta la han hecho más rara.

SÉPTICO, CA. (Del gr. *septikós.*) adj. *Pat.* Que produce putrefacción; antón.: **aséptico;** deriv.: **septicidad.**

SEPTIEMBRE. al. **September.** fr. **Septembre.** ingl. **September.** ital. **Settembre.** port. **Setembro.** (Del lat. *september, -bris.*) m. Séptimo mes del año, según contaban los antiguos romanos, y noveno del calendario gregoriano; consta de treinta días.

SEPTIFOLIO, LIA. (Del lat.

septen, siete, y *fólium*, hoja.) adj. De siete hojas.

SEPTILLO. (Del lat. *séptem*, siete.) m. *Mús.* Grupo de siete notas iguales que se deben cantar o tocar en el tiempo correspondiente a seis de ellas.

SÉPTIMA. (Del lat. *séptima*.) t. f. de *-mus*, séptimo.) f. En el juego de los cientos, reunión de siete cartas de valor correlativo. || **– mayor.** En el juego de los cientos, la que empieza por el as. || *Mús.* Intervalo compuesto de cinco tonos y semitono diatónico. || **– menor.** En el juego de los cientos, la que empieza por el rey. || *Mús.* Intervalo que se compone de cuatro tonos y dos semitonos diatónicos.

SEPTIMIO SEVERO, Lucio. *Biog.* Emp. romano; se apoderó de Babilonia y al morir dividió el imperio entre sus dos hiios (140-211).

SÉPTIMO, MA. (Del lat. *séptimus*.) adj. Que sigue inmediatamente en orden al o a lo sexto. || Aplícase a cualquiera de las siete partes iguales en que se divide un todo. Ú.t.c.s. sinón.: **septeno.**

SEPTINGENTÉSIMO, MA. (Del lat. *septingentésimus*.) adj. Que sigue inmediatamente en orden al o a lo sexcentésimo nonagésimo nono. || Aplícase a cada una de las setecientas partes iguales en que se divide un todo. Ú.t.c.s.

SEPTISÍLABO, BA. (Del lat. *séptem*, siete, y de *sílaba*.) adj. Heptasílabo.

SEPTUAGENARIO, RIA. (Del lat. *septuagenarius*.) adj. Que ha cumplido la edad de setenta años y no llega a ochenta. Ú.t.c.s. sinón.: **setentón.**

SEPTUAGÉSIMA. (Del lat. *septuagésima díes*, día septuagésimo antes del domingo de Pascua.) f. Dominica que celebra la Iglesia tres semanas antes de la primera de cuaresma.

SEPTUAGÉSIMO, MA. (Del lat. *septuagésimus*.) adj. Que sigue inmediatamente en orden al o lo sexagésimo nono. || Aplícase a cada una de las setenta partes iguales en que se divide un todo. Ú.t.c.s.

SEPTUPLICACIÓN. f. Acción y efecto de septuplicar o septuplicarse.

SEPTUPLICAR. (Del lat. *séptem*, siete, y *plicare*, doblar.) tr. Hacer séptupla una cosa; multiplicar por siete una cantidad. Ú.t.c.r.

SÉPTUPLO, PLA. (Del lat. *Séptuplus*.) adj. Aplícase a la cantidad que incluye en sí siete veces a otra. Ú.t.c.s.m.

SEPULCRAL. (Del lat. *sepulcralis*.) adj. Perteneciente o relativo al sepulcro. *Alegoría* SEPULCRAL; sinón.: **tumbal, tumulario.**

SEPULCRO. al. **Grab.** fr. **Sépulcre.** ingl. **Sepulcher; grave.** ital. **Sepolcro.** port. **Sepúlcro.** (Del lat. *sepúlcrum*.) m. Obra, comúnmente de piedra, que se construye levantada del suelo, para dar en ella sepultura al cadáver de una persona. sinón.: **enterramiento, sarcófago, tumba.** || Urna o andas cerradas, con una imagen de Jesucristo difunto. || Hueco del ara donde se colocan las reliquias y que después se cubre y sella. || **Santo sepulcro.** Aquel en que estuvo sepultado Jesucristo. || **Bajar al sepulcro.** frs. Morirse || **Ser** uno **un sepulcro.** frs. Guardar fielmente un secreto. *No diré nada,* SOY UN SEPULCRO. || IDEAS AFINES: *Sepelio, cementerio, túmulo, lápida, cripta, catacumbas, panteón, inscripción, R.I.P.*

SEPULCRO, Santo. *Relig.* Tumba en que fue depositado el cuerpo de Jesucristo. Según el Evangelio fue excavada en un peñasco junto al Calvario y pertenecía a un senador judío que la cedió para sepultar al Salvador. El emperador Constantino, en el s. IV, la hizo rodear de un edificio acompañado de un templo. En el s. XII los cruzados erigieron allí una catedral, que fue restaurada a comienzos del s. XIX.

SEPULTACIÓN. *Chile.* Entierro, inhumación.

SEPULTAR. al. **Begraden.** fr. **Enterrer; ensevelir.** ingl. **To bury.** ital. **Seppellire.** port. **Sepultar.** (Del lat. *sepultare*, intens. de *sepelire*.) tr. Poner en la sepultura a un difunto; enterrar su cuerpo. sinón.: **enterrar, inhumar.** || Sumir, esconder alguna cosa como enterrándola. SEPULTARÉ *mi amor en el pecho.* Ú.t.c.r. || Sumergir, abismar, dicho del ánimo. Ú.m.c.r. *Quedó* SEPULTADO *en aquella horrible duda.* || deriv.: **sepultable, sepultador, ra.**

SEPULTO, TA. (Del lat. *sepultus*.) p. p. irreg. de **Sepelir** y **Sepultar.** || adj. Dícese del cadáver que ha recibido sepultura, por contraposición de *insepulto.*

SEPULTURA. al. **Grabstätte; Grab.** fr. **Enterrement; sépulture.** ingl. **Sepulture; sepulcher.** ital. **Sepoltura.** port. **Sepultura.** (Del lat. *sepultura*.) f. Acción y efecto de sepultar. sinón.: **enterramiento; inhumación, sepelio.** || Hoyo que se hace en tierra para enterrar un cadáver. sinón.: **cárcava.** || Lugar en que está enterrado un cadáver. sinón.: **fosa, huesa, sepulcro.** || Sitio que una familia tiene señalado e[n] la iglesia para que coloque la ofrenda por sus difuntos. || **Dar sepultura.** frs. Sepultar, enterrar un difunto. || IDEAS AFINES: *Exequias, velorio, capilla, ardiente, flores, mausoleo, epitafio, responso.*

SEPULTURERO. al. **Totengräber.** fr. **Fossoyeur.** ingl. **Gravedigger.** ital. **Becchino; seppellitore.** m. El que por oficio abre las sepulturas y sepulta a los muertos. sinón.: **enterrador.**

SEPÚLVEDA, Juan Ginés de. *Biog.* Humanista esp. que analizó los problemas jurídicos derivados del descubrimiento y colonización de América; hizo las crónicas de los reinados de Carlos V y Felipe II (1490-1573). || **– Y LEYTON, Carlos.** Novelista chil., autor de *Camarada; La fábrica*, etc. (1900-1941).

SEQUEDAD. (Del lat. *síccitas, -atis*.) f. Calidad de seco. sinón.: **aridez, enjutez**; antón.: **humedad.** || fig. Dicho, expresión o ademán áspero y duro. Ú.m. en pl. *Disgusta a todos con sus* SEQUEDADES.

SEQUEDAL. m. Terreno muy seco. sinón.: **secadal, secaral.**

SEQUERAL. m. Sequedal.

SEQUERO. (Del lat. *siccarius*.) m. Secano, tierra sin riego. antón.: **regadío.** || Secadero, lugar donde se pone a secar una cosa.

SEQUEROSO, SA. (De *sequero*.) adj. Que carece del jugo o humedad que debía tener. || deriv.: **sequerosidad.**

SEQUETE. m. Trozo de pan, bollo o rosca seco y duro. || Golpe seco que se da a una cosa para ponerla en movimiento o para contener el que trae. || fig. y fam. Dureza o sequedad en el trato o en la manera de responder.

SEQUÍA. f. Tiempo seco de mucha duración. *Fue tan grande la* SEQUÍA *que se perdieron las cosechas*; sinón.: **seca.** || ant. Sed. Ú. en *And., Murc., Arg.* y *Col.*

SEQUILLO. (De *seco*.) m. Trozo pequeño de masa azucarada, hecho en forma de bollo, rosquilla, etc.

SEQUÍO. (De *seco*.) m. Secano; tierra sin riego; banco de arena o islita árida.

SÉQUITO. al. **Gefolge; Begleitung.** fr. **Suite.** ingl. **Train; suite.** ital. **Seguito; comitiva.** port. **Séquito.** (Del lat. *sequi*, seguir.) m. Agregación de gente que acompaña y sigue a una persona. sinón.: **Cortejo, acompañamiento, comitiva.** || Aplauso y benevolencia común en aprobación de la doctrina u opinión de alguien o de sus acciones o cualidades.

SEQUIZO, ZA. adj. Que tiende a secarse.

SEQUOIA. f. **Secuoya.**

SER. al. **Sein; Wesen.** fr. **Être.** ingl. **Being.** ital. **Essere.** port. **Ser.** (Del infinit. *ser*.) m. Esencia o naturaleza. || Ente, lo que es o existe. || Estimación, valor, precio de las cosas. *En su pericia está todo el* SER *de la empresa.* || Modo de existir. || **En ser,** o **en su ser.** m. adv. Sin haberse consumido o deshecho. || IDEAS AFINES: *Filosofía, ontología, substancia, existencia, nada, existencialismo, Dios, espíritu.*

SER. al. **Sein.** fr. **Être.** ingl. **To be.** ital. **Essere.** port. **Ser.** (Del ant. *seer*.) Verbo substantivo que afirma del sujeto lo que significa el atributo. *Juan* ES *virtuoso.* || Verbo auxiliar que sirve para conjugar todos los verbos en la voz pasiva. *El chiste* FUE *muy celebrado.* || intr. Haber o existir. *Eso* ES. || Servir para una cosa. *Pedro no* ES *para ese puesto.* || Estar en lugar o situación. || Ocurrir o acaecer. *No supe cómo* FUE *ese accidente.* || Valer, costar. *¿A cómo* ES *la docena?* || Pertenecer a la posesión o dominio de alguien. *Ese automóvil* SERÁ *mío.* || Tocar, corresponder. *Esa actitud no* ES *de gente prudente; no* ES *suyo el opinar en este asunto.* || Formar parte de una corporación o comunidad. Es *del Tribunal;* HA SIDO *del Directorio.* || Refiriéndose a lugares o países, tener principio, origen o naturaleza. *Pedro* ES *de Bahía Blanca.* || Se emplea para afirmar o negar en lo que se dice o pretende. *Eso no* ES *así.* || Junto con substantivos, adjetivos o participios, tener los empleos, cargos, profesiones, propiedades, condiciones, etc., que aquellas palabras indican. *Pablo* ES *general.* || **¡Cómo es eso!** expr. fam. que se usa para reprender a alguien, motejándole de atrevido. || **¡Cómo ha de ser!** exclam. con que se denota resignación o conformidad. || **Como dos y dos son cuatro.** loc. con que se asegura que ha de cumplirse lo que se dice. || **Érase que se era.** expr. fam. con que tradicionalmente se suelen comenzar los cuentos. || **Es a saber,** o **esto es.** exprs. que se usan para dar a entender que se va a explicar mejor o de diferente manera lo que ya se ha expresado. || **Lo que fuere, sonará.** expr. fam. con que se significa que a su tiempo se hará patente una cosa, o se sabrán sus consecuencias. || También indica que se arrostran las consecuencias de una decisión, aunque impliquen mucho peligro. || **Más eres tú.** frs. fam. que se emplea para disculpar el propio yerro o vicio, atribuyéndolo en mayor grado a quien lo critica. || **No ser para menos.** expr. con que se afirma que es justificado el entusiasmo o vehemencia con que se admira, se celebra o se siente una cosa. || **O somos, o no somos.** expr. fam. que se usa, por lo general festivamente, para significar que por ser quien somos podemos o debemos hacer una cosa o conducirnos de tal o cual modo. || **Sea lo que fuera,** o **sea lo que sea.** exprs. con que se prescinde de lo que se estima accesorio, pasando a tratar del asunto principal. || **Sea o no sea.** expr. con que, prescindiendo de la existencia de una cosa, se pasa a considerar la cuestión principal. || **Ser uno con otro.** frs. Opinar de igual manera que él. || **Ser** uno **de otro.** frs. fig. Seguir su partido o ideas. || fig. Conservar su amistad. || **Ser de lo que no hay.** frs. fam. Refiriéndose a una persona o cosa, no tener igual en su clase. Tómase por lo común en mala parte. || **Ser de ver,** o **para ver,** una cosa. frs. Llamar la atención por alguna circunstancia, y en particular por lo raro o singular. || **Ser muy otro.** frs. fam. que indica gran cambio o diferencia en alguna persona o cosa. || **Ser** uno **para menos.** frs. fam. No ser capaz de lo que otro es. || **Ser** uno **para poco.** frs. Poseer poco talento, valor o fuerza. || **Ser** uno **quien es.** frs. Corresponder con sus acciones a lo que debe a su sangre, carácter o cargo. || **Si yo fuera** fulano. expr. que se emplea para significar lo que, en concepto del que lo dice, debía hacer el sujeto de quien se habla en el asunto de que se trata. || **Soy contigo, con usted.** etc., expr. con que se previene a alguien que espere un poco para hablarle. || **Un es, no es,** o **un sí es, no es.** exprs. con que se da a entender cortedad, pequeñez o poquedad. || Irreg. **Conjugación**: INDIC. Pres.: *soy, eres, es, somos, sois, son.* Imperf.: *era, eras, era, éramos, erais, eran.* Pret. indef.: *fui, fuiste, fue, fuimos, fuisteis, fueron.* Fut. imperf.: *seré, serás,* etc. POT.: *sería, serías,* etc. SUBJ. Pres.: *sea, seas, sea, seamos, seáis, sean.* Imperf.: *fuera o fuese, fueras o fueses, fuéramos o fuésemos, fuerais o fueseis, fueran o fuesen.* Fut. imperf.: *fuere, fueres, fuere, fuéremos, fuereis, fueren.* IMPERAT.: *Sé, sea, seamos, sed, sean.* PARTIC.: *sido.* GER.: *siendo.*

SERA. (En port. *seira*; en el ár. español del siglo X, *saira*.) f. Espuerta grande, por lo común sin asas, que se emplea para conducir carbón y para otros usos.

SERADO. (De *sera*.) m. Seraje.

SERÁFICO, CA. adj. Perteneciente o parecido al serafín. || Suele darse este epíteto a San Francisco de Asís y a la orden religiosa que fundó. || fig. y fam. Pobre, humilde. || **Hacer la seráfica.** frs. fig. y fam. Afectar virtud y modestia. || deriv.: **seráficamente.**

SERAFÍN. al. **Seraph.** fr. **Séraphin.** ingl. **Seraph.** ital. **Serafino.** port. **Serafim.** (Del lat. *seráphim*, y éste del hebr. *serafim.* pl. de *saraf*.) m. Cada uno de los espíritus bienaventurados que forman el segundo coro y que se distinguen por el perenne ardor con que aman las cosas divinas. || fig. Persona de singular hermosura. *Esta niña es un* SERAFÍN. || IDEAS AFINES: *Teología, cielo, Dios, jerarquía celestial, querubín, ángel, arcángel.*

SERAFÍN. (Del ár. *xafari*, del Axraf.) m. Moneda de oro, de valor igual al cequí, que mandó acuñar en el siglo XV el sultán de Egipto El-Axraf.

SERAFINA. f. Tela de lana, con variedad de flores y otros dibujos cuyo tejido es muy parecido a la bayeta, aunque más tupido y abatanado.

SERAING. *Geog.* Ciudad de Bélgica, en la prov. de Lieja, sit. sobre el río Mosa. 47.000 h. Importante industria siderúrgica.

SERAJE. m. Conjunto de seras, principalmente de carbón. sinón.: **serado.**

SERAO. m. Mamífero de Malasia parecido a la cabra, de cola ancha y pezuñas cortas.

SERAPINO. m. Sagapeno.

SERAPIS. *Mit.* Deidad venerada por los egipcios en tiempos de Alejandría.

SERASQUIER. (Del turco *ser asquier*, y éste del persa *ser*, cabeza, y del ár. *açcar*, ejército.) m. General del ejército entre los turcos.

SERBA. (Del ant. *sorba*, y éste del lat. *sorba*.) f. Fruto del serbal o serbo.

SERBAL. (De *serba*.) m. Nombre dado a varias especies de árboles rosáceos, europeos, del Gén. *Sorbus*, ornamentales, de madera usada en ebanistería, y cuyos frutos, de forma de pera pequeña, lisos y ásperos, son comestibles una vez secos. Es árbol muy común en los montes de España.

SERBIA. *Geog.* V. **Servia.**

SERBIO, BIA. adj. Natural u oriundo de Serbia. || Perteneciente a esta región balcánica o a su antiguo Estado. || m. Idioma **serbio**, o variedad **serbia** del serbocroata.

SERBO. (Del ant. *sorbo*.) m. Serbal.

SERBOCROATA. adj. Perteneciente a Serbia y Croacia, común a serbios y croatas. || m. Lengua eslava meridional que se habla en Serbia, Croacia y otras regiones de la actual Yugoslavia.

SERENA. (De *sereno*, 1er. art.) f. Composición poética o musical de los trovadores, que solía cantarse de noche. || fam. Sereno, humedad nocturna de la atmósfera. sinón.: **relente.** || **A la serena.** m. adv. fam. **Al sereno.**

SERENA, La. *Geog.* V. **La Serena.**

SERENAR. (Del lat. *serenare*.) tr. Aclarar, sosegar una cosa; como el tiempo, el mar. Ú.t.c.intr. y c.r. *El día se ha* SERENADO. || Enfriar agua al sereno. Ú.t.c.r. || Sentar o aclarar los licores turbios y que están mezclados de algunas partículas. Ú.m.c.r. sinón.: **asentar, clarificar.** || fig. Apaciguar disturbios o tumultos. *Logró* SERENAR *la alteración popular.* || Moderar o cesar por completo en el enojo o señas de ira u otra pasión, particularmente en el ceño del semblante. Ú.t.c.r. *Ante la humildad de la niña* SE SERENÓ *su rostro.*

SERENATA. al. **Serenade, Nachtmusik.** fr. **Sérénade.** ingl. **Serenade.** ital. **Serenata.** port. **Serenata; serenada.** (Del ital. *serenata*.) f. Música que se toca al aire libre y durante la noche, para festejar a una persona. || Composición poética o musical que se destina a este fin. || IDEAS AFINES: *Romanticismo, enamorados, luna, romanza, bandolín, ventana, escalera.*

SERENATA. *Mús.* Composición de Schubert que data de 1826. Música sin esperanza, traspasada de melancolía, es una de las obras más populares del autor.

SERENERA. f. *Amér. Central, Col.* y *Ven.* Abrigo contra el sereno.

SERENERO. (De *sereno*, humedad.) m. Toca que usan las mujeres en algunas regiones para preservarse de la humedad nocturna. ‖ *Arg.* Pañuelo que doblado por una de sus diagonales suelen ponerse las mujeres a la cabeza atándolo debajo de la barba.

SERENÍ. m. Uno de los botes más pequeños que llevaban antiguamente los bajeles de guerra. ‖ *Cuba.* Aleluya, planta malvácea.

SERENIDAD. al. **Gelassenheit.** fr. **Calme.** ingl. **Serenity; calm.** ital. **Serenitá.** port. **Serenidade.** (Del lat. *serénitas, -atis.*) f. Calidad de sereno. 2º art. ‖ Título de honor de ciertos príncipes.

SERENIDAD. *Lit.* Obra de Amado Nervo, publicada en 1914 y con la que el autor se aparta del modernismo orientándose hacia la tendencia mística de sus últimos años.

SERENÍSIMO, MA. adj. sup. de **Sereno.** ‖ Aplicábase en España como tratamiento a los príncipes hijos de reyes. También se ha dado este título a ciertas repúblicas.

SERENO. (Del lat. *serénum*, de *sérun*, la tarde, la noche.) m. Humedad de que está impregnada la atmósfera durante la noche. sinón.: **relente, serena.** ‖ Persona encargada de rondar de noche por determinadas calles para velar por la seguridad del vecindario, cuidar de la propiedad, avisar los incendios, etc. Antes cantaba en voz alta la hora y el estado del tiempo, uso que todavía perdura en algunas poblaciones. ‖ Persona que por oficio se ocupa de vigilar, después de las horas normales de trabajo, una oficina, una fábrica, etc. ‖ **Al sereno.** m. adv. A la intemperie de la noche.

SERENO, NA. (Del lat. *serenus.*) adj. Claro, despejado de nubes o nieblas. *Noche* SERENA. ‖ fig. Apacible, sosegado, tranquilo. *No se inmutó, porque es hombre muy* SERENO.

SERÉS E IBARS, Manuel. *Biog.* Médico esp. que realizó trabajos sobre técnica anatómica y urología; autor de *Notas de cirugía renal; Aplicación de la radiografía al estudio del sistema arterial*, etc. (1888-1928).

SERET. *Geog.* V. **Siret.**

SERETE. m. Serijo, sera pequeña.

SERGAS. (Del gr. *erga*, obras, hazañas; que con la *s* del art. *las* (*Las Sergas*), sirvió de título a un famoso libro de caballerías.) f. pl. desus. Hechos, hazañas, proezas.

SERGENTA. (Del lat. *serviens, -entis*, sirviente.) f. Religiosa lega perteneciente a la orden de Santiago.

SERGIO. *Biog.* Nombre de cuatro Papas de 687 a 1012.

SERGIPE. *Geog.* Estado del N.E. de Brasil. 21.057 km^2. 910.000 h. Cap. ARACAJU. Algodón, maíz, tabaco, azúcar.

SERI. adj. Dícese del indio de una tribu semisalvaje de México, que habita en la costa central del Estado de Sonora y en la isla Tiburón. Ú.t.c.s. ‖ Relativo a estos indios.

SERIAL. *Mús.* Derivación de la técnica de composición dodecafónica, según la cual no solamente se ordenan los doce sonidos en series determinadas, sino que se fija, también, su duración e inclusión en esquemas siempre variables.

SERIAMENTE. adv. m. Con seriedad.

SERIAR. tr. Poner en serie, formar series.

SÉRICA, La. *Geog.* ant. nombre de China, país de la seda.

SERICICULTOR, RA. s. Persona dedicada a la sericicultura.

SERICICULTURA. al. **Seidenzucht.** fr. **Sériciculture.** ingl. **Sericulture.** ital. **Sericoltura.** port. **Sericicultura.** (Del lat. *séricum*, seda, y *cultura*, cultivo.) f. Industria que se ocupa de la producción de la seda. sinón.: **sericultura.** ‖ IDEAS AFINES: *Gusano de seda, embojar, capullo, dormida, freza, hilar.*

SERICÍGENO, NA. (Del lat. *séricum*, seda, y *gennao*, engendrar.) adj. Aplícase a los órganos que producen seda.

SÉRICO, CA. (Del lat. *séricus.*) adj. De seda. sinón.: **sedeño.**

SERICULTOR, RA. s. Sericicultor.

SERICULTURA. f. Sericicultura.

SERIE. al. **Reihe; Serie.** fr. **Série.** ingl. **Series.** ital. **Serie.** port. **Série.** (Del lat. *series.*) f. Conjunto de cosas que se hallan relacionadas entre sí y que se suceden unas a otras. SERIE *de tarjetas postales.* ‖ *Mat.* Sucesión de cantidades derivadas unas de otras de acuerdo con una ley determinada. ‖ – **alternada.** *Mat.* La de términos alternadamente positivos y negativos. ‖ – **convergente.** *Mat.* Aquella cuya suma de términos tiende a un límite finito. **Sucesión convergente.** ‖ – **de Volta.** *Fís.* Ordenamiento de los metales de manera que los potenciales eléctricos de dos cualesquiera puestos en contacto sean diferentes, y más elevado siempre el del metal que ocupa en la lista el lugar anterior. ‖ – **divergente.** *Mat.* Aquella cuya suma de términos tiende a un límite infinito. ‖ – **electroquímica.** *Quím.* Lista de metales dispuestos según el orden creciente de las magnitudes de las diferencias de potencial entre el metal y una solución normal de una de sus sales. Es el orden en que los metales se desplazan unos a otros en sus sales. ‖ – **geométrica.** *Mat.* Progresión geométrica indefinida. ‖ – **heteróloga.** *Quím.* Grupo de compuestos de igual número de átomos de carbono, pero con distinta función química. ‖ – **homóloga.** *Quím.* Grupo de compuestos de la misma composición cualitativa, e igual función química, diferenciándose sus fórmulas empíricas en CH^2 (razón de homología). ‖ – **indeterminada, oscilante** o **discrepante.** *Mat.* Aquella cuya suma de términos carece de límite. ‖ – **isóloga.** *Quím.* Grupo de compuestos cuyas fórmulas empíricas se diferencian en H^2. ‖ – **parafínica.** Serie homóloga de hidrocarburos, de fórmula general $n.H^2 + 2$, químicamente inertes, estables e inflamables. A temperatura ordinaria son gaseosos los cuatro primeros, líquidos los once siguientes, y sólidos los términos más elevados de la serie. ‖ – **radiactiva.** *Fís.* Cada grupo de elementos radiactivos que proceden unos de otros por emisión y desintegración radiactiva hasta llegar a un producto final y estable de la serie completa. Los elementos radiactivos naturales forman tres *series radiactivas*, conocidas como *serie del uranio* (que incluye el radio), *del actinio* y *del torio.* ‖ **En serie.** m. adv. que se aplica a la fabricación, según un mismo patrón, de muchos objetos iguales entre sí. ‖ deriv.: **serial; seriario, ria.**

SERIEDAD. al. **Ernst; Ernsthaftigkeit.** fr. **Gravité.** ingl. **Seriousness.** ital. **Serietá.** port. **Seriedade.** (Del lat. *serietas, -atis.*) f. Calidad de serio.

SERIFIO, FIA. (Del lat. *seriphius.*) adj. Natural de Serifo. Ú.t.c.s. ‖ Perteneciente a esta isla del mar Egeo, célebre en la mitología, por las aventuras de Dánae y Perseo.

SERIFO. *Geog.* Isla griega del mar Egeo, que pertenece al grupo de las Cícladas. Tiene, aproximadamente, 78 km^2 y 4.500 h. Explotación de minerales. Cap. homónima.

SERIJA. f. dim. de **Sera.**

SERIJO. m. Sera pequeña que se usa para poner y llevar pasas, higos u otras cosas menudas. ‖ Poson, posadero.

SERILLO. (De *serilla*, dim. de *sera.*) m. Serijo, sera pequeña.

SERINGA. (Del port. *seringa.*) f. *Amér.* Goma elástica.

SERIO, RIA. (Del lat. *serius.*) adj. Grave, mesurado y juicioso en las acciones y en el modo de proceder. Dícese también de las acciones. *Es muy* SERIO *en su conducta.* ‖ Severo en el semblante, en la manera de hablar o de mirar. *Me puso cara* SERIA. ‖ Real, verdadero y sincero, sin engaño o burla. *Es una empresa* SERIA. ‖ Grave, importante. *Asunto* SERIO; *derivación* SERIA. ‖ Contrapuesto a jocoso o bufo. *Ópera* SERIA.

SERIS, Homero. *Biog.* Bibliog. y erudito esp., que contribuyó a la difusión de la literatura hispana en Amér. del N. Obras: *Una nueva variedad de la edición príncipe del Quijote; Ecos del Hudson; Diccionario de americanismos*, etc. (n. 1879).

SERMÓN. al. **Predigt.** fr. **Sermon.** ingl. **Sermon.** ital. **Sermone.** port. **Sermão.** (Del lat. *sermo, -onis.*) m. Discurso cristiano u oración evangélica que se predica para la enseñanza de la buena doctrina. sinón.: **plática.** ‖ p. us. Habla, lenguaje. ‖ fig. Amonestación o reprensión insistente y larga. *Los cinco minutos de esparcimiento me costaron una hora de* SERMÓN. ‖ IDEAS AFINES: *Iglesia, púlpito, sacerdote, fieles, homilía, oficio divino, pastoral.*

SERMONAR. (Del lat. *sermonare*, hablar, platicar.) intr. Predicar, echar sermones.

SERMONARIO, RIA. adj. Perteneciente al sermón o que se asemeja a él. ‖ m. Colección de sermones. sinón.: **homiliario.**

SERMÓN DE LA MONTAÑA, El. *Relig.* Palabras de Jesucristo en un monte de Galilea. Allí formuló las ocho bienaventuranzas que constituyen la solemne afirmación de la nueva ley frente a la antigua de Moisés.

SERMONEADOR, RA. adj. Que sermonea o acostumbra reprender.

SERMONEAR. (De *sermón.*) intr. Sermonar. sinón.: **predicar.** ‖ tr. Amonestar con un sermón o reprensión.

SERMONEO. m. fam. Acción de sermonear. *Escapó del* SERMONEO *de su mujer.*

SERNA. (Del lat. *sérere*, sembrar.) f. Porción de tierra de sembradura.

SERNA HINOJOSA, José de la. *Biog.* V. **La Serna Hinojosa, José de.**

SERNAMBÍ. m. *Amér. del S.* Caucho de inferior calidad.

SEROJA. (De un deriv. del lat. *serus*, tardío.) f. Hojarasca seca que cae de los árboles. ‖ Residuo de la leña. ‖ sinón.: **horusca.** ‖ Cada una de las virutas que se le sacan al tronco de los pinos sometidos a resinación, al refrescar la herida que va formando la entalladura, por medio de las picas practicadas con la azuela o escoda.

SEROJO. m. Seroja.

SEROLOGÍA. f. Tratado de los sueros.

SERÓN. m. Especie de sera más larga que ancha, que se usa comúnmente para carga de una caballería. ‖ – **caminero.** El que se usa para llevar carga por los caminos.

SERONDO, DA. (Del lat. *serótinus*, tardío.) adj. Dícese de los frutos tardíos. sinón.: **serótino.**

SERONERO. m. El que hace o vende serones.

SEROSIDAD. (De *seroso.*) f. Líquido que segregan algunas membranas en el estado normal, y que en el morboso forma las hidropesías. ‖ Humor que se junta en las ampollas de la epidermis formadas por quemaduras, cáusticos o ventosas.

SEROSO, SA. (Del lat. *sérum*, suero.) adj. Perteneciente o relativo al suero o a la serosidad, o semejante a ellos. sinón.: **sueroso.** ‖ Que produce serosidad. *Tejido* SEROSO. ‖ V. **Membrana serosa.** Ú.t.c.s.f.

SEROTERAPIA. f. Sueroterapia.

SERÓTINO, NA. (Del lat. *serótinus.*) adj. Serondo.

SERPA. (Del lat. *sérpere*, arrastrarse.) f. Jerpa.

SERPA, Enrique. *Biog.* Lit. cubano, autor de *La miel de las horas; Contrabando* y otras obras de carácter social (1899-1968). ‖ – **Iván.** Pintor brasileño de vanguardia. Obras.: *Cottage; Composición 96*, etc. (n. 1923). ‖ – **PINTO, Alejandro.** Explorador port. En su obra *Cómo atravesé el África* relató sus viajes, que abrieron nuevos horizontes al comercio de su país (1846-1900).

SERPEAR. (Del lat. *sérpere.*) intr. Serpentear. *El arroyo* SERPEA *entre las flores.*

SERPENTARIA. (Del lat. *serpentaria.*) f. Dragontea. ‖ – **virginiana.** Aristoloquia que provenía de América y cuya raíz se usaba en medicina como tónica y aromática.

SERPENTARIO. (Del lat. *serpentarius.*) m. Criadero de serpientes, destinadas especialmente a la preparación de sueros antiofídicos. *El* SERPENTARIO *de Butantan, en San Pablo, Brasil, es uno de los más famosos del mundo.* ‖ Ave rapaz que vive en el sur de África y se alimenta especialmente de reptiles. ‖ *Astron.* Constelación septentrional cercana al Ecuador celeste y unida a la Serpiente. Hállase comprendida entre Hércules, por el Norte, y Sagitario y Escorpión, por el Sur. sinón.: **ofiuco.**

SERPENTEADO, DA. p. p. de **Serpentear.** ‖ adj. Que tiene ondulaciones parecidas a las que forma la serpiente al moverse.

SERPENTEAR. al. **Schlüngeln.** fr. **Serpenter.** ingl. **To meander.** ital. **Serpeggiare.** port. **Serpentear.** intr. Andar, moverse o extenderse, formando vueltas y tornos como la serpiente. sinón.: **culebrear.**

SERPENTEO. m. Acción y efecto de serpentear.

SERPENTÍGERO, RA. (Del lat. *serpéntiger, -eri;* de *serpens, -entis*, serpiente, y *gérere*, llevar.) adj. poét. Que lleva o tiene serpientes.

SERPENTÍN. al. **Kühlschlange.** fr. **Serpentine.** ingl. **Distill worm.** ital. **Serpentino.** port. **Serpentina.** (dim. de *serpiente.*) m. Instrumento metálico en que se colocaba la mecha encendida para hacer fuego con el mosquete. ‖ Pieza de acero que en las llaves de las armas de fuego y chispa forma el movimiento y muelle de la llave. ‖ Tubo largo en línea espiral o quebrada, por lo común cubierto de agua, con que se facilita el enfriamiento de la destilación en los alambiques u otros artefactos. ‖ Serpentina, piedra. ‖ Pieza antigua de artillería, que medía 15 pies de longitud y arrojaba balas de 24 libras.

SERPENTINA. al. **Papierschlange.** fr. **Serpentin.** ingl. **Coll.** ital. **Serpentina.** port. **Serpentina.** (Del lat. *serpentina.*) t. f. de *-nus*, serpentino.) f. Serpentín, instrumento y pieza de las armas de fuego. ‖ Especie de serpentín o tubo en espiral de algunos aparatos de calefacción y de refrigeración. ‖ Venablo cuyo hierro forma ondas. ‖ Piedra de color verdoso, con manchas o venas obscuras, de gran aplicación en las artes decorativas por tener casi tanta dureza como el mármol y admitir vistoso pulimento. Es un silicato de magnesia teñido por óxidos de hierro. ‖ Tira de papel arrollada que durante carnaval suelen arrojarse unas personas a otras, teniéndola sujeta por un extremo. ‖ IDEAS AFINES: *Corso, papel picado, carrozas, máscaras, pitos, matracas, comparsas.*

SERPENTINAMENTE. adv. m. A modo de serpiente.

SERPENTINO, NA. (Del lat. *serpentinus.*) adj. Perteneciente o relativo a la serpiente. ‖ poét. Que serpentea.

SERPENTÓN. m. aum. de **Serpiente.** ‖ Instrumento musical de viento, de tonos graves, compuesto de un tubo en forma de S. hecho de madera delgada forrado de cuero, más ancho por el pabellón que por la embocadura y provisto de agujeros para los dedos o tapados con llaves. ‖ Instrumento musical de viento, consistente en un tubo de madera encorvado en figura de U. con agujeros y llaves, y de un pabellón metálico en forma de cabeza de serpiente. Fue usado por las bandas militares.

SERPEZUELA. f. dim. de **Sierpe.**

SERPIENTE. al. **Schlange.** fr. **Serpent.** ingl. **Serpent.** ital. **Serpente.** port. **Serpente.** (Del lat. *serpens, -entis;* de *sérpere*, arrastrarse.) f. Culebra, reptil sin pies, por lo común de gran tamaño y ferocidad. *La* SERPIENTE *silba*; sinón.: **sierpe.** ‖ fig. El demonio, por haber hablado en figura de tal a Eva. ‖ *Astron.* Constelación septentrional de considerable longitud, que empalma con Serpentario y se halla al occidente y debajo de Hércules y al oriente de Libra. ‖ – **de anteojos.** Cobra. ‖ – **de cascabel.** Crótalo, reptil. ‖ – **pitón.** Género de culebras, propias de Asia y África, las de mayor tamaño conocidas. Tienen cubierta la cabeza, en gran parte, de pequeñas escamas, y debajo de la cola presentan dobles fajas transversales. ‖ IDEAS AFINES: *Veneno, mordedura, antitoxina, serpentario, faquir, encantador. Eurídice, ofiolatría, Paraíso, fruto, pecado original, Cleopatra.*

● **SERPIENTE.** *Zool.* La serpiente es de forma cilíndrica, alargada. Posee una boca que se dilata extraordinariamente, una lengua filiforme y larga, y ojos recubiertos por una membrana transparente, sin párpados; varias veces por año cambia la piel. Es carnívora y se alimenta de gusanos, peces, aves, batracios, mamíferos y hasta de otros reptiles; algunas segregan un líquido tóxico mediante un aparato constituido por glándulas y colmillos inyectores. Las mayores son la serpiente pitón, adorada por ciertas tribus africanas y que mide entre seis y diez metros; la anaconda, que llega a pesar hasta cien kilogramos y vive en el agua o en su proximidad, y la boa, que enlaza a la presa con su cuerpo hasta ahogarla. Entre las serpientes de cascabel, de las que se conocen más de veinte especies y que son fácilmente identificables por el fuerte crujido que producen al arrastrarse, las más comunes tienen alrededor de dos metros y se encuentran generalmente en América del Norte y Central; la centroamericana es el crótalo, mucho más vistoso por su triple cadena de rombos pardo-dorados. La serpiente de anteojos o cobra, muy venenosa, es característica de los países tropicales. La serpiente de coral es generalmente roja, tiene anillos negros transversales y mide solamente entre sesenta y setenta centímetros.

SERPIGINOSO, SA. adj. Dícese de las lesiones u ulceraciones de la piel que se cicatrizan por un extremo y progresan por el otro como rastreando.

SERPIGO. (Del b. lat. *serpigo*, y éste del lat. *sérpere*, andar arrastrando, extenderse.) m. Ulceración o erupción serpiginosa; tiña, herpes, etc.

SERPOL. (Del lat. *serpýllum*, y éste del gr. *erpyllon*, de *erpo*, arrastrarse.) m. Planta vivaz, europea, aromática, rastrera, de hojas pequeñas y flores rosadas o violadas. *Thymus serpyllum*, labiada.

SERPOLLAR. intr. Echar serpollos un árbol, retoñar.

SERPOLLO. (Del lat. *sérpere*, arrastrarse.) m. Cada una de las ramas nuevas que brotan al pie de un árbol o en la parte en que ha sido podado. ‖ Retoño de una planta.

SERPUKHOV. *Geog.* Ciudad de la Unión Soviética (R.S.F.S.R.), situada al S. de Moscú. 132.000 h. Industria textil, química, metalúrgica.

SERRA, Fray Junípero. *Biog.* Relig. franciscano esp., apóstol del progreso en numerosas misiones de California (1713-1784). ‖ – **Jaime.** Pintor esp., autor de notables retablos; el de los Comendadores del Santo Sepulcro en Zaragoza, el del Convento de Pedralbes, etc. Con él colaboraron en otras obras sus hermanos Pedro y Juan, también pintores (s. XIV). ‖ – **Narciso.** Escritor esp., autor de obras teatrales y poéticas (1830-1877).

SERRADIZO, ZA. (De *serrado.*) adj. Aserradizo.

SERRADO, DA. adj. Que tiene dientecillos parecidos a los de la sierra.

SERRADOR, RA. (De *serrar.*) adj. y s. Aserrador.

SERRADURAS. (De *serrar.*) f. pl. Serrín.

SERRALLO. al. **Serail.** fr. **Sérail.** ingl. **Seraglio; harem.** ital. **Serraglio.** port. **Serralho.** (Del ital. *serraglio*, y éste del persa *serai*, palacio.) m. Lugar en que los mahometanos guardan sus mujeres y concubinas. sinón.: **harén.** ‖ fig. Sitio donde se cometen graves desórdenes obscenos. ‖ IDEAS AFINES: *Odaliscas, eunucos, Las mil y una noches, sultán, orgía, alcázar.*

SERRANA. (De *serrano.*) f. Composición poética parecida a la serranilla. *Cantiga de* SERRANA. ‖ pl. Cantar popular característico de algunas regiones españolas, en especial Castilla y Andalucía.

SERRANÍA. (De *serrano.*) f. Espacio de terreno compuesto de montañas y sierras. *Vive en un pueblecito de la* SERRANÍA.

SERRANIEGO, GA. adj. Serrano.

SERRANIL. (De *serrano.*) m. Especie de puñal o cuchillo.

SERRANILLA. (dim. de *serrana.*) f. Composición lírica de asunto villanesco o rústico, y las más de las veces erótico, escrita por lo general en metros cortos. *Las más bellas* SERRANILLAS *son las del marqués de Santillana.*

SERRANO, NA. adj. Que vive en una sierra, o nacido en ella. Ú.t.c.s. sinón.: **montañés, serraniego.** ‖ Perteneciente a las sierras o serranías, o a sus habitantes.

SERRANO, Fernando. *Biog.* Patriota col. que luchó por la independencia de su país. En 1816, bajo la reacción realista, fue presid. del gob. que dirigía el movimiento emancipador (1790-1818). ‖ – **José.** Músico esp., autor de renombradas zarzuelas (1873-1941). ‖ – **José Mariano.** Patriota bol., uno de los firmantes del acta de la independencia arg. En 1828 fue presid. de la Asamblea que proclamó la independencia bol. (1788-1852). ‖ – **ANGUITA, Francisco.** Comediógrafo esp., autor de *Tierra en los ojos; Manos de plata,* etc. (n. 1887). ‖ – **REDONNET, Ana.** Compositora arg., (n. 1914). ‖ – **Y DOMÍNGUEZ, Francisco.** Militar y político esp., jefe del partido liberal que ocupó, en tiempos de Amadeo I, la presidencia del gobierno. Finalmente, reconoció a Alfonso XII (1810-1885).

SERRANO. *Geog.* Isla del S. de Chile (Aysén), sit. al N. E. de la isla de Wellington.

SERRAR. (Del lat. *serrare.*) tr. Aserrar. ‖ Irreg. Conj. como **acertar.**

SERRASUELO. m. Árbol mirtáceo de Puerto Rico, con corteza agrietada y por fruto bayas globosas.

SERRATILLA. f. dim. de **Sierra,** cordillera.

SERRATO, José. *Biog.* Ing. y político urug., de 1923 a 1927 presid. de la República (1868-1960).

SERRETA. f. dim. de **Sierra.** ‖ Mediacaña de hierro, de forma semicircular y con dientecillos o puntas, que se pone sobre la nariz de las caballerías sujetándola al cabezón. ‖ Galón de oro o plata dentada por uno de sus bordes, que se usó como insignia en ciertos cuerpos militares.

SERRETAZO. m. Tirón que se da a la serreta para castigar al caballo. ‖ fig. Sofrenada, reprensión violenta. sinón.: **peluca, rapapolvo, rociada.**

SERREZUELA. f. dim. de **Sierra.**

SERRIJÓN. m. Sierra o cordillera de montes de poca extensión.

SERRÍN. (Del lat. *serrago, -inis.*) m. Aserrín. sinón.: **serraduras.**

SERRINO, NA. adj. Perteneciente a la sierra o semejante a esta herramienta.

SERRO. *Geog.* Población del E. del Brasil, en el Est. de Minas Gerais. 10.000 h. Yacimientos de oro y diamantes.

SERRÓN. m. aum. de **Sierra,** herramienta. ‖ Tronzador.

SERRUCHAR. tr. Aserruchar.

SERRUCHO. al. **Handsäge.** fr. **égoine.** ingl. **Handsaw.** ital. **Gattuccio; sega.** port. **Serrote.** (desp. de *sierra,* 1ª acep.) m. Sierra de hoja ancha y por lo común con sólo una manija. ‖ Pez del mar de las Antillas de hasta un metro de largo, blanco por debajo y azul claro por encima, y con un rostro en figura de sierra muy cortante. ‖ IDEAS AFINES: *Aserradero, madera, carpintero, aserrín, garlopa, escofina.*

SERTORIO, Quinto. *Biog.* Mil. romano, que apoyó a los sublevados esp. en su lucha contra la dominación de Roma, organizó una rep. en España, derrotó a Pompeyo y se alió a Mitrídates. Murió asesinado por sus oficiales (121-73 a. de C.).

SERVADOR. (Del lat. *servátor, -oris.*) adj. Guardador o defensor. Ú. sólo en poesía como epíteto de Júpiter.

SERVATO. (Del ár. *herbat.*) m. Planta herbácea de la familia de las umbelíferas, con tallo erguido, hojas grandes, pecioladas; flores pequeñas y amarillas, y fruto seco y elipsoidal que ha sido usado en medicina como carminativo. sinón.: **ervato, pencédano.**

SERVENTESIO. (Del provenzal *serventes.*) m. Género de composición de la poética provenzal que trataba, por lo común, de asuntos morales o políticos y a veces de tendencia satírica. sinón.: **sirventés.** ‖ Cuarteto en que riman el primer verso con el tercero y el segundo con el cuarto.

SERVENTÍA. (De *servir.*) f. *Cuba.* Camino que pasa por terrenos de propiedad particular, y que se destina para uso común.

SERVET, Miguel. *Biog.* Erudito esp. que intentó restaurar el cristianismo en toda su pureza, elaborando un panteísmo naturalista. Defendió la autoridad del pensamiento, inició los estudios de geog. comparada, descubrió la circulación de la sangre y la función de las válvulas del corazón, contribuyendo a desterrar la superstición. Condenado por Calvino y repudiado por casi todos los reformadores de la época, m. en la hoguera. Sus obras principales son *De los errores de la Trinidad y Restitución del Cristianismo* (1511-1553).

SERVIA. *Geog.* Región del E. de Europa, sit. en la zona de los Balcanes. Abarca la parte oriental de Yugoslavia, al S. del Danubio. Su suelo es montañoso y está regado por los ríos Danubio, Sava y Drina. Constituyó un reino que tenía, aproximadamente, 55.724 km² y 4.500.000 h. ‖ *Hist.* Entre los siglos VII y IX algunos pueblos eslavos se establecierón en la región de los Balcanes, donde se asimilaron al cristianismo. En el siglo XI constituyeron un reino, con el cual se logró la unidad de los pueblos de la región. En 1389 los turcos invadieron el suelo servio; entre 1804 y 1812, y entre 1815 y 1816, ambos se enfrentaron en cruentas guerras, pero la independencia de Servia fue reconocida mucho después por el tratado de Berlín de 1878. En 1912 sostuvieron una guerra con Turquía, a la que siguió, en 1913, otra con Bulgaria, por la cual obtuvieron la región de Macedonia. El 14 de junio de 1914, con el asesinato del archiduque de Austria, en Sarajevo, Austria le declaró la guerra a Servia, desencadenándose la primera Guerra Mundial. En 1918, Servia, junto con Montenegro, pasó a formar parte del nuevo reino de Yugoslavia.

SERVIBLE. adj. Que puede servir.

SERVICIADOR. m. El que cobraba el servicio y montazgo.

SERVICIAL. (De *servicio.*) adj. Que sirve con diligencia y obsequio. ‖ Pronto a complacer y servir a otros. ‖ m. Ayuda, lavativa (instrumento). ‖ ant. Criado, sirviente. Ú. en *Bol.* ‖ deriv.: **servicialmente.**

SERVICIAR. tr. Pagar, cobrar o percibir el servicio y montazgo.

SERVICIO. (Del lat. *servítium.*) m. Acción y efecto de servir. ‖ Estado de criado o sirviente. SERVICIO *doméstico.* ‖ Rendimiento y culto que se debe a Dios en el ejercicio de lo que pertenece a su gloria. *Lo hizo en* SERVICIO *de Dios.* ‖ Mérito que se hace sirviendo al Estado o a otra entidad o persona. *Tiene treinta años de* SERVICIOS. ‖ **Servicio militar.** *Está haciendo el* SERVICIO *en aviación.* Obsequio hecho en beneficio del igual o amigo. *Le he hecho muchos* SERVICIOS. ‖ Cantidad de dinero que por propia voluntad se ofrece al rey o a la república para las urgencias del Estado o bien público. ‖ Utilidad o provecho que obtiene uno de lo que otro hace en atención suya. ‖ Vaso que se usa para excrementos mayores. ‖ Lavativa, ayuda. ‖ Cubierto que se pone a cada comensal. ‖ Conjunto de vajilla y otras cosas, para servir la comida, el café, el té, etc. ‖ Dicho de beneficios o prebendas eclesiásticas, residencia y asistencia personal. ‖ Contribución que anualmente se pagaba por los ganados. ‖ Organización y personal que se encarga de cuidar intereses o satisfacer necesidades del público o de una entidad oficial o privada. SERVICIO *de gas, de alumbrado, de informaciones.* ‖ Función o prestación desempeñadas por estas organizaciones y su personal. ‖ pl. Retretes, cuartos de baño y de aseo. ‖ Es galicismo cuando se quiere designar la misa u otras oraciones públicas que se efectúan en la iglesia. ‖ – **activo.** El que corresponde a un empleo y que se cumple de hecho, actual y positivamente. ‖ – **de lanzas.** Lanzas o cierto servicio de dinero que pagaban al rey los grandes y títulos, en lugar de soldados. ‖ – **doméstico.** Sirviente o sirvientes de una casa y prestación que realizan. ‖ – **militar.** El que se presta siendo soldado. ‖ **Estar** una persona o cosa **al servicio de** uno. frs. de cortesía con que se le ofrece alguna cosa, o se pone a su disposición la misma persona que habla. ‖ **Hacer el servicio.** frs. Desempeñar en la milicia el empleo que cada uno tiene. ‖ **Hacer un flaco servicio a uno.** frs. Hacerle mala obra o causarle un perjuicio. ‖ **Prestar servicios.** frs. Hacerlos.

SERVIDERO, RA. adj. Apto o adecuado para servir o ser utilizado. ‖ Aplícase a lo que requiere asistencia personal para ejecutarse o cumplirse por sí o por otro. *Beneficio* SERVIDERO.

SERVIDOR, RA. al. **Diener.** fr. **Serviteur.** ingl. **Servant.** ital. **Servitore.** port. **Servidor.** (Del lat. *servitor.*) s. Persona que sirve como criado. sinón.: **sirviente.** ‖ Persona que se halla adscrita al manejo de un arma, de una maquinaria o de cualquier otro artefacto. *La bomba mató a los* SERVIDORES *de la pieza.* ‖ Nombre que por cortesía y obsequio se da a sí misma una persona respecto de otra. *Su seguro* SERVIDOR. ‖ m. El que corteja y festeja a una dama. ‖ Servicio, orinal.

SERVIDUMBRE. al. **Dienstbarkeit; Knechtschaft.** fr. **Servitude; domesticité.** ingl. **Servitude; staff of servants.** ital. **Servitù.** port. **Servidão.** (Del lat. *servitudo, -inis.*) f. Trabajo o ejercicio propio del siervo. ‖ Estado o condición de siervo. ‖ Conjunto de criados que sirven a un tiempo o en una misma casa. sinón.: **servicio.** ‖ Obligación inexcusable de hacer una cosa. ‖ fig. Sujeción originada por las pasiones o afectos que restringe la libertad. ‖ *For.* Derecho en predio ajeno que limita el dominio en éste. ‖ – **aparente.** *For.* La que muestra su existencia por un signo externo. ‖ – **de abrevadero.** La que grava un predio al que van los ganados de otro a beber. ‖ – **de acueducto.** La que grava un predio por el que pasa una conducción de aguas. ‖ – **de luces.** Aquella que limita la construcción o altura de un edificio para que pueda pasar la luz a otra finca inmediata, sin permitir la vista desde ésta. ‖ – **de paso.** *For.* La que da derecho a pasar por una finca no lindante con camino público. ‖ – **forzosa.** *For.* Aquella al otorgamiento de la cual se puede compeler legítimamente al dueño del predio sirviente. ‖ – **legal.** *For.* La que por ministerio de la ley grava los inmuebles, sin expreso otorgamiento de título para constituirla. ‖ – **pública.** *For.* La constituida para el uso general o de indeterminada colectividad de personas. ‖ IDEAS AFINES: *Esclavitud, sumisión, oligarquía, dominio, feudalismo, amo, doméstico, patrón, dependencia.*

SERVIL. (Del lat. *servilis.*) adj. Perteneciente a los siervos y criados. *Trabajo* SERVIL. ‖ Bajo, humilde y de poca estimación. ‖ Aplícase también a las cosas del ánimo. ‖ Rastrero, que obra con servilismo. sinón.: **adulador.** ‖ Apodo que los liberales españoles aplicaban en el primer tercio del siglo XIX, a los partidarios de la monarquía absoluta. Ú.m.c.s. sinón.: **servilón.**

SERVILISMO. (De *servil.*) m. Ciega y baja adhesión a la autoridad de alguien. *Sólo por* SERVILISMO *se hizo cómplice de su amo.* ‖ Orden de ideas de los denominados serviles.

SERVILMENTE. adv. m. A manera de siervo. ‖ Modo indecoroso o indecente, con bajeza o desdoro. ‖ A la letra, sin quitar ni poner nada.

SERVILÓN, NA. adj. aum. de **Servil.** ‖ m. Servil, apodo con que los liberales designaban a los monárquicos.

SERVILLA. (Del lat. *servilia calceamenta,* calzado de esclavas.) f. Zapatilla, calzado.

SERVILLETA. al. **Serviette.** fr. **Serviette.** ingl. **Table napkin.** ital. **Salvietta; tovagliolo.** port. **Guardanapo.** (De *servir.*) f. Paño de lienzo, algodón, etc., que se usa en la mesa para aseo y limpieza de cada persona. sinón.: **toalleta.** ‖ **Doblar la servilleta.** frs. fig. y fam. Morir. ‖ **Estar** uno **de servilleta en ojal,** o **prendida.** frs. fam. Comer convidado en casa ajena. ‖ IDEAS AFINES: *Mantelería, cubiertos, cristalería, vajilla, comer, mancharse, falda.*

SERVILLETERO. m. Aro en que se pone arrollada la servilleta.

SERVIO, VIA. adj. **Serbio, bia.**

SERVIO TULIO. *Biog.* Rey de Roma de 578 a 534 a. de C. Concertó la alianza de Roma con los latinos y promulgó una legislación democrática, que lleva su nombre.

SERVIOLA. (En port. *serviola.*) f. *Mar.* Pescante muy robusto instalado cerca de la amura y hacia la parte exterior del costado del navío. En su cabeza tiene un juego de varias roldanas por las que laborea el aparejo de gata. ‖ *Mar.* Vigía nocturno que se establece cerca de este pescante.

SERVIR. al. **Bedienen.** fr. **Servir.** ingl. **To serve; to wait on.** ital. **Servire.** port. **Servir.** (Del lat. *servire.*) intr. Estar uno al servicio de otro. Ú.t.c.tr. SIRVE *a un buen amo.* ‖ Estar empleado en la ejecución de algo por mandato de otro, aun cuando lo que realice sea pena o castigo. ‖ Estar una persona sujeta a otra por cualquier motivo aunque sea por voluntad propia, haciendo lo que él quiere o dispone. ‖ Ser un instrumento, máquina, etc., a propósito para determinado fin. *Para este tornillo no* SIRVE *este destornillador.* ‖ Ejercer un empleo o cargo propio o en lugar de otra persona. SIRVE *de auxiliar,* SIRVE *una ayudantía.* ‖ Hacer las veces de otro o substituirlo en un oficio u ocupación. *En casa,* SIRVO *de electricista.* ‖ Aprovechar, valer. *Tu consejo* SIRVIÓ *de mucho.* ‖ Ser soldado en activo. Ú.t.c.tr. SIRVE *a la patria.* ‖ Asistir con naipe de igual palo a quien jugó primero. ‖ Sacar o restar la pelota de manera que se pueda jugar con facilidad. ‖ Asistir a la mesa ministrando o trayendo la comida o las bebidas. ‖ Entre panaderos y alfareros, calentar el horno. ‖ tr. Dar culto o adoración a Dios o a los santos, o dedicarse a los ministerios de su gloria y veneración. *Dedicó la vida a* SERVIR *a Dios y a su Iglesia.* ‖ Obsequiar a alguien o hacer una cosa en su favor. *Le complace* SERVIR *a los amigos.* ‖ Cortejar o festejar a una dama. ‖ Ofrecer o dar dinero espontáneamente al gobierno para las urgencias del Estado. ‖ Hacer plato o llenar el vaso o la copa al que va a comer o beber. Ú.t.c.r. SE SIRVIÓ *doble ración.* ‖ r. Querer o tener a bien hacer alguna cosa. SE HA SERVIDO *ayudarme.* ‖ Valerse de una cosa para el uso propio de ella. SE SIRVIÓ *de la ganzúa para abrir la puerta.* ‖ **Ir uno servido.** frs. irón. con que se da a entender que alguien va desfavorecido o chasqueado. ‖ **No servir** uno **para descalzar a otro.** frs. fig. y fam. Ser muy inferior a él en alguna cualidad, mérito o circunstancia. ‖ **Para servirte, servir a usted,** etc., expr. de cortesía con que una persona se ofrece a la disposición u obsequio de otra.

SERVITA. (Del lat. *Servi.* B.M.V.) adj. y s. Aplícase al que profesa la orden tercera que fundó en Italia San Felipe Benicio en el siglo XIII.

SERVOMECANISMO. m. Sistema mecánico de comando y de regulación, sujeto a una indicación exterior y capaz de corregir por sí mismo a cada momento sus propios errores.

SERVOMOTOR. (De *servir* y *motor.*) m. *Mar.* Aparato mediante el cual se da movimiento al timón.

SEGADA. f. Fritada de sesos. ‖ Sesos de un animal.

SESÁMEO, A. (De *sésamo.*) adj. *Bot.* Dícese de hierbas dicotiledóneas con hojas opuestas o alternas, simples casi siempre; flores axilares, solitarias y frutos capsulares con semillas sin albumen; como la alegría. Ú.t.c.s. ‖ f. pl. *Bot.* Familia de estas plantas.

SÉSAMO. (Del lat. *sésamum,* y éste del gr. *sésamon.*) m. Alegría, ajonjolí.

SESAMOIDEO, A. adj. Semejante en la forma a la semilla del sésamo. Aplícase especialmente a unos huesecillos de mamíferos constitución fibrosa, incluidos en tendones y bandas de las articulaciones.

SESCUNCIA.(Del lat. *secuncia*; de *sesqui,* la mitad más, y *uncia,* onza.) f. Moneda de cobre de los antiguos romanos, que pesaba onza y media y que valía la octava parte del as.

SESEAR. intr.. Pronunciar la *z,* o la *c* ante *e, i* como *s,* ya sea con articulación predorsoalveolar o predorsodental, como en Andalucía, Canarias y América, ya con articulación apicoalveolar, como en la dicción popular de Cataluña y Valencia. ‖ IDEAS AFINES: *Fonética, foniatría, dicción, Andalucía, América.*

SESENTA. (Del lat. *sexaginta.*) adj. Seis veces diez. ‖ Sexagésimo. *Número* SESENTA; *año* SESENTA. ‖ m. Conjunto de signos con que se representa el número **sesenta.**

SESENTAVO, VA. (De *sesenta* y *avo.*) adj. Aplícase a cada una de las 60 partes iguales en que se divide un todo. Ú.t.c.s.

SESENTÓN, NA. (De *sesenta.*) adj. y s. fam. Sexagenario.

SESEO. m. Acción y efecto de sesear.

SESERA. f. Parte de la cabeza del animal, en que están los sesos. sinón.: **cráneo.** ‖ Seso, masa que contiene el cráneo. sinón.: **encéfalo.**

SESGA. (De *sesgar.*) f. Nesga.

SESGADAMENTE. (De *sesgado,* p. p. de *sesgar.*) adv. m. Al sesgo.

SESGADO, DA. adj. p. us. Sosegado.

SESGADURA. f. Acción y efecto de sesgar.

SESGAMENTE. adv. m. Sesgadamente.

SESGAR. tr. Cortar o partir en sesgo. *Esta sisa está mal* SESGADA. ‖ Torcer a un lado o atravesar una cosa hacia un lado. SESGÓ *a la derecha, aparentando no haber visto nada.*

SESGO, GA. (En port. *sesgo.*) adj. Torcido, cortado o situado oblicuamente. sinón.: **Oblicuo, soslayado.** ‖ fig. Grave o torcido en el semblante. ‖ m. Oblicuidad o torcimiento de una cosa hacia un lado. ‖ fig. Corte o medio término que se toma en los negocios dudosos. *Si no damos un* SESGO *al asunto, no tendrá fin.* ‖ Por ext., curso que toma un asunto o negocio. *El pleito tomó un mal* SESGO. ‖ **Al sesgo.** m. adv. Oblicuamente o al través.

SESGO, GA. adj. p. us. Sosegado

SESÍ. m. *Cuba* y *P. Rico.* Pez muy parecido al pargo, con aletas pectorales negras y la cola amarilla.

SESIA. (Del gr. *ses,* polilla.) f. *Zool.* Género de lepidópteros que presentan cierto semejanza con las avispas por su cuerpo alargado, con anillos amarillos, rojos y negros, y sus alas vítreas.

SESIA. *Geog.* Río del N. O. de Italia, en la región de Piamonte. que des. en el Po. 138 km.

SÉSIL. (Del lat. *séssilis.*) adj. *Bot.* Sentado.

SESIÓN. al. **Sitzung; Tagung.** fr. **Séance.** ingl. **Session; meeting.** ital. **Sessione.** port. **Sessão.** (Del lat. *sessio, -onis.*) f. p. us. Acción y efecto de sentarse. ‖ Cada una de las juntas de un concilio, congreso u otra corporación. ‖ fig. Conferencia o consulta entre varias personas para determinar una cosa. ‖ **Abrir la sesión.** frs. Comenzarla. ‖ **Levantar la sesión.** frs. Concluirla. ‖ IDEAS AFINES: *Reunión, junta, conciliábulo, cambio de opiniones, discusión, senado, acuerdo.*

SESIONAR. intr. *Amér.* Celebrar sesión un concilio, congreso u otra corporación.

SESMA. f. Sexma.

SESMERO. m. Sexmero.

SESMO. m. Sexmo.

SESO. al. **Gehirn.** fr. **Cerveau; cervelle.** ingl. **Brain.** ital. **Cervello; cervella.** port. **Cérebro.** (Del lat. *sensus,* sentido.) m. Cerebro. ‖ Masa nerviosa contenida en la cavidad del cráneo. Ú.m. en pl. sinón.: **encéfalo.** ‖ fig. Prudencia, madurez, *Persona de poco* SESO; sinón.: **sesudez.** ‖ fig. y fam. V. **Tapa de los sesos.** ‖ **Beberse el seso.** frs. fig. desus. Perder la cabeza por el estudio, los negocios, etc. ‖ **Calentarse** uno **los sesos.** frs. fig. y fam. **Devanarse** uno **los sesos.** ‖ **Devanarse** uno **los sesos.** frs. fig. Fatigarse meditando mucho en una cosa. ‖ **Ni tanto pelo ni tan calvo que se le vean los sesos.** ref. contra las exageraciones. ‖ **Perder** uno **el seso.** frs. fig. Perder el juicio, o privarse. ‖ **Tener sorbido el seso** a uno. frs. fig. y fam. Ejercer sobre él influjo incontrastable.

SESO. (Del lat. *sessus,* asentamiento.) m. Piedra o hierro con que se calza la olla.

SESORI. *Geog.* Población de El Salvador (San Miguel) en cuyas cercanías se libró la batalla entre las fuerzas del general Morazán y las de Honduras y Nicaragua el 6 de abril de 1839.

SESOSTRIS. *Biog.* Nombre dado por los hist. griegos al rey de Egipto Ramsés II.

SESQUI. Voz latina que sólo se emplea en composición, para indicar una unidad y media en peso o medida de las cosas; como SESQUI*digital,* de dedo y medio. Cuando se une a un ordinal denota la unidad más una fracción cuyo numerador es la misma unidad, y el denominador el número ordinal. Así, SESQUI*cuarto* equivale *a uno y un cuarto;* SESQUI*sexto, a uno y un sexto,* etc.

SESQUIÁLTERO, RA. (Del lat. *sesquiálter.*) adj. Dícese de las cosas que contienen la unidad y una mitad de ella, y también de las cantidades que están en razón de tres a dos.

SESQUIHORA. f. Hora y media.

SESQUIMODIO. (Del lat. *sesquimodius.*) m. Medida de modio y medio de capacidad.

SESQUIÓXIDO. (De *sesqui* y *óxido.*) m. *Quím.* Óxido que contiene tres equivalentes de oxígeno y dos de otro elemento, como Fe_2O_3. Es una denominación que tiende a caer en desuso. Así, el compuesto mencionado se llama frecuentemente óxido férrico, en lugar de sesquióxido de hierro.

SESQUIPEDAL. (Del lat. *sesquipedalis.*) adj. De pie y medio de largo.

SESQUIPLANO. m. Biplano con una de las alas mucho menor que la otra.

SESSÉ Y LACASTA, Martín de. *Biog.* Naturalista esp.; dirigió la expedición científica que exploró Amér. del N. de California a Costa Rica y cumplió amplia labor pedagógica en México (m. 1809).

SESTAO. *Geog.* Ciudad del N. de España, en la prov. de Vizcaya. 27.000 h. Es uno de los principales centros de explotación siderúrgica en España.

SESTEADERO. m. Lugar donde sestea el ganado. sinón.: **sestero, sestil.**

SESTEAR. intr. Pasar la siesta durmiendo o descansando. ‖ Recogerse el ganado durante el día en paraje sombrío.

SESTERCIO. (Del lat. *sestertius.*) m. Moneda de plata de los romanos, que tenía un valor de dos ases y medio.

SESTERO. m. Sesteadero.

SESTIL. m. Sesteadero.

SESTOS. *Geog. histór.* Antigua c. de Grecia, sit. en el Quersoneso de Tracia, sobre el Helesponto. Célebre por los amores legendarios de Hero y Leandro.

SESTO SAN GIOVANNI. *Geog.* Ciudad del N. O. de Italia (Milán). 45.000 h. Importante centro de industria mecánica.

SESUDEZ. f. Calidad de sesudo, sensatez.

SESUDO, DA. adj. Que tiene seso; juicioso, prudente. ‖ *Chile.* Testarudo. ‖ deriv.: **sesudamente.**

SET. *Hist. Sagr.* Tercer hijo de Adán y Eva.

SET. *Mit.* Nombre que daban los egipcios a Tifón, dios del mal entre los griegos.

SETA. (Del lat. *seta.*) f. Seda, cerda.

SETA. al. **Pilz.** fr. **Champignon.** ingl. **Mushroom.** ital. **Setola.** port. **Cogumelo.** (Como el port. *seta,* quizá del mismo origen que *seta,* 1er. art.: compárese el fr. *satin pale,* especie de *seta.*) f. Cualquiera especie de hongos de figura parecida a un casquete sostenido por un piececillo. Las hay comestibles muy apreciadas, y las hay venenosas. ‖ fig. Moco del pabilo.

SETABENSE. adj. Natural de la antigua Setabis, hoy Játiva, en la prov. española de Valencia. Ú.t.c.s. ‖ Jativés.

SETAL. m. Terreno donde abundan las setas.

SETE. m. desus. Oficina de las casas de moneda, donde estaba el cepo para acuñar a martillo.

SÈTE. *Geog.* Ciudad del S. de Francia (Hérault), sobre el Mediterráneo. Puerto muy importante, industria química, metalúrgica, destilerías. 35.000 h. Su antiguo nombre es **Cette.**

SETECIENTOS, TAS. (De *siete* y *ciento.*) adj. Siete veces ciento. ‖ Septingentésimo. *Número* SETECIENTOS: *año* SETECIENTOS. ‖ m. Conjunto de signos con que se representa el número **setecientos.**

SETENA. f. Septena. ‖ pl. Pena con que se obligaba a pagar el séptuplo de una cantidad determinada.

SETENAR. tr. Sacar por suerte uno de cada siete.

SETENARIO. m. Septenario.

SETENO, NA. adj. desus. Séptimo.

SETENTA. (del lat. *septuaginta.*) adj. Siete veces diez. ‖ Septuagésimo. *Número* SETENTA; *año* SETENTA. ‖ m. Conjunto de signos con que se representa el número **setenta.**

SETENTAVO, VA. (De *setenta* y *avo.*) adj. Septuagésima parte de un todo. Ú.t.c.s.m.

SETENTÓN, NA. (De *setenta.*) adj. fam. Septuagenario. Ú.m.c.s.

SETI. *Biog.* Nombre de dos reyes de Egipto.

SETICA. f. *Perú.* Cierto árbol de la familia de las artocarpáceas.

SETIEMBRE. m. Septiembre.

SETIF. *Geog.* Ciudad de Argelia. sit. al S. O. de Constantina. 90.000 h., con los suburbios. Importante centro agrícola.

SÉTIMO, MA. adj. y s. Séptimo.

SETO. al. **Hecke.** fr. **Haie.** ingl. **Fence.** ital. **Siepe.** port. **Sebe.** (Del lat. *saéptum.*) m. Cercado hecho de palos o varas entretejidas. sinón.: **sebe, varaseto.** ‖ **— vivo.** Cercado de matas o arbustos vivos.

SETTE, Mario. *Biog.* Escr. brasileño, notable costumbrista y autor de *El vigía de la casa grande; Brasil, tierra mía,* etc. (n. 1886).

SETTEMBRINI, Luis. *Biog.* Escr. y patriota ital., autor de la *Protesta del pueblo de las dos Sicilias* que dirigió en forma anónima a las naciones europeas para expresar su repudio a los Borbones; *Lecciones de literatura italiana; Recuerdos de mi vida,* etc. (1813-1876).

SETÚBAL. *Geog.* Ciudad del S.O. de Portugal (Alto Alemtejo). 53.000 h. Importante puerto sobre el Atlántico. Pesquerías, astilleros.

SETÚBAL. *Geog.* V. **Guadalupe, Laguna de.**

SETUNI. m. Aceituní.

SEUDO. (De *pseudo.*) adj. Supuesto, falso. Úsase sólo con este significado precediendo a substantivos masculinos o femeninos o como primer elemento de voces técnicas compuestas. SEUDO*doctor,* SEUDO*artritis,* SEUDO*bacilo.*

SEUDOMORFISMO. m. *Miner.* Estado del cuerpo mineral, que toma la forma de un animal o vegetal.

SEUDOMORFO, FA. adj. Que presenta seudomorfismo.

SEUDÓNIMO, MA. al. **Pseudonym.** fr. **Pseudonyme.** ingl. **Pseudonym.** ital. **Pseudonimo.** port. **Pseudonimo.** (Del gr. *pseudónymos*; de *pseudós,* falso, y *ónoma,* nombre.) adj. Aplícase al autor que oculta su verdadero nombre con otro falso. ‖ Dícese también de la obra de este autor. ‖ m. Nombre que emplea un autor en vez del suyo verdadero. *Fígaro es* SEUDÓNIMO *de Larra.* ‖ Por ext., nombre que emplea cualquier persona en lugar del suyo verdadero. ‖ IDEAS AFINES: *Apodo, sobrenombre, mote, alias, propiedad intelectual, substitución, irresponsabilidad, anónimo.*

SEUDÓPODO. (Del gr. *pseudós,* falso, y *pous, podós,* pie.) m. *Zool.* Prolongación de protoplasma transitoria de una célula móvil, amiba o leucocito que sirve para la locomoción.

SEÚL. *Geog.* Ciudad de la pen. coreana, capital de la Rep. de Corea del Sur. 6.889.470 h. Centro comercial y universitario. En japonés se llama **Keijo.**

SEURAT, Jorge. *Biog.* Pintor fr., jefe de la escuela neoimpresionista. Obras: *Puesta de Sol; Grandchamp; Banlieu; Barcos de pesca; Un domingo de verano en la isla de la Grande Jatte; Modelos; El circo; El alboroto,* etc. (1859-1891).

SEVERIDAD. al. **Strenge.** fr. **Sévérité.** ingl. **Severity.** ital. **Severitá.** port. **Severidade.** (Del lat. *sevéritias, -atis.*) f. Rigor y aspereza en el modo y trato, o en el castigo y reprensión. *Le amonestó con excesiva* SEVERIDAD. ‖ Exactitud en el cumplimiento de una ley, precepto o regla. *Esas monjas observan la regla con mucha* SEVERIDAD. ‖ Gravedad, seriedad, mesura. *Impone la* SEVERIDAD *de su semblante.*

SEVERINI, Gino. *Biog.* Pintor ital. que llegó al arte abstracto pasando por el cubismo y el futurismo. Sus cuadros *Lanceros al galope y Bailarina más mar igual a vaso de flores* evidencian la originalidad y el dinamismo de los trazos (1883-1966).

SEVERN. *Geog.* Río del S. O. de Gran Bretaña (Gales) que des. en el canal de Bristol después de recorrer 354 km.

SEVERO, RA. (Del lat. *severus.*) adj. Riguroso, áspero en el trato o castigo. *Un maestro muy* SEVERO. ‖ Puntual y rígido en la observancia de una ley, precepto o regla. *Juez* SEVERO. ‖ Grave, serio, mesurado. *Semblante* SEVERO. ‖ deriv.: **severamente.**

SEVERO I, Lucio Septimio. *Biog.* V. **Septimio Severo.** ‖ – **II, Flavio Valerio.** Emp. romano de 306 a 307. ‖ – **III, Livio.** Emp. romano de 461 a 465.

SEVERSKY, Alejandro de. *Biog.* Ing. aeronáutico nort. nacido en Rusia; proyectó la primera mira automática de bombardeo y diseñó diferentes tipos de aviones de guerra. Publicó *La victoria por el poder aéreo* (1894-1974).

SEVICIA. (Del lat. *saevitia.*) f. Crueldad excesiva. sinón.: **saña, ensañamiento.** ‖ Malos tratos.

SEVICHE. m. *Ec., Pan.* y *Perú* Cebiche.

SEVIGNÉ, María de Rabutin-Chantal, marquesa de. *Biog.* Escritora fr. cuyas *Cartas*, modelo de la literatura epistolar, son un precioso documento para el estudio de la sociedad elegante fr. del s. XVII (1626-1696).

SEVILLA. *Geog.* Isla de la costa occidental de la Rep. de Panamá, sobre el Pacífico. ‖ Provincia del S. de España, en Andalucía. 14.010 km². 1.332.000 h. Maíz, trigo, vid, olivos, frutas, citrus, ganado, vacuno, ovino, cabrío. Explotación minera; industria muy desarrollada. Cap. hom. situada sobre el río Guadalquivir 550.000 h. Manufactura de tabacos, lozas, industria textil, papel, jabón, vinos, maquinarias. Importante centro cultural; famosa catedral.

SEVILLA. n. p. **Quien fue a Sevilla perdió su silla.** ref. con que se advierte que la ausencia suele ocasionar la pérdida de empleos, u otros cambios perjudiciales, o bien que uno perdió el derecho a recuperar aquello que dejó por voluntad propia.

SEVILLANAS. (De *sevillano.*) f. pl. Aire musical propio de Sevilla y tierras comarcanas, que se baila tocando las castañuelas, y con el cual se cantan seguidillas. ‖ Danza que se baila con esta música. ‖ IDEAS AFINES: *Andalucía, gitanos, zambra, soledad, pandereta, feria, romería.*

SEVILLANO, NA. adj. Natural de Sevilla. Ú.t.c.s. sinón.: **hispalense.** ‖ Perteneciente a esta ciudad o a su provincia.

SÉVIRO. (Del lat. *sévir, -iri.*) m. Jefe de cada una de las seis decurias de los caballeros romanos. ‖ Cada uno de los seis individuos que en la época romana constituían ciertos cuerpos colegiados.

SÈVRES. *Geog.* Ciudad de Francia, al O. de París. 18.000 h. Fabricación de porcelanas.

SÈVRES, Deux. *Geog.* V. **Deux-Sèvres.**

SEWELL, Ana. *Biog.* Escritora inglesa (1830-1878). Su única obra *Azabache* (*Black Beauty*) es una original y emotiva historia de un caballo.

SEWELL. *Geog.* Pobl. de Chile (O'Higgins.) 12.500 h. Gran centro minero cuprífero.

SEXAGENARIO, RIA. (De lat. *sexagenarius.*) adj. Aplíc se a la persona que ha cumplido sesenta años de edad y no llega a setenta; o aunque pase de los setenta se usa también a los efectos legales de excepción, excusa o beneficio. Ú.t.c.s. sinón.: **sesentón.**

SEXAGÉSIMA. (Del lat. *sexagésima díes*, día sexagésimo antes del domingo de Pascua). f. Dominica segunda de las tres que se cuentan antes de la primera de cuaresma.

SEXAGESIMAL. (De *sexagésimo.*) adj. Dícese del sistema de contar o subdividir de 60 en 60. ‖ *Geom.* Sistema de medida de ángulos, cuya unidad es el grado sexagesimal, equivalente a 1/90 de ángulo recto, subdividido a su vez en 60 minutos, y cada uno de éstos en 60 segundos.

SEXAGÉSIMO, MA. (Del lat. *sexagésimus.*) adj. Que sigue inmediatamente en orden al o a lo quincuagésimo nono. sinón.: **sesentavo.** ‖ Aplícase a cualquiera de las sesenta partes iguales en que se divide un todo. Ú.t.c.s. sinón.: **sesenta.**

SEXAGONAL. adj. Hexagonal.

SEXÁNGULO, LA. (Del lat. *sexángulus.*) adj. *Geom.* Hexágono. Ú.t.c.s.m.

SEXCENTÉSIMO, MA. (Del lat. *sexcentésimus.*) adj.Que sigue inmediatamenteen orden al o a lo quingentésimo nonagésimo nono. ‖ Aplícase a cualquiera de las seiscientas partes iguales en que se divide un todo. Ú.t.c.s.

SEXENIO. (Del lat. *sexénium.*) m. Tiempo de seis años.

SEXMA. (De *sexmo.*) f. Sexta parte de cualquier cosa. Tómase regularmente por la de la vara. ‖ Sexmo. ‖ Madero que mide dos dedos de ancho y ocho de grueso, sin largo determinado.

SEXMERO. m. Encargado de los negocios y derechos de un sexmo.

SEXMO. (Del lat. *sex.*) m. División territorial constituida por cierto número de pueblos asociados para la administración de bienes comunes.

SEXO. al. **Geschiecht; Sexus.** fr. **Sexe.** ingl. **Sex.** ital. **Sesso.** port. **Sexo.** (Del lat. *sexus.*) m. Condición orgánica que distingue al macho de la hembra. ‖ – **débil.** Las mujeres. ‖ – **feo o fuerte.** Los hombres. ‖ **Bello sexo. Sexo débil.** ‖ IDEAS AFINES: *Reproducción, óvulo, semen, ginecología, hermafroditismo, hibridismo, atracción, unión.*

SEXTA. (Del lat. *sexta.*) f. Tercera de las cuatro partes iguales en que dividían los romanos el día artificial y comprendía desde mediodía hasta media tarde. ‖ En el rezo eclesiástico, una de las horas menores, que se dice después de la tercia. ‖ En el juego de los cientos, reunión de seis cartas de valor correlativo. ‖ V. **Sexta rima.** ‖ *Mús.* Intervalo de una nota a la sexta ascendente o descendente en la escala. ‖ – **aumentada.** *Mús.* Intervalo compuesto de cuatro tonos y dos semitonos. ‖ – **diminuta.** *Mús.* Intervalo que se compone de dos tonos y tres semitonos. ‖ – **mayor.** En el juego de los cientos, la que empieza por el as. ‖ *Mús.* Hexacordo mayor. ‖ – **menor.** En el juego de los cientos, la que empieza por el rey. ‖ *Mús.* Hexacordo menor.

SEXTANTARIO, RIA. (Del lat. *sextantarius.*) adj. Que tiene el peso de un sextante, moneda de los antiguos romanos.

SEXTANTE. (Del lat. *sextans, -antis.*) m. Moneda de cobre de la Roma antigua, cuyo peso era de dos onzas y su valor la sexta parte del as. ‖ Instrumento parecido al quintante y cuyo sector es de 60 grados. Permite medir el ángulo de las visuales dirigidas a dos objetos, y se lo emplea para determinar la latitud, especialmente en el mar, por mediciones de altura del Sol u otros astros. ‖ *Astron.* Constelación situada entre la Hidra y el León.

SEXTARIO. (Del lat. *sextarius.*) m. Medida antigua de capacidad para líquidos y para áridos, que equivale a la sexta parte del congio y decimosexta del modio.

SEXTAVADO, DA. adj. Aplícase a la figura hexagonal.

SEXTAVAR. tr. Dar a una cosa figura sextavada. sinón.: **seisavar.**

SEXTETO. (Del lat. *séxtum*, sexto.) m. *Mús.* Composición para seis instrumentos o seis voces. ‖ *Mús.* Conjunto de éstos seis instrumentos o voces.

SEXTILLA. (dim. de sexta.) f. Combinación métrica de seis versos de arte menor.

SEXTILLO. (dim. de sexto.) m. *Mús.* Seisillo.

SEXTINA. (dim. de sexta.) f. Composición poética desusada que consta de seis estrofas formadas con seis endecasílabos cada una y de otra que sólo se compone de tres. Las palabras con que terminan los versos de la primera estrofa se repiten en las cinco siguientes, cuidando de que sea una misma la correspondiente al último verso de cada estrofa y al primero de la que la sigue. Las seis palabras dichas se recogen en la semiestrofa final dos en cada verso. ‖ Cada una de las estrofas de a seis versos endecasílabos que forman esta composición. ‖ Estrofa de seis versos de arte mayor, generalmente endecasílabos, libremente aconsonantados. En la forma clásica consta de un serventesio y un pareado.

SEXTINA. (Quizá de alguno de los papas de nombre Sixto.) f. Especie de carta de excomunión que se fulminaba para descubrir delincuentes.

SEXTO, TA. (Del lat. *sextus.*) adj. Que sigue inmediatamente en orden al o a lo quinto. ‖ Aplícase a cualquiera de las seis partes iguales en que se divide un todo. Ú.t.c.s. sinón.: **seisavo, seiseno.** ‖ m. Libro en que se reúnen algunas constituciones y decretos canónicos. ‖ fam. Sexto mandamiento de la ley de Dios.

SEXTO EMPÍRICO. *Biog.* Fil. y médico gr. de la escuela escéptica. Sostuvo la imposibilidad de todo conocimiento y practicó una medicina empírica (150-230).

SÉXTULA. (Del lat. *séxtula.*) f. Moneda de cobre de los antiguos romanos, cuyo peso equivalía a la sexta parte de una onza.

SEXTUPLICACIÓN. f. Acción y efecto de sextuplicar o sextuplicarse.

SEXTUPLICAR. (Del lat. *sextus*, sexto, y *plicare*, doblar.) tr. y r. Hacer séxtupla una cosa; multiplicar por seis una cantidad.

SÉXTUPLO, PLA. (Del lat. *séxtuplus.*) adj. y s. Que incluye en sí seis veces una cantidad.

SEXUAL. (Del lat. *sexualis.*) adj. Perteneciente o relativo al sexo.

SEXUALIDAD. al. **Geschlechtlichkeit; Sexualität.** fr. **Sexualité.** ingl. **Sexuality.** ital. **Sessualità.** port. **Sexualidade.** f. Conjunto de condiciones anatómicas y fisiológicas propias de cada sexo. ‖ *Biol.* Cualidad característica de los elementos reproductores masculinos o femeninos.

SEYCHELLES. *Geog.* Archipiélago del océano Índico. Est. independiente desde 1976, miembro del Commonwealth, situado al N.E. de Madagascar. Está formado por 92 islas que tienen 280 km². y 60.000 h. Copra, vainilla. Cap. VICTORIA.

SEYMOUR, Juana. *Biog.* Reina de Inglaterra, tercera esposa de Enrique VIII y madre de Eduardo VI (1509-1538).

SFAX. *Geog.* Ciudad y puerto de Túnez sobre el golfo de Gabes. 64.000 h. Cereales, dátiles, aceite de oliva, cueros.

SFORZA, Carlos. *Biog.* Pol. italiano, líder de la resistencia libertadora de su país y continuador de la tradición de Mazzini (1872-1952). ‖ – **Francisco A.** Condotiero ital. que en 1450 se proclamó duque de Milán (1401-1466). ‖ – **Ludovico.** Duque de Milán llamado el Moro, protector de las artes y las letras. Fue despojado de sus estados por Luis XII, rey de Francia (1451-1508).

SHACKLETON, Ernesto. *Biog.* Marino y explorador antártico ingl. (1874-1922).

SHAFTESBURY, Antonio A. Cooper, conde de. *Biog.* Estadista ingl. consejero de Cromwell; hizo aprobar el bill del Hábeas Corpus (1621-1683).

SHAHJARANPUR. *Geog.* Ciudad del N. de la India, en el Est. de Uttar Pradesh. 230.000 h. Industria azucarera.

SHAKESPEARE, Guillermo. *Biog.* Genial poeta dramático ingl., la primera figura dentro de la literatura de su patria y una de las más grandes de todos los tiempos. Refleja toda la vitalidad de la gloriosa época isabelina: el orgullo nacional con su aristocratismo impregnado de savia popular; el incoercible afán de poder, conquista y dominio; del movimiento de la ciudad, del castillo, del campo, de la casa y de la choza; la crueldad de venganzas feroces y la infinita ternura de sublimes sacrificios; en suma, todos los sentimientos que agitan el corazón humano palpitan en sus dramas, cuya grandeza estremece las fibras más íntimas del lector o espectador. Fue, también, notable autor de sonetos. Para muchas de sus tragedias y sus comedias buscó inspiración en la historia de la antigüedad y en obras clásicas tuvo en cuenta, por otra parte, varias fuentes literarias de España e Italia. Obras: *Hamlet; Otelo; Romeo y Julieta; El mercader de Venecia; Macbeth; El rey Lear; La tempestad; Sueño de una noche de verano; Ricardo III; Julio César*, etc. y sus célebres *Sonetos* (1564-1616).

SHANGAI. *Geog.* Ciudad y puerto del E. de la China, en la desembocadura del Yang-tse. 12.000.000 de h., con los suburbios. Exportación de sedas y té. Manufactura de tabacos, astilleros. Importante centro cultural.

SHANNON. *Geog.* Río de Irlanda, el principal de la isla, que des. en el Atlántico después de recorrer 386 km., en su mayor parte navegables.

SHASTA. *Geog.* Volcán apagado del oeste de los EE.UU. (California) que alcanza los 4.374 m. Importante nudo orográfico donde finaliza la sierra de las Cascadas y comienza la sierra Nevada.

SHAW, Alejandro E. *Biog.* Jurisconsulto arg. que escribió varias obras, sobre problemas económicos (1893-1970). ‖ – **George Bernard.** Genial escritor irlandés, una de las primeras figuras literarias del siglo y premio Nobel de Literatura en 1925. Nada escapó a la mordacidad de su pluma: su ingeniosa provocación al público, sus desconcertantes y paradójicas ocurrencias y sus sátiras virulentas, impregnadas de excitante buen humor, lo convirtieron en el más agudo y sutil crítico de su época. Hasta los últimos días de su larga y fecunda vida, concitaba la atención universal con sus salidas agudas y su ironía sarcástica, a la que no escapaba ninguna institución. Obras: *Androcles y el león; Santa Juana; Pigmalión; La comandante Bárbara; El dilema del doctor; La profesión de la señora Warren; Cándida* y muchas otras (1856-1950).

SHCHERBAKOV. *Geog.* V. **Rybinsk.**

SHEFFIELD. *Geog.* Ciudad de Gran Bretaña (Inglaterra), situada al S.E. de Manchester. 524.000 h. Famoso centro de industria siderúrgica; universidad.

SHEHUEN. *Geog.* Río del S. de la Rep. Argentina, en la prov. de Santa Cruz, que nace en los Andes y des. en el río Chico después de recorrer 225 km. Se le conoce, también, con el nombre de **Chalía.**

SHELLEY, Percy Bysshe. *Biog.* Poeta lírico ingl. de la escuela romántica. Adherido a las doctrinas liberales de su tiempo, las cantó con sin igual emoción, lo mismo que a la naturaleza y a su fe en el destino humano en *Epipsychidion; La Reina Mab; Alastor o el espíritu de la soledad*, etc. (1792-1822).

SHENANDOAH. *Geog.* Río del Este de los EE.UU., en el Est. de Virginia, que des. en el Potomac.

SHENYANG. *Geog.* Nombre chino de Mukden.

SHERATON, Tomás. *Biog.* Diseñador de muebles ingl., autor de *Manual del mueblero y tapicero* (1751-1806).

SHERBROOKE. *Geog.* Ciudad del E. de Canadá, en la prov. de Quebec. 82.000 h. Maquinarias, industria textil, alfombras.

SHERIDAN, Felipe E. *Biog.* Militar nort. de destacaba actuación en el ejército federal durante la guerra de Secesión (1831-1888). ‖ – **Ricardo.** Autor teatral irlandés, entre cuyas obras figuran *La escuela del escándalo* y *Los rivales* (1751-1816).

SHERMAN, Guillermo Tecumseh. *Biog.* Militar nort., uno de los principales jefes del ejército federal en la guerra civil, nombrado en 1866 generalísimo de todas las fuerzas militares de la Unión (1820-1891).

SHERRINGTON, Carlos Scott. *Biog.* Méd. inglés, que se especializó en la fisiología del sistema nervioso. En 1932 se le otorgó, junto con Edgardo Adrian, el premio Nobel de Medicina por sus estudios sobre la función de las neuronas (1858-1952).

SHERWOOD, Roberto. *Biog.* Dram. norteamericano, autor de *El bosque petrificado; Abe Lincoln en Illinois; Feria de vanidades* y otras obras de honda investigación del alma humana (1896-1955).

SHETLAND. *Geog.* Archipiélago británico sit. en el mar del Norte, al N.E. de las islas Órcadas. Constituye el condado de igual nombre (Escocia). 1.426 km². 20.000 h. Pesca, agricultura, industria textil. Cap. LERWICK, sit. en la isla Mainland, la principal del grupo. ‖ – **del Sur.** Archipiélago del Atlántico Sur, próximo a las tierras antárticas.

SHIGA, Kiyoshi. *Biog.* Patólogo y bacteriólogo japonés, descubridor en 1898 del bacilo de la disentería que lleva su nombre (n. 1870).

SHIKOKU. *Geog.* Isla del Japón, sit. al sur de la de Hondo. Es la menor de las cuatro principales del archipiélago. 18.772 km². 3.950.000 h. Su principal c. es Kochi.

SHILKA. *Geog.* Río de la Unión Soviética, situado en la región S.E. de Siberia. Es afl. del Amur y tiene 1.220 km.

SHILLONG. *Geog.* Ciudad de la India, cap. del Est. de Meghalaya. 88.000 h. Centro comercial.

SHIMONOSEKI. *Geog.* Ciudad y puerto del Japón, en el extremo S.O. de la isla de Hondo. 262.000 h. Arroz, pesca.

SHIRAZ. *Geog.* Ciudad del S. de Irán. 340.000 h. Industria textil, tapices, centro comercial.

SHIZUOKA. *Geog.* Ciudad del Japón, al E. de la isla de Hondo. 420.000 h. Té, frutas, industria textil.

SHKODRA. *Geog.* Ciudad de Albania. 35.000 h. Tabaco, pesca.

SHOCK. m. *Med.* Anglicismo por **choque**, conmoción psíquica.

SHOCKLEY, Guillermo. *Biog.* Científico estadounidense que en 1956 compartió el premio Nobel de Física con Walter H. Brattain y Juan Bardeen, por sus investigaciones sobre los semiconductores y los transistores de germanio, de gran aplicación en la electrónica (n. en 1910).

SHOLAPUR. *Geog.* Ciudad de la India, al S.E. de Bombay. 400.000 h. Industria textil.

SHOLES, Cristóbal. *Biog.* Mecánico nort. inventor de la máquina de escribir (1819-1890).

SHOLOJOV, Mijail. *Biog.* Novelista soviético, autor de *Cuentos del Don; Tierras roturadas; El apacible Don*, etc. Tema preferente de muchas de sus obras fue la vida de los cosacos del Don, antes y después de la revolución. En 1965 le fue otorgado el premio Nobel de Literatura (n. en 1905).

SHOSTAKOVICH, Demetrio. *Biog.* Compos. ruso, una de las figuras más representativas de la música cont. de su país, como expresión de la consigna soviética; arte por y para el pueblo. La severidad con que la crítica trató *La nariz* y *Una Lady Macbeth de Mzensk* lo hizo convertirse casi exclusivamente en cantor del proletariado, por medio de sinfonías: la Quinta, Sexta y Séptima, compuesta esta última durante el sitio de Stalingrado (1906-1975).

SHRAPNEL, Enrique. *Biog.* Mil. inglés, inventor de las granadas que llevan su nombre (1761-1842).

SHREVEPORT. *Geog.* Ciudad del sur de los EE.UU. (Luisiana), sit., sobre el río Red. 127.206 h. Importante centro algodonero, petróleo.

SHREWSBURY. *Geog.* Ciudad del O. de Gran Bretaña (Inglaterra), sit. sobre el río Severn. Cap. del condado de Shrop. 48.000 h. Importante centro industrial y ferroviario.

SHROP. *Geog.* Condado del O. de Gran Bretaña (Inglaterra). 3.487 km². 350.000 h. Producción agricolaganadera. Cap. SHREWSBURY. Se denomina también **Salop.**

SHUFU. *Geog.* V. **Kashgar.**

SHVERNIK, Nicolás. *Biog.* Pol. ruso, de 1946 a 1953 presid. de la Unión Soviética (1898-1970).

SI. (Formado con las dos letras iniciales del cuarto verso de la estrofa con que empieza el himno de San Juan Bautista: *Sancte Ioannes.*) m. *Mús.* Séptima voz de la escala musical.

SÍ. (Del lat. *sibi*, dat. de *sui.*) Forma reflexiva del pronombre personal de tercera persona. Se usa en los casos oblicuos de la declinación en ambos géneros y números, y lleva siempre preposición. Cuando ésta es *con*, se dice **consigo.** ‖ V. **Señor de sí.** ‖ **De por sí.** m. adv. Separadamente cada cosa; sola o aparte de las demás. ‖ **De sí.** m. adv. De suyo. ‖ **Para sí.** m. adv. Mentalmente o sin dirigir a otro la palabra. También se aplica este modismo a los pronombres *mí* y *ti*. *Dije* PARA MÍ; *tú dirías* PARA TI; *dijo* PARA SÍ. ‖ **Por sí y ante sí.** m. adv. Por propia deliberación y sin consultar a nadie ni contar con nadie. ‖ **Sobre sí.** m. adv. Con atención, cautela o cuidado. ‖ Con entereza y altivez.

SÍ. al. **Ja.** fr. **Oui.** ingl. **Yes.** ital. **Si.** port. **Sim.** (Del lat. *sic.*) adv. afirm. que se usa frecuentemente respondiendo a preguntas. *¿Tienes el libro?* – SÍ. ‖ Ú. para denotar especial aseveración en lo que se dice o se cree. o para ponderar una especie. *Eso* SÍ *que tendría éxito; ése* SÍ *que es buen orador.* ‖ Se emplea enfáticamente para avivar la afirmación que expresa el verbo con que se une. *Pagaré.* SÍ, *aunque me prive de lo necesario.* ‖ Ú. como substantivo por consentimiento o permiso. *Ya tiene el* SÍ *del ministro.* ‖ **Dar uno el sí.** frs. Conceder una cosa, convenir en ella. Ú.m. refiriéndose al matrimonio. ‖ **Por sí o por no.** loc. adv. Por si sucede o no, o por si puede o no lograrse, una cosa contingente. Dícese como causa o motivo de la resolución que se piensa tomar. *No llegará hoy el avión, pero,* POR SÍ O POR NO *iremos al aeropuerto; No conseguirás ese ascenso, pero* POR SÍ O POR NO, *bueno será hablarle al director.* ‖ **Pues sí.** expr. irón. que se emplea para reconvenir o redargüir a alguien como asintiendo a lo que propone, pero haciéndole ver lo contrario. *Esa mujer no te gusta* – PUES SÍ, *¡que no la sigues a todas partes!* ‖ **Sin faltar un sí ni un no.** frs. fig. que se emplea para explicar que se hizo puntual y completa relación de una cosa. ‖ **Sí tal.** expr. que se usa para reforzar la afirmación.

SI. (Del lat. *si.*) conj. con que se denota condición o suposición en virtud de la cual un concepto depende de otro u otros. SI *compras esas tierras, pronto te harás rico; sé educado, si quieres que te respeten.* ‖ A veces indica aseveración terminante. SI *ayer dijiste que fue él quien te robó, ¿cómo acusas hoy a otro?* ‖ Otras veces expresa circunstancia dudosa o no definida o averiguada. *No sé* SI *es rentista o jubilado; hay que ver* SI *podemos ayudarle.* ‖ En algunas expresiones denota ponderación o encarecimiento. *Es coqueta,* SI *las hay.* ‖ Se emplea a veces a principio de cláusula para dar énfasis o energía a las expresiones de duda, deseo o aseveración. SI *ella supiera mi dolor!; ¡*SI *te advertí que no lo hicieras!* ‖ Úsase frecuentemente con elipsis de verbo anteriormente expresado. SI *tiene conciencia,* SI *reflexión,* SI *cordura, no hará eso contigo.* ‖ Después del adverbio *como* o de la conjunción *que*, se usa en conceptos comparativos. *Caminaba* COMO SI *fuera autómata; nada más que* SI *fuera un pez.* ‖ Úsase también como conjunción adversativa, significando *aunque.* SI *me dieras esa cantidad tampoco te lo vendería; no, no te lo venderé,* SI *te disgustes.* ‖ Empléase como conjunción distributiva cuando se repita para contraponer una cláusula a otra. *Malo,* SI *le aviso;* SI *no le aviso, peor.* ‖ Se usa antes del adverbio de negación en frases como ésta: SI *no me paga, lo demandaré.* ‖ También con este mismo adverbio forma a veces expresiones elípticas equivalente a *de otra suerte* o *en caso contrario. Hay que apuntalar este muro;* SI NO, *se caerá* ‖ **Si que también.** Barbarismo; dígase *pero*, o *sino* también.

Si. En química, símbolo del silicio.

SIALAGOGO, GA. adj. *Ter.* Que provoca la secreción salival. ‖ m. Agente o medicamento que tiene esta propiedad; como el jaborandi, mercurio, yoduro de potasio, etc.

SIALISMO. m. *Med.* Salivación.

SIALKOT. *Geog.* Ciudad del N. de Pakistán cerca del río Chenab. 216.000 h. Manufacturas de algodón y papel.

SIAM. *Geog.* V. **Thailandia.** ‖ **Golfo de –.** Profunda escotadura que hace el mar de la China, entre la pen. de Malaca y Camboya.

SIAMÉS, SA. adj. Natural u oriundo de Siam. Ú.t.c.s. ‖ Perteneciente a esta nación de Asia. ‖ m. Idioma siamés. ‖ V. **Hermanos siameses.**

SIAN. *Geog.* Nombre antiguo de Siking.

SÍBARIS. *Geog. histór.* Ciudad de Italia antigua.

SIBARITA. (Del lat. *sybarita*, y éste del gr. *sybarites*, de *Sýbaris*, ciudad célebre por la riqueza y el lujo de sus habitantes.) adj. Natural de Síbaris. Ú.t.c.s. ‖ fig. Aplícase a la persona muy aficionada a regalos y placeres. Ú.t.c.s. *Fue un* SIBARITA, *hoy es un enfermo.*

SIBARÍTICO, CA. (Del lat. *sybariticus.*) adj. Perteneciente o relativo a la ciudad de Síbaris. ‖ fig. Sensual.

SIBARITISMO. m. Género de vida regalada y sensual, como la de los antiguos sibaritas. antón.: **morigeración.**

SIBELINO, Antonio. *Biog.* Escultor arg. que ha ejecutado vigorosas obras: *Cabeza de hombre; Gestación*, etc. (1891-1960).

SIBELIUS, Juan. *Biog.* Compos. finlandés cuya obra está impregnada de la melancolía nórdica, de su tristeza misteriosa y trágica, consubstancial con la inspiración melódica. Amor por la naturaleza, hondo patriotismo y ternura libre de ostentación en sus siete sinfonías; en sus poemas sinfónicos *El cisne de Tuonela; Finlandia; Kullervo; Tapiola*, etc.; en la suite orquestal *Karelia* y en otras obras (1865-1957).

SIBERIA. *Geog.* Extensa región de Asia que pertenece a la Unión Soviética (R.S.F.S.R.). Está limitada al N. por el Océano Glacial Ártico, al O. por los montes Urales, al S. por el Turkestán, Mogolia y Manchuria (China) y al E. por los mares de Japón, Okhotsk y Bering. 12.661.200 km². 25.000.000 de h. Es una inmensa llanura, interrumpida por colinas y surcada por importantes ríos (Obi, Yenisei, Lena, Amur, etc.), que constituyen una extensa red de comunicaciones y ofrecen riqueza ictícola durante los meses estivales. Su clima es extremado. Siberia representa para la U.R.S.S. una colosal reserva de materias primas: carbón, hidrocarburos, oro, grafito, cobre y níquel. En la región oriental se cultivan cereales y legumbres. Explotación forestal, ganado, pesca abundante en verano. Industria química y metalúrgica. Se comunica con la parte europea por medio de extensas redes ferroviarias; la más importante es la que une Cheliabinsk con Vladivostok.

SIBERIANO, NA. adj. Natural de la Siberia. Ú.t.c.s. ‖ Perteneciente a esta región de Asia.

SIBIL. m. Pequeña despensa en la cuevas, donde se ponen las carnes y demás provisiones para conservarlas frescas. ‖ Concavidad subterránea.

SIBILA. al. **Sibylle.** fr. **Sibylle.** ingl. **Sibyl.** ital. **Sibilia.** port. **Sibila.** (Del lat. *sibylla*, y éste del gr. *síbylla.*) f. Mujer sabia a quien antiguamente le atribuían espíritu profético. ‖ IDEAS AFINES: *Mitología, Cumas, Delfos, Apolo, paganismo, oráculo, pitonisa, hierofante.*

SIBILANTE. (Del lat. *sibilans, -antis.* p.a. de *sibilare*, silbar.) adj. Que silba o suena a modo de silbo. sinón.: **silbante.** ‖ Dícese del sonido o consonante que se pronuncia produciendo una especie de silbido, y de las letras que los representan; como la *s* castellana. Ú.t.c.s.f.

SIBILINO, NA. (Del lat. *sibyllinus.*) adj. Perteneciente o relativo a la sibila. ‖ fig. Misterioso, obscuro con apariencia de importante. *Para encubrir sus vaciedades, usa un estilo* SIBILINO.

SIBILÍTICO, CA. adj. Sibilino.

SIBIU. *Geog.* Ciudad de Rumania, al N.O. de Bucarest. 130.000 h. Producción agricola-ganadera.

SIBONEY. adj. *Cuba.* Entre los aborígenes de la época precolombina, natural de esta isla. Usáb. t.c.s.

SIBUCAO. m. Arbolito de Filipinas, de la familia de las leguminosas, cuya madera, tan dura que sirve para hacer clavos, es medicinal y muy apreciada como tintórea, por el hermoso color encarnado que produce. ‖ Esta misma madera.

SIC. (liter. *así, de esta manera.*) adj. lat. que se emplea en impresos y manuscritos españoles, por lo común entre paréntesis, para significar que una palabra o frase empleada en ellos, y que pudiera parecer inexacta, es textual. *Cervantes nació en el siglo XV* (SIC).

SICA. (Del lat. *sica*, puñal.) f. Espada corta, parecida a un puñal, que se usó antiguamente.

SICALIPSIS. f. Pornografía.

SICALÍPTICO, CA. adj. Lascivo, pornográfico.

SICAMBRO, BRA. (Del lat. *sicambri, -orum.*) adj. Aplícase al individuo de un pueblo antiguo que vivió en la Germania septentrional, cerca del Rin, y después pasó a la Galia Bélgica, donde se unió con los francos. Ú.t.c.s. ‖ Perteneciente a este pueblo.

SICAMOR. m. Ciclamor.

SICANIA. *Geog. histór.* Antiguo nombre de Sicilia.

SICANO, NA. (Del lat. *sicanus.*) adj. Aplícase al individuo de un pueblo que se dice haber pasado en tiempos heroicos de España a Italia, y se estableció en el país que entonces se denominó Sicania. ‖ Natural de Sicania, hoy Sicilia. Ú.t.c.s. ‖ Perteneciente a esta isla de la Italia antigua.

SICARIO. (Del lat. *sicarius.*) m. Asesino asalariado.

SICASTENIA. f. Psicastenia.

SICCA VENERA. *Geog. histór.* Población de África del norte que perteneció a la antigua región de Numidia. Es célebre por la victoria de Mario sobre Yugurta, en 109 a. de C.

SICIGIA. (Del gr. *syzygía*, unión.) f. *Astron.* Conjunción y oposición de la Luna con el Sol.

SICILIA. *Geog.* Isla italiana del Mediterráneo sit. en el extremo S.O. de la península. Forma una región constituida por las prov. de Agrigento, Caltanissetta, Catania, Enna, Mesina, Palermo, Ragusa, Siracusa y Trapani. 25.707 km². 4.624.000 h. Maíz, frutas, oliva, pesca. Sedas, explotación minera.

SICILIANO, NA. adj. Natural de Sicilia. Ú.t.c.s. sinón.: **sículo.** ‖ Perteneciente a esta isla de Italia.

SICILIAS, Reino de las Dos. *Hist.* Estado de Italia meridional formado por Nápoles y Sicilia en 1130 e incorporado a Italia en 1861.

SICIÓN. *Geog. histór.* Antigua c. griega situada en la zona N. del Peloponeso. Es célebre por haber constituido un importante centro artístico. Quedó destruida por un temblor de tierra en el año 23.

SICLO. (Del lat. *siclus*, y éste del hebr. *séquel.*) m. Unidad de peso usada entre babilonios, fenicios y judíos. ‖ Moneda de plata usada en Israel.

SICO. V. **Psico.**

SICO. *Geog.* Río del H. de Honduras (Olandro), que des. en el Atlántico.

SICOANÁLISIS. m. *Med.* y *Psicol.* Psicoanálisis.

SICOANALISTA. adj. y com. Psicoanalista.

SICOANALÍTICO, CA. adj. Psicoanalítico, ca.

SICODINÁMICA. f. Psicodinámica.

SICOESTÁTICA. f. Psicoestática.

SICOFANTA. (Del lat *sycophanta*, y éste del gr. *sycophantes*; de *sykon*, higo y *phaino*, descubrir; delator del que exporta higos de contrabando.) m. Calumniador, impostor.

SICOFANTE. m. Sicofanta.

SICOFÍSICA. f. Psicofísica.

SICOFÍSICO, CA. adj. Psicofísico, ca.

SICOFISIOLOGÍA. f. Psicofisiología.

SICOFISIOLÓGICO, CA. adj. Pisocofisiológico, ca.

SICOGÉNESIS. f. Psicogénesis.

SICOGNÓSTICA. f. Psicognóstica.

SICOGRAFÍA. f. Psicografía.

SICOLOGÍA. f. Psicología.

SICOLÓGICO, CA. adj. Psicológico, ca.

SICOLOGISMO. m. Psicologismo.

SICÓLOGO, GA. adj. y s. Psicólogo, ga.

SICOMETRÍA. f. Psicometría.

SICÓMORO. (Del lat. *sycómorus*, y éste del gr *sikómoros;* de *sykon*, higo, y *moron*, moral.) m. Árbol originario de Egipto, de gran porte, tronco voluminoso y copa espesa, con hojas semejantes a las del moral y fruto parecido al de la higuera, comestible. Su madera es muy dura, y fue usada por los antiguos egipcios en la construcción de ataúdes para las momias. *Ficus sycomorus*, morácea. ‖ **Plátano falso.**

SICOMOTOR, TRIZ. adj. Psicomotor, triz.

SICONEUROSIS. f. Psiconeurosis.

SICONO. (Del gr. *sykon*, higo.) m. *Bot.* Fruto compuesto producto de una inflorescencia que adquiere forma dentro de un receptáculo carnoso; como el higo.

SICONOMÍA. f. Psiconomía.

SICÓPATA. com. Psicópata.

SICOPATÍA. f. Psicopatía.

SICOPATOLOGÍA. f. Psicopatología.

SICOPLEJÍA. f. Psicoplejía.

SICOSIS. f. Psicosis.

SICOSIS. (Del gr. *sykosis*, higo, excrecencia que se forma alrededor del ano.) f. *Pat.* Dermatosis caracterizada por la inflamación de los folículos pilosos, de la barba y cara especialmente, con la formación de pequeñas pústulas acuminadas.

SICOSOMÁTICO, CA. adj. Psicosomático, ca.

SICOTE. m. *C. Rica, Cuba, Méx. P. Rico* y *Vizc.* Cochambre del cuerpo humano, en particular de los pies, mezclada con el sudor.

SICOTECNIA. f. Psicotecnia.

SICOTERAPIA. f. Psicoterapia.

SICOTERÁPICO, CA. adj. Psicoterápico, ca.

SICRE Y VÉLEZ, Juan José. *Biog.* Esc. cubano, autor de un busto de Martí; *Estatua de mujer; Hombre sentado; Bohemio*, etc. (1898-1974).

SICRÓMETRO. m. Aparato para medir la humedad de la atmósfera por la determinación del grado de frío necesario para precipitarla. ‖ deriv.: **sicrometría; sicrométrico, ca.**

SICUANI. *Geog.* Población del Perú, en el dep. de Cuzco, al S.E. de la ciudad de este nombre. 8.200 h. Centro de explotación agrícola y minera.

SÍCULO, LA. (Del lat. *siculus.*) adj. Siciliano. Apl. a pers. ú.t.c.s.

SIDDHARTA GAUTAMA. *Biog.* V. **Buda.**

SIDECAR. (Voz ingl.) m. Cochecillo que algunas motocicletas llevan unido a un costado.

SÍ DE LAS NIÑAS, El. *Lit.* Comedia de Moratín estrenada en 1806, sátira encantadora de la rigidez de las costumbres españolas de la época; el autor respetó en ella las tres leyes clásicas del teatro; unidad de tiempo, acción y lugar.

SIDERAL. (Del lat. *sideralis.*) adj. Sidéreo. sinón.: **astral, estelar.**

SIDÉREO, A. (Del lat. *sidereus.*) adj. Perteneciente o relativo a las estrellas, y por extensión a los astros en general. *Los espacios* SIDERALES. ‖ IDEAS AFINES: *Cielo, constelación, magnitud, estelar, ecuador celeste, telescopio, astronomía.*

SIDERITA. (Del lat. *sideritus*, y éste del gr. *sideritis;* de *síderos*, hierro.) f. Siderosa. ‖ Planta herbácea de la familia de las labiadas, con tallos medio echados, con hojas oblongas, dentadas y pelosas; flores amarillas con el labio superior blanco, en verticilos separados, y fruto seco con semillas menudas.

SIDEROSA. (Del gr. *síderos*, hierro.) f. *Miner.* Mineral de color pardo amarillento, que bradizo y algo más duro que el mármol. Es carbonato ferroso y valiosa mena para la siderurgia. sinón.: **hierro espático, siderita.**

SIDEROSCOPIO. (Del gr. *síderos*, hierro, y *skopeo*, mirar.) m. Aparato que sirve para observar las propiedades magnéticas de los cuerpos.

SIDEROSIS. f. *Pat.* Afección pulmonar causada por el polvo de los minerales de hierro.

SIDERURGIA. al. **Eisenhüttenwesen; Siderurgie.** fr. **Sidérurgie.** ingl. **Siderurgy.** ital. **Siderurgia.** port. **Siderurgia.** (Del gr. *siderurgía;* de *síderos*, hierro y *ergon*, obra.) f. Arte de extraer el hierro y de trabajarlo. ‖ IDEAS AFINES: *Minería, beneficiar, yacimiento, lingote, horno, forjar, fundir, metalurgia acería, altos hornos.*

SIDERÚRGICO, CA. adj. Perteneciente o relativo a la siderurgia.

SIDI. (Del ár. *cidi.*) m. En Marruecos, señor, santo. Empléase como término de cortesía.

SIDI-BEL-ABBES. *Geog.* Ciudad del N.O. de Argelia, sit. al sur de Orán. 88.000 h. Trigo, cebada, olivo, tabaco, ganado.

SIDI IFNI. *Geog.* C. de Marruecos. 14.000 h. Fue la capital del ant. territorio español de Ifni. Puerto sobre el Atlántico.

SIDNEY. *Geog.* V. **Sydney.**

SIDNEY, Felipe. *Biog.* Escritor y político ingl. autor de la novela pastoril *La arcadia* (1554-1586).

SIDÓN. *Geog. histór.* Antigua ciudad de Fenicia, sit. sobre el Mediterráneo. Fue un importante centro comercial. Hoy se llama **Saida** y pertenece a la Rep. del Líbano.

SIDONIO, NIA. (Del lat *sidonius.*) adj. Natural de Sidón. Ú.t.c.s. ‖ Perteneciente a esta ciudad de Fenicia. ‖ Fenicio. Apl. a pers., ú.t.c.s.

SIDONIO APOLINAR, San. *Hagiog.* Poeta latino, que fue obispo de Clermont, Francia, donde nació en el año 430.

SIDRA. al. **Apfelwein.** fr. **Cidre.** ingl. **Cider.** ital. **Sidro.** port. **Cidra.** (Del lat. *sícera*, y éste del hebr. *checar*, bebida embriagadora.) f. Substancia alcohólica de color ambarino, que se obtiene por la fermentación del zumo de las manzanas. Es una bebida sana, tónica, refrescante, de sabor agridulce y de un aroma muy agradable.

SIDRA, Golfo de. *Geog.* Profunda escotadura de la costa del N. de África, sobre el Mediterráneo en Libia. Atiguamente se llamó **Gran Sirte.**

SIDRERÍA. f. Despacho en que se vende sidra.

SIDRERO, RA. adj. Perteneciente o relativo a la sidra. *Industria* SIDRERA. ‖ Que hace o vende sidra. Ú.t.c.s.

SIEG. *Geog.* Río de la Rep. Federal Alemana (Renania del Norte-Westfalia), que des. cerca de Bonn, en el río Rin. 130 km.

SIEGA. al. **Ernte; Mähen.** fr. **Moisson; fauchaison.** ingl. **Harvest.** ital. **Segatura.** port. **Sega; segadura.** f. Acción y efecto de segar las mieses. sinón.: **segado, segazón.** ‖ Tiempo en que se siega. *Volverá para la* SIEGA. ‖ Mieses segadas. ‖ IDEAS AFINES: *Guadaña, era, trilladora, rastrojo, parva, silo.*

SIEGBHAN, Carlos Mannen Jorge. *Biog.* Sabio sueco especializado en espectrografía, premio Nobel de Física en 1924 por sus investigaciones sobre los rayos Roentgen. Creador de la roentgenespectroscopia o espectroscopia de los rayos Roentgen, descubrió las rayas M del espectro de Roentgen y afirmó que los rayos X podían refractarse como los ópticos, por medio de un prisma de cristal (1886-1978).

SIEGBURGO. *Geog.* Ciudad de la Rep. Federal Alemana (Renania del Norte-Westfalia), al N.E. de Bonn. 32.000 h. Manufactura de tabacos, fabricación de armas.

SIEGEN. *Geog.* Ciudad de la Rep. Federal Alemana (Renania del Norte-Westfalia), sit. sobre el río Sieg. 43.000 h. Explotación de hierro, fundiciones.

SIEMBRA. f. Acción y efecto de sembrar. sinón.: **sementera.** ‖ Tiempo en que se siembra. ‖ Sembrado, tierra sembrada.

● **SIEMBRA.** *Agric.* La siembra se efectúa generalmente en la primavera y el otoño, si bien está condicionada a especiales circunstancias de clima, suelo y a la naturaleza de las plantas. Las plantas perennes y las anuales que florecen en verano y otoño, se siembran en los meses de primavera, y en otoño las que florecen en primavera. La siembra puede ser de asiento, en semilleros, en eras, en macetas, en cajones, etc., y puede realizarse directamente por la mano del hombre o mecánicamente con el auxilio de máquinas sembradoras. La siembre a mano se hace con plantador o a golpe, por surco y al voleo; la primera es la empleada para las legumbres y la segunda es la habitual para los cereales. Con la máquina sembradora, cuyo uso se ha generalizado por razones de eficiencia y economía, se hace la siembra en hileras; dicha máquina hace posible la distribución de la simiente a distancias y profundidades uniformes, y se calcula que ahorra una cuarta parte de semillas. Para que la siembra dé buenos resultados, es imprescindible tener en cuenta la calidad de las semillas y dentro de esa calidad realizar la selección conveniente al clima a que estarán destinadas; la semilla ha de ser sana, viva, bien nutrida, limpia de otras semillas visibles o no, entre las cuales pueden albergarse parásitos peligrosos para el desarrollo y la salud de la planta. La naturaleza del terreno es otro aspecto fundamental para la siembra y acaso el de más necesario estudio; de él depende también la índole y cantidad del abono, factor éste de importancia igualmente primordial.

SIEMENS. (Del apellido del ingeniero alemán Guillermo *Siemens.*) m. *Fís.* Nombre del **siemensio** en la nomenclatura internacional.

SIEMENS, Werner. *Biog.* Ing. y físico al. que contribuyó al perfeccionamiento de la industria metalúrgica con su sistema de la telegrafía automática de signos y tipos impresos; adelantos en el telégrafo Morse; los teléfonos magnetoeléctricos, etc. Fue uno de los inventores de la máquina dinamoeléctrica; colocó el primer cable submarino de resultado práctico y construyó el primer ferrocarril eléctrico (1816-1892). ‖ **– Sir William** (1823-1883), hermano del anterior, naturalizado británico. Inventó el horno para la fabricación de acero Siemens-Martin.

SIEMENSIO. (De *Siemens.*) *Fís.* Unidad de conductancia en el sistema basado en el metro, el kilogramo, el segundo y el amperio.

SIEMPRE. al. **Immer, stets.** fr. **Toujours.** ingl. **Always.** ital. **Sempre.** port. **Sempre.** (Del lat. *sémpre*) adv. t. En todo o en cualquier tiempo. *Te amaré* SIEMPRE. ‖ En todo caso o cuando menos. *Quizá no pueda librarlo de la quiebra, pero* SIEMPRE *me quedará la satisfación de haberlo ayudado en ese trance;* SIEMPRE *con lo que le quedó, tiene para vivir.* ‖ Galicismo por todavía, aún. ‖ **Para siempre.** m. adv. Por todo tiempo o por tiempo indefinido. *Se marchó* PARA SIEMPRE. ‖ **Por siempre.** m. adv. Perpetuamente o por tiempo sin fin. POR SIEMPRE *sea recordado su nombre.* ‖ **Siempre jamás.** m. adv. Siempre, con sentido reforzado. ‖ **Siempre que.** m. conjunt. condic. Con tal que. *Yo pagaré el palco,* SIEMPRE QUE *tú pagues la cena.* ‖ **Siempre y cuando que.** m. conjunt. condic. **Siempre que.** *Lo intentaré,* SIEMPRE Y CUANDO QUE *tú me apoyes.*

SIEMPREVIVA. al. **Immortelle.** fr. **Immortelle.** ingl. **Everlasting.** ital. **Sempreviva.** port. **Sempre-viva.** (De *siempre* y *viva.*) f. Perpetua amarilla. ‖ **– amarilla. Siempreviva.** ‖ **– mayor.** Planta perenne de la familia de las crasuláceas, con hojas gruesas, jugosas, lanceoladas las de los tallos y aovadas las radicales; flores con cáliz de cinco a nueve sépalos y corola de igual número de pétalos, que no se marchitan. Vive en las peñas y en los tejados y se emplea como emoliente. sinón.: **hierba puntera.** ‖ **– menor. Uva de gato.**

SIEN. (Del ant. *sen*, sentido.) f. Cualquiera de las dos partes laterales de la cabeza comprendidas entre la frente, la oreja y la mejilla. sinón.: **templa.**

SIENA, Sta. Catalina de. *Hagiog.* Religiosa ital. nacida en Siena, a la cual se le atribuyen muchos milagros. Su memoria es objeto de veneración (1464-1492).

SIENA. *Geog.* Provincia de la región central de Italia (Toscana). 3.821 km^2. 260.000 h. Cap. hom. 66.000 h. Industria textil, alimentaria, metalúrgica. De aspecto medieval, constituye uno de los principales centros culturales de Italia. Universidad. ‖ Antiguo nombre de Asuán.

SIENE. *Geog. hist.* Antigua ciudad de Egipto en los límites de Etiopía. Hoy se llama **Asuán.**

SIENITA. (De *Siene*, ciudad del antiguo Egipto donde había canteras de esta roca.) f. Roca compuesta de feldespato, anfíbol y algo de cuarzo, de color comúnmente rojo, y que se descompone con mayor dificultad que el granito.

SIENKIEWICZ, Enrique. *Biog.* Escritor polaco que contribuyó con su obra a mantener viva la llama de la libertad entre sus compatriotas. En 1905 el premio Nobel de Literatura consagró su talento de narrador épico, demostrado en *Quo Vadis?*, traducido a más de 30 idiomas, que constituyó un extraordinario éxito editorial y dio reputación universal a su autor, y en su gran trilogía *A sangre y fuego; El Diluvio* y *Pan Wolodyjowski* (1846-1916).

SIERPE. (Del lat. *serpens.*) f. Serpiente. ‖ fig. Persona muy fea o muy feroz, o que está muy colérica. ‖ fig. Cualquier cosa que se mueve con rodeos a modo de sierpe. *La* SIERPE *de plata daba vida a las flores.* ‖ *Bot.* Vástago que crece de las raíces leñosas.

SIERRA. al. **Säge; Gebirge.** fr. **Scie; chaine de montagnes.** ingl. **Saw; sierra.** ital. **Sega; catena di montagne.** port. **Serra.** (Del lat. *serra.*) f. Herramienta que consta de una hoja acerada de dientes agudos y triscados en el borde, sujeta a un mango, un bastidor u otra armazón apropiada, y que se emplea para dividir madera u otros cuerpos duros. ‖ Herramienta consistente en una hoja de acero fuerte, larga y estrecha, con borde liso, sujeta a un bastidor, y que se usa para dividir piedras duras con la ayuda de arena y agua. *Geog.* Cordillera o encadenamiento montañoso con muchos picos. ‖ Nombre dado a cierta formación orográfica cuyas características varían según el lugar donde se encuentra situada. ‖ **Sierra abrazadera.** La de grandes dimensiones, con la hoja montada en el medio del bastidor, y que se usa para dividir grandes maderos puestos sobre caballetes. ‖ **– de mano.** La que puede ser manejada por un hombre solo. ‖ **– de punta.** La de hoja estrecha y puntiaguda, que se emplea para hacer calados y otras labores delicadas. ‖ **– de trasdós.** Serrucho de hoja rectangular y muy delgada, reforzada en el lomo con una pieza de hierro o latón, que se usa para hacer hendeduras muy finas. ‖ IDEAS AFINES: *Geografía, orografía, orogénesis, cumbre, cima, monte, alpinismo; serrín; aserradero.*

SIERRA, Justo. *Biog.* Hist., educador y sociólogo positivista mex., autor de *La evolución política de México; Juárez, su obra y su tiempo; Historia patria*, etc. (1848-1913). ‖ **– Stella.** Poetisa panameña, autora de *Canciones de mar y luna* y otras obras (n. 1919). ‖ **– Terencio.** Mil. hondureño, presidente de la república de 1899 a 1903 (1849-1907).

SIERRA. *Geog.* Punta de la costa S. de la Argentina (Río Negro), en el golfo San Matías. ‖ **– Chica.** Pobl. de la Argentina (Buenos Aires), cercana a Olavarría. 2.000 h. ‖ **– de la Ventana.** Pobl. de la Argentina (Buenos Aires), junto a las sierras de igual nombre. 1.500 h. Centro de turismo. ‖ **– Leona.** Est. independiente de África occidental, sobre el Atlántico. 71.740 km^2. 3.470.000 h. Es miembro del Commonwealth. Aceite de palma, almendras, jengibre, goma. Yacimientos de hierro y diamantes. Cap. FREETOWN. ‖ **– Madre.** Nombre de dos cordones montañosos de México. V. **Madre Occidental** y **Madre Oriental.** ‖ **– Maestra.** V. **Maestra, Sierra.** ‖ **– Mojada.** Población de México, en el Est. de Coahuila. 14.000 h. Minas de plata, plomo, cinc. ‖ **– Morena.** V. **Morena, Sierra.** ‖ **– Nevada.** V. **Nevada, Sierra.**

SIERRAS BAYAS. *Geog.* Población de la Rep. Argentina, en la prov. de Buenos Aires. 2.400 h. Industria del cemento.

SIERVO, VA. al. **Sklave; Dierner.** fr. **Serf.** ingl. **Serf.** ital. **Servo.** port. **Servo.** (Del lat. *servus.*) s. Esclavo. antón.: **hombre libre, ingenuo.** ‖ Nombre que una persona se da a sí misma repecto de otra como muestra de obsequio y rendimiento. ‖ Persona profesa en orden o comunidad religiosa de las que por humildad se llaman así. ‖ **– de Dios.** Persona que sirve a Dios y guarda sus preceptos. ‖ fam. Persona muy apocada, pobre hombre. ‖ **– de la gleba.** *Der.* Esclavo sujeto a una heredad y que no se separaba de ella al cambiar

SURREALISMO

LÁMINA LXI

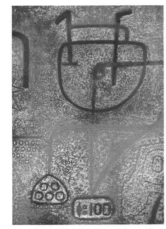

P. Klee:
"La bella
jardinera".
Basilea,
Museo de Arte.

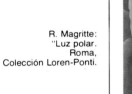

H. Arp. "Litografía". Hamburgo.
Museo de Artes Decorativas.

M. Ernst: "Después
de mí,
el sueño".
París,
Galería de
Arte Moderno.

R. Magritte:
"Luz polar.
Roma,
Colección Loren-Ponti.

De Chirico: "Las musas
inquietantes . Florencia,
Exposición de Arte Moderno.

Man Ray:
"El incomprendido".
París,
colección del
artista.

Matta:
"Morfología psciológica".
París,
Galería
del Dragón.

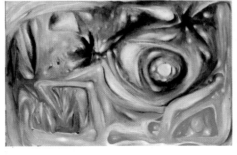

Yves Tanguy:
"La teoría
de las
redes".
Florencia,
Exposición de
Arte Moderno.

S. Dalí: "Evocación de la aparición de Lenin".
París, Galería de Arte Moderno.

RENACIMIENTO

LÁMINA LXII

Leonardo
de Vinci:
"La Gioconda".

Templo
Malatestiano,
Rímini.

Templo de
Bramante
de 16 columnas.
Roma. 1502.

Miguel
Ángel:
"Piedad".
Vaticano.

Natividad.
Vitral
de Paolo
Uccello.

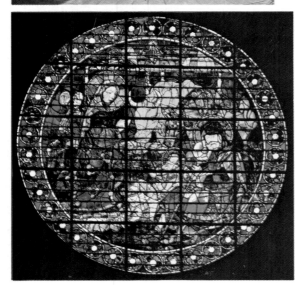

Castillo
de Chambord,
Loire-et-Cher,
Francia, 1519.

Renacimiento

RENACIMIENTO

LÁMINA LXIII

Boticelli:
"La Primavera".
Galería
de los Oficios,
Florencia.

Palacio
Rucellai,
Florencia.

León Bautista
Alberti:
Interior de
San Andrés
Mantua.

Perspectiva
de
ciudad ideal.

Luca
della
Robbia:
"Virgen
con el
niño y
santos".
Santa Croce,
Florencia.

Miguel
Ángel:
Capilla
Sixtina,
Vaticano.

Fachada
del
Escorial,
S. XVI.
Madrid.

TORRES FAMOSAS

Nueva Delhi, India: Torre de la
Victoria o Qutb Minar.

Lisboa: Torre de Belén.

Sevilla: La Giralda.

Torre inclinada de Pisa.

4

Austria: Torre
del Reloj de Graz.

Sevilla: Torre del Oro.

París: Torre Eiffel.

Moscú: Torre Spasskie,
en el Kremlin.

Lucerna: "Wasserturm" a orillas del
Lago de los 4 Cantones.

Praga: Torre de la Pólvora.

Londres:
Torre del Parlamento.

Tallinn, Estonia:
Torre "Kiek in de Kok".

Estambul: Torre de Galata.

de dueño. ‖ – **de la pena.** El que era condenado a servir en las minas u otras obras públicas. ‖ – **de los siervos de Dios.** Nombre que en prueba de humildad se da a sí mismo el Papa.

SIESO. (Del lat. *sessus*, de *sedere*, estar sentado.) m. Parte inferior del intestino recto en la que está comprendido el ano.

SIESTA. (Del lat. *sexta hora*, la hora de sexta o del mediodía.) f. Tiempo después del mediodía, en que es más el calor. sinón.: **resistero, resistidero.** ‖ Tiempo que se destina para dormir o descansar después de comer. *Es la hora de la* SIESTA. ‖ Sueño que se toma después de comer. *Le sentó bien la* SIESTA; sinón.: **meridiana.** ‖ Música que se canta o toca por la tarde en las iglesias. ‖ – **del carnero.** La que se echa antes de la comida del mediodía. ‖ **Dormir,** o **echar, uno la siesta.** frs. Echarse a dormir después de comer.

SIESTA, La. *B.A.* Tela de Gauguin pintada en 1896, donde el autor pone la naturaleza al servicio de sus conceptos, transponiéndola en formas audaces y únicas, preludio de la revolución dolorosa de toda su obra.

SIETE. (Del lat. *séptem*.) adj. Seis y uno. ‖ Séptimo. *Número* SIETE; *año* SIETE. Apl. a los días del mes, ú.t.c.s. *El* SIETE *de julio.* ‖ V. **Las siete palabras.** ‖ V. **Las Siete Partidas.** ‖ V. **De siete suelas.** ‖ m. Signo o conjunto de signos con que se representa el número siete. ‖ Naipe que tiene siete señales. *El* SIETE *de oros.* ‖ Barrilete, instrumento de carpintería. ‖ Rasgón en forma de ángulo que se hace en los trajes o en los lienzos. ‖ *Arg.*, *Col.* y *Méx.* test. y vulg. Ano. ‖ – **y medio.** Juego de naipes en que cada carta vale lo que sus puntos representan, excepto las figuras que valen medio. Se da una carta a cada jugador, el cual puede pedir otras, y resulta ganador el que primero reúna siete puntos y medio o el que más se acerque por bajo de este número. ‖ **Tres sietes.** Juego de naipes cuyo objeto es alcanzar 21 puntos. ‖ **Más que siete.** loc. adv. fig. y fam. Excesivamente, en demasía. *Comer más que* SIETE.

SIETE AÑOS, Guerra de los. *Hist.* La que sostuvieron Austria, Rusia, Sajonia y Suecia contra el naciente poderío de Prusia, de 1756 a 1763. Con el apoyo de Inglaterra, Prusia, bajo el hábil gob. de Federico, logró incorporarse a las potencias de primer orden, en 1763.

SIETECOLORES. m. *Arg.* y *Chile.* Pajarillo con las patas y el pico negros, plumaje manchado de rojo, amarillo, azul, verde y blanco, y la cola y alas negruzcas. Gén. *Tachuris rubrigastra*, tiránido.

SIETECUEROS. m. *Amér.* Tumor que suele formarse en el talón del pie, en especial a los que andan descalzos. ‖ Panadizo de los dedos.

SIETEENRAMA. (De siete en rama, porque las rojas de esta planta están compuestas de siete hojuelas.) m. Tormentila.

SIETELEVAR. (De *siete* y *levar*, levantar, llevar.) m. En el juego de la banca, tercera suerte, en que se va a ganar siete tantos.

SIETEMESINO, NA. adj. y s. Aplícase a la criatura que nace a los siete meses de engendrada. ‖ fam. Jovencito que presume de persona mayor. ‖ Raquítico, enclenque, esmirriado.

SIETEÑAL. adj. Que tiene siete años o es de siete años.

SIFILICOMIO. m. Hospital para sifilíticos.

SIFÍLIDE. f. *Pat.* Manifestación cutánea de la sífilis.

SÍFILIS. al. **Lustseuche; Syphilis.** fr. **Syphilis.** ingl. **Syphilis.** ital. **Sifilide.** port. **Sífilis.** (De *Siphylo*, personaje del poema "De Morbo Gallico", de Jerónimo Fracastor.) f. *Pat.* Enfermedad infecciosa, hereditaria o adquirida, causada por el *Treponema pallidum*. Evoluciona en 3 períodos: primario, comienza 20 a 25 días después de la inoculación del microbio a través de la más ligera excoriación de piel o mucosa, especialmente genital o bucal, constituyendo el chancro; período secundario: es de generalización por vía sanguínea; en la piel constituye la roséola (placas de color salmón, que miden de 2 mm. a 1 cm.); en las mucosas aparecen las placas mucosas, blanquecinas e indoloras (especialmente en la cavidad bucal). El período terciario es de localización en los órganos y tejidos; su lesión típica es el goma (lesión de intersticios que al proliferar puede formar tumores). Algunos autores describen un cuarto período, incluyendo p. ej. la tabes, la parálisis general progresiva, etc. El diagnóstico se facilita con las reacciones de Wasserman y de Kahn. En su tratamiento se usó compuestos de arsénico, bismuto, mercurio y yodo, y la penicilina. Actualmente se la combate eficazmente con ayuda de la cloromicetina, aureomicina y terramicina. sinón.: **avariosis, gálico, lúes.**

● **SÍFILIS.** *Med.* Conocida desde el año 1500 aproximadamente, algunos historiadores de la Medicina sostienen que la sífilis es originaria de América, de donde la introdujeron en Europa los primeros navegantes; otros la atribuyen a los soldados franceses que invadieron Italia en el s. XV. Al sabio Fracastoro se deben las principales observaciones sobre la sífilis, sus vías de contagio y modos de prevenirla, válidas hasta la actualidad. En 1905 Schaudinn consiguió la individualización del germen de la sífilis o *espiroqueta pálida*; Pablo Ehrlich descubrió un producto derivado del arsénico, el 606, eficaz contra el microbio productor de la sífilis, más tarde reemplazado por el 914. En la actualidad, la aureomicina es considerada como la medicación más eficaz contra la sífilis. Producida por la introducción en el organismo de la espiroqueta pálida, casi siempre por el contacto sexual, la sífilis se presenta con múltiples manifestaciones clínicas y en general en dos períodos: el primero, donde predominan las manifestaciones cutáneas y el segundo, en donde son más importantes las alteraciones cardiovasculares y nerviosas. El carácter social de la sífilis y la posibilidad de su transmisión a la descendencia explican los métodos de sanidad pública aplicados para combatirla, entre los que se incluye el examen prenupcial. El tratamiento precoz y correcto elimina la sífilis, previene la infección del feto en el vientre de la madre, y reduce los riesgos de complicaciones posteriores. La higiene personal y sexual y las modernas teorías de prevención, así como la utilización de poderosos antibióticos, han hecho que la sífilis deje de ser la afección tan temida como peligrosa, de épocas anteriores.

SIFILÍTICO, CA. adj. *Pat.* Perteneciente o relativo a la sífilis. ‖ Que la padece. Ú.t.c.s.

SIFILOGRAFÍA. (De *sífilis*, y el gr. *grapho*, describir.) f. Parte de la medicina que estudia la sífilis.

SIFILOGRÁFICO, CA. adj. *Med.* Perteneciente o relativo a la sifilografía.

SIFILÓGRAFO. m. Médico especialista en sífilis.

SIFILOLOGÍA. (De *sífilis* y el gr. *logos*, tratado.) f. Suma de conocimientos relativos a la sífilis. ‖ deriv.: **sifilólogo, ga.**

SIFILOMA. m. Goma sifilítica, tumor de este origen.

SIFÓN. al. **Saugheber; Siphon.** fr. **Siphon.** ingl. **Siphon.** ital. **Sifone.** port. **Sifão.** (Del lat. *sipho, -onis*, y éste del gr. *syphon*.) m. Tubo acodado de ramas desiguales, empleado para trasvasar líquidos. Colocada la rama corta en el recipiente que contiene el líquido, y lleno con éste el sifón, se establece una circulación que termina cuando el nivel del líquido en ese recipiente llega al extremo del tubo. ‖ Botella, por lo común de cristal, cerrada herméticamente con una tapa metálica por la que pasa un sifón, cuyo tubo tiene una llave que abre o cierra el paso del agua con ácido carbónico que aquélla contiene. ‖ Tubo acodado doblemente para que el agua detenida en él evite que salgan los gases de las cañerías. ‖ *Arg.* Tubo o canal cerrado que sirve para que pase el agua por un punto inferior a sus dos extremos.

SIFONÁPTERO, RA. (De *siphon*, tubo chupador, y ápteros, sin alas.) adj. *Zool.* Afaníptero. Ú.t.c.s. ‖ m. pl. Afanípteros.

SIFONÓGAMO, MA. adj. *Bot.* Fanerógamo. Ú.t.c.s.f. ‖ f. pl. *Bot.* Fanerógamas.

SIFOSIS. (Del gr. *siphon*.) f. Corcova, joroba.

SIFUÉ. (Del fr. *surfaix*, de *sur* y *faix*, y éste del lat. *fascis*, haz, fajo.) m. Sobrecincha.

SIGA. f. *Chile.* Seguimiento.

SIGFRIDO. *Mit.* Héroe legendario de las tradiciones teutónicas y escandinavas.

SIGILAR. (Del b. lat. *sigillare*.) tr. Sellar, imprimir con sello. sinón.: **timbrar.** ‖ fig. Callar u ocultar una cosa. sinón.: **omitir, silenciar.** ‖ deriv.: **sigilación.**

SIGILO. al. **Geheimnis; Verschwiegenheit.** fr. **Sceau; secret.** ingl. **Seal; secret; concealoent.** ital. **Suggello; segreto.** port. **Sigilo.** (Del lat. *sigillum*.) m. Sello, 1ª y 2ª aceps. ‖ Secreto que se guarda de una cosa o noticia. ‖ – **profesional. Secreto profesional.**

SIGILOGRAFÍA. f. Estudio de los sellos empleados para autorizar documentos, cerrar pliegos, etc.

SIGILOSO, SA. adj. Que guarda sigilo o secreto. ‖ deriv.: **sigilosamente; sigilosidad.**

SIGLA. al. **Abkürzungszeichen; Sigel.** fr. **Sigle.** ingl. **Initials.** ital. **Sigla.** port. **Sigla.** (Del lat. *sigla*, cifras, abreviaturas.) f. Letra inicial que se usa como abreviatura de una palabra. Por ej., S.E. son las siglas de Su Excelencia. Los nombres en plural se representan por su letra inicial repetida; v. gr.: AA., siglas de Altezas. ‖ Cualquier signo usado para ahorrar letras o espacio en la escritura.

SIGLO. al. **Jahrhundert.** fr. **Siècle.** ingl. **Century.** ital. **Secolo.** port. **Século.** (Del lat. *saeculum*.) m. Espacio de cien años. ‖ Antepuesto a la preposición *de* y un nombre de persona o cosa, época en que floreció una persona o en que existió, ocurrió o se inventó o descubrió una cosa muy notable. *El* SIGLO *de Sócrates; el* SIGLO *de la electricidad.* ‖ Mucho tiempo, indeterminadamente. *Hace un* SIGLO *que no lo veo.* ‖ Comercio y trato de los hombres en cuanto atañe a la vida común y política. *Está dispuesto a dejar el* SIGLO. ‖ – **de cobre.** Entre los poetas, época en que se adelantó la malicia de los hombres a los engaños y guerras. ‖ – **de hierro.** Época que fingieron los poetas, en la cual huyeron de la tierra las virtudes y comenzaron a reinar todos los vicios. ‖ fig. Tiempo desgraciado. ‖ – **de oro,** o **dorado.** Época en que, según la imaginación de los poetas, vivió el dios Saturno y vivieron los hombres justificadamente. ‖ fig. Tiempo de paz y ventura. ‖ Época en que las letras, las artes, la política, etc., florecieron en un pueblo o país. *El* SIGLO *de oro de la literatura española.* ‖ – **de plata.** Época en que los poetas imaginaron que comenzó a reinar Júpiter, y los hombres habitaron cuevas y chozas y labraron la tierra. ‖ **Siglos medios.** Tiempo transcurrido desde la caída del imperio romano hasta la toma de Constantinopla por los turcos. ‖ **En,** o **por, los siglos de los siglos.** m. adv. Eternamente. ‖ **Por el siglo de mi padre,** o **de mi madre,** etc. excl. que se emplea para aseverar o prometer una cosa, invocando la memoria de una persona ya difunta a quien se venera.

SIGMA. (Del gr. *sigma*.) f. Decimoctava letra del alfabeto griego, correspondiente a la ESE del idioma castellano.

SIGMAMICINA. f. *Med.* nombre comercial de un antibiótico empleado para combatir los cuadros infecciosos.

SIGMARINGEN. *Geog.* Población del S. de la Rep. Federal Alemana (Baden-württemberg), sobre el río Danubio. 6.000 h. Fue cap. del antiguo principado de Hohenzollern.

SIGMOIDEO, A. adj. Dícese de lo que tiene forma semejante a la sigma.

SIGNAC, Pablo. *Biog.* Pintor fr. neoimpresionista, que en comunión de ideas con Seurat adoptó la técnica del puntillismo en *Aviñón; En los tiempos de la Armonía*, y notables acuarelas (1863-1935).

SIGNÁCULO. (Del lat. *signáculum*.) m. Sello o señal en lo escrito.

SIGNAMIENTO. m. Acción de signar o signarse.

SIGNAR. (Del lat. *signare*.) tr. Hacer, poner o imprimir el signo. *El notario* SIGNÓ *la escritura.* ‖ Firmar. ‖ Hacer la señal de la cruz sobre una persona o cosa. Ú.t.c.r. sinón.: **persignar.** ‖ Hacer con los dedos índice y pulgar de la mano derecha cruzados, o sólo con el pulgar, tres cruces: la primera en la frente, la segunda en la boca y la tercera en el pecho, pidiendo a Dios que nos libre de nuestros enemigos. Ú.t.c.r. ‖ ant. Señalar, designar.

SIGNATARIO, RIA. (De *signar*, firmar.) adj. y s. Firmante. sinón.: **subscriptor.**

SIGNATURA. (Del lat. *signatura*.) f. Señal, especialmente la que con números y letras se pone a un libro o a un documento para indicar su colocación dentro de una biblioteca o un archivo. ‖ *Impr.* Señal que se pone, generalmente con números, al pie de las primeras páginas de los pliegos, con el fin de que sirva de ordenación al encuadernador.

SIGNÍFERO, RA. (Del lat. *sígnifer, -eri*; de *sígnum*, señal, y *ferre*, llevar.) adj. poét. Que lleva o incluye una señal o insignia.

SIGNIFICACIÓN. al. **Bedeutung.** fr. **Signification.** ingl. **Significance; meaning.** ital. **Significazione.** port. **Significação.** (Del lat. *significatio, -onis*.) f. Acción y efecto de significar. ‖ Sentido de una palabra o frase. sinón.: **acepción, significado.** ‖ Objeto que se significa. ‖ Importancia en cualquier orden. *En su pueblo, es persona de mucha* SIGNIFICACIÓN.

SIGNIFICADO, DA. adj. Conocido, importante, reputado. ‖ m. Significación sentido.

SIGNIFICAR. al. **Bedeuten.** fr. **Signifier.** ingl. **To mean; to signify.** ital. **Significare.** port. **Significar.** (Del lat. *significare*, de *sígnum*, señal y *fácere*, hacer.) tr. Ser una cosa representación, indicio o signo de otra. ‖ Ser una palabra o frase expresión o signo de una idea o de un pensamiento, o de una cosa material. ‖ Hacer saber, declarar una cosa. ‖ intr. Representar, valer. ‖ deriv.: **significador, ra; significante.**

SIGNIFICATIVO, VA. (Del lat. *significativus*.) adj. Que da a entender o conocer con propiedad una cosa. ‖ Que tiene importancia por significar algún valor. ‖ deriv.: **significativamente.**

SIGNO. al. **Zeichen.** fr. **Signe.** ingl. **Sign.** ital. **Segno.** port. **Signo.** (Del lat. *sígnum*.) m. Cosa que evoca en el entendimiento la idea de otra. ‖ Cualquiera de los caracteres que se usan en la escritura y en la imprenta. ‖ Señal que se hace por modo de bendición. ‖ Figura que los notarios agregan a su firma en los documentos públicos. ‖ Hado o destino señalado por el influjo de los astros, según vulgar creencia. *Nació en mal* SIGNO. ‖ *Astron.* Cualquiera de las doce partes iguales en que se considera dividido el Zodíaco, y son: Aries, Tauro, etc. ‖ *Mat.* Señal que se emplea en los cálculos para indicar la naturaleza de las cantidades o las operaciones que se han de ejecutar con ellas. ‖ SIGNO *de la suma.* ‖ *Med.* Síntoma patológico. ‖ *Mús.* Cada uno de los caracteres con que se escribe la música. ‖ *Mús.* En especial, el que marca el tono natural de un sonido. ‖ – **natural.** El que nos muestra una cosa por la analogía o dependencia natural que tiene con ella. *El humo es* SIGNO NATURAL *del fuego.* ‖ – **negativo.** *Mat.* Menos (-). ‖ – **por costumbre.** Aquel que por el uso ya introducido significa cosa diversa de sí; como el ramo delante de la taberna. ‖ – **positivo.** *Mat.* Más (+). ‖ IDEAS AFINES: *Significación, sgnificado, símbolo, emblema, ideograma, jeroglífico, interpretación, semántica.*

SIGNORELLI, Lucas. *Biog.* Pintor ital., uno de los primeros artistas de la escuela florentina que dibujara el cuerpo humano con amplio conocimiento de la anatomía, considerado el precursor de Miguel Ángel por su enérgico realismo, la audacia del movimiento y la sujeción del color al relieve: *El fin del mundo; Episodios de la vida de San Benito; Conversión de San Pablo*, etc. (1441-1523).

SIGUA. f. *Cuba.* Cigua árbol.
SIGUAPA. f. *C. Rica* y *Cuba.* Ciguapa, ave rapaz.
SIGUEMEPOLLO. m. Cinta que usaban las mujeres como adorno y que llevaban pendiente a la espalda.
SIGÜENZA, José de. *Biog.* Hist. y religioso esp., autor de *Historia de la orden de San Jerónimo; La historia del Rey de los reyes y Señor de los señores,* etc. (1544-1606). ‖ – **Y GÓNGORA, Carlos de.** Polígrafo y sac., mexicano, autor de *Las glorias de Querétaro; Elogio fúnebre de sor Juana Inés de la Cruz; Genealogía de los reyes mexicanos,* etc. (1645-1700).
SIGÜENZA. *Geog.* Ciudad de España (Guadalajara). 6.200 h. Magnífica catedral del siglo XII.
SIGUIENTE. p.a. de **Seguir.** Que sigue. ‖ adj. Ulterior, posterior.
SIGURD. *Mit.* V. **Sigfrido.**
SIJÚ. m. Ave rapaz nocturna de las Antillas, con plumaje grisáceo en unos ejemplares y rojizo en otros, y los ojos de color verde.
SIKIANG. *Geog.* Río de la China meridional, de curso irregular, que des. formando un amplio delta al S. de la ciudad de Cantón. 1.800 km.
SIKING. *Geog.* Ciudad de la China, sit. al. N.E. de Chengtú. 628.000 h. Centro industrial.
SIKKIM. *Geog.* Ant. Protectorado de la India, sit. en la región del Himalaya, entre Nepal y Bután. 7.109 km², 210.000 h. Se incorporó a la India en 1975. Cap. GANGTOK.
SIKORSKI, Vladislao. *Biog.* Mil. polaco que contribuyó con Pilsudski a la reconstrucción de Polonia en 1918. Durante la segunda Guerra Mundial fue jefe del gobierno polaco en el exilio y comandante de las fuerzas militares que colaboraron con los aliados. M. en accidente de aviación. (1881-1943).
SIL. (Del lat. *sil.*) m. Ocre, mineral de hierro.
SIL. *Geog.* Río del N.O. de España, en Galicia, que des. en el Miño después de recorrer 228 km.
SILA, Lucio Cornelio. *Biog.* Mil. y político romano, colaborador y luego rival de Mario, a quien combatió y persiguió implacablemente. Nombrado dictador perpetuo, reformó la Constitución en favor de las clases aristocráticas (138-78 a. de C.).
SÍLABA. al. **Silbe.** fr. **Syllaba.** ingl. **Syllabe.** ital. **Sillaba.** port. **Sílaba.** (Del lat. *syllaba,* y éste del gr. *syllabé.*) f. Sonido o sonidos articulados que forman un solo núcleo fónico entre dos depresiones sucesivas de la emisión de voz. ‖ *Mús.* Cualquiera de los dos o tres nombres de notas que se agregan a las siete primeras letras del alfabeto para designar los diferentes modos musicales. ‖ – **abierta. Sílaba libre.** ‖ – **aguda.** *Pros.* La acentuada o aquella en que carga la pronunciación. ‖ – **átona.** *Pros.* La que tiene acento prosódico. ‖ – **breve.** *Pros.* La que tiene menor duración en las lenguas que como el latín y el griego usan por lo común dos medidas de cantidad silábica. ‖ – **cerrada. Sílaba trabada.** ‖ – **larga.** *Pros.* La que tiene mayor duración en las lenguas que como el latín y el griego usan por lo común dos medidas de cantidad silábica. ‖ – **libre.** La que acaba en vocal, como las de *gato.* ‖ – **postónica.** *Pros.* La átona que en el vocablo viene detrás de la tónica. ‖ – **protónica.** *Pros.* La átona que en el vocablo precede a la tónica. ‖ – **tónica.** *Pros.* La que tiene el acento prosódico. ‖ – **trabada.** La acabada en consonante, como las de *impostor.*
SILABAR. intr. Silabear.
SILABARIO. m. Librito o cartel con sílabas sueltas y palabras divididas en sílabas, con que se enseña a leer.
SILABEAR. intr. y tr. Ir pronunciando separadamente cada sílaba. SILABEÓ *para que le entendiera.*
SILABEO. m. Acción y efecto de silabear.
SILÁBICO, CA. adj. Perteneciente a la sílaba. ‖ deriv.: **silábicamente.**
SILABISMO. m. *Filol.* Sistema de escritura en que cada sílaba se representa por un signo propio.
SÍLABO. (Del lat. *syllabus.*) m. Índice, catálogo, lista.
SILACANTAS. f. pl. *Bot.* Grupo de plantas compuestas que comprende ocho especies, caracterizadas por tener brácteas con la base ancha y estrechadas en punta espinosa muy delgada, y los aquenios, pequeños, carecer de costillas y dientes.
SILANGA. f. *Filip.* Brazo de mar largo y estrecho que separa dos islas.
SILAO. *Geog.* Población de la región central de México (Guanajuato). 24.000 h. Centro industrial y comercial.
SILBA. f. Acción de silbar en señal de desaprobación. ‖ *Se retiró en medio de la más espantosa* SILBA; si n.: **pita.**
SILBADOR, RA. adj. Que silba. Ú.t.c.s. ‖ m. *Arg.* Pájaro muy común y apreciado por la gran cantidad de insectos con que se alimenta. Pertenece a los tiránidos y debe su nombre al silbido que emite.
SILBANTE. p. a. de **Silbar.** Que silba. ‖ adj. Sibilante. ‖ m. fam. Señorito pobre.
SILBAR. al. **Pfeiffen.** fr. **Siffler.** ingl. **To whistle.** ital. **Fischiare.** port. **Silvar.** (Del lat. *sibilare.*) intr. Dar o producir silbos o silbidos. sinón.: **chiflar.** ‖ Agitar el aire, y herir violentamente una cosa, de modo que resulte un sonido como de silbo. SILBABAN *las balas.* ‖ fig. Manifestar desagrado y desaprobación el público, con silbidos u otras formas ruidosas. Ú.t.c.tr. SILBAR *una ópera, un discurso, a un artista.* sinón.: **pitar.**
SILBATERÍA. f. Manifestación de desagrado expresada con silbatos.
SILBATINA. f. *Chile, Perú* y *R. de la Plata.* Silba, rechifla.
SILBATO. al. **Pfeife.** fr. **Sifflet.** ingl. **Whistle.** ital. **Fischio.** port. **Assobio; apito.** (Del lat. *sibilatus.*) m. Instrumento pequeño y hueco que al soplar en él con fuerza suena como el silbo. sinón.: **chiflato, pito.** ‖ Rotura pequeña por donde sale el aire o se rezuma un líquido.
SILBIDO. m. Silbo. sinón.: **pitido, pitio.** ‖ – **de oídos.** Sonido o ruido a modo de silbo, que se percibe en los oídos por causa de alguna indisposición.
SILBO. al. **Pfiff.** fr. **Sifflement.** ingl. **Whistle.** ital. **Fischio.** port. **Silvo.** (Del lat. *sibilus.*) m. Sonido agudo producido por el aire. ‖ Sonido agudo que se produce haciendo pasar con fuerza el aire por la boca con los labios fruncidos o poniendo los dedos en ella convenientemente. ‖ Sonido de igual clase que se hace al soplar con fuerza en un cuerpo hueco, como silbato, llave, etc. ‖ Voz aguda y penetrante de ciertos animales; como la de la serpiente.
SILBÓN. (De *silbar.*) m. Ave palmípeda domesticable, parecida a la cerceta, que vive en las costas y lanza un sonido fuerte. *Arg.* y *Urug.* ‖ **Pato silbón.**
SILBOSO, SA. adj. Que silba o forma el ruido de silbido
SILENCIADOR. m. Aparato que se emplea para amortiguar la descarga en los motores de explosión. ‖ Aparato que sirve para apagar el ruido de los tiros.
SILENCIAR. tr. Guardar silencio sobre alguna cosa. sinón.: **callar, reservar.** ‖ Pasar por alto intencionadamente alguna cosa. sinón.: **omitir, sigilar.** ‖ *Amér.* Acallar, imponer silencio.
SILENCIARIO, RIA. (Del lat. *silentiarius.*) adj. Que guarda y observa continuo silencio. ‖ m. Persona que cuida del silencio o la quietud de la casa o del templo.
SILENCIERO, RA. adj. Que cuida de que se guarde silencio. Ú.t.c.s.
SILENCIO. al. **Schweigen; Ruhe; Stille.** fr. **Silence.** ingl. **Silence.** ital. **Silenzio.** port. **Silencio.** (Del lat. *siléntium.*) m. Abstención de hablar. ‖ fig. Falta de ruido. *El* SILENCIO *de los campos, de la noche.* ‖ Efecto de no hablar por escrito. *El* SILENCIO *de la prensa sobre el crimen; el* SILENCIO *de la ley respecto a este asunto.* ‖ *For.* Desestimación tácita de una petición o recurso por el mero vencimiento del plazo que la administración pública tiene para resolver. ‖ *Mús.* Pausa. ‖ **En silencio.** m. adv. fig. Sin protestar, sin quejarse. *Padecer* EN SILENCIO. ‖ **Entregar** uno una cosa **al silencio.** frs. fig. Olvidarla. ‖ **Imponer** uno **silencio.** frs. Refiriéndose a personas, hacerlas callar. ‖ fig. Tratándose de pasiones, reprimirlas. ‖ **Pasar** uno **en silencio** una cosa. frs. Omitirla, callarla. ‖ **Perpetuo silencio.** *For.* Fórmula con que se prohibe al actor que vuelva a deducir la acción o instar sobre ella. ‖ IDEAS AFINES: *Afonía, sordomudez, mutismo, no decir esta boca es mía, como en misa, hacer mutis, chitacallando, ¡chito!, taciturno, sepulcral.*
SILENCIOSAMENTE. adv. m. Con silencio. ‖ Secretamente, con disimulo.
SILENCIOSO, SA. (Del lat. *silentiosus.*) adj. Aplícase al que calla o tiene costumbre de callar. sinón.: **callado, reservado, taciturno.** ‖ Dícese del lugar o tiempo en que hay o se observa silencio. ‖ Que no hace ruido. *Se aproximó con pasos* SILENCIOSOS.
SILENO. *Mit.* Dios frigio, preceptor de Baco. En la mitología griega, sátiro.
SILENTE. adj. Silencioso, tranquilo.
SILEPSIS. (Del lat. *sillepsis,* y éste del gr. *sýllepsis,* comprensión.) f. *Gram.* Figura de construcción, consistente en dar a ciertos vocablos diferente concordancia en el género o número que les corresponde. *Vuestra Señoría* (femenino) *es muy bondadoso* (masculino); *la mayoría* (singular) *huyeron* (plural). ‖ *Ret.* Tropo consistente en emplear a la vez un mismo vocablo en sentido recto y figurado. *Aquel choque lo aplastó.* ‖ deriv.: **siléptico, ca.**
SILERÍA. f. Sitio donde están los silos.
SILERO. m. Silo.
SILES, Hernando. *Biog.* Jurisc. y estadista bol., presidente de la Rep. de 1926 a 1930, redactor de los Códigos civil y penal de Bolivia y autor de *Procedimiento civil boliviano; Derecho parlamentario de Bolivia; Revista de legislación y jurisprudencia,* etc. (1881-1942). ‖ – **ZUAZO, Hernán.** Pol. boliviano. A raíz del movimiento revolucionario de 1952 ocupó provisionalmente la presidencia de la Rep., en carácter de vicepresidente, siendo elegido presidente constitucional para el periodo 1956-1960 (n. 1913).
SILESIA. *Geog.* Región de Europa central, sit. al N.E. de los montes Sudetes. Tiene, aproximadamente, 47.600 km². y 8.200.000 h. Hulla, cinc, hierro, cereales, frutas, grandes industrias. Hasta 1920 estuvo dividida entre Checoslovaquia, Polonia y Alemania, que tenía la mayor parte del territorio. A partir de esa fecha, la región fue dividida entre Checoslovaquia y Polonia, división que duró hasta 1939, año en que pasó nuevamente a poder de Alemania, pero desde la terminación de la segunda Guerra Mundial integra otra vez el territorio de Polonia.
SILESIANO, NA. adj. Silesio. Apl. a pers., ú.t.c.s.
SILESIO, SIA. adj. Natural de Silesia. Ú.t.c.s. ‖ Perteneciente a esta región de Europa Central.
SÍLEX. (Del lat. *sílex, -icis.*) m. Sílice; pedernal.
SÍLFIDE. al. **Sylphide.** fr. **Sylphide.** ingl. **Sylph.** ital. **Silfide.** port. **Sílfide.** (De *silfo.*) f. Ninfa, ser fantástico o espíritu elemental del aire, según los cabalistas. ‖ fig. Mujer que se supone parecida a este ser fantástico. Aplícase en particular a la mujer delgada. ‖ IDEAS AFINES: *Mitología, Arcadia, agua, fuente, río, bosque, náyade, ondina, hamadríada.*
SILFO. (Del gr. *silphe,* polilla.) m. Género de insectos coleópteros que viven bajo las piedras y la corteza de los árboles.
SILFO. al. **Sylphe; Elf.** fr. **Sylphe.** ingl. **Sylph.** ital. **Silfo.** port. **Silfo.** (Del lat. *sylfi, -orum,* silfo, genio, entre los galos.) m. Ser fantástico, espíritu elemental del aire, según los cabalistas. ‖ IDEAS AFINES: *Duende, gnomo, hada; Ariel, maleficio.*
SILGA. (De *silgar.*) f. Sirga.
SILGADO, DA. adj. *Ec.* Cenceño, delgado.
SILGAR. (De m. or. que *singlar.*) tr. *Mar.* Sirgar. ‖ intr. *Mar.* Singar.
SILGUERO. (De *sirguero.*) m. p. us. Jilguero.
SILICATO. (Del lat. *silex, -icis.*) m. *Quím.* Sal de alguno de los diversos ácidos silícicos (probablemente hipotéticos). Los silicatos naturales constituyen la mayor parte de las rocas, tierras y minerales en general, y se los considera como compuestos de sílice y del óxido del metal en cuestión.
SÍLICE. (Del lat. *sílex, -icis.*) f. *Quím.* Anhídrido silícico. Sólido duro, blanco o incoloro, insoluble, de elevado punto de fusión. Abundante en la naturaleza, generalmente coloreado por vestigios de óxidos diversos, en forma de cuarzo, cristal de roca, ópalo, pedernal, y en las rocas, como silicatos.
● **SÍLICE.** *Miner.* La sílice o anhídrido silícico se presenta en diferentes formas y constituye el componente principal de las rocas eruptivas. Su forma más común es la del cuarzo, cuya variedad más noble es el cristal de roca. En la industria moderna la **sílice** es un elemento inapreciable; su uso mayor se da en la manufactura del vidrio y en la fabricación de materiales refractarios. Sirve también para la fabricación de piedra artificial, cementos hidráulicos, etc. El coeficiente de dilatación de la **sílice** es muy pequeño, razón por la cual puede resistir cambios bruscos de temperatura; además, es un excelente aislador. A partir de 1.209º la **sílice** se desvitrifica lentamente.
SILÍCICO, CA. adj. *Quím.* Perteneciente o relativo a la sílice. ‖ *Quím.* V. **Ácido silícico.**
SILICIO. m. Elemento no metálico de propiedades químicas análogas a las del carbono. Substancia cristalina, dura, de color gris, empleada en diversas aleaciones para darles mayor dureza y resistencia a la tracción. Presente en la naturaleza al estado de sílice y de diversos silicatos. Símbolo Si; p. atóm. 28,06, ‖ deriv.: **silicificación,** núm. a. 14.
SILICOSIS. f. *Pat.* Neumoconiosis producida por el polvo de sílice.
SILICUA. (Del lat. *síliqua.*) f. Peso antiguo, equivalente a cuatro granos. ‖ *Bot.* Fruto simple, seco, abridero, bivalvo, cuyas semillas se hallan alternativamente adheridas a las dos suturas, como el de la mostaza y el alhelí. ‖ deriv.: **silicuoso, sa.**
SILÍCULA. (Del lat. *silícula.*) f. *Bot.* Silicua casi tan larga como ancha; como el fruto de la coclearia.
SILIÉZAR, Felipe. *Biog.* Compositor guat., autor de la suite *Maya embrujadora* y otras obras (n. 1903).
SILINGO, GA. (Del lat. *silingi.*) adj. Aplícase al individuo de un pueblo de raza germánica que antiguamente habitó entre el Elba y el Óder, al norte de Bohemia. Formaba parte de los suevos. En el siglo V se unió con otros pueblos para invadir el sur de Europa. Ú.m.c.s. y en pl. ‖ Perteneciente a este pueblo.
SILISTRA. *Geog.* Población del N. E. de Bulgaria, situada sobre el Danubio. 35.000 h. Explotación forestal, industria textil.
SILO. (Del lat. *sirus,* y éste del gr. *sirós.*) m. Lugar resguardado y seco en donde se almacena el trigo u otros granos, semillas o forrajes. sinón.: **silero.** ‖ fig. Cualquier lugar subterráneo, profundo y obscuro. ‖ *Chile.* Pasto prensado que se guarda para alimento del ganado.
SILO. *Geog. histór.* Antigua c. de Palestina, que perteneció a la tribu de Efraín y fue cap. de los hebreos desde los primeros tiempos hasta el reinado de David.
SILOGISMO. al. **Vernunftschluss; syllogismus.** fr. **Syllogisme.** ingl. **Syllogism.** ital. **Sillogismo.** port. **Silogismo.** (Del lat. *syllogismus,* y éste del gr. *syllogismós.*) m. *Lóg.* Argumento que comprende tres proposiciones, la última de las cuales se deduce necesariamente de las otras dos. ‖ – **cornuto.** *Lóg.* **Argumento cornuto.**
SILOGÍSTICO, CA. (Del lat. *syllogístucus,* y éste del gr. *syllogistikós.*) adj. *Lóg.* Perteneciente al silogismo.
SILOGIZAR. (Del lat. *syllogizare,* y éste del gr. *syllogizo.*) intr. Disputar, argüir con silogismos o hacerlos.
SILONE, Ignacio. *Biog.* Seudónimo del escritor y crítico ital. **Segundo Tranquilli,** autor de

Fontamara; Pan y vino; La escuela de los dictadores y otras obras (1900-1978).

SILOS. m. pl. *Etn.* Antigua tribu del norte de África que vivía en el litoral de la Gran Sirte.

SILUETA. al. **Silhouette.** fr. **Silhouette.** ingl. **Silhouette.** ital. **Siluetta.** port. **Silhueta.** (Del fr. *silhouette*, de *Silhouette*, que se hizo célebre en 1754 como inspector del Tesoro, y del cual tomaron nombre muchas monedas de su tiempo.) f. Dibujo hecho siguiendo los contornos de la sombra de un objeto. ‖ Forma que representa a la vista la masa de un objeto más obscuro que el fondo sobre el cual está proyectado. ‖ Perfil, contorno aparente de la figura. *Esa mujer tiene una bella* SILUETA.

SILUETEAR. tr. Dibujar una persona o cosa en silueta.

SILURIANO, NA. adj. Silúrico.

SILÚRICO, CA. (Del lat. *Silures*, nombre de un pueblo celta que habitó el país de Gales.) adj. *Geol.* Dícese de cierto terreno sedimentario paleozoico, posterior al cámbrico y anterior al devónico. Ú.t.c.s. ‖ Perteneciente a este terreno.

SILURO. (Del lat. *silurus*, y éste del gr. *síluros.*) m. Pez malacopterigio abdominal fluvial de unos cinco metros de largo y muy voraz. Es muy parecido a la anguila, de color verde obscuro, aleta dorsal muy corta y con seis barbillas, dos largas en la mandíbula superior y cuatro cortas, pequeñas, en la inferior. ‖ Género de insectos lepidópteros, cuya especie tipo vive en Europa. ‖ fig. *Mar.* Torpedo automóvil. ‖ deriv.: **siluroideo, a.**

SILVA. (Del lat. *silva*, selva.) f. Colección de diversas materias o especies, escritas sin orden ni método. ‖ Combinación métrica en que por lo común alternan con los versos endecasílabos los heptasílabos, y en que se pueden usar algunos libres o sueltos de cualquiera de estas dos medidas, y aconsonantarse los demás sin sujeción a un orden prefijado. ‖ Composición poética escrita en silva. *Rioja escribió bellas* SILVAS.

SILVA, Antonio José da. *Biog.* Poeta cómico port., nacido en Brasil, autor de *Los encantos de Medea; Historia del gran Don Quijote de la Mancha y del gordo Sancho Panza; Anfitrión*, etc. (1705-1739). ‖ – **Feliciano de.** Nov. español, autor de libros de caballerías: *Don Florisel de Niquea; Don Rogel de Grecia; Amadís de Grecia*, etc. (m. aprox. 1560). ‖ – **Jesús Bermúdez.** Compositor col., autor de la pieza sinfónica *Torbellino* y otras obras orquestales (n. 1884). ‖ – **José Asunción.** Poeta colombiano, precursor del modernismo en su patria. Su obra refleja la melancolía de un misticismo sensual y desesperado, como en *Nocturnos* o resonancias anímicas de tonos infantiles como *Los maderos de San Juan* (1865-1896). ‖ – **José Joaquín.** Novelista ecuatoriano cont., autor de *Calabozo 51* y otras obras de carácter social. ‖ – **José Laurencio.** Mil. venezolano de destacada actuación en las guerras de la Independencia (1792-1873). ‖ – **José María.** Patriota salvadoreño, jefe del Estado bajo la Confederación Centroamericana en 1834. ‖ – **Manuel de.** Compositor bras., músico de capilla del emperador Pedro II y autor del Himno Nacional de su patria (1795-1865). ‖ – **Medardo Ángel.** Literato ec., autor de la obra poética *El árbol del bien y del mal* y de la novela *María Jesús* (1899-1921). ‖ – **Pedro.** Mil. chileno, de relevante actuación en las campañas de Perú (m. 1864). ‖ – **Ricardo.** Escritor col. padre de José Asunción; autor de varias novelas (1836-1887). ‖ – **Víctor Domingo.** Escr. y periodista chil., autor de *Palomilla brava; El cachorro*, etc. (1882-1960). ‖ – **CASTRO, Raúl.** Escr. chileno, autor de *Antología de poetas chilenos del siglo XIX; Retratos literarios*, etc. (1903-1970). ‖ – **LAZO, Julio.** Escritor chileno cont., autor de *Hombres de Reloncaví* y otras obras. ‖ – **VALDÉS, Fernán.** Poeta urug. cuyos tradicionales temas gauchescos están tratados como nueva visión de lo nativo. Obras: *Poemas nativos; Los romances chúcaros*, etc. (1887-1975). ‖ – **VELÁZQUEZ, Diego de.** V. **Velázquez, Diego de Silva.** ‖ – **VILDÓSOLA, Carlos.** Escr. y periodista chil., autor de *Vida de Don Alonso de Ercilla; Periodismo y letras en Chile*, etc. (1870-1940). ‖ – **XAVIER, Joaquín José de.** Célebre guerrillero brasileño, precursor y mártir de la independencia de su patria, igualmente conocido por el apodo de **Tiradentes** a causa de su profesión de dentista. Se desempeñaba como alférez de caballería cuando encabezó valientemente la conspiración patriótica de 1789 contra la dominación portuguesa, motivada por el abusivo sistema impositivo de los recaudadores coloniales y conocida también como el Movimiento de la Inconfidencia Minera. Ordenada su decapitación y descuartizamiento, pronunció serenamente en el cadalso su famosa frase: "Cumplí mi palabra: muero por la libertad" (1748-1792).

SILVANO. *Mit.* Semidios representante de las selvas.

SILVÁTICO, CA. adj. Servático.

SILVERIO, San. *Hagiog.* Papa de 536 a 540.

SILVES. *Geog.* Población del S. de Portugal, en la prov. de Algarve. 10.237 h. Importante catedral del s. XII; explotación forestal.

SILVESTRE. al. **Wildwachsend.** fr. **Sylvestre.** ingl. **Wild.** ital. **Silvestre.** port. **Silvestre.** (Del lat. *silvestris.*) adj. Aplícase a lo que se cría en selvas o campos de modo natural y sin cultivo. antón.: **cultivado, sativo.** ‖ Inculto, agreste y rústico. V. **Aceituno, arveja, asno, ave, cerezo, gallo, grosellero, lechuga, miel, mosqueta, mostaza, níspero, olivo, paloma, pimienta, pimiento, puerro, rábano, rosal, vid silvestre.** ‖ IDEAS AFINES: *Salvajismo, fiereza, indómito, cimarrón; ignorante, analfabeto.*

SILVESTRE I, San. *Hagiog.* Papa consagrado en 314; el primero que en retratos y monumentos de culto aparece con la tiara (270-335).

SILVESTRE II. *Biog.* Papa consagrado en 999; se le atribuye la vulgarización de las cifras arábigas y la invención del reloj de péndulo (m. 1008).

SILVESTRE, Gregorio. *Biog.* Poeta y músico esp., autor de *Lamentaciones de amor* (1520-1569). ‖ – **Luis Segundo de.** Novelista col. (1838-1887).

SILVIA. (Del lat. *sylvia.*) f. Curruca.

SILVIA. *Geog.* Población de Colombia, en el dep. de Cauca, sit. al norte de Popayán. 3.000 h. Cultivos de trigo y papa.

SILVÍCOLA. (Del lat. *silva*, selva, y *colere*, habitar.) adj. Que vive en los bosques. Ú.t.c.s. ‖ Perteneciente o relativo a la silvicultura. ‖ m. Género de pájaros americanos, de plumaje vivamente coloreado, pico cónico, narices longitudinales provistas de un opérculo membranoso y cola muy larga.

SILVICULTOR. (Del lat. *silva*, selva, y *cúltor*, cultivador.) m. El que profesa la silvicultura o posee especiales conocimientos de ella.

SILVICULTURA. (Del lat. *silva*, selva, y *cultura*, cultivo.) f. Cultivo de los bosques o montes. ‖ Ciencia que trata de este cultivo. sinón.: **selvicultura.**

SILVIDO, DA. (De *silvia.*) adj. *Zool.* Dícese de pájaros dentirrostros de pequeño tamaño y parecidos a los túrdidos. Ú.t.c.s. ‖ m. pl. *Zool.* Familia de estos pájaros.

SILVINA. f. Cloruro potásico usado para preparar abonos.

SILVOSO, SA. (Del lat. *silvosus.*) adj. Selvoso.

SILLA. al. **Stuhl.** fr. **Chaise.** ingl. **Chair.** ital. **Sedia.** port. **Cadeira.** (Del lat. *sella.*) f. Asiento con respaldo, por lo común con cuatro patas, y en que sólo cabe una persona. ‖ Aparejo para montar a caballo, compuesto por una armazón de madera, cubierta por lo general de cuero y rellena de crin. ‖ Sede de un prelado. ‖ Dignidad de papa y otras eclesiásticas. ‖ fig. y fam. Ano. ‖ *Cuba.* Taburete. ‖ – **apostólica. Sede apostólica.** ‖ – **bastarda.** La usada antiguamente y en la que se llevaban las piernas menos estiradas que cabalgando a la brida y más que a la jineta. ‖ – **coche. Silla de ruedas.** ‖ – **curul. Silla** de marfil de los ediles romanos. ‖ fig. La ocupada por una persona que ejerce elevada magistratura o dignidad. ‖ – **de la reina.** Asiento que forman entre dos personas con las cuatro manos, asiendo cada una su muñeca y la de la otra. ‖ – **de manos.** Vehículo con asiento para una persona, en forma de caja de coche, y el cual, afirmado en dos varas largas, es llevado por hombres. ‖ *Arg., Col., C. Rica* y *Chile.* **Silla de la reina.** ‖ – **de montar. Silla de equitación.** ‖ – **de posta.** Carruaje en que se corría la posta. ‖ – **de ruedas.** La provista de ruedas y que sirve para enfermos, inválidos, etc. ‖ – **de tijera.** La que tiene el asiento de tela o cuero y las patas cruzadas en aspa de modo que puede plegarse. ‖ – **eléctrica.** Aquella en que se ejecuta al condenado a muerte por electrocución. ‖ – **gestatoria. Silla** portátil que usa el papa en algunos actos de gran ceremonia. ‖ – **hamaca.** *Arg.* Mecedora. ‖ – **inglesa. Silla de montar.** ‖ – **jineta.** La que sólo se distingue de la común en que los borrenes son más altos, las aciones más cortas y mayores los estribos. ‖ – **poltrona.** La más baja de brazos que la común, y de más amplitud. ‖ – **turca.** *Anat.* Escotadura en forma de silla del hueso esfenoides. ‖ – **volante.** Carruaje de dos ruedas y de dos asientos. ‖ **De silla a silla.** m. adv. con que se explica el modo de conferenciar privadamente. ‖ **Pegársele a uno la silla.** frs. fig. y fam. Estarse mucho tiempo en una parte; detenerse demasiado en una visita. ‖ IDEAS AFINES: *Sofá, diván, triclinio, litera, confidente, almohadón, sentarse, mueblería; comodidad, incomodidad.*

SILLADA. f. Rellano en la ladera de un monte.

SILLANPAA, Francisco Emilio. *Biog.* Escr. finlandés; a través de toda su obra dedicada a "hacer escuchar la voz y el espíritu de Finlandia en el mundo", como declarara en 1939 al recibir el premio Nobel de Literatura, describe, en relatos que unen la penetración sicológica a la compasión despertada ante la tragedia del hombre elemental, la dureza de la vida campesina: *Santa miseria; Silya: La belleza y miseria de la vida humana*, etc. (1888-1964).

SILLAR. (De *silla.*) m. Cada una de las piedras labradas, generalmente de forma de paralelepípedo rectángulo, que forman parte de una construcción de sillería. ‖ Parte del lomo de la caballería, donde carga la silla. ‖ – **de hoja.** *Cant.* El que no ocupa todo el grueso del muro. ‖ – **lleno.** *Cant.* El que tiene el mismo grueso en el paramento que en el tizón.

SILLAREJO. m. dim. de **Sillar** de piedra; dícese en especial del que no atraviesa todo el grueso del muro.

SILLERA. f. Mujer que cuida de las sillas en las iglesias.

SILLERÍA. f. Conjunto de sillas y sillones de una misma clase, con que se amuebla una habitación. SILLERÍA *de sala.* ‖ Conjunto de asientos unidos unos a otros, como los del coro de las iglesias. *En los siglos XV y XVI se labraron maravillosas* SILLERÍAS. ‖ Taller donde se hacen sillas. ‖ Tienda donde se venden. ‖ Oficio de sillero.

SILLERÍA. f. Cantería, fábrica hecha de sillares. Conjunto de estos sillares.

SILLERO, RA. s. Persona que, por oficio, hace sillas, o las vende. ‖ Silletero.

SILLETA. f. dim. de **Silla.** ‖ Vaso para excretar en la cama los enfermos. ‖ Piedra en que se labra o muele el chocolate. ‖ *Col., Chile, Perú* y *Ven.* Silla, asiento.

SILLICO. m. Bacín, orinal. sinón.: **bacinilla.**

SILLÍN. (dim. de *silla.*) m. Jamuga cómoda y lujosa. ‖ Silla de montar más ligera que la común. ‖ Silla muy pequeña que lleva la caballería de varas. ‖ Asiento de la bicicleta y otros vehículos semejantes.

SILLETAZO. m. Golpe dado con una silla.

SILLETERO. (De *silleta.*) m. Cada uno de los portadores de la silla de manos. ‖ *Amér.* y *León.* Sillero.

SILLETÍN. m. dim. de **Silleta.**

SILLITA. f. dim. de **Silla.** ‖ – **de oro.** *Arg.* **Silla de la reina.**

SILLÓN. al. **Armsessel; Sessel.** fr. **Fauteuil.** ingl. **Armchair.** ital. **Seggiolone; poltrona.** port. **Silhão.** m. aum. de **Silla.** ‖ Silla de brazos mayor y más cómoda que la común. sinón.: **butaca.** ‖ **Silla** de montar en la que una mujer puede ir sentada como en una silla ordinaria. ‖ *Amer.* Mecedora. ‖ *Col.* y *Perú.* Silla de tijera que se pone a los asnos y a los bueyes.

SILLÓN, NA. adj. *Arg., Chile, Dom.* y *Urug.* Ensillado, dícho de una caballería.

SIMA. al. **Abgrund.** fr. **Gouffre.** ingl. **Abyss.** ital. **Abisso.** port. **Abismo.** f. Cavidad muy grande y profunda en la tierra. sinón.: **abismo;** antón.: **cima.** ‖ Escocia, moldura.

SÍMACO, San. *Hagiog.* Papa consagrado en 494 (m. 514).

SIMARUBA o **SIMARRUBA.** f. *Bot.* Género de árboles americanos, de corteza amarga, hojas coriáceas y flores en panoja. La corteza de la raíz de la especie *Simaruba amara* se usa en medicina como tónica y astringente.

SIMBIOSIS. al. **Symbiose; Lebensgemeinschaft.** fr. **Symbiose.** ingl. **Symbiosis.** ital. **Simbiosi.** port. **Simbiose.** (Del gr. *syn*, con, y *bíosis*, medios de subsistencia.) f. *Hist. Nat.* Asociación de organismos de diferentes especies que se favorecen mutuamente en su existencia. ‖ deriv.: **simbiótico, ca.**

SIMBIRSK. *Geog.* C. de la Unión Soviética. V. **Ulianovsk.**

SIMBLÉFARON. m. *Pat.* Adherencia completa o parcial del párpado al globo ocular.

SIMBOL. m. *Arg.* Gramínea de tallos largos y flexibles que se utilizan para hacer cestos.

SIMBÓLICAMENTE. adv. m. De manera simbólica. ‖ Empleando símbolos.

SIMBÓLICO, CA. adj. Perteneciente o relativo al símbolo o expresado por medio de él.

SIMBOLISMO. m. Sistema de símbolos con que se representa alguna cosa. ‖ Movimiento literario iniciado a fines del siglo XIX.

SIMBOLISTA. com. Persona aficionada a usar símbolos. ‖ adj. Perteneciente o relativo al simbolismo. ‖ Dícese del literato que cultiva el simbolismo. Ú.t.c.s. *Verlaine es un* SIMBOLISTA.

SIMBOLIZABLE. adj. Propio para expresarse por medio de un símbolo.

SIMBOLIZACIÓN. f. Acción y efecto de simbolizar.

SIMBOLIZAR. tr. Servir una cosa como símbolo de otra. *El color verde* SIMBOLIZA *la esperanza.* ‖ intr. desus. Parecerse, asemejarse una cosa a otra. ‖ deriv.: **simbolizador, ra; simbolizamiento.**

SÍMBOLO. al. **Sinnbild; Symbol.** fr. **Symbole.** ingl. **Symbol.** ital. **Simbolo.** port. **Símbolo.** (Del lat. *sýmbolum*, y éste del gr. *sýmbolon.*) m. Imagen, figura o divisa con que se representa un concepto por alguna semejanza o correspondencia que el entendimiento percibe entre ambos. *El ramo de olivo es* SÍMBOLO *de la paz;* sinón.: **emblema.** ‖ Dicho sentencioso. ‖ *Num.* Emblemas o figuras accesorias que se ponen en las monedas y las medallas. ‖ *Quím.* Letra o letras convenidas con que se designa un elemento químico. *La letra S es el* SÍMBOLO *del azufre.* ‖ – **algébrico.** Letra o figura que representa un número variable o bien cualquiera de los entes para los cuales se ha definido la igualdad y la suma. ‖ – **de la fe,** o **de los apóstoles.** Credo, oración. ‖ IDEAS AFINES: *Alegoría, parábola, alusión, metáfora, tropo, insignia; significado, interpretación.*

SIMBOLOGÍA. (De *símbolo* y *logía.*) f. Estudio de los símbolos. ‖ Conjunto o sistema de símbolos.

SIMENON, Jorge. *Biog.* Escr. belga, autor de novelas policiacas y de aventuras; *La favorita del puerto; La nieve estaba sucia; Monsieur La Souris*, etc. (n. 1903).

SIMEÓN. *Hist. Sagr.* Segundo hijo del patriarca Jacob y tronco de una de las doce tribus de Israel.

SIMEÓN II. *Biog.* Rey de Bulgaria de 1943 hasta 1946, en que fue destronado por un plebiscito que estableció la rep. (n. 1937).

SIMETRÍA. al. **Symmetrie; Ebenmass.** fr. **Symétrie.** ingl. **Symmetry.** ital. **Simmetria.** port. **Simetria.** (Del lat. *symetria*, y éste del gr. *symmetría*, de *sýmmetros;* de *syn*, con y *metron,* medida.) f. Proporción adecuada de las partes de un todo entre sí y con el todo mismo. ‖ Correspondencia de forma, posición y dimensiones de las partes de un cuerpo o de una figura, a uno y otro lado de un plano transversal o alrededor de un punto o eje.

SIMÉTRICAMENTE. adv. m. Con simetría.

SIMÉTRICO, CA. (Del gr. *symmetrikós.*) adj. Perteneciente a la simetría. ‖ Que la tiene.

SIMFEROPOL. *Geog.* Ciudad de la Unión Soviética (R.S.F.S.R.), en Crimea. 250.000 h. Manufactura de jabones; centro frutícola. Universidad.

SIMIA. (Del lat. *simia.*) f. Hembra del simio.

SÍMICO, CA. adj. Perteneciente o relativo al simio.

SIMIENTE. (Del lat. *sementis.*) f. Semilla. ‖ Semen. ‖ – **de papagayos.** Alázor, planta.

SIMIENZA. f. p. us. Sementera.

SIMIESCO, CA. adj. Que se asemeja al simio.

SÍMIL. al. **Ähnlich.** fr. **Semblable; comparaison.** ingl. **Similar; simile.** ital. **Simile.** port. **Símile.** (Del lat. *símilis.*) adj. p. us. Semejante. ‖ m. Comparación, semejanza entre dos cosas. ‖ *Ret.* Figura que consiste en comparar una cosa con otra, para dar viva idea de una de ellas. sinón.: **comparación, semejanza.**

SIMILAR. (De *símil.*) adj. Que tiene semejanza o analogía con una cosa.

SIMILICADENCIA. (Del lat. *similis,* semejante, y de *cadencia.*) f. *Ret.* Figura que consiste en emplear al fin de dos o más cláusulas, o miembros del período, palabras de sonido semejante y en especial, presentando el mismo accidente gramatical. *Te saludé y no me saludaste; no hago lo que quiero sino lo que puedo.*

SIMILITUD. (Del lat. *similitudo.*) f. Semejanza, parecido.

SIMILITUDINARIO, RIA. adj. Dícese de lo que tiene similitud con otra cosa.

SIMILOR. (De *símil* y *oro.*) m. Aleación de cinc y cobre que parece oro por el color y el brillo. *Cadena, anillo de* SIMILOR.

SIMIO. (Del lat. *simius.*) m. Mono, cuadrumano.

SIMLA. *Geog.* Ciudad del N. O. de la India, cap. del Estado de Himachal Pradesh. 56.000 h.

SIMMEL, Jorge. *Biog.* Filósofo al., representante de las nuevas tendencias de comienzos del siglo XX (1858-1918).

SIMÓN. (De *Simón,* nombre de un alquilador de coches en Madrid.) adj. y s. V. **Coche simón.** ‖ V. **Cochero simón.**

SIMÓN. *Hist. Sagr.* Sumo sac. de los judíos, administrador de Judea de 292 a 284 a. de C.; fortificó y embelleció a Jerusalén. ‖ – **el Cireneo.** Judío que ayudó a Jesús a llevar la cruz cuando marchaba hacia el Calvario. ‖ – **el Mago.** Gnóstico samaritano, célebre por sus sortilegios. Quiso comprar a los apóstoles Pedro y Juan el don de conferir el Espíritu Santo. ‖ – **Macabeo.** V. **Macabeos.**

SIMON, Antonio. *Biog.* Mil. haitiano, presid. de la Nación de 1908 a 1911; depuesto por una revolución ‖ – **Herbert A.** *Biog.* Profesor nort. n. en 1916, a quien se otorgó el premio Nobel de Economía 1978 por su investigación sobre la toma de decisiones en las organizaciones económicas. ‖ – **Ricardo.** Erudito fr., iniciador de los modernos estudios bíblicos con *Historia crítica del Viejo Testamento; Historia crítica del Nuevo Testamento,* etc. (1638-1712).

SIMÓN, Pedro. *Biog.* Religioso e historiador esp., autor de *Noticias historiales de las conquistas de Tierra Firme en las Indias Occidentales* y otras obras (s. XVII).

SIMONDE DE SISMONDI, Juan Carlos. *Biog.* V. **Sismondi, Juan Carlos Simonde de.**

SIMONÍA. (Del b. lat. *Simonia,* de *Simón* el Mago, que quiso comprar a San Pedro el don de conferir el Espíritu Santo.) f. Compra o venta ilícita de cosas espirituales o de temporales anejas a ellas. ‖ Propósito de verificar dicha compraventa.

SIMONÍACAMENTE o **SIMONIACAMENTE.** adv. m. Con simonía.

SIMONÍACO, CA o **SIMONIACO, CA.** (Del b. lat. *simoniacus.*) adj. Perteneciente a la simonía. ‖ Que la comete. Ú.t.c.s.

SIMONIÁTICO, CA. adj. y s. Simoníaco.

SIMÓNIDES DE CEOS. *Biog.* Poeta gr., rival de Esquilo y Píndaro y autor de *Epigramas; Cantos sobre victorias; Elegías,* etc. (556-497 a. de C.).

SIMONS, David. *Biog.* Aeronauta estadounidense cont. que en agosto de 1957 ascendió, en globo, a 35.700 metros. ‖ – **Y RODRÍGUEZ, Moisés.** Compositor cub., autor de zarzuelas y obras sinfónicas (1890-1945).

SIMONSEN, Roberto. *Biog.* Economista bras., autor de *El trabajo moderno; Las finanzas y las industrias; Historia económica del Brasil,* etc. (n. 1889).

SIMPA. (Voz quichua.) f. *Arg.* y *Perú.* Trenza.

SIMPATÍA. al. **Mitgefühl; sympathie.** fr. **Sympathie.** ingl. **Congeniality; liking.** ital. **Simpatia.** port. **Simpatia.** (Del lat. *sympathia,* y éste del gr. *sympatheia,* comunidad de sentimientos.) f. Conformidad, inclinación o analogía de sentimientos. ‖ Inclinación instintiva hacia personas o cosas. antón.: **antipatía.** ‖ *Med.* Relación de actividad fisiológica y patológica de algunos órganos que no tienen conexión directa entre sí. ‖ Influencia transmitida de un sujeto a otro, por la que un individuo repite los actos que otro ejecuta.

SIMPÁTICAMENTE. adv. m. Con simpatía.

SIMPÁTICO, CA. adj. Que inspira simpatía. antón.: **antipático.** ‖ Relativo a la simpatía. ‖ Relativo o perteneciente al **gran simpático.** ‖ *Mús.* Dícese de la cuerda que resuena por sí sola cuando se hace sonar otra. ‖ m. **Gran simpático.** ‖ **Gran simpático.** *Anat.* Sistema nervioso de la vida vegetativa, que se distribuye por las vísceras, glándulas, vasos y músculos lisos.

SIMPATIZADOR, RA. adj. Que simpatiza.

SIMPATIZANTE. p. a. de **Simpatizar.** Que simpatiza. Ú.t.c.s.

SIMPATIZAR. intr. Sentir simpatía. HAN SIMPATIZADO *porque tienen los mismos gustos.*

SIMPLE. al. **Einfach; schlicht.** fr. **Simple.** ingl. **Simple.** ital. **Semplice.** port. **Simples.** (Del lat. *simplex.*) adj. Sin composición. *El alma es* SIMPLE. ‖ Sencillo, sin reforzar o sin duplicar. *Cierra el jardín un* SIMPLE *muro.* ‖ Dícese de la copia de una escritura que se saca sin firmar ni autorizar. ‖ fig. Desabrido, falto de sabor y de sazón. ‖ Manso, apacible e incauto. Ú.t.c.s. ‖ fig. De escaso discurso, mentecato. Ú.t.c.s. *El* SIMPLE *es el gracioso del primitivo teatro español.* ‖ *Gram.* Aplícase a la palabra que no se compone de otras de la lengua a que pertenece. *Vino es un substantivo* SIMPLE. ‖ m. Planta medicinal u otra substancia que se usa sola en terapéutica o que entra en la composición de un medicamento.

SIMPLEMENTE. adv. m. Con simpleza o sencillez. ‖ Absolutamente, sin condición alguna.

SIMPLEZA. al. **Einfältigkeit.** fr. **Naïveté.** ingl. **Silliness.** ital. **Semplicità.** port. **Simpleza.** f. Bobería, necedad. ‖ desus. Rusticidad, tosquedad.

SIMPLICIDAD. al. **Einfachheit.** fr. **Simplicité.** ingl. **Simplicity.** ital. **Semplicità.** port. **Simplicidade.** (Del lat. *simplícitas, atis.*) f. Sencillez, candor. sinón.: **ingenuidad, parvulez.** ‖ Calidad de simple o sencillo.

SIMPLICIO. *Biog.* Fil. neoplatónico gr., uno de los más célebres comentaristas de Aristóteles (s. VI).

SIMPLICIO, San. *Hagiog.* Papa consagrado en 468. Durante su pontificado tuvo lugar la caída del Imperio de Occidente (m. 483).

SIMPLICÍSIMO, MA. Del lat. *simplícissimus.*) adj. sup. de **Simple.** ‖ deriv.: **simplicísimamente.**

SIMPLICISTA. adj. Simplista, que simplifica. Apl. a pers., ú.t.c.s.

SIMPLIFICABLE. adj. Capaz de simplificación.

SIMPLIFICACIÓN. f. Acción y efecto de simplificar.

SIMPLIFICADAMENTE. adv. m. Con simplificación, de una manera simplificada.

SIMPLIFICADOR, RA. adj. Que simplifica.

SIMPLIFICAR. al. **Vereinfachen.** fr. **Simplifier.** ingl. **To simplify.** ital. **Semplificare.** port. **Simplificar.** (Del lat. *símplex,* simple, sencillo, y *fácere,* hacer.) tr. Hacer más sencilla o más fácil una cosa. ‖ *Mat.* Reducir a pocos guarismos cantidades grandes, cálculos complicados, etc. SIMPLIFICAR *un quebrado.* ‖ deriv.: **simplificativo, va; simplificatorio, ria.**

SIMPLÍSIMO, MA. adj. sup. de **Simple.**

SIMPLISMO. m. Tendencia a ver las cosas más simples de lo que son.

SIMPLISTA. adj. Que simplifica o tiende a simplificar. Apl. a pers., ú.t.c.s. sinón.: **simplicista.** ‖ m. El que disfruta un beneficio simple. ‖ com. *Med.* Persona perita en simples.

SIMPLÓN, NA. adj. fam. aum. de **Simple,** mentecato. ‖ Sencillo, ingenuo. Ú.t.c.s.

SIMPLÓN. *Geog.* Paso de los Alpes, sit. en la región de los Peninos, que une Suiza e Italia. Situado a 2.008 m. de altura, está atravesado por una carretera de 65 km. y un túnel de 19,8 km., que es el de mayor longitud del mundo.

SIMPLOTE, TA. adj. y s. fam. Simplón.

SIMPOSIA. f. Festín, banquete que celebraban los antiguos. ‖ deriv.: **simposíaco, ca.**

SIMPOSIO. m. Certamen o reunión deliberante de asociaciones profesionales o científicas que tratan materias de su competencia.

SIMPSON, Jaime Young. *Biog.* Méd. inglés, uno de los primeros que aplicaron el cloroformo como anestésico en cirugía (1811-1870).

SIMULACIÓN. (Del lat. *simulatio, -onis.*) f. Acción de simular. sinón.: **ficción, fingimiento.** ‖ *Der.* Alteración aparente de la causa, la índole o el objeto verdaderos de un acto o contrato. ‖ *Med.* Fingimiento de una enfermedad. ‖ Semejanza de una enfermedad con otra.

SIMULACIÓN EN LA LUCHA POR LA VIDA, La. *Lit.* Obra de José Ingenieros, la primera del autor que adquirió difusión. Inicialmente incluida en el libro *Simulación de la locura,* desde 1904 fue publicada independientemente. En ella expone aspectos de ciencias naturales y sociales simultáneamente a los de medicina.

SIMULACRO. (Del lat. *simulácrum.*) m. Imagen hecha a semejanza de una cosa o persona. ‖ Especie que forma la fantasía. ‖ ant. y *Ven.* Modelo, dechado. ‖ *Mil.* Ejercicio táctico en que se fingen acciones de guerra. SIMULACRO *de bombardeo.*

SIMULADAMENTE. adv. m. Con simulación.

SIMULADOR, RA. adj. y s. Que simula. *Ese hombre no está loco, es un* SIMULADOR.

SIMULAR. al. **Vortäuschen.** fr. **Simuler; feindre.** ingl. **To simulate.** ital. **Simulare.** port. **Simular.** (Del lat. *simulare.*) tr. Representar una cosa, fingiendo lo que no es. SIMULAR *un ataque de reuma;* sinón.: **fingir.** ‖ deriv.: **simulable; simulamiento; simulativo, va; simulatorio, ria.**

SIMULTÁNEAMENTE. adv. m. Con simultaneidad.

SIMULTANEAR. tr. Realizar en el mismo espacio de tiempo dos operaciones o propósitos. ‖ Cursar al mismo tiempo dos o más asignaturas correspondientes a distintos cursos académicos o a diferentes facultades. SIMULTANEA *los estudios de filosofía con los de medicina.*

SIMULTANEIDAD. f. Calidad de simultáneo.

SIMULTÁNEO, A. al. **Gleichzeitig.** fr. **Simultané.** ingl. **Simultaneous.** ital. **Simultaneo.** port. **Simultaneo.** (Del lat. *símul,* juntamente, a una.) adj. Dícese de lo que se hace u ocurre al mismo tiempo que otra cosa. *Posesión* SIMULTÁNEA. ‖ IDEAS AFINES: *Sincrónico, concomitante, coexistencia, a la par, contemporáneo.*

SIMÚN. (Del ár. *simun.*) m. Viento abrasador que suele soplar en los desiertos de África y de Arabia. ‖ IDEAS AFINES: *Sahara, arena, caravana, camello, chilaba, palmera, oasis, espejismo, albornoz, beduino.*

SIN. al. **Ohne.** fr. **Sans.** ingl. **Without.** ital. **Senza.** port. **Sem.** (Del lat. *sine.*) prep. separativa y negativa que denota carencia o falta. *Estamos* SIN *vino.* ‖ Fuera de o además de. *Tiene diez mil pesos de sueldo,* SIN *las propinas.* ‖ Cuando va con el infinitivo del verbo, equivale a **no** con su participio o gerundio. *Se retiró* SIN *declarar;* es decir, *no habiendo declarado.*

SIN. (Del gr. *syn,* con.) prep. insep. que significa unión o simultaneidad. *Sincretismo, sincronismo.*

SIN. Forma prefija de la preposición *sin.* SIN*sabor,* SIN*substancia.*

SINABAFA. f. Tela parecida a la holanda.

SINAGOGA. al. **Synagoge.** fr. **Synagogue.** ingl. **Synagogue.** ital. **Sinagoga.** port. **Sinagoga.** (Del lat. *synagoga,* y éste del gr. *synagogé,* de *synago,* reunir, congregar.) f. Junta religiosa de los judíos. ‖ Templo de los judíos. ‖ deriv.: **sinagógico, ca.** ‖ IDEAS AFINES: *Rabino, tora, solideo, filacteria, Talmud, Estrella de Sión, David, Moisés.*

SINAÍ. *Geog.* Península montañosa, sit. en el extremo septentrional del mar Rojo, entre el golfo de Suez y el golfo de Akaba. Pertenece a Egipto y tiene, aproximadamente, 130.000 h. Su cima más elevada es Yebel Katharin de 2.646 m. Yacimientos de petróleo. A fines de 1956 y principios de 1957 fue ocupada por tropas israelíes y fue sucesivamente teatro de sangrientas acciones de guerra en 1967 y 1973.

SINALÁCTICO, CA. adj. Que concilia.

SINALAGMÁTICO, CA. (Del gr. *synallagmatikós,* perteneciente al contrato.) adj. *Der.* Bilateral.

SINALEFA. al. **Synalöphe.** fr. **Synalephe.** ingl. **Synalepha.** ital. **Sinalefe.** port. **Sinalefa.** (Del lat. *synaloepha,* y éste del gr. *synaloiphé,* de *synaleipho,* confundir, mezclar.) f. Trabazón o enlace de sílabas por el cual se forma una sola de la última de un vocablo y de la primera del siguiente, cuando aquél acaba en vocal y éste empieza con vocal, precedida o no de *h* muda. A veces la sinalefa enlaza sílabas de tres palabras. PARTIÓ A *Europa.* Hay SINALEFA en el siguiente verso. *"Del salón en el ángulo obscuro".*

SINALGIA. f. *Pat.* Dolor que se experimenta en un punto del cuerpo y es producido por una lesión en otro punto. ‖ deriv.: **sinálgico, ca.**

SINALOA. *Geog.* Río del O. de México que nace en el Est. de Chihuahua, atraviesa el Est. homónimo y des. en el golfo de California después de recorrer 350 km. ‖ Estado del O. de México. 58.488 km². 1.400.000 h. Trigo, caña de azúcar, henequén, frutas, algodón. Industria textil, lozas, manufactura de tabacos. Oro, plata, cobre, plomo. Cap. CULIACÁN.

SINALOENSE. adj. Natural del Estado mexicano de Sinaloa. Ú.t.c.s. ‖ Perteneciente o relativo a dicho Estado.

SINAMAY. (Voz tagala.) m. Tela muy fina de abacá o pita que se hace en Filipinas. ‖ deriv.: **sinamayera.**

SINÁN, Rogelio. *Biog.* Seud. del literato pan. **Bernardo Domínguez Alba,** autor de *Plenilunio; La cucarachita Mandiga,* etc. (n. 1904).

SINANO-GAVA. *Geog.* Río del Japón (Hondo), que des. en el mar del Japón después de recorrer 350 km.

SINAPISMO. al. **Soenfpflaster.** fr. **Sinapisme.** ingl. **Mustard plaster.** ital. **Senapismo.** port. **Sinapismo.** (Del lat. *sinapismus,* y éste del gr. *sinapismós,* de *sínapo,* mostaza.) m. Tópico o cataplasma que se hace con polvo de mostaza. ‖ Señal que deja en la piel la aplicación de este tópico. ‖ fig. y fam. Persona o cosa que molesta o exaspera.

SINAPSIS. f. Relación funcional de contacto entre las terminaciones de las células nerviosas.

SINARIO. m. p. us. Sino, pronóstico.

SINARTROSIS. f. *Anat.* Articulación no movible, como la de los huesos del cráneo.

SINCÉ. *Geog.* Población del N.O. de Colombia en el dep. de Bolívar. 8.500 h. Centro agrícola-ganadero.

SINCELEJO. *Geog.* Población de Colombia, al O. del dep. de Bolívar. 25.000 h. Centro de explotación ganadera y comercial.

SINCERADOR, RA. adj. y s. Que sincera.

SINCERAMENTE. adv. m. Con sinceridad.

SINCERAR. (Del lat. *sincerare*, purificar.) tr. Justificar la inculpabilidad de uno. Ú.m.c.r. SE SINCERÓ *ante el tribunal;* SE SINCERÓ *conmigo.* ‖ deriv.: **sincerable; sinceración; sinceramiento.**

SINCERIDAD. al. **Aufrichtigkeit.** fr. **Sincérité.** ingl. **Sincerity.** ital. **Sincerità.** port. **Sinceridade.** (Del lat. *sincéritas, -atis.*) f. Veracidad, modo de expresarse libre de fingimiento. sinón.: **franqueza, ingenuidad;** antón.: **hipocresía, simulación.**

SINCERO, RA. (Del lat. *sincerus.*) adj. Que se siente o piensa realmente. ‖ Ingenuo, veraz, sin doblez. sinón.: **franco, verdadero, verídico.**

SINCINESIS. f. *Fisiol.* Asociación de movimientos. ‖ deriv.: **sincinético, ca.**

SINCLAIR, Juan. *Biog.* Economista ingl., uno de los fundadores de la estadística como ciencia y el creador de su denominación. Publicó *Código de la agricultura; Código de la riqueza,* etc. (1754-1835). ‖ – **Upton.** Novelista estadounidense que analizo con agudeza crítica los problemas sociales de su país y de su época. Obras: *La jungla; Los dientes del dragón; El fin del mundo,* etc. (1878-1968).

SINCLINAL. adj. Inclinado uno hacia otro. ‖ *Geol.* Dícese de los estratos que presentan concavidad hacia el exterior. Ú.t.c.s.m.

SÍNCOPA. al. **Synkope.** fr. **Syncope.** ingl. **Syncopation.** ital. **Sincope.** port. **Síncopa.** (Del lat. *syncopa*, y éste del gr. *sygkopé*, de *sygkopto*, cortar, reducir.) f. *Gram.* Metaplasmo que consiste en suprimir una o más letras en medio de un vocablo; v. gr.: *seor* por *señor.* ‖ *Mús.* Enlace de dos sonidos iguales, de los cuales el primero se halla en el tiempo débil del compás, y el segundo en el fuerte.

SINCOPADAMENTE. adv. m. Con síncopa.

SINCOPADO, DA. adj. *Mús.* Dícese del ritmo o canto que tiene notas sincopadas.

SINCOPAL. adj. *Pat.* Relativo al síncope o de su naturaleza.

SINCOPAR. tr. *Gram.* y *Mús.* Hacer síncopa. ‖ fig. Abreviar. *Es un vocablo* SINCOPADO; *hay dos notas* SINCOPADAS. ‖ deriv.: **sincopador, ra; sincopativo, va.**

SÍNCOPE. (Del lat. *sýncope*, y éste del gr. *sygkopé.*) m. *Gram.* Síncopa. ‖ *Pat.* Pérdida más o menos súbita de la acción cardíaca, que produce la anemia cerebral y fenómenos derivados de ésta, inconsciencia, insensibilidad, palidez, etc., causada generalmente por emoción intensa, hemorragia, o enfermedades cardíacas y pulmonares. sinón.: **desfallecimiento, desmayo, desvanecimiento, lipotimia.**

SINCOPIZAR. tr. p. us. *Med.* Causar síncope. Ú.t.c.r. ‖ deriv.: **sincopizable; sincopización; sincopizativo, va.**

SINCRÉTICO, CA. adj. Perteneciente o relativo al sincretismo.

SINCRETISMO. (Del gr. *sygkretismós*, coalición de dos adversarios contra un tercero.) m. Sistema filosófico que trata de conciliar doctrinas diferentes. ‖ deriv.: **sincretista; sincretístico, ca.**

SINCRÓNICO, CA. (Del gr. *sýnkhronos*; de *syn*, con, y *khronos*, tiempo.) adj. Dícese de las cosas que ocurren al mismo tiempo. sinón.: **simultáneo.** ‖ deriv.: **sincrónicamente.**

SINCRONISMO. (Del gr. *synkhoronismós.*) m. Circunstancia de suceder o verificarse dos o más cosas al mismo tiempo. ‖ deriv.: **sincronístico, ca; sincrono, na.**

SINCRONIZAR. tr. Hacer que coincidan en el tiempo dos o más movimientos, o cualesquiera otros fenómenos. *En esa película no han sabido* SINCRONIZAR *las palabras con los respectivos movimientos de los labios.* ‖ deriv.: **sincronización.**

SINCHI ROCA. *Biog.* Inca del Cuzco, hijo y sucesor de Manco Cápac; reinó aproximadamente de 1166 a 1197.

SIND. *Geog.* Territorio del S. E. de Pakistán 130.642 km². 6.435.000 h. Cap. KARACHI. Cereales, algodón, cáñamo.

SINDACTILIA. f. *Med.* Adherencia de dos o más dedos entre sí. ‖ deriv.: **sindáctilo, la.**

SINDACTILISMO. m. *Med.* Sindactilia.

SINDÉRESIS. (Del gr. *syntéresis*, de *syntereo*, observar, examinar.) f. Discreción, capacidad natural para juzgar rectamente.

SINDICABLE. adj. Que puede sindicarse.

SINDICACIÓN. f. Acción y efecto de sindicar.

SINDICADO. m. Junta de síndicos.

SINDICADOR, RA. adj. Que sindica. Ú.t.c.s.

SINDICAL. adj. Perteneciente o relativo al síndico. ‖ Perteneciente o relativo al sindicato. *No*[illegible]*as* SINDICALES.

SINDICALISMO. al. **Syndikalismus; Gewerkschaftsbewegung.** fr. **Syndicalisme.** ingl. **Syndicalism; unionism.** ital. **Unionismo.** port. **Sindicalismo.** m. Sistema de organización obrera por medio del sindicato.

● **SINDICALISMO.** *Sociol.* Entre las nuevas instituciones sociales que hicieron irrupción en el s. XIX como resultado de las transformaciones económicas y las consiguientes estructuras políticas, el sindicato cobró extraordinaria importancia, que se ha ido acentuando hasta la actualidad. El sindicato tenía sus antecedentes más o menos lejanos, pero fue aproximadamente a mediados de ese siglo cuando comenzó a adquirir una dinámica internacional. De los sindicatos nació, como fuerza expansiva, el **sindicalismo,** organización colectiva que los agrupa para una mayor resistencia y eficacia en la lucha por los intereses de los asalariados. El **sindicalismo** no tardó en transformarse en un factor social preponderante, a menudo decisivo, y gravitó cada vez más en lo político, sobre todo en los países donde la evolución económica era más acelerada e intensa: Inglaterra, Alemania, Francia, Estados Unidos, etc. Sin embargo, la idea de **sindicalismo** encierra disparidad de métodos e ideologías, que alternativamente han chocado, se han diversificado y a veces fusionado. En sus *Reflexiones sobre la violencia*, Jorge Sorel intentó sentar una doctrina coherente del **sindicalismo** para contraponerla al socialismo y al anarquismo que predominaban a principios del s. XX, pero poco a poco fueron reemplazados por otras concepciones; el **sindicalismo** anarquista o anarcosindicalismo, el **sindicalismo** socialista, el comunista y posteriormente, en especial después de la segunda Guerra Mundial, el **sindicalismo** cristiano de orientación católica. Éste, al igual que otras formas del **sindicalismo** contemporáneo, es eminentemente legalista y se propone salvaguardar los derechos de los trabajadores en el marco de la sociedad actual. Los otros, enfrentados entre sí por discrepancias a menudo irreconciliables, coinciden en ver en la lucha sindical una fase, tal vez la más importante, de la lucha por la transformación del régimen capitalista. El **sindicalismo** agrupa hoy a millones de trabajadores (obreros, empleados, técnicos, profesionales, etc.) por intermedio de organismos centrales, regionales, nacionales e internacionales. Sus organizaciones mundiales más importantes son la Unión Mundial de Sindicatos y la Unión Internacional de Sindicatos Libres. Paralelamente al **sindicalismo** obrero, se ha desarrollado en muchos países un **sindicalismo** patronal de vastas proporciones.

SINDICALISTA. adj. Perteneciente o relativo al sindicalismo. ‖ com. Partidario del sindicalismo.

SINDICAR. (De *síndico.*) tr. Acusar o delatar. SINDICA *a sus propios amigos.* ‖ Poner nota, tacha o sospecha. *Le* SINDICÓ *de desleal.* ‖ Sujetar dinero, valores o mercancías a compromisos especiales para negociarlos o venderlos. ‖ Unir a varias personas de una misma profesión o de intereses comunes para formar un sindicato. Ú.t.c.r. ‖ r. Entrar a formar parte de un sindicato. *No quiere* SINDICARSE, *sino ser obrero libre.* ‖ deriv.: **sindicamiento; sindicativo, va; sindicatorio, ria.**

SINDICATO. al. **Syndikat; Gewerkschaft.** fr. **Syndicat.** ingl. **Labor union.** ital. **Sindicato.** port. **Sindicato.** m. Sindicado. ‖ Sindicatura. ‖ Asociación formada para la defensa de intereses, especialmente económicos, comunes a todos los asociados. Dícese en particular de las asociaciones obreras. SINDICATO *obrero metalúrgico.* ‖ IDEAS AFINES: *Gremio, federación, socialismo, capitalismo, intereses, obreros, cooperativas, huelgas, patronos, salarios.*

SINDICATURA. f. Oficio o cargo de síndico. ‖ Oficina del síndico.

SINDICI, Orestes. *Biog.* Compositor ital. que residió en Bogotá, autor de la música del Himno Nacional colombiano (1837-1904).

SÍNDICO. (Del lat. *syndicus*, y éste del gr. *syndikós*; de *syn*, con, y *dike*, justicia.) m. Persona que en un concurso de acreedores o en una quiebra es la encargada de liquidar el activo y el pasivo del deudor. ‖ El que custodia el dinero de las limosnas que se dan a los religiosos mendicantes. ‖ **Procurador síndico.** ‖ Persona elegida por una comunidad o corporación para velar por sus intereses.

SINDROME. m. *Med.* Cuadro o conjunto sintomático. ‖ Serie de síntomas que existen a un tiempo y definen un estado morboso. ‖ – **cerebeloso.** *Pat.* Conjunto de síntomas y signos que delatan afección del cerebelo, como vértigos, cefaleas, temblor, hipotonía muscular, cefalepsia, movimientos no armónicos y faltos de medida, marcha de ebrio, etc. Ocurre en las meningitis, tumores, hemorragias, etc. ‖ deriv.: **sindrómico, ca.**

SINÉCDOQUE. al. **Synekdoche.** fr. **Synecdoche; synecdoque.** ingl. **Synecdoche.** ital. **Sineddoche.** port. **Sinédoque.** (Del lat. *synécdoche*, y éste del gr. *synekdokhé*, de *synekdékhomai*, recibir juntamente.) f. *Ret.* Tropo que consiste en alterar la significación de las palabras, fundándose en la relación de coexistencia, y así se toma el todo por la parte, el género por la especie, la materia de que está hecha una cosa por esta misma, el continente por el contenido, etc., o viceversa; v. gr. *Cien cabezas* por *cien reses; los mortales.* por *los hombres; una buena pluma,* por *un buen escritor; el acero,* por *la espada; jerez, por vino de Jerez.*

SINECURA. (Del lat. *sine cura*, sin cuidado.) f. Empleo retribuido que ocasiona poco o ningún trabajo. sinón.: **enchufe, momio, prebenda.**

SINEDRIO. m. Sanedrín.

SINE QUA NON. (liter., *sin la cual no.*) expr. lat. V. **Condición sine qua non.**

SINÉRESIS. al. **Synäresis.** fr **Synérèse.** ingl. **Syneresis.** ital. **Sineresi.** port. **Sinérese.** (Del lat. *synaéresis*, y éste del gr. *synáiresis, de synaireo,* tomar con.) f. *Gram.* Diptongación en una misma palabra de vocales que normalmente se pronuncian en distintas sílabas, haciendo de dos de éstas una sola, como *crea-dor* por *cre-a-dor.* En la versificación se considera como licencia poética.

SINERGIA. (Del gr. *synergía* cooperación.) f. Acción simultánea de dos fuerzas. ‖ *Fisiol.* Concurso concertado de varios órganos para realizar una función. ‖ *Psicol.* y *Sociol.* Conexión de varias actividades para realizar un mismo fin. ‖ *Ter.* Cooperación de dos o más medicamentos. ‖ deriv.: **sinergético, ca; sinérgico, ca.**

SINESTESIA. f. *Pat.* Percepción de una sensación en una parte del cuerpo por la aplicación del estímulo en otra.

SINFÍN. m. Infinidad, sinnúmero. *Se lo he advertido un* SINFÍN *de veces.*

SÍNFISIS. (Del gr. *symphysis*, unión.) f. *Anat.* Conjunto de medios de unión de dos superficies óseas. ‖ Nombre de ciertas articulaciones óseas, especialmente de los huesos de la pelvis. ‖ *Pat.* Adherencia anormal de dos órganos o de dos partes de uno mismo. ‖ deriv.: **sinfisiano, na; sinfísico, ca.**

SÍNFITO. (Del lat. *symphýtum*, y éste del gr. *sýnfyton.*) m. Consuelda, planta.

SINFONÍA. al. **Symphonie.** fr. **Symphonia.** ingl. **Symphony.** ital. **Sinfonia.** port. **Sinfonia.** (Del lat. *symphonia*, y éste del gr. *symphonía*, de *sýmphonos*, que une su voz, acorde, unánime.) f. Conjunto de voces, de instrumentos o de ambas fuentes sonoras que suenan acordes y a la vez. ‖ Composición instrumental para orquesta que consta de varios movimientos o partes. *Las* SINFONÍAS *de Beethoven.* ‖ Pieza de música instrumental que antecede por lo común a las óperas y otras obras teatrales. sinón.: **introducción, obertura.** ‖ Nombre que en lo antiguo se aplicó indistintamente a varios instrumentos musicales. ‖ fig. Armonía de los colores. ‖ deriv.: **sinfoniado, da.** ‖ IDEAS AFINES: *Concierto, instrumentación, polifonía; Mozart, Haydn.*

SINFONÍA INCONCLUSA. *Mús.* Composición de Schubert descubierta y ejecutada por primera vez en 1865, mucho después de la muerte del autor. Formada por un *Allegro* y un *Andante*, se desenvuelve bajo el signo de una trágica grandeza.

SINFÓNICO, CA. adj. Perteneciente o relativo a la sinfonía. *Orquesta* SINFÓNICA.

SINFONISTA. com. Persona que compone sinfonías. ‖ Persona que toma parte en su ejecución.

SINGA. f. *Mar.* Acción y efecto de singar.

SINGAPUR. *Geog.* Isla asiática, sit. en el extremo meridional de la pen. de Malaca. Constituye, junto con las islas Cocos y la isla Christmas, un Estado independiente, miembro del Commonwealth. 581 km². 2.310.000 h. Cap. hom. 2.249.000 h. Importante base naval y puerto comercial. Café, frutas.

SINGAR. intr. Remar con un remo armado en la popa de una embarcación, moviéndolo de modo que produzca un movimiento de avance. ‖ *Cuba y Ven.* Molestar, fastidiar.

SINGER, Isaac Bashevis. *Biog.* Escritor polaco, de origen judío, residente en Nueva York, que en 1978 fue galardonado con el premio Nobel de Literatura. Obras: *La familia Moskat; Un amigo de Kafka,* etc. (n. 1904).

SINGERMAN, Berta. *Biog.* Recitadora argentina cont., admirable intérprete del verso.

SINGLADURA. (De *singlar.*) f. *Mar.* Distancia recorrida por una nave en 24 horas. ‖ En las navegaciones, intervalo de 24 horas 4334 que suele empezar a contarse al mediodía.

SINGLAR. (Del ant. nórdico *sigla*, navegar.) intr. *Mar.* Navegar, andar la nave con rumbo determinado.

SINGLE. (Del ingl. *single*, y éste del lat. *síngulus*, singular, solo.) adj. *Mar.* Dícese del cabo que se emplea sencillo, cuando uno de sus extremos está atado al penol de la verga.

SINGLÓN. (Del ingl. *singlon*, y éste del lat. *cíngulum*, ceñidor.) m. *Mar.* Genol.

SINGULAR. al. **Einzahl; Singular.** fr. **Singulier.** ingl. **Singular.** ital. **Singolare.** port. **Singular.** (Del lat. *singularis.*) adj. Único, solo. sinón.: **impar.** ‖ fig. Extraordinario, raro, excelente. *Fue uno de los poetas más* SINGULARES *de su tiempo.* ‖ **Número singular.** Ú.t.c.s. ‖ **En singular.** m. adv. **En particular.**

SINGULARIDAD. (Del lat. *singulárítas, -atis.*) f. Calidad de singular. ‖ Particularidad, distinción de lo común.

SINGULARIZAR. (De *singular.*) tr. Distinguir o particularizar una cosa entre varias. ‖ *Gram.* Dar número singular a palabras que no lo tienen; v. gr. *El comicio.* ‖ r. Distinguirse, apartarse del común.

SINGULARMENTE. adv. m. Separadamente, particularmente.

SINGULTO. (Del lat. *singultus.*) m. Sollozo. ‖ *Pat.* Hipo, movimiento convulsivo.

SINHUESO. f. fam. Lengua, considerada como órgano de la palabra.

SINIBALDI, Alejandro. *Biog.* Político guatemalteco, de 1885 a 1886 presidente de la República.

SÍNICO, CA. adj. Dicho de cosas, chino.

SINIESTRA. (Del lat. *sinistra.*) f. Izquierda.

SINIESTRADO, DA. adj. Que ha sufrido siniestro. *Esta es la casa* SINIESTRADA. ‖ *Blas.* Dícese de la pieza que está en la parte siniestra del escudo.

SINIESTRAMENTE. adv. m. De manera siniestra.

SINIESTRO, TRA. al. Linke; unheilvoll. fr. Gauche; sinistre. ingl. Sinister; unlucky. ital. Sinistro; infausto. port. Sinistro. (Del lat. *sinister, -tri.*) adj. Dícese de la parte o sitio que está a la mano izquierda. *A este escudo le falta el cantón* SINIESTRO *del jefe.* || fig. Viciado, avieso y malintencionado. *Es un hombre* SINIESTRO. || Infeliz, funesto. || m. Propensión a lo malo; resabio, vicio o mala costumbre. Ú.m. en pl. || Avería grave o pérdida importante que sufren las personas o la propiedad, especialmente por muerte, incendio o naufragio. || Barbarismo por **incendio.**

SINISTRORSO. adj. Que se mueve hacia la izquierda. antón.: **dextrorso.**

SINISTRORSUM. (Voz latina.) A izquierdas.

SINJUSTICIA. f. Injusticia.

SINKIANG. Geog. Región del N. O. de la China, conocida también como **Turquestán oriental** o **Turquestán chino.** 1.710.000 km². 4.360.000 h.

SINNAMARY. Geog. Río de la Guayana Francesa que des. en el Atlántico después de recorrer 300 km.

SIN NOVEDAD EN EL FRENTE. Lit. Novela de Enrique M. Remarque publicada en 1928, desgarrante alegato contra la guerra y una de las obras pacifistas más leídas en todo el mundo.

SINNÚMERO. m. Número incalculable de personas o cosas. *Hubo un* SINNÚMERO *de atropellos,* sinón.: **infinidad, sinfín.**

SINO. m. Signo, hado. sinón.: **destino.**

SINO. (De *si* y *no.*) conj. advers. con que se contrapone a un concepto negativo otro afirmativo. *No es cosa de ahora,* SINO *de hace mucho tiempo.* En esta acepción suele juntarse con modos adverbiales de sentido adversativo, como *al contrario, antes bien,* etc. *No quiere que le deje tranquilo,* SINO, al contrario, *que le inquiete de continuo.* || Denota a veces idea de excepción. *Nadie lo diría* SINO *tú.* || Con la negación que le anteceda, suele equivaler a **solamente o tan sólo.** *No quiero* SINO *que me guardes la debida consideración.* || Cuando va precedido del modo adverbial *no sólo,* denota adición de otro u otros miembros a la cláusula. *No sólo por aplicado,* SINO *por dócil y buen compañero merece el premio.* En casos como este, puede acompañarse del adverbio *también.* *No sólo por bonita,* SINO TAMBIÉN *por buena merece tu amor.*

SINOBLE. adj. Blas. Sinople. Ú.t.c.s.

SINOCAL. adj. Pat. Relativo a la sínoca. Ú.t.c.s.

SINOCO, CA. (Del lat. *synochus,* y éste del gr. *sýnokhos,* continuo.) adj. Sinocal. || s. Fiebre continua.

SINODAL. (Del lat. *synodalis.*) adj. Perteneciente al sínodo. *Constituciones* SINODALES; sinón.: **sinódico** || deriv.: **sinodalmente.**

SINODÁTICO. m. Tributo que pagaban al obispo los eclesiásticos cuando iban al sínodo.

SINÓDICO, CA. adj. Perteneciente o relativo al sínodo. sinón.: **sinodal.**

SÍNODO. (Del lat. *synodus,* y éste del gr. *sýnodos;* de *syn,* con, y *odós,* camino.) m. Concilio de los obispos. || Junta de eclesiásticos que nombra el ordinario para examinar a los or-

denados y confesores. || Junta de ministros protestantes para resolver asuntos eclesiásticos. || Astron. Conjunción de dos planetas en el mismo grado de la Eclíptica o en el mismo círculo de posición. || – **diocesano.** Junta del clero de una diócesis, presidida por el obispo. || **Santo sínodo.** Asamblea de la Iglesia rusa. || IDEAS AFINES: *Clero, canon, vicario, Iglesia catedral, conciliábulo, concordato, Santa Sede.*

SINOLOGÍA. f. Estudio del idioma, la literatura y las instituciones de China. || deriv.: **sinológico, ca.**

SINÓLOGO. (Del gr. *Sina,* la China, y *logos,* doctrina.) m. El que profesa la sinología.

SINÓN. Mit. Guerrero que aconsejó a los troyanos aceptar el caballo de madera dejado, al parecer, como regalo por los griegos y entrarlo en la ciudad.

SINONIMIA. (Del lat. *synonymia,* y éste del gr. *synonimía.*) f. Circunstancia de ser sinónimos dos o más vocablos. *Los diccionarios modernos prestan mucha importancia a la* SINONIMIA. || Ret. Figura que consiste en usar voces sinónimas para reforzar la expresión de un concepto. *Es un hombre franco, sincero, veraz, incapaz de decir una cosa por otra.* || deriv.: **sinonímico, ca; sinonimista.**

SINÓNIMO, MA. al. Synonym. fr. Synonyme. ingl. Synonym. ital. Sinonimo. port. Sinonimo. (Del lat. *synónymus,* y éste del gr. *synónimos;* de *syn,* con, y *ónoma,* nombre_) adj. Dícese de los vocablos y expresiones cuya significación es la misma o muy parecida. Ú.t.c.s.m. *Cerdo, cochino, chancho, guarro, gorrino, lechón, marrano y puerco son* SINÓNIMOS. || IDEAS AFINES: *Antónimo, parónimo, homónimo, homófono, homógrafo.*

SINOPE. Geog. Puerto del N. de Turquía, sobre el mar Negro. Maderas, fabricación de sedas. 16.000 h. Antiguamente fue colonia griega. Patria de Diógenes.

SINOPENSE. adj. y s. De Sinope.

SINOPLE. al. Grün. fr. Sinople. ingl. Sinople; vert. ital. Verde. port. Sinopla. (Del fr. *sinople,* y éste del gr. *sinopis,* tierra de Sinope.) adj. y s. Blas. Color verde. sinón.: **sinoble.**

SINOPSIS. (Del lat. *synopsis,* y éste del gr. *synopsis;* de *syn,* con, y *opsis,* vista.) f. Compendio de una ciencia, expuesto en forma sinóptica, sinón.: **síntesis.**

SINÓPTICO, CA. (Del lat. *synópticus,* y éste del gr. *synoptikós.*) adj. Dícese de lo que a primera vista presenta clara y distintamente las partes principales de un todo. *Cuadro* SINÓPTICO; *tabla* SINÓPTICA.

SINOVIA. (Del b. lat. *synovia.*) f. Anat. Humor transparente y viscoso que lubrica las articulaciones.

SINOVIAL. adj. Anat. Dícese de las glándulas que secretan la sinovia y de lo concerniente a ella.

SINOVITIS. f. Pat. Inflamación de una membrana sinovial, especialmente de los tendones.

SINRAZÓN. (De *sin* y *razón.*) f. Acción injusta y fuera de lo razonable y debido.

SINSABOR. m. Desabor. sinón.: **desabrimiento, insípido.** || fig. Pesar, desazón. *La vida está llena de* SINSABORES.

SINSONTE. (Del mex. *cenzontle,* que tiene cuatrocientas voces.) m. Pájaro canoro americano, parecido al mirlo, que

imita el canto de otras aves. Gén. *Minus polyglotus,* paseriforme.

SINSUBSTANCIA. com. fam. Persona insubstancial o frívola.

SINTÁCTICO, CA. adj. Gram. Perteneciente o relativo a la sintaxis.

SINTAXIS. al. Syntax; Satzlehre. fr. Syntaxe. ingl. Syntax. ital. Sintassi. port. Sintaxe. (Del lat. *syntaxis,* y éste del gr. *sýntaxis,* de *syntasso,* coordinar.) f. Gram. Parte de la gramática que enseña a coordinar y unir las palabras para formar las oraciones. || – **figurada.** La que permite el uso de las figuras de construcción para dar a la expresión del pensamiento más fuerza o elegancia. || – **regular.** La que establece el enlace de las palabras de la manera más lógica y sencilla. || IDEAS AFINES: *Fonética, morfología, analogía, subordinación, coordinación, sujeto, predicado verbal, complemento, tropo.*

SÍNTESIS. al. Synthese. fr. Synthèse. ingl. Synthesis. ital. Sintesi. port. Síntese. (Del lat. *synthesis,* y éste del gr. *sýnthesis.*) f. Composición de un todo por la reunión de sus partes o elementos. antón.: **análisis.** || Suma y compendio de una materia. || Cir. Reunión de partes divididas. || **En síntesis.** En resumen.

SINTÉTICAMENTE. adv. m. De manera sintética. *Ese compuesto orgánico se puede obtener* SINTÉTICAMENTE.

SINTÉTICO, CA. (Del gr. *synthetikós.*) adj. Relativo o perteneciente a la síntesis. || Que procede componiendo o que pasa de las partes al todo. || Dícese de los productos obtenidos por síntesis química y que reproducen la composición y propiedades de algunos cuerpos naturales.

SINTETIZABLE. adj. Que se puede sintetizar.

SINTETIZADOR, RA. adj. Que sintetiza.

SINTETIZAR. (Del gr. *synthetízomai.*) tr. Hacer síntesis. SINTETIZÓ *brevemente las opiniones expuestas.*

SINTOÍSMO. (Del chino *Shinto,* camino de los dioses.) m. Religión nacional del Japón.

SINTOÍSTA. adj. Perteneciente o relativo al sintoísmo. || Que profesa esta religión. Ú.t.c.s.

SÍNTOMA. al. Symptom. fr. Symptome. ingl. Symptom. ital. Sintomo. port. Sintoma. (Del lat. *symptoma,* y éste del gr. *sýmptoma.*) m. Manifestación de una alteración orgánica o funcional apreciable por el médico o por el enfermo. sinón.: **pródromo, síndrome.** || fig. Señal, indicio de una cosa que está sucediendo o va a suceder. *Es mal* SÍNTOMA *que no vaya a trabajar al día siguiente de una fiesta.*

SINTOMÁTICO, CA. (Del gr. *symptomatikós.*) adj. Perteneciente al síntoma.

SINTOMATOLOGÍA. f. Parte de la patología que estudia los síntomas de las enfermedades.

SINTONÍA. (Del gr. *syn,* con, y *tonos,* tono.) f. Sintonismo.

SINTÓNICO, CA. adj. Sintonizado.

SINTONISMO. m. Cualidad de sintónico.

SINTONIZACIÓN. f. Acción y efecto de sintonizar.

SINTONIZADOR. m. Elec. Sistema que permite variar la longitud de onda propia del aparato receptor, adaptándole a la longitud de las ondas que se trata de recibir.

SINTONIZAR. al. Abstimmen; syntonisieren. fr. Syntoniser. ingl. To tune. ital. Sintonizzare.

port. **Sintonizar.** tr. Elec. En las comunicaciones inalámbricas, regular el aparato receptor para que responda a la frecuencia de las ondas emitidas por el transmisor. *Con este aparato puedo* SINTONIZAR *varias radios extranjeras.*

SINÚ. Geog. Río del N. O. de Colombia, que nace en la cordillera occidental de los Andes y des. en el mar de las Antillas después de recorrer 460 km., en su mayor parte navegables.

SINUOSIDAD. f. Calidad de sinuoso. || Seno, concavidad.

SINUOSO, SA. (Del lat. *sinuosus.*) adj. Tortuoso, que tiene senos y recodos. || fig. Dícese del carácter o de las acciones que tratan de disimular el fin a que se dirigen. *Debes estar en guardia, porque los procedimientos de ese sujeto son siempre* SINUOSOS.

SINUSITIS. f. Inflamación de los senos craneales o faciales. SINUSITIS *frontal.*

SINUSOIDE. f. Curva plana cuya ordenada es el seno del arco que tiene por radio la abscisa de la misma curva. || En el arte decorativo, curva compuesta de convexidades y concavidades que se suceden alternativamente a ambos lados de un eje. || deriv.: **sinusoidal.**

SINVERGÜENCERÍA. f. fam. Desfachatez, falta de vergüenza. sinón.: **desvergüenza.**

SINVERGÜENZA. al. Unverschämt. fr. Effronté. ingl. Shameless. ital. Sfacciato. port. Senvergonha. adj. y s. Pícaro, bribón. sinón.: **desvergonzado.** || deriv.: **sinvergonzón; sinvergonzonería.**

SIÓN. Geog. Población del S. O. de Suiza, sobre el Ródano, cap. del cantón de Valais. 23.200 h. Frutas, cereales, vinos.

SIÓN. Geog. Hist. Una de las colinas de Palestina en que se alza la c. de Jerusalén.

SIONISMO. m. Aspiración que tuvieron los judíos a fundar un Estado en Palestina, y organización internacional que constituyeron con tal fin. || Movimiento internacional de los judíos para lograr ese aspiración y consolidar el Estado hebreo.

● **SIONISMO.** Sociol. No bien perdieron los judíos su independencia, cuando los romanos destruyeron a Judea, y fueron dispersados por el mundo, surgió en ellos el anhelo mesiánico de volver a su patria. La lectura de los libros sagrados, según los cuales la Tierra Prometida sería dada a los descendientes de Jacob, mantuvo en ellos la esperanza de retorno a la perdida Jerusalén. Las restricciones y persecuciones que sufrieron durante siglos en la diáspora (*galut*) preservaron y reforzaron esa nostalgia por Sión, expresada en los rezos y cánticos litúrgicos, hasta que a fines del s. XIX surgió el movimiento político llamado **sionismo.** Como movimiento nacional, el **sionismo** reconoce antecedentes en el iluminismo (Haskalá) y en la obra de los insignes pensadores y es la resultante de un complejo de fuerzas donde se fusionan religión, nacionalidad, anhelo de libertad, retorno a su tierra. A partir de 1881 y como reacción a los programs zaristas, surgieron en Europa movimientos de carácter filantrópico que propugnaron la emigración de los judíos de Rusia hacia América y Palestina. Con Teodoro Herzl, verdade-

ro creador del **sionismo** político e inspirador del primer Congreso Sionista de Basilea, en 1897, el **sionismo** se convierte en un movimiento político organizado. En ese Congreso se formuló el objetivo del **sionismo:** crear para el pueblo judío "un Hogar en Palestina, asegurado por el derecho internacional" y se esbozaron los pasos prácticos y políticos necesarios para lograrlo, con la creación de la Organización Sionista Mundial. Apoyado por judíos prominentes de todo el mundo, el **sionismo** sólo pudo limitarse a la organización y propaganda, por la oposición del gobierno otomano a la colonización judía en Palestina. Durante la primera Guerra Mundial, el gobierno británico emitió la Declaración Balfour (V. **Balfour, Declaración**) y después de la victoria aliada aceptó el mandato sobre Palestina, por treinta años. A partir de entonces, los judíos iniciaron una inmigración creciente que se convirtió en verdadera marea a raíz de la feroz persecución desatada por Hitler en Alemania. Esa inmigración chocó con la hostilidad árabe y con las restricciones del Libro Blanco británico de 1939, que anulaba la letra y el espíritu de la Declaración Balfour. El 14 de mayo de 1948, al retirarse Gran Bretaña de Palestina, los judíos proclamaron la creación del Estado de Israel, libre y soberano.

SIONISTA. adj. Perteneciente o relativo al sionismo. || Partidario del sionismo. Ú.t.c.s.

SIOUX. adj. Siux.

SIOUX CITY. Geog. Ciudad de los EE. UU., sobre el río Misuri (Iowa). 86.000 h. Frigoríficos, fundiciones, cemento.

SIPEDÓN. m. Sepedón.

SIPE SIPE. Geog. Población de Bolivia (Cochabamba). En sus inmediaciones el ejército argentino al mando de Rondeau fue derrotado por los realistas (29 de noviembre de 1815).

SIPO, PA. adj. Ec. Picoso de viruelas.

SIQUE. V. Psique.

SIQUEIROS, David Alfaro. Biog. Pintor mex., uno de los más notables cultores mex. del arte mural. Su *Manifiesto a los plásticos de América* fue un llamamiento a "un arte monumental y heroico, a un arte público, con el ejemplo directo y vivo de nuestras grandes y extraordinarias culturas prehispánicas de América", finalidad que cumplió en sus obras, vibrantes alegatos sociales: *Zapata; Madre campesina; Siqueiros por Siqueiros,* etc. (1898-1974).

SIQUEM. Geog. histór. Antigua c. de Palestina que perteneció a la tribu de Efraín, y corresponde a la actual Nablus.

SIQUESIQUE. Geog. Población del N. O. de Venezuela (Lara), sobre el río Tocuyo. 2.000 h. Producción de maíz y café.

SIQUIATRA o **SIQUIATRA.** adj. y s. com. Psiquiatra.

SIQUIATRÍA. f. Psiquiatría.

SIQUIÁTRICO, CA. adj. Psiquiátrico, ca.

SÍQUICO, CA. adj. Psíquico, ca.

SIQUIER. conj. Siquiera. Sólo se usa en estilo literario.

SIQUIERA. (De *si* y *quiera.*) conj. advers. que equivale a **bien que** o **aunque.** *Acometeré esa empresa,* SIQUIERA *salga con las manos en la cabeza.* || Ú. como conjunción distributiva. SIQUIERA *lo diga,* SIQUIERA *lo calle.* || adv. c. **Por lo menos; tan sólo.** *Déme usted* *un cigarrillo* SIQUIERA; *no tengo un amigo* SIQUIERA. Después de **ni**, equivale a **aun.** NI SIQUIERA *me ofreció un vaso de agua fresca.*

SIQUIJOR. *Geog.* Isla del archipiélago de Filipinas, sit. al N.O. de Mindanao, que forma parte de la prov. de Negros Oriental.

SIQUIS. f. Psiquis.

SIQUISMO. m. Psiquismo.

SIR. m. Tratamiento honorífico en Inglaterra.

SIRACUSA. *Geog.* Provincia de Italia, sit. en el extremo S. E. de Sicilia. 2.199 km². 370.000 h. Cap. hom. sobre el mar Jónico. 120.000 h. Olivo, vid, frutas, industrias químicas. Fundada en 735 a. de C., fue colonia griega.

SIRACUSANO, NA. adj. y s. de Siracusa.

SIRAGUO, GUA. adj. *Ven.* Dícese del caballo pío.

SIRE. m. Majestad, tratamiento propio de los reyes en algunos países. Se usó primeramente en Francia.

SIRENA. al. **Meerweib; Sirene.** fr. **Sirène.** ingl. **Mermaid; siren.** ital. **Sirena.** port. **Sirena, sereia.** f. Cualquiera de las ninfas marinas con busto de mujer y cuerpo de ave que desorientaban a los navegantes, sugestionándolos con la dulzura de su canto. ‖ Instrumento con que se cuentan las vibraciones de un cuerpo en determinado tiempo. ‖ Pito de sonido muy fuerte que se emplea en los buques, fábricas, automóviles, etc., para avisar. ‖ *Zool.* Género de anfibios urodelos, cuyas especies son los únicos reptiles que sólo tienen un par de patas.

SIRÉNIDO, DA. adj. *Zool.* Dícese de anfibios urodelos de cuerpo alargado, un solo par de patas muy cortas y branquias durante toda la vida; como las sirenas. Ú.t.c.s. ‖ m. pl. *Zool.* Familia de estos anfibios.

SIRENIO, NIA. (Del lat. *sirenius*, de *siren*, sirena.) adj. *Zool.* Aplícase a mamíferos pisciformes herbívoros con aberturas nasales en el extremo del hocico, mamas pectorales, sin extremidades posteriores y con los dedos de las anteriores englobados en una piel común, como el manatí. Ú.t.c.s. ‖ m. pl. *Zool.* Orden de dichos mamíferos.

SIRET. *Geog.* Río del E. de Rumania que nace en los Cárpatos, recorre las regiones de Bucovina y Moldavia y des. en el Danubio, al S.O. de Galatz. 470 km.

SÍRFIDOS. m. pl. *Zool.* Familia de dípteros pequeños, de antenas cortas y cuerpo manchado o con franjas amarillentas.

SIRGA. (De *silga.*) f. *Mar.* Maroma que se emplea para tirar las redes, para llevar las embarcaciones desde tierra y para otros usos. sinón.: **silga.** ‖ **A la sirga.** m. adv. *Mar.* Dícese de la embarcación que navega tirada de una cuerda desde la orilla.

SIRGAR. (De *silgar.*) tr. Llevar a la sirga una embarcación. sinón.: **silgar.**

SIRGO. (Del lat. *séricum*, seda, obra de seda.) m. Seda torcida. ‖ Tela de seda.

SIRGUERO. m. p. us. Jilguero.

SIRIA. *Geog.* República independiente de Asia Menor, lindante con el mar Mediterráneo, Turquía, Irak, Jordania, Israel y Líbano. 185.180 km². 7.840.000 h. Cap. DAMASCO. Su suelo está constituido en gran parte con el desierto. Hacia el Oeste se levantan los montes Líbano y Antilíbano, y hacia el N.E. lo atraviesa el río Éufrates. Su economía es agrícolaganadera. Cereales, vid, olivo, frutas, algodón, tabaco; ovinos, caprinos, vacunos. Industria textil, refinerías de petróleo. Las alfombras, hechas a mano, gozan de fama mundial. ‖ *Hist.* Su territorio fue ocupado sucesivamente por los egipcios, persas, griegos, romanos, bizantinos y finalmente los turcos hasta 1916 en que fueron expulsados por los ingl. Poco después, el Consejo de los Aliados concedió a Francia un mandato sobre **Siria** y Líbano que cesó en 1941 al proclamarse la Rep. de **Siria**, separada de la del Líbano.

SIRÍACO, CA o SIRIACO, CA. adj. Natural de Siria. Ú.t.c.s. sinón.: **sirio, siro.** ‖ Perteneciente a esta región. ‖ Dícese de la lengua hablada por los antiguos **siríacos.** Ú.t.c.s.m.

SIRICIO, San. *Hagiog.* Papa consagrado en 384 (324-399).

SIRIMBA. f. *Cuba.* Síncope, patatús.

SIRINGA. f. poét. Especie de zampoña, compuesta de varios tubos de caña que forman escala musical. *La* SIRINGA, *entre los antiguos, era emblema de la vida pastoril.* ‖ *Bol.* y *Perú.* Nombre de árboles de la familia de las euforbiáceas, que producen la goma elástica. ‖ *Bot.* Género de plantas oleáceas, cuyo tipo es la lila común.

SIRINGE. f. Órgano de la voz en las aves.

SIRINGOMIELIA. f. *Pat.* Enfermedad de la medula espinal caracterizada por la formación de cavidades llenas de líquido en la substancia gris, atrofia muscular, termoanalgesia, trastornos tróficos, artropatías, fracturas espontáneas de los huesos, etc. ‖ deriv.: **siringomiélico, ca.**

SIRIO. (Del lat. *sirius*, y éste del gr. *seírios*, ardiente.) m. *Astron.* Estrella de primera magnitud, la más brillante del cielo, situada en la constelación del Can Mayor. Es una estrella doble, con un satélite cuyo período de revolución dura unos cincuenta años, y al que se atribuye una densidad extraordinaria.

SIRIO, RIA. (Del lat. *syrius.*) adj. y s. Siríaco.

SIRIO, Alejandro. *Biog.* Seud. del dibujante esp. radicado en Argentina **Nicanor Álvarez Díaz.** Ilustró importantes obras de la literatura española (1890-1953).

SIRIPO. *Lit.* Primera obra teatral argentina de asunto autóctono, escrita por Lavardén en 1789. De sus cuatro actos, sólo se conserva el segundo, escrito en endecasílabos.

SIRLE. (Del m. or. que *sirria.*) m. Excremento del ganado lanar y cabrío. sinón.: **chirle, sirria.**

SIRMIO. *Geog. histór.* Ciudad de la antigua región de Panonia, sit. sobre el río Sava. Fue una colonia romana y en ella nacieron Aureliano, Graciano y Probo.

SIRO, RA. (Del lat. *syrus.*) adj. y s. Siríaco.

SIROCO. (Del ár. *xoruc.*) m. Sudeste, viento del Mediterráneo.

SIROPE. (Del fr. *sirop.*) m. *Cuba.* Jarabe para endulzar bebidas refrescantes.

SIRRIA. (En cat. *aixerri.*) f. Sirle.

SIRTE. (Del gr. *syrtis*, de *syro*, barrer, arrastrar en pos de sí.) f. Bajo de arena. *Encalló en una peligrosa* SIRTE. ‖ deriv.: **sírtico, ca.**

SIRTE. *Geog.* Nombre con que se denominaba antiguamente a dos golfos de la costa N. de África: **Gran Sirte,** que corresponde al **Golfo de Sidra (Libia), y Pequeña Sirte,** que es el **Golfo de Gabes (Túnez).**

SIRUPOSO, SA. adj. Que tiene la consistencia del jarabe.

SIRVENTÉS. (Del provenzal *sirventes.*) m. Serventesio, composición poética.

SIRVIENTA. al. **Dienstmädchen.** fr. **Bonne.** ingl. **Maid.** ital. **Serva.** port. **Criada.** (De *sirviente.*) f. Mujer dedicada al servicio doméstico. sinón.: **criada, doméstica, mucama.**

SIRVIENTE. al. **Diener.** fr. **Serviteur; domestique.** ingl. **Servant.** ital. **Servo, servitore.** port. **Servente, criado.** (Del lat. *serviens, -entis.* p. a. de *servire*, servir.) p. a. de **Servir.** Que sirve. Ú.t.c.s. ‖ adj. *Der.* Dícese del predio gravado con una servidumbre. ‖ m. Servidor, criado. sinón.: **doméstico, fámulo, mucamo.**

SISA. (Del lat. *scissa*, cortada.) f. Parte que se defrauda o se hurta en la compra diaria de comestibles y otras cosas menudas. *Gana más de diez mil pesos, incluyendo la* SISA. ‖ Sesgadura que se hace en las prendas de vestir para que ajusten al cuerpo, y especialmente corte curvo hecho en la parte de los sobacos. *Esta blusa tiene tan poca* SISA *que apenas puedo mover los brazos.* ‖ Impuesto que se cobraba sobre géneros comestibles, menguando las medidas.

SISA. (Del fr. *assise*, cosa asentada.) f. Mordiente que usan los doradores.

SISADOR, RA. adj. Que sisa. Ú.t.c.s.

SISAL. m. Pita, planta amarilidácea. ‖ V. **Hilo sisal.**

SISALLO. m. Caramillo, planta.

SISAR. tr. Cometer el hurto llamado sisa. SISA *en todo cuanto compra;* SISÓ *parte del género.* ‖ Hacer sisas en las prendas de vestir. ‖ Rebajar las medidas en proporción al impuesto de la sisa. ‖ *Bol.* y *Ec.* Pegar, adherir, especialmente fragmentos de cristal, loza, etc. ‖ deriv.: **sisadura; sisamiento.**

SISAR. tr. Preparar con la sisa lo que se ha de dorar.

SISEAR. (Voz onomatopéyica.) intr. Emitir repetidamente el sonido inarticulado de *s* y *ch*, para llamar o para manifestar desagrado. Ú.t.c.tr. *Sisear a un actor;* sinón.: **chichear.**

SISEO. m. Acción y efecto de sisear. U.m. en pl. *Le recibieron con prolongados* SISEOS.

SISERO. m. Empleado en la cobranza de la sisa.

SÍSIFO. *Mit.* Hijo de Eolo y esposo de Merope. Por desobedecer la orden de regresar a los Infiernos, fue condenado a subir una roca que se desplomaba perpetuamente.

SISIMBRIO. (Del lat. *sisýmbrium*, y éste del gr. *sisímbrion.*) m. Jaramago.

SISLEY, Alfredo. *Biog.* Pintor ingl. de tendencia impresionista, autor de *Barcos en la esclusa de Bougival; Vista de Montmartre; El canal*, etc. (1839-1899).

SÍSMICO, CA. (Del gr. *seismós*, agitación.) adj. Perteneciente o relativo al terremoto. *Movimientos* SÍSMICOS.

SISMO. m. Terremoto o sacudida de la tierra producida por fuerzas internas. sinón.: **temblor de tierra.**

SISMÓGRAFO. m. Instrumento que señala, durante un sismo, la dirección de las oscilaciones y sacudidas de la tierra. ‖ deriv.: **sismográfico, ca.**

SISMOGRAMA. m. Diagrama registrado por el sismógrafo.

SISMOLOGÍA. f. Parte de la geología que trata de los terremotos. ‖ deriv.: **sismólogo.**

SISMOLÓGICO, CA. adj. Perteneciente o relativo a la sismología.

SISMÓMETRO. m. Aparato que mide durante el terremoto la fuerza de las oscilaciones y sacudimientos.

SISMONDI, Juan Carlos Leonardo de. *Biog.* Econ. e historiador suizo, autor de *Estudios de ciencias sociales; Nuevos principios de economía política; Historia de los franceses*, etc. (1773-1842).

SISÓN. m. Ave europea, parecida a la avutarda, pero más pequeña, de carne muy sabrosa. *Otis tetrax.* sinón.: **gallarón.**

SISÓN, NA. adj. y s. fam. Que sisa con frecuencia. *Esa cocinera es una* SISONA.

SISTÁLTICO, CA. adj. *Fisiol.* Que se contrae y expande alternativamente.

SISTEMA. al. **System.** fr. **Système.** ingl. **System.** ital. **Sistema.** port. **Sistema.** (Del lat. *systema*, y éste del gr. *systema.*) m. Conjunto de reglas o principios enlazados entre sí. SISTEMA *de contabilidad.* ‖ Conjunto de cosas que ordenadamente relacionadas entre sí concurren a un mismo fin o constituyen en cierto modo una unidad. SISTEMA *nervioso.* ‖ *Biol.* Conjunto de órganos semejantes compuestos de un mismo tejido y dotados de funciones del mismo orden. ‖ – **cegesimal, c.g.s.** o **absoluto.** *Fís.* Aquel cuyas unidades fundamentales son el centímetro, el gramo masa, y el segundo solar medio. ‖ – **centesimal.** *Geom.* El de medidas angulares cuya unidad principal es el ángulo de un grado centesimal. (**V. Grado centesimal.**) ‖ – **circular.** *Geom.* El de medidas angulares cuya unidad es el ángulo de un radián. ‖ – **horario.** *Astron.* El de medidas angulares que se refieren a la esfera celeste, cuya unidad es el ángulo de una hora sideral, equivalente a 15º sexagesimales. ‖ – **métrico decimal.** El de pesas y medidas que tiene por base el metro y en el cual las unidades de una misma naturaleza son 10, 100, 1.000, 10.000 veces mayores o menores que la unidad principal de cada clase. ‖ – **planetario.** *Astron.* Conjunto del Sol y sus planetas, satélites, asteroides y cometas. ‖ – **sexagesimal.** *Geom.* El de medidas angulares cuya unidad principal es el ángulo de un grado sexagesimal. ‖ – **solar. Sistema planetario.** ‖ – **técnico.** *Fís.* Aquel cuyas unidades fundamentales son el metro, el kilogramo fuerza y el segundo solar medio.

SISTEMÁTICAMENTE. adv. m. De modo sistemático.

SISTEMÁTICO, CA. (Del lat. *systemáticus*, y éste del gr. *systematikós.*) adj. Que sigue o se ajusta a un sistema. ‖ Dícese de la persona que actúa por principios.

SISTEMATIZACIÓN. f. Acción y efecto de sistematizar.

SISTEMATIZAR. (Del lat. *systema, -atis*, sistema.) tr. Reducir a sistema. SISTEMATIZÓ *los conocimientos que existían en esa materia.* ‖ deriv.: **sistematizable; sistematizador, ra; sistematizante.**

SISTÉMICO, CA. Perteneciente o relativo a la totalidad de un sistema; general, por oposición a local. ‖ *Med.* Perteneciente o relativo a la circulación general de la sangre.

SÍSTILO. (Del lat. *sýstylos*, y éste del gr. *sýstylos;* de *syn*, con, y *stylos*, columna.) adj. *Arq.* Dícese del edificio cuyos intercolumnios tienen cuatro módulos de claro.

SÍSTOLE. (Del lat. *sýstole*, y éste del gr. *systolé*, de *systello*, contraer, reducir.) f. Licencia poética que consiste en usar como breve una sílaba larga. ‖ *Fisiol.* Período de contracción cardíaca, especialmente de los ventrículos, que tiene por objeto arrojar la sangre recibida de las aurículas a las arterias aorta y pulmonar. ‖ deriv.: **sistólico, ca.**

SISTRO. (Del lat. *sístrum*, y éste del gr. *seistron.*) m. Antiguo instrumento musical de metal en forma de aro o de herradura y atravesado por varillas de donde colgaban sonajas que se hacía sonar agitándolo. *El* SISTRO *era el atributo característico de Isis.*

SITÁCIDO, DA. adj. Psitácido, da.

SITACISMO. m. Psitacismo.

SITACOSIS. f. Psitacosis.

SITAR. tr. *P. Rico* y *Ven.* Silbar para llamar a una persona.

SITIADO, DA. p. p. de **Sitiar.** Ú.t.c.s. *Los* SITIADOS *hicieron una salida.*

SITIADOR, RA. adj. Que sitia una plaza o fortaleza. Ú.t.c.s.

SITIAL. (Del b. lat. *sedialis*, y éste del lat. *sedes*, asiento.) m. Asiento de ceremonia.

SITIAR. al. **Belagern.** fr. **Assiéger.** ingl. **To besiege.** ital. **Assediare.** port. **Sitiar.** (Del ant. sajón *sittian*, asentarse.) tr. Cercar una plaza o fortaleza para apoderarse de ella. SITIÓ *la plaza por mar y tierra;* sinón.: **asediar, cercar.** ‖ fig. Cercar a uno tomándole y cerrándole todas las salidas para apresarle o rendir su voluntad. *Le tienen* SITIADO *los acreedores.* ‖ IDEAS AFINES: *Bloquear, acorralar, muralla, poliorcética, artillería, fortín, trinchera, resistencia, rendición.*

SITIBUNDO, DA. (Del b. lat. *sitibundus*, y éste del lat. *sitire*, estar sediento.) adj. poét. Sediento.

SITIERO, RA. s. *Cuba.* Persona que posee o lleva en arriendo un sitio o casería.

SITIO. al. **Ort; Platz; Stelle.** fr. **Lieu; place.** ingl. **Place; space.** ital. **Sito; luogo; posto.** port. **Sítio.** (Del lat. *situs*, situación, sitio.) m. Lugar, espacio. ‖ Paraje o terreno a propósito para alguna cosa. ‖ Casa o hacienda de recreo de un personaje. SITIO *real.* ‖ *Cuba.* Casería. ‖ **Dejar** a uno **en el sitio.** frs. fig. Dejarle muerto en el acto. ‖ **Quedarse** uno **en el sitio.** frs. fig. Morir súbitamente a causa de algún accidente.

SITIO. al. **Belagerung.** fr. **Siège.** ingl. **Siege.** ital. **Assedio.** port. **Sítio.** m. Acción y efecto de sitiar. sinón.: **asedio, cerco.** ‖ **Levantar el sitio.** frs. Desistir del de una plaza sitiada. ‖ **Poner sitio.** frs. Sitiar, asediar.

SITIONUEVO. *Geog.* Población del N. de Colombia (Magdalena). 5.000 h. Importante centro algodonero.

SITIOS. adj. pl. Bienes sedientes.

SITKA. *Geog.* Población del S.E. de Alaska, sit. en la isla Baranor y cap. de la misma. 4.000 h. Minas de oro.

SITO, TA. (Del lat. *situs*, p. p. de *sínere*, dejar.) adj. Situado o fundado.

SITTANG. *Geog.* Río de Birmania que des. en el golfo de Martabán después de recorrer 980 km.

SITUACIÓN. al. **Lage; Zustand.** fr. **Situation.** ingl. **Situation.** ital. **Situazione.** port. **Situação.** (De *situar.*) f. Acción y efecto de situar. ‖ Disposición de una cosa con relación al lugar que ocupa. ‖ Situado. ‖ Estado o constitución de las cosas y personas. *Está en* SITUACIÓN *de reserva.* ‖ Estado de la política o el gobierno actual de una nación. *Es mala la* SITUACIÓN *de ese país.* ‖ Grupo o partido gobernante. Exige siempre el art. *la. Ser de la* SITUACIÓN. ‖ Galicismo por escena o peripecia dramática. *Esa comedia tiene* SITUACIONES *muy graciosas.* ‖ – **activa.** La del funcionario que presta servicio al Estado. ‖ – **pasiva.** La de la persona que se encuentra cesante, jubilada, de reemplazo, etc.

SITUACIONISMO. m. *Arg.* Conjunto de los que ocupan el poder en un país y sus partidarios, especialmente si se valen de aquél en provecho propio. ‖ deriv.: **situacionista.**

SITUADO. m. Sueldo o renta señalados sobre algún bien productivo.

SITUAR. (Del lat. *situs*, sitio, posición.) tr. Poner a una persona o cosa en determinado sitio o situación. Ú.t.c.r. SITUÓ *tropas cerca de la ciudad; este comercio está mal* SITUADO. ‖ Asignar fondos para una inversión determinada. ‖ deriv.: **situable; situador, ra.**

SIU. m. *Chile.* Pájaro semejante al jilguero.

SIUT. *Geog.* Ciudad de Egipto, a orillas del Nilo. 155.000 h. Marfil.

SIUX. adj. Aplícase a cada uno de los individuos de una tribu de indios que habitaron entre el Misisipí y las Montañas Rocosas. Ú.t.c.s. ‖ Perteneciente a estos indios. ‖ m. Lengua de los siux.

SIVA. *Rel.* En las religión brahmánica, dios que representa, al mismo tiempo, el genio creador y el espíritu destructor.

SIVAS. *Geog.* Ciudad de Turquía, sit. al este de Angora. 52.300 h. Industria textil.

SÍVORI, Eduardo. *Biog.* Pintor y grabador arg., que promovió los estudios artísticos en su país. Adaptó del impresionismo que había conocido en París la claridad de la paleta, pero su actitud contemplativa ante las cosas de su tierra hizo de él un admirable evocador de motivos del campo argentino en: *A la querencia; Las gauchitas; Carretas,* etc. (1847-1918).

SIXAOLA. *Geog.* V. **Tarire.**

SIXTINA, Capilla. *B.A.* Capilla pontificia privada, anexa al Palacio del Vaticano y mandada construir por Sixto IV en 1480. Famosa por los frescos de Miguel Ángel, pintados contra el techo y una de las paredes, y por sus conjuntos coral y orquestal.

SIXTO IV. *Biog.* Papa de 1471 a 1484; se le debe la construcción de la Capilla Sixtina (m. 1484). ‖ – **V.** Papa de 1585 a 1590, fomentó las artes y reformó algunas órdenes religiosas (m. 1590).

SJÖBERG, Alf. *Biog.* Director cinematográfico sueco, realizador de filmes notables: *Barrabás; La señorita Julia,* etc. (n. 1903).

SKAGERRAK. *Geog.* Estrecho del mar del Norte, entre Dinamarca y Noruega. Pone en comunicación el Kattegat con el mar del Norte. Fue escenario de una gran batalla naval librada entre las flotas alemana e inglesa el 31 de mayo de 1916.

SKEAT, Gualterio Guillermo. *Biog.* Filólogo ingl. que compuso un *Diccionário etimológico de la lengua inglesa* y otras obras (1835-1912).

SKI. (Del danés *ski*, y éste del islandés *skidh.*) m. Esquí, patín.

SKLODOWSKA, María. *Biog.* V. **Curie, María.**

SKÓPELOS. *Geog.* Isla griega del mar Egeo, sit. al N.E. de Eubea, que forma parte de las Espóradas del Norte.

SKOPLJE. *Geog.* Ciudad del S. de Yugoslavia, sit. sobre el río Vardar. 315.000 h. Importante centro comercial y cultural.

SKYE. *Geog.* Isla británica que pertenece al archipiélago de las Hébridas, en el mar del Norte. 1.666 km². 13.000 h. Actividades ganaderas. C. principal Portree.

SKYROS. *Geog.* Isla de Grecia, en el grupo de las Espóradas del Norte. 204 km².

SLABY, Rodolfo J. *Biog.* Filól. checoslovaco, autor de *Diccionario de la lengua española y alemana* y traductor al esp. de numerosas obras (n. 1885).

SLESVIG. *Geog.* V. **Schleswig.**

SLIGO. *Geog.* Ciudad del N. de Irlanda, en la prov. de Connacht. 15.500 h. Destilerías, pesca. Puerto sobre el Atlántico.

SLIVEN. *Geog.* Ciudad de Bulgaria, situada al S.O. de Stalin. 70.000 h. Industria textil, famosos vinos.

SLOANE, John. *Biog.* Naturalista ingl. cuya colección fue el origen del famoso Museo Británico (1660-1753).

SLOWACKI, Julio. *Biog.* Poeta polaco; cantó en poemas de trágico lirismo, con fervor patriótico, las viejas glorias de Polonia: *Oda a la libertad; El rey espíritu; Lilia Weneda,* etc. (1809-1849).

SLUSE, Renato Francisco Gualterio de. *Biog.* Mat. flamenco, creador del método que aun hoy se utiliza para la construcción de raíces de las ecuaciones de tercero y cuarto grado (1623-1685).

Sm. *Quím.* Símbolo del samario.

SMETANA, Federico. *Biog.* Compos. checoslovaco, uno de los grandes maestros del s. XIX, cuya obra inició el resurgimiento de la música de su país. Su producción está caracterizada por la comunión entre lo folklórico y su espíritu renovador. Obras principales: *La novia vendida; Mi Patria; Libusa,* etc. (1824-1884).

SMETHWICK. *Geog.* Ciudad de Gran Bretaña (Inglaterra), sit. cerca de Birmingham. 76.397 h. Industria química, maquinarias.

SMILES, Samuel. *Biog.* Escritor escocés cuyas obras exaltan las virtudes morales de los hombres célebres, como ejemplo para la juventud: *Ayúdate; El carácter; El deber,* etc. (1812-1904).

SMITH, Adán. *Biog.* Fil. y economista ingl., autor de *Teoría de los sentimientos,* donde propugna una moral basada en la simpatía como determinante de la aprobación de las acciones ajenas; de *Investigaciones sobre la naturaleza y las causas de la riqueza de las naciones,* donde expone sus teorías económico-políticas sobre el librecambio, el trabajo como fuente de riqueza y estudia el perfeccionamiento del poder del trabajo. Estas doctrinas constituyeron el fundamento del liberalismo económico, que tanta importancia adquirió en los siglos XVIII y XIX (1723-1790). ‖ – **Guillermo.** Mil. inglés que actuó a favor de la emancipación americana (1794-1857) ‖ – **Hamilton.** *Biog.* Científico estad., profesor de la Universidad de Baltimore, Premio Nobel de Fisiología y Medicina 1978. (n. 1931). ‖ – **Ian.** Estadista de la República de Rhodesia, líder del gobierno de la minoría blanca. ‖ – **Jorge.** Asiriólogo ingl. que estudió las causas del diluvio y realizó trabajos de cronología comparada entre hebreos y asirios (1840-1876). ‖ – **José.** Predicador norteamericano, fundador de la secta de los mormones (1805-1844). ‖ – **Y MIYARES, Alberto.** Erudito y pol. venezolano, autor de *La experiencia y la metafísica* y otras obras (n. 1861).

SMOKING. (Voz inglesa.) m. Especie de chaqueta de hombre, muy abierta y con solapas y cuello recubiertos de seda.

SMOLENSK. *Geog.* Ciudad de la Unión Soviética (R.S.F.S.R.), situada sobre el río Dnieper. 216.000 h. Industria textil y siderúrgica, centro comercial, universidad.

SMOLENSKI, Peretz. *Biog.* Nov. ruso, intérprete de la vida del pueblo judío en *El pueblo eterno; La recompensa de los justos,* etc. (1842-1885).

SMUTS, Jan Cristián. *Biog.* Militar y estadista sudafricano; de 1919 a 1924 y de 1939 a 1948, primer ministro de su país (1870-1950).

Sn. *Quím.* Símbolo del estaño.

SNAKE. *Geog.* Río del noroeste de los EE. UU. que nace en el parque de Yellowstone y des. en el río Columbia después de recorrer 1.500 km. En su curso presenta interesantes cataratas.

SNELL DE ROYEN, Villebrord. *Biog.* Astrónomo y mat. holandés, el primero que encontró la verdadera ley de la refracción, que comúnmente se atribuye a Descartes, y que determinó las dimensiones de la tierra valiéndose de la medida de un arco de meridiano (1591-1626).

SNOB. (Voz inglesa.) adj. y com. Esnob.

SNOBISMO. (De *snob.*) m. Esnobismo.

SNYDERS, Francisco. *Biog.* Pintor flamenco, colaborador de Rubens. Se destacó en la pintura de bodegones, de animales y de escenas cinegéticas: *Riña de gallos; Una frutera; La caza del jabalí,* etc. (1579-1657).

SO. (Contrac. de *seó.*) m. fam. que se usa solamente seguido de adjetivos despectivos para reforzar la significación de éstos ¡So *animal!*

SO. (Del lat. *sub.*) pre. Bajo, debajo de. Hoy sólo tiene uso con los substantivos *capa, color, pena,* etc. So *capa de;* so *color de;* so *pena de.* ‖ prep. insep. Sub. so*cavar,* so*terrar.* ‖ A veces denota la realización ligera del acto que expresa la voz con que se une. so*asar,* so*freír.*

¡SO! interj. que se emplea para hacer que se paren las caballerías. sinón.: **¡Jo!.** ‖ *Guat., Perú, P. Rico.* y *Ven.* Voz insultante para imponer silencio.

SOACHA. *Geog.* Población de la región central de Colombia (Cundinamarca). 5.000 h. Explotación de carbón mineral.

SOALZAR. tr. p. us. Alzar ligeramente. SOALZÓ *el armario.*

SOAS. V. **Psoas.**

SOASAR. tr. Medio asar o asar ligeramente. SOASAR *un lechón.* ‖ deriv.: **soasable.**

SOBA. f. Acción y efecto de sobar. sinón.: **sobo.** ‖ fig. Aporreamiento o zurra. sinón.: **sobado, sobadura.**

SOBACAL. adj. Perteneciente o relativo al sobaco. ‖ Axilar.

SOBACO. al. **Achselhöhle.** fr. **Aisselle.** ingl. **Armpit, axilla.** ital. **Ascella.** port. **Sovaco.** (Del lat. *subbrachia;* de *sub,* debajo de, y *bráchium,* brazo.) m. Concavidad que forma el arranque del brazo con el cuerpo. sinón.: **axila, islilla.** ‖ Axila de una rama. ‖ Enjuta resultante de inscribir un círculo en un cuadrado. ‖ Pez plectognato parecido al pez ballesta.

SOBADERO, RA. adj. Que se puede sobar. ‖ m. Sitio donde se soban las pieles en las fábricas de curtidos.

SOBADO, DA. adj. Aplícase al bollo o torta a cuya masa se ha agregado aceite o manteca. Ú.t.c.s. ‖ Pasado de sazón. ‖ fig. Manido, muy usado. *Estas blusitas están ya muy* SOBADAS. ‖ *Chile.* Grande en su línea, tratándose de cosas materiales. ‖ m. Sobadura. ‖ *C. Rica.* Especie de melcocha.

SOBADURA. (De *sobar.*) f. Soba, acción de sobar. *La travesurilla le valió una* SOBADURA.

SOBAJADURA. f. Acción y efecto de sobajar.

SOBAJAMIENTO. m. Sobajadura.

SOBAJAR. (De *sobar.*) tr. Manosear una cosa ajándola. ‖ *Arg., Ec., Méx.* y *Ven.* Humillar, rebajar. ‖ *Cuba.* Sugestionar. ‖ deriv.: **sobajador, ra.**

SOBAJEAR. tr. *Amér. Central, Col., Ec.* y *Perú.* Sobar, sobajar, manosear.

SOBAJEO. m. Acción y efecto de sobajar.

SOBANDA. (De *so* y *banda.*) f. Superficie curva del tonel, que está más distante del que lo mira.

SOBANDERO. m. *Col.* y *Ven.* Algebrista, curandero que reduce los huesos dislocados.

SOBAQUERA. f. Abertura que se deja en algunos vestidos, en la unión de la manga y cuerpo, en la parte correspondiente al sobaco. ‖ Pieza con que se refuerza el vestido en la parte del sobaco. ‖ Pieza de tela impermeable con que se resguarda del sudor la parte del vestido próxima al sobaco. ‖ **Coger** a uno **las sobaqueras.** frs. fig. y fam. Dominarle.

SOBAQUILLO. m. dim. de **Sobaco.** ‖ **De sobaquillo.** m. adv. Modo de poner banderillas, clavando éstas después de haber pasado la cabeza del toro. ‖ Modo de tirar piedras por debajo del brazo izquierdo apartado del cuerpo. *Como tiró la piedra* DE SOBAQUILLO, *no advirtieron que él la había arrojado.*

SOBAQUINA. f. Sudor de los sobacos.

SOBAR. al. **Durchkneten.** fr. **Assouplir.** ingl. **To soften.** ital. **Maneggiare.** port. **Sovar.** (En port. *sovar.*) tr. Manosear y oprimir una cosa repetidamente para que se ablande. SOBÓ *el contrafuerte para que no le lastimase.* ‖ fig. Castigar, dando algunos golpes. ‖ Palpar, manosear a una persona. *Este chiquillo tiene el vicio de* SOBAR *a todo el mundo.* ‖ fig. y fam. Molestar con trato impertinente. ‖ *Amér.* Friccionar, estregar. ‖ *Amér. Central, Col., Méx.* y *Ven.* Reducir o concertar los huesos dislocados. ‖ *Arg.* Fatigar excesivamente a la cabalgadura. ‖ *Col.* Excoriar. ‖ *Ec., Méx.* y *Perú.* Adular. ‖ deriv.: **sobable.**

SOBARBA. (De *so* y *barba.*) f. Muserola. ‖ Papada, abultamiento carnoso debajo de la barba.

SOBARBADA. (De *sobarba.*) f. Sofrenada. ‖ fig. Reprensión áspera.

SOBARBO. (Del lat. *sub árbore,* debajo del árbol.) m. Álabe de rueda hidráulica.

SOBARCAR. (Del lat. *sub,* so, y *bráchium,* brazo.) tr. Poner o llevar debajo del sobaco una cosa abultada. SOBARCÓ *la valijita.* ‖ Subir hacia los sobacos los vestidos. *No se debe acortar este vestido, sino* SOBARCARLO.

SOBAT. *Geog.* Río del N. E. de África (Sudán) que des. en el Nilo Blanco después de recorrer 804 km.

SOBEJOS. (Del lat. *súper,* sobre.) m. pl. Sobras de la mesa. sinón.: **relieves.**

SOBEO. (De *subeo.*) m. Correa con que se ata al yugo la lanza del carro o el timón del arado. sinón.: **subeo.**

SOBERADO. m. *Amér.* y *And.* Sobrado, desván.

SOBERANAMENTE. adv. m. Con soberanía. ‖ Extremadamente, altamente.

SOBERANEAR. intr. Mandar o dominar a modo de soberano.

SOBERANÍA. al. **Souveränität; Landeshoheit.** fr. **Souveraineté.** ingl. **Sovereignty.** ital. **Sovranità.** port. **Soberania.** (De *soberano.*) f. Calidad de soberano, dominio. ‖ Dignidad soberana, suprema. ‖ Alteza o excelencia no sobrepujada en cualquier orden inmaterial. ‖ – **nacional.** La que corresponde al pueblo, del que emanan todos los poderes del Estado.

SOBERANO, NA. al. **Herrscher; Souverän.** fr. **Souverain.** ingl. **Sovereign.** ital. **Sovrano.** port. **Soberano.** (Del b. lat. *superanus,* y éste del lat. *súper,* sobre, encima de.) adj. Que ejerce o posee la autoridad suprema. *El parlamento es* SOBERANO. Apl. a pers., ú.t.c.s. *Es el* SOBERANO. ‖ Elevado, excelente y no superado. ‖ m. Libra esterlina. ‖ IDEAS AFINES: *Monarca, rey, emperador, déspota, César, faraón, kaiser, califa, negus, micado, dux, zar, kan.*

SOBERBIA. al. **Stolz; Hochmut.** fr. **Orgueil; superbe.** ingl. **Haughtiness.** ital. **Superbia.** port. **Soberbia.** (Del lat. *superbia.*) f. Elación del ánimo y deseo desordenado de ser preferido a otros. sinón.: **altanería, altivez, orgullo.** ‖ Satisfacción y envanecimiento en contemplación de las propias prendas con menosprecio de los demás. sinón.: **engreimiento, envanecimiento, hinchazón.** ‖ Exceso en la magnificencia, suntuosidad o pompa, especialmente hablando de los edificios. ‖ Cólera o ira expresadas de manera descompuesta. *Reprendió a la sirvienta con* SOBERBIA.

SOBERBIAMENTE. adv. m. Con soberbia. ‖ Con perfección o magnificencia.

SOBERBIAR. tr. *Ec.* Despreciar, rechazar algo por orgullo.

SOBERBIO, BIA. (Del lat. *superbus.*) adj. Que tiene soberbia o se deja llevar de ella. *Es* SOBERBIO *con sus dependientes; es de carácter* SOBERBIO. ‖ Altivo, arrogante. ‖ fig. Alto, fuerte, excesivo, en las cosas inanimadas. ‖ fig. Grandioso, magnífico. ‖ fig. Fogoso, violento, especialmente hablando de caballos.

SOBERBIOSAMENTE. adv. m. Con soberbia.

SOBERBIOSO, SA. (De *soberbia.*) adj. p. us. Que tiene soberbia.

SOBERMEJO, JA. adj. Bermejo obscuro.

SOBERNA. f. *Ec.* Sobernal.

SOBERNAL. m. *Col.* Sobornal; sobrecarga.

SOBIESKI, Juan III. *Biog.* Rey

de Polonia de 1674 a 1696, llamado **salvador de la Cristiandad** (1629-1696).

SOBIJO. m. *Amér. Central* y *Col.* Soba.

SOBINA. f. Clavo de madera.

SOBO. m. Soba.

SOBÓN, NA. (De *sobar.*) adj. y s. fam. Que por sus excesivas caricias se hace molesto. *¡Qué chiquillo más* SOBÓN! sinón.: **pegajoso.** ‖ Dícese de la persona taimada y que huye del trabajo. ‖ *Perú.* Adulón. ‖ **De un sobón.** m. adv. *Col.* y *Ven.* De un golpe, de una vez.

SOBORDO. m. Revisión de la carga de un buque para confrontar las mercancías con la documentación. ‖ Libro o documento en que se anota el cargamento. ‖ Remuneración adicional de los tripulantes en tiempo de guerra.

SOBORNABLE. adj. Que puede ser sobornado. sinón.: **venal.**

SOBORNACIÓN. f. Soborno.

SOBORNADO, DA. (Del lat. *subornatus,* adornado, recargado.) adj. Dícese del pan que en el tendido se pone entre dos hileras.

SOBORNADOR, RA. adj. y s. Que soborna.

SOBORNAL. (Del lat. *subornare,* equipar.) m. Sobrecarga que se añade a la carga. ‖ Fardo pequeño.

SOBORNAR. al. **Bestechen.** fr. **Suborner.** ingl. **To suborn.** ital. **Subornare.** port. **Subornar.** (Del lat. *subornare,* excitar, incitar, corromper.) tr. Corromper a uno con dádivas para alcanzar de él una cosa. SOBORNÓ *al carcelero para que le dejara escapar;* sinón.: **comprar, cohechar, untar.** ‖ deriv.: **sobornativo, va.**

SOBORNO. m. Acción y efecto de sobornar. ‖Dádiva con que se soborna. ‖ fig. Cualquier cosa que mueve el ánimo para inclinarle a complacer a otro. ‖ *Arg., Bol.* y *Chile.* Sobornal. ‖ **De soborno.** m. adv. *Bol.* De añadidura, de suplemento.

SOBRA. al. **Rest; Überbleibsel.** fr. **Restes.** ingl. **Leftover.** ital. **Avanzi; restil.** port. **Sobras; sobejos.** (De *sobrar.*) f. Demasía y exceso en cualquier cosa. ‖ Demasía, injuria, agravio. sinón.: **exceso.** ‖ pl. Lo que queda de la comida cuando se levanta la mesa, y por ext., lo que queda de otras cosas. ‖ Desperdicios o desechos. ‖ **De sobra.** m. adv. Abundantemente, con exceso. *Hay pan* DE SOBRA. ‖ Sin necesidad, por demás. *Eso está* DE SOBRA.

SOBRADAMENTE. adv. c. De sobra.

SOBRADAR. tr. Poner sobrado a los edificios.

SOBRADILLO. m. dim. de **Sobrado.** ‖ Guardapolvo de un balcón.

SOBRADO, DA. adj. Demasiado, que sobra. ‖ Atrevido y licencioso. ‖ Rico y abundante de bienes. ‖ *Chile.* Se usa con significación de ponderativo, tamaño, colosal. ‖ m. Desván. ‖ *Arg.* Vasar. ‖ adv. c. Sobradamente.

SOBRADOR, RA. adj. fam. *Arg.* Que se burla haciendo alarde de superioridad; burlón, fanfarrón.

SOBRANCERO, RA. (De *sobrar,* estar de más.) adj. Aplícase al que está sin trabajar y sin oficio determinado. Ú.t.c.s. ‖ *Cuba* y *Murc.* Que sobra o excede.

SOBRANTE. p. a. de **Sobrar.** Que sobra. Ú.t.c.s. *Se quedó con el* SOBRANTE; sinón.: **excedente.** ‖ adj. Sobrado, demasiado.

SOBRAR. al. **Übrig bleiben.** fr. **Excéder.** ingl. **To exceed, to surpass.** ital. **Avanzare.** port. **Sobrar.** (Del lat. *superare.*) tr. Superar, sobrepujar. *Le* SOBRÓ *con mucho.* ‖ *Arg.* y *Chile.* Dejar sobrante. ‖ intr. Haber más de lo necesario. SOBRARÁ *la cosecha de este año.* ‖ **Estar de más.** Ú. frecuentemente refiriéndose a sujetos que se presentan donde no los llaman o no tienen nada que hacer. *Tu amigo* SOBRA. ‖ Quedar, restar. SOBRARON *estos pares.* ‖ **Sobrar** a uno. frs. fam. *Arg.* Aventajarle, anticipársele en la intención o en el hecho.

SOBRASADA. (De *sobreasada.*) f. Embuchado grueso de carne de cerdo picada y sazonada con sal y pimiento molido.

SOBRASAR. (De *so* y *brasa.*) tr. Poner brasas al pie de la olla para que cueza antes.

SOBRE. al. **Auf; über; Briefumschlag.** fr. **Sur; enveloppe.** ingl. **On; envelope.** ital. **Sopra; busta.** port. **Sobre; sobrecarta.** (Del lat. *súper.*) prep. Encima. *Está* SOBRE *el banco.* ‖ Acerca de. SOBRE *gustos no hay nada escrito.* ‖ Además de. SOBRE *burlado, apaleado.* ‖ Ú. para indicar aproximación en una cantidad o un número. *Vino* SOBRE *las nueve.* ‖ Cerca de otra cosa y dominándola por su mayor altura. *La torre de la iglesia está* SOBRE *su casita.* ‖ Con dominio y superioridad. *La directora está* SOBRE *la maestra.* ‖ En prenda de una cosa. SOBRE *ese reloj, nadie te prestará nada.* ‖ En el comercio se emplea para denotar la persona contra quien se gira una cantidad, o la plaza donde debe cobrarse. *Giró* SOBRE *Barcelona.* ‖ En composición, o aumenta la significación, o añade, la suya al nombre o verbo con que se une. SOBRE*ceño,* SOBRE*hilar.* ‖ A o hacia. *Van* SOBRE *la ciudad.* ‖ Úsase precediendo al nombre de la finca que tiene afecta una carga. *Tiene un censo* SOBRE *la casa del café.* ‖ Después de. SOBRE *merienda.* ‖ Antecedida y seguida de un mismo substantivo, indica idea de reiteración o acumulación. *Insultos* SOBRE *insultos.* ‖ m. Cubierta de papel, en que se incluye la carta, tarjeta, etc., que ha de enviarse a alguna parte. ‖ Sobrescrito. ‖ — **monedero.** Estuche de cartón que se usa para remitir monedas por correo. ‖ IDEAS AFINES: *Correspondencia, estampilla, cartero, buzón, domicilio, desconocido, remitente, buenas noticias.*

SOBREABUNDANCIA. f. Acción y efecto de sobreabundar. sinón.: **plétora, superabundancia.**

SOBREABUNDANTE. p. a. de **Sobreabundar.** Que sobreabunda.

SOBREABUNDANTEMENTE. adv. m. Con sobreabundancia.

SOBREABUNDAR. intr. Abundar mucho.

SOBREAGUAR. intr. Andar o estar sobre la superficie del agua. Ú.t.c.r. SOBREAGUAR *un arroyo.*

SOBREAGUDO, DA. adj. *Mús.* Dícese de los sonidos más agudos del sistema musical. Ú.t.c.s.

SOBREALIENTO. m. Respiración difícil y fatigosa. sinón.: **ahoguío, anhélito, disnea, jadeo.**

SOBREALIMENTACIÓN. f. Acción y efecto de sobrealimentar. *La* SOBREALIMENTACIÓN *está indicada en las enfermedades depauperantes.*

SOBREALIMENTAR. tr. y r. Dar a un individuo más alimento del que de ordinario necesita para su manutención.

SOBREALZAR. tr. Levantar demasiado una cosa o aumentar su elevación.

SOBREAÑADIR. tr. Añadir con exceso o con reiteración. ‖ deriv.: **sobreañadidura.**

SOBREAÑAL. adj. Aplícase a algunos animales de algo más de un año.

SOBREARAR. tr. Repetir en una tierra la labor del arado. sinón.: **binar.**

SOBREARCO. m. *Arq.* Arco que se construye sobre un dintel o umbral.

SOBREASADA. f. Sobrasada.

SOBREASAR. tr. Volver a poner a la lumbre lo ya asado o cocido para que se tueste.

SOBREBARATO, TA. adj. Muy barato. antón.: **sobrecaro.**

SOBREBARRER. tr. Barrer ligeramente. *En un abrir de ojos* SOBREBARRIÓ *la acera.*

SOBREBEBER. intr. Beber de nuevo o excesivamente.

SOBREBOTA. f. *Amér. Central.* Polaina de cuero curtido.

SOBRECALZA. f. Polaina.

SOBRECAMA. f. Colcha. sinón.: **cobertor, cubrecama.** ‖ Llanta de rueda. ‖ *Ec.* Cierto ofidio, especie de boa.

SOBRECAÑA. f. *Veter.* Tumor óseo que se presenta en la cara externa de la caña de las extremidades anteriores de las caballerías.

SOBRECARGA. f. Lo que se añade a una carga regular. sinón.: **sobornal.** ‖ Soga o lazo que se echa encima de la carga para afianzarla. ‖ fig. Molestia que sobreviene y aumenta el sentimiento o la pasión del ánimo.

SOBRECARGAR. tr. Cargar con exceso. SOBRECARGAR *un camión.* ‖ Recoser una costura redoblando un borde sobre el otro para que quede bien rematada. ‖ fig. Abrumar con pesares. *La fatalidad le* SOBRECARGÓ *con grandes males.* ‖ Gravar con contribuciones o exigencias extraordinarias. ‖ deriv.: **sobrecargador, ra.**

SOBRECARGO. m. El que en los buques mercantes lleva a su cuidado el cargamento y desempeña las funciones administrativas.

SOBRECARO, RA. adj. Muy caro. antón.: **sobrebarato.**

SOBRECARTA. f. Sobre de una carta. sinón.: **cubierta.** ‖ *Der.* Segunda provisión que libra un tribunal sobre un mismo asunto.

SOBRECARTAR. tr. *Der.* Dar sobrecarta.

SOBRECÉDULA. f. Segunda cédula o despacho del rey para la observancia de lo ya prescrito.

SOBRECEJA. f. Parte de la frente inmediata a las cejas. *No tiene frente, sino* SOBRECEJAS.

SOBRECEJO. (De *supercílium.*) m. Ceño del rostro. sinón.: **sobreceño.**

SOBRECELESTIAL. adj. Relativo o perteneciente al más alto cielo.

SOBRECENAR. intr. Cenar por segunda vez. Ú.t.c.tr. SOBRECENÓ *una perdiz.*

SOBRECEÑO. m. Ceño muy sañudo.

SOBRECERCO. m. Cerco o guarnición que sirve de refuerzo a otro.

SOBRECERRADO, DA. adj. Que está muy bien cerrado.

SOBRECIELO. m. fig. Dosel, toldo.

SOBRECINCHA. f. o **SOBRECINCHO.** m. Faja o correa que pasa por debajo de la barriga de la cabalgadura y por encima del aparejo. sinón.: **sifué.**

SOBRECLAUSTRA. f. Habitación que hay encima del claustro.

SOBRECLAUSTRO. m. Sobreclaustra.

SOBRECOGER. tr. Coger de repente y desprevenido. ‖ r. Sorprenderse, intimidarse, quedarse atónito. SE SOBRECOGIÓ *de tal suerte que no supo contestar.* ‖ deriv.: **sobrecogible; sobrecogiente.**

SOBRECOGIMIENTO. m. Acción de sobrecoger y efecto de sobrecogerse.

SOBRECOMIDA. f. Postre de una comida.

SOBRECOPA. f. Tapadera de la copa.

SOBRECOSER. tr. Coser por encima. ‖ *Col., Chile* y *Méx.* Sobrecargar una costura. ‖ deriv.: **sobrecostura.**

SOBRECRECER. intr. Exceder en crecimiento o crecer excesivamente. *Podó las plantas* SOBRECRECIDAS. ‖ irreg. Conj. como **agradecer.** ‖ deriv.: **sobrecreciente.**

SOBRECRUZ. m. Cada uno de los cuatro rayos que lleva la rueda del azud en los lados de las cruces.

SOBRECUBIERTA. f. Segunda cubierta. *La* SOBRECUBIERTA *de un libro.*

SOBRECUELLO. m. Segundo cuello que se sobrepone al de una prenda de vestir. ‖ Collarín, alzacuello.

SOBRECUMBRERA. f. *Col., Cuba* y *P. Rico.* Palo paralelo a la cumbrera, que sujeta la techumbre en las viviendas rústicas.

SOBRECURAR. tr. Curar a medias, con descuido. *Sus heridas apenas están* SOBRECURADAS.

SOBREDEZMERO. m. Interventor o acompañante del dezmero.

SOBREDICHO, CHA. adj. Dicho antes. sinón.: **antedicho, susodicho.**

SOBREDIENTE. m. Diente que nace encima de otro.

SOBREDINTEL. m. *Arq.* Ornamentación con que se cubre un dintel.

SOBREDORAR. tr. Dorar los metales, y especialmente la plata. *Plata* SOBREDORADA. ‖ fig. Disculpar y abonar con razones aparentes una acción reprensible. *Nada logró con* SOBREDORAR *su conducta.*

SOBREEDIFICAR. tr. Construir sobre otra edificación. ‖ deriv.: **sobreedificable; sobreedificación.**

SOBREEMPEINE. m. Parte inferior de la polaina, que va sobre el empeine del pie.

SOBREENTENDER. tr. Sobrentender.

SOBREESDRÚJULO, LA. adj. Sobresdrújulo. Ú.t.c.s.m.

SOBREESTIMAR. tr. Sobrestimar.

SOBREEXCEDER. tr. Sobrexceder.

SOBREEXCITACIÓN. f. Acción y efecto de sobreexcitar o sobreexcitarse. *Fue presa de una gran* SOBREEXCITACIÓN; sinón.: **sobrexcitación.**

SOBREEXCITAR. tr. Aumentar o exagerar las propiedades vitales del organismo o de una de sus partes. Ú.t.c.r.

SOBREFALDA. f. Falda corta que se coloca a modo de adorno.

SOBREFAZ. f. Superficie o cara exterior de las cosas. sinón.: **sobrehaz.** ‖ *Fort.* Distancia que media entre el ángulo exterior del baluarte y el flanco prolongado.

SOBREFLOR. f. Flor que nace del centro de otra.

SOBREFRENADA. f. Sofrenada.

SOBREFUSIÓN. f. Estado inestable de una substancia pura, en el que permanece líquida por debajo de la temperatura de fusión correspondiente a la presión que soporta.

SOBREGANAR. tr. Ganar con ventaja o excesivamente. SOBREGANÓ *a todos;* SOBREGANÓ *la partida de billar.*

SOBREGIRAR. tr. Exceder en un giro del crédito que se dispone.

SOBREGIRO. m. Giro que excede de los créditos o fondos disponibles. *Me pagaron, aunque era un* SOBREGIRO.

SOBREGUARDA. m. Jefe inmediato de los guardas. ‖ Segundo guarda que se pone para más seguridad.

SOBREHAZ. f. Sobrefaz. ‖ Cubierta de una cosa. ‖ fig. Apariencia somera o superficial. *No va más allá de la* SOBREHAZ *de las cosas.*

SOBREHERIDO, DA. adj. Herido superficialmente.

SOBREHILADO. m. Puntadas que se dan en la orilla de una tela para que no se deshilache.

SOBREHILAR. tr. Dar puntadas sobre el borde de una tela cortada para que no se deshilache.

SOBREHÍLO. m. Sobrehilado.

SOBREHUESO. m. Tumor duro que se forma sobre un hueso. ‖ fig. Cosa que molesta o sirve de embarazo. *Me libré, al fin, del* SOBREHUESO *de su compañía.* ‖ Trabajo, molestia.

SOBREHUMANO, NA. al. **Übermenschlich.** fr. **Surhumain.** ingl. **Superhuman.** ital. **Sovrumano.** port. **Sobre-humano.** adj. Que excede a lo humano. *Esfuerzo* SOBREHUMANO.

SOBREINTENDENCIA. f. Superintendencia.

SOBREJALMA. f. Manta que se pone sobre la jalma. sinón.: **sobrenjalma.**

SOBREJUANETE. m. *Mar.* Cada una de las vergas que se cruzan sobre los juanetes, y las velas trapezoidales que se largan en ellas.

SOBRELECHO. m. *Arq.* Cara de junta inferior de la piedra, que descansa sobre el lecho superior de la que está debajo.

SOBRELTADO. m. *Blas.* Escusón.

SOBRELLAVAR. tr. Poner sobrellave.

SOBRELLAVE. f. Segunda cerradura que se pone a la puerta, además de la ordinaria. *Para más seguridad puso una* SOBRELLAVE. ‖ m. Oficio del que tiene la llave de esa segunda cerradura.

SOBRELLENAR. tr. Llenar en abundancia o con exceso. sinón.: **atestar, henchir, rellenar.**

SOBRELLENO, NA. adj. Superabundante, rebosante.

SOBRELLEVAR. tr. Llevar uno una carga para aliviar a otro. SOBRELLEVÓ *la cesta de la viejecita.* ‖ fig. Ayudar a soportar los trabajos o molestias de la vida. ‖ Resignarse a ellos el mismo paciente. SOBRELLEVA *bien los achaques de la vejez.* ‖ Disimular y suplir los defectos o descuidos de otro. SOBRELLEVA *las negligencias de sus ayudantes.* ‖ Dar poco a poco el trabajo para que se pueda aguantar.

SOBREMANERA. adv. m. Sobre manera.

SOBREMANO. f. *Veter.* Tumor óseo que se forma sobre la corona de los cascos delanteros de las caballerías.

SOBREMESA. f. Tapete que se pone sobre la mesa. ‖ Tiempo que se está a la mesa después de haber acabado la comida. *La comida fue breve, pero larga la* SOBREMESA. ‖ **De sobremesa.** Dícese de ciertos objetos que se destinan a ser colocados sobre mesas o muebles semejantes. *Reloj* DE SOBREMESA. ‖ m. adv. Inmediatamente después de comer y sin levantarse de la mesa. *Entablaron la discusión* DE SOBREMESA.

SOBREMESANA. f. *Mar.* Gavia del palo mesana.

SOBREMODO. adv. Sobre modo.

SOBREMONTE, Rafael de. *Biog.* Militar esp., virrey del Río de la Plata de 1804 a 1807. Fue depuesto por la junta de notables que confió a Liniers el mando pol. y militar y enviado a España (1745-1827).

SOBREMUÑONERA. f. *Art.* Banda semicilíndrica de hierro que sujeta la pieza montada e impide que ésta se descabalgue en los disparos.

SOBRENADAR. al. **Aufschwimmen.** fr. **Surnager.** ingl. **To float.** ital. **Galleggiare.** port. **Sobrenadar.** (Del lat. *supernatare.*) intr. Mantenerse a flote en un líquido. sinón.: **flotar, nadar;** antón.: **sumergirse.** ‖ deriv.: **sobrenatación.**

SOBRENATURAL. al. **Übernatürlich.** fr. **Surnaturel.** ingl. **Supernatural.** ital. **Soprannaturale.** port. **Sobrenatural.** (Del lat. *supernaturalis.*) adj. Que excede los términos de la naturaleza. *El taumaturgo obra en virtud de un poder* SOBRENATURAL. ‖ IDEAS AFINES: *Magia, talismán, hechicero, prodigio, superstición, espiritismo, ocultismo, quiromancia.*

SOBRENATURALISMO. m. Sistema en que se concede capital importancia a lo sobrenatural.

SOBRENATURALIZAR. tr. Hacer que una cosa sea sobrenatural.

SOBRENATURALMENTE. adv. m. De modo sobrenatural.

SOBRENJALMA. f. Sobrejalma.

SOBRENOCHE. f. p. us. Altas horas de la noche.

SOBRENOMBRE. al. **Spitzname; Beiname.** fr. **Surnom.** ingl. **Surname; nickname.** ital. **Sopranome.** port. **Sobrenome.** m. Denominación que se añade a veces al nombre o al apellido para distinguir a dos o más personas que tienen el mismo. *Isabel la Católica.* ‖ Nombre calificativo con que se distingue particularmente a una persona. *El Perugino, el Pinciano.* ‖ IDEAS AFINES: *apodo alias, seudónimo, patronímico, nombre de pila.*

SOBRENTENDER. tr. y r. Entender una cosa que no está expresa, pero que puede deducirse. sinón.: **sobreentender, subentender.** ‖ irreg. Conj. como **entender.**

SOBREPAGA. f. Aumento de paga, ventaja en ella; paga extraordinaria; sinón.: **sobresueldo.**

SOBREPAÑO. m. Lienzo o paño que se pone encima de otro paño.

SOBREPARTO. m. Tiempo que sigue inmediatamente al parto. sinón.: **puerperio.** ‖ Estado delicado de salud que suele subseguir al parto.

SOBREPASAR. tr. Superar, exceder, aventajar. SOBREPASÓ *a todos sus compañeros.* ‖ Pasar de lo justo. *Eso* SOBREPASA *lo debido.*

SOBREPASO. m. Cierto modo de caminar del caballo, entre el paso y el trote.

SOBREPEINE. adv. m. fam. Sobre peine.

SOBREPELO. m. *Arg.* Sudadero.

SOBREPELLIZ. al. **Chorhemd.** fr. **Surpelisse.** ingl. **Surplice.** ital. **Cotta.** port. **Sobrepeliz.** (Del b. lat. *superpellícium,* y éste del lat. *súper,* sobre, y *pellícium,* vestimenta de piel.) f. Vestidura blanca de lienzo fino, corta y con mangas muy anchas que se pone sobre la sotana. *La* SOBREPELLIZ *es el distintivo de la clericatura;* sinón.: **roquete.**

SOBREPIÉ. m. *Veter.* Lesión idéntica a la de sobremano que se desarrolla sobre la corona de los cascos traseros de las caballerías.

SOBREPINTARSE. r. Repintarse.

SOBREPLÁN. f. *Mar.* Cada una de las ligazones que se colocan sobre el forro interior del buque.

SOBREPONER. tr. Añadir una cosa o ponerla encima de otra. sinón.: **superponer.** ‖ r. fig. Dominar los impulsos del ánimo, o hacerse superior a las adversidades y dificultades. SE SOBREPUSO *a todos los inconvenientes.* ‖ Conseguir o aparentar superioridad una persona respecto de otra. *Logró* SOBREPONERSE *a su rival.*

SOBREPRECIO. m. Recargo en el precio corriente. sinón.: **premio.**

SOBREPRODUCCIÓN. f. Exceso de producción. sinón.: **superproducción.**

SOBREPUERTA. f. Pieza de madera que se coloca sobre las puertas de las habitaciones, y de la cual penden las cortinas. sinón.: **galería.** ‖ Cenefa o cortinilla que se pone sobre las puertas. ‖ Pintura, tela, etc., que a modo de adorno se pone sobre las puertas.

SOBREPUESTO, TA. (Del lat. *superpósitus.*) p. p. irreg. de **Sobreponer.** ‖ adj. Dícese del bordado en que se aplican los adornos sobre la tela. ‖ m. Aplicación, elemento decorativo. ‖ Panal de miel muy fina que forman las abejas después de llena la colmena. ‖ Vasija de barro o cesto de mimbres que se pone boca abajo sobre los vasos de las colmenas, para que las abejas hagan el panal antedicho. ‖ *Arg.* Pieza del recado de montar ‖ Pájaro tiránido de vistoso plumaje. sinón.: **superpuesto.**

SOBREPUJAMIENTO. m. Acción y efecto de sobrepujar.

SOBREPUJANTE. p. a. de **Sobrepujar.** Que sobrepuja. ‖ deriv.: **sobrepujantemente.**

SOBREPUJANZA. f. Pujanza excesiva. *Con increíble* SOBREPUJANZA *soalzó la enorme piedra.*

SOBREPUJAR. tr. Exceder una cosa o persona a otra en cualquier línea. ‖ deriv.: **sobrepujable.**

SOBREQUILLA. f. *Mar.* Madero formado de piezas, colocado de popa a proa por encima de la trabazón de las varengas, que sirve para consolidar la quilla.

SOBRERO, RA. (De *sobrar.*) adj. Sobrante. ‖ Aplícase al toro que se tiene de más por si se inutiliza alguno de los destinados a una corrida. Ú.t.c.s. *Por manso, fue retirado el toro al corral, y en su lugar salió el* SOBRERO.

SOBRERO, RA. (De *sobre.*) s. Persona que tiene por oficio hacer sobres.

SOBRERO, Ascanio. *Biog.* Químico ital. que en 1847 descubrió la nitroglicerina (1812-1888).

SOBRERRIENDA. f. *Amér.* Falsa rienda.

SOBRERRONDA. f. Contrarronda.

SOBRERROPA. f. Sobretodo. sinón.: **abrigo, gabán.**

SOBRESALIENTA. f. Sobresaliente, comedianta que suple la falta de otra.

SOBRESALIENTE. p. a. de **Sobresalir.** Que sobresale. Ú.t.c.s. ‖ m. En la calificación de exámenes, la más alta nota. ‖ com. fig. Persona destinada a suplir la falta o ausencia de otra; especialmente entre comediantes y toreros. SOBRESALIENTE *de espada.*

SOBRESALIR. intr. Salir, formar un saliente. *Ese alero* SOBRESALE *muy poco.* ‖ Exceder una persona o cosa a otras en figura, tamaño, etcétera. ‖ Distinguirse ventajosamente entre otros. ‖ irreg. Conj. como **salir.** ‖ deriv.: **sobresalimiento.**

SOBRESALTAR. tr. Saltar y acometer de repente. SOBRESALTAR *un fuerte.* ‖ Asustar, angustiar, alterar a uno repentinamente. Ú.t.c.r. SE SOBRESALTÓ *con la extraña aparición;* SE SOBRESALTA *por cualquier cosa.* ‖ intr. Venirse una cosa a los ojos, como las figuras de un lienzo que parecen salirse de él. ‖ deriv.: **sobresaltable; sobresaltadamente.**

SOBRESALTO. al. **Schrecken.** fr. **Sursaut.** ingl. **Dread; fear.** ital. **Soprassalto.** port. **Sobressalto.** m. Sensación que proviene de un acontecimiento repentino. ‖ Temor o susto repentino. ‖ Cabriola o corveta que hace el caballo. ‖ **De sobresalto.** m. adv. De improviso o impensadamente. ‖ IDEAS AFINES: *Sorpresa, inquietud, miedo, terror, angustia.*

SOBRESANAR. intr. Cicatrizar una herida o llaga sólo por la superficie. sinón.: **sobrecurar.** ‖ fig. Afectar una acción o disimular un defecto valiéndose de una cosa superficial. ‖ deriv.: **sobresanable.**

SOBRESANO. adv. m. Con curación falsa o superficial. ‖ fig. Afectada, disimulada, fingidamente. ‖ m. *Mar.* Pedazo de madera que se añade al tablón que ha sufrido una pérdida de materia.

SOBRESATURAR. tr. *Quím.* Supersaturar. ‖ deriv.: **sobresaturación.**

SOBRESCRIBIR. tr. Escribir un letrero sobre una cosa. ‖ Poner el sobrescrito en el sobre de las cartas. ‖ deriv.: **sobrescribible.**

SOBRESCRIPTO, TA. p. p. irreg. **Sobrescrito.**

SOBRESCRITO, TA. (Del lat. *superscriptus.*) p. p. irreg. de **Sobrescribir.** ‖ m. Lo que se escribe en el sobre o en la parte exterior de un pliego cerrado, para darle dirección. ‖ fig. Fisonomía, aspecto de cualquier cosa.

SOBRESDRÚJULO, LA. adj. Aplícase a los vocablos acentuados en sílaba anterior a la antepenúltima. v. gr.: **plácidamente; apréndetelo.** Ú.t.c.s.m. *Los* SOBRESDRÚJULOS *tienen un segundo acento prosódico en la última o penúltima sílabas.*

SOBRESEER. (Del lat. *supersedere,* cesar, desistir; de *súper,* sobre, y *sedere,* sentarse.) intr. Desistir de la pretensión que se tenía. ‖ Cesar en el cumplimiento de una obligación. ‖ *For.* Cesar en una instrucción sumarial o no proseguir un procedimiento. Ú.t.c.tr. *Fue* SOBRESEÍDO *en la causa;* SOBRESEYÓ *la causa.* ‖ deriv.: **sobreseedor, ra.**

SOBRESEIMIENTO. m. Acción y efecto de sobreseer. ‖ **— libre.** *For.* El que por no haber delito o ser irresponsable el inculpado, pone término al proceso y equivale a la absolución. ‖ **— provisional.** *For.* El que por deficiencias de pruebas paraliza la causa. ‖ IDEAS AFINES: *Sumario, procedimiento, código penal, tribunal, juicio, prescripción, sentencia, libertad.*

SOBRESELLAR. tr. Poner sobresello.

SOBRESELLO. m. Segundo sello que se pone para dar más autoridad o firmeza.

SOBRESEMBRAR. tr. Sembrar sobre lo ya sembrado. ‖ irreg. Conj. como **acertar.**

SOBRESEÑAL. f. Divisa que en lo antiguo tomaban los caballeros armados.

SOBRESOLAR. (De *sobre* y *solar.*) tr. Coser una suela nueva en los zapatos, sobre la ya gastada. *Hice* SOBRESOLAR *las botas porque ya dejaban pasar la humedad.* ‖ Echar un segundo suelo sobre lo solado. ‖ irreg. Conj. como **contar.**

SOBRESTADÍA. f. *Com.* Cada uno de los días que pasan después de las estadías, o segundo plazo que se concede para cargar o descargar un buque. ‖ Cantidad que por tal concepto se paga.

SOBRESTANTE. al. **Aufseher.** fr. **Contremaître.** ingl. **Overseer; foreman.** ital. **Soprastante.** port. **Sobrestante.** m. Capataz de una obra.

SOBRESTANTÍA. f. Empleo de sobrestante. ‖ Su oficina.

SOBRESTAR. intr. fig. Persistir, insistir.

SOBRESTIMAR. tr. Estimar excesivamente el valor o la importancia de una cosa. SOBRESTIMÓ *el valor de la joya;* sinón.: **sobreestimar;** antón.: **subestimar.** ‖ deriv.: **sobrestimación.**

SOBRESUELDO. m. Retribución que se añade al sueldo fijo. sinón.: **plus, sobrepaga.**

SOBRESUELO. m. Segundo suelo que se pone sobre otro.

SOBRETARDE. f. Parte de la tarde que precede inmediatamente al anochecer. *A la* SOBRETARDE *cesó el viento;* sinón.: **atardecer.**

SOBRETENDÓN. m. *Veter.* Inflamación de los tendones flexores de las patas de las caballerías.

SOBRETODO. al. **Überzieher.** fr. **Pardessus; paletot.** ingl. **Overcoat.** ital. **Soprabito.** port. **Sobretudo.** m. Prenda de abrigo larga y con mangas, que se lleva sobre el traje ordinario. sinón.: **gabán, sobrerropa.** ‖ IDEAS AFINES: *Invierno, frío, abrigarse, bufanda, guantes, tapado, saco.*

SOBREVEEDOR. m. Superior de los veedores.

SOBREVENDA. f. Venda que se pone sobre otra. *Como en la venda iba apareciendo la sangre, le pusieron una* SOBREVENDA. ‖ fig. Cautela, recelo, reparo.

SOBREVENIDA. f. Venida repentina e imprevista.

SOBREVENIR. al. **Vorkommen.** fr. **Survenir.** ingl. **To happen.** ital. **Sopravvenire.** port. **Sobrevir.** (Del lat. *supervenire.*) intr. Acaecer una cosa además o después de otra. *No fue ése el único mal, pues* SOBREVINIERON *otros.* ‖ Venir de improviso. *Cuando menos se esperaba,* SOBREVINO *la tormenta.* ‖ Venir a la sazón, al tiempo de, etc. ‖ irreg. Conj. como **venir.** ‖ deriv.: **sobrevenidero, ra; sobrevenimiento.**

SOBREVERTERSE. r. Verterse con abundancia. ‖ irreg. Conj. como **entender.**

SOBREVESTA o **SOBREVESTE.** (De *sobrevestir.*) f. Especie de túnica, que se usaba sobre la armadura o el traje. ‖ Por ext., cualquier vestidura que cubre las demás.

SOBREVESTIR. (Del lat. *supervestire.*) tr. Poner un vestido sobre el que se lleva. ‖ irreg. Conj. como **pedir.**

SOBREVIDRIERA. f. Alambrera con que se resguarda una vidriera. ‖ Vidriera que se pone además de la principal para mayor abrigo.

SOBREVIENTA. (De *sobreviento.*) f. Golpe de viento impetuoso. ‖ fig. Furia, ímpetu. ‖ Sobresalto, sorpresa.

SOBREVIENTO. (Del lat. *superventus,* venida inesperada.) m. Sobrevienta, golpe de viento.

SOBREVISTA. f. Especie de visera, fija al borde del morrión.

SOBREVIVIENTE. al. **Überlebende.** fr. **Survivant.** ingl. **Survivor.** ital. **Sopravvivente.** port. **Sobrevivente.** p. a. de **Sobrevivir.** Que sobrevive. Ú.t.c.s. *Fue el único* SOBREVIVIENTE *del naufragio;* sinón.: **superviviente.**

SOBREVIVIR. al. **Uberleben.** fr. **Survivre.** ingl. **To survive.** ital. **Sopravvivere.** port. **Sobreviver.** (Del lat. *supervívere.*) intr. Vivir uno más que otro o después de un determinado suceso o plazo. SOBREVIVIÓ *a todos sus hermanos.* ‖ deriv.: **sobrevividor, ra; sobrevivimiento.**

SOBREVOLAR. tr. Volar sobre un lugar, ciudad, territorio, etc.

SOBREXCEDENTE. p.a. de **Sobrexceder.** Que sobrexcede.

SOBREXCEDER. tr. Exceder, aventajar a otro. sinón.: **sobrar, sobrepujar, superar.** ‖ deriv.: **sobrexceso.**

SOBREXCITACIÓN. f. Sobreexcitación.

SOBREXCITAR. tr. y r. Sobreexcitar.

SOBRIAMENTE. adv. m. Con sobriedad.

SOBRIEDAD. al. **Nüchternheit.** fr. **Sobriété.** ingl. **Sobriety.** ital. **Sobrietà.** port. **Sobriedade.** (Del lat. *sobríetas, -atis.*) f. Calidad de sobrio.

SOBRINAZGO. m. Parentesco de sobrino. ‖ Nepotismo.

SOBRINO, NA. al. **Neffe; Nichte.** fr. **Neveu; nièce.** ingl. **Nephew; niece.** ital. **Nipote.** port. **Sobrinho.** (Del lat. *sobrinus.*) s. Respecto de una persona, hijo o hija de su hermano o hermana, o de su primo o prima. Los primeros se llaman **carnales,** y los otros, **segundos, terceros,** etc., según el grado de parentesco. ‖ IDEAS AFINES: *Tío, tío abuelo, pariente, familia, colateral, consanguinidad.*

SOBRIO, BRIA. (Del lat. *sobrius.*) adj. Moderado, parco, especialmente en comer y beber. *Estilo* SOBRIO; *hombre* SOBRIO; sinón.: **frugal, mesurado, templado.**

SOCA. f. *Amér.* Último retoño de la caña de azúcar. ‖ *Amér. Central.* Borrachera. ‖ *Bol.* Brote de la cosecha del arroz. ‖ *Col.* Renuevo que echa el tabaco después de florecer. ‖ *Ec.* Tabaco de superior calidad.

SOCA, Francisco. *Biog.* Médico urug., prof. de patología interna y dermatología, temas sobre los cuales publicó varios trabajos (1856-1923).

SOCAIRE. m. *Mar.* Abrigo o defensa que ofrece una cosa en su lado opuesto a aquel de donde sopla el viento. ‖ **Estar** o **ponerse al socaire.** *Mar.* Hacerse remolón el marinero, sin salir a la guardia. ‖ fig. y fam. Rehuir el trabajo. *Va a la oficina, pero suele* PONERSE AL SOCAIRE.

SOCAIRERO. adj. Entre marineros, remolón.

SOCALINA. f. Ardid o artificio con que se saca a uno lo que no tiene obligación de dar.

SOCALIÑAR o **SOCALIÑEAR.** tr. Sacar a uno con

socaliña alguna cosa. || deriv.: **socaliñeo.**

SOCALIÑERO, RA. adj. y s. Que usa de socaliñas.

SOCALZAR. (De *so* y *calzar.*) tr. Reforzar una cosa por la parte inferior, y especialmente el edificio o muro que amenaza ruina.

SOCAPA. (De *so* y *capa.*) f. Pretexto con que se disfraza la verdadera intención con que se hace una cosa. || **A socapa.** m. adv. Disimuladamente o con cautela. *A* SOCAPA *me va llevando todos los clientes.*

SOCAPAR. tr. *Bol., Ec.* y *Méx.* Encubrir faltas ajenas.

SOCAPISCOL. m. Sochantre.

SOCARRA. f. Acción y efecto de socarrar. || Socarronería.

SOCARRAR. (Del vasc. *sua,* fuego, y *carra,* llama.) tr. y r. Quemar o tostar superficialmente una cosa. *Como estaba muy fuerte el horno, salió el pan* SOCARRADO; sinón.: **chamuscar, sollamar.** || deriv.: **socarrable; socarradura; socarramiento.**

SOCARRÉN. m. Parte del alero del tejado que sobresale de la pared.

SOCARRENA. (De *socarrén.*) f. Hueco, concavidad. || *Arq.* Hueco entre cada dos maderos del tejado o del suelo.

SOCARRINA. f. fam. Chamusquina, acción y efecto de socarrar.

SOCARRO, RA. adj. y s. ant. y *Hond.* Socarrón.

SOCARRÓN, NA. (De *socarrar.*) adj. y s. Astuto, bellaco, taimado, disimulado.

SOCARRONAMENTE. adv. m. Con socarronería.

SOCARRONERÍA. f. Astucia y bellaquería. sinón.: **socarra.** || Calidad de socarrón.

SOCAVA. f. Acción y efecto de socavar. sinón.: **socavación.** || Alcorque para el riego. sinón.: **descalce.**

SOCAVACIÓN. f. Acción y efecto de socavar. sinón.: **descalce, socava.**

SOCAVAR. al. **Untergraben.** fr. **Creuser.** ingl. **To excavate.** ital. **Scavare.** port. **Socavar.** (De *so* y *cavar.*) tr. Excavar por debajo alguna cosa, dejándola en falso. *Las aguas* SOCAVARON *la casita;* sinón.: **descalzar.** || fig. Minar lentamente una cosa. SOCAVAR *una reputación.* || deriv.: **socavable; socavador, ra; socavadura; socavamiento; socavativo, va.**

SOCAVÓN. (De *socavar.*) m. Cueva que se excava en la ladera de un cerro o monte.

SOCAVONERO. m. *Chile.* El que beneficia una mina haciendo socavones.

SOCAZ. (De *so* y *caz.*) m. Cauce que hay debajo del molino o batán hasta la madre del río.

SOCIABILIDAD. al. **Geselligkeit.** fr. **Sociabilité.** ingl. **Sociableness; sociability.** ital. **Sociabilità.** port. **Sociabilidade.** f. Calidad de sociable.

SOCIABLE. (Del lat. *sociábilis.*) adj. Inclinado naturalmente a la sociedad. sinón.: **comunicativo, tratable.** || m. Coche de cuatro ruedas y con dos asientos laterales, uno enfrente de otro.

SOCIABLEMENTE. adv. m. Con sociabilidad. || En sociedad.

SOCIAL. (Del lat. *socialis.*) adj. Perteneciente o relativo a la sociedad o a las luchas entre unas y otras clases. *Ciencias* SOCIALES; *cuestiones* SOCIALES. || Perteneciente o relativo a una compañía o sociedad, o a los socios o compañeros. *Sede* SOCIAL.

SOCIALISMO. al. **Sozialismus.** fr. **Socialisme.** ingl. **Socialism.** ital. **Socialismo.** port. **Socialismo.** m. Sistema de organización social que deriva de la colectividad los derechos individuales, y propugna una organización económica basada en la propiedad en común de los medios de producción. || IDEAS AFINES: *Comunismo, colectivismo, Marx, Engels, cooperativa, gremios, proletariado, bolcheviquismo.*

● **SOCIALISMO.** *Sociol.* **El socialismo**, que genéricamente se distingue como el sistema social, económico y político opuesto al individualismo y al capitalismo, tiene en su vasto desarrollo histórico sensibles diferencias en cuanto a concepción y a método. Sus antecedentes históricos son remotos; ya el idealismo de Platón anticipaba ciertos aspectos humanitarios del **socialismo** y más definidamente, varios siglos después, lo hicieron Moro, Campanella y otros autores. (V. **Comunismo.**) No obstante, la idea de **socialismo** fue vaga e imprecisa mientras las condiciones económicas imperantes no permitieron la integración homogénea del proletariado moderno. En la primera mitad del s. XIX pensadores europeos como Saint Simon, Fourier, Owen, etc., escribieron acerca de las injusticias sociales, las condiciones opresivas en que trabajaban y vivían los obreros, e insinuaron también la posibilidad de una futura sociedad igualitaria. Pero, como la lucha de clases –esencia y motor de la futura doctrina socialista– no había alcanzado todavía un grado de madurez y tampoco el proletariado se había ubicado como protagonista en el escenario histórico, la prédica de esos teorizadores se limitaba a una crítica severa del capitalismo sin llegar a la entraña de sus contrastes y sin enunciar la necesidad de la supresión de la propiedad privada. Por esa razón, esos pensadores fueron considerados los fundadores del **socialismo** utópico para diferenciar a éste del **socialismo** científico, que reconoce su iniciador y teórico máximo en Carlos Marx. Éste, que con Federico Engels lanzó en 1848 el célebre *Manifiesto comunista*, estudió exhaustivamente en su obra *El capital* el proceso de la lucha entre las diferentes clases sociales. El **socialismo** marxista, puesto en marcha a partir de la Primera Internacional, fue objeto de revisiones y de distintas concepciones teóricas. La crisis de la primera Guerra Mundial y el estallido de la Revolución Rusa de 1917, ahondaron las diferencias entre los ortodoxos del **socialismo** y los reformistas, y de la ruptura entre ambos resultó la Tercera Internacional (V. **Internacional, La**) dominada por los marxistas. En la actualidad, el movimiento obrero internacional está políticamente dividido entre la Internacional Socialista y el Kominform o Internacional Comunista; ambas reivindican para sí, con interpretaciones diferentes, la doctrina del **socialismo** científico. Otros teóricos socialistas posteriores a Marx, ortodoxos o revisionistas, fueron Lenin, Kautsky, Rosa Luxemburgo, Laforgue, Jaurès, Trotsky, etc.

SOCIALISTA. adj. Que profesa la doctrina del socialismo. Ú.t.c.s. || Perteneciente o relativo al socialismo.

SOCIALIZACIÓN. f. Acción y efecto de socializar.

SOCIALIZADOR, RA. adj. Que socializa.

SOCIALIZAR. tr. Transferir al Estado o otro organismo colectivo las industrias, las explotaciones agrícolas y otras propiedades particulares. SOCIALIZAR *los medios de transporte.*

SOCIEDAD. al. **Gesellschaft.** fr. **Société.** ingl. **Society.** ital. **Società.** port. **Sociedade.** (Del lat. *societas, -atis.*) f. Reunión de personas, familias, pueblos o naciones. sinón.: **asociación.** || Agrupación de individuos para cumplir, mediante la mutua cooperación, todos o alguno de los fines de la vida. *Las abejas viven en* SOCIEDAD; sinón.: **cofradía, colectividad, colegio, entidad, gremio, hermandad, sindicato.** || Reunión de gentes para el juego u otras diversiones, la tertulia. etc. sinón.: **ateneo, casino, círculo, club, peña.** || Buena sociedad, vida elegante. *Ya presentó a su hija en* SOCIEDAD. || *Com.* La formada por comerciantes, hombres de negocios o accionistas. sinón.: **compañía, empresa, razón social.** || **– accidental.** *Com.* La que se establece sin constituir **sociedad** formal, interesándose unos comerciantes en las operaciones de otros. || **– anónima.** *Com.* La que se forma por acciones, con responsabilidad circunscrita al capital que éstas representan, y encargándose su dirección a administradores. || **– comanditaria.** *Com.* **Sociedad en comandita.** || **– comanditaria por acciones.** *Com.* Aquella en que el capital de los socios no colectivos está representado por acciones. || **– conyugal.** La constituida por el marido y la mujer durante el matrimonio, por ministerio de la ley. || **– cooperativa.** La que se constituye para un objeto de utilidad común de los asociados. || **– de cuenta en participación. Sociedad accidental.** || **– de responsabilidad limitada.** *Com.* La formada por corto número de socios con derechos en proporción a las aportaciones de capital y con responsabilidad circunscrita a la cuantía del capital social. || **– en comandita.** *Com.* Aquella en que unos socios tienen derechos y obligaciones como en la **sociedad colectiva** y otros, llamados comanditarios, tienen limitados a una determinada cuantía sus beneficios y responsabilidad. || **– regular colectiva.** *Com.* La que se ordena bajo ciertos pactos y participando todos los socios proporcionalmente de los mismos derechos y obligaciones, con responsabilidad indefinida. || **– secreta.** Dícese de aquella en que sus miembros procuran no ser conocidos, y especialmente de la que tiene por fin conspirar contra el orden establecido en un país. *La masonería es una* SOCIEDAD SECRETA. || **Buena sociedad.** Conjunto de personas que se distinguen por su cultura y finos modales. || **Mala sociedad.** La de gente sin educación y sin delicadeza.

● **SOCIEDAD.** *Sociol.* Los tres elementos que integran la **sociedad:** reunión de individuos, obra en conjunto y finalidad común, se dan tempranamente –como forma de continuada organización social– en el clan, grupo familiar que habitaba una tierra en común, adoraba al mismo totem y se gobernaba por las mismas leyes. Al unirse los clanes bajo un mismo jefe, se formó la tribu; del parentesco, se pasó al dominio de uno sobre los otros. A su vez, la tribu perdió su posición como subestructura de la **sociedad,** al ser substituida por la familia y reemplazada por el Estado. En la **sociedad** primitiva, el individuo era apenas reconocido como entidad separada y no se regía por leyes, sino por costumbres rígidas e invariables, a las que se añadieron las sanciones sobrenaturales de la religión. Sólo con la propiedad privada y el Estado, el hombre empezó a destacarse como una realidad distinta y su convivencia en sociedad a ser regida por leyes y acuerdos. La **sociedad** está formada por una base física y como tal, sometida a la ley de la evolución, y por elementos psíquicos como la conciencia de especie, que constituyen lo propiamente social, y sus funciones fundamentales son la provisión económica y el sostenimiento biológico. Objeto del estudio de la Sociología, la **sociedad** fue ya analizada por Platón y Aristóteles, y desde entonces, considerada como una realidad anterior o posterior al individuo, como un supuesto falso o problemático, como un ente identificado con lo individual o distinto de él, etc.

SOCIEDAD, Islas de la. *Geog.* Archipiélago de Polinesia (Oceanía), sit. al oeste de las islas Tuamotú. 1.647 km². 46.585 h. Cap. PAPEITI, en la isla de Tahití. Es posesión francesa.

SOCIEDAD DE LAS NACIONES. *Der.* Organización política creada después de la guerra de 1914-1918 para asegurar la paz mundial mediante un pacto de seguridad colectiva. Estaba formada por la Asamblea, el Consejo, el Tribunal de Justicia Internacional, la Secretaría permanente y las comisiones y oficinas establecidas por convenciones generales, y su sede estaba en la c. de Ginebra. No logró constituirse en organismo universal y de ahí derivó el fracaso de sus gestiones; además, no logró impedir las guerras entre China y Japón, Italia y Abisinia y Paraguay y Bolivia. A partir de 1938 dejó prácticamente de existir y en 1946 la Asamblea declaró su clausura; sus propósitos y bienes fueron transferidos a la Organización de las Naciones Unidas. **V. O.N.U.**

SOCIEDAD DE LOS SIETE. *Hist.* Sociedad secreta formada en Bs. As. a principios de 1810 por un grupo de patriotas, para luchar por la libertad de América. Formaban parte de ella Alberti, Belgrano, Castelli, Donado, Paso, Rodríguez Peña y Vieytes, a los que se unieron después otros patriotas.

SOCIETARIO, RIA. adj. Perteneciente o relativo a las asociaciones, especialmente a las obreras.

SOCINIANISMO. m. Herejía de Socino, que negaba la Trinidad y la divinidad de Jesucristo.

SOCINIANO, NA. (Del nombre del heresiarca italiano *Socino.*) adj. Partidario del socinianismo. Apl. a pers., ú.t.c.s. || Perteneciente o relativo a esta herejía.

SOCINO, Lelio Sozzini o **Socini** llamado. *Biog.* Protestante ital. fundador de una doctrina que negaba la Trinidad (1525-1562).

SOCIO, CIA. al. **Teilhaber; Mitglied.** fr. **Associé; sociétaire.** ingl. **Partner; member; fellow.** ital. **Socio.** port. **Sócio.** (Del lat. *socius.*) s. Persona asociada con otra u otras para algún fin. || Miembro de una sociedad. || fam. Compañero, compinche. || desp. Sujeto, individuo. *¡Valiente* SOCIO*! ¡Vaya con la* SOCIA*!* || **– capitalista.** El que aporta capital a una empresa o compañía. || **– industrial.** El que no aporta capital a la compañía o empresa, sino servicios o pericia personales y tiene participación en las ganancias.

SOCIOLOGÍA. al. **Gesellschaftslehre; Soziologie.** fr. **Sociologie.** ingl. **Sociology.** ital. **Sociologia.** port. **Sociologia.** (Del lat. *socius,* socio, y del gr. *logos,* tratado.) f. Ciencia que estudia las sociedades humanas y su desenvolvimiento. || IDEAS AFINES: *Grey, tribu, pueblo, nación, estado, plebe, nobleza, burguesía, feudalismo, matriarcado, patriarcado, monogamia, poligamia.*

SOCIOLÓGICO, CA. adj. Perteneciente o relativo a la sociología.

SOCIÓLOGO, GA. al. **Soziologe.** fr. **Sociologue.** ingl. **Sociologist.** ital. **Sociologo.** port. **Sociólogo.** s. Persona que profesa la sociología.

SOCO, CA. adj. *Amér. Central.* Borracho. || *Arg.* Dícese de la caballería inútil o que tiene muchos defectos. || *Chile* y *P. Rico.* Aplícase a la persona o animal a quien le falta un brazo u otro miembro. || m. *Col.* Muñón; tocón. || Machete corto y sin punta.

SOCO. *Geog.* Río de la Rep. Dominicana que des. en el mar de las Antillas. 70 km. Cruza las prov. de El Seibo y San Pedro de Macorís.

SOCOLAR. tr. *Amér. Central, Col.* y *Ec.* Desmontar, rozar un terreno.

SOCOLOR. (De *so* y *color.*) m. Pretexto para disimular el motivo de una acción. *Ése no es el verdadero móvil, sino el* SOCOLOR. || adv. m. So color, con pretexto.

SOCOLLADA. (De *so* y *cuello.*) f. *Mar.* Sacudida que dan las velas. || Caída brusca de la proa de un buque. sinón.: **estrechón.**

SOCOLLÓN. m. *Amér. Central* y *Cuba.* Sacudida, estremecimiento. || *Cuba.* Animal de tiro que no hala parejo.

SOCOMPA. *Geog.* Cerro volcánico de los Andes, entre la prov. argentina de Salta y la chilena de Antofagasta. 6.031 m. de altura. El paso hom. está situado a 3.868 m.

SOCONUSCO. (De la región mexicana del mismo nombre.) m. Cierta clase de chocolate. || Por ext., chocolate.

SOCONUSCO. *Geog.* Sierra de México (Chiapas) que culmina en el volcán hom., de 2.380 m. En esta región hay afamados cultivos de cacao y café.

SOCORO. m. Sitio que está debajo del coro.

SOCORREDOR, RA. adj. y s. Que socorre.

SOCORRER. al. **Unterstützen; helfen.** fr. **Secourir.** ingl. **To assist; to help.** ital. **Soccorrere.** port. **Socorrer.** (Del lat. *succúrrere.*) tr. Ayudar en un peligro o necesidad. *Le* SOCORRIÓ *de vituallas; le* SOCORRIÓ *con pan y vino.* sinón.: **acorrer, auxiliar, remediar.** || Dar a uno a cuenta parte de lo que se le adeuda o de lo que ha de devengar.

SOCORRIDO, DA. adj. Dícese de la persona que con facilidad socorre la necesidad de otro. || Aplícase a aquello en que se encuentra fácilmente o con abundancia lo que es menester. *Ese mercado es muy* SOCORRIDO. ‖ Gastado, trillado, vulgar. *Un tópico, un pretexto muy* SOCORRIDO. ‖ Dícese de los recursos que fácilmente y con frecuencia sirven para resolver una dificultad. ‖ deriv.: **socorridamente.**

SOCORRISMO. m. Organización y adiestramiento para prestar socorro en caso de accidente.

SOCORRISTA. com. Persona especialmente adiestrada para prestar socorro en caso de accidente.

SOCORRO. al. **Hilfe; Beistand.** fr. **Aide; secours.** ingl. **Aid; help; succors.** ital. **Soccorso: aiuto.** port. **Socorro.** m. Acción y efecto de socorrer. *Tren, casa de* SOCORRO; sinón.: **acorro, auxilio, favor.** ‖ Dinero, alimento u otra cosa con que se socorre. ‖ Tropa que acude en ayuda de otra. ‖ Municiones de boca o de guerra que se llevan a un cuerpo de tropa o a una plaza que las necesitan. ‖ IDEAS AFINES: *S.O.S., subsidio, subvención, montepío, ser el brazo derecho.*

SOCORRO. *Geog.* Población de Colombia, en el dep. de Santander. 13.500 h. Importante centro agrícola-ganadero y comercial.

SOCOTORA. *Geog.* V. **Socotra.**

SOCOTRA. *Geog.* Isla del N.E. de África, a la entrada del golfo de Aden, sobre el océano Índico. 3.579 km². 15.000 h. Pertenece a la Rep. Democrática Popular del Yemen. Cap. TAMARIDA.

SOCOTROCO. m. *Arg.* Zocotroco.

SÓCRATES. *Biog.* Filósofo gr., maestro de Platón. Aparece en Atenas en medio de una atmósfera filosófica imbuida de suficiencia dogmática y sofística que pretendía dar soluciones a todos los problemas ontológicos. **Sócrates** enseñó modestia a sus contemporáneos afirmando que sólo sabía que no sabía nada. Les dijo que hay que sacar la filosofía del cielo y bajarla a la tierra. El hombre tiene que conocerse a sí mismo, antes de pretender conocer a la Naturaleza. Del conocimiento de sí mismo le vendrá el deseo de ser bueno y virtuoso. Para conocer las cosas hay que definirlas y **Sócrates** empleó un método original para conseguir que su interlocutor definiera solo las cosas, valiéndose de hábiles preguntas que le formulaba y que le hacían ver sus contradicciones. Mediante la **ironía, Sócrates** simulaba ignorancia y admitía las afirmaciones del contrario y utilizando el diálogo le hacía ver su inconsistencia y falsedad; con su otro método, la **mayéutica** (arte de la partera), hacía surgir del interlocutor las ideas que éste llevaba dentro de sí sin saberlo. Acusado de confundir con sus ideas a la juventud ateniense y de negar a los dioses de la ciudad, fue juzgado y condenado a beber la cicuta (469-399 a. de C.)

SOCRÁTICO, CA. (Del lat. *socráticus.*) adj. Que sigue la doctrina de Sócrates. Ú.t.c.s. ‖ Perteneciente a ella. ‖ deriv.: **socráticamente.**

SOCROCIO. (Del lat. *sub,* so y *crocus,* de azafrán.) m. Emplasto en que entra el azafrán. ‖ *Ec.* Azucarillo ordinario. ‖ Persona picosa.

SOCUCHA. f. *Amér.* Rincón, tabuco, chiribitil.

SOCUCHO. (De *sucucho.*) m. *Amér.* Socucha.

SOCUY. *Geog.* Río de Venezuela. V. **Limón.**

SOCHANTRE. (De *so* y *chantre.*) m. Director del coro en los oficios divinos. sinón.: **capiscol, socapiscol, veintenero.**

SOCHE. m. *Col.* y *Ec.* Guazubirá, especie de ciervo. ‖ Piel sin pelo y curtida de cordero, chivo o venado.

SODA. al. **Soda; Selterwasser.** fr. **Soude; eau de Seltz.** ingl. **Soda; soda water.** ital. **Soda; acqua di Seltz.** port. **Soda.** (Del ital. *soda.*) f. Sosa. ‖ Bebida de agua gaseosa, con ácido carbónico en disolución y a veces aromatizada con un jarabe. *Toma el vino con* SODA. ‖ *Quím.* Carbonato de sodio, sal blanca, soluble en agua.

SODDY, Federico. *Biog.* Químico británico que señaló el valor de los isótopos para determinar las edades geológicas y realizó importantes investigaciones en substancias radiactivas. En 1921 le fue otorgado el premio Nobel de Química (1877-1956).

SÖDERBLON, Lars O. Jonatán. *Biog.* Teól. protestante sueco, autor de eruditos trabajos sobre la historia de las religiones comparadas, propulsor de un movimiento en favor de la unión de las iglesias; en 1930 se le otorgó el premio Nobel de la Paz (1866-1931).

SÓDICO, CA. adj. *Quím.* Perteneciente o relativo al sodio.

SODIO. al. **Natrium.** fr. **Sodium.** ingl. **Sodium.** ital. **Sodio.** port. **Sódio.** (De *soda.*) m. Metal de color y brillo argentinos, blando y que descompone el agua a la temperatura ordinaria. Su símbolo es *Na* y su p. atóm. 22,997.

SODOMA, Juan Antonio Bazzi, llamado el. *Biog.* Pintor ital., uno de los más destacados representantes del arte religioso en su época; *Cristo flagelado; Vida de Santa Catalina de Siena; Deposición de la Cruz,* etc. (1477-1549).

SODOMA. *Geog. histór.* Antigua ciudad de Palestina, sit. junto al mar Muerto, que formaba parte de la Pentápolis. Fue destruida en la época de Abrahán por una lluvia de fuego que Dios le envió para castigar la corrupción de sus habitantes (Biblia).

SODOMÍA. al. **Sodomie.** fr. **Sodomie.** ingl. **Sodomy.** ital. **Sodomia.** port. **Sodomia.** (De *Sodoma,* antigua ciudad de Palestina.) f. Concúbito entre personas del mismo sexo. sinón.: **homosexualidad, pecado nefando, pederastia.**

SODOMITA. al. **Sodomit.** fr. **Sodomite.** ingl. **Sodomite.** ital. **Sodomita.** port. **Sodomita.** adj. y s. De Sodoma. ‖ Que comete sodomía. sinón.: **homosexual, invertido, pederasta.**

SODOMÍTICO, CA. adj. Perteneciente a la sodomía.

SOEDERBLON, Lars O. Jonatán. *Biog.* V. **Söderblon, Lars O. Jonatán.**

SOEKARNO o **SUKARNO, Ahmed.** *Biog.* Político indonesio, presid. de su país desde 1949 (1901-1970).

SOERABAJA. *Geog.* V. **Surabaja.**

SOEZ. al. **Gemein.** fr. **Grossier; bas.** ingl. **Mean; coarse.** ital. **Vile; sudicio.** port. **Soez.** adj. Bajo, grosero, vil. *Dicho, palabra* SOEZ. ‖ Torpe, zafio. ‖ deriv.: **soezmente.**

SOFÁ. (Del ár. *çoffa,* banco.) m. Asiento con respaldo y brazos para dos o más personas. sinón.: **canapé, diván, escaño.** ‖ pl. Sofás.

SOFALA. *Geog.* Región de África oriental, sit. en Mozambique, al S. del río Zambeze. ‖ **Golfo de —.** Profunda escotadura de la costa oriental de África portuguesa (Mozambique), sobre el océano Índico.

SOFALDAR. (De *so* y *falda.*) tr. Alzar las faldas. ‖ fig. Levantar una cosa para dejar otra al descubierto.

SOFALDO. m. Acción y efecto de sofaldar.

SOFFIA, José Antonio. *Biog.* Escritor chil., autor del romance histórico *Bolívar y San Martín* (1843-1886).

SOFFICI, Mario. *Biog.* Actor y director teatral y cinematográfico arg., realizador de *Prisioneros de la tierra; Viento norte; Tres hombres del río,* y otras películas (1900-1977).

SOFÍ. (Del persa *safawi,* descendiente de *Safí,* nombre de un santón.) m. Título de dignidad con que antiguamente se denominaba a los reyes de Persia.

SOFÍ. adj. Sufí. Ú.t.c.s.

SOFÍA, Santa. *Hagiog.* Dama cristiana que junto con sus tres hijas sufrió el martirio en tiempos del emp. Adriano. En su honor se levantó en Constantinopla una majestuosa iglesia (m. aprox. 140).

SOFÍA. *Geog.* Ciudad del O. de Bulgaria, cap. del país. 1.035.480 h. con los suburbios. Centro cerealista y ganadero, azúcar, manufactura de tabacos, sedas, industria química. Centro comercial muy importante. Universidad. Es la antigua **Sárdica.**

SOFIÓN. (Del ital. *soffione,* de *soffiare,* y éste del lat. *sufflare,* soplar.) m. Bufido, demostración de enojo. *Le rechazó con un* SOFIÓN. ‖ Trabuco, arma de fuego.

SOFISMA. al. **Sophisterei.** fr. **Sophisme.** ingl. **Fallacy.** ital. **Sofisma.** port. **Sofisma.** (Del lat. *sophisma,* y éste del gr. *sóphisma.*) m. Argumento aparente con que se defiende lo que es falso. *No argumenta con razones valederas, sino con* SOFISMAS. sinón.: **argucia.**

SOFISMO. m. Sufismo.

SOFISTA. al. **Sophist.** fr. **Sophiste.** ingl. **Sophist.** ital. **Sofista.** port. **Sofista.** (Del lat. *sophista,* y éste del gr. *sophistés.*) adj. Que argumenta con sofismas. Ú.t.c.s. ‖ m. En la Grecia antigua, se llamaba así a todo el que se dedicaba a la filosofía.

SOFISTA, El. *Fil.* Diálogo de Platón subtitulado *El Ser,* donde el autor quiere probar la existencia del no-ser y la falsa posición de los sofistas.

SOFISTERÍA. (De *sofista.*) f. Uso de raciocinios sofísticos. ‖ Estos mismos raciocinios.

SOFISTICACIÓN. f. Acción y efecto de sofisticar. sinón.: **adulteración, falsificación.**

SOFÍSTICAMENTE. adv. m. De manera sofística.

SOFISTICAR. al. **Verfälschen.** fr. **Sophistiquer.** ingl. **To falsify.** ital. **Sofisticare.** port. **Sofisticar.** (De *sofístico.*) tr. Falsear, adulterar la verdad con sofismas. SOFISTICAR *una consecuencia.* ‖ Falsificar, en general. SOFISTICAR *un medicamento.* ‖ deriv.: **sofisticable; sofisticador, ra.**

SOFÍSTICO, CA. (Del lat. *sophísticus,* y éste del gr. *sophistikós.*) adj. Aparente, fingido con sutileza. ‖ deriv.: **sofísticamente.**

SOFISTIQUEZ. f. p. us. Calidad de sofístico.

SOFITO. (Del ital. *soffitto,* y éste del lat. *suffictus,* por *suffixus;* véase *sufijo.*) m. *Arq.* Plano o cara inferior de una cornisa o de otro cuerpo voladizo. sinón.: **paflón.**

SOFLAMA. (De *so* y *flama.*) f. Llama tenue o reverberación del fuego. ‖ Bochorno o ardor que sube al rostro por enojo, vergüenza, etc. sinón.: **rubor, sonrojo.** ‖ fig. Expresión artificiosa con que uno intenta engañar. ‖ Roncería, arrumaco. ‖ fig. desp. Alocución, perorata.

SOFLAMAR. tr. Fingir, usar de palabras afectadas para engañar a uno. ‖ fig. Hacer que uno se abochorne. ‖ r. Requemarse con la llama. sinón.: **chamuscar.** ‖ deriv.: **soflamación; soflamador, ra; soflamadura; soflamante.**

SOFLAMERO, RA. adj. y s. Que usa de soflamas. ‖ deriv.: **soflamería.**

SOFOCACIÓN. al. **Erstickung.** fr. **Suffocation.** ingl. **Suffocation.** ital. **Soffocazione.** port. **Sufocação.** f. Acción y efecto de sofocar. sinón.: **ahogo, asfixia, sofoco.**

SOFOCADOR, RA. adj. Que sofoca.

SOFOCANTE. p. a. de **Sofocar.** Que sofoca. *Calor, gas* SOFOCANTE.

SOFOCAR. al. **Ersticken.** fr. **Suffoquer.** ingl. **To soffocate.** ital. **Soffocare.** port. **Sufocar.** (Del lat. *suffocare.*) tr. Ahogar, impedir la respiración. *Le* SOFOCÓ *el humo.* ‖ Apagar, oprimir, dominar, extinguir. SOFOCARON *el incendio.* ‖ fig. Acosar, importunar, molestar demasiadamente. ‖ Avergonzar, abochornar a uno. Ú.t.c.r. ‖ deriv.: **sofocable; sofocamiento; sofocativo, va.**

SOFOCLEO, A. adj. Propio y característico de Sófocles o que muestra semejanza con alguna de las calidades distintivas de sus obras.

SÓFOCLES. *Biog.* Poeta trágico gr., Dio a la tragedia su forma perfecta al reducir la intervención del coro y erigir al protagonista en núcleo del drama; amplió la acción al introducir en ella un tercer personaje. Dio predominante importancia al sentimiento; así, sus personajes dejan de ser héroes como en Esquilo o simples caracteres como en Eurípides para mostrarse como seres humanos que sufren y sienten como tales. Reconoce la omnipotencia divina, pero no cree ciegamente en su justicia, y sus personajes, con más autodeterminación que los de Esquilo, se rebelan contra el Destino y los arbitrarios deseos de los dioses. *Antígona; Áyax; Edipo rey; Edipo en Colona,* etc. (aprox. 495-405 a. de C.).

SOFOCO. m. Efecto de sofocar. sinón.: **sofocación.** ‖ fig. Grave disgusto que se da o se sufre.

SOFOCÓN. m. fam. Desazón, disgusto que sofoca o causa aturdimiento.

SOFONÍAS. *Hist. Sagr.* Profeta que anunció la destrucción del reino de Judá y de Jerusalén por los caldeos (s. VII a. C.).

SOFOQUINA. f. fam. Sofoco, especialmente el intenso o continuado.

SÓFORA. (Del ár. *sofear.*) f. Árbol originario de China y Japón, muy difundido como planta de sombra, de tronco recto, copa globosa y follaje denso, de hojas compuestas de folíolos ovales y flores de color amarillo verdoso. *Sophora japónica,* leguminosa.

SOFREÍR. tr. Freír ligeramente una cosa. ‖ irreg. Conj. como **reír.** ‖ deriv.: **sofreimiento.**

SOFRENADA. f. Acción y efecto de sofrenar. sinón.: **refrenada, sobarbada, sobrefrenada.**

SOFRENAR. (Del lat. *suffrenare;* de *sub,* so, y *frénum,* freno.) tr. Detener el jinete a la caballería tirando violentamente de las riendas. sinón.: **frenar.** ‖ fig. Reprender ásperamente a uno. ‖ Refrenar una pasión del ánimo. SOFRENAR *los impulsos de la juventud.* ‖ deriv.: **sofrenador, ra; sofrenadura; sofrenamiento; sofrenante; sofrenazo.**

SOFRITO, TA. p. p. irreg. de **Sofreír.**

SOFROLOGÍA. f. *Med.* Ciencia que estudia la conciencia humana partiendo de nuevas concepciones.

SOGA. al. **Seil.** fr. **Corde.** ingl. **Rope.** ital. **Corda.** port. **Soga.** (Del vasc. *soca;* en b. lat. *soga.*) f. Cuerda gruesa de esparto. sinón.: **cable, lía, maroma.** ‖ Cuerda, medida de longitud, de ocho varas y media. ‖ Cierta medida de tierra. ‖ *Arg.* Tira de cuero crudo para atar las caballerías. ‖ *Ven.* Cuerda de piel de res que usa el sabanero para la caza de ganado salvaje. ‖ *Arq.* Parte de un sillar o ladrillo que queda descubierta en el paramento de la fábrica. ‖ m. fig. y fam. Hombre socarrón. ‖ **A soga.** m. adv. *Arq.* Dícese de la colocación de piedras o ladrillos de manera que su dimensión mayor quede en la línea horizontal del paramento del muro o paralela a ella. ‖ **Atar a soga.** *Arg.* y *Urug.* Atar a un animal con una soga larga, sujeta a una estaca clavada en el suelo, para que, sin escaparse, pueda pastar fácilmente. ‖ **Con la soga a la garganta,** o **al cuello.** frs. fig. Amenazado de un grave riesgo. ‖ En apretura o apuro. ‖ **Dar soga.** frs. Largar o soltar cuerda poco a poco. ‖ **Dar soga** a uno. frs. fig. y fam. Darle cuerda. ‖ fig. y fam. Darle chasco o burlarse de él. ‖ **Echar la soga tras el caldero.** frs. fig. y fam. Dejar que se pierda lo accesorio, perdido ya lo principal. ‖ **La soga tras el caldero.** frs. fig. y fam. con que se denota la habitual compañía de dos o más personas. ‖ **No hay que mentar la soga en casa del ahorcado.** frs. proverb. con que se advierte que no se debe hablar de cosa que sonroje o mortifique a alguno de los circunstantes. ‖ IDEAS AFINES: *Cordel, colgar, ahorcarse, nudo, cable, látigo, guindaleta.*

SOGAMOSO. *Geog.* Río de la región central de Colombia que des. en el Magdalena después de recorrer 224 km. Es navegable. Se llama también **Chicamocha.** ‖ Población de Colombia, en el dep. de Boyacá. 15.000 h. Importante centro agrícola-ganadero y comercial.

SOGDIANA. *Geog. histór.* Antigua región de Asia, sit. entre los ríos Syr y Amur, que perteneció a los persas. Su cap. era MACARANDA, que corresponde a la actual Samarcanda.

SOGDIANO, NA. adj. y s. De la Sogdiana. Ú.t.c.s. ‖ Perteneciente a este país del Asia antigua.

SOGUEAR. tr. Pasar una cuerda tirante por encima de las espigas para que se desprenda de ellas el rocío. ‖ *Amér. Central, Arg.* y *Ec.* Atar o enlazar con soga. ‖ *Col.* **Dar soga.** ‖ *Cuba.* Amansar.

SOGUERÍA. f. Oficio y comercio de soguero. ‖ Lugar donde se hacen o venden sogas. ‖ Conjunto de sogas.

SOGUERO, RA. adj. En Cuba, dícese del animal manso. ‖ m. El que hace sogas o las vende. ‖ **Mozo de cordel.**

SOGUILLA. (dim. de *soga.*) f. Trenza delgada hecha con el pelo. ‖ Trenza delgada de esparto. ‖ m. Mozo que se ocupa en transportar objetos de poco peso.

SOGUN. m. En el Japón, título de los altos jefes militares que desde el s. XII al XIX ejercían el poder político juntamente con los emperadores. ‖ deriv.: **sogunado.**

SOISSONS. *Geog.* Ciudad de Francia, en el dep. de Aisne, sobre el río de este nombre. 21.000 h. Hierro, cobre, maquinarias agrícolas. Durante la primera Guerra Mundial quedó casi destruida.

SOJA. f. Planta herbácea, anual, procedente de Asia, con fruto parecido al fréjol, comestible y muy nutritivo; úsasela también como forrajera. Gén. *Soja híspida*, leguminosa. Su cultivo reviste actualmente enorme importancia económica en los Estados Unidos, primer productor mundial con más de 35 millones de toneladas. Otros países que la cultivan son Indonesia, China, Brasil y la Unión Soviética. De su industrialización se obtiene aceite, harina y alimentos ricos en proteínas.

SOJO, Vicente E. *Biog.* Compositor y director de orquesta ven., autor de una cantata, un réquiem, tres misas y numerosas obras vocales (18[illegible]-[illegible]8).

SOJUZGADOR, RA. adj. y s. Que sojuzga.

SOJUZGAR. al. **Unterjochen.** fr. **Subjuguer.** ingl. **To subdue.** ital. **Soggiogare.** port. **Subjugar.** (De *so* y *juzgar.*) tr. Sujetar, dominar, mandar con violencia. *César* SOJUZGÓ *las Galias;* sinón.: **avasallar, domeñar, someter, subyugar.** ‖ deriv.: **sojuzgable, sojuzgamiento.**

SOKOTO. *Geog.* Población del N.O. de la república de Nigeria. 20.000 h. Centro agrícola.

SOL. al. **Sonne.** fr. **Soleil.** ingl. **Sun.** ital. **Sole.** port. **Sol.** (Del lat. *sol.*) m. Astro luminoso, centro de nuestro sistema planetario. ‖ fig. Luz, calor o influjo de este astro. *Tenderse al* SOL; *tomar el* SOL; *aguantar* SOLES *y vientos.* ‖ Día. ‖ Moneda de plata del Perú. ‖ *Alq.* Oro. ‖ – **de justicia.** fig. Cristo. ‖ Solazo. ‖ – **de las Indias.** Girasol, planta. ‖ **Al sol puesto.** m. adv. Al crepúsculo de la tarde. ‖ fig. y fam. Tarde, a deshora. ‖ **Arrimarse al sol que más calienta.** frs. fig. Servir y adular al más poderoso. ‖ **De sol a sol.** m. adv. Desde que sale el **sol** hasta que se pone. ‖ **No dejar a sol ni a sombra** a uno. frs. fig. y fam. Perseguirle e importunarle de continuo. ‖ **Partir el sol.** frs. En los antiguos desafíos públicos, colocar a los combatientes de modo que la luz les favoreciese por igual. ‖ **Tomar el sol.** frs. Disfrutar del influjo directo de sus rayos. ‖ *Mar.* Tomar la altura meridiana del **Sol**, para determinar la latitud del lugar en que se observa. ‖ IDEAS AFINES: *Febo, Apolo, estrella, amanecer, eclipse, verano, insolación, tostarse, rayos, helioterapia, fotosfera, cromosfera, sombra, nube, sombrero, visera, quitasol, rayos ultravioletas.*

● **SOL.** *Astr.* El **Sol**, centro de un conjunto de planetas, satélites y cometas que giran en torno de él, en órbitas determinadas por su atracción gravitacional, y entre los cuales se incluye la Tierra, es solamente una entre los miles de millones de estrellas que constituyen la Vía Láctea. Su volumen es 1.300.000 veces mayor que el de nuestro planeta, pero su masa es sólo 333.000 veces, debido a su menor densidad, y su gravedad es 28 veces mayor. El calor irradiado por el **Sol** no ha variado notablemente en muchos millones de años, de acuerdo con las teorías de los astrónomos, y su luz tarda 8 minutos y 18 segundos en llegar a la Tierra. Puede dividirse físicamente en tres grandes zonas o capas: la interna, la fotosfera y la atmósfera. En la primera se produce la fusión nuclear del hidrógeno que genera la energía solar. A la temperatura de 15 millones de grados centígrados y a una presión de cien mil millones de atmósferas, se fusionan 700 millones de toneladas de hidrógeno por segundo. Se calcula que a ese ritmo, el **Sol** necesitará más de 6.000 millones de años para consumir tan sólo el 10% de su hidrógeno. La fotosfera, una inmensa esfera gaseosa incandescente que absorbe las radiaciones de la parte interna, se mantiene a una temperatura casi invariable de 5.800 kelvins. Es la parte visible del **Sol**, con sus llamados "granos de arroz" y las famosas manchas solares, regiones obscuras ya vistas por Galileo. En la atmósfera solar que envuelve a la fotosfera pueden distinguirse la cromosfera y la corona. En la primera, de escasa densidad, compuesta por gases ligeros y de temperatura variable, se forman las espiculas, gigantescas llamaradas que sobrepasan los 35.000 kilómetros de altura. La corona, visible durante los eclipses totales, parece estar constituida por un gas muy enrarecido que alcanza temperaturas de hasta un millón de grados. El **Sol** tarda 25 días en dar una vuelta sobre su eje, y su distancia de la Tierra se calcula en 149,5 millones de kilómetros. Con todo el conjunto de planetas, satélites y cometas que giran a su alrededor, se desplaza hacia la constelación de Hércules a una velocidad aproximada de 20 km. por segundo.

SOL. (V. **Ut.**) m. *Mús.* Quinta voz de la escala música. *Clave de* SOL.

SOLA, Juan León. *Biog.* Militar arg., héroe de la independencia. Tomó parte en la campaña del Paraguay a las órdenes de Belgrano e intervino en el sitio de Montevideo (1787-1841).

SOLACEAR. (De *solaz.*) tr. Solazar.

SOLADA. f. Suelo, poso. sinón.: **asiento, hez.**

SOLADO. m. Acción de solar. ‖ Revestimiento de un piso con **ladrillos, losas u otro material.** **sinón.: enladrillado, enlosado, pavimento.**

SOLADOR. m. El que tiene por oficio solar pisos.

SOLADURA. f. Acción y efecto de solar pisos. ‖ Material que se emplea para solar.

SOLAMENTE. al. **Nur; bloss.** fr. **Seulement.** ingl. **Only; solely.** ital. **Solamente; soltanto.** port. **Somente.** adv. m. De una sola manera, en una sola cosa, o sin otra cosa. sinón.: **sólo, únicamente.** ‖ **Solamente que.** loc. adv. Con sólo que, con la única condición de que.

SOLANA. f. Sitio donde el sol da de lleno. *Se negó a trabajar en la* SOLANA. sinón.: **solejar.** ‖ Galería o parte de la casa destinada para tomar el sol. *Toma baños de sol en la* SOLANA.

SOLANA, Rafael. *Biog.* Poeta, cuentista y novelista mex. de inclinación humorística. Ha abordado también el teatro, con afán renovador (n. 1915).

SOLANÁCEO, A. (Del lat. *solánum*, hierba mora.) *Bot.* Dícese de plantas dicotiledóneas, hierbas o arbustos y aun árboles, de hojas alternas, flores actinomorfas, con cinco estambres soldados sobre la corola, y fruto en baya o cápsula, con muchas semillas; como la tomatera, la hierba mora, el tabaco, la papa, etc. Ú.t.c.s.f. ‖ f. pl. *Bot.* Familia de estas plantas.

SOLANERA. (De *solana.*) f. Efecto que produce en una persona el tomar mucho sol; sinón.: **insolación.** ‖ Paraje que no ofrece resguardo a los rayos solares. sinón.: **solana, solejar.**

SOLANINA. (De *solano*, planta.) f. Alcaloide muy venenoso contenido en la patata y otras solanáceas. ‖ Su clorhidrato, soluble en agua, se emplea como antiespasmódico.

SOLANO. (Del lat. *solanus.*) m. Viento que sopla de donde nace el sol. sinón.: **euro.**

SOLANO. (Del lat. *solánum.*) m. Hierba mora, planta solanácea.

SOLANO, Armando. *Biog.* Lit. colombiano, autor de *La melancolía de la raza indígena; Glosario sencillo*, etc. (n. 1887). ‖ – **Vicente.** Relig. y escritor ec., autor de *Bosquejo de la Europa y la América en 1800; Los derechos de la verdad; Cartas ecuatorianas*, etc. (1791-1865). ‖ – **ASTABURUAGA, Francisco.** Diplom. y escritor chil., autor de *Diccionario geográfico de Chile; Curso elemental de agricultura*, etc. (1817-1892). ‖ – **LÓPEZ, Francisco. V. López, Francisco Solano.** ‖ – **Y BOTE, José.** Marino esp., gobernador y capitán general de Venezuela y Santo Domingo (1726-1806).

SOLANO, San Francisco. *Hagiog.* V. **Francisco Solano, San.**

SOLANO. *Geog.* Bahía de la costa N.O. de Colombia (Chocó), sobre el océano Pacífico.

SOLAPA. al. **Klappe.** fr. **Revers.** ingl. **Lapel.** ital. **Incavalcatura.** port. **Lapela.** (De *solape.*) f. Parte del vestido, en especial del abrigo y la chaqueta, que corresponde al pecho y suele ir doblada hacia fuera. ‖ Doblez de la sobrecubierta de un libro en la parte interior de las tapas, sobre el filo vertical. *En la* SOLAPA, *viene una pequeña biografía del autor.* ‖ fig. Ficción para disimular una cosa. ‖ *Veter.* Cavidad que tienen algunas llagas. ‖ **De solapa.** m. adv. A solapo.

SOLAPADAMENTE. adv. m. fig. Cautelosamente; encubriendo o disimulando una cosa.

SOLAPADO, DA. al. **Hinterlistig.** fr. **Dissimulé.** ingl. **Artful.** ital. **Furbesco.** port. **Solapado.** adj. fig. Dícese de la persona que suele ocultar con malicia y cautela sus pensamientos. sinón.: **disimulado, doblado, socarrón, taimado;** antón.: **franco, ingenuo, sincero.**

SOLAPAMIENTO. m. *Veter.* Solapa.

SOLAPAR. (De *solape.*) tr. Poner solapas a los vestidos. ‖ Traslapar. ‖ fig. Ocultar la verdad o la intención con cautela y malicia. ‖ intr. Caer una parte del cuerpo de un vestido doblada sobre otra, como adorno o para abrigo.

SOLAPE. (De *so* y el lat. *lapis*, losa.) m. Solapa.

SOLAPO. m. Solapa. ‖ Parte de una cosa que queda cubierta por otra, como las tejas del tejado. ‖ El hueco que queda en alguna cosa. ‖ fig. y fam. Sopapo, golpe debajo de la papada. ‖ **A solapo.** m. adv. fig. Ocultamente.

SOLAR. (Del lat. *solarius*, de *sólum*, suelo.) adj. Dícese de la casa más antigua de una familia noble. Ú.t.c.s.m. ‖ m. Casa, descendencia, linaje noble. *El marqués viene del* SOLAR *de los Borjas.* ‖ Terreno donde se ha edificado o que se destina a edificar en él. *En esta calle hay muchos* SOLARES. ‖ *Amér. Central* y *Ven.* Trascorral de una casa.

SOLAR. (Del lat. *solaris.*) adj. Perteneciente al Sol. *Manchas* SOLARES.

SOLAR. (Del lat. *sólum*, planta del pie, suelo.) tr. Revestir el suelo con ladrillos u otro material. ‖ Echar suelas al calzado. ‖ irreg. Conj. como **contar.**

SOLAR, Alberto del. *Biog.* Diplom. y escritor chil., autor de *Huincahuas; Chacabuco; El jaró*, etc. (1860-1921). ‖ – **Antonio del.** Conquistador esp. del Perú, colaborador de Pizarro. Fue nombrado en 1548 regidor perpetuo de Lima (1509-1658). ‖ – **Enrique del.** Nov. chileno, autor de *Una aventura de Ercilla; Leyendas y tradiciones; El emplazado*, etc. (1844-1893). ‖ – **Hernán del.** Escr. chileno, autor de *Viento verde; Índice de la poesía chilena contemporánea*, etc. (n. 1901). ‖ – **Pedro A. del.** Pol. e historiador per., que intervino activamente en la vida pública de su país (1829-1911). ‖ – **Xul.** Seudónimo usado por el pintor arg. Oscar Agustín Alejandro Schulz Solari (1887-1963).

SOLARIEGO, GA. adj. Perteneciente al solar de antigüedad y nobleza. Ú.t.c.s. *Casa* SOLARIEGA. ‖ Antiguo y noble.

SOLARIO. m. Terraza u otro sitio, generalmente elevado, a propósito para tomar baños de sol. *El hospital tiene un vastísimo* SOLARIO. ‖ Cuadrante solar.

SOLARIO, Andrés. *Biog.* Pintor ital., autor de *Virgen con el niño; Descendimiento de la cruz; Ecce Homo*, etc. (1460-aprox. 1530). ‖ – **Antonio.** Pintor ital., autor de *Vida de San Benito; Virgen de la Misericordia; Virgen rodeada por cuatro santos*, etc. (s. XV-XVI).

SOLÁRIUM. m. Digase solario.

SOLAZ. al. **Erholung.** fr. **Loisir.** ingl. **Enjoyment.** ital. **Sollazzo.** port. **Solaz.** (Del desus. *solacio* y éste del lat. *solátium.*) m. Placer, esparcimiento, alivio de los trabajos. ‖ **A solaz.** m. adv. Con gusto y placer.

SOLAZAR. (Del lat. *solatiari.*) tr. Dar solaz. Ú.m.c.r. *No todo ha de ser trabajar, que también hay que* SOLAZARSE; sinón.: **solacear.** ‖ deriv.: **solazable; solazadamente; solazador, ra; solazamiento; solazante.**

SOLAZO. m. fam. Sol abrasador.

SOLAZOSO, SA. adj. Que causa solaz. ‖ Dícese del que está alegre y entretenido.

SOLDADA. al. **Lohn; Sold.** fr. **Solde.** ingl. **Wages; pay.** ital. **Salario.** port. **Soldada.** (De *sueldo.*) f. Sueldo, salario o estipendio. ‖ Haber del soldado.

SOLDADESCA. f. Ejercicio y profesión de soldado. ‖ Conjunto de soldados. ‖ Tropa indisciplinada.

SOLDADESCO, CA. adj. Perteneciente a los soldados. ‖ **A la soldadesca.** m. adv. Al uso de los soldados.

SOLDADO. al. **Soldat.** fr. **Soldat.** ingl. **Soldier.** ital. **Soldato.** port. **Soldado.** (Del lat. *solidatus*, de *sólidus*, sueldo.) m. El que sirve en la milicia. *Fue uno de los grandes* SOLDADOS *del país.* sinón.: **militar.** ‖ Militar sin graduación. *No pasó de* SOLDADO. ‖ fig. Servidor, partidario. SOLDADO *de la verdad, la sostengo en toda ocasión.* ‖ – **de Pavía.** fam. Tajada de bacalao frito rebozado con huevo y harina. ‖ IDEAS AFINES: *Servicio militar, ejército, reclutar, conscripción, cuartel, hacer guardia, desfilar, desertar; militarismo, antimilitarismo.*

SOLDADOR. m. El que tiene por oficio soldar. ‖ Herramienta con que se suelda.

SOLDADURA. f. Acción y efecto de soldar. ‖ Material para soldar. ‖ fig. Enmienda o corrección de una cosa. *Tu equivocación ya no tiene* SOLDADURA. ‖ – **autógena.** La que se hace fundiendo los bordes de lo que se suelda, sin valerse de materia extraña. ‖ IDEAS AFINES: *Hojalatero, fontanero, estañar, soplete, aleación, fusible.*

SOLDÁN. (Del ár. *çoltán*, soberano.) m. Sultán, título que se daba a algunos príncipes mahometanos, especialmente a los soberanos de Persia y Egipto.

SOLDAR. al. **Löten; Schweissen.** fr. **Souder.** ingl. **To solder.** ital. **Saldare.** port. **Soldar.** (Del lat. *solidare*, consolidar, afirmar.) tr. Unir sólidamente dos cosas o dos partes de una misma cosa con alguna substancia igual o parecida a la propia. ‖ fig. Enmendar, un desacierto. ‖ Irreg. Conj como contar. ‖ deriv.: **soldable; soldamiento.**

SOLDI, Raúl. *Biog.* Pintor y escenógrafo arg., autor de *La escalera; Joven bailarina; Aire de mar; Venus peinándose; Jugadoras de naipes*, etc. (n. 1903).

SOLEÁ. (De *soledad.*) f. Soledad, tonada, copla y danza. ‖ En pl. **soleares.**

SOLEAMIENTO. m. Acción de solear o solearse. *Mi casa no tiene* SOLEAMIENTO *hasta bien entrada la tarde.*

SOLEAR. tr. y r. Asolear, tener una cosa al sol.

SOLECISMO. al. **Sprachfehler; Solözismus.** fr. **Solécisme.** ingl. **Solecism.** ital. **Solecismo.** port. **Solecismo.** (Del lat. *soloecismus*, y éste del gr. *soloikismós*, de *Soli*, ciudad de Cilicia, donde se hablaba mal el griego.) m. Falta de sintaxis; error cometido contra la exactitud o pureza de un idioma.

SOLEDAD. al. **Einsamkeit.** fr. **Solitude.** ingl. **Solitude; soleliness.** ital. **Solitudine.** port. **Soledade.** (Del lat. *sólitas, -atis.*) f. Carencia de compañía. *La* SOLEDAD *del anacoreta.* ‖ Lugar desierto. *La* SOLEDAD *del campo.* ‖ Pesar, añoranza o nostalgia que se sienten por la ausencia o pérdida de alguna persona o cosa. *La* SOLEDAD *de la Virgen.* ‖ Tonada andaluza de carácter melancólico. ‖ Copla que se canta con esta música. ‖ Danza que se baila con ella. ‖ IDEAS AFINES: *Aislamiento, recogimiento, anacoreta, ermitaño, misántropo, monólogo, soliloquio, huérfano.*

SOLEDAD. *Geog.* Isla argentina del archipiélago de las Malvinas; es la más importante del grupo y en ella está la cap. del archipiélago. 6.307 km². ‖ Población de Colombia, en el dep. del Atlántico. 24.000 h. Industria maderera, algodón. ‖ Población del E. de Venezuela, en el Est. de Anzoátegui. Puerto sobre el río Orinoco, frente a Ciudad Bolívar. 3.000 h.

SOLEDADES. *Lit.* Obra de Antonio Machado publicada en 1903. Lleno de honda y palpitante vibración humana, el paisaje de Castilla sufre en la obra una transformación lírica, símbolo de la que el autor soñó para España. ‖ Colección de poesías compuestas por

Góngora en 1613.

SOLEDOSO, SA. (De *soledad.*) adj. Solitario. ‖ Que siente soledad o pesar y añoranza.

SOLEDUMBRE. f. desus. Paraje solitario y estéril, desierto.

SOLEJAR. (De *sol.*) m. Solana, sitio soleado.

SOLEMNE. al. **Feierlich.** fr. **Solennel.** ingl. **Solemn.** ital. **Solenne.** port. **Solene.** (Del lat. *solemnis.*) adj. Que se hace de año a año. sinón.: **anual.** ‖ Que se celebra públicamente, con pompa o ceremonias extraordinarias. *Sesión, función* SOLEMNE; sinón.: **fastuoso, suntuoso.** ‖ Formal, firme, acompañado de todos los requisitos necesarios. *Compromiso, declaración* SOLEMNE. ‖ Crítico, de mucha entidad o interés. *Momento* SOLEMNE; sinón.: **importante, grave.** ‖ Majestuoso, imponente. ‖ Encarece en sentido peyorativo la significación de algunos nombres. SOLEMNE *barbaridad.*

SOLEMNEMENTE. adv. m. De manera solemne.

SOLEMNIDAD. (Del lat. *solémnitas, -atis.*) f. Calidad de solemne. ‖ Acto o ceremonia solemne. ‖ Festividad eclesiástica. ‖ Cada una de las formalidades propias de un acto solemne. ‖ *For.* Conjunto de requisitos legales para la validez de los instrumentos que la ley llama públicos y solemnes.

SOLEMNIZADOR, RA. adj. y s. Que solemniza.

SOLEMNIZAR. (Del lat. *solemnizare.*) tr. Celebrar de manera solemne un suceso. SOLEMNIZÓ *el fausto acontecimiento.* ‖ Autorizar, engrandecer o encarecer una cosa. ‖ deriv.: **solemnizable; solemnización; solemnizante.**

SOLENIDO, DA. adj. *Zool.* Dícese de moluscos lamelibranquios, con el orificio bucal rodeado de bordes carnosos. Ú.t.c.s. ‖ m. pl. *Zool.* Familia de estos moluscos.

SOLENODONTE. m. Mamífero insectívoro, parecido a la rata, de Cuba y Santo Domingo.

SOLENOIDE. (Del lat. *solen*, canal, canuto, y del gr. *eidos*, forma.) m. *Fís.* Alambre conductor que, arrollado en forma de hélice, se emplea en varios aparatos eléctricos.

SÓLEO. (Del lat. *sólea*, suela, de *sólum*, la planta del pie.) m. *Anat.* Músculo de la pantorrilla, que va de la tibia y el peroné al tendón de Aquiles, que se inserta en el calcáneo.

SOLER. (Del lat. *solarius*, de *sólum*, suelo.) m. *Mar.* Entablado que tienen las embarcaciones en lo bajo del plan.

SOLER. al. **Pflegen.** fr. **Avoir l'habitude.** ingl. **To be in the habit; to be used to.** ital. **Solere.** port. **Soer.** (Del lat. *solere.*) intr. Con referencia a seres vivos, acostumbrar. *Tu hermano* SUELE *visitarme.* ‖ Respecto de hechos o cosas, ser frecuentes. *No* SUELEN *presentarse esos casos.* ‖ irreg. Conj. como **mover.**

SOLER, Antonio. *Biog.* Sacerdote y compositor esp., autor de *Sonatas* para clave y de canciones (1729-1783). ‖ – **Bartolomé.** Lit. español, autor de *Marcos Villari; Guillermo Roldán; El honor de los hombres*, etc. (1894-1975). ‖ – **Frank L.** Fisiólogo arg., autor de trabajos sobre temas de su especialidad (n. 1882). ‖ – **Mariano.** Prelado y escr. uruguayo, autor de *El darwinismo ante la filosofía de la naturaleza; América precolombina; Ensayo etnológico*, etc. (1846-1908). ‖ – **Miguel Estanislao.** Mil. argentino, que se distinguió en las guerras de la independencia. En 1814 fue gobernador intendente de la Banda Oriental y en 1820 capitán general de Buenos Aires (1783-1849).

SOLERA. (Del lat. *solaria*, de *sólum*, suelo.) f. Madero asentado de plano sobre fábrica para que en él descansen o se ensamblen otros. ‖ Madero de sierra. ‖ Piedra plana para sostener pies derechos. ‖ Muela del molino que está fija debajo de la volandera. sinón.: **concha.** ‖ Suelo del horno. ‖ Superficie del fondo en canales y acequias. ‖ Vestido, sin mangas, muy descotado y que suele dejar la espalda al aire, que usan las mujeres y los niños para tomar sol. ‖ *Arg., P. Rico y Urug.* Alero del rancho. ‖ *Chile.* Encintado de las aceras. ‖ *Méx.* Baldosa, ladrillo. ‖ fig. Carácter tradicional de las cosas, usos, costumbres, etc. ‖ **De solera.** frs. Dícese de lo antiguo o excelente. *Hidalgo, actor* DE SOLERA.

SOLERCIA. (Del lat. *solertia.*) f. Habilidad y astucia para hacer o tratar una cosa.

SOLERÍA. f. Material que se usa para solar. ‖ Solado, revestimiento del piso.

SOLERÍA. f. Conjunto de cueros que sirven para hacer suelas.

SOLERO, RA. adj. fam. *Arg.* Latoso, pesado, Ú.t.c.s.

SOLERTE. (Del lat. *solers, -ertis.*) adj. Sagaz, astuto.

SOLESMES. *Geog.* Población de Francia (Sarthe). Antiguo monasterio benedictino del siglo XI. Centro de estudio de la liturgia y el canto gregoriano.

SOLETA. (De *suela.*) f. Pieza de tela con que se remienda la planta del pie de la media o calcetín. *Las costuras de la* SOLETA *le lastimaron el pie.* ‖ fam. Mujer descarada. ‖ *Dom.* Sandalia rústica de cuero. ‖ *Méx.* Cierta clase de dulce. ‖ **Apretar,** o **picar, de soleta,** o **tomar soleta.** frs. fams. Andar aprisa o correr; huir.

SOLETAR o **SOLETEAR.** tr. Echar soletas a las medias.

SOLETERO, RA. s. Persona que por oficio echa soletas.

SOLEURA. *Geog.* Cantón de la región N.O. de Suiza. 791,4 km². 231.000 h. Actividades agrícolas, importantes bosques. Cap. hom. situada sobre el río Aar. 16.743 h. Fabricación de relojes y maquinarias. En alemán se denomina **Solothurn.**

SOLEVACIÓN. f. Acción y efecto de solevar o solevarse.

SOLEVAMIENTO. m. Solevación.

SOLEVANTADO, DA. adj. Inquieto, perturbado, conmovido.

SOLEVANTAMIENTO. m. Acción y efecto de solevantar.

SOLEVANTAR. (De *so* y *levantar.*) tr. y r. Levantar una cosa empujando de abajo arriba. *Con una palanca* SOLEVANTÓ *la máquina*; sinón.: **soalzar.** ‖ fig. Soliviantar. *Anda* SOLEVANTANDO *a los obreros.* ‖ deriv.: **solevantador, ra.**

SOLEVAR. (Del lat. *sublevare.*) tr. Sublevar. Ú.t.c.r. ‖ Solevantar, levantar una cosa.

SOLFA. (De *sol* y *fa.*) f. Sistema de lectura musical. ‖ Solfeo. ‖ fig. Música, armonía. ‖ fig. y fam. Zurra de golpes. ‖ **Estar** una cosa **en solfa.** frs. fig. y fam. Estar hecha con arte. ‖ **Poner** una cosa **en solfa.** frs. fig. y fam. Presentarla de un modo ridículo.

SOLFATARA. (Del ital. *solfatara.*) f. Grieta o cráter, en los terrenos volcánicos, por donde salen vapores sulfurosos. ‖ deriv.: **solfatárico, ca.**

SOLFEADOR, RA. adj. y s. Que solfea.

SOLFEAR. al. **Solfeggieren.** fr. **Solfier.** ingl. **To sol-fa.** ital. **Solfeggiare.** port. **Solfejar.** (De *solfa.*) tr. Cantar marcando el compás y pronunciando los nombres de las notas. *Está* SOLFEANDO *la lección.* ‖ fig. y fam. Zurrar o golpear a uno. ‖ Reprender o censurar con insistencia. *Se pasó una hora* SOLFEÁNDOME. ‖ deriv.: **solfeable; solfeante.**

SOLFEO. al. **Solfeggio;** fr. **Solfège.** ingl. **Sol-faing.** ital. **Solfeggio.** port. **Solfejo.** m. Acción y efecto de solfear. ‖ fig. y fam. Zurra de golpes. sinón.: **solfa, tunda.** ‖ IDEAS AFINES: *Teoría musical, pentagrama, notas, do, metrónomo, compás, ritmo.*

SOLFERINO, NA. adj. Morado rojizo. Ú.t.c.s.m.

SOLFERINO. *Geog.* Población de Italia (Mantua), al S. del lago de Garda, 26.000 h. Célebre por la victoria del ejército francés de Napoléon III sobre los austriacos el 24 de junio de 1859.

SOLFISTA. com. Persona que practica el solfeo.

SOLICITACIÓN. al. **Bewerbung.** fr. **Sollicitation.** ingl. **Solicitation.** ital. **Sollecitazione.** port. **Solicitação.** (Del lat. *solicitatio, -onis.*) f. Acción de solicitar.

SOLICITADA. f. Solicitud, escrito.

SOLICITADOR, RA. adj. Que solicita. Ú.t.c.s. ‖ m. Agente.

SOLÍCITAMENTE. adv. m. De manera solícita.

SOLICITANTE. al. **Bewerber.** fr. **Solliciteur.** ingl. **Solicitor; applicant.** ital. **Sollecitante.** port. **Solicitante.** p.a. de **Solicitar.** Que solicita. Ú.t.c.s. *Esa plaza tiene muchos* SOLICITANTES; sinón.: **aspirante, pretendiente.**

SOLICITAR. al. **Sich bewerben um.** fr. **Solliciter.** ingl. **To solicit.** ital. **Sollecitare.** port. **Solicitar.** (Del lat. *sollicitare.*) tr. Pretender una cosa con diligencia y cuidado. SOLICITA *un empleo del gobierno*; sinón.: **buscar, procurar.** ‖ Hacer diligencias o gestionar negocios propios o ajenos. *Vive de* SOLICITAR *cuanto negocio le encargan.* ‖ Requerir de amores a una persona. *No se casó, aunque la* SOLICITARON *muchos*; sinón.: **pretender.** ‖ *Fís.* Atraer una o más fuerzas a un cuerpo. ‖ deriv.: **solicitable.**

SOLÍCITO, TA. (Del lat. *sollícitus.*) adj. Diligente, cuidadoso. SOLÍCITO *con todos,* SOLÍCITO *para pretender.*

SOLICITUD. al. **Sorgfalt; Eingabe.** fr. **Sollicitude; pétition.** ingl. **Solicitude; petition; request.** ital. **Sollecitudine; istanza; richiesta.** port. **Solicitude.** (Del lat. *sollicitudo.*) f. Diligencia o instancia cuidadosa, antón.: **dejadez, negligencia.** ‖ Escrito en que se solicita alguna cosa. sinón.: **demanda, instancia, memorial, petición.**

SÓLIDAMENTE. adv. m. Con solidez. ‖ fig. Con razones valederas.

SOLIDAR. (Del lat. *solidare.*) tr. Consolidar. Ú.t.c.r. ‖ fig. Establecer o afirmar una cosa con razones fundamentales.

SOLIDARIAMENTE. adv. m. De una manera solidaria. ‖ In sólidum.

SOLIDARIDAD. al. **Solidarität; Gemeinschaftsgeist.** fr. **Solidarité.** ingl. **Solidarity.** ital. **Solidarietà.** port. **Solidariedade.** (De *solidario.*) f. Conjunción de esfuerzos humanos que concurren a un mismo fin y crean una comunidad de intereses y responsabilidades. ‖ Modo de derecho u obligación in sólidum. ‖ Adhesión circunstancial a la causa o a la empresa de otros. *Para conseguirlo, busca la* SOLIDARIDAD *de sus colegas.* ‖ deriv.: **solidarista.**

SOLIDARIEDAD. f. Solidaridad.

SOLIDARIO, RIA. (De *sólido.*) adj. Ligado a otros por una comunidad de intereses y responsabilidades. ‖ Aplícase a las obligaciones que se contraen in sólidum y a las personas que las han contraído. ‖ Adherido circunstancialmente a la causa u opinión de otro.

SOLIDARIZAR. tr. y r. Hacer a una persona o una cosa solidaria con otra. ME SOLIDARICÉ *con los compañeros despedidos.*

SOLIDEO. (Del lat. *soli Deo*, a sólo Dios, aludiendo a que los sacerdotes se lo quitan únicamente ante el sagrario, en presencia de S.D.M.) m. Casquete de tela ligera, que usan los eclesiásticos para cubrirse la tonsura.

SOLIDEZ. al. **Festigkeit.** fr. **Solidité.** ingl. **Solidity; strength.** ital. **Solidità.** port. **Solidez.** f. Calidad de sólido. ‖ fig. Madurez, sensatez, aplomo. ‖ Entereza, constancia de ánimo. ‖ *Geom.* Volumen.

SOLIDIFICACIÓN. al. **Verdichtung.** fr. **Solidification.** ingl. **Solidification.** ital. **Solidificazione.** port. **Solidificação.** f. Acción y efecto de solidificar.

SOLIDIFICAR. al. **Verdichten; erstarren.** fr. **Solidifier.** ingl. **To solidify.** ital. **Solidificare.** port. **Solidificar.** (Del lat. *sólidus*, sólido, y *fácere*, hacer.) tr. y r. Hacer sólido un fluido. ‖ deriv.: **solidificable; solidificativo, va.**

SÓLIDO, DA. al. **Fest; solide.** fr. **Solide.** ingl. **Solid.** ital. **Solido.** port. **Sólido.** (Del lat. *sólidus.*) adj. Firme, macizo, denso y fuerte. *Este muro es muy* SÓLIDO. ‖ Aplícase al estado de la materia en que las moléculas poseen mayor cohesión que las de los líquidos y cuyos movimientos se limitan a oscilaciones de pequeña amplitud, alrededor de posiciones fijas de equilibrio. *El yodo pasa del estado* SÓLIDO al gaseoso a la temperatura ordinaria. ‖ Dícese de los cuerpos que tienen este estado. *El oro es* SÓLIDO. Ú.t.c.s.m. ‖ fig. Establecido con razones fundamentales. *Razonamiento* SÓLIDO. ‖ Barbarismo por *solo, solitario.* ‖ m. Moneda de oro de los antiguos romanos que comúnmente valía 25 denarios de oro. ‖ *Geom.* Cuerpo.

SOLILOQUIAR. intr. fam. Hablar a solas. sinón.: **monologar.**

SOLILOQUIO. al. **Selbstgespräch.** fr. **Soliloque.** ingl. **Soliloquy.** ital. **Soliloquio.** port. **Solilóquio.** (Del lat. *soliloquium*; de *solus*, solo, y *loqui*, hablar.) m. Habla o discurso de una persona que no se dirige a otra. ‖ Lo que habla en esta forma un personaje de obra dramática. sinón.: **monólogo.**

SOLIMÁN. (Del lat. *sublimátum*, sublimado.) m. Sublimado corrosivo, cloruro mercúrico.

SOLIMÁN. *Biog.* Nombre de tres sultanes otomanos de los s. XVI y XVII. ‖ – **II, el Magnífico.** Sultán otomano, cuyo reinado representó el apogeo del poderío turco y el comienzo de su decadencia; invadió a Hungría y sitió a Viena pero no logró apoderarse de ella (1495-1566).

SOLIMÁN, Monte. *Geog.* Cadena montañosa de Asia (Pakistán) situada al S.O. de la meseta de Pamir y al O. del río Indo. Culmina, aproximadamente, a los 3.000 m.

SOLIMITANO, NA. adj. Aféresis de jerosolimitano. Apl. a pers. Ú.t.c.s.

SOLIMÕES. *Geog.* Nombre que recibe el río Amazonas en Brasil, en el tramo comprendido entre Tabatinga y la desembocadura del río Negro.

SOLINGEN. *Geog.* Ciudad de la Rep. Federal Alemana (Renania del Norte-Wesftalia.) situada al S.E. de Düsseldorf. 178.500 h. Célebre por sus fábricas de artículos de hierro y acero.

SOLIO. al. **Thron.** fr. **Trône.** ingl. **Throne.** ital. **Soglio.** port. **Sólio.** (Del lat. *sólium.*) m. Trono, silla real con dosel. *Tras larga guerra, ocupó el* SOLIO *de sus mayores.* ‖ desus. Sesión solemne que las antiguas cortes celebraban con asistencia del rey, para que éste confirmase lo en ellas acordado.

SOLÍPEDO, DA. (Del lat. *solídipes, -edis*; de *sólidus*, sólido y *pes*, pie.) adj. *Zool.* Aplícase a los mamíferos ungulados, de extremidades terminadas por un solo dedo, como el caballo. Ú.t.c.s. ‖ m. pl. *Zool.* Familia que se formaba con estos mamíferos, hoy comprendidos en los équidos.

SOLIPSISMO. (De lat. *sólus ipse*, uno mismo solo) m. Forma radical de subjetivismo, según la cual sólo existe o sólo puede ser conocido el propio yo.

SOLÍS, Juan Díaz de. *Biog.* V. **Díaz de Solís, Juan.** ‖ – **FOLCH DE CARDONA, José.** Mil. español, de 1753 a 1761 virrey de Nueva Granada (1716-1770). ‖ – **Y RIVADANEYRA, Antonio de.** Hist. español autor de *Historia de la conquista de México* (1616-1686).

SOLISTA. al. **Solist.** fr. **Soliste.** ingl. **Soloist.** ital. **Solista.** port. **Solista.** com. *Mús.* Persona que ejecuta un solo de una pieza musical. ‖ *Arg.* Solero, latoso. Ú.t.c.adj.

SOLITARIA. al. **Bandwurum.** fr. **Ver solitaire; ténia.** ingl. **Tapeworm.** ital. **Tenia.** port. **Solitária.** (Del lat. *solitaria*, t.f. de *-rius*, solitario.) f. Tenia, helminto intestinal. *Ese chico tiene la* SOLITARIA. ‖ Silla de posta para una sola persona.

SOLITARIAMENTE. adv. m. En soledad.

SOLITARIO, RIA. al. **Einsam; Patiencespiel.** fr. **Solitaire.** ingl. **Solitary; Lonely.** ital. **Solitario.** port. **Solitário.** (Del lat. *solitarius.*) adj. Desamparado, desierto, sinón.: **soledoso.** ‖ Solo, sin compañía. sinón.: **señero.** ‖ Que ama el retiro o vive en la soledad. Ú.t.c.s. sinón.: **anacoreta, eremita, ermitaño.** ‖ m. Diamante grande que se engasta solo en una joya. ‖ Juego, especialmente de naipes, que ejecuta una sola persona. sinón.: **solo.** ‖ Ermitaño, crustáceo.

SÓLITO, TA. (Del lat. *sólitus*, p.p. de *solere*, soler.) adj. Acostumbrado; que se hace ordinariamente. antón.: **insólito.**

SOLIVIADURA. f. Acción y efecto de soliviar.

SOLIVIANTAR. (De *solevantar.*) tr. y r. Excitar, inducir a alguno a adoptar una actitud rebelde u hostil. *El maestro le expulsó porque* SOLIVIANTABA *a los alumnos*; sinón.: **incitar, sublevar.** ‖ deriv.: **soliviantable; soliviantación; soliviantador, ra; soliviantadura; soliviantamiento.**

SOLIVIAR. (Del lat. *sub*, so, y

levigare, aliviar.) tr. Ayudar a levantar una cosa por debajo. ‖ *Arg.* Hurtar. ‖ r. Alzarse un poco el que está sentado o echado, sin llegar a levantarse del todo. *Cuando entró el médico,* SE SOLIVIÓ *el paciente.*

SOLIVIO. (De *soliviar.*) m. Soliviadura.

SOLIVIÓN. m. aum. de **Solivio.** ‖ Tirón grande con que se saca una cosa sobre la que carga otra.

SOLMONA. *Geog.* Ciudad de la región central de Italia (Aquila). 26.000 h. Fábricas de papel. Cuna de Ovidio. Antiguamente se llamaba **Sulmo.**

SOLO, LA. (Del lat. *solus.*) adj. Único en su especie. sinón.: **singular.** ‖ Que está sin otra cosa o que se ha separado de ella. *Un guiso de papas* SOLAS; *ha quedado una taza* SOLA. ‖ Dicho de personas, sin compañía. sinón.: **señero, solitario.** ‖ Que no tiene quien le ampare, socorra o consuele. *Está* SOLO *en el mundo.* ‖ m. Paso de danza que se ejecuta sin pareja. ‖ Juego de naipes parecido al tresillo. ‖ En el juego del tresillo y otros, lance en que se hacen todas las bazas sin ayuda de robo ni de compañero. ‖ Solitario, juego. ‖ *Arg.* Lata, conversación pesada. ‖ *Mús.* Composición vocal o instrumental para ser interpretada por una persona sola. ‖ **A solas.** m. adv. Sin ayuda ni compañía de otro. ‖ **Dar un solo** a uno. frs. fig. y fam. Molestarle un importuno, contándole largamente cosas que no le interesan.

SÓLO. adv. m. Solamente.

SOLOGUREN, Javier. *Biog* Poeta peruano cont., autor de *Detenimientos* y otras obras.

SOLOLÁ. *Geog.* Departamento de la región occidental de Guatemala. 1.062 km². 127.000 h. Café, caña de azúcar, arroz, maíz. Cap. hom. 28.000 h. con el mun.

SOLOMILLO. (dim. de *solomo.*) m. En las reses de matadero, capa muscular que se extiende entre las costillas y el lomo. sinón.: **entrecuesto, filete, solomo.**

SOLOMO. (De *so* y *lomo.*) m. Solomillo. ‖ Por ext., lomo de cerdo adobado.

SOLÓN. *Biog.* Fil., legislador, est. y poeta ateniense, uno de los siete sabios de Grecia. Encargado de redactar una nueva Constitución, dictó justos preceptos por los que abolía la esclavitud por deudas y las rigurosas leyes de Dracón, suprimía los privilegios de los nobles y dividía a los atenienses en cuatro clases cuyos derechos y obligaciones se regulaban según la riqueza en tierras (640-558 a.de C.).

SOLÓRZANO, Carlos. *Biog.* Est. nicaragüense, de 1925 a 1926 presid. de la República. (1860-1936). ‖ **— PEREYRA, Juan.** Jurisc. español, desde 1609 hasta 1627 oidor de la audiencia de Lima y luego fiscal del Consejo de Indias, autor de *Política indiana* y otras obras jurídicas (1575-1654).

SOLOTHURN. *Geog.* V. **Soleura.**

SOLOVIEV, Vladimiro S. *Biog.* Poeta y fil. ruso, iniciador en filosofía de la posición nacional de su país (1853-1900).

SOLPUGA. (Del lat. *solpuga.*) f. Araña nocturna, de picadura muy venenosa.

SOLSTICIAL. (Del lat. *solstinalis.*) adj. Perteneciente o relativo al solsticio.

SOLSTICIO. al. **Sonnenwende.** fr. **Solstice.** ingl. **Solstice.** ital. **Solstizio.** port. **Solstício.** (Del lat. *solstítium.*) m. *Astron.* Época en que el Sol alcanza su máxima declinación, Norte o Sur, encontrándose entonces en uno de los trópicos, lo cual sucede del 21 al 22 de junio para el de Cáncer, y del 21 al 22 de diciembre para el de Capricornio. De los dos **solsticios**, uno se llama hiemal y el otro vernal.

SOLTADIZO, ZA. adj. Que se suelta con maña o con disimulo.

SOLTADOR, RA. adj. y s. Que suelta lo que tenía asido.

SOLTANÍ. (Del ár. *sultani*, del sultán.) m. Moneda turca de oro fino. sinón.: **zoltaní.**

SOLTAR. al. **Loslassen; Lockern; lösen.** fr. **Lâcher.** ingl. **To cast off; to drop.** ital. **Sciogliere.** port. **Soltar.** (De *suelto.*) tr. Desatar o desceñir. ‖ Dejar en libertad al que estaba detenido o preso. Ú.t.c.r. ‖ Desasir lo que estaba sujeto. SOLTAR *la pluma, el palo.* Ú.t.c.r. SOLTARSE *el broche del collar.* ‖ Dar salida a lo que estaba detenido o confinado. Ú.t.c.r. SOLTAR *el agua.* ‖ Hacer evacuar con frecuencia el vientre. Ú.t.c.r. ‖ Romper en alguna manifestación de afecto interior; como risa, llanto, etc. SOLTÓ *una gran carcajada.* ‖ Explicar, descifrar, dar solución. Hoy sólo se usa en las frases **soltar la dificultad, el argumento.** ‖ fam. Decir. Suele aplicarse a las palabras que se debían callar. SOLTÓ *una barbaridad, una grosería.* ‖ r. fig. Adquirir agilidad en la ejecución de una cosa. ‖ Abandonar el encogimiento y la modestia y hacerse desenvuelto. ‖ Empezar a hacer ciertas cosas. SE SOLTÓ *a andar, a escribir versos.* ‖ irreg. Conj. como **contar.**‖ deriv.: **soltable.**

SOLTERÍA. f. Estado de soltero. sinón.: **celibato.**

SOLTERO, RA. al. **Unverheiratet; Junggeselle; ledig** fr. **Célibataire; garçon; fille.** ingl. **Single; unmarried; bachelor; spinster.** ital. **Celibe; zitella.** port. **Solteiro.** (Del lat. *solitarius.*) adj. Célibe. Ú.t.c.s. antón.: **casado.** ‖ Suelto o libre. ‖ IDEAS AFINES: *Casadero, doncel, virgen, novio, matrimonio, viudez.*

SOLTERÓN, NA. adj. Célibe ya entrado en años. Ú.t.c.s.

SOLTURA. f. Acción y efecto de soltar. ‖ Agilidad, presteza, gracia y facilidad en lo material o en lo inmaterial. ‖ fig. Disolución, libertad o desgarro. ‖ Facilidad y claridad de expresión. *Escribe con gran* SOLTURA. ‖ *For.* Libertad que el juez acuerda a un preso.

SOLUBILIDAD. al. **Löslichkeit.** fr. **Solubilité.** ingl. **Solubility.** ital. **Solubilità.** port. **Solubilidade.** f. Calidad de soluble. ‖ *Quím.* Propiedad de muchos cuerpos de formar soluciones con otros. ‖ Cantidad máxima de substancia que puede disolverse en otra, en condiciones determinadas.

SOLUBLE. (Del lat. *solubilis.*) adj. Que se puede disolver o desleír. sinón.: **disoluble;** antón.: **insoluble.** ‖ fig. Que se puede resolver. *Problema* SOLUBLE; sinón.: **resoluble.**

SOLUCIÓN. al. **Lösung.** fr. **Solution.** ingl. **Solution.** ital. **Soluzione.** port. **Solução.** (Del lat. *solutio, -onis.*) f. Acción y efecto de desatar o disolver. ‖ Esclarecimiento con que se satisface una duda o explicación con que se disuelve la dificultad de un argumento.‖En las obras dramáticas y los poemas épicos, desenlace. ‖ Paga, satisfacción. ‖ Resolución o término de un proceso, negocio, etc. ‖ *Mat.* Cada una de las cantidades que satisfacen las condiciones de un problema o de una ecuación. ‖ *Quím.* Mezcla molecular homogénea, de substancias que pueden separarse alterando el estado físico de algunas de ellas, y cuyas propiedades, dentro de ciertos límites, varían en forma continua con las proporciones de los componentes. ‖ **— de continuidad.** Interrupción o falta de continuidad. ‖ IDEAS AFINES: *Descubrir, adivinanza, enigma, ¡eureka!, descifrar, solvente, soluble.*

SOLUCIONAR. tr. Resolver, dar solución o término a un asunto, problema, conflicto o dificultad.

SOLUTIVO, VA. (Del lat. *solútum*, supino de *sólvere*, soltar, desatar.) adj. *Med.* Laxante. Ú.t.c.s.m.

SOLUTO. m. *Quím.* En una solución, la substancia disuelta. V. **Solvente.**

SOLVAY, Ernesto. *Biog.* Químico industrial belga que descubrió el proceso para la fabricación de la sosa, por medio del amoníaco (1838-1922).

SOLVENCIA. f. Acción y efecto de solventar. ‖ Calidad de solvente. *Es un comerciante de mucha* SOLVENCIA.

SOLVENTAR. (De *solvente.*) tr. Saldar cuentas, pagando lo que se debe. sinón.: **liquidar.** ‖ Dar solución a un asunto difícil. sinón.: **resolver.** ‖ deriv.: **solventable; solventación; solventador, ra.**

SOLVENTE. (Del lat. *solvens, -entis.*) adj. Que desata o resuelve. ‖ Desempeñado de deudas. ‖ Capaz de satisfacerlas. ‖ Capaz de cumplir con celo y pericia una obligación, cargo, etc. ‖ m. *Quím.* Substancia que puede disolver a otra (soluto). En una solución, el **solvente** es el cuerpo que posee el mismo estado físico que aquélla.

SOLZHENITSYN, Alejandro. *Biog.* Escritor soviético, autor de *Un día en la vida de Iván Denisovich*, que describe los campos de concentración en la Unión Soviética durante la época de Stalin. Este libro, que alcanzó gran difusión, provocó gran revuelo político en su país y en el extranjero. Publicó también *El archipiélago Gulag; El primer círculo*, etc. En 1970 obtuvo el premio Nobel de Literatura, pero no concurrió a Estocolmo para recibirlo. Cuatro años después, expulsado de su país, pudo tomar posesión del premio (n. en 1918).

SOLLADO. (Del port. *solhado*, pavimento de tablas.) m. *Mar.* Una de las cubiertas inferiores del buque.

SOLLAMAR. tr. y r. Socarrar con la llama. *El pollo no estaba asado, sino* SOLLAMADO.

SOLLASTRE. m. Pinche de cocina. sinón.: **galopillo, marmitón.** ‖ fig. Pícaro redomado.

SOLLASTRÍA. f. Oficio o acción de sollastre.

SOLLO. (Del lat. *suillus.*) m. Esturión.

SOLLOZANTE. p. a. de **Sollozar.** Que solloza.

SOLLOZAR. al. **Schluchzen.** fr. **Sangloter.** ingl. **To sob.** ital. **Singhiozzare.** port. **Soluçar.** (Del lat. *singultio, -ire.*) intr. Producir de modo convulsivo varias inspiraciones entrecortadas, seguidas de una espiración. Es fenómeno nervioso que suele acompañar o preceder al llanto. SOLLOZÓ *repetidamente y, al fin, rompió en copioso llanto.*

SOLLOZO. al. **Schluchzen.** fr. **Sanglot.** ingl. **Sob.** ital. **Singhiozzo.** port. **Soluço.** m. Acción y efecto de sollozar. sinón.: **singuito.** ‖ IDEAS AFINES: *Gemido, suspiro, hipido, queja, lágrimas, llanto, pena; carcajada, risa.*

SOMA. (Del lat. *summa.*) f. Cabezuela, harina gruesa.

SOMA. (Del gr. *soma*, cuerpo.) m. *Med.* La totalidad de la materia corporal de un organismo vivo.

SOMA, Batalla del. V. **Somme, Batalla del.**

SOMAITA. f. *Miner.* Variedad de leucita, silicato de aluminio y potasio.

SOMALÍ. adj. Perteneciente o relativo a Somalia. Apl. a pers., ú.t.c.s. ‖ m. Lenguaje de los somalíes.

SOMALIA. *Geog.* Región del extremo E. de África, que se extiende por la costa del océano Índico hasta los 2º de latitud S., aproximadamente. ‖ Est. independiente, constituido en 1960 por la unión de las partes de la región somalí que habían administrado Gran Bretaña e Italia. 637.657 km². 3.350.000 h. Cap. MOGADISCIO.

SOMANTA. (De *so* y *manta.*) f. fam. Tunda, zurra.

SOMANTAR o **SOMATAR.** tr. *Amér. Central.* Dar una somanta.

SOMATÉN. (Voz catalana, formada de *so*, ruido, y *metent*, metiendo.) m. Cuerpo de gente armada, que no pertenece al ejército. *Al toque de rebato reunióse el* SOMATÉN *y salió en persecución de los forajidos.* ‖ fig. y fam. Alarma, alboroto.

SOMATENISTA. m. Individuo que forma parte de un somatén.

SOMÁTICO, CA. adj. Relativo o perteneciente al cuerpo. sinón.: **corporal.** ‖ *Med.* Aplícase al síntoma material para distinguirlo del funcional y especialmente del propiamente mental.

SOMATOLOGÍA. (Del gr. *soma*, cuerpo, y *logos*, tratado.) f. Tratado de las partes sólidas del cuerpo humano. ‖ Estudio del cuerpo humano en general. ‖ *Antrop.* Estudio de las características del cuerpo en vivo. ‖ deriv.: **somatológico, ca.**

SOMBRA. al. **Schtten; Dunkelheit.** fr. **Ombre; ombrage.** ingl. **Shade; darkness.** ital. **Ombra.** port. **Sombra.** (De *sombrar.*) f. Oscuridad, falta de luz. Ú.m. en pl. *Las* SOMBRAS *de la noche.* ‖ Espacio sin luz que deja tras sí un cuerpo que intercepta los rayos de un foco luminoso. ‖ Imagen obscura que proyecta sobre una superficie el contorno de un cuerpo que intercepta los rayos de la luz. *La* SOMBRA *de una persona.* ‖ Lugar, zona o región a la que, por una u otra causa, no llegan las imágenes, sonidos o señales, trasmitidos por un aparato o estación emisora. ‖ Espectro o aparición fantástica de la imagen de una persona ausente o difunta. ‖ fig. Obscuridad, ignorancia. ‖ Apoyo, favor, defensa. ‖ Apariencia o semejanza de una cosa. ‖ Mácula, defecto. ‖ fig. y fam. Persona que sigue a otra por todas partes. ‖ fam. Suerte, fortuna. ‖ Gracia, donaire, ingenio. ‖ *Amér. Central.* El sobradillo de ventanas o puertas. ‖ *Amér. Central* y *Chile.* Sombrilla, quitasol. ‖ *Amér. Central, Arg.* y *Chile.* Falsilla. ‖ *Méx.* Toldo de los puestos a la intemperie. ‖ *Pint.* Color obscuro con que se representa la falta de luz. ‖ **— de hueso.** *Pint.* Color pardo obscuro que se prepara con huesos quemados. ‖ **Sombras chinescas.** Figurillas que se mueven detrás de una cortina blanca iluminadas por la parte opuesta a los espectadores. ‖ Baile que se hace poniendo una cortina detrás de la cual se colocan luces en el suelo, y los que bailan se ponen entre las luces y la cortina. ‖ Diversión que consiste en proyectar en una pared o pantalla las sombras que forman las manos en varias posiciones, figurando personas, animales u objetos. ‖ **A la sombra.** frs. fig. y fam. En la cárcel. *Le han puesto* A LA SOMBRA. ‖ **Hacer sombra.** frs. Interceptar la luz. ‖ fig. Impedir uno a otro que prospere o se luzca, por valer más o ser más hábil. ‖ Favorecer uno a otro para que sea atendido y respetado. ‖ **Ni por sombra.** m. adv. fig. De ningún modo. ‖ **No ser** una persona o cosa **su sombra,** o **ni sombra de lo que era.** frs. fig. Haber decaído por extremo. ‖ **Sin sombra,** o **como sin sombra.** frs. Triste e inquieto por la falta de algo habitual. *Está* SIN SOMBRA *desde que ella se ausentó.* ‖ **Tener** uno **buena sombra.** frs. fig. y fam. Ser agradable y simpático. ‖ Tener chiste. ‖ Ser de buen agüero su presencia o compañía. ‖ **Tener** uno **mala sombra.** frs. fig. Ejercer mala influencia. ‖ Ser desagradable y antipático. ‖ deriv.: **sombrático, ca; sombrátil.** ‖ IDEAS AFINES: *Sol, entoldado, pantalla, penumbra, umbroso, sombrío, silueta, contraluz, eclipse.*

SOMBRAJE. m. Sombrajo, resguardo que hace sombra.

SOMBRAJO. (Del lat. *sub* y *umbráticum*, de *umbra*, sombra.) m. Resguardo de ramas, mimbres, etc., para hacer sombra. ‖ fam. Sombra que hace uno poniéndose delante de la luz y moviéndose de tal forma que se la quita al que la necesita. Ú.m. en pl.

SOMBRAR. (Del lat. *subumbrare*, de *sub*, so, y *umbrare*, hacer sombra.) tr. Asombrar, hacer sombra.

SOMBREADOR, RA. (De *sombrear.*) adj. Que sombrea.

SOMBREAR. al. **Schattieren; beschatten.** fr. **Ombrager; ombrer.** ingl. **To shade.** ital. **Ombreggiare.** port. **Sombrear.** tr. Dar o producir sombra. SOMBREAR *un patio.* ‖ *Pint.* Poner sombra en una pintura o dibujo. ‖ intr. Empezar a salir el bigote y la barba. ‖ deriv.: **sombreado; sombreo.**

SOMBRERADA. f. Lo que cabe en un sombrero.

SOMBRERAZO. m. aum. de **Sombrero.** ‖ Golpe dado con el sombrero. ‖ fam. Saludo, precipitado o exagerado, que se hace quitándose el sombrero.

SOMBRERERA. f. Mujer del sombrerero. ‖ La que hace o vende sombreros. ‖ Caja para guardar el sombrero. ‖ *Bot.* Planta herbácea de África y Europa, cuya raíz se usa como pectoral. Gén. *Petasites vulgaris*, compuesta.

SOMBRERERÍA. f. Oficio de hacer sombreros. ‖ Fábrica donde se hacen. ‖ Tienda donde se venden.

SOMBRERERO, RA. s. Quien hace o vende sombreros.

SOMBRERETE. m. dim. de **Sombrero.** *Llevaba un ridículo* SOMBRERETE. ‖ Caperuza de una chimenea. ‖ *Bot.* Sombrero de los hongos.

SOMBRERETE. *Geog.* Población de la región norte de México (Zacatecas). 7.500 h. Centro de explotación minera.

SOMBRERILLO. m. dim. de **Sombrero.** ‖ Cestillo que los presos colgaban de la reja del calabozo para recoger limosnas. ‖ *Bot.* Ombligo de Venus.

planta. ‖ Sombrero de los hongos.

SOMBRERO. al. **Hut.** fr. **Chapeau.** ingl. **Hat.** ital. **Cappello.** port. **Chapéu.** (De *sombra.*) m. Prenda de vestir, formada de copa y ala, que se usa para cubrir la cabeza. ‖ Techo que cubre el púlpito. ‖ fig. Privilegio de los grandes de España de cubrirse ante el rey. ‖ *Bot.* Parte superior y redondeada de los hongos. sinón.: **sombrerete, sombrerillo.** ‖ *Mar.* Pieza postiza que forma la parte superior del cabrestante. ‖ – **a la chamberga. Sombrero chambergo.** ‖ – **apuntado.** El de ala grande, recogida por los lados y sujeta por encima de la copa. ‖ – **castoreño.** El fabricado con la piel del castor u otra materia parecida. ‖ – **cordobés.** El de fieltro, de ala ancha y plana, con copa baja cilíndrica. ‖ – **chambergo.** El de copa acampanada y ala ancha levantada por un lado. ‖ – **de canal.** El que tiene levantadas y abarquilladas las dos mitades laterales de su ala en forma de teja. Úsanlo los eclesiásticos. ‖ – **de copa,** o **de copa alta.** El de ala estrecha y copa alta, casi cilíndrica y plana por encima, generalmente forrado de felpa de seda negra. sinón.: **chistera.** ‖ – **de jipijapa.** El de ala ancha tejido con paja muy fina. ‖ – **de pelo.** *Amér. del S.* **Sombrero de copa.** ‖ – **de teja. Sombrero de canal.** ‖ – **de tres picos.** El armado en forma de triángulo. ‖ – **flexible.** El de fieltro sin apresto. ‖ – **gacho.** El de copa baja y ala ancha y tendida hacia abajo. ‖ – **hongo.** El de fieltro duro, de copa aovada. ‖ – **jíbaro.** El de campo, hecho de hojas de palma, que se usa en las islas de Cuba y Puerto Rico. ‖ – **tricornio. Sombrero de tres picos.** ‖ IDEAS AFINES: *Galera, rancho, birrete, boina, solideo, mitra, morrión; descubrirse.*

SOMBRERO. *Geog.* Isla británica del mar de las Antillas, sit. al E. de las islas Vírgenes. ‖ **El –.** V. **El Sombrero.**

SOMBRERO DE PAJA DE ITALIA, El. *B. A.* Filme francés, argumento y dirección de René Clair, estrenado en 1927 e inspirado en la obra teatral homónima de Eugenio Labiche. Magnífica farsa de la burguesía francesa de fines del s. XIX.

SOMBRERO DE TRES PICOS, El. *Lit.* Novela de Pedro A. de Alarcón que recoge una vieja tradición llena de gracia y travesura. Narración popular y despreocupada, es reflejo de la viva y fecunda vena festiva del pueblo castellano. ‖ *Mús.* Partitura de Manuel de Falla, estrenada en 1919, sobre la obra de Alarcon. El humor español y el fatalismo árabe aparecen en su forma más frívola y amable.

SOMBRÍA. f. Umbría, lugar donde apenas da el sol. *Dormían la siesta en la* SOMBRÍA. antón.: **solana, solejar.**

SOMBRILLA. al. **Sonnenschirm.** fr. **Ombrelle.** ingl. **Sunshade.** ital. **Ombrellino.** port. **Sombrinha.** (dim. de *sombra.*) f. Quitasol, especialmente el que usa la mujer.

SOMBRILLAZO. m. Golpe dado con una sombrilla.

SOMBRÍO, A. adj. Dícese del lugar donde suele haber muy poca luz. sinón.: **sombroso, umbrátil, umbrío, umbroso.** ‖ Dícese de la parte donde se ponen las sombras en la pintura. ‖ fig. Tétrico, melancólico. ‖ *Pint.* Dícese del color poco vivo.

SOMBROSO, SA. adj. Que hace mucha sombra. ‖ Sombrío, que tiene poca luz.

SOMELLERA, Antonio. *Biog.* Pintor y marino arg. que combatió a las órdenes de Guillermo Brown. Autor de cuadros históricos (1812-1889). ‖ – **Pedro A.** Jurista arg., miembro de la comisión que redactó la constitución de 1813 (1774-1854).

SOMERA. (Del b. lat. *saumarius,* y éste del lat. *sagmarius,* de *sagma,* albarda.) f. Cada una de las dos piezas de madera que servían de apoyo a todo el juego de la máquina antigua de imprimir.

SOMERAMENTE. adv. m. De un modo somero.

SOMERO, RA. (Del lat. *summarius,* de *súmmum,* somo.) adj. Casi encima o muy inmediato a la superficie. ‖ fig. Ligero, superficial, poco meditado. *Observaciones* SOMERAS. ‖ deriv.: **somería.**

SOMERSET. *Geog.* Condado del S. O. de Gran Bretaña, en Inglaterra. 4.178 km². 400.000 h. Producción agrícola y minera, pesca. Cap. TAUNTON.

SOMERSET MAUGHAM, Guillermo. *Biog.* V. **Maugham, Guillermo Somerset.**

SOMERVILLE. *Geog.* Ciudad del este de los EE. UU. (Massachusetts), hoy suburbio de Boston. 89.000 h. Centro industrial.

SOMETER. al. **Unterwerfen; unterziehen.** fr. **Soumettre.** ingl. **To submit.** ital. **Sommettere.** port. **Submeter.** (Del lat. *submittere;* de *sub,* debajo, y *míttere,* poner.) tr. Sujetar, humillar, subyugar. Ú.t.c.r. *Se* SOMETIERON *los rebeldes.* ‖ Subordinar su voluntad o la de otra persona. Ú.t.c.r. *Se* SOMETE *a todos los caprichos de su mujer.* ‖ Proponer a la consideración de uno opiniones, razonamientos u otras especies. SOMETIÓ *su plan a la consideración del directorio.* ‖ Encomendar a una o varias personas la resolución de un asunto o litigio. SOMETIERON *sus diferencias al dictamen del árbitro.* ‖ deriv.: **sometedor, ra; sometible.**

SOMETIMIENTO. m. Acción y efecto de someter.

SOMME. *Geog.* Río del N. de Francia que pasa por la c. de Reims y des. en el canal de la Mancha después de recorrer 245 km. ‖ Departamento del N. de Francia. 6.277 km². 530.000 h. Producción agrícola e industria textil muy importantes. Cap. AMIENS

SOMME, Batalla del. *Hist.* Combates sostenidos durante la primera Guerra Mundial entre los aliados y Alemania, a orillas del río homónimo. En su transcurso, el general Joffre asumió el mando único aliado.

SOMMERFELD, Arnoldo. *Biog.* Fís. al. que halló todos los espectros atómicos y moleculares al aplicar al átomo la mecánica relativista y la teoría de los quanta (1858-1951).

SOMMIER. (Voz francesa; pronúnciase *somié.*) m. Galicismo por **elástico,** colchón de tela metálica o de muelles.

SOMNAMBULISMO. m. Estado de somnámbulo.

SOMNÁMBULO, LA. alemán **Mondsüchtiger; somnambul.** fr. **Somnambule.** ingl. **Somnambulist.** ital. **Sonnambulo.** port. **Sonambulo.** (Del lat. *somnus,* sueño, y *ambulare,* andar.) adj. Dícese de la persona que padece sueño anormal durante el cual se levanta, anda, escribe, etc. Ú.t.c.s. ‖ IDEAS AFINES: *Automatismo, inconsciencia, amnesia, letargo, hipnotismo; cornisa.*

SOMNÍFERO, RA. (Del lat. *sómnifer, -eri;* de *somnus,* sueño, y *ferre,* llevar, producir.) adj. Que da o causa sueño. *El beleño tiene propiedades* SOMNÍFERAS. ‖ *Ter.* Dícese del medicamento que provoca el sueño. Ú.t.c.s.m. sinón.: **hipnótico.**

SOMNÍLOCUO, CUA. (Del lat. *somnus,* sueño, y *loqui,* hablar.) adj. y s. Dícese de la persona que habla durante el sueño. Ú.t.c.s. ‖ deriv.: **somniloquia.**

SOMNOLENCIA. al. **Schläfrigkeit.** fr. **Somnolence.** ingl. **Drowsiness; somnolence.** ital. **Sonnolenza.** port. **Sonolencia.** (Del lat. *somnolentia.*) f. Torpeza de los sentidos debida al sueño. ‖ Gana de dormir, tendencia al sueño, sinón.: **adormecimiento; soñolencia.** ‖ fig. Pereza, falta de actividad. ‖ deriv.: **somnolento.**

SOMONTANO, NA. (De *somonte.*) adj. Dícese del terreno y región situados al pie de una montaña. Ú.t.c.s. ‖ adj. y s. De la región aragonesa inmediata a los Pirineos.

SOMONTE. (De *so* y *monte.*) m. Terreno situado en la falda de una montaña. ‖ **De somonte.** expr. Basto, burdo y sin pulimento. *Hombre, paño* DE SOMONTE. ‖ Aplícase al mosto que aún no se ha convertido en vino.

SOMORGUJADOR. (De *somorgujar.*) m. Buzo, el que trabaja sumergido en el agua.

SOMORGUJAR. (De *somorgujo.*) tr. Sumergir, chapuzar. Ú.t.c.r. ‖ intr. Bucear.

SOMORGUJO. (Del lat. *sub,* so, y *mérgulus,* somormujo.) m. Género de aves palmípedas parecidas al colimbo, sinón.: **zaramagullón.** ‖ **A lo,** o **a, somorgujo.** m. adv. Por debajo del agua. ‖ fig. y fam. Oculta o cautelosamente. A LO SOMORGUJO, *se coló en la reunión.*

SOMORGUJÓN. m. Somorgujo.

SOMORMUJAR. tr. Somorgujar.

SOMORMUJO. m. Somorgujo.

SOMOTO. *Geog.* Población del N. de Nicaragua, cap. del departamento de Madriz. 3.000 h. Producción de café. Oro.

SOMOZA, Anastasio. *Biog.* Mil. y político nicar., n. en 1896. Ejerció la presidencia de la República de 1937 a 1939 y de 1939 a 1947. En 1951, a la muerte de Víctor Román y Reyes, se hizo cargo nuevamente de la primera magistratura del país y ejercía la misma cuando fue asesinado en 1956. ‖ – **Luis A.** Político nicar. contemporáneo, hijo del anterior. Designado en 1953 presid. interino por un período de seis meses, asumió nuevamente la presidencia de su país en 1956, a la muerte de su padre. En 1957 fue elegido presidente para el período 1957-1963 (1922-1967). ‖ – **DEBAYLE, Anastasio.** Político nicaragüense, presid. de la República de 1967 a 1972 y de 1974 a 1979, año en que, enfrentado a una revolución, renunció y se trasladó a EE. UU. (n. en 1925).

SOMPESAR. (De *son,* debajo, y *pesar.*) tr. Sopesar. sinón.: **sospesar.** ‖ deriv.: **sompesable; sompesador, ra; sompeso.**

SOMPOPO. m. *Hond.* Especie de hormiga amarilla. ‖ Guiso de carne rehogada en manteca.

SOMPORT. *Geog.* V. **Canfranc.**

SON. (Del lat. *sonus.*) m. Sonido que halaga al oído. *El* SON *de la fuente.* ‖ fig. Noticia, fama. ‖ Pretexto. ‖ Tenor, modo o manera. *A este* SON; *por este* SON. ‖ *Cuba.* Cierto baile de origen africano. ‖ **¿A qué son?** expr. fig. y fam. ¿Con qué motivo? ¿A QUÉ SON *he de hacer eso?* ‖ **A son de** un instrumento. m. adv. Con acompañamiento de éste. ‖ **¿A son de qué?** expr. fig. y fam. **¿A qué son?** ‖ **Bailar** uno **al son que le tocan.** frs. fig. y fam. Acomodar la conducta a las circunstancias. ‖ **En son de.** m. adv. fig. De tal modo o a manera de. ‖ A título de, con ánimo de. ‖ **Sin son.** m. adv. fig. y fam. Sin razón, sin fundamento.

SON. prep. insep. Sub. SON*sacar.*

SONADO, DA. adj. Famoso, que tiene fama. *Fue uno de los políticos más* SONADOS *en su tiempo.* ‖ Divulgado con admiración y ruidosamente. *Fue un caso muy* SONADO. ‖ **Hacer una que sea sonada.** frs. fam. Causar un escándalo, dar mucho que hablar.

SONABLE. (Del lat. *sonábilis.*) adj. Sonoro o ruidoso. ‖ Sonado, famoso.

SONADA. f. Sonata. ‖ deriv.: **sonadilla.**

SONADERA. f. Acción de sonarse las narices.

SONADERO. m. p. us. Pañuelo para sonarse las narices. sinón.: **moquero.**

SONADOR, RA. adj. Que suena o hace ruido. Ú.t.c.s. ‖ m. p. us. Sonadero.

SONAJA. (De *sonar.*) f. Par o pares de chapas de metal que se colocan en algunos juguetes e instrumentos para hacerlas sonar agitándolas. *Una pandereta de grandes* SONAJAS. ‖ Regleta transversal de la ballestilla. ‖ pl. Instrumento rústico que consiste en un aro de madera delgada con varias sonajas colocadas en otras tantas aberturas.

SONAJERA. f. *Chile.* Sonaja y sonajero.

SONAJERO. al. **Kinderklapper.** fr. **Hochet.** ingl. **Rattle.** ital. **Cembaletto.** port. **Chocalho.** m. Juguete, provisto de sonajas o cascabeles, con que se entretiene a los niños de pecho. sinón.: **cascabelero.**

SONAJUELA. f. dim. de **Sonaja.**

SONAMBULISMO. m. Somnambulismo.

SONÁMBULO, LA. adj. y s. Somnámbulo.

SONANTE. (Del lat. *sonans, -antis.*) p. a. de **Sonar.** Que suena. ‖ Sonoro.

SONAR. al. **Kligen; läuten.** fr. **Sonner.** ingl. **To sound.** ital. **Suonare.** port. **Soar.** (Del lat. *sonare.*) intr. Hacer ruido una cosa. ‖ Tener una letra valor fónico. *La u de que no* SUENA. ‖ Mencionarse, citarse. SUENAN *muchos nombres para ocupar ese cargo.* ‖ Tener una cosa visos o apariencias de algo. *Rechazaron la propuesta porque* SONABA *a adulación.* ‖ fam. Venir vagamente a la memoria alguna cosa como oída con anterioridad. *Me* SUENA *esa palabra, pero no doy con su significado.* ‖ *Arg.* irón. y fam. Morirse. ‖ Fracasar. ‖ Romperse una cosa. ‖ tr. Tañer una cosa para que **suene** armoniosamente. ‖ Expeler los mocos de la nariz, mediante una espiración violenta. Ú.m.c.r. sinón.: **mocar.** ‖ impers. Susurrarse, correr rumores de una cosa. *Se* SUENA *que se van a casar.* sinón.: **rumorearse, runrunearse.** ‖ **Como suena.** m. adv. Literalmente, conforme al sentido estricto de las palabras. ‖ **Sonar bien,** o **mal,** una expresión. frs. fig. Producir buena, o mala, impresión al que la oye. ‖ irreg. Conj. como **contar.**

SONAR. (Abreviatura fr. de SO*n,* NA*vigation* y R*epérage.*) m. *Fís.* Aparato de detección por el sonido que permite reconocer la posición de los submarinos.

SONATA. al. **Sonate.** fr. **Sonate.** ingl. **Sonata.** ital.-**Sonata.** port. **Sonata.** (Del ital. *sonata,* y éste del lat. *sonare,* resonar.) f. *Mús.* Composición de música instrumental cuya estructura fue evolucionando desde comienzos del siglo XVII hasta el presente. Durante el Clasicismo y el Romanticismo, encontró, en Mozart, Beethoven y Brahms, a sus más fieles creadores. Las sonatas clásicas comprenden tres o cuatro movimientos, de los cuales, muchas veces, el primero y el último son rápidos y los intermedios moderados o lentos.

SONATA A KREUTZER, La. *Lit.* Novela de León Tolstoi publicada en 1888. De amargo tono, aboga por la supresión del amor sensual en el matrimonio, como única forma de que la humanidad prosiga su camino ascendente hacia el progreso.

SONATINA. (Del ital. *sonatina.*) f. *Mús.* Sonata corta y de más sencilla estructura.

SONCLE. (Del mex. *tzontli,* cuatrocientos.) m. *Méx.* Medida de leña equivalente a 400 leños.

SONDA. al. **Tiefenlot; sonde.** fr. **Sonde.** ingl. **Sounder; plummet; catheter.** ital. **Scandaglio.** port. **Sonda.** f. Acción y efecto de sondar. ‖ Cuerda provista de un peso de plomo, que se emplea para medir la profundidad de las aguas y explorar el fondo. *Con el temor de encallar, echaban a cada poco la* SONDA; sinón.: **plomada.** ‖ Barrena que se usa para abrir en los terrenos taladros muy profundos. ‖ *Cir.* Denominación general de instrumentos, largos y delgados, que se introducen en un conducto o cavidad con fines de exploración o evacuación; sinón.: **algalia, candelilla, estilete, tienta.** ‖ *Mar.* Paraje del mar cuyo fondo es comúnmente conocido. ‖ – **acanalada.** *Cir.* Vástago de metal en forma de canal y terminado en un pabellón hendido, que sirve para explorar y para guiar los instrumentos de filo. sinón.: **catéter.** ‖ IDEAS AFINES: *Rastrear, fondear, batómetro, batisfera, abismo, abisal, insondable, oceanografía.*

SONDA. *Geog.* Nombre que se aplica al grupo insular asiático situado al S. E. de la pen. de Malaca. Lo forman las islas de Sumatra, Java, Borneo y Célebes, que constituyen las *Grandes Islas de la Sonda,* y las de Timor, Flores, Sumbava, Bali, Lombok y otras menores, que forman las *Pequeñas Islas de la Sonda.* ‖ **Estrecho de la –.** Brazo de mar que separa las islas de Java y Sumatra y comunica el mar de Java con el océano Índico. ‖ **Mar de la –.** Mar dependiente del océano Pacífico, sit. entre la isla de Célebes al N. y la de Flores al S. Se prolonga hacia el E. en el mar de Banda y hacia el O. en el mar de Java.

SONDALEZA. f. Maroma que se cruza de una orilla a otra de un río, dividida con señales para determinar los lugares en que se han hecho los sondeos y trazar luego la figura de corte transversal del álveo. ‖ *Mar.* Cuerda con la cual y el escandallo se reconocen las brazas de agua que hay desde la superficie hasta el fondo.

SONDABLE. adj. Que se puede sondar. antón.: **insondable.**

SONDAR. (Del lat. *sub,* so, y *undare,* de *unda,* onda.) tr. Echar el escandallo al agua para averiguar su profundidad y la calidad del fondo. ‖ Reconocer la naturaleza del subsuelo con una sonda. ‖ fig. Inquirir disimulada y cautelosamente la intención, opinión o juicio de uno, o las circunstancias y estado de una cosa. sinón.: **explorar, rastrear.** ‖ *Cir.* Introducir en el cuerpo la sonda para determinado fin. SONDAR *una herida.* ‖ deriv.: **sondador, ra; sondadura.**

SONDEAR. tr. Sondar. SONDEÓ *hábilmente sus propósitos.* ‖ deriv.: **sondeable; sondeador, ra; sondeamiento; sondeativo, va.**

SONDEO. m. Acción y efecto de sondear.

SONDRIO. *Geog.* Provincia del N. de Italia, en Lombardía. 3.212 km². 173.000 h. Explotación ganadera y forestal, minería. Cap. hom. situada sobre el río Adda. 25.000 h. Industria textil. Centro de turismo invernal.

SONE. *Geog.* Río de Asia, en la India, que des. en el Ganges después de recorrer 740 km.

SONECILLO. m. dim. de **Son.** ‖ Son poco perceptible. ‖ Son alegre y ligero. sinón.: **soniquete.**

SONETEAR. intr. Componer sonetos. sinón.: **sonetizar.**

SONETICO. m. dim. de **Son.** ‖ dim. de **Soneto.** ‖ Sonecillo que suele hacerse con los dedos sobre la mesa o cosa semejante.

SONETILLO. m. dim. desp. de **Soneto.** *Es autor de ciertos* SONETILLOS. ‖ Soneto de versos de arte menor.

SONETISTA. com. Autor de sonetos.

SONETIZAR. intr. Sonetear. Ú.t.c.tr.

SONETO. al. **Sonett.** fr. **Sonnet.** ingl. **Sonnet.** ital. **Sonetto.** port. **Soneto.** (Del ital. *sonetto,* y éste del lat. *sonus,* sonido.) m. Composición poética que consta de catorce versos, generalmente endecasílabos, distribuidos en dos cuartetos y dos tercetos. En la forma clásica, los ocho versos de los cuartetos riman el primero con el cuarto, quinto y octavo y el segundo con el tercero, sexto y séptimo, y los seis versos de los tercetos pueden rimar de distintas maneras. Rara vez se le añade un estrambote.

● **SONETO.** *Lit.* El **soneto** no constituye en sí un género poético sino una forma, y como tal su estilo y su tema varían de lo jocoso a lo serio, de lo descriptivo a lo filosófico, de lo histórico a lo amatorio, etc., si bien sus expresiones más hermosas se han dado en el campo de la poesía lírica. Los antecedentes del **soneto** son muy antiguos, al extremo de que algunos investigadores los remontan a la primitiva poesía árabe; sin embargo, en su origen probablemente cierto, es italiano, ya que Aretino le dio su forma definitiva y fue Petrarca quien lo generalizó, y lo llevó, junto con Dante, a sutil perfección. Con relativa fortuna lo introdujo en la literatura española el Marqués de Santillana; posteriormente Boscán, Garcilaso, los Argensola, Arguijo, Lope, Góngora, Quevedo, etc., lo cultivaron hasta llevarlo a un grado de incomparable belleza de forma y de fondo, y los poetas que les sucedieron hasta la actualidad han sabido conservar esa preciada tradición literaria. En Inglaterra, Francia, Portugal, etc., el **soneto** tuvo cultores notabilísimos: Shakespeare, Ronsard, Camoens, Wordsworth, etc.

SONGA. f. *Cuba* y *P. Rico.* Ironía, burla, sorna, chunga. ‖ *Méx.* Chocarrería.

SONGO, GA. adj. *Col.* y *Méx.* Tonto, taimado. ‖ m. vulg. *Col.* Sonido.

SONIDO. al. **Ton; Klang; Laut.** fr. **Son.** ingl. **Sound.** ital. **Suono.** port. **Som; sonido.** (Del lat. *sonus.*) m. Sensación producida en el órgano del oído por el movimiento vibratorio de los cuerpos, transmitido por un medio elástico, como el aire o el agua. ‖ Valor y pronunciación de las letras. sinón.: **fonema.** ‖ Significación y valor literal que tienen en sí las palabras. *Se atiene exclusivamente al* SONIDO *de las palabras.* ‖ fig. Noticia, fama. ‖ IDEAS AFINES: *Eufonía, disonancia, eco, estampido, tono, timbre, altura, acústica, afonía, mudez, fonética.*

SONIQUETE. m. desp. de **Son.** ‖ Sonecillo. ‖ Sonsonete.

SONLOCADO, DA. adj. Alocado.

SONOCHADA. (De *sonochar.*) f. Comienzo de la noche. sinón.: **primera noche.** ‖ Acción y efecto de sonochar.

SONOCHAR. (De *so* y *noche.*) intr. Velar en las primeras horas de la noche.

SONÓMETRO. (Del lat. *sonus,* sonido, y del gr. *metron,* medida.) m. Monocordio. ‖ *Fís.* Instrumento para estudiar las vibraciones transversales de las cuerdas.

SONORA. *Geog.* Río del N. O. de México que des. en el golfo de California después de recorrer 420 km. ‖ Estado del N. O. de México. 182,553 km². 1.105.000 h. Maíz, trigo, legumbres, frutas, papas, algodón, tabaco, caña de azúcar, vid. Explotación minera. Cap. HERMOSILLO.

SONORAMENTE. adv. m. De un modo sonoro.

SONORENSE. adj. Natural del Estado mexicano de Sonora. Ú.t.c.s. ‖ Perteneciente o relativo a dicho Estado.

SONORIDAD. (Del lat. *sonóritas, -atis.*) f. Calidad de sonoro. *Es notable la* SONORIDAD *de sus versos.*

SONORIZACIÓN. f. Acción y efecto de sonorizar.

SONORIZAR. tr. Convertir una letra o articulación sorda en sonora. Ú.t.c.r. *La p de cáput se* SONORIZÓ *en la b de cabo.* ‖ Hacer sonora una película cinematográfica.

SONORO, RA. **Wohlklingend.** fr. **Sonore.** ingl. **Sounding.** ital. **Sonoro.** port. **Sonoro.** (Del lat. *sonorus.*) adj. Que suena o puede sonar. ‖ Que suena bien. *Vocablo* SONORO; *frase* SONORA. ‖ Que refleja el sonido de manera que se oiga bien. ‖ Dícese de la vocal, consonante o sonido que se produce con vibración de las cuerdas vocales, y de las letras que los representan. Ú.t.c.s.f.

SONOROSO, SA. adj. poét. Sonoro. ‖ deriv.: **sonorosamente; sonorosidad.**

SONREÍR. al. **Lächeln.** fr. **Sourire.** ingl. **To smile.** ital. **Sorridere.** port. **Sorrir.** (Del lat. *subrídere.*) intr. Reírse levemente. Ú.t.c.r. ‖ Reír, infundir alegría. SONREÍAN *los cielos.* ‖ fig. Mostrarse favorable para uno algún asunto, suceso, etc. *Le* SONRÍEN *las circunstancias.* ‖ irreg. Conj. como **reír.** ‖ deriv.: **sonreidor, ra; sonreimiento.**

SONRIENTE. p. a. de **Sonreír.** Que sonríe. Ú.t.c.s.

SONRISA. al. **Lächeln.** fr. **Sourire.** ingl. **Smile.** ital. **Sorriso.** port. **Sorriso.** (Del ant. *sonrisar.*) f. Acción de sonreírse.

SONRISO. (De *sonrisar.*) m. poét. Sonrisa.

SONRISUEÑO, ÑA. adj. y s. Que se sonríe.

SONRODARSE. (Del lat. *sub,* debajo, y *rota,* rueda.) r. Atascarse las ruedas de un carruaje. ‖ irreg. Conj. como **contar.**

SONROJAR. al. **Erröten.** fr. **Rougir.** ingl. **To blush.** ital. **Arrossire.** port. **Ruborizar.** (De *son,* bajo y *rojo.*) tr. y r. Hacer salir los colores al rostro de vergüenza. *Es tan vergonzosa, que se* SONROJA *por cualquier cosa*; sinón.: **abochornar, avergonzar, enrojecer, ruborizar.** ‖ deriv.: **sonrojable; sonrojador, ra; sonrojamiento.**

SONROJEAR. tr. y r. Sonrojar.

SONROJO. m. Acción y efecto de sonrojar. sinón.: **bochorno, rubor.** ‖ Ofensa o improperio que obliga a sonrojarse.

SONROSAR. (De *son,* bajo, y *rosa.*) tr. y r. Dar, poner o causar color como de rosa. *El aire le* SONROSÓ *las mejillas*; sinón.: **rosarse.** ‖ deriv.: **sonrosable; sonrosador, ra; sonrosamiento.**

SONROSEAR. tr. Sonrosar. ‖ r. Sonrojarse.

SONROSEO. m. Color rosado que sale al rostro.

SONSACA. f. Acción y efecto de sonsacar.

SONSACADOR, RA. adj. y s. Que sonsaca.

SONSACAMIENTO. m. Sonsaca.

SONSACAR. (De *son,* debajo, y *sacar.*) tr. Sacar arteramente alguna cosa por debajo del sitio en que está. *La rosquilla cayó debajo de la mesa y el niñito la* SONSACÓ. ‖ Solicitar en secreto a uno para que deje el servicio que tiene y pase a desempeñar otro. SONSACA *las sirvientas de los vecinos.* ‖ fig. Procurar con habilidad que uno diga lo que reserva. *Le* SONSACÓ *sus secretillos*; sinón.: **tirar de la lengua.** ‖ deriv.: **sonsacable; sonsacante.**

SONSAQUE. m. Sonsaca.

SONSO, SA. adj. zonzo

SONSÓN. *Geog.* Población de Colombia en el dep. de Antioquia. 12.000 h. Importante producción de café.

SONSONATE. *Geog.* Departamento de la región occidental de El Salvador. 2.242 km². 235.000 h. Café, cacao, caña de azúcar, explotación forestal. Cap. hom. 28.000 h. Importante centro comercial.

SONSONETE. m. Sonido que producen los golpes pequeños y repetidos que se dan en una parte, imitando un son musical. ‖ fig. Ruido continuado y, por lo común, desapacible y poco intenso. ‖ Tonillo o modo especial en las palabras o la risa, que denota ironía o desprecio. *Me hirió el* SONSONETE *de sus palabras.*

SONTHONAX, Leger Felicité. *Biog.* Pol. fr. que en 1792, nombrado por Luis XVI comisario para Santo Domingo, proclamó la emancipación de los esclavos (1763-1813).

SONTO, TA. adj. *Guat.* y *Hond.* Tronzo.

SOÑACIÓN. f. Ensueño. ‖ **Ni por soñación.** loc. adv. fig. y fam. con que se pondera que una cosa ha estado tan lejos de ocurrir o ejecutarse que ni siquiera se ha presentado en sueños. *Ni por* SOÑACIÓN *he pensado hacer tal cosa.*

SOÑADOR, RA. al. **Träumer.** fr. **Rêveur.** ingl. **Dreamer.** ital. **Sognatore.** port. **Sonhador.** (Del lat. *somniátor, -oris.*) adj. Que sueña mucho. ‖ Que cuenta patrañas y ensueños o los cree con facilidad. Ú.t.c.s. ‖ fig. Iluso, que discurre fantásticamente. sinón.: **fantaseador.**

SOÑANTE. p. a. de **Soñar.** Que sueña.

SOÑAR. al. **Träumen.** fr. **Rêver.** ingl. **To dream.** ital. **Sognare.** port. **Sonhar.** (Del lat. *somniare.*) tr. Representarse en la fantasía especies o sucesos durante el sueño. Ú.t.c.intr. SOÑÉ *con ladrones;* SOÑÉ *que hacía un viaje.* ‖ fig. Discurrir fantásticamente y admitir como cierto lo que no lo es. Ú.t.c.intr. sinón.: **ensoñar.** ‖ intr. fig. Sentir vivo anhelo por una cosa. SUEÑA *con ser un gran pintor.* ‖ **Ni soñarlo.** frs. fig. y fam. con que se expresa que se está lejos de una especie, que ni en sueños se piensa en ella. ‖ **Soñar despierto.** frs. fig. Ensoñar. ‖ irreg. Conj. como **contar.** ‖ deriv.: **soñable.**

SOÑARRERA. f. fam. Acción de soñar mucho. ‖ fam. Sueño muy pesado. sinón.: **modorra.** ‖ **Soñera.**

SOÑERA. (De *sueño.*) f. Propensión a dormir.

SOÑOLENCIA. f. Somnolencia.

SOÑOLIENTAMENTE. adv. m. Con soñolencia.

SOÑOLIENTO, TA. (Del lat. *somnolentus.*) adj. Acometido del sueño o muy inclinado a él. ‖ Que dormita. sinón.: **adormecido.** ‖ Que produce sueño. sinón.: **soporífero.** ‖ fig. Tardo o perezoso. *Tiraban de la carreta dos* SOÑOLIENTOS *bueyes.*

SOOLMAKER, Juan Francisco. *Biog.* Pintor belga, que se destacó como paisajista. Obras: *Rebaño de Carneros; Puesta de Sol,* etc. (1635-1686).

SOPA. al. **Suppe.** fr. **Soupe.** ingl. **Soup.** ital. **Zuppa; minestra.** port. **Sopa.** (Del ant. b. al. *suppa.*) f. Pedazo de pan empapado en un líquido. ‖ Plato compuesto de trozos de pan, fécula, arroz, fideos, etc., y abundante caldo. ‖ Plato compuesto de un líquido alimenticio y de rebanadas de pan. SOPA *de leche.* ‖ Pasta, fécula o verduras que se mezclan con el caldo en el plato de este mismo nombre. ‖ Comida que se da a los pobres en los conventos. ‖ *Méx.* Pedazo de tortilla con que se forma una especie de cuchara para recoger la porción de comida. ‖ pl. Rebanadas de pan que se cortan para echarlas en el caldo. ‖ **Sopa boba. Sopa** que se da de limosna en los conventos. ‖ fig. Vida holgazana y a expensas de otro. *Vivir de la* SOPA BOBA. ‖ **— de hierbas. Sopa juliana.** ‖ **— juliana.** La que se prepara cociendo en caldo verduras cortadas en tiritas y conservadas secas. ‖ **Sopa de ajo.** La que se hace con trozos de pan cocidos en agua y aceite frito con ajos. ‖ **Andar a la sopa.** frs. Mendigar la comida en las casas o los conventos. ‖ **Hecho una sopa.** loc. fig. y fam. Muy mojado. Llovía tanto, que me puse HECHO UNA SOPA.

SOPAIPA. f. Masa frita y enmelada.

SOPALANCAR. (De *so* y *palanca.*) tr. Meter la palanca debajo de una cosa para moverla.

SOPALANDA. f. Hopalanda.

SOPANDA. (De *suspender.*) f. Madero horizontal, apoyado por sus extremos en jabalcones, para fortificar otro que está encima de él. ‖ Cada una de las correas empleadas para suspender la caja de los coches antiguos. sinón.: **correón.** ‖ *Chile.* Colchón de muelles. ‖ pl. *Méx.* Muelles de coche.

SOPAPA. (Del fr. *soupape.*) f. Galicismo por **válvula.**

SOPAPEAR. tr. fam. Dar sopapos. ‖ fig. y fam. Sopetear, maltratar. *Le* SOPAPEÓ *con palabras ultrajantes.* ‖ deriv.: **sopapeador, ra; sopapeadura; sopapeamiento; sopapeante; sopapeo.**

SOPAPINA. f. fam. Zurra o tunda de sopapos.

SOPAPO. al. **Schlag; ohrfeige.** fr. **Gifle.** ingl. **Slap.** ital. **Schiaffo.** port. **Sopapo.** (De *so* y *papo.*) m. Golpe que se da con la mano debajo de la papada. sinón.: **solapo.** ‖ fam. Bofetada.

SOPAR. (De *sopa.*) tr. Ensopar. ‖ *Arg.* y *Bol.* Introducir una cosa en un líquido. ‖ intr. *Arg.* Meterse en la conversación de otros.

SOPEAR. (De *sopa.*) tr. Ensopar. ‖ intr. *Méx.* **Andar a la sopa.**

SOPEAR. (De *so* y *pie.*) tr. Pisar, hollar. ‖ fig. Dominar o maltratar a uno. ‖ deriv.: **sopeador, ra; sopeadura; sopeante; sopeo.**

SOPENA LÓPEZ, Ricardo. *Biog.* Editor esp., radicado en la Argentina, donde fundó, una importante empresa propulsora del libro en Hispanoamérica. (1873-1944).

SOPEÑA. f. Concavidad que forma una peña por su parte inferior. *Se resguardaron de la lluvia en una* SOPEÑA.

SOPERA. al. **Suppenschüssel.** fr. **Soupière.** ingl. **Soup tureen.** ital. **Zuppiera.** port. **Sopeira.** f. Vasija honda en que se sirve la sopa.

SOPERO. adj. y s. Dícese del plato hondo en que se come la sopa.

SOPESAR. (De *so* y *pesar.*) tr. Levantar una cosa como para tantear su peso. sinón.: **sompesar, sospesar.** ‖ deriv.: **sopesable; sopesador; sopesante.**

SOPETEAR. (Frec. de *sopear,* 1er. art.) tr. Mojar repetidas veces el pan en el caldo.

SOPETEAR. (Frec. de *sopear,* 2º art.) tr. fig. Maltratar o ultrajar a alguien. sinón.: **sopapear.**

SOPETEO. m. Acción de **sopetear,** 1er. art.

SOPETÓN. (De *sopa.*) m. Pan tostado que en los molinos se moja en aceite.

SOPETÓN. (Del lat. *súbitus,* súbito.) m. Golpe fuerte y repentino que se da con la mano. ‖ **De sopetón.** m. adv. **De improviso.** *Le dio la noticia* DE SOPETÓN.

SOPETRAN. *Geog.* Población de Colombia, en el dep. de Antioquia. 5.100 h. Cereales, cacao.

SOPICALDO. m. Caldo con muy pocas sopas.

SOPIÉ. m. Somonte

SOPISTA. com. Persona que anda a la sopa. ‖ m. Estudiante que seguía su carrera con los recursos que le proporcionaba la caridad. sinón.: **sopon.**

SOPITIPANDO. m. fam. Accidente, desmayo.

SOPLADERO. (De *soplar.*) m. Abertura por donde sale con fuerza el aire de las cavidades subterráneas.

SOPLADO, DA. adj. fig. y fam. Pulido y compuesto en demasía. ‖ Estirado, engreído. ‖ m. *Min.* Grieta muy honda o cavidad grande del terreno. ‖ f. *Mar.* Ráfaga de viento repentina. *Una* SOPLADA *hizo zozobrar la lancha.*

SOPLADOR, RA. adj. Que sopla. ‖ fig. Dícese del que excita o altera una cosa. ‖ m. Aventador, soplillo. ‖ *Guat.* y *Ec.* Apuntador de un teatro. ‖ *Zool.* Aplícase al delfín y demás cetáceos de su género.

SOPLADURA. f. Acción y efecto de soplar.

SOPLAMOCOS. m. fig. y fam. Golpe que se da en la cara, especialmente en la nariz.

SOPLAR. al. **Blasen; wehen.** fr. **Souffler.** ingl. **To blow.** ital. **Soffiare.** port. **Soprar; assoprar.** (Del lat. *sufflare.*) intr. Despedir aire con violencia por la boca. Ú.t.c.tr. ‖ Hacer que los fuelles u otros instrumentos o aparatos arrojen el aire que han recibido. ‖ Correr el viento, haciéndose sentir. *En la vega* SOPLAN *vientos suaves.* ‖ tr. Mover o apartar con el soplo una cosa. SOPLÓ *las miguitas de la mesa.* ‖ Inflar, hinchar con aire una cosa. Ú.t.c.r. ‖ Hurtar o quitar una cosa con disimulo. *Le* SOPLÓ *unas monedas.* ‖ fig. Inspirar o sugerir especies. *Le* SOPLÓ *la musa.* ‖ En el juego de damas y otros, quitar al contrario la pieza con que debió comer y no lo hizo. *Le* SOPLÓ *la dama.* ‖ Sugerir a uno lo que debe decir y no acierta o ignora. *Le* SOPLARON *la lección.* sinón.: **apuntar.** ‖ Acusar o delatar. sinón.: **soplonear.** ‖ r. fig. y fam. Beber mucho, y también comer. *Se* SOPLÓ *tres botellas.* ‖ Hincharse, engreírse. ‖ **!Sopla!** int. fam. con que se denota admiración o ponderación. ‖ deriv.: **soplante.**

SOPLETE. al. **Gebläse.** fr. **Chalumeau.** ingl. **Blow torch.** ital. **Cannello.** port. **Maçarico.** (dim. de *soplo.*) m. Instrumento constituido esencialmente por un tubo que aplica una corriente gaseosa a una llama para dirigirla sobre objetos que se deben someter a muy elevada temperatura. ‖ Canuto de boj por donde se hincha de aire la gaita. ‖ *Chile.* Colegial que sopla o apunta a otro la lección. ‖ — **oxhídrico.** Dispositivo en que se quema, con presión, una mezcla de hidrógeno y oxígeno. ‖ — **oxiacetilénico.** Aquel cuya llama es producida quemando, con presión, una mezcla de oxígeno y acetileno.

SOPLIDO. m. Soplo.

SOPLILLO. m. dim. de **Soplo.** ‖ Aventador para avivar el fuego. ‖ Cualquier cosa muy delicada o leve. ‖ Especie de tela de seda muy ligera. ‖ Bizcocho de pasta muy esponjosa. ‖ *Cuba.* Una especie de hormiga. ‖ Árbol de madera muy dura. ‖ *Chile.* Trigo aún no maduro que se come tostado

SOPLO. al. **Hauch.** fr. **Souffle.** ingl. **Blow.** ital. **Soffio.** port. **Sopro; assopro.** m. Acción y efecto de soplar. ‖ fig. Instante, tiempo muy breve. *La vida es un* SOPLO. ‖ fig. y fam. Aviso secreto y cauteloso. *Se salvó gracias al* SOPLO *que le dieron.* ‖ Delación. *La policía ha recibido un* SOPLO. ‖ Soplón. ‖ IDEAS AFINES: *Inflar, espiración, viento, fuelle, cerbatana, flauta, silbido.*

SOPLÓN, NA. (De *soplar*, sugerir.) adj. y s. fam. Dícese de la persona que acusa con secreto y cautela. ‖ Dícese del que apunta a otro la lección u otra especie.

SOPLONEAR. tr. Soplar, acusar, delatar.

SOPLONERÍA. f. Hábito propio del soplón.

SOPÓN. m. aum. de **Sopa.** ‖ fam. Sopista.

SOPONCIO. m. fam. Desmayo, congoja. sinón.: **patatús.** ‖ fam. Sopón, sopa grande.

SOPOR. al. **Schläfrigkeit; Schlafsucht.** fr. **Assoupissement.** ingl. **Sopor.** ital. **Sopore.** port. **Sopor.** (Del lat. *sópor, -oris.*) m. Estado morboso semejante a un sueño profundo. sinón.: **modorra.** ‖ fig. Adormecimiento, somnolencia. ‖ IDEAS AFINES: *Letargo, hipnotismo, narcotismo, coma, estupefaciente, morfina.*

SOPORÍFERO, RA. (Del lat. *sopórifer, -eri;* de *sópor*, sopor, y *ferre*, llevar.) adj. y s. Que inclina al sueño; que lo causa. *Novela* SOPORÍFERA.

SOPOROSO, SA. adj. Que tiene o padece sopor. ‖ *Med.* Caracterizado por el sopor. *Estado* SOPOROSO.

SOPORTABLE. adj. Que se puede soportar. antón.: **insoportable, intolerable.** ‖ deriv.: **soportablemente.**

SOPORTADOR, RA. adj. y s. Que soporta.

SOPORTAL. (De *so* y *portal.*) m. Espacio cubierto que en algunas casas precede a la entrada principal. sinón.: **porche.** ‖ Pórtico, a manera de claustro, que tienen algunos edificios o manzanas de casas en sus fachadas. Ú.m. en pl. *Toda la plaza está rodeada de* SOPORTALES. sinón.: **portal.**

SOPORTANTE. p. a. de **Soportar.** Que soporta.

SOPORTAR. al. **Tragen, stützen; dulden.** fr. **Supporter.** ingl. **To bear; to support.** ital. **Sopportare.** port. **Suportar.** (Del lat. *supportare.*) tr. Sostener o llevar sobre sí una carga o peso. *Las columnas* SOPORTAN *el arquitrabe.* ‖ fig. Sufrir, tolerar, padecer, aguantar. ‖ deriv.: **soportación · soportamiento**

SOPORTE. al. **Stütze.** fr. **Support.** ingl. **Support.** ital. **Sopporto.** port. **Suporte.** m. Apoyo o sostén. ‖ Utensilio de laboratorio que consiste en una varilla vertical, con pie estable, sobre la cual se pueden atornillar piezas que sirven para sostener tubos y vasijas. ‖ *Blas.* Cada una de las figuras que sostienen el escudo.

SOPRANO. (Del ital. *soprano*, de *sopra*, sobre, encima.) Voz femenina de registro agudo, en un alcance de dos octavas por encima del do central. ‖ Tiple. ‖ Hombre castrado.

SOPRON. *Geog.* Ciudad del N.O. de Hungría, cerca de la frontera con Austria. 53.000 h. Viñedos, refinerías de azúcar, destilerías, universidad. Fabricación de tapices.

SOPUNTAR. (De *so* y *punto.*) tr. Poner uno o varios puntos debajo de una letra, palabra o frase, para llamar la atención sobre ella, con determinado fin. ‖ deriv.: **sopuntable; sopuntación; sopuntamiento; sopuntante.**

SOQUETE. (Del fr. *socquette.*) m. *Arg., Chile* y *Urug.* Escarpín, calcetín corto.

SOR. al. **Schwester.** fr. **Soeur.** ingl. **Sister.** ital. **Soura.** port. **Soror.** (Contrac. de *sóror.*) f. Hermana, religiosa. SOR *Josefa.*

SOR. m. p. us. Seor.

SOR. prep. insep. Sub. SOR*prender*

SORATA. *Geog.* V. **Illampu.**

SORBEDOR, RA. adj. y s. Que sorbe.

SORBER. al. **Schlürfen.** fr. **Humer; absorber.** ingl. **To sip; to suck.** ital. **Succhiare.** port. **Sorver.** (Del lat. *sorbere.*) tr. Beber aspirando. SORBER *un líquido.* ‖ fig. Atraer hacia dentro de sí algunas substancias aunque no sean líquidas. *La ciudad* SORBE *al campesino.* ‖ Recibir dentro de sí una cosa hueca o esponjosa a otra. *El bizcocho* SORBIÓ *todo el almíbar;* sinón.: **chupar.** ‖ Absorber, tragar. *El remolino de las aguas* SORBIÓ *al nadador.* ‖ Apoderarse el ánimo ávidamente de algo muy apetecido. SORBÍA *sus palabras.* ‖ deriv.: **sorbente.**

SORBETE. al. **Speiseeis.** fr. **Sorbet.** ingl. **Sherbet.** ital. **Sorbetto.** port. **Sorvete.** (Del ár. *xorba*, bebida.) m. Refresco hecho con zumo de frutas y azúcar, o con otras substancias, al que se le da cierto grado de congelación y que suele formar copete en el vaso que se sirve. sinón.: **helado, mantecado.**

SORBETÓN. m. fam. aum. de **Sorbo.**

SORBIBLE. adj. Que se puede sorber.

SORBO. al. **Schluck.** fr. **Gorgée.** ingl. **Sip.** ital. **Sorso.** port. **Sorvo.** m. Acción de sorber. ‖ Porción de líquido que se toma de una vez en la boca. sinón.: **bocanada, buchada, buche.** ‖ fig. Cantidad pequeña de un líquido. *Sólo queda un* SORBO *de vino.*

SORBON, Roberto de. *Biog.* Teól. fr., capellán del rey San Luis y fundador de la Sorbona (1201-1274).

SORBONA. *Hist.* Centro francés de cultura, instituido desde fines del s. XIX como Universidad de París. Su nombre deriva del de Roberto de Sorbon, que lo fundó en 1257 como Colegio de Teología. Es uno de los establecimientos de cultura universitaria más completos y de mayor prestigio intelectual en el mundo.

SORCHE. m. fam. Recluta, soldado.

SORDA. (Del lat. *surda.*) f. Agachadiza, ave.

SORDA. (En ant. veneciano *sorda.*) f. *Mar.* Guindaleza sujeta en la roda de un barco.

SORDAMENTE. adv. m. fig. Secretamente y sin ruido.

SORDERA. al. **Schwerhörigkeit.** fr. **Surdité.** ingl. **Deafness.** ital. **Sordaggine; sordità.** port. **Surdez.** (De *sordo.*) f. Privación o disminución de la facultad de oír.

SÓRDIDAMENTE. adv. m. Con sordidez.

SORDIDEZ. al. **Schmutz; Geiz.** fr. **Sordidité.** ingl. **Sordidness.** ital. **Sordidezza.** port. **Sordidez.** f. Calidad de sórdido.

SÓRDIDO, DA. (Del lat. *sórdidus.*) adj. Sucio, manchado, mugriento. *Una casa* SÓRDIDA. ‖ fig. Impuro, indecente, escandaloso. *Un negocio* SÓRDIDO. ‖ Mezquino, avariento. *No consiguió un centavo del* SÓRDIDO *anciano.* ‖ *Pat.* Dícese de la úlcera que produce icor.

SORDINA. (De *sorda.*) f. Pieza que se coloca en ciertos instrumentos musicales para disminuir la intensidad y variar el timbre del sonido. ‖ Pieza que para el mismo fin se pone en otros instrumentos. ‖ Registro en los órganos y pianos para lograr el mismo efecto. ‖ Muelle que en los relojes de repetición sirve para impedir que suene la campana o el timbre. ‖ **A la sordina.** m. adv. fig. Silenciosamente y con disimulo. *Lo propaló* A LA SORDINA.

SORDINO. (De *sordo.*) m. Instrumento musical de cuerda, parecido al violín. ‖ Violín de bolsillo.

SORDO, DA. al. **Taub.** fr. **Sourd.** ingl. **Deaf.** ital. **Sordo.** port. **Surdo.** (Del lat. *surdus.*) adj. Que no oye, o no oye bien. Ú.t.c.s. SORDO *a los gritos;* SORDO *de ambos oídos.* ‖ Callado, silencioso. *La noche* SORDA. ‖ Que suena poco o sin timbre claro. *Se percibían voces* SORDAS. ‖ Dícese, por oposición a sonoro, de la vocal, consonante o sonido que se produce sin vibración de las cuerdas vocales, y de la letra que los representan. Ú.t.c.s.f. ‖ fig. Insensible o indócil a las persuasiones, avisos y consejos. SORDO *a los ruegos.* ‖ *Mar.* Aplícase a la marejada que se experimenta en dirección diversa de la del viento reinante. ‖ **A la sorda, a lo sordo,** o **a sordas.** ms. advs. figs. Sin ruido, sin sentir. ‖ **No hay peor sordo que el que no quiere oír.** ref. que explica que es inútil querer persuadir al que no escucha razones, avisos y consejos. ‖ deriv.: **sordastro, tra; sordilón, na.**

SORDOMUDEZ. f. Calidad de sordomudo.

SORDOMUDO, DA. adj. y s. Que no sabe hablar por ser sordo de nacimiento.

SORDÓN. (De *sordo.*) m. Bajón antiguo semejante al fagot, con lengüeta doble de caña.

SOREL, Jorge. *Biog.* Publicista fr., teorizador del sindicalismo revolucionario. Autor de *Reflexiones sobre la violencia; Las ilusiones del progreso; El porvenir socialista de los sindicatos,* etc. (1847-1922).

SÖRENSEN, Sören. *Biog.* Químico danés que definió el índice de acidez (1868-1939).

SORGO. (Del b. lat. *súrgum.*) m. Zahína, planta. ‖ *Bot.* Género de plantas originarias de la India, cultivadas como alimenticias; numerosas especies y variedades. Gén. *Sorghum*, gramináceas. ‖ — **azucarado.** Planta originaria de África, cuyos tallos contienen azúcar. *Andropogon saccharatus*, gramináceа. ‖ — **común** o **de escobas.** Maíz de Guinea. *Andropogon sorghum.* ‖ — **de Alepo.** De panículas sueltas y granos alargados, muy comprimidos; sus tallos jóvenes son tóxicos para el ganado. *Sorghum halepensis*, gramináceа.

SORIA, Ezequiel. *Biog.* Autor costumbrista y director teatral arg. que logró la resurrección del teatro rioplatense al crear la zarzuela y el sainete criollos: *El año 92; Política casera; Amor y lucha,* etc. (1873-1936).

SORIA. *Geog.* Provincia del N. de España (Castilla la Vieja). 10.301 km². 116.000 h. Vid, trigo, cebada, lino, cáñamo, frutas, explotación forestal, ganado. Cap. hom., situada sobre el Duero. 26.000 h. Centro comercial. Ruinas y monumentos históricos.

SORIANO, NA. adj. y s. De Soria (España).

SORIANO. *Geog.* Departamento del S.O. del Uruguay. 9.223 km². 82.000 h. Producción agrícola-ganadera. Cap. MERCEDES.

SORÍASIS o **SORIASIS.** f. *Pat.* Enfermedad de la piel, caracterizada principalmente por la formación de escamas secas blanquecinas sobre placas de piel hiperemiada. ‖ deriv.: **soriásico, ca; soriático, ca.**

SORITES. (Del lat. *sorites*, y éste del gr. *soreítes*, de *soreuo*, amontonar.) m. *Lóg.* Raciocinio que consiste en una serie de proposiciones encadenadas, de modo que el predicado de la antecedente pasa a ser sujeto de la siguiente, hasta que en la conclusión se une el sujeto de la primera con el predicado de la última.

SORLINGAS, Islas. *Geog.* V. **Scilly, Islas.**

SORNA. (En port. *sorna*; en ant. fr. *sorne.*) f. Lentitud con que se hace una cosa. ‖ Disimulo y burla con que se hace o se dice una cosa con cierta lentitud voluntaria. Ironía.

SORO. (Del b. lat. *saurus.*) adj. Dícese del halcón cogido antes de la primera muda.

SORO, Enrique. *Biog.* Compositor chil. autor de *Sinfonía romántica* (1884-1954).

SORO. m. *Bot.* Conjunto de esporangios de los helechos.

SOROCABA. *Geog.* Ciudad del S.E. del Brasil, en el Est. de San Pablo. 180.000 h., con el mun. Industria textil, cemento, vinos. Centro comercial muy importante.

SOROCHE. m. *Amér. del S.* Sensación de angustia que, a causa de la rarefacción del aire, se siente en los parajes muy elevados. sinón.: **puna.** ‖ *Bol.* y *Chile.* Galena. ‖ *Chile.* Rubor, vergüenza.

SOROCHO, CHA. adj. *Col.* A medio asar. ‖ *Ven.* Dícese del fruto aún no bien maduro. ‖ m. *Amér. del S.* Soroche.

SOROLLA Y BASTIDA, Joaquín. *Biog.* Pintor esp. cuya prolífica obra alcanzó notoriedad. Supo hacer del brillante colorido y la diáfana luminosidad el medio para expresar con pasión la naturaleza en sus obras *¡Aún dicen que el pescado es caro!; Triste herencia; La vuelta de la pesca,* etc. (1863-1923).

SÓROR. (Del lat. *sóror.*) f. Sor, hermana.

SOROZÁBAL, Pablo. *Biog.* Compositor esp. autor de renombradas zarzuelas, como *La del manojo de rosas, La tabernera del puerto,* etc. (n. 1897).

SORPRENDENTE. p. a. de **Sorprender.** Que sorprende o admira. ‖ adj. Peregrino, raro, extraordinario. ‖ deriv.: **sorprendentemente.**

SORPRENDER. al. **Überraschen; erstaunen.** fr. **Surprendre; épater.** ingl. **To surprise; to astonish.** ital. **Sorprendere; stupire.** port. **Surpreender.** (De *sor*, por *sub*, y *prender.*) tr. Coger desprevenido. *Le* SORPRENDIÓ *con la nueva; le* SORPRENDIÓ *in fraganti.* ‖ Conmover o maravillar con algo inesperado o raro. Ú.t.c.r. *Se* SORPRENDIÓ *con la rara aparición.* ‖ Descubrir lo que otro ocultaba o disimulaba. SORPRENDIÓ *sus manejos.* ‖ deriv.: **sorprendedor, ra; sorprendible; sorprendimiento.**

SORPRESA. al. **Erstaunen, Überraschung.** fr. **Surprise.** ingl. **Surprise.** ital. **Sorpresa.** port. **Surpresa.** f. Acción y efecto de sorprender. ‖ Cosa que es causa de que alguien se sorprenda. *¡Qué preciosa* SORPRESA *hallé debajo de la servilleta!* ‖ **Coger** a uno **de sorpresa** alguna cosa. frs. Hallarle desprevenido, sorprenderle. ‖ IDEAS AFINES: *Asombro, desconcierto, exclamación, ¡oh!, ¡demonios!, hacerse cruces, quedarse frío.*

SORPRESIVO, VA. adj. *Amér.* Inesperado, improviso, súbito. ‖ deriv.: **sorpresivamente.**

SORRA. (Del lat. *saburra.*) f. Arena gruesa que se usa como lastre. ‖ Cada uno de los costados del vientre del atún.

SORREGAR. (De *so* y *regar.*) tr. Regar accidentalmente un bancal el agua que viene de otro que está regando. ‖ irreg. Conj. como **acertar.** ‖ deriv.: **sorregable; sorregante.**

SORRENTO. *Geog.* Población del S.O. de Italia (Nápoles), sit. en el extremo meridional del golfo de Nápoles. 12.000 h. Vinos muy afamados, balneario. En ella nació Tasso.

SORRIEGO. m. Acción y efecto de sorregar. ‖ Agua que sorriega.

SORROSTRADA. f. Insolencia, descaro, claridad. *Le espetó una* SORROSTRADA.

SORS, Fernando. *Biog.* Compositor y concertista de guitarra esp., autor de un *Método de guitarra* (1778-1839).

SORSOGÓN. *Geog.* Provincia de la Rep. de Filipinas, en la isla de Luzón. 2.054 km². 430.000 h. Cap. hom. 38.000 h. Arroz, algodón y abacá.
SORTEABLE. adj. Que se puede o se debe sortear.
SORTEADOR, RA. adj. y s. Que sortea.
SORTEAMIENTO. m. Sorteo.
SORTEAR. (Del lat. *sors, sortis,* suerte.) tr. Someter a personas o cosas a la decisión de la suerte. ‖ Lidiar a pie y hacer suertes a los toros. ‖ fig. Eludir mañosamente compromisos, conflictos, etc. *Es habilísimo para* SORTEAR *dificultades.*
SORTEO. m. Acción de sortear.
SORTERO, RA. (Del lat. *sors, sortis;* suerte, oráculo.) s. Agorero, adivino. ‖ Cada una de las personas entre las que se reparte por sorteo alguna cosa.
SORTIARIA. (Del lat. *sors, sortis,* sortilegio.) f. Adivinación supersticiosa por cédulas o naipes.
SORTIJA. al. **Ring.** fr. **Bague.** ingl. **Ring.** ital. **Anello.** port. **Anel.** (Del b. lat. *sortilia,* y éste del lat. *sors, sortis,* suerte.) f. Anillo, aro para los dedos. ‖ Anilla. ‖ Rizo del cabello en forma de anillo. *El cabello que le caía sobre la frente formaba graciosas* SORTIJAS. ‖ Juego que consiste en adivinar a quién se ha entregado una **sortija.** ‖ *And.* y *P. Rico.* Cada uno de los aros que en los carros refuerzan los cubos de las ruedas. ‖ deriv.: **sortijilla; sortijón; sortijuela.**
SORTIJERO. m. Platillo o cajita para colocar o guardar las sortijas.
SORTILEGIO. al. **Wahrsagerei.** fr. **Sortilège.** ingl. **Sortilege.** ital. **Sortilegio.** port. **Sortilégio.** (De *sortílego.*) m. Adivinación que se hace por suertes supersticiosas.
SORTÍLEGO, GA. (Del lat. *sortilegus;* de *sors, sortis,* suerte, y *légere,* leer.) adj. Que practica el sortilegio. Ú.t.c.s.
SOS. prep. insep. Sub. Sos*pesar,* SOS*tener.*
S.O.S. En el código internacional de señales por telegrafía inalámbrica, aviso de peligro y pedido de socorro. *El barco lanzó un* S.O.S.
SOSA. (Del lat. *salsa,* salada.) f. Barrilla, planta o ceniza de la misma. ‖ *Quím.* Carbonato de sodio. Sal blanca, soluble, conocida comúnmente como soda para lavar. ‖ – **cáustica,** o **soda cáustica.** Hidróxido de sodio. Sólido blanco, cristalizado, delicuescente, soluble en agua, muy cáustico. sinón.: **soda.**
SOSA, Jesualdo. *Biog.* Educador urug. conocido por **Jesualdo,** autor de *Vida de Polichinela; Vida de un maestro,* etc. (n. 1905). ‖ – **Ramón.** Escritor hond., autor de varias obras en prosa y precursor de un estilo nacional en la literatura de su patria (1848-1893).
SOSAINA. com. fam. Persona sosa. Ú.t.c.adj.
SOSAL. m. Sosar.
SOSAMENTE. adv. m. Con sosería.
SOSAÑAR. (Del lat. *subsannare.*) tr. Denostar, reprender.
SOSAR. m. Terreno en que abunda la sosa o barrilla. sinón.: **sosal.**
SOSEGADAMENTE. adv. m. Con sosiego.
SOSEGADO, DA. adj. Quieto, pacífico. sinón.: **reposado, sentado, tranquilo.**
SOSEGADOR, RA. adj. y s. Que sosiega.
SOSEGAR. al. **Beruhigen.** fr. **Apaiser.** ingl. **To appease.** ital. **Sedare; calmare.** port. **Sossegar.** (Del lat. *sub* y un deriv. de *sedare,* sosegar.) tr. y r. Aplacar, pacificar. SOSEGÓ *los disturbios.* ‖ fig. Calmar las alteraciones del ánimo. *No logra* SOSEGAR *sus pasiones.* sinón.: **aplacar, serenar.** ‖ intr. Descansar, aquietarse. Ú.t.c.r. *Se* SOSEGÓ *la mar.* ‖ Dormir o reposar. ‖ irreg. Conj. como **acertar.** ‖ deriv.: **sosegable.**
SOSEGATE. (Del imperat. rioplatense de *sosegar* en uso r.) m. *Arg.* y *Urug.* Cachete, coscorrón, puñetazo. ‖ **Dar un sosegate** o **dar el sosegate.** fr. fig. y fam. *Arg.* y *Urug.* Apercibir a una persona, llamarla al orden.
SOSERA o **SOSERÍA.** (De *soso.*) f. Insulsez, falta de gracia y viveza. sinón.: **zoncera;** antón.: **gracejo, sal.** ‖ Dicho o hecho insulso. antón.: **donaire.**
SOSERO, RA. adj. Que produce sosa. *Plantas* SOSERAS.
SOSIA. (De *Sosia,* personaje cuya figura toma Mercurio en el *Anfitrión* de Plauto.) m. Persona que tiene perfecta semejanza con otra. *Es un* SOSIA *de su primo.*
SOSÍAS. m. Digase **sosia.**
SOSIEGA. (De *sosegar.*) f. Sosiego, descanso después de una faena. ‖ Trago de vino o de aguardiente que se toma en esta ocasión.
SOSIEGO. (De *sosegar.*) m. Quietud, calma, tranquilidad.
SOSLAYAR. tr. Ladear una cosa para que pase una estrechura. SOSLAYÓ *el armario para que pasase por la puerta.* sinón.: **inclinar.** ‖ Hacer alguna cosa oblicuamente. sinón.: **oblicuar, sesgar.** ‖ fig. Dejar de lado alguna dificultad. SOSLAYÓ *dar las explicaciones que se le pedían.* sinón.: **esquivar, evitar, rehuir, sortear.**
SOSLAYO, YA. (En port. *soslaio.*) adj. Soslayado, oblicuo. ‖ **Al soslayo.** m. adv. Oblicuamente. ‖ **De soslayo.** m. adv. **Al soslayo.** ‖ De costado para pasar por una estrechura. ‖ De pasada o por cima, para esquivar una dificultad.
SOSNEADO. *Geog.* Cerro de la cordillera de los Andes en la prov. de Mendoza, Argentina. Culmina a los 5.189 m.
SOSNOWIEC. *Geog.* Ciudad del S. de Polonia, al N.O. de Cracovia. 150.000 h. Importante centro minero e industrial. Industria metalúrgica, textil, química y de explosivos.
SOSO, SA. al. **Fade; ungesalzen.** fr. **Fade.** ingl. **Insipid; tasteless.** ital. **Insipido; scipito.** port. **Ensosso.** (Del lat. *insulsus.*) adj. Que no tiene sal, o tiene poca. antón.: **salado.** ‖ Por ext., insípido. antón.: **sabroso.** ‖ fig. Dícese de la persona, acción y palabra que carecen de gracia y viveza. antón.: **donairoso, gracioso.**
SOSPECHA. al. **Verdacht; Argwohn.** fr. **Soupçon.** ingl. **Suspicion.** ital. **Sospetto.** port. **Suspeita.** f. Acción y efecto de sospechar.
SOSPECHABLE. adj. Sospechoso.
SOSPECHAR. al. **Vermuten; argwöhnen.** fr. **Soupçonner.** ingl. **To suspect.** ital. **Sospettare.** port. **Suspeitar.** (Del lat. *suspectare,* intens. de *suspicere.*) tr. Aprehender o imaginar una cosa por conjeturas o indicios. SOSPECHÉ *que lo tenías guardado;* sinón.: **barruntar, presumir, remusgar.** ‖ intr. Desconfiar, dudar, recelar.
SOSPECHOSAMENTE. adv. m. De un modo sospechoso.
SOSPECHOSO, SA. al. **Verdächtig; Argwöhnisch.** fr. **Suspect.** ingl. **Suspicious.** ital. **Sospettoso.** port. **Suspeitoso.** (Del lat. *suspiciosus.*) adj. Que da motivo para sospechar. SOSPECHOSO *de herejía.* ‖ Que sospecha. ‖ s. Persona de conducta **sospechosa.** *Han detenido a dos* SOSPECHOSOS.
SOSPESAR. (De *sos* y *pesar.*) tr. Sopesar. sinón.: **sompesar.**
SOSQUÍN. m. Golpe dado de soslayo y a traición. ‖ *Cuba.* Esquina en ángulo obtuso. ‖ **De, o en, sosquín.** m. adv. De través.
SOSTÉN. al. **Stütze.** fr. **Appui; soutien.** ingl. **Support.** ital. **Sostegno.** port. **Sustento.** m. Acción de sostener. ‖ Persona o cosa que sostiene. ‖ Prenda interior con que la mujer se ciñe los pechos. sinón.: **corpiño.** ‖ fig. Protección, apoyo. *No tiene más* SOSTÉN *que el de su amigo.* ‖ *Mar.* Resistencia que ofrece el buque a la fuerza que ejerce el viento sobre sus velas para escorarlo.
SOSTENEDOR, RA. adj. y s. Que sostiene.
SOSTENER. al. **Halten; tragen.** fr. **Soutenir.** ingl. **To support; to hold up.** ital. **Sostenere.** port. **Sustentar.** (Del lat. *sustinere.*) tr. Sustentar, mantener firme una cosa. Ú.t.c.r. *Cuatro columnas* SOSTIENEN *la techumbre.* ‖ Mantener o defender una proposición. *Él* SOSTIENE *otra teoría.* ‖ Dar a uno lo necesario para su vida, y en especial para su manutención. SOSTIENE *a su familia.* ‖ fig. Sufrir, tolerar. SOSTENER *las adversidades.* ‖ Prestar apoyo, dar auxilio o aliento. ‖ irreg. Conj. como **tener.**
SOSTENIDO. m. Signo musical, una de las cinco alteraciones; indica que la nota ante la cual aparece debe ser elevada un semitono y colocado a la derecha de la clave; al comenzar una partitura señala que ese sonido deberá ir alterado durante todo el transcurso de la obra. ‖ **Doble sostenido.** Signo musical que representa la elevación de la nota en un tono.
SOSTENIDO, DA. adj. *Mús.* Dícese de la nota cuya entonación excede en un semitono a la que corresponde a su sonido natural. ‖ Precedido del adjetivo *doble,* dícese de la nota cuya entonación es dos semitonos más alta que la que corresponde a su sonido natural. ‖ m. Movimiento de la danza española, que se hace levantando el cuerpo sobre las puntas de los pies tanto tiempo como lo pide el compás.
SOSTENIENTE. p. a. de **Sostener.** Que sostiene.
SOSTENIMIENTO. m. Acción y efecto de sostener. ‖ Mantenimiento o sustento.
SOTA. (Del lat. *subtus,* debajo.) f. Carta décima de cada palo de la baraja española. ‖ Mujer insolente y sin vergüenza. ‖ m. *Chile.* Sobrestante o manijero. ‖ *Ec.* Árbol corpulento de madera muy dura. ‖ prep. que significa debajo o bajo de y se usa en composición para denotar el subalterno inmediato o substituto en algunos oficios. SOTA*cura,* SOTA*montero.* A veces se usa sola esta voz diciendo el **sota.**
SOTABANCO. (De *sota* y *banco,* por hilada.) m. Piso habitable construido por encima de la cornisa general de la casa. ‖ *Arq.* Hilada que sirve para levantar los arranques de un arco o bóveda.
SOTABARBA. f. Barba que se deja crecer por debajo de la barbilla. *El marino se mesó la* SOTABARBA.
SOTACOLA. f. Ataharre.
SOTACORO. m. Socoro.
SOTACURA. (De *sota,* y *cura.*) m. *Arg., Col.* y *Chile.* Coadjutor eclesiástico.
SOTALUGO. m. Segundo arco con que se aprietan los extremos o tiestas de los toneles.
SOTAMINISTRO. m. Sotoministro.
SOTAMONTERO. m. El que reemplaza o substituye al montero mayor.
SOTANA. al. **Priesterrock; soutane.** fr. **Soutane.** ingl. **Cassock.** ital. **Sottana.** port. **Sotaina.** (Del b. lat. *subtana,* y éste del lat. *subtus,* debajo.) f. Vestidura talar que usan los eclesiásticos y los legos que sirven también los estudiantes de las universidades. *Se cree que la* SOTANA *trae su origen de la toga romana.* sinón.: **loba.** ‖ fig. y fam. Somanta, zurra.
SOTANEAR. tr. fam. Dar una sotana o zurra. ‖ deriv.: **sotaneador, ra.**
SOTANÍ. (Del ital. *sottanino,* de *sottana.*) m. Especie de zagalejo corto y sin pliegues.
SÓTANO. al. **Keller.** fr. **Cave; sous-sol.** ingl. **Cellar.** ital. **Cantina.** port. **Porão; adega.** (Del b. lat. *subtanus,* y éste del lat. *subtus,* debajo.) m. Pieza subterránea, entre los cimientos de un edificio. *Tiene el* SÓTANO *lleno de trastos.*
SOTARÁ. *Geog.* Cerro volcánico de la cordillera central de los Andes colombianos, que culmina a los 4.435 m.
SOTAVENTARSE o **SOTAVENTEARSE.** r. *Mar.* Irse o caer el buque a sotavento.
SOTAVENTO. (Del lat. *subtus,* debajo, y *ventus,* viento.) m. *Mar.* Costado de la nave opuesto al barlovento. ‖ Parte que cae hacia aquel lado. antón.: **barlovento.**
SOTAVENTO, Islas de. *Geog.* Archipiélago de las pequeñas Antillas, sit. en el mar de este nombre, al N. de la costa venezolana. Está formado por las islas holandesas de Aruba, Curazao y Bonaire y las venezolanas de Las Aves, Los Roques, La Orchilla, La Blanquilla, Los Hermanos, Los Testigos y otras.
SOTE. m. *Col.* Nigua, cuando es pequeña.
SOTECHADO. m. Cobertizo, techado. *Resguardó las mercaderías en el* SOTECHADO.
SOTELA, Rogelio. *Biog.* Escritor cost., autor de *La apología del dolor; Escritores y poetas de Costa Rica; Crónicas del centenario de Ayacucho y Lima;* etc. (1894-1943).
SOTEÑO, ÑA. adj. Que se cría en sotos.
SOTERIOLOGÍA. (Del gr. *soteria,* salvación, y *logos,* tratado.) f. Parte de la teología que enseña la doctrina de la salvación por Jesucristo.
SOTERO, San. *Hagiog.* Papa de 168 a 176.
SOTERRAMIENTO. m. Acción y efecto de soterrar.
SOTERRAÑO, ÑA. adj. Subterráneo. Ú.t.c.s.m.
SOTERRAR. (Del lat. *sub,* debajo, y *terra,* tierra.) tr. Enterrar, poner una cosa debajo de tierra. SOTERRÓ *la olla llena de onzas.* ‖ fig. Ocultar una cosa de modo que no parezca. SOTERRÓ *la joya de modo que nunca más volvió a parecer.* ‖ r. *Arg.* Recluirse, vivir sin comunicarse con nadie. *Se* SOTERRÓ *en su estancia.* ‖ irreg. Conj. como **acertar.** ‖ deriv.: **soterrable; soterrador, ra.**
SOTILLO. m. dim. de **Soto.**
SOTNIA. f. Unidad de caballería cosaca formada por cien hombres.
SOTO. (Del lat. *saltus,* bosque.) m. Sitio poblado de árboles y arbustos en las riberas o vegas. ‖ Terreno poblado de malezas y árboles.
SOTO. (Del lat. *subtus.*) prep. insep. Debajo. SOTO*ministro.*
SOTO, Hernando de. *Biog.* Conquistador esp., compañero de Pedrarias Dávila y de Fernández de Córdoba, intervino en la conquista del Perú e hizo prisionero a Atahualpa. En 1538 emprendió una nueva expedición, como gob. de Cuba y adelantado de las tierras de Florida que conquistara, en la que murió (aprox. 1496-1542). ‖ – **Luis Emilio.** Escr. y crítico literario arg., autor de *Crítica y estimación; Cansinos Assens, voz de intimidad; Poetas de la nueva expresión,* etc. (1902-1970). ‖ – **Marco Aurelio.** Pol. hondureño, de 1876 a 1883 presid. de la República (1846-1908). ‖ – **ACEBAL, Jorge.** Pintor arg., autor de *La ofrenda; Los segadores; Los titiriteros de Oyarzum,* etc. (1891-1974). ‖ – **AVENDAÑO, Ernesto.** Escultor arg., autor del monumento a la Independencia en Humahuaca; *Gaucho abanderado; El grito de libertad; El trabajo,* etc. (1886-1969). ‖ – **BORDA, Clímaco.** Escritor col., autor de obras en prosa y verso (1870-1919). ‖ – **HALL, Máximo.** Escr. y diplomático guat.; publicó *Nicaragua y el imperialismo; Monteagudo y el ideal panamericano; Los mayas,* etc. (1871-1944). ‖ – **Y ALFARO, Bernardo.** Pol. costarr. de 1885 a 1890 presid. de la República (1854-1931).
SOTOL. m. *Méx.* Planta liliácea, de la que se obtiene una bebida alcohólica a la que se da el mismo nombre.
SOTOLE. m. *Méx.* Palma gruesa y basta que se emplea para hacer chozas.
SOTOMAYOR. *Geog.* Cerro de la cordillera occidental de los Andes colombianos (Nariño). Culmina a los 2.610 m. de altura.
SOTOMAYOR VALDÉS, Ramón. *Biog.* Diplom. y escritor chil., autor de *Estudio histórico de Bolivia; Historia de Chile durante los cuarenta años transcurridos desde 1831 hasta 1871,* etc. (1830-1922).
SOTOMINISTRO. m. En la Compañía de Jesús, coadjutor superior que está a las órdenes del padre ministro.
SOTRETA. adj. *Arg., Bol.* y *Urug.* Dícese del caballo inútil, mañero o de mal andar. Ú.m.c.s.m. ‖ Por ext., aplícase a la persona taimada, camandulera. Ú.m.c.s.m.
SOTROZO. m. *Art.* Pasador que atraviesa el pezón del eje para que no se salga la rueda de la cureña. ‖ *Mar.* Pedazo de hierro afirmado en las jarcias y en el cual se sujetan las jaretas.
SOTTO VOCE. (expr. italiana; pronúnciase *sotovoche.*) m. adv. **A sovoz,** en voz baja.
SOTUER. (Del fr. *sautoir,* de *sauter,* y éste del lat. *saltae* saltar.) m. *Blas.* Pieza del escudo en forma de aspa. sinón.: **sautor.**
SOTURNO, NA. adj. Saturno, saturnino.
SOTUTO. m. *Bol.* Nigua.
SOUBIROUS, María Bernarda. *Hagiog.* V. **Bernardita, Santa.**
SOUBLETTE, Carlos. *Biog.* Mil. y político ven., guerrero de la independencia; de 1837 a 1839 presidente de la República (aprox. 1790-1870). ‖ – **Félix.** Poeta ven., autor de los cantos épicos *La batalla de*

Ayacucho y *La Gloria de Páez,* y de biografías de próceres venezolanos (1820-1899).

SOULOUQUE, Faustino. *Biog.* Pol. haitiano que promovió desórdenes e insurrecciones y en 1849 fue proclamado emp. con el nombre de **Faustino I.** Su gob. se hizo impopular y en 1859 fue destronado (1782-1867).

SOULT, Nicolás Juan de Dios. *Biog.* Pol. y mil. fr., duque de Dalmacia y mariscal de Francia, de destacada actuación en las guerras napoleónicas (1769-1851).

SOUSA, Gabriel Soares de. *Biog.* Hist. port., uno de los primeros colonizadores del Brasil y autor de *Descripción de América portuguesa* (n. aprox. 1540). ‖ – **Juan Felipe.** Compos. y director de banda estad. autor de populares marchas (1854-1932). ‖ – **Luis de.** Escr. port. autor de *S. Domingos, particolar do reyno e conquistas de Portugal,* etc. (m. 1632).

SOUTHAMPTON. *Geog.* Isla de Canadá, sit. al norte de la bahía de Hudson. ‖ Ciudad del S. de Gran Bretaña, en Inglaterra (Hampshire). 218.000 h. Importante puerto sobre el canal de la Mancha Astilleros, maquinarias.

SOUTH BEND. *Geog.* Ciudad de los EE.UU., en Indiana, al S.E. del lago Michigan. 126.000 h. Maquinarias, automóviles, aviones, papel.

SOUTHEND-ON-SEA. *Geog.* Ciudad del S.E. de Gran Bretaña, en Inglaterra (Essex), sobre el estuario del río Támesis. 165.000 h. Centro industrial. Balneario.

SOUTH SHIELDS. *Geog.* Ciudad del E. de Gran Bretaña, en Inglaterra (Durham). 105.000 h. Importante puerto sobre el mar del Norte. Centro industrial, astilleros.

SOUTULLO, Reveriano. *Biog.* Compositor esp., que se destacó como autor de zarzuelas: *La del soto del Parral; El último romántico; La leyenda del beso,* etc. (1884-1932).

SOUTACHE. (Voz francesa.) m. Galicismo por sutás.

SOUZA, Claudio de. *Biog.* Médico y escritor bras., autor de *El torbellino; El teatro brasileño; Ritmos e ideas,* etc. (n. 1875). ‖ – **Martín Alfonso de.** Nav. port. que exploró vastas zonas del Brasil y fundó en él algunas ciudades; gobernador de las Indias Orientales de África, Angola, Guinea, etc. (m. 1564). ‖ – **Tomé de.** Caballero port., primer gobernador del Brasil (n. 1583). ‖ – **SILVA, Joaquín de.** Lit. bras. autor de *Amador Bueno; El martirio de Tiradentes,* etc. (1820-1891).

SOVETSK. *Geog.* Ciudad de la Unión Soviética (R. S. F. S. R.) situada al N.E. de Kaliningrado. 65.000 h. Importante mercado agrícola. Industria mecánica. Antes se llamó **Tilsit.**

SOVIET. (Voz rusa.) m. Consejo, órgano estatal de la Unión de Repúblicas Socialistas Soviéticas, creado por la revolución de 1917. Los hay locales, regionales y de la nación. El soviet supremo está compuesto por centenares de representantes de las distintas repúblicas, elegidos por sufragio popular, y su presidente es a la vez presidente de la Unión. ‖ Agrupación de obreros y soldados durante la revolución rusa. ‖ Conjunto de la organización del Estado o de su poder supremo en aquel país. Ú.m. en pl. ‖ deriv.: **sovietismo.**

SOVIÉTICO, CA. adj. Perteneciente o relativo al soviet. *Política* SOVIÉTICA. ‖ De la Unión Soviética Apl. a pers., ú.t.c.s.

SOVOZ (A). m. adv. En voz baja y suave.

SOYA. f. Soja.

SPA. *Geog.* Ciudad de Bélgica, en la prov. de Lieja. 14.000 h.

SPAAK, Pablo Enrique. *Biog.* Político belga, jefe del gobierno desde 1946 hasta 1949 (1899-1972).

SPALATO. *Geog.* V. **Split.**

SPALLANZANI, Lázaro. *Biog.* Biólogo y naturalista ital., precursor de Pasteur al negar contra las teorías de la mayoría de sus cont. la posibilidad de la generación espontánea. Estudió la acción del jugo gástrico en la digestión, la circulación de la sangre, la respiración y la fecundación (1729-1799).

SPARKS, Jared. *Biog.* Hist. y escritor nort., autor de *Vida y escritos de Jorge Washington,* etc. (1794-1886).

SPARTIVENTO. *Geog.* Cabo del extremo meridional de Italia (Calabria), sobre el mar Jónico.

SPAVENTA, Beltrán. *Biog.* Fil. italiano. *Idealismo y realismo; La filosofía italiana en sus relaciones con la filosofía europea; Experiencia y metafísica,* etc. (1817-1883).

SPEGAZZINI, Carlos. *Biog.* Botánico arg. nacido en Italia. Dedicado al estudio y clasificación de los hongos, realizó además profundas investigaciones sobre la flora regional arg. y legó su valioso herbario a la Universidad Nacional de La Plata (1858-1926).

SPEKE, Juan Hanning. *Biog.* Explorador ingl., descubridor de los lagos Victoria Nyanza, origen del río Nilo, y Tanganica. Autor de *Diario del descubrimiento del origen o nacimiento del Nilo* (1827-1864).

SPEMANN, Juan. *Biog.* Médico, fisiólogo y zoólogo alemán, cuyas investigaciones sobre fisiología evolutiva lo hicieron acreedor, en 1935, al premio Nobel de Fisiología y Medicina. Es autor de *Desarrollo embrionario e inducción* (1869-1941).

SPENCE, Jaime Lewis. *Biog.* Escr. inglés, autor de *La civilización del antiguo México; Las mitologías de México y el Perú; Los dioses de México,* etc. (1874-1955).

SPENCER, Heriberto. *Biog.* Fil. y sociólogo ingl. Aunque combatió a Comte, puede afirmarse que llevó el positivismo a su perfección. Dos ideas dominan su filosofía: la teoría de lo incognoscible y la de la evolución. La primera está siempre más allá del fenómeno y conduce al agnosticismo; la evolución es la ley general del universo y obedece a la tendencia constante de lo homogéneo a lo heterogéneo. Esa evolución se aplica a la biología, a la psicología, a la sociología y a la moral. *Primeros principios; Principios de biología; Principios de psicología,* etc. (1820-1903).

SPENCER. *Geog.* Amplio golfo en la costa sur de Australia (Australia Meridional).

SPENER, Felipe Jacobo. *Biog* Teól. protestante ingl., fundador del pietismo (1635-1705).

SPENGLER, Osvaldo. *Biog.* Filósofo al. que en *La decadencia de Occidente* divide la hist. en culturas concebidas como organismos biológicos que se consumen y mueren; de ahí la posibilidad de predecir el futuro (1880-1936).

SPENSER, Edmundo. *Biog.* Poeta ingl., una de las más destacadas figuras de la literatura isabelina; introdujo el verso libre en la lengua inglesa y cultivó todos los géneros y estilos en su obra, caracterizada por la convicción moral puritana y un delicado sentimiento de lo bello. Obras: *Reina de las hadas; Cuatro himnos,* etc. (1552-1599).

SPERRY, Elmer Ambrosio. *Biog.* Ing. electrotécnico nort. al que se deben numerosos inventos de gran importancia en la navegación marítima y aérea: el piloto automático, el giroscopio de dirección, el indicador de giro e inclinación, la brújula giroscópica, etc. (1860-1930).

SPETZIA. *Geog.* Isla griega del mar Egeo, sit. en la entrada del golfo de Nauplia, en el Peloponeso. 23 km². 4.500 h. En griego se llama Spitsa.

SPEZIA, La. *Geog.* V. **La Spezia.**

SPILIMBERGO, Lino Eneas. *Biog.* Pintor arg. de expresivo trazo. Sus espléndidas figuras tienen ojos fascinantes y cuencas inmensas en las que aparecen las pupilas rígidas, a veces violentamente cálidas; otras, tiesas y frías: *Asombro; Figuras; Descanso; Meditando; Joven herido,* etc. (1896-1964)

SPINELLI, Spinello. *Biog.* Pintor ital., conocido por el seudónimo de *Aretino,* autor de la serie de cuadros *La caída de los ángeles rebeldes* y de otras obras (1333-1410).

SPINOZA, Baruch de. *Biog.* Fil. holandés, expulsado de la comunidad judía por hereje. En su sistema pesó la influencia de su educación rabínica, el conocimiento de los fil. judíos del medioevo y el de Giordano Bruno y Descartes. Su doctrina significa un gigantesco esfuerzo por resolver la oposición violenta entre materialismo y espiritualismo por un monismo que en realidad lleva de nuevo al dualismo. Dios es la única realidad: espíritu o pensar y materia o extensión son sólo atributos de Dios y no pueden actuar uno sobre el otro. El hombre conoce de tres maneras distintas: racionalmente, por intuición o por opinión o imaginación. Al ignorar las causas que determinan los actos, la libertad es sólo ilusoria; no existe el libre albedrío. Obras: *Ética; Tratado teológico-político; Epistolario,* etc. (1632-1677).

SPIRA, Jorge de. *Biog.* Conquistador al. al servicio de España; designado en 1534 gobernador de Venezuela (m. 1540).

SPIRITUAL. m. *Mús.* V. **Espiritual.**

SPITSA. *Geog.* V. **Spetzia.**

SPITTELER, Carlos. *Biog.* Poeta y escr. suizo, que afirmó en sus obras la existencia de un orden humano superior en un mundo de belleza pura, que encontraba en la epopeya y la mitología sus medios de expresión: *Prometeo y Epimeteo; Primavera olímpica; Imago.* En 1919 fue laureado con el premio Nobel de Literatura (1845-1924).

SPITZBERG, Islas. *Geog.* V. **Spitzbergen, Islas.**

SPITZBERGEN, Islas. *Geog.* Archipiélago noruego sit. en el océano Glacial Ártico a 660 km. al N.O. de la costa septentrional de Noruega. 62.742 km². 3.000 h. Caza del tiburón. Yacimientos de mármol, hierro. cinc.

SPLIT. *Geog.* Ciudad y puerto del O. de Yugoslavia, sobre el Adriático. 153.000 h. Vinos, aceites, astilleros.

SPOHR, Luis. *Biog.* Compos. y violinista al. Pertenecía a la escuela romántica por el desbordante sentimentalismo de sus composiciones, *34 cuartetos de cuerdas; Método de violín,* etc. (1784-1859).

SPOKANE. *Geog.* Ciudad del Noroeste de los EE.UU., en el Est. de Washington. 171.000 h. Explotación forestal.

SPOLETO. *Geog.* C. de Italia (Umbría). 41.000 h. Ruinas romanas.

SPONTINI, Luis Gaspar. *Biog.* Músico ital., uno de los más brillantes compos. de su época. Consagró su talento a la ópera y tuvo en *La Vestal* la más alta expresión de su genio. Escribió además *Lalla Rook; Hernán Cortés,* etc. (1774-1851).

SPORT. (Voz inglesa.) m. Dígase **deporte.**

SPORTSMAN. (Voz inglesa.) m. Dígase **deportista.**

SPOTORNO, Juan Bautista. *Biog.* Pol. cubano, presid. de la República en armas en 1875 y 1876 al sér depuesto Céspedes (n.1832).

SPREE. *Geog.* Río de la Rep. Democrática Alemana que pasa por las c. de Cottbus y Berlín y des. en el Havel, afl. del Elba. 397 km.

SPRINGFIELD. *Geog.* Ciudad del Norte de los EE.UU., capital del Est. de Illinois. 81.628 h. Importante centro ferroviario. ‖ Ciudad del noroeste de los EE. UU. (Massachusetts), sobre el río Connecticut. 95.000 h. Industria química, textil, papel, maquinarias.

SQUIRRU, Rafael. *Biog.* Pintor, escultor y crítico de arte arg., nacido en 1925.

Sr. *Quím.* Símbolo del estroncio.

SRINAGAR. *Geog.* Ciudad del N. de la India, cap. del Estado de Cachemira. 407.000 h.

STÁBAT. (Palabra latina con que empieza el himno.) m. Himno dedicado a los dolores de la Virgen al pie de la cruz. ‖ Composición musical para este himno. ‖ – **Máter.** Stábat.

STAËL-HOLSTEIN, Germana Necker, baronesa de. *Biog.* Escr. francesa, más conocida como Madame de Staël, que inició con Chateaubriand la era romántica en la literatura de su país: *Corina o la Italia; Delfina; De Alemania,* etc. (1766-1817).

STAFFA, Isla. *Geog.* Isla británica, sit. en el Atlántico norte, que pertenece al grupo de las Hébridas. Es célebre por la Gruta de Fingal.

STAFFORD. *Geog.* Condado de Gran Bretaña, en Inglaterra. 2.989 km². 985.000 h. Producción agrícola-ganadera, hierro, carbón, industrias. Cap. hom. 45.000 h.

STAHL, Agustín. *Biog.* Médico y naturalista portorr. autor de *Fauna y flora del país; Enfermedades de la caña de azúcar,* etc. (1842-1917).

STALIN, José. *Biog.* Político ruso cuyo verdadero nombre era José Vissarionovich Dzugashvili. después de la revolución de 1917, en la que participó activamente, fue colaborador principal de Lenin.

En 1924, muerto Lenin, asumió el poder, aniquiló la oposición encabezada por Trotzky e inició sus planes económicos de industrialización y colectivización. En 1941, al ser atacada la U.R.S.S. por Alemania (V. **Guerra Mundial, Segunda**), asumió la jefatura suprema del ejército y condujo la defensa de su país hasta infligir a los alemanes la gran derrota de Stalingrado. Escribió *Cuestiones del leninismo; La cuestión obrera y los problemas coloniales* y otras obras de teoría marxista (1879-1953). Su gobierno se caracterizó por un terror policíaco y de represión implacable.

STALIN. *Geog.* Ciudad de Bulgaria. V. **Varna.**

STALINABAD. *Geog.* Ciudad de la U.R.S.S. V. **Dushambe.**

STALINGRADO. *Geog.* Ciudad de la Unión Soviética (R.S.F.S.R.), célebre por la resistencia opuesta al ejército alemán durante la segunda Guerra Mundial. Hoy se llama Volgogrado.

STALINO. *Geog.* Ciudad de la U.R.S.S. V. **Donietsk.**

STALINOGORSK. *Geog.* Ciudad de la Unión Soviética (R.S.F.S.R.). Véase **Novomoskovsk.**

STALINSK. *Geog.* Ciudad de la Unión Soviética (R.S.F.S.R.). V. **Novokusnietsk.**

STAMITZ, Juan Wenzel. *Biog.* Mús. alemán, uno de los creadores del estilo instrumental moderno, del que derivan los de Haydn y Mozart (1717-1757).

STANISLAVSKY, Constantino S. *Biog.* Director teatral ruso que renovó la escenografía. Autor de *La formación del actor; Mi vida en el arte,* etc. (1865-1938).

STANLEY, Enrique Morton. *Biog.* Explorador ingl. cuyo verdadero nombre era Jacobo Rowland. En 1871 organizó una expedición para ir en busca de Livingstone, con quien luego exploró el lago Tanganica. Posteriormente exploró los lagos Victoria Nyanza y Alberto Eduardo y confirmó la identidad de los ríos Congo y Lualaba. Publicó *El continente misterioso; El África tenebrosa; El Congo,* etc. (1840-1904). ‖ – **Wendell Meredith.** Quím. norteamericano cont.; compartió con Northrop y Sumner el premio Nobel de Química de 1946 por sus trabajos sobre las enzimas (1904-1971).

STANOVÓI, Montes. *Geog.* Cordón montañoso de Siberia oriental, sit. al Norte del río Amur que se extiende a lo largo de la costa del mar de Okhotsk. Recorre 4.200 km. y culmina a los 2.700 m.

STARA ZAGORA. *Geog.* Ciudad de Bulgaria, situada al N.E. de Plovdiv. 90.000 h. Centro agrícola y textil, fuentes termales.

STARK, Juan. *Biog.* Físico al. que en 1919 recibió el premio Nobel de Física por sus valiosos trabajos sobre el análisis espectral en los campos electromagnéticos y por el descubrimiento del doble efecto de los rayos eléctricos canalizados (1874-1957).

STARTER. (Voz inglesa). Árbitro de competencias deportivas, sobre todo en carreras de caballos, o encargado de dar la señal de partida.

STARR, Federico. *Biog.* Antropólogo nort., autor de eruditos trabajos acerca de los indígenas americanos y de los pueblos de Asia: *Indios del México meridional; Indios americanos; Budismo coreano,* etc. (n. 1858).

STASSFURT. *Geog.* C. de la Rep. Democrática Alemana, al S. de Magdeburgo. 26.000 h. Importantes yacimientos de sales de sodio y potasio.

STATU QUO. loc. lat. que se usa substantivada para designar el estado de cosas en un momento determinado.

STAUDINGER, Germán. *Biog.* Químico al., premio Nobel de Química en 1953 por sus trabajos sobre los compuestos orgánicos que contribuyeron al progreso de la industria de los materiales plásticos (1881-1965).

STAVANGER. *Geog.* Ciudad y puerto del S.O. de Noruega, sobre el mar del Norte. 85.000 h. Centro agrícola y pesquero, astilleros.

STAVROPOL. *Geog.* Ciudad de la Unión Soviética (R.S.F.S.R.), al Este de Krasnodar. 200.000 h. Hulla, industria textil, maquinarias agrícolas.

STEEN, Juan. *Biog.* Pintor holandés, autor de más de 500 cuadros sobre temas típicos de su país, entre los cuales *Boda campestre* y *Lección de baile* (1626-1679).

STEFANICH, Juan. *Biog.* Político y escritor par. (n. 1889).

STEIN, Gertrudis. *Biog.* Escritora nort., autora de *Tres vidas; La autobiografía de Alicia B. Tocklas; Tiernos brotes; Las guerras que he visto,* etc. (1872-1946). ‖ — **Guillermo.** Científico estadounidense cuyos estudios sobre la estructura molecular de las proteínas impulsaron el desarrollo de métodos para el análisis de aminoácidos y peptinas. En 1972 compartió el premio Nobel de Química con sus compatriotas S. Moore y C. Anfinsen (1911-1980).

STEINACH, Eugenio. *Biog.* Médico y fisiólogo aust. que realizó estudios para rejuvenecer el organismo humano. Autor de *Fisiología general de los nervios y de los músculos; Fisiología de la procreación* y otros trabajos (1862-1944).

STEINBECK, Juan. *Biog.* Escritor nort., premio Nobel de Literatura de 1962. Obras: *Tortilla Flat; La fuerza bruta; Se ha puesto la luna; Camaradas errantes; Al Este del paraíso; Viñas de ira,* etc. Esta última (1939), tal vez su novela más difundida, no sólo por sus diversas traducciones sino tambien por su adaptación al cinematógrafo, refiere con dramático realismo el éxodo a California de familias pobres en busca de trabajo (1902-1968).

STEINEN, Carlos von den. *Biog.* Etnól. y explorador al., que estudió la vida y costumbres de los aborígenes de la región del Xingú y de algunas islas del Pacífico. Autor de *Entre los pueblos primitivos del Brasil Central; Por el Brasil Central,* etc. (1855-1929).

STEINER, Rodolfo. *Biog.* Teósofo al., fundador de la antroposofía y autor de *Verdad y ciencia; La filosofía de la libertad; La mística,* etc. (1861-1925).

STEINHEIL, Carlos Augusto. *Biog.* Fis. alemán, considerado el fundador científico de la telegrafía electromagnética e inventor del reloj eléctrico (1801-1870).

STEINLEN, Teófilo A. *Biog.* Dibujante fr. cuya obra es una verdadera crítica social: *14 de julio; Goces populares,* etc. (1859-1923).

STEKEL, Guillermo. *Biog.* Méd. austríaco cont., discípulo de Freud, de quien se separó por divergencias profundas en la interpretación de la psicología y de los resultados del psicoanálisis. Autor de *La mujer frígida; Sadismo y masoquismo; Estados nerviosos de angustia y su tratamiento,* etc.

STENDAL. *Geog.* Ciudad de la Rep. Democrática Alemana, al norte de Magdeburgo. 40.000 h. Maquinarias, industria textil. Importante centro ferroviario.

STENDHAL. *Biog.* Seud. del literato fr. Enrique Beyle, uno de los creadores de la novela psicológica. Preconizó una moral individualista y utilitaria e infundió a sus personajes acción y energía, desterrando el sentimentalismo. Convirtió su estilo en una notación analítica de sus ideas en *Rojo y negro; La cartuja de Parma* y otras obras (1783-1842).

STEPHENS, Juan Lloyd. *Biog.* Viajero y arqueólogo port.; recorrió Egipto, Arabia, Palestina y Grecia, exploró Amér. Central y dio a conocer al mundo las ruinas de la civilización maya. Publicó *Incidentes de un viaje a través de América Central, Chiapas y Yucatán* (1805-1852).

STEPHENSON, Jorge. *Biog.* Ingeniero ingl., genial inventor de la locomotora de vapor (1781-1848).

STERN, Guillermo. *Biog.* Filósofo al., autor de *Persona y cosa; La personalidad humana; Sobre la psicología de las diferencias individuales,* etc. (1871-1938). ‖ — **Otto.** Físico nort., a quien se otorgó el premio Nobel de Física de 1943 por sus estudios sobre la materialización de los fotones y las propiedades magnéticas de los átomos (1888-1969).

STERNBERG, José von. *Biog.* Director cinematográfico austríaco radicado en los EE.UU., durante los últimos años de su vida; realizador de filmes de sugestiva plasticidad: *La ley del hampa; El ángel azul; Marruecos; Fatalidad; La pecadora de Shangai; Macao,* etc. (1894-1969).

STERNE, Lorenzo. *Biog.* Escritor ingl., autor de *Viaje sentimental por Francia e Italia* y otras obras (1713-1768).

STETTIN. *Geog.* V. **Szczecin.**

STEVENS, Alfredo. *Biog.* Pintor belga, autor de *Esfinge parisiense; Vuelta del baile; La mascarilla japonesa,* etc., obras en las que representó toda la elegancia de la mujer francesa del Segundo Imperio (1828-1906).

STEVENSON, Eduardo Lutero. *Biog.* Geóg. y cartógrafo estadounidense, autor de *Primera cartografía española del Nuevo Mundo; Cristóbal Colón y su empresa,* etc. (n. 1860). ‖ — **Roberto Luis.** Nov. inglés, cuyas obras son alarde de imaginación: *El extraño caso del Dr. Jekyll; La isla del tesoro,* etc. (1850-1894).

STEVIN, Simón. *Biog.* Mat. y mecánico flam., considerado padre de la estática y la hidrostática. Descubridor de la teoría del plano inclinado, explicó el equilibrio del agua en vasos comunicantes y sentó el principio del paralelogramo de las fuerzas, etc. (1548-1620).

STEWART, Balfour. *Biog.* Fís. inglés, descubridor de la ley del equilibrio entre la absorción y la radiación y autor de importantes trabajos sobre magnetismo y meteorología (1828-1887). ‖ — **Duncan A.** Pol. uruguayo, en 1894 presidente interino de la República (1833-1923).

STEYR. *Geog.* Ciudad del N.E. de Austria sit. al S. de Linz. 41.000 h. Industria metalúrgica, automóviles, bicicletas.

STIFEL, Miguel. *Biog.* Mat. alemán al que se atribuye el empleo de los signos + y −, así como el de las letras del alfabeto para designar cantidades desconocidas (1487-1568).

STIRLING. *Geog.* Condado de Gran Bretaña, en la región central de Escocia. 1.169 km². 210.000 h. Hulla, agricultura, industria textil. Cap. hom. 30.000 h. Industria textil.

STIRNER, Max. *Biog.* Seud. del filósofo al. Gaspar Schmidt, cuyas doctrinas son la base del programa del anarquismo intelectual. Autor de *El Único y su propiedad; Historia de la reacción,* etc. (1806-1856).

STORCKPORT. *Geog.* Ciudad de Gran Bretaña (Inglaterra), sit. al sur de Manchester. 142.000 h. Algodón, cueros, maquinarias, industria química.

STOCKTON ON TEES. *Geog.* Ciudad de Gran Bretaña, en Inglaterra (Durham). 74.024 h. Industria siderúrgica, astilleros.

STOHLBERG, Carlos Juan. *Biog.* Pol. finlandés, en 1920 primer presid. de la Rep. de Finlandia (n. 1865).

STOKE ON TRENT. *Geog.* Ciudad de Gran Bretaña, en Inglaterra (Stafford). 280.000 h. Centro importante de fabricación de cerámicas; hulla.

STOKES, Monte. *Geog.* Cumbre de los Andes entre la prov. argentina de Santa Cruz y la chilena de Magallanes, al S.O. del lago Argentino. Culmina a los 2.060 m.

STOKOWSKI, Leopoldo. *Biog.* Director de orquesta inglés (1882-1977). radicado en los EE.UU. Durante años estuvo al frente de la Orquesta Sinfónica de Filadelfia. N. en Londres.

STONEHAVEN. *Geog.* Población de Gran Bretaña (Escocia), cap. del condado de Kincardine. 5.000 h. Pesca, fabricación de cerveza, lanas. Balneario sobre el mar del Norte.

STORNI, Alfonsina. *Biog.* Poetisa arg. de origen suizo cuya vibrante sensibilidad se volcó en versos íntimos y sutiles. Desesperada y rebelde, cantó el amor y la pasión; su obra es la biografía de su vida, "el dulce daño" como ella misma la llamara. Se suicidó en Mar del Plata, alejándose deliberadamente de la orilla. Obras: *Irremediablemente; El dulce daño; Mascarilla y trébol; Ocre; El mundo de siete pozos,* etc. (1892-1938).

STOWE, Enriqueta Beecher. *Biog.* V. **Beecher-Stowe, Enriqueta.**

STRADIVARIUS, Antonio. *Biog.* Instrumentista ital. alumno de N. Amati; especialista en construcción de violines, violas, etc. Realizó el modelo de violín que ha dado fama a su nombre (1644-1736).

STRALSUND. *Geog.* Ciudad del norte de la Rep. Democrática Alemana, frente a la isla Rügen. 75.000 h. Puerto sobre el mar Báltico. Centro industrial y agrícola.

STRASBERG, Lee. *Biog.* Director teatral estad. fundador del Teatro del Grupo y director del Actor's Studio de Nueva York, juntamente con Elia Kazan (n. 1901).

STRASSMANN, F.. *Biog.* Fís. alemán cont., que en 1939, juntamente con Hahn, logró la fisión del núcleo del uranio en dos partes, al someterlo al bombardeo con neutrones.

STRATFORD-ON-AVON. *Geog.* Ciudad de Gran Bretaña, en Inglaterra (Warwick). 18.000 h. En ella nació Shakespeare.

STRAUBING. *Geog.* Ciudad de la Rep. Federal Alemana (Baviera), sobre el río Danubio. 40.000 h. Maquinarias, industria química, fabricación de cerveza.

STRAUSS, David Federico. *Biog.* Teól. alemán, autor de *Vida de Jesús; El Cristo de la fe y el Cristo de la historia; La doctrina cristiana en su desarrollo histórico y en sus luchas con las ciencias modernas,* etc. (1808-1874). ‖ — **Juan.** Compositor aust. autor de valses y música popular (1804-1849). ‖ — **Juan.** Compositor aust., hijo del anterior, autor de célebres valses y operetas. *A orillas del hermoso Danubio Azul; Cuentos del bosque de Viena; El murciélago,* etc. (1825-1899). ‖ — **Oscar.** Compositor austríaco, autor de varias operetas famosas, como *El sueño de un vals; El soldado de chocolate; El teniente seductor,* etc. (1870-1954). ‖ — **Ricardo.** Compos. alemán. Su obra continúa la tradición romántica postwagneriana oponiéndose al atonalismo de la escuela de Viena y al formalismo de la nueva generación de músicos: *Ariadna en Naxos; Salomé; Electra; Metamorfosis; Muerte y transfiguración; Till Eulenspiegel; Don Quijote; El caballero de la rosa,* etc. (1864-1949).

STRAVINSKY, Igor. *Biog.* Compos. ruso, uno de los músicos más destacados y más discutidos del siglo. Discípulo de Rymski-Korsakov, rompió con la tradición e introdujo una nueva composición de ritmos violentos y armonías disonantes, basadas en la politonalidad. Obras: *La consagración de la primavera; Edipo rey; La historia del soldado; El pájaro de fuego; Las bodas; Sinfonía de los salmos; Petrushka,* etc. (1882-1971).

STRESEMAN, Gustavo. *Biog.* Político y diplomático alemán, a quien se otorgó en 1926 el premio Nobel de la Paz. Sus esfuerzos en pro de la reconciliación con Francia y la Unión Soviética culminaron con el ingreso de Alemania en la Sociedad de las Naciones (1878-1929).

STRINDBERG, Augusto. *Biog.* Dramaturgo y nov. sueco, que forma con Ibsen y Björnson la trilogía de los gigantes de la lit. teatral escandinava. Su obra es reflejo de su personalidad vehemente y compleja y de su vida atormentada: *La señorita Julia; Confesión de un loco; El padre; La danza de la muerte; El cuarto rojo; Los campesinos de Hemsö,* etc. (1849-1912).

STROBEL. *Geog.* Lago de la Argentina, en la prov. de Santa Cruz, al S. del río Chico. 120 km².

STROESSNER, Alfredo. *Biog.* Militar paraguayo (n. 1912) presidente de la República de 1954 a 1958 y reelegido para los períodos 1958-1963; 1963-1968; 1968-1973 y 1973-1978.

STROHEIM, Erico von. *Biog.* Director, autor y actor cinematográfico, notable realizador de películas de violento realismo: *Codicia; La sinfonía nupcial; Esposas frívolas; Pasó en Broadway,* etc. (1885-1957).

STROMBOLI. *Geog.* V. **Estrómboli.**

STRUMA. *Geog.* Río del S.E. de Europa que nace en los montes Balcanes; recorre territorio búlgaro y griego y des. en el mar Egeo. 430 km. Es el Strymon de los antiguos.

STRUTT, Juan Guillermo. *Biog.* V. **Rayleigh, Juan Guillermo Strutt, Lord.**

STRYMON. *Geog. histór.* Nombre antiguo del río Struma.

STUART, Guillermo. *Biog.* Pintor estadounidense, autor de notables retratos, entre ellos uno famoso de Washington (1755-1828). ‖ — **MILL, Juan.** Fil. y economista ingl. cuyo sistema utilitarista o pragmatismo influyó en el liberalismo anterior a la primera Guerra Mundial. Sostuvo, para la ciencia, la necesidad del método inductivo que, partiendo de lo particular, se eleva a lo general. Autor de *Autobiografía; Sistema de lógica racionalista e inductiva; Ensayo sobre la libertad,* etc. (1806-1873).

STUBBS, Jorge. *Biog.* Dibujante ingl. cuya *Anatomía del caballo* es una obra maestra de dibujo e información científica (1724-1806).

STUTTGART. *Geog.* Ciudad del S.O. de la Rep. Federal Alemana, capital del Estado de Baden-Württemberg. 635.000 h. Industria textil, química, manufactura de tabacos, planos. Centro ferroviario.

SU. prep. insep. Sub.

SU, SUS. (Apócope de suyo, suya, suyos, suyas.) Pronombre posesivo de tercera persona que sólo se usa antepuesto al nombre. ‖ En ocasiones tiene carácter de indeterminado. *Tendrá* SUS *veinte metros de largo.*

SUABIA. *Geog. histór.* V. **Suevia.**

SUAKIN. *Geog.* Puerto del N.E. de África, en la Rep. de Sudán, sobre el mar Rojo. 8.000 h. Pesca de perlas.

SUAMPO. (Del ingl. *swamp.*) m. *Amér. Central.* Ciénaga.

SUAPURE. *Geog.* Río de Venezuela que recorre parte del Est. de Bolívar y des. en el Orinoco. 200 km.

SUARDA. (Del lat. *sordes.*) f. Juarda.

SUARÉS, Andrés. *Biog.* Seud. del literato fr. Félix Andrés Scantrel, autor de *Cervantes; Retratos sin modelos; Tres hombres: Pascal, Ibsen, Dostoiewski,* etc. (1866-1948).

SUÁREZ, Buenaventura. *Biog.* Sac. argentino, autor de *Herbario y Lunario* y precursor de los estudios astronómicos en el Río de la Plata (1679-1749). ‖ — **Francisco.** Teólogo, jurisc. y jesuita esp., uno de los más destacados fil. de la escolástica y autor de *De la ley,* uno de los fundamentos de la filosofía del Derecho. Otras obras: *Disputas metafísicas; De la religión,* etc. (1548-1617). ‖ — **Gaspar R.** Escultor per., uno de los precursores de la moderna escuela escultórica de su país (s. XIX). ‖ — **Inés.** Dama esp., amiga y compañera de Valdivia a quien reemplazó en el gob. de Chile en varias ocasiones (s. XVI). ‖ — **Isidoro.** Mil. argentino de destacada actuación en las guerras de la independencia americana, especialmente en las acciones de Cancha Rayada, Chacabuco, Maipú y Junín (1799-1846). ‖ — **Joaquín.** Pol. uruguayo, de 1843 a 1852 presid. de la República (1781-1868). ‖ — **José León.** Jurisconsulto, hist. y pedagogo arg., líder de la unión iberoamericana y autor de *Carácter de la revolución americana; Diplomacia universitaria americana,* etc. (1872-1929). ‖ — **Marco Fidel.** Est. y escritor col., presidente de la Rep. de 1918 a 1921 y autor de *Sueños de Luciano Pulgar; Estudios gramaticales* y otras obras (1855-1927). ‖ — **DE DEZA, Enrique.** Comediógrafo arg., autor de *Las Furias; El calendario que perdió siete días; El molinero y el diablo,* etc. (n. 1905). ‖ — **DE MENDOZA, Lorenzo.** Virrey de México, de 1580 a 1583. ‖ — **DE PERALTA, Juan.** Cronista mex., autor de *Tratado del descubrimiento de las Indias* (s. XVI). ‖ — **DE TOLEDO, Martín.** Conquistador esp. que acompañó a Garay en la fundación de Santa Fe y fue gobernador del Paraguay (s. XVI). ‖ — **GARCÍA, Francisco.** Escritor esp. que residió en la Argentina, autor de las novelas *Los guaraníes* y *Grandal* (1827-1900). ‖ — **LAMERICH, Germán.** Pol. venezolano, presidente de la Rep. de 1950 a 1952 (n. 1907). ‖ — **LLANOS, Ignacio.** Pintor esp. especializado en el retrato. Obras: *Sor Marcela de San Félix viendo el entierro de su padre; Lope de Vega; El lazarillo de Tormes*, etc. (1830-1881). ‖ — **NAVARRO, Juan.** Pol. y escritor mex., autor de *Historia de México y del general Antonio López de Santa Anna* y otras obras (n. 1867). ‖ — **RONDÓN, Gonzalo.** Militar esp. que participó en la expedición de Jiménez de Quesada a Bogotá. En 1539 fundó la ciudad de Tunja (m. 1579). ‖ — **VENTIMILLA, Mariano.** Político ecuatoriano cont., en 1947 presidente de la República (n. 1897). ‖ — **Y ROMERO, Anselmo.** Escr. cubano, autor de las novelas *Carlota Valdés* y *Francisco*, y de obras jurídicas, pedagógicas, etc. (1818-1882).

SUARISMO. m. Sistema escolástico de Francisco Suárez.

SUARISTA. com. Partidario del suarismo.

SUASORIO, RIA. (Del lat. *suasorius.*) adj. Perteneciente a la persuasión, o que sirve para persuadir. *Epístola* SUASORIA. sinón.: **convincente, persuasivo.**

SUÁSTICA. f. Svástica.

SUAVE. al. **Weich; Sanft.** fr. **Doux; souple.** ingl. **Soft; gentle.** ital. **Soave.** port. **Suave.** (Del lat. *suavis.*) adj. Liso y blando al tacto. *Tela* SUAVE. ‖ Dulce y grato a los sentidos. *Sones* SUAVES. ‖ fig. Tranquilo, quieto, manso. *Palabras* SUAVES. ‖ Lento, moderado. *Movimientos* SUAVES. ‖ Dócil, manejable, apacible. *Carácter* SUAVE.

SUAVEMENTE. adv. m. De manera suave.

SUAVIDAD. (Del lat. *suávitas, -atis.*) f. Calidad de suave. sinón.: **finura, lisura, tersura; delicia, dulzura, mansedumbre, tranquilidad; lentitud; docilidad.**

SUAVIFICAR. tr. Suavizar. ‖ deriv.: **suavificación; suavificador, ra; suavificadura.**

SUAVIZADOR, RA. adj. Que suaviza. ‖ m. Utensilio de cuero o de otra materia, que sirve para suavizar el filo de las navajas de afeitar. sinón.: **asentador.**

SUAVIZAR. (De *suave.*) tr. y r. Hacer suave. sinón.: **molificar.** ‖ deriv.: **suavizable; suavización; suavizamiento; suavizante; suavizativo, va.**

SUAZILANDIA. *Geog.* V. **Swazilandia.**

SUB. (De lat. *sub.*) prep. insep. que a veces cambia su forma en alguna de las siguientes: *cha*, CHA*podar; sa*, SA*hornarse, so*, SO*terrar; som*, SOM*pesar; son*, SON*rosar; sor*, SOR*prender; sos*, SOS*tener; su*, SU*poner; sus*, SUS*pender; za*, ZA*bullir; zam*, ZAM*bullir;* y significa debajo, SUB*rayar;* acción secundaria, SUB*alquilar;* inferioridad, SUB*jefe;* atenuación, SUB*agudo;* en orden posterior, SUB*siguiente.*

SUBA. f. *Arg.* Alza, subida de precio. *Hubo pocas* SUBAS *en las cotizaciones.* antón.: **baja.**

SUBACETATO. m. *Quím.* Acetato básico.

SUBAFLUENTE. m. Río o arroyo que desagua en un afluente.

SUBAGUDO, DA. adj. Que es un poco agudo. ‖ *Pat.* Entre agudo y crónico.

SUBALCAIDE. m. Substituto o teniente de alcaide.

SUBALIMENTACIÓN. f. Alimentación insuficiente. *La* SUBALIMENTACIÓN *predispone a muchas enfermedades.* antón.: **sobrealimentación.**

SUBALQUILAR. tr. Subarrendar.

SUBALTERNANTE. p. a. de **Subalternar.** Que subalterna.

SUBALTERNAR. (De *subalterno.*) tr. Sujetar o supeditar.

SUBALTERNO, NA. al. **Untergeordnet; subaltern.** fr. **Subalterne.** ingl. **Subaltern; subordinate.** ital. **Subalterno.** port. **Subalterno.** (Del lat. *subalternus.*) adj. Inferior o que está debajo de una persona o cosa. ‖ m. Empleado de categoría inferior. sinón.: **dependiente, subordinado.** ‖ *Mil.* Oficial que tiene empleo inferior al de capitán.

SUBÁLVEO, A. adj. Que está debajo del álveo de un río o arroyo. Ú.t.c.s.

SUBARRENDADOR, RA. s. Persona que da alguna cosa en subarriendo.

SUBARRENDAMIENTO. m. Subarriendo.

SUBARRENDAR. tr. Dar o tomar en arriendo una cosa de otro arrendatario de la misma. *Le* SUBARRENDÓ *las dependencias de la casa.* sinón.: **subalquilar.** ‖ irreg. Conj. como **acertar.** ‖ deriv.: **subarrendable; subarrendante.**

SUBARRENDATARIO, RIA. s. Persona que toma en subarriendo una cosa.

SUBARRIENDO. m. Acción y efecto de subarrendar. ‖ Contrato por el cual se subarrienda una cosa. ‖ Precio en que se subarrienda.

SUBASTA. al. **Versteigerung; Auktion.** fr. **Vente aux enchères.** ingl. **Auction.** ital. **Subasta; venta all'asta.** port. **Subasta.** (Del lat. *sub hasta*, bajo la lanza, porque la venta del botín tomado en la guerra se anunciaba con una lanza.) f. Venta pública de bienes o alhajas que se hace al mejor postor. *Vendió todos sus bienes en pública* SUBASTA. sinón.: **almoneda, remate.** ‖ Adjudicación que se hace en esta forma de una contrata. ‖ **Sacar a pública subasta** una cosa. fr. Ofrecerla a quien haga proposiciones más ventajosas en las condiciones prefijadas. IDEAS AFINES: *Martillero, rematador, licitante, hacer postura, pugna, adjudicar.*

SUBASTAR. (Del lat. *subhastare.*) tr. Vender efectos o contratar arriendos, servicios, etc., en pública subasta. sinón.: **rematar.** ‖ deriv.: **subastable; subastación; subastador, ra.**

SUBCINERICIO. (Del lat. *subcinericius.*) adj. Dícese del pan cocido en el rescoldo, debajo de la ceniza.

SUBCLASE. f. *Hist. Nat.* Categoría de la clasificación, comprendida entre la clase y el orden.

SUBCLAVERO. m. Teniente de clavero en algunas órdenes militares.

SUBCLAVIO, VIA. (Del lat. *sub*, debajo, y *clavis*, por *clavicula.*) adj. *Anat.* Dícese de lo que está debajo de la clavícula. *Vena* SUBCLAVIA.

SUBCOLECTOR. m. El que hace las veces de colector y está a sus órdenes.

SUBCOMENDADOR. m. Teniente comendador en las órdenes militares.

SUBCOMISARIO. m. El que tiene la categoría siguiente a la de comisario y hace las veces de éste.

SUBCOMISIÓN. f. Grupo de individuos de una comisión al que se asigna un cometido especial.

SUBCONCIENCIA. f. Subconsciencia.

SUBCONSCIENCIA. al. **Unterbewusstsein.** fr. **Subconsciente.** ingl. **The subconscious.** ital. **Il subconsciente.** port. **Subconsciencia.** f. Estado inferior de la consciencia psicológica que, aún no bien formada, tiene algo de inconsciente. ‖ IDEAS AFINES: *Psiquis, alma, introspección, psicoanálisis, instinto, atavismo.*

● **SUBCONSCIENCIA.** *Psicol.* En lo más profundo y entrañable del ser viviente y constituyendo la estructura íntima de su personalidad, se halla el estrato de la **subconsciencia** formado por las energías instintivas del individuo y todos los contenidos psíquicos que desde la infancia han sido desplazados de la consciencia y no pueden ser recordados por el sujeto. Sin embargo, golpean las paredes de la consciencia, y la variedad, riqueza y fecundidad de la vida consciente proviene en gran parte de la **subconsciencia.** En ella se conserva el pasado, no estáticamente sino como un sistema de relaciones sumamente desarrollado, como un complicado tejido de experiencias propias y ajenas, orientado hacia la vida consciente actual. La **subconsciencia** constituye el plano de las actividades que se cumplen sin advertirlas, que no se perciben directamente ni se enfocan en la consciencia, aunque sus manifestaciones son más violentas, en ocasiones, que las de la vida consciente. Estas manifestaciones son los símbolos con los que se encubren ideas inconfesables; los olvidos o equívocos, expresión disfrazada de tendencias o voliciones; los sueños, satisfacción disimulada de deseos fuertemente reprimidos; los chistes; los actos fallidos; los *lapsus*; los mitos; los errores de reconocimiento, etc. Para Freud y la escuela psicoanalítica, estos fenómenos están causalmente determinados por una corriente subconsciente que en perpetuo devenir, pugna por desenvolverse y salvar, de una manera u otra, los obstáculos impuestos por la conducta social del yo.

SUBCONSCIENTE. adj. Que se refiere a la subconsciencia, o que no llega a ser consciente. *Actividad, hábito* SUBCONSCIENTE. Ú.t.c.s.n. *Acción de* LO SUBCONSCIENTE.

SUBCOSTAL. adj. *Anat.* Que está debajo de las costillas.

SUBCUTÁNEO, A. (Del lat. *subcutaneus.*) adj. Que está inmediatamente debajo de la piel. sinón.: **intercutáneo.** ‖ Que se introduce debajo de la piel. *Inyección* SUBCUTÁNEA; sinón.: **hipodérmico.**

SUBDELEGABLE. adj. Que se puede subdelegar.

SUBDELEGACIÓN. f. Acción y efecto de subdelegar. ‖ Distrito, oficina y cargo del subdelegado.

SUBDELEGADO, DA. adj. Dícese de la persona que sirve inmediatamente a las órdenes del delegado o que hace sus veces. Ú.t.c.s.

SUBDELEGAR. (Del lat. *subdelegare;* de *sub*, bajo, y *delegare*, delegar.) tr. *Der.* Dar el delegado su jurisdicción o potestad a otro. ‖ deriv.: **subdelegamiento; subdelegante.**

SUBDELIRIO. m. *Pat.* Delirio parcial o incompleto de que sale el enfermo cuando se fija su atención. *Las enérgicas preguntas del médico le sacaron del* SUBDELIRIO.

SUBDIACONADO. m. Orden de subdiácono.

SUBDIACONAL. adj. Perteneciente al subdiácono.

SUBDIACONATO. m. Subdiaconado.

SUBDIÁCONO. (Del lat. *subdiáconus.*) m. Clérigo ordenado de epístola.

SUBDIRECCIÓN. f. Cargo de subdirector. ‖ Oficina del subdirector.

SUBDIRECTOR, RA. s. Persona que sirve inmediatamente a las órdenes del director o hace sus veces.

SUBDISTINCIÓN. (Del lat. *subdistinctio, -onis.*) f. Acción y efecto de subdistinguir. *Con una acertada* SUBDISTINCIÓN, *hizo patente el sofisma.*

SUBDISTINGUIR. (Del lat. *subdistinguere.*) tr. Distinguir en lo ya distinguido.

SÚBDITO, TA. al. **Untertan; Untergebener.** fr. **Sujet.** ingl. **Subject.** ital. **Suddito.** port. **Súdito.** (Del lat. *súbditus*, p. p. de *súbdere*, someter.) adj. Sujeto a la autoridad de un superior y obligado a obedecerle. Ú.t.c.s. ‖ s. Natural o ciudadano de un país en cuanto sujeto a las autoridades políticas. sinón.: **vasallo.**

SUBDIVIDIR. al. **Unterteilen.** fr. **Subdiviser.** ingl. **To subdivide.** ital. **Suddividere.** port. **Subdividir.** (Del lat. *subdividere.*) tr. y r. Dividir una parte proveniente de una división anterior. *En esa región la tierra está muy* SUBDIVIDIDA. ‖ deriv.: **subdivisible; subdivisor, ra.**

SUBDIVISIÓN. al. **Unterteilung.** fr. **Subdivision.** ingl. **Subdivision.** ital. **Suddivisione.** port. **Subdivisão.** f. Acción y efecto de subdividir.

SUBDOMINANTE. f. *Mús.* Cuarta nota de la escala diatónica.

SUBDUPLO, PLA. adj. *Mat.* Aplícase al número o cantidad que es mitad exacta de otro u otra. *Dos es* SUBDUPLO *de cuatro.*

SUBEJECUTOR. m. El que ejecuta una cosa por delegación de otro o con su dirección.

SUBENTENDER. tr. y r. Sobrentender.

SUBEO. m. Sobeo del yugo.

SÚBER. (Del lat. *súber, -eris*, alcornoque, corcho.) m. Corcho, y, por ext., corteza de árbol.

SUBERCASEAUX, Benjamín. *Biog.* Escritor chil., autor de *Chile, una loca geografía; Niño de lluvia*, y otras obras (1902-1973). ‖ — **ERRÁZURIZ, Juan.** Rel. y escritor chil., autor de *Órdenes sagradas; Mi seminarista*, etc. (n. 1896). ‖ — **Pedro.** Pintor chil., autor de *Descubrimiento de Chile por Almagro* y otros cuadros de carácter histórico (1880-1956). ‖ — **VICUÑA, Ramón.** Lit. y político chil., autor de *El genio de Roma; La enseñanza de las bellas artes*, etc. (1854-1920).

SUBEROSO, SA. (De *súber.*) adj. Parecido al corcho o que es de su naturaleza. sinón.: **corchoso.** ‖ deriv.: **suberosidad.**

SUBESCAPULAR. adj. y s. *Anat.* Dícese del músculo que está debajo de la escápula.

SUBESTIMAR. tr. Estimar en menos el valor o la importancia de una cosa. SUBESTIMÓ *el valor de la obra;* antón.: **sobreestimar.** ‖ deriv.: **subestimación; subestimador, ra.**

SUBFAMILIA. f. *Hist. Nat.* Categoría de la clasificación, comprendida entre la familia y la tribu.

SUBFEBRIL. adj. *Pat.* Algo febril, que excede poco de la temperatura normal.

SUBFILO. m. *Biol.* Cada una de las series evolutivas derivadas de un filo.

SUBGÉNERO. m. *Hist. Nat.* Categoría de la clasificación, comprendida entre el género y la especie.

SUBGERENCIA. f. Vicegerencia.

SUBGERENTE. m. Vicegerente.

SUBGOBERNADOR. m. Vicegobernador.

SUBIBAJA. (De *subir* y *bajar.*) m. Juego infantil consistente en una tabla de varios metros de largo, apoyada en su punto medio, que los niños hacen balancear sentándose en los extremos.

SUBIDA. al. **Hinaufsteigen; Erhöhung.** fr. **Montée; hausse.** ingl. **Ascent; rise.** ital. **Salita.** port. **Subida.** f. Acción y efecto de subir. sinón.: **subimiento.** ‖ Sitio o lugar en declive, considerado cuando se va subiendo. *Es una* SUBIDA *muy áspera;* sinón.: **cuesta.**

SUBIDERO, RA. adj. Aplícase a los instrumentos que sirven para subir. ‖ m. Lugar o paraje por donde se sube.

SUBIDO, DA. adj. Dícese de lo más fino y acendrado en su especie. ‖ Dícese del color o del olor que impresiona intensamente la vista o el olfato. ‖ Muy elevado, que sobrepasa el término ordinario. *Cotización* SUBIDA.

SUBIDOR. m. El que por oficio lleva una cosa de un lugar a otro más alto.

SUBIENTE. p. a. de **Subir.** Que sube. ‖ m. Cada uno de los follajes que suben adornando un vaciado de pilastras o cosa semejante.

SUBILLA. (Del lat. *subula.*) f. Lezna.

SUBIMIENTO. m. Subida, acción y efecto de subir.

SUBINSPECCIÓN. f. Cargo de subinspector. ‖ Oficina del subinspector.

SUBINSPECTOR. m. Jefe de categoría inmediatamente inferior al inspector.

SUBINTENDENCIA. f. Cargo de subintendente. ‖ Oficina del subintendente.

SUBINTENDENTE. m. El que sirve inmediatamente a las órdenes del intendente o le reemplaza en sus funciones.

SUBINTRACIÓN. f. *Cir.* y *Pat.* Acción y efecto de subintrar.

SUBINTRANTE. p. a. de **Subintrar.** *Cir.* y *Med.* Que subintra. Ú.t.c. adj. *Acceso* SUBINTRANTE.

SUBINTRAR. (Del lat. *subintrare.*) intr. Entrar uno después o en lugar de otro. ‖ *Cir.* Colocarse un hueso o fragmento de él debajo de otro. ‖ *Pat.* Comenzar una ascensión febril antes de que haya terminado la anterior. ‖ deriv.: **subintranza.**

SUBIR. al. **Hinaufbringen; aufsteigen.** fr. **Monter.** ingl. **To rise; to go up.** ital. **Salire.** port. **Subir.** (Del lat. *subire*, llegar, avanzar.) intr. Pasar de un sitio o lugar a otro superior o más alto. SUBIÓ *al árbol.* ‖ Cabalgar, montar. *No* SUBIRÉ *en burro.* ‖ Crecer en altura ciertas cosas. SUBIERON *las aguas:* SUBIÓ *mucho ese arbolito.* ‖ Situarse el gusano en las ramas o matas para hilar el capullo. ‖ Importar una cuenta. *El débito* SUBE *a mil pesos.* ‖ fig. Ascender en dignidad o empleo, o acrecentar el caudal o hacienda. ‖ Agravarse o extenderse ciertas enfermedades. SUBIÓ *la* *fiebre; parece que no* SUBEN *los casos de viruela.* ‖ *Mús.* Elevar la voz o el sonido de un instrumento desde un tono grave a otro más agudo. ‖ tr. Recorrer hacia arriba, remontar. SUBIR *la pendiente.* ‖ Trasladar a una persona o cosa a lugar más alto que aquel que ocupaba. SUBIÓ *a la niña al columpio.* Ú.t.c.r. ‖ Dar más altura a una cosa, irla aumentando hacia arriba. *A cada poco* SUBE *el cerco.* ‖ Poner derecha una cosa que estaba inclinada. SUBE *esa frente, y mírame.* ‖ fig. Dar a una cosa más precio o mayor estimación de la que tenía. Ú.t.c. intr. *El sastre* HA SUBIDO *las hechuras.*

SÚBITAMENTE o **SUBITÁNEAMENTE.** adv. m. De manera súbita.

SUBITÁNEO, A. (Del lat. *subitáneus.*) adj. Que sucede súbitamente. ‖ deriv.: **subitaneidad.**

SÚBITO, TA. al. **Plötzlich.** fr. **Subit; soudain.** ingl. **Sudden.** ital. **Subitaneo.** port. **Súbito.** (Del lat. *súbitus.*) adj. Improviso, repentino. sinón.: **súpito.** ‖ Precipitado o violento en las obras o en las palabras. *¡No seas tan* SÚBITO! ‖ *Mús.* Italianismo por ataque rápido de una nota o pasaje. ‖ adv. m. Súbitamente. ‖ **De súbito.** m. adv. Súbitamente.

SUBJEFE. m. El que hace las veces de jefe y sirve a sus inmediatas órdenes.

SUBJETIVIDAD. al. **Subjektivität.** fr. **Subjectivité.** ingl. **Subjectivity.** ital. **Soggettività.** port. **Subjetividade.** f. Calidad de subjetivo. antón.: **objetividad.**

SUBJETIVISMO. m. Predominio de lo subjetivo. ‖ *Fil.* Sistema filosófico que reduce toda existencia a la existencia del yo, o todo objeto de conocimiento al sujeto que conoce. ‖ deriv.: **subjetivista.**

SUBJETIVO, VA. (Del lat. *subiectivus.*) adj. Perteneciente o relativo al sujeto. ‖ Relativo a nuestro modo de pensar o de sentir, y no al objeto considerado en sí mismo. antón.: **objetivo.** ‖ deriv.: **subjetivamente.**

SUB JÚDICE. *Der.* loc. lat. con que se significa que una cuestión es opinable o se halla pendiente de resolución. *La causa del cáncer aún está* SUB JÚDICE.

SUBJUNTIVO, VA. al. **Konjunktiv.** fr. **Subjonctif.** ingl. **Subjunctive.** ital. **Soggiuntivo.** port. **Subjuntivo.** (Del lat. *subiunctivus.*) adj. *Gram.* Dícese del modo que expresa el hecho como un deseo, o como dependiente de otro hecho o subordinado a él. Ú.t.c.s.

SUBLEVACIÓN. al. **Aufstand.** fr. **Soulèvement.** ingl. **Insurrection.** ital. **Sollevazione.** port. **Sublevação.** (Del lat. *sublevatio, -onis.*) f. Acción y efecto de sublevar o sublevarse. sinón.: **alzamiento, asonada.**

SUBLEVAMIENTO. m. p. us. Sublevación.

SUBLEVAR. al. **Aufwiegeln; empören.** fr. **Soulever.** ingl. **To raise in rebellion.** ital. **Sollevare.** port. **Sublevar.** (Del lat. *sublevare.*) tr. Alzar o alzarse en sedición o motín. SUBLEVAR *a las tropas. El regimiento se* SUBLEVÓ. sinón.: **solevar.** ‖ fig. Causar indignación, promover sentimiento de protesta. *La insinuación le* SUBLEVA; sinón.: **soliviantar.** ‖ deriv.: **sublevable; sublevador, ra; sublevante; sublevativo, va: sublevatorio, ria.**

SUBLIMACIÓN. al. **Sublimation; Erhebung.** fr. **Sublimation.** ingl. **Sublimation.** ital. **Sublimazione.** port **Sublimação.** f. Acción y efecto de sublimar.

SUBLIMADO. m. *Quím.* Substancia obtenida por sublimación. ‖ **Sublimado corrosivo.** ‖ – **corrosivo.** *Quím.* Cloruro mercúrico. Sal blanca, soluble y cristalina, muy venenosa. Es un desinfectante enérgico. sinón.: **solimán.**

SUBLIMAR. (Del lat. *sublimare.*) tr. Engrandecer, exaltar, ensalzar. ‖ En el psicoanálisis, resolver un estado morboso en una actividad moral o intelectual generosa o de orden superior. ‖ *Quím.* Pasar directamente, esto es, sin derretirse, del estado sólido al estado de vapor. Ú.t.c.r. El hielo y la nieve se subliman cuando sopla viento muy seco, aunque la temperatura sea muy inferior a 0ºC. ‖ deriv.: **sublimable; sublimador, ra; sublimamiento; sublimante; sublimativo, va.**

SUBLIMATORIO, RIA. adj. *Quím.* Perteneciente o relativo a la sublimación.

SUBLIME. al. **Erhaben.** fr. **Sublime.** ingl. **Sublime.** ital. **Sublime.** port. **Sublime.** (Del lat. *sublimis.*) adj. Excelso, eminente. Se emplea más en sentido figurado. *Poeta* SUBLIME. sinon.: **elevado, levantado.** ‖ Dícese de la emoción estética que nos produce lo bello cuando va acompañado de grandiosidad. Ú.t.c.s.n. *Lo* SUBLIME *de la expresión.*

SUBLIMEMENTE. adv. m. De manera sublime.

SUBLIMIDAD. (Del lat. *sublímitas, -atis.*) f. Calidad de sublime.

SUBLINGUAL. adj. *Anat.* Perteneciente a la región inferior de la lengua, o que está debajo de ésta.

SUBLUNAR. adj. Que está debajo de la Luna. Suele decirse de la Tierra. *El mundo* SUBLUNAR.

SUBMARINO, NA. al. **Unterseeboot.** fr. **Sousmarin.** ingl. **Submarine.** ital. **Sommergibile.** port. **Submarino.** adj. Que está bajo la superficie del mar. ‖ m. **Buque submarino;** sinón.: **sumergible.**

SUBMAXILAR. *Anat.* Dícese de lo que está debajo de la mandíbula inferior. *Región* SUBMAXILAR.

SUBMÚLTIPLO, PLA. (Del lat. *submultiplus.*) adj. *Mat.* Aplícase al número o cantidad que otro u otra contiene exactamente dos o más veces. U.t.c.s. sinón.: **divisor, factor;** antón.: **múltiplo.**

SUBNOTA. f. Nota puesta a otra nota de un escrito o impreso.

SUBOFICIAL. m. Categoría militar inferior a la de oficial.

SUBORDEN. m. *Hist. Nat.* Categoría de la clasificación, comprendida entre el orden y la familia.

SUBORDINACIÓN. (Del lat. *subordinatio, -onis.*) f. Sujeción a la orden o dominio de uno. sinón.: **dependencia, sumisión.** ‖ *Gram.* Dependencia de ciertos elementos gramaticales con respecto a otros. sinón.: **hipotaxis.**

SUBORDINADAMENTE. adv. m. Con subordinación.

SUBORDINADO, DA. Dícese de la persona sujeta a otra. Ú.m.c.s. ‖ *Gram.* Dícese de la palabra y oración que depende de otra. *La oración* SUBORDINADA *es equiparable a los complementos de la oración simple.*

SUBORDINANTE. p. a. de **Subordinar.** Que subordina. ‖ adj. *Gram.* Dícese de las conjunciones que enlazan la oración principal con la subordinada y determinan el carácter de esta subordinación. ‖ Dícese también de la oración principal de un período, con respecto a la oración dependiente.

SUBORDINAR. (Del lat. *sub,* bajo, y *ordinare,* ordenar.) tr. y r. Sujetar personas o cosas a la dependencia de otras. sinón.: **someter, supeditar.** ‖ Clasificar algunas cosas como inferiores en orden respecto de otras. ‖ *Gram.* Supeditar unos elementos gramaticales a otros. *El substantivo* SUBORDINA *al adjetivo; el adjetivo se* SUBORDINA *al substantivo.* ‖ deriv.: **subordinable; subordinador. ra.**

SUBOTICA. *Geog.* Ciudad del N.E. de Yugoslavia, cerca de la frontera con Hungría. 120.000 h. Agricultura, ganadería, centro ferroviario.

SUBPREFECTO. (Del lat. *subpraefectus.*) m. Jefe o magistrado inmediatamente inferior al prefecto.

SUBPREFECTURA. f. Cargo de subprefecto. ‖ Su oficina.

SUBPRODUCTO. m. En cualquier operación, el producto que en ella se obtiene además del principal. Suele ser de menos valor que éste.

SUBRANQUIAL. adj. *Zool.* Situado debajo de las branquias.

SUBRAYABLE. adj. Que puede o merece ser subrayado.

SUBRAYAR. al. **Unterstreichen.** fr. **Souligner.** ingl. **To underline** ital. **Sottolineare.** port. **Sublinhar.** tr. Señalar por debajo con una raya alguna letra, palabra o frase escrita, para llamar la atención sobre ella cor determinado fin. sinón.: **rayar** ‖ fig. Recalcar las palabras. *Tiene la costumbre de* SUBRAYAR *las palabras que puedan molestar a uno.*

SUBREPCIÓN. (Del lat. *subreptio, -onis.*) f. Acción oculta y a escondidas. ‖ *Der.* Ocultación o falseamiento de un hecho para obtener lo que de otro modo no se lograría.

SUBREPTICIO, CIA. (Del lat. *subreptitius.*) adj. Que se pretende u obtiene con subrepción. ‖ Que se hace o toma ocultamente. ‖ deriv.: **subrepticiamente.**

SUBROGACIÓN. f. Acción y efecto de subrogar.

SUBROGAR. (Del lat. *subrogare.*) tr. y r. *Der.* Substituir o poner una persona o cosa en lugar de otra. SUBROGÓ *a su hermano en todos sus derechos.* ‖ deriv.: **subrogable; subrogador, ra; subrogante; subrogativo, va.**

SUBSANABLE. adj. Que se puede subsanar.

SUBSANACIÓN. f. Acción y efecto de subsanar.

SUBSANAR. al. **Wiedergutmachen.** fr. **Réparer.** ingl. **To mend; to repair.** ital. **Indennizzare; rimediare.** port. **Remediar; reparar.** tr. Disculpar un desacierto o delito. SUBSANÓ *su desacertada intervención;* sinón.: **excusar.** ‖ Remediar un defecto o resarcir un perjuicio. *El error quedó* SUBSANADO. sinón.: **corregir, reparar, indemnizar.** ‖ deriv.: **subsanador, ra; subsanamiento; subsanante.**

SUBSCAPULAR. adj. *Zool.* Subescapular. Ú.t.c.s.

SUBSCRIBIR. al. **Unterschreiben; abonnieren.** fr. **Souscrire; s'abonner.** ingl. **To suscribe.** ital. **Sottoscrivere; abbonarsi.** port. **Subscrever.** (Del lat. *subscríbere.*) tr. Firmar al final de un escrito. SUBSCRIBIERON *el convenio las dos partes.* ‖ fig. Convenir con el dictamen de uno. SUBSCRIBO *tu opinión.* ‖ r. Obligarse a contribuir al pago de una cantidad para cualquier obra. ‖ r. Abonarse para recibir alguna publicación periódica. SUBSCRIBIRSE *a una revista.* ‖ deriv.: **subscribible; subscribiente.**

SUBSCRIPCIÓN. al **Unterzeichnung; Abonnement.** fr. **Souscription; abonnement.** ingl. **Suscription.** ital. **Sottoscrizione; abbonamento.** port. **Subscrição.** (Del lat. *subscriptio, onis.*) f. Acción y efecto de subscribir o subscribirse. ‖ IDEAS AFINES: *Abono, contrato, obligación, periódico, boletín; firmar.*

SUBSCRIPTO, TA. (Del lat. *subscriptus.*) p. p. irreg de **Subscribir.** Subscrito.

SUBSCRIPTOR, RA. al. **Zeichner; Bezieher.** fr. **Souscripteur; abonné.** ingl. **Subscriber.** ital. **Sottoscrittore; abbonato.** port. **Subscritor.** (Del lat. *subscriptor, -oris.*) s. Persona que subscribe o se subscribe. sinón.: **subscritor, suscriptor, suscritor.**

SUBSCRITO, TA. p. p. irreg. de **Subscribir.**

SUBSCRITOR, RA. s. Subscriptor.

SUBSECRETARÍA. f. Empleo de subsecretario. ‖ Oficina del subsecretario.

SUBSECRETARIO, RIA. s. Persona que hace las veces del secretario. ‖ m. Secretario general de un ministerio. SUBSECRETARIO *de Hacienda.*

SUBSECUENTE. (Del lat. *súbsequens, -entis.*) adj. Subsiguiente.

SUBSEGUIR. intr. y tr. Seguir una cosa inmediatamente a otra. ‖ irreg. Conj. como **pedir.**

SUBSIDIARIAMENTE. adv. m. Por vía de subsidio. ‖ *Der.* De un modo subsidiario.

SUBSIDIO. al. **Beihilfe; Zulage.** fr. **Subside.** ingl. **Subsidy.** ital. **Sussidio.** port. **Subsídio.** (Del lat. *subsídium.*) m. Socorro o auxilio extraordinario. ‖ Contribución impuesta al comercio y a la industria.

SUBSIGUIENTE. p. a. de **Subseguirse.** Que se subsigue. ‖ adj. Que está después del siguiente. *V. la página 25 y las* SUBSIGUIENTES.

SUBSISTENCIA. al. **Lebensunterhalt.** fr. **Subsistance.** ingl. **Subsistence.** ital. **Sussistenza.** port. **Subsistencia.** (Del lat. *subsistentia.*) f. Permanencia, estabilidad y conservación de las cosas. ‖ Conjunto de medios que se necesitan para el sustento de la vida humana. Ú.m. en pl. *Están caras las* SUBSISTENCIAS. ‖ *Fil.* Existencia propia de la substancia, complemento último o perfección de ésta, o acto por el cual se hace incomunicable a otra. ‖ IDEAS AFINES: *Alimentos, manutención, nutrición, artículos de primera necesidad, victo.*

SUBSISTENTE. p. a. de **Subsistir.** Que subsiste.

SUBSISTIR. al. **Bestehen.** fr **Subsister.** ingl. **To subsist; to last.** ital. **Sussistere.** port. **Subsistir.** (Del lat. *subsístere.*) intr. Permanecer, durar una cosa o conservarse. *Aún* SUBSISTE *aquí esa costumbre.* ‖ Vivir, mantener la vida. *Hay que trabajar para* SUBSISTIR. ‖ *Fil.* Existir con todos los atributos y condiciones propios de su naturaleza. ‖ deriv.: **subsistible; subsistidor, ra.**

SUBSOLADOR. m. Apero para subsolar.

SUBSOLANO. (Del lat. *subsolanus.*) m. Este, viento. sinón.: **euro, solano.**

SUBSOLAR. (De *subsuelo.*) tr. Remover el suelo por debajo de la capa arable o roturar a bastante profundidad, sin voltear la tierra.

SUBSTANCIA. al. **Substanz; Stoff.** fr. **Substance.** ingl. **Substance.** ital. **Sostanza.** port. **Substancia.** (Del lat. *substantia.*) f. Cualquier cosa con que otra se acrecienta y nutre y sin la cual se acaba. ‖ Jugo que se extrae de ciertas materias alimenticias. SUBSTANCIA *de carne.* ‖ Ser, esencia de las cosas. ‖ Caudal, bienes. ‖ Valor y aprecio que tienen las cosas. *Obra de* SUBSTANCIA. ‖ Parte nutritiva de los alimentos. ‖ Materia de que está formado un cuerpo. ‖ fig. y fam. Juicio, madurez. *Muchacha sin* SUBSTANCIA. ‖ *Fil.* Entidad o esencia que existe por sí. ‖ – **blanca.** *Anat.* Una de las dos de que se componen el encéfalo y la medula espinal. ‖ – **gris.** *Anat.* La restante de estas dos, y que ocupa la porción central en la medula y la superficial en el encéfalo. ‖ **Convertirlo** uno **todo en substancia.** frs. fig. y fam. Interpretarlo a su favor. ‖ Sacar partido tanto de lo favorable como de lo contrario. ‖ **En substancia.** m. adv. En compendio. ‖ *Ter.* Dícese del simple que se suministra en su ser natural, a diferencia de los que se dan en infusión, extracto, etc. ‖ IDEAS AFINES: *Ser, materia, metafísica, ontología, principio vital, alma.*

SUBSTANCIACIÓN. f. Acción y efecto de substanciar.

SUBSTANCIAL. (Del lat. *substantialis.*) adj. Perteneciente o relativo a la substancia. ‖ Substancioso. ‖ Dícese de lo esencial de una cosa. ‖ deriv.: **substancialidad.**

SUBSTANCIALISMO. m. *Fil.* Sistema ontológico que admite la existencia de seres u objetos independientemente del pensamiento.

SUBSTANCIALMENTE. adv. m. **En substancia.**

SUBSTANCIAR. (De *substancia.*) tr. Compendiar, extractar. ‖ *For.* Conducir un asunto o juicio por la vía procesal establecida hasta ponerlo en estado de sentencia. ‖ deriv.: **substanciable; substanciante.**

SUBSTANCIOSO, SA. adj. Que tiene substancia. ‖ Que la tiene en abundancia. *Guiso* SUBSTANCIOSO. sinón.: **jugoso, suculento.**

SUBSTANTIVAMENTE. adv. m. A manera o con carácter de substantivo.

SUBSTANTIVAR. tr. *Gram.* Dar valor y significación de substantivo a otra parte de la oración y hasta a locuciones enteras. *Son innumerables los adjetivos que se usan* SUBSTANTIVADOS. ‖ deriv.: **substantivable; substantivación; substantivadamente; substantivamiento.**

SUBSTANTIVIDAD. f. Calidad de substantivo.

SUBSTANTIVO, VA. al. **Substantiv; Hauptwort.** fr. **Substantif; nom.** ingl. **Substantive; noun.** ital. **Sostantivo.** port. **Substantivo.** (Del lat. *substantivus.*) adj. Que tiene existencia real, independiente, individual. ‖ m. *Gram.* Nombre substantivo. ‖ IDEAS AFINES: *Categorías gramaticales, analogía, adjetivo, pronombre, artículo, verbo, masculino, femenino, singular, plural, declinación.*

SUBSTITUCIÓN. (Del lat. *substituto, -onis.*) f. Acción y efecto de substituir. ‖ *Der.* Nombramiento de heredero o legatario en reemplazo de otro. ‖ – **ejemplar.** *Der.* Designación de sucesor en los bienes del demente. ‖ – **vulgar.** *Der.* Nombramiento de un heredero o legatario, o de varios, para el caso de que el instituido en primer lugar falte o no admita la sucesión. ‖ IDEAS AFINES: *Suplencia, cambio, vicario, lugarteniente, sucedáneo, apoderado; en lugar de.*

SUBSTITUIBLE. adj. Que se puede o debe substituir.
SUBSTITUIDOR, RA. adj. y s. Que substituye.
SUBSTITUIR. al. **Erzetzen.** fr. **Remplacer; substituer.** ingl. **To replace; to substitute.** ital. **Sostituire.** port. **Substituir.** (Del lat. *substitúere.*) tr. Poner a una persona o cosa en lugar de otra. SUBSTITUYÓ *al empleado; la* SUBSTITUYÓ *por otra; esa mesa hay que* SUBSTITUIRLA *con otra.* sinón.: **reemplazar.** ‖ irreg. Conj. como **huir.**
SUBSTITUTIVO, VA. adj. y s. Dícese de la substancia que puede reemplazar a otra. sinón.: **sucedáneo.**
SUBSTITUTO, TA. al. **Vertreter; Ersatz.** fr. **Substitut.** ingl. **Substitute.** ital. **Sostituto.** port. **Substituto.** (Del lat. *substitutus.*) p. p. irreg. de **Substituir.** ‖ s. Persona que hace las veces de otra en un empleo o servicio. *El doctor se fue de viaje, pero ha dejado un* SUBSTITUTO. ‖ *Der.* Heredero o legatario designado para el caso de que falte la sucesión del nombrado con prioridad.
SUBSTRACCIÓN. al. **Netziehung; Abziehen; Subtraktion.** fr. **Soustraction.** ingl. **Subtraction.** ital. **Sottrazione.** port. **Subtração.** f. Acción y efecto de substraer o substraerse. ‖ *Mat.* Resta.
SUBSTRACTIVO, VA. (De *substracción.*) adj. *Mat.* Dícese de los términos de un polinomio que van precedidos del signo menos.
SUBSTRAENDO. (De *substraer.*) m. *Mat.* Cantidad que ha de restarse de otra. antón.: **sumando.**
SUBSTRAER. al. **Entziehen; abziehen; subtrahieren.** fr. **Soustraire.** ingl. **To subtract.** ital. **Sottrarre.** port. **Subtrair.** (Del lat. *sub,* debajo, y *extráhere,* sacar.) tr. Apartar, separar, extraer. ‖ Hurtar, robar fraudulentamente. *Le* SUBSTRAJO *la cartera.* ‖ *Mat.* Restar. ‖ r. Separarse de lo que es obligatorio, de lo que se tenía proyectado o de alguna otra cosa. ‖ deriv.: **substractor, ra; substrayente.**
SUBSTRATO. m. *Fil.* Substancia.
SUBSUELO. al. **Bodenschätze.** fr. **Sous-sol.** ingl. **Subsoil.** ital. **Sottosuolo.** port. **Subsolo.** m. Terreno que está debajo de una capa de tierra. ‖ Capa de tierra sobre la que descansa la que se cultiva. *El* SUBSUELO *de este campo es poco permeable.* ‖ Parte profunda del terreno a la cual no llegan los aprovechamientos superficiales de los predios. *El* SUBSUELO *de esta región es rico en minerales.* ‖ *Amér.* Parte habitable de un edificio que queda bajo el nivel del suelo. ‖ IDEAS AFINES: *Geología, agronomía, perforación, yacimientos, petróleo, permeabilidad, impermeabilidad.*
SUBTE. al. **Untergrundbahn.** fr. **Métro.** ingl. **Sub.** ital. **Metro.** port. **Subterraneo.** m. fam. *Arg.* y *Urug.* Apócope de **subterráneo,** 3ª acep.
SUBTENDER. (Del lat. *subténdere.*) tr. *Geom.* Unir una línea recta los extremos de un arco de curva o de una línea quebrada. ‖ irreg. Conj. como **entender.**
SUBTENENCIA. f. Empleo de subteniente.
SUBTENIENTE. m. Oficial de categoría inmediatamente inferior a la de teniente.
SUBTENSO, SA. (Del lat. *subtensus.*) p. p. irreg. de **Subtender.**
SUBTERFUGIO. al. **Ausrede; Vorwand.** fr. **Subterfuge.** ingl. **Subterfuge.** ital. **Sotterfugio.** port. **Subterfúgio.** (Del lat. *subterfúgium.*) m. Efugio, escapatoria, excusa artificiosa. *Se vale de* SUBTERFUGIOS *para no cumplir con su obligación.* sinon.: **evasiva, pretexto.**
SUBTERRÁNEAMENTE. adv. m. Por debajo de tierra.
SUBTERRÁNEO, A. al. **Unterirdisch; Untergrundbahn.** fr. **Souterrain; métro.** ingl. **Subterranean; underground; subway.** ital. **Sotterraneo; metropolitana.** port. **Subterraneo.** (Del lat. *subterráneus.*) adj. Que está debajo de tierra. sinón.: **soterraño.** ‖ m. Cualquier lugar o espacio que está debajo de tierra. sinón.: **cueva, sótano.** ‖ *Arg.* Tren subterráneo. sinón.: **metro, metropolitano.**
SUBTIPO. m. *Hist. Nat.* Categoría de la clasificación, comprendida entre el tipo y la clase.
SUBTITULAR. tr. Poner subtítulo.
SUBTÍTULO. m. Título secundario que a veces se pone después del título principal.
SUBTROPICAL. adj. Que está bajo los trópicos. *Clima* SUBTROPICAL.
SUBURBANO, NA. (Del lat. *suburbanus.*) adj. Dícese del edificio, terreno o campo próximo a la ciudad. Ú.t.c.s. ‖ Perteneciente o relativo a un suburbio. *Edificación* SUBURBANA. ‖ m. Habitante de un suburbio. sinón.: **arrabalero.**
SUBURBICARIO, RIA. (Del lat. *suburbicarius.*) adj. Perteneciente a las diócesis que forman la provincia eclesiástica de Roma.
SUBURBIO. al. **Vorstadt; Vorort.** fr. **Faubourg.** ingl. **Suburb; outskirts.** ital. **Sobborgo.** port. **Subúrbio.** (Del lat. *subúrbium.*) m. Barrio, arrabal o poblado cerca de la ciudad o dentro de su jurisdicción. ‖ IDEAS AFINES: *Alrededores, afueras, extramuros, ranchos, orillero.*
SUBVENCIÓN. al. **Subvention; Zuschuss.** fr. **Subvention.** ingl. **Subsidy; subvention.** ital. **Sovvenzione.** port. **Subvenção.** (Del lat. *subventio, -onis.*) f. Acción y efecto de subvenir. ‖ Cantidad con que se subviene y en especial la que concede el Estado u otra corporación pública a una institución, servicio, etc. sinón.: **auxilio, ayuda, subsidio.**
SUBVENCIONAR. tr. Favorecer con una subvención. SUBVENCIONAR *un centro de enseñanza.* ‖ deriv.: **subvencionador, ra.**
SUBVENIR. (Del lat. *subvenire.*) intr. Auxiliar, socorrer, amparar. *No* SUBVIENE *a las necesidades de su familia.* ‖ irreg. Conj. como **venir.** ‖ deriv.: **subvenible, subvenidor, ra; subveniente; subvenimiento.**
SUBVERSIÓN. (Del lat. *subversio, -onis.*) f. Acción y efecto de subvertir. sinón.: **alteración, sedición, trastorno.**
SUBVERSIVO, VA. (Del lat. *subvérsum,* supino de *subvértere,* subvertir.) adj. Capaz de subvertir o que lo procura, en especial el orden público. sinón.: **revolucionario, sedicioso.**
SUBVERSOR, RA. adj. y s. Que subvierte.
SUBVERTIR. (Del lat. *subvértere.*) tr. Trastornar, revolver, destruir. Ú. comúnmente en sentido moral. *Pretendió* SUBVERTIR *las costumbres del pueblo.* ‖ irreg. Conj. como **sentir.** ‖ deriv.: **subvertible, subvertimiento.**
SUBYACENTE. (Del lat. *subjacens, -entis.*) adj. Que está debajo de otra cosa.
SUBYUGABLE. adj. Que se puede subyugar.
SUBYUGACIÓN. f. Acción y efecto de subyugar.
SUBYUGADOR, RA. adj. y s. Que subyuga.
SUBYUGAR. al. **Unterjochen.** fr. **Subjuguer.** ingl. **To subdue; to subjugate.** ital. **Soggiogare.** port. **Subjugar.** (Del lat. *subiugare;* de *sub,* bajo, y *iúgum,* yugo.) tr. y r. Avasallar, dominar poderosa o violentamente. SUBYUGÓ *a los países vecinos.* sinón.: **conquistar, domeñar, sojuzgar, someter.** ‖ deriv.: **subyugamiento.**
SUCCINO. (Del lat. *succínum.*) m. Ámbar. ‖ deriv.: **succíneo, a; succínico, ca.**
SUCCIÓN. (Del lat. *súctum,* supino de *súgere,* chupar.) f. Acción de chupar. sinón.: **chupada.** ‖ *Fís.* Acción de atraer un líquido, enrareciendo el aire en una porción de su superficie, con lo cual es levantado por la presión atmosférica. ‖ IDEAS AFINES: *Libación, sorbo, mamar, chupete, sanguijuela, vampiro.*
SUCCIONAR. tr. Chupar. Ú.c. tecnicismo o en lenguaje escogido.
SUCEDÁNEO, A. Del lat. *succedáneus,* sucesor, substituto.) adj. Dícese de la substancia que, por tener propiedades semejantes a las de otra, puede reemplazarla. Ú.m.c.s.m. sinón.: **substitutivo.**
SUCEDER. al. **Folgen; geschehen.** fr. **Succéder; arriver.** ingl. **To succeed; to follow; to happen.** ital. **Succedere.** port. **Suceder.** (Del lat. *succédere.*) intr. Entrar una persona o cosa en lugar de otra o seguirse a ella. *Le* SUCEDI *en el cargo.* ‖ Entrar como heredero en la posesión de los bienes de un difunto. *Le* SUCEDIERON *sus sobrinos;* sinón.: **heredar.** ‖ Descender, proceder. ‖ impers. Efectuarse un hecho, ocurrir, acontecer. SUCEDIÓ *con él lo mismo que con los demás.*
SUCEDIDO. m. fam. Suceso, acontecimiento, caso. ‖ *Chile.* Sucio, ensuciado.
SUCEDIENTE. p. a. de **Suceder.** Que sucede o se sigue.
SUCESIBLE. adj. Dícese de aquello en que se puede suceder.
SUCESIÓN. al. **Folge.** fr. **Succession.** ingl. **Succession.** ital. **Successione.** port. **Sucessão.** (Del lat. *succesio, -onis.*) f. Acción y efecto de suceder. ‖ Conjunto de bienes, derechos y obligaciones que al morir una persona, son transmisibles a sus herederos. sinón.: **herencia.** ‖ Prole, descendencia directa. *Sus extraordinarias dotes no se transmitieron a su* SUCESIÓN. ‖ — **convergente.** *Mat.* Aquella que tiene límite. ‖ — **forzosa.** *Der.* La ordenada por la ley, independientemente de la voluntad del causante. ‖ — **intestada.** *Der.* La que no se verifica por testamento, sino por ministerio de la ley. ‖ — **testada.** La que se regula por la voluntad del causante, debidamente declarada. ‖ — **universal.** La que transmite al heredero la totalidad o una parte alícuota de la personalidad civil y del haber íntegro del causante. ‖ IDEAS AFINES: *Testamentar, legado, patrimonio, captación, preterición, desheredar, última voluntad, albacea, fideicomiso.*
SUCESIVAMENTE. adv. m. Sucediendo o siguiéndose una persona o cosa a otra.
SUCESIVO, VA. (Del lat. *successivus.*) adj. Dícese de lo que sucede o se sigue a otra cosa. antón.: **anterior, simultáneo.**
SUCESO. al. **Begebenheit; Vorfall; Ereignis.** fr. **Événement.** ingl. **Event; happening.** ital. **Successo.** port. **Sucesso.** (Del lat. *successus.*) m. Cosa que sucede, especialmente si es de alguna importancia. sinón.: **acontecimiento, caso, evento, hecho, peripecia.** ‖ Transcurso del tiempo. ‖ Éxito, resultado de un negocio. ‖ Hecho delictivo o accidente desgraciado. ‖ Galicismo por **buen éxito.**
SUCESOR, RA. al. **Nachfolger.** fr. **Successeur.** ingl. **Successor.** ital. **Successore.** port. **Sucessor.** (Del lat. *succéssor, -oris.*) adj. y s. Que sucede a uno o sobreviene en su lugar.
SUCESORIO, RIA. adj. Perteneciente o relativo a la sucesión. *Derechos* SUCESORIOS.
SUCIAMENTE. adv. m. Con suciedad.
SUCIEDAD. al. **Schmutz.** fr. **Saleté; malpropreté.** ingl. **Dirt.** ital. **Sudiciume; sporcizia.** port. **Sujidade.** f. Calidad de sucio. antón.: **limpieza, mundicia.** ‖ Inmundicia, porquería. ‖ fig. Dicho o hecho sucio. ‖ IDEAS AFINES: *Tierra, basura, escoba, barrer; retrete, desagüe, cámara séptica.*
SUCINTAMENTE. adv. m. De modo sucinto o compendioso.
SUCINTARSE. (De *sucinto.*) r. Ceñirse, ser sucinto.
SUCINTO, TA. (Del lat. *succintus,* p. p. de *succíngere,* ceñir.) adj. p. us. Recogido o ceñido por abajo. ‖ Breve, compendioso. *Tratado* SUCINTO.
SUCIO, CIA. al. **Schmutzig.** fr. **Sale.** ingl. **Dirty.** ital. **Sudicio; sporco.** port. **Sujo.** (Del lat. *súccidus,* jugoso, mugriento.) adj. Que tiene manchas o impurezas. sinón.: **sórdido;** antón.: **limpio.** ‖ Que se ensucia con facilidad. *El blanco es muy* SUCIO. ‖ fig. Manchado con pecados o con defectos. ‖ Deshonesto u obsceno. ‖ Dícese del color confuso y turbio. ‖ Con daño, infección o impureza. *Tratos* SUCIOS; *obra* SUCIA. ‖ adv. m. fig. Refiriéndose a ciertos juegos, sin la debida observancia de sus reglas. *Suele ganar, porque juega* SUCIO.
SUCO. (Del lat. *succus.*) m. Jugo. ‖ *Bol., Chile* y *Ven.* Terreno fangoso.
SUCOSO, SA. adj. Jugoso. ‖ deriv.: **sucosidad.**
SUCOTRINO. adj. Dícese del áloe proveniente de la isla de Socotora.
SUCRE. (De Antonio José de *Sucre.*) m. Moneda de plata del Ecuador, que constituye su unidad monetaria.
SUCRE, Antonio José de. *Biog.* Militar y político ven., colaborador y confidente de Simón Bolívar, y una de las grandes figuras próceres en las luchas por la independencia sudamericana. Desde su adolescencia se vinculó a los núcleos de patriotas que bregaban por la causa emancipadora, sumándose luego a las huestes de Miranda, a cuyo lado tuvo importante actuación. Bolívar advirtió su firmeza de carácter y su inteligencia, y le encomendó el comando de los ejércitos de Colombia, en auxilio de Guayaquil, y a su hábil acción se debe en gran parte el triunfo de Pichincha, que posibilitó la independencia de Ecuador. Con posterioridad actuó en la batalla de Junín y fue el héroe del decisivo combate de Ayacucho, que aseguró la independencia de Perú y Bolivia, y le valió el título de Mariscal. Las provincias del Alto Perú, declaradas independientes con el nombre de República de Bolivia, le nombraron presidente vitalicio en 1826, cargo que **Sucre** se comprometió a desempeñar solamente por dos años, al cabo de los cuales renunció suscribiendo un documento que en la nobleza y sinceridad de sus conceptos revela la excelsitud de su personalidad. Impelido por las circunstancias actuó luego como sereno mediador en los conflictos que se habían suscitado entre Perú y Colombia. Fue asesinado en el camino de Colombia a Ecuador, por orden de caudillos lugareños que en sus menguados intereses políticos veían en él un posible rival. Hombre austero, político cabal y patriota integérrimo, **Sucre** fue, al decir de Bolívar, "el más generoso de los vencedores y el más desprendido de los ciudadanos" (1795-1830). ‖ — **Dolores.** Poetisa ec., autora de *A una hija del Rímac; Inscripción en una columna,* y otras composiciones (n. 1917). ‖ — **Y PARDO, Carlos.** Mil. esp. que fue gobernador de Cartagena, Santiago de Cuba y Nueva Andalucía (1668-1746).
SUCRE. *Geog.* Ciudad de la región central de Bolivia, cap. del país y también del departamento de Chuquisaca. 85.000 h., con los suburbios. Es un importante centro cultural y sede de la Suprema Corte de Justicia. Se llamó antes Charcas, Chuquisaca y La Plata. Fue fundada en 1538. ‖ Población de Colombia, en el dep. de Bolívar. 3.000 h. Cultivos de algodón. ‖ Estado del N. de Venezuela. 11.800 km². 473.000 h. Café, cacao, tabaco, azúcar, pesca. Cap. CUMANÁ.
SUCREÑO, ÑA. adj. y s. De Sucre (Bolivia).
SÚCUBO. (Del lat. *súccubo,* de *succubare,* acostarse debajo.) adj. y s. Dícese del demonio que, según la superstición vulgar, tiene trato carnal con un hombre, bajo la apariencia de mujer. antón.: **íncubo.**
SUCUCHO. m. Rincón, ángulo entrante que forman dos paredes. ‖ *Amér.* Socucho. *Vive en un* SUCUCHO; sinón.: **tabuco.** ‖ *Mar.* Rincón estrecho de las partes más cerradas de las ligazones de un buque.
SÚCULA. (Del lat. *súcula.*) f. Torno, máquina.
SUCULENCIA. f. Calidad de suculento.
SUCULENTAMENTE. adv. m. De modo suculento.
SUCULENTO, TA. (Del lat. *succulentus.*) adj. Jugoso, substancioso, muy nutritivo. *Manjar* SUCULENTO. ‖ *Bot.* Dícese de las plantas carnosas y jugosas. *Tallo* SUCULENTO.
SUCUMBIENTE. p. a. de **Sucumbir.** Que sucumbe.
SUCUMBIR. al. **Unterliegen.** fr. **Succomber.** ingl. **To succumb; to yeld.** ital. **Soccombere.** port. **Sucumbir.** (Del lat. *succúmbere.*) intr. Ceder, rendirse. SUCUMBIÓ *a los torpes ruegos.* ‖ Morir, perecer. SUCUMBIÓ *a las heridas.* ‖ *Der.* Perder el pleito. ‖ deriv.: **sucumbible.**
SUCURSAL. al. **Filiale; Zweiggeschäft.** fr. **Succursale.** ingl. **Branch.** ital. **Succursale.** port. **Sucursal.** (Del lat. *succursus,* socorro, auxilio.) adj. Dícese del establecimiento que sirve de ampliación a otro y del cual es dependiente. Ú.t.c.s.f. sinón.: **agencia, anexo, filial.**
SUCHE. adj. *Ven.* Agrio, duro, sin madurar. ‖ m. *Arg.* Barro, granillo de la cara. ‖ *Chile.* Empleado de última categoría, subalterno. Ú. en sentido desp. ‖ *Ec.* y *Perú.* Súchil.
SÚCHEL. m. *Cuba.* Súchil.
SUCHIATE. *Geog.* Río de América, sit. en la frontera de México y Guatemala. Desagua en el Pacífico después de recorrer 150 km.
SÚCHIL. (Del mex. *xoxhitl,* flor.) m. *Méx.* Árbol pequeño

de la familia de las apocináceas, de ramas tortuosas, hojas lanceoladas y lustrosas con largos peciolos lechosos y flores de cinco pétalos blancos con listas encarnadas; la madera sirve para construcciones.

SUCHITEPÉQUEZ. *Geog.* Departamento de la región occidental de Guatemala. 2.487 km². 233.000 h. Actividades agrícola-ganaderas. Cap. MAZATENANGO.

SUCHITOTO. *Geog.* Población de El Salvador, en el dep. de Cuscatlán. 4.200 h. Café, cacao, tabaco.

SUCHOW. *Geog.* Ciudad de la China, situada al N. O. de Shangai. 655.000 h., con los suburbios. Arroz; industria textil, lacas. Importante centro comercial.

SUD. (Del anglosajón *sud.*) m. Sur. Es forma usada en composición. SUDESTE.

SUDACIÓN. f. Exudación. ‖ Exhalación de sudor, especialmente la abundante provocada con fines terapéuticos.

SUDADERA. f. Sudadero.

SUDADERO. m. Lienzo con que se limpia el sudor. ‖ Manta pequeña que se pone a las cabalgaduras debajo del aparejo. sinón.: **bajera.** ‖ Lugar que en el baño se destina para sudar. *No te podrás dar un baño de aire caliente en esa casa, porque carece de* SUDADERO. ‖ Sitio por donde se rezuma el agua.

SUDÁFRICA. *Geog.* Nombre con que se denomina a la región S. de África y sobre todo a la República Sudafricana.

SUDAFRICANA, República. *Geog.* Est. independiente del extremo meridional de África, lindante con Botswana, Mozambique, Swazilandia, Lesotho, Namibia (África del Sudoeste) y los océanos Índico y Atlántico. 1.221.037 km². 26.130.000 h. Cap. CIUDAD DEL CABO. Otras ciudades importantes: Johannesburgo, Durban, Pretoria, Port Elizabeth, etc. El país es una meseta de 800 a 1.700 m. de alto; los montes Drakenabergen (3.660 m.) son el accidente orográfico más notable; los ríos son el Lesotho, el Vaal y el Limpopo. Sobresale su producción mineral, especialmente oro, diamantes, carbón y manganeso, de los que es uno de los mayores productores mundiales. Se cultivan cereales, caña de azúcar, algodón, patatas y árboles frutales, y se crían principalmente bovinos, caprinos, ovinos y porcinos. La carne y la lana son importantes productos de exportación. Los portugueses descubrieron sus costas en el siglo XVI, el país fue colonizado por los holandeses y el Congreso de Viena de 1815 cedió el territ. a los ingleses. El descubrimiento de yacimientos auríferos motivó la afluencia de mineros extranjeros, a lo que se opuso el presidente del Transvaal, Pablo Kruger, contra el cual intervino militarmente Gran Bretaña. Vencedora ésta en la guerra de los bóeres (1899), en 1909 se creó con las colonias de El Cabo, Natal, Transvaal y el Est. Libre de Orange la Unión Sudafricana como dominio. En 1961 éste, debido a su política racial, se retiró del Commonwealth y proclamó la república.

SUDAFRICANO, NA. adj. Natural del África del Sur. Ú.t.c.s. ‖ Perteneciente a esta parte de África.

SUDAMÉRICA. *Geog.* Nombre con que se denomina a la América del Sur.

SUDAMERICANO, NA. adj. Natural de Sudamérica o América del Sur. Ú.t.c.s. ‖ Perteneciente o relativo a esta parte de América.

SUDAMINA. f. *Pat.* Erupción cutánea de pequeñas vesículas, llenas de un líquido acuoso, que aparece en el curso de enfermedades febriles o después de una profusa sudación. ‖ deriv.: **sudaminal.**

SUDÁN. *Geog.* Vasta región de África central, al S. O. del Sahara. Es un terreno llano, poco accidentado, limitado al O. y al E. por montañas y abarca las cuencas del Níger y del Nilo. La región oriental constituye la rep. independiente de Sudán y la occidental la Rep. del Malí. ‖ **República de —.** Rep. independiente del N. E. de África, sit. entre Etiopía, Egipto, Uganda, Zaire y el Sahara. 2.505.813 km². 16.950.000 h. Principal productor mundial de goma arábiga. Algodón, oro, hierro, sal. Cap. KHARTUM (o JARTUM). Fue condominio angloegipcio hasta que se declaró independiente el 19 de diciembre de 1955, y fue proclamada oficialmente república el 1º de enero de 1956.

SUDANÉS, SA. adj. Natural del Sudán. Ú.t.c.s. ‖ Perteneciente a esta región de África.

SUDANTE. p. a. de **Sudar.** Que suda. Ú.t.c.s.

SUDAR. al. **Schwitzen.** fr. **Suer.** ingl. **To perspire; to sweat.** ital. **Sudare.** port. **Suar.** (Del lat. *sudare.*) intr. Exhalar el sudor. Ú.t.c.tr. ‖ fig. Destilar las plantas o sus frutos gotas de un jugo. Ú.t.c.tr. *Ya están* SUDANDO *las castañas que pusiste al fuego.* ‖ Destilar agua a través de sus poros las cosas impregnadas de humedad. SUDA *la alcarraza.* ‖ fig. y fam. Trabajar con afán o fatiga. ‖ tr. Empapar en sudor. *Ya* SUDÉ *hoy dos camisas.* ‖ Dar una cosa, especialmente de mala gana. *Me hizo* SUDAR *la mitad de las ganancias.* ‖ deriv.: **sudadora.**

SUDARIO. al. **Leichentuch.** fr. **Suaire.** ingl. **Shroud.** ital. **Sudario.** port. **Sudário.** (Del lat. *sudárium.*) m. Lienzo que se pone sobre el rostro de los difuntos o en que se envuelve todo el cuerpo. ‖ **Santo sudario.** Sábana con que fue cubierto el cuerpo de Cristo al ser bajado de la cruz.

SUDATORIO, RIA. adj. Sudorífico.

SUDBURY. *Geog.* Ciudad del Canadá, en la prov. de Ontario. 45.000 h. Explotaciones de cobre y níquel.

SUDERMANN, Germán. *Biog.* Escritor al., uno de los más caracterizados representantes de las tendencias naturalistas y sociológicas en la literatura de la época. Sus dramas *Honor; Magda; El fin de Sodoma,* etc., fueron muy representados, pero son de mayor vuelo sus novelas: *La mujer gris; El sendero de los gatos; El molino silencioso,* etc. (1857-1928).

SUDESTADA. f. *Arg.* Viento, casi siempre acompañado de lluvia persistente que viene del Sudeste.

SUDESTE. m. Punto del horizonte entre el Sur y el Este, a igual distancia de ambos. sinón.: **Sueste.** ‖ Viento que sopla de esta parte.

SUDETES. m. pl. *Hist.* Nombre dado a los alemanes establecidos en Bohemia, Moravia y Silesia. El territorio que ocupaban fue anexado a Alemania por el Pacto de Munich (1938), hecho que marca una de las causas de la segunda Guerra Mundial. Ú.t.c.adj.

SUDETES, Montes. *Geog.* Cadena montañosa de Europa central, sit. entre Polonia y Checoslovaquia, al N. E. de la región de Bohemia. Culmina en el monte Schneekoppe a los 1.603 m.

SUDOESTE. m. Punto del horizonte entre el Sur y el Oeste, a igual distancia de ambos. ‖ Viento que sopla de esta parte.

SUDÓN, NA. adj. *Col., Cuba, Chile* y *Méx.* Sudoroso.

SUDOR. al. **Schweiss; Schwitzen.** fr. **Sueur.** ingl. **Perspiration; Sweat.** ital. **Sudore.** port. **Suor.** (Del lat. *súdor, -oris.*) m. Líquido claro excretado por las glándulas sudoríparas de la piel. sinón.: **resudor, transpiración, trasudor.** ‖ fig. Jugo que sudan las plantas. ‖ Gotas que destilan las cosas que contienen humedad. sinón.: **exudación.** ‖ Trabajo y fatiga. *La crianza de los hijos cuesta muchos* SUDORES. ‖ pl. Curación que se hace en los enfermos aplicándoles medicinas que los hagan sudar en abundancia. ‖ IDEAS AFINES: *Secreción, perspiración, desodorante, anhidrosis.*

SUDORIENTO, TA. adj. Sudado, humedecido con el sudor.

SUDORÍFERO, RA o **SUDORÍFICO, CA.** adj. Dícese del medicamento que hace sudar. Ú.t.c.s.m. sinón.: **diaforético.**

SUDORÍPARO, RA. (Del lat. *sudor, -oris,* y *párere,* parir, producir.) adj. *Anat.* Dícese de la glándula o folículo que segrega el sudor.

SUDOROSO, SA. adj. Que está sudando mucho. ‖ Que es muy propenso a sudar.

SUDOSO, SA. adj. Que tiene sudor. *Manchó el libro con sus manos* SUDOSAS.

SUDRA. m. Dígase **zudra.**

SUDRE DARTIGUENAVE. *Biog.* Pol. haitiano, presidente de la República de 1915 a 1922.

SUDSUDESTE. m. Punto del horizonte que media entre el Sur y el Sudeste. ‖ Viento que sopla de esta parte.

SUDSUDOESTE. m. Punto del horizonte que media entre el Sur y el Sudoeste. ‖ Viento que sopla de esta parte.

SUDUESTE. m. *Mar.* Sudoeste.

SUÉ, Eugenio. *Biog.* Escritor fr. que alcanzó inmensa popularidad con sus novelas folletinescas de atisbos sociales; *Los misterios de París; El judío errante; Los siete pecados capitales,* etc. (1804-1857).

SUECA. *Geog.* Ciudad del E. de España (Valencia), sit. sobre el río Júcar. 20.000 h. Cultivos de arroz, frutas.

SUECIA. *Geog.* Reino independiente de Europa septentrional que ocupa la zona E. de la pen. Escandinava. Está limitado por Finlandia, Noruega, el mar Báltico y el Kattegat, que lo separa de Dinamarca. Su territorio, de 449.964 km²., es montañoso en la región occidental; hacia el E. es llano y presenta gran cantidad de ríos, entre ellos el Torne y lagos como Mälar, el Vättern, etc. El clima es frío al N. y E., mientras que al S. es marítimo. La base de su economía es la explotación forestal. La agricultura y ganadería son intensivas debido a la diversidad de climas. Explotación de hierro, carbón, cobre, arsénico. Fabricación de motores, material telegráfico, automóviles, aviones, etc. Industria química, celulosa, papel, maderas. Tiene 16.640 km. de vías férreas y 90.409 km. de carreteras. 8.260.000 h. Cap. ESTOCOLMO. C. principales: Göteborg, Malmö, Hälsingborg, Norrköping, etc. ‖ *Hist.* Dividida en pequeños reinos hasta el s. X, en 1397 integró la unión escandinava, con Dinamarca y Noruega; en 1448 intentó independizarse, pero sólo lo logró en 1523 con Gustavo Vasa, coronado rey de Suecia. Intervino en la guerra de los Treinta Años y en 1810 el mariscal fr. Juan Bautista Bernadotte, que actuó junto a Napoleón, fue coronado como Carlos XIV e inauguró la actual dinastía. Desde entonces, reinaron en Suecia: Carlos XIV (1818-1844); Oscar I (1844-1859); Carlos XV (1859-1872); Oscar II (1872-1907): Gustavo V (1907-1950); Gustavo VI (1950-1973) y Carlos XVI, desde 1973 hasta el presente. Desde 1814 hasta 1905, los reyes de Suecia lo fueron, también, de Noruega, país que recuperó su independencia en la última fecha citada. Durante las dos guerras mundiales, Suecia mantuvo su neutralidad.

SUECO, CA. (Del lat. *suecus.*) adj. Natural de Suecia. Ú.t.c.s. ‖ Perteneciente a esta nación. ‖ m. Idioma sueco, uno de los dialectos del nórdico. ‖ **Hacerse uno el sueco.** frs. fig. Desentenderse de una cosa; simular que no se entiende. *Me largó unas indirectas, pero me hice el* SUECO.

SUEGRA. al. **Schwiegermutter.** fr. **Belle-mère.** ingl. **Mother-in-law.** ital. **Suocera.** port. **Sogra.** (Del lat. *socra.*) f. Madre del marido respecto de la mujer, o de la mujer respecto del marido. sinón.: **madre política, señora.** ‖ Parte más delgada de la rosca del pan.

SUEGRO. al. **Schwiegervater.** fr. **Beau-père.** ingl. **Father-in-law.** ital. **Suocero.** port. **Sogro.** (Del lat. *sócerus.*) m. Padre del marido respecto de la mujer, o de la mujer respecto del marido. sinón.: **padre político, señor.**

SUELA. al. **Sohle.** fr. **Semelle.** ingl. **Sole.** ital. **Suola.** port. **Sola.** (Del lat. *sólea.*) f. Parte del calzado que toca al suelo. ‖ Cuero vacuno curtido. ‖ Pedazo de cuero que se adhiere a la punta del taco de billar. ‖ Lenguado, pez. ‖ Zócalo, cuerpo inferior de un edificio. ‖ fig. Madero que se pone debajo de un tabique para levantarlo. ‖ pl. En algunas órdenes religiosas, sandalias. ‖ **Media suela.** Pieza de cuero con que se remienda el calzado y que cubre la planta desde el enfranque a la punta. ‖ **De siete suelas.** expr. fig. y fam. Fuerte, sólido; muy notable en su línea. *Bribón de* SIETE SUELAS.

SUELAZO. m. *Amér. del S.* Batacazo, golpe dado contra el suelo.

SUELDA. f. *Bot.* Consuelda.

SUELDACOSTILLA. f. Planta europea de la familia de las liliáceas, con bohordo central y raíz de varios bulbos. sinón.: **vicarios.**

SUELDO. al. **Lohn; Gehalt.** fr. **Sou; appointements.** ingl. **Pay; salary.** ital. **Soldo; paga; salario.** port. **Soldo.** (Del lat. *sólidus.*) m. Moneda antigua, de valor variable según los tiempos y países, igual a la vigésima parte de la libra respectiva. ‖ Remuneración asignada a una persona por el desempeño de un cargo o servicio profesional. sinón.: **estipendio, haber, honorarios, jornal, mensualidad, salario, soldada.** ‖ **A sueldo.** m. adv. Mediante una retribución determinada.

SUELO. al. **Boden; Erde; Grund.** fr. **Sol.** ingl. **Ground.** ital. **Suolo.** port. **Solo.** (Del lat. *sólum.*) m. Superficie de la tierra. *El* SUELO *de ese país es rico.* ‖ Terreno en que viven o pueden vivir las plantas. ‖ Asiento o poso que deja una materia líquida. ‖ Sitio o solar de un edificio. ‖ Superficie artificial que se hace para que el piso esté llano y resistente. sinón.: **pavimento.** ‖ Piso de un cuarto o vivienda. ‖ Cada uno de los altos o pisos en que se divide la altura de una casa. ‖ Territorio. *El* SUELO *nacional.* ‖ Casco de las caballerías. ‖ fig. Superficie inferior de algunas cosas. *El* SUELO *de la vasija.* ‖ Tierra o mundo. *Los sufrimientos de este bajo* SUELO. ‖ Término, fin. ‖ *Der.* Terreno destinado a plantas herbáceas, en oposición al arbolado. ‖ pl. Grano que queda en la era después de recoger la parva. ‖ Paja o grano que queda de un año a otro en los pajares o en los graneros. ‖ **Suelo natal.** Patria. ‖ **Besar el suelo.** frs. fig. y fam. Caerse al suelo de bruces. ‖ **Dar uno consigo en el suelo.** frs. Caerse en tierra.

SUELTA. f. Acción y efecto de soltar. *Hubo* SUELTA *de palomas.* ‖ Traba o maniota de las caballerías. ‖ Bueyes que se llevan desuncidos para remudar a los que van tirando de una carreta. ‖ Paraje a propósito para desuncir los bueyes. ‖ **Dar suelta** a uno. frs. fig. Permitirle que por breve tiempo se divierta o salga de su retiro.

SUELTAMENTE. adv. m. Con soltura. ‖ Espontánea, voluntariamente.

SUELTO, TA. (Del lat. *solutus.*) p. p. irreg. de **Soltar.** ‖ adj. Ligero, rápido, veloz. SUELTO *de movimientos.* ‖ Poco compacto, disgregado. *Tierra* SUELTA. ‖ Ágil o hábil en la ejecución de una cosa. *Es muy* SUELTO *en su oficio.* ‖ Libre, atrevido. *Hombre de lengua* SUELTA. ‖ Aplícase al que padece diarrea. *Anda* SUELTO *de vientre.* ‖ Refiriéndose al lenguaje, estilo, etc., fácil, fluido. *Escritor de estilo* SUELTO. ‖ Separado y que no hace juego con otras cosas ni conserva con ellas la unión debida. *Tomos* SUELTOS; *piezas* SUELTAS. ‖ Dícese de monedas fraccionarias de plata o calderilla. Ú.t.c.s.m. *Dinero* SUELTO. *Dame el* SUELTO *que tengas.* ‖ m. Escrito inserto en un periódico que no tiene la extensión del artículo ni es una simple gacetilla.

SUEÑO. al. **Schlaf; Traum.** fr. **Sommeil; somme; rêve; songe.** ingl. **Sleep; dream.** ital. **Sonno; sogno.** port. **Sono; sonho.** (Del lat. *somnus.*) m. Acto de dormir. sinón.: **dormida.** antón.: **vigilia.** ‖ Acto de representarse sucesos o especies en la fantasía del que duerme. sinón.: **ensueño.** ‖ Estos mismos sucesos o especies. ‖ Gana de dormir. *No puedo más de* SUEÑO. sinón.: **adormecimiento, somnolencia.** antón.: **desvelo.** ‖ Cierto baile indecoroso del siglo XVIII. ‖ Cosa fantástica carente de fundamento o razón. sinón.: **fantasía, ilusión, quimera.** ‖ **— dorado.** fig. Anhelo, ilusión halagüeña. Ú.t. en pl. ‖ **— eterno.** La muerte. ‖ **— pesado.** fig. El muy profundo. ‖ **Descabezar uno el sueño.** frs. fig. y fam. Quedarse dormido un breve rato sin acostarse en la cama. ‖ **Echar un sueño.** frs. fam. Dormir breve rato. ‖ **En sueños.** m. adv. Estando durmiendo. ‖ **Entre sueños.** m. adv.

Dormitando. || **En sueños.** || **Ni por sueño.** loc. adv. fig. y fam. con que se pondera que una cosa ha estado tan lejos de suceder o de hacerse que ni aun se ha ofrecido soñando. || IDEAS AFINES: *Insomnio, bostezos, cabeceos, estupefacientes adormecerse, roncar, letargo sonambulismo, Morfeo, pesadillas, despertarse, oniromancia tsetsé, tripanosomiasis.*

● **SUEÑO.** *Fisiol.* y *Psicol.* Como proceso reparador de las energías del organismo, en el **sueño**, imprescindible para el equilibrio de las funciones orgánicas, transcurre la tercera parte de la vida del adulto y la mitad de la vida del niño. Desde el punto de vista fisiológico, el **sueño** representa una inhibición de la actividad normal de determinadas zonas cerebrales, con predominio de las zonas subcorticales, que mantiene la vida vegetativa. Desde muy antiguo se conoce que la actividad psíquica no queda totalmente interrumpida durante el **sueño**, sino que más bien sufre una alteración cuantitativa y cualitativa. Poetas, magos y profetas se han referido en infinidad de oportunidades a la importancia prospectiva de determinados **sueños** (**sueños** de anunciación o premonitorios). Posteriormente, algunas corrientes psicológicas, especialmente el psicoanálisis, han esbozado una interpretación del proceso general del **sueño** en imágenes, y del significado de las mismas. Según Freud, el **sueño** es un producto de la actividad del inconsciente y tiene una finalidad o intención: realizar en forma disimulada las tendencias reprimidas del sujeto que duerme. En este sentido, el **sueño** es una vía de descarga de la energía psíquica y las imágenes oníricas adquieren el valor de símbolos que expresan el carácter de dichas energías. Lo que caracteriza al **sueño** es su libertad con respecto a la intervención de la conciencia y las sanciones de la censura, aunque se sabe que existe una sujeción relativa, que obliga a las tendencias reprimidas a adoptar formas simbólicas. El psicoanálisis reconoce en el **sueño** la existencia de un contenido aparente o manifiesto, es decir, las imágenes y representaciones, y de un contenido profundo o latente, verdadero significado del **sueño**. Los caracteres del **sueño** no guardan aparentemente relación lógica alguna y las imágenes pueden ser absurdas y oscuras. El psicoanálisis sostiene que existen procesos claramente identificables en la producción de las imágenes oníricas. Pero la interpretación de un **sueño** no puede hacerse aisladamente, sin conexión con el examen psicológico de las tendencias, angustias o deseos reprimidos del sujeto.

SUEÑO. *Mit.* Deidad griega, hermana de la Muerte.

SUEÑO DE UNA NOCHE DE VERANO, El. *Lit.* Obra de Shakespeare escrita alrededor de 1594, sortilegio teatral, comedia fantástica de singular gracia y belleza. || *Mús.* Composición de Félix Mendelssohn sobre la obra homón de Shakespeare. La obertura fue escrita en 1826.

SUERO. al. **Serum.** fr. **Sérum.** ingl. **Serum.** ital. **Siero.** port. **Soro.** (Del lat. *sérum.*) m. **Parte líquida de la sangre, de la linfa o del quilo que se separa del coágulo de estos humores, cuando salen del organismo.** || *Med.* **Suero** sanguíneo de animales inmunizados con bacterias o toxinas, que se emplea para producir la inmunidad pasiva o con fines curativos. || **– artificial.** *Med.* Solución salina inyectable de composición análoga al **suero** de la sangre. || **– de la leche.** Parte líquida que se separa al coagularse la leche. || deriv.: **suérico, ca.**

SUEROSO, SA. adj. Seroso.

SUEROTERAPIA. f. Procedimiento terapéutico que consiste en inyectar sueros medicinales para prevenir o curar ciertas enfermedades. sinón.: **seroterapia.** || deriv.: **sueroterápico, ca.**

SUERTE. al. **Los; Glück; Schicksal.** fr. **Sort; chance.** ingl. **Chance; luck.** ital. **Sorte; fortuna.** port. **Sorte.** (Del lat. *sors, -sortis.*) f. Encadenamiento de los sucesos, considerado como fortuito o casual. *Todo se debió a la* SUERTE. sinón.: **fortuna.** || Circunstancia de ser, por pura casualidad, favorable o adverso lo que ocurre. *Tu frase ha tenido buena* SUERTE; *yo soy hombre de mala* SUERTE. sinón.: **sombra.** || **Suerte** favorable. *Llegarás si tienes* SUERTE. || Casualidad a que se deja librada la resolución de una cosa *!Que lo decida la* SUERTE*!* || Dícese especialmente del sorteo que se hace para designar los mozos que han de cumplir el servicio militar. || Aquello que ocurre o puede ocurrir para bien o para mal de personas o cosas. *!Quién sabe lo que nos deparará la* SUERTE! || Estado, condición. *Hay que mejorar la* SUERTE *de los trabajadores.* || Cualquiera de ciertos medios casuales empleados para adivinar lo por venir. || Género o especie de una cosa. *En esta tienda hay toda* SUERTE *de artículos.* sinón.: **clase.** || Manera de hacer una cosa. *Eso se hace de esta* SUERTE. || En contraposición al azar en los dados y otros juegos, puntos con que se gana o acierta. || Cada uno de los actos de la lidia ejecutados por el diestro. Dícese especialmente de cada uno de los tercios en que se divide la lidia. SUERTE *de varas.* || Parte de tierra de labor, delimitada de otra u otras. || Con los números ordinales *primera, segunda*, etc., calidad respectiva de los géneros o de otra cosa. || Billete de lotería. || *Arg.* Carne, en el juego de la taba. || *Impr.* Conjunto de tipos fundidos en una misma matriz. || **Caerle** a uno **en suerte** una cosa. frs. Corresponderle por sorteo. || Sucederle alguna cosa por designio providencial. || **De suerte que.** frs. conjunt. que indica consecuencia y resultado, sinón.: **de manera, de modo.** || **Echar suertes, o a suerte.** frs. Valerse de medios fortuitos para resolver una cosa. || Repartir alguna cosa por sorteo. || **Repetir la suerte.** frs. fam. Reincidir. || **Tocarle** a uno **en suerte** una cosa. frs. **Caerle en suerte.** || IDEAS AFINES: *Hado, golpe de la fortuna, juego de azar, ruleta, a la buena ventura, gitana, amuleto.*

SUERTERO, RA. adj. *Amér.* Afortunado, dichoso. || m. *Perú* y *Guat.* Vendedor de billetes de lotería.

SUERTUDO, DA. al. **Glückskind.** fr. **Heureux.** ingl. **Lucky.** ital. **Fortunato.** port. **Afortunado.** adj. *Arg., Chile, Perú* y *Urug.* Afortunado, persona de suerte.

SUESTADA. f. *Arg.* Sudestada.

SUESTE. m. Sudeste. || *Mar.* Sombrero impermeable de ala angosta y levantada por delante y ancha y caída por detrás.

SUETER. m. Jersey.

SUETONIO TRANQUILO, Cayo. *Biog.* Cél. historiador romano, autor de *Retóricos ilustres; Vidas de los Césares y de los Varones Ilustres*, y otras obras notables (s. II).

SUEVIA. *Geog. histór.* Antigua región montañosa de Alemania que abarcaba parte de Baden, Württemberg, Baviera, Suiza y Alsacia.

SUÉVICO, CA. adj. Perteneciente o relativo a los suevos.

SUEVO, VA. (Del lat. *suevus.*) adj. Natural de Suevia. Ú.t.c.s. || Aplícase al individuo perteneciente a una liga de varias tribus germánicas que, en el s. III, vivía en el territorio comprendido entre los ríos Rin, Danubio y Elba, y a comienzos del V invadió las Galias, pasando al noroeste de España, donde se radicó. Ú.m.c.s. y en pl.

SUEZ. *Geog.* Ciudad y puerto de Egipto, sit. en el golfo de igual nombre, sobre el mar Rojo, 270.000 h., con los suburbios. || **Canal de –.** Canal del N. E. de África, en Egipto, que se extiende a lo largo del istmo hom. desde Port. Saíd, en el mar Mediterráneo, hasta **Suez,** sobre el mar Rojo. Este canal sin esclusas fue construido por el ingeniero francés Fernando de Lesseps a base de los proyectos del ingeniero italiano Negrelli. Las obras comenzaron en 1859 y fue inaugurado el 17 de noviembre de 1869. Tiene 168 km. de largo, entre 45 y 100 m. de ancho y la profundidad alcanza 12 m. Desde 1888 es neutral y por él pueden navegar embarcaciones de todas las nacionalidades; estuvo bajo dominio británico durante setenta y cuatro años, hasta el 13 de junio de 1956, día en que se izó la bandera egipcia en el canal. En diciembre de 1956, ante una invasión franco-británica-israelí, el gobierno inutilizó esta vía de comunicación, pero en febrero de 1957 el tráfico fue reanudado. En el año 1937 habían pasado por él 5.877 buques, cantidad que mermó durante la segunda Guerra Mundial; en 1954 lo transitaron 13.215 barcos. || **Golfo de –.** Profunda escotadura de la costa occidental de la pen. de Sinaí, sobre el mar Rojo. || **Istmo de –.** Franja de tierra que se extiende entre el mar Mediterráneo y el golfo de ese nombre. Separa a Asia de África y está cortado por el canal homónimo.

SUFETE. (Del lat. *suffes, -etis.*) m. Cada uno de los dos magistrados supremos de Cartago y de otras repúblicas fenicias.

SUFFOLK. *Geog.* Antigua región de Gran Bretaña, al S.E. de Inglaterra, sobre el mar del Norte, que a partir de 1888 fue dividida administrativamente en **Suffolk del Este** con 2.255 km², y 381.000 h.,y **Suffolk del Oeste** con 1.627 km² y 165.000 h. Agricultura, ganadería, pesca, maquinarias agrícolas. Cap. IPSWICH.

SUFÍ. (De ár. *çufí.*) adj. Sectario o partidario del sufismo. Ú.t.c.s. sinón.: **sofí.**

SUFICIENCIA. (Del lat. *sufficientia.*) f. Capacidad, aptitud, idoneidad. *Para proveer los cargos sólo se debe atender a la* SUFICIENCIA *y moralidad de los aspirantes.* antón.: **ineptitud, insuficiencia.** || **A suficiencia.** m. adv. Bastantemente.

SUFICIENTE. (Del lat. *sufficiens, -entis.*) adj. Bastante para lo que se necesita. antón.: **insuficiente.** || Apto, idóneo, capaz. antón.: **inepto, incapaz.**

SUFICIENTEMENTE. adv. m. De un modo suficiente.

SUFIJO, JA. al. **Nachsilbe; Suffix.** fr. **Suffixe.** ingl. **Suffix.** ital. **Siffisso.** port. **Sufixo.** (Del lat. *suffixus*, p. p. de *suffígere*, fijar.) adj. *Gram.* Aplícase al afijo que va pospuesto. v. gr. *reír*SE. *bébe*LO. Ú.m.c.s.m. sinón.: **posfijo, postfijo.**

SUFISMO. (De *sufí.*) m. Doctrina mística mahometana. sinón.: **sofismo.**

SUFISTA. adj. Dícese del que profesa el sufismo. Ú.t.c.s.

SUFOCAR. tr. y r. Sofocar. || deriv.: **sufocación; sufocador, ra; sufocante; sufoco.**

SUFRA. (De *azofra.*) f. Correón que sostiene las varas y se apoya en el sillín de la caballería de tiro. sinón.: **zafra.**

SUFRAGÁNEO, A. (De *sufragar.*) adj. Que depende de la jurisdicción y autoridad de alguno. || V. **Obispo sufragáneo.** Ú.t.c.s. || Perteneciente a la jurisdicción del obispo **sufragáneo.**

SUFRAGAR. (Del lat. *suffragare.*) tr. Ayudar o favorecer. || Costear, satisfacer. SUFRAGÓ *los gastos.* sinón.: **pagar.** || intr. *Amér.* Votar a un candidato. || deriv.: **sufragable; sufragación; sufragador, ra; sufragamiento.**

SUFRAGANTE. p. a. de **Sufragar.** Que sufraga o vota.

SUFRAGIO. al. **Wahlrecht.** fr. **Suffrage.** ingl. **Suffrage.** ital. **Suffragio.** port. **Sufrágio.** (Del lat., *suffrágium.*) m. Ayuda, favor o socorro. || Obra buena que se aplica por las almas del purgatorio. *Mandó decir una misa en* SUFRAGIO *del alma de su padre.* || Voto, parecer o manifestación de la voluntad de uno. *Solicitó los* SUFRAGIOS *de sus compañeros.* || Sistema electoral para proveer cargos. *En el* SUFRAGIO *se muestra la voluntad popular.* || pl. Consuetas. Ú.t. en sing. || **– restringido.** Aquel en que sólo votan los ciudadanos que tienen ciertas condiciones. || **– universal.** Aquel en que tienen derecho al voto todos los ciudadanos, salvo excepciones. || IDEAS AFINES: *Democracia, elecciones, partidos políticos, fraude, libreta de enrolamiento, padrones electorales, voto.*

SUFRAGISMO. m. Sistema político que concede a la mujer el derecho de sufragio.

SUFRAGISTA. adj. Partidario del voto femenino. Ú.m.c.s.f.

SUFRIBLE. adj. Que se puede sufrir.

SUFRIDERA. (De *sufrir.*) f. Pieza de hierro, con un agujero central, que los herreros ponen debajo de la que quieren horadar con el punzón.

SUFRIDERO, RA. adj. Sufrible.

SUFRIDO, DA. adj. Que sufre resignadamente. *Hombre* SUFRIDO *en las adversidades.* sinón.: **resignado, paciente.** || Dícese del marido consentidor. Ú.t.c.s. sinón.: **consentido.** || Aplícase al color que disimula la suciedad. *El gris obscuro es muy* SUFRIDO.

SUFRIDOR, RA. adj. y s. Que sufre.

SUFRIENTE. p. a. de **Sufrir.** Que sufre.

SUFRIMIENTO. al. **Leiden; Erdulden.** fr. **Souffrance.** ingl. **Suffering.** ital. **Sofferenza.** port. **Sofrimento.** m. Paciencia, resignación con que se sufre una cosa. || Padecimiento, dolor, pena.

SUFRIR. al. **Leiden; dulden.** fr. **Souffrir.** ingl. **To suffer.** ital. **Soffrire.** port. **Sofrer.** (Del lat. *sufferre.*) tr. Padecer, sentir. || Recibir con resignación un daño físico o moral. Ú.t.c.r. SUFRIÓ *los males que Dios le envió; no se puede* SUFRIR *tal vejación.* sinón.: **resignarse.** || Sostener, resistir, llevar un peso. || Aguantar, tolerar, soportar. *No he de* SUFRIRTE *lo que no* SUFRI *a nadie.* || Permitir, consentir. *No he de* SUFRIR *que me desobedezcas.* || Pagar, satisfacer por medio de la pena. SUFRIÓ *largos años de prisión por su delito.* || Oprimir la parte de una pieza de madera o de hierro opuesta a aquella en que se golpea.

SUFUMIGACIÓN. (Del lat. *suffumigatio, -onis.*) f. *Med.* Sahumerio que se hace recibiendo el humo.

SUFUSIÓN. (Del lat. *suffusio, -onis.*) f. *Pat.* Cierta enfermedad de los ojos, especie de cataratas. || Imbibición en las capas dérmicas o bajo las mucosas de un líquido extravasado o patológico.

SUGER. *Biog.* Sacerdote fr., llamado por sus compatriotas "el padre de la patria". Fue consejero de dos reyes: Luis VI y Luis VII (1082-1152).

SUGERENCIA. f. Insinuación, inspiración, idea que se sugiere.

SUGERENTE. p. a. de **Sugerir.** Que sugiere.

SUGERIDOR, RA. adj. y s. Que sugiere.

SUGERIR. al. **Anraten; vorschlagen.** fr. **Suggérer.** ingl. **To suggest.** ital. **Suggerire.** port. **Sugerir.** (Del lat. *suggérere.*) tr. Hacer entrar en el ánimo de alguien una idea o especie. *Le* SUGIRIÓ *el modo de hacerlo.* sinón.: **insinuar, inspirar.** || irreg. Conj. como **sentir.** || deriv.: **sugerible; sugerimiento.**

SUGESTIÓN. (Del lat. *suggestio, -onis.*) f. Acción de sugerir. sinón.: **insinuación, inspiración, sugerencia.** || Especie sugerida. *Las* SUGESTIONES *del pecado.* || Acción y efecto de sugestionar. || IDEAS AFINES: *Alusión, eufemismo, reticencia, signo, símbolo, musa, tácito.*

SUGESTIONABLE. adj. Fácil de ser sugestionado. || deriv.: **sugestionabilidad.**

SUGESTIONADOR, RA. adj. Que sugestiona.

SUGESTIONAR. al. **Beeinflussen.** fr. **Suggestionner.** ingl. **To influence.** ital. **Influenzare.** port. **Influir.** (De *sugestión.*) tr. Inspirar una persona a otra hipnotizada palabras o actos involuntarios. || Dominar la voluntad de una persona, haciéndola obrar en determinado sentido. *La* SUGESTIONA *de tal suerte, que logra de ella cuanto quiere.* || r. Experimentar sugestión.

SUGESTIVO, VA. (Del lat. *suggestus*, acción de sugerir.) adj. Que sugiere. || deriv.: **sugestivamente; sugestividad.**

SUHARTO. *Biog.* General indonesio, pres. de la República en 1968-1973 y reelegido para 1973-1978.

SUICIDA. al. **Selbstmörder.** fr. **Suicidé.** ingl. **Suicide; self-murder.** ital. **Suicida.** port. **Suicida.** com. Persona que se suicida. || adj. fig. Dícese del acto o la conducta que perjudica o destruye al propio agente. || IDEAS AFINES: *Cianuro, revólver, carta, juez; Werther, Cleopatra, harakiri.*

SUICIDARSE. al. **Selbsmord begehen.** fr. **Se suicider.** ingl. **To commit suicide.** ital. **Suicidarsi.** port. **Suicidar-se.** r. Quitarse violenta y voluntariamente la vida.

SUICIDIO. al. **Selbstmord.** fr. **Suicide.** ingl. **Suicide.** ital. **Suicidio.** port. **Suicídio.** (Voz formada a semejanza de *homicidio*, del lat. *sui*, de sí mismo y *caédere*, matar.) m. Acción y efecto de suicidarse.

SUIDO. adj. *Zool.* Dícese de los ungulados paquidermos de pequeño tamaño y patas delgadas provistas de cuatro dedos, como el jabalí y el cerdo. Ú.t.c.s.m. ‖ m. pl. *Zool.* Familia de estos animales.

SUI GÉNERIS. expr. lat. que significa *de su género* y que se emplea en castellano para denotar que la cosa a que se aplica es de un género singular o peculiar. *El amoníaco tiene un olor* SUI GÉNERIS. ‖ Empléase también para denotar que una cosa tiene carácter original o estrafalario. *Ésa es una opinión* SUI GÉNERIS. ‖ Se usa con frecuencia en sentido irónico: *Son caridades* SUI GÉNERIS *las de esa señora; siempre redundan en su propio beneficio.*

SUINDÁ. m. *Arg.* Especie de lechuza.

SUIPACHA. *Geog.* Población de la Rep. Argentina, al N.E. de la provincia de Buenos Aires. 9.500 h. Producción de cereales.

SUIPACHA, Batalla de. *Hist.* Victoria del ejército arg. a las órdenes de Antonio González Balcarce sobre las tropas realistas, el 7 de noviembre de 1810 en el lugar hom. del dep. de Potosí, Bolivia.

SUITA. f. *Hond.* Planta gramínea que se usa como forrajera y para cubrir la techumbre de las casas.

SUITE. (Voz francesa.) f. Antigua composición musical que comprendía una serie de danzas, generalmente escritas en el mismo tono. ‖ Serie de piezas musicales que guardan cierta relación entre sí.

SUITE BRASILEÑA. *Mús.* Obra de Alberto Nepomuceno publicada en 1896. En ella, el autor afirmó sus tendencias de artista nacionalista que buscó en el folklore de su tierra y en sus paisajes, la inspiración que luego transformó en música.

SUIZA. (De *suizo.*) f. Antigua diversión militar, imitación de simulacros y ejercicios bélicos. ‖ Soldadesca festiva, vestida a semejanza de los antiguos tercios de infantería. ‖ fig. Contienda, riña entre dos bandos. sinón.: **zuriza.** ‖ fig. Disputa en juntas y certámenes. ‖ *Amér. Central* y *Cuba.* Juego de la comba. ‖ *Amér. Central, Cuba, Ec.* y *Ven.* Zurra, paliza.

SUIZA. *Geog.* Estado republicano de Europa central limitado por Francia, la Rep. Federal de Alemania, Liechtenstein, Austria e Italia. Su territorio, de 41.295 km², presenta un paisaje montañoso formado por los Alpes, hacia el Sur y el Este, y por el Jura hacia el N.O. Entre ambos, la gran meseta suiza. Su clima es frío, con nieves abundantes y lluvias que superan los 1.200 mm. anuales. Los ríos que riegan el suelo de Suiza son de origen alpino: Rin, su afl. el Aar; Tesino, Srin, Ródano, etc. Los lagos, que son de origen tectónico y glaciario, están dispersos por todo el territorio y son Constanza, Ginebra, Cuatro Cantones, Neuchatel, Zurich, etc. Se cultiva trigo, cebada, centeno, remolacha azucarera. La ganadería está muy desarrollada y de igual forma las industrias derivadas. No posee riqueza mineral, pero la energía hidroeléctrica, ampliamente desarrollada, da lugar a una gran industria: maquinarias, instrumentos de precisión, industria textil y química. El turismo también es una gran fuente de recursos. Posee 5.483 km. de vías férreas que la comunican con todos los países vecinos y los principales puertos. Políticamente está dividida en 25 cantones con 6.330.000 h. Cap. BERNA. C. principales: Zurich, Basilea, Ginebra, Lausana, etc. ‖ *Hist.* Habitada antiguamente por los helvecios, al ser invadida por los francos fue dividida en cantones y pequeños Estados que integraron el imperio de Carlomagno. En 1648 el Tratado de Westfalia reconoció a la Confederación de cantones como Estado soberano e independiente y en 1798 se proclamó la rep. El Congreso de Viena devolvió a **Suiza** territorios anexados a Francia y aprobó el Pacto Federal, reemplazado en 1848 por una constitución substituida en 1874 por la actual. **Suiza** se mantuvo neutral durante las dos Guerras Mundiales.

SUIZO, ZA. adj. Natural de Suiza. Ú.t.c.s. sinón.: **esguízaro, helvecio, helvético.** ‖ Perteneciente a esta nación. ‖ m. El que formaba parte de la Suiza. sinón.: **zoizo.** ‖ Persona que secunda ciegamente a otro. *Le obedece como un* SUIZO. ‖ Bollo especial de harina, huevo y azúcar.

SUJECIÓN. (Del lat. *subiectio, -onis.*) f. Acción de sujetar. ‖ Unión con que una cosa se halla sujeta. sinón.: **atadura, ligadura, traba.** ‖ *Ret.* Figura que consiste en que el orador o el escritor haga preguntas a que él mismo responde. ‖ Anticipación o prolepsis.

SUJETADOR, RA. adj. y s. Que sujeta.

SUJETAPAPELES. m. Pinza para sujetar papeles. ‖ Instrumento de otra forma destinado al mismo objeto.

SUJETAR. (Del lat. *subiectare,* intens. de *subiícere,* poner debajo.) tr. Someter al dominio de alguno. Ú.t.c.r. *Se* SUJETA *a los caprichos de su esposa.* ‖ Afirmar o contener una cosa con la fuerza. *No cayó el armario, porque logró* SUJETARLO. ‖ **Atar, ligar.** *Los* SUJETÓ *con una cuerda.* ‖ deriv.: **sujetable.**

SUJETO, TA. al. **Subjekt; Person; Stzgegenstand.** fr. **Sujet.** ingl. **Subject.** ital. **Individuo; soggetto.** port. **Sujeito.** (Del lat. *subiectus.*) p. p. irreg. de **Sujetar.** ‖ adj. Expuesto o propenso a una cosa. ‖ m. Asunto o materia sobre que se habla o escribe. *No sé cuál será el* SUJETO *de su disertación.* ‖ Persona innominada, especialmente cuando se la alude despectivamente. *Hay* SUJETOS *que creen tales cosas.* sinón.: **individuo, prójimo, tipo, socio.** ‖ *Fil.* El espíritu humano considerado en oposición al mundo externo. ‖ *Gram.* Substantivo o palabras que hagan sus veces, con que se indica la persona o cosa de la cual se dice algo. ‖ *Lóg.* Ser del cual se predica alguna cosa.

SUJO, JA. s. desp. *Chile.* Sujeto, un cualquiera.

SUKARNO, Achmed. *Biog.* Estadista indonesio, pres. de la República desde 1945 hasta 1967, en que fue remplazado por el general Suharto (1901-1970).

SUKENIK, Eleadar. *Biog.* Arqueólogo israelí, descubridor de importantes manuscritos bíblicos (1889-1953).

SULA. f. *Zool.* Género de aves palmípedas de largo pico y plumaje blanco de que es tipo el alcatraz común o sula loca. ‖ Pez acantopterigio del Atlántico Norte, pequeño y de color plateado.

SULCAR. tr. poét. Surcar.

SULCO. m. ant. Surco. Ú. en algunas regiones de España y América y en poesía.

SULFAMIDA. f. Cada uno de los productos que constituyen un grupo de medicamentos orgánicos derivados del azufre, de uso en medicina para combatir enfermedades microbianas.

● **SULFAMIDA.** *Med.* Descubierta en 1908, la **sulfamida** sólo comenzó a usarse en la terapéutica de las infecciones bacterianas humanas un cuarto de siglo después, para adquirir, con el correr del tiempo y tras investigaciones cada vez más minuciosas, el carácter de enemigo implacable de la infección y aliado extraordinario del médico en su lucha por la salud. La **sulfamida** produce un retardo de crecimiento de los gérmenes y permite a los leucocitos actuar eficazmente contra ellos (acción bacteriostática). La **sulfamida** es absorbida por el tubo digestivo en grado variable y su tolerancia es, en general, buena. Los síntomas de intolerancia pueden ir desde las náuseas y erupciones cutáneas, hasta trastornos del medio sanguíneo, y deben ser atentamente vigilados por el médico. En los últimos tiempos, se ha comenzado a prescribir, en el tratamiento de las infecciones, productos en los cuales se encuentran asociadas varias **sulfamidas.** Aumenta así la eficacia de la droga, disminuye su toxicidad y las posibilidades de intolerancia son menores.

SULFATACIÓN. f. Sulfatado.

SULFATADO, DA. adj. Que contiene sulfato. ‖ m. Acción y efecto de sulfatar.

SULFATADOR, RA. adj. Que sulfata. Ú.t.c.s. ‖ s. Máquina para sulfatar.

SULFATAR. tr. Impregnar o bañar con un sulfato alguna cosa. SULFATAR *las maderas, las vides.*

SULFATILLO. m. *Hond.* Planta de flores moradas y pequeñas, en panoja.

SULFATO. (Del lat. *sulphur,* azufre.) m. *Quím.* Sal o éster de ácido sulfúrico.

SULFHÍDRICO, CA. (Del lat. *sulphur,* azufre, y del gr. *hýdor,* agua.) adj. *Quím.* Perteneciente o relativo a las combinaciones del azufre con el hidrógeno.

SULFILAR. (Del fr. *surfiler.*) tr. Galicismo por **sobrehilar.**

SULFITO. (Del lat. *sulphur,* azufre.) m. *Quím.* Sal o éster del ácido sulfuroso.

SULFONAL. (Del lat. *sulphur,* azufre.) m. *Quím.* Substancia cristalina, incolora, inodora e insípida, poco soluble en agua. Empleada durante algún tiempo como hipnótico, se ha substituido por los derivados del ácido barbitúrico (veronal, etc.)

SULFURAR. (Del lat. *súlphur,* azufre.) tr. Combinar un cuerpo con el azufre. ‖ fig. Irritar, encolerizar. Ú.m.c.r. SE SULFURA *a la menor contradicción.* ‖ deriv.: **sulfurabilidad; sulfurable; sulfuración.**

SULFÚREO, A. adj. Sulfúrico.

SULFÚRICO, CA. adj. Perteneciente o relativo al azufre. ‖ Que tiene azufre. ‖ fig. *Ec.* Irascible

SULFURO. al. **Sulfid.** fr. **Sulfure.** ingl. **Sulphide.** ital. **Solfuro.** port. **Sulfureto.** (Del lat. *súlphur,* azufre.) m. *Quím.* Cuerpo que resulta de la combinación del azufre con un metal o algún metaloide. ‖ Sal del ácido sulfhídrico.

SULFUROSO, SA. (Del lat. *sulphurosus.*) adj. Sulfúreo. ‖ m. *Quím.* Que participa de las propiedades del azufre.

SULKY. m. Carruaje liviano de dos ruedas, generalmente con un solo asiento, tirado por un caballo.

SULPICIANO, ÑA. adj. Dícese del individuo que pertenece a la congregación de San Sulpicio, fundada en París, en 1641. Ú.t.c.s. ‖ Perteneciente o relativo a dicha congregación.

SULTÁN. al. **Sultan.** fr. **Sultan.** ingl. **Sultan.** ital. **Sultano.** port. **Sultão.** (Del ár. *çoltán,* soberano.) m. Príncipe o gobernador mahometano. Este título lo llevaron los emperadores de los turcos y lo llevan hoy los soberanos de estados mahometanos. sinón.: **soldán.** ‖ fig. y fam. Dícese del hombre que obtiene los favores de muchas mujeres a la vez. *Como es buen mozo, se ha hecho un* SULTÁN.

SULTANA. f. Mujer del sultán, o la que goza de igual consideración. ‖ Embarcación principal que usaban los turcos en la guerra. ‖ *Bol.* Infusión que se prepara con la película del café.

SULTANATO. m. Sultanía.

SULTANÍA. f. Territorio sujeto a un sultán.

SULTÁNICO, CA. adj. Perteneciente al sultán o a la potestad del mismo. *Poder* SULTÁNICO.

SULTEPEC. *Geog.* Población de la región central de México, en el Est. de este nombre. 4.500 h. Yacimientos de oro, plata, plomo.

SULÚ, Islas. *Geog.* Archipiélago de Filipinas, situado al S.O. de la isla de Mindanao. Constituye una provincia. 2.812 km². 430.000 h. Cap. JOLÓ.

SULLA. f. Planta herbácea, vivaz, que se cultiva para forraje. Gén. *Hedysarum coronarium,* leguminosa.

SULLANA. *Geog.* Ciudad del N.O. de Perú en el dep. de Piura. 29.000 h. Industria textil, hulla.

SULLIVAN, Luis. *Biog.* Arquitecto estad. que en los últimos años del s. XIX inició la aplicación de la estructura de acero en la construcción de rascacielos (1856-1924).

SULLY, Jaime. *Biog.* Psicólogo ingl., autor de *Sensación e intuición; El espíritu humano; Estudios sobre la infancia,* etc. Rebatió la exclusividad del método experimental y consideró a la psicología la primera de las ciencias morales (1842-1923). ‖ – **Tomás.** Pintor ingl. que residió en Estados Unidos. Consumado retratista, es autor de *Washington pasando el Delaware* y otros cuadros de próceres (1783-1872). ‖ – **PRUDHOMME, Renato Francisco Armando.** Fil. y poeta fr. que en 1901 recibió el premio Nobel de Literatura. Adscripto a la tendencia parnasiana, tomó de ella la impecable perfección formal, sumándole intimidad e intensidad. Así, su obra, inicialmente lírica en libros como *Estancias y poemas; Los destinos; La naturaleza de las cosas,* etc., evolucionó después a la especulación filosófica pura; *Psicología del libre arbitrio; Mi testamento filosófico,* etc. (1839-1907).

SUMA. al. **Summe; Addition.** fr. **Somme; Addition.** ingl. **Sum; amount; addition.** ital. **Somma; Addizione.** port. **Soma.** (Del lat. *summa.*) f. Agregado de muchas cosas, y especialmente de dinero. *Es una* SUMA *de perfecciones; le costó una buena* SUMA. ‖ Acción y resultado de sumar. sinón.: **adición.** ‖ Lo más importante de una cosa. ‖ Recopilación de todas las partes de una ciencia o facultad. sinón.: **compendio, resumen.** ‖ *Chile. Der.* Extracto de lo que se pide en un escrito presentado a la autoridad y que va al principio del mismo. ‖ *Álg.* y *Arit.* Cantidad equivalente a dos o más homogéneas. ‖ **En suma.** m. adv. **En resumen.**

SUMACA. (Del hol. *smak.*) f. Embarcación pequeña y planuda de dos palos, usada en el Brasil.

SUMADOR, RA. adj. y s. Que suma.

SUMAMENTE. adv. m. En sumo grado.

SUMANDO. (De *sumar.*) m. *Mat.* Cada una de las cantidades que han de añadirse unas a otras para formar la suma. antón.: **sustraendo.**

SUMAPAZ. *Geog.* Nombre que recibe la cordillera oriental de los Andes colombianos, que está separada de la cordillera central por el valle del río Magdalena. Culmina en el nevado de Chita a los 5.493 m. de altura.

SUMAR. al. **Zusammenzählen; addieren.** fr. **Additionner.** ingl. **To add.** ital. **Sommare.** port. **Somar.** (Del lat. *summare,* de *summa,* suma.) tr. Recopilar, compendiar una materia. ‖ *Mat.* Reunir en una sola varias cantidades homogéneas. sinón.: **adicionar.** antón.: **restar.** ‖ Componer varias cantidades una total. *Estas partidas* SUMAN *50.000 pesos.* sinón.: **ascender a, importar, montar, subir a, totalizar.** ‖ r. fig. Agregar uno a un grupo o adherirse a una doctrina u opinión. ‖ **Suma y sigue.** frs. que indica que la operación de la suma comenzada en una página continúa en la siguiente. ‖ frs. fig. y fam. con que se denota la continuación o repetició de una cosa.

SUMARIA. (De *sumario.*) f. *For.* Proceso escrito. ‖ En el procedimiento criminal militar, sumario, actuaciones con que se prepara un juicio.

SUMARIAL. adj. *For.* Perteneciente o relativo al sumario o a la sumaria.

SUMARIAMENTE. adv. m. De un modo sumario. ‖ *For.* Con trámites abreviados.

SUMARIAR. tr. *For.* Someter a uno a sumaria.

SUMARIO, RIA. (Del lat. *summarius.*) adj. Reducido a compendio; breve. *Narración* SUMARIA. ‖ *For.* Aplícase al juicio civil en que se prescinde de ciertos trámites. ‖ m. Resumen, compendio. sinón.: **suma.** ‖ *For.* Conjunto de actuaciones que tienen por objeto preparar el juicio criminal.

SUMARÍSIMO, MA. adj. super. de **Sumario.** ‖ *For.* Dícese de los juicios de tramitación brevísima.

SUMATRA. *Geog.* Isla de Indonesia situada al S.O. de la pen. de Malaca y separada de ésta por el estrecho de este nombre. 473.607 km². 12.900.000 h. Forma parte de la Rep. de Indonesia y produce arroz, café, azúcar, petróleo, hulla, oro.

SUMBA. *Geog.* Isla de Indonesia, sit. al S.O. de la de Flores (Islas Menores de la Sonda). Pertenece a la Rep. de Indonesia. 11.153 km². 195.000 h. Ganado, algodón, sándalo.

SUMBAVA. *Geog.* Isla del archipiélago de la Sonda situada al O. de la de Flores que forma parte de la Rep. de Indonesia. Es de origen volcánico y tiene 14.737 km². y 170.000

h. Arroz, tabaco, explotación forestal.

SUMERGIBLE. adj. Que se puede sumergir. antón.: **insumergible.** ‖ m. Buque sumergible.

SUMERGIMIENTO. m. Sumersión.

SUMERGIR. al. **Untertauchen.** fr. **Submerger.** ingl. **To submerge; to sink; to plounge.** ital. **Sommergere.** port. **Submergir.** (Del lat. *submérgere.*) tr. y r. Meter una cosa debajo de un líquido. antón.: **emerger.** ‖ fig. Abismar, hundir. SUMERGIDO *en el vicio.* ‖ deriv.: **sumergente; sumergidor, ra.**

SUMERIO, RIA. adj. Dícese del individuo de un pueblo antiquísimo de Mesopotamia que inventó la escritura cuneiforme y dio un gran impulso a la cultura de la región. Ú.t.c.s.m. y en pl. ‖ Perteneciente o relativo a este pueblo.

SUMERSIÓN. (Del lat. *sumersio, -onis.*) f. Acción y efecto de sumergir o sumergirse. *Asfixia por* SUMERSIÓN. sinón.: **inmersión.** antón.: **emergencia.** ‖ IDEAS AFINES: *Zambullirse, nadar, bucear, calambre, ahogarse, primeros auxilios, respiración artificial, pulmotor; submarino, batisfera.*

SUMIDAD. (Del lat. *súmmitus, -atis.*) f. Ápice o extremo superior de una cosa.

SUMIDERO. m. Conducto o canal por donde se sumen las aguas. ‖ *Perú* y *P. Rico.* Pozo negro. ‖ *P. Rico.* Tremedal.

SUMILLER. (Del fr. *sommelier*, chambelán.) m. Jefe o superior en varias oficinas y ministerios del palacio de los reyes de España.

SUMILLERÍA. f. Oficina del sumiller. ‖ Ejercicio y cargo de sumiller.

SUMINISTRABLE. adj. Que puede o debe suministrarse.

SUMINISTRACIÓN. f. Suministro.

SUMINISTRADOR, RA. (Del lat. *subministrátor.*) adj. y s. Que suministra. sinón.: **abastecedor, proveedor.**

SUMINISTRAR. al. **Liefern.** fr. **Fournir.** ingl. **To supply; to furnish.** ital. **Somministrare; provvedere.** port. **Subministrar.** (Del lat. *subministrare.*) tr. Proveer a alguno de algo que necesita. SUMINISTRÓ *a las tropas víveres y diversos utensilios.* sinón.: **abastecer, aprovisionar, proveer, surtir.**

SUMINISTRO. m. Acción y efecto de suministrar. ‖ Provisión de víveres o utensilios para las tropas, presos, etc. Ú.m. en pl.

SUMIR. al. **Versenken.** fr. **Plonger.** ingl. **To sink.** ital. **Sommergere.** port. **Sumir.** (Del lat. *súmere.*) tr. Hundir o meter debajo de la tierra o del agua. Ú.t.c.r. SE SUMIÓ *en el antro.* ‖ Tomar, consumir el sacerdote en la misa. ‖ fig. Sumergir, abismar. Ú.t.c.r. SE SUMIÓ *en tristes reflexiones.* ‖ r. Hundirse o formar una concavidad anormal una parte del cuerpo, como la boca o el pecho. *Al perder la dentadura,* SE LE SUMIÓ *la boca.*

SUMISAMENTE. adv. m. Con sumisión.

SUMISIÓN. al. **Unterwerfung; Ergebenheit.** fr. **Soumission.** ingl. **Submission.** ital. **Sommessione.** port. **Submissão.** (Del lat. *submissio, -onis.*) f. Acción y efecto de someter o someterse. ‖ Rendimiento u obsequiosa urbanidad. ‖ *For.* Acto por el cual uno se somete a otra jurisdicción. ‖ IDEAS AFINES: *Feudo, vasallaje, pleitesía, esclavitud, capitular, doblar la rodilla.*

SUMISO, SA. (Del lat. *submissus,* p. p. de *submittere,* someter.) adj. Obediente, subordinado. ‖ Rendido, sometido. ‖ Dócil y respetuoso.

SUMISTA. adj. Referente a la suma o compendio. ‖ com. Persona diestra en sumas y otras cuentas. ‖ m. Autor que escribe sumas de alguna o algunas facultades. ‖ Moralista principiante o poco docto, que ha aprendido por sumas la teología moral.

SUMMANUS. *Mit.* Dios de origen sabino que adoraron los romanos; representaba al cielo de noche y al rayo.

SÚMMUM. (Voz latina.) m. El colmo, lo sumo.

SUMNER, Jacobo Batcheller. *Biog.* Notable químico estad. que descubrió la "cristalizabilidad de las enzimas", señalando el proceso por el cual el fermento soluble llega a cristalizarse. En 1946 recibió el premio Nobel de Química en unión de J. H. Northrop y W. M. Stanley (1887-1955).

SUMO, MA. (Del lat. *summus.*) adj. Supremo, altísimo, sin superior. ‖ fig. Grandísimo, enorme. SUMA *ignorancia.* ‖ **A lo sumo.** m. adv. A lo más. ‖ Cuando más, si acaso. ‖ **De sumo.** m. adv. Entera y cabalmente.

SUMÓSCAPO. (Del lat. *summus*, elevado, superior, y *scapus*, tallo.) m. *Arq.* Parte saliente en que termina el fuste de la columna.

SÚMULAS. (Del lat. *súmmula*, dim. de *summa*, suma.) f. pl. Compendio o sumario que contiene los principios elementales de la lógica.

SUMULISTA. m. El que enseña súmulas. ‖ El que las estudia.

SUMULÍSTICO, CA. adj. Perteneciente o relativo a las súmulas.

SUMY. *Geog.* Ciudad de la U.R.S.S., en Ucrania, situada al N.O. de Kharkov. 165.000 h. Industria textil y maquinarias agrícolas.

SUNCIÓN. (Del lat. *sumptio, -onis.*) f. Acción de sumir o consumir el sacerdote.

SUNCHALES. *Geog.* Población de la Rep. Argentina, en el O. de la Prov. de Santa Fe. 6.000 h. Molinos harineros.

SUNCHO. m. Zuncho. ‖ *Arg.* y *Chile.* Chilca. ‖ *Bol.* Aster de flores amarillas.

SUNCHO CORRAL. *Geog.* Población de la Rep. Argentina, en la prov. de Santiago del Estero. 3.600 h. Cultivos de algodón.

SUND. *Geog.* Estrecho que une el Kattegat con el mar Báltico, separando el extremo meridional de Suecia de la isla dinamarquesa de Seeland.

SUNDERLAND. *Geneal.* Familia ingl. que ejerció gran influencia en la política en los siglos XVII y XVIII.

SUNDERLAND. *Geog.* Ciudad del E. de Gran Bretaña (Inglaterra), en el condado de Durham. 217.000 h. Importante puerto sobre el mar del Norte. Astilleros, carbón, industria metalúrgica y química. Cristalería.

SUNDSVALL. *Geog.* Ciudad y puerto del E. de Suecia, sobre el golfo de Botnia. 94.000 h. Maderas.

SUNGARI. *Geog.* Río de Asia oriental que recorre el territorio de Manchuria y des. en el río Amur después de 1.280 km. de curso.

SUNTUARIO, RIA. (Del lat. *sumptuarius.*) adj. Relativo o perteneciente al lujo. *Leyes* SUNTUARIAS.

SUNTUOSAMENTE. adv. m. Con suntuosidad.

SUNTUOSIDAD. al. **Pracht.** fr. **Somptuosité; Magnificence.** ingl. **Magnificence.** ital. **Suntuosità.** port. **Suntuosidade.** f. Calidad de suntuoso.

SUNTUOSO, SA. (Del lat. *sumptuosus.*) adj. Magnífico, costoso, lujoso. *Morada* SUNTUOSA. ‖ Dícese de la persona magnífica en sus gastos y porte.

SUN YAT SEN. *Biog.* Pol. chino considerado el fundador de la Rep. Tuvo actuación preponderante en la revolución de 1911 y al año siguiente fue proclamado presid. de la Rep. de Nankín, cargo que los opositores le obligaron a dejar. En 1917 volvió a asumir dicho cargo y gestionó el acercamiento de Nankín y de Pekín. Su política fue continuada por Chiang-Kai-Shek (1866-1925).

SUÑOL, Jerónimo. *Biog.* Escultor esp., autor de notables obras: *Sepulcro del General O'Donnell; Cristóbal Colón,* etc. Fue uno de los renovadores del arte escultórico en su país (1840-1902).

SUPEDÁNEO, NEA. (Del lat. *suppedáneum.*) adj. Que se aplica a las plantas de los pies. ‖ m. Especie de peana, estribo o apoyo.

SUPEDITACIÓN. (Del lat. *suppeditatio, -onis.*) f. Acción y efecto de supeditar.

SUPEDITAR. (Del lat. *suppeditare.*) tr. Sujetar, oprimir con vigor o violencia. *Fue* SUPEDITADO *por, o de, sus rivales.* ‖ fig. Avasallar, dominar. Ú.t.c.r. ‖ *Amér.* Subordinar hacer depender, condicionar. Ú.t.c.r. *El convenio queda* SUPEDITADO *a la aprobación de la superioridad.* ‖ deriv.: **supeditable; supeditador, ra; supeditamiento.**

SÚPER. (Del lat. *súper.*) prep. insep. que significa **sobre,** y denota preeminencia, como en SUPER*hombre*; grado sumo, como en SUPER*eminente*; o demasía, como en SUPER*erogación.* ‖ adj. fam. y fest. Excelente, muy bueno. *Vino, jamón* SÚPER.

SUPERABLE. (Del lat. *superábilis.*) adj. Que se puede superar o vencer.

SUPERABUNDANCIA. (Del lat. *super-abundantia.*) f. Abundancia muy grande. sinón.: **plétora, sobreabundancia;** antón.: **escasez, inopia.**

SUPERABUNDANTE. (Del lat. *superabundans, -antis.*) p. a. de **Superabundar.** Que superabunda. sinón.: **sobreabundante.**

SUPERABUNDANTEMENTE. adv. m. Con superabundancia. *Adujo argumentos* SUPERABUNDANTEMENTE.

SUPERABUNDAR. (Del lat. *superabundare.*) intr. Abundar extremadamente. rebosar.

SUPERACIÓN. f. Acción y efecto de superar.

SUPERÁDDITO, TA. (Del lat. *superádditus.*) adj. p. us. Añadido a una cosa.

SUPERANTE. p. a. de **Superar.** Que supera.

SUPERAR. al. **Übertreffen; überwinden.** fr. **Surpasser.** ingl. **To surpass; to excel.** ital. **Superare; oltrepassare.** port. **Superar.** (Del lat. *superare.*) tr. Sobrepujar, exceder, vencer. SUPERÓ *a sus rivales;* SUPERÓ *todos los inconvenientes.* ‖ deriv.: **superador, ra; superativo, va.**

SUPERÁVIT. m. En el comercio, exceso del haber sobre el debe, y en la administración pública exceso de los ingresos sobre los gastos. No admite plural.

SUPERCILIAR. (Del lat. *supercílium*, sobreceja.) adj. *Anat.* Relativo a la región de la sobreceja.

SUPERCONDUCCIÓN. f. *Fís.* Superconductividad.

SUPERCONDUCTIVIDAD. f. *Fís.* Fenómeno que ocurre en algunos metales enfriados a temperaturas próximas al cero absoluto, que permite que una corriente eléctrica siga circulando en forma indefinida por un anillo metálico, aun después de haber sido retirada la fuente de energía eléctrica.

SUPERCONDUCTOR, RA. adj. *Fís.* Relativo a la superconductividad o que la posee. Ú.t.c.s.

SUPERCHERÍA. al. **Betrug.** fr. **Supercherie.** ingl. **Fraud.** ital. **Soperchieria; soverchieria.** port. **Fraude.** (Del ital. *soperchieria.*) f. Engaño, dolo, fraude.

SUPERCHERO, RA. adj. Que usa de supercherías. Ú.t.c.s.

SUPERDOMINANTE. f. *Mús.* Sexta nota de la escala diatónica.

SUPERDOTADO, DA. adj. Dícese de la persona cuyas dotes intelectuales son superiores a las corrientes. Ú.t.c.s. *Alumno* SUPERDOTADO. antón.: **infradotado.**

SUPEREMINENCIA. (Del lat. *supereminentia.*) f. Elevación o eminente grado.

SUPEREMINENTE. (Del lat. *supereminens, -entis.*) adj. Muy elevado.

SUPERENTENDER. (Del lat. *superinténdere.*) tr. Inspeccionar, vigilar, gobernar. ‖ irreg. Conj. como **entender.**

SUPEREROGACIÓN. (Del lat. *supererogatio, -onis.*) f. Acción ejecutada sobre o además de los términos de la obligación.

SUPEREROGATORIO, RIA. adj. Relativo a la supererogación.

SUPERESTRUCTURA. f. Parte superior de una construcción. ‖ *Mar.* Conjunto de construcciones que están sobre la cubierta de un buque.

SUPERFEROLÍTICO, CA. adj. fam. Excesivamente delicado, fino, primoroso. *Joven* SUPERFEROLÍTICO; *palabras* SUPERFEROLÍTICAS.

SUPERFETACIÓN. (Del lat. *superfoetare;* de *súper,* sobre, y *foetos* feto.) f. Fecundación sucesiva de los óvulos correspondientes a distinto período menstrual; fecundación de un óvulo en una mujer ya embarazada.

SUPERFICIAL. (Del lat. *superficialis.*) adj. Perteneciente o relativo a la superficie. *Extensión* SUPERFICIAL. ‖ Que está o se queda en ella. *Herida* SUPERFICIAL. ‖ fig. Aparente, sin solidez. *Erudición* SUPERFICIAL. ‖ Frívolo, insubstancial, sin fundamento. *Mujer* SUPERFICIAL.

SUPERFICIALIDAD. al. **Oberflächlichkeit.** fr. **Superficialité.** ingl. **Superficiality.** ital. **Superficialità.** port. **Superficialidade.** f. Calidad de superficial, frivolidad, falta de solidez.

SUPERFICIALMENTE. adv. m. fig. De un modo superficial. *Trató del asunto* SUPERFICIALMENTE.

SUPERFICIARIO, RIA. (Del lat. *superficiarius.*) adj. *Der.* Aplícase al que tiene el uso de la superficie, o percibe los frutos de la finca ajena, pagando una cantidad anual al dueño de ella.

SUPERFICIE. al. **Oberfläche; Fläche.** fr. **Surface.** ingl. **Surface.** ital. **Superficie.** port. **Superfície.** (Del lat. *superficies.*) f. Límite o término de un cuerpo. ‖ *Geom.* Extensión en que sólo se consideran dos dimensiones que son: longitud y latitud. ‖ **– alabeada.** La reglada que no es desarrollable, es decir, aquella en que dos posiciones sucesivas cualesquiera de su generatriz no se cortan. ‖ **– cilíndrica.** La engendrada por una recta que se mueve cortando constantemente a una línea y conservándose paralela a sí misma. ‖ **– cónica.** Aquella cuya generatriz es una recta que pasa siempre por un punto y se apoya constantemente sobre una línea. El punto y la línea son las directrices. ‖ **– curva.** La que no es plana, ni compuesta de superficies planas. ‖ **– de onda.** En un movimiento ondulatorio, la **superficie** formada por los puntos que, en un momento dado, se hallan a igual distancia de sus respectivas posiciones de equilibrio. ‖ **– de revolución.** Aquella cuya generatriz gira alrededor de una recta del espacio (eje), de manera que sus puntos describan circunferencias, de centros en el eje, y cuyos planos sean perpendiculares al mismo. ‖ **– desarrollable.** La reglada que se puede extender sobre un plano sin que sufra pliegues ni fracturas, como la cilíndrica y la cónica. ‖ **– esférica.** La de la esfera. ‖ **– plana.** La que puede contener una línea recta en cualquier posición. ‖ **– reglada.** Aquella cuya generatriz es una recta.

SUPERFINO, NA. adj. Muy fino.

SUPERFLUAMENTE. adv. m. Con superfluidad.

SUPERFLUENCIA. f. Abundancia grande.

SUPERFLUIDAD. al. **Überflüssigkeit.** fr. **Superfluité.** ingl. **Superfluity.** ital. **Superfluità.** port. **Superfluidade.** (Del lat. *superflúitas, -atis.*) f. Calidad de superfluo. ‖ Cosa superflua.

SUPERFLUO, FLUA. (Del lat. *superfluus.*) adj. Innecesario, que está de más. *Gastos* SUPERFLUOS.

SUPERFOSFATO. m. Fosfato ácido de cal que se emplea como abono, y en general todo abono que contiene ácido fosfórico en forma fácilmente asimilable.

SUPERGÁS. m. Hidrocarburo gaseoso que se obtiene de la destilación del petróleo y sus derivados. Envasado en recipientes adecuados, se distribuye para uso industrial y doméstico.

SUPERHETERODINO. adj. Dícese del sistema usado en radiorreceptores modernos según el cual la onda recibida es acoplada con otra proveniente de un oscilador local (heterodino). Como resultado de este acoplamiento surge una tercera onda cuya frecuencia, denominada *intermedia*, es la diferencia de las correspondientes a las dos primeras y es además de un valor fijo, característico del receptor. Aplicando esta onda de frecuencia intermedia a circuitos eléctricos de gran amplificación, se obtienen receptores de alta sensibilidad y selectividad. ‖ m. Aparato que emplea este sistema.

SUPERHOMBRE. al. **Übermensch.** fr. **Surhomme.** ingl. **Superman.** ital. **Superuomo.** port. **Super-homem.** m. Tipo de hombre muy superior a los demás. ‖ Ser superior al hombre actual, tipo ideal a que se supone tiende la Humanidad en su evolución selectiva.

SUPERHUMERAL. (Del lat. *superhumerale.*) m. Efod. ‖ Banda que usa el sacerdote para tener la custodia, la patena o las reliquias.

SUPERINTENDENCIA. f. Suprema administración en un ramo. sinón.: **sobreintendencia.** ‖ Cargo y jurisdicción del superintendente. ‖ Su oficina.

SUPERINTENDENTE. com. Persona a cuyo cargo está la dirección suprema de una cosa.

SUPERIOR. al. **Höher; oberer; Vorsteher.** fr. **Supérieur.** ingl. **Superior.** ital. **Superiore.** port. **Superior.** (Del lat. *supérior, -oris.*) adj. Dícese de lo que está más alto y en lugar preeminente respecto de otra cosa. *El piso, la grada* SUPERIOR. ‖ fig. Dícese de lo más excelente y digno, respecto de otras cosas de menos bondad y estimación. *Ahora sus propósitos son* SUPERIORES. Que excede a otras cosas en virtud, fuerza o prendas. *Le es* SUPERIOR *en méritos.* ‖ Excelente, muy bueno. *Vino* SUPERIOR. ‖ *Geog.* Dícese de ciertos países o lugares que están en la parte alta de las cuencas de los ríos diferenciándolos así de los que se hallan en la parte baja de las mismas. ‖ m. El que dirige una congregación o comunidad, especialmente religiosa. ‖ Persona que tiene autoridad sobre otra. *Obedezca a su* SUPERIOR.

SUPERIOR. *Geog.* Lago de la región central de América del Norte que forma parte de los Grandes Lagos y está sit. en el límite entre EE.UU. y Canadá. 83.300 km².

SUPERIORA. f. La que dirige una congregación o comunidad, principalmente religiosa. sinón.: **priora.**

SUPERIORATO. m. Empleo o dignidad de superior o superiora. ‖ Tiempo que dura.

SUPERIORIDAD. f. Preeminencia o ventaja que tiene una persona o cosa respecto de otra. ‖ Persona o conjunto de personas de superior autoridad. *Elevó una solicitud a la* SUPERIORIDAD.

SUPERIORMENTE. adv. m. De modo superior. ‖ Por la parte superior o de arriba.

SUPERITAR. tr. vulg. *Ant., Col. y Chile.* Superar, sobrepujar, aventajar.

SUPERLACIÓN. f. Calidad de superlativo.

SUPERLATIVAMENTE. adv. m. En sumo grado; con exceso.

SUPERLATIVO, VA. al. **Superlativ.** fr. **Superlatif.** ingl. **Superlative.** ital. **Superlativo.** port. **Superlativo.** (Del lat. *superlativus.*) adj. Muy grande y excelente en su línea. ‖ *Gram.* V. **Adjetivo superlativo.** Ú.t.c.s.m. Ú.t.c.s.m.

SUPERNO, NA. (Del lat. *supernus.*) adj. Supremo o más alto. Úsase en poesía y en estilo elevado.

SUPERNUMERARIO, RIA. (Del lat. *supernumerarius.*) adj. Que excede o está fuera del número establecido. *Profesor* SUPERNUMERARIO. ‖ s. Empleado que trabaja en una oficina pública pero no figura en la plantilla.

SUPERPOBLACIÓN. f. Exceso de población en un país o territorio. ‖ deriv.: **superpoblado, da.**

SUPERPONER. (Del lat. *superpónere.*) tr. y r. Sobreponer, poner encima. ‖ irreg. Conj. como **poner.**

SUPERPRODUCCIÓN. f. Sobreproducción.

SUPERREALISMO. m. Surrealismo.

SUPERREALISTA. adj. Surrealista.

SUPERSATURAR. tr. *Quím.* Saturar un líquido excediendo los límites comunes de la saturación. ‖ deriv.: **supersaturación.**

SUPERSÓNICO, CA. adj. Dícese de la velocidad mayor que la del sonido, y de los aparatos, proyectiles, etc., que la alcanzan. ‖ m. Avión que se mueve a velocidad **supersónica.**

SUPERSTICIÓN. al. **Aberglaube.** fr. **Superstition.** ingl. **Superstition.** ital. **Superstizione.** port. **Superstição.** (Del lat. *superstitio, -onis.*) f. Creencia extraña a la fe religiosa y contraria a la razón. *Es* SUPERSTICIÓN *creer que el martes es día nefasto.* ‖ Creencia ridícula y llevada al fanatismo en materia religiosa. ‖ Culto o veneración que se da indebidamente. ‖ IDEAS AFINES: *Idolatría, totemismo, tabú, hechicería, amuleto, buenaventura, cábala, mal de ojo; incredulidad.*

SUPERSTICIOSAMENTE. adv. m. Con superstición.

SUPERSTICIOSO, SA. adj. Perteneciente o relativo a la superstición. ‖ Persona que tiene esa creencia. Ú.t.c.s.

SUPÉRSTITE. (Del lat. *superstes, -titis.*) adj. *Der.* Superviviente. *Cónyuge* SUPERSTITE; sinón.: **sobreviviente.**

SUPERESTRUCTURA. f. Superestructura.

SUPERVACANEO, A. (Del lat. *supervacaneus.*) adj. p. us. Superfluo.

SUPERVENCIÓN. (Del lat. *supervéntum.*) f. *Der.* Acción y efecto de sobrevenir nuevo derecho.

SUPERVENIENCIA. f. Acción y efecto de supervenir.

SUPERVENIENTE. p. a. de **Supervenir.** Que superviene.

SUPERVENIR. (Del lat. *supervenire.*) intr. Sobrevenir. ‖ irreg. Conj. como **venir.**

SUPERVIELLE, Julio. *Biog.* Literato urug. que escribió en francés. Con la misma depuración estética ha cultivado el género lírico y el narrativo, influido por el expresionismo y el surrealismo. Obras: *Poemas del humor triste; Bolívar; El hombre de la pampa,* etc. (1884-1960).

SUPERVISAR. (Del lat. mod. *supervisus,* p. p. de *supervídere,* superentender.) tr. Inspeccionar, vigilar, dirigir. *Está encargado de* SUPERVISAR *esos trabajos.* ‖ deriv.: **supervisión; supervisor, ra.**

SUPERVIVENCIA. f. Acción y efecto de sobrevivir. ‖ Gracia que se concede a uno para que goce una renta o pensión después de haber fallecido el que la disfrutaba.

SUPERVIVIENTE. (Del lat. *supervivens, -entis.*) adj. y s. Sobreviviente.

SUPINACIÓN. f. Posición de una persona tendida sobre el dorso, o de la mano con la palma hacia arriba ‖ Movimiento del antebrazo por el que la palma de la mano se hace superior o anterior. antón.: **pronación.**

SUPINADOR, RA. adj. Dícese de lo que contribuye a la supinación o que la efectúa. ‖ Aplícase a los dos músculos que llevan al antebrazo y la mano en supinación. Ú.t.c.s.m.

SUPINO, NA. (Del lat. *supinus.*) adj. Que está tendido sobre el dorso. *Decúbito* SUPINO; antón.: **prono.** ‖ Referente a la supinación. ‖ Dicho de ciertos estados de ánimo, acciones o cualidades, necio, estólido. *Ignorancia* SUPINA. ‖ m. Una de las formas nominales del verbo latino. ‖ deriv.: **supinidad.**

SÚPITO, TA. adj. Súbito. *Muerte* SÚPITA.

SUPLANTABLE. adj. Que puede ser suplantado.

SUPLANTACIÓN. (Del lat. *supplantatio, -onis.*) f. Acción y efecto de suplantar.

SUPLANTADOR, RA. (Del lat. *suplantátor, -oris.*) adj. y s. Que suplanta.

SUPLANTAR. al. **Verdrängen; ersetzen.** fr. **Supplanter.** ingl. **To supplant.** ital. **Soppiantare.** port. **Suplantar.** (Del lat. *supplantare.*) tr. Adulterar un escrito con palabras o cláusulas que alteren el sentido que antes tenía. ‖ Falsificar, defraudar. ‖ Ocupar con malas artes el lugar que corresponde a otro. *El curandero* SUPLANTÓ *sin éxito al médico.* ‖ *Amér.* Barbarismo por reemplazar, substituir. *Como el profesor está enfermo, le* SUPLANTO *yo.* ‖ deriv.: **suplantamiento; suplantatorio, ria.**

SUPLE. m. *Chile.* Suplemento, añadido de un madero que quedó corto. ‖ fig. Anticipo sobre sueldos o jornales.

SUPLEFALTAS. com. fam. Persona que suple faltas de otra.

SUPLEMENTAL. adj. p. us. Suplementario.

SUPLEMENTARIO, RIA. (De *suplemento.*) adj. Que sirve para suplir una cosa o completarla.

SUPLEMENTERO. adj. y s. *Chile.* Vendedor ambulante de periódicos.

SUPLEMENTO. al. **Beilage; Zuschlag.** fr. **Supplément.** ingl. **Supply; supplement.** ital. **Supplemento.** port. **Suplemento.** (Del lat. *suppleméntum.*) m. Acción y efecto de suplir. ‖ Complemento. ‖ Hoja o cuaderno que acompaña a un número ordinario de una publicación periódica, pero de texto independiente. SUPLEMENTO *ilustrado.* ‖ *Geom.* Ángulo que falta a otro para componer dos rectos. ‖ Arco de este ángulo. ‖ *Gram.* p. us. Modo de suplir con el verbo auxiliar *ser* la falta de una parte de otro verbo. *Oración de, o por,* SUPLEMENTO.

SUPLENCIA. f. Acción y efecto de suplir una persona a otra. ‖ Tiempo que dura esta acción.

SUPLENTE. p. a. de **Suplir.** Que suple. Ú.t.c.s. *Como se enfermó el delantero, hubo que recurrir a un* SUPLENTE.

SUPLETORIO, RIA. (Del lat. *suppletórium.*) adj. Dícese de lo que suple una falta.

SÚPLICA. al. **Gesuch; Bitte.** fr. **Supplique.** ingl. **Supplication.** ital. **Supplica.** port. **Súplica.** f. Acción y efecto de suplicar. sinón.: **ruego.** ‖ Escrito en que se suplica. ‖ *Der.* Cláusula final de un escrito dirigido a la autoridad en solicitud de una resolución. ‖ **A súplica.** m. adv. Mediante ruego o instancia.

SUPLICACIÓN. (Del lat. *supplicatio, -onis,* de *supplicare;* de *sub,* bajo y *plicare,* plegar.) f. Súplica. ‖ Barquillo estrecho en forma de canuto. ‖ Hoja delgada de masa de harina con azúcar y otros ingredientes, que sirve para hacer barquillos.

SUPLICACIONERO, RA. s. Persona que vendía suplicaciones, barquillero.

SUPLICANTE. (Del lat. *súplicans, -antis.*) p. a. de **Suplicar.** Que suplica. Ú.t.c.s.

SUPLICANTES, Las. *Lit.* La más antigua de las tragedias de Esquilo que se conservan, representada en Atenas entre 493 y 490 a. de C. De estructura muy simple, sirve para estudiar el origen de la tragedia. ‖ Tragedia de Eurípides representada en Atenas en 422 a. de C y una de las primeras obras de carácter político y pacifista.

SUPLICAR. al. **Bitten; flehen.** fr. **Supplier.** ingl. **To beg; to supplicate.** ital. **Supplicare.** port. **Suplicar.** (Del lat. *supplicare.*) tr. Rogar, pedir con humildad. SUPLICÓ *al amigo;* SUPLICÓ *por el acusado.* ‖ *For.* Recurrir contra el auto o sentencia del tribunal superior ante el mismo. SUPLICARÉ *de la sentencia.* ‖ deriv.: **suplicable; suplicador, ra; suplicamiento; suplicativo, va.**

SUPLICATORIA. (De *suplicar.*) f. *For.* Carta u oficio que pasa un tribunal o juez a otro superior.

SUPLICATORIO, RIA. adj. Que contiene súplica. ‖ m. *For.* Suplicatoria. ‖ *For.* Instancia que un juez o tribunal eleva al Congreso, pidiendo permiso para proceder en justicia contra alguno de los miembros de éste.

SUPLICIO. al. **Folter.** fr. **Supplice.** ingl. **Torture.** ital. **Supplizio.** port. **Suplício.** (Del lat. *supplícium,* súplica, ofrenda, tormento.) m. Lesión corporal, o muerte, que se inflige como castigo. *Fue condenado al* SUPLICIO. ‖ fig. Lugar donde el reo sufre este castigo. *Murió en el* SUPLICIO. ‖ Grave tormento o dolor físico o moral. *Vivir con él es un* SUPLICIO. ‖ **Último suplicio.** Pena capital. ‖ IDEAS AFINES: *Justicia, escarmiento, tortura, azote, crucifixión, picota, picana eléctrica, verdugo, patíbulo, garrote, Atahualpa.*

SUPLIDO. m. Anticipo hecho por cuenta y cargo de otra persona, en ocasión de mandato o trabajos profesionales. Ú.m. en pl.

SUPLIDOR, RA. adj. y s. Suplente.

SUPLIR. al. **Ergänzen; ersetzen.** fr. **Suppléer.** ingl. **To supply; to substitute.** ital. **Supplire.** port. **Suprir.** (Del lat. *supplere.*) tr. Cumplir o integrar lo que falta en una cosa, o remediar su carencia. *Yo* SUPLIRÉ *las lagunas de este escrito.* ‖ Ponerse en lugar de otro para hacer sus veces. *Le* SUPLIRÉ *en el trabajo;* sinón.: **reemplazar, substituir.** ‖ Disimular uno un defecto de otro. *El amor de mi madre* SUPLÍA *mis faltas.* ‖ *Gram.* Dar por supuesto lo que sólo está implícito en la oración o frase. *Aquí está* SUPLIDO *el verbo.* ‖ deriv.: **suplible; suplimiento.**

SUPONEDOR, RA. adj. Que supone una cosa que no es. Ú.t.c.s.

SUPONER. al. **Annehmen; Voraussetzen.** fr. **Supposer.** ingl. **To suppose.** ital. **Supporre.** port. **Supor.** (Del lat. *suppónere.*) tr. Dar por sentada y existente una cosa. SUPONGO *que tendremos vino.* Es incorrecto el uso reflexivo. *Me* SUPONGO *lo que contaría;* sinón.: **conjeturar, creer, figurarse, pensar, presumir.** ‖ Fingir o simular una cosa. *En esta obra se* SUPONEN *las travesuras de unos duendes.* ‖ Tener consigo, importar. *Eso* SUPONE *mucho trabajo;* sinón.: **implicar.** ‖ intr. Tener representación o autoridad en una comunidad. *Ese señor no* SUPONE *nada en esta sociedad.* ‖ m. fam. Suposición, conjetura. *No lo doy por cierto: es sólo un* SUPONER. ‖ deriv.: **suponente; suponible.**

SUPORTAR. (Del lat. *supportare.*) tr. Soportar. ‖ deriv.: **suportable; suportación.**

SUPOSICIÓN. al. **Annahme; Voraussetzung.** fr. **Supposition.** ingl. **Supposition.** ital. **Supposizione.** port. **Suposição.** (Del lat. *suppositio, -onis.*) f. Acción y efecto de suponer. ‖ Lo que se supone o da por sentado. sinón.: **conjetura, presunción, supuesto.** ‖ Autoridad, lustre, distinción. *Persona de* SUPOSICIÓN. ‖ Impostura o falsedad. ‖ *Lóg.* Acepción de un término en lugar de otro. ‖ IDEAS AFINES: *Postulado, hipótesis, tesis, teoría, hipotético; infundado, gratuito.*

SUPOSITICIO, CIA. (Del lat. *supposititius.*) adj. p. us. Fingido, supuesto, inventado.

SUPOSITIVO, VA. (Del lat. *suppositivus.*) adj. Que implica o denota suposición.

SUPOSITORIO. al. **Stuhlzäpfchen; Suppositorium.** fr. **Suppositoire.** ingl. **Suppository.** ital. **Suppositivo.** port. **Supositório.** (Del lat. *suppositorium.*) m. Forma medicamentosa sólida, preparada con una substancia fusible por el calor natural del cuerpo, destinada a ser introducida en una cavidad natural, recto, vagina o uretra. sinón.: **cala.**

SUPPÉ, Francisco von. *Biog* Compos. austríaco, autor de numerosas operetas, de una *Misa* y de la notable obertura *Poeta y aldeano,* que le dio celebridad mundial (1819-1895).

SUPRA. adv. latino que se usa como prefijo, con la significación de sobre, arriba, más allá. SUPRA*rrealismo;* SUPRA*rrenal.* antón.: **infra.**

SUPRACONDUCCIÓN. m. *Fís.* Superconducción.

SUPRACONDUCTIVIDAD. f. *Fís.* Superconductividad.

SUPRACONDUCTOR. adj. y s. *Fís.* Superconductor.

SUPRADICHO, CHA. adj. Sobredicho.

SUPRARREALISMO. m. Surrealismo. ‖ deriv.: **suprarrealista.**

SUPRARRENAL. adj. *Anat.* Situado encima de los riñones. *Cápsula* SUPRARRENAL.

SUPRASENSIBLE. adj. Dícese de lo que no puede ser percibido por los sentidos.

SUPRASPINA. (Del lat. *supra,* sobre, y *spina,* espinazo.) f. *Anat.* Fosa alta de la escápula.

SUPREMA. f. Consejo supremo de la Inquisición.

SUPREMACÍA. al. **Überlegenheit.** fr. **Suprématie.** ingl. **Supremacy.** ital. **Supremazia.** port. **Supremacia.** f. Grado supremo en cualquier línea. *Tiene la* SUPREMACÍA *en ese linaje de estudios.* ‖ Preeminencia, superioridad jerárquica.

SUPREMAMENTE. adv. m. De una manera suprema. ‖ Últimamente, hasta el fin.

SUPREMO, MA. al. **Oberster; höchster.** fr. **Supreme.** ingl. **Supreme.** ital. **Supremo.** port. **Supremo.** (Del lat. *supremus.*) adj. Altísimo. ‖ Que no tiene superior en su línea. sinón.: **sumo.** ‖ Último. *Instante* SUPREMO; sinón.: **postremo.**

SUPRESIÓN. al. **Aufhebung.** fr. **Suppression.** ingl. **Suppression.** ital. **Soppressione.** port. **Supressão.** (Del lat. *suppressio, -onis.*) f. Acción y efecto de suprimir.

SUPRESO, SA. (Del lat. *suppressus.*) p. p. irreg. de Suprimir.

SUPRESOR, RA. adj. Que suprime.

SUPRIMIR. al. **Aufheben.** fr. **Supprimer.** ingl. **To suppress.** ital. **Sopprimere.** port. **Suprimir.** (Del lat. *supprímere.*) tr. Hacer cesar, hacer desaparecer. *Suprimir una contribución.* ‖ Omitir, pasar por alto. SUPRIMIR DETALLES EN UN RELATO. ‖ deriv.: **supresivo, va; suprimente; suprimible; suprimidor, ra.**

SUPRIOR. m. El que hace las veces del prior.

SUPRIORA. f. Religiosa que hace las veces de la priora.

SUPRIORATO. m. Empleo de suprior o supriora.

SUPUESTO, TA. (Del lat. *suppósitud.*) p.p. irreg. de **Suponer.** || m. Objeto no expresado en la proposición, pero del cual depende la verdad de ella. || Hipótesis. *Ese es un* SUPUESTO *indemostrable.* || *Fil.* Todo ser que es principio de sus acciones. || *Der.* Presupuesto en que se explican las operaciones de una partición. || **Por supuesto.** m. adv. Ciertamente. || **Supuesto que.** m. conjunt., causal y continuativo. **Puesto que.**

SUPURACIÓN. f. Acción y efecto de supurar. sinón.: **purulencia.** || IDEAS AFINES: *Tumor, infección, virus, lavaje, antiséptico, desinfección, algodón, gasas, vendaje.*

SUPURANTE. p. a. de **Supurar.** Que supura o hace supurar.

SUPURAR. al. **Eitern; schwären.** fr. **Suppurer.** ingl. **To suppurate.** ital. **Suppurare.** port. **Supurar.** (Del lat. *suppurare.*) intr. Formar o echar pus. || deriv.: **supurable; supurador, ra.**

SUPURATIVO, VA. adj. Que tiene virtud de hacer supurar. Ú.t.c.s.m.

SUPURATORIO, RIA. adj. Que supura. || Originado por la supuración.

SUPUTACIÓN. f. p. us. Cómputo o cálculo.

SUPUTAR. (Del lat. *supputare.*) tr. p. us. Computar, calcular. SUPUTAR *la hora del eclipse.*

SUR. al. **Süden.** fr. **Sud.** ingl. **South.** ital. **Sud.** port. **Sul.** (De *sud.*) m. Punto cardinal del horizonte, diametralmente opuesto al Norte. Ú.t.c.adj. sinón.: **mediodía.** || Lugar de la Tierra o de la esfera celeste que cae del lado del polo antártico, respecto de otro con el cual se compara. || Viento que sopla de la parte austral del horizonte. sinón.: **austro, noto, astro.**

SUR. *Geog.* Departamento de Haití. 6.622 km². 740.170 h. Cap. LES CAYES. || Población y puerto del Líbano, sobre el Mediterráneo. 9.500 h. Es la antigua Tiro.

SURA. (Del ár. *cura.*) m. Cualquiera de los capítulos del Corán.

SURA. m. En la mitología de la India, dios tutelar.

SURA. (De *Surate*, villa del Indostán.) m. Tejido de seda flexible y fino.

SURABAYA. *Geog.* Ciudad y puerto de Indonesia, en la isla de Java. 1.560.000 h. con los suburbios. Exportaciones de café, azúcar, tabaco, algodón, caucho. Industrias

SURAKARTA. *Geog.* Ciudad de Indonesia, en la isla de Java. 176.000 h. Centro comercial.

SURAL. (Del lat. *sura*, pantorrilla.) adj. *Anat.* Perteneciente o relativo a la pantorrilla. *Músculo* SURAL.

SURAMERICANO, NA. adj. Natural de Suramérica o América del Sur. Ú.t.c.s. || Perteneciente o relativo a esta parte de América.

SURBANA. f. *Cuba.* Planta herbácea de la familia de las gramíneas, con flores violáceas.

SURCADOR, RA. adj. y s. Que surca.

SURCAR. al. **Durchfurchen; durchqueren.** fr. **Sillonner.** ingl. **To plow.** ital. **Solcare.** port. **Sulcar.** (Del ant. *sulcar.*) tr. Hacer surcos en la tierra. || Hacer rayas en una cosa semejantes a los surcos que se hacen en la tierra. *El llanto* SURCABA *sus mejillas.* || Trasladarse cortando un fluido. *El buque* SURCA *el mar; el pájaro* SURCA *el aire.* || deriv.: **surcable; surcación: surcamiento.**

SURCO. al. **Furche.** fr. **Sillon.** ingl. **Furrow.** ital. **Solco.** port. **Sulco; risco.** (De *sulco.*) m. Hendedura que queda en la tierra de cultivo después de pasar el arado. sinón.: **carril.** || Hendedura o señal prolongada que deja una cosa al pasar sobre otra. || Arruga en la cara o en otra parte del cuerpo. || *Col.* Lomo, caballón. || **A surco.** m. adv. Dícese de dos hazas que están contiguas. || **Echarse** uno **en el surco.** frs. fig. y fam. Abandonar un trabajo por pereza o desaliento.

SURCULADO, DA. (De *súrculo.*) adj. *Bot.* Dícese de las plantas que no echan más de un tallo.

SÚRCULO. (Del lat. *súrculus.*) m. *Bot.* Vástago del que no han brotado otros.

SURCULOSO, SA. adj. Surculado.

SURDIR. (Del lat. *súrgere.*) intr. Adrizarse la embarcación después de haberse ido a la banda por algún golpe de mar.

SUREL. m. *Arg.* Pez marino de cuerpo comprimido, verdoso y de color plateado en los costados.

SUREÑO, ÑA. adj. *Amér.* Del Sur.

SURESTE. m. Sudeste.

SURGENTE. p. a. de **Surgir.** Que surge. *Agua* SURGENTE.

SURGIDERO. m. Lugar o paraje donde dan fondo las naves. sinón.: **fondeadero.**

SURGIDOR, RA. adj. y s. Que surge.

SURGIR. al. **Hervorguellen; Auftauche.** fr. **Surgir; jaillir.** ingl. **To spout; to come forth.** ital. **Sorgere; scaturire.** port. **Surgir.** (Del lat. *súrgere.*) intr. Surtir, brotar el agua. sinón.: **manar, surtir.** || Dar fondo la nave. SURGIÓ *el buque en el puerto.* || fig. Alzarse, manifestarse, brotar. *Entonces* SURGIÓ *la idea de levantarle una estatua.* || deriv.: **surgible, surgimiento.**

SURI. (Voz quichua.) m. *Arg.* y *Bol.* Ñandú.

SURIGAO. *Geog.* Provincia de la Rep. de Filipinas, en la isla de Mindanao. 7.974 km². 264.952 h. Cap. hom. 46.109 h.

SURINAM o **SURINAME.** *Geog.* Río de Surinam que des. en el Atlántico al NE del Brasil. 645 km. || Estado republicano de América meridional, ex Guayana Holandesa. 163.265 km². 450.000 h. Cap. PARAMARIBO. Importante productor de bauxita.

SURIPANTA. f. Mujer corista en un teatro. || despect. Mujer vulgar, moralmente despreciable.

SURMENAGE. (Voz francesa.) m. Galicismo por estado depresivo causado por un exceso de trabajo mental.

SURO, Rubén. *Biog.* Literato dominicano. Con su obra ha incorporado elementos surrealistas a la moderna poesía de su país (n. 1916).

SUROESTE. m. Sudoeste.

SURREALISMO. (Del fr. *surréalisme.*) m. Movimiento artístico y literario contemporáneo que trata de expresar la vida profunda de la subconsciencia, la labor del instinto que va más allá de los límites de la razón. sinón.: **suprarrealismo.**

● **SURREALISMO.** *B. A.* y *Lit.* Por medio de un automatismo psíquico puro que se desentiende de las normas dictadas por la moral o por la estética, el **surrealismo** tiende a expresar el funcionamiento original del pensamiento humano fuera de la sujeción ejercida por la razón o por la lógica. Así, lo surrealista escapa a la realidad, persigue algo que está por encima de ella; de ahí que se valga de las fuerzas creadoras del subconsciente, de los estados oníricos e incluso del inevitable choque entre las imágenes soñadas y las de la realidad circundante, haciendo un uso apasionado e inmoderado "de la provocación de la imagen por sí misma y por todo lo que supone en el dominio de la representación, de perturbaciones imprevisibles y de metamorfosis", al decir de uno de sus teóricos. Surgido en Francia con posterioridad a la primera Guerra Mundial como uno de los movimientos vanguardistas de la época, y por obra de la llamada generación del año veinte, sus militantes reconocieron como jefe espiritual a Guillermo Apollinaire (a quien se adjudica también la paternidad de la expresión **surrealismo**) y reivindicaron antecedentes antiguos y modernos: cierta literatura medieval, el Marqués de Sade, Nerval, Lautréamont, Rimbaud, el dadaísmo, etc. El **surrealismo** fue primero un fenómeno literario, a través de Andrés Breton, Luis Aragón, Pablo Eluard y otros escritores destacados e invadió después, casi como una nueva filosofía o una peculiar concepción de la vida, otros campos: la pintura, la escultura, el teatro, la música, el cinematógrafo, etc.; además, rebasó las fronteras de Francia y se extendió por el mundo. En su seno se produjeron divisiones debido a diferentes matices conceptuales y políticos, así como artistas y escritores no directamente enrolados en la escuela surrealista fueron influidos por ella directa o indirectamente: Cocteau, Picasso, García Lorca, etc. La pintura ha tenido notables cultores: de Chirico, Miró, Chagall, Dalí, etc.

SURREALISTA. adj. Perteneciente o relativo al surrealismo. || com. Partidario del surrealismo.

SURREY. *Geog.* Condado del S. de Gran Bretaña, en Inglaterra. 1.689 km². 995.000 h. Cereales, ganado. Cap. GUILFORD.

SURSUDOESTE. m. Viento medio entre el Sur y el Sudoeste. || Región de donde sopla este viento.

SURSUNCORDA. (Del lat. *súrsum corda*, que significa arriba los corazones.) m. fig. y fam. Supuesto personaje anónimo de mucha importancia. *No hace caso ni al* SURSUNCORDA.

SURTIDA. (De *surtir*, salir, aparecer.) f. Salida oculta que hacen los sitiados contra los sitiadores. || *Fort.* Paso o poterna que se hace en las fortificaciones por debajo del terraplén al foso. || fig. Puerta falsa. || *Mar.* Rampa o plano inclinado hacia el mar en algunos muelles. || Varadero.

SURTIDERO. (De *surtir.*) m. Buzón de un estanque. || Surtidor, chorro de agua.

SURTIDO, DA. adj. Dícese del artículo de comercio que es una mezcla de diversas clases. Ú.t.c.s. *Caramelos* SURTIDOS. *Un* SURTIDO *de agujas.* || m. Acción y efecto de surtir. || Lo que se previene o sirve para surtir. *Tengo un buen* SURTIDO *de pantalones.* || **De surtido.** m. adv. De uso o gasto común.

SURTIDOR, RA. adj. Que surte o provee. Ú.t.c.s. || m. Chorro de agua que brota, especialmente hacia arriba. sinón.: **saltadero, surtidero.**

SURTIMIENTO. (De *surtir.*) m. Surtido, acción y efecto de surtir.

SURTIR. (De *surto.*) tr. y r. Proveer a uno de alguna cosa. sinón.: **abastecer, aprovisionar, suministrar.** || intr. Brotar, salir el agua, particularmente hacia arriba. *De entre las peñas* SURTÍA *el agua a gran altura.*

SURTO, TA. (Del lat. *surrectus.*) p. p. irreg. de Surgir, fondear. *Los buques* SURTOS *en la rada.* || adj. fig. Tranquilo, en reposo.

SURTURBA. f. *C. Rica.* Helecho gigante, cuya médula se come asada. || Esta médula.

SURUBÍ. m. Suruví.

SURUMPE. m. *Bol.* y *Perú.* Inflamación de los ojos que sobreviene a los que atraviesan los Andes nevados.

SURUPÍ. (Voz guaraní.) m. *Bol.* Surumpe.

SURUVÍ. (Del guaraní *suruví*, surubí.) m. *Arg.*, *Bol.*, *Parag.* y *Urug.* Pez de río, enorme bagre sin escamas, de piel blanca cenicienta algo plateada y con pintas negras. Su carne amarilla es compacta y sabrosa.

SUS. prep. insep. Sub. *Suspender.*

¡SUS! (De *suso.*) int. que se emplea para infundir ánimo. *¡*SUS*, y a ellos!*

SUSA. *Geog. histór.* Antigua cap. del Elam. Interesantes ruinas y monumentos históricos.

SUSANA, Santa. *Hagiog.* Sobrina del papa Cayo, que, por haber hecho voto de castidad, se negó a contraer matrimonio con un hijo del emperador Diocleciano, quien la mandó decapitar. Mártir cristiana. (m. 245).

SUSANA. *Hist. Sagr.* Joven judía, esposa de Joaquín. Pretendida por dos ancianos magistrados, los rechazó y éstos, despechados, la acusaron de adulterio. Demostrada la falsedad de la acusación, los ancianos fueron decapitados.

SUSCEPCIÓN. (Del lat. *susceptio, -onis.*) f. Acción de recibir uno algo en sí mismo. || *Relig.* Acto de recibir las órdenes sagradas.

SUSCEPTIBILIDAD. al. **Empfindlichkeit.** fr. **Susceptibilité.** ingl. **Susceptibility.** ital. **Suscettibilità.** port. **Suscetibilidade.** f. Calidad de susceptible.

SUSCEPTIBLE. (Del lat. *susceptíbilis.*) adj. Capaz de sufrir modificación o impresión. *Los líquidos son* SUSCEPTIBLES *de adoptar cualquier forma.* || Quisquilloso, pundonoroso en extremo. *Es tan* SUSCEPTIBLE *que se ofende por todo*; sinón.: **puntilloso.**

SUSCEPTIVO, VA. adj. Susceptible.

SUSCITACIÓN. f. Acción y efecto de suscitar.

SUSCITAR. al. **Hervorrufen; erregen.** fr. **Susciter.** ingl. **To raise; to originate.** ital. **Suscitare.** port. **Suscitar.** (Del lat. *suscitare.*) tr. Levantar, promover. *Sus palabras* SUSCITARON *un tumulto*; sinón.: **causar, ocasionar, originar, provocar.** || deriv.: **suscitable; suscitador, ra; suscitamiento.**

SUSCRIBIR. tr. y r. Subscribir.

SUSCRIPCIÓN. f. Subscripción.

SUSCRIPTO, TA. p. p. irreg. de Suscribir. **Subscrito.**

SUSCRIPTOR, RA. s. Subscriptor.

SUSCRITO, TA. p. p. irreg. de Suscribir.

SUSCRITOR, RA. s. Suscriptor; que subscribe.

SUSIANA. *Geog. histór.* V. **Elam.**

SUSIDIO. (De *subsidio.*) m. fig. Inquietud, zozobra.

SUSLIK. m. Roedor, caracterizado por el acopio de granos que hace durante todo el año.

SUSO. (Del lat. *súrsum.*) adv. l. Asuso. antón.: **ayuso.** || **De suso.** m. adv. ant. de Arriba.

SUSOAYÁ. m. *Arg.* Planta de raíz fusiforme, con tallo recto de metro y medio de alto, flores amarillas y moradas.

SUSODICHO, CHA. adj. Sobredicho. *Por las razones* SUSODICHAS; sinón.: **antedicho, precitado.**

SUSPENDEDOR, RA. adj. y s. Que suspende.

SUSPENDER. al. **Aufhängen; unterbrechen.** fr. **Suspendre.** ingl. **To suspend; to hung up; to stop; to delay.** ital. **Sospendere.** port. **Suspender.** (Del lat. *suspéndere.*) tr. Levantar, colgar o mantener una cosa en alto o en el aire. *Lo* SUSPENDIÓ *en el aire*; *lo* SUSPENDIÓ *de un clavo; lo* SUSPENDIÓ *por los pelos.* || Detener una acción u obra durante cierto tiempo. Ú.t.c.r. SUSPENDIERON *las obras.* || Causar admiración. *Su arrojo* SUSPENDIÓ *a todos.* || fig. Privar a uno temporalmente del sueldo o empleo que tiene. *La* SUSPENDIERON *de empleo y sueldo.* || Negar la aprobación a un examinado hasta nuevo examen. *Me* SUSPENDIERON *en álgebra*; sinón.: **aplazar, calabacear, bochar, catear, desaprobar, reprobar, revolcar.** || *Mar.* Levar. || Asegurarse el caballo sobre las patas traseras manteniendo las delanteras en el aire. || deriv.: **suspendente; suspendible.**

SUSPENSIÓN. (Del lat. *suspensio, -onis.*) f. Acción y efecto de suspender. || Censura eclesiástica o corrección gubernativa que priva del uso del oficio, beneficio o empleo de sus emolumentos. || En los carruajes, cada una de las ballestas y correas que sirven para suspender la caja del coche. || *Mús.* Prolongación de una nota de un acorde, sobre el siguiente, produciendo disonancia. || *Ret.* Figura que consiste en diferir la declaración del concepto a que va encaminado lo que ya se ha dicho. sinón.: **sustentación.** || *Teol.* Éxtasis o arrobamiento. || *Ter.* Método de tratamiento fundado en el colgamiento del cuerpo en aparatos especiales. || **— de garantías.** Supresión temporal de garantías constitucionales por motivos de orden público. || **— de pagos.** *Com.* Situación en que se coloca ante el juez el comerciante que no puede atender al pago puntual de sus obligaciones, aunque su activo no es inferior al pasivo.

SUSPENSIVO, VA. adj. Que tiene virtud o fuerza de suspender. || *Ortog.* V. **Puntos suspensivos.** || deriv.: **suspensivamente.**

SUSPENSO, SA. (Del lat. *suspensus.*) p.p. irreg. de **Suspender.** || adj. Admirado, perplejo. sinón.: **asombrado, atónito, maravillado.** || m. Nota de haber sido suspendido en un examen. || Carácter de las obras teatrales y cinematográficas que crea en el espectador un estado de ansiosa incertidumbre respecto a su desenlace. || **En suspenso.** m. adv. Diferida la resolución o su cumplimiento.

SUSPENSOR. m. *Arg.* Suspensorio, vendaje. || pl. *Amér.* Tirantes del pantalón.

SUSPENSORIO, RIA. adj. Que sirve para suspender o levantar en alto. || m. Vendaje para sostener el escroto.

SUSPICACIA. f. Calidad de suspicaz. ‖ Especie o idea sugerida por la sospecha o desconfianza. sinón.: **escama, recelo.**

SUSPICAZ. (Del lat. *súspicax, -acis.*) adj. Propenso a tener sospechas o a desconfiar. sinón.: **desconfiado, receloso;** antón.: **confiado, crédulo.**

SUSPICAZMENTE. adv. m. De modo suspicaz.

SUSPIRADO, DA. adj. fig. Deseado con ansia. *Consiguió el tan* SUSPIRADO *empleo.*

SUSPIRAR. al. **Seufzen.** fr. **Soupirer.** ingl. **To sigh.** ital. **Sospirare.** port. **Suspirar.** (Del lat. *suspirare.*) intr. Dar suspiros. SUSPIRAR *de amor, de tristeza.* ‖ **Suspirar** uno por una persona o **por** una cosa. frs. fig. Amarla con extremo o desearla con ansia. SUSPIRAR *por los honores.* ‖ deriv.: **suspirable; suspiración; suspirador, ra; suspiramiento; suspirante.**

SUSPIRO. al. **Seufzer.** fr. **Soupir.** ingl. **Sigh.** ital. **Sospiro.** port. **Suspiro.** (Del lat. *suspírium.*) m. Inspiración prolongada seguida de una espiración breve con que el pecho se desembaraza de una opresión, comúmente de causa afectiva. ‖ Golosina que se hace de harina, azúcar y huevo. ‖ Pito pequeño de vidrio. ‖ *And.* y *Chile.* Trinitaria, pensamiento, flor. ‖ *Arg.* y *Chile.* Nombre que se da a distintas especies de enredaderas, de la familia de las convolvuláceas. ‖ *Méx.* Panecillo delgado y ovalado. ‖ *Mús.* Pausa breve y signo que la representa. ‖ **Último suspiro.** fig. y fam. El de una persona al morir, y en general, fin y remate de cualquier cosa. *Exhaló el último* SUSPIRO.

SUSPIRÓN, NA. adj. Que suspira mucho.

SUSPIROSO, SA. (Del lat. *suspiriosus.*) adj. Que suspira con dificultad.

SUSQUEHANNA. *Geog.* Río del este de los EE.UU. que nace en los montes Apalaches y des. en la bahía de Chesapeake formando un amplio estuario. 850 km.

SUSSEX. *Geog.* Región del S.E. de Gran Bretaña, en Inglaterra, que en el año 1888 fue dividida en dos condados: Sussex Occidental con 1.627 km². y 630.000 h. Cap. CHICHESTER, y Sussex Oriental con 2.147 km². y 658.000 h. Cap. LEWES.

SUSTANCIA. f. Substancia.

SUSTANCIACIÓN. f. Substanciación.

SUSTANCIAL. adj. Substancial.

SUSTANCIALMENTE. adv. m. Substancialmente.

SUSTANCIAR. tr. Substanciar.

SUSTANCIOSO, SA. adj. Substancioso.

SUSTANTIVAR. tr. y r. *Gram.* Substantivar.

SUSTANTIVIDAD. f. Substantividad.

SUSTANTIVO, VA. adj. Substantivo. Ú.t.c.s.

SUSTENTABLE. adj. Que se puede sustentar o defender con razones. *Esa teoría ya no es* SUSTENTABLE.

SUSTENTACIÓN. f. Acción y efecto de sustentar. ‖ Sustentáculo. ‖ *Ret.* Suspensión.

SUSTENTÁCULO. (Del lat. *sustentáculum.*) m. Apoyo o sostén de una cosa.

SUSTENTADOR, RA. adj. y s. Que sustenta.

SUSTENTAMIENTO. m. Acción y efecto de sustentar.

SUSTENTANTE. p. a. de Sustentar. Que sustenta. ‖ m. Cada una de las partes que sustentan un edificio. ‖ El que defiende conclusiones en acto público de una facultad. ‖ *Mar.* Cualquiera de las barras de hierro clavadas en el costado del buque, y también horquillas de hierro, que sirven para colocar ciertas vergas.

SUSTENTAR. al. **Unterhalten.** fr. **Soutenir.** ingl. **To sustain.** ital. **Sostenere.** port. **Sostentar.** (Del lat. *sustentare.*) tr. y r. Mantener, sostener. SUSTENTA *nobles aspiraciones; se* SUSTENTA *con fruta y verduras.* ‖ *Mar.* Aguantar. ‖ deriv.: **sustentatorio, ria.**

SUSTENTO. m. Mantenimiento, alimento. ‖ Lo que sirve para vigorizar y dar permanencia a una cosa. *Es el* SUSTENTO *de sus esperanzas.* ‖ Sostén o apoyo.

SUSTITUCIÓN. f. Substitución.

SUSTITUIBLE. adj. Substituible.

SUSTITUIDOR, RA. adj. y s. Substituidor.

SUSTITUIR. tr. Substituir.

SUSTITUTIVO, VA. adj. Substitutivo.

SUSTITUTO, TA. p. p. irreg. de **Sustituir.** ‖ s. Substituto, persona que hace las veces de otra.

SUSTO. al. **Schreck; Schrecken.** fr. **Saisissement de peur.** ingl. **Fright.** ital. **Spavento.** port. **Susto.** m. Impresión repentina de miedo o pavor. sinón.: **espanto, sobresalto.** ‖ fig. Preocupación vehemente por alguna adversidad o daño que se teme. *Vive en un continuo* SUSTO; sinón.: **inquietud, temor, zozobra.** ‖ *Perú.* Fuerte crisis nerviosa. ‖ Tuberculosis. ‖ **Dar un susto al miedo.** frs. fig. y fam. con que se encarece lo que es feo o repugnante. *Esa mujer da un* SUSTO *al miedo.* ‖ IDEAS AFINES: *Espectro, grito, ponérsele los cabellos de punta, castañetear los dientes, cobardía, aprensión.*

SUSTRACCIÓN. f. Substracción.

SUSTRACTIVO, VA. adj. Substractivo, va.

SUSTRAENDO. m. *Arit.* Substraendo.

SUSTRAER. tr. Substraer. ‖ irreg. Conj. como traer.

SUSURRADOR, RA. adj. y s. Que susurra.

SUSURRANTE. p. a. de Susurrar. Que susurra.

SUSURRAR. al. **Säuseln; murmeln.** fr. **Murmurer; susurrer.** ingl. **To murmur; to rustle.** ital. **Sussurrare.** port. **Sussurar.** (Del lat. *susurrare.*) intr. Hablar quedo produciendo un murmullo sordo. *Se lo* SUSURRÓ *al oído.* ‖ Empezar a divulgarse una cosa secreta. Ú.t.c.r. *La cosa quedó tapada, pero ya se* SUSURRA *en el pueblo.* ‖ fig. Moverse con ruido suave el aire, el arroyo, etc. ‖ deriv.: **susurrable.**

SUSURRIDO. m. Susurro, ruido suave de algunas cosas.

SUSURRO. al. **Säuseln; Flüstern.** fr. **Murmure; susurrement.** ingl. **Whisper; murmur; humming.** ital. **Sussurro; mormorio.** port. **Sussurro.** (Del lat. *susurrus.*) m. Ruido suave que resulta de hablar quedo. ‖ fig. Ruido suave que naturalmente hacen algunas cosas. *El* SUSURRO *de la fuente.* ‖ *Pat.* Murmurio, especialmente el percibido en el aneurisma y tumores vasculares.

SUSURRÓN, NA. adj. y s. fam. Que acostumbra a murmurar secretamente.

SUTÁS. (Del fr. *soutache.*) m. Cordoncillo doble que se usa para adorno.

SUTE. (Del quichua *sutu,* enano.) adj. *Col.* y *Ven.* Enteco, canijo. ‖ m. *Col.* Lechón, gorrino. ‖ *Hond.* Especie de aguacate.

SUTHERLAND, Earl. *Biog.* Fisiólogo estadounidense que realizó importantes investigaciones sobre la acción hormonal y las reacciones biológicas. En 1971 le fue otorgado el premio Nobel de Fisiología y Medicina (1915-1974).

SUTHERLAND. *Geog.* Condado del N. de Gran Bretaña, en Escocia. 5.252 km². 13.200 h.

SUTIL. al. **Dünn.** fr. **Subtil.** ingl. **Subtile; subtle.** ital. **Sottile.** port. **Sutil.** (Del lat. *subtilis.*) adj. Delgado, delicado, tenue. ‖ fig. Agudo, perspicaz, ingenioso. *Concepto* SUTIL. ‖ Barbarismo por centi, dicho del limón.

SUTILEZA. al. **Dünnheit; Scharfsinn.** fr. **Subtilité.** ingl. **Slenderness; Subtlety.** ital. **Sottigliezza.** port. **Sutileza.** f. Calidad de sutil. ‖ fig. Dicho o concepto excesivamente agudo y falto de exactitud. sinón.: **argucia.** ‖ fig. Instinto de los animales. ‖ *Teol.* Dote del cuerpo glorioso, que consiste en poder penetrar por otro cuerpo. ‖ **— de manos.** fig. Habilidad para hacer una cosa con rapidez y primor. *Es increíble la* SUTILEZA *de manos de ese prestidigitador.* ‖ fig. Habilidad del ladrón ratero.

SUTILIDAD. (Del lat. *subtílitas, -atis.*) f. Sutileza.

SUTILIZADOR, RA. adj. y s. Que sutiliza.

SUTILIZAR. (De *sutil.*) tr. Adelgazar, atenuar. SUTILIZAR *una lámina.* ‖ fig. Limar, perfeccionar. SUTILIZAR *el ingenio.* ‖ Discurrir ingeniosamente. *Tanto* SUTILIZÓ *el razonamiento, que cayó en el error.* ‖ deriv.: **sutilizable; sutilización; sutilizamiento; sutilizante.**

SUTILMENTE. adv. m. De manera sutil.

SUTLEJ. *Geog.* Río de Asia que nace en el Tíbet y des. en el río Indo después de recorrer 1.600 km. Atraviesa China, India y Pakistán.

SUTORIO, RIA. (Del lat. *sutorius.*) adj. Dícese del arte de hacer zapatos, o de lo perteneciente a él.

SUTTERMANS, Justo. *Biog.* Pintor flamenco, autor de varios retratos de los Médicis y del lienzo *Homenaje del Senado florentino al gran duque Fernando II* (1597-1681).

SUTTNER, Berta Kinsky, baronesa de. *Biog.* Escritora austríaca que adquirió nombradía mundial con su novela *¡Abajo las armas!* y con sus ardientes campañas pacifistas, que en 1905 le valieron el premio Nobel de la Paz. Otras obras: *Los hijos de Marta; La época de las máquinas; Cartas a un muerto,* etc. (1843-1914).

SUTURA. al. **Naht.** fr. **Suture.** ingl. **Suture.** ital. **Sutura.** port. **Sutura.** (Del lat. *sutura;* de *sutum,* supino de *suére,* coser.) f. *Anat.* Línea sinuosa, a modo de sierra, que forma la articulación de los huesos del cráneo y la mandíbula superior. ‖ *Bot.* Cordoncillo que forma la juntura de las ventallas de un fruto. ‖ *Cir.* Costura con que se reúnen los labios de una herida.

SUVA. *Geog.* Ciudad y puerto de la isla Viti Levu, cap. de las islas Viti. 55.000 h., con los suburbios. 82.000 h.

SUYO, SUYA, SUYOS, SUYAS. (Del latín *suus.*) Pronombre posesivo de tercera persona en género masculino y femenino y ambos números singular y plural. Ú.t.c.s. *Este libro es* SUYO, *o el* SUYO. ‖ **La** terminada. *Se salió con* LA SUYA. ‖ **Los suyos.** Personas unidas a otra por parentesco, amistad, etc. ‖ **De suyo.** m. adv. Naturalmente, sin intervención ajena.

SUX, Alejandro. *Biog.* Seudónimo del escritor y periodista arg. Alejandro José Maudet, autor de *Amor y libertad, La juventud intelectual de la América hispana,* etc. (1888-1959).

SUZÓN. m. Zuzón.

SUZUKI, Umetaro. *Biog.* Notable méd. japonés, descubridor de la vitamina B (1874-1943).

SVALBARD, Islas. *Geog.* V. **Spitzbergen, Islas.**

SVÁSTICA. (Voz sanscrita.) f. Esvástica.

SVEDENBORG, Manuel. *Biog.* Erudito y místico sueco que dominó diversas disciplinas científicas y humanísticas. Autor de *Tratado del movimiento y la posición de la Tierra y los planetas; El arte de las reglas Obra filosófica,* etc. (1688-1772).

SVEDBERG, Teodoro. *Biog.* Físico y químico sueco a quien se otorgó en 1926 el premio Nobel de Química, por sus investigaciones sobre la separación de coloides y moléculas y las substancias contaminantes de las moléculas de proteína (1884-1971).

SVERDLOVSK. *Geog.* Ciudad de la Unión Soviética (R.S.F.S.R.), al este de los montes Urales. 1.030.000 h. con los suburbios. Carbón, oro, platino, fabricación de maquinarias.

SWANSEA. *Geog.* Ciudad del S.O. de Gran Bretaña (Gales), en el condado de Glamorgan. 173.000 h. Puerto sobre el canal de Bristol. Industria metalúrgica, carbón.

SWAZILANDIA. *Geog.* Est. independiente de África del Sur, miembro del Commonwealth, situado al S.E. de Transvaal. 17.363 km² 510.000 h. Maíz, plátanos, tabaco, algodón, ganado bovino, ovino, caprino, caballar. Cap. MBABANE.

SWIFT, Jonatán. *Biog.* Poeta, novelista y crítico irlandés. Pastor protestante, está considerado el maestro de la literatura satírica de su lengua. Sus cél. *Viajes de Gulliver,* hoy considerados un modelo de la literatura infantil, son en realidad una sátira amarga de la Inglaterra de su época. Sus libelos políticos *Conducta de los aliados* y *Cartas de un compañero;* repercutieron hondamente en la sociedad de su tiempo. Los poemas *Baucis y Filemón; Cadenus y Vanessa,* etc., el epistolario *Diario de Stella,* la sátira religiosa *Cuento del Tonel* y otras obras son, asimismo, expresiones de su extraordinario ingenio (1667-1745).

SWINBURNE, Algernon Carlos. *Biog.* Poeta lírico y dramático ingl. que en 1908 recibió el premio Nobel de Literatura. Su obra mezcla la estética prerrafaelista con la rebeldía y el panteísmo de un neorromántico. Su producción comprende numerosos poemas líricos y narrativos: *El cuento de Balen; El jardín abandonado; Canciones antes del amanecer; Poemas y baladas,* etc. el drama lírico *Atalanta en Calidón,* la obra en prosa *Amor muerto* y valiosos ensayos (1837-1909).

SWINDON. *Geog.* Ciudad del S. de Gran Bretaña (Inglaterra), en el condado de Wilts. 70.000 h. Industria ferroviaria.

SWING. m. *Mús.* Voz inglesa con que se designa un estilo de jazz, iniciado aproximadamente en 1935, y derivado de algunas modalidades especiales, sobre todo rítmicas, de que se valen los negros para sus ejecuciones musicales.

SYDNEY. *Geog.* Ciudad y puerto del S.E. de Australia, cap. del Estado de Nueva Gales del Sur. 2.875.000 h., con los suburbios. Es el centro industrial y comercial más importante del país. Universidad. ‖ Ciudad del N.E. de Canadá, en la isla de Cabo Bretón. 35.000 h. Hierro, carbón, industria química.

SYLVAIN, Francisco. *Biog.* Pol. haitiano, que en febrero de 1957 asumió con carácter provisional la presidencia de la República. Renunció en abril del mismo año.

SYNGE, Juan M. *Biog.* Notable dramaturgo irlandés, autor de *Jinetes hacia el mar, El pozo de los santos; La sombra del valle,* etc. (1871-1909). ‖ **— Lawrence M.** Bioquímico británico que, junto con su compatriota y colaborador Archer J. P. Martin, realizó importantes investigaciones sobre los métodos de análisis por medio de la cromatografía. En 1952 ambos compartieron el premio Nobel de Química (n. en 1914).

SYRA. *Geog.* Isla griega del mar Egeo que pertenece al grupo de las Cícladas. 86 km². 28.000 h. Cap. HERMÓPOLIS.

SYRACUSE. *Geog.* Ciudad del noreste de los EE.UU. en el Estado de Nueva York. 198.000 h. Industrias químicas, eléctricas, maquinarias. Universidad.

SYR-DARIA. *Geog.* Río de Asia (U.R.S.S.) que nace en los montes Celestes y des. en el mar Aral después de recorrer 2.490 km.

SZCZECIN. *Geog.* Ciudad del N. O. de Polonia, sobre el río Oder. 365.000 h. Maquinarias, industria química, porcelanas, papel, astilleros. Es la antigua **Stettin.**

SZEGED. *Geog.* Ciudad del S. de Hungría, sobre el río Tisza. 290.000 h. Centro industrial, cereales, frutas.

SZEKESFEHERVAR. *Geog.* Ciudad de la región central de Hungría, al N.E. del lago Balatón, 90.000 h. Centro agrícola, vinos, calzados.

SZENT-GYORGYI, Alberto von. *Biog.* Médico y fisiól. húngaro que dirigió sus investigaciones hacia las vitaminas y en especial en su relación con el proceso fisiológico de las combustiones internas orgánicas, a raíz de las cuales descubrió la vitamina C. En 1937 le fue otorgado el premio Nobel de Fisiología y Medicina (n. 1893).

SZOLNOK. *Geog.* Ciudad de Hungría, situada al S. E. de Budapest, sobre el río Tisza. 70.000 h. Maquinarias.

SZOMBATHELY. *Geog.* Ciudad del oeste de Hungría. sit, al N. O. del lago Balatón. 73.000 h. Centro ferroviario, industria textil, vinos, maquinarias.

SZYMANOWSKI, Karol. *Biog.* Compositor polaco, de tendencia romántica (1882-1937).

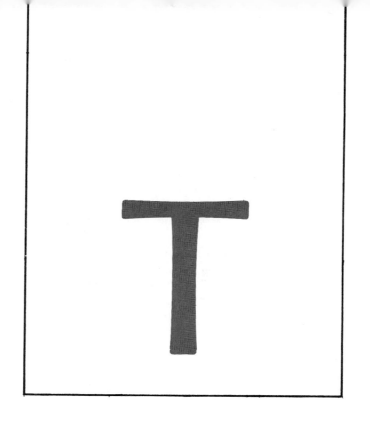

T. f. Vigésima tercera letra del abedecario castellano, y decimonona de sus consonantes. Su nombre es *te*.

TA. m. *Mús.* En el toque de tambor, golpe que corresponde a la nota final de compás o tiempo.

Ta. *Quím.* Símbolo del tantalio.

¡TA! int. ¡Tate! Se usa repetida. ‖ También se emplea, repetida, para significar los golpes dados en la puerta para llamar.

TABA. (Del ár. *caba*.) f. Astrágalo, hueso del pie. sinón.: **taquín**. ‖ Lado de la **taba** opuesto a la chuca. ‖ Juego en que se tira al aire una **taba** de vacuno o de carnero y se gana si al caer queda hacia arriba el lado llamado carne, se pierde si es el culo, y no hay juego si es la chuca o la **taba**. ‖ *Col.* Atabe. ‖ **Calentársele** a uno **las tabas.** frs. fig. y fam. *Arg.* Tomar bríos para una pelea o riña. ‖ **Darse vuelta la taba.** frs. fig. y fam. *Arg.* Variar la suerte o situación de una persona. ‖ **Menear la taba.** frs. fig. y fam. *Arg.* Dar charla, conversar. ‖ **Tirar** uno **la taba.** frs. fig. y fam. *Arg.* Arriesgarse en una cosa difícil o peligrosa.

TABACAL. m. Sembrado de tabaco.

TABACALERO, RA. adj. Perteneciente o relativo al cultivo, fabricación o venta de tabaco. *Producción* TABACALERA. ‖ Dícese de la persona dedicada al cultivo de tabaco. Ú.t.c.s. ‖ Tabaquero. Ú.t.c.s.

TABACO. al. **Tabak.** fr. **Tabac.** ingl. **Tobacco.** port. **Tabaco.** (Voz *caribe*.) m. Planta herbácea originaria de América, de grandes hojas, flores en racimo, cáliz tubular, tiene corola roja o amarilla y fruto en cápsula. Es narcótica y de fuerte olor. Gén. *Nicotiana tabacum*, solanácea. sinón.: **nicociana**. ‖ Hoja de esta planta que, seca y preparada, se usa para fumar. ‖ Polvo a que se reducen estas hojas secas para aspirarlo por las narices. sinón.: **rapé**. ‖ **Cigarro puro.** ‖ Enfermedad de algunos árboles que se caracteriza porque la parte interior del tronco se descompone y se convierte en un polvo de color rojo pardusco o negro. sinón.: **raya**. ‖ Cierto arbusto silvestre de madera dura, nudosa y compacta, que crece en la isla de Santo Domingo. ‖ fest. *Cuba.* Bofetada. ‖ — **capero.** El usado para capas de cigarros. ‖ — **colorado.** Cigarro puro de color claro y menos fortaleza que el maduro debido a la baja calidad y madurez incompleta de la hoja con que ha sido elaborado. ‖ — **cucarachero.** El de polvo, elaborado con hojas de dicha planta, pero sin compostura y cortadas algún tiempo después de madurar. ‖ *Tabaco* en polvo, teñido con almagre, que se usó en otras épocas. ‖ — **de barro.** El de polvo, aromatizado con barro oloroso. ‖ — **de cucaracha.** *Tabaco* cucarachero. ‖ — **de hoja.** Hoja o conjunto de hojas seleccionadas de esta planta, que generalmente se utilizan para capa de los puros. ‖ — **de humo.** El que se fuma. ‖ — **del diablo.** *Chile.* Tupa. ‖ — **de montaña.** Árnica. ‖ — **de pipa.** El cortado en forma de hebra para ser fumado en pipa. ‖ — **de regalía.** El de calidad superior. ‖ — **maduro.** Cigarro puro de color obscuro y mucha fortaleza debido a la buena calidad y madurez de la hoja con que se ha elaborado. ‖ — **rapé.** El de polvo, más grueso y más obscuro que el ordinario. ‖ — **turco.** El picado en hebras muy suave y aromático. ‖ **Acabársele** a uno **el tabaco.** frs. fig. y fam. *Arg.* Quedarse sin recursos. ‖ **Ponerse** uno **de mal tabaco.** frs. fig. y fam. *Amér. Central.* Ponerse de mal humor. ‖ **Tomar tabaco.** frs. Usar de él aspirándolo o fumándolo por las narices. ‖ IDEAS AFINES: Cigarrillo, boquilla, cenicero, pitar, bocanada, humo, nicotina, colilla, tabaquismo, intoxicación.

● **TABACO.** *Med.* Se ha demostrado que son muchos los peligros del consumo crónico e inveterado del **tabaco**, y generalmente cuando aparecen los primeros síntomas de intoxicación, el **tabaco** ya ha hecho verdaderos estragos en el organismo. Aunque discutida por algunos hombres de ciencia, puede decirse que la influencia del **tabaco** es evidente en las siguientes enfermedades: cáncer de las vías respiratorias, angina de pecho, úlcera de estómago y claudicación intermitente de las extremidades inferiores. La intoxicación crónica por **tabaco** que se produce en ciertos fumadores se traduce en un estado de necesidad por el tóxico; privado del **tabaco** la persona experimenta dificultades para pensar y trabajar, se queja de cefalea y se torna irritable. De los síntomas de la intoxicación unos son de orden irritativo (laringitis, faringitis, etc.) y otros debidos a la acción de la nicotina o las resinas y alquitranes que el **tabaco** contiene.

TABACÓN. m. *P. Rico.* Árbol solanáceo cuya madera resistente se emplea en construcciones.

TABACOSIS. f. *Pat.* Neumoconiosis producida por el polvo del tabaco.

TABACOSO, SA. adj. fam. Aplícase a quien toma mucho tabaco en polvo. ‖ Manchado de tabaco. ‖ Dícese del árbol atacado de tabaco.

TABACHÍN. m. *Méx.* Guacamaya, planta.

TABAÍDA. f. *Cuba* y *P. Rico.* Cierto árbol costero de doce metros de altura aproximadamente y tronco casi recto.

TABAL. m. *Ast., Cuba* y *Sant.* Barrica en que se conservan las sardinas arenques.

TABALADA. f. fam. Tabanazo. ‖ fam. Tamborilada, golpe dado al caer.

TABALARIO. m. fam. Tafanario.

TABALEAR. (De *atabal*.) tr. y r. Mecer una cosa de una parte a otra. ‖ intr. Golpear acompasadamente en una tabla o cosa parecida, imitando el toque del tambor. *Como no acababa de llegar la comida, se entretenía* TABALEANDO *con los dedos en la mesa;* sinón.: **atabalear, tamborear**.

TABALEO. m. Acción y efecto de tabalear o tabalearse.

TABANÁ. f. *Dom.* Tabanazo.

TABANAZO. m. fam. Golpe que se da con la mano. ‖ Bofetada.

TABANCO. m. Puesto instalado en calles o mercados para la venta de comestibles. ‖ *Amér. Central.* Desván.

TABANERA. f. Sitio donde hay muchos tábanos. *El caballo enloquecía al cruzar la* TABANERA.

TÁBANO. al. **Bremse.** fr. **Taon.** ingl. **Horsefly.** ital. **Tafano.** port. **Tavão; tabão.** (Del lat. *tabanus*.) m. Insecto díptero, de color pardo y unos dos centímetros de largo, que molesta especialmente a las caballerías con su picadura. sinón.: **tabarro**. ‖ fig. y fam. Hombre pesado y molesto. ‖ *Cuba.* Planta silvestre de hojas oblongas y flores blancas, usada contra el reumatismo.

TABANQUE. m. Rueda que los alfareros mueven con el pie para hacer girar el torno.

TABANUCO. m. Árbol de Puerto Rico de tronco esbelto y madera amarillenta o rojiza. Segrega una substancia resinosa que se usa como combustible.

TABAOLA. f. Bataola.

TABAPY. *Geog.* Población del Paraguay en el dep de Paraguari. 14.000 h. Centro agricolaganadero. Derrota de los comuneros en 1735.

TABAQUE. (Del ár. *tabac*, bandeja.) m. Cestillo de mimbre para fruta, objetos de costura, etc. *Las aldeanas portaban* TABAQUES *de rosas;* sinón.: **altabaque**.

TABAQUE. m. Clavo poco mayor que la tachuela común.

TABAQUEADA. adj. *Bol.* Dícese de la carne descompuesta que se llena de tabaco para que el cóndor, al comerla, se maree, facilitándose así su caza. Ú.t.c.s.

TABAQUEAR. intr. *Col.* Fumar tabaco.

TABAQUERA. al. **Tabaksbeutel.** fr. **Tabatière.** ingl. **Tobacco pouch.** ital. **Tabacchiera.** port. **Tabaqueira.** f. Caja para tabaco en polvo. ‖ Caja o pomo con agujeros en su parte superior, para aspirar el tabaco en polvo. ‖ Receptáculo del tabaco en la pipa de fumar. ‖ *Arg.* y *Chile.* Petaca o bolsita para llevar tabaco picado. ‖ *Cuba.* Bolsita en que se tienen los cigarros para el consumo del día.

TABAQUERÍA. f. Tienda donde se vende tabaco. sinón.: **estanco.** ‖ *Cuba.* Taller donde se elaboran cigarros puros.

TABAQUERO, RA. adj. Dícese de la persona que tuerce el tabaco. Ú.t.c.s. ‖ Aplícase a la persona que comercia con él. Ú.t.c.s. sinón.: **tabacalero**. ‖ m. *Bol.* Moquero.

TABAQUILLO. m. *Arg.* Hierba solanácea de flor blanca. ‖ Cierto árbol que abunda en las sierras del noroeste del país.

TABAQUISMO. m. *Pat.* Intoxicación, aguda o crónica, producida por el abuso del tabaco. sinón.: **nicotinismo**.

TABAQUISTA. com. Persona que distingue o se precia de distinguir la calidad del tabaco. ‖ Persona que fuma o toma mucho tabaco.

TABARDETE. m. Tabardillo.

TABARDILLO. (En b. lat. *tabardili*, en port. *tabardilho*.) m. Nombre que se daba a la fiebre aguda y grave de forma tífica. sinón.: **pinta**. ‖ Insolación. *Quítate del sol, que te va a dar un* TABARDILLO. ‖ fig. y fam. Persona molesta, bulliciosa. *Ese chico es un* TABARDILLO.

TABARDO. (En fr. *tabard*; en ital. *tabarro*.) m. Prenda de abrigo ancha y larga, de paño tosco, que usan los campesinos. ‖ Ropón blasonado usado por heraldos, maceros, etc. ‖ Especie de gabán sin mangas, de paño o piel.

TABARÉ. *Lit.* Poema de Juan Zorrilla de San Martín, escrito entre 1879 y 1886; su edición definitiva data de 1923. Inspirado en una leyenda aborigen de hondo contenido americano, está influido por el romanticismo y aúna elementos épicos, novelescos y simbólicos, expresados con gran belleza.

TABARRA. f. Lata, charla insubstancial y fastidiosa. *¡Qué* TABARRA *me dio la buena señora!*

TABARRERA. f. fam. Tabarra grande.

TÁBARRO. m. Tábano.

TABASCO. n. p. V. **Pimienta de Tabasco.**

TABASCO. *Geog.* Estado de México, situado en el límite con Guatemala. 25.337 km². 400.000 h. Cap. VILLAHERMOSA. Cocos, plátanos, cacao, café, caña de azúcar, maderas.

TABASQUEÑO, ÑA. adj. Natural de Tabasco. Ú.t.c.s. ‖ Perteneciente a este Estado mexicano.

TABATINGA. *Geog.* Población del Brasil, en el Est. de Amazonas, puerto sobre el río Amazonas.

TABAYARA. adj. Dícese del indio perteneciente a una tribu brasileña que habita en el Est. de Ceará. Ú.t.c.s. ‖ Perteneciente o relativo a estos indios.

TABEAR. intr. *Arg.* Jugar a la taba. ‖ Conversar, charlar.

TABELLAR. (Del lat. *tabella,* tablita.) tr. Doblar y tablear las piezas de los tejidos de lana, de manera que queden sueltos los orillos para poder registrarlos con facilidad. ‖ Marcar las telas o ponerles el sello de fábrica.

TABERNA. al. **Kneipe; Schenke.** fr. **Taverne; cabaret.** ingl. **Tavern; saloon.** ital. **Taverna.** port. **Taberna.** (Del lat. *taberna.*) f. Tienda donde se vende por menor vino y otras bebidas alcohólicas. sinón.: **tasca.** ‖ deriv.: **tabernizado, da.** ‖ IDEAS AFINES: *Beber, embriaguez, borrachera, empinar el codo, dormir la mona; gresca, cafetín.*

TABERNÁCULO. al. **Tabernakel.** fr. **Tabernacle.** ingl. **Tabernacle.** ital. **Tabernacolo.** port. **Tabernáculo.** (Del lat. *tabernáculum,* tienda de campaña.) m. Lugar donde los hebreos tenían colocada el arca del Testamento. ‖ Sagrario donde se guarda el Santísimo Sacramento. ‖ Tienda en que habitaban los antiguos hebreos.

● **TABERNÁCULO.** *Rel.* El **tabernáculo** era la tienda que Moisés había instalado en el monte Sinaí y que más tarde, durante la peregrinación del pueblo hebreo, fue convertida en santuario. Documentos que datan de época posterior al cautiverio de Babilonia lo describen como de forma oblonga, con tres lados de madera y otro, el que miraba hacia el Este, con cortinas; estaba techado con planchas de distintos materiales. Ocupaba la parte central del campamento y estaba rodeado de una valla. Su interior comprendía un Lugar Santo con el altar de oro, la mesa de los panes y el candelabro de oro, y otro, el Sanctasantórum, cubierto con un velo, en el cual se hallaba el Arca de la Alianza; en este último penetraba solamente el Sumo Sacerdote, que lo hacía en el día de la expiación.

TABERNARIO, RIA. (Del lat. *tabernarius.*) adj. Propio de la taberna o de los que la frecuentan. ‖ fig. Bajo, grosero, vil. *Cuento* TABERNARIO.

TABERNERA. f. Mujer del tabernero. ‖ Mujer que vende vino en la taberna.

TABERNERO. al. **Schenkwirt.** fr. **Cabaretier.** ingl. **Tavern keeper.** ital. **Tavernaio.** port. **Taberneiro.** m. El que vende vino en la taberna. ‖ deriv.: **tabernería.**

TABES. (Del lat. *tabes.*) f. *Pat.* Consunción, extenuación. ‖ – **dorsal.** *Pat.* Enfermedad de origen sifilítico que ataca los cordones posteriores de la médula espinal y se caracteriza por ataxia, intensas crisis de dolor, trastornos sensitivos y tróficos. Se presenta en la edad adulta y es más frecuente en el sexo masculino.

TABÍ. (Del ár. *atabí,* barrio de Bagdad.) m. Tela antigua de seda con labores ondeadas, formando aguas.

TABICA. (Del ár. *tatbica,* chapa.) f. *Arq.* Tablilla con que se cubre un hueco; como el del frente de un escalón de madera.

TABICAR. tr. Cerrar con tabique una puerta, ventana, etc. ‖ fig. Cerrar o tapar una cosa que debía estar abierta o tener curso. TABICARSE *la nariz, el oído.*

TABICÓN. m. aum. de **Tabique.** Aplícase cuando no tiene más de un pie de espesor.

TÁBIDO, DA. (Del lat. *tábidus.*) adj. *Pat.* Podrido, corrompido. ‖ *Pat.* Extenuado por consunción.

TABÍFICO, CA. (Del lat. *tabíficus.*) adj. *Pat.* Que produce la consunción.

TABILLAS. f. dim. de **Taba.**

TABINETE. (Como el fr. *tabinet.*) m. Tela arrasada usada para el calzado de señoras.

TABIQUE. al. **Trennwand.** fr. **Cloison.** ingl. **Partition.** ital. **Tramezzo.** port. **Tabique.** (Del ant. *taibeque.*) m. Pared delgada que generalmente sirve para la división de los cuartos o aposentos de las casas. ‖ Por ext., división plana y delgada que separa dos huecos. *El* TABIQUE *nasal o de las fosas nasales.* ‖ – **de carga.** El que está hecho con ladrillos sentados de plano y resiste las vigas de una crujía. ‖ – **de panderete.** El hecho con ladrillos colocados de canto. ‖ – **sordo.** El compuesto de dos panderetes separados y paralelos.

TABIQUERÍA. f. Conjunto o serie de tabiques.

TABIQUERO. m. El obrero que se dedica a hacer tabiques.

TABLA. al. **Brett; Tafel.** fr. **Planche.** ingl. **Board.** ital. **Tavola.** port. **Tabla.** (Del lat. *tábula.*) f. Pieza de madera, plana, más larga que ancha, de poco espesor y cuyas dos caras son paralelas. ‖ Pieza plana y de poco espesor de cualquier otra materia rígida. TABLA *de mármol.* ‖ Cara más ancha de un madero. ‖ Dimensión mayor de una escuadría. ‖ En un vestido, parte que se deja sin plegar. ‖ Doble pliegue ancho y plano en una tela, hecho por adorno. *Falda de* TABLAS. ‖ Tablilla en que se anuncia algo. ‖ Índice, generalmente alfabético, que se suele poner en los libros para facilitar la búsqueda de temas o puntos tratados. TABLA *de materias.* ‖ Lista o catálogo de cosas colocadas por orden sucesivo o relacionadas entre sí. ‖ Cuadro o catálogo de números de especie determinada, dispuestos en orden adecuado para facilitar los cálculos. TABLA *de logaritmos.* ‖ Parte algo plana de ciertos miembros del cuerpo. TABLA *del muslo.* ‖ Faja de tierra, especialmente la de labor, comprendida entre dos filas de árboles. ‖ Cuadro o plantel de tierra en que se siembran verduras. ‖ Bancal de un huerto. ‖ Aduana en los puertos secos. ‖ Mostrador de carnicería. ‖ Puesto público para la venta de carne. ‖ Antigua casa de banca que hubo en algunas ciudades españolas. ‖ *Col.* Pastilla de chocolate. ‖ *Cuba.* Mostrador de tienda o comercio. ‖ *Persp.* Superficie del cuadro donde deben representarse los objetos y que siempre se supone vertical. ‖ *Pint.* Pintura hecha en **tabla.** ‖ pl. En el juego de ajedrez o damas, estado en que ninguno de los dos jugadores puede ganar la partida. ‖ Conjunto de tres tablillas con cuyo ruido se despertaba a los frailes de ciertas órdenes religiosas para que rezaran los maitines. ‖ El escenario del teatro. *Actuar en las* TABLAS. ‖ pl. fig. Soltura en cualquier actuación ante el público. ‖ Valla o barrera de la plaza de toros. ‖ **Tablas reales.** fig. Empate o estado en que una contienda, litigio, etc., queda sin decisión. ‖ **Tabla de juego.** Garito donde se juega. ‖ – **de lavar.** La que tiene ranuras en una de sus caras y sirve para restregar sobre ella la ropa al enjabonarla. ‖ – **de rezo.** *Amér.* Añalejo. ‖ – **de salvación.** fig. Por comparación con la del náufrago, último recurso para salir de una situación apurada. ‖ – **periódica.** *Quím.* Tabla de los elementos ordenados por orden creciente de sus números atómicos y agrupados conforme a las variaciones periódicas de sus principales propiedades. ‖ – **pitagórica.** *Arit.* Tabla de los números dígitos dispuestos en forma de cuadro para aprender a multiplicar. ‖ – **rasa.** La preparada para ser pintada. ‖ fig. Entendimiento sin cultivo. ‖ – **redonda.** *Lit.* V. **Mesa redonda.** ‖ **Tablas de la ley.** Piedras en que estaba escrita la ley del Decálogo que Dios entregó a Moisés en el Monte Sinaí. ‖ – **engubinas.** Planchas de bronce con inscripciones en caracteres latinos y etruscos, descubiertas a mediados del siglo XV en Gubbio, Italia. ‖ – **reales.** Juego en el que se combina la habilidad de los jugadores con el azar, ya que son los dados los que deciden el movimiento de las piezas. Se juega entre dos sobre un tablero especial, con una peculiar colocación inicial, y cada jugador debe sortear, inmovilizar o comer las piezas del adversario. ‖ **A raja tabla.** m. adv. fig. y fam. A todo trance, cueste lo que cueste. ‖ **Dinero en tablas.** loc. fig. y fam. Dinero contante. ‖ **En las tablas.** loc. fig. y fam. *Perú* y *P. Rico.* En la ruina, sin bienes. ‖ **Escapar, o salvarse, uno en una tabla.** frs. fig. Sortear un peligro venturosamente y como por milagro. ‖ **Hacer tabla rasa** de algo. frs. Desentenderse de ello, por lo general arbitrariamente. ‖ **Ir** dos o más personas **en una tabla.** frs. fig. y fam. *Chile.* Marchar de acuerdo. ‖ **Pisar bien las tablas.** frs. Moverse un actor en escena con naturalidad y desenvoltura. ‖ **Por tabla.** m. adv. En el juego del billar, por choque y reflexión de la bola de billar en una de las bandas. ‖ fig. Por carambola. ‖ **Quedarse** uno **tirando tablas.** frs. *Amér. Central.* Quedarse burlado. ‖ **Salir con las tablas,** frs. *Col.* Fracasar. ‖ **Ser de tabla** una cosa. frs. fig. y fam. **Ser de cajón.** ‖ **Sobre tablas.** m. adv. fig. *Arg.* Úsase para denotar que un asunto es tratado en un congreso legislativo sin haberse cumplido los correspondientes trámites previos.

TABLACHINA. (dim. de *tablacho.*) f. Broquel de madera.

TABLACHO. (De *tabla.*) m. Compuerta para detener el agua.

TABLADA. (Del lat. *tabulata,* de *tabulatus,* de *tábula,* tabla.) f. *Arg.* y *Bol.* Lugar donde se reúne y se reconoce el ganado destinado al matadero.

TABLADA, José Juan. *Biog.* Poeta modernista mex., autor de *El florilegio; El jarro de las flores; Li-Pó,* etc. (1871-1945).

TABLADO. al. **Bühne; Podium.** fr. **Échafaud; tréteau.** ingl. **Stage; scaffold.** ital. **Tavolato; palco.** port. **Tablado.** (Del lat. *tabulátum.*) m. Suelo plano formado de tablas unidas. ‖ Suelo de tablas formado en alto sobre una armazón. ‖ Piso del escenario de un teatro. *Es tan comediante en el* TABLADO *como fuera de él.* ‖ Armazón de tablas que cubre la escalera del carro. ‖ Conjunto de tablas de la cama sobre el que se tiende el colchón. ‖ Armazón o castillete muy levantado del suelo y contra el cual los caballeros lanzaban bohordos o lanzas, hasta derribarlo o desbaratarlo; fue ejercicio usual en las fiestas medievales. ‖ Patíbulo. *Cuando llegó el perdón, ya estaba el reo en el* TABLADO. ‖ **Sacar al tablado** una cosa. frs. fig. Publicarla, ponerla de manifiesto.

TABLAJE. m. Conjunto de tablas. ‖ Garito, casa de juego.

TABLAJERÍA. f. Vicio de jugar en los tablajes. ‖ Garito, casa de juego. ‖ Carnicería, despacho para vender carne.

TABLAJERO. (De *tablaje.*) m. Carpintero que hace tablados para fiestas públicas. ‖ El que cobra el precio de los asientos de un tablado. ‖ Antiguo cobrador de los derechos reales. ‖ Garitero, el que juega en un garito. ‖ Carnicero, vendedor de carne.

TABLAR. m. Conjunto de tablas. ‖ Adral.

TABLAS, Las. *Geog.* V. **Las Tablas.**

TABLATURA. f. *Anat.* Separación de los huesos del cráneo en tabla interna y tabla externa por la substancia esponjosa, media o díploe.

TABLAZO. m. Golpe dado con una tabla. ‖ Pedazo de mar o de río, extendido y poco profundo.

TABLAZÓN. f. Agregado de tablas. ‖ Conjunto de tablas con que se hace la cubierta de las embarcaciones.

TABLEADO. m. Conjunto de tablas que se hacen en una tela. *Quedó mal el* TABLEADO *del vestido.*

TABLEAR. tr. Dividir un madero en tablas. TABLEÓ *el grueso madero.* ‖ Dividir en tablas el terreno de una huerta o jardín. TABLEO *el huerto para cultivar diversas hortalizas.* ‖ Allanar con la atabladera la tierra removida. sinón.: **atablar.** ‖ Dar forma de llanta o fleje a las barras de hierro. ‖ Hacer tablas en la tela. *Ya* TABLEÉ *la falda.* ‖ *Chile.* Aplanar los trozos de masa con que se hace el pan. ‖ deriv.: **tableador, ra.**

TABLEO. m. Acción y efecto de tablear.

TABLERA. (De *tabla.*) f. Mujer que pide limosna haciendo repicar las tablillas de San Lázaro.

TABLERÍA. f. Conjunto de tablas. ‖ Comercio o tienda donde se venden.

TABLERO. adj. Dícese del madero a propósito para hacer tablas aserrándolo. *Tronco* TABLERO. ‖ m. Tabla o conjunto de tablas unidas por el canto, con una superficie plana y lisa, y la opuesta con barrotes atravesados para impedir el alabeo. ‖ Palo o cureña de la ballesta. ‖ Tabla cuadrada con escaques de dos colores alternados para jugar a las damas, ajedrez, etc. ‖ Mostrador de una tienda. ‖ Garito, casa de juego. ‖ Mesa grande en que cortan las telas los sastres. ‖ Tablar. ‖ Suelo bien cimentado de la represa en un canal. ‖ Cuadro de madera pintado de negro que en las escuelas se usa en vez del encerado. ‖ Ave marina, común en las altas latitudes antárticas, que se caracteriza por su plumaje ajedrezado en blanco y negro. ‖ *Arq.* Plano resaltado para ornato de determinadas partes del edificio. ‖ Ábaco, parte que corona el capitel. ‖ *Carp.* Tablazón que se coloca en los cuadros formados por los largueros y peinazos de puertas o ventanas. ‖ *Mar.* Mamparo. ‖ **Poner, o traer, al tablero** una cosa. frs. fig. Aventurarla. *¡Tantas veces puso la vida* AL TABLERO*!*

TABLETA. f. dim. de **Tabla.** ‖ Madera de sierra, especialmente la que se usa para entarimar, cuyas medidas varían según la región. sinón.: **tabloncillo.** ‖ Pastilla. ‖ *Arg.* Alfajor, golosina compuesta de dos piezas de masa. ‖ pl. **Tablillas de San Lázaro.**

TABLETEAR. intr. Hacer ruido chocando tablas o tabletas. ‖ por ext., hacer o producirse un ruido semejante. TABLETEABAN *las ametralladoras.* ‖ deriv.: **tableteado; tabletero, ra.**

TABLETEO. m. Acción y efecto de tabletear. *El* TABLETEO *del trueno.*

TABLILLA. f. dim. de **Tabla.** ‖ Tableta. ‖ Tabla en la cual se expone al público una lista de personas, un edicto, un anuncio, etc. ‖ Cada uno de los trozos de baranda comprendidos entre dos troneras de la mesa de billar o de trucos. ‖ *Guat.* Cancha para la riña de gallos. ‖ **Tablilla de San Lázaro.** Conjunto de tres tablillas, unidas por un cordel, que se hacían sonar cuando se pedía limosna para los hospitales de San Lázaro.

TABLOIDE. (Del ingl. *tabloid.*) m. *Amér.* Periódico de dimensiones menores que las ordinarias, con fotograbados informativos.

TABLÓN. m. aum. de **Tabla.** ‖ Tabla gruesa. *Hizo una balsa con cuatro* TABLONES. ‖ *Amér.* Tabla o pedazo de tierra dispuesto para la siembra. ‖ – **de aparadura.** *Mar.* En un buque, el primero del fondo encajado en el alefriz.

TABLONAJE. m. Conjunto de tablones.

TABLONAZO. m. *Cuba.* Fullería.

TABLONCILLO. m. dim. de **Tablón.** ‖ Tableta, madera de sierra de medidas variables. ‖ En las plazas de toros, la fila de asientos más alta de las gradas y tendidos. *Entrada de* TABLONCILLO. ‖ Tabla que forma el asiento del retrete. ‖ *Cuba* y *P. Rico.* Madera cortada para pisos.

TABO. m. Vasija filipina hecha con la cáscara interior del coco.

TABOADA, Luis. *Biog.* Periodista y escritor festivo esp. Publicó *La vida en broma; Recuerdos de un autor festivo*, etc. (1848-1906). ‖ – **Manuel.** Político arg. que fue gobernador de Santiago del Estero; canalizó el río Dulce y asistió, en 1852, al Acuerdo de San Nicolás (1817-1871).

TABOCA. f. *Bol.* Canuto que se usa como recipiente.

TABOGA. *Geog.* Isla de Panamá, en el golfo de este nombre. 4.000 h. De su puerto salió la expedición de Pizarro, Almagro y Luque, que debía descubrir el Imperio de los Incas.

TABOLANGO. m. *Chile.* Insecto díptero, con cuerpo grueso y alargado, de color pardo obscuro y brillante. Despide un olor fétido y habita debajo de las piedras.

TABÓN. (Voz tagala.) m. *Zool. Filip.* Ave marítima zancuda de plumaje enteramente negro.

TABONUCO. m. *P. Rico.* Árbol de cuyo tronco fluye una resina de olor alcanforado, que se usa como incienso en las iglesias.

TABOR. (Del ár. *tabur.*) m. Unidad de tropa regular marroquí, que figuraba en el ejército español.

TABOR. (De *Tabor,* monte de Palestina.) m. Pedestal sobre el que se expone en las iglesias el Santísimo Sacramento.

TABOR. *Geog.* Monte de Israel, al E. de Nazaret, cerca del lago Tiberíades. 560 m. En él ocurrió el **milagro de la Transfiguración de Jesús.** ‖ C. de Checoslovaquia, **en Bohemia.** 16.000 h. **Fundada en 1420 por** los husitas fue el centro del movimiento de los taboritas.

TABORDA, Saúl. *Biog.* Pensador arg. de inquietud renovadora que influyó en la reforma universitaria de su país. Autor de *Reflexiones sobre el ideal político de América; La sombra de Satán; Verbo profano,* etc. (1885-1945).

TABORGA. adj. *Bol.* Dícese del café hervido en una vasija y sin colar. Ú.t.c.s.

TABORGA, Miguel de los Santos. *Biog.* Hist. y sacerdote bol. Autor de *Crónicas de la catedral de Sucre; Documentos para la historia de Bolivia y Estudios históricos* (s. XIX).

TABORITAS. m. pl. *Relig.* Miembros de una secta que se desarrolló a principios del siglo XV en Bohemia. Negaba las ceremonias del culto, la jerarquía sacerdotal y la presencia real de Cristo en la hostia consagrada.

TABRIZ. *Geog.* Ciudad del N. O. del Irán. 405.000 h. Afamados tapices.

TABÚ. m. Prohibición de comer o tocar algún objeto, impuesta a sus adeptos por algunas religiones de la Polinesia. ‖ fig. Prohibición o interdicción impuesta sobre ciertas cosas por superstición o por obra de las convenciones sociales. *En mi casa no se puede hablar de eso: es* TABÚ.

TABUCO. (Del ár. *tabac,* prisión subterránea.) m. Habitación estrecha. *Vive en un* TABUCO; sinón.: **cuchitril, chiscón.**

TABULADOR. m. Dispositivo de las máquinas de escribir que se utiliza cuando hay que formar columnas de cifras.

TABULAR. (Del lat. *tabularis.*) adj. Que tiene forma de tabla.

TABULARIO, RIA. (Del lat. *tabularius.*) adj. Dícese de lo que se asemeja a los cuadros pictóricos. ‖ m. Antiguo oficial romano encargado de confeccionar las listas de impuestos. ‖ Escribiente o secretario de un magistrado romano. ‖ Archivo en el templo de la Libertad, en Roma, donde se guardaban los instrumentos públicos.

TABURETE. al. **Schemel; Hocker.** fr. **Tabouret.** ingl. **Taboret; stool.** ital. **Sgabello.** port. **Tamborete.** (Del fr. *tabouret.*) m. Asiento sin brazos ni respaldo, para una persona. *Ese pobre zapatero se pasa la vida en su* TABURETE; sinón.: **banqueta, escabel.** ‖ Silla de respaldo muy estrecho, guarnecida de terciopelo, cuero, etc.

TAC. (Voz onomatopéyica.) m. Ruido que producen ciertos movimientos acompasados como el latido del corazón, etc. Ú.m. repetido.

TACA. (Del ár. *taca,* y éste del gr. *theke,* armario.) f. Alacena pequeña.

TACA. (Del fr. *taque,* lámina de hierro colado.) f. *Min.* Cada una de las placas del crisol de una forja.

TACA. f. *Chile.* Marisco comestible, de concha redondeada, estriada y con manchas violadas y amarillas. ‖ *Bot.* Género de plantas dioscóreas cuyas especies crecen en las zonas tropicales de Asia y Oceanía.

TACACO. m. *C. Rica.* Planta de la familia de las cucurbitáceas, cuyo fruto, semejante al chayote, se come cocido como verdura.

TACADA. f. Golpe dado con el taco a la bola de billar o de trucos. ‖ Serie de carambolas hecha sin perder golpe. *Hizo de una* TACADA *las veinte carambolas que le faltaban.* ‖ *Mar.* Conjunto de tacos de madera puestos entre un punto firme y otro que ha de moverse.

TACAMACA. (De *tacamahaca.*) f. *Bot.* Árbol americano de la familia de las terebintáceas con cuya corteza hacen canoas los indios. ‖ Resina de este árbol. ‖ – **angélica.** La resina opaca, de olor persistente y sabor amargo, rojiza por dentro y gris por fuera, que fluye de diversas especies de terebintáceas. ‖ – **común.** La resina transparente, insípida, de olor débil y color claro con manchas obscuras, que fluye de cierta especie de álamo.

TACAMACHA. f. Tacamaca.

TACAMAHACA. (En Port. *tacahamaca.*) f. Tacamaca.

TACAMAJACA. f. *Ven.* Tacamaca.

TACÁMBARO. *Geog.* Población de México (Michoacán). 7.500 h. Agricultura. Ganadería.

TACANA. f. Mineral, generalmente negruzco, abundante en plata. ‖ *Arg.* Martillo, mano de mortero. ‖ *Bol.* Andén, escalón cultivado en las faldas de los Andes.

TACANA. adj. Dícese del indio perteneciente a una tribu boliviana que habita a orillas del Beni. Ú.t.c.s. ‖ Perteneciente o relativo a estos indios. ‖ m. Lengua de los **tacanas.**

TACANÁ. *Geog.* Volcán situado en el límite entre el Est. mexicano de Chiapas y el dep. guatemalteco de San Marcos. 4.000 m.

TACAÑEAR. (De *tacaño.*) intr. Obrar con tacañería.

TACAÑERÍA. al. **Knauserei.** fr. **Lésine; lésinerie.** ingl. **Stinginess.** ital. **Taccagneria.** port. **Tacanharia.** f. Calidad de tacaño. ‖ Acción propia del tacaño.

TACAÑO, ÑA. (En port. *tacanho,* en ital., *taccagno.*) adj. y s. Astuto, pícaro, engañador. ‖ Miserable, ruin, mezquino. *Es dos veces* TACAÑO, *por lo mezquino y por lo pícaro;* sinón.: **avaro, sórdido;** antón.: **franco, generoso.** ‖ deriv.: **tacañamente.**

TACAR. tr. Señalar haciendo mancha, hoyo u otro daño. ‖ *Amér.* Atacar, apretar el taco en un arma de fuego. ‖ Dar tacazo en el juego de billar.

TACARIGUA. f. *Salv.* **Palma real.** ‖ pl. *Ven.* Flotadores de madera esponjosa que se colocan en los bordes de las canoas para impedir que zozobren. Ú.t.c.m.

TACARIGUA. *Geog.* Laguna de Venezuela, en el Est. de Miranda. 200 km². ‖ Lago de Venezuela. V. **Valencia.**

TACAZO. m. Golpe dado con el taco.

TACETA. f. (dim. de **tazar.** ‖. Pequeña caldera de cobre usada en los molinos para trasegar aceite.

TACITA. f. dim. de *tazar.* ‖ – **de plata.** Dícese de lo que está muy limpio y pulcro. TACITA DE PLATA *suelen llamar a Cádiz.*

TÁCITAMENTE. adv. m. Secretamente, con silencio y sin ruido. ‖ Sin expresión o declaración expresa. TÁCITAMENTE *aprobó nuestro propósito, pues no hizo objeción alguna;* antón.: **expresamente.**

TÁCITO, TA. (Del lat. *tácitus,* p. p. de *tacere,* callar.) adj. Callado, silencioso. ‖ Que no se entiende, percibe, oye o dice formalmente, sino que se supone e infiere, como si se expresara claramente. sinón.: **implícito;** antón.: **explícito, expreso.** ‖ *Der.* V. **Condición Tácita.**

TÁCITO, Publio Cornelio. *Biog.* Historiador romano, edil, pretor y cónsul. Profundo conocedor del alma humana, describe con arte la relajación de las costumbres del Imperio en *Los anales; Vida de Agrícola; Historias,* etc. (aprox. 52-120).

TACITURNO, NA. al. **Verschlossen.** fr. **Taciturne.** ingl. **Taciturn.** ital. **Taciturno.** port. **Taciturno.** (Del lat. *taciturnus.*) adj. Callado, silencioso, que no le gusta hablar. ‖ fig. Triste, melancólico o apesadumbrado. ‖ deriv.: **taciturnidad.**

TACIZO. m. *Col.* Calabozo angosto.

TACLOBO. m. Concha de gran tamaño y hermoso aspecto, perteneciente a un molusco acéfalo que abunda en Filipinas y otras islas del mar Pacífico.

TACNA. f. *Col.* Horno utilizado por los indígenas para cocer ladrillos y tejas.

TACNA. *Geog.* Departamento del S. del Perú, en el límite con Chile, 14.767 km². 96.000 h. Cap. hom. 15.000 h. Por el tratado de Ancón (1883) pasó, junto con Arica, a poder de Chile. Una parte del dep. fue devuelta al Perú en 1925, y el resto en 1929. Arica quedó en poder de Chile.

TACNA, Batalla de. *Hist.* V. **Alianza, Batalla de la.**

TACNEÑO, ÑA. adj. Natural de Tacna. Ú.t.c.s. ‖ Perteneciente o relativo a esta ciudad, departamento y provincia peruanos.

TACO. al. **Pflock; Stock.** fr. **Coin; queue.** ingl. **Plug; cue.** ital. **Stoppacciolo; stecca.** port. **Taco.** (De *atacar.*) m. Pedazo de madera, metal u otra materia, corto y grueso, que se encaja en algún hueco. *Le puso un* TACO *para que encajara bien.* ‖ Cualquier pedazo de madera corto y grueso. ‖ Cilindro que se coloca entre la pólvora y el proyectil, en las armas de fuego. ‖ Cilindro de estopa, arena u otra materia con que se aprieta la carga del barreno. ‖ Baqueta para atacar las armas de fuego. ‖ Vara generalmente de madera dura, con la cual se impele la bola de billar y la de los trucos. ‖ Canuto de madera con que juegan los muchachos lanzando, mediante aire comprimido, **tacos** de papel u otra materia. sinón.: **tirabala, tiratacos.** ‖ Lanza que se usa en el juego de la sortija y en el del estafermo. ‖ Conjunto de hojas de papel sobrepuestas que componen el calendario de pared. *Es muy pequeño el* TACO *de este calendario.* ‖ fam. Embrollo, lío. *Se hizo un* TACO. ‖ fig. y fam. Bocado o comida muy ligera que se toma fuera de las horas de comer. sinón.: **refacción, refrigerio.** ‖ Trago de vino. ‖ Voto, blasfemia, palabrota. Úsase generalmente con los verbos *soltar* y *echar. Profería denuestos y echaba* TACOS. ‖ *Amér.* Tacón de la bota o zapato. ‖ Bastón para jugar al polo. ‖ *C. Rica y P. Rico.* Preocupación, temor. ‖ *Chile.* Impedimento, atasco. ‖ Persona rechoncha. ‖ Tortilla de maíz. ‖ *Impr.* Botador, trozo de madera con que se aprietan y aflojan las cuñas de la forma. ‖ **Darse taco.** frs. fig. y fam. *Arg.* y *Méx.* Darse importancia. ‖ **Meter los tacos.** frs. fig. y fam. *C. Rica* y *Mex.* Amedrentar.

TACO, CA. adj. *Cuba* y *P. Rico.* Dícese de la persona que viste con elegancia afectada. Ú.t.c.s. ‖ Animoso, desenfadado. Ú.t.c.s.

TACOMA. *Geog.* Monte de los EE.UU. V. **Rainier, Monte.** ‖ Ciudad y Puerto de los EE.UU. (Washington). 160.000 h. Industria maderera y metalúrgica.

TACÓN. al. **Absatz.** fr. **Talon.** ingl. **Heel.** ital. **Tacco.** port. **Tacão, salto.** (De *taco.*) m. Pieza semicircular unida a la suela del zapato o bota en la parte que corresponde al calcañar. TACÓN *alto;* sinón. **taco.** ‖ *Impr.* Cuadro formado por unas barras, a las cuales se ajusta el pliego al ponerlo en la prensa para imprimirlo.

TACÓN, Miguel. *Biog.* Militar esp. que de 1834 a 1838 fue capitán general de Cuba (1777-1854).

TACONAZO. m. Golpe que se da con el tacón.

TACONEAR. intr. Pisar ruidosamente, haciendo fuerza y estribando en el tacón. ‖ fig. Pisar con valentía y arrogancia. TACONEAR *para darse importancia.* ‖ tr. *Chile.* Henchir, rellenar, recalcar.

TACONEO. m. Acción y efecto de taconear.

TACORA. *Geog.* Volcán de los Andes, entre el dep. peruano de Tacna y la prov. chilena de Tarapacá. 5.950 m.

TACOSIS. f. *Vet.* Enfermedad que suelen padecer las cabras.

TACOTAL. (Del mex. *tlacotl.*) m. *C. Rica.* Matorral espeso. ‖ *Hond.* Ciénaga, lodazal.

TÁCTICA. al. **Taktik.** fr. **Tactique.** ingl. **Tactics.** ital. **Tattica.** port. **Tática.** (Del gr. *taktiké,* f. de *taktikós,* táctico.) f. Arte de poner en orden las cosas. ‖ *Mil.* Conjunto de reglas a que se ajustan las operaciones militares en su ejecución. ‖ fig. Sistema que se emplea disimulada y hábilmente para conseguir un fin. *Con una* TÁCTICA *habilísima logra cuanto pretende;* sinón.: **tacto.** ‖ IDEAS AFINES: *Estrategia, caballería, infantería, batalla, flanco, cargar a la bayoneta, artillería, combate, retirada.*

● **TÁCTICA.** *Mil.* La guerra tiene para cada bando en pugna un objetivo único; vencer al enemigo. Para lograrlo el arte militar emplea dos recursos fundamentales: la estrategia y la **táctica.** Aquélla se ocupa del manejo de las tropas hasta llevarlas, en condiciones óptimas, al campo de lucha; ésta, de emplear esas fuerzas con la mayor eficacia en la acción contra el enemigo. De ahí que la **táctica** se ha podido definir como "la ciencia de los movimientos que se hacen en presencia y al alcance del enemigo" y como "la operación mecánica y el complemento de la estrategia", ya que mediante ella es posible discernir con exactitud la combinación y el ordenamiento que requieren las fuerzas de que se dispone. Claro que, a medida que han ido cambiando las armas de combate, ha evolucionado la **táctica;** esa evolución se acentuó desde el s. XIX, en el que ha sido constante y a veces súbita. La **táctica** antigua se caracterizaba por un cierto efecto teatral, coreográfico, que fue desapareciendo paulatinamente para dar preeminencia a la guerrilla. Hasta poco antes de la primera Guerra Mundial no se consideraban otras armas que las de infantería, caballería, y artillería; esa conflagración introdujo un nuevo elemento primordial, la ingeniería, y comenzó a dar importancia a la aeronáutica. La segunda Guerra Mundial significó, con respecto a la primera, cambios prácticamente absolutos. La aviación, con su rapidez y precisión técnica, entró a jugar un papel casi excluyente en la destrucción sorpresiva de objetivos industriales y militares. Por otra parte, la proliferación de todo tipo de transportes ha creado la posibilidad de una traslación rápida que permite el constante refuerzo y al mismo tiempo cambia la índole de la **táctica** en el transcurso de una misma acción militar.

TÁCTICO, CA. (Del gr. *taktikós,* de *tasso,* poner en orden.) adj. Perteneciente a la táctica. ‖ m. El que sabe o practica la táctica. ‖ deriv.: **tácticamente.**

TÁCTIL. (Del lat. *táctilis.*) adj. Referente al tacto. *Sensación* TÁCTIL. ‖ Que se puede tocar. ‖ deriv.: **tactilidad.**

TACTISMO. m. *Biol.* Movimiento del protoplasma debido a un excitante exterior; es positivo cuando el movimiento se cumple en dirección al agente provocador, y negativo en el caso contrario. sinón.: **taxía.**

TACTO. al. **Tastsinn.** fr. **Toucher.** ingl. **Touching.** ital. **Tatto.** port. **Tato.** (Del lat. *tactus.*) m. Sentido corporal con el cual se percibe y distingue la aspereza o suavidad, dureza o blandura, etc., de las cosas. ‖ Acción de tocar o palpar. ‖ fig. Tino, acierto, destreza, maña. *Para tratar ese asunto se requiere mucho* TACTO; sinón.: **diplomacia, pulso, sagacidad, táctica, tiento.** ‖ – **de codos.** Expresión con que se denota, en milicia, la unión que debe haber entre uno y otro soldado para que la formación sea correcta. ‖ fig. Efecto de estar estrechamente unidas algunas personas para determinado fin. ‖ deriv.: **tactivo, va.** ‖ IDEAS AFINES: *Dedos, piel, tangible, palpable, Braille, a tientas, impalpable.*

TACTOR. m. Órgano táctil.

TACÚ. m. *Bol.* Mortero grande de madera.

TACUACÍN. (Del mex. *tlacuat-*

zín.) m. *Amér. Central* y *Méx.* Zarigüeya.

TACUACO, CA. adj. *Chile.* Rechoncho. Ú.t.c.s.

TACUACHE. m. *Cuba* y *Méx.* Cuadrúpedo mamífero, insectívoro, nocturno.

TACUAPÍ. (Voz guaraní.) m. *Arg.* Caña hueca que crece en los bosques de Misiones, Argentina, y alcanza a tener hasta diez metros de altura y ocho centímetros de diámetro.

TACUARA. f. *Arg.*, *Chile* y *Urug.* Planta leñosa, especie de bambú de cañas largas y muy resistentes que puede llegar hasta los veinte metros de altura. Gén. *Chusquea*, gramináceas. sinón.: **guadua.** ‖ *Amér. del S.* Pajarito de color pardo; anida en cualquier cavidad, sus movimientos son rápidos y ágiles, y su canto, vivo. *Troglodytes musculus*, troglodítido.

TACUARAL. m. *Arg.* y *Chile.* Lugar donde hay muchas tacuaras.

TACUAREMBÓ. (Voz guaraní.) m. *Amér. del S.* Caña maciza, larga, delgada y flexible, con la que se tejen esteras y cestos.

TACUAREMBÓ. *Geog.* Río del Uruguay, en el dep. hom. Desagua en el río Negro. 325 km. ‖ Dep. del centro norte del Uruguay. 21.015 km². 85.000 h. Tabaco, arroz, ganadería, rocas de aplicación. Cap. hom. 35.000 h. Importante centro ganadero y agrícola.

TACUARÍ. (Voz guaraní.) m. *Arg.* Caña hueca y muy delgada, de dos metros de altura aproximadamente.

TACUARÍ. *Geog.* Localidad de la Prov. de Buenos Aires, Argentina. 3.500 h. ‖ Río del Paraguay, en el dep. de Itapúa afl. del río Paraná. 80 km. En sus orillas el ejército de Belgrano fue vencido por los realistas, en 1811. ‖ Río del Uruguay (Cerro Largo y Treinta y Tres), que des. en la laguna Merim. 130 km.

TACUARITA. f. *Arg.* Ratonera, ave.

TACUBA. *Geog.* Población de El Salvador (Ahuachapán). 4.000 h.

TACURÚ. (Voz guaraní.) m. *Arg.* y *Parag.* Termes. ‖ Cada uno de los montículos cónicos o semiesféricos de tierra arcillosa, de más de un metro de altura, que abundan en los terrenos anegadizos y fueron primitivamente hormigueros. ‖ deriv.: **tacuruzal.**

TACUTÚ. *Geog.* Río de América del Sur, en el límite entre Brasil y la Guayana Británica. Desagua en el río Branco. 300 km.

TACHA. (Como el port. *tacha*, mancha y clavo y el fr. *tache*, mancha, de la raíz *tac*, de donde el lat. *tactus*, tacto.) f. Falta, nota o defecto que hay en una persona o cosa. *Caballero sin* TACHA; sinón.: **tilde.** ‖ Especie de clavo pequeño. ‖ *For.* Motivo legal para desestimar en un pleito la declaración de un testigo.

TACHABLE. Adj. Que merece tacha.

TACHADURA. f. Acción y efecto de tachar lo escrito. *Están salvadas las* TACHADURAS *de este escrito.*

TACHAR. tr. Poner en una cosa falta o tacha. ‖ Borrar lo escrito. sinón.: **rayar, testar.** ‖ Alegar contra un testigo alguna incapacidad legal. ‖ fig. Culpar, censurar, notar. *Le* TACHÓ *de embustero*; *le* TACHO *por su mala acción*; sinón.: **tildar.** ‖ deriv.: **tachador, ra.**

TACHERÍA. f. *Amér.* Hojalatería.

TACHERO. m. *Amér.* Operario que maneja los tachos en la fabricación del azúcar. ‖ Hojalatero.

TACHIGUAL. m. *Méx.* Cierto tejido de algodón o lino.

TACHIRENSE. adj. Natural del Estado venezolano de Táchira. Ú.t.c.s. ‖ Perteneciente o relativo a dicho Estado.

TÁCHIRA. *Geog.* Río de Colombia y Venezuela. Limita a ambas repúblicas y des. en el río Zulia. ‖ Estado de Venezuela, en el límite con Colombia. 11.100 km². 400.000 h. Café, maíz, plátanos, carbón, petróleo. Cap. SAN CRISTÓBAL.

TACHO. m. *Arg.* y *Chile.* Vasija de metal, de fondo redondeado, con asas, parecida a la paila. Por extensión, cualquier recipiente de latón, hojalata, etc. ‖ Recipiente metálico de capacidad y uso diversos. TACHO de *basura, de lavar.* ‖ **Irse uno al tacho.** frs. fig. y vulg. *Arg.* y *Urug.* Fracasar en un negocio o asunto.

TACHÓN. (aum. de *tacha*, clavo.) m. Tachuela grande, de cabeza dorada o plateada, con que se suelen adornar sillerías, etc.

TACHÓN. (De *tachar.*) m. Raya que se hace sobre lo escrito para borrarlo. sinón.: **tildón.** ‖ Galón, cinta, etc., puesto como adorno en una tela o vestido.

TACHONAR. tr. Adornar con tachones una tela o vestido. ‖ Clavetear los cofres y otros objetos con tachones. ‖ Salpicar. *El cielo se* TACHONA *de luces: lo* TACHONÓ *con flores.*

TACHONERÍA. f. Obra o labor de tachones.

TACHOSO, SA. adj. Que tiene alguna tacha o defecto.

TACHUELA. al. **Tapeziernagel.** fr. **Broquette.** ingl. **Tack.** ital. **Bulletta.** port. **Tachinha.** (dim. de *tacha*, clavo.) f. Clavo corto y de cabeza grande. ‖ fig. y fam. *Arg.* y *Chile.* Persona de estatura muy baja.

TACHUELA. (De *tacho.*) f. *Col.* Especie de escudilla de metal. ‖ *Ven.* Taza de metal para beber agua del tinajero.

TACHURÍ. (Del guaraní *tachurí*, que se alimenta de gusanos.) m. *Amér. del S.* Nombre dado a cierto pájaro contingido, insectívoro, de colores diversos. Se conocen varias especies.

TADJIKISTÁN. *Geog.* República asiática de la Unión Soviética, sit. en la frontera con China y Afganistán. 142.000 km². 1.750.000 h. Cap. DUSHAMBE. Produce cereales, algodón, frutas, oro, carbón, petróleo.

TAEDIUM VITAE. (*Tedio de la vida.*) loc. lat. Inapetencia para la acción y los goces, que suele ser consecuencia de una vida ociosa y entregada al placer.

TAEL. (Del malayo *tail.*) m. Moneda imaginaria de Filipinas que se toma como unidad en las contrataciones, particularmente en las que se hacen con los chinos. ‖ Peso común que se usa en Filipinas, equivalente a 39 gramos y 537 miligramos. ‖ Peso de metales preciosos que se usa en Filipinas, equivalente a 37 gramos y 68 centigramos.

TAENSA. adj. Aplícase al indio de cierta tribu norteamericana, actualmente desaparecida, que vivía en la ribera oriental del Misisipí. Ú.t.c.s. ‖ Perteneciente o relativo a estos indios.

TAFANARIO. (De *antifonario.*) m. fam. Asentaderas, parte posterior del cuerpo humano.

TAFETÁN. (Del persa *tafta*, tejido.) m. Tela delgada de seda, muy tupida. ‖ pl. fig. Las banderas. *Dieron al viento los* TAFETANES. ‖ Galas femeninas. ‖ **Tafetán de heridas,** o **inglés.** El que está cubierto por una cara con cola de pescado y se usa como aglutinante para cubrir y juntar los bordes de las heridas.

TAFIA. f. Aguardiente de caña.

TAFILETE. (Del berb. *tafilelt*, tafilete.) m. Cuero bruñido y lustroso. sinón.: **marroquí.** ‖ *Amér.* Banda de cuero u otra materia análoga que lleva el sombrero por dentro, en la parte que está en contacto con la cabeza.

TAFILETEAR. tr. Adornar o componer con tafilete.

TAFILETERÍA. f. Arte de adobar el tafilete. ‖ Lugar donde se adoba. ‖ Comercio donde se vende.

TAFÍ VIEJO. *Geog.* Ciudad de la Argentina, en la prov. de Tucumán. 17.500 h. Gran centro ferroviario.

TAFO. m. Olfato, sentido corporal.

TAFÓN. (En fr. *tafon.*) m. *Zool.* Molusco marino gasterópodo, de concha con estrías transversales y boca casi redonda que se prolonga con una fosa estrecha y algo encorvada.

TAFT, Guillermo Howard. *Biog.* Presidente de los EE.UU. de 1909 a 1913. Derrotado por Wilson en las elecciones de 1913 (1857-1930). ‖ — **Loredo.** Escultor estad., autor de *Historia de la escultura americana*; *Modernas tendencias en la escultura* y numerosas estatuas (1860-1936).

TAFUREA. (Del ár. *taifuria*, gran plato.) f. Embarcación muy planuda usada para transportar caballos.

TAGALO, LA. adj. Dícese del individuo de una raza indígena de Filipinas, de origen malayo. Ú.t.c.s. ‖ adj. Perteneciente o relativo a los **tagalos.** ‖ m. Lengua de los **tagalos.** *El* TAGALO *es el idioma indígena más importante de Filipinas.*

TAGANROG. *Geog.* Ciudad de la Unión Soviética (R.S.F.S.R.), puerto sobre el mar de Azov. 255.000 h. Exportación de cereales, pesca, tabaco.

TAGARINO, NA. (Del ár. *tagrí*, fronterizo.) adj. y s. Dícese de los moriscos antiguos que vivían y se criaban entre los cristianos de España.

TAGARNIA. f. fam. *Amér. Central* y *Col.* Hartazgo. ‖ Borrachera.

TAGARNINA. (Del berb. *tagarnina*, y éste del gr. *ákarna.*) f. Cardillo, planta. ‖ fam. y fest. Cigarro puro muy malo.

TAGAROTE. (Del ár. *tahortí*, de Tahort, en Berbería.) m. Baharí. ‖ fig. Escribiente de notario. ‖ fam. Hidalgo pobre que se arrima adonde pueda comer sin pagar nada. ‖ Hombre alto y desgarbado. ‖ *Amér. Central.* Hombre de pro.

TAGAROTEAR. (De *tagarote*, escribiente.) intr. Trazar las letras con garbo y velocidad.

TAGETES. m. *Bot.* Género de plantas compuestas, de flores amarillas o anaranjadas, propias de las regiones cálidas americanas.

TAGLE Y PORTOCARRERO, José Bernardo. *Biog.* Militar y estadista per. que abrazó la causa de la Independencia. De 1823 a 1824, primer presid. constitucional de la República (1779-1825).

TAGLIAMENTO. *Geog.* Río de Italia que des. en el Adriático. 170 km. Victoria de Napoleón sobre los austríacos en 1797.

TAGORE, Rabindranath. *Biog.* Poeta, escritor y pensador indio. Su obra, de corte religioso y filosófico, con la que obtuvo en 1913 el premio Nobel de Literatura, lo muestra como intérprete y profeta de la India moderna. Puede afirmarse que su acción como escritor fue decisiva para el conocimiento de la cultura india en Occidente y viceversa. Tagore fue también un brillante conferencista, músico prolífico y destacado pintor. Escribió *Gitanjali; Recogiendo fruto; El jardinero,* etc. (1861-1941).

TAGUA. f. *Amér. del S.* Corojo, palma. ‖ Semilla de esta planta. ‖ *Chile.* Ave, especie de fúlica, que vive en lagunas y cañaverales.

TAGUAN. m. *Filip.* Guiguí.

TAGUATÁ. (Voz guaraní.) m. *Arg.* Especie de gavilán.

TAGUATAGUA. f. *Cuba.* Árbol de madera negruzca, consistente y fina, que crece en los terrenos áridos. ‖ *Chile.* Tagua, ave. ‖ *P. Rico.* Mata sarmentosa de olor desagradable y frutos agridulces.

TAHA. (Del ár. *taa*, obediencia, jurisdicción.) f. Comarca, distrito.

TAHALÍ. (Del ár. *tahlil*, caja para amuletos.) m. Tira que cruza por el pecho y la espalda, desde el hombro derecho hasta el lado izquierdo de la cintura, donde se juntan los dos cabos y se pone la espada. TAHALÍ *de cuero*; sinón.: **tiracol, tiracuello.** ‖ Cajita en que los soldados moros solían llevar un alcorán, y los cristianos, reliquias y oraciones. ‖ — **de Orión.** *Astr.* **Cinturón de Orión.**

TAHARAL. m. Tarayal.

TAHEÑO, ÑA. (Del ár. *tahna*, acción de teñir de alheña.) adj. Dícese del pelo bermejo. ‖ Barbitaheño.

TAHITÍ. *Geog.* Isla francesa de Oceanía (Polinesia), en el arch. de la Sociedad. 1.042 km². 40.000 h. Cap. PAPEITÍ. Produce copra, vainilla, algodón, café, etc.

TAHITIANO, NA. adj. Natural de Tahití. Ú.t.c.s. ‖ Perteneciente o relativo a esta isla.

TAHONA. (Del ár. *tahona*, molino.) f. Molino de harina cuya rueda se mueve con caballería. ‖ Casa en que se cuece pan y se vende al público. sinón.: **atahona, panadería.**

TAHONERA. f. La que tiene tahona. ‖ Mujer del tahonero. sinón.: **hornera, panadera.**

TAHONERO. m. El que tiene tahona. sinón.: **hornero, panadero.**

TAHUAMANU. *Geog.* Río de Perú y Bolivia, afl. del Beni. 900 km. En su curso inferior se llama **Orton.**

TAHUANTINSUYO. *Hist.* Nombre dado por los incas a su Imperio, y que significa las cuatro partes o regiones del mundo. Su capital era el Cuzco.

TAHÚR, RA. al. **Falschspieler.** fr. **Tricheur.** ingl. **Gambler.** ital. **Baro.** port. **Taful.** (Como el port. *taful*, del ár. *dajul*, engañador.) adj. Jugador, que tiene el vicio de jugar o es diestro en el juego. Ú.m.c.s. ‖ m. El que frecuenta las casas de juego. *La policía allanó el garito y se llevó a los* TAHÚRES; sinón.: **cuco, chamarillero.** ‖ Jugador fullero. ‖ deriv.: **tahurear.**

TAHURERÍA. (De *tahúr.*) f. Garito, casa de juego. ‖ Vicio de los tahúres. ‖ Modo de jugar con trampas. *Maestro en* TAHURERÍA.

TAHURESCO, CA. adj. Propio de tahúres.

TAICHUNG. *Geog.* Ciudad china, en la isla de Taiwan. 467.000 h.

TAIFA. (Del ár. *taifa*, destacamento.) f. Bandería, parcialidad. Úsase en especial para calificar a los régulos de los Estados en que se fraccionó la España árabe al disolverse el califato cordobés. *Reyes de* TAIFA. ‖ fig. y fam. Pandilla de personas de mala vida o poco juicio.

TAIGA. f. *Geog.* Nombre usado para designar los bosques del norte de Rusia y Siberia, de subsuelo helado y formados en su mayor parte de coníferas. Está limitada al Sur por la estepa y al Norte por la tundra. ‖ Nombre dado a la vegetación característica de la **taiga.**

TAIGETO. *Geog.* Monte de Grecia, en el Peloponeso. 2.410 m. Es célebre porque desde su cima arrojaban los espartanos a los niños débiles o contrahechos.

TAILANDIA. *Geog.* Nombre con que se denomina, a partir de 1949, el reino de **Siam.** Se halla en la región del S.E. de Asia y ocupa parte de la pen. de Malaca. Está limitado por Birmania, la Federación Malaya, Camboya y Laos. Su territorio, de 514.000 km²., es montañoso y presenta una llanura central regada por el río Menam y al E. el valle del Mekong. Cultivos de arroz, tabaco, caña de azúcar. Bovinos, elefantes. Explotación forestal y minera. Pesca. Tiene 44.040.000 h. y su cap. es BANGKOK. ‖ *Hist.* En 1941 concertó una alianza con el Japón, cuyas tropas utilizaron el territorio para atacar a Birmania. En 1942 declaró la guerra a Gran Bretaña y EE.UU. Al término de la conflagración el país fue ocupado por los británicos. En enero de 1946 se firmó en Singapur el tratado de paz, y en abril del mismo año proclamó una nueva constitución el rey Ananda Mahidal, quien fue asesinado en junio siguiente. Lo sucedió su hermano Phumiphon Aduldet con el nombre de Rama IX.

TAILORISMO. m. *Econ.* Conjunto de reglas y principios de organización científica del trabajo, elaborado por ingenieros y directores fabriles estadounidenses a cuyo frente estaba Taylor.

TAIMA. f. Taimería. ‖ *Chile.* Murria, emperramiento.

TAIMADO, DA. al. **Schlau.** fr. **Rusé.** ingl. **Sly.** ital. **Scaltro.** port. **Taimado.** adj. Bellaco, astuto, sagaz, disimulado, ladino. Ú.t.c.s. ‖ *Chile.* Amorrado, temoso.

TAIMARSE. r. *Chile.* Emperrarse.

TAIMERÍA. (De *taimado.*) f. Picardía, malicia, astucia, desvergonzada. sinón.: **cuquería.**

TAINA. adj. Aplícase a la lengua hablada en el noroeste del Brasil. Ú.t.c.s.

TAINÁN. *Geog.* Ciudad de la China, en la isla de Formosa. 485.000 h. Centro productor de azúcar y arroz.

TAINE, Hipólito A. *Biog.* Fil., crítico e hist. francés, consideró a las ciencias del espíritu equivalentes a las de la naturaleza y sujetas a similares leyes: *"El vicio y la virtud son productos naturales, como el azúcar y el vitriolo. El hombre hace filosofías como el gusano de seda, ovillos y las abejas sus colmenas".* Obras: *La inteligencia; Filosofía del arte,* etc. (1828-1893).

TAÍNO, NA. adj. Dícese del indio de una tribu de origen

aruaca que ocupaba las Grandes Antillas y las Bahamas a la llegada de los españoles. Ú.t.c.s. ‖ Perteneciente o relativo a estos indios. ‖ m. Lengua **taína.**

TAIPA. *Geog.* Pequeña isla del mar de la China Meridional que, junto con la de Coloane forma parte de Macao.

TAIPEH. *Geog.* Ciudad de la China, cap. de la isla de Formosa (Rep. de Taiwan). 1.952.000 h. Asiento del gobierno nacionalista chino que encabezó el general Chiang Kai-shek.

TAIRA. f. Mamífero carnicero, propio de la América Central y Meridional, de un metro de largo aproximadamente, parecido a la marta. *La* TAIRA *es sanguinaria y voraz.*

TAITA. (Del lat. *tata,* padre.) m. Nombre con que los niños designan al padre. ‖ **Padre de mancebía.** ‖ Tratamiento que suele darse a los negros ancianos. ‖ *Arg.* Guapo, sujeto pendenciero. Ú.t.c.adj. ‖ *Arg.* y *Chile.* Voz infantil y vulgar que se aplica para designar a toda persona respetable.

TAITAO. *Geog.* Península de Chile, en la prov. de Aysén, al S. del arch. de los Chonas. Está unida al continente por el istmo de Ofqui.

TAITÍ. *Geog.* V. **Tahití.**

TAITIANO, NA. adj. y s. Tahitiano.

TAIWAN. *Geog.* Isla de China. V. **Formosa.**

TAJA. f. Armazón que se coloca sobre el basto de las caballerías para sujetar las cargas de mieses, leñas, y otras cosas semejantes.

TAJA. f. Cortadura o repartimiento. ‖ Tarja.

TAJÁ. f. *Ant.* Especie de pájaro carpintero.

TAJADA. al. **Schnitte; Scheibe.** fr. **Tranche.** ingl. **Slice.** ital. **Fetta.** port. **Talhada.** (De *tajar.*) f. Porción cortada de una cosa, especialmente comestible. TAJADA *de carne.* ‖ fam. Ronquera o tos ocasionada por un resfriado. ‖ Borrachera. ‖ *Chile.* Tajo, cuchillada. ‖ **Hacer tajadas** a uno. frs. fig. y fam. Causarle numerosas heridas con arma blanca. Úsase en general como amenaza. *¡Te voy a* HACER TAJADAS! ‖ **Sacar tajada.** frs. fig. y fam. Conseguir con maña alguna ventaja o parte apreciable de lo que se distribuye entre varios. *De todo* SACAS TAJADA.

TAJADERA. (De *tajar.*) f. Cuchilla corva con que se taja una cosa. ‖ Tajo pequeño de madera sobre el que se suele cortar la carne. ‖ Cortafrío.

TAJADERO. (De *tajar.*) m. Tajo para picar la carne.

TAJADILLA. f. dim. de **Tajada.** ‖ Plato de bodegón compuesto de tajadas guisadas.

TAJADO, DA. adj. Aplícase a la costa, roca o peña cortada verticalmente. *Peñón* TAJADO.

TAJADOR, RA. adj. Que taja. Ú.t.c.s. ‖ m. Tajadero.

TAJADURA. f. Acción y efecto de tajar.

TAJALÁN, NA. adj. *Cuba.* Holgazán, que pretende vivir a costa de los demás. Ú.t.c.s.

TAJALEO. m. fam. *Cuba.* La comida. ‖ Pendencia, escándalo.

TAJAMAR. (De *tajar* y *mar.*) m. *Arq.* Parte de la fábrica que se adiciona a los pilares de los puentes para cortar el agua de la corriente. sinón.: **espolón.** ‖ *Mar.* Tablón ensamblado en la parte exterior de la roda que sirve para hender el agua cuando el buque marcha. *El* TAJAMAR *cortaba las alborotadas ondas.* ‖ *Arg.* Presa o balsa. ‖ *Chile.* Malecón, dique.

TAJAMIENTO. (De *tajar.*) m. Tajadura.

TAJANTE. p. a. de **Tajar.** Que taja. sinón.: **cortante.** ‖ adj. fig. Completo, total, sin término medio. *Hay una diferencia* TAJANTE *entre esas dos interpretaciones.* ‖ m. En algunas partes, cortador, carnicero.

TAJAPLUMAS. (De *tajar* y *pluma.*) m. Cortaplumas.

TAJAR. (Del lat. *taliare,* tallar.) tr. Dividir una cosa en dos o más partes con instrumento cortante. ‖ Cortar la pluma de ave usada para escribir.

TAJARRAZO. m. *Amér. Central* y *Méx.* Tajo, herida.

TÁJARRIA. f. *Cuba.* Ataharre.

TAJEA. f. Atarjea. ‖ Construcción pequeña para dar paso al agua por debajo de un camino.

TAJEAR. tr. *Perú, P. Rico* y *R. de la Plata.* Hacer tajos con un instrumento cortante. *Le* TAJEÓ *la cara con el facón.*

TAJES, Máximo. *Biog.* Pol. urug., de 1886 a 1890 presid. de la Rep. (1852-1912).

TAJERO. m. Tarjero.

TAJIBO. m. *Arg.* y *Bol.* **Tayuyá.**

TAJIKISTÁN. *Geog.* V. **Tadjikistán.**

TAJMAHAL. *B. A.* Famoso mausoleo, una de las joyas de la arquitectura india, hecho erigir en Agra por el Cha Djahan a la memoria de su esposa, entre los años 1632 y 1650. Construido en mármol blanco, con dibujos e inscripciones que reproducen todo el Corán, es de una magnificencia extraordinaria.

TAJO. al. **Schnitt; Hackklotz.** fr. **Taille; coupure; coupoir.** ingl. **Cut; Chopping block.** ital. **Taglio; tagliere.** port. **Talho.** (De *tajar.*) m. Corte hecho con instrumento adecuado. ‖ Sitio hasta donde llegan los operarios que trabajan avanzando sobre el terreno; como los segadores, taladores, empedradores, mineros, etc. *Los leñadores se dirigieron al* TAJO *para reanudar su labor.* ‖ Tarea, trabajo que debe hacerse en tiempo determinado. ‖ Escarpa alta y cortada casi a plomo. *Cortaba la montaña un formidable* TAJO. ‖ Filo o corte. ‖ Pedazo de madera que sirve en las cocinas para partir y picar la carne. sinón.: **picador, tajadero, tajador, tajón.** ‖ Trozo de madera grueso y pesado sobre el cual se decapitaba a los reos. *El reo puso el cuello en el* TAJO. ‖ *Esgr.* Corte que se da con la espada y otra arma blanca, de derecha a izquierda.

TAJO. *Geog.* Río de España y Portugal, el mayor de la pen. Ibérica. Nace en la prov. de Teruel, cruza las de Guadalajara, Madrid, Cuenca, Toledo y Cáceres, penetra en Portugal y des. en el Atlántico mediante un amplio estuario, donde se levanta la ciudad de Lisboa. Recorre 1.006 km., de los cuales son navegables 193.

TAJÓN. (aum. de *tajo.*) m. Tajo para picar carne. sinón.: **picador, tajadero, tajador.** ‖ Madero de menor longitud que la que le corresponde por el marco.

TAJONA. f. *C. Rica.* Látigo para arrear. ‖ Mujer callejera. ‖ *Cuba.* Cierto canto popular, variante del danzón.

TAJÚ. m. *Filip.* Cocimiento preparado con té, jenjibre y azúcar.

TAJUELA. f. Tajuelo, asiento.

TAJUELO. m. dim. de **Tajo.** ‖ Banquillo rústico de tres pies. sinón.: **tajo, tajuela.** ‖ *Mec.* Tejuelo, pieza en que se apoya el gorrón de un árbol.

TAJUMULCO. *Geog.* Volcán de Guatemala (San Marcos). 4.211 m.

TAKAMATSU. *Geog.* Ciudad del Japón, en la isla de Shikoku. 170.000 h. Cerámica.

TAKLA MAKAN. *Geog.* Desierto del Asia central, en el Turquestán chino, al S. de los montes Tian-Shan.

TAL. (Del lat. *talis.*) adj. Aplícase a las cosas indefinidamente, para determinar en ellas lo que se denota por su correlativo. *Sucedió* TAL *como se previó.* ‖ Igual, semejante, o de la misma figura o forma. TAL *cosa no se concibe.* ‖ Tanto o tan grande. Ú. para exagerar la bondad y perfección de una cosa, o al contrario. TAL *sacrilegio no lo puede cometer un varón* TAL. Ú.t. para especificar lo que no está determinado, y suele repetirse para dar más viveza a la expresión. *Haced* TALES *y* TALES *cosas, y triunfaréis.* ‖ Ú. a veces como pronombre demostrativo. TAL *consecuencia tuvo su conducta.* ‖ Empleado como neutro equivale con más exactitud a **cosa** o **cosa tal,** y toma carácter de substantivo. *Para ser feliz, no hay* TAL *como el amor al prójimo.* Se puede construir con el artículo determinado masculino o femenino. *El* TAL *cuadro* (ese de que se trata). ‖ Se usa también como pronombre indeterminado. TAL (alguno) *habrá que lo crea así.* ‖ Aplicado a un nombre propio, denota que aquel sujeto es poco conocido del que habla o de los que escuchan. *Leí un libro de un* TAL *Gómez.* ‖ adv. m. Así, de este modo. TAL *se asombró, que no supo qué contestar.* ‖ Úsase en sentido comparativo, correspondiéndose con *cual, como* o *así como,* y en este caso equivale a **de igual modo** o **asimismo.** *Así como la verdad siempre triunfa al fin,* TAL *la mentira fracasa.* ‖ Pospuesto a los adverbios *sí* o *no* en la réplica, refuerza la significación de los mismos. *—¿Lo harás?— Sí* TAL. ‖ **Con tal de** (seguido de infinitivo), **con tal que** (seguido de oración con verbo en forma personal). m. conjunt. condic. En el caso de o de que, con la precisa condición de o de que. *Haré cuanto pueda,* CON TAL DE *no molestarte. Procuraré complacerte,* CON TAL QUE *no me pidas cosas imposibles.* ‖ **Tal cual.** expr. que significa que por defectuosa que una cosa sea, se aprecia porque tiene alguna virtud. *Ese reloj es viejo; pero* TAL CUAL *es, lo prefiero a otros por su precisión.* ‖ Ú. también para significar que son pocas las personas o cosas de que se habla. *Nadie leerá ese libro, sino* TAL CUAL *desocupado.* ‖ Pasadero, mediano, regular. *Fue un almuerzo* TAL CUAL. ‖ m. adv. Así, así; medianamente. *Lo pasé* TAL CUAL. ‖ **Tal para cual.** expr. fam. con que se da a entender igualdad o semejanza moral entre dos personas. Tómase generalmente en mala parte. *Son* TAL PARA CUAL. ‖ **Tal por cual.** expr. desp. De poco más o menos. *Es un libro* TAL POR CUAL.

TALA. al. **Fällen; Holzschlag.** fr. **Taille des arbres.** ingl. **Felling of trees.** ital. **Tagliata.** port. **Tala.** f. Acción y efecto de talar. TALA *de árboles.* ‖ Juego de muchachos consistente en golpear con un palo otro más pequeño y puntiagudo, haciéndolo saltar y dándole un segundo golpe en el aire para arrojarlo a mayor distancia. sinón.: **billada, billarda, toña.** ‖ Palo pequeño usado en este juego. sinón.: **toña.** ‖ *Arg.* Árbol de unos once metros de altura, cuya raíz sirve para teñir y cuyas hojas en infusión tienen propiedades medicinales. Gén. *Celtis spinosa,* ulmácea. ‖ *Chile.* Acción de pacer los ganados la hierba que no se alcanza a cortar con la hoz. ‖ *P. Rico.* Huerto o huerta. ‖ *Ven.* Hacha. ‖ *Fort.* Defensa que se hace con troncos de árboles para proteger accesoriamente una fortificación. ‖ Defensa formada con árboles cortados por el pie y dispuestos a modo de barrera.

TALABARTE. (En port. *talabarte.*) m. Pretina o cinturón que lleva pendientes los tiros de que cuelga la espada o el sable.

TALABARTERÍA. f. Tienda o taller de talabartero.

TALABARTERO. (De *talabarte.*) m. Aquel que hace talabartes y otros artículos de cuero.

TALACHO. m. *Méx.* Azada.

TALADOR, RA. adj. y s. Que tala.

TALADRADOR, RA. adj. Que taladra. Ú.t.c.s.

TALADRAR. tr. Horadar una cosa con taladro y otro instrumento similar. sinón.: **agujerear, barrenar, perforar.** ‖ fig. Herir desagradablemente los oídos algún sonido agudo. *Sus gritos* TALADRABAN *los oídos.* ‖ Penetrar con el discurso una materia obscura o dudosa. *Al fin, logró* TALADRAR *la abstrusa cuestión.* ‖ deriv.: **taladrante.**

TALADRILLA. f. Barrenillo, insecto que ataca al olivo.

TALADRO. al. **Bohrer.** fr. **Tarière.** ingl. **Drill; borer.** ital. **Succhiello.** port. **Trado.** (Del lat. *tarátrum.*) m. Instrumento agudo con que se agujerea la madera, el metal, etc. sinón.: **barrena.** ‖ Agujero angosto hecho con el **taladro** u otro instrumento similar. ‖ IDEAS AFINES: *Perforación, trepanación, clavo, barreno, lezna, cincel, escoplo, punta.*

TALAJE. m. *Arg.* y *Chile.* Acción de pacer el ganado en los potreros o campos y precio que por esto se paga.

TALAL I ALSAUD. *Biog.* Rey de Jordania de 1951 a 1952 (n. 1909).

TALAMANCA. *Geog.* Cordillera de Costa Rica, que se extiende desde el centro del país hasta el límite con Panamá. Culmina en el cerro Chirripó Grande, de 3.837 m, el mayor del país.

TALAMERA. f. Árbol en que se coloca el señuelo para atraer a las palomas.

TALAMETE. (dim. de *tálamo.*) m. *Mar.* Cubierta de proa en las embarcaciones menores.

TALAMIFLORA. (De *tálamo* y *flor.*) adj. *Bot.* Dícese de las plantas dicotiledóneas con perigonio doble y pétalos distintos e insertos en el receptáculo; como las ranunculáceas y las rutáceas. Ú.t.c.s. ‖ f. pl. *Bot.* Clase de estas plantas.

TALAMITE. (Del gr. *thalamites.*) m. Remero de la fila inferior en las naves antiguas.

TÁLAMO. (Del lat. *thálamus,* y éste del gr. *thálamos.*) m. Lugar donde los novios celebraban sus bodas y recibían los plácemes. ‖ Lecho conyugal. TÁLAMO *nupcial.* ‖ *Anat.* Cualquiera de los dos núcleos de materia gris ubicados sobre los pedúnculos cerebrales. ‖ *Bot.* Receptáculo.

TALAMOCO, CA. adj. Albino, falto de pigmento.

TALAMON, Gastón O. *Biog.* Crítico musical y escritor arg., autor de *Historia de la música desde el siglo XVIII hasta nuestros días, Héctor Villa-Lobos; su vida y su obra,* etc. (1883-1956).

TALÁN. (Voz onomatopéyica.) m. Sonido de la campana. Ú. por lo general repetido. *Le despertó el* TALÁN TALÁN *de la campana.*

TALANQUERA. (De *palanquera.*) f. Valla o pared que sirve de defensa o reparo. ‖ fig. Cualquier sitio que sirve de reparo o refugio. ‖ Defensa y seguridad.

TALANTE. m. Manera o modo de ejecutar una cosa. *El chico lo hizo con varonil* TALANTE. ‖ Semblante o disposición de ánimo de una persona, o estado o calidad de las cosas. *No debes presentarte en ese* TALANTE. ‖ Voluntad, deseo, gusto. *Todo ha de ser a su* TALANTE. ‖ **De buen,** o **mal, talante.** expr. adv. Con buena, o mala, disposición o ánimo para hacer o conceder una cosa. *Me lo entregó* DE MAL TALANTE. ‖ deriv.: **talantoso, sa.**

TALAPIOTA. m. Pájaro sudamericano de 20 cm de largo aproximadamente, de pico comprimido y largo y plumaje rojizo, a excepción de la garganta, que es amarillenta, y de la cabeza, que es negruzca.

TALAR. m. *Arg.* Terreno poblado de talas.

TALAR. (Del lat. *talaris.*) adj. Dícese del traje o vestidura que llega hasta los talones. ‖ Dícese de las alas que tenía el dios Mercurio en los talones. Ú. también c.s.m. y más en pl. *Mercurio desplegó los* TALARES *y regresó al Olimpo.*

TALAR. (Del b. lat. *talare,* y éste tal vez del lat. *tálea,* rama cortada de un árbol.) tr. Cortar árboles por el pie, dejando rasa la tierra. ‖ Destruir, arruinar, o quemar campos, edificios o poblaciones. TALÓ *los campos y poblados enemigos;* sinón.: **arrasar.** ‖ Dicho de ciertos árboles, podar.

TALAR. tr. *P. Rico.* Hacer talas o huertos.

TALARA. *Geog.* Pobl. y puerto del Perú, en el N.O. del dep. de Piura. 18.000 h. Refinerías de petróleo.

TALASOTERAPIA. (Del gr. *thálassa,* mar, y *therapeia,* tratamiento.) f. *Ter.* Uso terapéutico de los baños o del aire del mar.

TALAVERA, Alfonso. *Biog.* V. **Martínez de Toledo, Alfonso.**

TALAVERA. *Geog.* Isla paraguaya del río Paraná, y al S. de la isla Yacyretá. ‖ **– de la Reina.** C. de España (Toledo). 18.000 h. Cerámica. Famosa por la victoria de españoles e ingleses sobre los franceses en 1809.

TALAVERANO, NA. adj. Natural de Talavera. Ú.t.c.s. ‖ Perteneciente o relativo a cualquiera de las poblaciones de este nombre.

TALAYERO. m. Atalayero, vigía.

TALAYOTE. m. *Méx.* Nombre de algunas plantas asclepiadeas y de sus frutos.

TALAYOTE. (Del mallorquín *talayot.*) m. Monumento megalítico de las Baleares, similar a una torre de poca altura. *Los* TALAYOTES *se construyeron en la Edad del Bronce.*

TALCA. *Geog.* Provincia del centro de Chile, 9.640 km². 260.000 h. Vitivinicultura. Cap. hom. 80.000 h. Fabricación de fósforos.

TALCAHUANO. *Geog.* Ciudad de Chile, en la prov. de Concepción. 150.000 h. Puerto militar y cerealista.

TALCO. al. **Talk.** fr. **Talc.** ingl. **Talc.** ital. **Talco.** port. **Talco.** (Del ár. *talc.*) m. Silicato de magnesia, de constitución hojosa, infusible, muy suave al tacto, lustroso, blando y de color generalmente verdoso. Suele usarse en láminas para reemplazar al vidrio en faroles, ventanillas, etc.; reducido a polvo se emplea en farmacia y perfumería. ‖ Lámina metálica muy delgada que se emplea en bordados. ‖ deriv.: **tálcico, ca.**

TALCOGRANITO. m. *Geol.* Roca formada de talco, feldespato y cuarzo.

TALCOSO, SA. adj. Compuesto de talco o abundante en él. *Terreno* TALCOSO.

TALCUALILLO, LLA. (De *tal cual.*) adj. fam. Que sale poco de la mediania. ‖ Dicho de un enfermo, que experimenta mejoría. *Con el buen tiempo, me encuentro* TALCUALILLO.

TALCHOCOTE. (Del méx. *talzocotl.*) m. *Hond.* Árbol que produçe un fruto parecido a la aceituna, empleado en medicina contra la disentería.

TÁLEA. (Del lat. *tálea,* rama, palo.) f. Empalizada que los romanos usaban en sus campamentos.

TALED. (Del hebr. *tal -leth;* de *tal-lel,* cubrir, velar.) m. Tejido de lana con el que se cubren los judíos la cabeza y el cuello en sus ceremonias religiosas.

TALEGA. (Del ár. *talica,* saco que se cuelga.) f. Bolsa de tela basta que sirve para llevar o guardar cosas. sinón.: **saco, talego.** ‖ Lo que se guarda o se lleva en ella. *Aquí hay, por lo menos, dos* TALEGAS *de harina;* sinón.: **talegada.** ‖ Culero que se pone a los niños. ‖ Cantidad de mil pesos duros en plata. ‖ fam. Caudal monetario. Ú.m. en pl. *Dicen que más valen* TALEGAS *que blasones.* ‖ fig. y fam. Pecados que uno tiene que confesar. *¡Buena* TALEGA *vas a llevar al cura!*

TALEGADA. f. Lo que cabe en una talega.

TALÉGALO. m. Ave de los bosques de Oceanía, cuya carne y huevos son comestibles. La hembra deposita los huevos sobre un montón de restos vegetales para que se incuben solos, gracias al calor provocado por la putrefacción de la materia orgánica. *Catethurus lathami,* gallináceas.

TALEGAZO. m. Golpe que se da con un talego.

TALEGO. (De *talega.*) m. Saco angosto y largo, generalmente de lona, en el cual se guardan o llevan cosas. sinón.: **bolsa, costal, talega.** ‖ fig. y fam. Persona de físico desgarbado y ancha de cintura. *No es mujer, es un* TALEGO.

TALEGUILLA. f. dim. de **Talega.** ‖ Calzón que forma parte del traje usado por los toreros en la plaza. *El toro le desgarró la* TALEGUILLA. ‖ – **de la sal.** Gasto diario de la casa.

TALENTO. al. **Talent; Begabung.** fr. **Talent.** ingl. **Talent.** ital. **Talento.** port. **Talento.** (Del lat. *taléntum,* y éste del gr. *tálanton,* plato de la balanza, peso.) m. Moneda imaginaria usada por los antiguos griegos y romanos. ‖ fig. Especial aptitud intelectual, capacidad adquirida o natural para ciertas cosas. TALENTO *matemático.* ‖ Por anton., **entendimiento.** *Hombre de gran* TALENTO.

TALENTOSO, SA. adj. Que tiene talento.

TALENTUDO, DA. adj. Talentoso.

TÁLER. m. Tálero.

TALERAZO. m. *Arg.* Golpe dado con el cabo del talero.

TÁLERO. (Del al. *thaler.*) m. Antigua moneda alemana.

TALERO. m. *Chile* y *R. de la Plata.* Especie de rebenque cor to y grueso.

TALES. *Biog.* Fil. griego, uno de los llamados "siete sabios de Grecia" y conocido como **Tales de Mileto.** Fundador de la fil. jónica, señaló al agua como principio de las cosas, del que éstas son alteraciones, condensaciones o dilataciones, y como principio de la vitalidad de todo lo existente (s. VII y VI a. de C.).

TALEVA. f. Escudo grande y cuadrado, usado desde el siglo XVI, que cubría enteramente al guerrero.

TALGÜÉN. m. *Chile.* Arbusto rámneo de madera colorada, consistente e incorruptible.

TALÍA. *Mit.* Musa de la comedia.

TALICÓN. m. *Mar.* Cualquiera de los barraganetes que se añaden para formar la borda en las embarcaciones de cierto porte. ‖ Pieza de poca extensión para aumentar la cuaderna en las embarcaciones menores.

TALICUNA. f. *Chile.* Nombre vulgar de cierto crustáceo parecido a la jaiba morada.

TALIO. (Del gr. *thallós,* rama verde.) m. Metal raro, blando, parecido al plomo. En sus sales actúa como mono y trivalente y se emplea en la fabricación de vidrios ópticos especiales. Elemento químico de símbolo Tl, n. atóm. 81 y p. atóm. 204,39. ‖ deriv.: **tálico, ca; talioso, sa.**

TALIÓN. (Del lat. *talio, -onis.*) m. Pena que consiste en devolver al culpable, como castigo, el mismo mal que él ocasionó a la víctima. *El estrangulador fue condenado a la pena del* TALIÓN.

TALIONAR. tr. Castigar a uno con la pena del talión.

TALISAYO. adj. *Cuba* y *Ven.* Dícese del gallo de riña que tiene la pechuga negra y plumas amarillas en el cuello y las alas.

TALISMÁN. al. **Talisman.** fr. **Talisman.** ingl. **Talisman.** ital. **Talismano.** port. **Talismã.** (Del ár. *talesma,* y éste del gr. *télesma,* rito religioso.) m. Figura o imagen a la cual se atribuyen virtudes sobrenaturales. *El* TALISMÁN *de la suerte.* ‖ deriv.: **talismánico, ca.** ‖ IDEAS AFINES: *Amuleto, superstición, abraxas, abracadabra, cálamo, fetiche, mascota, reliquia, ignorancia.*

TALITRO. m. **Pulga de mar.**

TALMA. (De *Talma,* actor francés.) f. Especie de esclavina usada para abrigo.

TALMA, Francisco J. *Biog.* Actor trágico fr., uno de los más excelsos intérpretes teatrales de todos los tiempos. Durante la Revolución fundó el Teatro de la Nación. Autor de *Memorias* y *Estudios sobre el arte teatral* (1763-1826).

TALMENTE. adv. m. De tal manera, así, en tal forma.

TALMUD. (Del hebreo *thalmud,* de *lamad,* aprender.) m. Código completo civil y religioso de los judíos, que explica la ley de Moisés de acuerdo con la tradición verbal. Contiene opiniones de infinidad de rabinos que durante siglos profundizaron el estudio de la tradición de Jerusalén. ‖ deriv.: **talmúdico, ca; talmudista.**

● **TALMUD.** *Relig.* Hay dos compilaciones de esta monumental obra enciclopédica, compuesta en un lapso de cuatrocientos años, entre los s. III y VI; la de Jerusalén y la de Babilonia. Esta última es tres veces más extensa que la primera y constituye el **Talmud** por antonomasia. Escrito en arameo y hebreo con palabras en latín, griego, persa, etc. consta de 60 tratados. Homilías, aforismos, apólogos, leyendas, preceptos, tradiciones y discusiones sobre los asuntos más variados entre más de dos mil sabios cuyos nombres se mencionan, constituyen parte del enorme material del **Talmud.** Contiene esta obra todas las leyes promulgadas desde la redacción definitiva del Pentateuco hasta principios del s. VI; comprende el Derecho penal, de obligaciones y familia, real y de sucesión; figuran en él usos y costumbres locales; nociones de medicina, higiene, agricultura, moralidad, etc. Se encuentran yuxtapuestos en el **Talmud** el precepto religioso y la exhortación moral, la ley y la leyenda, la sublime idea de Dios y la oscura superstición, la trascendental importancia de una doctrina y la trivial futileza.

TALO. (Del lat. *thallus,* tallo.) m. *Bot.* Cuerpo vegetativo, no diferenciado en raíz, tallo ni hojas.

TALOCHA. f. *Albañ.* Especie de llana.

TALOFITA. (De *talo,* y el gr. *phytón,* planta.) adj. *Bot.* Dícese de las plantas cuyo aparato vegetativo se reduce a un talo, como las algas y los hongos. Ú.t.c.s. ‖ f. pl. *Bot.* Tipo de estas plantas.

TALON. al. **Ferse.** fr. **Talon.** ingl. **Heel.** ital. **Calcagno; tallone.** port. **Talão.** (Del lat. *talus.*) m. Calcañar. ‖ Parte del calzado que cubre el calcañar. *El* TALÓN *de la zapatilla.* ‖ Pulpejo de las caballerías. ‖ Parte del arco del violín y de otros instrumentos semejantes, inmediata al mango. ‖ *Arq.* Moldura ondulada cuyo perfil está compuesto de dos arcos de círculo contrapuestos. ‖ *Com.* Libranza, documento o resguardo cortado de un libro, de modo que quede en este último una parte que sirva con ulterioridad para comprobar su legitimidad. ‖ Matriz, parte del libro talonario que queda encuadernada. ‖ **Apretar** uno **los talones.** frs. fig. y fam. Echar a correr. ‖ **Pisarle a** uno **los talones.** frs. fig. y fam. Seguirle de cerca. ‖ Emularle con éxito.

TALÓN. m. Patrón monetario

TALONADA. f. Golpe dado con los talones a la cabalgadura. *Avivó a la mula a fuerza de* TALONADAS.

TALONARIO, RIA. (De *talón.*) adj. *Com.* V. **Libro talonario.** Ú.t.c.s. ‖ Aplícase al documento, resguardo o libranza cortado de un **libro talonario.**

TALONAZO. m. Golpe dado con el talón.

TALONEAR. (De *talón,* calcañar.) intr. fam. Andar a pie con mucha prisa. ‖ tr. *Amér.* Incitar el jinete a la caballería, picándola con los talones. TALONEÓ *al pingo.*

TALONERA. f. *Chile, Guat.* y *Perú.* Pieza de cuero que se pone en el talón de la bota para asegurar la espuela. ‖ *Col.* Talón, parte del calzado que cubre el calcañar.

TALONESCO, CA. adj. fam. Perteneciente a los talones.

TALPA. (Del lat. *talpa,* topo.) f. *Pat.* Talparia.

TALPARIA. (De *talpa.*) f. *Pat.* Absceso que se forma en lo interior de los tegumentos de la cabeza.

TÁLPIDO, DA. (Del lat. *talpa,* topo y el gr. *eidos,* forma.) adj. *Zool.* Dícese de los mamíferos insectívoros, generalmente cavadores y de pelaje tupido y suave, que se particularizan por su forma rechoncha, hocico puntiagudo y ojos muy pequeños, cubiertos a menudo por la piel; como el topo y el desmán. Ú.t.c.s. ‖ m. pl. *Zool.* Familia de estos mamíferos.

TALQUE. (Del ár. *talc,* talco.) m. Tierra talcosa sumamente refractaria que se usa para hacer crisoles. sinón.: **tasconio.**

TALQUERA. f. Recipiente para talco.

TALQUEZA. f. *C. Rica.* Hierba empleada para cubrir las chozas.

TALQUINA. f. *Chile.* Traición, engaño. *Le jugó la* TALQUINA.

TALQUINO, NA. adj. Natural de Talca. Ú.t.c.s. ‖ Perteneciente o relativo a esta ciudad, departamento y provincia de Chile.

TALQUITA. f. Roca pizarrosa que se compone principalmente de talco.

TALTAL. *Geog.* Ciudad de Chile (Antofagasta). 6.000 h. Centro minero

TALTALITA. (De *Taltal,* departamento de Chile, donde se descubrió.) f. Mineral muy raro, especie de turmalina mezclada con óxido de cobre y demás impurezas.

TALTUZA. f. *Amér. Central.* Mamífero roedor, especie de rata, de 15 a 20 centímetros de largo. *Geomys heterodus. Una pareja de* TALTUZAS *basta para arruinar un campo de papas.*

TALUD. (Del b. lat. *talútum,* y éste del lat. *talus,* talón.) m. Inclinación del paramento de un muro o de un terreno. *Muro en* TALUD. ‖ deriv.: **taludar.**

TALUDÍN. m. *Guat.* Especie de caimán.

TALVEZ. adv. de duda. *Amér.* Tal vez, acaso, quizá.

TALVINA. (Del ár. *talbina,* manjar de leche.) f. Gachas que se hacen con leche de almendras. sinón.: **atalvina.**

TALLA. al. **Bildhauerarbeit.** fr. **Sculpture.** ingl. **Carving; wood carving.** ital. **Intaglio.** port. **Talha.** (De *tallar,* cortar.) f. Obra de escultura, especialmente en madera. ‖ Cantidad que se ofrece por el rescate de un cautivo o la captura de un delincuente. ‖ Número de monedas que ha de ser producida por cada unidad de peso del metal que se acuñe. *A cuarenta la* TALLA. ‖ En el juego de la banca, del monte y otros, mano, lance entero. ‖ Estatura o altura del hombre. *Es hombre de gran* TALLA. ‖ Marca para medir la estatura. ‖ *Cir.* Operación por la cual se practica una abertura en la vejiga, comúnmente con el objeto de extraer cálculos. ‖ **Media talla.** Esc. **Medio relieve.** ‖ **A media talla.** m. adv. fig. Con escasa atención y cuidado. ‖ IDEAS AFINES: *Arte decorativo, cincel, escoplo, bajo relieve, figura de bulto, tanagra, museo; antropometría, enano, gigante.*

TALLA. f. *Mar.* Polea o aparejo usada en ciertas faenas. ‖ *Amér. Central.* Embuste, paparrucha. ‖ *Arg.* y *Chile.* Charla, cháchara. ‖ **Echar talla.** frs. fig. y fam. *Chile.* Jactarse, ufanarse. ‖ **Echar tallas.** frs. fig. y fam. *Chile.* Contar mentiras.

TALLADO, DA. adj. Con los adverbios *bien o mal,* de buen, o mal, talle. *Joven bien* TALLADO. ‖ m. Acción y efecto de tallar.

TALLADO, DA. adj. *Blas.* Dícese de las ramas que tienen el tallo de diferente esmalte.

TALLADOR. (De *tallar.*) m. Grabador en hueco o de medallas. ‖ El que talla a los quintos. ‖ *Arg.* Aquel que talla o tiene la banca en los juegos de azar.

TALLADURA. (Del lat. *taliatura.*) f. Entalladura.

TALLAHASSEE. *Geog.* Ciudad del sureste de los EE.UU., capital del Est. de Florida. 72.000 h. Manufactura de tabacos.

TALLANTE. p. a. de **Tallar.** Que talla.

TALLAR. (Del lat. *talea,* rama de árbol.) adj. Que puede ser talado o cortado. *Soto* TALLAR. ‖ Aplícase a determinada clase de peines pequeños. Ú.t.c.s.m. ‖ m. Monte que está en renovación. ‖ Monte o bosque nuevo en que ya se puede hacer la primera corta.

TALLAR. al. **Schnitzen; schleifen.** fr. **Sculpter; graver; tailler.** ingl. **To carve; to engrave; to cut.** ital. **Scolpire; tagliare.** port. **Entalhar.** (Del lat. *taliare.*) tr. Llevar la baraja en algunos juegos de azar. ‖ Hacer obras de talla o escultura. TALLAR *una imagen;* sinón.: **entallar.** ‖ Labrar piedras preciosas. TALLAR *un diamante.* ‖ Abrir metales, grabar en hueco. ‖ Tasar, valuar, apreciar. *No supo* TALLAR *la zafra.* ‖ Medir la estatura de una persona. TALLÓ *a los alumnos.* ‖ intr. *Arg.* y *Chile.* Conversar, charlar. ‖ *Chile.* Hablar de amores un hombre y una mujer.

TALLARÍN. al. **Nudel.** fr. **Nouille.** ingl. **Noodle.** ital. **Tagliarino.** port. **Talharim.** (De *tallar,* cortar.) m. Cada una de las tiras elaboradas con pasta de harina y usadas para sopas y otras viandas. Ú.m. en pl. TALLARINES *con tuco.*

TALLAROLA. (Del fr. *taillerole.*) f. Cuchilla muy fina usada para cortar la urdimbre de la tela del terciopelo.

TALLE. (De *tallar,* medir la talla de una persona.) m. Disposición o proporción del cuerpo humano. *Mancebo de mal* TALLE. ‖ Cintura, parte más estrecha del cuerpo humano. ‖ Forma que se da al vestido, cortándolo y proporcionándolo al cuerpo. ‖ Parte del vestido que corresponde a la cintura. *Entonces se usaba el* TALLE *alto.* ‖ fig. Traza o apariencia de una persona. ‖ **Largo de talle.** loc. fig. y fam. Se aplica a la cantidad de algunas cosas, cuando excede del término expresado. *Tenía veinte años de experiencia* LARGOS DE TALLE. ‖ IDEAS AFINES: *Ceñir, cinturón, faja, corsé, silueta.*

TALLECER. intr. Entallecer. ‖ Echar tallo las semillas, tubérculos o bulbos de las plantas. Ú.t.c.r. ‖ irreg. Conj. como **agradecer.**

TALLER. m. Tálero.

TALLER. al. **Werkstatt; Atelier.** fr. **Atelier.** ingl. **Workshop; studio.** ital. **Officina; studio.** port. **Oficina.** (Del fr. *atelier,* y éste del b. lat. *artilaria.*) m. Oficina en que se efectúa un trabajo manual. sinón.: **obrador.** ‖ Estudio del escultor, pintor o escenógrafo. ‖ fig. Escuela o seminario de ciencias. ‖ IDEAS AFINES: *Artesanía, capataz, obreros, aprendices, herramientas, máquinas, industria, tecnología.*

TALLER. (Del fr. *tailloir.*) m. Angarillas para aceite y vinagre, sinón.: **convoy, vinagreras.**

TALLERO, RA. adj. *Chile.* Mentiroso.

TALLET, José Z. *Biog.* Literato cub., autor de *La semilla estéril; La rumba* y otras composiciones poéticas (n. 1893).

TALLEYRAND, Carlos Mauricio de. *Biog.* Diplomático y

pol. fr. de discutida personalidad moral, que ocupó altos cargos durante el Directorio, el Consulado, el Imperio y la Restauración. *"La palabra – decía-fue dada al hombre para velar sus pensamientos"* (1754-1838).

TALLIFORME. adj. *Bot.* Que tiene forma de tallo o se asemeja a él.

TALLINN. *Geog.* Ciudad y puerto de la U.R.S.S., capital de la Rep. de Estonia. 365.000 h. Astilleros, maderas. Antes se llamó **Reval.**

TALLISTA. com. Persona que hace obras de talla.

TALLO. al. **Stengel; Stiel.** fr. **Tige.** ingl. **Stem.** ital. **Stelo.** port. **Talo.** (Del lat. *thallus*, y éste del gr. *thallós.*) m. Órgano de las plantas que se prolonga en sentido contrario al de la raíz y sirve de sostén a las hojas, flores y frutos. sinón.: **tronco, troncho.** ‖ Renuevo, vástago. *El rosal está echando* TALLOS. ‖ Germen que ha brotado de una semilla, bulbo o tubérculo. *Estas papas tienen* TALLOS. ‖ Trozo confitado de calabaza, melón, etc. ‖ *Col.* Bretón o col. ‖ *Chile.* Bohordo de los cardos. ‖ IDEAS AFINES: *Rizoma, estolón, sarmiento, caña, rama, pámpano, liana, rastrero, trepador, voluble; injerto, gajo.*

TALLUDO, DA. adj. Que ha echado tallo grande. ‖ fig. Dícese del muchacho que ha crecido en poco tiempo. ‖ Dícese de una persona cuando va pasando de la juventud. *Joven es, pero* TALLUDA. ‖ Aplícase a quien tiene dificultad para dejar algo con lo cual se ha enviciado.

TALLUELO. m. dim. de **Tallo.**

TALLULLO. m. *Cuba.* Tamal.

TAMÁ. *Geog.* Páramo de los Andes colombianos, en la cordillera oriental, en el límite entre Colombia y Venezuela. 4.000 m.

TAMAGÁS. m. *Amér. Central.* Nombre vulgar de una víbora venenosa.

TAMAHUANA. adj. Dícese del indio de una tribu brasileña que vive en el Estado de Amazonas, a orillas del río Caquetá. Ú.t.c.s. ‖ Perteneciente o relativo a estos indios.

TAMAJAGUA. m. *Ec.* Damajagua.

TAMAL. m. *Amér.* Especie de empanada de masa de harina de maíz, envuelta en hojas de la mazorca o de plátano y cocida en el horno o al vapor. Su preparación varía según el manjar que se pone en su interior y los ingredientes que se agregan. ‖ fig. Embrollo, lío intriga.

TAMALERO, RA. s. *Amér.* Persona que hace o vende tamales. ‖ deriv.: **tamalería.**

TAMÁN. *Geog.* Península de la costa rusa en el extremo N.O. del Cáucaso, al E. de estrecho del Kerch.

TAMANACO, CA. adj. Dícese del individuo de una tribu que habita en las orillas del Orinoco, en el Estado venezolano de Bolívar. Ú.t.c.s. ‖ Perteneciente o relativo a estos indios. ‖ m. Lengua **tamanaca.**

TAMANDUÁ. (Voz guaraní). m. Mamífero sudamericano, parecido al oso hormiguero, pero más pequeño, de costumbres arborícolas y pelaje corto y amarillo con dos bandas negras. Gén. *Tamandua tetradactyla,* desdentado. *La carne del* TAMANDUÁ *tiene un fuerte olor a almizcle.*

TAMANGO. m. *Chile.* Pedazo de cuero de oveja con que los naturales se envuelven los pies para evitar los efectos del hielo cuando cruzan los Andes. ‖ *Arg.* Calzado muy basto.

TAMAÑAMENTE. adv. m. Tan grandemente como otra cosa con la cual se compara.

TAMAÑITO, TA. adj. dim. de **Tamaño.** *Lo conozco desde que era* TAMAÑITO. ‖ fig. Achicado, confuso. Úsase especialmente con los verbos *dejar y quedar. Quiso dárselas de entendido, pero le dejé* TAMAÑITO.

TAMAÑO, ÑA. (Del lat. *tam,* tan y *magnus*, grande.) adj. comp. Tan grande o tan pequeño. TAMAÑO *como un perro.* ‖ adj. sup. Muy grande o muy pequeño. *No diga* TAMAÑOS *disparates.* ‖ m. Volumen o dimensión de una cosa. *Es un libro de gran* TAMAÑO; sinón.: **grandor, magnitud.**

TAMAÑUELO, LA. adj. dim. de **Tamaño.**

TÁMARA. (Del ár. *tamr,* dátiles.) f. Palmera de Canarias. ‖ Terreno poblado de palmas. ‖ Leña muy delgada. *Estuvo quemando* TÁMARAS. ‖ pl. Dátiles en racimo.

TAMARAO. (Voz malaya). m. *Filip.* Especie de búfalo, más pequeño que el carabao, pero más bravo.

TAMARICÁCEO, A. adj. y s. Tamariscáceo.

TAMARILLA. f. Mata leñosa de la familia de las cistíneas, con hojas estrechas, lineares y flores con pétalos blancos.

TAMARINDO. (Del ár. *tamr hindí,* dátil índico.) m. *Bot.* Árbol de gran porte, originario de Asia, y que se cultiva en los países cálidos; flores amarillentas en espiga y fruto en vainillas pulposas, de sabor agradable, que se usa en medicina como laxante. Gén. *Tamarindus indica,* leguminosa.

TAMARISCÁCEO, A o **TAMARISCÍNEO, A.** (Del lat. *tamariscus,* taray.) adj. *Bot.* Aplícase a plantas dicotiledóneas, árboles o matas, con hojas alternas, escamosas y enteras; flores blancas o róseas, pequeñas, terminales o axilares, en racimos o en espiga, y fruto capsular con muchas semillas sin albumen; como el taray. U.t.c.s. ‖ f. pl. *Bot.* Familia de estas plantas.

TAMARISCO. (Del lat. *tamariscus.*) m. Taray.

TAMARIZ. (Del lat. *tamarice.*) m. Taray.

TAMARRAZQUITO, TA. o **TAMARRIZQUITO, TA.** adj. fam. Muy pequeño.

TAMARRUSQUITO, TA. adj. fam. Tamarrazquito. *Un nene* TAMARRUSQUITO.

TAMARUGAL, Pampa del. *Geog.* Vasta región desértica del N. de Chile que abarca las prov. de Tarapacá y Antofagasta, sit. entre los Andes y la cordillera de la costa. Gran riqueza salitrera.

TAMARUGO. m. *Chile.* Especie de algarrobo.

TAMAULIPAS. *Geog.* Estado de México, en la frontera con los EE.UU. 79.602 km². 1.460.000 h. Cap. CIUDAD VICTORIA. Gran riqueza petrolífera. Importante producción agropecuaria.

TAMAULIPECO, CA. adj. Natural del Estado mexicano de Tamaulipas. U.t.c.s. ‖ Perteneciente o relativo a dicho Estado.

TAMAYA. *Geog.* Río del Perú (Loreto), afl. del Ucayali.

TAMAYO, Franz. *Biog.* Político, diplomático y escritor bol., autor de *Scherzos; Horacio o el Art Lírico; Odas* y otras obras (1879-1956). ‖ – **José Luis.** Estadista ecuat., de 1920 a 1924 presidente de la Rep. (1859-1947). ‖ – **Rufino.** Notable pintor mex. Figura descollante de la generación posterior a los grandes muralistas, su obra fina, personal e influida por el postcubismo, ha significado una gran renovación en la plástica de su país. Obras: *Mujer alcanzando la luna; Músicas dormidas; Glorificación de Zapata,* etc. (n. 1899). ‖ – **DE VARGAS, Tomás.** Humanista esp., notable crítico literario (1588-1641). ‖ – **VARGAS, Augusto.** Historiador per., nacido en 1914. ‖ – **Y BAUS, Manuel.** Dramaturgo esp., autor de *Locura de amor; Un drama nuevo; Lances de honor,* etc. (1829-1898).

TAMBA. f. *Ec.* Paño que usan los indios para cubrirse de la cintura abajo.

TAMAZULA. *Geog.* V. **Sinaloa.**

TAMBALEANTE. p. a. de **Tambalear.** Que se tambalea. *Paso* TAMBALEANTE.

TAMBALEAR. al. **Taumeln; baumeln.** fr. **Vaciller; chanceler.** ingl. **To stagger.** ital. **Traballare.** port. **Cambalear.** (De *bambolear.*) intr. y r. Menearse una cosa a uno y otro lado. *Está tan mal equilibrado que se* TAMBALEA *con el viento*; sinón.: **trastabillar.**

TAMBALEO. m. Acción de tambalear o tambalearse.

TAMBALISA. f. *Cuba.* Planta leguminosa, de hojas tomentosas y flores amarillas.

TAMBANILLO. (De *tímpanillo,* de tímpano.) m. *Arq.* Frontón sobrepuesto a una puerta o ventana.

TAMBAR. fr. *Col.* y *Ec.* Engullir, tragar.

TAMBARILLO. m. Arquilla o caja con tapa redonda y combada.

TAMBARRIA. f. *Amér.* Holgorio, parranda.

TAMBERO, RA. adj. *Amér. del S.* Perteneciente o relativo al tambo. ‖ *Arg.* Dícese del ganado manso especialmente del vacuno. *Vaca* TAMBERA. ‖ s. *Amér. del S.* Persona que tiene un tambo o está encargada de él.

TAMBIÉN. al. **Auch; ebenfalls: ebenso.** fr. **Aussi.** ingl. **Also; too.** ital. **Anche; pure.** port. **Também.** (De *tan* y *bien.*) adv. m. Se emplea para denotar la igualdad, semejanza, conformidad o relación de una cosa con otra ya nombrada. *Yo* TAMBIÉN *soy rubio.* ‖ Tanto o así. ‖ Además. *Tiene* TAMBIÉN *otra salida.* ‖ int. ¡ Vaya!

TAMBO. al. **Melkstall.** fr. **Laiterie.** ingl. **Dairy.** ital. **Vaccheria.** port. **Estábulo.** (Del quichua *tampu*, parada de los caminos.) m. *Arg.* **Casa de vacas;** vaquería. ‖ Lugar que en los establecimientos rurales se destina para el ordeño de vacas. ‖ *Bol., Col., Chile, Ec.* y *Perú.* Venta, posada, parador.

TAMBO. *Geog.* Nombre que toma el río Apurímac en su curso inferior. V. **Apurímac.**

TAMBOBÓN. m. *Filip.* Panera de piedra para guardar el arroz.

TAMBOCHA. f. *Col.* Hormiga de cabeza roja, venenosa.

TAMBOPATA. *Geog.* Río del Perú, en los dep. de Puno y Madre de Dios, que des. en el río de este último nombre.

TAMBOR. al. **Trommel.** fr. **Tambour.** ingl. **Drum.** ital. **Tamburo.** port. **Tambor.** (Del ár. *tanbor.*) m. Instrumento músico de percusión de forma cilíndrica, hueco, cubierto por sus dos bases con piel estirada, y el cual se toca con dos palillos. sinón.: **caja, parche.** ‖ El que toca el **tambor** en las tropas de infantería. ‖ Tamiz por donde pasan el azúcar los reposteros. ‖ Cilindro metálico, cerrado y lleno de agujeritos, que sirve para tostar café, castañas, etc. ‖ *Amér.* Bote grande, generalmente de latón, que se emplea como envase. ‖ Aro de madera sobre el que se pone una tela para bordarla. ‖ *Cuba.* Pez plectognato cuyas mandíbulas están cubiertas de placas de esmalte, y que puede inflar el cuerpo introduciendo aire en una dilatación del esófago. ‖ Tejido de yute semejante a la arpillera. ‖ *Anat.* Tímpano del oído. ‖ *Arq.* Muro cilíndrico que sirve de base a una cúpula. ‖ Cuerpo central del capitel, de mayor diámetro que el fuste de la columna. ‖ Cualquiera de las piezas del fuste de una columna cuando no es monolítica. ‖ *Mar.* Cilindro de madera en que se arrollan los guadines del timón. ‖ *Mec.* Rueda de canto liso, generalmente de más espesor que la polea. ‖ – **mayor.** Maestro y jefe de una banda de **tambores.** ‖ **A tambor,** o **con tambor batiente.** m. adv. Tocando el **tambor.** ‖ Con aire triunfal y pompa. *Entró* A TAMBOR BATIENTE. ‖ IDEAS AFINES: *Tam, tam; redoble; tamborilear, candombe, rataplán, bombo, pandero.*

TAMBORA. f. Bombo o tambor grande. ‖ fam. Tambor, instrumento músico. ‖ *Cuba.* fam. Mentira, bola.

TAMBOREAR. intr. Tabalear, hacer son con los dedos en una tabla. sinón.: **tamborilear.** ‖ deriv.: **tamboreo.**

TAMBORETE. m. dim. de **Tambor** ‖ *Mar.* Trozo de madera, grueso y rectangular, con un agujero cuadrado y otro redondo, y que sirve para sujetar a un palo otro sobrepuesto.

TAMBORIL. (De *tamborín.*) m. Tambor pequeño que se usa en las danzas populares. *Golpeó el* TAMBORIL *con la baqueta;* sinón.: **atabal, tamborino, timbal, tímpano.**

TAMBORILADA. s. fig. y fam. Golpe que se da con fuerza cayendo en el suelo, especialmente el que se da con las asentaderas. ‖ Golpe dado con la mano en la cabeza o en las espaldas.

TAMBORILAZO. m. fig. y fam. Tamborilada.

TAMBORILEAR. intr. Tocar el tamboril. ‖ Tabalear, 2ª acep. sinón.: **tamborear.** ‖ tr. Celebrar mucho a uno, ponderando sus prendas o capacidad. ‖ *Impr.* Igualar los tipos de una forma con el tamborilete.

TAMBORILEO. m. Acción y efecto de tamborilear o tocar el tambor.

TAMBORILERO. m. El que por oficio toca el tamboril.

TAMBORILETE. m. dim. de **Tamboril.** ‖ *Impr.* Tablita cuadrada con la cual se golpea sobre los moldes a fin de que queden todas las letras a la misma altura.

TAMBORÍN. dim. de **tambor.** m. Tamboril.

TAMBORINI. *Biog.* Escultor per. que realizó notables obras en madera (s. XIX).

TAMBORINO. dim. de **tambor.** m. Tamboril. ‖ Tamborilero.

TAMBORITEAR. intr. Tamborilear.

TAMBORITERO. m. Tamborilero. *El gaitero tocó acompañado del* TAMBORITERO.

TAMBORÓN. m. aum. de **Tambora.**

TAMBRE. m. *Col.* Presa.

TAMERLÁN. *Biog.* Conq. tártaro, rey de Samarcanda en 1369. Dominó gran parte del Asia (1336-1405).

TAMESÍ. *Geog.* Río de México (Tamaulipas y Veracruz). En su curso superior se llama **Guayalejo.** Desemboca en el río Pánuco, al O. de Tampico. 353 km.

TÁMESIS. *Geog.* Río de Gran Bretaña, en Inglaterra. Pasa por Londres y des., mediante un amplio estuario en el mar del Norte. 336 km.

TAMIAHUA. *Geog.* Albufera de México (Veracruz.) Mide 110 km de largo por 25 de ancho.

TAMIL NADU. *Geog.* Est. del S.E. de la India. 130.069 km². 41.200.000 h. Cap. MADRÁS.

TAMÍNEA o **TAMINIA.** adj. V. **Uva taminia.**

TAMIZ. al. **Sieb.** fr. **Tamis.** ingl. **Sieve.** ital. **Staccio.** port. **Tamiz.** (Del ár. *tamyiz; de maza,* separar.) m. Cedazo muy tupido. ‖ fig. Crítica, depuración. *El* TAMIZ *de la opinión pública.*

TAMIZAR. tr. Pasar una cosa por tamiz. ‖ deriv.: **tamización, tamizador,ra.**

TAMM, Francisco Werner. *Biog.* Pintor aust. del siglo XVIII. ‖ — **Igor.** Científico soviético a quien se otorgó en 1958 el premio Nobel de Física, compartido con Pablo A. Cherenkov y Elías M. Franck, por sus investigaciones sobre la interacción de partículas nucleares elementales (1895-1971).

TAMMERFORS. *Geog.* V. **Tampere.**

TAMNOFILO. m. *Zool.* Género de pájaros de pico muy fuerte y plumaje vistoso; comprende diversas especies que viven en casi todo el continente americano.

TAMO. m. Pelusa que se desprende del lino, algodón o lana. ‖ Polvo o paja muy menuda de varias semillas trilladas; como trigo, lino, etc. *Cubrieron los almiares con* TAMO. ‖ Pelusilla que se cría debajo de los muebles por falta de aseo.

TAMOJAL. m. Sitio poblado de tamojos.

TAMOJO. m. Metátesis de **Matojo,** planta salsolácea.

TAMPA. *Geog.* Ciudad y puerto de los EE.UU. (Florida). 278.000 h. Centro tabacalero y comercial. Turismo invernal.

TAMPERE. *Geog.* Ciudad del S. de Finlandia. 162.000 h. Industria textil y maderera. Antes **Tammerfors.**

TAMPICO. *Geog.* Ciudad de México (Tamaulipas), a orillas del golfo de México, en la des. del río Pánuco. 180.000 h. Gran puerto petrolero.

TAMPIQUEÑO, ÑA. adj. Natural de Tampico, puerto del Estado mexicano de Tamaulipas. Ú.t.c.s. ‖ Perteneciente o relativo a dicha ciudad.

TAMPOCO. al. **Auch nicht; ebensowenig.** fr. **Non plus.** ingl. **Neither; not either.** ital. **Neanche; nemmeno.** port. **Tampouco.** (De *tan* y *poco.*) adv. neg. con que se niega una cosa después de haberse negado otra. *No recibieron a mi hermano, y* TAMPOCO *me recibieron a mí.*

TAMUÍN. *Geog.* Río de México, en el Est de San Luis Potosí, que des. en el río Pánuco.

TAMUJA. f. Borrajo, hojarasca de los pinos.

TAMUJAL. m. Sitio poblado de tamujos.

TAMUJO. (De *tamojo.*) m. *Bot.* Mata de la familia de las euforbiáceas, con ramas mimbreñas muy abundantes; flores verdosas y fruto capsular, globoso de color pardo rojizo. Es común en las márgenes de los arroyos, y con las ramas se hacen escobas.

TAN. m. Sonido o eco que resulta del tambor u otro instrumento semejante, tocado a golpes: *tan, tan.* Así, repetido, es más usual.

TAN. adv. c., apócope de **Tanto.** No se usa para modificar la significación del verbo, y encarece la del adjetivo, el participio y otras partes de la oración precediéndolas siempre. *No creo que sea* TAN *desagradecido; ¿por que se fue* TAN *pronto?* ‖ Correspondiéndose con *como* o *cuan* en comparación expresa, denota equivalencia o igualdad. TAN *claro como el agua; el premio fue* TAN *grande como grande fue su acción.* ‖ **Tan siquiera.** m. adv. Siquiera, por lo menos. *No sabe* TAN SIQUIERA *leer.*

TANA. *Geog.* Lago de Etiopía, atravesado por el Nilo Azul. 3.630 km². ‖ Río de la pen. escandinava, que des. en el océano Glacial Ártico, 400 km. Parte de su curso limita a Noruega y Finlandia.

TANACETO. (En b. lat. *tanacétum*; tal vez del gr. *athanasía*, inmortalidad.) m. **Hierba lombriguera.**

TANAGRA. f. Estatuita figulina que se fabricaba en Tanagra de Beocia. *Las* TANAGRAS *suelen representar figuras femeninas.*

TANAGRA. *Geog. histór.* Ciudad de Grecia antigua, en Beocia, famosa por las estatuas de barro cocido halladas en su necrópolis.

TANAIS. *Geog. histór.* Antiguo nombre del río **Don.**

TANANARIVE. *Geog.* V. **Tananarivo.**

TANANARIVO. *Geog.* Ciudad de Madagascar, cap. de la Rep. Malgache. 366.000 h. Industria frigorífica.

TANARO. *Geog.* Río de Italia, en el Piamonte, afl. del Po. 244 km.

TANATE. (Del mex. *tanatli.*) m. *Amér. Central* y *Méx.* Zurrón de cuero o de palma. ‖ pl. *Amér. Central.* Trastos, cachivaches. ‖ **Cargar** uno **con los tanates.** frs. fig. y fam. Andarse, marcharse.

TANCÍTARO. *Geog.* Volcán apagado de México (Michoacán). 3.845 m.

TANCOCHAPAN. *Geog.* V. **Pedregal.**

TANCREDO. *Biog.* Príncipe siciliano, héroe de la primera Cruzada (m. 1112).

TANDA. (Del lat. *tanta*, t.f. de *tus*, tanto.) f. Alternativa o turno. ‖ Tarea, labor. ‖ Capa o tonga. ‖ Cualquiera de los grupos en que se dividen las personas o las bestias empleadas en una operación o trabajo. ‖ Cualquiera de los grupos de personas o bestias que turnan en un trabajo. *Son tres las* TANDAS *que se turnan en ese trabajo, que no se puede interrumpir.* ‖ Partida de juego, en especial de billar. ‖ Número indeterminado de ciertas cosas de igual género. TANDA *de palos, de valses.* ‖ *Amér.* Sección de una representación teatral. *Teatro por* TANDAS. ‖ *Arg.* Resabio, malas mañas. ‖ *Min.* Cualquiera de los periodos de días en que alternativamente se trabaja o descansa en las minas.

TANDEM. (Voz ingl.) m. Velocípedo en que pueden montar dos personas. *Carrera de* TÁNDEMS.

TANDEO. m. Distribución del agua de riego alternativamente o por tanda.

TANDERO, RA. s. *Chile.* Persona chancera.

TANDIL. *Geog.* Ciudad de la Argentina (Buenos Aires), en las sierras de su nombre. 75.000 h. Centro agrícola-ganadero; piedras para la construcción. Afamado lugar de turismo. ‖ **Sierras de –.** Cordón serrano de la Argentina (Buenos Aires), que se extiende desde el centro de la prov. hasta la c. de Mar del Plata. Culmina a los 500 m en el cerro Tandileofú. Próxima a la ciudad hom. se hallaba la famosa piedra movediza, peñasco oscilante en equilibrio sobre la sierra, que se derrumbó en 1912.

TANELA. f. *C. Rica.* Pasta de hojaldre adobada con miel.

TANGA. f. Tángana.

TANGÁN. m. *Ec.* Tablero cuadrado, suspendido del techo, que se sube y se baja con una cuerda. Sirve para colocar en él comestibles.

TÁNGANA. f. Chito, juego.

TANGANICA. *Geog.* Gran lago del África oriental sit. entre el territorio hom. y el Zaire, al S.O. del lago Victoria. 31.900 km². Su profundidad máxima es de 1.435 m. ‖ Territorio del África oriental, antigua colonia alemana y después británica. Junto con Zanzíbar constituye la rep. de Tanzania. 937.186 km². 12.000.000 de h. Cap. DAR ES SALAAM. Produce hilo sisal, café, algodón, maní, copra, piretro, ebonita, maderas, etc. Yacimientos de oro, diamantes y estaño.

TANGANILLAS (En). (De *tanganillo.*) m. adv. Con poca seguridad o firmeza; en peligro de caerse.

TANGANILLO. m. dim. de **Tángano.** ‖ Palo, piedra o cosa semejante que se pone para sostener una cosa provisionalmente.

TÁNGANO. (De *tango.*) m. Chito, juego.

TANGANYKA. *Geog.* V. **Tanganica.**

TANGENCIA. f. Calidad de tangente.

TANGENCIAL. adj. Perteneciente o relativo a la tangencia. *Aceleración* TANGENCIAL. ‖ De contacto o tangencia. ‖ deriv.: **tangencialmente.**

TANGENTE. al. **Berüngslinie; Tangente.** fr. **Tangente.** ingl. **Tangent.** ital. **Tangente.** port. **Tangente.** (Del lat. *tangens, -entis.*) p.a. de **Tangir.** Que toca. ‖ adj. *Geom.* Aplícase a las líneas y superficie que se tocan o tienen puntos comunes sin cortarse. *Circunferencias* TANGENTES. ‖ f. *Geom.* Recta que toca a una curva o a una superficie. ‖ **– de un ángulo.** Es un triángulo rectángulo, cociente de dividir el cateto opuesto a ese ángulo, por el cateto adyacente al mismo. ‖ **– de un arco** o **primera de un arco.** Parte de la recta **tangente** al extremo de un arco comprendida entre este punto y la prolongación del radio que pasa por el otro extremo. ‖ **– segunda de un ángulo,** o **de un arco.** Cotangente. ‖ **Escapar, escaparse, irse** o **salir,** uno **por la tangente.** frs. fig. y fam. Valerse de un subterfugio para salir hábilmente de un apuro. *¡No te* VAYAS POR LA TANGENTE*!*

TÁNGER. *Geog.* Ciudad y puerto de Marruecos, sobre el estrecho de Gibraltar. 200.000 h. Constituyó una zona internacional y desmilitarizada desde 1912 hasta 1940, en que España la ocupó. En 1945 quedó restablecida la administración internacional.

TANGERINO, NA. adj. y s. De Tánger. sinón.: **tangitano.** ‖ V. **Naranja tangerina.** U.t.c.s.f.

TANGIBLE. al. **Berührbar.** fr. **Tangible.** ingl. **Tangible.** ital. **Tangibile.** port. **Tangível.** (Del lat. *tangibilis.*) adj. Que se puede tocar. *No quiere promesas sino algo* TANGIBLE; sinón.: **palpable, tocable;** antón.: **intangible.**

TANGIDERA. f. *Mar.* Cabo grueso que se da a la reguera para tesarla.

TANGIR. (Del lat. *tanger.*) tr. ant. **Tañer.**

TANGO. m. Chito, juego. ‖ Fiesta y baile de negros o de gente del pueblo en América. ‖ Baile de origen americano, que se baila por parejas, de música cadenciosa en ritmo binario, muy difundido en el Río de la Plata. ‖ Música para estos bailes. ‖ *Hond.* Instrumento musical de percusión que usaban los indígenas.

TANGO. *Mús.* No se ha precisado exactamente el origen de esta danza rioplatense de difusión mundial; se lo presume una derivación del **tango** andaluz o de una procedencia directa o indirectamente africana. Musicalmente, lo cierto es que el **tango** nació de una amalgama de elementos claramente diferenciables: tiene la línea melódico-sentimental de la habanera, la coreografía de la milonga y el ritmo del candombe. En sus comienzos (último cuarto del s. XIX) fue una manifestación híbrida, pero a medida que esos elementos fueron fundiéndose adquirió una personalidad propia, definida, que se acentuó hasta convertirlo en una de las danzas y melodías ciudadanas más características. Resistido durante algún tiempo como ofensivo a la moral, se impuso en Argentina y Uruguay en los primeros años de este siglo y a partir de la primera Guerra Mundial se dio a conocer con éxito en casi todos los países; su triunfo en Francia anticipó su consagración mundial. El **tango,** especialmente el **tango** argentino, reconoce muchas variedades (el **tango** milonga, el cantado, el campero, etc.) y con el tiempo ha evolucionado hacia formas musicales más depuradas. Motivo de polémicas por la sensualidad de su coreografía y la vaga tristeza de su música, en los últimos años se tiende a valorizarlo como la más auténtica expresión ciudadana de la música rioplatense. Uno de sus más ardientes defensores fue Waldo Frank, que lo calificó como "la más profunda danza folklórica del mundo".

TANGÓN. m. *Mar.* Cualquiera de los dos botalones que se colocan en el costado de proa.

TANGUISTA. (De *tango.*) f. Bailarina profesional contratada para un espectáculo.

TÁNICO, CA. adj. Que contiene tanino.

TANINO. al. **Gerbstoff; Tannin.** fr. **Tannin; tanin.** ingl. **Tannin.** ital. **Tannino.** port **Tanino.** (Del fr. *tanin*, y éste del germ. *tanna*, abeto.) m. *Quím.* Ácido tánico. Substancia de color amarillo pálido, sabor astringente, soluble en agua y en alcohol, que se extrae de la nuez de agallas. Se usa como medicamento externo. El ácido tánico es el representante típico del grupo de los **taninos;** extensa clase de substancias amorfas, abundantes en las plantas. Son de sabor astringente y tienen la propiedad de precipitar la gelatina, en la que se funda su empleo para curtir pieles. Se usan también como mordientes en tintorería, y para la fabricación de tinta.

TANIS. *Geog. histór.* Antigua ciudad de Egipto, sit. en el N.E. del delta del Nilo. Fue residencia de los reyes de la XXI dinastía.

TANJORE. *Geog.* Ciudad de la India (Tamil-Nadu). 150.000 h. Tapices, sedas, yogas. Importante centro brahmánico.

TANNEBERG, Boris de. *Biog.* Hispanista ruso, autor de *La España literaria* y *La poesía castellana contemporánea* (1864-1914).

TANNENBERG, *Geog.* Véase **Grunwald.**

TANNHÄUSER. *Mús.* Ópera de Ricardo Wagner, en tres actos, estrenada en Dresde en 1845. Obra romántica, inspirada en las leyendas del poeta Tannhäuser y del torneo poético de Wartburgo, fue inicialmente resistida. Su construcción es dual, ya que por un lado sigue la tradición operística y por otro tiende a la concepción del drama lírico eminentemente wagneriano.

TANNU-TUVA. *Geog.* V. **Tuva.**

TANO, NA. adj. fam. *Arg.* Aféresis de **Napolitano.** Por ext., italiano. U.t.c.s.

TANOR, RA. (Del tagalo *tanor*, guarda, pastor.) adj. y s. Dícese del indio filipino que prestaba el servicio de tanoria.

TANORÍA. (De *tanor.*) f. Servicio doméstico que los indios de Filipinas tuvieron que prestar gratuitamente a los españoles.

TANQUE. m. Propóleos.

TANQUE. al. **Panzerwagen; Behälter.** fr. **Tank; réservoir.** ingl. **Tank.** ital. **Carro armato; serbatoio.** port. **Tanque.** (Del ingl. *tank.*) m. Automóvil de guerra, blindado y artillado, que, moviéndose sobre una llanta flexible o cadena giratoria, puede andar por terrenos quebrados. *Los* TANQUES *arrasaron los atrincheramientos enemigos.* ‖ Depósito para líquidos, transportable. ‖ *Amér. Can.* y *Gal.* Estanque, depósito de agua. ‖ *Mar.* Aljibe.

TANQUISTA. m. Soldado que sirve en las unidades de tanques de combate.

TANTA. f. *Bol.* y *Perú.* Pan de maíz, borona.

TANTA. *Geog.* Ciudad de Egipto, en el delta del río Nilo. 170.000 h. Centro religioso.

TANTALIO. (De *Tántalo*, personaje mitológico.) m. *Quím.* Metal raro, de color grisáceo, notable por su dureza, muy resistente a los ácidos, presente siempre junto al niobio en algunos pocos minerales. En su empleo para filamentos de lámparas eléctricas, ha sido desplazado por el tungsteno, pero se usa aún en telegrafía y telefonía sin hilos, y en rayos X, en la confección de pares termoeléctricos, de ánodos de rectificadores electrolíticos muy pequeños, y en algunas aleaciones. Elemento químico de símbolo Ta, n. atóm. 73 y p. atóm. 180,88.

TANTALO. m. Ave zancuda semejante a la cigüeña, pero de pico más grueso y de punta encorvada hacia abajo, y cabeza en parte desprovista de plumas. ‖ **– africano.** De plumaje blanco rosado y extremos de las alas, negras. *Pseudotantalus ibis.* ‖ **americano.** De plumaje blanco, con las remeras y timoneras negras. *Tantalus loculator.*

TÁNTALO. *Mit.* Hijo de Zeus y padre de Pélope. Favorito de los dioses del Olimpo, traicionó la confianza de éstos divulgando los secretos de Zeus. Por ello fue condenado a permanecer en el infierno rodeado de agua y con ricas frutas sobre su cabeza, pero sin poder alcanzar una ni otras. De allí proviene el llamar suplicio de **Tántalo** al de ambicionar cosas que se tienen cerca pero que no se pueden conseguir.

TANTÁN. (Voz onomat.) m. Batintín, sinón.: **gong.** ‖ **A tantán.** m. adv. *Col.* **A cuestas.**

TANTARÁN. m. Tantarantán.

TANTARANTÁN. (Voz onomat.) m. Sonido del tambor o atabal, cuando se repiten los golpes. ‖ fig. y fam. Golpe violento dado a uno.

TANTEADOR. m. El que tantea, y más frecuentemente, el que tantea en el juego ‖ Aparato que hay en los frontones y otro lugares de competiciones deportivas, de pelota, donde se anotan los tantos de cada bando.

TANTEAR. (De *tanto.*) tr. Medir o parangonar una cosa con otra para ver si viene bien o ajustada. TANTEARÉ *si caben los muebles en la pieza.* ‖ Señalar o apuntar los tantos en el juego para saber quién gana. U.t.c.intr. ‖ fig. Considerar las cosas antes de ejecutarlas. TANTEÓ *el paso del puente.* ‖ Examinar con cuidado a una persona o cosa para conocer sus cualidades. TANTEARÉ *sus conocimientos.* ‖ Explorar el ánimo o la intención de uno sobre un asunto. TANTEARÉ *sus propósitos.* ‖ *Chile* y *Hond.* Calcular aproximadamente o al tanteo. ‖ *Der.* Dar por una cosa igual precio en que ha sido rematada en favor de otro, por la preferencia que acuerda el derecho en ciertos casos. ‖ *Pint.* Trazar las primeras líneas de un dibujo; apuntar. ‖ r. *Der.* Pagar por una renta o alhaja la misma cantidad en que está arrendada o se ha rematado en venta.

TANTEO. m. Acción y efecto de tantear o tantearse. ‖ Número determinado de tantos que se ganan en el juego. ‖ **Al tanteo.** m. adv. Se aplica al modo de calcular a ojo, sin peso ni medida. *Estimó lo trillado, al* TANTEO, *en ochenta toneladas.*

TANTICO. adj., m. y adv. Poco.

TANTO, TA. al. **So viel; so sehr; Punkt.** fr. **Tant; autant; point.** ingl. **So much; as much; point.** ital. **Tanto.** port. **Tanto.** (Del lat. *tantus.*) adj. Aplícase a la cantidad de una cosa indeterminada. U. como correlativo de **cuanto.** ‖ Tan grande o muy grande. ‖ U. como pronombre demostrativo y en tal caso equivale a **eso,** pero denotando calificación o ponderación. *No lo dijo por* TANTO; *a* TANTO *conduce el vicio.* ‖ m. Cantidad determinada de una cosa. ‖ Copia que se da de un escrito. ‖ Ficha u otro objeto apropiado con que se señalan los puntos en ciertos juegos. ‖ Unidad de cuenta en muchos juegos. ‖ Persona de regular estatura que, puesta al pie de un árbol, edificio, etc., sirve para calcular la medida de éste. ‖ *Com.* Cantidad proporcional respecto de otra. ‖ pl. Número que se ignora o no se quiere expresar. *A* TANTOS *de mayo; mil y* TANTOS. ‖ adv. m. De tal modo, en tal grado. ‖ adv. c. Hasta tal punto; tal cantidad. *No fumes* TANTO; *no creía que pidieran* TANTO *por esa casa.* ‖ Usado con verbos expresivos de tiempo, denota larga duración relativa. *En ese viaje no puede tardarse* TANTO. ‖ En sentido comparativo, y dando idea de equivalencia o igualdad, se corresponde con **cuanto** y **como.** TANTO *vales* CUANTO *tienes;* TANTO *le pertenece a él* COMO *a ella.* ‖ **Algún tanto.** expr. Algo o un poco. ‖ **Al tanto de** una cosa. frs. Enterado de ella. U. con los verbos *estar, poner, quedar,* etc. ‖ **Apuntarse uno un tanto.** frs. fig. y fam. Confirmar un acierto o un mérito en el asunto que se trata. || **Con tanto que,** m. conjunt. **Con tal que.** *Rindió la ciudad al enemigo,* CON TANTO QUE *respetasen la vida y hacienda de los habitantes.* || **En tanto,** o **entre tanto,** ms. advs. Mientras, o durante algún tiempo intermedio. || **Las tantas.** expr. fam. con que se suele designar de modo indeterminado cualquier hora avanzada del día o de la noche. || **Ni tanto ni tan poco.** expr. que se usa para censurar la exageración por defecto o por exceso. || **Otro tanto.** loc. que se emplea comparativamente para encarecer algo. *Más difícil que* OTRO TANTO. || Lo mismo, cosa igual. *Ya quisiera él poseer* OTRO TANTO. || **Por lo tanto.** m. adv. y conjunt. Por consiguiente, por lo que antes se ha dicho. || **Por tanto.** m. adv. y conjunt. Por lo que, en atención a lo cual. || **Tanto bueno** o **tanto bueno por aquí.** Expresiones de bienvenida. || **Tanto más que.** m. adv. y conjunt. Con **tanto** mayor motivo.

TANZANIA. *Geog.* Est. republicano del África oriental, constituido en 1964 por la unión entre Tanganica y Zanzíbar. 945.087 km². 16.070.000 h. Cap. DAR ES SALAAM.

TAÑEDOR, RA. s. Persona que tañe un instrumento musical. TAÑEDOR *de arpa.*

TAÑENTE. p. a. de **Tañer.** Que tañe.

TAÑER. al. **Spielen.** fr. **Jouer d'un instrument.** ingl. **To play.** ital. **Suonare.** port. **Tanger.** (Del lat. *tangere.*) tr. Tocar un instrumento musical. || Avisar haciendo seña o llamada con campana u otro instrumento. *No es a mí a quien* TAÑE *la campana.* || Tabalear con los dedos. sinón.: **tamborear.** || irreg. **Conjugación:** INDIC. Pres.: *taño, tañes,* etc. Imperf.: *Tañía,tañías,* etc. Pret. indef.: *tañí, tañiste, tañó, tañimos, tañisteis, tañeron.* Fut. imperf.: *tañiré, tañirás,* etc. Pot.: *tañería, tañerías.* etc. Subj. Pres.: *Taña, tañas,* etc. Pret. indef.: *tañera, tañeras, tañera, tañéramos, tañerais, tañeran;* o *tañese, tañeses, tañese, tañésemos, tañeseis, tañesen.* Fut imperf.: *tañere, tañeres, tañere, tañéremos, tañereis, tañeren.* IMPERAT.: *tañe, tañed.* PARTIC.: *tañido.* GER.: *tañendo.*

TAÑIDO. m. Son particular que se toca en cualquier instrumento. || Sonido de la cosa tocada.

TAÑIMIENTO. m. Acción y efecto de tañer.

TAÑO. (Del germ. *tanna;* véase *tanino.*) m. Casca, cierta corteza arbórea que se emplea para curtir pieles.

TAO. m. Insignia de los comendadores de la orden de San Antonio y de los familiares de la orden de San Juan.

TAOÍSMO. m. *Relig.* Religión fundada por Lao Tsé en China, donde es una de las tres oficiales. Su moral es de austero ascetismo: "El mal es inevitable consecuencia del saber. La ignorancia y la sencillez volverán al hombre a la virtud". En la actualidad, se le han agregado numerosas supersticiones y prácticas de magia. || deriv.: **taoísta.**

TAO KUANG. *Biog.* Emperador de China de 1820 a 1850. En 1839 guerreó con Inglaterra y fue derrotado (1782-1850).

TAPA. al. **Deckel.** fr. **Couvercle; couverture.** ingl. **Cover.** ital. **Coperchio; copertina.** port. **Tampa.** (De *tapar.*) f. Pieza que cierra por la parte superior las cajas, cofres, vasos o cosas semejantes. || Cubierta córnea que rodea el casco de las caballerías. || Cualquiera de las diversas capas de suela de que se compone el tacón de una bota o zapato. || Cualquiera de las dos cubiertas de un libro encuadernado. TAPAS *de cuero.* || Compuerta de los canales de riego. || En la ternera de matadero, carne que corresponde al medio de la pierna trasera. || Vuelta que cubre el cuello de una a otra solapa en las chaquetas, abrigos, etc. || Hoy se da este nombre a pequeñas porciones de manjares que se sirven como acompañamiento de una bebida alcohólica. || *Filip.* Tasajo, cecina. || — **corona.** Cápsula, casquete metálico con que se tapan las botellas. || **Tapa de los sesos.** fig. y fam. Parte superior del casco de la cabeza que lo cubre y encierra. || **Levantar o saltar** a uno **la tapa de los sesos.** frs. Romperle el cráneo. Ú.t. el verbo c.r. || IDEAS AFINES: *Obstruir, obturar, válvula, corcho, espiche, hermético, sacacorchos.*

TAPA. (Voz mex.) f. *Hond.* Estramonio. sinón.: **datura.**

TAPABALAZO. m. *Cuba* y *Méx.* Bragueta, portañuela.

TAPABARRO. m. *Chile* y *Perú.* Guardabarros, alero.

TAPABOCA. (De *tapar* y *boca.*) m. Golpe que se da en la boca con la mano abierta, o con el botón de la espada en la esgrima. || Bufanda. || fig. y fam. Dicho o acción con que a uno se le corta y suspende la conversación, obligándole a que calle, principalmente cuando se le demuestra que es falso lo que dice.

TAPABOCAS. m. Tapaboca , bufanda. || Taco con que se cierra el ánima de las piezas de artillería.

TAPACAMINO. m. Especie de chotacabras, ave de la Argentina.

TAPACETE. m. *Mar.* Toldo con que se tapa el saliente de la escala de las cámaras de un buque.

TAPACULO. (Por alusión a lo astringente del fruto.) m. Escaramujo, fruto. || *Chile.* Nombre dado a diversos pájaros de hábitos terrestres y muy tímidos, de grito fuerte y singular, y que caminan con la cola erguida.

TAPACHICHE. m. *C. Rica.* Insecto, especie de langosta grande, de alas rojas.

TAPACHULA. *Geog.* Ciudad del S.O. de México (Chiapas), cerca de la frontera con Guatemala. 36.000 h. Importante centro comercial y aduanero.

TAPADA. f. Mujer que se tapa con el manto o el pañuelo para no ser conocida.

TAPADERA. (De *tapar.*) f. Pieza que se pone sobre la boca de alguna cavidad para cubrirla, como en los pucheros, tinajas, pozos, etc. || fig. Persona que encubre o disimula lo que otra desea que se ignore. *La hermana le sirve de* TAPADERA.

TAPADERO. m. Instrumento con que se tapa un agujero o boca ancha de una cosa.

TAPADILLO. m. Acción de taparse las mujeres la cara con el manto o el pañuelo para no ser conocidas. || **De tapadillo.** m. adv. fig. A escondidas, con disimulo. *A la noche, le visita* DE TAPADILLO.

TAPADIZO. (De *tapar.*) m. En algunas partes, cobertizo.

TAPADO, DA. adj. *Arg., Bol.* y *Chile.* Dícese del caballo o la yegua que no tiene mancha alguna en su capa. Ú.t.c.s. || m. *Arg. Bol.* y *Perú.* Tesoro enterrado. || *Arg.* y *Chile.* Abrigo o capa de señora o de niño. *Un* TAPADO *de lana, de nutria.* || *Col.* y *Hond.* Plato indígena preparado con plátanos y carne, y que asan en un hoyo hecho en tierra. || *Cuba, Méx.* y *P. Rico.* Pelea de gallos cuando éstos se llevan **tapados** a la gallera para ocultar sus características. || *Hond.* En los bailes, última pieza que bailan las mujeres, con el abrigo o pañolón puestos.

TAPADOR, RA. adj. y s. Que tapa. || m. Cierto género de tapa que comúnmente encaja en la boca o abertura de lo que se desea tapar.

TAPADURA. f. Acción y efecto de tapar o taparse. || *Chile.* Acción y efecto de empastar las muelas.

TAPAFUNDA. f. Faldilla de cuero que se usa para resguardar de la lluvia las pistolas. || *Col.* Cubierta de la silla de montar.

TAPAGUJEROS. (De *tapar* y *agujero.*) m. fig. y fam. Albañil de poca habilidad. || Persona de quien se echa mano para que supla a otra. *Como sabe de todo un poco, sirve de* TAPAGUJEROS.

TAPAJOZ. *Geog.* Río del Brasil, en el Est. de Pará. Desagua en el río Amazonas después de recorrer 1.500 km. Su curso, tortuoso y quebrado presenta numerosas caídas de agua que dificultan la navegación.

TAPAJUNTAS. m. Listón que se pone para tapar la juntura del cerco de una puerta o ventana con la pared o también para guarnecer los vivos o ángulos de una pared para que no se desconche el yeso.

TÁPALO. m. *Méx.* Chal o mantón.

TAPALQUÉ. *Geog.* V. **Tapalquén.**

TAPALQUÉN. *Geog.* Arroyo de la Argentina, en el centro de la provincia de Buenos Aires. 120 km. || Pobl. de la Argentina (Buenos Aires), sobre el arroyo hom. 8.000 h. Centro agrícola-ganadero.

TAPAMIENTO. m. Tapadura.

TAPANCA. f. *Col., Chile y Ec.* Gualdrapa para la caballería.

TAPANCO. (De *tapar.*) m. *Filip.* Toldo abovedado hecho con tiras de cañas de bambú.

TAPANCO. (Del mex. *tlapanco.*) m. *Méx.* Plataforma en lo alto que se usa para almacenar trastos, semillas, etc.

TAPAOJO. m. *Col., Perú* y *Ven.* Quitapón.

TAPAPIÉS. (De *tapar* y *pie.*) m. Brial, antiguo vestido de seda o tela rica.

TAPAR. al. **Zudecken.** fr. **Couvrir.** ingl. **To cover.** ital. **Coprire.** port. **Tapar.** (Del germ. *tappo,* tapón.) tr. Cubrir o cerrar lo que está descubierto o abierto. TAPAR *la cara;* TAPAR *un frasco.* || Abrigar o cubrir con la ropa u otra defensa. *Le* TAPÓ *con la frazada.* || fig. Encubrir o callar un defecto. *Le* TAPA *todas las faltas;* sinón.: **ocultar.** || r. Cubrir el caballo algún tanto la huella de una mano con la de la otra.

TÁPARA. (Del lat. *capparis.*) f. Alcaparra.

TAPARA. f. Fruto del taparo, que secan y ahuecan los campesinos de Venezuela para llevar líquidos. || **Vaciarse** uno **como una tapara.** fig. y fam. *Ven.* Decir todo lo que quiere.

TÁPARO. m. *Ven.* Yesquero.

TAPARO. m. Árbol de los países cálidos de América, muy semejante a la güira, pero con las flores obscuras y el fruto alargado y acabado en punta.

TAPARRABO. (De *tapar* y *rabo.*) m. Pedazo de tela u otra cosa con que los salvajes se cubren las partes pudendas. || Calzón muy corto, por lo común de punto, que se usa como traje de baño. *Se baña con un simple* TAPARRABO; sinón.: **pampanilla.**

TAPATE. m. *C. Rica.* Estramonio. sinón.: **datura.**

TAPATÍO, A. adj. Natural de Guadalajara, capital del Estado mexicano de Jalisco. Ú.t.c.s.

TAPAYA. m. Género de reptiles saurios iguánidos, indígenas de la América Meridional.

TAPAYAGUA. f. *Hond.* y *Méx.* Llovizna.

TAPE. adj. Aplícase al indio guaraní, originario de las misiones jesuíticas del Alto Paraná. Ú.t.c.s. || Perteneciente o relativo a estos indios. || m. Persona de tipo aindiado.

TAPEQUE. m. *Bol.* Avíos de viaje.

TAPERA. (Del guaraní *tapira.*) f. *Amér. del S.* Ruinas de un pueblo. || Casa o habitación ruinosa y abandonada. *Se guarecieron de la lluvia en una* TAPERA.

TAPERUJARSE. s. fam. Taparse, arrebujarse. Usáb. especialmente refiriéndose a las mujeres cuando se tapaban a medias y con poca gracia

TAPERUJO. m. fam. Tapón o tapador mal hecho o mal puesto. || fam. Modo desaliñado y sin arte de taparse o embozarse.

TAPESCO. (Del mex. *tlapechtli.*) m. *Amér. Central* y *Méx.* Especie de zarzo que sirve de cama, y otras veces, puesto en alto, de vasar.

TAPETADO, DA. (De *tapido.*) adj. Aplícase al color obscuro o prieto.

TAPETE. (Del lat. *tapete.*) m. Alfombra pequeña. || Cubierta de hule, paño u otro tejido, que se suele poner en las mesas y otros muebles. || — **verde.** fig. y fam. Mesa de juego de naipes. || **Estar sobre el tapete.** una cosa. frs. fig. Estar discutiéndose o examinándose.

TAPETÍ. m. Género de mamíferos roedores de América del Sur que comprende animales parecidos al conejo. **Gén.** *Sylvilagus.*

TAPIA. al. **Mauer.** fr. **Mur.** ingl. **Wall.** ital. **Muro.** port. **Taipa.** (Del b. lat. *tapia;* en port. *taipa.*) f. Cada uno de los trozos de pared que de una sola vez se hacen con tierra amasada y apisonada en una horma. *Levantó un muro de* TAPIAS. || Esta misma tierra apisonada y amasada. || **Pared formada de tapias.** || Muro de cerca. *Saltó la* TAPIA *del jardín.* || **Más sordo que una tapia.** frs. fig. y fam. Muy sordo. || IDEAS AFINES: *Albañilería, mampostería, muralla, cerca, vallado, adobe, ladrillo, erigir.*

TAPIA, Luis de. *Biog.* Poeta esp. autor de *En la casa y en la calle; Así vivimos,* etc. (1871-1958). || — **CABALLERO, Arnaldl.** Pianista chil. cont., notable instrumentista. || — **Y RIVERA, Alejandro.** Dram. portorr. autor de *La parte del león; La cuarentona,* etc. (1827-1881).

TAPIADOR. m. Oficial que hace tapias.

TAPIAL. m. Conjunto de dos tableros, que se colocan verticales y paralelos para formar el molde en que se hacen las tapias. || Tapia, pared.

TAPIAR. tr. Cerrar con tapias. TAPIAR *un huerto.* || fig. Cerrar un hueco haciendo en él un muro o tabique. TAPIAR *la ventana.*

TAPICERÍA. al. **Tapezierladen; Tapisserie.** fr. **Tapisserie.** ingl. **Upholstery.** ital. **Tappezzeria.** port. **Tapeçaria.** f. Juego de tapices. || Oficina donde se guardan los tapices. || Arte, obra y tienda de tapicero. || IDEAS AFINES: *Almohadón, dosel, cortinaje, alfombra, palio, pasamanería, toldo, decorar, reps, borra, rellenar; guarnecer*

TAPICERO. al. **Tapezierer;** fr. **Tapissier.** ingl. **Upholsterer.** ital. **Tappezziere.** port. **Tapeceiro.** m. Oficial que teje tapices o los adereza y compone. || El que por oficio pone alfombras, tapices o cortinajes, guarnece almohadones, sofás, etcétera.

TAPICHE. *Geog.* Río del Perú, en el dep. de Loreto; desemboca en el Ucayali.

TAPIDO, DA. adj. Dícese de la tela tupida o apretada. *Un manto bien* TAPIDO.

TAPIERÍA. f. Conjunto de tapias que forman una casa o una cerca.

TAPÍN. m. Tapa metálica que cierra la boquilla del chifle o cuerno de pólvora con que se ceban los cañones.

TAPINGA. f. *Chile.* Cincha que sujeta el caballo de tiro a las varas del carro.

TAPIOCA. (Del guaraní *tipiog.*) f. Fécula blanca y granulada que se extrae de la raíz de la mandioca. Se usa como alimento; cocida con caldo o leche, es una sopa muy gustosa. *La* TAPIOCA *es tan sabrosa como nutritiva;* sinón.: **mañoco.**

TAPIR. al. **Tapir.** fr. **Tapir.** ingl. **Tapir** ital. **Tapiro.** port. **Tapir.** (Del guaraní *tapiir.*) m. Mamífero paquidermo parecido al jabalí, con la nariz prolongada en una trompa corta, pies anteriores con 4 dedos y posteriores con 3. El de Asia, con el lomo y flancos blancos y la cabeza, patas y cuarto delantero negros es el *Acrocodia índica;* el de América del Sur, de color castaño, uniforme es el *Tapirus terrestris* sinón.: **danta.**

TAPIS. m. *Filip.* Faja ancha, de color obscuro, que usan las indígenas, ciñéndosela encima de la saya.

TAPISCAR. tr. *C. Rica y Hond.* Desgranar la mazorca del maíz.

TAPITA. f. dim. de **Tapa.** || fam. *Amér.* **Tapa corona.**

TAPIZ. al. **Wandteppich.** fr. **Tapis; tapisserie.** ingl. **Tapestry.** ital. **Arazzo.** port. **Tapete.** (Del lat. *tapes,* y éste del gr. *tapes.*) m. Paño grande en que se copian cuadros de historia, países, blasones, etc., y sirve como abrigo y adorno de las paredes. *Madrid tiene la mejor colección de* TAPICES. || **Arrancado de un tapiz.** fig. Dícese de la persona que tiene aspecto extraño.

TAPIZADO, DA. p.p. de **tapizar.** || m. Acción y efecto de tapizar.

TAPIZAR. al. **Tapezieren; polstern.** fr. **Tapisser.** ingl. **To hang with tapestry; to upholster.** ital. **Tappezzare.** port. **Tapizar, atapetar.** (De tapiz.) tr. **Entapizar.**

TAPON. al. **Korken; Pfropfen.** fr. **Bouchon; tampon.** ingl. **Stopper; tampon.** ital. **Tampone; zaffo.** port. **Tampão.** (Del germ. *tappo.*) m. Pieza de corcho, madera, etc., con que se tapan botellas, frascos, toneles y otras vasijas, introduciéndola en el orificio por donde entra o sale el líquido. || *Cir.* Masa de hilas o de algodón en rama con que se obstruye una herida. || — **de cuba.** fig. y fam. Persona muy rechoncha.

TAPONAR. tr. Cerrar con tapón un orificio. || *Cir.* Obstruir con tapones una herida.

|| deriv.: **taponamiento.**
TAPONAZO. m. Golpe dado con el tapón de una botella de champaña o de otro licor espumoso, al destaparla. || Estruendo que este acto produce. *Tras los* TAPONAZOS *del champaña, vinieron los discursos.*
TAPONERÍA. f. Conjunto de tapones. || Fábrica de tapones. || Tienda de tapones. || Industria taponera.
TAPONERO, RA. adj. Perteneciente o relativo a la taponería. *Industria* TAPONERA. || s. Persona que fabrica o vende tapones.
TAPSIA. (Del lat. *thapsia*, y éste del gr. *thapsía*.) f. Planta herbácea, vivaz, de la familia de las umbelíferas. De su raíz se extrae un jugo meloso con el cual se prepara un esparadrapo muy usado como revulsivo. sinón.: **zumillo.**
TAPUJARSE. (De *tapujo*.) r. fam. Embozarse.
TAPUJERO. m. *Guat.* Contrabandista.
TAPUJO. m. Embozo o disfraz con que una persona se cubre para no ser conocida. || fig. y fam. Reserva o disimulo con que se disfraza la verdad. *Sé franca y no andes con tantos* TAPUJOS.
TAPUYA. adj. Aplícase al individuo de unas tribus indígenas americanas que en la época del descubrimiento poblaban casi todo el Brasil. Ú.t.c.s. || Perteneciente a estas tribus.
TAQUE. (Voz onomat.) m. Ruido o golpe que da una puerta al cerrarse con llave. || Ruido del golpe con que se llama a una puerta. *No bien oyó el* TAQUE TAQUE, *corrió a abrir la puerta.*
TAQUEAR. tr. *Amér.* Atacar una arma de fuego. || Atestar, atiborrar. Ú.t.c.r. || intr. *Arg.* y *Chile.* Taconear. || *Arg. Méx.* y *Perú.* Jugar al billar. || r. *Col.* Enriquecerse.
TAQUERA. f. Estante donde se ponen los tacos de billar.
TAQUERÍA. f. *Cuba.* Desenfado, descaro. || Charranada.
TAQUERO. m. *Chile.* Pocero o fontanero que desobstruye las alcantarillas.
TAQUIA. (Del aimará *taja*, boñiga.) f. *Bol.* y *Perú.* Bosta de llama, que suele usarse como combustible en las mesetas de los Andes.
TAQUICARDIA. (Del gr. *takys*, pronto, rápido, y *kardía*, corazón.) f. *Med.* Frecuencia excesiva del ritmo de las contracciones cardíacas. || – **esencial paroxística.** *Pat.* Neurosis cardíaca caracterizada por accesos paroxísticos de aceleración de los latidos cardíacos, separados por intervalos de normalidad.
TAQUICHUELA. f. *Parag.* Juego de los cantillos.
TAQUIGRAFÍA al. **Stenographie.** fr. **Sténographie; tachygraphie.** ingl. **Shorthand; stenography.** ital. **Tachigrafia.** port. **Taquigrafia.** (De *taquígrafo*.) f. Arte de escribir tan de prisa como se habla, por medio de ciertos signos y abreviaturas. *Se cree que fueron los fenicios los inventores de la* TAQUIGRAFÍA; sinón.: **estenografía.**
TAQUIGRAFÍA. *Hist.* Algunos han atribuido a la **taquigrafía** o estenografía antecedentes prehistóricos pero como el precedente remoto más directo, deben citarse las "notas tironianas", sistema de escritura que Tirón, secretario y esclavo de Cicerón, ideó en el s. I a. de C. y que prevaleció hasta el s. X aproximadamente. En 1588, Timoteo Bright, aprovechando las experiencias que habían intentado superar la escritura de Tirón, inventó el primer sistema geométrico que con puntos, líneas, círculos, etc., permitía seguir la palabra del orador; en él se basan los modernos sistemas taquigráficos. En España, Alemania, Inglaterra, etc., se idearon otros métodos que adquirieron cierta difusión, hasta que en 1837 Isaac Pitman inventó el hoy mundialmente empleado sistema fonográfico. El principio fundamental de la **taquigrafía** es la supresión de los elementos accesorios y prescindibles de la escritura, de todo aquello que los órganos vocales no articulan; de ahí la velocidad de su notación, que permite seguir la velocidad de la palabra oral. Casi todos los sistemas taquigráficos tienen signos que les son comunes: la línea derecha (vertical, horizontal, oblicua), el círculo, el gancho y el punto. Desde hace ya muchos años la **taquigrafía** es aliada insustituible de no pocas actividades: en los parlamentos, en el comercio, en la vida universitaria, etc., hace posible la captación de la pieza oratoria.
TAQUIGRAFIAR. tr. Escribir taquigráficamente.
TAQUIGRÁFICAMENTE. adv. m. Por medio de la taquigrafía.
TAQUIGRÁFICO, CA. adj. Perteneciente o relativo a la taquigrafía.
TAQUÍGRAFO, FA. al. **Stenograph.** fr. **Sténographe; tachygraphe.** ingl. **Stenographer.** ital. **Tachígrafo.** port. **Taquígrafo.** (Del gr. *takys*, veloz, y **grapho,** escribir.) s. Persona que conoce o profesa la taquigrafía. sinón.: **estenógrafo.**
TAQUILLA. al. **Schalter.** fr. **Guichet.** ingl. **Ticket office.** ital. **Dispaccio di biglietti.** port. **Bilheteria.** (dim. de *taca*, alacena.) f. Armario para guardar papeles, que se emplea principalmente en las oficinas. || Casillero en que se ponen los billetes de teatro, ferrocarril, etc. || Por ext., despacho de billetes, y también todo lo que en él se recauda. *Entradas de* TAQUILLA. || *C. Rica.* Taberna. || *C. Rica, Chile* y *Ec.* Estaquilla, clavo pequeño.
TAQUILLERO, RA. s. Persona que atiende una taquilla o despacho de billetes.
TAQUIMETRÍA. f. Parte de la topografía que enseña a levantar planos con el taquímetro. || deriv.: **taquimétrico, ca.**
TAQUÍMETRO. (Del gr. *takys*, pronto, rápido y *metron*, medida.) m. Instrumento parecido al teodolito, que se emplea para medir a un tiempo distancias y ángulos horizontales y verticales.
TAQUÍN. (dim. de *taca*.) m. Taba, astrágalo, y juego de la taba.
TAQUIRARI. m. *Bol.* Baile con acompañamiento de caja y flauta.
TARA. al. **Verpackungsgewicht; Belastung.** fr. **Tare.** ingl. **Tare; defect.** ital. **Tara.** port. **Tara.** (Del ár. *tarha*, deducción, descuento.) f. Peso que se rebaja en las mercancías por razón de la vasija, caja, saco, vehículo o cosa parecida en que están incluidas o encerradas. Deducido este peso del bruto o total, se conoce el peso neto de la mercadería. || Defecto físico o psíquico, por lo común importante y de carácter hereditario.
TARA. f. Tarja para ajustar cuentas.
TARA. f. *Chile.* y *Perú.* Arbusto cuyos frutos y hojas se usan para teñir. || *Ven.* Langostón. || Mariposa negra y grande que tiene fama de fatídica.
TARABILLA. (Del lat. *trabícula*, maderito.) f. Cítola del molino. *Su lengua es una* TARABILLA *de molino.* || Zoquetillo giratorio de madera que, clavado al marco, sirve para cerrar puertas y ventanas. || Listón de madera que por torsión mantiene tensa la cuerda del bastidor de una sierra. || Telera del arado. || fig. y fam. Persona que habla mucho y sin orden ni concierto. *Esa chica es una* TARABILLA. || Tropel de palabras dichas de esta manera. *¡Qué* TARABILLA *de preguntas!* || *Arg.* Bramadera, juguete. || **Soltar** uno **la tarabilla.** frs. fig. y fam. Hablar mucho y de prisa.
TARABITA. (Quizá del m. or. que *tarabilla*.) f. Palito al extremo de la cincha, por donde pasa la correa para ajustarla. || *Amér.* Maroma por la cual corre la oroya.
TARACEA. (Del ár. *tarcia*, incrustación.) f. Embutido hecho con trozos menudos de madera, nácar, concha y otras materias. *Mesa de* TARACEA; sinón.: **ataracea, marquetería.**
TARACEAR. tr. Adornar con taracea. sinón.: **ataracear.**
TARACO. (Voz quichua.) m. *Bol.* Especie de antifaz de lana que se usa para preservar la cara del frío.
TARACOL. m. Crustáceo de las Antillas parecido al cangrejo.
TARADO, DA. al. **Fehlerhaft.** fr. **Défectueux.** ingl. **Defective.** ital. **Difectuoso.** port. **Tarado.** p. p. de **tarar.** || adj. Que padece tara física o psíquica. || s. *Arg.* Persona torpe, inútil.
TARAJE. (Del ár. *tarfe*.) m. Taray. sinón.: **tamariz.**
TARAMBA. f. *Hond.* Instrumento musical consistente en un arco de madera con cuerda de alambre, la cual se golpea con un palito.
TARAMBANA. com. fam. Persona de poco juicio. Ú.t.c.adj. *Ese joven es un* TARAMBANA.
TARANDO. (Del lat. *tarandus*, y éste del gr. *tárandos*.) m. Reno. sinón.: **rengífero.**
TARANGALLO. m. Trangallo.
TARÁNGANA. f. Especie de morcilla muy ordinaria.
TARANTA. f. Cierto canto popular del Sur de España. || *C. Rica* y *Ec.* Locura, repente. || *Hond.* Desvanecimiento, aturdimiento.
TARANTELA. al. **Tarantella.** fr. **Tarantelle.** ingl. **Tarantella.** ital. **Tarantella.** port. **Tarantela.** (Del ital. *tarantella*.) f. Baile napolitano de movimiento muy vivo. || Música de este baile.
TARANTÍN. m. *C. Amér.* y *Cuba.* Cachivache, trasto. || *Ven.* Tenchicha.
TARÁNTULA. al. **Tarantel.** fr. **Tarentule.** ingl. **Tarantula.** ital. **Tarantella.** port. **Tarántula.** (Del lat. *tarántula*, de *Tarentum*, la ciudad de Tarento.) f. *Zool.* Género de arácnidos que comprende arañas de patas cortas y gruesas, de color oscuro, recubiertas de pelos de tamaño grande o mediano. Es muy venenosa. Su picadura produce inflamación. El vulgo, sobre todo en Europa, le atribuyó supersticiosamente el ocasionar manías danzantes y dolores fuertes con su picadura, los que se curan con ciertas músicas, como la tarantela. Gén. *Tarantula.* || **Picado de la tarántula.** frs. fig. y fam. Que adolece de algún defecto.
TARANTULADO, DA. adj. Atarantado.
TARAPACÁ. *Geog.* Provincia sept. de Chile. 55.287 km². 205.000 h. Cap. IQUIQUE. Nitratos y plata.
TARAPAQUEÑO, ÑA. adj. y s. De Tarapacá.
TARAR. (De *tara*.) tr. Equilibrar en la balanza el peso del envase. TARÓ *la damajuana.*
TARARA, RÁ. (Voz onomat.) f. Señal o toque de la trompeta.
TARARÁ. m. Tarará. *Acudieron todos al* TARARÁ *de las trompetas;* sinón.: **taratántara.**
TARARCO. m. Cierta planta silvestre de las Antillas, de la familia de las liliáceas.
TARAREAR. al. **Trällern.** fr. **Fredonner.** ingl. **To hum.** ital. **Cantarellare.** port. **Cantarolar.** (De *tarara*.) tr. Cantar entre dientes y sin articular palabras. TARAREABA *una cancioncilla.* || deriv.: **tarareo.**
TARARIRA. (De *tarara*.) f. fam. Chanza, alegría con bulla y voces. || *Arg.* Pez de río, redondeado, negruzco y de carne estimada. *Hoplias malabaricus.* com. fam. Persona bulliciosa y de poco juicio. || int. fam. que denota incredulidad. *A eso te contesto:* ¡TARARIRA!
TARASA. f. *Chile* y *Perú.* Planta de la familia de las malváceas.
TARÁS BULBA. *Biog.* Caudillo ucranio que vivió entre los siglos XVI y XVII.
TARASCA. (Del fr. *tarasque*, de *Tarascón*, c. de Francia.) f. Figura de sierpe monstruosa, con la boca muy grande, que se saca en algunas partes durante la procesión del Corpus. sinón.: **tazaña.** || fig. Gomia. || fig. y fam. Mujer fea y de mal talante. || *C. Rica* y *Chile.* Boca grande.
TARASCADA. (De *tarascar*.) f. Mordedura o herida hecha con los dientes. || fig. fam. Respuesta áspera o airada contra el que cortésmente pretende una cosa. *Hablaré con amabilidad y me contestará con* TARASCADAS.
TARASCAR. (De *tarazar*.) tr. Morder o herir con los dientes. || deriv.: **tarascador, ra; tarascadura; tarascamiento.**
TARASCO, CA. adj. Dícese del individuo de una tribu de indígenas de México, que habitan en el Est. de Michoacán. Ú.t.c.s. || Perteneciente a estos indígenas. || m. Lengua de los tarascos.
TARASCÓN, NA. s. aum. de **Tarasca.** || m. *Amér. del S.* Tarascada, mordedura.
TARASCÓN. *Geog.* Ciudad de Francia, en el depart. de Bocas del Ródano. 15.000 h. Célebre por su iglesia de Santa Marta y por la novela de Daudet *"Tartarín de Tarascón".*
TARASCO-NAHUA, Sistema. *Geog.* Nombre que se aplica al elevado sistema montañoso volcánico de México que enlaza los cordones oriental y occidental de la Sierra Madre. Cruza los territorios habitados antiguamente por los indígenas cuyo nombre toma.
TARATA. *Geog.* Ciudad en la región central de Bolivia, dep. de Chuquisaca. 13.000 h. Centro comercial. || Ciudad del S. del Perú, en el dep. de Tacna. 5.000 h.
TARATÁNTARA. (Del lat. *taratántara*.) m. Tarará.
TARAY. (De *taraje*.) m. *Bot.* Arbusto de ramas largas y delgadas, con flores pequeñas, globosas, con cáliz encarnado y pétalos blancos; fruto seco, capsular, con semillas negras. Se usa para la fijación de dunas. Gén. *Tamarix gallica.* sinón.: **tamarisco, tamariz, taraje.** || Fruto de este arbusto.
TARAYAL. m. Lugar poblado de tarayes. sinón.: **taharal.**
TARAZA. m. Molusco lamelibranquio, el cual secreta una substancia caliza que forma un tubo dentro del que vive. Causa perjuicios en las construcciones navales, pues abre galerías en las maderas sumergidas. Gén. *Zeredo navalis.* sinón.: **broma.**
TARAZANA. f. o **TARAZANAL.** m. Atarazana.
TARAZAR. (De *taracea*.) tr. Atarazar. || fig. Molestar, mortificar.
TARAZÓN. (De *tarazar*.) m. Trozo que se corta de una cosa, y más comúnmente de carne o pescado. *Le arrancó un* TARAZÓN.
TARBEA. (Del ár. *tarbí*, cuadrado.) f. Sala grande.
TARBES. *Geog.* Ciudad del S. O. de Francia, capital del dep. de los Altos Pirineos. 56.000 h. Industria mecánica, textil y papelera.
TARCO. m. *Arg.* Árbol saxifragáceo que alcanza hasta diez metros de altura y cuya madera se utiliza en ebanistería
TARCO EN FLOR, El. *Mús.* Poema sinfónico de Luis Gianneo, estrenado en 1930. Con gran delicadeza expresa las sensaciones musicales sugeridas por un tarco florecido.
TARDADOR, RA. adj. y s. Que tarda o se tarda.
TARDANAOS. (De *tardar* y *nao*.) m. Rémora, pez.
TARDANZA. al. **Verzögerung; Verspätung.** fr. **Retard.** ingl. **Delay.** ital. **Tardanza.** port. **Tardança.** (De *tardar*.) f. Detención, demora, lentitud, pausa. *Le contestaré sin* TARDANZA.
TARDAR. al. **Zögern.** fr. **Tarder; être en retard.** ingl. **To delay; to be late.** ital. **Tardare.** port. **Tardar.** (Del lat. *tardare*.) intr. Detenerse, no llegar oportunamente, retrasar la ejecución de algo. U.t.c.r. TARDO *demasiado en llegar.* || Emplear tiempo en hacer las cosas. TARDARÉ *un mes en hacerlo.* || **A más tardar.** m. adv. que se emplea para fijar el plazo máximo en que se ha de hacer una cosa. A MÁS TARDAR, *le pagaré la semana próxima.*
TARDE. al. **Nachmittag; Abend; spät.** fr. **Après-midi; soir; tard.** ingl. **Afternoon; evening; late.** ital. **Pomeriggio; sera; tardi.** port. **Tarde.** (Del lat. *tarde*.) f. Tiempo que hay desde mediodía hasta anochecer. || Últimas horas del día. || adv. t. A hora avanzada del día o de la noche. *Acostarse* TARDE. || Fuera de tiempo, después de haber pasado el conveniente o acostumbrado para algún fin, o en tiempo futuro relativamente lejano. *Llegó* TARDE; *eso sucederá* TARDE *o nunca.* || **Buenas tardes.** expr. que se usa como salutación familiar durante la tarde. || **De tarde en tarde.** m. adv. De cuando en cuando. || **Para luego es tarde.** expr. con que se da prisa a alguien para que ejecute con prontitud lo que debe hacer. || IDEAS AFINES: *Luz, obscuridad, crepúsculo, lubricán, vespertino, postmeridiano, nona, vísperas.*
TARDE, Gabriel. *Biog.* Soc. francés para quien la sociedad no es un organismo en sí mismo, sino una extensión de la vida psíquica individual. Obras: *Las leyes de la imitación; Filosofía penal,* etc. (1843-1904).
TARDECER. intr. Empezar a caer la tarde. sinón.: **atardecer.** || irreg. Conj. como **agradecer.**
TARDECICA, TA. dim. de tarde. f. Caída de la tarde. cerca

de anochecer. *Volveré a la* TARDECITA.

TARDÍAMENTE. adv. t. Tarde, fuera de tiempo.

TARDIGRADO, DA. (Del lat. *tardigradus.*) adj. *Zool.* Aplícase a los animales mamíferos del orden de los desdentados, llamados perezosos. ‖ m. pl. *Zool.* Clase de estos mamíferos.

TARDÍLOCUO, CUA. adj. Lento y pausado en el hablar.

TARDINERO, RA. adj. p. us. Tardo, lento.

TARDÍO, A. adj. Que tarda en venir a sazón más tiempo del regular. Aplícase por lo común a las frutas y frutos. *Uvas* TARDÍAS; sinón.: **serondo;** antón.: **temprano, tempranero.** ‖ Que ocurre después del tiempo oportuno. *Lluvia* TARDÍA*; operación* TARDÍA. ‖ Pausado, detenido. *Es* TARDÍO *en el hablar.* ‖ Sembrado o plantío de fruto TARDÍO. Ú.m. en pl. *En vano se esperaron lluvias que favoreciesen los* TARDÍOS.

TARDO, DA. (Del lat. *tardus.*) adj. Lento, perezoso en obrar. *Paso* TARDO. ‖ Que sucede después de lo que convenía o se esperaba. *Auxilio* TARDO. ‖ Torpe. ‖ *Astron.* Dícese de un planeta cuando su movimiento diurno verdadero es menor que el medio.

TARDÓN, NA. adj. y s. fam. Que tarda mucho y gasta mucha flema. ‖ fam. Que comprende tarde las cosas.

TAREA. al. **Arbeit; Aufgabe.** fr. **Tâche.** ingl. **Task.** ital. **Compito; faccenda.** port. **Tarefa.** (Del ár. *tareja.*) f. Cualquier obra o trabajo. sinón.: **labor, tanda.** ‖ Trabajo que debe hacerse en determinado tiempo. sinón.: **tajo.** ‖ fig. Afán, pena o cuidado, debido a un trabajo continuo. *Cargada de hijos, siempre está en la misma* TAREA.

TARECO. m. *Cuba, Ec.* y *Ven.* Trasto, trebejo.

TARECHE. m. *Bol.* Ave de rapiña, especie de Aura.

TARENTINO, NA. adj. y s. De Tarento.

TARENTO. *Geog.* Provincia de Italia (Apulia). 2.436 km². 532.000 h. ‖ C. y puerto del S. de Italia, capital de la prov. homónima. 235.000 h. Base naval. Astilleros; famosos criaderos de ostras; centro industrial. ‖ **Golfo de —.** Profunda escotadura de la costa S. de Italia, sobre el mar Jónico.

TÁRGUM. (Del caldeo *thárgum*, interpretación, de *thargen*, interpretar.) m. Libro de los judíos que comprende las glosas y paráfrasis caldeas de la Escritura. ‖ En pl. **tárgumes.** ‖ deriv.: **targúmico, ca.**

TARGU MURESH. *Geog.* V. **Tirgu Muresh.**

TÁRIBA. *Geog.* Población del S. O. de Venezuela, en el Est. de Táchira. 5.000 h. Centro agrícola.

TARIDA. (Del ár. *tarida*, barco de transporte.) f. Embarcación parecida a una tartana grande, usada en el Mediterráneo desde el siglo XII.

TARIFA. al. **Tarif.** fr. **Tarif.** ingl. **Fare; rate.** ital. **Tariffa.** port. **Tarifa.** (Del ár. *tarifa.*) f. Tabla o catálogo de los precios, derechos o impuestos que se deben pagar por alguna cosa o trabajo. *Han aplicado altas* TARIFAS. ‖ IDEAS AFINES: *Aduana, arancel, agio, especulación, cotización, mercado negro, libre cambio.*

TARIFA. *Geog.* Cabo del S. de España, cuyo extremo austral, la punta Marroquí, es el más meridional de la península Ibérica. ‖ Ciudad del S. de España, en la prov. de Cádiz. 18.000 h. Plaza fuerte. Pesca. naranjas, vinos.

TARIFAR. tr. Señalar o aplicar una tarifa. TARIFÓ *la mercancía.* ‖ intr. fam. Reñir, enojarse. TARIFÓ *con su cuñada.*

TARIFEÑO, ÑA. adj. y s. De Tarifa.

TARIJA. *Geog.* Departamento del S. E. de Bolivia. 37.623 km². 218.000 h. Hierro, petróleo, sal, producción agrícola y ganadera. Capital hom. 20.000 h. Centro comercial.

TARIK. *Biog.* General musulmán que comandó las fuerzas que invadieron España en 711 (s. VIII).

TARIM. *Geog.* Río de la China, en la prov. de Sinkiang. Nace en el Karakorum y se pierde en el desierto de Takla Makan. 2.000 km.

TARIMA. (Del ár. *tarima*, estrado.) f. Entablado movible de varias dimensiones, según el uso a que se destina.

TARIMÓN. m. aum. de **Tarima.**

TARÍN. (Del lat. *tarinus* o *tarenus*, de Terento, en donde habrían sido acuñados por primera vez.) m. Realillo de plata de ocho cuartos y medio.

TARÍN BARÍN. loc. adv. fam. Escasamente, sobre poco más o menos.

TARIRE. *Geog.* Río de Costa Rica, que forma en parte el límite con Panamá. Desagua en el mar de las Antillas con el nombre de **Sixaola.** 125 km.

TARJA. (Del b. lat. *targia*, y éste del ant. nórdico *targa*, escudo.) f. Escudo grande que cubría todo el cuerpo, y en especial la pieza de la armadura que puesta sobre el hombro izquierdo servía para defenderse de la lanza contraria. ‖ Moneda de vellón de la época de Felipe II. ‖ Tablita o chapa que se usa de contraseña. ‖ Caña o palo partido longitudinalmente por el medio, con encaje a los extremos, para ir marcando lo que se compra fiado; la mitad del listón queda en poder del que compra y la otra del que vende. *Mucho debes, que tienes la* TARJA *llena de muescas*; sinón.: **tara.** ‖ fam. Golpe o azote. ‖ desus. Tarjeta, adorno arquitectónico. ‖ *C. Rica, Hond.* y *Murc.* Tarjeta de visita.

TARJADOR, RA. s Persona que tarja. sinón.: **tarjero, tajero.**

TARJAR. tr. Señalar o marcar en la tarja lo que se va sacando fiado, o lo que se cuenta. ‖ *Chile.* Tachar una palabra escrita. ‖ Barbarismo por **tajar.**

TARJERO, RA. (De *tarja.*) s. Tarjador.

TARJETA. al. **Karte.** fr. **Billet.** ingl. **Card.** ital. **Biglietto.** port. **Cartão.** f. dim. de **Tarja,** escudo. ‖ Adorno plano y oblongo sobrepuesto a un miembro arquitectónico, y que suele llevar inscripciones, empresas o emblemas. ‖ Membrete de los mapas y cartas. ‖ Pedazo de cartulina, pequeño y de forma rectangular, con el nombre, cargo y dirección de una persona, que se emplea para visitas y otros usos. ‖ Pedazo de cartulina, generalmente rectangular, que lleva impreso o escrito un anuncio, una invitación, un permiso, etc. ‖ **— de identidad.** La que acredita la personalidad del titular y generalmente lleva su retrato y firma. ‖ **— postal. Tarjeta** que lleva estampado un sello de correos, y se emplea como carta. ‖ **Tarjeta** ilustrada, de igual uso y sin sello estampado. *Me envía* TARJETAS POSTALES *con vistas de todos los países que visita.*

TARJETEO. m. fam. Uso frecuente de tarjetas para cumplimentarse recíprocamente las personas.

TARJETERA. f. Tarjetero. Ú. principalmente en *Amér.*

TARJETERO. m. Cartera para llevar tarjetas de visita.

TARJETÓN. m. aum. de **Tarjeta.**

TARKINGTON, Newton Booth. *Biog.* Novelista y autor dramático estad. autor de *Monsieur Beaucaire; El espléndido Ambersons*, etc. (1869-1946).

TARLAC. *Geog.* Provincia de Filipinas en la isla de Luzón. 3.053 km². 560.000 h. Cap. hom. con 70.000 h.

TARLATANA. f. Tejido ralo de algodón, parecido a la muselina, pero más consistente que ésta y más fino que el linón.

TARMA. *Geog.* Ciudad en la región central del Perú (Junín) 10.000 h. Centro agrícola y ganadero.

TAROPÉ. (Voz guaraní.) m. *Arg.* y *Parag.* Irupé.

TARN. *Geog.* Río de Francia meridional; desciende de los montes Cevennes y des. en el Ródano. 375 km. ‖ Dep. del sur de Francia. 5.780 km². 230.000 h. Cereales, vid. Industria textil y metalúrgica. Cap. ALBI. ‖ **— y Garona.** Dep. del sur de Francia. 3.731 km². 183.000 h. Actividades agricolaganaderas e industrias derivadas de las mismas. Cap. MONTAUBAN.

TARNIER, Esteban. *Biog.* Ginecólogo fr. que hizo desaparecer, en gran parte, la mortandad producida por la fiebre puerperal (1828-1897).

TARNOW. *Geog.* Ciudad del S. E. de Polonia, próxima a Cracovia. 95.000 h. Industria textil, química y metalúrgica.

TARPEYA, Roca. *Geog. histór.* Elevada peña del monte Capitolino, en Roma, desde la cual se arrojaba a los criminales, sobre todo a los traidores.

TARQUÍN. (Del ár. *tarquín.*) m. Légamo que las aguas estancadas depositan en el fondo, o las avenidas de un río en los campos que inundan. *El* TARQUÍN *que dejó la riada fertilizó estos campos;* sinón.: **barro, cieno.**

TARQUINA. adj. y s. *Mar.* V. **Vela tarquina.**

TARQUINADA. (Por alusión a la violencia ejercida en Lucrecia por Sexto *Tarquino*, hijo de Tarquino el Soberbio.) f. fig. y fam. Violencia contra la honestidad de una mujer.

TARQUINO I, Lucio. *Biog.* Rey de Roma de 616 a 578 a. de C., llamado **el Antiguo.** Introdujo la cultura helénica (m. 578 a. de C.). ‖ **— II, Lucio.** Último rey de Roma, de 534 a 510 a. de C., llamado **el Soberbio.** El pueblo lo depuso e instauró la República.

TARRACONENSE. (Del lat. *tarraconensis.*) adj. Natural de la antigua Tárraco, hoy Tarragona. Ú.t.c.s. ‖ Perteneciente a esta ciudad. ‖ Perteneciente a la antigua provincia de igual nombre de que dicha ciudad fue la capital. *España* TARRACONENSE. ‖ Natural de Tarragona. Ú.t.c.s. ‖ Perteneciente a esta ciudad.

TÁRRAGA. f. Baile español que se usó a mediados del siglo XVII.

TÁRRAGO. m. Planta europea, de hojas radicales, muy rugosas, que se usan, junto con las flores, en infusiones estomacales. *Salvia pratemsis*, labiada.

TARRAGONA. *Geog.* Provincia de España (Cataluña). 6.283 km². 432.000 h. Producción agrícola y vitivinícola. Capital hom. 79.000 h. Puerto exportador; industria textil, metalúrgica y alimenticia.

TARRAJA. (En port. *tarracha.*) f. Terraja. ‖ *Ven.* Tarja para llevar cuentas, hecha con una tira de cuero. sinón.: **tara.**

TARRALÍ. f. *Col.* Planta trepadora silvestre.

TARRAMENTA. f. *Cuba.* Cornamenta.

TARRASA. *Geog.* Ciudad del N. E. de España, en la prov. de Barcelona. 137.000 h. Centro textil y comercial.

TARRASENSE. adj. y s. De Tarrasa.

TARRAYA. f. *And., Extr., P. Rico* y *Ven.* Atarraya, esparavel.

TÁRREGA, Francisco. *Biog.* Compositor esp., notable guitarrista y autor de *Preludios; Danza mora*, etc. (1854-1909). ‖ **— Francisco A.** Poeta esp., autor de *La enemiga favorable; La condesa Constanza*, etc. (1554-1602).

TARREÑA. (De *tarro.*) f. Cada una de las dos tejuelas que, batiéndolas, hacen un ruido como el de las castañuelas. sinón.: **tejoleta.**

TARRICO. m. Caramillo, planta.

TARRO. al. **Topf.** fr. **Pot.** ingl. **Pot.** ital. **Barattolo.** port. **Tarro.** m. Vaso de barro cocido y vidriado, de vidrio o de otra materia, generalmente cilíndrico y más alto que ancho. TARRO *de miel.* ‖ fig. y fam. V. **Cabeza de tarro.** ‖ vulg. *Arg.* Suerte excepcional. ‖ *Bol., Col., Ec.* y *Perú.* Sombrero de copa. ‖ *Cuba.* Asunto intrincado.

TARSANA. f. *C. Rica, Ec.* y *Perú.* Corteza de un árbol de las sapindáceas, que se usa para lavar, como el palo de jabón.

TARSO. (Del gr. *tarsós.*) m. Parte posterior del pie. *El* TARSO *está formado por siete huesos.* ‖ La parte más delgada de las patas de las aves. ‖ *Zool.* Corvejón de los cuadrúpedos.

TARSO. *Geog.* Ciudad del S. de Turquía (Anatolia). 79.000 h. Centro frutícola. Cuna del apóstol San Pablo.

TARTA. (Del fr. *tarte*, y éste del lat. *torta.*) f. Tortera, cazuela. ‖ Torta rellena con dulce de frutas, crema, etc.

TARTAGAL. *Geog.* Población del N. de la Argentina, en la prov. de Salta. 12.000 h. Centro de explotación petrolífera y forestal.

TARTAGLIA, Nicolás. *Biog.* Sobrenombre del matemático ital. **Nicolás Fontana,** que era tartamudo. Se le considera uno de los primeros en descubrir la resolución de las ecuaciones de tercer grado (1505-1557).

TÁRTAGO. (Del b. lat. *tartaricus*, tartáreo, y éste del lat. *Tártarus*, tártaro.) m. Planta euforbiácea, con hojas lanceoladas, flores, unisexuales sin corola y fruto seco, capsular, redondeado, con semillas arrugadas; tiene virtud purgante y emética muy fuerte. ‖ Chasco pesado. *Le dio el* TÁRTAGO.

TARTAJA. adj. y s. fam. Tartajoso.

TARTAJEAR. (Voz onomat.) intr. Pronunciar las palabras con torpeza o trocando sus letras. sinón.: **balbucear, balbucir, tartamudear.** ‖ deriv.: **tartajeador, ra.**

TARTAJEO. m. Acción y efecto de tartajear. sinón.: **balbuceo, tartamudeo.**

TARTAJOSO, SA. adj. y s. Que tartajea. sinón.: **balbuciente, tartaja, tartamudo, zazo, zazoso.**

TARTAKOWER, Savielly Grieg. *Biog.* Ajedrecista polaco autor de *Sugestiones para la estrategia ajedrecística* (1887-1956).

TARTALEAR. (Voz onomat.) intr. Moverse desordenadamente. ‖ fam. Turbarse uno de modo que no acierta a hablar. TARTALEANDO, *presentó sus disculpas.*

TARTAMUDEAR. al. **Stottern.** fr. **Bégayer.** ingl. **To stutter.** ital. **balbettare.** port. **Tartamudear.** (De *tartamudo.*) intr. Hablar o leer con pronunciación entrecortada y repitiendo las sílabas.

TARTAMUDEO. m. Acción y efecto de tartamudear. sinón.: **balbuceo, tartajeo.**

TARTAMUDEZ. f. Calidad de tartamudo.

TARTAMUDO, DA. al. **Stotterer.** fr. **Bègue.** ingl. **Stutterer.** ital. **Balbuziente.** port. **Tartamudo.** (Como el port. *tartamudo*, quizá de *tarta*, onomat., y *mudo.*) adj. y s. Que tartamudea. sinón.: **balbuciente, tartaja, tartajoso.** ‖ IDEAS AFINES: *Ortofonía, fonación, articulación, anomalía, foniatra, reeducación.*

TARTÁN. (Del fr. *tartan.*) m. Tela de lana con cuadros o listas de diferentes colores.

TARTANA. (Como el ital. *tartana* y el fr. *tartane*, del m. or. que *tarida.*) f. Embarcación menor, de vela latina y con un solo palo. ‖ Carruaje de dos ruedas con cubierta abovedada y asientos laterales. TARTANA *valenciana.*

TARTANERO. m. Conductor del carruaje llamado tartana.

TARTÁREO, A. (Del lat. *tartareus.*) adj. poét. Perteneciente al tártaro o infierno. *Las antros* TARTÁREOS.

TARTARIA. *Geog.* Antiguo nombre de una gran parte de Asia, correspondiente aproximadamente a Mongolia, Manchuria, Turquestán. Afganistán y Beluchistán. Posteriormente se aplicó sólo al Turquestán. En el siglo XIV únicamente el Asia Menor llevó este nombre, y hoy no se denomina así más que el estrecho hom. ‖ **Estrecho de —.** Brazo de mar que separa la costa oriental de Siberia de la isla de Sakalín, en el Pacífico norte.

TARTÁRICO, CA. adj. *Quím.* Tártrico.

TARTARIZAR. tr. *Farm.* Preparar una confección con tártaro. ‖ deriv.: **tartarizable; tartarización.**

TÁRTARO. (Del b. lat. *tártarum*, y éste del persa, *dord*, heces.) m. *Quím.* Tartrato ácido de potasio impuro que forma costra cristalina en el fondo y paredes de las cubas donde fermenta el mosto. sinón.: **rasuras.** ‖ Sarro dental. ‖ **— emético.** *Quím.* Tartrato de antimonilo y potasio. Cristales incoloros, solubles en agua. Se emplea en medicina como emético, y en el tratamiento de ciertas enfermedades parasitarias tropicales.

TÁRTARO. (Del lat. *Tártarus*, y éste del gr. *Tártaros.*) m. poét. El infierno. sinón.: **averno, báratro.**

TÁRTARO. *Mit.* Báratro.

TÁRTARO, RA. (Del turco *tatar.*) adj. Natural de Tartaria. Ú.t.c.s. ‖ Perteneciente a esta región de Asia.

TÁRTAROS. m. pl. Nombre dado a los pueblos turco-mongoles que, procedentes de la cuenca del río Lena se expandieron hacia el Oeste. Son pueblos muy mezclados racial y culturalmente, pues hablan lenguas mongolas y dialectos turcos.

TARTERA. (De *tarta.*) f. Tortera, cacerola. sinón.: **tarta.** ‖ Fiambrera.

TARTESIO, SIA. (Del lat. *tartessius.*) adj. Dícese del individuo de un antiquísimo pueblo que vivía al sur de España, especialmente en la región del valle del Guadalquivir. Ú.t.c.s. *Estrabón dice que los* TARTESIOS *tenían obras poéticas de seis mil años de antigüedad.* ‖ Perteneciente o relativo a este pueblo.

TARTINI, José. *Biog.* Compositor y violinista ital., fundador de la moderna escuela violinística y autor de *El Trino del diablo* y numerosas obras teóricas (1692-1770).

TARTO, TA. adj. *Ec.* Tartajoso.

TARTRATO. m. *Quím.* Sal del ácido tartárico.

TÁRTRICO, CA. adj. *Quím.* Perteneciente o relativo al tártaro. *Ácido* TÁRTRICO; sinón.: **tartárico.**

TARTU. *Geog.* Ciudad del N.O. de la Unión Soviética (Estonia), al oeste del lago Peipus. 75.000 h. Industria maderera.

TARTUFO. (Del fr. *Tartuffe*, protagonista de una comedia de Molière.) m. Persona hipócrita y falsa. ‖ deriv.: **tartufismo.**

TARTUFO. *Lit.* Célebre comedia de Molière, en cinco actos y en verso, estrenada en 1664. Exacto retrato psicológico del falso devoto, su personaje principal –del cual toma el nombre la pieza– se ha convertido en sinónimo de hipocresía. La comedia toda es una pintura magistral de lo humano y tiene la rara virtud de conciliar la dignidad y la alegría.

TARUCA o **TARUGA.** f. *Zool.* Mamífero de los Andes, desde Ecuador a Argentina, algo menor que el huemul, con cuernos bifurcados desde la base. Gén. *Hippocamelus antisensis*, cérvido. *La* TARUCA *vive en las grandes alturas, entre los 3.500 y los 4.200 metros.*

TARUGO. (En port, *tarugo.*) m. Clavija gruesa de madera. ‖ Zoquete. ‖ Trozo rectangular de madera, usado para pavimentar calles. ‖ *Cuba.* Sobresalto, susto.

TARUMÁ. (Voz guaraní.) m. *Arg.* Árbol verbenáceo que produce un fruto morado oleoso.

TARUMBA. (Volverle a uno) frs. fam. Atolondrarle, confundirle. Ú.t. el verbo como r. VOLVERSE *uno* TARUMBA.

TARZÁN. *Lit.* Célebre personaje imaginario, creado por el escritor Edgar Rice Burroughs.

TAS. (Del fr. *tas.*) m. Yunque pequeño que usan los plateros, hojalateros y plomeros.

TASA. al. **Taxe; Gebühr.** fr. **Taxe.** ingl. **Rate.** ital. **Tassa.** port. **Taxa.** (De *tasar.*) f. Acción y efecto de tasar. ‖ Documento en que consta la TASA. ‖ Precio a que por disposición de la autoridad puede venderse una cosa. *Han establecido la* TASA *del pan*; sinón.: **postura.** ‖ Medida, regla. *Habla sin* TASA.

TASACIÓN. (Del lat. *taxatilo, -onis.*) f. Justiprecio, avalúo de las cosas. sinón.: **valoración, valuación.**

TASADAMENTE. adv. m. Con tasa o medida. ‖ fig. Limitada y escasamente.

TASADOR, RA. adj. y s. Que tasa. ‖ m. El que ejerce el oficio público de tasar.

TASAJEAR. tr. *Amér.* Atasajar, hacer tasajos.

TASAJERÍA. f. Local donde se prepara o vende el tasajo. ‖ deriv.: **tasajero, ra.**

TASAJO. (En port. *tassalho.*) m. Pedazo de carne seco y salado, o acecinado. *La elaboración del* TASAJO *es una industria genuinamente rioplatense*; sinón.: **carnaje.** ‖ Por ext., trozo de carne cortado o tajado.

TASAJUDO, DA. adj. *Amér. Central, Col.* y *Cuba.* Larguirucho.

TASAR. (Del lat. *taxare.*) tr. Poner tasa a las cosas vendibles. TASARON *el aceite.* ‖ Graduar el valor o precio de las cosas. TASÓ *la cadena en cien pesos*; sinón.: **valorar.** ‖ Estimar lo que cada uno merece por su trabajo, dándole el premio o paga correspondiente. *El capataz* TASÓ *el trabajo de cada uno de los obreros.* ‖ fig. Poner método, regla o medida para que no haya exceso en cualquiera materia. *El médico me ha* TASADO *los cigarrillos.* ‖ Restringir o reducir lo que hay obligación de dar. *No le toleraremos que nos* TASE *la libertad.*

TASCA. (De *tarcar.*) f. Garito o casa de juego de mala fama. ‖ Taberna. ‖ *Perú.* Oleaje fuerte; sitio, en la orilla del mar en que revientan las olas.

TASCADOR. (De *tarcar.*) m. Espadilla, instrumento de madera para macerar el cáñamo.

TASCAR. (En port. *tascar.*) tr. Espadar. ‖ Quebrantar ruidosamente la hierba las bestias cuando pacen.

TASCINA. f. *Miner.* Seleniuro de plata, especie muy rara.

TASCO. (De *tascar.*) m. Estopa gruesa del cáñamo o lino que queda después de espadarlo.

TASCO. *Geog.* Población del S.O. de México (Guerrero). 6.500 h. Importante centro agrícola y minero.

TASCONIO. (Del lat. *tascónium.*) m. Talque.

TASHKENT. *Geog.* Ciudad de la Unión Soviética, capital de la Rep. de Uzbekistán. Importante centro agrícola e industrial. 1.385.000 h., con los suburbios.

TASI. m. *Arg.* Enredadera silvestre, de tallo lechoso y fruto grande, ovalado; su raíz y fruto tienen propiedades galactógogas. Gén. *Morrhenia*, asclepiadáceas.

TASIO, SIA. (Del lat. *thasius.*) adj. Natural de Tasos. Ú.t.c.s. ‖ Perteneciente a esta isla del mar Egeo.

TASMAN, Abel Janszoon. *Biog.* Nav. holandés, descubridor de Nueva Zelandia y Tasmania (1603-1659).

TASMANIA. *Geog.* Isla del S.E. de Australia, en el océano Pacífico, separada del continente australiano por el estrecho de Bass. 67.889 km². 400.000 h. Actividades agricolaganaderas, frutas, yacimientos de cobre, cinc, plata. Cap. Hobart. **Tasmania,** que constituye uno de los Estados en que se divide Australia, se llamó antes. **Tierra de Van Diemen.**

TASOS. *Geog.* Isla griega del norte del mar Egeo, al S. de la ciudad de Kavala. 398 km². 17.000 h. Minas de hierro, cobre y antimonio.

TASQUEAR. intr. *Perú.* Trabajar en las faenas propias de la tasca.

TASQUERA. (De *tasca.*) f. fam. Pendencia, riña o contienda. *Se armó una gran* TASQUERA.

TASQUERO. m. *Perú.* Indio que ayuda al desembarco en las costas en que hay tascas.

TASQUIL. (Del ár. *taçquir*, acción de quebrantar piedra.) m. Fragmento que salta de la piedra al labrarla.

TASSO, Bernardo. *Biog.* Poeta ital., autor de poemas líricos y de la epopeya *Amadís de Gaula*, basada en la novela española homónima (1493-1569). ‖ – **Torcuato.** Poeta lírico ital. Su genial producción fue creada en las sombras de su espíritu atormentado por la locura. *La Jerusalén libertada*, epopeya cristiana de noble asunto y versos de armonía inigualable es su obra maestra. Escribió además *Rinaldo; Aminta; La Jerusalén conquistada*, etc. (1544-1595). ‖ – **Y NADAL, Torcuato.** Escultor esp. de vastísima labor realizada casi totalmente en América. Obras: monumentos a Carlos Pellegrini; Lavalle; El Grito de Ipiranga, etc. (1853-1935).

TASSONI, Alejandro. *Biog.* Poeta y crítico ital., autor del poema cómico *El cubo robado* y otras obras (1565-1635).

TÁSTANA. f. Costra que la sequía produce en las tierras de cultivo. ‖ Membrana que separa los gajos de ciertas frutas; como la nuez, la naranja, etc. sinón.: **bizna.**

TASTAZ. (Del lat. *testáceum*, ladrillo molido.) m. Polvo hecho de los crisoles viejos, que se usa para limpiar las piezas de azófar.

TASTO. m. Sabor desagradable que toman algunos alimentos cuando se han pasado. *Rechazó la vianda, no bien percibió su* TASTO.

TASUGO. m. Tejón, mamífero.

TATA. (Del lat. *tata.*) f. fam. Nombre infantil con que se designa a la niñera. sinón.: **chacha.** ‖ m. Padre, papá.

TATABRO. m. *Col.* Pécari.

TATAGUA. f. *Cuba.* Mariposa nocturna de gran tamaño y de color oscuro.

TATAIBA. m. *Arg.* y *Parag.* Moral silvestre, de fruto amarillo y áspero.

TATARABUELO, LA. al. **Ururgrossvater; Ururgrossmutter.** fr. **Trisaieul.** ingl. **Great-great grandfather; Great-great-grand mother.** ital. **Trisavolo.** port. **Tataravó; tetravó.** (Del gr. *tetartos*, cuarto, y *abuelo.*) s. Tercer abuelo. sinón.: **rebisabuelo.**

TATARADEUDO, DA. (De *tatara*, por imitación de *tatarabuelo*, y *deudo.*) s. Pariente muy antiguo; antepasado.

TATARANIETO, TA. (De *tatara* (véase **Tatarabuelo**) y nieto.) s. Tercer nieto. sinón.: **rebisnieto.**

TATARÉ. (Voz *guaraní.*) m. *Arg.* y *Parag.* Árbol leguminoso de madera amarilla, empleada en ebanistería y en la construcción de barcos; de su corteza se extrae una materia tintórea. Mimosa. *La madera del* TATARÉ; *aunque dura, es fácil de labrar.*

TATAREAR. (De la onomat. *tar*, repetida.) tr. Cantar sin palabras significativas, tararear.

TATARRETE. m. desp. de **Tarro**; cacharro.

TATAS (Andar a). fr. fam. Empezar a andar el niño con miedo y recelo. ‖ Andar a gatas, la. acep.

¡TATE! (En port. *tate.*) int. que equivale a ¡detente!, o poco a poco. ¡TATE, *amigo! ¿Qué iba a hacer?* ‖ Expresa también haber llegado al conocimiento de algo que antes no se había podido comprender. Ú.t. repetida. ¡TATE, TATE! *¿Era eso lo que querías?*

TATETÍ. m. *Arg.* **Tres en raya.**

TATO. (Del lat. *tata*, padre.) m. fam. *Arg.* y *Chile.* Voz cariñosa con que se designa a un niño.

TATO, TA. adj. Tartamudo que vuelve la c y s en t.

TATÚ. (Voz guaraní.) m. *Arg.* y *Chile.* Especie de armadillo que alcanza un metro de longitud, con trece bandas córneas en el cuerpo, cuatro dedos en las manos y cinco en los pies, todos armados de uñas largas y fuertes, y cola redonda de unos treinta centímetros de longitud. ‖ – **carreta.** Priodonte.

TATUM, Edward. *Biog.* Bioquímico norteamericano cuyos estudios en el campo de la genética abrieron amplias perspectivas en la materia. Gracias a sus investigaciones, las bacterias se convirtieron en fuente principal de información sobre el control genético de los procesos bioquímicos de la célula. Con George Beadle y Joshua Lederberg mereció en 1958 el premio Nobel de Fisiología y Medicina (1909-1975).

TATUAJE. al. **Tätowierung.** fr. **Tatouage.** ingl. **Tatoo; tatooing.** ital. **Tatuaggio** port. **Tatuagem.** m. Acción y efecto de tatuar. *El* TATUAJE *es frecuente en las clases bajas de la sociedad.*

TATUAR. al. **Tätowieren.** fr. **Tatouer.** ingl. **To tattoo.** ital. **Tatuare.** port. **Tatuar.** (Del ingl. *to tattoo.* voz tomada del habla de Tahití.) tr. y r. Grabar dibujos en la piel humana, introduciendo, mediante punzadas, materias colorantes bajo la epidermis. *Las mujeres se* TATÚAN *mucho menos que los hombres.*

TATUSIA. f. *Parag.* Especie de armadillo.

TAU. (Del gr. *tau.*) m. Última letra del alfabeto hebreo. ‖ Tao. ‖ fig. Divisa, distintivo. ‖ Decimonona letra del alfabeto griego que corresponde a la *t* castellana.

TAUBATÉ. *Geog.* Población del S.E. del Brasil (San Pablo). 42.000 h. Importante centro productor de café, tabaco, cereales. Industria cervecera.

TAÚCA. (Voz quichua.) f. *Bol.* Montón de cosas. ‖ Plegado que se hace en la ropa.

TAUJEL. m. Listón de madera, reglón.

TAUJÍA. (Del ár. *tauxía.*) f. Ataujía.

TAUMATURGIA. f. Facultad de realizar prodigios. ‖ deriv.: **taumatúrgico, ca.** ‖ IDEAS AFINES: *Alquimia, varita mágica, hechicería, magia negra, mal de ojo, amuleto, cábala, aquelarre.*

TAUMATURGO, GA. al. **Wundertäter; Thaumaturg.** fr. **Thaumaturge.** ingl. **Thaumaturge.** ital. **Taumaturgo.** port. **Taumaturgo.** (Del gr. *thaumaturgós*; de *thauma, thaumatos*, maravilla, y *ergon*, obra.) s. Persona admirable en sus obras, autor de cosas estupendas y prodigiosas. *El* TAUMATURGO *San Antonio de Padua.*

TAUNTON. *Geog.* Ciudad del S.O. de Gran Bretaña (Inglaterra), cap. del condado de Somerset. 37.000 h. Sidra, maquinarias agrícolas, tejidos.

TAUQUEAR. tr. *Bol.* Amontonar, apilar.

TAUR. *Mit.* Deidad que entre los egipcios representaba al mal; tenía la figura de un hipopótamo.

TÁURIDA. *Geog. histór.* Antiguo nombre que se dio a la región meridional de Rusia, especialmente a la costa sobre el mar Negro y sobre todo a la pen. de Crimea.

TAURINO, NA. (Del lat. *taurinus.*) adj. Perteneciente al toro, o a las corridas de toros. *Crónica* TAURINA.

TAURIOS. (Del lat. *tauril, -orum.*) adj. pl. Dícese de unos juegos que se celebraban en la antigüedad y en los que luchaban los hombres con los toros

TAURO. (Del lat. *taurus.*) m. *Astron.* Segundo signo del Zodíaco. ‖ Constelación zodiacal que se halla delante del mismo signo o un poco hacia el oriente.

TAURO, Montes. *Geog.* Cadena montañosa de Asia Menor que constituye el reborde meridional de la meseta de Anatolia. Culmina a los 3.560 m en el pico Bulgar-Dagh.

TAUROFILIA. f. Afición a la tauromaquia.

TAURÓFILO, LA. adj. Que tiene afición a la corrida de toros.

TAURÓMACO, CA. adj. Tauromáquico. ‖ Aplícase a la persona entendida en tauromaquia. Ú.t.c.s.

TAUROMAQUIA. (Del gr. *tauros*, toros, y *markhomai*, luchar.) f. Arte de lidiar toros. ‖ deriv.: **tauromáquico, ca.** ‖ IDEAS AFINES: *Corrida de toros, torero, ruedo, arena, capotear, verónica, banderillero, rejonear, suerte, muleta, coleo, estocada, descabello.*

TAUROMAQUIA. *B. A.* Serie de aguafuertes de Goya que describen, en múltiples aspectos, la lidia de toros. Cuadros vivísimos, con algo de salvaje y fantástico, expresan magistralmente la índole heroica y sanguinaria del espectáculo nacional de España.

TAUTOLOGÍA. (Del gr. *tautología*, de *tautólogos*; de *tautó*, lo mismo, y *logos*, palabras, discurso.) f. *Ret.* Repetición de un mismo pensamiento expresado en distintas maneras. *Lo que digo, le veo con frecuencia; en verdad, que no son pocas las veces que le veo.* ‖ deriv.: **tautológico, ca.**

TAVAREZ, Manuel G. *Biog.* Compositor y pianista portórr.; autor de *Margarita; Marcha para la emperatriz Eugenia; Cuadro musical* (1842-1882).

TAVORA, Franklin. *Biog.* Novelista bras., autor de *El Maturo; Cabaleira*, y otras obras (1842-1888).

TAXATIVO, VA. (Del lat. *taxátum*, supino de *taxare*, tasar, limitar.) adj. *Der.* Que limita, circunscribe y reduce un caso a determinadas circunstancias. ‖ deriv.: **taxativamente.**

TAXI. al. **Taxi; Autodroschke.** fr. **Taxi.** ingl. **Taxi; taxicab**; ital. **Tassi.** port. **Táxi.** m. fam. Apócope de Taxímetro, coche de alquiler. *Tomar un* TAXI.

TAXIA. f. *Biol.* Tactismo.

TAXIDERMIA. (Del gr. *taxis*, colocación, arreglo, y *dermis*, piel.) f. Arte de disecar los animales muertos para conservarlos con aspecto de vivos. ‖ deriv.: **taxidermista.**

TAXIMETRERO, RA. s. Taxista.

TAXIMETRISTA. com. Taxista.

TAXÍMETRO. al. **Taxameter; Kraftdroschke.** fr. **Taximetre; taxi-auto.** ingl. **Taximeter; taxicab.** ital. **Tassametro; automobile de piazza.** port. **Taxímetro.** m. Aparato que en algunos coches de alquiler, marca automáticamente la distancia recorrida y la cantidad devengada. sinón.: **odómetro.** ‖ Coche de alquiler provisto de un taxímetro. ‖ *Mar.* Instrumento semejante al círculo acimutal.

TAXISTA. com. Conductor de taxímetro.

TAXODIÁCEAS. (Del lat. moderno *Taxodium*, nombre científico de un género de plantas.) f. pl. *Bot.* Familia de plantas gimnospermas de la clase de las coníferas. Comprende árboles de hojas esparcidas, con los estróbilos lignificados.

TAXONOMÍA. (Del gr. *taxis*, ordenación, y *nomos*, ley.) f. Parte de la historia natural que trata de la clasificación de los seres. TAXONOMÍA *zootécnica*. ‖ deriv.: **taxonómico, ca.**

TAXQUEÑO, ÑA. adj. Natural de Taxco, población del Estado mexicano de Guerrero. Ú.t.c.s. ‖ Perteneciente o relativo a dicha población.

TAY. *Geog.* Río del N. de Gran Bretaña, en Escocia, que des. en el golfo hom. después de recorrer 197 km. ‖ **Golfo de –.** Escotadura de la costa N.E. de Gran Bretaña, sobre el mar del Norte. Sobre el mismo está sit. la c. de Dundee.

TAYABAS. *Geog.* Antiguo nombre de la prov. filipina de Quezón.

TAYASUIDOS. m. pl. *Zool.* Familia de ungulados americanos, artiodáctilos, paquidermos, con hocico truncado verticalmente, pies anteriores con 4 dedos y posteriores con 3, y con glándula dorsal; como los pecaríes.

TAYLOR, Deem. *Biog.* Músico estadounidense, autor de la suite *Circus Days*, de la ópera *Peter Ibbetson*, de obras corales y pianísticas, etc. (1885-1966). ‖ **– Elizabeth.** Actriz cinematográfica ingl. (n. 1932). ‖ **– Federico N.** Ingeniero estadounidense, inventor de los aceros rápidos, para cortar metales y del "taylorismo" (1856-1915). ‖ **– Roberto.** Arquitecto ingl., autor de numerosos edificios, al estilo de los hermanos Adam (1714-1788). ‖ **– Robert.** Actor cinematográfico nort. (1911-1968). ‖ **– Samuel Coleridge.** V. **Coleridge, Samuel Taylor.** ‖ **– Zacarías.** Mil. y estadista nort. de 1849 hasta su muerte presid. de la Rep. (1784-1850).

TAYLORISMO. m. *Econ.* V. **Tailorismo.**

TAYUYÁ. (Del *guaraní*.) m. *Arg.* Planta rastrera de la familia de las cucurbitáceas.

TAZA. al. **Tasse.** fr. **Tasse.** ingl. **Cup; bowl.** ital. **Tazza.** port. **Chícara.** (Del ár. *taça*.) f. Vasija pequeña, con asa, que se usa generalmente para tomar líquidos. *Juego de* TAZAS. ‖ Lo que en ella cabe. *Tomó una* TAZA *de té*. ‖ Receptáculo redondo y cóncavo donde vacían el agua las fuentes. *Rebosaba el agua de la* TAZA. ‖ Receptáculo del retrete. ‖ Pieza de metal redonda y cóncava, que forma parte de la guarnición de algunas espadas. *La* TAZA *de la guarnición sirve para defensa de la mano*. ‖ IDEAS AFINES: *Pocillo, vaso, plato, vajilla, mate, cuchara, porcelana, cerámica*.

TAZA. *Geog.* Ciudad del N. de Marruecos, sit. al oeste de Fez. 56.000 h.

TAZAÑA. f. En algunas partes, tarasca.

TAZAR. (De *tajar*, cortar.) tr. desus. Cortar, partir. ‖ Rozar o partirse la ropa por los dobleces, principalmente a causa del roce. Ú.m.c.r. *Lleva* TAZADAS *las bocamangas*.

TAZ A TAZ. (De *tasa*.) m. adv. Sin añadir precio alguno, al permutar una cosa por otra.

TAZMÍA. (Del ár. *tasmia*, denominación, enumeración.) f. Porción de granos que cada cosechero llevaba al acervo decimal. ‖ Distribución de los diezmos. ‖ Cuaderno en que se anotaban los granos recogidos en la tercia. ‖ Pliego en que se hacía la distribución a los partícipes. ‖ Cálculo aproximado de una cosecha en pie. Aplícase principalmente a la caña de azúcar.

TAZÓN. m. Taza grande y sin asa.

Tb. *Quím.* Símbolo del terbio.

Tc. *Quím.* Símbolo del tecnecio.

TCHAD. *Geog.* V. **Chad.**

TCHAIKOVSKI, Pedro Ilich. *Biog.* V. **Chaikovski, Pedro Ilich.**

TE. f. Nombre de la letra t.

TE. (Del lat. *te*.) *Gram.* Dativo o acusativo del pronombre personal de segunda persona y número singular. *¿*TE *vas? Viste*TE.

Te. *Quím.* Símbolo del telurio.

TÉ. al. **Tee.** fr. **Thé.** ingl. **Tea.** ital. **Thé.** port. **Chá.** (Del chino *tscha*, pronunciado en ciertas provincias *té*.) m. Arbusto cameliáceo del Extremo Oriente que alcanza hasta más de tres metros de altura, con las hojas perennes, alternas, elípticas, dentadas y coriáceas; flores blancas, axilares, y fruto capsular globoso, con tres semillas negruzcas. ‖ Hoja de este arbusto, seca, arrollada y tostada. ‖ Infusión, en agua hirviendo, de las hojas de este arbusto, muy usada como bebida estimulante y estomacal. ‖ Reunión de personas que se celebra por la tarde y durante la cual se sirve **té**. ‖ **– borde, de España, de Europa,** o **de México.** Pazote. ‖ **– de los jesuitas,** o **del Paraguay.** Mate: la planta, su hoja y la infusión. ‖ **– negro.** El que se tuesta después de secar al sol las hojas con su pecíolo y se aromatiza con ciertas hierbas. ‖ **– perla.** El verde preparado con las hojas más frescas, que se arrollan en bolitas. ‖ **– verde.** El que se tuesta cuando las hojas están frescas, quitándoles el pecíolo y tinéndolas con una mezcla de yeso y añil. ‖ IDEAS AFINES: *Ceilán, Japón, China, samovar, tetera, café, teína, Lao Tsé*.

TEA. al. **Kienfackel.** fr. **Torche; flambeau.** ingl. **Candlewood; torch.** ital. **Torcia.** port. **Teia.** (Del lat. *taeda*.) f. Astilla o raja de madera muy impregnada en resina y que, encendida, alumbra como una antorcha. *Encendió la lumbre con una* TEA.

TEALE, Tomás P. *Biog.* Médico inglés (1831-1923), autor de varios libros. Inventó un instrumento para tratar quirúrgicamente las cataratas.

TEAM. (Voz ingl., pron. *tim*.) m. *Dep.* Anglicismo por **equipo.**

TEAME. (Del lat. *theamedes*.) f. Piedra a la cual los antiguos atribuían la propiedad contraria a la del imán; esto es la de apartar y desviar el hierro.

TEAMIDE. (Del lat. *theamedes*.) f. Teame.

TEAPA. *Geog.* Población del S. de México (Tabasco). 5.500 h. Importante centro agrícola.

TEATINA. f. *Chile.* Especie de avena, cuya paja se usa para tejer sombreros.

TEATINA. adj. y f. Dícese de la religiosa de la orden fundada por la Venerable Úrsula Benincasa.

TEATINO. (Del opisbo de *Teate*, ciudad de la antigua Italia, Juan Pedro Caraffa, fundador de esta orden, y después Papa con el nombre de Paulo IV.) adj. Dícese del miembro de la Congregación de clérigos regulares de San Cayetano. *Los* TEATINOS *solían ayudar a bien morir a los que habían de ser ajusticiados*. ‖ Perteneciente a esta orden religiosa.

TEATRAL. (Del lat. *teatralis*.) adj. Perteneciente al teatro. *Representación* TEATRAL. ‖ Aplícase también a cosas y personas en que se descubre deliberado propósito de llamar la atención. *Entonación, gesto* TEATRAL. ‖ deriv.: **teatralidad; teatralmente.**

TEATRO. al. **Theater.** fr. **Théâtre.** ingl. **Theater; stage.** ital. **Teatro.** port. **Teatro.** (Del lat. *théatrum*, y éste del gr. *théatron*, de *theáomai*, mirar.) m. Edificio o sitio destinado a la representación de obras dramáticas. ‖ Sitio en que se ejecuta una cosa a vista de mucha gente. ‖ Por ext., público que asiste a una representación. *Silbó todo el* TEATRO. ‖ Práctica en el arte de representar comedias. *Esa actriz tiene mucho* TEATRO. ‖ Escenario o escena. ‖ Conjunto de todas las producciones dramáticas de un pueblo, de una época o de un autor. *El* TEATRO *griego; el* TEATRO *del siglo XV; el* TEATRO *de Lope de Vega*. ‖ Profesión de actor. *Dedicarse al* TEATRO. ‖ Arte de componer o de representar obras dramáticas. ‖ fig. Literatura dramática. ‖ Lugar en que ocurren acontecimientos notables. *Bélgica fue el* TEATRO *de aquella guerra*. ‖ IDEAS AFINES: *Dramaturgia, Dionisios, trilogía, monólogo, diálogo, coro, personajes, escena, acto, mutis, tragedia, farsa, melodrama, mimo, ensayo, general, camarín, escenografía, foro, telón, candilejas, espectador, aplausos*.

● **TEATRO.** *Hist.* El **teatro** es un arte complejo y autónomo, y para interpretarlo cabalmente es necesario no perder de vista la totalidad de aspectos que abarca. Así, sus primeras manifestaciones —danzas y cánticos de origen religioso— aparecen en todos los pueblos y especialmente en Egipto, China, India, etc.; no se puede hablar de **teatro** propiamente dicho hasta la edad áurea de Atenas. Nació el **teatro** griego de las fiestas con que era celebrada la vendimia, en honor de Dionisio; al perderse paulatinamente el canto surgió el diálogo, elemento del que resultaron los géneros teatrales; la tragedia, el drama, la comedia, el drama satírico. Esquilo fue el primero en erigir un **teatro** estable para sus representaciones y, juntamente con Sófocles y Eurípides, constituyó el grupo inicial de los grandes poetas de la tragedia, en tanto que la comedia tiene su gran precedente en Aristófanes. En el s. IV a. de C. se iniciaron las representaciones teatrales en Roma, que dio autores cómicos de fresco ingenio: Plauto y Terencio. El **teatro** europeo en general puede decirse que nació en el ámbito de las iglesias; durante varios siglos las representaciones de la Edad Media fueron de carácter religioso y algunas de ellas, como la de *La Pasión*, en Oberammergau, se han prolongado hasta la actualidad. A los misterios, autos sacramentales, etc., se les introdujo paulatinamente elementos profanos cuya preponderancia fue cada vez mayor y terminó por engendrar un tipo de **teatro** popular que, hacia el s. XV, tuvo su máximo exponente en la Comedia del Arte. Las farsas y las moralidades fueron un anticipo de la comedia moderna. El Renacimiento retomó la tradición clásica; actores y poetas imitaron los modelos griegos y latinos. El clasicismo es, además, el fenómeno con el cual cada **teatro** nacional ha logrado su mayor enjundia; el clasicismo inglés es Marlowe y Shakespeare; en Inglaterra; Racine, Corneille y Molière, en Francia; Schiller y Goethe, en Alemania; Lope de Vega, Tirso de Molina y Calderón de la Barca, en España. Todos estos autores abrieron nuevos y definitivos cauces al **teatro** universal. En el s. XVIII los dramas y comedias comenzaron a perder un cierto carácter poético; no obstante, la centuria inmediatamente posterior fue por excelencia el siglo del romanticismo que, esencialmente anticlasicista, estaba también insuflado de poesía. En la segunda mitad del s. XIX hace irrupción el realismo teatral, predominante hasta las primeras décadas del s. XX; paralelamente se impone, por obra de Ibsen, el **teatro** de ideas y de tesis. Posteriormente, el **teatro** se convierte en una especie de laboratorio en donde se ensayan todos los géneros, todos los modos de expresión, todas las formas estéticas, pero en donde al mismo tiempo tiende a predominar, por sobre lo real, lo costumbrista o lo épico, la preocupación psicológica, el mundo interior de los seres. Pirandello, Benavente, Shaw, Lenormand, O'Neill, etc., son algunos de los dramaturgos de trascendencia mundial en el s. XX. Durante mucho tiempo, para estudiar e historiar el **teatro** se ha analizado la literatura dramática exclusivamente; en este siglo se ha revitalizado y ampliado ese concepto restringido del **teatro**, que además de ese aspecto literario abarca otros muchos. Es menester considerar que el **teatro** es un espectáculo en donde la obra literaria se representa ante un público; que esa representación necesita de actores que declamen y gesticulen, y, además del aparato escénico. El **teatro** es, en síntesis, una sutil combinación de humanidad, poesía y plasticidad, y porque a él concurren factores tan numerosos como distintos y depurados, es expresión de un grado superior de cultura.

TEBAICO, CA. (Del lat. *thebaicus*.) adj. Perteneciente a Tebas, ciudad del Egipto antiguo.

TEBANO, NA. (Del lat. *thebanus*.) adj. Natural de Tebas. Ú.t.c.s. ‖ Perteneciente a esta ciudad de la Grecia antigua. sinón.: **dirceo, tebeo.** ‖ Perteneciente o relativo a Tebas de Egipto. *Imperio* TEBANO; *dinastías* TEBANAS; sinón.: **tebaico.**

TEBAIDA. *Geog. histór.* Región meridional del antiguo Egipto que tenía a TEBAS por capital. En las zonas desérticas, al E. y O. del Nilo, se refugiaron muchos cristianos durante la primera época del cristianismo.

TEBAS. *Geog. histór.* Ciudad del antiguo Egipto, a orillas del Nilo. Fue durante varios siglos el centro de cultura y la civilización más importante del país. En ella residieron faraones y hay gran cantidad de ruinas y monumentos históricos. ‖ Ciudad de Grecia antigua, en Beocia, cuya fundación se atribuye a Cadmo (s. XVI a. de C.). Famosa por las leyendas de Sayo, Edipo y Antígona. Hoy es una población de unos 11.000 h.

TEBENQUE. m. *Cuba.* Planta anual de la familia de las compuestas, de flores amarillas aromáticas.

TEBEO. (De *TBO*, nombre de una revista española fundada en 1917.) m. Revista infantil de historietas cuyo asunto se desarrolla en series de dibujos. ‖ Sección de un periódico en la cual se publican historietas gráficas de esta clase.

TEBEO, A. (Del lat. *thebacus*.) adj. Tebano. Apl. a pers., ú.t.c.s.

TEBICUARY. *Geog.* Río del S. de la región oriental del Paraguay que des. en el río de este nombre al norte de la c. de Pilar. 235 km., en parte navegables.

TECA. (Del tagalo *ticla*.) f. Árbol corpulento, originario de la India, de madera dura e incorruptible que se emplea para construcciones navales. *Tectona grandis*, verbenácea. ‖ Otras especies del Gén. *Tectona*.

TECA. (Del gr. *theke*, caja.) f. Cajita donde se guarda una reliquia. sinón.: **relicario.** ‖ *Bot.* Célula en que están encerrados los esporos de algunos hongos.

TECALI. (Del mex. *tecalli*; de *tetl*, piedra, y *calli*, casa.) m. *Méx.* Alabastro de colores muy vivos que se halla en Tecali, población del Estado de Puebla.

TECAMACHALCO. *Geog.* Población de México, en el Est. de Puebla. 6.000 h. Importante centro agrícola.

TECKA. *Geog.* Río de la Argentina, afl. del Chubut. 160 km.

TECLA. al. **Taste.** fr. **Touche.** ingl. **Key.** ital. **Tasto.** port. **Tecla.** f. Cada una de las piezas de madera, marfil o metal, que, por la presión de los dedos, hacen sonar ciertos instrumentos musicales o funcionar otros aparatos. TECLA *de un piano, de una máquina de escribir*. ‖ fig. Materia o especie delicada que debe tratarse con cuidado. ‖ **Dar** uno **en la tecla.** fig. y fam. Acertar en el modo de ejecutar algo. ‖ Tomar una costumbre o manía. ‖ **Tocar** uno **una tecla.** frs. fig. y fam. Mover de intento un asunto o especie.

TECLADO. al. **Klaviatur; Tastatur.** fr. **Clavier.** ingl. **Keyboard.** ital. **Tastiera.** port. **Teclado.** m. Conjunto de teclas del piano, órgano, armonio, etc. TECLADO *de una máquina de escribir, de una linotipia*.

TECLE. m. *Mar.* Especie de aparejo con un solo motón.

TECLE. adj. *Chile.* Enclenque.

TECLEADO. s. Acción de teclear con los dedos.

TECLEAR. intr. Mover las teclas. ‖ fig. y fam. Menear los dedos a manera del que toca las teclas. ‖ *Amér. del S.* fig. y fam. Estar expirando. ‖ tr. fig. y fam. Probar diversos medios para la consecución de algún fin. TECLEÓ *bien el negocio*.

TECLEO. m. Acción y efecto de teclear. TECLEO *firme*.

TECNECIO. m. Cuerpo simple, descubierto en 1947. Símb.: Tc; n. atómico 43; p. atóm. 99.

TÉCNICA. al. **Technik.** fr. **Technique.** ingl. **Technique.** ital. **Tecnica.** port. **Técnica.** f. Conjunto de procedimientos de que se sirve una ciencia o un arte. TÉCNICA *pictórica*. ‖ Pericia o habilidad para usar de esos procedimientos. *Es un poeta de poca inspiración, pero de excelente* TÉCNICA.

TÉCNICAMENTE. adv. m. De manera técnica.

TECNICISMO. m. Conjunto de voces técnicas empleadas en el lenguaje de un arte, ciencia, oficio, etc. *El* TECNICISMO *médico está tomado del griego*. ‖ Cada una de estas voces. *Polidipsia es un* TECNICISMO.

TÉCNICO, CA. al. **Techniker.**

fr. **Technicien.** ingl. **Technical expert.** ital. **Tecnico.** port. **Técnico.** (Del lat. *technicus*, y éste del gr. *tekhnikós*, de *tékhne*, arte.) adj. Perteneciente o relativo a las aplicaciones de las ciencias y las artes. ‖ Aplícase a las expresiones empleadas exclusivamente o con sentido distinto del vulgar, en el lenguaje propio de un arte, ciencia, oficio, etc. *Palabra* TÉCNICA. ‖ s. Persona que posee los conocimientos especiales de una ciencia o arte.

TECNICOLOR. m. Procedimiento para la producción de películas cinematográficas en colores. *Película en* TECNICOLOR.

TECNIFICACIÓN. f. Técnica.

TECNIFICADO, DA. adj. Técnico.

TECNOCRACIA. (Del gr. *tekhne*, arte, y *kratos*, poder, dominio.) f. Preponderancia de los técnicos o especialistas en el gobierno de una nación.

TECNÓCRATA. com. Partidario de la tecnocracia.

TECNOCRÁTICO, CA. adj. Perteneciente o relativo a la tecnocracia o a los tecnócratas.

TECNOLOGÍA. (Del gr. *tekhnología*, de *tekhnólogos*, de *tékhne*, arte, y *logos*, tratado.) f. Conjunto de los conocimientos propios de un oficio mecánico o arte industrial. ‖ Tratado de los términos técnicos. ‖ Lenguaje propio, técnico, de una ciencia o arte. ‖ deriv.: **tecnologista, tecnólogo.**

TECNOLÓGICO, CA. adj. Perteneciente o relativo a la tecnología. *Diccionario* TECNOLÓGICO.

TECOL. m. *Méx.* Gusano que se cría en el maguey.

TECOLOTE. m. *Méx.* Búho, ave.

TECOMATE. m. *Amér. Central.* Especie de calabaza de la cual se hacen vasijas. ‖ Esa clase de vasijas. ‖ *Méx.* Vasija de barro.

TECORETINA. (Del gr. *teko*, derretir, fundir, y *rhentine*, resina.) f. Resina fósil.

TECORRAL. (Del mex. *tetl*, piedra, y *corral*.) m. *Méx.* Albarrada, cerca de piedras.

TECPÁN. *Geog.* Población del O. de Guatemala (Chimaltenango). 10.500 h. Café, cacao.

TECTOLOGÍA. (Del gr. *tektaino*, construir, y *logos*, tratado.) f. Ciencia que trata de la estructura regular de los organismos, constituida por células, tejidos y órganos. ‖ deriv.: **tectológico, ca.**

TECTÓNICO, CA. adj. Perteneciente o relativo a los edificios u otras obras de arte. ‖ *Geol.* Perteneciente o relativo a la estructura de la corteza terrestre. *Hipótesis* TECTÓNICA. ‖ f. Parte de la geología que trata de la corteza terrestre.

TECUALA. *Geog.* Población del O. de México (Nayarit). 10.000 h. Centro agrícola sit. en una zona de exuberante vegetación.

TECUMSÉ. *Biog.* Guerrillero piel roja que aliado a los ingl. se sublevó contra los norteamericanos y fue derrotado (1775-1813).

TECHADO. m. Techo. *Se guareció bajo* TECHADO.

TECHADOR. m. El que se dedica a techar. sinón.: **techista.**

TECHAR. (Del lat. *tectare*.) tr. Cubrir un edificio formando el techo. ‖ deriv.: **techable.**

TECHO. al. **Dach.** fr. **Toit.** ingl. **Roof.** ital. **Tetto.** port. **Teto.** (Del lat. *téctum*.) m. Parte superior de un edificio, que lo cubre y cierra, o de cualquiera de las estancias que lo componen. ‖ Cara inferior del mismo, superficie que cierra en lo alto una habitación o espacio cubierto. ‖ En América, tejado, parte superior de un edificio. ‖ Por ext., parte superior de vehículos, etc. ‖ fig. Casa, habitación o domicilio. *No tenía dónde vivir, y le ofrecí mi* TECHO. ‖ *Av.* Altura máxima que puede alcanzar un avión, en determinadas condiciones. ‖ IDEAS AFINES: *Cúpula, bóveda, artesonado, cielo raso, rosetón, azotea, alero, veleta, pararrayos, desván, gotera, plomero.*

TECHUMBRE. f. Techo de un edificio. ‖ Conjunto de la estructura y elementos de cierre de los techos.

TEDERO. (Del lat. *taeda*, tea.) m. Pieza de hierro sobre la cual se ponen las teas para alumbrar.

TEDÉUM. (De *Te Déum*, primeras palabras de este cántico.) m. Cántico que usa la Iglesia para dar gracias a Dios por algún beneficio.

TEDIAR. (Del lat. *taediare*.) tr. Aborrecer o abominar una cosa; tener tedio de ella. *Le* TEDIA *el trabajo.*

TEDIO. al. **Langeweile; Überdruss.** fr. **Répugnance; ennui.** ingl. **Tediousness.** ital. **Tedio.** port. **Tédio.** (Del lat. *taedium*.) m. Repugnancia, fastidio o molestia. sinón.: **aburrimiento, desgano, hastío.** ‖ deriv.: **tediosidad.**

TEDIOSO, SA. (Del lat. *taediosus*.) adj. Fastidioso, enfadoso o molesto. ‖ deriv.: **tediosamente.**

TEFE. m. *Col.* y *Ec.* Tira de piel o de tela. ‖ *Ec.* Cicatriz en la cara. ‖ Equimosis.

TEGEA. *Geog. histór.* Antigua c. de Grecia sit. en Arcadia, que poseía un magnífico templo dedicado a Atenea Alea.

TEGENARIA. f. Araña muy común en América, Asia y Europa. Es de color gris oscuro, con patas largas y vellosas, y algunas especies alcanzan el tamaño de la tarántula; es temible por su picadura. *Se dice que la* TEGENARIA *gusta de la música.*

TEGEO, A. adj. y s. De Tegea.

TEGLATFALASAR I. *Biog.* Rey asirio, el primer monarca que mencionan las escrituras cuneiformes (1112-1074 a. de C.). ‖ **III.** Organizador del imperio asirio, que extendió por Asia (745-727 a. de C.).

TEGUCIGALPA. *Geog.* Ciudad de Honduras, cap. del país y del dep. de Francisco Morazán, situada a orillas del río Choluteca. Tiene 78.000 h.; con los suburbios, 317.000 h. Es el centro comercial e industrial más importante de la Rep. Universidad.

TEGUE. m. *Ven.* Planta tuberosa, de jugo lechoso.

TEGUILLO. m. Especie de listón, que sirve para la construcción de cielos rasos.

TEGUMENTO. al. **Hautdecke.** fr. **Tégument.** ingl. **Tegument.** ital. **Integumento.** port. **Tegumento.** (Del lat. *tegumentum*.) m. *Anat.* Membrana que cubre el cuerpo del animal o alguna de sus partes internas. TEGUMENTO *cutáneo.* ‖ *Bot.* Tejido que cubre algunas partes de las plantas. ‖ deriv.: **tegumentario, ria.**

TEHERÁN. *Geog.* Ciudad cap. del Irán, situada al N. del país, cerca del mar Caspio. 4.171.000 h. con los suburbios. Fabricación de tapices famosos. Importantes curtidurías.

TEHUACÁN. *Geog.* Población de México, en el Est. de Puebla. 16.000 h. Centro agrícola. Balneario.

TEHUANO, NA. adj. Natural del distrito de Tehuantepec, del Estado mexicano de Oaxaca. Ú.t.c.s. ‖ Perteneciente o relativo a dicho distrito.

TEHUANTEPEC. *Geog.* Río de la región S. O. de México, que recorre el Est. de Oaxaca y des. en el Pacífico. 240 km. ‖ Población del S. O. de México, en el Est. de Oaxaca, sobre el río hom. 12.000 h. Actividades agrícolas. Canteras de mármol blanco y rojo. ‖ **Golfo de –.** Profunda escotadura de la costa mexicana del Pacífico que se extiende a lo largo de la costa del Est. de Chiapas y gran parte de la costa del de Oaxaca. ‖ **Istmo de –.** Estrecha franja de territorio mexicano que separa el golfo de México del golfo hom. Tiene 210 km de ancho.

TEHUELCHE. adj. Aplícase al individuo de una parcialidad de indios que poblaban los antiguos territorios argentinos de Chubut, Río Negro y Santa Cruz, y a quienes comúnmente se les conoce con el nombre de patagones, que les dieron los navegantes españoles, exagerando el tamaño de sus pies. Aún viven restos de esta parcialidad en el sur de la República. Ú.t.c.s. ‖ Perteneciente a estos indios. ‖ m. Lengua **tehuelche.**

TEIDE, Pico de. *Geog.* Cumbre nevada de la isla de Tenerife, en el grupo de las Canarias. Culmina a 3.717 m.

TEILHARD DE CHARDIN, Pedro. *Biog.* Jesuita, teólogo y paleontólogo fr., autor de una filosofía que hace compatible la ciencia con la religión (1881-1955).

TEÍNA. f. *Quím.* Principio activo del té, semejante a la cafeína.

TEINADA. (Del m. or. que *tena*.) f. Tinada, cobertizo.

TEÍSMO. (Del gr. *Theós, Dios*.) m. Creencia en un Dios personal y providente, creador y conservador del universo. antón.: **ateísmo.**

TEÍSTA. adj. Que profesa el teísmo. Apl. a pers., ú.t.c.s. antón.: **ateo.** ‖ deriv.: **teístico, ca.**

TEIXEIRA, Osvaldo. *Biog.* Pintor brasileño, uno de los más destacados artistas plásticos de su país (n. 1904). ‖ **– GOMES, Manuel.** Político port. que en 1923 fue elegido presidente de la Rep. A fines de 1925 dimitió (1862-1941).

TEJA. al. **Ziegel.** fr. **Tuile.** ingl. **Roof tile.** ital. **Tegola.** port. **Telha.** (Del lat. *tégula*, de *tégere*, cubrir.) f. Pieza de barro cocido hecha en forma de canal, para cubrir por fuera los techos y recibir y dejar escurrir el agua de lluvia. Hoy se hace también de forma plana. *Por las* TEJAS *corre el agua de lluvia.* ‖ Cada una de las dos partes iguales de una barra de acero que envuelven el alma de la espada. ‖ *Mil.* Segmento metálico destinado a sostener los proyectiles, las cargas de proyección o los disparos completos, antes de que sean introducidos en el ánima del cañón. ‖ **Sombrero de teja.** ‖ *Mar.* Concavidad semicircular que se hace en un palo para empalmar otro cilíndrico. ‖ **– árabe.** La que tiene figura de canal cónica. ‖ **– plana.** La que tiene forma de cuadrilátero en el que hay varias canales cilíndricas. ‖ **A teja vana.** m. adv. Sin otro techo que el tejado. ‖ fig. A la ligera. ‖ **A toca teja.** m. adv. fam. Con dinero en mano.

TEJA. (Del lat. *tilia*.) f. Tilo.

TEJADA, Juan de. *Biog.* Militar esp., primer capitán general de Cuba (m. 1610). ‖ **– SORZANO, José Luis.** Jurisconsulto y pol. bol. que en 1936 desempeñó la presidencia de la Rep. (1882-1938).

TEJADILLO. m. dim. de **Tejado.** ‖ Parte que en los coches de viga cubría los estribos para resguardar del agua al que se sentaba en ellos. ‖ Cubierta de la caja de un coche. ‖ Modo de manejar los naipes, mediante el cual, con la misma mano que los tiene, puede el fullero sacar disimuladamente los que necesita para ganar el juego.

TEJADO. al. **Dach.** fr. **Toit.** ingl. **Roof.** ital. **Tetto; tettoia.** port. **Telhado.** m. Parte superior del edificio, cubierta comúnmente por tejas. ‖ *Min.* Afloramiento que forma la parte alta de los filones metalíferos. ‖ **Quien tiene tejado de vidrio, no tire piedras al de su vecino.** ref. que aconseja al que tuviere motivos para ser censurado, no censurar a los demás.

TEJAMANÍ o **TEJAMANIL.** m. *Col.*, *Cuba* y *Méx.* Tabla delgada y cortada en listones que se coloca como tejas en los techos de las casas.

TEJAR. m. Sitio donde se fabrican tejas, ladrillos y adobes. *Durante muchos siglos, sólo los municipios podían poseer* TEJARES; sinón.: **tejera, tejería.**

TEJAR. tr. Cubrir de tejas las casas y demás edificios o fábricas.

TEJAROZ. (De *teja*.) m. Alero del tejado. *Esa casa tiene un* TEJAROZ *de mucho vuelo.*

TEJAS. *Geog.* V. **Texas.**

TEJAVÁN. m. *Méx.* Tejavana.

TEJAVANA. f. Cobertizo, tinglado.

TEJEDA, José Simeón. *Biog.* Estadista per., también renombrado jurisconsulto (1826-1873). ‖ **Luis de.** Poeta arg., considerado uno de los más antiguos y autor de *El peregrino en Babilonia* y *Comedia juvenil* (1604-1680).

TEJEDERA. (De *tejer*.) f. Tejedora. ‖ **Escribano del agua.**

TEJEDOR, RA. al. **Weber.** fr. **Tisseur.** ingl. **Weaver.** ital. **Tessittore.** port. **Tecelão.** adj. Que teje. TEJEDOR *de lienzo.* ‖ *Chile* y *Perú.* fam. Intrigante, enredador. Ú.t.c.s. ‖ s. Persona que tiene por oficio tejer. ‖ m. Insecto hemíptero que corre ágilmente por la superficie del agua. *Hyg. otrechus conformis.* sinón.: **zapatero.**

TEJEDOR, Carlos. *Biog.* Jurisc., diplomático y político arg. Redactó el primer Código Penal del país (1817-1903).

TEJEDURA. f. Acción y efecto de tejer. ‖ Textura, orden de los hilos de una tela.

TEJEDURÍA. f. Arte de tejer. TEJEDURÍA *incaica.* ‖ Taller o lugar en que están los telares y trabajan los tejedores. ‖ IDEAS AFINES: *Urdimbre, aguja, hebra, hilo, filamento, tramar, orillar, estampar, tinte, apresto.*

TEJEMANEJE. (De *tejer* y *manejar*.) m. fam. Afán, destreza con que se hace una cosa o se maneja un negocio. ‖ Manejos enredosos para algún asunto turbio.

TEJER. al. **Weben; stricken.** fr. **Tisser; tricoter.** ingl. **To weave; to knit.** ital. **Tessere; lavorare a maglia.** port. **Tecer.** (Del lat. *téxere*.) tr. Formar en el telar la tela con la trama y la urdimbre. TEJER *el cáñamo.* ‖ Entrelazar hilos, cordones, esparto, etc., para formar telas, trencillas, esteras y otras cosas semejantes. TEJIÓ *un galón con, o de, seda.* ‖ Formar ciertos animales artrópodos sus telas y capullos. *La araña tejió su* TELA. ‖ fig. Componer, ordenar y colocar con método y disposición una cosa. ‖ Discurrir, maquinar con variedad de ideas. TEJER *una intriga.* ‖ Cruzar o mezclar con orden, como los lazos y las cabriolas en la danza. TEJER *pasos de danza.* ‖ *Chile* y *Perú.* fig. Intrigar, enredar. ‖ **Tejer y destejer.** frs. fig. Hacer y deshacer una misma cosa, o mudar de resolución en lo ya comenzado.

TEJERA, Diego Vicente. Patriota y poeta cub. que evocó, en sus obras el paisaje de su patria (1848-1903). ‖ **– Felipe.** Historiador y poeta venez., autor de varios poemas épicos (1846-1924). ‖ **– Humberto.** Poeta ven., autor de *Una voz; Las cinco águilas blancas*, etc. (n. 1890). ‖ **– Miguel G.** Político y literato ven., autor de *Biografía del General San Martín. Venezuela pintoresca e ilustrada*, etc. (1848-1902).

TEJIDO. al. **Gewebe, Stoff.** fr. **Tissu.** ingl. **Tissue; weaving.** ital. **Tessuto.** port. **Tecido.** m. Textura de una tela. *El* TEJIDO *de esta tela es defectuoso.* ‖ Cosa tejida. *Éste es un rico* TEJIDO. ‖ *Hist. Nat.* Cada uno de los diversos agregados de elementos anatómicos, entrelazados o simplemente adheridos entre sí, que forman las partes sólidas de los cuerpos organizados. ‖ **– adiposo.** *Anat.* El formado por células adiposas. ‖ **– conjuntivo.** *Anat.* El que está formado por una substancia amorfa en la que se encuentran incluidas las células y fibras; sirve de sostén y protección a otros órganos e interviene en sus cambios nutritivos. ‖ **– fibroso.** *Anat.* Una de las variaciones del conjuntivo, principal elemento de los ligamentos, tendones y aponeurosis.

TEJILLO. m. Especie de trencilla que usaban las mujeres como ceñidor.

TEJO. m. Pedazo redondo de teja u otra cosa parecida que sirve para jugar. ‖ Chito, juego. ‖ Plancha metálica gruesa y de forma circular. ‖ Trozo de oro en pasta. sinón.: **tejón.** ‖ Cospel. ‖ *Mec.* Tejuelo.

TEJO. (Del lat. *taxus*.) m. Árbol conífero de mediana altura y de tronco grueso; hojas lineales, aguzadas; flores poco visibles, y fruto del tamaño de la cereza, de color escarlata.

TEJOCOTE. *Méx.* Planta rosácea que da un fruto parecido a la ciruela, de color amarillo.

TEJOLETA. (dim. de *tejuela*.) f. Pedazo de teja. ‖ Trozo de barro cocido. ‖ Tarreña.

TEJÓN. al. **Dachs.** fr. **Blaireau.** ingl. **Badger.** ital. **Tasso.** port. **Texugo.** (Del b. lat. *taxonus*, y éste del lat. *taxus*.) m. Mamífero carnívoro, mustélido, de unos noventa centímetros de longitud total, de los que la cola ocupa quince; es un animal rechoncho y pesado, de patas cortas y gruesas, garras largas y encorvadas, hocico alargado y orejas pequeñas; la piel es dura y el pelo largo, espeso y de tres colores: blanco, negro y amarillento. Vive en madrigueras profundas y se alimenta de animales pequeños y frutos. Se aprovecha su pelo, del que se hacen excelentes pinceles y brochas de afeitar. *En Inglaterra fueron populares las luchas de* TEJONES; sinón.: **tasugo.**

TEJÓN. m. aum. de **Tejo.** ‖ Tejo, trozo de oro en pasta.

TEJONERA. f. Madriguera

donde se crían los tejones.

TEJUELA. f. dim. de **Teja.** ‖ Tejoleta, pedazo de teja o de barro cocido. ‖ Pieza de madera que forma cada uno de los dos fustes de la silla de montar.

TEJUELO. m. dim. de **Tejo.** ‖ Cuadrito de papel o de piel que se pega al lomo de un libro para poner el rótulo. ‖ El rótulo mismo. ‖ *Mec.* Pieza donde se apoya el gorrón de un árbol. sinón.: **chumacera, rangua, tejo.** ‖ *Veter.* Hueso corto y muy resistente, de forma semilunar, que sirve de base al casco de las caballerías.

TEJUTLA. *Geog.* Población del O. de Guatemala (San Marcos). 9.500 h. Actividades agrícolas.

TEKAX. *Geog.* Población del S. E. de México (Yucatán). 10.000 h. Actividades agrícolas.

TELA. al. **Stoff; Zeug.** fr. **Toile; étoffe.** ingl. **Cloth; stuff.** ital. **Tela.** port. **Tela.** (Del lat. *tela.*) f. Obra hecha de muchos hilos o láminas, que, entrecruzados en toda su longitud, forman como una hoja o lámina. sinón.: **paño.** ‖ Obra semejante a ésa, pero formada por series alineadas de puntos o lazaditas hechas con un mismo hilo. TELA *de punto.* ‖ Lo que se pone de una vez en el telar. ‖ Membrana. TELA *del cerebro.* ‖ Valla que se solía construir en la liza de las justas para que los dos caballos no se topasen. ‖ Lugar cerrado dispuesto para lides públicas y otros espectáculos. ‖ Flor o nata que suelen formar algunos líquidos en la superficie. sinón.: **telilla.** ‖ Túnica, en algunas frutas, después de la cáscara que las cubre. ‖ Tejido que forman la araña y otros animales. ‖ Nubecilla que empieza a formarse sobre la niña del ojo. ‖ fig. Enredo, embuste. ‖ Asunto o materia. *Con este informe hay* TELA *para un buen rato.* ‖ Galicismo por lienzo pintado. ‖ – **adhesiva.** Especie de esparadrapo. ‖ – **de araña.** Telaraña. ‖ – **de cebolla.** Binza de la cebolla. ‖ fig. desp. **Tela** de poca consistencia. ‖ – **emplástica. Tela adhesiva.** ‖ – **metálica.** Tejido hecho con alambre. ‖ **En tela de juicio.** frs. adv. En duda acerca de la certeza o éxito de alguna cosa. Ú. principalmente con los verbos *estar, poner* y *quedar.* ‖ Sujeto a maduro examen. ‖ **Haber tela de que cortar.** frs. fig. y fam. Haber abundancia de una cosa. ‖ IDEAS AFINES: *Género, trapo, paño, orilla, ancho, corte de vestido, modista, retazo, andrajos, hilacha.*

TELA. *Geog.* Población del N. de Honduras (Atlántida). 12.000 h. Importante centro comercial.

TELABREJO. m. *Amér. del S.* Cachivache.

TELAMÓN. (Del lat. *telamones,* y éste del gr. *telamón.*) m. *Arq.* Atlante.

TELAMÓN. *Mit.* Héroe griego, uno de los argonautas; amigo de Hércules, a quien acompañó a Troya.

TELAR. al. **Webstuhl.** fr. **Métier à tisser.** ingl. **Loom.** ital. **Telaio.** port. **Tear.** (Del lat. *telárium.*) m. Máquina para tejer. TELAR *mecánico.* ‖ Parte superior del escenario de donde bajan o adonde suben los telones y bambalinas. ‖ Aparato en que los encuadernadores colocan los pliegos para coserlos. ‖ *Arq.* Parte del espesor del vano de una puerta o ventana más próxima al paramento exterior de la pared. sinón.: **mocheta.**

TELARAÑA. al. **Spinngewebe.** fr. **Toile d'araignée.** ingl. **Spider web.** ital. **Ragnatela.** port. **Teia de aranha.** f. Tela que forma la araña. *El desván estaba lleno de* TELARAÑAS. ‖ fig. Cosa sutil, de poca entidad, subsistencia o subsistencia. ‖ **Tener uno telarañas en los ojos.** frs. fig. y fam. No percibir bien la realidad; tener el ánimo ofuscado o mal prevenido para juzgar un asunto.

TELARAÑOSO, SA. adj. Cubierto de telarañas.

TELAREJO. m. dim. de **Telar.**

TELAUTOGRAFIAR. tr. Manejar el telautógrafo.

TELAUTÓGRAFO. (Del gr. *tele,* lejos; *autós,* uno mismo, y *grapho,* escribir.) m. Aparato automático que permite obtener a distancia un autógrafo de cualquier mensaje o escrito. ‖ deriv.: **telautografía; telautográfico, ca; telautografista.**

TELAUTOGRAMA. m. Croquis, escrito, dibujo, etc., transmitido por el telautógrafo.

TEL AVIV. *Geog.* Ciudad de Israel, la principal del país. Está sit. sobre el Mediterráneo, al N. de Jafa, con la cual forma un conglomerado urbano. 368.000 h. Importante centro comercial e industrial. Es residencia del gob. israelí.

TELE. (Del gr. *tele.*) Prefijo que significa lejos.

TELECARDIÓGRAFO. (Del gr. *tele,* lejos, y *cardiógrafo.*) m. Cardiógrafo que registra el trazado de los fenómenos cardíacos en una cinta puesta a distancia del paciente.

TELECARDIOGRAMA. (Del gr. *tele,* lejos, *y cardiograma.*) m. *Ter.* Registro gráfico obtenido por medio del telecardiógrafo.

TELECINEMATOGRAFÍA. f. Telegrafía cinematográfica. ‖ deriv.: **telecinematográfico, ca.**

TELECINEMATÓGRAFO. m. Aparato o conjunto de aparatos mediante los cuales se obtiene la televisión.

TELECOMUNICACIÓN. f. Sistema de comunicación eléctrica a larga distancia que se transmite por cables u ondas radioeléctricas y que comprende la telegrafía, telefonía, radiotelegrafía, radiotelefonía y televisión.

TELEDINAMIA. f. Arte de transmitir la fuerza a distancia. ‖ deriv.: **teledinámico, ca.**

TELEDIRIGIDO, DA. adj. Que está manejado por ondas radioeléctricas. *Avión, proyectil* TELEDIRIGIDO.

TELEFERANTE. (Del gr. *tele* lejos, y *phero,* llevar.) m. Transporte a larga distancia de vehículos mediante cables aéreos.

TELEFÉRICO. (Del fr. *telephérique.*) m. Método de transporte en que los vehículos van suspendidos de un cable de tracción. Se utiliza especialmente para salvar grandes diferencias de altitud.

TELEFIO. (Del lat. *telephion,* y éste del gr. *teléfion.*) m. Planta herbácea de la familia de las crasuláceas, con tallos rollizos y tendidos, flores blancas o purpúreas, y fruto seco con muchas semillas negras. Sus hojas suelen usarse como cicatrizantes y para ablandar los callos.

TELEFONEAR. tr. Comunicar algo por medio del teléfono. TELEFONEAR *una noticia.* ‖ Hablar por teléfono. *Se pasa el día* TELEFONEANDO.

TELEFONEMA. m. Despacho telefónico. *Mandar un* TELEFONEMA.

TELEFONÍA. al. **Fernsprechwesen; Telephonie.** fr. **Téléphonie.** ingl. **Telephony.** ital. **Telefonia.** port. **Telefonia.** f. Arte de construir, instalar y manejar los aparatos telefónicos. ‖ Servicio público de comunicaciones telefónicas. ‖ *Fís.* Ciencia que trata de la transmisión de los sonidos y de la voz a distancia.

TELEFÓNICO, CA. adj. Perteneciente o relativo a la telefonía. *Servicio* TELEFÓNICO; *llamada* TELEFÓNICA. ‖ deriv.: **telefónicamente.**

TELEFONISTA. com. Persona que atiende el servicio de los aparatos telefónicos.

TELÉFONO. al. **Telephom; Fernsprecher.** fr. **Téléphone.** ingl. **Telephone; phone.** ital. **Telefono.** port. **Telefone.** (Del gr. *tele,* y *phoneo,* hablar.) m. Conjunto de aparatos e hilos conductores mediante los cuales se pueden transmitir a distancia la palabra y toda clase de sonidos por la acción de la electricidad. ‖ – **sin hilos.** Aquel en que la transmisión se hace por medio de ondas hertzianas.

TELEFONÓGRAFO. (Del gr. *tele,* lejos y de *fonógrafo.*) m. Combinación de teléfono receptor y fonógrafo con que se graban y reproducen mensajes telefónicos.

TELEFONOGRAMA. m. Despacho telefónico que se transmite al destinatario por intermedio del telégrafo.

TELEFOTO. (Del gr. *tele,* lejos, y *phos, photós,* luz.) m. Aparato con el cual, mediante la acción de las ondas eléctricas, se transmite a distancia una imagen. ‖ f. Copia fotográfica que se obtiene por medio de este aparato. *El diario trae varias* TELEFOTOS.

TELEFOTOGRAFÍA. f. Arte de la transmisión de imágenes por medio de hilos u ondas eléctricas. ‖ deriv.: **telefotográfico, ca.**

TELEGA. f. Carro de cuatro ruedas usado en Rusia para el transporte de mercaderías.

TELEGÓNIDO, DA. adj. *Zool.* Dícese de arácnidos del orden de los escorpiones que comprende varios géneros propios de América del Sur. U.t.c.s. ‖ m. pl. *Zool.* Familia de estos insectos.

TELEGRAFÍA. al. **Telegraphie.** fr. **Télégraphie.** ingl. **Telegraphy.** ital. **Telegrafia.** port. **Telegrafia.** f. Arte de construir, instalar y manejar los telégrafos. ‖ Servicio público de comunicaciones telegráficas.

TELEGRAFIAR. tr. Manejar el telégrafo. ‖ Dictar comunicaciones para su expedición telegráfica, o escribirlas y entregarlas, o hacerlas entregar con igual objeto. TELEGRAFIÓ *las instrucciones.* .

TELEGRÁFICO, CA. adj. Perteneciente o relativo a la telegrafía o al telégrafo. *Línea* TELEGRÁFICA. ‖ deriv.: **telegráficamente.**

TELEGRAFISTA. com. Persona que se encarga de la instalación o del servicio de los aparatos telegráficos.

TELÉGRAFO. al. **Telegraph.** fr. **Télégraphe.** ingl. **Telegraph.** ital. **Telegrafo.** port. **Telégrafo.** (Del gr. *tele,* lejos, y *gráfo,* escribir.) m. Conjunto de aparatos que se emplean para transmitir despachos con rapidez y a distancia. ‖ – **eléctrico.** El que funciona por medio de la electricidad. ‖ – **marino.** Conjunto de combinaciones de banderas y otras señales, usadas en clave por los buques para comunicarse entre sí y con las estaciones de tierra. ‖ – **óptico.** El que funciona por medio de señales que se ven desde lejos y se repiten de estación en estación. ‖ – **sin hilos.** El eléctrico, en que las señales son transmitidas mediante las ondas hertzianas. ‖ IDEAS AFINES: *Teléfono, micrófono, auricular, antena, emitir, sintonizar, telecomunicación, televisión, transmisor, receptor, cablegrama.*

TELEGRAMA. al. **Telegramm.** fr. **Télégramme.** ingl. **Telegram.** ital. **Telegramma.** port. **Telegrama.** (Del gr. *tele,* lejos, y *gramma,* escrito.) m. Despacho telegráfico. TELEGRAMA *cifrado.*

TELEGUIADO, DA. adj. Teledirigido.

TELEIMPRESOR. m. Teletipo.

TELÉMACO. *Mit.* Hijo de Ulises y Penélope.

TELEMANN, Jorge Felipe. *Biog.* Compositor al., autor de obras instrumentales (1681-1767).

TELEMECANICA. (Del gr. *tele,* lejos, y *mecánica.*) f. Transmisión a distancia del movimiento por medio de ondas eléctricas.

TELEMETRÍA. f. Arte de medir distancias entre objetos lejanos.

TELEMÉTRICO, CA. adj. Perteneciente o relativo al telémetro o a la telemetría.

TELÉMETRO. (Del gr. *tele,* lejos, y *metron,* medida.) m. *Topogr.* Anteojo con cristales que sirve para averiguar, sin moverse de un sitio, la distancia que hay desde él a otro donde se ha puesto una mira.

TELENDO, DA. adj. Vivo, airoso, gallardo.

TELENQUE. adj. Enclenque, enfermizo. ‖ *Salv.* Torcido, patojo. ‖ m. *Guat.* Cachivache.

TELEOLOGÍA. (Del gr. *telos,* -*eos,* fin y *logos,* doctrina.) f. *Fil.* Doctrina de las causas finales.

TELEOLÓGICO, CA. adj. *Fil.* Perteneciente a la teleología. *Conceptos, procesos* TELEOLÓGICOS.

TELEÓSTEOS. (Del gr. *teleios,* completo, y *osteon,* hueso.) m. pl. Clase de peces en la que está comprendida la mayoría de las especies conocidas, y que se caracteriza por tener un esqueleto completo.

TELEPATE. m. *Hond.* Insecto áptero muy molesto.

TELEPATÍA. al. **Telepathie; Gedankenübertragung.** fr. **Télépathie.** ingl. **Telepathy.** ital. **Telepatio.** port. **Telepatia.** (Del gr. *tele,* lejos, y *pathos,* afección.) f. Percepción extraordinaria de un fenómeno ocurrido fuera del alcance de los sentidos. TELEPATÍA *experimental.* ‖ deriv.: **telepático, ca.**

TELEPATIA. *Psicol.* Se niega frecuentemente la **telepatía** por la sola razón de que es inexplicable por la ciencia; muchos sostienen en su defensa que no pocas cosas que fueron científicamente inexplicables encontraron después una justificación racional. El fisiólogo francés Carlos Richet ha aceptado la existencia de los fenómenos telepáticos e investigado su naturaleza. Richet llamó "sexto sentido" al que permite esa sensación a distancia: así como los ojos permiten ver de lejos, el sexto sentido permitiría sentir a distancia los pensamientos o presencias. Hasta ahora no se ha descubierto el órgano especializado de este sentido, pero se supone que podría ser el cerebro. En 1882 se fundó en Inglaterra una institución dedicada a la investigación de los fenómenos telepáticos; desde entonces han abundado búsquedas y experiencias en las cuales el auténtico sentido científico se ha mezclado muchas veces con el charlatanismo, en razón de que los fenómenos de transmisión del pensamiento y de influencia a distancia se prestan a toda clase de trucos. Además, conscientе o inconscientemente, se han vinculado dichos fenómenos con el espiritismo y otras cosas que poco o nada tienen que ver con la **telepatía.** En Inglaterra y Estados Unidos se hacen en la actualidad serias investigaciones en laboratorios de gran prestigio.

TELEQUINO. (Del gr. *tele,* lejos, y *kineo,* mover, desviar.) m. *Fís.* Aparato eléctrico que sirve para dirigir a distancia aviones, barcos, torpedos, etc.

TELERA. f. Travesaño que sujeta el dental a la cama del arado y sirve para graduar la inclinación de la reja y la profundidad de la labor. ‖ Redil formado con pies derechos clavados en la tierra y tablas que se afirman en ellos. ‖ Cualquiera de los dos maderos paralelos que forman las prensas de carpinteros, encuadernadores y otros artesanos. ‖ Travesaño con que se enlaza cada lado del pértigo con las tijeras o largueros de la escalera del carro. ‖ *Ant.* y *Chile.* Pan bazo grande, de forma ovalada, que suelen comer los trabajadores. ‖ *Cuba.* Galleta delgada y cuadrilonga. ‖ *Art.* Cada una de las tablas que en las cureñas unen las gualderas. ‖ *Mar.* Palo con una hilera de agujeros, que se emplea para separar los cabos de una araña.

TELESCÓPICO, CA. adj. Relativo o perteneciente al telescopio. ‖ Que no se puede ver sino con el telescopio. *Planetas* TELESCÓPICOS. ‖ Hecho con auxilio del telescopio.

TELESCOPIO. al. **Teleskop; Fernrohr.** fr. **Télescope.** ingl. **Telescope.** ital. **Telescopio.** port. **Telescópio.** (Del gr. *tele,* lejos, y *skopeo,* ver, examinar.) m. Anteojo de gran alcance, que por lo general se emplea para observar los astros, combinado a veces con un espejo cóncavo. antón.: **microscopio.**

TELESFORO, San. *Hagiog.* Papa de 125 a 130. ‖ *Mit.* Genio de la convalecencia.

TELESIO, Bernardino. *Biog.* Filósofo ital. cuyos libros fueron puestos en el Índice poco después de su muerte (1508-1588).

TELESPECTADOR, RA. s. Espectador o espectadora de televisión.

TELETA. dim. de **Tela.** Hoja de papel secante que se pone sobre un escrito reciente para que no se borre.

TELETIPO. m. Aparato telegráfico para transmitir y recibir mensajes en tipos comunes. sinón.: **teleimpresor.**

TELEVISAR. tr. Transmitir por televisión. *Ese partido de fútbol fue* TELEVISADO.

TELEVISIÓN. al. **Fernsehen.** fr. **Télévision.** ingl. **Television.** ital. **Televisione.** port. **Televisão.** (Del gr. *tele,* lejos, y de *visión.*) f. Transmisión de la imagen a distancia por medio de corrientes eléctricas.

TELEVISIVO, VA. adj. Que tiene buenas condiciones para ser televisado.

TELEVISOR. m. Aparato por medio del cual se reproducen las imágenes de televisión.

TELEVISUAL. adj. Perteneciente o relativo a la televisión.

TELILLA. f. dim. de **Tela.** || Tejido de lana más delgado que el camelote. || Tela, nata de algunos líquidos. || Capa delgada y mate que cubre la masa fundida de la plata cuando se copela.

TELINA. (Del gr. *telline.*) f. Almeja.

TELMO, San. *Hagiog.* Canónigo esp. m. en 1246 y proclamado patrón de los navegantes y abogado de las tormentas.

TELÓN. al. **Vorhang.** fr. **Rideau.** ingl. **Curtain.** ital. **Telone; sipario.** port. **Pano de boca.** (aum. de *tela.*) m. Lienzo grande que se pone en el escenario de un teatro de modo que pueda bajarse y subirse. TELÓN *rápido, lento.* || — **de boca.** El que cierra la embocadura del escenario, y está echado antes de que empiece la función teatral y durante los entreactos o intermedios. || — **de foro.** El que cierra la escena formando el frente de la decoración.

TELONIO. (Del lat. *telónium*, y éste del gr. *telonion.*) m. Oficina pública donde se pagaban los tributos.

TELÚRICO, CA. (Del lat. *Tellus, Telluris,* la Tierra.) adj. Perteneciente a la Tierra como planeta. *Corrientes* TELÚRICAS, *influencias* TELÚRICAS. || Dícese del más oxigenado de los dos ácidos que forma el telurio.

TELURIO. (Del lat. *Tellus, Telluris,* la Tierra.) m. Cuerpo simple, no metálico. Se conocen dos formas alotrópicas: la estable es un sólido cristalino, de color blanco plateado; la otra, amorfa, es un polvo blanco grisáceo. Ambas son malas conductoras del calor y la electricidad. Parecido al azufre y al selenio por sus propiedades químicas. Se emplea, en pequeñas cantidades, para teñir el vidrio en rojo o violeta, y para dar tenacidad al plomo. Elemento químico de símbolo Te, n. atóm. 52 y p. atóm. 127,61.

TELURISMO. (Del lat. *Tellus, Telluris,* la Tierra.) m. Magnetismo animal. || Influencia morbosa de la tierra o suelo en la producción de enfermedades.

TELL, Guillermo. *Biog.* Héroe legendario suizo en quien se encarnan todos los actos heroicos (la muerte de Gessler que provocó la rebelión de los tres cantones) que originaron la independencia de su país (m. 1350).

TÉLLEZ, Fray Gabriel. *Biog.* V. **Tirso de Molina.** || — **Hernando.** Escritor col., destacado ensayista y cuentista (1908-1966). || — **Girón, Pedro.** Virrey de Sicilia y de Nápoles; protector de Quevedo (1579-1624).

TELLIER, Carlos Luis A. *Biog.* Ingeniero fr. inventor de aparatos que originaron la industria frigorífica (1828-1913).

TELLINA. f. Telina, almeja.

TELLIZ. (Del ár. *teliç,* tapiz basto, y éste del lat. *trillix, -icis,* que consta de tres lizos o hilos.) m. Caparazón, cubierta para el caballo.

TELLIZA. (De *telliz.*) f. Sobrecama. sinón.: **colcha.**

TELLO, Julio César. *Biog.* Antropólogo y arqueólogo per., autor de *Los antiguos cementerios del valle de Nazca; La civilización de los incas; Antiguo Perú,* etc. (1880-1947). || — **Rafael.** Compositor mex., cultor de música instrumental y vocal de inspiración académica. Obras: *Nicolás Bravo; Sonata trágica,* etc. (1872-1946). || — **Y MUÑOZ, Jorge Francisco.** Médico esp., colaborador de Ramón y Cajal; autor de trabajos sobre histología y embriología (n. 1880).

TEMA. al. **Thema.** fr. **Thème.** ingl. **Theme; subject.** ital. **Tema.** port. **Tema.** (Del lat. *thema,* y éste del gr. *thema.*) m. Proposición o texto que se toma por asunto o materia de un discurso. sinón.: **lema.** || Este mismo asunto o materia. || *Gram.* Parte del vocablo que recibe la desinencia de caso o la de persona. *Dij es el* TEMA *de perfecto del verbo decir.* || *Mús.* Pequeño trozo de una composición, con arreglo al cual se desarrolla el resto de ella. || f. Porfía, obstinación en un propósito o aprensión. || Idea fija que suelen tener los dementes. || Oposición caprichosa a una persona. *Tiene un extraño* TEMA *contra mí.*

TEMARIO. m. Conjunto de temas que se desarrollan o tratan en un escrito, conferencia, congreso, etc.

TEMATECALTEPEC. *Geog.* Población mexicana, en el Est. de México. 5.000 h. Centro argentífero.

TEMÁTICO, CA. (Del gr. *thematikós.*) adj. Que se ejecuta o dispone según el tema o asunto de una materia. || Temoso. || *Gram.* Perteneciente o relativo al tema de una palabra. || f. Conjunto de temas que tratan de una misma cuestión.

TEMBLADAL. (De *temblar.*) m. Tremedal. sinón.: **tembladera, tembladeral, tembladero.**

TEMBLADERA. (De *temblar.*) f. Vaso ancho y redondo, de plata, oro o vidrio, con dos asas y con asiento pequeño, el cual suele hacerse de una hoja muy delgada que parece que tiembla. || Tembleque, joya. || Torpedo, pez. || Planta anual gramínea, con cañas cilíndricas de unos cuarenta centímetros de altura, dos o tres hojas lampiñas y estrechas, y panoja terminal de ramitos capilares y flexuosos de los que cuelgan unas espigas aovadas matizadas de verde y blanco. || *Amér.* Tremedal. || *Arg.* Enfermedad que ataca a los animales en ciertos lugares de los Andes.

TEMBLADERAL. m. *Arg.* Tremedal.

TEMBLADERILLA. f. *Chile.* Planta papilonácea que causa temblor a los animales que la comen. || Planta herbácea, umbelífera, con tallos rastreros, hojas simples, lobuladas, y umbelas sencillas, involucradas.

TEMBLADERO, RA. (De *temblar.*) adj. Que retiembla. || m. Tremedal.

TEMBLADOR, RA. adj. Que tiembla. Ú.t.c.s. || s. Cuáquero. *Secta de los* TEMBLADORES. || f. *Cuba.* Tremedal.

TEMBLANTE. p. a. de **Temblar.** Que tiembla. || Especie de ajorca que usaban las mujeres.

TEMBLAR. al. **Zittern.** fr. **Trembler.** ingl. **To tremble; to shake.** ital. **Tremare.** port. **Tremer.** (Del lat. *tremulare.*) intr. Agitarse con movimiento frecuente e involuntario. TEMBLABA *de frío.* || Vacilar, moverse con rapidez una cosa a uno y otro lado de su posición o asiento. *Está tan poco seguro, que* TIEMBLA *cuando sopla el viento.* || fig. Tener mucho miedo o desconfiar con demasiado temor de una cosa. *Cuando vuelve borracho,* TIEMBLAN *todos.* || Con los verbos *dejar, estar, quedar,* u otros análogos, dícese de la cosa que está próxima a arruinarse o acabarse. *Se sirvió tanto de la despensa, que la dejó* TEMBLANDO. || irreg. Conj. como **acertar.**

TEMBLEQUE. adj. Tembloroso. *Vieja* TEMBLEQUE. || m. Persona o cosa que tiembla mucho. || Joya que, por estar montada sobre una hélice de alambre, tiembla fácilmente.

TEMBLEQUEAR. (De *tembleque.*) intr. fam. Temblar con frecuencia o continuamente. || fam. Afectar temblor. || deriv.: **templequeador, ra; temblequeante; temblequeo.**

TEMBLETEAR o **TEMBLIQUEAR.** intr. fam. Tembleguear.

TEMBLÓN, NA. adj. fam. Temblador. *Manos* TEMBLONAS.

TEMBLOR. (Del lat. *tremor, -oris.*) m. Movimiento, involuntario, repetido y continuado. sinón.: **tremor.** || Terremoto. || — **de tierra.** Terremoto. sinón.: **sismo.** || IDEAS AFINES: *Tiritón, escalofrío, convulsión, epilepsia, castañetear, espasmo, baile de San Vito; trepidación, sismógrafo.*

TEMBLOROSO, SA. (De *temblor.*) adj. Que tiembla mucho. sinón.: **tembleque, tembloso, tremente, tremulante, tremulento, trémulo.**

TEMBLOSO, SA. (De *temblar.*) adj. Tembloroso.

TEMBLOTEAR. intr. Temblar ligera y continuamente. || deriv.: **tembloteo.**

TEMBO, BA. adj. *Col.* Bobo, aturdido.

TEMEDERO, RA. adj. Digno de ser temido.

TEMEDOR, RA. adj. y s. Que teme.

TEMER. al. **Fürchten.** fr. **Craindre; redouter.** ingl. **To fear; to dread.** ital. **Temere.** port. **Temer.** (Del lat. *timere.*) tr. Tener a una persona o cosa por objeto de temor. TEMO *a su padre.* || Recelar un daño, basado en fundamento antecedente. TEMO *que ocurrirán desórdenes.* || Sospechar, creer. TEMO *que ese camión no resista tanto peso.* || intr. Sentir temor. *Ya no* TEMO.

TEMERARIO, RIA. al. **Verwegen; tollkühn.** fr. **Téméraire.** ingl. **Reckless.** ital. **Temerario.** port. **Temerário.** (Del lat. *temerarius.*) adj. Imprudente y que se expone y arroja a los peligros sin examinarlos. *Hombre* TEMERARIO. || Que se dice, hace o piensa sin fundamento, razón o motivo. *Acción, acusación* TEMERARIA. || deriv.: **temerariamente.**

TEMERIDAD. al. **Verwegenheit; Tollkühnheit.** fr. **Témérité.** ingl. **Temerity; recklessness.** ital. **Temerità.** port. **Temeridade.** (Del lat. *temeritas, -atis.*) f. Calidad de temerario. || Acción temeraria. || Juicio temerario. *Condenarle por tan leves indicios, es una* TEMERIDAD.

TEMERÓN, NA. (De *temer.*) adj. Aplícase a la persona que afecta esfuerzo y valentía, en especial cuando trata de infundir miedo con sus ponderaciones. Ú.t.c.s.

TEMEROSAMENTE. (De *temeroso.*) adv. m. Con temor.

TEMEROSO, SA. al. **Ängstlich; furchtsam.** fr. **Craintif.** ingl. **Timorous.** ital. **Timoroso.** port. **Temeroso.** adj. Que causa temor. *El* TEMEROSO *bosque.* || Medroso, cobarde, irresoluto. *Es tan* TEMEROSO *que no se decide a nada.* || Que recela un daño. *No estés* TEMEROSO *de que pueda ocurrir eso.*

TEMIBLE. adj. Digno o capaz de ser temido.

TEMIENTE. (Del lat. *timens, -entis.*) p. a. de **Temer.** Que teme. Ú.t.c.s.

TEMIN, Howard M. *Biog.* Científico norteamericano que realizó importantes investigaciones referentes al cáncer. Por su descubrimiento de la interacción entre el virus tumoral y el material genético de la célula se hizo acreedor en 1975 al premio Nobel de Fisiología y Medicina, que compartió con Renato Dulbecco y David Baltimore (n. en 1934).

TEMIS. *Mit.* Diosa griega, hija de Urano, esposa de Júpiter, que personifica a la justicia.

TEMÍSTOCLES. *Biog.* Cél. militar y est. ateniense que derrotó a los persas en Salamina y llevó a Atenas al primer puesto entre las potencias marítimas de la antigüedad (aprox. 514-449 a. de C.)

TEMOR. al. **Furcht.** fr. **Crainte; peur.** ingl. **Dread; fear.** ital. **Paura; timore.** port. **Temor.** (Del lat. *timor, -oris.*) m. Pasión del ánimo que hace huir o rehusar las cosas que se consideran dañosas. || Presunción o sospecha. *Tiene el* TEMOR *de que le roban.* || Recelo de un daño futuro. *No vive con el* TEMOR *de la muerte.* || — **de Dios.** Miedo reverencial que se debe tener a Dios. Es uno de los dones del Espíritu Santo.

TEMOSO, SA. (De *tema.*) adj. Tenaz y porfiado.

TEMPANADOR. m. Instrumento metálico que sirve para abrir las colmenas, quitando de ellas los témpanos o tapas.

TEMPANAR. tr. Echar témpanos a las colmenas, cubas, etc.

TÉMPANO. (Del lat. *tympanun,* y éste del gr. *tympanon.*) m. Timbal, instrumento musical. sinón.: **atabal, tamboril, tímpano.** || Piel extendida del pandero, tambor, etc. || Pedazo de cualquier cosa dura, extendida o plana, como un pedazo de hielo o de tierra unida. || Hoja de tocino, quitados los perniles. || Tapa de cuba o tonel. || Corcho redondo que se emplea como tapa y cierre de una colmena. || *Arq.* Tímpano de un frontón.

TEMPATE. m. *C. Rica* y *Hond.* Piñón, arbusto.

TEMPE. (Del lat. *Tempe,* y éste del gr. *Tempé,* valle de Tesalia.) m. fig. Lugar ameno; valle delicioso.

TEMPERACIÓN. (Del lat. *temperatio, -onis.*) f. Acción y efecto de temperar o temperarse.

TEMPERADAMENTE. adv. m. Templadamente.

TEMPERADO, DA. adj. ant. Templado. Ú. en *Amér.*

TEMPERAMENTAL. adj. Aplícase a lo que es propio del temperamento.

TEMPERAR. port. **Temperar.** (Del lat. *temperare.*) tr. Moderar o suavizar la fuerza de una cosa. TEMPLAR *la sed.* || Quitar el frío de una cosa. TEMPLAR *el agua.* || Dar a un metal, al cristal u otras materias aquel punto de dureza o elasticidad requerido para determinados usos. TEMPLAR *el acero.* || Poner en tensión o presión moderada una cosa, como una cuerda, una tuerca, el freno de un carruaje, etc. TEMPLAR *la guitarra.* || fig. Mezclar una cosa con otra para suavizar su fuerza. *El recato* TEMPLABA *el ímpetu de su amor.* || Moderar, sosegar la cólera o enojo. *Logró* TEMPLAR *su ira.* || *Col.* y *Ec.* Derribar a alguien. || *C. Rica.* Zurrar. || *Ec.* y *Perú.* Matar. || *Mar.* Acondicionar las velas al viento. || *Mús.* Disponer un instrumento de modo que produzca con exactitud los sonidos que le son propios. sinón.: **afinar, entonar.** || *Pint.* Disponer la pintura de manera que no desdigan los colores. || intr. Comenzar a calentarse una cosa; dícese especialmente de la temperatura. *El tiempo ha* TEMPLADO mucho. || *Cuba.* Huir. Ú.t.c.r. || r. fig. Contenerse, evitar el exceso en una materia. || *Col., Perú* y *P. Rico.* Embriagarse. || Propasarse. || *Chile.* Enamorarse. || *Ec.* Tenderse en el suelo. *Ec.* y *Hond.* Arrostrar un peligro. || Morirse.

TEMPLARIO. (De *templo,* a causa de haber tenido la orden su primer asiento junto al templo de Salomón.) m. Individuo de una orden de caballería iniciada hacia 1118 y que tenía por fin asegurar los caminos a los que iban a visitar los Santos Lugares de Jerusalén.

TEMPLE. (De *templar.*) m. Temperie. || Temperatura de los cuerpos. || Punto de dureza o elasticidad que se da a un metal, al cristal, etc., templándolos. || fig. Calidad o estado del genio y natural apacible o áspero. *Estar de mal o buen* TEMPLE. || Arrojo, valentía. || Medio o partido que se escoge entre dos cosas diferentes. || *Mús.* Acuerdo armónico de los instrumentos. || **Al temple.** m. adv. V. **Pintura al temple.**

TEMPLE. (Del fr. *temple,* templo.) m. Religión u orden de los templarios.

TEMPLÉN. m. Pieza de telar, que se utiliza para regular el ancho de la tela que se va tejiendo.

TEMPLETE. m. dim. de **Templo.** || Armazón pequeña, a modo de templo, que sirve para cobijar una imagen o forma parte de un mueble o alhaja. || Pabellón o quiosco.

TEMPLISTA. com. *Pint.* Persona que pinta al temple.

TEMPLO. al. **Tempel.** fr. **Temple.** ingl. **Temple.** ital. **Templio.** port. **Templo.** (Del lat. *témplum.*) m. Edificio o lugar destinado a un culto. TEMPLO *cristiano.* || fig. Lugar real o imaginario en que se rinde o se supone rendirse culto al saber, la justicia, etc. *La escuela es el* TEMPLO *del saber.* || IDEAS temperamento o producido por él.

TEMPERAMENTO. (Del lat. *temperaméntum.*) m. Temperie. || Providencia o arbitrio para terminar las disensiones y contiendas, o para evitar dificultades. *Las cosas no pueden seguir así; hay que tomar otro* TEMPERAMENTO. || Constitución particular de cada individuo que resulta del predominio fisiológico de un sistema orgánico. TEMPERAMENTO *nervioso.* || *Mús.* Modificación que se hace en los sonidos para que se acomoden a la práctica del arte.

TEMPERAMENTO. *Psicol.* Ya desde la antigüedad, la observación de las conductas humanas atrajo la atención del hombre que notó la diferencia entre las manifestaciones ardientes y fogosas de algunos, con las frías y desinteresadas de otros. En el siglo IV, Hipócrates estudió este tema con especial dedicación, y llega a distinguir los cuatro **temperamentos,** ya clásicos, del colérico, el sanguíneo, el melancólico, y el flemático, según la célebre teoría de los humores. De la idea de equilibrio humoral derivó luego el término **"temperamento"** (de *temperare, -i,* regular, equilibrar). Si bien la explicación dada por Hipócrates ha caído, naturalmente, ante el avance científico, no ha ocurrido lo mismo con los nombres de los **temperamentos** que aún hoy la moderna caracterología emplea, aunque busca otra explicación para los motivos que pudieran causarlos. Así, en lugar de humores, se habla de glándulas de secreción interna, composición química de la sangre, constitución del sistema nervioso, estructura morfológica del cuerpo. Todos estos factores determinan una base constitucional que se expresa por el **temperamento.** El **temperamento** es, por lo tanto, innato, y se manifiesta como una forma de recibir el mundo y de reaccionar frente a las situaciones que el mismo ofrece. Las modernas clasificaciones de los **temperamentos,** a menudo se confunden con las caracterológicas pues es difícil determinar, sobre todo en el adulto, cuál es su **temperamento** y cuál su carácter, producto de una educación, medio social, experiencias vividas, etc. El **temperamento** se hace carácter en tanto las formas espontáneas de reacción temperamental se ven modificadas por la acción de factores exógenos que pulen sus facetas y hacen a veces, en determinados individuos, que su **temperamento** sea imposible de precisar. El **temperamento** tiene una base puramente afectiva y por lo tanto no interesa el intelecto de un individuo para determinarlo.

TEMPERANCIA. (Del lat. *temperantia.*) f. Templanza.

TEMPERANTE. (Del lat. *temperans, -antis.*) p. a. de **Temperar.** Que tempera. Ú.t.c.s. ‖ adj. *Amér.* Abstemio.

TEMPERAR. (Del lat. *temperare.*) tr. Atemperar. Ú.t.c.r. ‖ *Med.* Templar o calmar el exceso de acción o de excitación orgánica con calmantes y antiespasmódicos. ‖ intr. *Col.* y *P. Rico.* Mudar de aires.

TEMPERATÍSIMO, MA. (Del lat. *temperatíssimus.*) adj. sup. Muy templado.

TEMPERATURA. al. **Temperatur; Wetter.** fr. **Température.** ingl. **Temperature; weather.** ital. **Temperatura.** port. **Temperatura.** (Del lat. *temperatura.*) f. Estado de los cuerpos percibido por el sentido del tacto, gracias al cual observamos que están más o menos calientes o fríos. La **temperatura** altera gran número de propiedades de los cuerpos y en esto se basan los distintos métodos para su medida. ‖ **Temperatura** de la atmósfera. ‖ fam. Fiebre. *No tiene* TEMPERATURA. ‖ – **máxima.** El mayor grado de calor que se observa en la atmósfera o en un cuerpo durante un tiempo determinado. ‖ – **mínima.** El menor grado de calor que se observa en la atmósfera o en un cuerpo durante un tiempo determinado. ‖ IDEAS AFINES: *Clima, calorimetría, termómetro, pirómetro, térmico, calorífugo, calorífero; caliente, tibio, frío.*

TEMPERIE. (Del lat. *temperies.*) f. Estado de la atmósfera, según los diversos grados de calor o humedad. sinón.: **temperamento, temperatura, temple.**

TEMPERO. (De *temperar.*) m. Sazón de la tierra para las sementeras y labores.

TEMPERLEY. *Geog.* Pobl. de la Argentina, en la prov. de Buenos Aires. 40.000 h. Importante centro ferroviario y comercial.

TEMPESTAD. al. **Sturm; Gewitter.** fr. **Tempête; orage.** ingl. **Storm; tempest.** ital. **Tempesta.** port. **Tempestade.** (Del lat. *tempestas, -atis.*) f. Perturbación del aire con nubes gruesas de mucha agua, granizo, truenos, rayos y relámpagos. sinón.: **borrasca, fortuna, temporal, tormenta.** ‖ Perturbación de las aguas del mar, producida por el ímpetu y la violencia de los vientos. *La* TEMPESTAD *echó a pique la nave.* ‖ fig. Conjunto de palabras ásperas e injuriosas expresadas con mucho enojo. *Sus desmanes le valían terribles* TEMPESTADES. ‖ Tormenta, enardecimiento del ánimo. *La* TEMPESTAD *rugía en su alma.* ‖ **Levantar tempestades.** frs. fig. Producir disturbios, movimientos de indignación, etc. ‖ IDEAS AFINES: *Tromba, remolino, venirse el cielo abajo, ciclón, inundación.*

TEMPESTAD, La. *B. A.* Cuadro de Giorgione que se incluye entre los mejores del autor. Predominan en él los colores intensos, con el uso de los cuales el artista logra una cabal visión lírica de la naturaleza.

TEMPESTAD, La. *Lit.* Drama fantástico de Shakespeare, en cinco actos y en verso, el único de su autor que se sujeta estrictamente a la unidad de tiempo. Magistral en la perfección del estilo y en la armonía de todos los elementos dramático-poéticos, es una de las últimas obras que escribió Shakespeare –la última según algunos críticos– e idealiza su concepción del arte teatral y expone su pensamiento filosófico.

TEMPESTAR. intr. Descargar la tormenta. ‖ fam. Echar pestes, expresar mucho enojo.

TEMPESTIVO, VA. (Del lat. *tempestivus.*) adj. Oportuno, que viene a tiempo y ocasión. antón.: **inoportuno, intempestivo.** ‖ deriv.: **tempestivamente; tempestividad.**

TEMPESTUOSO, SA. (Del lat. *tempestuosus.*) adj. Que causa o constituye una tempestad. *Viento* TEMPESTUOSO. ‖ Expuesto o propenso a tempestades. *Paraje* TEMPESTUOSO. ‖ deriv.: **tempestuosamente.**

TEMPISQUE. (Voz mex.) m. *C. Rica* y *Hond.* Árbol sapotáceo, de frutos ovoides, glutinosos, comestibles.

TEMPISQUE. *Geog.* Río del O. de Costa Rica que des. en el golfo de Nicoya, después de recorrer 125 km.

TEMPLA. (Del lat. *tempora.*) f. p. us. Sien. Ú.m. en pl.

TEMPLA. (De *templar.*) f. *Pint.* Agua con cola fuerte que se emplea para desleír los colores de la pintura al temple y darles fijeza.

TEMPLA. f. *Cuba.* Porción de guarapo contenida en un tacho.

TEMPLADAMENTE. adv. m. Con templanza.

TEMPLADERO. m. Sitio destinado a templar, principalmente en las fábricas de cristales. TEMPLADERO *de vidrio;* sinón.: **carquesa.**

TEMPLADO, DA. adj. Moderado en la comida o bebida o en algún otro apetito o pasión. ‖ Que no está frío ni caliente, sino en un término medio. sinón.: **tibio.** ‖ Refiriéndose al estilo, medio. ‖ fam. Valiente con serenidad. ‖ *Bol., Col.* y *Chile.* Enamorado. ‖ *Col.* y *P. Rico.* Borracho. ‖ *Méx.* Listo, experto.

TEMPLADOR, RA. adj. y s. Que templa. ‖ m. Llave o martillo con que se regula la tensión de cuerdas, alambres, cables, etc. sinón.: **martillo.** ‖ *Col.* El que maneja los fondos en los trapiches y hace la panela.

TEMPLADURA. f. Acción y efecto de templar o templarse.

TEMPLANZA. al. **Mässigung.** fr. **Tempérance.** ital. **Temperanza.** port. **Temperança.** (Del lat. *temperantia.*) f. Una de las cuatro virtudes cardinales, que consiste en moderar los apetitos y el uso excesivo de los sentidos. ‖ Sobriedad y continencia. sinón.: **temperancia;** antón.: **intemperancia.** ‖ Benignidad del aire o clima de un país. ‖ *Pint.* Armonía y buena disposición de los colores.

TEMPLAR. al. **Mässigen; härten.** fr. **Tempérer; tremper.** ingl. **To temper; to quench.** ital. AFINES: *Iglesia, mezquita, sinagoga, fieles, cristiandad, atrio, pila, agua bendita, altar, arrodillarse, rezar, comulgar, sacerdote, liturgia.*

TEMPLO DE DIANA. *Arq.* Una de las siete maravillas del mundo antiguo, expresión perfecta del arte jónico. Erigido en Éfeso, fue incendiado por Eróstrato, reconstruido posteriormente y decorado con obras de Praxíteles y Apeles, y finalmente destruido en el s. III. Tenía 127 columnas de mármol de Paros, de 18 metros de alto.

TÉMPORA. (Del lat. *témpora,* pl. de *tempus,* tiempo, estación.) f. Tiempo de ayuno en el comienzo de cada una de las cuatro estaciones del año. Ú.m. en pl.

TEMPORADA. al. **Zeitraum; Saison.** fr. **Saison.** ingl. **Season.** ital. **Stagione.** port. **Temporada.** (Del lat. *tempus, -oris,* tiempo.) f. Espacio de varios días, meses o años que se consideran aparte formando un conjunto. TEMPORADA *de verano.* ‖ Tiempo durante el cual se realiza habitualmente alguna cosa. TEMPORADA *de la vendimia.* ‖ **De temporada.** m. adv. Durando algún tiempo. *Estoy aquí* DE TEMPORADA.

TEMPORAL. al. **Zeitlich; weltlich; gewitter.** fr. **Temporel; tempête; orage.** ingl. **Temporal; secular; wordly; tempest; storm.** ital. **Temporale.** port. **Temporal.** (Del lat. *temporalis.*) adj. Perteneciente al tiempo. ‖ Que dura por algún tiempo. sinón.: **temporáneo, temporario;** antón.: **eterno, perpetuo.** ‖ Secular, profano. *Poder* TEMPORAL. ‖ Que pasa con el tiempo. ‖ m. p. us. Buena o mala calidad del tiempo. ‖ Tempestad. ‖ **Correr el buque un temporal.** *Mar.* Soportar, cuando navega, los rigores de la tempestad. ‖ **Declararse un temporal.** *Mar.* Romper por parte determinada.

TEMPORAL. (Del lat. *temporalis,* de *témpora,* sienes.) adj. *Anat.* Perteneciente o relativo a las sienes. *Nervios* TEMPORALES. ‖ *Anat.* V. **Hueso temporal.** Ú.t.c.s.

TEMPORALIDAD. (Del lat. *temporálitas, -atis.*) f. Calidad de temporal, secular, profano. ‖ Frutos y cualquier cosa profana que los eclesiásticos perciben de sus beneficios o prebendas. Ú.m. en pl.

TEMPORALIZAR. tr. Convertir lo eterno en temporal. ‖ deriv.: **temporalizable; temporalización; temporalizador, ra; temporalizamiento.**

TEMPORALMENTE. adv. t. Por algún tiempo. ‖ m. adv. En el orden de lo temporal y terreno.

TEMPORÁNEO, A. (Del lat. *temporaneus.*) adj. Temporal.

TEMPORARIO, RIA. (Del lat. *temporarius.*) adj. Temporal.

TEMPOREJAR. intr. *Mar.* Aguantarse a la capa en un temporal, con el fin de no pasarse del punto de destino que está a sotavento. ‖ Mantenerse con poca vela con el fin de alejarse de un punto determinado.

TEMPORERO, RA. (Del lat. *temporarius.*) adj. Aplícase a la persona destinada temporalmente al ejercicio de un oficio o empleo, y en especial al funcionario subalterno que en una oficina o ministerio no es de plantilla. Ú.t.c.s. *Empleado* TEMPORERO.

TEMPORIZAR. (Del lat. *tempus, -oris,* tiempo.) intr. Contemporizar. ‖ Ocuparse en alguna cosa por mero pasatiempo.

TEMPRANAL. adj. Dícese de la tierra y plantío de fruto temprano.

TEMPRANAMENTE. adv. t. Temprano, antes de tiempo.

TEMPRANERO, RA. adj. Temprano, anticipado.

TEMPRANILLA. (dim. de **Temprana.**) adj. V. **Uva tempranilla.** Ú.t.c.s.

TEMPRANITO. adv. t. fam. Muy temprano. *Llegué* TEMPRANITO.

TEMPRANO, NA. al. **Früh.** fr. **Précoce; tôt; de bonne heure.** ingl. **Early.** ital. **Primaticcio; presto; di buon'ora.** port. **Temporão, cedo.** (Del lat. *temporáneus,* de *tempus, -oris,* tiempo.) adj. Adelantado, anticipado, o que es antes del tiempo regular y ordinario. *Fruta* TEMPRANA. ‖ m. Sembrado o plantío de fruto **temprano.** *Ya fructificaron los* TEMPRANOS. ‖ adv. t. En las primeras horas del día o de la noche. *Trabajar* TEMPRANO; *cenar* TEMPRANO. ‖ En tiempo anterior al oportuno, convenido o acostumbrado. *Llegó muy* TEMPRANO.

TEMU. (Voz arauc.) m. *Chile.* Árbol mirtáceo de madera dura, con las semillas parecidas al café y muy amargas.

TEMUCO. *Geog.* Ciudad de la región central de Chile, cap. de la provincia de Cautín. 111.000 h., con el mun. Centro agrícola-ganadero y comercial de importancia. Explotación forestal. Frigoríficos.

TEMULENTO, TA. (Del lat. *temulentus.*) adj. p. us. Borracho, embriagado.

TENA. (Del lat. *tégmina,* pl. de *tegmen,* cubierta.) f. Tinada, cobertizo.

TENA. *Geog.* Población del Ecuador, capital de la prov. de Napo. 2.500 h.

TENACE. adj. poét. Tenaz.

TENACEAR. (De *tenaza.*) tr. Atenacear.

TENACEAR. (De *tenaz.*) intr. Insistir o porfiar en una cosa con pertinacia y terquedad.

TENACERO. m. El que hace o vende tenazas. ‖ El que las maneja.

TENACIDAD. al. **Zähigkeit.** fr. **Ténacité.** ingl. **Tenacity.** ital. **Tenacità.** port. **Tenacidade.** (Del lat. *tenácitas, -atis.*) f. Calidad de tenaz.

TENACILLAS. f. pl. dim. de **Tenazas.** ‖ Despabiladeras. ‖ Instrumento para tener cogido el cigarrillo al tiempo de fumarlo. ‖ Tenaza pequeña de muelle, que sirve para coger terrones de azúcar, dulces y otras cosas. ‖ Instrumento parecido a una tenaza pequeña, que sirve para rizar el pelo. *Se rizó mal, porque las* TENACILLAS *estaban poco calientes.* ‖ Pinzas que usan las mujeres para arrancarse el vello o el pelo. sinón.: **tenazuelas.**

TENÁCULO. (Del lat. *tentáculum,* de *tenere,* tener.) m. *Cir.* Instrumento que sirve para sostener las arterias que deben ligarse; tiene forma de aguja, encorvado por uno de los extremos, y fijo o articulado por el otro a un mango.

TENADA. (De *teinada.*) f. Tinada, cobertizo para ganado.

TENALLON. (Del fr. *tenaillon,* de *tenaille,* tenaza.) m. *Fort.* Especie de falsa braga que se hace delante de las cortinas y flancos de una fortificación.

TENANCINGO. *Geog.* Población de la región central mexicana. (Est. de México). 10.000 h. Minería.

TENANGO. Geog. Población de México, en el Est. de este nombre. 10.500 h. Centro minero.

TENANTE. (Del fr. *tenant,* y éste del lat. *tenere,* tener.) m. *Blas.* Cualquiera de las figuras de ángeles u hombres que sostienen el escudo.

TÉNARO. *Geog. histór.* Antiguo nombre del cabo **Matapán.** En él abundan las grutas y ruinas y se supone que ha sido uno de los primeros establecimientos de la costa del Peloponeso.

TENASSERIM. *Geog.* Río del S. de Birmania que des. en el océano Índico, después de recorrer 580 km.

TENAZ. (Del lat. *ténax, -acis.*) adj. Que se pega o prende a una cosa de modo que es difícil de separar. ‖ Que opone mucha resistencia a romperse o deformarse. *Es un metal muy* TENAZ. ‖ fig. Firme, terco, porfiado y pertinaz en un propósito.

TENAZA. al. **Zange.** fr. **Tenaille.** ingl. **Tenail.** ital. **Tenaglia.** port. **Tenaz.** (Del lat. *tenacia,* de *teneo,* tener.) f. Instrumento de metal compuesto de dos brazos, que sirve para coger o sujetar fuertemente una cosa, o arrancarla o cortarla. Las hay de diferente forma y construcción, según el uso a que se las destina. Ú.m. en pl. *Arrancó el clavo con las* TENAZAS. ‖ Pinzas de ciertos artrópodos. ‖ fig. Par de cartas con las que se hacen dos bazas en ciertos juegos de naipes. ‖ *Fort.* Obra exterior con uno o dos ángulos retirados, anterior a la cortina. ‖ IDEAS AFINES: *Alicates, asir, clavo, martillo, carpintería, cascanueces, gato.*

TENAZADA. f. Acción de agarrar con la tenaza. ‖ Ruido que produce la tenaza al manejarla. ‖ fig. Acción de morder fuertemente.

TENAZAZO. m. Golpe dado con las tenazas.

TENAZMENTE. adv. m. Con tenacidad.

TENAZÓN (A o de). m. adv. Al golpe, sin fijar la puntería. ‖ fig. Dícese de lo que de pronto sucede o se acierta. *Se me ocurrió de* TENAZÓN. ‖ **Parar de tenazón el caballo.** frs. *Equit.* Pararle de golpe en la carrera, sin haberle avisado antes.

TENAZUELAS. f. pl. dim. de **Tenazas.** ‖ Tenacillas para arrancar el vello.

TENCA. (Del lat. *tinca.*) f. Pez europeo de agua dulce; vive en ríos de curso lento y cenagoso. Gén. *Tinca,* malacopterigios. ‖ *Arg.* y *Chile.* Especie de calandria.

TENCIÓN. f. Acción de tener.

TEN CON TEN. (De *ten,* 2ª pers. del sing. del imper. de *tener.*) expr. fam. usada como s. m. Tiento, moderación. *Para llevarse bien con ella, hay que observar un* TEN CON TEN.

TENDAJO. (desp. de *tienda.*) m. Tendejón.

TENDAL. (De *tender.*) m. Toldo, cubierta para sombra. ‖

Trozo largo y ancho de lienzo que se extiende debajo de los olivos a fin de que caigan en él las aceitunas cuando se recogen. ‖ En algunas partes, tendero. ‖ Conjunto de cosas tendidas para que se sequen. ‖ ant. Lugar cubierto para esquilar el ganado. Ú. en la *Arg.* ‖ *Arg., Chile* y *Perú.* Tendalera. ‖ Tendalada. *Cuba.* ‖ Espacio solado donde se coloca el café para que se seque al sol. ‖ *Ec.* Barbacoa o zarzo para asolear almendras de cacao.

TENDALADA. f. *Amér.* Tendal, conjunto de personas o cosas que por causa violenta han quedado tendidas desordenadamente en el suelo.

TENDALERA. f. fam. Desorden de las cosas que se dejan tendidas por el suelo.

TENDALERO. (De *tender.*) m. Tendedero.

TENDEDERA. f. *Cuba* y *Guat.* Cordel para tender ropa.

TENDEDERO. (De *tender.*) m. Sitio o lugar donde se tiende una cosa. ‖ Dispositivo de alambres, cuerdas, etc., donde se tiende la ropa.

TENDEDOR, RA. s. Persona que tiende.

TENDEDURA. f. Acción y efecto de tender o tenderse.

TENDEJÓN. m. Tienda pequeña o barraca mal construida.

TENDEL. m. *Albañ.* Cuerda tendida horizontalmente entre dos reglones verticales, con el objeto de sentar con igualdad las hiladas de ladrillo o piedra. ‖ Capa de mortero o de yeso que se extiende sobre cada hilada de ladrillos. sinón.: **tortada.**

TENDENCIA. al. **Hang; Tendenz.** fr. **Tendence.** ingl. **Tendency.** ital. **Tendenza.** port. **Tendencia.** (De *tender,* propender.) f. Propensión o inclinación en los hombres o en las cosas hacia determinados fines. *En él es hereditaria la* TENDENCIA *sentimental.*

TENDENCIOSO, SA. adj. Que manifiesta o incluye tendencia hacia determinados fines o doctrinas. *Bien se ve que es una noticia* TENDENCIOSA.

TENDENTE. (De *tender.*) adj. Que tiende, se encamina, dirige o refiere a algún fin.

TÉNDER. (Del ingl. *tender,* de *to tend,* estar de servicio.) m. Carruaje que se engancha a la locomotora y lleva el combustible y agua necesarios para un viaje.

TENDER. al. **Spannen; reichen.** fr. **Étendre.** ingl. **To stretch; to lay.** ital. **Tendere; stendere.** port. **Estender; alongar.** (Del lat. *téndere.*) tr. Desdoblar, extender o desplegar lo que está doblado, arrugado o amontonado. TENDIÓ *la cortina,* TENDIÓ *las alas.* ‖ Echar o esparcir por el suelo una cosa. TENDIÓ *las redes en la playa.* ‖ Extender al aire, al sol o al fuego la ropa mojada, con el objeto de que se seque. ‖ Alargar o extender. *Me* TENDIÓ *la mano.* ‖ Propender, referirse a algún fin una cosa. *Todos sus actos* TIENDEN *a lograrlo.* ‖ *Albañ.* Revestir paredes o techos con una capa delgada de cal, mortero o yeso. ‖ r. Echarse, tumbarse. SE TENDIÓ *al sol.* ‖ Presentar el jugador todas sus cartas en la seguridad de ganar o de perder. ‖ Extenderse en la carrera el caballo, acercando el vientre al suelo. ‖ fig. y fam. Descuidarse o abandonar por negligencia la solicitud de un asunto. ‖ irreg. Conj. como **entender.**

TENDERETE. (De *tender.*) m. Juego de naipes en que se reparten tres o más cartas a los que juegan, colocando en la mesa algunas otras descubiertas; cada jugador trata de emparejar ordenadamente en puntos o figuras sus cartas con las de la mesa; finalmente gana el que más cartas ha recogido. ‖ Puesto de venta por menor instalado al aire libre. ‖ **fam. Tendalera.**

TENDERO, RA. s. Persona que tiene tienda. ‖ Persona que vende por menor. ‖ m. El que hace tiendas de campaña. ‖ El que cuida de ellas.

TENDEZUELA. f. dim. de **Tienda.**

TENDIDAMENTE. (De *tender,* alargar, extender.) adv. m. Extensa o difusamente.

TENDIDO. adj. Dícese del galope del caballo cuando éste se tiende, o de la carrera violenta del hombre o de cualquier animal. *Huyó a galope* TENDIDO. ‖ m. Acción de tender. *El* TENDIDO *de una línea telefónica.* ‖ Gradería descubierta y cercana a la barrera en las plazas de toros. ‖ Porción de encaje hecha sin levantarla del patrón. ‖ Conjunto de ropa que tiende cada lavandera. ‖ Masa en panes, colocada en el tablero para que se venga y luego meterla en el horno. ‖ *Albañ.* Parte del tejado desde el caballete al alero. ‖ Capa delgada de cal, mortero o yeso que se tiende en paredes o techos.

TENDIENTE. p. a. de **Tender.** Que tiende.

TENDINOSO, SA. adj. *Anat.* Que tiene tendones o está compuesto de ellos. ‖ Relativo al tendón. *Sutura* TENDINOSA.

TENDÓN. al. **Sehne.** fr. **Tendon.** ingl. **Tendon.** ital. **Tendine.** port. **Tendão.** (De *tender.*) m. Cordón fibroso, de color blanco brillante, constituido por tejido conjuntivo, por el que los músculos se insertan en los huesos y otros órganos. ‖ En el caballo y otros animales, parte de los **tendones** flexores del pie, que pasa por detrás de la caña. ‖ – **de Aquiles.** El grueso y fuerte, que une el talón con la pantorrilla. ‖ fig. Punto vulnerable o débil.

TENDUCHA. f. desp. Tienda de mal aspecto y escasa de mercadería.

TENDUCHO. m. desp. Tenducha.

TENEBRARIO. (Del lat. *tenebrarius,* de *tenebrae,* tinieblas, noche.) m. Candelabro triangular, con pie muy alto y en el que se ponen quince velas, que se enciende en los oficios de tinieblas de la Semana Santa. ‖ *Astron.* Híades.

TENEBROSIDAD. (Del lat. *tenebrósitas, -atis.*) f. Calidad de tenebroso.

TENEBROSO, SA. (Del lat. *tenebrosus.*) adj. Obscuro, cubierto de tinieblas. *El* TENEBROSO *invierno.* ‖ Secreto, misterioso. *Club* TENEBROSO. ‖ m. *R. de la Plata.* Rufián, tratante de blancas. ‖ deriv.: **tenebrosamente.**

TENEDERO. (De *tener,* asir.) m. *Mar.* Paraje del mar donde puede afirmarse el ancla.

TENEDOR. al. **Gabel.** fr. **Fourchette.** ingl. **Fork.** ital. **Forchetta.** port. **Garfo.** m. El que tiene o posee una letra de cambio u otro valor endosable. ‖ Utensilio de mesa, compuesto de un mango con tres o cuatro púas iguales, con el que se clavan los manjares sólidos y se llevan a la boca. ‖ Sirviente que se ocupa en el juego de pelota de detener la que va rodando por el suelo. ‖ *Ven.* Trípode sobre el que se coloca la vasija para ordeñar las vacas. ‖ Marca que para distinguir los rebaños hacen los ganaderos en la oreja de los animales. ‖ – **de bastimentos.** Persona que se encarga de los víveres para su rápida distribución. ‖ – **de libros.** El que en oficina pública o particular tiene a su cargo los libros de contabilidad.

TENEDOS. *Geog.* Isla turca del mar Egeo, sit. al S. de los Dardanelos. 42 km². 6.000 h.

TENEDURÍA. f. Cargo y oficina del tenedor de libros. ‖ – **de libros.** Arte de llevar los libros de contabilidad. ‖ IDEAS AFINES: *Contabilidad, debe, haber, saldo, cobro, pago, cuenta corriente, crédito, activo, pasivo, capital, quiebra*

TENENCIA. (De *tener.*) f. Ocupación y posesión de una cosa. ‖ Cargo u oficio de teniente. ‖ Oficina en que lo ejerce.

TENER. al. **Haben; hatten.** fr. **Avoir.** ingl. **To have.** ital. **Avere; tenere.** port. **Ter.** (Del lat. *tenere.*) tr. Asir o mantener asida una cosa. TEN *firme el cable.* ‖ Poseer y gozar. TIENE *grandes riquezas.* ‖ Sostener, mantener. Ú.t.c.r. TENER *el ronzal.* ‖ Dominar o sujetar. *Los* TIENE *sumisos.* ‖ Detener, parar. TENER *la caballería.* ‖ Cumplir, guardar. TENER *la palabra.* ‖ Recibir u hospedar en su casa. TENGO *a mis hermanas en casa.* ‖ Poseer, estar adornado o abundante de una cosa. TENER *inspiración;* TENER *agilidad.* ‖ Estar en posición de realizar una cosa u ocuparse en ella. TENER *asamblea;* TENER *consejo.* ‖ Juzgar, reputar y entender. Suele emplearse con la partícula *por* y ú.t.c.r. TENER *a uno por ilustrado;* TENERSE *por industrioso.* Se construye también con la preposición *a.* TENER *a honra una cosa.* ‖ Con la preposición *en* y los adjetivos *poco, mucho* y otros análogos, estimar, apreciar. Ú.t.c.r. *Se* TIENE *en mucho.* ‖ Con algunos nombres de tiempo, emplear, pasar algún espacio de él en un lugar, o de cierta manera. TENER *los carnavales en Mar del Plata;* TENER *un año muy malo.* ‖ Construido con el pronombre *que* y el infinitivo de otro verbo, expresa la importancia de la acción significada por el infinitivo. TENGO *que cobrar;* TIENE *que dormir.* ‖ Con algunos nombres, hacer o padecer lo que el nombre significa. TENER *cautela, atrevimiento, timidez, arrojo.* ‖ Con los nombres que significan tiempo, expresa la duración o edad de las cosas o personas de que se trata. TENER *siglos;* TENER *años.* ‖ intr. Ser rico y adinerado. *No* TIENE *mucho.* ‖ r. Afirmarse o asegurarse uno para no caer. SE TUVO *fuerte.* ‖ Hacer asiento un cuerpo sobre otro. SE TIENE *sobre la cornisa.* ‖ Hacer oposición o resistir a alguien en riña o pelea. ‖ Adherirse, estar por uno o por una cosa. ‖ Como verbo auxiliar, se emplea a veces en lugar de haber. *Yo* TENÍA *pensado.* ‖ Con la conjunción *que* o la preposición *de* y el infinitivo de otro verbo denota la precisión o determinación de hacer lo que el verbo significa. TENDRÉ *que estudiar;* TENGO *de hacer un escarmiento.* ‖ **No tenerlas uno todas consigo.** frs. fig. y fam. Sentir recelo o temor. ‖ **No tener uno sobre qué caerse muerto.** frs. fig. y fam. Hallarse en la mayor pobreza. ‖ **Quien más tiene más quiere.** ref. que advierte la insaciabilidad de la codicia, que crece con la riqueza. ‖ **Tener uno a menos.** frs. Desdeñarse de hacer alguna cosa, por considerarla humillante o depresiva. ‖ **Tener en menos** a uno. frs. Menoscabarle. ‖ **Tener** uno **para sí una cosa.** fr. Formar opinión particular en una materia en que otros pueden juzgarla contrariamente. ‖ **Tener** uno **presente.** frs. Conservar en la memoria alguna especie para usar de ella cuando convenga o a algún sujeto para atenderle en momento propicio. ‖ **Tener que ver** un hombre **con** una **mujer.** frs. Tener cópula carnal. ‖ irreg. **Conjugación:** INDIC. Pres.: *tengo, tienes, tiene, tenemos, tenéis, tienen.* Imperf.: *tenía, tenías,* etc. Pret. indef.: *tuve, tuviste, tuvo, tuvimos, tuvisteis, tuvieron.* Fut. imperf.: *tendré, tendrás, tendrá, tendremos, tendréis, tendrán.* POT.: *tendría, tendrías, tendría, tendríamos, tendríais, tendrían.* SUBJ. Pres.: *tenga, tengas, tenga, tengamos, tengáis, tengan.* Imperf.: *tuviera o tuviese, tuvieras o tuvieses, tuviera o tuviese, tuviéramos o tuviésemos, tuvierais o tuvieseis, tuvieran o tuviesen.* Fut. imperf.: *tuviere, tuvieres, tuviere, tuviéremos, tuviereis, tuvieren.* IMPERAT.: *ten, tenga, tengamos, tened, tengan.* PARTIC.: *tenido.* GERUND.: *teniendo.*

TENERÍA. al. **Gerberei.** fr. **Tannerie.** ingl. **Tannery.** ital. **Concia.** port. **Cortume.** (Del b. lat. *tanaria,* de *tannare,* curtir, y éste del germ. *tanna,* abeto.) f. Curtiduría.

TENERIFE. *Geog.* Isla que pertenece al archipiélago de las Canarias y es la mayor del grupo. Forma parte de la prov. española de Santa Cruz de Tenerife. 2.352 km². 250.000 h. Cap. SANTA CRUZ DE TENERIFE.

TENESMO. (Del lat. *tenesmus,* y éste del gr. *teinesmós.*) m. Pujo de vientre o urinario.

TENGUE. m. *Cuba.* Árbol de la familia de las leguminosas, parecido a la acacia.

TENGUERENGUE (En). m. adv. fam. Sin estabilidad. *Lo tiró el viento, porque estaba* En TENGUERENGUE.

TENIA. al. **Bandwurm.** fr. **Ténia.** ingl. **Tapeworm.** ital. **Tenia; verme solitario.** port. **Tenia.** (Del lat. *taenia,* y éste del gr. *tainía,* cinta, listón.) f. Género de gusanos cestodos parásitos intestinales del hombre y de los animales, formados por cabeza, cuello y cuerpo, constituidos por anillos semejantes entre sí. sinón.: **solitaria.** ‖ *Arq.* Listel o filete.

TENIENTA. f. Mujer del teniente.

TENIENTAZGO. (De *teniente.*) m. Tenencia, cargo u oficio de teniente.

TENIENTE. al. **Leutnant.** fr. **Tenant; lieutenant.** ingl. **Lieutenant; holder.** ital. **Tenente.** port. **Tenente.** p. a. de **Tener.** adj. Quien tiene o posee una cosa. sinón.: **tenedor.** ‖ Aplícase a la fruta no madura. ‖ fam. Algo sordo. *Es algo* TENIENTE. ‖ fig. Miserable y escaso. ‖ m. El que ejerce el cargo de otro, y es como sustituto suyo. sinón.: **lugarteniente.** ‖ *Mil.* Oficial inmediatamente inferior al capitán. ‖ – **coronel.** Inmediato jefe después del coronel. ‖ – **de alcalde.** Concejal encargado de ciertas funciones de alcaldía. ‖ – **general.** Oficial general de categoría superior a la del general de división e inferior a la de capitán general.

TENIENTE GENERAL PABLO RICCHERI. *Geog.* Población de la Argentina, en el Gran Buenos Aires. V. **Bella Vista.**

TENIERS, David. *Biog.* Pintor flamenco, llamado **el Viejo,** autor de obras religiosas y mitológicas (1582-1649). ‖ – **David, el Joven.** Pintor flamenco, autor de *Los arcabuceros de Amberes; Grupo de fumadores,* etc. (1610-1690).

TENIFUGO. (De *tenia* y el lat. *fugare,* ahuyentar.) adj. *Med.* Aplícase al medicamento eficaz para expulsar la tenia. Ú.t.c.s.m.

TENIS. (Del ingl. *tennis.*) m. Juego al aire libre que consiste en lanzar con raqueta una pelota de una a otra parte del campo, separadas por una red. Suele haber uno o dos jugadores en cada bando. ‖ Espacio dispuesto para este juego.

TENISTA. com. Persona que juega al tenis.

TENIÚ. m. Árbol saxifragáceo, cuya madera se emplea en construcciones, y la corteza en medicina.

TENNESSEE. *Geog.* Río de la región este de los EE.UU. que nace en los montes Apalaches y des. en el Ohio después de recorrer 1.300 km. ‖ Estado de la región este de los EE.UU. 109.412 km². 4.050.000 h. Cereales, algodón, tabaco. Industria textil, maderera y mecánica. Carbón, cinc. Cap. NASHVILLE.

TENNIEL, Juan. *Biog.* Pintor y dibujante inglés, especializado en dibujos burlescos y sátiras políticas. Decoró el Parlamento inglés e ilustró las fábulas de Esopo (1820-1914).

TENNYSON, Alfredo. *Biog.* Poeta lírico y elegíaco ingl. de extraordinaria riqueza imaginativa y perfección de estilo. Obras: *Poemas; Idilios del Rey; El Santo Graal,* etc. (1809-1892).

TENOCHTITLÁN. *Geog. histór.* Nombre de la ciudad de México, antes de la conquista española.

TENÓFORO, RA. (Del gr. *kteis, ktenós,* peine y *phero,* llevar.) adj. *Zool.* Aplícase a celentéreos cnidarios que nadan mediante el movimiento de pequeñas placas membranosas, dispuestas por series regulares. Ú.t.c.s. ‖ m. pl. Clase de estos animales.

TENOR. (Del lat. *tenor, -oris,* de *ténere,* tener.) m. Constitución u orden firme y estable de una cosa. TENOR *de vida.* ‖ Contenido literal de un escrito u oración. ‖ **A este tenor.** m. adv. Por el mismo estilo.

TENOR. al. **Tenor.** fr. **Ténor.** ingl. **Tenor.** ital. **Tenore.** port. **Teor.** (Del ital. *tenore,* y éste del lat. *tenor, -oris.*) m. *Mús.* Voz masculina, aguda. En las partituras polifónicas para conjuntos mixtos se combina con la soprano, la contralto y el bajo. ‖ Persona que tiene esta voz. TENOR *ligero.*

TENORA. (De *tenor.*) Instrumento de viento de lengüeta doble como el oboe, de mayor tamaño que éste y con la campana o pabellón de metal. Forma parte de los instrumentos que componen la típica cobla de sardanas.

TENORIO. (Por alusión al protagonista de *El Burlador de Sevilla.*) m. fig. Galanteador osado y pendenciero. sinón.: **burlador.** ‖ IDEAS AFINES: *Don Juan, declararse, conquistar, seducir, lujuria, erotismo.*

TENSIÓN. al. **Spannung.** fr. **Tension.** ingl. **Tension.** ital. **Tensione.** port. **Tensão.** (Del lat. *tensio, -onis.*) f. Estado de un cuerpo, estirado por la acción de fuerzas que lo solicitan. sinón.: **tirantez.** ‖ Fuerza que impide la separación de las partes de un cuerpo cuando se halla en ese estado. ‖ Intensidad de la fuerza con que los gases tienden a dilatarse. sinón.: **presión.** ‖ Grado de energía eléctrica que se manifiesta en un cuerpo; dícese alta o baja, según que su voltaje sea o no muy elevado. ‖ **Tensión vascular:** v. gr., TENSIÓN *arterial, venosa.* ‖ Estado de oposición u hostilidad latente entre personas o grupos humanos como naciones, clases, razas, etc. ‖ Estado anímico de excitación, impaciencia, esfuerzo o exaltación producido por determinadas circunstancias o actividades, como la atención, la **espera,** la creación intelectual, poética o artística, etc. ‖ Tirantez, estado de las relaciones próximas a romperse. TENSIÓN *internacional.* ‖ Tensón. ‖ – **disruptiva.** *Fís.* Voltaje máximo capaz de producir descarga disruptiva. ‖ – **vascular.** La de la pared de los vasos sanguíneos, que resulta de la presión de la sangre circulante y del tono muscular elástico de las paredes del vaso.

TENSO, SA. (Del lat. *tensus,* p. p. de *téndere,* tender.) adj. Que se halla en estado de tensión. sinón.: **tirante.**

TENSÓN. (Del prov. *tensón.*) f. Composición poética provenzal que consiste en una controversia, generalmente de amores, entre dos o más poetas. sinón.: **tensión, tenzón.**

TENSOR, RA. (Del lat. *tensor, -oris.*) adj. y s. Que origina tensión. *Músculo* TENSOR. ‖ m. *Fís.* Todo sistema de magnitudes, coexistentes y de igual índole, tales que se pueden ordenar en filas y columnas como los elementos de una matriz, al cual son aplicables las reglas del cálculo matricial.

TENSORIAL. adj. Perteneciente o relativo a los tensores.

TENTACIÓN. al. **Versuchung.** fr. **Tentation.** ingl. **Temptation.** ital. **Tentazione.** port. **Tentação.** (Del lat. *tentatio, -onis.*) f. Instigación repentina que induce a una cosa mala. TENTACIÓN *diabólica.* ‖ Impulso repentino que excita a hacer una cosa. *Sintió la* TENTACIÓN *de beber.* ‖ fig. Sujeto que induce o persuade. ‖ **Caer** uno **en la tentación.** frs. fig. Dejarse vencer de ella; decidirse a realizar una cosa en que se teme algún mal, sólo por el gusto de lograrla. ‖ IDEAS AFINES: *Adán, Eva, serpiente, árbol del bien y del mal, manzana, pecado original, castigo; San Antonio.*

TENTACIONES DE SAN ANTONIO, Las. *B.A.* Cuadro del Veronés que muestra al anacoreta San Antonio Abad defendiéndose de las tentaciones del diablo en figura de mujer.

TENTACULADO, DA. adj. Que tiene tentáculos.

TENTACULAR. adj. Referente al tentáculo. *Movimiento* TENTACULAR.

TENTACULIFORME. adj. *Zool.* De forma de tentáculo.

TENTÁCULO. al. **Fühler; Fühlhorn.** fr. **Tentacule.** ingl. **Tentacle.** ital. **Tentacolo.** port. **Tentáculo.** (Del lat. *tentáculum,* de *tentare,* tentar.) m. *Zool.* Cada uno de los apéndices móviles y blandos que tienen muchos moluscos, crustáceos, zoófitos, etc., y de los que se sirven para tocar y para hacer presa. sinón.: **tiento.**

TENTADERO. (De *tentar.*) m. Corral o sitio cerrado donde se hace la tienta de becerros.

TENTADOR, RA. (Del lat. *temptator.*) adj. y s. Que tienta. ‖ Que hace caer en la tentación. ‖ m. Por antonomasia, diablo, ángel arrojado al abismo.

TENTADURA. (De *tentar,* examinar.) f. Ensayo que se hace del mineral de plata tratándolo con el azogue. ‖ Muestra necesaria para ese ensayo. ‖ Tiento, zurra.

TENTALEAR. tr. Reconocer a tientas algo.

TENTAR. (Del lat. *tentare.*) tr. Ejercitar el sentido del tacto, tocando o palpando materialmente alguna cosa. Ú.t.c.r. sinón.: **tocar.** ‖ Examinar y reconocer por medio del sentido del tacto lo que no se puede ver. TENTAR *un ciego;* TENTAR *en la obscuridad.* ‖ Instigar, inducir. *Lo* TENTÓ *el demonio.* ‖ Intentar, procurar. TENTARÉ *la expedición.* ‖ Examinar, probar o experimentar. TENTARÉ *la resistencia de este alambre.* ‖ Probar a uno; hacerle examen de su constancia o fortaleza. ‖ *Cir.* Reconocer con la tienta la cavidad de una herida. ‖ irreg. Conj. como **acertar.**

TENTARUJA. f. fam. Manoseo, sobajadura.

TENTATIVA. (Del lat. *tentativa.*) f. Acción con que se intenta, experimenta, prueba o tantea una cosa. ‖ *Der.* Principio de ejecución de un delito que no llega a realizarse. TENTATIVA *de robo.*

TENTATIVO, VA. (Del lat. *tentativus.*) adj. Que sirve para tantear o probar una cosa.

TENTEMOZO. (De *tente, mozo.*) m. Arrimo o puntal que se aplica a una cosa que se halla expuesta a caerse. ‖ Palo que cuelga del pértigo del carro y, colocado de punta contra el suelo, evita que aquél caiga hacia adelante. ‖ Dominguillo. muñeco. ‖ Quijera de la cabezada del caballo.

TENTEMPIÉ. (De *tente en pie.*) m. fam. Refrigerio, corto alimento reparador. *Tomó un* TENTEMPIÉ *y prosiguió su jornada.* ‖ Dominguillo, muñeco. sinón.: **tentemozo; tentetieso.**

TENTENELAIRE. (De *tente en el aire.*) com. Hijo o hija de cuarterón y mulata o de mulato y cuarterona. ‖ *Amér.* Descendiente de jíbaro y albarazada o de albarazado y jíbara. ‖ *Arg.* Colibrí.

TENTETIESO. m. Dominguillo, muñeco.

TÉNTIGO. m. *Pat.* Priapismo. sinón.: **satiriasis.** ‖ Prurito de lujuria. ‖ deriv.: **tentiginoso, sa.**

TENTÓN. m. fam. Acción de tentar brusca y rápidamente.

TENUE. (Del lat. *tenuis.*) adj. Delicado, delgado y débil. *La* TENUE *luz de las estrellas.* ‖ De poca substancia, valor o importancia. *Rentas* TENUES. ‖ Dicho del estilo, sencillo.

TENUEMENTE. adv. m. Con tenuidad.

TENUIDAD. (Del lat. *tenúitas, -atis.*) f. Calidad de tenue. ‖ Cosa de poca entidad o valor.

TENUIRROSTRO, TRA. (Del lat. *tenuis-e,* tenue, delgado, y *róstrum,* pico.) adj. *Zool.* Dícese del pájaro que tiene el pico alargado, tenue y sin dientes. ‖ m. pl. *Zool.* Familia de estos pájaros.

TENUTA. f. *Der.* Posesión de los frutos, rentas, etc., de una cosa en litigio hasta que se decide a quién pertenece. ‖ deriv.: **tenutario, ria.**

TENZÓN. f. Tensón.

TEÑIBLE. adj. Que se puede teñir. sinón.: **tingible.**

TEÑIDO. m. Teñidura. sinón.: **tinte.**

TEÑIDURA. f. Acción y efecto de teñir o teñirse. sinón.: **teñido, tinte.**

TEÑIR. al. **Färben.** fr. **Teindre.** ingl. **To tinge; to dye.** ital. **Tingere.** port. **Tingir.** (Del lat. *tíngere.*) tr. Dar a una cosa un color distinto del que tenía. Ú.t.c.r. TIÑÓ *el traje de negro;* sinón.: **entintar, tintar.** ‖ fig. Imbuir de una opinión, especie o afecto. ‖ *Pint.* Apagar o rebajar un color con otros más obscuros. ‖ irreg. Conj. como **ceñir.** ‖ IDEAS AFINES: *Tintura, tintorería, descolorar, anilina, añil, púrpura, grana, cochinilla, mordente.*

TEOBROMA. (Del gr. *theós,* dios, y *broma,* alimento.) m. Cacao, árbol.

TEOBROMINA. (De *teobroma.*) f. *Quím.* Alcaloide de estructura química y acción fisiológica similares a las de la cafeína. Se obtiene de la semilla del cacao y también sintéticamente.

TEOCALI. (Del mex., *teotl,* dios, y *calli,* casa.) m. Templo de los antiguos mexicanos.

TEOCALTICHE. *Geog.* Población del O. de México (Jalisco). 11.000 h. Centro agrícola importante.

TEOCINTE. m. *C. Rica.* Especie de maíz que sirve para forraje.

TEOCRACIA. (Del gr. *teokratía;* de *theós,* dios, y *kratos,* dominio.) f. Gobierno ejercido directamente por Dios, como el que tenían los hebreos antes de los reyes. ‖ Gobierno en que existe la sumisión del poder supremo al sacerdocio. *La* TEOCRACIA *es una forma político-social en los pueblos primitivos.* ‖ deriv.: **teócrata; teocrático, ca; teocratismo.**

TEÓCRITO. *Biog.* Poeta gr. idílico y bucólico; sus *Idilios* son delicadas pinturas de costumbres y sentimientos (s. IV a. de C.).

TEODICEA. (Del gr. *Theós,* Dios y *dike,* justicia.) f. **Teología.**

TEODOLITO. al. **Theodolit.** fr. **Théodolite.** ingl. **Theodolite.** ital. **Teodolito.** port. **Teodolito.** m. *Mat.* Instrumento de precisión compuesto de un círculo horizontal y un semicírculo vertical, ambos graduados y con anteojos, para medir ángulos en sus planos respectivos.

TEODORA. *Biog.* Emperatriz de Oriente, esposa y eficaz colaboradora política de Justiniano I (m. 548).

TEODORA, Santa. *Hagiog.* Emperatriz de Oriente que gobernó sabiamente durante quince años. Depuesta, fue encerrada en un convento, donde falleció (m. 867).

TEODORICO. *Biog.* Rey de los visigodos, que venció a los suevos y amplió sus dominios a costa de los francorromanos (426-466). ‖ – **el Grande.** Rey de los ostrogodos y conquistador de Italia (454-526).

TEODORO I. *Biog.* Papa de 642 a 649. ‖ – **II.** Papa en 898.

TEODOSIANO, NA. (Del lat. *theodosianus.*) adj. Perteneciente a Teodosio el Grande, o a su nieto Teodosio II.

TEODOSIO I. *Biog.* Emperador romano de 379 a 395, luchó por la unidad relig. ‖ – **II.** Emp. de Oriente de 408 a 450; hizo redactar el *Código Teodosiano.* ‖ – **III.** Emp. de Oriente de 716 a 717.

TEÓFILO OTONI. *Geog.* Ciudad del Brasil, en el Est. de Minas Gerais. 23.000 h.

TEOFRASTO. *Biog.* Filósofo gr., discípulo de Aristóteles. Autor de *Los caracteres; Tratado de las causas de la vegetación* (s. IV y III a. de C.).

TEOGONÍA. al. **Theogonie.** fr. **Théogonie.** ingl. **Theogony.** ital. **Teogonia.** port. **Teogonia.** (Del lat. *teogonía,* y éste del gr. *theogonía.*) f. Generación de los dioses del paganismo. ‖ Por ext., cualquier sistema religioso del gentilismo. TEOGONÍA *de los egipcios.* ‖ deriv.: **teogónico, ca.**

TEOLOGAL. (De *teólogo.*) adj. Perteneciente o relativo a la teología. *Virtudes* TEOLOGALES.

TEOLOGÍA. al. **Theologie.** fr. **Théologie.** ingl. **Theology.** ital. **Teologia.** port. **Teologia.** (Del lat. *theología,* y éste del gr. *theología,* de *theologos,* teólogo.) f. Ciencia que trata de Dios y de sus atributos y perfecciones. ‖ – **ascética.** Parte de la **teología** dogmática y moral, que trata del ejercicio de las virtudes. ‖ – **dogmática.** La que trata de Dios y de sus atributos y perfecciones a la luz de los principios revelados. ‖ – **escolástica.** La dogmática que, partiendo de las verdades reveladas, colige sus conclusiones usando los principios y métodos de la filosofía escolástica. ‖ – **mística.** Parte de la **teología** dogmática y moral que trata de la perfección de la vida cristiana en las relaciones más íntimas que tiene la mente humana con Dios. ‖ – **moral.** Ciencia que se refiere a las aplicaciones de los principios de la **teología** dogmática o natural al orden de las acciones humanas. ‖ – **natural.** La que trata de Dios y de sus atributos y perfecciones a la luz de los principios de la razón, independientemente de las verdades reveladas. ‖ – **pastoral.** La que se refiere a las obligaciones de la cura de almas. ‖ – **positiva.** La dogmática que principalmente apoya y demuestra sus conclusiones con los principios, hechos y monumentos de la revelación cristiana. ‖ **No meterse uno en teologías.** frs. fig. y fam. Discurrir llanamente, sin mezclarse en materias arduas. ‖ IDEAS AFINES: *Santo Padre, Biblia, exégesis, hermenéutica, juicio final, resurrección, ángel, Inquisición, Santo Oficio, escatología, concilio, gracia.*

TEOLÓGICO, CA. adj. Teologal. *Cuestiones* TEOLÓGICAS. ‖ deriv.: **teológicamente.**

TEOLOGIZAR. intr. Discurrir sobre principios o razones teológicas.

TEÓLOGO, GA. al. **Theologe.** fr. **Théologien.** ingl. **Theologian.** ital. **Teologo.** port. **Teólogo.** (Del lat. *theólogus,* y éste del gr. *theologos;* de *Theós,* Dios, y *lego,* decir, exponer.) adj. Teologal. sinón.: **teológico.** ‖ s. Persona que profesa la teología o tiene especiales conocimientos en esta ciencia. ‖ Estudiante de teología.

TEOMANCIA o **TEOMANCÍA.** (Del gr. *theomanteía;* de *Theós,* Dios, y *manteía,* adivinación.) f. Adivinación por una presunta inspiración de la divinidad.

TEOMANÍA. f. Manía consistente en creerse Dios o inspirado por él.

TEOREMA. al. **Lehrsatz; Theorem.** fr. **Théorème.** ingl. **Theorem.** ital. **Teorema.** port. **Teorema.** (Del lat. *theorema,* y éste del gr. *theórema;* de *theoreo,* examinar.) m. Proposición que afirma una verdad demostrable. ‖ IDEAS AFINES: *Hipótesis, tesis, postulado, axioma, principio, teoría, lógica, matemática.*

TEORÉTICO, CA. (Del lat. *theoreticus.*) adj. Intelectual, especulativo. ‖ Perteneciente o relativo al teorema.

TEORÍA. al. **Theorie.** fr. **Théorie.** ingl. **Theory.** ital. **Teoria.** port. **Teoria.** (Del gr. *theoría,* de *theoreo,* contemplar.) f. Conocimiento especulativo considerado con independencia de toda aplicación. ‖ Serie de las leyes con que se relaciona determinado orden de fenómenos. TEORÍA *corpuscular.* ‖ Procesión religiosa entre los antiguos griegos. *Es famosa la* TEORÍA *de las panateneas.*

TEÓRICA. (Del lat. *theórica,* y éste del gr. *theoriké.*) f. Teoría, conocimiento especulativo. *Se deja llevar de la* TEÓRICA *y descuida la práctica.* ‖ deriv.: **teóricamente.**

TEÓRICO, CA. (Del lat. *theóricus,* y éste del gr. *theorikós.*) adj. Perteneciente a la teoría. ‖ Que conoce las cosas o las considera sólo especulativamente. Ú.t.c.s.

TEORIZANTE. adj. Que teoriza. Ú.t.c.s.

TEORIZAR. tr. Tratar un asunto sólo en teoría. ‖ deriv.: **teorización; teorizador, ra.**

TEOSO, SA. adj. Perteneciente o relativo a la tea. ‖ Dícese de la madera que por contener mucha resina sirve para tea. *La madera del pino es* TEOSA.

TEOSOFÍA. al. **Theosophie.** fr. **Théosophie.** ingl. **Theosophy.** ital. **Teosofia.** port. **Teosofia.** (Del gr. *theosophía,* de *theósophos,* teósofo.) f. Doctrina de varias sectas que presumen estar iluminadas por la divinidad e íntimamente unidas con ella. ‖ Movimiento religioso moderno que se funda en la doctrina de la evolución panteísta y la transmigración, y que viene a ser una nueva forma del ocultismo. ‖ deriv.: **teosófico, ca; teosofista.**

TEÓSOFO. (Del gr. *theósophos;* de *Theós,* Dios, y *sophós,* sabio.) m. El que profesa la teosofía.

TEOTERAPIA. (Del gr. *Theós,* Dios, y *terapeía,* curación, tratamiento.) f. Tratamiento sugestivo de las enfermedades por las oraciones y prácticas religiosas.

TEOTIHUACÁN. *Geog.* Población de México, en el Est. de este nombre. 8.500 h. (con el municipio). Restos de magníficas construcciones toltecas, como las Pirámides del Sol y de la Luna.

TEOTIHUACANO, NA. adj. Natural de San Juan de Teotihuacán, municipio del Estado de México. Ú.t.c.s. ‖ Perteneciente o relativo a este municipio y lugar.

TEPACHE. m. *Méx.* Bebida que se hace con pulque, agua, piña y clavo.

TÉPATE. m. *Amér. Central.* Estramonio.

TEPATITLÁN. *Geog.* Población de México (Jalisco), al E. de Guadalajara. 11.000 h. Centro agrícola.

TEPE. (Del b. lat. *teppa,* césped.) m. Pedazo de tierra cubierto de césped y muy trabado por las raíces de esta hierba, que sirve para hacer paredes y malecones. *La choza tenía una cubierta de* TEPE. sinón.: **césped, gallón.**

TEPEIZCUINTE. (Del mex. *tepetl,* monte, e *itzcuintli,* perro.) m. *C. Rica* y *Méx.* Paca, roedor.

TEPEMECHÍN. (Del mex. *tepetl,* monte, y *michin,* pez.) m. *C. Rica* y *Hond.* Pez de río de carne muy sabrosa; vive en la parte alta de las cuencas, donde hay cascadas.

TEPIC. *Geog.* Ciudad del O. de México, cap. del Estado de

Nayarit. 105.000 h., con el mun. Actividades agrícola-ganaderas, frutas.

TEPIDARIO. (Del lat. *tepidárium*, de *tépidus*, tibio.) m. *Arqueol.* En las termas romanas, sala para tomar baños tibios. *Los* TEPIDARIOS *solían ser de forma octogonal.*

TEPIQUEÑO, ÑA. adj. Natural de Tepic, capital del Estado mexicano de Nayarit. Ú.t.c.s. ‖ Perteneciente o relativo a dicha capital.

TEPLICE SANOV. *Geog.* Ciudad de Checoslovaquia, sit. al N. O. de Praga. 53.000 h. Industria textil. Aguas termales.

TEPLITZ. *Geog.* V. **Teplice Sanov.**

TEPONAZTLE. m. Instrumento de percusión que usan los indios peruanos. Es de forma cilíndrica, y en vez de piel tiene una tabla de madera; produce un sonido lúgubre.

TEPOZÁN. m. *Méx.* Planta de la familia de las escrofulariáceas.

TEPOZTECO, CA. adj. Natural de Tepoztlán, población del Estado mexicano de Morelos. Ú.t.c.s. ‖ Perteneciente o relativo a esta población.

TEPÚ. m. Árbol mirtáceo pequeño de Chile, que abunda en lugares húmedos y a veces forma selvas enmarañadas difíciles de atravesar.

TEQUE. m. *Arg.* Guanaco. ‖ *Chile.* Árbol cuya fruta es una drupa lisa y negruzca, semejante a una aceituna.

TEQUENDAMA. *Geog.* Pobl. de Colombia, en el depart. de Cundinamarca. 8.000 h. ‖ Salto que se encuentra en el cauce del río Funza o Bogotá, en Colombia (Cundinamarca). Salva un desnivel de 147 m., se halla en una zona de vegetación exuberante y ha sido aprovechado para producir energía hidroeléctrica.

TEQUES, Los. *Geog.* V. **Los Teques.**

TEQUIAR. tr. *Hond.* Perjudicar.

TEQUICHE. m. Manjar que se prepara en Venezuela, compuesto de harina de maíz tostado, leche de coco y mantequilla.

TEQUILA. f. *Méx.* Bebida semejante a la ginebra que se destila de una especie de maguey.

TEQUIO. (Voz mexicana.) m. Tarea que se imponía como tributo a los indios. ‖ *Amér.* Porción de mineral que forma el destajo de un barretero. ‖ *Amér. Central.* Molestia, perjuicio.

TERA. Elemento compositivo inicial que con el significado de un billón (10^{12}) sirve para formar nombres de múltiplos de determinadas unidades. TERA*gramo*.

TERAMO. *Geog.* Provincia del E. de Italia (Abruzos). 1.949 km². 262.000 h. Cap. hom. situada a 25 km. del Adriático. 49.000 h. Fabricación de sedas.

TERÁN, Juan B. *Biog.* Escritor y jurisconsulto arg., autor de *Tucumán y el Norte argentino; La universidad y la vida; El nacimiento de la América española*, etc. (1880-1938).

TERANODON. m. *Paleont.* Reptil fósil de la era secundaria, adaptado al vuelo, con huesos huecos y miembros anteriores alargados, en especial el dedo extremo, y unidos al cuerpo por una ala membranosa de grandes dimensiones.

TERAPEUTA. (Del gr. *therapeutés*, de *therapeuo*, servir, cuidar.) adj. Aplícase a cada uno de los individuos de una secta religiosa que en los primeros siglos de la Iglesia observaba algunas prácticas del cristianismo. ‖ com. Persona que profesa la terapéutica.

TERAPÉUTICA. al. **Therapeutik; Heilkunde.** fr. **Thérapeutique.** ingl. **Therapeutics.** ital. **Terapeutica.** port. **Terapeutica.** (Del gr. *therapeutike*, t. f. de *-kós*, terapéutico.) f. Parte de la medicina que enseña los preceptos y remedios para el tratamiento de las enfermedades. ‖ IDEAS AFINES: *Profilaxis, etiología, diagnóstico, médico, farmacia, posología, purga, inyección, inhalación, supositorio, radioterapia, helioterapia, hidroterapia, convalecer.*

● **TERAPÉUTICA.** *Med.* Puede decirse que la **terapéutica** es la rama más antigua de la medicina. Primitivamente estuvo en manos de los hechiceros, que, por diversos medios, trataban de ahuyentar los malos espíritus que suponían se habían posesionado del enfermo. El empirismo introdujo luego en la **terapéutica** hierbas, emplastos, purgantes, ayunos, etc., y a partir de Hipócrates comenzó la evolución que culminaría muchos siglos después con la consagración definitiva de la medicina como ciencia. La **terapéutica** es hoy una rama amplia y compleja de la medicina, y como ésta, en constante evolución progresiva. Dentro de la **terapéutica** existe, además, una clasificación. La **terapéutica** sintomática es la que tiene por objeto calmar los síntomas de las enfermedades; la etiológica se orienta al dominio de las causas; la patogénica estudia el mecanismo por el cual se producen las alteraciones de salud; la fisiológica tiende a la corrección de los fenómenos alterados. El s. XIX y el XX introdujeron en la **terapéutica** valiosos aliados del médico; la vacunación, la sueroterapia, los rayos X, etc., y en el último cuarto de siglo, las sulfanilamidas, la penicilina, la terramicina, las vitaminas, la cortisona y otras medicaciones, que, sumadas a las nuevas técnicas y concepciones patogénicas, abren a la **terapéutica** insospechados caminos.

TERAPÉUTICO, CA. (Del gr. *therapeutikós, therapeutés*, terapeuta.) adj. Perteneciente a la terapéutica.

TERAPIA. f. *Med.* Terapéutica.

TERATOLOGÍA. (Del gr. *theras-atos*, prodigio, monstruo, y *logos*, tratado.) f. Estudio de las anomalías y monstruosidades del organismo animal o vegetal. ‖ deriv.: **teratologista; teratólogo.**

TERATOLÓGICO, CA. adj. Perteneciente o relativo a la teratología. *Tradiciones* TERATOLÓGICAS.

TERBIO. (De *Itterby*, pueblo de Suecia, nombre del cual se han formado también el de *itrio* y el de *erbio*.) m. Uno de los elementos más escasos de las *tierras raras*. El metal aún no ha sido aislado. Elemento químico de símbolo Tb y p. atóm. 159,2.

TERCAMENTE. adv. m. Con terquedad.

TERCEIRA. *Geog.* Isla portuguesa de origen volcánico, que pertenece al grupo central de las Azores. 396 km². 65.000 h. Cereales, frutas y vid. Cap. ANGRA DO HEROISMO.

TERCELETE. adj. *Arq.* Dícese del arco que en las bóvedas de crucería sube por un lado del arco diagonal hasta la línea media.

TERCENA. (De *atarazana*, depósito.) f. Almacén del Estado para vender tabaco y otros efectos. ‖ deriv.: **tercenista.**

TERCENA. f. *Ec.* Puesto donde se vende carne.

TERCER. adj. Apócope de **Tercero.** Ú. siempre antepuesto al substantivo. TERCER *período*.

TERCERA. (Del lat. *tertiaria*, term. f. de *tertiarius*, tercero.) f. Reunión en el juego de los cientos de tres cartas seguidas del mismo palo y de valor correlativo. ‖ Alcahueta, celestina. ‖ *Mús.* Consonancia que comprende el intervalo de dos tonos, cuando es **mayor** y de un tono y un semitono, cuando es **menor.**

TERCERAMENTE. adv. l. p. us. En tercer lugar.

TERCEREAR. intr. p. us. Hacer oficio de tercero o mediador.

TERCERÍA. f. Oficio o cargo de tercero. ‖ Depósito o tenencia interina de un castillo, fortaleza, etc. ‖ Alcahuetería. ‖ *Der.* Derecho que deduce un tercero entre dos o más litigantes, o por el suyo propio, o coadyuvando en pro de alguno de ellos. ‖ Juicio en que se ejercita este derecho.

TERCERILLA. (dim. de *tercera*.) f. Estrofa de tres versos de arte menor.

TERCERISTA. m. *Der.* Parte demandante en una tercería.

TERCERO, RA. (Del lat. *tertiarius*.) adj. Que sigue inmediatamente en orden al o a lo segundo. Ú.t.c.s. sinón.: **tercio.** ‖ Que media entre dos o más personas. Ú.m.c.s. *En sus transacciones no admite* TERCEROS; sinón.: **medianero.** ‖ m. Alcahuete. ‖ El que profesa la regla de la tercera orden de San Francisco, Santo Domingo o Nuestra Señora del Carmen. sinón.: **terciario.** ‖ Persona que no es ninguna de dos o más de quienes se trata o que intervienen en un negocio de cualquier género. ‖ *Geom.* Cualquiera de las sesenta partes iguales en que se divide el segundo de círculo. ‖ – **en discordia.** El que media para zanjar una desavenencia y en especial el que, entre árbitros, arbitradores o peritos, se nombra para que decida en discordia de sus dictámenes.

TERCERO. *Geog.* Río de la prov. de Córdoba, en la Rep. Argentina. Nace en las sierras de Córdoba y reúne sus aguas con las del Cuarto para formar el río Carcarañá. 425 km.

TERCEROL. m. *Mar.* En algunas cosas, lo que ocupa el lugar tercero.

TERCEROLA. (Del ital. *terzeruolo*.) f. Arma de fuego más corta que la carabina. *Las* TERCEROLAS *han sido substituidas por las carabinas.* ‖ Especie de barril de mediana cabida. ‖ Flauta pequeña.

TERCETO. al. **Tersine; Terzett.** fr. **Tercet.** ingl. **Tierce; terzet.** ital. **Terzetto; tersina.** port. **Terceto.** (Del ital. *terzetto*, y éste del lat. *tértius*.) m. Combinación métrica de tres endecasílabos, en que rima el primero con el tercero, quedando el segundo libre. Suele usarse encadenado, y en este caso el segundo verso rima con el primero y tercero del **terceto** siguiente, y la composición termina con un cuarteto. ‖ Tercerilla. ‖ *Mús.* Composición para tres voces o instrumentos. ‖ Conjunto de estas tres voces e instrumentos.

TERCIA. (Del lat. *tertia*.) f. Tercera parte de una vara. ‖ Cada una de las tres partes en que se divide un todo. ‖ Segunda de las cuatro partes iguales en que dividían los romanos el día artificial. ‖ Una de las horas menores del oficio divino, la inmediata después de prima. ‖ Casa en que se entregaban los diezmos. ‖ Tercera, en el juego de los cientos. ‖ Pieza de madera de hilo, con escuadría de una **tercia** en la tabla y una cuarta en el canto. ‖ *Arg.* Tercera cava o segunda bina que se da a las viñas. sinón.: **rebina.**

TERCIADO, DA. adj. Dícese del azúcar un poco morena. ‖ m. Espada de hoja ancha y corta. ‖ Cinta algo más ancha que el listón. ‖ Madero de sierra que resulta de dividir en tres partes iguales el ancho de una alfajía.

TERCIADOR, RA. adj. y s. Que tercia o media. sinón.: **medianero, tercero.**

TERCIANA. (Del lat. *tertiana*.) f. *Pat.* Fiebre intermitente que repite cada tercer día, una de las formas del paludismo. Ú.m. en pl. *Enfermo de* TERCIANAS. ‖ – **de cabeza.** *Pat.* Cefalea intermitente.

TERCIANARIO, RIA. adj. Que padece tercianas. sinón.: **atercianado.** Ú.t.c.s. ‖ Aplícase a la comarca o país que las ocasiona. ‖ Dícese de la misma fiebre que repite cada tercer día, o a otra cosa que guarde igual período.

TERCIANELA. (Del ital. *terzanella*.) f. Gro de cordoncillo muy grueso.

TERCIAR. (Del lat. *tertiare*.) tr. Poner una cosa atravesada o al sesgo. Esta posición se refiere por lo general al cuerpo humano. TERCIAR *la capa, la escopeta.* ‖ Dividir una cosa en tres partes. ‖ Equilibrar la carga distribuyéndola por partes iguales a ambos lados de la acémila. ‖ *Col.* Cargar alguna cosa a la espalda. ‖ Aguar el vino. ‖ *Agr.* Dar la tercera reja o labor a las tierras. ‖ Cortar las plantas o arbustos, para que retoñen con más fuerza. ‖ r. Presentarse bien una cosa, disponerse bien. Ú. en infinitivo y en las terceras personas. *Si* SE TERCIA *le propondré ese negocio.* ‖ intr. Mediar para componer algún disgusto o discordia. TERCIAR *en la disputa.* ‖ Hacer tercio; tomar parte igual en la acción de otros. TERCIÓ *entre ambos.* ‖ Completar el número de personas que se necesita para alguna cosa. ‖ Llegar al número de tres. Dícese comúnmente de la Luna cuando llega al tercer día. ‖ deriv.: **terciable; terciación.**

TERCIARIO, RIA. (Del lat. *tertiarius*.) adj. Tercero en orden o grado. ‖ *Arq.* Aplícase a cierta especie de arco de piedra que se construye en las bóvedas formadas con cruceros. ‖ *Geol.* Aplícase al terreno posterior al cretáceo y en el cual ya vivieron especies animales existentes hoy. Ú.t.c.s. ‖ Perteneciente a él. ‖ s. Persona que profesa una de las órdenes terceras. TERCIARIO *franciscano*.

TERCIAZÓN. (De *terciar*, dar la tercera reja.) f. Tercera reja o labor que se da a las tierras después de barbechadas y binadas.

TERCIO, CIA. (Del lat. *tertius*.) adj. Tercero en orden. ‖ m. Cualquiera de las tres partes iguales en que se divide un todo. sinón.: **tercia, terzuelo.** ‖ Cualquiera de las dos mitades de la carga de una acémila, cuando va en fardos. ‖ Cada una de las tres partes que se consideran en la altura de una caballería; la primera, desde el casco a la rodilla; la segunda, hasta el encuentro, y la tercera, hasta la cruz. ‖ Cualquiera de los tres períodos considerados en la carrera del caballo: arrancar, correr y comenzar a parar. ‖ Parte más ancha de la media que cubre la pantorrilla. ‖ Cada una de las tres partes en que se divide el rosario. *Reza un* TERCIO *cada día.* ‖ *Cuba.* Fardo de tabaco, mitad de una carga, cuyo peso aproximado es de un quintal. ‖ *Mar.* Cualquiera de los batallones o cuerpos de tropa que guarnecían las galeras. ‖ Asociación de los marineros y de los propietarios de lanchas y redes de un puerto, que se agremian para ejercer la pesca. ‖ *Mil.* Regimiento de infantería española de los siglos XVI y XVII. ‖ Denominación que en la milicia moderna suele darse a cuerpos o batallones de infantería. ‖ Cualquiera de las divisiones de la Guardia civil. ‖ pl. Miembros fuertes y robustos del hombre. *Este muchacho tiene buenos* TERCIOS. ‖ – **naval.** Cualquiera de los cuerpos formados por la marinería de un departamento, alistada o matriculada para el servicio de la marina de guerra.

TERCIODÉCUPLO, PLA. (De *tercio*, tercero, y *décuplo*.) adj. Que contiene un número trece veces exactamente. Ú.t.c.s.m.

TERCIOPELADO, DA. adj. Aterciopelado. ‖ m. Especie de tejido parecido al terciopelo, con el fondo de raso o rizo.

TERCIOPELERO. m. Oficial que trabaja los terciopelos.

TERCIOPELO. al. **Samt.** fr. **Velour.** ingl. **Velvet.** ital. **Velluto.** port. **Veludo.** (De *tercio*, tercero, y *pelo*.) m. Tela velluda y tupida de seda que se forma con dos urdimbres y una trama. ‖ Tela velluda y semejante al verdadero terciopelo, pero tejida con hilos que no son de seda. TERCIOPELO *de algodón.* ‖ *C. Rica* y *Ven.* **Macagua terciopelo.** ‖ *Chile.* Planta perenne bignoniácea, con hojuelas dentadas y fruto en cápsulas alargadas, que se cultiva en jardines.

TERCO, CA. (En port. *terco*.) adj. Pertinaz, obstinado, irreductible. sinón.: **cabezón, cabezudo, cabezota, constante, porfiado, tenaz, terne, testarudo, tozudo.** ‖ fig. Dícese de lo que es más difícil de labrar que lo ordinario en su clase.

TEREBINTÁCEO, A. (Del lat. *terebinthus*, terebinto.) adj. *Bot.* Aplícase a plantas dicotiledóneas, árboles, arbustos o matas, de corteza resinosa, hojas alternas y sin estípulas, flores pequeñas y fruto indehiscente, en cápsula o drupa; como el anacardo, el lentisco, el hinojo colorado y el terebinto. Ú.t.c.s.f. ‖ f. pl. *Bot.* Familia de estas plantas.

TEREBINTO. (Del lat. *terebinthus*, y éste del gr. *terébinthos*.) m. *Bot.* Árbol que alcanza de tres a cinco metros de altura, de tronco lampiño y ramoso; hojas alternas, con hojuelas ovales, enteras y lustrosas; flores en racimos laterales, y por frutos drupas pequeñas, primero rojas y después negruzcas. Su madera es dura y compacta y exuda por la corteza gotas muy olorosas de trementina blanca. *Pistacia terebinthus*, terebintáceo. sinón.: **albotín, cornicabra.**

TEREBRANTE. (Del lat. *terebrans, -antis*, p. a. de *terebrare*, taladrar.) adj. *Med.* Aplícase al dolor que ocasiona sensación semejante a la que se produciría taladrando la parte dolorida.

TEREBRÁTULA. (Del lat. *terebratus*, taladro.) f. Molusco braquiópodo protegido por dos valvas desiguales articuladas por medio de charnela y con agujero en el ápice para la salida del pie.

TERENCIANO, NA. (Del lat. *terentianus*.) adj. Propio y característico del poeta cómico latino Terencio, o que tiene semejanza con cualquiera de las dotes y calidades por las que se distinguen sus obras. *Comedia* TERENCIANA.

TERENCIO, Publio. *Biog.* Poeta lat. cuyas comedias son fino análisis de la psicología de sus contemporáneos; *El verdugo de sí mismo; La suegra*, etc. (185-159 a. de C.).

TERENIABÍN. (Del ár. *terenchobín*, y éste del persa *terengobín*.) m. Substancia viscosa que fluye de las hojas de un arbusto propio de Persia y Arabia, que se emplea en medicina como purgante; es blanquecina, dulce y con aspecto de miel. sinón.: **maná líquido.**

TEREQUE. m. *Col., P. Rico*, y *Ven.* Trasto, cachivache.

TERERÉ. (Del guaraní *tereré*.) m. *Arg.* (*Nordeste*) y *Parag.* Bebida hecha con la infusión de la yerba mate y otras hierbas medicinales en agua fría.

TERESA. adj. Aplícase a la monja carmelita que profesa la reforma de Santa Teresa. Ú.t.c.s.f. *Convento de* TERESAS.

TERESA CRISTINA. *Biog.* Emperatriz de Brasil, esposa de Pedro II (1822-1889).

TERESA DE JESÚS, Santa. *Hagiog.* Inmortal escr. mística esp., cuya vida estuvo dedicada a la reforma de la orden del Carmelo. Se convirtió en monja carmelita, en Ávila, en 1534. Fue consejera de San Juan de la Cruz. Sus obras lit. compendian su rica experiencia anímica, que de éxtasis en éxtasis alcanza las más altas cumbres de la beatitud. Obras: *Las Moradas; Libro de las Fundaciones; Cartas*, etc. (1515-1582).

TERESA DEL NIÑO JESÚS, Santa. *Hagiog.* Relig. carmelita fr., autora de *La historia de un alma* (1873-1897).

TERESA, Madre. *Biog.* Filántropa católica, a quien se otorgó el premio Nobel de la Paz 1979 por su ejemplar dedicación a los necesitados, en la India. En 1950 fundó en Calcuta la orden Misioneras de la Caridad, que en 1977 abarcaba 81 escuelas, más de 300 dispensarios, unos 75 centros de socorro, y misiones en más de 50 ciudades de la India. En el sur de Calcuta fundó en 1952 un hogar para indigentes agonizantes. Su lema es "servir a Dios entre los más pobres de entre los pobres". Nació en 1910 en Yugoslavia y su nombre original es Agnes Gonxha Bojaxhiu.

TERESHKOVA, Valentina. *Biog.* Astronauta soviética; primera mujer que realizó un vuelo espacial. A bordo de la *Vostok VI*, de la U.R.S.S., describió 48 órbitas en 70 hs. 50 m., en junio de 1963.

TERESIANA. f. Especie de quepis usado como prenda de uniforme militar.

TERESIANO, NA. adj. Perteneciente o relativo a Santa Teresa de Jesús. *Estilo* TERESIANO. || Devoto de esta santa. || *Chile.* Aplícase a la hermana de votos simples de la tercera orden carmelita, cuya patrona es Santa Teresa.

TERESINA. *Geog.* Ciudad del N.E. de Brasil, capital del Est. de Piauhy, sit. sobre el río Parnaíba. 65.000 h. Algodón. Hilanderías.

TERETE. (Del lat. *teres, -etis*, rollizo.) adj. p. us. Rollizo, duro y de carne fuerte.

TERGIVERSABLE. adj. Que puede tergiversarse.

TERGIVERSAR. al. **Verdrehen.** fr. **Tergiverser.** ingl. **To tergiversate.** ital. **Tergiversare.** port. **Tergiversar.** (Del lat. *tergiversare*.) tr. Forzar, torcer las razones o argumentos, las palabras de un dicho o de un texto, la interpretación de ellas, o las relaciones de los hechos y sus circunstancias. *Discute* TERGIVERSANDO *los argumentos del contrario.* || deriv.: **tergiversación; tergiversador, ra.**

TERIACA. (Del lat. *theriaca*.) f. Triaca.

TERIACAL. (De *teriaca*.) adj. Triacal.

TERIDOFITA. adj. *Bot.* Pteridofita. || f. pl. *Bot.* Pteridofitas.

TERLIZ. (Del lat. *trilix, -icis*, de tres hilos.) f. Tela de lino o algodón, fuerte, por lo general de rayas o cuadros, y tejida con tres lizos. sinón.: **cotí, cutí.**

TERMA. f. En el teatro, pieza del decorado separada de la armadura principal y sujeta en su suelo que sirve generalmente para representar elementos necesarios en la acción o para marcar los diversos términos de la escena.

TERMAL. adj. Perteneciente o relativo a las termas. *Fuente* TERMAL. || V. **Agua termal.**

TERMAS. al. **Warme Bäder; Thermen.** fr. **Thermes.** ingl. **Hot baths.** ital. **Terme.** port. **Termas.** (Del lat. *thermas*, y éste del gr. *thermá*, de *thermós*, cálido.) f. pl. Caldas. || Baños públicos de los antiguos romanos. || deriv.: **termario, ria.**

TERMAS. *Arq.* Los baños públicos o **termas** del Imperio Romano son una prueba fehaciente del desarrollo material y del refinamiento alcanzado por esa civilización. Demuestran, además, el perfeccionamiento de la técnica en la construcción a que los romanos habían llegado. Se construyeron en gran cantidad y a veces en proporciones gigantescas, como se puede apreciar en las ruinas que se conservan de las **termas** que hicieron construir los emperadores Caracalla, Diocleciano, Agripa, etc. Las había no tan sólo en las grandes ciudades sino también en poblaciones menores. Actualmente, las ruinas de las **termas** de Diocleciano (s. IV) se utilizan parcialmente como museo y como templo de Santa María de los Ángeles. Sin embargo, son las de Caracalla, que datan del s. III y que tenían capacidad para 1.600 bañistas, las que mejor permiten aquilatar la magnitud de esas obras.

TERMAS, Las. *Geog.* V. **Las Termas.**

TERMES. m. Comején.

TÉRMICO, CA. (Del gr. *therme*, calor.) adj. Perteneciente o relativo al calor. *Elevación* TÉRMICA.

TERMIDOR. (Del fr. *thermidor*, y éste del gr. *therme*, calor, y *doreo*, dar.) m. Undécimo mes del calendario republicano francés, que comenzaba el 19 de julio y terminaba el 17 de agosto.

TERMINABLE. adj. Que tiene término. antón.: **interminable.**

TERMINACIÓN. (Del lat. *terminatio, -onis*.) f. Acción y efecto de terminar o terminarse. || Parte final de una obra o cosa. || *Gram.* Letra o letras que se subsiguen al radical de los vocablos. TERMINACIÓN *de infinitivo.* || *Métr.* Letra o letras que forman la asonancia o consonancia entre los vocablos. || *Pat.* Estado de la naturaleza de un enfermo al iniciar la convalecencia.

TERMINACHO. (Desp. de *término*.) m. Voz o palabra inculta, mal formada o indecente. || Término raro para el que lo oye. *¡Cualquiera entiende los* TERMINACHOS *que usas!*; sinón.: **terminajo.**

TERMINADOR, RA. (Del lat. *terminator, -oris*.) adj. y s. Que termina.

TERMINAJO. (Desp. de *término*.) m. fam. Terminacho.

TERMINAL. (Del lat. *terminalis*.) adj. Final, último, y que pone término a algo. || *Bot.* Dícese de lo que está en el extremo de cualquier parte de la planta. *Flores* TERMINALES.

TERMINANTE. p. a. de **Terminar.** Que termina. || adj. Claro, preciso, concluyente. *La prohibición policial es* TERMINANTE. || deriv.: **terminantemente.**

TERMINAR. al. **Beenden; schliessen.** fr. **Achever; finir.** ingl. **To end; to finish.** ital. **Terminare; finire.** port. **Terminar, acabar.** (Del lat. *terminare*.) tr. Poner término a una cosa, acabarla. TERMINARON *la construcción*; sinón.: **concluir, finalizar, rematar.** || Acabar, rematar esmeradamente. *Obra bien* TERMINADA. || intr. Tener término, acabar una cosa. Ú.t.c.r. || *Med.* Entrar una enfermedad en su último periodo. *La pulmonía* TERMINA *por crisis.* || r. Ordenarse, dirigirse una cosa a otra como a su objeto o finalidad. *Las cosas* SE TERMINAN *hacia su perfección.*

TERMINATIVO, VA. (Del lat. *terminátum*, supino de *terminare*, terminar.) adj. Respectivo o relativo al término u objeto de una acción. Ú. en la filosofía escolástica.

TERMINISTA. com. Persona que usa términos rebuscados.

TÉRMINO. al. **Ende; Grenze.** fr. **Terme; borne.** ingl. **End; ending.** ital. **Termine.** port. **Término.** (Del lat. *términus*.) m. Último punto hasta donde llega o se extiende una cosa. *Éste es el* TÉRMINO *de la heredad.* || Último momento de la duración o existencia de una cosa. *El* TÉRMINO *de la vida.* || fig. Límite o extremo de una cosa inmaterial. *Mi tolerancia ha llegado a su* TÉRMINO. || Mojón, límite. || Línea divisoria de los Estados, provincias, etc. || Porción de territorio que está sometido a la autoridad de un ayuntamiento. TÉRMINO *municipal.* || Paraje señalado para algún fin. || Tiempo determinado. *Ha de hacerse en el* TÉRMINO *de diez días;* sinón.: **plazo.** || Hora, día o punto preciso para hacer algo. || Objeto, fin. || Palabra, expresión: TÉRMINO *desusado.* || Estado en que se halla una persona o cosa. || Forma o manera de portarse o hablar. Ú.m. en pl. *Le habló en* TÉRMINOS *muy duros.* || Talle, traza. || *Chile.* Palabra rebuscada o retumbante. || *Arq.* Sostén que termina por la parte superior en una cabeza humana. || *Gram.* Cualquiera de los elementos necesarios en la relación gramatical. || *Lóg.* Aquello dentro de lo cual se contiene íntegramente una cosa, de modo que nada de ella se halle fuera de él. || Cada una de las palabras que substancialmente integran una proposición o silogismo. Los **términos** de una proposición son dos: sujeto y predicado; los de un silogismo son tres: mayor, menor y medio. || *Mat.* El numerador o el denominador de un quebrado. || En una expresión analítica, cada una de las partes ligadas entre sí por el signo de sumar o de restar. || *Mús.* Punto, tono. || *Pint.* Plano en el que se representa algún objeto en un cuadro; llámase primer **término** el más próximo, segundo el medio, y tercero el último. || pl. *Astrol.* Grados y límites en que se suponía que los planetas tienen mayor fuerza en sus influjos. || **Término de una audiencia.** *For.* Intervalo entre dos sesiones seguidas de un tribunal. || **— eclíptico.** Distancia entre la Luna y uno de los dos nodos de su órbita. || **— extraordinario.** *For.* El de prueba cuando ésta haya de realizarse en el extranjero o en territorio nacional muy lejano y separado por el mar. || **— fatal.** *For.* El improrrogable, cuyo transcurso cancela el derecho que durante él no se ejercitó. || **— medio.** Cantidad que se obtiene sumando otras varias y dividiendo la suma por el número de ellas. || fig. Resolución proporcionada que se toma para salir de alguna duda o solucionar una discordia. || **— negativo.** *Álg.* El que lleva el signo menos (–). || **— perentorio.** *For.* **Término fatal.** || **— positivo.** *Álg.* El que lleva el signo más (+), explícito o implícito, cuando es el primero de un polinomio. || **— probatorio.** *For.* El señalado por el juez, de acuerdo con la ley, para proponer y hacer las probanzas. || **Términos necesarios.** *Astron.* En los eclipses de Sol o Luna aquellas distancias de los luminares al nodo más próximo dentro de las cuales había necesariamente eclipse en alguna parte de la Tierra. || **— posibles.** En los eclipses, aquellas distancias al nodo, dentro de las cuales puede haber eclipse, y no fuera de ellas. || **En buenos términos.** loc. adv. que denota el empleo de una perífrasis para evitar la crudeza de la expresión. *Eso,* EN BUENOS TÉRMINOS, *significa una negativa.* || En relación amigable una persona con otra. *Está* EN BUENOS TÉRMINOS *con sus colegas.* || **Llevar a término.** frs. **Llevar a cabo.** || **Poner término** a una cosa. frs. Hacer que cese, que acabe.

TERMINOLOGÍA. f. Conjunto de vocablos o términos propios de una profesión, ciencia o materia. || deriv.: **terminológico, ca.**

TERMINOTE. m. aum. de **Término.** || fam. Voz afectada, de poco uso o excesivamente culta. *Un* TERMINOTE *raro*; sinón.: **terminacho.**

TÉRMINOS, Laguna de. *Geog.* Extensa albufera de la costa S.E. de México (Campeche). Tiene 82 km. de largo y 49 km. de ancho y posee amplios estuarios formados por los ríos que en ella desaguan.

TERMION. m. *Fís.* Partícula de electricidad emitida por una substancia incandescente. || deriv.: **termiónico.**

TERMITA. (Del gr. *therme*, calor.) f. Comején. || *Quím.* Mezcla de aluminio en polvo y algún óxido metálico, generalmente el férrico. Encendida mediante una cinta de magnesio, tiene lugar una reacción química con gran desprendimiento de calor. Se utiliza para soldar hierros y aceros, y en la confección de bombas incendiarias de aviación.

TÉRMITE. m. Termes.

TERMITERO. m. Nido de termes. *Los* TERMITEROS *son terrestres o arbóreos.*

TERMO. (Del gr. *therme*.) Prefijo que significa calor.

TERMO. al. **Thermosflasche.** fr. **Bouteille isolante.** ingl. **Thermos bottle.** ital. **Termos.** port. **Termo.** (Del gr. *thermós*, caliente.) m. Vasija para conservar la temperatura de las substancias que en ella se ponen aislándolas de la exterior. *A los* TERMOS *se les da forma cilíndrica.*

TERMOCAUTERIO. (Del gr. *therme*, calor, y *kauterion*, cauterio.) m. Cauterio hueco, de platino, que se mantiene candente por la electricidad u otro medio semejante. || deriv.: **termocauterización.**

TERMODINÁMICA. (Del gr. *therme*, calor, y de *dinámica*.) f. Parte de la física que trata de la fuerza mecánica del calor. || deriv.: **termodinámico, ca.**

● **TERMODINÁMICA.** *Fís.* La **termodinámica** es el tratamiento mecánico de las relaciones entre el calor y la potencia mecánica u otras formas de la energía. Parte de dos principios: la conservación cuantitativa de la energía y la cualidad (características) y calidad de esa energía. El primero es de carácter universal; el segundo es de carácter general pero no universal, ya que no se aplica en todas las escalas (la molecular, por ejemplo). Son dos las leyes fundamentales de la **termodinámica**: 1º) Durante la transformación del calor en cualquier otra forma de energía, existe una relación constante entre la cantidad de calor perdida y la cantidad de energía aparecida; lo mismo sucede en el proceso inverso. 2º) El calor no puede pasar espontáneamente de un cuerpo más frío a otro más caliente; nunca puede, pues, aparecer espontáneamente una diferencia de temperatura en un cuerpo situado originalmente a una temperatura uniforme.

TERMOELECTRICIDAD. f. *Fís.* Energía eléctrica producida por el calor. || Parte de la física que estudia esta energía.

TERMOELÉCTRICO, CA. (Del gr. *therme*, calor, y de *eléctrico*.) adj. Dícese del aparato en que se desarrolla electricidad por la acción del calor.

TERMOFAGIA. (Del gr. *therme*, calor, y *phagomai*, comer.) f. Hábito de ingerir los alimentos muy calientes. *La* TERMOFAGIA *puede producir trastornos digestivos.*

TERMOFOBIA. (Del gr. *therme*, calor, y *phobeo*, causar temor o espanto.) f. *Pat.* Temor morboso al calor.

TERMOGÉNESIS. (Del gr. *therme*, calor, y *génesis*, generación.) f. Producción o generación del calor. || deriv.: **termogénico, ca.**

TERMÓGENO, NA. (Del gr. *therme*, calor, y *gennao*, engendrar.) adj. Que produce calor. *Reacciones* TERMÓGENAS. || m. Nombre que se da a los aparatos que producen calor por medios mecánicos.

TERMOGRAFÍA. f. Uso o empleo del termógrafo. || deriv.: **termográfico, ca.**

TERMÓGRAFO. (Del gr. *therme*, calor, y *grapho*, escribir.) m. Termómetro registrador de las variaciones de temperatura.

TERMOIÓNICO, CA. adj. *Fís.* Que funciona por emisión de iones producidos por la acción del calor.

TERMOLÁMPARA. f. Lámpara calentadora.

TERMOLISIS. (Del gr. *therme,* calor, y *lysis,* disolución.) f. Disociación química por medio del calor. ‖ Pérdida del calor orgánico, ocasionada por radiación, secreciones, sudación, etc. ‖ deriv.: **termolítico, ca.**

TERMOLOGÍA. (Del gr. *therme,* calor, y *logos,* tratado.) f. *Fís.* Parte de la física que se ocupa del calor como agente de los fenómenos caloríferos y de las leyes que los rigen. ‖ deriv.: **termológico, ca.**

TERMOMECÁNICA. (Del gr. *therme,* calor, y de *mecánica.*) f. *Fís.* Mecánica del calor. ‖ deriv.: **termomecánico, ca.**

TERMOMETRÍA. (De *termómetro.*) f. Parte de la termología que trata de la medición de la temperatura.

TERMOMÉTRICO, CA. adj. Perteneciente o relativo al termómetro.

TERMÓMETRO. al. **Thermometer.** fr. **Thermomètre.** ingl. **Thermometer.** ital. **Termometro.** port. **Termometro.** (Del gr. *therme,* calor, y *metron,* medida.) m. *Fís.* Instrumento que sirve para medir la temperatura. TERMÓMETRO *de mercurio.* ‖ — **clínico.** El que se usa para tomar la temperatura a los enfermos, y cuya escala está dividida en décimas de grado. ‖ — **de máxima.** El que deja registrada la temperatura máxima. ‖ — **de mínima.** El que deja registrada la temperatura mínima. ‖ — **diferencial.** Instrumento que sirve para medir diferencias pequeñas de temperatura. ‖ IDEAS AFINES: *Fiebre, grado, centígrado, Fahrenheit, mercurio, febrífugo.*

TERMONUCLEAR. (De *termo* y *nuclear.*) adj. V. **Bomba termonuclear.**

TERMÓPILAS. *Geog. histór.* Desfiladero de Grecia, en Tesalia, donde Jerjes venció a Leónidas y sus trescientos espartanos (480 a. de C.).

TERMOSCOPIO. m. *Fís.* **Termómetro diferencial.**

TERMOSIFÓN. m. Aparato que sirve para calentar agua y distribuirla por medio de tuberías a los lavabos, baños y pilas de una casa. ‖ Aparato de calefacción por medio de agua caliente que va entubada a diversos locales de un edificio o elementos de una maquinaria.

TERNA. (Del lat. *terna,* triple.) f. Conjunto de tres personas propuestas para que se designe de entre ellas la que haya de desempeñar un cargo. ‖ En juego de dados, pareja de tres puntos. ‖ Cada juego o conjunto de dados con que se juega.

TERNARIO, RIA. (Del lat. *ternarius.*) adj. Compuesto de tres elementos, unidades o guarismos. sinón.: **trino.** ‖ m. Espacio de tres días dedicados a una devoción. sinón.: **triduo.**

TERNE. adj. fam. Valentón. Ú.t.c.s. sinón.: **ternejal.** ‖ Obstinado, perseverante. ‖ Fuerte, tieso, robusto. *Ya es viejo, pero se conserva* TERNE.

TERNECICO, CA, TO, TA adj. dim. de **Tierno.**

TERNEJAL. adj. y s. fam. Terne, valentón.

TERNEJÓN, NA. adj. y s. fam. Ternerón.

TERNERA. al. **Kalb; Kalbfleisch.** fr. **Genisse; veau.** ingl. **Calf; veal.** ital. **Vitella.** port. **Terneira; vitela.** (De *tierna.*) f. Cría hembra de la vaca. sinón.: **chota, jata.** ‖ Carne de **ternera** o de ternero. *Asado de* TERNERA.

TERNERAJE. m. *Amér.* Manada o conjunto de terneros.

TERNERO. al. **Kalb.** fr. **Veau.** ingl. **Calf.** ital. **Vitello.** port. **Terneiro.** (De *tierno.*) m. Cría macho de la vaca. sinón.: **choto, jato.** ‖ — **recental.** El de leche o que no ha pastado todavía.

TERNERÓN, NA. (De *tierno.*) adj. y s. fam. Aplícase a la persona que se enternece fácilmente, *Vieja* TERNERONA.

TERNERUELA. f. dim. de **Ternera.**

TERNEZA. (De *tierno.*) f. Ternura. ‖ Requiebro, dicho lisonjero. Ú.m. en pl. *Gusta de decir* TERNEZAS *a las mujeres*

TERNEZUELO, LA. adj. dim. de **Tierno.**

TERNI. *Geog.* Provincia de la región central de Italia (Umbria). 2.122 km². 240.000 h. Cap. hom. 115.000 h. Industrias metalúrgicas, textil y química.

TERNILLA. (Dim. de *tierna.*) f. Tejido flexible, elástico y blanquecino, que forma láminas en el cuerpo de los vertebrados. TERNILLA *de la nariz;* sinón.: **cartílago.** ‖ *Cuba.* Costillas falsas de las reses vacunas que se usan para dar substancia a los caldos. ‖ *Chile.* Bozal o especie de betijo que se pone a los terneros para que no mamen.

TERNILLOSO, SA. adj. Compuesto de ternillas. sinón.: **cartilaginoso.** ‖ Parecido a ellas.

TERNÍSIMO, MA. adj. superl. de **Tierno.**

TERNO. (Del lat. *ternus.*) m. Conjunto de tres cosas de una misma especie. ‖ Suerte de tres números, en el juego de la lotería primitiva. ‖ Pantalón, chaleco y chaqueta, u otra prenda semejante, hechos de la misma tela. ‖ Conjunto del oficiante y sus dos ministros que celebran una misa mayor. ‖ Vestuario exterior del terno eclesiástico. ‖ Voto, juramento o porvida. *Enfurecióse y comenzó a echar* TERNOS. ‖ *Cuba* y *P. Rico.* Aderezo de joyas compuesto de pendientes, collar y alfiler. ‖ *Impr.* Conjunto de tres pliegos impresos metidos uno dentro de otro.

TERNURA. al. **Zärtlichkeit.** fr. **Tendresse.** ingl. **Tenderness.** ital. **Tenerezza.** port. **Ternura.** f. Calidad de tierno. ‖ Requiebro, dicho lisonjero. ‖ Afecto, amor, cariño.

TERO. m. *Arg.* Teruteru.

TERODÁCTILO. m. *Paleont.* Pterodáctilo.

TEROPITECO. m. Mono catirrino, intermedio de los macacos y los cinocéfalos. *El* TEROPITECO *vive en las montañas de Abisinia.*

TERPENO. m. *Quím.* Nombre genérico de un grupo de hidrocarburos cíclicos, presentes en numerosos aceites esenciales de origen vegetal. Líquidos incoloros, aromáticos y volátiles. Son de gran interés científico e industrial.

TERPINA. f. *Quím.* Hidrato de trementina. Se emplea para combatir los catarros, en la tuberculosis y en la bronquitis crónica.

TERPINOL. m. Substancia obtenida por la acción de un ácido sobre la terpina.

TERPSÍCORE. *Mit.* Musa de la danza y el canto coral.

TERQUEAR. intr. Mostrarse terco. sinón.: **obstinarse.**

TERQUEDAD. f. Calidad de terco. sinón.: **obstinación, terquería, terqueza, testarudez.** ‖ Porfía, disputa molesta y cansada, inflexible a la razón. *Sordos a todo razonamiento, proseguían incansables en su* TERQUEDAD. ‖ *Ec.* Despego, desvío, desabrimiento.

TERQUERÍA. (De *terco.*) f. Terquedad.

TERQUEZA. (De *terco.*) f. Terquedad.

TERRA, Gabriel. *Biog.* Pol. uruguayo. Elegido presid. de la República para el período 1931 a 1935, en 1933 asumió poderes dictatoriales. Convocó después a elecciones y fue reelegido presid. hasta 1938 (1873-1942).

TERRACOTA. al. **Terrakotta.** fr. **Terre cuite.** ingl. **Terra cotta.** ital. **Terracotta.** port. **Terracota.** (Del ital. *terracotta.*) f. Escultura de barro cocido. ‖ Barro cocido.

TERRADA. (De *tierra.*) f. Especie de betún.

TERRADO. (De *tierra.*) m. Sitio elevado y descubierto de una casa, desde el cual se puede explayar la vista. *Desde el* TERRADO, *espía a los vecinos;* sinón.: **terraza, terrero.**

TERRAIL, Pedro de, señor de Bayardo. *Biog.* V. **Bayardo, Pedro de Terrail, señor de.**

TERRAJA. f. Tabla para hacer molduras. ‖ Herramienta compuesta por una barra metálica con una caja rectangular en el medio, para ajustar las piezas que sirven para labrar las roscas de los tornillos. ‖ — **de agujero cerrado.** La que tiene de una sola pieza la caja donde se labra la rosca. ‖ — **de cojinetes.** Aquella en que la caja donde se labra la rosca está dividida en dos partes, cuya distancia se gradúa por medio de cojinetes. sinón.: **tarraja.**

TERRAJE. m. Terrazgo, pensión o renta que se paga.

TERRAJERO. m. Terrazguero.

TERRAL. adj. y s. Dícese del viento que sopla de tierra.

TERRALLA, Esteban de. *Biog.* Escritor esp. que residió en México y Perú. Autor de la obra satírica y costumbrista *Lima por dentro y por fuera* (s. XVIII).

TERRAMICINA. *Farm.* Droga que se obtiene de un hongo llamado *Streptomices nimosus* y que es un eficaz antibiótico.

TERRANOVA. *Geog.* Isla de la costa N. E. de Canadá, sobre el Atlántico. Forma parte de la prov. homón. de 402.346 Km² y 538.000 h. Importante centro pesquero. Yacimientos de hierro, cinc, plomo, carbón. Fue descubierta por Juan Cabot en 1497. Cap. SAINT JOHN'S.

TERRAPLÉN. al. **Damm.** fr. **Remblai.** ingl. **Terraplein.** ital. **Terrapieno.** port. **Terrapleno.** (De *terrapleno.*) m. Macizo de tierra con que se rellena un hueco, o que se levanta para hacer una defensa, un camino, etc.

TERRAPLENAR. (Del lat. *terra,* tierra, y *plenare,* llenar.) tr. Llenar de tierra un vacío o hueco. ‖ Acumular tierra para levantar un terraplén. ‖ fig. Llenar, colmar. *Es imposible* TERRAPLENAR *la sima de su codicia.* ‖ deriv.: **terraplenable; terraplenación; terraplenamiento.**

TERRAPLENO. (Del lat. *terra,* tierra, y *plenus,* lleno.) m. desus. Terraplén.

TERRÁQUEO, A. (Del lat. *terra,* tierra, y *aqua,* agua.) adj. Compuesto de tierra y agua. Dícese con propiedad solamente del globo o esfera terrestre.

TERRATENIENTE. al. **Grundbesitzer.** fr. **Propriétaire foncier.** ingl. **Landowner.** ital. **Proprietario rurale.** port. **Proprietário rural.** (Del lat. *terra,* tierra, y *tenens, -entis,* que tiene.) com. Dueño o poseedor de tierra o hacienda.

TERRAZA. al. **Terrasse.** fr. **Terrasse.** ingl. **Terrace.** ital. **Terrazza.** port. **Terraço.** (De *terrazo.*) f. Jarra vidriada, de dos asas. ‖ Arriate de un jardín. ‖ Terrado. ‖ *Geol.* Faja de terreno llano que forma escalón en una roca, a la orilla de un río, etc. TERRAZAS *de erosión, aluviales.*

TERRAZAS, Francisco de. *Biog.* Poeta mex., uno de los más antiguos que se conocen. Autor de *Conquista* y del poema inconcluso *Nuevo Mundo* (s. XVI).

TERRAZGO. m. Pedazo de tierra para sembrar. ‖ Pensión o renta que paga al dueño de una tierra el que la labra. sinón.: **terraje.**

TERRAZGUERO. m. Labrador que paga terrazgo. sinón.: **terrajero.**

TERRAZO. (Del lat. *terráceus,* de tierra.) m. ant. Jarro, vasija. ‖ *Pint.* Terreno representado en un paisaje. *Las figuras se destacan vigorosamente en el desvaído* TERRAZO.

TERRAZUELA. f. dim. de **Terraza,** jarra vidriada.

TERREAR. intr. Descubrirse la tierra en los sembrados.

TERRECER. (Del lat. *terrescere.*) tr. y r. Aterrar, causar terror. ‖ irreg. Conj. como **agradecer.**

TERREGOSO, SA. adj. Aplícase al campo lleno de terrones.

TERREMOTO. al. **Erdbeben.** fr. **Tremblement de terre.** ingl. **Earthquake.** ital. **Terremoto.** port. **Terremoto.** (Del lat. *terraemotus;* de *terra,* tierra, y *motus,* movimiento.) m. Sacudida del terreno, por fuerzas que actúan en lo interior del globo. sinón.: **remezón, seismo, sismo, temblor de tierra.** ‖ IDEAS AFINES: *Geología, sismógrafo, epicentro, catástrofe, cataclismo.*

TERRENAL. al. **Irdish; weltlich.** fr. **Terrestre.** ingl. **Earthly; wordly.** ital. **Terrestre.** port. **Terrenal.** (De *terreno.*) adj. Perteneciente a la tierra, en contraposición de lo que pertenece al cielo. *Bienes* TERRENALES; sinón.: **terreno.** ‖ V. **Paraíso terrenal.** ‖ Mundano. ‖ Por ext., finito, perecedero.

TERRENIDAD. f. Calidad de terreno.

TERRENO, NA. al. **Boden; Grund; Gelände.** fr. **Terrain.** ingl. **Piece of land; plot; terrain.** ital. **Terreno.** port. **Terreno.** (Del lat. *terrenus.*) adj. Terrestre. ‖ Terrenal. ‖ m. Sitio o espacio de tierra. *La finca ocupa poco* TERRENO. ‖ fig. Campo o esfera de acción. *Ése es* TERRENO *de especialista.* ‖ Orden de materias o de ideas de que se trata. *Eso sólo interesa en el* TERRENO *científico.* ‖ *Geol.* Conjunto de substancias minerales cuya formación corresponde a una misma época o que tienen origen común. TERRENOS terciarios ‖ — **agarrado.** El duro y compacto. ‖ — **del honor.** fig. Campo donde se realiza un duelo o desafío. ‖ — **de transición.** *Geol.* **Terreno** sedimentario donde se han encontrado fósiles primitivos. ‖ — **franco.** El que libremente concede el Estado a la industria minera. ‖ **Ganar** uno **terreno.** fig. Adelantar en algo. ‖ Irse introduciendo hábilmente para lograr alguna cosa. ‖ **Llevar** a uno **al terreno del honor.** frs. fig. Desafiarle a un duelo. ‖ **Medir** uno **el terreno.** Tantear las dificultades de un negocio con el fin de vencerlas. ‖ **Minarle** a uno **el terreno.** frs. fig. Trabajar disimuladamente para desbaratarle sus planes. ‖ **Perder** uno **terreno.** frs. fig. Atrasar en un negocio. ‖ **Saber** uno **el terreno que pisa.** frs. fig. Conocer bien el asunto en que se ocupa o las personas con quienes se trata. ‖ **Sobre el terreno.** frs. fig. En presencia de los lugares de que se trata, y por extensión, de los datos o referencias de cualquier asunto.

TÉRREO, A. (Del lat. *térreus.*) adj. De tierra. sinón.: **terrino.** ‖ Parecido a ella.

TERRERA. (Del lat. *terraria,* term. f. de *-rius,* terrero.) f. Alondra.

TERRERO, RA. (Del lat. *terrarius.*) adj. Perteneciente o relativo a la tierra. ‖ Dícese del vuelo rastrero de ciertas aves. ‖ Aplícase a la caballería que levanta poco los brazos al caminar. ‖ Dícese de las cestas de mimbres o espuertas que se emplean para transportar tierra. Ú.t.c.s.f. ‖ fig. Bajo y humilde. ‖ *Can.* y *P. Rico.* Dícese de la casa de un solo piso. ‖ m. Terrado. ‖ Montón de tierra. ‖ Depósito de tierras que se acumulan por la acción de las aguas. ‖ Montón de broza o desechos sacados de una mina. Objeto o blanco para tirarle. *Dar en el* TERRERO; *ser el* TERRERO *de la envidia.*

TERREROS, Fray Bruno. *Biog.* Sac. per. que de las filas realistas pasó a las patriotas, donde realizó hazañas (1788-1827).

TERRESTRE. (Del lat. *terrestris.*) adj. Perteneciente o relativo a la tierra. sinón.: **telúrico, terrenal, terreno, terrero.**

TERREZUELA. f. dim. de **Tierra.** Tierra de poco valor.

TERRIBILIDAD. (Del lat. *terribílitas, -atis.*) f. Calidad de terrible. sinón.: **terriblez, terribleza.**

TERRIBILÍSIMO, MA. adj. super. de **Terrible.**

TERRIBLE. al. **Schrecklich; furchtbar.** fr. **Terrible.** ingl. **Terrible.** ital. **Terribile.** port. **Terrível.** (Del lat. *terríbilis.*) adj. Digno de ser temido; que causa terror. ‖ Áspero de genio o condición. *Tiene un carácter* TERRIBLE. ‖ Atroz, desmesurado, extraordinario. *Sufrió* TERRIBLES *dolores.*

TERRIBLEMENTE. adv. m. Espantosa o violentamente. ‖ fam. Extraordinaria o excesivamente.

TERRIBLEZ. f. Terribleza.

TERRIBLEZA. (De *terrible.*) f. Terribilidad.

TERRÍCOLA. (Del lat. *terrícola;* de *terra,* y *cólere,* habitar.) com. Habitador de la Tierra.

TERRIER. adj. Aplícase a una raza de perros de talla varia, que comprende muchas variedades, todas muy apreciadas por su inteligencia y fino olfato para la caza. Ú.t.c.s.

TERRÍFICO, CA. (Del lat. *terríficus.*) adj. Que pone espanto o terror. *Tuvo un ensueño* TERRÍFICO.

TERRÍGENO, NA. (Del lat. *terrígenus;* de *terra,* tierra, y *gignere,* engendrar, nacer.) adj. Nacido o engendrado de la tierra.

TERRINO, NA. adj. De tierra. sinón.: **térreo.**

TERRITORIAL. (Del lat. *territorialis.*) adj. Perteneciente al territorio. ‖ V. **Audiencia** y **mar territorial.**

TERRITORIALIDAD. (De *territorial.*) f. Consideración especial en que se toman las cosas en cuanto están dentro del territorio de un Estado. || Ficción jurídica por la cual los buques y los domicilios de los agentes diplomáticos son considerados, dondequiera que se hallen, como si formasen parte del territorio de su propia nación. antón.: **extraterritorialidad.**

TERRITORIO. al. **Gebit; land.** fr. **Territoire.** ingl. **Territory.** ital. **Territorio.** port. **Território.** (Del lat. *territórium.*) m. Parte de la superficie terrestre perteneciente a una nación, región, provincia, etc. || Circuito o término que comprende una jurisdicción. || *Arg.* Demarcación sujeta al mando de un gobernador nombrado por el Gobierno nacional.

TERRIZO, ZA. adj. Que es de tierra o está hecho de tierra. || Dícese del suelo de tierra sin pavimentar. || s. Barreño o lebrillo.

TERROMONTERO. m. Collado, montecillo.

TERRÓN. al. **Scholle.** fr. **Motte.** ingl. **Clod.** ital. **Zolla.** port. **Torrão; terrão.** m. Masa pequeña y suelta de tierra compacta, y también de otras substancias. TERRÓN *de azúcar, de sal.* || Residuo que después de exprimida deja la aceituna en los capachos de los molinos de aceite. || fig. y fam. **Terrón de tierra.** || pl. Hacienda rústica, como tierras labrantías, viñas, etc. *Con unos míseros* TERRONES *tenía que sustentar a su familia.* || **Terrón de tierra.** fig. y fam. **Montón de tierra.**

TERRONAZO. m. Golpe dado con un terrón.

TERRONERA. f. *Col.* Pavor, terror.

TERROR. al. **Terror; Schrecken.** fr. **Terreur.** ingl. **Terror.** ital. **Terrore.** port. **Terror.** (Del lat. *térror, -oris.*) m. Miedo, espanto, pavor. || Período durante la Revolución francesa en que eran frecuentes las ejecuciones por motivos políticos.

TERRORÍFICO, CA. adj. Terrífico.

TERRORISMO. m. Dominación por el terror. || Sucesión de actos de violencia que se ejecutan para infundir terror.

TERRORISTA. com. Persona partidaria del terrorismo. || adj. Que practica actos de terrorismo. Ú.t.c.s.m. y f. || Perteneciente o relativo al terrorismo. || Dícese del gobierno, partido, etc., que practican el terrorismo.

TERROSIDAD. f. Calidad de terroso.

TERROSO, SA. (Del lat. *terrosus.*) adj. Que participa de la naturaleza y propiedades de la tierra. sinón.: **térreo.** || Que tiene mezcla de tierra. *Agua* TERROSA.

TERRUÑO. m. Terrón o trozo de tierra. || Comarca o tierra, en especial el país natal. *La nostalgia del* TERRUÑO. || Terreno, especialmente hablando de su calidad.

TERRY, José Antonio. *Biog.* Pintor arg. que describió en sus cuadros las costumbres típicas del Norte arg. (1878-1954).

TERSAR. tr. Poner tersa una cosa.

TERSIDAD. (De *terso.*) f. Tersura.

TERSO, SA. (Del lat. *térsus,* p. p. de *térgere,* limpiar.) adj. Limpio, resplandeciente, claro, bruñido. || fig. Refiriéndose al lenguaje, puro, fluido, fácil.

TERSURA. f. Calidad de terso. *Agrada al lector la* TERSURA *de su prosa;* sinón.: **tersidad.**

TERTEL. m. *Chile.* Capa de tierra muy dura que se halla debajo del subsuelo.

TERTULIA. al. **Kränzchen.** fr. **Réunion.** ingl. **Party.** ital. **Riunione.** port. **Tertúlia.** f. Reunión de personas para conversar amigablemente o para algún pasatiempo honesto. || Corredor en la parte más alta de los antiguos teatros de España. || Lugar que en los cafés se destina a mesas de juego de billar, cartas, dominó, etc. || *Arg.* Butaca de la parte alta del teatro. || IDEAS AFINES: *Visita, salón, té, comida, sociabilidad, recepción, sarao, club, casino, contertulio.*

TERTULIANO, NA. adj. y s. Dícese del que concurre a una tertulia. sinón.: **tertuliante, tertulio.**

TERTULIANO, Quinto S. F. *Biog.* Fil. latino convertido al cristianismo; fue jefe de una secta llamada de los tertulianistas. Consideró la fil. perjudicial para el cristianismo y causa de las herejías. Es célebre su expresión *"Credo quia absurdum est"*, de su obra más famosa *El apologético* (160-220).

TERTULIANTE. adj. Tertuliano. Ú.t.c.s.

TERTULIAR. intr. *Amér.* Estar de tertulia.

TERUEL. *Geog.* Provincia del E. de España (Aragón). 14.797 km². 240.000 h. Trigo, cebada, vid, frutas. Hulla, hierro, azufre, plomo. Explotación forestal. Cap. hom. con 22.000 h. Industria textil.

TERUNCIO. (Del lat. *teruncius;* de *ter,* tres, y *uncia,* onza.) m. Moneda romana que valía la cuarta parte de un as.

TERUTERU. m. *Amer. del S.* Ave zancuda, de unos treinta centímetros, de plumaje gris, blanco y negro, con un espolón córneo rojo en cada ala, vive en parejas en las llanuras y emite un grito estridente, del que su nombre vulgar es remedo. *Belonopterus cayennensis,* caradrida. sinón.: **tero.** || – **real.** *Amér. del S.* El que tiene plumaje blanco y negro y patas rojas. *Himantopus himantopus,* carádrida.

● **TERUTERU.** *Zool.* Con los nombres populares de tero, **teruteru,** tetéu, y quero se designa a dos especies de la familia *charedriidae*: el **teruteru** común (*Belonopterus cayennensis lampronotus*) y el **teruteru** del oeste (*Belonopterus catennensis occidentalis*). El nombre técnico (del griego: *belone,* púa; *pteron,* ala) alude a un característico espolón, color coral, que la avecilla tiene en el codo del ala y que utiliza para su defensa y también para atacar cuando ve en peligro su nidada. En las designaciones vernáculas, la onomatopeya jugó un papel importante; la más exacta es la de **teruteru,** ya que lanza su grito a pares, grito estridente, típico de las campiñas argentinas. Diversos escritores, en especial Hudson y Hernández, han descrito el carácter ceremonioso del **teruteru** y su astucia para defender el nido; también se han referido a él Ascasubi, Bartolomé Hidalgo, Güiraldes, Lugones, Benito Lynch y otros.

TERZIÁN, Alicia. *Biog.* Compositora arg., autora de obras para piano y para orquesta, preferentemente (n. 1936).

TERZUELO. (dim. de *tercio.*) m. Tercera parte de una cosa. || *Cetr.* Halcón macho.

TESALIA. *Geog.* Región del E. de Grecia. Es una llanura situada cerca del mar Egeo y rodeada de montañas.

TESALIANO, NA. adj. Tesaliense.

TESÁLICO, CA. (Del lat. *thessálicus.*) adj. Tesaliense.

TESALIENSE. adj. Natural de Tesalia. Ú.t.c.s. || Perteneciente a esta región de la Grecia antigua.

TESALÓNICA. *Geog.* Ciudad del N. de Grecia, en Macedonia. Puerto sobre el golfo homónimo. 346.000 h. Industria textil, manufactura de tabacos, tapices. Antes se llamó **Salónica.** || **Golfo de –.** Profunda escotadura de la costa N. de Grecia, sobre el mar Egeo, limitada al E. por la pen. Calcídica.

TESALONICENSE. (Del lat. *thessalonicenses.*) adj. Natural de Tesalónica. Ú.t.c.s. || Perteneciente a esta ciudad de Macedonia.

TESALÓNICO, CA. (De *Tesalónica.*) adj. Tesalonicense. Apl. a pers., ú.t.c.s.

TESAR. tr. *Mar.* Poner tirantes los cabos, velas y cosas semejantes. TESO *el cable hasta dejarlo bien tirante.* || intr. Andar hacia atrás los bueyes uncidos. || deriv.: **tesadura.**

TESAURIZAR. (Del lat. *thesaurizare.*) tr. Atesorar. sinón.: **tesorizar.**

TESAURO. (Del lat. *thesaurus,* y éste del gr. *thesaurós.*) m. Tesoro, nombre que dan sus autores a ciertos diccionarios, antologías o catálogos.

TESELA. (Del lat. *tessella.*) f. Cualquiera de las piezas cúbicas de mármol, piedra, barro cocido, etc., con que se forman los pavimentos de mosaicos. || deriv.: **teselado, da.**

TESEO. *Mit.* Héroe ateniense que dio muerte al Minotauro y participó en la conquista del vellocino de oro. Huyó del laberinto de Creta guiado por el hilo de Ariadna, a la cual abandonó en la isla de Naxos; tomó por esposa a Fedra y, condenado por Plutón, a los Infiernos, fue libertado por Hércules.

TÉSERA. (Del lat. *tessera.*) f. Pieza cúbica o planchuela con inscripciones, usada por los romanos como contraseña, distinción honorífica, bono o prenda de un pacto. *Entregó la* TÉSERA, *y recibió pan, vino y aceite.*

TESEY, Víctor. *Biog.* Escultor per. cont. Artista de honda sensibilidad, se ha destacado entre los mejores de su país.

TESIFONA. *Mit.* Una de las furias.

TESINO. *Geog.* Río de Europa que nace en Suiza (San Gotardo), atraviesa el lago Mayor, penetra en territorio italiano y des. en el Po, al S.E. de Pavía. 248 km. || Cantón del S. de Suiza, en el límite con Italia. 2.813,4 km². 266.000 h. Vid, ganado. Mármol. Industrias químicas. Cap. BELLINZONA.

TESIS. al. **These.** fr. **These.** ingl. **Thesis.** ital. **Tesi.** port. **Tese.** (Del lat. *thesis,* y éste del gr. *thesis.*) f. Conclusión, proposición que se mantiene con razonamientos. || Disertación escrita que se presenta en la universidad para doctorarse. || *Mús.* Acento que corresponde al primer tiempo de un compás.

TESITURA. (Del ital. *tessitura.*) f. Altura propia de cada voz o instrumento. TESITURA *grave.* || fig. Actitud o disposición del ánimo. *No le pidas nada, que no está en buena* TESITURA.

TESLA. m. *Fís.* Unidad de inducción magnética en el sistema basado en el metro, el kilogramo, el segundo y el amperio.

TESLA, Nicolás. *Biog.* Fís. estad. n. en Yugoslavia. Inventó un generador de alta frecuencia y el motor y transformador que llevan su nombre. Descubrió las corrientes de alta frecuencia y alta tensión y practicó investigaciones relacionadas con la radiotelefonía (1857-1943).

TESO, SA. (Del lat. *tensus,* p. p. de *téndere,* estirar.) p. p. irreg. de **Tesar.** || adj. Tieso. || m. Cima de un cerro. || Pequeña salida en una superficie lisa. || Colina baja que tiene alguna extensión llana en la cima.

TESÓN. (Del lat. *tensio, -onis.*) m. Firmeza, constancia, inflexibilidad.

TESONERÍA. (De *tesón.*) f. Terquedad, pertinacia.

TESONERO, RA. adj. Dícese del que tiene tesón o constancia. *Ha prosperado porque es* TESONERO *en el trabajo*; sinón.: **tenaz, perseverante.**

TESORERÍA. f. Cargo u oficio del tesorero. || Oficina o despacho del tesorero.

TESORERO, RA. (Del ant. *tesaurero.*) s. Persona que custodia y distribuye los caudales de una dependencia pública o particular. || m. Canónigo que cuida de las reliquias y alhajas de una catedral.

TESORIZAR. tr. desus. Atesorar.

TESORO. al. **Schatz.** fr. **Trésor.** ingl. **Treasure.** ital. **Tesoro.** port. **Tesouro.** (Del ant. *tesauro.*) m. Cantidad de dinero, valores u objetos preciosos, reunida y guardada. || Erario de la nación. TESORO *público.* || Abundancia de caudal y dinero guardado y conservado. || fig. Persona o cosa, o conjunto de cosas, de mucho precio o dignas de gran estimación. *Este libro es un* TESORO *de conocimientos.* || Nombre dado por sus autores a ciertos diccionarios, catálogos o antologías. TESORO *de la lengua castellana.* || *For.* Conjunto escondido de monedas o cosas preciosas, de cuyo dueño no hay memoria. || IDEAS AFINES: *Enterrar, descubrir, piratas, avaro, Eldorado, Nibelungos.*

TESPÍADES. (Del lat. *thespíades.*) f. pl. Nombre que se aplicaba a las musas, porque según la fábula, moraron en la ciudad de Tespias.

TESPIS. *Biog.* Poeta griego del siglo VI a. de C., a quien se le atribuye la creación de las representaciones teatrales.

TEST. (Voz ingl. que significa *prueba.*) m. Serie de preguntas o ejercicios que, especialmente en pedagogía y psicología, se emplean para medir la inteligencia, conocimiento, memoria, aptitudes, etc., de un individuo o grupo de individuos.

● **TEST.** *Psicol.* Las pruebas psicológicas así denominadas, creadas con el objeto de poner al sujeto de experiencia en una situación mediante la cual pueda conocérselo, han merecido la desaprobación de los estudiosos sólo cuando no han cumplido con los requisitos básicos que deben llenar: a) ser objetivas en sus resultados, o sea que éstos no dependan de la apreciación del experimentador; b) excluir la intervención del azar; c) tener una significación precisa; d) ser de rápida ejecución en pocas palabras: validez, seguridad, economía de tiempo. No se debe pretender conocer con un solo **test** a un individuo; tal absurdo es el que ha llevado a desvirtuar el valor de las pruebas psicológicas. Un conjunto de **tests** bien seleccionados y bien empleados, ayudado por una capacidad de observación y valoración en el experimentador, favorece la eficacia de los resultados. Los **tests** pueden tomarse colectiva o individualmente, todo depende de lo que pretendan investigar; generalmente las pruebas colectivas miden factores de aptitud, inteligencia o conocimientos adquiridos; mientras que la afectividad, temperamento, personalidad, deben apreciarse individualmente. Últimamente, la psicología y la caracterología hacen uso de las llamadas "técnicas proyectivas", las que intentan, como el nombre lo indica, favorecer la proyección de la personalidad total, en pruebas que deben, como requisito fundamental, decir lo menos posible, para dar pie a la interpretación personal del sujeto.

TESTA. (Del lat. *testa.*) f. Cabeza del hombre y de los animales. *No le dolió la cabezada, porque es duro de* TESTA. || Frente, cara o parte anterior de algunas cosas materiales. || fig. y fam. Entendimiento y capacidad en la acertada conducción de las cosas. || – **coronada.** Monarca o soberano de un Estado. || – **de ferro.** Testaferro.

TESTÁCEO, A. (Del lat. *testáceus.*) adj. *Zool.* Dícese de los animales que tienen concha. Ú.t.c.s.m.

TESTACIÓN. (Del lat. *testatio, -onis.*) f. Acción y efecto de testar o tachar.

TESTADA. (De *testa.*) f. Testarada.

TESTADO, DA. adj. Dícese de la persona que ha muerto habiendo hecho testamento, y de la sucesión por éste regida. antón.: **intestado.**

TESTADOR, RA. (Del lat. *testátor, -oris.*) s. Persona que hace testamento.

TESTADURA. (De *testar,* tachar.) f. Testación. sinón.: **tachadura.**

TESTAFÉRREA. m. Testaferro.

TESTAFERRO. (Del ital. *testaferro,* cabeza de hierro.) m. El que presta su nombre en un contrato, empresa o negocio que en realidad es de otra persona.

TESTAMENTARÍA. al. **Testamentsvollstrekkung.** fr. **Succession.** ingl. **Estate.** ital. **Escuzione testamentaria.** port. **Testamentaria.** f. Ejecución de lo que se dispone en un testamento. TESTAMENTARÍA *judicial.* || Sucesión y caudal de ella durante el tiempo que transcurre desde la muerte del testador hasta que concluye en la liquidación y división. || Conjunto de documentos y papeles concernientes al cumplimiento de la voluntad del testador. || Juicio, de los denominados universales, para inventariar, liquidar y partir la herencia.

TESTAMENTARIO, RIA. (Del lat. *testamentarius.*) adj. Perteneciente o relativo al testamento. *Cláusula* TESTAMENTARIA. || s. Persona encargada por el testador para que cumpla su última voluntad. sinón.: **albacea, cabezalero.**

TESTAMENTIFACCIÓN. f. *For.* Facultad para otorgar testamento o recibir herencia o legado.

TESTAMENTO. al. **Testament.** fr. **Testament.** ingl. **Testament.** ital. **Testamento.** port. **Testamento.** (Del lat. *testaméntum.*) m. Declaración que una persona hace de su última voluntad disponiendo de sus bienes y asuntos para después de su muerte. ‖ Documento en que consta legalmente la voluntad del testador. ‖ – **abierto.** El otorgado de palabra o por minuta que ha de leerse ante testigos y el cual se protocoliza como escritura pública. ‖ – **cerrado.** El que se otorga escribiendo el testador su voluntad bajo cubierta sellada, para que se cumpla en la forma prescrita por la ley civil. ‖ – **escrito. Testamento cerrado.** ‖ – **marítimo.** El que, con menor solemnidad, otorga la persona que viaja a bordo de una nave. ‖ – **nuncupativo.** Testamento abierto. ‖ – **ológrafo.** El que deja el testador escrito y firmado de su mano y es protocolizado después. ‖ **Antiguo Testamento.** Libro que comprende los escritos de Moisés y los demás canónicos anteriores a la venida de Jesucristo. ‖ **Nuevo Testamento.** Libro que comprende los evangelios y demás obras canónicas posteriores al nacimiento de Jesucristo. ‖ **Viejo Testamento. Antiguo Testamento.** ‖ **Ordenar,** u **otorgar,** uno **su testamento.** frs. Hacerlo. ‖ IDEAS AFINES: *Herencia, sucesión, ley sálica, legar, última voluntad, hijuela, heredero forzoso, colación de bienes.*

TESTAR. (Del lat. *testari.*) intr. Hacer testamento. ‖ tr. Tachar, borrar lo escrito.

TESTARADA. (De *testerada.*) f. Golpe dado con la testa. sinón.: **cabezada, cabezazo, testada, testarazo, testerada.** ‖ Inflexibilidad y obstinación en una aprensión particular.

TESTARAZO. m. Testarada, golpe.

TESTARRÓN, NA. adj. y s. fam. Testarudo.

TESTARRONERÍA. (De *testarrón.*) f. fam. Testarudez.

TESTARUDEZ. f. Calidad de testarudo. *Disfraza su* TESTARUDEZ *con el nombre de constancia.* ‖ Acción propia del testarudo.

TESTARUDO, DA. al. **Starrköpfig; halsstarrig.** fr. **Têtu; entêté.** ingl. **Stubborn.** ital. **Cocciuto; ostinato.** port. **Teimoso.** (De *testa.*) adj. y s. Porfiado, terco. sinón.: **obstinado, pertinaz, tozudo.**

TESTE. (Del lat. *testis.*) m. Testículo.

TESTERA. (De *testa.*) f. Frente o fachada principal de una cosa. sinón.: **testero.** ‖ Asiento en el coche, en que se va de frente. ‖ Adorno para la frente de las caballerías. ‖ Parte anterior y superior de la cabeza del animal. *Adornó con penachos la* TESTERA. ‖ Cualquiera de las paredes del horno de fundición.

TESTERADA. (De *testera.*) f. Testarada.

TESTERILLO, LLA. adj. *Arg.* Dícese de la caballería que tiene en la frente una mancha horizontal blanca u overa.

TESTERO. m. Testera. ‖ Trashoguero de la chimenea. ‖ *Min.* Macizo de mineral con dos caras descubiertas; una horizontal inferior y otra vertical.

TESTICULAR. adj. Perteneciente o relativo a los testículos. *Bolsa* TESTICULAR.

TESTÍCULO. al. **Hode; Testikel.** fr. **Testicule.** ingl. **Testicle.** ital. **Testicolo.** port. **Testículo.** (Del lat. *testiculus.*) m. *Anat.* Cualquiera de las dos glándulas secretorias del semen. sinón.: **compañón, criadilla, dídimo, teste, testigo, turma.**

TESTIFICACIÓN. (Del lat. *testificatio, -onis.*) f. Acción y efecto de testificar.

TESTIFICAL. adj. Referente a los testigos. *Prueba* TESTIFICAL.

TESTIFICANTE. p. a. de **Testificar.** Que testifica.

TESTIFICAR. (Del lat. *testificari.*) tr. Probar una cosa con testigos o documentos. ‖ Deponer como testigo en un acto judicial. sinón.: **atestiguar, testimoniar.** ‖ fig. Declarar con seguridad y verdad una cosa. *Estas comprobaciones* TESTIFICAN *su declaración.*

TESTIFICATIVO, VA. (Del lat. *testificatus,* p. p. de *testificari,* testificar.) adj. Aplícase a lo que manifiesta y explica algo con seguridad y testimonio veraz.

TESTIGO. al. **Zeuge.** fr. **Témoin.** ingl. **Witness.** ital. **Testimonio.** port. **Testigo.** (Del lat. *testificus,* por *testis.*) com. Persona que da testimonio de una cosa, o la atestigua. ‖ Persona que presencia o adquiere directo conocimiento de algo. ‖ m. Cualquier cosa por la cual se arguye o infiere la verdad de un hecho. *El olor a vino que despides es* TESTIGO *de que has bebido.* ‖ Hito de tierra que se deja a trechos en las excavaciones. ‖ Extremo que se deja sin torcer en una cuerda para indicar que está entera. ‖ Testículo. ‖ *Biol.* Parte del material viviente destinado a una experimentación, que, mantenido en condiciones normales, sirve para determinar por comparación el resultado de las manipulaciones a que es sometida la otra parte del material. ‖ *Impr.* Parte del papel que se deja sin cortar al pie de una hoja para que acuse el tamaño original de los pliegos. ‖ pl. Piedras que se ponen a los lados de los mojones para indicar la dirección del límite del terreno amojonado. ‖ – **abonado.** *For.* El que no tiene tacha legal. ‖ El que por haber muerto o estar ausente no puede ratificarse y es abonado por la justificación que se hace de su veracidad. ‖ – **de cargo.** El que depone en contra del procesado. ‖ – **de conocimiento.** El que, conocido por el notario, confirma a éste la personalidad del otorgante. ‖ – **de descargo.** El que depone en favor del procesado. ‖ – **de oídas.** El que depone de un caso por haberlo oído a otros. ‖ – **de vista.** El que se halló presente en el caso sobre que atestigua. ‖ Persona que vigila para observar lo que se hace. ‖ – **ocular. Testigo de vista.** ‖ – **singular.** El que es único en lo que atestigua. ‖ **Examinar testigos.** frs. Tomarles el juramento y las declaraciones. ‖ **Hacer testigos.** frs. Poner personas de autoridad para que confirmen la verdad de algo.

TESTIMONIAL. (Del lat. *testimonialis.*) adj. Que hace fe y verdadero testimonio. ‖ f. pl. Instrumento auténtico que hace fe de lo que en él se contiene.

TESTIMONIAR. al. **Bezeugen.** fr. **Témoigner.** ingl. **To attest; to bear witness to.** ital. **Testimoniare.** port. **Testemunhar.** (De *testimonio.*) tr. Atestiguar, o servir de testigo. sinón.: **testificar.**

TESTIMONIERO, RA. adj. y s. Que levanta falsos testimonios. sinón.: **calumniador, testimoñero.** ‖ Hazañero, hipócrita.

TESTIMONIO. al. **Zeugnis.** fr. **Attestation; témoignage.** ingl. **Testimony.** ital. **Testimonio.** port. **Testemunho.** (Del lat. *testimónium.*) m. Atestación o aseveración de una cosa. ‖ Instrumento autorizado por escribano en que se da fe de un hecho. ‖ Justificación y comprobación de la certeza o verdad de una cosa. ‖ Impostura y falsa atribución de una culpa. Llámase también **falso testimonio.** *Llevada de la envidia, le levantó un* TESTIMONIO. ‖ IDEAS AFINES: *Certificar, alegar, palabra de honor, legitimación, documento, firma, sello, juramento, testimonio ocular.*

TESTIMOÑERO, RA. adj. y s. Testimoniero.

TESTUDÍNEO, A. adj. Propio de la tortuga; semejante a ella.

TESTUDO. (Del lat. *testudo.*) m. Máquina militar antigua con que se cubrían los soldados para acercarse a las murallas. sinón.: **galápago.** ‖ Cubierta que formaban antiguamente los soldados alzando y uniendo los escudos sobre sus cabezas, para guarecerse de las armas arrojadizas del enemigo. sinón.: **tortuga.**

TESTUZ. al. **Stirn; Nacken.** fr. **Front; nuque.** ingl. **Forehead; nape.** ital. **Cervice.** port. **Testo.** (De *testa.*) m. En algunos animales, frente. ‖ En otros animales, nuca.

TESTUZO. m. Testuz.

TESURA. (Del lat. *tensura.*) f. Tiesura.

TETA. al. **Euter.** fr. **Mamelle.** ingl. **Teat.** ital. **Mammella; poppa.** port. **Teta.** (Del germ. *titta.*) f. Cualquiera de los órganos glandulosos y salientes que los mamíferos tienen en número par y sirven a las hembras para la secreción de la leche. sinón.: **mama, ubre.** ‖ Pezón del pecho. ‖ Mogote, montículo. ‖ fig. Mambla, montecillo en forma de **teta** de mujer. ‖ Barbaja, planta. ‖ – **de maestra.** Maestril. ‖ **Dar la teta.** frs. Dar de mamar. ‖ **De teta.** Dícese del lactante. *Niño* DE TETA. ‖ **Quitar la teta.** frs. fam. Destetar. sinón.: **despechar.**

TETANIA. f. *Pat.* Enfermedad caracterizada por accesos de contracción tónica y dolorosa de los músculos, especialmente de las extremidades.

TETÁNICO, CA. (Del lat. *tetánicus.*) adj. Perteneciente o relativo al tétanos o a la tetania. ‖ Productor de tétanos.

TÉTANO. m. *Pat.* Tétanos.

TÉTANOS. al. **Tetanus; Wundstarrkrampf.** fr. **Tétanos.** ingl. **Tetanus; lockjaw.** ital. **Tetano.** port. **Tétano.** (Del lat. *tétanus,* y éste del gr. *tétanos,* de *teíno,* tender.) m. *Pat.* Rigidez y tensión convulsiva de los músculos. ‖ Enfermedad muy grave causada por un bacilo que penetra generalmente por las heridas y ataca el sistema nervioso.

TETAR. (De *teta.*) tr. Atetar. sinón.: **amamantar.**

TETERA. al. **Teekanne.** fr. **Théière.** ingl. **Teapot.** ital. **Teiera.** port. **Bule.** f. Vasija con tapadera y un pico provisto de colador, la cual se usa para hacer y servir el té. ‖ *Cuba, Méx.* y *P. Rico.* Tetilla, mamadera.

TETERO. (De *teta.*) m. *Col.* Biberón.

TETIGONIA. (Del lat. *tettigonia,* y éste del gr. *tettigónion.*) f. Especie de cigarra más pequeña que la común y de canto menos sonoro. *La* TETIGONIA *vive en Europa y África.*

TETILLA. al. **Brustwarze.** fr. **Téton.** ingl. **Teat.** ital. **Mammelletta.** port. **Tetinha.** f. dim. de **Teta.** ‖ Cada una de las tetas de los machos en los mamíferos. ‖ Especie de pezón de goma o cuero que se pone al biberón para que el niño haga la succión. sinón.: **chupete, tetera.** ‖ *Chile.* Hierba anual saxifragácea, cuyas hojas tienen los pecíolos muy abultados y contienen mucha agua.

TETIS. *Mit.* Primera divinidad femenina del mar; hija del Cielo y de la Tierra y esposa del Océano.

TETÓN. (aum. de *teta.*) m. Trozo de la rama podada que queda unido al tronco.

TETONA. (De *teta*) adj. fam. Tetuda.

TETRA. (Del gr. *tetra.*) Prefijo que significa cuatro.

TETRACLORURO. (Del gr. *tetra,* por *téttara,* cuatro, y *cloruro.*) m. *Quím.* Compuesto que contiene cuatro átomos de cloro.

TETRACORDIO. (Del lat. *tetrachordon,* y éste del gr. *tetrákhordon;* de *tetra,* por *téttara,* cuatro, y *khordé,* cuerda.) m. *Mús.* Serie de cuatro sonidos que forman un intervalo de cuarta.

TETRACROMÍA. f. Citocromía.

TETRADRACMA. m. Moneda antigua cuyo valor equivalía a cuatro dracmas.

TETRAEDRO. (Del gr. *tetráedron;* de *tetra,* por *téttara,* cuatro, y *edra,* cara.) m. *Geom.* Sólido limitado por cuatro planos o caras. ‖ – **regular.** *Geom.* Aquel cuyas caras son triángulos equiláteros. ‖ deriv.: **tetraédrico, ca.**

TETRAGONAL. adj. Perteneciente o relativo al tetrágono. ‖ Que tiene forma de tetrágono, cuadrangular.

TETRÁGONO. (Del lat. *tetragonum,* y éste del gr. *tetrágonon;* de *tetra,* por *téttara,* cuatro, y *gonía,* ángulo.) m. *Geom.* Cuadrilátero.

TETRAGRAMA. (Del gr. *tetra,* por *téttara,* cuatro y *grammé,* línea.) m. *Mús.* Renglonadura constituida por cuatro rectas paralelas, empleada en la escritura del canto gregoriano.

TETRAGRÁMATON. (Del lat. *tetra grammatos,* y éste del gr. *tetragrámmaton: de tetra,* por *téttara,* cuatro, y *gramma,* letra.) m. Nombre o palabra compuesta de cuatro letras. ‖ Por excel., el nombre de Dios que en hebreo, y en otros idiomas, posee cuatro letras.

TETRALOGÍA. (Del gr. *tetralogía,* de *tetra,* por *téttara,* cuatro, y *logos,* obra literaria.) f. Conjunto de cuatro obras dramáticas que los poetas de la antigua Grecia presentaban juntas en los concursos públicos; componíase, por lo común, de tres tragedias y un drama satírico. *La más famosa* TETRALOGIA *es el Edipo de Sófocles.* ‖ *Med.* Lesión cardíaca congénita, descrita por Fallopi, formada por ciertos defectos de la arteria pulmonar, de la aorta y de los ventrículos. Ocasiona la llamada enfermedad azul.

TETRÁMERO, RA. (Del gr. *tetra,* por *téttara,* cuatro, y *meros,* parte.) adj. *Bot.* Aplícase al verticilo constituido por cuatro piezas. ‖ *Zool.* Dícese de los insectos coleópteros que tienen cuatro artejos en cada tarso. ‖ m. pl. *Zool.* Grupo de estos insectos.

TETRAMOTOR. (Del gr. *tetra,* por *téttara,* cuatro, y de *motor.*) m. Cuatrimotor. Ú.t.c.adj.

TETRAO. m. *Zool.* Género de aves gallináceas, al que pertenece el urogallo.

TETRAPÉTALO. (Del gr. *tetra,* por *téttara,* cuatro, y *pétalon,* pétalo.) adj. *Bot.* De cuatro pétalos.

TETRARCA. al. **Tetrarch, Vierfürst.** fr. **Tétrarque.** ingl. **Tetrarch.** ital. **Tetrarca.** port. **Tetrarca.** (Del lat. *tetrarcha,* y éste del gr. *tetrárkhes;* de *tetra,* por *téttara,* cuatro, y *árkho,* mandar, dominar.) m. Señor de la cuarta parte de un reino o provincia. ‖ Gobernador de una provincia o territorio. ‖ deriv.: **tetrarcado.**

TETRARQUÍA. (Del lat. *tetrarchia,* y éste del gr. *tetrarkhía.*) f. Dignidad de tetrarca. ‖ Territorio de su jurisdicción. *Diocleciano dividió el Imperio romano en cuatro* TETRARQUÍAS. ‖ Tiempo que dura el gobierno de un tetrarca.

TETRÁS. m. Urogallo.

TETRASÉPALO. adj. Que tiene cuatro sépalos.

TETRASÍLABO, BA. (Del lat. *tetrasyllabus,* y éste del gr. *tetrasyllabos,* de cuatro sílabas.) adj. y s. Cuatrisílabo. *Verso* TETRASÍLABO.

TETRÁSTICO, CA. (Del lat. *tetrástichus,* y éste del gr. *tetrástikhos,* de cuatro órdenes o series.) adj. *Arq.* Que tiene cuatro filas de columnas. ‖ *Lit.* Que consta de cuatro versos.

TETRÁSTROFO, FA. (Del lat. *tetrástrophus,* y éste del gr. *tetra,* cuatro y *strophe,* estrofa.) adj. Dícese de la composición que consta de cuatro estrofas y también de la estrofa tetrástica. Ú.t.c.s.m. ‖ – **monorrimo alejandrino. Cuaderna vía,**

TETRAVALENTE. adj. *Quím.* Que tiene cuatro valencias.

TÉTRICO, CA. al. **Finster; düster.** fr. **Triste; morne.** ingl. **Sad: sullen.** ital. **Tetro.** port. **Tétrico; tetro.** (Del lat. *téctricus,* de *teter,* negro.) adj. Triste, grave y melancólico. *Semblante* TÉTRICO.

TETUÁN. adj. p. us. Tetuaní.

TETUÁN. *Geog.* Ciudad del N.O. de África, cap. del antiguo Protectorado Español en Marruecos. 140.000 h. Centro comercial.

TETUANÍ. adj. Natural de Tetuán. Ú.t.c.s. ‖ Perteneciente a esta ciudad de África.

TETUDA. adj. Dícese de la hembra que tiene muy grandes las tetas. sinón.: **tetona.**

TEUCALI. m. Teocali.

TEUCRIO. (Del lat. *teucrion,* y éste del gr. *teúcrion.*) m. *Bot.* Género de plantas labiadas, hierbas o arbustos, de hojas persistentes, aovadas, enteras; flores axilares, solitarias, azuladas, y por fruto nuececillas pardas algo rugosas. Algunas especies son cultivadas en jardines. Gén. *Teucrium.*

TEUCRO, CRA. (Del lat. *teucrus.*) adj. Troyano. Apl. a pers. ú.t.c.s.

TEURBE TOLÓN, Miguel. *Biog.* Escritor cub., que cultivó el teatro y la poesía (1820-1858).

TEÚRGIA. (Del lat. *theúrgia,* y éste del gr. *theurgía,* de *theurgós;* de *theós,* dios, y *ergon,* obra.) f. Especie de magia de los antiguos paganos por medio de la cual pretendían comunicarse con sus dioses y operar prodigios.

TEÚRGO. m. Mago que practicaba la teúrgia.

TEUTÓN, NA. (Del lat. *teútones.*) adj. Aplícase al individuo perteneciente a un pueblo de raza germánica que habitó antiguamente en las proximidades de la desembocadura del Elba, en el territorio del actual Holstein. Ú.m.c.s. y en pl. ‖ fam. Alemán.

TEUTÓNICO, CA. (Del lat. *teutónicus.*) adj. Perteneciente o relativo a los teutones. ‖ Dícese de una orden militar de Alemania y de los caballeros de la misma. *La Orden* TEUTÓNICA *tuvo su cuna en Jerusalén.* ‖ m. Lengua de los teutones.

TEXAS. *Geog.* Estado del Sur de los EE.UU., situado sobre el golfo de México. 692.408 km². 11.650.000 h. Cereales, algodón, ovinos, bovinos. Yacimientos de petróleo, carbón, oro, plata. Cap. AUSTIN.

TEXCOCO. *Geog.* Población de la región central de México, en el Est. de este nombre, a orillas del lago homónimo. 7.000 h. Importante centro agrícola.

TEXMELUCAN. *Geog.* Población de México (Puebla). 11.000 h. Centro industrial.

TEXTIL. (Del lat. *textilis.*) adj. y s. Dícese de la materia capaz de ser reducida a hilos y ser tejida. *Planta* TEXTIL. ‖ Referente al arte de tejer o a los tejidos. *Industria* TEXTIL; *obrero* TEXTIL.

● **TEXTIL, Industria.** *Ind.* La **industria textil** es de fundamental importancia en la vida humana, ya que ha resuelto múltiples y primordiales necesidades individuales y colectivas; al mismo tiempo, es una de las industrias más amplias por el empleo que hace de materias primas tan numerosas como diferentes. Se calculan en más de quinientas las fibras textiles que brinda la naturaleza, pero las realmente utilizables son aquellas que se pueden reducir a hilos y que además ofrecen ciertas condiciones de elasticidad, resistencia, longitud, finura, etc. Pueden ser de origen animal (lana, seda), vegetal (lino, algodón) y hasta mineral (amianto). De las fibras del tallo del lino se obtienen dos hilazas, una larga y fina que es la que habitualmente se emplea en los tejidos para las ropas más comunes, y otra corta y gruesa que constituye la estopa, usada para fabricar telas ordinarias y para relleno. Del algodón se obtienen fibras para tejidos de distintas clases y también los hilos de coser y de zurcir. Las dos grandes fases de la **industria textil** son la hilandería y la tejeduría; dentro de cada una de ellas hay una vasta subdivisión de procesos de clasificación, limpieza, apresto, etc. Una innovación de importancia en la **industria textil** ha sido determinada por el uso del rayón y del nilón y otras fibras sintéticas.

TEXTO. al. **Text.** fr. **Texte.** ingl. **Text.** ital. **Texto.** port. **Texto.** (Del lat. *textus.*) m. Lo dicho o escrito por un autor o en una ley, a diferencia de las glosas, notas o comentarios que sobre lo mismo se hacen. ‖ Pasaje citado de una obra literaria. *Un* TEXTO *de Séneca.* ‖ Por anton., sentencia de la Sagrada Escritura. ‖ Todo lo que se dice en el cuerpo de la obra manuscrita o impresa, a distinción de lo que en la misma va por separado; como portadas, índices, notas, etc. ‖ Grado de letra de imprenta, menos gruesa que la parangona y más que la atanasia. ‖ **Libro de texto.** ‖ **Sagrado texto.** La Biblia.

TEXTORIO, RIA. (Del lat. *textorius.*) adj. Perteneciente al arte de tejer.

TEXTUAL. adj. Conforme con el texto o propio de él. *Palabras* TEXTUALES. ‖ Dícese también del que autoriza y prueba sus pensamientos con lo literal de los textos, o expone un texto con otro.

TEXTUALISTA. (De *textual.*) m. El que se atiene rígidamente al texto, sin desviarse hacia las glosas u otra explicación.

TEXTUALMENTE. adv. m. De modo textual.

TEXTURA. (Del lat. *textura.*) f. Disposición y orden de los hilos de una tela. ‖ sinón.: **tejedura, tejido.** ‖ Operación de tejer. ‖ fig. Estructura de una obra de ingenio. ‖ *Hist. Nat.* Disposición que tienen entre sí las partículas o elementos de un cuerpo. TEXTURA *de una roca;* TEXTURA *del sistema nervioso.*

TEXUPILCO. *Geog.* Población del Est. de México, en la Rep. de este nombre. 4.000 h. Minas de hierro y cobre.

TEYÚ. (Voz guaraní). m. *Arg., Urug.* y *Parag.* Nombre dado a diversos lagartos y lagartijas.

TEZ. al. **Hautfarbe; Teint,** fr. **Peau.** ingl. **Complexion.** ital. **Carnagione.** port. **Tez.** (En port. *tez.*) f. Superficie o límite de un cuerpo, muy especialmente del rostro humano. TEZ *rosada.*

TEZADO, DA. (De *tez.*) adj. Atezado.

TEZIUTLÁN. *Geog.* Población de México, en el Est. de Puebla. 19.000 h. Importante centro industrial y comercial.

TEZONTEPEC. *Geog.* Población de México, en el Est. de Hidalgo. 7.200 h. Importante centro agrícola.

TEZOZÓMOC. *Biog.* Rey tepaneca de México que sostuvo varios combates contra el monarca anterior, para finalmente quitarle el poder (m. 1427).

Th. *Quím.* Símbolo del torio.

THACKERAY, Guillermo M. *Biog.* Nov. ingl. que pinta crudamente los defectos de la sociedad ingl. de mediados del s. XIX: *Feria de vanidades; Una leyenda del Rin; Enrique Esmond.* etc. (1811-1863).

THAILANDIA. *Geog.* V. **Tailandia.**

THAIS. *Mús.* Comedia lírica en tres actos, tema tomado de la novela homónima de Anatole France y música de Julio Massenet, estrenada en la Ópera de París en 1894. Su partitura es una obra maestra de gracia y colorido.

THATCHER, Margarita. *Biog.* Pol. británica, líder del partido Conservador que, al triunfar sobre el laborismo en las elecciones de mayo de 1979, asumió la jefatura del gobierno de su país. (n. 1925).

THEILER, Max. *Biog.* Médico estadounidense, cuyas investigaciones sobre la fiebre amarilla culminaron con el descubrimiento de una vacuna contra dicha enfermedad. En 1951 le fue otorgado el premio Nobel de Fisiología y Medicina (1899-1972).

THEORELL, Hugo. *Biog.* Bioquímico sueco, premio Nobel de Medicina en 1955 por su descubrimiento de las "enzimas amarillas" que fue el primero en aislar en su forma pura de cristales. Esta investigación permitió esclarecer muchos enigmas de la mecánica vital (n. 1903).

THEOTOCÓPULI, Domingo. *Biog.* **V. Greco, El.**

THEHEMIN, León. *Biog.* Científico ruso que presentó en 1920 un instrumento musical electrónico que se hizo famoso, luego, en todo el mundo: el Theremin Vox (n. 1896).

THETA. (Del gr. *theta.*) f. Octava letra del alfabeto griego, que se representa con *th* en latín y otras lenguas, y en la nuestra sólo con *t.*

THIBAUDET, Alberto. *Biog.* Crítico literario fr. muy renombrado en su época (1874-1936).

THIBAULT, Los. *Lit.* Novela de Martín du Gard que apareció publicada entre 1922 y 1940. Humano y vívido fresco de la burguesía francesa de comienzo del s. XX.

THIERRY, Agustín. *Biog.* Historiador fr., discípulo y colaborador de Saint-Simon. Publicó *Historia de la conquista de Inglaterra por los normandos; Relatos de los tiempos merovingios,* etc. (1795-1855).

THIERS, Adolfo. *Biog.* Pol. e historiador fr. Presid. de la República, de 1871 a 1873, gestionó la paz con Bismarck. Obras: *Historia de la Revolución; Historia del Consulado y del Imperio; Del derecho de propiedad,* etc. (1797-1877).

THO, Le Duc. *Biog.* Estadista vietnamita contemp. Llevó a cabo negociaciones con los EE. UU. que culminaron con el retiro de las tropas norteamericanas de Vietnam. En 1973, junto con Henry Kissinger, le fue concedido el premio Nobel de la Paz, pero declinó aceptarlo.

THOMAS, Ambrosio. *Biog.* Compositor fr., autor de numerosas óperas; *Mignon; Hamlet,* etc. (1811-1896).

THOMPSON. *Geog.* Río del S. O. de Canadá, que des. en el Fraser (Columbia Británica), después de recorrer 550 km.

THOMSON, Augusto G. *Biog.* Novelista chil. conocido bajo el seudónimo de Augusto D'Halmar; autor de *Juan Lucero; Pasión y muerte del cura Deusto; La lámpara en el molino,* etc. (1880-1950). ‖ **— Guillermo, Lord Kelvin.** físico ingl. cuyos trabajos e investigaciones ejercieron decisiva influencia: métodos para la medida de la expansión de los gases, de la fuerza electromotriz, para la determinación del ohmio, de la resistencia de un galvanómetro,etc. (1824-1907). ‖ **— James.** Poeta ingl., autor de *Las estaciones; El castillo de la indolencia,* etc. (1700-1748). ‖ **— Jorge P.** Físico británico que realizó importantes investigaciones sobre la estructura atómica de sólidos y líquidos. En 1937 le fue adjudicado el premio Nobel de Física, junto con el estadounidense Clinton J. Davisson (1892-1975). ‖ **— José Juan.** Físico británico cuyas investigaciones contribuyeron a revolucionar el conocimiento de la estructura atómica, gracias a su descubrimiento del electrón. En 1906 se le otorgó el premio Nobel de Física (1856-1940).

THOREAU, Enrique D. *Biog.* Escritor estad., apasionado defensor del individualismo en: *Walden o la vida en los bosques; Los grandes bosques,* etc. (1817-1862).

THORN. *Geog.* V. **Torun.**

THREE RIVERS. *Geog.* V. **Trois Rivières.**

THULE. *Geog. histór.* V. **Tule.**

THUN. *Geog.* Ciudad del N. O. de Suiza (Berna), sit. al. S.E. de la capital del país. 27.000 h. Industria textil y fabricación de municiones.

THURGAU. *Geog.* V. **Turgovia.**

Ti. *Quím.* Símbolo del titanio.

TI. (Del lat. *tibi,* dat. de *tu,* tú.) Forma de pronombre personal de segunda persona de singular, común a los casos genitivo, dativo, acusativo y ablativo. Lleva siempre preposición y cuando ésta es *con,* se dice **contigo.** *Iré* CONTIGO. ‖ **Hoy por ti y mañana por mí.** expr. con que se indica la reciprocidad que puede existir en servicios o favores.

TÍA. al. **Tante.** fr. **Tante.** ingl. **Aunt.** ital. **Zia.** port. **Tia.** (Del lat. *thia,* y éste del gr. *theît.*) f. Respecto de una persona, hermana o prima de su padre o madre. La primera es llamada **carnal,** y la otra, **segunda, tercera,** etc., según los grados que dista. ‖ Tratamiento de respeto que en los lugares se da a la mujer casada o entrada en edad. ‖ Mujer rústica y grosera. ‖ fam. Ramera. ‖ **— abuela.** Respecto de una persona, hermana de uno de sus abuelos. ‖ **No hay tu tía.** expr. fig. y fam. con que se da a entender a uno que no debe tener esperanza de lograr lo que desea. *Esperas que te lo dé, pero* NO HAY TU TÍA. ‖ **Quedar,** o **quedarse,** una **para tía.** frs. fig. y fam. Quedarse soltera.

TIACA. f. *Chile.* Árbol de la familia de las saxifragáceas, cuyas ramas, que son muy flexibles, sirven de zunchos para toneles.

TIAHUANACO. *Geog.* Población del N.O. de Bolivia, cerca del lago Titicaca, cuyas ruinas constituyen verdaderas maravillas de la civilización preincásica

TIALINA. f. *Quím.* Ptialina.

TIALISMO. m. *Pat.* Ptialismo.

TIÁNGUEZ o **TIANGUIS.** m. *Méx.* Mercado, plaza.

TIAN-SHAN. *Geog.* Cadena montañosa del Asia central, situada al N.E. de la meseta de Pamir. Culmina a los 7.190 m. en el pico Khan Tengri. Se llama, también, **Montes Celestes.**

TIARA. al. **Tiara.** fr. **Tiare.** ingl. **Tiara.** ital. **Tiara.** port. **Tiara.** (Del lat. *tiara;* y éste del gr. *tiara,* y éste del persa *tara.*) f. Gorro alto que usaban los persas. ‖ Mitra alta, ceñida por tres coronas y con una cruz sobre un globo por remate, usada por el Papa como insignia de su autoridad suprema. TIARA *pontificia.* ‖ Dignidad del Sumo Pontífice.

TIATINA. f. *Chile.* Ballueca.

TIBAGÍ. *Geog.* Río del S.E. de Brasil, en el Est. de Paraná; después de recorrer 530 km. des. en el Paranapanema.

TIBANÁ. *Geog.* Población de Colombia (Boyacá). 3.500 h. Centro agrícola.

TÍBAR. (Del ár. *tibr,* oro puro.) adj. Oro puro. ‖ m. V. **Oro de tíbar.**

TIBE. m. *Col.* Corindón. ‖ *Cuba.* Piedra, especie de esquisto, usada para afilar instrumentos.

TÍBER. *Geog.* Río de la región central de Italia nace en los Apeninos, atraviesa Umbría, Lacio, pasa por Roma y des. en el mar Tirreno. Tiene 396 km.

TIBERÍADES. *Geog.* Lago del Cercano Oriente, en la frontera entre Israel y Siria. Se le llama también, **mar de Galilea** o **lago de Genezaret.** ‖ C. de Israel, a orillas del lago hom. 20.000 h. Importante estación termal. Fue fundada por los romanos en honor de Tiberio.

TIBERINO, NA. Perteneciente o relativo al río Tíber.

TIBERIO. m. fam. Ruido, confusión, alboroto. *Se armó un* TIBERIO *descomunal.*

TIBERIO, Claudio Nerón. *Biog.* Emp. romano que llevó a Roma a un período de paz y esplendor para convertirse luego en monarca cruel y despótico (41 a. de C. – 37).

TIBESTI. *Geog.* Macizo montañoso de la región central del Sahara. Culmina a los 3.415 m.

TÍBET. *Geog.* Meseta de la región central de Asia que está limitada al S. por la cadena del Himalaya y al N.O. por la cadena de Kuen-Lun. Es la más elevada del mundo: está a 4.000 m. de altura. Es una región autónoma de China. 1.200.000 km². 1.250.000 h. Cap. LASA.

TIBETANO, NA. adj. y s. Del Tíbet. ‖ m. Lengua de los **tibetanos.** *El* TIBETANO *es una lengua mixta, aglutinante y monosilábica.*

TIBIA. al. **Schienbein.** fr. **Tibia.** ingl. **Tibia; shin bone.** ital. **Tibia.** port. **Tíbia.** (Del lat. *tibia.*) f. Flauta. ‖ *Anat.* Hueso principal y anterior de la pierna, el cual se articula con el fémur, el peroné y el astrágalo. ‖ deriv.: **tibial.**

TIBIAMENTE. adv. Con tibieza o descuido.

TIBIAR. tr. p. us. Entibiar. Ú.t.c.r.

TIBIDABO. *Geog.* Monte del E. de España, al N. de Barcelona. 532 m.

TIBIEZA. f. Calidad de tibio.

TIBIO, BIA. al. **Lauwarm.** fr. **Tiède.** ingl. **Lukewarm.** ital. **Tiepido.** port. **Tíbio.** (Del lat. *tépidus.*). adj. Templado, sin ser caliente ni frío. ‖ fig. Flojo, sin entusiasmo. ‖ Hablando de la luz, poco viva. *Resplandores* TIBIOS. ‖ fam. *Col.* y *Ven.* Colérico, enojado.

TIBISÍ. m. *Cuba.* Especie de carrizo silvestre. Las hojas sirven de forraje al ganado vacuno y con los tallos se hacen jaulas, nasas, etc.

TIBOR. m. Vaso grande de barro, de China o Japón, por lo regular en forma de tinaja. ‖ *Cuba.* Orinal. ‖ *Méx.* Jícara.

TIBULO, Aulo Albio. *Biog.* Poeta lírico latino; cantó a la naturaleza y al amor en sus treinta y siete *Elegías* (54-19 a. de C.).

TIBURÓN. al. **Haifisch.** fr. **Requin.** ingl. **Shark.** ital. **Pescecane.** port. **Tubarão.** (Voz caribe) m. *Zool.* Pez marino, muy voraz, del orden de los selacios, del grupo de los escualos; tiene el cuerpo fusiforme, con las aberturas branquiales a los lados del cuello, y la boca, situada en la parte inferior de la cabeza, está provista de seis filas de dientes triangulares. Alcanza hasta nueve metros de largo. sinón.: **lamia, marrajo, náufrago.** ‖ fig. *Amér.* Egoísta, tragaldabas. ‖ *Arg.* Individuo donjuanesco.

TIBURÓN. *Geog.* Cabo de la costa N. de Colombia, sit. al O. del golfo de Urabá. En él comienza la frontera entre Colombia y Panamá. ‖ Isla del N.O. de México (Sonora), sit. en el golfo de California. 1.145 km². Está habitada, en parte, por indios seris y en parte por colonos de diferentes nacionalidades

TIC. (Del germ. *ticken.*) m. Movimiento convulsivo producido por la contracción involuntaria de uno o varios músculos; en pl., **tiques.** *Es raro que el* TIC *no desaparezca durante el sueño.*

TICIANO, El. *Biog.* V. **Tiziano, El.**

TICKET. (Voz ingl.) m. Digase vale, cédula, billete, boleto. En pl. **tickets.**

TICKNOR, Jorge. *Biog.* Hispanista nort., autor de *Historia de la literatura española* (1791-1871).

TICO, CA. adj. Costarriqueño. Ú.m.c.s.

TICO BRAHE. *Biog.* V. **Brahe, Tico.**

TICÓNICO, CA. adj. Perteneciente o relativo al sistema astronómico de Tico Brahe. ‖ Partidario de dicho sistema. Ú.t.c.s.

TICTAC. (Voz onomatopéyica.) m. Ruido acompasado que

produce el escape de un reloj.

TICUL. *Geog.* Población de México, en el Est. de Yucatán. 11.000 h. Actividades agrícolas.

TICHELA. f. *Bol.* Vasija en que se recoge el caucho conforme mana del árbol.

TICHOLO. m. *Arg.* Panecillo de dulce de guayaba.

TIECK, Juan Luis. *Biog.* Escritor al., autor de obras teatrales, poesías, novelas y cuentos (1773-1853).

TIEMBLO. (Del lat. *trémulus.*) m. **Álamo temblón.**

TIEMPO. al. **Zeit; Wetter.** fr. **Temps.** ingl. **Time; weather.** ital. **Tempo.** port. **Tempo.** (Del lat. *tempus.*) m. Duración de las cosas sujetas a mudanza. ‖ Parte de esta duración. ‖ Época durante la cual vive alguna persona o sucede algo. *En* TIEMPO *de Napoleón; en* TIEMPO *de las invasiones inglesas.* ‖ Estación del año. *Pasa bien todos los* TIEMPOS *del año.* ‖ Edad de una persona. *Tiene mucho* TIEMPO. ‖ Oportunidad, ocasión de hacer algo. *Pasó ya el* TIEMPO; *ahora es* TIEMPO. ‖ Largo espacio de **tiempo.** *Hace* TIEMPO *que no me escribe.* ‖ Cualquiera de los actos sucesivos en que se divide la realización de algo; como los ejercicios militares, las composiciones de música, etc. *Esa sinfonía tiene tres* TIEMPOS. ‖ Estado atmosférico. *Sigue el mal* TIEMPO. ‖ *Gram.* Cualquiera de las varias divisiones de la conjugación que corresponden a la época relativa en que se ejecuta la acción del verbo. TIEMPO *presente.* ‖ *Mar.* Temporal. *Pasar un* TIEMPO; *resistir un* TIEMPO. ‖ Cualquiera de las partes iguales en que se divide el compás. ‖ – **compuesto.** *Gram.* El que se forma con el participio pasado y un tiempo del auxiliar haber. *Ha comido, había comprado, habré ganado.* ‖ – **de pasión.** En liturgia, el que empieza en las vísperas de la domínica de pasión y termina con la nona del Sábado Santo. ‖ – **de reverberación.** *Fís.* En un auditorio, es el tiempo que ha de transcurrir para que el sonido se reduzca en una porción determinada. ‖ – **futuro.** *Gram.* El que denota la acción que no ha sucedido aún. *Iré, haré, resolveré, oiré.* ‖ – **inmemorial.** *For.* Tiempo antiguo no fijado por documentos fehacientes, ni por los testigos más ancianos. ‖ – **medio.** *Astron.* El que se mide por el movimiento uniforme de un astro ficticio que recorre el Ecuador celeste en el mismo **tiempo** que el Sol verdadero recorre la Eclíptica. ‖ – **pascual.** En liturgia, el que comienza en las vísperas del Sábado Santo y acaba con la nona antes del domingo de la Santísima Trinidad. ‖ – **presente.** *Gram.* El que se usa para expresar el tiempo actual. *Voy, miremos, camine.* ‖ – **pretérito.** *Gram.* El que denota la acción que ya ha sucedido. *Miraba, hiciste, ha llorado.* ‖ – **simple.** *Gram.* **Tiempo** del verbo que se conjuga sin auxilio de otro verbo. *Vea, veía, vio, veré.* ‖ **Tiempos heroicos.** Aquellos en que se supone vivieron los héroes del paganismo. ‖ **A mal tiempo, buena cara.** frs. proverb. que aconseja recibir con entereza los reveses de la fortuna. ‖ **Andando el tiempo.** frs. adv. En el transcurso del **tiempo,** más adelante. ‖ **A su tiempo,** m. adv. En ocasión propicia, cuando se requiere. ‖ **A tiempo.** m. adv. En ocasión y oportunidad. ‖ **A un tiempo.** m. adv. Con simultaneidad o unión entre varios. ‖ **Capear el tiempo.** frs. Estar a la capa, o no dar a la nave, cuando hay temporal, otro gobierno que el necesario para su defensa. ‖ **Cargarse el tiempo.** frs. fig. Irse condensando las nubes. ‖ **Con tiempo.** m. adv. Anticipadamente, sin premura. ‖ Cuando es aún ocasión oportuna. ‖ **Correr el tiempo.** frs. fig. Irse pasando. ‖ **Dar tiempo al tiempo.** frs. fam. Aguardar la oportunidad para una cosa. ‖ **Del tiempo de Maricastaña.** loc. fig. y fam. **De tiempo** muy antiguo. ‖ **Descomponerse el tiempo.** frs. fig. Alterarse la serenidad de la atmósfera. ‖ **De tiempo en tiempo.** m. adv. Con intermisión o interrupción de **tiempo.** ‖ **Engañar** uno **el tiempo.** frs. fig. Ocuparse en algo, para que el **tiempo** parezca más corto. ‖ **En tiempo de Maricastaña.** loc. adv. fig. y fam. **En tiempo** muy remoto. ‖ **Fuera de tiempo.** m. adv. Intempestivamente. ‖ **Ganar tiempo.** frs. fig. y fam. Darse prisa, no perder un instante. ‖ Obrar de manera que el tiempo que transcurra beneficie al intento de acelerar o retrasar algún suceso o la realización de algo. ‖ **Gastar** uno **el tiempo.** frs. **Perder el tiempo.** ‖ **Hacer tiempo** uno. frs. fig. Entretenerse aguardando que llegue el momento oportuno para alguna cosa. ‖ **Más vale llegar a tiempo que rondar un año.** frs. proverb. que denota que la oportunidad es la condición mejor para lograr cualquier fin. ‖ **Matar** uno **el tiempo.** frs. fig. **Engañar el tiempo.** ‖ **No tener tiempo ni para rascarse.** frs. fam. con que se denota que uno está muy ocupado. ‖ **Pasar** uno **el tiempo.** fr. Estar ocioso o entretenido en cosas fútiles. ‖ **Y si no, al tiempo.** expr. elíptica que se emplea para manifestar la convicción de que los acontecimientos futuros probarán la verdad de lo que se afirma, relata o anuncia. ‖ IDEAS AFINES: *Era, siglo, fecha, reloj, calendario, cronología, intemporal, eterno, nunca, siempre, intervalo, lapso.*

TIEMPO, César. *Biog.* Seudónimo de **Israel Zeitlin,** escritor y poeta arg. Autor de *Libro para la pausa del sábado; Pan criollo,* etc. (n. 1906).

TIEMPOS MODERNOS. *B. A.* Cél. film con dirección, argumento e interpretación principal de Charles Chaplin. Valiente alegato contra la mecanización del hombre en la sociedad moderna, es una de las obras más cerebrales de su autor.

TIENDA. al. **Zelt; Laden; geschäft.** fr. **Tente; boutique.** ingl. **Tent; shop; store.** ital. **Tenda; bottega.** port. **Barraca; tenda.** (**Del b. lat.** *tenta,* **y éste del lat.** *tentus,* **p. p. de** *téndere,* **tender.**) **f. Armazón de palos clavada en tierra y cubierta con telas o pieles sujetas con cuerdas, que sirve de alojamiento en el campo especialmente en la guerra.** TIENDA *de salvajes;* TIENDA *de campaña.* ‖ Toldo que se pone en ciertas embarcaciones para protegerse del sol o de la lluvia. ‖ Entalamadura. ‖ Casa, puesto o paraje donde se venden al público artículos de comercio al por menor. TIENDA *de bisutería.* ‖ Por anton.,la de comestibles o la de mercería. ‖ *Arg., Cuba, Chile.* y *Ven.* Por anton.,aquella en que se venden tejidos. ‖ **Abatir tienda.** frs. *Mar.* Quitarla o bajarla. ‖ **Batir tiendas.** frs. *Mil.* Desarmar las de campaña para recoger el campo. ‖ **Hacer tienda.** frs. *Mar.* Ponerla. ‖ **Quien tenga,** o **tiene, tienda, que la atienda.** ref. que advierte la atención y cuidado que uno debe tener en sus propios negocios. Suele agregarse: **y si no que la venda.** ‖ IDEAS AFINES: *Bazar, almacén, boliche, despacho, escaparate, estantería, cliente, vendedor, mercadería, metro, balanza.*

TIENTA. (De *tentar.*) f. Operación que consiste en probar la bravura de los becerros para destinarlos a las corridas o para castrarlos. ‖ Arte con que se pretende averiguar una cosa. ‖ Tientaguja. ‖ *Cir.* Instrumento delgado y liso, metálico o de goma elástica, rígido o flexible, que se usa para explorar cavidades o conductos naturales, o la profundidad y dirección de las heridas. ‖ **A tientas.** m. adv. A tiento. *Encontró la puerta* A TIENTAS. ‖ Con incertidumbre, sin tino. *Andar* A TIENTAS.

TIENTAGUJA. (De *tienta* y *aguja.*) f. Barra de hierro acabada en punta dentada, que se usa para explorar la calidad del terreno en que se va a edificar.

TIENTAPAREDES. com. Persona que anda a tientas o a ciegas, moral o materialmente.

TIENTO. (De *tentar.*) m. Ejercicio del sentido del tacto. ‖ Palo que emplean los ciegos para que les sirva como de guía. ‖ Cuerda o palo delgado que va desde el peón de la noria a la cabeza de la bestia y la obliga a seguir la pista. ‖ Contrapeso, balancín de los equilibristas. ‖ Pulso, seguridad en la mano. ‖ fig. Miramiento y cordura en lo que se hace. *Si emprendes eso, hazlo con mucho* TIENTO; sinón.: **tacto.** ‖ fig. y fam. Golpe. *Le dieron unos cuantos* TIENTOS. ‖ *Amér.* Tira delgada de cuero sin curtir que se emplea para atar, y hacer trenzas, pasadores, etc. ‖ *Albañ.* Pellada de yeso con que se afirman los reglones y las miras. ‖ *Mús.* Ensayo que hace el músico antes de comenzar, recorriendo las cuerdas por todas las consonancias, para templar bien el instrumento. ‖ Varita o bastoncillo que el pintor toma en la mano izquierda y que, descansando en el lienzo por uno de sus extremos, le sirve para apoyar en él la mano derecha. ‖ *Zool.* Tentáculo. ‖ **Dar** uno **un tiento a una cosa. frs. fig. Reconocerla o examinarla en prevención y advertencia, física o moralmente.** ‖ fig. y fam. Con la palabra *bota, jarro,* u otra cosa similar, echar un trago del líquido que contiene. *Dio un* TIENTO *al porrón.* ‖ **Sacar de tiento** a uno. frs. fig. y fam. **Sacarle de tino.**

TIENTSIN o **TIEN-TSIN.** *Geog.* Ciudad del N.E. de la China, al S.E. de Pekín. 3.200.000 h. Es uno de los principales centros comerciales del país. Industria textil.

TIÉPOLO, Juan Bautista. *Biog.* Pintor ital. que influido por el Ticiano y el Veronés hizo revivir, por la riqueza de su colorido, la gloria de la escuela veneciana en toda Europa, especialmente en España. Autor de *La Adoración de los Magos,* de la decoración del Palacio Real de Madrid, etc. (1696-1770).

TIERNAMENTE. adv. m. Con ternura o cariño. *Amar* TIERNAMENTE.

TIERNO, NA. al. **Mürbe; zart; zärtlich.** fr. **Tendre.** ingl. **Tender; soft.** ital. **Tenero.** port. **Tenro.** (Del lat. *téner, ténera.*) adj. Blando, delicado, flexible y fácil a cualquiera impresión extraña. antón.: **duro.** ‖ fig. Reciente, de poco tiempo. *Pan* TIERNO. ‖ Dícese de la edad de la niñez. *Los* TIERNOS *años.* ‖ Propenso al llanto. *Ojos* TIERNOS. ‖ Afectuoso, cariñoso y amable. ‖ *Chile, Nicar.* y *Ec.* Aplícase a los frutos verdes, que no han llegado a la sazón.

TIERRA. al. **Erde; Land; Boden.** fr. **Terre.** ingl. **Earth; land.** ital. **Terra.** port. **Terra.** (Del lat. *terra.*) f. Planeta que habitamos. sinón.: **globo, mundo.** ‖ Parte superficial de este planeta no ocupada por el mar. LA TIERRA *ocupa poco más de la cuarta parte de la superficie del globo.* ‖ Materia inorgánica desmenuzable, principal componente del suelo natural. ‖ Suelo o piso. *Caer a* TIERRA. ‖ Terreno que se dedica a cultivo o es propio para ello. TIERRA *de pan llevar.* ‖ Patria. *Siento la nostalgia de mi* TIERRA. ‖ País, región. TIERRA *del Fuego.* ‖ Territorio formado por intereses presentes o históricos. TIERRA *de Zamora.* ‖ fig. Conjunto formado por los pobladores de un territorio. *Dominar la* TIERRA *de Murcia.* ‖ – **abertal.** La que se abre fácilmente y forma grietas. ‖ La que no está cercada con tapia, vallado ni de otro modo. ‖ – **blanca. Tierra de Segovia.** ‖ **Tierra campa.** ‖ – **bolar.** Aquella de que se prepara el bol. ‖ – **campa.** La que no tiene arbolado y sólo sirve para sembrar cereales. ‖ – **de batán.** Greda muy limpia que se usa en los batanes para desengrasar los paños. ‖ – **de brezo.** Montillo producido por los despojos del brezo y mezclado con arena. Se usa mucho en jardinería. ‖ – **de infusorios.** *Quím.* Sílice pulverulenta formada por caparazones silíceos de diatomeas e infusorios. Sirve para fabricar dinamita, y por su dureza se la utiliza para desgarrar las células de la levadura. ‖ – **de miga.** La muy arcillosa y que se pega mucho a los dedos al amasarla. ‖ – **de Promisión.** La que Dios prometió al pueblo de Israel. ‖ fig. La que es muy fértil y abundante. ‖ – **de Segovia.** Carbonato de cal purificado y porfirizado, que se emplea en pintura. ‖ – **de sembradura.** La destinada a sembrar cereales y otras semillas. ‖ – **firme.** *Geog.* Continente. ‖ Terreno sólido y duro, capaz de admitir sobre sí un edificio. ‖ – **negra.** Mantillo. ‖ – **prometida.** La de **Promisión.** ‖ – **rara.** Cualquiera de los cuerpos de la numerosa serie de óxidos metálicos que contienen algunas substancias minerales, como el cerio, el terbio y el itrio. ‖ – **romana.** *Arg.* Cemento. ‖ – **Santa.** Lugares de Palestina donde nació, vivió y murió Jesucristo. ‖ – **vegetal.** La que por contener muchos elementos orgánicos es apta para el cultivo. ‖ – **verde.** Vedacho. ‖ **Besar** uno **la tierra que otro pisa.** frs. con que se da a entender el profundo respeto de una persona por otra. ‖ **De la tierra.** Aplícase a los frutos que produce el país o comarca. *Aceitunas* DE LA TIERRA. ‖ **Descubrir tierra** uno. frs. fig. Hacer entrada en país desconocido, para reconocerlo. ‖ Hacer o decir algo para sondear a otro o averiguar alguna cosa. ‖ **Echarse la tierra en los ojos.** frs. fig. y fam. Hablar o proceder alguien de tal manera, que queriendo disculparse, se perjudica. ‖ **Echar tierra** a una cosa. frs. fig. Ocultarla, hacer que no se hable más de ella. ECHAR TIERRA *al asunto.* ‖ **En tierra de ciegos, el tuerto es rey.** ref. que manifiesta que con poco que uno valga en cualquiera línea, le basta para destacarse entre los que valen menos. ‖ **Estar** uno **comiendo,** o **mascando, tierra.** frs. fig. Estar enterrado. ‖ **La tierra de María Santísima.** frs. fig. con que se designa a Andalucía. ‖ **Poner** uno **tierra en,** o **por, medio.** frs. fig. Ausentarse. ‖ **Saltar** uno **en tierra.** frs. Desembarcar. ‖ **Tierra adentro.** loc. adv. con que se determina todo lugar que en los continentes y en las islas está distante de las costas. ‖ **Venir,** o **venirse a tierra** una cosa. frs. Caer, arruinarse. ‖ **Ver tierras** uno. frs. fig. **Ver mundo.** ‖ **Tragárselo** a uno **la tierra.** frs. fig. y fam. Dícese de aquella persona que ha desaparecido de los lugares que frecuentaba y no se la ha vuelto a ver. ‖ IDEAS AFINES: *Geografía, geología, campo, vega, bienes, huerta, labrar, regar, abonar, estéril, erial, rural.*

TIERRA ALTA. *Geog.* Población del N. de Colombia en el dep. de Córdoba. 3.800 h. Centro agricolaganadero.

TIERRA BLANCA. *Geog.* Población del E. de México, en Veracruz, situada al S.O. de la c. de este nombre. 10.500 h. Centro ferroviario.

TIERRA DEL FUEGO. *Geog.* Isla del extremo meridional de América del Sur, separada del continente por el estrecho de Magallanes. Tiene alrededor de 48.000 km². La zona oeste de la isla forma parte de la prov. chilena de Magallanes. La región oriental (20.382 km².) forma parte del territorio argentino de Tierra del Fuego, Antártida e islas del Atlántico Sur. ‖ Antigua gobernación marítima del S. de la Argentina que integra el nuevo territorio de Tierra del Fuego, Antártida e Islas del Atlántico Sur desde 1957.

TIERRA DEL FUEGO, ANTÁRTIDA E ISLAS DEL ATLÁNTICO SUR. *Geog.* Territorio de la Rep. Argentina, que comprende la parte oriental de la Isla Grande y demás islas del archipiélago de Tierra del Fuego e islas de los Estados y Año Nuevo, las islas Malvinas, las islas Georgias del Sur, las islas Sandwich del Sur, y el Sector Antártico Argentino. 1.268.195 km². 14.000 h. La principal actividad es la cría de ganado lanar. La caza de la ballena y de la foca dan origen a importantes industrias. Riqueza minera. Cap. USHUAIA.

TIERRA FIRME. *Geog. histór.* Nombre que dieron los conquistadores españoles a la costa antillana de Colombia y Venezuela.

TIERRAL. m. *Amér. Central, Chile* y *Perú.* Polvareda.

TIESAMENTE. (De *tieso.*) adv. m. Firmemente.

TIESO, SA. al. **Steif; starr.** fr. **Raide; rigide.** ingl. **Stiff.** ital. **Rigido.** port. **Teso.** (Del lat. *tensus,* tendido, estirado.) adj. Firme, rígido. sinón.: **inflexible.** ‖ Robusto de salud, especialmente después de convalecer. ‖ Tenso, tirante. sinón.: **teso.** ‖ Valiente y esforzado. ‖ Afectadamente grave y mesurado. *Aun en los juegos se man-*

tiene TIESO. ‖ fig. Terco, inflexible en el propio dictamen. *No puedo convencerle, sigue* TIESO *que* TIESO. ‖ adv. m. Recia o fuertemente. *Hablar* TIESO. ‖ **Tenérselas tiesas** a uno. frs. fig. Mantenerse firme contra alguno. *Se las tuvo* TIESAS *a todos.*

TIESTA. (Del lat. *testa.*) f. Canto de las tablas que sirven de fondos o tapas en los toneles.

TIESTO. al. **Blumentopf.** fr. **Pot de fleurs.** ingl. **Flowerpot.** ital. **Vaso.** port. **Vaso.** (Del lat. *téstum.*) m. Pedazo de cualquier vasija de barro. *Se cayó la cazuela y se hizo* TIESTOS. ‖ Maceta para plantas. TIESTO *de albahaca.* ‖ *Chile.* Cualquier vasija. ‖ **Mear fuera de tiesto.** frs. fig. y fam. Salirse de la cuestión, decir cosas fuera de lugar.

TIESTO, TA. adj. Tieso.

TIESURA. (De *tieso.*) f. Dureza o rigidez de alguna cosa. sinón.: **tesura.** ‖ fig. Gravedad con afectación.

TIETÉ. *Geog.* Río del E. de Brasil (San Pablo), nace cerca del océano Atlántico y des. en el Paraná, después de recorrer 1.200 km. ‖ Población del Brasil (San Pablo), sit. sobre el río hom. 9.000 h.

TIFÁCEO, A. (Del lat. *typhe*, y éste del gr. *typhe*, espadaña.) adj. *Bot.* Aplícase a plantas monocotiledóneas, acuáticas, perennes, de tallos cilíndricos, hojas alternas, lineares, reunidas en la base de cada tallo, flores en espiga, y fruto en drupa con semillas de albumen carnoso; como la espadaña. Ú.t.c.s. ‖ f. pl. *Bot.* Familia de estas plantas.

TÍFICO, CA. adj. *Pat.* Perteneciente o relativo al tifus o la fiebre tifoidea. ‖ Que tiene tifus. Ú.t.c.s.

TIFLIS. *Geog.* Ciudad de la Unión Soviética, cap. de la Rep. de Georgia, sit. sobre el río Kura. 890.000 h., con los suburbios. Tabaco, algodón, sedas, alfombras. Importante centro comercial.

TIFLOGRAFÍA. f. Escritura de los ciegos.

TIFLÓGRAFO. (Del gr. *typhlós*, ciego, y *grapho*, escribir.) m. Instrumento por medio del cual los ciegos pueden aprender a escribir y leer caracteres legibles por los videntes.

TIFO. (Del gr. *typhos*, humo, estupor; de *typho*, abrasar.) m. *Pat.* Enfermedad con estupor. ‖ Tifus. ‖ – **asiático.** *Pat.* Cólera morbo. ‖ – **de América.** *Pat.* Fiebre amarilla. ‖ – **de Oriente.** *Pat.* Peste bubónica. ‖ deriv.: **tifódico, ca.**

TIFO, FA. (En cat. *tip.*) adj. fam. Harto, repleto.

TIFOIDEO, A. (De *tifo*, y el gr. *eidos*, forma.) adj. *Pat.* Perteneciente o relativo al tifus, o parecido a este mal. ‖ Perteneciente a la fiebre tifoidea. ‖ f. **Fiebre tifoidea.**

TIFÓN. al. **Taifun.** fr. **Typhon.** ingl. **Typhoon.** ital. **Tifone.** port. **Tufão.** (Del lat. *typhon*, y éste del gr. *typhón*, torbellino.) m. Manga, columna de agua. ‖ Huracán en el mar de la China. *El centro del* TIFÓN *constituye una región de calma.*

TIFOSIS. (De *tifo*, y el suf. *osis*, formación.) f. Afección tífica.

TIFUS. al. **Typhus.** fr. **Typhus.** ingl. **Typhus.** ital. **Tifo.** port. **Tifo.** m. *Pat.* Enfermedad infecciosa muy grave, febril, caracterizada por síntomas nerviosos de estupor y por erupción punteada roja que se presenta en el tronco. ‖ fam. Localidades de un teatro que regala el empresario, y personas que las ocupan. *Teatro lleno de* TIFUS. ‖ – **abdominal.** *Pat.* **Fiebre tifoidea.** ‖ – **exantemático.** Tifus. ‖ – **icterodes.** *Pat.* **Fiebre amarilla.**

TIGLATFALASAR. *Biog.* Nombre de tres reyes asirios, de los s. XIII, X y VIII a. de C.

TIGRA. f. *Amér.* Tigresa.

TIGRE. al. **Tiger.** fr. **Tigre.** ingl. **Tiger.** ital. **Tigre.** port. **Tigre.** (Del lat. *tigris*, y éste del gr. *tigris.*) m. Mamífero carnicero asiático muy feroz y de gran tamaño, semejante al gato en la figura, de pelaje blanco en el vientre, amarillento y con rayas negras en el lomo y la cola, donde toman forma de anillos. Se ha usado t.c.f. *El* TIGRE *típico es el de Bengala, cuya corpulencia iguala la del león.* ‖ fig. Persona cruel y sanguinaria. *Ese hombre es un* TIGRE. ‖ *Amér.* Yaguar. ‖ *Ec.* Pájaro mayor que una gallina, de pico largo y plumaje manchado de negro que lo asemeja a la piel del tigre.

TIGRE. *Geog.* Río de América del Sur, que nace en territorio ecuatoriano, atraviesa territorio del Perú (Loreto) y des. en el río Amazonas al S.O. de Iquitos. Tiene 936 km. ‖ Río del N.E. de Venezuela (Monagas) que des. en el Orinoco. ‖ Población de la Argentina, sit. al norte de la Cap. Federal y que forma parte del Gran Buenos Aires. 37.000 h.

TIGRÉ. (De *Tigré*, provincia de Etiopía.) m. Lengua semítica que se habla en Etiopía.

TIGRERO, RA. adj. *Amér. del S.* Dícese de la persona que caza tigres. Ú.m.c.s. ‖ Dícese especialmente de los perros amaestrados en la caza del tigre.

TIGRESA. f. Barb. por tigre hembra.

TIGRILLO. m. *Amér.* Especie de ocelote.

TIGRIS. *Geog.* Río de Asia que nace en los montes Tauro (Turquía), atraviesa el Irak y al unirse con el Éufrates forma el Chat-el-Arab. Desagua en el golfo Pérsico después de recorrer 1.950 km.

TIGÜILOTE. m. *Amér. Central.* Árbol cuya madera se usa en tintorería.

TIJA. (Del fr. *tige*, varilla, y éste del lat. *tibia*, canilla.) f. Barrita o astil de la llave, que media entre el ojo y el paletón.

TIJERA. al. **Schere.** fr. **Ciseaux.** ingl. **Scissors.** ital. **Forbici.** port. **Tesoura.** (Del lat. *tonsoria ferramenta*, herramienta para cortar.) f. Instrumento compuesto de dos hojas de acero, a modo de cuchillas de un solo filo, y por lo general con un orificio para meter los dedos al extremo de cada mango, las cuales giran alrededor de un eje que las traba, para cortar, al cerrarlas, lo que se coloca entre ellas. Ú.m. en pl. TIJERAS *de sastre.* ‖ Cortadura que se hace en las tierras húmedas, para desaguarlas. ‖ Esquilador de ganado lanar. ‖ Aspa en que se apoya un madero que se ha de aserrar o labrar. ‖ Cualquiera de los dos correones cruzados por debajo de la caja en los coches antiguos. ‖ **V. Catre, escalera, silla de tijera.** ‖ fig. Nombre de algunas cosas compuestas, como la **tijera,** de dos piezas cruzadas que giran alrededor de un eje. ‖ Persona que murmura. *Esa mujer es una* TIJERA. ‖ pl. Largueros que a uno y otro lados del pértigo se enlazan con las teleras para formar la escalera del carro. ‖ Armazón de vigas cruzadas que se atraviesa en el cauce de un río para detener las maderas que arrastra la corriente. ‖ **Buena tijera.** fig. y fam. Persona hábil en cortar. ‖ Persona comilona. ‖ Persona muy murmuradora. ‖ IDEAS AFINES: *Despabiladeras, pelar, podar, esquilar, peluquero, modista, sastre, recortar.*

TIJERADA. (De *tijera.*) f. Tijeretada.

TIJERAL. m. *Chile.* Colilarga, ave. ‖ Tijera de la cubierta de un edificio.

TIJERETA. f. dim. de **Tijera.** Ú.m. en pl. ‖ Cada uno de los zarcillos que en los sarmientos de las vides brotan por pares y a trechos. ‖ Cortapicos. ‖ Ave palmípeda de la América del Sur, que tiene el pico aplanado, cortante y desigual, el cuello largo y la cola ahorquillada. ‖ Pájaro tiránido del norte de la Argentina, de colores vistosos, con dos plumas largas en la cola. ‖ **Tijeretas han de ser.** expr. fig. y fam. con que se da a entender que uno porfía tercamente.

TIJERETADA. (De *tijereta.*) f. Corte que se hace de un golpe con las tijeras. *Lo cortó de una* TIJERETADA.

TIJERETAZO. (De *tijereta.*) m. Tijeretada.

TIJERETEAR. (De *tijereta.*) tr. Dar a una cosa varios cortes con las tijeras, generalmente sin arte ni tino. ‖ fig. y fam. Disponer alguien, según su arbitrio u opinión, en negocios ajenos. ‖ *Arg.* Murmurar, criticar a otro. Ú.t.c.intr. *Siempre está* TIJERETEANDO.

TIJERETEO. m. Acción y efecto de tijeretear. ‖ Ruido que hacen las tijeras cuando son movidas repetidamente.

TIJERILLA o **TIJERUELA.** f. dim. de **Tijera.** ‖ Tijereta, zarcillo.

TIJUANA. *Geog.* Población del extremo N.O. de México (Baja California), sit. en el límite con los EE. UU. 278.000 h., con el mun. Trigo, cebada, vid, olivo, hortalizas.

TIJUCAS. *Geog.* Población del S.E. de Brasil (Santa Catalina), sit. al norte de Florianópolis. 4.500 h. Importante centro agrícola.

TIJUIL. m. *Hond.* Pájaro conirrostro, de color negro.

TIJUY. m. *Amér. Central.* Aní, ave. ‖ *Ven.* El diablo.

TILA. (Del lat. *tilia.*) f. Tilo. ‖ Flor del tilo. ‖ Bebida antiespasmódica que se hace con flores de tilo en infusión de agua caliente. *Para calmar los nervios tomó una taza de* TILA.

TILACINO. m. Mamífero marsupial de Tasmania, de poco más de un metro de longitud, de pelaje ligeramente lanoso, corto y crespo, y de un color gris amarillento, con fajas transversales negras sobre la parte posterior del lomo, la grupa y la raíz de la cola.

TILBE. m. *Arg.* Trampa para pescar que construyen los indios.

TILBURG. *Geog.* Ciudad del S. de Holanda (Brabante Septentrional). 211.000 h. Tejidos, manufactura de tabacos, curtidurías.

TÍLBURI. (Del ingl. *Tilbury*, nombre del inventor de este carruaje.) m. Carruaje de dos ruedas grandes, ligero y sin cubierta, con capacidad para dos personas y tirado por una sola caballería.

TILDAR. tr. Poner tilde a las letras que lo necesitan. ‖ Tachar lo escrito. sinón.: **testar.** ‖ fig. Señalar a alguien con alguna nota denigrante. *Lo* TILDAS *de cobarde.*

TILDE. (Del lat. *títulus*, indicio, seña.) amb. Virgulilla o rasgo que se pone sobre algunas abreviaturas, el que tiene la ñ y cualquiera otro signo que se use para distinguir una letra de otra o indicar su acentuación. Ú.m.c.f. *Al escribir año, se le olvidó el* TILDE. ‖ fig. Tacha, nota denigrativa. ‖ f. Cosa mínima. *No repara en* TILDES.

TILDÓN. (aum. de *tilde.*) m. Tachón para borrar lo escrito.

TILIA. (Del lat. *tilia*, tilo.) f. Tilo.

TILIÁCEO, A. (Del lat. *tilia*, tilo.) adj. *Bot.* Aplícase a plantas dicotiledóneas, árboles o arbustos, rara vez hierbas, con hojas alternas, sencillas y de nervios muy señalados, estípulas dentadas, flores axilares de jugo mucilaginoso y fruto capsular con abundantes semillas de albumen carnoso; como el tilo y la patagua. Ú.t.c.s.f. ‖ f. pl. *Bot.* Familia de estas plantas.

TILICO, CA. adj. *Bol.* y *Méx.* Aplícase al que está muy flaco.

TILICHE. m. *Amér. Central* y *Méx.* Cachivache, baratija.

TILICHERO. m. *Amér. Central.* Buhonero.

TILÍN. (Voz onomatopéyica.) m. Sonido de la campanilla. ‖ **Hacer tilín.** fig. y fam. Caer en gracia, inspirar afecto. *No me* HACE TILÍN. ‖ **Tener tilín.** fig. y fam. Tener gracia, atractivo. ‖ **En un tilín.** m. adv. fig. y fam. *And., Col., Chile* y *Ven.* **En un tris.**

TILINGO, GA. adj. y s. *Arg.* Ñoño, ridículo. ‖ *Méx., Perú* y *Urug.* Memo, lelo.

TILMA. f. *Méx.* Manta de algodón que llevan los hombres del campo a modo de capa, anudada sobre un hombro.

TILO. al. **Lindenbaum.** fr. **Tilleul.** ingl. **Linden tree.** ital. **Tiglio.** port. **Tília.** (De *tila.*) m. Árbol tiliáceo, que alcanza a veinte metros de altura con tronco grueso y recto, ramas fuertes, copa amplia, madera blanca y blanda; hojas acorazonadas, blanquecinas, y fruto redondo y velloso, del tamaño de un guisante. Es árbol de mucho adorno en los paseos, y sus flores se emplean en medicina. Gén. *Tilia.* ‖ *Amér.* Tila, infusión. ‖ *Col.* Yema floral del maíz. sinón.: **teja, tila, tilia.**

TILSIT. *Geog.* V. **Sovetsk.**

TILTIL. m. *Chile.* Almiar.

TILLA. (Como el fr. *tillac*, del islandés *thilia.*) f. Entablado que cubre una parte de las embarcaciones menores.

TILLADO. (De *tillar.*) m. Entablado, suelo de madera.

TILLAR. (De *tilla.*) tr. Echar suelos de madera. TILLAR *una pieza.*

TIMADOR, RA. s. fam. Persona que tima.

TÍMALO. (Del lat. *thimallus*, y éste del gr. *thymallos.*) m. Pez malacopterigio abdominal, de unos cuarenta centímetros de longitud, semejante al salmón, pero más obscuro y con la aleta dorsal muy larga, alta y de color violado. sinón.: **timo.**

TIMANÁ. *Geog.* Población de Colombia, sit. al sur del dep. de Huila. 3.200 h. Fabricación de sombreros de jipijapa.

TIMAR. tr. Quitar o hurtar con engaño. ‖ Engañar a otro con promesas o esperanzas. ‖ rec. fam. Entenderse con la mirada, hacerse guiños los enamorados. *Esa chica no* SE TIMA *con ningún muchacho.*

TIMARU. *Geog.* Ciudad y puerto de Nueva Zelanda, sit. en la costa oriental de la Isla Sur. 30.000 h. Lanas, cueros.

TIMBA. f. fam. Partida de juego de azar. ‖ Casa de juego. sinón.: **chirlata, garito, timbirimba.** ‖ *Amér. Central* y *Méx.* Barriga, vientre. ‖ *Filip.* Cubo para sacar agua del pozo.

TIMBAL. al. **Kesselpauke.** fr. **Timbale.** ingl. **Kettledrum.** ital. **Timballo.** port. **Timbale.** (Del lat. *týmpanum*, y éste del gr. *tympanon.*) m. Especie de tambor de un solo parche, con caja metálica en forma de media esfera. Por lo general se tocan dos a la vez, templados en tono distinto. sinón.: **tímpano.** ‖ Atabal, tamboril. ‖ Masa de harina y manteca, que se rellena de macarrones u otros manjares.

TIMBALERO. m. El que toca los timbales. sinón.: **atabalero.**

TIMBAUBA. *Geog.* Población del N.E. de Brasil, en Pernambuco. 15.000 h. Actividades agrícolas.

TIMBEQUE. m. *Cuba.* Baile de negros. ‖ Escándalo.

TIMBÍO. *Geog.* Población del S.O. de Colombia (Cauca). 2.800 h.

TIMBIRICHE. m. *Cuba.* Tenducho.

TIMBIRICHI. m. *Méx.* Planta bromeliácea de hojas largas y erguidas, de flores con cáliz rojo y corola violada, y bayas amarillas del tamaño de un huevo de gallina, comestibles. ‖ Bebida refrescante que se hace de esta planta.

TIMBIRIMBA. f. fam. Timba, partida y casa de juego. *Cuando no está en la taberna, está en la* TIMBIRIMBA.

TIMBO. (Voz guaraní.) m. *R. de la Plata.* Árbol corpulento cuyo fruto es una vaina seca y negra; su madera se usa para hacer canoas. Gén. *Enterolobium*, leguminosa.

TIMBRADOR, RA. s. Persona que timbra. ‖ m. Instrumento que sirve para timbrar. ‖ f. Máquina de timbrar.

TIMBRAR. al. **Stempeln.** fr. **Timbrer.** ingl. **To stamp.** ital. **Timbrare; bollare.** port. **Timbrar; selar.** tr. Poner el timbre en el escudo de armas. ‖ Estampar un timbre, sello o membrete. sinón.: **sellar.**

TIMBRAZO. m. Toque fuerte de un timbre.

TIMBRE. al. **Stempel; Klingel; Klangfarbe.** fr. **Timbre; sonnette.** ingl. **Seal; call bell; timbre; tone.** ital. **Timbro; campanello.** port. **Timbre.** (Del fr. *timbre*; éste del lat. *tympanum*, y éste del gr. *tympanon*, tambor.) m. Insignia que se coloca encima del escudo de armas, para que se distingan los grados de nobleza. ‖ Sello, y especialmente el que se estampa en seco. ‖ Sello que estampa el Estado en el papel que se usa en ciertos documentos públicos, indicando la cantidad que debe pagarse al fisco en concepto de derechos. ‖ Sello que se colocaba en las hojas de los periódicos, en señal de haber pagado el franqueo de correos. ‖ Aparato de llamada o aviso que suena movido por un resorte, la electricidad u otro agente. ‖ Modo propio y característico de sonar un instrumento musical o la voz de una persona. sinón.: **metal.** ‖ Renta del Tesoro formada por el importe de los sellos, papel sellado y otras imposiciones que gravan la emisión, uso o circulación de documentos. ‖ fig. Acción gloriosa o cualidad personal que ennoblece y ensalza. *Esa hazaña es* TIMBRE *de gloria de mi estirpe*; sinón.: **ejecutoria.**

TIMBROFILIA. f. Afición del timbrófilo.

TIMBRÓFILO, LA. (De *timbre*

y *filo.*) adj. Coleccionista de timbres impresos en papel sellado del Estado. Ú.t.c.s.

TIMBROLOGÍA. (De *timbre* y *-logía.*) f. Conjunto de conocimientos concernientes a los timbres del papel sellado del Estado.

TIMBRÓLOGO, GA. s. Persona versada en timbrología.

TIMBÚ. adj. Dícese del indio perteneciente a una tribu que vivía en tierras de Santa Fe, a orillas del Paraná, y se extendía a veces hasta cerca del Plata. Ú.t.c.s. ‖ Perteneciente a esta tribu.

TIMBUCTÚ. *Geog.* V. **Tombuctú.**

TIMELEÁCEO, A. (Del lat. *thimelaca*, y éste del gr. *thymelaía*; de *thymos*, planta odorífica y *elaía*, olivo.) adj. *Bot.* Dícese de plantas dicotiledóneas, arbustos y hierbas que tienen hojas sencillas, enteras y sin estípulas; flores axilares o terminales, sin corola, y por fruto bayas o cápsulas; como la adelfilla y el torvisco. Ú.t.c.s.f. ‖ f. pl. *Bot.* Familia de estas plantas.

TIMIAMA. (Del lat. *thymiama*, y éste del gr. *thymíama*, perfume, incienso.) m. Confección olorosa, reservada por los judíos para el culto divino.

TIMIATECNIA. (Del gr. *thymíama*, perfume, incienso, y *techne*, arte.) f. Arte de componer perfumes o de administrar fumigaciones. TIMIATECNIA *médica.* ‖ deriv.: **timiatécnico, ca.**

TIMIDEZ. al. **Furchtsamkeit, Schüchternheit.** fr. **Timidité.** ingl. **Timidity.** ital. **Timidezza.** port. **Timidez.** f. Calidad de tímido.

TÍMIDO, DA. (Del lat. *tímidus.*) adj. Temeroso, encogido y corto de ánimo. *Jovencito* TÍMIDO; antón.: **atrevido, desenvuelto.** ‖ deriv.: **tímidamente.**

TIMISOARA. *Geog.* Ciudad de Rumania. 130.000 h. Tabaco, petróleo, papel. Importante centro industrial y comercial.

TIMMINS. *Geog.* Ciudad del Canadá, sit. al este de la prov. de Ontario. 45.000 h. Yacimientos auríferos.

TIMO. m. Tímalo.

TIMO. m. fam. Acción y efecto de timar. ‖ **Dar un timo** a uno. frs. fam. Timarle.

TIMO. (Del lat. *thimus.*) m. *Anat.* Órgano glandular transitorio propio de la infancia, del que sólo quedan vestigios adiposos a los diez o doce años; está situado en la parte inferior del cuello y superior del mediastino anterior, formado por los lóbulos alargados, compuestos cada uno de ellos por una serie de lobulillos dispuestos alrededor de un eje o cordón central conjuntivo. ‖ deriv. **tímico, ca.**

TIMOCRACIA. (Del gr. *timokratía*; de *timé*, honor, y *krateo*, dominar.) f. Gobierno en que el poder es ejercido por los ciudadanos que tienen cierta renta. *El poder era ejercido en Cartago por una* TIMOCRACIA; sinón.: **plutocracia.** ‖ deriv.: **timócrata; timocrático, ca.**

TIMOL. (Del lat. *thymum*, tomillo.) m. Fenol cristalizable, de la esencia de tomillo y de otras plantas labiadas. Esta substancia, aromática y de sabor urente, es usada en medicina por sus propiedades antisépticas.

TIMÓN. al. **Steuer.** fr. **Timon; gouvernail.** ingl. **Helm.** ital. **Timone.** port. **Timão.** (De lat. *temo, -onis.*) m. Palo derecho que sale de la cama del arado en su extremidad. ‖ Pértigo. ‖ Varilla del cohete. ‖ fig. Dirección o gobierno de un negocio. *En este asunto llevaré yo el* TIMÓN. ‖ *Mar.* Pieza de madera o de hierro, articulada verticalmente sobre goznes en el codaste de la nave, y que sirve para gobernarla. Por ext., piezas semejantes de submarinos, dirigibles, etc. sinón.: **gobernalle, gobierno.**

TIMONEAR. intr. Gobernar el timón.

TIMONEDA, Juan. *Biog.* Escritor esp., autor de dramas, comedias y entremeses, y notable colector de romances (m. 1583).

TIMONEL. al. **Steuermann.** fr. **Timonier.** ingl. **Helmsman.** ital. **Timoniere.** port. **Timoneiro.** m. El que gobierna el timón de la nave.

TIMONERA. (De *timón.*) adj. Dícese de las plumas grandes que tienen las aves en la cola, y que en el vuelo les sirven para dar dirección al cuerpo. Ú.t.c.s.f. ‖ f. *Mar.* Sitio donde estaba el pinzote con que el timonel gobernaba la nave.

TIMONERO. adj. Aplícase al arado común, o de timón. ‖ m. Timonel.

TIMOR. *Geog.* Isla del archipiélago asiático de la Sonda, la más grande y oriental de ellas. La región S.O. de la isla pertenece a Indonesia y la N.E., junto con una pequeña porción de territorio del S.O. portuguesa hasta 1975; se declaró independiente ese año. La parte de Indonesia tiene unos 15.000 km². y 390.000 h. Cap. KUPANG. La región independiente tiene 18.990 km². 700.000 h. Cap. DILI. En 1976 fue ocupada por los indonesios.

TIMORATO, TA. (Del lat. *timoratus.*) adj. Dícese del que tiene el santo temor de Dios, y se gobierna por él en sus actos. *En lo* TIMORATO, *muestra ser un buen cristiano.* ‖ Tímido, indeciso. *Es tan* TIMORATO, *que no se lanza a ninguna empresa.*

TIMOSHENKO, Simeón Constantinovich. *Biog.* Mil. ruso, jefe del ejército que luchó en Finlandia en 1939 y de la contraofensiva que defendió a su país, en 1940, del ataque al. (1895-1970).

TIMPA. (En fr. *tympe*; quizá de *tímpano.*) f. *Metal.* Barra que sostiene la pared delantera del crisol de un horno alto.

TIMPÁNICO, CA. (Del lat. *tympanicus.*) adj. Perteneciente o relativo al tímpano del oído. ‖ *Med.* Dícese del sonido que producen por la percusión ciertas cavidades del cuerpo cuando están llenas de gases.

TIMPANILLO. (dim. de *tímpano.*) m. *Impr.* Tímpano pequeño, que encaja detrás del principal, en las prensas antiguas.

TIMPANISMO. m. *Pat.* Distensión por gases; timpanitis. ‖ Sonido timpánico.

TIMPANÍTICO, CA. (Del lat. *tympaníticus.*) adj. *Pat.* Que padece timpanitis. Ú.t.c.s. ‖ Perteneciente a esta enfermedad.

TIMPANITIS. (Del lat. *tympanites*, y éste del gr. *tympanites*, de *tympanon*, tambor.) f. *Pat.* Distensión del abdomen por acumulación de gases en el conducto intestinal o en la cavidad peritoneal.

TIMPANIZACIÓN. f. *Pat.* Acción y efecto de timpanizarse.

TIMPANIZARSE. r. *Pat.* Abultarse y ponerse tenso el vientre, con timpanitis.

TÍMPANO. al. **Trommelfell.** fr. **Tympan.** ingl. **Tympanum; cardrum.** ital. **Tímpano.** port. **Tímpano.** (Del lat. *tympanum*, y éste del gr. *tympanon.*) m. Atabal, tamboril. ‖ Instrumento musical formado por varias tiras desiguales de vidrio puestas de mayor a menor sobre dos cuerdas o cintas, y que se toca con una especie de macillo. ‖ Cada uno de los lados circulares sobre los que se puede asentar la pipa o cuba. ‖ *Anat.* Parte media del oído. sinón.: **tambor.** ‖ Membrana extendida y tensa como la de un tambor, que separa el conducto auditivo externo del oído medio. ‖ *Arq.* Espacio triangular comprendido entre las dos cornisas inclinadas de un frontón y la horizontal de su base. *Los* TÍMPANOS *suelen decorarse con bajorrelieves, esculturas, pinturas o mosaicos.* ‖ *Impr.* Bastidor de las prensas antiguas, sobre el que descansa el papel que ha de imprimirse.

TINA. al. **Trog.** fr. **Cuvier; cuve.** ingl. **Vat; tub.** ital. **Tina.** port. **Tina.** (Del lat. *tina.*) f. Tinaja de barro. ‖ Vasija de madera de forma de media cuba. ‖ Vasija grande, de forma de caldera. ‖ Pila para lavarse o bañarse.

TINACO. m. Tina pequeña de madera. ‖ Alpechín.

TINADA. (De *teinada.*) f. Montón de leña. ‖ Cobertizo para los ganados, y particularmente el que se destina a los bueyes. sinón.: **teinada, tena, tenada.**

TINADO. m. Tinada, cobertizo para ganados.

TINADOR. m. Tinado.

TINAJA. al. **Tonkrug.** fr. **Tonneau; jarre.** ingl. **Jar.** ital. **Tinozza; brocca.** port. **Dorna; talha.** (De *tina.*) f. Vasija grande de barro cocido, mucho más ancha por el medio que por la boca y por el fondo, que se usa generalmente para guardar agua, aceite u otros líquidos. sinón.: **tina.** ‖ Líquido que cabe en una **tinaja.** *Mi olivar produce más* TINAJAS *de aceite que el tuyo.* ‖ Medida de capacidad para líquidos, usada en Filipinas, equivalente a 48 litros y 4 centilitros.

TINAJERO. m. El que hace o vende tinajas. ‖ Sitio donde se colocan las tinajas.

TINAJÓN. m. aum. de **Tinaja.** ‖ Vasija tosca de barro cocido parecida a la mitad inferior de una tinaja.

TINAJUELA. f. dim. de **Tinaja.**

TINÁMIDAS. f. pl. o **TINÁMIDOS.** m. pl. *Zool.* Familia de aves americanas, de cola reducida y alas cortas, que hacen vuelos breves y son muy caminadoras. Se las suele llamar perdices por su semejanza con estas gallináceas.

TINAMIFORMES. m. pl. *Zool.* Orden de aves americanas que comprende a las tinámidas.

TINAMÚ. m. *Zoól.* Nombre con que se designan comúnmente las aves de la familia de las tinámidas.

TINAPÁ. m. *Filip.* Pescado seco ahumado.

TINAQUILLO. *Geog.* Población del N. del Est. de Cojedes, en Venezuela. 5.000 h. Importante centro agricolaganadero.

TINBERGEN, Jan. *Biog.* Economista holandés cuya obra *International Economic Integration*, sobre el mercado internacional y la teoría de la integración económica, alcanzó gran difusión. En 1969 se le otorgó el premio Nobel de Economía compartido con R. Frisch (n. en 1903). ‖ **— Niko.** Escritor holandés, autor de *Recuerdos del futuro* y otros ensayos (n. en 1916). ‖ **— Nicolás.** Científico holandés que se especializó en el análisis de la conducta de los animales. Su obra más conocida es *Estudio del instinto.* En 1973 compartió el premio Nobel de Fisiología y Medicina con Lorenz y von Frisch (n. en 1907).

TINCA. f. *Bol.* Asalto, baile o reunión.

TINCANQUE. m. *Chile.* Papirotazo.

TINCAR. tr. *Arg.* y *Chile.* Dar un capirotazo a una bola o pita para despedirla con fuerza. ‖ intr. *Chile.* Presentir, tener una corazonada.

TINCAZO. m. *Arg.* y *Ec.* Capirotazo.

TINCIÓN. (Del lat. *tinctio, -onis.*) f. Acción y efecto de teñir. *Procedimientos de* TINCIÓN; sinón.: **teñido, teñidura, tinta, tinte.**

TINCO, CA. adj. *Arg.* Aplícase al animal vacuno que al caminar roza una pata con la otra.

TINDALO. m. Árbol de Filipinas, que llega a treinta metros de altura, con copa ancha y tronco grueso, y fruto en vainas cortas y sueltas con semillas grandes, de cubierta negra y coriácea; su madera, de color rojo y compacta, se usa en ebanistería.

TINDÍO. m. Ave acuática del Perú, parecida a la gaviota.

TINELAR. adj. Perteneciente al tinelo. *Murmuraciones* TINELARES.

TINELERO, RA. s. Persona que tiene a su cargo el cuidado y provisión del tinelo.

TINELO. (Del b. lat. *tinéllum*, dim. del lat. *tínum*, jarro del que se echa vino en los vasos.) m. Comedor de la servidumbre en las casas de los grandes.

TINERFEÑO, ÑA. adj. Natural de Tenerife. Ú.t.c.s. ‖ Perteneciente a esta isla, una de las Canarias.

TINERO. m. En los lavaderos de lana, el que cuida las tinas.

TINETA. f. dim. de **Tina.**

TINGAZO. m. *Ec.* Tincazo.

TING, Samuel. *Biog.* Físico norteamericano, autor de importantes investigaciones que llevaron al descubrimiento de una nueva partícula elemental pesada. En 1976 compartió el premio Nobel de Física con su colega Burton Richter (n. en 1936).

TINGE. m. Búho mayor y más fuerte que el común.

TINGIBLE. adj. Teñible.

TINGIS. *Geog. histór.* Antiguo nombre de la c. de **Tánger.**

TINGITANO, NA. (Del lat. *tingitanus.*) adj. Natural de Tingis, hoy Tánger. Ú.t.c.s. ‖ Perteneciente a esta ciudad de África antigua. ‖ Tangerino. Apl. a pers., ú.t.c.s.

TINGLADILLO. (dim. de *tinglado.*) m. *Mar.* Disposición de las tablas de forro de algunas embarcaciones menores, cuando montan unas sobre otras.

TINGLADO. al. **Schuppen.** fr. **Échafaud.** ingl. **Board.** ital. **Baraccone.** port. **Tabuado.** (Del b. lat. *tegulatus*, tejado, y éste del lat. *tégula*, teja.) m. Cobertizo. *Resguardaron los fardos en el* TINGLADO. ‖ Tablado armado a la ligera. *La antigua farsa solía representarse en un* TINGLADO. ‖ fig. Artificio, enredo, maquinación.

TINGLAR. tr. *Chile.* Traslapar, montar en parte una tabla sobre otra como las tejas de un tejado.

TINGLE. (Como el fr. *tinglette*, del neerl. *tingel*, varilla.) f. Pieza que usan los vidrieros para abrir las tiras de plomo y ajustarlas al vidrio.

TINGO MARÍA. *Geog.* Población del Perú (Huánuco), a orillas del río Huallaga. 3.500 h. Es centro de una importante zona cafetera y maderera.

TINGUIRIRICA. *Geog.* Volcán de la región central de Chile (Colchagua). Culmina a los 4.300 m.

TINICLA. (Del lat. *tunícula*, camisilla.) f. Especie de cota de armas que usaban los oficiales superiores del ejército.

TINIEBLA. al. **Finsternis; dunkelheit.** fr. **Ténèbre.** ingl. **Darkness; tenebrae.** ital. **Tenebra.** port. **Treva.** (Del lat. *tenebrae, -arum.*) f. Falta de luz. Ú.m. en pl. *Las* TINIEBLAS *nocturnas.* ‖ pl. fig. Suma ignorancia y confusión por falta de conocimientos. ‖ Oscuridad, en lo abstracto o moral. *Las* TINIEBLAS *del pecado.* ‖ *Relig.* Maitines de los tres últimos días de la Semana Santa.

TINILLO. (dim. de *tino.*) m. Receptáculo donde se recoge el mosto que corre de la uva pisada en el lagar.

TINO. al. **Takt; feingefühl.** fr. **Tact.** ingl. **Skill; tact.** ital. **Tino.** port. **Tino.** (En port. *tino.*) m. Facilidad de acertar a tientas con las cosas que se buscan. *En medio de la oscuridad, tuvo el* TINO *de encontrarlo.* ‖ Acierto y destreza para dar en el blanco. *Le tiró piedras, pero sin* TINO; sinón.: **puntería.** ‖ fig. Juicio o cordura. *Obra con* TINO. ‖ **Sacar de tino** a uno. frs. fig. Atolondrarle con un golpe. ‖ Confundirle o exasperarle una especie o suceso. ‖ **Sin tino.** m. adv. fig. Sin tasa, sin medida. *Gastar, beber* SIN TINO.

TINO. (Del lat. *tinum.*) m. Tina para el tinte. ‖ En los lavaderos de lana, depósito de piedra adonde el agua hirviendo va desde la caldera. ‖ En algunas partes, **lagar.**

TINO. m. Durillo, arbusto.

TINOCO, Federico A. *Biog.* Militar costarr. de 1917 a 1919 presidente de la República (1870-1931).

TINOLA. f. *Filip.* Especie de sopa que se prepara cociendo en agua pollo o gallina, a lo que se agregan trocitos de papa o calabaza.

TINTA. al. **Tinte.** fr. **Encre.** ingl. **Ink.** ital. **Inchiostro.** port. **Tinta.** (Del lat. *tincta*, term. f. de *tinctus*, tinto.) f. Color que se sobrepone a una cosa, o con que se tiñe. ‖ Líquido que se emplea para escribir. ‖ Tinte, acción y efecto de teñir. ‖ pl. Matices, degradaciones de color. *Las* TINTAS *del ocaso.* ‖ *Pint.* Mezcla de colores que se hace para pintar. ‖ **Tinta comunicativa.** La que sirve para que lo escrito con ella pueda reproducirse, mediante estampación mecánica, en uno o más ejemplares. ‖ **— china.** La preparada con negro de humo, alcanfor, añil y cola de pescado. ‖ **— de imprenta.** Composición grasa que se emplea para imprimir. ‖ **— simpática.** La que tiene la propiedad de que no se conozca lo escrito con ella hasta que se le aplica el reactivo adecuado. ‖ **Media tinta.** *Pint.* Tinta general que se da primero para pintar al temple y al fresco, sobre la cual se va poniendo el claro y el oscuro. ‖ Color templado que une y empasta los claros con los oscuros. ‖ **Medias tintas.** fig. y fam. Hechos y juicios vagos e indecisos, dictados por espíritu receloso y cautela extremada. ‖ **Recargar** uno **las tintas.** frs. fig. Exagerar el alcance o significación de un dicho o hecho. ‖ **Saber** uno **de buena tinta** una cosa. frs. fig. y fam. Estar informado de ella por conducto digno de crédito. ‖ **Sudar tinta.** frs. fig. y fam. Hacer un trabajo con mucho esfuerzo. ‖ IDEAS AFINES: *Tintero, lapicero, pluma, borrón, papel secante, escribanía; calamar.*

TINTAR. (De *tinta.*) tr. y r. Teñir.

TINTE. al. **Färbung; Färbstoff.** fr. **Teinture; teint.** ingl **Dyeing; staining; tint; hue.** ital. **Tintura; tinta.** port. **Tintura; tinta.** (De *tintar.*) m. Acción y efecto de teñir. sinón.: **teñido, teñidura, tinción.** ‖ Color con que se tiñe. sinón.: **tintura.** ‖ Tienda donde se tiñen telas, ropas, etc. sinón.: **tintorería.** ‖ fig. Artificio mañoso que se emplea para desfigurar las cosas. *Da a las cosas un* TINTE *tan engañador, que las hace ser lo que él quiere.*

TINTERAZO. m. Golpe dado con un tintero.

TINTERILLADA. f. *Amér.* Embuste, enredo, acción propia de un tinterillo.

TINTERILLO. (dim. de *tintero.*) m. fig. y fam. desp. Empleado, cagatintas. ‖ *Amér.* Picapleitos, rábula.

TINTERO. al. **Tintenfass.** fr. **Encrier.** ingl. **Inkstand.** ital. **Calamaio.** port. **Tinteiro.** m. Vaso en que se pone la tinta de escribir para mojar en ella la pluma. TINTERO *de plata.* ‖ Neguilla, en los dientes de las caballerías. ‖ *Impr.* Depósito que en las máquinas de imprimir recibe la tinta. ‖ *Mar.* Zoquete de madera con varios huecos para conservar desleída la almagra usada a bordo por los carpinteros y calafates. ‖ **Dejar, o dejarse,** uno o **quedársele** a uno **en el tintero** una cosa. frs. fig. y fam. Olvidarla u omitirla. *La respuesta se le quedó en el* TINTERO.

TINTILLO. adj. **Vino tintillo.** Ú.t.c.s.

TINTÍN. (Voz onomatopéyica.) m. Sonido de la esquila, campanilla o timbre, y el que producen, al recibir un ligero golpe, las copas y otras cosas semejantes.

TINTINAR. al. **Klingeln; klissen.** fr. **Tinter.** ingl. **To clink.** ital. **Tintinnare.** port. **Tintinar.** (Del lat. *tintinnare.*) intr. Producir el sonido especial del tintín.

TINTINEAR. intr. Tintinar.

TINTINEO. m. Acción y efecto de tintinar. *Sirvió de música a los brindis el* TINTINEO *de las copas.*

TINTIRITÍN. (Voz onomatopéyica.) m. Sonido agudo del clarín y otros instrumentos.

TINTO, TA. (Del lat. *tinctus,* p. p. de *tíngere,* teñir.) p. p. irreg. de **teñir.** ‖ adj. V. **Uva tinta.** Ú.t.c.s. ‖ V. **Vino tinto.** Ú.t.c.s. ‖ *C. Rica.* y *Hond.* Rojo obscuro.

TINTÓREO, A. (Del lat. *tinctorius.*) adj. Aplícase a las plantas u otras substancias colorantes. *La gualda es una hierba* TINTÓREA.

TINTORERÍA. al. **Färberei.** fr. **Teinturerie.** ingl. **Dyer's shop.** ital. **Tintoria.** port. **Tinturaria.** f. Oficio del tintorero. ‖ Tienda para el teñido, lavado y planchado de ropa, telas, etc. sinón.: **tinte.**

TINTORERO, RA. al. **Färber.** fr. **Teinturier.** ingl. **Dyer.** ital. **Tintore.** port. **Tintureiro.** (De *tinturar.*) s. Persona que por oficio desempeña las labores propias de la tintorería. ‖ f. Mujer del tintorero. ‖ Especie de tiburón.

TINTORETTO, El. *Biog.* Pintor ital. cuyo verdadero nombre era Jacobo Robusti. De rico colorido, se especializó en pinturas murales: *La presentación de la Virgen.* Otras obras: *Susana en el baño; San Jorge matando al dragón,* etc. (1512-1594).

TINTURA. (Del lat. *tinctura.*) f. Tinte, acción y efecto de teñir y substancia con que se tiñe. ‖ Afeite en el rostro, particularmente de las mujeres. ‖ Líquido en que se ha hecho disolver una substancia colorante. ‖ fig. Noción superficial y leve de una facultad o ciencia. *Es abogado, pero sólo tiene una* TINTURA *de jurisprudencia;* sinón.: **barniz.** ‖ *Farm.* Solución de cualquier substancia medicinal en un líquido. TINTURA *alcohólica, etérea, de yodo.*

TINTURAR. (De *tintura.*) tr. Teñir. sinón.: **tintar.** ‖ fig. Instruir o informar sumariamente de una cosa. Ú.t.c.s.

TIÑA. (Del lat. *tínea,* polilla.) f. Arañuela o gusanillo que daña las colmenas. ‖ fig. y fam. Miseria, mezquindad. ‖ *Med.* Cualquiera de las enfermedades producidas por microfitos en la piel del cráneo. ‖ — **favosa.** Favo. ‖ — **mucosa.** Eccema.

TIÑERÍA. f. fam. Tiña, miseria, mezquindad.

TIÑOSO, SA. (Del lat. *tineosus.*) adj. y s. Que padece tiña. ‖ fig. y fam. Escaso, miserable y ruin.

TIÑUELA. (dim. de *tiña.*) f. Cuscuta parásita del lino. sinón.: **rascalino.** ‖ *Mar.* Broma que empieza a carcomer el casco de una embarcación.

TÍO. al. **Onkel; Oheim.** fr. **Oncle.** ingl. **Uncle.** ital. **Zio.** port. **Tio.** (Del lat. *thius,* y éste del gr. *theios.*) m. Respecto de una persona, hermano o primo de su padre o madre. El primero se llama **carnal,** y el otro, **segundo, tercero,** etc., según los grados. ‖ En los lugares, tratamiento que se da al hombre casado o de cierta edad. ‖ fam. Hombre rústico y grosero. *¡Qué* TÍO *basto!* ‖ En ocasiones, denota elogio. *¡Lo que sabe este* TÍO*!* ‖ fam. **So,** seguido de adjetivos despectivos. T*ío granuja.* ‖ *Arg.* Voz que se aplicaba en sentido afectuoso a los negros viejos. ‖ — **abuelo.** Respecto de una persona, hermano de uno de sus abuelos.

TIONEO. (Del lat. *Thyoneus,* de *Thyone,* madre o nodriza de Baco.) adj. Aplícase como sobrenombre del dios Baco.

TIORBA. (Del ital. *tiorba.*) f. Especie de laúd, pero algo mayor, con dos mangos y con ocho cuerdas más para los bajos. *La* TIORBA *tuvo mucho auge en los siglos XVI y XVII.*

TÍO SAM. V. **Sam, Tío.**

TIOSULFATO. m. *Quím.* Sal del ácido tiosulfúrico.

TIOSULFÚRICO. adj. *Quím.* Dícese del ácido hiposulfuroso.

TIOVIVO. al. **Karussell.** fr. **Manage; carroussel.** ingl. **Merry-go-round; carrousel.** ital. **Carosello.** port. **Carrocel.** m. Recreo de feria que consiste en varios asientos colocados en un círculo giratorio. *Subir al* TIOVIVO; sinón.: **caballitos, calesitas.**

TIPA. f. Árbol de la América del Sur, que llega a veinte metros de altura, con tronco grueso, copa amplia, flores amarillas y fruto con semillas negras. Su madera, dura y amarillenta, se emplea en carpintería y ebanistería; su plantación abunda en las calles y parques de ciudades argentinas. *Tipuana tipa,* leguminosa. ‖ *Arg.* Bolsa o cesta de cuero.

TIPARIO. m. Conjunto de tipos o caracteres de que dispone cada máquina de escribir.

TIPASA. *Geog.* Pequeño puerto del N. de África, cerca de Argel. En la antigüedad fue centro comercial de los fenicios, ciudad romana y un importante centro cristiano. Posee ruinas arqueológicas.

TIPEJO. (Despect. de *tipo.*) m. Persona ridícula y despreciable. *Como se le pasaba la edad, tuvo que cargar con ese* TIPEJO.

TIPIADORA. f. Máquina de escribir. ‖ Mecanógrafa.

TIPICISMO. m. Tipismo.

TÍPICO, CA. al. **Typisch.** fr. **Typique.** ingl. **Typical.** ital. **Tipico.** port. **Típico.** (Del lat. *typicus,* y éste del gr. *typikós.*) adj. Característico o representativo de un tipo. ‖ Peculiar de un grupo, país, región, época, etc.

TIPIFICAR. tr. Refiriéndose a ganadería o a productos de la tierra, conseguir nuevos tipos con características diferentes. ‖ Representar una persona o cosa el tipo de la especie o clase a que pertenece. ‖ deriv.: **tipificación.**

TIPISMO. m. Calidad o condición de típico. ‖ Conjunto de caracteres o rasgos típicos.

TIPLE. (En port. *tiple,* quizá de triple.) m. La más aguda de las voces humanas, propia particularmente de mujeres y niños. ‖ Guitarrita de voces muy agudas. sinón.: **discante.** ‖ *Mar.* Vela de falucho con los rizos tomados. ‖ Palo de una sola pieza. ‖ com. Persona cuya voz es el tiple. ‖ Persona que toca el tiple.

TIPLISONANTE. adj. fam. Que tiene voz o tono de tiple.

TIPO. al. **Type; Druckletter n.** fr. **Type.** ingl. **Type.** ital. **Tipo.** port. **Tipo.** (Del lat. *typus,* éste del gr. *typos.*) m. Modelo, ejemplar. sinón.: **arquetipo, prototipo.** ‖ Símbolo representativo de cosa figurada. ‖ Letra de imprenta. ‖ Cualquiera de las clases de esta letra. ‖ Figura o talle de una persona. *Ese joven tiene muy buen* TIPO. ‖ despect. Persona extraña y singular. *¡Qué* TIPO *raro!* ‖ Individuo, hombre, frecuentemente con matiz despectivo. ‖ *Ec.* Poleo, planta. ‖ *Hist. Nat.* Cada una de las grandes agrupaciones de clases en que se dividen los reinos animal y vegetal. ‖ *Numism.* Figura principal de una moneda o medalla. ‖ **Jugarse el tipo.** loc. fig. y fam. Exponer la integridad corporal o la vida en un peligro.

TIPOCROMÍA. f. Impresión de tricromía mediante la estampación tipográfica.

TIPOGRAFÍA. al. **Druckerei.** fr. **Typographie.** ingl. **Printing; typography.** ital. **Tipografia.** port. **Tipografia.** f. Imprenta, arte de imprimir y lugar donde se imprime.

TIPOGRÁFICO, CA. adj. Perteneciente o relativo a la tipografía. *Escritura* TIPOGRÁFICA. ‖ deriv.: **tipográficamente.**

TIPÓGRAFO. al. **Typograph; Buchdrucker.** fr. **Typographe.** ingl. **Typographer.** ital. **Tipografo.** port. **Tipógrafo.** (Del gr. *typos,* tipo, y *grapho,* escribir.) m. Operario que profesa la tipografía, y especialmente los cajistas, que componen a mano y preparan o arman las formas.

TIPOÍ. (Del guaraní *tipoí.*) m. *Arg., Bol.* y *Par.* Túnica desceñida, de lienzo o de algodón, sin cuello ni mangas, que usaban las mujeres en las misiones del Paraná y del Uruguay y que continúan usando las campesinas de las regiones guaraníticas.

TIPOLITOGRAFÍA. f. Arte de reproducir mediante la tipografía composiciones tipográficas, transportándolas a la piedra. ‖ deriv.: **tipolitográfico, ca.**

TIPOMETRÍA. f. Medición de los puntos tipográficos.

TIPÓMETRO. (Del gr. *typos,* golpe, señal impresa por un golpe, y *metron,* medida.) m. Instrumento que sirve para medir los puntos tipográficos.

TIPOTELEGRAFÍA. f. Transmisión a distancia de palabras por medio de caracteres tipográficos.

TIPOTELÉGRAFO. m. Aparato que imprime a distancia por medio de una corriente eléctrica.

TIPOY. m. Tipoí.

TÍPULA. (Del lat. *tippula.*) f. Insecto díptero semejante al mosquito, pero mayor y de patas muy largas; no pica al hombre ni a los animales y se alimenta de hojas y flores. *La* TÍPULA *es un insecto muy dañino para las plantas.*

TIQUE. (Del arauc. *tuque.*) m. Árbol euforbiáceo de Chile, con hojas lampiñas, muy pálidas por debajo, cubiertas de laminitas de lustre metálico; el fruto es una drupa parecida a una aceituna pequeña.

TIQUÍN. m. *Filip.* Pértiga, hecha generalmente de caña de bambú, que se emplea para dar impulso a las embarcaciones menores en los ríos, afirmando una de sus extremidades en el fondo del agua.

TIQUIS MIQUIS. (Del lat. *tibi et michi,* por *mihi,* a ti y a mí.) expr. fam. Tiquismiquis.

TIQUISMIQUIS. (De *tiquis miquis.*) m. pl. Escrúpulos o reparos vanos o de muy poca importancia. *No hay que perder el tiempo en esos* TIQUISMIQUIS. ‖ fam. Expresiones o dichos ridículamente corteses. *Para dárselas de fino, gasta muchos* TIQUISMIQUIS.

TIQUISTIQUIS. m. *Filip.* Árbol sapindáceo de cuya madera se hacen vasos que dan al agua sabor amargo y algunas virtudes medicinales.

TIQUIZQUE. m. *C. Rica.* Planta liliácea de hojas grandísimas y rizomas comestibles.

TIRA. al. **Streifen.** fr. **Bande.** ingl. **Strip.** ital. **Striscia.** port. **Tira.** (De *tirar.*) f. Pedazo largo y angosto de tela, cuero, papel u otra cosa delgada. sinón.: **cinta, lista.** ‖ *Arg., Col.* y *Chile.* vulg. Agente de policía. ‖ *Hond.* Fiesta que se celebra el martes de carnaval. ‖ *Mar.* Parte de un cabo, de la que se agarran los marineros para halar. ‖ **¡Tira!** *Arg.* y *P. Rico.* Interjección que se emplea para contener al ganado o hacerlo marchar. ‖ — **emplástica.** *Arg.* Especie de esparadrapo. ‖ IDEAS AFINES: *Banda, cinta, correa, cinturón, venda, franja, friso, cenefa, margen.*

TIRABALA. (De *tirar* y *bala.*) m. Taco, juguete para disparar bolitas.

TIRABEQUE. m. Guisante mollar.

TIRABOTAS. (De *tirar* y *bota.*) m. Gancho de hierro que sirve para calzarse las botas.

TIRABRAGUERO. (De *tirar* y *braguero.*) m. Correa tirante que mantiene siempre en su lugar la ligadura que se pone a los que están quebrados.

TIRABUZÓN. al. **Korkenzieher.** fr. **Tire-bouchon.** ingl. **Corkscrew.** ital. **Cavaturaccioli.** port. **Sacarrolhas.** (Del fr. *tire-bouchon.*) m. Sacacorchos. ‖ fig. Rizo de cabello, largo y pendiente en espiral. ‖ **Sacar** algo **con tirabuzón.** frs. fig. y fam. Sacarlo a la fuerza. Dícese especialmente de las palabras que se obligan a hablar a una persona callada. *Es tan callado, que hay que sacarle las palabras con* TIRABUZÓN.

TIRACANTOS. m. fam. Echacantos.

TIRACOL. m. Tiracuello. ‖ desus. Correa con la que se colgaba del cuello el escudo.

TIRACUELLO. (De *tirar* y *cuello.*) m. Tahalí de la espada.

TIRACUERO. m. desp. de zapatero de oficio.

TIRADA. f. Acción de tirar. ‖ Distancia existente entre un lugar y otro, o de uno a otro tiempo. *De aquí al pueblo hay mucha* TIRADA. sinón.: **tiramira.** ‖ Serie de cosas que se escriben o dicen de un tirón. TIRADA *de versos.* ‖ *Chile.* Remesón, en las carreras de caballos. ‖ *P. Rico.* Burla, chasco. ‖ *Impr.* Acción y efecto de imprimir. sinón.: **tirado.** ‖ Número de ejemplares de una edición. TIRADA *de mil ejemplares.* ‖ Lo que se tira en un solo día de labor. ‖ — **aparte.** *Impr.* Impresión por separado que se hace de algún artículo o capítulo en una revista u obra y que aprovechando los moldes de éstas se edita en determinado número de ejemplares sueltos.

TIRADENTES. *Biog.* V. **Silva Xavier, Joaquín José de.**

TIRADERA. (De *tirar.*) f. Flecha muy larga de bejuco y con punta de asta de ciervo, que usaron los indios de América. ‖ *Amér. Central, Cuba* y *Chile.* Cinta o cinturilla con que las mujeres se atan las faldas. ‖ *Col.* y *Pan.* Burla.

TIRADERO. m. Lugar donde se ubica el cazador para tirar.

TIRADO, DA. adj. Dícese de las cosas que se dan muy baratas o que abundan mucho. ‖ *Mar.* Dícese de la embarcación que tiene mucha eslora y poca altura de casco. ‖ m. Acción de reducir a hilo los metales, especialmente el oro. ‖ *Impr.* Tirada, acción de imprimir.

TIRADOR, RA. s. Persona que tira. ‖ Persona que tira con habilidad y destreza. TIRADOR *de pistola, de disco.* ‖ Persona que estira. ‖ m. Instrumento con que se estira. ‖ Asidero del cual se tira para abrir, una puerta, un cajón, etc. ‖ Cordón o cadenilla de que se tira para hacer sonar la campanilla o timbre con que se llama a la puerta de las casas. *Llamó con tanta fuerza, que se quedó con el* TIRADOR *en la mano.* ‖ Regla de hierro que emplean los picapedreros. ‖ Regla metálica que se usa como tiralíneas. ‖ Horquilla con mango, en cuyos extremos se sujetan dos gomas unidas por una badana en la que se ponen piedrecillas para dispararlas. ‖ *Arg.* Cinturón ancho que usa el gaucho; por lo común va adornado con monedas de plata y provisto de bolsillos. ‖ Tirante, cada una de las dos tiras que sujetan el pantalón. ‖ *Impr.* Prensista. ‖ — **de oro.** Artífice que lo reduce a hilo.

TIRAFONDO. (Del fr. *tire-fond.*) m. Tornillo que se usa para asegurar en la madera algunas piezas de hierro, como bisagras, cerraduras, etc. ‖ *Cir.* Instrumento, especie de sacabala, con que se extrae del fondo de las heridas los cuerpos extraños.

TIRAJE. (Del fr. *tirage.*) m. gal. Tirada, número de ejemplares de una edición. ‖ Tiro, corriente de aire de un hogar o chimenea.

TIRAJO. m. desp. de **Tira.**

TIRALÍNEAS. (De *tirar* y *línea.*) m. Instrumento metálico a modo de pinzas, cuya separación se gradúa con un tornillo y se usa para trazar líneas de tinta de mayor o menor grosor, según la separación.

TIRAMIENTO. m. Acción y efecto de tirar o estirar.

TIRAMIRA. f. Cordillera larga y estrecha. ‖ Fila o serie continuada de muchas cosas o personas. ‖ Tirada, distancia.

TIRAMOLLAR. (De *tirar* y *mollar.*) intr. *Mar.* Tirar de un cabo que pasa por retorno, para aflojar lo que sujeta.

TIRANA. f. Cierta canción popular española, actualmente en desuso. *La* TIRANA *tuvo su auge en el siglo XVIII, y llegó a popularizarse en Europa.*

TIRANA. *Geog.* Ciudad de Albania, cap. del país. 183.000 h. Centro agrícola.

TIRANÍA. al. **Tyrannei.** fr. **Tyrannie.** ingl. **Tyranny.** ital. **Tirannia.** port. **Tirania.** (Del gr. *tyrannía.*) f. Gobierno ejercido por un tirano. *La* TIRANÍA *de Pisístrato.* ‖ Abusos o imposición en grado extraordinario de cualquier poder, fuerza o superioridad. sinón.: **despotismo.** ‖ fig. Dominio excesivo que un afecto o pasión ejerce sobre la voluntad. *La* TIRANÍA *del amor.* ‖ deriv.: **tiránicamente.** ‖ IDEAS AFINES: *Absolutismo, dictadura, opresión, avasallar, golpe de Estado, represión, terrorismo, revolución, deponer, libertad.*

TIRANICIDIO. (Del lat. *tyrannicidium.*) m. Muerte dada a un tirano.

TIRÁNICO, CA. (Del lat. *tyránnicus*, y éste del gr. *tyrannikós.*) adj. Perteneciente o relativo a la tiranía o al tirano. *Leyes* TIRÁNICAS. ‖ fig. Irresistible, muy fuerte. *Pasión* TIRÁNICA.

TIRÁNIDO, DA. (De *tirano* y el gr. *eidos*, forma.) adj. *Zool.* Dícese de pájaros americanos, insectívoros, de pico fuerte, aplanado, punta ganchosa y con cerdas alrededor, como la tijereta, el benteveo y el churrinche. Ú.t.c.s. ‖ m. pl. *Zool.* Familia de estos pájaros.

TIRANIZAR. al. **Tyrannisieren; Knechten.** fr. **Tyranniser.** ingl. **To tyrannize.** ital. **Tirannizzare.** port. **Tiranizar.** (Del lat. *tyrannizare.*) tr. Gobernar un tirano algún Estado. ‖ fig. Dominar tiránicamente. ‖ deriv.: **tiranización, tiranizadamente.**

TIRANO, NA. al. **Tyrann; Gewaltherrscher.** fr. **Tyran.** ingl. **Tyrant.** ital. **Tiranno.** port. **Tirano.** (Del lat. *tyrannus*, y éste del gr. *tyrannos.*) adj. Aplícase al que logra contra derecho el gobierno de un Estado y al que gobierna sin justicia y a medida de su voluntad. Ú.t.c.s. ‖ Dícese del que abusa de su poder, superioridad o fuerza en cualquier concepto o materia. sinón.: **déspota.** ‖ fig. Dícese de la pasión o afecto que domina el ánimo.

TIRANTE. p. a. de **Tirar.** Que tira. ‖ adj. Tenso. ‖ fig. Dícese de las relaciones de amistad **próximas a romperse.** ‖ m. Cuerda o correa que, sujeta a las guarniciones de las caballerías, sirve para tirar de un carruaje o de un artefacto. sinón.: **tiro.** ‖ Cualquiera de las dos tiras de piel o tela con elásticos, que sirve para suspender de los hombros el pantalón. Ú.m. en pl. para designar el conjunto o prenda. TIRANTES *de cuero, de goma.* ‖ Cada una de las cintas o tiras de tela que sostienen de los hombros otras prendas de vestir. ‖ Cualquiera de las tres cuerdas que parten del centro y ángulos superiores de la cometa. ‖ *Arq.* Pieza de madera o barra metálica puesta horizontalmente en la armadura del tejado para impedir la separación de los pares, o entre dos muros para que no se desplomen. ‖ *Mec.* Pieza que soporta un esfuerzo de tensión. *Los* TIRANTES *de la caldera.*

TIRANTEADA. f. *Chile.* Tiranteo.

TIRANTEAR. (De *tirante.*) tr. *Chile.* Alargar y tirar alternativamente el hilo de la cometa para gobernarla y hacer que se remonte sin ladearse. ‖ fig. y fam. Tratar a las personas con dureza y blandura, alternativamente.

TIRANTEO. m. *Chile.* Acción y efecto de tirantear.

TIRANTERÍA. f. *Amér.* Conjunto de tirantes de madera.

TIRANTEZ. f. Calidad de tirante. TIRANTEZ *de relaciones.* ‖ Distancia en línea recta entre los extremos de una cosa. ‖ *Arq.* Dirección de los planos de hilada de un arco o bóveda.

TIRANUELO, LA. adj. dim. de **Tirano.** Ú.t.c.s.

TIRAPIÉ. (De *tirar* y *pie.*) m. Correa que los zapateros pasan por el pie y la rodilla para tener sujeto el zapato con su horma al coserlo.

TIRAR. al. **Werfen; ziehen; schiessen.** fr. **Jeter; tirer.** ingl. **To throw; to pull.** ital. **Gettare; tirar.** port. **Tirar.** (Del b. lat. *tirare.*) tr. Despedir de la mano una cosa. TIRAR *una colilla.* ‖ Arrojar, lanzar en determinada dirección. TIRO *una piedra a un perro.* ‖ Derribar. TIRAR *una pared.* ‖ Disparar la carga de un arma de fuego. TIRAR *un escopetazo, un cohete.* Ú.t.c.intr. TIRAR *al blanco, a una liebre.* ‖ Extender o estirar. TIRO *las cuerdas del instrumento.* ‖ Reducir a hilo un metal. TIRO *el oro en hilas finísimas.* ‖ Dicho de líneas o rayas, hacerlas. TIRA *una raya, y suma.* ‖ Con voces expresivas de daño corporal, ejecutar la acción que ellas significan. TIRAR *un pellizco.* ‖ Adquirir ganar. TIRAR *sueldo.* ‖ fig. Malgastar el caudal. HA TIRADO *toda su herencia.* ‖ *Impr.* Imprimir. TIRAR *un pliego, un prospecto.* ‖ intr. Atraer por virtud natural. *El imán* TIRA *del hierro.* ‖ Realizar esfuerzos para traer hacia sí o para arrastrar. Dícese de personas, caballerías, máquinas, etc. TIRAR *del carro.* ‖ Manejar o esgrimir ciertas armas según arte. TIRA *bien a la pistola, pero mal al florete.* ‖ Seguido de la preposición *de* y un nombre de arma o instrumento, sacarlo o tomarlo en la mano para usarlo. TIRO *del cuchillo y cortó un trozo de asado.* ‖ Producir el tiro o corriente de un hogar u otra cosa que arde. *La chimenea* TIRA *bien; este cigarrillo no* TIRA. ‖ fig. Atraer una persona o cosa la afición y voluntad de otra persona. *La riqueza siempre* TIRA; *a mi hijo le* TIRA *el comercio.* ‖ Torcer, dirigirse a un lado u otro. *Al llegar a la iglesia,* TIRE *usted a la izquierda.* ‖ Mantenerse trabajosamente una persona o cosa. *La abuela va* TIRANDO; *este traje* TIRARÁ *este año.* ‖ Tender, propender. *El tiempo* TIRA *a empeorar.* ‖ Imitar, parecerse una cosa a otra. *Este color* TIRA *a morado.* ‖ Poner los medios, por lo común disimuladamente, para conseguir alguna cosa. *Ése* TIRA *a ser senador.* ‖ r. Abalanzarse. SE TIRÓ *al ladrón.* ‖ Arrojarse. TIRARSE *al agua.* ‖ Tenderse en el suelo o encima de algo. TIRARSE *sobre la arena, sobre el césped.* ‖ **A todo tirar.** m. adv. fig. A lo más, a lo sumo. *Este gobierno durará,* A TODO TIRAR, *dos meses.* ‖ **Tirarla de.** loc. fam. **Echarla de.** TIRARLA DE *rico, de matón.* ‖ **Tira y afloja.** loc. fig. y fam. que se usa cuando en los negocios se actúa con un ten con ten, o en el mando se altera el rigor con la suavidad. *Para educar a los niños, es menester un* TIRA Y AFLOJA. ‖ **Juego de tira y afloja.**

TIRATACOS. m. Taco, juguete para disparar bolitas o tacos.

TIRATIRA. f. *Col.* Melcocha. ‖ *Chile.* Ave propia de las riberas.

TIRATOL. m. Carbonato de timol.

TIRE. *Geog.* Ciudad de Turquía, al S. O. de Esmirna. 29.000 h. Algodón, tabaco, vid., tejidos. Posee ruinas de una antigua c. griega.

TIRELA. f. Tela listada.

TIRGOVISTE. *Geog.* Ciudad de Rumania, situada al N. O. de Bucarest. 35.000 h. Industria petrolera.

TIRGU MURESH. *Geog.* C. de Rumania. 110.000 h. Manufactura de tabacos; vinos.

TIRICIA. f. Vulgarismo por **ictericia.**

TIRILLA. f. dim. de **Tira.** ‖ Tira de lienzo que se pone por cuello en las camisas y sirve para fijar en ellas el cuello postizo.

TIRINTIO, TIA. (Del lat. *tiryntius.*) adj. Natural de Tirinto. Ú.t.c.s. ‖ Perteneciente a esta ciudad del Peloponeso.

TIRINTO. *Geog. histór.* Antigua c. de Grecia, sit. en la Argólida. Fue escenario de grandes luchas y destruida en el año 463. Se han hallado en ella restos de grandes edificios.

TIRIO, RIA. (Del lat. *tyrius.*) adj. Natural de Tiro. Ú.t.c.s. ‖ Perteneciente a esta ciudad de Fenicia. ‖ **Tirios y troyanos.** loc. fig. Partidarios de opiniones o intereses opuestos. *Le alaban* TIRIOS Y TROYANOS.

TIRITIRÍ. m. Baile popular boliviano, de paso lento y con inclinaciones de cabeza.

TIRITAÑA. f. Tela endeble de seda. ‖ fig. y fam. Cosa insignificante.

TIRITAR. al. **Frösteln.** fr. **Grelotter.** ingl. **To shiver.** ital. **Tremare di freddo.** port. **Tiritar.** (Voz onomatopéyica.) intr. Temblar o estremecerse de frío. ‖ **Dejar, estar, quedar,** etc., **tiritando.** frs. fig. **Dejar, estar, quedar,** etc., **temblando.**

TIRITÓN. m. Cada uno de los estremecimientos del que tirita. ‖ **Dar** uno **tiritones.** frs. Tiritar.

TIRITONA. (De *tiritón.*) f. fam. Temblor afectado. ‖ **Hacer** uno **la tiritona.** frs. fam. Fingir temblor.

TIRO. al. **Schuss.** fr. **Tir; coup de feu.** ingl. **Shot.** ital. **Tiro; sparo.** port. **Tiro.** m. Acción y efecto de tirar. ‖ Señal o impresión que hace lo que se tira. ‖ Pieza o cañón de artillería. ‖ Disparo de un arma de fuego. *Le disparó cuatro* TIROS. ‖ Estampido que este disparo produce. *Se oyeron más* TIROS. ‖ Cantidad de munición para cargar una vez el arma de fuego. *Nos quedan muchos* TIROS. ‖ Alcance de cualquier arma arrojadiza. *Están fuera de* TIRO. ‖ Lugar donde se tira al blanco. ‖ Conjunto de caballerías que tiran de un carruaje. *Lleva un* TIRO *de seis caballos.* ‖ Tirante, correa para tirar de un carruaje o de un artefacto. ‖ Cuerda que se pone en una garrucha o máquina para subir algo. ‖ Corriente de aire que produce el fuego de un hogar. *Esta cocina tiene mal* TIRO. ‖ Longitud de una pieza de cualquier tejido. ‖ Anchura del vestido de hombro a hombro, por la parte del pecho. ‖ Holgura entre las perneras del calzón o pantalón. ‖ Tramo de escalera. ‖ Seguido de la preposición *de* y el nombre del arma disparada o del objeto que se arroja empléase como medida de distancia. *A un* TIRO DE *fusil; está a un* TIRO DE *piedra.* ‖ Daño grave, físico o moral. ‖ Chasco o burla con que se engaña a alguien. ‖ fig. Hurto. *Le hicieron un* TIRO *de mil pesos.* ‖ Indirecta desfavorable contra alguien; ataque. ‖ *Arg.* y *Chile.* Distancia que en una carrera deben recorrer los caballos. ‖ *Hond.* Senda por donde se arrastra la madera. ‖ *Ven.* Argucia. ‖ *Art.* Dirección dada al disparo de las armas de fuego. TIRO *oblicuo.* ‖ *Min.* Pozo abierto en el suelo de una galería. ‖ Profundidad de un pozo. ‖ pl. Correas pendientes de que cuelga la espada. ‖ **Tiro directo.** *Art.* Lanzamiento de un proyectil contra un blanco visible para el tirador. ‖ — **entero.** El que consta de seis o más caballerías. ‖ — **par.** El que consta de cuatro caballerías. ‖ — **penal.** *Dep.* Sanción máxima que, por haber infringido alguna de las reglas del juego, se aplica en el fútbol y otros deportes análogos, y que consiste en lanzar un jugador del bando perjudicado un **tiro** directo hacia la meta adversaria, hecho desde corta y determinada distancia, pudiendo intervenir para atajarlo sólo un jugador del equipo infractor. ‖ — **rasante.** *Art.* Aquel cuya trayectoria procura ser horizontal. ‖ **Al tiro.** m. adv. *Col.* y *P. Rico.* A punto de. ‖ **A tiro.** m. adv. Al alcance de un disparo. ‖ fig. Dícese de lo que está al alcance de los deseos o propósitos de uno. ‖ *Arg., Chile* y *Hond.* Al momento. ‖ **Dar** a uno **cuatro tiros.** frs. **Pegarle cuatro tiros.** ‖ **De tiros largos.** fig. y fam. Con vestido de gala. ‖ Con lujo y esmero. ‖ **Ni a tiros.** loc. adv. fig. y fam. Ni aun con la mayor violencia, de ningún modo. ‖ **Pegar** a uno **cuatro tiros.** frs. **Pasarle por las armas.** ‖ **Salir el tiro por la culata.** frs. fig. y fam. Dar una cosa resultado contrario del que se esperaba. *Quiso apabullarle, pero le* SALIÓ EL TIRO POR LA CULATA, *pues fue él quien quedó corrido.* ‖ IDEAS AFINES: *Revólver, pistola, bala, objetivo, puntería, balística, tirotear, mira, fuego graneado, explosión, detonación, culatazo.*

TIRO. *Geog. histór.* Antigua c. fenicia, fundada en el siglo XV a. de C. Fue un importante emporio comercial y marítimo, emplazado en el lugar donde se encuentra actualmente el puerto **Sur**, en el Líbano.

TIROCELE. (De *tiroides* y el gr. *keles*, hernia, tumor.) m. *Pat.* Tumor de la glándula tiroides; bocio.

TIROCINIO. al. **Noviziat.** fr. **Apprentissage.** ingl. **Apprenticeship.** ital. **Tirocinio.** port. **Tirocínio.** (Del lat. *tirocínium.*) m. Aprendizaje, noviciado.

TIROIDEO, A. adj. *Anat.* Relativo o perteneciente al tiroides.

TIROIDES. al. **Schilddrüse.** fr. **Thyroïde.** ingl. **Thyroid.** ital. **Tiroide.** port. **Tiróides.** (Del gr. *thyroeidés*, semejante a una puerta.) adj. *Anat.* Dícese del gran cartílago de la laringe que forma la llamada nuez. Ú.t.c.s.m. ‖ Dícese de la glándula de secreción interna situada en la parte anterior y superior de la tráquea, cuyas hormonas influyen en el metabolismo y en el crecimiento. Ú.m.c.s.m.

TIROIDINA. f. Supuesta secreción esencial de la glándula tiroides. ‖ Principio cristalizable, sin yodo, obtenido de las glándulas tiroides de los carneros. Se emplea en el bocio, cretinismo, obesidad, etc.

TIROIDISMO. m. Estado morboso, agudo o crónico, causado por la secreción excesiva o deficiente de la glándula tiroides.

TIROL. *Geog.* Región montañosa del O. de Austria, que abarca el valle del río Inn y los macizos alpinos que rodean a éste por el S. y por el N. Afamada región de turismo. ‖ Provincia del O. de Austria que abarca la mayor parte de la región hom. Tiene 12.649 km^2., y 541.000 h. Agricultura, ganadería. Hierro, plomo, cobre, cinc. Cap. INNSBRUCK.

TIROLÉS, SA. adj. Natural del Tirol. Ú.t.c.s. ‖ Perteneciente a esta región de Europa. ‖ m. Por ext., vendedor de quincalla y juguetes.

TIRÓN. (Del lat. *tiro, -onis.*) m. Aprendiz, novicio.

TIRÓN. m. Acción y efecto de tirar violentamente, de golpe. *Lo arrancó de un* TIRÓN. ‖ Estirón. ‖ **Andar a los tirones.** frs. fig. y fam. *Arg.* Estar en continua discordia. ‖ **De un tirón.** m. adv. De un golpe, de una sola vez. *Dio el mensaje* DE UN TIRÓN. ‖ **Ganar** a uno **el tirón.** frs. fig. y fam. *Arg.* Ganarle por la mano, anticipársele. ‖ **Ni a dos,** o **tres tirones.** loc. adv. fig. fam. con que se indica la dificultad de hacer o conseguir una cosa.

TIRÓN. *Biog.* Gramático romano, secretario de Cicerón. Ideó un sistema de escritura, el de las "notas tironianas", que está considerado el precedente más antiguo de la taquigrafía (94 a. de C.-5).

TIRONA. (De *tirar.*) f. Red para pesca sedentaria, que se usa en el Mediterráneo.

TIRONEAR. tr. *Arg., Chile* y *Méx.* Dar tirones. ‖ fig. *Chile.* Atraer, incitar.

TIRONEO. m. *Arg.* Acción y efecto de tironear.

TIRORIRO. (Voz onomatopéyica.) m. fam. Sonido de los instrumentos músicales de boca. ‖ pl. fam. Estos mismos instrumentos.

TIROTEAR. (frec. de *tirar.*) tr. Repetir los tiros de fusil de una parte a otra. Ú.m.c.rec. SE TIROTEARON *las avanzadas.* ‖ rec. fig. Andar en dimes y diretes.

TIROTEO. m. Acción y efecto de tirotear o tirotearse.

TIRPITZ, Alfredo von. *Biog.* Almirante al., organizador de la campaña submarina durante la primera Guerra Mundial (1849-1930).

TIRRENO, NA. (Del lat. *tyrrenus.*) adj. Etrusco. Apl. a pers. ú.t.c.s.

TIRRENO, Mar. *Geog.* Extensión de agua dependiente del mar Mediterráneo. Está limitada por la costa occidental de la pen. itálica y las islas de Sicilia, Córcega y Cerdeña.

TIRRIA. f. fam. Manía contra uno, oponiéndose a cuanto dice o hace. ‖ Odio, mala voluntad, ojeriza. *Me ha tomado* TIRRIA.

TIRSO. al. **Thyrsus.** fr. **Thyrse.** ingl. **Thyrsus.** ital. **Tirso.** port. **Tirso.** (Del lat. *thyrsus*, y éste del gr. *thyrsos*.) m. Vara enramada, cubierta de hojas de hiedra y vid, que suele llevar como cetro la figura de Baco, y que usaban los gentiles en las fiestas que dedicaban a este dios. ‖ *Bot.* Panoja de forma aovada; como la de la vid y la lila.

TIRSO DE MOLINA. *Biog.* Seudónimo del dram. y poeta esp. **Gabriel Téllez** que, con Lope de Vega y Calderón, renovó el teatro esp. introduciendo en él la comedia de carácter y creando personajes que han quedado como arquetipos. Abordó todos los géneros teatrales en las trescientas obras que escribió, entre las que se destacan: *El Burlador de Sevilla y convidado de piedra; El vergonzoso en palacio; Don Gil de las calzas verdes*, etc. (1584-1648).

¡TIRTE! (Síncopa de *tírate, quítate*.) interj. ant. Apártate, retírate. ‖ **Tirte afuera,** o **allá.** expr. ant. **Quita allá.**

TIRULATO, TA. adj. fam. Turulato.

TIRULO. m. Rollo de hoja de tabaco, o porción de picadura de hebra, que forma el alma o tripa del cigarro puro.

TISA. *Geog.* V. **Tisza.**

TISANA. al. **Abguss; Tee.** fr. **Tisane.** ingl. **Ptisan.** ital. **Tisana.** port. **Tisana.** (Del lat. *ptisana*, y éste del gr. *ptisane;* de *ptisso*, machacar, mondar cebada o grano.) f. Cocimiento medicinal de una o varias hierbas en agua, y en especial de cebada. ‖ *Farm.* Poción que tiene muy poco principio activo, por lo que puede beberse en abundancia.

TISANURO, RA. (Del gr. *thysánouros;* de *thysanos*, franja, y *ourá* cola.) adj. *Zool.* Dícese de insectos, como la lepisma, sin alas, de cuerpo deprimido, generalmente cubierto de escamas, y que se alimentan de residuos orgánicos. Ú.t.c.s. ‖ m. pl. *Zool.* Orden de estos insectos. *Los* TISANUROS *suelen vivir en lugares húmedos y sombríos.*

TISCORNIA, Eleuterio F. *Biog.* Crítico y poeta arg., especializado en el estudio del poema de Hernández *Martín Fierro*, del cual realizó un estudio y una notable edición comentada (1879-1944).

TISELIUS, Arne Guillermo Kaurin. *Biog.* Químico sueco, que en 1942 logró las primeras microfotografías del virus de la parálisis infantil. Laureado en 1948 con el premio Nobel de Química (1902-1971).

TISERAS. f. pl. Tijeras.

TÍSICO, CA. al. **Schwindsüchtig.** fr. **Phtisique.** ingl. **Consumptive.** ital. **Tisico.** port. **Tísico.** (Del lat. *phthisicus*, y éste del gr. *phthisikós*.) adj. *Pat.* Que padece de tisis. Ú.t.c.s. sinón.: **hético, tuberculoso.** ‖ Perteneciente a la tisis.

TISIS. al. **Phthisis; Schwindsuch.** fr. **Phtisie.** ingl. **Consumption.** ital. **Tisi.** port. **Tísica.** (Del lat. *phthisis*, y éste del gr. *phthysis*, de *phthío*, consumir.) f. *Pat.* Consunción en general. sinón.: **hectiquez.** ‖ Tuberculosis pulmonar o laríngea.

TISTE. (Del mex. *textli*, cosa molida.) m. *Amér Central* y *Méx.* Bebida refrescante que se hace con harina de maíz tostado, cacao, achiote y azúcar.

TISÚ. (Del fr. *tissu*, de *tisser*, y éste del lat. *téxere*, tejer.) m. Tela de seda entretejida con hilos de oro o plata que van desde la haz al envés. *Manto de* TISÚ.

TISURIA. (Del gr. *phthysis*, consunción, y *uron*, orina.) f. *Pat.* Debilidad causada por la excesiva secreción de orina.

TISZA, Esteban. *Biog.* Estadista húngaro, dos veces presid. del Consejo (1861-1918).

TISZA. *Geog.* Río de Europa que nace en los Cárpatos, atraviesa Hungría y Yugoslavia y des. en el Danubio. Recorre 1.350 km.

TITÁN. al. **Titan; Riese.** fr. **Titan.** ingl. **Titan.** ital. **Titano.** port. **Titã.** (Del lat. *Titan*, y éste del gr. *Titán*.) m. Cualquiera de los gigantes que, según la mitología griega, intentaron asaltar el cielo. ‖ Por ext., gigante. ‖ fig. Sujeto de excepcional poder, que sobresale en algún aspecto. TITÁN *de la ciencia.* ‖ Grúa gigantesca para mover grandes pesos.

TITÁNICO, CA. adj. Perteneciente o relativo a los titanes. sinón.: **titanio.** ‖ fig. Desmesurado, extraordinario. *Esfuerzo* TITÁNICO, *obra* TITÁNICA.

TITANIO. (Del gr. *títanos*, tierra blanca.) m. Metal duro, parecido al hierro, relativamente liviano (densidad 4,50), poco atacable por los ácidos. Relacionado estrechamente con el silicio por sus propiedades químicas. Se emplea en la fabricación de aceros y en la preparación de pinturas blancas. Elemento químico de símbolo Ti, n. atóm. 22 y p. atóm. 47,90.

TITANIO, NIA. (Del lat. *titanius*.) adj. Titánico, perteneciente a los titanes.

TITEAR. (De la voz *ti ti*.) intr. Cantar la perdiz llamando a los pollos.

TITEAR. tr. *Arg.*, *Bol.* y *Urug.* Burlarse de uno, tomarle el pelo. ‖ deriv.: **titeador, ra; titeo.**

TITEO. m. Acción de titear la perdiz. ‖ *Arg.* Befa, mofa.

TÍTERE. al. **Gliederpuppe; Marionette.** fr. **Marionnette.** ingl. **Puppet.** ital. **Burattino.** port. **Títere.** (En port. *títere*.) m. Figurilla de pasta u otra materia que se mueve con alguna cuerda o artificio. ‖ fig. Sujeto de figura ridícula o muy presumido. ‖ Sujeto informal, necio y casquivano. ‖ Idea fija que preocupa mucho. ‖ pl. Espectáculo de volatines o cosas de igual clase. *Teatro de* TÍTERES. ‖ **No dejar,** o **no quedar, títere con cabeza.** frs. fig. y fam. Causar gran destrozo o desbarajuste. ‖ IDEAS AFINES: *Marioneta, retablo, pantomima, muñecos, sombras chinescas, teatro, niños.*

TITERERO, RA. s. Titiritero.

TITERETADA. f. fam. Acción propia de un títere; informalidad.

TITERISTA. com. Titiritero.

TITÍ. (Del aimará *tití*, gato pequeño.) m. Mono sudamericano, de tamaño muy pequeño, pelaje largo y cola muy larga, no prensil. Gén. *Hapale*, primates. *Los* TITÍES, *por su aspecto, recuerdan a las ardillas.*

TITIARO. adj. Dícese de una variedad del cambur que da un fruto muy pequeño y oloroso.

TITICACA. *Geog.* Lago del O. de América del Sur, sit. en el límite entre Perú y Bolivia. Es resto de un antiguo mar. Está a 3.813 m. sobre el nivel del mar y tiene 6.900 km².

TITILACIÓN. f. Acción y efecto de titilar.

TITILADOR, RA. adj. Que titila.

TITILANTE. p. a. de Titilar. Que titila.

TITILAR. al. **Flackern; flimmern.** fr. **Titiller; scintiller.** ingl. **To twinkle.** ital. **Titillare.** port. **Titilar.** (Del lat. *titillare*.) intr. Temblar ligeramente alguna parte del organismo animal. ‖ Por ext., centellear, agitarse con ligero temblor un cuerpo luminoso. *En la noche serena,* TITILABAN *las estrellas;* sinón.: **rielar.**

TITILEO. m. Acción y efecto de titilar o centellear.

TITÍMALO. (Del lat. *tithymalus*, y éste del gr. *tithýmalos*.) m. Lechetrezna.

TITIRIBÍ. *Geog.* Población del N. O. de Colombia (Antioquia). 4.200 h. Explotación de carbón.

TITIRIMUNDI. m. Mundonuevo.

TITIRITAINA. (Voz onomatopéyica.) f. fam. Ruido confuso de flautas u otros instrumentos. ‖ Cualquier bulla desordenada y festiva.

TITIRITAR. (De *tiritar*.) intr. Temblar de frío o de miedo.

TITIRITERO, RA. s. Persona que lleva o maneja los títeres. sinón.: **titerero, titerista.** ‖ Volatinero.

TITO. m. Almorta. ‖ Sillico, bacín.

TITO, Flavio Sabino Vespasiano. *Biog.* Emp. de Roma en 79; conquistó Jerusalén (40-81).

TITO, Mariscal. *Biog.* Nombre con que se conoce al mil. yugoslavo. **José Broz,** que desde 1945, preside los destinos de su país (n. 1892).

TITO LIVIO. *Biog.* Histor. y orador rom. cuya monumental *Historia romana*, en ciento cuarenta y un libros, de los que sólo han quedado treinta y cinco, es notable documento para el estudio de la antigüedad (59-19 a. de c.).

TITUBAR. (Del lat. *titubare*.) intr. p. us. Titubear. ‖ deriv.: **titubante.**

TITUBEANTE. p. a. de **Titubear.** Que titubea. sinón.: **titubante.**

TITUBEAR. al. **Wanken; zögern.** fr. **Titubear; hésiter.** ingl. **To stugger; to hesitate.** ital. **Titubare.** port. **Titubar.** (Del lat. *titubare*.) intr. Oscilar, perdiendo la estabilidad. TITUBEABA *como hombre ebrio;* sinón.: **tambalearse.** ‖ Vacilar, dudar en la elección o pronunciación de las palabras. TITUBEÓ, *buscando la palabra apropiada;* sinón.: **balbucir, cespitar.** ‖ fig. Sentir perplejidad en algún asunto o materia. *No* TITUBEARÉ *más, pues ya sé lo que debo hacer;* sinón.: **dudar, hesitar.**

TITUBEO. m. Acción y efecto de titubear. sinón.: **duda, hesitación, vacilación.**

TITULACIÓN. f. En general, acción de titular. TITULACIÓN *de los capítulos de un libro.* ‖ Conjunto de títulos de propiedad que afectan a una finca rústica o urbana. ‖ *Quím.* Acción y efecto de titular o valorar una disolución.

TITULADO. m. Persona que tiene un título académico o de nobleza. ‖ Título, persona que tiene derecho a una dignidad nobiliaria.

TITULAR. al. **Inhaber.** fr. **Titulaire.** ingl. **Titular.** ital. **Titolare.** port. **Titular.** adj. Que tiene algún título por el cual se denomina. ‖ Que da su propio nombre como título a otra cosa. ‖ Que ejerce oficio o profesión con cometido especial y propio. *Médico* TITULAR. Ú.t.c.s. ‖ f. **Letra titular.** *Sólo pude leer las* TITULARES.

TITULAR. al. **Betiteln.** fr. **Intituler; titrer.** ingl. **To title; to entitle.** ital. **Titolare.** port. **Titular.** (Del lat. *titulare*.) tr. Poner título o nombre a una cosa. sinón.: **intitular, denominar.** ‖ intr. Obtener un título de nobleza. ‖ *Quím.* Valorar una disolución.

TITULILLO. (dim. de *título*.) m. *Impr.* Renglón en la parte superior de la página impresa para indicar la materia de que se trata. ‖ **Andar** uno **en titulillos.** frs. fig. y fam. Reparar en cosas sin importancia.

TÍTULO. al. **Titel; Überschrift.** fr. **Titre.** ingl. **Title.** ital. **Titolo.** port. **Título.** (Del lat. *títulus*.) m. Designación distintiva de una obra impresa o escrita, o de cada una de sus partes. ‖ Rótulo con que se indica el contenido o destino de una cosa o la dirección de un envío. ‖ Renombre con que se conoce una persona por sus cualidades o acciones. ‖ Causa, fundamento o pretexto. ‖ Origen o fundamento jurídico de un derecho u obligación. ‖ Demostración auténtica del derecho con que se posee un bien. TÍTULO *de propiedad.* ‖ Testimonio o instrumento dado para ejercer un empleo o profesión. TÍTULO *de abogado.* ‖ Dignidad nobiliaria. TÍTULO *de duque.* ‖ Persona condecorada con esta dignidad. ‖ Cada una de las partes principales en que suelen dividirse las leyes, reglamentos, etc. ‖ Cierto documento que representa deuda pública o valor comercial. TÍTULO *de la deuda.* ‖ pl. Capacidad, méritos o servicios que dan derecho a pretender un cargo o dignidad. *Pretende el cargo sin* TÍTULOS *suficientes.* ‖ **–Al portador.** El que es pagadero a cualquiera que lo exhiba. ‖ **– colorado.** *Der.* El que no basta por sí solo para transferir la propiedad. ‖ **– lucrativo.** *Der.* El que proviene de un acto de liberalidad. ‖ **– oneroso.** *Der.* El que supone prestación recíproca entre el que transmite y el que adquiere. ‖ **Justo título.** *Der.* El que basta para la adquisición de un derecho. ‖ **A título.** m. adv. Con causa o pretexto.

TITUNDIA. f. *Cuba.* Baile popular antiguo.

TIUFADO. m. Jefe de un cuerpo de 1.000 hombres, en el ejército visigodo.

TIUQUE. m. *Arg.* y *Chile.* Ave de rapiña de pico grande y plumaje obscuro. ‖ fig. *Chile.* Persona artera.

TIXTLA. *Geog.* Población del Est. de Guerrero, en México. 7.800 h. Actividades agrícolas.

TIZA. al. **Kreide.** fr. **Craie.** ingl. **Chalk; clay.** ital. **Gessetto.** port. **Giz.** (Del mex. *tizatl*.) f. Arcilla blanca que se usa para escribir en los encerados y para limpiar metales. sinón.: **clarión.** ‖ Asta de ciervo calcinada. ‖ Compuesto de yeso y greda que se usa para untar la suela de los tacos de billar. *Dar* TIZA *al taco.*

TIZAR. tr. *Chile* y *Perú.* Señalar o trazar con tiza.

TIZIANO, El. *Biog.* Pintor ital., creador y jefe de la escuela veneciana, cuyo verdadero nombre era **Tiziano Vecellio.** Colorista sin rival, sobresalió en el retrato, el paisaje y los cuadros de motivos religiosos e históricos: *El entierro de Cristo; Magdalena; La Batalla de Lepanto*, etc. (1477-1576).

TIZNA. f. Materia preparada para tiznar.

TIZNADO, DA adj. *Amér. Central, Arg.* y *Chile.* Borracho, ebrio.

TIZNADURA. f. Acción y efecto de tiznar.

TIZNAJO. m. fam. Tiznón.

TIZNAR. al. **Schwärzen; verrussen.** fr. **Noircir.** ingl. **To smut.** ital. **Annerire.** port. **Tisnar.** (De *tizón*.) tr. Manchar con tizne u otra materia semejante. Ú.t.c.r. *Por meterse en la cocina se* TIZNÓ *todo;* sinón.: **entiznar.** ‖ Por extensión, manchar a manera de tizne con substancia de otro color. Ú.t.c.r. ‖ fig. Obscurecer o manchar la fama y opinión. *Gusta de* TIZNAR *la reputación de todos.* ‖ r. *Arg.*, *Col.* y *Chile.* Emborracharse.

TIZNE. al. **Russ.** fr. **Suie.** ingl. **Soot; smut.** ital. **Fuliggine.** port. **Tisna; fuligem.** (De *tiznar*.) amb. Humo que se pega a las vasijas que han estado a la lumbre. Ú.m.c.m. *Sartén llena de* TIZNE. ‖ m. Tizón, tizo. ‖ IDEAS AFINES: *Fuego, chimenea, cocina, hollín, suciedad, manchar, ceniza, cacerola, negro.*

TIZNÓN. (De *tizne*.) m. Mancha de tizne u otra materia parecida.

TIZO. (Del lat. *titio*.) m. Pedazo de leña mal carbonizado.

TIZOC. *Biog.* Soberano azteca de 1481 a 1486.

TIZÓN. al. **Feuerbrand.** fr. **Tison.** ingl. **Brand; firebrand.** ital. **Tizzo; tizzone.** port. **Tição.** (Del lat. *titio, -onis*.) m. Palo a medio quemar. ‖ Honguillo parásito, negruzco, hediondo, que destruye los granos de trigo y de otros cereales. sinón.: **nublo, quemadura, tizoncillo.** ‖ fig. Borrón o deshonra en la fama. ‖ *Arq.* Parte de un sillar o ladrillo que entra en la construcción. ‖ **A tizón.** m. adv. *Arq.* Dícese de la colocación de un sillar o ladrillo de modo que su dimensión mayor quede perpendicular al plano del muro.

TIZONA. (Por alusión a la célebre espada del Cid.) f. fig. y fam. Espada.

TIZONADA. f. o **TIZONAZO.** m. Golpe dado con un tizón. ‖ fig. y fam. Castigo del fuego en la otra vida. Ú.m. en pl. *Ya pagará sus maldades con* TIZONAZOS.

TIZONCILLO. m. dim. de **Tizón.** ‖ Tizón, honguillo, sinón.: **nublo, quemadura.**

TIZONEAR. intr. Atizar la lumbre.

TIZONERA. (De *tizón*.) f. Carbonera que se hace con los tizos para que se acaben de carbonizar.

Tl. *Quím.* Símbolo del talio.

TLACOTALPÁN. *Geog.* Población del E. de México (Veracruz), sit. sobre el río Papaloapan. 7.500 h.

TLACUACHE. m. *Méx.* Zarigüeya.

TLALNEPANTLA. *Geog.* Población del centro de México, en el Est. de este nombre. 6.000 h. Centro agrícola.

TLALPUJAHUA. *Geog.* Población de México, en el Est. de Michoacán. 7.600 h. Importante centro minero.

TLAPALERÍA. f. *Méx.* Tienda en que se venden útiles para pintar.

TLASCALA. *Geog.* Tlaxcala.

TLASCALTECA o **TLAXCALTECA.** adj. y s. Natural de Tlascala o Tlaxcala.

TLATELOLCO *Geog.* Antigua c. de México, a orillas del lago Texcoco, en la actualidad dentro del Distrito Federal. Sede de una célebre conferencia internacional sobre energía nuclear llamada **Tratado de Tlatelolco.**

TLAXCALA. *Geog.* Estado del E. de México. 4.027 km²; 425.000 h. Maíz, cebada, trigo, papa, frutas. Industrias textil y del vidrio. Cap. hom.

con 10.500 h. Centro agrícola y comercial.

TLAXCO. *Geog.* Población sit. al norte del Est. de Tlaxcala, en México 5.000 h. Centro agrícola.

TLAXIACO. *Geog.* Población del S.O. de México (Oaxaca). 11.000 h. Importantes minas de carbón.

TLAZOL. m. *Méx.* Extremo de la caña de maíz o de azúcar que sirve de forraje.

TLEMCEN. *Geog.* Ciudad del N. de África, en Argelia, situada al S.O. de Orán. 72.000 h. Aceites, cereales, tejidos.

Tm. *Quím.* Símbolo del tulio.

¡TO! (Síncopa de *toma.*) int. p. us. con que se llama al perro. Ú.m. repetida. ‖ Úsase también para indicar que se ha venido en conocimiento de alguna cosa. ¡TO, TO! *Eso ya lo sabía yo.*

TOA. (De *toar.*) f. Maroma o sirga.

TOALLA. al. **Handtuch.** fr. **Serviette de toilette; essuiemains.** ingl. **Towel.** ital. **Asciugamano.** port. **Toalha.** (Del b. lat. *toalia,* y éste del germ. *twahlia.*) f. Lienzo, generalmente esponjoso, para secar el cuerpo. sinón.: **hazaleja, toballa.** ‖ Cubierta que se extiende en las camas sobre las almohadas. ‖ IDEAS AFINES: *Baño, lavatorio, bañadera, agua, jabón, lavabo, ducha, enjugar, frotar, higiene.*

TOALLERO. m. Especie de percha para colgar toallas.

TOALLETA. f. dim. de **Toalla.** ‖ Servilleta.

TOALLÓN. f. aum. de **Toalla.** TOALLÓN *de baño.*

TOAR. (Del ingl. *tow,* cuerda.) tr. *Mar.* Atoar, remolcar una nave.

TOAST. (Voz inglesa; pronúnciase *tost.*) m. Anglicismo por brindis.

TOAY. *Geog.* Población de la prov. de La Pampa, al O. de Santa Rosa, en la Rep. Argentina. 3.800 h. Actividades agrícola-ganaderas.

TOB, Sem. *Biog.* Rabino y poeta esp., autor de *Proverbios morales,* de singular penetración y estilo (s. XIV).

TOBA. (Del lat. *tofus.*) f. Piedra caliza muy porosa y ligera. sinón.: **tosca, tufa.** ‖ Sarro dental. ‖ Cardo borriquero. ‖ fig. Capa o corteza que se cría en algunas cosas. ‖ deriv.: **tabáceo, cea.**

TOBA. adj. Dícese del individuo de una tribu indígena que habitó en el Chaco argentino. Aún subsisten algunos grupos. Ú.t.c.s. *Los* TOBAS *son altos, musculosos, valientes y altivos.* ‖ Perteneciente a estos indios. ‖ m. Lengua toba.

TOBAGO. *Geog.* Isla británica del mar de las Antillas, sit. al N.E. de la isla Trinidad. 300 km². 33.000 h. Cap. SCARBOROUGH. Azúcar, algodón, tabaco y café. Fue descubierta por Colón en 1498.

TOBALLA. f. Toalla.

TOBAR. m. Cantera de toba.

TOBAR, Carlos R. *Biog.* Escritor ecuat., autor de una doctrina de Derecho internac. que preconiza la aprobación popular antes de reconocerse a un régimen revolucionario (1854-1920). ‖ – **PONTE, Martín.** Patriota ven. llamado el Catón venezolano. Libró a Caracas de la dominación de Emparán e intervino en las luchas por la independencia (1772-1843).

TOBERA. (De *tubo.*) f. Abertura por donde entra el aire en un horno o en una forja.

TOBÍAS. *Hist. Sagr.* Patriarca hebr., célebre por su bondad (s. VII a. de C.).

TOBIANO, NA. adj. *Arg., Chile* y *Urug.* Dícese del caballo o yegua que tiene la capa de dos colores a grandes manchas.

TOBILLERA. adj. fam. Aplícase a la jovencita que todavía no se ha puesto de largo. Ú.t.c.s. ‖ f. Especie de venda elástica, resistente, para proteger el tobillo.

TOBILLO. al. **Fussknöchel.** fr. **Cheville.** ingl. **Ankle.** ital. **Caviglia.** port. **Tornozelo.** (Del lat. *tubéllum,* de *túber,* protuberancia.) m. Protuberancia de la tibia en el lado interno de la garganta del pie y del peroné en el lado externo de la misma. sinón.: **maléolo.**

TOBOBA. f. *C. Rica.* Especie de víbora.

TOBOGÁN. (Del algonquino *tobogan.*) m. Especie de trineo. *El* TOBOGÁN *es de origen canadiense.* ‖ Declive preparado para el deslizamiento. ‖ Saetín, canal. ‖ Aparato deslizadero en forma de saetín para juegos infantiles.

TOBOL. *Geog.* Río de la Unión Soviética, nace en los Urales, al S.O. de Siberia, y des. en el Irtich después de recorrer 1.680 km.

TOBOLSK. *Geog.* C. de la Unión Soviética, en Siberia. 37.000 h. Puerto a orillas del Irtich. Fue lugar de exilio y prisión de Nicolás II.

TOBOSO, SA. adj. Formado de piedra toba.

TOBOSO, El. *Geog.* V. **El Toboso.**

TOBRUK. *Geog.* Puerto del N.E. de Libia, sobre el Mediterráneo. 6.500 h. Durante la segunda Guerra Mundial fue escenario de grandes luchas entre los ejércitos de Rommel y de Montgomery.

TOCA. al. **Haube.** fr. **Coiffe; toque.** ingl. **Hood; coif.** ital. **Cuffia.** port. **Touca.** (Del cimbro *toc,* gorra.) f. Prenda de tela, de diferentes hechuras, según los tiempos y países, con que se cubría la cabeza. *En lo antiguo, llevaban* TOCA *las viudas y las dueñas.* ‖ Prenda de lienzo blanco que usan las monjas, enfermeras, etc., para cubrir la cabeza. ‖ Especie de casquete, o de sombrero con ala pequeña, que usan las mujeres. ‖ IDEAS AFINES: *Moda, manto, velo, mantilla, rebozo, mitra, capota, pamela, cofia, boina, cintas, tules.*

TOCABLE. adj. Que se puede tocar. sinón.: **palpable, tangible;** antón.: **intangible, intocable.**

TOCADA. f. *Chile.* En las riñas de gallos, golpe fuerte que da un gallo a otro sin hacerle sangre.

TOCADO, DA. adj. Medio loco, chiflado. TOCADO *de la cabeza.* ‖ m. Prenda con que se cubre la cabeza. sinón.: **tocadura.** ‖ Peinado y adorno de la cabeza, en las mujeres. *Hacerse el* TOCADO. ‖ Cintas, encajes u otros adornos con que se toca una mujer.

TOCADOR. al. **Putztisch; Ankleidezimmer.** fr. **Table de toilette; cabinet de toilette; boudoir.** ingl. **Dressing table; dressing room.** ital. **Specchiera; toelletta.** port. **Toucador.** (De *tocar.*) m. Paño que servía para cubrirse la cabeza. ‖ Mueble con espejo, para el peinado y compostura de una persona. ‖ Aposento destinado a este fin. ‖ Neceser. ‖ IDEAS AFINES: *Espejo, polvera, peine, cepillo, pulverizador, colorete, cosmético, crema, depilación, bigudíes.*

TOCADOR, RA. al. **Spieler.** fr. **Joueur.** ingl. **Player.** ital. **Suonatore.** port. **Tocador.** adj. Que toca (1er. art.) Ú.t.c.s. y se aplica particularmente al que tañe un instrumento músico. TOCADOR *de laúd.*

TOCADURA. f. Tocado para cubrir la cabeza.

TOCAIMA. *Geog.* Población de la región central de Colombia (Cundinamarca). 6.800 h. Industria del cemento.

TOCAMIENTO. m. Acción y efecto de tocar. ‖ fig. Llamamiento o inspiración. *El* TOCAMIENTO *divino lo hizo entrar en religión.*

TOCANTE. p. a. de **Tocar.** Que toca. ‖ **Tocante a.** loc. adv. En orden a, referente a. TOCANTE A *honradez, no se le puede reprochar nada.*

TOCANTINS. *Geog.* Río del N.E. de Brasil que recorre los Est. de Goiás, Maranhão y Pará. Desagua en el Atlántico por medio del río Pará, al S. de la isla de Marajó. Tiene 2.600 km., en parte navegables.

TOCAR. al. **Betasten; berühren; spielen.** fr. **Toucher; jouer.** ingl. **To touch; to play.** ital. **Toccare; suonare.** port. **Tocar.** (Del lat. vulg. *toccare,* y éste tal vez de la raíz onomatopéyica *toc.*) tr. Ejercitar el sentido del tacto. *Lo* TOCÓ *para apreciar su dureza;* sinón.: **palpar, tentar.** ‖ Llegar con la mano a una cosa sin asirla, o alcanzarla con un instrumento. *Lo* TOCÓ *con la varita.* ‖ Tañer, hacer sonar un instrumento. TOCAR *el violín;* sinón.: **pulsar, sonar.** ‖ Avisar con campana u otro instrumento. *Las campanas* TOCABAN *a muerto.* ‖ Tropezar ligeramente una cosa con otra. *La nave* TOCÓ *fondo.* ‖ Herir una cosa para reconocer su calidad por el sonido. TOCÓ *la copa, que dio un sonido argentino.* ‖ Acercar una cosa a otra de modo que no quede entre ellas distancia alguna, para que le comunique cierta virtud. TOCÓ *la medalla en la sagrada imagen.* ‖ Ensayar el oro o la plata en la piedra de toque. TOCÓ *el anillo en la piedra.* ‖ fig. Conocer una cosa por experiencia. *Ahora* TOCA *las consecuencias de su imprudencia.* ‖ Inspirar, estimular, persuadir. *Espero que Dios le* TOQUE *en el corazón.* ‖ Tratar superficialmente de una materia. TOCÓ *varios temas literarios.* ‖ Haber llegado el momento de hacer una cosa. TOCAN *a arrimar el hombro.* ‖ *Mar.* Tirar hacia afuera de los guarnes de un aparejo y soltar en seguida. ‖ Empezar a flamear una vela que va en viento, cuando comienza a perderlo. ‖ *Pint.* Dar toques o pinceladas sobre lo pintado. sinón.: **retocar.** ‖ intr. Pertenecer por algún título. *Eso* TOCA *a mi autoridad.* ‖ Llegar de paso a algún lugar. TOCAMOS *en varios puertos.* ‖ Ser de la obligación o cargo de uno. *A ti te* TOCA *disponer las mesas.* ‖ Importar, ser de interés. *Eso me* TOCA *muy de cerca.* ‖ Pertenecer parte de una cosa que se reparte entre varias. *Le* TOCÓ *la lotería.* ‖ Estar una cosa en contacto con otra. *La mesa* TOCA *la pared; eso* TOCA *en los límites de lo irreal.* ‖ Tener parentesco. *No es mi primo, ni me* TOCA *nada.* ‖ **Estar tocada** una cosa. frs. fig. Empezarse a podrir o dañar. ‖ **Estar** uno **tocado de una enfermedad.** frs. Comenzar a sentirla. ‖ **Tocárselas uno.** expr. fig. y fam. Huir, escapar.

TOCAR. (De *toca.*) tr. Peinar y componer el cabello. Ú.m.c.r. ‖ r. Cubrirse la cabeza con una prenda, como sombrero, gorra, etc.

TOCARIO, RIA. adj. y s. Dícese de los individuos de un pueblo indogermano que habitaba en el Turquestán chino, y de la lengua que hablaban.

TOCASALVA. (De *tocar* y *salva.*) f. Salvilla, bandeja.

TOCATA. (Del ital. *toccatta.*) f. Pieza de música, generalmente para instrumentos de teclado. ‖ fig. y fam. Zurra, paliza. ‖ fest. *P. Rico.* Tocamiento.

TOCATOCA. f. *Chile.* Juego de muchachos en que se tiran unos a otros una pelota.

TOCAYO, YA. al. **Namensbruder.** fr. **Homonyme.** ingl. **Namesake.** ital. **Omonimo.** port. **Tocaio.** s. Respecto de una persona, otra que tiene su mismo nombre. *Es mi* TOCAYO; sinón.: **homónimo.**

TOCÍA. f. Atutía, óxido de cinc.

TOCINERA. f. La que vende tocino. ‖ Mujer del tocinero. ‖ Tablón ancho, donde se sala el tocino.

TOCINERÍA. f. Tienda o lugar donde se vende tocino. ‖ *Méx.* Carnicería.

TOCINERO. m. El que vende tocino.

TOCINO. al. **Speck.** fr. **Lard.** ingl. **Bacon.** ital. **Lardo.** port. **Toucinho.** (Del lat. *ruccetum.*) m. Carne gorda del puerco, especialmente la salada. ‖ Lardo. ‖ Témpano de la canal del puerco. ‖ En el juego de la comba, saltos rápidos y continuados. *Dar un* TOCINO. ‖ *Cuba.* Nombre vulgar de la *Acacia panícula,* leguminosa. ‖ – **del cielo.** Dulce compuesto de yema de huevo y almíbar. ‖ – **entreverado.** El que tiene algunas hebras de magro. ‖ – **saladillo.** El fresco a media sal.

TOCIO, CIA. adj. Tozo, enano. Dícese principalmente de una especie de roble.

TOCO. (Del quichua *tojo.*) m. *Perú.* Nicho rectangular muy usado en la arquitectura incaica.

TOCO. m. *Arg.* Pedazo. ‖ Parte que toca a cada uno en el reparto de una ganancia. ‖ *Arg.* y *Ven.* Árbol de madera gris amarillenta, apropiada para muebles. ‖ *Bol.* Taburete rústico. ‖ *Ven.* Tocón, muñón.

TOCOLOGÍA. (Del gr. *tokos,* parto, y *logos,* tratado.) f. Obstetricia. ‖ deriv.: **tocológico, ca.**

TOCÓLOGO, GA. s. Persona que, provista del correspondiente título académico, profesa o ejerce la tocología.

TOCÓN, NA. adj. *Col.* Rabón, reculo. ‖ *P. Rico* y *Ven.* Mogón. ‖ m. Parte del tronco de un árbol que queda unida a la raíz cuando lo cortan por el pie. *Un* TOCÓN *le sirvió de asiento;* sinón.: **chueca, troncón, tuerca, tueco.** ‖ Muñón, parte de un miembro cortado adherida al cuerpo.

TOCONA. f. Tocón de un árbol de diámetro grande.

TOCONAL. m. Sitio donde hay muchos tocones. ‖ Olivar formado por renuevos de tocones.

TOCOPILLA. *Geog.* Ciudad y puerto del N. de Chile (Antofagasta). 20.000 h. Exportación de oro, cobre, nitratos, sulfatos.

TOCORNAL, Ismael. *Biog.* Pol. chileno, jefe del gob. en ausencia del presid. Montt (m. 1929). ‖ – **Joaquín.** Político chileno, en 1840 elegido vicepresidente de la Rep. (1788-1865).

TOCORORO. (Voz onomatopéyica.) m. *Cuba.* Ave trepadora de color gris metálico con cabeza azul brillante, vientre rojo y manchas blancas en las alas; vive en los bosques. *Priotelus temnurus.*

TOCOTÍN. m. *Méx.* Antigua danza popular y canto que la acompaña.

TOCOTOCO. m. *Ven.* Pelícano, ave.

TOCQUEVILLE, Carlos A. C. de. *Biog.* Pol. y escritor fr. que desempeñó altos cargos públicos y al que dio notoriedad su obra *La democracia en América* (1805-1859).

TOCTE. m. *Ec.* y *Perú.* Árbol juglándeo, que da una madera fina, parecida al nogal.

TOCUYO. (De *Tocuyo,* ciudad de Venezuela.) m. *Amér. del S.* Tela de algodón comúnmente burda.

TOCUYO. *Geog.* Río del N. de Venezuela, recorre los Est. de Lara y Falcón y des. en el mar de las Antillas después de recorrer 500 km. ‖ **El–.** V. **El Tocuyo.**

TOCHE. m. *Col.* Especie de serpiente. ‖ *Col.* y *Ven.* Pájaro conirrostro de plumaje amarillo y negro azulado. *El* TOCHE *es un ave bellísima.*

TOCHEDAD. f. Calidad de tocho. ‖ Dicho o hecho propio de persona tocha.

TOCHIMBO. m. Horno de fundición que se usa en el Perú.

TOCHO, CHA. adj. Tosco, tonto, necio. ‖ *Chile.* Dícese de la persona que tiene cortada la extremidad de un dedo, especialmente el pulgar. ‖ Dícese del gallo sin espolones. ‖ m. Lingote de hierro.

TOCHUELO. adj. dim. de **Tocho.**

TODABUENA o **TODASANA.** f. Planta europea, con hojas sentadas y flores amarillas terminales, medicinal. *Androsaemum officinale,* rutácea. *La* TODABUENA *es parecida al corazoncillo;* sinón.: **androsemo, castellar.**

TODAVÍA. al. **Noch.** fr. **Encore** ingl. **Still; yet.** ital. **Ancora.** port. **Ainda.** (De *toda* y *vía.*) adv. t. Hasta un momento determinado desde tiempo anterior. *No vino* TODAVÍA. ‖ adv. m. Con todo eso, sin embargo. *No tiene razón, pero* TODAVÍA *discute.* ‖ Denota ponderación o encarecimiento. *Eres* TODAVÍA *más terco que tu mujer.*

TODD, Alejandro. *Biog.* Científico británico, a quien se otorgó en 1957 el premio Nobel de Química. Realizó importantes investigaciones sobre genética, síntesis de vitaminas y alcaloides (n. en 1907). ‖ — **David.** Astrónomo estad. que encabezó varias expediciones de su país a Rusia, América del Sur y África; autor de trabajos científicos. ‖ — **Enrique Alfredo.** Filólogo estad., catedrático en la Universidad de Columbia (1854-1925).

TODI, Jacoppone da. *Biog.* Religioso franciscano que se destacó como poeta; autor también de varias obras en prosa (m. en 1306).

TODITO, TA. adj. dim. de **Todo.** ‖ *Amér.* fam. Encarece la significación de todo. *Ha llovido* TODITA *la mañana.*

TODO, DA. al. **Allesijeder; ganz.** fr. **Tout.** ingl. **All.** ital. **Tutto.** port. **Todo.** (Del lat. *totus.*) adj. Dícese de lo que se toma o se comprende enteramente en la entidad o en el número. ‖ Ú.t. para encarecer el exceso de alguna calidad o circunstancia. *Hombre pobre* TODO *es desdichas.* ‖ Si le sigue un substantivo en singular y sin artículo, le da valor de plural. TODO *buen patriota;* equivale a TODOS *los buenos patriotas.* ‖ En plural equivale en ocasiones a **cada**. *La visitó dos veces* TODAS *las semanas;* es decir, CADA *semana.* || m. Cosa íntegra. || En las charadas, la palabra que forman todas las sílabas que se han enunciado. || adv. m. Enteramente. || **Ante todo.** m. adv. Primera o principalmente. || **Así y todo.** loc. adv. A pesar de eso, aun siendo así. || **A todo.** m. adv. A lo sumo, cuanto puede ser. *Llovió* A TODO *llover.* || **A todo esto, o a todas éstas.** m. adv. Mientras tanto. || **Con todo, con todo eso,** o **con todo esto.** ms. advs. Sin embargo, no obstante, || **Del todo** m. adv. Entera, absolutamente. || **En un todo.** m. adv. Absoluta y generalmente. || **Jugar** o **jugarse** uno **el todo por el todo.** frs. fig. Aventurarlo **todo,** o arrostrar gran riesgo para conseguir algún fin. || **Quien todo lo quiere, todo lo pierde.** ref. que afirma que el que se deja llevar de un deseo desmedido pierde aun lo que tiene seguro. || **Ser** uno **el todo.** frs. fig. Ser la persona más influyente o capaz en un negocio. || **Sobre todo.** m. adv. Con especialidad, principalmente. || **Y todo.** m. adv. Hasta, también, aun, indicando gran encarecimiento. *Se instaló en mi casa con perros* Y TODO.

TODOPODEROSO, SA. al. **Allmächtige.** fr. **Toutpuissant.** ingl. **Almighty.** ital. **Onnipotente.** port. **Todo-poderoso.** adj. Que todo lo puede. || m. Por anton., **Dios.** *El* TODOPODEROSO *lo dispuso así.*

TODOS LOS SANTOS. *Geog.* Bahía de la costa N.E. de Brasil, en el océano Atlántico, en uno de sus extremos se encuentra la c. de Salvador. Abarca 1.052 km².

TODOS SANTOS. *Geog.* Bahía de la costa N.O. de México, en Baja California. || Lago de Chile, sit. en la prov. de Llanquihue, al E. del volcán Osorno, y des. en el río Petrohué.

TOESA. (Del fr. *toise,* y éste del lat. *tensa,* extendida.) f. Ant. medida francesa de longitud, equivalente a 1.946 m.

TOFANA. f. **Agua tofana.**

TOFO. (Del lat. *tofus,* toba.) m. Nodo, tumor. *En la gota, son frecuentes los* TOFOS. || *Arg.* y *Chile.* Arcilla blanca refractaria.

TOGA. al. **Toga; Robe.** fr. **Toge; robe.** ingl. **Toga; robe; gown.** ital. **Toga.** port. **Toga.** (Del lat. *toga.*) f. Prenda principal exterior del traje nacional romano y que era una especie de capa. || Traje de ceremonia que usan los magistrados, catedráticos, etc. *La* TOGA *actual es un ropón negro con esclavina y vueltas de terciopelo o seda brillante.*

TOGADO, DA. (Del lat. *togatus.*) adj. y s. Que viste toga.

TOGO, Heihachiro. *Biog.* Almirante japonés que derrotó a la escuadra rusa en 1905 y puso así fin a la guerra ruso-japonesa (1847-1934).

TOGO. *Geog.* Territorio de África occidental, sobre el golfo de Guinea, entre Dahomey y la Costa de Oro. Fue posesión alemana hasta 1914; dividido entre Francia y Gran Bretaña, se declaró independiente y es hoy el Est. homónimo, con 56.000 km², 2.350.000 h., cap. LOMÉ, y la occidental, británica, forma parte de la rep. de Ghana.

TOILETTE. (Voz francesa; pronúnc. *tualet.*) f. Galicismo por tocado, traje, **atavío,** según los casos. || Galicismo por tocador, aposento donde uno se avía. En América ú.c.m.

TOILETTE, La. *B.A.* Famoso cuadro de Camilo Corot. Obra de concepción clásica, mezcla armoniosamente el paisaje y las figuras humanas en una especie de transfiguración lírica.

TOISÓN. al. **Vlies.** fr. **Toison.** ingl. **Fleece.** ital. **Tosone.** port. **Tosão.** (Del fr. *toison,* vellón, y éste del lat. *tonsio, -onis,* esquileo.) m. Orden de caballería instituida en 1429. || Insignia de esta orden. *El* TOISÓN *representa un tusón, pendiente de un collar compuesto de eslabones y pedernales, todo ello de oro.* || – **de oro.** Toisón.

TOJAL. m. Terreno poblado de tojos.

TOJINO. (En fr. *taquet.*) m. *Mar.* Pedazo de madera que se clava en lo interior de la embarcación, para asegurar una cosa del movimiento de los balances. || Cada uno de los trozos de madera que se clavan en el costado del buque y sirven de escala. || Taco de madera para asegurar las empuñiduras cuando se toman rizos.

TOJO. (En port. *tojo.*) m. Planta leguminosa, variedad de aulaga. *El* TOJO *se extiende por todo el occidente de Europa.* || *Bol.* Alondra.

TOJO, Hideki. *Biog.* Mil. japonés, jefe del gob. en 1941, año en que se efectuó el ataque a Pearl Harbor y la iniciación de la guerra con EE.UU. y Gran Bretaña. Condenado a muerte, fue ejecutado (1884-1948).

TOJOSITA. f. *Cuba.* Especie de paloma silvestre, que vive en los países cálidos de América, *Chamaepelia pesserina.*

TOKIO. *Geog.* Ciudad del Japón, cap. del Imperio. Está sit. sobre el golfo hom., al E. de la isla de Hondo. Tiene 8.850.000 h., incluyendo el Gran Tokio 13.000.000. Industria mecánica, textil y química, porcelanas. Importante centro comercial, político y cultural del Imperio del Japón.

TOKUSHIMA. *Geog.* Ciudad y puerto del Japón, situada al N.E. de la isla de Shikoku. 225.000 h. Industria textil.

TOLA. f. *Amér. del S.* Nombre de diferentes especies de arbustos de la familia de las compuestas, que crecen en las laderas de la cordillera andina.

TOLANO. m. Cada uno de los pelillos que nacen en el cogote. Ú.m. en pl. || *Veter.* Enfermedad que padecen las bestias en las encías.

TOLBUKHIN. *Geog.* Ciudad del N.E. de Bulgaria, al. N. de Varna. 58.000 h. Antes se llamó **Dobrich.**

TOLDA. f. *Col.* Toldo, cabaña. || *Col., Ec.* y *P. Rico.* Tela para hacer toldos. || *P. Rico.* Costal para granos. || *P. Rico* y *Urug.* Techo de lona de la carreta. || *Ven.* Cielo encapotado.

TOLDURA. (De *toldar.*) f. Toldo, colgadura.

TOLDAR. (De *toldo.*) tr. y r. Entoldar.

TOLDERÍA. f. *Arg., Bol., Chile, Perú* y *Urug.* Campamento formado por toldos de indios.

TOLDILLA. (dim. del ant. *tolda,* alcázar de una nave.) f. *Mar.* Cubierta parcial que tienen algunos buques a la altura de la borda.

TOLDILLO. m. dim. de **Toldo.** || Silla de manos cubierta. || *Arg., Col., Cuba* y *Ven.* Mosquitero.

TOLDO. al. **Sonnendach.** fr. **Banne.** ingl. **Awning.** ital. **Tenda.** port. **Toldo.** (Del germ. *teld,* cubierta.) m. Pabellón o cubierta de tela que se tiende para hacer sombra en un lugar. || TOLDO *de carro, de patio, de tienda;* sinón.: **tendal, vela.** || Entalamadura. || fig. Engreimiento, vanidad. || *Arg.* y *Chile.* Vivienda de los indios hecha con pieles y ramas. || *Col., Perú* y *P. Rico.* Mosquitero. || IDEAS AFINES: *Cobertizo, tejado, patio, carpa, tienda, marquesina, dosel, sombrilla, sol, protección.*

TOLE. (Del lat. *tolle,* quita, imper. de *tóllere,* por alusión a las palabras *tolle eum,* con que la turba excitaba a Pilatos a que crucificara a Jesús.) m. fig. Confusión y gritería popular. Suele usarse repetido. || fig. Rumor de desaprobación que se va difundiendo entre la gente, contra una persona o cosa. *Se levantó el* TOLE *contra la injusta disposición.* || **Tomar uno el tole.** frs. fam. Partir apresuradamente. TOMÓ EL TOLE *sin despedirse siquiera.*

TOLEDANO, NA. (Del lat. *toletanus.*) adj. y s. De Toledo (España).

TOLEDO, Antonio S. de. *Biog.* Virrey de México de 1664 a 1673. || — **Francisco de.** Militar esp., virrey del Perú de 1569 a 1581. Mejoró notablemente la administración del país, impulsó la cultura, fundó ciudades y venció a Tupac Amaru (m. 1582). || — **Juan Bautista de.** Arquitecto esp. que hizo los planos del monasterio del Escorial y dirigió su construcción (m. 1567). || — **Y LEIVA, Pedro de.** Virrey de Perú de 1639 a 1648.

TOLEDO. *Geog.* Provincia de España (Castilla la Nueva). 15.345 km². 570.000 h. Agricultura, ganadería, vid. olivo. Explotación forestal, minería. Cap. hom., situada sobre el Tajo. Centro agrícola, industria textil. Importantes edificios y monumentos históricos. 46.000 h. || Ciudad del nordeste de los EE.UU. situada sobre el lago Erie. 385.000 h. Importante industria mecánica. || **Montes de** –. V. **Oretana, Cordillera.**

TOLEMAICO, CA. adj. Perteneciente a Tolomeo o a su sistema astronómico.

TOLERABILIDAD. f. Calidad o condición de tolerable.

TOLERABLE. adj. Que se puede tolerar. sinón.: **soportable;** antón.: **intolerable.**

TOLERABLEMENTE. adv. m. De modo tolerable.

TOLERANCIA. al. **Duldsamkeit.** fr. **Tolérance.** ingl. **Tolerance.** ital. **Tolleranza.** port. **Tolerância.** (Del lat. *tolerancia.*) f. Acción y efecto de tolerar. antón.: **intolerancia.** || Respeto hacia las opiniones, usos y prácticas de los demás. || Inmunidad política que se concede al que profesa una religión que no es la oficial. TOLERANCIA *de cultos.* || Permiso. || Margen o diferencia que se consiente en la calidad o cantidad de las cosas o las obras contratadas o convenidas. || Máxima diferencia que se tolera o admite entre el valor real o efectivo en las características físicas y químicas de un material, pieza o producto. || *Ter.* Disposición orgánica que permite soportar bien una droga y especialmente su uso prolongado. *En la epilepsia, hay* TOLERANCIA *para los sedantes.*

TOLERANTE. p. a. de **Tolerar.** || Que tolera o es inclinado a la tolerancia. antón.: **intolerante.**

TOLERANTISMO. m. Opinión de los que creen que debe permitirse cualquier culto religioso.

TOLERAR. al. **Dulden.** fr. **Tolérer.** ingl. **To tolerate.** ital. **Tollerare.** port. **Tolerar.** (Del lat. *tolerare.*) tr. Sufrir, llevar con paciencia. TOLERA *los desplantes de su esposa.* || Disimular algunas cosas ilícitas, sin consentirlas expresamente. TOLERA *que sisen sus sirvientes.* || Soportar, aguantar. *Mi educación no* TOLERA *esas groserías.*

TOLETE. (Del fr. *tolet,* y éste del ingl. *thole.*) m. Escálamo. || *Amér. Central, Col., Cuba* y *Ven.* Garrote corto. || *Col.* Balsa, jangada. || *Col.* y *Cuba.* Trozo de una cosa grande.

TOLETOLE. m. *Arg.* Tole, gritería, confusión. || *Col.* Tema, porfía. || *Ven.* Vida alegre.

TOLIMA. *Geog.* Departamento del centro O. de Colombia. 22.990 km². 945.000 h. Agricultura, ganadería, minería. Cap. IBAGUÉ. || **Nevado del** –. Volcán de Colombia, sit. en la cordillera central. Culmina a los 5.616 m.

TOLIMÁN. *Geog.* Población de México, en el Est. de Querétaro. 5.000 h. Centro agrícola.

TOLMERA. f. Sitio donde abundan los tolmos. sinón.: **tornagal, tormellera, tornera.**

TOLMO. (Del lat. *túmulus.*) m. Peñasco elevado que se asemeja a un gran mojón. sinón.: **tormo.**

TOLO, LA. adj. y s. *Arg.* Tonto, mentecato, atolondrado.

TOLOBOJO. m. Ave trepadora, de movimientos rápidos, insectívora, muy voraz. || **Pájaro bobo.**

TOLOMEO. *Biog.* Nombre de quince reyes de Egipto de los ss IV a I a. de C. || – **I. (Soter.)** Rey de Egipto que estableció la monarquía greco-egipcia; su reinado fue uno de los más brillantes de la antigüedad (360-283 a. de C.).

TOLOMEO, Claudio. *Biog.* Astr., matemático y geógrafo egipcio cuyo sistema geocéntrico fue aceptado durante más de mil años; creador de la trigonometría, impulsor de la cartografía y de la geog., su erudición lo sitúa entre los más destacados sabios de la antigüedad. Obras: *Almagesto; Construcción matemática; Canon de los reinos,* etc. (s. II).

TOLÓN. *Geog.* Ciudad y puerto del S. de Francia, cap. del dep. de Var, sobre el Mediterráneo. 175.000 h. Es el principal puerto militar francés sobre dicho mar. Astilleros.

TOLONDRO, DRA. (Del ant. *torondo,* y éste del lat. *torus,* hinchazón.) adj. y s. Aturdido, desatinado. Ú.t.c.s. || m. Chichón, hematoma. sinón.: **tolondrón, turumbón.**

TOLONDRÓN, NA. adj. Tolondro, aturdido. || m. Tolondro, chichón. *Se golpeó en la cabeza, y se hizo un* TOLONDRÓN. || **A tolondrones.** m. adv. fig. Con interrupción o **a retazos.**

TOLOSA. *Geog.* Ciudad del N. de España (Guipúzcoa.) 16.000 h. Importante centro industrial. Tejidos, armas, curtidurías. || Ciudad de Francia, cap. del departamento de Alto Garona, sit. sobre el río de este nombre. 372.000 h. Importante centro agrícola del Mediodía francés. Industria alimenticia, tabaco.

TOLSÁ, Manuel. *Biog.* Escultor esp., autor del monumento ecuestre a Carlos IV, en la ciudad de México (1757-1818).

TOLSTOI, Alejandro. *Biog.* Escritor ruso, autor de *El oro negro; Iván el Terrible,* etc. (1882-1945). || – **León Nicolaievich, conde de.**– Célebre escr. ruso que predicó una especie de cristianismo primitivo, de paz y convivencia pacíficas, que intentó llevar a la práctica en su retiro de Jasnaia-Poliana. Su obra, consagrada a la redención de las masas desheredadas de su país, tiene caracteres proféticos y un profundo estudio de la psicología humana: *La guerra y la paz; Ana Karenina; Resurrección; La sonata a Kreutzer,* etc. (1828-1910).

TOLTECA. adj. Dícese del individuo de un pueblo protohistórico de México. Ú.t.c.s. || Perteneciente a este pueblo. || m. Idioma del mismo.

TOLTÉN. *Geog.* Río de Chile que recorre la prov. de Cautín y des. en el Pacífico. 95 km.

TOLÚ. m. **Bálsamo de Tolú.**

TOLÚ. *Geog.* Población del N. de Colombia (Bolívar), sit. sobre el Pacífico. 7.000 h.

TOLUCA. *Geog.* Ciudad de la región central de México, cap. del Estado de este nombre. 115.000 h. Importante centro agrícola y comercial. || **Nevado de** –. Volcán de la región central de México, en el Est. de este nombre. Culmina a los 4.558 m.

TOLVA. f. Caja en forma de tronco de pirámide o de cono invertido y abierta por debajo, destinada a dar paso poco a poco a substancias de constitución granular, pulverulenta o pastosa. *La* TOLVA *se usa en muchas industrias, y principalmente en la molinera.* || Parte superior en los cepillos o urnas con una abertura para dejar pasar las monedas, papeletas, etc.

TOLVANERA. f. Remolino de polvo.

TOLLA. f. Tremedal encharcado por las aguas subterráneas. || *Cuba.* Artesa para dar de beber a los animales.

TOLLADAR. m. Tolla, tremedal.

TOLLER, Ernesto. *Biog.* Dramaturgo al. de tendencia expresionista, autor de *Los destructores de máquinas; El fuego de las ollas; La transformación,* etc. (1893-1939).

TOLLINA. (Del ant. *tollir.*) f. fam. Zurra, paliza.

TOLLO. m. Cazón, pez. || Carne que tiene el ciervo junto a los lomos.

TOLLO. m. Hoyo en la tierra o escondite de ramaje, donde se ocultan los cazadores en acecho de la caza. || Tolla, tremedal.

TOLLÓN. m. Coladero, camino o paso.

TOM. *Geog.* Río de la Unión Soviética, en Siberia. Desagua en el Ob, al norte de la c. de Tomsk. 643 km.

TOMA. al. **Einnahme.** fr. **Prise.** ingl. **Capture; seizure.** ital. **Conquista.** port. **Tomada.** f. Acción de tomar o recibir una cosa. TOMA *de hábito, de posesión.* || Conquista, asalto de una plaza o ciudad. *La* TOMA *de Constantinopla por los turcos;* sinón.: **tomada.** || Porción de algo que se coge o recibe de una vez. *Una* TOMA *de quinina.* || Data, abertura por donde se desvía de una corriente de agua o de un embalse parte de su caudal. sinón.: **tomadero.** || Lugar por donde se deriva una corriente de fluido o electricidad. || *Col. Guat.* y *Perú.* Acequia, cauce. || *Col., Chile, Guat.* y *Perú.* Presa, muro para desviar una corriente de agua. || *Guat.* Arroyo, riachuelo. || m. *Arg.* Apócope de tomacorriente, enchufe.

TOMACORRIENTE. m. *Elec.*

Pieza del enchufe eléctrico en la que encajan las clavijas de la ficha y que tiene dos cañutillos de metal, a uno de cuyos extremos están conectados los bornes donde van sujetos los hilos conductores del circuito.

TOMADA. f. Toma, conquista de una plaza.

TOMADERO. m. Parte por donde se toma o ase una cosa. ‖ Toma, abertura para dar salida al agua. ‖ Adorno abollonado que se usó en ciertas prendas de vestir.

TOMADO, DA. adj. Dícese de la voz que pierde su claridad. ‖ *Arg.*, *Bol.* y *Chile.* Bebido, ebrio, borracho.

TOMADOR, RA. adj. y s. Que toma. ‖ *Arg.* y *Chile.* Bebedor. ‖ V. **Perro tomador.** ‖ m. Persona a cuya orden se libra una letra de cambio. ‖ *Mar.* Cualquiera de los cabos con que se sujetan a las vergas las velas, cuando se aferran.

TOMADURA. f. Toma, acción de tomar. ‖ – **de pelo.** fig. y fam. Burla, chunga.

TOMAHAWK. (Voz algonquina; pronúnc. *tómajoc.*) m. Arma de guerra de los indios de América del Norte, que consiste en una hacha de pala alargada cuyo peto está provisto de una bola de puntas agudas. *Cuando los indios hacían la paz con cualquiera de sus vecinos, enterraban solemnemente un* TOMAHAWK.

TOMAÍNA. (Del gr. *ptoma*, cadáver.) f. Cada una de las substancias alcaloideas o básicas, algunas muy tóxicas, que resultan de la putrefacción de la materia animal o vegetal.

TOMAJÓN, NA. adj. y s. Que toma con frecuencia o con descaro. sinón.: **tomón.**

TOMAR. al. **Nehmen.** fr. **Prendre.** ingl. **To take.** ital. **Prendere.** port. **Tomar.** (En port. *tomar.*) tr. Coger o asir con la mano una cosa. ‖ Coger, aunque no sea con la mano. TOMAR *un líquido con la pipeta.* ‖ Recibir o aceptar. TOMAR *prestada una cantidad.* ‖ Percibir, recibir. TOMÓ *el importe de la renta.* ‖ Ocupar o adquirir por la fuerza. TOMÓ *el blocao.* ‖ Comer o beber. TOMAR *la merienda*, el *café.* ‖ Adoptar, poner por obra. TOMAR *medidas.* ‖ Contraer, adquirir. TOMÉ *esa mala costumbre.* ‖ Contratar o ajustar a una persona para que preste un servicio. TOMAR *un empleado.* ‖ Alquilar. TOMAR *un taxi.* ‖ Entender, interpretar una cosa en determinado sentido. *Lo* TOMÓ *en serio.* ‖ Seguido de la preposición *por*, suele indicar juicio erróneo. *Me quiso* TOMAR POR *tonto.* ‖ Ocupar un sitio para cerrar el paso. TOMÓ *todos los caminos.* ‖ Quitar o hurtar. TOMÓ *cuantas joyas había.* ‖ Comprar. TOMARÉ *la mercancía.* ‖ Recibir o imitar los usos o cualidades de otro. TOMASTE *las mañas de tu amigo.* ‖ Recibir los efectos de algunas cosas, consintiéndolos o padeciéndolos. TOMAR *frío*; *el sol.* ‖ Emprender una cosa o encargarse de ella. TOMÓ *la empresa a su cargo.* ‖ Sobrevenir a uno de nuevo algún afecto o accidente. *Le* TOMÓ *la risa; el temblor.* ‖ Elegir entre varias cosas. TOMÓ *el libro más valioso.* ‖ Cubrir el macho a la hembra. ‖ Hacer o ganar la baza en un juego de naipes. ‖ Con ciertos nombres verbales, significa lo mismo que los verbos de que aquellos proceden. TOMAR *precauciones*, precaverse. TOMAR *resolución*, resolver. ‖ Recibir o adquirir lo que significan ciertos nombres que se le unen. TOMAR *aliento, impulso.* ‖ Con un nombre de instrumento, empezar a ejecutar la acción o la labor para la cual sirve el instrumento. TOMAR *el lápiz*, ponerse a dibujar. ‖ Llevar a uno en su compañía. *Al pasar*, TOMARÉ *a sus chicos.* ‖ Empezar a seguir una dirección, entrar en una calle, camino o tramo, encaminarse por ellos. TOMAR *la derecha.* U.t.c. intr. *Al llegar a la esquina*, TOMÓ *por la derecha.* ‖ Obscurecerse, cargarse de vapores o nubes la atmósfera, especialmente por el horizonte. ‖ *Arg.* y *Chile.* Tener el vicio de ingerir bebidas alcohólicas. *Es hombre que* TOMA *mucho.* ‖ r. Cubrirse de moho u orín. SE TOMARON *los cuchillos.* ‖ **¡Toma!** int. fam. con que se denota la poca importancia de una cosa. ‖ Indica también que uno se da cuenta de lo que antes no había entendido. ‖ Señala como castigo o escarmiento aquello de que se habla. *¿No te dije que no la molestaras? Pues,* ¡TOMA! ‖ **Más vale un toma que dos te daré.** ref. que enseña que el bien pequeño presente es preferible al grande prometido. ‖ **Tomarla con** uno. frs. Contradecirle o culparle en cuanto dice o hace. ‖ **¡Tómate ésa!** expr. fig. y fam. **¡Chúpate ésa!** ‖ **Toma y daca.** expr. fam. Se usa cuando hay trueque simultáneo de cosas o servicios, o cuando se hace un favor, esperando la reciprocidad inmediata.

TOMÁS, Santo. *Hagiog.* Apóstol de Cristo, llamado **Dídimo**, que se convenció de la resurrección del Señor sólo al tocar sus llagas. ‖ – **DE AQUINO, Santo.** Fil. dominico ital., una de las más notables figuras de la filosofía. Incorporó la Metafísica, la Lógica y la Física aristotélicas a la filosofía católica, con excepcional capacidad de síntesis, amplia visión de los problemas y espíritu organizador y metódico, de tipo racional. La felicidad del hombre es la posesión de Dios, bien infinito y perfecto, pero su posesión formal se logra por el entendimiento. De ahí que Filosofía y Teología –razón y fe– no pueden contradecirse; la primera tiende a explicar la segunda. En la Teología, Dios aparece al principio y todo deriva de Él; en la Filosofía, Dios aparece al final y todo conduce hacia Él. Su obra más famosa y la más perfecta metodización de los dogmas católicos es *Summa theologica.* Otras obras: *Summa contra gentiles; Comentarios*, etc. (1227-1274).

TOMATA. f. *Col.* Burla, zumba.

TOMATADA. f. Fritada de tomate.

TOMATAL. m. Terreno plantado de tomateras. ‖ *Guat.* Tomatera, planta.

TOMATAZO. m. aum. de **Tomate.** ‖ Golpe dado con un tomate.

TOMATE. al. **Tomate.** fr. **Tomate.** ingl. **Tomato.** ital. **Pomidoro.** port. **Tomate.** (Del mex. *tomatl.*) m. Fruto de la tomatera. *El* TOMATE, *en forma de extracto, es útil en la estomatitis.* ‖ Tomatera. ‖ **Juego de naipes, parecido al julepe.** ‖ fam. Rotura en una prenda de punto, especialmente en una media o calcetín.

TOMATERA. f. Planta herbácea anual originaria de América del Sur, de tallos largos y sarmentosos, hojas compuestas, flores amarillas en cimas y fruto en baya carnosa, generalmente roja, llamado tomate, de agradable sabor y buenas cualidades alimenticias; se cultiva en todo el mundo. *Lycopersicum esculentus*, solanácea. ‖ *Chile.* Borrachera. ‖ Fiesta en que se abusa del alcohol.

TOMATERO, RA. s. Persona que vende tomates. ‖ adj. Propio para guisado con tomate.

TOMATICÁN. m. *Chile.* Guiso o salsa de tomate.

TOMATILLO. m. dim. de **Tomate.** ‖ *Cuba* y *Chile.* Nombre de varias plantas solanáceas.

TOMATINA. f. *Ter.* Producto que se extrae de la planta del tomate y se emplea para combatir ciertas enfermedades fungosas. ‖ deriv.: **tomatidina.**

TOMBIGBEE. *Geog.* Río de los EE.UU. que recorre los Est. de Alabama y Misisipí y se une al Alabama para formar el Mobile. Recorre 800 km. aproximadamente.

TÓMBOLA. (Del ital. *tómbola.*) f. Rifa de objetos, organizada por lo general con fines benéficos.

TÓMBOLO. m. *Geol.* Banco de arena que une una isla con la costa. *Un* TÓMBOLO *une el Peñón de Gibraltar con la tierra firme.*

TOMBUCTÚ. *Geog.* Ciudad del África Occidental en el Sudán. 10.000 h. Es punto de partida de las caravanas que van al Sahara.

TOME. m. *Chile.* Especie de espadaña.

TOMÉ. *Geog.* Población de Chile, en la prov. de Concepción. 14.000 h. Puerto sobre el Pacífico, por el que se exportan vinos. Industria textil.

TOMEGUÍN. m. *Cuba.* Pájaro pequeño, cantor, de la familia de los fringílidos. *El* TOMEGUÍN *es muy parecido al tugano de Europa.*

TOMELLOSO. *Geog.* Ciudad de España, en la prov. de Ciudad Real (Castilla la Nueva). 30.000 h. Afamados vinos.

TOMENTO. (Del lat. *toméntum.*) m. Estopa basta que queda del lino o del cáñamo después de rastrillado. ‖ *Bot.* Vello suave de algunas plantas.

TOMENTOSO, SA. adj. Que tiene tomento. ‖ *Bot.* Con pelos abundantes. *Planta tomentosa.*

TOMERO. m. *Chile.* Presero.

TOMILLAR. m. Sitio poblado de tomillos.

TOMILLO. al. **Thymian.** fr. **Thym. ingl. Thyme.** ital. **Timo.** port. **Tomilho.** (Del lat. *thýmum*, y éste del gr. *thymon.*) m. Género de matas leñosas, perennes, de flores pequeñas, rosadas o blancas, y hojas provistas de pelos secretorios de esencias aromáticas. El cocimiento de sus flores suele usarse como tónico estomacal, y el de sus hojas como condimento. Gén. *Thymus*, labiadas. ‖ – **blanco.** Santónico, planta.

TOMÍN. (Del ár. *timín*, octava parte.) m. Tercera parte del adarme. ‖ Impuesto que pagaban los indios en el Perú con destino al sostenimiento de hospitales.

TOMINEJA. f. Tominejo.

TOMINEJO. (dim. de *tomín*, por su pequeñez.) m. Pájaro mosca. sinón.: **colibrí, picaflor.**

TOMISMO. m. Sistema filosófico y teológico de Santo Tomás de Aquino y de sus discípulos. *El siglo XVI constituye el siglo de oro del* TOMISMO.

● **TOMISMO.** *Fil.* En la famosa *Suma Teológica* de Santo Tomás de Aquino, que constituye una verdadera enciclopedia de las ciencias filosóficas y teológicas medievales, están expuestos los principios y fundamentos del **tomismo.** Este sistema escolástico comienza por afirmar la existencia de Dios y la necesidad, así como la posibilidad, de demostrar por vía filosófica esa existencia. Su tema fundamental es la regulación de las relaciones entre la fe y la razón, entre la revelación y la filosofía; sostiene que no hay absorción de una por otra, ambas tienen una esfera propia, una autonomía que por lo demás no implica la contradicción de ambas verdades. La razón debe adentrarse en lo posible en el dogma y, al mismo tiempo, tomarlo como punto de partida para un ulterior desarrollo y aclaración del mismo. Además de metafísica, el **tomismo** comprende un sistema de moral y de política. Por extensión, se entiende por **tomismo** la teoría de la gracia enunciada por el dominico Báñez, intento de conciliación de la gracia divina con la libertad humana.

TOMISTA. adj. y s. Partidario del tomismo.

TOMIZA. (Del lat. *thómix, -icis*, y éste del gr. *thómix.*) f. Cuerda o soguilla de esparto.

TOMO. al. **Band.** fr. **Tome.** ingl. **Tome.** ital. **Tomo.** port. **Tomo.** (Del lat. *tomus*, y éste del gr. *tómos*, sección.) m. Cada una de las partes, con paginación propia y encuadernadas por lo común separadamente, en que suelen dividirse para su más fácil manejo las obras impresas o manuscritas de cierta extensión. sinón.: **volumen.** ‖ p. us. Grueso, cuerpo o volumen de una cosa. ‖ fig. Importancia, valor y estima. *Ésas son cosas de poco* TOMO. ‖ **De tomo y lomo.** loc. fig. y fam. De mucho bulto y peso. ‖ De importancia.

TOMOGRAFÍA. f. *Med.* Método de observación de los tejidos por medio del tomógrafo. ‖ deriv.: **tomográfico, ca.**

TOMÓGRAFO. m. Especie de aparato de rayos X, rotatorio, combinado con una computadora y un televisor, que permite observar el estado de los tejidos blandos, aunque estén escondidos tras los huesos.

TOMON, NA. (De *tomar.*) adj. y s. fam. Tomajón. ‖ *Col.* Zumbón, burlón.

TOMONAGA, Sinitiro. *Biog.* Científico japonés, autor de importantes estudios sobre electrodinámica cuántica. En 1965 obtuvo el premio Nobel de Física compartido con los estadounidenses R. Feynmann y S. Schwinger (n. en 1906).

TOMSK. *Geog.* Ciudad de la Unión Soviética, sit. sobre el río Tom (Siberia). 340.000 h. Importante centro agrícola. Universidad.

TON. m. Apócope de tono, que únicamente se usa en la frase familiar *sin* TON *ni* SON, o *sin* TON *y sin* SON, que significa: sin motivo o causa. *Habla* SIN TON NI SON; *pide* SIN TON Y SIN SON.

TONACATEPEQUE. *Geog.* Población de la Rep. de El Salvador, en el dep. de este nombre. 5.000 h. Centro agícola, industria textil.

TONADA. al. **Lied.** fr. **Air de chanson.** ingl. **Tune.** ital. **Aria.** port. **Toada.** (De *tono.*) f. Composición métrica para cantar. ‖ Música de esta canción. ‖ *Arg.*, *Chile* y *Guat.* Tonillo, dejo. ‖ *Cuba.* Engaño ligero de palabra.

TONADILLA. f. dim. de **Tonada.** ‖ Tonada alegre y ligera. ‖ Pieza escénica corta y ligera, con canto y baile, muy en boga en el siglo XVIII. *La* TONADILLA *tenía un carácter eminentemente popular.*

TONADILLERA. f. Mujer que se dedica a cantar tonadillas.

TONADILLERO. m. Autor de tonadillas.

TONAL. adj. *Mús.* Perteneciente o relativo al tono o a la tonalidad. Por contraposición a atonal, se aplica a la música que dispone de una tonalidad determinada.

TONALÁ. *Geog.* Río de México. V. **Pedregal.** ‖ Población del S. de México (Chiapas). 7.500 h. Centro agrícola.

TONALIDAD. al. **Tonart.** fr. **Tonalité.** ingl. **Tonality.** ital. **Tonalità.** port. **Tonalidade.** (De *tono.*) f. *Mús.* Sistema de sonidos pertenecientes a una escala determinada que sirve de fundamento a una composición musical. ‖ *Pint.* Relación de tonos en una pintura. *Este pintor es admirable en las* TONALIDADES *frías.*

TONANTE. (Del lat. *tonans, tonantis.*) p. a. de **Tonar.** Que truena. Es epíteto de Júpiter.

TONAR. (Del lat. *tonare.*) intr. poét. Tronar o arrojar rayos. *Airado, Júpiter* TONA.

TONARIO. (De *tono.*) m. **Libro antifonario.**

TONCA. adj. V. **Haba tonca.**

TONDERO. m. *Perú.* Cierto baile popular.

TONDINO. (Del ital. *tondino.*) m. *Arq.* Astrágalo.

TONDIZ. (De *tundir.*) f. Tundizno.

TONDO. (Del ital. *tondo.*) m. *Arq.* Adorno circular rehundido en un paramento.

TONE-GAVA. *Geog.* Río del Japón, que recorre la región central de la isla de Hondo y des. en el Pacífico. al N.E. de Tokio. 320 km.

TONEL. al. **Tonne; Fass.** fr. **Tonneau.** ingl. **Cask; barrel.** ital. **Barile.** port. **Tonel.** (Del lat. *tonne.*) m. Cuba grande. *Este hombre es un* TONEL *sin fondo*; sinón.: **barrica, barril, candiota, casco, pipa.** ‖ Medida antigua de arqueo de embarcaciones equivalente a cinco sextos de tonelada.

TONELADA. al. **Tonne.** fr. **Tonne.** ingl. **Ton.** ital. **Tonnellata.** port. **Tonelada.** (De *tonel.*) f. Unidad de peso o de capacidad que se usa para calcular el desplazamiento de los buques. sinón.: **salma.** ‖ Medida que se usó para el arqueo de embarcaciones, equivalente al volumen del sitio ocupado por dos toneles de 27,5 arrobas cada uno. ‖ Peso de 20 quintales. ‖ Derecho que pagaban las embarcaciones para la fábrica de galeones. ‖ Tonelería, conjunto de toneles. ‖ – **de arqueo.** Medida de capacidad equivalente a 2,83 metros cúbicos. ‖ – **de peso.** Peso de 20 quintales. ‖ – **métrica de arqueo.** Metro cúbico. ‖ – **métrica de peso.** Peso de 1.000 kg.

TONELAJE. al. **Tonnengenalt; Tonnage.** fr. **Tonnage.** ingl. **Tonnage.** ital. **Tonnellaggio.** port. **Tonelagem.** (De *tonel.*) m. Arqueo, cabida de una embarcación. ‖ Número de toneladas que mide un conjunto de buques. ‖ Derecho que antiguamente pagaban las embarcaciones.

TONELERÍA. f. Arte u oficio del tonelero. ‖ Taller de tonelero. ‖ Conjunto o provisión de toneles.

TONELERO, RA. adj. Perteneciente o relativo al tonel. *In-*

dustria TONELERA. ‖ m. El que hace toneles y otros recipientes de madera de construcción semejante.

TONELETE. m. dim. de **Tonel.** ‖ Brial que llevaban los hombres de armas. ‖ Falda o traje que sólo llega a las rodillas. TONELETE *de bailarina.* ‖ Parte de la armadura antigua que tenía esta forma. ‖ Traje con falda corta que usaron los niños. ‖ En el teatro, traje antiguo de hombre, con falda corta.

TONGA. (Del lat. *túnica.*) f. Tongada. ‖ *Ar., Arg.,* y *Col.* Tanda, tarea. ‖ *Cuba.* Pila, rimero.

TONGA, Islas. *Geog.* Archipiélago de la Polinesia sit. al E. de las islas Viti. Está compuesto por 150 islas e islotes que tienen, aproximadamente, 900 km², y 90.000 h. Cap. NUKUALOFA. Constituye un reino indígena miembro del Commonwealth. Se las llama también **Islas de los Amigos.**

TONGADA. (De *tonga.*) f. Capa, porción de una cosa que se extiende sobre otra. TONGADA *de cal, de cemento.*

TONGATAPU. *Geog.* Isla perteneciente al grupo de las Tonga. Tiene 257 km² y 16.000 h.

TONGO. m. Trampa que hace el pelotari, el yoquí o cualquier otro jugador o deportista que acepta dinero para dejarse ganar.

TONICIDAD. (Del lat. *tonus,* tensión.) f. Grado de tensión de los órganos del cuerpo vivo.

TÓNICO, CA. (Del lat. *tónicus.*) adj. *Med.* Que produce o restablece el tono normal. Ú.t.c.s.m. *Las sales de arsénico son* TÓNICAS. ‖ Que se caracteriza por la tensión continua. ‖ adj. *Mús.* Aplícase a la nota primera de una escala musical. Ú.m.c.s.f. ‖ *Pros.* Aplícase a la vocal o sílaba de una palabra, en que carga la pronunciación. *En la palabra infiel, la vocal* TÓNICA *es la e.* sinón.: **acentuado;** antón.: **átono, inacentuado.** ‖ IDEAS AFINES: *Debilidad, anemia, astenia, médico, recetar, reconstituyente, vitaminas, calcio, fosfato, convalecencia, restablecimiento, vigor.*

TONIFICACIÓN. f. Acción y efecto de tonificar.

TONIFICADOR, RA. adj. Que tonifica.

TONIFICANTE. p. a. de **Tonificar.** Que tonifica.

TONIFICAR. al. **Tonisieren; stärken.** fr. **Tonifier.** ingl. **To tone up.** ital. **Tonificare.** port. **Tonificar.** tr. Entonar, vigorizar.

TONILLO. m. dim. de **Tono.** ‖ Tono monótono y desagradable con que algunos hablan, rezan o leen. sinón.: **soniquete, sonsonete.** ‖ Dejo, acento particular de ciertos individuos. ‖ Entonación enfática.

TONINA. (Del lat. *thunnus,* atún.) f. Atún, pez. ‖ Nombre dado a diversos delfines, cetáceos.

TONKÍN. *Geog.* Territorio perteneciente a la Rep. de Vietnam del Norte que abarca 100.000 km², con unos 11.000.000 de h. Cap. HANOI, que lo es también de la república. ‖ **Golfo de –.** Vasta escotadura de la costa S.E. de Asia formada por el mar de la China Meridional; se extiende desde la pen. de Luichow hasta Vietnam, y está cerrado por la isla de Hainán.

TONO. al. **Ton.** fr. **Ton.** ingl. **Tone; tune.** ital. **Tono.** port. **Tom; tono.** (Del lat. *tonus,* y éste del gr. *tonos.*) m. Mayor o menor elevación del sonido producida por la mayor o menor rapidez de las vibraciones de los cuerpos sonoros. *Por el* TONO, *los sonidos son agudos o altos y graves o bajos;* sinón.: **altura.** ‖ Inflexión de la voz y modo especial de decir una cosa. *Le habló en* TONO *rudo.* ‖ Modo peculiar de la expresión y del estilo de una obra literaria. *Es una obra de* TONO *grandilocuente.* ‖ Tonada. ‖ Vigor, fuerza, energía. ‖ *Med.* Grado normal de vigor y tensión. ‖ Estado de elasticidad de un tejido normal y aptitud del mismo para cumplir su función, en respuesta a un estímulo ordinario. ‖ *Mús.* Modo. ‖ Tonalidad basada en la escala diatónica, mayor o menor, que se forma partiendo de una nota fundamental, que le da nombre. ‖ Diapasón normal. ‖ Cada uno de los trozos de tubo que se mudan en ciertos instrumentos para subir o bajar el tono. ‖ Intervalo que media entre una nota y su inmediata, excepto del *mi* al *fa* y del *si* al *do.* ‖ *Pint.* Vigor y relieve de las partes de una pintura, y armonía de su conjunto. ‖ *Psicol.* Grado de placer o de dolor que acompaña a toda sensación o hecho psíquico. ‖ **– mayor.** *Mús.* **Modo mayor.** ‖ **– menor.** *Mús.* **Modo menor.** ‖ Intervalo entre dos notas consecutivas de la escala diatónica. ‖ **A tono.** m. adv. Al unísono, de acuerdo. ‖ **Bajar** uno **el tono.** frs. fig. Contenerse después de haberse expresado con arrogancia. *Como le repliqué cumplidamente, bajó el* TONO. ‖ **Darse tono** uno. frs. fam. Darse importancia. ‖ **De buen,** o **mal, tono.** loc. Propio de gente culta, o al contrario. *Salpicar la conversación con palabras soeces es* DE MAL TONO. ‖ IDEAS AFINES: *Acústica, timbre, intensidad, grave, agudo, desentonar; hipertonía, hipotonía.*

TONSILA. f. *Anat.* Amígdala. glándula.

TONSILAR. adj. *Anat.* Perteneciente o relativo a las tonsilas.

TONSURA. al. **Tonsur; Haarschur.** fr. **Tonsure.** ingl. **Tonsure.** ital. **Tonsura.** port. **Tonsura.** (Del lat. *tonsura,* de *tónsum,* supino de *tondere,* trasquilar.) f. Acción y efecto de tonsurar. ‖ Grado preparatorio para recibir las órdenes menores, que confiere el prelado con la ceremonia de hacer un corte circular en el cabello del aspirante. ‖ Este mismo corte. sinón.: **corona.** ‖ IDEAS AFINES: *Corona, ordenarse, clérigo, hábito, incardinación, concilio, liturgia, canónigo.*

TONSURADO. m. El que ha recibido el grado de la tonsura. sinón.: **clérigo, eclesiástico.**

TONSURANDO. m. El que está próximo a recibir la tonsura clerical.

TONSURAR. tr. Cortar el pelo o la lana a personas o animales. ‖ Dar a uno el grado de la tonsura. *El obispo lo* TONSURÓ, *cortándole algunos cabellos en la frente, en el occipital y junto a ambas orejas.*

TONTADA. f. Tontería, simpleza.

TONTAINA. com. fam. y adj. Persona tonta.

TONTAL. *Geog.* Cordón montañoso, sit. en la región S. O. de la prov. de San Juan, en la Rep. Argentina. Culmina a los 4.304 m.

TONTAMENTE. adv. m. Con tontería.

TONTEAR. (De *tonto.*) intr. Hacer o decir tonterías.

TONTEDAD o TONTERA. f. Tontería.

TONTERÍA. al. **Albernheit; Dummheit.** fr. **Bêtise; sottise.** ingl. **Silliness.** ital. **Sciocchezza.** port. **Tonteira.** f. Calidad de tonto. ‖ Dicho o hecho tonto. ‖ fig. Nadería. ‖ fam. Petulancia, presunción. *Los jóvenes suelen tener mucha* TONTERÍA.

TONTILOCO, CA. adj. Tonto alocado.

TONTILLO. (De *tonelete.*) m. Faldellín con aros de ballena que usaron las mujeres para ahuecar las faldas. sinón.: **sacristán.** ‖ Pieza de cerda o algodón que ponían los sastres en los pliegues de las casacas para ahuecarlas.

TONTINA. (De Lorenzo *Tonti,* banquero ital. del s. XVII, inventor de esta clase de operaciones.) f. *Com.* Operación de lucro, que consiste en poner un fondo entre varias personas para repartirlo en una época dada, con sus intereses, únicamente entre los asociados supervivientes. *Las* TONTINAS *son las precursoras de las compañías de seguros.*

TONTITO. m. *Chile.* Chotacabras.

TONTIVANO, NA. adj. Tonto vanidoso.

TONTO, TA. al. **Albern; Dummkopf.** fr. **Sot; bête.** ingl. **Silly.** ital. **Sciocco.** port. **Tonto.** (Del lat. *(at) tónitus,* pasmado, admirado.) adj. Mentecato, escaso de entendimiento. Ú.t.c.s. sinón.: **bobo, estulto, imbécil, memo, necio, obtuso, sandio, zonzo, zopenco.** ‖ Dícese del hecho o dicho propio de un tonto. ‖ m. *Col., C. Rica* y *Chile.* Juego de la mona. ‖ *Col., Chile* y *Perú.* Palanqueta del ladrón. ‖ *Chile.* Boleadoras. ‖ **– de capirote.** fam. Persona muy necia e incapaz. ‖ **A tontas y a locas.** m. adv. Sin orden ni concierto. *Habla* A TONTAS Y A LOCAS. ‖ **Hacerse** uno **el tonto.** frs. fam. Fingir que no se da cuenta de las cosas de que no le conviene darse por enterado. *Se lo dije, pero* SE HIZO EL TONTO. ‖ **Ponerse tonto,** o **tonta.** frs. fam. Mostrar petulancia, vanidad o terquedad.

TONTÓN, NA. adj. aum. de **Tonto.**

TONTUCIO, CIA. adj. desp. de **Tonto;** medio tonto. Ú.t.c.s.

TONTUELO, LA. adj. dim. de **Tonto.**

TONTUNA. f. Tontería, necedad.

TOÑA. f. Tala, juego y juguete.

TOOWOOMBA. *Geog.* Ciudad del E. de Australia (Queensland). 58.000 h. Centro agrícola ganadero, curtidurías, industria lechera y vitícola.

¡TOP! (Del ingl. *to stop,* parar, detener.) *Mar.* Voz de mando para ordenar que pare una maniobra.

TOPACIO. al. **Topas.** fr. **Topaze.** ingl. **Topaz.** ingl. **Topazio.** port. **Topázio.** (Del lat. *topazius.*) m. Piedra fina, amarilla, muy dura, compuesta generalmente de sílice, alúmina y flúor. *El* TOPACIO *es frágil, pero no difícil de tallar;* sinón.: **jacinto occidental.** ‖ **– ahumado.** Cristal de roca pardo obscuro. ‖ **– de Hinojosa** o **de Salamanca.** Cristal de roca amarillo. ‖ **– del Brasil.** Topacio amarillo anaranjado y también rojo de púrpura, rosado o violeta. ‖ **– oriental.** Corindón amarillo. ‖ **– quemado** o **tostado.** El que por la acción del calor cambia su color amarillo en rojo violado.

TOPADA. (De *topar.*) f. Topetada.

TOPADIZO, ZA. adj. Encontradizo.

TOPADOR, RA. adj. Que topa. ‖ Que quiere en el juego los envites fácilmente y sin reflexión.

TOPAR. (De *tope.*) tr. Chocar una cosa con otra. TOPAR *con, contra,* o *en una esquina.* ‖ Hallar casualmente. Ú.t.c.intr. *Lo* TOPÉ *de repente.* ‖ Hallar lo que se andaba buscando. Ú.t.c.intr. *Al fin,* TOPÉ *a mi hermano en el casino.* ‖ *Amér.* Echar a pelear los gallos para probarlos. ‖ *Mar.* Unir al tope dos maderos. ‖ intr. Topetar, dar topetadas. *El torero saltó la barrera y el toro* TOPÓ *en ella.* ‖ Querer, aceptar el envite en el juego. ‖ fig. Consistir o estribar. *El riesgo* TOPA *en eso.* ‖ Tropezar o embarazarse en alguna cosa. ‖ fig. y fam. Salir bien algo. *Lo intentaré por si* TOPA. ‖ desus. Parar, arriesgar dinero en el juego. Ú. en *Amér.*

TOPARCA. (Del lat. *toparcha,* y éste del gr. *toparches.*) m. Señor de un Estado pequeño.

TOPARQUÍA. f. Señorío o jurisdicción del toparca. ‖ deriv.: **topárquico, ca.**

TAPATOPA. f. *Arg., Chile* y *Perú.* Planta andina, de flores en forma de pequeño zapato. Gén. *Calceolaria,* escrofulariáceas.

TOPE. (Como el port. *tope,* de la raíz germánica *top,* punta, extremidad.) m. Parte por donde una cosa puede topar con otra. ‖ Pieza que sirve para detener el movimiento de un mecanismo. ‖ Cada una de las piezas circulares que al extremo de una barra horizontal, terminada por un resorte, se ponen en los vagones del ferrocarril. ‖ Material duro que evita que se arrugue la punta del calzado. ‖ Tropiezo, estorbo. ‖ Topetón, golpe. TOPE *de toro.* ‖ fig. Punto donde estriba la dificultad de una cosa. *Ahí está el* TOPE *de la cuestión.* ‖ fig. Reyerta, contienda. ‖ *Mar.* Extremo superior de cualquier palo. ‖ Punta del último mastelero. ‖ Marinero que está de vigía en un sitio más alto que la cofa. ‖ adj. Último, extremo, máximo. *Precio* TOPE. ‖ **Hasta el tope.** m. adv. Enteramente, hasta donde se puede llegar. *Va lleno* HASTA EL TOPE.

TOPEADURA. f. *Chile.* Acción de topear.

TOPEAR. tr. *Chile.* Empujar un jinete a otro para desalojarlo de su puesto.

TOPEKA. *Geog.* Ciudad de la región central de los EE.UU., capital del Est. de Kansas. 156.000 h. Industria química, maquinarias, explotación forestal, carnes. Importante centro ferroviario.

TOPERA. f. Madriguera del topo. sinón.: **topinera.**

TOPETADA. (De *topetar.*) f. Golpe que dan con la cabeza los toros, carneros, etc. *Los carneros, furiosos, se daban tremendas* TOPETADAS; sinón.: **mochada, topada, topetazo, topetón.** ‖ fig. y fam. Golpe que da uno con la cabeza.

TOPETAR. (frec. de *topar.*) tr. Dar con la cabeza en alguna cosa con impulso y golpe. Ú.t.c.intr. ‖ Topar, chocar.

TOPETAZO. m. Topetada.

TOPETÓN. m. Encuentro o golpe de una cosa con otra. ‖ Topetada.

TOPETUDO, DA. adj. Dícese del animal que frecuentemente da topetadas. *Vaca* TOPETUDA.

TÓPICO, CA. (Del gr. *topikós,* de *topos,* lugar.) adj. Local, perteneciente a determinado lugar. ‖ Barbarismo por tema, asunto. ‖ m. *Med.* Agente o medicamento que se aplica exteriormente en una región limitada del cuerpo. *La cantárida es un* TÓPICO *de acción intensa;* sinón.: **epítema.** ‖ *Ret.* Expresión vulgar o trivial. ‖ pl. Lugares comunes, principios generales.

TOPIL. m. desus. *Méx.* Alguacil. ‖ Campesino que servía sin retribución a las autoridades gubernativas.

TOPINADA. f. fam. Acción propia de un topo; yerro.

TOPINAMBUR. m. Pataca, aguaturma.

TOPINARIA. (De *topo.*) f. Talpa. sinón.: **talparia.**

TOPINERA. (De *topo.*) f. Topera.

TOPINO, NA. adj. Dícese de la caballería que pisa de punta, por tener contraídos los nervios de las extremidades.

TOPIQUERO, RA. s. Persona encargada de aplicar tópicos en los hospitales.

TOPO. al. **Maulwurf.** fr. **Taupe.** ingl. **Mole.** ital. **Talpa.** port. **Toupeira.** (Del lat. *talpa.*) m. Mamífero insectívoro y carnicero, algo mayor que un ratón, de cuerpo corto y grueso, sin orejas, hocico prolongado en trompa, patas anteriores apropiadas para cavar y pelo corto y obscuro. Gén. *talpa,* roedor. *El* TOPO *es un animal minador y vive en las galerías subterráneas que él mismo abre.* ‖ fig. y fam. Persona que tropieza con frecuencia por defecto de la vista o por distracción y descuido habituales. Ú.t.c.adj. ‖ Persona poco inteligente, que en todo yerra. Ú.t.c.adj.

TOPO. m. *Amér. del S.* Medida itineraria de legua y media de extensión, usada entre los indios. ‖ Alfiler grande con que las indias se prenden el mantón. ‖ *Bol.* Volante con que juegan los niños. ‖ *Méx.* Medida para bebidas alcohólicas. ‖ *Ven.* Cerro, colina.

TOPOALGIA. f. *Pat.* Dolor localizado y sin relación con lesión anatómica conocida.

TOPOCALMA. *Geog.* Punta de la costa de Chile, en la prov. de Colchagua.

TOPOCHO, CHA. adj. *Ven.* Rechoncho.

TOPO DE LAS LLAVES. *Geog.* Cumbre montañosa del N. de Venezuela, en el Est. de Miranda. Culmina a los 2.478 m.

TOPOGRAFÍA. al. **Ortsbeschreibung; Topographie.** fr. **Topographie.** ingl. **Topography.** ital. **Topografia.** port. **Topografia.** (Del gr. *topographía.*) f. Arte de describir y delinear detalladamente la superficie de un terreno. ‖ Conjunto de particularidades que ofrece un terreno en su superficie. *Es una comarca de* TOPOGRAFÍA *accidentada.* ‖ *Anat.* Descripción de una región determinada del cuerpo. ‖ IDEAS AFINES: *Geodesia, agrimensura, catastro, teodolito, nivel, altímetro; orografía, oceanografía, mapa, plano, mojón.*

TOPOGRÁFICAMENTE. adv. m. De un modo topográfico.

TOPOGRÁFICO, CA. adj. Perteneciente o relativo a la topografía. *Mapa* TOPOGRÁFICO.

TOPÓGRAFO. (Del gr. *topographos,* de *topos,* lugar, y *grapho,* describir.) m. El que profesa la topografía.

TOPOLOGÍA. f. Conjunto de normas para la interpretación de los signos topográficos. ‖ Rama de las matemáticas que trata especialmente de la continuidad y de otros conceptos más generales originados de ella.

TOPÓN. m. *Col., Cuba* y *Chile.* Topetón.

TOPONIMIA. (Del gr. *topos,* lugar, y *ónoma,* nombre.) f. Estudio del origen y significación de los nombres propios de lugar. *La* TOPONIMIA *es ciencia auxiliar de la historia y de la lingüística;* sinón.: **toponomástica.** ‖ *Anat.* Terminología de las regiones del cuerpo.

TOPONÍMICO, CA. adj. Perteneciente o relativo a la toponimia. ‖ m. Nombre propio de lugar.

TOPÓNIMO. m. Toponímico.

TOPONOMÁSTICA. f. Toponimia.

TOPOSÍSTICA. f. Ciencia que determina la posición de los diferentes lugares de la Tierra.

TOQUE. m. Acción de tocar una cosa. ‖ Ensayo de un objeto de oro o plata hecho con la piedra de toque. ‖ **Piedra de toque.** ‖ Tañido de las campanas o de ciertos instrumentos, para anunciar alguna cosa. TOQUE *de queda.* ‖ fig. Punto esencial en que estriba alguna cosa. *Aquí está el* TOQUE *del asunto.* ‖ Prueba, examen que se hace de un individuo. *Dale un* TOQUE *y sácale lo que sepa del negocio.* ‖ Llamamiento, indicación, advertencia que se hace a uno. Dícese más comúnmente TOQUE *de atención.* ‖ fig. y fam. Golpe que se da a alguno. ‖ *Bol.* Turno o vez. ‖ *Pint.* Pincelada ligera. *Al cuadro le faltan los últimos* TOQUES. ‖ *Ter.* Aplicación ligera de una substancia medicamentosa en un punto muy limitado. *Dar un* TOQUE *en la garganta.* ‖ – **del alba.** El de las campanas de los templos, al amanecer, para que los fieles recen el Avemaría. ‖ IDEAS AFINES: *Rebato, generala, diana, retreta, trompeta, tambor, clarinada; pito, sirena; cuartel.*

TOQUEADO. (De *toque.*) m. Son que se hace con manos, pies o un objeto cualquiera.

TOQUERÍA. f. Conjunto de tocas. ‖ Oficio del toquero.

TOQUERO, RA. s. Persona que hace o vende tocas.

TOQUETEAR. tr. Tocar repetidamente y sin tino ni orden. *No andes* TOQUETEANDO *esas cosas.* ‖ deriv.: **toqueteo.**

TOQUI. m. *Chile.* Entre los antiguos araucanos, jefe del Estado en tiempo de guerra.

TOQUILLA. (dim. de *toca.*) f. Adorno que se ponía en torno de la copa del sombrero. ‖ Pañuelo, generalmente triangular, que se ponen las mujeres en la cabeza o al cuello. ‖ Pañuelo de punto que usan para abrigo las mujeres y los niños. TOQUILLA *de lana.* ‖ *Bol.* y *Ec.* Paja muy fina de cierta palmera, con que se tejen los sombreros de Jipijapa.

TOQUILLA. *Geog.* Páramo de la cordillera oriental de Colombia, en el dep. de Boyacá, sit. a los 4.000 m.

TOR. *Mit.* Dios de la guerra y del trueno en la mitología escandinava; hijo de Odín y de la Tierra.

TORA. (De *toro.*) adj. V. **Hierba tora.** ‖ f. Artificio pirotécnico en figura de toro.

TORA. (Del lat. *thora,* y éste del hebr. *thora.*) f. Libro de la ley de los judíos.

TORACÉNTESIS. f. *Cir.* Evacuación quirúrgica de los líquidos pleurales.

TORÁCICO, CA. adj. *Anat.* Perteneciente o relativo al tórax.

TORADA. f. Manada de toros.

TORAL. (Del lat. *torus,* lecho.) adj. Principal o que tiene más fuerza en cualquier concepto. *Razón* TORAL. ‖ m. *Min.* Molde donde se da forma a las barras de cobre. ‖ Barra formada en este molde.

TÓRAX. al. **Brustkorb; Thorax.** fr. **Thorax.** ingl. **Thorax.** ital. **Torace.** port. **Tórax.** (Del lat. *thórax,* y éste del gr. *thórax.*) m. *Anat.* Pecho del hombre y de los animales. ‖ Porción del tronco entre el cuello y el abdomen y su cavidad, de figura conoidea, comprendida entre el esternón, las costillas y la columna vertebral y limitada inferiormente por el diafragma. ‖ Es invariable en pl.

TORBELLINO. al. **Wirbel.** fr. **Tourbillon.** ingl. **Whirlwind.** ital. **Turbine.** port. **Torvelinho; turbilhão.** (Del lat. *turbo, -inis.*) m. Remolino de viento. ‖ fig. Abundancia de cosas que ocurren a un mismo tiempo. *El* TORBELLINO *de la ciudad dejó pasmado al lugareño.* ‖ fig. y fam. Persona atropellada, de excesiva viveza. *Este chico es un* TORBELLINO. ‖ *Col.* Cierto aire musical indígena. ‖ *Ec.* Cierto baile de negros.

TORCA. (Quizá del lat. *torques,* collar.) f. Depresión circular en un terreno y con bordes escarpados. *La* TORCA *se debe a un hundimiento producido por la acción de las aguas subterráneas.*

TORCAL. m. Terreno donde hay torcas.

TORCAZ. (De *torcazo.*) adj. V. **Paloma torcaz.**

TORCAZO, ZA. (De un deriv. del lat. *torques,* collar.) adj. Torcaz. Ú.t.c.s.f. ‖ m. *Col.* Tonto, topo. Ú.t.c.adj.

TORCE. (Del lat. *torques,* collar.) f. Cada una de las vueltas que da alrededor del cuello una cadena o collar. ‖ p. us. Collar.

TORCECUELLO. m. Ave trepadora de Europa, Asia y África, de plumaje rayado de pardo y gris, que mueve la cabeza con facilidad en todas direcciones y se alimenta principalmente de hormigas. *Jynx torquilla,* pícida. *El* TORCECUELLO *es muy difícil de distinguir, pues, debido a su coloración, se confunde con las cortezas de los árboles.*

TORCEDERO, RA. adj. Torcido, desviado de lo recto. ‖ m. Instrumento con que se tuerce.

TORCEDOR, RA. adj. Que tuerce. Ú.t.c.s. ‖ m. Huso con que se tuerce la hilaza. ‖ fig. Cosa que causa persistente mortificación o sentimiento. *La desgracia del hijo es el* TORCEDOR *que la consume.* ‖ *Cuba.* El que tiene por oficio torcer tabaco.

TORCEDURA. al. **Wringen; Krümmung.** fr. **Torsion; entorse.** ingl. **Twisting; sprain.** ital. **Torcitura; storta.** port. **Torcedura.** f. Acción y efecto de torcer o torcerse; encorvamiento; desvío. ‖ Aguapié, vino muy flojo. ‖ *Pat.* Desviación de un miembro u órgano de su dirección normal. ‖ Esguince, distensión violenta de una articulación. sinón.: **distorsión.**

TORCER. al. **Verdrehen; Krümmen.** fr. **Tordre.** ingl. **To twist.** ital. **Torcere; attorcigliare.** port. **Torcer.** (Del lat. *torquere.*) tr. Dar vueltas a una cosa sobre sí misma, de modo que tome forma helicoidal. Ú.t.c.r. sinón.: **retorcer.** ‖ Encorvar una cosa recta. Ú.t.c.r. ‖ Desviar una cosa de su dirección o de su posición habitual. TORCER *el cuello.* Ú.t.c.r. *La carreta* SE TORCIÓ *hacia la acequia.* Ú.t.c.intr. *La senda* TUERCE *a la izquierda.* ‖ Dicho del semblante, el gesto, el hocico, etc., dar al rostro expresión de desagrado, enojo u hostilidad. TORCIÓ *el gesto.* ‖ Dar violentamente dirección a una cosa contra el orden natural. TORCER *una mano.* Ú.t.c.r. ‖ Elaborar el cigarro puro, envolviendo la tripa en la capa. ‖ fig. Dar diverso y mal sentido a lo que por alguna razón lo tiene equívoco. ‖ Mudar la voluntad o el dictamen de alguien. *Logró* TORCER *sus inclinaciones.* ‖ Hacer que los jueces u otras autoridades falten a la justicia. ‖ r. Avinagrarse o enturbiarse el vino. ‖ Cortarse la leche. ‖ Dejarse un jugador ganar por su contrario, para estafar entre ambos a un tercero. ‖ Dificultarse o frustrarse un negocio o pretensión. SE TORCIÓ *el asunto.* ‖ fig. Apartarse del camino recto de la virtud o de la razón. *Antes era un muchacho ejemplar, pero* SE HA TORCIDO. ‖ **Andar,** o **estar, torcido con** uno. frs. fig. y fam. Estar enemistado con él o no mostrarle la anterior estimación. ‖ irreg. Conj. como **mover.**

TORCIDA. f. Mecha de algodón o trapo torcido, que se pone en los candiles, velas, etc.

TORCIDAMENTE. adv. m. De manera torcida.

TORCIDILLO. m. dim. de **Torcido,** hebra.

TORCIDO, DA. adj. Que no es recto. *Calle* TORCIDA. ‖ fig. Dícese de la persona que no obra con rectitud, y de su conducta. *Es muy* TORCIDO. ‖ *Amér. Central.* Desgraciado, con mala suerte. ‖ m. Bollo hecho con pasta de fruta en dulce. ‖ Torcedura, aguapié. ‖ Hebra gruesa y fuerte de seda torcida. ‖ *Cuba.* Lebrero, árbol. ‖ *Impr.* Composición que resulta con las líneas desiguales.

TORCIJÓN. (De *torcer.*) m. Retorcimiento. ‖ Retortijón de tripas. ‖ Torozón.

TORCIMIENTO. m. Torcedura, acción y efecto de torcer. sinón.: **torsión, tuerce.** ‖ Perífrasis o circunlocución con que se da a entender una cosa que se pudiera explicar más brevemente.

TORCULADO, DA. adj. De forma de tornillo.

TÓRCULO. (Del lat. *tórculum.*) m. Prensa, y especialmente la que se usa para estampar grabados en cobre, acero, etc. *El* TÓRCULO *fue inventado por Gutenberg.*

TORCHO. m. Tocho, lingote de hierro.

TORCHUELO. adj. Tochuelo.

TORDA. f. Hembra del tordo.

TORDELLA. (Del lat. *turdela.*) f. Nombre vulgar del tordo grande o *Turdus pilaris.*

TORDESILLAS. *Geog.* Población de España (Valladolid). 8.000 h. Industria textil, curtidurías. En 1494 se firmó en ella el tratado homónimo.

TORDESILLAS, Tratado de. *Hist.* El firmado en 1494 por España y Portugal con intervención del Papa Alejandro VI, por el cual se hacía el reparto del Nuevo Mundo.

TÓRDIGA. f. Túrdiga.

TORDILLEJO, JA. adj. y s. dim. de **Tordillo.**

TORDILLO, LLA. (dim. de *tordo.*) adj. Tordo, aplicado a las caballerías. Ú.t.c.s. *Caballero en un* TORDILLO.

TORDO, DA. al. **Drossel.** fr. **Grive.** ingl. **Thrush; throstle.** ital. **Leardo.** port. **Tordo.** (Del lat. *turdus.*) adj. Dícese de la caballería que tiene el pelo mezclado de negro y blanco. Ú.t.c.s. ‖ m. Género de pájaros de la familia de los túrdidos, con numerosas especies, de tamaño relativamente grande y pico algo curvo. Gén. *Turdus.* El tordo común, de unos 22 cm. de largo, es de color gris obscuro en la parte superior del cuerpo y blanco amarillento en la inferior. sinón.: **zorzal.** ‖ En varias partes de España y América, nombre dado al estornino y aun a otros pájaros ictéridos y túrdidos. ‖ – **alirrojo.** Malvis. ‖ – **de agua.** Pájaro semejante al **tordo,** que vive a orillas de los ríos. ‖ – **de mar.** Budión. ‖ – **loco. Pájaro solitario.** ‖ – **mayor.** Cagaaceite. ‖ – **serrano.** Estornino negro.

TOREADOR. m. El que torea.

TOREAR. intr. Lidiar los toros en la plaza. Ú.t.c.tr. ‖ Echar los toros a las vacas. ‖ tr. fig. Entretener con engaños las esperanzas de alguno. ‖ Hacer burla de alguien disimuladamente. ‖ Fatigar, molestar a uno, llamando su atención a varias partes. *No voy a dejar que me* TOREE, *enviándome a un sitio y a otro, y todo en vano.* ‖ Provocar, hostigar. ‖ Ladrar insistentemente los perros, mostrando deseos de acometer.

TOREO. m. Acción de torear. ‖ Arte de lidiar los toros. ‖ fig. Matraca, zumba.

TORERA. f. Chaquetilla ceñida al cuerpo y que no pasa de la cintura. sinón.: **fígaro.**

TORERÍA. f. Gremio o conjunto de toreros. ‖ desus. Calaverada, travesura. Ú. en *Amér.*

TORERO, RA. al. **Stierfechter; torero.** fr. **Toréador.** ingl. **Bullfighter.** ital. **Torero.** port. **Toureiro.** adj. fam. Perteneciente o relativo al toreo o a quien torea. *Aire, gesto* TORERO. ‖ V. **Sangre torera.** ‖ s. Persona que torea en las plazas. sinón.: **diestro, lidiador, toreador.** ‖ IDEAS AFINES: *Tauromaquia, traje de luces, coleta, capote, moña, lidiar, novillada, plaza de toros, estoque.*

TORÉS. (Del lat. *torus,* lecho.) m. *Arq.* Toro que asienta sobre el plinto de la basa de la columna.

TORETE. m. Toro pequeño, novillo. ‖ fig. y fam. Grave dificultad, asunto de ardua solución. ‖ Novedad o asunto de que se trata más frecuentemente en las conversaciones.

TORÉUTICA. f. Arte de esculpir los bajorrelieves en metal, madera o marfil. ‖ Arte de cincelar y de fundir.

TORGA. f. Horca que se pone a los animales para que no puedan entrar en las heredades.

TORGAU. *Geog.* Ciudad de la Rep. Democrática Alemana. 22.000 h. Durante la segunda Guerra Mundial, en 1945, se realizó allí el enlace de las fuerzas rusas y aliadas.

TORIL. m. Sitio donde se encierran los toros que han de lidiarse. *Cuando el diestro no logró darle muerte, fue retirado el toro al* TORIL; sinón.: **chiquero, encerradero, encierro.**

TORILLO. m. dim. de **Toro.** ‖ Espiga que une dos pinas contiguas de una rueda. ‖ Pez acantopterigio de piel desnuda y viscosa, que vive en sitios pedregosos. ‖ *Zool.* Rafe.

TORIO. (Del dios *Tor.*) m. Metal radiactivo, punto de partida de la serie de su nombre, de color gris obscuro, muy distribuido en la Naturaleza, aunque en pequeñas cantidades. Punto de fusión elevado, entre 1450º y 1750º. Sus compuestos se emplean en la fabricación de manguitos incandescentes para gas. Elemento químico de símbolo Th, n. atóm. 90 y p. atóm. 232,12.

TORIONDEZ. f. Calidad de toriondo.

TORIONDO, DA. (De *toro.*) adj. Aplícase al ganado vacuno cuando está en celo.

TORITO. m. dim. de **Toro.** ‖ *Arg.* y *Perú.* Coleóptero de color negro, el macho tiene un cuernecito en la frente. ‖ *Cuba.* Especie de pez cofre, con dos espinas a modo de cuernos. ‖ *Chile.* Fiofío. ‖ *Ec.* Cierta variedad de orquídea.

TORLOROTO. (En fr. *tournebout.*) m. Instrumento musical de viento parecido al orlo.

TORMAGAL. m. o **TORMELLERA.** f. Tolmera.

TORMENTA. al. **Sturm; Gewitter.** fr. **Tempête; orage.** ingl. **Storm.** ital. **Tormenta; tempesta.** port. **Tormenta.** (Del lat. *tormenta,* pl. de *tormentum,* tormento.) f. Tempestad. *Se guarecieron de la* TORMENTA *en una gruta;* sinón.: **borrasca, fortuna, procela, temporal.** ‖ fig. Adversidad, desgracia. *Aguanta la* TORMENTA, *esperando tiempos mejores.* ‖ Violenta manifestación del ánimo enardecido. TORMENTAS *del alma.*

TORMENTAR. intr. Padecer tormenta.

TORMENTARIO, RIA. (Del lat. *tormentum,* máquina para disparar armas arrojadizas.) adj. Perteneciente a la maquinaria de guerra destinada a expugnar o defender las obras de fortificación. ‖ f. **Arte tormentario.**

TORMENTILA. (De *tormento,* porque alivia el del dolor de muelas.) f. Planta europea, herbácea, de flores amarillas, cuyos rizoma y raíz se emplean en medicina como astringente y contra el dolor de muelas; el rizoma también es rico en tanino y contiene un principio colorante. *Pontentilla tormentilla,* rosácea. sinón.: **sieteenrama.**

TORMENTÍN. m. *Mar.* Mástil pequeño, que se colocaba sobre el bauprés.

TORMENTO. al. **Folter.** fr. **Tourment.** ingl. **Torment.** ital. **Tormento.** port. **Tormento.** (Del lat. *torméntum.*) m. Acción y efecto de atormentar. ‖ Dolor corporal que se infligía al reo para obligarle a confesar. TORMENTO *del potro.* ‖ Máquina de guerra para disparar balas. ‖ fig. Congoja o aflicción del ánimo. ‖ Especie o individuo que la ocasiona. *Ese mal hijo es su* TORMENTO. ‖ – **de cuerda.** Mancuerda. ‖ IDEAS AFINES: *Tortura, inquisición, verdugo, martirizar, agarrotar, suplicio; potro, peine, loro, picana eléctrica.*

TORMENTOSO, SA. (Del lat. *tormentuosus.*) adj. Que ocasiona tormenta. sinón.: **borrascoso, proceloso, tempestuoso.** ‖ Dícese del tiempo en que hay tormenta o amenaza de ella. ‖ Aplícase al buque que aguanta trabajosamente la mar y el viento.

TORMERA. f. Tolmera.

TORMES. *Geog.* Río del O. de España, que nace en la sierra de Gredos, pasa por Salamanca y des. en el Duero después de recorrer 284 km.

TORMO. m. Tolmo. ‖ Terrón de tierra.

TORNA. f. Acción de tornar o volver. ‖ Obstáculo que se pone en una reguera para torcer el curso del agua. ‖ **Volver las tornas.** frs. fig. Corresponder uno al proceder de otro. ‖ Cambiar en sentido contrario la marcha de un asunto. Ú.m.c.r. *Antes me superaba en* *todo, pero ahora* SE HAN VUELTO LAS TORNAS.

TORNABODA. f. Día después de la boda. ‖ Celebración de este día.

TORNACHILE. m. *Méx.* Pimiento gordo.

TORNADA. f. Acción de tornar o regresar. sinón.: **regreso, vuelta.** ‖ Repetición de la ida a un paraje. *Pasé con ellos unos días, y están esperando mi* TORNADA. ‖ Semiestrofa de despedida que se ponía al final de ciertas composiciones poéticas trovadorescas. ‖ Semiestrofa que se usa a modo de estribillo en las composiciones llamadas gozos. ‖ *Veter.* Enfermedad del carnero, producida por un cisticerco que se desarrolla en la masa encefálica.

TORNADERA. (De *tornar.*) f. Horca de dos puntas que se usa para dar vuelta a las parvas.

TORNADIZO, ZA. adj. Que se torna, muda o varía fácilmente. sinón.: **inconstante, mudable, tornátil, variable, veleta;** antón.: **constante, estable, invariable.**

TORNADO. m. Huracán en el golfo de Guinea. ‖ Por ext., viento huracanado, tromba terrestre.

TORNADURA. f. Torna, tornada, acción de tornar o volver. ‖ Pértica.

TORNAGUÍA. f. Recibo de la guía con que se expidió una mercancía.

TORNALECHO. m. Dosel sobre la cama.

TORNAMIENTO. m. Acción y efecto de tornar o volver. sinón.: **regreso, tornada, vuelta.**

TORNAPUNTA. f. Madero ensamblado en uno horizontal, para apear otro vertical o inclinado. ‖ Puntal, sostén. ‖ *Mar.* Cualquiera de las barras de hierro que desde la cubierta se apoyan cerca de la regala.

TORNAR. tr. Devolver, restituir. *Le* TORNÓ *lo prestado.* ‖ Mudar a una persona o cosa su naturaleza o su estado. Ú.t.c.r. *Dicen que en una noche se le* TORNARON *blancos los cabellos.* ‖ intr. Regresar, volver. *¡No* TORNARÁN *aquellos tiempos!* ‖ Seguido de la preposición *a* y un verbo en infinitivo, volver a hacer lo que éste significa. TORNÓ *a leer la carta.* ‖ Volver en sí, recobrar el sentido. TORNÓ *en sí.*

TORNASOL. m. Planta herbácea anual. *Crozophora tinctoria,* euforbiácea. ‖ Reflejo o viso que hace la luz en algunas telas o en otras cosas muy tersas. ‖ Materia colorante de color purpúreo, que se extrae de ciertos líquenes y que toma color rojo con los ácidos y azul con los álcalis. *Papel de* TORNASOL.

TORNASOLADO, DA. adj. Que tiene o hace visos y tornasoles.

TORNASOLAR. tr. Hacer o causar tornasoles. ‖ r. Ponerse tornasolado.

TORNÁTIL. (Del lat. *tornátilis.*) adj. Hecho a torno. ‖ poét. Que gira fácilmente. *La* TORNÁTIL *veleta.* ‖ fig. Tornadizo.

TORNATRÁS. com. Descendiente de mestizos y con caracteres propios de una sola de las razas originarias, reaparecidos por atavismo. ‖ Con especialidad, hijo de blanco y de mestiza albina o de mestizo albino y blanca; sinón.: **saltatrás.**

TORNAVIAJE. m. Viaje de regreso al lugar de donde se partió. ‖ Lo que se trae al regresar de un viaje.

TORNAVIRÓN. m. Torniscón, golpe.

TORNAVOZ. m. Aparato dispuesto para que el sonido repercuta, como el sombrero o techo del púlpito. *Ahuecó la mano y la colocó junto a la boca, para que le sirviera de* TORNAVOZ.

TORNE. *Geog.* Río de Suecia que nace al N. del círculo polar ártico, marca el límite con Finlandia y des. en el mar Báltico después de recorrer 432 km.

TORNEADOR. m. El que tornea. ‖ Tornero que trabaja al torno.

TORNEADURA. f. Viruta que se saca de lo que se tornea. ‖ Vuelta de torno.

TORNEANTE. p. a. de **Tornear.** Que tornea. Ú.t.c.s.

TORNEAR. al. **Drehen.** fr. **Tourner.** ingl. **To turn.** ital. **Tornire.** port. **Tornear.** tr. Labrar o redondear una cosa al torno. TORNEAR *la pata de una silla.* ‖ intr. Dar vueltas alrededor o en torno. ‖ Combatir en un torneo. ‖ fig. Dar vueltas con la imaginación.

TORNEO. al. **Turnier.** fr. **Tournoi.** ingl. **Tournament.** ital. **Torneo.** port. **Torneio.** (De *tornear.*) m. Combate a caballo entre dos o más personas, formadas en cuadrillas, y fiesta pública en que se imita un combate a caballo. sinón.: **justa.** ‖ Danza que se ejecuta a imitación del torneo, llevando varas en lugar de lanzas. ‖ Por ext., contienda, competición, certamen. TORNEO *de natación.* ‖ Modorra de las reses lanares. ‖ IDEAS AFINES: *Medioevo, castillo, liza, caballeros, graderías, gallardetes, heraldos, trompetas, juglares, trovadores.*

TORNERA. f. Monja que sirve en el torno. ‖ Mujer del tornero.

TORNERÍA. f. Taller o tienda de tornero. ‖ Oficio de tornero.

TORNERO. m. Artífice que hace obras al torno. sinón.: **fustero, torneador.** ‖ El que hace tornos.

TORNÉS, SA. adj. Aplícase a la moneda que se acuñaba en Tours. ‖ m. Moneda antigua de plata, que equivalía a tres cuartillos de real.

TORNILLERO. m. El que hace o vende tornillos. ‖ fam. Soldado desertor.

TORNILLO. al. **Schraube.** fr. **Vis.** ingl. **Screw.** ital. **Vite.** port. **Parafuso.** (dim. de *torno.*) m. Cilindro de material resistente, con resalto en hélice que entra y juega en la tuerca. ‖ Clavo con resalto en hélice. ‖ fig. y fam. Fuga o deserción del soldado. ‖ *Amér. Central* y *Ven.* Planta bombácea de flores rojas. ‖ *Cuba.* Cierta figura de baile. ‖ *Méx.* Cierta medida de pulque. ‖ – **de rosca golosa.** Clavo de espiga cónica con resalto helicoidal cortante. ‖ – **sin fin.** Engranaje compuesto de una rueda dentada y un cilindro con resalto helicoidal. ‖ **Apretarle** a uno **los tornillos.** frs. fig. y fam. Apremiarle. ‖ **Faltarle** a uno **un tornillo,** o **tener flojos los tornillos.** frs. fig. y fam. Tener poco seso. *Si no es loco,* LE FALTA UN TORNILLO.

TORNIQUETE. (Del fr. *tourniquet.*) m. Palanca angular de hierro que sirve para comunicar el movimiento del tirador a la campanilla. ‖ Especie de torno en forma de cruz de brazos iguales que se coloca en las entradas por donde sólo han de pasar una a una las personas. ‖ *Cir.* Instrumento **para detener el curso de la circulación en un vaso sanguíneo y de este modo evitar la** hemorragia. ‖ **Dar torniquete a una frase.** frs. fig. Torcer, falsear su sentido.

TORNISCÓN. (De *tornar.*) m. fam. Golpe recibido en la cara o la cabeza especialmente con el revés de la mano. ‖ fam. Pellizco retorcido.

TORNO. al. **Drehlade; Drehbank.** fr. **Tour; treuil.** ingl. **Lathe; winch.** ital. **Torno; tornio.** port. **Torno.** (Del lat. *tornus,* y éste del gr. *tornos,* giro, vuelta.) m. Cilindro dispuesto para girar alrededor de su eje y que actúa sobre la resistencia por medio de una cuerda que se va arrollando al mismo. ‖ Armazón giratoria que sirve para pasar objetos de una parte a otra, sin que se vean las personas que los dan o reciben. Se usaba en los conventos de monjas, en las casas de expósitos y en los comedores. ‖ Máquina en que se hace que alguna cosa dé vueltas sobre sí misma. ‖ Freno de algunos carruajes que se maneja con un manubrio. ‖ Instrumento formado por dos partes unidas con un tornillo que permite que se aproximen una a otra, de modo que queda fuertemente sujeta la pieza que se trabaja. ‖ Vuelta alrededor. *Cesando en sus* TORNOS, *se posó en la flor.* ‖ Recodo que forma el cauce de un río. *Al encontrar la pared rocosa, el río hace un violento* TORNO. ‖ *For.* Acción de pasar la adjudicación de un remate al mejor postor después de otro que la tuvo y no dio la fianza estipulada. ‖ **En torno.** m. adv. Alrededor. *Dar vueltas* EN TORNO. ‖ En cambio. *Le hizo favores y,* EN TORNO, *recibió agravios.*

TORNQUIST. *Geog.* Población de la Argentina, al S. O. de la prov. de Buenos Aires. 4.000 h. Centro agrícola.

TORO. al. **Stier.** fr. **Taureau.** ingl. **Bull.** ital. **Toro.** port. **Touro.** (Del lat. *taurus.*) m. Mamífero rumiante, de unos dos metros y medio de largo y cerca de metro y medio de altura; cabeza gruesa armada de dos cuernos; piel dura con pelo corto, y cola larga, cerdosa hacia el extremo. *Bos taurus,* bóvido. ‖ fig. Hombre muy robusto y fuerte. ‖ *Cuba.* Pez parecido al cofre. ‖ *Chile.* Cuarto rústico hecho de ramas donde se guarece el cuidador de una chacra. ‖ *P. Rico.* Árbol de madera colorada y fuerte. ‖ *Astron.* Tauro. ‖ *Geom.* Sólido engendrado por un círculo que gira alrededor de una recta situada en su plano y que no pasa por el centro. ‖ pl. Fiesta o corrida de toros. *Ir a los* TOROS. ‖ **Toro almizclado.** Rumiante americano parecido al bisonte, pero mucho más pequeño. ‖ – **corrido.** fig. y fam. Sujeto difícil de engañar, por su mucha experiencia. ‖ – **de fuego.** Tora, artificio pirotécnico. ‖ – **de muerte.** El destinado a ser muerto en el redondel. ‖ – **furioso.** *Blas.* Toro levantado en sus pies. ‖ – **mejicano.** Bisonte. ‖ **Ciertos son los toros.** expr. fig. y fam. con que se afirma la certeza de una cosa, por lo común desagradable, que se anunciaba o temía. ‖ **Echarle,** o **soltarle,** a uno **el toro.** frs. fig. y fam. Decirle sin contemplación una cosa desagradable. ‖ **Otro toro.** frs. fig. que se emplea para aconsejar que se cambie de asunto en la conversación. ‖ **Ver uno los toros desde la barrera.** frs. fig. y fam. Presenciar alguna cosa sin correr peligro. *Enzarza a los demás, y él* VE LOS TOROS DESDE LA BARRERA. ‖ IDEAS AFINES: *Vaca, buey, ternero, becerro, recental, novillo, semental, mugido, bufido, cabestro, embestir, cornear; tauromaquia.*

TORO. (Del lat. *torus,* y éste del gr. *toros.*) m. *Arq.* Bocel, moldura cilíndrica.

TORO, Alfonso. *Biog.* Escritor mex., autor de *La civilización en México; Historia popular de la guerra de la independencia mexicana,* etc. (1873-1952). ‖ – **David.** Militar boliviano, de 1936 a 1937 ocupó la presidencia de su país (n. 1898). ‖ – **Fermín.** Lit. y político ven., autor de *La Sibila de los Andes; Los mártires,* etc. (1807-1865). ‖ – **Francisco del.** Militar ven., que adhirió, entre los primeros, a la causa de la independencia (1761-1851). ‖ – **ZAMBRANO, Mateo de.** Pol. chil, en 1810 presid. de la junta gubernativa (1724-1818).

TORO. *Geog.* Río del N. O. de la Argentina (Salta) que recoge aguas de los nevados de Chañi y Acay y des. en el río Arias, después de recorrer 150 km. ‖ Población del O. de Colombia (Valle del Cauca). 5.000 h. Actividades agrícolas. ‖ **Quebrada del –.** Quebrada del N. O. argentino (Salta), recorrida por el río hom. Es la vía natural de acceso del valle de Lerma a la Puna.

TORONDOY. *Geog.* Río del N.O. de Venezuela (Mérida); des. en el lago de Maracaibo.

TORONJA. al. **Bergamottzitrone.** fr. **Bigarade.** ingl. **Grapefruit.** ital. **Cedro.** port. **Turíngia; toronja.** (Del ár. *toroncha.*) f. Fruto del toronjo, de tamaño grande, globoso, cáscara gruesa, amarilla y pulpa aromática, de gusto ácido, amargo y algo dulce. sinón.: **pomelo.**

TORONJIL. (De *toronjina.*) m. Planta herbácea anual. Sus hojas se emplean en medicina, como remedio tónico y antiespasmódico. *Melissa officinalis,* labiada. sinón.: **melisa, toronjina.**

TORONJINA. (Del ár. *toronchén.*) f. Toronjil.

TORONJO. m. Árbol originario de Asia, de talla mediana, copa redonda, hojas grandes, coriáceas, flores blancas, grandes y perfumadas. *Citrus decumana,* rutácea.

TORONTO. *Geog.* Ciudad del E. de Canadá, cap. de la provincia de Ontario. 700.000 h. y el Gran Toronto 2.830.000 h. Importante puerto sobre el lago Ontario. Destilerías, explotación forestal, exportación de cereales. Universidad.

TOROSO, SA. (Del lat. *torosus.*) adj. Fuerte y robusto.

TOROZÓN. (De *torzón.*) m. Movimiento violento y desordenado que hacen las caballerías y otros animales cuando padecen dolores cólicos. sinón.: **torcijón, torzón.** ‖ fig. Inquietud, desazón, sofoco. ‖ *Veter.* Enteritis aguda intensa.

TORPE. (Del lat. *turpis.*) adj. Que no tiene movimiento libre, o es tardo. *Andar* TORPE; antón.: **ágil.** ‖ Desmañado, falto de habilidad. antón.: **mañoso, hábil.** ‖ Rudo, lento en comprender. antón.: **listo, vivo.** ‖ Impúdico, lascivo. *Dichos, cuentos* TORPES. ‖ Ignominioso, infame. *La* TORPE *adulación.* ‖ Tosco, feo.

TORPEDAD. f. p. us. Torpeza.

TORPEDEAMIENTO. m. Acción y efecto de torpedear. sinón.: **torpedeo.**

TORPEDEAR. tr. Batir con torpedos.

TORPEDEO. m. *Mar.* Torpedeamiento.

TORPEDERO, RA. al. **Torpedoboot.** fr. **Torpilleur.** ingl. **Torpedo boat.** ital. **Torpediniera.** port. **Torpedeiro.** adj. Dícese de la nave o del avión destinado a lanzar torpedos. Ú.t.c.s. *Lancha* TORPEDERA.

● **TORPEDERO.** *Mil.* Pequeño, chato, de poco calado, maquinaria silenciosa y capaz de desarrollar grandes velocidades, el buque **torpedero** es un arma eminentemente ofensiva, y como tal presenta un blanco bastante reducido, a la vez que puede escapar con cierta facilidad. Los **torpederos** de costa son los más pequeños y su radio de acción es restringido. Por el contrario los de alta mar tienen mayores recursos técnicos, que les permiten navegar en condiciones más desfavorables, afrontando considerables obstáculos; de ahí que se utilicen para acompañar a las escuadras. Para atacar al **torpedero** se han construido los cazatorpederos, más veloces que aquéllos a pesar de sus grandes dimensiones y con artillería apropiada para atacar con igual eficacia a los **torpederos** y a los buques mayores.

TORPEDISTA. adj. Dícese de la persona perita en el manejo o construcción de los torpedos. Ú.m.c.s.

TORPEDO. al. **Torpedo.** fr. **Torpille.** ingl. **Torpedo.** ital. **Torpedine.** port. **Torpedo.** (Del lat. *torpedo.*) m. Pez marino del orden de los selacios, de cuerpo aplanado y orbicular, que tiene la propiedad de producir una conmoción eléctrica a la persona o animal que lo toca. sinón.: **tremielga, trimielga.** ‖ *Mil.* Proyectil de alto poder explosivo, arrojable desde naves de superficie, submarinos o aviones, que constituye, sobre todo en la guerra en el mar, uno de los elementos ofensivos de más terrible efectividad. ‖ – **automóvil.** El que lleva en su interior la fuerza propulsora.

TORPEMENTE. adv. m. Con torpeza.

TORPEZA. al. **Ungeschicklichkeit.** fr. **Gaucherie; maladresse; turpitude.** ingl. **Dullness; turpitude.** ital. **Inabilità; turpitudine.** port. **Inabilidade; torpeza.** f. Calidad de torpe. ‖ Acción o dicho torpe.

TÓRPIDO, DA. adj. *Pat.* Que reacciona con dificultad y torpeza.

TORPOR. (Del lat. *torpor.*) m p. us. *Pat.* Entorpecimiento, falta de reacción a los estímulos normales.

TORQUEMADA, Juan de. *Biog.* Cardenal esp. cuyas obras de derecho eclesiástico son notables por la erudición y sutileza (1388-1468). ‖ – **Tomás de.** Dominico esp., famoso por la saña con que persiguió a los herejes (1420-1498).

TORQUÉS. (Del lat. *torques.*) f. Collar que usaban los antiguos como insignia o adorno.

TORRÁ, Celia. *Biog.* Compositora y violinista arg. que escribió obras sinfónicas y de cámara (1889-1962).

TORRÁ, Cerro. *Geog.* Cumbre montañosa de la cordillera occidental de los Andes colombianos, en el dep. de Chocó. Culmina a los 3.670 m.

TORRADO. m. Garbanzo tostado. sinón.: **tostón.**

TORRAR. (Del lat. *torrere.*) tr. Tostar al fuego. TORRAR *café.* ‖ deriv.: **torrador, ra.**

TORRE. al. **Turm.** fr. **Tour.** ingl. **Tower.** ital. **Torre.** port. **Torre.** (Del lat. *turris.*) f. Edificio fuerte, más alto que ancho y que servía para defensa. ‖ Construcción alta que hay en las iglesias y en algunas casas. *Las* TORRES *de la catedral.* ‖ Cualquier otro edificio de mucha más altura que superficie. ‖ ‖ Pieza del juego de ajedrez. sinón.: **roque.** ‖ En los buques de guerra, reducto acorazado que se lleva en la cubierta. ‖ Armazón transportable de madera, en forma de prisma o tronco de pirámide altos, que se empleaba antiguamente para combatir y asaltar las murallas enemigas. ‖ *Cuba* y *P. Rico.* Chimenea de una fábrica. ‖ pl. *Chile.* Juego que consiste en la defensa de unos puestos llamados torres que el bando contrario ataca, tratando de hacer avanzar una pelota. ‖ – **albarrana.** Cualquiera de las que, a modo de baluartes, se ponían de trecho en trecho en las murallas, y también la que, fuera de un lugar fortificado, servía de atalaya. ‖ – **cubierta.** *Blas.* La que se representa con techo. ‖ – **de Babel.** fig. y fam. Babel. ‖ – **del homenaje.** La dominante y más fuerte de la fortaleza o castillo. ‖ **Hacer torre.** frs. fig. Remontar su vuelo la perdiz herida mortalmente hasta caer sin vida. ‖ IDEAS AFINES: *Cúpula, capitel, campanario, aguja, alminar, alcazaba, alcázar, foso, puente, tronera, parapeto.*

TORRE, Guillermo de. *Biog.* Escritor y crítico esp., erudito conocedor de la literatura y autor de *Problemática de la literatura; Literatura europea de vanguardia*, etc. (1900-1971). ‖ – **José María de la.** Geógrafo cub. autor de *Cronología técnica; Tratado de Cosmografía; Lo que fuimos y lo que somos*, etc. (1815-1875). ‖ – **Juan de la.** Conquistador esp., compañero de Pizarro y fundador de la ciudad de Arequipa (1479-1580). ‖ – **Lisandro de la.** Pol. y legislador arg., gran orador y uno de los máximos conductores democráticos de su país. Actuó en la revolución de 1890 y descolló en resonantes polémicas ideológicas. Obras: *Intermedio filosófico; Grandeza y decadencia del fascismo; Cuestiones monetarias y financieras*, etc. (1869-1939). ‖ – **BERTUCCI, José.** Compositor arg., notable pedagogo, autor de *Tratado de contrapunto* (1947) y de obras para piano, entre las cuales *Sonata en do sostenido menor*, y canciones. Obtuvo el premio de la Municipalidad de Bs. As. (1888-1970). ‖ – **HUERTA, Carlos de la.** Naturalista cub. autor de *Clasificación de los animales observados por Colón y los primeros exploradores de Cuba* y otras obras (1858-1950). ‖ – **NILSSON, Leopoldo.** Director cinematográfico arg., que produjo *La casa del ángel* (1956), película basada en una novela de su esposa Beatriz Guido; *La caída; La mano en la trampa*, etc. (1924-1978). ‖ — **REVELLO, José.** Historiador arg., autor de *Crónicas del Buenos Aires colonial; El libro, la imprenta y el periodismo en América*, etc. (1893-1964). ‖ — **UGARTE, José de la.** Poeta peruano, autor de la letra del himno nacional de su país (s. XIX).

TORRE ANNUNZIATA. *Geog.* Ciudad y puerto del S.O. de Italia (Nápoles), sit. sobre el golfo de este nombre. 57.000 h. Aguas termales. Sericicultura.

TORREAR. tr. Guarnecer con torres una fortaleza o plaza fuerte. ‖ Torrar.

TORRE DEL GRECO. *Geog.* Ciudad y puerto del S.O. de Italia (Nápoles), sit. sobre el golfo de Nápoles y al pie del Vesubio. 95.000 h. Importantes trabajos en coral, astilleros. Balneario.

TORREFACCIÓN. (Del lat. *torrefactum*, supino de *torrefácere*, tostar.) f. Tostadura.

TORREFACTO, TA. adj. Tostado. *Café* TORREFACTO.

TORREJA. f. Torrija.

TORREJON. m. Torre pequeña.

TORRELAVEGA. *Geog.* Población de España, en la prov. de Santander (Castilla la Vieja). 25.000 h. Importante centro agrícola. Industria textil, cinc y plomo.

TORRENCIAL. adj. Parecido al torrente. *Lluvia* TORRENCIAL.

TORRENTE. al. **Sturzbach.** fr. **Torrent.** ingl. **Torrent.** ital. **Torrente.** port. **Torrente.** (Del lat. *torrens, -entis.*) m. Corriente impetuosa de aguas que sobreviene en tiempo de muchas lluvias o rápidos deshielos. ‖ fig. Muchedumbre de personas que afluyen a un lugar o coinciden en una misma apreciación. ‖ – **de voz.** Gran cantidad de voz fuerte. ‖ IDEAS AFINES: *Río, manantial, catarata, desbordante, inundación, encauzar, vadear, dique.*

TORRENTERA. f. Cauce de un torrente. ‖ Torrente pequeño.

TORRENTOSO, SA. adj. *Amér.* Torrencial, impetuoso, dicho de los ríos y arroyos.

TORREÓN. m. aum. de **Torre.** ‖ Torre grande para defensa de una plaza o castillo. ‖ Torre pequeña que sale del lienzo o del ángulo de un edificio.

TORREON. *Geog.* Ciudad del N. de México, en el Est. de Coahuila. 225.000 h. con los suburbios. Importante centro agrícola y ferroviario. Industria algodonera.

TORRERO. m. El que tiene a su cuidado una atalaya o un faro.

TORRES, Aldo. *Biog.* Poeta chil., autor de *Imágenes silvestres; Corban* y otras obras (n. 1910). ‖ – **Camilo.** Político col.; fervoroso patriota, contribuyó a la conquista de la independencia nac. De 1812 a 1814 y en 1815 fue presid. de la Rep. (1766-1816). ‖ – **Carlos A.** Poeta col. de tendencia simbolista (1867-1911). ‖ – **Gaspar de.** Pol. español, en 1580 gobernador general de Cuba. ‖ – **Juan José.** Militar boliv., presidente de la República en 1971; depuesto por un golpe militar; murió asesinado (1922-1976). ‖ – **Laureano.** Pol. cubano de origen esp., de 1708 a 1716 gobernador de Cuba (m. 1722). ‖ – **Teodoro.** Novelista mex., autor de *Como perros y gatos; Pancho Villa; Una vida de romances y tragedia*, etc. (n. 1891). ‖ – **AGÜERO, José.** Pintor arg. de audaz y personal expresión. Obras. *Coya; Árboles en verde*, etc. (n. 1924). ‖ – **ARCE, José.** Dramaturgo chil., autor de *La independencia de Chile; Los misterios de Santiago*, etc. (1828-1861). ‖ – **BODET, Jaime.** Diplom. y literato mex., de 1948 a 1952 presid. de la Unesco y autor de *Poesías; Destierro; La educación sentimental*, etc. (1902-1974). ‖ – **CAICEDO, José María.** Poeta col., autor de *Religión, patria y amor; Ensayos biográficos y de crítica literaria*, etc. (1830-1889). ‖ – **DE VERA Y ARAGÓN, Juan de.** Conquistador esp. que combatió a guaraníes y araucanos, integró la Real Audiencia de Chile y la Audiencia de Charcas y en 1574 gobernó como Adelantado las prov. del Río de la Plata por intermedio de Juan de Garay (1506-1606). ‖ – **GARCÍA, Joaquín.** Pintor urug. que se distinguió en el paisaje y el retrato. Cuadros famosos: *Barcelona 1917; El puerto de Marsella; Felipe II; Monumento cósmico*, etc. (1874-1949). ‖ – **MÉNDEZ, Ramón.** Pintor col., acuarelista y realizador de trabajos en marfil (1809-1885). ‖ – **NAHARRO, Bartolomé de.** Comediógrafo esp., preceptor del teatro nac. Sostiene que los actos deben ser cinco, los personajes entre seis y doce y que hay comedias "a noticia y a fantasía". Obras: *Soldadesca; Himanea* (1480-aprox. 1531). ‖ – **QUEVEDO, Leonardo.** Ing. español, inventor de una máquina calculadora, del ajedrez mecánico y de un aparato que transmite el movimiento a distancia y que llamó Telekino (1852-1937). ‖ – **RIOSECO, Arturo.** Literato chil., autor de *Precursores del modernismo; La novela en la América hispana*, etc. (1897-1971). ‖ – **Y PORTUGAL, Fernando de.** Virrey de Perú de 1585 a 1590. ‖ – **Y RUEDA, Marcos de.** Prelado esp., de 1648 a 1649 virrey de Méx. (1591-1649).

TORRES, Estrecho de. *Geog.* Estrecho que separa la costa N.E. de Australia de la isla de Nueva Guinea, en el océano Pacífico.

TORREZAL DÍAZ PIMIENTA, Juan. *Biog.* Virrey de Nueva Granada en 1782.

TORREZNADA. f. Fritada de torreznos.

TORREZNERO, RA. (De *torrezno.*) adj. y s. fam. Holgazán, comodón.

TORREZNO. (Del lat. *torrere*, tostar, asar.) m. Trozo de tocino frito.

TORRI, Julio. *Biog.* Escritor mex., nacido en 1889, autor de *Ensayos* y *Poemas*.

TORRICELLI, Evangelista. *Biog.* Fís. italiano, inventor del barómetro y aparatos ópticos. Demostró que la atmósfera ejerce una presión desigual sobre la superficie terrestre, equivalente, al nivel del mar, a la de una columna de mercurio de setenta y seis cm. (1608-1647).

TORRICO, Juan Crisóstomo. *Biog.* Militar per., que ocupó la presid. de la Nación (1808-1875). ‖ – **Rigoberto.** Poeta bol. cuyo libro *Golondrinas* contiene lo mejor de su obra (1858-1916). ‖ – **Y AGUIRRE, Nataniel.** Poeta bol., hijo del anterior, de tendencia romántica; autor de *El ritmo del dolor* y otras obras (n. 1896).

TÓRRIDO, DA. al. **Heiss.** fr. **Torride.** ingl. **Torrid.** ital. **Torrido.** port. **Tórrido.** (Del lat. *torridus.*) adj. Muy ardiente o quemado. *Clima* TÓRRIDO.

TORRIENTE. Cosme de la. *Biog.* Patriota y escritor cub., que también ejerció la diplomacia (1872-1956).

TORRIJA. (De *torrar.*) f. Rebanada de pan empapada en vino o leche, rebozada con huevo, frita y endulzada. sinón.: **torreja.**

TORRIJOS, José María. *Biog.* General esp. de tendencia liberal que intentó cambiar el régimen político de su país y murió fusilado (1791-1831). ‖ – **HERRERA, Omar.** Militar y estadista panameño (n. 1930), jefe del gobierno desde 1968.

TORROJA, Eduardo. *Biog.* Ingeniero esp. que hizo valiosos aportes a la arquitectura contemporánea, (1899-1961).

TORRONTÉS. adj. V. **Uva torrontés.** ‖ Dícese del viduño que produce la uva torrontés.

TÓRSALO. m. *Amér. Central.* Gusano parásito que se desarrolla bajo la piel.

TORSIÓN. (Del lat. *torsio, -onis.*) f. Acción y efecto de torcer o torcerse una cosa en forma helicoidal.

TORSO. al. **Torso; Rumpf.** fr. **Torse.** ingl. **Trunk.** ital. **Torso.** port. **Torso.** (Del ital. *torso.*) m. Tronco del cuerpo humano. ‖ Estatua falta de cabeza, brazos y piernas.

TORTA. al. **Kuchen; Torte.** fr. **Tourte; gateau.** ingl. **Cake.** ital. **Torta.** port. **Torta.** (Del lat. *torta.*) f. Masa redonda de harina, a la que suelen añadirse varios ingredientes, y que se cuece a fuego lento. ‖ fig. Cualquier masa de figura de torta. TORTA *de aceitunas.* ‖ fig. y fam. Bofetada. ‖ *Impr.* Paquete de caracteres de imprenta. ‖ Planta mazorral que se guarda para distribuir. ‖ – **de Reyes.** La que por tradición se come el día de Reyes y que contiene una figurilla que, con el pedazo correspondiente, toca a uno de los comensales. ‖ **Costar la torta un pan.** frs. fig. y fam. con que se denota que a veces cuesta una cosa más de lo que vale. ‖ **Ser** una cosa **tortas y pan pintado.** frs. fig. y fam. No ofrecer dificultad. ‖ Dicho de un daño, trabajo etc., ser mucho menor que otro con que se compara. ‖ IDEAS AFINES: *Repostería, rosca, pastel, confitería, budín, cocina, horno, gastronomía.*

TORTADA. f. Torta grande, rellena de carne, huevos, dulce, etc. ‖ *Albañ.* Tendel, capa de mezcla.

TORTAZO. m. fig. y fam. Bofetada.

TORTEDAD. (Del lat. *tortus*, torcido, doblado.) f. Calidad de tuerto.

TORTERA. (Del lat. *tórtum*, supino de *torquere*, torcer.) f. Rodaja que se pone en la parte inferior del huso.

TORTERA. (De *torta.*) adj. Dícese de la cacerola casi plana que se usa para hacer tortadas. Ú.m.c.s.

TORTERO. m. Tortera, rodaja de huso. ‖ Lobanillo que se forma en la cabeza.

TORTERO, RA. s. El que hace o vende tortas. ‖ m. Caja o cesta para guardar tortas.

TORTERUELO. m. Variedad de alfalfa.

TORTICERO, RA. (Del lat. *tortus*, torcido, tuerto.) adj. Injusto, o que no se arregla a las leyes o a la razón. ‖ deriv.: **torticeramente.**

TORTÍCOLIS. (Del lat. *tortum collum*, cuello torcido.) m. *Pat.* Inclinación anormal, dolorosa o indolora, de la cabeza y el cuello, debida a causas diversas, especialmente musculares, y que puede ser de carácter agudo, intermitente o fijo.

TORTICOLIS. m. *Pat.* **Tortícolis.**

TORTILLA. al. **Omelette.** fr. **Omelette.** ingl. **Omelet.** ital. **Frittata.** port. **Tortilha.** f. dim. de **Torta.** ‖ Fritada de huevos batidos, comúnmente de figura de torta y en la cual suele incluirse algún otro manjar. TORTILLA *de papas.* ‖ *Amér. Central, Ant.* y *Méx.* Pan ázimo que se hace palmeando entre ambas manos una bola de masa, generalmente de maíz, o sujetándola a presión para extenderla en forma circular y cocerla después en el comal. Es base alimenticia de la gente pobre, aun cuando también la consumen por gusto personas de cualquier categoría social. Hay además tortillas de harina de trigo, de frijol, de coyol, de yuca, etc. Modernamente se hacen también a máquina. ‖ *Chile.* Torta de masa de harina, cocida al rescoldo, que se vende por las calles. ‖ **Hacer tortilla** a una persona o cosa. frs. fig. Aplastarla. Ú.t. el verbo c.r. ‖ – **Volverse la tortilla.** frs. fig. y fam. Suceder una cosa al contrario de lo esperado. *Lo tenía por seguro, pero se volvió la* TORTILLA. ‖ Trocarse la fortuna.

TORTILLERO. m. *Chile.* El que hace o vende tortillas.

TORTILLO. (De *torta*; en fr. *torteau.*) m. *Blas.* Cada una de las piezas redondas y de color.

TORTIS. (De Baptista de Tortis, impresor veneciano de fines del siglo XV.) m. V. **Letra de Tortis.**

TORTITA. f. dim. de **Torta.** ‖ pl. Juego del niño pequeño, que consiste en dar palmadas. *Hacer* TORTITAS.

TÓRTOLA. al. **Turteltaube.** fr. **Tourterelle.** ingl. **Turtledove.** ital. **Tortora.** port. **Rola.** (Del lat. *túrtur, -uris.*) f. Género de aves silvestres, del orden de las palomas, de tamaño menor que la doméstica. Hay numerosas especies de tórtolas, y son europeas, asiáticas y africanas.

TORTOLITO, TA. s. dim. de **Tórtolo.** ‖ adj. Atortolado, ingenuo, sin experiencia.

TÓRTOLO. m. Macho de la tórtola. ‖ fig. y fam. Hombre amartelado. pl. Pareja amartelada.

TORTOR. (Del lat. *tortus*, retorcido.) m. Palo corto o barra de hierro con que se aprieta, dándole vueltas, una cuerda atada por sus dos cabos. ‖ *Cuba.* Acción de dar vueltas a una cosa reiterada y circularmente. ‖ *Mar.* Cada una de las vueltas con que se retuerce la trinca de cabo que liga dos objetos.

TORTOSA. *Geog.* Ciudad del E. de España, en la prov. de Tarragona (Cataluña), sobre el Ebro. 42.000 h. Importante centro agrícola, industrial y comercial.

TORTOZÓN. (Del lat. *tortus*, torcido.) adj. V. **Uva tortozón.** Ú.t.c.s.

TORTUGA. al. **Schildkröte.** fr. **Tortue.** ingl. **Turtle; tortoise.** ital. **Tartaruga.** port. **Tartaruga.** (Del b. lat. *tortuca*, y éste del lat. *tortus*, torcido.) f. Cualquier reptil del orden de los quelonios. Hay tortugas marinas, de agua dulce y terrestres. *Hay* TORTUGAS *que pueden vivir más de un año sin comer.* ‖ Testudo, antigua defensa militar.

● **TORTUGA.** *Zool.* Este quelonio tiene un caparazón de placas óseas. en mosaico, con cubierta córnea. Su lengua es corta y carnosa; desprovisto de dientes, tiene una mandíbula en forma de pico y muy cortante, Las tortugas marinas son de gran tamaño; pueden llegar a tener dos metros y medio de largo y uno de ancho. Sus extremidades torácicas están más desarrolladas que las abdominales; se alimenta de vegetales marinos preferentemente y su carne, huevos y tendones son comestibles. Las de agua dulce llegan hasta cerca de un metro de largo; se ocultan en el cieno y salen de noche para cazar peces, aves acuáticas, etc., y comen también materias vegetales. Son agresivas y su mordedura ocasiona heridas de cuidado. Las tortugas terrestres son las más pequeñas (treinta cm. de largo y quince de ancho, aproximadamente) y se alimentan de vegetales, gusanos, etc. Todas son longevas; su reproducción es ovípara.

TORTUGA. *Geog.* Isla de Venezuela, sobre el mar de las Antillas, sit. al oeste de la isla Margarita. Forma parte de las Dependencias Federales. || **Isla de la–.** Isla del mar de las Antillas situada al N.O. de la isla de Santo Domingo. Pertenece a Haití. 303 km^2. Antiguamente fue asiento de bucaneros y filibusteros.

TORTUOSAMENTE. adv. m. De manera tortuosa.

TORTUOSIDAD. f. Calidad de tortuoso.

TORTUOSO. al. **Krumm; gewunden.** fr. **Tortueux.** ingl. **Tortuous.** ital. **Tortuoso.** port. **Tortuoso.** (Del lat. *tortuosus.*) adj. Que tiene vueltas y rodeos. sinón.: **sinuoso, torcido.** antón.: **derecho, recto.** || fig. Solapado, cauteloso. *Procedimientos* TORTUOSOS.

TORTURA. al. **Folter.** fr. **Torture.** ingl. **Torture.** ital. **Tortura.** port. **Tortura.** (Del lat. *tortura.*) f. Calidad de tuerto o torcido. || Acción de torturar. || Gran dolor o aflicción.

TORTURADOR, RA. adj. Que tortura.

TORTURAR. al. **Foltern.** fr. **Torturer.** ingl. **To torture; to torment.** ital. **Torturare.** port. **Torturar.** tr. Atormentar. Ú.t.c.r. sinón.: **martirizar.** || Someter a torturas. TORTURARON *al reo.*

TORUN. *Geog.* Ciudad de Polonia, sit. al N.O. de Varsovia, sobre el Vístula. 145.000 h. Industria metalúrgica, importante centro comercial. En ella nació Copérnico.

TORUNDA. f. Clavo de hilas. *Practicó el taponamiento con una* TORUNDA.

TORUNO. m. *Chile.* Buey que ha sido castrado después de los tres años.

TORUNO, Juan Felipe. *Biog.* Escritor nicaragüense. En *Cuentos de dos tierras* describe aspectos de su país y de El Salvador (n. 1898).

TORVA. (Del lat. *turba.*) f. Remolino de lluvia o nieve.

TORVISCA. f. Torvisco.

TORVISCAL. m. Terreno poblado de torviscos.

TORVISCO. (Del lat. *turbiscus.*) m. Mata ramosa, europea, de hojas siempre verdes, pegajosas y lampiñas, florecillas blanquecinas en pequeños racimos, y fruto en baya esférica, roja cuando madura, cuya corteza se emplea como vesicante. *Daphne gnidium*, timeleácea. *Es más amargo que* TORVISCO. || – **macho.** Otra timeleácea, también arbustiva, pero de hojas vellosas. *Thymelaea villosa.* || deriv.: **torviscoso, sa.**

TORVO, VA. (Del lat. *torvus.*) adj. Fiero, airado, tremebundo. *Semblante* TORVO; *vista* TORVA.

TORY. (Voz ingl.) m. *Pol.* Nombre que se da en Inglaterra al miembro del partido conservador. Ú.t.c.s. En pl., *tories.*

TORZADILLO. m. Especie de torzal de seda, menos grueso que el corriente.

TORZAL. (De *torcer.*) m. Cordoncillo delgado de seda, hecho de varias hebras torcidas. || fig. Unión de varias cosas que hacen como hebra. || *Arg.* y *Chile.* Maniota, lazo formado con una trenza de cuero.

TORZÓN. (Del lat. *tortio, -onis.*) m. *Veter.* Torozón. sinón.: **torcijón.**

TORZONADO, DA. adj. *Veter.* Que padece torzón. *Caballo* TORZONADO.

TORZUELO. m. Terzuelo, halcón macho.

TOS. al. **Husten.** fr. **Toux.** ingl. **Cough.** ital. **Tosse.** port. **Tosse.** (Del lat. *tussis.*) f. Movimiento convulsivo y ruidoso del aparato respiratorio, por lo común para expulsar la flema. || – **convulsa** o **convulsiva.** *Pat.* **Tos ferina.** || – **ferina.** *Pat.* Enfermedad infecto-contagiosa, frecuente en los niños y en invierno, producida por el bacilo de Bordet-Gengou. La incubación dura unas dos semanas, luego sobreviene un período de catarro con **tos** seca y fiebre ligera. A continuación la etapa caracterizada por accesos de **tos** paroxísticos que se inician súbitamente con espiraciones violentas y explosivas, que impiden inspirar; el enfermo se pone cianótico, luego sobreviene una intensa inspiración sonora y silbante y nuevos accesos de **tos.** Esta etapa dura unas tres o cuatro semanas, para dar paso a la declinación. En el tratamiento de esta enfermedad se emplean la estreptomicina y la cloromicetina. || – **perruna.** La bronca, de ruido característico, producida por espasmos de la laringe. || IDEAS AFINES: *Pulmones, bronquios, boca, coqueluche, tuberculosis, asma, bostezo, hipo, estornudo, carraspeo.*

TOSA. f. **Trigo chamorro.**

TOSAR ERRECART, Héctor A. *Biog.* Compositor urug., autor de *Danza criolla; Toccata; Concertino; Nocturno,* y otras obras (n. 1923).

TOSCA. (De *tosco.*) f. Toba, piedra caliza. || Sarro dental.

TOSCA, Tomás Vicente. *Biog.* Matemático, arquitecto y filósofo esp., autor de *Compendio matemático; Compendio filosófico; Arquitectura civil,* etc. (1651-1725).

TOSCA. *Mús.* Ópera de Puccini, en tres actos, estrenada en Roma en 1900; su libro es una adaptación del drama del mismo nombre, de Victoriano Sardou. Su exagerado verismo no desmerece los méritos musicales y dramáticos que la han convertido en una de las obras del género más representadas en todo el mundo.

TOSCANA. *Geog.* Región del N.O. de la península itálica. 22.991 km^2. 3.530.000 h. Cereales, olivo, vid. Ganado bovino, ovino. Yacimientos de hierro, cobre y mercurio. Comprende las prov. de Arezzo, Florencia, Grosseto, Liorna, Lucca, Massa y Carrara, Pisa, Pistoya y Siena.

TOSCANA, Gran Ducado de. *Geog. histór.* Estado del O. de Italia que se constituyó en 1569 y que comprendía la región de la actual Toscana. Su historia es la de **Florencia.** En 1860 entró a formar parte del reino de Italia.

TOSCANELLI, Pablo del Pozzo. *Biog.* Geógrafo ital. que trazó el mapa utilizado por Colón en su primer viaje (1398-1482).

TOSCANINI, Arturo. *Biog.* Director de orquesta ital. que fue una de las primeras "batutas" del mundo (1867-1957).

TOSCANO, NA. (Del lat. *toscanus.*) adj. De Toscana. Ú.t.c.s. sinón.: **tusco.** || m. Lengua italiana. || *Arg.* Cierto cigarro de hoja, tosco y fuerte.

TOSCAS, Las. *Geog.* Localidades argentinas sit. en las provincias de Córdoba, Santa Fe y Buenos Aires. 4.300, 4.100 y 2.400 h. respectivamente.

TOSCO, CA. (En b. lat. *tuscus.*) adj. Grosero, basto, sin pulimento. *Bastón* TOSCO, figura TOSCA. || fig. Inculto, rústico, sin enseñanza. *Aldeano* TOSCO. || deriv.: **toscamente.**

TOSEDERA. *Col., Ec.* y *Guat.* Tos continuada.

TOSEGOSO, SA. adj. Tosigoso, que padece tos. Apl. a pers., ú.t.c.s.

TOSELLI, Enrique. *Biog.* Pianista y compositor ital. Obras: *La principessa bizzarra,* opereta; *Rimpianto; Serenata,* etc. (1883-1926).

TOSER. al. **Husten.** fr. **Tousser.** ingl. **To cough.** ital. **Tossire.** port. **Tossir.** (Del lat. *tussire.*) intr. Tener y padecer la tos. || fig. y fam. Competir con una persona en alguna cosa y especialmente en valor. *A mí no me* TOSE *nadie.* || **Toser fuerte.** frs. fig. y fam. Dárselas de valiente. *Él es quien* TOSE FUERTE *en el pueblo.* || deriv.: **tosedor, ra; tosedera.**

TOSIDURA. f. Acción y efecto de toser.

TOSIGAR. (De *tósigo.*) tr. Atosigar.

TÓSIGO. (Del lat. *tóxicum,* y éste del gr. *toxicón phármakon,* veneno para emponzoñar las flechas; de *tóxon,* arco, flecha.) m. Ponzoña, veneno. || fig. Angustia o pena grande.

TOSIGOSO, SA. (De *tósigo.*) adj. Envenenado, emponzoñado. Ú.t.c.s.

TOSIGOSO, SA. (Del lat. *tússicus,* que tose mucho.) adj. y s. Que padece tos y fatiga. *Pasó la noche muy* TOSIGOSO.

TOSQUEDAD. f. Calidad de tosco.

TOSTA, Vicente. *Biog.* Estadista hond., de 1924 a 1926 presid. de la Rep. (m. 1930). || – **GARCÍA, Francisco.** Escritor festivo ven., autor de *Episodios venezolanos; Don Secundino en París,* etc. (n. 1852).

TOSTADA. al. **Toastbrot.** fr. **Rotie.** ingl. **Toast.** ital. **Tostada; crostino.** port. **Torrada.** (De *tostar.*) f. Rebanada de pan tostada y, por lo común, untada con manteca, dulce, etc. || fig. y fam. Lata, tabarra. || **Dar,** o **pegar,** a uno **la,** o **una, tostada.** frs. fig. y fam. Ejecutar una acción que redunde en su perjuicio, hacerle víctima de un chasco o engaño. || **No ver la tostada.** frs. fig. y fam. Echar de menos en una cosa lo que se esperaba encontrar en ella.

TOSTADERA. f. Tostador, vasija.

TOSTADERO, RA. adj. Útil o máquina para tostar. Ú.t.c.s. || m. Lugar en que se tuesta. TOSTADERO *de café.* || fig. y fam. Sitio o paraje muy caluroso. *Cuando le da el sol, esta pieza es un* TOSTADERO.

TOSTADO. adj. Dícese del color oscuro. || *R. de la Plata.* Aplícase, en particular, a las caballerías cuyo pelo es de color subido y oscuro. Ú.t.c.s. || m. Tostadura. || *Ec.* Maíz tostado.

TOSTADO. *Geog.* Población de la Argentina, situada al N.O. de la prov. de Santa Fe. 6.500 h. Explotación forestal.

TOSTADOR, RA. adj. Que tuesta. Ú.t.c.s. || m. Instrumento o vasija para tostar alguna cosa.

TOSTADURA. f. Acción y efecto de tostar. sinón.: **torrefacción, tostado, tueste.**

TOSTAR. al. **Rösten.** fr. **Rotir.** ingl. **To toast.** ital. **Tostare.** port. **Torrar.** (Del lat. *tóstum,* supino de *tórrere.*) tr. Poner una cosa a la lumbre, para que se vaya desecando, sin quemarse, hasta que tome color. Ú.t.c.r. TOSTAR *pan, café;* sinón.: **torrar.** || fig. Calentar con exceso. Ú.t.c.r. *Como la plancha estaba muy caliente, se* TOSTÓ *la ropa.* || Atezar el sol o el viento la piel del cuerpo. Ú.t.c.r. *Se* TOSTARON *en la playa.* || *Arg.* y *Chile.* Zurrar, vapular. || *Chile.* Continuar con ardor lo comenzado. || irreg. Conj. como **contar.** || deriv.: **tostamiento.**

TOSTI, Francisco Pablo. *Biog.* Compositor y cantante ital., autor de melodías sobre el folklore de los Abruzos (1846-1916). || – **Luis.** Monje benedictino ital., dedicado a la investigación histórica; autor de *Historia de la abadía de Monte Casino; Prolegómenos de la Historia universal de la Iglesia,* etc. (1811-1897).

TOSTÓN. m. Torrado, garbanzo torrado. || Pedazo de pan tostado empapado en aceite nuevo. || Cosa excesivamente tostada. *Este pan es un* TOSTÓN. || Cochinillo asado. || Dardo hecho con una vara cuya punta se ha endurecido al fuego. || *Cuba.* Planta nictagínea de florecillas moradas. *Boerhavia diffusa.* || Persona habladora y sin substancia.

TOSTÓN. (De *testón.*) m. Moneda portuguesa de plata. || Moneda mexicana de plata, de 50 centavos. || *Bol.* Melgarejo.

TOTA, A. m. adv. fam. *Chile.* A upa, a cuestas.

TOTAL. al. **Ganz; Gesamtbetrag; Summe.** fr. **Total.** ingl. **Total.** ital. **Totale.** port. **Total.** (Del lat. *totus,* todo.) adj. General, universal. || m. *Mat.* Suma. || adv. En suma, en resumen. TOTAL, *que no sabes nada de cierto.*

TOTALIDAD. al. **Gesamtheit.** fr. **Totalité.** ingl. **Totality; whole.** ital. **Totalità.** port. **Totalidade.** f. Calidad de total. || Todo, cosa íntegra. || Conjunto de todas las cosas o individuos que forman una clase o especie. *La* TOTALIDAD *de los alumnos.* || IDEAS AFINES: *Suma, compuesto, adición, uno, indiviso, entereza, plenitud.*

TOTALITARIO, RIA. adj. Dícese de lo que incluye la totalidad de las partes o atributos de una cosa. || Perteneciente o relativo al totalitarismo. *Régimen* TOTALITARIO. || Partidario de este sistema. Ú.t.c.s.

TOTALITARISMO. m. Sistema político de carácter despótico, practicado en el presente siglo, que subordina todas las actividades particulares, individuales o sociales a la dirección del Estado, al servicio de una ideología de extrema izquierda o de extrema derecha. || deriv.: **totalitarista.** || IDEAS AFINES: *Nacionalsocialismo, fascismo, dictadura, tiranía, servilismo, terrorismo; comunismo; golpe de Estado, revolución, democracia.*

● **TOTALITARISMO.** *Pol.* Dominio absoluto y completo del Estado por un grupo político que fiscaliza férreamente la vida de un país en sus múltiples aspectos, el **totalitarismo** no carece de exponentes a lo largo de la historia. No obstante, como concepción política más o menos definida, es una resultante de las sucesivas crisis sociales, económicas y políticas contemporáneas, y tiene su paradigma en los regímenes europeos –fascismo, nacionalsocialismo y comunismo. Implica el **totalitarismo,** en primera instancia, el dominio del Estado por un partido político determinado –o, más aún, por un núcleo político sectario– generalmente adicto a ideologías autoritarias, xenófobas y antipopulares cuyas posibilidades de realización serían nulas en un ambiente democrático. Cualesquiera que sean las concepciones de índole política o económica que sustente un gobierno, el **totalitarismo** se produce cuando establece la subordinación total de lo individual y de lo colectivo al opresivo engranaje estatal. La defensa de los valores permanentes de la cultura y de la civilización ha creado la conciencia universal de que el **totalitarismo** es un fenómeno infrahumano, que aniquila la personalidad del individuo y de la sociedad y crea, por otra parte, nuevas formas de privilegio, sin atenuar de alguna manera los antagonismos sociales.

TOTALIZAR. tr. Determinar el total de varias cantidades. TOTALIZÓ *el costo de las obras en cien mil pesos.*

TOTALMENTE. adv. m. Enteramente, del todo.

TOTAZO. m. *Col.* Reventón. || *Col.* y *Ven.* Golpe. || *Cuba* y *Dom.* Golpe en la cabeza.

TÓTEM o **TOTEM.** m. Animal, planta u objeto que, por considerarlo sagrado, veneran algunas tribus de indios, en particular de la América Septentrional y de Australia. || IDEAS AFINES: *Superstición, fetichismo, clan, tabú, religión, rito, símbolo, sacrificio.*

TOTEMISMO. m. Conjunto de costumbres, supersticiones y leyendas referentes al tótem.

TOTÍ. (Voz caribe.) *Cuba.* Cierto pájaro de plumaje muy negro.

TOTILIMUNDI. m. Mundonuevo. sinón.: **titirimundi.**

TOTOLATE. m. *C. Rica.* Piojillo de las aves y especialmente de la gallina.

TOTOLOQUE. m. Juego de los antiguos mexicanos, semejante al del tejo.

TOTONACO, CA. adj. Dícese del individuo de una tribu india que habita al norte de Veracruz. U.t.c.s. || Perteneciente a estos indios. || m. Lengua **totonaca.** *El* TOTONACO *aún subsiste.*

TOTONICAPÁN. *Geog.* Departamento del O. de Guatemala. 1.062 km^2. 175.000 h. Cap. hom. 55.000 h., con el mun. Aguas termales. Industrias textiles.

TOTOPOSTE. (Del mex. *totopoch,* bien tostado.) m. *Amér. Central* y *Méx.* Torta o rosquilla de harina de maíz, muy tostada.

TOTORA. (Del quichua *tutura.*) f. *Amér. del S.* Especie de anea o espadaña. *Ese rancho tiene el techo de* TOTORA.

TOTORA. *Geog.* Ciudad de Bolivia, en el dep. de Cochabamba, al S.E. de la c. de este nombre. 17.000 h. Centro agrícola, frutas.

TOTORAL. m. *Amér. del S.* Sitio poblado de totoras.

TOTORAS. *Geog.* Población del S.E. de Santa Fe (Rep. Argentina). 8.500 h.

TOTORERO. m. *Chile.* Pájaro insectívoro que habita en los pajonales de las vegas; sus huevos son de color azul celeste. *Phleocrypes melanops,* furnárido.

TOTOVÍA. (Del ital. *tottovilla;* en port. *cotovía.*) f. Cogujada. sinón.: **tova.**

TOTUMA. f. *Amér.* Fruta del totumo o güira. || Vasija hecha con ese fruto. ‖ *Chile*. Chichón. ‖ Postema. ‖ *Chile* y *Dom*. Joroba. ‖ *Perú* y *Ven*. Cholla, cabeza.

TOTUMO. m. *Amér.* Güira, árbol y fruto.

TÓTUM REVOLÚTUM. (Expr. lat.) m. Revoltillo, conjunto de muchas cosas sin orden. *Esta habitación está hecha un* TÓTUM REVOLÚTUM.

TOUGGOURT. *Geog.* Ciudad del E. de Argelia, al S. de Constantina. 93.000 h. Importante oasis del Sahara y centro ferroviario.

TOULOUSE-LAUTREC, Enrique de. *Biog.* Cél. pintor fr. cuya obra rompe con todos los convencionalismos sociales para especializarse en la representación clarividente del vicio, a modo de evasión de su vida, amargada por la invalidez. Sus dominios fueron el café cantante, el circo, el bar, el teatro de variedades. En 1891 aborda la litografía en colores con su famoso *Moulin Rouge*, al que siguen muchas obras de inimitable captación del movimiento y riqueza de colorido. Creó en sus cuadros un universo frenético, con placer refinado: *Condesa de Toulouse-Lautrec; Mujeres que bailan; Ellas*, etc. (1864-1901).

TOUR, Jorge de la. *Biog.* Pintor fr. cuyas obras aparecen como iluminadas por una luz artificial: *El recién nacido; San Sebastián llorado por Santa Irene*, etc.(1593-1652).

TOURCOING. *Geog.* Ciudad de Francia septentrional, en el dep. de Norte, en el límite con Bélgica. 100.000 h. Industria textil muy importante.

TOURNAI. *Geog.* Ciudad del S. de Bélgica, en la prov. de Hainaut. 50.000 h. Industria textil.

TOURS. *Geog.* Ciudad de Francia, capital del dep. de Indre y Loira, sit. sobre el río de este nombre. 130.000 h. Hierro, acero, cueros, vinos, industria textil. Fue cap. de la antigua **Turena.**

TOUSSAINT, Manuel. *Biog.* Ensayista y literato mex., autor de *La catedral de México; Saturnino Hernán y su obra*, etc. (n. 1890-1955).

TOVA. f. En algunas partes, **totovía.**

TOVAR, Antonio. *Biog.* Filólogo esp., autor de *Catálogo de las lenguas de América del Sur* (n. 1911). ‖ **— Juan de.** Jesuita mex., autor de *Historia de los Chichimecas* (m. 1626). ‖ **— Manuel F.** Político ven., en 1860 presidente de la Nación (1803-1866). ‖ **— Pantaleón.** Novelista mex., autor de *Ironías de la vida* y otras obras (1828-1876). ‖ **— RAMÍREZ, Enrique D.** Hist. y crítico per., autor de *Raza chilena; Historia del Perú*, etc. (n. 1890). ‖ **— Y TOVAR, Martín.** Pintor ven. de formación europea, autor de cuadros históricos: *La firma del Acta de la Independencia; Carabobo*, etc. (1828-1902).

TOVAR. *Geog.* Población del N.O. de Venezuela (Mérida). 5.000 h. Café, ganado. Centro comercial.

TOWNES, Carlos A. *Biog.* Científico estadounidense a quien se otorgó en 1964 el premio Nobel de Física, compartido con los soviéticos Nicolás Basov y Alejandro Prochorov, por sus investigaciones y desarrollo del máser (n. en 1915).

TOWNSEND, Eduardo W. *Biog.* Escritor, novelista y dramaturgo estad. nacido en 1855.

TOWNSVILLE. *Geog.* Ciudad del N.E. de Australia (Queensland). 69.000 h. Importante puerto sobre el Pacífico. Productos lácteos, minería.

TOXEMIA. f. *Pat.* Presencia de venenos o toxinas en la sangre y estado morboso consecutivo. ‖ deriv.: **toxémico, ca.**

TOXICAR. (De *tóxico*.) tr. Atosigar. ‖ deriv.: **toxicación.**

TOXICIDAD. f. Calidad de tóxico. *La* TOXICIDAD *de la orina*; sinón.: **venenosidad.**

TÓXICO, CA. al. **Giftig; Gift.** fr. **Toxique.** ingl. **Toxic; poisonous.** ital. **Tossico.** port. **Tóxico.** (Del lat. *tóxicum*, tósigo.) adj. *Med.* Aplícase a las substancias venenosas. Ú.t.c.s.m. sinón.: **deletéreo, ponzoñoso, venenoso, virulento.**

TOXICOFOBIA. f. Temor morboso a los venenos.

TOXICOLOGÍA. (Del gr. *toxikón*, veneno, y *logos*, tratado.) f. Parte de la medicina que trata de los venenos. ‖ deriv.: **toxicológico, ca; toxicólogo, ga.**

TOXICOMANÍA. f. Hábito de intoxicarse con substancias que producen sensaciones placenteras o que suprimen el dolor, como la morfina, la cocaína, etc. ‖ Toxicofobia.

TOXICÓMANO, NA. adj. Dícese del que padece toxicomanía. Ú.t.c.s.

TOXINA. al. **Toxín; Giftstoff.** fr. **Toxine.** ingl. **Toxin.** ital. **Tossina.** port. **Toxina.** (Del gr. *toxikón*, veneno.) f. Substancia tóxica secretada por los seres vivos, y especialmente por los microbios. TOXINA *diftérica*. ‖ deriv.: **toxínico, ca.**

TOYAMA. *Geog.* Ciudad del Japón en la costa occidental de la isla de Hondo y al O. de Tokio. 270.000 h. Centro comercial.

TOYNBEE, Arnoldo J. *Biog.* Hist. ingl., autor de estudios sobre la génesis de las civilizaciones y de una monumental obra en trece volúmenes: *Estudio de la Historia* (1889-1975).

TOZA. f. Trozo de corteza de árbol y en especial de pino. ‖ Pieza grande de madera labrada a esquina viva.

TOZO, ZA. adj. Enano o de baja estatura. sinón.: **tocio.**

TOZOLADA. f. Golpe que se da en el tozuelo.

TOZOLÓN. (De *tozuelo*.) m. Tozolada.

TOZUDEZ. f. Calidad de tozudo. sinón.: **obstinación, terquedad, testarudez.**

TOZUDO, DA. (De *tozar*.) adj. Obstinado, terco, testarudo.

TOZUELO. dim. de **tozo.** m. Cerviz gruesa de un animal.

TRABA. al. **Fessel; Hindernis.** fr. **Entrave; empechement.** ingl. **Tie; clasp; hindrance.** ital. **Legame; ostacolo.** port. **Trava; entrave.** (Del lat. *trabs, trabis*, lintel.) f. Acción y efecto de trabar o triscar. ‖ Instrumento con que se une y sujeta una cosa con otra. ‖ Ligadura con que se atan los pies o las manos de una caballería. sinón.: **manea, maniota.** ‖ Cada uno de los dos palos delanteros de la red de cazar palomas. ‖ Trozo de paño que une las dos partes del escapulario de ciertos hábitos monásticos. ‖ Piedra o cuña con que se calzan las ruedas de un carro. ‖ fig. Estorbo, impedimento. *Pone* TRABAS *a todos mis proyectos*. ‖ *Chile*. Tabla o palo que se ata a la cornamenta de una res vacuna para impedir que entre donde pueda hacer daño. ‖ *Dom.* y *P. Rico*. Conjunto de gallos de pelea. ‖ *Der.* Embargo de bienes. *El juez ha dispuesto la* TRABA *de sus bienes*.

TRABACUENTA. (De *trabar* y *cuenta*.) f. Equivocación en una cuenta, que la dificulta o complica. ‖ fig. Controversia, discusión. *Con tal motivo, tuvimos* TRABACUENTAS.

TRABADERO. (De *trabar*, porque es la parte por donde se traban las caballerías.) m. Cuartilla de las caballerías.

TRABADO, DA. adj. Aplícase a la caballería que tiene blancas las dos manos, o una de ellas y el pie del lado contrario. ‖ fig. Robusto, nervudo.

TRABADOR. m. *Carp.* Triscador.

TRABADURA. f. Acción y efecto de trabar. sinón.: **traba, trabamiento.**

TRABAJADAMENTE. adv. m. Trabajosamente.

TRABAJADO, DA. adj. Cansado, molido del trabajo. *Parece viejo, porque está muy* TRABAJADO. ‖ Lleno de trabajos. *Lleva una vida muy* TRABAJADA. ‖ Tratándose del estilo o del verso, pesado, sin naturalidad, ni fluidez. *Su prosa fatiga por lo* TRABAJADA.

TRABAJADOR, RA. al. **Arbeitsam; Arbeiter.** fr. **Travailleur.** ingl. **Working; laboring; worker, workman.** ital. **Lavoratore.** port. **Trabalhador.** adj. Que trabaja. ‖ Que se aplica mucho al trabajo. ‖ s. Jornalero, obrero. ‖ m. *Chile*. Totorero.

TRABAJANTE. p. a. de **Trabajar.** Que trabaja. Ú.t.c.s.

TRABAJAR. al. **Arbeiten.** fr. **Travailler.** ingl. **To work.** ital. **Lavorare.** port. **Trabalhar.** intr. Emplear la actividad o el esfuerzo corporal o mental para un fin determinado. TRABAJAR *de carpintero*. ‖ Solicitar e intentar alguna cosa con eficacia. TRABAJÓ *bien para lograr el puesto*. ‖ Aplicarse uno con desvelo a la ejecución de alguna cosa. ‖ fig. Ejercitar sus fuerzas naturales la tierra para el desarrollo de las plantas. ‖ Desarrollarse los vegetales en la tierra. ‖ Sufrir una máquina, un buque u otra cosa cualquiera la acción de los esfuerzos a que se hallan sometidos. ‖ Poner conato y fuerza para vencer alguna cosa. *La medicina* TRABAJA *en prolongar la juventud*. ‖ tr. Disponer o ejecutar alguna cosa, arreglándose a método y orden. ‖ Ejercitar y amaestrar el caballo. ‖ fig. Molestar o perturbar. ‖ Hacer sufrir trabajos a una persona. ‖ r. Ocuparse con empeño en alguna cosa.

TRABAJERA. f. fam. Incumbencia, pejiguera, trabajo molesto.

TRABAJO. al. **Arbeit; Werk.** fr. **Travail.** ingl. **Work.** ital. **Lavoro.** port. **Trabalho.** m. Acción y efecto de trabajar. ‖ Obra, producción del entendimiento. *Ha publicado algunos* TRABAJOS. ‖ Operación de la máquina, herramienta o utensilio que se emplea para algún fin. *Esta máquina no hace hoy buen* TRABAJO. ‖ Esfuerzo humano aplicado a la producción de riqueza. *El hombre vive de su* TRABAJO. ‖ fig. Dificultad, impedimento, perjuicio. *Los derrotó sin* TRABAJO. ‖ Penalidad, tormento, contratiempo, molestia. *En su expedición, soportaron grandes* TRABAJOS. ‖ *Mec.* Producto de la fuerza por el camino que recorre su punto de aplicación y por el coseno del ángulo que forma la una con el otro. ‖ pl. fig. Estrechez, pobreza. *Pasar* TRABAJOS. ‖ **Trabajo de zapa.** Intriga para conseguir algún fin. ‖ **Trabajos forzados o forzosos.** Aquellos en que se ocupa por obligación el presidiario, como parte de la pena de su delito. ‖ Dícese del trabajo que se hace por necesidad y a disgusto. ‖ **Trabajo le, o te, mando.** expr. con que se da a entender que es muy difícil la cosa que se trata de ejecutar o alcanzar. TRABAJO TE MANDO, *si intentas convencerle*. ‖ IDEAS AFINES: *Empleo, mano de obra, jornada, laboriosidad, sacrificio, jornal, destajo, peón, aprendiz, capataz, patrono, huelga, fábrica, oficina*.

● **TRABAJO.** *Sociol.* Despreciado en la antigüedad clásica, reivindicado y exaltado por el Cristianismo, el trabajo ennoblece la existencia del hombre y constituye su privilegio entre los seres vivos. Es una actividad metódica y consciente en la que emplea sus fuerzas físicas e intelectuales, y en primera instancia un proceso que se da en su relación con la naturaleza, ya que el hombre regula las reacciones materiales entre sí y la naturaleza. El ser humano, para su propia conservación y también para su desarrollo, ejerce una acción sobre la naturaleza en el afán de transformarla para atender a sus necesidades. Antes de iniciarse el proceso del **trabajo,** el hombre ya tiene idealmente la imagen del resultado que obtendrá, razón por la cual su fuerza de **trabajo** tiene un desgaste útil y productivo. Además, puede decirse que el **trabajo** crea al hombre en cuanto desarrolla sus facultades y ejercita al máximo su inteligencia; gracias a él, el hombre logró diferenciarse radicalmente en el mundo animal. Empero, el **trabajo** no es el fin absoluto de la vida humana; el ser trabaja para vivir, no vive para trabajar. El concepto y la índole del **trabajo** han evolucionado a través de la historia; la revolución técnico-económica iniciada en el s. XIX lo ha modificado extraordinariamente y ha abierto el camino de un sometimiento cada vez mayor de las fuerzas materiales por la inteligencia humana. La tendencia mundial contemporánea, fruto de complejas experiencias, es la de lograr que el **trabajo** sea no solamente un recurso para vivir, sino también y por sobre todo, una forma de ennoblecimiento y superación individual, una manera superior de ayuda mutua, de relación fraternal entre los individuos.

TRABAJOSAMENTE. adv. m. Con trabajo o dificultad.

TRABAJOSO, SA. adj. Que cuesta o causa mucho trabajo. sinón.: **dificultoso, laborioso, penoso.** ‖ Que padece trabajo o miseria. ‖ Que no tiene espontaneidad por ser fruto de mucho trabajo. ‖ *Amér.* Poco complaciente, exigente, enfadoso.

TRABAJUELO. m. dim. de **Trabajo.**

TRABAL. (Del lat. *trabalis*.) adj. Dícese del clavo que sirve para clavar las vigas o trabes.

TRABALENGUAS. m. Palabra o locución difícil de pronunciar, en especial cuando sirve de juego para que uno se equivoque.

Guerra tenía una parra
y Parra tenía una perra,
y la perra de Parra
mordió la parra de Guerra,
y Guerra le pegó con la porra
a la perra de Parra.
—Diga usted, señor Guerra:
¿Por qué le ha pegado con la porra a la perra?
—Porque si la perra de Parra
no hubiera mordido la parra de Guerra,
Guerra no le hubiera pegado con la porra a la perra.

TRABAMIENTO. m. Acción y efecto de trabar. sinón.: **traba, trabadura.**

TRABANCA. f. Mesa formada por un tablero sobre dos caballetes.

TRABANCO. dim. de **trabe.** m. Trangallo.

TRABAR. al. **Anknüpfen.** fr. **Entraver.** ingl. **To clasp.** ital. **Legare.** port. **Travar.** (De *traba*.) tr. Juntar o unir una cosa con otra. sinón.: **enlazar.** ‖ Prender o asir. Ú.t.c.intr. *Le* TRABÓ *por la manga*; sinón.: **agarrar.** ‖ Echar trabas. TRABÓ *la caballería*. ‖ Espesar un líquido o una masa. ‖ Triscar los dientes de la sierra. ‖ fig. Emprender o comenzar una batalla, disputa, conversación, etc. sinón.: **entablar.** ‖ Enlazar, concordar, conciliar. *Los* TRABA *un ideal común*. ‖ *Cuba* y *Guat.* Engañar. ‖ *Der.* Embargar bienes o derechos. TRABAR *embargo*. ‖ r. *Amér.* Tartamudear, trabucarse.

TRABAZÓN. f. Enlace de dos o más cosas. sinón.: **juntura, unión.** ‖ Densidad o consistencia que se da a un líquido o masa. ‖ fig. Conexión de una cosa con otra.

TRABE. f. Viga, madero largo y grueso.

TRÁBEA. (Del lat. *trabea*.) f. Vestidura talar de gala que usaban los romanos. ‖ deriv.: **trabeato, ta.**

TRABÉCULA. f. *Anat.* Prolongación que sale de una pared o envoltura de un órgano y se introduce en el espesor de éste o en una cavidad, anastomosándose con otras prolongaciones semejantes. TRABÉCULA *ósea*. ‖ deriv.: **trabeculación; trabeculado, da; trabecular.**

TRABILLA. dim. de **traba.** f. Tira de tela o cuero que pasa por debajo del pie para sujetar los bordes inferiores del pantalón, de la polaina, etc. ‖ Tira de tela con que se ciñe a la cintura una prenda de vestir. ‖ Punto que queda suelto al hacer media. ‖ Aparato sujeto en el techo de la carreta, en el cual se apoya la picana.

TRABÓN. m. aum. de **Traba.** ‖ Argolla fija de hierro, a la cual se atan por un pie los caballos. ‖ Tablón que sujeta la cabeza de la viga prensadora de los lagares de aceite.

TRABUCA. (De *trabuco*.) f. Buscapiés o cohete rastrero.

TRABUCACIÓN. f. Acción y efecto de trabucar.

TRABUCADOR, RA. adj. y s. Que trabuca.

TRABUCAIRE. (Del catal. *trabucaire*, el que lleva trabuco.) m. Faccioso catalán armado de trabuco. ‖ adj. Valentón, osado.

TRABUCANTE. p. a. de **Trabucar.** Que trabuca. ‖ adj. Dícese de la moneda que tiene más peso que el legal.

TRABUCAR. (De *tra*, por *trans*, y *buque*.) tr. Trastornar el buen orden de alguna cosa. Ú.t.c.r. *No encontrarás nada en su sitio, pues todo está* TRABUCADO. ‖ fig. Ofuscar el entendimiento. Ú.t.c.r. *Se* TRABUCAN *en la discusión*. ‖ Trastrocar o tergiversar el sentido de especies o noticias. *No creas lo que cuenta, que todo lo* TRABUCA. ‖ Pronunciar o escribir equivocadamente las palabras o usar unas por otras. Ú.t.c.r. *No dice dos palabras sin* TRABU-

CARSE. ‖ deriv.: **trabucable; trabucamiento.**

TRABUCAZO. m. Disparo del trabuco. ‖ Tiro dado con él. ‖ fig. y fam. Pesadumbre, disgusto que coge de sorpresa.

TRABUCO. (De *trabucar.*) m. Antigua máquina de guerra para batir las murallas, lanzando contra ellas piedras muy grandes. ‖ Arma de fuego más corta y de mayor calibre que la escopeta común. sinón.: **sofión.** ‖ — **naranjero.** El de boca acampanada y gran calibre.

TRABUQUETE. dim. de **trabuco.** m. Catapulta. ‖ Traíña pequeña.

TRABZON. *Geog.* V. **Trebisonda.**

TRACA. (Del m. or. que *traque.*) f. Serie de petardos colocados a lo largo de una cuerda y que estallan sucesivamente.

TRÁCALA. f. *Cuba* y *Ec.* Agrupación de individuos. ‖ *Méx., P. Rico* y *Ven.* Trampa, ardid, engaño.

TRACALADA. f. *Amér.* Metracalada, cáfila, multitud.

TRACALERO, RA. (De *trácala.*) adj. y s. *Méx., P. Rico* y *Ven.* Tramposo.

TRACAMUNDANA. f. fam. Trueque de cosas de poco valor. ‖ fam. Alboroto, confusión, lío. *Esos jovenzuelos son amigos de hacer* TRACAMUNDANAS.

TRACCIÓN. al. **Ziehen; Zug; Betsieb.** fr. **Traction.** ingl. **Traction.** ital. **Trazione.** port. **Tração.** (Del lat. *tractio, -onis.*) f. Acción y efecto de tirar de alguna cosa para moverla o estirarla. ‖ En especial, acción y efecto de arrastrar carruajes sobre la vía. TRACCIÓN *animal, de vapor, eléctrica,* etc. sinón.: **arrastre.** ‖ IDEAS AFINES: *Remolque, propulsor, caballería, yugo, tensión, vehículo, remolcador, a la rastra.*

TRACE. adj. y s. Tracio.

TRACERÍA. (De *trazo.*) f. Decoración arquitectónica formada por combinaciones de figuras geométricas. TRACERÍAS *árabes.*

TRACIA. *Geog.* Antigua región del S.E. de Europa que abarca los actuales territorios de Bulgaria, Turquía europea y una pequeña zona de Grecia.

TRACIANO, NA. adj. y s. Tracio.

TRACIAS. (Del lat. *thrascias,* y éste del gr. *thraskias,* de *Thrax,* Tracia.) m. Viento que corre entre el euro y el bóreas.

TRACIO, CIA. adj. De Tracia. sinón.: **odrisio, trace, traciano.**

TRACISTA. adj. y s. Dícese del que inventa el plan y traza de una construcción. ‖ fig. Dícese de la persona que usa de tretas o engaños.

TRACOMA. al. **Trachomkrankheit.** fr. **Trachome.** ingl. **Trachoma.** ital. **Tracoma.** port. **Tracoma.** m. *Pat.* Conjuntivitis contagiosa, de curso crónico, caracterizada por la formación de granulaciones en la conjuntiva palpebral, acompañadas de fotofobia, lagrimeo y secreción purulenta; rebelde al tratamiento, puede causar la ceguera. ‖ deriv.: **tracomatoso, sa.**

TRACTO. (Del lat. *tractus.*) m. Espacio que media entre dos lugares. sinón.: **trecho.** ‖ Lapso, espacio de tiempo. ‖ Versículos que se rezan en la misa antes del Evangelio. ‖ *Anat.* Columna, cordón, fascículo, vía. TRACTO *digestivo.*

TRACTOCARRIL. m. Convoy de locomoción mixta que puede andar sobre carriles o sin ellos.

TRACTOR, RA. al. **Traktor; Schlepper.** fr. **Tracteur.** ingl. **Tractor.** ital. **Trattore.** port. **Trator.** adj. Que atrae hacia sí una cosa o la arrastra. ‖ m. Máquina o vehículo que produce tracción.

TRACTORISTA. com. Persona que conduce un tractor.

TRADICIÓN. al. **Überlieferung.** fr. **Tradition.** ingl. **Tradition.** ital. **Tradizione.** port. **Tradição.** (Del lat. *traditio, -onis.*) f. Transmisión de historias, noticias, narraciones, doctrinas, costumbres, hecha de generación en generación. ‖ Noticia de un hecho antiguo, doctrina, costumbre, etc., transmitida de igual manera y conservada en un pueblo o nación. ‖ *Der.* Entrega. TRADICIÓN *de una cosa cedida.*

TRADICIONAL. adj. Perteneciente o relativo a la tradición.

TRADICIONALISMO. m. Doctrina filosófica que pone el origen de las ideas en la revelación y en su transmisión sucesiva. ‖ Sistema político que propugna la conservación o el restablecimiento de las instituciones antiguas de la nación.

TRADICIONALISTA. adj. Que profesa la doctrina del tradicionalismo o es partidario de éste. Ú.t.c.s. ‖ Perteneciente a esta doctrina.

TRADICIONALMENTE. adv. m. Por tradición.

TRADICIONES PERUANAS. *Lit.* Extensa obra de Ricardo Palma; las ocho series que la integran se publicaron entre 1872 y 1915. Constituyen un género literario nuevo y ecléctico, que ofrece un vasto cuadro geográfico, histórico, social y costumbrista del Perú desde la llegada de Pizarro pero especialmente de la sociedad virreinal del s. XVIII. Denota la influencia de Walter Scott y de los maestros de la literatura picaresca española, sin que ello la prive de una absoluta originalidad.

TRADICIONISTA. com. Narrador, escritor o colector de tradiciones.

TRADUCCIÓN. al. **Übersetzung.** fr. **Traduction.** ingl. **Translation.** ital. **Traduzione.** port. **Tradução.** (Del lat. *traductio, -onis.*) f. Acción y efecto de traducir. sinón.: **versión.** ‖ Obra del traductor. *Ha publicado* TRADUCCIONES *directas del árabe.* ‖ Interpretación que se da a un texto. ‖ *Ret.* Figura que consiste en emplear en una cláusula un mismo vocablo con distintos accidentes gramaticales: *Siempre debió, debe y deberá, porque es más amigo de deber que del deber.* ‖ IDEAS AFINES: *Traslación, paráfrasis, original, literalidad, intérprete, trujimán, diccionario.*

TRADUCIANISMO. m. Doctrina según la cual las almas existían en germen en Adán y se perpetúan por la generación.

TRADUCIBLE. adj. Que se puede traducir.

TRADUCIR. al. **Übersetzen.** fr. **Traduire.** ingl. **To translate.** ital. **Tradurre.** port. **Traduzir.** (Del lat. *tradúcere,* hacer pasar de un lugar a otro.) tr. Expresar en una lengua lo dicho o escrito en otra. sinón.: **interpretar, trasladar, verter, volver.** ‖ Convertir, mudar. ‖ fig. Explicar, interpretar. ‖ irreg. Conj. como **conducir.**

TRADUCTOR, RA. adj. y s. Que traduce una obra. TRADUCTOR *de inglés.*

TRAEDIZO, ZA. adj. Que se trae o puede traer.

TRAEDOR, RA. adj. y s. Que trae.

TRAEDURA. f. p. us. Traída.

TRAER. al. **Bringen.** fr. **Porter.** ingl. **To bring.** ital. **Portare.** port. **Trazer.** (Del lat. *tráhere.*) tr. Conducir o trasladar una cosa al lugar en donde se habla. *Este libro lo* TRAJE *yo.* ‖ Atraer hacia sí. ‖ Causar, ocasionar. *La precipitación* TRAE *estas equivocaciones.* ‖ Tener a uno en el estado o situación que expresa el adjetivo que se junta con el verbo. *Tus andanzas me* TRAEN *inquieto.* ‖ Llevar, tener puesta una cosa. TRAE *muy lindas sortijas.* ‖ Obligar a uno a que haga alguna cosa. ‖ fig. Alegar razones o autoridades. TRAE *demasiadas citas.* ‖ Persuadir a uno a que siga determinada opinión o partido. ‖ Andar haciendo una cosa, tenerla pendiente. TRAE *muchos asuntos entre manos.* Ú.t.c.r. *¿Qué te* TRAES *con tantos agasajos como le haces?* ‖ r. Vestirse, bien o mal. *Ella se* TRAE *muy bien.* ‖ **Traer** a uno **a mal traer.** frs. Tratarle mal, molestarle mucho. ‖ **Traérselas.** loc. fam. que se aplica a lo que tiene más malicia o dificultades de lo que parece. ‖ **Traer y llevar.** frs. fam. Chismear. ‖ irreg. Conjugación. INDIC. Pres.: *traigo, traes, trae, traemos, traéis, traen.* Imperf.: *traía,* etc. Pret. indef.: *traje, trajiste, trajo, trajimos, trajisteis, trajeron.* Fut. imperf.: *traeré,* etc. POT.: *traería,* etc. SUBJ. Pres.: *traiga, traigas, traiga, traigamos, traigáis, traigan.* Imperf.: *trajera* o *trajese, trajeras* o *trajeses, trajera* o *trajese, trajéramos* o *trajésemos, trajerais* o *trajeseis, trajeran* o *trajesen.* Fut imperf.: *trajere, trajeres, trajere, trajéremos, trajereis, trajeren.* IMPERAT.: *trae, traiga, traigamos, traed, traigan.* PARTICIP.: *traído.* GER.: *trayendo.*

TRAERES. m. pl. Atavío.

TRAFAGADOR. m. El que anda en tráfagos y tratos.

TRAFAGANTE. p. a. de **Trafagar.** Que trafaga. Ú.t.c.s.

TRAFAGAR. (En port. *trafegar.*) intr. Traficar, comerciar. sinón.: **mercadear, negociar.** ‖ Andar o errar por varios países, correr mundo. Ú.t.c.tr. sinón.: **traficar, viajar.**

TRÁFAGO. (En port. *tráfego.*) m. Tráfico. ‖ Conjunto de ocupaciones que ocasiona mucha fatiga. *La enfermó el* TRÁFAGO *de la fonda.*

TRAFAGÓN, NA. adj. fam. Dícese de la persona que negocia con mucha solicitud. Ú.t.c.s.

TRAFALGAR. m. Tela de algodón, especie de linón ordinario.

TRAFALGAR. *Geog.* e *Hist.* Cabo en las costas de Cádiz (España), en el estrecho de Gibraltar. En sus proximidades se libró en 1805 la célebre batalla naval entre las escuadras inglesa y franco-española. Venció la primera, al mando de Nelson, que murió en la acción.

TRAFALLÓN, NA. adj. Que hace las cosas mal o que las embrolla.

TRAFALMEJA o **TRAFALMEJAS.** adj. y s. Dícese de la persona bulliciosa y alocada.

TRAFICACIÓN. (De *traficar.*) f. Tráfico.

TRAFICANTE. al. **Handeltreinbender.** fr. **Trafiquant.** ingl. **Trafficker; dealer.** ital. **Trafficante.** port. **Traficante.** p. a. de **Traficar.** Que trafica o comercia. Ú.t.c.s. sinón.: **comerciante, especulador, mercadante, mercader, negociante.**

TRAFICAR. al. **Handeln.** fr. **Trafiquer.** ingl. **To traffic; to deal.** ital. **Trafficare.** port. **Traficar.** (En ital. *trafficare.*) intr. Comerciar, negociar. TRAFICA *en cueros;* sinón.: especular, mercadear. ‖ Trafagar, correr mundo. sinón.: **errar, vagar, viajar.**

TRÁFICO. al. **Handel.** fr. **Trafic.** ingl. **Trade.** ital. **Traffico.** port. **Tráfico.** (Del ital. *traffico.*) m. Acción de traficar. ‖ Comunicación, tránsito y transporte en vehículos adecuados y por vía terrestre, marítima o aérea, de personas, equipajes o mercancías; además, en vías públicas paso de personas o animales.

TRAFILAR. tr. Neologismo por tirar, reducir a hilo un metal. ‖ deriv.: **trafilación; trafilado; trafiladora.**

TRAFUL. *Geog.* Lago de la Argentina, en la prov. de Neuquén, sit. al N.E. del lago Nahuel Huapi. 70 km².

TRAFULCAR. tr. Confundir, trabucar.

TRAGABLE. adj. Que se puede tragar.

TRAGACANTA. (Del lat. *tragacantha,* y éste del gr. *tragákantha,* de *tragos,* macho cabrío, y *ákantha,* espina.) f. Tragacanto.

TRAGACANTO. m. Nombre de varios arbustos leguminosos del gén. *Astrágalus,* originarios de Oriente, de flores en espiga y hojas que sirven de alimento al ganado; de sus troncos y ramas fluye una goma blanquecina, que tiene uso en farmacia y en la industria. ‖ Esta misma goma.

TRAGACETE. m. Arma antigua arrojadiza a manera de dardo o flecha.

TRAGADERAS. f. pl. Tragadero, faringe. ‖ fig. y fam. Facilidad de creer cualquier cosa. *Lo creerá, porque tiene buenas* TRAGADERAS. ‖ Falta de escrúpulos, vileza del que admite o tolera cosas inmorales. *Si tolera eso, ¡tiene* TRAGADERAS!

TRAGADERO. (De *tragar.*) m. Faringe. ‖ Boca o sumidero que traga o sorbe una cosa. ‖ pl. Tragaderas, credulidad.

TRAGADOR, RA. adj. y s. Que traga. ‖ Que come vorazmente. sinón.: **glotón, tragaldabas, tragón.** ‖ — **de leguas.** fig. y fam. Tragaleguas.

TRAGAHOMBRES. m. fam. Perdonavidas. sinón.: **bravucón, matasiete, matón, valentón.**

TRÁGALA. (De las palabras "Trágala, tú, servilón", con que empezaba el estribillo.) m. Canción con que los liberales españoles zaherían a los partidarios del gobierno absoluto durante el primer tercio del siglo XIX. ‖ fig. Cosa que obliga a uno a reconocer, admitir o soportar algo que rechazaba. *Cantarle a uno el* TRÁGALA. ‖ *Méx.* y *Ven.* Trampa, engaño. ‖ *Cuba* y *Ec.* Agrupación de individuos.

TRAGALDABAS. com. fam. Persona muy tragona. sinón.: **glotón, tragador, tragamallas, tragantón.**

TRAGALEGUAS. com. fam. Persona que anda mucho y de prisa.

TRAGALUZ. m. Claraboya.

TRAGALLÓN, NA. adj. y s. *Chile* y *Sal.* Tragón, comilón.

TRAGAMALLAS. com. fam. Tragaldabas.

TRAGANTADA. (De *tragante.*) f. El mayor trago que se puede pasar de una vez. *Aunque la copa era grande, la vació de una* TRAGANTADA.

TRAGANTE. p. a. de **Tragar.** Que traga. ‖ m. Metal. Abertura en la parte superior de los hornos por donde sale la llama.

TRAGANTÓN, NA. (aum. de **Tragante.**) adj. y s. fam. Tragón.

TRAGANTONA. (De *tragantón.*) f. fam. Comilona, comilitona. ‖ Acción de tragar a la fuerza. ‖ fig. y fam. Violencia que hace uno a su razón para creer algo inverosímil o para consentir algo repulsivo.

TRAGAR. al. **Schlucken.** fr. **Avaler.** ingl. **To swallow.** ital. **Inghiottire.** port. **Engolir; tragar.** (En port. y en catal. *tragar.*) tr. Deglutir. sinón.: **ingerir.** ‖ fig. Comer mucho. TRAGÓ *por cuatro;* sinón.: **devorar, tragonear.** ‖ Abismar la tierra o las aguas lo que está en su superficie. Ú.t.c.r. *El pantano se* TRAGÓ *el carro.* ‖ Creer fácilmente una cosa, aunque sea inverosímil. Ú.t.c.r. *Se* TRAGÓ *la bola.* ‖ Soportar o tolerar cosa repulsiva o vejatoria. Ú.t.c.r. *Tiene que* TRAGARSE *toda clase de vejámenes.* ‖ No darse por entendido de una cosa. Ú.t.c.r. *Se* TRAGÓ *la indirecta.* ‖ Absorber, consumir, gastar. *Esa construcción* TRAGÓ *más dinero del presupuesto.* ‖ **Haberse** uno **tragado,** o **tenerse tragada,** alguna cosa. frs. fig. y fam. Estar persuadido de que ha de suceder algo. *Ésa ya me la tenía yo* TRAGADA. ‖ **No tragar** a una persona o cosa. frs. fig. y fam. Sentir antipatía hacia ella. *No puedo* TRAGAR *a los petulantes.* deriv.: **tragamiento.**

TRAGASANTOS. com. fam. y despect. Persona muy devota o que frecuenta mucho las iglesias.

TRAGAVENADO. f. *Col.* y *Ven.* Boa de unos cuatro metros de largo que ataca, para alimentarse, al venado y otros grandes cuadrúpedos.

TRAGAVINO. m. Embudo para trasvasar vino.

TRAGAVIROTES. m. fam. Hombre excesivamente serio y erguido.

TRAGAZÓN. f. fam. Glotonería, gula. sinón.: **insaciabilidad, voracidad.**

TRAGEDIA. al. **Tragödie; Trauerspiel.** fr. **Tragédie.** ingl. **Tragedy.** ital. **Tragedia.** port. **Tragédia.** (Del lat. *tragoedia,* y éste del gr. *tragodia,* de *tragos,* macho cabrío, y *ado,* cantar.) f. Canción de los gentiles en loor del dios Baco. ‖ Obra dramática de acción grande, capaz de conmover fuertemente el ánimo, y en la que el protagonista es llevado por una pasión o la fatalidad a un desenlace funesto. ‖ Composición lírica en la que se lamentan sucesos infaustos. ‖ fig. Cualquier suceso fatal o desgraciado, y en especial si infunde terror y lástima. *El odio que se tienen causará una* TRAGEDIA. ‖ pl. *Col.* Apuros, trabajos. ‖ IDEAS AFINES.: *Grecia, culto dionisíaco, corifeo, coturnos, Esquilo, Sófocles, Eurípides, catarsis, patetismo, comedia, Aristófanes.*

TRAGEDIA AMERICANA, Una. *Lit.* Novela de Teodoro Dreiser, publicada en 1925, uno de los máximos exponentes de la escuela realista norteamericana.

TRÁGICAMENTE. adv. m. De manera trágica; desdichada y funestamente. *Murió* TRÁGICAMENTE.

TRÁGICO, CA. (Del lat. *trágicus,* y éste del gr. *tragikós.*) adj. Perteneciente o relativo a la tragedia. ‖ Dícese del autor de tragedias. Ú.t.c.s. ‖ Aplícase al actor que representa pa-

peles trágicos. Ú.t.c.s. ‖ fig. Infausto, funesto.
TRAGICOMEDIA. (Del lat. *tragicomoedia.*) f. Obra dramática que participa de los géneros trágico y cómico. ‖ Obra de análogo carácter, escrita en diálogo y no destinada a la representación teatral, como la tragicomedia de *Calixto* y *Melibea*. ‖ fig. Suceso que mueve a risa y compasión al mismo tiempo. *No sabíamos si reír o llorar, porque aquello era una* TRAGICOMEDIA.
TRAGICÓMICO, CA. adj. Perteneciente o relativo a la tragicomedia. ‖ Jocoserio.
TRAGO. al. **Schluck.** fr. **Gorgée.** ingl. **Draught.** ital. **Sorso.** port. **Trago.** (De *tragar.*) m. Porción de líquido que se bebe o se puede beber de una vez. sinón.: **bocanada, sorbo, tragantada.** ‖ fig. y fam. Adversidad, contratiempo que dura poco. *Ya pasó el mal* TRAGO. ‖ **A tragos.** m. adv. fig. y fam. Poco a poco. *Eso hay que pasarlo a* TRAGOS.
TRAGO. (Del gr. *tragos.*) m. *Anat.* Prominencia de la oreja, situada delante del orificio externo del conducto auditivo.
TRAGÓN, NA. adj. y s. fam. Que traga o come mucho. sinón.: **comilón, tragador, tragaldabas, tragamallas, tragantón, voraz;** antón.: **desganado, inapetente.**
TRAGONEAR. (De *tragón.*) tr. fam. Tragar voraz y frecuentemente.
TRAGONERÍA. o **TRAGONÍA.** f. fam. Vicio del tragón. sinón.: **glotonería, gula, tragazón, voracidad.**
TRAGONTINA. f. Aro, planta.
TRAGUEAR. intr. *Amér. Central, Col., Ec.* y *Ven.* Beber licor. ‖ r. Embriagarse.
TRAICIÓN. al. **Verrat.** fr. **Trahison.** ingl. **Treason; treachery.** ital. **Tradimento.** port. **Traição.** (Del lat. *traditio, -onis.*) f. Quebrantamiento de la fidelidad que se debe guardar. sinón.: **alevosía, infidelidad, perfidia, prodición.** ‖ **Alta traición.** La cometida contra la soberanía o persona del soberano, o contra la seguridad y la independencia del Estado. ‖ **A traición.** m. adv. Alevosamente, con engaño. *Le hirió* A TRAICIÓN. ‖ IDEAS AFINES: *Espía, disimulo, engaño, deslealtad, apostasía, perjurio, Judas.*
TRAICIONAR. al. **Verraten.** fr. **Trahir.** ingl. **To betray.** ital. **Tradire.** port. **Trair.** tr. Hacer traición.
TRAICIONERO, RA. adj. y s. Traidor. ‖ deriv.: **traicioneramente.**
TRAÍDA. f. Acción y efecto de traer. TRAÍDA *de aguas, del gas.*
TRAÍDO, DA. adj. Usado, gastado, que se va haciendo viejo. *Vestido muy* TRAÍDO. ‖ **Traído y llevado.** frs. Trasladado con frecuencia; muy usado, manoseado. *Asunto muy* TRAÍDO Y LLEVADO.
TRAIDOR, RA. al. **Verräter.** fr. **Traître.** ingl. **Traitor; betrayer.** ital. **Traditore.** port. **Traidor.** (Del lat. *tráditor, -oris.*) adj. Que comete traición. Ú.t.c.s. sinón.: **aleve, alevoso, desleal, infiel, pérfido, traicionero.** ‖ Aplícase al irracional doméstico que se vuelve contra su dueño. *El gato es muy* TRAIDOR. ‖ Que implica o denota traición. *Mirada* TRAIDORA.
TRAIDORAMENTE. adv. m. A traición, con alevosía.
TRAIGUÉN. *Geog.* Población de Chile, en la prov. de Malleco. 11.000 h. Importante centro triguero.
TRÁILER. (Voz inglesa.) m. Vehículo secundario o remolque, generalmente arrastrado por un auto, que sirve de vivienda durante un viaje. Casa rodante.
TRAÍLLA. (Del lat. *trágula,* de *tráhere,* traer hacia sí, llevar arrastrando.) f. Cuerda o correa con que se lleva atado al perro a la cacería. ‖ Cuerda con que se gobierna al hurón. ‖ Tralla. ‖ Especie de cogedor grande que, arrastrado por una o dos caballerías, o impulsado por motor, sirve para igualar los terrenos. ‖ Un par de perros atraillados. ‖ Conjunto de estas **traíllas** unidas por una cuerda.
TRAILLAR. tr. Allanar o igualar la tierra con la traílla. ‖ deriv.: **traillador, ra.**
TRAÍNA. (Del lat. *tráhere,* atraer, arrastrar.) f. Denominación que se da a varias redes de fondo y en especial a la que se usa en la pesca de la sardina.
TRAINERA. adj. y s. Dícese de la barca que pesca con traína.
TRAÍÑA. (De *traína.*) f. Red muy extensa con que se rodea un banco de sardinas para llevarlas vivas a la costa.
TRAITE. (Del lat. *tractus,* p. p. de *tráhere,* trabajar una materia.) m. Percha, acción de perchar el paño.
TRAJANO, NA. adj. Perteneciente o relativo al emperador Trajano. *Vía* TRAJANA.
TRAJANO, Marco Ulpio. *Biog.* Emp. romano n. en España, cuyo gob. marca un período de gran brillo; hizo de Dacia una prov. del Imperio, conquistó Armenia y llegó hasta el golfo Pérsico (53-117).
TRAJE. al. **Anzug; Kleid; Tracht.** fr. **Habit; costume.** ingl. **Dress; suit.** ital. **Abito.** port. **Traje.** (Del b. lat. *tragere,* y éste del lat. *tráhere,* traer.) m. Vestido peculiar de una clase de personas o de los habitantes de un país. TRAJE *de holandesa.* ‖ Vestido completo de una persona. TRAJE *de seda.* ‖ *Ec.* Máscara, enmascarado. ‖ **– corto.** El que usan de ordinario chulos y toreros. ‖ **– de ceremonia** o **de etiqueta.** Uniforme propio del cargo o dignidad que se tiene. ‖ El que usan los individuos de clase distinguida para asistir a ciertos actos o ceremonias solemnes u otras reuniones que lo requieran. ‖ **– de luces.** El que se ponen los toreros para torear. ‖ IDEAS AFINES: *Vestuario, ropero, percha, naftalina, pantalón, chaqueta, chaleco, sastre, modista, confección, remiendo, tintorería.*
TRAJEAR. tr. Proveer de traje a una persona. Ú.t.c.r.
TRAJÍN. (Del m. or. que *traje.*) m. Acción de trajinar. *El* TRAJÍN *de la casa.*
TRAJINANTE. p. a. de **Trajinar.** Que trajina. ‖ m. El que trajina o acarrea mercaderías.
TRAJINAR. (De *trajín.*) tr. Acarrear mercaderías de un lado a otro. ‖ intr. Andar de un sitio a otro con cualquier intento u ocupación. sinón.: **ajetrearse.** ‖ deriv.: **trajinador, ra; trajino.**
TRAJINERÍA. f. Ejercicio de trajinero.
TRAJINERO. m. Trajinante.
TRALHUÉN. m. *Chile.* Arbusto espinoso de la familia de las rámneas.
TRALLA. (Del lat. *trágula.*) f. Cuerda más gruesa que el bramante. ‖ Trencilla que se pone al extremo del látigo para que restalle. *Restalló la* TRALLA *para avivar a los caballos.* ‖ Látigo con tralla.
TRALLAZO. m. Golpe dado con la tralla. ‖ Chasquido de la tralla. ‖ fig. Latigazo, represión dura. ‖ fig. y fam. Trago de vino o licor.
TRALLETA. f. dim. de **Tralla.**
TRAMA. al. **Schuss; Plan.** fr. **Trame; intrigue.** ingl. **Weft; woof; plot.** ital. **Trama.** port. **Trama.** (Del lat. *trama.*) f. Conjunto de hilos que, cruzados y enlazados con los de la urdimbre forman una tela. ‖ Especie de seda para tramar. ‖ fig. Artificio, intriga o confabulación con que se perjudica a uno. *Fue víctima de una pérfida* TRAMA; sinón.: **intriga.** ‖ Disposición interna, contextura, y en especial el enredo de una obra dramática o novelesca. *Comedia de* TRAMA *complicada.* ‖ fig. Florecimiento y flor de los árboles, especialmente el olivo.
TRAMADOR, RA. adj. y s. Que trama.
TRAMAR. tr. Atravesar los hilos de la trama por entre los de la urdimbre. ‖ fig. Preparar con astucia una intriga, engaño o traición. TRAMARON *su pérdida;* sinón.: **maquinar, urdir.** ‖ Disponer con habilidad la ejecución de cualquier cosa difícil. *Si no se* TRAMA *bien el negocio, fracasará.* ‖ intr. Florecer los árboles, especialmente el olivo.
TRAMAZÓN. f. *Amér. Central.* Enredo, maquinación. ‖ Gresca, riña.
TRAMBUCAR. intr. *Col.* y *Ven.* Naufragar. ‖ *Ven.* Perder el juicio.
TRÁMIL. adj. *Chile.* Dícese de la persona a quien le flaquean las piernas.
TRAMILLA. (De *trama.*) f. Bramante, cordel.
TRAMITACIÓN. f. Acción y efecto de tramitar. ‖ Serie de trámites prescritos para un asunto. *Expediente de larga* TRAMITACIÓN.
TRAMITADOR, RA. s. Persona que tramita un asunto.
TRAMITAR. tr. Hacer pasar un negocio por los trámites debidos. ‖ deriv.: **tramitador, ra.**
TRÁMITE. (Del lat. *trames, -itis,* camino, medio.) m. Tránsito de una parte a otra, o de una cosa a otra. ‖ Cada una de las diligencias que hay que hacer sucesivamente en un negocio hasta su conclusión.
TRAMO. (Del lat. *trames.*) m. Trozo de suelo o terreno separado de algún modo de otros contiguos. ‖ Parte de una escalera comprendida entre dos descansillos. *Son muchos los* TRAMOS *que hay que subir.* ‖ Cada uno de los trechos o partes en que está dividido un andamio, canal, camino, etc. *Ya se inauguró el primer* TRAMO *de ese ferrocarril.* ‖ fig. Trozo de composición literaria en el cual domina la misma idea.
TRAMOJO. (De *tramar.*) m. Vencejo hecho con mies para atar los haces. ‖ Parte de la mies donde se coloca el vencejo. ‖ fam. Trabajo, apuro. Ú.m. en pl. ‖ *Amér.* Especie de trangallo o trabanco.
TRAMONTANA. (Del lat. *transmontana,* term. f. de *transmontanus,* transmontano.) f. Norte o septentrión. ‖ Viento del norte. sinón.: **bóreas, cierzo.** ‖ fig. Vanidad, soberbia.
TRAMONTANO, NA. adj. Dícese de lo que está del otro lado de los montes.
TRAMONTAR. intr. Pasar del otro lado de los montes. *Volveré antes de que el sol* TRAMONTE; sinón.: **transmontar.** ‖ tr. Disponer que uno huya de algún peligro. Ú.m.c.r. ‖ deriv.: **tramontación.**
TRAMOYA. al. **Bühnenmaschinerie.** fr. **Machinerie.** ingl. **Trick.** ital. **Macchina.** port. **Tramóia.** (De *trama.*) f. Máquina para figurar en el teatro transformaciones mágicas. ‖ Conjunto de estas máquinas. ‖ Tolva del molino. ‖ fig. Enredo ingenioso. *Es muy amigo de armar* TRAMOYAS.
TRAMOYISTA. m. Constructor o director de tramoyas de teatro. ‖ Operario que las hace funcionar. ‖ El que trabaja en las mutaciones escénicas. ‖ com. fig. Persona que usa de ficciones o engaños. Ú.t.c.adj.
TRAMPA. al. **Falle; Schwindel.** fr. **Trappe; piège; tricherie.** ingl. **Trap; trick.** ital. **Trappola.** port. **Armadilha; ardil.** (Del lat. *trappa,* y éste del germ. *trappa,* lazo, cepo.) f. Artificio para capturar animales, que consiste en una excavación cuya tapa se hunde al ser oprimida, o en otro aparejo de forma y disposición muy variadas. *El animal cayó en la* TRAMPA; sinón.: **armadija, armadijo.** ‖ Puerta en el suelo para comunicar una parte de un edificio con otra inferior. *Levantó la* TRAMPA *y bajó al sótano.* ‖ Tablero horizontal, movible, que suelen tener los mostradores de las tiendas. ‖ Portañuela del pantalón. ‖ fig. Ardid para burlar o perjudicar a alguno. ‖ Deuda cuyo pago se demora. *Es un hombre lleno de* TRAMPAS. ‖ **– legal.** Acto ilícito con apariencia de legalidad. ‖ **Llevarse la trampa** una cosa. frs. fig. y fam. Echarse a perder o malograrse. ‖ IDEAS AFINES: *Cazar, lazo, liga, red, ratonera, pozo de lobo, estratagema, artimaña, asechanza, presa.*
TRAMPAL. (De *trampa.*) m. Atolladero, tremedal.
TRAMPANTOJO. (De *trampa ante ojo.*) m. fam. Enredo, ilusión con que se engaña a uno haciéndole ver lo que no es.
TRAMPAZO. m. Última de las vueltas que se daban en el tormento de cuerda.
TRAMPEADOR, RA. adj. y s. Que trampea.
TRAMPEAR. (De *trampa.*) intr. fam. Pedir prestado o fiado sin intención de pagar. ‖ Arbitrar medios para librarse de la penuria. ‖ Conllevar la falta de salud. *No me faltan achaques, pero voy* TRAMPEANDO. ‖ tr. fam. Usar una persona de maña y cautela para engañar a otra. ‖ deriv.: **trampeable.**
TRAMPERÍA. f. Acción propia de un tramposo.
TRAMPERO, RA. adj. *Guat.* y *Méx.* Tramposo, trampero. ‖ m. El que pone trampas para cazar. ‖ *Chile.* Armadijo para cazar pájaros.
TRAMPILLA. dim. de **Trampa.** f. Ventanilla en el suelo de una habitación alta, para ver quién entra al piso inferior. ‖ Portezuela, con que se cierra la carbonera de un fogón de cocina. ‖ Portañuela del pantalón. sinón.: **trampa.**
TRAMPISTA. adj. y s. Tramposo, petardista.
TRAMPOLÍN. al. **Sprungbrett; Trampolin.** fr. **Tremplin.** ingl. **Springboard.** ital. **Trampolino.** port. **Trampolim.** (Del ital. *trampolino,* y éste del al. *trampeln,* patalear.) m. Plano inclinado y elástico que presta impulso al gimnasta para saltar. *Salto con* TRAMPOLÍN. ‖ fig. Persona o cosa que sirve de medio para conseguir rápidamente ventajas o aumentos desmedidos. *El secreto que sorprendió le está sirviendo de* TRAMPOLÍN.
TRAMPOSERÍA. f. *Col., Cuba* y *P. Rico.* Trampería.
TRAMPOSO, SA. adj. y s. Que no paga sus deudas. ‖ Que hace trampas en el juego.
TRANCA. (Del b. lat. *trancus,* y éste del lat. *truncus,* tronco.) f. Palo grueso y fuerte. sinón.: **garrote.** ‖ Palo grueso que se pone para mayor firmeza y seguridad, detrás de una puerta o ventana cerrada. *Por miedo a los ladrones, no hay puerta ni ventana que no asegure con* TRANCAS. ‖ *Amér.* fam. Borrachera. ‖ **A trancas y barrancas.** frs. fig. y fam. Pasando sobre todos los obstáculos.
TRANCADA. f. Tranco, paso largo. *Llegó a la casa en dos* TRANCADAS; sinón.: **zancada.** ‖ *Col.* Reprimenda. ‖ *Cuba.* Bromazo; treta.
TRANCAHÍLO. (De *trancar* y *hilo.*) m. Nudo para estorbar el paso del hilo por alguna parte.
TRANCANIL. m. *Mar.* Serie de maderos para ligar los baos a las cuadernas y al forro exterior.
TRANCAR. tr. Atrancar, cerrar asegurando con tranca. ‖ *Chile.* Estreñir, astringir. ‖ intr. fam. Atrancar, dar pasos largos.
TRANCAZO. m. Golpe que se da con la tranca. sinón.: **garrotazo.** ‖ fig. y fam. Gripe. ‖ *Cuba* y *P. Rico.* Trago de licor.
TRANCE. (De *transir,* en port. *trance* y *transe.*) m. Momento crítico. *Pasó por duros* TRANCES. ‖ Con los adjetivos *último, postrero, mortal,* el estado o tiempo próximo a la muerte. ‖ *Der.* Apremio judicial contra los bienes de un deudor, para pagar con ellos al acreedor. ‖ **– de armas.** Duelo, batalla. ‖ **A todo trance.** m. adv. Resueltamente, sin reparar en riesgos. *Lo hará* A TODO TRANCE.
TRANCELÍN. m. Trancellín.
TRANCO. (Del mismo or. que *tranca.*) m. Paso largo. *Se paseaba a grandes* TRANCOS; sinón.: **trancada, zancada.** ‖ Umbral de la puerta. ‖ fam. Puntadas largas, en especial al repasar la ropa. ‖ **Al tranco.** m. adv. *Arg.* y *Chile.* Hablando de caballerías, a paso largo. ‖ **A trancos.** m. adv. fig. y fam. Con precipitación y sin arte. ‖ **En dos trancos.** m. adv. fig. y fam, con que se explica la prontitud con que se puede llegar a algún sitio.
TRANCHA. f. Hierro empleado por los hojalateros para rebordear sobre él los cantos de la hojalata.
TRANCHETE. (Del fr. *tranchet,* de *trancher,* cortar.) m. Chaira, cuchilla de zapatero.
TRANCHO. m. Pez muy parecido al sábalo.
TRANGALLO. (De *tranca.*) m. Palo que se pone pendiente del collar a los perros y a algunas reses, para que no puedan llegar con la boca al suelo. sinón.: **taragallo, tarangallo, trabanco.**
TRANI. *Geog.* Ciudad del S. de Italia, en Bari (Apulia). 41.000 h. Comercio de vinos.
TRANQUEAR. intr. Trancar, dar pasos largos. ‖ Remover, empujando y apalancando con trancas.
TRANQUERA. f. Valla, empalizada de trancas. ‖ *Amér.* Talanquera o puerta rústica en un cercado. *La joven le aguardaba en la* TRANQUERA; sinón.: **portilla, portillera.**
TRANQUERO. (De *tranco.*) m. Piedra con que se forman las jambas y dinteles de puertas y ventanas. ‖ *Col., Chile* y *Ven.* Tranquera.
TRANQUIL. m. *Arq.* Línea vertical o del plomo.

TRANQUILAMENTE. adv. m. De manera tranquila.

TRANQUILAR. (Del lat. *tranquillare.*) tr. Señalar con dos rayitas las partidas de un libro de comercio hasta donde iguala la cuenta. ‖ p. us. Tranquilizar. Ú.t.c.r.

TRANQUILIDAD. al. **Beruhigung; Ruhe.** fr. **Tranquillité.** ingl. **Tranqüility.** ital. **Tranquillità.** port. **Tranqüilidade.** (Del lat. *tranquillitas, -atis.*) f. Calidad de tranquilo. *Deseó la* TRANQUILIDAD *de la celda*; sinón.: **calma, paz, quietud, reposo, serenidad, sosiego**; antón.: **desasosiego, inquietud, intranquilidad.**

TRANQUILIZADOR, RA. adj. Que tranquiliza.

TRANQUILIZAR. tr. y r. Poner tranquilo, sosegar. *Nos* TRANQUILIZARON *las palabras del médico*; sinón.: **apaciguar, aquietar, calmar, pacificar, serenar.** ‖ deriv.: **tranquilizable; tranquilización; tranquilizamiento.**

TRANQUILO, LA. (Del lat. *tranquillus.*) adj. Quieto, sosegado, pacífico.

TRANQUILLA. f. dim. de **Tranca.** ‖ fig. Especie con que se sorprende a uno para desorientarle y obligarle a hacer o decir una cosa. ‖ Pasador que se pone en una barra, para que sirva de tope. ‖ **Armar tranquilla.** Poner tropiezos para desbaratar algún negocio.

TRANQUILLO. m. fig. Modo práctico o expediente cómodo para hacer una cosa con más facilidad. *Ahora hago con rapidez, porque encontré el* TRANQUILLO. ‖ Fórmula o recurso de que uno usa con frecuencia. *Para todo empleas los mismos* TRANQUILLOS.

TRANQUILLÓN. m. Mezcla de trigo y centeno.

TRANS. (Del lat. *trans.*) Prep. inseparable que en las voces a las que se halla unida significa *del otro lado* o *a la parte opuesta*, como en TRANS*alpino*; o *a través de*, como en TRANS*lúcido*; o indica cambio o mudanza, como en TRANS*mutar*. El uso autoriza a decir **trans** o **tras** indistintamente.

TRANSACCIÓN. al. **Geschäft; transaktion.** fr. **Transaction.** ingl. **Transaction.** ital. **Transazione.** port. **Transação.** (Del lat. *transactio.*) f. Acción y efecto de transigir. ‖ Trato, convenio, pacto, negocio.

TRANSALPINO, NA. (Del lat. *transalpinus.*) adj. Dícese de las regiones que desde Italia aparecen situadas al otro lado de los Alpes. ‖ Perteneciente o relativo a ellas.

TRANSANDINO, NA. adj. Dícese de las regiones situadas del otro lado de la cordillera de los Andes. ‖ Perteneciente o relativo a ellas. ‖ Dícese del tráfico y de los medios de comunicación que atraviesan los Andes. *Carretera* TRANSANDINA. **Trasandino.**

TRANSAR. intr. *Amér.* Transigir, ceder, llegar a una transacción o acuerdo. Ú.t.c.r. Ajustar algún trato, especialmente en el terreno comercial y bursátil.

TRANSATLÁNTICO, CA. al. **Überseeisch; Ozeandampfer.** fr. **Transatlantique.** ingl. **Transatlantic.** ital. **Transatlantico.** port. **Transatlantico.** adj. Dícese de las regiones situadas al otro lado del Atlántico. ‖ Perteneciente o relativo a ellas. ‖ Dícese del tráfico y de los medios de locomoción que atraviesan el Atlántico. ‖ m. Buque de gran porte destinado a hacer la travesía del Atlántico o de otro gran mar.

TRANSBORDADOR, RA. adj. Que transborda. ‖ m. Barquilla de transporte que va y viene de un punto a otro. ‖ – **funicular.** El formado por una vía funicular, sobre la que se apoya el carro, que suele formar un solo cuerpo con la barquilla. ‖ **Puente trasbordador.**

TRANSBORDAR. al. **Umladen; umsteigen.** fr. **Transborder.** ingl. **To transfer; to transship.** ital. **Trasbordare.** port. **Trasbordar; transbordar.** (De *trans* y *bordo.*) tr. y r. Trasladar efectos o personas de una embarcación a otra, y por ext., de un tren o vehículo cualquiera a otro. *El viaje es molesto, porque hay que* TRANSBORDAR. ‖ deriv.: **transbordable; transbordación; transbordamiento.**

TRANSBORDO. m. Acción y efecto de transbordar.

TRANSCAUCASIA. *Geog.* Región de Asia occidental situada al S. del Cáucaso y que comprende las Rep. soviéticas de Georgia, Armenia y Azerbaiján.

TRANSCENDENCIA. f. Trascendencia.

TRANSCENDENTAL. adj. Trascendental. ‖ *Fil.* Dícese de lo que traspasa los límites de la ciencia experimental.

TRANSCENDENTALISMO. m. Calidad de transcendental. ‖ *Fil.* Doctrina que considera el conocimiento de las cosas fuera de la experiencia. ‖ deriv.: **transcendentalista.**

TRANSCENDENTE. p.a. de **Transcender.** Que transciende.

TRANSCENDER. (Del lat. *transcéndere.*) intr. Trascender. ‖ irreg. Conj. como **entender.**

TRANSCONTINENTAL. Que está situado al otro lado de un continente. ‖ Que atraviesa un continente.

TRANSCRIBIR. al. **Umschreiben.** fr. **Transcrire.** ingl. **To transcribe.** ital. **Trascrivere.** port. **Transcrever.** (Del lat. *transcríbere.*) tr. Copiar un escrito. TRANSCRIBIR *un documento.* ‖ Escribir con un sistema de caracteres lo que está escrito con otro. TRANSCRIBIÓ *el original ruso en caracteres latinos.* ‖ *Mús.* Arreglar para un instrumento o grupo instrumental la música escrita para otro. ‖ deriv.: **transcribible.**

TRANSCRIPCIÓN. (Del lat. *transcriptio, -onis.*) f. Acción y efecto de transcribir. ‖ *Mús.* Pieza musical que resulta de transcribir otra.

TRANSCRIPTO, TA. (Del lat. *transcriptus.*) p. p. irreg. Transcrito.

TRANSCRITO, TA. p. p. irreg. de **Transcribir.**

TRANSCURRIR. al. **Verstreichen; vergehen.** fr. **Passer; s'écouler.** ingl. **To pass; to elapse.** ital. **Trascorrere.** port. **Transcorrer.** (Del lat. *transcúrrere.*) intr. Pasar, correr. TRANSCURRIR *los años.*

TRANSCURSO. al. **Verlauf.** fr. **Laps; cours.** ingl. **Lapse; course.** ital. **Trascorso; corso.** port. **Transcurso.** (Del lat. *transcursus.*) m. Paso o carrera del tiempo. *El* TRANSCURSO *de la vida*; sinón.: **decurso.**

TRANSEAT. (3ª pers. de sing. del pres. de subj. del verbo lat. *transire*, pasar; pase.) Voz latina que se usa para consentir una afirmación sin concederla ni negarla.

TRANSEPTO. m. *Arq.* Crucero de una iglesia.

TRANSEÚNTE. al. **Vorübergehender; passant.** fr. **Passant.** ingl. **Passer-by.** ital. **Passeggiero.** port. **Transeunte.** (Del lat. *transiens, -seuntis.* p. a. de *transire*, pasar de un lugar a otro.) adj. Que transita o pasa por un lugar. Ú.t.c.s. sinón.: **viandante.** ‖ Que está transitoriamente en un sitio. Apl. a pers., ú.t.c.s. ‖ Transitorio, interino. *Socio* TRANSEÚNTE. ‖ *Fil.* Dícese del efecto que pasa o se termina fuera del agente. ‖ IDEAS AFINES: *Peatón, calle, acera, ir y venir, céntrico, concurrido, al paso, a contramano.*

TRANSFERENCIA. f. Acción y efecto de transferir. ‖ – **de crédito.** Alteración mediante la cual se varía la dotación de los distintos servicios públicos, sin aumentar el gasto total del presupuesto.

TRANSFERIBLE. adj. Que puede ser transferido o traspasado a otro.

TRANSFERIDOR, RA. adj. y s. Que transfiere.

TRANSFERIR. (Del lat. *transferre.*) tr. Pasar o transportar a una persona o cosa de un lugar a otro. *Los empleados han sido* TRANSFERIDOS *a otra oficina.* ‖ Diferir, retardar. TRANSFIRIÓ *el pago.* ‖ Extender o trasladar el sentido de una voz para que designe figuradamente otra cosa distinta. TRANSFIERE *las palabras a su propósito.* ‖ Traspasar a otro el derecho que se tiene sobre una cosa. *Le* TRANSFIRIÓ *la propiedad.* ‖ *Esgr.* Hacer ciertos movimientos con el arma para quedar superior. ‖ irreg. Conj. como **sentir.** ‖ deriv.: **transferimiento.**

TRANSFIGURABLE. (Del lat. *transfigurábilis.*) adj. Que se puede transfigurar.

TRANSFIGURACIÓN. al. **Verwandlung; verklärung.** fr. **Transfiguration.** ingl. **Transfiguration.** ital. **Trasfigurazione.** port. **Transfiguração.** (Del lat. *transfiguratio, -onis.*) f. Acción y efecto de transfigurar o transfigurarse. ‖ Por antonom., la de Jesucristo.

TRANSFIGURAR. (Del lat. *transfigurare.*) tr. y r. Hacer cambiar de figura a una persona o cosa. *Para seducir a Leda, Júpiter se* TRANSFIGURÓ *en cisne.* ‖ deriv.: **transfigurador, ra.**

TRANSFIJO, JA. (Del lat. *transfixus.*) adj. Atravesado con un arma o cosa puntiaguda.

TRANSFIXIÓN. (Del lat. *transfixio, -onis.*) f. Acción de herir pasando de parte a parte. sinón.: **transverberación.** ‖ *Cir.* Acción de cortar en un solo tiempo los tejidos blandos.

TRANSFLOR. (De *transflorar.*) m. *Pint.* Pintura sobre metales, y en especial de verde sobre oro.

TRANSFLORAR. (Del lat. *transflorare*, traspasar.) intr. Transparentarse una cosa a través de otra.

TRANSFLORAR. (De *trans* y *flor.*) tr. *Pint.* Transflorear. ‖ Copiar un dibujo al trasluz.

TRANSFLOREAR. tr. *Pint.* Adornar con transflor. ‖ deriv.: **transfloreación, transflореador, ra; transfloreamiento; transfloreo.**

TRANSFORMABLE. adj. Que puede transformarse.

TRANSFORMACIÓN. al. **Umbildung; Umwaldung.** fr. **Transformation.** ingl. **Transformation.** ital. **Trasformazione.** port. **Transformação.** (Del lat. *transformatio, -onis.*) f. Acción y efecto de transformar. *Lucha por la* TRANSFORMACIÓN *de las costumbres.*

TRANSFORMADOR, RA. al. **Transformator; Umformer.** fr. **Transformateur.** ingl. **Transformer.** ital. **Trasformatore.** port. **Transformador.** adj. Que transforma. Ú.t.c.s. ‖ m. *Elec.* Aparato destinado a convertir una corriente en otra de diferente naturaleza.

TRANSFORMAMIENTO. m. Transformación.

TRANSFORMANTE. p. a. de **Transformar.** Que transforma.

TRANSFORMAR. al. **Umbilden; verwandeln.** fr. **Transformer.** ingl. **To transform.** ital. **Trasformare.** port. **Transformar.** (Del lat. *transformare.*) tr. y r. Hacer cambiar de forma o de condiciones a una persona o cosa. TRANSFORMÓ *la barca en una barraca.* ‖ Transmutar una cosa en otra. *El amor* TRANSFORMA *al amante en el amado.* ‖ fig. Hacer mudar de porte o de conducta a una persona. *Las malas compañías le han* TRANSFORMADO. ‖ deriv.: **transformatorio, ria.**

TRANSFORMATIVO, VA. adj. Que tiene virtud o fuerza para transformar.

TRANSFORMISMO. m. Doctrina biológica que admite la transformación de unas especies en otras. sinón.: **evolucionismo.**

TRANSFORMISTA. adj. Perteneciente o relativo al transformismo. ‖ com. Partidario de esta doctrina. ‖ Actor que hace mutaciones rapidísimas en los tipos que representa.

TRANSFREGAR. (De *trans* y *fregar.*) tr. Restregar una cosa con otra. ‖ irreg. Conj. como **acertar.**

TRANSFRETANO, NA. (Del lat. *transfretanus*; de *trans*, de la otra parte, y *fretum*, estrecho de mar.) adj. Que está al otro lado de un estrecho o brazo de mar.

TRANSFRETAR. (Del lat. *transfretare.*) tr. Pasar el mar. TRANSFRETAMOS *el mar de Mármara.* ‖ intr. Extenderse, dilatarse. ‖ deriv.: **transfretación.**

TRÁNSFUGA. (Del lat. *tránsfuga*, de *transfúgere*, pasarse, huir.) com. Persona que pasa huyendo de una parte a otra. ‖ fig. Persona que deja un partido por otro. TRÁNSFUGA *del liberalismo.*

TRÁNSFUGO. m. Tránsfuga.

TRANSFUNDICIÓN. f. Transfusión.

TRANSFUNDIR. (Del lat. *transfúndere.*) tr. Verter un líquido poco a poco de un vaso a otro. ‖ fig. Comunicar o difundir una cosa entre varios sujetos sucesivamente. Ú.t.c.r. *El secreto se fue* TRANSFUNDIENDO, *y a poco lo supo todo el pueblo.* ‖ deriv.: **transfundente; transfundible; transfundidor, ra.**

TRANSFUSIBLE. adj. Que se puede transfundir.

TRANSFUSIÓN. (Del lat. *transfusio, -onis.*) f. Acción y efecto de transfundir o transfundirse. ‖ – **de,** o **de la, sangre.** *Cir.* Operación que consiste en hacer pasar cierta cantidad de sangre de un individuo a otro.

TRANSFUSOR, RA. adj. y s. Que transfunde. *Aparato, dispositivo* TRANSFUSOR.

TRANSGANGÉTICO, CA. adj. Dícese de las regiones situadas al Norte del río Ganges. ‖ Perteneciente o relativo a ellas.

TRANSGREDIR. (Del lat. *transgredi.*) tr. Violar un precepto o ley. sinón.: **conculcar, contravenir, incumplir, infringir, traspasar, violar, vulnerar.** ‖ deriv.: **transgredimiento.**

TRANSGRESIÓN. (Del lat. *transgressio, -onis.*) f. Acción y efecto de transgredir. sinón.: **contravención, infracción.**

TRANSGRESIVO, VA. adj. Que implica transgresión.

TRANSGRESOR, RA. (Del lat. *transgresor, -oris.*) adj. y s. Que comete transgresión. *Fueron multados los* TRANSGRESORES; sinón.: **contraventor, infractor, traspasador.**

TRANSIBERIANO, NA. adj. Dícese del tráfico y de los medios de locomoción que atraviesan Siberia. *Ferrocarril* TRANSIBERIANO.

TRANSICIÓN. (Del lat. *transitio, -onis.*) f. Acción y efecto de pasar de un estado a otro. *Período de* TRANSICIÓN. ‖ Paso de una idea o materia a otra, en discursos o escritos. ‖ Cambio repentino de tono y expresión. ‖ *Mús.* Modulación.

TRANSIDO, DA. adj. fig. Fatigado, acongojado. TRANSIDO *de frío, de hambre, de aflicción.* ‖ p. us. fig. Miserable, escaso.

TRANSIGENCIA. al. **Nachgiebigkeit.** fr. **Transigeance; tolérance.** ingl. **Tolerance.** ital. **Transigenza; tolleranza.** port. **Transigencia.** f. Condición de transigente. sinón.: **contemporización, tolerancia**; antón.: **intransigencia.** ‖ Lo que se hace o permite transigiendo.

TRANSIGENTE. p. a. de **Transigir.** Que transige.

TRANSIGIR. (Del lat. *transígere.*) intr. Consentir o permitir condicional o parcialmente aquello con lo que no se está conforme a fin de llegar a una concordia. Ú. a veces c.tr. *No se llegó a un acuerdo, porque ninguno quiso* TRANSIGIR; sinón.: **condescender, contemporizar.** ‖ tr. *For.* Ajustar algún punto litigioso cediendo algo cada una de las partes. ‖ deriv.: **transigible.**

TRANSILUMINACIÓN. f. *Med.* Iluminación por transparencia de una cavidad, especialmente la de los senos de la cara.

TRANSILVANIA. *Geog.* Meseta de Rumania que está aproximadamente a 700 m. sobre el nivel del mar y limitada al N.E. por los montes Cárpatos, al S.E. por los Alpes de Transilvania y al O. por los montes de Bihar. Hasta después de la primera Guerra Mundial perteneció a Hungría, y pasó luego a poder de Rumania, la cual tuvo que ceder, en 1940, las dos terceras partes de esta región. Al finalizar la segunda Guerra Mundial fue reincorporada a Rumania en su totalidad. ‖ **Alpes de–.** Macizo montañoso de Europa central, en Rumania. Se extiende al S. de los Cárpatos en forma de semicírculo y llega hasta el Danubio, donde varios cordones montañosos angostan el curso de ese río y forman el desfiladero denominado "Puertas de Hierro".

TRANSILVANO, NA. adj. y s. De Transilvania.

TRANSISTOR. (Voz ingl.) m. Aparato usado en radiotelefonía, que se compone de un cristal de germanio al que se conectan tres electrodos. Reemplaza ventajosamente a las válvulas electrónicas por su reducido tamaño y mínimo consumo de energía.

TRANSITABLE. adj. Dícese del sitio o paraje por donde se puede transitar. antón.: **intransitable.**

TRANSITAR. al. **Durchgehen; verkehren.** fr. **Passer par.** ingl. **To pass by.** ital. **Transitare.** port. **Transitar.** (De *tránsito.*) intr. Pasar por vías o parajes públicos. ‖ Viajar haciendo tránsitos. ‖ deriv.: **tránsito.**

TRANSITIVO, VA. al. **Hinüberwirkend; transitiv.** fr. **Transitif.** ingl. **Transitive.** ital. **Transitivo.** port. **Transitivo.** (Del lat. *transitivus.*) adj. Que pasa y se transfiere de uno en otro. ‖ *Gram.* V. **Verbo transitivo.** ‖ deriv.: **transitivamente.**

TRÁNSITO. (Del lat. *tránsitus.*) m. Acción de transitar. *Camino de mucho* TRÁNSITO; sinón.: **circulación.** ‖ Paso, sitio por donde se pasa de un lugar a otro. sinón.: **pasaje.** ‖ Sitio determinado para hacer alto en alguna jornada. *En nuestro viaje, hicimos pocos* TRÁNSITOS. ‖ Paso de un estado o empleo a otro. *No está preparada para el* TRÁNSITO *de soltera a casada.* ‖ Muerte de las personas santas, y especialmente la de la Virgen. ‖ Fiesta que celebra la Iglesia en honor de la muerte de la Virgen. ‖ **De tránsito.** m. adv. De un modo transitorio. ‖ **Hacer tránsitos.** frs. Hospedarse en albergues situados entre los puntos extremos de un viaje. ‖ IDEAS AFINES: *Travesía, traslación, paseo, camino, calle, pasaporte, puente, túnel, avenida a contramano, choque.*

TRANSITORIAMENTE. adv. m. De manera transitoria.

TRANSITORIEDAD. f. Calidad de transitorio.

TRANSITORIO, RIA. (Del lat. *transitorius.*) adj. Pasajero, temporal, interino. *Disposición* TRANSITORIA. ‖ Caduco, perecedero, fugaz. *Las glorias de este mundo son* TRANSITORIAS.

TRANSJORDANIA. *Geog.* V. **Jordania, Reino Hachemita de.**

TRANSKEI. *Geog.* Est. del S.O. de África. 41.600 km². 1.755.000 h. Cap. UMTATA. Región autónoma de la Rep. Sudafricana de pobl. negra, se declaró independiente en 1976 y es miembro del Commonwealth.

TRANSLATICIAMENTE. adv. m. Traslaticiamente.

TRANSLACIÓN. (Del lat. *translatio, -onis.*) f. Traslación.

TRANSLATICIO, CIA. adj. Traslaticio.

TRANSLATIVO, VA. adj. Traslativo.

TRANSLIMITACIÓN. f. Acción y efecto de translimitar. ‖ Envío de tropas de una potencia al territorio de un Estado vecino para intervenir en favor de uno de los partidos en guerra.

TRANSLIMITAR. (De *trans,* más allá, y *límite.*) tr. Traspasar los límites morales o materiales. Ú.t.c.r. *Como está tan mal educado, se* TRANSLIMITA *con frecuencia.* ‖ Pasar inadvertidamente, o mediante autorización la frontera de un Estado sin ánimo de violar el territorio. ‖ deriv.: **translimitador, ra.**

TRANSLINEAR. (De *trans,* en sentido de mudanza, y *línea.*) intr. *For.* Pasar un vínculo de una línea a otra.

TRANSLUCIDEZ. f. Calidad de translúcido. antón.: **opacidad.**

TRANSLÚCIDO, DA. al. **Lichtdurchlässig; durchscheinend.** fr. **Translucide.** ingl. **Translucent.** ital. **Traslucido.** port. **Translúcido.** (Del lat. *translúcidus.*) adj. Dícese del cuerpo a través del cual pasa la luz, pero que sólo deja ver confusamente lo que hay detrás de él. sinón.: **trasluciente;** antón.: **opaco.**

TRANSLUCIENTE. adj. Trasluciente.

TRANSMARINO, NA. (Del lat. *transmarinus.*) adj. Dícese de las regiones situadas al otro lado del mar. *Países* TRANSMARINOS; sinón.: **ultramarino.** ‖ Perteneciente o relativo a ellas.

TRANSMIGRACIÓN. (Del lat. *transmigratio, -onis.*) f. Acción y efecto de transmigrar. TRANSMIGRACIÓN *de las almas;* sinón.: **migración.** ‖ *Med.* Cambio de lugar. ‖ Diapédesis.

TRANSMIGRAR. (Del lat. *transmigrare.*) intr. Pasar a otro país para vivir en él, especialmente un pueblo entero o parte considerable de él. sinón.: **emigrar.** ‖ Pasar una alma de un cuerpo a otro. ‖ deriv.: **transmigrador, ra; transmigrante.**

TRANSMISIBILIDAD. f. Calidad de transmisible. ‖ *Med.* Facultad o capacidad de transmitir por contagio o herencia.

TRANSMISIBLE. adj. Que se puede transmitir.

TRANSMISIÓN. al. **Übertragung.** fr. **Transmission.** ingl. **Transmission; broadcast.** ital. **Trasmissione.** port. **Transmissão.** (Del lat. *transmissio, -onis.*) f. Acción y efecto de transmitir. TRANSMISIÓN *del pensamiento.* ‖ *Der.* Susceptibilidad de un derecho o de una obligación para pasar de un sujeto a otro, sin perjuicio de su esencia. TRANSMISIÓN *de bienes.* ‖ *Med.* Contagio o comunicación de las enfermedades. ‖ Comunicación de las cualidades hereditarias a la descendencia. ‖ Conductibilidad nerviosa. TRANSMISIÓN *de las impresiones.* ‖ **— de movimiento.** *Mec.* Conjunto de mecanismos que comunican el movimiento de un cuerpo a otro. ‖ IDEAS AFINES: *Cesión, transferencia, donación, arrendamiento, compraventa, herencia, alienar, endosar, tradición.*

TRANSMISOR, RA. al. **Sender; Sendestation.** fr. **Transmetteur; poste de transmission.** ingl. **Transmitter; broadcasting station.** ital. **Trasmissore.** port. **Transmissor.** adj. Que transmite o puede transmitir. Ú.t.c.s. ‖ m. Aparato que sirve para transmitir las señales eléctricas, telegráficas o telefónicas. ‖ En radiocomunicación, aparato que transmite ondas electromagnéticas que han de actuar en el receptor.

TRANSMITIR. al. **Übertragen; senden.** fr. **Transmettre.** ingl. **To transmit; to broadcast.** ital. **Trasmettere.** port. **Transmitir.** (Del lat. *transmittere.*) tr. Trasladar, transferir. TRANSMITIR *a otro una obligación.* ‖ Comunicar. TRANSMITIR *de palabra, por escrito.* ‖ Emitir despachos, noticias, etc., por radiotelefonía y otros medios semejantes. ‖ *For.* Enajenar, ceder. deriv.: **transmisivo, va.**

TRANSMONTANO, NA. adj. Tramontano.

TRANSMONTAR. (Del lat. *trans,* a la parte de allá, y *mons, montis,* el monte.) tr. e intr. Tramontar. Ú.t.c.r.

TRANSMONTE. m. p. us. Acción de transmontar.

TRANSMUDACIÓN. f. Transmutación.

TRANSMUDAMIENTO. (De *transmudar.*) m. Transmutación.

TRANSMUDAR. (Del lat. *transmutare.*) tr. Trasladar, mudar de una parte a otra. Ú.t.c.r. TRANSMUDÓ *las mercaderías.* ‖ Transmutar, convertir. Ú.t.c.r. ‖ fig. Disuadir de un afecto o mudarlo. ‖ deriv.: **transmudable; transmudador, ra; transmudante.**

TRANSMUNDANO, NA. adj. Que está fuera del mundo.

TRANSMUTABLE. adj. Que se puede transmutar.

TRANSMUTACIÓN. (Del lat. *transmutatio, -onis.*) f. Acción y efecto de transmutar o transmutarse. TRANSMUTACIÓN *de los cuerpos;* sinón.: **transmudación, transmudamiento.**

TRANSMUTAR. (Del lat. *transmutare.*) tr. y r. Convertir, mudar una cosa en otra. *Los alquimistas pretendían* TRANSMUTAR *cualquier metal en oro.* ‖ deriv.: **transmutador, ra; transmutamiento.**

TRANSMUTATIVO, VA, o **TRANSMUTATORIO, RIA.** adj. Que tiene virtud para transmutar.

TRANSOCEÁNICO, CA. adj. Perteneciente o relativo a las regiones situadas al otro lado del océano.

TRANSPACÍFICO, CA. adj. Perteneciente o relativo a las regiones situadas al otro lado del Pacífico. ‖ Aplícase a los grandes buques que hacen la travesía del Pacífico.

TRANSPADANO, NA. (Del lat. *transpadanus;* de *trans,* del otro lado, y *Padus,* el Po.) adj. Que habita o está de la otra parte del río Po. Apl. a pers., ú.t.c.s.

TRANSPARENCIA. al. **Durchsichtigkeit; Trasparent.** fr. **Transparence.** ingl. **Transparency.** ital. **Trasparenza.** port. **Transparencia.** f. Calidad de transparente. antón.: **opacidad.** ‖ IDEAS AFINES: *Diafanidad, velo, vidrio, cristal, papel de calcar; traslucirse, empañarse, opacidad, pantalla, cortina, ventana.*

TRANSPARENTARSE. r. Dejarse ver la luz u otra cosa cualquiera a través de un cuerpo transparente. *El agua era tan límpida, que se* TRANSPARENTABA *el fondo;* sinón.: **clarearse, transflorar.** ‖ Ser transparente un cuerpo. *Los vidrios estaban tan empañados, que no se* TRANSPARENTABAN. ‖ fig. Revelarse alguna cosa interior o secreta que no está expresa en lo que se manifiesta o declara. *Echaba bravatas, pero bien se* TRANSPARENTABA *su miedo.* ‖ deriv.: **transparentable; transparentación.**

TRANSPARENTE. (Del lat. *trans,* a través, y *parens, -entis,* que aparece.) adj. Dícese del cuerpo a través del cual pueden verse los objetos distintamente. sinón.: **diáfano;** antón.: **opaco.** ‖ Translúcido. ‖ fig. Que se deja adivinar o vislumbrar sin manifestarse claramente. *Sus intenciones son* TRANSPARENTES. ‖ m. Tela o papel que, colocado a modo de cortina delante de ventanas o balcones, o de un foco luminoso, sirve para templar la luz. ‖ Pantalla en que se proyectan imágenes o letreros. ‖ Ventana de cristales que ilumina y adorna el fondo de un altar. TRANSPARENTE *gótico.*

TRANSPIRABLE. adj. Dícese de lo que puede transpirar.

TRANSPIRACIÓN. al. **Ausdünstung; Schwitzen.** fr. **Transpiration; sueur.** ingl. **Transpiration; perspiration.** ital. **Traspirazione; sudore.** port. **Transpiração.** f. Acción y efecto de transpirar. TRANSPIRACIÓN *cutánea.* ‖ *Bot.* Emisión de vapor de agua por la superficie libre y permeable de las plantas. ‖ *Fisiol.* Secreción de sudor que en vez de permanecer líquido, se evapora inmediatamente.

TRANSPIRAR. al. **Ausdünsten; schwitzen.** fr. **Transpirer; suer.** ingl. **To transpire; to perspire.** ital. **Traspirare; trasudare.** port. **Transpirar.** (Del lat. *trans,* a través, y *spirare,* exhalar, brotar.) intr. Emitir un animal a través de la piel un líquido orgánico. Ú.t.c.r. ‖ Exhalar una planta vapor de agua. ‖ fig. Sudar, destilar agua las cosas impregnadas de humedad. ‖ Dejarse adivinar y conocer una cosa secreta. ‖ deriv.: **transpirador, ra; transpiramiento; transpirante; transpiratorio.**

TRANSPIRENAICO, CA. adj. Dícese de las regiones situadas al otro lado de los Pirineos. ‖ Perteneciente o relativo a ellas. ‖ Dícese del comercio y de los medios de locomoción que cruzan los Pirineos. *Ferrocarriles* TRANSPIRENAICOS.

TRANSPONEDOR, RA. adj. y s. Que transpone.

TRANSPONER. (Del lat. *transpónere.*) tr. Poner una persona o cosa en lugar diferente del que ocupaba. Ú.t.c.r. ‖ Trasplantar. ‖ r. Ocultarse a la vista de uno alguna persona o cosa, desapareciendo detrás de alguna altura u objeto lejano. *Los siguió con la vista hasta que se* TRANSPUSIERON *tras la colina.* ‖ Ocultarse de nuestro horizonte el sol u otro astro. sinón.: **ponerse.** ‖ Quedarse uno algo dormido. *Me* TRANSPUSE *unos instantes.* ‖ irreg. Conj. como **poner.** ‖ deriv.: **transponible.**

TRANSPORTABLE. adj. Que se puede transportar.

TRANSPORTACIÓN. (Del lat. *transportatio, -onis.*) f. Transporte, acción y efecto de transportar.

TRANSPORTADOR, RA. adj. Que transporta. Ú.t.c.s. ‖ m. Círculo graduado que se usa para medir los ángulos de un dibujo geométrico. ‖ Funicular de vía aérea.

TRANSPORTAMIENTO. m. Transporte.

TRANSPORTAR. al. **Befördern; transportieren.** fr. **Transporter.** ingl. **To transport; to carry.** ital. **Trasportare.** port. **Transportar.** (Del lat. *transportare.*) tr. Llevar cosas o personas de un paraje o lugar a otro. sinón.: **trasladar.** ‖ Portear. TRANSPORTAR *mercancías;* sinón.: **acarrear.** ‖ *Mús.* Ejecutar o transcribir una composición en tonalidad diferente de la original. ‖ r. fig. Enajenarse de la razón o del sentido. ‖ deriv.: **transportante; transportativo, va.**

TRANSPORTE. al. **Transport; Beförderung.** fr. **Transport.** ingl. **Transport.** ital. **Trasporto.** port. **Transporte.** m. Acción y efecto de transportar. ‖ **Buque de transporte.** ‖ Sentimiento vivo y apasionado. *Le recibieron con* TRANSPORTES *de alegría.* ‖ Acción y efecto de transportarse. ‖ IDEAS AFINES: *Acarreo, traslación, mensajería, ferrocarril, vehículo, pasajero, mercadería, flete, mozo de cordel, a mano, a lomo.*

TRANSPOSICIÓN. al. **Versetzung; Umstellung.** fr. **Transposition.** ingl. **Transposition.** ital. **Trasposizione.** port. **Transposição.** (Del lat. *transpósitum,* supino de *transpónere,* trasponer.) f. Acción y efecto de transponer o transponerse. ‖ *Anat.* Situación anormal inversa de las vísceras. ‖ *Ret.* Figura que consiste en alterar el orden normal de las palabras en la oración. *En una de fregar cayó caldera es una jocosa* TRANSPOSICIÓN *de Lope de Vega;* sinón.: **hipérbaton.**

TRANSPOSITIVO, VA. adj. Capaz de transponerse. ‖ Perteneciente o relativo a la transposición.

TRANSPUESTA. (De *transpuesto.*) f. Traspuesta.

TRANSPUESTO, TA. p. p. irreg. de **Transponer.**

TRANSTERMINANTE. p. a. de **Transterminar.** Que transtermina.

TRANSTERMINAR. tr. Pasar de un término jurisdiccional a otro. TRANSTERMINÓ *la provincia.*

TRANSTIBERINO, NA. adj. Que, respecto de Roma y sus cercanías, está al otro lado del Tíber. Apl. a pers. ú.t.c.s.

TRANSUBSTANCIACIÓN. f. Conversión total de una substancia en otra.

TRANSUBSTANCIAL. adj. Que se transubstancia.

TRANSUBSTANCIAR. (De *trans,* en sentido de mudanza, y *substancia.*) tr. Convertir totalmente una substancia en otra. Ú.t.c.r. Dícese especialmente del cuerpo y la sangre de Cristo en la Eucaristía.

TRANSVAAL. *Geog.* Provincia del N. E. de la República Sudafricana. 283.917 km². 8.770.000 h. Cap. PRETORIA. Cereales, ganado, oro, diamantes. Después de cruenta guerra, en el año 1902, el **Transvaal** fue incorporado al Reino Unido de Gran Bretaña y al constituirse la República Sudafricana quedó incorporado como provincia.

TRANSVASAR. (De *trans,* de una parte a otra, y *vaso.*) tr. Trasegar, pasar un líquido de una vasija a otra. ‖ deriv.: **transvasación.**

TRANSVERBERACIÓN. (Del lat. *transverberatio, -onis,* de *transverberare,* traspasar.) f. Transfixión.

TRANSVERBERAR. (Del lat. *transverberare.*) tr. Traspasar, atravesar de parte a parte. *El ángel* TRANSVERBERÓ *el corazón de Santa Teresa.*

TRANSVERSAL. al. **Schräg; Suer.** fr. **Transversal.** ingl. **Transversal.** ital. **Trasversale.** port. **Transversal.** (De *transverso.*) adj. Que se halla atravesado de un lado a otro. ‖ Que se inclina o desvía de la dirección principal o recta. *Camino* TRANSVERSAL. ‖ Colateral, dícese del pariente que no lo es por línea recta. Ú.t.c.s. ‖ deriv.: **transversalmente.**

TRANSVERSALMENTE. adv. m. En línea o dirección transversal.

TRANSVERSO, SA. (Del lat. *transversus.*) adj. Colocado o dirigido al través.

TRANVÍA. al. **Strasenbahn.** fr. **Tramway.** ingl. **Tramway.** ital. **Tram; tramvai.** port. **Tranvia.** (Del ingl. *tramway,* de *tram,* riel plano, y *way,* vía.) m. Ferrocarril establecido en una calle o camino carretero. TRANVÍA *eléctrico.* ‖ Vehículo que circula sobre railes en el interior de una ciudad o sus cercanías y que se usa principalmente para transportar viajeros. ‖ IDEAS AFINES: *Trole, plataforma, salvavidas, conductor, boleto, billete, trayecto, inspector, parada.*

TRANVIARIO, RIA. adj. Perteneciente o relativo a los tranvías. ‖ m. Empleado en el servicio de tranvías.

TRANVIERO. m. Tranviario.

TRANZADERA. f. Trenzadera.

TRANZADO, DA. adj. Dícese del arnés formado de distintas piezas con sus junturas.

TRANZAR. tr. Cortar, tronchar. ‖ Trenzar.

TRANZÓN. (De *tranzar,* cortar.) m. Cada una de las partes en que se divide un monte o una tierra de labor. ‖ Trozo de terreno, que separado del antiguo fundo, constituye una propiedad independiente.

TRAPA. (Del fr. *Trappe,* lugar donde se fundó esta orden.) f. Instituto perteneciente a la orden del Císter, fundado en el siglo XVII. *La* TRAPA *es una orden muy austera.*

TRAPA. (Quizá del m. or. que *trampa.*) f. *Mar.* Cabo provisional con que se ayuda a cargar y cerrar una vela. ‖ pl. Trincas con que se asegura la lancha en el interior del buque.

TRAPA. (Voz onomatopéyica.) f. Ruido de los pies al andar, o alboroto de gente. Ú. comúnmente repetida. *No se puede trabajar con ese* TRAPA, TRAPA.

TRAPACEAR. intr. Usar de trapazas o engaños. sinón.: **entrapazar, trapazar.**

TRAPACERÍA. al. **Betrügerei; Schwindelei.** fr. **Fourberie.** ingl. **Cheating.** ital. **Furberia.** port. **Trapaçaria.** f. Trapaza.

TRAPACERO, RA. adj. Trapacista. Ú.t.c.s.

TRAPACETE. (Del lat. *trapezita,* banquero.) m. p. us. Libro en que el comerciante sienta las partidas de los géneros que vende.

TRAPACISTA. adj. y s. Que usa de trapazas. sinón.: **trapacero.** ‖ fig. Que con astucias y mentiras intenta engañar a otro.

TRAPAJO. m. despect. de **Trapo.**

TRAPAJOSO, SA. (De *trapajo.*) adj. Roto, desaliñado. ‖ Estropajoso, que pronuncia mal. *Lengua* TRAPAJOSA.

TRÁPALA. (Voz onomatopéyica.) f. Movimiento, alboroto y confusión de gente. ‖ Ruido acompasado del trote o galope de un caballo.

TRÁPALA. (Como el ital. *trappola,* del m. or. que *trampa.*) f. fam. Embuste, engaño. ‖ m. fam. Prurito de hablar mucho y sin substancia. ‖ com. fig. y fam. Persona charlatana. Ú.t.c.adj. ‖ Persona falsa y mentirosa. Ú.t.c.adj.

TRAPALEAR. intr. Meter ruido con los pies yendo de un lado para otro. ‖ Decir o hacer cosas propias de un trápala.

TRAPALÓN, NA. s. fam. aum. de **Trápala, embustero.** Ú.t.c.adj.

TRÁPANI. *Geog.* Provincia de Italia, sit. en el extremo O. de Sicilia. 2.500 km². 420.000 h. Cap.hom. con 75.000 h. Vinos, aceites. Pesca de coral.

TRAPATIESTA. f. fam. Riña, alboroto. *Se armó una descomunal* TRAPATIESTA.

TRAPAZA. (De *trapacete.*) f. Artificio con que se perjudica y defrauda a una persona. sinón.: **trapacería.** ‖ Fraude, engaño.

TRAPAZAR. intr. Trapacear.

TRAPE. (Del fr. *draper,* disponer con holgura y gracia los vestidos.) m. Entretela con que se armaban los pliegues de las casacas y las faldillas. ‖ *Chile.* Lazo de lana para emparvar el trigo. ‖ Cuerda de lana.

TRAPEADOR. m. *Chile, Guat.* y *Méx.* Estropajo, aljofifa.

TRAPEAR. tr. *Amér.* Fregar el suelo con trapo o estropajo. ‖ *Amér. Central.* Poner a uno como un trapo. ‖ *B. A.* Vestir, dar los paños correspondientes a las figuras.

TRAPECIAL. adj. *Geom.* Perteneciente o relativo al trapecio. ‖ De figura de trapecio.

TRAPECIO. al. **Trapez.** fr. **Trapèze.** ingl. **Trapeze; trapezoid.** ital. **Trapezio.** port. **Trapézio.** (Del lat. *trapezium,* y éste del gr. *trapezion,* de *trápeza,* mesa de cuatro patas.) m. Palo horizontal suspendido de dos cuerdas por sus extremos, y que sirve para ejercicios gimnásticos. ‖ *Anat.* Primer hueso de la segunda fila del carpo. ‖ Músculo par situado en la parte posterior del cuello y superior de la espalda. *El* TRAPECIO *va del occipucio al omóplato.* ‖ *Geom.* Cuadrilátero no paralelogramo que tiene dos lados paralelos. ‖ – **isósceles.** *Geom.* El que tiene iguales sus lados no paralelos. ‖ deriv.: **trapeciforme.** ‖ IDEAS AFINES: *Circo, pista, acróbata, equilibrista, audacia, accidente, red, triángulo, círculo, rectángulo.*

TRAPELUCHA. f. *Chile.* Collar formado de varias sartas de cuentas de plata, con una cruz o patena, que usan las araucanas.

TRAPENSE. adj. Dícese del monje de la Trapa. Ú.t.c.s. ‖ Perteneciente o relativo a esta orden. *Monasterio* TRAPENSE.

TRAPERÍA. f. Conjunto de muchos trapos. ‖ Sitio donde se venden trapos y otros objetos usados.

TRAPERO, RA. s. Persona que por oficio recoge trapos de desecho. ‖ Persona particular que retira a domicilio basuras y desechos. ‖ El que trafica con trapos y otros objetos usados. ‖ f. *Col.* y *P. Rico.* Trapería.

TRAPEZOIDAL. adj. *Geom.* Perteneciente o relativo al trapezoide. ‖ De figura de trapezoide.

TRAPEZOIDE. m. *Anat.* Segundo hueso de la segunda fila del carpo. ‖ *Geom.* Cuadrilátero que no tiene ningún lado paralelo a otro.

TRAPICHE. al. **Mühle.** fr. **Pressoir.** ingl. **Mill press.** ital. **Frantoio.** port. **Trapiche.** (Del lat *trapetes,* piedra de molino de aceite.) m. Molino para extraer el jugo de algunos frutos de la tierra y especialmente de la caña de azúcar. ‖ *Arg., Chile* y *Perú.* Molino para pulverizar minerales.

TRAPICHEAR. intr. fam. Buscar trazas para conseguir alguna cosa. ‖ Comerciar al menudeo.

TRAPICHEO. m. fam. Acción y ejercicio de trapichear. ‖ Relación o intimidad amorosa. *Es un joven que anda siempre en* TRAPICHEOS.

TRAPICHERO, RA. s. fam. Persona amiga de trapicheos. ‖ *Col.* y *P. Rico.* Buscavidas. ‖ m. El que trabaja en los trapiches.

TRAPIENTO, TA. adj. Andrajoso.

TRAPILLO. m. dim. de **Trapo.** ‖ fig. y fam. Amante, galán o dama de baja estofa. ‖ Caudal pequeño ahorrado. ‖ **De trapillo.** m. adv. fig. y fam. Con vestido casero muy sencillo.

TRAPÍO. (De *trapo.*) m. fig. y fam. Aire garboso que suelen tener algunas mujeres. *Hembra de* TRAPÍO. ‖ Buena planta del toro de lidia. ‖ Bravura que muestra el toro al ser lidiado.

TRAPISONDA. f. fam. Contienda y alboroto. *Se armó una buena* TRAPISONDA. ‖ Embrollo, enredo.

TRAPISONDEAR. intr. fam. Armar con frecuencia trapisondas o embrollos.

TRAPISONDISTA. com. Persona que arma trapisondas.

TRAPITO. m. dim. de **Trapo.** ‖ **Los trapitos de cristianar.** fam. La ropa de gala, la mejor que uno tiene.

TRAPO. al. **Lumpen; Lappen.** fr. **Chiffon.** ingl. **Rag; tatter.** ital. **Cencio.** port. **Trapo.** (Del lat. *drappus.*) m. Pedazo de tela desechado por viejo o inútil. ‖ Velamen. *El buque largó todo el* TRAPO. ‖ Capote que usa el torero en la lidia. *Se llevó el toro con el* TRAPO. ‖ fam. Tela roja de la muleta del espada. *El toro no acudía al* TRAPO. ‖ Telón de teatro. *¡Que se levante el* TRAPO! ‖ *Chile.* Tela, tejido. ‖ pl. fam. Prendas de vestir, especialmente de la mujer. *Su mujer todo lo echa en* TRAPOS. ‖ **A todo trapo.** m. adv. **A toda vela.** ‖ fig. fam. Con eficacia y actividad. ‖ **Con un trapo atrás y otro adelante.** expr. fig. con que se denota la pobreza de alguno. ‖ **Poner** a uno **como un trapo.** frs. fig. y fam. Reprenderle agriamente; decirle palabras ofensivas. ‖ **Sacar los trapos,** o **todos los trapos, a la colada,** o **a relucir,** o **al sol.** frs. fig. y fam. Echar a uno en rostro sus faltas y hacerlas públicas. ‖ **Soltar** uno **el trapo.** frs. fig. y fam. Echarse a llorar. ‖ Echarse a reír.

TRAQUE. (Voz onomatopéyica.) m. Estallido que da el cohete. ‖ Mecha de pólvora para encender los fuegos artificiales. ‖ fig. y fam. Ventosidad con ruido. ‖ **A traque barraque.** expr. fam. A todo tiempo o con cualquier motivo.

TRÁQUEA. al. **Luftröhre.** fr. **Trachée.** ingl. **Trachea.** ital. **Trachea.** port. **Traquéia.** (Del lat. *trachia,* y éste del gr. *tracheia arteria,* traquearteria.) f. Conducto cilíndrico, de doce centímetros de longitud, situado en la parte anterior e inferior del cuello y superior del tórax, que se continúa superiormente con la laringe y se divide en la parte inferior en dos ramas, que son los bronquios. sinón.: **caña del pulmón, traquearteria, asperarteria.** ‖ *Bot.* Celdilla de figura de tubo membranoso con un hilillo en espiral adherido a su cara interna. ‖ *Zool.* Cada uno de los conductos aéreos ramificados cuyo conjunto forma el aparato respiratorio de los insectos y otros articulados.

TRAQUEAL. adj. Perteneciente o relativo a la tráquea. ‖ *Zool.* Dícese del animal que respira por medio de tráqueas. *Arácnido* TRAQUEAL.

TRAQUEAR. intr. Traquetear. ‖ *P. Rico.* Beber licor. Ú.t.c.tr. y r. ‖ tr. *Arg.* Recorrer o frecuentar un lugar o camino. Ú.t.c.r. ‖ *Dom.* y *P. Rico.* Probar las cualidades de una persona, animal o cosa. ‖ Adiestrar. ‖ *Méx.* Revolver cosas buscando algo. ‖ r. *Ven.* Chiflarse, alucinarse.

TRAQUEARTERIA. (Del gr. *tracheia arteria,* áspera arteria.) f. *Anat.* Tráquea, conducto que lleva el aire a los pulmones.

TRÁQUEO. (De *traquear.*) m. Traqueteo.

TRAQUEOTOMÍA. f. *Cir.* Operación de incidir la tráquea para extraer un cuerpo extraño, o para dar paso al aire cuando hay obstrucción laríngea. ‖ deriv.: **traqueotómico, ca.**

TRAQUETEAR. intr. Hacer ruido, dar estallidos. ‖ tr. Agitar una cosa de una parte a otra. TRAQUETEO *el frasco;* sinón.: **bazucar, bazuquear, zabucar.** ‖ fig. y fam. Frecuentar, manejar mucho una cosa.

TRAQUETEO. al. **Schütteln; Rütteln.** fr. **Secousse; agitation.** ingl. **Shaking.** ital. **Agitazione.** port. **Estouro.** m. Ruido continuo del disparo de los cohetes, en los fuegos artificiales. ‖ Movimiento de una persona o cosa que se golpea al transportarla de un lugar a otro. *El* TRAQUETEO *del coche.* ‖ *Col., Perú, P. Rico* y *Urug.* Cualquier ruido confuso y fuerte.

TRAQUIDO. (De *traquear.*) m. Estruendo causado por el disparo de una arma de fuego. ‖ Chasquido de la madera. ‖ *Amér. Central* y *Chile.* Crujido, rumor.

TRAQUÍPTERO. m. *Zool.* Género de peces de cuerpo sumamente comprimido, *acantopterigios.*

TRAQUISAURIO. m. *Zool.* Género de reptiles australianos de cola gruesa y corta, *saurios.*

TRAQUITA. (Del gr. *trachys,* áspero al tacto.) f. Roca volcánica compuesta de feldespato vítreo y cristales de hornablenda o mica, muy ligera, dura y porosa. *La* TRAQUITA *suele emplearse como morrillo.* ‖ deriv.: **traquítico, ca.**

TRARIGÜE. (Del arauc. *tharin,* atar.) m. p. us. *Chile.* Faja o cinturón de lana que usan los indios.

TRARILONGO. (Del arauc. *tharin,* atar, y *lonco,* cabeza.) m. p. us. *Chile* Cinta con que los indios se ciñen la cabeza y el cabello.

TRARO. (Del arauc. *tharu.*) m. *Chile.* Ave de rapiña, de color blanquecino, salpicado de negro.

TRAS. (Del lat. *trans.,* prep. Después de, a continuación de, aplicado al espacio o al tiempo. *Salieron* TRAS *de ti varias personas.* TRAS *estos tiempos duros, vendrán otros felices.* ‖ fig. En busca o seguimiento de. *Corrió desatentado* TRAS *los placeres.* ‖ Detrás de, en situación posterior. TRAS *la cortina.* TRAS*tienda.* ‖ Fuera de esto, además. TRAS *cornudo, apaleado.* ‖ prep. insep. Trans. ‖ m. fam. Trasero, posaderas.

TRAS. Voz onomatopéyica empleada para imitar el ruido que produce un golpe. Úsase más repetida. *Al fin, se oyó el* TRAS, TRAS, *y corrió a abrir la puerta.*

TRASALCOBA. f. Pieza que está detrás de la alcoba.

TRASALPINO, NA. adj. Transalpino.

TRASALTAR. m. Sitio que en las iglesias está detrás del altar.

TRASANDINO, NA. adj. Transandino.

TRASANDOSCO, CA. adj. y s. Dícese de la res de ganado menor de algo más de dos años.

TRASANTEANOCHE. adv. t. En la noche de trasanteayer.

TRASANTEAYER. adv. t. En el día que precedió inmediatamente al de anteayer.

TRASANTIER. adv. t. fam. Trasanteayer.

TRASAÑEJO, JA. adj. Tresañejo. *Vino* TRASAÑEJO. ‖ Que tiene más de tres años.

TRASATLÁNTICO, CA. adj. y s. Transatlántico.

TRASBARRÁS. m. Ruido que produce una cosa al caer.

TRASBOCAR. tr. *Amér.* Vomitar, arrojar.

TRASBORDAR. tr. Transbordar.

TRASBORDO. m. Transbordo.

TRASCA. f. Correa fuerte de piel de toro.

TRASCABO. m. Traspié, zancadilla.

TRASCANTÓN. m. Guardacantón o poste. ‖ Mozo de cordel que en un cantón o esquina aguarda a que sean requeridos sus servicios. ‖ **A trascantón.** m. adv. Impensadamente, por sorpresa. *Me lo encontré a* TRASCANTÓN.

TRASCANTONADA. f. Trascantón, guardacantón.

TRASCARTARSE. r. Quedarse, en un juego de naipes, una carta detrás de otra, cuando se esperaba que viniese antes.

TRASCARTÓN. m. Efecto de trascartarse un naipe.

TRASCENDENCIA. (De *transcendencia.*) f. Penetración, perspicacia. ‖ Resultado, consecuencia importante. *El suceso no tuvo* TRASCENDENCIA. ‖ *Fil.* Existencia de realidades trascendentes.

TRASCENDENTAL. (De *trascendente.*) adj. Que se comunica o se propaga a otras cosas. ‖ fig. Que es de mucha importancia o gravedad. ‖ deriv.: **trascendentalmente.**

TRASCENDENTALISMO. m. Transcendentalismo.

TRASCENDENTE. p. a. de **Trascender.** Que trasciende.

TRASCENDER. (De *transcender.*) intr. Exhalar olor penetrante que se extiende a gran distancia. Suele aplicarse al bueno. *Los aromas de la floresta* TRASCENDÍAN *hasta nuestra casa.* ‖ Empezar a ser conocido lo que estaba oculto. *Pocos lo sospechaban, pero ya está* TRASCENDIENDO. ‖ Propagarse los efectos de unas cosas a otras. *Su quiebra* TRASCENDIÓ *a todos los comerciantes del pueblo.* ‖ *Fil.* Aplicarse a todo una noción que no es género, como acontece con las de unidad y ser; y también en el sistema kantiano, traspasar los límites de la experiencia posible. ‖ tr. Penetrar, averiguar alguna cosa que está oculta. ‖ irreg. Conj. como **entender.**

TRASCENDIDO, DA. adj. Dícese del que entiende o averigua con ingenio y prontitud.

TRASCOCINA. f. Pieza que está detrás de la cocina y para desahogo de ella.

TRASCODA. m. Trozo de cuerda de tripa que en los instrumentos de arco sujeta el cordal al botón.

TRASCOLAR. (Del lat. *trascolare.*) tr. Colar o filtrar a través de alguna cosa. Ú.t.c.r. *El agua se aclaró al* TRASCOLARSE *por la arena.* ‖ fig. Pasar desde un lado al otro. TRASCOLÓ *la montaña.* ‖ irreg. Conj. como **contar.**

TRASCONEJARSE. (De *tras* y *conejo.*) r. Quedarse los conejos y otra caza detrás de los perros que las siguen. ‖ Quedarse el hurón en la madriguera por obstruir la salida el conejo muerto. ‖ fig. y fam. Extraviarse alguna cosa. *Hallé dos monedas más que se habían* TRASCONEJADO *entre los papeles.*

TRASCONTINENTAL. adj. Transcontinental.

TRASCORDARSE. (De *tras,* por *trans,* y el lat. *cor, cordis,* corazón.) r. Perder la noticia puntual de una cosa. *Si no estoy* TRASCORDADO *la cosa pasó de este modo.* ‖ irreg. Conj. como **contar.** ‖ deriv.: **trascordamente.**

TRASCORO. m. Sitio que en las iglesias está detrás del coro.

TRASCORRAL. m. Sitio cerrado y descubierto que suele haber después del corral. ‖ fam. Trasero, posaderas.

TRASCORVO, VA. adj. Dícese del caballo o yegua que tiene la rodilla más atrás de la línea de aplomo.

TRASCRIBIR. tr. Transcribir.

TRASCRIPCIÓN. f. Transcripción.

TRASCRIPTO, TA. o **TRASCRITO, TA.** p.p. irreg. de **Trascribir.**

TRASCUARTO. m. Habitación que está detrás de la principal.

TRASCUENTA. f. Trabacuenta.

TRASCURRIR. intr. Transcurrir.

TRASCURSO. m. Transcurso. sinón.: **decurso.**

TRASDOBLADURA. f. Acción y efecto de trasdoblar.

TRASDOBLAR. tr. Tresdoblar. TRASDOBLÓ *la puesta.* ‖ deriv.: **trasdoblador, ra; trasdoblamiento.**

TRASDOBLO. m. Número triple.

TRASDÓS. (Del ital. *estradosso,* y éste del lat. *extra,* fuera, y *dorsum,* dorso.) m. *Arq.* Superficie exterior de un arco o bóveda. antón.: **intradós.** ‖ Pilastra que está inmediatamente detrás de una columna.

TRASDOSEAR. *Arq.* Reforzar una obra por la parte posterior. ‖ deriv.: **trasdoso.**

TRASECHADOR, RA. adj. y s. Que trasecha.

TRASECHAR. (Del lat. *trans, tras,* y *sectari,* seguir.) tr. Asechar.

TRASEGADOR, RA. adj. y s. Que trasiega.

TRASEGAR. (En catal. y port. *trafegar.*) tr. Trastornar, revolver. ‖ Mudar las cosas de un lugar a otro. TRASEGAR *un líquido.* TRASEGÓ *el vino de la cuba a la tinaja.* ‖ Beber mucho, en especial vino o licores. TRASEGÓ *las tres botellas a su estómago.* ‖ irreg. Conj. como **acertar.** ‖ deriv.: **trasegadura; trasegamiento.**

TRASEÑALADOR, RA. adj. y s. Que traseñala.

TRASEÑALAR. (De *tras,* por *trans,* en sentido de cambio, y *señalar.*) tr. Poner a una cosa distinta señal de la que tenía. ‖ deriv.: **traseñaladura; traseñalamiento.**

TRASERA. f. Parte posterior de alguna cosa. *Lo colocó en la* TRASERA *del carruaje.*

TRASERO, RA. (De *trans.*) adj. Que está o viene detrás. *Puerta* TRASERA. ‖ Dícese del carro cargado que tiene más peso detrás que delante. ‖ m. Parte posterior del animal. ‖ Asentaderas. ‖ pl. fam. Padres, abuelos y demás ascendientes.

TRASFERENCIA. f. Transferencia.

TRASFERIBLE. adj. Transferible.

TRASFERIDOR, RA. adj. y s. Transferidor.

TRASFERIR. tr. Transferir. ‖ irreg. Conj. como **sentir.**

TRASFIGURABLE. adj. Transfigurable.

TRASFIGURACIÓN. f. Transfiguración.

TRASFIGURAR. tr. y r. Transfigurar.

TRASFIJO, JA. adj. Transfijo.

TRASFIXIÓN. f. Transfixión.

TRASFLOR. m. *Pint.* Transflor.

TRASFLORAR. tr. *Pint.* Transflorar.

TRASFLOREAR. tr. *Pint.* Transflorear.

TRASFOLLADO, DA. adj. *Veter.* Dícese del animal que padece de trasfollos.

TRASFOLLO. (Del lat. *trans,* de una parte a otra, y *follere,* hincharse como fuelle.) m. *Veter.* Alifafe, tumor. *Viejo rocín con* TRASFOLLOS.

TRASFONDO. m. Lo que está o parece estar más allá del fondo visible de una cosa o detrás de la apariencia o intención de una acción humana.

TRASFORMACIÓN. f. Transformación.

TRASFORMADOR, RA. adj. y s. Transformador.

TRASFORMAMIENTO. m. Transformamiento.

TRASFORMAR. tr. y r. Transformar.

TRASFORMATIVO, VA. adj. Transformativo.

TRASFREGAR. tr. Transfregar.

TRASFRETANO, NA. adj. Transfretano.

TRASFRETAR. tr. e intr. Transfretar.

TRÁSFUGA. com. Tránsfuga.

TRÁSFUGO. m. Tránsfugo.

TRASFUNDICIÓN. f. Transfundición.

TRASFUNDIR. tr. y r. Transfundir.

TRASFUSIÓN. f. Transfusión.

TRASFUSOR, RA. adj. y s. Transfusor.

TRASGO. (Como el port. *trasgo,* y el ital. *strega,* del lat. *striga,* bruja.) m. Duende, espíritu travieso. ‖ fig. Niño travieso.

TRASGREDIR. tr. Transgredir.

TRASGRESIÓN. f. Transgresión.

TRASGRESOR, RA. adj. y s. Transgresor.

TRASGUEAR. intr. Imitar los ruidos y burlas que se atribuyen a los trasgos. TRASGUEABAN *para asustar a las sencillas mujeres.* ‖ deriv.: **trasgueo.**

TRASGUERO, RA. s. Persona que trasguea.

TRASHOGUERO, RA. (De *trans,* y el ant. *foguero,* brasero.) adj. Dícese del perezoso que se queda en casa cuando los demás salen para trabajar. ‖ m. Losa o plancha que está detrás del hogar. ‖ Leño grueso que se arrima a la pared en el hogar para conservar la lumbre. *Sopló el* TRASHOGUERO, *y logró avivar la lumbre;* sinón.: **tuero.**

TRASHOJAR. tr. Hojear un libro.

TRASHUMACIÓN. f. Acción y efecto de trashumar.

TRASHUMANTE. p.a. de **Trashumar.** Que trashuma. *Ganado* TRASHUMANTE. ‖ Por ext., nómada.

TRASHUMAR. (Del lat. *trans,* de la otra parte, y *humus,* tierra.) intr. Pasar el ganado con sus pastores desde las dehesas de invierno a las de verano, y viceversa. ‖ deriv.: **trashumador, ra; trashumancia.**

TRASIEGO. m. Acción y efecto de trasegar.

TRASIJADO, DA. (De *tras* e *ijar.*) adj. Que tiene los ijares recogidos o hundidos. ‖ fig. Dícese del que está muy flaco.

TRASIMENO, Lago. *Geog.* Lago de la región central de Italia (Umbría). 128 km². En el año 217 a. de C., en las inmediaciones de este lago, Aníbal derrotó a los romanos comandados por Flaminio.

TRASLACIÓN. al. **Übertragung; Versetzung.** fr. **Translation.** ingl. **Transfer; translation.** ital. **Traslazione.** port. **Traslação.** f. Acción y efecto de trasladar. ‖ *Gram.* Figura de contrucción que consiste en usar un tiempo del verbo fuera de su natural significación como *cantara* por *había cantado*; mañana *es,* por mañana *será domingo,* etc. sinón.: **enálage.**

TRASLADABLE. adj. Que puede trasladarse.

TRASLADACIÓN. f. Traslación.

TRASLADADOR, RA. adj. Que traslada o sirve para trasladar. Ú.t.c.s.

TRASLADANTE. p.a. de **Trasladar.** Que traslada.

TRASLADAR. al. **Verlegen; Übertragen.** fr. **Transférer; déplacer.** ingl. **To move; to transfer.** ital. **Trasferire.** port. **Trasladar.** (De *traslado.*) tr. Llevar o mudar de un lugar a otro. Ú.t.c.r. sinón.: **trasmudar.** ‖ Hacer pasar a una persona de un puesto o empleo a otro de la misma categoría. *A este maestro lo han* TRASLADADO *a otra escuela.* ‖ Anticipar o diferir la celebración de una junta, función u otro acto análogo para fecha diferente de la que se había fijado. *La reunión que debía celebrarse hoy se ha* TRASLADADO *al sábado.* ‖ Traducir una obra. sinón.: **interpretar, verter, volver.** ‖ Copiar un escrito. ‖ deriv.: **trasladamiento.**

TRASLADO. (Del lat. *translatus,* p.p. de *transferre,* transferir, trasladar.) m. Copia de un escrito. ‖ Acción y efecto de trasladar. ‖ *For.* Comunicación que se da a alguna de las partes que litigan, de las pretensiones de otra.

TRASLAPAR. (Del lat. *trans,* más allá, y *lapis,* losa.) tr. Cubrir una cosa a otra. sinón.: **solapar.** ‖ Cubrir parcialmente una cosa a otra; como las tejas de un tejado, y demás cosas imbricadas.

TRASLAPO. m. Solapo, parte de una cosa que está cubierta por otra.

TRASLATICIAMENTE. adv. m. Con sentido traslaticio.

TRASLATICIO, CIA. (De *translaticio.*) adj. Aplícase al sentido en que se emplea una palabra con significación distinta de la usual. *En la poesía es corriente dar sentido* TRASLATICIO *a las palabras*; sinón.: **figurado, traslato, trópico, tropológico;** antón.: **recto.**

TRASLATIVO, VA. adj. Que transfiere.

TRASLATO, TA. adj. Traslaticio.

TRASLINEAR. intr. *For.* Translinear.

TRASLOAR. tr. p. us. Alabar o encarecer con exageración. ‖ deriv.: **trasloamiento.**

TRASLÚCIDO, DA. adj. Translúcido.

TRASLUCIENTE. adj. Translúcido.

TRASLUCIMIENTO. m. Acción y efecto de traslucirse.

TRASLUCIRSE. (Del lat. *translúcere.*) r. Ser translúcido un cuerpo. sinón.: **transparente.** ‖ fig. Conjeturarse una cosa, deduciéndola de algún antecedente o indicio. *Bien se* TRASLUCEN *tus malos propósitos*; sinón.: **rezumarse, trasvinarse.** ‖ deriv.: **traslucible; traslucidor, ra.**

TRASLUMBRAMIENTO. m. Acción y efecto de traslumbrar.

TRASLUMBRAR. tr. Deslumbrar a alguno una luz viva. Ú.t.c.r. ‖ r. Pasar o desaparecer repentinamente una cosa. ‖ deriv.: **traslumbrador, ra.**

TRASLUZ. (De *tras,* por *trans,* a través de, y *luz.*) m. Luz que pasa a través de un cuerpo translúcido. ‖ Luz reflejada por la superficie de un cuerpo. ‖ *Dom.* y *P. Rico.* Semejanza, parecido. ‖ **Al trasluz.** m. adv. Por transparencia. *Los panes de oro, mirados* AL TRASLUZ *son de color verdoso.*

TRASMALLO. m. Arte de pesca formado por tres redes. ‖ Virola de hierro con que se refuerza el cotillo del mazo de jugar al mallo.

TRASMANO. com. Segundo en orden en ciertos juegos. ‖ **A trasmano.** m. adv. Fuera del alcance cómodo de la mano. *No lo pude parar, porque pasó* A TRASMANO. ‖ Apartado de los lugares frecuentados o del trato corriente. *No le voy a visitar, porque vive* A TRASMANO. ‖ **Por trasmano.** m. adv. *Cuba, Méx., Perú* y *P. Rico.* Ocultamente, bajo mano.

TRASMAÑANA. adv. t. Pasado mañana.

TRASMAÑANAR. (De *trasmañana.*) tr. Diferir una cosa de un día en otro.

TRASMARAVILLAR. tr. Causar asombro con engaños.

TRASMARINO, NA. adj. Transmarino.

TRASMATAR. tr. fam. Suponer que otro ha de morir antes que uno. *¡Ha* TRASMATADO *más veces a su acaudalado pariente!*

TRASMIGRACIÓN. f. Transmigración.

TRASMIGRAR. intr. Transmigrar.

TRASMINANTE. p.a. de **Trasminar.** Que trasmina. ‖ adj. *Chile.* Dícese del frío muy intenso.

TRASMINAR. (De *tras,* por *trans,* a través de, y *minar.*) tr. Abrir camino por debajo de tierra. TRASMINANDO, *se escaparon los conejos.* ‖ Penetrar a través de alguna cosa un olor, un líquido, etc. Ú.t.c.intr. y r. *Conozco que lo tienen guardado en ese cajón, porque* TRASMINA *su olor.* ‖ deriv.: **trasminamiento.**

TRASMISIBLE. adj. Transmisible.

TRASMISIÓN. f. Transmisión.

TRASMITIR. tr. Transmitir.

TRASMOCHO, CHA. adj. Dícese del árbol descabezado o cortado a cierta altura de su tronco para que produzca brotes. Ú.t.c.s.m. ‖ Dícese del monte cuyos árboles han sido descabezados.

TRASMONTANA. f. Tramontana.

TRASMONTANO, NA. adj. Transmontano.

TRASMONTAR. tr. e intr. Transmontar.

TRASMUDACIÓN. f. Transmudación.

TRASMUDAMIENTO. m. Transmudamiento.

TRASMUDAR. tr. y r. Transmudar.

TRASMUTABLE. adj. Transmutable.

TASMUTACIÓN. f. Transmutación.

TRASMUTAR. tr. Transmutar. Ú.t.c.r.

TRASMUTATIVO, VA. adj. Transmutativo.

TRASMUTATORIO, RIA. adj. Transmutatorio.

TRASNOCHADA. f. Noche anterior al día presente. *Ha llovido toda la* TRASNOCHADA. ‖ Vela o vigilancia por una noche. *¡Cuántas* TRASNOCHADAS *pasé esperándole!* ‖ *Mil.* Emboscada o embestida hecha de noche.

TRASNOCHADO, DA. adj. Aplícase a lo que, por haber pasado una noche por ello, se altera o corrompe. *Manjar* TRASNOCHADO. ‖ fig. Dícese de la persona desmejorada y macilenta. ‖ Falto de novedad. *Argumento* TRASNOCHADO; sinón.: **manido, sobado, trillado.**

TRASNOCHADOR, RA. adj. y s. Que trasnocha.

TRASNOCHAR. (De *tras,* por *trans,* a través de, y *noche.*) intr. Pasar la noche, o gran parte de ella, en vigilia. Es barbarismo usarlo como r. *Como mañana me examino, tendré que* TRASNOCHAR. ‖ Pernoctar. *Es un joven calavera, muy amigo de* TRASNOCHAR. ‖ tr. Dejar pasar la noche sobre una cosa cualquiera. TRASNOCHARÉ *la resolución que he de tomar.*

TRASNOCHE o **TRASNOCHO.** m. fam. Acción de trasnochar o velar.

TRASNOMBRAR. (Del lat. *transnominare.*) tr. Trastrocar los nombres.

TRASNOMINACIÓN. f. *Ret.* Metonimia.

TRASOÍR. (De *tras,* por *trans,* en sentido de cambio, y *oír.*) tr. Oír con error lo que se dice. *Como es algo teniente,* TRASOYE *con frecuencia.* ‖ irreg. Conj. como **oír.**

TRASOJADO, DA. (De *tras,* ler. art. y *ojo.*) adj. Caído, enfermizo o macilento con ojeras.

TRASOÑAR. (De *tras,* por *trans,* en sentido de cambio, y *soñar.*) tr. Concebir o imaginar con error una cosa, como tomando por realidad lo soñado. ‖ irreg. Conj. como **soñar.** ‖ deriv.: **trasoñación.**

TRASOVADA. adj. *Bot.* Dícese de la hoja aovada más ancha por la punta que por la base.

TRASPADANO, NA. adj. y s. Transpadano.

TRASPALAR o **TRASPALEAR.** tr. Mover la parva u otra cosa con la pala de un lado a otro. TRASPALAR *el trigo.* ‖ fig. Mover o trasladar una cosa de un lado a otro. TRASPALEÓ *los panes para que quedaran cocidos por igual.* ‖ deriv.: **traspalamiento.**

TRASPALEO. m. Acción y efecto de traspalear.

TRASPAPELARSE. r. Confundirse, desaparecer un papel entre otros. Ú.t.c.tr. *Se me* TRASPAPELARON *las notas que tomé.* ‖ deriv.: **traspapelador, ra; traspapelamiento.**

TRASPARENCIA. f. Transparencia.

TRASPARENTARSE. r. Transparentarse.

TRASPARENTE. adj. y s. Transparente.

TRASPASABLE. adj. Que se puede traspasar.

TRASPASACIÓN. f. Acción de traspasar o transmitir. TRASPASACIÓN *de dominio.*

TRASPASADOR, RA. adj. y s. Transgresor. sinón.: **contraventor, infractor.**

TRASPASAMIENTO. m. Traspaso.

TRASPASAR. (De *tras,* por *trans,* y *pasar.*) tr. Pasar o llevar una cosa de un sitio a otro. TRASPASÓ *los muebles a la otra habitación.* ‖ Pasar a la otra parte. TRASPASÓ *a Bolivia.* TRASPASAR *la zanja.* ‖ Atravesar de parte a parte con alguna arma o instrumento. Ú.t.c.r. *Le* TRASPASÓ *el brazo.* ‖ Transmitir a otro el derecho o dominio de una cosa. TRASPASÓ *la tienda.* ‖ Repasar, volver a pasar por un sitio. *Pasó y* TRASPASÓ *por aquí.* ‖ Transgredir, infringir una ley. TRASPASÓ *el mandamiento de Dios*; sinón.: **quebrantar.** ‖ Exceder de lo debido. TRASPASA *lo que puede tolerarse.* ‖ fig. Hacer sentir un dolor físico o moral con suma violencia. *La pena me* TRASPASA *el corazón.* ‖ deriv.: **traspasativo, va.**

TRASPASO. m. Acción y efecto de traspasar. ‖ Conjunto de mercancías traspasadas. ‖ Precio de la cesión de estos géneros o del local donde se ejerce un comercio o industria. ‖ p. us. Ardid, astucia. ‖ fig. Aflicción grande. ‖ Sujeto que la causa.

TRASPATIO. m. *Amér.* Patio interior.

TRASPECHO. m. Huesecillo que guarnece por abajo la caja de la ballesta.

TRASPEINAR. tr. Volver a peinar ligeramente lo que ya está peinado.

TRASPELLAR. (De *traspillar.*) tr. p. us. Cerrar una puerta, una ventana, las tijeras, etc.

TRASPIÉ. al. **Fehltritt.** fr. **Faux-pas.** ingl. **Stumble.** ital. **Inciampo.** port. **Traspé.** (De *tras,* por *trans,* de la otra parte, y *pie.*) m. Resbalón o tropezón. *Como el piso estaba muy húmedo dio un* TRASPIÉ. ‖ Zancadilla. ‖ **Dar uno traspiés.** frs. fig. y fam. Cometer errores o faltas.

TRASPILASTRA. f. *Arq.* Contropilastra.

TRASPILLAR. tr. Traspellar. ‖ r. Desfallecer, extenuarse, debilitarse.

TRASPINTAR. (De *tras*, por *trans*, en sentido de cambio, y *pinta*.) tr. Engañar a los puntos el jugador fullero dejándoles ver la pinta de un naipe y sacando otro. Ú.t.c.r. ‖ r. fig. y fam. Salir una cosa al contrario de como se esperaba, malograrse. ‖ deriv.: **traspintable; traspintador, ra.**

TRASPINTARSE. r. Transparentarse lo escrito o dibujado. *Como el sobre es muy fino se* TRASPINTA *lo escrito.*

TRASPIRABLE. adj. Transpirable.

TRASPIRACIÓN. f. Transpiración.

TRASPIRAR. intr. y r. Transpirar.

TRASPIRENAICO, CA. adj. Transpirenaico.

TRASPLANTABLE. adj. Que puede trasplantarse.

TRASPLANTAR. al. **Verpflanfzen.** fr. **Transplanter.** ingl. **To transplant.** ital. **Trapiantare.** port. **Transplantar.** (De *tras*, por *trans*, de una parte a otra, y *plantar*.) tr. Mudar un vegetal del sitio donde está plantado a otro. TRASPLANTÓ *el árbol en mejor tierra*; sinón.: **replantar, transponer.** ‖ r. fig. Trasladarse una persona del país donde vivía a otro. *Decidió* TRASPLANTARSE *a mejor país.* ‖ deriv.: **trasplantación; trasplantador, ra; trasplantamiento.** ‖ IDEAS AFINES: *Arboricultura, horticultura, jardinería, plantío, vivero, acodo, injerto, cultivo, siembra.*

TRASPLANTE. m. Acción y efecto de trasplantar. *Abrió el hoyo para hacer el* TRASPLANTE.

TRASPONEDOR, RA. adj. y s. Transponedor.

TRASPONER. tr. Transponer. Ú.t.c.intr. y c.r. ‖ irreg. Conj. como **poner.**

TRASPONTÍN. m. Traspuntín. ‖ fam. Trasero, asentaderas.

TRASPORTACIÓN. f. Transportación.

TRASPORTADOR, RA. adj. y s. Transportador.

TRASPORTAMIENTO. m. Transportamiento.

TRASPORTAR. tr. Transportar. Ú.t.c.r.

TRASPORTE. m. Transporte. ‖ *P. Rico.* Instrumento musical de cinco cuerdas, mayor que la guitarra. *El* TRASPORTE *tiene la misma forma que el cuatro.*

TRASPORTÍN. m. Traspuntín.

TRASPOSICIÓN. f. Transposición.

TRASPOSITIVO, VA. adj. Transpositivo.

TRASPUESTA. (Del lat. *transpósita*, t. f. de *-tus*, transpuesto.) f. Transposición, acción y efecto de transponer. ‖ Repliegue o elevación del terreno que oculta lo que hay del otro lado. *La casita está detrás de esa* TRASPUESTA. ‖ Huida u ocultación de una persona. ‖ Corral o dependencias que están detrás de lo principal de la casa.

TRASPUESTO, TA. p.p. irreg. de **Trasponer.**

TRASPUNTE. (De *tras* y *apunte*.) m. En el teatro, apuntador que previene a cada actor cuando ha de salir a escena, y le apunta las primeras palabras que debe decir. *El* TRASPUNTE *empujó al actor a escena, mientras le decía las primeras palabras de su parte.*

TRASPUNTÍN. (Del ital. *strapuntino*, colchoncillo embastado.) m. Cada uno de los colchoncillos que se ponen a veces atravesados debajo de los colchones de la cama. *La vieja guardaba la repleta media entre el colchón y los* TRASPUNTINES. ‖ Asiento suplementario y plegadizo que hay en algunos coches.

TRASQUERO. m. El que vende trascas.

TRASQUILA. f. Trasquiladura.

TRASQUILADOR. m. El que trasquila. sinón.: **esquilador.**

TRASQUILADURA. f. Acción y efecto de trasquilar. sinón.: **trasquila, trasquilón.**

TRASQUILAR. (De *tras* y *esquilar*.) tr. Cortar el pelo a trechos, irregularmente y sin arte. Ú.t.c.r. ‖ Esquilar. TRASQUILAR *el ganado.* ‖ fig. y fam. Menoscabar una cosa, quitando parte de ella. *Salió del garito con la bolsa* TRASQUILADA. ‖ **Trasquilar, y no desollar.** expr. fig. que aconseja no abusar de quien da provecho. ‖ deriv.: **trasquilable; trasquilación; trasquilamiento; trasquileo.**

TRASQUILIMOCHO, CHA. (De *trasquilado* y *mocho*.) adj. fam. Trasquilado a raíz.

TRASQUILÓN. m. fam. Trasquiladura. ‖ fig. y fam. Parte del caudal ajeno del que uno se apropia con astucia. ‖ **A trasquilones.** m. adv. fig. y fam. Sin orden ni método.

TRASROSCARSE. r. Pasarse de rosca.

TRASTABILLAR. intr. Trastrabillar.

TRASTABILLÓN. m. *Amér.* Tropezón, traspié.

TRASTADA. f. fam. Acción que revela informalidad, travesura o vileza.

TRASTAJO. m. Trasto inútil.

TRASTAZO. (De *trasto*.) m. fam. Porrazo.

TRASTE. al. **Griff.** fr. **Touchette.** ingl. **Stop; fret.** ital. **Tasto.** port. **Trasto; tasto.** (De *tastar*.) m. Cada uno de los resaltos que se colocan a trechos en el mástil de la guitarra u otros instrumentos semejantes, para dejar a las cuerdas la longitud libre correspondiente a cada sonido.

TRASTE. m. Trasto. Ú.m. en pl. ‖ fam. Asentaderas. ‖ **Dar uno al traste con** una cosa. frs. Destruirla o derrocharla.

TRASTEADO. m. Conjunto de trastes que hay en un instrumento.

TRASTEADOR, RA. adj. y s. Que trastea o hace ruido con algunos trastos.

TRASTEANTE. p. a. de **Trastear.** Que trastea. ‖ adj. Diestro en trastear y pisar las cuerdas de un instrumento.

TRASTEAR. tr. Poner los trastes a la guitarra u otro instrumento. ‖ Pisar las cuerdas de los instrumentos de trastes.

TRASTEAR. intr. Revolver o trasladar trastos de una parte a otra. ‖ fig. Discurrir con ingenio y travesura. ‖ *Amér. Central.* Mudarse. ‖ tr. Dar el espada al toro pases de muleta. ‖ fig. y fam. Manejar con habilidad a una persona o un negocio. ‖ deriv.: **trasteable.**

TRASTEJADOR, RA. adj. y s. Que trasteja.

TRASTEJADURA. f. Trastejo.

TRASTEJAR. (De *tras* y *tejar*.) tr. Retejar un tejado. ‖ fig. Recorrer cualquier cosa para repararla. ‖ deriv.: **trastejable.**

TRASTEJO. m. Acción y efecto de trastejar. ‖ fig. Movimiento continuado y sin concierto.

TRASTEO. m. Acción de trastear al toro o a una persona.

TRASTERÍA. f. Muchedumbre de trastos viejos. ‖ fig. y fam. Trastada.

TRASTERMINAR. tr. *Der.* Transterminar.

TRASTERO, RA. adj. Dícese de la pieza o desván en que se guardan trastos. Ú.t.c.s.f.

TRASTESADO, DA. (De *tras*, por *trans*, más allá, y *tesar*.) adj. Endurecido, tieso, dicho especialmente de la ubre con mucha leche.

TRASTESÓN. m. Abundancia de leche en la ubre de una res.

TRASTIBERINO, NA. adj. y s. Transtiberino.

TRASTIENDA. al. **Rückwärtiger; Ladenraum.** fr. **Arrière-boutique.** ingl. **Back room.** ital. **Retrobottega.** port. **Quarto traseiro.** f. Aposento o pieza que está detrás de la tienda. ‖ fig. y fam. Cautela, precaución, astucia, disimulo.

TRASTO. (Del lat. *trástrum*, banco.) m. Mueble o utensilio de una casa. ‖ Mueble inútil. ‖ Cada uno de los bastidores que forman parte de las decoraciones de teatro. ‖ fig. y fam. Persona inútil. ‖ Persona informal y de mal trato. ‖ pl. Espada, daga y otras armas de uso. ‖ Utensilios o herramientas de algún arte o ejercicio. *Los* TRASTOS *de dibujar.* ‖ **Tirarse los trastos a la cabeza.** frs. fig. y fam. Altercar violentamente dos o más personas. ‖ IDEAS AFINES: *Cachivache, armatoste, desván, repisa, valija, bártulos, anticuario.*

TRASTOCAR. tr. p. us. Trastornar, revolver. ‖ r. p. us. Trastornarse, padecer una enfermedad mental. ‖ irreg. Conj. como **contar.**

TRASTORNABLE. adj. Que fácilmente se trastorna.

TRASTORNADOR, RA. adj. y s. Que trastorna.

TRASTORNADURA. f. Trastorno.

TRASTORNAMIENTO. m. Trastorno.

TRASTORNAR. al. **Umwerfen; Stören.** fr. **Bouleverser; troubler.** ingl. **To upset; to confuse.** ital. **Scompigliare; turbare.** port. **Transtornar.** (De *tras*, por *trans*, de una parte a otra, y *tornar*.) tr. Volver una cosa de abajo arriba o de un lado a otro. *Una pequeña piedra suele* TRASTORNAR *un carro grande*; sinón.: **trastocar.** ‖ Invertir el orden regular de una cosa. ‖ fig. Inquietar, perturbar, causar disturbios. ‖ Perturbar el sentido. Ú.t.c.r. ‖ Inclinar o vencer el ánimo u opinión por medio de persuasiones. ‖ *Bol.* Dar una vuelta o rodeo; trasponer.

TRASTORNO. m. Acción y efecto de trastornar.

TRASTRABADO, DA. adj. Aplícase a la caballería que tiene de color blanco la mano de un lado y el pie del lado contrario.

TRASTRABARSE. (De *tras*, por *trans*, de través, y *trabar*.) r. Dicho de la lengua, trabarse, entorpecerse.

TRASTRABILLAR. (De *tras* y *traba*, menos us. que *trastabillar*.) intr. Dar traspiés o tropezar. ‖ Tambalear, vacilar, titubear. ‖ Tartalear, tartamudear.

TRASTRÁS. (De *tras*.) m. fam. El penúltimo en algunos juegos de muchachos.

TRASTRIGO. m. V. **Pan de trastrigo.**

TRASTROCAMIENTO. m. Acción y efecto de trastrocar.

TRASTROCAR. (De *tras*, por *trans*, en sentido de cambio, y *trocar*.) tr. Mudar el ser o estado de una cosa. Ú.t.c.r. ‖ Invertir el orden de las cosas. ‖ irreg. Conj. como **contar.** ‖ deriv.: **trastrocable; trastrocación; trastrocador, ra.**

TRASTRUECO. m. Trastrueque.

TRASTRUEQUE. m. Trastrocamiento.

TRASTUELO. m. dim. de **Trasto.**

TRASTULO. (Del ital. *trastullo*.) m. Pasatiempo, juguete.

TRASTUMBAR. (De *tras*, por *trans*, en sentido de cambio, y *tumbar*.) tr. Dejar caer o echar a rodar una cosa. ‖ deriv.: **trastumbable; trastumbador, ra.**

TRASUDACIÓN. f. Acción y efecto de trasudar.

TRASUDADAMENTE. adv. m. Con trasudores, fatigas y trabajos.

TRASUDAR. tr. Exhalar trasudor.

TRASUDOR. (De *tras* y *sudor*.) m. Sudor tenue.

TRASUNTAR. (De *trasunto*.) tr. Copiar un escrito. ‖ Compendiar o epilogar. ‖ Barbarismo por reflejar, mostrar, evidenciar. ‖ deriv.: **trasuntable; trasuntación; trasuntamiento.**

TRASUNTIVAMENTE. adv. m. En copia o trasunto. ‖ Compendiosamente.

TRASUNTO. (Del lat. *transumptus*, p. p. de *transúmere*, tomar de otro.) m. Copia o traslado. ‖ Imitación exacta o representación de una cosa. ‖ Barbarismo por muestra, reflejo, evidencia.

TRASVASAR. tr. Transvasar.

TRASVASIJAR. tr. *Chile.* Trasvasar, trasegar.

TRASVASIJO. m. *Chile.* Trasiego de un líquido.

TRASVERNARSE. (De *tras*, por *trans*, a través de, y *vena*.) r. Extravenarse. ‖ Derramarse una cosa. ‖ deriv.: **trasvenable.**

TRASVER. (De *tras*, por *trans*, a través de, y *ver*.) tr. Ver a través de alguna cosa. ‖ p. us. Ver mal y erróneamente.

TRASVERBERACIÓN. f. Transverberación.

TRASVERSAL. adj. Transversal.

TRASVERSO, SA. adj. Transverso.

TRASVERTER. (De *tras* y *verter*.) intr. Rebosar un líquido. ‖ irreg. Conj. como **entender.**

TRASVINARSE. (De *tras*, por *trans*, a través de, y *vino*.) r. Rezumarse o derramarse poco a poco el vino de las vasijas. Ú.t.c.tr. ‖ fig. y fam. Traslucirse, conjeturarse. ‖ fig. Traspasar, trascender.

TRASVOLAR. (Del lat. *transvolare*.) tr. Pasar volando.

TRATA. (De *tratar*, comerciar.) f. Tráfico de negros para venderlos como esclavos. ‖ **— de blancas.** Tráfico de mujeres para la prostitución.

TRATABLE. adj. Que se puede o deja tratar. ‖ Cortés, sociable. ‖ *Chile.* Transitable.

TRATADISTA. com. Autor de tratados sobre una materia determinada.

TRATADO. al. **Vertrag; Abhandlung.** fr. **Traité.** ingl. **Treaty; treatise.** ital. **Trattato.** port. **Tratado.** (Del lat. *tractatus*.) m. Ajuste, convenio o pacto, y especialmente el que celebran entre sí dos o más soberanos o gobiernos. *El primer* TRATADO *medieval conocido es el de Andlau, firmado en 587*; sinón.: **trato, contrato.** ‖ Obra que trata de una materia determinada.

TRATADOR, RA. (Del lat. *tractátor, -oris*.) adj. y s. Que trata un negocio o materia.

TRATAMIENTO. m. Trato, acción y efecto de tratar. ‖ Título de cortesía que se da a una persona; como *alteza, excelencia*, etc. *El* TRATAMIENTO *de majestad se da a emperadores y reyes.* ‖ Sistema o método que se emplea para curar enfermedades o defectos. TRATAMIENTO *opoterápico.* ‖ Procedimiento empleado en una experiencia o en la fabricación de un producto. ‖ **— impersonal.** *Gram.* El que se da al sujeto en tercera persona, eludiendo el de *señoría, merced*, etc. ‖ **Apear** uno **el tratamiento.** frs. fig. No admitirlo el que lo tiene, o no dárselo el que le habla. ‖ IDEAS AFINES: *Dignidad, tuteo, voseo, señor, caballero, señoría, usía, monseñor, respeto, confianza.*

TRATANTE. p. a. de **Tratar.** Que trata. ‖ m. El que se dedica a la compra y venta de géneros.

TRATAR. al. **Behandeln.** fr. **Traiter.** ingl. **To treat.** ital. **Trattare.** port. **Tratar.** (Del lat. *tractare*.) tr. Manejar una cosa; usar de ella materialmente. ‖ Manejar o gestionar algún negocio. ‖ Comunicar, tener amistad con un individuo. Con la preposición *con*, ú.t.c.intr. y c.r. ‖ Tener relaciones amorosas. Ú.m.c.intr. con la preposición *con*. ‖ Proceder bien, o mal, con una persona. ‖ Asistir y cuidar, bien o mal, a uno. Ú.t.c.r. ‖ Conversar, discurrir o disputar de palabra o por escrito sobre un asunto. Ú.t.c.intr. con las preposiciones *de* o *sobre* o con el modo adverbial *acerca de*. ‖ Con la preposición *de* y un tratamiento de cortesía, dar éste a una persona. *Le* TRATÓ DE *ilustrísimo*. ‖ Con la preposición *de* y un adjetivo despectivo o insultante, motejar con él a una persona. *Le* TRATÓ DE *imbécil.* ‖ *Quím.* Con las preposiciones *con* o *por*, someter una substancia a la acción de otra. ‖ intr. Con la preposición *de*, procurar el logro de algún fin. *Yo* TRATO DE *portarme bien.* ‖ Con la preposición *en*, comerciar. TRATAR EN *granos.* ‖ r. Portarse, conducirse.

TRATATIVA. f. *Arg.* Barbarismo por negociaciones de un tratado, convenio, etc. Ú. en pl.

TRATERO. m. *Chile.* Destajista, destajero.

TRATO. m. Acción y efecto de tratar o tratarse. ‖ Tratado, convenio. ‖ Tratamiento, título de cortesía. ‖ Ocupación de tratante. ‖ fam. Contrato, especialmente el relativo a ganados. ‖ **— de cuerda.** Tormento que se daba atando las manos por detrás al reo o al acusado, y suspendiéndolo por ellas. ‖ fig. Mal comportamiento con uno. ‖ **— de nación más favorecida.** En los tratados de comercio, el que asegura a un país el goce de las mayores ventajas que el otro concede a un tercero. ‖ **— doble.** Simulación con que obra uno para engañar a otro, afectando amistad. ‖ **— hecho.** expr. fam. con que se da por definitivo un convenio. ‖ IDEAS AFINES: *Relación, intimidad, saludo, visita, pleitesía, familiaridad, cartearse, codearse, sociabilidad, don de gentes.*

TRAUBE, Luis. *Biog.* Médico al. que se especializó en patología experimental (1818-1876). ‖ **— Luis.** Filólogo al. que publicó varias obras sobre semántica latina medieval (1861-1907).

TRAUMA. (Del gr. *traúma*, herida.) m. *Med.* Traumatismo. ‖ **— psíquico.** Choque emocional que deja una impresión honda y duradera en la subconsciencia.

TRAUMÁTICO, CA. adj. *Med.* Perteneciente o relativo al traumatismo.

TRAUMATISMO. (Del gr. *traumatismós*, acción de herir.) m. *Med.* Lesión interna o externa causada por una violencia exterior.

TRAUMATOLOGÍA. f. Parte de la medicina que trata de los traumatismos.

TRAVERSA. f. Madero que atraviesa el carro para dar firmeza al brancal. ‖ *Mar.* Estay.

TRAVERSARI, Pedro. *Biog.* Compositor ecuat. de estilo académico e inspiración nativa. Autor de *Glorias andinas; Tríptico indoandino; Cumanda*, etc. (1874-1959).

TRAVERTINO. m. Variedad de toba precipitada por las aguas de ciertas fuentes comúnmente calcárea, a veces silícea, y de estructura muy variable.

TRAVÉS. (Del lat. *transversus*, atravesado.) m. Inclinación o torcimiento. ‖ fig. Desgracia, contratiempo. ‖ *Arq.* Pieza de madera en que se afirma el pendolón de una armadura. ‖ *Fort.* Obra exterior para estorbar el paso en parajes angostos. ‖ Muro o parapeto. ‖ *Mar.* Dirección perpendicular a la de la quilla. ‖ **Al través.** m. adv. **A través.** ‖ **De través.** ‖ **A través.** m. adv. Por entre. A TRAVÉS *de la persiana.* ‖ **Dar al través.** frs. *Mar.* Tropezar la nave por los costados en una roca u otro obstáculo. ‖ fig. Tropezar, caer en algún peligro. ‖ **De través.** m. adv. En dirección transversal. ‖ Galicismo por equivocadamente. ‖ **Mirar** uno **de través.** frs. Torcer la vista, mirar bizco.

TRAVESAÑO. (De *travesar.*) m. Pieza que atraviesa de una parte a otra. ‖ Almohada larga que ocupa toda la cabecera de la cama. ‖ *Cuba.* Traviesa de la vía férrea.

TRAVESAR. (De *través.*) tr. y r. p. us. Atravesar. ‖ irreg. Conj. como **acertar.**

TRAVESEAR. (Del lat. *traversus*, travieso.) intr. Andar inquieto o revoltoso de una parte a otra. ‖ fig. Discurrir con ingenio o viveza. ‖ fig. Vivir con deshonestidad o desenfreno.

TRAVESERO, RA. adj. Dícese de lo que se pone de través. ‖ m. Travesaño, almohada.

TRAVESÍA. al. **Uberfahrt.** fr. **Traversée.** ingl. **Crossing.** ital. **Traversata.** port. **Travessia.** (De *través.*) f. Camino transversal entre otros dos. ‖ Callejuela que atraviesa entre calles principales. ‖ Parte de una carretera comprendida dentro del casco de una población. ‖ Distancia entre dos puntos de tierra o de mar. ‖ Viaje, especialmente el hecho por mar. ‖ Modo de estar una cosa al través. ‖ Cantidad que se puede ganar o perder en un juego. ‖ *Arg.* y *Bol.* Región vasta, desierta y sin agua. ‖ *Chile.* Viento del Oeste. ‖ *Fort.* Conjunto de traveses. ‖ *Mar.* Viento cuya dirección es perpendicular a la de una costa. ‖ Viático que se da al marinero mercante.

TRAVESIO, A. (De *través.*) adj. Aplícase al ganado no trashumante que sale de los términos del pueblo donde mora. ‖ Aplícase a los vientos que no soplan de frente. ‖ m. Sitio o terreno por donde se atraviesa.

TRAVESTIDO, DA. (Del ital. *travestito.*) adj. Disfrazado o encubierto.

TRAVESURA. al. **Streich; Mutwille.** fr. **Espièglerie; diablerie.** ingl. **Mischief; frolic.** ital. **Biriochinata.** port. **Travessura.** (De *travieso.*) f. Acción y efecto de travesear. ‖ fig. Viveza y sutileza de ingenio. ‖ Acción reprensible efectuada con habilidad o ingenio. ‖ IDEAS AFINES: *Niños, diablura, picardía, retozar, desobediente, soportar; pícaro.*

TRAVIATA, La. *Mús.* Ópera de Verdi, en cuatro actos, según libreto de F. M. Piave basado en *La dama de las camelias*, de Alejandro Dumas. No obstante la instrumentación descuidada es, por su conmovedor romanticismo y su generosidad melódica, una de las mejores óperas de Verdi. Fue estrenada en Venecia en 1853.

TRAVIESA. (Del lat. *traversa*, t. f. de *-sus*, travieso.) f. Travesía, distancia entre dos lugares. ‖ Lo que se juega además de la polla. ‖ Apuesta que el que no juega hace a favor de un jugador. ‖ Cada uno de los maderos que se atraviesa en una vía férrea para asentar los rieles. ‖ Cada una de las piezas que unen los largueros de un bastidor o armazón. ‖ *Arq.* Cualquiera de los cuchillos de armadura que sirven para sostener un tejado. ‖ Pared maestra que no está en fachada ni en medianería. ‖ *Min.* Galería transversal al filón. ‖ *Cineg.* Postura del cazador que se sitúa en el centro de la mancha que se bate.

TRAVIESA MOLINERA, La. *B. A.* Versión cinematográfica de *El sombrero de tres picos*, de Pedro A. de Alarcón, realizada en España, en 1934. Notable film de españolisimo acento.

TRAVIESO, SA. (Del lat. *traversus*, p. p. de *trasvértere*, apartar de.) adj. Atravesado o puesto al través o de lado. ‖ fig. Sutil, sagaz. ‖ Inquieto y revoltoso. ‖ Aplícase a las cosas bulliciosas e inquietas. *Los* TRAVIESOS *saltos de una clara y apacible fuentecilla.* ‖ Vicioso.

TRAYECTO. al. **Strecke; Weg.** fr. **Trajet.** ingl. **Distance; strecht.** ital. **Tragitto.** port. **Trajeto.** (Del lat. *traiectus*, pasaje.) m. Espacio que se recorre de un punto a otro. sinón.: **trecho.** ‖ Acción de recorrerlo. ‖ *Anat.* Extensión lineal de un nervio o vaso. ‖ *Cir.* Camino recorrido en el cuerpo por un proyectil o arma.

TRAYECTORIA. (Del lat. *traiector, -oris*, el que atraviesa.) f. Línea descrita en el espacio por un punto que se mueve. ‖ Recorrido que sigue el proyectil disparado por una arma de fuego. ‖ *Meteor.* Curso que sigue el cuerpo de un huracán o tormenta giratoria.

TRAYENTE. p. a. de **Traer.** Que trae.

TRAZA. al. **Aussehen.** fr. **Air; mine.** ingl. **Looks; aspect.** ital. **Faccia; aspetto.** port. **Aparencia.** (De *trazar.*) f. Diseño para la construcción de un edificio u otra obra. ‖ fig. Plan para realizar un fin. ‖ Invención, arbitrio. ‖ Modo, apariencia, aspecto o figura de una cosa. *Lo que dices no tiene* TRAZAS *de verdad.* ‖ Intersección de una línea o de una superficie con cualquiera de los planos de proyección. ‖ Galicismo por huella, vestigio, señal. ‖ **Darse** uno **trazas.** frs. fig. y fam. **Darse maña.**

TRAZABLE. adj. Que puede trazarse.

TRAZADO, DA. adj. Con los adverbios *bien* o *mal*, dícese de la persona de buena o mala disposición o aspecto. ‖ m. Acción y efecto de trazar. ‖ Traza, diseño. ‖ Recorrido o dirección de un camino, canal, etc. ‖ *Bol.* Machete de monte.

TRAZADOR, RA. adj. y s. Que traza o idea uma obra.

TRAZAR. al. **Ziehen.** fr. **Tracer.** ingl. **To trace.** ital. **Tracciare.** port. **Traçar.** (De un deriv. del lat. *tráctus*, trazo, y éste de *tráhere*, traer.) tr. Hacer trazos. ‖ Delinear la traza o proyecto para un edificio u otra obra. sinón.: **esbozar, proyectar.** ‖ fig. Discurrir y disponer los medios oportunos para el logro de una cosa. ‖ Describir, dibujar por medio del lenguaje los rasgos característicos de una persona o asunto. ‖ deriv.: **trazamiento.**

TRAZO. (De *trazar.*) m. Delineación con que se forma el diseño o planta de cualquier cosa. ‖ Línea, raya. ‖ En la escritura, cada una de las partes en que se considera dividida la letra. ‖ *Ven.* Equivocación sufrida. ‖ *Pint.* Pliegue del ropaje. ‖ **— magistral.** El grueso que forma la parte principal de una letra. ‖ **Dibujar al trazo.** frs. Señalar con una línea los contornos de una figura.

TRAZUMARSE. (De *tra*, por *trans*, a través, y *zumo.*) r. Rezumarse.

TRÉBEDE. (Del lat. *tripes, -edis*, que tiene tres pies.) f. Habitación o parte de ella cuya calefacción se obtiene quemando paja por debajo del suelo. ‖ pl. Aro o triángulo de hierro con tres pies que sirve para poner al fuego sartenes, pucheros, etc.

TREBEJAR. (De *trebejo.*) intr. Travesear, juguetear. ‖ p. us. Jugar.

TREBEJO. (Como el port. *trebelho*, del lat. *trabécula*, dim. de *trabs*, viga.) m. Instrumento, utensilio. ‖ Juguete con que uno se divierte. ‖ Cada una de las piezas del juego de ajedrez.

TREBEJUELO. m. dim. de **Trebejo.**

TREBISONDA. *Geog.* Ciudad y puerto del N.E. de Turquía asiática, sobre el mar Negro. 85.000 h. Antiguamente fue colonia griega y a partir de 1453 pertenece a Turquía.

TRÉBOL. al. **Klee; Kleeplatt.** fr. **Trèfle.** ingl. **Trefoil; clover.** ital. **Trifoglio.** port. **Trevo.** (Del lat. *trifolium.*) m. Género de plantas herbáceas, con hojas de tres folíolos, con numerosas especies, espontáneas o cultivadas, forrajeras. Gén. *Trifolium*, leguminosas. *Los druidas veneraban al* TRÉBOL. ‖ **— blanco.** De flores blancas. *T. repens.* ‖ **— colorado.** *Arg.* **Trébol rojo.** ‖ **— carretón** o **de carretilla.** Denominación con que se designan diversas especies de mielgas o alfalfas silvestres que tienen sus legumbres enroscadas en forma de carrete. Gén. *Medicago*, leguminosas. ‖ **— de olor.** *Arg.* **Trébol oloroso.** ‖ **— encarnado.** Espontáneo en el S. de Europa, con flores púrpuras o rosadas. *T. incarnatum.* ‖ **— hediondo.** Especie de higueruela. ‖ **— oloroso.** Meliloto. ‖ **— rojo.** Espontáneo en Europa, con flores de color rojo violado. *T. pratense.*

TRÉBOL, El. *Geog.* V. **El Trébol.**

TREBOLAR. m. Terreno cubierto de trébol.

TRECE. (Del lat. *trédecim.*) adj. Diez y tres. ‖ Decimotercio. *Gregorio* TRECE; *año* TRECE. Aplic. a los días del mes, ú.t.c.s. *El* TRECE *de abril.* ‖ m. Conjunto de signos con que se representa el número **trece.** ‖ Cada uno de los **trece** regidores que había en algunas ciudades. ‖ Dignidad de la orden de Santiago. ‖ **Estarse, mantenerse** o **seguir** uno **en sus trece.** frs. fig. Persistir con obstinación en una cosa.

TRECEMESINO, NA. adj. De trece meses.

TRECÉN. (De *treceno.*) m. Décimotercia parte del valor de las cosas vendidas que se pagaba al señor jurisdiccional.

TRECENARIO. (De *treceno.*) m. Número de trece días, dedicados a un mismo objeto.

TRECENAS. *Geog. histór.* Ciudad de la antigua Grecia, que hallábase sit. al. N.E. del Peloponeso, en la Argólida. Esta ba consagrada a Poseidón y por ello se la llamó también **Posidonia.**

TRECENATO o **TRECENAZGO.** (De *treceno.*) m. Oficio o dignidad de trece de la orden de Santiago.

TRECENO, NA. adj. Tredécimo.

TRECENTISTA. adj. Perteneciente o relativo al siglo catorce.

TRECÉSIMO, MA. adj. Trigésimo.

TRECIENTOS, TAS. adj. y s. Trescientos.

TRECHA. (Del lat. *tracta*, t. f. de *-tus.*) f. Treta para conseguir un objeto.

TRECHEADOR. m. *Min.* El que trechea.

TRECHEAR. tr. *Min.* Transportar de trecho en trecho una carga.

TRECHEL. (Del b. lat. *tritícerum*, y éste del lat. *tríticum*, trigo.) adj. y s. Dícese de una variedad de trigo.

TRECHEO. m. *Min.* Acción de trechear.

TRECHO. al. **Strecke.** fr. **Intervalle; espace.** ingl. **Space; stretch.** ital. **Tratto.** port. **Trecho.** (Del lat. *tractus.*) m. Espacio de lugar o tiempo. ‖ **A trechos.** m. adv. Con intervalo de lugar o tiempo. ‖ **De trecho a, o en, trecho.** m. adv. De distancia a distancia, de tiempo en tiempo.

TRECHOR. m. *Blas.* Orla estrecha.

TREDÉCIMO, MA. adj. Décimotercero.

TREFILAR. tr. Pasar el hierro u otros metales por la hilera para hacer varillas, alambres o hilos más delgados. ‖ deriv.: **trefilación; trefilado; trefiladora; trefilería.**

TREGUA. al. **Waffenstillstand; Waffenruhe.** fr. **Trève.** ingl. **Truce.** ital. **Tregua.** port. **Trégua.** (Del b. lat. *treuga*, y éste del ant. germ. *treuwa*, seguridad.) f. Suspensión de hostilidades, por determinado tiempo. ‖ fig. Intermisión, descanso. ‖ **Dar treguas.** frs. fig. Suspenderse por algún tiempo lo que mortifica. *Dio* TREGUAS *a su dolor.* ‖ Dar tiempo, no ser urgente una cosa. ‖ IDEAS AFINES: *Armisticio, statu quo, pacto; intervalo, pausa, paréntesis, solución de continuidad, intermitencia, vacaciones.*

TREÍLLA. f. Traílla.

TREINTA. (Del lat. *triginta.*) adj. Tres veces diez. ‖ Trigésimo. *Número* TREINTA. Aplícase a los días del mes. Ú.t.c.s. *El* TREINTA *de abril.* ‖ m. Conjunto de signos con que se representa el número **treinta.** ‖ Cierto juego de naipes. ‖ **Treinta y cuarenta.** Cierto juego de azar. ‖ **Treinta y una.** Juego de naipes o de billar, que consiste en hacer **treinta** y un tantos y no más.

TREINTA AÑOS, Guerra de los. *Hist.* Guerra relig. y política, motivada por la lucha entre católicos y protestantes, que desde 1618 a 1648 abarcó a la mayor parte de las naciones europeas. Sostenida por los emperadores de Alemania contra el elector palatino, Dinamarca, Suecia y Francia, concluyó con el tratado de paz de Westfalia que dio a los Borbones la hegemonía europea, y que reconoció a los príncipes alemanes el derecho de concertar alianzas y la libertad religiosa.

TREINTAIDOSAVO, VA. adj. Dícese de cada una de las 32 partes iguales en que se divide un todo. ‖ **En treintaidosavo.** expr. Dícese del libro, folleto, etc., cuyo tamaño iguala a la **treintaidosava** parte de un pliego de papel.

TREINTAIDOSENO, NA. adj. Trigésimo segundo.

TREINTANARIO. m. Número de treinta días dedicados a un mismo objeto.

TREINTAÑAL. adj. Dícese de lo que es de treinta años o los tiene.

TREINTAVO, VA. adj. Trigésimo, trigésima, parte de un todo. Ú.t.c.s.m.

TREINTA Y TRES. *Geog.* Departamento del Uruguay. 9.539 km². 80.000 h. Importantes cultivos de arroz. Cap. hom., situada sobre el río Olimar. 25.000 h.

TREINTA Y TRES ORIENTALES, Los. *Hist.* Nombre con que se designa a los treinta y tres patriotas uruguayos refugiados en la Argentina que organizaron una expedición al mando de Lavalleja, para libertar a su país de la dominación brasileña (1825).

TREINTENA. f. Conjunto de treinta unidades. ‖ Cada una de las treintavas partes de un todo.

TREINTENO, NA. adj. Trigésimo.

TREJA. f. Cierta tirada en el juego de trucos.

TREJO, Nemesio. *Biog.* Comediógrafo arg., autor de *Los políticos; Los vividores; La fiesta de don Marcos*, y otros coloridos sainetes (1867-1916). ‖ **— Y SANABRIA, Fernando de.** Sacerdote paraguayo, primer obispo rioplatense (1554-1614).

TREJOS, José Joaquín. *Biog.* Economista cost., nacido en 1916, que fue pres. de la República en 1966. ‖ **— Juan.** Escritor cost., autor de *Resumen de psicología racional* y *Geografía ilustrada de Costa Rica* (n. 1884).

TRELEW. *Geog.* Población de la Argentina, en la prov. de Chubut. 16.500 h. Importante centro comercial.

TRELLES, Carlos Manuel. *Biog.* Escritor cub., autor de *Los Estados Unidos como potencia intelectual; Ensayo de bibliografía cubana*, etc. (1866-1951). ‖ **— Manuel Ricardo.** Historiador y bibliófilo arg. (1821-1893). ‖ **— Y DUELO, Ernesto.** Químico cub. nacido en 1893, que realizó estudios sobre composición de la sangre.

TREMADAL. m. Tremedal.

TREMATODE o **TREMATODO.** adj. *Zool.* Dícese de ciertos gusanos platelmintos, de cuerpo corto foliáceo y no segmentado, que viven generalmente parásitos en los vertebrados. Ú.t.c.s.m. ‖ m. pl. *Zool.* Orden de estos gusanos.

TREMEBUNDO, DA. (Del lat. *tremebundus.*) adj. Espantable, que hace temblar.

TREMEDAL. (Del lat. *trémere*, temblar.) m. Terreno pantanoso, cubierto de césped, y que retiembla cuando se anda sobre él. ‖ sinón.: **cenagal, tembladal.**

TREMENDO, DA. al. **Fürchterlich.** fr. **Terrible.** ingl. **Tremendous.** ital. **Tremendo.** port. **Tremendo.** (Del lat. *tremendus*, de *trémere*, temer, tener miedo.) adj. Terrible, digno de ser temido. ‖ Digno de respeto y reverencia. ‖ fig. y fam. Excesivo en su línea. ‖ **Echar por la tremenda.** frs. fam. Descomedirse, llevar un asunto a términos violentos.

TREMENTE. p. a. de **Tremer.** Que treme.

TREMENTINA. (Del ant. *trebentina*, y éste del lat. *trebínthina*, de terebinto.) f. Líquido resinoso que fluye de los pinos, abetos, alerces y terebintos. ‖ — **de Quío.** Resina del lentisco de Quío. ‖ **Esencia de trementina.** Aguarrás. ‖ *Quím.* Aceite volátil extraído por destilación de la resina común. Úsase en terapéutica.

TREMER. (Del lat. *trémere.*) intr. Temblar.

TREMÉS o **TREMESINO, NA.** adj. De tres meses. ‖ Dícese de ciertas variedades de trigo.

TREMIELGA. f. Torpedo, pez.

TREMÍS. (Del lat. *tremissis.*) m. Moneda antigua de Castilla. ‖ Moneda romana que valía la tercera parte de un sólido de oro.

TRÉMITI, Islas. *Geog.* Grupo de cuatro islas pequeñas, italianas, sit. en el mar Adriático, frente a la prov. de Foggia. Tienen 3,06 km². y 500 h.

TREMÓ o **TREMOL.** (Del fr. *trumeau.*) m. Adorno a manera de marco, que se pone a los espejos.

TREMOLANTE. p. a. de **Tremolar.** Que tremola o se agita en el aire.

TREMOLAR. al. **Flattern.** fr. **Ondoyer.** ingl. **To wave.** ital. **Tremolare; sventolare.** port. **Tremular.** (Del lat. *tremulare*, de *trémulus*, trémulo.) tr. e intr. Enarbolar y agitar en el aire banderas, estandartes, etc. sinón.: **ondear.** ‖ fig. Hacer ostentación de alguna cosa. ‖ deriv.: **tremolable; tremolación; tremolador, ra.**

TREMOLINA. (De *tremolar.*) f. Movimiento ruidoso del aire. ‖ fig. y fam. Alboroto y confusión de voces y personas.

TRÉMOLO. (Del ital. *trémolo*, trémulo.) m. *Mús.* Sucesión rápida de muchas notas iguales, de la misma duración. *El* TRÉMOLO *es un recurso de gran eficacia expresiva.*

TREMOR. m. Temblor. ‖ Comienzo del temblor.

TRÉMULAMENTE. adv. m. Con temblor.

TREMULANTE. adj. Trémulo.

TREMULENTO, A. adj. Trémulo.

TRÉMULO, LA. al. **Zitternd; bebend.** fr. **Tremblant.** ingl. **Quivering.** ital. **Tremulo.** port. **Tremulo.** (Del lat. *trémulus.*) adj. Que tiembla. ‖ Que parece que tiembla. *La* TRÉMULA *llama.*

TREN. al. **Zug.** fr. **Train.** ingl. **Train.** ital. **Treno.** port. **Trem.** (Del fr. *train.*) m. Provisión de las cosas necesarias para un viaje o expedición. ‖ Conjunto de máquinas y útiles que se emplean para una misma operación o servicio. TREN *de combate, de puente*, etc. ‖ Serie de carruajes enlazados unos a otros, para conducir pasajeros y mercancías por los caminos de hierro. ‖ fig. Modo de vivir con mayor o menor lujo. *Ese* TREN *de vida lo va a arruinar.* ‖ — **carreta.** fam. El que marcha a poca velocidad y se detiene en todas las estaciones. ‖ — **correo.** El que normalmente lleva la correspondencia pública. ‖ — **de aterrizaje.** Parte del aeroplano, provista de ruedas o patines, que sirve para aterrizar. ‖ — **directo.** Aquel en que sin transbordar se puede hacer un viaje. ‖ — **especial.** El que se dispone a petición de persona interesada y a su costa. ‖ — **expreso.** El de viajeros que se detiene solamente en las estaciones principales del trayecto. ‖ — **mixto.** El que conduce viajeros y mercancías. ‖ — **rápido.** El de mayor velocidad. ‖ IDEAS AFINES: *Ferrocarril, vía, carril, durmiente, entronque, locomotora, vagón, andén, maquinista, fogonero, paso a nivel, barrera, disco de señales, guardagujas, descarrilamiento.*

TRENA. (Del lat. *trina*, t. f. de *-nus*, triple.) f. Banda que la gente de guerra usaba como cinturón o tahalí. ‖ Plata quemada.

TRENADO, DA. (De *trena.*) adj. Dispuesto en forma de redecilla, enrejado o trenza.

TRENCA. (Del m. or. que *tranca.*) f. Cada uno de los palos atravesados en el vaso de la colmena, para sostener los panales. ‖ Cada una de las raíces principales de una cepa.

TRENCELLÍN. m. Trencillo, cintillo.

TRENCILLA. (dim. de *trenza.*) f. Galoncillo que sirve para adornos de pasamanería y otros usos.

TRENCILLAR. tr. Guarnecer con trencilla. ‖ deriv.: **trencillable; trencillador, ra; trencillamiento.**

TRENCILLO. m. Trencilla. ‖ Cintillo que como adorno se ponía en los sombreros.

TRENGGANU. *Geog.* Estado del N. de la Federación Malaya. 13.078 km². 410.000 h. Cap. KUALA TRENGGANU.

TRENO. al. **Klagelied.** fr. **Lamentation.** ingl. **Lamentation; dirge.** ital. **Lamento.** port. **Treno.** (Del lat. *threnus*, y éste del gr. *threnos*, de *thréomai*, lamentarse.) m. Canto fúnebre, lamentación por alguna calamidad o desgracia. ‖ Por anton., cada una de las lamentaciones del profeta Jeremías.

TRENQUE LAUQUEN. *Geog.* Población del N. O. de la provincia de Buenos Aires. (Rep. Argentina). 12.000 h. Importante centro agropecuario. Industria textil.

TRENT. *Geog.* Río de la región central de Gran Bretaña que forma, junto con el Ouse, el estuario del Humber. 250 km.

TRENTINO-ALTO ADIGIO. *Geog.* Región del N.E. de Italia, que comprende las prov. de Bolzano y Trento. 13.613 km². 860.000 h.

TRENTO. *Geog.* Provincia del N.E. de Italia, en la región de Trentino-Alto Adigio. 6.213 km². 435.000 h. Cap. hom. sobre el río Adigio. 95.000 h. Importante centro industrial y de turismo.

TRENTO, Concilio de. *Hist.* Concilio ecuménico reunido en la ciudad italiana de ese nombre por el papa Paulo III para resolver las dificultades provocadas en la Iglesia Católica por la aparición de la Reforma (V. **Reforma**). Reunióse desde 1545 hasta 1563, con grandes interrupciones y en el documento *Definitio fidei Tridentina* se dieron a conocer las conclusiones aprobadas en su transcurso, que afectaron el dogma y la disciplina de la Iglesia.

TRENTON. *Geog.* Ciudad del noreste de los EE.UU., capital del Est. de Nueva Jersey, sit. sobre el río Delaware. 106.000 h. Industrias químicas, maquinarias, manufactura de tabacos.

TRENZA. al. **Zopf; Tresse.** fr. **Tresse.** ingl. **Braid.** ital. **Treccia.** port. **Trança.** (De *trenzar.*) f. Conjunto de tres o más ramales que se entretejen a lo largo cruzándolos alternativamente. ‖ La que se hace entretejiendo el cabello largo.

TRENZADERA. f. Lazo que se forma trenzando una cuerda o cinta.

TRENZADO. m. Trenza. ‖ En la danza, salto ligero cruzando los pies. ‖ Paso que hace el caballo piafando. ‖ **Al trenzado.** m. adv. Sin cuidado, con desaliño.

TRENZAR. (Quizá de un der. del. lat. *trinus*: véase *trena.*) tr. Hacer trenzas. ‖ intr. En la danza y la equitación, hacer trenzados. ‖ r. fam. *Arg., Chile, Perú* y *Urug.* Enredarse en una discusión o pelea. ‖ Luchar cuerpo a cuerpo. ‖ deriv.: **trenzable; trenzador, ra.**

TREO. (Como el fr. *tréou*, del anglosajón *troef.*) m. *Mar.* Vela con que las embarcaciones latinas navegan en popa con vientos fuertes.

TREPA. f. Acción y efecto de trepar, ler. art. ‖ fam. Media voltereta que se da apoyando la coronilla en el suelo.

TREPA. f. Acción y efecto de trepar, 2º art. Guarnición que se echa a la orilla de ciertos vestidos. ‖ Aguas que presenta la superficie de algunas maderas labradas. ‖ fam. Astucia, malicia. ‖ Engaño, fraude. ‖ Castigo de azotes, patadas, etc.

TREPADERA. (De *trepar*, ler. art.) f. *Cuba.* Juego de cuerdas que forman dos estribos y un cinto, de que se valen los que suben a las palmeras.

TREPADO. m. Trepa, guarnición. ‖ Línea de puntos taladrados a máquina que se hace en el papel.

TREPADO, DA. adj. Retrepado. ‖ Aplícase al animal rehecho y fornido.

TREPADOR, RA. adj. Que trepa. ‖ *Bot.* Dícese de las plantas que trepan. ‖ *Zool.* Aplícase a las aves que tienen el dedo externo unido al de en medio, o versátil, o dirigido hacia atrás para trepar con facilidad; como el cuclillo. Ú.t.c.s. ‖ m. Sitio por donde se trepa o se puede trepar. ‖ f. pl. *Zool.* Orden de las aves **trepadoras.**

TREPAJUNCOS. m. Arandillo, pájaro.

TREPANACIÓN. al. **Schädelbohrung.** fr. **Trépanation.** ingl. **Trephining.** ital. **Trapanazione.** port. **Trepanação.** f. Acción y efecto de trepanar.

TREPANAR. tr. *Cir.* Horadar el cráneo u otro hueso. ‖ deriv.: **trepanable; trepanador, ra.**

TRÉPANO. (Del b. lat. *trépanum*, y éste del gr. *trypanon.*) m. *Cir.* Instrumento que se usa para trepanar. ‖ *A.* y *O.* Broca.

TREPANTE. p. a. de **Trepar**, ler. art. Que trepa.

TREPANTE. (De *trepar*, 2º art.) adj. Que usa de trepas o engaños. Ú.t.c.s.

TREPAR. al. **Klettern.** fr. **Grimper.** ingl. **To climb.** ital. **Arrampicarsi.** port. **Trepar.** (Del b. lat. *trepare*, y éste tal vez del al. *treppe*, escalera.) intr. Subir a un lugar alto, valiéndose de los pies y las manos. TREPAR *a los árboles;* TREPAR *por las rocas.* Ú.t.c.tr. ‖ Crecer y subir las plantas agarrándose a los árboles y otros objetos.

TREPAR. (Quizá del lat. *terebrare.*) tr. Taladrar, horadar. ‖ Guarnecer con trepa.

TREPARSE. r. Retreparse.

TREPATRONCOS. m. Nombre vulgar de varios pájaros del hemisferio norte, de pico largo y arqueado, lo que les permite apoderarse de los insectos que viven en las cortezas de los árboles, y de cola con plumas rígidas, para sostenerse cuando trepan por los troncos. Gén. *Certhia.* ‖ Nombre vulgar de varios pájaros, también del hemisferio norte, trepadores, de pico largo y robusto. Gén. *Sitta.*

TREPE. (De *trepa.*) m. fam. Reprimenda. *Le echó un buen* TREPE.

TREPIDACIÓN. al. **Beben.** fr. **Trépidation.** ingl. **Trepidation.** ital. **Trepidazione.** port. **Trepidação.** f. Acción de trepidar. ‖ *Pat.* Temblor o estremecimiento oscilatorio. ‖ Ansiedad nerviosa, miedo.

TREPIDANTE. p. a. de **Trepidar.** Que trepida.

TREPIDAR. (Del lat. *trepidare.*) intr. Temblar, estremecerse. ‖ *Amér.* Vacilar, titubear, dudar.

TRÉPIDO, DA. adj. p. us. Trémulo.

TREPONEMA. f. *Zool.* Género de protozoarios de cuerpo largo, de forma helicoidal que termina por un flagelo en cada extremo; producen enfermedades contagiosas como la sífilis, ciertas formas de tifus, etc.

TRES. (Del lat. *tres.*) adj. Dos y uno. ‖ Tercero. *Año* TRES. ‖ m. Signo o conjunto de signos con que se representa el número **tres.** ‖ Naipe que tiene **tres señales.** ‖ Regidor de una población en que había este número de ellos. ‖ Trío. ‖ **Como tres y dos son cinco.** expr. fig. y fam. con que se encarece la evidencia de alguna verdad. ‖ **Y tres más.** m. adv. con que se da mayor fuerza a alguna afirmación.

TRESALBO, BA. (De *tres* y *albo.*) adj. Aplícase a la caballería que tiene tres pies blancos.

TRESAÑAL o **TRESAÑEJO, JA.** (De *tres* y *año.*) adj. Dícese de lo que es de tres años.

TRES ARROYOS. *Geog.* Ciudad del S.E. de la provincia de Buenos Aires, en la Rep. Argentina. 40.000 h. Importante centro agricolaganadero y comercial.

TRESBOLILLO (A, o Al). m. adv. Dícese de la plantación hecha en filas paralelas, de modo que las plantas de cada fila correspondan al medio de los huecos de la fila inmediata.

TRESCIENTOS, TAS. adj. Tres veces ciento. ‖ Tricentésimo. *Año* TRESCIENTOS. ‖ m. Conjunto de signos con que se representa el número **trescientos.**

TRES CORAÇÕES. *Geog.* Población de Brasil, al S. del Est. de Minas Gerais. 12.000 h.

TRES CRUCES. *Geog.* Cumbre montañosa de los Andes argentinochilenos, entre la prov. chilena de Atacama y la argentina de Catamarca. 6.356 m.

TRESDOBLAR. tr. Triplicar, hacer triple una cosa. ‖ Dar a una cosa tres dobleces, uno sobre otro.

TRESDOBLE. adj. Triple. Ú.t.c.s.

TRESGUERRAS, Francisco Eduardo. *Biog.* Pintor y arquitecto mex. que hizo el *Teatro Alarcón* de San Luis Potosí; el *Puente de la Laja* y la *Iglesia del Carmen*, de Celaya (1759-1833).

TRESILLERO, RA. s. *Col.* Tresillista.

TRESILLISTA. com. Jugador de tresillo.

TRESILLO. (dim. de *tres.*) m. Juego de naipes que se juega entre tres personas, cada una de las cuales recibe nueve cartas, y gana la que hace mayor número de bazas. ‖ Conjunto de un sofá y dos butacas que hacen juego. ‖ Sortija u otra alhaja con tres piedras. ‖ *Mús.* Conjunto de tres notas iguales que se deben ejecutar en el tiempo correspondiente a dos de ellas.

TRESMESINO, NA. adj. Tremesino.

TRESNAL. m. Conjunto de haces de mies apilados, poniendo cinco haces en la base, cuatro encima y así en disminución.

TRES MOSQUETEROS, Los. *Lit.* Novela de Alejandro Dumas, una de las más leídas y traducidas en todo el mundo desde su aparición en 1844. Tema histórico durante el reinado de Luis XIII, el autor lo dotó de una fisonomía aventurera e imaginativa con notable dominio de la técnica novelística. *Veinte años después* y *El Vizconde de Bragelonne* son su continuación.

TRES PUNTAS. *Geog.* Cabo de la costa argentina, en la Patagonia, que limita por el S. al golfo de San Jorge. ‖ Cabo de la costa de Venezuela (Sucre), sobre el mar de las Antillas, en el extremo O. de la pen. de Paria.

TRESTANTO. adv. m. Tres veces tanto. ‖ m. Cantidad triplicada.

TRETA. al. **List; Finte.** fr. **Ruse; stratagème.** ingl. **Feint; trick.** ital. **Finta.** port. **Treta.** (Del lat. *tracta*, t. f. de *-tus*, p. p. de *tráhere*, tentar, meditar.) f. Artificio ingenioso para conseguir algún intento. ‖ Engaño hecho con astucia. ‖ *Esgr.* Engaño que ejecuta el diestro para herir o desarmar a su contrario. ‖ **Dar en la treta.** frs. fig. y fam. Tomar la maña de hacer o decir algo. ‖ deriv.: **tretero, ra.** ‖ IDEAS AFINES: *Ardid, celada, emboscada, estratagema, taimado, fullero, ladino, pájaro de cuenta.*

TRÉVERIS. *Geog.* Ciudad del O. de la Rep. Federal de Alemania (Renania-Palatinado), sit. sobre el Mosela. 105.000 h. Fundiciones, industria química y textil. En alemán **Trier.**

TREVISO. *Geog.* Provincia del N. E. de Italia, en la región de Venecia Eugánea. 2.477 km². 686.000 h. Cap. hom. con 92.000 h. Centro agrícola, industria alimenticia y mecánica. Cerámicas.

TREZAVO, VA. (De *trece* y *avo.*) adj. Dícese de una de las trece partes iguales en que se divide un todo. Ú.t.c.s.m.

TREZNA. f. Tresna de la caza mayor.

TREZZO, Jacobo. *Biog.* Escultor ital., que se radicó en España en 1579 y falleció en Madrid, en 1589. Realizó las obras del altar mayor de El Escorial, verdadera obra maestra, y otros trabajos para los reyes españoles y portugueses.

TRI. (Del lat. *tris*, tres.) Prefijo que tiene la significación de tres. TRIángulo.

TRÍA. f. Acción y efecto de triar o triarse. ‖ **Dar una tría.** frs.

Trasladar una colmena poco poblada al sitio de otra que lo esté más, y ésta al de aquélla para que las abejas cambien de vaso.

TRIACA. (De *teriaca.*) f. Antídoto, especialmente contra las mordeduras de animales. ‖ Preparación de la farmacopea antigua, en la que entraban muchos simples, y que se prescribía como contraveneno. ‖ fig. Remedio de un mal.

TRIACAL. adj. De triaca, o que tiene alguna de sus propiedades.

TRIACHE. (Del fr. *triage,* de *trier,* triar.) m. Café compuesto del desperdicio de los granos requemados, partidos, etc.

TRÍADA. f. Conjunto o grupo de tres.

TRÍADE. f. Tríada.

TRIANA, José Jerónimo. *Biog.* Naturalista col., autor de *Memoria sobre el condurango* y otras obras (1829-1890). ‖ — **Miguel.** Ingeniero col., autor de *Revista de las riquezas naturales de Colombia; La civilización chibcha,* etc. (n. 1859). ‖ — **Rodrigo de.** Marinero esp. que integró la expedición de Colón y anunció tierra, el 12 de octubre de 1492.

TRIANGULACIÓN. f. *Arq.* y *Geod.* Operación de triangular. ‖ Conjunto de datos obtenidos mediante esta operación.

TRIANGULADO, DA. adj. Dispuesto o trazado en figura triangular.

TRIANGULAR. adj. De figura de triángulo o semejante a él.

TRIANGULAR. tr. *Arq.* Disponer las piezas de una armazón de modo que formen triángulos. ‖ *Geod.* Ligar por medio de triángulos ciertos puntos de una comarca para levantar el plano de ésta.

TRIANGULARMENTE. adv. m. En figura triangular.

TRIÁNGULO. al. **Dreieck.** fr. **Triangle.** ingl. **Triangle.** ital. **Triangolo.** port. **Triangulo.** (Del lat. *triángulus.*) adj. Triangular. ‖ m. *Geom.* Figura formada por tres líneas que se cortan mutuamente. sinón.: **trígono.** ‖ *Mús.* Instrumento que consiste en una varilla metálica doblada en forma de **triángulo,** que se hace sonar hiriéndola con otra varilla. ‖ — **acutángulo.** *Geom.* El que tiene los tres ángulos agudos. ‖ — **austral.** *Astron.* Constelación celeste cerca del polo antártico. ‖ — **boreal.** *Astron.* Constelación debajo o un poco al sur de Perseo. ‖ — **cuadrantal.** *Trigon.* El esférico que tiene por lados uno o más cuadrantes. ‖ — **escaleno.** *Geom.* El que tiene los tres lados desiguales. ‖ — **esférico.** *Geom.* El trazado en la superficie de la esfera. ‖ — **isósceles.** *Geom.* El que tiene iguales solamente dos lados. ‖ — **oblicuángulo.** *Geom.* El que no tiene ángulo recto alguno. ‖ — **obtusángulo.** *Geom.* El que tiene obtuso uno de sus ángulos. ‖ — **plano.** *Geom.* El que tiene sus tres lados en un mismo plano. ‖ — **rectángulo.** *Geom.* El que tiene recto uno de sus ángulos. ‖ IDEAS AFINES: *Escuadra, cartabón, delta, cateto, hipotenusa, base, altura, transportador; frontón, trinidad.*

TRIANÓN, El Grande y el Pequeño. *Hist.* Célebres palacios reales erigidos en el parque de Versalles. El **Trianón Grande** fue construido por disposición de Luis XIV; el **Pequeño** por orden de Luis XV. Ambos son de extraordinaria magnificencia.

TRIAQUERA. f. Caja o bote para guardar triaca u otro medicamento.

TRIAR. tr. Escoger, entresacar. ‖ intr. Entrar y salir con frecuencia las abejas de una colmena. ‖ r. Clarearse una tela.

TRIÁSICO, CA. (Del gr. *trias,* conjunto de tres.) adj. *Geol.* Dícese del terreno sedimentario, que es el más antiguo de los secundarios. Ú.t.c.s.m. ‖ Perteneciente a este terreno.

TRIAZOÍNA. f. Nitroglicerina.

TRIBADA. (Del gr. *tribás,* de *tribo,* frotar.) f. Mujer que practica el tribadismo.

TRIBADISMO. m. Inversión sexual en la mujer.

TRIBAL. adj. Tribual.

TRIBRAQUIO. (Del lat. *tríbrachys,* y éste del gr. *tríbrachis,* de *treis,* tres, y *brachys,* breve.) m. Pie de la poesía griega y latina, compuesto de tres sílabas breves.

TRIBU. al. **Stamm.** fr. **Tribu.** ingl. **Tribe.** ital. **Tribù.** port. **Tribo.** (Del lat. *tribus.*) f. Cada una de las agrupaciones sociales en que algunos pueblos antiguos estaban divididos. *Las doce* TRIBUS *de Israel.* ‖ Conjunto de familias nómadas que obedecen a un jefe. ‖ *Hist. Nat.* Categoría de la clasificación, considerada como subdivisión de la familia y reunión de géneros. ‖ IDEAS AFINES: *Sociología, antropogeografía, raza, casta, clan, tabú, totem, atavismo, gentilicio.*

TRIBUAL. adj. Perteneciente o relativo a la tribu.

TRIBUENTE. p. a. de **Tribuir.** Que tribuye.

TRIBUIR. tr. p. us. Atribuir.

TRIBULACIÓN. al. **Leiden; Drangsal.** fr. **Tribulation.** ingl. **Tribulation; affliction.** ital. **Tribolazione.** port. **Tribulação.** (Del lat. *tribulatio, -onis.*) f. Congoja, pena, aflicción. ‖ Adversidad que padece el hombre.

TRÍBULO. (Del lat. *tríbulus,* abrojo.) m. Nombre genérico de ciertas plantas espinosas, zigofiláceas. ‖ Abrojo.

TRIBUNA. al. **Tribüne.** fr. **Tribune.** ingl. **Tribune.** ital. **Tribuna.** port. **Tribuna.** (Del b. lat. *tribuna,* y éste del lat. *tribunus,* tribuno.) f. Plataforma elevada y con antepecho, desde donde los oradores de la antigüedad se dirigían al pueblo. ‖ Plataforma elevada desde la cual se lee o perora en las asambleas. ‖ Galería destinada a los espectadores en estas asambleas o en algunos espectáculos públicos. ‖ Ventana o balcón en el interior de algunas iglesias desde donde se puede asistir a los oficios. ‖ fig. Conjunto de oradores políticos de un país, de una época, etc.

TRIBUNADO. (Del lat. *tribunatus.*) m. Dignidad de tribuno. ‖ Tiempo que duraba.

TRIBUNAL. al. **Gericht.** fr. **Tribunal.** ingl. **Tribunal; court of justice.** ital. **Tribunale.** port. **Tribunal.** (Del lat. *tribunal.*) m. Lugar destinado a los jueces para administrar justicia. ‖ Ministro o ministros que administran justicia. ‖ Conjunto de jueces ante el cual se verifican exámenes, oposiciones y otros certámenes. ‖ — **colegiado.** El que se forma con varios individuos por contraposición al **tribunal** unipersonal. ‖ — **de casación.** *For.* El que sólo conoce de las sentencias cuando se alega quebrantamiento de la ley o del procedimiento. ‖ *For.* El establecido en Cataluña por el Estatuto de 1932 con jurisdicción última en lo civil y en lo administrativo de legislación autónoma. ‖ — **de Cuentas.** El que examina las cuentas del Estado. ‖ — **de Dios.** Juicio que Dios hace de los hombres después de la muerte. ‖ — **de honor.** *For.* El autorizado dentro de ciertos cuerpos para juzgar la conducta deshonrosa, aunque no delictiva, de algunos de sus miembros. ‖ — **de la conciencia.** Juicio íntimo de los deberes y de los actos propios. ‖ — **de la penitencia.** Sacramento de la penitencia, y lugar en que se administra. ‖ **Supremo.** *For.* Aquel contra cuyas sentencias no hay recurso ante otro tribunal. ‖ IDEAS AFINES: *Juzgado, audiencia, consejo, inquisición, abogado, fiscal, escribano, banquillo, veredicto, cárcel, apelar.*

TRIBUNICIO, CIA. (Del lat. *tribunitius.*) adj. Tribúnico. ‖ fig. Perteneciente o relativo al tribuno u orador político. *Oratoria* TRIBUNICIA.

TRIBÚNICO, CA. adj. Perteneciente a la dignidad de tribuno.

TRIBUNO. al. **Tribun.** fr. **Tribun.** ingl. **Tribune.** ital. **Tribuno.** port. **Tribuno.** (Del lat. *tribunus.*) m. Cada uno de los magistrados romanos que elegía el pueblo y tenían facultad de poner el veto a las resoluciones del Senado. ‖ fig. Orador político muy elocuente. ‖ — **de la plebe. Tribuno** romano.

TRIBUTABLE. adj. Que puede dar tributo.

TRIBUTACIÓN. f. Acción de tributar. ‖ Tributo. ‖ Régimen o sistema tributario.

TRIBUTANTE. p. a. de **Tributar.** Que tributa. Ú.t.c.s.

TRIBUTAR. al. **Zahlen; Zollen.** fr. **Payer tribut; rendre hommage.** ingl. **To pay taxes; to pay homage.** ital. **Tributare.** port. **Tributar.** (De *tributo.*) tr. Entregar el vasallo al señor o el súbdito al Estado cierta cantidad en dinero o en especie. ‖ fig. Ofrecer, en reconocimiento de superioridad, algún obsequio o demostración de respeto o alabanza. *Le* TRIBUTO *toda mi admiración.* ‖ deriv.: **tributador, ra.**

TRIBUTARIO, RIA. (Del lat. *tributarius.*) adj. Perteneciente o relativo al tributo. ‖ Que paga o debe pagar tributo. Ú.t.c.s. ‖ fig. Dícese del curso de agua con relación al río o mar donde desemboca.

TRIBUTO. al. **Abgabe; Stever.** fr. **Tribut.** ingl. **Tribute.** ital. **Tributo.** port. **Tributo.** (Del lat. *tributum.*) m. Lo que se tributa. ‖ Carga u obligación de tributar. ‖ Censo sobre un inmueble. ‖ fig. Cualquier carga u obligación continua. ‖ IDEAS AFINES: *Impuesto, gravamen, mita, quinta, diezmo, gravar, eximir, contribuyente; feudalismo, vasallo.*

TRICACHUE o **TRICAO.** (Del arauc. *thucau.*) m. *Chile.* Loro grande cordillerano. *Cyanoliscus patagonus,* psitaciforme.

TRICENAL. (Del lat. *tricennalis.*) adj. Que dura 30 años. ‖ Que se repite de 30 en 30 años.

TRICENTENARIO. m. Tiempo de trescientos años. ‖ Fecha en que se cumplen trescientos años de un suceso notable. ‖ Fiestas que se celebran con este motivo.

TRICENTÉSIMO, MA. adj. Que sigue inmediatamente en orden al o a lo ducentésimo nonagésimo nono. ‖ Dícese de cada una de las 300 partes iguales en que se divide un todo. Ú.t.c.s.

TRÍCEPS. (Del lat. *tríceps.*) adj. *Anat.* Dícese del músculo que tiene tres porciones o cabezas. Ú.t.c.s. ‖ — **braquial.** *Anat.* El que al contraerse extiende el antebrazo. ‖ — **espinal.** *Anat.* El que está a lo largo del espinazo. ‖ — **femoral.** *Anat.* El que al contraerse extiende la pierna.

TRICERÁTOPS. m. *Paleont.* Dinosaurio cuya cabeza medía 2 m. de largo y estaba provista de un pico agudo, un cuerno en la nariz y dos grandes cuernos afilados sobre el cráneo.

TRICÉSIMO, MA. adj. y s. p. us. Trigésimo.

TRICICLO. al. **Dreirad.** fr. **Trycycle.** ingl. **Tricycle.** ital. **Triciclo.** port. **Triciclo.** m. Vehículo de tres ruedas.

TRICÍPITE. (Del lat. *tríceps, -itis;* de *tres,* tres, y *cáput,* cabeza.) adj. Que tiene tres cabezas.

TRICLINIO. (Del lat. *triclinium,* éste del gr. *triklinion;* de *treis,* tres, y *kline,* lecho.) m. Cada uno de los lechos, capaces por lo general para tres personas, en que los antiguos griegos y romanos se reclinaban para comer. ‖ Comedor de los antiguos griegos y romanos.

TRICOFITIA. f. *Pat.* Nombre genérico de las dermatosis causadas por los tricofitos; como la tiña. ‖ deriv.: **tricofítico, ca.**

TRICOFITO. (Del lat. mod. *trichophyton,* y éste del gr. *thrix, trichós,* cabello, y *phyton,* planta.) m. *Bot.* Género de hongos parásitos en la piel del hombre y de algunos animales.

TRICOLOR. adj. De tres colores.

TRICOMICOSIS. f. *Pat.* Afección de los pelos o cabellos causada por hongos parásitos.

TRICORNE. adj. poét. Que tiene tres cuernos.

TRICORNIO. al. **Dreispitz.** fr. **Tricorne.** ingl. **Three-horned hat.** ital. **Tricorno.** port. **Tricórnio.** adj. Tricorne. ‖ m. Sombrero tricornio.

TRICOSIS. f. *Pat.* Triquiasis. ‖ Desarrollo de pelo en partes que normalmente no lo tienen.

TRICOSURO. m. *Zool.* Género de marsupiales australianos, que comprende animales de tamaño más bien grande, pelaje lanoso, cola prensil y hábitos nocturnos. Los indígenas los comen no obstante su olor a alcanfor. Gén. *Trichosurus.*

TRICOTOMÍA. (Del gr. *trikotomía;* de *trika,* en tres, y *tomé,* sección.) f. División en tres partes. ‖ *Bot.* Ramificación terminal con tres miembros. TRICOTOMÍA *de una rama.* ‖ *Lóg.* Método de clasificación en que las divisiones y subdivisiones tienen tres partes. ‖ *Mat.* División por tres. ‖ *Teol.* Doctrina que distingue en el hombre tres elementos: cuerpo, alma y espíritu.

TRICOTÓMICO, CA. adj. Perteneciente o relativo a la tricotomía.

TRICÓTOMO, MA. adj. Dividido en tres partes o que consta de tres partes.

TRICROICO, CA. adj. Que presenta tres colores diferentes en tres distintos aspectos. ‖ deriv.: **tricroísmo.**

TRICROMÍA. f. Estampación tipográfica hecha mediante la combinación de tres tintas. ‖ Estampa así obtenida.

TRICÚSPIDE. adj. Que tiene tres puntas o cúspides. ‖ *Anat.* V. **Válvula tricúspide.** Ú.t.c.s.f.

TRICHINA. f. Dígase **triquina.**

TRICHINOPOLY. *Geog.* Ciudad del S. de la India (Madrás). 234.000 h. Centro comercial. Industria textil, manufactura de tabacos.

TRIDACIO. m. *Farm.* Extracto obtenido por la evaporación del zumo de los tallos de la lechuga espigada.

TRIDENTE. al. **Dreizack.** fr. **Trident.** ingl. **Trident.** ital. **Tridente.** port. **Tridente.** (Del lat. *tridens, -entis.*) adj. De tres dientes. ‖ m. Cetro en forma de fisga, atributo de Neptuno. ‖ Por ext., cualquier arma o instrumento similar al tridente.

TRIDENTE. *Geog.* Cerro de los Andes argentino-chilenos, entre la prov. chilena de Atacama y la prov. argentina de Catamarca. 5.352 m.

TRIDENTÍFERO, RA. adj. Que lleva tridente.

TRIDENTINO, NA. adj. De Trento. Ú.t.c.s. ‖ Perteneciente al Concilio de Trento.

TRIDIMENSIONAL. adj. Que tiene tres dimensiones. ‖ Dícese de un sistema de cine en relieve, cuyo principio consiste en obtener una imagen simultánea desde dos puntos de vista, pero con un mismo eje y con la abertura del ángulo ocular humano.

TRIDUANO, NA. adj. De tres días.

TRIDUO. (Del lat. *tríduum,* espacio de tres días.) m. Ejercicios devotos o de culto que se practican durante tres días.

TRIEDRO. adj. *Geom.* V. **Ángulo triedro.**

TRIENAL. adj. Que sucede o se repite cada trienio. ‖ Que dura un trienio.

TRIENIO. (Del lat. *triennium.*) m. Tiempo de tres años. ‖ deriv.: **trienal.**

TRIENTE. (Del lat. *triens.*) m. Moneda bizantina que valía un tercio de sólido. ‖ Moneda de oro acuñada por los visigodos en España.

TRIER. *Geog.* V. **Tréveris.**

TRIESTE. *Geog.* Prov. del N.E. de Italia (Friul — Venecia Julia). 212 km². 305.000 h. Cap. hom., puerto importante en el golfo del mismo nombre. 275.000 h. ‖ **Golfo de** —. Golfo del mar Adriático, sit. entre Italia y Yugoslavia. ‖ **Territorio libre de** —. Antiguo Est. de Europa, sit. sobre el mar Adriático, entre Italia y Yugoslavia. 831 km². 356.000 h. Fue prov. italiana desde 1919. Durante la segunda Guerra Mundial fue ocupado por las tropas yugoslavas, hasta que en 1945 entraron en él los ejércitos aliados. En 1947 se constituyó el Estado bajo la jurisdicción de las Naciones Unidas. La continua disputa entre Italia y Yugoslavia por la posesión del territorio terminó con la firma del acuerdo del 5 de octubre de 1954, que dispuso la división del Estado en dos zonas. Una quedó bajo la soberanía italiana y forma parte de la actual prov. de Trieste, con la ciudad hom., la otra fue asignada a Yugoslavia.

TRIFÁSICO, CA. adj. Que tiene tres fases o variaciones. ‖ *Fís.* Dícese del sistema de tres corrientes eléctricas de igual período e intensidad, cada una de las cuales tiene respecto a la siguiente una diferencia de fase igual a un tercio de período.

TRIFAUCE. adj. poét. De tres fauces o gargantas. *El* TRIFAUCE *Cancerbero.*

TRÍFIDO, DA. (Del lat. *trífi-*

dus.) adj. *Bot.* Dividido o hendido por tres partes.

TRIFINIO. m. Punto donde confluyen los términos de tres divisiones territoriales.

TRIFLORO, RA. adj. Que tiene tres flores.

TRIFOLIADO, DA. adj. *Bot.* Que tiene hojas compuestas de tres foliolos.

TRIFOLIO. (Del lat. *trifolium.*) m. Trébol. Motivo ornamental, en forma de tres hojas, utilizado en la decoración de la arquitectura gótica.

TRIFORIO. m. *Arq.* Galería que corre sobre las naves laterales de las iglesias y que suele tener ventanas de tres huecos.

TRIFORME. (Del lat. *triformis.*) adj. De tres formas o figuras. *La* TRIFORME *Diana.*

TRIFULCA. (Del lat. *trifurca*, t. f. de *-cus*; de *tres*, tres, y *furca*, horca.) f. Aparato formado con tres palancas, para mover los fuelles de los hornos metalúrgicos. ‖ fig. y fam. Camorra entre varias personas.

TRIFURCADO, DA. (Del lat. *trifurcatus.*) adj. De tres ramales, brazos o puntas.

TRIGA. f. Carro de tres caballos. ‖ Conjunto de tres caballos de frente que tiran de un carro.

TRIGAL. al. **Weizenfeld.** fr. **Champ de blé.** ingl. **Wheat field.** ital. **Campo di grano.** port. **Trigal.** m. Campo sembrado de trigo.

TRIGAZA. adj. Dícese de la paja del trigo.

TRIGÉMINO, NA. (Del lat. *trigéminus*; de *tris*, tres, y *géminus*, gemelo.) adj. Dícese del individuo nacido con dos más en el mismo parto. ‖ m. *Anat.* Nervio que da sensibilidad a la región facial y a la mayor parte del cuero cabelludo y mueve los músculos de la masticación.

TRIGÉSIMO, MA. (Del lat. *trigésimus.*) adj. Que sigue inmediatamente en orden al o a lo vigésimo nono. ‖ Dícese de cada una de las 30 partes iguales en que se divide un todo. Ú.t.c.s.

TRIGLA. (Del gr. *trígla.*) f. Trilla. salmonete.

TRÍGLIFO. m. *Arq.* Triglifo.

TRIGLIFO. (Del lat. *triglyphus*, y éste del gr. *tríglíphos*, de *treis*, tres, y *glipho*, cincelar, esculpir.) m. *Arq.* Cada uno de los rectángulos salientes y surcados por tres canales que decoran el friso dórico desde el arquitrabe a la cornisa.

TRIGO. al. **Weizen.** fr. **Blé; froment.** ingl. **Wheat.** ital. **Grano; frumento.** port. **Trigo.** (Del lat. *tríticum.*) m. Género de cereales, que comprende plantas de hasta dos metros de altura, de caña generalmente hueca, de hojas alargadas en parte envainadoras e inflorescencia terminal en espigas, compuestas de cuatro o más carreras de granos sentados en la raspa, ovales, de los cuales, triturados, se extrae la harina con que se hace el pan. *La Argentina figura entre los principales países productores de* TRIGO. Gén. *Tríticum*, gramináceas. ‖ Grano de esta planta. ‖ Trigal. Ú.m. en pl. ‖ fig. Dinero, caudal. ‖ **– aristado.** El que tiene aristas. ‖ **– azul, azulejo,** o **azulenco. Trigo moreno.** ‖ **– berrendo.** Variedad de **trigo** común, cuyo cascabillo tiene manchas de azul obscuro. ‖ **– candeal.** Especie de **trigo** aristado; se tiene por el de superior calidad. ‖ **– cañihueco,** o **cañivano.** Variedad de **trigo** redondillo, cuya paja es hueca. ‖ **– calcalbo.** Variedad de **trigo** fanfarrón con raspa blanca. ‖ **– común. Trigo candeal.** ‖ **– chamorro.** Especie de **trigo** mocho, con el grano blando. ‖ **– de Polonia.** El de grano duro y muy largo. ‖ **– durillo,** o **duro.** Especie de **trigo** muy parecido al moro. ‖ **– fanfarrón.** Especie de **trigo** duro, y que da mucho salvado. ‖ **– lampiño.** Cualquiera de los que carecen de vello en las glumas florales. ‖ **– mocho.** El que no tiene aristas. ‖ **– moreno.** Variedad de álaga. ‖ **– moro,** o **moruno.** Especie de **trigo** procedente de África, pequeño y moreno. ‖ **– pelón,** o **peloto.** Variedad de **trigo** chamorro. ‖ **– racimal.** Cualquiera de los que echan más de una espiga en la extremidad de la caña. ‖ **– raspudo. Trigo aristado.** ‖ **– redondillo.** Cualquiera de las dos especies de **trigo** que tienen las espigas cuadradas, aovadas o ventrudas, y el grano blando, redondeado y rojizo. ‖ **– rubión.** Variedad de **trigo fanfarrón** de grano dorado. ‖ **– salmerón.** Variedad de **trigo fanfarrón.** ‖ **– sarraceno.** Alforfón. ‖ **– zorollo.** El segado antes de su completa madurez. ‖ **Echar uno por esos trigos,** o **por los trigos de Dios.** frs. fig. y fam. Ir desacertado, apartarse del camino derecho. ‖ **No es lo mismo predicar que dar trigo.** frs. proverb. con que se denota **que es más fácil aconsejar que hacer lo que se aconseja.** ‖ **No ser trigo limpio.** frs. fig. y fam. **con que se da a entender** que una persona no es tan intachable como parece. ‖ **Por mucho trigo nunca es mal año.** ref. que advierte que lo que abunda siendo bueno, no daña.

● **TRIGO.** *Bot.* Originario de Asia, el **trigo** se cultiva actualmente en toda la superficie terrestre en razón de que es base primordial del alimento humano. La armonía de su composición química y su riqueza en hierro, cal, albúmina y vitaminas, le confieren alto valor alimenticio, y el hecho de ser el más barato de los alimentos fundamentales acrecienta especialmente su importancia. El mayor aprovechamiento universal del **trigo** está dado por la harina tanto en la harina como en el grano mondado, el afrecho arrastra las partes más nutritivas, que son el germen y las capas proteica y digestiva. La incorporación del grano de **trigo** a la alimentación corriente se hace sobre la base de aprovechar la bondad de sus componentes y suprimir al mismo tiempo los inconvenientes derivados de la ingestión de su envoltura, que es irritante e indigerible. El albumen o corazón del grano contiene almidón y gluten; con éste se prepara el pan. En la molienda se separa la cáscara y el germen, que constituyen el afrecho. El albumen finamente molido da la harina; un molido más grueso da la sémola. El afrecho se utiliza para la alimentación de animales. Utilizando todo el grano, y por ende conservando los elementos nutritivos de la cáscara, se obtiene el llamado pan integral. El **trigo** da también un almidón, del cual se obtienen alcohol y colas a base de dextrina. La paja tiene diversos usos; alimento de animales, combustible, fabricación de sombreros, etc. De acuerdo con las estadísticas la producción mundial de **trigo** en 1976 fue de 250.000.000 de toneladas. Los principales países productores de **trigo** son la Unión Soviética, Estados Unidos, China, Canadá, Francia, Italia, India, Turquía, Argentina, Australia, Alemania, España, etc.

TRIGO, Felipe. *Biog.* Novelista esp., autor de *Las ingenuas; Sed de amar; Del frío al fuego;* etc. (1864-1916).

TRIGÓN. (Del lat. *trígonus*, y éste del gr. *trígonos*, triangular.) m. Instrumento músico de figura triangular y con cuerdas metálicas, usado por los antiguos griegos y romanos.

TRÍGONO. (Del lat. *trígonus*, y éste del gr. *trígonos*; de *treis*, tres, y *gonía*, ángulo.) m. *Anat.* Espacio o área triangular. ‖ *Astrol.* Conjunto de tres signos del Zodíaco equidistantes entre sí. Cualquiera de los cuatro grupos constituidos de esta manera se consideraba de naturaleza y calidad análogas, respectivamente, al fuego, al aire, al agua y a la tierra. ‖ *Geom.* Triángulo. ‖ deriv.: **trigonal.**

TRIGONOCÉFALO. m. Serpiente americana muy venenosa, de cabeza triangular

TRIGONOMETRÍA. al. **Trigonometrie; Dreiecklohre.** fr. **Trigonométrie.** ingl. **Trigonometry.** ital. **Trigonometria.** port. **Trigonometria.** (Del gr. *trigonometría*; de *trígonon*, triángulo, y *metron*, medida.) f. Parte de las matemáticas, que trata de los triángulos, tanto planos como esféricos. ‖ **– esférica.** La que trata de los triángulos esféricos. ‖ **– plana.** La que trata de los triángulos planos.

TRIGONOMÉTRICO, CA. adj. Perteneciente o relativo a la trigonometría.

TRIGUEÑO, ÑA. al. **Dunkelblond.** fr. **Brun clair; bistré.** ingl. **Brunette; swarthy.** ital. **Bruno.** port. **Triguenho.** adj. De color del trigo; entre moreno y rubio.

TRIGUERA. (De *triguero.*) f. Planta perenne de la familia de las gramíneas, parecida al alpiste.

TRIGUERO, RA. adj. Perteneciente o relativo al trigo. ‖ Que se cría o anda entre el trigo. *Espárrago, pájaro* TRIGUERO. ‖ Dícese del terreno especialmente apto para el cultivo del trigo. ‖ m. Criba para zarandar el trigo. ‖ El que comercia en trigo.

TRIGUILLO. m. dim. de **Trigo.** ‖ *Arg.* Granzas del trigo.

TRILÁTERO, RA. adj. De tres lados.

TRILE. (Del arauc. *thili.*) m. *Chile.* Pájaro de color negro, con una franja amarilla sobre las alas. *Angelaius thilius*, ictérido.

TRILINGÜE. (Del lat. *trilinguis.*) adj. Que tiene tres lenguas. ‖ Que habla tres lenguas. ‖ Escrito en tres lenguas.

TRILITA. f. Trinitrotolueno.

TRILÍTERO, RA. (Del lat. *tres*, tres, y *littera*, letra.) adj. De tres letras. *Voz* TRILÍTERA.

TRILITO. (Del gr. *treis*, tres, y *lithos*, piedra.) m. Dolmen compuesto de tres grandes piedras, dos de las cuales, a manera de jambas, sostienen la tercera a modo de dintel.

TRILOBITES. m. Artrópodo marino fósil del paleozoico.

TRILOBULADO, DA. adj. Que tiene tres lóbulos.

TRILOCULAR. adj. Dividido en tres partes.

TRILOGÍA. (Del gr. *trilogía.*) f. Conjunto de tres obras trágicas de un mismo autor, en la Grecia antigua. *La* TRILOGÍA *La Orestíada, de Esquilo, está formada por Agamenón, Las Coéforas y Las Euménides.* ‖ Conjunto de tres obras dramáticas que tienen entre sí algún enlace. ‖ deriv.: **trilógico, ca.**

TRILUSSA. *Biog.* Seudónimo de **Carlos Alberto Salustri,** poeta y fabulista ital. Autor de *Fábulas romanas; Sonetos,* etc. (1871-1950).

TRILLA. al. **Dreschen.** fr. **Battage.** ingl. **Thrashing.** ital. **Trebbia.** port. **Trilha.** (De *trillar.*) f. Trillo, instrumento. ‖ Acción de trillar. ‖ Tiempo en que se trilla. ‖ *Col.* y *Dom.* Trillo, senda. ‖ *Chile.* fig. y fam. Tunda, pateadura. ‖ IDEAS AFINES: *Cosecha, aparvar, rastrillar, aventar, parva, haz, grano, paja, silo.*

TRILLA. (De *trigla.*) f. Salmonete.

TRILLADERA. f. Trillo, instrumento.

TRILLADO, DA. adj. Dícese del camino muy frecuentado. ‖ fig. Común y sabido; vulgar. ‖ m. *Cuba* y *P. Rico.* Trillo, senda.

TRILLADOR, RA. adj. y s. Que trilla.

TRILLADORA. al. **Dreschmaschine.** fr. **Batteuse.** ingl. **Thrashing machine.** ital. **Trebbiatrice.** port. **Trilhadora.** f. Máquina trilladora.

TRILLADURA. f. Acción y efecto de trillar.

TRILLAR. al. **Dreschen.** fr. **Battre le blé.** ingl. **To thrash; to beat.** ital. **Trebbiare.** port. **Trilhar.** tr. Quebrantar las mieses para separar el grano de la paja. ‖ fig. y fam. Frecuentar una cosa de ordinario. ‖ fig. Maltratar, quebrantar. ‖ *Cuba* y *P. Rico.* Afirmar un camino. ‖ deriv.: **trillable; trillamiento.**

TRILLIZO, ZA. adj. Barbarismo por **trigémino.** Usado como s. y en pl., dígase tres mellizos, o trigéminos.

TRILLO. (Del lat. *tribulum.*) m. Instrumento para trillar, formado comúnmente de un tablón con pedazos de pedernal o cuchillas de acero en su cara inferior. ‖ *Amér. Central, Ant., Ec.* y *Urug.* Senda, vereda.

TRILLÓN. (De *tri*, tres, y la terminación *llon*, aféresis de *millón.*) *Arit.* Un millón de billones, que se expresa por la unidad seguida de dieciocho ceros. ‖ En el sistema numeral usado en Francia y Estados Unidos, mil billones, o sea la unidad seguida de doce ceros.

TRIMEMBRE. (Del lat. *trimembris.*) adj. De tres miembros o partes.

TRIMENSUAL. adj. Que se repite tres veces en un mes.

TRIMESTRAL. adj. Que sucede o se repite cada trimestre. ‖ Que dura un trimestre.

TRIMESTRALMENTE. adv. m. Por trimestres.

TRIMESTRE. al. **Vierteljahr, Quartal.; Trimester.** fr. **Trimestre.** ingl. **Quarter.** ital. **Trimestre.** port. **Trimestre.** (Del lat. *trimestris.*) adj. Trimestral. ‖ m. Tiempo de tres meses. ‖ Renta, sueldo, etc., que se cobra o se paga al fin de cada trimestre. ‖ Conjunto de los números de un periódico o revista, publicados durante un trimestre.

TRÍMETRO. adj. V. **Verso trímetro.** Ú.t.c.s.

TRIMIELGA. f. Torpedo, pez.

TRIMOTOR. m. Avión provisto de tres motores.

TRINACRIO, CRIA. adj. De Trinacria, hoy Sicilia. Ú.t.c.s. ‖ poét. Siciliano. Apl. a pers., ú.t.c.s.

TRINADO. (De *trinar.*) m. Trino musical. ‖ Gorjeo de las aves.

TRINAR. intr. En música, hacer trinos. ‖ fig. y fam. Rabiar, encolerizarse.

TRINCA. (Del lat. *trini*, tres, triple.) f. Conjunto de tres cosas de una misma clase. ‖ Conjunto de tres personas designadas para argüir recíprocamente en las oposiciones. ‖ *Col.* y *Ec.* Conventículo, pandilla. ‖ *Cuba* y *P. Rico.* Borrachera. ‖ *Chile.* Juego de muchachos, parecido a la uñeta. ‖ *Mar.* Cabo o cuerda, cable, cadena, etc., que sirve para trincar una cosa. ‖ Ligadura que se da a una cosa con un cabo o cuerda, cable, cadena, etc., para sujetarla.

TRINCADO, DA. p. p. de **Trincar.** ‖ m. Nombre genérico de las pequeñas embarcaciones con el palo caído hacia popa y vela en forma de trapecio muy irregular. ‖ Embarcación de dos palos con un casco de tingladillo que se empleaba en Galicia para la pesca y pequeño cabotaje.

TRINCADURA. (De *trincar.*) f. *Mar.* Especie de lancha de gran tamaño.

TRINCAESQUINAS. m. Parahúso.

TRINCAFÍA. (De *trincar* y *fiar.*) f. Atadura en espiral, con vueltas muy juntas.

TRINCAPIÑONES. m. fam. Mozo de poco juicio.

TRINCAR. (En port. *trincar*; en cat. *trencar.*) tr. Partir o desmenuzar en trozos.

TRINCAR. (De *trinca.*) tr. Atar fuertemente. ‖ Sujetar a uno con los brazos o las manos como amarrándole. ‖ *Amér. Central* y *Méx.* Apretar, oprimir. ‖ *Mar.* Asegurar o sujetar fuertemente con trincas de cabo, cable, cadena, etc., los efectos de a bordo, tales como anclas, cañones, embarcaciones menores, etc., a fin de que no se muevan en los bandazos y cabezadas. ‖ intr. *Mar.* Pairar.

TRINCAR. (Del al. *trinken.*) tr. fam. Beber vino o licor.

TRINCOMALEE. *Geog.* Ciudad y puerto del N. E. de la isla de Sri Lanka. 32.507 h. Tabaco, arroz, palmeras.

TRINCHA. f. Ajustador que sirve para ceñir el chaleco, el pantalón y otras prendas. ‖ *Carp.* Formón estrecho.

TRINCHADOR, RA. adj. y s. Que trincha. Ú.t.c.s. ‖ m. *Méx.* Trinchero, mueble.

TRINCHANTE. p. a. de **Trinchar.** Que trincha. ‖ m. El que corta la vianda en la mesa. ‖ Instrumento o tenedor con que se asegura lo que se ha de trinchar. ‖ Escoda. ‖ *Arg.* Cuchillo grande para trinchar. ‖ Trinchero, mueble.

TRINCHAR. al. **Tranchieren.** fr. **Découper.** ingl. **To carve.** ital. **Trinciare.** port. **Trinchar.** (Del ital. *trinciare.*) tr. Partir en trozos la vianda para servirla. ‖ fig. y fam. Disponer de una cosa; decidir en algún asunto con autoridad. ‖ deriv.: **trinchable; trinchadura; trinchamiento.**

TRINCHE. m. *Amér.* Trinchante, tenedor. ‖ *Chile, Ec.* y *Méx.* Trinchero, sitio donde se trincha.

TRINCHERA. al. **Schützengraben.** fr. **Tranchée.** ingl. **Trench.** ital. **Trincea.** port. **Trincheira.** (Del ant. *trinchea*, y éste de *trinchar.*) f. Defensa hecha de tierra y dispuesta de modo que cubra el cuerpo del soldado. ‖ Desmonte hecho en el terreno para un camino y con taludes por ambos lados. ‖ *Col.* Valla, vallado. ‖ *Méx* Trinchero, instrumento. ‖ IDEAS AFINES: *Fortificación,* *guerra, batalla, fusil, granada, campo de batalla, zapa, hacer fuego, armisticio.*

TRINCHERO. adj. Dícese del plato en que se trinchan y comen los manjares. ‖ Instrumento cortante en figura de media luna. ‖ m. Especie de aparador que sirve principalmente para trinchar sobre él las viandas.

TRINCHERÓN. m. aum. de **Trinchera.**

TRINCHETE. m. Chaira, cuchilla de zapatero.

TRINEO. al. **Schlitten.** fr. **Traîneau.** ingl. **Sledge.** ital. **Slitta.** port. **Trenó.** (Del fr. *traîneau.*) m. Vehículo sin ruedas que se desliza sobre el hielo.

TRINIDAD. al. **Dreieinigkeit; Dreifaltigkeit.** fr. **Trinité.** ingl. **Trinity.** ital. **Trinità.** port. **Trindade.** (Del lat. *trínitas, -atis.*) f. *Teol.* Distinción de tres Personas divinas en una sola y única esencia. ‖ Orden religiosa para la redención de cautivos. ‖ fig. Unión de tres personas en algún negocio. ‖ IDEAS AFINES: *Dogma, Padre, Hijo, Espíritu Santo, fe, herejía, hipóstasis, espirar, Paráclito.*

TRINIDAD. *Geog.* Isla de la Argentina, al S. de la prov. de Buenos Aires, sobre el Atlántico y a la entrada de Bahía Blanca. 164 km². ‖ Isla británica del mar de las Antillas, sit. al norte de la desembocadura del Orinoco. 4.829 km². 1.120.600 h. Junto con la isla Tobago constituyó en 1976 una República independiente con el nombre de **Trinidad y Tobago,** que tiene 5.128 km². y 1.100.000 h. Cap. PORT OF SPAIN. ‖ Ciudad del N. de Bolivia, capital del dep. de Beni. 24.000 h. Actividades agrícola-ganaderas. ‖ Población y puerto de Cuba (Las Villas). 17.000 h. Centro comercial. ‖ Ciudad del Uruguay, capital del dep. de Flores. 18.000 h. Actividades agropecuarias, industria de la lana y curtidurías.

TRINITARIA. (Del lat. *trinitas,* conjunto de tres, por alusión a los tres colores de la flor.) f. Planta herbácea cultivada en jardines, con flores grandes, de cinco pétalos redondeados, de tres colores, que se llama vulgarmente *pensamiento.* ‖ *P. Rico.* Planta trepadora espinosa.

TRINITARIO, RIA. adj. Dícese del religioso de la orden de la Trinidad. Ú.t.c.s.

TRINITRINA. f. Nitroglicerina.

TRINITROGLICERINA. f. Nitroglicerina.

TRINITROTOLUENO. m. Sólido cristalino, amarillo pálido, soluble en benceno y en alcohol, que se obtiene por la acción del ácido nítrico sobre el tolueno. Úsase como explosivo de gran potencia: TNT.

TRINO. al. **Triller; Gezwitscher.** fr. **Trille; roulade.** ingl. **Trill.** ital. **Gorgheggio.** port. **Trino; gorjeio.** (Del lat. *trinus.*) adj. Que contiene en sí tres cosas distintas. *Dios es uno y* TRINO. ‖ Ternario.

TRINO. m. *Mús.* Sucesión rápida y alternada de dos notas de igual duración, entre las cuales media la distancia de un tono o de un semitono. ‖ *Mar.* Sonido del pito a modo de trémolo, cuando al soplar se mueve la lengua como pronunciando una erre prolongada.

TRINOMIO. (Del lat. *tris,* tres, y el gr. *nomos,* partición.) m. *Álg.* Expresión algebraica que consta de tres términos.

TRINQUETADA. f. *Mar.* Navegación que se hace con sólo el trinquete. ‖ *Cuba, Méx.* y *Perú.* Temporada de penurias o amarguras.

TRINQUETE. (Del ant. *triquete,* y éste del lat. *triquetrus,* que tiene tres lados.) m. *Mar.* Verga mayor que se cruza sobre el palo de proa. ‖ Vela que se larga en ella. ‖ Palo que se arbola inmediato a la proa. ‖ **Estar uno más fuerte que un trinquete.** frs. fig. y fam. Estar robusto y muy sano.

TRINQUETE. (Del fr. *triquet,* pala para jugar a la pelota.) m. Juego de pelota cerrado y cubierto.

TRINQUETE. (De *trincar.*) m. Garfio que resbala sobre los dientes de una rueda para detenerla e impedir que se vuelva hacia atrás.

TRINQUETE. m. Triquete o trique. ‖ **A cada trinquete.** m. adv. **A cada trique.**

TRINQUETILLA. (De *trinquete.*) f. *Mar.* Foque pequeño que se caza en malos tiempos.

TRINQUIS. (De *trincar,* beber.) m. fam. Trago de vino o licor.

TRÍO. (De *triar.*) m. Tría.

TRÍO. (Del ital. *trio.*) m. *Mús.* Terceto. ‖ Obra escrita para tres intérpretes. ‖ Obra dividida en tres partes. ‖ Grupo de tres personas unidas entre sí por alguna relación, o que intervienen conjuntamente en alguna cosa.

TRIONES. (Del lat. *triones.*) m. pl. *Astrom.* Las siete estrellas principales de la Osa Mayor.

TRIÓXIDO. m. *Quím.* Cuerpo resultante de la combinación de un radical con tres átomos de oxígeno.

TRIPA. al. **Darm.** fr. **Tripe.** ingl. **Gut.** ital. **Trippa.** port. **Tripa.** (Del címbro *tripa.*) f. Intestino. ‖ Vientre. ‖ Panza de una vasija. ‖ Relleno del cigarro puro. ‖ Hoja de tabaco con que se hace este relleno. ‖ pl. Laminillas córneas que se encuentran en lo interior del cañón de las plumas de algunas aves. ‖ Partes interiores de algunas frutas. ‖ fig. Lo interior de ciertas cosas. *Al sillón se le salen las* TRIPAS. ‖ Conjunto de documentos que forman un expediente administrativo. ‖ **Tripa del cagalar.** Intestino recto. ‖ **Hacer uno de tripas corazón.** frs. fig. y fam. Esforzarse para disimular el miedo o algún contratiempo. ‖ **Revolver a uno las tripas** una persona o cosa. frs. fig. y fam. Causarle repugnancia. ‖ **Tener uno malas tripas.** frs. fig. y fam. Ser cruel.

TRIPADA. f. fam. Panzada, hartazgo.

TRIPANOSOMA. (Del gr. *trypanon,* taladro, y *soma,* cuerpo.) m. Género de protozoos parásitos, algunos de los cuales son patógenos. ‖ **— gambiense.** El que produce la tripanosomiasis.

TRIPANOSOMIASIS. f. Enfermedad muy grave, endémica entre los indígenas de la costa occidental del África, causada por el tripanosoma gambiense, que inocula la mosca tsetse, y caracterizada por fiebre, eritemas, edemas, adenopatías, esplenitis, y accesos irresistibles de sueño, por lo que suele llamarse *enfermedad del sueño.*

TRIPARTICIÓN. f. Acción y efecto de tripartir.

TRIPARTIR. tr. Dividir en tres partes.

TRIPARTITO, TA. (Del lat. *tripartitus.*) adj. Dividido en tres partes o clases.

TRIPASTOS. m. Aparejo compuesto de tres poleas.

TRIPE. (Del fr. *tripe.*) m. Tejido fuerte de lana o esparto parecido al terciopelo.

TRIPERÍA. f. Sitio donde se venden tripas o mondongo. ‖ Conjunto de tripas.

TRIPICALLERO, RA. s. Persona que vende tripicallos.

TRIPICALLOS. (De *tripa* y *callo.*) m. pl. Callos, guiso.

TRIPLANO. m. Avión cuyas alas están formadas por tres planos rígidos superpuestos.

TRIPLE. (Del lat. *triplex.*) adj. Dícese del número que contiene a otro tres veces exactamente. Ú.t.c.s.m. ‖ Dícese de la cosa que va acompañada de otras dos semejantes. TRIPLE *muro.* ‖ deriv.: **triplemente.**

TRIPLE ALIANZA, Guerra de la. *Hist.* Recibe este nombre la que libraron, entre los años 1864 y 1870 los ejércitos coligados de Argentina, Brasil y Uruguay, contra el Paraguay hasta la rendición de este último país.

TRIPLICACIÓN. f. Acción y efecto de triplicar.

TRIPLICAR. (Del lat. *triplicare.*) tr. Multiplicar por tres. Ú.t.c.r. ‖ Hacer tres veces una misma cosa. ‖ deriv.: **triplicable; triplicador, ra; triplicante.**

TRÍPLICE. (Del lat. *triplex, -icis.*) adj. Triple.

TRIPLICIDAD. f. Calidad de triple.

TRIPLO, PLA. (Del lat. *triplus.*) adj. Triple. Ú.t.c.s.m.

TRIPOCA. f. *Chile.* Especie de pato silvestre.

TRÍPODE. (Del lat. *tripus, -odís,* y éste del gr. *tripous;* de *treis,* tres, y *pous,* pie.) amb. Ú.m.c.m. Mesa, asiento, apoyo, etc. de tres pies. ‖ Banquillo de tres pies en que daba la sacerdotisa de Apolo sus respuestas en el templo de Delfos. ‖ m. Armazón de tres pies, para sostener ciertos instrumentos.

TRÍPOL o **TRÍPOLI.** (De *Trípoli,* país de África.) m. Sílice pulverulenta de caparachos de infusorios fósiles que se emplea para pulimentar vidrio, metales y piedras duras.

TRÍPOLI. *Geog.* Ciudad y puerto de Libia, cap. administrativa de la República. 551.477 h. ‖ Ciudad y puerto de la Rep. del Líbano, sobre el Mediterráneo. 145.000 h., con los suburbios 160.000 h. Importante centro comercial. Refinerías de petróleo.

TRIPOLINO, NA. adj. y s. Tripolitano.

TRIPOLITANIA. *Geog.* Antigua región del Norte de África comprendida hoy en los límites de Libia.

TRIPOLITANO, NA. adj. y s. de Trípoli.

TRIPÓN, NA. adj. fam. Tripudo. Ú.t.c.s.

TRIPSINA. f. Principal fermento de la secreción pancreática, que durante la digestión transforma las proteínas en aminoácidos.

TRÍPTICO. (Del gr. *triptykos,* triplicado, plegado en tres.) m. Tablita para escribir dividida en tres hojas articuladas. ‖ Libro o tratado que consta de tres partes. ‖ Pintura, grabado o relieve distribuido en tres hojas unidas.

TRIPTONGAR. tr. Pronunciar tres vocales formando un triptongo. ‖ deriv.: **triptongación.**

TRIPTONGO. (Del gr. *treis,* tres, y *phthongos,* sonido.) m. *Gram.* Conjunto de tres vocales que forman una sola sílaba. *Buey, guau y miau* tienen TRIPTONGOS.

TRIPUDIANTE. p. a. de **Tripudiar.** Que tripudia. Ú.t.c.s.

TRIPUDIAR. (Del lat. *tripudiare.*) intr. p. us. Danzar, bailar.

TRIPUDIO. m. Danza, baile.

TRIPUDO, DA. adj. y s. De mucha tripa o vientre.

TRIPULACIÓN. f. Personas que van en una embarcación o aeronave dedicadas a su maniobra y servicio.

TRIPULANTE. m. Persona que forma parte de una tripulación.

TRIPULAR. (De *tropa.*) tr. Dotar de tripulación a un barco o a una aeronave. ‖ Ir la tripulación en el barco, o en la aeronave. ‖ *Chile.* Chapurrar, mezclar líquidos. ‖ deriv.: **tripulable; tripulador, ra.**

TRIPULINA. f. *Arg.* y *Chile.* Tremolina, algarabía, barullo, confusión.

TRIPURA. *Geog.* Estado del E. de la India. 10.486 km². 1.560.000 h. Cap. AGARTALA.

TRIQUE. (Voz onomatopéyica.) m. Estallido leve. ‖ *Col.* y *Cuba.* Juego de tres en raya. ‖ **A cada trique.** m. adv. fig. y fam. A cada momento, en cada lance.

TRIQUE. (Voz de origen araucano.) m. *Chile.* Planta de la familia de las irídeas, cuyo rizoma se usa como purgante. ‖ Bebida refrescante hecha con cebada.

TRIQUETE. m. dim. de **Trique,** estallido. ‖ **A cada triquete.** m. adv. fig. y fam. **A cada trique.**

TRIQUIASIS. f. *Pat.* Dirección de las pestañas hacia la conjuntiva ocular, a la que irritan.

TRIQUINA. (Del gr. *trikine,* t. f. de *-nos,* de *thrix, trikós,* pelo.) f. Helminto que vive en el interior de los músculos de los vertebrados y se transmite de unos a otros por la vía digestiva. ‖ deriv.: **triquinado, da.**

TRIQUINOSIS. f. *Med.* Enfermedad ocasionada por la presencia de triquinas en el organismo. ‖ deriv.: **triquinoso, sa.**

TRIQUIÑUELA. f. fam. Rodeo, efugio, artería.

TRIQUITRAQUE. m. Ruido como de golpes repetidos y desordenados. ‖ Los mismos golpes. ‖ Rollo delgado de papel con pólvora y atado en varios dobleces que al arder produce otras tantas detonaciones. ‖ **A cada triquitraque.** m. adv. fig. y fam. **A cada trique.**

TRIRRECTÁNGULO. adj. *Geom.* Dícese del triángulo esférico que tiene los tres ángulos rectos.

TRIRREME. (Del lat. *triremis.*) adj. De tres órdenes de remos. Dícese de una antigua embarcación. Ú.t.c.s. *Se cree que los primeros* TRIRREMES *fueron construidos por los fenicios.*

TRIS. (Voz onomatopéyica.) m. Leve sonido que al quebrarse hace una cosa delicada, como vidrio, etc. ‖ Golpe ligero que produce este sonido. ‖ fig. y fam. Distancia muy pequeña o tiempo muy breve. *Nos faltó un* TRIS *para alcanzarlo.* ‖ Causa u ocasión levísima o pasajera. *Al menor* TRIS *es capaz de hacerlo.* ‖ **En un tris.** m. adv. fig. y fam. En peligro inminente. *Estuvo* EN UN TRIS *de caerse.* ‖ **Tris, tras.** expr. fam. **Tras, tras.** ‖ fig. y fam. Repetición enfadosa del que siempre dice lo mismo.

TRISA. (Del lat. *thrissa.*) f. Sábalo.

TRISAGIO. (Del lat. *triságium,* y éste del gr. *trisagios;* de *tris,* tres veces, y *hagios,* santo.) m. Himno en honor de la Santísima Trinidad.

TRISANUAL o **TRISANUO, NUA.** adj. Que dura tres años.

TRISAR. intr. Cantar la alondra, la golondrina y algunas otras aves. ‖ tr. *Chile.* Trizar, agrietar, rajar.

TRISCA. (De *triscar.*) f. Ruido que se produce cuando se quebrantan con los pies mieses, avellanas u otras cosas. ‖ Por ext., cualquier alboroto o estruendo. ‖ *Cuba.* Burla disimulada.

TRISCADOR, RA. adj. Que trisca. ‖ m. Instrumento de acero para triscar los dientes de las sierras.

TRISCAR. (Del b. lat. *triscare,* y éste del gót. *thriskan,* patear.) intr. Hacer ruido con los pies. ‖ Crujir, producir pequeños estampidos. ‖ fig. Saltar, retozar, travesear. ‖ *Col.* Murmurar, hablar mal de alguien. ‖ *Cuba.* Burlarse de otro con disimulo. ‖ tr. fig. Enredar, mezclar una cosa con otra. *Este centeno está* TRISCADO. Ú.t.c.r. ‖ Torcer alternativamente y a uno y otro lado los dientes de la sierra. ‖ deriv.: **triscable; triscamiento.**

TRISECAR. (Del lat. *tris,* tres, y *secare,* cortar.) tr. *Geom.* Cortar o dividir una cosa en tres partes iguales. TRISECAR *un ángulo.*

TRISECCIÓN. f. Acción y efecto de trisecar.

TRISEMANAL. adj. Que se repite tres veces por semana, o cada tres semanas.

TRISILÁBICO, CA. adj. Trisílabo.

TRISÍLABO, BA. adj. y s. De tres sílabas.

TRISMO. (Del gr. *trismos,* de *trizo,* rechinar.) m. *Med.* Contracción espasmódica de los músculos de la mandíbula inferior, que produce la oclusión forzosa de la boca. ‖ deriv.: **trísmico, ca.**

TRISPASTO. (Del gr. *treis,* tres, y *spao,* tirar.) m. Tripastos.

TRISTÁN, Fidel. *Biog.* Naturalista cost., autor de *Insectos de Costa Rica; Un caso de entomilia,* y otras obras. (1874-1932). ‖ **— ESCAMILLA, Luis.** Pintor esp., discípulo del Greco, especializado en retratos y cuadros religiosos (1586-1624). ‖ **— Y MOSCOSO, Domingo.** Militar peruano que a las órdenes de San Martín y después de Bolívar luchó por la independencia de su patria (1768-1847).

TRISTÁN E ISOLDA. *Mús.* Drama lírico en tres actos, poema y música de Ricardo Wagner, estrenado en Munich en 1865. Basado en una de las más hermosas y poéticas leyendas medievales, es tal vez la obra más humana del autor; al valor de la partitura se une, en perfecta armonía, el texto literario y su sentido filosófico. Se logra así la concepción del drama lírico con que Wagner revolucionó el arte.

TRISTE. (Del lat. *tristis.*) adj. Afligido, apesadumbrado. *Estoy* TRISTE. ‖ De carácter melancólico. *Es un hombre* TRISTE. ‖ fig. Que denota pesar o melancolía. *Ojos* TRISTES. ‖ Que los ocasiona. *Espectáculo* TRISTE. ‖ Funesto, deplorable. TRISTE *destino.* ‖ Pasado o hecho con pesar y melancolía. *Vida* TRISTE. ‖ Doloroso, difícil de soportar. *Es* TRISTE *estar solo en el mundo.* ‖ fig. Insignificante, insuficiente, ineficaz, antepuesto al nombre en locuciones como las siguientes: TRISTE *ayuda,* TRISTE *argumento.* ‖ m. Canción popular de la Argentina, el Perú y otros países sudamericanos, por lo general amorosa y melancólica, que se acompaña con la guitarra.

TRISTE. *Geog.* Golfo de Venezuela. V. **Paria.**

TRISTEMENTE. adv. m. Con tristeza.

TRISTEZA. al. **Traurigkeit.** fr. **Tristesse.** ingl. **Sadness.** ital. **Tristezza.** port. **Tristeza.** (De lat. *tristitia.*) f. Calidad de triste. ‖ *Arg.* Cierta enfermedad del ganado vacuno producida por la garrapata. ‖ IDEAS AFINES: *Melancolía, angustia, vía crucis, lágrimas, compasión, consuelo; esplín, elegía, morriña.*

TRISTÓN, NA. adj. Un poco triste.

TRISTURA. (De *triste.*) f. Tristeza.

TRISULCO, CA. (Del lat. *trisulcus.*) adj. De tres púas o puntas. Ú.m. en poesía. ‖ De tres surcos o ranuras.

TRITÍCEO, A. (Del lat. *triticeus.*) adj. De trigo, o que participa de sus cualidades.

TRITÓN. *Mit.* Dios del mar, hijo de Poseidón, cuyo carro conducía; los griegos lo representaban con figura humana en la parte superior del cuerpo y, abajo, con forma de pez.

TRITÓN. al. **Triton.** fr. **Triton.** ingl. **Triton.** ital. **Tritone.** port. **Tritrone.** (Del dios *Tritón.*) m. *Zool.* Género de batracios que comprende animales parecidos a las salamandras, que viven generalmente en el agua y son muy voraces. Gén. *Molgé,* urodelos. ‖ Género de moluscos gasterópodos constituido por caracoles marinos.

TRÍTONO. m. *Mús.* Intervalo equivalente al de cuarta aumentada que comprende tres tonos seguidos. Durante la Edad Media y el Renacimiento, lo consideraron disonante —"diabulus in musica" —, y estaba prohibido su empleo en la música litúrgica.

TRITÓXIDO. m. *Quím.* Trióxido.

TRITURABLE. adj. Que se puede triturar.

TRITURACIÓN. f. Acción y efecto de triturar.

TRITURADOR, RA. adj. y s. Que tritura. ‖ f. Máquina que sirve para triturar.

TRITURAR. al. **Zermalmen; zerkleinern.** fr. **Triturer.** ingl. **To triturate; to crush.** ital. **Triturar.** port. **Triturar.** (Del lat. *triturare,* trillar las mieses.) tr. Desmenuzar una materia sólida, sin reducirla a polvo. ‖ Mascar, ronzar. ‖ fig. Maltratar, molestar gravemente. ‖ fig. Desmenuzar, contradecir y refutar lo que se examina. ‖ deriv.: **trituramiento; triturativo.** ‖ IDEAS AFINES: *Moler, machacar, comprimir, trapiche, mortero, prensa, lagar; masticar, mandíbula, muelas.*

TRIUNFADOR, RA. adj. y s. Que triunfa.

TRIUNFAL. adj. Perteneciente al triunfo.

TRIUNFALMENTE. adv. m. De modo triunfal.

TRIUNFANTE. p. a. de **Triunfar.** Que triunfa o sale victorioso. ‖ Que incluye triunfo.

TRIUNFANTEMENTE. adv. m. Triunfalmente.

TRIUNFAR. al. **Siegen; triumphieren.** fr. **Triompher.** ingl. **To triumph.** ital. **Trionfare.** port. **Triunfar.** (Del lat. *triumphare.*) intr. Entrar con gran pompa en la antigua Roma, el vencedor de los enemigos de la república. ‖ Quedar victorioso. sinón.: **ganar, vencer.** ‖ Jugar del palo del triunfo en ciertos juegos de naipes. ‖ fig. Gastar mucho y ostentosamente.

TRIUNFO. al. **Sieg; Triumph.** fr. **Triomphe.** ingl. **Triumph.** ital. **Trionfo.** port. **Triunfo.** (Del lat. *triumphus.*) m. Acto solemne de triunfar el vencedor romano. ‖ Victoria. ‖ Carta del palo preferido en ciertos juegos. ‖ Burro, juego de naipes. ‖ fig. Acción de triunfar o gastar mucho. ‖ Lo que sirve de botín o trofeo que acredita el triunfo. ‖ fig. Éxito feliz en un empeño difícil. ‖ *Arg.* y *Perú.* Cierta danza popular con zapateo. ‖ **Costar un triunfo** una cosa. frs. fam. con que se encarece el esfuerzo necesario para conseguirla. ‖ **En triunfo.** m. adv. Entre aclamaciones y muestras públicas de entusiasta admiración. ‖ IDEAS AFINES: *Ganar, conquistar, botín, laureles, palma; ovación, derrotar, humillar.*

TRIUNVIRAL. (Del lat. *triumviralis.*) adj. Perteneciente o relativo a los triunviros.

TRIUNVIRATO. al. **Triumvirat.** fr. **Triumvirat.** ingl. **Triumvirate.** ital. **Triunvirato.** port. **Triunvirato.** (Del lat. *triumviratus.*) m. Gobierno de la Roma antigua, en que intervenían tres personas. ‖ Junta de tres personas.

TRIUNVIRATO. *Hist.* Junta integrada por tres personas, a cargo del gobierno de un país, institución o empresa.

TRIUNVIRO. (Del lat. *triumvir, -iri.*) m. Cada uno de los tres magistrados que formaban el triunvirato romano.

TRIVALENTE. adj. *Quím.* Que tiene tres valencias.

TRIVANDRUM. *Geog.* Ciudad del extremo S. O. de la India, cap. del Est. de Kerala. 415.000 h.

TRIVIAL. (Del lat. *trivialis.*) adj. Perteneciente o relativo al trivio de un camino. ‖ fig. Vulgar, sabido de todos. ‖ Mediano, que no sale de lo común. ‖ Sin importancia, insignificante.

TRIVIALIDAD. al. **Alltäglichkeit.** fr. **Trivialité.** ingl. **Triviality.** ital. **Trivialità.** port. **Trivialidade.** f. Calidad de trivial. ‖ Dicho o especie trivial.

TRIVIALMENTE. adv. m. De manera trivial.

TRIVIO. (Del lat. *trivium;* de *tres,* tres, y *vía,* camino.) m. División de un camino en tres ramales, y punto en que éstos confluyen. ‖ En lo antiguo, conjunto de la gramática, la retórica y la dialéctica. *El* TRIVIO *formaba, junto con el cuadrivio, las siete artes liberales.*

TRIVULZIO, Juan Jacobo. *Biog.* Mariscal de Francia que tuvo a su mando el ejército que derribó, en 1499, a Ludovico Sforza del gobierno de Milán (1447-1518).

TRIZA. (Del lat. *tritus,* quebrantado.) f. Pedazo pequeño o partícula de un cuerpo. ‖ *Mar.* Driza. ‖ **Hacer trizas.** frs. Hacer menudos pedazos una cosa. Ú.t. el verbo c.r. ‖ fig. Herir o lastimar gravemente a una persona o a un animal.

TRIZAR. (Del lat. vulg. *tritiare,* y éste del lat. *tritu,* triturado.) tr. Destrizar, hacer trizas. ‖ *Arg.* y *Chile.* Agrietar o hender levemente una cosa, como loza, cristal, etc. Ú.t.c.r.

TRÓADA. *Geog. histór.* Antigua región del Asia Menor, sit. al sur del Helesponto. Cap. TROYA.

TRÓADE. *Geog. histór.* V. **Tróada.**

TROCABLE. adj. Que se puede permutar o trocar por otra cosa.

TROCADA (A la). (De *trocado,* p. p. de *trocar.*) m. adv. En sentido inverso de lo que se entiende comúnmente. ‖ **A trueque.**

TROCADAMENTE. adv. m. Trocando o tergiversando las cosas.

TROCADILLA (A la). m. adv. **A la trocada.**

TROCADO, DA. adj. Dícese del dinero cambiado en pequeñas monedas.

TROCADOR, RA. adj. y s. Que trueca.

TROCAICO, CA. (Del lat. *trochaicus,* y éste del gr. *trochaikós.*) adj. Perteneciente o relativo al troqueo. ‖ V. **Verso trocaico,** Ú.t.c.s.

TROCAMIENTO. m. Trueque.

TROCANTE. p. a. de **Trocar.** Que trueca.

TROCÁNTER. m. *Anat.* Cada una de las dos apófisis de la extremidad superior del fémur. ‖ *Zool.* Artejo segundo y muy corto de las patas de los insectos.

TRÓCAR o **TROCAR.** (Del fr. *trocart,* de *troisquarts;* de *trois,* tres, y *carré,* esquina.) m. Instrumento de cirugía, que consiste en un punzón con punta de tres aristas cortantes, revestido de una cánula, de la que se puede retirar una vez hecha la perforación de la cavidad del cuerpo que contiene un líquido patológico el cual se evacua por medio de dicha cánula.

TROCAR. al. **Vertauschen.** fr. **Échanger; troquer.** ingl. **To exchange.** ital. **Cambiare; barattare.** port. **Trocar.** (En port. *trocar;* en fr. *troquer,* y en b. lat. *trocare.*) tr. Permutar una cosa por otra. ‖ Cambiar, mudar, variar. ‖ Arrojar lo contenido en el estómago. ‖ Tomar o decir una cosa por otra. *No serás capaz de repetir lo que te digo, porque todo lo* TRUECAS. ‖ r. Variar de vida, portarse de otro modo. ‖ Permutar el asiento con otra persona. ‖ Mudarse, cambiarse enteramente una cosa. *Su palidez* SE TROCÓ *en rubor.* ‖ irreg. Conj. como **contar.**

TROCATINTA. (De *trocatinte.*) m. fam. Trueque o cambio equivocado o confuso.

TROCATINTE. (De *trocar* y *tinte.*) m. Color de mezcla o tornasolado.

TROCEAR. (De *trozo.*) tr. Dividir en trozos.

TROCEO. (De *troza.*) m. *Mar.* Cabo grueso, generalmente forrado de cuero.

TROCISCAR. tr. Reducir una cosa a trociscos.

TROCISCO. (Del lat. *trochiscus,* y éste del gr. *trochiskos.*) m. *Farm.* Cada uno de los trozos de masa de que se hacen las píldoras o de los trozos pequeños de substancias medicinales.

TROCLA. (Del lat. *trochlea.*) f Polea.

TRÓCLEA. f. *Anat.* Cada una de las eminencias articulares en forma de polea que se encuentran en las extremidades inferiores del fémur y del húmero y que se articulan respectivamente con la tibia y el cúbito. ‖ deriv.: **troclear.**

TROCO. (Del lat. *trochus.*) m. Rueda, pez.

TROCOIDE. f. *Geom.* Cicloide.

TRÓCOLA. f. Trocla

TROCOSFERA. f. *Zool.* Larva de figura esferoidal o de trompo.

TROCHA. (Del lat. *traducta,* atravesada.) f. Vereda angosta y excusada, o que sirve de atajo. ‖ Camino abierto en la maleza. ‖ *Arg., Bol., Chile* y *Perú.* Anchura de la vía férrea. *Ferrocarril de* TROCHA *angosta.* ‖ *Col.* y *Ven.* Trote. ‖ *Ven.* Caminata, marcha. ‖ Adiestramiento, ejercicio.

TROCHEMOCHE (A). (De *trocear* y *mochar.*) m. adv. fam. Disparatada e irreflexivamente. También se dice **a troche y moche.**

TRÓCHEZ, Raúl Gilberto. *Biog.* Escritor hondureño cont. Sus composiciones poéticas denotan la influencia de las corrientes ultraístas y de vanguardia.

TROCHUELA. f. dim. de **Trocha.**

TROFEO. al. **Siegespreis.** fr. **Trophée.** ingl. **Trophy; spoils.** ital. **Trofeo.** port. **Troféu.** (Del lat. *trophaéum,* y éste del gr. *trópaion.*) m. Monumento o señal de una victoria. ‖ Despojo obtenido en la guerra y por ext., en la caza. *Trajo como* TROFEO *una cabeza de león.* ‖ Conjunto de armas e insignias militares agrupadas con arte. ‖ fig. Victoria o triunfo.

TRÓFICO, CA. (Del gr. *trofós,* alimenticio.) adj. Perteneciente o relativo a la nutrición de los tejidos. ‖ deriv.: **TROFISMO.** m. *Biol.* Influencia trófica directa. ‖ Estado de la nutrición.

TROFOLOGÍA. f. Ciencia de la nutrición.

TROGLODITA. al. **Höhlenbewohner.** fr. **Troglodyte.** ingl. **Troglodyte.** ital. **Troglodita.** port. **Troglodita.** (Del lat. *troglodytae,* y éste del gr. *troglodytes.*) adj. Que habita en cavernas. Ú.t.c.s. ‖ fig. Dícese del hombre bárbaro y cruel. Ú.t.c.s. ‖ Muy comedor. Ú.t.c.s. ‖ m. Género de pájaros trogloditicos.

TROGLODÍTICO, CA. adj. Perteneciente o relativo a los trogloditas.

TROGLODÍTIDOS. m. pl. *Zool.* Familia de pájaros de tamaño reducido, insectívoros, de alas y cola cortas, y patas con largas uñas.

TROGÓNIDAS. m. pl. *Zool.* Familia de aves de cuerpo alargado; pico corto, ancho y triangular; patas cortas, pies con cuatro dedos, dos dirigidos hacia adelante y dos hacia atrás; cola larga; plumaje abundante, blando y de hermosos colores; viven en los bosques tropicales; como el quetzal y el tocororo.

TROIANI, Cayetano. *Biog.* Compositor ital., radicado en la Argentina; autor de *Ritmos argentinos* y *Motivos de la sierra y la llanura* (1873-1942). ‖ **– Juan.** Escultor ital., rad. en Argentina; autor de *Los mosqueteros; Los frailes músicos; El abanderado* y otras obras (siglo XIX). ‖ **– Troiano.** Escultor ital. rad. en la Argentina; autor de *Límite; Arquero;* varios monumentos y otras obras (1885-1963).

TROICA. f. Carruaje ruso, en forma de trineo, que arrastran tres caballos.

TROIS RIVIÈRES. *Geog.* Ciudad del N. E. de Canadá (Quebec), sobre el río San Lorenzo. 57.000 h. Exportación de cereales y ganado.

TROJ. al. **Scheune.** fr. **Grenier.** ingl. **Granary; barn.** ital. **Granaio.** port. **Celeiro; granel.** (De *troje.*) f. Espacio limitado por tabiques, para guardar frutos y especialmente cereales. ‖ Por ext., algorín.

TROJA. (Quizá del lat. *tórquere.*) f. ant. Troj. Ú. en *Amér.* ‖ ant. Alforja, talega o mochila.

TROJE. (De *troja.*) f. Troj.

TROJERO. m. El que cuida de las trojes.

TROJEZADA. adj. Dícese de la conserva que se hace con pedazos muy menudos, como la de calabaza.

TROLA. f. fam. Mentira, falsedad.

TROLE. (Del ingl. *trolley,* carretilla.) m. Pértiga de hierro con que los tranvías, trolebuses y trenes eléctricos toman la corriente del cable conductor.

TROLEBÚS. (Del ingl. *trolleybus.*) m. Vehículo con motor eléctrico alimentado mediante un trole por línea aérea, que circula sobre la calzada ordinaria, sin carriles de ninguna especie.

TROLERO, RA. adj. y s. fam. Mentiroso.

TROMBA. al. **Wasserhose.** fr. **Trombe.** ingl. **Waterspout.** ital. **Tromba.** port. **Tromba.** (Del lat. *tromba,* trompa.) f. Manga, columna de agua giratoria.

TROMBETAS. *Geog.* Río del N. de Brasil que nace en el macizo de Guayanica y des. en el Amazonas, al O. de Obidos, después de recorrer 800 km.

TROMBINA. f. *Fisiol.* Fermento que parece proceder de las plaquetas sanguíneas y de algunos tejidos, y que interviene en la coagulación de la sangre.

TROMBO. m. *Pat.* Coágulo sanguíneo en el interior de un vaso, que permanece en el punto de su formación. ‖ Coágulo sanguíneo alrededor de una vena seccionada. ‖ Tumor formado por sangre infiltrada en el tejido conjuntivo.

TROMBOANGITIS. (De *trombo* y *angitis.*) m. *Med.* Inflamación de la túnica íntima de un vaso sanguíneo, con producción de coágulo. ‖ **– obliterante.** *Med.* Enfermedad debida a la inflamación y trombosis de las arterias y venas de un territorio orgánico, generalmente la pierna, dando lugar al fenómeno de la claudicación intermitente y a veces a la ulceración y gangrena del pie. Aparece casi siempre en los grandes fumadores.

TROMBOCINESIS. f. *Med.* Coagulación de la sangre.

TROMBOCITO. m. *Med.* Plaqueta de la sangre.

TROMBOFLEBITIS. f. *Pat.* Trombosis complicada con inflamación de una vena o dependiente de la misma.

TROMBÓN. al. **Posaune.** fr. **Trombone.** ingl. **Trombone.** ital. **Trombone.** port. **Trombone.** (Del ital. *trombone.*) m. Instrumento músico de metal de doble curvatura. ‖ Músico que toca este instrumento. ‖ **– de pistones.** Aquel en que la variación de notas se obtiene por el juego combinado de tres llaves o pistones. ‖ **– de varas.** Aquel cuyo tubo puede alargarse o acortarse por estar formado de dos piezas deslizables.

TROMBOSIS. f. *Pat.* Formación de un trombo.

TROMPA. al. **Waldhorn; Rüssel.** fr. **Trompe.** ingl. **Torn; trunk.** ital. **Tromba; proboscide.** port. **Trompa; tromba, probóscida.** (En fr. *trompe;* en port. *trompa.*) f. Instrumento musical de viento que consiste en un tubo de latón enroscado circularmente y que va ensanchándose desde la boquilla al pabellón. ‖ Trompo grande que tiene dentro otros pequeños, los cuales salen de él cuando baila y bailan también. ‖ Trompo grande, hueco, con una abertura lateral para que zumbe. ‖ Prolongación muscular, hueca y elástica de la nariz de algunos animales, capaz de absorber fluidos. ‖ Aparato chupador que tienen algunos insectos. ‖ Tromba. ‖ Bohordo de la cebolla cortado, que se hace sonar soplando en él. ‖ fig. Instrumento que por ficción poética se supone que hace sonar el poeta épico al entonar su canto. ‖ fig. y fam. Nariz prominente. ‖

Amér. Jeta. ‖ *Arq.* Bóveda voladiza fuera del paramento de un muro. ‖ m. Músico que toca la **trompa.** ‖ – **de Eustaquio.** *Anat.* Conducto que va del tímpano a la laringe. ‖ – **de Falopio.** *Anat.* Cada uno de los dos conductos que van de la matriz a los ovarios y dan paso al óvulo. ‖ – **de Parts,** o **gallega.** Birimbao. ‖ – **marina.** Instrumento músico de una sola cuerda muy gruesa, que se toca con arco. ‖ **A trompa y talega.** m. adv. fig. y fam. Sin reflexión, orden ni concierto.

TROMPADA. al. **Stoss.** fr. **Coup de poign.** ingl. **Fisticuff.** ital. **Colpo di pugno; pugno.** port. **Trompada.** f. fam. Trompazo, porrazo. ‖ fig. y fam. Encontrón de dos personas, dándose en las narices. ‖ fig. y fam. Puñetazo, golpazo. ‖ *Mar.* Embestida que da un buque contra otro o contra la tierra.

TROMPAR. intr. Jugar al trompo.

TROMPAZO. m. Golpe dado con el trompo. ‖ Golpe dado con la trompa. ‖ fig. Cualquier golpe recio.

TROMPEADURA. f. *Arg., Bol.* y *Perú.* Sucesión de trompadas o puñetazos.

TROMPEAR. intr. Trompar, jugar al trompo. ‖ tr. *Amér.* Dar trompadas. ‖ vulg. *Méx.* Comer. ‖ *Mar.* Embestir un buque contra otro o contra la costa. ‖ deriv.: **trompeador, ra.**

TROMPERO. m. El que hace trompos.

TROMPERO, RA. (De *trompar.*) adj. Que engaña. *Amor* TROMPERO.

TROMPETA. al. **Trompete.** fr. **Trompette.** ingl. **Trumpet; bugle.** ital. **Trompetta.** port. **Trombeta.** (dim. de *trompa.*) f. Instrumento músico de viento, que consiste en un tubo largo de metal que va ensanchándose desde la boquilla al pabellón. ‖ Clarín, instrumento músico. ‖ m. El que toca la **trompeta.** ‖ fig. y fam. Hombre despreciable y para poco. ‖ *Arg.* y *Bol.* Bozal que se pone a los terneros para que no mamen. ‖ fig. *Méx.* Borrachera. ‖ – **bastarda.** La de sonido muy fuerte. ‖ – **de amor.** Girasol, planta.

TROMPETADA. (De *trompeta.*) f. fam. Clarinada, salida de tono.

TROMPETAZO. m. Sonido destemplado o muy fuerte de la trompeta o de otro instrumento análogo. ‖ Golpe dado con una trompeta. ‖ fig. y fam. Trompetada.

TROMPETEAR. intr. fam. Tocar la trompeta.

TROMPETEO. m. Acción y efecto de trompetear.

TROMPETERÍA. f. Conjunto de varias trompetas. ‖ Conjunto de los registros del órgano que imitan los sonidos de las trompetas de metal.

TROMPETERO. m. El que hace trompetas. ‖ El que se dedica a tocar la trompeta. ‖ Nombre de varios peces acantopterigios de hocico largo en forma de tubo.

TROMPETILLA. f. dim. de **Trompeta.** ‖ Instrumento a modo de trompeta que los sordos se aplican al oído para recibir reforzados los sonidos. ‖ Cigarro puro de forma cónica. ‖ **De trompetilla.** Dícese de ciertos mosquitos que al volar producen un zumbido.

TROMPICADERO. m. Lugar donde se trompica.

TROMPICAR. (En port. *trompicar,* véase trompillar.) tr. Hacer a uno tropezar repetidamente. ‖ fig. y fam. Promover a uno, faltando al orden debido, al oficio a que pertenecía. ‖ intr. Tropezar repetidamente. ‖ deriv.: **trompicable; trompicador, ra.**

TROMPICÓN. m. Cada uno de los tropezones que da el que trompica.

TROMPILLADURA. f. Trompicón.

TROMPILLAR. (Del ant. *tropellar,* y éste de *tropel.*) tr. e intr. Trompicar.

TROMPILLO. m. Arbusto de la América tropical, de flores en racimo. *Laetia guazumaefolia,* bixíneo.

TROMPILLÓN. (Del fr. *trompillon,* de *trompe,* trompa.) m. *Arq.* Dovela que sirve de clave en un trompo en una bóveda circular.

TRÓMPIS. m. fam. Trompada, golpazo.

TROMPIZA. f. *Amér.* Pelea a puñetazos.

TROMPO. al. **Brummkreisel.** fr. **Toupie.** ingl. **Whipping to.** ital. **Trotolla.** port. **Pião.** (De *trompa.*) m. Peón, juguete. ‖ Peonza. ‖ Molusco gasterópodo marino de concha y tentáculos cónicos. ‖ Bolo, persona torpe. ‖ *Chile.* Instrumento de forma cónica que se usa para abocardar cañerías. ‖ **Ponerse** uno **como un trompo,** o **hecho un trompo.** frs. fig. y fam. Comer o beber hasta hincharse.

TROMPÓN. m. aum. de **Trompo.** ‖ aum. de **Trompada,** porrazo. ‖ Narciso, planta. ‖ vulg. **Trombón.** ‖ **A,** o **de, trompón.** m. adv. fam. Sin orden ni concierto.

TRONA. (Del ár. *natron.*) f. Carbonato de sosa cristalizado que suele formar incrustaciones en las orillas de ciertos ríos. sinón.: **urao.**

TRONADA. f. Tempestad de truenos.

TRONADO, DA. adj. Deteriorado por el uso.

TRONADOR, RA. adj. Que truena.

TRONADOR. *Geog.* Cumbre montañosa de los Andes argentinochilenos, sit. entre las prov. chilena de Llanquihue y la argentina de Río Negro. 3.554 m.

TRONANTE. p. a. de **Tronar.** Que truena.

TRONAR. al. **Donnern.** fr. **Tonner.** ingl. **To thunder.** ital. **Tuonare.** port. **Trovejar.** (Del lat. *tonare.*) impers. Haber o sonar truenos. ‖ intr. Causar gran ruido o estampido. TRONAR *el cañón.* ‖ fig. y fam. Perder uno su caudal, arruinarse. ‖ Hablar o escribir violentamente contra alguna persona o cosa. ‖ *Dom.* Matar, cuando lo hace la justicia. ‖ *Méx.* Matar a uno a tiros. ‖ irreg. Conj. como **contar.** ‖ deriv.: **tronatorio, ria.**

TRONCA. (De *troncar.*) f. Truncamiento.

TRONCAL. adj. Perteneciente al tronco o procedente de él.

TRONCALIDAD. f. *Der.* Principio sucesorio en virtud del cual los bienes hereditarios de una persona muerta sin descendientes ni testamento deben volver al tronco familiar de que proceden.

TRONCAR. tr. Truncar.

TRONCO. al. **Stamm; Rumpf.** fr. **Tronc.** ingl. **Trunk.** ital. **Tronco.** port. **Tronco.** (Del lat. *truncus.*) m. Cuerpo truncado. TRONCO *de cono.* ‖ Tallo fuerte y macizo de los árboles y arbustos. ‖ Cuerpo del hombre o de un animal, prescindiendo de la cabeza y las extremidades. ‖ Par de caballerías que tiran de un carruaje. ‖ Conducto principal del que salen o al que concurren otros menores. TRONCO *arterial, venoso.* ‖ fig. Ascendiente común de dos o más líneas o familias. ‖ Persona insensible o inútil. ‖ *Ec.* Troncho. ‖ **Estar** uno **hecho un tronco.** frs. fig. y fam. Estar como inerte a consecuencia de un síncope u otro accidente. ‖ Estar profundamente dormido. ‖ IDEAS AFINES: *Botánica, madera, corteza, rama, raíz, hojas; injerto; pájaro carpintero; aserradero.*

TRONCÓN. m. aum. de **Tronco,** tallo fuerte. ‖ Tocón de un árbol.

TRONCOSO DE LA CONCHA, Manuel de Jesús. *Biog.* Pol. y jurista dominicano, de 1940 a 1942 presidente de la República (1878-1955).

TRONCHA. f. *Amér. del S.* Tajada, loncha. ‖ *Guat., Chile* y *Perú.* Breva, ganga, sinecura.

TRONCHAR. (Del m. or. que *truncar.*) tr. y r. Quebrar o romper violentamente el tronco, tallo o ramas de un vegetal. *El rayo* TRONCHÓ *el árbol.* ‖ fig. Quebrar o romper con violencia cualquier cosa semejante a un tallo o tronco. *Se le* TRONCHÓ *el bastón.* ‖ deriv.: **tronchable; tronchador, ra; tronchante.**

TRONCHAZO. m. Golpe dado con un troncho.

TRONCHO. (Del lat. *trúnculus,* dim. de *truncus,* tronco.) m. Tallo de las hortalizas.

TRONCHO, CHA. adj. *Arg.* Trunco, truncado, mutilado. ‖ m. *Col.* Trozo, pedazo.

TRONCHUDO, DA. adj. Aplícase a las hortalizas que tienen grueso o largo el troncho. *Col* TRONCHUDA.

TRONDHEIM. *Geog.* Ciudad y puerto del Oeste de Noruega, sobre el fiordo hom., en el océano Atlántico. 135.000 h. Exportación de maderas y pescados. Astilleros.

TRONERA. al. **Schiesscharte.** fr. **Meurtrière.** ingl. **Embrasure.** ital. **Bilia.** port. **Troneira.** (De *trueno*) f. Abertura en el costado de un buque, en el parapeto de una muralla, etc., para disparar los cañones. sinón.: **cañonera.** ‖ Ventana pequeña y angosta. ‖ Papel plegado de manera que, al sacudirlo con fuerza, la parte encogida salga detonando. ‖ Cada uno de los agujeros o aberturas que hay en las mesas de trucos y de billar, para que entren las bolas. ‖ com. fig. y fam. Persona atolondrada o informal.

TRONERAR. (De *tronera.*) tr. Atronerar.

TRONGA. f. Manceba, concubina.

TRONGÉ, Eduardo. *Biog.* Escritor arg., autor de *Escalera real; Linyera,* etc. (1893-1946). ‖ – **Faustino.** Médico y escritor arg., autor de *La obstetricia en sus relaciones con la medicina legal;* también estrenó las obras teatrales *La deuda; El espanto,* etc. (1870-1941).

TRÓNICA. (Deformación de *retórica.*) f. Murmuración, patraña, chisme.

TRONIDO. (Del lat. *tónitrus.*) m. Estampido del trueno. ‖ Rumbo, arrogancia, ostentación.

TRONÍO. m. fam. Tronido, rumbo, arrogancia.

TRONITOSO, SA. (Del lat. *tónitrus,* trueno.) adj. fam. Dícese de lo que hace ruido de truenos u otro semejante.

TRONO. al. **Thron.** fr. **Trone.** ingl. **Throne.** ital. **Trono.** port. **Trono.** (Del lat. *thronus,* y éste del gr. *thronos.*) m. Asiento generalmente con gradas y dosel, que usan los soberanos y otras personas de alta dignidad. *"Un* TRONO *es un poco de madera guarnecido de terciopelo",* dijo Napoleón. ‖ Tabernáculo en que se expone el Santísimo Sacramento. ‖ Lugar en que se coloca la efigie de un santo para honrarle con culto más solemne. ‖ fig. Dignidad de rey o soberano. ‖ pl. Espíritus bienaventurados que forman el tercer coro. ‖ IDEAS AFINES: *Corona, cetro, palacio, príncipe, realeza, dinastía, imperio, blasón, sangre azul.*

TRONQUISTA. m. Cochero que gobierna el tronco de un carruaje.

TRONZADOR. m. Sierra grande que sirve para partir al través las piezas enterizas. sinón.: **serrón.**

TRONZAR. (Del m. or. que *tronchar.*) tr. Dividir o hacer trozos. ‖ Hacer pliegues iguales y menudos en los vestidos de las mujeres. ‖ fig. Cansar, rendir de fatiga corporal. ‖ deriv.: **tronzadura; tronzamiento; tronzante.**

TRONZO, ZA. (De *tronzar.*) adj. Dícese de la caballería que tiene cortadas una o las dos orejas, como señal de haber sido desechada por inútil.

TROPA. al. **Truppe; Herde.** fr. **Troupe; troupeau.** ingl. **Troop; drove of cattle.** ital. **Truppa; gregge.** port. **Tropa.** (Del b. lat. *troppus,* rebaño, y éste quizá del germ. *trop,* multitud, pueblos.) f. Turba, muchedumbre de gentes. ‖ Gente militar, a distinción del paisanaje. ‖ despect. Gentecilla, gente despreciable. ‖ *Amér. del S.* Recua de ganado. ‖ *Arg.* Cáfila de carretas dedicadas al tráfico. ‖ *Arg.* y *Urug.* Manada de ganado que se conduce de un punto a otro. ‖ *Mil.* Conjunto de las tres clases de sargentos, cabos y soldados. ‖ Cierto toque militar. ‖ pl. *Mil.* Conjunto de cuerpos que componen un ejército, división, guarnición, etc. ‖ **Tropa de línea.** *Mil.* La organizada para maniobrar y combatir en orden cerrado y por cuerpos. ‖ *Mil.* La que por su institución es permanente. ‖ – **ligera.** *Mil.* La organizada para maniobrar y combatir en orden abierto. ‖ fig. Gente sin importancia. ‖ **En tropa.** m. adv. En grupos. ‖ IDEAS AFINES: *Sentar plaza, alistarse, acampar, saquear, hueste, batallón, soldado, ametralladora, revista, saludo, çampamento, centinela, marcialidad.*

TROPEL. (De *tropa.*) m. Movimiento acelerado, confuso y ruidoso de una muchedumbre de personas o cosas. ‖ Prisa, aceleramiento desordenado. ‖ Conjunto de cosas mal ordenadas. ‖ **De, o en, tropel.** m. adv. Con movimiento acelerado y violento. ‖ Yendo muchos juntos y confusamente.

TROPELÍA. (De *tropel.*) f. Aceleración confusa y desordenada. ‖ Precipitación o violencia en las acciones. ‖ Hecho violento y arbitrario. ‖ Vejación, atropello. ‖ Arte mágica que muda las apariencias de las cosas. ‖ Engaño, embaucamiento.

TROPELISTA. m. El que ejerce la tropelía como arte mágica o como prestidigitador.

TROPEOLÁCEO, A. adj. *Bot.* Tropeoleo. Ú.t.c.s. ‖ f. pl. *Bot.* Tropeoleas.

TROPEOLEO, A. (Del lat. *tropaeolum,* nombre de un género de plantas; d. de *tropaeum,* trofeo, porque sus hojas parecen broqueles y sus flores cascos.) adj. *Bot.* Dícese de plantas dicotiledóneas, herbáceas, rastreras o trepadoras, cuyo tipo es la capuchina. Ú.t.c.s. ‖ f. pl. *Bot.* Familia de estas plantas.

TROPERO. m. *Arg.* y *Chile.* Conductor de ganado, especialmente vacuno.

TROPEZADERO. m. Lugar donde hay peligro de tropezar.

TROPEZADOR, RA. adj. y s. Que tropieza frecuentemente.

TROPEZADURA. f. Acción de tropezar.

TROPEZAR. al. **Stolpern; stossen.** fr. **Buter.** ingl. **To stumble.** ital. **Inciampare.** port. **Tropeçar.** (En port. *tropeçar,* en catal. *tropessar.*) intr. Dar con los pies en un estorbo que pone en peligro de caer. TROPEZÓ *con una piedra; contra un poste.* ‖ Detenerse una cosa por encontrar un estorbo que no le permite avanzar. ‖ fig. Deslizarse en alguna culpa o estar a punto de cometerla. ‖ Reñir con uno u oponerse a su dictamen. ‖ Advertir el defecto o falta de una cosa o la dificultad de su ejecución. ‖ fam. Hallar por casualidad una persona a otra. TROPECÉ *con él al salir de casa.* ‖ r. Rozarse las bestias una mano con la otra.

TROPEZÓN, NA. adj. fam. Tropezador. Suele decirse de las caballerías. ‖ m. Tropezadura. ‖ Tropiezo. ‖ fig. y fam. Pedacito de jamón u otra vianda que se mezcla con las sopas o las legumbres. Ú.m. en pl. ‖ **A tropezones.** m. adv. fig. y fam. Con varios impedimentos y dilaciones. *Dio la lección* A TROPEZONES.

TROPEZOSO, SA. adj. fam. Que se tropieza o se detiene en la ejecución de alguna cosa.

TROPICAL. al. **Tropisch.** fr. **Tropical.** ingl. **Tropical.** ital. **Tropicale.** port. **Tropical.** adj. Perteneciente o relativo a los trópicos.

TRÓPICO, CA. al. **Wendekreis.** fr. **Tropique.** ingl. **Tropic.** ital. **Tropico.** port. **Trópico.** (Del lat. *tropicus,* y éste del gr. *tropikós,* de *tropos,* vuelta.) adj. Perteneciente o relativo al tropo; figurado. sinón.: **traslaticio, tropológico.** ‖ m. *Astron.* Cada uno de los dos círculos menores que se consideran en la esfera celeste, paralelos al Ecuador y que tocan a la Eclíptica en los puntos de intersección de la misma con el coluro de los solsticios. El del hemisferio boreal llámase **trópico** de Cáncer y de Capricornio el del austral. ‖ *Geog.* Cada uno de los círculos menores que se consideran en el globo terrestre en correspondencia con los anteriormente mencionados.

TROPIEZO. al. **Straucheln; Anstoss.** fr. **Obstacle.** ingl. **Stumble; hitch.** ital. **Inciampo.** port. **Tropeço.** m. Aquello en que se tropieza. ‖ Lo que estorba. ‖ fig. Falta o yerro. ‖ Causa de la culpa cometida. ‖ Persona con quien se comete. ‖ Embarazo, dificultad en un negocio. ‖ Riña o quimera. ‖ fig. y fam. Tropezón, trocito de vianda.

TROPILLA. (dim. de *tropa.*) f. *Arg.* y *Urug.* Manada de caballos guiada por una madrina. ‖ *Chile.* Manada de guanacos o vicuñas. ‖ deriv.: **tropillero.**

TROPISMO. m. *Biol.* Movimiento de ciertos organismos, determinado por el estímulo de agentes físicos o químicos, y mediante el cual se aproximan al objeto de que procede dicho estímulo o, por el contrario, se separan de él. *Los* TROPISMOS *reciben nombres especiales según el agente que los produce.*

TROPO. (Del lat. *tropus,* y éste del gr. *tropos,* de *trepo,* girar.)

m. *Ret.* Figura que consiste en modificar el sentido propio de una palabra para emplearla en sentido figurado, y comprende la sinécdoque, la metonimia y la metáfora. *La elocuencia adornada de* TROPOS *es una vana apariencia.*

TROPOLOGÍA. f. Lenguaje figurado, sentido alegórico. ‖ Mezcla de moralidad en el discurso u oración, aunque sea en materia profana o indiferente.

TROPOLÓGICO, CA. adj. Figurado, expresado mediante tropos. ‖ Doctrinal, moral.

TROPOSFERA. (Del gr. *tropos*, de *trepo*, girar, y del lat. *sphaera*.) f. *Meteor.* Región inferior de la atmósfera, hasta la altura de unos doce kilómetros, donde se producen los fenómenos meteorológicos. *La región que está sobre la* TROPOSFERA *se llama estratosfera.*

TROPPAU. *Geog.* V. **Opava.**

TROQUE. (Del lat. *trochus*, rodaja o redondel, y éste del gr. *trochós*, rueda.) m. Especie de botón que se forma en los paños cuando se van a teñir, liando una partecita de ellos, con lo cual no toma el nuevo color.

TROQUEL. (En port. *troquel*, quizá del al. *drucken*, estampar.) m. Molde que se emplea en la acuñación de monedas, medallas, etcétera.

TROQUELAR. (De *troquel*.) tr. Acuñar.

TROQUEO. (Del lat. *trochaeus*, y éste del gr. *trochaios*.) m. Pie de la poesía griega y latina, compuesto de dos sílabas, la primera larga y la segunda breve. ‖ En la poesía española, pie compuesto de dos sílabas, la primera acentuada y la otra átona, como *luna*.

TROQUÍLIDO, DA. adj. *Zool.* Dícese de pájaros entre los que se hallan los más pequeños del mundo, generalmente de colores vivos, con brillo metálico, de pico largo y puntiagudo, y de vuelo muy rápido; como los colibríes. Ú.t.c.s. ‖ s. pl. Familia de estas aves.

TROQUILO. (Del lat. *trochilus*, y éste del gr. *trochilos*.) m. *Arq.* Mediacaña, moldura cóncava. ‖ *Zool.* Colibrí.

TROTACALLES. com. fam. Azotacalles.

TROTACONVENTOS. (De *trotar* y *convento*.) f. fam. Alcahueta.

TROTADOR, RA. adj. Que trota bien o mucho.

TROTAMUNDOS. com. Persona aficionada a recorrer países.

TROTAR. al. **Traben; trotten.** fr. **Trotter.** ingl. **To trot.** ital. **Trottare.** port. **Trotar.** (Del medio alto al. *trotten*, correr.) intr. Ir el caballo al trote. ‖ Cabalgar una persona en caballo que va al trote. ‖ fig. y fam. Andar mucho o muy de prisa una persona.

TROTE. al. **Trab.** fr. **Trot.** ingl. **Trot.** ital. **Trotte.** port. **Trote.** (De *trotar*.) m. Modo de caminar acelerado, natural a todos las caballerías, que consiste en mover a un tiempo pie y mano contrapuestos, arrojando sobre ellos el cuerpo con ímpetu. ‖ fig. Trabajo apresurado y fatigoso. *Ya no estoy para esos* TROTES. ‖ – **cochinero.** fam. El muy corto y apresurado. ‖ **Al trote, o a trote.** m. adv. fig. Aceleradamente, sin descanso. ‖ **Para todo trote.** loc. fig. y fam. Para uso diario. ‖ **Tomar uno el trote.** frs. fig. y fam. Irse intempestivamente y con prisa.

TROTEAR. intr. Dígase **trotar.**

TROTÓN, NA. adj. Aplícase a la caballería cuyo paso ordinario es el trote. ‖ m. Caballo.

TROTONA. (De *trotar*, 3ª acep.) f. Señora de compañía.

TROTONERÍA. f. Acción continuada de trotar.

TROTSKY, León. *Biog.* Cél. revolucionario ruso cuyo verdadero nombre era **León Davidovich Bronstein.** Fue uno de los inspiradores de la revolución rusa de 1917 y su principal jefe después de Lenin, organizador del ejército rojo y notable exegeta de la teoría marxista. Su oposición a Stalin le valió el destierro, en 1928; murió asesinado en México. Obras: *Historia de la Revolución Rusa; Mi vida; La revolución traicionada,* etc. (1879-1940).

TROVA. (De *trovar*.) f. Verso. ‖ Composición métrica formada a imitación de otra, o parodiando una historia o fábula. ‖ Composición métrica escrita generalmente para canto. ‖ Canción amorosa de los trovadores. ‖ fam. *Cuba.* Filfa, mentira.

TROVADOR, RA. al. **Minnesänger; Troubadour.** fr. **Troubadour.** ingl. **Troubadour; minstrel.** ital. **Trovatore.** port. **Trovador.** adj. Que trova. Ú.t.c.s. ‖ m. Poeta de la Edad Media, que escribía y trovaba en lengua de *Oc* o en otra lengua romance. ‖ s. Poeta. ‖ IDEAS AFINES: *Juglar, feudo, corte, Provenza, laúd, bandolín.*

● **TROVADOR.** *Hist.* Los **trovadores,** cuyo auge se dio entre los siglos XI y XIII, constituían socialmente una clase más refinada que los improvisados y populares juglares. Componían una poesía de gran delicadeza y encanto, atendiendo a diversas formas métricas; eran las canciones o trovas, que hoy se consideran el punto inicial de la lírica amorosa occidental, y que estaban basadas en la tradición clásica y la cortesanía medieval. Esas canciones las acompañaban con el laúd o con una especie de violín de cinco cuerdas, tocado con un arco. Los **trovadores** se agrupaban en asociaciones y celebraban las llamadas "cortes de amor", reuniones en las cuales entonaban sus trovas y que eran presididas por damas de la nobleza. La influencia social de los **trovadores,** especialmente en cuanto impusieron un concepto romántico y caballeresco en las relaciones entre los sexos, fue muy grande.

TROVADOR, El. *Mús.* Ópera de José Verdi, en cuatro actos, estrenada en Roma en 1853. Su partitura es irregular pero plena de inspiración y fuerza dramática. Su libreto fue adaptado del drama español *El trovador*, de Antonio García Gutiérrez.

TROVADORESCO, CA. adj. Perteneciente o relativo a los trovadores.

TROVAR. al. **Dichten.** fr. **Trouver.** ingl. **To write poetry.** ital. **Trovare.** port. **Trovar.** (En provenzal y en cat. *trobar*; en fr. *trouver*.) intr. Hacer versos. ‖ Componer trovas. ‖ tr. Imitar una composición métrica, aplicándola a otro asunto. ‖ fig. Dar a una cosa diverso sentido del que lleva la intención con que se ha dicho o hecho.

TROVERA. m. Dígase **trovero.**

TROVERO. (De *trovar*.) m. Poeta de la lengua de Oil, en la Edad Media.

TROVISTA. (De *trova*.) com. p. us. Trovador.

TROVO. (De *trova*.) m. Composición métrica popular, generalmente de asunto amoroso.

TROYA. n. p. **Ahí, allí o aquí fue Troya.** expr. fig. y fam. con que se denota un acontecimiento desgraciado o ruinoso, indicando el momento preciso de su comienzo. *Los llamó ladrones, y* ALLÍ FUE TROYA. ‖ **Arda Troya.** expr. fig. y fam. que denota el propósito de llevar a cabo alguna cosa sin reparar en las consecuencias.

TROYA. *Geog. histór.* Antigua c. del Asia Menor, sit. cerca del Helesponto, cap. de la Tróade. Las diferentes excavaciones han revelado la existencia de 9 ciudades superpuestas suponiéndose que la 6ª corresponde a la Troya de los poemas homéricos.

TROYA, Guerra de. *Hist.* La sostenida por gr. y troyanos dirigidos por Agamenón y Príamo; duró diez años y vencieron los primeros, según la leyenda.

TROYANO, NA. adj. y s. De *Troya.* sinón.: **dárdano, illíaco, illense, teucro.**

TROYES. *Geog.* Ciudad del N. de Francia, cap. del departamento de Aube, sit. sobre el río Sena. 77.000 h. Industria textil. Fue cap. de la antigua región de **Champaña.**

TROYO, Rafael Ángel. *Biog.* Poeta cost. autor de *Poemas del alma; Topacios*, etc. (1875-1910).

TROZA. (De *trozar*.) f. Tronco aserrado por los extremos para sacar tablas.

TROZA. (Del ital. *trozza*.) f. *Mar.* Combinación de dos pedazos de cabo grueso para asegurar la verga mayor al cuello de su palo.

TROZAR. (De *trozo*). tr. Romper, hacer pedazos. ‖ Dividir en trozas el tronco de un árbol.

TROZO. al. **Stück.** fr. **Morceau.** ingl. **Piece.** ital. **Pezzo.** port. **Troço.** (en port. *troço*; en cat. *tros*.) m. Pedazo de una cosa que se considera aparte del resto. *Me llevé un* TROZO *de la reliquia.* ‖ *Mar.* Cada uno de los grupos de hombres de mar, adscriptos a los distritos marítimos.

TRUBETZKOI, Pavel. *Biog.* Escultor ruso que esculpió las figuras de León Tolstoi y del zar Alejandro III (1866-1938).

TRUCAR. (En port. *trucar*.) tr. Hacer el primer envite en el juego del truque. ‖ Hacer trucos en el juego de este nombre y en el de billar.

TRUCCO, Manuel. *Biog.* Político chileno cont., en 1931 vicepresidente de la Rep.

TRUCO. al. **Trick.** fr. **Truc.** ingl. **Trick.** ital. **Trucco.** port. **Truque.** (De *trucar*.) m. Suerte del juego llamado de los trucos. ‖ Apariencia engañosa hecha con arte. ‖ Treta. ‖ *Bol.* y *Chile.* Puñada, trompada. ‖ *Arg., Col.* y *Urug.* Truque. ‖ pl. Juego parecido al billar. ‖ **Como si dijera truco,** frs. fam. que se usa para indicar el poco caso que se hace de lo dicho por alguno.

TRUCULENCIA. f. Calidad de truculento.

TRUCULENTO, TA. (Del lat. *truculentus*.) adj. Cruel, atroz y espantoso.

TRUCHA. al. **Forelle.** fr. **Truite.** ingl. **Trout.** ital. **Trota.** port. **Truta.** (Del lat. *tructa*, y éste del gr. *trokles*.) f. Pez de agua dulce, malacopterigio, de carne sabrosa y delicada. ‖ *Mec.* Cabria. ‖ *Amér. Central.* Puesto o tiendecita portátil. ‖ com. fig. y fam. Truchimán, hombre astuto. ‖ – **de mar.** Raño, pez. ‖ Pez marino, malacopterigio, negruzco por el lomo. ‖ **No se cogen, o pescan, o toman, truchas a bragas enjutas,** ref. que enseña que no se consigue una cosa sin trabajo.

TRUCHERO. m. El que pesca truchas, o el que las vende. ‖ *Amér. Central.* Buhonero.

TRUCHIMÁN, NA. (Del ár. *torchaman*, intérprete.) s. fam. Trujamán. ‖ fig. y fam. Persona astuta y poco escrupulosa. Ú.t.c.adj.

TRUCHUELA. f. dim. de **Trucha.** ‖ Bacalao curado más delgado que el común.

TRUÉ. (De *Troyes*, c. de Francia.) m. Especie de lienzo delgado y blanco.

TRUEBA, Antonio de. *Biog.* Nov. y poeta esp., sentimental narrador de las costumbres vascas. Obras: *Cuentos campestres; Cuentos de color de rosa; El libro de las montañas,* etc. (1821-1889).

TRUECO. m. Trueque. ‖ **A trueco de.** m. adv. **Con tal que.**

TRUENO. al. **Donner.** fr. **Tonnerre.** ingl. **Thunder.** ital. **Tuono.** port. **Trono.** (De *tronar*.) m. Estruendo producido por una descarga eléctrica entre dos nubes o entre una nube y la tierra. ‖ Estampido que causa el tiro de cualquier arma o artificio de fuego. ‖ fig. y fam. Joven alocado y vicioso. ‖ *Col.* Petardo, cohete. ‖ *Ven.* Fiesta escandalosa, orgía. ‖ – **gordo.** Estampido con que se terminan los fuegos artificiales. ‖ **Escapar del trueno y dar en el relámpago.** frs. fig. que indica el hecho de escapar de un peligro para caer en otro mayor. ‖ IDEAS AFINES: *Tormenta, rayo, relámpago, lluvia, centella, ceraunomancia.*

TRUEQUE. al. **Tausch.** fr. **Troc.** ingl. **Barter.** ital. **Baratto.** port. **Troca.** m. Acción y efecto de trocar o trocarse. sinón.: **cambio, trocamiento, trueco.** ‖ pl. *Col.* Vuelta, sobrante del precio pagado. ‖ **A, o en, trueque.** m. adv. **En cambio.**

TRUFA. al. **Trüffet.** fr. **Truffe.** ingl. **Truffle.** ital. **Tartufo.** port. **Trufa.** (Del lat. dialectal *túfer*, por *túber*, criadilla de tierra.) f. Variedad muy aromática de criadilla de tierra. *Porfirio llamaba a las* TRUFAS *hijas de Dios.*

TRUFA. f. fig. Mentira, patraña.

TRUFADOR, RA. adj. y s. Que trufa o miente.

TRUFALDÍN, NA. (Del ital. *truffaldino*.) s. Farsante, comediante.

TRUFAR. tr. Rellenar de trufas las aves y otros manjares. ‖ intr. Inventar trufas o patrañas. ‖ Mentir, engañar.

TRUHÁN, NA. al. **Gauner.** fr. **Truand.** ingl. **Rascal.** ital. **Gabbamondi.** port. **Embusteiro.** (Del ant. *trufán*, y éste de *trufar*.) adj. y s. Dícese de la persona despreciable que vive de engaños y estafas. ‖ Dícese del que con gestos, bufonadas o patrañas procura hacer reír a la gente.

TRUHANADA. f. Truhanería.

TRUHANAMENTE. adv. m. A manera de truhán.

TRUHANEAR. intr. Estafar, engañar. ‖ Decir chanzas o burlas propias de truhanes.

TRUHANERÍA. f. Acción truhanesca. ‖ Conjunto de truhanes.

TRUHANESCO, CA. adj. Propio de truhán.

TRUJA. f. Algorín para guardar aceituna.

TRUJAL. (Del lat. *torculare*.) m. Prensa donde se estrujan las uvas o se exprime la aceituna. ‖ Molino de aceite. ‖ Tinaja en que se prepara la barrilla para hacer el jabón.

TRUJAMÁN, NA. (Del m. or. que *truchimán*.) s. p. us. Intérprete, persona que explica en una lengua lo que se dice en otra. ‖ m. El que por ser experto en una cosa, advierte el modo de ejecutarla.

TRUJAMANEAR. intr. Hacer oficio de trujamán. ‖ Trocar unos géneros por otros. ‖ deriv.: **trujamanable, trujamanante.**

TRUJAMANÍA. f. Oficio de trujamán.

TRUJILLO, Héctor B. *Biog.* Militar y político dominicano presidente de la República de 1952 a 1957; reelegido para el período 1957-1962. Renunció en 1960 (n. 1908). ‖ – **Julián.** Estadista col., de 1878 a 1880 presidente de la Nación (1828-1883). ‖ – **Y MOLINA, Rafael L.** Político dominicano, de 1930 a 1934, de 1934 a 1938, de 1947 a 1947 y de 1947 a 1952 presidente de la República (1891-1961).

TRUJILLO. *Geog.* Cordón montañoso de la isla de Santo Domingo. V. **Cibao.** ‖ Pobl. del oeste de Colombia (Valle del Cauca). 5.200 h. ‖ Ciudad y puerto del N. de Honduras, cap. del departamento de Colón. 5.000 h. Centro comercial. ‖ C. del oeste del Perú, capital del dep. de La Libertad. 350.000 h. con el mun. Centro comercial. Universidad. ‖ Estado del N. O. de Venezuela. 7.400 km². 385.000 h. Café, maíz, trigo, papas, legumbres. Petróleo. Cap. hom. 27.000 h.

TRUJIMÁN, NA. s. p. us. Trujamán.

TRULLA. (Del lat. *túrbula*, alboroto.) f. Bulla, alboroto. ‖ Turba, multitud de gente. ‖ *Col.* Broma, zumbia.

TRULLA. (Del lat. *trulla*.) f. *Albañ.* Llana.

TRULLO. (Del b. lat. *trullum*, y éste del lat. *tórculum*, prensa.) m. Lagar con depósito inferior donde cae directamente el mosto.

TRULLO. (Del lat. *truo*.) m. Ave palmípeda, de cabeza negra y con moño.

TRUMAN, Enrique S. *Biog.* Pol. nort., de 1945 a 1949 presid. de la nación por fallecimiento del presid. Roosevelt. Para el período 1949-1953 fue reelegido (1884-1972).

TRUMAO. m. *Chile.* Tierra arenisca de rocas volcánicas. ‖ deriv.: **trumajoso, sa.**

TRUMBULL, Juan. *Biog.* Pintor estadounidense. Los principales acontecimientos de la gesta emancipadora de su patria están reflejados en sus cuadros (1756-1843).

TRUN. m. *Chile.* Fruto espinoso de algunas plantas.

TRUNCADAMENTE. adv. m. Truncando las palabras o las frases.

TRUNCADO. adj. *Geom.* V. **Cilindro truncado.** ‖ V. **Cono truncado.**

TRUNCAMIENTO. m. Acción y efecto de truncar.

TRUNCAR. al. **Wegschneiden.** fr. **Tronquer.** ingl. **To truncate.** ital. **Troncare.** port. **Truncar.** (Del lat. *truncare*.) tr. Cortar una parte a alguna cosa. ‖ Cortar la cabeza al cuerpo del hombre o de un animal. ‖ fig. Omitir palabras en frases o pasajes de un escrito. ‖ Dejar imperfecto el sentido de lo que se escribe o lee. ‖ Interrumpir una obra o una acción. ‖ deriv.: **truncable; truncador, ra; truncante.**

TRUNCO, CA. adj. Truncado, mutilado.

TRUPIAL. m. Nombre aplicado a diversos pájaros americanos de la familia de los ictéridos, parecidos a los estorninos.

TRUQUE. (En port. *truque.*) m. Cierto juego de envite. ‖ Variedad del juego del infernáculo.

TRUQUERO. m. El que tiene a su cargo una mesa de trucos.

TRUQUIFLOR. m. Juego de naipes, parecido al truque.

TRUSAS. (Del fr. *trousses.*) f. pl. Gregüescos con cuchilladas que solían llegar a mitad del muslo.

TRUST. (Del ingl. *trust.*) m. Consorcio de fabricantes o comerciantes para acaparar una mercancía y regular su precio.

TSCHIRWINSKI, Nicolás P. *Biog.* Zoólogo ruso, autor de *Las razas ovinas que se crían en Rusia* y otras obras (1848-1920).

TSCHUDI, Clara. *Biog.* Escritora noruega, autora de *María Antonieta; Isabel, emperatriz de Austria* y otras biografías sobre mujeres célebres (n. 1856). ‖ **– Juan Jacobo.** Naturalista suizo, autor de *Investigaciones acerca de la fauna peruana; Viajes por América del Sur,* etc. (1818-1889).

TSETSÉ. f. Mosca africana que inocula el tripanosoma de la enfermedad del sueño o tripanosomiasis. *Glossina palpalis.*

TSINAN. *Geog.* Ciudad de la China, al S. E. de Pekín. 585.000 h. Industria textil, piedras preciosas.

TSINGTAO. *Geog.* Ciudad y puerto del N. E. de la China, sobre el mar Amarillo. 1.155.000 h. Industria textil.

TSINGYUÁN. *Geog.* Ciudad de la China situada al S. O. de Pekín. 150.000 h. Importante centro comercial.

TSONG-KAPA. *Biog.* Reformador chino, fundador de la institución de los lamas (aprox. 1268-1340).

TSUNG DAO-LEE. *Biog.* Científico chino, n. en 1927, que compartió el premio Nobel de Física de 1957 con su compatriota Chen Ning-yan.

TSU-SHIMA. *Geog.* Islas japonesas situadas entre la pen. de Corea y la isla de Kiu-Shiu. 773 km², 50.000 h. En 1905 la flota japonesa derrotó a la rusa.

TSZE-HSI. *Biog.* Emperatriz de China que gobernó enérgicamente a su país (1834-1908).

TÚ. al. **Du.** fr. **Toi; tu.** ingl. **You.** ital. **Tu.** port. **Tu.** (Del lat. *tu.*) Nominativo y vocativo del pronombre personal de segunda persona en número singular. ‖ **A tú por tú.** m. adv. fig. y fam. Con descortesía o descomedimiento. ‖ **De tú por tú.** m. adv. Tuteándose. ‖ **Hablar,** o **tratar, de tú** a uno. frs. Tutearle.

TU, TUS. pron. poses. Apócope de *tuyo, tuya, tuyos, tuyas.* Sólo se emplea antepuesto al nombre.

TUAMOTÚ, Islas. *Geog.* Archipiélago coralino de la Polinesia (Oceanía), situado al S. O. de las islas Marquesas. Es posesión francesa. 915 km². 8.300 h. Se llama también **Gambier.**

TUAREGS. m. pl. Bereberes nómadas de la región central del Sahara Occidental.

TUATÚA. f. Árbol americano, medicinal, de la familia de las euforbiáceas, de hojas moradas y fruto del tamaño de la aceituna.

TUÁUTEM. (De las palabras *Tu autem, Domine, miserere nobis,* con que terminan las lecciones de Breviario.) m. fam. Sujeto que se considera a sí mismo principal y necesario para una cosa. ‖ fam. Cosa que se tiene por indispensable.

TUBA. (Voz tagala.) f. Licor filipino que por destilación se obtiene de la nipa, el coco y el burí.

TUBA. (Del lat. *tuba,* trompeta.) f. Especie de bugle, que produce sonidos muy graves.

TÚBANO. m. *Ant.* Cigarro puro.

TUBARÃO. *Geog.* Población del S. E. del Brasil (Santa Catalina). 14.000 h. Actividades agricolaganaderas.

TUBERCULINA. f. Preparado hecho con bacilos tuberculosos, y utilizado en el tratamiento y en el diagnóstico de las enfermedades tuberculosas.

TUBERCULIZACIÓN. f. *Pat.* Formación de tubérculos. ‖ Infección por el bacilo tuberculoso.

TUBERCULIZAR. tr. Producir tubérculos. ‖ r. Adquirir la tuberculosis. ‖ deriv.: **tuberculizable.**

TUBÉRCULO. al. **Knollenfrucht; Tuberkel.** fr. **Tubercule.** ingl. **Tuber; tubercle.** ital. **Tubercolo.** port. **Tubérculo.** (Del lat. *tubérculum,* dim. de *túber,* tumor.) m. *Bot.* Abultamiento que se presenta en las distintas partes de algunas plantas, y especialmente el que ofrecen ciertos rizomas; como la patata. ‖ *Pat.* Formación patológica de la dermis, circunscrita, saliente, de curso lento, con tendencia a ulcerarse y formar pus. ‖ *Zool.* Protuberancia del dermatoesqueleto o la superficie de ciertos animales. ‖ IDEAS AFINES: *Raíz, bulbo, hortaliza, huerta, batata, fécula.*

TUBERCULOSIS. al. **Tuberkulose.** fr. **Tuberculose.** ingl. **Tuberculosis.** ital. **Tuberculosi.** port. **Tuberculose.** f. *Pat.* Enfermedad infectocontagiosa específica, causada por el bacilo de Koch. Es muy común la localización pulmonar, aunque también puede ser renal, hepática, etc.

● **TUBERCULOSIS.** *Méd.* La conciencia de que la **tuberculosis,** causa de la muerte de más de cuatro millones de personas por año en el mundo, es una enfermedad social que se difunde cuando las circunstancias nutritivas e higiénicas son deficientes, ha hecho que la medicina moderna le dedique atención preferente. Conocida desde tiempos remotos, su estudio se intensificó en el s. XIX; en 1888 Roberto Koch, tras varios años de experimentación y estudio, logró descubrir, mediante un nuevo procedimiento de coloración, el bacilo que causa la enfermedad y que desde entonces lleva su nombre. El bacilo de Koch penetra en el organismo por vía respiratoria, digestiva, o por inoculación directa. La inhalación de bacilos difundidos por la tos de enfermos que presentan lesiones pulmonares, constituye el método más común de propagación. Prácticamente la **tuberculosis** evoluciona en tres períodos: primario, con el chancro de inoculación (generalmente pulmonar); secundario, caracterizado por diseminaciones hemáticas (especialmente pleuresía, peritonitis o neumonías extensas); terciario, con lesiones viscerales aisladas, las cuales se reblandecen y evacuan, dejando cavernas en su lugar. La más frecuente es la localización pulmonar, aunque también puede ser renal, hepática, etc. La infección tuberculosa se manifiesta por dos clases de síntomas. Algunos se deben a la impregnación de todo el organismo por la toxina que el bacilo tuberculoso produce desde el lugar donde se ha alojado; otros, en cambio, traducen la lesión de un órgano determinado; pulmón, riñón, etc. Estos últimos síntomas son distintos en las diferentes formas de **tuberculosis;** la **tuberculosis** pulmonar se manifiesta por tos, expectoración, etc.; la **tuberculosis** renal por hematuria, etc. Otros síntomas son debidos a la progresiva debilitación del organismo, consecuencia de la fiebre mantenida, de la pérdida de apetito y de las lesiones existentes. Los síntomas generales consisten en fiebres, sudores, descenso del peso, etc. En la actualidad puede considerarse que el tratamiento general de la **tuberculosis** se basa en el empleo de tres recursos fundamentales: el reposo, la alimentación adecuada y la terapéutica específica. Esta ha avanzado extraordinariamente merced al empleo de la estreptomicina y más recientemente la nicotibina. La prevención de la **tuberculosis** es el aspecto social más interesante de la medicina moderna; se basa fundamentalmente en el reconocimiento precoz de los enfermos y en el examen del medio en que viven. El ambiente malsano, la falta de una alimentación conveniente y la promiscuidad, son los tres factores esenciales de la propagación de la **tuberculosis;** en la medida en que la acción del gobierno y la colectividad de cada país supere ese estado de cosas, disminuirá la amenaza social de esta enfermedad.

TUBERCULOSO, SA. adj. Perteneciente o relativo al tubérculo o a la tuberculosis. ‖ De figura de tubérculo. ‖ Que tiene tubérculos. Ú.t.c.s. ‖ Que padece tuberculosis. Ú.t.c.s. ‖ deriv.: **tuberculosidad.**

TUBERÍA. al. **Leitung.** fr. **Tuyauterie.** ingl. **Tubing.** ital. **Tuberia.** port. **Tubagem.** f. Conducto formado de tubos, para el paso de líquidos o gases. sinón.: **cañería.** ‖ Conjunto de tubos. ‖ Fábrica o comercio de tubos.

TUBEROSA. (Del lat. *tuberosa.*) f. Nardo, planta.

TUBEROSIDAD. (Del lat. *tuberosus,* lleno de tumores.) f. Tumor, hinchazón. ‖ *Anat.* Eminencia ancha en un hueso.

TUBEROSO, SA. adj. Que tiene tuberosidades. ‖ *Bot.* Dícese de las plantas que tienen tubérculos. Ú.t.c.s.f.

TUBIANO, NA. adj. *Arg.* y *Urug.* Tobiano.

TUBINGA. *Geog.* Ciudad del S. O. de la Rep. Federal Alemana (Baden-Württemberg). 40.000 h. Industria química, universidad.

TÜBINGEN. *Geog.* V. **Tubinga.**

TUBO. al. **Rohr.** fr. **Tuyau; tube.** ingl. **Tube; pipe.** ital. **Tubo.** port. **Tubo.** (Del lat. *tubus.*) m. Pieza hueca, por lo común cilíndrica, y generalmente abierta por ambos extremos. ‖ Pieza hueca, de cristal, cilíndrica o abombada, de algunas lámparas para activar la llama produciendo una corriente de aire. ‖ Parte del organismo animal o vegetal constituida a modo de tubo. ‖ fig. y fam. Soplón. ‖ *Arg.* Persona que se hace servir de vehículo para divulgar una especie. ‖ **– acústico.** Tubo largo de caucho que sirve para transmitir el sonido a distancia. ‖ **– de ensayo.** El de cristal, cerrado por uno de sus extremos, usado para los análisis químicos. ‖ **– intestinal.** Conjunto de los intestinos. ‖ **– lanzallamas.** Arma de combate para lanzar gases o líquidos inflamados. ‖ **– lanzatorpedos.** El que suelen llevar las naves de guerra para lanzar los torpedos. ‖ deriv.: **tubulado, da.** ‖ IDEAS AFINES: *Cañería, acueducto, cloaca; boquilla, cañón, sifón, fístula; obstruirse.*

TUBUAI, Islas. *Geog.* Grupo de islas francesas de la Polinesia (Oceanía), sit. al suroeste del arch. de Tuamotú. 164 km² 5.000 h. Exportación de café.

TUBULAR. (Del lat. *túbulus,* tubillo.) adj. Perteneciente al tubo; que tiene su figura o está formado por tubos.

TUBULOSO, SA. adj. Tubular, en forma de tubo. ‖ *Bot.* Se dice del cáliz, de la corola y del perigonio que tienen figura de cilindro.

TUCACAS. *Geog.* Población y puerto de Venezuela (Falcón), sobre el mar de las Antillas. Centro agrícola y minero.

TUCÁN. (Voz de los indígenas del Brasil.) m. Nombre de varias aves americanas trepadoras, de pico muy grande, pero liviano. Gén. *Ramphastos* y otros.

TUCAPEL. *Hist.* Batalla librada en la zona chil. de Arauco entre el ejército esp. y los nativos capitaneados por Lautaro, en 1554. Allí pereció Valdivia.

TUCÍA. f. Atutía.

TUCÍDIDES. *Biog.* Hist. griego cuya *Historia de la guerra del Peloponeso,* escrita en un largo ostracismo, inaugura la técnica histórica ajustada a la realidad. Intercala discursos y reflexiones pol. con singular maestría (aprox. 460-398 a. de C.).

TUCINTE. m. *Hond.* Planta gramínea, de hojas grandes que se utilizan para alimento del ganado y para techar las chozas.

TUCIORISMO. m. Doctrina de teología moral que en puntos discutibles sigue la opinión más favorable a la ley. ‖ deriv.: **tuciorista.**

TUCO. (Del quichua *tucu,* brillante.) m. *Arg.* Insecto parecido al cocuyo. ‖ *Perú.* Especie de búho.

TUCO. (Voz genovesa.) m. *Arg.* Salsa hecha con carne, cebolla, tomate y otros ingredientes.

TUCO, CA. adj. *Bol., Ec.* y *P. Rico.* Manco. ‖ m. *Amér. Central, Ec.* y *P. Rico.* Tocón, muñón. ‖ *Hond.* Trozo, fragmento.

TUCUMÁN. *Geog.* Provincia del N.O. de la Rep. Argentina. 22.524 km². 900.000 h. Su suelo es montañoso en la región N. y O. El río Salí, con sus afl., riega gran parte del territorio. El cultivo de la caña de azúcar y su industrialización es la principal riqueza de la provincia. Produce, también, tabaco, maíz, frutas. Ganado, explotación forestal. Cap. SAN MIGUEL DE TUCUMÁN. ‖ **San Miguel de –.** V. **San Miguel de Tucumán.**

TUCUMÁN, Batalla de. *Hist.* Triunfo de las armas arg. dirigidas por el gral. Belgrano sobre las realistas, en las cercanías de la c. argentina de San Miguel de Tucumán, el 24 de setiembre de 1812.

TUCUMÁN, Congreso de. *Hist.* El que el 9 de julio de 1816 proclamó, en la ciudad de San Miguel de Tucumán, la independencia de las Provincias Unidas del Río de la Plata. Al formular su solemne declaración, los asistentes al **Congreso de Tucumán** consagraron en derecho la emancipación que existía desde 1810 y le dieron sentido americano. Con la representación de las prov. de Buenos Aires; Cuyo (Mendoza, San Juan y San Luis); Tucumán, Santiago del Estero y Catamarca; Jujuy y La Rioja, a las que se sumaron luego las de Salta, Córdoba y las de los emigrados del Alto Perú, el **Congreso de Tucumán** proclamó por unanimidad "que las Provincias de la Unión fuesen una nación libre e independiente de los reyes de España", fórmula a la que luego se agregó: "y de toda otra dominación extranjera, hasta con la vida, haberes y fortuna". San Martín y Belgrano influyeron poderosamente en la constitución y propósitos de los congresales de Tucumán que eligieron Director Supremo a Juan Martín de Pueyrredón y entre los que se destacaron fray Justo Santa María de Oro, fray Cayetano José Rodríguez, Juan José Paso, Francisco Laprida, José I. Gorriti, Tomás M. de Anchorena y otros.

TUCUMANO, NA. adj. y s. De Tucumán.

TUCUPITA. *Geog.* Población del N.E. de Venezuela cap. del territorio de Delta Amacuro, sit. sobre el delta del Orinoco. 21.500 h. Centro agrícola.

TUCÚQUERE. m. *Chile.* Búho de gran tamaño.

TUCURA. f. *Arg.* y *Par.* Langosta, insecto ortóptero sedentario que causa grandes estragos en los pastos y cultivos y del que existe una docena de especies muy dañinas.

TUCURPILLA. f. *Ec.* Especie de tórtola pequeña.

TUCUSO. m. *Ven.* Chupaflor, especie de colibrí.

TUCUTUCO. m. *Arg.* y *Bol.* Mamífero roedor, de cabeza grande, patas cortas y fuertes, y cola breve, que vive en galerías que cava bajo el suelo. Gén. *Ctenomys.*

TUDEL. (Del ant. nórdico *tuda,* cucurucho, tubo.) m. Tubo de latón encorvado, fijo en lo alto del bajón.

TUDENSE. adj. y s. De Tuy, España.

TUDESCO, CA. adj. De cierta región de Sajonia, y por ext., alemán. Ú.t.c.s. ‖ m. Capote alemán.

TUDOR. *Geneal.* Dinastía ingl. cuyos miembros reinaron del s. XV al XVII.

TUECA. f. Tueco, tocón.

TUECO. m. Tocón de un árbol. ‖ Hueco producido por la carcoma en las maderas.

TUERCA. al. **Schraubenmutter.** fr. **Écrou.** ingl. **Nut.** ital. **Chiócciola.** port. **Porca.** (Del lat. *roques,* vuelta, círculo.) f. Pieza con un hueco labrado en espiral que ajusta exactamente en el filete de un tornillo; sinón.: **matriz.**

TUERCE. m. Torcedura, acción y efecto de torcer. ‖ *Amér. Central.* Mala suerte, desgracia.

TUERO. (Del lat. *torus,* cordón, moldura redonda.) m. Trashoguero, leño grueso. ‖ Leña para la lumbre. ‖ *Guat.* Juego del escondite.

TUERTO, TA. al. **Einäugig.** fr. **Borgne.** ingl. **Oneeyed.** ital. **Bieco.** port. **Torto; zarolho.** (Del lat. *tortus.*) p. p. irreg. de **Torcer.** ‖ adj. y s. Falto de la vista de un ojo. ‖ m. Agravio o injuria que se hace a uno. ‖ pl. Entuertos del puerperio. ‖ **A tuertas.** m. adv. fam. Al revés u oblicuamente. ‖ **A tuerto.** m. adv. Contra razón, injustamente. ‖ **A tuerto o a derecho, o a tuertas o a derechas,** ms. advs. Justa o injustamente, sin ninguna consideración. ‖ Contra razón. ‖ deriv.: **tuertamente.**

TUESTE. (De *tostar.*) m. Tostadura.

TUÉTANO. al. **Mark.** fr. **Moelle.** ingl. **Marrow.** ital. **Midollo.** port. **Tutano.** m. Medula. ‖ **Hasta los tuétanos.** m. adv. fig. y fam. Hasta lo más profundo en la parte física o moral del hombre. *Enfermo, enamorado hasta los* TUÉTANOS.

TUFARADA. (De *tufo.*) f. Olor fuerte que se percibe de pronto.

TUFFIER, Marino Teodoro. *Biog.* Médico fr., autor de *Cirugía del estómago y del intestino; Tuberculosis renal; Analgesia quirúrgica por vía raquídea,* etc. (1857-1929).

TUFILAS. com. fam. Persona que se atufa o irrita fácilmente.

TUFO. (Del lat. *typhus,* y éste del gr. *typhos,* vapor, miasma dañino.) m. Humo o emanación gaseosa que se desprende de las fermentaciones y de las combustiones imperfectas. ‖ fam. Olor molesto o fetidez que despide una cosa. ‖ fig. Olor, lo que causa una sospecha. ‖ fig. y fam. Soberbia, orgullo. Ú.m. en pl.

TUFO. (Del lat. *tufa,* penacho.) m. Cada una de las dos porciones de cabello que caen por delante de las orejas.

TUFO. (Del lat. *tofus.*) m. Toba, piedra caliza.

TUGELA. *Geog.* Río del S.E. de la Rep. Sudafricana (Natal), que des. en el océano Indico después de recorrer 500 km, aproximadamente.

TUGGURT. *Geog.* V. **Tougourt.**

TUGUEGARAO. *Geog.* Ciudad del N. de la isla de Luzón, en Filipinas, cap. de la provincia de Cafayán. 31.340 h.

TUGURIO. al. **Loch.** fr. **Taudis.** ingl. **Hole.** ital. **Tugurio.** port. **Tugúrio.** (Del lat. *tugúrium.*) m. Choza de pastores. ‖ fig. Habitación mezquina. sinón.: **cuchitril.**

TUI. m. *Arg.* Loro pequeño, de color verde vivo con el dorso azul. Gén. *Forpus passerinus.*

TUICIÓN. (Del lat. *tuitio, -onis.*) f. *Der.* Acción y efecto de guardar o defender.

TUINA. f. Especie de chaquetón largo y holgado.

TUIRA. *Geog.* Río de Panamá que nace cerca de la frontera con Colombia y des. en el Pacífico, en el golfo de San Miguel, 175 km.

TUITIVO, VA. (Del lat. *tuitus,* p. p. de *tueri,* defender.) adj. *Der.* Que guarda y defiende.

TUL. al. **Tüll.** fr. **Tulle.** ingl. **Tulle.** ital. **Tulle.** port. **Tule.** (Del fr. *tulle,* por haberse establecido en la ciudad de *Tulle* las primeras fábricas de esta tela.) m. Tejido sutil que forma malla, generalmente en octágonos.

TULA. *Geog.* Río de México. V. **Pánuco.** ‖ Pobl. de México (Hidalgo). 5.000 h. Centro agrícola. ‖ Población del N.E. de México (Tamaulipas). 7.000 h. Centro de actividades ganaderas. ‖ Ciudad de la Unión Soviética (R.S.F.S.R.), situada al S. de Moscú. 315.000 h. Industria siderúrgica y mecánica.

TULANCINGO. *Geog.* Población de la región central de México (Hidalgo). 15.000 h. Importante centro agrícola-ganadero. Industria textil.

TULCÁN. *Geog.* Población del N. de Ecuador, en el límite con Colombia, cap. de la provincia de Carchi. 20.000 h. Centro agrícola.

TULE. m. *C. Rica.* Sombrero viejo y estropeado. ‖ *Méx.* Junco o espadaña.

TULE. *Geog. histór.* Isla sit. en el Atlántico norte que los antiguos consideraban el límite septentrional del mundo. No se sabe si era una de las Shetland o Islandia.

TULIO. m. *Quím.* Metal del grupo de las tierras raras, uno de los más escasos. Es trivalente. No ha sido aislado aún y sus sales se conocen en pequeñas cantidades. Elemento químico de símbolo Tm y p. atóm. 169.4.

TULIO HOSTILIO. *Biog.* Tercer rey de Roma, vencedor de los sabinos (672-640 a. de C.).

TULIPA. f. Tulipán pequeño. ‖ Pantalla de vidrio cuya forma recuerda la del tulipán.

TULIPÁN. al. **Tulpe.** fr. **Tulipe.** ingl. **Tulip.** ital. **Tulipano.** port. **Tulipa.** (Del turco *dulband,* turbante, por su forma.) m. Planta herbácea, de flores grandes, con corola en forma de copa y de diversos colores. Gén. *Tulipa gesneriana,* liliácea. ‖ Flor de esta planta. ‖ deriv.: **tulipomanía.**

TULIPANERO o TULIPERO. m. Nombre vulgar de varios árboles magnoliáceos.

TULSA. *Geog.* Ciudad de la región central de los EE. UU. (Oklahoma), sit. sobre el río Arkansas. 335.000 h. Refinerías de petróleo, industrias químicas y mecánicas.

TULUÁ. *Geog.* Ciudad del O. de Colombia (Valle del Cauca). 81.000 h. con el mun. Centro agrícola y ganadero. Manufactura de tabaco.

TULLE. *Geog.* Población de Francia, cap. del dep. de Corrèze, sit. al S.E. de Limoges. 22.000 h. Fabricación de armamentos.

TULLECER. tr. Tullir, dejar a uno tullido. ‖ intr. Quedarse tullido. ‖ irreg. Conj. como **agradecer.**

TULLERÍAS, Palacio de las. *Hist.* Residencia de los monarcas franceses en París, que fue incendiada en 1871. Famosos jardines.

TULLIDEZ. (De *tullido.*) f. Tullimiento.

TULLIDO, DA. al. **Lahmer.** fr. **Perclus.** ingl. **Paralyzed.** ital. **Paralitico.** port. **Tolhido.** adj. y s. Que ha perdido el movimiento del cuerpo o de algunos de sus miembros. ‖ IDEAS AFINES: *Lesión, fractura, parálisis, cojera, traumatología, ortopedia, lisiado.*

TULLIDURA. (De *tullir.*) f. *Cetr.* Excremento de las aves de rapiña. Ú.m. en pl.

TULLIMIENTO. m. Acción y efecto de tullir.

TULLIR. (Del ant. *tollir.*) intr. Arrojar el excremento las aves de rapiña. ‖ tr. Hacer que uno quede tullido. ‖ r. Perder uno el uso y movimiento de su cuerpo o de algún miembro de él. ‖ irreg. Conj. como **mullir.**

TUMACO. *Geog.* Población del S.O. de Colombia, en el dep. de Nariño. 14.000 h., con el mun. 45.000 h. Importante puerto sobre el Pacífico. Explotación minera y forestal.

TUMBA. al. **Grab; Grabmal.** fr. **Tombeau.** ingl. **Grave.** ital. **Toma.** port. **Tumba.** (Del lat. *tumba,* y éste del gr. *tymbos,* túmulo.) f. Sepulcro. ‖ Armazón en forma de ataúd, que se usa en las honras de un difunto. ‖ Cubierta arqueada de ciertos coches. ‖ Armazón con cubierta de lujo que se coloca en el pescante de los coches de gala. ‖ *Arg., Chile* y *Urug.* Trozo de carne dura. ‖ Por ext., rancho, comida de cuartel.

TUMBA. (De *tumbar.*) f. Tumbo, vaivén violento. ‖ Voltereta en el aire. ‖ Baile que se usaba en Andalucía. ‖ *Ant., Col.* y *Méx.* Corta, tala de árboles. ‖ *Cuba* y *Dom.* Cierto baile de negros.

TUMBACUARTILLOS. com. fam. Sujeto que frecuenta las tabernas.

TUMBADILLO. (dim. de *tumbado.*) m. *Mar.* Cajón de medio punto, que suele cubrir la escotadura de popa de la cubierta del alcázar en las naves menores.

TUMBADO, DA. adj. De figura de tumba. *Baúl* TUMBADO. ‖ m. *Ec.* Cielo raso de las habitaciones.

TUMBAGA. (Del malayo *tembaga,* cobre.) f. Aleación de oro y cobre. ‖ Sortija hecha con esta aleación. ‖ Anillo, sortija.

TUMBAGÓN. m. aum. de **Tumbaga.** ‖ Brazalete de tumbaga.

TUMBAL. adj. Perteneciente o relativo a la tumba.

TUMBAOLLAS. com. fam. Persona glotona.

TUMBAR. (En fr. *tomber,* en port. y en cat. *tombar,* quizá de origen germánico.) tr. Hacer caer o derribar. ‖ Segar. ‖ fig. y fam. Marear o quitar a uno el sentido una cosa fuerte. *Me* TUMBÓ *el olor que despedía.* ‖ *Arg., Cuba* y *Chile.* Inclinar una cosa, sin que se llegue a caer. ‖ *Cuba.* Talar árboles o cortar plantas. ‖ intr. Caer, rodar por tierra. ‖ *Mar.* Dar de quilla. ‖ r. fam. Tenderse, especialmente echarse a dormir. ‖ fig. Aflojar en un trabajo o abandonarlo. ‖ deriv.: **tumbable; tumbador, ra; tumbamiento.**

TUMBES. *Geog.* Península de la costa chilena, en la prov. de Concepción. ‖ Río del O. de Amér. del S. que nace en Ecuador y des. en la costa N. del Perú, cerca de la c. hom. Recorre 180 km. ‖ Departamento del extremo N.O. del Perú. 4.120 km². 77.000 h. Algodón, cacao, caña de azúcar, tabaco, Ganado, petróleo. Cap. hom. situada sobre el río de igual nombre. 31.000 h. Allí desembarcó Pizarro en su tercer viaje.

TUMBILLA. (dim. de *tumba.*) f. Armazón con un braserillo para calentar la cama.

TUMBO. (De *tumbar.*) m. Vaivén violento. ‖ Ondulación de la ola del mar o del terreno. ‖ Retumbo, estruendo. ‖ **– de dado.** fig. Peligro inminente. ‖ **– de olla.** fam. Cada uno de los tres vuelcos de la olla: caldo, legumbres y carne.

TUMBO. (Del gr. *tymbos,* túmulo.) m. Libro grande de pergamino en el que los monasterios y otras corporaciones copiaban sus privilegios y otras escrituras.

TUMBÓN. m. aum. de **Tumba.** ‖ Coche con cubierta de tumba. ‖ Cofre o arca con tapa de esta hechura.

TUMBÓN, NA. (De *tumbar.*) adj. y s. fam. Socarrón. ‖ Perezoso, holgazán. ‖ f. Silla con largo respaldo y con tijera que permite inclinarlo en ángulos muy abiertos.

TUMEFACCIÓN. al. **Schwellung.** fr. **Tuméfaction.** ingl. **Tumefaction.** ital. **Tumefazione.** port. **Tumefação.** f. *Pat.* Hinchazón, aumento de volumen de una parte del cuerpo por inflamación, tumor etc.

TUMEFACER. (Del lat. *tumefácere,* hinchar.) tr. *Pat.* Provocar una hinchazón o inflamación. ‖ deriv.: **tumefaciente; tumefactible.**

TUMEFACTO, TA. adj. Túmido, hinchado.

TUMESCENTE. (Del lat. *tumescens, -entis.*) adj. *Pat.* Que se hincha; hinchado, túmido. ‖ deriv.: **tumescencia.**

TÚMIDO, DA. (Del lat. *túmidus.*) adj. fig. Hinchado. ‖ *Arq.* Dícese del arco que es más ancho hacia la mitad de la altura que en los arranques.

TUMOR. al. **Geschwulst.** fr. **Tumeur.** ingl. **Tumor.** ital. **Tumore.** port. **Tumor.** (Del lat. *túmor, -oris.*) m. Tumefacción o hinchazón morbosa. ‖ Neoplasma. ‖ IDEAS AFINES: *Bocio, fibroma, cáncer, epitelioma, radioterapia, rayos X.*

TUMORACIÓN. f. *Pat.* Tumefacción inflamatoria. ‖ Masa neoplásica mal circunscrita.

TUMORAL. adj. *Pat.* Relativo al tumor o de su naturaleza.

TUMOROSO, SA. adj. Que tiene varios tumores.

TUMUC-HUMAC. *Geog.* Cordón montañoso del sistema de Guayania, sit. en la región oriental del mismo. Sirve de límite entre la Guayana Francesa, Surinam y Brasil. Culmina en el monte Timotaken a los 800 m.

TUMULARIO, RIA. adj. Perteneciente o relativo al túmulo.

TÚMULO. al. **Grabhügel.** fr. **Tumulus.** ingl. **Tumulus.** ital. **Tumulo.** port. **Túmulo.** (Del lat. *túmulus.*) m. Sepulcro levantado de la tierra. ‖ Montecillo artificial con que se cubría una sepultura en algunos pueblos antiguos. ‖ Armazón de madera vestida de paños fúnebres, que se erige para la celebración de las honras de un difunto. ‖ IDEAS AFINES: *Cementerio, mausoleo, panteón, exequias; lápida, sepelio, deudos.*

TUMULTO. al. **Tumult; Aufruhr.** fr. **Tumulte.** ingl. **Tumult; uproar.** ital. **Tumulto.** port. **Tumulto.** (Del lat. *tumultus.*) m. Motín, disturbio, alboroto producido por una multitud. ‖ Confusión agitada, desorden ruidoso.

TUMULTUANTE. p. a. de **Tumultuar.** Que tumultúa.

TUMULTUAR. (Del lat. *tumultuare.*) tr. y r. Levantar un tumulto o desorden.

TUMULTUARIAMENTE. adv. m. De manera tumultuaria.

TUMULTUARIO, RIA. adj. Que causa tumultos. ‖ Que está o se efectúa con desorden.

TUMULTUOSO, SA. adj. Tumultuario. ‖ deriv.: **tumultuosamente.**

TUNA. (En port. *tuna.*) f. Vida holgazana, libre y vagabunda. ‖ Estudiantina. ‖ *Guat.* y *Ven.* Borrachera. ‖ **Correr** uno **la tuna.** frs. fam. Tunar.

TUNA. (Voz caribe.) f. Higuera o higo de tuna. ‖ *Col.* y *Guat.* Espina. ‖ **– brava, colorada** o **roja.** Especie silvestre, con más espinas y fruto de pulpa muy encarnada.

TUNAL. m. Tuna, chumbera. ‖ Sitio abundante en tunas.

TUNANTA. adj. y s. fam. Pícara, bribona.

TUNANTADA. f. Acción propia de tunante, bribonada.

TUNANTE. p.a. de **Tunar.** Que tuna. Ú.t.c.s. ‖ adj. Pícaro, bribón, taimado. Ú.t.c.s.

TUNANTEAR. (De *tunante.*) intr. Tunear.

TUNANTERÍA. f. Calidad de tunante. ‖ Tunantada.

TUNANTUELA. adj. y s. fam. dim. de **Tunanta.**

TUNANTUELO. adj. y s. fam. dim. de **Tunante.**

TUNAR. (De *tuna.*) intr. Andar de un lugar a otro, haciendo vida de vagabundo.

TUNCO. m. *Hond.* y *Méx.* Puerco, cerdo.

TUNDA. f. Acción y efecto de tundir los paños.

TUNDA. (De *tundir,* 2º art.) f. fam. Paliza, zurra.

TUNDAMA. *Geog.* Ramal de la cordillera oriental de los Andes colombianos, en el límite entre los dep. de Boyacá y Santander. Culmina en el páramo La Rusia a los 4.320 m.

TUNDEAR. tr. Dar una tunda o zurra.

TUNDENTE. p.a. de **Tundir.** Que tunde o golpea. ‖ adj. Contundente, que causa contusión.

TUNDICIÓN. f. Tunda de los paños.

TUNDIDOR. m. El que tunde los paños.

TUNDIDORA. adj. Dícese de la máquina que sirve para tundir los paños. Ú.t.c.s. ‖ Mujer que tunde los paños.

TUNDIDURA. f. Tunda de los paños.

TUNDIR. (Del lat. *tondere,* trasquilar, rapar, cortar.) tr. Cortar o igualar con tijera el pelo de los paños. ‖ deriv.: **tundimiento.**

TUNDIR. (Del lat. *túndere.*) tr. fig. y fam. Castigar con golpes, palos o azotes.

TUNDIZNO. (De *tundir.*) m. Borra que queda de la tundidura del paño.

TUNDRA. (Voz finlandesa.) f. Terreno abierto y llano, cubierto de musgos o de líquenes, pantanoso en muchos sitios y de subsuelo helado. Se extiende por las regiones septentrionales de Europa, Asia y América.

TUNDUQUE. m. *Chile.* Especie de ratón grande.

TUNEAR. intr. Hacer vida de tuno o pícaro. ‖ Proceder como tal.

TUNECÍ. adj. y s. Tunecino.

TUNECINO, NA. adj. Natural de Túnez. Ú.t.c.s. ‖ Perteneciente a Túnez. ‖ Dícese de cierta clase de punto que se hace con la aguja de gancho.

TÚNEL. al. **Tunnel.** fr. **Tunnel.** ingl. **Tunnel.** ital. **Tunnel.** port. **Túnel.** (Del ingl. *tunnel.*) m. Paso subterráneo que se abre para establecer una comunicación. ‖ Construcción que contiene una larga cavidad de forma cilíndrica por la que se hace circular el aire a la velocidad conveniente para ensayar modelos de aviación. ‖ IDEAS AFINES: *Galería, excavación, perforación, ingeniería, geología.*

TUNERA. f. Tuna, chumbera.

TUNERÍA. f. Calidad de tunante o pícaro.

TÚNEZ. *Geog.* Estado independiente del N. de África situado entre Argelia y Libia. 163.610 km². 6.070.000 h. Trigo, cebada, vid, olivo, frutales. Hierro, plomo, cinc, sal. Cap. hom. 808.000 h. Fue protectorado francés hasta el 20 de abril de 1956 en que Francia le otorgó la independencia completa "dentro de una interdependencia". En julio de 1957 fue proclamada la República, presidida por Habib Burguiba. ‖ **Golfo de –.** Escotadura de la costa N. de África que abarca desde el cabo Bon a la isla Plane.

TUNG. (Voz china.) m. Aceite que se extrae de las semillas de la aleurita y se emplea para impermeabilizar, para fabricar barnices y otros usos.

TUNGO, GA. adj. *Col.* Trunco, mocho. ‖ m. *Arg.* y *Col.* Pedazo, trozo. ‖ *Chile.* Cerviz, testuz, principalmente del animal vacuno.

TUNGRO, GRA. (Del lat. *tungri, -órum.*) adj. y s. Dícese del individuo de un pueblo de la antigua Germania.

TUNGSTENO. (Del sueco *tungsten*, piedra pesada.) m. Metal duro, blanco plateado, muy denso (19,3) y de elevado punto de fusión (próximo a los 3400ºC). Existe en la Naturaleza, en los minerales volframita (tungstato de hierro y manganeso) y scheelita (tungstato de calcio). Se usa principalmente en la manufactura de filamentos para lámparas eléctricas, en la confección de aceros especiales, de instrumentos cortantes y contactos eléctricos. Elemento químico de símbolo Tg o W, n. atóm. 74 y p. atóm. 183,92. sinón.: **volframio.**

TUNGURAHUA. *Geog.* Cumbre volcánica de los Andes ecuatorianos. 5.075 m. ‖ Provincia de la región central de Ecuador. 3.204 km^2. 267.300 h. Algodón, café, frutos, cereales, ganado. Cap. AMBATO.

TUNGUSKA. *Geog.* Nombre de tres ríos de la Unión Soviética (Siberia), que son afl. del Yenisei.

TÚNICA. al. **Tunika.** fr. **Tunique.** ingl. **Tunic.** ital. **Tunica.** port. **Túnica.** (Del lat. *túnica.*) f. Vestidura sin mangas, que usaban los antiguos a modo de camisa. ‖ Vestidura de lana que usan los religiosos debajo de los hábitos. ‖ Vestidura exterior amplia y larga. *Los soldados sortearon la* TÚNICA *inconsútil de Cristo.* ‖ Película que en algunas frutas o bulbos está pegada a la cáscara por la parte interior. ‖ *Anat.* Capa o membrana que cubre un órgano o parte del cuerpo. ‖ *Zool.* Envoltura de los animales tunicados. ‖ **— de Cristo.** Planta anual, parecida al estramonio. ‖ **— úvea.** *Anat.* Úvea, capa pigmentada del ojo.

TUNICADO, DA. adj. *Hist. Nat.* Envuelto por una túnica. ‖ *Zool.* Dícese de los procordados cuya cuerda dorsal se halla localizada en la cola y que segregan una túnica que los protege. Ú.t.c.s. ‖ m. pl. *Zool.* Clase de estos animales.

TUNICELA. (Del lat. *tunicella.*) f. Túnica antigua. ‖ Vestidura episcopal, a modo de dalmática.

TÚNICO. (De *túnica.*) m. Vestidura amplia y larga que como traje de la Edad Media suele usarse en el teatro. ‖ Túnica de los religiosos. ‖ Túnica que usan las mujeres en diversos lugares de América Central y del Sur.

TUNJA. *Geog.* Ciudad de Colombia, cap. del departamento de Boyacá. 78.000 h. Industria textil y licorera. Centro comercial.

TUNO, NA. (De *tunar.*) adj. Tunante, pícaro. Ú.t.c.s. ‖ m. *And., Col.* y *Cuba.* Higo de tuna.

TUNTÚN (Al o al buen). m. adv. fam. Sin reflexión ni previsión. ‖ fam. Sin conocimiento del asunto.

TUNTUNITA. f. fam. *Col.* Repetición fastidiosa; vaya, cantaleta.

TUNUYÁN. *Geog.* Río del O. de la Argentina (Mendoza). Nace en la cordillera de los Andes y des. en el río Salado después de recorrer 375 km.

TUPA. f. Acción y efecto de tupir. ‖ fig. y fam. Hartazgo. ‖ *Col.* Corrida, azoramiento.

TUPA. (Voz arauc.) f. *Chile.* Planta de la familia de las lobeliáceas, con flores grandes de color de grana.

TUPA. *Mit.* Ser supremo y padre de los hombres entre los guaraníes.

TÚPAC AMARU. *Biog.* Revolucionario y patriota per., descendiente de los incas, cuyo nombre era José Gabriel Condorcanqui. Logró el apoyo de los indios, con los que se levantó contra los corregidores, pero después de algunos triunfos, fue apresado y ahorcado (1742-1781).

TÚPAC YUPANQUI. *Biog.* Cacique inca que dirigió la invasión de su pueblo a Chile en el s. XV.

TUPAYA. f. *Filip.* Nombre de varios insectívoros, trepadores, parecidos a la ardilla.

TUPÉ. (Del fr. *toupet*, y éste del m. or. que *tope.*) m. Copete, cabello que se trae sobre la frente. ‖ fig. y fam. Atrevimiento, descaro.

TUPÍ. adj. Dícese de cada uno de los indios que, formando una nación numerosa, dominaban en las costas de la Guayana francesa y brasileña antes de la conquista. Ú.m.c.s. y en pl. ‖ m. Lengua de estos indios. ‖ fam. Establecimiento en que se sirve café.

TUPÍ. (Del fr. *toupie.*) f. Máquina fresadora que se emplea para hacer molduras y otros trabajos en madera.

TUPÍ. adj. y s. *Etn.* Tupi.

TUPICIÓN. f. Acción y efecto de tupir, obstrucción. ‖ Estado o condición de una cosa tupida. ‖ *Bol.* y *Méx.* Espesura, lugar tupido o intrincado de un bosque. ‖ *Chile.* Multitud, abundancia. ‖ *Amér.* fig. Confusión, turbación, empacho.

TUPIDO, DA. al. **Dicht.** fr. **Épais; touffu.** ingl. **Dense; thick.** ital. **Fitto; folto.** port. **Denso.** adj. Espeso, muy junto, apretado. ‖ Dicho del entendimiento y los sentidos, obtuso, torpe.

TUPINAMBÁ. adj. Dícese del individuo de una tribu indígena que habitaba el oriente del Brasil, perteneciente al grupo tupú. Ú.t.c.s. ‖ m. Tupinambo. ‖ Tupú, café.

TUPINAMBAES. pl. *Etnog.* Tribus indígenas del Norte del Brasil.

TUPINAMBO. m. Aguaturma, planta.

TUPIR. tr. Apretar mucho una cosa obstruyendo sus poros o intersticios. Ú.t.c.r. ‖ r. fig. Comer o beber con gran exceso. ‖ Ofuscarse el entendimiento por la fatiga. ‖ *Col.* Avergonzarse, turbarse. ‖ deriv.: **tupible.**

TUPIZA. *Geog.* Ciudad del S. de Bolivia, en el dep. de Potosí. 9.142 h. Centro agrícola y minero.

TUPUNGATO. *Geog.* Cumbre montañosa de los Andes argentinochilenos, entre la prov. chilena de Santiago y la argentina de Mendoza. Tiene 6.800 m.

TÚQUERRES. *Geog.* Población del S.O. de Colombia (Nariño). 6.500 h. Importante centro agrícola-ganadero.

TUR. (Del fr. *tour.*) m. *Mar.* Período o campaña de servicio obligatorio de un marinero.

TURÁN. *Geog. histór.* Nombre que antiguamente recibía la zona correspondiente al actual Turquestán.

TURANÍ. adj. y s. Dígase turanio.

TURANIO, NIA. adj. Del Turán. Ú.t.c.s. ‖ Aplícase a las lenguas que, como el turco y el húngaro, se creen originarias del Asia Central y no son arias ni semíticas.

TURATI, Felipe. *Biog.* Político ital., fundador en su país del partido socialista (1857-1932).

TURAY-TURAY. *Mús.* Poema sinfónico de Luis Gianneo, estrenado en 1928. Mezcla, en un lenguaje moderno, elementos de las danzas y canciones populares del centro y norte argentinos.

TURBA. al. **Torf.** fr. **Tourbe.** ingl. **Peat; turf.** ital. **Torba.** port. **Turba.** (Del al. *torf.*) f. Combustible fósil formado de residuos vegetales acumulados en lugares pantanosos. ‖ Estiércol mezclado con carbón mineral, que se emplea como combustible. ‖ deriv.: **turbáceo, a.**

TURBA. al. **Mengei; Pöbel.** fr. **Tourbe.** ingl. **Crowd; rable.** ital. **Turba.** port. **Turba.** (Del lat. *turba.*) f. Muchedumbre de gente confusa y desordenada.

TURBACIÓN. al. **Störung.** fr. **Trouble.** ingl. **Confusion.** ital. **Turbazione.** port. **Turbação.** (Del lat. *turbatio, -onis.*) f. Acción y efecto de turbar. ‖ Confusión, desorden. ‖ IDEAS AFINES: *Timidez, vergüenza, enrojecer, desasosiego, estar fuera de sí, corto de genio.*

TURBACO. *Geog.* Población del N. de Colombia, en el dep. de Bolívar. 12.500 h. Centro agrícola.

TURBADAMENTE. adv. m. Con turbación o sobresalto.

TURBADOR, RA. adj. y s. Que causa turbación.

TURBAL. m. Turbera.

TURBAMIENTO. m. Turbación.

TURBAMULTA. (Del lat. *turba*, turba, y *multa*, mucha, numerosa.) f. fam. Multitud confusa y desordenada.

TURBANA. *Geog.* Población del dep. de Bolívar en Colombia. 4.600 h.

TURBANTE. p. a. de **Turbar.** Que turba.

TURBANTE. al. **Turban.** fr. **Turban.** ingl. **Turban.** ital. **Turbante.** port. **Turbante.** (Del turco *dulband.*) m. Tocado propio de algunas naciones orientales, que consiste en una faja larga de tela rodeada a la cabeza.

TURBAR. al. **Trüben; stören.** fr. **Troubler.** ingl. **To upset; to trouble.** ital. **Turbare.** port. **Turbar.** (Del lat. *turbare.*) tr. y r. Alterar el curso natural de una cosa. ‖ Enturbiar. ‖ fig. Aturdir a uno, hacerle perder la serenidad o el libre uso de sus facultades. ‖ Sorprender a uno, de modo que no acierte a hablar. ‖ Interrumpir indebidamente la quietud. *No debes* TURBAR *su sosiego.*

TURBATIVO, VA. adj. Que turba o inquieta.

TURBAY AYALA, Julio César. *Biog.* Político col., elegido presid. de la República para el período 1978-1982.

TURBERA. f. Yacimiento de turba.

TURBIA. (De *turbiar.*) f. Masa de agua corriente enturbiada por arrastres de tierra.

TURBIAMENTE. adv. m. De manera turbia o confusa.

TURBIDEZ. f. Calidad de túrbido o turbio.

TÚRBIDO, DA. (Del lat. *túrbidus.*) adj. Turbio.

TURBIEDAD. f. Calidad de turbio.

TURBIEZA. (De *turbio.*) f. Turbulencia. ‖ Acción y efecto de enturbiar o de ofuscar.

TURBINA. al. **Turbine.** fr. **Turbine.** ingl. **Turbina.** ital. **Turbina.** port. **Turbina.** (Del lat. *turbo, -inis*, remolino.) f. Motor basado en la rotación de una rueda con paletas curvas, colocadas en su periferia, que recibe el impacto de una corriente de vapor, aire o agua, dirigida mediante toberas.

TURBINO. m. Raíz del turbit pulverizada.

TURBINTO. (De *terebinto.*) m. Árbol de América del Sur, que da buena trementina, y de cuyas bayas se hace una agradable bebida.

TURBIO, BIA. al. **Trüb; unsauber.** fr. **Trouble; douteux.** ingl. **Turbid; obscure.** ital. **Torbido.** port. **Túrbido.** (De *túrbido.*) adj. Mezclado o alterado por una cosa que disminuye o suprime la transparencia. ‖ fig. Revuelto, dudoso, turbulento, azaroso. ‖ Confuso, poco claro. ‖ m. pl. Heces, particularmente las del aceite.

TURBIÓN. (Del ant. *turbón*, y éste del lat. *turbo, -onis.*) m. Aguacero con viento fuerte y que dura poco. ‖ fig. Multitud de cosas que caen de golpe, o que vienen juntas y con violencia.

TURBIT. (Del ár. *turbid.*) m. Planta trepadora asiática de la familia de las convolvuláceas. ‖ Raíz de esta planta, que se usó como purgante drástico. sinón.: **turbino.** ‖ **— mineral.** Sulfato básico de mercurio, de propiedades purgantes parecidas a las del turbit vegetal.

TURBO. *Geog.* Población del N. de Colombia, en el dep. de Antioquia. 3.000 h. Puerto sobre el golfo de Urabá.

TURBONADA. (Del ant. *turbón.*) f. Fuerte chubasco acompañado de truenos.

TURBULENCIA. (Del lat. *turbulentia.*) f. Turbiedad que sufren las cosas claras y transparentes. ‖ fig. Confusión o alboroto.

TURBULENTO, TA. (Del lat. *turbulentus.*) adj. Turbio. ‖ fig. Confuso, alborotado y desordenado. ‖ deriv.: **turbulentamente.**

TURCA. f. fam. Borrachera.

TURCA. (Del arauc. *thurcu.*) f. *Chile.* Pájaro conirrostro, de plumaje pardo rojizo, insectívoro, de hábitos terrestres y de cola erguida. Gén. *Pteroptochos megapodius.*

TURCIOS, Froilán. *Biog.* Escritor hond., notable cuentista influido por Poe. Obras: *Cuentos del amor y de la muerte; El vampiro; Flores de almendro*, etc. (1872-1943).

TURCO, CA. (Del turco *turc.*) adj. Dícese del individuo de un pueblo que, procedente del Turquestán, se estableció en el Asia Menor y en la parte oriental de Europa, a las que dio nombre. Ú.t.c.s. ‖ Natural de Turquía. Ú.t.c.s. ‖ Perteneciente a Turquía. ‖ m. Lengua turca. ‖ **El gran turco.** El sultán de Turquía.

TURCOMANO, NA. (Del persa *turcomán*, parecido al turco.) adj. Aplícase al individuo de cierta rama de la raza turca, muy numerosa en Irán y otras regiones de Asia. Ú.t.c.s. ‖ Perteneciente a los turcomanos.

TURCOPLE. (Del gr. mod. *turkópulon*, hijo de turco.) adj. Dícese de la persona nacida de padre turco y madre griega. Ú.t.c.s.

TURDETANIA. *Geog. histór.* Antigua región de la España romana, sit. al sur de la Sierra Morena.

TURDETANO, NA. adj. y s. De Turdetania.

TÚRDIDO, DA. adj. *Zool.* Dícese de pájaros dentirrostros de cuerpo robusto, alas medianas, tarsos fuertes y pico recto, como el tordo. Ú.t.c.s. ‖ m. pl. *Zool.* Familia de estos pájaros.

TÚRDIGA. f. Tira de pellejo.

TURDIÓN. (Del fr. *tordión*, de *tordre*, torcer.) m. Especie de baile del género de la gallarda.

TÚRDULO, LA. (Del lat. *túrdulus.*) adj. y s. De una antigua región del sur de España. ‖ Perteneciente a los túrdulos.

TURENA, Enrique de La Tour d'Auvergne, vizconde de. *Biog.* Mariscal fr., famoso estratega y guerrero, que sobresalió en la lucha contra los ejércitos españoles, alemanes y holandeses. Murió en la batalla de Salzbach (1611-1675).

TURENA. *Geog. histór.* Antigua región de Francia, en la zona central. Abarcaba el actual territorio del dep. de Indre y Loira. Su cap. era TOURS.

TURF. (Voz ingl.) m. Deporte hípico.

TURFISTA. adj. neol. Aficionado al deporte hípico o a las carreras de caballos. Ú.t.c.s.

TURFÍSTICO, CA. adj. Relativo al turf o deporte hípico.

TURGENCIA. f. Calidad de turgente.

TURGENTE. (Del lat. *turgens, -entis.*) adj. Abultado, elevado. ‖ *Pat.* Hinchado por exceso de líquido en los vasos o en los intersticios celulares.

TÚRGIDO, DA. (Del lat. *túrgidus.*) adj. poét. Turgente, abultado. ‖ deriv.: **turgidez.**

TURGOT, Roberto Jacobo. *Biog.* Economista fr., ministro de Luis XVI, que trató de equilibrar las diferencias sociales en su época. Autor de *Cartas sobre la tolerancia; Reflexiones sobre la formación y distribución de las riquezas*, etc. (1727-1781).

TURGOVIA. *Geog.* Cantón del N. E. de Suiza, sobre el lago de Constanza. 1.005,8 km^2. 187.000 h. Agricultura e industria textil muy desarrolladas. Cap. FRAUENFELD.

TURGUENEV, Iván. *Biog.* Nov. y dramaturgo ruso, de vigorosa imaginación y delicado estilo. Agudo observador y sutil narrador, sus obras influyeron decisivamente en la liberación de los siervos: *Relatos de un cazador; Nido de hidalgos; Padres e hijos; Un mes en el campo; Humo; Tierras vírgenes*, etc. (1818-1883).

TURIA. *Geog.* Río del E. de España, que nace en los montes Ibéricos con el nombre de **Guadalaviar** y des. en el Mediterráneo, cerca de Valencia. 243 km.

TURIBULAR. tr. Mecer o agitar el turíbulo.

TURIBULARIO. m. Turiferario.

TURÍBULO. (Del lat. *turíbulum*, de *tus, turis*, incienso.) m. Incensario.

TURIFERARIO. m. El que lleva el incensario. ‖ adj. y s. fig. y fam. Adulador. servil.

TURÍFERO, RA. (Del lat. *túrifer, -eri;* de *tus, turis*, incienso, y *ferre*, llevar.) adj. Que produce o lleva incienso.

TURIFICACIÓN. f. Acción y efecto de turificar.

TURIFICAR. tr. Incensar. ‖ deriv.: **turificador, ra.**

TURIGUANO. *Geog.* Isla del litoral septentrional de Cuba que pertenece al grupo de las islas de Camagüey.

TURÍN. *Geog.* Provincia del N. O. de Italia (Piamonte). 6.830 km^2. 2.360.000 h. Cap. hom. situada sobre el Dora Riparia. 1.200.000 h. Es uno de los centros industriales y comerciales más importante de Italia. Industria mecánica, metalúrgica, textil, alimenticia. Universidad, pinacoteca famosa.

TURINA, Joaquín. *Biog.* Compositor y musicólogo esp. Abandonó las tendencias de vanguardia para dedicarse a temas de inspiración popular basados, algunas veces, en el folklore andaluz. Obras: *Jardín de Oriente; La procesión del Rocío; Sevilla* (suite), etc. (1882-1949).

TURINGIA. *Geog.* Nombre de una ant. provincia de Alemania central, actualmente comprendida en los límites de la Rep. Democrática Alemana. Su capital fue ERFURT.

TURIÓN. (Del lat. *turio, -onis,* yema.) m. *Bot.* Yema que nace de un tallo subterráneo; como en los espárragos.

TURISMO. al. **Fremdenverkehr.** fr. **Tourisme.** ingl. **Tourism; touring.** ital. **Turismo.** port. **Turismo.** m. Afición a viajar por gusto de recorrer un país. ‖ Organización de estos viajes. ‖ **Automóvil de turismo.** ‖ IDEAS AFINES: *Mapas, trasatlántico, equipaje, travesía, ferrocarril, playas, montañas, hoteles, valijas, museos, alpinismo; manta, cantimplora, pasaporte, aduana.*

TURISTA. al. **Tourist.** fr. **Touriste.** ingl. **Tourist.** ital. **Turista.** port. **Turista.** (Del ingl. *tourist.*) com. El que viaja por turismo.

TURKESTÁN. *Geog.* V. **Turquestán.**

TURKMENISTÁN. *Geog.* República asiática de la Unión Soviética que forma parte del Turquestán occidental. 484.800 km². 2.160.000 h. Cap. ASHKHABAD. Frutas, algodón, maderas. Petróleo.

TURKU. *Geog.* Ciudad del S. O. de Finlandia, situada al O. de Helsinki. 160.000 h. Puerto sobre el mar Báltico.

TURMA. (Del lat. *turma.*) f. Testículo o criadilla. ‖ – **de tierra. Criadilla de tierra.**

TURMALINA. (Del malayo *turnamal.*) f. Mineral formado por boro, silicato de aluminio con sodio, magnesio, óxido de hierro u otras substancias. Posee propiedades eléctricas y ópticas.

TURMERO. *Geog.* Población del N. O. de Venezuela (Aragua), situada al S. E. de Maracay. 6.000 h.

TURNAR. (De *tornar.*) intr. Alternar con una o más personas en el ejercicio o disfrute de una cosa. ‖ Es barbarismo usar este verbo c. r. ‖ tr. *Méx.* En uso jurídico y administrativo, remitir una comunicación, expediente o actuación a otro departamento, juzgado, sala de tribunales, funcionario, etc. ‖ deriv.: **turnador, ra; turnamiento.**

TURNER, Clorinda Matto de. *Biog.* V. **Matto de Turner, Clorinda.** ‖ – **José M.** Pintor ingl.; refinado acuarelista, dio al paisaje diafanidad singular; todo parece no obedecer a la ley de gravedad y lagos, montañas y valles producen sensación de infinitud: *Tormenta de nieve; Puertos de Inglaterra; Sol saliendo a través de la bruma,* etc. Autor, también, de cuadros al óleo sobre temas históricos y marinos: *Aníbal cruzando los Alpes* y *Dido construyendo Cartago* (1775-1851).

TURNHOUT. *Geog.* Ciudad del N. de Bélgica (Amberes). 36.000 h. Industria textil, extracción de carbón.

TURNIO, NIA. adj. Dícese de los ojos bizcos. ‖ Que tiene ojos **turnios.** Ú.t.c.s. ‖ fig. Que mira con ceño o severidad.

TURNO. al. **Reihe; Ordnung.** fr. **Tour.** ingl. **Turn.** ital. **Turno.** port. **Turno.** (De *turnar.*) m. Alternativa que se guarda entre varias personas para la ejecución de una cosa, o en la sucesión de éstas. ‖ Cada una de las intervenciones reglamentarias, en pro o en contra de una propuesta, de los miembros de una corporación. ‖ *Amér. Central.* Tómbola, feria.

TURNU SEVERIN. *Geog.* Ciudad del S. O. de Rumania, en el límite con Yugoslavia. 35.000 h. Puerto sobre el Danubio. Cereales, petróleo, centro comercial.

TUROLENSE. adj. y s. De Teruel.

TURÓN. m. Mamífero carnívoro, europeo, de cuerpo alargado y patas cortas. Gén. *Putorius putorius,* mustélido.

TURPIAL. (De *trupial.*) m. Trupial.

TURPIN, Eugenio. *Biog.* Químico fr. que descubrió nuevos explosivos, como la panclastita y la melinita (1848-1927).

TURQUESA. al. **Turkis.** fr. **Turquoise.** ingl. **Turquoise.** ital. **Turchese.** port. **Turquesa.** (Quizá del lat. *tórquere,* apretar con fuerza.) f. Molde, a modo de tenaza, para hacer bodoques o balas. ‖ Molde en general.

TURQUESA. (Del ant. *turqués,* turco.) f. Mineral amorfo, formado por un fosfato de alúmina con algo de cobre y hierro, de color azul verdoso; se emplea en joyería. ‖ – **occidental.** Hueso o diente fósil, teñido naturalmente de azul por el óxido de cobre, que se usa en joyería. ‖ – **oriental.** Turquesa, mineral.

TURQUESADO, DA. (De *turquesa,* mineral.) adj. Turquí.

TURQUESCO, CA. adj. Turco, perteneciente a Turquía. ‖ **A la turquesa.** m. adv. Al uso de Turquía.

TURQUESTÁN. *Geog.* Extensa región del Asia central que abarca desde el mar Caspio hasta el Tíbet y Mongolia. Su suelo presenta características diferentes; al O. es llano, al E. es montañoso y su clima es riguroso. La región del E. la constituye el **Turquestán Oriental** o **Sin-Kiang,** separado del **Turquestán Ruso** u **Occidental** por los montes Tian-Shan, Indo-Kush y la meseta de Pamir. Este último está constituido por las Rep. Soviéticas de Turkmenistán. Uzbekistán, Kirghizistán, Tadjikistán y región septentrional de la Rep. de Kazakstán. Tiene aproximadamente 4.000.000 de km².

TURQUÍ. (Del ár. *turquí,* de Turquía.) adj. desus. Turquino.

TURQUÍA. *Geog.* República independiente que abarca territorio europeo y asiático. Está limitada por Grecia, Bulgaria, el mar Negro, la U.R.S.S., Irán, Irak, Siria, el mar Mediterráneo y el mar Egeo. Su territorio tiene en total 780.576 km²., de los cuales 23.704 km². pertenecen a la zona europea que abarca el extremo S. E. del continente, separada de la zona asiática por el mar de Mármara. Presenta en la región central la meseta de Anatolia rodeada al N., S. y E. por cadenas montañosas, cuya altura máxima es el monte Ararat de 5.156 m. Las costas del país, así como su clima, son sumamente variados y, además, las lluvias son escasas. Los principales ríos de su territorio son el Maritza, en la zona europea; el Kizil-Irmak y el Meandro en la zona asiática. Produce cereales, algodón, tabaco, frutas, opio. Ganado ovino, bovino y caprino. Carbón, plomo, hierro, plata. Alfombras, sedas, vinos, aceites. Cap. ANGORA (Angora). Su población es de 42.130.000 h., de los cuales 3.180.000 h. pertenecen a la zona europea. Sus principales c. son Estambul, Esmirna, Adana, etc. *Resumen histórico.* A principios del siglo XIV, los turcos, pueblo de raza mogólica establecido en el califato de Bagdad, desalojaron del poder a la dinastía de los abasidas y fundaron la de los seléucidas, cuyo primer gobernante fue Otmán I, de donde tomaron el nombre de *otomanos.* A fines de la Edad Media, disponían de territorios en Asia, África y Europa, cuya capital era Constantinopla, conquistada en 1453 por Mahomet II. Desde entonces, el poderío de su imperio comenzó a declinar, quitándosele a Turquía en 1878, por el tratado de Berlín, posesiones en Grecia, Rumania, Servia y Montenegro. En 1897, los turcos se adueñaron de la isla griega de Creta. Durante el siglo XX, después de una guerra desfavorable con Italia, en 1912, entró en la primera Guerra Mundial contra los aliados. En 1919, Mustafá Kemal se constituyó en jefe de la nueva Turquía, transformada en república, hasta su muerte, en 1938. Le sucedió Ismet Inonu, que renunció en 1950. Turquía declaró la guerra a Alemania y Japón, poco antes de terminar la segunda Guerra Mundial. Gobernaron sucesivamente el país el gral. Cemal Gursel, hasta 1966; Sevdet Sunay (1966-1973) y Fahri Korutürk (1973 en adelante).

TURQUINO. *Geog.* Cumbre montañosa del S. E. de Cuba (Oriente), pico más elevado de la Sierra Maestra. 2.005 m.

TURQUINO, NA. adj. Turquesco. ‖ Aplícase al azul oscuro. Ú.t.c.s.

TURRAR. (De *torrar.*) tr. Tostar en las brasas.

TURRIALBA. *Geog.* Población de la región central de Costa Rica. 6.300 h. Centro agrícola-ganadero.

TURRO, RRA. adj. *Arg.* Ruin, dañino. Ú.t.c.s. ‖ f. *Arg.* Mujer desvergonzada o deshonesta. ‖ *Col.* Chito, juego.

TURRÓ, Ramón. *Biog.* Filósofo y biólogo esp., autor de *El mecanismo de la circulación arterial y capilar; La obesidad: Apuntes sobre la fisiología del cerebro,* etc. (1854-1926).

TURRÓN. al. **Mandelkuchen; Nougat.** fr. **Nougat.** ingl. **Nougat.** ital. **Torrone.** port. **Torrão.** (De *turrar.*) m. Masa hecha de almendras, cacahuetes u otra fruta seca, tostado todo y mezclado con miel o azúcar. ‖ fig. y fam. Destino o beneficio que se obtiene del Estado.

TURRONERÍA. f. Tienda en que se vende el turrón.

TURRONERO, RA. s. Persona que hace o vende turrón.

TURUBÍ. m. *Arg.* Planta aromática que tiene propiedades de emenagogo.

TURULATO, TA. (Del lat. *turbulentatus,* turbado.) adj. fam. Alelado, estupefacto.

TURULÉS. adj. V. **Uva turulés.**

TURULLO. m. Cuerno que usan algunos pastores para llamar y reunir el ganado.

TURUMBÓN. m. Tolondro, chichón.

TURUPIAL. (De *turpial.*) m. *Ven.* Trupial.

TURURÚ. m. En algunos juegos, reunir un jugador tres cartas del mismo valor.

¡TUS! Voz para llamar a los perros. Ú. m. repetida. ‖ **Sin decir tus ni mus.** loc. adv. fig. y fam. Sin decir palabra.

TUSA. (De *tusa.*) f. fam. Perra. Ú.c.int. para llamarla o ahuyentarla.

TUSA. f. *Amér.* Acción y efecto de tusar. ‖ *Amér.* y *And.* Pajilla, cigarro. ‖ Zuro, raspa de la mazorca desgranada. ‖ *Amér. Central* y *Cuba.* Mujer moralmente despreciable. ‖ *Col.* Hoyo de viruela. ‖ *Cuba.* Conserva de guayaba. ‖ *Chile.* Barbas de la mazorca del maíz. ‖ Crines del caballo. ‖ *Ec.* Susto, preocupación, sufrimiento. ‖ Deseo vehemente. ‖ *Méx.* Cierto baile zapateado. ‖ **Dar tusa.** fr. fig. *Cuba.* Salir corriendo.

TUSAR. (Del lat. *tonsare;* frec. de *tondere,* pelar, afeitar.) tr. ant. y *Amér.* Atusar. ‖ *Amér.* Trasquilar. ‖ *Guat.* Hablar mal del prójimo.

TUSCA. f. *Arg.* Arbusto espinoso, especie de acacia.

TUSCO, CA. adj. y s. Etrusco o toscano.

TUSÍLAGO o **TUSILAGO.** (Del lat. *tussilago.*) m. Género de plantas compuestas, cuyo tipo es la fárfara.

TUSO. (De *¡tus!*) m. fam. Perro. Ú.c.int. para llamarlo o ahuyentarlo.

TUSO, SA. adj. *Col.* y *P. Rico.* Pelón, trasquilado a ras. ‖ *Col.* y *Ven.* Picoso. ‖ *P. Rico.* Rabón.

TUSÓN. (Del lat. *tonsio, -onis.*) m. Vellón del carnero o la oveja.

TUSONA. (De *tusón.*) f. fam. Ramera.

TUTACUSILLO. m. Mono platirrino que habita en *Amér. del S.*

TUTAMONO. m. *Ec.* Cuchumbí, carnívoro.

TUTANKAMON. *Biog.* Faraón egipcio de 1356 a 1350 a. de C. Su tumba, descubierta en 1922 por Howard Carter y lord Carnarvon, encerraba inmensas riquezas, que se encuentran, ahora, en el museo de El Cairo.

TUTE. (Del ital. *tutti,* todos.) m. Juego de naipes parecido a la brisca. ‖ Reunión, en este juego, de los cuatro reyes o los cuatro caballos. ‖ Trabajo afanoso y prolongado. *Hay tanto que hacer, que tendremos que darnos un buen* TUTE. ‖ Acometida que se da a una cosa en su uso, consumo o ejecución, reduciéndola o acabándola. Úsase especialmente en la frase **dar un tute.** ‖ – **arrastrado.** El que se juega arrastrando.

TUTEADOR, RA. adj. Que tutea.

TUTEAMIENTO. m. Dígase **tuteo.**

TUTEAR. tr. Hablar a uno empleando el pronombre de segunda persona. Ú.t.c.r. rec.

TUTELA. al. **Vormundschaft.** fr. **Tutelle.** ingl. **Tutorage; protection.** ital. **Tutela.** pot. **Tutela.** (Del lat. *tutela.*) f. Autoridad que, en defecto de la paterna o materna, se confiere a uno para que cuide de la persona y los bienes de un menor de edad o de quien no tiene completa capacidad civil. sinón.: **tutoría.** ‖ Cargo de tutor. ‖ fig. Dirección, protección. ‖ – **dativa.** *For.* La que se confiere por nombramiento del consejo de familia o del juez. ‖ – **ejemplar.** *For.* La que se constituye para los incapacitados mentalmente. ‖ – **legítima.** *For.* La que se confiere por virtud de llamamiento que hace la ley. ‖ IDEAS AFINES: *Huérfano, protección, administrar, interdicción, menor edad, mayor edad, pupilaje, emancipación.*

TUTELAR. (Del lat. *tutelaris.*) adj. Que guía o protege. *Minerva era la diosa* TUTELAR *de Atenas.* ‖ *For.* Perteneciente a la tutela de los incapaces.

TUTEO. m. Acción de tutear.

TUTÍA. (Del ár. *tutía.*) f. Atutía, óxido.

TUTILIMUNDI. (Del ital. *tutti li mondi,* todos los mundos.) m. Mundonuevo, cosmorama.

TUTIPLÉN (A). (Forma viciosa del lat. *totus,* todo, y *plenus,* lleno.) m. adv. fam. En abundancia.

TUTMOSIS III, el Grande. *Biog.* Rey de Egipto de 1501 a 1447 a. de C.; durante su reinado, el país llegó a su máximo esplendor.

TUTOR, RA. al. **Vormund.** fr. **Tuteur.** ingl. **Tutor; governess.** ital. **Tutore.** port. **Tutor.** (Del lat. *tutor, -oris.*) s. Persona que ejerce una tutela. ‖ Persona encargada de cuidar a otra de capacidad civil incompleta y de administrar sus bienes. ‖ Persona que ejerce las funciones que tenía el curador. ‖ Rodrigón, caña o estaca que se clava junto a un arbusto para mantenerlo derecho en su crecimiento. ‖ fig. Protector o director en cualquier línea. *Todo gobernante debe ser* TUTOR, *y no señor, de sus súbditos.* ‖ — **legítimo.** *For.* El designado en testamento.

TUTORÍA. f. Tutela.

TUTRIZ. (Del lat. *tutrix, -icis.*) f. Tutora.

TUTTI QUANTI. expr. italiana. Todo el mundo, todo bicho viviente.

TUTÚ. m. *Arg.* Ave de plumaje verde en el lomo, azul en el pecho, y con manchas negras por la cabeza, las alas y la cola. Gén. *Momotus momota.* ‖ Pollera corta, de tarlatán, que integra el vestuario de las danzarinas, en el ballet clásico.

TUTUPACA. *Geog.* Volcán del S. O. de los Andes peruanos (Moquegua). 5.806 m.

TUTURUTO, TA. adj. *Amér. Central, Col., Ec.* y *Ven.* Turulato, lelo. ‖ *Amér. Central, Méx.* y *Ven.* Achispado, ebrio.

TUTURUTÚ. (Voz onomatopéyica.) m. Sonido de la corneta.

TUVA. *Geog.* Región autónoma de la Unión Soviética, en la R.S.F.S.R., al N.O. de Mongolia. 171.300 km². 235.000 h. Cap. KYZYL. Fue república independiente, con el nombre de **Tannu-Tuva,** hasta 1944.

TUVALÚ. *Geog.* Archipiélago de Oceanía en la Micronesia. Antigua colonia británica, obtuvo su independencia en 1978. V. **Ellice.**

TUXPAN. *Geog.* Río del N. E. de México, que recorre el territorio de Veracruz y des. en el golfo de México. Tiene 161 km., de los cuales 67 son navegables. ‖ Población del N. E. de México (Veracruz). 18.600 h. Importante puerto fluvial y explotación de petróleo.

TUXTEPEC. *Geog.* Población del S. O. de México (Oaxaca). 8.000 h. Centro agrícola.

TUXTLA. *Geog.* Volcán del E. de México, en el Est. de Veracruz, que culmina a los 1.600 m. También se llama **San Martín.** ‖ C. de México. V. **San Andrés Tuxtla.** ‖ – **Gutiérrez.** C. de México, capital del Est. de Chiapas. 90.000 h., con el mun. Centro ganadero importante. Industria textil.

TUY. *Geog.* Río del N. de Venezuela (Miranda), que des. en el mar de las Antillas. 145 km.

TUYA. (Del gr. *thyía*.) f. Género de plantas coníferas, siempre verdes, de madera muy resistente y fruto en piñas pequeñas y lisas. Gén. *Thuja*. || — **articulada.** Alerce africano.

TUYO, TUYA, TUYOS, TUYAS. (Del lat. *tuus*.) Pronombre posesivo de segunda persona en género masculino y femenino, y ambos números, singular y plural. Con la terminación del masculino, en singular, se usa también como neutro. || Es solecismo *delante*

mío, tuyo, suyo, nuestro o vuestro por *delante de mí, de ti, de él o de ella, de nosotros o de vosotros*.

TUYUTÍ, Batallas de. *Hist.* Triunfos argentino-brasileños sobre las tropas parag., obtenidos en 1866 y 1867 en el campo paraguayo hom.

TUYUYÚ. m. *R. de la Plata*. Especie de cigüeña de mayor tamaño que la común.

TUZLA. *Geog.* Ciudad de Yugoslavia, sit. al suroeste de Belgrado. 55.000 h. Cereales, maderas, frutas.

TVER. *Geog.* V. **Kalinin.**

TWAIN, Mark. *Biog.* V. **Clemens, Samuel L.**

TWEED. *Geog.* Río del S. E. de Escocia, en Gran Bretaña, que des. en el mar del Norte, después de recorrer 156 km.

TYLER, Juan. *Biog.* Est. norteamericano, presidente de los EE. UU. de 1841 a 1845. Firmó la anexión de Texas (1790-1862).

TYLOR, Eduardo B. *Biog.* Historiador y etnólogo ingl.; autor de *México y los mexicanos; Cultura primitiva*, etc. (1832-1917).

TYNDALL. Juan. *Biog.* Fís. e inventor ingl., descubrió el efecto de su nombre: dispersión de la luz por partículas muy pequeñas interpuestas en

la trayectoria de un rayo luminoso, haciéndolo visible. Autor de obras sobre el magnetismo, transmisión del calor, etc. (1820-1893).

TYNE. *Geog.* Río del N. E. de Gran Bretaña que está formado por los ríos **Tyne del Norte** y **Tyne del Sur**, pasa por Newcastle y des. en el mar del Norte. 115 km.

TYNEMOUTH. *Geog.* Ciudad y puerto del N. E. de Gran Bretaña (Inglaterra), sit. en la desembocadura del Tyne, sobre el mar del Norte. 72.000 h. Astilleros, exportación de carbón. Balneario.

TYRO. *Geog. histór.* V. **Tiro.**

TYROL. *Geog.* V. **Tirol.**

TZARA, Tristán. *Biog.* Poeta surrealista fr. de origen rumano, fundador de la escuela dadaísta; autor de *Veinticinco poemas; La rosa y el can; La huida; La antítesis* y otros, escritos en fr. (1896-1963).

TZOMPANTLI. *Hist.* Palizada de calaveras humanas que se levantaba en México, delante de algunos templos en épocas anteriores a la Conquista. En las barras delgadas, colocadas horizontalmente entre palo y palo, se ensartaban las calaveras de los sacrificados.

U. f. Vigésima cuarta letra del abecedario castellano, última de sus vocales y una de las dos de sonido más débil. Es letra muda en las silabas *que, qui;* v. gr. *quena, quina;* y también, por regla general, en las sílabas *gue, gui;* v. gr. *guedeja, guija.* Cuando en una de estas dos últimas tiene sonido, lleva diéresis; como en *cigüeña, argüir.* II — **consonante.** La letra V. II — **valona.** V **doble.**

U. conj. disyuntiva que se emplea, en lugar de *o,* ante palabras que comienzan con esta última, o por *ho;* v. gr. *éste* U *otro; ayer* U *hoy.*

U. *Quím.* Símbolo del uranio.

UAPITÍ o **WAPITÍ.** m. Especie de ciervo grande de la América del Norte. *Cervus canadiense.*

UBAJAY. m. *Arg.* Árbol de la ribera de los ríos Paraná y Uruguay, de ramaje abundante, hojas estrechas, fruto comestible, algo ácido. *Eugenia myrcianthes,* mirtácea. II Su fruto.

UBALDE, Manuel. *Biog.* Patriota per., precursor de la independencia de su patria. Caudillo de la rebelión de 1805, fue apresado y pasado por las armas.

UBANGUI. *Geog.* Río del África central, sit. en la frontera del Zaire y el Imp. Centroafricano. 2.460 km. Es el mayor afl. de la margen derecha del río Congo.

UBATÉ. *Geog.* Población de la región central de Colombia (Cundinamarca). 3.835 h. Importante centro agrícola-ganadero.

UBE. m. *Filip.* Planta dioscórea que produce rizomas comestibles.

UBEDA. *Geog.* Ciudad del S. de España (Jaén). 35.000 h. Viñedos y frutales.

UBERABA. *Geog.* Ciudad del S. E. de Brasil (Minas Geraes). 48.000 h. Arroz, azúcar, maíz, ganado vacuno.

UBÉRRIMO, MA. (Del lat. *ubérrimus.*) adj. super. Muy abundante y fértil. *Tierras* UBÉRRI-

MAS; sinón.: **productivo, rico;** antón.: **estéril, paupérrimo.**

UBERTI, Farinata degli. *Biog.* Jefe de los gibelinos que, tras derrotar a los güelfos, evitó que sus adictos destruyeran la ciudad de Florencia (m. 1264).

UBETENSE. adj. y s. De Úbeda.

UBÍ. m. *Cuba.* Nombre dado a varias especies de la familia de las vitáceas.

UBICACIÓN. f. Acción y efecto de ubicar.

UBICAR. (Del lat. *ubi,* en donde.) intr. Estar en determinado lugar. *El castillo* UBICA *en el suburbio.* Ú.m.c.r. II tr. *Arg.* y *Chile.* Situar o instalar en determinado lugar. Ú.t.c.r. *Se* UBICÓ *en el mejor sitio.*

UBICO, Jorge. *Biog.* Pol. guatemalteco, de 1931 a 1944 presid. de la Rep. (1878-1946).

UBICUIDAD. f. Calidad de ubicuo. *La* UBICUIDAD *es un atributo de Dios;* sinón.: **omnipresencia.**

UBICUO, CUA. (Del lat. *ubique,* en todas partes.) adj. Que está presente a un mismo tiempo en todas partes. Dicese sólo de Dios; sinón.: **omnipresente.** II fig. Aplícase a la persona que vive en continuo movimiento, queriendo presenciarlo todo.

UBINAS. *Geog.* Volcán del S.O. del Perú, en el dep. de Moquegna. 4.870 m.

UBIQUIDAD. f. Ubicuidad.

UBIQUITARIO, RIA. (Del lat. *ubique,* en todas partes.) adj. Dícese del hereje que niega la transubstanciación y afirma que el cuerpo de Jesucristo está presente en la Eucaristía como en todas partes. Ú.t.c.s.

UBRE. al. **Euter.** fr. **Pis; mamelle.** ingl. **Udder.** ital. **Capezzolo.** port. **Úbere.** (Del lat. *uber, -eris.*) f. Cada una de las mamas de la hembra, en los mamíferos. II Conjunto de ellas. *Antes de ordeñar, debe lavarse la* UBRE *de la vaca.*

UBRERA. f. Excoriación que suelen padecer los niños en la boca durante la lactancia.

UBSA NOR. *Geog.* Lago del N. O. de la Mongolia china. Mide 75 km. de largo y 50 km. de ancho.

UCASE. (Del ruso *ukasati,* indicar.) m. Decreto del zar. II fig. Mandato injusto y tiránico. ¡*No obedeceré semejante* UCASE!

UCAYALI. *Geog.* Río del Perú formado por la unión del Apurimac y el Urubamba. Atraviesa el dep. de Loreto y desemboca en el Amazonas 1.960 km.

UCCELLO, Pablo. *Biog.* Pintor y cincelador florentino, cuyo verdadero nombre era **Pablo di Dono.** Alumno de Ghiberti y su colaborador en las puertas del Baptisterio de la catedral de Florencia, autor de los frescos de la iglesia de Santa María la Nueva, etc. (1396-1475).

UCRANIA. *Geog.* República del S.E. de la Unión Soviética, sit. entre el Donetz, el Dniester y el mar Negro. Su suelo, de 602.881 km²., es fértil en su mayor parte. Se cultiva trigo, maíz, remolacha azucarera, tabaco; ganado. La cuenca hullera del Donetz, considerada la más productiva de la U.R.S.S., abastece los yacimientos de hierro de Krivoi Rog y, con el manganeso de Nikopol, favorece la poderosa industria metalúrgica. Industrias químicas. 47.150.000 h. Cap. KIEV.

UCRANIANO, NA. adj. y s. Ucranio.

UCRANIO, NIA. adj. y s. De Ucrania.

UCROS, José. *Biog.* Militar col., que se destacó en las luchas por la Independencia (1782-1835).

UDDEVALLA. *Geog.* Ciudad y puerto de Suecia, al S.O. del lago Vänern, sobre el Skagerrak. 47.000 h. Porcelanas, industria lechera.

UDINE. *Geog.* Provincia al N.E de Italia, en la región de Friul-Venecia Julia. 4.894 km². 525.000 h. Cap. hom. 103.000

h. Industria textil y metalúrgica.

UDÓMETRO. (Del lat. *údor,* lluvia, y el gr. *metron,* medida.) m. Pluviómetro.

UELÉ. *Geog.* Río del Zaire, en África central. Junto con el Bbomu forma el Ubangui. 1.300 km.

UESNORUESTE. m. Oesnorueste.

UESSUDUESTE. m. Oessudueste.

UESTE. m. Oeste.

¡UF! (Del ár. ¡*uf!*) Int. con que se denota cansancio, fastidio, sofocación, repugnancia o asco. ¡UF! ¡*Qué hedor!*; sinón.: ¡**huf!**

UFA. *Geog.* Ciudad de la Unión Soviética, en la R.S.F.S.R., al O. de los Urales. 775.000 h. Industria metalúrgica y molinera.

UFANAMENTE. adv. m. Con ufanía.

UFANARSE. (De *ufano.*) r. Engreírse, jactarse, gloriarse.

UFANÍA. f. Calidad de ufano.

UFANO, NA. (Del gót. *ufjo,* superfluo.) adj. Arrogante, vanidoso, engreído. UFANO *con tantos honores.* II fig. Satisfecho, alegre. *Está* UFANO *por haber vuelto a su pueblo.* II Que procede con resolución y desenvoltura. *Hombre* UFANO *en su proceder.*

UFO (A). (Del ital. *a ufo*.) m. adv. p. us. De gorra, sin ser convidado ni llamado.

UGANDA. *Geog.* Est. independiente del África Central. 236.036 km². 12.350.000 h. Cap. KAMPALA. Algodón, café, cacao. Protectorado británico desde 1894, se declaró independiente en 1962. Es miembro del Commonwealth.

UGARTE, Floro. *Biog.* Compositor arg., propulsor de la tendencia musical nacionalista. Obras: *De mi tierra; Baladas argentinas,* etc. (1884-1975). II — **Manuel.** Escritor arg., autor de obras de carácter sociológico; *El destino de un continente; Visiones de España,* etc. (1878-1951).

UGRE. m. *C. Rica.* Árbol bixineo, de tronco blanquecino y frutos esféricos con aguijones.

UGRIO, GRIA. adj. Aplícase a varios pueblos fineses de la vertiente oriental del Ural y de ciertas regiones del Asia Central. Ú.m.c.s. y en pl. II Pertenciente o relativo a estos pueblos.

UHLE, Max. *Biog.* Arqueólogo al. que realizó importantes investigaciones sobre prehistoria americana, especialmente en Perú (1856-1944).

UHLENHUTH, Pablo. *Biog.* Médico al. que descubrió el microbio de la icteriacia; hizo estudios sobre inmunización contra la sifilis y es autor de *Desarrollo de la quimioterapia* (1870-1957).

UIGUR o **UIGURO, RA.** adj. Dícese del individuo de un pueblo turco que tuvo mucha importancia en otros tiempos y al que pertenecían los hunos. Ú.m.c.s.m. y en pl.

UINTA, Montes. *Geog.* Cadena montañosa de los EE.UU., al noreste del Est. de Utah. Los picos Kings son su máxima altura, con 4.116 m.

UITEN HAGE. *Geog.* Ciudad de la Unión Sudafricana, al N.O. de Port Elizabeth. 42.000 h. Frutas, lanas. Centro ferroviario.

UJIER. al. **Gerichtsdiener.** fr. **Huissier.** ingl. **Usher.** ital. **Usciere.** port. **Porteiro.** (De *usier.*) m. Portero de estrados de un palacio o tribunal. *El* UJIER *no le permitió entrar;* sinón.: **hujier, usier.** II Empleado subalterno que en algunos tribunales o cuerpos del Estado tiene a su cargo ciertas diligencias y la policía de los estrados.

UJJAIN. *Geog.* Ciudad de la India, al O. de Bhopal. 207.000 h. Centro de peregrinaciones religiosas.

UKRANIA. *Geog.* V. Ucrania.

ULALA. f. *Bol.* Especie de cacto.

ULAN BATOR. *Geog.* Ciudad

de Mongolia, cap. de la República. 270.000 h. Industrias mecánicas y textiles. Antes, **Urga.**

ULANO. (Del al. *uhlan,* lancero.) m. Soldado de caballería ligera, armado de lanza, en los ejércitos austríaco, alemán y ruso.

ULANOVA, Galina. *Biog.* Bailarina rusa, formada en la Escuela imperial de Leningrado, conceptuada como una de las primeras figuras en la historia del ballet (n. 1910).

ULAN UDE. *Geog.* Ciudad de la Unión Soviética, en la R.S.F.S.R., capital de Mongolia Buriata (rep. autónoma de los Buriatos). 256.000 h. Centro agrícola y ganadero.

ULATE, Otilio C. *Biog.* Estadista costarriqueño (1895-1973), presidente de la República de 1949 a 1953.

ULBRICHT, Gualterio. *Biog.* Jefe de Estado en la República Democrática de Alemania, desde 1960 hasta su muerte (1893-1973).

ÚLCERA. al. **Geschwür.** fr. **Ulcère.** ingl. **Ulcer.** ital. **Ulcera.** port. **Úlcera.** (Del lat. *úlcera,* pl. de *ulcus,* llaga.) f. Solución de continuidad con pérdida de substancia en los tejidos orgánicos. ÚLCERA *de estómago;* sinón.: **llaga, plaga.** ‖ Daño en la parte leñosa de las plantas, que suele manifestarse por exudación de savia corrompida. ‖ deriv.: **ulceroide.** ‖ IDEAS AFINES: *Enfermedad, lesión, herida, contagio, infección; absceso, fístula, chancro, serpigo, tumor, cáncer, afistular, supurar, encorar.*

ULCERACIÓN. f. Acción y efecto de ulcerar. ‖ *Pat.* Proceso de necrosis productor de una úlcera. ‖ Úlcera, especialmente la superficial.

ULCERANTE. p. a. de **Ulcerar.** Que ulcera.

ULCERAR. (Del lat. *ulcerare.*) tr. y r. Causar úlcera. *Se le* ULCERÓ *la herida y tardará mucho en cicatrizar;* sinón.: **llagar.** ‖ deriv.: **ulcerable.**

ULCERATIVO, VA. adj. Que causa o puede causar úlceras.

ULCEROSO, SA. adj. Que tiene úlceras.

ULEA. *Geog.* Lago de Finlandia. V. **Oulu.**

ULEABORG. *Geog.* V. **Oulu.**

ULEMA. (Del ár. *ulemá.*) m. Doctor de la ley mahometana, entre los turcos.

ULFILANO, NA. adj. Dícese de un carácter de letra gótica, cuya invención se atribuye al obispo Ulfilas.

ULFILAS. *Biog.* Apóstol de los godos, inventor del alfabeto gótico y traductor de la Biblia (311-382).

ULIANOV, Vladimiro Ilich. *Biog.* V. **Lenin, Nicolás.**

ULIANOVSK. *Geog.* Ciudad de la Unión Soviética, en la R.S.F.S.R., a orillas del Volga. 355.000 h. Cuna de Lenin. Antes, **Simbirsk.**

ULIGINOSO, SA. (Del lat. *uligo,* humedad de la tierra.) adj. Aplícase a los terrenos húmedos. *En los terrenos* ULIGINOSOS *crece bien el arroz;* sinón.: **pantanoso.** ‖ Aplícase también a las plantas que crecen en los mismos.

ULISES. *Mit.* Legendario rey de Itaca, esposo de Penélope y padre de Telémaco, considerado uno de los héroes de la guerra de Troya. Homero lo incluyó entre los personajes de *La Odisea* y de *La Ilíada.* Era hijo de Laertes.

ULISES. *Lit.* Novela de Jacobo Joyce, publicada en 1922. Audaz intento de creación literaria, aún discutida, relata la vida de un hombre durante veinticuatro horas. Con toda clase de artificios gramaticales e idiomáticos, trasgrediendo las normas prosódicas, rompe el esquema tradicional de la novela y narra aspectos de la actividad mental del protagonista mediante impresiones fugaces, fragmentos que trascienden el mundo consciente y subconsciente.

ULM. *Geog.* Ciudad de la Rep. Federal Alemana (Baden-Württemberg), a orillas del Danubio. 95.000 h. Famosa catedral gótica. Industria textil y mecánica. Cuna de Einstein.

ULMÁCEO, A. (Del lat. *ulmus,* olmo.) adj. *Bot.* Dícese de árboles o arbustos dicotiledóneos, con ramas alternas, flores hermafroditas y fruto seco; como el olmo y el tala. Ú.t.c.s. ‖ f. pl. Familia de estas plantas.

ULMARIA. f. **Reina de los prados,** planta.

ULMÉN. m. *Chile.* Entre los indios araucanos, hombre rico e influyente.

ULMO. m. *Chile.* Árbol corpulento de hoja perenne, cuya corteza sirve para curtir.

ULPIANO, Domicio. *Biog.* Jurisconsulto romano, erudito autor de obras de derecho (170-228).

ULPO. m. *Chile.* y *Perú.* Especie de mazamorra que se hace con harina tostada y sirve de alimento a los indios.

ULSTER. *Geog.* Región del N. de Irlanda que abarca nueve condados de los cuales seis corresponden a Irlanda del Norte y tres a la República de Irlanda, desde 1921. ‖ Nombre con que se denomina, también, a **Irlanda del Norte.**

ULTERIOR. al. **Jenseitig; ferner.** fr. **Ultérieur.** ingl. **Ulterior; farther.** ital. **Ulteriore.** port. **Ulterior.** (Del lat. *ulterior, -oris.*) adj. Que está de la parte de allá o en lugar más distante, respecto de un sitio o territorio. *España* ULTERIOR. ‖ Que se dice, sucede o se ejecuta después de otra cosa. ULTERIORES *diligencias demostraron lo contrario;* sinón.: **posterior, siguiente.**

ULTERIORMENTE. adv. m. Después de un momento dado.

ULTÍLOGO. m. Discurso puesto en un libro después de concluida la obra. *La adjunta al Parnaso, de Cervantes, es un admirable* ULTÍLOGO; sinón.: **apéndice, epílogo,** antón.: **exordio, prefacio, prólogo.**

ULTIMACIÓN. f. Acción y efecto de ultimar.

ULTIMADOR, RA. adj. y s. El que ultima.

ÚLTIMA ESPERANZA. *Geog.* Fiordo del S. de Chile, en la provincia de Magallanes, situado al N.O. de la península Muñoz Gamero.

ÚLTIMAMENTE. adv. m. Por último.

ULTIMAR. (Del lat. *ultimare,* de *últimus,* último.) tr. Dar fin a alguna cosa, acabarla, concluirla. ‖ *Amér.* Matar.

ULTIMÁTUM. (Del b. lat. *ultimátum,* de *ultimare,* llegar al fin.) m. En el lenguaje diplomático, resolución terminante, comunicada por escrito. ‖ fam. Decisión definitiva. *Cansado de esperar, el sastre me ha enviado su* ULTIMÁTUM.

ULTIMIDAD. f. Calidad de último.

ÚLTIMO, MA. al. **Letzte.** fr. **Dernier.** ingl. **Last.** ital. **Ultimo.** port. **Último.** (Del lat. *últimus.*) adj. Aplícase a lo que en su línea no tiene otra cosa después de sí. sinón.: **postremo, postrero, postrimero.** ‖ Dícese de lo que en una serie está o se considera en el lugar postrero. *Tarquino el Soberbio fue el* ÚLTIMO *rey de la antigua Roma.* ‖ Dícese de lo más lejano o escondido. *Guardaba el dinero en la* ÚLTIMA *pieza de la casa.* ‖ Aplícase al recurso eficaz y definitivo que se toma en algún asunto. *Acudieron a las armas, como* ÚLTIMO *recurso.* ‖ Dícese de lo superior en su línea. *Mereció los* ÚLTIMOS *honores.* ‖ Dícese también de lo más inferior y despreciable. *Esa mujer es de lo* ÚLTIMO. ‖ Aplícase a la finalidad a que deben dirigirse nuestras acciones y designios. *La salvación es la finalidad* ÚLTIMA *de las acciones del cristiano.* ‖ Dícese del precio que se pide como mínimo o se ofrece como máximo. Ú.t.c.s. *Ese es mi* ÚLTIMO *precio.* ‖ **A la última.** m. adv. fam. A la **última** moda. ‖ **Estar** uno **a lo último de** una cosa. frs. fam. **Estar al cabo de** ella. ‖ **Estar** uno **a lo último, a los últimos, en las últimas,** o **en los últimos.** frs. fam. Estar al cabo, estar para morir. ‖ **Por último.** m. adv. Después o detrás de todo, finalmente.

ÚLTIMO DE LOS MOHICANOS, El. *Lit.* Novela de Jacobo Fenimore Cooper cuya aparición data de 1826. Es una de las primeras novelas genuinamente americanas por el tema, los personajes y el paisaje; describe al indio con generosidad, y posee agilidad y fuerza narrativa.

ULTRA. (Del lat. *ultra.*) adv. Además de. ‖ En composición con algunas voces, al otro lado de, más allá de. ULTRA*montano,* ULTRA*mundano.* ‖ Antepuesta como partícula inseparable a algunos adjetivos, expresa idea de exceso. ULTRA*liberal.*

ULTRAÍSMO. m. Exageración o exaltación de las ideas y opiniones. ‖ Movimiento estético español, nacido hacia 1920, basado en las tendencias cubistas, dadaístas, etc.

◗ **ULTRAÍSMO.** *Lit.* Este movimiento estético-literario nació en España, alrededor de 1920, en parte como una fusión y en parte como un equivalente de las corrientes europeas de vanguardia. Su propósito manifiesto fue "la reintegración lírica, la rehabilitación genuina del poema", es decir su purificación, con la preeminencia de los elementos más puros –la imagen, la metáfora– sobre el tema y la anécdota. Hoy se reconoce como aporte fundamental del **ultraísmo** la renovación del léxico y de los temas, sobre todo en la poesía lírica, pero en un aspecto más general, hasta sus iniciadores lo consideran un movimiento frustrado. Entre los escritores españoles y americanos que en determinado momento fueron considerados paladines del **ultraísmo** deben mencionarse Guillermo de Torre, Jorge Luis Borges, Ramón Gómez de la Serna, Pedro Salinas, Vicente Huidobro, etc.

ULTRAÍSTA. adj. Perteneciente o relativo al ultraísmo. ‖ Que practica el ultraísmo. Ú.t.c.s.

ULTRAJADOR, RA. adj. y s. Que ultraja.

ULTRAJANTE. p. a. de **Ultrajar.** Que ultraja.

ULTRAJAR. al. **Schmahen.** fr. **Outrager.** ingl. **To abuse.** ital. **Oltraggiare.** port. **Ultrajar.** tr. Maltratar, injuriar. *Le* ULTRAJÓ *con motes infamantes;* sinón.: **afrentar, denostar, insultar.** ‖ Despreciar a una persona. *Le* ULTRAJÓ *no devolviéndole el saludo.* ‖ deriv.: **ultrajamiento.**

ULTRAJE. al. **Schmach.** fr. **Outrage.** ingl. **Outrage; abuse.** ital. **Oltraggio.** port. **Ultraje.** (Del b. lat. *ultragium.*) m. Maltrato, injuria o desprecio. sinón.: **afrenta, denuesto.** ‖ IDEAS AFINES: *Ofender, insultar, vejación, calumnia, atropello, violencia; vileza, perfidia, odio; degradación, descrédito, menosprecio.*

ULTRAJOSO, SA. adj. Que causa o incluye ultraje.

ULTRAMAR. (De *ultra* y *mar.*) m. País o sitio que está de la otra parte del mar. ‖ **Azul de ultramar.**

ULTRAMARINO, NA. adj. Que está del otro lado del mar. sinón.: **transmarino.** ‖ Aplícase a los géneros traídos de la otra parte del mar, y especialmente a los comestibles. Ú.m.c.s. y en pl. *Tienda de* ULTRAMARINOS.

ULTRAMARO. adj. V. **Azul ultramaro.**

ULTRAMICROSCÓPICO, CA. adj. Dícese de lo que, por su pequeñez, sólo es visible por el ultramicroscopio.

ULTRAMICROSCOPIO. m. Sistema óptico para ver objetos aún más pequeños que los que se ven con el microscopio.

ULTRAMONTANISMO. m. Doctrina de los ultramontanos. ‖ Conjunto de éstos.

ULTRAMONTANO, NA. (Del lat. *ultra,* más allá, y *montanus,* del monte.) adj Que está más allá o de la otra parte de los montes. *Pueblo* ULTRAMONTANO; antón.: **cismontano.** ‖ Dícese del partidario del más alto poder del Papa, en relación con la potestad civil del Estado. Ú.t.c.s. ‖ Perteneciente o relativo a la doctrina de los ultramontanos.

ULTRAMUNDANO, NA. adj. Que excede a lo mundano o está más allá.

ULTRANZA (A). (Del lat. *ultra,* más allá.) m. adv. A muerte. ‖ A todo trance, con resolución inquebrantable.

ULTRAPASAR. tr. Galicismo por rebasar, traspasar, exceder.

ULTRAPUERTOS. m. Lo que está más allá o a la otra parte de los puertos de las montañas. *Estos géneros son de* ULTRAPUERTOS.

ULTRARROJO. adj. *Ópt.* Perteneciente o relativo a la parte invisible del espectro luminoso que se extiende más allá del color rojo, hacia las ondas largas. antón.: **ultraviolado.**

ULTRASOLAR. adj. Que está más allá del sol.

ULTRATUMBA. adv. Más allá de la tumba. *Dice que recibe mensajes de* ULTRATUMBA.

ULTRAVIOLADO, DA o **ULTRAVIOLETA.** adj. *Ópt.* Perteneciente o relativo a la parte invisible del espectro luminoso que se extiende más allá del color violado, hacia las ondas cortas. antón.: **ultrarrojo.**

ULTRAVIRUS. m. *Med.* Virus, germen filtrable y no visible con el microscopio común. *La rabia está causada por un* ULTRAVIRUS.

ULÚA. *Geog.* Río del N.O. de Honduras que des. en el mar de las Antillas después de recorrer 210 km.

ÚLULA. (Del lat. *úlula.*) f. Autillo, ave.

ULULAR. al. **Heulen.** fr. **Ululer.** ingl. **To hoot; to ululate.** ital. **Ululare.** port. **Ulular.** (Del lat. *ululare.*) intr. Dar gritos o alaridos. *Los salvajes acometieron* ULULANDO; sinón.: **chillar, vocear, vociferar.** ‖ deriv.: **ululación.**

ULULATO. (Del lat. *ululatus.*) m. Clamor, queja, lamento, alarido.

ULLOA, Antonio de. *Biog.* Físico y marino esp., integrante de la comisión que midió el arco del meridiano terrestre. Obras: *Relación histórica del viaje a la América Meridional; Noticias secretas de América,* etc. (1716-1795). ‖ – **Francisco Antonio.** Escritor y patriota col. que luchó por la Independencia y murió fusilado (1783-1816). ‖ – **Juan de Dios.** Político, militar y periodista col., presidente del Congreso Constituyente de 1886 (1827-1905). ‖ – **Luis.** Escritor per., autor de *El predescubrimiento hispanocatalán de América en 1477; Xristo Ferem Colom,* etc. (1879-1936).

ULLUCO. m. *Bol., Ec.* y *Perú.* Planta que produce un tubérculo comestible semejante a la patata, y por ello llamado también papa dulce. *Ullucus tuberosus,* portulacácea.

UMBELA. (Del lat. *umbella,* quitasol.) f. *Bot.* Grupo de flores o frutos que nacen en un mismo punto del tallo y se elevan a igual altura. sinón.: **parasol.** ‖ Tejadillo voladizo.

UMBELÍFERO, RA. adj. *Bot.* Dícese de plantas dicotiledóneas, herbáceas, de hojas por lo común alternas, simples, flores muy pequeñas, blancas o amarillas, en umbela, fruto compuesto de dos aquenios con una semilla en cada uno; como el perejil, el hinojo y la zanahoria. Ú.t.c.s. sinón.: **aparasolado.** ‖ f. pl. *Bot.* Familia de estas plantas.

UMBILICACIÓN. f. Producción de una fosita en forma de ombligo en algunas pústulas, especialmente las de la viruela.

UMBILICADO, DA. adj. De figura de ombligo. *Pústulas* UMBILICADAS.

UMBILICAL. al. **Nabel.** fr. **Ombilical.** ingl. **Umbilical.** ital. **Umbilicale.** port. **Umbilical.** (Del lat. *umbilicaris.*) adj. *Anat.* Perteneciente al ombligo. *Cordón* UMBILICAL.

UMBRÁCULO. (Del lat. *umbráculum.*) m. Cobertizo que resguarda las plantas de la fuerza del sol. sinón.: **sombraje, sombrajo.**

UMBRAL. al. **Schwelle.** fr. **Seuil.** ingl. **Threshold.** ital. **Soglia.** port. **Umbral.** (De *lumbral.*) m. Parte inferior y contrapuesta al dintel, en la puerta de una casa. *Se sentó en el* UMBRAL; sinón.: **limen, lumbral, tranco.** ‖ fig. Principio o entrada de cualquier cosa. *El* UMBRAL *de la muerte.* ‖ *Arq.* Travesaño en lo alto de un vano para sostener el muro que hay encima. ‖ *Fisiol.* Mínimo de estímulo que produce una sensación.

UMBRALADO. m. *Amér. del S.* Umbral. ‖ *Arq.* Vano asegurado por un umbral.

UMBRALAR. tr. *Arq.* Poner umbral al vano de un muro.

UMBRÁTICO, CA. (Del lat. *umbráticus.*) adj. Perteneciente a la sombra. ‖ Que la causa. *Árbol* UMBRÁTICO; sinón.: **sombroso, umbrátil, umbroso.**

UMBRÁTIL. adj. Umbroso. ‖ Que tiene sombra o apariencia de una cosa.

UMBRELA. f. Parte del cuerpo de la medusa que tiene figura de sombrilla.

UMBRIA o **UMBRÍA.** *Geog.* Región del centro de Italia. 8.456 km². 787.000 h. Comprende las provincias de Perusa y Terni. Producción agrícola, industria metalúrgica y cerámica.

UMBRÍA. (De *umbrío.*) f. Parte del terreno en que casi siempre hace sombra. sinón.: **ombría, sombría.**

UMBRÍO, A. (Del ant. *umbra,* y éste del lat. *umbra.*) adj. Sombrío, 1ª acep.

UMBROSO, SA. adj. Que tiene sombra o la causa. sinón.: **sombrío, sombroso, umbrátil.** || deriv.: **umbrosidad.**

UMERO. (Del lat. *ulmus.*) m. **Omero.**

UN, UNA. Artículo indeterminado en género masculino y femenino y número singular. || Empléase enfáticamente para encarecer la personalidad. *¡Sólo* UN *Cervantes podría escribir esto!* || adj. Uno.

U.N. Véase **O.N.U.**

UNALASKA. *Geog.* Isla del S.O. de Alaska, en el archipiélago de las Aleutianas. 3.100 km^2. Cap. hom. Puerto importante.

UNALBO, BA. adj. Dícese de la caballería que tiene calzado un pie o una mano.

UNAMUNO, Miguel de. *Biog.* Escritor y filósofo esp., rector de la Universidad de Salamanca, cuyas tesis principales –próximas a las corrientes de filosofía existencial– giran en torno al afán de supervivencia e inmortalidad del individuo. Fue también notable poeta y humanista. Obras: *Del sentimiento trágico de la vida; La agonía del cristianismo; Ensayos,* etc. (1864-1936).

UNÁNIME. (Del lat. *unanimis,* de *unus,* uno, y *ánimus,* ánimo.) adj. Dícese del conjunto de las personas que convienen en un mismo parecer o sentimiento. *Estuvieron* UNÁNIMES *en aplaudirlo.* || Aplícase a este parecer o sentimiento. *Ésa fue la opinión* UNÁNIME.

UNÁNIMEMENTE. adv. m. De manera unánime.

UNANIMIDAD. al. **Einmütigkeit; Einstimmigkeit.** fr. **Unanimité.** ingl. **Unanimity.** ital. **Unanimità.** port. **Unanimidade.** f. Calidad de unánime. || **Por unanimidad.** m. adv. Unánimemente.

UNANIMISMO. m. Escuela literaria contemporánea, nacida en Francia, que pretende interpretar el alma de las masas, considerándolas con personalidad propia. || deriv.: **unanimista.**

UNANUE, José Hipólito. *Biog.* Científico y político per., colaboró con Bolívar y San Martín en la causa de la Independencia (1758-1853).

UNARE. *Geog.* Río de Venezuela (Guárico y Anzoátegui) que desemboca en el mar de las Antillas. 195 km.

UNCIA. (Del lat. *uncia,* duodécima parte.) f. Moneda romana de cobre, duodécima parte del as. || *Der.* Duodécima parte de la masa hereditaria.

UNCÍA. *Geog.* Población del O. de Bolivia, en el dep. de Potosí. 10.000 h. Centro de importantísimos yacimientos de estaño.

UNCIAL. (Del lat. *uncialis,* de una pulgada.) adj. Dícese de ciertas letras, todas mayúsculas y del tamaño de una pulgada, que se usaron hasta el s. IX. Ú.t.c.s. || Aplícase a este sistema de escritura. *La escritura* UNCIAL *substituyó a la capital romana.*

UNCIDOR, RA. adj. y s. Que unce o sirve para uncir.

UNCIFORME. (Del lat. *uncus,* garfio, y *forma,* figura.) adj. Que tiene la figura de un corchete. || *Anat.* Dícese de uno de los huesos de la segunda fila del carpo. Ú.m.c.s.

UNCIÓN. (Del lat. *unctio, -onis.*) f. Acción de ungir. || Extremaunción. || Gracia dada por el Espíritu Santo que mueve al alma a la virtud y perfección. || Devoción y fervor con que el ánimo se entrega a alguna cosa. *Oyó la misa con mucha* UNCIÓN. || *Mar.* Vela muy pequeña que llevan las lanchas pesqueras y que se iza cuando, en peligro de zozobrar, se arrían las otras. *Arriaron todas las velas, izaron la* UNCIÓN *y se encomendaron a Dios.* || pl. Unturas de ungüento mercurial.

UNCIONARIO, RIA. adj. Que está tomando las unciones mercuriales. Ú.t.c.s. || Pieza en que se toman.

UNCIR. al. **Anspannen.** fr. **Atteler.** ingl. **To yoke.** ital. **Aggiogare.** port. **Jungir.** (Del lat. *iúngere.*) tr. Sujetar al yugo bueyes, mulas u otras bestias. UNCIÓ *las mulas al coche;* UNCIÓ *un buey con una mula;* sinón.: **enyugar.** || fig. Hermanar una cosa con otra. || Sujetar a uno, imponerle el yugo de la tiranía. || deriv.: **uncidero, ra.**

UNDANTE. (Del lat. *undans, -antis.*) adj. poét. Undoso. sinón.: **ondoso.**

UNDECÁGONO, NA. adj. *Geom.* Endecágono. Ú.m.c.s.m.

UNDÉCIMO, MA. (Del lat. *undécimus.*) adj. Que sigue inmediatamente en orden al o a lo décimo. sinón.: **onceno.** || Dícese de cada una de las once partes iguales en que se divide un todo. Ú.t.c.s. sinón.: **onzavo.**

UNDÉCUPLO, PLA. adj. y s. Que contiene un número once veces exactamente.

UNDÍSONO, NA. (Del lat. *undisonus.*) adj. poét. Aplícase a las aguas que causan ruido con el movimiento de las ondas. *Le despertó el fragor de las* UNDÍSONAS *aguas del río;* sinón.: **ondisonante.**

UNDÍVAGO, GA. (Del lat. *undívagus.*) adj. poét. Que ondea o se mueve como las olas.

UNDOSO, SA. (Del lat. *undosus.*) adj. Ondoso.

UNDSET, Sigrida. *Biog.* Escr. noruega exiliada en los EE.UU., autora de obras de honda ternura, que le valieron el premio Nobel de Literatura de 1928: *La edad dichosa; Kristin Lavransdatter,* etc. (1882-1949).

UNDULACIÓN. f. Acción y efecto de undular. || *Fís.* Onda.

UNDULANTE. p. a. de **Undular.** Que undula.

UNDULAR. (Del lat. *úndula,* ola pequeña.) intr. Ondular. *La sierpe* UNDULABA *entre la hierba.*

UNDULATORIO, RIA. adj. Aplícase al movimiento de undulación.

UNDURRAGA, Lucrecia. *Biog.* Escritora y feminista chil., autora de *Educación de la mujer; El ramo de violetas,* etc. (1814-1901).

U.N.E.S.C.O. Iniciales en inglés de **United Nations Educational, Scientific and Cultural Organization** (Organización de las Naciones Unidas para la Educación, la Ciencia y la Cultura), organismo creado por la O.N.U. para la protección de las libertades humanas y el desarrollo cultural.

UNGAR, Germán. *Biog.* Escritor checo, autor de *Niños y criminales; Los mutilados; Un hombre y su criada,* etc. (1893-1929).

UNGARETTI, José. *Biog.* Poeta ital., autor de *El puerto sepulto; El dolor,* etc. (1888-1970).

UNGAVA. *Geog.* Bahía de la costa N.E. del Canadá en la prov. de Quebec, sobre el estrecho de Hudson.

UNGIDO. m. Rey o sacerdote signado con el óleo santo. *¡Respetad al* UNGIDO *del Señor!*

UNGIMIENTO. m. Acción y efecto de ungir.

UNGIR. al. **Salben; ölen.** fr. **Oindre.** ingl. **To anoint.** ital. **Ungere.** port. **Ungir.** (Del lat. *úngere.*) tr. Aplicar a una cosa aceite u otra materia grasa, extendiéndola superficialmente. sinón.: **untar.** || Signar con óleo sagrado a una persona. || deriv.: **ungible.**

UNGUEAL. (Del lat. *unguis,* uña.) adj. Perteneciente o relativo a la uña. *Surco* UNGUEAL.

UNGÜENTARIO, RIA. adj. Perteneciente a los ungüentos o que los contiene. || m. El que hace los ungüentos. || Sitio en que se guardan.

UNGÜENTO. al. **Salbe.** fr. **Onguent.** ingl. **Unguent; ointment.** ital. **Unguento.** port. **Ungüento.** (Del lat. *unguentum.*) m. Todo aquello que sirve para ungir o untar. sinón.: **untura.** || Medicamento pastoso que se aplica al exterior y cuyo excipiente es una mezcla de grasas con resinas o con cera. UNGÜENTO *napolitano.* || Compuesto de simples olorosos, que usaban los antiguos para embalsamar cadáveres. || fig. Cualquier cosa que ablanda el ánimo o la voluntad. || – **amarillo.** El madurativo cuyo principio medicinal es la colofonia. || – **basilicón.** Usado en otro tiempo, tenía por principio medicinal la pez negra. || – **hidrargírico, mercurial** o **napolitano.** Pomada mercurial doble.

UNGUICULADO, DA. (Del lat. *unguícula,* uña pequeña.) adj. *Bot.* Dícese del pétalo que tiene uña. || *Zool.* Que tiene los dedos terminados por uñas.

UNGUIS. (Del lat. *unguis.*) m. *Anat.* Hueso muy pequeño y delgado de la parte anterior e interna de cada una de las órbitas.

UNGULADO, DA. (Del lat. *ungulatus,* de *úngula,* uña, casco.) adj. *Zool.* Que tiene casco o pezuña. || Dícese de mamíferos cuyos dedos están provistos de pezuñas, como el cerdo, el buey y el caballo. Ú.t.c.s.m. || m. pl. *Zool.* Grupo de estos mamíferos.

UNGULAR. adj. Perteneciente o relativo a la uña. sinón.: **ungueal.**

UNI. Prefijo que significa uno, uno solo. UNI*celular,* UNI*lateral;* sinón.: **mono;** antón.: **multi, pluri.**

UNIBLE. adj. Que puede unirse.

ÚNICAMENTE. adv. m. Sola o precisamente.

UNICAMERAL. adj. Dícese del régimen parlamentario constituido por una sola cámara.

UNICAULE. adj. *Bot.* Dícese de la planta que tiene un solo tallo.

UNICELULAR. adj. Que consta de una sola célula. *Los microbios son seres* UNICELULARES.

UNICIDAD. f. Calidad de único, antón.: **pluralidad.**

ÚNICO, CA. al. **Einzig.** fr. **Unique.** ingl. **Only; unique.** ital. **Unico.** port. **Único.** (Del lat. *únicus.*) adj. Solo y sin otro de su especie. *El* ÚNICO *para esa empresa.* || fig. Excelente, extraordinario. *Es* ÚNICO *en su oficio.* || Singular, particular, individual.

UNICOLOR. adj. De un solo color. sinón.: **monocromo;** antón.: **multicolor.**

UNICORNIO. al. **Nashorn.** fr. **Licorne.** ingl. **Unicorn.** ital. **Unicornio.** port. **Unicórnio.** m. Animal fabuloso con forma de caballo; tiene un cuerno en medio de la frente. || Rinoceronte. || *Astron.* Constelación boreal, entre el Águila y Pegaso.

UNIDAD. al. **Einheit.** fr. **Unité.** ingl. **Unity.** ital. **Unità.** port **Unidade.** (Del lat. *únitas, -tatis.*) f. Propiedad de todo ser en virtud de la cual no puede dividirse sin dejar de ser esencialmente el mismo. *La* UNIDAD *del espíritu.* || Indivisión de las cosas opuesta a la pluralidad o diversidad. || Singularidad en número o calidad. *En ese país no hay* UNIDAD *de lenguaje.* || Unión o conformidad. *En nuestro partido no hay* UNIDAD. || Cualidad de la obra literaria o artística en que sólo hay un asunto o pensamiento principal. || *Mat.* Cantidad que se toma por medida o término de comparación de las demás de su especie. || *Mil.* Fracción, constitutiva o independiente, de una fuerza militar. || – **angstrom.** La equivalente a un diezmilésimo de micra o un cienmillonésimo de centímetro, que se usa para expresar longitudes de ondas luminosas. || – **de acción.** Cualidad, en la obra dramática o cualquiera otra, de tener una sola acción principal. || – **de lugar.** Cualidad en la obra dramática de desarrollarse su acción en un solo lugar. || – **de muestreo.** Cada uno de los elementos que forman un universo o conjunto sometido a estudio estadístico. || – **de tiempo.** Cualidad, en la obra dramática, de durar la acción menos de veinticuatro horas. || **Gran unidad.** *Mil.* La de efectivos numerosos, y que en general es de constitución heterogénea. || IDEAS AFINES: *Individuo, cosa, persona, entidad, integridad, individualidad, indivisibilidad; orden, concierto; único, solo; particular, singular.*

UNIDAMENTE. adv. m. Juntamente, con unión o concordia.

UNIDIMENSIONAL. adj. Que tiene una sola dimensión. *El tiempo es* UNIDIMENSIONAL.

UNIDO, DA. adj. Galicismo por liso, terso.

UNIDOR, RA. adj. Que une. antón.: **separador.**

UNIFICACIÓN. f. Acción y efecto de unificar. antón.: **diversificación.**

UNIFICAR. al. **Vereinheitlichen.** fr. **Unifier.** ingl. **To unify.** ital. **Unificare.** port. **Unificar.** (Del lat. *unus,* uno, y *fácere,* hacer.) tr. y r. Hacer de muchas cosas una o un todo, o reducirlas a una misma especie. *Logró* UNIFICAR *todas las fracciones de su partido;* sinón.: **adunar, aunar, unimismar;** antón.: **diversificar, variar.** || Hacer uniformes dos o más cosas. || deriv.: **unificador, ra.**

UNIFOLIADO, DA. adj. *Bot.* Que tiene una sola hoja.

UNIFORMADOR, RA. adj. Que uniforma.

UNIFORMAR. al. **Gleichförmig machen.** fr. **Uniformiser.** ingl. **To make uniform; to standardize.** ital. **Uniformare.** port. **Uniformizar.** tr. Hacer uniformes dos o más cosas. Ú.t.c.r. UNIFORMAR *una cosa a, o con, otra;* sinón.: **hermanar.** || Dar traje igual a los individuos de un cuerpo o comunidad.

UNIFORME. al. **Gleichförmig; Uniform.** fr. **Uniforme; tenue.** ingl. **Uniform.** ital. **Uniforme; divisa.** port. **Uniforme.** (Del lat. *uniformis.*) adj. Dícese de dos o más cosas que tienen la misma forma. || Igual, conforme, semejante. antón.: **desemejante, desigual, desparejo, distinto, vario.** || m. Indumentaria especial y distintiva que usan los militares, los individuos que pertenecen a un mismo cuerpo y los que desempeñan ciertos empleos.

UNIFORMEMENTE. adv. m. De manera uniforme.

UNIFORMIDAD. al. **Gleichförmigkeit.** fr. **Uniformité.** ingl. **Uniformity.** ital. **Uniformità.** port. **Uniformidade.** f. Calidad de uniforme.

UNIGÉNITO, TA. (Del lat. *unigénitus,* de *unus,* uno, y *génitus,* engendrado.) adj. Aplícase al hijo único. || m. Por antón., el Hijo de Dios.

UNILATERAL. adj. Se dice de lo que sólo se refiere a una parte o a un aspecto de alguna cosa. || Dícese de la manifestación o del acto que obliga solamente al que lo hace. || *Bot.* Que está colocado solamente a un lado. *Racimos* UNILATERALES.

UNIMAK. *Geog.* Isla de Alaska, la mayor del archipiélago de las Aleutianas. 3.610 km^2.

UNIMISMAR. tr. p. us. Identificar, unificar.

UNIÓN. al. **Verbindung; Einigkeit.** fr. **Union.** ingl. **Union.** ital. **Unione.** port. **União.** (Del lat. *unio, -onis.*) f. Acción y efecto de unir. antón.: **desunión.** || Correspondencia y conformidad de una cosa con otra. || Conformidad y concordia de voluntades y dictámenes. || Casamiento, matrimonio. || Semejanza de dos perlas. || Composición que resulta de la mezcla íntima de varias cosas. || Grado de perfección espiritual en que el alma se une con su Creador por la caridad. || Alianza, confederación. || Inmediación de una cosa a otra. || Sortija compuesta de dos, enlazadas. sinón.: **concordia.** || *Chile.* Entredós de bordado o encaje. || *Cir.* Consolidación de los labios de la herida. || IDEAS AFINES: *Continuidad, cohesión; esencia; unidad, conjunto, mezcla; adhesión; reunión, asociación: aleación, enlace; juntar, atar, coser.*

UNIÓN. *Geog.* Nombre que suele darse a los Estados Unidos de la América del Norte. || **La –.** V. **La Unión.** || – **de la India.** V. **India.** || – **de Repúblicas Socialistas Soviéticas.** V. **Unión Soviética.** || – **de Reyes.** Ciudad de Cuba, en la prov. de Matanzas. 7.000 h. Azúcar, maíz y tabaco. || – **Francesa.** Nombre oficial con que se designa en Francia al conjunto integrado por la metrópoli y los territorios que formaban el imperio colonial francés.

UNIONISTA. adj. y s. Dícese de la persona, partido, etc., que mantiene cualquier idea de unión.

UNIÓN SOVIÉTICA. *Geog.* Estado euroasiático, limitado al N. por el oc. Glacial Ártico, al O. por Noruega, Finlandia, el mar Báltico, Polonia, Checoslovaquia, Hungría y Rumania, al S. por el mar Negro, Turquía, Irán, Afganistán, China, Mongolia y Corea, y al E. por el océano Pacífico. El nombre oficial del país es **Unión de Repúblicas Socialistas Soviéticas (U.R.S.S.).** Tiene una extensión de 22.402.200 km^2. A pesar de su gran longitud de costas, mayor que la de cualquier otra nación del mundo, la **Unión Soviética** es un país continental. Se pueden señalar tres grandes regiones estructurales: la planicie ruso-siberiana, las alturas de Siberia oriental y las barreras montañosas del Sur. La primera se extiende desde el confín europeo hasta el río Yenisei, y desde el mar Ártico hasta las montañas meridionales. Su monotonía es sólo interrumpida por los montes Urales, que la cruzan de N. a S. Algunas suaves ondulaciones (colinas de Valdai, meseta del Don, alturas del Volga, etc.) que no llegan a los 400 m. de elevación, rompen la uniformidad del relieve. Las alturas de Siberia oriental sólo dejan algunas llanuras en las costas o en los valles fluviales. Comprenden los montes Sayansk, Yablonoi, Stanovoi, etc., que se orientan, en general, siguiendo una línea S.O. - N. E. Las barreras montañosas del sur están formadas por los montes de Crimea, Cáucaso, Altai y Tian-Chan. Los ríos de este enorme país se cuentan entre los más grandes del mundo. Desde un punto de vista económico son mucho más importantes los del sector europeo (Volga, Dnieper, Dvina, Don, etc.) que los del asiático (Obi, Yenisei, Lena, Amur, etc.). Un vasto sistema de canales fluviales ha puesto en comunicación los mares Báltico y Blanco con el Caspio y el Negro. Los lagos son muy numerosos, y el Ladoga y el Onega son los mayores. El clima soviético es extremado. Con la sola excepción de la costa de Crimea y algunas regiones del Cáucaso y del Pacífico, de clima suave, el resto del país tiene veranos cortos y cálidos, y crudos inviernos de fuertes vientos. La nieve cubre casi todo el territorio durante largos meses. La agricultura constituye una labor esencial del pueblo soviético. La región europea y la Transcaucasia producen aproximadamente el 80 % del total cultivado en el país. Se cosecha trigo, cebada, maíz, algodón, girasol, lino, remolacha azucarera, vid, citros, té, papa, etc. Sus enormes bosques –especialmente de coníferas– alimentan a la poderosa industria de la madera. Millones de cabezas de bovinos, lanares, porcinos y equinos pastan en sus inmensos campos. La pesca de agua dulce es importantísima y contribuye grandemente a la alimentación popular. A la abundancia y variedad de productos agrícolas, forestales y ganaderos se une una no menos notable riqueza minera. Es el segundo productor mundial de carbón (cuencas del Donetz y de Moscú), el segundo de petróleo (Cáucaso), uno de los mayores poseedores de hierro (Krivoi Rog, Crimea, Urales), además de manganeso, níquel, cromo, platino, oro, plata, cobre, aluminio, etc., que extrae con profusión. País rico en combustibles y hierro, tiene todos los elementos esenciales que justifican su gran desarrollo industrial en el campo de la metalurgia y la mecánica. Fabrica tractores agrícolas, máquinas-herramientas, automóviles, locomotoras, aviones, barcos, etc. En los laboratorios químicos crea fibras artificiales, caucho sintético, abonos y fertilizantes, artículos plásticos, etc. Las labores textiles se hallan radicadas principalmente en Rusia central. Telas de algodón, lana, seda y lino salen de sus fábricas. Artículos alimenticios, cemento, papel, vidrio, etc., son otras muestras del pujante desarrollo industrial del país. Los medios de comunicación son muy vastos: 126.500 km. de vías férreas, 144.600 km. de redes fluviales navegables. más de 200.000 km. de caminos de tránsito permanente. La U.R.S.S. está formada por quince Repúblicas federales: Rusia propiamente dicha o R.S.F.S.R., Rusia Blanca, Ucrania, Moldavia, Lituania, Letonia (Latvia), Estonia, Armenia, Azerbaiján, Georgia, Kazakistán, Turkmenistán, Uzbekistán, Tadjikistán y Kirghizistán, pobladas por 258.930.000 h. La cap. es MOSCÚ. ‖ *Hist.* Los antecedentes prehistóricos de Rusia se remontan a la Edad de Piedra con culturas paleolíticas y neolíticas. La historia rusa propiamente dicha comienza en el s. IX cuando las primitivas tribus de los eslavos orientales fueron sometidas por los vikingos, a los que se llamó *rus*, nombre que después se aplicaría también a los eslavos que se mezclaron a aquéllos. En 862 el vikingo Rurik estableció su gobierno en Novgorod y sus sucesores lo trasladaron a Kiev, extendiendo, además, las fronteras desde el golfo de Finlandia hasta el Danubio y el mar Caspio. A mediados del s. XI se inició una era de anarquía con guerras civiles que desmembraron el imperio e hicieron posible la invasión de los mogoles, iniciada por Gengis Kan y que impuso una dominación que duró dos siglos. Posteriormente los príncipes de Moscú lograron acrecentar su poderío e iniciaron una monarquía, que habría de ser poderosa. Iván el Terrible consolidó la unidad al imponer la autoridad del zar sobre los boyardos. Extinguida la línea masculina descendiente de Rurik, el zar Miguel inició en 1613, por voluntad de la Asamblea Nacional reunida en Moscú, la dinastía de los Romanov. Su nieto Pedro el Grande fue la figura más descollante de ésta, al reformar la cultura nacional e introducir las grandes corrientes de la civilización occidental; vencedor de Carlos XII, extendió las fronteras del Oeste. En el transcurso del s. XVIII fueron casi ininterrumpidas las guerras con Turquía. Catalina II sumó al territorio ruso parte de Polonia y Crimea. A comienzos del s. XIX tuvo lugar la guerra con Francia; Napoleón invadió el país pero tuvo que retirarse. En 1809 fue incorporada Finlandia y tres años después Besarabia. Distintos zares intentaron ensanchar el territorio ruso en detrimento de Turquía hasta que la diplomacia europea los contuvo en 1856 mediante el tratado de París. En 1861 se decretó la emancipación de los siervos. La política zarista en el Asia despertó el recelo de Japón y se produjo la guerra ruso-japonesa (1904-1905) que, además de una derrota, le significó a Rusia serios trastornos internos. La injusticia de esa guerra fue la razón inmediata de la revolución popular de 1905, aunque sus verdaderas causas fueron más hondas y antiguas; el pueblo vivía en la miseria y el analfabetismo, las condiciones de trabajo eran anacrónicas, el absolutismo zarista cada vez más arbitrario y una vida de corrupción y despilfarro caracterizaba a la alta nobleza. Ahogada en sangre, dicha revolución dejó un saldo de descontento y rebeldía que se iría acentuando cada vez más, sobre todo a partir de 1914 con la participación de Rusia en la primera Guerra Mundial. En marzo de 1917 se iniciaron en San Petersburgo (Leningrado) graves desórdenes que culminaron en una violenta revolución. El zar Nicolás II abdicó y de inmediato se estableció el gobierno republicano burgués de Alejandro Kerensky; pero aun esto parecía una solución insuficiente y los bolcheviques (socialistas de izquierda, luego comunistas) dirigidos por Lenin y Trotsky tomaron el poder en noviembre de 1917 y aprobados por los consejos de obreros y soldados (soviets) proclamaron la dictadura del proletariado. Mediante el tratado de Brest-Litovsk el país concertó la paz con los imperios centrales y se retiró de la guerra. Rusia pasó a ser la Unión de Repúblicas Socialistas Soviéticas; y vencidos en cruenta guerra civil los ejércitos contrarrevolucionarios por el nuevo Ejército Rojo fundado y organizado por Trotsky, se inició, sobre la base de la abolición de la propiedad privada de los medios de producción y de cambio, una nueva era de transformaciones absolutas. Al morir Lenin, en 1924, se originó una lucha de fracciones comunistas en la cual triunfó Stalin sobre Trotsky. Con sucesivos planes quinquenales Stalin logró la colectivización del agro y la industrialización en gran escala; políticamente reprimió con severidad todos los movimientos de oposición. En 1939 la U.R.S.S. suscribió con Alemania un pacto de no agresión, en virtud del cual se anexó parte de Polonia, Estonia, Lituania y Letonia, y en el mismo año atacó a Finlandia, que capituló en 1940. En 1941 entró en la segunda Guerra Mundial, como integrante del bloque aliado. La victoria de éste (V. **Guerra Mundial, segunda**) la convirtió en una potencia de primerísima importancia. Después de la muerte de Stalin en 1953, fue designado presidente del Consejo Jorge M. Malenkov, quien dimitió dos años más tarde. Fueron sus sucesores: Nicolás Bulganin, hasta 1958; Nikita Krushchev, hasta 1964, y Alejo N. Kosygin. Estos presidentes del Consejo de ministros tuvieron, a veces, más autoridad que el propio presidente de la Unión Soviética, cargo que ocuparon, sucesivamente, en los últimos años: Clemente Voroshilov (1953-1960), Leónidas I. Brezhnev (1960-1964); Anastasio Mikoyan (1964-1965), Nicolás V. Podgorny (1966-1976) y nuevamente Brezhnev, desde 1977.

UNIÓN SUDAFRICANA. *Geog.* Véase **Sudafricana, República.**

UNÍPARA. adj. Que pare un solo hijo o ha parido una sola vez. Ú.t.c.s. antón.: **multípara.**

UNÍPEDE. (Del lat. *unipes, -edis.*) adj. De un solo pie.

UNIPERSONAL. adj. Que consta de una sola persona. ‖ Que corresponde o pertenece a una sola persona. ‖ *Gram.* Dícese de los verbos impersonales. *Nevar es un verbo* UNIPERSONAL. ‖ deriv.: **unipersonalmente.**

UNIPOLAR. adj. Que tiene un solo polo. ‖ *Anat.* Dícese de la neurona que sólo tiene una prolongación. ‖ *Elec.* Dícese de la máquina o conductor en que prevalece una de las dos electricidades. ‖ deriv.: **unipolaridad.**

UNIR. al. **Verbinden; vereinigen.** fr. **Unir; joindre.** ingl. **To join; to unite.** ital. **Unire.** port. **Unir.** (Del lat. *unire.*) tr. Juntar dos o más cosas entre sí, haciendo de ellas un todo. sinón.: **unificar.** ‖ Mezclar algunas cosas entre sí, incorporándolas. *Para preparar el medicamento,* UNIÓ *varios simples.* ‖ Juntar una cosa con otra. UNIÓ *las perlas en una sarta.* ‖ Acercar una cosa a otra, para que formen un conjunto o concurran al mismo fin. UNIÓ *los dos bancos, y se tendió en ellos.* ‖ Agregar un beneficio eclesiástico a otro. ‖ Casar, disponer y autorizar el matrimonio. Ú.t.c.r. *Los* UNIÓ *el obispo.* ‖ fig. Concordar o conciliar las voluntades o pareceres. *Logró* UNIR *las varias opiniones.* ‖ *Cir.* Cerrar la herida. *Esta herida no* UNE. ‖ r. Asociarse varios para el logro de algún intento. *Se* UNIERON *todos contra mí.* ‖ Juntarse en un individuo dos o más cosas antes separadas y distintas o cesar la oposición entre ellas. *En él se* UNEN, *en extraño maridaje, lascivia y devoción.* ‖ Estar muy cercana o inmediata una cosa a otra. ‖ Agregarse uno a la compañía de otro. *Para cruzar el páramo, me* UNÍ *a otros viandantes.*

UNISEXUAL. adj. *Biol.* Dícese del individuo vegetal o animal que tiene un solo sexo. ‖ *Pat.* Aplícase a la afección erótica entre individuos de un mismo sexo.

UNISÓN. adj. Unísono. ‖ m. *Mús.* Trozo de música cuyos tonos o sonidos son iguales.

UNISONANCIA. (Del lat. *unus*, uno, igual, y *sonare*, sonar.) f. Concurrencia de voces o instrumentos en un mismo tono de música. ‖ Persistencia del orador en un mismo tono de voz. *La* UNISONANCIA *de su oración adormeció al auditorio.* ‖ deriv.: **unisonante.**

UNISONAR. intr. Sonar al unísono dos voces o instrumentos. ‖ irreg. Conj. como **contar.** ‖ deriv.: **unisonante.**

UNÍSONO, NA. al. **Gleichstimmig; einstimmig.** fr. **Unisonnant.** ingl. **Unisonous.** ital. **Unisono.** port. **Uníssono.** (Del lat. *unisonus.*) adj. Dícese de lo que tiene el mismo tono que otra cosa. ‖ **Al unísono.** m. adv. fig. Sin discrepancia. *Obran* AL UNÍSONO. ‖ deriv.: **unisonal.**

UNITARIO, RIA. (Del lat. *únitas*, unidad.) adj. Perteneciente o relativo a la unidad. ‖ Sectario que no reconoce en Dios más que una sola persona. Ú.t.c.s. ‖ Partidario de la unidad en materia política. Ú.t.c.s. antón.: **federal.** ‖ Que tiende a la unidad o a conservarla. ‖ Que toma por base una unidad determinada. ‖ deriv.: **unitariamente.**

UNITARISMO. m. Doctrina u opinión de los unitarios. ‖ Secta o partido que profesa esta doctrina u opinión.

UNITIVO, VA. adj. Que tiene virtud de unir. *Tejido* UNITIVO; sinón.: **conjuntivo.**

UNIVALENTE. adj. *Quím.* Dícese de los cuerpos simples y de los radicales que tienen una sola valencia libre. sinón.: **monovalente.**

UNIVALVO, VA. adj. Dícese de la concha de una sola pieza. ‖ Aplícase al molusco que tiene concha de esta clase. Ú.t.c.s.m. ‖ Dícese del fruto cuya envoltura tiene sólo una sutura.

UNIVERSAL. al. **Allgemein; universal.** fr. **Universel.** ingl. **Universal.** ital. **Universale.** port. **Universal.** (Del lat. *universalis.*) adj. Que comprende o es común a todos en su especie. sinón.: **universo**; antón.: **particular.** ‖ Aplícase a la persona versada en muchas ciencias. *Su erudición es* UNIVERSAL. ‖ Que pertenece o se extiende a todo el mundo y a todos los tiempos. *La creencia en Dios es* UNIVERSAL; sinón.: **católico, ecuménico, mundial.** ‖ *Fil.* Lo que por su naturaleza es apto para ser predicado de muchos.

UNIVERSALIDAD. (Del lat. *universalitas, -atis.*) f. Calidad de universal. sinón.: **universidad**; antón.: **particularidad, singularidad.** ‖ *Der.* Comprensión en la herencia de todos los bienes, derechos u obligaciones del difunto.

UNIVERSALÍSIMO, MA. adj. *Lóg.* Aplícase al género supremo que comprende otros inferiores que también son universales.

UNIVERSALISMO. m. Doctrina que concede la máxima autoridad al asentimiento universal del género humano. ‖ Teoría que hace del individuo una parte o elemento de un todo que es la Humanidad, y se opone al individualismo. ‖ Doctrina religiosa que sostiene la salvación final de todos los hombres. ‖ deriv.: **universalista.**

UNIVERSALIZAR. tr. Hacer universal una cosa, generalizarla mucho. UNIVERSALICEMOS *la cultura.* ‖ deriv.: **universalización; universalizador, ra.**

UNIVERSALMENTE. adv. m. De manera universal.

UNIVERSIDAD. al. **Universität.** fr. **Université.** ingl. **University.** ital. **Università.** port. **Universidade.** (Del lat. *univérsitas, -atis.*) f. Institución de enseñanza superior que comprende diversas escuelas denominadas facultades, colegios, institutos o departamentos, según las épocas y países, y que confiere los grados académicos correspondientes. ‖ Instituto público de enseñanza donde se hacían los estudios mayores de ciencias y letras. ‖ Edificio destinado a las cátedras y oficinas de una universidad. ‖ Conjunto de personas que forman una corporación. ‖ Conjunto de poblaciones que estaban unidas bajo una misma representación jurídica. ‖ Universalidad, calidad de universal.

UNIVERSITARIO, RIA. al. **Universitäts; Hochschüler.** fr. **Universitaire.** ingl. **Universitary.** ital. **Universitario.** port. **Universitário.** adj. Perteneciente o relativo a la universidad. *Título* UNIVERSITARIO. ‖ m. Profesor, graduado o estudiante de universidad.

UNIVERSO, SA. al. **Weltall; Universum.** fr. **Univers.** ingl. **Universe.** ital. **Universo.** port. **Universo.** (Del lat. *universus.*) adj. Universal. ‖ m. Mundo, cosmos. *El* UNIVERSO *no puede ser obra del azar.* ‖ Conjunto de individuos o elementos cualesquiera en los cuales se consideran una o más características que se someten a estudio estadístico. ‖ IDEAS AFINES: *Universidad, generalidad, orbe, tierra, esfera, globo, cielo, naturaleza, creación; astronomía, astrología, geografía; completo, mundial, insondable, infinito.*

UNIVOCACIÓN. (Del lat. *univocatio, -onis.*) f. Acción y efecto de univocarse.

UNÍVOCAMENTE. adv. m. De manera unívoca.

UNIVOCARSE. r. Convenir en una misma propiedad o circunstancia dos o más cosas. Ú.t.c.tr.

UNÍVOCO, CA. (Del lat. *univocus*, de *unus*, uno, y *vox, vocis*, voz.) adj. y s. Dícese de lo que tiene igual naturaleza o significación que otra cosa. ‖ *Lóg.* Dícese del término que se predica de varios individuos con la misma significación. *Viviente es vocablo* UNÍVOCO *que conviene a todos los vegetales y animales.* ‖ V. **Correspondencia unívoca.** ‖ deriv.: **univocidad.**

¡UNJÚ! *P. Rico*, y *Venez.* Interjección que expresa duda, incredulidad.

UNO, NA. al. **Einer; Eins.** fr. **Un.** ingl. **One.** ital. **Uno.** port. **Um.** (Del lat. *unus*.) adj. Que no está dividido en sí mismo; íntegro. ‖ Dícese de la persona o cosa unida con otra. ‖ Idéntico, lo mismo. *Esas dos razones son* UNA. ‖ Único, solo. *Dios es* UNO *y trino.* ‖ Se usa contrapuesto a *otro*. *El* UNO *hablaba, el* OTRO *escribía.* ‖ pl. Algunos. UNOS *días después.* ‖ Equivale al modo adverbial *poco más o menos* cuando precede a un número cardinal. *Me produjo* UNOS *mil pesos.* ‖ Pronombre indeterminado que en singular significa una y en plural dos o más personas. UNO *lo propaló;* UNOS *lo sospecharon.* Úsase también en singular concertando con verbo en tercera persona, y aplicado a una indeterminada o a la misma que habla. *Si* UNO *pide ayuda, debe dársele; ya está* UNO *cansado de aguantar tanta impertinencia.* ‖ m. Unidad, cantidad que se toma como término de comparación. ‖ Signo o guarismo con que se expresa la unidad. ‖ Individuo de cualquier especie. ‖ **A una.** m. adv. A un tiempo, unidamente. *Todos* A UNA. ‖ **Cada uno.** Cualquier persona considerada individualmente. ‖ **De uno en uno.** m. adv. **Uno a uno.** ‖ **En uno.** m. adv. De conformidad, o juntamente. ‖ **Para en uno.** loc. adv. Para estar o vivir unidos o conformes. ‖ **Ser todo uno, o ser uno.** frs. Venir a ser o parecer varias cosas una misma. ‖ **Una de dos.** loc. que se emplea para contraponer en disyuntiva dos cosas o ideas. ‖ **Una y no más.** expr. con que se denota la resolución de no reincidir en algún asunto. ‖ **Uno a otro.** m. adv. Mutua o recíprocamente. ‖ **Uno a uno.** m. adv. con que se explica la separación o distinción por orden de personas y cosas. ‖ **Uno con otro.** m. adv. Tomadas en conjunto varias cosas, compensando lo que tiene una de más con lo que le falta a otra. UNO CON OTRO *pesan medio kilo.* ‖ **Uno de tantos.** loc. fam. que se usa para indicar que no se distingue por ninguna cualidad notable. ‖ **Uno por uno.** m. adv. **Uno a uno.** ‖ **Uno que otro.** loc. Algunos pocos de entre muchos. ‖ **Unos cuantos.** loc. Pocos, en número escaso. ‖ **Uno tras otro.** m. adv. Sucesivamente. ‖ **Uno y otro.** loc. Ambos.

UNQUILLO. *Geog.* Población de la Argentina, en las sierras de Córdoba. 6.000 h. Centro turístico.

UNTADOR, RA. adj. y s. Que unta.

UNTADURA. f. Acción y efecto de untar o untarse. ‖ Untura, materia con que se unta.

UNTAMIENTO. m. Acción y efecto de untar. sinón.: **unción, untadura, untura.**

UNTAR. al. **Salben; Schmieren.** fr. **Enduire; graisser.** ingl. **To grease; to smear.** ital. **Ungere.** port. **Untar.** (De *unto*.) tr. Ungir con una substancia grasa. ‖ fig. y fam. Sobornar a uno con dádivas o dinero. UNTÓ *al aduanero, y pasó todo el contrabando.* ‖ r. Mancharse con una materia untuosa o sucia. ‖ fig. y fam. Apropiarse ilícitamente algo de las cosas que se manejan, especialmente dinero. *En el negocio de los aceites,* SE UNTÓ *de lo lindo*; sinón.: **pringarse.**

UNTAZA. f. Unto, gordura o grasa del animal.

UNTO. al. **Schmiere.** fr. **Enduit.** ingl. **Grease.** ital. **Unto.** port. **Unto.** (Del lat. *unctum*, de *ungere*, untar.) m. Materia pingüe a propósito para untar. sinón.: **untura.** ‖ Grasa del cuerpo del animal. sinón.: **untaza.** ‖ Ungüento. Ú.m. en sentido fig. ‖ *Col., Méx., Perú* y *P. Rico.* Untura. ‖ *Chile.* Betún para el calzado. ‖ **– de México, o de rana.** fig. y fam. Dinero, especialmente aquel con que se soborna.

UNTOSO, SA. adj. Untuoso.

UNTUOSIDAD. f. Calidad de untuoso.

UNTUOSO, SA. adj. Craso, pingüe y pegajoso.

UNTURA. (Del lat. *unctura*.) f. Acción y efecto de untar. sinón.: **unción, untadura, untamiento.** ‖ Materia con que se unta.

UÑA. al. **Nagel.** fr. **Ongle.** ingl. **Nail.** ital. **Unghia.** port. **Unha.** (Del lat. *úngula*.) f. Formación córnea, elástica y plana de la falangeta del dedo en su cara dorsal. ‖ Casco o pezuña. ‖ Punta córnea en que remata la cola del alacrán. ‖ Espina corva de algunas plantas. ‖ Tetón de los árboles. ‖ Callosidad que se forma a las bestias sobre las mataduras. sinón.: **uñera.** ‖ Excrecencia de la carúncula lagrimal. ‖ Garfio o punta corva de algunos instrumentos de metal. ‖ Escopladura que se hace en el espesor de algunas piezas para moverlas con el dedo. ‖ Dátil, molusco. ‖ Especie de dedal que usan las cigarreras. ‖ fam. Destreza o inclinación a defraudar o hurtar. ‖ Ú.m. en pl. ‖ *Mar.* Punta triangular en que rematan los brazos del ancla. ‖ **– de caballo.** Fárfara, planta. ‖ **– de la gran bestia.** La del pie derecho del alce, que se usó en las afecciones cardíacas. ‖ **– de gata.** Gatuña. ‖ **– de vaca.** Mano o pie de esta res una vez cortada para el consumo. ‖ **– encarnada.** *Pat.* Inflamación de la piel en la parte lateral de la uña, especialmente en el dedo gordo. ‖ **– olorosa.** Opérculo de una especie de cañadilla índica. ‖ **Afilar,** o **afilarse** uno **las uñas.** frs. fig. y fam. Hacer, o prepararse para hacer un esfuerzo extraordinario. ‖ **A uña de caballo.** m. adv. fam. A todo el correr del caballo. *Huyó* A UÑA DE CABALLO. ‖ fig. y fam. Librarse de un riesgo con diligencia. ‖ **Caer en las uñas de** uno. frs. fig. y fam. Caer en su poder. ‖ **Comerse** uno **las uñas.** frs. fig. y fam. Morderselas en señal de ira o preocupación. ‖ **De uñas.** loc. adv. fig. y fam. con que se denota la enemistad de dos o más personas. *Antes fueron amigos, pero ahora están de* UÑAS. ‖ fig. y fam. Inclinado al robo, ratero. *Guárdolo todo, que es muy* LARGO DE UÑAS. ‖ **No tener uñas de guitarrero.** frs. fig. *Argent.* y *Urug.* Carecer una persona de las cualidades necesarias para llevar a cabo lo que se propone. ‖ **Sacar** uno **las uñas.** frs. fig. y fam. Disponerse a la defensa. ‖ **Ser uña y carne** dos o más personas. frs. fig. y fam. Haber estrecha amistad entre ellas. ‖ **Tener** uno **en la uña** una cosa. frs. fig. y fam. Saberla muy bien y recordarla prestamente. ‖ IDEAS AFINES: *Uñeta, uñate; haba, selenosis, mentira, mano, dedo, pie, pata; casco, vaso, pezuña, uñada, arañazo, padrastro, uñero; manicuro, pedicuro.*

UÑADA. f. Huella que se hace en una cosa apretando con el filo de la uña. ‖ Impulso que se da a una cosa con la uña. ‖ Uñarada.

UÑARADA. f. Rasguño hecho con las uñas. sinón.: **arañazo.**

UÑATE. m. Uñeta, juego. ‖ fam. Acción y efecto de apretar una cosa con la uña. ‖ Juego de niños, que consiste en impulsar con la uña un alfiler hasta cruzarlo con el contrario.

UÑERA. f. *Arg.* Uña, callosidad de las bestias.

UÑERO. m. Inflamación de la raíz de la uña. *No se le curó el* UÑERO *hasta que le arrancaron la uña.* ‖ Herida que produce la uña cuando, al crecer viciosamente, se introduce en la carne.

UÑETA. f. dim. de **Uña.** ‖ Cincel de boca ancha que usan los canteros. ‖ Juego de muchachos que ejecutan tirando una moneda al hoyuelo e impulsando con la uña la que no llegó a él. ‖ Especie de plectro o dedal de que usan los tañedores de instrumentos de cuerda. ‖ m. pl. *Amer. Central* y *Col.* Ratero, largo de uñas.

UÑETAZO. m. Uñada.

UÑI. m. *Chile.* Arbusto mirtáceo, con flores rojizas y fruto comestible. *Ugni Molinae.*

UÑOPERQUÉN. m. *Chile.* Planta herbácea de flores blancas algo azuladas. *Wahlenbergia linarioides*, campanulácea.

UÑOSO, SA. adj. Que tiene largas las uñas.

UÑUELA. f. dim. de **Uña.**

¡UPA! (Del vasc. *upa*.) Voz para esforzar a levantar algún peso o a levantarse. sinón.: **¡aúpa!**. ‖ **A upa.** m. adv. En brazos. Es voz infantil.

UPAR. tr. Aupar. UPA *al niño para que vea.*

UPATA. *Geog.* Población al N.E. de Venezuela, en el Est. de Bolívar, 7.000 h. Producción agrícola y minera.

UPENEO. m. *Zool.* Género de peces acantopterigios de cuerpo alargado con grandes escamas.

UPÍA. *Geog.* Río de Colombia, entre los departamentos de Meta y Boyacá. Desagua en el río Meta. 250 km.

UPSALA. *Geog.* Ciudad del E. de Suecia, próxima a Estocolmo. 140.000 h. Famosa universidad fundada en el s. XV.

UPUPA. (Del lat. *upupa*.) f. Abubilla.

UR. *Geog. histór.* Población de la antigua Caldea, a orillas del Éufrates, de donde provenía Abraham. Centro de importantes hallazgos arqueológicos a los cuales se atribuye una antigüedad de seis mil años.

URA. f. Nombre dado a la larva de un díptero del Gén. *Dermatobia*, que deposita sus huevos en la piel del hombre y los animales, ocasionando graves molestias.

URABÁ. *Geog.* Golfo de la costa N. de Colombia, formado por el golfo de Darién en los dep. de Antioquia y Chocó.

URACOA. *Geog.* Río de Venezuela, en el Est. de Monagas. Desagua en el Orinoco.

URAETO. m. *Zool.* Género de aves rapaces de color pardo, muy sanguinarias, pues llegan a atacar y llevar canguros y corderos pequeños. La única especie es el águila australiana *Uroaetus audax.*

URAJEAR. intr. Grajear.

URAL. *Geog.* Río de la Unión Soviética, considerado como el límite físico entre Europa y Asia. Nace en los montes Urales y desemboca en el mar Caspio. 2.350 km.

URALALTAICO, CA o **URALOALTAICO, CA.** adj. Aplícase a los pueblos y lenguas que tuvieron su origen entre los Urales y el Altai. Los turcos, tártaros, quirguises, magiares y fineses son los más importantes de dichos pueblos.

URALES, Montes. *Geog.* Cadena montañosa de la Unión Soviética, considerada como límite entre Europa y Asia. Se extiende a lo largo de 2.500 km. y se divide en **Urales** Pedregosos, Metalíferos y Selvosos. Culmina en el Narodnaia a los 1.880 m.

URAMA. *Geog.* Río de Venezuela en el Est. de Carabobo; desagua en el mar de las Antillas.

URANIA. f. Mariposa de colorido brillantísimo, propia de Madagascar. *Urania ripheus.*

URANIA. *Mit.* Musa de la astronomía.

URANIO. (De *Urano*.) m. Metal radiactivo, punto de partida de la serie de su nombre, que incluye el radio. De color blanco, dúctil y maleable. Fue descubierto en la pechblenda y funde hacia los 1850ºC. Elemento químico de símbolo U, n. atóm. 92 y p. atóm. 238,07.

● **URANIO.** *Fís.* El descubrimiento de la fisión del **uranio**, en 1939, confirmó las experiencias y conceptos conocidos acerca de la constitución de los núcleos y de la materia. Este elemento radiactivo ha adquirido extraordinaria importancia desde la segunda Guerra Mundial debido a su utilización en las experiencias de la desintegración atómica. Está compuesto de tres isótopos cuyos pesos atómicos son 238, 235 y 234. El **uranio** 235 es fisionable. Acumulado en cierta cantidad o masa crítica (entre 10 y 35 kilogramos) origina una reacción en cadena con desprendimiento de calor y radiaciones; su resultado es una violentísima explosión. La reacción se produce al choque de un neutrón procedente de un átomo de **uranio** con el núcleo de otro átomo que al desintegrarse en varias porciones, libera una cierta cantidad de energía y dispara entre uno y tres neutrones, que a su vez chocan de la misma manera y producen sucesivamente los mismos fenómenos. La explosión se interrumpe cuando la masa de **uranio**, al dispersarse, disminuye su peso crítico. Con el **uranio** 238 se fabrica el plutonio, igualmente usado en la fabricación de la bomba nuclear.

URANIO, NIA. (Del gr. *ouranios*, celeste.) adj. Perteneciente o relativo a los astros y al espacio celeste. sinón.: **astral.**

URANISMO. m. *Pat.* Homosexualidad, inversión sexual. sinón.: **pederastia, sodomía.** ‖ deriv.: **uranista.**

URANO. (Del lat. *Uranus*, y éste del gr. *Ouranós*.) m. Planeta situado entre Saturno y Neptuno, descubierto por Herschel en 1781. Dista del Sol 19 veces más que la Tierra (2.868.000.000 de km.) y recorre su órbita en 84 años. Su radio es cuatro veces mayor que el terrestre. Tiene cuatro satélites.

URANO. *Mit.* Dios del cielo, entre los romanos, hijo del Día y esposo de la Tierra. Fue despojado de sus dominios por Cronos, descendiente suyo, que era dios del tiempo.

URANOGRAFÍA. f. Cosmografía.

URANÓGRAFO. m. El que profesa la uranografía.

URANOLITO. m. Aerolito, meteorito, bólido. ‖ deriv.: **uranolítico, ca.**

URANOMETRÍA. f. Parte de la astronomía que trata de la medición de las distancias celestes. ‖ deriv.: **uranométrico, ca.**

URAO. (Voz caribe.) m. Trona.

URAPE. m. *Ven.* Arbusto leguminoso, con flores blancas, que se usa para formar setos vivos.

URARICOERA. *Geog.* Río del N. de Brasil (Amazonas), que nace en la sierra de Pacaraima; y des. en el río Branco 580 km

URATO. m. *Quím.* Sal del ácido úrico.

URBANAMENTE. adv. m. Con urbanidad.

URBANEJA, Diego Bautista. *Biog.* Estadista ven., en 1834 presid. de su país (1782-1856). ‖ **– Diego Bautista.** Jurisc. y político ven., hijo del anterior, en varias ocasiones presid. de su país (1817-1892). ‖ **– Ricardo.** Escr. venezolano cont., autor de *Bolívar, su grandeza en la adversidad.*

URBANIDAD. al. **Höflichkeit.** fr. **Politesse; urbanité.** ingl. **Urbanity; civility.** ital. **Urbanità.** port. **Urbanidade.** (Del lat. *urbánitas, -atis*.) f. Cortesía, buen trato y buen modo. *Con su extrema* URBANIDAD, *no logra ocultar su mala crianza.*

URBANISMO. m. Estudio de la creación, desarrollo, reforma y progreso de las ciudades en relación con las necesidades materiales de la vida humana.

● **URBANISMO.** *Arq.* Aunque su concepción actual es privativa, en la amplitud e importancia que se le concede, de la arquitectura contemporánea, el **urbanismo** tiene muy remotos antecedentes. La proliferación de poblaciones con hacinamiento de casas, fábricas, talleres, etc.; la improvisación de grandes centros urbanos nacidos de villorrios cuyo crecimiento no estaba previsto; los problemas creados por el tránsito de vehículos; las pésimas condiciones de salubridad en que como resultado de todo eso se vive en ciudades o pueblos, fueron fenómenos que ya se pudieron observar claramente en el s. XIX y que desde los primeros años del s. XX adquirieron caracteres dramáticos. La arquitectura de hoy ha comenzado por asimilar los progresos técnicos y científicos. Las viviendas se construyen para que el hombre viva cómodamente, y en la unidad de vivienda como en el conjunto –barrio, villa, ciudad– se busca el máximo de luz, aire y condiciones de higiene, preocupando ante todo las necesidades humanas vitales; por esa razón se habla de *arquitectura funcional.* Ese mismo principio ha llevado a conceder la mayor importancia al **urbanismo.**

URBANISTA. adj. Referente al urbanismo. ‖ m. Persona que profesa el urbanismo.

URBANIZACIÓN. f. Acción y efecto de urbanizar.

URBANIZAR. tr. Hacer urbano y sociable a uno. Ú.t.c.r. ‖ Convertir en poblado una porción de terreno o prepararlo para ello.

URBANO, NA. (Del lat. *urbanus*, de *urbs, urbis*, ciudad.) adj. Perteneciente a la ciudad. *Ordenanzas* URBANAS; sinón.: **ciudadano.** ‖ fig. Cortesano, atento y de buen modo. antón.: **grosero, rústico.** ‖ m. Individuo de la milicia urbana.

URBANO I, San. *Biog.* Papa de 222 a 230. ‖ – **II, Beato.** Monje benedictino, prior de Cluny. Ocupó el solio de 1088 a 1099, combatió las desviaciones del clero y proclamó la primera Cruzada en el Concilio de Clermont. ‖ – **III.** Papa de 1185 a 1187. ‖ – **IV.** Papa de 1261 a 1264. Instituyó la solemnidad de Corpus. ‖ – **V, Beato.** Papa de 1362 a 1370, parte de cuyo pontificado transcurrió en Avignon; propulsor de la reforma del clero. ‖ – **VI.** Papa en 1378. Su elección provocó el cisma de la iglesia de Occidente (m. 1389). ‖ – **VII.** Papa en 1590. ‖ – **VIII.** Papa de 1623 a 1644, poeta y protector de las artes, combatió las doctrinas protestantes y jansenistas.

URBE. al. **Grosstadt.** fr. **Grande ville.** ingl. **Metropolis.** ital. **Urbe.** port. **Urbe.** (Del lat. *urbs, urbis.*)f. Ciudad, especialmente la muy populosa.

URBÍCOLA. m. Habitante de una ciudad.

URBI ET ORBI. (exp. lat.) fig. A los cuatro vientos, a todas partes. *El papa dio su bendición* URBI ET ORBI.

URBINA, Luis Gonzaga. *Biog.* Poeta mex., de honda inspiración romántica en *Puestas de sol; Lámparas en agonía; Los últimos pájaros*, etc. Autor, también, de obras en prosa: *Bajo el sol y frente al mar; La vida literaria de México*, etc. (1867-1936).

URBINO. *Geog.* Ciudad de Italia, en la prov. de Pesaro y Urbino. 26.000 h. Fue cuna de Rafael Sanzio.

URCA. (Del neerl. *hulk.*) f. Embarcación grande, muy ancha por el centro, que sirve para el transporte de mercaderías.

URCA. f. Orca.

URCE. (Del lat. *ulex, icis.*) m. Brezo, arbusto.

URCEIFORME, URCEOLADO, DA o **URCEOLAR.** adj. De figura de orza o cubilete.

URCOS. *Geog.* Laguna del Perú, en el dep. de Cuzco, famosa por la leyenda según la cual se arrojó en ella una cadena de oro forjada para celebrar el nacimiento del inca Huáscar.

URCHILLA. (Quizá del ital. *orciglia.*) f. Cierto liquen de las rocas marinas. ‖ Color violeta extraído de esta planta.

URDANETA, Alberto. *Biog.* Pintor y escritor col. autor de *Ensayo iconográfico de Bolívar; De Bogotá a Caracas* y de numerosos cuadros (1845-1887). ‖ – **Rafael.** Estadista y militar ven., de brillante actuación en la guerra de la Independencia. De 1830 a 1831, presid. de Colombia (1789-1845). ‖ – **ARBELÁEZ, Roberto.** Político col., nacido en 1890; pres. de la República de 1950 a 1953.

URDIDERA. f. Urdidora. ‖ Instrumento a modo de devanadera, donde se preparan los hilos para las urdimbres.

URDIDOR, RA. adj. Que urde. Ú.t.c.s. URDIDOR *de estratagemas.* ‖ m. Urdidera, instrumento.

URDIDURA. f. Acción y efecto de urdir.

URDIEMBRE o **URDIMBRE.** al. **Kette.** fr. **Chaine d'un tissu.** ingl. **Warpingchain.** ital. **Ordito.** port. **Urdime.** f. Estambre después de urdido. ‖ Conjunto de hilos que se colocan en el telar paralelamente unos a otros para formar una tela. ‖ fig. Acción de urdir una intriga u otra maquinación.

URDINARRAIN, Manuel Antonio. *Biog.* Militar arg. que fue gob. de la prov. de Entre Ríos (1801-1869).

URDINARRAIN. *Geog.* Pobl. de la Argentina (Entre Ríos). 6.000 h. Centro agrícola.

URDIR. al. **Zettefn; anstiften.** fr. **Ourdir.** ingl. **To warp; to plot.** ital. **Ordire.** port. **Ordir.** (Del lat. *ordiri.*) tr. Preparar los hilos en la urdidera para pasarlos al telar. ‖ fig. Maquinar, disponer cautelosamente alguna intriga. URDIÓ *un buen enredo.* ‖ deriv.: **urdible; urdidero, ra.**

UREA. f. Barbarismo por urea.

UREA. al. **Harnstoff.** fr. **Urée.** ingl. **Urea.** ital. **Urea.** port. **Uréia.** (Del gr. *ouron*, orina.) f. *Quím.* Compuesto orgánico cristalino, incoloro, inodoro, soluble en agua y en alcohol. Principal constituyente nitrogenado de la orina. Fue el primer compuesto orgánico obtenido por síntesis. Se emplea en medicina y en la industria de materias plásticas. ‖ deriv.: **ureal.**

UREMIA. al. **Urämie; Harnvergiftung.** fr. **Urémie.** ingl. **Uraemia.** ital. **Uremia.** port. **Uremia.** (Del gr. *ouron*, orina, y *haime*, sangre.) f. *Pat.* Estado tóxico producido por la presencia de componentes de la orina en la sangre, y debido a la insuficiencia de las funciones renales. *Ataque de* UREMIA.

URÉMICO, CA. adj. *Pat.* Perteneciente o relativo a la uremia.

URENTE. (Del lat. *urens, -entis*, p.a. de *urere*, quemar.) adj. Ardiente, abrasador. *La creosota tiene sabor* URENTE.

UREÑA, Daniel. *Biog.* Poeta y dramaturgo cost. nacido en 1876; autor de *Sombra y luz; Los huérfanos*, etc. ‖ – **DE HENRÍQUEZ, Salomé.** Escritora dom., autora de *El ave y el nido; Ruinas; Melancolía* y otros libros de versos (1850-1897). ‖ – **DE MENDOZA, Nicolás.** Poeta dom. que compuso obras sobre temas tradicionales de su tierra (1822-1875).

URÉTER. (Del gr. *ouretér.*) m. *Anat.* Conducto par, de unos veintisiete centímetros de longitud, que lleva la orina desde el riñón a la vejiga. ‖ deriv.: **ureteral, uretérico, ca.**

URÉTERA. f. *Anat.* p. us. Uretra.

URÉTICO, CA. (Del gr. *ouretikós.*) adj. *Med.* Relativo a la orina. ‖ Diurético. ‖ Uretral.

URETRA. (Del lat. *urethra*, y este del gr. *ourethra*, de *oureo*, orinar.) f. *Anat.* Conducto membranoso que va desde la vejiga urinaria al exterior y por donde se expele la orina.

URETRAL. adj. *Anat.* Perteneciente o relativo a la uretra. *Sonda* URETRAL.

URETRITIS. f. *Pat.* Inflamación de la uretra. URETRITIS *blenorrágica.*

UREY, Haroldo C. *Biog.* Físico y químico estadounidense. Descubrió la forma del hidrógeno pesado y colaboró activamente en el desarrollo de la bomba atómica. Sobre el origen de los planetas escribió: *Los planetas, su origen y desarrollo.* En 1934 obtuvo el premio Nobel de Química (n. en 1893).

URFA. *Geog.* Ciudad del S.E. de Turquía, en Asia Menor. 102.000 h. Es la antigua Edesa.

URGA. *Geog.* V. **Ulan-Bator.**

URGEL. *Geog.* V. **Seo de Urgel.**

URGENCIA. al. **Dringlichkeit.** fr. **Urgence.** ingl. **Urgency.** ital. **Urgenza.** port. **Urgencia.** (Del lat. *urgentia.*) f. Calidad de urgente. *Cirugía de* URGENCIA; sinón.: **perentoriedad.** ‖ Carencia o precisión de lo que hace falta para algún negocio. ‖ Hablando de leyes o preceptos, actual obligación de cumplirlos. ‖ IDEAS AFINES: *Inminencia, premura, aprieto; exigencia, necesidad, precipitación, prisa, rapidez; compeler, incitar; ¡hala! para luego es tarde.*

URGENTE. p. a. de **Urgir.** Que urge. *Caso* URGENTE; sinón.: **apremiante, perentorio.**

URGENTEMENTE. adv. m. De manera urgente.

URGIR. al. **Dringend sein.** fr. **Être urgent.** ingl. **To be urgent.** ital. **Urgere.** port. **Urgir.** (Del lat. *úrgere.*) intr. Apremiar o ser indispensable la presta ejecución de una cosa. URGE *obviar ese inconveniente.* ‖ Obligar actualmente la ley o el precepto.

URI. *Geog.* Cantón de Suiza, al S.E. del lago de los Cuatro Cantones. 1.074 km². 36.000 h. Cap. ALTDORF.

URÍA. f. Género de aves palmípedas, de pico largo y cola corta, propias de las regiones boreales.

URIARTE, Carmelo de. *Biog.* Explorador esp. que realizó estudios sobre la fauna y flora del Chaco paraguayo (1863-1949). ‖ – **Higinio.** Pol. paraguayo, de 1877 a 1878 presid. de la Rep. (m. 1900). ‖ – **Y BORJA, Francisco Javier de.** Marino esp. que descubrió islas y puertos en la parte occidental del estrecho de Magallanes (1753-1842).

URIBANTE. *Geog.* Río de Venezuela; nace en los Andes venezolanos, en el dep. de Táchira y desagua en el Apure. 245 km.

URIBE, Diego. *Biog.* Poeta col., muy celebrado en su país (1867-1921). ‖ – **Juan de Dios.** Escritor col., autor de *Sobre el yunque* y otras obras políticas (1860-1901). ‖ – **ÁNGEL, Manuel.** Escritor col., autor de *Francisco Pizarro; Geografía general y compendio histórico del Estado de Antioquia*, etc. (1822-1904). ‖ – **HOLGUÍN, Guillermo.** Compositor col., autor de *Serenata; Marcha festiva; Carnavalesca* y otras obras nativas de estilo neoimpresionista (1880-1972). ‖ – **PIEDRAHITA, César.** Novelista col., autor de *Toá y Mancha de aceite* (1897-1953). ‖ – **URIBE, Rafael.** General col., de tendencia liberal, que tuvo activa participación en la política de su país (1859-1914).

URIBURU, José Evaristo. *Biog.* Político y jurista arg., de 1895 a 1898 presid. de la República (1831-1914). ‖ – **José Félix.** Militar arg., de 1930 a 1932 presid. provisional de su país (1868-1932).

ÚRICO, CA. adj. Perteneciente o relativo al ácido úrico. ‖ Urinario, perteneciente a la orina. ‖ V. **Ácido úrico.**

URICOCHEA, Ezequiel. *Biog.* Estadista y jurisc. colombiano; en 1864 presid. provisional de su país (1824-1883). ‖ – **Juan A.** Pol. colombiano, presid. interino de la Rep. en 1864 (1824-1883).

URIEL GARCÍA, José. *Biog.* Escritor per., autor de *El nuevo indio; La ciudad de los incas*, etc. (n. 1891).

URIEN, Carlos María. *Biog.* Historiador arg., autor de *La Argentina en 1810; La victoria de Maipú; La carga de Junín*, etc. (1855-1921).

URINAL. (Del lat. *urinalis.*) adj. Urinario, perteneciente a la orina.

URINARIO, RIA. (Del lat. *urina*, orina.) adj. Perteneciente o relativo a la orina. ‖ m. Lugar destinado para orinar. sinón.: **meadero, mingitorio.**

URITORCO. *Geog.* Cerro culminante de la sierra Chica, en la prov. de Córdoba, Argentina. 1.950 m.

URMIA. *Geog.* Lago salado del N.O. de Persia, próximo a Tabriz. 5.000 km².

URNA. al. **Urne.** fr. **Urne.** ingl. **Urn.** ital. **Urna.** port. **Urna.** (Del lat. *urna.*) f. Vasija o caja que, entre los antiguos, servía para guardar dinero, los restos o las cenizas de los cadáveres humanos, etc. ‖ Arquita o caja en que se guardan los huesos o las cenizas de los cadáveres en los cementerios. ‖ Caja cuadrada con una abertura que sirve para depositar números o papeletas en los sorteos y en las votaciones secretas. *En las veinte primeras* URNAS *obtuvo más de mil votos.* ‖ Caja de cristal para tener dentro visibles y resguardados del polvo efigies u otros objetos preciosos.

URO. (Del lat. *urus.*) m. Bóvido salvaje muy parecido al toro, pero de mayor tamaño, que habita en los bosques del Cáucaso. *El* URO *es una especie casi extinguida.*

UROBILINA. f. *Fisiol.* Substancia amorfa, pardusca, que se halla normalmente en las deposiciones y en cantidades mínimas en la orina y en la sangre.

URODELO, LA. adj. *Zool.* Dícese de batracios que conservan la cola en la edad adulta y están provistos de extremidades, generalmente en número de cuatro; como los tritones y salamandras. Ú.t.c.s.m. ‖ m. pl. Orden de estos batracios.

UROGALLO. m. Ave gallinácea, de plumaje pardo negruzco, que vive en los bosques y cuando está en celo emite gritos roncos parecidos al mugido del uro.

UROGENITAL. adj. Perteneciente a los aparatos urinario y genital.

UROLOGÍA. f. Parte de la medicina que estudia el aparato urinario y sus enfermedades. ‖ deriv.: **urológico, ca.**

URÓLOGO. m. El que profesa la urología.

UROMANCIA o **UROMANCÍA.** f. Adivinación supersticiosa por el examen de la orina. ‖ deriv.: **uromántico, ca.**

URÓPLATO. m. *Zool.* Género de saurios que tienen los dedos reunidos por una membrana y la cola ensanchada en forma de lámina. *El* URÓPLATO *más conocido vive en Madagascar.*

UROSCOPIA. (Del gr. *ouron*, orina, y *skopeo*, examinar.) f. *Med.* Examen físico y químico de la orina como medio diagnóstico. ‖ deriv.: **uroscópico, ca.**

URPILA. f. *Arg.* Paloma silvestre pequeña.

URQUE. m. *Chile.* Papa de mala calidad.

URQUIDI, José Macedonio. *Biog.* Historiador boliv., autor de *Historia de Bolivia; Bolivianos ilustres*, etc. (n. 1881).

URQUIZA, Concepción. *Biog.* Escritora mex., una de las poetisas de mayor fuerza lírica de su generación (1910-1945). ‖ – **Justo José de.** Militar y estadista arg. Se pronunció contra la dictadura de Rosas en 1851 y al año siguiente comandó las fuerzas que lo derrotaron en la batalla de Monte Caseros. Director provisional de la Confederación Argentina de 1852 a 1854, convocó el Congreso Constituyente de 1853 que dio a la nación su constitución definitiva. Primer presidente constitucional, de 1854 a 1860, posibilitó la organización del país, estimuló la reconciliación política de los argentinos y fomentó la industria, el comercio y la inmigración. Murió asesinado en su palacio de San José (1800-1870).

URQUIZO, Francisco L. *Biog.* Militar y escritor mex., autor de *Entre riscos y entre ventisqueros; De la vida militar mexicana; El primer crimen*, etc. (1891-1969).

URRAO. *Geog.* Población de Colombia, en el dep. de Antioquia. 7.200 h. Centro agrícola.

URRACA. al. **Elster.** fr. **Pie.** ingl. **Magple.** ital. **Pica.** port. **Pega.** (De *hurraca.*) f. Pájaro europeo que tiene cerca de medio metro de largo, pico y pies negruzcos, y plumaje blanco en el vientre y parte de las alas, y negro con reflejo metálico en el resto del cuerpo. Es domesticable, remeda palabras y suele llevarse al nido objetos pequeños. *Pica pica*, córvido. sinón.: **cotorra, gaya, marica, pega, picaraza, picaza.** ‖ *Amér.* Nombre dado a diversos córvidos del Gén. *Cyanocorax.* ‖ **Hablar más que una urraca.** frs. fig. y fam. Hablar mucho una persona.

URRACA. *Biog.* Reina de Castilla y de León; tuvo por opositores a su segundo marido, Alfonso I de Aragón, y al hijo de su primer matrimonio, Alfonso VII, a quien los castellanos reconocieron por rey (1077-1126). ‖ Indígena panameño que acaudilló las fuerzas nativas que resistieron a los conquistadores españoles (s. XVI).

URRE LAUQUEN. *Geog.* Laguna salada de la región central de la Rep. Argentina (La Pampa). Recibe las aguas del río Chadileufú y des. en el río Curacó 250 km².

URRIOLA, Ciro. *Biog.* Estadista panameño, presid. de su país en 1918. M. 1.922

URRIOLAGOITIA, Mamerto. *Biog.* Estadista bol., presid. de su país de 1949 a 1951 (1895-1974).

URRUCHÚA, Demetrio. *Biog.* Pintor, grabador y muralista arg.; temas de carácter dramático y social. Obras: *El nuevo orden; Figura; Composición mural* y otras (1902-1978).

URRUTIA, Francisco José. *Biog.* Historiador y diplomático col. autor de *El ideal internacional de Bolívar; La doctrina Monroe*, etc. (1870-1950). ‖ – **Manuel.** Político cub., presid. provisional de su país en 1959 después de la revolución encabezada por Fidel Castro; renunció poco después (n. 1901). ‖ – **Y GUEREZTA, Luis.** Médico esp., eminente gastrópata (1876-1930).

URSA. f. *Astron.* Orsa.

URSINA. adj. V. **Branca ursina.**

URSINOS, Ana María de la Tremoille, princesa de los. *Biog.* Dama fr. que tuvo gran influencia en la corte esp. durante el reinado de Felipe V (1642-1722).

U. R. S. S. *Geog.* Siglas de la Unión de Repúblicas Socialistas Soviéticas.

ÚRSULA, Santa. *Hagiog.* Virgen cristiana que padeció el martirio (m. aprox. 383).

URSULINA. adj. Dícese de la religiosa de la Congregación fundada por Santa Ángela de Brescia, en el s. XVI. Ú.t.c.s. *La orden de las* URSULINAS *fue la primera que se consagró a la enseñanza de las jóvenes.*

URTEAGA LÓPEZ, Horacio. *Biog.* Historiador per., especializado en estudios arqueológicos. Obras: *Los cronistas de la conquista; Colección de libros y documentos referentes a la historia del Perú*, etc. (1879-1952).

URTICÁCEO, A. adj. *Bot.* Aplícase a plantas dicotiledóneas, de hojas sencillas, opuestas y alternas, con estípulas, y casi siempre provistas de pelos, que segregan un jugo urente, flores pequeñas, fruto desnudo y semilla de albumen carnoso; como la ortiga y la parietaria. Ú.t.c.s.f. ‖ f. pl. *Bot.* Familia de estas plantas.

URTICACIÓN. f. *Pat.* Sensación urente análoga a la que produce el contacto de las ortigas. ‖ *Ter.* Flagelación con ortigas como medio excitante y revulsivo.

URTICANTE. adj. Que produce comezón semejante a las picaduras de ortigas.

URTICARIA. al. **Nesselausschlag.** fr. **Urticaire.** ingl. **Urticaria.** ital. **Urticaria.** port. **Urticária.** (Del lat. *urtica*, ortiga.) f. *Pat.* Dermatosis caracterizada por la erupción súbita de pápulas de forma y dimensiones variables, acompañadas de prurito intenso.

URÚ. m. *Arg.* Ave de unos 20 cm. de largo, plumaje pardo semejante a la perdiz europea.

URUAPAN. *Geog.* Ciudad de México, en el Est. de Michoacán. 25.000 h. Importante producción de café y arroz.

URUBAMBA. *Geog.* Río del Perú (Cuzco y Loreto) que se une al Apurímac para formar el Ucayali. ‖ Ciudad del Perú, a orillas del río hom. (Cuzco). 5.500 h. Producción agrícola.

URUBÚ. m. Especie de buitre americano, de 60 cm. de largo y más de un metro de envergadura.

URUCÚ. m. *Arg.* Bija.

URUCUIA. *Geog.* Río del E. del Brasil, en el Est. de Minas Gerais; des. en el San Francisco. 500 km.

URUETA, Jesús. *Biog.* Escritor mex., autor de *Ensayos y estudios de crítica literaria e histórica; Discursos literarios*, etc. (1869-1920).

URUGUAY, República Oriental del. *Geog.* Estado independiente de América del Sur, el más pequeño de los países de esta parte del continente. Está limitado por la Argentina, Brasil, el océano Atlántico y el río de la Plata. Se halla situado entre los 30º 05' y los 34º 58' 29" de latitud sur; y los 53º 10' 30" y 58º 28' de longitud oeste de Greenwich. Su superficie es de 176.215 km².

Aspecto físico. Constituye el territorio uruguayo la extremidad meridional de la meseta brasileña. Las montañas antiguas han sido tan desgastadas que hoy apenas forman lomas suaves. Estas cumbres redondeadas, dispuestas en líneas sinuosas, reciben el nombre de cuchillas. En la mayor parte de los casos no son más que las divisorias de aguas. Los cerros, culminación de las cuchillas, son bajos. El más elevado alcanza sólo los 501 m.: es el Mirador Nacional, en la sierra de las Ánimas. Todas las lomas del territorio uruguayo se pueden reunir en tres grupos: la cuchilla Grande, la de Haedo y la de Santa Ana, cuyas ramificaciones cubren todo el centro del país. El suelo uruguayo, en general, se halla en franca evolución hacia la penillanura. Además de las regiones de cuchillas constituyen el territorio nacional una peniplanicie litoral, otra platense y una llanura atlántica. La primera abarca la porción occidental del país y acompaña, con mayor o menor amplitud, al río Uruguay. Forma dilatadas y suaves ondulaciones cubiertas de praderas y cultivos. Entre una y otra loma, los valles son amplios y aplanados y llevan casi siempre, en su parte más profunda, una corriente de agua. La penillanura rioplatense es la más reducida de las regiones físicas uruguayas. Abarca casi todo Canelones, Montevideo, gran parte de San José y una pequeña zona del S.E. de Colonia. Difiere poco de la región del Oeste. Es el dominio de los pastos; los árboles escasean. La llanura atlántica ocupa el Este del país. Constituye una franja de 100 km. de ancho que va desde Cerro Largo hasta Maldonado, junto a la laguna Merín y al océano Atlántico. La parte sur y sudeste es lacustre y pantanosa.

Costas. Es necesario distinguir entre las del río de la Plata y las del océano Atlántico. Las primeras presentan en muchas partes barrancos que alcanzan, en ocasiones, hasta 40 m. de altura (departamento de San José). Delante del barranco suele encontrarse una playa arenosa que aparece al descubierto cuando el nivel del río baja. Los golpes del agua, durante los temporales, contra la parte baja de los barrancos han originado grutas y cornisas. La zona oriental de la costa platense es una sucesión de playas arenosas que rematan en puntas rocosas. En Maldonado comienzan las lagunas litorales. La costa oceánica es generalmente arenosa con grandes extensiones cubiertas por playas y dunas. Son características las lagunas, algunas en comunicación con el mar. La mayor es la laguna Merín, en la frontera brasileña.

Clima. Es templado, con lluvias abundantes y uniformemente distribuidas a lo largo del año, aunque tienen un máximo en otoño. La temperatura media anual es de unos 15º. La oscilación térmica es mucho mayor en el centro del país, alejado de la influencia moderadora del mar.

Hidrografía. El origen de las corrientes de agua del país es, salvo contadísimas excepciones, netamente pluvial. Las tres grandes vertientes hidrográficas son las del río Uruguay, río de la Plata y laguna Merín. El primero es navegable por barcos de regular calado hasta la ciudad de Salto y constituye, en consecuencia, una arteria importante para las comunicaciones y transporte de las ciudades del litoral uruguayo y argentino. Salto, Paysandú y Fray Bentos son sus puertos más notables. Entre los afluentes del río Uruguay se destacan el río Negro en primer lugar, y luego el Cuareim, Arapey, Queguay, etc. Al río de la Plata llegan el Santa Lucía y muchos otros menores. Las aguas de los ríos y arroyos del E. del país llegan al océano Atlántico a través de la laguna Merín. El río Yaguarón, en la frontera brasileña, el Tacuarí y el Cebollatí son los más importantes.

Flora. La flora uruguaya esta ampliamente relacionada con la subtropical del Sur del Brasil y de la prov. argentina de Misiones, con la mesopotámica de Entre Ríos y Corrientes y con la pampeana rioplatense. La primera ocupa el N.E. del **Uruguay**; la segunda, el litoral del río hom., y la tercera, la zona costera del río de la Plata y el centro del país. En la primera región predominan los helechos arborescentes, la caña tacuara, el guayabo, la yerba mate, las palmeras, etc. Son típicos de la franja litoral del río Uruguay el lapacho, timbó, algarrobo, guayabo, espinillo, quebracho, palmera yatay y, en general, las grandes extensiones cubiertas por pastos con bosques galerías que acompañan los cursos de agua. En la costa del Plata y centro del país se distingue la pradera de pastos tiernos con juncales y totorales, y las zonas de pastos secos y duros, de hasta 1,50 m. de alto, que se presentan en matas o mechones. Es común el cardo mezclado entre las otras formas vegetales. Los bosques de ombúes son frecuentes.

Población. Religión. Lengua. La población del **Uruguay** se estima en 2.810.000 h., de los cuales prácticamente la totalidad está constituida por individuos de raza blanca y de origen europeo. Los negros son escasos y los indígenas están totalmente extinguidos. La religión predominante es la católica. La lengua oficial es el castellano.

División política. Es una República unitaria dividida en diecinueve departamentos: Artigas (cap. hom.); Canelones (cap. hom.); Cerro Largo (cap. MELO); Colonia (cap. hom.); Durazno (cap. hom.); Flores (cap. TRINIDAD); Florida (cap. hom.); Lavalleja (cap. MINAS); Maldonado (cap. hom.); Montevideo (cap. hom.); Paysandú (cap. hom.); Río Negro (cap. FRAY BENTOS); Rivera (cap. hom.); Rocha (cap. hom.); Salto (cap. hom.); San José (cap. hom.); Soriano (cap. MERCEDES); Tacuarembó (cap. hom.), y Treinta y Tres (cap. hom.). La capital del país es la ciudad de MONTEVIDEO.

Recursos económicos. Las características tanto del suelo como del clima uruguayo han determinado la existencia de riquezas naturales abundantes en el suelo y escasas en el subsuelo. Como consecuencia, la agricultura y la ganadería —muy especialmente esta última— se han desarrollado notablemente, mientras que la actividad industrial es escasa, a excepción de la que tiene por base la producción agropecuaria.

Ganadería. Es la principal ocupación de los habitantes. El 75% del suelo está dedicado a esta actividad. Sus ganados son de óptima calidad y reúnen las mejores condiciones para la producción y exportación de carne. Además brindan lanas, cueros, astas, etc., que suministran los elementos básicos para numerosas industrias de transformación en el país y en el exterior. Los ovinos forman los rebaños más numerosos, siguen luego los vacunos, equinos, porcinos y caprinos.

Agricultura. Aproximadamente el 11% del suelo uruguayo está dedicado a los cultivos. La producción agrícola es lo suficientemente grande como para abastecer las necesidades de la población y dejar un margen exportable de algunos productos. El trigo es el cereal más cultivado. Siguen luego el maíz, arroz y cebada. Es importante la producción de lino que, juntamente con el girasol, brindan la casi totalidad de las semillas oleaginosas. Vid, avena, tabaco, citros, duraznos, higos, peras, hortalizas, constituyen cultivos de importancia.

Minería. Carece de combustibles y debe importar el que consume. Algunas centrales hidroeléctricas y la construcción de las represas de Río Negro y de Salto Grande, esta última con participación argentina, representan un importante paso adelante en el aprovechamiento de la energía de sus aguas. El mármol de Maldonado y Lavalleja, los granitos de La Paz, los pórfidos de Piriápolis, las ágatas y cuarzos amatistas de Artigas, Salto y Tacuarembó, son los minerales más notables. Las arenas, talco y yeso del dep. de Colonia se exportan a Buenos Aires.

Industrias. Han adquirido desarrollo aquellas industrias que derivan de las labores agropecuarias. La lana es una de las principales riquezas del país. Las fábricas que la tejen han alcanzado gran importancia, y su producción ha conquistado mercados compradores en América y Europa. Los frigoríficos, grandes y modernos, preparan carne conservada, extracto y harina de carne, grasas comestibles e industriales, peptonas, tripas, astas, etc. El cuero y la leche dan lugar, también, a importantes industrias derivadas.

Comercio y Comunicaciones. El comercio de exportación del **Uruguay** tiene por base los productos de la ganadería. La red ferroviaria —que converge en Montevideo— es la más densa de América del Sur. Tiene más de 3.000 km. de vías. Las líneas aéreas relacionan a Montevideo con las principales ciudades del país y del exterior.

Hist. **Descubrimiento.** El **Uruguay**, cuyo nombre proviene del río homónimo y significa "río de los caracoles" según unos y "río de los pájaros" según otros, estaba habitado a la llegada de los conquistadores españoles por diferentes tribus indígenas que integraban la primitiva civilización guaraní. Las principales tribus eran las de los charrúas, que vivían en la costa septentrional del río de la Plata, desde la desembocadura del San Salvador hasta el Atlántico y se extendían hacia el interior. La primera expedición que llegó a tierras uruguayas fue la del español Juan Díaz de Solís, piloto mayor del Reino, que en octubre de 1515 había partido del puerto de Lepe (Huelva). Solís recorrió la costa brasileña, y llegó a las islas uruguayas que llamó de Torres; de allí siguió hacia el Sur y doblando al Oeste se internó en el estuario del Plata; en febrero de 1516 desembarcó en un puerto que denominó Nuestra Señora de la Candelaria, que a estar de algunos cronistas e historiadores sería el actual Montevideo y según otros el de Maldonado. Continuando el viaje penetró "luego en un agua, que por ser espaciosa y no salada, llamaron mar Dulce" y fondeó después en una isla que luego se llamaría San Gabriel, en la cual dejó sus dos carabelas de mayor calado, en tanto que con la tercera navegaba hacia el Norte hasta encontrar la isla de Martín García. Posteriormente navegó hacia el Norte y desembarcó con 50 hombres; a poco de apartarse de la costa fue sorprendido por los charrúas y muerto con casi todos sus hombres. En 1520 la expedición de Magallanes, a quien el rey de España había encomendado la búsqueda del paso a las Indias, navegó por el río de la Plata y descubrió el río Uruguay, luego de lo cual tomó rumbo hacia el Sur. Se dice que un vigía de la expedición de Magallanes, al avistar el cerro de Montevideo, exclamó en portugués "Monte vide eu" (o "Monte vi eu"), de donde se habría originado el nombre de la futura capital uruguaya. Otra versión asegura que ese nombre surgió como derivado de las primeras cartas náuticas, donde el cerro que está junto a la ciudad fue señalado como Monte VI, de Este a Oeste. En 1527 llegó una tercera expedición cuyo jefe era Sebastián Caboto y que exploró el bajo Uruguay, fundó el fortín de Sancti Spiritus en la desembocadura del río San Salvador e, ilusionado por el mito de las montañas de oro y plata, remontó el Paraná y el Paraguay. En 1528 le sucedió la expedición comandada por Diego García, que remontó el río Uruguay, visitó el puerto de San Salvador y más tarde se encontró en el Paraná con Caboto, a cuya autoridad debió someterse no obstante la autorización real de que estaba provisto. En 1529 los indios timbúes asaltaron e incendiaron el fuerte de Sancti Spiritus, desastre que decidió el regreso de Caboto. Éste fue quien difundió el nombre del río de la Plata, antes llamado río Solís o mar Dulce; sin embargo, quienes le dieron tal nombre fueron los portugueses, que antes del arribo de Caboto hicieron secretamente varias expediciones a las comarcas del Plata.

Conquista y Colonización. Como la de los demás países latinoamericanos, la conquista del **Uruguay** presenta dos fases: una militar, cumplida por los adelantados, y una pacífica efectuada por los misioneros. Hacia 1607 realizó Hernandarias una expedición a la "costa de los charrúas", recorriéndola desde la boca del río Negro hasta la bahía de Montevideo y al mismo tiempo introdujo cien animales vacunos, y algunos caballos y yeguas. Ese ganado se multiplicó extraordinariamente, al punto de que pocos años después llegaban de Buenos Aires faeneros autorizados para matar reses y recoger sus cueros, para remitirlos a Europa; esa actividad dio gran vida a la región y fue el origen de varios pueblos. La fundación, en 1680, de la Colonia del Sacramento por los portugueses fue el origen de una constante rivalidad entre españoles y portugueses hasta los tiempos de la emancipación, pero el pueblo más antiguo del país es, presumiblemente, Santo Domingo Soriano, cuya fundación se atribuye a los franciscanos. Una cédula real de 1701 autorizó la introducción de negros africanos, medida ya aconsejada por fray Bartolomé de las Casas, con el propósito de aumentar el número de brazos para los trabajos de faenamiento y también de agricultura, que ya se habían comenzado auspiciosamente. En 1723 los portugueses se apoderaron de la bahía de Montevideo, pero al año siguiente fueron expulsados por Bruno Mauricio de Zabala, gobernador de Buenos Aires, el mismo que en 1726, en cumplimiento de las reiteradas órdenes de Felipe V, procedió a la fundación de la ciudad de Montevideo, para cuya defensa ordenó la construcción del Fuerte San José; días antes habían llegado a la futura ciudad veinte familias canarias y gallegas, núcleo inicial de su población. El 1º de enero de 1730, Zabala creó el primer Cabildo de Montevideo, con la elección de los nueve vecinos más expectables; así quedó oficialmente reconocida entre los pueblos españoles de América la "muy noble y esclarecida ciudad de San Felipe y Santiago de Montevideo". **Uruguay** fue inicialmente una comandancia militar dependiente de Buenos Aires, pero en 1749 creóse para ella el cargo de gobernador, cuyo primer titular fue José Joaquín de Viana. Durante el período gubernativo de éste tuvo lugar la llamada guerra guaranítica, motivada por la cesión que la corona hiciera a Portugal de las misiones orientales en el Tratado de Madrid de 1754. Al fundarse en 1776 el Virreinato del Río de la Plata, **Uruguay** lo integró juntamente con Argentina, Paraguay y Bolivia. En 1777 la jurisdicción de España fue reconocida oficialmente por Portugal. En 1803 se produjo en Montevideo una rebelión de esclavos negros que fue sofocada, y en 1804 los portugueses intentaron un nuevo avance, pero cuando llegaron al río Yarao fueron desalojados por el cuerpo de blandengues –que se había creado en 1797– a las órdenes de Rondeau. A la resistencia contra las invasiones inglesas de 1806 y 1807 el **Uruguay** contribuyó eficazmente. Ocupadas Maldonado y Montevideo en 1807 por Popham, jefe de las fuerzas inglesas, fueron abandonadas ante la perspectiva del fracaso de apoderarse de Buenos Aires. En el transcurso de la breve ocupación extranjera, se publicó en **Uruguay** el primer periódico: "La Estrella del Sur", edición bilingüe en español e inglés.

Independencia. Las invasiones fueron de resultado fecundo, en cuanto predispusieron a los criollos a medir y valorar sus propias fuerzas, y además porque el contacto con ciudadanos ingleses reveló las ventajas de un gobierno libre; todo ello se relacionó con la descomposición del régimen colonial, que ya había dado de sí cuanto era posible y que no podía o no quería satisfacer justas aspiraciones, sobre todo la tan necesaria libertad de comercio. La Revolución Francesa y la independencia estadounidense despertaron también los ideales de libertad, y los sucesos argentinos de 1810 los fortalecieron definitivamente. En 1808, al producirse la invasión napoleónica a España, el Cabildo Abierto de Montevideo desconoció la autoridad del virrey Liniers y creó una Junta de Gobierno presidida por el gobernador Elío. Pero es indudable que quien corporizó los más altos ideales de independencia y libertad fue José Gervasio de Artigas, prócer civil y militar, figura arquetípica de la democracia y uno de los grandes hombres de la historia americana. Apoyado por la Junta de Buenos Aires, Artigas, como capitán de blandengues, inició la lucha tenaz contra los realistas a los que batió en Paso de Rey, Maldonado, San Carlos, Las Piedras, etc. Al mismo tiempo que Artigas entraba en acción, en todo el país se produjeron levantamientos patriotas; en febrero de ese año los campesinos Pedro Viera y Venancio Benavídez habían dado el grito de libertad a orillas del arroyuelo de Asencio –de ahí que se conozca como "Grito de Asencio"– levantándose en armas, y en otros puntos iniciaban acciones semejantes Juan Antonio Lavalleja, Joaquín Suárez, Fernando Otorgués, etc. Tras el combate de Las Piedras, Artigas acampó en el Cerrito e inició de inmediato el sitio de Montevideo, ante lo cual el virrey Elío pidió ayuda a los portugueses. Estos invadieron prestamente el país; Buenos Aires se vio obligada a concertar un armisticio con Elío, y Artigas, con quince mil hombres, debió trasladarse a la provincia argentina de Entre Ríos, hecho que en la historia se ha dado en llamar con justicia el "éxodo del pueblo oriental". Vigodet sucedió a Elío y desconoció el armisticio que éste había convenido; Rondeau sitió entonces a Montevideo durante casi dos años, hasta que las fuerzas realistas se rindieron, en junio de 1814. El año anterior, bajo la inspiración de Artigas, se había reunido en Tres Cruces el primer Congreso Nacional Uruguayo, reconociendo la Asamblea General Constituyente de Buenos Aires y enviando a la misma seis diputados, munidos de las famosas *Instrucciones* redactadas por Artigas y propiciatorias del régimen federal; después se constituyó en Canelones un gobierno provisional presidido por el prócer. Sin embargo, el Directorio porteño desconoció el referido Congreso e hizo reunir otro, presidido por Rondeau, hecho que decidió a Artigas a retirarse del sitio de Montevideo en que participaba, e iniciar una política de acerba oposición al centralismo político de Buenos Aires. En 1815, formó, con Entre Ríos, Corrientes, Santa Fe, Córdoba y Misiones, provincias que lo aclamaron como "el protector de los pueblos libres", la llamada "Liga Federal". Pero la Banda Oriental, mientras tanto, funcionó como una dependencia política y administrativa de Buenos Aires hasta que en 1815 Fructuoso Rivera vence a las tropas argentinas comandadas por Dorrego en la batalla de Guayabo y rescata a Montevideo para los uruguayos; no obstante, esta victoria sólo confiere al país más autonomía y no una real independencia y es el período que los historiadores nacionales han calificado como el de la primera independencia o Patria Vieja, pues la invasión de los portugueses volvía a debilitar tales conquistas. A las fuerzas del general Lecor, Artigas opuso solamente seis mil hombres no del todo bien pertrechados; la lucha fue desigual y a principios de 1817 los portugueses tomaban Montevideo. Núcleos indómitos persistieron en la lucha, con jefes de la talla de Rivera y Lavalleja. Por su parte, Artigas declaró la guerra a Buenos Aires, que culminó en 1820 con la victoria de Cepeda por sus aliados López y Ramírez; éste se alió, entonces, a Buenos Aires y volvió sus armas contra Artigas. Finalmente vencido por su ex aliado y acosado también por los portugueses, Artigas renunció a la lucha y en setiembre de 1820 se refugió en el Paraguay, donde fue amparado por Gaspar Rodríguez Francia y bajo cuyo cielo vivió hasta su muerte. El 18 de julio de 1821 fue proclamada la anexión de la Banda Oriental al Brasil, con el nombre de Provincia Cisplatina. Fiel custodio de los ideales patrios, Juan Antonio Lavalleja invadió el país en 1825 con 33 patriotas que se habían refugiado en Buenos Aires; con ellos inició el sitio a Montevideo y proclamó nuevamente la independencia el 25 de agosto. Constituido un ejército de dos mil hombres que fue apoyado por la Argentina, éstos lograron derrotar definitivamente a los brasileños en la batalla de Ituzaingó, en 1827. El 3 de octubre de 1828 se suscribió en Montevideo el tratado de paz, por el cual Brasil y Argentina renunciaron solemnemente a sus pretensiones sobre el territorio uruguayo. Instalada en San José una Asamblea General Constituyente integrada por 28 diputados, elaboró la constitución de la flamante República Oriental del **Uruguay**, que fue promulgada el 18 de julio de 1830.

Organización. Ya en las últimas luchas por la Independencia se insinuaron las tendencias políticas divergentes, que fueron origen de las luchas intestinas en los primeros años de la organización republicana y que siguieron gravitando en la vida política de la nación; blancos y colorados, acaudillados por Lavalleja y Rivera respectivamente. Rivera fue el primer presidente constitucional de la República y hubo de enfrentar movimientos sediciosos de Lavalleja; le sucedió en 1835 Manuel Oribe, que a su vez fue derrocado por Rivera. De 1839 a 1843 Rivera ocupó nuevamente el poder. Durante este período de la historia uruguaya Oribe fue apoyado por Juan Manuel de Rosas, a quien Rivera entabló guerra y si bien lo derrotó en Cagancha, el conflicto bélico duró de 1843 a 1852, participando Oribe del lado de Rosas. La victoria correspondió a Joaquín Suárez, ayudado por varios guerrilleros entre los cuales se contaba José Garibaldi. Posteriormente **Uruguay** prestó amplia ayuda a las huestes de Urquiza que derrotaron a Rosas, y de 1864 a 1870 constituyó con Argentina y Brasil la triple alianza que salió victoriosa en la guerra contra el Paraguay. Durante prolongado lapso se sucedieron los movimientos populares y los golpes de Estado. Julio Herrera y Obes, jefe de Estado de 1890 a 1894, fue el primer presidente constitucional cuyo gobierno fue interrumpido por sediciones. En 1903 asumió el poder José Batlle y Ordoñez, uno de los grandes estadistas continentales, que fue reelegido en 1911 y cuya obra de gobierno, de carácter progresista avanzado en todos los aspectos de la vida nacional, dio una nueva fisonomía al país. Los gobiernos que le sucedieron han continuado e intensificado esa obra mediante la nacionalización de todas las empresas de servicios públicos y una legislación moderna en lo social y político. En 1952 fue reformada la Constitución, sustituyéndose el régimen presidencial por un gobierno colegiado: el Consejo Nacional de Gobierno. Este funcionó hasta 1967, en que el país se dio una nueva constitución y ocupó la presidencia de la República el general Oscar Gestido, quien gobernó hasta su muerte, meses después. En 1967 ocupó el cargo vacante el vicepresidente Jorge Pacheco Areco, bajo cuyo mandato el **Uruguay** debió luchar contra la acción subversiva de los guerrilleros denominados "tupamaros". En marzo de 1972, se hizo cargo del gobierno, como presidente electo, Juan María Bordaberry, quien fue depuesto en 1976, quedando interinamente a cargo del Poder Ejecutivo el vicepresidente Alberto Demicheli. Para el período 1976-1981 fue designado Aparicio Méndez.

Gobernantes de Uruguay. Fructuoso Rivera (1830-1834); Carlos Anaya (1834-1835); Manuel Oribe (1835-1838); Gabriel Antonio Pereira (1838); Fructuoso Rivera (1838-1839); Gabriel Antonio Pereira (1839); Fructuoso Rivera (1839-1843); Joaquín Suárez (1843-1852); Bernardo Prudencio Berro (1852); Juan Francisco Giró (1852-1853); Triunvirato; Juan Antonio Lavalleja, Venancio Flores y Fructuoso Rivera (1853-1854); Venancio Flores (1854-1855); Luis Lamas (1855); Manuel Basilio Bustamante (1855-1856); José María Plá (1856); Gabriel A. Pereira (1856-1860); Bernardo P. Berro (1860-1864); Atanasio Cruz Aguirre (1864-1865); Tomás Villalba (1865); Venancio Flores (1865-1868); Pedro Varela (1868); Lorenzo Batlle (1868-1872); Tomas Gomensoro (1872-1873); José E. Ellauri (1873-1875); Pedro Varela (1875-1876); Lorenzo Latorre (1876-1880); Francisco Antonio Vidal (1880); Lorenzo Latorre (1880); Francisco A. Vidal (1880-1882); Alberto Flangini (1882); Máximo Santos (1882-1886); Francisco A. Vidal (1886); Máximo Santos (1886); Máximo Tajes (1886-1890); Julio Herrera y Obes (1890-1894); Duncan Stewart (1894); Juan Idiarte Borda (1894-1897); Juan Lindolfo Cuestas (1897-1899); José Batlle y Ordóñez (1899); Juan Lindolfo Cuestas (1899-1903); José Batlle y Ordoñez (1903-1907); Claudio Williman (1907-1911); José Batlle y Ordóñez (1911-1915); Feliciano Viera (1915-1919); Baltazar Brum (1919-1923); José Serrato (1923-1927); Juan Campisteguy (1927-1931); Gabriel Terra (1931-1938); Alfredo Baldomir (1938-1943); Juan José Amézaga (1943-1947); Tomás Berreta (1947); Luis Batlle Berres (1947-1951); Andrés Martínez Trueba (1951-1952); Consejo Nacional de Gobierno (1952-1967); Óscar Gestido (1967); Jorge Pacheco Areco (1967-1972); Juan María Bordaberry (1972-1976); Alberto Demicheli (interino, 1976); Aparicio Méndez (1976-1980).

Símbolos Nacionales. Bandera. "El 18 de diciembre de 1828 la Asamblea General Constituyente decretó: "el pabellón del Estado será blanco con nueve listas de color azul celeste, horizontales y alternadas dejando en el ángulo superior del lado del asta, un cuadrado blanco, en el cual se colocará un sol". Las nueve listas azules representaban los nueve departamentos en que se dividía entonces el país. Por ley del 11 de julio de 1830 se redujeron a cuatro las listas mencionadas. **Escudo.** De acuerdo con el decreto del 14 de marzo de 1829, emanado de la misma Asamblea, el escudo uruguayo es un óvalo coronado con un sol y cuarteado, con una balanza como símbolo de la Igualdad y la Justicia, colocada sobre esmalte azul en el campo superior de la derecha; el Cerro de Montevideo como símbolo de la fuerza, sobre fondo de plata en el de la izquierda; un caballo suelto como símbolo de la abundancia. Además, adornan al escudo trofeos militares y marinos, y símbolos del comercio. **Himno.** El 8 de julio de 1833 el poeta Francisco Acuña de Figueroa presentó a las autoridades la primera canción patria. Posteriormente el mismo escritor creyó oportuno suprimirle algunas alusiones a España, Portugual y Brasil y el gobierno la aprobó oficialmente como Himno Nacional, haciéndola estrenar el 18 de julio de 1845. La música pertenece al compositor húngaro Francisco José Debali, quien fue asesorado sobre el carácter de la letra por el actor Fernando Quijano.

Educación. Uruguay es el país sudamericano que imparte educación a mayor número de personas en relación a su superficie y población. La educación primaria, la secundaria y la universitaria son igualmente gratuitas. La primera, obligatoria entre los seis y catorce años, comprende un ciclo de seis años. Existen actualmente cerca de 2.000 escuelas primarias, a más de los establecimientos especiales, como jardines de infantes, escuelas de aplicación, etc. Los colegios de enseñanza secundaria son más de ochenta en todo el país. La enseñanza superior o profesional está a cargo de la Universidad de Montevideo, que fue fundada en 1849 y de la cual dependen siete facultades. Desde 1942 existe la Universidad del Trabajo, que abarca la enseñanza técnica completa de las diferentes ramas de la industria nacional.

Cultura. Literatura. Uruguay ha realizado la proeza de colocarse a la par de otros países, iniciando su vida literaria desde los últimos años del dominio español y los primeros de la independencia. Su literatura posee grandes valores: **Rodó, Reyles, Zorrilla de San Martín, Florencio Sánchez,**

Herrera y Reissig, Carlos Vaz Ferreira, Horacio Quiroga, Delmira Agustini, Juana de Ibarbourou. Como antecedente histórico deben citarse primeramente los escritores seudoescolásticos que apuntaron en los albores del s. XIX: Pérez Castellano, Dámaso Larrañaga, Juan Martínez, José Benito Lamas, Prego de Oliver, etc. Dos escritores opuestos en temperamento y cultura son los que sobresalen inmediatamente después: Francisco Acuña de Figueroa, cuyo arrebato patriótico lo llevó a componer las estrofas del Himno Nacional, literato eminentemente clasicista, y Bartolomé Hidalgo, cuya ruda y original poesía gauchesca lo muestra como el primero que fue capaz de recoger el verso nativo popular en formas literarias no por rudimentarias menos provistas de autenticidad y frescura. Romántico y de inspiración indianista, Alejandro Magariños Cervantes representa el primer intento culto de promover una escuela literaria nacional. La generación romántica inicial, llamada también del cuarenta, destaca, además, a Andrés Lamas, Adolfo Berro, Juan Carlos Gómez, Eduardo Gordon, Heraclio Fajardo, Ramón de Santiago y otros que aparecen confundidos con varios intelectuales argentinos que actuaban en Montevideo, proscritos por el gobierno de Rosas. Desde 1875 aproximadamente, el Ateneo de Montevideo agrupa a la segunda generación de románticos, encabezada por Julio Herrera y Obes, y por Luis Melián Lafinur. Al margen del Ateneo en la misma época, prestigian el mundo literario Francisco Bauzá y Juan Zorrilla de San Martín. Éste, con la publicación, en 1886, de su extraordinario poema *Tabaré*, inspirado en una leyenda aborigen, se consagró como una de las grandes figuras literarias continentales. Contemporáneamente, Eduardo Acevedo Díaz debe ser considerado el iniciador de la novela nacional; su obra, de un romanticismo atenuado por inclinaciones naturalistas, evidencia cierta predilección por los temas históricos. Por entonces y hasta varios años después de iniciado el nuevo siglo, la poesía de Carlos Roxlo aparece como una insistente prolongación del romanticismo. En las postrimerías del s. XIX comienzan a revelarse novísimas tendencias estéticas e ideológicas procedentes de Europa: el realismo, el positivismo, el socialismo, el anarquismo, el simbolismo decadente y otras que gravitaron, de un modo sensible, tamizadas en las formas del modernismo. Del inquieto "Consistorio del Gay Saber" surge la extraña y poderosa personalidad literaria y humana de Horacio Quiroga, que habría de señalarse como el más formidable cuentista rioplatense y sudamericano. Julio Herrera y Reissig es el primer gran poeta modernista, aunque a ratos influido por parnasianos y simbolistas, y Rodó y Reyles, los más altos prosistas de la misma tendencia; José Enrique Rodó sumó a su fuerza de escritor sus inquietudes filosóficas y con *Ariel* y *Motivos de Proteo* alcanzó las dimensiones de pensador hondo e idealista. Carlos Reyles, fiel a las manifestaciones de la cultura europea, halló su consagración en una novela de asunto hispano, *El embrujo de Sevilla*, magnífica en estilo y colorido. José Alonso y Trelles, más conocido por su seudónimo de "el Viejo Pancho" es un retorno a la poesía popular de imágenes limpias y fáciles, y la extensión, hasta sus mejores consecuencias, del camino señalado por Bartolomé Hidalgo y por el poeta gauchesco Antonio D. Lussich, autor de *Los tres gauchos orientales* y *El matrero Luciano Santos*, obras que fueron elogiadas por su contemporáneo, el argentino José Hernández. El teatro, que había comenzado a despuntar con los primitivos dramas criollos de Orosmán Moratorio, Elías Regules, Alcides de María y otros cultores de lo gauchesco, alcanza dimensiones de arte en la vigorosa dramática realista de Florencio Sánchez, de cuya enjundia no está lejos Ernesto Herrera; sus continuadores son Otto Miguel Cione, José Pedro Bellán, Samuel Blixen, Francisco Imhof, Víctor Pérez Petit, Edmundo Bianchi, Justino Zavala Muñiz, y sobre todo, Vicente Martínez Cuitiño, atento a las trascendentales transformaciones de la estética teatral en este siglo. El período postmodernista se inicia con una suerte de rebrote romántico en las grandes figuras femeninas de la poesía oriental: Delmira Agustini y Juana de Ibarbourou, de obra apasionada y sensual; la poesía femenina ha sido gallardamente continuada por María Eugenia Vaz Ferreira y luego por Sara de Ibáñez, Luisa Luisi, Esther de Cáceres, Estrella Genta. Dora Isella Russell, etc. El paso hacia el ultraísmo y las tendencias que posteriormente derivan de él presentan a Julio J. Casal, Fernán Silva Valdés y Emilio Oribe, entre otros, hasta que la renovación emerge total con Carlos Sabat Ercasty, cuya inclinación al verso libre y a las fuerzas de la naturaleza hacen recordar a Whitman. En Silva Valdés se mezclan el nativismo y el ultramodernismo, y con otros dos poetas actuales, Ildefonso Pereda Valdés y Gastón Figueira, adquiere peculiar fisonomía el tema negro o el llamado negrismo poético. Entre las últimas promociones poéticas hay también destacados valores: Roberto Ibáñez, que acaudilló un nuevo movimiento estético llamado "transcreacionismo"; Fernanda Nebel y Edgardo Ubaldo Genta, fieles a la tradición estrófica; Alfredo Mario Ferreiro y Juvenal Ortiz Saralegui, vanguardistas; Julio Garet Mas, Juan Cunha, Carlos Brandy, Silvia Herrera, Iván Kmaid, Cecilio Peña, etc. La prosa actual es asimismo de diferentes y firmes expresiones de valía. Enrique Amorim es acaso su novelista más representativo, con su ciclo de novelas de campo –género cuyo postrer exponente destacable había sido Javier de Viana– que ha roto los prototipos tradicionales para dar una nueva visión de agudeza psicológica, preocupaciones sociales e inquietudes metafísicas que recuerdan la novelística norteamericana. Cuentista de excepción es Fernán Silva Valdés, también poeta, novelista y dramaturgo. Justino Zavala Muñiz ha recorrido una gama variada, desde el colorido regionalista hasta la trascendental visión de hechos y personajes. Otros prosistas que deben citarse son Francisco Espínola, Adolfo Montiel Ballesteros, Mario Benedetti, Juan José Morosoli, R. Francisco Mazzoni, Carlos Martínez Moreno, Juan Carlos Onetti, Mario Arregui, José Pedro Díaz, etc. Entre los críticos y ensayistas están Alberto Zum Felde, que ha analizado casi exhaustivamente la cultura del país; Ildefonso Pereda Valdés, investigador de lo folklórico; Gustavo Gallinal, Edmundo Bianchi, Emilio Frugoni, etc. Mención especialísima corresponde a Carlos Vaz Ferreira, cuyo magisterio filosófico ha adquirido proyección internacional y cuya labor intelectual, especialmente en la esfera de la educación sólo en parte está reflejada en sus libros. No es posible, por fin, dejar de citar a tres poetas de renombre internacional nacidos en el **Uruguay**, aunque literatos franceses por el idioma en que escribieron: Julio Laforgue, el conde de Lautreamont y Julio Supervielle. Anque no se ubican en las letras uruguayas, es indudable que el prestigio y la gloria de los tres es un orgullo de la cultura uruguaya. **Música.** Musicalmente el **Uruguay** está relacionado con la Argentina; el folklore musical rioplatense se integra con danzas y canciones pertenecientes por igual a ambos países, y cuyo origen común se remonta a España. El triste, el triunfo, el cielito, el pericón, la vidala, etc.; primeramente la milonga y el tango después, son comunes a los dos pueblos, si bien ello no implica una total o completa identificación ya que, como lo han destacado compositores y críticos. existen ciertas características sutiles que diferencian la melodía uruguaya de su réplica argentina. **Pintura y Escultura.** El cultivo de las artes plásticas en el **Uruguay** tiene un origen relativamente reciente. El primer gran cultor de la pintura fue, a mediados del s. XIX. Juan Manuel Blanes, que luego de estudiar en Italia, retornó a su patria y se dedicó preferentemente a los temas de carácter histórico; hechos y hombres de **Uruguay** y **Argentina** fueron captados vigorosamente por su paleta y además, en una extensa serie de cuadros reflejó momentos históricos, costumbres de los gauchos, escenas campestres y motivos costumbristas criollos, con viva autenticidad. En la generación siguiente, los pintores Eduardo Carbajal, Humberto Causa, Gilberto Bellini, Mario Spallanzani, **Pedro Blanes Viale, Diógenes Hequet y Carlos M. Herrera se dedicaron también al género histórico en tanto Alberto Castellanos y Manuel Larravide pintaron motivos marinos. En pleno s. XX sobresalen los más grandes pintores del país, cuya obra ha rebasado los límites patrios: Pedro Figari, Joaquín Torres García, Rafael Barradas, José Cúneo, Carmelo de Arzadún. En una nómina que comprende hasta los artistas de la actualidad, distínguense los escultores Juan M. Ferrari, autor de obras históricas; José Belloni, cuyos magníficos conjuntos *La carreta* y *La diligencia*, son los grupos escultóricos más admirados de Montevideo; Pablo Mañé; Bernabé Michelena; José Zorrilla de San Martín, autor del notable monumento al *Gaucho* y del obelisco a los *Constituyentes de 1830;* Luis Pedro Cantú, autor del monumento a *Florencio Sánchez,* Melchor Méndez Magariños. Ada Letamendía, Germán Cabrera, Eduardo Díaz Yepes, Pedro César Costa. Octavio Podestá, etc.**

URUGUAY. *Geog.* **Río de América del Sur que nace en el Brasil, en la confluencia de los ríos Pelotas y Canoas, en la sierra del Mar. Toma una dirección O. y luego S. O., sirve de límite entre Brasil y Argentina y entre este país y el Uruguay. Es un río de meseta y presenta saltos, de los cuales es el más importante el salto Grande, sit. al norte de Concordia. Es navegable en su curso inferior y se une al Paraná para formar el río de la Plata. 1.600 km.**

URUGUAYANA. *Geog.* **Ciudad del Brasil (Río Grande del Sur), sobre el río Uruguay, en la frontera con la Argentina. 26.000 h. Producción agropecuaria.**

URUGUAYO, YA. adj. Natural del Uruguay. Ú.t.c.s. sinón.: **oriental.** ‖ Perteneciente a esta nación.

URUNDAY. m. *Arg.* **Árbol de la región chaqueña que alcanza 20 m. de altura. Su madera, de color rojo oscuro, se emplea en la construcción de casas, buques y muebles.** ***Astronium urundeuva,*** **anacardiáceo.**

URUTAÚ. m. *Arg.* y *Parag.* **Pájaro nocturno, de plumaje pardo obscuro. Lanza durante la noche una especie de alarido prolongado.** ***Nyctibius griseus,*** **caprimúlgido.**

URUTÍ. m. *Arg.* **Cierto pajarillo de varios colores.**

URVINA, José María *Biog.* Militar y estadista ec., presidente de su país de 1852 a 1856. Abolió la esclavitud (1808-1891).

USABLE. adj. Que se puede usar. ‖ Mal empleado por **usual.** *Es práctica muy* USABLE.

USADAMENTE. adv. m. Según el uso o conforme a él.

USADO, DA. al. **Abgenutzt; abgetragem.** fr. **Usé.** ingl. **Worn out.** ital. **Usato.** port. **Usado.** adj. Gastado y deslucido por el uso. *Lleva buena ropa, pero muy* USADA. ‖ Habituado, ejercitado en alguna cosa.

USADOR, RA. adj. Que usa.

USAGRE. (Del gr. *psora agría,* tiña.) m. *Pat.* Erupción pustulosa, seguida de costras, que se presenta comúnmente en la cara durante la primera dentición. sinón.: **costra láctea.** ‖ *Veter.* Sarna en el cuello del perro, el caballo y otros animales domésticos.

USANDIZAGA, José María. *Biog.* Compositor esp., autor de las zarzuelas *Las golondrinas; La llama,* etc. (1887-1915).

USANTE. p.a. de **Usar.** Que usa.

USANZA. (De *usar.*) f. Uso, costumbre, moda. *Se vistió a la antigua* USANZA.

USAR. al. **Gebrauchen; benutzen.** fr. **User.** ingl. **To use.** ital. **Usare.** port. **Usar.** (De *uso.*) tr. Hacer servir una cosa para algo. Ú.t.c.intr. USA *chanclos para la lluvia;* sinón.: **emplear, gastar.** ‖ Disfrutar o utilizar uno alguna cosa. *Este compás no es mío, pero me permiten que lo* USE. ‖ Ejecutar o practicar alguna cosa habitualmente. USA *ir al café.* ‖ Ejercer un empleo u oficio. USA *el oficio de herrero.* ‖ intr. Acostumbrar, tener costumbre.

USARCÉ. com. Apócope de **Usarced.**

USARCED. com. Metaplasmo de **Vuesarced.**

USBEKISTÁN. *Geog.* V. **Uzbekistán.**

USCOQUE. adj. Dícese del individuo de una tribu de origen esclavón establecida en la Iliria, la Croacia y la Dalmacia. ‖ Perteneciente a esta tribu.

USENCIA. com. Metaplasmo de **Vuesa reverencia.**

USEÑORÍA. com. Metaplasmo de **Vueseñoría.**

USGO. m. Asco.

USHAK. *Geog.* Ciudad del E. de Turquía. 47.000 h. Tejidos.

USHUAIA. *Geog.* Ciudad y puerto de la Argentina, capital del territorio de Tierra del Fuego. 6.500 h. Centro lanero y maderero; pieles finas.

USÍA. com. Síncopa de **Useñoría.**

USIACURÍ. *Geog.* Población del N. de Colombia (Atlántico). 4.800 h. Centro algodonero. Fuentes termales.

USIER. (Del fr. *huissier,* y éste del lat. *ostiarius, de ostium,* puerta.) m. Ujier.

USIGLI, Rodolfo. *Biog.* Notable crítico y dramaturgo mex., autor de *El niño y la niebla; La familia cena en casa; La mujer no hace milagros; Medio tono,* etc. (n. 1905).

USINA. (Del fr. *usine.*) f. Tratándose de establecimientos industriales, especialmente aquellos en que se elabora gas o energía eléctrica, dígase **fábrica.**

USIRÍA. com. ant. Metaplasmo de **Useñoría,** vuestra señoría.

ÜSKÜDAR. *Geog.* Ciudad del N.O. de Turquía, sobre el Bósforo, frente a Estambul. 150.000 h. Centro manufacturero y textil.

USLAR PIETRI, Arturo. *Biog.* Escritor y diplomático venezolano; noveló con gran fuerza descriptiva, sucesos de la historia de su patria. Obras: *Las lanzas coloradas; Barrabás; La ciudad de nadie; El laberinto de Fortuna; El camino de El Dorado* y otras (n. 1906).

USLERO. m. Palo cilíndrico de madera que se usa en la cocina para extender la masa de harina.

USO. (Del lat. *usus.*) m. Acción y efecto de usar. ‖ Ejercicio o práctica general de una cosa. ‖ Moda. *Se viste al antiguo* USO. ‖ Modo determinado de obrar. ‖ Empleo continuado y habitual. sinón.: **costumbre.** ‖ *For.* Derecho no transmisible a percibir de los frutos de la cosa ajena los que basten a las necesidades del usuario y de su familia. ‖ *Der.* Forma del derecho consuetudinario inicial de la costumbre que suele convivir como supletorio con algunas leyes escritas. ‖ **– de razón.** Posesión del discernimiento que naturalmente se adquiere pasada la primera niñez. ‖ Tiempo en que se empieza a reconocer esta posesión. *A los siete años suele haber* USO DE RAZÓN.

USPALLATA. *Geog.* Sierra de la Argentina, en el N.O. de la prov. de Mendoza. Culmina a los 3.000 m. en el Paramillo de Uspallata. ‖ Valle de la Argentina, en la prov. de Mendoza, al O. de la sierra hom. Centro frutícola. ‖ Población de la Argentina, en la prov. de Mendoza. 2.200 h. Centro turístico. ‖ **Paso de –.** Nombre con que suele designarse al paso de la Cumbre: V. **Cumbre, Paso de la.**

USTAGA. (Del ant. *fustaga,* en ant. fr. *hutague.*) f. *Mar.* Ostaga.

¡USTE! int. ¡Oxte!

USTED. (Del ant. *vusted.*) Pronombre pers. de 2ª persona usado como tratamiento de respeto y cortesía. Concierta con el verbo en tercera persona. En Andalucía e Hispanoamérica, *ustedes* ha substituido a *vosotros* como plural de *tú*; debe evitarse la incorrección de concertar *ustedes* con la 2ª persona plural.

USTI. *Geog.* Ciudad de Checoslovaquia, en la región de Bohemia. 75.000 h. Centro industrial.

USTIBLE. (Del lat. *ustus*, p. p. de *urere*, quemar.) adj. Que se puede quemar fácilmente. sinón.: **combustible, inflamable;** antón.: **refractario.**

USTILAGÍNEO, A. adj. *Bot.* Dícese de ciertos hongos parásitos de los vegetales, que se desarrollan sobre las diversas partes de la flor. Ú.t.c.s. ‖ m. pl. *Bot.* Orden de estos hongos.

USTILAGO. m. *Bot.* Género de hongos parásitos, del orden de los ustilagíneos, que ataca es pecialmente a los cereales.

USTINOV, Pedro. *Biog.* Actor, director y dramaturgo ingl. que escribió *El amor de los cuatro coroneles; Romanof y Julieta; Retoque fotográfico*, etc. (n. 1921).

USTIÓN. (Del lat. *ustio, -onis.*) f. Acción de quemar o quemarse. sinón.: **combustión.**

USTORIO. (Del lat. *ustor, -oris*, el que quema.) adj. V. **Espejo ustorio.**

USUAL. al. **Gewöhnlich; Üblich.** fr. **Usuel; habitual.** ingl. **Usual; customary.** ital. **Usuale.** port. **Usual.** (Del lat. *usualis.*) adj. Que es de uso común o frecuente. *No es fácil entenderle, porque emplea términos poco* USUALES. ‖ Aplícase al sujeto sociable y de buen genio. ‖ Dícese de las cosas que se pueden usar con facilidad.

USUALMENTE. adv. m. De manera usual.

USUARIO, RIA. (Del lat. *usuarius.*) adj. y s. Que usa ordinariamente una cosa. *Se avisó a los* USUARIOS *la suspensión del servicio.* ‖ *Der.* Aplícase al que tiene derecho de usar de la cosa ajena con cierta limitación. ‖ Dícese del que, con título legítimo, goza un aprovechamiento de aguas derivadas de corriente pública.

USUCAPIÓN. (Del lat. *usucapio, -onis.*) f. *Der.* Adquisición de un derecho mediante su ejercicio en las condiciones y durante el tiempo previsto por la ley.

USUCAPIR. (Del lat. *usucápere*, de *usus*, uso, y *cápere*, tomar.) tr. *Der.* adquirir una cosa por usucapión.

USUFRUCTO. al. **Nutzniessung.** fr. **Usufruit.** ingl. **Usufruct.** ital. **Usufrutto.** port. **Usufruto.** (Del lat. *usufructus.*) m. Derecho a disfrutar bienes ajenos con la obligación de conservarlos, salvo que la ley autorice otra cosa. ‖ Utilidades que se obtienen de cualquier cosa.

USUFRUCTUAR. tr. Tener o gozar el usufructo de una cosa. ‖ intr. Fructificar, producir utilidad una cosa.

USUFRUCTUARIO, RIA. (Del lat. *usufructuarius.*) adj. y s. Dícese de la persona que posee y disfruta una cosa. ‖ *Der.* Aplícase al que tiene usufructo sobre alguna cosa.

USULUTÁN. *Geog.* Departamento en la zona oriental de El Salvador. 1.975 km². y 300.000 h. Caña de azúcar, tabaco, café, plátanos. Capital hom. 20.000 h.

USUMACINTA. *Geog.* Río de la América Central. Nace en Guatemala, forma parte de su límite con México, continúa por este país y desagua en el golfo de México por medio de varios brazos. 825 km.

USUMBURA. *Geog.* Véase **Buyumbura.**

USUPUCA. (Voz quichua.) f. *Arg.* Pito, garrapata.

USURA. al. **Wucher.** fr. **Usure.** ingl. **Usury.** ital. **Usura.** port. **Usura.** (Del lat. *usura.*) f. Interés que se lleva por el dinero o el género en el contrato de préstamo. sinón.: **logro.** ‖ Este mismo contrato. ‖ Interés excesivo en un préstamo. *El porcentaje pretendido era* USURA. ‖ fig. Fruto, ganancia, ventaja o utilidad que se saca de una cosa, especialmente cuando son excesivos. sinón.: **lucro.** ‖ **Pagar** uno **con usura** una cosa. frs. fig. Corresponder a un beneficio con otro mayor.

USURAR. intr. Usurear.

USURARIAMENTE. adv. m. Con usura.

USURARIO, RIA. adj. Aplícase a los tratos y contratos en que hay usura. *Acordaron un interés* USURARIO.

USUREAR. intr. Dar o tomar a usura. sinón.: **logrear.** ‖ fig. Ganar con facilidad o con exceso. sinón.: **lucrarse.**

USURERO, RA. al. **Wucherer.** fr. **Usurier.** ingl. **Usurer, pawnbroker.** ital. **Usurario.** port **Usurário.** s. Persona que presta con usura o interés excesivo. sinón.: **logrero.** ‖ Por ext., dícese de la persona que obtiene ganancias desmedidas.

USURPACIÓN. al. **Besitzergreifung; Usurpation.** fr. **Usurpation.** ingl. **Usurpation.** ital. **Usurpazione.** port. **Usurpação.** f. Acción y efecto de usurpar. USURPACIÓN *de nombre.* ‖ Cosa usurpada. *Le hicieron devolver la* USURPACIÓN. ‖ *Der.* Delito que se comete apoderándose de inmueble o derecho real ajeno, por fuerza, intimidación u otro medio ilegal.

USURPADOR, RA. adj. y s. Que usurpa.

USURPAR. al. **An sich reissen; usurpieren.** fr. **Usurper.** ingl. **To usurp.** ital. **Usurpare.** port. **Usurpar.** (Del lat. *usurpare.*) tr. Apoderarse de una cosa ajena, generalmente con violencia. USURPÓ *el trono a su hermano;* sinón.: **arrebatar, despojar.** ‖ Arrogarse la dignidad, empleo u oficio de otro. *No permitiré que* USURPES *mis atribuciones.* ‖ deriv.: **usurpabilidad; usurpable; usurpatorio, ria.**

USUTA. (Voz quichua.) f. *Arg., Bol., Chile* y *Perú.* Ojota.

UT. (Tomado por Guido de Arezzo, como las otras notas musicales, de las sílabas iniciales de la primera estrofa del himno a San Juan Bautista: UT *queant laxis* – REsonare *fibris* – MIra *gestorum* – FA*muli tuorum* – SOLve *polluti* – LAbii *reatum* – *Sancte Iohannes.*) m. *Mús.* Antiguo nombre de la nota do.

UTA. (Del quichua.) f. Leismaniosis caracterizada por la producción de úlceras faciales, muy común en las quebradas hondas del Perú. ‖ deriv.: **utoso, sa.**

UTAH. *Geog.* Lago de los EE.UU., en el Estado hom. 388 km². Desagua en el Gran Lago Salado. ‖ Estado del Oeste de los EE.UU. 219.932 km². y 1.225.000 h. Cap. SALT LAKE CITY. Producción agropecuaria y minera.

UTAMARO. *Biog.* Pintor y grabador japonés, cuyo verdadero nombre era **Toriyama Kitagawa.** Sus obras sobre temas populares y eróticos le dieron renombre mundial (1754-1806).

UTATLÁN. *Geog. hist.* Antigua capital del reino quiché, en Guatemala. Fue destruida por Alvarado, en 1524. Sobre sus ruinas se construyó la ciudad de Quiché.

UTCUBAMBA. *Geog.* Río del N.O. del Perú. Recorre el dep. de Amazonas y desagua en el Marañón.

UTENSILIO. al. **Gerät.** fr. **Ustensile.** ingl. **Utensil; tool.** ital. **Utensile.** port. **Utensílio.** (Del lat. *utensilia*, pl. de *utensilis*, útil, necesario.) m. Ú.m. en pl. Objeto que sirve para el uso manual y frecuente. UTENSILIOS *de limpieza;* sinón.: **trebejo, útil.** ‖ Herramienta o instrumento de un oficio o arte. UTENSILIOS *de fontanero.* ‖ *Mil.* Auxilio que el patrón debe dar al soldado que se aloja en su casa. ‖ *Mil.* Leña, aceite, etc., que la administración militar suministra a los soldados en los cuarteles. ‖ IDEAS AFINES: *Aparato, arma, máquina, mueble; útiles, enseres, avíos, trastos; aperos, arneses; menesteres, medios.*

UTERINO, NA. adj. Perteneciente al útero.

ÚTERO. al. **Gebärmutter; Uterus.** fr. **Utérus.** ingl. **Uterus.** ital. **Utero.** port. **Útero.** (Del lat. *úterus.*) m. Matriz de las hembras de los mamíferos.

ÚTICA. *Geog. histór.* Antigua colonia fenicia de África del Norte, luego capital de la provincia romana de África, donde se dio muerte Catón por no someterse a César.

UTICA. *Geog.* Ciudad de los EE.UU., en el Estado de Nueva York. 110.000 h. Industria del vestido y talleres metalúrgicos.

UTICENSE. adj. y s. De la antigua Útica.

ÚTIL. al. **Brauchbar; Gerät.** fr. **Outile; outil.** ingl. **Useful; tool.** ital. **Utile; utensile.** port. **Útil; utensílio.** (Del lat. *útilis.*) adj. Que produce o procura algún provecho, conveniencia o ventaja. ÚTIL *a la comunidad.* ‖ Que puede servir y aprovechar. ÚTIL *para el trabajo;* antón.: **inútil.** ‖ *Der.* Aplícase al tiempo o días hábiles de un plazo señalado por la ley o la costumbre. ‖ m. Utilidad.

ÚTIL. (Del fr. *outil.*) m. Utensilio o herramienta. Ú.m.en pl.

UTILA. *Geog.* Isla de Honduras, la más occidental del archipiélago que constituye el dep. de las Islas de la Bahía.

UTILERÍA. f. *Amér.* Útiles, trebejos. ‖ Conjunto de decoraciones, muebles, implementos, etc., que se emplean en las representaciones teatrales. ‖ **De utilería.** frs. *Amér.* **De guardarropía.**

UTILERO, RA. s. *Amér.* Persona que cuida de la utilería de un teatro.

UTILIDAD. al. **Nutzen.** fr. **Utilité.** ingl. **Utility.** ital. **Utilità.** port. **Utilidade.** (Del lat. *utilitas, -atis.*) f. Calidad de útil. ‖ Provecho o ganancia que se saca de una cosa.

UTILITARIO, RIA. adj. Que sólo propende a conseguir lo útil; que antepone a todo la utilidad. ‖ deriv.: **utilitariamente.**

UTILITARISMO. m. Doctrina filosófica moderna que considera la utilidad como principio de la moral. ‖ deriv.: **utilitarista.**

UTILIZABLE. adj. Que puede o debe utilizarse.

UTILIZAR. al. **Anwenden; benutzen.** fr. **Utiliser; employer.** ingl. **To utilize; to employ.** ital. **Utilizzare; impiegare.** port. **Utilizar; empregar.** (De *útil.*) tr. y r. Servirse de una cosa para algún fin. *No* UTILICE *esa pluma; la* UTILIZÓ *para sus fines;* sinón.: **aprovechar, emplear, usar, valerse.** ‖ deriv.: **utilización; utilizador, ra.**

ÚTILMENTE. adv. m. De manera útil.

UTILLAJE. (Del fr. *outillage.*) m. Conjunto de útiles necesarios para una industria.

UTOPIA o **UTOPÍA.** al. **Utopie.** fr. **Utopie.** ingl. **Utopia.** ital. **Utopia.** port. **Utopia.** (Del gr. *ou*, no, y *topos*, lugar; lugar que no existe. Tomado de la obra titulada *Utopía*, de Tomás Moro.) f. Proyecto o sistema halagüeño pero irrealizable. *Es una* UTOPÍA *querer desterrar el mal del mundo;* sinón.: **ilusión, quimera.**

UTOPIA. *Lit.* Célebre obra de Tomás Moro, publicada hacia 1515. Inspirada en *La República*, de Platón, su descripción de un país ideal encierra una aguda crítica de las instituciones políticas y económicas de la época.

UTÓPICO, CA. adj. Perteneciente o relativo a la utopía. sinón.: **ideal, quimérico.**

UTOPISTA. adj. Que traza utopías o es dado a ellas. Ú.m.c.s.

UTOPIZAR. intr. neol. Concebir utopías. UTOPIZAR *es un deporte del espíritu.*

UTRECHT. *Geog.* Provincia de Holanda, al S.O. del Zuiderzee. 1.324 km². 619.000 h. Producción agrícola y ganadera; tejidos; turberas. Capital hom. 265.000 h. Centro químico y textil; afamadas imprentas. Antigua universidad y catedral gótica.

UTRECHT, Tratado de. *Hist.* Convenio de paz entre España, Inglaterra, Francia y Holanda, que en 1713 puso fin a la guerra de Sucesión en España.

UTRERA. *Geog.* Ciudad del S.O. de España, en la prov. de Sevilla. 34.000 h. Centro agrícola, ganadero e industrial.

UTRERANO, NA. adj. y s. De Utrera.

UTRERO, RA. s. Novillo o novilla desde los dos años hasta cumplir los tres.

UTRERO. (Liter., *como detrás, como a la vuelta.*) m. adv. lat. que se usa en un escrito para no repetir la fecha expresada anteriormente.

UTRÍA. *Geog.* Bahía de Colombia, formada por el océano Pacífico en el dep. de Chocó. Excelente zona pesquera.

UTRÍCULO. (Del lat. *utrículus*, odre pequeño.) m. *Anat.* Pequeño saco o cavidad en forma de celdilla. ‖ *Bot.* Cavidad que contiene la substancia fecundante en los granos de polen. ‖ – **del oído** o **del vestíbulo.** *Anat.* Parte del oído interno de donde salen los canales semicirculares. ‖ deriv.: **utricular.**

UTRILLO, Mauricio. *Biog.* Pintor francés post-impresionista, autor de notables paisajes y pinturas de los rincones de París, especialmente las calles de Montmartre. Obras: *El molino de la Galette; Calle de Mont-Cenis; La basílica de Saint-Denis*, etc. (1884-1955).

UTSUNOMIYA. *Geog.* Ciudad del Japón, en la región central de la isla de Hondo. 107.200 h.

UT SUPRA. (Liter., *como arriba.*) m. adv. lat. que se emplea en algunos documentos para referirse a una fecha o frase escrita más arriba.

UTTAR PRADESH. *Geog.* Estado del N. de la India. 294.413 km² y 88.350.000 h. Cap. LUCKNOW. Cereales, algodón, caña de azúcar.

UVA. al. **Traube.** fr. **Raisin.** ingl. **Grape.** ital. **Uva.** port. **Uva.** (Del lat. *uva.*) f. Fruto de la vid, que es una baya o grano jugoso, el cual nace apiñado con otros, adheridos todos a un vástago común por un pezón, y formando racimos. ‖ Cada uno de los granos del berberís o arlo. ‖ Tumorcillo de la campanilla de la figura de una uva. ‖ Especie de verrugas pequeñas que suelen formarse en el párpado. ‖ *Parag.* **Paja brava.** ‖ – **abejar.** La de grano más grueso que la albilla. ‖ – **albarazada.** La de hollejo jaspeado. ‖ – **albilla.** La de hollejo tierno y delgado y muy gustosa. ‖ – **cana,** o **canilla. Uva de gato.** ‖ – **crespa. Uva espina.** ‖ – **de gato.** Hierba anual de las crasuláceas, que se cría comúnmente en los tejados, con hojas pequeñas que parecen racimos de grosellas no maduras, y flores blancas. ‖ – **de playa.** Fruto del uvero, del tamaño de una cereza grande, morado. ‖ – **de raposa.** Hierba perenne de las esmiláceas, de flores verdosas que producen pequeñas bayas narcóticas. ‖ – **espina.** Variedad de grosellero, que tiene las hojas vellosas y los frutos menos dulces. ‖ – **hebén.** La blanca, gorda y vellosa, parecida a la moscatel en el sabor. ‖ – **lairén.** La de grano crecido y hollejo duro. ‖ – **ligeruela.** La temprana. ‖ – **lupina.** Acónito. ‖ – **marina.** Belcho. ‖ Racimo de huevas de libia. ‖ – **moscatel.** La grande, blanca o morada, de grano redondo y muy liso, y gusto sumamente dulce. ‖ – **tamínea,** o **taminia. Hierba piojera.** ‖ – **tempranilla. Uva** temprana. ‖ – **tinta.** La que tiene negro el zumo y sirve para dar color a ciertos mostos. ‖ – **torrontés.** La blanca, transparente, de grano pequeño y hollejo tierno y delgado, de la que se obtiene un vino muy estimable y durable. ‖ – **tortozón.** La de grano grueso y racimos grandes, con la que se hace cierto vino de poca duración. ‖ – **turulés.** Variedad de **uva** fuerte. ‖ – **verdeja.** La que tiene color muy verde aunque esté madura. ‖ – **verga.** Acónito. ‖ **Uvas de mar.** Belcho. ‖ **Entrar** uno **por uvas.** frs. fig. y fam. Arriesgarse a participar en un asunto. Ú.m. con neg. ‖ **Hecho una uva.** expr. fig. y fam. Muy borracho.

UVADA. f. Copia o abundancia de uva. *En mi pueblo, hay gran* UVADA *este año.*

UVADUZ. f. Gayuba, mata ericácea.

UVAL. adj. Parecido a la uva.

UVATE. m. Conserva hecha de uvas.

UVAYEMA. f. Especie de vid silvestre.

UVE. f. Nombre de la letra *v.* sinón.: **u consonante, ve.**

ÚVEA. (De *uva.*) f. *Anat.* Cara posterior pigmentada del iris. ‖ Iris, cuerpo ciliar y coroides que forman en conjunto la capa pigmentada del ojo. ‖ deriv.: **uveal.**

UVERAL. m. *Amér.* Lugar en que abundan los uveros.

UVERO, RA. adj. Perteneciente o relativo a las uvas. *Importación* UVERA. ‖ s. Persona que vende uvas. ‖ m. Árbol silvestre poligonáceo de las Antillas y la América Central, bajo y muy frondoso. Su fruto es la uva de playa.

UVILLA. f. dim. de **Uva.** || *Amér.* Arbusto solanáceo, de uso medicinal. *Cestrum Mutisii.* || *Chile.* Especie de grosella.

UVILLO. m. *Chile.* Arbusto trepador titolacáceo, de hojas aovadas, flores en racimo y frutos anaranjados.

UVIOL. m. *Ter.* Lámpara que sirve para hacer aplicaciones de rayos ultravioleta.

UXMAL. *Geog.* Población del Estado de Yucatán, México. Monumentales ruinas precolombinas.

UXORICIDA. (Del lat. *úxor, oris*, esposa.) adj. Dícese del que mata a su mujer. Ú.t.c.m.

UXORICIDIO. m. Muerte causada a la mujer por su marido.

UYUNI. *Geog.* Extenso salar al S.O. de Bolivia, en el dep. de Potosí. || Ciudad de Bolivia, en el dep. de Potosí. 10.000 h. Centro agrícola.

UZBEKISTÁN. *Geog.* República asiática de la Unión Soviética, situada al S.E. del mar Aral. 449.600 km²., y 11.800.000 h. Cap. TASHKENT. Importante producción agrícola y ganadera basada en la irrigación.

UZZANO, Nicolás. *Biog.* Prócer ital. que intentó oponerse a la dominación de los Médici er Florencia (1350-1433).

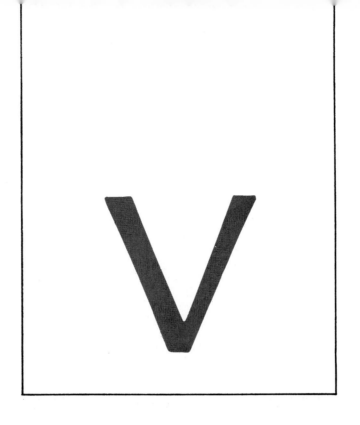

V. f. Vigésima quinta letra del abecedario castellano y vigésima de sus consonantes. Su nombre es *ve*. || Letra numeral que tiene el valor de cinco en la numeración romana. || – **doble.** Letra de esta figura (W), no comprendida en el abecedario castellano. Suele emplearse en nombres góticos, que también se escriben con **v**, como *Witiza* o *Vitiza*, y en nombres de procedencia extranjera. En las voces de origen alemán suena como **v** sencilla labiodental, v. gr.: *wagneriano (vagneriano);* en las de origen inglés se pronuncia como **u**, v. gr.: *whisky (uiski).* sinón.: **u valona.**

V. *Quím.* Símbolo del vanadio.

VAAL. *Geog.* Río de la República Sudafricana que es afl. del Orange. 680 km.

VAASA. *Geog.* Ciudad y puerto del O. de Finlandia, sobre el golfo de Botnia. Industria textil y harinera. 37.363 h.

VAC. *Geog.* Ciudad de Hungría, sit. al norte de Budapest. 50.000 h. Puerto sobre el Danubio. Vinos.

VACA. al. **Kuh; Rindfleisch.** fr. **Vache; boeuf.** ingl. **Cow; beef.** ital. **Mucca; vacca.** port. **Vaca.** (Del lat. *vacca.*) f. Hembra del toro. || Carne de vaca o buey que se emplea como alimento. *Comer asado de* VACA. || Cuero de la vaca después de curtido. || Dinero que juegan en común de dos personas, y por ext., contrato entre varias personas mediante el cual cada una de ellas aporta cierta suma para repartir luego las ganancias proporcionalmente. || – **abierta. Vaca** fecunda. || – **de San Antón.** Mariquita, insecto. *Arg., Perú* y *P. Rico.* Vaca que produce mucha leche. || – **marina.** Manatí, cetáceo. || **Hacer vaca.** frs. fam. *Col., Chile, Ec.* y *Guat.* Reunir dinero para una diversión. || *Perú.* **Hacer novillos.** || **Ir al vaca.** *Arg., Col.* y *P. Rico.* Ir en sociedad. || **Volverse, o volvérsele, a** uno **la vaca toro.** frs. fig. y fam. *Arg.*

Salirle a uno **la criada respondona.** || Tornarse difícil lo que se creía de fácil ejecución. || IDEAS AFINES: *Rumiante, ganado, becerra, ternera, recental, ganadería, ordeñar, tambo, granja, queso, manteca, crema.*

VACABUEY. m. *Cuba.* Árbol de madera dura y hoja áspera que crece en los pantanos.

VACACIÓN. al. **Ferien.** fr. **Vacances.** ingl. **Holydays.** ital. **Vacanze.** port. **Férias.** (Del lat. *vacatio, -onis.*) f. Suspensión de negocios o estudios por algún tiempo. Ú.m. en pl. *Los empleados de ese ministerio están de* VACACIONES; sinón.: **descanso.** || Tiempo que dura la cesación del trabajo. Ú.m. en pl. || Acción de vacar un empleo o cargo. || Vacante, cargo o dignidad que permanece sin proveer. *Existe una* VACACIÓN *en el Congreso.* || IDEAS AFINES: *Asueto, fiesta, domingo, jubilación, haragán, veranear, playas, sierras, sol, ocio.*

VACADA. (De vaca.) f. Manada de animales vacunos.

VACAJE. m. *Chile* y *R. de la Plata.* Vacada.

VACA DE CASTRO, Cristóbal. *Biog.* Político esp. En el Perú medió en las diferencias surgidas entre Pizarro y Almagro; al rebelarse éste, tras el asesinato de Pizarro, fue proclamado gobernador y contuvo la sedición (1492-1566).

VACA GUZMÁN, Santiago. *Biog.* Historiador, lit. y diplomático bol., autor de *Exploraciones en la región platense del Pilcomayo; Días amargos; Literatura boliviana,* etc. (1830-1896).

VACANCIA. (Del lat. *vacantia.*) f. Vacante, cargo o dignidad que permanece sin proveer.

VACANTE. (Del lat. *vacans, –antis.*) p. a. de **Vacar.** Que vaca. || adj. Dícese del cargo que está sin proveer. *Cátedra* VACANTE. Ú.t.c.s.f. sinón.: **libre, disponible.** || f. Renta devengada en el tiempo que permanece sin proveerse un beneficio eclesiástico. || Vaca-

ción, tiempo que dura la cesación del trabajo.

VACAR. (Del lat. *vacare.*) intr. Cesar uno temporariamente en sus negocios, estudios, etc. || Quedar un cargo o dignidad sin persona que lo desempeñe. *Ese obispado hace tiempo que* VACA. || Dedicarse enteramente a una actividad determinada. VACA *en negocios de bolsa.* || Carecer.

VACARAY. (Del guar. *mbacarai.*) m. *R. de la Plata.* Ternero nonato.

VACAREZZA, Alberto. *Biog.* Comediógrafo arg., autor de populares sainetes sobre motivos rurales y ciudadanos: *Lo que le pasó a Reynoso; El conventillo de la Paloma,* etc. (1896-1959).

VACARÍ. (Del ár. *bacari,* boyal.) adj. De cuero de vaca, o cubierto de este cuero. *Adarga, escudo* VACARÍ.

VACATURA. (Del lat. *vacatum,* supino de *vacare,* vacar.) f. Tiempo que está vacante un cargo, empleo o dignidad.

VACCAREZA, Raúl F. Médico arg. especializado en tisiología (n. 1893). || – **Rodolfo.** Médico arg. autor de *Química médica* y otras obras (1894-1970).

VACCEO, A. (Del lat. *vaccaei.*) adj. y s. Natural de una región de la antigua España Tarraconense.

VACCÍGENO, NA. adj. Aplícase a lo que produce vacuna.

VACCINELA. f. Vacuna falsa; forma de vacuna aminorada por la falta de receptividad del sujeto.

VACCINIÁCEO, A. adj. *Bot.* Vaccinieo. Ú.t.c.s.f. || f. pl. *Bot.* Vaccinieas.

VACCINIEO, A. (Del lat. *vaccinium,* cierta planta tintórea.) adj. *Bot.* Dícese de ciertos arbustos dicotiledóneos, con hojas simples, perennes y casi sentadas, flores solitarias o en racimo, y fruto en bayas jugosas con semillas de albumen carnoso; como el arándano. Ú.t.c.s.f. Gén. *Vaccinium,* ericáceas. || f. pl. *Bot.* Familia de estas plantas.

VACCININA. f. Virus o principio por el que se transmite la vacuna. || Substancia inodora y cristalizable que se extrae del arándano.

VACCINO. (Del lat. *vaccinus,* vacuno.) *Med.* Vacuna virus que se inocula. || deriv.: **vaccínico, ca.**

VACIADERO. m. Lugar en que se vacía una cosa. VACIADERO *de residuos.* || Conducto por donde se vacía.

VACIADIZO, ZA. adj. Dícese de la obra vaciada. Ú. entre los vaciadores de metales.

VACIADO, DA. p. p. de Vaciar. || m. Acción de vaciar en un molde un objeto de metal, yeso, etc. || *Arq.* Excavación. || Fondo que queda en el neto del pedestal después de la moldura. || *Esc.* Figura de yeso, estuco, etc., que se ha formado en el molde.

VACIADOR. m. El que vacía. || Instrumento con que se vacía.

VACIADORA. f. La que vacía.

VACIAMIENTO. m. Acción o efecto de vaciar o vaciarse.

VACIANTE. p. a. de Vaciar. Que vacía. || f. Menguante, tiempo que dura el reflujo del mar.

VACIAR. al. **Entleeren.** fr. **Vider.** ingl. **To empty.** ital. **Viotare.** port. **Esvasiar.** (De *vacío.*) tr. Dejar vacía alguna vasija u otra cosa. VACIAR *un barril, una espuerta;* sinón.: **desocupar;** antón.: **llenar.** Ú.t.c.r. || Arrojar, verter o sacar el contenido de una vasija u otra cosa. Ú.t.c.r. VACIAR *una botella, una jarra.* || Formar un objeto o figura echando en un molde hueco materia blanda o metal fundido. VACIAR *una estatuita en escayola.* || Formar un vacío en alguna cosa. || Sacar filo en la piedra a los instrumentos cortantes. VACIAR *una navaja;* sinón.: **afilar, amolar.** || fig. Exponer difusamente una doctrina. || Trasladarla de un escrito a otro. || intr. Hablando de ríos o corrientes, desaguar. *Ese lago* VACÍA *en el mar.* || Menguar el agua en ríos, mares, etc. || r. fig. y fam.

Decir uno lo que debía callar o mantener secreto.

VACIEDAD. (Del lat. *vacívitas, -atis.*) f. fig. Necedad, simpleza, sandez. *No dice más que* VACIEDADES.

VACIERO. m. Pastor del ganado vacío.

VACILACIÓN. (Del lat. *vacillatio, -onis.*) f. Acción y efecto de vacilar. *Las* VACILACIONES *de un aeroplano;* sinón.: **oscilación.** || fig. Irresolución, indecisión. *Obrar sin ninguna* VACILACIÓN.

VACILADA. f. *Méx.* Parranda. || Borrachera.

VACILADOR, RA. s. Parrandista.

VACILANTE. (Del lat. *vacillans, -antis.*) p. a. de Vacilar. Que vacila.

VACILAR. al. **Wanken; schwanken.** fr. **Vaciller; hésiter.** ingl. **To vacillate; to waver; to hesitare.** ital. **Vacilare.** port. **Vacilar.** (Del lat. *vacillare.*) intr. Moverse indeterminadamente un objeto. *Este barco* VACILA *mucho.* || Estar poco firme una cosa en su estado. *Estos muros* VACILAN. || fig. Titubear, estar uno indeciso y perplejo. VACILABA, *sin tomar una determinación.* || *Guat.* y *Méx.* Parrandear; emborracharse.

VACÍO, A. (Del lat. *vacivus.*) adj. Sin contenido. *Botella* VACÍA; antón.: **lleno.** || Dícese, en los ganados, de la hembra que no tiene cría. || Sin fruto, malogrado. *Almendra* VACÍA. || Ocioso, o sin la ocupación que pudiera o debiera tener. || Dícese de las casas o pueblos sin habitantes o de los lugares que están sin la gente que concurre a ellos habitualmente. *Aquella noche, el teatro estaba* VACÍO. || Falto de la perfección debida en su línea, o del efecto que se pretende. || Hueco, o falto de solidez correspondiente. || fig. Vanidoso y falto de madurez. || m. Concavidad de algunas cosas. *El* VACÍO *de una roca.* || Región de la pared anterior del abdomen entre las costillas y el borde superior del hueso ilíaco. *Recibió un golpe en un* VACÍO. ‖ Carne que forma esta región. ‖ Vacante de algún empleo, dignidad o ejercicio. ‖ fig. Falta o ausencia de alguna cosa o persona que se echa de menos. ‖ *Fís.* Espacio carente de aire u otra materia perceptible por medios físicos o químicos. ‖ **De vacío.** m. adv. Sin carga, dicho de trajineros o de sus bestias o carruajes. ‖ Sin ocupación o ejercicio. ‖ Sin haber conseguido uno lo que pretendía; ú. con los verbos *volver, irse,* y otros similares. ‖ **Hacer el vacío** a uno. frs. fig. Negarle o dificultarle el trato con las demás personas, aislarle. ‖ **Marchar en vacío.** loc. *Fís.* Funcionar un motor, generador, transformador, etc., cuando se suministra energía inútil.

VACO. (De *vaca.*) m. fam. Buey.

VACO, CA. (Del lat. *vacuus.*) adj. Vacante, sin proveer.

VACUIDAD. al. **Leere.** fr. **Vacuité.** ingl. **Vacuity.** ital. **Vacuità.** port. **Vacuidade.** (Del lat. *vacuitas, -atis.*) f. Calidad de vacuo.

VACUNA. al. **Impfstoff; Vakzine.** fr. **Vaccin.** ingl. **Vaccine.** ital. **Vaccino.** port. **Vacina.** (De *vacuno.*) f. Grano o viruela extraído de las ubres de las vacas, que se transmite al hombre por inoculación para preservarlo de las viruelas naturales. *Jenner descubrió la* VACUNA. ‖ Pus de estos granos o de los granos de los vacunados. ‖ Cualquier substancia que, inoculada a una persona o animal, le inmuniza contra una enfermedad determinada. VACUNA *antirrábica, antidiftérica.* ‖ deriv.: **vacunal; vacunoterapia.** ‖ IDEAS AFINES: *Inyección, linfa, pústula, lanceta, epidemia, contagio, profilaxis.*

● **VACUNA.** *Med.* Inmunización antibacteriana por inoculación de los gérmenes correspondientes, cultivados en medios adecuados y luego atenuados en su virulencia o muertos, la **vacuna** es un medio poderoso de que se vale la ciencia para prevenir y curar enfermedades. Su empleo terapéutico o vacunoterapia es uno de los aspectos de la medicina moderna que más interesan socialmente. Hoy se dispone de una serie de **vacunas** de extraordinaria utilidad contra varias enfermedades infecciosas específicas: tos ferina, difteria, tétanos, tifoidea, viruela, rabia, poliomielitis, fiebre amarilla, peste, etc. Existen también algunas **vacunas** contra agentes infecciosos no específicos: estreptococos, estafilococos, etc. Cada tipo especial de **vacuna** tiene su correspondiente técnica de vacunación. Generalmente se utilizan dosis crecientes de **vacunas,** que se inyectan a intervalos.

VACUNACIÓN. f. Acción y efecto de vacunar o vacunarse.

VACUNADOR, RA. adj. y s. Que vacuna.

VACUNAR. al. **Impfen.** fr. **Vacciner.** ingl. **To vaccinate.** ital. **vaccinare.** port. **Vacinar.** (De *vacuna.*) tr. Inocular una vacuna a una persona o animal. Ú.t.c.r. *Es indispensable* VACUNAR *a los niños.* ‖ deriv.: **vacunable.**

VACUNO, NA. adj. Relativo al ganado bovino. ‖ De cuero de vaca. ‖ *Amér.* Dícese de la vaca o buey. Ú.m.c.s.m. *Subió el precio de los* VACUNOS.

VACUO, CUA. (Del lat. *vacuus.*) adj. Vacío. ‖ Vacante, vaco. ‖ m. Vacío, concavidad de algunas cosas.

VACUOLA. (Del lat. *vacuus,* hueco, vacío.) f. *Biol.* Hueco del protoplasma de una célula, lleno de contenido gaseoso o líquido. ‖ deriv.: **vacuolar; vacuolización.**

VACUOLO. m. *Biol.* Vacuola.

VACHEROT, Esteban. *Biog.* Fil. racionalista fr., autor de *La ciencia y la conciencia; Génesis psicológica del sentimiento religioso; La metafísica y la ciencia,* y otros libros notables (1809-1897).

VADE. (Del lat. *vade,* imperativo de *vádere;* ir, marchar, caminar.) m. Vademécum.

VADEABLE. adj. Dícese del río o la corriente de agua que se puede vadear. *Este río es* VADEABLE *por muchas partes.* ‖ fig. Superable con el ingenio o eficacia cuando surge alguna dificultad.

VADEADOR. m. Guía que conoce bien los vados.

VADEAR. al. **Durchwaten.** fr. **Guéer; passer à gué.** ingl. **To wade through.** ital. **Guadare.** port. **Vadear.** tr. Pasar una corriente de agua profunda por el vado. *No pudimos* VADEAR *el río por aquel lugar;* sinón.: **cruzar, atravesar.** ‖ fig. Vencer una grave dificultad. ‖ Tantear el ánimo de uno. ‖ Comprender una cosa dificultosa u oscura. ‖ r. Manejarse, conducirse. ‖ deriv.: **vadeamiento.**

VADEMECUM. (Del lat. *vade,* anda, ven, y *mecum,* conmigo.) m. Libro de poco volumen que contiene las nociones más necesarias de una ciencia o un arte. VADEMÉCUM *de Medicina;* sinón.: **compendio.** ‖ Cartapacio en que llevan los estudiantes los libros y papeles.

VADEO. m. *Arg.* Acción de vadear.

VADERA. f. Vado, en particular el ancho por donde pueden pasar carruajes y ganado.

VADE RETRO. (Literalmente *ve,* o *marcha atrás.*) Expresión lat. que se emplea para rechazar a una persona o cosa.

VADIANO, NA. (Del lat. *vadianus,* por *audianus,* y éste de *Audio* o *Audeo,* heresiarca del s. IV) adj. Dícese de ciertos herejes que seguían las doctrinas del antropomorfismo. Ú.t.c.s. ‖ Perteneciente o relativo a esta secta.

VADO. al. **Furt.** fr. **Gué; basfond.** ingl. **Ford.** ital. **Guado.** port. **Vau.** (Del lat. *vadus.*) m. Paraje estable y poco profundo de un río, laguna, etc., por donde se puede pasar caminando, cabalgando o en carruaje. ‖ En la vía pública, toda modificación de estructura de la acera y bordillo destinada exclusivamente a facilitar el acceso de vehículos a locales sitos en las fincas frente a las que se practique. ‖ fig. Expediente, remedio o alivio en las cosas que ocurren.

VADOSO, SA. (Del lat. *vadosus.*) adj. Aplícase al paraje del río, lago, etc., que tiene vados, y por eso es peligroso para la navegación.

VADUZ. *Geog.* Ciudad de Liechtenstein, cap. del Estado, en las inmediaciones del Rin. 4.100 h.

VÁEZ DE TORRES, Luis. *Biog.* Navegante esp., descubridor del estrecho de Torres (s. XVII).

VAGABUNDAJE. m. *R. de la Plata.* Dígase vagancia.

VAGABUNDEAR. intr. Andar vagabundo. sinón.: **vaguear, vagar, errar.**

VAGABUNDEO. m. Acción y efecto de vagabundear.

VAGABUNDERÍA. f. *Amér. Central.* Vagamundería.

VAGABUNDO, DA. al. **Landstreicher; Vagabund.** fr. **Vagabond.** ingl. **Vagrant; roamer.** ital. **Vagabondo.** port. **Vagabundo.** (Del lat. *vagabundus.*) adj. y s. Que anda errante de una parte a otra. sinón.: **errabundo, callejero.** ‖ Holgazán que anda de un lugar a otro, sin tener oficio ni beneficio. ‖ IDEAS AFINES: *Pereza, polizón, vagamundo, hacerse la rabona, gandul, mendigo.*

VAGAMENTE. adv. m. De manera vaga.

VAGAMUNDEAR. intr. Vagabundear.

VAGAMUNDERÍA. f. *Amér. Central* y *Col.* Vagancia.

VAGAMUNDO, DA. adj. y s. Vagabundo.

VAGANCIA. (Del lat. *vacantia.*) f. Acción de vagar o estar sin oficio ni ocupación. *La* VAGANCIA *lo arrastró a la mayor pobreza* sinón.: **vagabundeo holgazanería.**

VAGANTE. (Del lat. *vacans, antis.*) p. a. de **Vagar.** Que vaga o anda libre y suelto. ‖ *Bol.* Dícese del terreno poco cultivado.

VAGAR. (Forma substantiva de *vagar,* tener tiempo, estar ocioso.) m. Tiempo libre para hacer una cosa. *No tengo ese* VAGAR. ‖ Espacio, pausa o sosiego.

VAGAR. (Del lat. *vacare.*) intr. Tener tiempo y lugar suficiente para hacer una cosa. ‖ Estar ocioso, sin beneficio ni oficio. *Andaba* VAGANDO *por las calles de la ciudad.*

VAGAR. al. **Umherstreifen.** fr. **Flâner.** ingl. **To roam; to wander.** ital. **Vagare.** port. **Vagar.** (Del lat. *vagari.*) intr. Andar sin rumbo determinado. VAGABAN *errantes de oficina en oficina;* sinón.: **errar, deambular.** ‖ Andar sin hallar lo que se busca. ‖ Andar una cosa sin el orden que regularmente debe tener.

VAGAROSAMENTE. adv. m. De modo vagaroso.

VAGAROSO, SA. adj. Que vaga, o que se mueve de una parte a otra continuamente y con facilidad. Ú.m. en poesía. *Brisa* VAGAROSA.

VAGIDO. al. **Sohreien.** fr. **Vagissement.** ingl. **Cry.** ital. **Vagito.** port. **Vagido.** (Del lat. *vagitus,* de *vagire,* llorar los niños.) m. Llanto del recién nacido. *Sintieron los primeros* VAGIDOS *de la criatura;* sinón.: **gemido, plañido.**

VAGINA. al. **Scheide.** fr. **Vagin.** ingl. **Vagina.** ital. **Vagina.** port. **Vagina.** (Del lat. *vagina,* vaina.) f. *Anat.* Conducto membranoso que en las hembras de los mamíferos se extiende desde la vulva hasta la matriz.

VAGINAL. adj. *Anat.* Perteneciente o relativo a la vagina. ‖ Dícese de la túnica que cubre el testículo. Ú.t.c.s.f.

VAGINISMO. (De *vagina.*) m. *Pat.* Enfermedad de la mucosa vaginal que produce la contracción espasmódica del esfínter.

VAGINITIS. (De *vagina,* y el sufijo *itis,* inflamación.) f. *Pat.* Inflamación de la vagina.

VAGINOSCOPIA. (De *vaginoscopio.*) f. *Med.* Examen de la vagina por medio del espéculo.

VAGINOSCOPIO. (De *vagina,* y el gr. *skopeo,* mirar, examinar.) m. *Med.* Espéculo para examinar la vagina.

VAGINOTOMÍA. (De *vagina,* y el gr. *temno,* cortar.) f. *Cir.* Incisión quirúrgica de la vagina.

VAGÍNULA. (Del lat. *vagínula,* dim. de *vagina,* vaina.) f. *Bot.* Nombre dado a las corolas tubulosas de las plantas compuestas. ‖ Vaina pequeña.

VAGNERIANO, NA. adj. Wagneriano, na.

VAGO, GA. al. **Faulenzer.** fr. **Fainéant; friche.** ingl. **Vagrant.** ital. **Vagabondo.** port. **Vago.** (Del lat. *vacuus.*) adj. Vacío, desocupado. Aplícase al hombre sin oficio y mal entretenido. Ú.t.c.s. *Rehuir el trato con los* VAGOS; sinón.: **gandul, poltrón, remiso.**

VAGO, GA. al. **Flüchtig.** fr. **Vague.** ingl. **Vague.** ital. **Vago.** port. **Vago.** (Del lat. *vagus.*) adj. Que anda de una parte a otra sin detenerse. ‖ Aplícase a las cosas que no tienen objeto determinado. sinón.: **indistinto.** ‖ Indeciso, indeterminado. *Conceptos* VAGOS. ‖ *Pint.* Vaporoso, indefinido. *Perfiles* VAGOS; sinón.: **confuso, impreciso.** ‖ *Anat.* V. **Nervio vago.** Ú.m.c.s.

VAGÓN. al. **Waggon; Wagen.** fr. **Wagon.** ingl. **Car; wagon.** ital. **Vagone.** port. **Vagão.** (Del ingl. *wagon.*) m. Carruaje de los ferrocarriles destinado al transporte de viajeros, mercancías, etc. ‖ Carro grande de mudanzas, que se transporta sobre una plataforma de ferrocarril. ‖ IDEAS AFINES: *Carril, vía, durmiente, paso a nivel, locomotora, billete, andén, pasajero.*

VAGONETA. f. Vagón pequeño y descubierto que se utiliza para transporte.

VAGOSIMPÁTICO, CA. adj. *Anat.* Perteneciente o relativo a los nervios neumogástrico y gran simpático.

VAGOTONÍA. f. *Pat.* Excitabilidad del nervio neumogástrico. ‖ deriv.: **vagotónico, ca.**

VAGUADA. f. Línea que marca la parte más profunda de un valle, por donde corren las aguas.

VAGUEACIÓN. (De *vaguear.*) f. Inconstancia o inquietud de la imaginación. ‖ Acción de vagar.

VAGUEANTE. p. a. de **Vaguear.** Que vaguea.

VAGUEAR. (De *vago.*) intr. Vagar, andar de una parte para otra. sinón.: **vagabundear.**

VAGUEDAD. f. Calidad de vago. ‖ Expresión vaga o imprecisa. *Escribir* VAGUEDADES; antón.: **claridad, precisión.**

VÁGUIDO. m. ant. Vaguido. úsase en *Amér.*

VAGUIDO, DA. (De *vaguear.*) adj. Que padece vahídos o está turbado. ‖ m. Vahído.

VAH. *Geog.* Río de Checoslovaquia. V. **Waag.**

VAHAJE. (De *vaho.*) m. Viento suave.

VAHAR. (De *vago.*) intr. Vahear.

VAHARADA. f. Acción y efecto de arrojar o echar el vaho o respiración. sinón.: **aliento, soplo.**

VAHARERA. (De *vahar.*) f. Boquera, erupción que sale a los niños en las comisuras de los labios.

VAHARINA. (De *vahar.*) f. fam. Vaho, niebla.

VAHEAR. intr. Echar vaho o vapor. *Una olla que* VAHEA.

VAHÍDO. al. **Schwindel.** fr. **Vertige.** ingl. **Dizziness.** ital. **Vertigine.** port. **Vertigem.** (De *vaguido.*) m. Desvanecimiento, turbación breve del sentido causada por alguna indisposición. *Le dio un* VAHÍDO; sinón.: **mareo, desmayo.**

VAHO. al. **Dampf.** fr. **Haleine.** ingl. **Fume.** ital. **Tanfo.** port. **Exalação.** (Del ant. *vafo.*) m. Vapor que despiden los cuerpos en determinadas circunstancias. *El* VAHO *de la niebla empañaba los cristales;* sinón.: **aliento, hálito.**

VAICIA. m. Vaizia.

VAÍDA. adj. *Arq.* V. **Bóveda vaída.**

VAIHINGER, Juan. *Biog.* Filósofo al. Sus originales concepciones, que él mismo llamó "ficcionalismo", son de franca índole pragmática. Autor de *Filosofía del "como si"* e importantes exégesis del kantismo (1852-1933).

VAINA. al. **Scheide; Hülse.** fr. **Gaine fourreau; gousse; cosse.** ingl. **Scabbard; sheath; pod.** ital. **Guaina; buccia.** port. **Bainha; Vagem.** (Del lat. *vagina.*) f. Funda en que se guardan algunas armas, como espadas, puñales, etc., o instrumentos metálicos, como tijeras, punzones, etc. ‖ Cáscara en que están encerradas algunas simientes; como las de las judías, habas, etc. ‖ *Amér.* Molestia, contrariedad. ‖ *Bol.* Cubierta de cuero que se pone a los espolones de los gallos. ‖ *Col.* Suerte, azar. ‖ *Chile.* Bebida hecha generalmente con vino, aguardiente o cerveza, y huevos y azúcar. ‖ *Bot.* Ensanchamiento del pecíolo o de la hoja que envuelve al tallo. ‖ *Mar.* Dobladillo que se hace en la orilla de una vela para reforzarla. ‖ Jareta de lienzo que se cose al canto vertical de una bandera, para que por dentro de ella pase el cordel con que se iza. ‖ m. fig. y fam. Persona despreciable. ‖ **Correr** a uno **con la vaina.** frs. fig. y fam. Imponérsele o amedrentarlo de medios ficticios, o de pura apariencia. ‖ **Echarle** a uno **la vaina.** frs. fig. y fam. *Col.* Hacerle fracasar. ‖ **Echar vainas.** frs. fig. y fam. *Col.* Ofender, satirizar. ‖ **Salirse** uno **de la vaina.** frs. fig. y fam. *Arg.* Mostrar impaciencia por obrar o hablar. ‖ **Perder los estribos.**

VAINAZAS. (De *vaina,* persona despreciable.) m. fam. Persona floja, descuidada o desvaída.

VAINERO. m. Persona que hace vainas para armas.

VAINETILLA. f. *Perú.* Vaina, contrariedad.

VAINICA. (dim. de *vaina.*) f. Deshilado menudo que se hace por adorno en las telas. sinón.: **vainilla.** ‖ deriv.: **vainiquera.**

VAINILLA. al. **Vanille.** fr. **Vanille.** ingl. **Vanilla.** ital. **Vainiglia.** port. **Baunilha.** (dim. de *vaina.*) f. Planta orquídea americana, de tallos largos, sarmentosos y trepadores; hojas enteras; flores grandes, verdosas; y fruto capsular, muy oloroso, de veinte centímetros de largo por uno de ancho, aproximadamente, que se emplea para aromatizar licores, chocolate, helados, etc. ‖ Fruto de esta planta. ‖ Heliotropo que se produce en América. ‖ Vainica.

VAINILLAR. (De *vainilla,* vainica.) tr. Hacer vainilla o vainica.

VAINILLINA. f. *Quím.* Componente activo y oloroso de la vainilla. También se encuentra en otros productos vegetales, como la corteza de tilo, el benjuí, etc.

VAINIQUERA. f. Obrera que se dedica a hacer vainillas.

VAIVÉN. al. **Hin und Herbewegung.** fr. **Va-et-vien.** ingl. **Sway.** ital. **Barcollamento.** port. **Vaivém.** (De *ir* y *venir.*) m. Movimiento de un cuerpo que después de recorrer una línea vuelve a describirla en sentido contrario. *Los* VAIVE-

NES *de un buque, de un columpio*; sinón.: **oscilación, balanceo.** ‖ fig. Inconstancia de las cosas. ‖ Riesgo que expone a malograr lo que se desea. ‖ *Mar.* Cabo, alquitranado o blanco, que sirve para forrar otros más gruesos y hacer ciertos tejidos.

VAIVODA. (Del eslavo *vaivod*, príncipe.) m. Título dado a los soberanos de Moldavia, Valaquia y Transilvania, y a los gobernadores de provincias polacas. ‖ deriv.: **vaivodazgo; vaivodía.**

VAIZIA. (Del sánscr. *vaicya.*) m. Nombre dado a cada una de las personas que integran la tercera de las cuatro castas en que se divide la población de la India.

VAJILLA. al. **Geschirr.** fr. **Vaisselle.** ingl. **Table service.** ital. **Vasellame.** port. **Baixela.** (Del lat. *vascella*, pl. de *-llum*, dim. de *vas*, vaso.) f. Conjunto de platos, fuentes, vasos, tazas, etc., para el servicio de la mesa. ‖ Derecho de las alhajas que se cobraba en Nueva España. ‖ IDEAS AFINES: *Comedor, cocina, porcelana, loza, cristal, cubiertos, sopera, romperse.*

VAKIYÁN. *Mit.* Cada uno de los dioses que representaban el trueno en las tribus dakotas de la época precolombina.

VAL. m. Apócope de **Valle.**

VAL, Luis de. *Biog.* Folletinista esp. de gran popularidad, autor de *Virgen y madre; El hijo de la obrera*, etc. (1867-1930).

VALACO, CA. adj. Natural de Valaquia. Ú.t.c.s. ‖ Perteneciente a este antiguo principado. ‖ Dícese igualmente de la lengua romance que se habla en Valaquia, Moldavia y otros territorios vecinos. ‖ m. Lengua **valaca.**

VÁLACO, CA. adj. Barbarismo por **valaco.**

VALAIS. *Geog.* Cantón del S. de Suiza. 5.235,2 km^2. 218.000 h. Vinos famosos. Cap. SION.

VALAQUIA. *Geog.* Región meridional de la Rep. de Rumania, que antiguamente constituía un principado. Es una fértil llanura, comprendida entre los Alpes de Transilvania y la cuenca del Danubio; el río Olt la divide en gran Valaquia y pequeña Valaquia.

VALAR. (Del lat. vallaris, de *vallum*, estacada.) adj. Perteneciente al vallado o cerca.

VALBUENA, Bernardo de. *Biog.* Rel. y poeta esp., uno de los más prestigiados líricos descriptivos de su lengua. Obras: *El Bernardo o victoria de Roncesvalles; Grandeza mexicana*, etc. (1568-1627).

VALCÁRCEL, Luis E. *Biog.* Escr. historiador y arqueólogo per. autor de *Del ayllu al imperio; Tempestad en los Andes; Pachacámac*, etc. (n. 1891). ‖ – **Teodoro.** Músico per., autor de *Estampas de la cordillera; Nocturno en sol menor; Suray-Surita*, y otras composiciones sobre el folklore incaico (1900-1942).

VALDAGNO. *Geog.* Ciudad del N.E. de Italia (Vicenza). 26.410 h. Industria textil.

VALDAI. *Geog.* Extensa meseta de Europa, sit. en el territorio de la U.R.S.S., al Nordeste de Moscú. 327 m.

VALDELOMAR, Abrahán. *Biog.* Lit. peruano, autor de *La ciudad muerta; Los hijos del Sol; Las voces múltiples*, y notables composiciones líricas (1887-1919).

VALDENSE. adj. Sectario del heresiarca francés del siglo XII, Pedro de Valdo. Ú.t.c.s. ‖ Perteneciente a esta secta.

VALDEPEÑAS. m. Vino de Valdepeñas.

VALDEPEÑAS. *Geog.* Ciudad de España, en la región de Castilla la Nueva (Ciudad Real). 37.000 h. Afamados vinos.

VALDERRAMA, Adolfo. *Biog.* Méd. y literato chil., autor de *Al amor de la lumbre; Bosquejo histórico de la poesía chilena; María*, etc. (1834-1902). ‖ – **Carlos.** Músico per., autor de danzas y canciones nativas (1887-1950). ‖ – **Felipe.** Pol. y escritor ven. Obras: *Ensueños y emociones; Rosas de amor*, etc. (n. 1872). ‖ – **Y DE LA PEÑA, Esteban.** Pintor cub. influido por el impresionismo. Cuadros: *Dura Tierra; Pomona y Mercurio; Fundamental*, etc. (n. 1892).

VALDÉS, Alfonso de. *Biog.* Humanista esp., autor de *Diálogo de Mercurio y Caronte; Diálogo en que particularmente se trata de las cosas acaecidas en Roma en 1527*, etc. (m. 1532). ‖ – **Gabriel de la Concepción.** Poeta cub. que popularizó el seudónimo de **Plácido.** Autor de letrillas, romances, sonetos y composiciones diversas: *Plegaria a Dios; La muerte de Gessler; La flor del café*, etc. (1809-1844). ‖ – **Ignacio de J.** Escritor panameño, autor de *Cuentos panameños de la ciudad y del campo*, y otras obras (1902-1959). ‖ – **Jerónimo.** Militar esp., de 1841 a 1842 gobernador de Cuba. Su administración se caracterizó por la persecución a los esclavos (1784-1855). ‖ – **Julio César.** Literato boliviano autor de *Siluetas y croquis; Picadillo*, y otras obras costumbristas (1862-1918). ‖ – **Juan de.** Erudito humanista esp., de la escuela de Erasmo, que residió en Italia. Su famoso *Diálogo de la lengua* es una ardorosa defensa del castellano. Otras obras: *Alfabeto cristiano; Diálogo de la doctrina cristiana*, etc. (aprox. 1490-1541). ‖ – **Ramón F.** Dram. y jurisconsulto cub., autor de *Diccionario de legislación y jurisprudencia criminal; El doncel; Enrico*, etc. (1810-1866). ‖ – **Ramón M.** Pol. panameño, de 1916 hasta su muerte presidente de la Rep. (1867-1918). ‖ – **LEAL, Juan de.** Pintor esp. Notable colorista, sufrió la influencia de la escuela ital. Cuadros: *Fin de la gloria del mundo; Las tentaciones de San Jerónimo*, etc. (1622-1690).

VALDÉS. *Geog.* Península del litoral atlántico argentino, en la prov. de Chubut, que se une al continente por medio del istmo Carlos Ameghino.

VALDIVIA. f. *Col.* Purgante venenoso. ‖ *Ec.* Pájaro trepador, cuyo canto triste es considerado de mal agüero por el vulgo.

VALDIVIA, Aniceto. *Biog.* Escritor cub., dramaturgo y poeta (1859-1927). ‖ – **Luis de.** Misionero jesuita esp. que evangelizó, en Chile, a los indígenas (1561-1642). ‖ – **Pedro de.** Mil. y marino esp., una de las más singulares figuras de la conquista de América. Tras de destacarse en acciones guerreras en Flandes, se trasladó a América y luchó contra los nativos en Venezuela, de donde pasó al Perú para actuar a las órdenes de Pizarro. En 1539, éste le autorizó a emprender la conquista de Chile, a cuyo objeto reunió unos pocos indígenas y ciento cincuenta esp., algunos de los cuales habían pertenecido a las huestes de Almagro. En 1540 tomó posesión de Nueva Extremadura y el 12 de febrero de 1541 fundó la ciudad de Santiago de Nueva Extremadura, cuyo cabildo le nombró gob. y capitán general. Durante doce años debió vencer la resistencia de los indígenas y al mismo tiempo fundó diversas ciudades. En 1553 se produjo la rebelión nativa encabezada por Lautaro, que fue de resultados trágicos para los conquistadores. **Valdivia** fue apresado en las ruinas de Tucapel y asesinado por un guerrero araucano. Audaz e hidalgo, su empresa fue excepcional y adquiere mayores dimensiones aún si se tiene en cuenta que **Valdivia** no persiguió en ella el enriquecimiento material (1500-1553).

VALDIVIA. *Geog.* Río de Chile. V. **Calle-Calle.** ‖ Provincia de la región meridional de Chile. 18.472 km^2 y 305.000 h. Actividades agrícolas y minería. Cap. hom. 83.000 h., con el mun. Industria cervecera, refinerías de azúcar, curtidurías. Importante centro comercial.

VALDIVIANO. m. *Chile.* Guiso que se hace machacando en agua caliente charqui, cebollas, ajos, pimienta, etc.

VALDIVIESO, José Félix. *Biog.* Pol. ecuatoriano que luchó por la independencia de su patria. Al separarse Ecuador de la Confederación Colombiana, ocupó la presidencia de la República (s. XIX).

VALDOVINOS, Armando. *Biog.* Escritor paraguayo autor de narraciones vigorosas: *Bajo las botas de la bestia rubia; Cruces de quebracho*, etc. (n. 1908).

VALE. (Liter., *consérvate sano.*) Voz latina usada alguna vez en castellano para despedirse.

VALE. al. **Gutschein; Bon.** fr. **Billet à ordre.** ingl. **Bond.** ital. **Vaglia.** port. **Vale.** (De *valer.*) m. Papel en que uno se obliga a pagar a otro cierta cantidad de dinero. ‖ Nota firmada que se da al que ha de entregar una cosa, para que acredite la entrega y cobre el importe. ‖ Papel que un maestro da como premio a un discípulo para que en caso necesario pueda aspirar a una recompensa, o para hacerse perdonar una falta. ‖ Envite que se hace en algunos juegos de naipes con las primeras cartas. ‖ *Col., Méx.* y *Ven.* Compañero, camarada. ‖ **Ser vale con** uno. frs. fam. *Col.* Tener valimiento con él, ser su amigo.

VALEDERO. m. *Méx.* Vale, compañero. ‖ *Ven.* Fiador.

VALEDERO, RA. adj. Que debe valer, ser subsistente y firme. sinón.: **válido.**

VALEDOR, RA. s. Persona que vale o ampara a otra.

VALEDURA. f. *Cuba.* Barato, dinero regalado por el que gana en el juego al que pierde o al que mira. ‖ *Méx.* Valimiento, favor, privanza.

VALENÇA. *Geog.* Población del N.E. de Brasil (Bahía). 14.000 h. Algodón, café.

VALENCE. *Geog.* Ciudad del S. de Francia, sobre el Ródano. Capital del dep. de Drôme. 65.000 h. Industria metalúrgica, sedas.

VALENCIA. f. *Quím.* Capacidad de saturación de los radicales, que se determina por el número de átomos de hidrógeno con que aquéllos pueden combinarse.

VALENCIA, Guillermo. *Biog.* Escr. colombiano, uno de los altos valores intelectuales de su país. Entre sus composiciones simbólicas se destacan *Anarkos; Ritos; Las dos cabezas; Las cigüeñas blancas; Palemón, el estilita*, etc. Fino prosista, publicó *Discursos patrióticos; Oraciones panegíricas; A Caldas*, etc. (1873-1943). ‖ – **Guillermo León.** Político col. que, de 1962 a 1966, fue pres. de la República (1908-1971). ‖ – **Manuel M.** Escritor dom., autor de *En la muerte de mi padre; Una noche en el templo*, y otras composiciones poéticas (1818-1870).

VALENCIA. *Geog.* Lago del N. de Venezuela, entre los Estados de Carabobo y Aragua. Está a 413 m. sobre el nivel del mar. 441 km^2. ‖ Región del E. de España, sobre el Mediterráneo. Comprende las prov. de Alicante, Castellón de la Plana y Valencia. 23.305 km^2; 3.100.000 h. ‖ Provincia del E. de España que pertenece a la región hom. 10.763 km^2. 1.770.000 h. Trigo, cebada, maíz, arroz, azafrán, cítricos. Explotación forestal. Ganado lanar. Minería. Cap. hom., 655.000 h., importante centro comercial e industrial. Son famosas sus huertas. ‖ C. del norte de Venezuela, cap. del Estado de Carabobo, 370.000 h. Importante centro industrial y comercial. ‖ **Golfo de–.** Profunda escotadura de la costa española sobre el Mediterráneo, que se extiende desde la desembocadura del Ebro hasta el cabo San Antonio.

VALENCIANA. f. Encaje o puntilla de hilo o algodón, angosta y tupida. Ú.m. en pl. ‖ *Hond.* y *Méx.* Tirilla interior con que se guarnece por abajo la pierna del pantalón.

VALENCIANISMO. m. Vocablo, acepción, locución, giro o modo de hablar propio de los valencianos. ‖ Afición a las cosas de Valencia.

VALENCIANO, NA. adj. Natural de Valencia. Ú.t.c.s. ‖ Perteneciente o relativo a esta ciudad y antiguo reino. ‖ m. Dialecto de los **valencianos.**

VALENCIENNES. *Geog.* Ciudad del extremo N. de Francia (Norte). 46.000 h. Industrias químicas y metalúrgicas. Famosos encajes.

VALENTE, Flavio. *Biog.* Emp. romano, uno de los más encarnizados perseguidores de los cristianos (328-378).

VALENTÍA. al. **Tapferkeit; Mut.** fr. **Vaillance.** ingl. **Courage; bravery.** ital. **Valentia; prodezza.** port. **Valentia** (De *valiente.*) f. Esfuerzo, aliento, vigor. *Procedió con* VALENTÍA; sinón.: **valor, denuedo;** antón.: **cobardía.** ‖ Hecho o hazaña heroica. *La* VALENTÍA *que hizo le valió una cruz*; sinón.: **heroicidad.** ‖ Expresión arrogante o jactancia de las acciones de valor y esfuerzo. ‖ Gallardía, intrepidez. ‖ Acción material o inmaterial esforzada y vigorosa que parece exceder a las fuerzas naturales.

VALENTÍN. *Biog.* Papa en 827.

VALENTÍN ALSINA. *Geog.* Importante centro industrial sit. al sur de la c. de Buenos Aires y que pertenece al part. de Lanús, en el Gran Buenos Aires, en la Rep. Argentina. 65.000 h.

VALENTINIANO, NA. adj. Sectario de Valentín, heresiarca del siglo II. ‖ deriv.: **valentinianismo.**

VALENTINIANO. *Biog.* Nombre de tres emperadores romanos (s. IV y V.).

VALENTINO, NA. (Del lat. *valentinus.*) adj. Valenciano, perteneciente o relativo a Valencia.

VALENTÍSIMO, MA. adj. super de **Valiente.** ‖ Muy perfecto en un arte o ciencia.

VALENTÓN, NA. al. **Eisenfresser.** fr. **Fanfaron; rodomont.** ingl. **Blustering.** ital. **Spaccone.** port. **Valentão.** adj. y s. Que se jacta de guapo o valiente. sinón.: **fanfarrón, bravucón.**

VALENTONA. f. fam. Valentonada.

VALENTONADA. (De *valentón.*) f. Exageración o jactancia del propio valor. sinón.: **bravuconería.**

VALENZUELA, Arturo. *Biog.* Pintor chileno cont., cuya obra ha reflejado preferentemente el paisaje sureño de su país (n.1900). ‖ – **Jesús.** Poeta mex., autor de *Al duque Job; Nihil*, y otras composiciones (1854-1911). ‖ – **Mario.** Prelado y poeta col., autor de *Los pastores, Desengaño* y otras composiciones, y de varios libros en prosa (1836-1922). ‖ – **Pedro.** Filósofo y religioso chil., autor de un inconcluso *Ensayo de filología americana comparada con las demás lenguas* y otras obras (1843-1922). ‖ – **Pedro de.** Estadista guatemalteco, dos veces, en 1835 y 1838, jefe de Estado (1797-1865). ‖ – **LLANOS, Alberto.** Pintor impresionista chil., notable paisajista. Obras.: *El salir de la luna en la quebrada; Puesta de sol en los Andes; Alrededores de Santiago de Chile*, etc. (1869-1925). ‖ – **OLIVOS, Eduardo.** Dram. chileno, autor de *El hombre de goma; Por ley divina*, etc. (n. 1882). ‖ – **Y CONDE, Crisanto.** Jurisconsulto, escr. y político col. Autor del famoso manifiesto *Motivos que han obligado al Nuevo Reino de Granada a reasumir su soberanía*, fue fusilado por los realistas (1777-1816).

VALER. m. Valor, valía.

VALER. al. **Gelten; kosten; taugen.** fr. **Valoir.** ingl. **To cost; to be worth.** ital. **Valere.** port. **Valer.** (Del lat. *valere.*) tr. Amparar, proteger. Ú.t.c. intr. *Dios nos* VALGA. ‖ Fructificar o producir. Ú.t. en sentido figurado. ‖ Montar, sumar, hablando de números o cuentas. ‖ Tener las cosas un precio señalado para la compra o venta. Ú.t.c. intr. *Este sombrero* VALE *cien pesos.* sinón.: **costar.** ‖ Equivaler, tener una cosa una significación o aprecio comparable al de otra determinada. Ú.t.c.intr. *Una nota blanca* VALE *dos negras.* ‖ intr. Tener una persona o cosa alguna cualidad o condición que merezca estimación en sí misma o para la consecución o ejecución de algo. *Mengano* VALE *mucho; esta tela no* VALE *para trajes.* ‖ Tener una persona autoridad o poder. ‖ Pasar, correr, hablando de monedas. ‖ Tener el valor o la fuerza necesaria para la firmeza o permanencia de algún efecto. *Este sorteo* VALE. ‖ En infinitivo y precedido del verbo *hacer*, como auxiliar, prevalecer, sobresalir una cosa en oposición de otra. *Hizo* VALER *sus méritos.* ‖ Con la preposición *por*, contener en sí de una manera equivalente las calidades de otra cosa. *Esa razón* VALE *por tres.* ‖ Con el adv. *más* y usado unipersonalmente, ser preferible. ‖ fig. Tener influencia, aceptación o autoridad con uno. ‖ r. Usar de una cosa o servirse útilmente de ella. ‖ Recurrir al favor de otro para un intento. SE VALIÓ *de Carlos para ascender.* ‖ m.

Valía, valor. || **Tanto vales cuanto tienes.** ref. con que se significa que el poder y la estimación entre los hombres suele ser proporcional a la riqueza que tienen. || **Valer** uno, o una cosa, **lo que pesa.** frs. fam. que pondera las buenas cualidades de una persona o cosa. || **Valga lo que valiere.** loc. usada para expresar que se hace una diligencia desconfiando que se obtenga algún fruto de ella. || **Valga, o válgate.** Con algunos nombres o verbos se usa como interjección de admiración, pesar, enfado, extrañeza, etc. || Irreg. **Conjugación:** INDIC. Pres.: *valgo, vales, vale, valemos, valéis, valen.* Imperf.: *valía, valías,* etc. Pret. indef.: *valí, valiste,* etc. Fut. imperf.: *Valdré, valdrás, valdrá, valdremos, valdréis, valdrán.* POT.: *valdría, valdrías, valdría, valdríamos, valdrías, valdrían.* SUB. Pres.: *valga, valgas, valga, valgamos, valgáis, valgan.* Imperf.: *valiera o valiese, valieras o valieses,* etc. Fut. imperf.: *valiere, valieres,* etc. IMPERAT.: *val o vale, valga, valgamos, valed, valgan.* PARTIC.: *valido.* GER.: *valiendo.*

VALERA, Eamón de. *Biog.* Pol. irlandés, uno de los jefes de la lucha por la independencia de su país. De 1932 a 1948 fue jefe del gobierno republicano y de 1959 a 1966 y de 1966 a 1973, presidente de la República (1882-1975). || – **Y ALCALÁ GALIANO, Juan.** Nov., cuentista y crítico esp., una de las grandes figuras de la literatura de su lengua en el siglo XIX. De sus doce novelas sobresalen *Pepita Jiménez,* su obra maestra, escrita como narración epistolar, y *Juanita la Larga,* que describe graciosamente las costumbres andaluzas. Su obra crítica más preciada es *La poesía lírica y épica de la España del siglo XIX,* y entre sus mejores composiciones poéticas figuran *La velada de Venus; El fuego divino,* etc. (1824-1905).

VALERA. *Geog.* Ciudad del N.O. de Venezuela (Trujillo). 72.000 h. Café, cacao, caña.

VALERANO, NA. adj. Natural de Valera, ciudad del Estado venezolano de Trujillo. Ú.t.c.s. || Perteneciente o relativo a dicha ciudad.

VALERATO. m. *Quím.* Valerianato.

VALERENO. m. *Quím.* Principio que se obtiene de la esencia de valeriana.

VALERIANA. (Del lat. *valere,* ser saludable, por alusión a las propiedades medicinales de la planta.) f. Planta herbácea, vivaz, de hasta un metro de altura; hojas divididas en hojuelas dentadas y puntiagudas; rizoma oloroso y flores en corimbos terminales, blancas o rojizas. Se usa en medicina como antiespasmódico y tonificante del sistema nervioso. *Valeriana officinalis,* valerianáceas. || Nombre de otras especies del mismo género.

VALERIANÁCEO, A. (De *valeriana.*) adj. *Bot.* Dícese de plantas dicotiledóneas, generalmente herbáceas, de hojas opuestas y sin estípulas; flores de diversos colores en corimbos terminales y fruto indehiscente, coriáceo o membranoso, con una sola semilla sin albumen; como la valeriana y la milamores. Ú.t.c.s. || f. pl. *Bot.* Familia de estas plantas.

VALERIANATO. m. *Quím.* Sal formada por el ácido valeriánico y una base.

VALERIÁNICO. adj. *Quím.* V. **Ácido valeriánico.**

VALERIANO, Publio Aurelio Licinio. *Biog.* Emp. romano que fue vencido por los persas (190-269).

VALERILO. (De *valérico,* y el gr. *hyle,* materia.) m. *Quím.* Radical monoatómico del ácido valeriánico y sus derivados. Se obtiene en estado libre por la acción del sodio sobre el valerianato etílico.

VALERIO FLACO, Máximo. *Biog.* Hist. romano, autor de *Los nueve libros de los ejemplos y virtudes morales* (s. I).

VALERITA. f. *Miner.* Sulfato hidratado de cobre y hierro, que se caracteriza por su fragilidad.

VALERO, Antonio. *Biog.* Militar esp. que luchó al servicio de la causa americana. Fue activo colaborador de Bolívar, y ocupó altos cargos en Colombia (1793-1863).

VALERONA. (De *valérico y acetona.*) f. Acetona del ácido valeriánico.

VALEROSAMENTE. (De *valeroso.*) adv. m. Con valor y ánimo. *Luchó* VALEROSAMENTE. || Fuerte y eficazmente.

VALEROSIDAD. f. Calidad de valeroso.

VALEROSO, SA. al. **Tapfer.** fr. **Vaillant; efficace.** ingl. **Brave; powerful.** ital. **Valoroso; efficace.** port. **Valoroso.** (De *valor.*) adj. Eficaz, que puede mucho. || Valiente, esforzado. || Valioso, que vale mucho.

VALÉRY, Pablo. *Biog.* Notable poeta fr. Esencialmente simbolista, su lírica es profunda y alcanza dimensiones metafísicas. *La joven Parca* y *Sortilegios* (que incluye el famoso poema *El cementerio marino*) son sus más difundidos libros de versos. Ensayista de agudeza crítica y estética, publicó *El alma y la danza; Introducción al método de Leonardo de Vinci; Velada con el señor Teste; Política del espíritu,* etc. (1871-1945).

VALET. (Voz francesa.) m. Galicismo por criado, sirviente.

VALETUDINARIO, RIA. (Del lat. *valetudinarius.*) adj. y s. Enfermizo, de poca salud. sinón.: **achacoso.**

VALHALA. (Del *Walhalla,* residencia de los muertos.) *Mit.* Estancia destinada a los héroes muertos en la lid, según la mitología escandinava.

VALÍ. (Del ár. *ualí,* perfecto.) m. Gobernador de una provincia musulmana.

VALÍA. (De *valer.*) f. Valor o aprecio de una cosa. *Un cuadro de mucha* VALÍA. || Valimiento, privanza. *Tiene gran* VALÍA *con el ministro.* || Parcialidad, partido, facción. || **Mayor valía.** Acrecentamiento de valor que recibe una cosa por circunstancias ajenas a ella.

VALIATO. m. Gobierno de un valí. || Territorio gobernado por un valí.

VÁLIDA. f. Validé.

VALIDACIÓN. f. Acción y efecto de validar. || Seguridad, fuerza, firmeza, o subsistencia de un acto.

VÁLIDAMENTE. adv. m. De manera válida.

VALIDAR. (Del lat. *validare.*) tr. Dar fuerza o firmeza a algo. || Hacer válida una cosa. VALIDAR *una votación.* || deriv.: **validable.**

VALIDÉ. (Del ár. *valida,* madre; de *uálada,* engendrar, parir.) f. Nombre dado por los turcos a la madre del sultán reinante.

VALIDEZ. al. **Gültigkeit.** fr. **Validité.** ingl. **Validity.** ital. **Validità.** port. **Validade.** f. Calidad de válido.

VÁLIDO, DA. (Del lat. *validus.*) adj. Firme, que vale o debe valer legalmente. *Un reglamento* VÁLIDO. || Robusto, fuerte o esforzado. *Obrero* VÁLIDO.

VALIDO, DA. adj. Recibido, estimado o apreciado generalmente. || m. El que tiene el primer lugar en la gracia de un poderoso. || **Primer ministro.**

VALIENTE. al. **Tapfer; mutig.** fr. **Vaillant; courageux.** ingl. **Valiant; courageous.** ital. **Coraggioso.** port. **Valente.** (Del lat. *valens, -entis.*) adj. Fuerte y robusto en su género. || Esforzado y de valor. Ú.t.c.s. *Hernán Cortés fue un* VALIENTE. antón.: **cobarde.** || Eficaz y activo en su género, física o moralmente. || Excelente, especial o primoroso en su género. || Grande y excesivo. Ú.m. en sentido irón. *¡*VALIENTE *negocio has hecho!* || Valentón, baladrón. Ú.t.c.s.

VALIENTE, Península. *Geog.* Península del N. de Panamá (Chiriquí), al E. de la laguna de Chiriquí, sobre el mar de las Antillas.

VALIENTEMENTE. (De *valiente.*) adv. m. Con fuerza o eficacia. || Esforzada y animosamente. *Se portó* VALIENTEMENTE. || Con exceso. || Con propiedad o con arrojo y brío en el discurso o en el arte. *Habló* VALIENTEMENTE.

VALIJA. al. **Handkoffer.** fr. **Valise.** ingl. **Valise.** ital. **Valigia.** port. **Mala; valise.** f. **Maleta.** || Saco de cuero, cerrado con llave, donde llevan la correspondencia los correos. || El mismo correo. || Cartera de cuero en la que los carteros llevan la correspondencia que deben distribuir.

VALIJERO. (De *valija*). m. El que tiene a su cargo conducir las cartas desde una administración de correos a los pueblos que dependen de ella.

VALIJÓN. m. aum. de **Valija.**

VALIMIENTO. m. Acción de valer una cosa o de valerse de ella. || Aceptación o privanza que una persona tiene con otra. *Goza de gran* VALIMIENTO *con el ministro.* || Amparo, protección. *Tiene* VALIMIENTO *para conseguirlo.*

VALIOSO, SA. adj. Que vale mucho o tiene mucho poder o estimación. || Rico, adinerado, que tiene buen caudal o fortuna.

VALISNERIA. f. *Bot.* Género de plantas herbáceas que viven sumergidas en el agua. Gén. *Vallisneria.*

VALISOLETANO, NA. (Del b. lat. *vallisoletanus,* de *Vallisolétum,* Valladolid.) adj. y s. Vallisoletano.

VALKIRIA. f. Valquiria.

VALMIKI. *Biog.* Poeta indio de legendaria existencia, autor de la famosa epopeya sánscrita *Ramayana.* Se cree que vivió en el s. IV a. de C.

VALOIS. *Geneal.* Familia francesa que comenzó a gobernar en 1328 con Felipe VI. Con la muerte de Enrique III en 1589, finalizó su reinado.

VALÓN, NA. (Del b. lat. *wallus,* y éste del lat. *gallus,* galo.) adj. Natural del territorio situado entre el Escalda y el Lys. Ú.t.c.s. || Perteneciente a este territorio. || m. Dialecto del antiguo francés, hablado por los **valones.**

VALONA. (De *valón.*) f. Cuello muy amplio, vuelto sobre la espalda, hombros y pecho, que se usó en otro tiempo. *Cervantes llevaba* VALONA. || *Col., Ec.* y *Ven.* Crines recortadas convenientemente que cubren el cuello de las caballerías. || *Méx.* Servicio, favor, ayuda.

VALONAR. tr. *Col., Ec.* y *Ven.* Esquilar. || r. *Amér. Central.* Inclinarse el que está a caballo para asir la cola del toro o recoger algo del suelo.

VALONEARSE. r. *Amér. Central.* Valonarse.

VALOR. al. **Wert; Mut.** fr. **Valeur; vaillance; courage.** ingl. **Value; bravery; courage.** ital. **Valore; coraggio.** port. **Valor.** (Del lat. *valor, -oris.*) m. Cualidad o conjunto de cualidades de una persona o cosa, en virtud de la cual es apreciada. *Un amigo de gran* VALOR. || Suma de dinero en que se aprecia una cosa. *El* VALOR *de un inmueble.* || Alcance de la importancia o significación de una acción, palabra, etc. *No le dieron* VALOR *a sus amenazas.* || Cualidad anímica que impulsa a acometer resueltamente grandes empresas o afrontar sin miedo los peligros. *Torea con un* VALOR *temerario.* || Úsase también en mala parte, denotando osadía, y aun desvergüenza. *Tuvo el* VALOR *de negarlo.* || Subsistencia y firmeza de un acto. *Esa elección no tiene* VALOR. || Eficacia, fuerza o virtud de las cosas para producir sus efectos o consecuencias. *Este decreto tiene* VALOR *de ley.* || Rédito o producto de una cosa. || Equivalencia de una cosa con otra, en especial hablando de monedas. *La libra tiene el* VALOR *de cien pesos.* || *Fil.* Cualidad que poseen algunas realidades, llamadas bienes, por lo cual son estimables. Los **valores** tienen polaridad en cuanto son positivos o negativos y jerarquía en cuanto son superiores o inferiores. || *Mús.* Duración relativa del sonido de una nota, según la figura con que ésta se representa. || pl. Títulos representativos de participación en haberes de sociedades, de sumas prestadas, de mercaderías, de fondos pecuniarios o de servicios, que son materia de operaciones mercantiles. *Tiene muchos* VALORES *en esa empresa.* || – **declarados.** Monedas o billetes que se envían por correo, bajo sobre cerrado, y cuyo valor se declara para que responda de su entrega el servicio de correo. || – **fiduciarios.** Los emitidos en representación de numerario, con la promesa de cambiarlos por éste. || IDEAS AFINES: *Osadía, agallas, ardor, héroe, gesta, epopeya, Cid Campeador; bravucón, pendenciero, gallardía.*

VALORACIÓN. f. Acción y efecto de valorar.

VALORAR. al. **Schätzen; bewerten.** fr. **Évaluer.** ingl. **To value.** ital. **Avvalorare.** port. **Avaliar.** tr. Señalar a una cosa el valor que corresponde a su estimación; ponerle precio. *Ese collar lo* VALORARON *en un millón.* sinón.: **valuar.** || Aumentar el valor a algo. *Juan* VALORÓ *su hacienda*; sinón.: **valorizar.** || *Quím.* Determinar la composición exacta de una disolución, para usarla en el análisis volumétrico o en la preparación de medicamentos.

VALOREAR. (De *valor.*) tr. Valorar.

VALORÍA. (De *valor.*) f. Valía, estimación.

VALORIZACIÓN. f. Acción y efecto de valorizar.

VALORIZAR. tr. Valorar, evaluar. || Aumentar el valor de una cosa.

VALPARAÍSO. *Geog.* Población del S. de Brasil (San Pablo). 10.000 h. Actividades agrícolas y ganaderas. || Provincia de la región central de Chile. 4.818 km^2. 825.000 h. Cap. hom. 252.000 h. Es el principal puerto chileno. Industria metalúrgica, refinerías de azúcar, pesca. Importante centro ferroviario. || Población del N. de México (Zacatecas). 4.300 h. Cereales, papas, frutas.

VALQUIRIA o **WALKIRIA.** (Del ant. al. *walkyrien,* de *wal,* matanza, y *küren,* elegir.) f. Diosas de la mitología escandinava que en las batallas elegían a los héroes que habían de morir, y en el paraíso eran sus escanciadoras.

VALS. al. **Walzer.** fr. **Valse.** ingl. **Waltz.** ital. **Valzer.** port. **Valsa.** (Del al. *Walzer,* de *walzen,* dar vueltas.) m. Danza en pareja, con movimiento giratorio y de traslación. Su acompañamiento musical es de ritmo ternario y generalmente sus frases constan de 16 compases, en aire vivo. || Música de esta danza. *Un* VALS *vienés.*

● **VALS.** *Mús.* El origen del **vals** es discutido. Reconocido casi siempre como alemán, los franceses alegan, sin embargo, que proviene de Provenza, de donde habría pasado a la corte de Luis VII; en Alemania se habría introducido en el s. XVI. Empero, los musicólogos consideran al **vals** como la expresión típica y característica del folklore vienés, y en efecto, su apogeo se dio en Austria en el s. XIX y principios del XX. "El **vals** –dice un crítico moderno– es mucho más que una composición de música ligera; constituye el signo de una época venturosa, de una ciudad dedicada de lleno al goce de la vida, último idilio acaso, en la historia europea. Su movimiento rotativo manifiesta la fusión de las tres clases sociales que se confunden en sus fiestas, en medio de las nuevas melodías cautivantes". En Austria surgieron, además, los dos compositores que supieron elevar el **vals** al nivel de la obra de arte y al mismo tiempo lograron su difusión mundial: José Lanner y Juan Strauss. Compositores de mayor enjundia se sintieron atraídos por la melodía del **vals** y la incorporaron a su obra: Brahms, Beethoven, Haydn, Schubert, Liszt, Chopin, Gounod, Delibes, Chaikovsky, Weber, Berlioz, Ravel, etc. Tras la primera Guerra Mundial la gloria de esta danza fue empalideciendo; un nuevo sistema de vida lo desubicó estética y socialmente, y el jazz y las modernas danzas americanas lo reemplazaron en las preferencias populares.

VALSAR. intr. Bailar el vals. || deriv.: **valsador, ra.**

VALSE. m. *Amér.* Vals.

VALSIA. *Biog.* Patriarca hindú, hijo de Brahma y jefe de una de las cuatro castas en que fue dividido su pueblo.

VALTIERRA, Antonio. *Biog.* Rel. y escritor guat., autor de *Certamen poético para la Noche de Navidad; Panegírico en verso por los triunfos de Felipe V,* y otras composiciones poéticas (1669-1740).

VALTIN, Juan. *Biog.* Escr. alemán cuyo verdadero nombre es **Ricardo Julio Krebs.** Adquirió gran renombre con su novela autobiográfica *La noche quedó atrás* (1905-1951)

VALUABLE. adj. Que se puede valuar.

VALUAR. tr. Valorar. || deriv.: **valuador, ra.**

VALUMOSO, SA. adj. *Chile* y *Guat.* Aplicado a vegetales, lozano, vicioso. || Aplicado a granos o semillas, abultado, voluminoso. || *Ven.* Vanidoso.

VALVA. al. **Muschelschale.** fr. **Valve.** ingl. **Valve; shell.** ital. **Valva.** port. **Valva.** (Del lat. *valva,* puerta.) f. *Bot.* Ventalla. || *Cir.* Instrumento en forma de lámina curva doblada, usado para apartar las paredes de la vagina o del recto. || *Zool.* Cada una de las piezas duras y movibles que forman la concha de los moluscos acéfalos y también de algunos cirrípedos.

VALVÁCEO, A. adj. *Bot.* Indehiscente, aunque compuesto de valvas cuya sutura es aparente.

VALVADO, DA. adj. Que tiene valvas.

VALVAR. adj. Relativo a las valvas. || *Bot.* Aplícase a la prefloración y a la prefoliación cuando las piezas se tocan por los bordes sin cubrirse.

VALVASOR. (Del b. lat. *vasvassor;* éste de *vassus vassórum,* vasallo de vasallos; y *vassus,* del cimbro *gwas,* mozo, servidor.) m. Hidalgo infanzón.

VALVERDE, Fernando. *Biog.* Rel. y escritor peruano, autor de *Vida de Cristo Nuestro Señor* y otras obras (s. XVII). || – **Joaquín.** Compositor esp., uno de los músicos más fecundos y populares del denominado género chico. Autor de *La Gran Vía; La alegría de la huerta; A los toros,* etc. (1846-1910). || – **José Desiderio.** Pol. dominicano, de 1858 a 1859 y de 1860 a 1861 presidente de la Rep. || – **Vicente de.** Misionero dominico esp. que participó de la expedición de Pizarro. Defensor de los derechos indígenas, pese a lo cual murió a manos de ellos (s. XVI). || – **Y MARURI, Antonio L.** Jurista e historiador cub., autor de *Los grandes imperios del Perú y México; Colonización e inmigración en Cuba,* etc. (n. 1867).

VALVERDE. *Geog.* Provincia de la Rep. Dominicana. 530 km^2. 77.000 h. Cap. homón. 27.500 h.

VALVIFORME. adj. Que tiene figura de valva.

VALVOTOMÍA. (De *válvula,* y el gr. *temno,* cortar.) f. *Cir.* Incisión de una válvula.

VÁLVULA. al. **Ventil; Klappe.** fr. **Soupape; valvule.** ingl. **Valve.** ital. **Valvola.** port. **Válvula.** (Del lat. *valvŭla,* de *valva,* puerta.) f. Pieza que sirve para interrumpir, alternativa o permanentemente, la comunicación entre dos órganos de una máquina o instrumento, o entre dichos órganos y el medio externo. || *Anat.* Pliegue membranoso que impide el retroceso de lo que circula por los vasos o conductos del cuerpo animal. || *Elec.* Lámpara de radio. || – **de seguridad.** La de las máquinas de vapor, para que éste se escape automáticamente cuando la presión es excesiva. || – **mitral.** *Anat.* La que existe entre la aurícula y el ventrículo izquierdos del corazón. Se llama así por parecerse a una mitra. || – **tricúspide.** *Anat.* La que se halla entre la aurícula y el ventrículo derechos del corazón, llamada así por terminar en tres puntas.

VALVULAR. adj. Perteneciente o relativo a las válvulas. || Que tiene válvulas.

VALVULITIS. (De *válvula* y el suf. *itis,* inflamación.) f. *Pat.* Inflamación de una válvula, en particular cardíaca.

VALLA. al. **Zaun.** fr. **Palissade; obstacle.** ingl. **Fence; obstacle.** ital. **Palizzata; ostacolo.** port. **Paliçada; obstáculo.** (Del lat. *valla,* pl. de *vāllum,* estacada, trinchera.) f. Vallado o estacada para protección o defensa. *La* VALLA *cedió ante el empuje enemigo.* || Línea o término de estacas o tablas unidas, para cerrar o señalar un sitio. *Una* VALLA *dividía los terrenos.* || Cartelera situada a los lados o en las cercanías de los caminos. || fig. Obstáculo, impedimento moral o material. *No le pusieron* VALLA *a sus intentos.* || En el fútbol y otros deportes semejantes, arco, meta. *No pudieron batir la* VALLA *adversaria.* || *Cuba.* Gallera, lugar donde riñen los gallos. || **Romper,** o **saltar,** uno **la valla.** frs. fig. Ser el primero en emprender algo arriesgado. || Prescindir de la consideración y respeto debidos. || IDEAS AFINES: *Seto, cerco, empalizada, alambrar, trinchera, corral, huerto, tranquera.*

VALLA, Lorenzo. *Biog.* Pedagogo y humanista ital., que señaló la importancia de vincular la filosofía con el estudio de los textos literarios (1407-1457).

VALLADAR. m. Vallado. || fig Obstáculo de cualquier clase para impedir que una cosa sea invadida.

VALLADEAR. (De *vallado.*) tr. Vallar, cercar con valla.

VALLADO. m. Cerco de estacas, tierra apisonada, etc., que se construye para defender un lugar e impedir que se entre en él. sinón.: **valla.**

VALLADOLID. *Geog.* Provincia del N.O. de España (Castilla la Vieja). 8.345 km^2; 413.000 h. Producción agrícola-ganadera. Cap. homónima 237.000 h. Industria metalúrgica, textil, harinera. || Población de México (Yucatán). 10.800 h. Importante centro agrícola-ganadero.

VALLAR. adj. Valar. || m. Valladar.

VALLAR. (Del lat. *vallare.*) tr. Cercar o cerrar un lugar con vallado.

VALLE. al. **Tal.** fr. **Vallée.** ingl. **Valley.** ital. **Valle.** port. **Vale.** (Del lat. *vallis.*) m. Llanura de tierra entre montes o alturas. || Cuenca de un río. || Conjunto de caseríos o aldeas situado en un valle. || – **de lágrimas.** fig. Este mundo, por los sufrimientos y miserias que obligan a llorar. || IDEAS AFINES: *Geografía, Nilo, cultivar, fertilidad, estuario, collado.*

VALLE, Adriano del. *Biog.* Poeta esp., autor de *Arpa fiel; Primavera portátil* y otras obras (1895-1957). || – **Andrés.** Pol. salvadoreño, en 1876 presidente de la Rep. || – **Aristóbulo del.** Pol. y jurisconsulto arg. Ferviente demócrata y orador eximio, fue uno de los promotores de la revolución popular de 1890. Sus *Oraciones magistrales* y *Discursos políticos* son la compilación de su acción cívica (1847-1896). || – **Fray Blas de.** Rel. y literato guat., autor de *Apuntes históricos; Simbólica oliva de paz y piedad,* etc. (s. XVIII). || – **Gerardo del.** Escritor cub., notable cuentista (n. 1898). || – **José Cecilio del.** Pol. y escritor hondureño. En 1834 fue elegido presidente de la Rep., pero falleció antes de asumir el cargo (1780-1834). || – **Juan.** Poeta lírico mex., autor de celebradas composiciones; *El crepúsculo en la presa; Romance; A la guerra civil,* etc. (1838-1865). || – **Juvencio.** Literato chil., autor de *El libro primero de Margarita; La flauta del hombre Pan,* etc. (n. 1900). || – **Leandro.** General mex., defensor de la reforma (1833-1861). || – **Rafael Heliodoro.** Cat. y escritor hondureño, de obra vasta y prestigiada. Libros principales: *Cómo era Iturbide; Ánfora sedienta; México imponderable; San Bartolomé de las Casas,* etc. (1891-1959). || – **Rosamel del.** Poeta chil., autor de *País blanco; Murador* (1900-1963). || – **ARIZPE, Artemio del.** Escritor mex., autor de *Vidas milagrosas; La muy noble y leal ciudad de México, según relatos de antaño y de hogaño,* etc. (1888-1961). || – **IBERLUCEA, Enrique del.** Cat., jurisconsulto y político arg. de origen esp., autor de *Diputados de Buenos Aires en las cortes de Cádiz; Los jesuitas y el regicidio; La Revolución Rusa,* etc. (1877-1921). || – **INCLÁN, Ramón del.** Ilustre poeta, novelista y dramaturgo esp., una de las más intensas y originales expresiones de la mod. literatura de su lengua. Aprovechó su manquera, con deliberada soberbia, para ufanarse de ser un segundo Cervantes; su verdadero nombre era **Ramón Valle Peña.** Influido en su lírica por la tendencia modernista, aunque a veces tocado por el neorromanticismo, se valió en sus novelas de un intencionado realismo grotesco para lograr una auténtica poesía, fuerte y personal, de insospechada pureza tras su esteticismo deformado. Obras: *Sonatas; Flor de santidad; Tirano Banderas; Farsa y licencia de la reina Castiza; Los cuernos de don Friolera; La corte de los milagros; Romance de lobos,* etc. (1866-1936). || – **RIESTRA, José María.** Músico per., autor de la primera ópera nativa; *Ollantay* (1859-1925). || – **Y CAVIEDES, Juan del.** Poeta satírico per., de origen esp. autor de *Diente del Parnaso; Poesías varias,* etc. (1652-1692). || – **COSTA, Adrián.** Literato cub. de origen esp., autor de *Parnaso cubano; Los diablos amarillos; Juan sin pan,* etc. (n. 1872). || – **Y RODRÍGUEZ, Rafael del.** Méd., novelista y poeta portorr., autor de novelas costumbristas y notables composiciones poéticas (1849-1917).

VALLE. *Geog.* Departamento del S. de Honduras. 1.565 km^2. 106.000 h. Café, algodón, caña de azúcar. Cap. NACAOME. || – **de la Pascua.** Ciudad de Venezuela (Guárico). 15.000 h. (con el municipio). Centro comercial. Célebre porque allí fue apresado y decapitado el general José Félix Ribas. || – **del Cauca.** Departamento del oeste de Colombia. 21.245 km^2. 2.245.000 h. Agricultura y ganadería muy desarrolladas. Cap. CALI. || – **de Santiago.** Población de México (Guanajuato). 17.000 h. Centro agrícola y comercial. || – **Grande.** Población de Bolivia (Santa Cruz). al S.O. de la ciudad de Santa Cruz. 13.000 h. Cereales, ganados. || – **Hermoso.** Población de la Argentina (Córdoba). 4.500 h. Importante centro de turismo.

VALLEDUPAR. *Geog.* Población del N. de Colombia, cap. del dep. de César. 110.000 h. Importante centro ganadero; industrias derivadas.

VALLEGRANDE. *Geog.* V. **Valle Grande.**

VALLEJO. m. dim. de **Valle.**

VALLEJO, César, *Biog.* Notable poeta per. Rebelde por antonomasia, de gran sensibilidad lírica, cultivó las mod. formas poéticas, con huellas parnasianas y simbolistas en sus comienzos. Escribió, asimismo, dramas, cuentos y la novela *El tungsteno.* Obras poéticas: *Los heraldos negros; Trilce; España, aparta de mí este cáliz; Poemas humanos,* etc. (1894-1938).

VALLEJOS, José Joaquín. *Biog.* Lit. chileno que en páginas satíricas y costumbristas popularizó el seudónimo de **Jotabeche.** Autor asimismo de valiosos estudios históricos (1811-1858).

VALLEJUELO. m. dim. de **Vallejo.**

VALLENAR. *Geog.* Ciudad del N. de Chile (Atacama), situada al S.O. de Copiapó. 9.000 h. Centro agrícola y minero.

VALLENILLA LANZ, Laureano. *Biog.* Sociólogo e historiador ven., autor de *Cesarismo democrático; Críticas de sinceridad y exactitud; El Libertador,* etc. (1870-1936).

VALLENTIN, Guillermo. *Biog.* Explorador al. que recorrió varios continentes. Obras: *Un alemán en Sudamérica; Neuquén y Río Negro; Paraguay, tierra de los guaraníes,* etc. (1862-1913).

VALLERO, RA. adj. *Arg.* Natural o vecino de un valle. Ú.t.c.s. || Perteneciente o relativo a un valle.

VALLES. *Geog.* Población del N.E. de México (San Luis Potosí). 10.800 h. Centro agrícola.

VALLETTA, La. *Geog.* V. **La Valletta.**

VALLICO. m. Ballico.

VALLINO, NA. adj. *Perú.* Perteneciente o relativo a un valle.

VALLISOLETANO, NA. (Del m. or. que *valisoletano.*) adj. Natural de Valladolid. Ú.t.c.s. || Perteneciente o relativo a esta ciudad.

VALLISTA. adj. *Arg.* Vallero.

VALLMITJANA, Agapito. *Biog.* Escultor esp., autor de *Cristo yacente; Descendimiento; La visitación* y otras obras (1833-1905). || – **Venancio.** Escultor esp., hermano de Agapito, autor de *La tragedia, La comedia,* etc. (1828-1919).

VAMPIRESA. f. fig. Mujer que extrema sus atractivos para cautivar y rendir a los hombres.

VAMPÍRICO, CA. adj. Perteneciente, relativo o semejante al vampiro.

VAMPIRISMO. m. Creencia del vulgo en los vampiros o espectros. || fig. Codicia de aquellas personas que se enriquecen a costa del esfuerzo de otro o por medios reprobables.

VAMPIRO. al. **Vampir; Blutsauger.** fr. **Vampire.** ingl. **Ghoul; vampire.** ital. **Vampiro.** port. **Vampiro.** (Del servio *vampir.*) m. Espectro o cadáver que, según el vulgo, por las noches chupa la sangre de los vivos. || Murciélago propio de América, del tamaño de un ratón, que chupa la sangre de las personas y animales dormidos. *El* VAMPIRO *vive en las regiones cálidas.* || fig. Persona codiciosa que se enriquece a costa de los demás o por medios reprobables. *Ese prestamista es un* VAMPIRO.

VAN. Partícula holandesa que significa *de* y se antepone a algunos apellidos.

VAN. *Geog.* Lago del O. de Turquía, en Asia Menor. 3.765 km^2.

VANADATO. m. *Quím.* Sal resultante de la combinación del ácido vanádico con una base.

VANÁDICO, CA. adj. *Quím.* Relativo al vanadio. || Aplícase a un ácido formado por hidratación del óxido de vanadio.

VANADINITA. f. Mineral que se origina por la unión molecular del vanadato de plomo y el cloruro de plomo.

VANADIO. (De *Vanadis,* diosa de la mitología escandinava.) m. Metal de color y brillo parecidos a los de la plata, que al ser calentado en atmósfera de oxígeno arde con luz muy intensa. simb. V, n. atóm. 23, p. atóm. 50,95.

● **VANADIO.** *Miner.* El **vanadio** fue descubierto en 1830. Son pocos los minerales que lo contienen en grandes proporciones; la mayor parte del que circula comercialmente se extrae de la vanadinita. Integra diversas aleaciones muy aplicadas en la industria; al acero le da especial resistencia, dureza y flexibilidad. El óxido de **vanadio** se usa como catalizador en el procedimiento de contacto para la obtención del ácido sulfúrico. Aproximadamente, la mitad de la producción mundial de **vanadio** pertenece a Estados Unidos; en América del Sur el gran productor de **vanadio** es Perú.

VANAGLORIA. al. **Ruhmsucht.** fr. **Gloriole.** ingl. **Vaingloriousness.** ital. **Vanagloria.** port. **Vanglória.** (De *vana,* presuntuosa, arrogante, y *gloria.*) f. Jactancia del propio valer u obrar; presunción, soberbia. *Siempre habla con la misma* VANAGLORIA. || deriv.: **vanagloriosamente; vanaglorioso, sa.**

VANAGLORIARSE. (De *vanagloria.*) r. Jactarse, presumir del propio valer u obrar. SE VANAGLORIA *de sus escritos;* sinón.: **gloriarse.**

VAN ALLEN, James A. *Biog.* Físico estad., nacido en 1917, descubridor de las bandas de radiación Van Allen.

VANAMENTE. adv. m. **En vano.** || Con superstición o vana observancia. || Sin fundamento o realidad. || Con presunción o arrogancia.

VANARSE. r. *Col., Chile* y *Ven.* Acorcharse o malograrse un fruto.

VANCOUVER, Jorge. *Biog.* Navegante ingl. que exploró la costa N.O. de América del Norte, las islas Sandwich y parte de la costa O. de América del Sur; acompañó a Cook en su segundo y tercer viaje alrededor del mundo (1758-1798).

VANCOUVER. *Geog.* Isla del S.O. de Canadá, sobre el océano Pacífico; forma parte de la prov. de Columbia Británica. 33.800 km^2. 150.000 h. Ciudad principal: Victoria, que es a la vez cap. de la provincia a que pertenece. || Ciudad y puerto del S.O. de Canadá (Columbia Británica), sobre el Pacífico. 427.000 h. y con los suburbios 1.090.000 h. Industrias alimentarias y siderúrgicas, pesca, explotación maderera. Importante centro ferroviario.

VANDALAJE. m. *Amér.* Vandalismo, bandidaje.

VANDÁLICO, CA. (Del lat. *vandálicus.*) adj. Perteneciente o relativo a los vándalos o al vandalismo. *Acto* VANDÁLICO. || deriv.: **vandálicamente.**

VANDALISMO. al. **Zerstörungswut.** fr. **Vandalisme.** ingl. **Vandalism.** ital. **Vandalismo.** port. **Vandalismo.** m. Devastación propia de los vándalos. || fig. Espíritu de destrucción que no respeta cosa alguna.

VÁNDALO, LA. al. **Vandale.** fr. **Vandale.** ingl. **Vandal.** ital. **Vandalo.** port. **Vandalo.** (Del lat. *vándali, -orum.*) adj. Dícese del individuo de un antiguo pueblo germánico, establecido a orillas del Báltico, que invadió a España, junto con los suevos, los alanos, etc., y después a África y se caracterizó por su espíritu destructor. Ú.t.c.s. ‖ m. fig. Quien comete acciones o profesa doctrinas propias de gentes incultas y desalmadas.

VANDEANO, NA. adj. De la Vendée. Apl. a pers., ú.t.c.s. ‖ Aplícase también a quienes durante la Revolución Francesa se levantaron en defensa de la monarquía. Ú.t.c.s. ‖ Perteneciente a ese partido contrarrevolucionario.

VAN DER GOES, Hugo. *Biog.* V. **Goes, Hugo van der.**

VANDERVELDE, Emilio. *Biog.* Pol. y sociólogo belga, autor de *Parasitismo orgánico y parasitismo social; El socialismo contra el Estado; El colectivismo y la evolución industrial*, etc. (1866-1938).

VAN DER WAALS, Juan. *Biog.* V. **Waals, Juan van der.**

VAN DER WEYDEN, Rogelio. *Biog.* V. **Weyden, Rogelio van der.**

VAN DYCK, Antonio. *Biog.* V. **Dyck, Antonio van.**

VANEAR. (De *vano.*) intr. Hablar vanamente.

VANEGAS, Alí. *Biog.* Poeta nicaragüense cont. De filiación postmodernista, adopta en su lírica elementos ultraístas y suprarrealistas.

VANÉLIDOS, DA. adj. *Zool.* Dícese de aves zancudas de talla mediana, formas esbeltas, cuello y pico cortos y cabeza grande provista de un moño eréctil. Ú.t.c.s. ‖ m. p. *Zool.* Familia de estas aves.

VANERN. *Geog.* Lago del S. de Suecia que es el mayor de la pen. escandinava. 5.550 km².

VANESA. f. Insecto lepidóptero, ninfálido, propio de Europa, con cabeza ancha, palpos y antenas largas, y alas de colores vistosos.

VAN EYCK, Juan. *Biog.* V. **Eyck, Juan van.**

VAN GELDEREN, Adolfo. *Biog.* V. **Gelderen, Adolfo van.**

VAN GOGH, Vicente. *Biog.* V. **Gogh, Vicente van.**

VANGUARDIA. al. **Vorhut.** fr. **Avant-garde.** ingl. **Vanguard.** ital. **Avanguardia.** port. **Vanguarda.** (Del ant. *avanguardia.*) f. Parte de una fuerza armada que va delante del cuerpo principal. antón.: **retaguardia.** ‖ fig. Todo lo que se adelanta a su tiempo por su espíritu innovador. ‖ Vanguardismo. ‖ pl. Lugares donde comienzan las obras de construcción de un puente o de una presa en las orillas de un río. ‖ **A, o a la, vanguardia.** m. adv. Con los verbos *ir, estar* y otros, ir el primero o delante, estar en el lugar más avanzado, adelantarse a los otros. etc. ‖ **En, o en la, vanguardia.** m. adv. **A vanguardia.**

VANGUARDISMO. m. Voz usada para designar ciertas tendencias o escuelas artísticas, como el dadaísmo y el surrealismo, que se caracterizan por negar las doctrinas estéticas precedentes y luchar a favor de un dinamismo renovador.

VANGUARDISTA. adj. Perteneciente o relativo al vanguardismo. ‖ Partidario de éste. Ú.t.c.s.

VAN HELMONT, Francisco. *Biog.* V. **Helmont, Francisco van.** ‖ **– Juan B.** V. **Helmont, Juan B. van.**

VAN HONTHORST, Gerardo y Guillermo. *Biog.* V. **Honthorst, Gerardo y Guillermo van.**

VANIDAD. al. **Eitelkeit.** fr. **Vanité.** ingl. **Vanity.** ital. **Vanità.** port. **Vanidade.** (Del lat. *vánitas, -atis.*) f. Calidad de vano. ‖ Fausto, pompa vana. ‖ Palabra insubstancial. ‖ Ilusión, ficción de la fantasía. ‖ **Hacer** uno **vanidad de** una cosa. frs. Jactarse de ella. sinón.: **soberbia, altivez, orgullo, jactancia.**

VANIDOSO, SA. al. **Eitel.** fr. **Vaniteux.** ingl. **Vain.** ital. **Vanitoso.** port. **Vanidoso.** adj. Que tiene vanidad y la demuestra. Ú.t.c.s. ‖ deriv.: **vanidosamente.**

VANILOCUENCIA. (Del lat. *vaniloquentia.*) f. Verbosidad inútil e insubstancial.

VANILOCUENTE. adj. Vanilocuo.

VANÍLOCUO, CUA. (Del lat. *vaniloquus;* de *vanus*, vano, y *loqui.* hablar.) adj. y s. Hablador insubstancial.

VANILOQUIO. (Del lat. *vanilóquium.*) m. Discurso inútil e insubstancial.

VANISTORIO. m. fam. Vanidad ridícula. ‖ Persona vanidosa.

VANLOO, Carlos Andrés. *Biog.* Pintor fr., autor de *San Agustín en éxtasis; El Gran Turco dando un concierto a su favorita*, y otros cuadros famosos. (1705-1765).

VAN LOON, Enrique Guillermo. *Biog.* V. **Loon, Enrique Guillermo van.**

VANNES. *Geog.* Ciudad del N.O. de Francia, cap. del departamento de Morbihan. 37.000 h. Industria siderúrgica, astilleros.

VANNI, Andrés. *Biog.* Pintor ital., autor de *La Virgen y el Niño con varios santos; Santa Catalina*, y otros cuadros de temas religiosos. Su verdadero nombre era **Andrea de Vanni d'Andrea** (1333-1414).

VANNUCCI, Pedro. *Biog.* V. **Perugino.**

VANO, NA. al. **Eitel.** fr. **Vain.** ingl. **Vain.** ital. **Vano.** port. **Vão.** (Del lat. *vanus.*) adj. Falto de realidad. *Argumento* VANO. ‖ Hueco, sin solidez. ‖ Dícese de ciertos frutos de cáscara cuando el meollo está podrido o seco. *Nuez* VANA. ‖ Infructuoso o sin efecto. *Intentos* VANOS. ‖ Arrogante, presuntuoso. ‖ Insubsistente, inestable. *Ilusiones* VANAS. ‖ Infundado, sin razón o prueba. *Teoría* VANA. ‖ *Arq.* Parte del muro en que no hay apoyo para el techo; como los huecos de las puertas o ventanas. ‖ **En vano.** m. adv. Inútilmente, sin efecto ni logro. ‖ Sin necesidad, justicia o razón.

VAN'T HOFF, Jacobo E. *Biog.* V. **Hoff, Jacobo E. van'T.**

VANVITELLI, Luis. *Biog.* Arquitecto ital. que remodeló la iglesia de Santa María de los Ángeles, obra de Miguel Ángel; construyó el palacio real de Caserta, similar al de Versalles (1700-1773).

VAPOR. al. **Dampf; Dampfer.** fr. **Vapeur.** ingl. **Exhalation; mist; vapor; steam.** ital. **Vapore.** port. **Vapor.** (Del lat. *vápor, -oris.*) m. Fluido en que, por acción del calor, se convierten ciertos cuerpos, generalmente líquidos; y por anton., el del agua. sinón.: **vaho.** ‖ V. **Baño, buque, caballo, caldera, calorífero, máquina de vapor.** ‖ Gas de los eructos. ‖ Especie de desmayo. ‖ **Buque de vapor.** *El* VAPOR *Titanic naufragó en su viaje inaugural.* ‖ pl. Accesos histéricos o hipocondríacos. Ú.m. en pl. ‖ **Al vapor, o a todo vapor.** m. adv. fig. y fam. Con mucha celeridad. ‖ IDEAS AFINES: *Volatilidad, presión, aerostática, destilar, sublimar, condensar, evaporarse, ebullición.*

VAPORA. f. fam. Lancha de vapor.

VAPORABLE. (De *vaporar.*) adj. Capaz de despedir vapores o evaporarse.

VAPORACIÓN. (Del lat. *vaporatio, -onis.*) f. Evaporación.

VAPORADORA. f. *P. Rico.* Aparato para secar café por medio del vapor.

VAPORAR. (Del lat. *vaporare.*) tr. y r. Evaporar.

VAPORARIO. m. Aparato usado en los baños turcos para producir vapor.

VAPOREAR. (De *vapor.*) tr. Vaporar. Ú.t.c.r. ‖ intr. Exhalar vapores.

VAPORÍMETRO. m. Manómetro para indicar la tensión en las calderas de vapor.

VAPORINO. m. *Chile.* Persona que viaja en vapor negociando en los puertos y entre la gente que va a bordo.

VAPORIZACIÓN. f. Acción y efecto de vaporizar o vaporizarse. ‖ Uso medicinal de vapores, en especial de aguas termales.

● **VAPORIZACIÓN.** *Fís.* Todo líquido con una superficie libre por la cual no está en contacto con otro líquido o con un cuerpo sólido, se vaporiza. Ese pasaje de un cuerpo del estado líquido al estado de vapor recibe la denominación de **vaporización.** Puede producirse de dos maneras: en la superficie del líquido, a cualquier temperatura, y en la masa misma del líquido, a una determinada temperatura que varía con la naturaleza del mismo. El primer fenómeno se llama evaporación, el segundo ebullición. La evaporación puede producirse en el vacío o en un medio gaseoso como el aire; en todos los casos, enfría los líquidos. Con respecto a la ebullición, la experiencia ha demostrado que se cumple de acuerdo con estas dos leyes: 1) cada líquido, sometido a una presión constante, hierve a una temperatura determinada, que recibe el nombre de temperatura o punto de ebullición; 2) la temperatura de un líquido permanece constante todo el tiempo que dura la ebullición.

VAPORIZADOR. m. Aparato que se usa para vaporizar. sinón.: **pulverizador.**

VAPORIZAR. (Del lat. *vápor*, vapor.) tr. y r. Convertir un líquido en vapor por acción del calor.

VAPORIZO. m. fam. *P. Rico.* Vaho. ‖ Calor.

VAPOROSO, SA. (Del lat. *vaporosus.*) adj. Que arroja de sí vapores o los ocasiona. ‖ fig. Tenue, ligero. *Traje* VAPOROSO. ‖ deriv.: **vaporosidad.**

VAPULACIÓN. m. Acción y efecto de vapular o vapularse.

VAPULAMIENTO. (De *vapular.*) m. Vapulación.

VAPULAR. (Del lat. *vapulare.*) tr. y r. Azotar.

VAPULEAR. tr. y r. Vapular. ‖ deriv.: **vapuleador, ra; vapuleamiento.**

VAPULEO. (De *vapulear.*) m. Vapulación. *Le dieron un buen* VAPULEO.

VÁPULO. m. Vapulación.

VAQUEAR. tr. Cubrir frecuentemente los toros a las vacas. ‖ *Arg.* y *Bol.* Andar en busca de ganado cimarrón. ‖ intr. *Col., Ec.* y *Pan.* Hacer rodeo de ganado.

VAQUEIRA. f. Composición poética de los antiguos provenzales, usada todavía en la literatura gallega.

VAQUERA. f. *Ven.* Silla de montar que lleva delante un pico de acero donde el jinete coloca una punta del lazo que usa en las cacerías.

VAQUEREAR. intr. *Perú.* Hacer novillos, faltar a clase.

VAQUERÍA. f. Vacada. ‖ Lugar donde hay vacas o se vende la leche de éstas. ‖ *Cuba, Perú* y *P. Rico.* Ordeñadero. ‖ *Méx.* Fiesta casera. ‖ *Ven.* Caza con lazo.

VAQUERIL. m. Dehesa donde sólo las vacas entran a pastar en invierno.

VAQUERILLO. m. *Méx.* Cada una de las cantinas cubiertas de piel que llevan los jinetes junto al borrén trasero de la silla de montar. Ú.m.en pl.

VAQUERIZA. (De *vaquerizo.*) f. Corral donde se recoge el ganado mayor en invierno.

VAQUERIZO, ZA. (De *vaquero.*) adj. Perteneciente o relativo al ganado bovino. ‖ s. Vaquero.

VAQUERO, RA. al. **Rinderhirt.** fr. **Vacher.** ingl. **Cowboy.** ital. **Vaccara.** port. **Vaqueiro.** adj. Propio de los pastores de ganado bovino. *Faenas* VAQUERAS. ‖ s. Pastor o pastora de reses vacunas. ‖ *Perú.* Muchacho que falta a clase. ‖ m. Jifero, cuchillo para matar reses. ‖ *Ven.* Látigo.

VAQUERÓN. m. *Ven.* Bolsa de cuero donde se deposita la cuajada.

VAQUETA. al. **Rindleder.** fr. **Vachette.** ingl. **Sole leather.** ital. **Vacchetta.** port. **Vaqueta.** f. Nombre que se da al cuero de ternera, curtido y adobado. *Un asiento con forro de* VAQUETA. ‖ *P. Rico.* Tira de **vaqueta**, usada en las barberías para asentar la navaja. ‖ m. fam. *Cuba.* Trapacero, persona informal.

VAQUETEAR. tr. Curtir y adobar el cuero de vaca.

VAQUETÓN, NA. adj. *Méx.* Atrevido, descarado.

VAQUETUDO, DA. adj. *Cuba.* Insolente, atrevido.

VAQUILLA. f. dim. de **Vaca.** ‖ *Arg., Chile* y *Perú.* Ternera de año y medio a dos años.

VAQUILLONA. f. *Arg. Chile* y *Urug.* Vaca joven de dos a tres años. *Carne, asado de* VAQUILLONA.

VAR. *Geog.* Departamento del S.E. de Francia, 6.023 km². 590.000 h. Vid. Explotación forestal. Industrias. Cap. TOLÓN.

VARA. al. **Gerte.; Rute.** fr. **Verge.** ingl. **Twig.** ital. **Verga; bacchetta.** port. **Vara.** (Del lat. *vara*, travesaño.) f. Ramo largo, liso, delgado y sin hojas. *Subió al árbol y cortó una* VARA. ‖ Palo largo y delgado. *Los mozos blandían las* VARAS. ‖ Bastón que usaban los ministros de justicia como señal de autoridad. *La* VARA *del corregidor.* ‖ La llevada por los alcaldes y sus tenientes. ‖ Medida de longitud, equivalente a 835 milímetros y 9 décimas. ‖ Barra que tiene esa longitud y sirve para medir. ‖ **Vara alcándara.** ‖ **Vara larga.** ‖ Garrochazo dado al toro por el picador. ‖ Trozo de tela u otra cosa que mide una **vara.** ‖ Manada de unos cincuenta puercos de montanera, que un hombre puede cuidar vareándoles la bellota. ‖ Bohordo, o tallo con flores de ciertas plantas. VARA *de nardo, de azucena.* ‖ Cada una de las dos piezas de madera que se afirman en los largueros de la escalera del carro y entre las cuales se engancha la caballería. ‖ **– alcándara.** Vara del carro. ‖ **– argentina.** Medida de longitud, usada en la República Argentina, equivalente a 866 milímetros. ‖ **– cuadrada.** Cuadrado cuyos lados miden una vara. ‖ **– cubana.** Medida de longitud, usada en Cuba, equivalente a 848 milímetros. ‖ **– de guardia.** Balancín grande de un carruaje. ‖ **– de José.** Nardo, planta liliácea. ‖ **– de luz.** Meteoro consistente en la aparición ante la vista de una pequeña parte del arco iris, o en el paso de los rayos del Sol por entre las aberturas de las nubes, formando líneas que parecen resplandecientes por contraste con lo obscuro. ‖ **– de San José.** *Cuba* y *Hond.* Planta malvácea de grandes flores en espiga. ‖ **De varas.** loc. adj. Dícese de la caballería que va entre las **varas** de un carruaje. ‖ **– larga.** Especie de pica que se emplea para guiar y sujetar los toros, o para picarlos en la plaza. ‖ **– oriental.** Medida de longitud, usada en el Uruguay, equivalente a 859 milímetros. ‖ **Doblar la vara de la justicia.** frs. Inclinarse injustamente en favor de uno el que juzga. ‖ **Poner varas.** frs. Dar garrochazos al toro los picadores y vaqueros. ‖ **Tomar varas.** frs. Recibir garrochazos el toro.

VARADA. f. Acción y efecto de varar una embarcación. ‖ Medición de los trabajos hechos en una mina al cabo de un período de labor. ‖ Este mismo período, generalmente de tres meses, al fin del cual se ajustan las cuentas y se distribuyen las ganancias.

VARADERA. (De *varar.*) f. *Mar.* Cualquiera de los palos que se ponen en el costado del buque para resguardar la tablazón al subir o bajar los botes u otras cosas pesadas.

VARADERO. m. Lugar donde varan las naves para resguardarlas o repararlas. ‖ **– del ancla.** Plancha de hierro con que se defiende el costado del buque en el lugar en que descansa el ancla.

VARADURA. f. Varada, acción y efecto de varar una embarcación.

VARAL. m. Vara larga y gruesa. ‖ Cada uno de los palos redondos en que encajan las estacas que forman los costados de la caja en los carros. ‖ Madero vertical entre los bastidores de los teatros, en el cual se colocan luces para iluminar la escena. ‖ fig. y fam. Persona muy alta. ‖ *Arg.* En los saladeros, armazón de **varales** para tender al sol y al aire la carne destinada para tasajo.

VARAMIENTO. m. Varadura.

VARANASI. *Geog.* Ciudad sagrada de la India, a orillas del Ganges. 585.000 h. Centro de peregrinaje indio y sede de una famosa universidad. Hasta mayo de 1956 se llamó **Benarés.**

VARANES. *Biog.* Nombre de seis monarcas persas.

VARÁNIDO, DA. (De *varano* y el gr. *eidos*, forma.) adj. *Zool.* Dícese de reptiles saurios, de cuerpo largo, redondeado y falto de cresta dorsal; patas robustas, de dedos largos y uñas fuertes, y cola tan larga como el cuerpo. Ú.t.c.s. ‖ m. pl. *Zool.* Familia de estos reptiles, que comprende los varanos y otros géneros afines.

VARANO. Reptil saurio, perteneciente a la familia de los varánidos, que vive en Asia y África.

VARAPALO. m. Palo largo a modo de vara. ‖ Golpe dado con palo o vara. ‖ fig. y fam.

Quebranto que se recibe en los intereses morales o materiales. || Pena, desazón.

VARAR. al. **Stranden.** fr. **Échouer.** ingl. **To be stranded.** ital. **Varare.** port. **Varar.** (De *vara*; en b. lat. *varare.*) intr. Encallar una embarcación. VARÓ *el barco.* En *Amér.*, ú.t.c.r. || fig. Quedar detenido o suspendido un asunto. || tr. Sacar a la playa y poner en seco una embarcación, para protegerla de la resaca o de los maretazos, o para carenarla. || IDEAS AFINES: *Embancarse, enarenarse, botador, poner a flote, arsenal; naufragio, buzo, sondear.*

VARASETO. (De *vara* y *seto.*) m. Enrejado de varas o cañas.

VARAZO. m. Golpe dado con una vara.

VARAYOC. m. *Perú.* Jefe en las comunidades indígenas.

VARAZÓN. f. *Chile.* Cardumen, multitud de cosas.

VARBASCO. m. Verbasco.

VARDASCA. f. Verdasca.

VARDASCAZO. m. Verdascazo.

VARE. m. *Ec.* Chasco, burla o engaño.

VAREA. f. Acción de varear los frutos de ciertos árboles.

VAREADOR. m. El que varea.

VAREAJE. m. Acción y efecto de varear, medir o vender por varas. || Varea.

VAREAR. tr. Derribar con vara los frutos de ciertos árboles. VAREAR *la aceituna.* || Golpear con vara. sinón.: **apalear.** || Herir a los toros o fieras con varas. || Medir con la vara. || Vender por varas. || *Amer. del S.* Adiestrar los caballos, ejercitarlos. || r. fig. Adelgazar, enflaquecer.

VAREC. m. Nombre dado a las plantas marinas que el mar echa a las playas y que se usan como abono para la tierra.

VAREJÓN. m. Vara gruesa y larga. || *Amér. del S.* Vergueta, verdasca.

VAREJONAZO. m. Golpe dado con el varejón.

VARELA, Alfredo. *Biog.* Escritor arg., autor de la novela social *El río oscuro* y otras obras (n. 1914). || — **Angel María.** Patriota col., activo militante en las luchas de la independencia y en 1854 gob. del Cauca (s. XIX). || — **Felipe.** Caudillo arg. de tropas irregulares que en las prov. del Noroeste combatió al poder central (1821-1870). || — **Florencio.** Pol., poeta y jurisconsulto arg., encarnizado opositor de Rosas. Sus composiciones poéticas *Canto a la victoria; La caridad,* etc., son de corte clásico. Escribió también obras en prosa; *Rosas y su gobierno; La Confederación Argentina,* etc. (1807-1848). || — **Héctor Florencio.** Pol. y literato arg., autor de *Elisa Lynch; Páginas sueltas,* etc. (1833-1891). || — **José Pedro.** Insigne educador y poeta urug., amigo de Sarmiento y reformador de la enseñanza en su país. Propició los más modernos sistemas pedagógicos, sobre la base de su gratuidad, laicismo y objetividad. *La Educación del pueblo,* su obra fundamental, es una solución al complicado problema político-social de la cultura popular. Gestor de la ley de educación común de 1877, es además autor de *Legislación escolar; La Enciclopedia de la educación* y *Ecos perdidos* (1845-1879). || — **Juan Cruz.** Poeta lírico arg. de tendencia clásica, autor de composiciones de encendido fervor patriótico; *La libertad de Lima; El triunfo de Ituzaingó; Canto a la victoria de Maipo,* etc. Tradujo a Horacio, Ovidio y Virgilio y escribió *Argia* y *Dido,* tragedias neoclásicas (1794-1839). || — **Luis V.** Pol., poeta y jurista arg. de origen urug., autor de *La democracia práctica; Clemencia; Lo imprevisto,* etc. (1845-1911). || — **Mariano.** Pol. y jurisconsulto arg. Como ministro de Relaciones Exteriores del presid. Sarmiento, después de la Guerra de la Triple Alianza, al tratar con el gob. del Paraguay la delimitación de la soberanía sobre la margen derecha del río de ese nombre, proclamó que *"la victoria no da derechos"*, principio que habría de constituir una de las normas sillares de la política internacional arg. (1834-1902). || — **Pedro.** Pol. uruguayo, de 1875 a 1876 presidente de la Rep. (1837-1906). || — **MORALES, Félix.** Rel., y filósofo cub. cuya obra gravitó en el movimiento intelectual por la independencia de su país. Obras: *Apuntes filosóficos; Cartas a Elpidio; Lógica y Metafísica,* etc. (1788-1853). — **Y ULLOA, José** Matemático esp. autor de varias obras técnicas (1739-1794).

VARGA. (Del célt. *berg,* altura.) f. Parte más pendiente de una cuesta.

VARGANAL. m. Seto de várganos.

VÁRGANO. (Del lat. *virga,* vara.) m. Cada uno de los palos dispuestos para construir una empalizada.

VARENGA. (Del sueco *wränger,* costados de un buque.) f. *Mar.* Brazal. || Pieza curva que se coloca atravesada sobre la quilla para formar la cuaderna. || deriv.: **varengaje.**

VAREO. (De *varear.*) m. Vareaje. || *Arg.; Chile* y *Urug.* Acción y efecto de varear, adiestrar los caballos.

VARESE. *Geog.* Provincia del N. de Italia (Lombardía). 1.199 km². 753.000 h. Capital hom. 87.000 h. Industria mecánica. Sedas.

VARETA. f. dim. de **Vara.** || Palito o junco que se unta con liga y sirve para cazar pájaros. || Faja de color diferente del fondo de un tejido. || fig. Expresión aguda dicha con intención ofensiva. || fig. y fam. Indirecta.

VARETAZO. (De *vareta,* dim. de *vara.*) m. Golpe de lado que da el toro con el asta.

VARETEAR. (De *vareta.*) tr. Formar varetas en los tejidos.

VARETÓN. m. Ciervo joven, cuya cornamenta sólo tiene una punta.

VARGAS. n.p. **Averigüelo Vargas.** frs. proverb. que se emplea cuando una cosa es difícil de averiguar o saber. Esta frase era la fórmula que usaba en sus escritos Isabel la Católica cuando quería que Francisco de **Vargas,** alcalde de corte, le informara acerca de algún hecho, pretensión o queja.

VARGAS, Francisco de. *Biog.* Alcalde de corte, a quien solía consultar la reina Isabel de Castilla (1484-1560). || — **Fulgencio.** *Biog.* Hist. y literato mex., autor de *Un mártir de la insurgencia; Flores del Centenario; La insurrección de 1810 en el Estado de Guanajuato,* etc. (n. 1875). || — **Getulio.** Pol. brasileño. De 1930 a 1945, en que fue derrocado por un movimiento armado, presid. de la Rep.; reelegido por el período 1951-1956, se suicidó antes de terminar su mandato (1883-1954). || — **José María.** Médico y político ven., de 1834 a 1836 y de 1836 a 1837 presidente de la Rep. (1786-1854). || — **Luis de.** Pintor esp., autor de *La Adoración de los Pastores; El juicio final,* y otros cuadros religiosos (1502-1568). || — **Moisés.** Novelista chil., autor de *Un drama íntimo; Adiós a la vida; Lances de Noche Buena,* etc. (1843-1898). || — **Teódulo.** Poeta místico col., autor de *El crucifijo del jesuita; El amor de los amores,* y otras composiciones (1844-1911). || — **Teófilo.** Compos. boliviano, cultor del folklore nativo. Obras: *La coronilla; El huérfano; Ecos del litoral,* etc. (n. 1896). || — **LLOSA, Mario.** Escritor per., autor de *Los jefes; La casa verde; Conversación en la catedral; La ciudad de los perros,* etc. (n. 1930). || — **MACHUCA, Santos.** Patriota mex., uno de los precursores de la independencia de su patria (s. XIX). || — **OSORIO, Tomás.** Poeta col., autor de *Regreso de la muerte* (1908-1941). || — **ROSAS, Luis.** Pintor chileno, notable cultor del arte abstracto (1897-1977). || — **TEJADA, Luis.** Dramaturgo y poeta col., autor del sainete *Las convulsiones* y de las tragedias *Doraminta; Aquimín,* etc. (1802-1829). || — **VALDÉS, José Joaquín.** Escritor y político col. (1830-1899). || — **VILA, José Ignacio.** Poeta col., autor de *Sueños de opio* (n. 1868). Es hermano de José María. || — **VILA, José María.** Escritor col., uno de los más discutidos lit. americanos de su época. Audaz, exaltado e iconoclasta, sus novelas son de estilo desordenado y retórico, con destellos de belleza e ingenio. Obras: *Flor de fango; Las rosas de la tarde; Mis mejores cuentos; El cisne blanco; La muerte del cóndor,* etc. (1860-1933).

VARI. m. Cuadrumano de tamaño algo mayor que el gato, que vive en los bosques de Madagascar y cuya voz es tan fuerte que se puede comparar con el rugido del león. || *Arg., Chile* y *Perú.* Ave rapaz, diurna, de plumaje gris por encima, con rayas rojizas por debajo.

VARIABILIDAD. f. Calidad de variable.

VARIABLE. (Del lat. *variabilis.*) adj. Que varía o puede variar. *Tiempo* VARIABLE; antón.: **estable.** || Inestable, inconstante. *Carácter* VARIABLE. || V. **Cantidad variable.** Ú.t.c.s.f.

VARIABLEMENTE, adv. m. De manera variable.

VARIACIÓN. (Del lat. *variatio, -onis.*) f. Acción y efecto de variar. || *Mús.* Cualquiera de las imitaciones melódicas de un mismo tema. || — **de la aguja, o magnética.** *Mar.* Declinación de la aguja. || **Variaciones sobre el mismo tema.** frs. fam. que se aplica irónicamente a la insistencia en un mismo asunto.

VARIADO, DA. adj. Que tiene variedad o diversidad. || De varios colores. || *Mex.* V. **Movimiento variado.**

VARIAMENTE. adv. m. De modo vario.

VARIANTE. p. a. de **Variar.** Que varía. || f. Diferencia que hay en los ejemplares o copias de un libro o códice. *Este romance tiene muchas* VARIANTES. || *Col.* Atajo, senda.

VARIAR. al. **Verändern.** fr. **Changer; varier.** ingl. **To change; to variegate.** ital. **Variare.** port. **Variar.** (Del lat. *variare.*) tr. Hacer que algo sea diferente de lo que era. VARIAR *un mueble.* || Dar variedad. *Piensa* VARIAR *sus costumbres.* || intr. Cambiar algo de forma, estado o propiedad. VARIAR *el tiempo.* || Ser una cosa diferente de otra. *Esa actitud* VARÍA. || *Mar.* Hacer ángulo la aguja magnética con la línea meridiana.

VARICACIÓN. f. Formación de várices; estado varicoso.

VÁRICE o **VARICE.** al. **Krampfader.** fr. **Varice.** ingl. **Varix.** ital. **Varice.** port. **Variz.** (Del lat. *várix, -onis.*) f. *Pat.* Dilatación venosa permanente y acompañada de alteraciones de la túnica vascular.

VARICELA. al. **Windpocken.** fr. **Varicelle.** ingl. **Varicella.** ital. **Varicella.** port. **Varicela.** (Del b. lat. *variola,* viruela.) f. *Pat.* Infección aguda y febril, de carácter benigno y similar a la viruela, acompañada de eritema vesiculoso. || deriv.: **variceliforme.**

VARICOCELE. (De *várice* y el gr. *kele,* tumor.) m. *Pat.* Tumor producido por la dilatación de la venas del escroto y del cordón espermático.

VARICOSIS. f. *Pat.* Estado varicoso de las venas de una región.

VARICOSO, SA. (Del lat. *varicosus.*) adj. *Pat.* Perteneciente o relativo a las várices. || Que tiene várices. Ú.t.c.s.

VARICOTOMÍA. (De *várice* y el gr. *temno,* cortar.) f. *Cir.* Escisión de una várice o vena varicosa.

VARIEDAD. al. **Mannigfaltigkeit; Verschiedenartigkeit.** fr. **Variété.** ingl. **Variety; diversity.** ital. **Varietà.** port. **Variedade.** (Del lat. *varietas, -atis.*) f. Calidad de vario. || Conjunto de cosas diversas. VARIEDAD *de joyas.* || Inconstancia, inestabilidad de las cosas. VARIEDAD *del tiempo.* || Mudanza, alteración o cambio. VARIEDAD *de opinión.* || Variación. || *Hist. Nat.* Cada grupo en que se divide la especie, y en que se distinguen ciertos caracteres muy secundarios pero permanentes.

VARIETÉ. *B. A.* Film alemán estrenado en 1925 y cuyo papel principal era desempeñado por Emil Jannings. Introdujo en la narración cinematográfica la técnica del tema psicológico y subjetivo.

VARILARGUERO. (De *vara larga.*) m. Picador de toros.

VARILLA. al. **Gerte.** fr. **Baguette.** ingl. **Rod.** ital. **Bacchetta.** port. **Vareta.** f. dim. de **Vara.** || Barra larga y delgada. || Cualquiera de las tiras de marfil, madera, metal, etc., que forman la armazón de los abanicos, paraguas o sombrillas. || V. **Hierro varilla.** || fam. Cada uno de los dos huesos que forman la quijada y se unen por debajo de la barba. || *Chile.* Cierto arbusto que constituye una variedad del palhuén. || *Méx.* Conjunto de mercancías de un vendedor ambulante. || *Ven.* Prueba que se hace con los caballos de carrera para saber cuál es el más ágil. || pl. Bastidor rectangular en que se mueven los cedazos para cernir. || **Varilla de virtudes, o mágica. Varita mágica.**

VARILLAJE. m. Conjunto de varillas de un abanico, paraguas o quitasoles.

VARILLAR. m. *Chile.* Lugar donde abunda la varilla, variedad del palhuén.

VARILLAR. tr. *Ven.* Varear los caballos.

VARILLERO, RA. *s. Méx.* Buhonero. || *P. Rico.* Aquel que presume de valiente, petimetre o gracioso. || *Ven.* Dícese de la caballería adiestrada para la varilla.

VARIO, RIA. (Del lat. *varius.*) adj. Diverso o diferente. *Estilos* VARIOS. || Mudable o inconstante. *Genio muy* VARIO. || Que tiene variedad o está compuesto de distintos adornos o colores. || pl. Algunos, unos cuantos. VARIOS *hombres.* || m. pl. Conjunto de documentos, hojas sueltas, libros, etc., de diferentes autores, materias o tamaños, reunidos en tomos, legajos o cajas.

VARIOLAR. adj. Varioloso. || *Hist. Nat.* Que tiene granos o manchas similares a las vesículas de la viruela.

VARIOLARIA. f. *Bot.* Género de líquenes foliáceos que viven sobre las piedras y en las cortezas de los árboles.

VARIOLOIDE. (Del b. lat. *variola,* viruela, y el gr. *eidos,* forma.) f. *Pat.* Viruela benigna.

VARIOLOSIS. (Del b. lat. *variola,* viruela, y el suf. *osis,* formación.) f. *Pat.* Conjunto de afecciones, complicaciones y lesiones pertenecientes a la viruela.

VARIOLOSO, SA. (Del b. lat. *variola,* viruela.) adj. *Pat.* Perteneciente o relativo a la viruela. || Virolento, que tiene viruela. Ú.t.c.s.

VARIÓMETRO. m. *Elec.* Instrumento para comparar fuerzas magnéticas. || Inductor variable, compuesto de dos bobinas conectadas y dispuestas de modo que una de ellas gire dentro de la otra.

VARIOPINTO, TA. adj. Que ofrece diversidad de colores o de aspectos.

VARITA. f. dim. de **Vara.** || — **de San José.** *Hond.* **Malva real.** || — **de virtudes. Varita mágica.** || — **mágica.** La que usan los titiriteros, prestidigitadores, etc., atribuyéndole las operaciones con que entretienen y sorprenden al público.

VARITERO. m. Porquero que varea las bellotas con que se alimentan los cerdos.

VARIZ. f. *Pat.* Várice.

VARLEY. F. Horsman. *Biog.* Pintor canadiense cont. Inicialmente dedicado al paisaje, abordó posteriormente los temas más variados. Es notable su serie de cuadros sobre la Primera Guerra Mundial.

VARNA. *Geog.* C. de Bulgaria, puerto en el mar Negro, 185.000 h.

VARNHAGEN, Francisco A. de. *Biog.* Escritor bras., autor de *Reflexiones críticas; Caramuru; Historia del Brasil,* y otras obras (1816-1878).

VARNSDORF. *Geog.* Ciudad del N. de Checoslovaquia cerca del límite con Alemania y Polonia, 32.000 h. Industria siderúrgica.

VARÓN. al. **Mann.** fr. **Mâle; homme.** ingl. **Male; man.** ital. **Maschio; uomo.** port. **Varão.** (Del lat. *varo, -onis.* fuerte, esforzado.) m. Persona del sexo masculino. *Tiene cuatro hijos* VARONES. || Hombre que ha llegado a la edad viril. || Hombre de respeto, autoridad u otras prendas. *Eligióse a don Carlos,* VARÓN *de austera moral.* || *Chile.* Madero largo, sólido y grueso. || *Mar.* Cada uno de los dos cabos que sirven para gobernar en casos de avería en la caña o en la cabeza del timón. || — **de Dios.** Hombre santo o particularmente espiritual o virtuoso. || **Buen varón.** Hombre juicioso, experimentado y docto. || **Santo varón.** fig. Hombre ingenuo, de pocos alcances. || IDEAS AFINES: *Mujer, genera-*

ción, virilidad, sexo feo, patriarcado, macho.

VARONA. (De *varón.*) f. Mujer, persona del sexo femenino. ‖ Mujer varonil.

VARONA, Adolfo. *Biog.* Dramaturgo cubano cont., autor de *Diana al tambor mayor; Proverbios de salón,* etc. ‖ – **Julio de.** Lit. cubano, autor de la serie de novelas *Veladas cristianas* (n. 1889). ‖ – **Ramón.** Escritor cub., autor de *Magda; Las piedras de Judea; El ogro,* etc. (n. 1883). ‖ – **PERA, Enrique José.** Pol., pensador y catedrático cub., que luchó por la independencia de su patria, organizó la educación y fue vicepresidente de la Rep. Obras: *Paisajes cubanos; Cuba contra España; La metafísica en la Universidad; El personaje bíblico Caín en las literaturas modernas,* etc. (1849-1933).

VARONESA. f. Varona, persona del sexo femenino.

VARONÍA. f. Calidad de descendiente de varón en varón.

VARONIL. al. **Männlich.** fr. **Viril; mâle.** ingl. **Virile; manly.** ital. **Virile.** port. **Varonil.** adj. Perteneciente o relativo al varón. *Carácter* VARONIL. ‖ Enérgico y valiente. *Es muy* VARONIL *en sus actos.*

VARONILMENTE. adv. m. De manera varonil.

VARRACO. m. Verraco, cerdo que se echa a las puercas.

VARRAQUEAR. intr. fam. Verraquear.

VARRAQUERA. f. fam. Verraquera.

VARRÓN, Cayo Terencio. *Biog.* Cónsul romano del siglo III a. de C. que enfrentó sin éxito a Aníbal en Cannas. ‖ – **Marco Terencio.** Polígrafo latino, amigo de Cicerón y autor de *Sátiras menipeas; De la agricultura; De la lengua latina,* etc. (119-25 a. de C.).

VARSOVIA. *Geog.* Ciudad del N.E. de Polonia, cap. de la república, sobre el río Vístula. 1.436.100 h. Industria textil, metalúrgica, química. Universidad. Durante la Segunda Guerra Mundial fue semidestruida.

VARSOVIANO, NA. adj. Perteneciente o relativo a Varsovia. ‖ Natural de esta ciudad polaca. U.t.c.s. ‖ f. Nombre de una danza polaca, especie de mazurca. ‖ Música de esta danza.

VASA BARRIS. *Geog.* Río del N.E. de Brasil (Bahía) que des. en el Atlántico, 530 km.

VASALLAJE. al. **Lehnspflicht.** fr. **Vasselage.** ingl. **Vassalage.** ital. **Vassallaggio.** port. **Vassalagem.** m. Vínculo de sumisión y lealtad que antiguamente tenía una persona respecto de otra. *El* VASALLAJE *era humillante.* ‖ Tributo pagado por el vasallo a su señor. *Entregaban el* VASALLAJE *con grandes penurias.* ‖ Rendimiento o reconocimiento con dependencia a cualquier otro, o de una cosa a otra.

VASALLO, LLA. al. **Vasall; Lehnsmann.** fr. **Vassal.** ingl. **Vassal.** ital. **Vassallo.** port. **Vassalo.** (Del b. lat. *vasallus,* de *vassus,* y éste del cimbro *gwas,* mozo, servidor.) adj. y s. Sometido a un señor con vínculo de vasallaje. *Hombre* VASALLO; *un* VASALLO *infeliz.* ‖ Antiguamente, feudatario. ‖ s. Súbdito de un soberano o de cualquier gobierno independiente. ‖ fig. El que reconoce a otro por superior o depende de él.

VASAR. (Del lat. *vasárium.*) m. Estantería que, sobresaliendo en la pared, sirve para poner vajilla.

VASARI, Jorge. *Biog.* Pintor, arquitecto y escritor ital., autor del célebre libro. *La vida de los más excelentes pintores, escultores y arquitectos* (1511-1574).

VASCO, CA. (De *vascón.*) adj. Natural de alguna de las provincias españolas de Álava, Guipúzcoa y Vizcaya. Apl. a pers., ú.t.c.s. ‖ Perteneciente o relativo a estas provincias. *Costumbres* VASCAS. ‖ Natural de una parte del departamento francés de Pirineos Atlánticos. Ú.t.c.s. ‖ Perteneciente o relativo a esta región. ‖ m. Idioma hablado por los naturales de la Vasconia.

VASCÓFILO, LA. (De *vasco* y el gr. *philos,* amante.) s. El aficionado a la cultura y lengua vascas y el versado en ellas.

VASCÓN, NA. (Del lat. *Vascones.*) adj. De la Vasconia. Apl. a pers. ú.t.c.s.

VASCONCELOS, Doroteo. *Biog.* Pol. salvadoreño, de 1848 a 1851 presid. de la Rep.; autor del proyecto de constituir una rep. centroamericana que uniera a Guatemala, Nicaragua, Honduras, Costa Rica y El Salvador. ‖ – **José.** Pol., pedagogo y sociólogo mex., cuya obra afirma el carácter universal y sistemático de la fil. El mundo es el producto de un principio creador, expresado en tres etapas o "revulsiones de la energía". En *La raza cósmica* anuncia la aparición de una nueva estirpe latinoamericana; en *El monismo estético* propugna la unidad fundada en una intuición estética. (1881-1959).

VASCONGADAS, Provincias. *Geog.* Región de la Vasconia española que abarca las prov. de Guipúzcoa, Álava y Vizcaya.

VASCONGADO, DA. (De *vascónico.*) adj. Vasco de Álava, Guipúzcoa o Vizcaya. Apl. a pers., ú.t.c.s. ‖ m. Idioma vasco.

VASCONIA. *Geog.* Región de Europa occidental comprendida entre las prov. españolas de Álava, Guipúzcoa, Navarra y Vizcaya y parte del dep. francés de Pirineos Atlánticos.

VASCÓNICO, CA. (Del lat. *vascónicus.*) adj. Perteneciente o relativo a los vascones.

VASCO NÚÑEZ DE BALBOA. *Biog.* V. **Núñez de Balboa, Vasco.**

VASCUENCE. (Del lat. *vascónicus,* vascónico.) adj. Aplícase a la lengua vasca. Ú.m.c.s. ‖ m. fig. y fam. Lo que es tan obscuro y confuso que resulta incomprensible.

VASCULAR. (Del lat. *vascularius.*) adj. *Bot.* Perteneciente o relativo a los vasos del organismo vegetal. ‖ Que tiene celdillas de figura de vasos o tubos. ‖ *Zool.* Perteneciente o relativo a los vasos del cuerpo animal, y en particular a los sanguíneos.

VASCULARIDAD. f. *Anat.* Disposición de los vasos del cuerpo. ‖ *Pat.* Existencia anormal o patológica de vasos en una parte del cuerpo.

VASCULITIS. (Del lat. *vásculum,* vaso pequeño, y el sufijo *itis,* inflamación.) f. *Pat.* Inflamación de uno o varios vasos.

VÁSCULO. (Del lat. *vásculum.*) m. *Anat.* Vaso pequeño.

VASCULOSO, SA. (Del lat. *vásculum,* vaso pequeño.) adj. *Bot.* y *Zool.* Vascular.

VASELADO. (De *vaselina.*) m. *Farm.* Preparado medicinal de uso externo, similar a las pomadas y ceratos, cuyo excipiente es la vaselina.

VASELINA. al. **Vaseline.** fr. **Vaseline.** ingl. **Vaseline.** ital. **Vaselina.** port. **Vaselina.** (Del ingl. *wax,* cera.) f. Substancia semisólida, amarillenta y translúcida, que se obtiene del petróleo y se usa como lubricante y para hacer ungüentos, por su propiedad de no enranciarse.

VASERA. (Del lat. *vasaria,* pl. de *vasárium.*) f. Vasar. ‖ Caja o funda para guardar el vaso. ‖ Salvilla grande y con asa, para llevar vasos.

VASIJA. al. **Gefäss.** fr. **Vase.** ingl. **Vessel.** ital. **Vaso.** port. **Vasilha.** (dim. del lat. *vas,* vaso.) f. Receptáculo que sirve para contener líquidos o alimentos. VASIJAS *de cocina.* ‖ Conjunto de tinajas y cubas que hay en las bodegas. ‖ IDEAS AFINES: *Recipiente, vajilla, vaso, cacharro, alfarero, tiesto, asa, gollete, ánfora, jarra.*

VASILLO. (Del lat. *vasocéllum,* dim. de *vas,* vaso.) m. Celdilla del panal.

VASO. al. **Glas.** fr. **Verre.** ingl. **Glass.** ital. **Bicchiere.** port. **Copo.** (Del lat. *vasus.*) m. Cualquier pieza cóncava destinada a contener una cosa. ‖ Recipiente, generalmente de forma cilíndrica, que sirve para beber. *Un* VASO *de cristal.* ‖ Cantidad de líquido que cabe en él. *Beber un* VASO *de cerveza.* ‖ Receptáculo o depósito natural que contiene algún líquido. ‖ Embarcación, y en especial su casco. ‖ Bacín, orinal. ‖ Obra escultórica, en forma de jarrón, pebetero, etc., que se usa para decorar jardines, edificios, etc. VASO *de granito.* ‖ Casco de las caballerías. ‖ *Astr.* Copa, pequeña constelación austral. ‖ *Bot.* y *Zool.* Cualquiera de los conductos por los que circulan los fluidos en los seres orgánicos. ‖ – **excretorio. Vaso,** bacín. ‖ – **lacrimatorio.** Vasija pequeña, a modo de pomo, que se encuentra en los sepulcros antiguos y, según creencias erróneas, servía para guardar las lágrimas de los deudos y amigos del muerto.

VASOCONSTRICCIÓN. f. *Fisiol.* Estrechez de los vasos por contracción de sus fibras musculares.

VASOCONSTRICTINA. f. *Biol.* Substancia hipotética de la sangre que tiene poder vasoconstrictor.

VASOCONSTRICTOR, RA. adj. *Fisiol.* y *Ter.* Que produce la contracción de los vasos. Ú.t.c.s.

VASODILATACIÓN. f. *Fisiol.* Dilatación de los vasos.

VASODILATADOR, RA. adj. *Fisiol.* y *Ter.* Que causa la dilatación de los vasos. Ú.t.c.s.

VASODILATINA. f. *Biol.* Substancia hipotética de la sangre, dotada de poder vasodilatador.

VASOESTIMULANTE. adj. *Fisiol.* Que estimula la acción vasomotora.

VASÓGENO. (De *vaselina* y el gr. *genos,* origen.) m. *Quím.* Vaselina oxigenada que se usa como base para preparar pomadas y ungüentos.

VASOMOCIÓN. f. *Fisiol.* Dilatación o contracción de un vaso.

VASOMOTOR, RA. adj. *Fisiol.* y *Ter.* Que tiene la propiedad de causar la dilatación o contracción de los vasos. Ú.t.c.s.

VÁSQUEZ, Francisco. *Biog.* Rel. y pensador guat., autor de *Crónica de la provincia de Guatemala; Opúsculos escolásticos teológicos,* etc. (1647-1714). ‖ – **Honorato.** Lit. y jurista ec., autor de *El epílogo peruano; Memoria historicojurídica sobre los límites ecuatoriano-peruanos,* etc. (1855-1933). ‖ – **José.** Músico y compositor mex., autor de óperas, conciertos, etc. Obras: *El mandarín; Poema sinfónico,* etc. (1895-1961). ‖ – **DE ARCE Y CEBALLOS, Gregorio.** Notable pintor col. de concepción naturalista, influida por la escuela sevillana. Cuadros famosos: *La Adoración de los Pastores; Los Evangelistas; La predicación de San Francisco Javier,* etc. (1638-1711).

VASSEUR, Alvaro Armando. *Biog.* Poeta y pensador urug., autor de *Cantos augurales; El libro de las horas; Las instituciones occidentales,* etc. (1878-1969).

VASSOURAS. *Geog.* Población del E. de Brasil (Río de Janeiro). 7.000 h. Goza de excelente clima y es uno de los lugares más bellos del país.

VÁSTAGO. al. **Schössling; Sprössling.** fr. **Rejeton.** ingl. **Sucker; offspring.** ital. **Germoglio.** port. **Renovo; rebento.** m. Renuevo del árbol o planta. ‖ Conjunto del tallo y las hojas. *Un* VÁSTAGO *del olivo.* ‖ Barra que da movimiento al émbolo o transmite el de éste a algún mecanismo. ‖ fig. Persona descendiente de otra. ‖ *Col.* y *C. Rica.* Tallo del plátano.

VASTAGOSA. f. *Col.* Balsa o embarcación formada por vástagos.

VASTEDAD. (Del lat. *vástitas, -atis.*) f. Dilatación, grandeza o anchura de una cosa. *La* VASTEDAD *de las pampas argentinas.*

VÄSTERAS. *Geog.* Ciudad de Suecia, situada al N. O. de Estocolmo. 120.000 h. Industria metalúrgica.

VÁSTIGA. f. Vástago, renuevo.

VASTO, TA. al. **Weit; ausgedehnt.** fr. **Large; vaste.** ingl. **Large; vast.** ital. **Vasto.** port. **Vasto.** (Del lat. *vastus.*) adj. Dilatado, muy extendido o muy grande. *Un* VASTO *almacén;* VASTOS *proyectos.*

VATE. (Del lat. *vates.*) m. Adivino. ‖ Poeta.

VATICANO, NA. al. **Vatikan.** fr. **Vaticain.** ingl. **Vatican.** ital. **Vaticano.** port. **Vaticano.** (Del lat. *vaticanus.*) adj. Perteneciente o relativo al monte Vaticano. ‖ Perteneciente o relativo al Vaticano, palacio en que habita el Papa. ‖ Perteneciente o relativo al Papa o a la corte pontificia. ‖ m. fig. Corte pontificia. ‖ IDEAS AFINES: *Cristianismo, cardenales, obispos, diáconos, concilio, bula, episcopado, Santa Sede, infalibilidad.*

VATICANO, Ciudad del. *Geog.* Estado independiente del O. de la pen. itálica, sit. dentro del perímetro de Roma. 0,44 km². 1.100 h. Fue creado en 1929 y está bajo la autoridad del Sumo Pontífice, que es el jefe de la Iglesia Católica. Comprende un conjunto de edificios y templos muy antiguos.

VATICANO, Concilio del. *Hist.* El celebrado en Roma en 1869 y que votó la infalibilidad del Papa.

VATICINADOR, RA. (Del lat. *vaticinátor, -oris.*) adj. y s. Que vaticina.

VATICINANTE. (Del lat. *vaticínans, -antis.*) p. a. de **Vaticinar.** Que vaticina.

VATICINAR. al. **Wahrsagen; prophezeien.** fr. **Vaticiner.** ingl. **To predict.** ital. **Vaticinare.** port. **Vaticinar.** (Del lat. *vaticinari.*) tr. Predecir, profetizar, pronosticar.

VATICINIO. al. **Wahrsagung; Voraussage.** fr. **Prédiction; vaticination.** ingl. **Divination; forecast; prediction.** ital. **Vaticinio.** port. **Vaticínio.** (Del lat. *vaticinium.*) m. Predicción, profecía, pronóstico. *Un* VATICINIO *disparatado.*

VATÍDICO, CA. (Del lat. *vates, -tis,* profeta, y *alscere,* decir.) adj. Vaticinador. Ú.t.c.s. ‖ adj. Perteneciente o relativo al vaticinio.

VATÍMETRO. m. *Elec.* Instrumento destinado a medir los vatios que se consumen en un circuito.

VATIO. (De *Watt.*) m. Unidad de potencia eléctrica en el sistema basado en el metro, el kilogramo, el segundo y el amperio. Equivale a un julio por segundo.

VATIÓMETRO. m. Vatímetro.

VATTERN. *Geog.* Lago de la pen. Escandinava, en el S. de Suecia. Su superficie es de 1.910 km².

VAUCLUSE. *Geog.* Departamento del S. E. de Francia. 3.578 km². 372.000 h. Vinos, aceites. Extracción de carbón, hierro, lignito. Cap. AVIÑÓN.

VAUD. *Geog.* Cantón del O. de Suiza. Tiene 3.208,9 km². y 530.000 h. Explotación forestal, viñedos. Cap. LAUSANA.

VAUGHAN, Enrique. *Biog.* Médico y poeta ingl. autor de obras animadas por un sentimiento religioso: *La otra noche vislumbré la Eternidad; Todos se han ido al mundo de la luz,* etc. (1622-1695).

VAUPÉS. *Geog.* Río de Amér. del S. que nace al S. E. de Colombia, recorre territorio brasileño y des. en el río Negro. Tiene 300 km., en parte navegables. ‖ Comisaría del S. E. de Colombia. 90.625 km². y 19.100 h. Cap. MITÚ.

VAUQUELIN, Luis Nicolás. *Biog.* Cél. químico fr. que estudió los más importantes problemas científicos del reino mineral y escribió *Diccionario de química* y otras obras (1763-1829).

VAYA. f. Burla que se hace de una persona o chasco que se le da. *Soportaba con calma la* VAYA *que le daban aquellos chuscos.*

VAZ DE CAMINHA, Pedro. *Biog.* Escribano port. que actuó en la conquista del Brasil. Su misiva al rey de Portugal es una de las más antiguas crónicas de América (s. XVI).

VAZ FERREIRA, Carlos. *Biog.* Catedrático, pedagogo y fil. uruguayo cuya prédica oral y labor escrita tuvo honda repercusión continental. Promotor de reformas educacionales, su *Lógica viva* condensa su tendencia positivista que intenta convertir a la razón en un instrumento que evite los errores a que arrastran las especulaciones abstractas, divorciadas de la vida. En *Moral para intelectuales,* acepta la moral como un "estado vivo de espíritu" y revela su fe en la capacidad creadora del hombre (1873-1958). ‖ – **María Eugenia.** Poetisa urug. cuya obra está saturada de sentimiento y angustia. Autora de *La isla de los cánticos* (1880-1924).

VÁZQUEZ, Ángel. *Biog.* Químico chil., autor de *Materia médica; Química aplicada a la medicina y artes,* etc. (s. XIX). ‖ – **Domingo.** Militar hondureño que de 1893 a 1894 ejerció la presidencia de la Rep. ‖ – **Francisco Pablo.** Religioso mex., autor de una inconclusa

Historia de México (1769-1847). ‖ – **Horacio.** Pol. dominicano, de 1924 a 1930 presid. de la República (1860-1936). ‖ – **Ildefonso.** Poeta ven., autor de *La bandera blanca; Lira zuliana,* y otras composiciones (1840-1920). ‖ – **Santiago.** Pol. uruguayo de destacada actuación en las luchas por la independencia de su país (1788-1847). ‖ – **CÁRDENAS, Joaquín.** Mineralogista col. (1752-1786). ‖ – **CORONADO, Francisco.** Explorador esp. que fue gobernador de Nueva Galicia y tomó parte preponderante en exploraciones y conquistas de los territorios de Nuevo México (1510-1549). ‖ – **DE CORONADO, Gonzalo.** Conquistador esp., gob. y adelantado de Costa Rica en los primeros años del s. XVII. ‖ – **DE CORONADO, Juan.** Marino esp. que en 1562 consumó la conquista de Costa Rica. Prodigó a los indios trato humanitario e invirtió en la conquista del país su propio patrimonio. Después de pacificar a los pueblos conquistados, viajó a España y al regresar murió en el naufragio de la nave que lo conducía (1525-1565). ‖ – **DE NOBOA, Manuel.** Pol. chileno que tuvo brillante actuación en el movimiento de 1812, de oposición al reconocimiento de Fernando VII y en la campaña del Sur (1783-1855). ‖ – **SANTA ANA, Higinio.** Ensayista mex., autor de *Hombres ilustres de América; Hombres ilustres nacionales; Arte dramático juvenil,* etc. (n. 1889). ‖ – **ÚBEDA, Carlos.** Pintor esp., notable colorista. Cuadros: *El torero herido; La suegra; A la feria de Salamanca,* etc. (1869-1944). ‖ – **Y VEGA, Prudencio.** Fil. uruguayo que ejerció considerable influencia en el pensamiento de su país. Su obra más importante es *Crítica de la moral evolucionista* (s. XIX).

VE. f. Nombre de la letra *v.* Llámase también *uve.*

VEAS, Marcos. *Biog.* Marino esp. que participó en la conquista del Perú y Chile (1510-1581).

VECELLIO. V. **Ticiano.**

VECERA o VECERÍA. (De *vez.*) f. Manada de ganado, generalmente porcino, perteneciente a un vecindario.

VECERO, RA. (Del lat. *vicarius,* de *vicis,* vez.) adj. Dícese del que tiene que ejercer un cargo concejil por turno. Ú.t.c.s. ‖ Dícese de las plantas que en un año fructifican mucho y en otro nada. ‖ s. Parroquiano. ‖ Persona que guarda turno para alguna cosa.

VECINAL. (Del lat. *vicinalis.*) adj. Perteneciente o relativo a los vecinos o al vecindario de una población. *Junta* VECINAL.

VECINAMENTE. (De *vecino,* cercano, próximo.) adv. m. Inmediatamente, con vecindad y cercanía.

VECINDAD. (Del lat. *vicínitas, -atis.*) f. Calidad de vecino. *No me gusta la* VECINDAD *de esa gente.* ‖ Conjunto de personas que viven en las diferentes habitaciones de una casa, o en varias de éstas que están próximas. *Se alborotó toda la* VECINDAD. ‖ Vecindario, conjunto de vecinos de una población. ‖ Alrededores de un sitio o lugar. *Mi novia vive en la* VECINDAD.

VECINDARIO. (De *vecindad.*) m. Conjunto de vecinos de una población. VECINDARIO *honesto.* ‖ Lista o padrón de los vecinos de un pueblo. ‖ Vecindad, calidad de vecino.

VECINO, NA. al. **Nachbar.** fr. **Voisin.** ingl. **Neighbor.** ital. **Vicino.** port. **Vizinho.** (Del lat. *vicinus,* de *vicus,* barrio, lugar.) adj. Dícese de la persona que vive con otras en un mismo pueblo, barrio o casa, en habitación independiente. Ú.t.c.s. *Tengo un* VECINO *insoportable.* ‖ Dícese de quien tiene casa y hogar en un pueblo, y contribuye a los impuestos, aunque actualmente no habite en él. Ú.t.c.s. ‖ Aplícase a quien ha adquirido los derechos propios de la vecindad en un pueblo por haber vivido en él durante el tiempo determinado por la ley. Ú.t.c.s. ‖ V. **Ayuda, hijo de vecino.** ‖ fig. Cercano, próximo o inmediato. *La aldea* VECINA. ‖ Semejante, parecido o coincidente.

VECTACIÓN. (Del lat. *vectatio, -onis.*) f. Acción de andar en un vehículo.

VECTOR. (Del lat. *véctor, -oris.*) *Fís.* Toda magnitud en la que además de la cuantía, hay que considerar el punto de aplicación, la dirección y el sentido. Las fuerzas son vectores.

VECTORIAL. adj. *Fís.* Perteneciente o relativo a los vectores. ‖ V. **Campo vectorial.**

VEDA. f. Acción y efecto de vedar. ‖ Lapso en que está vedado cazar o pescar. *Mañana comienza la* VEDA.

● **VEDA.** *Rel.* Según la tradición, fue Brahma quien dictó las escrituras sagradas de la India, base de la religión, la moral y las costumbres de este pueblo, y cuyo conjunto recibe el nombre de **Vedas.** Dichas escrituras están agrupadas en cuatro libros: *Rig-Veda, Sama-Veda, Atharva-Veda* y *Yayur-Veda.* Cada uno de los tres primeros es una compilación de himnos versificados en diferentes metros y completados por comentarios rituales en prosa (brahmanas) y otros sobre temas filosóficos y metafísicos; el cuarto es enteramente en prosa. El *Rig-Veda,* compuesto entre 1200 y 1000 a. de C., es el más antiguo; el más moderno, el *Atharva-Veda.*

VEDADO. m. Sitio acotado por la ley u ordenanza.

VEDAMIENTO. (De *vedar.*) m. Veda, acción y efecto de vedar.

VEDAR. al. **Verbieten.** fr. **Défendre.** ingl. **To forbid.** ital. **Vietare.** port. **Vedar.** (Del lat. *vetare.*) tr. Prohibir por ley, ordenanza o mandato. VEDAR *la caza, el tránsito por un camino.* ‖ Impedir, dificultar.

VEDEGAMBRE. (Del lat. *medicamen,* droga, veneno.) m. Planta de Europa y N. de Asia, de tallo y hojas vellosas, inflorescencias en racimo, con flores blanquecinas o verdosas, y rizoma tóxico, acre e irritante, usado en medicina como estornutatorio. *Veratrum album,* liliácea.

VEDEJA. (Del mismo or. que *vedija.*) f. Guedeja.

VEDEJOSO, SA o VEDEJUDO, DA. adj. Que tiene la lana o el pelo en vedejas.

VEDETTE. (Voz francesa.) f. Galicismo por primera actriz o figura principal de ciertos espectáculos.

VEDIA, Agustín de. *Biog.* Pol. y jurisconsulto urug. de destacada actuación en ambas márgenes del Plata. Autor de *La neutralidad; La Constitución argentina; La bandera y el escudo,* etc. (1843-1910). ‖ – **Joaquín de.** Periodista, diplom. y director teatral arg. Parte de su notable labor de periodista está compilada en *Como los vi yo* (1877-1936). ‖ – **Julio de.** General arg. que intervino en el sitio de las ciudades de Montevideo y Colonia; participó en las batallas de Cepeda y Pavón y en la campaña del Paraguay (1826-1892). ‖ – **Juan Manuel de.** Educador urug. que organizó la enseñanza en su país; también actuó en Argentina (1844-1905). ‖ – **Nicolás de.** Mil. uruguayo, uno de los precursores de la revolución de mayo de 1810 (1771-1852). ‖ – **Y MITRE, Mariano de.** Escritor y jurisconsulto arg. que fue pres. de la Acad. Argentina de Letras; autor de *Jornadas argentinas; Pueyrredón y la diplomacia de su tiempo; Derecho constitucional argentino,* etc. (1881-1958).

VEDIA. *Geog.* Población del N.O. de la prov. de Buenos Aires (Rep. Argentina). 4.800 h. Producción agrícola ganadera.

VÉDICO, CA. adj. Perteneciente o relativo a los Vedas y al sánscrito primitivo en que éstos están escritos.

VEDIJA. (Del lat. *viticula,* zarcillo de las plantas trepadoras, dim. de *vitis.* vid.) f. Mechón de lana. ‖ Verija. ‖ Pelo enredado en cualquier parte del cuerpo del animal. ‖ Mata de pelo ensortijada y enredada.

VEDIJERO, RA. (De *vedija.*) s. Persona que recoge la lana caída cuando se esquila el ganado.

VEDIJOSO, SA o VEDIJUDO, DA. (De *vedija.*) adj. Que tiene la lana o el pelo enredado o en vedijas.

VEDIJUELA. f. dim. de **Vedija.**

VEDISMO. (Del sánscr. *veda,* ciencia.) m. Religión contenida en los Vedas.

VEDUÑO. m. Viduño

VEEDOR, RA. (Del ant. *veer.*) adj. Que ve, observa o mira con curiosidad las acciones de los otros. Ú.t.c.s. ‖ m. Inspector. VEEDOR *de abastos, de obras públicas.* ‖ *Cuba.* Guarda rural. ‖ *Chile.* El que inspecciona el correcto desarrollo de una carrera de caballos.

VEEDURÍA. f. Cargo u oficio de veedor. ‖ Oficina del veedor.

VEGA. f. Tierra llana y fértil. ‖ *Cuba.* Tabacal. ‖ *Chile.* Terreno muy húmedo.

VEGA. m. *Astron.* Estrella de primera magnitud, situada en la constelación de la Lira.

VEGA, Carlos. *Biog.* Musicógrafo y folklorista arg., autor de *La música de un códice colonial del siglo XVII; Bailes tradicionales argentinos; Música sudamericana,* etc. (1898-1966). ‖ – **Daniel de la.** Poeta y comediógrafo chil., autor de *Al calor del terruño; Cielo de provincia; La muchedumbre ahora es triste,* etc. (1892-1971). ‖ – **Fernando de la.** Crítico y literato col. Obras: *Ideas y comentarios; Entre dos siglos; Apuntamientos literarios,* etc. (n. 1891). ‖ – **Florentino.** Naturalista col., autor de *Botánica indígena; La expedición botánica,* etc. (1833-1890). ‖ – **Garcilaso de la.** V. **Garcilaso de la Vega.** ‖ – **Manuel.** Pintor cub. que cultivó temas históricos y religiosos (1892-1954). ‖ – **Ricardo de la.** Comediógrafo esp., autor de *La verbena de la Paloma; Amor engendra desdichas; La canción de la Lola,* etc. (1839-1910). ‖ – **Ventura de la.** Poeta lírico, dramático y épico arg. que vivió en España. Lit. de tonalidad clasicista, es autor de composiciones tan celebradas como *Canto a la esposa; Imitación de los Salmos,* etc. Su obra principal fue para el teatro, al que dio la comedia *El hombre de mundo,* el alegato antirromántico *La crítica del sí de las niñas* y la tragedia *La muerte de César* (1807-1865). ‖ – **CARPIO, Félix Lope de.** V. **Lope de Vega Carpio, Félix.** ‖ – **EL INCA, Garcilaso de la.** V. **Garcilaso de la Vega, el Inca.**

VEGA. *Geog.* Isla del litoral atlántico de Noruega, al S. del círculo polar ártico. ‖ **La** –. V. **La Vega.** ‖ – **Real, Valle de la.** Extenso y fértil valle sit. entre la cordillera Central y la cordillera Septentrional, en la Rep. Dominicana, donde existe la mayor densidad de población del país.

VEGETABILIDAD. f. Calidad de vegetal.

VEGETACIÓN. al. **Pflanzenwuchs; Vegetation.** fr. **Végétation.** ingl. **Vegetation.** ital. **Vegetazione.** port. **Vegetação.** (Del lat. *vegetatio, -onis.*) f. Acción y efecto de vegetar. ‖ Conjunto de vegetales propios de un lugar, región, etc. ‖ Excrecencia carnosa. Ú.m. en pl. VEGETACIONES *adenoideas.*

VEGETAL. al. **Pflanzlich.** fr. **Végétal.** ingl. **Vegetal; vegetable.** ital. **Vegetale.** port. **Vegetal.** adj. Que vegeta. ‖ Perteneciente o relativo a las plantas. *Substancia* VEGETAL. ‖ V. **Azufre, carbón, marfil, mosaico, tierra vegetal.** ‖ m. Ser orgánico viviente que carece de sensibilidad y de movimiento voluntario. *La clasificación de los* VEGETALES. ‖ IDEAS AFINES: *Botánica, herbario, fitografía, semilla, cultivar, germinar, bosque, jardín, maleza, árbol, hierba.*

VEGETALISTA. (De *vegetal.*) adj. Vegetariano.

VEGETANTE. p. a. de **Vegetar.** Que vegeta.

VEGETAR. al. **Vegetieren.** fr. **Végéter.** ingl. **To vegetare.** ital. **Vegetare.** port. **Vegetar.** (Del lat. *vegetare.*) intr. Germinar, nutrirse y crecer las plantas. Ú.t.c.r. *En esta zona el olivo* VEGETA *bien.* ‖ fig. Vivir una persona con vida solamente orgánica haciendo una vida obscura. VEGETA *en ese pueblo, sin progresar en su cargo.* ‖ Disfrutar voluntariamente de una vida tranquila, sin cuidados ni trabajos.

VEGETARIANISMO. m. Régimen alimentario exclusivamente vegetal.

VEGETARIANO, NA. al. **Vegetarisch.** fr. **Végétarien.** ingl. **Vegetarian.** ital. **Vegetariano.** port. **Vegetariano.** (Del fr. *végétarien.*) adj. Dícese de la persona que se alimenta sólo de vegetales o de substancias de origen vegetal. Ú.t.c.s. ‖ Perteneciente o relativo al vegetarianismo. *Régimen* VEGETARIANO.

VEGETATIVO, VA. adj. Que vegeta o posee vigor para vegetar. ‖ *Fisiol.* Que interviene en las funciones de nutrición o reproducción. *Aparato, órgano, tejido* VEGETATIVO.

VEGLIA. *Geog.* Isla del N. de Yugoslavia, sobre el Adriático. Tiene 404 km² y 20.000 h.

VEGOSO, SA. adj. *Chile.* Dícese del terreno que siempre está húmedo.

VEGUER. (Del lat. *vicarius,* lugarteniente.) m. Magistrado que en Cataluña, Aragón y Mallorca ejercía la misma jurisdicción que el corregidor en Castilla. ‖ En Andorra, cada uno de los dos delegados de las soberanías protectoras.

VEGUERÍA. f. Territorio a que se extiende la jurisdicción del veguer.

VEGUERÍO. m. Veguería. ‖ *Cuba.* Aldehuela compuesta por los bohíos de los vegueros. ‖ Lugar donde hay muchas vegas.

VEGUERO, RA. adj. Perteneciente o relativo a la vega. ‖ m. Labrador que cultiva una vega, especialmente para la explotación del tabaco. ‖ Cigarro puro, hecho de una sola hoja de tabaco enrollada.

VEHEMENCIA. al. **Heftigkeit.** fr. **Véhémence.** ingl. **Vehemence.** ital. **Veemenza.** port. **Veemencia.** (Del lat. *vehementia.*) f. Calidad de vehemente. *Discutir con* VEHEMENCIA.

VEHEMENTE. (Del lat. *véhemens, -entis.*) adj. Que mueve o se mueve con gran violencia, u obra con eficacia. *Tiene un carácter* VEHEMENTE. ‖ Dícese de lo que se siente o expresa con viveza e ímpetu. *Discurso* VEHEMENTE. ‖ Se aplica a las personas que sienten o se expresan de esa manera. *Es juicioso, pero muy* VEHEMENTE.

VEHEMENTEMENTE. adv. m. De manera vehemente.

VEHÍCULO. al. **Fahrzeug; Träger.** fr. **Véhicule.** ingl. **Vehicle.** ital. **Veícolo.** port. **Veículo.** (Del lat. *vehículum,* de *véhere,* conducir, transportar.) m. Artefacto que se utiliza para transportar personas o cosas. *Un* VEHÍCULO *público.* ‖ **fig.** Lo que sirve para transmitir o conducir algo, como el sonido, los contagios, etc. *El mosquito es* VEHÍCULO *de enfermedad.* ‖ IDEAS AFINES: *Tracción, deslizamiento, motor, rueda, trineo, carretón, barco, avión, ciclismo, automovilismo, tránsito.*

VEIDT, Conrado. *Biog.* Notable actor teatral y cinematográfico al., intérprete de *El gabinete del Dr. Caligari; El desconocido; Guillermo Tell* y otros filmes (1893-1943).

VEIGA, Pascual. *Biog.* Compositor esp., cultor de la música gallega con *Alborada gallega; La escala; Los ártabros,* etc. (1842-1906).

VEINTAVO, VA. (De *veinte* y *avo.*) adj. Vigésimo, cada una de las veinte partes iguales en que se divide un todo. Ú.t.c.s.m.

VEINTE. (Del lat. *viginti.*) adj. Dos veces diez. ‖ Vigésimo, que sigue inmediatamente en orden al o a lo decimonono. *Año* VEINTE. Apl. a los días del mes, ú.t.c.s. *El* VEINTE *de enero.* ‖ m. Guarismo con que se representa el número **veinte.** ‖ **A las veinte.** m. adv. fig. y fam. **A deshora.**

VEINTEAÑERO, RA. adj. y s. Que tiene veinte años.

VEINTENA o VEINTENAR. f. Conjunto de veinte unidades. *Una* VEINTENA *de barcos.*

VEINTENARIO, RIA. adj. Dícese de lo que tiene veinte años.

VEINTENERO. (De *veintena.*) m. Sochantre, en ciertas iglesias.

VEINTENO, NA. (De *veinte.*) adj. Vigésimo, que sigue inmediatamente en orden al o a lo decimonono. *Lo pusieron en* VEINTENO *lugar.* ‖ Veintavo. Ú.t.c.s.f.

VEINTEÑAL. adj. Que dura veinte años. *Propiedad* VEINTEÑAL.

VEINTEOCHENO, NA. adj. Veintiocheno.

VEINTE POEMAS DE AMOR Y UNA CANCIÓN DESESPERADA. *Lit.* Obra poética de Pablo Neruda, publicada en 1924. Integrada por poesías sencillas, contemplativas y hasta de reminiscencias románticas, denota un momento de transición en la trayectoria del poeta chileno.

VEINTESEISENO, NA. adj. Veintiseiseno.

VEINTÉSIMO, MA. (De *veinte.*) adj. Vigésimo. Ú.t.c.s.

VEINTICINCO. adj. Veinte y cinco. ‖ Vigésimo quinto. *Año* VEINTICINCO. Apl. a los días del mes, ú.t.c.s. *El* VEINTICINCO *de Mayo.* ‖ m. Guarismo con que se representa el número **veinticinco.**

VEINTICINCO DE MAYO. *Geog.* Ciudad del E. de la Argentina (Buenos Aires). 30.000 h. Actividades agrícola ganaderas.

VEINTICUATRENO, NA. adj. Perteneciente al número veinticuatro. ‖ Vigésimo cuarto.

VEINTICUATRO. adj. Veinte y cuatro. ‖ Vigésimo cuarto. Apl. a los días del mes, ú.t.c.s. ‖ m. Guarismo con que se representa el número **veinticuatro.**

VEINTIDÓS. adj. Veinte y dos. ‖ Vigésimo segundo. Apl. a los días del mes, ú.t.c.s. ‖ m. Guarismo con que se representa el **número veintidós.**

VEINTIDOSENO, NA. adj. Vigésimo segundo.

VEINTIMILLA, Ignacio de. *Biog.* Mil. y político ecuatoriano, de 1876 a 1883 presidente de la Rep. Fue frustrado su intento de perpetuarse en el poder (1828-1908). ‖ – **Marieta de.** Poetisa y prosista ec., autora de *Páginas del Ecuador* y otras obras (1859-1907). ‖ – **DE GALINDO, Dolores.** Poetisa romántica ec., autora de *A mis enemigos* y otras composiciones (1829-1857).

VEINTINUEVE. adj. Veinte y nueve. ‖ Vigésimo nono. Apl. a los días del mes, ú.t.c.s. ‖ m. Guarismo con que se representa el número **veintinueve.**

VEINTIOCHENO, NA. adj. Vigésimo octavo.

VEINTIOCHO. adj. Veinte y ocho. ‖ Vigésimo octavo. Apl. a los días del mes, ú.t.c.s. ‖ m. Guarismo con que se representa el número **veintiocho.**

VEINTISÉIS. adj. Veinte y seis. ‖ Vigésimo sexto. ‖ Apl. a los días del mes, ú.t.c.s. ‖ m. Guarismo con que se representa el número **veintiséis.**

VEINTISEISENO, NA. adj. Relativo al número veintiséis. ‖ Vigésimo sexto.

VEINTISIETE. adj. Veinte y siete. ‖ Vigésimo séptimo. Apl. a los días del mes, ú.t.c.s. ‖ m. Guarismo con que se representa el número **veintisiete.**

VEINTITRÉS. adj. Veinte y tres. ‖ Vigésimo tercio. Apl. a los días del mes, ú.t.c.s. ‖ m. Guarismo con que se representa el número **veintitrés.**

VEINTIÚN. adj. Apócope de **Veintiuno.** Se antepone siempre al substantivo. VEINTIÚN *cuadernos.*

VEINTIUNA. f. Juego de dados, o de naipes, en que gana quien obtiene veintiún tantos o se acerca más a ellos sin pasar.

VEINTIUNO, NA. adj. Veinte y uno. ‖ Vigésimo primero. Apl. a los días del mes, ú.t.c.s. ‖ m. Guarismo con que se representa el número **veintiuno.**

VEJACIÓN. (Del lat. *vexatio, -onis.*) f. Acción y efecto de vejar.

VEJADOR, RA. adj. Que veja. Ú.t.c.s.

VEJAMEN. al. **Drangsal.** fr. **Vexation.** ingl. **Vexation.** ital. **Vessazione.** port. **Vexame.** (Del lat. *vexamen.*) m. Vejación. *Los vencidos sufrieron* VEJÁMENES. ‖ Reprensión festiva con que se ponen de manifiesto los defectos de una persona. ‖ Discurso o composición poética, de carácter burlesco, que se pronunciaba contra los participantes en ciertos certámenes.

VEJAMINISTA. m. Individuo encargado de leer el vejamen en ciertos certámenes.

VEJANCÓN, NA. adj. fam. aum. de **Viejo.** Ú.t.c.s.

VEJAMINOSO, SA. adj. *Perú* y *P. Rico.* Vejatorio.

VEJAR. al. **Belästigen.** fr. **Vexer.** ingl. **To vex.** ital. **Vessare.** port. **Vexar.** (Del lat. *vexare.*) tr. Maltratar, perseguir o molestar a una persona. VEJAR *a un opositor.* ‖ Dar vejamen. *Lo* VEJABA *sin piedad.*

VEJARANO, NA. adj. *Arg., Ec., Méx.* y *Ven.* Vejarrón.

VEJARRÓN, NA. adj. fam. aum. de **Viejo.** Ú.t.c.s.

VEJATORIO, RIA. adj. Dícese de lo que veja o puede vejar.

VEJAZO, ZA. adj. aum. de **Viejo.** Ú.t.c.s.

VEJERANO, NA. adj. *Cuba.* Vejarrón.

VEJESTORIO. m. desp. Persona muy vieja.

VEJETA. adj. dim. de **Vieja.** ‖ f. Cogujada.

VEJETE. adj. dim. de **Viejo.** Aplícase particularmente en el teatro a la figura del viejo ridículo. Ú.m.c.s.

VEJEZ. al. **Alter.** fr. **Vieillesse.** ingl. **Old age.** ital. **Vecchiaia.** port. **Velhice.** f. Calidad de viejo. *Una* VEJEZ *tranquila.* ‖ Senectud. *Ya estás en la* VEJEZ; sinón.: **ancianidad;** antón.: **juventud.** ‖ fig. Impertinencia propia de los viejos. ‖ Narración de algo muy sabido y vulgar. ‖ **A la vejez, viruelas.** expr. usada para señalar a los viejos que hacen cosas impropias de su edad. ‖ Aplícase también para denotar que algo es tardío y está fuera de sazón. ‖ IDEAS AFINES: *Longevidad, decrepitud, chochera, canas, decano, abuelo; sabiduría, venerable, matusalén, bastón, viejo verde.*

VEJEZUELO, LA. adj. dim. de **Viejo.** Ú.t.c.s.

VEJIGA. al. **Blase.** fr. **Vessie.** ingl. **Bladder.** ital. **Vescica.** port. **Bexiga.** (Del lat. *vesica.*) f. Órgano muscular y membranoso de los vertebrados, en el cual va depositándose la orina segregada por los riñones. ‖ Ampolla de la piel. ‖ – **de la bilis,** o **de la hiel.** Órgano semejante a una bolsita, en el cual el hígado va depositando este humor. ‖ – **de la orina. Vejiga,** 1ª acep. ‖ – **de perro.** Alquequenje. ‖ – **natatoria.** Órgano lleno de aire que tienen muchos peces, mediante el cual pueden ascender o descender en el agua.

VEJIGANTE. m. *P. Rico.* Máscara que representa cualquier figura ridícula y lleva por arma una vejiga con la cual golpea a los muchachos que le siguen.

VEJIGATORIO, RIA. (De *vejiga.*) adj. *Med.* Dícese del emplasto o parche de cualquier substancia irritante, que se aplica para producir vejigas o ampollas. Ú.t.c.s.

VEJIGAZO. m. Golpe que se da con una vejiga animal, llena de aire u otra cosa, por burla o regocijo.

VEJIGÓN. m. aum. de **Vejiga.**

VEJIGOSO, SA. adj. Lleno de vejigas.

VEJIGUELA. f. dim. de **Vejiga.**

VEJIGUILLA. f. dim. de **Vejiga.** ‖ Vejiga de perro. ‖ *Med.* Vesícula, en la epidermis

VEJOTE, TA. adj. aum. de **Viejo.** Ú.t.c.s.

VEJLE. *Geog.* Ciudad de Dinamarca, al E. de la pen. de Jutlandia. 32.500 h. Importante puerto comercial.

VEKSLER, Vladimiro. *Biog.* Científico ruso, especialista en física nuclear (1907-1966).

VELA. al. **Kerze.** fr. **Chandelle.** ingl. **Candle.** ital. **Candela.** port. **Vela.** f. Velación, acción de velar. ‖ Tiempo que se vela. *Pasó la noche en* VELA. ‖ Asistencia por horas o turno delante del Santísimo Sacramento. *Fueron a la* VELA *del altar.* ‖ Tiempo dedicado por la noche a trabajar en un arte, oficio, etc. *Aquel día tenía* VELA *en la fábrica.* ‖ Romería nocturna. ‖ Centinela o guardia que se ponía por la noche en los ejércitos o plazas. ‖ Cilindro o prisma de cera, sebo, estearina o cualquier otra materia crasa, con pabilo en el eje para que se pueda encender y dar luz. *Esta* VELA *alumbra poco.* ‖ *Méx.* Reprimenda. ‖ *Taurom.* Cuerno, asta del toro. ‖ pl. fig. y fam. Mocos que cuelgan de la nariz, en particular tratándose de los niños. *Límpiate esas* VELAS. ‖ – **María. Vela** blanca que se coloca en el tenebrario en medio de las demás amarillas. ‖ **Aguantar la vela.** frs. fig. y fam. *Cuba.* Tener que esperar mucho a una persona. ‖ *Cuba* y *Méx.* **Aguantar la mecha.** ‖ **En vela.** m. adv. Sin dormir, insomne. ‖ **Hacer fuerza de velas.** ‖ frs. fig. y fam. *Chile.* Empeñarse en realizar algo. ‖ **No darle a** uno **vela en,** o **para, un entierro.** frs. fig. y fam. No darle autoridad, motivo o pretexto para que intervenga en lo que se está considerando. Ú.t. sin negación en sentido interrogativo. *¿Quién te* DIO VELA EN *este* ENTIERRO? ‖ **Poner una vela a San Miguel,** o **a Dios, y otra al diablo.** frs. que se usa cuando alguien quiere contemporizar para sacar provecho de unos y otros. ‖ **Tener la vela.** frs. fig. y fam. *Arg.* **Aguantar la vela,** tener que esperar mucho a una persona. ‖ IDEAS AFINES: *Bujía, candelero, fanal, mecha, cirio, iglesia, entierro.*

VELA. al. **Segel.** fr. **Voile.** ingl. **Sail.** ital. **Vela.** port. **Vela.** (Del lat. *vela,* pl. de *velum.*) f. Conjunto o unión de paños o piezas de lona, lienzo fuerte, etc., que, cortados en forma diferente y cosidos, se amarran a las vergas para recibir el viento que impulsa la nave. *La* VELA *del palo mayor.* ‖ Toldo para hacer sombra. ‖ fig. Barco de vela. *La* VELA *la tripulaban cinco hombres.* ‖ fig. Oreja del caballo, mula y otros animales cuando la yerguen por recelo u otro motivo. ‖ – **al tercio.** *Mar.* **Vela** trapezoidal que sólo se diferencia de la tarquina en ser menos baja por el lado de la caída y menos alta por la parte de la baluma. ‖ – **bastarda.** *Mar.* La **vela** mayor de las naves latinas. ‖ – **cangreja.** *Mar.* **Vela** de cuchillo, de forma trapezoidal, que va envergada por dos relingas en el pico y palo correspondientes. ‖ – **cuadra.** *Mar.* Especie de **vela** de figura cuadrangular. ‖ – **de abanico.** *Mar.* La compuesta de paños cortados al sesgo y reunidos en un puño por la parte más estrecha. ‖ – **de cruz.** *Mar.* Cualquiera de las cuadradas o trapezoidales que se sujetan en las vergas que se cruzan sobre los mástiles. ‖ – **de cuchillo.** *Mar.* Cualquiera de las que están envergadas en nervios o perchas situados en el plano longitudinal del buque. ‖ – **encapillada.** *Mar.* Lo que el viento echa sobre la verga o el estay. ‖ – **latina.** *Mar.* La triangular, envergada en entena, que suelen tener las embarcaciones pequeñas. ‖ – **mayor.** *Mar.* **Vela** principal que va en el palo mayor. ‖ – **redonda.** *Mar.* Redonda. ‖ – **tarquina.** *Mar.* **Vela** trapezoidal muy alta de baluma y baja de caída. ‖ **Velas mayores.** *Mar.* Las tres **velas** principales de ciertas embarcaciones. ‖ **A la vela.** m. adv. fig. Con la prevención o disposición necesaria para algún fin. ‖ **Alzar velas,** o **las velas.** frs. *Mar.* Disponerse para navegar. ‖ fig. y fam. Salirse o marcharse uno de repente del sitio en que está. ‖ **Apocar velas,** o **las velas.** frs. *Mar.* Disminuir o minorar el número de **velas,** o recogerlas para presentar menos superficie al viento. ‖ **A toda vela,** o **a todas velas,** o **A velas desplegadas,** o **llenas,** o **tendidas.** ms. advs. *Mar.* Navegando la embarcación con mucho viento. ‖ fig. Entregado uno entera o ansiosamente a la ejecución de una cosa. ‖ **A vela y remo.** loc. fig. **A remo y vela.** ‖ **Cambiar la vela.** frs. *Mar.* Volverla hacia la parte de donde sopla el viento. ‖ **Hacer,** o **hacerse, a la vela.** frs. *Mar.* Salir del puerto un barco de **vela** para navegar. ‖ **Largar velas,** o **las velas.** frs. *Mar.* **Hacer** o **hacerse, a la vela.** ‖ **Levantar** uno **velas.** frs. fig. y fam. **Alzar velas,** o **las velas;** marcharse repentinamente de un lugar. ‖ **Recoger** uno **velas,** o **las velas.** frs. fig. Contenerse, moderarse, ir desistiendo de un propósito. ‖ **Tender velas,** o **las velas.** frs. *Mar.* Aprovecharse del tiempo favorable en la navegación. ‖ fig. Usar uno del tiempo u ocasión que se le presenta favorable para algún intento. ‖ IDEAS AFINES: *Velamen, aparejos, arboladura, envergadura, mesana, gavia, proa, popa, timonel, arriar, izar, regata.*

VELA, Arqueles. *Biog.* Nov. y poeta mex. que popularizó el seudónimo de **Silvestre Paradox.** Autor de *El sendero gris; El café de nadie; Poemas inútiles,* etc. (n. 1899).

VELA. *Geog.* Población del E. de la prov. de Buenos Aires (Rep. Argentina). 3.500 h. Actividades agrícolas y ganaderas. ‖ **Cabo de la –.** Cabo de la costa antillana de Colombia, sit. en la península de Guajira. ‖ **La –.** V. **La Vela.**

VELACION. f. Acción de velar, 1er. art.

VELACIÓN. (Del lat. *velatio, -onis,* acción de tomar el velo). f. Ceremonia eclesiástica consistente en cubrir con un velo a los cónyuges en la misa nupcial que se celebra generalmente después del matrimonio. Ú.m. en pl.

VELACHO. (De *vela.*) m. *Amér.* Tenducho. ‖ *Mar.* Gavia del trinquete.

VELADA. al. **Abendveranstaltung.** fr. **Soirée.** ingl. **Soiree.** ital. **Serata.** port. **Sarau.** (De *velar,* 1er. art.) f. Velación, acción de velar. ‖ Concurrencia nocturna a un sitio público, iluminado con motivo de una festividad. ‖ Reunión nocturna de varias personas para entretenerse. *Las* VELADAS *del casino.* ‖ Fiesta musical o literaria que se realiza por la noche. VELADA *artística.*

VELADO, DA. s. Marido o mujer legítima.

VELADOR, RA. adj. Que vela. Ú.t.c.s. ‖ Dícese de quien cuida algo solícitamente. ‖ m. Candelero, por lo general de madera. ‖ Mesita de un solo pie, generalmente redonda. ‖ Lámpara eléctrica provista de un pie para apoyarla sobre cualquier mueble. ‖ *Arg., Perú* y *Ven.* **Mesa de noche.** ‖ *Méx.* Bomba de cristal que se pone a ciertas lámparas.

VELADURA. (De *velar,* 2º art.) f. *Pint.* Tinta transparente que se aplica para suavizar el tono de lo ya pintado. ‖ Nube, vapor, sombra.

¡VALÁI! int. Escríbase **velay.**

VELAJE. (De *vela,* 2º art.) m. *Mar.* Velamen.

VELAMEN. al. **Segelwerk.** fr. **Voilure.** ingl. **Canvas.** ital. **Velame.** port. **Velame.** m. Conjunto de velas de una nave. ‖ *Anat.* Membrana, velo, meninge, etc.

VELANTE. p. a. de **Velar,** 1er. art. Que vela.

VELAR. al. **Wachen.** fr. **Veiller.** ingl. **To watch.** ital. **Vegliare.** port. **Velar.** (Del lat. *vigilare.*) intr. Permanecer sin dormir el tiempo destinado al sueño. VELARON *toda la noche.* ‖ Trabajar después de la jornada común. *Esta noche* VELAMOS *en el taller.* ‖ Asistir por horas o turnos delante del Santísimo Sacramento. Ú.t.c.r. ‖ fig. Cuidar solícitamente de una cosa. VELAR *por los niños.* ‖ *Mar.* Sobresalir de la superficie del agua un peñasco, escollo o cualquier otro objeto peligroso para las embarcaciones. ‖ Persistir el viento durante la noche. ‖ tr. Hacer guardia por la noche ‖ Asistir o acompañar de noche a un enfermo o muerto. ‖ Observar con atención una cosa.

VELAR. al. **Verschleiern.** fr. **Voiler.** ingl. **To veil.** ital. **Velare.** port. **Velar.** (Del lat. *velare,* de *vélum,* velo.) tr. Cubrir con velo. Ú.t.c.r. VELARSE *el rostro.* ‖ Realizar la ceremonia de las velaciones de los cónyuges. Ú.t.c.r. ‖ fig. Cubrir a medias una cosa, atenuarla, disimularla. *Una leve sonrisa* VELABA *su satisfacción.* ‖ *Fot.* Borrarse total o parcialmente una imagen por la acción indebida de la luz. Ú.t.c.r. VELARSE *una placa.* ‖ *Pint.* Aplicar veladuras.

VELAR. adj. Que vela u obscurece. ‖ Perteneciente o relativo al velo del paladar. ‖ Dícese del sonido o consonante que se articula entre la parte posterior del dorso de la lengua y el velo del paladar, y de las letras que los representan; como la *u* y la *k.* Ú.t.c.s.f.

VELARDE, Fernando. *Biog.* Poeta romántico esp. que residió en distintos países sudamericanos. Autor de *A la cordillera de los Andes; Cánticos del Nuevo Mundo,* y otras composiciones (1821-1880). ‖ – **Pedro.** Héroe esp. de la guerra contra la invasión napoleónica. Sacrificó su vida en la defensa del parque de Monteleón (1779-1808).

VELARIZAR. tr. Dar articulación o resonancia velar a vocales o consonantes no velares; convertir en velar el sonido que antes no lo era. Ú.t.c.r.

VELARTE. m. Paño negro y lustroso que servía para las prendas exteriores de abrigo.

VELASCO, José María. *Biog.* Pintor y litógrafo mex., notable paisajista. Cuadros: *Patio de una casa vieja; El Valle de México; Estudio de rocas,* etc. (1840-1912). ‖ – **José Miguel de.** Mil. y político boliviano, de 1828 a 1829 presid. de la República (1795-1858). ‖ – **Juan de.** Jesuita e hist. ecuatoriano, autor de *Historia de Quito; Historia natural*, etc. (1727-1819). ‖ – **Luis de.** Pol. español, segundo virrey de México de 1550 hasta su muerte. Fundó varias ciudades, promovió el desarrollo cultural, protegió a los indígenas y realizó una notable administración (m. 1564). ‖ – **Luis de.** Pol. español, virrey de México de 1590 a 1595 y de 1607 a 1611, y del Perú de 1596 a 1604 (1534-1617). ‖ – **ALVARADO, Juan.** General per. que, desde 1968 hasta 1975 ejerció la presidencia de la Rep. (1909-1977). ‖ – **IBARRA, José María.** Pol. y ensayista ec., presidente de la Rep. de 1934 a 1935, de 1944 a 1947, de 1952 a 1956, de 1960 a 1961, y de 1968 a 1972. Autor de *Cuestiones americanas; Conciencia o barbarie; Democracia y constitucionalismo*, etc. (n. 1893). ‖ – **ISLA, Luis Vicente de.** Marino esp. que murió heroicamente en la defensa de La Habana (1711-1762). ‖ – **MAIDANA, José María.** Compositor bol., autor de numerosas obras basadas en el folklore de su país: *Amerindia; Cory Wara; Los Huacos*, etc. (n. 1899). ‖ – **Y HUIDOBRO, Bernardo de.** Militar esp., de 1806 a 1811 gobernador del Paraguay. ‖ – **Y PÉREZ, Carlos de.** Hist. y escritor cub., autor de *Contribución histórica; Palabras de Estrada Palma; Aspectos nacionales*, etc. (1884-1923). ‖ – **Y ROJAS, Matías de.** Poeta cub., traductor de Shakespeare y autor de *Sonetos* y varias obras teatrales (1829-1901).

VELASCO, Sierra de. *Geog.* Cordón montañoso del O. de la Argentina (La Rioja). Culmina a los 4.500 m.

VELATORIO. m. Acto de velar a un muerto.

¡VELAY! int. Úsase para denotar admiración o asombro, o para confirmar algo.

VELAZQUEÑO, NA. adj. Propio o característico de Velázquez o que tiene similitud con el estilo de este pintor.

VELÁZQUEZ, Diego de Silva. *Biog.* Extraordinario pintor esp. Innovador y realista, se apartó de las tendencias clásicas y rompió los cánones establecidos, tenidos por intocables, y confirió a sus cuadros un realismo palpitante mediante una interpretación fiel y personal de la vida, en la que resplandece la sobriedad de los colores y el maravilloso juego de luces, dotando de inmensa belleza plástica a los temas elegidos, aun cuando ellos broten de la fealdad y de la vulgaridad. Las expresiones más acabadas de su genio se dieron en el retrato, a través de obras que unen a sus excelencias formales una sutil comprensión de los caracteres y de las figuras: *Conde-Duque de Olivares; Inocencio X; Góngora; Felipe IV*, etc. Su serie de bufones, pordioseros, delincuentes y figuras monstruosas es también excepcional: *Un enano de Felipe IV; El lobo de Coria; Pablillos de Valladolid*, etc. Descolló, asimismo, en los motivos religiosos, con obras de excepcional calidad: *Cristo crucificado; La coronación de la Virgen*, etc. La última etapa de su arte está representada por cuadros que, como *Las meninas* y *Las hilanderas*, están saturados de frescura y gracia (1599-1660). ‖ – **DE CUÉLLAR, Diego.** Marino y conquistador esp. Participó en el segundo viaje de Colón, luego del cual se estableció en La Española. Llevó a cabo la conquista de Cuba y fundó La Habana, Santiago de Cuba y otras ciudades importantes. En ausencia de Bartolomé Colón desempeñó el cargo de capitán general de Indias. En tres oportunidades planeó la conquista de México y comenzó a organizar la expedición, pero finalmente hubo de encomendar tan delicada empresa a Hernán Cortés (1465-1523).

VEL CUASI. loc. lat. *For.* V. **Posesión vel cuasi.**

¡VELÉI! int. *Chile.* Escríbase **veley.**

VELEIDAD. al. **Gelüst; Laune.** fr. **Velléité.** ingl. **Fickleness.** ital. **Velleità.** port. **Veleidade.** (Del lat. *velle*, querer.) f. Deseo vano. *Sus caprichosas* VELEIDADES. ‖ Inconstancia, mutabilidad censurable en las determinaciones o dictámenes. *La* VELEIDAD *en sus juicios perjudica sus doctrinas.*

VELEIDOSO, SA. (De *veleidad*.) adj. Inconstante, mudable. *Espíritu* VELEIDOSO. ‖ deriv.: **veleidosamente.**

VELEJAR. intr. Usar o valerse de las velas en la navegación.

VELERÍA. (De *velero*, 1er. art.) f. Despacho o comercio donde se venden velas de alumbrar.

VELERO, RA. (De *vela*, 1er. art.) adj. Dícese de la persona que concurre a velas y romerías. Ú.t.c.s. ‖ s. Persona que hace o vende velas para alumbrar.

VELERO, RA. (De *vela*, 2º art.) adj. Dícese de la embarcación muy ligera o que navega mucho. ‖ m. El que hace velas para buques. ‖ **Buque de vela.**

VELETA. al. **Wetterfahnem** fr. **Girouette.** ingl. **Weathercock.** ital. **Banderuola.** port. **Veleta** (De *vela*, 2º art.) f. Pieza de metal que se coloca en lo alto de un edificio, de modo que gire alrededor de un eje vertical impulsada por el viento, señalando así la dirección del mismo. *La* VELETA *de una torre.* ‖ Plumilla o cualquier otro objeto liviano que los pescadores de caña ponen sobre el corcho para ver cuando pica el pez. ‖ Banderola de la lanza de los soldados de caballería. ‖ com. fig. Persona inconstante y voluble.

VELETA, Pico de la. *Geog.* Cúspide de Sierra Nevada al S. de España. 3.426 m.

VELETE. (dim. de *velo*.) m. Velo delgado.

¡VELEY! int. *Chile.* ¡Velay!

VELEZ. *Geog.* Población de N.E. de Colombia (Santander). 4.300 h. Café. Ganadería. ‖ – **Málaga.** Ciudad del S. de España (Málaga). 33.000 h. Refinerías de azúcar, aguardiente. Turismo.

VÉLEZ, Pedro. *Biog.* Pol. y jurisconsulto mex. que en 1829 formó parte del gobierno provisional. ‖ – **DE GUEVARA, Juan C.** Dram. y poeta esp., autor de *Riesgos de amor y amistad; No hay contra el amor poder*, etc. (1611-1675). ‖ – **DE GUEVARA, Luis.** Poeta y dramaturgo esp. Influido por el estilo de Lope de Vega, dio al teatro *Reinar después de morir; Más pesa el rey que la sangre; El diablo está en Santillana*, etc. Su novela satírica *El diablo cojuelo* es una obra maestra de la literatura satírica (1579-1644). ‖ – **DE HERRERA, Ramón.** Poeta cub., autor de la comedia en verso *Los dos novios en los baños de San Diego* y de los famosos *Romances cubanos* (1808-1886). ‖ – **LADRÓN DE GUEVARA, Francisco Antonio.** Poeta col. de tendencia satírica (1721-1781). ‖ – **SÁRSFIELD, Dalmacio.** Pol. y jurisconsulto arg. Legislador, varias veces ministro, su actuación pública fue descollante en el periodo de la organización nacional. Su obra fundamental es el Código Civil Argentino; redactó, además, parte del Código de Comercio y escribió *Derecho Público Eclesiástico; Discusión de los títulos del gobierno de Chile a las tierras del estrecho de Magallanes*, etc. (1800-1875).

VELHAS, Río de las. *Geog.* Río del Brasil (Minas Gerais), afl. del Paranaíba. 350 km. ‖ Río del Brasil (Minas Gerais), que des. en el río San Francisco después de recorrer 1.135 km.

VELICACIÓN. (Del lat. *vellicatio, -onis*.) f. *Med.* Acción y efecto de velicar.

VELICAR. (Del lat. *vellicare*.) tr. *Med.* Punzar en alguna parte del cuerpo a fin de dar salida a los humores.

VELICOMEN. (Del ant. al. *Willekommen*, bienvenida.) m. Copa grande para brindar.

VELIDO, DA. adj. ant. Vellido.

VELILLO. m. dim. de **Velo.** ‖ Tela muy sutil tejida con hilos de plata.

VELINTONIA. (De *wellingtonia*.) f. Especie de secuoya, propia de la Sierra Nevada de California, de hojas escamiformes; pasa por ser el árbol de mayor talla en el mundo.

VELIS NOLIS. Voces verbales latinas empleadas en estilo familiar con el significado de *quieras o no quieras; de grado o por fuerza.*

VÉLITE. (Del lat. *vélites*.) m. Soldado de la antigua infantería ligera romana.

VELÍVOLO, LA. (Del lat. *velívolus*.) adj. poét. Velero, que navega a toda vela.

VELMEZ. (Del ár. *melbeç*, vestido.) m. Vestimenta que antiguamente se usaba debajo de la armadura.

VELO. al. **Schleier.** fr. **Voile.** ingl. **Veil.** ital. **Velo.** port. **Véu.** (Del lat. *vélum*.) m. Cortina o tela que cubre una cosa que, por respeto o veneración, se quiere ocultar a las miradas. ‖ Prenda de tul, gasa, etc., con la cual las mujeres se cubren la cabeza o el rostro. ‖ Trozo de tul, gasa, etc., con que se adornan algunas mantillas por la parte superior. ‖ Trozo de tul, gasa, etc., que se sujeta por delante al sombrero y suelen llevar las señoras para cubrirse el rostro. ‖ **Parte del vestido de las religiosas que cubre la cabeza.** ‖ **Lienzo blanco con que se cubre a los desposados en la misa de velaciones.** ‖ **Humeral del sacerdote.** ‖ **Fiesta hecha para dar la profesión a una monja.** ‖ **fig. Cualquier cosa delgada que encubre la vista de otra.** ‖ **Excusa o pretexto con que se intenta encubrir la verdad.** *El* VELO *del perdón.* ‖ **Confusión o turbación del entendimiento en aquello que discurre.** *El* VELO *de la duda.* ‖ **Todo aquello que oculta o disimula el conocimiento expreso de una cosa.** ‖ Aparejo compuesto de un varal y una red. ‖ – **del paladar.** *Anat.* Pliegue muscular y membranoso que separa la cavidad bucal de la faucal. ‖ – **humeral, u ofertorio.** Humeral del sacerdote. ‖ **Correr,** o **descorrer, el velo.** frs. fig. Descubrir una cosa que estaba oculta u oscura. ‖ **Correr,** o **echar, un velo sobre** una cosa. frs. fig. Omitirla, callarla, porque no se deba o no convenga mencionarla. ‖ **Tomar el velo.** frs. fig. Profesar una monja.

VELOCE. (Del lat. *vélox*.) adj. ant. Veloz.

VELOCIDAD. al. **Geschwindigkeit.** fr. **Vitesse.** ingl. **Velocity.** ital. **Velocità.** port. **Velocidade.** (Del lat. *velócitas, -atis*.) f. Ligereza o prontitud en el movimiento. *La* VELOCIDAD *de un avión.* ‖ *Mec.* Relación entre el espacio recorrido y el tiempo empleado en recorrerlo. ‖ – **angular.** En un cuerpo que gira en torno de un eje, el ángulo descrito por cada radio en la unidad de tiempo. ‖ – **media.** *Mec.* Promedio de velocidad que desarrolla un móvil en un trayecto determinado. ‖ – **máxima absoluta.** *Mec.* La alcanzada en un momento determinado y más alta que todas las otras. ‖ – **virtual.** *Mec.* Trayecto que puede recorrer el punto de aplicación de una fuerza en un tiempo infinitamente pequeño. ‖ IDEAS AFINES: *Proyectil, balística, celeridad, relámpago, huir, darse prisa, ser una pólvora, raudo.*

VELOCÍMANO. m. Vehículo para niños, en figura de caballo montado sobre ruedas.

VELOCÍMETRO. al. **Geschwindigkeitsmesser.** fr. **Vélocimètre.** ingl. **Speedometer.** ital. **Velocimetro.** port. **Velocímetro.** (De *velocidad* y el gr. *metron*, medida.) m. Instrumento que sirve para medir la velocidad de un vehículo. ‖ Instrumento usado en balística para dar a conocer el movimiento de retroceso de las armas de fuego.

VELOCIPEDISMO. m. Deporte de los aficionados al velocípedo. ‖ deriv.: **velocipedista.**

VELOCÍPEDO. al. **Fahrrad; Veloziped.** fr. **Vélocipède.** ingl. **Velocipede.** ital. **Velocipede.** port. **Velocípede.** (Del lat. *velox, -ocis*, veloz, y *pes, pedis*, pie.) m. Vehículo formado por una especie de caballete, con dos o tres ruedas, y movido por los pies de la persona que va montada en él. ‖ deriv.: **velocipédico, ca.**

VELÓDROMO. al. **Radrennbahn; Velodrom.** fr. **Vélodrome.** ingl. **Bicycle race course.** ital. **Velodromo.** port. **Velódromo.** (Del lat. *vélox*, veloz, y el gr. *dromos*, carrera.) m. Lugar destinado para carreras en bicicleta.

VELÓN. (De *vela*, 1er. art.) m. Lámpara para aceite común, compuesta de un vaso con uno o varios picos o mecheros, y de un eje terminado por arriba en una asa y por debajo en un pie. ‖ *Chile* y *Perú.* Vela más grande que la común. ‖ *Méx.* Vela de sebo o de parafina, nunca de cera, de forma ligeramente cónica y del tamaño común.

VELONERA. f. Repisa para colocar el velón o cualquier otra luz.

VELONERO. m. El que fabrica o vende velones.

VELORIO. (De *velar*, 1er. art.) m. Reunión nocturna con bailes y cantos que se celebra en las casas de los pueblos. ‖ Velatorio. ‖ fig. y fam. *Ant., Arg.* y *Ec.* Fiesta muy desanimada. *Ese baile fue un* VELORIO.

VELORIO. (De *velar*, 2º art.) m. Ceremonia de tomar el velo una religiosa.

VELORTA. f. Vilorta.

VELORTO. m. Vilorto.

VELOZ. (De *veloce*.) adj. Acelerado y pronto en el movimiento. *Ese automóvil es muy* VELOZ; sinón.: **ligero;** antón.: **lento.** ‖ Ágil y pronto en lo que se ejecuta o discurre. VELOZ *en el trabajo, en la respuesta.*

VELOZMENTE. adv. m. De manera veloz.

VELPEAU, Alfredo Armando Luis María. *Biog.* Cirujano fr., autor de *Tratado de anatomía quirúrgica; Embriología humana*, etc. (1795-1867).

VELSEN. *Geog.* Ciudad del N. de Holanda (Holanda Septentrional). 67.000 h. Industria metalúrgica y química.

VELUDILLO. m. Velludillo.

VELUDO. m. Velludo, felpa o terciopelo.

VELLETRI. *Geog.* Ciudad del E. de Italia, en el Lacio, al S.E. de Roma. 39.000 h. Vid y olivo.

VELLIDO, DA. (De *vello*.) adj. Velloso.

VELLO. al. **Flaum.** fr. **Poil follet.** ingl. **Down; pubescence.** ital. **Vello.** port. **Penugem.** (Del lat. *villus*.) m. Pelo más corto y suave que el de la cabeza y de la barba, que sale en algunas partes del cuerpo humano. ‖ Pelusilla con que están cubiertas algunas frutas o plantas. *El* VELLO *del melocotón.* ‖ IDEAS AFINES: *Bulbo piloso, velludo, lampiño, axilas, depilación, bozo.*

VELLOCINO. m. Vellón que resulta de esquilar las ovejas. ‖ Vellón, zalea, y especialmente el **vellocino** de oro de los argonautas.

VELLOCINO DE ORO. *Mit.* Vellocino de las leyendas gr., que estaba en la Cólquida, custodiado por un dragón. Fue robado por Jasón, con auxilio de Medea.

VELLÓN. al. **Wollflocke.** fr. **Flocon de laine.** ingl. **Fleece; lock of wool.** ital. **Biglione.** port. **Velo.** (Del lat. *véllus*.) m. Toda la lana de un carnero u oveja que, esquilada, sale junta. ‖ Zalea. ‖ Guedeja o vedija de lana.

VELLÓN. (Del fr. *billon*, de *bille*, billa y lingote.) m. Aleación de plata y cobre con que se labraba moneda antiguamente. ‖ Moneda de cobre usada en lugar de la que se fabricaba con aleación de plata. ‖ *Pan.* Moneda de cinco centavos. ‖ *P. Rico.* Moneda de cinco o diez centavos.

VELLONERO. m. El que recoge los vellones en los esquileos.

VELLORA. (Del lat. *vellus*, vellón.) f. Mota o granillo que ciertos paños tienen en el revés.

VELLORE. *Geog.* Ciudad del S.E. de la India (Tamil Hadu). 116.000 h. Perfumes.

VELLORÍ. (De *vellorín*.) m. Paño entrefino de color pardo o de lana sin teñir.

VELLORÍN. (Del lat. *vellus, -oris*.) m. Vellorí.

VELLORIO, RIA. adj. Pardusco. Aplícase a las caballerías de piel similar a la de las ratas, con algunos pelos blancos.

VELLORITA. (Del lat. *bellis*.) f. Maya, planta. ‖ Primavera, planta.

VELLOSIDAD. (De *velloso*.) f. Abundancia de vello.

VELLOSILLA. (dim. de *vellosa*.) f. Planta europea, herbácea, vivaz, con hojas y pedúnculos vellosos, flores amarillas, fruto seco con semillas cuneiformes y raíz rastrera. Su cocimiento, amargo y astringente, se ha usado en medicina. *Hieracium pilosella*, compuesta.

VELLOSO, SA. (Del lat. *villosus*.) adj. Que tiene vello.

VELLUDILLO. (dim. de *velludo*, felpa.) m. Felpa o terciopelo de algodón, de pelo muy corto.

VELLUDO, DA. adj. Velloso. ‖

m. Felpa o terciopelo.

VELLUTERO. (De *velludo*, felpa.) m. En algunos lugares, el que tiene por oficio trabajar en seda, especialmente en felpa.

VENA. al. **Ader.** fr. **Veine.** ingl. **Vein.** ital. **Vena.** port. **Veia.** (Del lat. *vena.*) f. Cualquiera de los vasos o conductos por los que vuelve al corazón la sangre que ha corrido por las arterias. ‖ Filón metálico. *Una* VENA *argentífera.* ‖ Nervio de una hoja. ‖ Faja de piedra o tierra que se distingue por su color o calidad de la masa en la cual se halla interpuesta. ‖ Canal natural por donde corre el agua en el seno de la tierra. *Ahondar un pozo hasta encontrar una* VENA. ‖ Cualquiera de las listas o rayas de diferentes colores que tienen ciertas piedras y maderas. VENA *del mármol, de la caoba.* ‖ fig. Inspiración poética, facilidad para versificar. *Es un poeta con mucha* VENA. ‖ V. **Ganado en vena.** ‖ **– ácigos.** *Anat.* La que pone en comunicación la **vena** cava superior con la inferior. ‖ **– basílica.** *Anat.* Una de las del brazo. ‖ **– cardíaca.** *Anat.* Cada una de las que coronan la aurícula derecha del corazón. ‖ **– cava inferior.** *Anat.* La que transporta al corazón la sangre de la cavidad abdominal y de las extremidades inferiores. ‖ **– cava superior.** *Anat.* La que transporta al corazón la sangre de la cabeza, tórax y miembros superiores. ‖ **– cefálica.** *Anat.* La del brazo, que se acerca al pliegue del codo. ‖ **– coronaria.** *Anat.* **Vena cardíaca.** ‖ **– de agua. Vena,** conducto natural de agua, en el seno de la tierra. ‖ **– de loco.** fig. Genio inconstante o versátil. ‖ **– emulgente.** *Anat.* Cualquiera de las venas por donde sale la sangre de los riñones. ‖ **– láctea.** *Anat.* Vaso quilífero. ‖ **– leónica.** *Anat.* **Vena ranina.** ‖ **– porta.** *Anat.* La formada por la reunión de las **venas** procedentes del bazo, el estómago y el intestino. ‖ **– ranina.** *Anat.* La situada en la cara inferior de la lengua. ‖ **– safena.** *Anat.* Cualquiera de las dos principales que corren a lo largo de la pierna, una por la parte interior y otra por la exterior. ‖ **– subclavia.** *Anat.* Cualquiera de las dos que se extienden desde la clavícula hasta la **vena** cava superior. ‖ **– yugular.** *Anat.* Cualquiera de las dos que hay a cada lado del cuello. ‖ **Estar** uno **en vena.** frs. fig. y fam. Estar inspirado para versificar o para llevar a cabo alguna empresa. ‖ Ocurrirle con afluencia y fecundidad las ideas o especies. ‖ IDEAS AFINES: *Circulación, aorta, arteriosclerosis, várice, aneurisma, flebotomía, intravenoso, transfusión de sangre, hipertensión.*

VENABLE. adj. Venal, que se deja sobornar.

VENABLO. al. **Jagdspiess.** fr. **Javelot.** ingl. **Javelin.** ital. **Giavellotto.** port. **Venábulo.** (Del lat. *venábulum*, de *venari*, cazar.) m. Lanza corta y arrojadiza. *Arrojar un* VENABLO *a un ciervo*; sinón.: **jabalina.** ‖ **Echar** uno **venablos.** frs. fig. Prorrumpir en expresiones de cólera.

VENACIÓN. f. *Anat.* Distribución o disposición de las venas en una parte del cuerpo.

VENADEAR. tr. *Guat.* Salir a cazar venados. Ú.m.c.intr. ‖ Matar a una persona en sitio despoblado.

VENADERO, RA. adj. *Col.* y *Ec.* V. **Perro venadero.** Ú.t.c.s. ‖ m. Sitio o paraje poblado de venados.

VENADILLO. *Geog.* Población de Colombia (Tolima). 5.000 h. Producción agropecuaria.

VENADO. al. **Hirsch.** fr. **Cerf.** ingl. **Deer.** ital. **Daino; cervo.** port. **Veado.** (Del lat. *venatus*, caza.) m. Ciervo. ‖ **Correr venado.** frs. fig. y fam. **Hacer novillos.** ‖ **Hacerse el venado.** frs. fig. y fam. *Guat.* Hacerse el tonto. ‖ **Pintar el venado.** frs. fig. y fam. *Méx.* **Correr venado.**

VENADO. *Geog.* Población del N.E. de México (San Luis Potosí). 4.900 h. Explotación minera. ‖ **– Tuerto.** Ciudad del S. de Santa Fe (Rep. Argentina). 30.000 h. Centro industrial y agrícola.

VENAJE. (De *vena.*) m. Conjunto de venas de agua y manantiales que originan un río.

VENAL. adj. Perteneciente o relativo a las venas.

VENAL. (Del lat. *venalis*, de *vénum*, venta.) adj. Vendible o expuesto a la venta. *Un puesto* VENAL. ‖ fig. Sobornable. *Empleado* VENAL.

VENALIDAD. al. **Bestechlichkeit.** fr. **Vénalité.** ingl. **Venality.** ital. **Venalità.** port. **Venalidade.** (Del lat. *venálitas, -atis.*) f. Calidad de venal, vendible o sobornable. *La* VENALIDAD *de los malos funcionarios.*

VENAR. (Del lat. *venari.*) intr. Cazar, ir de montería.

VENÁTICO, CA. adj. fam. Que tiene vena de loco, o ideas extravagantes. Ú.t.c.s.

VENATORIO, RIA. (Del lat. *venatorius.*) adj. Perteneciente o relativo a la montería.

VENCEDERO, RA. adj. Que está sujeto a vencimiento en fecha determinada.

VENCEDOR, RA. adj. y s. Que vence.

VENCEJO. (De un deriv. del lat. *vincire*, atar.) m. Lazo o ligadura con que se ata una cosa, en particular los haces de las mieses. ‖ Pájaro fisirrostro, insectívoro, parecido a la golondrina, de unos veinte centímetros de longitud desde la punta del pico hasta la extremidad de la cola, y plumaje de color blanco en la garganta y negro en el resto del cuerpo.

VENCER. (Del lat. *víncere.*) tr. Rendir o sujetar al enemigo. ‖ Ser uno rendido o dominado por causas físicas o morales. VENCER *a uno la fatiga, el dolor.* Ú.t.c.r. ‖ Aventajarse o exceder en comparación o disputa con otros. *Lo* VENCE *en inteligencia.* ‖ Dominar o sujetar las pasiones y afectos, reduciéndolos a la razón. VENCER *una inclinación malsana.* ‖ Superar las dificultades o estorbos. VENCER *los obstáculos.* ‖ Prevalecer una cosa sobre otra. *La razón* VENCIÓ *a la violencia.* ‖ Atraer o reducir una persona a otra, de modo que siga su dictamen o deseo. ‖ Sufrir, soportar pacientemente un dolor, trabajo o calamidad. VENCIÓ *con resignación tan terrible prueba.* ‖ Subir o superar la altura o aspereza de un sitio o camino. VENCERÉ *la cumbre del Aconcagua.* ‖ Ladear, torcer o inclinar una cosa. Ú.m.c.r. *Esa viga* SE VENCIÓ. ‖ intr. Cumplirse un término o plazo. *Mañana* VENCE *esa letra.* ‖ Quedar anulado un contrato por cumplirse el plazo o la condición en él fijado. VENCIERON *las cláusulas del contrato.* ‖ Hacerse exigible una deuda u obligación por haberse cumplido el plazo o condición necesarios para ello. *Ha* VENCIDO *la contribución territorial.* ‖ Lograr uno el intento o efecto, en contienda física o moral, disputa o pleito. ‖ Refrenar o reprimir los ímpetus del genio o de la pasión. Ú.t.c.r. *Sabe* VENCERSE *en las disputas.* ‖ r. *Chile.* Gastarse por el uso alguna cosa y a causa de ello resultar ineficaz para el objeto a que estaba destinada.

VENCETÓSIGO. (De *vencer* y *tósico.*) m. Hierba europea, de tallo erguido, hojas pubescentes, ovales, y flores blancas y amarillas; es tintórea, venenosa, y se emplea como emética y sudorífica. *Vincetoxicum officinale*, asclepiadea.

VENCIBLE. (Del lat. *vencíbilis.*) adj. Que puede vencerse.

VENCIDA. f. Vencimiento, acción o efecto de vencer. Suele usarse sólo en el caso siguiente: **A las tres,** o **la tercera, va la vencida.** ref. con que se da a entender que, perseverando, a la tercera vez que se repite un esfuerzo suele lograrse el fin deseado. Úsase también para significar que después de tres intentos infructuosos lo mejor es desistir, y para amenazar a quien, habiendo cometido ya dos faltas, no se quiere perdonar por tercera vez.

VENCIMIENTO. al. **Verfall.** fr. **Échéance.** ingl. **Expiration.** ital. **Scadenza.** port. **Vencimento.** m. Acción y efecto de vencer. ‖ fig. Torcedura o inclinación de una cosa material. *El* VENCIMIENTO *de una pared.* ‖ Cumplimiento del término o plazo de una obligación, deuda, etc. *Hay que cuidar el* VENCIMIENTO *de los impuestos.*

VENDA. al. **Binde.** fr. **Bande.** ingl. **Bandage.** ital. **Benda.** port. **Venda.** (Del b. lat. *benda*, banda, y éste del ant. alto al. *binda.*) f. Tira, generalmente de lienzo, para ligar un miembro, o para sujetar apósitos sobre una herida, llaga, contusión, etc. *Una* VENDA *ensangrentada.* ‖ Faja que llevaban los reyes alrededor de las sienes como corona y adorno distintivo. ‖ **Caérsele** a uno **la venda de los ojos.** frs. fig. Desengañarse, salir del estado de ofuscación en que se encontraba. ‖ **Tener** uno **venda en los ojos.** frs. fig. Ignorar la verdad por ofuscación del entendimiento.

VENDA. *Geog.* Estado africano, en el N. de Sudáfrica, de la cual formó parte hasta el 12-9-79. 6.500 km²; 360.000 h. Cap. THOHOYANDU.

VENDAJE. m. *Cir.* Ligadura hecha con vendas u otras piezas de lienzo dispuestas de modo que se acomoden a la forma de la región del cuerpo donde se aplican, y sujeten el apósito. ‖ **– enyesado.** *Cir.* Apósito preparado con yeso, que se usa en la curación de las fracturas de huesos.

VENDAJE. (Del ant. *venda.*) m. p. us. Comisión de venta dada a alguien. ‖ *Amér.* Yapa o adehala.

VENDAR. al. **Verbinden.** fr. **Bander.** ingl. **To bandage.** ital. **Bendare.** port. **Vendar.** tr. Atar o cubrir con la venda. VENDAR *una pierna, una herida.* ‖ fig. Poner estorbo al conocimiento para que no vea las cosas como son.

VENDAVAL. (Del fr. *vent d'aval*, viento de abajo.) m. Viento fuerte que sopla del Sur, con tendencia al Este. ‖ Por ext., cualquier viento fuerte que no alcanza a ser temporal. ‖ deriv.: **vendavalada; vendavalazo.**

VENDEANO, NA. adj. y s. Vandeano.

VENDEDERA. f. Mujer que tiene por oficio vender.

VENDEDOR, RA. al. **Verkäufer.** fr. **Vendeur.** ingl. **Seller; salesman.** ital. **Venditore.** port. **Vendedor.** adj. y s. Que vende.

VENDÉE. *Geog.* Departamento del E. de Francia. Tiene 6.721 km². 430.000 h. Cap. LA ROCHE-SUR-YON.

VENDEHÚMOS. (De *vender* y *humo.*) com. fam. Persona que simula influencia con un poderoso para sacar provecho de los postulantes.

VENDEJA. (dim. del ant. *venda.*) f. Venta pública y común, como en feria.

VENDER. al. **Verkaufen.** fr. **Vendre.** ingl. **To sell.** ital. **Vendere.** port. **Vender.** (Del lat. *véndere.*) tr. Traspasar a otro por el precio convenido la propiedad de lo que uno posee. VENDIÓ *su casa por cien mil pesos*; antón.: **comprar.** ‖ Exponer u ofrecer al público mercancías o géneros para que los compre el que quisiere. VENDER *naranjas.* ‖ Sacrificar al interés cosas que no tienen valor material. VENDER *la dignidad.* ‖ fig. Faltar uno a la fe o amistad que debe a otro. ‖ r. Dejarse sobornar. SE VENDIÓ *a sus opositores.* ‖ fig. Ofrecerse uno en favor de otro a toda costa y riesgo. ‖ Decir o hacer inadvertidamente algo que revela el secreto que se quería guardar. *Aquella palabra lo* VENDIÓ. ‖ Seguido de la preposición *por*, atribuirse uno una condición o calidad que no tiene. ‖ **Estar vendido** uno frs. fig. Estar en conocido peligro entre gente sin conciencia o muy hábil y sagaz. ‖ **Vender cara** una cosa a uno. frs. fig. Hacer que le cueste mucho trabajo o fatiga el conseguirla. ‖ **Venderse** uno **caro.** frs. fig. Prestarse con mucha dificultad al trato de aquel que lo busca.

VENDETTA. f. Italianismo por **venganza.**

VENDÍ. (1ª pers. de sing. del pret. indefinido del verbo *vender*, palabra con que suelen dar principio estos documentos.) m. Certificado de venta extendido por el vendedor para acreditar la procedencia y precio de lo comprado.

VENDIBLE. (Del lat. *vendíbilis.*) adj. Que se puede vender o está expuesto para su venta.

VENDIENTE. p. a. de **Vender.** Que vende.

VENDIMIA. al. **Weinlese.** fr. **Vendange.** ingl. **Vintage.** ital. **Vendemmia.** port. **Vindima.** (Del lat. *vindemia.*) f. Recolección y cosecha de la uva. *Son famosas las* VENDIMIAS *de Mendoza.* ‖ Tiempo en que se realiza. ‖ fig. Provecho que se saca de cualquier cosa. ‖ IDEAS AFINES: *Viñedo, lagar, pámpanos; Dionisios, Pan, sátiros, faunos, bacantes.*

VENDIMIADOR, RA. al. **Weinleser.** fr. **Vendangeur.** ingl. **Vintager.** ital. **Vendemmiatore.** port. **Vindimador.** (Del lat. *vindemiátor.*) s. Persona que vendimia.

VENDIMIAR. al. **Weinlese halten.** fr. **Vendanger.** ingl. **To gather.** ital. **Vendemmiare.** port. **Vindimar.** (Del lat. *vindemiare.*) tr. Recoger el fruto de las viñas. ‖ fig. Aprovecharse de una cosa o disfrutar de ella, especialmente cuando se hace con violencia o injusticia. ‖ fig. y fam. Matar, quitar la vida.

VENDIMIARIO. (Del fr. *vendémiaire.*) m. Primer mes del calendario republicano francés, cuyo primero y último días coincidían, respectivamente, con el 22 de setiembre y el 21 de octubre.

VENDO. (De *venda.*) m. Orillo del paño.

VENDOME. *Geog.* Población de la región central de Francia (Loir y Cher). 10.300 h. Papel, quesos famosos.

VENDUTA. f. *Amér.* Vendeja, almoneda. ‖ *Cuba.* Verdulería pequeña. ‖ deriv.: **vendutero, ra.**

VENECIA. *Geog.* Provincia del N.E. de Italia. Tiene 2.459 km². y 826.000 h. Cap. hom. situada en un pintoresco archipiélago sobre el mar Adriático. 367.000 h. Oro, plata, encajes, astilleros, magnífica arquitectura antigua. ‖ **– Euganea.** V. **Véneto.** ‖ **– Julia.** V. **Friul-Venecia Julia.** ‖ **– Tridentina.** V. **Trentino-Alto Adigio.**

VENECIA. *Geog. histór.* Antigua República europea, fundada en el siglo VII, y que abarcó los territ. de Albania, Dalmacia, Macedonia, Morea, parte de Lombardía y algunas islas del mar Egeo.

VENECIANO, NA. (Del lat. *venetianus.*) adj. Perteneciente o relativo a Venecia. ‖ Natural de esta ciudad italiana. Ú.t.c.s.

VENEGAS, Francisco de. *Biog.* Político esp., de 1619 a 1624 gobernador de Cuba. ‖ **– Francisco Javier.** Mil. español que de 1810 a 1813 fue virrey de México.

VENENÍFERO, RA. (Del lat. *venénifer*, de *venénum*, veneno, y *ferre*, llevar.) adj. poét. Venenoso.

VENENO. al. **Gift.** fr. **Poison; venin.** ingl. **Poison; venom.** ital. **Veleno.** port. **Veneno.** (Del lat. *venénum.*) m. Cualquier substancia que, introducida en el organismo o aplicada a él en pequeña cantidad, ocasiona la muerte o graves trastornos. *El cianuro es un* VENENO *mortal.* ‖ fig. Cualquier cosa perjudicial para la salud. *El tabaco es un* VENENO. ‖ Cualquier cosa que puede ocasionar un daño moral. *El* VENENO *del juego.* ‖ Ira, rencor, o cualquier otro mal sentimiento. ‖ IDEAS AFINES: *Ponzoña, arsénico, estricnina, hongos, escorpión, serpiente, intoxicación, toxicología, letal.*

VENENOSIDAD. f. Calidad de venenoso.

VENENOSO, SA. al. **Giftig.** fr. **Vénéneux; vénimeux.** ingl. **Poisonous, venomous.** ital. **Velenoso.** port. **Venenoso.** (Del lat. *venenosus.*) adj. Que tiene veneno. *La yarará es muy* VENENOSA. ‖ deriv.: **venenosamente.**

VENER. *Geog.* V. **Vänern.**

VENERA. f. Molusco gasterópodo, muy común en los mares de Galicia, con concha semicircular de dos valvas, dos orejuelas laterales y catorce estrías radiales. ‖ Concha de este animal, que los peregrinos que retornaban de Santiago solían traer cosida en la ropa. sinón.: **pechina.** ‖ Insignia distintiva que traen pendiente al pecho los caballeros de las órdenes religiosas o militares. *La* VENERA *de la orden de Calatrava.*

VENERA. (De *vena.*) f. Venero, manantial de agua.

VENERABLE. al. **Verehrungswürdig; ehrwürdig.** fr. **Vénérable.** ingl. **Venerable.** ital. **Venerabile.** port. **Venerável.** (Del lat. *venerábilis.*) adj. Digno de veneración, de respeto. *Un filántropo* VENERABLE. ‖ Aplícase como epíteto a las personas de conocida virtud. ‖ Aplícase como tratamiento a los prelados. *El* VENERABLE *padre Juan.* ‖ Primer título concedido por Roma a los que mueren con fama de santidad, y al cual sigue comúnmente el de beato, y por último el de santo.

Ú.t.c.s. ‖ deriv.: **venerablemente.**

VENERABILÍSIMO, MA. adj. superl. de **Venerable.**

VENERACIÓN. (Del lat. *venerátio, onis.*) f. Acción y efecto de venerar. *Siente* VENERACIÓN *por su hermana.* ‖ IDEAS AFINES: *Devoción, adoración, latría, idolatría, egolatría, ocultismo, culto; rezar, persignarse, rito, oficio, altar, reliquia, peregrinación.*

VENERADOR, RA. (Del lat. *venerátor, -oris.*) adj. Que venera. Ú.t.c.s.

VENERANDO, DA. (Del lat. *venerandus.*) adj. Venerable, digno de veneración.

VENERANTE. p. a. de **Venerar.** Que venera.

VENERAR. al. **Verehren.** fr. **Vénérer.** ingl. **To venerate; to worship.** ital. **Venerare.** port. **Venerar.** (Del lat. *venerari.*) tr. Respetar en sumo grado a una persona o cosa. VENERAR *a un padre.* ‖ Rendir culto a Dios, a los santos o a las cosas sagradas. VENERAR *a la Virgen María.*

VENÉREO, A. (Del lat. *venerus.*) adj. Perteneciente o relativo a la venus o deleite sensual. *Inclinación* VENÉREA. ‖ Dícese del mal contagioso que se contrae comúnmente por el trato carnal. *La blenorragia es enfermedad* VENÉREA. Ú.t.c.s.m. ‖ deriv.: **venereología.**

VENERO. (De *vena.*) m. Manantial de agua. ‖ Línea o raya horaria en los relojes de sol. ‖ fig. Origen o principio de donde procede una cosa. ‖ *Min.* Criadero.

VENERUELA. f. dim. de **Venera.**

VÉNETO, TA. (Del lat. *venetus.*) adj. Veneciano. Apl. a pers., ú.t.c.s.

VÉNETO. *Geog.* Región del N.E. de Italia. 18.375 km^2. 4.215.000 h. Caña de azúcar, tabaco, vid. Ganado bovino. Industria textil, eléctrica, alimenticia. Comprende las prov. de Belluno, Padua, Rovigo, Treviso, Venecia, Verona, Vicenza.

VENEZOLANISMO. m. Vocablo, acepción, locución, giro o modo de hablar propio de los venezolanos.

VENEZOLANO, NA. adj. Perteneciente o relativo a Venezuela. ‖ Natural de esta república sudamericana. Ú.t.c.s.

VENEZUELA. n. p. V. **Tártago de Venezuela.**

VENEZUELA. *Geog.* República independiente de América del Sur situada entre Colombia, Brasil, Guyana, el océano Atlántico y el mar de las Antillas. Se extiende entre 0°45' y 12°11'46" de latitud norte, y entre 59°40' y 73°21' de longitud oeste de Greenwich. Tiene una superficie de 912.050 km^2. Su posición es privilegiada, ya que se encuentra a distancias similares del este de América del Norte, de la pen. Ibérica, de las costas del África occidental y de la región agropecuaria e industrial del río de la Plata. La proximidad del canal de Panamá la comunica directamente con las costas del Pacífico. **Aspecto físico.** Se distinguen cuatro regiones naturales: el arco montañoso del Norte, la hoya del lago Maracaibo, los llanos centrales y el macizo de la Guayana. La primera zona es la de mayor importancia, ya que en ella vive el 80% de la población venezolana. Los Andes, al entrar en el país ya se han abierto en forma de horqueta, cuyas ramas son las sierras de Perijá y de Mérida que encierran la hoya de Maracaibo. La primera es compartida con Colombia y la segunda –totalmente venezolana– lleva las mayores alturas: el pico Bolívar, de 5.007 m., es la cumbre del país. La depresión del río Cojedes separa el arco andino del ramal montañoso de la Costa, que bordea el litoral hasta la pen. de Paria. Esta cordillera consta de dos alineaciones paralelas que encierran valles intermedios. En el tramo central de las montañas costeras se levanta el pico Naiguatá, de 2.765 m., el más elevado de toda la cordillera. La hoya del lago Maracaibo se caracteriza por sus tierras sumamente bajas y con escasos accidentes de relieve. Constituye la principal zona petrolífera de **Venezuela.** Los llanos están enmarcados entre las montañas del Norte y el macizo guayanés. Se dividen en llanos altos y bajos y ocupan unos 300.000 km^2. Numerosas corrientes de agua, que van al Orinoco, los riegan en toda su extensión. Contituyen la zona ganadera por excelencia; el dominio del llanero. El macizo de la Guayana venezolana está situado al Sur y Este del Orinoco. Es una meseta alta, articulada, tabular, quebrada y dividida por los ríos en secciones menores. Los cerros Maraguaca (3.200 m.) y Roraima (2.640 m.) son los mayores. La selva cubre esta región. **Costas.** Se extienden por el océano Atlántico y el mar de las Antillas a lo largo de unos 3.000 km. En la sección atlántica se destaca el delta del río Orinoco; las costas son bajas y se anegan al subir la marea. Hacia el Norte y el Oeste el litoral se quiebra y presenta grandes ensenadas (golfos de Paria y Cariaco) y salientes notables (penínsulas de Paria y de Araya.) Hacia el Oeste, en el Est. de Anzoátegui, la costa es baja y arenosa o pantanosa (golfo de Barcelona). Sigue luego el golfo Triste y tuerce la línea litoral hacia el N.O. hasta rematar en la pen. de Paraguaná. Ésta limita por oriente al golfo de Maracaibo o Venezuela, puerta de entrada al lago de Maracaibo. **Clima y Vegetación.** La Guayana venezolana goza del clima típico de las zonas ecuatoriales: temperaturas elevadas y uniformes (de 24° a 36°), y lluvias abundantes. Toda la región está ocupada por la gigantesca selva, aún inexplorada en parte. Los llanos tienen una temperatura alta y uniforme por lo cual las características climáticas están determinadas por las precipitaciones. Las lluvias caen durante el período cenital del sol, que llaman invierno, y duran de abril a noviembre. El resto del año –llamado verano– soplan los vientos alisios del N. E. que acentúan la aridez. La vegetación es de tipo sabanero; el suelo está cubierto de hierbas altas durante la estación húmeda, que mueren en los períodos de sequía. Son raras las asociaciones arbóreas, y suelen acompañar el curso de los ríos formando bosques galerías. En las montañas aparecen las tierras cálidas, templadas y frías según la altitud. La vegetación varía desde el bosque tropical en las partes bajas hasta la pradera andina en las alturas. **Hidrografía.** El Orinoco es el río más importante y caudaloso del país, y su hoya la más extensa. Recibe más de 2.000 riachos y 436 afluentes que riegan todo el territorio nacional. El Apure en primer lugar, y luego el Caroní, Meta, Guaviare, Guárico, Caura, Ventuari son los afluentes más importantes del Orinoco, que desagua en el Atlántico mediante un amplio delta. Se vierten en el mar Caribe los ríos Tocuyo, Aroa, Tuy, Unare, Manzanares, Guanipa, etc. Al lago de Maracaibo llegan unos 50 ríos y 200 riachos. Los mayores son el Catatumbo, Zulia, Escalante, Socuy, etc. Al lago de Valencia concurren 22 ríos pequeños, de los cuales el Aragua es el más notable. **Población. Religión. Lengua.** La población de **Venezuela** se estima en 12.740.000 h. de los cuales aproximadamente el 10 % son amerindios. La religión predominante es la católica. La lengua oficial es el castellano. **División política.** Es una república federal dividida en veinte Estados, dos Territorios, las Dependencias Federales y un Distrito Federal. Los Estados son: Anzoátegui (cap. BARCELONA); Apure (cap. SAN FERNANDO DE APURE); Aragua (cap. MARACAY); Barinas (cap. hom.); Bolívar (cap. CIUDAD BOLÍVAR); Carabobo (cap. VALENCIA); Cojedes (cap. SAN CARLOS); Falcón (cap. CORO); Guárico (cap. SAN JUAN DE LOS MORROS); Lara (cap. BARQUISIMETO); Mérida (cap. hom.); Miranda (cap. LOS TEQUES); Monagas (cap. MATURÍN); Nueva Esparta (cap. LA ASUNCIÓN); Portuguesa (cap. GUANARE); Sucre (cap. CUMANÁ); Táchira (cap. SAN CRISTÓBAL); Trujillo (cap. hom.); Yaracuy (cap. SAN FELIPE) y Zulia (cap. MARACAIBO). Los Territorios son: Amazonas (cap. PUERTO AYACUCHO) y Delta Amacuro (cap. TUCUPITA). Las Dependencias Federales están constituidas por las islas venezolanas del Caribe, con excepción de las que forman el Est. de Nueva Esparta. Su cap. es LOS ROQUES. En el Distrito Federal se encuentra la ciudad de CARACAS, capital del país. **Recursos económicos. Venezuela** fue país preponderantemente agricolaganadero hasta la Primera Guerra Mundial. Desde entonces su economía está basada en las explotaciones petrolíferas. **Agricultura.** La región de la costa y las estribaciones de la cordillera constituyen la principal zona agrícola venezolana. Cultivo fundamental es el café, que se exporta en su mayor parte. El cacao, considerado como uno de los mejores del mundo, se encuentra en las vertientes bajas, cálidas y húmedas del mar de las Antillas. Otros plantíos importantes son los de caña de azúcar, tabaco, arroz, plátanos, maíz, papas, etc. Los bosques brindan caucho, balata, sarapia, dividivi, copaiba, etc. **Ganadería.** La región de los llanos, de las extensas sabanas, es la zona ganadera. El ganado vacuno es el más numeroso. Siguen luego los porcinos, caprinos y equinos. La industria lechera y la exportación de cueros son sus derivaciones más importantes. La pesca de perlas, en la isla Margarita, reviste importancia económica. **Minería. Venezuela** es el segundo productor de petróleo en América, superado sólo por los EE.UU. Existen tres grandes cuencas petrolíferas: la de Maracaibo, cuya superficie es de 63.000 km^2., y comprende los Est. de Zulia y Falcón, y brinda el 70% del total nacional; la del Orinoco que abarca 144.000 km^2., y los Est. de Guárico, Anzoátegui, Monagas, Sucre y el territorio Delta Amacuro, y produce alrededor del 30 % del total; y la de Barinas-Apure, con 87.000 km^2., y cuya jurisdicción abarca los Est. de Barinas, Portuguesa y Apure donde se han intensificado los trabajos de exploración que le auguran un valioso futuro minero. **Venezuela** figura entre los primeros exportadores mundiales de petróleo. El hierro, cuya extracción se realiza en el Est. de Bolívar y territorio Delta Amacuro, el oro del macizo guayanés, el carbón de Táchira y Aragua, los diamantes de la Guayana, el amianto de Cojedes y Miranda son los mayores recursos minerales de **Venezuela. Industrias.** En el campo de la producción industrial **Venezuela** está logrando altos niveles. La refinación del petróleo se está realizando cada vez en mayor escala en el país. Una red de oleoductos lo conduce a los puertos de embarque. La industria textil es la más importante y Caracas, Valencia, Maracay y Cumaná, los centros de esta actividad. Las industrias de la alimentación abarcan varios renglones de marcada importancia. De la caña de azúcar se extrae papelón, alcoholes, licores y aguardientes, azúcar, etc. Los Est. de Aragua, Carabobo, Miranda, Lara y Zulia concentran estas manufacturas. La producción de leche en polvo y condensada, mantequilla y queso ha aumentado considerablemente en los últimos años. Fábricas de aceite y grasas funcionan en Caracas, Maracay, Valencia, Maracaibo y otros centros. Las conservas de pescado de Cumaná y San Fernando de Apure tienen brillante porvenir. En Caracas existen varias fábricas de chocolate que trabajan el cacao local. Manufacturas de tabaco, productos químicos y farmacéuticos, papel y cartón, maderas y metales, materiales de construcción, artículos de caucho, cueros, etc., son las muestras salientes de la actividad industrial. **Comercio y Comunicaciones.** Las exportaciones venezolanas consisten en petróleo y sus derivados, café, cacao, oro, ganado, pescado, cemento, plátanos, etc.; y las importaciones en maquinarias y vehículos, tejidos, harina de trigo, minerales, vinos, artículos de precisión, etc. Los ferrocarriles están representados por varias líneas cortas que suman unos 5.600 km. Las carreteras son de primerísima calidad y suman más de 22.000 km. La vía navegable más valiosa es el Orinoco. Este, la costa caribe y el lago de Maracaibo son recorridos por numerosas líneas de navegación. La Guaira, Puerto Cabello, Maracaibo, Ciudad Bolívar, etc., son los puertos más importantes.

El transporte aéreo es muy activo. *Hist.* **Descubrimiento. Venezuela** estuvo primitivamente habitada por un grupo de alrededor de ciento cincuenta tribus que habían logrado un discreto desarrollo cultural, que hablaban distintos idiomas y dialectos, y que eran derivaciones de unos pocos núcleos principales; los arauacos, que vivieron principalmente en la zona de la costa; los guajiros, muy pacíficos, dedicados a la agricultura y a la pesca y que ocupaban la península actualmente llamada de la Guajira; los caribes, que eran antropófagos y que en la época de iniciarse la conquista disputaban el territorio a los arauacos, y otras tribus menores que habitaban los llanos, las mesetas del Sur y las montañas. Al alcanzar en su tercer viaje las costas de la América meridional, Cristóbal Colón descubrió la isla de Trinidad y el 1° de agosto de 1498 desembarcó en la costa sur de la península de Paria, en el lugar donde se halla el puerto que hoy lleva su nombre, luego de haber descubierto la desembocadura del río Orinoco. Al año siguiente volvieron a recorrer las costas venezolanas Cristóbal Guerra y Pedro Alonso Niño, y la expedición de Alonso Ojeda, de la cual formaban parte Américo Vespucio y Juan de la Cosa. El nombre del país tiene su origen en el hecho de que Ojeda, al encontrar en Maracaibo un conglomerado de viviendas lacustres, se acordó de la famosa ciudad de los canales y le llamó **Venezuela,** es decir "pequeña Venecia". **Conquista.** En 1500, en la isla de Cubagua, se levantó el primer establecimiento español, integrado por medio centenar de hombres procedentes de Santo Domingo, que tenían el propósito de explotar las pesquerías de perlas. En 1504 retornó Alonso de Ojeda, encargado de establecer un gobierno cuya jurisdicción abarcaba desde el golfo de Urabá hasta el cabo de La Vela. Carlos V, que tenía serios compromisos con los banqueros alemanes Welser, de Augsburgo, concedió a éstos la explotación del territorio venezolano, desde el cabo La Vela hasta Macarapana, por el lapso de veinte años y a cambio de cierta ayuda económica a la corona, según un convenio firmado en 1528. Empero, el dominio de los alemanes duró solamente dieciocho años, desde el momento en que arribó, hacia 1529, Ambrosio de Alfinger con sus hermanos Enrique y Jorge, Nicolás de Federmann y otros, a quienes más tarde sucederían Jorge de Espira y otros. Los alemanes dejaron recuerdos legendarios e imperecederos; la violencia que a menudo emplearon desató la rebelión de los indígenas, los efectos de cuya combatividad sufrieron por igual alemanes y españoles ante las hazañas de algunos jefes nativos. Alfinger descubrió el río de Oro y el valle de Bucaramanga; Federmann, insaciable buscador de riquezas, dejó escrita una colorida crónica: *Bella y agradable narración del primer viaje de Nicolás Federmann el joven, de Ulm.* Felipe de Hutten y Bartolomé Welser, otros dos buscadores de tesoros célebres por su crueldad, fueron prendidos y ejecutados por orden de Juan de Carvajal. **Colonización.** La fundación de varias ciudades importantes fue el primer paso de la colonización. En 1500 fue fundada Cubagua o Nueva Cádiz; en 1521 Cumaná o Nueva Toledo, por Gonzalo de Ocampo; en 1527 Santa Ana de Coro, por Juan de Ampués; en 1534 Araure, por Jorge de Espira; en 1545 Tocuyo, por Juan de Carvajal;

en 1552 Barquisimeto o Nueva Segovia, por Juan de Villegas; en 1555 Valencia, por Alonso Díaz Moreno; en 1559 Trujillo, por Diego García de Paredes; en 1567 Caracas, por Diego de Losada; en 1571 Nueva Zamora (Maracaibo), etc. Al retirarse los alemanes, reasumió el poder la autoridad hispana con Juan Pérez de Tolosa. Inicialmente, la denominación de **Venezuela** designaba solamente la costa que había sido arrendada a los alemanes; luego abarcó también la provincia de Caracas y con posterioridad, las otras. Hasta 1577 estuvo dividida en seis gobernaciones (Caracas, Nueva Andalucía o Cumaná. Margarita, Guayana, Trinidad y Maracaibo), que al reunirse en una administración centralizada, integraron la Capitanía General de **Venezuela**, que subsistió hasta 1810 y que alternativa y fragmentariamente dependió de la Real Audiencia de Santo Domingo, del Virreinato del Perú y del Virreinato de Nueva Granada. La colonización de **Venezuela** fue una de las más difíciles para los conquistadores; demorada por la concesión que Carlos V dio a los alemanes, no favorecida por el clima poco propicio para los blancos, obstaculizada por la tenaz resistencia de los nativos, y desvirtuada a menudo por la inescrupulosidad de algunos conquistadores, fue tarea ardua, plena de obstáculos que hubieron de vencerse empeñosamente; además las ciudades costeras sufrieron reiterados ataques de piratas y filibusteros. La perspectiva económica que brindó la explotación del abundante cacao, fue uno de los factores que decidieron favorablemente la suerte de la colonia. Diversas órdenes religiosas tuvieron activa participación en la colonización y se estima que desde mediados del s. XVII hasta comienzos del s. XIX se fundaron alrededor de 300 poblaciones. En Caracas existió un seminario, origen de la Universidad. En 1777 fue creada la Intendencia de Caracas y en 1786 se estableció en la misma ciudad la Real Audiencia, cuya jurisdicción en lo civil y criminal comprendía las provincias de Caracas, Guayana, Cumaná, Barinas, Maracaibo e isla de Margarita. En 1778 fue cancelado el privilegio de que gozaba la compañía vasca Guipuzcoana, que durante medio siglo tuvo a su cargo el monopolio del comercio; en el mismo año se puso en vigencia una reglamentación de libre comercio. La introducción de nuevos cultivos y ganados, y diversas medidas tendientes a acelerar el proceso económico, caracterizaron los últimos años del s. XVIII. **Independencia.** La emancipación norteamericana y la Revolución Francesa favorecieron las corrientes idealistas que anhelaban la independencia de **Venezuela.** La evasión de la cárcel de La Guaira de presos políticos españoles y su vinculación con patriotas como José María España y Manuel Gual, decidió la rebelión de 1797, prestamente sofocada por las autoridades. España había fugado a Trinidad y al retornar dos años después, fue ahorcado. Mientras tanto, Francisco Miranda, visionario precursor de la emancipación continental, había concebido el proyecto de lograr la independencia de todas las colonias españolas de América y desde 1776 trataba de obtener el apoyo de Inglaterra y Estados Unidos para enfrentar la coalición francoespañola. Con una pequeña escuadra de tres barcos, el 25 de marzo de 1806 intentó desembarcar en Ocumare; rechazado, se retiró a Trinidad, en donde tomó contacto con el comandante inglés Tomás Cochrane; escasos meses después persistió en su intento y tomó Santa Ana de Coro. Sin embargo, el movimiento de Miranda era, por razones políticas y hasta tácticas, prematuro, y el gran soñador debió retirarse a Inglaterra, su refugio hasta el momento en que estalló la revolución en Caracas. Invadida España por las fuerzas napoleónicas, conmovióse la opinión pública de Caracas; fue posible la constitución de un cabildo abierto y con éste, la formación, el 19 de abril de 1810, de una junta suprema que logró destituir al gobernador Vicente Emparán. Casi todo el país se adhirió a la Junta de Caracas. Miranda fue nombrado jefe supremo de las fuerzas armadas, y Simón Bolívar, Andrés Bello y otros patriotas, llevaron los anhelos del movimiento libertador a Inglaterra. Inmediatamente se convocó a un Congreso Nacional que, reunido en Caracas e integrado por 44 diputados, constituyó un Poder Ejecutivo y el 5 de julio de 1811 proclamó la independencia absoluta de **Venezuela.** España, no resignada a la pérdida de otra colonia, inició su ofensiva y así comenzó la guerra de la Independencia. Miranda fue investido de poderes discrecionales a objeto de hacer frente a las fuerzas realistas, y Bolívar tomó a su cargo la defensa de Puerto Cabello. La reacción de los españoles produjo sensibles bajas en las fuerzas patriotas; la primera de consideración fue, en 1812, el apresamiento de Miranda, que se había visto obligado a capitular y que fue remitido como prisionero a Cádiz, donde murió cuatro años después. Simón Bolívar logró la reconquista de Caracas en 1813, después de una activa campaña que provocó una sangrienta guerra entre venezolanos y españoles; derrotados éstos en la batalla de Carabobo, se resarcieron con la victoria de La Puerta, y Caracas fue nuevamente ocupada por los realistas. En 1815 llegó a Cumaná, procedente de España y con efectivos de 15.000 hombres, el general Pablo Morillo, que no tardó en hacerse cargo del gobierno del país. Bolívar se había trasladado a Colombia y luego a Haití, desde donde organizó una nueva campaña, entre 1817 y 1818, con la ayuda del general José Antonio Páez, que desalojó nuevamente a los españoles de la mayor parte del país. Bolívar estableció provisionalmente la capital en Angostura; en ella se reunió un congreso, en 1819, que proclamó la constitución de la Gran Colombia, integrada por Venezuela, Colombia y Ecuador, y proclamó presidente al mismo Bolívar. La independencia de Venezuela fue consolidada definitivamente por la victoria patriota en la nueva batalla de Carabobo, en 1821; los realistas capitularon oficialmente en 1823, en Puerto Cabello. **República y Organización.** En 1829 **Venezuela se separó de la Gran Colombia y en 1830 se reunió en Valencia una asamblea constituyente que declaró la autonomía del país y aprobó una Constitución. Primer presidente constitucional fue el general José Antonio Páez.** Durante muchos años **predominó un clima de inestabilidad y anarquía: el choque de concepciones institucionales diferentes (unitarios y federales), la lucha de caudillos y la promulgación periódica de nuevas constituciones fueron factores que contribuyeron a ello. En 1854 el Presidente José Gregorio Monagas abolió la esclavitud. En 1870 se inició el gobierno fuerte de Antonio Guzmán Blanco, que promovió un crecimiento material considerable, con la construcción de caminos y ferrocarriles, el mejoramiento de los puertos, el incremento de la educación, el cuidado de la salud pública, etc.** Bajo el gobierno de Cipriano Castro, hacia fines del s. XIX y comienzos del XX, se planteó un conflicto cuya solución habría de sentar jurisprudencia fundamental en las cuestiones internacionales del continente: Alemania, Inglaterra e Italia, naciones acreedoras, reclamaron por la fuerza, bombardeando puertos, el cobro de las deudas. En 1908 Juan Vicente Gómez dirigió un golpe de Estado contra Castro e instauró una dictadura que, ejercida personalmente o por intermedio de distintos presidentes provisionales, se prolongó hasta 1935. Muerto Gómez, asumió el poder su ministro de guerra, Eleazar López Contreras, cuya política facilitó el restablecimiento de las normas democráticas. En 1945 estalló un movimiento revolucionario de carácter cívicomilitar que, triunfante, postuló un programa político, social y económico de contenido eminentemente progresista; hasta 1948 gobernó interinamente Rómulo Betancourt. Consagrado presidente constitucional por amplia mayoría, ese mismo año asumió el gobierno el gran escritor Rómulo Gallegos, que fue depuesto por un nuevo golpe de Estado. En 1952 se convocó una nueva Asamblea Constituyente que proclamó en 1953 la Constitución que actualmente rige; desde entonces el país adoptó el nombre de República de Venezuela, reemplazando su antigua denominación de Estados Unidos de **Venezuela.** Marcos Pérez Jiménez, presidente de 1952 a 1958 y reelegido por el período 1958-1963, fue depuesto en enero de 1958 por una revolución y asumió el poder una Junta Militar presidida por Wolfgang Larrazábal. Convocó ésta a nuevas elecciones y resultó elegido Rómulo Betancourt para el período 1959-1964. Posteriormente, ocuparon la primera magistradura: Raúl Leoni (1964-1969); Rafael Caldera (1969-1974) y Carlos Andrés Pérez, desde 1974 hasta el presente (terminará su período, en 1979). **Presidentes de Venezuela.** José Antonio Páez (1830-1834); José María Vargas (1834-1836); Santiago Mariño (1836); José María Vargas (1836-1837); Carlos Soublette (1837-1839); José Antonio Páez (1839-1847); José Tadeo Monagas (1847-1852); José Gregorio Monagas (1852-1855); José Tadeo Monagas (1855-1858); Julián Castro (1858-1859); Manuel Felipe Tovar (1860); José Antonio Páez (1860-1864); Juan Crisóstomo Falcón (1864-1868); José Tadeo Monagas (1868-1870); José Ruperto Monagas (1870); Esteban Palacio (1870); Antonio Guzmán Blanco (1870-1877); Francisco Linares Alcántara (1877-1879); Antonio Guzmán Blanco (1879-1884); Joaquín Crespo (1884-1886); Antonio Guzmán Blanco (1886-1887); Hermógenes López (1887-1888); Juan Pablo Rojas Paul (1888-1890); Raimundo Andueza y Palacio (1890-1892); Joaquín Crespo (1892-1898); Ignacio Andrade (1898-1899); Cipriano Castro (1899-1908); Juan Vicente Gómez (1908-1914); Victoriano Márquez Bustillo (1914-1915); Juan Vicente Gómez (1915-1922); Victoriano Márquez Bustillo (1922); Juan Vicente Gómez (1922-1929); Juan Bautista Pérez (1929-1931); Juan Vicente Gómez (1931-1935); Eleazar López Contreras (1936-1941); Isaías Medina Angarita (1941-1945); Rómulo Betancourt (1945-1948); Rómulo Gallegos (1948); Carlos Delgado Chalbaud (1949-1950); Germán Suárez Lamerich (1950-1952); Marcos Pérez Jiménez (1952-1953 y 1953-1958); Junta Militar (1958); Rómulo Betancourt (1959-1964); Raúl Leoni (1964-1969); Rafael Caldera (1969-1974); Carlos Andrés Pérez (1974-1979), y Luis Herrera Campins (1979-1984). **Gobierno.** Según la Constitución promulgada en 1952-1953, Venezuela es una república democrática y federal cuya soberanía la ejercen tres poderes. El Poder Ejecutivo reside en el presidente de la República, que se elige para un período de cinco años y que es asesorado por un consejo de ministros. El Poder Legislativo se divide en dos cámaras: la de Senadores (dos por cada Estado y el Distrito Federal) y la de Diputados (uno por cada 40.000 habitantes). El Poder Judicial reconoce su máximo tribunal en la Corte Suprema, de la cual dependen las Cortes Superiores Federales y los Tribunales de primera instancia. El régimen municipal es autónomo. El voto es ejercido por los ciudadanos alfabetos y mayores de 21 años. **Educación.** La enseñanza primaria es libre y obligatoria entre los 7 y 14 años, y comprende un ciclo de seis años. De acuerdo con las estadísticas más recientes, existen casi 8.000 escuelas primarias (incluyendo jardines de infantes). 170 escuelas secundarias, 42 escuelas normales y 39 escuelas técnicas. Hay un Instituto Pedagógico y cinco universidades, de las cuales las más importantes son las oficiales: la Universidad Central de Venezuela, en Caracas, fundada en 1696; la de los Andes, en Mérida, fundada en 1785, y la de Zulia, en Maracaibo, fundada en 1891. Las bibliotecas públicas son alrededor de 80. **Símbolos Nacionales. Bandera.** El pabellón de **Venezuela** consta de tres fajas horizontales de iguales dimensiones: amarilla la de arriba, azul la del centro y roja la de abajo. La faja del medio tiene en su centro un arco de siete estrellas, representación de las siete provincias que se declararon independientes del dominio español. En la faja superior, junto al asta, va el escudo. **Escudo.** Orlado de dos ramas, de olivo una y de palmera la otra, el escudo lleva en su parte superior dos cuernos de la abundancia y en la inferior, enlazando las dos ramas, una divisa que dice: "Independencia – Libertad, 5 de julio de 1811 – 24 de Marzo de 1864 – Dios y Federación". Cortada en dos partes, la superior muestra a la derecha una gavilla de oro sobre fondo rojo y a la izquierda dos fusiles, dos espadas y dos banderas con los colores nacionales, sobre fondo dorado, y la parte inferior, sobre fondo azul, mirando a la derecha, un caballo blanco a la carrera.

Himno. Al decidir la Junta de 1810 la separación del gobierno español, la canción patria fue improvisada por el poeta Vicente Salías, que la tituló "Gloria al Bravo Pueblo". Inspirándose en la letra, Juan José Landaeta compuso la música. Por ley del 25 de mayo de 1881 fue proclamada Himno Nacional. **Cultura.** Literatura. Antecedentes de la literatura venezolana se encuentran en el s. XVIII en la expresión poética de José de Oviedo y Baños, Alonso de Escobar, Ruy Fernando de Fuenmayor y otros escritores. Hacia fines de esa centuria sobresalieron Fray Cristóbal de Quesada y Rafael de Escalona, ambos maestros de Bello y distinguidos latinistas y gramáticos. Caracas fue una de las ciudades continentales más cultas y esa primacía se consolidó con la introducción de la imprenta, en 1806, y la fundación de la "Gaceta de Caracas", en 1808. Por ese entonces, la literatura de los revolucionarios europeos fue muy leída no obstante las prohibiciones oficiales, y un grupo de intelectuales inició una corriente reformista en el campo de la filosofía y el derecho. En los primeros años de la independencia ejerció altísimo magisterio intelectual el erudito Andrés Bello, que abrió amplias perspectivas con sus notables trabajos de filología, gramática crítica e historia y con sus obras puramente literarias, en donde por primera vez asoma una intención descriptiva eminentemente americana. Contemporáneamente a Bello se destacaron, como oradores, juristas, críticos o historiadores, Francisco Miranda, Simón Bolívar, Miguel Peña, Juan Germán Roscio, Cristóbal Mendoza, Rafael María Baralt, etc. A través de sus introductores: José Antonio Maitín, José Heriberto García de Quevedo y Abigail Lozano, entre otros, el romanticismo fue probablemente el primer movimiento literario coherente y expansivo, cuya difusión llena la segunda mitad del s. XIX hasta alcanzar una expresión melancólica y pesimista en el poeta José Antonio Pérez Bonalde, que además tradujo a Heine y Poe. **En ese mismo lapso la prosa destaca a Juan Vicente González, iniciador del género biográfico; Cecilio Acosta, que fue igualmente destacado poeta; José Gil Fortoul, sociólogo, historiador y jurisconsulto, etc. En 1890 puede decirse que comienza el género novelesco; es el año de la pu-**

blicación de *Peonía*, original de Manuel V. Romero García y de evidentes imperfecciones, pero realista y vigorosa al punto de señalar un camino que habría de dar cabal calidad a las letras venezolanas. Su continuador inmediato, Gonzalo Picón Febres, dio con *El sargento Felipe* la mejor novela de esa generación. El modernismo, que sacudió los cimientos de toda la literatura latinoamericana, tuvo en **Venezuela** su gran vocero en el polígrafo Rufino Blanco Fombona, poeta, cuentista, novelista y ensayista que aunó al vuelo del esteta, la sinceridad del hombre pleno de ideales y la incansable perseverancia del trabajador intelectual. Pero en **Venezuela** el auge del modernismo fue tardío y de ahí que sus huellas aparecen muy claramente en poetas que no son esencialmente modernistas: Humberto Tejera y sobre todo en el notable Andrés Eloy Blanco. Son valores posteriores de la poesía nacional, Jacinto Fombona Pachano, Antonio Arráiz, Miguel Ángel Queremel, Ramón Olivares Figueroa, Julio Morales, etc. Alrededor del "Grupo Viernes", constituido en la tercera década del siglo, sobresalieron Pablo Rojas Guardia, Alberto Arvelo y Torrealba, Gonzalo Patrizi, Ada Mercedes Pérez, Ada Pérez Guevara, etc. Más tarde, otros: Arnaldo Acosta Bello; Dionisio Aymará; Rafael Cadenas, Juan Calzadilla, Ana E. Terán, Alfredo Silva, Rafael Pineda, José R. Medina, Juan Liscano, etc. La tendencia afroamericana informa parte de la obra de Andrés Eloy Blanco y Manuel F. Rugeles.

La promoción lírica más reciente integra el "Grupo Pasos": Rafael Ángel Insáustegui, Aquiles Monagas, etc. La novela y el cuento ofrecen valores excepcionales; en su vanguardia, Rómulo Gallegos es no sólo una expresión magistral de su país sino de América y de las letras españolas en general, y su *Doña Bárbara*, briosa descripción de la llanura venezolana, está consagrada como una de las grandes novelas del siglo. Otros notables exponentes son Arturo Uslar Pietri, Mariano Picón Salas, Enrique Bernardo Núñez, Ramón Días Sánchez, Julián Padrón, Antonio Arráiz, M. Otero Silva, Trina Larralde, Lucila Palacios, Blas Millán, Pedro Emilio Coll, Pedro César Dominia; Luis Manuel Urbaneja Achelpohl, José Vicente Abreu, Ramón Bravo, José Balza, Luis García Britto, Arturo Croce, José Ruiz Fabbiani, Salvador Garmendia, Adriano González, Guillermo Meneses, Renato Rodríguez, Osvaldo Trejo, etc. La crítica, el ensayo y la historia tienen excelentes cultores en Mariano Picón Salas, Arturo Uslar Pietri, Rafael Angarita Arvelo, Julio Planchart, José Antonio Calcaño, Guillermo Morón, José Gil Fortoul, Caraciolo Parra Pérez, etc. **Música.** Elementos indígenas, negros y españoles se entremezclan en el folklore musical venezolano y cada uno de ellos predomina en una u otra región del país, de acuerdo a la preponderancia racial o a las tradiciones y costumbres. El tono llanero o melodía de las llanuras es el motivo más puro y representativo, no obstante su ritmo español, pero el joropo es considerado la danza típica, y la canción más difundida es la guasa. Los efectos de una gran actividad musical se aprecian desde el s. XVIII, en que se destacaron como compositores o instrumentistas Pedro Palacios y Sojo, Juan Manuel Olivares, José Francisco Velázquez, José Antonio Caro de Boesi y otros, dedicados en su mayor parte a la música religiosa. En el s. XIX sobresalieron Juan José Landaeta (autor del Himno Nacional), Cayetano Carreño, José A. Montero, Felipe Larrazábal, Federico Villena y otros compositores. Hacia fines de ese siglo prevalecieron influencias europeas contra las cuales no tardaron en reaccionar los músicos de la nueva generación, ansiosos de crear una corriente culta pero no desvinculada de los ritmos y melodías del país, tan ricos y plenos de sugestiones; es ésta la inquietud predominante hasta la actualidad y que en su conjunto caracteriza la obra de Juan Lecuna, Juan Bautista Plaza, Vicente E. Sojo, Moisés Moleiro, María Luisa Escobar, Antonio Estévez, José Clemente Laya, José Luis Muñoz, Alexis Rago, Ángel Sauce, etc. **Venezuela** dispone de respetados conjuntos corales y en otra faz lo mismo puede decirse de los conjuntos de cámara y las orquestas sinfónicas. La educación musical popular se ha acrecentado considerablemente en los últimos años; goza de gran predicamento la Escuela de Música de Caracas. **Venezuela** tuvo, en la pianista María Teresa Carreño, una de las primeras artistas continentales de fama mundial. **Pintura.** Cristóbal Rojas, Martín Tovar y Arturo Michelena, forman la trilogía de la pintura venezolana del s. XIX y presentan el arte nacional a la admiración del mundo pictórico. El primero de tendencia impresionista destacó sus magníficos croquis a lápiz, sus pequeñas obras: *Dama en el balcón, La lámpara verde* y su gran lienzo *El Purgatorio*. El segundo, pintor del pasado histórico de su país, debe su fama especialmente a sus grandes lienzos de composición, *Carabobo* y *La firma del Acta de la Independencia*. En cuanto a Arturo Michelena, fue ilustrador sutil y retratista notable. En la novísima generación de pintores, figuran entre otros Alejandro Otero; Mateo Manaure y Pascual Navarro, que se expresa mediante planos geométricos coloreados, siguiendo la orientación de la escuela abstracta. Para completar el panorama de la pintura en **Venezuela** no es posible dejar de mencionar la personalidad señera del español Armando Reverón, impresionista notable, que residió y trabajó buena parte de su vida en este país y cuya influencia se advierte en algunos artistas venezolanos. Pintores jóvenes, son: Jacobo Borges, Régulo Pérez, Alirio Rodríguez y otros.

VENEZUELA, Golfo de. *Geog.* V. **Maracaibo, Golfo de.**

VENGABLE. adj. Que puede o debe ser vengado.

VENGADOR, RA. al. **Rächer.** fr. **Vengeur.** ingl. **Revenger.** ital. **Vendicatore.** port. **Vingador.** (Del lat. *vindicátor, -oris.*) adj. Que venga o se venga. Ú.t.c.s.

VENGANZA. al. **Rache.** fr. **Vengeance.** ingl. **Revenge; vengeance.** ital. **Vendetta.** port. **Vingança.** (De *vengar.*) f. Satisfacción que se toma por un agravio o perjuicio recibido. *Tomar* VENGANZA *de una ofensa*; antón.: **perdón.** ‖ desus. Pena, castigo. *Como* VENGANZA *le hizo dar veinte azotes.* ‖ IDEAS AFINES: *Talión, ojo por ojo, agravio, reparación, expiación, homicidio.*

VENGANZA DE DON MENDO, La. *Lit.* Comedia caricaturesca, en tres actos, original de Pedro Muñoz Seca y estrenada en Madrid en 1918. Escrita en verso, es una ingeniosa caricatura de la tragedia.

VENGAR. al. **Rächen.** fr. **Venger.** ingl. **To take revenge.** ital. **Vendicare.** port. **Vingar.** (Del lat. *vindicare.*) tr. y r. Tomar satisfacción de un agravio o perjuicio. VENGARSE *de las malas acciones*; antón.: **perdonar.**

VENGATIVO, VA. (De *vengar.*) adj. Inclinado a vengarse de cualquier agravio o perjuicio. *Espíritu* VENGATIVO.

VENIA. al. **Erlaubnis; Verzeihung.** fr. **Pardon; license.** ingl. **Pardon; leave; permission.** ital. **Venía.** port. **Vênia.** (Del lat. *venia.*) f. Perdón de la ofensa o culpa. ‖ Licencia pedida para ejecutar algo. *¿Me da la* VENIA, *mi capitán?*; sinón.: **permiso.** ‖ Inclinación que se hace con la cabeza para saludar cortésmente. ‖ Saludo militar. *Hacer la* VENIA. ‖ *Der.* Licencia que se concedía a un menor para administrar su hacienda por sí mismo.

VENIAL. (Del lat. *venialis.*) adj. Dícese de la infracción que se opone levemente a la ley o precepto, y que por eso es de fácil perdón. ‖ V. **Pecado venial.** ‖ deriv.: **venialmente.**

VENIALIDAD. f. Calidad de venial.

VENIDA. (De *venir.*) f. Acción de venir. ‖ Regreso. *Su* VENIDA *causó sorpresa*; antón.: **ida.** ‖ Avenida, creciente impetuosa de un río. *La* VENIDA *rebasó los murallones.* ‖ En esgrima, acometimiento mutuo hecho por los combatientes después de presentar la espada. ‖ fig. Ímpetu o acción brusca.

VENIDERO, RA. adj. Que está por venir o suceder. *El año* VENIDERO. ‖ m. pl. Sucesores. ‖ Los que han de nacer después.

VENIMÉCUM. (Del lat. *veni,* ven, y *mécum,* conmigo.) m. Vademécum, manual útil.

VENIR. al. **Kommen.** fr. **Venir.** ingl. **To come.** ital. **Venire.** port. **Vir.** (Del lat. *venire.*) intr. Caminar una persona o moverse una cosa de allá hacia acá. ‖ Llegar una persona o cosa al lugar donde está el que habla. *¿Por qué* VINISTE *tan tarde?* ‖ Comparecer una persona ante otra. *Dile que* VENGA. ‖ Ajustarse o acomodarse una cosa a otra. *A Pedro le* VIENE *bien ese sombrero.* ‖ Llegar uno o conformarse, transigir o avenirse. Ú.t.c.r. VENIRSE *a razones.* ‖ Avenirse o conformarse finalmente en aquello que con anterioridad se resistía o dificultaba. *Después de muchas discusiones, los contendientes* VINIERON *a un pacto.* ‖ Volver a tratar del asunto, depués de alguna digresión. *Pero* VENGAMOS *al tema.* ‖ Seguido de la preposición *en,* resolver, acordar, decidir una autoridad, especialmente la suprema. VINO EN *decretar la amnistía.* ‖ Inferirse, deducirse o ser una cosa consecuencia de otra. ‖ Pasar de unos a otros el dominio o uso de una cosa. ‖ Darse o producirse una cosa en un terreno. *El trigo* VIENE *bien en este campo.* ‖ Acercarse o llegar el tiempo en que una cosa ha de acaecer. *Tras la primavera* VIENE *el verano.* ‖ Traer origen, tener dependencia o proceder una cosa de otra en lo físico o en lo moral. *Garcilaso de la Vega* VIENE *de linaje noble.* ‖ Excitarse o empezarse a mover un efecto, pasión o apetito. VENIR *deseos de estudiar.* ‖ Figurar o aparecer en un libro, periódico, etc.; estar incluido o mencionado en él. *Esa noticia* VIENE *de la última página. Tal párrafo no* VIENE *en la edición que he consultado.* ‖ Ocurrir u ofrecer algo a la imaginación o a la memoria. ‖ Manifestarse o iniciarse una cosa. VENIR *las ideas a la mente.* ‖ Ocurrir finalmente algo que se esperaba o temía. Se usa siempre con la preposición *a* y el infinitivo de otro verbo. *Después de muchos sacrificios,* VINO A *tener su recompensa.* ‖ Con la preposición *a* y ciertos nombres, estar pronto a la ejecución, o ejecutar actualmente lo que esos nombres significan. VENIR A *cuentas.* ‖ Seguido de infinitivo y de expresión de cantidad, la indica aproximadamente. VIENE *a tener treinta años de edad.* ‖ Seguido de la preposición *en* y un sustantivo adquiere el significado del verbo que corresponde a dicho sustantivo. VENIR EN *conocimiento.* ‖ Seguido de la preposición *sobre,* caer un cuerpo por efecto de la ley de gravedad. ‖ Suceder, acaecer o sobrevenir. ‖ Persistir en una acción o estado que se indica mediante un gerundio, un nombre o un adjetivo. *Las guerras* VIENEN *sucediéndose desde que la humanidad existe.* ‖ Seguido de la preposición *de* y equivaliendo a *acabar de,* es galicismo. ‖ r. Perfeccionarse algunas cosas o constituirse en el estado que deben tener mediante la fermentación. VENIRSE *el pan, el vino.* ‖ **El que venga detrás, que arree.** frs. con que uno, que ha pasado ya circunstancias difíciles, se desentiende de los peligros o daños que las mismas circunstancias pueden tener para los demás. ‖ **En lo por venir.** loc. adv. En lo sucesivo o venidero. ‖ **Venga lo que viniere.** expr. con que se denota la resolución o determinación en que se está de emprender o hacer una cosa, sin preocuparse de que el éxito sea favorable o adverso. ‖ **Venir a menos.** frs. Deteriorarse, empeorarse o caer del estado que se gozaba. ‖ **Venir, o venirle, clavada** una cosa a otra. frs. fig. y fam. Serle adecuada o proporcionada. ‖ **Venirle a uno ancha** una cosa. frs. fig. y fam. **Venirle muy ancha.** ‖ **Venirle a** uno **angosta** una cosa. frs. fig. y fam. No ser suficiente para satisfacer su ánimo, ambición o mérito. ‖ **Venirle a** uno **muy ancha** una cosa. frs. fig. y fam. Ser excesiva para su capacidad o su mérito. ‖ **Venirse abajo** una cosa. frs. **Venir, o venirse, a tierra.** ‖ **Venirse** uno **a buenas.** frs. **Darse a buenas.** ‖ irreg. **Conjugación:** INDIC. Pres.: *vengo, vienes, viene, venimos, venís, vienen.* Imperf.: *venía, venías,* etc. Pret. indef.: *vine, viniste, vino, vinimos, vinisteis, vinieron.* Fut. imperf.: *vendré, vendrás, vendrá, vendremos, vendréis, vendrán.* POT.: *vendría, vendrías, vendría, vendríamos, vendríais, vendrían.* SUBJ. Pres.: *viniera* o *viniese, vinieras* o *vinieses, viniera* o *viniese, viniéramos* o *viniésemos, vinierais* o *vinieseis, vinieran* o *viniesen.* Fut imperf.: *viniere, vinieres, viniere, viniéremos, viniereis, vinieren.* IMPERAT.: *ven, venga, vengamos, venid, vengan.* PARTIC.: *venido.* GERUND.: *viniendo.*

VENIZELOS, Eleuterio. *Biog.* Político griego, varias veces jefe del gobierno (1864-1936).

VENLO. *Geog.* Ciudad del S.E. de Holanda (Limburgo). 52.000 h. Bebidas, tabaco, curtidurías.

VENOSA. *Geog.* Población de Italia (Potenza). 14.000 h. Cereales, vino. Es la antigua **Venusia,** patria de Horacio.

VENOSO, SA. (Del lat. *venosus.*) adj. Que tiene venas. ‖ Perteneciente o relativo a la vena. ‖ *Bot.* **Hoja venosa.** ‖ deriv.: **venosidad.**

VENTA. al. **Verkauf; Wirtshaus.** fr. **Vente; auberge.** ingl. **Sale; roadside inn.** ital. **Vendita; albergo; locanda.** port. **Venda; estalagem.** (Del lat. *véndita,* pl. de *vénditum*; de *véndere,* vender.) f. Acción y efecto de vender. VENTA *de papas, de carbón.* ‖ Contrato en virtud del cual se transfiere a dominio ajeno una cosa propia por el precio convenido. *Respetar las cláusulas de* VENTA. ‖ Casa establecida en los caminos o despoblados para albergar u hospedar viajeros. ‖ fig. y fam. Lugar desamparado o expuesto a las inclemencias del tiempo. ‖ *Chile.* Puesto en el cual durante las fiestas se venden comestibles, bebidas, etc. ‖ – **pública.** Almoneda. ‖ IDEAS AFINES: *Comercio, permuta, subasta, adquisición, oferta, demanda, mercancía, regatear, pagar, propina, traficar, tienda, mercado.*

VENTADA. f. Golpe de viento.

VENTAJA. al. **Vorteil.** fr. **Avantage.** ingl. **Advantage.** ital. **Vantaggio.** port. **Vantagem.** (Del ant. *ventaja.*) f. Superioridad o preeminencia de una persona o cosa con respecto de otra. *En el dominio de idiomas le lleva* VENTAJA. ‖ Excelencia que tiene una persona o cosa. *Su* VENTAJA *consiste en la velocidad.* ‖ Sueldo sobreañadido al común. ‖ Ganancia anticipada que un jugador concede a otro a fin de compensar la superioridad que el primero tiene, o se atribuye, en habilidad o destreza. *Le dio diez carambolas de* VENTAJA. ‖ *Amér.* Beneficio, provecho o utilidad que se obtiene de algo. ‖ *P. Rico.* Dulce hecho con harina de trigo y azúcar o miel.

VENTAJERO, RA. adj. *Chile, P. Rico* y *R. de la Plata.* Ganguero, que busca sacar ventaja en los tratos. Ú.t.c.s. *No se puede tratar con él: es muy* VENTAJERO.

VENTAJISTA. adj. Ventajero. Ú.t.c.s. ‖ Fullero. Ú.t.c.s.

VENTAJOSAMENTE. adv. m. De manera ventajosa.

VENTAJOSO, SA. adj. Dícese de lo que tiene ventaja o la proporciona. *Un contrato* VENTAJOSO. ‖ *Col., Guat., Méx.* y *Ven.* Ganguero, logrero.

VENTALLA. (Del lat. *véntum,* viento.) f. Válvula de una máquina. ‖ *Bot.* Cada una de las partes del pericarpio de una legumbre o silicua, separada por suturas.

VENTALLE. (Del lat. *véntum,* viento.) m. p. us. Abanico, instrumento para hacer aire. ‖ Pieza movible del casco, que en unión con la visera cerraba la parte delantera del mismo.

VENTANA. al. **Fenster.** fr. **Fenê-**

tre. ingl. **Window.** ital. **Finestra.** port. **Janela.** (Del lat. *véntum*, viento.) f. Abertura más o menos elevada sobre el suelo, que se deja en una pared para dar luz y ventilación. *Sala con dos* VENTANAS. ‖ Hoja u hojas generalmente de madera y de vidrios o cristales, que se usa para cerrar esa abertura. *Cierra esa* VENTANA. ‖ Nariz, cada uno de los dos orificios nasales. ‖ **Arrojar,** o **echar,** una cosa **por la ventana.** frs. fig. Desperdiciarla o malgastarla. ‖ **Salir** uno **por la ventana.** frs. fig. Salir desgraciadamente de un lugar o negocios. ‖ IDEAS AFINES: *Vano, vidriera, claraboya, ojo de buey, tragaluz, montante, celosía, persiana, cortina, espiar.*

VENTANA, Sierra de la. *Geog.* Grupo de sierras de la prov. de Buenos Aires (Rep. Argentina). Culmina en el cerro Tres Picos a los 1.246 m.

VENTANAJE. m. Conjunto de ventanas de un edificio.

VENTANAL. m. Ventana grande.

VENTANAZO. m. Acción de cerrar violentamente las ventanas, generalmente en señal de enojo o desaire. ‖ Golpe recio dado al cerrarse una ventana.

VENTANEAR. intr. fam. Asomarse con frecuencia a la ventana. *Es una joven muy dada a* VENTANEAR.

VENTANEO. m. fam. Acción de ventanear.

VENTANERO, RA. adj. Dícese del hombre que mira con impertinencia a las ventanas en que hay mujeres. Ú.t.c.s. ‖ Dícese de la mujer que ventanea. ‖ m. El que fabrica ventanas.

VENTANICO. (dim. de *ventano.*) m. Ventanillo.

VENTANILLA. al. **Schalter; Fenster.** fr. **Guichet.** ingl. **Window.** ital. **Finestrino.** port. **Janelinha; guiche.** f. dim. de **Ventana.** ‖ Abertura pequeña hecha en la pared o tabique de un banco, despacho de billetes y otras oficinas para que los empleados de éstas puedan comunicarse desde el interior con el público que está en la parte de fuera. ‖ Nariz, cada uno de los dos orificios nasales.

VENTANILLO. m. dim. de **Ventano.** ‖ Postigo pequeño de una puerta o ventana. ‖ Ventana o abertura pequeña en la puerta exterior de una casa para ver quién llama sin franquear la entrada. *Miró por el* VENTANILLO. ‖ Trampilla, abertura en el suelo de las habitaciones altas.

VENTANO. m. Ventana pequeña.

VENTANUCO. m. desp. Ventanucho.

VENTANUCHO. m. desp. Ventana pequeña de mal aspecto.

VENTAR. imp. Soplar el viento. ‖ tr. Ventear, olfatear el viento algunos animales. ‖ irreg. Conj. como **acertar.**

VENTARRÓN. m. Viento que sopla fuertemente.

VENTAZO. m. *Mar.* Ventarrón.

VENTEADURA. f. Efecto de ventearse.

VENTEADO, DA. adj. *Perú.* Excesivamente presumido.

VENTEAR. imp. Soplar el viento o hacer aire fuerte. ‖ tr. Tomar algunos animales el viento con el olfato. *Este perro* VENTEA *bien.* ‖ Poner o sacar una cosa al viento para enjugarla o limpiarla. VENTEAR *la ropa.* ‖ fig. Andar inquiriendo o averiguando algo. *Está siempre* VENTEANDO *la muy curiosa.* ‖ *Col.* y *P. Rico.* Echar aire con el aventador. ‖ r. Rajarse o abrirse una cosa por la diferente dilatación de sus moléculas. ‖ Levantarse ampollas en la masa del barro de los ladrillos al cocerse. ‖ Estropearse algo por efecto del aire, como el café. ‖ Ventosear. ‖ fig. *Arg., Chile, Perú* y *P. Rico.* Andar mucho tiempo fuera de casa una persona. ‖ *Col., Ec., Perú* y *P. Rico.* Envanecerse.

VENTERIL. adj. Propio de venta, o de ventero o ventera.

VENTERO, RA. adj. Que ventea u olfatea el viento.

VENTERO, RA. s. Persona encargada de una venta para hospedaje. *La* VENTERA *saludó a los viajeros.*

VENTICUATRINO. adj. *Perú.* Perdulario.

VENTILACIÓN. al. **Lüftung; Ventilation.** fr. **Ventilation; aération.** ingl. **Ventilation.** ital. **Ventilazione.** port. **Ventilação.** (Del lat. *ventilatio, -onis.*) f. Acción y efecto de ventilar o ventilarse. ‖ Abertura por la que se ventila un aposento. ‖ Corriente de aire que se establece al ventilarlo. ‖ IDEAS AFINES: *Atmósfera, rarefacción, ventana, anaerobios, abanico, ambiente, higiene, oxígeno, aireado.*

VENTILADOR. al. **Lüfter; Ventilator.** fr. **Ventilateur.** ingl. **Ventilator.** ital. **Ventilatore.** port. **Ventilador.** (Del lat. *ventilátor, oris.*) m. Instrumento o aparato que sirve para remover o impulsar el aire en una habitación. VENTILADOR *eléctrico.* ‖ Abertura dejada hacia el exterior en una habitación, para renovar el aire sin necesidad de abrir puertas ni ventanas.

VENTILAR. al. **Entlüften.** fr. **Ventiller; aérer.** ingl. **To air; to ventilate.** ital. **Ventilare.** port. **Ventilar.** (Del lat. *ventilare.*) tr. Hacer entrar o correr el aire en algún sitio. Ú.m.c.r. *Abre esa puerta para que* SE VENTILE *el sótano.* ‖ Agitar algo en el aire. ‖ Exponer una cosa al viento. VENTILAR *un colchón.* ‖ Renovar el aire de una pieza o habitación cerrada. ‖ fig. Controvertir o examinar una cuestión o duda.

VENTISCA. f. Borrasca de viento o de viento y nieve, que suele ser más frecuente en los puertos y gargantas de los montes. ‖ Viento fuerte, ventarrón.

VENTISCAR. (De *viento.*) imp. Nevar con viento fuerte. ‖ Levantarse la nieve a causa de la violencia del viento.

VENTISCAR. m. Ventisquero.

VENTISCO. m. Ventisca.

VENTISCOSO, SA. adj. Dícese del tiempo y lugar en que son frecuentes las ventiscas.

VENTISQUEAR. (De *ventisca.*) imp. Ventiscar.

VENTISQUERO. m. Ventisca. ‖ Altura de las montañas más expuesta a las ventiscas. *Un* VENTISQUERO *peligroso de cruzar.* ‖ Lugar, en las alturas de las montañas, donde se conservan la nieve y el hielo. *La perpetua nieve de los* VENTISQUEROS. ‖ Masa de nieve o hielo acumulada en ese lugar.

VENTOLA. f. *Mar.* Esfuerzo del viento contra un obstáculo.

VENTOLERA. (De *ventola.*) f. Golpe de viento recio y poco durable. ‖ Rehilandera. ‖ fig. y fam. Vanidad, soberbia, jactancia. ‖ Determinación repentina y extravagante. *Le dio la* VENTOLERA *por cantar.*

VENTOLINA. f. En marina, viento suave y variable. ‖ fam. *Arg.* Ventolera, viento recio.

VENTOR, RA. (De *ventar.*) adj. Dícese del animal que olfatea el viento para buscar un rastro o huir del cazador. ‖ V. **Perro ventor.** Ú.t.c.s.

VENTORRILLO. (dim. de *ventorro.*) m. Ventorro; venta pequeña o mala. *En aquel* VENTORRILLO *sólo paraban arrieros.* ‖ Bodegón, figón en las afueras de un poblado. ‖ *Col., P. Rico* y *Ven.* Tenducho.

VENTORRERO. m. Sitio alto y despejado, muy castigado por los vientos.

VENTORRO. m. desp. Venta de hospedaje pequeña o mala.

VENTOSA. al. **Schröpfkopf.** fr. **Ventouse.** ingl. **Cupping.** ital. **Ventosa.** port. **Ventosa.** (Del lat. *ventosa.*) f. Abertura que se hace o deja en algunas cosas, especialmente en los puntos más elevados de una cañería, para dar salida al aire. ‖ Tubo que sirve para la ventilación de las atarjeas. ‖ Órganos que tienen ciertos animales en los pies, boca u otras partes del cuerpo, para adherirse al andar o hacer presa, o para succionar. *Las* VENTOSAS *de un pulpo.* ‖ *Med.* Vaso o campana, generalmente de vidrio, que se aplica sobre la piel, después de haber enrarecido el aire en su interior quemando una cerilla, estopa, etc., o mediante una bomba aspirante adaptada al cuello de la **ventosa.** *Te pondré cinco* VENTOSAS. ‖ — **escarificada,** o **sajada.** *Med.* La que se aplica sobre una superficie escarificada o sajada. ‖ — **seca.** *Med.* La que se aplica sobre una parte íntegra o no sajada.

VENTOSEAR. (De *ventoso.*) intr. Expeler del cuerpo las ventosidades o gases intestinales. Ú.a.v.c.r. ‖ deriv.: **ventoseo.**

VENTOSIDAD. (Del lat. *ventósitas, -atis.*) f. Calidad de ventoso o flatulento. *La* VENTOSIDAD *de los porotos.* ‖ Gases intestinales, especialmente cuando se expelen.

VENTOSO, SA. al. **Windig.** fr. **Venteux.** ingl. **Windy.** ital. **Ventoso.** port. **Ventoso.** (Del lat. *ventosus.*) adj. Que contiene aire o viento. ‖ Dícese del día o del tiempo en que sopla aire fuerte. ‖ Dícese del sitio o lugar castigado por los vientos. ‖ Flatulento. ‖ Ventor. ‖ m. Sexto mes del calendario republicano francés, cuyos días primero y último coincidían respectivamente, con el 19 de febrero y el 20 de marzo.

VENTOTENE. *Geog.* V. **Pandataria.**

VENTRAL. (Del lat. *ventralis.*) adj. Perteneciente o relativo al vientre. ‖ V. **Aorta ventral.**

VENTRECILLO. m. dim. de **Vientre.**

VENTRECHA. f. Vientre de los peces.

VENTREGADA. (De *vientre.*) f. Conjunto de animalitos nacidos en un parto. ‖ fig. Abundancia de muchas cosas que vienen juntas al mismo tiempo.

VENTRERA. f. Faja para ceñir el vientre. ‖ Arma defensiva con que se cubría antiguamente el vientre.

VENTREZUELO. m. dim. de **Vientre.**

VENTRICULAR. adj. *Anat.* Perteneciente o relativo al ventrículo.

VENTRÍCULO. al. **Höhlung; Ventrikel.** fr. **Ventricule.** ingl. **Ventricle.** ital. **Ventricolo.** port. **Ventrículo.** (Del lat. *ventrículus.*) m. *Anat.* Cavidad o vientre pequeño en un órgano. ‖ Estómago. ‖ — **de la laringe.** *Anat.* Cualquiera de las dos cavidades que hay a ambos lados de la glotis, entre las cuerdas vocales. ‖ — **del corazón.** *Anat.* Cualquiera de las dos cavidades inferiores de esta víscera, de donde salen las arterias aorta y pulmonar. ‖ — **del encéfalo.** *Anat.* Cada una de las cuatro cavidades interiores del **encéfalo** de los vertebrados, denominadas **ventrículo medio, ventrículos laterales y cuarto ventrículo.**

VENTRIL. (De *vientre.*) m. Pieza que sirve para equilibrar la viga en los molinos de aceite.

VENTRÍLOCUO, CUA. al. **Bauchredner.** fr. **Ventriloque.** ingl. **Ventriloquist.** ital. **Ventriloquo.** port. **Ventríloquo.** (Del lat. *ventríloquus;* de *vénter, -tris,* vientre, y *loqui,* hablar, porque antiguamente se creyó que su voz salía del vientre o estómago.) adj. Dícese de la persona que tiene el arte de emitir la voz con los labios cerrados o entreabiertos, de modo que parezca venir de lejos o pertenecer a otras personas. Ú.t.c.s.

VENTRILOQUIA. f. Arte del ventrílocuo.

VENTRILOQUISMO. m. Ventriloquia.

VENTRODORSAL. (Del lat. *vénter,* vientre, y *dorsualis,* dorsal.) adj. Concerniente a las superficies ventral y dorsal.

VENTRÓN. m. aum. de **Vientre.** ‖ Túnica muscular que cubre el estómago de algunos rumiantes.

VENTROSIDAD. (De *ventroso.*) f. *Med.* Desarrollo excesivo del vientre.

VENTROSO, SA. (Del lat. *ventrosus.*) adj. Ventrudo.

VENTRUDO, DA. adj. De vientre abultado.

VENTUARI. *Geog.* Río de Venezuela, que nace en la región montañosa de Guayania y des. en el Orinoco formando un delta. 460 km.

VENTURA. al. **Glück.** fr. **Bonheur.** ingl. **Luck.** ital. **Ventura.** port. **Ventura.** (Del lat. *ventura,* pl. de *venturum,* el porvenir.) f. Felicidad. *Vivir en la mayor* VENTURA. ‖ Contingencia o casualidad. ‖ Riesgo, peligro. *La* VENTURA *de la selva.* ‖ **Buena ventura.** Buenaventura. ‖ **A la buena ventura.** m. adv. Sin objeto ni propósito determinado, a lo que depare la suerte. ‖ **A la ventura.** m. adv. **A la buena ventura.** ‖ **Por ventura.** m. adv. Quizá. ‖ **Probar ventura.** frs. **Probar fortuna.**

VENTURA, Leonel. *Biog.* Arquitecto uruguayo, especialista en la construcción de puentes elásticos, de los cuales hizo varios en su país, en Brasil y en los EE.UU. (m. 1975) ‖ — **DE RAULICA, Joaquín.** Filósofo ital., autor de *La filosofía cristiana; Del método de filosofar,* etc. (1792-1861).

VENTURADO, DA. (De *ventura.*) adj. Venturoso.

VENTURANZA. f. Ventura, felicidad.

VENTURERO, RA. (De *ventura.*) adj. Casual o contingente. ‖ Aplícase al sujeto que anda vagando, sin ocupación u oficio, pero dispuesto a trabajar en lo que se le presente. ‖ Venturoso. ‖ Aventurero. Ú.t.c.s.

VENTURI, Adolfo. *Biog.* Crítico ital. que adquirió fama mundial con su notable *Historia del arte italiano* (1856-1941).

VENTURINA. (Del ital. *venturina,* de *ventura,* ventura, por el modo como se inventó la venturina artificial.) f. Cuarzo pardo amarillento con laminitas de mica dorada en su masa. ‖ — **artificial.** Vidrio de color rojizo fundido con limaduras de cobre, que se usa en joyería.

VENTURO, RA. (Del lat. *venturus.*) adj. Que ha de suceder.

VENTURÓN. m. aum. de **Ventura.**

VENTUROSAMENTE. adv. m. De manera venturosa.

VENTUROSO, SA. (De *ventura.*) adj. Afortunado.

VÉNULA. f. Vena muy pequeña.

VENUS. (De *Venus,* diosa de la belleza y el amor.) m. Planeta situado entre Mercurio y la Tierra, algo más pequeño que ésta, que aparece siempre cerca del Sol como estrella matutina y vespertina y presenta fases como la Luna. Recorre su órbita en 224,7 días y no tiene satélites. ‖ f. fig. Mujer muy hermosa. ‖ Deleite sensual o acto carnal. ‖ V. **Aguja, monte, ombligo de Venus.** ‖ *Alq.* Cobre, metal. ‖ *Zool.* Género de moluscos acéfalos que viven en las orillas de los mares y cuyas valvas son iguales y regulares y, en algunas especies, de hermosos colores y adornadas con espinas.

VENUS. *Mit.* Diosa romana de la belleza y del amor equivalente a la Afrodita griega. Nació de la espuma del mar y tuvo por esposo a Vulcano.

VENUS DE MILO. *Esc.* Famosa estatua hallada a comienzos del s. XIX por un labrador, en la isla de Milo. Se exhibe en el museo del Louvre y es considerada como una de las obras más excelsas de la escultura griega.

VENUSA o **VENUSIA.** *Geog. histór.* Antiguo nombre de **Venosa.**

VENUSINO, NA. (Del lat. *venusinus.*) adj. Natural de Venusa. ‖ Perteneciente o relativo a esta ciudad de Italia. ‖ m. Por anton., el poeta Horacio.

VENUSIO. m. Cobre que adquiere, mediante procedimientos químicos, el más alto grado de perfección.

VENUSTEZ. f. Venustidad.

VENUSTIDAD. (De *venusto.*) f. Hermosura sin tacha; especialmente la del cuerpo femenino. *La* VENUSTIDAD *de una modelo.*

VENUSTO, TA. (Del lat. *venustus,* de *Venus,* Venus.) adj. Hermoso y agraciado. ‖ Perteneciente o relativo a la diosa Venus o a lo que ella simboliza.

VER. (Del infinit. *ver.*) m. Sentido de la vista. ‖ Parecer o apariencia que tienen las cosas. *Tener buen* VER. ‖ **A** mi, tu, su, **ver.** m. adv. Según la opinión o dictamen de uno.

VER. al. **Sehen; erblicken.** fr. **Voir.** ingl. **To see.** ital. **Vedere.** port. **Ver.** (De *veer.*) tr. Percibir la imagen que forma en la retina la luz reflejada por un objeto. *Los ciegos no* VEN. ‖ Observar, considerar alguna cosa. VER *las condiciones impuestas.* ‖ Reconocer atenta y cuidadosamente una cosa, leyéndola o examinándola. VER *un expediente.* ‖ Visitar a una persona o estar con ella a fin de tratar algún asunto. VER *a un abogado.* ‖ Ir con cuidado y tiento en el obrar. ‖ Experimentar o reconocer por el hecho. VIO *las consecuencias de su desacierto.* ‖ Considerar, advertir o reflexionar. ‖ Prevenir las cosas futuras; inferirlas de lo que sucede en el presente. Ú. mucho con el verbo *estar.* ESTOY VIENDO *que él no vendrá mañana;* ‖ Conocer, juzgar. VIO *que era imposible triunfar.* ‖ Usado en futuro o en pretérito, sirve para que el que habla o escribe remita a otro lugar u ocasión la especie mencionada de paso, o bien para aludir a algo tratado con anterioridad. *Como* HEMOS VISTO *ayer; como* VEREMOS *en el capítulo siguiente.* || Verificar si una cosa está en el lugar que se cita. Ú. generalmente mandando. VÉASE *la página 25.* || Seguido de la preposición *de* y de un infinitivo, intentar, tratar de hacer lo que el infinitivo expresa. VER *de acreditar un producto.* || *For.* Asistir los jueces a la discusión oral de un pleito o causa que han de fallar. || r. Estar en sitio o postura a propósito para **ser visto.** || Hallarse constituido en algún estado o situación. VERSE *rico, honrado.* || Reunirse una persona con otra para algún asunto. *Tenemos que* VERNOS *para arreglar el contrato.* || Representarse material o inmaterialmente la imagen de una cosa. SE VEÍA *al lado de ella, paseando por el jardín.* || Darse una cosa a conocer, o conocerse tan clara o patentemente como si se estuviera **viendo.** SE VEÍA *que aquel hombre no pudo haber cometido el crimen.* || Estar o encontrarse en un sitio o lance. *San Martín y Bolívar* SE VIERON *en Guayaquil.* || **Al ver.** m. adv. con que en algunos juegos de naipes se explica que a un partido sólo le falta el último tanto, y por eso lleva hecho el envite el contrario, y le queda el reconocer o **ver** las cartas para admitirlo. || **Allá veremos.** frs. Veremos, 2ª acep. || **A más ver.** expr. fam. que se usa como saludo de despedida. || **Aquí donde me,** o **lo ves, veis, ve usted,** o **ven ustedes.** expr. fam. con que uno denota que va a decir de sí mismo o de otro algo que no es presumible. *Aquí donde* USTED ME VE, *soy profesor.* || **A ver.** expr. que se emplea para pedir una cosa que se quiere reconocer o **ver.** || Ú. como interjección para significar extrañeza. || **De por ver.** m. adv. *Chile.* Por puro entretenimiento. || **En veremos.** *Amér.* expr. que se emplea para denotar que algo está todavía muy distante de realizarse. Ú. con los verbos *estar* o *quedar.* || **Hasta más ver.** expr. fam. **A más ver.** || **No ser visto ni oído.** frs. que se emplea para dar a entender la extraordinaria velocidad o presteza con que se hizo, gastó, consumió o desapareció una cosa. || **Si te vi, no me acuerdo,** o **ya no me acuerdo.** frs. que manifiesta el despego con que los desagradecidos suelen pagar los favores que recibieron. || **Te veo,** o **te veo venir.** expr. fam. con que se advierte a uno que se ha adivinado su intención. || **Veremos.** expr. que se usa para diferir la resolución de una cosa, sin concederla ni negarla. || Ú.t. para manifestar la duda de que se realice o suceda alguna cosa. || **Verlas venir.** frs. fam. Jugar al monte. || **Verse** uno **con otro.** fig. y fam. Verse las caras. || **Verse negro** uno. frs. fig. y fam. Hallarse en grande afán, fatiga o apuro para hacer una cosa. || **Ver y creer.** expr. que se usa para manifestar que no se quiere creer una cosa sólo por oídas, por ser de tal índole que sólo viéndola se puede creer. || **Ya se ve.** expr. que se emplea para manifestar asentimiento. || irreg. **Conjugación:** IND. Pres.: *veo, ves, ve, vemos, veis, ven.* Imper.: *veía,* etc. Pret. indef.: *vi, viste,* etc. Fut. Imperf.: *veré,* etc. POT.: *vería,* etc. SUBJ. Pres.: *vea, veas, vea, veamos, veáis, vean.* Imperf.: *viera o viese,* etc. Fut. imperf.: *viere,* etc. IMPERAT.: *ve, vea, veamos, ved, vean.* PARTIC.: *visto.* GER.: *viendo.*

VERA. (Del lat. *ora,* de donde se dijo *uera;* como de *ossum,* hueso.) f. Orilla. || **A la vera.** m. adv. **A la orilla.** || Al lado, próximo, cerca.

VERA. f. Árbol americano, de la familia de las cigofíleas, parecido al guayaco, con madera de color rojizo obscuro y casi tan dura y pesada como el hierro.

VERA, Antonio de. *Biog.* Militar esp. que fue gobernador de Santa Fe, Tucumán y Paraguay (s. XVII). || — **Pedro Jorge.** Literato ec., autor de *Los animales puros; Nuevo itinerario; El dios de la selva,* y otras obras (n. 1914). || — **Robustiano.** Jurisconsulto, escr. e historiador chil., autor de *El Gral. Fray José Félix Aldao* y diversas obras jurídicas (n. 1844). || — **Y ARAGÓN, Juan Torres de.** V. **Torres de Vera y Aragón, Juan.** || — **Y PINTADO, Bernardo de.** Militar arg. de descollante actuación en la batalla de Chacabuco y autor del primer himno oficial de Chile (1780-1827).

VERA. *Geog.* V. **Jobson.**

VERACIDAD. al. **Wahrhaftigkeit.** fr. **Véracité.** ingl. **Veracity.** ital. **Veracità.** port. **Veracidade.** (Del lat. *verácitas, -atis.*) f. Calidad de veraz. *Dudar de la* VERACIDAD *de una noticia.*

VERACRUCEÑO, ÑA. adj. y s. Veracruzano.

VERACRUZ. *Geog.* Estado del S.E. de México, sobre el golfo de este nombre. Tiene 71.896 km^2. y 3.825.000 h. Cap. JALAPA. || Ciudad y puerto del S.E. de México (Veracruz). 215.000 h. Exporta metales preciosos, fibras de algodón y petróleo.

VERACRUZANO, NA. adj. Natural de la ciudad o del Estado mexicano de Veracruz. Ú.t.c.s. || Perteneciente o relativo a dicha ciudad o Estado.

VERAGUAS. *Geog.* Península de Panamá. V. **Azuero.** || Prov. de Panamá que comprende una ancha faja de tierra desde el mar de las Antillas al Pacífico. 11.086 km^2. y 159.000 h. Cap. SANTIAGO DE VERAGUAS. || **Cordillera de —.** Cordón montañoso del O. de Panamá que está cortado por el canal interoceánico. Culmina en el cerro Santiago a los 2.826 m.

VERADA. f. *Ven.* Eje de la inflorescencia de la caña brava.

VERA EFIGIES. expr. lat. Imagen verdadera de una persona o cosa. *Es la* VERA EFIGIES *de su padre.*

VERALCA. f. *Chile.* Piel de guanaco usada como alfombra o sobrecama.

VERAMENTE. (De *vero,* verdadero.) adv. m. ant. Verdaderamente.

VERANADA. f. Temporada de verano, respecto de los ganados.

VERANADERO. (De *veranada.*) m. Sitio donde pastan los ganados en verano.

VERANAR. (De *verano.*) intr. Veranear.

VERANDA. al. **Veranda.** fr. **Véranda.** ingl. **Verandah.** ital. **Veranda.** port. **Varanda.** f. Mirador, balcón cubierto con cristales. || Galería o balcón que se extiende a lo largo de las casas del extremo Oriente y la India.

VERANEANTE. p. a. de **Veranear.** Que veranea. Ú.t.c.s. *A Mar del Plata van muchos* VERANEANTES.

VERANEAR. al. **Sommerfrische halten.** fr. **Passer l'été.** ingl. **To summer.** ital. **Passar l'estate; andare in villeggiatura.** port. **Veranear.** intr. Pasar el verano en algún lugar. VERANEAR *en Punta del Este.* || Pasar el verano en un lugar distinto de aquel en el cual habitualmente se reside. *Este año* VERANEARÉ *en Necochea.*

VERANEO. al. **Sommeraufenthalt.** fr. **Villégiature.** ingl. **Summer vacation.** ital. **Villeggiatura.** port. **Veraneio.** m. Acción y efecto de veranear. || Veranero. || IDEAS AFINES: *Vacaciones, playa, sierra, sol, esparcimiento, descanso, tostarse, alpinismo, nadar, esquiar, cabalgar.*

VERANERO. m. Sitio o paraje adonde algunos animales veranean.

VERANIEGO, GA. adj. Perteneciente o relativo al verano. *Temporada* VERANIEGA. || fig. Dícese del que suele adelgazar o enfermarse en tiempo de verano. || Ligero, de poco fuste.

VERANILLO. m. dim. de **Verano.** || Tiempo breve en que suele hacer calor durante el otoño.

VERANO. al. **Sommer.** fr. **Été.** ingl. **Summer.** ital. **Estate.** port. **Verão.** (Del lat. *ver,* primavera.) m. Estío. || En el Ecuador, donde las estaciones no son sensibles, temporada de sequía que dura aproximadamente unos seis meses, con algunas intermitencias y alteraciones. || Época la más calurosa del año, que comprende, en el hemisferio septentrional, desde el 21 de junio hasta el 20 de septiembre; y en el hemisferio austral, desde el 21 de diciembre hasta el 20 de marzo. || V. **Nube de verano.** || ant. Primavera.

VERAS. (Del lat. *veras,* acus. pl. f. de *verus,* verdadero.) f. pl. Verdad en las cosas. *Eso lo dijo de* VERAS. || Eficacia con que se ejecutan o desean las cosas. *Trabajó con muchas* VERAS. || **De veras.** m. adv. Con verdad. || Con formalidad y eficacia.

VERASCOPIO. m. Estereoscopio hecho para ver, por transparencia, diapositivas.

VERÁSCOPO. m. Digase verascopio.

VERATRINA. f. *Med.* Alcaloide contenido en la cebadilla, planta americana del género del veratro. Es un polvo blanco, cristalino, de sabor acre y cáustico.

VERATRO. (Del lat. *verátrum.*) m. Vedegambre.

VERAZ. al. **Wahrhreitsliebend; wahrhaftig.** fr. **Véridique.** ingl. **Veracious.** ital. **Verace.** port. **Veraz.** (Del lat. *vérax, -acis.*) adj. Que siempre dice o profesa la verdad. *Una persona* VERAZ.

VERAZZANI, Juan. *Biog.* V. **Verrazano, Juan.**

VERBA. (Del lat. *verba,* pl. de *vérbum,* palabra.) f. Labia, locuacidad. *¡Qué* VERBA *tiene este hombre!*

VERBAL. al. **Mündlich; verbal.** fr. **Verbal.** ingl. **Verbal.** ital. **Verbale.** port. **Verbal.** (Del lat. *verbalis.*) adj. Dícese de lo que se refiere a la palabra, o se sirve de ella. *Memoria* VERBAL. || Hecho o estipulado sólo de palabra, y no por escrito. *Contrato* VERBAL. || V. **Nota verbal.** || *For.* V. **Degradación, juicio verbal.** || *Gram.* Perteneciente o relativo al verbo. || Aplícase a las palabras derivadas de un verbo; como *cabalgata, de cabalgar.* Ú.t.c.s.m.

VERBALISMO. m. Tendencia a fundar el razonamiento más en las palabras que en los conceptos. *Su tesis resultó puro* VERBALISMO. || Procedimiento de enseñanza en que se cultiva preferentemente la memoria verbal.

VERBALISTA. adj. Perteneciente o relativo al verbalismo. || Partidario del verbalismo o propenso a él. Ú.t.c.s.

VERBALMENTE. (De *verbal,* 1ª acep.) adv. m. De palabra; sólo con palabras o por medio de ellas. *Nos lo comunicó* VERBALMENTE.

VERBÁSCEO, A. adj. *Bot.* Dícese de ciertas plantas pertenecientes a la familia de las escrofulariáceas, cuya corola tiene el tubo muy corto o está desprovisto de él; como el verbasco. Ú.t.c.s.f. || f. pl. *Bot.* Tribu de estas plantas.

VERBASCO. (Del lat. *verbáscum.*) m. Gordolobo.

VERBENA. al. **Eisenkraut.** fr. **Verveine.** ingl. **Vervain; verbena.** ital. **Verbena.** port. **Verbena.** (Del lat. *verbena.*) f. Planta verbenácea de hojas ásperas y hendidas, flores de hermosos colores en espigas largas y delgadas, y fruto seco con dos o cuatro divisiones e igual número de semillas. Se cultiva en jardines y su cocimiento, amargo y astringente, se ha usado en medicina. || Velada y feria que se celebra en ciertas festividades, en algunas poblaciones, para regocijo popular. *La* VERBENA *de la Paloma.*

VERBENÁCEO, A. (Del lat. *verbena,* verbena.) adj. *Bot.* Dícese de ciertas hierbas, arbustos y árboles, con tallos y ramas de forma generalmente cuadrangular; hojas opuestas, verticiladas y sin estípulas; flores en racimo, espiga, cabezuela o cima, y fruto capsular o drupáceo con semillas sin albumen; como la verbena y la hierba luisa. Ú.t.c.s.f. || f. pl. *Bot.* Familia de estas hierbas, arbustos y árboles.

VERBENA DE LA PALOMA, La. *Lit.* y *Mús.* Sainete lírico, libreto de Ricardo de la Vega y música de Tomás Bretón, estrenado en Madrid en 1894. Colorido reflejo de tipos y costumbres de los barrios bajos de Madrid, es una expresión característica del género chico español que se sigue representando con éxito.

VERBENEAR. (Del ant. *vierben,* gusano.) intr. fig. Gusanear, bullir, hormiguear. || Abundar, multiplicarse en un lugar personas o cosas.

VERBENERO, RA. adj. Perteneciente o relativo a las verbenas, veladas y ferias para regocijo popular.

VERBERACIÓN. (Del lat. *verberatio, -onis.*) f. Acción y efecto de verberar.

VERBERAR. (Del lat. *verberare.*) tr. Azotar, castigar con azotes. Ú.t.c.r. fig. Azotar el viento o el agua en algún lugar. *La lluvia* VERBERA *la ventana.*

VERBIGERACIÓN. (Del lat. *verbigerare,* disputar, discutir.) f. *Pat.* Repetición incoherente de palabras o frases.

VERBIGRACIA. Voz con que generalmente se representa en español la expresión elíptica latina **Verbi gratia.** || m. Ejemplo, 1ª acep.

VERBI GRATIA. expr. elípt. lat. **Por ejemplo.**

VERBO. (Del lat. *vérbum.*) m. Segunda persona de la Santísima Trinidad. || Palabra, sonido que expresa una idea. || Terno, voto, juramento. || *Gram.* Parte de la oración o discurso que tiene formas personales y formas no personales; las personales indican las circunstancias de voz, modo, tiempo, número y persona, y siempre expresan, por sí solas o con las palabras que le acompañan, un juicio acerca del sujeto; las formas no personales son el infinitivo, gerundio y participio, y tienen las características del nombre, adverbio y adjetivo, respectivamente. || — **activo. Verbo transitivo.** || — **adjetivo.** Cualquiera de los **verbos,** excepto *ser,* que es el único substantivo. || — **auxiliar.** El que se usa en la formación de la voz pasiva y de los tiempos compuestos de la activa; como *haber* y *ser.* || — **copulativo. Verbo substantivo.** || — **defectivo.** Aquel que no se usa en todos los modos, tiempos o personas de que consta esta parte de la oración; como *abolir, soler, garantir.* || — **deponente. Verbo** latino que, con significación de activo, se conjuga por la voz pasiva. || — **determinado.** El que es regido por otro, formando oración con él. || — **determinante.** El que rige a otro, formando oración con él. *Debo estudiar;* debo es el **verbo determinante** y estudiar el determinado. || — **frecuentativo.** Aquel que denota acción reiterada o repetida, como *berrear, golpear, hojear.* || — **impersonal.** El que sólo se emplea en el modo infinitivo y en la tercera persona de singular de cada uno de los tiempos de los demás modos; como *anochecer, nevar.* || — **incoativo.** El que indica el comienzo de una acción; como *florecer, madurar.* || — **intransitivo.** Aquel cuya significación no pasa ni se transmite del sujeto a otra persona o cosa; como *nacer, ir, nadar.* || — **irregular.** El que se conjuga alterando ya las letras radicales, ya las desinencias propias de la conjugación regular, ya unas y otras; como *sentir, huir, tener.* || — **neutro. Verbo intransitivo.** || — **pasivo.** Verbo latino que, conjugándose como activo, denota pasión en sentido gramatical. || — **pronominal.** Cualquiera de los que se conjugan teniendo por régimen o complemento un pronombre; como los recíprocos y los reflejos o reflexivos. || — **recíproco.** Aquel que, llevando siempre por complemento un pronombre, denota reciprocidad o cambio mutuo de acción entre dos o más personas, animales o cosas. *El agua y el aceite* NO SE MEZCLAN. *Pedro y Juan* SE ODIAN. || — **reflejo,** o **reflexivo.** El que tiene por complemento el mismo sujeto expresado mediante un pronombre átono. *Yo* ME PEINO; *él* SE ASEA. || — **regular.** El que se conjuga sin alterar las letras radicales ni las desinencias propias de la conjugación a que pertenece; como *amar, tener, partir.* || — **substantivo. Verbo** *ser,* único que expresa la idea de esencia o substancia sin denotar, como los demás verbos, otros atributos o modos de ser. || — **transitivo.** El que exige un complemento directo, mediando o no la preposición *a.* *Amar a Dios; decir verdad.* || — **unipersonal.** Verbo impersonal. || **En un verbo.** loc. adv. fig. y fam. Sin dilación, sin demora, en un instante.

VERBORRAGIA. f. Verborrea.

VERBORREA. f. fam. Verbosidad excesiva.

VERBOSIDAD. al. **Wortschall.** fr. **Verbosité.** ingl. **Verbosity; wordiness.** ital. **Verbosità.** port. **Verbosidade.** (Del lat. *verbósitas, -atis.*) f. Abundancia, exceso de palabras en la elocu-

ción. *Su oratoria peca de* VERBOSIDAD.
VERBOSO, SA. (Del lat. *verbosus*, de *vérbum*, palabra.) adj. Abundante en palabras.
VERCELLI. *Geog.* Provincia del N.O. de Italia (Piamonte) 2.997 km². 408.000 h. Cap. hom. 57.000 h. Arroz. Industria textil, mecánica y química.
VERCINGÉTORIX. *Biog.* Caudillo galo que sublevó a varios pueblos contra Roma. Fue derrotado por César y muerto tras seis años de cautiverio (m. 52 a. de C.).
VERDACHO. m. Arcilla teñida de color verde claro, a causa del silicato de hierro que contiene, usada en la pintura al temple.
VERDAD. al. **Wahrheit.** fr. **Vérité.** ingl. **Truth.** ital. **Verità.** port. **Verdade.** (Del lat. *véritas, -atis.*) f. Conformidad de las cosas con el concepto que de ellas nos formamos. *Es* VERDAD *lo que se decía de su talento.* ‖ Conformidad de lo que se dice con lo que se piensa o siente. *Quedaron convencidos con aquellas* VERDADES ‖ Propiedad que tiene una cosa de mantenerse sin mutación alguna. *La eterna y divina* VERDAD. ‖ Juicio que no se puede negar racionalmente. ‖ Veracidad. *Se confirmó la* VERDAD *de esta noticia.* ‖ Expresión clara y franca con que se corrige o reprende a una persona. Ú.m. en pl. *Le dijo algunas* VERDADES. ‖ Realidad, existencia real y efectiva. *La* VERDAD *innegable de los hechos.* ‖ **– de Perogrullo.** fam. Perogrullada. ‖ **La pura verdad.** La verdad sin tergiversación. ‖ **Verdades como puños.** fig. y fam. Verdades evidentes. ‖ **A decir verdad.** expr. **A la verdad.** ‖ **Ajeno de verdad.** expr. Contrario a ella. ‖ **A la verdad.** m. adv. Ú. para asegurar la realidad de algo. ‖ **Bien es verdad.** expr. **Verdad es que.** ‖ **Cantar** o **decir** a uno **cuatro verdades, las cuatro verdades del barquero,** o **las verdades del barquero.** frs. fig. y fam. Decirle sin ningún miramiento cosas que le amarguen. ‖ **De verdad.** m. adv. **A la verdad.** ‖ **En verdad.** m. adv. Verdaderamente. Suele usarse repetido. ‖ **Es verdad que.** expr. **Verdad es que.** ‖ **Faltar** uno **a la verdad.** frs. Mentir, decir lo contrario de lo que se sabe, piensa o cree. ‖ **La verdad amarga.** expr. fig. usada para denotar el disgusto que le produce a uno el que le pongan de manifiesto sus defectos o desaciertos. ‖ **Verdad es que.** expr. que se emplea contraponiendo una cosa a otra, como que no es un obstáculo o estorbo el asunto, o para exceptuar de una regla general.
VERDADERO, RA. adj. Que contiene verdad. ‖ Real y efectivo. ‖ Sincero, ingenuo, cándido. ‖ **Veraz.** ‖ V. **Costilla verdadera.** ‖ *Astron.* V. **Tiempo verdadero.** ‖ IDEAS AFINES: *Certidumbre, axioma, franqueza, lealtad, fidedigno, auténtico, ortodoxo; mentira, falacia, calumnia.*
VERDAD SOSPECHOSA, La. *Lit.* Comedia de Juan Ruiz de Alarcón cuya primera edición data de 1634. Su argumento trata de un mentiroso condenado a no casarse con la mujer que ama. Obra de sumo ingenio y tendencia moralizadora, de finura y discreción, fue imitada por Corneille y Goldoni.
VERDAD Y RAMOS, Francisco P. de. *Biog.* Patriota mex. En 1808 propuso al virrey la constitución de juntas sosteniendo que la ausencia del soberano esp. daba facultades de constituir un gob. autónomo. Su plan fue considerado subversivo; fue detenido y ejecutado (1760-1808).
VERDAGUER, Jacinto. *Biog.* Rel. y poeta esp., autor de los poemas *La Atlántida* y *Canigó*, obras maestras en donde el regionalismo catalán adquiere caracteres de epopeya. Otras obras: *Flores del Calvario; Idilios y cantos místicos*, etc. (1845-1902).
VERDAL. (De *verde.*) adj. Dícese de ciertas frutas que tienen color verde aun después de madurar. *Aceituna* VERDAL.
VERDASCA. f. Vara o ramo delgado y generalmente verde.
VERDASCAZO. m. Golpe dado con una verdasca.
VERDE. al. **Grün.** fr. **Vert.** ingl. **Green.** ital. **Verde.** port. **Verde.** (Del lat. *viridis.*) adj. Dícese del cuarto color del espectro solar. Ú.t.c.s.m. *El* VERDE, *color de la esmeralda, es símbolo de esperanza.* ‖ De color **verde.** *La bandera mexicana es* VERDE, *blanca y roja.* ‖ En contraposición de seco, dícese de las plantas y árboles que todavía conservan alguna savia. ‖ Dícese de la leña recién cortada de los árboles vivos. ‖ Dicho de legumbres, las que se consumen frescas. *Judías* VERDES. ‖ Dícese de lo que todavía no está maduro. *No comas ciruelas* VERDES. ‖ Junto con algunos substantivos, parecido al color de las cosas que éstos designan. VERDE *botella.* ‖ fig. Aplícase a los primeros años de la vida. ‖ Dícese de las cosas a las cuales falta mucho para lograrse o perfeccionarse. *Ese proyecto todavía está* VERDE. ‖ Licencioso, obsceno. Aplícase a cuentos, novelas, chistes, etc. *Un libro* VERDE. ‖ Aplícase a quien conserva inclinaciones galantes impropias de su edad. *Viejo* VERDE. ‖ m. Alcacer y demás hierbas que se siegan en **verde** y son consumidas por el ganado antes que se sequen. *Dale* VERDE *al mulo.* ‖ m. Follaje de las plantas. ‖ Sabor áspero del vino. ‖ fam. *Arg.* y *Urug.* Mate, infusión. *Arrímese, y tome unos* VERDES. ‖ Pasto. ‖ *P. Rico.* Campo, campaña, en contraposición a pueblo, ciudad. *Volvió al* VERDE. ‖ pl. Hierbas, pastos. ‖ **Verde de montaña,** o **de tierra.** Malaquita. ‖ **Poner verde** a una persona. frs. fig. y fam. Colmarla de improperios o criticarla acremente.
VERDE. *Geog.* Península del S. de la provincia de Buenos Aires (Rep. Argentina), sit. en el extremo sur de Bahía Blanca. ‖ Río del O. de México, afl. del Santiago. Nace en el Est. de Zacatecas con el nombre de **San Pedro,** al penetrar en Aguascalientes recibe este nombre y en Jalisco se llama **Verde.** 327 km.
VERDEA. f. Vino de color verdoso.
VERDEANTE. adj. p. a. de **Verdear.** Que verdea. *El* VERDEANTE *prado.*
VERDEAR. al. **Grünen.** fr. **Verdoyer.** ingl. **To grow green.** ital. **Verdeggiare.** port. **Verdear.** intr. Mostrar una cosa su color verde. *Este tejido* VERDEA. ‖ Dicho de un color, tirar a verde. *Ese azul* VERDEA. ‖ Cubrirse de hojas y tallos los árboles, o empezar a brotar plantas en los campos. *Los ciruelos andan* VERDEANDO. ‖ fam. *Arg.* Matear, tomar mate. ‖ tr. En algunas partes, recoger la uva o la aceituna para consumirla como fruto.
VERDECELADÓN o **VERDECELEDÓN.** (Del fr. *vert-céladon.*) adj. Verde claro. Dícese especialmente del color que se da a ciertas telas. Ú.t.c.s.m.
VERDECER. (Del lat. *viridéscere.*) intr. Reverdecer la tierra, las plantas o los árboles. ‖ irreg. Conj. como **agradecer.**
VERDECILLO. (dim. de *verde.*) m. Verderón, ave.
VERDEGAL. m. Sitio donde verdea el campo.
VERDEGAY. (De *verde* y *gayo.*) adj. Dícese del color verde claro. Ú.t.c.s.m. ‖ De color **verdegay.**
VERDEGUEAR. intr. Verdear.
VERDEJO, JA. adj. dim. de **Verde.** ‖ **Verdal.**
VERDEL. Pez de manchas verdosas, escombro, caballa.
VERDEMAR. adj. Dícese del color similar al verdoso que suele tomar el mar. Ú.t.c.s. ‖ De color **verdemar.**
VERDEMONTAÑA. m. Verde de montaña.
VERDEROL. m. Verderón.
VERDERÓN. (Del lat. *vireo, -onis*, por influencia de *verde.*) m. Pájaro fringílido, canoro, de plumaje verde con manchas amarillentas en las remeras principales y en la base de la cola. *El* VERDERÓN *se suele tener en jaula, por su canto agradable.*
VERDERÓN. m. Berberecho.
VERDERÓN, NA. adj. Verdino.
VERDETE. (dim. de *verde.*) adj. Cardenillo, verde claro. Ú.t.c.s.m. ‖ m. *Quím.* Cardenillo.
VERDEVEJIGA. m. Compuesto de hiel de vaca y sulfato de hierro, de color verde obscuro, que se usa en pintura.
VERDEZUELO, LA. adj. dim. de **Verde.** ‖ m. Verderón, ave.
VERDI, José. *Biog.* Famoso compos. ital. Artista de talento dramático y teatral, músico melodioso con agudo sentido de lo popular, su vasta obra operística es de un sentido cálido y directo, y traduce en el canto casi todo su dramatismo. Las óperas *Otello; Falstaff* y *Aída* fueron las que consagraron su nombre mundialmente. Son asimismo notables *La Traviata; La fuerza del destino; Rigoletto*, etc. (1813-1901).
VERDIAL. m. Cierta clase de canto flamenco. Ú.m. en pl.
VERDÍN. m. Primer color verde de las plantas. ‖ Estas mismas plantas sin madurar. ‖ Capa verde de plantas criptógamas, que se cría en las aguas estancadas, paredes y lugares húmedos, y en la corteza de algunos frutos, cuando se pudren. ‖ Cardenillo, mezcla de acetatos de cobre. ‖ deriv.: **verdinoso, sa.**
VERDINA. f. Verdín, color verde.
VERDINAL. m. Fresquedal.
VERDINEGRO, GRA. (De *verde* y *negro.*) adj. Verde obscuro, Ú.t.c.s.m.
VERDINO, NA. adj. Muy verde o verdoso.
VERDIÑAL. (De *verde.*) adj. V. **Pera verdiñal.**
VERDISECO, CA. (De *verde* y *seco.*) adj. Medio seco.
VERDOLAGA. (Del lat. *portulaca.*) f. Planta herbácea anual, cariofilea, con tallos hendidos, gruesos y carnosos, de treinta centímetros de largo aproximadamente; hojas sentadas, carnosas, casi redondas, verdes por la haz y blancuzcas por el envés; flores amarillas y fruto capsular con semillas negras y menudas. Se cultiva en los huertos y se la come generalmente en ensalada. *Portulaca oleracea*, portulacácea. ‖ Por ext., cualquier verdura. Ú.m. en pl. ‖ **Como verdolaga en huerto.** expr. adv. Aplícase a la persona que está o se pone a sus anchas. ‖ deriv.: **verdolagar.**
VERDÓN. m. Verderón, pájaro. ‖ *Cuba.* Mariposa, ave canora.
VERDOR. m. Color verde vivo de las plantas. ‖ Color verde. ‖ fig. Vigor, fortaleza, lozanía. ‖ Edad de la mocedad. Ú.t. en pl. *El* VERDOR *de sus veinte abriles.*
VERDOSO, SA. adj. Que tira a verde.
VERDOYO. m. Verdín, color verde.
VERDUGADA. f. *Arq.* Verdugo, hilada de ladrillo.
VERDUGADO. (Por el *verdugo*, renuevo o vástago, con que se formaron en un principio estas armazones.) m. Vestidura usada por las mujeres debajo de las basquiñas, para ahuecarlas. ‖ V. **Aguja de verdugado.**
VERDUGAL. m. Monte bajo que, después de cortado o quemado, se cubre de verdugos o renuevos.
VERDUGAZO. m. Golpe dado con el verdugo.
VERDUGO. al. **Henker.** fr. **Bourreau.** ingl. **Executioner.** ital. **Boia.** port. **Verdugo.** (De un der. del lat. *víridis*, verde.) m. Renuevo o vástago del árbol. ‖ Estoque muy delgado. ‖ Azote hecho de mimbre, cuero u otra materia flexible. ‖ Roncha larga o señal que produce el golpe del azote. *Tenía las espaldas llenas de* VERDUGOS. ‖ Ministro de justicia que ejecuta las penas de muerte y antiguamente ejecutaba otras corporales; como las de azotes, tormento. etc. *El* VERDUGO *le tapó la cara al reo.* ‖ Aro de sortija. ‖ Alcaudón. ‖ Verdugado. ‖ fig. Persona muy cruel o que castiga despiadadamente. *Es un* VERDUGO *para el hijo.* ‖ Cualquier cosa que atormenta o molesta mucho. ‖ *Arq.* Hilada de ladrillo que se pone horizontalmente en una construcción de otro material.
VERDUGO, GA. adj. *Cuba* Dícese del ganado de pelo bermejo con vetas negras.
VERDUGÓN. (aum. de *verdugo.*) m. Verdugo, vástago del árbol. ‖ Verdugo, señal producida por el golpe del azote. ‖ *Bol.* Rotura de la ropa.
VERDUGUETE. (dim. de *verdugo.*) f. *Mar.* Verduguillo, galón.
VERDUGUILLO. m. dim. de **Verdugo.** ‖ Especie de roncha que suele levantarse en las hojas de ciertas plantas. ‖ Navaja para afeitar más pequeña y más angosta que las comunes. ‖ Verdugo, estoque. ‖ Arete para las orejas. ‖ *Mar.* Galón, y en general cualquier listón angosto de madera labrado en forma de mediacaña.
VERDULERA. f. La que vende verduras. ‖ fig. y fam. Mujer desvergonzada y raída.
VERDULERÍA. (De *verdulero.*) Tienda o puesto de verduras. ‖ IDEAS AFINES: *Legumbre, huerto, repollo, tomate, coliflor, alcaucil, espinaca, cebolla, zanahoria, lechuga, ensalada.* ‖ fig. y fam. Calidad de verde o libre, obscenidad.
VERDULERO. (De *verdura.*) m. El que vende verduras.
VERDÚN. *Geog.* Ciudad del E. de Canadá, próxima a Montreal. 75.000 h. Centro industrial y comercial. ‖ Ciudad del N.E. de Francia, sobre el Mosa. 21.000 h. Durante los conflictos europeos siempre jugó un papel importante y sobre todo durante la primera Guerra Mundial, en que simbolizó la resistencia nacional.
VEREENIGING. *Geog.* Ciudad de la República Sudafricana (Transvaal). 172.000 h. Carbón, industria metalúrgica.
VERDURA. al. **Gemüse.** fr. **Légumes.** ingl. **Vegetables.** ital. **Verdura.** port. **Verdura.** f. Verdor, 1ª y 2ª aceps. ‖ Hortaliza, y en particular la que se come cocida. Ú.m. en pl. *Le gustan mucho las* VERDURAS. ‖ Representación pictórica del follaje en cuadros, tapices, etc. ‖ Obscenidad, calidad de verde o licencioso.
VERDUSCO, CA. adj. Que tira a verde obscuro.
VERECUNDIA. f. Vergüenza.
VERECUNDO, DA. (Del lat. *verecundus.*) adj. Vergonzoso, que se avergüenza fácilmente.
VEREDA. al. **Pfad; Bürgersteig.** fr. **Sentier; trottoir.** ingl. **Footpath; sidewalk.** ital. **Sentiero; marciapiede.** port. **Vereda; acera.** (De b. lat. *vereda*, y éste del lat. *veredus*, caballo de posta.) f. Camino estrecho, formado generalmente por el tránsito de peatones y ganado. ‖ Despacho que lleva el veredero. ‖ Camino que hacen los regulares por ciertos pueblos, de orden de los prelados, para predicar en ellos. ‖ *Amér. del S.* Acera de las calles. ‖ **Hacer** a uno **entrar por vereda.** frs. fig. y fam. Obligarle a cumplir sus deberes.
VEREDERO. (De *vereda.*) m. Persona enviada para notificar, publicar o distribuir despachos u otros documentos en varios lugares que se hallan en un mismo camino o a poca distancia.
VEREDICTO. al. **Urteilsspruch; Verdikt.** fr. **Verédict.** ingl. **Verdict.** ital. **Decisione.** port. **Veredicto.** (Del lat. *vere*, verdad, y *dictus*, dicho.) m. Definición sobre un hecho dictada por el jurado. *El* VEREDICTO *fue bien recibido.* ‖ Por. ext., parecer, dictamen o juicio emitido autorizada y reflexivamente. ‖ **– de inculpabilidad.** El pronunciado por el jurado descargando al reo de todas las acusaciones.
VEREDÓN. m. *Arg.* Acera muy ancha.
VERGA. adj. V. **Uva verga.**
VERGA. al. **Rache.** fr. **Vergue.** ingl. **Yard.** ital. **Verga.** port. **Verga.** (Del lat. *virga.*) f. Miembro genital de los mamíferos. ‖ Arco de acero de la ballesta. ‖ Palo delgado. ‖ Tira de plomo, con ranuras en los cantos, para asegurar los vidrios de las ventanas. ‖ *Mar.* Percha labrada adecuadamente, a la cual se asegura el grátil de una vela. ‖ **– seca.** *Mar.* La mayor del palo mesana, que no lleva vela.
VERGA, Giovanni. *Biog.* Nov. y dramaturgo ital., autor de *Cavallería rusticana; El marido de Elena; Novelas rústicas*, etc. (1840-1922).
VERGAJAZO. m. Golpe dado con el vergajo.
VERGAJO. m. Verga de toro que, después de cortada, seca y retorcida, se usa como látigo. ‖ Por ext., verdugo, azote de materia flexible.
VERGARA, Carlos N. *Biog.* Educador y pedagogo arg., propulsor de la escuela liberal y laica. Autor de *Principios de filosofía y de sociología de la educación; Educación republicana; Evangelio pedagógico*, etc. (1859-1929). ‖ **– José Ignacio.** Ingeniero chil., autor de obras sobre la evolución de las matemáticas. (1837-1889). ‖ **– Y VELASCO, Francisco Javier.** Hist. col., autor de *Metodología y crítica histórica de elementos de cronología colombiana; La historia y su enseñanza,*

etc. (1860-1915). || – **Y VERGARA, José María.** Poeta y prosista col., autor de Los buitres; Historia de la literatura en Nueva Granada; Un par de viejos, etc. (1831-1872).

VERGAJEAR. tr. Ec. Azotar, dar azotes. || deriv.: **vergajeada.**

VERGÉ. adj. V. **Papel vergé.**

VERGEL. al. **Garten.** fr. **Verger.** ingl. **Garden.** ital. **Giardino; orto.** port. **Vergel.** (Como el fr. verger, del lat. viridárium.) m. Huerto con flores y árboles frutales. Tiene una quinta que es un VERGEL. || deriv.: **vergelero.**

VERGETA. f. Vergueta, varita delgada. || Blas. Palo más estrecho que el común.

VERGETEADO, DA. (De vergeta.) adj. Blas. V. **Escudo vergeteado.**

VERGONZANTE. adj. Que por vergüenza procede con cierto disimulo o encubriéndose. Pobre VERGONZANTE.

VERGONZOSAMENTE. adv. m. De modo vergonzoso.

VERGONZOSO, SA. al. **Schamhaft.** fr. **Honteux.** ingl. **Shameful.** ital. **Vergognoso.** port. **Vergonhoso.** adj. Que causa vergüenza. || Que se avergüenza fácilmente. Ú.t.c.s. || V. **Mimosa vergonzosa.** || V. **Partes vergonzosas.** || m. Especie de armadillo, con el cuerpo y la cola recubiertos de escamas. Cuando es perseguido, se encoge formando como una bola escamosa.

VERGOÑA. (Del lat. verecundia.) f. ant. Vergüenza. || deriv.: **vergoñoso, sa.**

VERGUEAR. tr. Varear, sacudir con verga o vara.

VERGÜENZA. al. **Scham; Schande.** fr. **Vergogne.** ingl. **Shame.** ital. **Vergogna.** port. **Vergonha.** (Del lat. verecundia.) f. Turbación del ánimo causada por alguna falta cometida o una humillación recibida. Sintió VERGÜENZA de su proceder ingrato. || Pundonor, estimación del propio honor u honra. Hombre de VERGÜENZA. || Timidez para hacer algo. Tiene VERGÜENZA de bailar. || Acción que por indecorosa cuesta repugnancia ejecutar o desacredita al que la realiza. Lo que has hecho es una VERGÜENZA. || Pena o castigo que consistía en exponer al reo a la afrenta y confusión pública con alguna señal que denotara su delito. Sacar a la VERGÜENZA. || pl. **Partes pudendas.** || **Perder** uno **la vergüenza.** frs. Abandonarse, desestimando el honor correspondiente a su estado o condición. || Desechar la timidez. || IDEAS AFINES: Sofoco, rubor, bochorno, humildad, bajar los ojos.

VERGÜEÑA. (De vergoña.) f. ant. Vergüenza.

VERGUETA. (dim. de verga.) f. Varita delgada.

VERGUETEADO. adj. V **Papel vergueteado.**

VERGUÍO, A. (De verga.) adj. Aplícase a las maderas flexibles y correosas.

VERHAEREN, Emilio. Biog. Poeta belga de inspiración panteísta, autor de Las ciudades ilusorias; Las ciudades tentaculares; Todo Flandes; Poemas ilusorios, etc. (1855-1916).

VERICUETO. m. Lugar alto y quebrado, por donde se anda con dificultad. Por estos VERICUETOS no pueden ir las caballerías.

VERÍDICO, CA. al. **Wahr.** fr. **Véridique.** ingl. **Veridical.** ital. **Veridico.** port. **Verídico.** (Del lat. verídicus; de veras, verdadero, y dícere, decir.) adj. Que dice verdad. Testigo VERÍDICO. || Dícese también de lo que la incluye. Informe VERÍDICO. || deriv.: **verídicamente.**

VERIFICACIÓN. al. **Prüfung.** fr. **Vérification.** ingl. **Verification.** ital. **Verificazione.** port. **Verificação.** f. Acción de verificar o verificarse.

VERIFICADOR, RA. adj. Que verifica. Ú.t.c.s.

VERIFICAR. al. **Nachprüfen.** fr. **Vérifier.** ital. **To verify.** ital. **Verificare.** port. **Verificar.** (Del lat. verus, verdadero, y fácere, hacer.) tr. Probar que es verdadera una cosa de la cual se dudaba. Copérnico VERIFICÓ la redondez de la tierra. || Comprobar o examinar la verdad de una cosa. VERIFICAR un balance. || Efectuar, realizar. Ú.t.c.r. Se VERIFICÓ la reunión. || r. Resultar verdadero lo dicho o pronosticado. SE VERIFICARON las acusaciones de la prensa.

VERIFICATIVO, VA. adj. Aplícase a lo que sirve para verificar algo.

VERIGÜETO. m. Molusco bivalvo y comestible, perteneciente a la clase de los lamelibranquios.

VERIJA. (Del lat. virilia, distintivo del sexo masculino.) f. Región de las partes pudendas. sinón.: **vedija.** || Amér. Ijar, ijada.

VERIJÓN, NA. adj. Méx. Perezoso.

VERIL. (De vera, orilla.) m. Mar. Orilla o borde de un bajo, sonda, banco, etc.

VERILEAR. intr. Mar. Navegar por un veril o por sus inmediaciones.

VERINGO, GA. adj. Col. Desnudo, en cueros.

VERINGUEARSE. r. Col. Desnudarse.

VERISÍMIL. (Del lat. verisimilis; de veras, verdadero, y símilis, semejante.) adj. Verosímil.

VERISIMILITUD. (Del lat. verisimilitudo.) f. Verosimilitud.

VERISÍMILMENTE. adv. Verosímilmente.

VERISMO. al. **Verismus.** fr. **Vérisme.** ingl. **Verism.** ital. **Verismo.** port. **Verismo.** m. Realismo extremado en la obra de arte.

VERÍSSIMO, Erico. Biog. Nov. bras., autor de Mirad los lirios del campo; Caminos cruzados; Fantoches; Un sitio bajo el sol, y otros libros (n. 1905).

VERJA. al. **Gitter.** fr. **Grille.** ingl. **Grate.** ital. **Inferriata.** port. **Grade.** (Del lat. virga, vara.) f. Enrejado que sirve de puerta, ventana o cerca.

VERJURADO. adj. V. **Papel verjurado.**

VERKHOJANSK. Geog. Pobl. de la Unión Soviética, en el N.E. de Siberia. 1.000 h. Ha sido llamada el "polo del frío", pues su temperatura llega a 70º bajo cero, aproximadamente.

VERLAINE, Pablo. Biog. Notable poeta fr., precursor del simbolismo. En la delicadeza y musicalidad de sus versos, ingenuos, sensuales y naturales, supo tocar los temas más opuestos en una gama sutil que va desde lo atrevido hasta lo místico. Obras: Poemas saturnianos; Romanzas sin letras; Cordura, etc. (1844-1896).

VERME. (Del lat. vermis, gusano.) m. Med. **Lombriz intestinal.** Ú.m. en pl.

VERMEER, Juan. Biog. Pintor hol., famoso como paisajista. Obras: Dama del clavel; La cortesana, etc. (1632-1675).

VERMICIDA. (Del lat. vermis, gusano, y caédere, matar.) adj. Med. Vermífugo. Ú.t.c.s.m.

VERMICULAR. (Del lat. vermículus, gusanillo.) adj. Que tiene gusanos o vermes. || Que se parece a los gusanos o participa de sus cualidades. || Anat. V. **Apéndice vermicular.**

VERMIFORME. (Del lat. vermis, gusano, y forma, figura.) adj. De forma de gusano. || Anat. V. **Apéndice vermiforme.**

VERMÍFUGO, GA. (Del lat. vermis, gusano, y fugare, ahuyentar.) adj. Med. Que tiene virtud para matar los vermes. Ú.t.c.s.m.

VERMILINGÜE. (Del lat. vermis, gusano, y lingua, lengua.) adj. Zool. Dícese de ciertos mamíferos, originarios de Asia, África y América Meridional, que se caracterizan por tener una lengua angosta, larga y viscosa que introducen en los hormigueros para atrapar las hormigas que les sirven de alimento; como el tamandúa. Ú.t.c.s. || m. pl. Zool. Grupo de estos animales.

VERMINACIÓN. (Del lat. verminatio, -onis.) f. Infestación con gusanos.

VERMINOSO, SA. (Del lat. verminosus, de vermis, gusano.) adj. Dícese de las enfermedades causadas por los gusanos o acompañadas de la presencia de gusanos.

VERMIS. (Voz latina.) m. Gusano. || Nombre de las eminencias medias, superior e inferior en las caras superior e inferior del cerebelo.

VERMONT. Geog. Estado del noreste de los EE.UU., en el límite con Canadá. Tiene 24.983 km². y 462.000 h. Agricultura, ganadería. Industria lechera, maquinarias. Minería. Cap. MONTPELIER.

VERMUT. (Del al. wermuth, ajenjo.) m. Aperitivo compuesto generalmente de vino blanco, ajenjo y otras substancias amargas y tónicas. || fig. Designación dada a la función teatral, cinematográfica, etc., que precede a la función nocturna.

VERNÁCULO, LA. (Del lat. vernáculus.) adj. Doméstico, nativo, propio de una casa o país. Aplícase especialmente al idioma o lengua.

VERNAL. (Del lat. vernalis.) adj. Perteneciente o relativo a la primavera. Equinoccio VERNAL. || V. **Solsticio vernal.** || Astrol. V. **Cuadrante vernal.**

VERNE, Julio. Biog. Novelista fr., de extraordinaria popularidad. Dotado de inusitada inventiva, en sus novelas campea una sana y desbordante fantasía, con predicciones científicas que adelantaron no pocos descubrimientos e invenciones mod. Obras: Viaje al centro de la tierra; La vuelta al mundo en ochenta días; Veinte mil lenguas de viaje submarino; Miguel Strogoff; Un capitán de quince años, etc. (1828-1905).

VERNEUIL, Luis. Biog. Comediógrafo fr., autor de Celos; Mi mujer es un gran hombre; Daniel, etc. (1893-1952). || – **Raúl de.** Compos. per., autor de inspiración autóctona y técnica avanzada. Leyenda inca; Danza peruana, etc. (n. 1901).

VERNIER. (Del geómetra fr. Pedro Vernier.) m. Geom. Nonio.

VERNIER, Pedro. Biog. Geómetra fr. que inventó el cuadrante que lleva su nombre. (1580-1637).

VERNOLENINSK. Geog. C. de la Unión Soviética (Ucrania), en la des. del río Bug, cerca del mar Negro. 335.000 h. Astilleros, Industrias mecánicas Antes, **Nicolaiev.**

VERO. (Del lat. varius, manchado de diversos colores.) m. Marta cebellina, piel. || pl. Blas. Esmaltes que cubren el escudo, en forma de campanillas alternas, unas de plata y otras de azur, y con las bocas opuestas.

VERO, RA. (Del lat. verus.) adj. desus. Verdadero. No todo es VERO lo que suena el pandero.

VEROLÍS. m. C. Rica. Especie de caña muy delgada, dura y lisa.

VERONA, Guido da. Biog. Nov. popular ital., autor de La vida comienza mañana; Una aventura de amor en Teherán; La que no se debe amar, etc. (1881-1939).

VERONA. Geog. Provincia del N.E. de Italia (Véneto). 3.097 km². 750.000 h. Cap. hom. situada sobre el Adigio. 270.000 h. Importante centro agrícola. Vinos. Industria metalúrgica. Numerosas ruinas y monumentos históricos.

VERONENSE. (Del lat. veronensis.) adj. Veronés. Apl. a pers., ú.t.c.s.

VERONÉS, SA. adj. Natural de Verona. Ú.t.c.s. || Perteneciente o relativo a esta ciudad de Italia.

VERONÉS, El. Biog. Cél. pintor ital. cuyo verdadero nombre es **Pablo Cágliari.** Influido por los maestros del Renacimiento, volcó en numerosos cuadros su concepción plástica caracterizada por el plateado brillo de los colores, la vivacidad de formas y expresiones, y su visión optimista del mundo y de la vida; Bodas de Caná; Triunfo de Venecia; La edad madura y la juventud, etc. (1528-1588).

VERÓNICA. (De Verónica, nombre propio.) f. Planta escrofulariácea, con tallos delgados y rastreros de veinticinco centímetros de longitud aproximadamente; hojas opuestas, vellosas, elípticas y pecioladas; flores azules en espigas axilares, y fruto seco, capsular, con semillas menudas. Se ha usado en medicina como tónica y sudorífica. || Taurom. Lance consistente en esperar el torero la acometida del toro teniendo la capa extendida o abierta con ambas manos enfrente de la res.

VEROSÍMIL. adj. Que tiene apariencia de verdadero. || Creíble, porque no ofrece carácter alguno de falsedad.

VEROSIMILITUD. f. Calidad de verosímil. || IDEAS AFINES: Apariencia, suposición, conjetura, certidumbre, verdad, gnoseología, dogmatismo.

VEROSÍMILMENTE. adv. m. De modo verosímil.

VERRACO, CA. adj. Perú. Rubio y de ojos azules. || m. Cerdo padre que se echa a las puercas para que las cubra. || Col. Morueco. || Cuba. Cerdo montaraz.

VERRAQUEAR. (De verraco.) intr. fig. y fam. Gruñir o denotar enfado y enojo. || Llorar rabiosa y continuadamente los niños.

VERRAQUERA. (De verraquear.) f. fam. Lloro rabioso y continuado de los niños. !Hay que ver las BERRAQUERAS que toma esta criatura!.

VERRAQUERA. f. Cuba. Borrachera.

VERRAZANO, Juan. Biog. Marino ital. al servicio de Francia. Con el nombre de **Juan Florín** realizó un viaje a América y recorrió la costa atlántica septentrional hasta Terranova. Descubrió la bahía de Nueva York. Fue ahorcado por los españoles (1480-1527).

VERRIONDEZ. f. Calidad de verriondo.

VERRIONDO, DA. adj. Dícese del puerco y otros animales cuando están en celo. || Aplícase a las hierbas o cosas semejantes cuando están marchitas o mal cocidas.

VERRÓN. (Del lat. verres.) m. Verraco.

VERROCCHIO. Biog. Apodo del esc., pintor y orfebre ital. **Andrés del Michele Cione.** Figura descollante en la escuela florentina, sobresalió en la escultura, a la que aportó extraordinario refinamiento y técnica perfecta. Obras cél.: Degollación de San Juan Bautista; David; Bartolomeo Colleoni, etc. (1435-1488).

VERRUGA. al. **Warze.** fr. **Verrue.** ingl. **Wart.** ital. **Verruca.** port. **Verruga.** (Del lat. verruca.) f. Pequeño tumor cutáneo. || Abultamiento producido por la acumulación de savia en algún punto de la superficie de una planta. || fig. y fam. Persona o cosa que molesta y de la que es difícil librarse. || Amér. Central. Ganga, prebenda. || Ahorro.

VERRUGO. m. fam. Hombre ruin y avaro.

VERRUGOSO, SA. (Del lat. verrucosus.) adj. Que tiene muchas verrugas.

VERSACIÓN. f. Mudanza, revolución, cambio. || Arg. Saber, conocimiento o habilidad en un arte, ciencia o materia.

VERSADA. f. Arg. Verseada.

VERSADO, DA. adj. Ejercitado, práctico, instruido. Persona muy VERSADA en leyes.

VERSAL. (De verso, por emplearse esta clase de letra como inicial de cada uno de ellos.) adj. Impr. V. **Letra versal.** Ú.t.c.s. Componga esa línea de VERSALES y versalitas; sinón.: **mayúscula.**

VERSALILLA, TA. adj. Impr. V. **Letra versalita.** Ú.t.c.s. La VERSALITA se parangona con las versales.

VERSALLES. Geog. Población del O. de Colombia (Valle del Cauca). 5.000 h. Café, algodón, tabaco. || Ciudad de Francia, situada al S. O. de París, cap. del departamento de Yvelines. 95.000 h. Famoso palacio real y museos históricos. Destilerías.

VERSALLES, Tratado de. Hist. Tratado de paz suscrito el 28 de junio de 1919 en el Palacio de Versalles para dar forma jurídica a las condiciones de paz impuestas por los países aliados al lograr la capitulación de Alemania en la primera Guerra Mundial.

VERSAR. (Del lat. versare.) intr. Dar vueltas alrededor. || Con la preposición sobre o el modo adverbial acerca de, tratar de tal o cual materia un libro, una conversación o discurso. || Cuba y P. Rico. Versear. || r. Hacerse uno práctico en el manejo o inteligencia de algo VERSARSE en radiotelefonía.

VERSÁTIL. (Del lat. versatilis.) adj. Que se vuelve o se puede volver fácilmente. || fig. Voluble, inconstante, mudable. Carácter VERSÁTIL.

VERSATILIDAD. f. Calidad de versátil.

VERSEADA. f. Arg. Sarta de versos, particularmente de los que son cantados o recitados.

VERSEAR. intr. fam. Hacer versos, versificar.

VERSECILLO. m. dim. de **Verso.**

VERSERÍA. f. Conjunto de versos.

VERSETE. m. dim. de **Verso.**

VERSICOLOR. adj. Que varía de color. || De varios colores.

VERSÍCULA. (De versículo.) f.

Lugar donde se colocan los libros de coro.

VERSICULARIO. m. El que canta los versículos. ‖ El que cuida de los libros de coro.

VERSICULO. al. **Bibelvers.** fr. **Verset.** ingl. **Versicle.** ital. **Versetto.** port. **Versículo.** (Del lat. *versículus,* dim. de *versus,* verso.) m. Cada una de las divisiones de los capítulos de ciertos libros, especialmente de las Sagradas Escrituras. ‖ Cada uno de los versos de un poema escrito sin rima ni metro fijo y determinado, en especial, cuando el verso constituye unidad de sentido.

VERSIFICACIÓN. (Del lat. *versificatio, -onis.*) f. Acción y efecto de versificar.

VERSIFICADOR, RA. al. **Versemacher.** fr. **Versificateur.** ingl. **Versifier: verse maker.** ital. **Versificatore.** port. **Versificador.** (Del lat. *versificátor, -oris.*) adj. y s. Que hace o compone versos.

VERSIFICAR. al. **Verse machen.** fr. **Versifier.** ingl. **To versify.** ital. **Versificare.** port. **Versificar.** (Del lat. *versificare;* de *versus,* verso, y *fácere,* hacer.) intr. Hacer o componer versos. VERSIFICAR *medidamente.* ‖ tr. Poner en verso. VERSIFICAR *una leyenda.* ‖ deriv.: **versificable; versificante.**

VERSIÓN. al. **Lesart.** fr. **Version.** ingl. **Version.** ital. **Versione.** port. **Versão.** (Del lat. *vérsum,* supino de *vértere,* tornar, volver.) f. Traducción. acción y efecto de traducir. ‖ Modo de referir un suceso. ‖ *Obst.* Operación consistente en cambiar la postura del feto para facilitar el parto.

VERSISTA. com. Versificador. ‖ Persona que tiene prurito de componer versos.

VERSO. al. **Vers.** fr. **Vers.** ingl. **Line.** ital. **Verso.** port. **Verso.** (Del lat. *vérsus.*) m. Palabra o conjunto de palabras sujetas a medida y cadencia, o sólo a cadencia. ‖ Por contraposición a prosa, úsase también en sentido colectivo. *Comedia en* VERSO. ‖ Versículo. ‖ fam. Estrofa o tirada de versos. *Declamó un* VERSO *de Zorrilla.* ‖ – **acataléctico. Verso** griego o latino que tiene completos todos sus pies. ‖ – **adónico. Verso** de la poesía griega y latina, compuesto de un dáctilo y un espondeo. ‖ **Verso** de la poesía española, que tiene igual empleo que el adónico antiguo; consta de cinco sílabas, la primera y la cuarta acentuadas. ‖ – **agudo.** El que acaba en palabra aguda. ‖ – **alcaico. Verso** de la poesía griega o latina, que consta de un espondeo (o a veces de un yambo), de otro yambo, de una cesura y de dos dáctilos. Otro **verso** de igual nombre se compone de dos dáctilos y dos troqueos. ‖ – **alejandrino.** El que consta de catorce sílabas y se divide en dos hemistiquios. ‖ – **amebeo.** Cualquiera de los de igual clase, con los que hablan o cantan a competencia y alternadamente las pastores en algunas églogas, como en la tercera de Virgilio. ‖ – **amétrico.** El que no está sujeto a medida fija de sílabas. ‖ – **anapéstico.** En la poesía grecolatina, el compuesto de anapestos o análogos. ‖ – **asclepiadeo. Verso** de la poesía griega y latina, formado de un espondeo, dos coriambos y un pirriquio. ‖ – **blanco. Verso suelto.** ‖ – **cataléctico. Verso** de la poesía griega y latina, al que le falta una sílaba al fin, o en el cual no es perfecto alguno de los pies. ‖ – **coriámbico.** El compuesto de coriambos. ‖ – **dactílico.** El compuesto de dáctilos. ‖ – **de arte mayor.** El de doce sílabas, que se compone de dos de redondilla menor. ‖ Cualquiera de los que tiene diez o más sílabas. ‖ – **de arte menor.** El de redondilla mayor o menor. ‖ Cualquiera de los que tiene menos de diez sílabas. ‖ – **de cabo roto.** Aquel en que se suprime o corta la sílaba o sílabas que siguen a la última acentuada. ‖ – **de redondilla mayor.** El octosílabo. ‖ – **de redondilla menor.** El que consta de seis sílabas. ‖ – **ecoico.** El latino cuyas dos últimas sílabas son iguales. ‖ El que se usa en la composición poética castellana llamada eco. ‖ – **esdrújulo.** El que termina en voz esdrújula. ‖ – **espondaico. Verso** hexámetro con espondeos en determinados lugares. ‖ – **falenco. Verso** endecasílabo de la poesía griega y latina, compuesto de cinco pies; el primero espondeo, el segundo dáctilo, y troqueos los demás. ‖ – **ferecracio. Verso** de la poesía griega y latina, que consta de tres pies; espondeos el primero y tercero, y dáctilo el segundo. ‖ – **gliconio.** En la poesía griega y latina, **verso** compuesto de tres pies; un espondeo y dos dáctilos. El primero suele ser también yambo o coreo. ‖ – **heptámetro. Verso** de la poesía clásica, que consta de siete pies. ‖ – **heroico.** El que en cada idioma se considera más a propósito para ser usado en la poesía de este género; como en el latín el hexámetro y en el español el endecasílabo. ‖ – **hexámetro. Verso** de la poesía griega y latina, compuesto de seis pies; cada uno de los cuatro primeros espondeo o dáctilo, dáctilo el quinto y el sexto espondeo. ‖ – **hiante.** Aquel en que hay hiatos. ‖ – **latino. Verso** latino usado en la Edad Media, cuyas sílabas últimas hacen consonancia con las finales del primer hemistiquio. ‖ – **libre. Verso suelto.** ‖ El que no está sujeto a rima ni metro fijo y determinado. ‖ – **llano.** El acabado en palabra llana o grave. ‖ – **pentámetro. Verso** de la poesía griega y latina, que consta de un dáctilo o un espondeo, de otro dáctilo u otro espondeo, de una cesura, de dos dáctilos y de otra cesura. También se le mide contando después de los primeros pies un espondeo y dos anapestos. ‖ – **quebrado.** El de cuatro sílabas cuando alterna con otros más largos. ‖ – **ropálico. Verso** de la poesía griega en que cada palabra tiene una sílaba más que la anterior. ‖ – **sáfico. Verso** de la poesía griega y latina, que consta de once sílabas distribuidas en cinco pies, de los cuales son, por regla general, troqueos el primero y los dos últimos, espondeo el segundo y dáctilo el tercero. ‖ **Endecasílabo sáfico.** ‖ – **senario.** El que se compone de seis pies, y en especial el yámbico de esta medida. ‖ – **suelto.** El que no forma con otro rima perfecta ni imperfecta. ‖ – **trímetro. Verso** de la poesía latina, que se compone de tres pies y también el que consta de tres dipodias, o sea de seis pies, como el trímetro yámbico o senario. ‖ – **trocaico. Verso** de la poesía latina, que consta de siete pies, de los cuales los unos son troqueos y los demás espondeos o yambos, al arbitrio. ‖ – **yámbico. Verso** de la poesía griega y latina, en que entran yambos, o está formado exclusivamente por ellos. ‖ **Versos fesceninos. Versos** satíricos que solían cantarse en la antigua Roma, especialmente en las bodas; fueron inventados en la ciudad de Fescenio. ‖ – **pareados.** Los dos **versos** que van unidos y aconsonantados, como los dos últimos de la octava. ‖ **Correr el verso.** fr. Tener fluidez, ser grato al oído. ‖ IDEAS AFINES: *Musa, lirismo, arte poética, escandir, soneto, silva, copla, antología, juegos florales, juglar, trovador, diéresis, sinéresis, hiato, ripio, aliteración.*

● **VERSO.** *Lit.* Constituido por una serie de sílabas sujetas a determinada medida y ritmo, o simplemente a cierto ritmo, el **verso** tiene en consecuencia, como elementos característicos, el número de sílabas y el acento rítmico, a los cuales se agrega la rima. El **verso** aislado no tiene valor rítmico completo; su efecto y su belleza plena se aprecian en una serie combinada. Los **versos** se combinan en grupos llamados estrofas; esa combinación se puede efectuar de distintas maneras, de ahí resultan los **versos** pareados, terceto, cuarteto, redondilla, quintilla, octava, décima, soneto, etc. También pueden formarse combinaciones de **versos** desiguales: la lira, la copla de pie quebrado, la seguidilla, la estancia. Es posible la composición de estrofas o series de **versos** sin rima; además, fuera de la versificación silábica o regular, existe otra sin medida fija, llamada, por lo tanto, irregular. Independientemente de su faz técnica, o como resultado de ella, el **verso** debe reunir ciertas condiciones para que se pueda considerar poesía: unidad exterior e interior, armonía, espontaneidad, musicalidad, emoción, aliento lírico, etc.

VERSO. m. Pieza ligera de la artillería antigua, cuyo tamaño y calibre eran los de la mitad de la culebrina.

VERSTA. f. Medida itineraria rusa que equivale a 1.067 metros.

VERSUS. (Voz lat.) prep. Contra. Ú. en *Dep.*, especialmente en boxeo. *Firpo* VERSUS *Dempsey.*

VERT, Juan. *Biog.* Músico esp., autor de *La del soto del parral* y otras populares zarzuelas (1890-1931).

VÉRTEBRA. al. **Wirbelbein.** fr. **Vertèbre.** ingl. **Vertebra.** ital. **Vertebra.** port. **Vértebra.** (Del lat. *vertebra.*) f. *Anat.* Cada uno de los huesos enlazados que forman el espinazo de los mamíferos, aves, reptiles, batracios y peces.

VERTEBRADO, DA. al. **Wirbeltier.** fr. **Vertébré.** ingl. **Vertebrate.** ital. **Vertebrato.** port. **Vertebrado.** (Del lat. *vertebratus.*) adj. *Zool.* Que tiene vértebras. ‖ Aplícase al animal que tiene esqueleto con columna vertebral. Ú.t.c.s. ‖ m. pl. *Zool.* Una de las grandes divisiones zoológicas.

VERTEBRAL. adj. Perteneciente a las vértebras. ‖ V. **Columna vertebral.**

VERTEDERA. (De *verter.*) f. Especie de orejera que sirve para extender la tierra que levanta el arado.

VERTEDERO. m. Sitio adonde o por donde se vierte algo. ‖ Lugar donde se vierten basuras o escombros.

VERTEDOR, RA. adj. y s. Que vierte. ‖ m. Conducto que en los puentes y otras fábricas sirve para dar salida al agua y a las inmundicias. ‖ Librador, cogedor de hojalata. ‖ *Mar.* Achicador.

VERTELLO. (Del lat. *vértere,* girar.) m. *Mar.* Bola de madera que, con otras iguales ensartadas en un cabo, forma el racamento.

VERTER. al. **Giessen.** fr. **Verser.** ingl. **To pour.** ital. **Versare.** port. **Verter.** (Del lat. *vértere.*) tr. Derramar líquidos o cosas menudas, como sal, azúcar, etc. Ú.t.c.r. VERTER *cerveza en la servilleta.* ‖ Inclinar una vasija para vaciar su contenido. Ú.t.c.r. VERTER *una damajuana.* ‖ Traducir de una lengua a otra. VERTER *al español.* ‖ intr. Correr un líquido por una pendiente. *La burbujeante lava* VERTÍA *por las laderas.* ‖ irreg. Conj. como **entender.**

VERTIBILIDAD. (Del lat. *vertibílitas, -atis.*) f. Calidad de vertible.

VERTIBLE. (Del lat. *vertíbilis.*) adj. Que puede verterse.

VERTICAL. al. **Senkrecht.** fr. **Verticale.** ingl. **Vertical.** ital. **Verticale.** port. **Vertical.** (Del lat. *verticalis.*) adj. *Geom.* Dícese de la recta o plano perpendicular al del horizonte. Ú.t.c.s.f. ‖ V. **Plano vertical.** ‖ En figuras, dibujos, escritos, impresos, etc., dícese de la línea disposición o dirección que va de la cabeza al pie. Ú.t.c.s.f. ‖ m. Cualquiera de los semicírculos máximos que se consideran en la esfera celeste perpendicularmente. ‖ – **primario,** o **primer vertical.** El que es perpendicular al meridiano y pasa por los puntos cardinales de Este y Oeste. ‖ IDEAS AFINES: *Acantilado, declive, cenit, empinado, cortado a pico, a plomo, incorporarse, erguido.*

VERTICALIDAD. f. Calidad de vertical.

VERTICALMENTE. adv. m. De modo vertical.

VÉRTICE. al. **Scheitel.** fr. **Vertex.** ingl. **Vertex.** ital. **Vertice.** port. **Vértice.** (Del lat. *vertex, -icis.*) m. Punto en que convergen los dos lados de un ángulo. ‖ Punto donde convergen tres o más planos. ‖ Cúspide. ‖ Punto de una curva, en que la encuentra un eje suyo normal a ella. ‖ fig. Parte más elevada de la cabeza humana.

VERTICIDAD. (Del lat. *vertex, -icis,* lo que da vueltas.) f. Capacidad de moverse a varias partes o alrededor.

VERTICILADO, DA. adj. *Bot.* Que forma verticilo.

VERTICILO. (Del lat. *verticillus.*) m. *Bot.* Conjunto de tres o más ramos, hojas, flores u otros órganos, que se hallan en un mismo plano alrededor de un tallo.

VERTIENTE. al. **Abhang.** fr. **Versant.** ingl. **Slope; watershed.** ital. **Versante; pendio.** port. **Vertente.** p. a. de **Verter.** Que vierte. ‖ amb. Declive o sitio por donde corre o puede correr el agua. *Las innumerables* VERTIENTES *de los Andes.* ‖ f. *Arg., Col.* y *Chile.* Manantial, fuente. ‖ f. fig. Aspecto, punto de vista.

VERTIGINOSIDAD. f. Calidad de vertiginoso.

VERTIGINOSO, SA. al. **Schwindelig.** fr. **Vertigineux.** ingl. **Vertiginous.** ital. **Vertiginoso.** port. **Vertiginoso.** (Del lat. *vertiginosus.*) adj. Perteneciente o relativo al vértigo. ‖ Que causa vértigo. *Velocidad* VERTIGINOSA. ‖ Que padece vértigos.

VÉRTIGO. al. **Schwindel.** fr. **Vertige.** ingl. **Giddiness; vertigo.** ital. **Vertigine.** port. **Vertigem.** (Del lat. *vertigo,* de *vertere,* girar, dar vueltas.) m. Trastorno nervioso que produce al paciente la sensación de que los objetos que le rodean están animados de un movimiento giratorio u oscilatorio. sinón.: **mareo.** ‖ Turbación del juicio, repentina y pasajera. *Sintió un* VÉRTIGO; sinón.: **vahído.** ‖ fig. Apresuramiento anormal de la actividad de una persona o colectividad. ‖ – **de la altura.** Sensación de inseguridad y miedo a precipitarse desde una altura, al acercarse al borde de ésta o, a veces, al ver acercarse a ella a otra persona o, simplemente, al imaginarse que uno se pudiera acercar. Físicamente se acompaña de temblor y flojedad de las piernas y de opresión epigástrica.

VERTIMIENTO. m. Acción y efecto de verter.

VÉRTIZ Y SALCEDO, Juan José de. *Biog.* Pol. esp., de 1770 a 1776 gobernador de Buenos Aires. Luchó contra los portugueses en dos oportunidades; en 1778 se le designó virrey del Río de la Plata, cargo que desempeñó hasta 1784. Estadista pundonoroso y progresista, su administración fue ejemplar y contribuyó al progreso edilicio y cultural de Buenos Aires (1719-1799).

VERVIERS. *Geog.* Ciudad del E. de Bélgica (Lieja). 40.000 h. Centro de la industria lanera.

VESALIO, Andrés. *Biog.* Cél. médico belga. Trastrocó los principios de la medicina de Galeno hasta entonces universalmente admitidos, propugnando para la ciencia la independencia de todo criterio escolástico y destacando, sobre el dominio de la técnica de la disección, los principios de la moderna anatomía (1514-1564).

VESANIA. (Del lat. *vesania.*) f. Demencia, furia.

VESANÍA. f. Barbarismo por **vesania.**

VESÁNICO, CA. adj. Perteneciente o relativo a la vesania. ‖ Que padece de vesania. Ú.t.c.s. *Un* VESÁNICO *peligroso.*

VESICAL. (Del lat. *vesicalis.*) adj. *Med.* Perteneciente o relativo a la vejiga.

VESICANTE. (Del lat. *vesicans, -antis,* p. a. de *vesicare,* levantar ampollas.) adj. Dícese del medicamento que levanta ampollas en la piel. Ú.t.c.s.m. *Un linimento* VESICANTE.

VESÍCULA. (Del lat. *vesícula,* dim. de *vesica,* vejiga.) f. *Anat.* Órgano en forma de saquito o bolsa. ‖ Por anton.: **vesícula biliar.** ‖ *Bot.* Ampolla llena de aire que suelen tener en las hojas o en el tallo algunas plantas acuáticas. ‖ *Pat.* Vejiga pequeña en la epidermis, llena generalmente de líquido seroso. ‖ – **aérea.** *Anat.* Cada una de aquellas en que terminan las últimas ramificaciones de los bronquios. ‖ – **biliar.** *Anat.* **Vejiga de la bilis.** ‖ – **elemental,** u **orgánica.** *Anat.* y *Bot.* **Célula.** ‖ – **ovárica.** *Anat.* La que contiene el óvulo. ‖ – **seminal.** *Anat.* Cualquiera de las dos que contienen la esperma.

VESICULACIÓN. m. Presencia o formación de vesículas.

VESICULADO, DA. adj. Formado o provisto de vesículas.

VESICULAR. adj. En forma de vesícula.

VESICULOSO, SA. (Del lat. *vesiculosus.*) adj. Lleno de vesículas. *Erupción* VESICULOSA.

VESPASIANO, Tito Flavio. *Biog.* Emp. romano de 69 a 79. Pacificó la Judea, reformó la justicia, ordenó la economía y promovió la cultura de su pueblo (9-79).

VESPERAL. m. Libro de canto llano, que contiene el de vísperas.

VÉSPERO. (Del lat. *vésperus*, y éste del gr. *hésperos*.) m. El planeta Venus como lucero de la tarde.

VESPERTILIO. (Del lat. *vespertilio*.) m. p. us. Murciélago.

VESPERTINA. (Del lat. *vespertina*.) f. Acto literario que se realizaba por la tarde en las universidades. ‖ Sermón que se predica por la tarde.

VESPERTINO, NA. al. **Abendlich.** fr. **Vespéral.** ingl. **Vespertine.** ital. **Vespertino.** port. **Vespertino.** (Del lat. *vespertinus*.) adj. Perteneciente o relativo a la tarde. *Crepúsculo* VESPERTINO. ‖ *Astron.* Aplícase a los astros que transponen el horizonte después del ocaso del Sol. ‖ m. Vespertina.

VESPUCIO, Américo. *Biog.* Navegante y cosmógrafo ital., que realizó frecuentes viajes a las costas del golfo de México, de Venezuela y otras costas, islas y puertos del N. y N.O. de la parte meridional del continente descubierto por Colón. El relato de sus viajes, que ilustró minuciosamente con mapas, fue traducido a varios idiomas y se difundió por todo el mundo, al extremo de que los cartógrafos de la época dieron al nuevo continente el nombre de América (1451-1512).

VESTA. m. *Astron.* Asteroide descubierto por Olbers en 1907.

VESTA. *Mit.* En la mitología gr. y romana, diosa del hogar.

VESTAL. al. **Vestalin.** fr. **Vestable.** ingl. **Vestal.** ital. **Vestale.** port. **Vestal.** (Del lat. *vestalis*.) adj. Perteneciente o relativo a la diosa Vesta. ‖ Aplícase a las doncellas romanas consagradas a la diosa Vesta. Ú.m.c.s. *Las* VESTALES *cuidaban del fuego sagrado.* ‖ IDEAS AFINES: *Sacerdotisa, pontífice, paganismo, culto, castidad, voto, penates.*

VESTE. (Del lat. *vestis*.) f. poét. Vestido.

VESTFALIA. *Geog.* V. **Westfalia.**

VESTFALIANO, NA. adj. De Westfalia.

VESTIBULAR. adj. *Anat.* Relativo al vestíbulo del oído.

VESTÍBULO. al. **Diele; Halle.** fr. **Vestibule.** ingl. **Hall.** ital. **Ingresso; vestibolo.** port. **Vestíbulo.** (Del lat. *vestibulum*.) m. Atrio o portal situado en la entrada de un edificio. ‖ Antesala, y también sala o espacio cubierto que da entrada a un edificio, como teatros, estaciones ferroviarias, etc. ‖ Espacio cubierto dentro de la casa, que comunica la entrada con los aposentos o con un patio. ‖ Cavidad irregular del oído externo.

VESTIDO. al. **Kleid; Kleidung.** fr. **Vêtement; robe.** ingl. **Dress.** ital. **Vestito.** port. **Vestido.** (De *vestir*.) m. Cubierta que se pone en el cuerpo por decencia o para que sirva de abrigo o adorno. *Un* VESTIDO *elegante.* ‖ Conjunto de las piezas principales que sirven para este uso, a distinción de los cabos. *Un* VESTIDO *de fiesta.* ‖ – **de ceremonia. Traje de ceremonia.** ‖ – **de etiqueta** o **de serio. Traje de etiqueta.** ‖ IDEAS AFINES: *Guardarropa, sastrería, modista, moda, uniforme, pijama, chaqueta, pantalón, coser, planchar, elegancia, andrajos, nudismo.*

VESTIDURA. (Del lat. *vestitura*.) f. Vestido. ‖ Vestido, sobrepuesto al común, que usan los sacerdotes para el culto divino. Ú.m. en pl.

VESTIGIO. al. **Spur.** fr. **Vestige.** ingl. **Vestige.** ital. **Vestigio.** port. **Vestígio.** (Del lat. *vestigium*.) m. Huella, señal que deja el pie al pisar. ‖ Memoria de las acciones de los antiguos que se observa para ejemplo. ‖ Señal que queda de un edificio u otra fábrica antigua. *Los* VESTIGIOS *de Numancia.* ‖ fig. Señal que queda de cosas materiales o inmateriales. ‖ Indicio o seña por donde se infiere la verdad de una cosa. *No hay ningún* VESTIGIO *que aclare el hecho.*

VESTIGLO. (Del lat. *bestículum*, dim. de *bestia*.) m. Monstruo fantástico horrible.

VESTIMENTA. (Del lat. *vestimenta*, pl. de *-tum*, vestimento.) f. Vestido. *Lucía lujosa* VESTIMENTA. ‖ Vestidura del sacerdote. Ú.m. en pl.

VESTIR. al. **Kleiden; anziehen.** fr. **Habiller; vêtir.** ingl. **To dress.** ital. **Vestire; abbigliare.** port. **Vestir.** (Del lat. *vestire*.) tr. Cubrir o adornar el cuerpo con el vestido. VESTÍA *un traje impecable.* ‖ Guarnecer o cubrir una cosa con otra para adorno o defensa. VESTIR *las paredes con tapices.* ‖ Dar a alguien los medios necesarios para que se haga vestidos. VESTIR *a gente humilde.* ‖ Ser una prenda o la materia o el color a propósito para el lucimiento del vestido. *La seda, el color azul* VISTEN *mucho.* ‖ fig. Exornar una especie con galas retóricas o términos complementarios. ‖ Disfrazar la realidad de una cosa agregándole un adorno. ‖ Cubrir la hierba los campos; la hoja, los árboles; la piel, el pelo o la pluma, los animales, etc. Ú.t.c.r. ‖ Hacer los vestidos para otro. *El sastre que me* VISTE *corta muy bien.* ‖ Afectar una pasión del ánimo, demostrándolo exteriormente, con especialidad en el rostro. *Pedro* VISTIÓ *el rostro de tristeza, de alegría.* Ú.t.c.r. ‖ intr. Vestirse, o ir vestido, en frases como ésta: *Carmen* VISTE *con elegancia.* ‖ Llevar un traje de color, forma o distintivo especial. VESTIR *de uniforme, de paisano, de etiqueta, de máscara.* ‖ r. fig. Dejar la cama el que ha estado algún tiempo enfermo. ‖ Engreírse vanamente de la autoridad o empleo. ‖ Sobreponerse una cosa a otra, encubriéndola. *El río* SE VISTIÓ *de bruma.* ‖ irreg. Conj. como **pedir.**

VESTUARIO. al. **Kleidung; Kostümfundus; Kleiderraum.** fr. **Habillement; vestiaire.** ingl. **Apparel; Dressing room.** ital. **Vestiario.** port. **Vestuário.** (De *vestiario*.) m. Vestido, conjunto de las piezas que sirven para vestir. *El* VESTUARIO *de una actriz.* ‖ Conjunto de trajes para una representación dramática. *El* VESTUARIO *de una compañía.* ‖ Lo que se da a los miembros de una comunidad, en especie o en dinero, para vestirse. ‖ Sitio, en algunas iglesias, donde se revisten los eclesiásticos. ‖ Parte del teatro, en que están los aposentos donde se visten las personas que han de tomar parte en un espectáculo público. *No dejaban entrar a los* VESTUARIOS. ‖ Por ext., toda la parte interior del teatro. ‖ En los balnearios, estadios, clubes deportivos, etc., cuartos o aposentos para cambiarse de ropa. Ú.m. en pl. *Esta piscina tiene buenos* VESTUARIOS. ‖ *Mil.* Uniforme de los soldados y demás individuos de tropa.

VESTUGO. m. Renuevo o vástago del olivo.

VESUBIO. *Geog.* Volcán del O. de Italia, cerca de Nápoles. Tiene 1.287 m. y sus erupciones han destruido ciudades enteras, siendo célebre la del año 79 en que Pompeya quedó totalmente sepultada.

VETA. al. **Maser; Ader.** fr. **Filon; veine.** ingl. **Vein.** ital. **Vena.** port. **Beta.** (Del lat. *vitta*, faja, lista.) f. Faja o lista de una materia que, por su calidad, color, etc., se diferencia de la masa en que se halla interpuesta. *Las* VETAS *del jamón.* ‖ Vena, filón metálico. *La* VETA *de esta mina es inagotable.* ‖ Vena, lista de ciertas piedras y maderas. *Un mármol con vistosas* VETAS.

VETADO, DA. (De *veta*.) adj. Veteado.

VETAR. tr. Poner veto a una persona o cosa.

VETAZO. m. *Ec.* Latigazo.

VETEADO, DA. adj. Que tiene vetas. *Madera* VETEADA. ‖ f. *Ec.* Azotaina.

VETEAR. tr. Marcar o pintar vetas, imitando la madera, el mármol, etc. ‖ *Ec.* Azotar.

VETERANÍA. f. Calidad de veterano.

VETERANO, NA. al. **Veteran.** fr. **Vétéran.** ingl. **Veteran.** ital. **Veterano.** port. **Veterano.** (Del lat. *veteranus*, de *vetus, -eris, viejo*.) adj. Dícese de los militares que por haber servido mucho tiempo son expertos en las cosas de su profesión. Ú.t.c.s. *Un sargento* VETERANO; antón.: **bisoño.** ‖ fig. Antiguo y experimentado en cualquier profesión o ejercicio. *Un atleta* VETERANO. ‖ IDEAS AFINES: *Guerra, campaña, reservista, mutilado, honores, condecoraciones.*

VETERINARIA. al. **Tierheilkunde.** fr. **Vétérinaire.** ingl. **Veterinary.** ital. **Veterinaria.** port. **Veterinária.** (Del lat. *veterinaria*, term. f. de *-rius*, veterinario.) f. Ciencia y arte de precaver y curar las enfermedades de los animales.

VETERINARIO, RIA. al. **Tierarzt; Veterinär.** fr. **Vétérinaire.** ingl. **Veterinarian.** ital. **Veterinario.** port. **Veterinário.** (Del lat. *veterinarius*, term. f. de *veterinae*, bestias de carga.) s. Persona que ejerce la veterinaria.

VETISESGADO, DA. adj. Que tiene las vetas al sesgo.

VETO. (Del lat. *veto*, yo vedo, o prohibo.) m. Derecho que tiene una persona o autoridad para vedar o impedir una cosa. *Usar el* VETO *en una votación.* ‖ Por ext., acción y efecto de vedar.

VETONIA. *Geog. histór.* Región del O. de la pen. Ibérica que abarcaba las actuales Extremadura, Salamanca y parte de Portugal.

VETRANIO. *Biog.* Mil. romano, en 350 emperador (m. 356).

VETUSTEZ. f. Calidad de vetusto. *La* VETUSTEZ *de una muralla.*

VETUSTO, TA. al. **Uralt.** fr. **Ancien.** ingl. **Ancient.** ital. **Vetusto.** port. **Vetusto.** (Del lat. *vetustus*, de *vetus*, viejo, antiguo.) adj. Muy antiguo o de mucha edad. *Un palacio* VETUSTO.

VEUILLOT, Luis. *Biog.* Literato fr. de tendencia católica, que combatió a los librepensadores (1813-1883).

VEVEY. *Geog.* Ciudad del O. de Suiza (Vaud), sit. sobre el lago de Ginebra. 16.000 h. Chocolate, relojes, maquinarias.

VEZ. al. **Mal.** fr. **Fois.** ingl. **Turn; time.** ital. **Vece; volta.** port. **Vez.** (Del lat. *vicis*.) f. Alternación de las cosas por turno u orden sucesivo ‖ Tiempo u ocasión en que se ejecuta una acción, aunque no incluya orden sucesivo. *Aquella* VEZ *corrimos mucho peligro.* ‖ Tiempo u ocasión de hacer una cosa por turno u orden. *Que aguarde a que le llegue la* VEZ. ‖ Vecera. ‖ pl. Ministerio, autoridad o jurisdicción que ejerce una persona reemplazando o representando a otra. Ú.m. con el verbo *hacer*. *Hacer uno las* VECES *de otro.* ‖ **A la vez.** m. adv. A un tiempo, simultáneamente. ‖ **A su vez.** m. adv. Por orden sucesivo y alternado. ‖ Por su parte, separadamente de lo demás. ‖ **A veces.** m. adv. Por orden alternativo. ‖ **Cada vez que.** loc. **Siempre que.** ‖ **De una vez.** m. adv. Con una sola acción; con una palabra o de un golpe. ‖ Aplicando todos los medios de acción para conseguir algo. ‖ **De vez en cuando.** m. adv. **De cuando en cuando.** ‖ **De tiempo en tiempo.** ‖ **En vez de.** m. adv. En substitución de una persona o cosa. ‖ Al contrario, lejos de. ‖ **Otra vez.** m. adv. Reiteradamente. ‖ **Por vez.** m. adv. **A su vez.** ‖ **Quien da luego,** o **primero, da dos veces.** frs. prov. que alaba la prontitud del que da lo que se le pide. ‖ También indica las ventajas del que se adelanta en obrar. ‖ **Tal cual vez.** m. adv. En rara ocasión o tiempo. ‖ **Tal vez.** m. adv. Quizá. ‖ **Tal cual vez.** ‖ **Tomarle a uno la vez.** frs. fam. Adelantársele. ‖ **Una que otra vez.** m. adv. Rara vez, alguna vez. ‖ **Una vez que.** loc. fam. con que se supone o da por cierto algo para pasar adelante en el discurso. **Una vez que otra.** m. adv. **Una que otra vez.**

VEZA. (Del lat. *vicia*.) f. Arveja, algarroba.

VEZAR. (Del lat. *vitiare*.) tr. y r. Avezar.

VÍA. al. **Spur.** fr. **Voie.** ingl. **Track.** ital. **Via.** port. **Via.** (Del lat. *via*.) f. Camino por donde se transita. *Una* VÍA *espaciosa;* sinón.: **calle, carretera.** ‖ Espacio existente entre los carriles que marcan las ruedas de los carruajes. *La ancha* VÍA *de los camiones.* ‖ El mismo carril. sinón.: **surco, huella.** ‖ Carril, riel. *Las* VÍAS *de reluciente acero.* ‖ Parte del suelo explanado de un ferrocarril en la cual se asientan los carriles. ‖ Cualquiera de los conductos por donde pasan en el cuerpo del animal los humores, el aire, los alimentos y los residuos de la digestión. *Las* VÍAS *respiratorias.* ‖ Entre los ascetas, modo y orden de vida espiritual encaminada a la perfección de la virtud y que comprende tres estados: **vía** purgativa, iluminativa y unitiva. ‖ Calidad del ejercicio, estado o facultad que se elige para vivir. ‖ Camino o dirección que, pasando por lugares determinados, han de seguir los correos. *Por la* VÍA *de Bolivia.* ‖ fig. Conducto, persona por medio de la cual se dirige un negocio o pretensión. ‖ Medios que emplea Dios para conducir las cosas humanas. *Las* VÍAS *del Señor son impenetrables.* ‖ *For.* Ordenamiento procesal. VÍA *ejecutiva.* ‖ pl. Mandatos o leyes de Dios. *Mostradnos, Señor, nuestras* VÍAS. ‖ **Vía contenciosa.** *For.* Procedimiento judicial ante la jurisdicción para el caso, en oposición al administrativo. ‖ – **de agua.** *Mar.* Rotura por donde penetra el agua en una embarcación. ‖ – **de comunicación.** Camino terrestre o ruta marítima usada por los pueblos para comerciar entre sí. ‖ – **ejecutiva.** *For.* Procedimiento para efectuar un pago judicialmente, procurando con anterioridad convertir en dinero los bienes de otra índole que pertenecen al obligado, con cuyo embargo suele comenzarse o prevenirse esta tramitación. ‖ – **férrea.** Ferrocarril. ‖ – **gubernativa.** *For.* Procedimiento que se sigue ante la Administración activa y que sirve de antecedente a la **vía** contenciosa. ‖ – **húmeda.** *Quím.* Procedimiento analítico consistente en la disolución del cuerpo objeto del análisis. ‖ – **láctea.** *Astron.* Zona o faja ancha de luz blanca y difusa que atraviesa oblicuamente casi toda la esfera celeste y que observada por los telescopios se ve compuesta de multitud de estrellas. ‖ – **muerta.** En los ferrocarriles, la que no tiene salida, y se emplea para retirar de la circulación vagones y máquinas. ‖ – **ordinaria.** *For.* Forma procesal de contención, la más amplia, usada en los juicios declarativos. ‖ Manera regular y común de hacer una cosa. ‖ – **pública.** Calle, camino u otro lugar por donde transita el público. ‖ – **sacra. Vía crucis.** ‖ – **seca.** *Quím.* Procedimiento químico que consiste en someter a la acción del calor el cuerpo objeto del análisis. ‖ – **sumaria.** *For.* Forma abreviada de enjuiciar en asuntos urgentes o de índole meramente posesoria. ‖ **Cuaderna vía.** Estrofa usada principalmente en los siglos XIII y XIV, que constaba de cuatro versos alejandrinos monorrimos. ‖ **Por vía.** m. adv. De forma, a manera y modo. ‖ **Por vía de buen gobierno.** Gubernativamente. ‖ **Vía recta.** m. adv. **En derechura.**

VIABILIDAD. f. Calidad de viable. ‖ f. Condición del camino o vía por donde se puede transitar.

VIABLE. (Del fr. *viable*, de *vie*, vida.) adj. Que puede vivir. Dícese principalmente de las criaturas que salen a luz con robustez bastante para seguir viviendo. ‖ fig. Dícese del asunto que tiene probabilidades de realizarse. *Ese proyecto es* VIABLE.

VIABLE. (Del fr. *viable*, y este del bajo lat. *viabilis*, de *vía*, vía, camino.) adj. Dícese del camino o vía por donde se puede transitar, transitable.

VÍA CRUCIS. al. **Kreuzweg.** fr. **Chemin de la croix.** ingl. **Way of the cross.** ital. **Via crucis.** port. **Via crucis.** (Lit.: *camino de la cruz*.) Expresión latina con que se denomina el camino señalado con diversas estaciones de cruces y altares, en memoria de los pasos que dio Jesucristo caminando al Calvario. Ú.c.s.m. ‖ m. Conjunto de 14 cruces o de 14 cuadros que representan los pasos del Calvario y se colocan en las paredes de las iglesias. ‖ Ejercicio piadoso en que se rezan y conmemoran los pasos del Calvario. ‖ Libro que contiene este rezo. ‖ fig. Trabajo, aflicción continuada que sufre una persona. *¡Cuándo terminará este* VÍA CRUCIS!

VIACHA. *Geog.* Población del Oeste de Bolivia, al S.O. de La Paz. 20.000 h. Actividades agricolaganaderas.

VIADA. r. *Mar.* Arrancada.

VIADOR. (Del lat. *viátor, -oris*, caminante.) m. *Teol.* Criatura racional que está en esta vida y aspira y camina a la eternidad.

VIADUCTO. al. **Viadukt.** fr. **Viaduc.** ingl. **Viaduct.** ital. **Viadotto.** port. **Viaduto.** (Del lat. *via*, camino, y *ductus*, conducido.) m. Obra a manera de puente, para el paso de un camino sobre una hondonada.

VIAJADOR, RA. s. Viajero, que viaja.

VIAJANTE. al. **Reisender.** fr. **Commis-voyager.** ingl. **Salesman; traveler.** ital. **Commesso; viaggiatore.** port. **Viajante.** p. a. de **Viajar.** Que viaja. Ú.t.c.s. ‖ m. Dependiente comercial que viaja para negociar ventas y compras. VIAJANTE *de comercio.*

VIAJAR. al. **Reisen.** fr. **Voyager.** ingl. **To travel.** ital. **Viaggiare.** port. **Viajar.** intr. Hacer viaje. VIAJAR *a París;* VIAJAR *en avión.*

VIAJATA. (De *viaje.*) f. fam. Caminata.

VIAJE. al. **Reise; Fahrt.** fr. **Voyage.** ingl. **Voyage; trip.** ital. **Viaggio.** port. **Viagem.** (Del lat. *viáticum.*) m. Jornada o recorrido de cierta duración que se hace de una parte a otra. *Un* VIAJE *a Europa.* ‖ Camino por donde se hace. VIAJE *aéreo.* ‖ Carga o peso que se lleva de un lugar a otro de una vez. ‖ Relación, libro o memoria en que se refiere lo visto u observado por un viajero. ‖ Agua que para el consumo de una población se conduce desde un manantial o depósito, por medio de acueductos o cañerías. ‖ fam. Acometimiento; golpe dado con arma blanca corta. *Le tiró dos* VIAJES *peligrosos.* ‖ *Mar.* Arrancado o velocidad de una embarcación. ‖ – **redondo.** El que se hace yendo de un punto a otro y volviendo al primero. ‖ Resultado completo y fácil de un negocio emprendido. ‖ **¡Buen viaje!** expr. con que se manifiesta el deseo de que se realice felizmente la jornada. ‖ expr. desp. con que se indica lo poco que importa que una cosa se pierda o uno se vaya. ‖ expr. que se usa en los barcos al arrojar un cadáver al mar, para manifestar que se desea al alma felicidad eterna. ‖ **Para ese viaje no se necesitan alforjas.** expr. fig. y fam. con que se contesta a la persona que, creyendo ayudar a otra en una pretensión, le da arbitrios que están al alcance de cualquiera. ‖ También se emplea para contestar al que ofrece ayuda o protección en asunto fácil de realizar o conseguir. ‖ Se usa para manifestar que el resultado alcanzado no compensa el esfuerzo hecho. ‖ IDEAS AFINES: *Turismo, itinerario, maletas, boda, luna de miel, tren, aeroplano, barco, Marco Polo, Cristóbal Colón.*

VIAJE. m. *Arq.* Esviaje.

VIAJE A LA LUNA. *B. A.* Film ideado y realizado en 1902 por Jorge Melies. Obra de poética imaginación, reveló al cinematógrafo sus posibilidades de fantasía e irrealidad.

VIAJERO, RA. al. **Reisender; Fahrgast.** fr. **Voyageur.** ingl. **Traveler.** ital. **Viaggiatore.** port. **Viageiro.** adj. Que viaja. *Un escritor muy* VIAJERO. ‖ s. Persona que hace un viaje, especialmente largo. ‖ *Chile.* Criado de una chacra que hace los mandados a caballo.

VIAL. (Del lat. *vialis.*) adj. Perteneciente o relativo a la vía. *Plan, reforma* VIAL. ‖ m. Calle formada por dos filas paralelas de árboles u otras plantas.

VIALE. *Geog.* Población del E de la Argentina (Entre Ríos) 5.000 h. Actividades agrícolas.

VIALIDAD. f. Calidad de vial. ‖ Conjunto de servicios pertenecientes a las vías públicas.

VIAMONTE, Juan José. *Biog.* Mil. arg., héroe de las luchas de la independencia. Participó en la revolución de 1810 y tuvo actuación descollante en las batallas de Suipacha y Rincón. En 1821 y de 1833 a 1834 fue gob. de Buenos Aires (1774-1843).

VIANA, Javier de. *Biog.* Cuentista, nov. y dramaturgo urug., vivaz cultor de la literatura gauchesca. Obras: *Gurí; Leña seca; Pial de volcao,* etc. (1868-1926). ‖ – **José Joaquín de.** Mil. español, de 1751 a 1764 primer gobernador de Montevideo. ‖ – **MOGOD, Clodomiro.** Escritor bras. autor de *Nuevas cartas persas; Eça de Queirós y el siglo XIX,* y otras obras (n. 1906).

VIANA. *Geog.* Población del N.E. de Brasil (Maranhão). 8.000 h. Caña de azúcar, algodón, ganado. ‖ – **do Castello.** Población del N.O. de Portugal (Minho). 16.000 h. Puerto sobre el océano Atlántico.

VIANDA. (Del lat. *vivanda,* comida, y éste del lat. *vívere,* vivir.) f. Sustento y comida de los racionales. ‖ Comida que se sirve a la mesa. *Sirvieron finas* VIANDAS. ‖ *Arg.* Fiambrera, portaviandas. Ú.m. en pl. ‖ *Cuba* y *P. Rico.* Frutos de huerta que se sirven fritos o cocidos. ‖ IDEAS AFINES: *Gastronomía, guisar, freír, condimento, salsa, asado, tortilla, mayonesa, pastel, vinos, postres, café; apetito, inapetencia.*

VIANDANTE. (De *vía* y *andante.*) com. Persona que hace viaje o anda camino. ‖ Persona vagabunda.

VIADERO, RA. s. *Cuba* y *P. Rico.* Vendedor de viandas, es decir, de frutos o tubérculos que se comen guisados. ‖ f. *Sal.* Mujer encargada de dar o de llevar la comida a los obreros del campo.

VIANNA, Fructuoso. *Biog.* Pianista y compositor bras., autor de obras folklóricas de estilo impresionista: *Danza de negros; Siete miniaturas sobre temas brasileños,* etc. (n. 1896).

VIARAZA. f. **Flujo de vientre.** ‖ fig. Acción inconsiderada y repentina. ‖ Cólera, enojo, arrebato.

VIAREGGIO. *Geog.* C. del N.O. de Italia, en Lucca (Toscana). 43.000 h. Importante balneario sobre el mar Tirreno.

VIATICAR. tr. y r. Administrar el Viático a un enfermo.

VIÁTICO. (Del lat. *viáticum,* de *vía,* camino.) m. Prevención de lo necesario para el sustento del que hace un viaje. *Gastos de* VIÁTICO. ‖ Subvención que en dinero se abona a los diplomáticos para trasladarse a su destino. ‖ Sacramento de la Eucaristía que se administra a los enfermos que están en peligro de muerte.

VIATKA. *Geog.* Río de la Unión Soviética, afl. del Kama. 1.248 km. ‖ Nombre antiguo de la c. de **Kirov.**

VIAU, Domingo. *Biog.* Pintor arg., autor de *Día de lluvia; Paisaje,* etc. (n. 1884). ‖ – **Teófilo de.** Escritor fr., autor de poesías líricas (1590-1626).

VIAUD, Luis María. *Biog.* V. **Loti, Pierre.**

VÍBORA. al. **Viper.** fr. **Vipère.** ingl. **Viper.** ital. **Vipera.** port. **Víbora.** f. Reptil ofidio ovovivíparo, venenoso, que llega hasta setenta y cinco centímetros de longitud y unos tres de grueso, con la cabeza acorazonada y cubierta en su mayoría de pequeñas escamas semejantes a las del resto del cuerpo. Tienen, por lo general, una faja ondulada a lo largo del cuerpo, y están provistos de dos dientes ganchosos y huecos, uno a cada lado de la mandíbula superior, por donde se vierte, cuando muerden, un líquido ponzoñoso. ‖ fig. **Lengua de escorpión,** o **de víbora.** ‖ *Méx.* Cinturón para guardar monedas. ‖ – **de la cruz.** Culebra americana muy venenosa, así llamada porque tiene en la cabeza una cruz blanca; su piel es de color negruzco con manchas cenicientas y su longitud alcanza hasta metro y medio.

VIBORÁN. m. *Amér. Central.* Planta asclepiadea de flores encarnadas y estambres amarillos; segrega un jugo lechoso que se emplea como vomitivo y vermífugo.

VIBOREAR. intr. *Arg.* y *Urug.* Caracolear, serpentear. ‖ *Cuba* y *Méx.* Señalar los naipes para conocerlos.

VIBOREZNO, NA. adj. Perteneciente a la víbora. ‖ m. Cría de la víbora.

VIBRACIÓN. al. **Schwingung; Vibration.** fr. **Vibration.** ingl. **Vibration.** ital. **Vibrazione.** port. **Vibração.** (Del lat. *vibratio, -onis.*) f. Acción y efecto de vibrar. ‖ Cada movimiento vibratorio, o doble oscilación de las moléculas o del cuerpo vibrante. ‖ IDEAS AFINES: *Temblar, oscilación, onda, sonido, acústica, electricidad, péndulo.*

VIBRADOR, RA. adj. Que vibra. ‖ m. Aparato con que se transmiten las vibraciones eléctricas. ‖ *Fís.* Mecanismo interruptor usado en las bobinas de inducción y otros aparatos análogos. ‖ Carrete musical; aparato compuesto de una bocina de inducción con dos hilos o hélices superpuestos, que está unida a un interruptor con tantas placas vibrantes como sonidos se quieran reproducir. ‖ *Ter.* Aparato eléctrico que se emplea para dar masajes.

VIBRÁFONO. m. Instrumento musical con teclas de metal y resonadores tubulares, movidos por un motor eléctrico.

VIBRANTE. (Del lat. *vibrans, -antis.*) p. a. de **Vibrar.** Que vibra. ‖ adj. *Gram.* Dícese del sonido o consonante, como la *r* castellana, producido por los movimientos vibratorios rápidos de la lengua que interrumpen alternativamente la salida del aire. Ú.t.c.s.f.

VIBRAR. al. **Vibrieren; schwingen.** fr. **Vibrer.** ingl. **To vibrate.** ital. **Vibrare.** port. **Vibrar.** (Del lat. *vibrare.*) tr. Dar un movimiento trémulo a un objeto largo, delgado y elástico. ‖ Por extensión se dice del sonido trémulo de la voz y de otras cosas inmateriales. ‖ Arrojar violenta e impetuosamente una cosa, en especial haciéndola vibrar. *Júpiter* VIBRA *los rayos.* ‖ intr. *Mec.* Experimentar un cuerpo elástico cambios alternativos de forma, de tal modo que sus puntos oscilen sincrónicamente en torno a sus posiciones de equilibrio, sin que el campo cambie de lugar. Los cuerpos sonoros son vibrantes.

VIBRÁTIL. adj. Capaz de vibrar. ‖ deriv.: **vibratilidad.**

VIBRATORIO, RIA. (Del lat. *vibrátum,* supino de *vibrare,* vibrar.) adj. Que vibra o puede vibrar.

VIBRIÓN. m. Especie de bacteria.

VIBRISA o **VIBRIZA.** f. Pelo de la entrada de las fosas nasales. Ú.m. en pl.

VIBROSCOPO. m. *Fís.* Instrumento destinado a estudiar las vibraciones de los cuerpos.

VIBURNO. (Del lat. *viburnum.*) m. Arbusto caprifoliáceo, ramoso, con hojas aovadas, obtusas y dentadas; flores blanquecinas, olorosas y frutos en bayas negras, ácidas y amargas.

VICARIA. (De *vicario.*) f. Segunda superiora en algunos conventos de monjas. ‖ *Cuba.* Planta apocinácea, con flores blancas o rosadas y el centro carmín; se cultiva en los jardines.

VICARÍA. (Del lat. *vicaria.*) f. Oficio o dignidad de vicario. ‖ Oficina o tribunal en que despacha el vicario. ‖ Territorio de la jurisdicción del vicario. ‖ – **perpetua.** Curato.

VICARIAL. adj. Perteneciente o relativo a la vicaría o al vicario.

VICARIATO. m. Vicaría, oficio y oficina del vicario. ‖ Tiempo que dura el oficio de vicario.

VICARIO, RIA. al. **Vikar; Pfassvertreter.** fr. **Vicaire.** ingl. **Vicar.** ital. **Vicario.** port. **Vicário.** (Del lat. *vicarius,* de *vicis,* vez, alternativa.) adj. y s. Que tiene las veces, el poder y las facultades de otro o le substituye. ‖ s. Persona que en las órdenes regulares tiene las veces y autoridad de alguno de los superiores en caso de ausencia. ‖ Juez eclesiástico elegido por los prelados para que ejerza la jurisdicción ordinaria. ‖ pl. Sueldacostilla. ‖ – **de Jesucristo.** Uno de los títulos del Sumo Pontífice. ‖ – **general castrense,** o **de los ejércitos.** El que como delegado apostólico ejerce la jurisdicción sobre todos los dependientes del ejército y la armada.

VICARIO, Leona. *Biog.* Dama mex. que prestó gran ayuda económica y moral a la causa de la Independencia (m. 1824). ‖ – **Victoriano.** Poeta chil., autor de *El lamparero alucinado* y otras obras (1911-1966).

VICE. (Del lat. *vice,* ablat. de *vicis,* vez.) Voz que se usa sólo en composición, y significa que la persona de quien se habla tiene las veces o autoridad de la expresada por la segunda parte del compuesto. VICE*presidente.* Usase también para designar los cargos respectivos. VICE*presidencia.*

VICEALMIRANTA. (De *vicealmirante.*) f. Segunda galera de una escuadra, o sea la que montaba el segundo jefe.

VICEALMIRANTAZGO. m. Dignidad de vicealmirante.

VICEALMIRANTE. al. **Vizeadmiral.** fr. **Viceamiral.** ingl. **Vice admiral.** ital. **Viceammiraglio.** port. **Vice-almirante.** (De *vice,* en vez de, y *almirante.*) m. Jefe de la armada, inmediatamente inferior al almirante. Equivalente a general de división en el ejército.

VICECANCILLER. (De *vice* y *canciller.*) m. Cardenal presidente de la curia romana encargado del despacho de las bulas y breves apostólicos. ‖ Funcionario que hace las veces de canciller, a falta de éste, en orden al sello de los despachos.

VICECANCILLERÍA. f. Cargo de vicecanciller. ‖ Oficina del vicecanciller.

VICECONSILIARIO. m. El que hace las veces de consiliario.

VICECÓNSUL. m. Funcionario consular, inmediatamente inferior al cónsul.

VICECONSULADO. m. Empleo o cargo de vicecónsul. ‖ Oficina del vicecónsul.

VICECRISTO. m. Vicediós.

VICEDIÓS. (De *vice,* en vez de y *Dios.*) m. Título honorífico que dan los católicos al Papa.

VICEGERENCIA. f. Cargo de vicegerente.

VICEGERENTE. m. El que hace las veces de gerente.

VICEGOBERNADOR. m. Persona que hace las veces de gobernador.

VICENAL. (Del lat. *vicennalis,* de *vicennium,* espacio de 20 años.) adj. Que sucede o se repite cada veinte años. ‖ Que dura veinte años.

VICENSE. (Del lat. *vicensis.*) adj. Vigitano. Apl. a pers., ú.t.c.s.

VICENTE. n. p. **¿Dónde va Vicente? Donde va la gente,** o **al ruido de la gente.** frs. fam. con que se tacha a alguien de falta de iniciativa o de personalidad, y que se limita a seguir el dictamen de la mayoría.

VICENTE, Gil. *Biog.* Poeta y autor teatral port. cuya obra está casi íntegramente escrita en castellano. De sus obras de devoción, tragicomedias, comedias y farsas, sobresale su trilogía *Las tres barcas,* de agudo y fino lirismo popular. Otras obras: *Don Duardos; Farsa de Inés Pereira; Comedia Rubena,* etc. (1465-1536).

VICENTE LÓPEZ. *Geog.* Ciudad de la Argentina que pertenece al Gran Buenos Aires, sit. al N. de la capital del país. 255.000 h.

VICENZA. *Geog.* Provincia del N.E. de Italia (Véneto). 2.722 km². 695.000 h. Cap. hom. 120.000 h. Industria textil, maquinarias.

VICEPRESIDENCIA. f. Cargo de vicepresidente o vicepresidenta.

VICEPRESIDENTE, TA. s. Persona que está facultada para hacer las veces del presidente o de la presidenta.

VICERRECTOR, RA. s. Persona que está facultada para hacer las veces del rector o de la rectora.

VICESECRETARIA. f. Subsecretaria.

VICESECRETARIO, RIA. s. Subsecretario.

VICÉSIMO, MA. adj. y s. Vigésimo.

VICETESORERO, RA. s. Persona que hace las veces del tesorero o de la tesorera.

VICEVERSA. al. **Umgekehrt.** fr. **Vice versa.** ingl. **Vice versa.** ital. **Viceversa.** port. **Vice-versa.** (Del lat. *vice,* abl. de *vicis,* vez, y *versa,* vuelta.) adv. m. Al contrario, por lo contrario; cambiadas dos cosas recíprocamente. ‖ m. Cosa, dicho o acto al revés de lo que lógicamente debe ser o suceder.

VICIA. (Del lat. *vicia,* y éste del gr. *bikía.*) f. Arveja, algarroba (planta).

VICIADO, DA. adj. Aplícase en especial al aire no renovado de un espacio habitado con acumulación de ácido carbónico y miasmas. ‖ Deforme.

VICIAMIENTO. m. Acción y efecto de viciar o viciarse.

VICIAR. al. **Verderben.** fr. **Vicier.** ingl. **To vitiate; to spoil.** ital. **Viziare.** port. **Viciar.** (Del lat. *vitiare.*) tr. Dañar o corromper física o moralmente. Ú.t.c.r. VICIAR *la atmósfera.* ‖ Falsear o adulterar los géneros. ‖ Falsificar un escrito, introduciéndole enmiendas. ‖ Anular o quitar el valor de un acto. *Incumplimiento que* VICIA *un acuerdo.* ‖ Pervertir o corromper las buenas costumbres. Ú.t.c.r. ‖ fig. Torcer el sentido de una proposición. ‖ r. Entregarse uno a los vicios.

‖ Enviciarse, aficionarse excesivamente a algo. ‖ Alabearse, pandearse una superficie. ‖ deriv.: **viciable; viciador, ra; viciadura; viciante.**

VICINI BURGOS, Juan B. *Biog.* Pol. dom., de 1928 a 1930 presidente de la Rep. (m. 1935).

VICIO. al. **Laster.** fr. **Vice.** ingl. **Vice.** ital. **Vizio.** port. **Vício.** (Del lat. *vitium.*) m. Mala calidad, defecto o daño físico en las cosas. VICIO *de pronunciación.* ‖ Falta de rectitud o defecto moral en las acciones. *Los* VICIOS *con que procede le desacreditan.* ‖ Falsedad, yerro o engaño en lo que se escribe o se propone. ‖ Hábito de obrar mal. *Tiene el* VICIO *de mentir.* ‖ Defecto o exceso que como particularidad o hábito tienen algunas personas. VICIO *de comer demasiado.* ‖ Gusto especial o apetito excesivo de una cosa, que incita a abusar de ella. VICIO *de beber coñac.* ‖ Alabeo o pandeo que presenta una superficie. ‖ Lozanía y frondosidad excesivas, que perjudican el rendimiento de la planta. *Esta parra se fue toda en* VICIO. ‖ Licencia o libertad excesiva en la crianza. *A esos chicos les dan demasiados* VICIOS. ‖ Mala costumbre que tiene a veces un animal. ‖ Mimo, cariño excesivo. ‖ **De vicio.** m. adv. Sin necesidad o motivo, o como por costumbre. ‖ **Hablar de vicio** uno. frs. fam. Ser hablador. ‖ **Quejarse de vicio** uno. frs. fam. Sentirse o dolerse con poco motivo. ‖ IDEAS AFINES: *Aberración, perversión, libertinaje, depravado, tabaco, alcohol, placeres, gula, lujuria, pecado, arrepentimiento.*

VICIOSO, SA. al. **Lasterhaft.** fr. **Vicieux.** ingl. **Vicious.** ital. **Vizioso.** port. **Vicioso.** (Del lat. *vitiosus.*) adj. Que padece o causa vicio, error o defecto. Ú.t.c.s. *Cláusula* VICIOSA. ‖ Entregado a los vicios. Ú.t.c.s. *Joven* VICIOSO. ‖ Vigoroso y fuerte, en especial para producir. ‖ Abundante, provisto, deleitoso. ‖ V. **Círculo vicioso.** ‖ fam. Aplícase al niño mimado o malcriado. ‖ deriv.: **viciosamente.**

VICISITUD. al. **Wechselfall.** fr. **Vicissitude.** ingl. **Vicissitude.** ital. **Vicissitudine.** port. **Vicissitude.** (Del lat. *vicissitudo.*) f. Orden alternativo o sucesivo de una cosa. ‖ Alternativa de sucesos prósperos o adversos. *Las* VICISITUDES *de la vida.*

VICISITUDINARIO, RIA. (Del lat. *vicissitudo, -inis,* vicisitud.) adj. Que ocurre por orden sucesivo o alternativo.

VICO, Antonio. *Biog.* Actor esp., gran intérprete del teatro realista (1840-1902). ‖ **– Domingo.** Lit. y religioso esp. que colaboró con fray Bartolomé de las Casas en la acción en favor de los indios. Autor de *Teología de los indios; De las historias, fábulas y errores de los indios,* etc. (m. 1555). ‖ **– Juan Baustista.** Hist., crítico y filósofo ital. Considerado el fundador de la filosofía de la historia, enunció la teoría de los cursos y recursos de la historia, que es para **Vico** la invariable repetición de tres edades; la edad divina (teocrática, sacerdotal), la edad heroica (arbitraria, violenta) y la edad humana (razonable, moderada). Obras: *Principios de una ciencia nueva relativa a la naturaleza común de las naciones; Sabiduría primitiva de los italianos,* etc. (1668-1744).

VICTIMA. al. **Opfer.** fr. **Victime.** ingl. **Victim.** ital. **Vìtima.** port. **Vítima.** (Del lat. *víctima.*) f. Persona o animal sacrificado o destinado al sacrificio. *Una* VÍCTIMA *de los gentiles.* ‖ fig. Persona que se expone a un grave riesgo en favor de otra. VÍCTIMA *de su amistad.* ‖ Persona que padece daño por culpa ajena o causa fortuita. VÍCTIMA *de unos estafadores.* ‖ IDEAS AFINES: *Holocausto, inmolación, hecatombe, carne de cañón, ara, pira, verdugo, sentencia.*

VICTIMAR. tr. Barbarismo por **matar, sacrificar.**

VICTIMARIO. (Del lat. *victimarius.*) m. Sirviente de los antiguos sacerdotes paganos, que se encargaba de encender el fuego y atar las víctimas al ara en el acto del sacrificio.

VICTIMARIO, RIA. m. y f. Barbarismo por **asesino.**

VICTO. (Del lat. *victus,* sustento.) m. Sustento diario.

¡VÍCTOR! (Del lat. *víctor,* vencedor.) interj. ¡Vítor! Ú.t.c.s.

VÍCTOR I, San. *Hagiog.* Papa en 190 (m. 198).

VÍCTOR. *Biog.* Nombre de tres papas (s. II y XI). ‖ **– Alejandro.** Inventor sueco que residió en los EE.UU. desde 1901; colaboró con Edison e inventó la máquina de lavar eléctrica (1879-1961).

VICTOREAR. (De *víctor.*) tr. Vitorear.

VICTORIA. al. **Sieg.** fr. **Victoire.** ingl. **Victory.** ital. **Vittoria.** port. **Vitória.** (Del lat. *victoria, de víctor,* vencedor.) f. Superioridad o ventaja conseguida sobre el antagonista en disputa o contienda. *Logró la* VICTORIA; sinon.: **triunfo;** antón.: **derrota.** ‖ fig. Vencimiento que se logra de los vicios o pasiones. ‖ **– regia.** Irupé. ‖ **Cantar** uno **victoria.** frs. fig. Jactarse del triunfo. ‖ **¡Victoria!** int. con que se aclama la que se ha obtenido sobre el enemigo. ‖ IDEAS AFINES: *Héroe, hazaña, trofeo, laureles, trompetas, hacer morder el polvo, botín, Samotracia.*

VICTORIA. (Del mismo nombre de la reina Victoria de Inglaterra, que la usó por primera vez.) f. Coche de dos asientos, abierto y con capota.

VICTORIA. *Mit.* Deidad alegórica de las mitologías gr. y romana. Hija del Valor y la Fuerza, su culto fue extraordinariamente difundido. Sus símbolos fueron las alas, una palma y una corona, pero se la representó también con trofeos o con un escudo sobre el cual escribía las hazañas de los héroes.

VICTORIA, Alejandrina. *Biog.* Reina de Inglaterra desde 1837 hasta su muerte. Durante su reinado su país conquistó los más brillantes triunfos, llegando a constituir definitivamente el Imperio. La era llamada victoriana es, para los ingleses, sinónimo de estabilidad y esplendor. Grandes estadistas, como Disraeli, Gladstone, etc., fueron sus ministros; en 1876 fue instituida emperatriz de la India (1819-1901). ‖ **– Eugenia de Battemberg.** Nieta de la anterior y reina de España por su casamiento con Alfonso XIII (1887-1969).

VICTORIA, Eladio. *Biog.* Pol. dominicano, en 1912 presidente de la República. ‖ **– Guadalupe.** Mil. y político mexicano cuyo verdadero nombre era Manuel Félix Fernández. De 1824 a 1829 fue el primer presidente constitucional de la Rep.; durante su gestión gubernativa se abolió la esclavitud (1786-1843). ‖ **– Laura.** Poetisa col. cuyas composiciones están compiladas en *Llamas azules* y *Cráter sellado* (n. 1910). ‖ **– Marcos.** Literato y médico arg., autor de *El viajero y los paisajes; Ensayo preliminar sobre lo cómico; Las voces; El paraíso imperfecto,* etc. (1902-1975). ‖ **– Maximio S.** Ensayista y educador arg. de tendencia positivista, autor de *Orígenes del Cristianismo y de la Eucaristía* y de otras obras sobre temas pedagógicos (1871-1938). ‖ **– Tomás Luis de.** Músico esp., uno de los más ilustres compositores de la escuela polifónica y autor de notables obras religiosas: *Motetes; Misas dedicadas a Felipe II; Requiem,* etc. (1535-1608).

VICTORIA. *Geog.* Isla del Canadá, sit. en el océano Glacial Ártico. 227.000 km². ‖ Lago del centro E. del África, el mayor del continente. Está sit. entre Uganda, Kenya y Tanzania. Tiene 68.800 km². y el río Nilo es su principal emisario. ‖ Pobl. del Sur de Entre Ríos (Argentina). 20.000 h. Cultivos de algodón, canteras. ‖ Estado del S.E. de Australia. 227.593 km². 3.616.000 h. Actividades agrícolas. Tejidos, maquinarias. Cap. MELBOURNE. ‖ C. del Este del Brasil, cap. del Estado de Espíritu Santo. 135.000 h. Industria textil. ‖ Ciudad del S.O. del Canadá, capital de la prov. de Columbia Británica. 63.000 h. Industrias química y pesquera. ‖ Población de Chile (Malleco). 10.000 h. Cereales. ‖ Cap. de la colonia británica de Hongkong, en la China. 1.275.000 h. Importante base naval y centro comercial. ‖ **La –.** V. **La Victoria.** ‖ **– de las Tunas.** Población del S.E. de Cuba (Oriente). 10.000 h. Producción agrícola. ‖ **– Nyanza.** Lago de África. V. **Victoria.**

VICTORIATO. (Del lat. *victoriatus* y éste de *victoria.*) m. *Numism.* Moneda de la república romana, que lleva la figura de la Victoria.

VICTORICA, Miguel Carlos. *Biog.* Notable pintor arg. Su plástica es un hermoso contrapunto entre lo soñado y lo real, con frecuentes deformaciones de la imagen y de abstracción de las formas. Obras: *Francine; Iglesia de Alta Gracia; Naturaleza muerta,* etc. (1884-1955).

VICTORIOSO, SA. al. **Siegreich; sieghaft.** fr. **Victorieux.** ingl. **Victorious; triumphant.** ital. **Vittorioso.** port. **Vitorioso.** (Del lat. *victoriosus.*) adj. Que ha obtenido una victoria en cualquier línea. Ú.t.c.s. *Ejército* VICTORIOSO; *juicio* VICTORIOSO. ‖ Aplícase también a las acciones con que se consigue. *Campaña* VICTORIOSA. ‖ deriv.: **victoriosamente.**

VÍCTOR MANUEL. *Biog.* Nombre de dos reyes de Cerdeña (s. XIX). ‖ **– III.** Rey de Italia de 1900 a 1944. Durante su reinado se produjeron las dos Guerras Mundiales y con la jefatura de Mussolini, que él nombró primer ministro, se desarrolló el movimiento fascista. Abdicó en favor de su hijo Humberto al entrar los ejércitos aliados en Roma (1869-1947).

VICUÑA. (Del quichua *vicunna.*) f. Mamífero rumiante de unos ochenta centímetros de alzada, de cuello largo y erguido, cabeza sin cuernos, orejas puntiagudas y derechas y patas delgadas. Está cubierto de una lana muy suave, de color generalmente de canela claro, y blanco en el pecho. Vive en estado salvaje en los Andes de Perú, Bolivia y del Norte de la Argentina y Chile, y se caza para aprovechar su vellón, de considerable valor. Gén. *Vicuana vicugna,* camélido. ‖ Lana de este animal. ‖ Tejido hecho con esta lana. *Poncho de* VICUÑA.

VICUÑA, Francisco Ramón. *Biog.* Pol. chileno que en 1811 integró el primer congreso de su patria y en 1829 fue presidente provisional de la Rep. (1775-1849). ‖ **– CIFUENTES, Julio.** Poeta chil., autor de *Romances populares y vulgares; Cosecha de otoño; Mitos y supersticiones,* y numerosas obras de investigación folklórica (1865-1936). ‖ **– MACKENNA, Benjamín.** Historiador y escritor chil. de intensa actuación política. Autor de más de cien volúmenes de historia; *Historia crítica y social de la ciudad de Santiago; Chile, relaciones históricas; La revolución de la independencia del Perú; Historia de Valparaíso,* etc. (1831-1886). ‖ **– SUBERCASEAUX, Benjamín.** Literato chil., autor de *Gobernantes y literatos; Días de campo; Un país nuevo,* etc. (1876-1911).

VICUÑA. *Geog.* Población de la región septentrional de Chile (Coquimbo). 5.000 h. Centro frutícola importante. Cuna de Gabriela Mistral. ‖ **– Mackenna.** Población de la Argentina (Córdoba). 5.000 h. Criadero de nutrias.

VICHADA. *Geog.* Río del E. de Colombia, afl. del Orinoco. Tiene 720 km. y recorre una zona rica en forestación. ‖ Comisaría del E. de Colombia. 102.990 km². 9.500 h. Cap. PUERTO CARREÑO.

VICHADERO. m. *Arg.* Atalaya.

VICHAR. tr. e intr. *R. de la Plata.* Vichear. ‖ deriv.: **vichador, ra.**

VICHEAR. tr. *R. de la Plata.* Espiar, observar a escondidas. Ú.t.c.intr. VICHEABA *tras las celosías.* ‖ deriv.: **vicheador, ra.**

VICHY. *Geog.* Ciudad de la región central de Francia (Allier). 27.000 h. Es la más importante estación termal francesa. Desde 1940 a 1944 fue sede del gobierno francés.

VICHY, Gobierno de. *Hist.* Residencia del gobierno fr. del mariscal Pétain, desde 1940 hasta 1944, durante la ocupación alemana.

VID. al. **Weinstock; Rebe.** fr. **Vigne.** ingl. **Vine; grapevine.** ital. **Vite.** port. **Vide; videira.** (Del lat. *vitis.*) f. Planta de tallos trepadores, provistos de zarcillos, de hojas alternas, recortadas, de flores pequeñas y frutos en racimos, compuestos de bayas globosas llamadas uvas. Numerosas especies y variedades cultivadas; la europea, más común: *Vitis vinífera,* vitácea. *La* VID *es una planta cuyo origen y antigüedad se desconocen.* ‖ **– salvaje,** o **silvestre.** La no cultivada, que produce las uvas pequeñas y de sabor agrio. ‖ IDEAS AFINES: *Cepas, pámpanos, sarmientos, parral, viñedo, sulfatar, viticultura, vendimia, lagar, mosto, vino, Baco.*

VIDA. al. **Leben; Lebensdauer.** fr. **Vie.** ingl. **Life; living.** ital. **Vita.** port. **Vida.** (Del lat. *vita.*) f. Fuerza o actividad interna substancial, por la cual obra el ser que la posee. *Los fenómenos naturales de la* VIDA. ‖ Estado de actividad de los seres orgánicos. VIDA *animal, vegetal.* ‖ Unión del alma y del cuerpo. ‖ Espacio de tiempo que transcurre desde el nacimiento hasta la muerte. *Gozó de una* VIDA *sana y feliz.* ‖ Duración de las cosas. *Esa legislación tiene una larga* VIDA. ‖ Modo de vivir de una persona. VIDA *burguesa, de artesano.* ‖ Alimento necesario para vivir. *Estar cara la* VIDA; *ganarse la* VIDA. ‖ Conducta o método de vivir con relación a las acciones de los seres racionales. VIDA *sosegada, desordenada.* ‖ Persona o ser humano. *¡Cuántas* VIDAS *costó esa empresa!* ‖ Relación de las acciones notables hechas por una persona durante su vida. *Las* VIDAS *paralelas, de Plutarco.* ‖ Estado del alma después de la muerte. ‖ Mala vida, prostitución, dicho de las mujeres. *Ser de la* VIDA. ‖ fig. Cualquier cosa que causa suma complacencia. ‖ Cualquier cosa que contribuye o sirve al ser o conservación de otra. *El lago es la* VIDA *de esa región.* ‖ Estado de la gracia y proporción para el mérito de las buenas obras. ‖ Bienaventuranza. VIDA *eterna.* ‖ Expresión, viveza, en especial hablando de los ojos. ‖ Aleluya, estampita. ‖ **– airada.** Vida desordenada y viciosa. ‖ **– animal.** Aquella cuyas tres funciones principales son la nutrición, la relación y la reproducción. ‖ **– de canónigo.** fig. y fam. La que se disfruta cómoda y sosegadamente. ‖ **– capulina.** *Méx.* Vida regalada. ‖ **– de perros.** La que se pasa con trabajos y pesadumbres. ‖ **– de relación.** *Fisiol.* Conjunto de actividades que establecen la conexión del organismo vivo con el ambiente, por oposición a la vida vegetativa. ‖ **– espiritual.** Forma de vivir sujeta a los ejercicios de perfección y aprovechamiento en el espíritu. ‖ **– y milagros.** fam. Modo de vivir, mañas y travesuras, y en especial sus hechos. ‖ **La otra vida,** o **la vida futura.** Existencia del alma después de la muerte. ‖ **La vida pasada.** Las acciones efectuadas en el tiempo pasado, en especial las culpables. ‖ **Media vida.** Estado medio de conservación de una cosa. ‖ fig. Cosa de sumo agrado o de grande alivio para uno. ‖ **Buena vida.** Vida regalada. ‖ **Buscar,** o **buscarse** uno **la vida.** Emplear los medios precisos para obtener el sustento y lo demás necesario. ‖ **Consumir la vida** a uno. frs. fig. con que se pondera la molestia o enfado que otro le causa, o lo mucho que le fatigan los trabajos y penurias. ‖ **Costar la vida.** frs. que se usa para ponderar lo grave de un sentimiento o hecho, o la decisión de ejecutar algo, aunque sea con peligro de la vida. ‖ **Dar** una cosa **la vida** a uno. frs. fig. Sanarle, aliviarle, fortificarle, repararle, refrigerarle. ‖ **Dar** uno **la vida** por una persona o cosa. frs. Sacrificarse voluntariamente por ella. ‖ **Dar** uno **mala vida** a otra persona. frs. Tratarle mal u originarle pesadumbres. ‖ **Darse** uno **buena vida.** frs. Entregarse a los gustos y pasatiempos. ‖ **De mala vida.** loc. Aplícase a la persona de conducta relajada y viciosa. ‖ **De por vida.** m. adv. Perpetuamente, por toda la duración de la vida. ‖ **En la vida, o en mi, tu, su vida.** m. adv. Nunca o en ningún tiempo. También se usa para explicar la incapacidad o suma dificultad de obtener una cosa. ‖ **Enterrarse** uno **en vida.** frs. fig. Retirarse de todo comercio del mundo, y en especial entrar en religión. ‖ **Entre la vida y la muerte.** frs. En peligro inminente de muerte. Ú. con los verbos estar, hallarse, quedar, etc. || **En vida.** m. adv. Durante ella. || **Escapar** uno **con vida,** o **la vida.** frs. Librarse de un grave peligro de muerte. || **Ganar,** o **ganarse,** uno **la vida.** frs. Trabajar o buscar medios de mantenerse. || **Meterse** uno **en vidas ajenas.** frs. Murmurar, averiguando lo que a uno no le importa. || **¡Mi vida!** expr. ¡Vida mía! || **Mudar** uno **de vida,** o **la vida.** frs. Dejar las malas costumbres o vicios. || **Partir,** o **partirse,** uno **de esta vida.** frs. fig. Morir. || **Pasar** uno **a mejor vida.** frs. Morir en gracia de Dios. || **Pasar** uno **la vida.** frs. Vivir con lo estrictamente necesario. || **Pasar la vida a tragos.** frs. fig. y fam. Ir viviendo con trabajos y penalidades. || **Perder** uno **la vida.** frs. Morir. Dícese especialmente cuando se muere violentamente a causa de un accidente. Ú.t. para ponderar la determinación de exponerla o arriesgarla. || **¡Por vida!** Modo de hablar que se emplea para persuadir u obligar a la concesión de lo que se pretende. || **¡Por vida mía!** Especie de juramento o atestación con que se afirma la verdad de una cosa o se significa la decisión de ejecutarla. || **Tener** uno **la vida en un hilo.** frs. fig. y fam. Estar en gran peligro. || **Tener** uno **siete vidas como los gatos.** frs. fig. y fam. Salir incólume de graves riesgos. || **Vender** uno **cara la vida.** frs. fig. Perderla a mucha costa del enemigo. || **¡Vida mía!** expr. de cariño que se dirige a persona a quien se quiere mucho. || antón.: **muerte.** || IDEAS AFINES: *Supervivencia, inmortalidad, resurrección, biología, ontogenia, evolucionismo, darwinismo, transformismo, vivisección, simbiosis; palingenesia, biografía.*

VIDAL, Emeric Essex. *Biog.* Pintor ingl. que residió en la Argentina, autor de *La diligencia; El Cabildo desde el arco central de la Recova,* y otros cuadros sobre motivos arg. (1791-1861). || **— Francisco.** Pintor arg., autor de *Muchachas en el baño; La mujer del cántaro,* y otros lienzos (n. 1897). || **— Francisco.** Pensador mex., autor de *Scotistica Theologia* y otras obras filosóficas (s. XVIII). || **— Francisco Antonio.** Pol. uruguayo, presidente de la Rep. de 1880 a 1882 e interinamente en 1886 (1827-1889). || **— Francisco de.** Mil. peruano, en 1842 jefe provisional del Estado (1801-1863). || **— DE LA BLANCHE, Pablo.** Científico fr., fundador de la escuela geográfica en su país (1845-1918). || **— GORMAZ, Francisco.** Marino y explorador chil., autor de *Reconocimiento del río Maullín; Documentos para la historia náutica de Chile,* etc. (s. XIX).

VIDALA. f. Aire popular argentino en compás de tres tiempos, que procede del Norte de ese país, donde está emparentado con el yaraví. La voz que canta puede ir acompañada por diferentes instrumentos típicos.

VIDALITA. f. Canción popular argentina en compás de dos tiempos, que presenta cierto parecido con la vidala. Se acompaña con la guitarra.

VIDARRA. f. Planta trepadora, de hojas pinadas y flores blancas, común en Europa. *Clematis vitalba,* ranunculácea.

VIDAURRE, Manuel Lorenzo de. *Biog.* Escr. y jurisconsulto per., autor de *Cartas americanas; Plan del Perú* y otras obras (1773-1841). || **— Santiago.** Caudillo mex. de raza indígena. Mediante una revolución intentó constituir un Estado independiente en el Norte de su país, pero fue vencido por Maximiliano y fusilado (m. 1867).

VIDE. (Lit., *ve* o *mira.*) Voz lat. que se usa en impresos y manuscritos antepuesta a la indicación del lugar o página que ha de ver el lector para hallar alguna cosa.

VIDELA, Jorge Rafael. *Biog.* General argentino jefe de la Junta militar que en 1976 depuso al gobierno de María Estela Martínez de Perón, a quien sucedió en la presidencia. En agosto de 1978, el general Videla renovó su mandato presidencial (n. 1925).

VIDENTE. (Del lat. *videns, -entis.*) p. a. de **Ver.** Que ve. || m. Profeta. *Las falsas profecías de los* VIDENTES.

VIDORRA. f. fam. Vida regalada. *¡Qué* VIDORRA *se pasa!*

VIDORRIA. f. fam. *Arg.* Vidorra. || *Col.* **Vida de perros.** || *Ven.* Vida, modo de vivir.

VIDURRIA. f. fam. *Arg.* Vidorra.

VIDRIADO, DA. adj. Vidrioso, fácil de quebrarse. || m. Barro o loza con barniz vítreo. || Este barniz. || Vajilla, conjunto de platos, tazas, etc.

VIDRIAR. tr. Dar a los objetos de barro o loza un barniz que fundido al horno toma la transparencia y lustre del vidrio. || r. fig. Ponerse vidriosa alguna cosa.

VIDRIERA. al. **Glasfenster; Schaufenster.** fr. **Vitrage; vitrail; devanture.** ingl. **Glass window; show window.** ital. **Invetriata; vetrina.** port. **Vidraça; escaparate.** f. Bastidor con vidrios con que se cierran puertas y ventanas. || Escaparate de una tienda. || V. **Licenciado Vidriera.** || *Cuba.* Puesto en el interior de los cafés para la venta de fósforos, tabaco, etc. || **— de colores.** La formada por vidrios con dibujos coloreados y que cubre los ventanales de iglesias y casas.

VIDRIERÍA. (De *vidriero.*) f. Taller donde se labra y corta el vidrio. || Tienda donde se vende.

VIDRIERO, RA. al. **Glaser.** fr. **Vitrier; verrier.** ingl. **Glazier.** ital. **Vetraio.** port. **Vidreiro.** (Del lat. *vitriarius.*) s. Persona que trabaja con vidrio o lo vende. || *Cuba.* Persona que atiende una vidriera o puesto.

VIDRIO. al. **Glas.** fr. **Verre; vitre.** ingl. **Glass.** ital. **Vetro.** port. **Vidro.** (Del lat. *vitreum,* de *vitrum,* vidrio.) m. Substancia dura, frágil, ordinariamente transparente, insoluble en casi todos los cuerpos conocidos y fusible a elevadas temperaturas. Es una mezcla amorfa de silicatos de sodio y calcio, o de otros metales en los vidrios especiales, y se fabrica por lo general en hornos y crisoles. || Cualquier pieza de este material. || En el coche, asiento en que se va de espaldas al tiro. || fig. Cosa muy frágil. || Persona de genio muy delicado y que se enoja fácilmente. || **Pagar** uno **los vidrios rotos.** frs. fig. y fam. **Pagar el pato.** || IDEAS AFINES: *Cristal, espejo, lente, ventanas, diamante, masilla, vajilla, romperse, hacerse trizas, vaso, botella.*

VIDRIOSIDAD. f. fig. Calidad de vidrioso, propensión a enojarse.

VIDRIOSO, SA. al. **Glasig.** fr. **Vitreux.** ingl. **Glassy.** ital. **Vetroso.** port. **Vidroso.** adj. Que se quiebra o salta fácilmente, como el vidrio. || fig. Dícese del piso cuando está muy resbaladizo por haber helado. || Aplícase a las materias que deben tratarse o manejarse con sumo cuidado. || Dícese de la persona que se resiente o enoja fácilmente, y también del genio de esa condición. *Carácter* VIDRIOSO. || Aplícase a los ojos que se vidrian.

VIDUAL. (Del lat. *vidualis.*) adj. Perteneciente a la viudez.

VIDUEÑO o **VIDUÑO.** (Del lat. *vitíneus,* de *vid.*) m. Variedad de vid.

VIEDMA, Francisco Fernández de. *Biog.* Colonizador esp. Recorrió diversas regiones patagónicas y exploró por vez primera los ríos Negro, Chico, etc. (1737-1809).

VIEDMA. *Geog.* Lago del S.O. de la Argentina (Santa Cruz). Tiene 1.100 km². y se comunica con el lago Argentino por medio del río Leona. || Población de la Argentina, cap. de la prov. de Río Negro. 20.000 h. Importante centro de producción agropecuaria.

VIEIRA. f. Venera, el molusco y la concha.

VIEJA. f. Pez de unos diez centímetros de largo, de color negruzco, figura prolongada y comprimida, cabeza grande, y con tentáculos cortos sobre las cejas. Se halla en el océano Pacífico, en las costas de América del Sur. || *Chile.* Buscapiés, cohete. || *Méx.* Colilla de cigarro. || *Ven.* Plátano asado y frito con manteca de cerdo.

VIEJARRÓN, NA. adj. y s. fam. Vejarrón.

VIEJERA. f. *Ar., Nav.* y *P. Rico.* Vejez, vejera. || *P. Rico.* Cosa vieja e inservible.

VIEJEZUELO, LA. adj. y s. dim. de **Viejo.**

VIEJO, JA. al. **Alt.** fr. **Vieux.** ingl. **Old.** ital. **Vecchio.** port. **Velho.** (Del lat. vulg. *veclus,* por *vétulus.*) adj. Dícese de la persona de mucha edad. Ú.t.c.s. *Una mujer* VIEJA; *un* VIEJO *rezongón.* || Dícese, por extensión, de los animales en igual caso. || Antiguo, o del tiempo pasado. *Palacio* VIEJO. || Que no es reciente ni nuevo. *Ser* VIEJO *en un cargo.* || Estropeado por el uso. *Un traje* VIEJO. || s. *Amér.* Tratamiento de cariño que se aplica a los padres, y también entre amigos, cónyuges, etc.

VIEJO MUNDO. *Geog.* Nombre con que suele designarse a Europa.

VIEJO PANCHO, El. *Biog.* V. **Alonso y Trelles, José.**

VIENA. *Geog.* Ciudad de Austria, cap. del país, situada al N.E., sobre el Danubio. 1.766.102 h. Sedas, industria metalúrgica y cervecera. Palacios y museos famosos. Universidad. Importante puerto fluvial. Es la Vindobona de los romanos.

VIENENSE. (Del lat. *viennensis.*) adj. Vienés. || Apl. a pers., ú.t.c.s.

VIENÉS, SA. adj. Natural de Viena. || Relativo o perteneciente a esta ciudad de Austria.

VIENNE. *Geog.* Río del E. de Francia, afl. del Loira. 372 km. || Departamento de Francia occidental. Tiene 6.985 km². y 346.000 h. Trigo, vid, frutas, ganadería. Industrias derivadas de la agricultura. Cerámicas. Cap. POITIERS. || C. de Francia (Isère), sit. sobre el río Ródano. 25.000 h. Importante centro de industrias textiles y mecánicas. || **Alto —.** V. **Alto Vienne.**

VIENTIANE. *Geog.* C. de la Indochina, cap. de Laos, sit. a orillas del río Mekong. 180.000 h.

VIENTO. al. **Wind.** fr. **Vent.** ingl. **Wind.** ital. **Vento.** port. **Vento.** (Del lat. *ventus.*) m. Corriente de aire que se produce en la atmósfera por causas naturales. VIENTO *pampero.* || Aire atmosférico. *El* VIENTO *viene muy frío.* || Olor que como rastro dejan las piezas de caza. || Olfato de algunos animales. || Cierto hueso que tienen los perros entre las orejas. || fig. Cualquier cosa que mueve o agita el ánimo violentamente o con variación. || Vanidad y jactancia. || Cuerda o alambre que se ata a una cosa con el fin de mantenerla derecha en alto o de poder moverla hacia un lado. || fam. Ventosidad, gases intestinales. || *Art.* Huelgo que queda entre la bala y Rumbo. || *Mús.* V. **Instrumento de viento.** || **— calmoso.** *Mar.* El muy flojo y que sopla con intermisión. || **— cardinal.** El que sopla de alguno de los cuatro puntos cardinales del horizonte. || **— de bolina.** *Mar.* El que viene de proa y obliga a ceñir cuanto puede la embarcación. || **— de proa.** *Mar* El que sopla en dirección contraria a la que lleva el buque. || **— en popa.** *Mar.* El que sopla hacia el punto que se dirige la nave. || **— etesio.** *Mar.* El que se muda en determinado tiempo del año. || **— fresco.** *Mar.* El que llena bien el aparejo y permite llevar largas las velas altas. || **— largo.** El que sopla en dirección perpendicular al rumbo que lleva la nave, hasta la popa. || **— marero.** *Mar.* El que viene de la parte del mar. || **— terral.** *Mar.* El que viene de la tierra. || **Vientos alisios.** Vientos fijos que soplan de la zona tórrida, con inclinación al Nordeste o al Sudeste, según el hemisferio en que reinan. || **— altanos.** *Mar.* Los que corren alternativamente del mar a la tierra, y viceversa. || **A los cuatro vientos.** loc. adv. fig. En todas direcciones, por todas partes. || **Beber** uno **los vientos** por algo. expr. fig. y fam. Desearlo con ansia y hacer todo lo posible para lograrlo. || **Como el viento.** loc. adv. Rápido, velozmente. || **Contra viento y marea.** loc. adv. frs. Arrostrando inconvenientes y dificultades. || **Con viento fresco.** Con los verbos *irse, marcharse, despedir,* etc., indica con mal modo, con enfado o desprecio. || **Correr malos vientos.** frs. fig. Ser las circunstancias desfavorables para algún asunto. || **Correr viento.** frs. Soplar con fuerza el aire. || **Llevarse el viento** una cosa. frs. fig. Ser inestable o deleznable. || **Papar viento.** frs. fig. y fam. **Papar moscas.** || **Quien siembra vientos, recoge tempestades.** frs. proverb. con que se predicen a uno las graves consecuencias que puede acarrearle predicar malas doctrinas o suscitar enconos. || **Tomar el viento.** frs. *Mar.* Acomodar y disponer las velas de manera que el viento las hiera. || *Cetr.* y *Mont.* Indagar o rastrear por el viento la caza. Dícese con más frecuencia de los perros y los halcones. || *Mont.* Ponerse en lugar donde a un animal de caza no le llegue aire de la parte del cazador. || **Viento en popa.** m. adv. fig. Con fortuna, dicha o prosperidad. || IDEAS AFINES: *Meteorología, anemografía, brisa, céfiro, simún, pampero, sudestada, huracán, velamen, navegación, orear.*

VIENTO, Cordillera del. *Geog.* Cordón montañoso de la Argentina, en el N.O. de la provincia de Neuquén. Culmina en el volcán Domuyo, a los 4.709 m.

VIENTO, Islas del. *Geog.* Nombre que reciben las islas británicas del grupo de Barlovento, en el mar de las Antillas.

VIENTO, Paso del. *Geog.* Estrecho del mar de las Antillas que separa la isla de Cuba de la de Santo Domingo.

VIENTOS, Paso de los. *Geog.* V. **Viento, Paso del.**

VIENTOS. *Mit.* Hijos del Cielo y de la Tierra en la mitología griega.

VIENTRE. al. **Bauch; Leib.** fr. **Ventre.** ingl. **Abdomen; belly.** ital. **Ventre.** port. **Ventre.** (Del lat. *venter, -tris.*) m. Abdomen. || Conjunto de vísceras que se hallan en esta cavidad, en especial después de extraídas. *El* VIENTRE *de una res.* || Región exterior y anterior del cuerpo, correspondiente al abdomen. *Le dio un golpe en el* VIENTRE. || Feto o preñado. || Panza de las vasijas y de otras cosas. *El* VIENTRE *de una tinaja.* || fig. Cavidad grande e interior de una cosa. || *Fís.* En los cuerpos vibrantes, la parte central de la porción comprendida entre dos nodos. En los vientres es máxima la amplitud de las oscilaciones. || *For.* Madre. || Criatura humana que no ha salido del claustro materno, a la cual una ficción legal atribuye personalidad para adquirir derechos, o sea en lo favorable. || **Bajo vientre.** Hipogastrio. || **— libre.** expr. usada en algunas legislaciones para determinar que el hijo concebido por la esclava nace libre. || **Constiparse el vientre.** frs. Estreñirse. || **Descargar** uno **el vientre.** frs. Exonerar el vientre. || **Desde el vientre de su madre.** m. adv. Desde que fue uno concebido. || **De vientre.** Aplícase al animal hembra que se destina a la reproducción. || **Evacuar,** o **exonerar,** o **mover,** uno **el vientre,** o **hacer de,** o **del, vientre.** frs. Hacer regularmente las funciones de defecación. || **Sacar** uno **el vientre de mal año.** frs. fig. y fam. Saciar el hambre; comer más o mejor que de costumbre.

VIEQUES. *Geog.* Isla del mar de las Antillas, sit. al Este de Puerto Rico. Forma un municipio de Puerto Rico. 135 km². y 8.000 h.

VIERA, Feliciano. *Biog.* Estadista urug., de 1915 a 1919 presidente de la Rep. (1872-1927). || **— Pedro.** Patriota urug. que acaudilló en 1811, junto a Venancio Benavides, la rebelión contra los españoles conocida como el "grito de Asencio".

VIERNES. al. **Freitag.** fr. **Vendredi.** ingl. **Friday.** ital. **Venerdì.** port. **Sexta-feira.** (Del lat. *Veneris, dies,* día consagrado a Venus.) m. Sexto día de la semana. VIERNES *Santo.* || **Haber aprendido,** u **oído,** uno **en viernes** una cosa. fig. y fam. Repetir mucho lo que aprendió u oyó una vez, venga o no a cuento.

VIERORDT, Carlos de. *Biog.* Méd. alemán, el primero que ideó el análisis espectral cuantitativo y uno de los iniciadores de la mod. fisiología experimental (1818-1884).

VIERSEN. *Geog.* Ciudad del E. de la Rep. Federal Alemana (Renania del Norte-Westfalia). 40.000 h. Sedas.

VIERTEAGUAS. m. Resguardo de piedra, azulejos, madera, etc., que se pone cubriendo los alféizares y salientes de los paramentos, para escurrir las aguas llovedizas.

VIESCA. *Geog.* Laguna de México, en el S.O. del Estado de Coahuila. ‖ Pobl. de México (Coahuila). 4.000 h. Importante centro agrícola.

VIETE, Francisco. *Biog.* Matemático fr., autor de *Opera mathematica,* donde señaló la conveniencia de aplicar el álgebra a la geometría (1540-1603).

VIETNAM. *Geog.* Región oriental de la Indochina que abarca Tonkín, Annam y Cochinchina. Tiene 329.566 km². y 47.870.000 h. En abril de 1954 se separó de la Federación Indochina y se constituyó en Estado independiente, dentro de la Unión Francesa, En octubre de 1955 y como consecuencia del acuerdo firmado en julio de 1954, se formaron dos repúblicas independientes con límite común en el paralelo 17º de latitud norte: Vietnam del Norte (Rep. Democrática del Vietnam), cap. HANOI, y Vietnam del Sur (Rep. del Vietnam), cap. SAIGÓN. La rivalidad entre ambas desembocó en la guerra de grupos insurgentes contra el gob. de la segunda, inseguro, además por la sucesión de golpes de Estado, y en 1975 se derrumbó la resistencia, se instauró un solo régimen en todo el territ. y se denominó Ho Chi Minh a Saigón. La capital del país es HANOI (1.443.500 h.).

VIETNAMITA o VIETNAMÉS. adj. y s. De Vietnam.

VIEYTES, Hipólito. *Biog.* Patriota arg. de destacada actuación en la resistencia a las invasiones ingl. y en la revolución de 1810. Sucedió a Moreno en la secretaría de la Primera Junta; posteriormente en la Asamblea de 1813 desempeñó también ese cargo (1762-1815).

VIGA. al. **Balken.** fr. **Poutre.** ingl. **Beam; joist.** ital. **Trave.** port. **Viga.** f. Madero largo y grueso, barra metálica o pieza de cemento alargada que sirve, por lo general, para formar los techos en los edificios y sostener y asegurar las fábricas. ‖ Pieza arqueada de madera o hierro, que en ciertos coches antiguos sirve para enlazar el juego delantero con el trasero. ‖ Prensa compuesta de un gran madero que gira alrededor de uno de sus extremos y que se carga con pesos en el otro para que, bajando, comprima lo que se pone debajo. Úsase principalmente para exprimir la aceituna. ‖ Porción de aceituna molida que en los molinos de aceite se coloca cada vez debajo de la viga, para apretarla y comprimirla. ‖ – **de aire.** *Arq.* La que sólo está sostenida en sus extremos. ‖ – **maestra.** *Arq.* Aquella que, tendida sobre pilares o columnas, sirve para sostener las cabezas de otros maderos también horizontales, así como para sustentar cuerpos superiores del edificio.

VIGAN. *Geog.* Ciudad del N.O. de la isla de Luzón, en las Filipinas, cap. de la provincia de Ilocos Sur. 30.000 h.

VIGÉE LE BRUN, Isabel. *Biog.* Pintora fr. autora de *Retrato de María Antonieta; La delfina y la duquesa de Angulema,* y otros cuadros de sutil composición (1755-1842).

VIGENCIA. al. **Gültigkeit.** fr. **Vigueur.** ingl. **Operation.** ital. **Vigore; validità.** port. **Vigencia.** f. Calidad de vigente. *Respetar la* VIGENCIA *de las leyes.*

VIGENTE. (Del lat. *vigens, -entis,* p. a. de *vigere,* tener vigor.) adj. Aplícase a las leyes, ordenanzas, estilos y costumbres que están en vigor.

VIGESIMAL. (De *vigésimo.*) adj. Aplícase al modo de contar o al sistema de subdividir de 20 en 20.

VIGÉSIMO, MA. (Del lat. *vigésimus.*) adj. Que sigue inmediatamente en orden al o a lo decimonono. VIGÉSIMA *exposición.* ‖ Dícese de cada una de las veinte partes iguales en que se divide un todo. Ú.t.c.s. *Juega un* VIGÉSIMO *del billete que compramos.*

VIGÉVANO. *Geog.* Ciudad del N. de Italia en Pavía (Lombardía). 58.000 h. Centro agrícola de importancia. Industria metalúrgica y textil.

VIGÍA. al. **Wache; Wächter.** fr. **Beffroi; vigie.** ingl. **Watchtower; watch.** ital. **Vedetta.** port. **Vigia.** (Del port. *vigia,* de *vigiar,* vigiar.) f. Atalaya, torre. ‖ Persona destinada a vigiar o atalayar el mar o la campiña. Ú.m.c.s.m. *El* VIGÍA *hizo señales al velero.* ‖ Acción de vigiar. ‖ *Mar.* Escollo que sobresale algo sobre la superficie del mar.

VIGIAR. (Del port. *vigiar,* éste del lat. *vigilare.*) tr. Velar o cuidar de hacer descubiertas desde el paraje en que se está al efecto. VIGIAR *la bahía.*

VIGIL. (Del lat. *vigil.*) m. Sereno, guarda nocturno en Roma, en tiempos antiguos.

VIGIL, Constancio C. *Biog.* Escritor y periodista urug., radicado en la Argentina, fundador de revistas especializadas y autor de *Los que pasan; El erial; cuentos para niños; Marta y Jorge; Vida espiritual,* etc. (1876-1954). ‖ – **Diego.** Político hond.; (1799-1845). Uno de los jefes interinos de Estado durante el período 1830-1833. ‖ – **José M.** Hist. y escritor mex., autor de *Un demócrata al uso. México a través de los siglos; Historia de la Reforma, la Intervención y el Imperio,* etc. (1829-1909).

VIGILANCIA. al. **Wachsamkeit.** fr. **Vigilance.** ingl. **Vigilance.** ital. **Vigilanza.** port. **Vigilancia.** (Del lat. *vigilantia.*) f. Cuidado de las cosas que están a cargo de cada uno. sinón.: **atención, observación;** antón.: **negligencia, descuido.** ‖ Servicio ordenado y dispuesto para vigilar.

VIGILANTE. al. **Wächter; Polizist.** fr. **Surveillant; agent de police.** ingl. **Watchman; policeman.** ital. **Vigile; poliziotto.** port. **Vigilante; agente de polícia.** (Del lat. *vigilans, -antis.*) p. a. de **Vigilar.** Que vigila. ‖ adj. Que vela o está despierto. ‖ *Mil.* V. **Cuarto vigilante.** ‖ m. Persona encargada de velar por algo. *El* VIGILANTE *de un almacén, de una obra.* ‖ **Agente de policía.** ‖ deriv.: **vigilantemente.**

VIGILAR. al. **Wachen.** fr. **Veiller; surveiller.** ingl. **To watch; to look out.** ital. **Vigilare; sorvegliare.** port. **Vigiar.** (Del lat. *vigilare.*) intr. y tr. Velar sobre una persona o cosa, o atender cuidadosamente a ella. VIGILAR *el cumplimiento en el trabajo.*

VIGILATIVO, VA. (Del lat. *vigilatum,* supino de *vigilare,* vigilar.) adj. Dícese de lo que causa vigilias o no deja dormir.

VIGILIA. al. **Narthhtwache; Vorabend.** fr. **Veille.** ingl. **Vigil; eve.** ital. **Veglia; vigilia.** port. **Vigília.** (Del lat. *vigilia.*) f. Acción de estar despierto o en vela. *Pasaba muchas noches de* VIGILIA. ‖ Trabajo intelectual, en especial el que se hace de noche. ‖ Obra producida de este modo. ‖ Víspera, cualquier cosa que antecede a otra. ‖ Víspera de una festividad religiosa. *La* VIGILIA *de San José.* ‖ Oficio que se reza en la víspera de ciertas festividades. ‖ Oficio de difuntos que se reza o canta en la iglesia. ‖ Falta de sueño o dificultad de dormirse. ‖ Cada una de las partes en que se divide la noche para el servicio militar. ‖ Comida con abstinencia de carne. ‖ **Día de vigilia.**

VIGNEAUD, Vicente de. *Biog.* Méd. estad., premio Nobel de Química en 1955 por sus trabajos sobre las hormonas que mantienen el control sobre los órganos vitales del organismo. Investigó la biotina, una de las vitaminas más poderosas de la naturaleza y sus estudios se encaminaron a la dilucidación del problema de la vida, del crecimiento, etc. (n. 1901).

VIGNEMALE. *Geog.* Pico de los Pirineos, en la frontera francoespañola. 3.300 km.

VIGNOLA, Jacobo Barozzi, llamado. *Biog.* Arquitecto ital que sucedió a Miguel Ángel en la dirección de los trabajos de la basílica de San Pedro, en Roma. Es fundamental su obra *Reglas de los cinco órdenes de la arquitectura* (1507-1573).

VIGNY, Alfredo de. *Biog.* Nov., poeta y dramaturgo fr., uno de los voceros del romanticismo. De estilo conciso y depurado, su obra refleja el pesimismo de su personalidad. Composiciones líricas, como *Poemas antiguos y modernos,* novelas históricas de la talla de *Cinco de marzo; Servidumbre y grandeza militar,* etc., o dramas como *Chatterton,* le dieron prestigio universal (1797-1863).

VIGO. *Geog.* Ciudad y puerto de España (Pontevedra), situada sobre el Atlántico. 200.000 h. Industria pesquera y naviera.

VIGODET, Gaspar. *Biog.* Militar esp., desde 1811 capitán general de Montevideo. Intentó reprimir el movimiento de independencia; capituló en 1814.

VIGOR. al. **Kraft.** fr. **Vigueur.** ingl. **Vigor.** ital. **Vigore.** port. **Vigor.** (Del lat. *vigor, -oris.*) m. Fuerza o actividad notable de las cosas animadas o inanimadas. *La gimnasia da* VIGOR; sinón.: **robustez;** antón.: **debilidad.** ‖ Viveza o eficacia de las acciones. *Procedió con* VIGOR. ‖ Fuerza obligatoria en las leyes u ordenanzas, o duración de las costumbres o estilos. *Sigue en* VIGOR *el estado de sitio.* ‖ fig. Expresión enérgica en las obras artísticas o literarias. *Estilo* VIGOROSO.

VIGORAR. (Del lat. *vigorare.*) tr. y r. Vigorizar.

VIGORIZADOR, RA. adj. Que vigoriza. Ú.t.c.s.m.

VIGORIZAR. tr. y r. Dar vigor. ‖ fig. Animar, esforzar.

VIGOROSAMENTE. adv. m. De manera vigorosa.

VIGOROSIDAD. f. Calidad de vigoroso.

VIGOROSO, SA. al. **Kräftig.** fr. **Vigoureux.** ingl. **Vigorous.** ital. **Vigoroso.** port. **Vigoroso.** (Del lat. *vigorosus.*) adj. Que tiene vigor. *Hombre* VIGOROSO; *narración* VIGOROSA.

VIGOTA. f. *Mar.* Especie de motón por donde pasan los acolladores.

VIGUERÍA. f Conjunto de vigas de una fábrica o edificio.

VIGUÉS, SA. adj. Natural de Vigo. Ú.t.c.s. ‖ Perteneciente a esta ciudad.

VIGUETA. f. dim. de **Viga.** ‖ Barra de hierro laminado que se emplea en la edificación.

VIHUELA. Instrumento musical parecido a la guitarra, pero que se afina como un laúd. *Aquí me pongo a cantar / al compás de la* VIHUELA.

VIHUELISTA. com. Persona que profesa el arte de tocar la vihuela. Los vihuelistas formaron escuela, en España, Italia y otros países, durante el siglo XVI.

VIKINGO. (Del escandinavo e ingl. *viking.*) m. Nombre aplicado a los navegantes escandinavos que entre los siglos VIII y XI realizaron correrías y depredaciones por las islas del Atlántico y por casi toda Europa occidental.

VIL. al. **Gemein.** fr. **Vil.** ingl. **Vile; mean.** ital. **Vile.** port. **Vil.** (Del lat. *vilis.*) adj. Abatido, bajo o despreciable. *Lo trataron como a* VIL *criatura.* ‖ Indigno, torpe, infame. *Acción* VIL. ‖ Dícese de la persona que falta o corresponde mal a la confianza que en ella se deposita. Ú.t.c.s.

VILA, Luis Q. *Biog.* Escr. y educador bol., autor de *Historia de la literatura española; Teoría musical del ritmo castellano,* etc. (1831-1904).

VILADOMAT, Antonio. *Biog.* Pintor esp. de cuya vasta obra sobresale la serie de cuadros sobre la vida de San Francisco, la *Santa Cena* y otros (1678-1755).

VILADRICH, Miguel. *Biog.* Pintor español, residente en la Argentina. Autor de *Mujer frente al mar; Abuela tejedora* y otras obras (1887-1956).

VILAIRE, Etzer. *Biog.* Poetisa haitiana. De notable sensibilidad literaria, su obra es uno de los pedestales de la literatura nacional en lengua francesa (s. XIX).

VILANO. (Del lat. *villus,* pelo.) m. Apéndice de pelos o filamentos, que facilita la dispersión por el viento de las semillas de las plantas de la familia de las compuestas. ‖ Flor del cardo.

VILANOVA, Arnaldo de. *Biog.* Científico esp. autor de varias obras sobre química, medicina y literatura (1240-1311).

VILA REAL. *Geog.* C. de Portugal, al E. de Porto. 12.000 h.

VILASAÑA, Antonio. *Biog.* Mil. esp. que participó en la conquista de México. En 1521 organizó un complot para asesinar a Hernán Cortés; descubierto, fue ahorcado.

VILCANOTA. *Geog.* Cumbre montañosa de los Andes peruanos, en la cordillera Oriental 5.486 m. ‖ **Cordillera de –.** Cordón montañoso de los Andes peruanos que recorre la zona S. E. del territorio.

VILCAPUGIO, Batalla de. *Hist.* Combate librado en la pampa del mismo nombre, al N. de Potosí, el 1 de octubre de 1813, y en el que las fuerzas arg. al mando de Manuel Belgrano fueron derrotadas por los realistas.

VILEZA. al. **Gemeinheit; Niederträchtigkeit.** fr. **Vileté; vilenie.** ingl. **Baseness; vileness.** ital. **Viltà.** port. **Vileza.** f. Calidad de vil. *La* VILEZA *de su proceder me avergüenza.* ‖ Indignidad, torpeza o infamia. *Esa* VILEZA *no puede quedar impune.*

VÍLICO. (Del lat. *villicus.*) m. Mayordomo de una granja entre los romanos.

VILIPENDIADOR, RA. adj. y s. Que vilipendia.

VILIPENDIAR. al. **Geringschätzen,** fr. **Vilipender.** ingl. **To revile.** ital. **Vilipendio.** port. **Vilipendio.** (Del lat. *vilipéndere;* de *vilis,* vil, y *péndere,* estimar.) tr. Despreciar alguna cosa o tratar a alguien con vilipendio.

VILIPENDIO. (De *vilipendiar.*) m. Desprecio, denigración de una persona o cosa.

VILIPENDIOSO, SA. adj. Que causa o implica vilipendio.

VILIUI. *Geog.* Río de la U.R.S.S., en la Siberia oriental, desagua en el Lena después de recorrer 2.123 km.

VILMENTE. adv. m. De manera vil.

VILNA. *Geog.* Ciudad del N.E. de la U.R.S.S., capital de Lituania. 375.000 h. Importante industria maderera.

VILO (En). m. adv. Suspendido; sin estabilidad; sin el fundamento o apoyo que necesita. ‖ fig. Con inquietud y zozobra. *Estaba* EN VILO *en su cargo.*

VILORDO, DA. (Del lat. *bis,* dos veces, y *lúridus,* pálido, lívido.) adj. Perezoso, tardo.

VILORTA. (Del lat. *bis,* dos veces, y *rotula,* rueda.) f. Vara de madera flexible que sirve para hacer aros y vencejos. ‖ Cada una de las abrazaderas metálicas que sujetan al timón la cama del arado. ‖ Arandela para impedir el roce entre dos piezas. ‖ Juego en que se lanza por el aire, por medio del vilorto, una bola de madera que ha de pasar a través de la hilera de pinas o estacas colocada entre los dos bandos de pegadores. ‖ Vilorto, planta.

VILORTO. (Del lat. *bis.* dos veces, y *rótulus,* cilindro.) m. Especie de clemátide, que se diferencia de la común en tener las hojas más anchas y las flores inodoras. ‖ Vilorta, aro. ‖ Palo grueso que termina por una de sus puntas en forma de aro, y encordelado a manera de raqueta, se emplea para jugar a la vilorta.

VILOS. m. Embarcación filipina de dos palos muy semejante al panco.

VILOTE. adj. *Arg.* Cobarde, pusilánime.

VILQUE. m. *Amér.* Tinaja grande, con la boca ancha, para guardar o lavar el trigo o el maíz.

VILTROTEAR. (De *villa* y *trote.*) intr. fam. Corretear, callejear. Dícese como censura, y más comúnmente de las mujeres.

VILTROTERA. adj. y s. Aplícase a la mujer que viltrotea.

VILUMA. *Geog.* V. **Sipe Sipe.**

VILVOORDE. *Geog.* V. **Vilvorde.**

VILVORDE. *Geog.* Ciudad de Bélgica (Brabante), situada al N.E. de Bruselas. 30.000 h. Industrias químicas, aceites.

VILLA. al. **Landhaus; Stadtchen.** fr. **Villa; commune.** ingl. **Country-house; villa; town.** ital. **Villa; borgo.** port. **Vila.** (Del lat. *villa.*) f. Casa de recreo aislada en el campo. *Una* VILLA *de estilo andaluz;* sinón.: **quinta.** ‖ Población que tiene algunos privilegios que la distinguen de las aldeas y lugares. *Una* VILLA *muy poblada.* ‖ Consistorio, ayuntamiento.

VILLA, José G. *Biog.* Poeta cub., autor de *Entre la vida y la muerte; Céfiros y flores,* y otras obras (n. 1850). ‖ – **Francisco.** Caudillo revolucionario mex. cuyo verdadero nombre era **Doroteo Arango.** En 1910 participó del movimiento que derrocó a Porfirio Díaz y posteriormente secundó a Venustiano Carranza en contra del Gral. Huerta y a Zapata en contra de Obregón. Durante algún tiempo hizo una campaña de guerrillas contra el ejército estadounidense. Murió asesinado por un rival político; su figura se hizo legendaria con el nombre de **Pancho Villa** (1877-1923). ‖ – **Rafael.** Escritor cub., autor de *El monasterio de Yuste; El esclavo de Murillo,* etc. (n. 1890). ‖ –

LOBOS, Héctor. V. **Villa-Lobos, Héctor.**

VILLA. *Geog.* Población de Italia, en Salerno. 2.000 h. || — **Acuña.** Población del N.E. de México (Coahuila). 9.000 h. Centro agrícola. || — **Alberdi.** Población del N. de la Argentina (Tucumán). 5.600 h. Explotación forestal. || — **Allende.** Población del N.O. de Córdoba (Rep. Argentina). 6.000 h. Centro de turismo. || — **Ana.** Población del N. de Santa Fe, en la Rep. Argentina. 7.000 h. Explotación forestal. || — **Ángela.** Población del N.E. de la Argentina (Chaco). 9.600 h. Plantaciones de algodón, fabricación de tanino. || — **Atuel.** Población del O. de la Argentina (Mendoza). 3.000 h. Producción agrícola. || — **Ballester.** Población de la Argentina que pertenece al Gran Buenos Aires, sit. al N.O. de la cap. del país. 40.000 h. Centro industrial. || — **Bella.** Población del N.E. de Brasil (Pernambuco). Café, caña de azúcar, tabaco. || — **Cañás.** Población de la Argentina, al S. de la prov. de Santa Fe. 8.000 h. || — **Clara.** Prov. de Cuba. 8.069 km²; 700.006 h. Cap. SANTA CLARA. 150.066 h. || — **Constitución.** Ciudad y puerto de la Argentina (Santa Fe), sobre el Paraná. 11.500 h. Importante centro industrial. || — **Crespo.** Ciudad de la Argentina (Entre Ríos). 8.000 h. || — **de Cura.** Población del N. de Venezuela (Aragua). 12.000 h. Actividades agrícola-ganaderas. || — **del Rosario.** Población de la región central de la Argentina (Córdoba). 6.000 h. Agricultura. || — **Dolores.** Población del O. de Córdoba, en la Rep. Argentina. 15.000 h. Importante centro olivarero y de turismo. || — **Elisa.** Población del N. E. de la prov. de Buenos Aires (Rep. Argentina). 5.500 h. Actividades relacionadas con la floricultura. || — **Guillermina.** Población del N.E. de la provincia de Santa Fe (Rep. Argentina). 12.000 h. Actividad forestal y agrícola. || — **Hayes.** Ciudad del S. de Paraguay, cab. del distrito homónimo, en el departamento de Presidente Hayes. 33.000 h. Agricultura y ganadería ||— **María.** Ciudad serrana de la región central de la Argentina (Córdoba). 35.000 h. Importante centro agrícola, comercial y ferroviario. || — **Mercedes.** C. de la Argentina (San Luis). V. **Mercedes.** || — **Nueva.** Población del O. de la Argentina (Mendoza). 8.500 h. Explotación forestal.

VILLACASTÍN, Antonio de. *Biog.* Sacerdote y arquitecto esp. que supervisó la construcción de El Escorial (1512-1603).

VILLACORTA, José Antonio. *Biog.* Cated. jurisconsulto y escr. guat., autor de *Prehistoria e historia antigua de Guatemala; Hombres célebres de América,* etc. (n. 1879). || — **Juan Vicente.** Político salv., jefe de Estado en 1824, durante la Confederación Centroamericana.

VILLACH. *Geog.* Ciudad del S. de Austria, situada al O. de Klagenfurt. 35.500 h. Hierro, explotación forestal. Centro de turismo.

VILLADA, Manuel M. *Biog.* Naturalista mex. del siglo XIX (n. 1841), autor de *Flora médica indígena* y otras obras sobre botánica y geología.

VILLADEMOROS, Carlos J. *Biog.* Dram. y poeta urug., autor del drama *Los Treinta y Tres* y de composiciones patrióticas: *Oda a Rivadavia; Oda o Oribe,* etc. (1806-1853).

VILLADIEGO. n. p. **Coger, o tomar, las de Villadiego.** frs. fig. Ausentarse impensadamente, por lo común para huir de un riesgo o compromiso.

VILLAESPESA, Francisco. *Biog.* Poeta y dramaturgo esp., autor de *La leona de Castilla; Las horas que pasan; El alcázar de las perlas,* etc. (1879-1936).

VILLAFAÑE, Benjamín. *Biog.* Político y pedagogo arg., autor de *Reminiscencias de un patriota* (1819-1893). || — **Carlos.** *Biog.* Escritor col., autor de *Guerra del alma; Tierra caliente; Poema ligero,* etc. (n. 1882). || — **Javier.** Poeta arg., renombrado titiritero. Autor de *Los niños y los títeres; El gallo pinto; Historia de pájaros,* etc. (n. 1910).

VILLAGARCÍA DE AROSA. *Geog.* Ciudad y puerto del N.O. de España (Pontevedra). 26.000 h. Centro de turismo.

VILLAGRA, Francisco de. *Biog.* Mil. esp. de intensa actuación en la conquista de América. Luchó contra Almagro y posteriormente contra diversas tribus indígenas, descubrió el río Bermejo, exploró la Patagonia y sufrió repetidas derrotas en sus expediciones contra los araucanos. Regidor de Santiago en 1541, 1546 y 1547, sucedió a Valdivia en el cargo de gob. y capitán general de Chile (1512-1563). || — **Pedro de.** Militar esp., que en 1563 sucedió a Francisco de Villagra como gobernador de Chile (m. 1577).

VILLAGRÁN, Julián. *Biog.* Patriota mex., uno de los primeros mártires de la independencia (m. 1813).

VILLAGUAY. *Geog.* Población del E. de la Argentina (Entre Ríos). 20.000 h. Actividades agropecuarias.

VILLAHERMOSA. *Geog.* Ciudad del S. de México, cap. del Estado de Tabasco. 105.000 h. Centro comercial, especialmente frutas, cacao y productos forestales.

VILLAJE. (Del lat. *villatícum,* y éste del lat. *villa,* casa de campo.) m. Pueblo pequeño.

VILLALBA, Tomás. *Biog.* Pol. urug., en 1865 presidente de la República (1805-1886).

VILLA-LOBOS, Héctor. *Biog.* Notable compositor bras. Sus obras, que elevaron al lenguaje musical culto las melodías folklóricas y los ritmos indígenas, le dieron nombradía mundial: *Bachianas brasileñas; Zoé; Tres poemas indígenas; El emperador Jones; Amazonas,* etc. (1884-1959).

VILLALTA SAAVEDRA, José de. *Biog.* Escultor cub., uno de los más personales artistas plásticos de su país (1863-1945).

VILLALONGA, Jorge. *Biog.* Noble esp., de 1719 a 1724 virrey de Nueva Granada.

VILLAMARÍA. *Geog.* Población de Colombia (Caldas), sit. al sur de Manizales. 4.500 h. Fuentes termales.

VILLAMIL, José. *Biog.* Mil. ec. que desde Europa contribuyó a la causa de la independencia americana. Financió parte de la colonización de las islas Galápagos (1789-1866). || — **DE RADA, Emeterio.** Ensayista y filólogo bol. Su obra fundamental es *La lengua de Adán* (1804-1880).

VILLAMOR, Ignacio. *Biog.* Educador y escr. filipino, autor de *La criminalidad en las Islas Filipinas* y varias obras de carácter didáctico (1863-1933).

VILLANADA. f. Acción propia de villano.

VILLANAJE. (De *villano.*) m. Gente del estado llano en los lugares. || Calidad del estado de los villanos, como contrapuesta a la nobleza.

VILLANAMENTE. adv. m. De manera villana.

VILLANCEJO. (De *villano.*) m. Villancico.

VILLANCETE. (De *villano.*) m. Villancico.

VILLANCICO. (De *villano.*) m. Composición poética popular con estribillo, y en especial la de asunto religioso que se canta en las iglesias en Navidad y otras festividades.

VILLANCIQUERO, RA. m. El que compone o canta villancicos.

VILLANCHÓN, NA. adj. y s. fam. Villano, tosco y grosero.

VILLANERÍA. (De *villano.*) f. Villanía. || Villanaje.

VILLANESCA. (De *villanesco.*) f. Cancioncilla rústica antigua. || Danza que se acompañaba con ese canto.

VILLANESCO, CA. adj. Perteneciente a los villanos. *Traje* VILLANESCO.

VILLANÍA. (De *villano.*) f. Bajeza de nacimiento, condición o estado. || fig. Acción ruin. || Expresión indecorosa.

VILLANO, NA. al. **Grob; gemein.** fr. **Vilain; routier.** ingl. **Villain.** ital. **Villano.** port. **Vilão.** (Del b. lat. *villanus,* y éste del lat. *villa,* casa de campo.) adj. Vecino del estado llano en una villa o aldea, a diferencia de noble o hidalgo. Ú.t.c.s. || fig. Rústico o descortés. *Hablar como un* VILLANO. || Ruin, indigno, indecoroso. || m. Tañido y bailes españoles comunes en los siglos XVI y XVII. || — **harto de ajos.** fig. y fam. Persona rústica y mal criada. || **Al villano, dale el pie y se tomará la mano.** refr. que aconseja rehuir las familiaridades con gente ruin, para que no se tomen más confianza de la que corresponde.

VILLANOTE. adj. aum. de **Villano.** Ú.t.c.s.

VILLANUEVA, Carlos Raúl. *Biog.* Arquitecto ven. cuya obra más conocida es el edificio de la Universidad de Caracas (n. 1900). || — **Felipe.** Compositor mex., uno de los iniciadores del estilo musical nacional. Autor de numerosas piezas de salón sobre temas nativos (1862-1893). || — **Juan de.** Arquitecto esp. que construyó, entre otros edificios, el Museo del Prado (1731-1811). || — **Laureano.** Historiador ven. (1840-1920). || — **GALEANO, Ignacio.** Compositor hond., especialista en música militar y autor de *Pan American Union March* (n. 1885).

VILLANUEVA. *Geog.* Población de México (Zacatecas). 5.000 h. Cereales, frutas, papas. || — **y Geltrú.** Población del N.E. de España (Barcelona). 20.000 h. Puerto sobre el Mediterráneo. Fabricación de papel y artículos de goma.

VILLAR. (De *villa,* casa de campo.) m. Villaje.

VILLAR, Amado. *Biog.* Escritor arg. autor de *Versos con sol y pájaros; Marimorena,* etc. (1899-1954). || — **Francisco.** Pintor esp. radicado en Argentina; autor de *Bordadoras; El erquencho,* etc. (1872-1951). || — **Rafael Domingo del.** Pintor esp. radicado en Argentina, autor de retratos de próceres y otras obras (1873-1952).

VILLARÁN, Acisclo. *Biog.* Dram. y poeta per., autor de *La poesía en el imperio de los Incas; Nieblas y auroras; La corona de laureles,* etc. (1841-1927). || — **Consuelo María.** Escritora per. cont., autora de las novelas *Neurosis; Almas bellas,* etc., y de obras poéticas.

VILLAREJO, José P. *Biog.* Literato par., autor de *Ocho hombres* y otras obras en prosa (n. 1907).

VILLARINO, Basilio. *Biog.* Marino esp. que exploró ríos y regiones patagónicas y descubrió en 1783 la isla de Choele-Choel (1741-1785). || — **María de.** Escritora arg. autora de *Tiempo de angustia; Junco sin sueño; Elegía del recuerdo; Calle apartada,* etc. (n. 1905).

VILLARREAL. *Geog.* Población del E. de España (Castellón de la Plana). 23.000 h. Importante centro agrícola.

VILLARRICA. *Geog.* Ciudad del S.E. de Paraguay, capital del dep. de Guairá. 32.000 h. Cereales, tabaco, naranjas.

VILLARROEL, Diego de. *Biog.* Militar esp. que participó en la conquista de América y fundó las ciudades de Potosí y San Miguel del Tucumán (1530-1580). || — **Gaspar.** Rel. y escritor ec., autor de *Gobierno eclesiástico y pacífico; Relación del terremoto de Santiago de 1647,* etc. (1587-1665). || — **Gaspar de.** Militar esp. que participó en las conquistas de Perú y Chile (1510-1579). || — **Gualberto.** Pol. y militar bol., jefe de la revolución que en 1943 derrocó al presid. Peñaranda. Elegido presid. constitucional de la Rep. por el período 1944-1948, fue derrocado y muerto por un movimiento popular (1908-1946).

VILLAS, Las. *Geog.* V. **Las Villas.**

VILLAURRUTIA, Xavier. *Biog.* Poeta lírico mex., autor de *Nostalgia de la muerte; Décima muerte; El pobre Barba Azul,* etc. Autor, asimismo, de dramas y comedias (1903-1951).

VILLAVERDE, Cirilo. *Biog.* Escr. cub., autor de vigorosas novelas costumbristas: *Cecilia Valdés; El ciego y su perro; El espetón de oro,* etc. (1812-1894). || — **José R.** Cuentista cub., autor de *Cuentos criollos; Cosas del espíritu,* etc. (n. 1880).

VILLAVICENCIO, Antonio. *Biog.* Militar ec. Formaba parte del poder ejecutivo cuando al producirse el movimiento revolucionario, se adhirió al mismo. Hecho prisionero por los realistas, fue fusilado (1775-1816). || — **Rafael.** Méd. y literato ven., autor de *Geografía médica y demográfica del Perú; Bolívar, Vargas y Cajigal, su influencia en la evolución de Venezuela,* y otras obras (1838-1918).

VILLAVICENCIO. *Geog.* Termas de la Argentina situadas en el norte de la prov. de Mendoza. Afamadas aguas minerales. || C. de Colombia, cap. del departamento del Meta. 93.000 h. Importante centro comercial y agrícola.

VILLAVICIOSA. *Geog.* Ciudad del N.E. de España (Oviedo). 35.000 h. Puerto sobre el mar Cantábrico. Importantes fábricas de sidra.

VILLAZGO. m. Calidad o privilegio de villa. || Tributo que se imponía a las villas.

VILLAZÓN, Eliodoro. *Biog.* Pol. bol. que de 1909 a 1913 ejerció la presidencia de la Rep. (1849-1939).

VILLAZÓN. *Geog.* Población de Bolivia (Potosí). 8.000 h. Explotación de minas de plomo.

VILLEDA MORALES, José Ramón. *Biog.* Político hond., pres. de la República desde 1957 hasta 1963, en que fue derrocado (1909-1971).

VILLEGAS, Alberto de. *Biog.* Literato bol., autor de *Sombras de mujeres; La campana de plata,* y otras obras (m. 1936). || — **Esteban Manuel de.** Poeta esp., llamado el **Anacreonte español.** Es célebre su colección poética *Eróticas* (1589-1669). || — **Juan de.** Mil. esp. que participó en una expedición a los Andes y fue gobernador interino de Venezuela (s. XVI). || — **Silvio.** Lit. col., autor de *Imperialismo económico; Ejercicios espirituales,* y otras obras (1902-1972). || — **CORDERO, José.** Pintor esp. notable acuarelista (1848-1921).

VILLENA, Federico. *Biog.* Músico ven. autor de numerosas piezas para piano (1835-1900).

VILLENA. *Geog.* Población del S.E. de España (Alicante). 21.000 h. Viñedos. Importantes ruinas romanas.

VILLIERS DE L'ISLE-ADAM, Felipe Augusto Matías, conde de. *Biog.* Escritor fr., autor de *Historias insólitas; Cuentos crueles* y otras obras (1840-1889).

VILLETA. f. dim. de **Villa.**

VILLETA. *Geog.* Población de la región central de Colombia (Cundinamarca). 3.800 h. Agricultura y ganadería. || Población del Paraguay (Central). 17.000 h., situada sobre el río Paraguay. Importante puerto.

VILLEURBANNE. *Geog.* Ciudad de Francia (Ródano), sobre el río Ródano, frente a Lyon. 120.000 h. Industrias textiles, metalúrgicas, químicas. Curtidurías.

VILLON, Francisco. *Biog.* Poeta fr. Hombre de existencia vagabunda, fue considerado el gran lírico de su época. Sus baladas a la muerte, sus poemas *El pequeño testamento* y *El gran testamento,* son espontáneas e ingeniosas obras maestras (1431-1489). || — **Jacobo.** Pintor fr., autor de *Retrato de Duchamp-Villon; La Huerta; A cuatro manos,* y otros cuadros (1875-1963).

VILLORÍA. (Del lat. *villa,* granja.) f. Casería o casa de campo.

VILLORÍN. m. Vellorín.

VILLORRIO. (De *villa.*) m. desp. Población pequeña y poco urbanizada.

VIMBRE. (Del lat. *vimen, -inis.*) m. Mimbre.

VIMBRERA. (De *vimbre.*) f. Mimbrera.

VIMINAL, Monte. *Geog.* Una de las siete colinas de la antigua Roma.

VINAGRADA. f. Refresco hecho con agua, vinagre y azúcar.

VINAGRE. al. **Essig.** fr. **Vinaigre.** ingl. **Vinegar.** ital. **Aceto.** port. **Vinagre.** (Del lat. *vínum acre.*) m. Líquido agrio y astringente, que se produce por la fermentación ácida del vino, y compuesto principalmente de ácido acético y agua. *Ponle* VINAGRE *a la ensalada.* || fig. y fam. Persona de genio áspero. *¡Es un* VINAGRE *ese señor!*

VINAGRERA. al. **Essigflasche.** fr. **Burette à vinaigre.** ingl. **Vinegar cruet.** ital. **Ampolla per l'aceto.** port. **Vinagreira.** f. Vasija destinada a contener el vinagre. || Acedera. || *Amér.* Acedía de estómago. || pl. Angarillas, pieza de madera, metal o cristal en que se colocan los frascos para vinagre, aceite, sal, etc.

VINAGRERO, RA. s. Persona que hace o vende vinagre.

VINAGRETA. f. Salsa hecha con aceite, cebolla y vinagre que se usa con los pescados y la carne. *Cocinar anguila a la* VINAGRETA.

VINAGRILLO. m. dim. de **Vinagre.** || Vinagre de poca fuerza. || Cosmético compuesto con alcohol, vinagre y substancias aromáticas. || Vinagre aromático con que se adereza el tabaco en polvo. || *Arg.* y *Chile.* Planta oxalídea, cuyos tallos segregan un jugo blancuzco bastante ácido.

VINAGRÓN. m. Vino repuntado y de inferior calidad.

VINAGROSO, SA. adj. De gusto agrio como el del vinagre. || fig. y fam. De genio áspero y desapacible.

VINAJERA. al. **Messkännchen.** fr. **Burette.** ingl. **Wine vessel.** ital. **Ampollina.** port. **Galheta.** f. Cualquiera de los jarrillos con que se sirven en la misa el vino y el agua. || pl. Aderezo de ambos jarrillos con la bandeja en que se colocan. *Unas* VINAJERAS *de plata.*

VINAL. m. *Arg.* Especie de algarrobo arborescente. Gén. *Prosopis ruscifolia,* leguminosa.

VINAPÓN. m. *Perú.* Especie de cerveza hecha con maíz.

VINAR. adj. Vinario o vinatero.

VINARIEGO. (Del lat. *vinarius,* de *vinum,* vino.) m. El que tiene hacienda de viñas y la cultiva.

VINARIO, RIA. (Del lat. *vinarius.*) adj. Perteneciente al vino.

VINATERA. f. *Mar.* Cordel con una gaza en una extremidad y un cazonete en la otra con el que se amadrinan dos cabos, un cabo y una percha o dos perchas.

VINATERIA. (De *vinatero.*) f. Tráfico y comercio del vino. || Tienda en que se vende vino.

VINATERO, RA. adj. Perteneciente al vino. *Producción* VINATERA. || m. El que trafica con el vino.

VINÁTICO, CA. adj. desus. Perteneciente al vino.

VINAZA. (Del lat. *vinácea,* de *vínum,* vino.) f. Vino que se saca al final de los posos y las heces.

VINAZO. (aum. de *vino.*) m. Vino muy espeso y fuerte.

VINCAPERVINCA. f. Planta herbácea de la familia de las apocináceas, con flores azules; se cultiva en los jardines.

VINCENNES. *Geog.* Ciudad de Francia, al E. de París. 60.000 h. Centro industrial y militar. Célebre castillo del siglo XIV, rodeado de un hermoso bosque de mil hectáreas.

VINCENT, Estenio José. *Biog.* Escr. y político haitiano, de 1930 a 1936 y de 1937 a 1941 presidente de la Rep. Autor de *Plantando los jalones; La República de Haití tal cual es,* etc. (1874-1959). || **– Juan Jacinto.** Médico fr. e investigador (1862-1950).

VINCENTTI, Benito. *Biog.* Compositor ital. que residió en América. Autor de la música del Himno Nacional Boliviano (1805-1876).

VINCENZI PACHECO, Moisés. *Biog.* Lit. y ensayista costarr., autor de *Valores fundamentales de la razón; La Rosalía; Aticismos tropicales,* etc. (1895-1964).

VINCES. *Geog.* Río del Ecuador, afl. del Babahoyo. 275 km.

VINCI, Leonardo de. *Biog.* Cél. pintor y hombre de ciencia ital., una de las más elevadas expresiones del genio humano. Naturalista, mecánico, arquitecto, matemático, músico y pintor, su obra, vasta y múltiple, revela un profundo conocimiento del arte y de la naturaleza. Trabajó para César Borgia y luego, en Francia, para Luis XII; en la corte de ambos concibió notables proyectos de mecánica, hidráulica, arquitectura e ingeniería, a través de los cuales surge su vigorosa personalidad científica y su filosofía de hombre y de artista que refleja una nueva actitud ante la naturaleza y la sociedad. Proyectó edificios, instrumentos bélicos, máquinas voladoras, etc., adelantándose en varios siglos a audaces manifestaciones de la civilización moderna. Sin embargo, su mayor celebridad descansa en su excepcional obra de pintor, cuya característica esencial es la absoluta unidad de la atmósfera y el perfecto equilibrio de figuras, paisaje y arquitectura. Su paciente estudio de la luz y de los colores, y de la anatomía, le permitió lograr obras de la perfección de *La Gioconda; Virgen de las rocas; San Juan Bautista; La Virgen y el Niño; La Cena,* etc. Su famoso *Tratado de la pintura* es una exhaustiva teorización de la plástica; dejó también otros escritos de inapreciable valor científico y artístico (1452-1519).

VINCULABLE. adj. Que puede vincular.

VINCULACIÓN. (Del lat. *vinculatio, -onis.*) f. Acción y efecto de vincular o vincularse. *Ese informe no tiene* VINCULACIÓN *con los hechos.*

VINCULAR. tr. Gravar los bienes a vínculo para perpetuarlos en empleo o familia señalados por el fundador. || fig. Fundar una cosa en otra. *Andrés* VINCULA *su porvenir en ese viaje.* || Perpetuar una cosa o el ejercicio de ella. Ú.m.c.r. VINCULARSE *los lazos de amistad.*

VINCULAR. adj. Perteneciente o relativo al vínculo.

VÍNCULO. al. **Verbindung; Bindung.** fr. **Lien; union.** ingl. **Tie; bond; entail.** ital. **Vincolo.** port. **Vínculo.** m. Unión o atadura de una cosa con otra. VÍNCULO *matrimonial; estrechar los* VÍNCULOS *con la madre patria;* sinón.: **nexo.** || *For.* Sujeción de los bienes, con prohibición de enajenarlos, a que se transmitan en familia por el orden señalado, o a que se empleen para determinados fines. Dícese también de estos mismos bienes.

VINCHA. (Del quichua *huincha.*) f. *Amér.* Cinta o pañuelo que se usa generalmente para ceñirse la cabeza o sujetarse el pelo.

VINCHINA. *Geog.* Valle de la prov. de La Rioja (Rep. Argentina), sit. al oeste de la sierra de Famatina. || Río del O. de la Argentina (La Rioja), que se une con el Guandacol para formar el río Bermejo. Recorre 200 km. con muy poco caudal.

VINCHUCA. f. *Amér. del S.* Insecto alado, especie de chinche, de cerca de dos centímetros de largo; se esconde de día en los techos de los ranchos y de noche chupa la sangre de los durmientes. Es transmisor de enfermedades epidémicas. Gén. *Triatoma,* hemípteros. || *Chile.* Rehilete, especie de flechilla.

VINDELICIA. *Geog. histór.* Antigua región de Europa central que corresponde al S. de Württemberg y O. de Baviera.

VINDHYA, Montes. *Geog.* Cordón montañoso de la India central que separa el Decán de la llanura del Ganges. Culmina a los 1.400 m.

VINDOBONA. *Geog. histór.* Nombre antiguo de la c. de Viena.

VINDICADOR, RA. adj. y s. Que vindica.

VINDICACIÓN. (Del lat. *vindicatio, -onis.*) f. Acción y efecto de vindicar o vindicarse. *La* VINDICACIÓN *que requiere una persona ofendida.*

VINDICAR. (Del lat. *vindicare.*) tr. Vengar. Ú.t.c.r. *Se* VINDICARÁ *de tan atroz insulto.* || Defender, especialmente por escrito, al que se halla injuriado o injustamente notado. VINDICAR *a una persona inocente.* || *For.* Reivindicar.

VINDICATIVO, VA. (Del lat. *vindicátum,* supino de *vindicare,* vengar.) adj. Vengativo. *Acción* VINDICATIVA. || Aplícase al escrito o discurso en que se defiende la fama del injuriado o injustamente notado.

VINDICATORIO, RIA. adj. Que sirve para vindicar o vindicarse.

VINDICTA. (Del lat. *vindicta.*) f. Venganza. || **– pública.** Satisfacción de los delitos para ejemplo del público.

VINERÍA. f. *Amér. del S.* Vinatería.

VINERO, RA. s. Persona que vende vino.

VÍNICO, CA. adj. Perteneciente al vino. *Substancia* VÍNICA; *fermento* VÍNICO.

VINÍCOLA. (Del lat. *vínum,* vino, y *colere,* cultivar.) adj. Relativo a la fabricación del vino. *Industria, producción* VINÍCOLA. || m. Vinariego.

VINICULTOR, RA. al. **Weinbauer.** fr. **Vigneron.** ingl. **Viniculturist.** ital. **Vinicultore.** port. **Vinicultor.** (Del lat. *vínum* y *cultor, -oris,* cultivador.) s. Persona que se dedica a la vinicultura. *Los* VINICULTORES *de Mendonza;* sinón.: **enólogo.**

VINICULTURA. al. **Weinbau.** fr. **Viniculture.** ingl. **Viniculture.** ital. **Vinicultura.** port. **Vinicultura.** (Del lat. *vínum,* vino, y *cultura,* cultivo.) f. Elaboración de vinos. sinón.: **enología.**

VINIEBLA. f. Cinoglosa.

VINIENTE. p. a. de **Venir.** Ú. en la locución **yentes** y **vinientes.**

VINÍFERO, RA. adj. Que produce vino. *Zona* VINÍFERA.

VINIFICACION. (Del lat. *vínum,* vino, y *fácere,* hacer.) f. Fermentación del mosto de la uva para la obtención del vino.

VINILLO. m. dim. de **Vino.** || Vino muy flojo.

VINO. al. **Wein.** fr. **Vin.** ingl. **Wine.** ital. **Vino.** port. **Vinho.** (Del lat. *vínum.*) m. Licor alcohólico que se hace del zumo de la uva exprimido y cocido naturalmente por la fermentación. VINO *tinto.* || Zumo de otras cosas cocido y fermentado al modo del de la uva. || **– abocado.** El que no es seco ni dulce. || **– albillo.** El hecho de uva albilla. || **– amontillado.** El generoso y pálido que se hace principalmente en Jerez de la Frontera, hecho a imitación del de Montilla. || **– atabernado.** El vendido al pormenor, como en las tabernas. || **– barbera.** *Arg.* Vino áspero y de color obscuro. || **– clarete.** Especie de **vino** tinto, algo claro. || **– cubierto.** El de color obscuro. || **– de agujas. Vino** raspante o picante. || **– de cabeza.** Aguapié, **vino** muy bajo. || **– de dos, de tres,** etc., **hojas.** El que tiene dos, tres o más años. || **– de dos orejas. Vino** fuerte y bueno. || **– de garnacha. Garnacha.** || **– de garrote.** El que se saca a fuerza de viga, torno o prensa. || **– de Burdeos, de Jerez, de Málaga, de Oporto,** etc. El que se cosecha en los pueblos o viñedos del respectivo distrito geográfico. || **– de lágrima.** El que destila la uva sin exprimir el racimo. || **– de mesa. Vino de pasto.** || **– de postre. Vino generoso.** || **– de solera.** El más añejo y generoso, que se destina para dar vigor al nuevo. || **– de una oreja.** El delicado y generoso. || **– de yema.** El de en medio de la cuba; que no es el del principio ni del final. || **– dulce.** El que tiene este sabor, por dárselo la uva o estar aderezado con arrope. || **– garnacha. Garnacha.** || **– generoso.** El que es más fuerte y añejo que el **vino** común. || **– medicamentoso,** o **medicinal.** El que contiene en disolución un medicamento. VINO *de quina.* || **– moscatel.** El que que se hace con la uva moscatel. || **– peleón.** fam. El muy ordinario. || **– seco.** El que no tiene sabor dulce. || **– tintillo. Vino** poco subido de color. || **– tinto.** El de color muy obscuro. || **Bautizar,** o **cristianar, el vino.** frs. fig. y fam. Echarle agua. || **Tener uno mal vino.** frs. Ser provocativo y pendenciero en la embriaguez. || IDEAS AFINES: *Enología, vendimia, lagar, heces, cuba, bodeguero, catavinos, aguardiente, escanciar, beber, dormir la mona*

● **VINO.** *Ind. e Hist.* El Génesis atribuye a Noé la prioridad en el cultivo de la vid y la fabricación del **vino.** La mitología griega se la concede a Baco y la latina a Saturno. Sobre los orígenes de la vid hay dudas; mientras unos aseguran que existió en Europa, en las eras terciaria y cuaternaria, otros la creen originaria del Asia. El **vino** fue conocido en todos los pueblos civilizados de la antigüedad y a partir del cristianismo se propagó aún más. Los hebreos, griegos y romanos elaboraron **vinos** de fina calidad. Esta bebida alcohólica, tónica y estimulante cuando de ella se hace medido uso, se obtiene por medio de la fermentación del zumo o mosto. La uva se vierte en cubas donde se la prensa mecánicamente; la levadura, depositada por el aire en la superficie y ramazón de la uva fresca, produce en el jugo la fermentación alcohólica, ya que transforma el jugo azucarado de la uva en anhidrido carbónico y alcohol. El mosto acumula en su superficie hollejos, pepitas, ramas y demás residuos que constituyen el orujo; separado el **vino** del orujo, se lo deja en reposo durante un cierto tiempo. Del orujo se extraen, por presión, algunos **vinos** de calidad inferior que se mezclan con los llamados **vinos** de lágrima. El **vino** pasa después por un proceso de clarificación, en el cual se le hacen sucesivos trasiegos que separan los residuos sólidos o heces agregándosele alguna substancia albuminoidea que al coagularse por la acción del alcohol, se deposita y arrastra en sus mallas las impurezas. El **vino** contiene también ciertas substancias orgánicas de cuya variedad o cantidad depende el gusto característico de cada tipo de **vino.** Hay tres clases de **vino:** tinto, rosado o clarete y blanco. Los **vinos** espumantes se obtienen mediante una fermentación lenta dentro de la botella o por una gasificación artificial. Los **vinos** muy finos son sometidos a un período de envejecimiento en cubas de roble; con él se consigue el aroma que los distingue de otros.

VINOLENCIA. (Del lat. *vinolentia.*) f. Exceso en el beber vino.

VINOLENTO, TA. (Del lat. *vinolentus.*) adj. Dado al vino o propenso a emborracharse.

VINOSIDAD. (Del lat. *vinósitas, -atis.*) f. Calidad de vinoso.

VINOSO, SA. al. **Weinartig.** fr. **Vineus.** ingl. **Vinous.** ital. **Vinoso.** port. **Vinoso.** (Del lat. *vinosus.*) adj. Que tiene la calidad o apariencia del vino. || Vinolento.

VINOTE. (aum. de *vino.*) m. Líquido que queda en el alambique después de destilado el vino y hecho el aguardiente.

VINOTERÍA. f. *Amér. Central.* Vinería.

VINTÉN. (Del port. *vintém,* antigua moneda.) m. *Urug.* Moneda equivalente a dos centésimos de peso.

VIÑA. al. **Weinberg.** fr. **Vigne.** ingl. **Vineyard.** ital. **Vigna; vigneto.** port. **Vinha.** (Del lat. *vínea.*) f. Terreno plantado de vides. || **Arropar las viñas.** frs. *Arg.* Abrigar las raíces de las cepas, especialmente las que son viejas. || **De todo hay en la viña del Señor.** expr. fig. y fam. con que se da a entender que bien mirado, hay defectos en lo que mejor parece. || **La viña del Señor.** frs. fig. El conjunto de fieles guiados por un ministro del Señor. || **Ser una viña** una cosa. frs. fig. y fam. Producir muchas utilidades. *Esa tienda es una* VIÑA. || **Tener** uno **una viña.** frs. fig. y fam. Lograr una cosa u ocupación ventajosa.

VIÑA DEL MAR. *Geog.* C. balnearia de Chile (Valparaíso). 185.000 h. Afamado centro turístico.

VIÑADERO. (De *viña.*) m. Viñador, guarda de una viña.

VIÑADOR. m. El que cultiva las viñas. || Guarda de una viña.

VIÑAMARINO, NA. adj. Natural de Viña del Mar, ciudad de Chile. Ú.t.c.s. || Perteneciente o relativo a Viña del Mar.

VIÑAS, David. *Biog.* Escritor arg., autor de ensayos y novelas: *Cayó sobre su rostro; Un dios cotidiano; Dar la cara; Literatura argentina y realidad política,* etc. (n. 1929).

VIÑAS DE IRA. *Lit.* Novela de John Steinbeck. Fuertemente dramática y veraz, ahonda los problemas de un sector de la clase trabajadora estadounidense y adquiere la proyección de un valiente alegato social. Es también notable su adaptación cinematográfica, realizada en 1939 por John Ford.

VIÑATERO. m. *Arg., Chile, Perú* y *Urug.* Viñadero, viñador, viñero.

VIÑEDO. (Del lat. *vinétum.*) m. Terreno plantado de vides.

VIÑERO, RA. s. Persona que tiene viñas.

VIÑES, Ricardo. *Biog.* Pianista esp. que ofreció conciertos en muchos países del mundo (1875-1943).

VIÑETA. al. **Zierleiste; Vignette.** fr. **Vignette.** ingl. **Vignette.** ital. **Vignetta.** port. **Vinheta.** (Del fr. *vignette,* de *vigne,* viña, porque en su origen representaban estos adornos racimos y hojas de vid.) f. Dibujo de adorno que se pone en el principio o fin de los libros y capítulos o en los contornos de las planas.

VIÑETERO. m. *Impr.* Armario

en que se guardan los moldes de las viñetas.

VIÑUELA. f. dim. de **Viña.**

VIOLA. al. **Bratsche; Viola.** fr. **Viola.** ingl. **Viola.** ital. **Viola.** port. **Viola.** (Del lat. *vitula*, y éste del lat. *vitulari*, regocijarse.) f. Instrumento de la misma figura que el violín, aunque algo mayor, de cuerdas más fuertes y sonido más grave. ‖ com. Persona que toca este instrumento.

VIOLA. (Del lat. *viola.*) f. Violeta.

VIOLÁCEO, A. (Del lat. *violáceus.*) adj. Violado. Ú.t.c.s.m. ‖ *Bot.* Aplícase a plantas dicotiledóneas, hierbas, matas o arbustos, de hojas comúnmente alternas, festoneadas; flores de cinco pétalos, axilares, y fruto capsular con tres divisiones y muchas semillas de albumen carnoso; como la violeta y la trinitaria. Ú.t.c.s.f. ‖ f. pl. *Bot.* Familia de estas plantas.

VIOLACIÓN. al. **Schändung.** fr. **Violation; viol.** ingl. **Violation.** ital. **Violazione.** port. **Violação.** (Del lat. *violatio, -onis.*) f. Acción y efecto de violar.

VIOLADO. (Del lat. *violatus.*) adj. Dícese del séptimo color del espectro solar. Ú.t.c.s.m. *El* VIOLADO, *color de la violeta, es símbolo de humildad.*

VIOLADO, DA. adj. De color **violado,** ler. art.

VIOLADOR, RA. (Del lat. *violátor, -oris.*) adj. y s. Que viola.

VIOLAR. (De *viola,* violenta.) m. Sitio plantado de violetas.

VIOLAR. al. **Schänden.** fr. **Violer.** ingl. **To violate.** ital. **Violare.** port. **Violar.** (Del lat. *violare.*) tr. Infringir o quebrantar una ley o precepto. ‖ Tener acceso carnal con una mujer por fuerza o estando privada de sentido, o cuando aún no ha llegado a la pubertad. ‖ Profanar un lugar sagrado. VIOLAR *un templo.* ‖ fig. Ajar o deslucir una cosa.

VIOLENCIA. al. **Heftigkeit; Gewalt.** fr. **Violence.** ingl. **Violence.** ital. **Violenza.** port. **Violencia.** f. Calidad de violento. *La* VIOLENCIA *del huracán, de las pasiones.* ‖ Acción y efecto de violentar o violentarse. ‖ fig. Acción violenta. *Era temido por sus* VIOLENCIAS. ‖ Acción de violentar a una mujer. ‖ IDEAS AFINES: *Ímpetu, ira, frenesí, fanatismo, extremista persuasión, serenidad, sangre, fría.*

VIOLENTAMENTE. adv. m. De manera violenta.

VIOLENTAR. tr. Aplicar medios violentos a persona o cosas para vencer su resistencia. VIOLENTAR *la voluntad, la conciencia.* ‖ fig. Dar interpretación violenta a lo dicho o escrito. ‖ Entrar en una casa u otra parte contra la voluntad de su dueño. ‖ r. fig. Vencer la repugnancia a hacer alguna cosa. *Le* VIOLENTABA *tener que pedirle explicaciones.*

VIOLENTO, TA. (Del lat. *violentus.*) adj. Que está fuera de su natural estado, situación o modo. ‖ Que obra con ímpetu y fuerza. *Orador* VIOLENTO. Dícese también de las mismas acciones. *Discurso* VIOLENTO. ‖ Dícese de lo que hace uno contra su gusto por ciertas consideraciones. *Le resultaba* VIOLENTO *despedirlo.* ‖ fig. Dícese del genio arrebatado y que se deja llevar fácilmente por la ira. ‖ Falso, torcido, fuera de lo natural. ‖ Que se ejecuta contra el modo natural o fuera de razón y justicia.

VIOLERO. m. ant. Vihuelista. ‖ desus. Constructor de instrumentos de cuerda. ‖ Mosquito, cínife.

VIOLETA. al. **Veilchen.** fr. **Violette.** ingl. **Violet.** ital. **Violetta.** port. **Violeta.** adj. Violado. Ú.t.c.s.m. ‖ f. Hierba rastrera, de flores de color morado claro y a veces blancas, de aroma muy suave, que se cultiva en jardines. *Viola odorata,* violáceas. ‖ Flor de esta planta.

VIOLETERA. f. Mujer que vende violetas.

VIOLETERO. m. Florero pequeño para poner violetas.

VIOLETO. (De *violeta,* por el color morado del fruto.) m. Peladillo.

VIOLÍN. al. **Geige; Violine.** fr. **Violon.** ingl. **Violin.** ital. **Violino.** port. **Violino.** (dim. de *viola.*) m. Instrumento musical de cuerda y arco, consistente en una caja de madera, en figura de óvalo estrechado cerca del medio, y un mástil al que va superpuesto el diapasón. Cuatro clavijas, puestas en la extremidad de este mástil, sirven para templar igual número de cuerdas que se anudan a un cordal sujeto al botón y que pasan por encima del diapasón, apoyándose en el puente y la cejilla. ‖ Violinista. *Primer* VIOLÍN. ‖ Soporte que se usa en el juego de billar para apoyar la mediana. ‖ **Embolsar el violín,** o **meter violín en bolsa.** frs. fig. y fam. *Arg.* y *Ven.* Quedar corrido, salir con el rabo entre las piernas.

● **VIOLÍN.** *Mús.* El **violín** encierra un mecanismo sonoro excepcional; la riqueza de su timbre, su sonoridad alternativamente dulce o estridente, su potencia y gracia, permiten al instrumentista el recorrido de la más variada gama de matices musicalmente expresivos. Nació en el s. XVI, como directo sucesor de la viola; ésta fue modificándose poco a poco, achicándose, hasta que resultó el **violín** como nuevo instrumento de cuerdas y arco. Posteriormente, eximios artesanos le introdujeron mejoras fundamentales; primero Andrés Amati, iniciador de la famosa industria de Cremona; luego Gaspar de Saló, que lo construyó como es hoy, y después Antonio Stradivarius, que lo llevó a una perfección que no ha podido ser superada hasta la actualidad. Inicialmente difundido en Francia, fue más tarde introducido en Alemania e Inglaterra. Al integrar la orquesta, se aquilataron definitivamente las bondades del **violín.** Su extensión normal es de tres octavas y una sexta; puede emitir dos notas a la vez (lo que se llama doble cuerda) y notas acordes de tres o cuatro sonidos armónicos. El artista que elevó al máximo las posibilidades de interpretación musical en el **violín** fue Nicolás Paganini.

VIOLINISTA. al. **Geiger.** fr. **Violiniste.** ingl. **Violinist.** ital. **Violinista.** port. **Violinista.** com. Persona que toca el violín.

VIOLÓN. m. (aum. de *viola.*) m. Instrumento musical de cuerda y arco, de forma casi idéntica a la del violín, pero de dimensiones mucho mayores, y de diapasón más bajo. ‖ Persona que toca este instrumento. ‖ **Tocar el violón.** frs. fig. y fam. Hablar u obrar fuera de propósito, sin ton ni son.

VIOLONCELISTA. com. Violonchelista.

VIOLONCELO. (Del ital. *violoncello.*) m. Violonchelo.

VIOLONCHELISTA. al. **Violoncellist.** fr. **Violoncelliste.** ingl. **Violoncellist, celist.** ital. **Violoncelista.** port. **Violoncelista.** m. Persona que toca el violonchelo.

VIOLONCHELO. al. **Violoncell.** ingl. **Violoncello; cello.** ital. **Violoncello.** port. **Violoncelo.** m. Instrumento musical de cuerda y arco, de igual forma que el contrabajo, pero más pequeño.

VIOLLET-LE-DUC, Eugenio. *Biog.* Arquitecto fr. que reparó varias catedrales góticas (entre ellas Nuestra Señora de París), palacios medievales (Pierrefonds) y pueblos enteros, como el de Carcassonne (1814-1879).

VIPÉREO, A. (Del lat. *vipéreus.*) adj. Perteneciente a la víbora. ‖ fig. Que tiene sus propiedades. ‖ V. **Lengua viperina.**

VIRA. (En port. *vira.*) f. Especie de saeta delgada y de punta muy aguda. ‖ Tira que se cose entre la suela y la pala para reforzar el calzado.

VIRACOCHA. (Voz quichua con que se designaba a un dios.) m. Nombre que los indios chilenos y los antiguos peruanos daban a los conquistadores españoles.

VIRACOCHA. *Biog.* Octavo inca del Perú, de 1379 a 1430. Se llamaba **Yupanqui,** pero adoptó el nombre de **Viracocha,** en razón de que este dios, según él, lo protegía.

VIRACOCHA. *Mit.* Entre los quichuas y aimaraes, dios de la luz, del fuego y del agua.

VIRACHO, CHA. adj. *Chile.* Bizco, bisojo.

VIRADA. f. *Mar.* Acción y efecto de virar.

VIRADOR. m. Líquido empleado en fotografía para virar. ‖ Calabrote u otro cabo grueso que se guarnece al cabrestante para meter el cable.

VIRAGO. (Voz lat.) f. Mujer varonil.

VIRAJE. m. Acción y efecto de virar una fotografía o un automóvil. ‖ fig. Cambio de orientación en las ideas, intereses, conducta, actitudes, etc.

VIRAR. (Del lat. *virare,* y éste del lat. *gyrare,* girar.) tr. En fotografía, sustituir la sal de plata del papel impresionado por otra sal más estable o que produzca un color determinado. ‖ *Mar.* Cambiar de rumbo o de bordada de modo que el viento que daba al buque por un costado lo dé por el opuesto. ‖ intr. Cambiar de dirección en la marcha de un automóvil, aeroplano, etc. VIRAR *al norte, a la derecha*

VIRARÓ. m. Dígase **biraró.**

VIRASORO, Benjamín. *Biog.* Militar arg., que actuó al lado de Paz, Lavalle y Urquiza y fue uno de los firmantes del Acuerdo de San Nicolás (1812-1897).

VIRATÓN. m. Viroteo o vira grande.

VIRAVIRA. (Voz quichua.) f. Planta herbácea de América del Sur, con hojas lanceoladas, flores en cabezuela, involucro de escamas blancas. Está cubierta de una pelusa blanca. Se usa en infusión como pectoral. Gén. *Gnaphalium,* compuesta.

VIRAZÓN. (De *virar.*) f. Viento que en las costas sopla de la parte del mar durante el día. ‖ Cambio repentino del viento. ‖ fig. Viraje repentino en las ideas, conducta, etc.

VIRCHOW, Rodolfo. *Biog.* Sabio al., uno de los iniciadores de la patología celular. Autor de *Contribuciones a la antropología física de los alemanes; La libertad de las ciencias en el Estado moderno,* etc. (1821-1902).

VIREO. (Del lat. *víreo.*) m. Virio.

VIRGAZA. f. Vidarra.

VIRGEN. al. **Jungfrau.** fr. **Vierge.** ingl. **Virgin.** ital. **Vergine.** port. **Virgem.** (Del lat. *virgo, -inis.*) com. Persona que conserva la virginidad. Ú.t.c.adj. ‖ adj. Aplícase a la tierra que no ha sido arada o cultivada. ‖ Dícese de las cosas que están en su primera entereza y no han servido aún para lo que están destinadas. ‖ Aplícase a aquello que en su formación no ha tenido artificio. *Cera* VIRGEN. ‖ fig. y fam. V. **Voluntad virgen.** ‖ f. Por anton., María Santísima, Madre de Dios. ‖ Imagen de María Santísima. ‖ Uno de los títulos y grados que da la Iglesia a las santas mujeres que conservaron su integridad y pureza. ‖ Cualquiera de los dos pies derechos que guían el movimiento de la viga en los lagares de aceite. ‖ *Astron.* Virgo. ‖ **Fíate de la Virgen y no corras.** frs. que se aplica al que por estar excesivamente confiado, no hace nada por sí mismo para conseguir algo. ‖ **Viva la Virgen.** frs. fam. que se aplica a aquella persona informal que no atiende debidamente sus cosas y que todo le sale por una friolera. ‖ IDEAS AFINES: *Anunciación, concepción, visitación, purificación, flores de mayo, avemaría, marianismo.*

VIRGEN. *Geog.* Cerro de los Andes venezolanos, en el Estado de Sucre. Culmina a los 2.596 m. ‖ **Cerro de la –.** Cerro de los Andes argentino-chilenos, entre las prov. argentina de Chubut y chilena de Chiloé. Culmina a los 1.820 metros.

VÍRGENES. *Geog.* Cabo del extremo S.E. de América del Sur, sit. en la Rep. Argentina, en la boca E. del estrecho de Magallanes. ‖ **Islas –.** Archipiélago del mar de las Antillas, sit. al E. de Puerto Rico. Las más occidentales son posesión de los EE.UU., siendo las principales Santa Cruz, Santo Tomás, San Juan. Tienen 344 km². y 63.000 h. Cap. CHARLOTTE AMALIE. El grupo oriental pertenece a Gran Bretaña, siendo la principal la isla Tórtola. Tienen 174 km². y 6.508 h. Cap. ROAD TOWN.

VIRGILIANO, NA. (Del lat. *virgilianus.*) adj. Propio y característico del poeta Virgilio. *Paz* VIRGILIANA.

VIRGILIO. *Biog.* Cél. poeta latino cuyo verdadero nombre era **Publio Virgilio Marón.** Representante de las ideas imperiales de Augusto y de la civilización latina, autor de *Bucólicas* o *Églogas,* germen de la concepción romántica de la Naturaleza; de *Geórgicas,* síntesis de conocimientos científicos y tradiciones orales y de *La Eneida,* epopeya religiosa y poema litúrgico de singular belleza y una de las obras más completas de la antigüedad (70-19 a. de C.).

VIRGINAL. (Del lat. *virginalis.*) adj. Perteneciente a la virgen. *Rubor* VIRGINAL. ‖ Puro, inmaculado. *Sueño* VIRGINAL.

VIRGÍNEO, A. (Del lat. *virgíneus.*) adj. Virginal.

VIRGINIA. (De *Virginia,* país de América.) m. Tabaco virginiano.

VIRGINIA. *Geog.* Estado del Este de los EE.UU. Tiene 105.711 km². y 4.650.000 h. Cereales, tabaco, algodón, frutas. Carbón. Industria siderúrgica y química. Explotación forestal. Cap. RICHMOND. ‖ – **Occidental.** Estado de la región Este de los EE.UU. Tiene 62.629 km². y 1.745.000 h. Yacimientos de carbón y petróleo. Cereales, tabaco. Industria siderúrgica y mecánica. Cap. CHARLESTON.

VIRGINIANO, NA. adj. Natural de Virginia. Ú.t.c.s. ‖ Perteneciente a esta región de los Estados Unidos.

VIRGINIDAD. al. **Jungfräulichkeit.** fr. **Virginité.** ingl. **Virginity.** ital. **Verginità.** port. **Virgindade.** (Del lat. *virgínitas, -atis.*) f. Entereza corporal de la persona que no ha tenido comercio carnal. ‖ IDEAS AFINES: *Doncella, castidad, soltería, vestal, himeneo.*

VIRGINIO. m. Nombre dado en 1930 a un cuerpo alcalino que se consideró simple, y que actualmente ha sido substituido por el francio en la tabla de elementos químicos.

VIRGO. (Del lat. *virgo,* virgen.) m. Virginidad. ‖ *Astron.* Sexto signo o parte del Zodiaco, de 30 grados de amplitud, que el Sol recorre aparentemente en el último tercio del verano. ‖ Constelación zodiacal, que se halla delante del mismo signo y un poco hacia el Oriente.

VÍRGULA. (Del lat. *vírgula,* dim. de *virga,* vara.) f. Vara pequeña. ‖ Rayita muy delgada. ‖ *Pat.* Bacilo encorvado, agente del cólera morbo asiático.

VIRGULILLA. (dim. de *vírgula.*) f. Cualquier signo ortográfico de figura de coma, rasguillo o trazo, como el apóstrofo, la zedilla, la tilde de la ñ y la raya que se pone sobre las abreviaturas. ‖ Cualquier rayita o línea corta y muy delgada.

VIRIL. (De *vidrio.*) m. Vidrio muy claro y transparente que se pone delante de algunas cosas para preservarlas, dejándolas patentes a la vista. ‖ Caja de cristal con cerquillo de oro o dorado, que encierra la forma consagrada y se coloca en la custodia para la exposición del Santísimo, o que guarda reliquias y se coloca en un relicario.

VIRIL. al. **Mannhaft.** fr. **Viril.** ingl. **Virile; manly.** ital. **Virile.** port. **Viril.** (Del lat. *virilis.*) adj. Varonil. ‖ V. **Edad, miembro viril.** ‖ deriv.: **virilmente.**

VIRILIDAD. (Del lat. *virílitas, -atis.*) f. Calidad de viril. ‖ **Edad viril.**

VIRIO. (De *víreo.*) m. Oropéndola.

VIRIPOTENTE. (Del lat. *viripotens, -entis;* de *vir,* varón, y *potens,* que puede.) adj. Dícese de la mujer casadera.

VIRIPOTENTE. (Del lat. *viripotens;* de *vires,* fuerzas, y *potens,* que puede.) adj. Vigoroso, fuerte.

VIROL. (Del fr. *virole,* y éste del m. or. que virola.) m. *Blas.* Perfil circular de la boca de la bocina y de otros instrumentos análogos.

VIROLA. al. **Zwinge.** fr. **Virole.** ingl. **Collar; clasp.** ital. **Ghiera.** port. **Virola.** (Del lat. *viriola,* brazalete.) f. Abrazadera metálica que se coloca por remate o por adorno en algunos instrumentos y utensilios, como navajas, espadas, metas, etc. ‖ *Arg.* y *Urug.* Rodaja de plata que se usa como adorno en los arreos de los caballos.

VIROLENTO, TA. adj. y s. Que tiene viruelas. ‖ Señalador de ellas. *Rostro* VIROLENTO. ‖ sinón.: **varioloso.**

VIRÓN. m. aum. de **Vira,** especie de saeta.

VIROTAZO. m. Golpe dado con el virote.

VIROTE. (aum. de *vira.*) m. Especie de saeta guarnecida con un casquillo. *Arrojar un* VIROTE. ‖ Hierro largo que se colgaba de la argolla sujeta al cuello de los esclavos que solían fugarse. ‖ Vara cuadrangular de la ballestilla. ‖ fig. y fam. Joven, soltero, ocioso y preciado de guapo. ‖ Hombre erguido, serio y quijote en demasía. ‖ **Mirar** uno **por el virote.** frs. fig. y fam. Atender con cuidado a lo que importa.

VIROTILLO. (dim. de *virote.*) m. *Arg.* Madero corto vertical y sin zapata, que se apoya en uno horizontal y sostiene otro horizontal o inclinado.

VIROTISMO. (De *virote.*) m. Entono, presunción.

VIRREINA. f. Mujer del virrey. ‖ La que gobierna como virrey.

VIRREINAL. adj. Relativo al virrey o al virreino o virreinato. *Época* VIRREINAL.

VIRREINATO. al. **Vizekönigtum.** fr. **Vice-royauté.** ingl. **Viceroyship.** ital. **Vicereame.** port. **Vice-reinado.** m. Dignidad o cargo de virrey. *Un* VIRREINATO *poco codiciado.* ‖ Tiempo que dura el cargo. *Su* VIRREINATO *fue de lo más turbulento.* ‖ Distrito gobernado por un virrey. VIRREINATO *del Perú.*

VIRREINATOS DE AMÉRICA. *Hist.* Los virreinatos fueron las representaciones administrativas de la monarquía esp. en América, como ya había ocurrido en Europa, tratándose, por ej., de Cataluña o de Nápoles. Algunos, como el de Nueva España, en México, o el del Perú, superaron en magnificencia a la corte hispánica. El primer virrey de México fue Antonio de Mendoza, que cumplió estas funciones desde 1535 hasta 1550, pasando luego a Lima para ocupar el mismo cargo. El primero, en el Perú, fue Francisco Pizarro, que murió asesinado. Hubo allí nueve virreyes durante el siglo XVI y catorce durante el siglo XVII; en México, durante iguales lapsos, nueve y dieciocho. Más tarde, en 1717, fue creado el virreinato de Nueva Granada que comprendía lo que luego fue la Gran Colombia, desde Quito hasta Venezuela. En 1776 quedó establecido el virreinato del Río de la Plata, cuyo primer virrey fue Pedro de Cevallos. Comprendía las actuales provincias del Paraguay, Uruguay, Bolivia y la Argentina. Los virreyes eran representantes directos del monarca esp., presidentes de la Audiencia, superintendentes de la Real Hacienda y vicepatronos de la Iglesia, cuya máxima autoridad religiosa eran los arzobispos.

VIRREINO. m. Virreinato.

VIRREY. al. **Vizekönig.** fr. **Vice-roi.** ingl. **Viceroy.** ital. **Vicerè.** port. **Vice-rei.** (De *vi*, por *vice*, en lugar de, y *rey.*) m. El que con este título gobierna en nombre del rey. *El* VIRREY *Vértiz gobernó admirablemente.*

VIRREYES DEL RÍO DE LA PLATA. Pedro de Cevallos (1776-1778), Juan José de Vértiz y Salcedo (1778-1784), Nicolás del Campo (1784-1789), Nicolás de Arredondo (1789-1795), Pedro Melo de Portugal y Villena (1795-1797), Antonio Olaguer y Feliú (1797-1799), Gabriel de Avilés (1799-1801), Joaquín del Pino (1801-1804), Rafael de Sobremonte (1804-1806), Santiago de Liniers y Bremont (1807-1809), y Baltasar Hidalgo de Cisneros (1809-1810).

VIRTANEN, Arturo Ilmari. *Biog.* Notable quím. finlandés que en 1945 recibió el premio Nobel de Química. Especializado en la química de la agricultura y de la alimentación, sus experiencias han contribuido a la clasificación vitamínica actual (n. 1895).

VIRTUAL. (Del lat. *virtus*, fuerza, virtud.) adj. Que es capaz de producir un efecto, aunque no lo produce de presente. Ú. frecuentemente en oposición a *efectivo* o *real. Energía* VIRTUAL. ‖ Implícito, tácito. *Compromiso* VIRTUAL. ‖ *Fís.* Que tiene existencia aparente y no real. *Figura, imagen* VIRTUAL.

VIRTUALIDAD. f. Calidad de virtual.

VIRTUALMENTE. adv. m. De un modo virtual, en potencia. Ú. con frecuencia opuesto a *actual* o *efectivamente.* ‖ Tácitamente, implícitamente. ‖ Casi, a punto de, en la práctica, en la realidad.

VIRTUD. al. **Fähigkeit; Tugend.** fr. **Vertu.** ingl. **Virtue.** ital. **Virtù.** port. **Virtude.** (Del lat. *virtus, -utis.*) f. Actividad, fuerza de las cosas para causar o producir efectos. *Sus innumerables brotes le restaban* VIRTUD *a la planta.* ‖ Eficacia de una cosa para conservar la salud corporal. VIRTUD *de un medicamento.* ‖ Fuerza o valor. *La* VIRTUD *y esfuerzo de los numantinos.* ‖ Poder o potestad de obrar. *Tiene* VIRTUD *para proceder.* ‖ Integridad de ánimo y bondad de vida. ‖ Hábito y disposición del alma para las acciones conforme a la ley moral. ‖ Recto modo de proceder. *Obra con* VIRTUD. ‖ pl. Espíritus bienaventurados, cuyo nombre indica fuerza viril e indomable para cumplir las operaciones divinas. ‖ **Virtud cardinal.** Cada una de las cuatro: prudencia, justicia, fortaleza y templanza, las que son principio de otras en ellas contenidas. ‖ **— moral.** Hábito de obrar bien, independientemente de los preceptos de la ley. ‖ **— teologal.** Cada una de las tres: fe, esperanza y caridad, cuyo objeto directo es Dios. ‖ **En virtud.** m. adv. A consecuencia o por resultado de. ‖ IDEAS AFINES: *Templanza, entereza, santidad, ganar el cielo; pecado, tentación, incorruptible, anacoreta.*

VIRTUD. *Mit.* Deidad alegórica de la moralidad.

VIRTUOSIDAD. f. Calidad de virtuoso.

VIRTUOSISMO. m. Conjunto de virtudes o dominio de reglas y procedimientos técnicos de un arte, oficio o profesión, y especialmente el que, por talento natural, posee el ejecutante de algún instrumento musical. *El* VIRTUOSISMO *de Sarasate.*

VIRTUOSO, SA. al. **Tugendhaft; Virtuose.** fr. **Vertueux; Virtuose.** ingl. **Virtuous; virtuoso.** ital. **Virtuoso.** port. **Virtuoso.** (Del lat. *virtuosus.*) adj. Que se ejercita en la virtud. Ú.t.c.s. *Persona* VIRTUOSA. ‖ Aplícase también a las acciones mismas. *Legado* VIRTUOSO. ‖ Dícese igualmente del artista que domina extraordinariamente la técnica de su arte. Ú.t.c.s. *Paderewski fue un* VIRTUOSO *del piano.* ‖ deriv.: **virtuosamente.**

VIRÚ. *Geog.* Río del N.E. del Perú (La Libertad); nace en la cordillera de los Andes y des. en el Pacífico.

VIRUELA. f. Enfermedad infecciosa, contagiosa y epidémica, caracterizada por una erupción de manchas rojizas que se convierten en vesículas y luego en pústulas, las cuales dejan, al secarse, cicatrices permanentes en la piel. Ú.t. en pl. ‖ Cada una de estas pústulas. ‖ **Picado de viruelas.** Con la piel marcada por las cicatrices de esta enfermedad. ‖ **Viruelas locas.** Varicela.

VIRUÉS, Cristóbal de. *Biog.* Poeta y dramaturgo esp., autor del famoso poema *Monserrate* y de cinco tragedias poéticas al estilo clásico (1550-1614).

VIRULÉ (A la). m. adv. con que se indica la forma de llevar la media arrollada en su parte superior.

VIRULENCIA. (Del lat. *virulentia.*) f. Calidad de virulento.

VIRULENTO, TA. (Del lat. *virulentus.*) adj. Ponzoñoso, maligno, causado por un virus, o que participa de las condiciones de éste. *Enfermedad* VIRULENTA. ‖ Que tiene pus. ‖ fig. Dícese del escrito ponzoñoso o mordaz. *Editorial* VIRULENTO.

VIRUS. m. *Med.* Microbio invisible con el microscopio común, responsable de las enfermedades contagiosas: *el* VIRUS DEL CÓLERA. Denomínase también *virus filtrable.* ‖ fig. Causa de contagio moral: *el* VIRUS *de la maldad.*

VIRUTA. al. **Span.** fr. **Copeau.** ingl. **Wood shaving.** ital. **Truciolo.** port. **Apara.** f. Hoja delgada que se saca con el cepillo u otras herramientas al labrar la madera o los metales.

VIS. (Del lat. *vis.*) f. Fuerza, vigor. Sólo se usa en la expresión **vis cómica.**

VISA. (Del fr. *visa*, ingl. *visa.*) f. *Amér.* Visado.

VISADO, DA. p. p. de **Visar.** ‖ m. Acción y efecto de visar o dar validez a un documento. ‖ Este documento.

VISAJE. (Del lat. *visus*, mirada, apariencia, aspecto.) m. Gesto, expresión del rostro, mueca. *Hacer* VISAJES.

VISAJERO, RA. (De *visaje.*) adj. Gestero.

VISAKHAPATNAM. *Geog.* C. y puerto del E. de la India (Tamil Nadu). 115.000 h.

VISAR. al. **Visieren.** fr. **Viser.** ingl. **To countersign.** ital. **Autenticare.** port. **Visar.** (De *viso.*) tr. Reconocer o examinar un documento, certificación etc., poniéndole el visto bueno, o dándoles validez. VISAR *un pasaporte.*

VISAR. (Del lat. *visere.*) tr. Entre artilleros y topógrafos, dirigir la puntería o la visual.

VISCA, Pedro Francisco. *Biog* Médico urug., autor de publicaciones sobre la propagación de la fiebre amarilla y sobre el cólera morbo asiático (1840-1912).

VISCARRA, Eufronio. *Biog.* Pol. e historiógrafo boliv., autor de *Tradiciones de Misque; El indio; Historia de Cochabamba,* etc. (1858-1911). ‖ **— FABRE, Guillermo.** Poeta y crítico bol., autor de *Clima; Poetas nuevos de Bolivia*, etc. (n. 1901). ‖ **— MONJE, Humberto.** Músico y poeta bol., autor de *Tierra amarga* y numerosas piezas para piano de estilo académico (1898-1959).

VÍSCERA. al. **Eingeweid.** fr. **Viscère.** ingl. **Viscus.** ital. **Viscera.** port. **Víscera.** (Del lat. *viscera.*) f. Entraña del hombre o de los animales.

VISCERAL. adj. Perteneciente o relativo a las vísceras. *Hoja* VISCERAL.

VISCO. (Del lat. *viscus.*) m. Liga para cazar pájaros. ‖ *Arg.* Árbol leguminoso, que llega a diez metros de altura y cuya corteza se usa como curtiente. Gén. *Acacia visco.*

VISCONTI. *Geneal.* Familia ital., partidaria de los gibelinos, que dominó en Milán entre los siglos XIII y XV.

VISCOSIDAD. f. Calidad de viscoso. *La* VISCOSIDAD *de un pulpo.* ‖ Materia viscosa. *La* VISCOSIDAD *de una gelatina;* sinón.: **glutinosidad.** ‖ *Fís.* Propiedad de los fluidos debida al frotamiento de sus moléculas, que se gradúa por la velocidad de salida de aquéllos al través de tubos capilares.

VISCOSO, SA. al. **Zähflüssig; Schleimig.** fr. **Visqueux.** ingl. **Viscous.** ital. **Viscoso.** port. **Viscoso.** (Del lat. *viscosus.*) adj. Pegajoso, glutinoso. *Substancia* VISCOSA.

VISEAR. tr. p. us. Vislumbrar, adquirir una visión imperfecta.

VISERA. al. **Schirm.** fr. **Visière.** ingl. **Visor.** ital. **Visiera.** port. **Viseira.** (De *visar.*) f. Parte del yelmo, movible con agujeros o hendeduras para ver, que cubría y defendía el rostro. *Caló la* VISERA *y se aprestó a la lid.* ‖ Ala pequeña que tienen en la parte delantera las gorras, chacós, etc., para guardar la vista. ‖ Garita desde donde el palomero observa el movimiento de las palomas. ‖ *Cuba* y *P. Rico.* Anteojera del caballo. ‖ **Calar,** o **calarse,** uno **la visera.** frs. Bajarse la del yelmo.

VISIBILIDAD. al. **Sichtbarkeit.** fr. **Visibilité.** ingl. **Visibility.** ital. **Visibilità.** port. **Visibilidade.** (Del lat. *visibilitas, -atis.*) f. Calidad de visible. ‖ Mayor o menor distancia a que, según las condiciones atmosféricas, pueden reconocerse o verse los objetos.

VISIBILIZAR. tr. Hacer visible artificialmente lo que no puede verse a simple vista, como con los rayos X los cuerpos ocultos, o con el microscopio los microbios.

VISIBLE. al. **Sichtbar.** fr. **Visible.** ingl. **Visible.** ital. **Visibile.** port. **Visível.** (Del lat. *visibilis.*) adj. Que se puede ver. *Ese faro es* VISIBLE *desde los acantilados.* ‖ Cierto y evidente. *Su animadversión es bien* VISIBLE. ‖ Dícese de la persona notable que se destaca por alguna singularidad. ‖ deriv.: **visiblemente.**

VISIGODO, DA. (Del b. lat. *visigothus*, y éste del germ. *west*, oeste, y *gothus*, godo.) adj. Dícese del individuo de una parte del pueblo godo que vivió cierto tiempo al oeste del Dniéper y después fundó un reino en España. Ú.t.c.s. *Arte* VISIGODO. ‖ Visigótico.

VISIGÓTICO, CA. adj. Perteneciente o relativo a los visigodos. *Escritura* VISIGÓTICA.

VISILLO. al. **Scheibengardine.** fr. **Rideau.** ingl. **Curtain.** ital. **Tendine.** port. **Cortina.** (dim. de *viso.*) m. Cortinilla. *Descorrió los* VISILLOS.

VISIÓN. al. **Sehen; Traumbild; Vision.** fr. **Vision.** ingl. **Sight vision.** ital. **Visione.** port. **Visão.** (Del lat. *visio, -onis.*) f. Acción y efecto de ver. *Su* VISIÓN *es defectuosa.* ‖ Objeto de la vista, sobre todo cuando es ridículo o espantoso. *Decía haber visto horribles* VISIONES. ‖ Especie de fantasía que no tiene realidad y se toma como cierta. ‖ fig. y fam. Persona fea y ridícula. ‖ **Quedarse** uno **como quien ve visiones.** fig. y fam. Quedarse atónito. ‖ **Ver** uno **visiones.** fig. y fam. Dejarse llevar por la imaginación, creyendo lo que no hay.

VISIONARIO, RIA. (De *visión.*) adj. y s. Aplícase a la persona que se figura y cree fácilmente cosas quiméricas. ‖ Dícese de quienes, por su lucidez y profundidad de visión, han intuido o previsto medios que habían de producirse en relación con un arte, una ciencia o un país. *Julio Verne fue un* VISIONARIO.

VISIR. (Del ár. *uacir*, pronunciado por los turcos *vizir.*) m. Ministro de un soberano musulmán. ‖ **Gran visir.** Primer ministro del sultán de Turquía.

VISIRATO. m. Cargo o dignidad de visir. ‖ Tiempo que dura ese cargo.

VISITA. al. **Besuch; Besucher.** fr. **Visite.** ingl. **Visit; visitor.** ital. **Visita.** port. **Visita.** f. Acción de visitar. *Una* VISITA *de cumplimiento.* ‖ Persona que visita. *Hizo esperar a la* VISITA. ‖ Casa en que está el tribunal de los visitadores eclesiásticos. ‖ Conjunto de ministros que asisten en forma de tribunal para la **visita** de cárceles. ‖ Especie de esclavina usada por las señoras. ‖ *Perú* y *P. Rico.* Ayuda, lavativa. ‖ **— de cárcel o cárceles.** La que hace un juez o tribunal para informarse de la situación de los presos y recibir sus reclamaciones. ‖ **— de cumplido** o **de cumplimiento.** La que se hace como muestra de cortesanía y respeto. ‖ **— de médico.** fig. y fam. La de corta duración. ‖ **— de sanidad.** La que se hace oficialmente en los puertos para averiguar el estado sanitario de los barcos que arriban y también el de la salud de los tripulantes y pasajeros. ‖ **— domiciliaria.** La que realiza el juez u otra autoridad en casas sospechosas. ‖ IDEAS AFINES: *Recepción, comida, té, cita, presentación, saludo, cortesía, conversación, sociabilidad, despedida, dar la mano.*

VISITACIÓN. (Del lat. *visitatio, -onis.*) f. Visita. ‖ Por antonomasia, visita que hizo María Santísima a su prima Santa Isabel.

VISITADOR, RA. (Del lat. *visitator, -oris.*) adj. y s. Que visita frecuentemente. ‖ m. Funcionario que tiene a su cargo hacer visitas o reconocimientos.

VISITADORA. f. *Hond., Méx., P. Rico, Sto. Dom.* y *Ven.* Ayuda, lavativa.

VISITANTE. p. a. de **Visitar.** Que visita. Ú.t.c.s.

VISITAR. al. **Besuchen.** fr. **Visiter; rendre visite.** ingl. **To visit.** ital. **Visitare.** port. **Visitar.** (Del lat. *visitare.*) tr. Ir a ver a uno en su casa por atención, amistad u otro motivo. VISITAR *a un pariente.* ‖ Ir a un templo por devoción o para ganar indulgencias. ‖ Informarse un juez superior del estado de las causas en los distritos de su jurisdicción, o una autoridad civil del proceder de sus inferiores o empleados. ‖ Ir el médico a casa del enfermo para asistirle. ‖ Registrar en las aduanas los géneros o mercaderías para el pago de sus derechos. ‖ Reconocer en las cárceles los presos y las prisiones en orden a su seguridad. ‖ Informarse personalmente de alguna cosa. ‖ Acudir con frecuencia a un paraje con objeto determinado. VISITAR *una biblioteca.* ‖ *For.* Ir un juez o tribunal a la cárcel para informarse de la situación de los presos y recibir sus reclamaciones. ‖ *Teol.* Enviar Dios a los hombres algún especial consuelo o trabajo para su mayor merecimiento. ‖ r. Acudir a la visita el preso para formular alguna petición.

VISITEO. m. Acción de efectuar o recibir muchas visitas. *Pierdo mucho tiempo en* VISITEOS.

VISITERO, RA. adj. y s. fam. Visitador, que hace muchas visitas.

VISITÓN. m. aum. de Visita. ‖ fam. Visita muy larga y enfadosa.

VISIVO, VA. (Del lat. *vísum,* supino de *vídere,* ver.) adj. Que sirve para ver.

VISLUMBRAR. al. **Kaum sehen; ahnen.** fr. **Entrevoir.** ingl. **To glimpse; to suspect.** ital. **Scorgere, intravedere.** port. **Vislumbrar.** (Del lat. *vix,* apenas, y *luminare,* alumbrar.) tr. Ver un objeto tenue o confusamente por la distancia o falta de luz. *Apenas se* VISLUMBRABA *el lejano caserío.* ‖ fig. Conjeturar por leves indicios una cosa inmaterial. *En ninguna de esas suposiciones se* VISLUMBRAN *sus propósitos.*

VISLUMBRE. (De vislumbrar.) f. Reflejo de la luz, o tenue resplandor. ‖ fig. Conjetura, sospecha o indicio. Ú.m. en pl. ‖ Leve semejanza de una cosa con otra.

VISNU. Mit. Segundo término de la trinidad bracmánica o Trimurti, conservadora del mundo.

VISO. (Del lat. *visus.*) m. Lugar alto desde donde se ve y se descubre mucho terreno. ‖ Superficie de las cosas tersas que hieren la vista con un especial color o reflexión de la luz. *El* VISO *que hace una tela.* ‖ Destello de luz que despiden algunas cosas heridas por la luz. *El* VISO *de una espada.* ‖ Forro de color o prenda de vestido que se coloca debajo de una tela clara para que por ella se transparente. ‖ fig. Apariencia de las cosas. ‖ **A dos visos.** m. adv. fig. Con dos intentos distintos. ‖ **Al viso.** m. adv. Modo de mirar al sesgo ciertos objetos para cerciorarse de su color y tersura. ‖ **De viso.** loc. Dícese de las personas conspicuas. ‖ **Hacer visos.** f. Dícese de ciertas telas que forman cambiantes o tornasoles.

VISO, Monte. Geog. Cerro de Italia (Cuneo), en los Alpes Cotianos 3.841 m.

VISOGODO, DA. adj. p. us. Visigodo. Apl. a pers. ú.t.c.s.

VISÓN. (En fr. *vison.*) m. Mamífero carnicero semejante a la nutria, con los dedos unidos hasta más de la mitad por una membrana. Vive en el norte de América y es muy apreciado por su piel. Gén. *Mustela vison,* mustélido.

VISOR. m. Prisma o sistema óptico que llevan ciertos aparatos fotográficos de mano, y sirve para centrar rápidamente el objeto que se ha de fotografiar.

VISORIO, RIA. (Del lat. *visórium,* de *vísere,* ver.) adj. Perteneciente a la vista o que sirve como instrumento para ver. ‖ m. Visita o examen pericial.

VÍSPERA. al. **Vorabend; Vesper.** fr. **Veille; vêpres.** ingl. **Eve; verpers.** ital. **Vigilia; vespro.** port. **Véspera.** (Del lat. *véspera,* la tarde.) f. Día que antecede inmediatamente a otro, en especial si es fiesta. *La* VÍSPERA *de Navidad.* ‖ fig. Cualquier cosa que precede a otra y en cierto modo la ocasiona. ‖ Proximidad a una cosa que ha de suceder. *Estamos en* VÍSPERAS *de acontecimientos.* ‖ pl.

Una de las divisiones del día entre los antiguos romanos, que correspondía al crepúsculo vespertino. ‖ Una de las horas del oficio divino que se dicen después de *nona.* ‖ **En vísperas.** m. adv. fig. Cerca o con proximidad en el tiempo.

VISTA. al. **Gesicht; Shen.** fr. **Vue.** ingl. **Sight.** ital. **Vista.** port. **Vista; visão.** (De *visto.*) f. Sentido corporal con que se ven los colores y formas de las cosas. *El don preciado de la* VISTA. ‖ Visión, acción y efecto de ver. ‖ Apariencia o disposición de las cosas en orden al sentido del ver. *Buena, mala* VISTA. ‖ Campo que se descubre desde un punto y especialmente cuando presenta extensión, variedad y agrado. Ú.t. en pl. *Las hermosas* VISTAS *de Río de Janeiro.* ‖ Ojo, órgano de la visión. ‖ Conjunto de ambos ojos. *Me revisó la* VISTA. ‖ Encuentro en que uno se ven. *Hasta la vista.* ‖ Visión o aparición. ‖ Cuadro, estampa que reproduce un lugar o monumento, etc., tomado del natural. VISTA *de Buenos Aires.* ‖ Conocimiento claro de las cosas. ‖ Apariencia o relación de unas cosas respecto a otras. ‖ Parte visible de las prendas de ropa interior; como los puños, cuello y pechera de una camisa. ‖ Vistazo. ‖ For. Actuación en que se relaciona ante el tribunal un juicio o incidente para dictar el fallo, oyendo a los defensores o interesados que a ella concurran. ‖ pl. Concurrencia de dos o más sujetos que se ven para fin determinado. ‖ Regalos recíprocos entre los novios. ‖ Cualquier abertura en los edificios por donde entra la luz para ver. ‖ Galerías, ventanas u otros huecos de pared de un edificio desde donde se ve lo exterior. ‖ m. Empleado de aduanas que se encarga del registro de los géneros. ‖ — **actuario.** El que interviene en un despacho de aduanas. ‖ — **cansada.** La del présbite. ‖ — **corta.** La del miope. ‖ — **de águila.** fig. La que alcanza y abarca mucho. ‖ — **de lince.** fig. La muy aguda y penetrante. ‖ **Aguzar uno la vista.** frs. fig. Recogerla y aplicarla con atención. ‖ **A la vista.** m. adv. Luego, al punto y sin dilación. ‖ En el comercio se libran letras *a la* vista, o sea pagaderas a su presentación. ‖ **A vista de.** m. adv. ‖ **A media vista.** m. adv. Ligeramente y de paso en el conocimiento de una cosa. ‖ **Apartar uno la vista.** frs. fig. Desviar la consideración o el pensamiento de un objeto, aunque sea imaginario. ‖ **A primera vista,** o **a simple vista.** m. adv. A media vista. ‖ **A media vista de.** m. adv. En presencia de. ‖ En consideración. ‖ En paraje donde se pueda ver. ‖ **A vista de ojos.** m. adv. Denota que uno ve por sí mismo una cosa. ‖ **A vista de pájaro.** m. adv. con que se significa que se ven o describen los objetos desde un punto de mira muy elevado sobre ellos. ‖ **A media vista.** m. adv. A ser visto. ‖ **Bajar uno la vista.** frs. fig. Bajar uno los ojos. ‖ **Clavar uno la vista.** frs. fig. Fijar la vista. ‖ **Comerse uno con la vista** a una persona o cosa. frs. fig. y fam. Mirarla con ira o muy ansiosamente. ‖ **Conocer de vista** a uno. frs. Conocerle por haberle visto alguna vez, sin tratarse con él. ‖ **Corto de vista.** Miope. Ú.t.c.s. ‖ fig. Poco perspicaz. ‖ **Echar uno la vista** a una cosa. frs. fig. Elegir mentalmente una cosa entre otras. ‖ **Echar uno una vista.** frs. fig. Cuidar de una

cosa mirándola de cuando en cuando. ‖ **En vista de.** En consideración o atención de alguna cosa. ‖ **Estar a la vista.** frs. **Estar a la mira.** Ser evidente una cosa. ‖ **Extender uno la vista.** Esparcirla en algún paraje abierto y espacioso. ‖ **Fijar uno la vista.** Ponerla en un objeto atenta y cuidadosamente. ‖ **Hacer uno la vista gorda.** Fingir disimuladamente que no ha visto una cosa. ‖ **Hasta la vista.** expr. A más ver. ‖ **Írsele la vista** a uno. frs. fig. Desvanecerse, turbársele el sentido. ‖ **No perder uno de vista** a una persona o cosa. frs. Observarla sin apartarse de ella. ‖ fig. Seguir sin intermisión un propósito. ‖ Cuidar con gran vigilancia de una cosa, o pensar de continuo en ella. ‖ **Pasar uno la vista por** un escrito. frs. fig. ‖ **Pasar los ojos por él.** ‖ **Perder uno de vista** a una persona o cosa. frs. Dejar de verla por haberse alejado o no alcanzar a distinguirla. ‖ **Poner uno la vista.** frs. Fijar la vista. ‖ **Saltar a la vista** una cosa. frs. fig. Ser ostensible. ‖ **Tener a la vista** una cosa. frs. fig. Tenerla presente en la memoria para el cuidado de ella. ‖ **Tener vista** una cosa. frs. fig. Tener buena apariencia. ‖ **Torcer,** o **trabar, uno la vista.** frs. fig. Bizcar o mirar de rabillo. ‖ **Volver uno la vista atrás.** frs. fig. Recordar cosas pasadas, meditar sobre ellas. ‖ IDEAS AFINES: *Pestañas, pupila, ceguera, anteojos, óptica, mirada, observar, cinematógrafo, televisión, paisaje, otear, atalaya, zahorí.*

VISTAZO. (De *vista.*) m. Mirada superficial y ligera. *Dale un* VISTAZO *a ese informe.* ‖ **Dar uno un vistazo** a una cosa. frs. Visitarla, reconocerla superficialmente y a bulto.

VISTEAR. intr. R. de la Plata. Hacer dos personas ejercicios de vista tirándose golpes de mano o con algún instrumento. ‖ Tener amenazada a una persona.

VISTILLAS. (dim. de *vistas,* pl. de *vista.*) f. pl. Lugar alto desde el cual se ve y se descubre mucho terreno.

VISTO, TA. (Del lat. *vistus,* por *visus.*) p. p. irreg. de Ver. ‖ For. Fórmula con que se significa que no procede dictar resolución sobre un asunto. ‖ For. Fórmula con que se da por terminada la vista pública de un negocio o se anuncia el pronunciamiento del fallo. ‖ m. For. Parte de la sentencia, resolución o informe que precede generalmente a los considerandos y en que se citan los preceptos y normas aplicables para la decisión. ‖ **Bien,** o **mal, visto.** loc. que con los verbos *ser* o *estar,* significa que se juzga bien o mal de una acción o de una cosa. ‖ **Es, está, visto.** expr. con que se da una cosa por cierta. ‖ **Nunca visto.** loc. Raro o extraordinario en su línea. ‖ **Visto bueno.** Fórmula que se pone al pie de algunas certificaciones y con la que el que firma debajo da a entender hallarse ajustados a los preceptos legales y estar expedidas por persona autorizada. Se escribe casi siempre con esta abreviatura: V° B° ‖ *Visto que.* m. conj. Pues que, una vez que.

VISTOSAMENTE. adv. m. De manera vistosa. *Vestía* VISTOSAMENTE.

VISTOSIDAD. f. Calidad de vistoso.

VISTOSO, SA. al. **Ansehnlich.** fr. **Voyant.** ingl. **Showy.** ital. **Vistoso.** port. **Vistoso.** (De *vis-*

ta.) adj. Que llama mucho la atención por su brillantez, viveza de colores o apariencia ostentosa. *Una decoración* VISTOSA.

VÍSTULA. Geog. Río de Polonia, que nace en los Cárpatos y des. en forma de delta al E. de la ciudad de Gdansk. Recorre 1.070 km.

VISU (De). expr. lat. **A vista de ojos.**

VISUAL. al. **Seh.** fr. **Visuel.** ingl. **Visual, of sight.** ital. **Visuale.** port. **Visual.** (Del lat. *visualis.*) adj. Perteneciente a la vista como instrumento para ver. *Alcance, potencia* VISUAL. ‖ f. Línea recta que se considera tirada desde el ojo del espectador hasta el objeto.

VISUALIDAD. (Del lat. *visualitas, -atis.*) f. Efecto agradable que produce el conjunto de objetos vistosos. *Esas pinturas dan* VISUALIDAD *a esta sala.*

VISUALIZACIÓN. f. Acción y efecto de visualizar.

VISUALIZAR. tr. Visibilizar. ‖ Representar mediante imágenes ópticas fenómenos de otro carácter, p. ej. el curso de la fiebre o los cambios meteorológicos mediante gráficas, los cambios de corriente eléctrica o las oscilaciones sonoras con el osciloscopio, etc. ‖ Formar en la mente una imagen visual de un concepto abstracto. ‖ Imaginar con rasgos visibles algo que no se tiene a la vista.

VISURA. (Del lat. *visum,* supino de *vídere,* ver.) f. Examen y reconocimiento que se hace de una cosa por vista de ojos. ‖ Visorio, examen pericial.

VITÁCEO, A. adj. Bot. Dícese de plantas dicotiledóneas leñosas, a menudo trepadoras y provistas de zarcillos, con fruto en baya; como la vid. Ú.t.c.s.f. ‖ f. pl. Bot. Familia de estas plantas.

VITAL. al. **Lebens.** fr. **Vital.** ingl. **Vital.** ital. **Vitale.** port. **Vital.** (Del lat. *vitalis.*) adj. Perteneciente o relativo a la vida. ‖ fig. De suma importancia o transcendencia. *Asunto* VITAL.

VITALICIO, CIA. al. **Lebensläng- lich.** fr. **Viager; à vie.** ingl. **Lasting for life.** ital. **Vitalizio.** port. **Vitalício.** (De *vital.*) adj. Que dura desde que se obtiene hasta la muerte. Dícese de cargos, mercedes, rentas, etc. *Socio* VITALICIO. ‖ m. Póliza de seguro sobre la vida. ‖ Pensión duradera hasta el fin de la vida del perceptor.

VITALICISTA. com. Persona que disfruta de una renta vitalicia.

VITALIDAD. al. **Lebenskraft.** fr. **Vitalité.** ingl. **Vitality.** ital. **Vitalità.** port. **Vitalidade.** (Del lat. *vitálitas, -atis.*) f. Calidad de tener vida. *La* VITALIDAD *de las plantas.* ‖ Actividad o eficacia de las facultades vitales. *Es admirable la* VITALIDAD *de ese hombre.*

VITALISMO. f. Doctrina que explica las funciones del organismo por la acción de un principio inmaterial o fuerza vital.

VITALISTA. adj. Que sigue las doctrinas del vitalismo. Apl. a pers. ú.t.c.s. ‖ Perteneciente o relativo al vitalismo.

VITALIZACIÓN. f. Acción y efecto de vitalizar.

VITALIZADOR, RA. adj. Que vitaliza. ‖ m. Substancia, elemento o procedimiento de vitalización.

VITALIZANTE. adj. Que vitaliza. Ú.t.c.s.

VITALIZAR. tr. Robustecer el organismo, activar los procesos vitales mediante un sistema adecuado. ‖ Dar vida o

actividad. ‖ Dar pensión, gracia o empleo para toda la vida. ‖ deriv.: vitalizable.

VITAMINA. al. **Vitamin.** fr. **Vitamine.** ingl. **Vitamine.** ital. **Vitamina.** port. **Vitamina.** f. Nombre que se da a diversas substancias químicas que forman parte, en cantidades muy pequeñas, de la mayoría de los alimentos y que se consideran indispensables para el crecimiento y para el equilibrio normal de las principales funciones vitales.

● **VITAMINA.** Med. Substancias orgánicas de constitución química muy diversa, que actúan en cantidades mínimas y desempeñan funciones esenciales en la vida celular, en la formación de ciertos tejidos y en el metabolismo, las vitaminas son indispensables para el mantenimiento de la salud y para el crecimiento. No pueden ser producidas por el organismo (sólo la vitamina D se forma, por la acción de la luz solar sobre la piel) y por lo tanto deben ser provistas mediante los alimentos. Las más importantes son: 1°) Vitamina A (carotina): su carencia ocasiona dermatosis. xeroftalmia, hemeralopía, etc.; se la encuentra en el aceite de hígado de bacalao (mero, tiburón), en la yema de huevo, manteca, queso, zanahoria, espinaca, lechuga, arveja, etcétera. 2°) Complejo vitamina B, que comprende: a) vitamina B1 (tiamina): su carencia ocasiona graves trastornos neuromusculares, hasta la polineuritis, insuficiencia cardíaca, confusión mental, atrofia muscular, parálisis, anorexia, etc.; se la encuentra en los gérmenes de granos de cereales (trigo, sobre todo), sus cutículas y las levaduras, leche, yema de huevo, vegetales de hoja, frutas, etc. b) Vitamina B2 (riboflavina): su carencia ocasiona reacción inflamatoria epitelial (especialmente bucal) y vascularización de la córnea; se la encuentra en la leche, blanco del huevo, hígado, carne de vaca, pollo, vegetales de hoja, tomate, etc. c) Ácido nicotínico o factor P.P.: su carencia ocasiona la pelagra; se lo encuentra en el hígado, leche, yema de huevo, vegetales de hoja, etc. d) La vitamina B6 (piridoxina) y e) la vitamina B12, importante factor antianémico, completan entre otros el complejo B. 3°) Vitamina C (ácido ascórbico); su carencia ocasiona hemorragias (escorbuto); se la encuentra en las frutas cítricas. 4°) Vitamina D (ergosterol): su carencia ocasiona el raquitismo y la osteomalacia; se la encuentra en aceite de hígado de pescados, yema de huevo, manteca, crema de leche, etc. 5°) Vitamina E (tocoferol): su carencia lleva a la esterilidad, atrofias musculares y trastornos nerviosos; se la encuentra en el aceite de semilla de trigo, maíz, arroz y en los vegetales de hoja. 6°) Vitamina K (naftoquinona): su carencia retarda la coagulación de la sangre y produce hemorragias; se la encuentra en el pescado en putrefacción, en la alfalfa, espinaca, zanahoria, tomate, etc.

VITAMÍNICO, CA. adj. Perteneciente o relativo a las vitaminas. *Régimen* VITAMÍNICO. ‖ Que contiene o produce vitaminas. *Substancia* VITAMÍNICA.

VITAMINIZANTE. p. a. de **Vitaminizar.** Que vitaminiza. ‖ m. neol. Alimento o substancia que produce aumento de vitaminas en el organismo.

VITAMINIZAR. tr. neol. Aumentar la dieta de vitaminas mediante un régimen alimentario, ingestión de píldoras o inyecciones. ‖ deriv.: **vitaminizador, ra.**

VITANDO, DA. (Del lat. *vitandus*, p. f. de *vitare*, evitar, precaver.) adj. Que se debe evitar. *Extremista* VITANDO. ‖ Odioso, execrable.

VITAR. (Del lat. *evitare.*) tr. Evitar.

VITEBSK. *Geog.* Ciudad de la U.R.S.S., en Rusia Blanca, al N.E. de Minsk 231.000 h. Maquinarias agrícolas, industria textil y fabricación de cristales ópticos.

VITELA. (Del lat. *vitella*, dim. de *vitula.*) f. Piel de vaca o de ternera, muy pulida, que sirve para pintar o escribir en ella.

VITELINA. (Del lat. *vitellum*, yema de huevo.) adj. y s. *Zool.* Dícese de la membrana que envuelve el óvulo humano y el de algunos animales.

VITELIO. *Biog.* Emp. romano, cél. por su crueldad. Fue muerto por el pueblo (15-69).

VITELO. m. Cuerpo celular constituido por el protoplasma del óvulo.

VITERBO. *Geog.* Provincia de Italia (Lacio). 3.607 km². 270.000 h. Cap. hom. 56.000 h. Importante centro agrícola. Industria alimenticia. Cerámica.

VITI, Islas. *Geog.* Archipiélago formado por 322 islas e islotes, sit. en el océano Pacífico, al N.E. de Nueva Zelanda. 18.272 km². 600.000 h. Cap. SUVA, en la isla de **Viti Levu**, la principal del grupo. Se llaman también **Fidji.** Constituyen un Est. independiente, miembro del Commonwealth.

VITÍCOLA. (Del lat. *vitícola;* de *vitis*, vid y *cólere*, cultivar.) adj. Perteneciente o relativo a la viticultura. *Zona* VITÍCOLA. ‖ com. Viticultor.

VITICULTOR, RA. (Del lat. *vitis*, vid, y *cúltor, -oris*, cultivador.) s. Persona perita en la viticultura.

VITICULTURA. al. **Weinbau.** fr. **Viticulture.** ingl. **Viticulture.** ital. **Viticoltura.** port. **Viticultura.** (Del lat. *vitis*, vid, y *cultura*, cultivo.) f. Cultivo de la vid. *La* VITICULTURA *está muy desarrollada en la Argentina.* ‖ Arte de cultivar las vides.

VITIVINÍCOLA. (Del lat. *vitis*, vid; *vínum*, vino, y *cólere*, cultivar.) adj. Perteneciente o relativo a la vitinicultura. *Industria* VITIVINÍCOLA. ‖ com. Vitivinicultor.

VITIVINICULTOR, RA. s. Persona que se dedica a la vitivinicultura.

VITIVINICULTURA. (Del lat. *vitis*, vid; *vínum*, vino, y *cultura*, cultivo.) f. Arte de cultivar las vides y elaborar el vino. *La* VITIVINICULTURA *es la principal riqueza de la región cuyana.*

VITO. (Por alusión a la enfermedad convulsiva llamada baile de San *Vito.*) m. Baile andaluz muy animado y vivo. ‖ Música de este baile. ‖ Letra que se canta con esta música.

VITOLA. (Del anglosajón *wittol*, conocedor.) f. Plantilla para calibrar balas de cañón o de fusil. ‖ Regla de hierro para medir las vasijas en las bodegas. ‖ Cada uno de los diferentes modelos de cigarro puro según su longitud, grosor y configuración. ‖ fig. Traza o facha de una persona y, a veces, aspecto de una cosa.

¡VÍTOR! (Del lat. *víctor*, vencedor.) int. de alegría con que se aplaude a una persona o una acción. *Lo recibieron con grandes* VÍTORES; sinón.: **¡viva!** ‖ m. Función pública en que se aclama o aplaude a alguien por alguna hazaña. ‖ Cartel o tabla que se expone al público con la inscripción del hecho glorioso de alguien.

VITOREAR. tr. Aplaudir o aclamar con vítores.

VITORIA, Francisco de. *Biog.* Rel., teólogo y filósofo esp. Sistematizó el derecho internacional o de gentes, basándolo en el derecho natural. Autor de trece *Relaciones* (1486-1546).

VITORIA. *Geog.* Ciudad del N. de España, en las provincias vascongadas, cap. de la provincia de Álava. 137.000 h. Importante centro industrial y comercial. ‖ **— da Conquista.** Población del N.E. de Brasil (Bahía). 20.000 h. Algodón, cacao, ganado. ‖ Ciudad del Brasil. V. **Victoria.**

VITORIANO, NA. adj. Natural de Vitoria. Ú.t.c.s. ‖ Perteneciente a esta ciudad.

VITRAL. (Del fr. *vitrail.*) m. Vidriera de colores.

VITRE. (De *Vitré*, c. de Francia.) m. *Mar.* Lona muy delgada.

VÍTREO, A. (Del lat. *vítreus.*) adj. Hecho de vidrio o que tiene sus propiedades. *Loza* VÍTREA. ‖ Semejante al vidrio. ‖ *Zool.* V. **Humor vítreo.**

VITRIFICACIÓN. m. Acción y efecto de vitrificar o vitrificarse.

VITRIFICAR. (Del lat. *vítrum*, y *fácere*, hacer.) tr. y r. Convertir en vidrio una substancia. ‖ Hacer que algo tome la apariencia del vidrio. ‖ deriv.: **vitrificable.**

VITRINA. al. **Glasschsank; Vitrine.** fr. **Vitrine.** ingl. **Show case.** ital. **Vetrina.** port. **Vitrina.** (Del fr. *vitrine*, y éste del lat. *vítrum*, vidrio.) f. Escaparate, caja o armario con puerta de cristales para tener expuestos a la vista objetos de valor o artículos de comercio. *Una* VITRINA *de una joyería.*

VITRIÓLICO, CA. adj. *Quím.* Perteneciente al vitriolo o que tiene sus propiedades.

VITRIOLO. (Del lat. *vitréolus*, dim. de *vítrum*, vidrio.) m. *Quím.* Sulfato. ‖ **— amoniacal.** *Quím.* Sulfato de cobre. ‖ **— blanco.** *Quím.* Sulfato de cinc. ‖ **— de plomo.** Anglesita. ‖ **— verde.** *Quím.* **Caparrosa verde.**

VITRUVIO POLIÓN, Marco. *Biog.* Arquitecto romano del siglo I, a. de C. Su obra *De Architectura* contiene interesantes recomendaciones técnicas.

VITRY, Felipe. *Biog.* Filósofo, poeta, músico y matemático fr. (1291-1361).

VITTORIA. *Geog.* Ciudad del S. de Sicilia (Italia) al O. de Ragusa 48.000 h. Importante centro agrícola.

VITUALLA. (Del lat. *victualia*, víveres, pl. de *victualis*, relativo al sustento.) f. Conjunto de cosas necesarias para la comida. Ú.m. en pl. *Las* VITUALLAS *de un regimiento.* ‖ fam. Abundancia de comida, especialmente de menestras o verduras.

VITUALLAR. (De *vitualla.*) tr. Avituallar.

VÍTULO MARINO. (Del lat. *vítulus*, ternero, becerro y *marino.*) m. **Becerro marino.**

VITUPERABLE. (Del lat. *vituperábilis.*) adj. Que merece vituperio. *Una acción* VITUPERABLE.

VITUPERACIÓN. (Del lat. *vituperatio, -onis.*) f. Acción y efecto de vituperar.

VITUPERAR. al. **Tadeln.** fr. **Blâmer.** ingl. **To vituperate.** ital. **Vituperare.** port. **Vituperar.** (Del lat. *vituperare.*) tr. Decir mal de una persona o cosa. ‖ deriv.: **vituperador, ra; vituperante.**

VITUPERIO. al. **Tadel.** fr. **Blâme; outrage.** ingl. **Vituperation.** ital. **Vituperio.** port. **Vitupério.** (Del lat. *vitupérium.*) m. Baldón u aprobio que se dice a uno. ‖ Acción o circunstancia que causa afrenta o deshonra. ‖ deriv.: **vituperioso, sa; vituperiosamente; vituperoso, sa: vituperosamente.**

VIUDA. (De *viudo.*) f. *Bot.* Escabiosa, dipsácea. ‖ Flor de esta planta. ‖ *Arg.* Fantasma que según creencia supersticiosa, aparece de noche en los lugares apartados, andando sobre zancos y vestido de blanco o negro.

VIUDA ALEGRE, La. *Mús.* Famosa opereta de Franz Lehar, estrenada en Viena en 1905 y representada en casi todo el mundo. Su partitura, fresca y melodiosa, que refleja el espíritu bohemio y superficial de una Europa fenecida, la hace una expresión generosa y cabal del género ligero.

VIUDAL. (Del lat. *vidualis.*) adj. Perteneciente al viudo o a la viuda.

VIUDEDAD. f. Pensión o haber pasivo que percibe la viuda mientras permanece en este estado.

VIUDEZ. f. Estado de viudo o de viuda.

VIUDITA. f. dim. de **Viuda.** ‖ *Arg.* y *Chile.* Especie de loro con plumaje verde mezclado con amarillo y azul.

VIUDO, DA. al. **Witwer.** fr. **Veuf.** ingl. **Widower.** ital. **Vedovo.** port. **Viúvo.** (Del lat. *viduus.*) adj. Dícese de la persona a quien se le ha muerto su cónyuge y no ha contraído nuevo matrimonio. Ú.t.c.s. ‖ fig. Aplícase a algunas aves que estando apareadas para criar se quedan sin la compañera; como la tórtola.

¡VIVA!. int. V. **Vivir.**

VIVAC. (Del al. *beiwache;* de *bei*, cerca, y *wachen*, vigilar.) m. Vivaque.

VIVACIDAD. al. **Lebhaftigkeit.** fr. **Vivacité.** ingl. **Vivacity.** ital. **Vivacità.** port. **Vivacidade.** (Del lat. *vivácitas, -atis.*) f. Calidad de vivaz. *La* VIVACIDAD *de un actor.* ‖ Viveza, esplendor y lustre de ciertas cosas. *La* VIVACIDAD *de un cuadro.*

VIVALDI, Antonio. *Biog.* Violinista y compositor ital. Alejándose de la escuela romana clásica, escribió música religiosa, cerca de treinta óperas y, sobre todo, numerosos conciertos que posteriormente fueron transcriptos por Bach para clave y órgano, y que sobresalen por su inventiva rítmica y su original estilo (aprox. 1670-1743).

VIVAMENTE. adv. m. Con viveza o eficacia. ‖ Con propiedad o semejanza.

VIVANCO, Luis Felipe. *Biog.* Poeta esp.. autor de *Continuación de la vida; Cantos de primavera*, etc. (n. 1907). ‖ **— Manuel Ignacio de.** Militar y escritor per. que participó activamente en las luchas de la independencia. De 1842 a 1844 fue director supremo de la Rep. y de 1856 a 1858, su presidente. Con posterioridad ocupó otros cargos públicos (1806-1873).

VIVANDERO, RA. (Como el fr. *vivandier*, del b. lat. *vivanda*, víveres, y éste del lat. *vívere*, vivir.) s. Persona que vende víveres a las tropas en marcha o en campaña, transportándolos a mano, o teniéndolos en tiendas o cantinas.

VIVAQUE. al. **Biwag.** fr. **Bivouac.** ingl. **Bivouac.** ital. **Bivacco.** port. **Bivaque.** (De *vivac.*) m. *Mil.* Guardia principal en las plazas de armas, a la que acuden las demás para tomar el santo. ‖ *Mil.* Campamento de un cuerpo militar. ‖ **Estar al vivaque.** frs. *Mil.* Vivaquear.

VIVAQUEAR. (De *vivaque.*) intr. *Mil.* Pasar la noche al raso las tropas.

VIVAR. (Del lat. *vivárium.*) m. Nido o madriguera donde se crían diversos animales, especialmente los conejos. ‖ Vivero de peces.

VIVAR. *Amér.* Vitorear, dar vivas.

VIVARACHO, CHA. adj. fam. Vivo de genio; travieso y alegre. *Un chiquillo* VIVARACHO.

VIVAZ. al. **Lebhaft.** fr. **Vivace.** ingl. **Lively.** ital. **Vivace.** port. **Vivaz.** (Del lat. *vivax, -acis.*) adj. Que vive mucho tiempo. *Pasión* VIVAZ; sinón.: **duradero.** ‖ Eficaz, vigoroso. *Carácter, estilo* VIVAZ; sinón.: **activo, enérgico.** ‖ Agudo, de pronta comprensión e ingenio. *Réplica* VIVAZ; sinón.: **vívido.** ‖ *Bot.* Dícese de la planta que vive más de dos años.

VIVERA. (De *vivero.*) f. Vivar.

VIVERAL. m. Vivero de árboles.

VÍVERES. al. **Lebensmittel.** fr. **Vivres.** ingl. **Stores.** ital. **Viveri.** port. **Víveres.** (De *vivir.*) m. pl. Provisiones de boca de un ejército, plaza o buque. *Suministrar* VÍVERES *a un destacamento.* ‖ Comestibles necesarios para el alimento de las personas. *Los* VÍVERES *escasean en aquel pueblo.*

VIVERO. al. **Baumschule.** fr. **Pépinière.** ingl. **Nursery.** ital. **Vivaio.** port. **Viveiro.** (Del lat. *vivárium.*) m. Terreno adonde se trasplantan desde la almáciga los arbolitos para trasponerlos, después de recriados, a su lugar definitivo. *Un* VIVERO *de plantas cítricas.* ‖ Lugar donde se mantienen o se crían, dentro del agua, peces, moluscos u otros animales. VIVERO *de pejerreyes, de nutrias.* ‖ fig. Semillero, origen de algunas cosas. ‖ IDEAS AFINES: *Botánica, fitogeografía, cultivo, herbario, semilla, germinación, injerto, fructificar, filotecnia.*

VIVERRIDO, DA. adj. *Zool.* Dícese de mamíferos carnívoros que comprenden muchos géneros caracterizados por tener el cuerpo largo, la cola bastante larga también, las patas cortas con cuatro o cinco dedos y uñas por lo general retráctiles. Ú.t.c.s. ‖ m. pl. *Zool.* Familia de estas fieras.

VIVES, Amadeo. *Biog.* Compos. esp., autor de difundidas óperas y zarzuelas, y uno de los más fecundos e ilustrados cultores de la música popular esp., especialmente del folklore catalán. Obras: *Doña Francisquita; Maruxa; Don Lucas del Cigarral*, etc. (1871-1932). ‖ **— Juan Luis.** Cél. humanista esp., colaborador de Erasmo y de Moro. Considerado precursor de Bacon y de Descartes, figura cumbre del pensamiento renacentista, fue de los primeros en aplicar el método inductivo a la psicología y a la fil. Sus medulares concepciones sobre la educación anticiparon, también, los fundamentos de la mod. pedagogía. Obras: *Introducción a la sabiduría; Diálogos; Instrucción de la mujer cristiana*, etc. (1492-1540). ‖ **— GUERRA, Julio.** Escr. col., autor de *Volanderas; Aires antioqueños; Prosa y verso*, etc. Su verdadero nombre es **José Velásquez García.** (n. 1873.) ‖ **— SOLAR, Ignacio.** Literato chil., autor de *Hijo de un héroe; Rapa Nui*, etc. (1878-1930).

VIVEZA. (De *vivo*, pronto, ágil.) f. Prontitud en las acciones, o agilidad en la ejecución. *La* VIVEZA *de la juventud.* ‖ Energía en las palabras. *La* VIVEZA *puesta en una alocución.* ‖ Agudeza de ingenio. ‖ Dicho agudo o ingenioso. *Su oportuna* VIVEZA *fue muy celebrada.* ‖ Propiedad y semejanza en la representación de algo. ‖ Esplendor y lustre de algunas cosas. *La* VIVEZA *de un cuadro de Goya.* ‖ Gracia particular que suelen tener los ojos en el modo de mirar o de moverse. ‖ Acción poco considerada. *Esa* VIVEZA *no se la perdono.* ‖ Palabra que se dice sin reflexión.

VIVIDERO, RA. (De *vivir.*) adj. Dícese del sitio o cuarto que puede habitarse.

VÍVIDO, DA. (Del lat. *vívidus.*) adj. poét. Vivaz, eficaz. ‖ Agudo, de pronta comprensión.

VIVIDO, DA. adj. Dícese de lo que en obras literarias parece producto de la experiencia del autor.

VIVIDOR, RA. adj. Que vive. Ú.t.c.s. ‖ Que vive mucho tiempo. ‖ Aplícase a la persona laboriosa que busca modos de vivir. *Comercia en todo; es muy* VIVIDOR. ‖ m. El que vive a costa de los demás, buscando por malos medios lo que le conviene. *No ayudes a ese* VIVIDOR; *que trabaje.*

VIVIENDA. al. **Wohnung.** fr. **Demeure.** ingl. **Dwelling.** ital. **Dimora.** port. **Vivenda.** (Del lat. *vivenda*, f. de *vivendus*, p. f. de *víveres*, vivir.) f. Morada, habitación. *Esta ciudad no tiene* VIVIENDAS *disponibles.* ‖ Género de vida o modo de vivir. *Si no cambias tu* VIVIENDA, *te arruinarás.*

VIVIENTE. al. **Lebending.** fr. **Vivant.** ingl. **Living.** ital. **Vivente.** port. **Vivente.** (Del lat. *vivens -entis.*) p. a. de **Vivir.** Que vive. Ú.t.c.s. ‖ adj. V. **Alma, bicho viviente.**

VIVIFICACIÓN. (Del lat. *vivicatio, -onis.*) f. Acción y efecto de vivificar.

VIVIFICAR. al. **Beleben; lebendig machen.** fr. **Vivifier.** ingl. **To vivify.** ital. **Vivificare.** port. **Vivificar.** (Del lat. *vivificare;* de *vivus*, vivo y *fácere* hacer.) tr. Dar vida. *El abono* VIVIFICA *las plantas.* ‖ Confortar o refrigerar. *Los aires serranos lo* VIVIFICARON. ‖ deriv.: **vivificador, ra; vivificante; vivificativo, va.**

VIVÍFICO, CA. (Del lat. *vivíficus.*) adj. Que incluye vida o nace de ella.

VIVIJAGUA. f. Bibijagua.

VIVILLO. m. Vividor, el que vive de los demás.

VIVIPARIDAD. f. Calidad o condición de vivíparo.

VIVÍPARO, RA. (Del lat. *vivíparus.*) adj. y s. *Zool.* Aplícase al animal cuyas crías se desarrollan en el vientre de la madre, a diferencia de los ovíparos, que nacen de huevos.

VIVIR. (Forma sustantiva de *vivir.*) m. Conjunto de recursos o medios de vida y subsistencia. *Tiene un holgado* VIVIR. ‖ **De mal vivir.** loc. **De mala vida.** ‖ **Recogerse,** o **retirarse,** uno **a buen vivir.** frs. Corregir su conducta desarreglada.

VIVIR. al. **Leben; wohnen.** fr. **Vivre.** ingl. **To live.** ital. **Vivere.** port. **Viver.** (Del lat. *vívere.*) intr. Tener vida. VIVE *a fuerza de remedios;* antón.: **morir.** ‖ Durar con vida. VIVIÓ *noventa* *años.* ‖ Durar las cosas. ‖ Pasar y mantener la vida. VIVE *de los negocios.* ‖ Habitar o morar en un lugar o país. VIVIR *en París.* Ú.t.c.tr. VIVIR *una casa mucho tiempo.* ‖ fig. Obrar siguiendo algún tenor o modo en las acciones. Júntase con los adverbios *bien* o *mal.* ‖ Mantenerse o durar en la memoria después de muerto. ‖ Acomodarse uno a las circunstancias o aprovecharlas para lograr la propia conveniencia. *Es un hombre que sabe* VIVIR. ‖ Estar presente una cosa en la memoria, en la voluntad o en la consideración. ‖ Estar. VIVIR *alegre;* VIVIR *en la pobreza.* ‖ **Bueno es vivir para ver.** expr. **Vivir para ver.** ‖ **¿Quién vive?** expr. con que el soldado que está de centinela pregunta quién es el que llega o pasa. Ú.t.c.s. ‖ **¡Viva!** int. de alegría y aplauso. Ú.t.c.s.m. ‖ **Vive.** Tercera persona del singular del presente de indicativo del verbo vivir, usada como interjección de juramento con algún nombre que lo expresa, o con alguna voz inventada para evitarlo. *¡*VIVE *Dios!¡*VIVE *Cribas!.* ‖ **Vivir para ver.** expr. con que se manifiesta la sorpresa que causa una cosa que no se esperaba de la persona de quien se habla, en especial cuando es de mala correspondencia.

VIVISECCIÓN. (Del lat. *vivus,* vivo, y *sectio, -onis,* corte.) f. Disección de los animales vivos, con el fin de hacer estudios fisiológicos o investigaciones patológicas.

VIVISTA. adj. Perteneciente o relativo a Luis Vives. ‖ Partidario del sistema filosófico del mismo.

VIVISMO. m. Sistema filosófico del español Luis Vives, caracterizado por su tendencia a armonizar los dogmas cristianos con las doctrinas aristotélica, platónica y estoica, pero con independencia del escolasticismo.

VIVO, VA. al. **Lebhaft; lebend.** fr. **Vivant; vif.** ingl. **Alive; living; lively.** ital. **Vivo.** port. **Vivo.** (Del lat. *vivus.*) adj. Que tiene vida. Apl. a pers., ú.t.c.s. *Los* VIVOS *piensan en la muerte.* ‖ Intenso, fuerte. *Punzadas* VIVAS; *colores* vivos. ‖ Que está en ejercicio actual de un cargo. U. especialmente en la milicia. ‖ Sutil, ingenioso. *Es un hombre muy* VIVO. ‖ Excesivamente pronto, o poco considerado, en las expresiones o acciones. ‖ fig. Que subsiste en toda su fuerza y vigor. *Esa ley está* VIVA. ‖ Durable en la memoria. *Recuerdos* VIVOS. ‖ Diligente, pronto y ágil. *Es un obrero* VIVO. ‖ Muy expresivo o persuasivo. ‖ *Arq.* Aplícase a la arista o al ángulo agudo y bien determinado. ‖ m. Canto y orilla de alguna cosa. *Los* VIVOS *de una tela.* ‖ Filete o cordoncillo que suele ponerse como adorno en los bordes o en las costuras de las prendas de vestir. ‖ *Veter.* Enfermedad, especie de usagre, que padecen algunos animales, especialmente los perros. ‖ **Lo vivo.** Lo más sensible de un afecto o asunto. *Herir, tocar en* LO VIVO O *a* LO VIVO. ‖ **A lo vivo** o **al vivo.** m. adv. Con la mayor viveza, con suma eficacia. ‖ **Como de lo vivo a lo pintado.** loc. con que se expresa la gran diferencia que existe de una cosa a otra. ‖ **En vivo.** m. adv. usado en la venta de cerdos y otras reses cuando se pesan sin haberlos muerto.

VIZAGAPATAM. *Geog.* V. **Visakhapatnam.**

VIZARRÓN Y EGUIARRETA, Juan Antonio de. *Biog.* Rel. esp. virrey de México de 1734 a 1740.

VIZCACHA. (Voz quichua.) f. Mamífero de las llanuras argentinas, de unos cincuenta centímetros, de cuerpo robusto, cabeza grande y achatada, patas anteriores más cortas que las posteriores, pelaje suave y grisáceo, con una franja negra y otra blanca en la cara, y cola larga con cerdas en el extremo. Forma colonias que viven en madrigueras. Es considerada plaga del campo. Gén. *Lagostomus maximus,* roedor. *La carne de la* VIZCACHA *es comestible.*

VIZCACHERA. f. Madriguera de la vizcacha. ‖ *Arg.* Leonera, o cuarto lleno de trastos.

VIZCACHERAL. f. Paraje donde abundan las vizcachas.

VIZCAINADA. f. Acción o dicho propio de vizcaíno. ‖ Expresiones o palabras mal concertadas.

VIZCAÍNO, NA. adj. De Vizcaya,una de las tres provincias vascongadas de España. Ú.t.c.s. ‖ Perteneciente a esta provincia. ‖ m. Uno de los principales dialectos del vascuence hablado en gran parte de Vizcaya. ‖ **A la vizcaína.** m. adv. fig. Al modo que hablan o escriben el español los vizcaínos, cuando faltan a las reglas gramaticales. ‖ Al estilo o costumbre de los vizcaínos.

VIZCAITARRA. adj. y s. Partidario de la independencia o autonomía de Vizcaya.

VIZCAYA. *Geog.* Provincia del N. de España, en las prov. Vascongadas. 2.224 km². 1.045.000 h. Ganado bovino y ovino. Industria pesquera. Minería. Cap. BILBAO. ‖ **Golfo de –.** V. **Cantábrico, Mar.**

VIZCONDADO. al. **Vizegrafschaft.** fr. **Vicomté.** ingl. **Viscountship.** ital. **Viscontado.** port. **Viscondado.** m. Título o dignidad de vizconde. ‖ Territorio o lugar sobre el que radicaba este título.

VIZCONDE. al. **Vicomte.** fr. **Vicomte.** ingl. **Viscount.** ital. **Visconte.** port. **Visconde.** (De *vice,* en lugar de, y *conde.*) m. En lo antiguo, teniente del conde. ‖ Título de honor con que los soberanos distinguen a una persona.

VIZCONDESA. f. Mujer del vizconde. ‖ La que por sí goza este título.

VLAARDIGEN. *Geog.* Ciudad del S. de Holanda (Holanda Meridional), 81.000 h. Centro pesquero.

VLADIMIRO I, San. *Hagiog.* Emp. de Rusia que introdujo el cristianismo en el Imperio (956-1015).

VLADIVOSTOK. *Geog.* Ciudad de Siberia oriental (U.R.S.S.). principal puerto ruso sobre el mar del Japón. Importante base de la Marina Soviética y centro ferroviario, comercial e industrial. 450.000 h.

VLAMINCK, Mauricio. *Biog.* Pintor fr., autodidacta de gran fuerza expresiva. Obras: *Paisaje de Chatou; El Sena en Chatou; Paisaje con árboles rojos,* etc. (1876-1958).

VLECK. John van. *Biog.* Físico nort., n. en 1889. Premio Nobel de Física 1977, conjuntamente con Philip Anderson y Neville Mott, por sus estudios sobre comportamiento de átomos en un cristal.

VLTAYA. *Geog.* V. **Moldava.**

VOCABLO. al. **Wort.; Vokabel,** fr. **Vocable.** ingl. **Word; term.** ital. **Vocablo.** port. **Vocábulo.** (Del lat. *vocábulum.*) m. Palabra, como expresión de una idea. *Un* VOCABLO *anticuado.* ‖ **Jugar** uno **del vocablo.** frs. fig. Hacer juego de palabras.

VOCABULARIO. al. **Worterbuch; Wortschatz.** fr. **Vocabulaire.** ingl. **Vocabulary.** ital. **Vocabolario.** port. **Vocabulário.** (Del lat. *vocábulum,* vocablo.) m. Diccionario, catálogo ordenado en que se contienen las voces de un idioma. ‖ Conjunto o diversidad de vocablos de uso en alguna facultad o materia determinada. VOCABULARIO *médico.* ‖ Conjunto de las palabras de un idioma o dialecto. *El* VOCABULARIO *español es muy extenso.* ‖ En sentido menos genérico, catálogo o lista de palabras por orden alfabético y con definiciones o explicaciones sucintas. ‖ fig. y fam. Persona que dice o interpreta la mente o dicho de otro. *Hablar por* VOCABULARIO. ‖ IDEAS AFINES: *Léxico, glosario, enciclopedia, etimología, filología, polígloto, alfabeto, índice, acepción, sinónimo, antónimo.*

VOCABULISTA. (Del lat. *vocábulum,* vocablo.) m. Autor de un vocabulario. ‖ Persona que se dedica al estudio de vocablos.

VOCACIÓN. al. **Berufung.; Beruf.** fr. **Vocation.** ingl. **Vocation.** ital. **Vocazione.** port. **Vocação.** (Del lat. *vocatio, -onis,* acción de llamar.) f. Inspiración con que Dios llama a algún estado, en especial al religioso. ‖ Advocación. ‖ fam. Inclinación a cualquier estado, profesión o carrera. *Tiene vocación por las matemáticas.* ‖ **Errar uno la vocación.** frs. Dedicarse a una cosa para la cual no se tiene disposición o mostrar tenerla para otra en que no se ejercita.

VOCACIONAL. adj. Relativo o perteneciente a la vocación. Se dice de la tendencia hacia una profesión determinada.

VOCAL. al. **Selbstlauter. Vokal.** fr. **Voyelle.** ingl. **Vowel.** ital. **Vocale.** port. **Vocal.** (Del lat. *vocalis.*) adj. Perteneciente a la voz. *Arte* VOCAL; *órgano* VOCAL. ‖ Aplícase a lo que se expresa materialmente con la voz, a distinción de lo mental o que se piensa sin expresarlo. *Oración* VOCAL. ‖ Dícese de la articulación o sonido que se produce mediante una simple espiración que hace vibrar las cuerdas vocales y se emite sin encontrar a su paso por la cavidad bucal ningún obstáculo que la modifique. ‖ Dícese de la letra o signo con que se representa un sonido vocal. Ú.m.c.s.f. En castellano hay cinco **vocales: a, e, i, o, u.** ‖ V. **Cuerdas vocales.** ‖ f. *Fon.* Sonido del lenguaje humano producido por la espiración del aire, generalmente con vibración laríngea, y modificación en su timbre, sin oclusión ni estrechez, por la distinta posición que adoptan los órganos de la boca. ‖ com. Persona que tiene voz en un consejo, una congregación o junta. ‖ **– abierta.** *Gram.* Aquella en cuya pronunciación queda la lengua a mayor distancia del paladar que en las demás variantes del mismo sonido cardinal. ‖ **– breve.** *Gram.* La que tiene menor duración en las lenguas que se sirven de dos medidas de cantidad vocálica. ‖ **– cerrada.** *Gram.* La que se pronuncia dejando entre la lengua y el paladar menor distancia que en las demás variantes del mismo sonido cardinal. ‖ **– larga.** La que tiene mayor duración en las lenguas que se sirven de dos medidas de cantidad vocálica. ‖ **– mixta.** La que se pronuncia elevando el dorso de la lengua hacia la mitad del paladar mientras los labios se mantienen en posición neutral y relajada. ‖ **– nasal.** La pronunciada dejando escapar por la nariz parte del aire espirado. ‖ IDEAS AFINES: *Fonética, consonante, diptongo, triptongo, hiato, sinalefa, sinéresis, métrica, prosodia, rima, asonancia.*

VOCALÍA. f. Cargo de vocal. ‖ Tiempo que dura este cargo.

VOCÁLICO, CA. adj. Perteneciente o relativo a la vocal.

VOCALISMO. m. Sistema vocálico, conjunto de vocales.

VOCALISTA. com. Artista que canta con acompañamiento de orquestina.

VOCALIZACIÓN. al. **Stimmübung.; Vokalisation.** fr. **Vocalisation.** ingl. **Vocalisation.** ital. **Vocalizzasione.** port. **Vocalização.** f. *Fon.* Transformación de una consonante en vocal como la *c* del lat. *affectare* en la *i* de *afeitar,* o como la *b* de *cabdal* en la *u* de *caudal.* ‖ *Gram.* Acción y efecto de vocalizarse una consonante. ‖ *Mús.* Acción y efecto de vocalizar. ‖ En el canto, ejercicio que consiste en ejecutar, valiéndose de cualquiera de las vocales, una serie de modulaciones, trinos, adornos, etc. ‖ Pieza musical compuesta especialmente para enseñar a vocalizar.

VOCALIZAR. al. **Stimmübungen machen; vokalisieren.** fr. **Vocaliser.** ingl. **To vocalize.** ital. **Vocalizzare.** port. **Vocalizar.** (De *vocal.*) intr. *Mús.* Solfear sin nombrar las notas, empleando sólo una de las vocales, por lo común la *a.* ‖ Ejecutar los ejercicios de vocalización para ir venciendo las dificultades del canto. ‖ r. *Gram.* Transformarse una consonante en vocal, como la *l* de *salce* que se transformó en *u; sauce.*

VOCALMENTE. adv. m. Con la voz.

VOCATIVO. al. **Vokativ.** fr. **Vocatif.** ingl. **Vocative.** ital. **Vocativo.** port. **Vocativo.** (Del lat. *vocativus.*) m. *Gram.* En la declinación, caso que sirve sólo para invocar, llamar o nombrar con énfasis a una persona o cosa personificada. *¡María, despierta!*

VOCEADOR, RA. adj. y s. Que vocea o da muchas voces. ‖ m. Pregonero.

VOCEAR. al. **Ausrufen.** fr. **Crier.** ingl. **To vociferate; to cry out.** ital. **Vociferare.** port. **Vozear.** intr. Dar voces o gritos. *En aquel mitin todos* VOCEABAN. ‖ tr. Publicar o manifestar con voces una cosa. VOCEAR *el diario.* ‖ Llamar a uno dándole voces. *No me* VOCEES, *que no soy sordo.* ‖ Aclamar con voces. *Todos* VOCEABAN *su nombre.* ‖ fig. Manifestar o dar o entender algo con claridad las cosas inanimadas. *Sus toscos ademanes* VOCEABAN *su incultura.*

VOCEJÓN. m. Voz muy áspera y bronca.

VOCERAS. m. Boceras.

VOCERÍA. (De *voz,* grito.) f. Gritería.

VOCERÍA. f. Cargo de vocero.

VOCERÍO. m. Gritería. *¡Como para enterarse de algo con este* VOCERÍO!

VOCERO. (De *voz,* poder, facultad.) m. El que habla a nombre de otro, llevando su voz y representación. *El* VOCERO *de los agricultores se entrevistó con el ministro.*

VOCIFERACIÓN. (Del lat. *vociferatio, -onis.*) f. Acción y efecto de vociferar.

VOCIFERAR. (Del lat. *vociferare,* de *vox, vocis,* voz, y *ferre,* llevar.) tr. Publicar jactanciosamente algo. *Vas* VOCIFERANDO *el favor que me hiciste.* ‖ intr. Vocear o dar grandes voces. VOCIFERABA *como un condenado.* ‖ deriv.: **vociferador, ra; vociferante.**

VOCINGLERÍA. f. Calidad de vocinglero. ‖ Ruido de muchas voces.

VOCINGLERO, RA. adj. y s. Que da muchas voces o habla muy recio. *Estudiante* VOCINGLERO; sinón.: **gritón.** ‖ Que habla mucho y vanamente. *Un orador* VOCINGLERO; antón.: **charlatán.**

VODEVIL. (Del fr. *vaudeville.*) m. Comedia ligera y juguete cómico, algo atrevidos o licenciosos, que se caracterizan por la habilidad de la intriga y por las canciones que suelen llevar intercaladas.

VODKA. f. Especie de aguardiente, por lo general de fuerte graduación, que se consume mucho en Rusia. Ú.t.c.m.

VOGELWEIDE, Gualterio von der. *Biog.* Poeta y compositor al., considerado el iniciador de la poesía lírica en su país (aprox. 1170-1228).

VOGHERA. *Geog.* Ciudad del N.O. de Italia (Pavía). 35.000 h. Industria textil y centro agrícola de importancia.

VOGT, Carlos. *Biog.* Naturalista al., autor de *Tratado de anatomía; Los dogmas de la ciencia,* etc. (1817-1898).

VOILA. m. Voz que usan en el juego de la taba para detenerla o para expresar que aquella tirada no debe valer.

VOLADA. (De *volar.*) f. Vuelo a corta distancia. ‖ Cada una de las veces que se ejecuta.

VOLADA. f. *Amér.* Escríbase **bolada.**

VOLADERA. (De *volar,* caminar a prisa.) f. Paleta de la rueda hidráulica.

VOLADERO, RA. adj. Que puede volar. ‖ fig. Que pasa o se desvanece ligeramente. ‖ m. Precipicio, despeñadero.

VOLADIZO, ZA. adj. Que vuela o sale de lo macizo en las paredes o edificios. U.t.c.s.m.

VOLADO, DA. adj. *Impr.* Dícese del tipo de menor tamaño que se pone en la parte superior de la línea, usado generalmente en las abreviaturas. *Nº* (Número); *Vº Bº* (Visto bueno). ‖ m. Bolado. ‖ *Arg.* y *Ven.* Volante en el vestido. ‖ *Amér. Central.* Rumor, cuento. ‖ *Méx.* Nombre del juego llamado cara o cruz. ‖ *Nic.* Negocio poco correcto.

VOLADOR, RA. (Del lat. *volátor, -oris.*) adj. Que vuela. *El gavilán es muy* VOLADOR. ‖ Aplícase a lo que está pendiente, de manera que puede ser movido por el aire. ‖ Que corre o va ligeramente. ‖ *Ec.* Ingenioso. ‖ m. Cohete. *Los* VOLADORES *y los buscapiés.* ‖ Pez marino del orden de los acantopterigios, con aletas pectorales que le sirven para volar a alguna distancia. ‖ Árbol tropical americano, lauráceo, con hojas alternas y enteras, flores en panojas terminadas, y fruto seco, redondo y con dos alas membranosas. Su madera se usa en construcciones navales. ‖ *Amér. Central* y *Col.* Rehilandera, juguete.

VOLADURA. (Del lat. *volatura.*) f. Acción y efecto de volar por el aire y de hacer saltar violentamente alguna cosa. *La* VOLADURA *de un barco.*

VOLANDAS (En). adv. m. Por el aire o levantado del suelo y como que va volando. *Ir,* *traer, llevar* EN VOLANDAS. ‖ fam. Rápidamente, en un momento.

VOLANDERA. (De *volandero.*) f. Arandela para evitar el roce entre dos piezas de una máquina. ‖ Rodaja de hierro que, puesta como suplemento en las puntas del eje del carro, sujeta las ruedas. ‖ **Piedra voladora.** ‖ Muela para moler. ‖ fig. y fam. Bola, mentira. ‖ *Impr.* Tablita delgada que entra en el rebajo y por entre los listones de la galera.

VOLANDERO, RA. (Del lat. *volandus*, de *volare*, volar.) adj. Volantón. ‖ Suspenso en el aire y que se mueve a su impulso. ‖ fig. Accidental, imprevisto. ‖ Que no se asienta, fija ni detiene en ningún lugar. Aplícase también a las cosas inmateriales. *Especie* VOLANDERA.

VOLANDILLAS (En). m. adv. **En volandas.**

VOLANTA. f. Volante, coche.

VOLANTE. al. **Steuerung; Lenkrad; Flugblatt.** fr. **Volant; feuille de papier.** ingl. **Steering wheel; flier.** ital. **Volante.** port. **Volante.** (Del lat. *volans, -antis.*) p. a. de **Volar.** Que vuela. ‖ adj. Que va o se lleva de una parte a otra sin sitio fijo. *Brigada, escuadrilla* VOLANTE; sinón.: **inestable.** ‖ m. Género de adorno pendiente, hecho de tela delicada, que usaron las mujeres para la cabeza. ‖ Guarnición plegada o fruncida con que suelen adornarse prendas de vestir o de tapicería. *Una falda con* VOLANTES. ‖ Pantalla movible y ligera. ‖ Rueda grande y pesada de una rueda motora, que sirve para regular su movimiento. ‖ Pieza a manera de rueda que por estar articulada al mecanismo de un vehículo automóvil, permite al conductor guiarlo a voluntad. ‖ Corredor de carreras automovilísticas. ‖ Anillo con dos topes que impulsado por la espiral, detiene y deja libres alternativamente los dientes de la rueda de escape de un reloj para regular su movimiento. ‖ Máquina donde se ponen los troqueles para acuñar. ‖ Hoja de papel en la que se manda, pide, recomienda o hace constar alguna cosa en términos precisos. ‖ Criado de librea que por lo común iba delante del coche o caballo de su amo. ‖ Zoquetillo de corcho o madera, coronado de plumas, que se usa para jugar, lanzándolo al aire con raquetas. ‖ Este juego. ‖ f. Coche parecido al quitrín, con varas muy largas y ruedas de gran diámetro, y cuya cubierta no puede plegarse.

VOLANTÍN, NA. (De *volante.*) adj. Volante, que vuela. ‖ m. Especie de cordel provisto de anzuelos que se usa para pescar. ‖ *Bol.* Cohete. ‖ *Cuba, Chile* y *P. Rico.* Cometa pequeña de papel. ‖ *Méx.* Tiovivo.

VOLANTÓN, NA. adj. y s. Aplícase al pájaro que está para salir a volar. ‖ *Ec.* Vagabundo.

VOLAPIÉ. (De *volar* y *pie.*) m. *Taurom.* Suerte consistente en herir de corrida el espada al toro cuando éste está parado. ‖ **A volapié.** m. adv. Manera de correr ciertas aves ayudándose con las alas. ‖ Tratándose del paso de un río, laguna etc., manera de andar dificultosamente haciendo unas veces pie en el fondo y otras nadando. ‖ *Taurom.* Ejecutando esta suerte.

VOLAPUK. m. Idioma inventado en 1879 por el sacerdote alemán Schleyer, con el propósito de que se emplease como lengua universal.

VOLAR. al. **Fliegen.** fr. **Voler.** ingl. **To fly.** ital. **Volare.** port. **Voar.** (Del lat. *volare.*) intr. Moverse por el aire, sosteniéndose, con las alas. VOLAR *las aves.* ‖ fig. Elevarse en el aire y moverse de un punto a otro en un aparato de aviación. VOLAR *a Montevideo.* ‖ Elevarse una cosa por el aire, moviéndose algún tiempo por él. Ú.t.c.r. SE VOLARON *los papeles.* ‖ Caminar o ir con gran prisa. *El automóvil* VOLABA; *el tiempo* VUELA. ‖ Desaparecer rápida e inesperadamente una cosa. VOLO *el dinero de la caja.* ‖ Sobresalir fuera del paramento de un edificio. ‖ Ir por el aire una cosa lanzada con ímpetu. *En aquella trifulca* VOLABAN *las botellas.* ‖ Hacer las cosas con gran prontitud y ligereza. *Hizo su tarea* VOLANDO. ‖ Propagarse con celeridad una especie entre muchos. VOLÓ *la noticia entre los redactores.* ‖ tr. fig. Hacer saltar con violencia o elevar en el aire alguna cosa, especialmente por medio de una substancia explosiva. VOLAR *un puente.* ‖ Irritar, picar a uno. *Aquella respuesta me* VOLÓ. ‖ *Cetr.* Hacer que el ave se levante y **vuele** para tirarle. *El perro* VOLÓ *la codorniz.* ‖ *Impr.* Levantar una letra o signo de manera que resulte volado. ‖ irreg. Conj. como **contar.**

VOLATEO (Al). m. adv. Persiguiendo y tirando el cazador a las aves cuando van volando.

VOLATERÍA. (Del lat. *volatus*, de *volare*, volar.) f. Caza de aves que se hace con otras enseñadas para ese fin. ‖ Conjunto de diversas aves. ‖ fig. Modo de adquirir o hallar una cosa por contingencia y como al vuelo. ‖ Multitud de especies que vagan en la imaginación, lo cual hace que no se fije o determine ninguna. ‖ *Ec.* Conjunto de fuegos artificiales que se gastan en una fiesta. ‖ Tienda o fábrica de fuegos artificiales. ‖ **Hablar** uno **de volatería.** frs. fig. y fam. Hablar al aire, sin fundamento ni razón.

VOLATERO. (De *volar.*) m. Cazador de volatería. ‖ *Ec.* Cohete.

VOLÁTIL. al. **Fliegend; flüchtig.** fr. **Volatile; volatil.** ingl. **Flying; volatile.** ital. **Volatile.** port. **Volátil.** (Del lat. *volátilis.*) adj. Que vuela o puede volar. Ú.t.c.s. ‖ Aplícase a las cosas que se mueven ligeramente y andan por el aire. *Átomos* VOLÁTILES. ‖ fig. Mudable, inconstante. ‖ *Fís.* Aplícase a los líquidos que se volatilizan rápidamente al estar en vasijas destapadas. ‖ deriv.: **volatilidad.**

VOLATILIZACIÓN. f. Acción y efecto de volatilizar o volatilizarse.

VOLATILIZAR. (De *volátil.*) tr. Transformar un cuerpo sólido o líquido en vapor o gas. ‖ r. Exhalarse o disiparse una substancia o cuerpo. VOLATILIZARSE *la bencina.* ‖ deriv.: **volatilizable.**

VOLATÍN. (De *volar.*) Volatinero. ‖ Cualquiera de los ejercicios del volatinero.

VOLATINERO, RA. al. **Seiltänzer.** fr. **Funambule; voltigeur.** ingl. **Tightrope walker; acrobat.** ital. **Funámbulo.** port. **Volatim.** (De *volatín.*) s. Acróbata que hace ejercicios sobre una cuerda o alambre, y realiza otras habilidades semejantes. ‖ IDEAS AFINES: *Circo, gimnasta, acrobacia, trapecio, payaso, salto mortal, cabriola, contorsionista.*

VOLATIZAR. tr. Volatilizar.

VOLAVÉRUNT. (3ª pers. del pl. del pret. de indic. de *volare*, volar, volaron.) Voz latina que se emplea en tono festivo para expresar que una cosa faltó del todo, se perdió o desapareció.

VOLCÁN. al. **Vulkan.** fr. **Volcan.** ingl. **Volcano.** ital. **Vulcano.** port. **Vulcão.** (Del lat. *Vulcanus*, Vulcano, dios del fuego, y el mismo fuego.) m. Abertura en la tierra por donde salen de tiempo en tiempo humo, llamas y materias incandescentes. *El Izalco es un* VOLCÁN *muy activo.* ‖ fig. La violencia del ardor. ‖ Cualquier pasión ardiente; como el amor y la ira. ‖ *Arg., Bol. y Chile.* Torrente de verano en las quebradas que suele arramblar con todo a su paso. ‖ *Hond.* y *P. Rico.* Montón, multitud. *Me contó un* VOLCÁN *de cosas.* ‖ **— apagado o extinto.** El que, aunque tenga el cráter abierto, no tiene erupciones. ‖ **Estar** uno **sobre un volcán.** fig. Estar amenazado por un gran peligro, por lo general sin saberlo. ‖ IDEAS AFINES: *Cráter, fumarola, solfatara, erupción, lava, Etna, Vesubio, termodinámica, Pompeya.*

VOLCANEJO. m. dim. de Volcán.

VOLCÁNICO, CA. adj. Perteneciente o relativo al volcán. *Erupción* VOLCÁNICA. ‖ fig. Muy ardiente o fogoso.

VOLCANISMO. (De *volcán.*) m. Conjunto de los fenómenos volcánicos y de las teorías científicas que los explican.

VOLCANIZACIÓN. f. *Miner.* Proceso de formación de las rocas volcánicas.

VOLCANO, Islas. *Geog.* V. **Vulcano, Islas.**

VOLCAR. al. **Umwerfen; umstürzen.** fr. **Verser; renverser.** ingl. **To overturn.** ital. **Rovesciare; capovolgere.** port. **Virar, tombar.** (Del lat. *vólvere.*) tr. Torcer una cosa hacia un lado o totalmente, de modo que caiga o se vierta su contenido. Ú.t.c.intr. y r. tratándose de vehículos. *A la salida del arroyo* VOLCÓ *el camión; el coche* VOLCÓ. ‖ Turbar a uno la cabeza una cosa, por un dolor o fuerza eficaz, de manera que le ponga en riesgo de caer. ‖ fig. Hacer mudar de parecer a alguien con razones o persuasiones. ‖ Molestar a uno con bromas y chanzas hasta irritarle. ‖ irreg. Conj. como **contar.**

VOLEA. (De *volear.*) f. Palo labrado a manera de balancín que sirve para sujetar en él los tirantes de las caballerías delanteras. ‖ Voleo, golpe que se da en el aire a alguna cosa.

VOLEAR. (De *vuelo.*) tr. Golpear una cosa en el aire para impulsarla. VOLEAR *una pelota.* ‖ Sembrar a voleo. VOLEAR *las semillas.*

VOLEO. (De *volear.*) m. Golpe dado en el aire a una cosa antes que caiga al suelo. ‖ Movimiento rápido de la danza española, consistente en levantar un pie de frente y lo más alto posible. ‖ Bofetón dado como para hacer rodar por el suelo a quien lo recibe. ‖ **Al voleo.** m. adv. dicho de la siembra, cuando se arroja la semilla a puñados esparciéndola al aire. ‖ **Del primer,** o **de un, voleo.** m. adv. fig. y fam. Con prontitud y ligereza, o de un golpe.

VOLETEAR. intr. Revolotear.

VOLFRAMIO. m. Tungsteno.

VOLGA. *Geog.* Río de la Unión Soviética, el más largo de Europa. Nace al S.O. de la meseta de Valdai y des. en el mar Caspio, formando un extenso delta. Recorre 3.570 km., permanece helado parte del invierno, es perfectamente navegable y posee una gran riqueza ictiológica.

VOLGOGRADO. *Geog.* C. de la Unión Soviética (R.S.F.S.R.), puerto en el Volga. 820.000 h. Es el nombre actual de Stalingrado (véase).

VOLHINIA. *Geog.* Antigua región de Polonia que fue incorporada a Ucrania (U.R.S.S.) en el año 1939. Tiene aproximadamente 50.000 km². y 2.600.000 h.

VOLICIÓN. (Del lat. *volo*, quiero.) f. *Fil.* Acto de voluntad.

VOLIDO. m. Vuelo.

VOLITAR. (Del lat. *volitare.*) intr. Revolotear.

VOLITIVO, VA. (Del m. or. que *volición.*) adj. *Fil.* Dícese de los actos y fenómenos de la voluntad.

VOLNEY, Constantino. *Biog.* Erudito fr., autor de *Meditaciones sobre las revoluciones de los imperios; Discurso sobre el estudio filosófico de las lenguas; Las ruinas de Palmira,* etc. (1757-1820).

VOLO. *Geog.* Ciudad y puerto de Grecia, situado al N.E. de la Isla de Eubea. 52.000 h. ‖ **Golfo de —.** Profunda escotadura del mar Egeo, al S. de la ciudad hom.

VOLOGDA. *Geog.* Ciudad de la Unión Soviética (R.S.F.S.R.), situada al S.E. del lago Onega. 178.000 h. Importante centro agrícola y comercial.

VOLOS. *Geog.* V. **Volo.**

VOLOVELISTA. com. Persona que dirige un planeador o avión sin motor. ‖ deriv.: **volovelismo.**

VOLQUEARSE. r. Revolcarse o dar vuelcos.

VOLQUETE. (De *volcar.*) m. Carro o camión usado en las obras de construcción, explanación, derribos, etc., formado por un cajón que se puede vaciar mediante dispositivos mecánicos.

VOLQUETERO. m. Conductor de un camión.

VOLSCO, CA. (Del lat. *volsci, -órum.*) adj. Aplícase al individuo de un antiguo pueblo del Lacio. Ú.t.c.s. ‖ Perteneciente a este pueblo.

VOLT. m. *Fís.* Nombre del voltio en la nomenclatura internacional.

VOLTA, Alejandro. *Biog.* Eminente físico ital. Por el contacto entre distintos metales descubrió la electricidad, cuya teoría fundó posteriormente con la invención del electroscopio y del electróforo. Realizó importantes descubrimientos sobre los gases, pero su celebridad se debe especialmente a la invención de la pila eléctrica que lleva su nombre, primer aparato que dio una corriente eléctrica permanente (1745-1827).

VOLTA. *Geog.* Río de África occidental (Alto Volta) que está formado por la reunión de tres brazos: Volta Blanco, Volta Rojo y Volta Negro. Atraviesa el territorio de la Rep. de Ghana y des. en el golfo de Benin. 1.000 km. ‖ **— Redonda.** Ciudad del Brasil (Río de Janeiro), al N.O. de Río de Janeiro. 40.000 h. Importante industria siderúrgica. ‖ **Alto —.** V. **Alto Volta.**

VOLTAICO, CA. (De *Volta.*) adj. V. **Arco voltaico.**

VOLTAIRE. *Biog.* Fil. y escritor fr. cuyo verdadero nombre era **Francisco María Arouet.** Espíritu contradictorio y genial, es uno de los más ilustres representantes del enciclopedismo y de la ilustración francesa. Satirizó el optimismo de Leibniz en *Cándido*, pero casi toda su obra expresa ilimitada confianza en el progreso humano, por medio de la cultura, de "las luces". Su obra filosófica, combativa y mordaz, es un intento de interpretación de la hist., de "filosofía de la historia", expresión que él empleó por primera vez. Obras: *Ensayo sobre las costumbres y el espíritu de las naciones; Tratado sobre la tolerancia; El siglo de Luis XIV, Diccionario Filosófico*, etc. (1694-1778).

VOLTAJE. m. Conjunto de voltios que actúan en un aparato o sistema eléctrico.

VOLTÁMETRO. (De *Volta* y el gr. *metron*, medida.) m. *Fís.* Aparato que se emplea para demostrar la descomposición del agua por la corriente eléctrica.

VOLTAMPERÍMETRO. m. Aparato con que se miden voltios y amperios.

VOLTARIEDAD. f. Calidad de voltario.

VOLTARIO, RIA. (De *vuelta.*) adj. Versátil, de carácter inconstante. ‖ *Chile.* Caprichoso, obstinado. ‖ Acicalado, peripuesto.

VOLTEADA. f. *Arg.* Operación que consiste en apartar una porción de ganado arrollándolo al correr del caballo. ‖ **Caer en la volteada.** frs. fig. y fam. *R. de la Plata.* Ser detenida una persona a causa de una requisa general; caer preso. *Carlos cayó en esta* VOLTEADA.

VOLTEADOR, RA. adj. Que voltea. ‖ Persona hábil para voltear.

VOLTEAR. tr. Dar vueltas a una persona o cosa. VOLTEAR *un látigo, una honda.* ‖ Volver una cosa de una parte a otra hasta ponerla al revés de como estaba colocada. VOLTEAR *un colchón.* ‖ Trastrocar o mudar una cosa a otro estado. ‖ *Col.* y *Chile.* Hacer que otra persona cambie de parecer. Ú.t.c.r. ‖ *Chile* y *R. de la Plata.* Derribar, tumbar. VOLTEAR *una pared.* ‖ *Méx.* Derramar, volcar. ‖ *Arq.* Construir un arco o bóveda. ‖ intr. Dar vueltas una persona o cosa, por impulso ajeno o por arte, o voluntariamente, como hacen los volteadores.

VOLTEJEAR. tr. Voltear, volver. ‖ *Mar.* Navegar de bolina, virando de vez en cuando para ganar el barlovento. ‖ deriv.: **voltejeo.**

VOLTELETA. f. Voltereta.

VOLTEO. m. Acción y efecto de voltear. ‖ *P. Rico* Reprensión.

VOLTERETA. f. Vuelta ligera que se da en el aire. ‖ Lance de algunos juegos del naipe, y especialmente del tresillo, consistente en descubrir una carta para saber el palo que ha de ser triunfo.

VOLTERIANISMO. (De *volteriano.*) m. Espíritu de incredulidad o impiedad, expresado con burla y cinismo.

VOLTERIANO, NA. adj. Dícese del que, como Voltaire, manifiesta incredulidad o impiedad cínica o burlona. Ú.t.c.s. ‖ Que denota o implica esta manera de incredulidad o impiedad.

VOLTERRA. *Geog.* C. del Oeste de Italia (Pisa). 20.000 h. Salinas, objetos de alabastro.

VOLTERRA, Daniel da. *Biog.* Seudónimo usado por Daniel Ricciarelli, pintor ital. de la escuela de Miguel Ángel. Por orden del Papa Paulo IV, cubrió algunos desnudos que aparecían en *El juicio final.* Entre sus cuadros más famosos está *El descenso de la cruz* (1509-1566).

VOLTETA. (De *vuelta.*) f. Voltereta.

VOLTÍMETRO. (De *voltio,* y el gr. *metron,* medida.) m. Aparato que se emplea para medir potenciales eléctricos. ‖ deriv.: **voltimétrico.**

VOLTIO. (Del físico *Volta.*) m. *Fís.* Unidad de potencial eléctrico y de fuerza electromotriz en el sistema basado en el metro, el kilogramo, el segundo y el amperio. Es la diferencia de potencial que hay entre dos conductores cuando al transportar entre ellos un culombio se realiza un trabajo equivalente a un julio.

VOLTIZO, ZA. (De *vuelta.*) adj. Retorcido, ensortijado. ‖ fig. Versátil, inconstante.

VOLTURNO. *Geog.* Río del S.O. de Italia (Campania), que des. en el mar Tirreno después de recorrer 175 km.

VOLUBILIDAD. al. **Umbeständigkeit.** fr. **Volubilité.** ingl. **Volubility.** ital. **Volubilità.** port. **Volubilidade.** (Del lat. *volubilitas, -atis.*) f. Calidad de voluble.

VOLUBLE. (Del lat. *volúbilis.*) adj. Que fácilmente se puede mover alrededor. ‖ fig. Versátil, inconstante. *Carácter* VOLUBLE. ‖ *Bot.* Aplícase al tallo que crece formando espiras alrededor de los objetos.

VOLUCELA. f. *Zool.* Género de insectos dípteros parecidos a las abejas, de cuerpo cubierto de pelos, y antenas fuertes, más cortas que la cabeza.

VOLUMEN. al. **Umfang; Band.** fr. **Volume.** ingl. **Volume.** ital. **Volume.** port. **Volume.** (Voz lat.) m. Corpulencia o bulto de una cosa. ‖ Cuerpo material de un libro encuadernado. *Un diccionario en tres* VOLÚMENES; sinón.: **tomo.** ‖ *Geom.* Espacio ocupado por un cuerpo. ‖ *Numism.* Grosor de una moneda o medalla. ‖ *Acúst.* Intensidad de la voz o de otros sonidos.

VOLUMETRÍA. (De *volumen* y *metro.*) f. *Fís.* y *Mat.* Ciencia que se ocupa de la determinación y medida de los volúmenes. ‖ *Quím.* Procedimiento de análisis cuantitativo, basado en la medición del volumen de reactivo que hay que gastar hasta que se produce determinado fenómeno en el líquido analizado.

VOLUMÉTRICO, CA. (De *volumen* y *métrico.*) adj. Perteneciente o relativo a la medición de volúmenes. ‖ *Quím.* Referente a la volumetría.

VOLUMINOSO, SA. (Del lat. *voluminosus.*) adj. Que tiene mucho volumen o bulto. *Un fardo* VOLUMINOSO.

VOLUNTAD. al. **Wille.** fr. **Volonté.** ingl. **Will.** ital. **Volontà.** port. **Vontade.** (Del lat. *voluntas, -atis.*) f. Potencia del alma que mueve a hacer o no hacer una cosa. *La sana* VOLUNTAD, *inspirada en la virtud y la recta moral.* ‖ Acto con que la potencia volitiva admite o rehúye una cosa. *Lo hicieron presidente contra su* VOLUNTAD. ‖ Decreto o disposición de Dios. *La* VOLUNTAD *divina.* ‖ Libre albedrío o libre determinación. ‖ Elección de una cosa sin que exista coacción ajena. *Hace por su* VOLUNTAD *muchas donaciones.* ‖ Ánimo o resolución de hacer una cosa. *Es admirable su* VOLUNTAD *para estudiar.* ‖ Amor, cariño, benevolencia. *Les tiene mucha* VOLUNTAD *a sus sobrinos.* ‖ Gana o deseo de hacer una cosa. *Trabaja sin* VOLUNTAD. ‖ Precepto o mandato de una persona. *Es* VOLUNTAD *suya reformar el partido.* ‖ Elección hecha por el propio dictamen o gusto. *Propia* VOLUNTAD. ‖ Consentimiento, asentimiento. *Después de muchas vacilaciones dio su* VOLUNTAD. ‖ – **de hierro.** fig. La muy enérgica e inflexible. ‖ – **virgen.** fig. y fam. La indómita e ineducada. ‖ **Mala voluntad.** Malquerencia. ‖ **Última voluntad.** La expresada en el testamento. ‖ Testamento. ‖ **A voluntad.** m. adv. Según el propio deseo de una persona. ‖ Según aconseja la conveniencia del momento. ‖ **De buena voluntad** o **de voluntad.** m. adv. Con gusto o benevolencia. ‖ **Ganar** uno **la voluntad** de otro. Conseguir su benevolencia con favores u obsequios. ‖ **Quitar la voluntad** a uno. frs. Inducirle a que no haga lo que quiere o desea. ‖ **Zurcir voluntades.** frs. fig. Alcahuetear. ‖ IDEAS AFINES: *Querer, arbitrario, caprichoso, reflexivo, de buena gana; voluble, abúlico, nolición.*

● **VOLUNTAD.** *Psicol.* Fundamentalmente la **voluntad** se puede definir psicológica, ética y metafísicamente. Psicológicamente la **voluntad** es un conjunto de fenómenos psíquicos, una facultad cuya característica esencial es la tendencia o el poder de determinar; éticamente, una disposición moral para querer una cosa determinada, y metafísicamente se considera una entidad que es la substancia de todos los fenómenos. Casi todas las escuelas que han estudiado la **voluntad** coinciden en sostener su predominio en las tres esferas; lo más común es equipararla con ciertos tipos de sentimiento, calificados de activos en contraposición a otros pasivos. Pero, sin que la **voluntad** deba considerarse inefable, se reconoce su carácter originario. Las discusiones sobre la **voluntad** han girado casi siempre en cuanto a su probable predominio sobre todos los fenómenos psíquicos o sobre su posible subordinación al intelecto. San Agustín otorga preeminencia a la **voluntad** sobre sentimiento y raciocinio. Para Descartes es la facultad de asentir o negar el juicio y posee un carácter infinito en contraposición a lo finito del intelecto. Kant la valora en un sentido ético y su carácter metafísico se ahonda a partir de Fichte. Schopenhauer habla de la **voluntad** de vivir, y Nietzche construye su escala de valores sobre la **voluntad** de poder "en la cual alcanza la vida el rango supremo"

VOLUNTARIADO. m. Alistamiento voluntario para el servicio militar.

VOLUNTARIEDAD. f. Calidad de voluntario. ‖ Determinación de la propia voluntad por mero antojo.

VOLUNTARIO, RIA. al. **Freiwilliger.** fr. **Volontaire.** ingl. **Voluntary.** ital. **Volontario.** port. **Voluntário.** (Del lat. *voluntarius.*) adj. Dícese del acto que nace de la voluntad, y no por inducción ajena. *Cesión* VOLUNTARIA. ‖ Que se hace por espontánea voluntad y no por obligación o deber. *Dimisión* VOLUNTARIA. ‖ Voluntarioso. ‖ V. **Soldado voluntario.** Ú.t.c.s. ‖ s. Persona que, entre varias obligadas por turno o designación a ejecutar algún trabajo o servicio, se presta a hacerlo por propia voluntad. ‖ deriv.: **voluntariamente.**

VOLUNTARIOSO, SA. (De *voluntario.*) adj. Que por capricho quiere hacer siempre su voluntad. *Un muchacho* VOLUNTARIOSO; sinón.: **caprichoso, obstinado;** antón.: **dócil, obediente.** ‖ Deseoso, que hace con voluntad y gusto una cosa. *Quizá le haga ese favor: es muy* VOLUNTARIOSO; sinón.: **cumplidor, bienmandado.** ‖ deriv.: **voluntariosamente.**

VOLUPTUOSIDAD. al. **Wollust.** fr. **Volupté.** ingl. **Voluptuousness.** ital. **Voluttuosità.** port. **Voluptuosidade.** (De *voluptuoso.*) f. Complacencia en los deleites sensuales. *Comer con* VOLUPTUOSIDAD; sinón.: **sensualidad:** antón.: **templanza.**

VOLUPTUOSO, SA. (Del lat. *voluptuosus.*) adj. Que inclina a la voluptuosidad o la hace sentir. *Mirada* VOLUPTUOSA. ‖ Dado a los placeres o deleites sensuales. Ú.t.c.s. sinón.: **sensual.** ‖ deriv.: **voluptuosamente.**

VOLUSIANO, Quinto Herennio. *Biog.* César romano, muerto en la batalla de Abricium, contra los galos, en 251.

VOLUTA. al. **Schnecke.** fr. **Volute.** ingl. **Volute.** ital. **Voluta.** port. **Voluta.** (Del lat. *voluta.*) f. En arquitectura, adorno en figura de espira o caracol que se pone en los capiteles de los órdenes jónico y compuesto. ‖ fig. Espiral formada por el humo.

VOLVEDOR, RA. adj. *Arg.* y *Col.* Dícese de la caballería que se vuelve a la querencia fácilmente

VOLVER. al. **Drehen; zurückkehren; umkehren.** fr. **Tourner; retourner.** ingl. **To turn; to return; to come back.** ital. **Volgere; ritornare.** port. **Voltar; retornar.** (Del lat. *vólvere.*) tr. Dar vuelta o vueltas a una cosa. VOLVER *una almohada, las hojas de un libro.* ‖ Corresponder, pagar. ‖ Dirigir, encaminar una cosa a otra. VOLVIÓ *los ojos hacia el barco.* ‖ Traducir de un idioma a otro. ‖ Devolver, restituir. *Le* VUELVO *su paraguas.* ‖ Poner nuevamente a una persona o cosa en el estado que antes tenía. VOLVIÓ *el dinero a la caja.* ‖ Mudar o hacer que se mude una persona o cosa de un estado o aspecto en otro. Ú.m.c.r. VOLVERSE *triste.* ‖ Mudar la haz de las cosas mostrándolas por el envés, o al contrario. VOLVER *un traje al revés.* ‖ Vomitar, devolver. ‖ Hacer, con persuasiones o razones, que una persona cambie de parecer. Ú.m.c.r. SE VOLVIÓ *de la otra tendencia.* ‖ Dar el vendedor al comprador el vuelto o dinero sobrante. *Le* VOLVIÓ *de más.* ‖ Tratándose de una puerta, ventana, etc. hacerla girar para cerrarla o entornarla. ‖ Restar la pelota. *Ese resto* VUELVE *muy bien.* ‖ Dar la segunda reja a la tierra. ‖ Despedir o rechazar, por repercusión o reflexión. *La cueva* VUELVE *el sonido.* ‖ Rechazar un regalo o don, haciéndolo restituir al que lo envió. *Le* VOLVIÓ *las flores.* ‖ intr. Regresar. VOLVIÓ *al cabo de dos años.* Ú.t.c.r. ‖ Anudar el hilo de la historia o discurso que se había interrumpido. VOLVER *al tema, al asunto.* ‖ Torcer o dejar el camino o línea recta. *Esta carretera* VUELVE *hacia la montaña.* ‖ Repetir o reiterar lo que se ha hecho antes. VOLVER *a decir, a mirar.* ‖ Con la preposición *por,* defender o patrocinar la persona o cosa de que se trata. ‖ Recobrar su sentido o acuerdo el que lo ha perdido por algún letargo o accidente. *Tardó en* VOLVER *en sí* ‖ r. Avinagrarse o dañarse ciertos líquidos. *Este vino se* VOLVIÓ. ‖ Inclinar el cuerpo o el rostro en señal de dirigir la conversación a alguien. SE VOLVIÓ *hacia ella para preguntarle.* ‖ **Volver a nacer** uno **en tal día.** frs. fig. y fam. Haberse librado de un grave riesgo. ‖ **Volver loco** a uno. frs. fig. Confundirle con diversidad de especies desordenadas e inconexas. ‖ fig. y fam. Engreírle de manera que parezca estar sin juicio. ‖ **Volverse** uno **atrás.** frs. No cumplir la palabra o la promesa. ‖ **Volverse** uno **contra** otro. frs. Perseguirle, causarle perjuicio. ‖ **Volverse** uno **loco.** frs. Perder el juicio o la razón. ‖ fig. y fam. Demostrar excesiva alegría, o estar dominado por la vehemencia de un afecto. ‖ irreg. Conj. como **mover.** PARTIC.: *Vuelto.*

VOLVIBLE. adj. Que se puede volver. *Un traje* VOLVIBLE.

VOLVIMIENTO. m. p. us. Acción de volverse o revolverse.

VOLVO. (Del lat. *volvere,* volver, revolver.) m. Vólvulo.

VÓLVULO. (De *volvo.*) m. *Med.* Íleo.

VOLLEY-BALL. (Voz ingl.; pron. *vólibol.*) m. Juego entre dos equipos en que se impulsa un balón con las manos por encima de una red, según ciertas reglas.

VÓMER. (Del lat. *vómer,* reja de arado, por la forma de hueso.) m. Huesecillo impar que forma la parte posterior de la pared o tabique de las fosas nasales. ‖ deriv.: **vomeriano, na.**

VÓMICA. (Del lat. *vómica.*) f. *Med.* Absceso formado en el tórax y en el que el pus puede ser evacuado por expectoración.

VÓMICO, CA. (Del lat. *vómicus,* de *vómere,* vomitar.) adj. Que causa vómito. ‖ V. **Nuez vómica.**

VOMIPURGANTE. (De *vomi,* apócope de *vomitivo* y *purgante.*) adj. *Ter.* Aplícase al medicamento que promueve el vómito y las evacuaciones del vientre.

VOMIPURGATIVO, VA. (De *vomi,* apócope de *vomitivo,* y *purgativo.*) adj. *Ter.* Vomipurgante. Ú.t.c.s.

VOMIQUERO. m. Árbol loganiáceo de Oceanía que produce la nuez vómica.

VOMITADO, DA. adj. fig. y fam. Dícese de la persona desmedrada y de mala figura.

VOMITADOR, RA. adj. y s. Que vomita.

VOMITAR. al. **Brechen.** fr. **Vomir.** ingl. **To vomit.** ital. **Vomire.** port. **Vomitar.** (Del lat. *vomitare,* inten. de *vómere.*) tr. Arrojar violentamente por la boca lo contenido en el estómago. VOMITA *la cena.* ‖ fig. Arrojar de sí violentamente una cosa algo que tiene dentro. *El volcán* VOMITABA *su horrible carga.* ‖ Proferir injurias, dicterios, maldiciones, etc. ‖ fig. y fam. Declarar o revelar un secreto. VOMITÓ *todo lo que sabía.* ‖ Restituir uno lo que tiene indebidamente en su poder.

VOMITEL. m. *Cuba.* Árbol de la familia de las borragináceas que produce buena madera.

VOMITIVO, VA. adj. *Ter.* Dícese de la medicina que mueve o excita el vómito. Ú.t.c.s.m.

VÓMITO. al. **Brechen.** fr. **Vomissement.** ingl. **Vomit.** ital. **Vomito.** port. **Vomito.** (Del lat. *vómitus.*) m. Acción de vomitar. ‖ Lo que se vomita. ‖ – **negro,** o **prieto.** Fiebre amarilla. ‖ **Provocar a vómito,** una persona o cosa. fig. y fam. Producir fastidio o repugnancia.

VOMITÓN, NA. adj. fam. Aplícase al niño de teta que vomita mucho.

VOMITONA. f. fam. Vómito grande producido por haber comido, bebido o fumado con exceso.

VOMITORIO, RIA. (Del lat. *vomitorius.*) adj. y s. Vomitivo. ‖ f. Puerta de los circos antiguos, por donde entraban las gentes a las gradas y salían de ellas. ‖ Lugar que destinaban los romanos en sus banquetes para devolver lo que ya habían injerido en el estómago, con el fin de seguir comiendo.

VON. Partícula alemana que significa *de* y se antepone a algunos apellidos.

VONDEL, Joost van. *Biog.* Dram. y poeta hol., autor de *María Estuardo; Lucifer; El saqueo de Amsterdam,* etc. (1578-1679).

VON BRAUN, Wernher. *Biog.* V. **Braun, Wernher von.**

VON STROHEIM, Erico. *Biog.* V. **Stroheim, Erico von.**

VOQUIBLE. m. fam. Vocablo.

VORACE. adj. Voraz. Ú. en poesía.

VORACIDAD. al. **Gefrässigkeit.** fr. **Voracité.** ingl. **Voracity.** ital. **Voracità.** port. **Voracidade.** (Del lat. *vorácitas, -atis.*) f. Calidad de voraz. *La* VORACIDAD *del buitre.*

VORÁGINE. al. **Wirbel.** fr. **Tourbillon.** ingl. **Vortex.** ital. **Voragine.** port. **Voragem.** (Del lat. *vorago, -inis.*) f. Remolino impetuoso que en algunos lugares forman las aguas del mar, de los ríos o de los lagos. ‖ deriv.: **voraginoso, sa.**

VORÁGINE, La. *Lit.* Novela de José Eustasio Rivera, publicada en 1924. Descripción de la selva que descubre la belleza de la violencia de la naturaleza por completo hostil, es de una poesía impresionista, vigorosa, casi infernal.

VORAHÚNDA. f. Baraúnda.

VORARLBERG. *Geog.* Provincia del O. de Austria. 2.602 km². y 200.000 h. Cap. BREGENZ.

VORAZ. al. **Gefrässig.** fr. **Vorace.** ingl. **Voracious; ravenous.** ital. **Vorace.** port. **Voraz.** (Del lat. *voraz, -acis.*) adj. Aplícase al animal muy comedor y al hombre que come ansiosamente y sin medida. ‖ fig. Que destruye o consume rápidamente. *Fuego* VORAZ. ‖ deriv.: **vorazmente.**

VORMELA. (Del al. *würmlein.*) f. Mamífero carnicero, parecido al hurón; tiene el vientre negruzco, el lomo con pintas de diferentes colores y la cola cenicienta con la punta negra.

VORONEZH. *Geog.* Ciudad de la Unión Soviética (R.S.F.S.R.), situada al N.E. de Kharkov. 670.000 h. Importante centro comercial.

VORONOV, Sergio. *Biog.* Médico fr. de origen ruso. Notable fisiólogo, adquirió nombradía mundial con su discutido método de rejuvenecimiento del organismo mediante injertos de las glándulas genitales. Obras: *La futura ciencia del vivir; Glándulas y sexo.* etc. (1866-1951).

VOROSHILOV, Clemente Y. *Biog.* Militar y pol. soviético (1881-1969), que tuvo destacada intervención en la segunda Guerra Mundial. En 1953 fue designado pres. de la República; renunció en 1960.

VOROSHILOVGRAD. *Geog.* Ciudad del S. de la Unión Soviética (Ucrania), al norte de Rostov. 385.000 h. Importante industria metalúrgica. Llamóse *Lugansk.*

VÓRTICE. (Del lat. *vórtex, -icis.*) m. Torbellino, remolino. ‖ Centro de un ciclón.

VORTIGINOSO, SA. (Del lat. *vórtigo, -ginis,* remolino.) adj. Dícese del movimiento que hacen el agua o el aire en forma circular o espiral.

VOS. (Del lat. *vos.*) Pronombre personal de segunda persona. De uso general antiguamente, empléase en la actualidad para dirigir la palabra a Dios y a los santos, o a personas de mucha autoridad. En la América española es de uso corriente, y se usa como *tú,* con formas verbales arcaicas. *A* VOS *no te importa:no vayás* VOS; VOS *querés.*

VOS, Pablo de. *Biog.* Pintor flamenco, autor de *Caballo atacado por lobos; La muerte del gamo; Ciervo perseguido por la jauría,* etc. (1590-1678).

VOSEAR. tr. Tratar a uno de vos.

VOSGOS. *Geog.* Cadena montañosa europea, sit. en el N.E. de Francia, en el límite con Alemania. Culmina a los 1.424 m. en el cerro Ballon de Guebwiller. ‖ Departamento del N.E. de Francia. Tiene 5.871 km². y 400.000 h. Agricultura, minería. Cap. EPINAL.

VOSOTROS, TRAS. (De *vos* y *otros.*) Nominativos masculino y femenino del pronombre personal de segunda persona en número plural. VOSOTROS *peligráis, no ellos; me refiero a* VOSOTROS.

VOSSLER, Carlos. *Biog.* Filólogo, crítico e hispanista al., iniciador de la neofilología idealista que une la filología con la filosofía. Estudió a fondo las literaturas ital. y española. Obras: *Positivismo e idealismo en la ciencia del lenguaje; Lope de Vega y su tiempo; La Divina Comedia: su evolución e interpretación,* etc. (1872-1949).

VOTACIÓN. f. Acción y efecto de votar. ‖ Conjunto de votos emitidos. ‖ – **nominal.** En los parlamentos o corporaciones, la que se hace dando cada votante su nombre. ‖ – **ordinaria.** La que se realiza poniéndose unos votantes de pie y quedando otros sentados, o alzando o dejando de alzar la mano. ‖ – **secreta.** La que tiene lugar mediante papeletas sin firmar o bolas de distinto color.

VOTÁN. *Mit.* Emperador legendario que gobernó en América Central y México, antes de la era cristiana y fue luego deificado por los indígenas.

VOTADA. (De *votar.*) f. Votación.

VOTADOR, RA. adj. Que vota. U.t.c.s. ‖ s. Persona que tiene el vicio de votar o jurar.

VOTANTE. p. a. de **Votar.** Que vota o da su voto. U.t.c.s.

VOTAR. al. **Abstimmen.** fr. **Voter.** ingl. **To vote.** ital. **Votare.** port. **Votar.** (Del lat. *votare.*) intr. Hacer voto a Dios o a los santos. U.t.c.tr. ‖ Echar votos o juramentos. *El preso juraba y* VOTABA *enfurecido.* ‖ Dar uno su voto o decir su dictamen en una reunión o cuerpo deliberante, o en una elección de personas. U.t.c.tr. VOTARÉ *al más honrado.* ‖ Aprobar por votación. ‖ **¡Voto a tal!** fam. **¡Voto va!**

VOTIVO, VA. al. **Angelobt.** fr. **Votif.** ingl. **Votive.** ital. **Votivo.** port. **Votivo.** (Del lat. *votivus.*) adj. Ofrecido por voto o relativo a él.

VOTO. al. **Stimme; Gelübde.** fr **Voeu; vote.** ingl. **Vote; ballot.** ital. **Voto.** port. **Voto.** (Del lat. *votum.*) m. Promesa hecha a Dios, a la Virgen o a un santo. ‖ Cualquiera de los prometimientos que tiene admitidos la Iglesia, como son: pobreza, castidad y obediencia. ‖ Parecer o dictamen que se emite en una congregación o junta, en orden a la decisión de un punto o elección de un sujeto. *Aprobóse su moción por mayoría de* VOTOS. ‖ Dictamen o parecer que se da sobre una materia. *A* VOTO *de ellos, no es conveniente esa medida.* ‖ Persona que vota o puede emitir su **voto.** ‖ Ruego en que se pide a Dios una gracia. *Y ojalá que Su Majestad oiga nuestros* VOTOS. ‖ Juramento o execración en demostración de ira. *Sus* VOTOS *sonrojaban a los presentes.* ‖ Deseo. ‖ Exvoto. ‖ – **activo. Voz activa,** facultad de votar. ‖ – **acumulado.** Aquel en que puede el elector reunir todos los sufragios en favor de algunos y aun de uno sólo de los candidatos; dícese también del voto que se suma a los demás obtenidos por un mismo candidato en diversos distritos, facilitando el triunfo del que sin arraigo bastante en una determinada circunscripción. goza de prestigio general. ‖ – **consultivo.** Dictamen que dan ciertas corporaciones o personas autorizadas a los que han de resolver un asunto. ‖ – **de calidad.** El que por ser de persona de mayor calidad, decide la cuestión en caso de empate. ‖ – **de censura.** El emitido por las cámaras o corporaciones retirando su confianza al gobierno o junta directiva. ‖ – **de confianza.** Aprobación que las cámaras dan a la actuación de un gobierno en determinado asunto. ‖ Autorización que se da a una persona para que realice libremente una gestión. ‖ – **en blanco.** El que emite el votante, absteniéndose de elegir cualquier candidato. ‖ – **informativo.** El que carece de efecto ejecutivo. ‖ – **particular.** Dictamen opuesto al de la mayoría que presentan uno o varios individuos de una comisión. ‖ – **pasivo. Voz pasiva,** aptitud de ser votado o elegido por una corporación. ‖ – **secreto.** El que se emite, generalmente por papeletas dobladas, de manera que no aparezca el nombre del votante. ‖ – **simple.** Promesa hecha a Dios sin solemnidad exterior de derecho. ‖ – **solemne.** El que se hace públicamente con las formalidades de derecho. ‖ **Regular los votos.** frs. Contarlos, y confrontarlos entre sí. ‖ **Ser,** o **tener, voto** uno. frs. Tener acción para votar en una junta. ‖ fig. Poseer el conocimiento que requiere la materia de que se trata, para poder juzgar de ella. ‖ **¡Voto va!** expr. fam. con que se amenaza o se denota admiración, enfado, sorpresa, etc. ‖ IDEAS AFINES: *Candidatura, comicios, urna, escrutinio, fraude; reelección, democracia, electores, mayoría.*

VOTRI. m. Planta trepadora que crece en Chile, con flores en forma de tubo muy abultado y fruto capsular.

VOZ. al. **Stimme.** fr. **Voix.** ingl. **Voice.** ital. **Voce.** port. **Voz.** (Del lat. *vox, vocis.*) f. Sonido que produce el aire expelido de los pulmones cuando al salir de la laringe hace vibrar las cuerdas vocales. *Hablar en* VOZ *baja.* ‖ Calidad, timbre, o intensidad de este sonido. *Una* VOZ *dulce y penetrante.* ‖ Sonido que forman algunas cosas inanimadas. *La* VOZ *del viento, del mar, del trueno.* ‖ Grito. U.m. en pl. *Las* VOCES *llegaban hasta la calle.* ‖ Vocablo. *Esa* VOZ *se usa poco.* ‖ fig. Músico que canta. ‖ Autoridad o fuerza que requieren las cosas por el dicho u opinión común. *La* VOZ *del deber.* ‖ Facultad, derecho para hacer una persona, en su nombre, o en el de otro, lo conveniente. ‖ Voto, dictamen. *Se comprometió a darle su* VOZ. ‖ Facultad de hablar, pero no de votar, en una asamblea. *Por ahora, sólo tiene* VOZ. ‖ Opinión, fama, rumor. *Corre la* VOZ *de que habrá disturbios.* ‖ Motivo o pretexto público. ‖ Precepto o mandato del superior. ‖ *Gram.* Accidente gramatical que expresa si el sujeto del verbo es agente o paciente. Voz *activa, pasiva.* ‖ *Mús.* Sonido particular o tono correspondiente a las notas y claves, en la **voz** del que canta o en los instrumentos. Voz *grave;* VOZ *de tenor.* ‖ – **activa.** Facultad de votar que tiene el individuo de una corporación. ‖ *Gram.* Forma de conjugación con que se significa que el sujeto del verbo es agente; v. gr. *Joaquín lee.* ‖ – **aguda.** La de soprano y la de tenor. ‖ – **argentada,** o **argentina.** fig. La clara y sonora. ‖ – **cantante.** *Mús.* Parte principal de una composición que, generalmente, contiene y expresa la melodía. ‖ – **común.** Opinión o rumor general. ‖ – **de cabeza.** Falsete, voz más aguda que la natural. ‖ – **de la conciencia.** fig. Remordimiento. ‖ – **del cielo.** Inspiración que nos orienta hacia el bien. ‖ – **de mando.** *Mil.* La que da a sus subordinados el que los manda. ‖ – **de trueno.** fig. La que es muy fuerte y retumba. ‖ – **empañada.** fig. La que no es bastante clara y sonora, especialmente en el canto. ‖ – **pasiva.** Aptitud de ser elegido por una corporación para un encargo o empleo. ‖ *Gram.* Forma de conjugación con que se significa que el sujeto del verbo es paciente. *Juan es odiado.* ‖ – **sumisa.** fig. La baja y suave, como la del que suplica. ‖ – **formada.** fig. **Voz empañada.** ‖ **Viva voz.** Expresión oral, por contraposición a la escrita. ‖ **Aclarar la voz.** frs. Quitar el obstáculo que impedía pronunciar claramente. ‖ **Ahuecar** uno **la voz.** frs. Abultarla para que parezca más grave. ‖ **A la voz.** loc. adv. *Mar.* Al alcance de la voz. ‖ **Alzar** uno **la voz** a otro. frs. fam. **Levantarle la voz.** ‖ **A media voz.** m. adv. Con **voz** baja, o más baja que el tono regular. ‖ fig. Con ligera insinuación o expresión. ‖ **Apagar la voz** a un instrumento. frs. fig. Ponerle sordina para que suene menos. ‖ **A voces.** m. adv. A gritos o en voz alta. ‖ **A voz en cuello,** o **en grito.** m. adv. Con **voz** muy alta o gritando. ‖ **Correr la voz.** frs. Propalarse una cosa que no era conocida ‖ **Dar una voz** a uno. frs. Llamarle en alta **voz** desde lejos. ‖ **Dar** uno **voces al viento,** o **en desierto.** frs. fig. Cansarse en balde. ‖ **En voz.** m. adv. De palabra o verbalmente. ‖ *Mús.* Con la **voz** clara, para poder cantar. *No estaba ayer* EN VOZ *; tiene que ponerse* EN VOZ. ‖ **Estar pidiendo a voces** algo. Necesitarlo urgentemente. *Esta casa* ESTÁ PIDIENDO A VOCES *una refacción.* ‖ **Levantar** uno **la voz** a otro. frs. fam. Hablarle sin el respeto que merece. *¡Cuídate de* LEVANTAR LA VOZ! ‖ **Llevar la voz cantante.** frs. fig. Ser la persona que se impone en cualquier asunto o negocio. ‖ IDEAS AFINES: *Fonación, fonética, ventrílocuo, hablar, cantar, desentonar, gritar, afonía, bajo, barítono, contralto, exclamación; tono, timbre, altura; mudez.*

VOZARRÓN. m. Voz muy fuerte y gruesa.

VOZARRONA. f. Vozarrón.

VOZNAR. intr. p. us. Graznar.

VRIENDT, Francisco de. *Biog.* Pintor flamenco. Obras: *La Adoración de los Magos; Creso mostrando sus tesoros a Solón,* etc. (1529-1570).

VRIES, Hugo de. *Biog* Notable botánico hol. que enunció la teoría de la mutación y realizó valiosas investigaciones sobre el crecimiento de las plantas (1848-1935).

VUCETICH, Juan. *Biog.* Cél. antropómetra arg. de origen yugoslavo que creó el sistema de identificación por medio de las impresiones digitales. Aplicado por primera vez en la oficina dactiloscópica de Buenos Aires y explicado científicamente por él en varios libros, se ha adoptado en casi todo el mundo (1858-1925).

VUECELENCIA. com. Metaplasmo de **Vuestra excelencia.**

VUECENCIA. com. Síncopa de **Vuecelencia.**

VUELAPIÉ (A). m. adv. **A volapié.**

VUELCO. al. **Umdrehung.** fr. **Renversement; capotage.** ingl. **Tumble; overturning.** ital. **Rovesciamento.** port. **Volta; tombo.** m. Acción y efecto de volcar o volcarse. *El* VUELCO *de un ómnibus.* ‖ Movimiento con que una cosa se vuelve o trastorna enteramente. ‖ **Darle** a uno **un vuelco el corazón.** frs. fig. y fam. Representársele una especie futura con alguna alteración o movimiento interior. ‖ Sentir de pronto sobresalto, alegría u otro movimiento del ánimo.

VUELILLO. (De *vuelo.*) m. Adorno de encaje u otro tejido ligero, que se pone en la bocamanga de algunos trajes.

VUELO. al. **Flug.** fr. **Vol.** ingl. **Flight; flying.** ital. **Volo.** port. **Voo.** m. Acción de volar. *El raudo* VUELO *de la golondrina.* ‖ Espacio que se recorre volando sin posarse. *Ir de Rusia a Canadá en un* VUELO. ‖ Conjunto de plumas que en el ala del ave sirven principalmente para volar. U.m. en pl. *Córtale los* VUELOS *a esa paloma.* ‖ Por ext., toda el ala. ‖ Amplitud o extensión de una vestidura en la parte que no está ajustada al cuerpo. *Una falda con mucho* VUELO. ‖ Vuelillo. ‖ Tramoya de teatro en que va por el aire una persona. ‖ Arbolado de un monte. ‖ Parte de una fábrica, que sobresale del paramento de la pared que la sostiene. *El* VUELO *de un balcón.* ‖ *Cetr.* Ave de caza enseñada a volar y perseguir a otras aves. ‖ **Al vuelo,** o **a vuelo.** m. adv. Pronto y ligeramente. ‖ **Alzar el vuelo.** frs. Echar a volar. ‖ fig. y fam. Marcharse uno de repente. ‖ **Cazarlas** o **cogerlas** uno **al vuelo.** frs. fig. y fam. Entender con prontitud las cosas que no se dicen con claridad o que han sido hechas a hurtadillas. ‖ **Cortar los vuelos a** uno. frs. fig. **Cortarle las alas.** ‖ **De un vuelo, de vuelo,** o **en un vuelo.** Ligeramente, sin detención. ‖ **Echar a vuelo las campanas.** frs. Tocarlas a **vuelo.** ‖ **Levantar el vuelo.** frs. Echar a volar. ‖ fig. Elevar uno el espíritu o la imaginación. ‖ Engreírse. ‖ fig. y fam. Marcharse repentinamente. ‖ **Tirar al vuelo.** frs. Tirar al ave que va volando, a diferencia de cuando se le tira estando parada. ‖ **Tocar a vuelo las campanas.** frs. Tocarlas todas a la vez, volteándolas y dejando sueltos los badajos ‖ **Tomar vuelo** una cosa. frs. fig. Ir adelantando o acrecentando mucho. ‖ IDEAS AFINES: *Aeronáutica, avión, águila, remontarse, abatirse, en picada, migración.*

VUELTA. al. **Drehung; Rückkehr.** fr. **Tour; retour.** ingl. **Turn; return.** ital. **Volta, giro; ritorno.** port. **Volta.** (Del lat. *voluta,* term. f. de *-tus,* de *vuelta.*) f. Movimiento de una cosa alrededor de un punto, o girando sobre sí misma, hasta invertir su posición primera, o hasta recobrarla de nuevo. *Dar* VUELTA *a un colchón; las* VUELTAS *que da un trompo.* ‖ Curvatura en una línea, o apartamiento del camino recto. *Esta* PISTA *da muchas* VUELTAS. ‖ Cada una de las circunvoluciones de una cosa alrededor de otra a la cual se aplica. *Esta faja tiene cinco* VUELTAS. ‖ Regreso. *La* VUELTA *de Martín Fierro; ida y* VUELTA. ‖ Devolución de una cosa a quien la tenía. *Dile que espero la* VUELTA *del paraguas.* ‖ Retorno o recompensa. ‖ Repetición de una cosa. ‖ Paso o repaso que se da a una materia leyéndola. *Dale otra* VUELTA *a la lección.* ‖ Vez. *Lo hizo otra* VUELTA. ‖ Parte de una cosa opuesta a la que se tiene a la vista. *La* VUELTA *de una hoja.* ‖ Zurra o tunda. *Ése se está buscando una* VUELTA. ‖ Adorno que se sobrepone al puño de las camisas, camisolas, etc. ‖ Tela sobrepuesta a la extremidad de las mangas u otras partes de algunas prendas de vestir. ‖ Embozo de una capa. ‖ Cada una de las series circulares de puntos que se hacen al labrar las medias, calcetas, etc. ‖ Mudanza de las cosas de un estado a otro, o de un parecer a otro. ‖ Acción o expresión áspera y sensible, especialmente cuando no se espera. ‖ Dinero sobrante que se devuelve a quien, al hacer un pago, entrega una cantidad superior a la debida. *Una* VUELTA *de cincuenta centavos.* ‖ Labor que se da a la tierra. ‖ Voltereta, en ciertos juegos de naipes. ‖ *Arq.* Curva de intradós de un arco o bóveda. ‖ *Min.* Destello de luz que despide la plata al terminar la copelación. ‖ *Mús.* Retornelo. ‖ – **de carnero.** fig. Trepa, media voltereta. ‖ Caída, batacazo. ‖ – **de campana.** fig. La que se da con el cuerpo en el aire volviendo a caer de pies. ‖ **Media vuelta.** Acción de volverse de manera que el cuerpo quede de frente hacia la parte que estaba antes a la espalda. ‖ fig. Breve diligencia en una cosa. ‖ **A la vuelta.** m. adv. Al volver. ‖ **A la vuelta de.** loc. Dentro o al cabo de. A LA VUELTA DE *muchos años.* ‖ **A la vuelta de la esquina.** frs. fig. con que se indica que un lugar está muy cerca, o que una cosa se encuentra muy a mano. ‖ **A la vuelta lo venden tinto.** frs. fig. y fam. que se emplea para desentendernos de lo que se nos pide. ‖ **Andar** uno **en vueltas.** frs. fig. Andar en rodeos; poner trabas para no hacer una cosa. ‖ **A vuelta de.** m. adv. Cerca, casi, aproximadamente. A VUELTA DE *Navidad.* ‖ A fuerza de. A VUELTA

DE *ruegos y ruegos lo consiguió.* ‖ **A vuelta de correo.** m. adv. Por el correo inmediato, sin perder día. ‖ **A vueltas con** una cosa. m. adv. Usarla insistentemente. *Siempre* A VUELTAS CON *el médico y los medicamentos.* ‖ **Buscarle** a uno **las vueltas.** frs. fig. y fam. Acechar la ocasión para tomarle desprevenido o la oportunidad para engañarle. ‖ **Dar** uno **una vuelta.** frs. fig. y fam. Pasear un rato. ‖ Ir por corto tiempo a una población o país. ‖ fig. Limpiar una cosa reconociéndola. ‖ Hacer una breve y personal diligencia para reconocer una cosa. ‖ **Mudarse,** trocarse. ‖ **Estar de vuelta.** frs. fig. y fam. Estar enterado de algo de que se cree ignorante. ‖ **No hay que darle vueltas.** expr. fig. y fam. que se emplea para afirmar que aunque se observe o considere una cosa en diversos conceptos, siempre será la misma, o no tendrá sino un remedio o solución. ‖ **No tener vuelta de hoja** una cosa. frs. fig. y fam. Ser incontestable. ‖ **Poner** a uno **de vuelta y media.** frs. fig. y fam. Tratarle mal de palabra. ‖ **Tomar la vuelta de tierra.** frs. *Mar.* Virar con dirección a la costa. ‖ **¡Vuelta!** int. ·**Dale!** Úsase también para ordenar a alguien que vuelva una cosa hacia alguna parte. ‖ Úsase con las preposiciones *a* o con en frases admirativas para expresar que una persona se obstina en repetir con impertinencia alguna cosa. ¡VUELTA A *lo mismo!* ¡VUELTA CON *esa dichosa ley!* ‖ IDEAS AFINES: *Revolución, dédalo, molinete, torno, circunnavegación, remolino, bailar, vértigo, tromba, pirueta, giróstato.*

VUELTA ABAJO. *Geog.* Nombre que se dio, desde el siglo XVIII, al territorio de Cuba situado al Oeste de la Habana. Es famoso el tabaco que allí se obtiene, y que aún se designa con dicho nombre.

VUELTA ARRIBA. *Geog.* Nombre que, por contraposición a Vuelta Abajo, suele darse al territorio de Cuba situado al E. de La Habana.

VUELTA DE OBLIGADO. V. **Obligado.**

VUELTO, TA. (Del lat. *volutus.*) p. p. irreg. de **Volver.** ‖ m. *Amér.* Vuelta, dinero que sobra al hacer un pago.

VUELUDO, DA. adj. Dícese de la vestidura que tiene mucho vuelo.

VUESTRO, TRA; TROS, TRAS. (Del lat. *voster, vostra.*) Pronombre posesivo de segunda persona, que se refiere a varios poseedores. El uso autoriza que se aplique a uno solo cuando se da el número plural a una persona: VUESTRO *consentimiento,* al dirigirse a un rey o emperador. En el tratamiento de *vos,* refiérese indistintamente a uno o varios poseedores. VUESTRA *estancia.*

VUILLARD, Eduardo. Pintor fr., autor de los cuadros. *La estufa; Casa de Etang-la-Ville,* etc. (1876-1953).

VULCANIO, NIA. (Del lat. *vulcanius.*) adj. Perteneciente a Vulcano o fuego.

VULCANISMO. (De *Vulcano,* dios del fuego.) m. *Geol.* Plutonismo.

VULCANISTA. adj. y s. *Geol.* Partidario del vulcanismo.

VULCANITA. f. Ebonita.

VULCANIZACIÓN. f. Acción y efecto de vulcanizar.

VULCANIZAR. (Del lat. *vulcanus,* fuego.) tr. Combinar azufre con la goma elástica para que ésta conserve su elasticidad en frío y en caliente.

VULCANO. *Mit.* Dios del fuego que, según la leyenda, enseñó a los hombres a elaborar los metales en su fragua. Hijo de Júpiter y esposo de Venus.

VULCANO, Islas. *Geog.* Archipiélago de la Micronesia, en el océano Pacífico, al S. de las islas Bonin. Pertenecían al Ja-

pón y hoy están bajo administración fiduciaria de los EE. ‖‖‖

VULGACHO. m. desp. Ínfimo pueblo o vulgo.

VULGAR. al. **Alltäglich; gemein.** fr. **Vulgaire.** ingl. **Vulgar, coarse; common.** ital. **Volgare.** port. **Vulgar.** (Del lat. *vulgaris.*) adj. Perteneciente al vulgo. *Es* VULGAR *la creencia en los espectros.* Apl. a pers., se ha usado alguna vez c. s. ‖ Común o general, por contraposición a especial o técnico. *Construcción, máquina* VULGAR. ‖ Dícese de las lenguas que se hablan actualmente, en contraposición a las lenguas sabias. ‖ Ordinario, corriente, que no tiene especialidad particular en su género. *Estilo, método* VULGAR.

VULGARIDAD. al. **Gemeinheit.** fr. **Vulgarité.** ingl. **Vulgarity, coarseness.** ital. **Volgarità.** port. **Vulgaridade.** (Del lat. *vulgaritas, -atis.*) f. Calidad de vulgar, dicho del vulgo. *La* VULGARIDAD *en los ademanes, en el vestir.* ‖ Especie, dicho o hecho vulgar que carece de novedad e importancia. *No dijo más que* VULGARIDADES.

VULGARISMO. m. Dicho o frase especialmente usada por el vulgo. *Hay* VULGARISMOS *ingeniosos.*

VULGARIZACIÓN. f. Acción y efecto de vulgarizar.

VULGARIZAR. (Del lat. *vulgaris,* vulgar.) tr. Hacer vulgar o común una cosa. Ú.t.c.r. *El material plástico se ha* VULGARIZADO. ‖ Exponer una ciencia o una materia técnica en forma asequible al vulgo. VULGARIZAR *una teoría atómica.* ‖ Traducir un escrito de otra lengua a la común y vulgar. VULGARIZAR *en español la versión latina de la Sagrada Escritura.* ‖ r. Darse uno al trato de la gente del vulgo o portarse como ella. ‖ deriv.: **vulgarizador, ra.**

VULGARMENTE. adv. m. De manera vulgar. *Hablar, vestir* VULGARMENTE. ‖ Comúnmente. *La clemátide, llamada* VULGARMENTE *"hierba de los por dioseros".*

VULGATA. (Del lat. *vulgata,* divulgada, dada al público.) f. Denominación empleada por el Concilio de Trento para designar la versión latina de la Sagrada Escritura, hecha en su mayor parte por san Jerónimo.

VULGO. al. **Pöbel.** fr. **Le vulgaire.** ingl. **Common people.** ital. **Volgo.** port. **Vulgo.** (Del lat. *vulgus.*) m. El común de la gente popular. *La gorra es prenda propia del* VULGO. ‖ Conjunto de las personas que en cada materia no conocen más que la parte superficial. *Es un libro escrito para el* VULGO. ‖ adv. m. Vulgarmente, comúnmente.

VULNERABLE. (Del lat. *vulnerábilis.*) adj. Que puede ser herido o recibir lesión, física o moralmente. *Prestigio, honra* VULNERABLE. ‖ deriv.: **vulnerabilidad.**

VULNERACIÓN. (Del lat. *vulneratio, -onis.*) f. Acción y efecto de vulnerar.

VULNERAR. al. **Verwunden; verletzen.** fr. **Blesser.** ingl. **To injure.** ital. **Vulnerare.** port. **Vulnerar.** (Del lat. *vulnerare, de vulnus,* herida.) tr. ant. Herir. ‖ fig. Dañar, perjudicar. *Esa ley* VULNERA *el espíritu de la Constitución.* ‖ deriv.: **vulnerante.**

VULNERARIA. f. Planta de la familia de las leguminosas, de hojas radicales, a veces sencillas; flores en cabezuela densa, blancas, amarillas o rojizas, y legumbre pequeña. Se emplea en medicina para curar llagas y heridas.

VULNERARIO, RIA. (Del lat. *vulnerarius.*) adj. *Der.* Aplícase al clérigo que ha herido o ma-

tado a otra persona. Ú.t.c.s. ‖ *Med.* Dícese del remedio o medicina que cura las llagas y heridas. Ú.t.c.s.m.

VULPÉCULA. (Del lat. *vulpécula,* dim. de *vulpes,* raposa.) f. Vulpeja.

VULPEJA. (Del lat. *vulpécula.*) f. Zorra, mamífero.

VULPIAN, Alfredo. *Biog.* Eminente fisiólogo fr. que realizó fundamentales estudios sobre neurología patológica y fue el primero en señalar el asiento de la lesión espinal en la parálisis infantil. Autor de *Lecciones; Las neumonías secundarias; Enfermedades del sistema nervioso,* etc. (1826-1887).

VULPINO, NA. (Del lat. *vulpinus.*) adj. Perteneciente o relativo a la zorra. ‖ fig. Que tiene sus propiedades. *Astucia* VULPINA. ‖ m. Carricera, rabo de zorra, planta graminea.

VULTUOSO, SA. (Del lat. *vultuosus.*) adj. *Med.* Aplícase al rostro abultado por la congestión.

VULTÚRIDO, DA. (Del lat. *vúltur,* buitre.) adj. *Zool.* Dícese de aves. rapaces, de cuerpo macizo, pecho ancho, alas grandes y redondeadas y pico recto en la base con bordes muy cortantes; como el buitre. Ú.t.c.s. ‖ f. pl. *Zool.* Familia de estas aves.

VULTURNO. (Del lat. *vulturnus.*) m. Bochorno, aire caliente.

VULVA. al. **Schamritze; Vulva.** fr. **Vulva.** ingl. **Vulva.** ital. **Vulva.** port. **Vulva.** (Del lat. *vulva.*) f. Partes que rodean y constituyen la abertura externa de la vagina.

VULVAR. adj. Perteneciente o relativo a la vulva.

VURTEMBURGUÉS, SA. adj. y s. De Wurtemberg (Alemania).

VYASA. *Biog.* Personaje hindú de existencia no probada, presunto compilador de los Vedas (s. XII a. de C.).

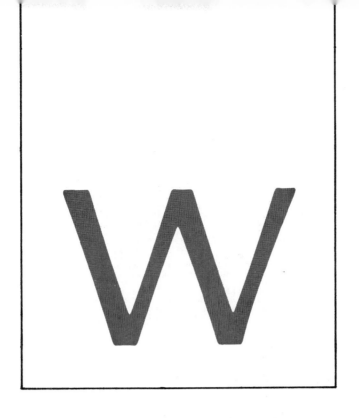

W. f. Vigésima sexta letra del abecedario, llamada *v doble*. Úsase principalmente en voces de procedencia extranjera. ‖ *Geog.* Abreviatura internacional de *Oeste.* ‖ *Quím.* Símbolo del volframio.

WAAG. *Geog.* Río del centro sur de Checoslovaquia, que des. en el Danubio. 396 km.

WAALS, Juan D. van der. *Biog.* Científico holandés, premio Nobel de Física en 1910 por sus trabajos sobre la licuefacción de los gases. Su obra *Continuidad de los estados líquidos y gaseosos* dio vitalidad a la teoría cinética de los fluidos. Estableció "la ecuación de Waals" en termodinámica, estudió la teoría molecular, la disociación electrolítica, etc. (1837-1923).

WABASH. *Geog.* Río de los EE.UU. sit. al sur de los Grandes Lagos, afl. del Ohio. 885 km.

WABONI. adj. Dícese del individuo perteneciente a un pueblo del África oriental, en la República de Kenya, distrito de Lamus. Ú.t.c.s. ‖ Perteneciente a este pueblo.

WACHITA. *Geog.* V. **Washita.**

WAD. m. *Miner.* Conjunto de varios minerales, formado por la unión y mezcla de óxidos hidratados de manganeso.

WADIGO, GA. adj. Dícese del individuo de un pueblo de la costa oriental de África, en la República de Kenya, y que ocupa el litoral entre Mombasa y la bahía de Tanga. Ú.t.c.s. *Los* WADIGOS *son de espíritu belicoso.* ‖ Perteneciente a este pueblo.

WADSWORTH, Francisco L. O. *Biog.* Fís. norteamericano cont., inventor del telémetro y del heliómetro y autor de obras especializadas.

WAGA-WAGA. *Geog.* Ciudad de Australia (Nueva Gales del Sur). Centro agrícola y ganadero. Oro. 28.000 h.

WAGNER, Adolfo. *Biog.* Economista al., autor de *Manual de economía política; Ciencia de las finanzas,* etc. (1835-1917). ‖ —

Cósima. Segunda esposa de Ricardo Wagner, hija de F. Liszt, que organizó los festivales wagnerianos, en Bayreuth. durante varios años (1837-1930). ‖ — **Duncan L.** Arqueól. argentino de origen escocés. Realizó expediciones por América del Sur y escribió *La civilización chaco-santiagueña y sus correlaciones con las del Viejo y Nuevo Mundo* (1863-1937). ‖ — **Emilio R.** Arqueólogo argentino de origen escocés, autor de *A través de la selva brasileña* y otras obras (1868-1949). ‖ — **Ricardo.** Célebre compositor al. que renovó la ópera al crear el drama musical, en el que el equilibrio con riqueza insuperable texto y música. Teórico de la tragedia, trató de aplicar al drama moderno los ideales griegos. Su obra cierra el ciclo romántico e inicia la nueva técnica de armonización orquestal, que despertó las más violentas críticas. Subordinó la música al drama y utilizó revolucionariamente los instrumentos de la orquesta, en obras eternas por su épica grandeza: *El anillo de los Nibelungos* (tetralogía); *Los maestros cantores de Nuremberg; Lohengrin; Tannhäuser; Parsifal; Tristán e Isolda,* etc. (1813-1883). ‖ — **Otón.** Arquitecto austriaco que construyó importantes edificios en Viena y sus alrededores (1841-1918). ‖ — **Sigfrido.** Comp. y director de orquesta al., hijo de Ricardo, autor de poemas sinfónicos y de las óperas *El duque aturdido; La piel de oso,* etc. (1869-1930). ‖ — **JAUREGG, Julio.** Méd. austríaco, premio Nobel de Fisiología y Medicina en 1927 por su "tratamiento biológico de la parálisis progresiva, por la excitación debida a la malaria" (1857-1940).

WAGNERIANO, NA. adj. y s. Referente al compositor Ricardo Wagner y su música. ‖ Partidario de Wagner y su música. ‖ deriv.: **wagnerianismo.**

WAGRAM. *Hist.* Aldea austria-

ca donde obtuvo Napoleón la victoria que puso fin a la campaña contra Austria (1805).

WAINA GANGA. *Geog.* Río del centro de la India, afl. del Godavari por la margen izquierda. 611 km.

WAKAYAMA. *Geog.* Ciudad del Japón, sit. al Sur de la isla de Hondo. Puerto sobre el Pacífico. 370.000 h.

WAKEFIELD. *Geog.* Ciudad de Gran Bretaña, en Inglaterra (York). Industria textil, construcciones ferroviarias, etc. 65.000 h.

WAKSMAN, Selman Abraham. *Biog.* Bacteriólogo nort. de origen ruso, premio Nobel de Medicina en 1952 por sus trascendentales descubrimientos de la estreptomicina, la dihiestreptomicina y la actinomicina. (1888-1973).

WAKUFS. Nombre dado en los países musulmanes a todos los establecimientos religiosos, los cuales están libres de todo impuesto y no pueden ser hipotecados ni embargados.

WALBRZYCH. *Geog.* Ciudad del S.O. de Polonia, cercana a la frontera con Checoslovaquia. Carbón. Metalurgia. 128.000 h.

WALCHEREN. *Geog.* Isla del S.O. de Holanda, en el mar del Norte. 209 km². Agricultura.

WALD, Jorge. *Biog.* Biólogo estadounidense a quien se otorgó en 1967 el premio Nobel de Fisiología y Medicina, junto con R. Granit y H. K. Hartline. Realizó importantes investigaciones acerca de la percepción visual (n. en 1906).

WALDECK. *Geog.* Antiguo principado del Imperio Alemán, convertido luego en Estado de la Rep. Desde 1946 forma parte del Est. de Renania del Norte-Westfalia (Rep. Federal Alemana).

WALDENBURG. *Geog.* V. **Walbrzych.**

WALDSEEMÜLLER, Martín. *Biog.* Cosmógrafo al., autor de *Introducción a la cosmografía;* en el mapamundi de esa obra

se lee por primera vez el nombre de América. dado al continente descubierto por Colón (1470-1520).

WALES. *Geog.* Nombre inglés del país de Gales (Gran Bretaña).

WALHALLA. (Voz alemana.) amb. Valhala.

WALKER, Guillermo. *Biog.* Aventurero norteamericano que organizó expediciones contra varios Estados mexicanos, Nicaragua y Honduras. Llegó, incluso, a proclamarse presidente de Nicaragua en 1855. Capturado por los hondureños, murió fusilado (1824-1860). ‖ — **MARTÍNEZ, Carlos.** Lit. y político chil., autor de *Poesías; Historia de la guerra de Nicaragua* y el drama *Manuel Rodríguez* (1842-1905).

WALKIRIA. f. Valquiria.

WALK-OVER. (Expr. ingl.; de *walk,* andar, caminar, y *over,* sobre, encima, demás.) m. En las carreras de caballos, y en muchos otros deportes, prueba en que un participante triunfa por ausencia del contrario.

WALPURGIS, Noche de. *Mit.* Según las leyendas populares al., aquella en que las brujas y demonios celebraban sus aquelarres.

WALSALL. *Geog.* Ciudad de Gran Bretaña, en Inglaterra (Stafford). 185.000 h. Industria metalúrgica.

WALTARI, Mïka. *Biog.* Escritor finlandés que adquirió gran notoriedad por sus novelas *Sinhué, el egipcio, El etrusco,* etc. También cultivó la poesía (1908-1979).

WALTER, Bruno. *Biog.* Director de orquesta y compositor al., autor de sinfonías, música coral y de cámara (1876-1962).

WALTON, Ernesto T. S. *Biog.* Notable científico ingl., premio Nobel de Física en 1951, con Cockroft. Con él construyó una máquina desintegradora, un acelerador eléctrico de partículas subatómicas, que al bombardear el li-

tio liberó energía y probó así el postulado de Einstein sobre la equivalencia de masa y energía.

WALLACE, Edgardo. *Biog.* Escritor ingl., renombrado autor de novelas policiales (1875-1932). ‖ — **Guillermo.** Héroe escocés, paladín de la independencia de su patria. Luchó encarnizadamente contra Eduardo I y fue ajusticiado (1272-1305). ‖ — **Luis.** Nov. nort. cuya obra maestra, *Ben Hur,* le aseguró fama universal (1827-1905).

WALLACH, Otón. *Biog.* Químico al., premio Nobel de la especialidad en 1910 por sus investigaciones sobre el alcanfor y los hidrocarburos, que sirvieron de fundamento para el desarrollo de la industria de los aceites esenciales (1847-1931).

WALLASEY. *Geog.* Ciudad de Gran Bretaña, en Inglaterra (Chester), sobre el estuario del Mersey. 100.000 h. Actividad industrial.

WALLENSTEIN, Alberto. *Biog.* Capitán al. que comandó los ejércitos imperiales durante la Guerra de los Treinta Años, contra al rey Gustavo Adolfo de Suecia. Soñó con la conquista de un principado independiente de su país, pero fue declarado traidor y asesinado por sus soldados (1583-1634).

WALLIS. *Geog.* Archipiélago francés de la Polinesia, sit. al N.E. de las islas Viti. 255 km². 10.000 h.

WAMBA. *Biog.* Rey visigodo de España de 672 a 680 (m. 683).

WAMPI. m. Árbol rutáceo, que tiene hojas lanceoladas y persistentes, flores pequeñas y blancas, y por fruto una baya ovoídea. Es originario de las regiones meridionales de China.

WANCHUAN. *Geog.* V. **Changkiakow.**

WANGANUI. *Geog.* Ciudad de Nueva Zelanda, en la isla del Norte. 32.000 h. Actividad agrícola. Productos lácteos.

WANGONG. m. Instrumento

musical japonés, usado sólo en funciones religiosas; tiene seis cuerdas de igual espesor y se toca con pequeños plectros de marfil.
WANHSIEN. *Geog.* Ciudad y puerto del centro de China, a orillas del río Yang-tse. 130.000 h.
WANNE-EICKEL. *Geog.* Ciudad y puerto de la Rep. Federal Alemana (Renania del Norte-Westfalia), en la cuenca del Ruhr. 98.000 h. Carbón.
WARANGAL. *Geog.* Ciudad de la India, sit. al N.E. de Haiderabad. 208.000 h. Centro ferroviario.
WARBURG, Otto E. *Biog.* Médico, biól. y fisiólogo al. que se dedicó al estudio del cáncer y el metabolismo respiratorio. Premio Nobel de Fisiología y Medicina en 1931; entre otras obras es autor de *Acción catalítica de la substancia viviente* (1883-1970).
WARNES, Ignacio. *Biog.* Militar arg.; combatió en la defensa de Buenos Aires durante la invasión inglesa en 1807 y participó en las campañas emancipadoras (1770-1816). ‖ – **Martín J.** Militar arg.; participó en las luchas por la independencia de Chile y fue uno de los creadores de su escuadra (1766-1842).
WARNSDORF. *Geog.* V. **Varnsdorf.**
WARRANT. (Voz ingl.) m. *Com.* Resguardo de una mercancía depositada en los almacenes especiales y negociable como una letra de cambio.
WARREA. f. *Bot.* Género de plantas de la familia de las orquidáceas, que incluye dos especies del Perú y Colombia.
WARREGO. *Geog.* Río del E. de Australia, afl. del Darling. 900 km.
WARRINGTON. *Geog.* Ciudad de Gran Bretaña, en Inglaterra (Lancaster), sobre el río Mersey. 120.000 h. Manufactura de aluminio.
WARTA. *Geog.* Río del O. de Polonia, afl. del Oder. 762 km.
WARWICK. *Geog.* Condado de Gran Bretaña, en el centro de Inglaterra. 1.981 km². 470.000 h. Carbón, hierro. Industria siderúrgica. Cap. hom., sobre el río Avon. 18.000 h. Industria siderúrgica.
WASATCH, Montes. *Geog.* Cadena montañosa de EE.UU. (Utah e Idaho), en las Rocosas. Culmina a los 3.700 m.
WASH. *Geog.* Golfo de la costa E. de Inglaterra, sobre el mar del Norte.
WASHINGTON, Jorge. *Biog.* Estadista y militar norteamericano, héroe máximo de la independencia de su país y figura rectora de América, a la que dio fervoroso ejemplo de pureza y abnegación. Iniciado a temprana edad en la vida militar y política, intervino en el Congreso de Filadelfia en 1774 y en el de 1775 que declaró la guerra a Gran Bretaña, dictó la célebre "Declaración de la Independencia", y organizó un ejército que derrotó a los ingleses después de una heroica campaña plena de vicisitudes. Militar victorioso, se dedicó luego a organizar el país: su influencia personal sirvió para disipar rencores y limar asperezas, lo que se puso de manifiesto en la Convención de 1787 que él presidió y en la que se aprobó la Constitución que todavía rige en los Estados Unidos. En 1789 fue elegido primer presidente de su país y en 1793 fue reelegido en ese cargo, que ocupó hasta 1797. Sus dos presidencias se caracterizaron por la ecuanimidad e inteligencia con que resolvió arduos problemas sociales y políticos. Al serle ofrecida por tercera vez la primera magistratura, la rehusó y se retiró a su propiedad familiar de Mount Vernon, donde trabajó modestamente en tareas agrícolas y adonde fueron a buscarlo sus compatriotas para hacerlo jefe supremo de los ejércitos norteamericanos en su lucha contra Francia. Murió mientras ocupaba ese cargo y nadie mereció como él las palabras pronunciadas en el Congreso de su país al conocerse la noticia de su deceso: "Fue el primero en la guerra, el primero en la paz y el primero en el corazón de sus conciudadanos" (1732-1799).
WASHINGTON. *Geog.* Estado del extremo N.O. de los EE.UU. 176.617 km². 3.445.000 h. Riqueza forestal y minera. Industria maderera. Cap. OLYMPIA. ‖ Ciudad de los EE.UU., capital de la Rep. y del Distrito de Columbia, a orillas del Potomac. 757.000 h., con los suburbios 2.910.000 h. Centro político, cultural. Asiento del gobierno federal, del Congreso y del Senado. Universidades, museos, magníficos monumentos, parques, etc. Centro editorial.
WASHITA. *Geog.* Río del sur de los EE.UU. (Arkansas y Luisiana), afl. del Red. 877 km.
WASSERMANN, Augusto. *Biog* Méd. y bacteriólogo alemán; estudió las toxinas y antitoxinas del tétanos y de la difteria, la sueroterapia, etc. Ideó la reacción que lleva su nombre, eficaz elemento de diagnóstico (1866-1925) ‖ – **Jacobo.** Escritor al., autor de difundidas novelas: *El caso Maurizius; El hombrecillo de los gansos*, etc. (1873-1934).
WAST, Hugo. *Biog.* V. **Martínez Zuviría, Gustavo.**
WAT. m. *Fís.* Nombre que se da al vatio en la nomenclatura internacional.
WATERBURY. *Geog.* Ciudad de los EE.UU. (Connecticut). 110.000 h. Elaboración del cobre, estaño y cinc.
WATER-CLOSET. (Voz ingl. de *water*, agua, y *closet*, retrete.) m. Retrete, excusado provisto de agua corriente.
WATERFORD. *Geog.* Condado del S.E. de Irlanda, en la prov. de Munster. 1.833 km². 78.000 h. Actividad agrícola-ganadera. Pesca. Cap. hom. 32.000 h. Puerto exportador.
WATERLOO. *Geog.* Pueblo de Bélgica (Brabante), donde fue derrotado Napoleón por ingleses y prusianos en 1815.
WATERPOLISTA. com. Persona que juega al waterpolo.
WATERPOLO. m. *Dep.* Juego de balón practicado en el agua, en el que intervienen dos equipos de siete jugadores cada uno y que consiste en introducir la pelota en el arco o meta.
WATLING. *Geog.* Nombre inglés de la isla San Salvador, del arch. de Bahamas.
WATSON, Foster. *Biog.* Escritor y pedagogo ingl., autor de *El elemento hispánico en Luis Vives* y otras obras (m. 1929). ‖ – **Jacobo D.** Biólogo estadounidense, cuyas investigaciones en el campo de la genética fueron de fundamental importancia y culminaron con el descubrimiento de la estructura molecular del DNA. En 1962 se le adjudicó el premio Nobel de Fisiología y Medicina, junto con F. E. Crick y M. H. F. Wilkins (n. en 1928. ‖ – **Jaime C.** Astrónomo estad. que descubrió el planeta Vulcano y gran cantidad de asteroides (1838-1880).
WATT. m. Wat.
WATT, Jacobo. *Biog.* Mecánico ingl. inventor del condensador que se aplicó a la máquina de vapor y que permitió el perfeccionamiento de esa máquina (1736-1819).
WATTEAU, Juan Antonio. *Biog.* Pintor fr., identificado con los grandes coloristas del pasado; realizó cuadros sobre temas galantes y pastoriles, notables por su estilizado diseño: *Diana en el baño; El embarque para Citerea; Arlequín y Colombina; El indiferente*, etc. (1684-1721).
WAUGH, Evelyn. *Biog.* Escritor ingl., autor de *Decadencia y caída; Cuerpos viles* y otras novelas de carácter satírico (1903-1966).
WEAR. *Geog.* Río del centro oeste de Inglaterra que des. en el Mar del Norte. 120 km.
WEBER, Carlos María von. *Biog.* Compos. y pianista al., representante del romanticismo en *Invitación a la danza; El franco-tirador* y otras obras de rica imaginación musical (1786-1826). ‖ – **Guillermo E.** Fís. alemán que investigó el magnetismo terrestre; con Gauss construyó los primeros telégrafos eléctricos (1804-1891). ‖ – **Max.** Sociólogo al., autor de *Economía y sociedad; Ciencia como oficio*, etc. (1864-1921).
WEBERN, Antonio. *Biog.* Compositor austríaco, autor de obras extremadamente breves como *Cinco piezas* para orquesta; *Dos canciones sobre poemas de Rilke; Concierto; Variaciones*, etc. (1883-1945).
WEBSTER, Noé. *Biog.* Filól. nort., autor del monumental *Diccionario de la lengua inglesa*, de *Historia de los Estados Unidos*, etc. (1758-1843).
WEDDELL, Jacobo. *Biog.* Navegante ingl. de los mares australes; descubrió el mar de su nombre y las Órcadas del Sur (1787-1843).
WEDDELL. *Geog.* Mar de la Antártida, sit. al Sur del océano Atlántico y al E. de la península Antártica.
WEDEKIND, Francisco. *Biog.* Poeta y dramaturgo al., uno de los renovadores del arte dramático. Autor de *Despertar de primavera; El espíritu de la tierra*, etc. (1864-1918).
WEDGWOOD, Joshua. *Biog.* Ceramista ingl., cuyas piezas de loza adquirieron renombre mundial (1730-1795). ‖ – **Tomás.** Investigador ingl., uno de los precursores de la fotografía (1771-1805).
WEEK-END. (Expr. ingl.; de *week*, semana, y *end*, fin; pron. *uic end.*) m. Lapso comprendido entre la noche del viernes o mediodía del sábado y el lunes inmediato, y que modernamente designa un período destinado al descanso o la distracción. Ú. ya mucho su traducción: *fin de semana.* ‖ IDEAS AFINES: *Viaje, valijas, tren, automóvil, lancha; campo, sierra, mar, río, playa; arboleda, aire, sol, deportes; merendero, fiambre, asado; paseo, teatro, visitas.*
WEGENER, Alfredo L. *Biog.* Geofísico alemán, sostenedor de la teoría sobre formación y desplazamiento horizontal de los continentes. Obras: *Génesis de los mares y los continentes*, etc. (1880-1930).
WEIMAR. *Geog.* Ciudad de la Rep. Democrática Alemana, al S.O. de Leipzig. 64.000 h. En los últimos años del s. XVIII y principios del s. XIX concentró la vida espiritual de Alemania. En agosto de 1919 fue aprobada allí la Constitución que transformó a Alemania en república.
WEINBERG, Steven. *Biog.* Profesor estadounidense, premio Nobel de Física 1979, junto con S. Glasow y Abdus Salam. Trabajando separadamente llegaron a una misma teoría, considerada como un trascendental paso hacia la unificación de las cuatro fuerzas que regulan el universo (n. en 1933).
WEISS, Andrés. *Biog.* Jurisconsulto fr., autor de importantes obras sobre jurisprudencia (1858-1928). ‖ – **Pedro Ulrich.** Escritor al., radicado en Suecia, autor de novelas y obras teatrales como *Marat-Sade* (n. 1916). ‖ – **DE ROSSI, Ana.** Pintora arg. de inspiración intimista en *La abuelita; La visita*, etc. (1894-1953).
WEISSHORN. *Geog.* Cumbre de los Alpes en el S. de Suiza. 4.512 m.
WEIZMANN, Jaime. *Biog.* Pol. y químico ruso, fervoroso dirigente del movimiento sionista, en el que ocupó los más elevados cargos directivos (V. **Sionismo**). En 1948, al constituirse el Estado de Israel, Weizmann fue elegido primer presidente de la República.
WELS. *Geog.* Ciudad del centro N. de Austria. 48.000 h. Centro industrial y comercial.
WELSER, Antonio y Bartolomé. *Biog.* Banqueros al. que obtuvieron de Carlos V, en 1527, la concesión para conquistar y poblar una parte de Venezuela (s. XVI).
WELLER, Tomás H. *Biog.* Médico y bacteriólogo nort. Orientó sus investigaciones hacia el estudio de la parálisis infantil y durante dos años trabajó en equipo con Juan F. Enders y Federico C. Robbins, con quienes obtuvo en 1954 el premio Nobel de Medicina por el descubrimiento, en pruebas de laboratorio, de la capacidad de reproducción del virus de la poliomielitis en los tejidos del hombre y de los monos (n. 1917).
WELLES, Orson. *Biog.* Actor, autor y director teatral y cinematográfico estadounidense, audaz realizador de filmes extraños e innovadores: *El ciudadano; La dama de Shanghai, Soberbia; El extraño; Macbeth*, etc. (n. 1915).
WELLINGTON, Arturo Wellesley, duque de. *Biog.* Militar inglés, apodado el Duque de Hierro. Vencedor de Napoleón I en la batalla de Waterloo, en 1842 fue designado comandante en jefe del ejército inglés (1769-1852).
WELLINGTON. *Geog.* Isla de Chile (Magallanes), la mayor del grupo sit. al sur del golfo de Penas. ‖ C. capital de Nueva Zelanda. 142.700 h., con los suburbios 195.000 h. Puerto exportador de productos derivados de la ganadería.
WELLS, Heriberto J. *Biog.* Lit. y novelista ingl., de desbordante fantasía y esperanzada fe en la democracia, la evolución moderna y el maquinismo. Obras: *Breve historia del mundo; Hombres como dioses; La guerra de los mundos: El hombre invisible; La máquina del tiempo*, etc. (1866-1946).
WENCHOW. *Geog.* Ciudad del E. de la China. 165.000 h. Puerto y centro industrial importante.
WEONSAN o WONSAN. *Geog.* C. y puerto de Corea del Sur, sobre el mar del Japón. 215.000 h.
WERFEL, Francisco. *Biog.* Lit. checoslovaco, autor de poesías, novelas y obras teatrales como *Bernardita; El hombre del espejo; Juárez*, etc. (1890-1945).
WERGELAND, Enrique A. *Biog.* Poeta lírico noruego, autor de *Stella; El judío; Cantos patrióticos*, etc. (1808-1845).
WERNER, Alfredo. *Biog.* Científico suizo, premio Nobel de Química en 1913 por sus estudios de las complexiones orgánicas y su teoría del octaedro aplicada a los cuerpos minerales ópticamente activos (1866-1919).
WERRA. *Geog.* Río del centro de Alemania que unido al Fulda forma el Weser. 276 km.
WERTHER. *Lit.* Novela epistolar de Goethe publicada en 1774. Describe con sutileza el carácter de un hombre sensible cuyos sueños exaltados y reflexiones obsesionantes lo conducen al suicidio. Se dice que en su época fue causa de una verdadera ola de suicidios. Su influencia en la literatura romántica del s. XIX fue extraordinaria.
WESER. *Geog.* Río del N.O. de Alemania. Se forma por unión del Werra y el Fulda y des. en el mar del Norte. 480 km.
WESERMÜNDE. *Geog.* Ciudad del N.O. de la Rep. Federal Alemana, sobre la des. del Weser. 115.000 h. Importante puerto pesquero.
WESLEY, Juan. *Biog.* Teólogo protestante ingl., fundador de la secta religiosa de los metodistas o wesleyanos (1703-1791).
WEST BROMWICH. *Geog.* Ciudad de Gran Bretaña, en Inglaterra (Stafford). 167.000 h. Hulla. Fundiciones.
WESTFALIA, Tratados de. *Hist.* Los firmados por Alemania, Francia y Suecia en 1648 para finalizar la guerra de los Treinta Años. V. **Treinta Años, Guerra de.**
WESTFALIA. *Geog.* Comarca del O. de la Rep. Federal Alemana. Desde 1946 forma parte del Est. de Renania del Norte-Westfalia.
WEST HAM. *Geog.* Centro industrial de Gran Bretaña, en Inglaterra. Es suburbio de la parte oriental de Londres. 300.000 h.
WEST LOTHIAN. *Geog.* Condado de Gran Bretaña, en Escocia, sit. sobre el golfo del río Forth. 311 km². 110.000 h. Actividad agrícola y minera. Carbón, hierro. Cap. LINLITHGOW.
WESTMEATH. *Geog.* Condado del centro N. de la Rep. de Irlanda. 1.763 km². 55.000 h. Terrenos pantanosos. Actividad agrícola-ganadera. Cap. MULLINGAR.
WESTMINSTER. *Geog.* Barrio de Londres en el S.O. de la ciudad. En él se encuentra el palacio en el que funciona el Parlamento inglés. Célebre abadía construida por Enrique III.
WETTAR. *Geog.* Isla de Indonesia, al norte de la de Timor. 31.180 km².
WETTERHORN. *Geog.* Monte de los Alpes Berneses (Suiza), al N.E. del Jungfrau. 3.703 m.
WEXFORD. *Geog.* Condado del extremo S.E. de la Rep. de Irlanda. 2.351 km². 86.000 h. Actividad agrícola-ganadera. Productos lácteos. Pesca. Cap. hom. 3.800 h.
WEYDEN, Rogerio van der. *Biog.* Pintor flamenco, uno de los más importantes, en su época, después de la muerte de Juan van Eyck, a quien se atri-

buye la introducción de la pintura al óleo en Italia. Obras: *Retablo de Santa Colomba; Tríptico de San Juan, La sepultura; Retrato de una dama; El bastardo; El Juicio Final*, etc. (aprox. 1397-1464). Se le conoce, también, con los nombres de Ruggieri de Bruggia, Rogier van Bruge o Roger de la Pasture.

WEYGAND, Máximo. *Biog.* Mil. francés, generalísimo de los ejércitos aliados durante la segunda Guerra Mundial (1867-1965).

WEYLER Y NICOLAU, Valeriano. *Biog.* Capitán general del ejército esp. en Cuba (1838-1930).

WHARTON, Edith. *Biog.* Novelista nort., autora de obras de fina penetración psicológica; *La edad de la inocencia; Una mirada hacia atrás*, etc. (1862-1937).

WHEATSTONE, Carlos. *Biog.* Físico e inventor ingl. Construyó, en 1838, uno de los primeros aparatos de telegrafía (1802-1875).

WHIPPLE, Jorge H. *Biog.* Méd. nort., premio Nobel de Medicina y Fisiología en 1934 con Minot y Murphy, por sus estudios sobre la anemia perniciosa, que abrieron nuevos rumbos a la terapéutica pediátrica (n. 1878).

WHISKY. (Voz ingl., pron. *uiski.*) m. Bebida alcohólica que se obtiene principalmente de la avena y de la cebada. ‖ IDEAS AFINES: *Aguardiente, Escocia, inglés, norteamericano, contrabandistas, bar, botella, copas, soda, cóctel, alegría, mareo, borrachera.*

WHIST. (Voz ingl., *¡silencio!*) m. Juego de naipes, que se juega a diez puntos por cuatro personas divididas en dos grupos, con una baraja completa de 52 cartas.

WHISTLER, Jacobo Abbott. *Biog.* Pintor estadounidense influido por el impresionismo y el arte japonés. Son famosos sus cuadros *La madre; Nocturno en azul y plateado; La muchacha blanca; Retrato de Carlyle*, etc. (1834-1903).

WHITE, Guillermo Pío. *Biog.* Marino estad. que se radicó en la Argentina donde aprestó la escuadra que apoyó a la Revolución de Mayo (1770-1824). ‖ — **Patricio.** Escritor australiano, galardonado en 1973 con el premio Nobel de Literatura. Sus libros, generalmente de temas vernáculos, reflejan una imaginación poética individual y crítica. Entre sus obras figuran *El arbol del hombre; Jinetes en la carreta*, etc. (n. en 1912).

WHITELOCKE, Juan. *Biog.* Militar ingl.; comandó la segunda invasión inglesa al Río de la Plata (1757-1833).

WHITEMAN, Pablo. *Biog.* Músico nort., notable cultor del jazz. Director de orquesta, violinista y autor de *Dardanella; San*, y otras composiciones (1891-1967).

WHITHORNE, Emerson. *Biog.* Compositor estadounidense de tendencia impresionista. Obras: *Fata Morgana; Días y noches de Nueva York; Poema*, etc. (1884-1958).

WHITLE, Sir Frank. *Biog.* Aviador ingl., inventor del sistema llamado de propulsión a chorro (n. 1908).

WHITMAN, Walt. *Biog.* Poeta nort., una de las voces más ricas del continente americano. Su inflamado lirismo, su amor a la naturaleza, su defensa de la libertad y de la democracia le valieron el nombre de **"Gigante de América"** como lo llamara uno de sus críticos. En *Briznas de hierba*, hombres, animales y plantas revelan su esencia íntima; *El canto a mí mismo* es un maravilloso himno de amor a la vida; *Continuación de los redobles de tambor* es una elegía a la muerte de Lincoln (1819-1892).

WHITNEY. *Geog.* Monte de los EE.UU. (California), en la Sierra Nevada. 4 418 m.

WHITTIER, Juan G. *Biog.* Poeta nort., autor de baladas y poemas; *Leyendas de Nueva Inglaterra; Cantos de mi país; La voz de la libertad*, etc. (1807-1892).

WICKLOW. *Geog.* Condado del extremo E. de la Rep. de Irlanda. 2.024 km². 67.000 h. Actividad agrícola-ganadera. Cap. hom. 3.800 h.

WICLEF, Juan de. *Biog.* Teólogo ingl. precursor de la Reforma y autor de *Trilogía; Confesión*, etc. (1324-1387).

WICHITA. *Geog.* Ciudad de los EE.UU. (Kansas). 277.000 h. Industrias mecánicas. Universidad.

WIELAND, Cristóbal M. *Biog.* Poeta al., autor de *Oberón; Cyrus; Agathon*, etc. (1733-1813). ‖ — **Enrique.** Científico al., premio Nobel de Química en 1937 por su teoría acerca de los procesos de oxidación, que pueden ocurrir en ausencia de oxígeno, por la activación del hidrógeno (1877-1957).

WIELICZKA. *Geog.* Ciudad de Polonia, en la Galitzia. 12.000 h. Importantes minas de sal gema.

WIEN, Guillermo. *Biog.* Físico al., premio Nobel de su especialidad en 1911 por su descubrimiento de las leyes de la radiación calórica y sus estudios sobre la conservación de la energía, fundamentos electromagnéticos de la mecánica, etc. (1864-1928).

WIENER, Alejandro S. *Biog.* Méd. nort., descubridor, con Landsteiner, del factor RH de la sangre (n. 1907).

WIENER-NEUSTADT. *Geog.* Ciudad del Este de Austria, al S. de Viena. 37.000 h. Actividad industrial.

WIESBADEN. *Geog.* Ciudad de la Rep. Federal Alemana, cap. del Est. de Hesse. 255.000 h. Importante centro industrial. Aguas termales.

WIGAN. *Geog.* Ciudad de Gran Bretaña, en Inglaterra (Lancaster). Carbón. Industria metalúrgica, química, textil. etc.

WIGHT. *Geog.* Isla del S. de Inglaterra, en el canal de la Mancha. 377 km². 110.000 h. Trigo. Ganado lanar. Cemento.

WIGNER, Eugenio. *Biog.* Físico estadounidense, de origen húngaro, que realizó importantes investigaciones sobre las estructuras del átomo y del núcleo. En 1963 le fue otorgado el premio Nobel de Física, junto con M. Goeppert-Mayer y J. D. Jensen (n. en 1902).

WIGTOWN. *Geog.* Condado del extremo S. de Gran Bretaña, en Escocia. 1.263 km². 28.000 h. Actividad agrícola-ganadera. Pesca. Cap. STRANRACR. 10.000 h. Pesca.

WILBERFORCE, Guillermo. *Biog.* Filántropo inglés, famoso por sus campañas contra la esclavitud (1759-1833).

WILBRANDIA. f. *Bot.* Género de plantas cucurbitáceas, en el que se incluyen siete especies del Brasil, Paraguay y Argentina, algunas drásticas.

WILDE, Eduardo. *Biog.* Méd., escritor y pol. argentino nacido en Tupiza (Bolivia). Actuó brillantemente en la vida pública de la Argentina y su obra literaria se caracteriza por sutil humorismo y rica imaginación: *El hipo; Aguas abajo; Prometeo y Cía.*, etc. (1844-1913). ‖ — **Oscar.** Escritor ingl. n. en Dublín, de refinada sensibilidad y brillante imaginación, que dio al teatro las mejores pruebas de su ingenio. Sus comedias *La importancia de llamarse Ernesto; El abanico de lady Windermere; Una mujer sin importancia; Un marido ideal* y otras, son sátiras sociales y críticas amargas de la sociedad cont. En su novela *El retrato de Dorian Gray* expone las bases de su esteticismo, que va hacia lo raro y extraño y presenta la búsqueda del placer que envilece y destroza el alma humana. Acusado de inmoralidad, fue encarcelado; escribió en la prisión: *Balada de la cárcel de Reading* y *De profundis*. (1856-1900).

WILDE. *Geog.* Localidad de la Rep. Argentina, sit. al. S.E. de la capital del país y forma parte del Gran Buenos Aires 35.000 h. Centro industrial.

WILDER, Thornton. *Biog.* Escr. estadounidense, autor de obras teatrales y novelas como *Los idus de marzo; Nuestro pueblo. El puente de San Luis Rey*, etc. (1897-1975).

WILDHORN. *Geog.* Monte del S.E. de Suiza, en los Alpes Berneses. 3.264 m. de altura.

WILHELMSHAVEN. *Geog.* Ciudad y puerto de la Rep. Federal Alemana (Baja Sajonia), sobre el golfo de Jade. 105.000 h. Puerto militar.

WILKES, Carlos. *Biog.* Nav. norteamericano que en 1840 descubrió las tierras del casquete polar antártico que llevan su nombre (1798-1877). ‖ — **Josué Téofilo.** Musicólogo y compositor arg., autor de *Clasificación rítmica del cancionero criollo* y otras obras (1883-1968).

WILKES, Tierra de. *Geog.* Nombre de tierras del continente antártico, comprendidas entre los meridianos 90º 160º de long. E.

WILKINS, Jorge H. *Biog.* Explorador australiano que participó en la expedición que en 1928 exploró el polo Norte (1888-1958). ‖ — **Mauricio Hugo Federico.** Biólogo británico, a quien se otorgó en 1962 el premio Nobel de Fisiología y Medicina, compartido con F. E. Crick y J. D. Watson, por sus investigaciones sobre la estructura molecular de los ácidos nucleicos (n. en 1916).

WILKINSON, Geoffrey. *Biog.* Científico británico, galardonado en 1973 con el premio Nobel de Química, juntamente con el alemán Ernesto O. Fischer, por sus investigaciones sobre nuevos tipos de enlaces químicos (n. en 1921).

WILMINGTON. *Geog.* Ciudad de los EE.UU. (Delaware). 115.000 h. Actividad industrial. Astilleros.

WILNO. *Geog.* V. **Vilna.**

WILSON, Carlos T. R. *Biog.* Científico ingl., premio Nobel de Física en 1927 con A. H. Compton, por sus investigaciones sobre gases ionizados y electricidad atmosférica (1869-1959). ‖ — **Haroldo.** Político ingl. de tendencia laborista, n. 1916, primer ministro de Gran Bretaña de 1964 a 1970; electo nuevamente en 1974, renunció un año después. ‖ — **Robert.** Científico nort., premio Nobel de Física de 1978 por sus investigaciones en las radiaciones cósmicas, distinción que compartió con los físicos Arno Penzias, nort. y Piotr Kapitsa, soviético (n. 1936). ‖ — **Tomás Woodrow.** Estadista y pol. nort., presid. de la Rep de 1913 a 1921. En 1917 enunció su *Declaración de los 14 puntos*, como programa para lograr la paz mundial. Propugnó la creación de la Liga de las Naciones. Por su notable labor pacifista, le fue concedido en 1919 el premio Nobel de la Paz (1856-1924).

WILSON, Monte. *Geog.* Monte de los EE. UU. (California). 1.770 m. En él se halla instalado un notable observatorio astronómico.

WILTS. *Geog.* Condado del S.O. de Gran Bretaña, en Inglaterra. 3.483 km². 502.000 h. Actividad agrícola-ganadera. Cap. SALISBURY.

WILLAERT, Adrián. *Biog.* Compos. belga, considerado como el inventor del doble coro, autor de misas, madrigales, salmos, etc. (1490-1562).

WILLAMETTE. *Geog.* Río del O. de los EE. UU., afl. del Columbia. 400 km.

WILLEMSTAD. *Geog.* Ciudad de las Antillas holandesas, cap. de la isla de Curazao. 45.000 h. Puerto.

WILLIAMS, Alberto. *Biog.* Compositor arg. que realizó fecunda labor didáctica. *El rancho abandonado; Aires de la pampa; En la sierra;* oberturas; nueve sinfonías; poemas sinfónicos, etc., son composiciones llenas de amor a su tierra, vertidas con las más evolucionadas técnicas musicales (1862-1952). ‖ — **Amancio.** Arquitecto y pintor arg. hijo de Alberto, autor de construcciones de línea moderna (n. 1913). ‖ — **Betty.** Pacifista irlandesa (n. en 1943): Premio Nobel de la Paz 1976, compartido con Mairead Corrigan: ambas fundaron organizaciones contra la guerra civil en el Ulster. ‖ — **Rogelio.** Colonizador ingl. que con tierras compradas a los indígenas fundó la colonia norteamericana de Rhode Island (1607-1684). ‖ — **Tennesee.** Dramaturgo estadounidense, autor de *Un tranvía llamado deseo; El zoo de cristal; La rosa tatuada; La noche de la iguana; Verano y humo*, y otras obras de inquietudes metafísicas (n. 1914).

WILLIMAN, Claudio. *Biog.* Político urug., de 1907 a 1911 ejerció la presidencia de su país (1863-1934).

WILLSTÄTTER, Ricardo. *Biog.* Químico al., premio Nobel de Química en 1915 por sus trascendentales estudios sobre la clorofila de los vegetales en la fijación de ciertos colorantes, que impulsaron la industria textil (1872-1942).

WIMBLEDON. *Geog.* Ciudad de Gran Bretaña, en Inglaterra (Surrey), sit. al S.O. de Londres. 65.000 h. Famosa por los torneos internacionales de tenis.

WINCKELMANN, Juan Joaquín. *Biog.* Arqueólogo al., el primero en estudiar científicamente los monumentos antiguos y autor de obras como *Historia del arte antiguo; Monumenti antichi inediti; De la capacidad de sentir la belleza en el arte*, etc. (1717-1768).

WINCHESTER. *Geog.* Ciudad de Inglaterra, cap. del condado de Hants y ant. capital del reino de Wessex. 30.000 h. Magnífica catedral.

WINCHESTER. m. Especie de fusil de repetición.

WINDAUS, Adolfo. *Biog.* Científico al., premio Nobel de Química en 1928 por sus investigaciones sobre la vitamina D, la fórmula de la vitamina B1 o tiamina y la obtención en forma cristalina de la vitamina D (1876-1959).

WINDELBAND, Guillermo. *Biog.* Filósofo al. para quien el sentido dinámico de la vida está dado por los valores y por fuerzas obscuras opuestas a ellos. Autor de *Historia de la filosofía moderna; Teoría de lo casual*, etc. (1848-1915).

WINDHOEK. *Geog.* Población del África del Sudoeste (Namibia). 65.000 h. Frutas. Riqueza minera.

WINDSOR, Duque de. *Biog.* Título del rey de Inglaterra Eduardo VIII, después de su abdicación en 1936.

WINDSOR. *Geog.* C. del Reino Unido, en el condado de Berks, Inglaterra, a orillas del Támesis. 200.000 h. Suntuoso castillo, residencia de los reyes. ‖ Ciudad del extremo sur del Canadá (Ontario), sit. al oeste del lago Erie. 205.000 h. Actividad industrial.

WINGATE, Orde Carlos. *Biog.* Militar ingl., de brillante actuación en la guerra italoetíope de 1940, en Birmania y especialmente en Israel. Se lo llamó el nuevo **Lawrence** (1903-1944).

WINNIPEG. *Geog.* Lago del centro S. del Canadá (Manitoba), que des. en la bahía de Hudson por medio del río Nelson. 24.400 km². ‖ Río del Canadá que des. en el lago hom. 225 km. ‖ C. del centro S. de Canadá, capital de la prov. de Manitoba, al S. del lago hom. 245.000 h., con los suburbios 545.000 h. Centro agrícola, industrial y cultural.

WINNIPEGOSIS. *Geog.* Lago del centro S. del Canadá (Manitoba), sit. al oeste del lago Winnipeg. 5.420 km².

WINSTON-SALEM. *Geog.* Ciudad de los EE.UU. (Carolina del Norte). 90.000 h. Tabaco, manufacturas de algodón.

WINTERTHUR. *Geog.* Ciudad del N. de Suiza. 93.000 h. Centro industrial y cultural.

WISCONSIN. *Geog.* Río del N. de los EE. UU., en el Est. hom. Es afluente del Misisipí. 960 km. ‖ Estado del norte de los EE.UU., sit. al sudoeste de la región de los Grandes Lagos. 145.438 km². 4.525.000 h. Riqueza minera, bosques. Actividad agrícola-ganadera e industrial. Cap. MADISON.

WISEMAN, Nicolás P. E. *Biog.* Prelado, teól. y literato ingl. nacido en España; primer arzobispo de Westminster. Autor de obras teológicas y de la nov. histórica *Fabiola* (1802-1865).

WISKI o **WISKY.** m. Whisky.

WITTEMBERG. *Geog.* C. de la Rep. Democrática Alemana, al S.O. de Berlín. 50.000 h. Puerto sobre el Elba. Cuna del protestantismo.

WITTIG, Georg. *Biog.* Científico alemán, a quien se otorgó en 1979 el premio Nobel de Química, junto con H. Brown. Investigó nuevas formas para vincular los átomos de carbono y desarrolló la llamada "reacción Wittig" que posibilitó la síntesis de vitamina "A" en escala industrial (n. en 1897).

WITZ, Conrado. *Biog.* Pintor al. Riqueza de colorido y dominio del claroscuro y de la perspectiva en sus obras; *Concilio de Basilea; Cristo en la Cruz*, etc. (1400-1447).

WLOCLAWEK. *Geog.* Ciudad de Polonia, al N.O. de Varsovia, puerto sobre el Vístula. 88.000 h. Industria textil, de la celulosa, etc.

WOESTYNE, Carlos van. *Biog.* Escr. belga, considerado de los más representativos de su patria y notable poeta influido por el simbolismo francés; *La casa paterna; La presencia perpetua*, etc. (1878-1929).

WÖHLER, Federico. *Biog.* Químico al., descubridor del aluminio y de la formación de la urea del sulfato de amoniaco (1800-1882).

WOLF, Ernesto G. *Biog.* Compositor al., autor de sinfonias, conciertos y el drama lírico *Polyxena* (1761-1792). || — **Federico A.** Erudito al. que en su obra *Prolegómenos a Homero* sostuvo que La Iliada y La Odisea pertenecían a varios rapsodas (1759-1824). || — **Hugo.** Compositor austriaco, sobresalió en los lieder; *Canciones de Goethe; Canciones españolas*, etc. Murió en un asilo para enfermos mentales (1860-1903). || — **FERRARI, Germán.** Compositor ital. de ascendencia alemana, autor de varias óperas y partituras sinfónicas (1876-1948).

WOLFF, Alberto. *Biog.* Director de orquesta y compositor fr. de renombre internac. (1884-1970). || — **Juan Cristián, barón de.** Fil. alemán; en su *Enciclopedia filosófica* expone su sistema, basado en el de Leibniz (1679-1754). || — **Max.** Astrónomo al. que aplicó la fotografía a las observaciones celestes (1868-1932).

WOLFRAM. m. *Miner.* Volframio.

WOLFRAM VON ESCHENBACH. *Biog.* Poeta al., autor de la epopeya *Parsifal* y otras obras (1170-1220).

WOLSEY, Tomás. *Biog.* Pol. y sacerdote ingl. Arzobispo de York y ministro de Enrique VIII, gozó de gran predicamento (1471-1530).

WOLVERHAMPTON. *Geog.* Ciudad de Gran Bretaña, en Inglaterra (Stafford). Riqueza minera. Carbón, hierro, etc. Industria siderúrgica, textil. 270.000 h.

WOLLASTON. *Geog.* Isla de Chile (Magallanes), en el extremo S. del continente sudamericano. Es la mayor del grupo de las Hermite.

WOLLONGONG. *Geog.* Ciudad del S.E. de Australia, sobre la costa del Pacífico, al S. de Sydney. Riqueza ganadera y minera. Carbón, hierro. Productos lácteos. 186.000 h.

WOMBAT. (Voz australiana.) m. Mamífero marsupial, el cual ofrece un aspecto intermedio entre el de un tejón y el de un pequeño oso. Vive en Tasmania y en el sur de Australia. *El* WOMBAT *se domestica fácilmente.*

WOOD, Carlos. *Biog.* Militar y pintor chil., notable acuarelista y autor de *Puerto de Valparaíso; Toma de la Esmeralda*, etc. (n. 1791). || — **Grant.** Notable pintor estadounidense formado en la escuela francesa. Sus cuadros reflejan paisajes con minuciosidad y gran sentido decorativo (1892-1945). || — **Leonardo.** Mil. nort., de 1899 a 1902 gobernador general de Cuba (1860-1927). || — **Roberto W.** Físico estad. que descubrió las radiaciones ultravioletas que llevan su nombre (1868-1955).

WOOD. *Geog.* Isla de la Argentina, junto a la costa S. de la prov. de Buenos Aires, en la Bahía Falsa.

WOODWARD, Roberto Burns. *Biog.* Investigador estadounidense, que realizó importantes estudios sobre los procesos de síntesis de los compuestos orgánicos. En 1965 fue galardonado con el premio Nobel de Química (n. en 1917).

WOOLF, Virginia. *Biog.* Nov. inglesa cuyas obras reflejan la amplitud de su visión humana; *Lunes o Martes; Tres guineas; Orlando; Un cuarto propio*, etc. (1882-1941).

WOOLMAN, Juan. *Biog.* Poeta estadounidense que en su famoso *Diario* expuso ardientes ideas antiesclavistas (1720-1772).

WOOLWICH. *Geog.* Ciudad de Gran Bretaña, en Inglaterra, que constituye un suburbio de Londres, sit. sobre el Támesis. 150.000 h. Arsenal.

WORCESTER. *Geog.* Ciudad de los EE. UU. (Massachusetts). 205.000 h. Centro industrial y cultural. || Ciudad de Gran Bretaña, en Inglaterra, al S.O. de Birmingham. 75.000 h. Porcelanas, fundiciones de hierro, etc. || Ciudad de la Rep. Sudafricana, en la prov. del Cabo. 27.000 h. Vinos, pasas de uva, curtidurías.

WORDSWORTH, Guillermo. *Biog.* Poeta ingl., precursor del romanticismo. Rompió con los moldes clásicos, para infundir en su poesía el sentimiento emotivo hacia la naturaleza. Obras: *Preludio; La excursión*, y, en colaboración con Coleridge, las famosas *Baladas líricas* (1770-1850).

WORMS. *Geog.* Ciudad de la Rep. Federal Alemana (Hesse), puerto sobre el Rin. 51.000 h. Centro industrial y comercial. Vinos. Célebre por la Dieta de 1521, que desterró a Lutero.

WOS Y GILL, A. *Biog.* Estadista dominic., presidente de su país de 1885 a 1887, y de 1903 a 1904.

WRANGEL. *Geog.* Isla sit. en el océano Glacial Ártico, al N. del estrecho de Behring. 4.700 km². Pertenece a la U.P.S.S. Estación meteorológica.

WREN, Cristóbal. *Biog.* Arquitecto ingl. que construyó la catedral de San Pablo, en Londres, y otras obras. Presentó esquemas urbanísticos, similares a los de Le Nôtre para los jardines de Versalles, que no fueron utilizados (1632-1723). || — **Percival Cristóbal.** Escritor ingl., hábil narrador de aventuras en *Beau Geste; Beau Sabreur* y otras obras (1885-1941).

WRIGHT, Frank Lloyd. *Biog.* Arquitecto estad., cuyos edificios, de línea moderna, renovaron la arquitectura cont., dentro y fuera de su país (1869-1959). || — **Guillermo H.** Nov. estadounidense que popularizó su seudónimo **Van Dine**, en numerosos libros policiales (1888-1939). || — **Orville.** Aviador norteamericano que en 1903 realizó el primer vuelo en aeroplano, con su hermano Wilbur. Posteriormente, se dedicó a perfeccionar la navegación aérea (1871-1948). || — **Wilbur**, Mecánico y aviador nort., compañero de su hermano Orville y como él, gran propulsor de la aviación (1867-1912).

WROCLAW. *Geog.* Ciudad del S.O. de Polonia, sobre el río Oder. 570.000 h. Centro industrial, comercial y cultural. Ant. **Breslau.**

WUCHANG. *Geog.* V. **Wuhan.**

WUHAN. *Geog.* Ciudad de la China, sobre el Yang-tse, formada por la unión de las ciudades de Hankow, Wuchaı.g y Hanyang. 2.500.000 h. Puerto industrial.

WUHSIEN. *Geog.* V. **Suchow.**

WULF, Mauricio de. *Biog.* Fil. belga, especializado en el estudio de la fil. medieval y autor de *Filosofía y civilización en la Edad Media; Valor estético de la moral en el arte*, etc. (n. 1867).

WUNDT, Guillermo. *Biog.* Filósofo al., uno de los fundadores de la psicología experimental. Su sistema metafísico, llamado "filosofía científica" pretende interpretar la realidad con una aplicación universal del principio de razón suficiente. Obras: *Metafísica; Fundamentos de psicología fisiológica*, etc. (1832-1920).

WUPPERTAL. *Geog.* Ciudad de la Rep. Federal Alemana (Renania del Norte-Westfalia). 417.000 h. Centro ferroviario.

WÜRTTEMBERG. *Geog.* Región de Alemania meridional, atravesada por el Danubio. 19.507 km². 3.000.000 h. Riqueza ganadera. Actividad comercial e industrial. Cap. STUTTGART. V. **Baden-Württemberg.**

WURTZ, Carlos A. *Biog.* Químico fr., uno de los primeros en formular la teoría atómica (1817-1884).

WÜRZBURGO. *Geog.* Ciudad de la Rep. Federal Alemana, en el N.O. del Est. de Baviera, a orillas del Meno. 116.000 h. Centro industrial y comercial. Universidad.

WYATT, James. *Biog.* Arquitecto ingl. que restauró catedrales medievales y construyó edificios inspirados en el estilo gótico (1747-1813). || — **Tomás.** Poeta ingl. que introdujo el soneto en Gran Bretaña. Autor de *Huyen de mí los que antaño me buscaban* (1503-1542).

WYLD, Alfredo. *Biog.* Compositor y pianista guat., autor de *Estudios de concierto; Suite americana*, etc. (n. 1883). || — **OSPINA, Carlos.** Poeta guat. parnasiano; cultivó primero el tema aborigen y posteriormente, con *Las dádivas simples*, evolucionó a la poesía intima (1891-1956).

WYOMING. *Geog.* Estado del Centro-Oeste de los EE.UU. 253.597 km². 345.000 h. Actividad agrícola-ganadera y minera. Importante parque nacional. Cap. CHEYENNE.

WYSE, Luciano N. B. *Biog.* Marino fr., uno de los promotores de la construcción del canal de Panamá (1847-1909).

WYSS, Juan D. *Biog.* Nov. suizo a quien dio celebridad su obra *El Robinsón suizo* (1743-1818).

X. f. Vigésima séptima letra del abecedario castellano, y vigésima segunda de sus consonantes, llamada **equis.** Antiguamente representó dos sonidos: uno doble, compuesto de *k,* o de *g* suave, y *s,* y otro simple, igual al de la *ch* francesa, el cual conserva actualmente en algunos dialectos, como el bable. Luego tuvo valor de *j,* y hoy sólo se usa con el valor de *ks* o *gs;* como en *eximio, excelente.* ‖ N, letra con que se suple el nombre de una persona. ‖ *Alg.* y *Arit.* Signo con que suele representarse en los cálculos la incógnita, o la primera de las incógnitas, si son dos o más. ‖ Letra numeral que equivale a diez en la numeración romana.

X. *Quím.* Símbolo del xeno.

XA. m. Cha, título que se da al soberano de Persia.

XALAPA. *Geog.* V. **Jalapa.**

XALTEPEC. *Geog.* Cerro de México, en el Distrito Federal, al S.E. de la cap. del país. 2.509 m.

XAMMAR, Luis Pablo. *Biog.* Poeta per. de inspiración autóctona. Obras: *Las voces armoniosas; Wayno; Alta niebla,* etc. (1911-1947).

XANTHI. *Geog.* Ciudad de Grecia (Tracia). 25.000 h. Cigarros.

XARAU, Jaime. *Biog.* Compositor y organista esp., autor de un *Te Deum* y de otras obras vocales e instrumentales (1843-1918).

XATART. m. Insecto coleóptero de cabeza rectangular, caracterizado por depositar sus huevos en los huecos de los árboles, penetrando sus larvas en la tierra para alimentarse con las raíces.

XAUEN. *Geog.* Ciudad del N. de Marruecos. 15.000 h. Tapices.

Xe. *Quím.* Símbolo del xenón.

XENAGIA. (Del gr. *xenagia;* de *xenos,* huésped, *y ago,* conducir.) f. Mando de un cuerpo de tropas extranjeras o auxiliares, entre los antiguos griegos. ‖ Cuerpo de infantería

griega que se componía de 256 hombres.

XENENTESIS. f. *Pat.* Introducción de substancias extrañas en el organismo.

XENES, Nieves. *Biog.* Poetisa cub., autora de *Ante una tumba; Una confesión* y otras celebradas composiciones (1859-1915).

XENO. (Del gr. *xenos,* extraño, raro.) m. Cuerpo simple, gaseoso, pesado e incoloro, inerte para las combinaciones, que se halla en el aire en la proporción de 1 por 170 millones, aproximadamente, de su volumen.

XENODOCO. m. Oficial de la Iglesia griega que recibía a los extranjeros y peregrinos.

XENOFILIA. (Del gr. *xenos,* extranjero, y *phileo,* amar.) f. Amor y benevolencia con los extranjeros. *La* XENOFILIA *es sentimiento propio de personas cultas;* antón.: **xenofobia.**

XENÓFILO, LA. (Del gr. *xenos,* extranjero, y *phylos,* amante, aficionado.) adj. y s. Que siente xenofilia. antón.: **xenófobo.**

XENOFOBIA. (Del gr. *xenos,* extranjero, y *fobeo,* espantarse.) f. Odio, hostilidad hacia los extranjeros. *La* XENOFOBIA, *exacerbada doctrina nacionalista, aún perdura en algunos pueblos asiáticos;* antón.: **xenofilia.**

XENÓFOBO, BA. adj. Que siente xenofobia. antón.: **xenófilo.**

XENOFTALMÍA. f. *Pat.* Conjuntivitis causada por traumatismo o por cuerpos extraños.

XENOGÉNESIS. (Del gr. *xenos,* extraño, y *génesis,* generación, producción.) f. *Biol.* Alteración de generación. ‖ Producción de una prole que no tiene semejanza con el padre.

XENOGENIA. f. *Biol.* Xenogénesis.

XENÓGENO, NA. adj. Dícese de lo que es producido por un cuerpo extraño.

XENOGRAFÍA. f. Estudio de las lenguas extranjeras. ‖ Ciencia que trata de todas las lenguas extranjeras, vivas o muertas. ‖

deriv.: **xenográfico, ca.**

XENÓGRAFO, FA. adj. y s. Que se dedica a la xenografía.

XENOMANÍA. f. Pasión o manía por lo extranjero. ‖ deriv.: **xenómano, na.**

XENÓN. m. Xeno.

XENOPARASITISMO. m. Estado de un cuerpo extraño que, introducido en el organismo, se conduce como un parásito.

XENOPARÁSITO. m. Parásito de origen externo.

XENXIS. m. pl. Nombre con que se designa en el Japón a los individuos de una secta para quienes la santidad consiste en el goce de los placeres.

XERÁNTICO, CA. adj. Secante.

XERCAVINS Y RIUS, Francisco. *Biog.* Psiquiatra esp. autor de *El cerebro y sus funciones; Las histéricas y los neurasténicos.* etc. (n. 1855).

XERIF o **XERIFE.** m. Jerife.

XERIFIANO, NA. adj. Jerifiano.

XEROCOPIA. f. Copia fotográfica obtenida por medio de la xerografía.

XEROCOPIAR. tr. Reproducir en copia xerográfica.

XERODERMIA. (Del gr. *xerós,* seco, y *derma,* piel.) f. Afección cutánea caracterizada por el estado rugoso, seco y descolorido de la piel, con descamación de la misma. ‖ deriv.: **xerodérmico, ca.**

XEROFAGIA. (Del gr. *xerophagía.*) f. Alimentación compuesta exclusivamente de alimentos secos. ‖ deriv.: **xerófago, ga.**

XERÓFILO, LA. (Del gr. *xerós,* seco, y *phylos,* amante.) adj. Dícese de los vegetales que viven en ambientes secos. Ú.t.c.s.

XEROFORMO. (Del gr. *xerós,* seco, y *formo,* abreviación de fórmico.) m. *Quím.* y *Ter.* Polvo amarillo, muy fino, inodoro e insípido, derivado del fenol, que se emplea en las afecciones gastrointestinales y como cicatrizante al exterior.

XEROFTALMIA. f. *Pat.* Estado

de desecación anormal de la conjuntiva ocular, con opacidad de la córnea, causada por la falta de determinadas vitaminas en los alimentos.

● **XEROFTALMÍA.** *Med.* Estado de sequedad, rugosidad y falta de brillo de la conjuntiva; se debe a inflamaciones crónicas, como el tracoma, o carencia de vitamina A. Su síntoma característico es la córnea seca y desprovista de su epitelio; a veces se ulcera. También se afectan las glándulas lagrimales; la falta de lágrimas provoca sequedad extremada de los ojos, con aparición de manchas gasosas en la conjuntiva. Para la curación de la **xeroftalmía,** se hace un tratamiento de dosis diarias de vitamina A y se emplean antisépticos locales suaves para evitar la infección secundaria.

XEROGRAFÍA. f. Procedimiento electrostático que utilizando conjuntamente la fotoconductibilidad y la atracción eléctrica, concentra polvo colorante en las zonas negras o grises de una imagen registrada por la cámara oscura en una placa especial. La imagen con el polvo colorante adherido pasa a un papel donde se fija mediante la acción del calor o de ciertos vapores. ‖ Fotocopia obtenida por este procedimiento.

XEROGRAFIAR. tr. Reproducir textos o imágenes por medio de la xerografía.

XEROGRÁFICO, CA. adj. Perteneciente o relativo a la xerografía. ‖ Obtenido mediante xerografía.

XEROMENIA. (Del gr. *xerós,* seco, y *men,* mes.) f. *Pat.* Menstruación seca; estado en el que existen los síntomas generales de menstruación, pero sin flujo.

XEROSIS. (Del gr. *xérosis,* sequedad, desecación.) f. Estado morboso caracterizado por sequedad o esclerosis de una parte de la piel o del ojo especialmente. ‖ deriv.: **xerótico.**

XEROSTOMIA. f. Sequedad de la boca por defecto de secreciones.

XEROTOCIA. (Del gr. *xerós,* seco, y *tokos,* parto.) f. Parto seco.

XI. (Del gr. *xi.*) f. Decimocuarta letra del alfabeto griego, correspondiente a la que en el nuestro se llama *equis.*

XICOTENCATL. *Biog.* Mil. tlaxcalteca que venció a Cortés y luego luchó a su lado. Al final de sus días volvió a enfrentar a los conquistadores (m. 1521).

XIFOIDEO, A. adj. Perteneciente o relativo al apéndice xifoides.

XIFOIDES. (Del gr. *xifoidés,* de figura de espada; de *xiphos,* espada, y *eidos,* forma.) adj. Dícese del cartílago de figura algo semejante a la punta de una espada, en que termina el esternón. Ú.t.c.s.m.

XILARIA. f. *Bot.* Género de hongos que comprende numerosas especies y que se caracterizan.por tener varios aparatos reproductores en cada rama y esporas unicelulares.

XILENO. (Del gr. *xilon,* madera.) m. *Quím.* Hidrocarburo obtenido por la substitución de dos átomos de hidrógeno de la bencina por dos moléculas del radical metilo.

XILENOL. m. *Quím.* Cuerpo derivado del xileno.

XILINABARIA. f. Planta apocinácea propia de Indochina, con ramas aterciopeladas y hojas oblongas o elípticas terminadas en umbelas. Es un bejuco grande y con látex abundante.

XILO. (Del gr. *xilón.*) Prefijo griego que con la significación de leño, madera, entra en la formación de muchos vocablos técnicos. XILO*grafía,* XILO*fono.*

XILOCROMA. (Del gr. *xilon,* madera, y *chroma,* color.) f. *Bot.* Materia colorante del leño, producida por el tanino.

XILÓFAGO, GA. (Del gr. *xilon,* madera, y *phagein,* comer.) adj. y s. *Zool.* Aplícase a los insectos que roen la madera.

XILOFÓN. m. Xilófono.

XILÓFONO. (Del gr. *xylon*, madera, y *phoné*, sonido.) m. Instrumento musical de percusión, de origen muy antiguo. Se compone de una serie de láminas de madera de longitud desigual, a fin de que varíe su sonoridad; dichas láminas están enfiladas o puestas sobre soportes de paja y comprenden una escala cromática de tres octavas. Se percute con dos macillos de madera.

XILOGRABADO. m. Xilografía.

XILOGRABAR. tr. Grabar en madera.

XILOGRAFÍA. (Del gr. *xylon*, madera, y *grapho*, escribir.) f. Arte de grabar en madera. ‖ Impresión tipográfica con planchas de madera. ‖ deriv.: **xilográfico, ca.** ‖ IDEAS AFINES: *Relieve, tacò, madera de boj, punzón, buril, escoplo, formón, gubia, rascador; perfiles, sombreado.*

● **XILOGRAFÍA.** *B. A.* Este procedimiento para grabar en relieve tiene un origen muy antiguo y se supone que por primera vez se empleó para los dibujos que se estampaban en telas y naipes, y también en la escultura en madera. Al pa-

recer sugirió la idea de la reproducción de los textos por medio de caracteres movibles, es decir la imprenta. El ejemplar más antiguo que se conserva de una **xilografía** es de 1406, si bien se la conocía desde antes. Existen diversos procedimientos de grabado xilográfico, desde los más económicos que habitualmente se emplean en la industria gráfica, hasta el realmente artístico, llamado clásico, cuyo costo es elevado y cuya complejidad de realización requiere grabadores consumados y de talento artístico. Entre los artistas de diversas épocas que han descollado en la **xilografía** son considerados máximas expresiones Alberto Durero, Lucas Cranach, Lucas de Leyden, etc.

XILÓGRAFO, FA. s. Persona que graba en madera. Ú.t.c.adj.

XILOIDE. (Del gr. *xyloidés*; de *xylon*, madera, y *eidos*, forma, aspecto.) adj. Que se parece a la madera.

XILOIDEO, DEA. adj. Xiloide.

XILOL. m. *Quím.* Xileno.

XILOLOGÍA. f. Tratado sobre las maderas.

XILOMANCIA o **XILOMANCÍA.** f. Adivinación supersti-

ciosa mediante pequeños trozos de madera. ‖ deriv.: **xilomanta; xilomántico, ca.**

XILÓRGANO. (Del gr. *xylon*, madera, y *órganon*, instrumento.) m. Instrumento musical antiguo, de percusión, compuesto de cilindros o varillas de madera sobre una caja de resonancia, que se tocaba mediante dos macillos de corcho.

XILOTILA. f. *Ec.* Hidrosilicato de magnesia y hierro, que se asemeja a la madera fósil.

XIMENES, Rafael. *Biog.* Poeta y dramaturgo urug., autor de *La campana de las diez; Vasco Nuño de Balboa*, etc. Se destacó en la defensa de Montevideo (1825-1904).

XIMÉNEZ, Francisco. *Biog.* Prelado esp., destacado filólogo e hist. Obras: *Tesoro de las tres lenguas; Crónica de Chiapas y Guatemala; Gramática de las lenguas quiché, cakchiquel y tzutuhill*, etc. (1666-1722).

XIMENIA. f. *Bot.* Género de plantas de las regiones tropicales de África y América. Son arbustos o árboles con ramas arqueadas, hojas lampiñas y flores blanquecinas, pedunculadas, aisladas o en ramitos axilares.

XIMENO Y PLANES, Rafael.

Biog. Pintor esp. que residió en México. Fino colorista, es autor de valiosos cuadros: *La crucifixión; El milagro del Pocito*, etc. (1759-1825).

XINANTÉCATL. *Geog.* V. Toluca, Nevado de.

XINGÚ. *Geog.* Río del Brasil, tributario del Amazonas. Se origina en la meseta de Mato Grosso. 1.980 km.

XIRAU PALAU, Joaquín. *Biog.* Filósofo esp., autor de *Descartes y el idealismo subjetivista moderno; El sentido de la verdad*, etc. (n. 1895).

XIRGU, Margarita. *Biog.* Actriz esp., talentosa intérprete del teatro clásico y moderno (1888-1969).

XISTER. m. *Cir.* Lima o rascador.

XISTO. m. Lugar cubierto que los antiguos griegos destinaban a ejercicios gimnásticos.

XITLE. *Geog.* Volcán apagado de México, al S. de la capital de la Rep. 3.121 m.

XOCHICALCO. *Geog.* Lugar de México, en el Estado de Morelos, donde se encuentran importantes ruinas de la civilización precolombina.

XOCHIMILCO. *Geog.* Lugar del Distrito Federal mexicano, al sur de la cap. de la

República. Es un magnífico jardín cuyos canales entrecruzados y floridas chinampas le confieren singular atractivo.

XOCHIPILLI. *Mit.* Antigua deidad mexicana de la danza y de los deportes.

XOLOTL. *Biog.* Legendario caudillo chichimeca que, entre los siglos XII y XIII, extendió sus dominios desde el territorio de Xaltocán.

XOLOTLÁN. *Geog.* Nombre del lago de Managua (Nicaragua), en la lengua de los antiguos indígenas.

XOPOTÓ. *Geog.* Río del Brasil en el Estado de Minas Gerais.

XORORÓ. *Geog.* Río del Brasil, afluente del Iguazú.

XUARES, José. *Biog.* Pintor mex., una de las grandes figuras del arte colonial. Autor de *La Epifanía; San Alejo; San Pastor*, y otros cuadros (s. XVII). ‖ — **Ludovico.** Pintor mex., autor de *Aparición de la Virgen a San Ildefonso; Desposorios de Santa Catalina*, y otros cuadros religiosos (s. XVI).

XUCANEB. *Geog.* Cerro de Guatemala (Alta Verapaz). 2.550 m.

XUL SOLAR, Alejandro. *Biog.* Seudónimo usado por el pintor arg. Alejandro Schulz Solari (1888-1963).

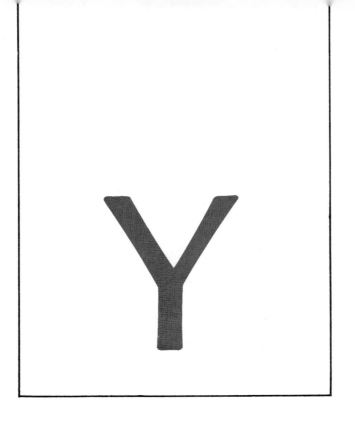

Y. f. Vigésima octava letra del abecedario castellano y vigésima tercera de sus consonantes. Llamábase *i* griega, y hoy se le da el nombre de *ye*. Como conjunción y fin de sílaba, tiene el mismo sonido que la vocal *i*.

Y. (Del lat. *et*.) conj. cop. que une palabras o cláusulas en concepto afirmativo. Cuando se enlazan varios vocablos o miembros del período, sólo se expresa, por regla general, antes del último. *Campos, aldeas, fábricas* Y *talleres*. || Fórmanse también con esta conjunción grupos de dos o más palabras entre los cuales no se expresa. *Cuadros* Y *tapices, copas* Y *ánforas, sables, puñales* Y *pistolas, de todo tenía aquel anticuario*. || A veces se omite por la figura asíndeton. *Sonriente, alegre, optimista, dichoso*. || Otras veces se repite por la figura polisíndeton. *Es buen actor,* Y *hace de todo,* Y *tiene una voz . . . ,* Y *baila a las mil maravillas*. || Úsase al comenzar un período o cláusula, sin enlazar con vocablo o frase anterior, para enfatizar lo que se dice. *¡Y si no viniera! ¿Y si fueran otros los motivos? ¡Y dejas que se marche así no más!* || Precedida y seguida por un mismo vocablo, indica la idea de repetición indefinida. *Noches* Y *noches; gritos* Y *gritos*.

Y. (Del lat. *ibi*.) adv. ant. Allí.

Y. *Quím.* Símbolo del itrio.

YA. al. **Bereits; ischon.** fr. **Déjà.** ingl. **Yet.** ital. **Già.** port. **Já.** (Del lat. *iam*.) adv. t. con que se denota el tiempo pasado. YA *le pagué*. || En el tiempo presente, haciendo relación al pasado. *Estaba impaciente, pero* YA *no tiene prisa*. || En tiempo u ocasión futura. YA *te arrepentirás*. || Finalmente o últimamente. YA *es tiempo de hacer las cosas bien*. || Luego, inmediatamente. YA *voy*. || Empléase como conjunción distributiva. YA *bien,* YA *mal*. || Se usa con las frases **ya entiendo, ya se ve,** que equivalen a *es claro, es así* || **Desde ya.** m.

adv. *R. de la Plata*. Barbarismo por **desde ahora.** || **Pues ya.** loc. fam. Por supuesto. Ú. comúnmente en sentido irónico. || **Si ya.** m. conj. cond. que equivale a la sola voz **si** como conjunción de la misma clase, o a **siempre que.** *Haría cuanto me pides,* SI YA *no fuera algo imposible*. || **¡Ya!** interj. fam. con que denotamos recordar algo o no hacer caso de lo que se nos dice. Ú. repetida, y así expresa idea de encarecimiento en bien o en mal. || **Ya que.** m. conj. cond. Una vez que, aunque o dado que. YA QUE *el mal existe, combatámoslo*.

YAACABÓ. m. Pájaro insectívoro, con el lomo pardo, pecho y bordes de las alas rojizos, y vientre blanquecino con rayas transversales oscuras. Vive en la América Meridional y su canto, considerado de mal agüero por los indios, se asemeja a las palabras **ya acabó.**

YABA. f. *Cuba*. Árbol de la familia de las leguminosas, cuya corteza se usa como vermífugo y la madera se emplea en la construcción.

YABLONOI. *Geog*. Cadena montañosa del E. de Asia, en Siberia oriental, próxima al lago Baikal.

YABUCOA. *Geog*. Ciudad del E. de Puerto Rico. 6.500 h. Centro azucarero.

YABUNA. f. *Cuba*. Hierba graminea que abunda en las sabanas y se la considera muy perjudicial para el cultivo; las raíces son hondas y enmarañadas, y sus tallos, rastreros, se entrecruzan de tal manera que cubren el terreno como una especie de alfombra.

YABUNAL. m. *Cuba*. Terreno en el que abunda la yabuna.

YAC. m. Mamífero rumiante del Tíbet, semejante al buey, pero sin papada, con giba y con largas crines en los flancos y la cola; es domesticado como animal de carga y por su leche y carne. Gén. *Poephagus grunniens*, bóvido.

YACA. f. Guanábano, planta anonácea.

YACAL. (Voz tagala.) m. *Filip*. Árbol de la familia de las dipterocarpáceas, que llega hasta veinte metros de altura y cuya madera se usa para muebles y construcciones.

YACAMÍ. m. *Bol*. Chachalaca, especie de gallina.

YACARÉ. (Voz guaraní.) m. *Arg*. y *Parag*. Caimán, reptil saurio.

YACEDOR. m. Mozo de labor que lleva las caballerías a yacer.

YACENTE. (Del lat. *iacens, -entis*.) p. a. de **Yacer.** Que yace. || *Min*. Cara inferior de un criadero.

YACER. al. **Liegen.** fr. **Gésir.** ingl. **To lie.** ital. **Giacere.** port. **Jazer.** (Del lat. *iacere*.) intr. Estar echada o tendida una persona. YACÍA *en un miserable lecho*. || Estar un cadáver en el sepulcro. *Aquí* YACE *una mujer que fue madre virtuosa*. || Estar o existir real o figuradamente una persona o cosa en algún lugar. YACE *Mendoza cobijada por las níveas cumbres andinas*. || Tener trato carnal con una persona. sinón.: **cohabitar.** || Pacer de noche las caballerías. || irreg. **Conjugación:** INDIC. Pres.: *yazco, yazgo* o *yago, yaces, yace, yacemos, yacéis, yacen*. Imperf.: *yacía*, etc. Pret. indef.: *yací*, etc. Fut. imperf.: *yaceré*, etc. POT.: *yacería*, etc. SUBJ. Pres.: *yazca, yazga, o yaga, yazcas, yazgas o yagas, yazca, yazga o yaga, yazcamos, yazgamos o yagamos, yazcáis, yazgáis o yagáis, yazcan, yazgan o yagan*. Imperf.: *yaciera o yaciese*, etc. Fut. imperf.: *yaciere*, etc. IMPERAT.: *yace o yaz, yazca, yazga o yaga, yazcamos, yazgamos o yagamos, yaced, yazcan, yazgan o yagan*. PARTIC.: *yacido*. GER.: *yaciendo*. || IDEAS AFINES: *Acostarse, postración, boca arriba, boca abajo; muerte, sepulcro, lápida, epitafio*.

YACIENTE. p. a. de **Yacer.** Yacente.

YÁCIGA. f. Parte del cuarto de

buey que está más próxima a la cola.

YACIJA. al. **Lager; Bett.** fr. **Couche; gîte.** ingl. **Couch; lounge.** ital. **Giaciglio.** port. **Jazida.** (De *yacer*.) f. Lecho o cosa en que se está acostado. || Sepultura.

YACIMIENTO. al. **Lagerstätte.** fr. **Gisement.** ingl. **Bed.** ital. **Giacimento.** port. **Jazida.** (De *yacer*.) m. *Geol*. Sitio donde se encuentra naturalmente una roca, un mineral o un fósil. *Hallar un* YACIMIENTO *carbonífero, paleozoico*.

YACIO. m. Árbol euforbiáceo, abundante en los bosques de la América tropical, de unos treinta metros de altura, con tronco grueso y ramas abiertas, sólo pobladas en su extremidad de hojas abiertas, pecioladas y compuestas de tres hojuelas; flores en panojas axilares, y fruto capsular con tres divisiones. Por incisión, se extrae goma elástica de su tronco.

YACIRETÁ. *Geog*. Isla del Paraguay, situada sobre el río Paraná, al O. de Posadas. 468 km². Aguas abajo de esta isla, en los rápidos del Apipé, se construye la importante represa hidroeléctrica Yaciretá-Apipé.

YACK o **JAK.** m. Yac.

YACÓN. m. Planta tuberosa del Perú y Bolivia, cuyo tubérculo es comestible.

YACTURA. (Del lat. *iactura*.) f. Quiebra o daño recibido.

YACÚ. m. *Arg*. y *Bol*. Chachalaca, especie de gallina.

YACUIBA. *Geog*. Ciudad de Bolivia (Tarija). 6.000 h. Estación del ferrocarril que une a la Argentina y Bolivia.

YACUMA. *Geog*. Río del N. de Bolivia, afl. del Mamoré. 450 km.

YACUNDA. adj. Dícese del indio perteneciente a una tribu que habita en el norte del Brasil. Ú.t.c.s. *Los* YACUNDAS *son hábiles constructores de embarcaciones*. || Perteneciente a estos indios.

YACUTORO. m. *Arg*. Yacú.

YACHT. (Voz ingl.; pron. *yot*.) m. Anglicismo por **yate.**

YACHTING. (Voz ingl.; pron. *yáting*.) m. Navegación deportiva o recreativa en yate.

YAGÁN, NA. adj. Aplícase al indio que habita el litoral marítimo de Tierra del Fuego. Ú.t.c.s. || Perteneciente a estos indios. || m. Lengua yagana.

YAGÓN, NA. adj. y s. Yagán.

YAGRUMA. f. || — **hembra.** *Cuba*. Árbol ulmáceo, con hojas grandes, palmeadas y flores en racimo, rosadas, con visos amarillos. || — **macho.** Árbol araliáceo, con peciolos largos, hojas grandes, digitadas, y flores blancas, en umbela. La madera es floja y sus hojas son medicinales.

YAGRUMO. m. *P. Rico* y *Ven*. **Yagruma hembra.**

YAGUA. (Voz caribe.) f. *Cuba* y *P. Rico*. Tejido fibroso que rodea la parte superior del tronco de la palma real, y sirve para varios usos, especialmente en *Ven*. Palma que sirve de hortaliza y también para techar las chozas de los indios y para hacer cestos, sombreros y cabuyas. En invierno da aceite, que sirve para el alumbrado.

YAGUA. adj. Dícese de indios que habitan en el nordeste del Perú, cerca de la frontera brasileña. Ú.t.c.s. || Perteneciente a estos indios.

YAGUAJAY. *Geog*. Población de Cuba (las Villas). 8.000 h. Puerto de cabotaje y centro agrícola.

YAGUAL. m. *C. Rica, Hond.* y *Méx*. Rodete para llevar pesos sobre la cabeza.

YAGUALA. *Geog*. Río de Honduras (Olancho y Yoro) que desagua en el Aguán.

YAGUANÉ. adj. y s. *Arg*. Dícese del animal vacuno o caballar que tiene el pescuezo y los costillares de color distinto al del lomo, barriga y ancas. || m. *Arg*. Mofeta, especie de zorro pequeño.

YAGUAR. m. Jaguar.

YAGUARETÉ. m. *Arg*. y *Parag*. Yaguar.

YAGUARÍ. *Geog.* Arroyo del Uruguay (Rivera y Tacuarembó) que desagua en el río Tacuarembó. 150 km.
YAGUARÓN. *Geog.* Río de América del Sur que marca el límite entre Brasil y Uruguay Desagua en la laguna Merín. 135 km.
YAGUARÚ. m. *R. de la Plata.* Mamífero anfibio de los ríos, muy semejante al lobo marino, velludo y con garras.
YAGUAS. *Geog.* Río del Perú (Loreto) afl. del Putumayo en la frontera brasileña.
YAGUASA. f. *Cuba* y *Hond.* Especie de pato salvaje, de color pardo claro y manchas obscuras, que vive a orillas de lagunas y ciénagas.
YAGÜE DE SALAS, Juan. *Biog.* Escritor y poeta esp., autor de *Los amantes de Teruel,* obra publicada en 1616 en versos endecasílabos y celebrada, entre otros, por Lope de Vega y Guillén de Castro (s. XVI).
YAGUR. m. Yogur.
YAGURÉ. m. *Amér.* Mofeta, especie de zorro.
YAHUAR - HUACAC. *Biog.* Emp. del antiguo Perú que consolidó su reino e inició guerras que lo transformarían en la más poderosa organización política entre los indígenas de América del Sur (s. XIV).
YAICUAJE. (Voz caribe.) m. *Cuba.* Árbol sapindáceo, con hojas compuestas, flores blancas en panoja y madera compacta de color rojizo claro.
YAICHIHUE. m. *Chile.* Planta de la familia de las bromeliáceas.
YAITÍ. m. *Cuba.* Árbol euforbiáceo, con hojas lanceoladas, flores pequeñas amarillas y madera muy dura, que sirve para vigas y horcones.
YAL. m. *Chile.* Pájaro conirrostro, de plumaje gris y pico amarillo.
YAKARTA. *Geog.* V. **Jakarta.**
YALOMITSA. *Geog.* Río de Rumania; nace en los Alpes de Transilvania y desagua en el Danubio. 240 km.
YALOW, Rosalyn. *Biog.* Investigadora estadounidense a quien se otorgó en 1977 el premio Nobel de Fisiología y Medicina, compartido con sus compatriotas Roger Guillemin y Andrew Schally, por sus notables estudios sobre endocrinología (n. en 1921).
YALTA. *Geog.* Ciudad y puerto de la U.R.S.S., en la península de Crimea. 45.000 h. En febrero de 1945, Stalin, Roosevelt y Churchill celebraron allí una conferencia donde acordaron entre otras cosas, las condiciones de paz para Alemania y la creación de las Naciones Unidas.
YALÚ. *Geog.* Río del N.E. de Asia, que sirve de límite entre China y Corea. 500 km.
YALUNG. *Geog.* Río de la China, afluente del Yang-tse-Kiang por la margen izquierda. 1.500 km.
YAMA. *Mit.* Dios de la mitología india, que juzga a los muertos recompensándolos de acuerdo a lo que se han hecho acreedores en vida.
YAMAGATA. *Geog.* Ciudad del Japón, en la isla de Hondo. 205.000 h. Centro industrial.
YAMAGUCHI. *Geog.* Ciudad del Japón, en la isla de Hondo. 102.000 h.
YAMAL. *Geog.* Península de la costa sept. de Siberia, en el Océano Glacial Ártico, que separa el mar de Kara del estuario del río Obi.
YAMAO. m. *Cuba.* Árbol meliáceo, con hojas de folículos oblongos que come el ganado y flores blanquecinas pequeñas en panoja. Su madera, blanca, se usa en construcción.
YÁMBICO, CA. (Del lat. *iambicus,* y éste del gr. *iambikós.*) adj. Perteneciente o relativo al yambo. ‖ m. **Verso yámbico.**
YAMBICO. *Biog.* Filósofo gr., autor de *Vida de Pitágoras; Exhortación a la filosofía; Sobre la ciencia matemática común,* etc. Pertenece a la llamada escuela siria del neoplatonismo y acentúa los caracteres místicos y religiosos de esta doctrina (m. 530).
YAMBO. (Del lat. *iambus,* y éste del gr. *iambos.*) m. Pie de la poesía griega y latina, formado por dos sílabas: breve, la primera, y larga la otra. ‖ Pie de la poesía española compuesto de una sílaba átona seguida de otra tónica, como *clavel.*
YAMBO. (Del sánsc. *jambu.*) m. Árbol mirtáceo, grande, que tiene las hojas opuestas y lanceoladas, la inflorescencia en cima y por fruto la pomarrosa. Procede de la India Oriental y se cultiva mucho en las Antillas.
YAMUNDA. *Geog.* Río del Brasil, afl. del Amazonas. Forma el límite entre los Est. de Pará y Amazonas. 400 km.
YANA. f. *Cuba.* Árbol combretáceo, de tronco tortuoso, hojas alternas y flores en racimo; su madera, dura, se emplea en construcción.
YANACÓN. m. *Perú.* Yanacona, indio aparcero.
YANACONA. (Voz quichua.) adj. Aplícase al indio que estaba al servicio de los españoles en algunos países de la América Meridional. Ú.t.c.s. ‖ m. *Amér. del S.* Indio que es aparcero en el cultivo de una tierra.
YANACONAJE. m. *Perú.* Conjunto de yanacones.
YANAHUANCA. *Geog.* Lagunas del Perú (Lambayeque) que proporcionaban agua para el sistema de riego de los incas.
YANAÍGUA. adj. Aplícase a indios de Bolivia que habitan en el norte del río Pilcomayo, en el departamento de Santa Cruz. Ú.t.c.s. ‖ Perteneciente a estos indios.
YANAL. m. *Cuba.* Lugar poblado de yanas.
YANAON. *Geog.* Antiguo establecimiento francés sit. en la costa oriental de la India. 17,1 km². 5.600 h. En 1954 se incorporó a la India, a la que pertenece oficialmente desde 1956.
YANCA. f. *Chile.* Salbanda. ‖ adj. *Nic.* Yanqui. Ú.t.c.s.
YANDIATUBA. *Geog.* Río de Brasil que desagua en el Amazonas. 450 km.
YANG, Chen Ning. *Biog.* Científico chino, cuyas investigaciones en la física de las partículas, realizadas en EE. UU., contribuyeron a un acelerado desarrollo de dicha especialidad. En 1957 le fue adjudicado el premio Nobel de Física, junto con Tsung Dao Lee (n. en 1922).
YANG-TSE. *Geog.* Río de China, llamado también río Azul. Nace en la meseta del Tíbet, atraviesa la región central de China, pasa por la c. de Nanking y desagua en el mar de la China Oriental. 5.500 km. Importante vía de comunicación. Millares de personas viven en embarcaciones ancladas en sus aguas.
YANGUES, Manuel de. *Biog.* Sac. y escritor esp., notable por sus estudios sobre las lenguas indígenas de América. Obras: *Catecismo en lengua de Cumaná; Principio y reglas de la lengua cumanagota, general en varias naciones que habitan la provincia de Cumaná, en las Indias Occidentales,* etc. (1630-1676).
YANILLA. f. *Cuba.* Árbol silvestre, que crece en las ciénagas del litoral.
YANKAS, Lautaro. *Biog.* Novelista chileno cont., autor de *La risa de Pillán; La morena de la loma; Flor Lumao,* etc. (n. 1902).
YANQUI. (Del ingl. *yankee.*) adj. Natural de Nueva Inglaterra, EE.UU., y por extensión, natural de este país. Apl. a pers., Ú.t.c.s.
YANTA. (De *yantar.*) f. p. us. Comida del mediodía.
YANTAR. (Forma substantiva de *yantar,* comer.) m. Cierto tributo que pagaban los habitantes de los pueblos para el mantenimiento del soberano y del señor cuando transitaban por ellos. ‖ Prestación enfitéutica que se paga al poseedor del dominio directo de una finca.
YANTAR. (Del lat. *ientare,* almorzar.) tr. p. us. Comer, especialmente al mediodía.
YANTRA. *Geog.* Río de Bulgaria; nace en los Balcanes y desemboca en el Danubio. 180 km.
YÁÑEZ, Agustín. *Biog.* Escritor mex., autor de *Al filo del agua; Melibea; La tierra pródiga; Isolda y Aida en tierras cálidas,* etc. Eximio nov. de tendencia lírica, narra la vida de su patria con influencia de la literatura europea (n.1904). ‖ **— Rodrigo.** Poeta esp., supuesto autor del *Poema de Alfonso XI* (s. XIV). ‖ **— PINZÓN, Vicente.** V. **Pinzón, Vicente Yáñez.** ‖ **— SILVA, Nathanael.** Novelista y dramaturgo chil., autor de *La mujer cruel; La vida errante; Las tragedias del arte,* etc. (1884-1965).
YAPA. (Voz quichua.) f. *Amér. del S.* Añadidura, adehala. *¿No me da la* YAPA? ‖ *Arg., Chile* y *Urug.* Parte extrema del lazo que termina con la argolla. ‖ *Min.* Azogue que se agrega al mineral, en las minas argentíferas de América, para facilitar el término de su trabajo en el buitrón.
YAPACANI. *Geog.* Río de Bolivia, en el departamento de Santa Cruz, que desagua en el río Mamoré.
YAPAR. (Voz quichua.) tr. *Amér. del S.* Añadir la yapa.
YAPÉ. m. *Ven.* Árbol cuya corteza y madera son medicinales, y la semilla sirve para perfumar el rapé, las roperías, etc.
YAPEYU. *Geog.* Población de la Argentina (Corrientes). 4.000 h. Fundada por las antiguas misiones jesuíticas; fue el lugar de nacimiento del Libertador San Martín.
YAPÓ. m. Especie de comadreja anfibia de América; tiene la cara y el hocico de un color negro intenso.
YAPÚ. (Voz guaraní). Pájaro sudamericano, de plumaje negro y pardo, y cola con plumas amarillas. *Xanthornus decumanus.*
YAPURA. *Geog.* Río de Amér. del S. V. **Caquetá.**
YAQUE. *Geog.* Pico en la cordillera central de la Rep. Dominicana. 2.955 m. ‖ **— del Norte.** Río de la Rep. Dominicana; nace en el pico de Yaque y desagua en la bahía de Manzanillo. 399 km. ‖ **— del Sur.** Río de la Rep. Dominicana también llamado **Neiba.** Nace en el pico de Yaque y desagua en la bahía de Neiba. 200 km.
YAQUÉ. m. *Arg.* Chaqué.
YAQUI. *Geog.* Río de México (Chihuahua y Sonora) que desagua en el golfo de California. 700 km.
YAQUIL. m. *Chile.* Arbusto rámneo, espinoso, cuyas raíces, que producen en el agua una espuma jabonosa, se usan para lavar tejidos.
YARA. *Geog.* Río del S. de Cuba. Nace en la Sierra Maestra y desemboca en el golfo de Guacanayabo.
YARACUY. *Geog.* Río de Venezuela; atraviesa el Est. de su nombre y desagua en el mar de las Antillas. 150 km. ‖ Estado del N. de Venezuela. 7.100 km². 225.000 h. Cap. San Felipe. Cacao, caña de azúcar, maíz, café y cobre.
YARACUYANO. adj. Natural del Estado venezolano de Yaracuy. Ú.t.c.s. ‖ Perteneciente o relativo a dicho Estado.
YARARA. *Arg., Bol.* y *Parag.* Víbora de gran tamaño, de color pardo con manchas blanquecinas, muy temida por su mordedura, que es extraordinariamente venenosa. Gén. *Bothrops.*
YARARACA. f. *Arg., Bol.* y *Parag.* Yarará.
YARAVÍ. (Voz quichua.) m. Cantar tierno y melancólico en compás de tres tiempos; de procedencia incaica, su zona de influencia se extiende desde Ecuador a la Argentina.
YARDA. al. **Yard.** fr. **Yard.** ingl. **Yard.** ital. **Iarda.** port. **Jarda.** (Del ingl. *yard.*) f. Medida inglesa de longitud, equivalente a 91 cm. aproximadamente.
YARE. (Voz caribe.) m. Jugo venenoso que se extrae de la yuca amarga. ‖ *Ven.* Masa de yuca dulce con la que se prepara el cazabe.
YARETÁ. (Voz quichua.) f. Planta umbelífera de las altas mesetas de Perú, Bolivia y Argentina.
YAREY. m. *Cuba.* Planta de la familia de las palmas, que tiene tronco delgado y corto y hojas plegadas, sin espinas, cuyas fibras se emplean para tejer sombreros. *Chamaerops yarey.*
YARÍ. *Geog.* Río de Colombia; atraviesa la intendencia de Caquetá y desemboca en el río de ese nombre.
YARITAGUA. *Geog.* Población de Venezuela (Yaracuy). 7.500 h. Centro agrícola.
YARMOUTH, Gran. *Geog.* V. **Gran Yarmouth.**
YARO. m. Aro, planta.
YARO. m. *Urug.* Indio que habitaba en la costa oriental del Uruguay, al sur del río Negro.
YAROSLAV. *Geog.* Ciudad de la Unión Soviética en la R.S.F.S.R., a orillas del Volga. 520.000 h. Centro agrícola e industrial.
YARUMAL. *Geog.* Ciudad de Colombia (Antioquia). 12.000 h. Producción agrícola y minera.
YASSA. *Geog.* Nombre de dos picos del Himalaya merid., en Nepal, al N.O. de Katmandú. El más alto mide 8.135 m. y el otro 7.872 m.
YATAGÁN. (Del turco *yatagán.*) m. Especie de sable o alfanje usado por los orientales.
YATAÍ o **YATAY.** m. *R. de la Plata.* Planta de la familia de las palmas, cuyo fruto se usa para la fabricación de aguardiente y la fibra de las hojas para tejer sombreros. Gén. *Butia yatay.*
YATAIBA. (Voz guaraní.) m. *Parag.* Fustete.
YATAITY. *Geog.* Ciudad del Paraguay (Guairá). 10.000 h. Producción agropecuaria.
YATARO. m. *Col.* Tucán, ave.
YATASTO. *Geog.* Población de la Argentina (Salta). 1.200 h. En su célebre casa de postas realizaron San Martín, Belgrano y Pueyrredón entrevistas importantes para la lucha por la independencia argentina.
YATE. (Del ingl. *yacht,* y éste del hol. *jacht.*) m. Embarcación de gala o de paseo.
YATIRÉ. (Voz aimará.) m. *Amér.* Nombre que se da al indígena que hace curaciones por medio de hierbas.
YATRALÉCTICA. f. *Ter.* Tratamiento de las enfermedades mediante unciones y fricciones.
YATRICO, CA. (Del gr. *iatrikós;* de *iatrós,* médico.) adj. Perteneciente o relativo al médico o a la medicina.
YATROLOGÍA. (Del gr. *iatrós,* médico, y *logos,* tratado.) f. Ciencia de la medicina.
YAUCO. *Geog.* Población del S.O. de Puerto Rico. 11.040 h. Centro comercial.
YAUTEPEC. *Geog.* Población de la región central de México (Morelos). 9.000 h. Centro agrícola.
YAVARÍ. *Geog.* Río de Amér. del S., afluente del Amazonas, que sirve de límite entre Perú y Brasil. 1.000 km.
YÁVERO. *Geog.* V. **Paucartambo.**
YAWATA. *Geog.* Ciudad del Japón, en la isla de Kiu-Shiu. 275.000 h. Centro siderúrgico.
YAYA. f. Árbol anonáceo, con tronco recto y delgado, hojas lanceoladas y flores blancuzcas; su madera es flexible y fuerte. ‖ *Amér* y *Col.* Llaga. ‖ *Col.,Cuba, Chile* y *Perú.* Dolor insignificante. ‖ Herida pequeña; cicatriz. ‖ *Cuba.* Cualquier palo usado a modo de bastón. ‖ **— cimarrona.** Árbol de tronco muy ramoso, hojas oblongas y brillantes, y flores amarillas, pequeñas; el fruto sirve de alimento a los cerdos. ‖ *Perú.* Insecto, especie de ácaro.
YAZ. (Del ingl. *jazz* o *jazz-band.*) m. Cierto género de música bailable derivado de ritmos y melodías de los negros norteamericanos. ‖ Orquesta especializada en la ejecución de este género de música.
YAZOO. *Geog.* Río de los EE.UU. que desagua en el Misisipí. Recorre 467 km. a través del Est. de Misisipí.
Yb. *Quím.* Símbolo del iterbio.
YBYCUI. *Geog.* Ciudad del Paraguay (Paraguarí). 22.000 h. En sus alrededores hay yacimientos de hierro.
YDÍGORAS FUENTES, Miguel. *Biog.* Militar y político guat., nacido en 1896, pres. de la República desde 1958 hasta 1964; fue depuesto en 1963.
YE. f. Nombre de la letra *y.*
YEATS, Guillermo Butler. *Biog.* Poeta y dramaturgo ingl., que en 1923 recibió el premio Nobel de Literatura. Lírico sutil y delicado, se inspira en tradiciones y leyendas de Irlanda, su tierra natal. Obras: *La torre; La escalera de caracol; La condesa Cathleen; Cuatro piezas para bailarines; La taza de caldo; Los cisnes salvajes en Coole,* etc. (1865-1939). ‖ **— BROWN, Francisco.** Mil. y escritor ingl., autor de *¡Perros de guerra!; Cuerno de Oro; Lanceros de Bengala,* y otros cél. relatos de guerra (1886-1944).
YECLA. *Geog.* Ciudad de España (Murcia). 30.000 h. Monumentos históricos y vinos de calidad.
YECO. m. *Chile.* Especie de cuervo marino.
YEDDA. *Geog.* Ciudad de Arabia Saudita (Hedjaz). Puerto sobre el mar Rojo. 195.000 h.
YEDO. *Geog.* Antiguo nombre de la c. de Tokio.
YEDRA. (Del lat. *hédera.*) f. Hiedra.

YEGROS, Fulgencio. *Biog.* Militar y pol. paraguayo, (m.1821) uno de los próceres de la independencia de su patria. Jefe de Estado de 1811 a 1813.

YEGUA. al. **Stute.** fr. **Jument.** ingl. **Mare.** ital. **Giumenta.** port. **Egua.** (Del lat. *equa.*) f. Hembra del caballo. ‖ La que, por contraposición a potro, tiene ya cinco o más años. ‖ m. *Amér. Central.* Colilla de cigarro. ‖ adj. *Amér. Central* y *P. Rico.* Bruto, bestia. *Usted es un* YEGUA. ‖ *Chile.* Enorme, grande. *Me llevé un susto* YEGUA. ‖ – **caponera.** La que guía como cabestro la mulada o caballada cerril, y también las recuas. ‖ – **madrina.** *Arg.* Madrina, **yegua** que guía a una manada de ganado caballar. ‖ **Donde hay yeguas, potros nacen.** ref. que enseña que no se deben extrañar los acontecimientos o defectos por ser naturales, cuando se sabe de donde provienen. ‖ IDEAS AFINES: *Ganadería, cabaña, haras, remonta, caballada, tropilla, caballaje, burro, mulo; potra, potranca, potrero, carreras; jaca, pony, polo.*

YEGUADA. f. Piara de ganado caballar.

YEGUAR. adj. Perteneciente a las yeguas.

YEGUARIZO. m. ant. Yegüerizo. ‖ adj. *Arg.* Dícese del ganado caballar donde predominan las yeguas. Ú.t.c.s. ‖ m. *Amér. del S.* Cantidad grande de yeguas destinadas al mejoramiento del ganado caballar.

YEGÜERÍA. (De *yegüero.*) f. Yeguada.

YEGÜERIZO, ZA. adj. Yeguar. ‖ m. Yegüero.

YEGÜERO. m. El que cuida las yeguas. ‖ *Col.* Yegüeriza.

YEGÜEZUELA. f. dim. de **Yegua.**

YEÍSMO. m. Defecto que consiste en pronunciar la *elle* como *ye*, diciendo, por ejemplo: *cabayo*, por *caballo; gayego*, por *gallego.*

YEÍSTA. adj. Perteneciente o relativo al yeísmo. ‖ Que practica el yeísmo. Ú.t.c.s.

YELA GÜNTHER, Rafael. *Biog.* Escultor guat. autor de un monumento a Benito Juárez; *La edad de la piedra pulimentada*, etc. (1888-1942).

YELAM. *Geog.* Río de la India y el Pakistán que desemboca en el Chenab. 725 km. Es el antiguo **Hidaspes.**

YELCHO. *Geog.* V. **Futaleufú.**

YELMO. al. **Helm.** fr. **Heaume.** ingl. **Helmet; helm.** ital. **Elmo.** port. **Elmo.** (Del b. lat. *helmus*, y del ant. alto al. *helm.*) m. Parte de la armadura antigua, que resguardaba la cabeza y el rostro; se componía de morrión, visera y babera. ‖ IDEAS AFINES: *Caballeros, lid, armadura, espada, lanza, maza; caballo, gualdrapa, divisa; damas, apuestas, desafíos; Bernardo del Carpio, Roldán, el Cid.*

YELLOWSTONE. *Geog.* Río de los EE.UU. (Wyoming y Montana) que desagua en el Misurí. 966 km. ‖ Lago de los EE.UU. (Wyoming). 364 km². ‖ Parque nacional de los EE.UU. (Wyoming, Idaho y Montana) famoso por sus bellezas naturales. 9.000 km². Centro de dispersión de aguas. Exuberante vegetación, fuentes termales y géiseres.

YEMA. al. **Knospe; Eigelb; Kuppe.** fr. **Bourgeon; jaune d'oeuf; pulpe du doigt.** ingl. **Bud; yolk; tip of the finger.** ital. **Gemma; tuorio; polpaccio.** port. **Gema.** (Del lat. *gemma.*) f. Renuevo que nace en el tallo de los vegetales y produce ramos, hojas o flores. *Las* YEMAS *que brotan de una parra; de un geranio.* ‖ Porción central del huevo en los vertebrados ovíparos, que contiene el embrión y está rodeada por la clara y la cáscara. *Un huevo con dos* YEMAS. ‖ Dulce seco compuesto de azúcar y **yema** de huevo de gallina. *Las* YEMAS *que hace mi tía son deliciosas.* ‖ fig. p. us. Medio de una cosa que no participa de las cualidades de las partes extremas. YEMA *del vino.* ‖ La parte mejor de una cosa. ‖ *Zool.* Prolongación carnosa en el cuerpo de algunos animales como pólipos, anélidos, etc.; rudimento de un nuevo individuo. ‖ – **del dedo.** Lado de la punta de él, opuesto a la uña. ‖ – **mejida.** La del huevo batida con azúcar y disuelta en leche, que se emplea como medicamento para los catarros. ‖ IDEAS AFINES: *Planta, germinación, retoño, brote, gema, botón; gallina, óvulo, membrana, albúmina, gallardura; proteína, hidrato de carbono.*

YEMEN. *Geog.* Est. republicano independiente del S. de Arabia. 195.000 km². 7.080.000 h. Cap. SANA. Café, tabaco, azúcar, dátiles. Llámasele también **Arabia Feliz.** ‖ **Rep. Democrática Popular del** –. Est. del S. de la península arábiga. 332.968 km². 1.800.000 h. Cap. AL SHAAB. Se constituyó en 1959 como Federación de la Arabia Meridional con la colonia y protectorado británico de Aden (territ. de Hadramaut, sultanatos autónomos e islas adyacentes); independiente en 1967 con el nombre de **Yemen Meridional,** que cambió en 1970 por el actual.

YEMENÍ. adj. Yemenita.

YEMENITA. adj. Natural de Yemen. Ú.t.c.s. ‖ Perteneciente a esta región de Asia.

YEN. m. Unidad monetaria japonesa. En pl. no varía.

YENISEI. *Geog.* Río de la Unión Soviética, en Siberia. Nace en los montes Sayansk y desemboca en el Océano Glacial Ártico formando un amplio estuario. 4.500 km.

YENTE. (Del lat. *iens, euntis.*) p. a. de **Ir.** Que va. Sólo se emplea en la locución **yentes y vinientes.**

YEPES, Jesús María. *Biog.* Jurisconsulto, diplomático y político col., autor de *Arte y cultura; El panamericanismo y el derecho internacional; La reforma educacionista en Colombia*, etc. (1891-1962). ‖ – **José Ramón.** Poeta y político ven., uno de los más destacados representantes de la primera generación romántica de su patria. Obras: *La medianoche; Muerte de una niña; Nieblas.* etc. (1822-1881).

YERAL. m. Terreno sembrado de yeros.

YERBA. (Del lat. *herba.*) f. Hierba. ‖ *Amér. del S.* Por anton., **yerba mate.** ‖ – **de la perdiz.** Planta rosácea de la América austral, con flores muy pequeñas y fruto ovoide. ‖ – **del charrúa.** Planta dicotiledónea del Brasil y Uruguay, con hojas numerosas a lo largo del tallo y flores azules en cabezuela. ‖ – **mate.** Especie de acebo con hojas lampiñas, pecioladas, oblongas y aserradas por el borde; flores axilares blancas, de pedúnculo largo, en ramilletes apretados, y fruto en drupa de color rojo, con cuatro huesecillos. Se encuentra en Argentina, Brasil, Paraguay y Uruguay. *Ilex paraguayensis.* ‖ Hojas de este arbolito, que, secas y empaquetadas, son uno de los ramos principales del comercio paraguayo; con ellas se prepara la infusión llamada **mate.** ‖ IDEAS AFINES: *Campo, vegetación, verde, césped; mate, bombilla, pava, cebar, succión, amargo, dulce, reunión, fogón, rueda, criollos, cimarrón.*

YERBAJO. m. desp. de **Yerba.**

YERBAL. m. *Amér. del S.* Plantío de yerba mate.

YERBAL. *Geog.* Arroyo del Uruguay (Treinta y Tres) que desemboca en el Olimar.

YERBATERO, RA. adj. *Col., Chile, Ecuad.; Méx., Perú, P. Rico* y *Venez.* Dícese del médico o curandero que cura con hierbas. *Amér. del S.* Perteneciente o relativo a la yerba mate. *Industria, producción* YERBATERA. ‖ s. *Col., Chile, Ecuad., Perú* y *P. Rico.* Vendedor de hierbas o de forraje. ‖ m. *Amér. del S.* El que cultiva o explota la yerba mate.

YERBEAR. intr. *Arg.* y *Urug.* Tomar mate.

YERBERA. f. *Arg.* Vasija en que se guarda la yerba mate.

YERMA. *Lit.* Drama de Federico García Lorca, estrenado en 1935, en Madrid. Obra cuya profunda poesía emerge, ante todo, de la substancia dramática y en la cual se expresa con estremecimiento trágico lo ineludible del sexo que puja por alcanzar su objeto. Es una de las más altas expresiones del teatro español.

YERMAR. tr. Despoblar o dejar yermo un lugar, campo, etc.

YERMO, MA. al. **Ode; wüst.** fr. **Friche; lande.** ingl. **Waste.** ital. **Ermo.** port. **Ermo.** (Del lat. *eremus*, y éste del gr. *éremos.*) adj. Inhabitado. *Lo que fue lugar* YERMO, *ocúpanlo ahora los rudos mineros*; sinón.: **despoblado.** ‖ Inculto, sin cultivo. *Tierra* YERMA. Ú.t.c.s. *Hay que arar ese* YERMO; sinón.: **baldío, infecundo.** ‖ m. Terreno inhabitado. *Un apartado* YERMO, *en que abunda la caza.*

YERNO. al. **Schwiegersohn.** fr. **Gendre.** ingl. **Son-in-law.** ital. **Generó.** port. **Genro.** (Del ant. *gerno.*) m. Respecto de una persona, marido de su hija.

YERO. (De *yervo.*) m. Planta herbácea anual, con tallo erguido de unos cuatro decímetros; hojas compuestas de hojuelas oblongas y terminadas en punta; flores rosáceas, y fruto en vainas infladas, nudosas, con tres o cuatro semillas pardas. Esta leguminosa sirve de alimento al ganado vacuno y a otros animales. Ú.m. en pl. ‖ Semilla de esta planta. U.m. en pl.

YEROVI, Leónidas. *Biog.* Escr. y humorista per. que usó el seudónimo de **El Joven X** y publicó *La de cuatro mil; Álbum de Lima*, etc. (1881-1917).

YERRA. f. *Arg., Urug.* y *Chile.* Hierra.

YERRO. al. **Irrtum.** fr. **Faute.** ingl. **Fault.** ital. **Errore.** port. **Erro.** (De *errar.*) m. Falta o delito que se comete por ignorancia o malicia, contra los preceptos y reglas de un arte, y de modo absoluto contra las leyes humanas y divinas. *Corregir y perdonar los* YERROS. ‖ Equivocación por descuido o inadvertencia. ‖ – **de cuenta.** Falta que se comete por equivocación o descuido, y especialmente cuando es en perjuicio o utilidad de otro, como en las cuentas y cálculos. ‖ – **de imprenta.** Errata.

YÉRSEY o **YERSI.** m. *Amér.* Jersey. ‖ *Amér.* Tejido fino de punto.

YERSIN, Alejandro E. *Biog.* Méd. suizo, autor de notables investigaciones sobre microbiología. Descubrió el bacilo de la peste bubónica y preparó el suero que hoy se utiliza como antídoto (1863-1943).

YERTO, TA. al. **Steif; starr.** fr. **Raide; tendu.** ingl. **Stiff; rigid.** ital. **Rigido.** port. **Hirto.** (Del lat. *erectus*, erguido, rígido.) adj. Tieso, rígido o áspero. *El* YERTO tronco del roble. ‖ Dícese del viviente que ha quedado rígido por el frío, y también del cadáver u otra cosa en que se produce igual efecto. *Nos quedamos* YERTOS *de frío.*

YERVO. (Del lat. *ercum.*) m. Yero.

YESAL. m. Yesar.

YESAR. m. Terreno que abunda en mineral de yeso beneficiable. ‖ Cantera de yeso o aljez.

YESCA. al. **Zunder.** fr. **Amadou.** ingl. **Tinder.** ital. **Esca.** port. **Isca.** (Del lat. *esca*, comida, alimento, por serlo del fuego.) f. Materia muy seca que prende a la menor chispa. *La* YESCA *se hizo ascua sobre el pedernal al ser éste herido por el eslabón.* ‖ fig. Lo que está sumamente seco, y por consiguiente dispuesto a encenderse o abrasarse. ‖ fig. Incentivo de cualquier pasión. ‖ fig. y fam. Cualquier cosa que excita el deseo de beber, y especialmente de beber vino. ‖ *Ec.* Deuda. ‖ *Ec.* y *P. Rico.* Corteza fibrosa del coco cuando está seca. ‖ pl. Lumbre, conjunto de eslabón, **yesca** y pedernal.

YESERA. f. Yesar.

YESERÍA. (De *yesero.*) f. Fábrica de yeso. ‖ Tienda o sitio en que se vende yeso. ‖ Obra de yeso.

YESERO, RA. adj. Perteneciente al yeso. ‖ s. Persona que fabrica o vende yeso.

YESO. al. **Gips.** fr. **Plâtre.** ingl. **Plaster.** ital. **Gesso.** port. **Gesso.** (Del lat. *gypsum.*) m. Sulfato de calcio hidratado, compacto o terroso, blanco por lo común, tenaz y sumamente blando. Deshidratado por el fuego y molido se endurece rápidamente cuando se amasa con agua. Se emplea en la construcción, escultura y prótesis dental. ‖ Obra de escultura vaciada en yeso. ‖ – **blanco.** Entre albañiles llámase así al más fino y blanco, usado principalmente para el enlucido del cielo raso, los muros de las habitaciones, etc. ‖ – **espejuelo.** Espejuelo, mineral. ‖ – **mate.** Yeso blanco muy duro, que matado, molido y amasado con agua de cola, sirve como aparejo para pintar y dorar y otros usos. ‖ – **negro.** El más basto y de color gris, usado por los albañiles, principalmente para un primer enlucido de tabiques y muros. ‖ IDEAS AFINES: *Selenita, aljez, alabastrita, escayola, escultura, vaciado, modelado; albañil, yesero, cuezo, lechada, amasijo, estuco, revoque.*

YESO. *Geog.* Isla del Japón, la más septentrional del arch. 78.515 km². 5.235.000 h. Cap. SAPPORO. Arroz, pesquerías, seda. Se llama también **Hokkaido.**

YESÓN. m. Cascote de yeso; suele emplearse en la construcción de tabicones.

YESOSO, SA. adj. De yeso o semejante a él. ‖ Aplícase al terreno abundante en yeso.

YESQUERO. m. El que fabrica o vende yesca. ‖ Esquero.

YETA. (Del ital. *gettatura.*) f. fam. *Arg.* y *Urug.* Infortunio, mala suerte.

YEYUNAL. adj. Perteneciente o relativo al yeyuno.

YEYUNO. (Del lat. *ieiúnum.*) m. *Anat.* Segunda porción del intestino delgado que comienza en el duodeno y termina en el íleon.

YEZGO. (Del ant. *yedgo.*) m. Planta herbácea, vivaz, de la familia de las caprifoliáceas, parecida al saúco, del cual se diferencia por ser las hojuelas más largas y estrechas, tener estípulas y despedir olor fétido.

YGLESIAS, Rubén. *Biog.* Escritor cost., nacido en 1889; autor de *Tierra de sol; Costa Rica y la Federación de Centroamérica*, etc.

YGUREY. *Geog.* V. **Carapá.**

YI. *Geog.* Río del Uruguay que separa los dep. de Durazno, Flores y Florida y desagua en el río Negro. 220 km.

YIDDA. *Geog.* V. **Yedda.**

YO. al. **Ich.** fr. **Je; moi.** ingl. **I.** ital. **Io.** port. **Eu.** (Del lat. *ego.*) Nominativo del pronombre personal de primera persona en género masculino o femenino y número singular. YO, *tú y él.* ‖ m. *Fil.* Con el artículo *el*, o el posesivo, afirmación de conciencia de la personalidad humana como ser racional y libre.

YOCALLA. (Voz aimará: niño.) m. Muchacho callejero o criado de una casa. ‖ Hijo de mestiza.

YOCASTA. *Mit.* Esposa de Layo, madre de Edipo que, después de quedar viuda, se casó, por error, con su propio hijo, del cual llegó a tener nueva descendencia. Al enterarse de la tremenda situación, se suicidó.

YODADO, DA. adj. Que contiene yodo.

YODISMO. m. Envenenamiento producido por el abuso del yodo o de sus derivados.

YODO. al. **Jod.** fr. **Iode.** ingl. **Iodine.** ital. **Iodio.** port. **iodo.** (Del gr.) m. Metaloide negruzco de brillo metálico, que se volatiliza a una temperatura poco elevada, desprendiendo vapores de color azul violeta y de olor semejante al del cloro. Símbolo I. n. atóm. 53, p. atóm. 126,92. *El* YODO *se obtiene de la incineración de las algas marinas; también de las aguas madres del nitrato sódico.* Fue descubierto en 1811 por Curtois. ‖ deriv.: **yódico, ca.**

YODOFORMO. (De *yodo* y *formo*, abreviación de *fórmico.*) m. *Quím.* Cuerpo cuyas moléculas están formadas por un átomo de carbono, uno de hidrógeno y tres de yodo. Es un polvo amarillento, de olor muy fuerte semejante al del azafrán, y se emplea en medicina como antiséptico.

YODURAR. tr. Convertir algo en yoduro. ‖ Preparar con yoduro. ‖ deriv.: **yodurado, da.**

YODURO. m. *Quím.* Cuerpo resultante de la combinación del yodo con un radical simple o compuesto. YODURO *cálcico, potásico.*

YOGA. (Voz índica, del sánsc. *yoga*, unión.) m. Contemplación extática a que se entregan los indios. *El* YOGA *es uno de los sistemas más esenciales de la filosofía india.*

YOGUI. (Del hindú *yogi.*) com. Asceta hindú adepto al sistema filosófico del yoga. ‖ Persona que practica algunos o todos los ejercicios físicos del yoga.

YOGUR. m. Nombre búlgaro de una variedad de leche fermentada. *El* YOGUR *se recomienda para las afecciones intestinales.*

YOJOA. *Geog.* Lago de Honduras entre los dep. de Cortés, Santa Bárbara y Comayagua. Tiene 200 km. de largo por 9 km. de ancho.

YOKOHAMA. *Geog.* Ciudad del Japón, en la isla de Hondo. 2.240.000 h. Arrasada por un terremoto en 1923, fue reconstruida posteriormente. Primer puerto exportador.

YOKOSUKA. *Geog.* Puerto militar del Japón, en la isla de Hondo, sit. al S. de Tokio. 350.000 h.

YOL. m. *Arg.* y *Chile.* Especie de árguenas que sirven para el acarreo en la recolección de la uva y del maíz.

YOLA. (Del ingl. *yawl.*) f. Embarcación muy liviana movida a remo y también a vela. *La* YOLA *es un bote propio para regatas.*

YOLCOS. *Geog. histór.* Antigua ciudad de Grecia (Tesalia) de donde partieron los argonautas para conquistar el vellocino de oro.

YOLE. m. Alforja de cuero que se usa para el acarreo de frutos.

YOLILLO. m. *C. Rica.* Palmera pequeña que da un fruto semejante al del corojo.

YOLOMBO. *Geog.* Población de Colombia, en el dep. de Antioquia. 6.000 h. Minas de oro.

YONIDIO. m. *Bot.* Género de plantas violáceas de la América Meridional que tienen propiedades vomitivas.

YONKERS. *Geog.* Ciudad de EE. UU., sobre el río Hudson (Est. de Nueva York). 156.000 h. Centro fabril.

YONNE. *Geog.* Río del centro de Francia que desagua en el Sena. 293 km. ‖ Dep. de Francia. 7.487 km². 293.000 h. Cap. AUXERRE. Producción agrícola y ganadera. Industria vitivinícola.

YOPO. m. *Col.* Polvo que embriaga y produce alucinaciones.

YÓQUEY o **YOQUI.** (Del ingl. *jockey.*) m. Jinete profesional de carreras de caballos.

YORK, Casa de. *Geneal.* Familia ingl. que dio tres reyes a Inglaterra y cuyas disputas con la casa de Lancáster provocaron la guerra de las Dos Rosas.

YORK. *Geog.* Ciudad de los EE. UU. (Pensilvania). 65.000 h. Centro tabacalero; maquinaria agrícola. ‖ Condado de Gran Bretaña, en Inglaterra, sobre el mar del Norte. 11.856 km². 4.050.000 h. Está dividido en dos secciones. Cap. hom. 105.000 h. Industria textil y metalúrgica.

YORKTOWN. *Geog.* Población de los EE. UU. (Virginia). Victoria de Washington, en 1781, sobre las tropas de lord Cornwallis, que puso fin a la guerra de la independencia norteamericana.

YORO. *Geog.* Departamento del N. de Honduras. 7.939 km². 175.000 h. Cap. homónima. 5.000 h. Maderas, tabaco, cacao, caucho.

YOS. m. Planta enforbiácea de Costa Rica que segrega un jugo lechoso-cáustico, el cual se usa como liga para cazar pájaros.

YOSEMITE. *Geog.* Parque nacional de los EE. UU. (California), famoso por sus bosques de secoyas gigantes y sus cascadas. 3.500 km².

YOSHIHITO. *Biog.* Emp. del Japón coronado en 1912, durante cuyo reinado su país convirtióse en una de las grandes potencias mundiales (1879-1926).

YOUNG, Arturo. *Biog.* Agrónomo ingl., autor de *Curso de agricultura experimental* y de *Anales de Agricultura* (1741-1820). ‖ – **Eduardo.** Poeta y dramaturgo ingl., precursor del romanticismo en su patria. Autor de *Las noches*, su obra maestra, que tuvo émulos e imitadores en toda Europa: *Resignación; Las hermanas,* etc. (1683-1765). ‖ – **Jaime.** Quím. e industrial ingl., descubridor de un procedimiento para obtener petróleo de la hulla (1811-1883). ‖ – **Tomás.** Físico ingl. que descubrió las interferencias lumínicas (1773-1829).

YOUNGSTOWN. *Geog.* Ciudad de los EE. UU. (Ohio). 176.000 h. Metalurgia. Importante centro industrial.

YOURCENAR, Marguerite. *Biog.* Escritora francesa, de origen belga, autora de *Memorias de Adrián, Golpe de gracia,* etc. En marzo de 1980 fue elegida miembro de la Academia Francesa. Es la primera mujer que obtiene tal distinción (n. 1903).

YOYÓ. m. Juguete que consiste en una especie de carrete con un hilo en el medio para hacerlo subir y bajar. Tiene un origen muy antiguo.

YPACARAÍ. *Geog.* Lago del Paraguay, de 24 km. de largo por 4 de ancho, que comunica con el río Paraguay mediante el río Salado. ‖ C. del Paraguay, cap. del dep. Central. 6.000 h.

YPANÉ. *Geog.* Río del Paraguay; nace en la sierra de Amambay y desemboca en el río Paraguay. 275 km.

YPIRANGA. *Geog.* Río de Brasil, en el Est. de San Pablo, desagua en el Tieté.

YPIRANGA, Grito de. *Hist.* V. **Ipiranga, Grito de.**

YPRES. *Geog.* Ciudad de Bélgica (Flandes Occidental). 25.000 h. Encajes. Durante la primera Guerra Mundial fue teatro de importantes operaciones militares.

YPSILON. f. Escríbase **ípsilon.**

YRIGOYEN, Hipólito. *Biog.* Pol. y estadista arg. Dirigente radical, participó en la revolución de 1890 y dirigió otros movimientos cívicos revolucionarios. Presidente de la Rep. de 1916 a 1922, fue reelegido en 1928 y depuesto en 1930 por un golpe de Estado (1852-1933). ‖ – **CANSECO, Pedro.** Escritor per., autor de *La adhesión de la República Argentina al Tratado de Alianza defensiva peruano-boliviana de 1873* y otras obras (n. 1886).

YRURTIA, Rogelio. *Biog.* Destacado escultor arg., autor del grupo *Las pecadoras* (expuesto, en 1903, en París); *Justicia;* monumento a Dorrego; mausoleo a Bernardino Rivadavia, y de otras obras de personal concepción artística (1879-1950).

YSER. *Geog.* Río de Francia y Bélgica que desagua en el mar del Norte. 85 km. Durante la primera Guerra Mundial los ejércitos aliados detuvieron allí el avance alemán.

YSSEL. *Geog.* Río de Holanda, brazo sept. del Rin; desagua en el Zuiderzee. 146 km.

YSTAD. *Geog.* Puerto del S. de Suecia, a orillas del Báltico. 15.000 h. Construcciones navales.

YUA. (Voz guaraní; de *yu* espina y *a,* fruto.) m. *Arg.* Planta espinosa, que da una fruta pequeña, considerada como tónica.

YUAN SHI KAL. *Biog.* Pol. chino, elegido en 1912 presid. al proclamarse la República (1859-1916).

YUBARTA. (En fr. *jubarte.*) f. Cetáceo que alcanza de 16 a 22 metros, y a veces 34; tiene la cabeza enorme y el torso elevado con una aleta dorsal y pliegues longitudinales en la piel del abdomen. Gén. *Megaptera nodosa,* mistacoceto.

YUCA. (Voz haitiana.) f. Planta liliácea, con tallo arborescente de quince a veinte centímetros, lleno de cicatrices y coronado por un penacho de hojas largas, gruesas y ensiformes; flores blancas, colgantes de un escapo largo y central, y raíz gruesa, de la que se obtiene harina alimenticia. Proviene de la América tropical y se cultiva en Europa como planta de adorno. ‖ Nombre vulgar de algunas especies de mandioca. ‖ *Bol., C. Rica* y *Salv.* Embuste. ‖ *Hond.* Noticia desagradable. ‖ *P. Rico.* Pobreza, escasez de dinero.

YUCAL. m. Terreno plantado de yuca.

YUCATÁN. *Geog.* Península del S. E. de México, que separa al golfo de este nombre del mar de las Antillas. Tiene 170.000 km². y abarca el Est. de Yucatán, parte de Campeche, el territ. de Quintana Roo y parte de Belice. ‖ Est. de México en la península hom. 39.340 km². 85.000 h. Cap. MÉRIDA. El henequén es su cultivo principal y alimenta a la industria más importante (cables, telas, zapatos, etc.) Produce también maíz, frutas, tabaco, caña de azúcar, maderas finas, etc. ‖ **Canal de –.** Estrecho que separa la isla de Cuba de la pen. mexicana hom. Une al golfo de México con el mar de las Antillas.

YUCATECO, CA. adj. Natural del estado mexicano de Yucatán. Ú.t.c.s. ‖ Perteneciente o relativo a dicho Estado.

YUCUMA. f. *Bol.* Red pequeña a manera de bozal que se pone a los burros trajineros de heno.

YUCHÁN. m. *Arg.* **Palo borracho.**

YUDO. (Del japonés *yu,* blanco, y *do,* modo.) m. Antiguo sistema de lucha japonés, que hoy se practica como deporte, y que tiene por objeto principalmente defenderse sin armas. Supone el triunfo de la destreza contra la fuerza mediante llaves y golpes aplicados en los puntos más vulnerables del cuerpo.

YUGADA. (De *yugo,* tomado figuradamente por la pareja de bueyes unidos con él.) f. Espacio de tierra que puede arar una yunta en un día. ‖ Yunta, especialmente de bueyes.

YUGAL. adj. Perteneciente o parecido al yugo.

YUGLANDÁCEO, A. adj. *Bot.* Juglándeo. Ú.t.c.s.f. ‖ f. pl. *Bot.* Juglándeas.

YUGO. al. **Joch.** fr. **Joug.** ingl. **Yoke.** ital. **Giogo.** port. **Jugo.** (Del lat. *iŭgum.*) m. Instrumento de madera al cual, formando yunta, se uncen las mulas o los bueyes, y en el que va sujeta la lanza o pértigo del carro, el timón del arado, etc. ‖ Especie de horca, por debajo de la cual, en la antigua Roma, hacían pasar sin armas a los enemigos vencidos. *Gavio Poncio humilló a un ejército romano al hacerlo pasar bajo el* YUGO; sinón.: **horcas caudinas.** ‖ Armazón de madera unida a la campana que sirve para voltearla. ‖ fig. Velo, banda de tela que se pone a los desposados en la misa de velaciones. ‖ Ley o dominio superior que obliga a obedecer. *El* YUGO *de una pasión, de la disciplina.* ‖ Cualquier carga pesada, prisión o atadura. *El* YUGO *de una opresión, de una dictadura.* ‖ *Mar.* Cada uno de los tablones curvos horizontales que se endientan en el codaste para formar la popa de la embarcación. ‖ **Sacudir** uno **el yugo,** frs. fig. Librarse de opresión o afrentoso dominio.

YUGOESLAVO, VA. adj. Yugoslavo.

YUGOSLAVIA. *Geog.* Estado de Europa, situado en la parte N.O. de la península de los Balcanes. 255.804 km². 21.770.000 h. Cap. BELGRADO. Es un país muy accidentado, con cordones montañosos orientados de N. O. a S. E. Las llanuras se hallan en el Norte. La mayor parte de los ríos son afluentes del Danubio. Los cultivos más importantes son los cereales; figuran además los frutales y las plantas industriales. La ganadería supera a la agricultura; riqueza forestal y minera (hulla, hierro, lignito, plomo, etc.). Estado federal desde el 29 de noviembre de 1945, con el nombre de República Federal Socialista de Yugoslavia.

YUGOSLAVO, VA. adj. Natural de Yugoslavia. Ú.t.c.s. ‖ Perteneciente o relativo a este país de Europa.

YUGUERO. (De *yugo.*) m. Mozo que labra la tierra con un par de bueyes, mulas, etc.

YUGULAR. (Del lat. *iugulare.*) tr. Degollar, cortar el cuello. ‖ Detener súbita o rápidamente una enfermedad por medidas terapéuticas. ‖ fig. Hablando de determinadas actividades, acabar pronto con ellas, ponerles fin bruscamente. ‖ adj. *Anat.* V. **Vena yugular.** Ú.t.c.s.

YUGURTA. *Biog.* Rey de Numidia derrotado por los romanos, a quien Sila hizo morir en una prisión (154-114 a. de C.).

YUKAWA, Hideki. *Biog.* Fís. japonés, autor de una cél. teoría que anunciaba la existencia del mesón, comprobada por hallazgos posteriores. Por sus trabajos científicos, en 1949 le fue otorgado el premio Nobel de Física (n. 1907).

YUKÓN. *Geog.* Río de Amér. del N. Desciende de las Montañas Rocosas del Canadá, atraviesa la parte central de Alaska y desagua en el mar de Behring. 3.700 km. ‖ Territorio del N. O. de Canadá. 536.324 km². 20.000 h. Cap. WHITEHORSE. Yacimientos de oro y carbón.

YUMBO, BA. adj. Dícese del individuo de un pueblo indígena de Ecuador, que habita al oriente de Quito. Ú.t.c.s.

YUNA. *Geog.* Río de la República Dominicana (La Vega, Duarte y Samaná). Nace en la cordillera Central y desemboca en la bahía de Samaná. 150 km.

YUNGA. f. *Bol., Chile* y *Perú.* Valle cálido en las vertientes de la cordillera andina. Ú.m. en pl. ‖ *Ec.* Caballo de buena raza.

YUNGA. adj. Se aplica al individuo de un pueblo indio que habitó las costas meridionales del Ecuador. Ú.t.c.s. ‖ Perteneciente a estos indios.

YUNGAY. *Geog.* Población de la región central de Chile (Ñuble). 5.000 h. Actividad agrícola y ganadera. ‖ Población de la región central del Perú (Ancash). 17.000 h. Producción agropecuaria y minera.

YUNGAY, Batalla de. *Hist.* Victoria del ejército chil. sobre las fuerzas de la Confederación peruano–boliviana, en 1839, que separó a Perú de Bolivia.

YUNGKIA. *Geog.* V. **Wenchow.**

YUNQUE. al. **Amboss.** fr. **Enclume.** ingl. **Anvil.** ital. **Incudine.** port. **Bigorna.** (Del lat. *incus.*) m. Prisma de hierro acerado, encajado en un tajo de madera fuerte, que sirve para trabajar en él a martillo los metales. ‖ fig. Persona paciente en la adversidad. ‖ Persona muy asidua y perseverante en el trabajo. ‖ *Anat.* Uno de los huesecillos que hay en la parte media del oído. ‖ IDEAS AFINES: *Bigornia, mecánico, forjador, herrero, macho, martillo, tenazas; aguante, resignación; constancia, laboriosidad.*

YUNQUE, Alvaro. *Biog.* Seudónimo del escritor arg. **Arístides Gandolfi Herrero,** autor de notables cuentos infantiles donde relata los sufrimientos de los niños de las clases humildes. Obras: *Barcos de papel; Versos de la calle; Espantapájaros; Tutearse con el peligro, etc.* (n. 1890).

YUNTA. al. **Gespann.** fr. **Paire de boeufs.** ingl. **Yoke of animals.** ital. **Paio di buoi.** port. **Junta.** (Del lat. *iuncta,* junta.) f. Par de bueyes, mulas u otros animales que sirven en la labor del campo o en los acarreos. ‖ En algunas partes yugada, tierra que ara una yunta en un día.

YUNTERÍA. f. Conjunto de yuntas. ‖ Sitio donde se recogen.

YUNTERO. (De *yunta.*) m. Yuguero.

YUNTAR. (De *yunto.*) tr. ant. Juntar.

YUNTO, TA. (Del lat. *iunctus.*) p.p. irreg. de **Yuntar.** Junto. *Ir* YUNTOS *los surcos.* ‖ adv. m. De manera que los surcos estén juntos. *Arar* YUNTO.

YUNZA. f. *Perú.* Diversión con baile y canto propia de los cholos y que realizan alrededor de un árbol adornado de infinidad de objetos.

YUQUERÍ. m. *Arg.* Planta de la familia de las leguminosas, especie de zarza, con fruto parecido a la zarzamora.

YUQUERÍ. *Geog.* Población de la prov. argentina de Entre Ríos.

YUQUILLA. f. *Cuba.* Sagú, planta canácea. ‖ *Ven.* Planta acantácea.

YURACARÉ. adj. Aplícase al individuo de una tribu de indios de Bolivia, establecida en las vertientes de los Andes Orientales que forman los bosques entre Santa Cruz y Cochabamba. Ú.t.c.s. ‖ Perteneciente o relativo a estos indios.

YURAGUANO. m. *Cuba.* Miraguano.

YURÉ. m. *C. Rica.* Paloma pequeña, muy abundante en todo el país.

YURÉCUARO. *Geog.* Población de México, en el Est. de Michoacán. 10.000 h. Centro agrícola.

YURIEF. *Geog.* V. **Tartu.**

YURRO. m. *C. Rica.* Manantial, ojo de agua.

YURUARÍ. *Geog.* Río de Venezuela (Bolívar). Nace en el valle del Caroní y desagua en el Cuyuní. 300 km.

YURUMA. f. *Ven.* Médula de una palma con la que los indios hacen una especie de pan.

YURUMÍ. (Voz guaraní.) m. *Amér. del Sur.* **Oso hormiguero.**

YURUMO. m. *P. Rico.* **Yagrumo.**

YURYURA. *Geog.* Cadena de montañas en Argelia, cuya máxima altura la alcanza el Jediya con 2.308 m.

YUSCARÁN. *Geog.* Ciudad de Honduras, cap. del dep. de El Paraíso. 2.000 h. Producción agrícola y minera.

YUSERA. f. Piedra circular que sirve de suelo en el alfarje de los molinos de aceite.

YUSIÓN. (Del lat. *iussio, iussionis.*) *For.* Acción de mandar. ‖ Mandato, precepto.

YUSO. (Del b. lat. *iusum,* y éste del lat. *deorsum.*) adv. l. Ayuso.

YUSUF. *Biog.* Nombre de cuatro califas que reinaron en Granada entre 1333 y 1432.

YUTA. f. *Bol.* Ave sin cola. ‖ *Chile.* Babosa, molusco.

YUTE. al. **Jute.** fr. **Jute.** ingl. **Jute.** ital. **Iuta.** port. **Juta.** (Del ingl. *jute.*) m. Materia textil que se saca de la corteza interior de una planta tiliácea de la India. ‖ Tejido o hilado de esta materia.

● **YUTE.** *Ind.* El Indostán es el único productor, donde el **yute** se conoce desde épocas remotas; los europeos lo descubrieron en las postrimerías del s. XVIII y generalizaron su uso desde mediados del s. XIX. El tejido de **yute** se emplea como sucedáneo del cáñamo; de ahí que los ingleses dieran en llamarlo cáñamo de Calcuta. De la India se exporta en rama a diversos países, en los cuales se hila y teje. Se emplea para la fabricación de arpillera y variedades baratas de soga, y se lo mezcla también con telas de lana o seda.

YUXTALINEAL. adj. Dícese de la traducción que acompaña a su original, o del cotejo de textos a dos columnas dispuestos en forma que se correspondan línea por línea para su más fácil comparación.

YUXTAPONER. (Del lat. *iuxta,* cerca de, y *pónere,* poner.) tr. y r. Poner una cosa junto a otra o inmediata a ella. ‖ Conj. como **poner.**

YUXTAPOSICIÓN. (Del lat. *iuxta,* junto a, y *positio, -onis,* posición.) f. Acción y efecto de yuxtaponer o yuxtaponerse. ‖ *Hist. Nat.* Modo de aumentar o crecer los minerales, a diferencia de los animales y vegetales, que crecen por intususcepción.

YUYAL. m. *Amér del S.* Terreno cubierto de yuyos.

YUYERO, RA. (De *yuyo.*) adj. *Arg.* Aficionado a tomar hierbas medicinales. ‖ s. Curandero o curandera que receta principalmente hierbas.

YUYO, YA. (Voz quichua.) adj. *Amér. Central.* Que tiene granos o ampollas en los pies. ‖ *Perú.* Dícese de una cosa insípida, o de la persona sin gracia. ‖ m. *Amér. Central.* Ampolla que se forma entre los dedos de los pies. ‖ *Arg. y Chile.* Yerbajo, hierba inútil. ‖ *Chile.* Jaramago. ‖ pl. *Amér. del Sr.* Hierbas que se usan como condimento y en medicina. ‖ **Yuyo colorado.** *Arg.* Carurú.

YUYUBA. (Del lat. *zizyphum.*) f. Azufaifa.

YVELINES. *Geog.* Dep. de Francia. 2.271 km². 970.000 h. Cap. VERSALLES.

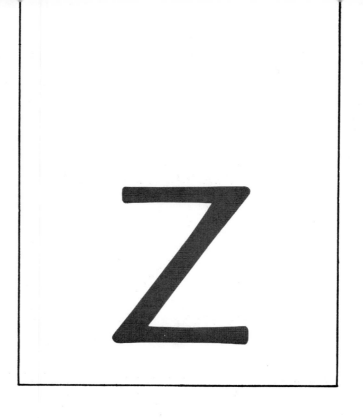

Z. f. Vigésima novena y última letra del abecedario castellano, y vigésima cuarta de sus consonantes. Llámase **zeda** o **zeta**.

¡ZA! Voz usada en algunas partes para ahuyentar a los perros y otros animales.

ZAACHILA. *Geog.* Población del S. de México (Oaxaca). 6.000 h. Corte de los antiguos reyes zapotecas.

ZAANDAM. *Geog.* Ciudad de Holanda (Holanda Septentrional), al N. O. de Amsterdam. 48.000 h. Centro industrial y puerto.

ZAB. *Geog.* Nombre de dos ríos del O. del Asia que nacen en la meseta de Armenia y des. en el Tigris: **Gran Zab** y **Pequeño Zab.** 425 y 400 km., respectivamente.

ZABALA, Alfonso Rómulo. *Biog.* Historiador arg., autor de *Antecedentes de la expedición de Mendoza; Numismática del Virreinato del Río de la Plata; Historia de la Ciudad de Buenos Aires* (en colaboración con Enrique de Gandía), etc. (1884-1949). ‖ — **Bruno Mauricio de.** Militar esp., gobernador de Buenos Aires de 1717 a 1734. Desalojó a los portugueses de la Banda Oriental, y en 1726 fundó la ciudad de San Felipe y Santiago, origen de la actual Montevideo (1682-1736). ‖ — **Juan Carlos.** Atleta arg. que ganó, en 1932, la Maratón en los juegos olímpicos internac., triunfo que, entre los deportistas iberoamericanos, sólo fue emulado, en 1948, por Delfo Cabrera, también arg.

ZABALMEDINA. m. Zalmedina.

ZABARCERA. f. Mujer que revende comestibles por menudo.

ZABAZALA. (Del ár. *cahib açala,* jefe de la oración.) m. Encargado de dirigir la oración pública en la mezquita.

ZABAZOQUE. (Del ár. *cahib assuq,* jefe del mercado.) m. Almotacén.

ZABILA. (Del ár. *çabira,* áloe.) f. Áloe.

ZABILDA. f. Zabila.

ZABORDA. f. *Mar.* Acción y efecto de zabordar; sinón.: **zabordamiento, zabordo.**

ZABORDAMIENTO. m. *Mar.* Zaborda.

ZABORDAR. (De *za,* por *sub,* bajo y *abordar.*) intr. *Mar.* Tropezar y encallar el barco en tierra.

ZABORDO. m. *Mar.* Zaborda. sinón.: **zabordamiento.**

ZABORRO. m. Hombre o niño gordinflón.

ZABRA. (Del ár. *závrac,* embarcación pequeña.) f. Buque de dos palos, de cruz, que se usó en los mares de Vizcaya.

ZABRZE. *Geog.* Ciudad del sur de Polonia. 201.500 h. Actividad industrial.

ZABUCAR. tr. Bazucar.

ZABULON. *Hist. Sagr.* Sexto hijo de Jacob y de Lía, padre de una de las doce tribus de Israel.

ZABULLIR. (Del lat. *subbullire,* de *sub,* debajo, y *bullire,* hervir.) tr. y r. Zambullir. ‖ Conj. como **bullir** ‖ deriv.: **zabullida; zabullidor, ra; zabullidura; zabullimiento.**

ZABUQUEO. (De *zabucar.*) m. Bazuqueo.

ZACA. f. *Min.* Zaque grande que se emplea en los desagües de los pozos de las minas.

ZACAPA. *Geog.* Departamento del este de Guatemala. 2.691 km². 116.000 h. Actividad agrícola-ganadera. Cap. hom. 41.000 h., con el mun. Industria maderera. Tabaco.

ZACAPELA. f. Riña o contienda con ruido y bulla.

ZACAPELLA. f. Zacapela.

ZACARÍAS, San. *Hagiog.* Papa desde 741 hasta 752.

ZACARÍAS. *Hist. Sagr.* Sumo sacerdote judío en el s. IX a. de C. ‖ Rey de Israel en 773 a. de C. ‖ Penúltimo de los doce profetas menores (s. VI a. de C.). ‖ Padre de San Juan Bautista y esposo de Santa Isabel.

ZACATAL. m. *C. Amér., Filip.* y *Méx.* Pastizal.

ZACATE. (Del mex. *çacatl.*) m.

C. Amér., Filip. y *Méx.* Hierba, pasto.

ZACATECA. m. *Cuba.* Sepulturero muñidor de entierros, especialmente el que viste de librea.

ZACATECANO, NA. adj. **Zacateco, ca.**

ZACATECAS. *Geog.* Estado del centro de México. 75.040 km². 955.000 h. Actividad ganadera y minera. Cap. hom. 57.000 h., con el mun. Centro minero. Catedral.

ZACATECO, CA. adj. Natural de Zacatecas. Ú.t.c.s. ‖ Perteneciente a esta ciudad y Estado de México.

ZACATECOLUCA. *Geog.* Ciudad de El Salvador, capital del dep. de La Paz, sit. al S.O. de San Salvador. 15.000 h. Centro cafetero.

ZACATILLA. f. *Méx.* Cochinilla de color negro brillante, especie muy estimada de estos insectos.

ZACATÍN. (Del ár. *çaçatín,* ropavejeros.) m. Plaza o calle donde en algunos pueblos se venden ropas.

ZACATLÁN. *Geog.* Población de México (Puebla). 6.500 h. Ganadería, avicultura.

ZACATÓN. (aum. de *zacate*.) m. *Méx.* Hierba alta de pasto.

ZACCONI, Hermes. *Biog.* Actor dramático ital., creador de inmortales figuras de la escena. Obtuvo renombre universal representando *Espectros; La muerte civil; Hamlet,* etc. (1867-1948).

ZACEAR. tr. Espantar y hacer huir a los animales con la voz **¡zas!** ‖ intr. Cecear, pronunciar la *s* como *c.*

ZACEO. m. Ceceo.

ZACOALCO. *Geog.* Ciudad de México, en el Est. de Jalisco. 11.000 h. Centro agrícola importante.

ZACUALTIPÁN. *Geog.* Población de México, en el Est. de Hidalgo. 5.000 h. Centro agrícola.

ZADAR. *Geog.* V. **Zara.**

ZADORIJA. f. Pamplina, planta papaverácea.

ZAFACOCA. f. *Amér.* y *And.* Riña. trifulca.

ZAFACÓN. m. *P. Rico* y *Sto. Dom.* Recipiente hecho comúnmente de hoja de lata, que se usa para recoger las basuras domiciliarias.

ZAFADA. f. Acción de zafar o zafarse. ‖ fig. Escapada.

ZAFADO, DA. p. p. de **Zafar.** ‖ adj. y s. Descarado, atrevido.

ZAFADURA. f. Acción y efecto de zafar o zafarse. ‖ *Amér.* Dislocación, luxación.

ZAFADURÍA. f. *Arg.* Desvergüenza, descaro.

ZAFANTE. p. a. de **Zafar.** Que zafa. ‖ adv. m. *Cuba* y *P. Rico.* A excepción de, salvo.

ZAFAR. tr. Adornar, guarnecer, hermosear o cubrir.

ZAFAR. (Del ár. *zaha,* irse, alejarse.) tr. y r. *Mar.* Desembarazar, quitar los estorbos de una cosa. ‖ r. Escaparse o esconderse para evitar un encuentro o riesgo. **ZAFARSE** *de alguien.* ‖ Salirse del canto de la rueda la correa de una máquina. ‖ fig. Excusarse de hacer una cosa. **ZAFARSE** *de un compromiso.* ‖ Librarse de una molestia. ‖ *Arg.* y *P. Rico.* Faltar al respeto a alguien. ‖ *Amér.* Dislocarse, descoyuntarse un hueso.

ZAFARÍ. adj. V. **Granada, higo zafarí.** sinón.: **zaharí, zajarí.**

ZAFARRANCHO. (De *zafar,* desembarazar, y de *rancho.*) m. *Mar.* Acción y efecto de desembarazar una parte de la embarcación para dejarla dispuesta a determinada tarea. **ZAFARRANCHO** *de combate, de limpieza,* etc. ‖ fig. y fam. Riza, destrozo. ‖ Riña, pelotera. *Se armó un* **ZAFARRANCHO** *descomunal;* sinón.: **camorra, sarracina.** ‖ IDEAS AFINES: *Toque de clarín, despejo, gritería, artillería, combate; balde, manguera, agua, lavado; estropicio, estrago; alboroto, bronca, tiro, cuchillada, policía, hospital, cárcel.*

ZAFIEDAD. f. Calidad de zafio.

ZAFIO, FIA. (Del ár. *chafí,* rudo.) adj. Tosco, inculto, grosero. ‖ deriv.: **zafiamente.**

ZAFIR. m. **Zafiro.**

ZAFIREO. f. **Zafiro.**

ZAFIRINA. (Del lat. *sapphirina,* term. f. de -*nus,* zafirino.) f. Calcedonia azul.

ZAFIRINO, NA. (Del lat. *sapphirinus.*) adj. De color de zafiro. •

ZÁFIRO. m. Vulgarismo por **zafiro.**

ZAFIRO. al. **Saphir.** fr. **Saphir.** ingl. **Sapphire.** ital. **Zaffiro.** port. **Safiro.** (Del lat. *sapphirus;* éste del gr. *sápheiros,* y éste del hebr. *chapphir,* pulcro.) m. Corindón cristalizado de color azul. ‖ — **blanco.** Corindón cristalizado, incoloro y transparente. ‖ — **oriental.** Zafiro muy estimado por su brillo.

ZAFO, FA. (De *zafar.*) adj. *Mar.* Libre y desembarazado. ‖ fig. Libre y sin perjuicio. *Salió* ZAFO *en el combate.*

ZAFÓN. (En port. *safoes* y *ceifoes;* en el ár. español *sicán,* tal vez errata por *sifán*.) m. Zahón. Ú.m. en pl.

ZAFRA. (Del ár. *safr,* vaso de latón.) f. Vasija metálica, con agujeritos en el fondo, en que los vendedores de aceite colocan las medidas para que escurran. ‖ Vasija para guardar aceite.

ZAFRA. f. En algunos lugares, **sufra.**

ZAFRA. (Del ár *çafaria,* estación de la cosecha.) f. Cosecha de la caña dulce. En *Arg.* aplícase también a la de la yerba mate y otros productos. ‖ Fabricación del azúcar de caña, y por extensión, del de remolacha. ‖ Tiempo que dura esta fabricación.

ZAFRA. f. *Min.* Escombro.

ZAFRAMBOLI. *Geog.* Ciudad del centro N. de Turquía asiática. 37.000 h. Azafrán.

ZAFRE. (Del m. or. que *zafiro.*) m. Óxido de cobalto mezclado con cuarzo y pulverizado que se emplea especialmente para dar color azul a la loza y al vidrio.

ZAFRERO. m. *Min.* Obrero que

se ocupa en trechear zafras.
ZAGA. (Del ár. *çaca*, retaguardia.) f. Parte posterior, trasera de una cosa. ‖ Carga que se coloca en la parte posterior de un carruaje. ‖ En el fútbol y otros deportes, conjunto de los jugadores que defienden el arco o meta de un equipo. *Juega en la* ZAGA; *esa* ZAGA *rechaza muy bien.* ‖ m. El último en el juego. *¿Quién es el* ZAGA? ‖ **A la zaga, a zaga,** o **en zaga.** m. adv. Atrás o detrás. ‖ **No ir,** o **no irle,** uno **en zaga** a otro, o **no quedarse en zaga.** frs. fig. y fam. No ser inferior a otro en un asunto.
ZAGAZIG. *Geog.* Ciudad de Egipto, sobre el delta del Nilo, al N.E. de El Cairo. 152.000 h. Comercio de algodón y cereales.
ZAGAL. al. **Hirtenjunge; Bursche.** fr. **Adolescent.** ingl. **Swain.** ital. **Adolescente.** port. **Mancebo.** (Del ár. *zagal*, joven animoso.) m. Muchacho que ha llegado a la adolescencia. *Ya está hecho un* ZAGAL, *y hay que darle oficio.* ‖ Mozo fuerte y gallardo. *Un* ZAGAL *admirado por las mozas.* ‖ Pastor mozo, subordinado al rabadán. *Aquel* ZAGAL, *aunque aficionado a la flauta, no descuidaba el rebaño.* ‖ Mozo que en los carruajes de transporte ayuda al mayoral. ‖ IDEAS AFINES: *Jovencito, aprendiz; juventud, retozo, ilusiones; zurrón, perro, zampoña, rebaño, postillón, coche, pescante.*
ZAGAL. (Del lat. *sagum*, sayo.) m. Zagalejo, refajo.
ZAGALEJA. f. dim. de **Zagala.**
ZAGALA. (De *zagal*, muchacho.) f. Joven soltera. *Una* ZAGALA *muy cortejada.* ‖ Pastora joven. ‖ Niñera.
ZAGALEJO. (dim. de *zagal*, refajo.) m. Refajo o falda de abrigo que usan sobre las enaguas las lugareñas.
ZAGALEJO. m. dim. de **Zagal,** muchacho.
ZAGALÓN, NA. (aum. de *zagal.*) s. Adolescente muy crecido.
ZAGREB. *Geog.* Ciudad de Yugoslavia, cap. de la Croacia. 567.000 h. Centro industrial, comercial y cultural. Universidad. Ant. **Agram.**
ZAGROS, Montes. *Geog.* Cordón montañoso del oeste del Irán. Tiene una longitud de 1.000 km. y una altura máxima de 4.700 m.
ZAGUA. f. *Bot.* Arbusto de la región del Mediterráneo, ramoso, de hojas opuestas, carnosas, y flores axilares de dos en dos; es planta barrillera. *Salsola oppositifolia,* salsoláceа.
ZAGUAL. (Del ingl. *shovel*, pala.) m. Remo corto de una sola pieza, cuyo palo tiene en el guión una muletilla y en el otro extremo una pala de forma acorazonada.
ZAGUÁN. al. **Vorhalle.** fr. **Vestibule.** ingl. **Vestibule.** ital. **Portico.** port. **Saguão.** (Del ár. *catuán*, y éste del gr. *stoá*, pórtico.) m. Espacio cubierto situado dentro de una casa, que sirve de entrada a ella y está inmediato a la puerta de la calle. *Entrególe la tarjeta y esperó en el* ZAGUÁN.
ZAGUATE. (Del mex. *zahuátl*, sarna.) m. Perro ordinario y flaco.
ZAGUERO, RA. (De *zaga.*) adj. Que va, se queda o permanece detrás. ‖ Dícese del carro que lleva exceso de carga en la parte trasera. ‖ m. Jugador que en el juego de pelota y otros deportes se coloca detrás.
ZAGÜÍA. (Del ár. *zauía.*) f. En Marruecos, especie de ermita en que se halla la tumba de un santón.
ZAHAREÑO, ÑA. (Del ár. *cahra*, desierto.) adj. Aplícase al ave brava, difícil de amansar. ‖ fig. Desdeñoso, intratable o irreductible.
ZAHARÍ. adj. Zafarí. sinón.: **zajarí.**
ZAHARRÓN. m. Moharracho o botarga.
ZAHÉN. (Del ár. *ziyén*, nombre de una familia real de Tremecén.) adj. Dícese de una dobla de oro finísimo que usaron los moros españoles.
ZAHERIMIENTO. m. Acción de zaherir. ‖ IDEAS AFINES: *Vejamen; descrédito, murmuración; burla, sarcasmo; ironía, indirecta, pulla; epigrama, pasquín, libelo, diatriba.*
ZAHERIR. al. **Rügen.** fr. **Blesser.** ingl. **To blame.** ital. **Mortificare.** port. **Remoquear.** (De *facerir.*) tr. Reprender a alguien echándole en cara alguna acción o beneficio. *Lo* ZAHERÍA *reprochándole su ingratitud.* ‖ Mortificar a uno con reprensión acerba y maligna. *Al tildarlo de inepto,* ZAHERÍALO *en lo más hondo.* ‖ irreg. Conj. como **sentir.** ‖ deriv.: **zaheridor, ra.**
ZAHÍNA. f. Planta anual, originaria de la India, con cañas de dos a tres metros de altura, forrajera; sus granos sirven de alimento a las aves y para hacer pan. *Sorghum doura,* gramínea.
ZAHINAR. m. Terreno sembrado con zahína.
ZAHÓN. (De *zafón.*) m. Calzón de cuero o paño, con perniles abiertos que llegan a media pierna y se atan a los muslos. Lo llevan los cazadores y gente de campo para resguardar el traje. Ú.m. en pl. *Ponte los* ZAHONES, *vaquero, que vamos al rodeo.*
ZAHONADO, DA. adj. Aplícase a los pies y manos de algunas reses que por delante tienen distinto color, como si llevaran zahones.
ZAHONDAR. (Del lat. *sub*, bajo, y *fundare*, de *fundus*, fondo.) tr. Ahondar la tierra. ‖ intr. Hundirse los pies en ella. ‖ deriv.: **zahondador, ra; zahondamiento.**
ZAHORA. (Del ár. *çahor*, comida nocturna.) f. En la Mancha y otras partes, comilona o merienda bulliciosa de amigos.
ZAHORAR. intr. desus. Sobrecenar, cenar por segunda vez a deshora. ‖ En la Mancha y otras partes, tener o celebrar zahoras.
ZAHORÍ. (Del ár. *zahorí*, geomántico.) m. Persona a quien el vulgo atribuye la facultad de ver lo que está oculto, aun bajo tierra. *Sólo con gente tan simple podía medrar aquel* ZAHORÍ; sinón.: **adivino, ocultista.** ‖ fig. Persona perpicaz y escudriñadora.
ZAHORIAR. tr. p. us. Escudriñar, penetrar con la vista.
ZAHORRA. (Del lat. *saburra.*) f. *Mar.* Lastre de una embarcación.
ZAHÚRDA. (Del al. *sau*, cerdo, y *hürde*, cercado.) f. Pocilga.
ZAHÚRNA. f. *Col.* Zambra, bullicio.
ZAIDA. (Del ár. *çaida*, pescadora.) f. Ave zancuda, parecida a la grulla, que se domestica fácilmente. Habita en el norte y oeste de África.
ZAIMIS, Alejandro. *Biog.* Político gr., de 1929 a 1935 presid. de la Rep. (1855-1936).
ZAINO, NA. (Del ár. *hain*, traidor.) adj. Traidor, falso, poco seguro en el trato. *No podía penetrar las intenciones de aquel hombre tan* ZAINO; sinón.: **taimado;** antón.: **leal, sincero.** ‖ Dícese de la caballería que presenta indicios de ser falsa. *Cuídate de ese caballo: es muy* ZAINO; sinón.: **resabiado;** antón.: **dócil, manso.** ‖ Dícese del caballo o yegua castaño oscuro, sin otro color. ‖ En el ganado vacuno, el de color negro sin ningún pelo blanco. ‖ **A lo zaino,** o **de zaino.** m. adv. Al soslayo, con recato e intención. Ú.m. con el verbo *mirar.*
ZAIÑOSO, SA. adj. *Chile.* Zaino; dícese de la persona falsa.
ZAIRE. *Geog.* Rep. independiente del O. de África 2.345.409 km². 26.380.000 h. Cap. KINSHASA. Es el ant. Congo Belga. Obtuvo la independencia en 1960, y adoptó el nombre actual en 1971. Cobre, diamantes.
ZAJARÍ. adj. Zafarí. sinón.: **zaharí.**
ZAKYNTHOS. *Geog.* Isla de Grecia, sit. al oeste del Peloponeso, en el mar Jónico. 408 km². 31.000 h. Capital hom. 10.000 h. También se llama **Zante.**
ZALÁ. (Del ár. *çalá.*) f. Azalá. sinón.: **oración, súplica.** ‖ **Hacer uno la zalá** a otro. fig. y fam. Cortejarle con gran rendimiento y sumisión para conseguir alguna cosa.
ZALAGARDA. f. Emboscada dispuesta para coger descuidado al enemigo y caer sobre él sin recelo. *Caer en una* ZALAGARDA; sinón.: **celada.** ‖ Escaramuza, pelea entre jinetes. ‖ fig. Lazo que se arma para apresar a los animales. *La liebre pugnaba por escapar de la* ZALAGARDA; sinón.: **trampa.** ‖ fig. y fam. Astucia maliciosa con que uno procura engañar a otro simulando cortesía. ‖ Alboroto repentino de gente ruin para atemorizar a los que están desprevenidos. ‖ Pelea, generalmente fingida, de palos y cuchilladas, en que hay mucho estruendo.
ZALAMA. (Del ár. *çalam*, salutación.) f. Zalamería. sinón.: **zalamelé.**
ZALAMEA, Jorge. *Biog.* Literato y ensayista col., autor de *Mensaje a la juventud colombiana; El regreso de Eva*, y otros obras (1905-1969). ‖ **– BORDA, Eduardo.** Novelista col., autor de *Cuatro años a bordo de mí mismo* y otras obras (n. 1907).
ZALAMEA DE LA SERENA. *Geog.* Villa de España (Badajoz). 10.000 h. Fue inmortalizada por Calderón de la Barca en *El Alcalde de Zalamea.*
ZALAMELÉ. (Del ár. *çalamaléic*, salud para ti.) m. Zalama. sinón.: **zalamería.**
ZALAMERÍA. al. **Schmeichelei.** fr. **Cajolerie.** ingl. **Flattery.** ital. **Adulazione.** port. **Bajulação.** (De *zalamero.*) f. Demostración de cariño afectada y empalagosa. *Con sus* ZALAMERÍAS *consigue de su esposo todo lo que quiere*; sinón.: **zalama, zalamelé, carantoña.**
ZALAMERO, RA. al. **Schmeichelnd.** fr. **Cajoleur.** ingl. **Flatterer.** ital. **Adulatore.** port. **Bajulador.** (De *zalama.*) adj. y s. Que hace zalamerías. *¡Jesús, qué* ZALAMERA *es esa chica!*; sinón.: **carantoñero.**
ZALDÍVAR, Rafael. *Biog.* Méd. y político salv., presid. de la República de 1876 a 1885. Realizó una notable obra de gobierno y se destacó como escritor (1834-1903).
ZALDÚA, Francisco Javier. *Biog.* Político y jurisconsulto col., en 1882 presidente de la República (1811-1882).
ZALDUMBIDE, Gonzalo. *Biog.* Diplom. y escritor ec., autor de *José Enrique Rodó; Significado de España en América*, etc. (1885-1965). ‖ **– Julio.** Poeta y político ec., uno de los más destacados literatos de la segunda generación romántica de su patria. Obras: *Eternidad de la vida; Meditación*, etc. (1833-1887).
ZALEA. (Del ár. *çaleha*, pelleja.) f. Cuero de oveja o carnero, curtido de manera que conserve la lana; se utiliza para preservar del frío y de la humedad. *Ponme la* ZALEA *en los pies*; sinón.: **vellón, zaleo.**
ZALEAR. tr. Arrastrar o mover con facilidad algo de un lado a otro, como sacudiendo una zalea.
ZALEAR. (De *¡za!*) tr. Zacear, espantar a los perros.
ZALEMA. (Del m. or. que *zalama.*) f. fam. Reverencia o cortesía en señal de sumisión.
ZALENCO, CA. adj. y s. *Col.* Renco.
ZALEO. m. Acción de zalear. ‖ Zalea de la res medio comida por el lobo, y que lleva el pastor al amo, para justificar el hecho. ‖ Zalea.
ZALMEDINA. (Del ár. *çahib almedina*, jefe de la ciudad.) m. Magistrado que había en Aragón con jurisdicción civil y criminal.
ZALOMA. f. Saloma.
ZALLAR. (En fr. *sailler;* en port. ant. *salhar.*) tr. *Mar.* Hacer rodar o resbalar un objeto en el sentido de su longitud y hacia la parte exterior de la embarcación.
ZALLES, Luis. *Biog.* Poeta bol., notable por sus composiciones de carácter festivo. Obras: *Letrilla; Poesías*, etc. (1832-1896).
ZAMA. *Geog. histór.* Antigua ciudad del África, sit. al S.O. de Cartago, donde Aníbal fue vencido por Escipión, en 202 a. de C.
ZAMACOIS, Eduardo. *Biog.* Novelista esp. de origen cubano, uno de los creadores en España de la llamada novela erótica. Obras: *Punto negro; Tick-Nay, o el payaso inimitable; Memorias de un vagón de ferrocarril*, etc. (1876-1971).
ZAMACUCO. (Del ár. *çamacuc.*) m. fam. Hombre tonto, torpe y abrutado. sinón.: **zoquete.** ‖ Hombre solapado, que calla y hace su voluntad. sinón.: **cuco, zorro.** ‖ fig. y fam. Embriaguez. sinón.: **borrachera.**
ZAMACUECA. f. Baile popular originario del Perú, y que también se practica en otras partes de América Meridional. ‖ Música y canto de este baile.
ZAMANCA. f. fam. Somanta.
ZAMARRA. al. **Schaffelljacke.** fr. **Pelisse.** ingl. **Sheepskin jacket.** ital. **Giacca di pelle.** port. **Samarra.** (Del ár. *çammor*, pelliza.) f. Prenda de vestir rústica, hecha de piel con su lana o pelo. *La abrigadora* ZAMARRA *de un pastor*; sinón.: **zamarro.** ‖ Piel de carnero. *Con esta* ZAMARRA *me haré un pellico*; sinón.: **zalea.**
ZAMARRADA. f. Acto propio de un zamarro u hombre rústico.
ZAMARREAR. al. **Herumzerren.** fr. **Sabouler.** ingl. **To skake.** ital. **Scuotere.** port. **Sacudir.** (De *zamarra.*) tr. Sacudir el perro, el lobo u otra fiera semejante la presa que tiene asida por los dientes, para matarla o destrozarla. *Ese perro* ZAMARREA *demasiado la caza*; sinón.: **zarandear.** ‖ fig. y fam. Tratar mal a alguien, trayéndolo con golpes y violencia de una a otra parte. *Lo* ZAMARREÓ *de lo lindo a aquel pillo.* ‖ deriv.: **zamarreador, ra.**
ZAMARREO. m. Acción de zamarrear.
ZAMARRICO. (dim. de *zamarro.*) m. Alforja o zurrón hecho de zalea.
ZAMARRILLA. (dim. de *zamarra.*) f. Planta anual de la familia de las labiadas, con tallos leñosos velludos, de dos a tres decímetros de altura; hojas lanuginosas, muy estrechas, de bordes revueltos, y flores blancas o encarnadas. Es aromática y se usa para preparar la triaca.
ZAMARRO. (De *zamarra.*) m. Zamarra, prenda de vestir. sinón.: **pellico.** ‖ Piel de cordero. sinón.: **zalea.** ‖ fig. y fam. Hombre tosco, lerdo, rústico. ‖ Hombre astuto y pillo. ‖ pl. *Col., Ec.* y *Ven.* Especie de zahones que se usan para montar a caballo.
ZAMARRÓN. m. aum. de **Zamarra.**
ZAMBA. f. *Arg.* Baile popular de ritmo lento derivado de la zamacueca, que se baila agitando el pañuelo. ‖ Música y canción de este baile.
ZAMBACUECA. f. *Chile.* Zamacueca.
ZAMBAIGO, GA. adj. y s. Zambo, hijo de negra e indio o viceversa. ‖ *Méx.* Dícese del descendiente de china e indio o de india y chino.
ZAMBAJE. m. *Ven.* Piel muy curtida y suave con que se hacen zamarros.
ZAMBALES. *Geog.* Provincia de Filipinas, en el extremo O. de la isla de Luzón. 3.646 km². 138.536 h. Productos tropicales. Arroz, azúcar, etc. Cap. IBA.
ZAMBAPALO. m. Danza grotesca traída de las Indias Occidentales, que se bailó en España durante los siglos XVI y XVII. ‖ Música de esta danza.
ZAMBARCO. (En port. *zambarca.*) m. Correa ancha que ciñe el pecho de las caballerías de tiro y en la que se sujetan los tirantes. ‖ Francalete.
ZAMBARDO. m. *Arg.* Chiripa, en el juego de billar. ‖ Torpeza, estropicio.
ZAMBATE. m. *Hond.* Aumita.
ZAMBEQUE. m. *Chile.* y *Ven.* Zambra, bullicio. ‖ adj. *Cuba.* Necio, tonto.
ZAMBEQUERÍA. f. *Cuba.* Tontería.
ZAMBEZE. *Geog.* Río del S. del África. Nace en el límite S. del Zaire y des. en el canal de Mozambique. 2.660 km. Importantes saltos como la cascada Victoria (119 m. de alt.).
ZAMBEZI. *Geog.* V. **Zambeze.**
ZAMBIA. *Geog.* Est. republicano del S. de Africa. 752.614 km². 5.350.000 h. Cap. LUSAKA. Es el ant. protectorado británico de Rhodesia del Norte. Se declaró independiente en 1961 y es miembro del Commonwealth.
ZAMBIGO, GA. adj. y s. Zambo de piernas.
ZAMBO, BA. (Del lat. *scambus*, y éste del gr. *skambós.*) adj. Aplícase a la persona que por mala configuración tiene las rodillas juntas y las piernas separadas hacia afuera. Ú.t.c.s. sinón.: **patizambo;** antón.: **estevado.** ‖ Aplícase en América al hijo de india y negro o de negra e indio. Ú.t.c.s. ‖ *Bot., Col.* y *Chile.* Mestizo. ‖ *Ven.* Hermoso o de grandes dimensiones. ‖ m. Mono americano de pelaje color pardo, como el cabello de los mestizos **zambos;** hocico negro y una mancha blanca en la frente; muy aplastadas y abiertas las narices y fuertes y acanaladas las

uñas. Mide unos sesenta centímetros y otro tanto su cola prensil. Es feroz y lascivo.

ZAMBOA. (Del berberisco *zamboa.*) f. Azamboa.

ZAMBOANGA. *Geog.* Región de Filipinas, en el extremo O. de la isla de Mindanao. Comprende dos prov.: **Zamboanga del Norte,** con 6.075 km² y 410.000 h. Cap. DIPOLOG; y **Zamboanga del Sur,** con 9.922 km². y 1.035.000 h. Cap. PAGADIAN. ‖ C. y puerto de Filipinas, en la isla antedicha. 221 000 h.

ZAMBOMBA. (Voz onomatopéyica.) f. Instrumento musical rústico, hecho de madera o barro cocido, hueco, abierto por un extremo y cerrado por el otro con una piel muy tirante, en cuyo centro tiene, bien sujeto, un carrizo puesto a manera de mástil, el que al ser frotado con la mano húmeda de arriba abajo y de abajo arriba, produce un sonido fuerte, ronco y monótono. ‖ *En España, al celebrar la Navidad, se toca mucho la* ZAMBOMBA. ‖ **¡Zambomba!** int. que se usa para manifestar sorpresa. ‖ IDEAS AFINES: *Caja, tiesto, carrizo, pellejo, ruido, bronquedad; reunión, fiesta, cantos, coro, Navidad, villancicos.*

ZAMBOMBAZO. m. Porrazo, golpe fuerte. ‖ Sonido que produce la zambomba. ‖ fam. Cañonazo u otro ruido estruendoso.

ZAMBOMBO. (De *zambomba.*) m. fig. y fam. Hombre tosco, grosero y torpe de ingenio.

ZAMBORONDÓN, NA. adj. y s. Zamborotudo. sinón.: **zamborrotudo.**

ZAMBOROTUDO, DA. adj. fam. Grueso, tosco y mal formado. ‖ fig. y fam. Dícese de la persona que hace las cosas de manera tosca. Ú.t.c.s. ‖ sinón.: **zamborondón, zamborrotudo.**

ZAMBORROTUDO, DA. adj. y s. Zamborotudo.

ZAMBRA. (Del ár. *zamra,* flauta.) f. Fiesta que hacían los moriscos, con bulla, alegría y baile. ‖ Danza española muy antigua, a la que se atribuye origen árabe. Hoy sólo se conserva entre los gitanos españoles. ‖ fam. **Algazara** y bulla de muchos.

ZAMBRA. (Del ár. *çamariya.*) f. Especie de barco que usan los moros.

ZAMBRANA, Antonio. *Biog.* Escritor y periodista cub., entusiasta propagandista de la revolución que independizó a su país (1846-1922).

ZAMBRANO. *Geog.* Población de Colombia, en el dep. de Bolívar. 5.900 h. Manufactura de tabacos.

ZAMBROTE. m. *Amér. Central.* Revoltillo, baturrillo.

ZAMBUCAR. tr. fam. Meter repentinamente una cosa entre otras para que no sea reconocida o vista. sinón.: **escamotear.** ‖ deriv.: **zambucador, ra. zambucamiento; zambucante.**

ZAMBUCO. m. Acción de zambucar. Ú. especialmente en el juego. sinón.: **escamoteo.**

ZAMBULLIDA. (De *zambullir.*) f. Zambullidura. sinón.: **zambullimiento.** ‖ Especie de treta de la esgrima.

ZAMBULLIDURA. f. Acción y efecto de zambullir o zambullirse. sinón.: **zambullimiento.**

ZAMBULLIMIENTO. m. Zambullidura.

ZAMBULLIR. al. **Untertauchen.** fr. **Plonger.** ingl. **To dive; to plunge.** ital. **Immergere; tuffare.** port. **Mergulhar.** (De *zabullir.*) tr. y r. Meter debajo del agua con ímpetu o de golpe. ZAMBULLIR *la cabeza;* ZAMBULLIRSE *una garza;* sinón.: **chapuzar, zampuzar.** ‖ r. fig. Esconderse o introducirse en alguna parte, o cubrirse con algo. ZAMBULLIRSE *en las cobijas.* ‖ deriv.: **zambullidor, ra.**

ZAMBULLO. m. Bacín grande. ‖ *Cuba.* fig. y vulg. Persona sucia, asquerosa.

ZAMBULLÓN. m. *Arg., Col.* y *Ec.* Zambullida.

ZAMBUMBIA. f. *Hond.* Instrumento musical de percusión usado por los negros; es de una sola cuerda, con una correíta rematada en una jícara de calabaza, que sirve de resonador. ‖ *Perú.* Sambumbia.

ZAMBUTIR. intr. *Guat.* y *Salv.* Zambullir.

ZAMENHOF, Lázaro Luis. *Biog.* Méd. y lingüista polaco, creador del esperanto. En 1887 propuso la adopción universal de esta lengua, a la que tradujo, entre otras obras, el *Hamlet* de Shakespeare (1859-1917).

ZAMOR, Oreste. *Biog.* Político haitiano presidente de la República, de 1914 a 1915.

ZAMORA, Alfonso de. *Biog.* Escritor judío converso esp., uno de los diez sabios que prepararon la cél. *Biblia Políglota Complutense.* Fue el primer catedrático de hebreo en la Universidad de Salamanca y escribió una *Gramática hebrea* (m. 1530). ‖ **— Alonso de.** Relig. dominico y escritor col., autor de *Historia del Nuevo reino y de la provincia de San Antonio en la religión de Santo Domingo* (1660-1696). ‖ **— Antonio, de.** Dramaturgo esp., prolífico autor de comedias, entremeses, etc., en los que imita a Calderón: *Judas Iscariote; La defensa de Tarifa; La doncella de Orleáns.* etc. (m. 1728). ‖ **— Ezequiel.** Militar venez., que intervino en las luchas civiles de su patria y murió en el asedio de San Carlos (1817-1860). ‖ **— Lorenzo de.** Relig., teólogo y poeta esp., autor del poema *La Saguntina; Monarquía mística de la Iglesia,* etc. (m. 1614).

ZAMORA. *Geog.* Río del S. del Ecuador (Zamora-Chinchipe), afl. del Santiago. 310 km. ‖ Pobl. del Ecuador, capital de la prov. de Zamora-Chinchipe. 1.300 h. ‖ Prov. de España (León), lindante con Portugal. 10.572 km². 253.000 h. Actividad agricolaganadera. Huertas. Cereales, frutas, etc. Cap. hom., sobre el Duero. 50.000 h. Catedral románica. ‖ Antiguo nombre de un Est. de Venezuela. V. **Barinas.** ‖ **— Chinchipe.** Provincia de Ecuador que junto con Morona-Santiago formaba la antigua provincia de Santiago-Zamora. 19.000 h. Cap. ZAMORA.

ZAMORANO, NA. adj. y s. De Zamora.

ZAMPA. f. Cada una de las estacas que se clavan en un terreno para afirmarlo antes de edificar.

ZAMPABODIGOS. (De *zampar* y *bodigo.*) com. fam. Zampatortas. sinón.: **zampabollos.**

ZAMPABOLLOS. (De *zampar* y *bollo.*) com. fam. Zampatortas. sinón.: **zampapalo.**

ZAMPALIMOSNAS. (De *zampar* y *limosna.*) com. fam. Persona pobretona o estrafalaria que, sin vergüenza ni recato, anda de puerta en puerta, comiendo y pidiendo en todas partes.

ZAMPAPALO. (De *zampar* y *palo.*) com. fam. Zampatortas.

ZAMPAR. tr. Meter una cosa en otra prestamente y de modo que no se vea. sinón.: **zampuzar.** ‖ Comer apresurada y descomedidamente. ZAMPÓ *el pollo en un decir amén;* sinón.: **engullir, embaular.** ‖ r. Meterse de golpe en un lugar. *Se* ZAMPÓ *en el salón.* ‖ deriv.: **zampador, ra; zampadura; zampamiento.**

ZAMPATORTAS. (De zampar y *torta.*) com. fam. Persona que come excesiva y brutalmente. ‖ fig. y fam. Persona que en su fisonomía, traza y modales muestra torpeza y falta de crianza. sinón.: **zampabodigos, zampabollos, zampapalo.**

ZAMPEADO. (De *zampear.*) m. *Arq.* Obra hecha de cadenas de madera y mampostería, para fabricar sobre terrenos falsos o invadidos por el agua.

ZAMPEAR. (Del lat. *sub,* debajo, y *pes, pedis,* pie.) tr. *Arq.* Afirmar el terreno con zampeados.

ZAMPIERI, Domingo. *Biog.* V. **Domenichino.**

ZAMPÓN, NA. adj. y s. fam. Comilón, tragón. sinón.: **zampatortas.**

ZAMPOÑA. (Del lat. *symphonia,* instrumento de música, y éste del gr. *symphonía.*) f. Instrumento a modo de flauta, o hecho de muchas flautas. *La* ZAMPOÑA *de los pastores.* ‖ Pipiritaña. ‖ fig. y fam. Dicho trivial, soso.

ZAMPUZAR. (De *zapuzar.*) tr. Zambullir. sinón.: **chapuzar, zabullir.** ‖ Zampar, meter una cosa en otra.

ZAMPUZO. m. Acto y efecto de zampuzar.

ZAMUDIO, Adela. *Biog.* Poetisa y escritora bol., autora de *Ráfagas; Noche de fiesta; Peregrinando; La inundación,* etc. (1854-1928).

ZAMURO. m. *Col.* y *Ven.* Aura, ave.

ZANAHORIA. al. **Möhre.** fr. **Carotte.** ingl. **Carrot.** ital. **Carota; pastinaca.** port. **Cenoura.** (Del m. or. que *azanoria;* en val. *safanoria.*) f. Planta herbácea anual, de raíz fusiforme de unos dos decímetros de largo, amarilla o rojiza, comestible, jugosa. *Bot. Daucus carota,* umbelífera. ‖ Raíz de esta planta. ‖ m. *R. de la Plata.* Bobo, tontaina, mentecato. Ú.t.c.adj.

ZANAHORIATE. m. Azanahoriate.

ZANATE. m. *C. Rica, Hond.* y *Méx.* Pájaro dentirrostro, de plumaje negro, y que se alimenta de semillas.

ZANCA. al. **Bein.** fr. **Patte.** ingl. **Shank.** ital. **Zampa.** port. **Sanco.** (Del al. *sehenkel.*) f. Pierna larga de las aves, desde el tarso hasta la juntura del muslo. *Las* ZANCAS *de la cigüeña.* ‖ fig. y fam. Pierna del hombre o de cualquier animal, especialmente cuando es larga y delgada. ‖ *Arq.* Madero inclinado, que sirve de apoyo a los peldaños de una escalera. ‖ **— de asnado.** *Arq.* Cualquiera de los maderos que componen el asnado.

ZANCADA. (De *zanca.*) f. Paso largo que se da aceleradamente o por tener las piernas largas. ‖ **En dos zancadas.** m. adv. fig. y fam. con que se pondera la ligereza para llegar a un lugar.

ZANCADILLA. al. **Beinstellen.** fr. **Croc-enjambe.** ingl. **Sudden catch to trip one.** ital. **Sgambetto.** port. **Sancadilha.** (dim. de *zancada.*) f. Acción de cruzar uno la pierna por detrás de la de otro, apretando al mismo tiempo con ella para hacerle caer. *Echarle o hacerle la* ZANCADILLA *a alguien.* ‖ fig. fam. Trampa o ardid con que se procura causar daño o perjuicio a alguien. *Fue su mejor amigo quien le preparó la* ZANCADILLA: sinón.: **maula, treta.** ‖ **Armar zancadilla.** frs. fig. y fam. Usar de una treta para engañar. ‖ IDEAS AFINES: *Traspié, artimaña, sorpresa, caída, lucha, jiu-jitsu; añagaza, estratagema, falsedad, mala pasada, traición.*

ZANCAJADA. f. Zancada.

ZANCAJEAR. (De *zancajo.*) intr. Andar mucho de una parte a otra, por lo común con celeridad.

ZANCAJERA. f. Parte del estribo donde se pone el pie para entrar en el coche.

ZANCAJIENTO, TA. (De *zancajo.*) adj. Zancajoso.

ZANCAJO. (Despect. de *zanca.*) m. Hueso del pie que forma el talón. ‖ Parte del pie donde sobresale el talón. ‖ fig. y fam. Zancarrón, hueso grande y descarnado. ‖ Parte de la media o zapato que cubre el talón, sobre todo si está rota. ‖ fig. y fam. Persona de mala figura o muy pequeña.

ZANCAJOSO, SA. (De *zancajo.*) adj. Que tiene los pies torcidos y vueltos hacia afuera. ‖ Que tiene grandes zancajos o muestra rotos y sucios los de sus medias.

ZÁNCARA. *Geog.* Río de España (Cuenca y Ciudad Real), afl. del Guadiana. 220 km.

ZANCARRÓN. (De *zanca.*) m. fam. Cualquiera de los huesos de la pierna, despojado de carne. ‖ fig. y fam. Hueso grande y descarnado, particularmente de las extremidades. sinón.: **zancajo.** ‖ Hombre delgado, viejo, feo y desaseado. ‖ El que enseña ciencias o artes de que sabe poco.

ZANCO. al. **Stelze.** fr. **Échasse.** ingl. **Stilt.** ital. **Trampolo.** port. **Anda.** (De *zanca.*) m. Cada uno de los dos palos altos y dispuestos con sendas horquillas, en que se apoyan o atan los pies. Sirven para caminar por sitios donde hay agua. ‖ *Mar.* Cualquiera de los palos o astas que se ponen en las cabezas de los masteleros cuando se quitan los mastelerillos de juanete.

ZANCÓN, NA. (De *zanca.*) adj. fam. Zancudo. que tiene las zancas largas. ‖ *Col., Guat.* y *Ven.* Aplícase al traje demasiado corto.

ZANCUDERO. m. *Ant.* y *C. Rica.* Nube de mosquitos.

ZANCUDO, DA. adj. De largas zancas. sinón.: **zancón.** ‖ *Zool.* Aplícase a las aves que tienen los tarsos muy largos y la parte inferior de la pierna desprovista de plumas; como la cigüeña y la grulla. ‖ f. pl. *Zool.* Orden de estas aves. ‖ m. *Amér.* Mosquito, insecto díptero.

ZANDÍA. f. Sandía.

ZANDONAI, Ricardo. *Biog.* Compositor ital. discípulo de Mascagni; autor de las óperas *Francesca da Rimini, Julieta y Romeo; Melenis,* etc. (1883-1944).

ZANFONÍA. (Del lat. *symphonía,* instrumento musical.) f. Instrumento musical de cuerda que en su parte interior lleva un cilindro con púas; éste al girar movido por una manivela puntea las cuerdas.

ZANGA. f. Juego de naipes entre cuatro, parecido al del cuatrillo y en el cual el postre toma las ocho cartas que sobran. ‖ Estas ocho cartas.

ZANGALA. f. Tela de hilo muy engomada.

ZANGAMANGA. f. fam. Treta, ardid.

ZÁNGANA. f. Mujer desaliñada, floja y torpe.

ZANGANADA. (De *zángano,* holgazán.) f. fam. Hecho o dicho impertinente y torpe.

ZANGAÑDONGO. GA. s. fam. Zangandungo.

ZANGANDUNGO, GA. (De *zángano,* holgazán.) s. fam. Persona inhábil y holgazana. sinón.: **sangandongo, sangandullo.**

ZANGANERÍA. f. Calidad de zángano, holgazanería.

ZÁNGANO. al. **Drohne; Müssiggänger.** fr. **Fauxbourdon; fainéant.** ingl. **Drone; idler.** ital. **Pecchione; fanullone.** port. **Zangão.** (En port. *zangano* y *zangam.*) m. Macho de la abeja maestra o reina; carece de aguijón y no labra miel. ‖ fig. y fam. Hombre holgazán que se sustenta de lo ajeno. *Estoy harto de ayudar a ese* ZÁNGANO; sinón.: **gandul.** ‖ Individuo flojo, desmañado y torpe. *Es tan* ZÁNGANO *que pierde todos sus empleos;* sinón.: **zangandungo.**

ZANGANEAR. (De *zángano,* holgazán.) intr. fam. Vagar de una parte a otra sin trabajar. sinón.: **gandulear, holgazanear.**

ZANGARILLEJA. (De *zangarullón.*) f. fam. Muchacha desaseada y vagabunda.

ZANGANDULLO, LLA. s. fam. Zangandungo.

ZANGARREAR. (En port. *zangarrear.*) intr. fam. Tocar o rasguear sin arte en la guitarra.

ZANGARRIANA. (En port. *zangorriana,* embriaguez.) f. *Veter.* Comalia. ‖ fig. y fam. Enfermedad pasajera, que repite con frecuencia, como la jaqueca periódica, etc. ‖ Tristeza, melancolía, disgusto. sinón.: **morriña.**

ZANGARULLÓN. m. fam. Zangón.

ZANGOLOTEAR. tr. y r. fam. Mover violentamente una cosa. sinón.: **zarandear.** ‖ intr. fig. y fam. Moverse una persona de una parte a otra sin orden ni propósito. *Este chico no hace más que* ZANGOLOTEAR. ‖ fam. Moverse ciertas cosas por estar flojas o mal encajadas; como una ventana, una tranquera, etc. ‖ sinón.: **zangotear.**

ZANGOLOTEO. m. fam. Acción de zangolotear o zangolotearse. sinón.: **zangoteo.**

ZANGOLOTINO, NA. (De *zangolotear.*) adj. fam. V. **Niño zangolotino.** Ú.t.c.s.

ZANGÓN. (De *zancón.*) m. fam. Muchacho alto, desvaído y que está ocioso, estando ya en edad de trabajar. sinón.: **zangarullón.**

ZANGOTEAR. tr. fam. Zangolotear.

ZANGOTEO. m. fam. Zangoloteo.

ZANGUANGA. (De *zanguango.*) f. fam. Ficción de una enfermedad o impedimento para no trabajar. *Carlos hizo otra vez la* ZANGUANGA. ‖ Lagotería.

ZANGUANGADA. f. Hecho o dicho propio de zanguango.

ZANGUANGO, GA. (De *zangón.*) adj. fam. Indolente, embrutecido por la pereza. Ú.m.c.s. *¡Levántate,* ZANGUANGO!

ZANGUAYO. (De *zangón.*) m. fam. Hombre alto, desvaído, ocioso y que se hace el simple.

ZANGWILL, Israel. *Biog.* Escr., poeta y dramaturgo judío ingl., que pinta con humor y perspicacia la vida del "ghetto" londinense. Obras: *Los hijos del ghetto; Tragedias del ghetto,* etc. (1864-1926).

ZANJA. al. **Graben.** fr. **Fossé.** ingl. **Ditch.** ital. **Fosso.** port. **Cabouco.** (Del ár. *zaca,* calle estrecha.) f. Excavación larga y estrecha que se practica en la tierra para echar los cimientos, encauzar las aguas, defender los sembrados u otras cosas semejantes. ‖ *Amér.* Arroyada producida por el agua corriente. ‖ *Ec.* Cerca, vallado. ‖ **Abrir las zanjas.** Empezar el edificio. ‖ Dar principio a una cosa.

ZANJAR. tr. Hacer zanjas para construir un edificio o para otro fin. ‖ fig. Remover todas las dificultades que puedan impedir el arreglo de un asunto o negocio. ZANJAR *una disputa;* sinón.: **allanar, obviar;** antón.: **obstruir, estorbar.**

ZANJEAR. tr. *Ant., Col.* y *Guat.* Abrir zanjas.

ZANJÓN. m. Cauce o zanja grande y profunda por donde corre el agua. ‖ *Chile.* Despeñadero, precipicio.

ZANJÓN. *Geog.* Río de la Argentina. V. **Jáchal.**

ZANNI, Pedro Leandro. *Biog.* Aviador militar arg., autor de importantes hazañas, como la doble travesía de los Andes, el vuelo Amsterdam-Tokio, etcétera (1891-1942).

ZANQUEAR. (De *zanca.*) intr. Torcer las piernas al andar. ‖ Andar mucho a pie y aprisa de una a otra parte. ‖ deriv.: **zanqueador, ra; zanqueamiento.**

ZANQUILARGO, GA. adj. y s. fam. Que tiene largas la zancas o piernas. sinón.: **zancón, zancudo.**

ZANQUILLA, TA. f. dim. de **Zanca.** ‖ com. fig. y fam. Persona que tiene las piernas delgadas y cortas, o es muy pequeña en proporción de la estatura que debiera tener según su edad. Ú.m. en pl.

ZANQUITUERTO, TA. adj. y s. fam. Que tiene tuertas o torcidas las zancas.

ZANQUIVANO, NA. (De *zanca* y *vana.*) adj. y s fam. Que tiene las piernas largas y muy delgadas.

ZANTE. *Geog.* V. **Zakynthos.**

ZANZÍBAR. *Geog.* Isla del océano Indico, próxima a la costa del África oriental. 1.658 km². 220.000 h. Con la isla de Pemba fue un protectorado británico entre 1890 y 1963 y en 1964 proclamó la rep., se unió a Tanganika y constituyó el Est. de Tanzania; miembro del Commonwealth. ‖ C. y puerto de la rep. de Tanzania, en la isla antedicha. 80.000 h.

ZAÑARTÚ, Miguel José de. *Biog.* Jurisc., diplomático y escritor chil. que luchó por la independencia de su patria. Escribió *Cuadro histórico del gobierno de Freire* (1781-1851).

ZAODITU. *Biog.* Emperatriz de Abisinia, hija de Menelik II. De 1916 a 1928 gobernó el país (1876-1930).

ZAPA. (Del lat. *sappa,* escardillo.) f. Especie de pala herrada de la mitad abajo, con un corte de acero, que usan los zapadores o gastadores. ‖ fig. V. **Trabajo de zapa.** ‖ *Fort.* Excavación de galería subterránea o de zanja al descubierto. ‖ **Caminar a la zapa.** frs. *Mil.* Avanzar los sitiadores protegidos por las galerías o trincheras.

ZAPA. (Del lat. *sepia,* lija.) f. Lija, piel áspera de algunos selacios. ‖ Piel labrada de modo que la flor forme grano como el de la lija. ‖ Labor que en obras de metal semeja los granos de lija.

ZAPADOR. (De *zapar.*) m. Soldado que se destina a trabajar con la zapa. *Sirvió en un regimiento de* ZAPADORES.

ZAPALA. *Geog.* Ciudad de la Argentina, sit. en el centro de la prov. de Neuquén. 7.500 h. Estación ferroviaria.

ZAPALERI. *Geog.* Pico de los Andes, en el límite entre la Argentina, Bolivia y Chile. 5.648 metros de altura.

ZAPALLO. m. *Amér del S.* Calabacero, planta cucurbitácea. ‖ Cierta calabaza comestible. ‖ fig. y fam. *Arg. y Chile.* Chiripa, fortuna inesperada. ‖ adj. *Amér. Central y Col.* Soso, bobalicón.

ZAPALLÓN, NA. adj. *Chile, Ec.* y *Perú.* Gordiflón.

ZAPAPICO. (De *zapa* y *pico.*) m. Herramienta con mango de madera y dos bocas opuestas, una de las cuales acaba en punta y la otra en corte estrecho, que se usa para excavar en tierra y para derribar. ‖ IDEAS AFINES: *Pico, piqueta, azadón; demolición, cimiento; hoyo, pozo, trinchera; zapador, minero, cavador, enterrador.*

ZAPAR. (De *zapa.*) intr. Trabajar con la zapa. sinón.: **cavar; excavar.**

ZÁPARO, RA. adj. Aplícase al individuo de una tribu de indios del Perú, que habita en el norte, del departamento de Loreto. Ú.t.c.s. ‖ Perteneciente a estos indios.

ZAPARRADA. f. Zapazo.

ZAPARRASTRAR. intr. fam. Llevar arrastrando los vestidos de suerte que se ensucien. Ú.m. en el gerundio. *Ir* ZAPARRASTRANDO.

ZAPARRASTROSO, SA. adj. y s. fam. Zarrapastroso.

ZAPARRAZO. m. fam. Zarpazo.

ZAPATA. (De *zapato.*) f. Calzado que llega a media pierna. ‖ Pedazo de suela o cuero, que a veces se coloca debajo del quicio de la puerta para que no rechine. ‖ *Col.* y *Cuba.* Zócalo de fábrica en que se apoya una pared de madera. ‖ *Chile.* Telera del arado. ‖ *Arq.* Pieza colocada horizontalmente sobre la cabeza de un pie derecho para sostener la carrera que va encima. ‖ *Mar.* Tablón que se clava en la cara inferior de la quilla para resguardarla de las varadas. ‖ Trozo de madera que se coloca en la uña del ancla para defender el costado de la embarcación.

ZAPATA, Antonio. *Biog.* Compositor nicaragüense, autor de la música del himno nacional de su país (s. XIX). ‖ – **Emiliano.** Político mex. que en 1910 encabezó un levantamiento de campesinos en pro de la revolución organizada por Madero. Al ocupar éste la presidencia de la República en 1911, desconoció su autoridad y proclamó un plan que propugnaba la reforma agraria de su país. Asesinado Madero por Huerta y convertido **Zapata** en caudillo popular, luchó contra las fuerzas gubernativas pero fue asesinado (1877-1919) ‖– **Luis.** Escr. y poeta esp., autor de la epopeya *Carlo famoso,* sobre la vida de Carlos V, y de *Miscelánea,* compilación de dichos y anécdotas de la vida cortesana (s. XVI).

ZAPATA. *Geog.* Península del S.O. de Cuba (Las Villas). Terrenos pantanosos.

ZAPATAZO. m. Golpe dado con un zapato. ‖ fig. Caída y ruido que ésta produce. ‖ Golpe fuerte que se da contra una cosa que suena, como el que se da con el zapato. ‖ Golpe que dan las caballerías con el casco, cuando resbala violentamente. ‖ *Mar.* Sacudida y golpe fuerte que da una vela que flamea.

ZAPATEADO. m. Baile español que, a semejanza del antiguo canario, se ejecuta en compás ternario y con gracioso zapateo. ‖ Música de este baile. *El* ZAPATEADO *de Sarasate.*

ZAPATEADOR, RA. adj. y s. Que zapatea.

ZAPATEAR. tr. Golpear con el zapato. ‖ Dar golpes en el suelo con los pies calzados. ‖ Acompañar al tañido dando palmadas y alternativamente con las manos en los pies, siguiendo el mismo compás, como en el baile sevillano. ‖ Golpear el conejo rápidamente la tierra con las manos al emprender la huida. ‖ Toparse y alcanzarse la caballería cuando anda o corre. ‖ fig. y fam. Maltratar a uno de obra o palabra. ‖ *Esgr.* Dar o señalar uno muchos golpes a su adversario con el botón o zapatilla, sin recibir ninguno. ‖ intr. *Equit.* Moverse con celeridad el caballo sin mudar de sitio. ‖ *Mar.* Dar zapatazos las velas. ‖ r. Tenerse firme con alguien en alguna contienda o disputa.

ZAPATEO. m. Acción y efecto de zapatear. *El* ZAPATEO *de un bailarín;* sinón.: **taconeo.**

ZAPATERA. *Geog.* Isla de Nicaragua, sit. próxima a la costa O. del lago Nicaragua. Ruinas indígenas.

ZAPATERA. f. Mujer del zapatero. ‖ La que hace zapatos o los vende. ‖ fam. La que se queda sin hacer baza o tantos en el juego.

ZAPATERÍA. al. **Schuhladen.** fr. **Cordonnerie.** ingl. **Shoemaker's shop.** ital. **Calzoleria.** port. **Sapataria.** f. Taller donde se hacen zapatos. ‖ Comercio donde se venden. ‖ Lugar o calle donde existen muchas tiendas de zapatos. ‖ Oficio de hacer zapatos. ‖ – **de viejo.** Sitio o paraje donde se venden o remiendan zapatos viejos.

ZAPATERIL. adj. Propio o peculiar del zapatero.

ZAPATERO, RA. al. **Schuhmacher.** fr. **Cordonier.** ingl. **Shoemaker.** ital. **Calzolaio.** port. **Sapateiro.** (De *zapato.*) adj. Dícese de las legumbres y otras viandas cuando, por defectuosa cocción u otra causa, resultan duras o correosas. *Garbanzos* ZAPATEROS; *papas* ZAPATERAS. ‖ m. El que por oficio hace o vende zapatos. ‖ Pez acantopterigio de los mares de la América tropical, plateado, con cabeza puntiaguda, cola ahorquillada y ojos pequeños, negros y con cero dorado. ‖ Tejedor, insecto. ‖ Árbol sapindáceo de Venezuela, con el tronco muy derecho y sin ramas; su madera, de color morado, es dura, fuerte y resistente. ‖ fam. El que se queda sin hacer baza o tantos en el juego. *Quedarse* ZAPATERO. ‖ – **de viejo.** El que por oficio remienda los zapatos rotos o gastados. ‖ **Zapatero a tus zapatos.** frs. proverb. con que se aconseja que cada uno debe juzgar de aquello que entienda.

ZAPATETA. f. Golpe o palmada que se da en el pie o zapato, saltando en señal de regocijo. ‖ Cabriola que se hace en la danza. sinón.: **pirueta.** ‖ **¡Zapateta!** interj. admirativa. ‖ pl. Golpes dados con el zapato en el suelo en algunos bailes.

ZAPATILLA. al. **Hausschuh; Pantoffel.** fr. **Pantoufle.** ingl. **Slipper.** ital. **Scarpino; Pantofola.** port. **Chinela.** (dim. de *zapata.*) f. Zapato ligero y de suela muy delgada. ‖ Zapato de abrigo o de comodidad para estar en casa. *Ahí tienes la bata y las* ZAPATILLAS; sinón.: **pantufla, chinela.** ‖ Trocito de ante que se colocaba detrás del muelle de la llave de un arma de fuego para que no dañase la mano. ‖ Trozo de ante que en los instrumentos músicos de viento se coloca en la pala de las llaves para adaptarla bien a su agujero. ‖ Suela, del taco de billar. ‖ Uña o casco de los animales de pata hendida. ‖ Rasgo horizontal con que suelen adornarse los trazos rectos de las letras. ‖ *Bol.* Cierto juego de niños. ‖ *Chile.* Tablita de madera con tres agujeros por los que pasan otros tantos hilos, con que se amarra a los gallos de pelea para que no se enreden. ‖ *Esgr.* Forro de cuero con que se cubre el botín de hierro que tienen en la punta los floretes y espadas negras. ‖ – **de la reina.** Pamplina, planta papaverácea. ‖ – **de orillo.** La hecha con un tejido formado con recortes de orillos o con otro tejido semejante. ‖ **Ser** uno **una zapatilla.** fr. fig. y fam. No valer uno casi nada en comparación con otro.

ZAPATILLAZO. m. Golpe dado con una zapatilla.

ZAPATILLERO, RA. s. Persona que hace o vende zapatillas.

ZAPATO. al. **Schuh.** fr. **Soulier.** ingl. **Shoe.** ital. **Scarpa.** port. **Sapato.** m. Calzado que no pasa del tobillo, con la parte inferior hecha de suela y el resto de cuero, fieltro, paño u otro tejido, más o menos escotado por el empeine. ‖ – **botín.** Media bota, que por lo general no pasa de la media pierna, y está asida o unida con el zapato común. ‖ **Cada uno** sabe **dónde le aprieta el** zapato. frs. proverb. **Saber** uno **dónde le aprieta el zapato.** ‖ **Morir** uno **con los zapatos puestos.** frs. fam. **Morir vestido.** ‖ **No llegarle** uno **a su zapato.** frs. fam. **No llegarle a la suela del zapato.** ‖ **Saber** uno **dónde le aprieta el zapato.** frs. fig. y fam. Saber bien lo que le conviene. ‖ IDEAS AFINES: *Bota, botín, zapatilla; media, calcetín, cordón, calzador; taconeo, zapateado; callos, puntapié; zapatero remendón, pala, capellada, media suela.*

ZAPATOCA. *Geog.* Ciudad de Colombia (Santander). 6.500 h. Centro productor de cacao, café, caucho, etc. Minas de plomo. Sombreros de jipijapa.

ZAPATÓN. m. aum. de **Zapato.** ‖ *Col.* y *Chile.* Chanclo o zapato de goma.

ZAPATOSA. *Geog.* Extensa ciénaga de Colombia (Magdalena), que des. en el Magdalena por medio del río Cesar que la atraviesa.

ZAPATUDO, DA. adj. Que tiene los zapatos demasiado grandes o de cuero fuerte. ‖ *Cuba.* Zapatero, correoso.

ZAPATUDO, DA. adj. Asegurado o reforzado con una zapata.

¡ZAPE! (En port. *sape.*) int. que se usa para ahuyentar a los gatos, o para expresar sorpresa o temor al enterarse de un daño ocurrido, o para significar la intención de no exponerse a un riesgo que amenace. ‖ Se usa en ciertos juegos de naipes para negar la carta que pide el compañero.

ZAPEAR. tr. Espantar a un gato con la interjección. ¡zape! ‖ Dar zape en ciertos juegos de naipes. ‖ fig. y fam. Ahuyentar a uno. ‖ *Pan.* y *Perú.* Aguaitar. espiar.

ZAPIOLA, José. *Biog.* Compos. y musicógrafo chil., autor del cél. *Himno de Yungay; Himno a San Martín; Misa a tres voces,* etc. (1802-1885). ‖ – **José Matías.** Militar arg. que luchó por la independencia de su patria. Participó en el sitio de Montevideo; combatió en las guerrillas contra Artigas y con el ejército de los Andes en las batallas de Chacabuco y Maipú (1780-1874).

ZAPLA. *Geog.* Localidad de la Argentina, sit. al sur de la prov. de Jujuy. 1.000 h. Importantes yacimientos de mineral de hierro. Siderurgia.

ZAPOROGO. m. Individuo de una rama de cosacos que habitaban en las cercanías de las cataratas del Dniéper, y que por su espíritu guerrero fueron organizados y llevados por Catalina II a las riberas del Kuban para rechazar a los circasianos; desde entonces tomaron el nombre de cosacos del mar Negro. *Tarás Bulba fue jefe de los* ZAPOROGOS.

ZAPOROZTE. C. de la Unión Soviética (Ucrania), en las márgenes del Dniéper. 660.000 h.

ZAPOTAL. m. Terreno en que abundan los zapotes.

ZAPOTAZO. m. *Guat.* y *Méx.* Batacazo, costalada.

ZAPOTE. (Del mex. *tzapot.*) m Árbol sapotáceo de América de unos diez metros de altura, con tronco recto, liso, de madera blanca poco resistente; hojas alternas, persistentes; flores rojizas en racimos axilares y fruto comestible, de forma de manzana, con carne amarillenta obscura, dulce y aguanosa, y una semilla gruesa, negra y lustrosa. ‖ Fruto de este árbol.

ZAPOTECA. adj. Aplícase al individuo de uno de los pueblos más poderosos y civilizados de México, que habitaban el territorio comprendido en los actuales Estados de Guerrero y Oaxaca, en los que aún viven sus descendientes. Ú.t.c.s. ‖ Perteneciente a estos indios. ‖ m. Lengua de los **zapotecas.**

ZAPOTERO m. Zapote, árbol.

ZAPOTILLO. m. Chicozapote.

ZAPOTOCKY, Antonino. *Biog.* Pol. checoslovaco, en 1953 presid. de su país (1884-1957).

ZAPOYOL. m. *C. Rica* y *Hond.* Hueso o cuesco del zapote.

ZAPOYOLITO. m. *C. Amér.* Ave trepadora, especie de perico pequeño.

ZAPUZAR. tr. Chapuzar. sinón.: **zabullir, zambullir.**

ZAQUE. (Del ár. *zac.*) m. Odre pequeño. ‖ fig. fam. Persona borracha.

ZAQUEAR. tr. Mudar los líquidos de unos zaques a otros. ‖ Transportar líquidos en zaques.

ZAQUIZAMÍ. (Del ár. *çacfíçamé,* tablazón del techo.) m. Desván, último cuarto de una casa, por lo común a teja vana. sinón.: **buhardilla, sotabanco.** ‖ fig. Casilla o cuarto pequeño desacomodado y sin aseo. *Vivía en un inmundo* ZAQUIZAMÍ; sinón.: **cuartucho, tabuco.** ‖ Enmaderamiento de un techo.

ZAR. al. **Zar.** fr. **Czar; tsar.** ingl. **Czar.** ital. **Czar.** port. **Tzar.** (Del ruso, *tsar,* y éste del lat. *caesar.*) m. Título de los soberanos de Rusia y Bulgaria.

ZARA. *Geog.* Ciudad y puerto de Yugoslavia, sobre el mar Adriático. 18.000 h. Frutas. Cristales. Catedral.

ZARABANDA. al. **Sarabande.** fr. **Sarabande.** ingl. **Saraband.** ital. **Sarabanda.** port. **Sarabanda.** (Del persa *serbend,* especie de danza.) f. Danza lenta, de movimientos lascivos que se bailó en España durante los siglos XVI y XVII. ‖ Música de esta danza, que solía acompañarse con las castañuelas. ‖

Copla que se cantaba con esta música. ‖ fig. Cosa que causa ruido estrepitoso, bulla o molestias. ‖ *Guat.* Baile o diversión pública de indios y negros. ‖ *Méx.* Zurra, tunda.

ZARABANDISTA. adj. Que baila, toca o canta la zarabanda. Ú.t.c.s. ‖ Que compone coplas para esta música. Ú.m.c.s. ‖ Dícese de la persona alegre y bulliciosa. Ú.m.c.s.

ZARABANDO, DA. adj. Zarabandista.

ZARABUTEAR. tr. fam. Zaragutear. ‖ deriv.: **zarabutero, ra.**

ZARAGALLA. m. Carbón vegetal menudo.

ZARAGATA. (En port. *zaragata* y *zaragalhada.*) f. fam. Riña, alboroto, tumulto. ‖ *Cuba* y *P. Rico.* Zalamería. Ú.m. en pl.

ZARAGATE. m. *Amér.* Zascandil.

ZARAGATERO, RA. adj. y s. fam. Bullicioso, aficionado a las zaragatas. ‖ *Cuba.* y *P. Rico.* Zalamero.

ZARAGATONA. f. Planta herbácea anual, con tallo velludo, ramoso, de unos treinta centímetros de altura; hojas lanceoladas; flores pequeñas, verdosas, y fruto capsular con abundantes semillas que, cocidas, dan una substancia mucilaginosa, usada en medicina y para aprestar telas. Gén. *Plantago psillium,* plantaginácea. ‖ Semilla de esta planta.

ZARAGOCÍ. (De *Zaragoza.*) adj. V. **Ciruela zaragocí.**

ZARAGOZA, Ignacio. *Biog.* Militar mex. que venció a las fuerzas fr. de invasión (1829-1862). ‖ – **Y DOMENECH, Agustina.** Heroína esp. llamada **Agustina de Aragón** que resistió heroicamente a las tropas fr. que asediaban Zaragoza (1791-1858).

ZARAGOZA. *Geog.* Provincia del N.E. de España (Aragón). 17.194 km². Actividad agricolaganadera. Frutas. Floreciente industria. Cap. hom 480.000 h. Centro cultural. Famosa basílica. Universidad. Sitiada varias veces, esta c. se hizo célebre por la heroica resistencia que opuso a los sitiadores franceses durante la guerra de la Independencia (1808-1809). ‖ Pobl. de México, en el Est. de Coahuila. 5.000 h. Centro agrícola.

ZARAGOZANO, NA. adj. y s. De Zaragoza.

ZARAGÜELLES. (Del ár. *çaranil,* calzones.) m. pl. Especie de calzones anchos y follados en pliegues, usados antiguamente y que aún llevan los campesinos en algunas regiones españolas. ‖ Planta gramínea, con las cañas débiles, derechas, y las flores en panoja compuesta de espiguillas colgantes con aristas rectas. ‖ fig. y fam. Calzones largos, muy anchos y mal hechos. ‖ *Ar* Calzoncillos blancos que asoman en la pierna por debajo del calzón.

ZARAGUTEAR. (De *zarabutear.*) tr. fam. Enredar, hacer cosas con poco tacto y atropelladamente. sinón.: **zarabutear.** ‖ deriv.: **zaragutero, ra.**

ZARAMAGULLÓN. m. Somorgujo.

ZARAMBEQUE. (De *zambra,* fiesta, algazara.) m. Tañido y danza bulliciosa de negros.

ZARAMULLO. m. *Perú* y *Ven.* Zascandil.

ZARANDA. (Del persa *çarand,* criba.) f. Criba. sinón.: **harnero.** ‖ Cedazo rectangular que se emplea en los lagares para separar los escobajos de la casca. ‖ Pasador de metal que se usa para pasar la jalea y otros dulces. ‖ *Ven.* Trompo hueco que zumba.

ZARANDADOR, RA. s. Persona que mueve la zaranda y limpia con ella el grano. sinón.: **zarandero, cribador.**

ZARANDAJAS. (De *zarandar.*) f. pl. Cosas menudas, sin valor. *Me alarmó con el relato de su noviazgo, sus desavenencias, sus dudas y otras* ZARANDAJAS.

ZARANDAJO, JA. adj. *Ven.* Despreciable, ruin.

ZARANDAR. tr. Limpiar el grano o la uva pasándolos por la zaranda. ZARANDAR *el trigo.* ‖ Colar el dulce con la zaranda. ‖ fig. y fam. Mover una cosa con agilidad y ligereza. Ú.t.c.r. ‖ Separar de lo común lo especial y más precioso. sinón.: **zarandear.**

ZARANDEAR. tr. Zarandar. Ú.t.c.r. ‖ *Ec.* Mortificar. ‖ r. fig. Ajetrearse, afanarse. ‖ Contonearse.

ZARANDEO. m. Acción y efecto de zarandear o zarandearse. ‖ IDEAS AFINES: *Zaranda, limpiar, polvo, granzas, granos; balanceo, vaivén; contorsión, bailoteo, rumba; moverse, contonearse; colación; selección; afán, ajetreo.*

ZARANDERO, RA. (De *zaranda.*) s. Zarandador. sinón. **cribador.**

ZARANDILLO. m. Zaranda pequeña. ‖ fig. y fam. El que anda de una parte a otra con viveza y agilidad.

ZARANDO, DA. adj. fam. *Ven.* Ligero de cascos.

ZARAPATEL. m. Especie de alboronía.

ZARAPULLO. m. *Ven.* Torta hecha con almidón de yuca.

ZARAPITO. m. Ave zancuda, del tamaño del gallo, con cuello y tarsos largos, cabeza pequeña, pico delgado más largo que la cabeza y encorvado por la punta; alas muy agudas, cola corta y redonda, y plumaje pardo por encima y blanco por debajo. Vive en las playas y sitios pantanosos.

ZARATÁN. (Del ár. *çaratán,* cangrejo.) m. Cáncer de los pechos, en la mujer.

ZÁRATE, Agustín de. *Biog.* Historiador esp., autor de una cél. *Historia del descubrimiento y conquista de la provincia del Perú,* que se destaca por su objetividad y vivo dramatismo (s. XVI).

ZÁRATE. *Geog.* Ciudad de la Argentina, sit. en el N.E. de la prov. de Buenos Aires, sobre el río Paraná de las Palmas. 42.000 h. Actividad industrial. Frigoríficos.

ZARATUSTRA. *Biog.* V. **Zoroastro.**

ZARAZA. (De *zarzahán.*) f. Antigua tela de algodón muy fina con listas de colores o con flores estampadas sobre fondo blanco, que se traía de Asia.

ZARAZA, Pedro. *Biog.* Militar venezolano que intervino en la campaña de independencia de su patria y entró triunfante en Caracas al fin de las hostilidades (m. 1825).

ZARAZA. *Geog.* Población del norte de Venezuela (Guárico). 5.000 h. Centro ganadero. Industrias derivadas de la ganadería.

ZARAZAS. (Del persa *zahri çag,* veneno de perro.) f. pl. Veneno empleado para dar muerte a perros, ratones u otros animales, y que se preparaba mezclando vidrio molido, agujas, substancias venenosas, etc.

ZARAZO, ZA. adj. *Amér. del S.* y *And.* Dícese del fruto a medio madurar.

ZARCEAR. tr. Limpiar conductos y cañerías, introduciéndoles zarzas largas para que se despeguen las inmundicias. ‖ intr. Entrar el perro en los zarzales para buscar la caza. ‖ fig. Ir de un lado a otro cruzando diligentemente un lugar.

ZARCEÑO, ÑA. adj. Perteneciente a la zarza.

ZARCERO, RA. (De *zarza.*) adj. V. **Perro zarcero.** Ú.t.c.s.

ZARCETA. f. Cerceta, ave.

ZARCILLITOS. m. pl. *Bot.* Tembladera, planta gramínea.

ZARCILLO. al. **Ohrring.** fr. **Boucle d'oreille.** ingl. **Earring.** ital. **Orecchino.** port. **Arrecada.** (Del lat. *circellus,* circulito.) m. Pendiente, arete. *Unos* ZARCILLOS *de coral.* ‖ Almocafre. ‖ *Arg., Méx.* y *Ven.* Señal con que se marca el ganado y que consiste en un corte que se da en la oreja, de manera que quede el pedazo colgando como un zarcillo. ‖ *Chile.* Manojo de plumas rizadas que tienen a ambos lados de la cara cierta especie de gallinas. ‖ *Bot.* Cualquiera de los tallitos volubles que para asirse tienen algunas plantas trepadoras; como la vid.

ZARCO, CA. (Del ár. *zarca,* mujer de ojos azules.) adj. Azul claro. Dícese de las aguas y, con mayor frecuencia, de los ojos. ‖ *Arg.* Dícese del animal de uno o ambos ojos albinos. ‖ *Bol.* Aplícase al que tiene ojos de color diferente. ‖ *Chile.* Dícese del ojo con nube. ‖ *Guat.* Dícese de la persona de raza blanca.

ZAREVITZ. (Del ruso *tsarewitz.*) m. Hijo del zar, y en particular, príncipe primogénito del zar reinante.

ZARGATONA. (Del ár. *bazar catona,* semilla de algodón.) f. Zaragatona.

ZARIANO, NA. adj. Perteneciente o relativo al zar. *Majestad* ZARIANA.

ZARIGÜEYA. (Del brasileño *çarigueia.*) f. Mamífero didelfo americano, de unos 80 centímetros de largo, sin contar la cola, prensil y desnuda, que tiene 35; con cráneo alargado semejante al de la zorra, hocico y oreja negros y pelaje pardo rojizo. Es mamífero nocturno, de movimientos tardos, pero muy trepador, y de régimen carnívoro, insectívoro y frugívoro. En la Argentina llámasele **comadreja.**

ZARINA. f. Esposa del zar. ‖ Emperatriz de Rusia. ‖ sinón.: **czarina.**

ZARISMO. m. Sistema de gobierno absoluto, propio de los zares. sinón.: **czarismo.**

ZARISTA. com. Persona partidaria del zarismo. sinón.: **czarista.**

ZARJA. f. Azarja.

ZARPA. tr. Acción de zarpar. ‖ Mano con dedos y uñas, en algunos animales, como el león, gato, etc. sinón.: **garra.** ‖ Cazcarria. ‖ **Echar uno la zarpa.** frs. fig. y fam. Asir con las manos o las uñas. ‖ Apoderarse de algo por violencia, engaño o sorpresa.

ZARPA. (De *escarpa.*) f. *Arq.* Parte que en un cimiento excede a la del muro que se levanta sobre él.

ZARPADA. f. Golpe que se da con la zarpa. sinón.: **zarpazo.**

ZARPAR. (En port. *zarpar* y *sarpar;* en ital. *zarpare.*) tr. *Mar.* **Levar anclas.** Ú.t.c.intr. *El portaaviones* ZARPÓ *ayer.* ‖ IDEAS AFINES: *Salida, desamarrar, planchada, sirena, borda, barandilla, saludos, desanclar, puente, práctico, pañuelos, ¡buen viaje!, alta mar.*

ZARPAZO. (De *zarpa.*) m. Zarpada. ‖ Batacazo. sinón.: **porrazo.**

ZARPEAR. tr. *Amér. Central* y *Méx.* Llenar de zarpas o cazcarrias; salpicar.

ZARPOSO, SA. adj. Que tiene zarpas o cazcarrias.

ZARRACATERÍA. f. Halago fingido y engañoso.

ZARRACATÍN. (Quizá del ár. *çarraquí,* regatón.) m. fam. Regatón que procura comprar barato para vender caro.

ZÁRRAGA, Angel. *Biog.* Pintor mex., destacado representante de las nuevas tendencias artísticas de su patria. Especializóse en la pintura mural. Obras: *Agonías de otoño; Marioneta,* etc. (1816-1946). ‖ – **Miguel.** Mil. y patriota ven. que sirvió a las órdenes de Bolívar (1802-1867).

ZARRAMPLÍN. (De *ramplón.*) m. fam. Chapucero, poco hábil en una profesión u oficio. ‖ Pelagatos, pobre diablo.

ZARRAMPLINADA. f. fam. Chambonada propia del zarramplín.

ZARRAPASTRA. f. fam. Cazcarria. sinón.: **zarria.** ‖ com. Zarrapastroso.

ZARRAPASTRÓN, NA. (De *zarapastra.*) adj. y s. fam. Que anda muy zarrapastroso.

ZARRAPASTROSO, SA. al. **Zerlumpt.** fr. **Déguenillé.** ingl. **Ragged; shabby.** ital. **Inzaccherato.** port. **Esfarrapado.** (De *zarrapastra.*) adj. y s. fam. Desaseado, andrajoso, roto. ‖ deriv.: **zarrapastrosamente.**

ZARRIA. f. Cazcarria. ‖ Harapo.

ZARRIA. f. Cuero que se introduce entre los ojales de la abarca, para asegurarla bien con la calzadera.

ZARRIENTO, TA. adj. Que tiene zarrias o cazcarrias.

ZARRIOSO, SA. adj. Lleno de zarrias.

ZARUMILLA. *Geog.* Río de América del Sur, que des. en el Pacífico. Forma parte del límite entre Perú y Ecuador. 90 km.

ZARZA. al. **Dornbusch.** fr. **Ronce.** ingl. **Bramble.** ital. **Rovo.** port. **Sarça.** (Del ár. *xaraç,* planta espinosa.) f. Arbusto rosáceo, con tallos sarmentosos, de cuatro o cinco metros de largo, con cinco aristas y con aguijones fuertes y ganchosos; hojas divididas en cinco hojuelas elípticas y aserradas; flores blancas o róseas en racimos terminales, y cuyo fruto es la zarzamora. Abunda mucho en los campos.

ZARZAGÁN. m. Cierzo muy frío, pero no muy fuerte.

ZARZAGANETE. m. dim. de **Zarzagán.**

ZARZAGANILLO. m. dim. de **Zarzagán.** ‖ Cierzo que causa tempestades.

ZARZAHÁN. (Del ár. *zardahana.*) Tela de seda, delgada como el tafetán y con listas de colores.

ZARZAL. m. Sitio poblado de zarzas. sinón.: **barzal.** ‖ V. **Rama de zarzal.**

ZARZAL. *Geog.* Población de Colombia, en el dep. de Valle del Cauca. 7.400 h. Industria azucarera.

ZARZALEÑO, ÑA. adj. Perteneciente o relativo al zarzal.

ZARZAMORA. al. **Brombeere.** fr. **Muron.** ingl. **Brambleberry.** ital. **Mora del rovo.** port. **Bago de sarça.** f. *Bot.* Fruto de la zarza, parecido a la mora, aunque más redondo y pequeño. *Las hojas de la* ZARZAMORA *en infusión se emplean como astringente.*

ZARZAPARRILLA. al. **Sarsaparille.** fr. **Salsepareille.** ingl. **Sarsaparilla.** ital. **Salsapariglia.** port. **Salsaparrilha.** (De *zarza* y *parrilla,* dim. de *parra,* por semejanza con ambos arbustos.) f. Arbusto de tallos delgados, volubles y espinosos, hojas alternas, acorazonadas y con muchos nervios; flores verdosas en racimos axilares; fruto en bayas globosas como el guisante y raíces fibrosas casi cilíndricas. *Smilax havanesis,* esmilácea. ‖ Cocimiento de la raíz de esta planta, usado en medicina como depurativo. ‖ Bebida refrescante que se prepara de esta planta. ‖ – **de Indias.** Arbusto americano de igual género que el de España, del cual se diferencia en tener cada hoja sólo tres nervios. ‖ – **de la tierra.** Zarzaparrilla, planta.

ZARZAPARRILLAR. m. Campo en que abunda la zarzaparrilla.

ZARZAPERRUNA. (De *zarza* y *perruna.*) f. Escaramujo, planta y fruto.

ZARZO. m. Tejido de varas, mimbres, cañas o juncos, que forma una superficie plana. ‖ *Col.* Desván, zaquizamí.

ZARZOSO, SA. adj. Que tiene zarzas.

ZARZUELA. f. dim. de **Zarza.**

ZARZUELA. (Del real sitio de la *Zarzuela,* España, donde fueron representadas por vez primera.) f. Obra dramática y musical en que alternativamente se canta y declama. *La verbena de la Paloma y La revoltosa son dos* ZARZUELAS *muy populares.* ‖ Letra o música de esta obra. ‖ deriv.: **zarzuelero, ra.** ‖ IDEAS AFINES: *Libreto, verso, prosa, partitura, batuta, atril, orquesta, obertura, escena, coro, tiple, tenor, barítono, dúo, pasacalle, marcha, aplausos, telón, vodevil.*

● **ZARZUELA.** *Lit.* y *Mús.* Género teatral intermedio entre el drama, la comedia o el sainete y la ópera, la **zarzuela** tiene puntos de contacto con la ópera cómica francesa y con la opereta y el "singspiel" germanos; pero al mismo tiempo es genuinamente española. Pese a ello, en su trayectoria ha asimilado dispares influencias foráneas. Su tradición es antigua e ilustre; sus antecedentes son, entre otros, las églogas de Juan del Encina, las farsas de Lucas Fernández, los autos de Gil Vicente. Como primera **zarzuela** propiamente dicha está considerada *La selva sin amor,* de Lope de Vega, estrenada en 1629 y el autor de cuya partitura musical se desconoce. Calderón de la Barca fue otro de los grandes cultores iniciales de la **zarzuela.** Nacida principalmente de la conveniencia que los dramaturgos españoles vieron de incorporar la música como refuerzo de la situación dramática, la **zarzuela** fue enriqueciéndose paulatinamente con elementos que acentuaron su originalidad y españolismo; de ellos el más característico es la tonadilla. Hasta los primeros años del s. XVIII la **zarzuela** gozó de gran éxito; luego el auge de la ópera italiana determinó su ocaso. Resurgió a mediados del s. XIX y desde entonces hasta hoy ha gozado casi siempre de éxito. Entre sus mejores compositores modernos figuran Chapí, Bretón, Chueca, Vives, Moreno Torroba, etc.

ZARZUELISTA. com. Poeta que escribe zarzuelas. ‖ Maestro que compone música de zarzuelas.

¡ZAS! Voz que expresa el sonido que hace un golpe, o el golpe mismo. ‖ **¡Zas, zas!** Voces con que se significa la repetición del golpe o de su sonido.

ZASCANDIL. m. fam. Hombre despreciable, ligero e intrigante.

ZASCANDILEAR. intr. Andar como un zascandil. ‖ deriv.: **zascandileo.**

ZATA. f. Zatara.

ZATARA. (Del ár. *xahtora,* barca.) f. Especie de balsa para transportes fluviales. sinón.: **zata.**

ZATICO o ZATILLO. (dim. de *Zato.*) m. Persona que tenía en palacio el cargo de cuidar del pan y alzar las mesas.

ZATO. (Del vasc. *zati,* pedazo.) m. Pedazo o mendrugo de pan. sinón.: **zoquete.**

ZAVALA, Bruno Mauricio de. *Biog.* V. **Zabala, Bruno Mauricio de.** ‖ – **Joaquín.** General y pol. nicaragüense, presid. de la República de 1879 a 1883. ‖ – **MUNIZ, Justino.** Escr. y político urug., autor de *Crónica de Muniz; Crónica de un crimen* y *Crónica de la Reja,* que narran con vigoroso realismo la evolución histórica del gaucho desde la edad heroica hasta hoy (1898-1968).

ZAVALÍA, Carlos de. *Biog.* Escritor arg., nacido en 1905, autor de libros de poesías y de cuentos. ‖ – **Clodomiro.** Jurisconsulto arg., autor de *Las huelgas ante la ley; Derecho público provincial y municipal,* etc. (1883-1959). ‖ – **Salustiano.** Político arg., contrario a Rosas, que, después de la caída de éste, fue gobernador de Tucumán (1810-1873).

ZAVATTARO, Mario. *Biog.* Dibujante y caricaturista ital. radicado en la Argentina. Obtuvo éxito con sus descripciones del campo argentino y con sus ilustraciones del *Martín Fierro,* (1878-1923).

ZAVATTINI, César. *Biog.* Literato ital., humorista de estilo antirretórico y humano. Obras: *Hablemos largo de mí; Los pobres son locos; Totó el bueno,* etc. Hizo libretos para cine, desde 1942; afiliado al neorrealismo. (n. 1902).

ZAYAS, Manuel. *Biog.* Patriota cub., que murió fusilado en 1875. ‖ – **ENRIQUEZ, Rafael de.** Dramaturgo y ensayista mex., autor de *Benito Juárez, su vida y su obra.* (n. 1848) ‖ – **Y ALFONSO, Alfredo.** Jurisc., escritor y estadista cub. que actuó en la revolución libertadora de su patria. Encarcelado y desterrado, retornó al país en 1898 al proclamarse la independencia. De 1921 a 1925 fue presid. de la República. Autor de numerosos estudios históricos y de una *Lexicografía antillana* (1861-1934). ‖ – **Y SOTOMAYOR, María de.** Escritora esp., autora de *Novelas ejemplares y amorosas; Parte segunda del sarao y entretenimiento honesto,* y otras de tipo picaresco y atrevido realismo (1590-aprox. 1661).

ZAYDIN Y MÁRQUEZ STERLING, Ramón. *Biog.* Político cub., nacido en 1895; autor de *Responsabilidad penal de los delincuentes psicológicos; Régimen penitenciario aplicado a Cuba,* etc.

ZAZA. *Geog.* Río del centro de Cuba (Las Villas) que des. en el mar de las Antillas. 150 km.

ZAZO, ZA. adj. Zazoso.

ZAZOSO, SA. adj. Tartajoso. sinón.: **zazo.**

ZEA, Francisco Antonio. *Biog.* Patriota col., en 1819 elegido primer vicepresidente de la República. Se destacó como naturalista y escritor (1766-1822). ‖ – **Leopoldo.** Pensador mexicano, autor de notables estudios filosóficos; *El positivismo en México; América en la Historia; La cultura y el hombre; Apogeo y decadencia del positivismo en México,* etc. (n. 1912).

ZEA. *Geog.* Isla de Grecia, en el arch. de las Cicladas. 103 km². 3.800 h. Ant. **Ceos.**

ZEALAND. *Geog.* V. **Seeland.**

ZEBALLOS, Estanislao S. *Biog.* Jurisc., diplomático y escritor arg., autor de notables tratados históricos, geográficos, sociales, jurídicos y literarios. Obras: *Viaje al país de los araucanos; La conquista de 15.000 leguas; Zálide o el amor de los salvajes,* etc. (1854-1923).

ZEBALLOS, Monte. *Geog.* Cerro de la Argentina, situado al N.O. de la prov. de Patagonia, al N.E. del lago Pueyrredón. 2.726 metros de altura.

ZEBRA. f. Cebra.

ZEDA. (De *zeta.*) f. Zeta, nombre de la letra *z.*

ZEDILLA. (dim. de *zeda.*) f. Letra usada antiguamente en la escritura española, consistente en una *c* con una virgulilla debajo (ç), y que servía para expresar un sonido parecido a la *z.* También **cedilla.** ‖ Esta misma virgulilla.

ZEEMANN, Pedro. *Biog.* Físico hol., que en 1902 compartió con Lorentz el premio Nobel de Física, otorgado por sus trabajos sobre la descomposición magnética de los rayos espectrales. Sus hallazgos probaron la verdad de la teoría electromagnética de la luz, formulada por Lorentz (1865-1943).

ZEIST. *Geog.* Ciudad de Holanda (Utrecht), situada al S.E. de Amsterdam. 47.609 h.

ZEITLIN, Israel. *Biog.* V. **Tiempo, César.**

ZÉJEL. m. Composición estrófica de la métrica popular de los moros españoles.

ZELA, Francisco Antonio de. *Biog.* Patriota per. que en 1811 lanzó el grito de independencia en Tacna (1768-1817).

ZELA. *Geog. histór.* Antigua ciudad del Asia Menor, en el Ponto, donde Julio César venció a Farnaces II.

ZELANDA. *Geog.* Provincia del extremo S.O. de Holanda. 1.686 km². 275.369 h. Actividad agricolaganadera. Industria textil. Cap. MIDDELBURG. ‖ **Nueva –.** V. **Nueva Zelanda.**

ZELANDÉS, SA. adj. Natural de Zelanda, provincia de Holanda. Ú.t.c.s. ‖ Perteneciente a esta provincia.

ZELANDIA. *Geog.* V. **Zelanda.**

ZELAYA, José Santos. *Biog.* V **Santos Zelaya, José.**

ZELAYA. *Geog.* Departamento del E. de Nicaragua, sobre el mar de las Antillas. 72.050 km². 56.497 h. Productos tropicales. Riqueza minera. Cap. BLUEFIELDS.

ZELEDÓN, Benjamín. *Biog.* Abogado nicar. que intervino en la revolución de 1912 (1879-1912). ‖ **José María.** Poeta y escritor cost., autor de la letra del himno nacional de su patria. Obras: *Musa nueva; Jardín para niños; Alma infantil,* etc. (1877-1949). ‖ – **Ricardo.** Poeta nicaragüense cont., autor de *Cantos y poemas a obreros y soldados* y otras obras.

ZELENQUEAR. intr. *Col.* Renquear.

ZENDAVESTA. (Del zendo *zanti,* conocimiento, y *avesta,* doctrina de Zoroastro.) m. Colección de los libros sagrados de los persas, escrito en zendo, que contiene las doctrinas de Zoroastro.

ZENDO, DA. (Del avéstico *zend,* interpretación, primer elemento del compuesto Zendavesta.) adj. Avéstico.

ZENEA, Juan Clemente. *Biog.* Escr. y poeta cub., que luchó por la independencia de su patria hasta morir fusilado. Romántico cabal, compuso versos elegíacos, llenos de intenso sentimiento patético. Obras: *Fidelia; Cantos de la tarde; Jaquelina,* etc. (1832-1871).

ZENIT. m. Cenit.

ZENOBIA. *Biog.* Reina de Palmira de 266 a 273, reducida a la cautividad por Aureliano y conducida a Roma. Cél. por su talento y ambición, con frecuencia ha sido convertida en heroína literaria.

ZENO GANDÍA, Manuel. *Biog.* Escr. y político portorr.; escribió novelas realistas, tratados históricos y composiciones poéticas. Obras: *La charca; Resumpta indoantillana; Rosa de mármol,* etc. (1855-1930).

ZENÓN DE CITIO. *Biog.* Filósofo gr. que fundó en Atenas la escuela estoica. Escribió *De la República; De la vida según la naturaleza; De la naturaleza humana,* etc., libros de los que sólo se conservan fragmentos (336-264 a. de C.).

ZENÓN DE ELEA. *Biog.* Filósofo gr., discípulo de Parménides y creador, según Aristóteles, de la dialéctica. Polemista de la escuela eleática, combatió a los adversarios de las doctrinas de su maestro, demostrando las contradicciones que encierran los conceptos de la multiplicidad y movimiento. Obras: *Discursos; Contra los filósofos de la naturaleza; Explicación de Empédocles,* etc. (n. aprox. 500 a. de C.).

ZENÓN DE SIDÓN. *Biog.* Filósofo gr. que dirigió en Atenas la escuela epicúrea desde el año 100 hasta el 78. Obras: *Lecciones; De los filósofos; De las virtudes y los vicios,* etc. (n. aprox. 150 a. de C.).

ZENTA. *Geog.* Ciudad del norte de Yugoslavia, cercana al límite con Hungría y Rumania. 27.000 h. Famosa por el triunfo del Príncipe Eugenio de Saboya sobre los turcos en 1697. ‖ – **Sierra de –.** Sierra del N.O. de la Argentina, en el límite de las prov. de Salta y Jujuy. Culmina a los 4.900 metros de alt., aproximadamente.

ZENTENO, José Ignacio. *Biog.* Mil. y político chil., que se distinguió en las luchas por la independencia de su patria. (1783-1857).

ZEOLITA. f. *Miner.* Forma natural del silicato hidratado de calcio y aluminio.

ZEPEDA, Hermenegildo. *Biog.* Político nicarag. que en 1846 fue elegido Director Supremo del Estado. ‖ – **José.** Estadista nicarag. que fue Director Supremo del Estado, cargo que ocupaba al ser asesinado en 1837.

ZEPELÍN. (De *Zeppelin,* nombre de su inventor.) m. Aeronave dirigible, que marcha impulsada por motores, y consta de varios globos concéntricos llenos de gas hidrógeno u otro similar. Se utilizó para el transporte de personas y carga. sinón.: **dirigible.**

ZEPITA, Batalla de. *Hist.* Combate de la guerra por la independencia del Perú, librado en 1823 en las cercanías del lago Titicaca y en el que el general Santa Cruz venció a las fuerzas realistas.

ZEPPELIN, Fernando, Conde de. *Biog.* Militar, ing. y aeronauta al. que participó en la guerra de Secesión como voluntario del ejército nort. Adquirió fama construyendo los globos dirigibles que llevan su nombre (1838-1917).

ZERNIKE, Federico. *Biog.* Científico hol. que en 1953 obtuvo el premio Nobel de Física por sus trabajos relacionados con el microscopio electrónico. Inventó el galvanómetro que lleva su nombre (1889-1966).

ZEROMSKI, Esteban. *Biog.* Nov. y dramaturgo polaco, uno de los más destacados literatos de su patria, por cuya libertad luchó incansablemente. Obras: *Los cuervos y las cornejas nos devoran; Los trabajos de Sísifo; Las cenizas,* etc. (1864-1925).

ZERPA, Víctor Antonio. *Biog.* Literato ven., autor de biografías de personalidades amer. y otras obras (1854-1914).

ZETA. (Del gr. *zeta.*) f. Nombre de la letra *z.* También *ceda, ceta* y *zeda.* ‖ Sexta letra del alfabeto griego. ‖ *Astron.* Nombre dado a la estrella que, por su brillo, ocupa el sexto lugar en una constelación.

ZEUGMA. (Del lat. *zeugma,* y éste del gr. *zeugma,* yugo, lazo.) f. *Gram.* Figura de construcción que consiste en expresar una sola vez un vocablo que tiene conexión con dos o más voces o miembros del período y que se sobretiende en aquellos en que se omite. *Tenía abundantes cabellos, nariz aguileña, frente despejada, ojos azules y una mirada persuasiva.*

ZEUMA. f. *Gram.* Zeugma.

ZEUS. *Mit.* Dios supremo de la mitología griega, al que los romanos llamaron Júpiter. Hijo de Cronos, a quien quitó su trono en el Olimpo.

ZEUXIS. *Biog.* Pintor gr. que fue famoso en la antigüedad (464-398 a. de C.). Se dijo que había pintado un racimo de uvas con tal realismo, que los pájaros vinieron a picotearlo.

ZEYER, Julio. *Biog.* Escr. y poeta checo que evoca con delicado lirismo leyendas populares, especialmente célticas, en: *Hermanos; La ira de Libusa; La casa de la estrella flotante,* etc. (1841-1901).

ZHITOMIR. *Geog.* V. **Jitomir.**

ZHUKOV, Gregorio Konstantinovich. *Biog.* Mariscal ruso que de 1941 a 1942 rechazó el avance alemán contra Moscú. Más tarde, intervino en la victoria de Stalingrado, y en 1945 comandó el ejército que tomó Berlín (1890-1974).

ZIEGFELD, Florencio. *Biog.* Empresario teatral estad., famoso por sus revistas espectaculares, que llevó también a la pantalla (1867-1932).

ZIEGLER, Carlos. *Biog.* Químico alemán cuyas investigaciones, tendientes al mejoramiento de la calidad de las fibras plásticas, le valieron en el año 1963 el premio Nobel de Química, que compartió con el italiano Julio Natta (1898-1973).

ZIGOFILÁCEO, A. adj. *Bot.* Cigofiláceo. ‖ f. pl. *Bot.* Cigofiláceas.

ZIGOMA. m. *Anat.* V. **Cigoma.**

ZIGOMORFO, FA. adj. Aplícase a los verticilos florales con un solo plano de simetría.

ZIGZAG. (En fr. *zigzag;* en al. *zickzack.*) m. Serie de líneas que alternativamente forman ángulos entrantes y salientes.

ZIGZAGUEAR. intr. Serpentear, andar en zigzag.

ZIMA. (Del gr. *zyme,* levadura.) f. Fermento. sinón.: **zimo.**

ZIMAPÁN. *Geog.* Población de México, en el Est. de Hidalgo. 5.000 h. Explotación de plata y plomo.

ZIMASA. (Del gr. *zume,* levadura.) f. Enzima o fermento soluble.

ZÍMICO, CA. (De *zimo.*) adj. Perteneciente o relativo a la fermentación.

ZIMMERMANN, Domingo. *Biog.* Arquitecto al. que construyó tres famosas iglesias: Steinhausen, Günzberg y la llamada "Die Wies" (1685-1766).

ZIMO. (Del gr. *zyme,* levadura.) m. Fermento. sinón.: **zima.**

ZIMOFITO. (Del gr. *zyme,* levadura, y *phitón,* planta.) m. Bacteria que produce fermentación.

ZIMOLOGÍA. (Del gr. *zime,* levadura, y *logos,* tratado.) f. Conjunto de conocimientos relativos a los fermentos. ‖ deriv.: **zimológico, ca.**

ZIMÓLOGO, GA. adj. y s. Experto en zimología.

ZINC. (Del al. *zink.*) m. Cinc.

ZINDER. *Geog.* Ciudad del África Occidental (República de Níger). 25.000 h. Centro de las comunicaciones con caravanas.

ZINNY, Antonio Abrahán. *Biog.* Historiógrafo arg., autor de *Bibliografía histórica de las Provincias del Río de la Plata; Historia de los gobernadores de las provincias argentinas; Historia de la prensa periódica del Uruguay, desde 1807 hasta 1853,* etc. (1821-1890).

ZINOVIEVSK. *Geog.* V. **Kirovograd.**

ZIPA. m. Nombre con que los chibchas designaban al más poderoso de sus jefes.

ZIPAQUIRA. *Geog.* Población de Colombia (Cundinamarca). 12.697 h. En sus inmediaciones hay importantes yacimientos de sal gema y carbón.

ZIPIZAPE. m. fam. Riña ruidosa o con golpes. *Se armó un* ZIPIZAPE *descomunal;* sinón: **sarracina.**

ZIPOLI, Domingo. *Biog.* Religioso y compositor italiano que residió en Argentina y Paraguay. Fue uno de los introductores del canto eclesiástico en ambos países (1688-1725).

ZIRCONIO. m. Circonio.

ZISKA, Juan. *Biog.* Héroe nacional de Bohemia, jefe militar de los husitas (1360-1424).

¡ZIS, ZAS!. fam. ¡Zas, zas!.

ZITÁCUARO. *Geog.* Ciudad de México (Michoacán), sit. al Oeste de la c. de México. 22.000 h. Actividad agricolaganadera.

ZLIN. *Geog.* V. **Gottwaldov.**

Zn. *Quím.* Símbolo del cinc.

ZNOIMO. *Geog.* Ciudad del S. de Checoslovaquia, cercana al límite con Austria. 35.000 h. Centro industrial y comercial. Victoria de los franceses sobre los austríacos, el 11 de julio de 1809.

ZOANTROPÍA. (Del gr. *zoon,* animal, y *ánthropos,* hombre.) f. *Pat.* Especie de manía en la cual el enfermo se cree convertido en un animal. ‖ deriv.: **zoantrópico, ca.**

ZOÁNTROPO, PA. s. Que padece zoantropía.

ZOARCES. m. *Bot.* Género de peces acantopterigios que presentan la particularidad de ser vivíparos.

ZOCA. f. Plaza, lugar espacioso en un poblado.

ZÓCALO. al. **Sockel.** fr. **Socle.** ingl. **Socle.** ital. **Zoccolo.** port. **Soco.** (Del lat. *socculus,* dim. de *soccus,* zueco.) m. *Arq.* Cuerpo inferior de un edificio u obra, que sirve para elevar los basamentos a un mismo nivel. *Un* ZÓCALO *de mármol;* sinón.: **zoco.** ‖ Friso. ‖ Miembro inferior del pedestal debajo del neto. ‖ Especie de pedestal.

ZOCATA. f. Hierro totalmente oxidado, compuesto por clavos, trozos de herradura, aros de toneles, etc., que se utiliza en las tenerías para preparar la tinta con que se tiñen de negro los cueros.

ZOCOTEARSE. r. Ponerse zocato un fruto.

ZOCATO, TA. (Del lat. *sub,* debajo, y *captus,* cogido, privado, impedido.) adj. y s. fam. Zurdo.

ZOCATO, TA. adj. Dícese del fruto que se pone amarillo y acorchado sin madurar. *Pepino* ZOCATO. ‖ V. **Berenjena zocata.**

ZOCAYO. m. Nombre indígena de los cuadrumanos del género calitrix, familia de los platirrinos, que viven en los bosques del Este del Brasil; son monos de corta talla, con el cuerpo esbelto y la cola larga, delgada, no prensil y cubierta de pelaje corto. Su carne es muy estimada, por lo que son objeto de caza.

ZOCLO. (Del lat. *sócculus.*) m. Zueco, chanclo.

ZOCO. (Del lat. *soccus.*) m. Zueco. ‖ *Arq.* Zócalo, miembro inferior del pedestal.

ZOCO. (Del ár. *çoc,* plaza, mercado.) m. ant. Plaza, lugar ancho y espacioso dentro de un poblado. ‖ En Marruecos, mercado o lugar donde éste se celebra.

ZOCO, CA. adj. fam. **Zocato, zurdo.** Ú.t.c.s. ‖ fam. V. **Mano zoca.** Ú.t.c.s. ‖ **A zocas.** adv. A zurdas.

ZOCOTROCO. m. *Bol.* y *Col.* Cosa grande, pedazo informe; persona grande y pesada.

ZÓCUCHO. m. *Amér.* Socucho.

ZODIACAL. adj. Perteneciente o relativo al Zodiaco. *Signo* ZODIACAL.

ZODIACO. al. **Tierkreis.** fr. **Zodiaque.** ingl. **Zodiac.** ital. **Zodiaco.** port. **Zodíaco.** (Del lat. *zodiacus,* y éste del gr. *zodiacós.*) m. *Astron.* Zona o faja celeste por el centro de la cual pasa la Eclíptica; su ancho es de 16 a 18 grados; comprende los 12 signos o constelaciones que recorre el sol en su curso anual aparente: Aries, Tauro, Géminis, Cáncer, Leo, Virgo, Libra, Escorpio, Sagitario, Capricornio, Acuario y Piscis. ‖ Representación material del **Zodíaco.**

● **ZODIACO.** *Astr.* En opinión de la mayoría de mitólogos y arqueólogos, los signos del **Zodíaco** fueron creados hace alrededor de dos mil años por los astrónomos de Babilonia. Su primitivo carácter científico y religioso lo conservó el **Zodíaco** al salir de la escuela babilónica; los astrónomos se valieron de las doce divisiones establecidas para conocer la posición de los planetas. La astrología ha utilizado los signos del **Zodíaco** para su cuadro de predicciones teniendo en cuenta la posición de los cuerpos siderales y asignándoles diferentes valores: Aries (de la vida); Tauro (de la riqueza); Géminis (de los hermanos); Cáncer (de los padres); Leo (de los hijos); Virgo (de la salud); Libra (del matrimonio); Escorpio (de la muerte); Sagitario (de la religión); Capricornio (de las dignidades); Acuario (de los amigos); y Piscis (de los enemigos).

ZOFRA. (Del ár. *çofra.*) f. Especie de tapete o alfombra morisca.

ZOGÚ. *Biog.* V. **Ahmed Mati Beg Zogú.**

ZOILO. (Por alusión al sofista gr. de este nombre.) m. fig. Crítico presumido y que censura malignamente las obras ajenas.

ZOILO. *Biog.* Gramático gr., sofista y crítico, cél. por sus invectivas contra Homero, Platón y Sócrates. Se lo acusó de envidia y parcialidad (s. IV a. de C.).

ZOIZO. m. Suizo, que formaba parte de la suiza.

ZOLA, Emilio. *Biog.* Escritor y crítico fr., creador de la novela naturalista o experimental, donde se propuso aplicar a los hechos humanos las concepciones científicas de la época para extraer de ellos leyes; también para indicar, con fervor proselitista, las injusticias sociales. Sostenía que el escritor debía describir sólo la realidad, documentándose minuciosamente, procedimiento que fue anticipado por Dickens y Balzac. Con su alegato *Yo acuso,* consiguió la revisión del juicio Dreyfus. Obras: *La bestia humana; Naná; Germinal; La alegría de vivir; La taberna; Teresa Raquin; La tierra; Una página de amor,* etc. (1840-1902).

ZOLOCHO, CHA. adj. y s. fam. Simple, torpe, aturdido. sinón.: **bobo.**

ZOLTANÍ. m. Soltaní.

ZOLLIPAR. intr. fam. Dar zollipos o sollozar.

ZOLLIPO. m. fam. Sollozo con hipo, y generalmente con llanto y aflicción.

ZOLLVEREIN. *Hist.* Unión comercial y aduanera concertada en 1834 por varios Estados de Alemania.

ZOMA. f. Soma.

ZOMPO, PA. adj. y s. Zopo. ‖ Torpe, tonto.

ZOMPOPERA. f. *Amér. Central.* Hormiguero de zompopos.

ZÓMPOPO. m. *Amér. Central.* Hormiga de cabeza grande, que se alimenta de las hojas de las plantas.

ZONA. al. **Zone.** fr. **Zone.** ingl. **Zona; area; región.** ital. **Zona.** port. **Zona.** (Del lat. *zona,* y éste del gr. *zone,* ceñidor, faja.) f. Lista o faja. ‖ Parte grande de terreno que tiene forma de franja o banda. ‖ Extensión grande de terreno cuyos límites están determinados por razones administrativas, políticas, etc. ZONA *fiscal, militar, marítima.* ‖ *Geog.* Cualquiera de las cinco partes en que los trópicos y los círculos polares dividen la superficie de la Tierra. ‖ *Geom.* Parte de la superficie de la esfera comprendida entre dos planos paralelos. ZONA *cilíndrica, cónica.* ‖ *Pat.* Afección inflamatoria aguda de la piel caracterizada por la erupción de vesículas de aspecto aperlado y reunidas en grupos en el trayecto de un nervio cutáneo generalmente. Ú.m.c.m. ‖ — **de ensanche.** La que se destina, con régimen legal diferente, en la cercanía de las poblaciones, para que se extiendan la edificación y los servicios urbanos. ‖ — **de influencia.** Parte de un país débil respecto de la que varias potencias admiten la preferente expansión económica o cultural de alguna de aquéllas. ‖ — **fiscal.** Demarcación situada más o menos cerca de las fronteras, aduanas, etc., que está sujeta a prohibiciones de fabricación o vigilancia especial para evitar la defraudación. ‖ — **glacial.** *Geog.* Cada uno de los dos casquetes esféricos que forman los círculos polares en la superficie de la Tierra. ‖ — **templada.** Cada una de las dos comprendidas entre los trópicos y los círculos polares intermedios. ‖ — **tórrida.** *Geog.* La comprendida entre ambos trópicos y que el ecuador divide en dos partes iguales. ‖ IDEAS AFINES: *Cintura, cinco, cincha; jurisdicción, distrito, comandancia; círculo, línea, ártico, antártico, ecuador; piel, vejigas, costra, escama.*

ZONCEAR. intr. *Arg.* Hacer o decir zonceras. sinón.: **tontear.**

ZONCERA. f. Sosera. ‖ *Arg.* Tontera, tontería. *Se disgustaron por una* ZONCERA.

ZONCERÍA. (De *zonzo.*) f. Sosería. ‖ *Arg.* Zoncera, tontería.

ZONCOYA. f. *C. Rica.* Guanábana, fruta.

ZONCHICHE. m. *C. Rica* y *Hond.* Especie de buitre con la cabeza roja e implume.

ZONDA. m. *Arg.* Viento cálido y fuerte que sopla periódicamente en la región de Cuyo.

ZONDA. *Geog.* Nombre de dos sierras de la Argentina (**Alta de Zonda** y **Chica de Zonda**), sit. al sur de la prov. de San Juan.

ZONOTE. m. Cenote.

ZONTEAR. tr. *Amér. Central.* Cortar las orejas de un animal. ‖ Romper el asa de una vasija.

ZONTO, TA. adj. Desorejado.

ZONZAÍNA. adj. *Guat.* Zonzo, tonto.

ZONURO. m. Reptil saurio de Etiopía, que se distingue por tener su cuerpo y cola revestido por encima de escamas espinosas aquilladas, separadas por un pliegue lateral de la parte inferior, que es lisa.

ZONZA BRIANO, Pedro. *Biog.* Escultor arg., autor del monumento a *Leandro N. Alem* y *Creced y multiplicaos; Tierra fecunda; Cristo Redentor,* etc. (1888-1941).

ZONZO, ZA. adj. Soso, insulso, insípido. Apl. a pers., ú.t.c.s. ‖ Tonto, simple, mentecato. Ú.t.c.s. *El vivo vive del zonzo.* ‖ **Hacerse el zonzo.** frs. fam. *Arg.* **Hacerse el sueco.** ‖ deriv.: **zonzamente.**

ZONZORENO, NA. adj. y s. *Amér. Central.* Zonzo, zopenco.

ZONZORRIÓN, NA. adj. y s. fam. Muy zonzo.

ZOOBIOLOGÍA. (Del gr. *zoon,* animal, y de *biología.*) f. Biología de los animales. ‖ deriv.: **zoobiológico, ca.**

ZOODINAMICA. (Del gr. *zoon,* animal, y de *dinámica.*) f. Fisiología animal. ‖ deriv.: **zoodinámico, ca.**

ZOOERASTIA. (Del gr. *zoon,* animal, y *erastés,* amante, enamorado.) f. Trato sexual con animales; bestialidad.

ZOÓFAGO, GA. (Del gr. *zoophagos;* de *zoon,* animal, y *phagein,* comer.) adj. *Zool.* Que se alimenta de materias animales. *Insecto* ZOÓFAGO. Ú.t.c.s.

ZOOFILIA. (Del gr. *zoon,* animal, y *filía,* amistad, amor, caridad.) f. Amor a los animales, caracterizado por la oposición al procedimiento de la vivisección. ‖ deriv.: **zoófilo, la; zoofílico, ca.**

ZOÓFITO. (Del gr. *zoophiton,* de *zoon,* animal y *phitón,* planta.) m. *Zool.* Animal que semeja una planta. ‖ pl. *Zool.* En la clasificación de Cuvier, última de las cuatros grandes divisiones zoológicas.

ZOOFITOLOGÍA. (De *zoófito,* y el gr. *logos,* tratado.) f. Parte de la zoología que trata de los zoófitos. ‖ deriv.: **zoofitológico, ca.**

ZOOFOBIA. (Del gr. *zoon,* animal, y *phobeo,* producir espanto o temor.) f. *Pat.* Temor morboso a los animales.

ZOOGENIA. (Del gr. *zoogenés,* nacido de un animal; de *zoon,* animal y *gignomar,* reproducirse.) f. Parte de la zoología que trata de la producción o generación de los animales. ‖ deriv.: **zoogénico, ca.**

ZOOGEOGRAFÍA. (Del gr. *zoon,* animal, y *geografía.*) f. Estudio de la distribución de los animales en la superficie terrestre. ‖ deriv.: **zoogeográfico, ca.**

ZOOGRAFÍA. (Del gr. *zoon,* animal, y *grapho,* describir.) f. Parte de la zoología, que tiene por objeto la descripción de los animales. ‖ deriv.: **zoográfico, ca.**

ZOÓGRAFO, FA. s. Persona versada en zoografía.

ZOOLATRÍA. (Del gr. *zoon,* animal, y *latreia,* adoración.) f. Adoración, culto de los animales. ‖ deriv.: **zoolátrico, ca.**

ZOÓLATRA. adj. Que adora los animales.

ZOOLITO. m. *Hist. Nat.* Parte petrificada de un animal. ‖ deriv.: **zoolítico, ca.**

ZOOLOGÍA. al. **Zoologie, Tierkunde.** fr. **Zoologie.** ingl. **Zoology.** ital. **Zoologia.** port. **Zoologia.** (Del gr. *zoon,* animal, y *logos,* tratado.) f. Parte de la historia natural que trata de los animales. ‖ IDEAS AFINES: *Fauna, organismo, morfología; bestia, sabandija, animálculos, zoófitos; garras, cuernos, pinzas, antenas, tentáculos; habitación; parque zoológico, museo, acuario.*

ZOOLÓGICO, CA. al. **Zoologisch; Tiergarten.** fr. **Zoologique; jardin zoologique.** ingl. **Zoological, zoologic; zoological garden.** ital. **Zoologico; giardino zoologico.** port. **Zoológico.** adj. Perteneciente o relativo a la zoología. ‖ V. **Jardín, parque zoológico.** Ú.t.c.s.

ZOÓLOGO, GA. al. **Zoologe.** fr. **Zoologue; zoologiste.** ingl. **Zoologist.** ital. **Zoologo.** port. **Zoólogo.** m. Persona que se dedica a la zoología o tiene especiales conocimientos de ella.

ZOOMORFISMO. (Del gr. *zoon,* animal, y *morphé,* forma.) m. Metamorfosis en animal. ‖ Creencia supersticiosa que atribuye a algunas personas la facultad de transformarse en animales.

ZOOMORFO, FA. adj. Aplicase a los signos del Zodiaco cuyo simbolismo es un animal; como Escorpio, Tauro, etc.

ZOONOSIS. f. *Pat.* Estado morboso producido por parásitos animales.

ZOOSPERMO. (Del gr. *zoon,* animal, *sperma,* semilla.) m. Espermatozoide. sinón.: **espermatozoario.**

ZOOTECNIA. (Del gr. *zoon,* animal, y *techne,* arte, técnica.) f. Arte de la cría, multiplicación y mejora de los animales domésticos. ‖ deriv.: **zootécnico, ca.** ‖ IDEAS AFINES: *Generación, reproducción, incubación, cruce, selección, hibridismo; veterinaria; castración; pasto, ceba; criador, ganadero; granja, estancia; establo, corral.*

● **ZOOTECNIA.** *Zool.* Puede decirse que la **zootecnia** es un resultado de la organización económica que el hombre se ha impuesto en la vida social. Sistematizada como ciencia desde mediados del s. XIX, su objetivo básico es organizar e intensificar la procreación de los animales domésticos y lanzar sus productos al mercado en condiciones económicas favorables. Ese objetivo, a su vez, exige por un lado el estudio científico del animal en su constitución y utilidad, y por otro el conocimiento de las condiciones materiales, es decir económicas, del medio social. Así como para la zoología la unidad es la especie, para la **zootecnia** la unidad es la raza, cuya importancia en cuanto a la mayor productividad y a la calidad del producto es fundamental. Entre los factores que más interesan a la **zootecnia,** están los concernientes a la alimentación racional del animal y el estudio de su genética, herencia y reproducción; de éste han resultado nuevas razas de animales que mejoraron la calidad de la alimentación humana.

ZOOTOMÍA. (Del gr. *zoon,* animal, y *tomé,* sección.) f. Anatomía de los animales.

ZOOTROPO. m. Aparato que al girar provoca la ilusión de que unas figuras dibujadas se mueven, a causa de la persistencia de las imágenes en la retina.

ZOPAS. com. fam. Persona que cecea mucho. sinón.: **zopitas.**

ZOPE. m. *C. Rica.* Aura, gallinaza.

ZOPENCO, CA. al. **Dummkopf; Trottel.** fr. **Idiot.** ingl. **Doltish; dull.** ital. **Balordo.** port. **Brutamontes.** (De *zopo.*) adj. y s. fam. Tonto y abrutado. sinón.: **zoquete.**

ZOPETERO. m. Ribazo.

ZOPILOTE. m. *C. Rica, Hond.* y *Méx.* Aura, gallinaza.

ZOPILOTERA. f. *Amér. Central.* Bandada de zopilotes. ‖ fig. Grupo de gente codiciosa.

ZOPILOTILLO. m. *C. Rica.* Ave trepadora, especie de aní.

ZOPISA. (Del lat. *sopissa,* y éste del gr. *zopissa.*) f. Brea. ‖ Resina de pino.

ZOPITAS. com. fam. Zopas.

ZOPO, PA (En ital. *zoppo,* en port. *zopo.* adj. Dícese del pie o mano torcidos o contrahechos. ‖ Aplícase a la persona que tiene torcidos o contrahechos los pies o las manos. ‖ fig. y fam. Sujeto torpe y desmañado. Ú.t.c.s. sinón.: **zompo.**

ZÓQUETA. f. Especie de guante de madera con que el segador resguarda los cortes de la hoz los dedos de la mano izquierda.

ZOQUETE. (Del ár. *çoquet,* desperdicio.) m. Pedazo de madera corto y grueso, que sobra al utilizar un madero. sinón.: **tarugo.** ‖ fig. y fam. Pedazo de pan grueso e irregular. sinón.: **mendrugo.** ‖ Hombre de mala traza y feo, y especialmente si es pequeño y gordo. ‖ Persona ruda y torpe. sinón.: **zopenco.** ‖ pl. Calcetines cortos que cubren sólo hasta el tobillo.

ZOQUETEAR. tr. *Col* y *P. Rico.* Zapatear, traer a uno a mal traer. ‖ intr. *Cuba* y *Pan.* Decir necedades o boberías.

ZOQUETERÍA. (De *zoquete.*) f. Montón de puntas de madera y pedazos de tablas sobrantes en un taller o aserradero.

ZOQUETERO, RA. adj. y s. Vagabundo que anda recogiendo zoquetes o mendrugos y se mantiene de ellos.

ZOQUETUDO, DA. (De *zoquete,* desperdicio.) adj. Basto y mal hecho. sinón.: **burdo, ordinario.**

ZORACH, Guillermo. *Biog.* Artista plástico lituano que actúa en Estados Unidos. Son notables sus esculturas y sus acuarelas (n. 1887).

ZORCICO. (Del vasc. *zortzico,* octava.) m. Composición mu-